Er öffne unser Herz,
damit wir auf Dein Wort hören und es gläubig annehmen.
Er treibe uns an, miteinander die Wahrheit zu suchen.
Er stärke unsere Treue zu Dir
und erhalte uns in der Einheit mit unserem Papst
und der ganzen Kirche.
Er helfe uns,
dass wir Deine Gerechtigkeit und Deine Barmherzigkeit erfahrbar machen.
Er gebe uns die Kraft und den Mut,
aufzubrechen und Deinen Willen zu tun.

Denn Du allein bist das Licht, das unsere Finsternis erhellt,
Du bist das Leben, das Gewalt, Leid und Tod besiegt.
Dich loben wir, jetzt und in Ewigkeit. Amen.

DER SYNODALE WEG

DIE BIBEL

EINHEITSÜBERSETZUNG
DER HEILIGEN SCHRIFT
GESAMTAUSGABE

DIE BIBEL

EINHEITSÜBERSETZUNG
DER HEILIGEN SCHRIFT
GESAMTAUSGABE

kbw bibelwerk

Im Auftrag
der Deutschen Bischofskonferenz,
der Österreichischen Bischofskonferenz,
der Schweizer Bischofskonferenz,
des Erzbischofs von Luxemburg,
des Erzbischofs von Vaduz,
des Erzbischofs von Straßburg,
des Bischofs von Bozen-Brixen,
des Bischofs von Lüttich.

Für den katholischen Religionsunterricht zugelassen
durch die Deutsche Bischofskonferenz.

Lizenzausgabe der Katholischen Bibelanstalt GmbH, Stuttgart
Einheitsübersetzung der Heiligen Schrift,
vollständig durchgesehene und überarbeitete Ausgabe.

Die ISBN der vorliegenden Lizenzausgabe finden Sie jeweils auf der Rückseite des Umschlages.

Gestaltung und Satz: Matthias Bumiller, Finken & Bumiller, Stuttgart
Gesamtherstellung: Druckerei C. H. Beck, Bergstraße 3, 86720 Nördlingen
Verlag: Verlag Katholisches Bibelwerk GmbH, Silberburgstraße 121, 70176 Stuttgart
860100-AE-J19-S3a/147 x 215mm

www.bibelwerk.de

INHALT

VORWORT

„Nahe ist dir das Wort
in deinem Mund und in deinem Herzen."
Dtn 30,14 – Röm 10,8

Die Bibel ist ein Buch, das Gottes Wort nahebringt. Das Zweite Vatikanische Konzil hat es so gesagt: „In der Heiligen Schrift kommt ja der Vater, der im Himmel ist, seinen Kindern in Liebe entgegen und nimmt mit ihnen das Gespräch auf" (Dei Verbum 21). Die Bibel hat für die ganze Kirche grundlegende Bedeutung. Sie wird im Gottesdienst als „Wort des lebendigen Gottes" verkündet. Sie ist Richtschnur für die kirchliche Lehre. Sie ist ein starker Antrieb für die Praxis der Nächstenliebe. Viele Menschen schöpfen Kraft aus dem Lesen der Heiligen Schrift. Viele nehmen die Bibel zur Hand, um in besonderen Zeiten eine gute Entscheidung zu treffen. Ohne dass die Bibel im Glauben gelesen würde, bliebe sie Papier und Druckerschwärze. Wer sie aber in dem Geist liest, in dem sie geschrieben wurde, findet zu einer Antwort auf Gottes Wort und wird dann auch anders reden, anders beten, anders denken, fühlen und handeln: voller Glaube, Hoffnung und Liebe. Durch unser Leben wird sie lebendiges Wort Gottes.

Die Bibel erzählt von der großen Liebesgeschichte Gottes mit den Menschen. Sie hat zwei Teile, das Alte und das Neue Testament. Das Alte Testament verbindet das Christentum mit dem Judentum. Es erzählt von der Erschaffung der Welt und der Erwählung des Gottesvolkes Israel. Das Neue Testament legt Zeugnis von Jesus Christus ab. Es erzählt, wie das Evangelium von Galiläa aus in der ganzen Welt verkündet wird. Beide Teile der Bibel gehören untrennbar zusammen. Denn es gibt nur einen Gott. Sein Wort hat die Welt erschaffen; in Jesus Christus ist es Fleisch geworden (Joh 1,1–18). Deshalb wird das Neue Testament im Lichte des Alten Testaments und das Alte Testament wird im Lichte des Neuen Testaments gelesen.

Das Zweite Vatikanische Konzil hat gefordert: „Der Zugang zur Heiligen Schrift muss für die an Christus Glaubenden weit offenstehen" (Dei Verbum 22). Dieses Anliegen bestimmt auch die vorliegende Neuausgabe der deutschen Einheitsübersetzung. Sie ist zuverlässig und verständlich. Sie lädt alle Menschen ein, sich von Gottes Wort berühren zu lassen und dadurch selbst dem göttlichen Wort ein menschliches Gesicht zu geben.

Allen, die in diesem Buch lesen, wünschen wir ein hörendes Herz.

„Ich hoffe auf den HERRN, es hofft meine Seele, ich warte auf sein Wort." Ps 130,5

Reinhard Kardinal Marx
Vorsitzender der Deutschen Bischofskonferenz

Christoph Kardinal Schönborn OP
Vorsitzender der Österreichischen Bischofskonferenz

Charles Morerod OP
Präsident der Schweizer Bischofskonferenz

Jean-Claude Hollerich SJ
Erzbischof von Luxemburg

Wolfgang Haas
Erzbischof von Vaduz

Jean-Pierre Grallet OFM
Erzbischof von Straßburg

Ivo Muser
Bischof von Bozen-Brixen

Jean-Pierre Delville
Bischof von Lüttich

GELEITWORT ZUR SCHULBIBEL

Liebe Schülerinnen und Schüler,

die Schulbibel ist mehr als ein Schulbuch. Die Bibel ist das meist gelesene Buch der Welt. Die ältesten Geschichten wurden schon vor über 2800 Jahren aufgeschrieben. Bereits beim ersten Durchblättern werdet Ihr feststellen, dass die Bibel aus 73 einzelnen Büchern besteht, die alle einen eigenen Namen tragen. Davon gehören 46 zum Alten Testament und 27 zum Neuen Testament. In diesem Buch findet Ihr Erzählungen, Gedichte, Gesetze, Lieder, Gebete, Sprichwörter und Briefe. Die Bibel erzählt von Hass und Liebe, Krieg und Frieden, Unterdrückung und Befreiung, Lüge und Wahrheit, Tod und Leben. Das alles gehört zu dem großen Thema der Bibel: der Weg Gottes mit den Menschen.

Dieser Weg beginnt, wie das Alte Testament erzählt, mit der Erschaffung der Welt und der Berufung Abrahams und Saras. Er führt weiter über die Befreiung des Volkes Israel aus der Knechtschaft in Ägypten, den Bund Gottes mit seinem Volk am Berg Sinai, das wechselhafte Leben im Land Israel, die bitteren Jahre im babylonischen Exil und die Rückkehr nach Israel. Mit Jesus Christus, von dem das Neue Testament erzählt, beginnt eine neue Etappe auf dem Weg Gottes mit uns Menschen. Jesus verkündet das Reich Gottes, schart Jünger um sich, wirkt Wunder und stirbt einen schmachvollen Tod am Kreuz. Aber Gott hat ihn von den Toten auferweckt. Deshalb verkünden die Jünger Jesu Worte und Taten, laden die Menschen ein, ihm nachzufolgen, und gründen an vielen Orten Gemeinden. Auch davon erzählt das Neue Testament.

Die Bibel ist mehr als ein Geschichtsbuch. Sie ist vor allem eine Einladung. Sie lädt uns ein, den eigenen Lebensweg mit Gott zu gehen. Sie zeigt uns, wer Gott für uns ist und was er von uns erwartet. Sie ist Gottes Wort und Weisung für unser Leben ebenso wie für das Leben der Kirche. Deshalb wird im Gottesdienst aus der Bibel vorgelesen und werden die Lesungen in der Predigt erklärt.

In der Bibel gibt es viele spannende Geschichten, aber auch schwierige Texte, die nicht leicht zu verstehen sind. Deshalb lernt Ihr in der Schule, wie man die Bibel liest. Das kann anstrengend sein, aber es lohnt sich. Ich wünsche Euch viel Freude bei Eurer Entdeckungsreise durch die Bibel.

Euer

+ Hans-Josef Becker

Hans-Josef Becker
Erzbischof von Paderborn
Vorsitzender der Kommission für Erziehung und Schule (VII)
der Deutschen Bischofskonferenz

DAS ALTE TESTAMENT

DIE FÜNF BÜCHER DES MOSE

DIE FÜNF BÜCHER DES MOSE

Die fünf Bücher des Mose sind als „Tora“ (Weisung) Gottes das Fundament der Heiligen Schrift im Judentum. Für das Christentum enthalten sie ebenfalls grundlegende Glaubensinhalte.

In der jüdischen Bibel folgen „Propheten“ und andere „Schriften“ als Auslegung der Tora; im Christentum ist die Tora mit den geschichtlichen und prophetischen und weisheitlichen Büchern sowie den Psalmen der erste Teil der Heiligen Schrift.

Die Tora spannt einen durchgehenden Erzählbogen von der Erschaffung der Welt bis zum Tod des Mose. Auf die Erzählungen von der Schöpfung und den ersten Menschen (Gen 1–11) folgt die persönliche Zuwendung Gottes in Form von Verheißungen an Abraham (Gen 12,1–3). Er ist der Urvater des Glaubens an Gott. Die folgenden Geschichten der Erzeltern (Gen 12–36) und von Josef und seinen Brüdern (Gen 37–50) ringen um die Verwirklichung der Verheißungen zahlreicher Nachkommen und eines eigenen Landes. Sie münden in eine Übersiedelung Jakobs mit seinen Söhnen nach Ägypten. Dort wird die Familie zum Volk, das jedoch in Sklaverei gerät. Gott führt das Volk mit seinem Knecht Mose aus dem Sklavenhaus (Ex 1–19) und gibt ihm am Berg Sinai den Dekalog und die Weisung für das Leben im Gelobten Land (Ex 20–40; Levitikus; Num 1–10). Vom Sinai bricht das Volk auf und zieht durch die Wüste an die Schwelle des verheißenen Landes (Num 11–36). Dort, in Moab, östlich des Jordan, hört es als Testament des Mose erneute Weisungen für das Leben im Land (Deuteronomium).

Die Tora endet mit dem Tod des Mose vor dem Einzug Israels ins Gelobte Land, sodass die Frage des Landes eine Triebfeder für die folgenden Erzählungen in den Büchern Josua bis Könige wird. Auch die Gestalt Josuas, des Nachfolgers Moses (Dtn 31,1–8), weist über die Tora hinaus. Die Geschichte Israels und insbesondere das Verhalten der Könige und des Volkes werden nach dem Maßstab der Tora (namentlich des Buches Deuteronomium) beurteilt.

Die Kirchenväter übernehmen die Bezeichnung der alten griechischen Bibel „Pentateuch“ (das fünfteilige Buch). Die fünf Bücher stehen in Beziehung zueinander. Die Bücher Genesis und Deuteronomium bilden einen äußeren Rahmen: In beiden geht es um die Verheißung des Landes und um das Leben darin; beide enden mit einem Segen über die zwölf Söhne (Jakob in Gen 49) bzw. Stämme (Mose in Dtn 33) und mit dem Tod Jakobs bzw. Moses. Die Bücher Exodus und Numeri bilden einen inneren Rahmen: Das Volk Israel zieht von Ägypten durch die Wüste zum Sinai (Ex) und vom Sinai durch die Wüste in das Land Moab (Num); sechs sich entsprechende Angaben zu den Abschnitten des Weges (Ex 12,37; Num 10,12 usw.) beschreiben den Zug zum Sinai und von dort bis in das Land Moab (Num). Beide Bücher behandeln das Pessachfest (Ex 12; Num 9,1–14), das Manna- und Wachtelwunder (Ex 16; Num 11), das Wasser aus dem Felsen (Ex 17; Num 20), die neuen Leitungsaufgaben zur Unterstützung des Mose (Ex 18; Num 11) und vor allem eine beispielhafte Geschichte über den Abfall Israels von dem einen bildlosen Gott und seiner Zuwendung zu anderen Gottheiten (Ex 32: das Goldene Kalb; Num 25: Baal Pegor). Der Bund mit Gott droht zu scheitern, doch Gottes Bereitschaft zur Vergebung und die Fürbitte Moses retten das Volk. Das Buch Levitikus bildet mit der Kultordnung des Heiligtums das Zentrum der Tora; es enthält neben den Weisungen für den Gottesdienst auch Vorschriften für das gute zwischenmenschliche Zusammenleben. In seiner Mitte steht die Gabe der liturgischen Versöhnung mit Gott: der große Versöhnungstag (Jom ha-Kippurim).

Der Pentateuch hat einige auffällige Eigenarten: (1) Es begegnen verschiedene Gottesbezeichnungen: der Eigenname Gottes, der etwa seit dem 5. oder 4. Jh. v. Chr. nicht mehr ausgesprochen wurde und meist durch den Titel HERR ersetzt wird; ferner Elohim, „Gott“. (2) Einzelne Geschichten sind mehrfach anzutreffen mit wechselnden Personen und Orten: z. B. die Gefährdung der Stamm-Mütter (Gen 12; 20; 26). (3) Manche Erzählungen enthalten inhaltliche Spannungen, die nicht ausgeglichen wurden. (4) Die Tora besteht aus verschiedenen Sammlungen von Rechtsvorschriften, die sich ähneln und doch auch markant voneinander abweichen. (5) Sie redet in unterschiedlicher Weise vom Bund Gottes mit Israel und schließlich (6) enthält sie zu etwa gleichen Teilen Erzählungen und Vorschriften. Lange Zeit erklärte man das komplizierte Gefüge der im Pentateuch gesammelten Erzählungen und Rechtsbestimmungen mit Hilfe der Annahme, hier seien vier verschiedene Quellen zu einem Ganzen verwoben worden. Dieses Erklärungsmodell wird heute kaum noch vertreten und es gibt eine Reihe von neuen Vorschlägen, wie der Pentateuch entstanden sein könnte. Einig ist man sich, dass er aus verschiedenen überlieferten Sammlungen zusammengestellt wurde. Dabei waren sowohl Priesterkreise am Jerusalemer Tempel als auch andere, nichtpriesterliche Gruppen beteiligt. Diese vertraten je eigene theologische Sichtweisen. Der Entstehungsprozess kam in der zweiten Hälfte des 5. Jh.s v. Chr. in Jerusalem im Wesentlichen zum Abschluss. In der Mitte des 3. Jh.s v. Chr. übersetzten Juden die Tora zum ersten Mal in eine andere Sprache, das Griechische. Im Judentum und im Christentum betrachtete man durch Jahrhunderte hindurch Mose als den Verfasser des Pentateuch. Man wollte zum Ausdruck bringen, dass der Pentateuch die Weisungen Gottes enthält, die Mose wie ein Prophet von Gott empfing und seinem Volk vermittelte.

Die Tora – der Pentateuch – ist kein Gesetzbuch im klassischen Sinne, denn die Weisungen („Gesetze") sind in eine Erzählung eingebettet. Sie erhalten ihren vollen Sinn erst durch die Geschichte des Volkes mit seinem Gott, während die Geschichte wiederum einen Weg in die Freiheit erzählt. Die Tora entwirft das Bild einer Gesellschaft, die von Freiheit (Ex 20,2), Gerechtigkeit (Dtn 15,4), Solidarität (Gen 50,18–21) und Liebe (Lev 19,18) geprägt ist und sich mit ganzer Hingabe dem einen und einzigen Gott anvertraut (Dtn 6,4–5); so steht sie unter Gottes Segen (Num 6,22–27).

Der Pentateuch prägt die Hauptinhalte des aus der Bibel erwachsenden Glaubens in vielfältigen literarischen Formen wie Erzählungen, Gebote und Weisungen, Beschreibungen liturgischer Handlungen und Symbole, Bekenntnisse u. a. In seinem Horizont stehen die Sendung und Botschaft Jesu und seiner Jünger. Die neutestamentlichen Verfasser beziehen sich auf den Pentateuch, die Propheten und die anderen Schriften der Bibel Israels, um ihre Botschaft mit Worten der Heiligen Schrift verständlich zu machen. So sind die Gestalten und Inhalte des Pentateuch Quelle und Wurzel des jüdischen und des christlichen Glaubens. Der Islam sieht in der Religion Abrahams das Bekenntnis zum einen und einzigen Gott grundgelegt.

DAS BUCH GENESIS

Das Judentum nennt das Buch nach seinem Anfangswort „Bereschit" (Im Anfang). Der Name „Genesis" geht auf die griechische und die lateinische Bibelübersetzung zurück und bedeutet „Ursprung, Entstehung". Beide Bezeichnungen fangen Inhalte des Buches ein: Es handelt von Anfängen und geht Herkünften nach.

Im Buch Genesis (2,4; 4,26) begegnet zum ersten Mal der Gottesname, der im Hebräischen mit den vier Buchstaben JHWH wiedergegeben wird. Seine Aussprache ist nicht endgültig gesichert. Die jüdische Tradition hat schon in biblischer Zeit in Ehrfurcht vor dem Namen Gottes und unter strikter Beachtung des Namensmissbrauchsverbots (Ex 20,7) auf die Aussprache außerhalb der Tempelliturgie verzichtet und liest stattdessen „Adonaj", „(mein) Herr". Die griechische und lateinische Übersetzung der Bibel schrieben im Gefolge „kyrios" bzw. „dominus" anstelle des Gottesnamens. In diese Tradition stellt sich auch die Einheitsübersetzung, wenn sie „der HERR" schreibt.

Das Buch besteht aus zwei Hauptteilen. Der erste (1–9) stellt den Ursprung der Welt und des Lebens dar: die Urgeschichte. Der zweite (10–50) zeichnet den Ursprung des Volkes Israel inmitten einer Völkerwelt nach; er ist selbst in zwei Teile untergliedert: die Erzeltern Israels (10–36) und Josef und seine Brüder (37–50).

Die Urgeschichte zeigt, wie die Welt und alles Leben auf Gott als den Schöpfer zurückgehen (Gen 1–2). Der Mensch bringt in der Schöpfung auch Böses und Gewalt hervor (Gen 3–4; 6). Dennoch nimmt Gott ihn und seine Schöpfung an. Am Ende der Fluterzählung garantiert Gott den Fortbestand des Lebens (Gen 8,20–9,17): Nicht noch einmal wird ein Gericht wie die Flut die ganze Welt erreichen. Da der Mensch als Gottes Bild erschaffen ist (Gen 1,26–27; 5,1–3; 9,6), haben jeder Mann und jede Frau eine von Gott gegebene Würde.

Im zweiten Hauptteil wird der Ursprung des Volkes Israel inmitten der Völker mit ihren Sprachen (Gen 10,1–11,9) in einer Reihe von Familiengeschichten entfaltet. Die Erzeltern erhalten mehrfach Gottes Verheißungen, dass sie zu einem großen Volk mit eigenem Land werden (z. B. Gen 13,14–16). Auch wenn sich diese innerhalb des Buches noch nicht erfüllen, orientiert sich Gott doch daran, wenn er die Familien lenkt und auf ihren Wegen führt. Israel geht damit auf Gottes Initiative zurück und steht für immer unter seinen Zusagen. Gott holt schon mit Abraham das künftige Israel in seinen Bund, den Israel durch die Beschneidung der männlichen Nachkommen annimmt (Gen 17). Die künftigen Strukturen werden vorgezeichnet, wenn Jakob den Ehrennamen Israel bekommt (32,28; 35,10) und seine Söhne zu den Ahnvätern der zwölf Stämme werden. Israel steht in Verwandtschaft zu weiteren Völkern (Gen 36), die nach und nach hinzukommen. Es bekommt eine Aufgabe unter den Völkern und soll ihnen zum Segen (Gen 12,1–3) und vor Gott ihr Anwalt sein (18,16–33).

Die Kap. 37–50 gehen dem Konflikt zwischen Josef und seinen Brüdern nach und zeigen dessen Lösung in einem langen Weg zur Versöhnung auf.

Die Entstehungszeit des Buches Genesis liegt vermutlich im Zeitraum vom 7. bis 4. Jh. v. Chr. Jeweils aktuell anstehende Fragen zur Gestalt des Gottesvolkes, zu seiner Rolle unter den Völkern und zur Schöpfungstheologie gaben Impulse, Teile des Buches zu verfassen. Dieses ist so in einzelnen Schritten und durch verschiedene Beiträge entstanden, die ihre je eigenen Erzähltraditionen verarbeiteten. Auf diese Weise kamen auch Spannungen zustande, wie man sie etwa zwischen den Erzählungen von der Erschaffung des Menschen in Gen 1,26–28 und in Gen 2,5–7.18–25 erkennen kann. Heutzutage gibt es keine einheitliche Auffassung darüber, wie die Etappen der Buchentstehung konkret ausgesehen haben. Nur so viel scheint festzustehen: Wer immer in einer späten Phase die einzelnen Beiträge sichtete oder zusammenfügte, dürfte sie gezielt in eine Endgestalt gebracht haben.

In das Buch Genesis sind auch Erzählstoffe eingeflossen, die andere Kulturen vorgeprägt hatten. Ein Musterbeispiel ist die Erzählung von der Flut (Gen 6,5–9,17), die mit der Abfolge: Schöpfung des Kosmos und des Menschen – Verfehlung des Menschen – Strafe durch die Flut eine bemerkenswerte Ähnlichkeit zu einem mesopotamischen Vorbild aus dem 2. Jt. v. Chr. aufweist.

DIE ANFÄNGE: 1,1–11,9

DIE ERSCHAFFUNG DER WELT: 1,1–2,3

1 1 Im Anfang erschuf Gott Himmel und
Erde. 2 Die Erde war wüst und wirr und
Finsternis lag über der Urflut und Gottes Geist
schwebte über dem Wasser.
3 Gott sprach: Es werde Licht. Und es wurde
Licht. 4 Gott sah, dass das Licht gut war. Und
Gott schied das Licht von der Finsternis. 5 Und
Gott nannte das Licht Tag und die Finsternis
nannte er Nacht. Es wurde Abend und es wur-
de Morgen: erster Tag.
6 Dann sprach Gott: Es werde ein Gewölbe
mitten im Wasser und scheide Wasser von
Wasser. 7 Gott machte das Gewölbe und schied
das Wasser unterhalb des Gewölbes vom
Wasser oberhalb des Gewölbes. Und so ge-
schah es. 8 Und Gott nannte das Gewölbe
Himmel. Es wurde Abend und es wurde Mor-
gen: zweiter Tag.
9 Dann sprach Gott: Es sammle sich das
Wasser unterhalb des Himmels an einem Ort
und das Trockene werde sichtbar. Und so ge-
schah es. 10 Und Gott nannte das Trockene
Land und die Ansammlung des Wassers
nannte er Meer. Gott sah, dass es gut war.
11 Dann sprach Gott: Die Erde lasse junges
Grün sprießen, Gewächs, das Samen bildet,
Fruchtbäume, die nach ihrer Art Früchte
tragen mit Samen darin auf der Erde. Und so
geschah es. 12 Die Erde brachte junges Grün
hervor, Gewächs, das Samen nach seiner Art
bildet, und Bäume, die Früchte tragen mit Sa-
men darin nach ihrer Art. Gott sah, dass es gut
war. 13 Es wurde Abend und es wurde Morgen:
dritter Tag.
14 Dann sprach Gott: Lichter sollen am Him-
melsgewölbe sein, um Tag und Nacht zu schei-
den. Sie sollen als Zeichen für Festzeiten, für
Tage und Jahre dienen. 15 Sie sollen Lichter am
Himmelsgewölbe sein, um über die Erde hin
zu leuchten. Und so geschah es. 16 Gott mach-
te die beiden großen Lichter, das große zur
Herrschaft über den Tag, das kleine zur Herr-
schaft über die Nacht, und die Sterne.
17 Gott setzte sie an das Himmelsgewölbe,
damit sie über die Erde leuchten, 18 über Tag
und Nacht herrschen und das Licht von der
Finsternis scheiden. Gott sah, dass es gut war.
19 Es wurde Abend und es wurde Morgen: vier-
ter Tag.
20 Dann sprach Gott: Das Wasser wimmle
von Schwärmen lebendiger Wesen und Vögel
sollen über der Erde am Himmelsgewölbe flie-
gen. 21 Und Gott erschuf die großen Wasser-
tiere und alle Lebewesen, die sich fortbewegen
nach ihrer Art, von denen das Wasser wim-
melt, und alle gefiederten Vögel nach ihrer Art.
Gott sah, dass es gut war. 22 Gott segnete sie
und sprach: Seid fruchtbar und mehrt euch!
Füllt das Wasser im Meer und die Vögel sollen
sich auf Erden vermehren. 23 Es wurde Abend
und es wurde Morgen: fünfter Tag.
24 Dann sprach Gott: Die Erde bringe Lebe-
wesen aller Art hervor, von Vieh, von Kriech-
tieren und von Wildtieren der Erde nach ihrer
Art. Und so geschah es. 25 Gott machte die
Wildtiere der Erde nach ihrer Art, das Vieh
nach seiner Art und alle Kriechtiere auf dem
Erdboden nach ihrer Art. Gott sah, dass es gut
war. 26 Dann sprach Gott: Lasst uns Menschen
machen als unser Bild, uns ähnlich! Sie sollen
walten über die Fische des Meeres, über die
Vögel des Himmels, über das Vieh, über die
ganze Erde und über alle Kriechtiere, die auf
der Erde kriechen. 27 Gott erschuf den Men-
schen als sein Bild, als Bild Gottes erschuf er
ihn. Männlich und weiblich erschuf er sie.
28 Gott segnete sie und Gott sprach zu ihnen:
Seid fruchtbar und mehrt euch, füllt die Erde
und unterwerft sie und waltet über die
Fische des Meeres, über die Vögel des Him-
mels und über alle Tiere, die auf der Erde krie-
chen! 29 Dann sprach Gott: Siehe, ich gebe
euch alles Gewächs, das Samen bildet auf
der ganzen Erde, und alle Bäume, die Früchte
tragen mit Samen darin. Euch sollen sie zur
Nahrung dienen. 30 Allen Tieren der Erde,
allen Vögeln des Himmels und allem, was auf
der Erde kriecht, das Lebensatem in sich hat,
gebe ich alles grüne Gewächs zur Nahrung.
Und so geschah es. 31 Gott sah alles an, was er
gemacht hatte: Und siehe, es war sehr gut. Es
wurde Abend und es wurde Morgen: der
sechste Tag.

2 1 So wurden Himmel und Erde und ihr
ganzes Heer vollendet. 2 Am siebten Tag
vollendete Gott das Werk, das er gemacht hat-
te, und er ruhte am siebten Tag, nachdem er
sein ganzes Werk gemacht hatte. 3 Und Gott
segnete den siebten Tag und heiligte ihn; denn

an ihm ruhte Gott, nachdem er das ganze
Werk erschaffen hatte.

1,1: 2,4; 2 Kön 19,15; 2 Chr 2,11; Joh 1,1–3 / **2:** Ps 104,6; Jer 4,23 / **3:** Ps 33,9; 2 Kor 4,6; Hebr 11,3 / **14:** Ps 136,7–9 / **26:** Ps 8,6–9; Eph 4,24; Kol 3,10 / **27:** 5,1–3; 9,6 / **28:** 9,1.7 / **29:** 9,3
2,1: Neh 9,6 / **2:** Ex 20,8–11

DER MENSCH IM GARTEN EDEN: 2,4–25

4 Das ist die Geschichte der Entstehung von
Himmel und Erde, als sie erschaffen wurden.
Zur Zeit, als Gott, der HERR, Erde und Him-
mel machte, 5 gab es auf der Erde noch keine
Feldsträucher und wuchsen noch keine Feld-
pflanzen, denn Gott, der HERR, hatte es auf
die Erde noch nicht regnen lassen und es gab
noch keinen Menschen, der den Erdboden be-
arbeitete, 6 aber Feuchtigkeit stieg aus der Erde
auf und tränkte die ganze Fläche des Erdbo-
dens. 7 Da formte Gott, der HERR, den Men-
schen, Staub vom Erdboden, und blies in seine
Nase den Lebensatem. So wurde der Mensch
zu einem lebendigen Wesen.

8 Dann pflanzte Gott, der HERR, in Eden, im
Osten, einen Garten und setzte dorthin den
Menschen, den er geformt hatte. 9 Gott, der
HERR, ließ aus dem Erdboden allerlei Bäume
wachsen, begehrenswert anzusehen und köst-
lich zu essen, in der Mitte des Gartens aber den
Baum des Lebens und den Baum der Erkennt-
nis von Gut und Böse.

10 Ein Strom entspringt in Eden, der den
Garten bewässert; dort teilt er sich und wird
zu vier Hauptflüssen. 11 Der Name des ersten
ist Pischon; er ist es, der das ganze Land Hawi-
la umfließt, wo es Gold gibt. 12 Das Gold jenes
Landes ist gut; dort gibt es Bdelliumharz und
Karneolsteine. 13 Der Name des zweiten Stro-
mes ist Gihon; er ist es, der das ganze Land
Kusch umfließt. 14 Der Name des dritten Stro-
mes ist Tigris; er ist es, der östlich an Assur
vorbeifließt. Der vierte Strom ist der Eufrat.

15 Gott, der HERR, nahm den Menschen und
gab ihm seinen Wohnsitz im Garten von Eden,
damit er ihn bearbeite und hüte. 16 Dann gebot
Gott, der HERR, dem Menschen: Von allen
Bäumen des Gartens darfst du essen, 17 doch
vom Baum der Erkenntnis von Gut und Böse
darfst du nicht essen; denn am Tag, da du da-
von isst, wirst du sterben.

18 Dann sprach Gott, der HERR: Es ist nicht
gut, dass der Mensch allein ist. Ich will ihm
eine Hilfe machen, die ihm ebenbürtig ist.

19 Gott, der HERR, formte aus dem Erdboden
alle Tiere des Feldes und alle Vögel des Him-
mels und führte sie dem Menschen zu, um zu
sehen, wie er sie benennen würde. Und wie
der Mensch jedes lebendige Wesen benannte,
so sollte sein Name sein. 20 Der Mensch gab
Namen allem Vieh, den Vögeln des Himmels
und allen Tieren des Feldes. Aber eine Hilfe,
die dem Menschen ebenbürtig war, fand er
nicht.

21 Da ließ Gott, der HERR, einen tiefen Schlaf
auf den Menschen fallen, sodass er einschlief,
nahm eine seiner Rippen und verschloss ihre
Stelle mit Fleisch. 22 Gott, der HERR, baute aus
der Rippe, die er vom Menschen genommen
hatte, eine Frau und führte sie dem Menschen
zu. 23 Und der Mensch sprach:

Das endlich ist Bein von meinem Bein / und
Fleisch von meinem Fleisch. Frau soll sie ge-
nannt werden; / denn vom Mann ist sie ge-
nommen.

24 Darum verlässt der Mann Vater und Mut-
ter und hängt seiner Frau an und sie werden
ein Fleisch. 25 Beide, der Mensch und seine
Frau, waren nackt, aber sie schämten sich nicht
voreinander.

4: 1,1 / **7:** 3,19 / **8:** Ez 28,13 / **17:** 3,3 / **24:** Mt 19,5; Mk 10,8; 1 Kor 6,16; Eph 5,31 / **25:** 3,7

DER FALL DES MENSCHEN: 3,1–24

3 1 Die Schlange war schlauer als alle Tiere
des Feldes, die Gott, der HERR, gemacht
hatte. Sie sagte zu der Frau: Hat Gott wirklich
gesagt: Ihr dürft von keinem Baum des Gar-
tens essen? 2 Die Frau entgegnete der Schlange:
Von den Früchten der Bäume im Garten dür-
fen wir essen; 3 nur von den Früchten des Bau-
mes, der in der Mitte des Gartens steht, hat
Gott gesagt: Davon dürft ihr nicht essen und
daran dürft ihr nicht rühren, sonst werdet ihr
sterben.

4 Darauf sagte die Schlange zur Frau: Nein,
ihr werdet nicht sterben. 5 Gott weiß vielmehr:
Sobald ihr davon esst, gehen euch die Augen
auf; ihr werdet wie Gott und erkennt Gut und
Böse. 6 Da sah die Frau, dass es köstlich wäre,

2,4 Hier erscheint zum ersten Mal der Gottesname, vgl. Einleitung.

2,7 Im Hebräischen klingen die Worte Mensch (adam) und Erdboden (adama) ähnlich.

2,23 Im hebräischen Text liegt ein Wortspiel vor: Mann (isch) und Frau (ischa).

3,1 von keinem Baum, andere Übersetzungsmöglichkeit: nicht von allen Bäumen.

von dem Baum zu essen, dass der Baum eine
Augenweide war und begehrenswert war, um
klug zu werden. Sie nahm von seinen Früchten
und aß; sie gab auch ihrem Mann, der bei ihr
war, und auch er aß.

7 Da gingen beiden die Augen auf und sie
erkannten, dass sie nackt waren. Sie hefteten
Feigenblätter zusammen und machten sich
einen Schurz. 8 Als sie an den Schritten hörten,
dass sich Gott, der HERR, beim Tagwind im
Garten erging, versteckten sich der Mensch
und seine Frau vor Gott, dem HERRN, inmit-
ten der Bäume des Gartens. 9 Aber Gott, der
HERR, rief nach dem Menschen und sprach zu
ihm: Wo bist du? 10 Er antwortete: Ich habe
deine Schritte gehört im Garten; da geriet ich
in Furcht, weil ich nackt bin, und versteckte
mich. 11 Darauf fragte er: Wer hat dir gesagt,
dass du nackt bist? Hast du von dem Baum
gegessen, von dem ich dir geboten habe, davon
nicht zu essen? 12 Der Mensch antwortete: Die
Frau, die du mir beigesellt hast, sie hat mir von
dem Baum gegeben. So habe ich gegessen.
13 Gott, der HERR, sprach zu der Frau: Was hast
du getan? Die Frau antwortete: Die Schlange
hat mich verführt. So habe ich gegessen.

14 Da sprach Gott, der HERR, zur Schlange:
Weil du das getan hast, bist du verflucht /
unter allem Vieh und allen Tieren des Fel-
des. / Auf dem Bauch wirst du kriechen / und
Staub fressen alle Tage deines Lebens.

15 Und Feindschaft setze ich zwischen dir
und der Frau, / zwischen deinem Nachkom-
men und ihrem Nachkommen. / Er trifft dich
am Kopf / und du triffst ihn an der Ferse.

16 Zur Frau sprach er:
Viel Mühsal bereite ich dir und häufig wirst
du schwanger werden. / Unter Schmerzen
gebierst du Kinder. / Nach deinem Mann hast
du Verlangen / und er wird über dich herr-
schen.

17 Zum Menschen sprach er: Weil du auf die
Stimme deiner Frau gehört und von dem
Baum gegessen hast, von dem ich dir geboten
hatte, davon nicht zu essen,
ist der Erdboden deinetwegen verflucht. /
Unter Mühsal wirst du von ihm essen alle Tage
deines Lebens.

18 Dornen und Disteln lässt er dir wachsen /
und die Pflanzen des Feldes wirst du essen.

19 Im Schweiße deines Angesichts / wirst du
dein Brot essen, / bis du zum Erdboden zu-
rückkehrst; / denn von ihm bist du genom-
men, / Staub bist du / und zum Staub kehrst
du zurück.

20 Der Mensch gab seiner Frau den Namen
Eva, Leben, denn sie wurde die Mutter aller
Lebendigen. 21 Gott, der HERR, machte dem
Menschen und seiner Frau Gewänder von Fell
und bekleidete sie damit.

22 Dann sprach Gott, der HERR: Siehe, der
Mensch ist wie einer von uns geworden, dass
er Gut und Böse erkennt. Aber jetzt soll er
nicht seine Hand ausstrecken, um auch noch
vom Baum des Lebens zu nehmen, davon zu
essen und ewig zu leben. 23 Da schickte Gott,
der HERR, ihn aus dem Garten Eden weg, da-
mit er den Erdboden bearbeite, von dem er
genommen war. 24 Er vertrieb den Menschen
und ließ östlich vom Garten Eden die Kerubim
wohnen und das lodernde Flammenschwert,
damit sie den Weg zum Baum des Lebens be-
wachten.

1: Offb 12,9 / **3**: 2,17 / **4**: 2 Kor 11,3 / **5**: Jes 14,14 / **6**: Weish 2,23f.; Sir 25,24 / **9**: 4,9 / **13**: 4,10 / **14**: Mi 7,17 / **15**: Offb 12,17 / **17**: 5,29; Ijob 5,7 / **18**: Ijob 31,40 / **19**: 2,7; Ps 90,3; Koh 3,20

KAIN UND ABEL: 4,1–16

4 1 Der Mensch erkannte Eva, seine Frau;
sie wurde schwanger und gebar Kain. Da
sagte sie: Ich habe einen Mann vom HERRN
erworben. 2 Sie gebar ein zweites Mal, nämlich
Abel, seinen Bruder. Abel wurde Schafhirt und
Kain Ackerbauer.

3 Nach einiger Zeit brachte Kain dem HERRN
eine Gabe von den Früchten des Erdbodens dar;
4 auch Abel brachte eine dar von den Erstlingen
seiner Herde und von ihrem Fett. Der HERR
schaute auf Abel und seine Gabe, 5 aber auf Kain
und seine Gabe schaute er nicht. Da überlief es
Kain ganz heiß und sein Blick senkte sich. 6 Der
HERR sprach zu Kain: Warum überläuft es dich
heiß und warum senkt sich dein Blick? 7 Ist es
nicht so: Wenn du gut handelst, darfst du auf-
blicken; wenn du nicht gut handelst, lauert an
der Tür die Sünde. Sie hat Verlangen nach dir,
doch du sollst über sie herrschen.

8 Da redete Kain mit Abel, seinem Bruder.
Als sie auf dem Feld waren, erhob sich Kain
gegen Abel, seinen Bruder, und tötete ihn. 9 Da
sprach der HERR zu Kain: Wo ist Abel, dein

4,1 Evas Rede enthält ein Wortspiel: Im hebräischen Wort für „erwerben“ (qanah) klingt der Name Kain an.

4,8 Mehrere hebräische Textzeugen, G, Vg und S fügen hinzu: Lasst uns aufs Feld gehen!

Bruder? Er entgegnete: Ich weiß es nicht. Bin
ich der Hüter meines Bruders? 10 Der HERR
sprach: Was hast du getan? Das Blut deines
Bruders erhebt seine Stimme und schreit zu
mir vom Erdboden. 11 So bist du jetzt verflucht,
verbannt vom Erdboden, der seinen Mund
aufgesperrt hat, um aus deiner Hand das Blut
deines Bruders aufzunehmen. 12 Wenn du den
Erdboden bearbeitest, wird er dir keinen Er-
trag mehr bringen. Rastlos und ruhelos wirst
du auf der Erde sein. 13 Kain antwortete dem
HERRN: Zu groß ist meine Schuld, als dass ich
sie tragen könnte. 14 Siehe, du hast mich heute
vom Erdboden vertrieben und ich muss mich
vor deinem Angesicht verbergen; rastlos und
ruhelos werde ich auf der Erde sein und jeder,
der mich findet, wird mich töten. 15 Der HERR
aber sprach zu ihm: Darum soll jeder, der Kain
tötet, siebenfacher Rache verfallen. Darauf
machte der HERR dem Kain ein Zeichen, da-
mit ihn keiner erschlage, der ihn finde. 16 So
zog Kain fort, weg vom HERRN, und ließ sich
im Land Nod nieder, östlich von Eden.

2: 2,5.15; 3,23 / **4f.**: Hebr 11,4 / **15**: 4,23f.

DIE NACHKOMMEN KAINS: 4,17–24

17 Kain erkannte seine Frau; sie wurde schwan-
ger und gebar Henoch. Kain wurde der Erbau-
er einer Stadt und nannte die Stadt nach dem
Namen seines Sohnes Henoch. 18 Dem Henoch
wurde Irad geboren; Irad zeugte Mehujaël,
Mehujaël zeugte Metuschaël und Metuschaël
zeugte Lamech.

19 Lamech nahm sich zwei Frauen; der Name
der einen war Ada und der Name der anderen
Zilla. 20 Ada gebar Jabal; er wurde der Stamm-
vater derer, die in Zelten wohnen und vom
Viehbesitz leben. 21 Der Name seines Bruders
war Jubal; er wurde der Stammvater aller Lei-
er- und Flötenspieler. 22 Auch Zilla gebar, und
zwar Tubal-Kajin, der die Geräte aller Erz- und
Eisenhandwerker schmiedete. Die Schwester
Tubal-Kajins war Naama.

23 Lamech sagte zu seinen Frauen:

Ada und Zilla, hört auf meine Stimme, / ihr
Frauen Lamechs, horcht meiner Rede! / Ja,
einen Mann erschlage ich für meine Wunde /
und ein Kind für meine Strieme.

24 Wird Kain siebenfach gerächt, / dann La-
mech siebenundsiebzigfach.

24: 4,15

4,16 Im Namen Nod klingt das hebräische Wort für „ruhe-
los“ (nad) aus 4,12.14 an.

SET UND ENOSCH: 4,25–26

25 Adam erkannte noch einmal seine Frau. Sie
gebar einen Sohn und gab ihm den Namen Set,
Setzling. Denn sie sagte: Gott setzte mir einen
anderen Nachkommen anstelle Abels, weil
Kain ihn getötet hat. 26 Auch dem Set wurde
ein Sohn geboren und er gab ihm den Namen
Enosch. Damals fing man an, den Namen des
HERRN anzurufen.

VON ADAM BIS NOACH: 5,1–32

5 1 Dies ist das Buch der Geschlechterfolge
Adams: Am Tag, da Gott den Menschen
erschuf, machte er ihn Gott ähnlich. 2 Männ-
lich und weiblich erschuf er sie, er segnete sie
und gab ihnen den Namen Mensch an dem
Tag, da sie erschaffen wurden.

3 Adam war hundertdreißig Jahre alt, da
zeugte er einen Sohn, der ihm ähnlich war, wie
sein Bild, und gab ihm den Namen Set. 4 Nach-
dem Adam Set gezeugt hatte, lebte er noch
achthundert Jahre und er zeugte Söhne und
Töchter. 5 Die gesamte Lebenszeit Adams be-
trug neunhundertdreißig Jahre, dann starb er.

6 Set war hundertfünf Jahre alt, da zeugte er
Enosch. 7 Nachdem Set Enosch gezeugt hatte,
lebte er noch achthundertsieben Jahre und
zeugte Söhne und Töchter. 8 Die gesamte
Lebenszeit Sets betrug neunhundertzwölf
Jahre, dann starb er.

9 Enosch war neunzig Jahre alt, da zeugte er
Kenan. 10 Nachdem Enosch Kenan gezeugt
hatte, lebte er noch achthundertfünfzehn Jah-
re und zeugte Söhne und Töchter. 11 Die ge-
samte Lebenszeit des Enosch betrug neunhun-
dertfünf Jahre, dann starb er.

12 Kenan war siebzig Jahre alt, da zeugte er
Mahalalel. 13 Nachdem Kenan Mahalalel ge-
zeugt hatte, lebte er noch achthundertvierzig
Jahre und zeugte Söhne und Töchter. 14 Die
gesamte Lebenszeit Kenans betrug neunhun-
dertzehn Jahre, dann starb er.

15 Mahalalel war fünfundsechzig Jahre alt, da
zeugte er Jered. 16 Nachdem Mahalalel Jered
gezeugt hatte, lebte er noch achthundert-
dreißig Jahre und zeugte Söhne und Töchter.
17 Die gesamte Lebenszeit Mahalalels betrug
achthundertfünfundneunzig Jahre, dann starb
er.

4,25 Evas Rede enthält ein Wortspiel mit dem Namen Set,
der im hebräischen Wort für „setzen“ anklingt.

4,26 Beim Namen Enosch soll die Bezeichnung „Mensch“
mitgehört werden.

18 Jered war hundertzweiundsechzig Jahre
alt, da zeugte er Henoch. 19 Nachdem Jered
Henoch gezeugt hatte, lebte er noch achthun-
dert Jahre und zeugte Söhne und Töchter.
20 Die gesamte Lebenszeit Jereds betrug neun-
hundertzweiundsechzig Jahre, dann starb er.

21 Henoch war fünfundsechzig Jahre alt, da
zeugte er Metuschelach. 22 Nachdem Henoch
Metuschelach gezeugt hatte, ging er mit Gott
dreihundert Jahre lang und zeugte Söhne und
Töchter. 23 Die gesamte Lebenszeit Henochs
betrug dreihundertfünfundsechzig Jahre.
24 Henoch ging mit Gott, dann war er nicht
mehr da; denn Gott hatte ihn aufgenommen.

25 Metuschelach war hundertsiebenund-
achtzig Jahre alt, da zeugte er Lamech. 26 Nach-
dem Metuschelach Lamech gezeugt hatte,
lebte er noch siebenhundertzweiundachtzig
Jahre und zeugte Söhne und Töchter. 27 Die
gesamte Lebenszeit Metuschelachs betrug
neunhundertneunundsechzig Jahre, dann
starb er.

28 Lamech war hundertzweiundachtzig Jah-
re alt, da zeugte er einen Sohn 29 und er gab ihm
den Namen Noach – Ruhe –. Dabei sagte er: Er
wird uns aufatmen lassen von unserer Arbeit
und von der Mühe unserer Hände mit dem
Erdboden, den der HERR verflucht hat.
30 Nachdem Lamech Noach gezeugt hatte, leb-
te er noch fünfhundertfünfundneunzig Jahre
und zeugte Söhne und Töchter. 31 Die gesam-
te Lebenszeit Lamechs betrug siebenhundert-
siebenundsiebzig Jahre, dann starb er.

32 Noach zeugte im Alter von fünfhundert
Jahren Sem, Ham und Jafet.

1–3: 1,25f.; 9,6 / **22**: 6,9 / **24**: 2 Kön 2,12; Hebr 11,5 / **29**: 3,17; 8,20–22 / **32**: 10,1

MENSCHENTÖCHTER UND GOTTESSÖHNE: 6,1–4

6 1 Als sich die Menschen auf Erden zu ver-
mehren begannen und ihnen Töchter
geboren wurden, 2 sahen die Gottessöhne, wie
schön die Menschentöchter waren, und sie
nahmen sich von ihnen allen Frauen, die sie
auswählten. 3 Da sprach der HERR: Mein Geist
soll nicht für immer im Menschen bleiben,
weil er eben Fleisch ist; daher soll seine Le-
benszeit hundertzwanzig Jahre betragen. 4 In
jenen Tagen gab es auf der Erde die Riesen, und
auch später noch, nachdem sich die Gottes-
söhne mit den Menschentöchtern eingelassen
und diese ihnen Kinder geboren hatten. Das
sind die Helden der Vorzeit, die namhaften
Männer.

3: Dtn 34,7 / **4**: Num 13,33

DIE SINTFLUT: 6,5–9,17

5 Der HERR sah, dass auf der Erde die Bosheit
des Menschen zunahm und dass alles Sinnen
und Trachten seines Herzens immer nur böse
war. 6 Da reute es den HERRN, auf der Erde den
Menschen gemacht zu haben, und es tat sei-
nem Herzen weh. 7 Der HERR sagte: Ich will
den Menschen, den ich erschaffen habe, vom
Erdboden vertilgen, mit ihm auch das Vieh,
die Kriechtiere und die Vögel des Himmels,
denn es reut mich, sie gemacht zu haben. 8 Nur
Noach fand Gnade in den Augen des HERRN.

9 Das ist die Geschlechterfolge nach Noach:
Noach war ein gerechter, untadeliger Mann
unter seinen Zeitgenossen; er ging mit Gott.
10 Noach zeugte drei Söhne: Sem, Ham und
Jafet.

11 Die Erde aber war vor Gott verdorben, die
Erde war voller Gewalttat. 12 Gott sah sich die
Erde an und siehe, sie war verdorben; denn
alle Wesen aus Fleisch auf der Erde lebten ver-
dorben.

13 Da sprach Gott zu Noach: Ich sehe, das
Ende aller Wesen aus Fleisch ist gekommen;
denn durch sie ist die Erde voller Gewalttat.
Siehe, ich will sie zugleich mit der Erde verder-
ben. 14 Mach dir eine Arche aus Goferholz!
Statte sie mit Kammern aus und dichte sie
innen und außen mit Pech ab! 15 So sollst du
sie machen: Dreihundert Ellen lang, fünfzig
Ellen breit und dreißig Ellen hoch soll sie sein.
16 Mach der Arche ein Dach und hebe es genau
um eine Elle nach oben an! Den Eingang der
Arche bring an der Seite an! Richte ein unteres,
ein zweites und ein drittes Stockwerk ein!
17 Ich bin es. Siehe, ich will die Flut, das Wasser,
über die Erde bringen, um alle Wesen aus
Fleisch unter dem Himmel, alles, was Lebens-
geist in sich hat, zu verderben. Alles auf Erden
soll den Tod finden. 18 Mit dir aber richte ich
meinen Bund auf. Geh in die Arche, du, deine
Söhne, deine Frau und die Frauen deiner Söh-
ne! 19 Von allem, was lebt, von allen Wesen aus
Fleisch, führe je zwei in die Arche, damit sie
mit dir am Leben bleiben; je ein Männchen und
ein Weibchen sollen es sein. 20 Von allen Arten
der Vögel, von allen Arten des Viehs, von allen
Arten der Kriechtiere auf dem Erdboden sollen
je zwei zu dir kommen, damit sie am Leben

bleiben. 21 Nimm dir von allem Essbaren mit
und leg dir einen Vorrat an! Dir und ihnen soll
es zur Nahrung dienen. 22 Noach tat alles ge-
nauso, wie ihm Gott geboten hatte.
5: 8,21 / **9:** 5,22; 17,1; Ijob 1,1 / **13:** Am 8,2 / **14:** Ex 2,3 / **18:**
9,9 / **21:** 1,29–30

7 1 Der HERR sprach zu Noach: Geh in die
Arche, du und dein ganzes Haus, denn ich
habe gesehen, dass du in dieser Generation ein
Gerechter vor mir bist! 2 Von allen reinen Tie-
ren nimm dir je sieben Paare mit, Männchen
und Weibchen, und von allen unreinen Tieren
je ein Paar, Männchen und Weibchen, 3 auch
von den Vögeln des Himmels jeweils sieben,
männlich und weiblich, um Nachwuchs auf
der ganzen Erde am Leben zu erhalten! 4 Denn
noch sieben Tage dauert es, dann lasse ich es
vierzig Tage und vierzig Nächte lang auf die
Erde regnen und tilge vom Erdboden alle We-
sen, die ich gemacht habe. 5 Noach tat alles
genauso, wie ihm der HERR geboten hatte.
6 Noach war sechshundert Jahre alt, als die
Flut, das Wasser, über die Erde kam.

7 Noach ging also mit seinen Söhnen, seiner
Frau und den Frauen seiner Söhne in die Ar-
che, bevor das Wasser der Flut kam. 8 Von den
reinen und unreinen Tieren, von den Vögeln
und allem, was sich auf dem Erdboden regt,
9 kamen immer zwei zu Noach in die Arche,
männlich und weiblich, wie Gott es Noach
geboten hatte. 10 Als die sieben Tage vorbei
waren, kam das Wasser der Flut über die Erde.
11 Im sechshundertsten Lebensjahr Noachs,
am siebzehnten Tag des zweiten Monats, an
diesem Tag brachen alle Quellen der gewalti-
gen Urflut auf und die Schleusen des Him-
mels öffneten sich. 12 Der Regen ergoss sich
vierzig Tage und vierzig Nächte lang auf die
Erde.

13 Genau an jenem Tag waren Noach, die
Söhne Noachs, Sem, Ham und Jafet, Noachs
Frau und mit ihnen die drei Frauen seiner Söh-
ne in die Arche gegangen, 14 sie und alle Arten
der Tiere, alle Arten des Viehs und alle Arten
der Kriechtiere, die sich auf der Erde regen,
und alle Arten der Vögel, alles Gefiederte und
alles Flügel Schlagende. 15 Sie waren zu Noach
in die Arche gekommen, immer zwei von allen
Wesen aus Fleisch, in denen Lebensgeist ist.
16 Und die kamen, waren männlich und weib-
lich; von allen Wesen aus Fleisch kamen sie,
wie Gott ihm geboten hatte. Dann schloss der
HERR hinter ihm zu.

17 Die Flut auf der Erde dauerte vierzig Tage.
Das Wasser stieg und hob die Arche immer
höher über die Erde. 18 Das Wasser schwoll an
und stieg immer mehr auf der Erde, die Arche
aber trieb auf dem Wasser dahin. 19 Das Wasser
war auf der Erde gewaltig angeschwollen und
bedeckte alle hohen Berge, die es unter dem
ganzen Himmel gibt. 20 Das Wasser war fünf-
zehn Ellen über die Berge hinaus angeschwol-
len und hatte sie zugedeckt. 21 Da fanden alle
Wesen aus Fleisch, die sich auf der Erde geregt
hatten, den Tod, Vögel, Vieh und sonstige Tie-
re, alles, wovon die Erde gewimmelt hatte, und
auch alle Menschen. 22 Alles, was auf der Erde
durch die Nase Lebensgeist atmet, und alles,
was auf dem Trockenen lebt, starb. 23 Gott ver-
tilgte also alle Wesen auf dem Erdboden, vom
Menschen bis zum Vieh, bis zu den Kriechtie-
ren und die Vögel des Himmels; sie alle wur-
den von der Erde vertilgt. Übrig blieb nur
Noach und was mit ihm in der Arche war.
24 Das Wasser aber schwoll hundertfünfzig
Tage lang auf der Erde an.
1: Ez 14,14 / **2:** 8,20 / **5:** Hebr 11,7 / **11:** Jes 24,18 / **23:** Mt
24,39; Lk 17,27; 2 Petr 2,5

8 1 Da gedachte Gott des Noach sowie aller
Tiere und allen Viehs, die bei ihm in der
Arche waren. Gott ließ einen Wind über die
Erde wehen und das Wasser sank. 2 Die Quel-
len der Urflut und die Schleusen des Himmels
wurden geschlossen; der Regen hörte auf, vom
Himmel zu fallen, 3 und das Wasser verlief sich
allmählich von der Erde. So nahm das Wasser
nach hundertfünfzig Tagen ab. 4 Am siebzehn-
ten Tag des siebten Monats setzte die Arche auf
dem Gebirge Ararat auf. 5 Das Wasser nahm
immer mehr ab, bis zum zehnten Monat. Am
ersten Tag des zehnten Monats wurden die
Berggipfel sichtbar.

6 Nach vierzig Tagen öffnete Noach das Fens-
ter der Arche, das er gemacht hatte, 7 und ließ
einen Raben hinaus. Der flog aus und ein, bis
das Wasser auf der Erde vertrocknet war.
8 Dann ließ er eine Taube hinaus, um zu sehen,
ob das Wasser auf dem Erdboden abgenommen
habe. 9 Die Taube fand nichts, wo sie ihre Füße
ruhen lassen konnte, und kehrte zu ihm in die
Arche zurück, weil über der ganzen Erde noch
Wasser stand. Er streckte seine Hand aus und
nahm sie wieder zu sich in die Arche. 10 Dann
wartete er noch weitere sieben Tage und ließ
wieder die Taube aus der Arche. 11 Gegen Abend
kam die Taube zu ihm zurück und siehe: In

ihrem Schnabel hatte sie einen frischen Öl-
zweig. Da wusste Noach, dass das Wasser auf
der Erde abgenommen hatte. 12 Er wartete noch
weitere sieben Tage und ließ die Taube hinaus.
Nun kehrte sie nicht mehr zu ihm zurück.
13 Im sechshundertersten Jahr Noachs, am
ersten Tag des ersten Monats, hatte sich das
Wasser von der Erde verlaufen. Da entfernte
Noach das Dach der Arche, blickte hinaus und
siehe: Der Erdboden war trocken. 14 Am sieben-
undzwanzigsten Tag des zweiten Monats war
die Erde trocken. 15 Da sprach Gott zu Noach:
16 Komm heraus aus der Arche, du, deine Frau,
deine Söhne und die Frauen deiner Söhne!
17 Bring mit dir alles Lebendige heraus, von
allen Wesen aus Fleisch, was da ist an Vögeln,
Vieh und allen Kriechtieren, die sich auf der
Erde regen! Auf der Erde soll es von ihnen
wimmeln; sie sollen fruchtbar sein und sich auf
der Erde vermehren. 18 Da kam Noach heraus,
er, seine Söhne, seine Frau und die Frauen sei-
ner Söhne. 19 Alle Tiere, alle Kriechtiere und
alle Vögel, alles, was sich auf der Erde regt, ka-
men nach ihren Familien aus der Arche heraus.
20 Dann baute Noach dem HERRN einen Al-
tar, nahm von allen reinen Tieren und von
allen reinen Vögeln und brachte auf dem Altar
Brandopfer dar. 21 Der HERR roch den beru-
higenden Duft und der HERR sprach in seinem
Herzen: Ich werde den Erdboden wegen des
Menschen nie mehr verfluchen; denn das
Trachten des menschlichen Herzens ist böse
von Jugend an. Ich werde niemals wieder alles
Lebendige schlagen, wie ich es getan habe.
22 Niemals, so lange die Erde besteht, / werden
Aussaat und Ernte, / Kälte und Hitze, / Sommer
und Winter, / Tag und Nacht aufhören.

1: 9,14f.; 19,29; Ex 14,21 / **17:** 1,22 / **18:** 2 Petr 2,5 / **20:** 7,2; 12,7; 13,18 / **21:** 6,5f. / **22:** Jer 33,20.25

9

1 Dann segnete Gott Noach und seine
Söhne und sprach zu ihnen: Seid frucht-
bar, mehrt euch und füllt die Erde! 2 Furcht und
Schrecken vor euch soll sich auf alle Tiere der
Erde legen, auf alle Vögel des Himmels, auf
alles, was sich auf dem Erdboden regt, und auf
alle Fische des Meeres; in eure Hand sind sie
gegeben. 3 Alles, was sich regt und lebt, soll
euch zur Nahrung dienen. Das alles übergebe
ich euch wie die grünen Pflanzen. 4 Nur Fleisch
mit seinem Leben, seinem Blut, dürft ihr nicht
essen. 5 Wenn aber euer Blut vergossen wird,
fordere ich Rechenschaft für jedes eurer Leben.
Von jedem Tier fordere ich Rechenschaft und
vom Menschen. Für das Leben des Menschen
fordere ich Rechenschaft von jedem, der es
seinem Bruder nimmt.
6 Wer Blut eines Menschen vergießt, / um
dieses Menschen willen wird auch sein Blut
vergossen. / Denn als Bild Gottes / hat er den
Menschen gemacht.
7 Ihr aber, seid fruchtbar und mehrt euch;
regt euch auf der Erde und mehrt euch auf ihr!
8 Dann sprach Gott zu Noach und seinen Söh-
nen, die bei ihm waren: 9 Ich bin es. Siehe, ich
richte meinen Bund auf mit euch und mit euren
Nachkommen nach euch 10 und mit allen Lebe-
wesen bei euch, mit den Vögeln, dem Vieh und
allen Wildtieren der Erde bei euch, mit allen, die
aus der Arche gekommen sind, mit allen Wild-
tieren der Erde überhaupt. 11 Ich richte meinen
Bund mit euch auf: Nie wieder sollen alle Wesen
aus Fleisch vom Wasser der Flut ausgerottet wer-
den; nie wieder soll eine Flut kommen und die
Erde verderben. 12 Und Gott sprach: Das ist das
Zeichen des Bundes, den ich stifte zwischen mir
und euch und den lebendigen Wesen bei euch
für alle kommenden Generationen: 13 Meinen
Bogen setze ich in die Wolken; er soll das Zeichen
des Bundes werden zwischen mir und der Erde.
14 Balle ich Wolken über der Erde zusammen und
erscheint der Bogen in den Wolken, 15 dann ge-
denke ich des Bundes, der besteht zwischen mir
und euch und allen Lebewesen, allen Wesen aus
Fleisch, und das Wasser wird nie wieder zur Flut
werden, die alle Wesen aus Fleisch verdirbt.
16 Steht der Bogen in den Wolken, so werde ich
auf ihn sehen und des ewigen Bundes gedenken
zwischen Gott und allen lebenden Wesen, allen
Wesen aus Fleisch auf der Erde. 17 Und Gott
sprach zu Noach: Dies ist das Zeichen des Bun-
des, den ich zwischen mir und allen Wesen aus
Fleisch auf der Erde aufgerichtet habe.

9,1.7: 1,28 / **3:** 1,29 / **4:** Lev 3,17; Dtn 12,23 / **5:** 4,9f. / **6:** 1,26f.; 5,1–3 / **9:** 6,18 / **10:** Hos 2,20 / **11:** Jes 54,9 / **13:** Ez 1,28 / **14f.:** 8,1

DER WEINANBAU NOACHS: 9,18–27

18 Die Söhne Noachs, die aus der Arche gekom-
men waren, sind Sem, Ham und Jafet. Ham ist
der Vater Kanaans. 19 Diese drei sind die Söhne
Noachs; von ihnen aus verzweigten sich alle
Völker der Erde.

8,21 Der beruhigende Duft ist der Duft der Opfer, der den Zorn Gottes besänftigt; der Ausdruck stammt aus der formelhaften Sprache der Opferritualien (vgl. Ex 29,18.25.41; Lev 1,9.13.17).

20 Noach, ein Ackerbauer, war der Erste, der
einen Weinberg pflanzte. 21 Er trank von dem
Wein, wurde davon betrunken und entblößte
sich drinnen in seinem Zelt. 22 Ham, der Vater
Kanaans, sah die Blöße seines Vaters und er-
zählte davon draußen seinen beiden Brüdern.
23 Da nahmen Sem und Jafet einen Überwurf;
den legten sich beide auf die Schultern, gingen
rückwärts und bedeckten die Blöße ihres Va-
ters. Sie hatten ihr Gesicht abgewandt, sodass
sie die Blöße ihres Vaters nicht sahen. 24 Als
Noach aus seinem Weinrausch erwachte und
erfuhr, was ihm sein jüngster Sohn angetan
hatte,

25 sagte er:

Verflucht sei Kanaan. / Sklave der Sklaven
sei er seinen Brüdern!

26 Und weiter sagte er:

Gepriesen sei der HERR, der Gott Sems, /
Kanaan aber werde sein Sklave.

27 Raum schaffe Gott für Jafet. / In Sems
Zelten wohne er, / Kanaan aber werde sein
Sklave.

21–23: 19,30–37 / **25**: 3,14.17; 4,11

DER TOD NOACHS: 9,28–29

28 Noach lebte nach der Flut noch dreihundert-
fünfzig Jahre. 29 Die gesamte Lebenszeit
Noachs betrug neunhundertfünfzig Jahre.
Dann starb er.

DIE NACHKOMMEN NOACHS: 10,1–32

10 1 Dies ist die Geschlechterfolge der Söh-
ne Noachs, Sem, Ham und Jafet. Ihnen
wurden nach der Flut Söhne geboren. 2 Die
Söhne Jafets sind Gomer, Magog, Madai, Ja-
wan, Tubal, Meschech und Tiras. 3 Die Söhne
Gomers sind Aschkenas, Rifat und Togarma.
4 Die Söhne Jawans sind Elischa, Tarschisch,
die Kittäer und die Rodaniter. 5 Von ihnen
trennten sich die Inseln der Völker in ihren
verschiedenen Ländern, jedes nach seiner
Sprache, gemäß ihren Sippenverbänden, in-
nerhalb ihrer Völker.

6 Die Söhne Hams sind Kusch, Ägypten, Put
und Kanaan. 7 Die Söhne von Kusch sind Seba,
Hawila, Sabta, Ragma und Sabtecha und die
Söhne Ragmas sind Saba und Dedan. 8 Kusch
zeugte Nimrod; dieser wurde der erste Held
auf der Erde. 9 Er war ein tüchtiger Jäger vor
dem HERRN. Deshalb pflegt man zu sagen: Ein
tüchtiger Jäger vor dem HERRN wie Nimrod.
10 Kerngebiet seines Reiches war Babel, Erech,
Akkad und Kalne im Land Schinar. 11 Von die-
sem Land zog er nach Assur aus und erbaute
Ninive, Rehobot-Ir, Kelach 12 sowie Resen,
zwischen Ninive und Kelach, das ist die große
Stadt. 13 Ägypten zeugte die Luditer, die Ana-
miter, die Lehabiter, die Naftuhiter, 14 die
Patrositer und die Kasluhiter, von denen die
Philister abstammen, ferner die Kaftoriter.
15 Kanaan zeugte Sidon, seinen Erstgeborenen,
und Het, 16 ferner die Jebusiter, die Amoriter,
die Girgaschiter, 17 die Hiwiter, die Arkiter, die
Siniter, 18 die Arwaditer, die Zemariter und die
Hamatiter. Später verzweigten sich die Sip-
penverbände der Kanaaniter. 19 Das Gebiet der
Kanaaniter reichte von Sidon, wenn man über
Gerar kommt, bis Gaza, wenn man über So-
dom, Gomorra, Adma und Zebojim kommt,
bis Lescha. 20 Das waren die Söhne Hams nach
ihren Sippenverbänden, nach ihren Sprachen
in ihren Ländern und in ihren Völkern.

21 Auch Sem wurden Kinder geboren. Er ist
der Stammvater aller Söhne Ebers, der ältere
Bruder Jafets. 22 Die Söhne Sems sind Elam,
Assur, Arpachschad, Lud und Aram. 23 Die
Söhne Arams sind Uz, Hul, Geter und Masch.
24 Arpachschad zeugte Schelach, Schelach
zeugte Eber. 25 Dem Eber wurden zwei Söhne
geboren; der Name des einen war Peleg, Tei-
lung, denn zu seiner Zeit wurde die Erde auf-
geteilt, und der Name seines Bruders war
Joktan. 26 Joktan zeugte Almodad, Schelef,
Hazarmawet, Jerach, 27 Hadoram, Usal, Dikla,
28 Obal, Abimaël, Saba, 29 Ofir, Hawila und Jo-
bab. Das alles sind Söhne Joktans. 30 Ihr Sied-
lungsgebiet reichte von Mescha, wenn man
über Sefar kommt, bis ans Ostgebirge. 31 Das
waren die Söhne Sems nach ihren Sippenver-
bänden, nach ihren Sprachen in ihren Län-
dern, nach ihren Völkern.

32 Das waren die Sippenverbände der Söhne
Noachs nach ihrer Geschlechterfolge in ihren
Völkern. Von ihnen zweigten sich nach der
Flut die Völker der Erde ab.

1: 5,32 / **9**: Mi 5,5 / **10**: 11,2

DER TURMBAU ZU BABEL: 11,1–9

11 1 Die ganze Erde hatte eine Sprache und
ein und dieselben Worte. 2 Als sie ost-
wärts aufbrachen, fanden sie eine Ebene im
Land Schinar und siedelten sich dort an. 3 Sie
sagten zueinander: Auf, formen wir Lehm-

10,4 Dodaniter: H; Rodaniter: G, vgl. 1 Chr 1,7.

ziegel und brennen wir sie zu Backsteinen. So
dienten ihnen gebrannte Ziegel als Steine und
Erdpech als Mörtel. 4 Dann sagten sie: Auf,
bauen wir uns eine Stadt und einen Turm mit
einer Spitze bis in den Himmel! So wollen wir
uns einen Namen machen, damit wir uns nicht
über die ganze Erde zerstreuen. 5 Da stieg der
HERR herab, um sich Stadt und Turm anzuse-
hen, die die Menschenkinder bauten. 6 Und der
HERR sprach: Siehe, *ein* Volk sind sie und *eine*
Sprache haben sie alle. Und das ist erst der An-
fang ihres Tuns. Jetzt wird ihnen nichts mehr
unerreichbar sein, wenn sie es sich zu tun vor-
nehmen. 7 Auf, steigen wir hinab und verwir-
ren wir dort ihre Sprache, sodass keiner mehr
die Sprache des anderen versteht. 8 Der HERR
zerstreute sie von dort aus über die ganze Erde
und sie hörten auf, an der Stadt zu bauen. 9 Da-
rum gab man der Stadt den Namen Babel,
Wirrsal, denn dort hat der HERR die Sprache
der ganzen Erde verwirrt und von dort aus hat
er die Menschen über die ganze Erde zerstreut.

2: 10,10 / **4**: Dan 4,27 / **5**: 18,21

DIE ERZELTERN: 11,10–36,43

VON SEM ZU ABRAHAM: 11,10–32

10 Dies ist die Geschlechterfolge Sems: Sem
zeugte im Alter von hundert Jahren Arpach-
schad, zwei Jahre nach der Flut. 11 Nachdem
Sem Arpachschad gezeugt hatte, lebte er noch
fünfhundert Jahre und zeugte Söhne und
Töchter.

12 Arpachschad zeugte mit fünfunddreißig
Jahren Schelach. 13 Nachdem Arpachschad
Schelach gezeugt hatte, lebte er noch vier-
hundertdrei Jahre und zeugte Söhne und
Töchter.

14 Schelach zeugte mit dreißig Jahren Eber.
15 Nachdem Schelach Eber gezeugt hatte, lebte
er noch vierhundertdrei Jahre und zeugte Söh-
ne und Töchter.

16 Eber war vierunddreißig Jahre alt, da
zeugte er Peleg. 17 Nachdem Eber Peleg gezeugt
hatte, lebte er noch vierhundertdreißig Jahre
und zeugte Söhne und Töchter.

18 Peleg war dreißig Jahre alt, da zeugte er
Regu. 19 Nachdem Peleg Regu gezeugt hatte,
lebte er noch zweihundertneun Jahre und
zeugte Söhne und Töchter.

20 Regu war zweiunddreißig Jahre alt, da
zeugte er Serug. 21 Nachdem Regu Serug ge-
zeugt hatte, lebte er noch zweihundertsieben
Jahre und zeugte Söhne und Töchter.

22 Serug war dreißig Jahre alt, da zeugte er
Nahor. 23 Nachdem Serug Nahor gezeugt hatte,
lebte er noch zweihundert Jahre und zeugte
Söhne und Töchter.

24 Nahor war neunundzwanzig Jahre alt, da
zeugte er Terach. 25 Nachdem Nahor Terach
gezeugt hatte, lebte er noch hundertneunzehn
Jahre und zeugte Söhne und Töchter.

26 Terach war siebzig Jahre alt, da zeugte er
Abram, Nahor und Haran.

27 Das ist die Geschlechterfolge nach Te-
rach: Terach zeugte Abram, Nahor und Haran;
Haran zeugte Lot. 28 Haran aber starb zu Leb-
zeiten seines Vaters Terach im Land seiner
Verwandtschaft, in Ur in Chaldäa. 29 Abram
und Nahor nahmen sich Frauen. Der Name
von Abrams Frau war Sarai. Der Name von
Nahors Frau war Milka, die Tochter Harans,
des Vaters der Milka und des Vaters der Jiska.
30 Sarai war unfruchtbar, sie hatte kein Kind.
31 Terach nahm seinen Sohn Abram, seinen
Enkel Lot, den Sohn Harans, und seine
Schwiegertochter Sarai, die Frau seines Soh-
nes Abram, und sie zogen miteinander aus Ur
in Chaldäa aus, um in das Land Kanaan zu
gehen. Als sie aber nach Haran kamen, siedel-
ten sie sich dort an. 32 Die Lebenszeit Terachs
betrug zweihundertfünf Jahre, dann starb
Terach in Haran.

26–27: Jos 24,2

DER SEGEN ABRAHAMS: 12,1–9

12 1 Der HERR sprach zu Abram: Geh fort
aus deinem Land, aus deiner Verwandt-
schaft und aus deinem Vaterhaus in das Land,
das ich dir zeigen werde! 2 Ich werde dich zu
einem großen Volk machen, dich segnen und
deinen Namen groß machen. Ein Segen sollst
du sein. 3 Ich werde segnen, die dich segnen;
wer dich verwünscht, den werde ich verflu-

chen. Durch dich sollen alle Sippen der Erde
Segen erlangen.
4 Da ging Abram, wie der HERR ihm gesagt
hatte, und mit ihm ging auch Lot. Abram war
fünfundsiebzig Jahre alt, als er von Haran aus-
zog. 5 Abram nahm seine Frau Sarai mit, seinen
Neffen Lot und alle ihre Habe, die sie erworben
hatten, und alle, die sie in Haran hinzugewon-
nen hatten. Sie zogen aus, um in das Land Ka-
naan zu gehen, und sie kamen in das Land
Kanaan.
6 Abram zog durch das Land bis zur Stätte
von Sichem, bis zur Orakeleiche. Die Kanaa-
niter waren damals im Land. 7 Der HERR er-
schien Abram und sprach: Deinen Nachkom-
men gebe ich dieses Land. Dort baute er dem
HERRN, der ihm erschienen war, einen Altar.
8 Von da brach er auf zu dem Gebirge östlich
von Bet-El und schlug sein Zelt so auf, dass er
Bet-El im Westen und Ai im Osten hatte. Dort
baute er dem HERRN einen Altar und rief den
Namen des HERRN an. 9 Dann zog Abram im-
mer weiter, dem Negeb zu.

1: Apg 7,3 / **3**: 18,18; 22,18; 26,4; 28,14; Sir 44,21; Gal 3,8 / **8**: 4,26; 8,20

ABRAHAM UND SARA IN ÄGYPTEN: 12,10–20

10 Es kam aber eine Hungersnot über das Land.
Da zog Abram nach Ägypten hinab, um sich
dort als Fremder niederzulassen; denn die
Hungersnot lastete schwer auf dem Land.
11 Als er sich Ägypten näherte, sagte er zu sei-
ner Frau Sarai: Ich weiß, du bist eine Frau von
großer Schönheit. 12 Wenn dich die Ägypter
sehen, werden sie sagen: Das ist seine Frau!
Und sie werden mich töten, dich aber am Le-
ben lassen. 13 Sag doch, du seist meine Schwes-
ter, damit es mir deinetwegen gut geht und ich
um deinetwillen am Leben bleibe. 14 Als Ab-
ram nach Ägypten kam, sahen die Ägypter,
dass die Frau überaus schön war. 15 Die Beam-
ten des Pharao sahen sie und rühmten sie vor
dem Pharao. Da wurde die Frau in das Haus
des Pharao genommen. 16 Er behandelte Ab-
ram ihretwegen gut: Er bekam Schafe und
Ziegen, Rinder und Esel, Knechte und Mägde,
Eselinnen und Kamele. 17 Doch der HERR
schlug den Pharao und sein Haus wegen Sarai,
der Frau Abrams, mit schweren Plagen. 18 Da
rief der Pharao Abram und sagte: Was hast du
mir da angetan? Warum hast du mir nicht
kundgetan, dass sie deine Frau ist? 19 Warum
hast du behauptet: Sie ist meine Schwester,
sodass ich sie mir zur Frau nahm? Jetzt aber,
siehe, da hast du deine Frau wieder, nimm sie
und geh! 20 Dann befahl der Pharao seinetwe-
gen Männern, ihn, seine Frau und alles, was
ihm gehörte, fortzuschaffen.

10–20: 20,1–18; 26,1–11 / **17**: Ex 11,1

ABRAHAM UND LOT: 13,1–18

13 1 Abram zog von Ägypten in den Negeb
hinauf, er und seine Frau mit allem, was
ihm gehörte, und mit ihm auch Lot. 2 Abram
hatte einen sehr ansehnlichen Besitz an Vieh,
Silber und Gold. 3 Er ging von einem Lager-
platz zum anderen weiter, vom Negeb bis nach
Bet-El, bis zu der Stätte, an der anfangs sein
Zelt gestanden hatte, zwischen Bet-El und Ai,
4 der Stätte, an der er früher den Altar errichtet
hatte. Dort rief Abram den Namen des HERRN
an.
5 Auch Lot, der mit Abram ging, besaß Scha-
fe und Ziegen, Rinder und Zelte. 6 Das Land
reichte nicht hin, dass sich beide nebeneinan-
der darin hätten ansiedeln können; denn ihr
Besitz war zu groß und so konnten sie sich
nicht miteinander niederlassen. 7 So entstand
Streit zwischen den Hirten der Herde Abrams
und den Hirten der Herde Lots; auch siedelten
damals noch die Kanaaniter und die Perisiter
im Land. 8 Da sagte Abram zu Lot: Zwischen
mir und dir, zwischen meinen und deinen Hir-
ten soll es keinen Streit geben; wir sind doch
Brüder. 9 Liegt nicht das ganze Land vor dir?
Trenn dich also von mir! Wenn du nach links
willst, gehe ich nach rechts; wenn du nach
rechts willst, gehe ich nach links. 10 Lot erhob
seine Augen und sah, dass die ganze Jordan-
gegend überall bewässert war. Bevor der HERR
Sodom und Gomorra vernichtete, war sie bis
Zoar hin wie der Garten des HERRN, wie das
Land Ägypten. 11 Da wählte sich Lot die ganze
Jordangegend aus. Lot brach nach Osten auf
und sie trennten sich voneinander. 12 Abram
ließ sich im Land Kanaan nieder, während Lot
sich in den Städten jener Gegend niederließ
und seine Zelte bis Sodom hin aufschlug. 13 Die
Männer von Sodom aber waren sehr böse und
sündigten vor dem HERRN.
14 Nachdem sich Lot von Abram getrennt
hatte, sprach der HERR zu Abram: Erheb deine
Augen und schau von der Stelle, an der du
stehst, nach Norden und Süden, nach Osten
und Westen! 15 Das ganze Land nämlich, das
du siehst, will ich dir und deinen Nachkom-

men für immer geben. 16 Ich mache deine
Nachkommen zahlreich wie den Staub auf der
Erde. Nur wer den Staub auf der Erde zählen
kann, wird auch deine Nachkommen zählen
können. 17 Mach dich auf, durchzieh das Land
in seiner Länge und Breite; denn dir werde ich
es geben. 18 Da zog Abram mit seinen Zelten
weiter und ließ sich bei den Eichen von Mam-
re in Hebron nieder. Dort baute er dem HERRN
einen Altar.

3: 12,8 / **10**: 19,24f. / **15**: 17,8; 26,3; 28,13 / **16**: 28,14; Num 23,10 / **18**: 12,8

ABRAHAMS KAMPF FÜR LOT: 14,1–16

14 1 In den Tagen Amrafels, des Königs von
Schinar, Arjochs, des Königs von Ella-
sar, Kedor-Laomers, des Königs von Elam, und
Tidals, des Königs der Völker, 2 führten sie
Krieg gegen Bera, den König von Sodom, ge-
gen Birscha, den König von Gomorra, Schinab,
den König von Adma, Schemeber, den König
von Zebojim, und den König von Bela, das
jetzt Zoar heißt. 3 Sie alle zogen als Verbünde-
te in das Siddimtal, das jetzt Salzmeer heißt.
4 Zwölf Jahre waren sie Kedor-Laomer unter-
tan gewesen, im dreizehnten Jahr fielen sie von
ihm ab. 5 Im vierzehnten Jahr kamen Ke-
dor-Laomer und die mit ihm verbündeten
Könige. Sie schlugen die Rafaïter in Asch-
terot-Karnajim, die Susiter in Ham, die Emiter
in der Ebene von Kirjatajim 6 und die Horiter
in ihrem Gebirge Seïr bis nach El-Paran, das
am Rande der Wüste liegt. 7 Auf dem Rückweg
kamen sie nach En-Mischpat, das jetzt Ka-
desch heißt, und schlugen das ganze Gebiet
der Amalekiter sowie das der Amoriter, die in
Hazezon-Tamar wohnten. 8 Der König von
Sodom, der König von Gomorra, der König
von Adma, der König von Zebojim und der
König von Bela, das jetzt Zoar heißt, zogen aus
und stellten sich ihnen im Siddimtal zum
Kampf, 9 nämlich Kedor-Laomer, dem König
von Elam, Tidal, dem König der Völker, Am-
rafel, dem König von Schinar, und Arjoch,
dem König von Ellasar: vier Könige gegen fünf.

10 Das Tal von Siddim war voller Erdpech-
gruben. Der König von Sodom und der von
Gomorra mussten fliehen und fielen dort hi-
nein. Die Übrigen flohen ins Gebirge. 11 Die
Feinde nahmen die ganze Habe von Sodom
und Gomorra sowie alle ihre Nahrungsvorrä-
te mit und zogen ab. 12 Als sie abzogen, nah-
men sie auch Lot, den Neffen Abrams, und
seine Habe mit; Lot wohnte damals in Sodom.

13 Ein Flüchtling kam und berichtete es dem
Hebräer Abram; Abram wohnte bei den Ei-
chen des Amoriters Mamre, des Bruders
Eschkols und Aners. Sie waren Abrams Bun-
desgenossen. 14 Als Abram hörte, sein Bruder
sei gefangen, führte er seine ausgebildete
Mannschaft, dreihundertachtzehn Mann, die
in seinem Haus geboren waren, heraus und
nahm die Verfolgung auf bis nach Dan. 15 In
der Nacht teilten sie sich in Gruppen, er und
seine Knechte. Er schlug sie und verfolgte sie
bis Hoba, nördlich von Damaskus. 16 Er brach-
te die ganze Habe zurück, auch seinen Bruder
Lot und dessen Habe brachte er zurück sowie
die Frauen und das Kriegsvolk.

ABRAHAM UND MELCHISEDEK: 14,17–24

17 Als er nach dem Sieg über Kedor-Laomer und
die mit ihm verbündeten Könige zurückkam,
zog ihm der König von Sodom ins Schawetal
entgegen, das jetzt Tal des Königs heißt.
18 Melchisedek, der König von Salem, brachte
Brot und Wein heraus. Er war Priester des
Höchsten Gottes. 19 Er segnete Abram und
sagte:

Gesegnet sei Abram vom Höchsten Gott, /
dem Schöpfer des Himmels und der Erde,
20 und gepriesen sei der Höchste Gott, / der
deine Feinde an dich ausgeliefert hat.

Darauf gab ihm Abram den Zehnten von
allem.

21 Der König von Sodom sagte zu Abram:
Gib mir die Leute zurück, die Habe aber nimm
für dich! 22 Abram entgegnete dem König von
Sodom: Ich erhebe meine Hand zum HERRN,
dem Höchsten Gott, dem Schöpfer des Him-
mels und der Erde: 23 Keinen Faden und keinen
Schuhriemen, nichts von allem, was dir ge-
hört, werde ich nehmen. Du sollst nicht
behaupten können: Ich habe Abram reich ge-
macht. 24 Nur was meine Leute verzehrt haben
und was auf die Männer entfällt, die mit mir
gezogen sind, auf Aner, Eschkol und Mamre,
das sollen sie als ihren Anteil behalten.

18: Ps 110,4; Hebr 5,6.10; 6,20; 7,1.10–17 / **20**: Hebr 7,2.4.8f.

GOTTES BUND MIT ABRAHAM: 15,1–21

15 1 Nach diesen Ereignissen erging das
Wort des HERRN in einer Vision an Ab-
ram: Fürchte dich nicht, Abram, ich selbst bin
dir ein Schild; dein Lohn wird sehr groß sein.

2 Abram antwortete: Herr und GOTT, was
kannst du mir geben? Ich gehe kinderlos da-
hin und Erbe meines Hauses ist Eliëser aus
Damaskus. 3 Und Abram sagte: Siehe, du hast
mir keine Nachkommen gegeben; so wird
mich mein Haussklave beerben. 4 Aber siehe,
das Wort des HERRN erging an ihn: Nicht er
wird dich beerben, sondern dein leiblicher
Sohn wird dein Erbe sein. 5 Er führte ihn
hinaus und sprach: Sieh doch zum Himmel
hinauf und zähl die Sterne, wenn du sie zählen
kannst! Und er sprach zu ihm: So zahlreich
werden deine Nachkommen sein. 6 Und er
glaubte dem HERRN und das rechnete er ihm
als Gerechtigkeit an.

7 Er sprach zu ihm: Ich bin der HERR, der
dich aus Ur in Chaldäa herausgeführt hat, um
dir dieses Land zu eigen zu geben. 8 Da sagte
Abram: Herr und GOTT, woran soll ich erken-
nen, dass ich es zu eigen bekomme? 9 Der
HERR antwortete ihm: Hol mir ein drei-
jähriges Rind, eine dreijährige Ziege, einen
dreijährigen Widder, eine Turteltaube und
eine junge Taube! 10 Abram brachte ihm alle
diese Tiere, schnitt sie in der Mitte durch und
legte je einen Teil dem andern gegenüber; die
Vögel aber zerschnitt er nicht. 11 Da stießen
Raubvögel auf die toten Tiere herab, doch
Abram verscheuchte sie.

12 Bei Sonnenuntergang fiel auf Abram ein
tiefer Schlaf. Und siehe, Angst und großes
Dunkel fielen auf ihn. 13 Er sprach zu Abram:
Du sollst wissen: Deine Nachkommen werden
als Fremde in einem Land wohnen, das ihnen
nicht gehört. Sie werden dort als Sklaven die-
nen und man wird sie vierhundert Jahre lang
unterdrücken. 14 Aber auch über das Volk, dem
sie als Sklaven dienen, werde ich Gericht hal-
ten und nachher werden sie mit reicher Habe
ausziehen. 15 Du aber wirst in Frieden zu dei-
nen Vätern heimgehen; im glücklichen Alter
wirst du begraben werden. 16 Erst die vierte
Generation wird hierher zurückkehren; denn
noch hat die Schuld der Amoriter nicht ihr
volles Maß erreicht.

17 Die Sonne war untergegangen und es
war dunkel geworden. Und siehe, ein rau-
chender Ofen und eine lodernde Fackel waren
da; sie fuhren zwischen jenen Fleischstücken
hindurch. 18 An diesem Tag schloss der HERR
mit Abram folgenden Bund: Deinen Nach-
kommen gebe ich dieses Land vom Strom
Ägyptens bis zum großen Strom, dem Eufrat-
Strom, 19 die Keniter, die Kenasiter, die Kad-
moniter, 20 die Hetiter, die Perisiter, die Rafaï-
ter, 21 die Amoriter, die Kanaaniter, die
Girgaschiter und die Jebusiter.

1: Ps 3,4 / **5:** 13,16; 22,15–18; 26,4; 28,14 / **6:** Röm 4,3.9.22; Gal 3,6; Jak 2,23 / **14:** Ex 12,35f. / **15:** 25,8 / **18:** 13,15

HAGAR UND ISMAEL: 16,1–16

16 1 Sarai, Abrams Frau, hatte ihm nicht
geboren. Sie hatte aber eine ägyptische
Sklavin. Ihr Name war Hagar. 2 Da sagte Sarai
zu Abram: Siehe, der HERR hat mir das Gebä-
ren verwehrt. Geh zu meiner Sklavin! Viel-
leicht komme ich durch sie zu einem Sohn.
Abram hörte auf die Stimme Sarais. 3 Sarai,
Abrams Frau, nahm also die Ägypterin Hagar,
ihre Sklavin, zehn Jahre, nachdem sich Abram
im Land Kanaan niedergelassen hatte, und gab
sie Abram, ihrem Mann, zur Frau. 4 Er ging zu
Hagar und sie wurde schwanger. Als sie sah,
dass sie schwanger war, galt ihre Herrin in ih-
ren Augen nichts mehr. 5 Da sagte Sarai zu
Abram: Das Unrecht, das ich erfahre, komme
über dich! Ich selbst habe meine Sklavin in
deinen Schoß gegeben. Aber kaum sieht sie,
dass sie schwanger ist, und schon gelte ich in
ihren Augen nichts mehr. Der HERR richte
zwischen mir und dir. 6 Da sagte Abram zu
Sarai: Siehe, sie ist deine Sklavin, sie ist in
deiner Hand. Tu mit ihr, was in deinen Augen
gut erscheint! Da misshandelte Sarai sie und
Hagar lief ihr davon.

7 Der Engel des HERRN fand sie an einer
Wasserquelle in der Wüste, an der Quelle auf
dem Weg nach Schur. 8 Er sprach: Hagar,
Sklavin Sarais, woher kommst du und wohin
gehst du? Sie sagte: Vor Sarai, meiner Herrin,
bin ich davongelaufen. 9 Da sprach der Engel
des HERRN zu ihr: Kehr zurück zu deiner
Herrin und beuge dich unter ihre Hand! 10 Der
Engel des HERRN sprach zu ihr: Mehren, ja
mehren werde ich deine Nachkommen, sodass
man sie wegen ihrer Menge nicht mehr zählen
kann.

11 Weiter sprach der Engel des HERRN zu ihr:
Siehe, du bist schwanger, du wirst einen
Sohn gebären / und du sollst ihm den Namen
Ismael – Gott hört – geben, / denn der HERR
hat dich in deinem Leid gehört.

12 Er wird ein Mensch sein wie ein Wild-
esel. / Seine Hand auf allen, die Hand aller auf

15,2 Der hebräische Text am Ende des Verses ist unklar und damit die Übersetzung unsicher.

ihm! / Allen seinen Brüdern gegenüber wird
er wohnen.
13 Da nannte sie den Namen des HERRN, der
zu ihr gesprochen hatte: Du bist El-Roï – Gott
schaut auf mich –. Denn sie sagte: Gewiss habe
ich dem nachgeschaut, der auf mich schaut!
14 Deswegen nennt man den Brunnen Beer-
Lahai-Roï – Brunnen des Lebendigen, der auf
mich schaut –. Siehe, er liegt zwischen Kadesch
und Bered.
15 Hagar gebar dem Abram einen Sohn. Und
Abram gab seinem Sohn, den ihm Hagar ge-
boren hatte, den Namen Ismael. 16 Abram war
sechsundachtzig Jahre alt, als Hagar Ismael für
Abram gebar.

1: 11,30 / **2f.**: 30,3f. / **10**: 17,20; 25,12–18

DAS BUNDESZEICHEN DER BESCHNEIDUNG: 17,1–27

17 1 Als Abram neunundneunzig Jahre alt
war, erschien der HERR dem Abram und
sprach zu ihm: Ich bin El-Schaddai. Geh vor
mir und sei untadelig! 2 Ich will meinen Bund
stiften zwischen mir und dir und ich werde
dich über alle Maßen mehren. 3 Abram fiel nie-
der auf sein Angesicht. Und Gott redete mit
ihm und sprach: 4 Ich bin es. Siehe, das ist mein
Bund mit dir: Du wirst Stammvater einer
Menge von Völkern. 5 Man wird dich nicht
mehr Abram nennen. Abraham, Vater der
Menge, wird dein Name sein; denn zum
Stammvater einer Menge von Völkern habe
ich dich bestimmt. 6 Ich mache dich über alle
Maßen fruchtbar und lasse dich zu Völkern
werden; Könige werden von dir abstammen.
7 Ich richte meinen Bund auf zwischen mir und
dir und mit deinen Nachkommen nach dir,
Generation um Generation, einen ewigen
Bund: Für dich und deine Nachkommen nach
dir werde ich Gott sein. 8 Dir und deinen Nach-
kommen nach dir gebe ich das Land, in dem
du als Fremder weilst, das ganze Land Kanaan
zum ewigen Besitz und ich werde für sie Gott
sein. 9 Und Gott sprach zu Abraham: Du aber
sollst meinen Bund bewahren, du und deine
Nachkommen nach dir, Generation um Gene-
ration. 10 Dies ist mein Bund zwischen mir und
euch und deinen Nachkommen nach dir, den
ihr bewahren sollt: Alles, was männlich ist,
muss bei euch beschnitten werden. 11 Am
Fleisch eurer Vorhaut müsst ihr euch be-
schneiden lassen. Das soll geschehen zum
Zeichen des Bundes zwischen mir und euch.
12 Alle männlichen Kinder bei euch müssen,
sobald sie acht Tage alt sind, beschnitten wer-
den in jeder eurer Generationen, seien sie im
Haus geboren oder um Geld erworben von
irgendeinem Fremden, der nicht von dir ab-
stammt. 13 Beschnitten werden muss der in
deinem Haus Geborene und der um Geld Er-
worbene. So soll mein Bund, dessen Zeichen
ihr an eurem Fleisch tragt, ein ewiger Bund
sein. 14 Ein Unbeschnittener, eine männliche
Person, die am Fleisch ihrer Vorhaut nicht be-
schnitten ist, soll aus ihrem Stammesverband
ausgemerzt werden. Er hat meinen Bund ge-
brochen.
15 Weiter sprach Gott zu Abraham: Du sollst
deine Frau nicht mehr Sarai nennen: Sara, Her-
rin, soll ihr Name sein. 16 Ich will sie segnen
und dir auch von ihr einen Sohn geben. Ich
segne sie: Völker gehen von ihr aus; Könige
von Völkern werden ihr entstammen. 17 Da
fiel Abraham auf sein Angesicht nieder und
lachte. Er sprach in seinem Herzen: Können
einem Hundertjährigen noch Kinder geboren
werden und kann Sara als Neunzigjährige
noch gebären? 18 Dann sagte Abraham zu Gott:
Wenn nur Ismael vor dir am Leben bleibt!
19 Gott entgegnete: Nein, deine Frau Sara wird
dir einen Sohn gebären und du sollst ihm den
Namen Isaak geben. Ich werde meinen Bund
mit ihm aufrichten als einen ewigen Bund für
seine Nachkommen nach ihm. 20 Auch was
Ismael angeht, erhöre ich dich: Siehe, ich seg-
ne ihn, ich mache ihn fruchtbar und mehre ihn
über alle Maßen. Zwölf Fürsten wird er zeu-
gen und ich mache ihn zu einem großen Volk.
21 Meinen Bund aber richte ich mit Isaak auf,
den dir Sara im nächsten Jahr um diese Zeit
gebären wird. 22 Als er aufgehört hatte, mit ihm
zu reden, fuhr Gott zur Höhe empor.
23 Abraham nahm nun seinen Sohn Ismael
sowie alle in seinem Haus Geborenen und alle
um Geld Erworbenen, alle männlichen Perso-
nen vom Haus Abraham, und beschnitt das
Fleisch ihrer Vorhaut noch am selben Tag, wie
Gott ihm gesagt hatte. 24 Abraham war neun-
undneunzig Jahre alt, als er am Fleisch seiner
Vorhaut beschnitten wurde, 25 und sein Sohn
Ismael war dreizehn Jahre alt, als er am Fleisch

17,1 Späte Traditionen gaben El-Schaddai mit Gott, der Allmächtige, wieder. Die Bedeutung dieses Gottesnamens ist aber unbekannt.

17,17 Im hebräischen Wort für „lachen“ klingt der Name von Abrahams und Saras Sohn Isaak an (vgl. 18,12–15).

seiner Vorhaut beschnitten wurde. 26 Am sel-
ben Tag wurden Abraham und sein Sohn Is-
mael beschnitten. 27 Auch alle Männer seines
Hauses, die im Haus Geborenen und die um
Geld von Fremden Erworbenen wurden mit
ihm beschnitten.

1: 6,9; Ex 6,3 / **2**: 15,18 / **5**: 32,29; Neh 9,7; Röm 4,17 / **8**: 13,15; 15,18; 26,3; 28,4; 35,12; Ex 6,4.8 / **12**: 21,4; Lev 12,3; Lk 1,59; 2,21 / **17**: 18,12; 21,6; Lk 1,18; Röm 4,19 / **19**: 18,10; 21,1–8 / **22**: 35,13

GOTT ZU GAST BEI ABRAHAM UND SARA: 18,1–15

18 1 Der HERR erschien Abraham bei den
Eichen von Mamre, während er bei der
Hitze des Tages am Eingang des Zeltes saß. 2 Er
erhob seine Augen und schaute auf, siehe, da
standen drei Männer vor ihm. Als er sie sah,
lief er ihnen vom Eingang des Zeltes aus ent-
gegen, warf sich zur Erde nieder 3 und sagte:
Mein Herr, wenn ich Gnade in deinen Augen
gefunden habe, geh doch nicht an deinem
Knecht vorüber! 4 Man wird etwas Wasser ho-
len; dann könnt ihr euch die Füße waschen
und euch unter dem Baum ausruhen. 5 Ich will
einen Bissen Brot holen, dann könnt ihr euer
Herz stärken, danach mögt ihr weiterziehen;
denn deshalb seid ihr doch bei eurem Knecht
vorbeigekommen. Sie erwiderten: Tu, wie du
gesagt hast! 6 Da lief Abraham eiligst ins Zelt
zu Sara und rief: Schnell drei Sea feines Mehl!
Knete es und backe Brotfladen! 7 Er lief weiter
zum Vieh, nahm ein zartes, prächtiges Kalb
und übergab es dem Knecht, der es schnell zu-
bereitete. 8 Dann nahm Abraham Butter, Milch
und das Kalb, das er hatte zubereiten lassen,
und setzte es ihnen vor. Er selbst wartete ihnen
unter dem Baum auf, während sie aßen. 9 Sie
fragten ihn: Wo ist deine Frau Sara? Dort im
Zelt, sagte er. 10 Da sprach er: In einem Jahr
komme ich wieder zu dir. Siehe, dann wird
deine Frau Sara einen Sohn haben. Sara hörte
am Eingang des Zeltes hinter seinem Rücken
zu. 11 Abraham und Sara waren schon alt; sie
waren hochbetagt. Sara erging es nicht mehr,
wie es Frauen zu ergehen pflegt. 12 Sara lachte
daher still in sich hinein und dachte: Ich bin
doch schon alt und verbraucht und soll noch
Liebeslust erfahren? Auch ist mein Herr doch
schon ein alter Mann! 13 Da sprach der HERR
zu Abraham: Warum lacht Sara und sagt: Soll-
te ich wirklich noch gebären, obwohl ich so alt
bin? 14 Ist denn beim HERRN etwas unmög-
lich? Nächstes Jahr um diese Zeit werde ich
wieder zu dir kommen; dann wird Sara einen
Sohn haben. 15 Sara leugnete: Ich habe nicht
gelacht. Denn sie hatte Angst. Er aber sagte:
Doch, du hast gelacht.

8: Hebr 13,2 / **10**: 17,15–21; 21,1–8

ABRAHAMS FÜRSPRACHE FÜR SODOM: 18,16–33

16 Die Männer erhoben sich von dort und
schauten auf Sodom hinab. Abraham ging mit
ihnen, um sie zu geleiten. 17 Da sagte der HERR:
Soll ich Abraham verheimlichen, was ich tun
will? 18 Abraham soll doch zu einem großen,
mächtigen Volk werden, durch ihn sollen alle
Völker der Erde Segen erlangen. 19 Denn ich
habe ihn dazu ausersehen, dass er seinen Söh-
nen und seinem Haus nach ihm gebietet, den
Weg des HERRN einzuhalten und Gerechtig-
keit und Recht zu üben, damit der HERR seine
Zusagen an Abraham erfüllen kann. 20 Der
HERR sprach: Das Klagegeschrei über Sodom
und Gomorra, ja, das ist angeschwollen und
ihre Sünde, ja, die ist schwer. 21 Ich will hinab-
steigen und sehen, ob ihr verderbliches Tun
wirklich dem Klagegeschrei entspricht, das zu
mir gedrungen ist, oder nicht. Ich will es wis-
sen.

22 Die Männer wandten sich ab von dort und
gingen auf Sodom zu. Abraham aber stand
noch immer vor dem HERRN. 23 Abraham trat
näher und sagte: Willst du auch den Gerech-
ten mit den Ruchlosen wegraffen? 24 Vielleicht
gibt es fünfzig Gerechte in der Stadt: Willst du
auch sie wegraffen und nicht doch dem Ort
vergeben wegen der fünfzig Gerechten in ihrer
Mitte? 25 Fern sei es von dir, so etwas zu tun:
den Gerechten zusammen mit dem Frevler
töten. Dann ginge es ja dem Gerechten wie
dem Frevler. Das sei fern von dir. Sollte der
Richter der ganzen Erde nicht Recht üben?
26 Da sprach der HERR: Wenn ich in Sodom
fünfzig Gerechte in der Stadt finde, werde ich
ihretwegen dem ganzen Ort vergeben. 27 Ab-
raham antwortete und sprach: Siehe, ich habe
es unternommen, mit meinem Herrn zu re-
den, obwohl ich Staub und Asche bin. 28 Viel-
leicht fehlen an den fünfzig Gerechten fünf.
Wirst du wegen der fünf die ganze Stadt ver-
nichten? Nein, sagte er, ich werde sie nicht
vernichten, wenn ich dort fünfundvierzig fin-
de. 29 Er fuhr fort, zu ihm zu reden: Vielleicht
finden sich dort nur vierzig. Da sprach er: Ich

werde es der vierzig wegen nicht tun. 30 Da
sagte er: Mein Herr zürne nicht, wenn ich wei-
terrede. Vielleicht finden sich dort nur dreißig.
Er entgegnete: Ich werde es nicht tun, wenn
ich dort dreißig finde. 31 Darauf sagte er: Siehe,
ich habe es unternommen, mit meinem Herrn
zu reden. Vielleicht finden sich dort nur zwan-
zig. Er antwortete: Ich werde sie nicht vernich-
ten um der zwanzig willen. 32 Und nochmals
sagte er: Mein Herr zürne nicht, wenn ich
nur noch einmal das Wort ergreife. Vielleicht
finden sich dort nur zehn. Er sprach: Ich werde
sie nicht vernichten um der zehn willen. 33 Der
HERR ging fort, als er aufgehört hatte, zu
Abraham zu reden, und Abraham kehrte an
seinen Ort zurück.

18: 12,2f.; 22,17f.; 26,4; 28,14; Gal 3,8 / **20:** 13,13 / **25:** Ijob 8,3

SODOM UND GOMORRA: 19,1–29

19 1 Die beiden Engel kamen am Abend
nach Sodom. Lot saß im Stadttor von
Sodom. Als er sie sah, erhob er sich, trat auf sie
zu, warf sich mit dem Gesicht zur Erde nieder
2 und sagte: Bitte, meine Herren, kehrt doch
im Haus eures Knechtes ein, bleibt über Nacht
und wascht euch die Füße! Am Morgen könnt
ihr euren Weg fortsetzen. Nein, sagten sie, wir
wollen auf dem Platz übernachten. 3 Er be-
drängte sie so sehr, dass sie bei ihm einkehrten
und in sein Haus kamen. Er bereitete ihnen ein
Mahl, ließ ungesäuerte Brote backen und sie
aßen. 4 Sie waren noch nicht schlafen gegan-
gen, da umstellten die Männer der Stadt das
Haus, die Männer von Sodom, Jung und Alt,
alles Volk von weit und breit. 5 Sie riefen nach
Lot und fragten ihn: Wo sind die Männer, die
heute Nacht zu dir gekommen sind? Bring sie
zu uns heraus, wir wollen mit ihnen verkeh-
ren. 6 Da ging Lot zu ihnen hinaus vor die Tür,
schloss sie hinter sich zu 7 und sagte: Meine
Brüder, tut doch nicht das Böse! 8 Seht doch,
ich habe zwei Töchter, die noch nicht mit ei-
nem Mann verkehrt haben. Ich will sie zu euch
herausbringen. Dann tut mit ihnen, was euch
gefällt. Nur diesen Männern tut nichts; denn
deshalb sind sie ja unter den Schutz meines
Daches getreten. 9 Sie aber sagten: Geh weg!
Und sie sagten: Kommt da so einer daher, ein
Fremder, und will sich als Richter aufspielen!
Nun wollen wir dir Böseres antun, noch mehr
als ihnen. Sie setzten dem Mann, nämlich Lot,
arg zu und waren schon dabei, die Tür aufzu-
brechen. 10 Da streckten jene Männer die Hand
aus, zogen Lot zu sich ins Haus und sperrten
die Tür zu. 11 Dann schlugen sie die Männer
draußen vor dem Haus, Groß und Klein, mit
Blindheit, sodass sie sich vergebens bemüh-
ten, den Eingang zu finden.

12 Die Männer sagten zu Lot: Wer gehört hier
noch zu dir? Ein Schwiegersohn, Söhne,
Töchter oder sonst jemand in der Stadt? Bring
sie weg von diesem Ort! 13 Wir wollen diesen
Ort vernichten; denn groß ist das Klagege-
schrei, das über sie zum HERRN gedrungen ist.
Der HERR hat uns geschickt, die Stadt zu ver-
nichten. 14 Da ging Lot hinaus, redete auf seine
Schwiegersöhne ein, die seine Töchter heira-
ten wollten, und sagte: Macht euch auf und
verlasst diesen Ort; denn der HERR will die
Stadt vernichten. Aber seine Schwiegersöhne
meinten, er mache nur Spaß.

15 Als die Morgenröte aufstieg, drängten die
Engel Lot zur Eile und sagten: Auf, nimm dei-
ne Frau und deine beiden Töchter, die hier
sind, damit du nicht wegen der Schuld der
Stadt hinweggerafft wirst! 16 Da er noch zöger-
te, fassten die Männer seine Hand, die Hand
seiner Frau und die Hand seiner beiden Töch-
ter, weil der HERR mit ihm Mitleid hatte. Sie
führten ihn hinaus und ließen ihn erst drau-
ßen vor der Stadt los. 17 Während die Männer
sie hinaus ins Freie führten, sagte der eine:
Rette dich, es geht um dein Leben! Sieh dich
nicht um und bleib im ganzen Umkreis nicht
stehen! Rette dich ins Gebirge, sonst wirst du
weggerafft! 18 Lot aber sagte zu ihnen: Nicht
doch, mein Herr! 19 Siehe, dein Knecht hat
Gnade in deinen Augen gefunden. Du hast mir
große Gunst erwiesen und mir mein Leben
bewahrt. Ich kann mich nicht ins Gebirge ret-
ten, ohne dass mich das Unheil vorher ereilt
und ich sterben muss. 20 Siehe doch, die Stadt
in der Nähe, dorthin könnte man fliehen. Sie
ist doch klein; dorthin kann ich mich retten.
Ist sie nicht klein? So könnte ich am Leben
bleiben. 21 Er antwortete ihm: Siehe, auch das
will ich dir gewähren und die Stadt, von der
du sprichst, nicht zum Einsturz bringen.
22 Schnell, rette dich dorthin; denn ich kann
nichts unternehmen, bevor du dort angekom-
men bist. Deshalb gab er der Stadt den Namen
Zoar, die Kleine.

23 Als die Sonne über dem Land aufgegangen
und Lot in Zoar angekommen war, 24 ließ der
HERR auf Sodom und Gomorra Schwefel und

Feuer regnen, vom HERRN, vom Himmel he-
rab. 25 Er ließ ihre Städte einstürzen mitsamt
ihrem ganzen Umkreis, auch alle Einwohner
der Städte und alles, was auf den Feldern
wuchs. 26 Als sich aber seine Frau hinter ihm
umblickte, wurde sie zu einer Salzsäule.

27 Am frühen Morgen begab sich Abraham
an den Ort, an dem er dem HERRN gegenüber-
gestanden hatte. 28 Er schaute gegen Sodom
und Gomorra und auf das ganze Gebiet im
Umkreis. Er schaute hin und siehe: Qualm
stieg von der Erde auf wie der Qualm aus ei-
nem Schmelzofen. 29 Als Gott die Städte der
Gegend vernichtete, gedachte Gott Abrahams
und geleitete Lot mitten aus der Zerstörung
heraus, während er die Städte, in denen Lot
gewohnt hatte, einstürzen ließ.

1: 13,12 / **5**: Ri 19,22 / **8**: Ri 19,23–24 / **13**: 13,13 / **26**: Lk 17,32

LOTS TÖCHTER: 19,30–38

30 Lot zog von Zoar hinauf und ließ sich mit
seinen beiden Töchtern im Gebirge nieder. Er
fürchtete sich nämlich, in Zoar zu bleiben. Er
wohnte in einer Höhle, er und seine beiden
Töchter. 31 Eines Tages sagte die Ältere zur
Jüngeren: Unser Vater wird alt und einen
Mann, der mit uns verkehrt, wie es in aller
Welt üblich ist, gibt es nicht. 32 Komm, geben
wir unserem Vater Wein zu trinken und legen
wir uns zu ihm, damit wir durch unseren Vater
Nachkommen erhalten. 33 Sie gaben also ihrem
Vater in jener Nacht Wein zu trinken; dann
kam die Ältere und legte sich zu ihrem Vater.
Er merkte nicht, wie sie sich hinlegte und wie
sie aufstand. 34 Am anderen Tag sagte die Äl-
tere zur Jüngeren: Siehe, ich habe gestern bei
meinem Vater gelegen. Geben wir ihm auch
heute Nacht Wein zu trinken, dann komm und
leg du dich zu ihm! So werden wir durch un-
seren Vater Nachkommen erhalten. 35 Sie ga-
ben ihrem Vater also auch in jener Nacht Wein
zu trinken; dann machte sich die Jüngere auf
und legte sich zu ihm. Er merkte nicht, wie sie
sich hinlegte und wie sie aufstand. 36 Beide
Töchter Lots wurden von ihrem Vater schwan-
ger. 37 Die Ältere gebar einen Sohn und gab ihm
den Namen Moab. Er gilt als Stammvater der
Moabiter bis heute. 38 Auch die Jüngere gebar
einen Sohn und gab ihm den Namen Ben-Am-
mi. Er gilt als Stammvater der Ammoniter bis
heute.

ABRAHAM UND SARA IN GERAR: 20,1–18

20 1 Abraham brach von dort auf in das
Land des Negeb. Er ließ sich zwischen
Kadesch und Schur nieder und hielt sich in
Gerar als Fremder auf. 2 Abraham sagte von
Sara, seiner Frau: Sie ist meine Schwester. Da
schickte Abimelech, der König von Gerar, hin
und ließ Sara holen. 3 Gott kam nachts zu Abi-
melech im Traum und sprach zu ihm: Siehe,
du wirst sterben wegen der Frau, die du dir
genommen hast; sie ist verheiratet. 4 Abi-
melech aber hatte sich ihr noch nicht genaht.
Mein Herr, sagte er, willst du denn schuld-
lose Menschen töten? 5 Hat er mir nicht selbst
gesagt: Sie ist meine Schwester? Auch sie
selbst hat gesagt: Er ist mein Bruder. Mit arg-
losem Herzen und mit reinen Händen habe ich
das getan. 6 Da sprach Gott zu ihm im Traum:
Auch ich weiß, dass du es mit arglosem Her-
zen getan hast. Ich habe dich ja auch daran
gehindert, gegen mich zu sündigen. Darum
habe ich nicht zugelassen, dass du sie anrührst.
7 Jetzt aber, gib die Frau dieses Mannes zurück!
Denn er ist ein Prophet. Er wird für dich beten,
sodass du am Leben bleibst. Gibst du sie aber
nicht zurück, dann sollst du wissen: Du musst
sterben, du und alles, was dir gehört.

8 Am Morgen stand Abimelech auf, ließ alle
seine Knechte rufen und erzählte ihnen alles,
was vorgefallen war. Da gerieten die Männer
in große Furcht. 9 Nun ließ Abimelech Abra-
ham rufen und stellte ihn zur Rede: Was hast
du uns angetan? Womit habe ich denn gegen
dich gesündigt, dass du über mich und mein
Reich eine so große Sünde bringst? Du hast mir
etwas angetan, was man nicht tun darf. 10 Und
Abimelech fragte Abraham: Was hattest du
vor, als du das tatest? 11 Abraham entgegnete:
Ich sagte mir: Es gibt gar keine Gottesfurcht an
diesem Ort und man könnte mich wegen mei-
ner Frau umbringen. 12 Übrigens ist sie wirklich
meine Schwester, die Tochter meines Vaters,
doch nicht die Tochter meiner Mutter; so
konnte sie meine Frau werden. 13 Als mich aber
Gott aus dem Haus meines Vaters ins Unge-
wisse ziehen hieß, da sagte ich zu ihr: Tu mir
den Gefallen und sag von mir überall, wohin
wir kommen: Er ist mein Bruder.

14 Darauf nahm Abimelech Schafe, Ziegen
und Rinder, Knechte und Mägde und schenk-
te sie Abraham. Auch gab er ihm seine Frau
Sara zurück. 15 Abimelech sagte: Siehe, mein
Land steht dir offen. Wo es dir beliebt, da lass

dich nieder! 16 Zu Sara aber sagte er: Siehe, ich
gebe deinem Bruder tausend Silberstücke. Sie-
he, das soll allen Leuten in deiner Umgebung
die Augen zudecken und vor allen erfährst du
Genugtuung. 17 Abraham betete zu Gott und
Gott heilte Abimelech, auch seine Frau und
seine Dienerinnen, sodass sie wieder gebären
konnten. 18 Denn der HERR hatte im Haus Abi-
melechs jeden Mutterschoß ganz verschlossen
wegen Sara, der Frau Abrahams.

1–18: 12,10–20; 26,1–11

ISAAKS GEBURT: 21,1–8

21 1 Der HERR nahm sich Saras an, wie er
gesagt hatte, und er tat Sara so, wie er
versprochen hatte. 2 Sara wurde schwanger
und gebar dem Abraham noch in seinem Alter
einen Sohn zu der Zeit, die Gott angegeben
hatte. 3 Abraham gab seinem Sohn, den ihm
Sara gebar, den Namen Isaak. 4 Als sein Sohn
Isaak acht Tage alt war, beschnitt ihn Abraham,
wie Gott ihm geboten hatte. 5 Abraham war
hundert Jahre alt, als ihm Isaak, sein Sohn, ge-
boren wurde. 6 Sara aber sagte: Gott ließ mich
lachen; jeder, der davon hört, wird mir zula-
chen. 7 Wer, sagte sie, hätte Abraham zu sagen
gewagt, Sara werde noch Kinder stillen? Und
nun habe ich ihm noch in seinem Alter einen
Sohn geboren. 8 Das Kind wuchs heran und
wurde entwöhnt. Als Isaak entwöhnt wurde,
veranstaltete Abraham ein großes Festmahl.

1f.: 17,15–21; 18,10–15 / **2:** Hebr 11,11 / **4:** 17,12 / **6:** 17,17; 18,12

DIE VERTREIBUNG HAGARS UND ISMAELS: 21,9–21

9 Eines Tages beobachtete Sara, wie der Sohn,
den die Ägypterin Hagar Abraham geboren
hatte, spielte und lachte. 10 Da sagte sie zu Ab-
raham: Vertreibe diese Magd und ihren Sohn!
Denn der Sohn dieser Magd soll nicht zusam-
men mit meinem Sohn Isaak Erbe sein. 11 Die
Sache war sehr böse in Abrahams Augen, denn
es ging um seinen Sohn. 12 Gott sprach aber zu
Abraham: Die Sache wegen des Knaben und
wegen deiner Magd sei nicht böse in deinen
Augen. Hör auf alles, was dir Sara sagt! Denn
nach Isaak sollen deine Nachkommen benannt
werden. 13 Aber auch den Sohn der Magd will
ich zu einem großen Volk machen, weil auch
er dein Nachkomme ist. 14 Früh am Morgen
stand Abraham auf, nahm Brot und einen
Schlauch mit Wasser und gab es Hagar, legte
es ihr auf die Schulter, übergab ihr das Kind
und entließ sie. Sie zog fort und irrte in der
Wüste von Beerscheba umher. 15 Als das Was-
ser im Schlauch zu Ende war, warf sie das Kind
unter einen Strauch, 16 ging weg und setzte sich
in der Nähe hin, etwa einen Bogenschuss weit
entfernt; denn sie sagte: Ich kann nicht mit
ansehen, wie das Kind stirbt. Sie saß in der
Nähe und erhob ihre Stimme und weinte.
17 Gott hörte den Knaben schreien; da rief der
Engel Gottes vom Himmel her Hagar zu und
sprach: Was hast du, Hagar? Fürchte dich
nicht, denn Gott hat die Stimme des Knaben
gehört, dort, wo er liegt. 18 Steh auf, nimm den
Knaben hoch und halt ihn fest an deiner Hand;
denn zu einem großen Volk will ich ihn ma-
chen. 19 Gott öffnete ihr die Augen und sie
erblickte einen Brunnen. Sie ging hin, füllte
den Schlauch mit Wasser und gab dem Knaben
zu trinken. 20 Gott war mit dem Knaben. Er
wuchs heran, ließ sich in der Wüste nieder und
wurde ein Bogenschütze. 21 Er ließ sich in der
Wüste Paran nieder und seine Mutter nahm
ihm eine Frau aus Ägypten.

10: Gal 4,30 / **14:** 22,3 / **17:** 16,11 / **18:** 17,20

ABRAHAMS VERTRAG MIT ABIMELECH: 21,22–34

22 Um jene Zeit sagten Abimelech und sein
Feldherr Pichol zu Abraham: Gott ist mit dir
bei allem, was du unternimmst. 23 Aber nun
schwör mir hier bei Gott, dass du weder mich
noch meinen Thronerben noch meine Kinder
und Enkel hintergehen wirst. Das gleiche
Wohlwollen, das ich dir erwiesen habe, sollst
du mir erweisen und dem Land, in dem du
dich als Fremder aufhältst. 24 Da sagte Abra-
ham: Ich werde es schwören.

25 Abraham stellte aber Abimelech zur Rede
wegen des Brunnens, den ihm Abimelechs
Knechte mit Gewalt weggenommen hatten.
26 Abimelech antwortete: Ich weiß nicht, wer
das getan hat. Du hast es mir nicht gemeldet
und ich habe auch erst heute davon gehört.
27 Da nahm Abraham Schafe und Rinder und
gab sie Abimelech; so schlossen beide einen
Bund. 28 Abraham stellte aber sieben Lämmer
der Herde beiseite. 29 Da fragte ihn Abimelech:
Was sollen die sieben Lämmer da, die du
beiseitegestellt hast? 30 Die sieben Lämmer,
sagte er, sollst du von mir annehmen als Be-

21,6 Im hebräischen Wort für „er wird lachen“ wird wieder der Name Isaak mitgehört (vgl. 17,17 und 18,12–15).

weis dafür, dass ich diesen Brunnen gegraben
habe. 31 Darum gab er dem Ort den Namen
Beerscheba – Siebenbrunn oder Schwur-
brunn –; denn dort leisteten beide einen
Schwur. 32 Sie schlossen also zu Beerscheba
einen Bund. Dann machten sich Abimelech
und sein Feldherr Pichol auf und kehrten ins
Philisterland zurück. 33 Abraham aber pflanzte
eine Tamariske in Beerscheba und rief dort den
HERRN an unter dem Namen: Gott, der Ewige.
34 Darauf hielt sich Abraham längere Zeit als
Fremder im Philisterland auf.

25: 26,20–21 / **31**: 26,33

DIE ERPROBUNG ABRAHAMS: 22,1–19

22 1 Nach diesen Ereignissen stellte Gott
Abraham auf die Probe. Er sprach zu
ihm: Abraham! Er sagte: Hier bin ich. 2 Er
sprach: Nimm deinen Sohn, deinen einzigen,
den du liebst, Isaak, geh in das Land Morija
und bring ihn dort auf einem der Berge, den
ich dir nenne, als Brandopfer dar!

3 Frühmorgens stand Abraham auf, sattelte
seinen Esel, nahm zwei seiner Jungknechte
mit sich und seinen Sohn Isaak, spaltete Holz
zum Brandopfer und machte sich auf den Weg
zu dem Ort, den ihm Gott genannt hatte. 4 Als
Abraham am dritten Tag seine Augen erhob,
sah er den Ort von Weitem. 5 Da sagte Abra-
ham zu seinen Jungknechten: Bleibt mit dem
Esel hier! Ich aber und der Knabe, wir wollen
dorthin gehen und uns niederwerfen; dann
wollen wir zu euch zurückkehren.

6 Abraham nahm das Holz für das Brandop-
fer und lud es seinem Sohn Isaak auf. Er selbst
nahm das Feuer und das Messer in die Hand.
So gingen beide miteinander. 7 Da sprach Isaak
zu seinem Vater Abraham. Er sagte: Mein Va-
ter! Er antwortete: Hier bin ich, mein Sohn!
Dann sagte Isaak: Hier ist Feuer und Holz. Wo
aber ist das Lamm für das Brandopfer? 8 Abra-
ham sagte: Gott wird sich das Lamm für das
Brandopfer ausersehen, mein Sohn. Und beide
gingen miteinander weiter.

9 Als sie an den Ort kamen, den ihm Gott
genannt hatte, baute Abraham dort den Altar,
schichtete das Holz auf, band seinen Sohn
Isaak und legte ihn auf den Altar, oben auf das
Holz. 10 Abraham streckte seine Hand aus und
nahm das Messer, um seinen Sohn zu schlach-
ten. 11 Da rief ihm der Engel des HERRN vom
Himmel her zu und sagte: Abraham, Abra-
ham! Er antwortete: Hier bin ich. 12 Er sprach:
Streck deine Hand nicht gegen den Knaben
aus und tu ihm nichts zuleide! Denn jetzt
weiß ich, dass du Gott fürchtest; du hast mir
deinen Sohn, deinen einzigen, nicht vorent-
halten. 13 Abraham erhob seine Augen, sah hin
und siehe, ein Widder hatte sich hinter ihm
mit seinen Hörnern im Gestrüpp verfangen.
Abraham ging hin, nahm den Widder und
brachte ihn statt seines Sohnes als Brandopfer
dar. 14 Abraham gab jenem Ort den Namen:
Der HERR sieht, wie man noch heute sagt: Auf
dem Berg lässt sich der HERR sehen.

15 Der Engel des HERRN rief Abraham zum
zweiten Mal vom Himmel her zu 16 und sprach:
Ich habe bei mir geschworen – Spruch des
HERRN: Weil du das getan hast und deinen
Sohn, deinen einzigen, mir nicht vorenthalten
hast, 17 will ich dir Segen schenken in Fülle und
deine Nachkommen überaus zahlreich ma-
chen wie die Sterne am Himmel und den Sand
am Meeresstrand. Deine Nachkommen wer-
den das Tor ihrer Feinde einnehmen. 18 Segnen
werden sich mit deinen Nachkommen alle
Völker der Erde, weil du auf meine Stimme
gehört hast. 19 Darauf kehrte Abraham zu sei-
nen Jungknechten zurück. Sie machten sich
auf und gingen miteinander nach Beerscheba.
Abraham blieb in Beerscheba wohnen.

1: Ex 3,4; 1 Sam 3,4 / **2**: 2 Chr 3,1 / **3**: 21,14 / **10**: Hebr 11,17;
Jak 2,21 / **12**: Röm 8,32 / **14**: 16,13 / **17**: 15,5; 24,60; 32,13;
Hebr 6,14 / **18**: 18,18

DIE NACHKOMMEN NAHORS: 22,20–24

20 Nach diesen Ereignissen meldete man Ab-
raham: Siehe, auch Milka hat deinem Bruder
Nahor Söhne geboren: 21 Uz, seinen Erstge-
borenen, dessen Bruder Bus und Kemuël,
den Stammvater der Aramäer, 22 ferner Kesed,
Haso, Pildasch, Jidlaf und Betuël. 23 Betuël
zeugte Rebekka. Diese acht gebar Milka dem
Nahor, dem Bruder Abrahams. 24 Er hatte noch
eine Nebenfrau namens Rëuma. Auch sie be-
kam Kinder, nämlich Tebach, Gaham, Tahasch
und Maacha.

20: 11,29 / **23**: 24,1–67

SARAS TOD UND GRABSTÄTTE: 23,1–20

23 1 Das Leben Saras währte hundertsie-
benundzwanzig Jahre; das waren die
Lebensjahre Saras. 2 Sara starb in Kirjat-Arba,

21,31 Scheba bedeutet sieben (und Fülle) und wird von dieser Stelle als Schwur gedeutet, da das hebräische Wort für „schwören“ ähnlich klingt.

das ist Hebron, im Land Kanaan. Abraham
kam, um die Totenklage für Sara zu halten und
sie zu beweinen. 3 Danach stand Abraham auf,
ging von seiner Toten weg und redete mit den
Hetitern. Er sagte: 4 Fremder und Beisasse bin
ich unter euch. Gebt mir ein Grab bei euch als
Eigentum, damit ich meine Tote hinausbrin-
gen und begraben kann! 5 Die Hetiter antwor-
teten Abraham: 6 Hör uns an, mein Herr! Du
bist ein Gottesfürst in unserer Mitte. In der
vornehmsten unserer Grabstätten begrabe
deine Tote! Keiner von uns wird dir seine
Grabstätte versagen und deiner Toten das Be-
gräbnis verweigern. 7 Da stand Abraham auf,
verneigte sich tief vor dem Volk des Landes,
vor den Hetitern, 8 und redete mit ihnen und
sagte: Wenn es in eurem Sinne ist, dass ich
meine Tote hinausbringe und begrabe, dann
hört mich an und setzt euch für mich ein bei
Efron, dem Sohn Zohars! 9 Er soll mir die Höh-
le von Machpela geben, die ihm gehört, am
Rand seines Feldes. Zum vollen Geldwert soll
er sie mir geben als Grabstätte und Eigentum
mitten unter euch. 10 Efron saß mitten unter
den Hetitern. Der Hetiter Efron antwortete
Abraham, sodass es die Hetiter, alle, die zum
Tor seiner Stadt Zutritt hatten, hören konnten:
11 Nein, mein Herr, höre mich an: Ich gebe dir
das Feld und die Höhle darauf gebe ich dir; in
Gegenwart der Söhne meines Volkes gebe ich
sie dir. Begrab deine Tote! 12 Da verneigte sich
Abraham tief vor dem Volk des Landes

13 und sagte zu Efron, sodass es das Volk des
Landes hören konnte: Ach, möchtest du mich
nur anhören: Ich zahle das Geld für das Feld.
Nimm es von mir an, damit ich dort meine
Tote begrabe! 14 Efron antwortete Abraham:
15 Mein Herr, höre mich an! Land im Wert von
vierhundert Silberstücken, was bedeutet das
schon unter uns? Begrab nur deine Tote!

16 Abraham hörte auf Efron und wog dem
Efron den Geldbetrag ab, den er in Gegenwart
der Hetiter genannt hatte, vierhundert Silber-
stücke zum üblichen Handelswert. 17 So ging
das Feld Efrons in Machpela gegenüber von
Mamre, das Feld mit der Höhle darauf und mit
allen Bäumen auf dem Feld in seiner ganzen
Ausdehnung ringsum, 18 an Abraham über, als
ein erworbenes Eigentum, in Gegenwart der
Hetiter, aller, die zum Tor seiner Stadt Zutritt
hatten. 19 Dann begrub Abraham seine Frau
Sara in der Höhle des Grundstücks von Mach-
pela gegenüber von Mamre, das jetzt Hebron
heißt, im Land Kanaan. 20 Das Feld samt der
Höhle darauf war also von den Hetitern als
Grabstätte in das Eigentum Abrahams über-
gegangen.

20: 25,10; 49,29–32; 50,13; Apg 7,16

REBEKKA UND ISAAK: 24,1–67

24 1 Abraham war alt und hochbetagt; der
HERR hatte Abraham in allem geseg-
net. 2 Da sagte Abraham zu seinem Knecht,
dem Ältesten seines Hauses, der alles verwal-
tete, was ihm gehörte: Leg deine Hand unter
meine Hüfte! 3 Ich will dir einen Eid beim
HERRN, dem Gott des Himmels und der Erde,
abnehmen, dass du für meinen Sohn keine
Frau von den Töchtern der Kanaaniter
nimmst, in deren Mitte ich wohne. 4 Du sollst
vielmehr in mein Land und zu meiner Ver-
wandtschaft gehen und eine Frau für meinen
Sohn Isaak holen. 5 Der Knecht entgegnete
ihm: Vielleicht will aber die Frau mir gar nicht
hierher in dieses Land folgen. Soll ich dann
deinen Sohn in das Land zurückbringen, aus
dem du ausgewandert bist? 6 Hüte dich, ant-
wortete ihm Abraham, meinen Sohn dorthin
zurückzubringen! 7 Der HERR, der Gott des
Himmels, der mich aus dem Haus meines Va-
ters und aus dem Land meiner Verwandt-
schaft herausgenommen hat, der zu mir ge-
sagt und mir geschworen hat: Deinen
Nachkommen gebe ich dieses Land!, er wird
seinen Engel vor dir hersenden und so wirst
du von dort eine Frau für meinen Sohn mit-
bringen. 8 Wenn dir aber die Frau nicht folgen
will, dann bist du von dem Eid, den du mir
geleistet hast, entbunden. Aber meinen Sohn
darfst du auf keinen Fall dorthin zurückbrin-
gen. 9 Da legte der Knecht seine Hand unter
die Hüfte seines Herrn Abraham und leistete
ihm einen Eid darauf.

10 Der Knecht nahm zehn von den Kamelen
seines Herrn und machte sich mit allerlei kost-
baren Sachen aus dem Besitz seines Herrn auf
die Reise. Er brach auf und zog nach Mesopo-
tamien in die Stadt Nahors. 11 Vor der Stadt ließ
er die Kamele am Brunnen lagern. Es war ge-
gen Abend, um die Zeit, da die Frauen heraus-
kommen, um Wasser zu schöpfen. 12 Er sagte:
HERR, Gott meines Herrn Abraham, lass mich
heute Glück haben und erweise meinem
Herrn Abraham Huld! 13 Siehe, ich stehe an der

24,2 Die Hand unter die Hüfte legen: eine Schwurgebärde
(vgl. 47,29).

Quelle und die Töchter der Stadtbewohner
werden herauskommen, um Wasser zu schöp-
fen. 14 Das Mädchen, zu dem ich dann sage:
Reich mir doch deinen Krug zum Trinken! und
das antwortet: Trink nur, auch deine Kamele
will ich tränken!, sie soll es sein, die du für dei-
nen Knecht Isaak bestimmt hast. Daran werde
ich erkennen, dass du meinem Herrn Huld
erweist.

15 Kaum hatte er aufgehört zu sprechen, sie-
he, da kam auch schon Rebekka heraus. Sie war
dem Betuël geboren worden, dem Sohn der
Milka, der Frau des Nahor, des Bruders Abra-
hams. Sie trug ihren Krug auf ihrer Schulter.
16 Das Mädchen sah sehr schön aus, eine Jung-
frau, die noch kein Mann erkannt hatte. Sie
stieg zur Quelle hinab, füllte ihren Krug und
kam herauf. 17 Da lief der Knecht auf sie zu und
sagte: Lass mich ein wenig Wasser aus deinem
Krug trinken! 18 Trink nur, mein Herr!, ant-
wortete sie, ließ geschwind den Krug auf ihre
Hand herab und gab ihm zu trinken. 19 Nach-
dem sie ihm zu trinken gegeben hatte, sagte
sie: Auch für deine Kamele will ich schöpfen,
bis sie sich satt getrunken haben. 20 Geschwind
leerte sie ihren Krug an der Tränke und lief
noch einmal an den Brunnen zum Schöpfen.
So schöpfte sie für alle Kamele. 21 Der Mann
schaute ihr schweigend zu, um zu erkennen,
ob der HERR seinen Weg gelingen ließe oder
nicht.

22 Als die Kamele sich satt getrunken hatten,
nahm der Mann einen goldenen Nasenring,
einen halben Schekel schwer, und zwei golde-
ne Spangen für ihre Handgelenke, zehn Gold-
schekel schwer. 23 Und er sagte: Wessen Toch-
ter bist du? Sag mir doch, ob im Haus deines
Vaters für uns Platz zum Übernachten ist!
24 Sie antwortete ihm: Ich bin die Tochter Be-
tuëls, des Sohnes der Milka und des Nahor.
25 Weiter sagte sie zu ihm: Stroh und Futter
haben wir reichlich, auch Platz zum Übernach-
ten. 26 Da verneigte sich der Mann, warf sich
vor dem HERRN nieder 27 und sagte: Gepriesen
sei der HERR, der Gott meines Herrn Abra-
ham, der meinem Herrn Huld und Treue nicht
verweigert hat. Mich hat der HERR gerade-
wegs zum Haus der Brüder meines Herrn ge-
führt.

28 Das Mädchen lief weg und erzählte im
Haus seiner Mutter, was vorgefallen war.
29 Rebekka hatte einen Bruder namens Laban.
Laban eilte zu dem Mann hinaus an die Quel-
le. 30 Als er nämlich den Nasenring und an den
Handgelenken seiner Schwester die Spangen
sah und als er die Worte seiner Schwester Re-
bekka hörte, wie sie sagte: So und so hat der
Mann zu mir geredet, begab er sich zu dem
Mann und siehe, der stand bei den Kamelen an
der Quelle. 31 Laban sagte zu ihm: Komm, du
Gesegneter des HERRN! Warum stehst du hier
draußen? Ich habe das Haus aufgeräumt und
für die Kamele Platz gemacht. 32 Da ging der
Mann mit ins Haus. Man schirrte die Kamele
ab und gab ihnen Stroh und Futter. Für ihn und
die Männer in seiner Begleitung brachte man
Wasser zum Füßewaschen.

33 Als man ihm zu essen vorsetzte, sagte er:
Ich esse nicht, bevor ich nicht mein Anliegen
vorgebracht habe. Sie antworteten: Rede!
34 Da berichtete er: Ein Knecht Abrahams bin
ich. 35 Der HERR hat meinen Herrn reichlich
gesegnet, sodass er zu großem Vermögen ge-
kommen ist. Er hat ihm Schafe und Rinder,
Silber und Gold, Knechte und Mägde, Kame-
le und Esel gegeben. 36 Sara, die Frau meines
Herrn, hat meinem Herrn noch in ihrem Alter
einen Sohn geboren. Ihm hat er alles überge-
ben, was ihm gehört. 37 Mein Herr hat mir den
Eid abgenommen: Du darfst für meinen Sohn
keine Frau von den Töchtern der Kanaaniter
nehmen, in deren Land ich wohne. 38 Reise
vielmehr zum Haus meines Vaters und zu
meiner Sippe und hol eine Frau für meinen
Sohn! 39 Ich entgegnete meinem Herrn: Viel-
leicht will aber die Frau nicht mitkommen.
40 Darauf antwortete er mir: Der HERR, vor
dem ich meinen Weg gegangen bin, wird dir
seinen Engel mitschicken und deine Reise
gelingen lassen. Du wirst schon eine Frau für
meinen Sohn mitbringen aus meiner Sippe,
aus dem Haus meines Vaters. 41 Von dem Eid,
den du mir geleistet hast, sollst du dann ent-
bunden sein, wenn du zu meiner Sippe
kommst und sie dir keine Frau geben. In die-
sem Fall bist du von dem Eid, den du mir ge-
leistet hast, entbunden. 42 So kam ich heute an
die Quelle und sagte: HERR, Gott meines
Herrn Abraham, lass doch meinen Weg ge-
lingen, auf dem ich mich befinde. 43 Siehe, ich
stehe nun an der Quelle. Kommt ein Mädchen
aus der Stadt heraus, um Wasser zu schöpfen,
dann will ich sagen: Gib mir doch aus deinem
Krug ein wenig Wasser zu trinken! 44 Sagt sie
zu mir: Trink nur! Auch für deine Kamele will
ich schöpfen!, so soll es die Frau sein, die der

HERR für den Sohn meines Herrn bestimmt
hat. 45 Kaum hatte ich so zu mir gesagt, kam
auch schon Rebekka mit dem Krug auf der
Schulter heraus, stieg zur Quelle hinunter
und schöpfte. Ich redete sie an: Gib mir doch
zu trinken! 46 Da setzte sie geschwind ihren
Krug ab und sagte: Trink nur! Auch deine Ka-
mele will ich tränken. Ich trank und sie gab
auch den Kamelen zu trinken. 47 Als ich sie
fragte: Wessen Tochter bist du?, antwortete
sie: Die Tochter Betuëls, des Sohnes Nahors,
den ihm Milka gebar. Da legte ich ihr den Ring
an die Nase und die Spangen an ihre Handge-
lenke. 48 Ich verneigte mich, warf mich vor
dem HERRN nieder und pries den HERRN,
den Gott meines Herrn Abraham, der mich in
Treue hierher geführt hat, um die Tochter des
Bruders meines Herrn für dessen Sohn zu
holen. 49 Jetzt aber sagt mir, ob ihr geneigt
seid, meinem Herrn Huld und Treue zu er-
weisen. Wenn nicht, so gebt mir ebenfalls
Bescheid, damit ich mich dann anderswohin
wende.

50 Daraufhin antworteten Laban und Betuël
und sagten: Die Sache ist vom HERRN ausge-
gangen. Wir können dir dazu nichts sagen,
weder Böses noch Gutes. 51 Siehe, Rebekka
steht vor dir. Nimm sie und geh! Sie soll die
Frau des Sohnes deines Herrn werden, wie der
HERR es gefügt hat. 52 Als der Knecht Abra-
hams ihre Antwort hörte, warf er sich vor dem
HERRN zur Erde nieder. 53 Dann holte der
Knecht Sachen aus Silber und Gold und Klei-
der hervor und schenkte sie Rebekka. Auch
ihrem Bruder und ihrer Mutter überreichte er
kostbare Geschenke. 54 Er und die Männer sei-
ner Begleitung aßen und tranken und blieben
über Nacht. Als sie am Morgen aufstanden,
sagte der Knecht: Entlasst mich jetzt zu mei-
nem Herrn! 55 Der Bruder Rebekkas und ihre
Mutter antworteten: Das Mädchen soll noch
einige Tage bei uns bleiben, etwa zehn Tage,
dann mag sie sich auf die Reise begeben. 56 Hal-
tet mich nicht zurück, antwortete er ihnen, da
der HERR meinen Weg gelingen ließ! So ent-
lasst mich denn, dass ich zu meinem Herrn
gehe! 57 Sie entgegneten: Wir wollen das Mäd-
chen rufen und es selbst fragen. 58 Sie riefen
Rebekka und fragten sie: Willst du mit diesem
Mann ziehen? Ja, antwortete sie. 59 Da ließen
sie ihre Schwester Rebekka und ihre Amme
mit dem Knecht Abrahams und seinen Leuten
ziehen. 60 Sie segneten Rebekka und sagten zu
ihr:

Du, unsere Schwester, werde Mutter von
tausendmal Zehntausend! / Deine Nachkom-
men sollen das Tor ihrer Feinde einnehmen.

61 Rebekka brach mit ihren Mägden auf. Sie
bestiegen die Kamele und folgten dem Mann.
Der Knecht nahm Rebekka mit und trat die
Rückreise an.

62 Isaak war von einem Gang zum Brunnen
Lahai-Roï gekommen. Er wohnte im Land des
Negeb. 63 Isaak ging hinaus, um sich beim An-
bruch des Abends auf dem Feld zu beschäfti-
gen. Er erhob seine Augen und schaute hin,
siehe, da kamen Kamele daher. 64 Auch Rebek-
ka erhob ihre Augen und sah Isaak. Sie ließ sich
vom Kamel herunter 65 und fragte den Knecht:
Wer ist der Mann dort, der uns auf dem Feld
entgegenkommt? Der Knecht erwiderte: Das
ist mein Herr. Da nahm sie den Schleier und
verhüllte sich. 66 Der Knecht erzählte Isaak
alles, was er ausgerichtet hatte. 67 Isaak führte
Rebekka in das Zelt seiner Mutter Sara. Er
nahm sie zu sich und sie wurde seine Frau.
Isaak gewann sie lieb und tröstete sich so über
den Verlust seiner Mutter.

2: 47,29 / **5**: 12,1.4 / **7**: 13,14–17; 15,17–21 / **11**: Ex 2,16; 1 Sam 9,11 / **15**: 11,27–32 / **24**: 22,23 / **60**: 22,17 / **62**: 16,14

DIE NACHKOMMEN ABRAHAMS UND KETURAS: 25,1–6

25 1 Abraham nahm sich noch eine andere
Frau, namens Ketura. 2 Sie gebar ihm
Simran, Jokschan, Medan, Midian, Jischbak
und Schuach. 3 Jokschan zeugte Saba und De-
dan. Die Söhne Dedans waren die Aschuriter,
die Letuschiter und die Lëummiter. 4 Die Söh-
ne Midians waren Efa, Efer, Henoch, Abida
und Eldaga. Sie alle waren Söhne Keturas.
5 Abraham gab Isaak alles, was ihm gehörte.
6 Den Söhnen der Nebenfrauen, die Abraham
hatte, gab Abraham Geschenke und schickte
sie noch zu seinen Lebzeiten weit weg von
seinem Sohn Isaak nach Osten, ins Morgen-
land.

ABRAHAMS TOD UND BEGRÄBNIS: 25,7–11

7 Das ist die Zahl der Lebensjahre Abrahams:
Hundertfünfundsiebzig Jahre wurde er alt.
8 Dann verschied er. Er starb in glücklichem

24,55 mag sie sich, andere Übersetzungsmöglichkeit: magst du dich.

24,62 Die Übersetzung am Beginn des Verses ist unsicher.

Alter, betagt und lebenssatt, und wurde mit
seinen Vorfahren vereint. 9 Seine Söhne Isaak
und Ismael begruben ihn in der Höhle von
Machpela gegenüber Mamre, auf dem Feld des
Hetiters Efron, des Sohnes Zohars, 10 auf dem
Feld, das Abraham von den Hetitern erworben
hatte. Dort sind Abraham und seine Frau Sara
begraben. 11 Nach dem Tod Abrahams segnete
Gott seinen Sohn Isaak und Isaak ließ sich
beim Brunnen Lahai-Roï nieder.

9f.: 23,1–20 / **11**: 16,14

DIE NACHKOMMEN ISMAELS: 25,12–18

12 Das ist die Geschlechterfolge Ismaels, des
Sohnes Abrahams. Ihn hatte die Ägypterin
Hagar, die Sklavin Saras, Abraham geboren.
13 Das sind die Söhne Ismaels nach ihren Na-
men und nach ihrer Geschlechterfolge: Der
Erstgeborene Ismaels war Nebajot; dann ka-
men Kedar, Adbeel, Mibsam, 14 Mischma,
Duma, Massa, 15 Hadad, Tema, Jetur, Nafisch
und Kedma. 16 Das waren die Söhne Ismaels
und das waren ihre Namen in ihren Siedlun-
gen und Zeltlagern: zwölf Fürsten, je einer
für einen Stamm. 17 Und das ist die Zahl der
Lebensjahre Ismaels: hundertsiebenunddrei-
ßig Jahre. Dann verschied er und wurde mit
seinen Vorfahren vereint. 18 Ihr Siedlungsge-
biet reichte von Hawila bis Schur, das Ägypten
gegenüber an der Straße nach Assur liegt. Im
Angesicht aller seiner Brüder fiel ihm sein
Wohngebiet zu.

18: 16,12

ESAUS UND JAKOBS GEBURT: 25,19–26

19 Und das ist die Geschlechterfolge Isaaks, des
Sohnes von Abraham: Abraham zeugte Isaak.
20 Isaak war vierzig Jahre alt, als er sich Rebek-
ka zur Frau nahm. Sie war die Tochter des
Aramäers Betuël aus Paddan-Aram, eine
Schwester des Aramäers Laban. 21 Isaak betete
zum HERRN für seine Frau, denn sie war kin-
derlos geblieben, und der HERR ließ sich von
ihm erbitten. Als seine Frau Rebekka schwan-
ger war, 22 stießen die Söhne einander im Mut-
terleib. Da sagte sie: Wenn das so ist, was soll
dann aus mir werden? Sie ging, um den
HERRN zu befragen. 23 Der HERR gab diese
Antwort:

Zwei Völker sind in deinem Leib, / zwei
Stämme trennen sich schon in deinem Schoß. /
Ein Stamm ist dem andern überlegen, / der
ältere muss dem jüngeren dienen.

24 Als die Zeit ihrer Niederkunft gekommen
war, siehe, da waren Zwillinge in ihrem Schoß.
25 Der Erste, der hervorkam, war rötlich, über
und über mit Haaren bedeckt wie mit einem
Mantel. Sie gaben ihm den Namen Esau. 26 Da-
rauf kam sein Bruder hervor; seine Hand hielt
die Ferse Esaus fest. Man gab ihm den Namen
Jakob, Fersenhalter. Isaak war sechzig Jahre alt,
als sie geboren wurden.

20: 24,1–67 / **21**: 11,30; 29,31 / **26**: 32,29; 35,10

DER VERKAUF DES ERSTGEBURTSRECHTES: 25,27–34

27 Die Knaben wuchsen heran. Esau wurde ein
Mann, der sich auf die Jagd verstand, ein Mann
des freien Feldes. Jakob war ein Mann ohne
Fehl und blieb bei den Zelten. 28 Isaak liebte
Esau; denn er aß gern Wildbret. Rebekka aber
liebte Jakob.

29 Einst kochte Jakob ein Gericht. Da kam
Esau vom Feld; er war erschöpft. 30 Esau sagte
zu Jakob: Lass mich doch schnell essen von
dem Roten, von dem Roten da, denn ich bin
erschöpft! Deshalb gab man ihm den Namen
Edom, Roter. 31 Jakob aber sagte: Verkauf mir
zuvor dein Erstgeburtsrecht! 32 Esau sagte: Sie-
he, ich sterbe vor Hunger. Was soll mir da das
Erstgeburtsrecht? 33 Jakob aber sagte: Schwöre
mir zuvor! Da schwor er ihm und verkaufte
sein Erstgeburtsrecht an Jakob. 34 Darauf gab
Jakob dem Esau Brot und das Linsengericht; er
aß und trank, stand auf und ging seines Weges.
Vom Erstgeburtsrecht aber hielt Esau nichts.

31: Dtn 21,17 / **33**: Hebr 12,16

ISAAK UND ABIMELECH: 26,1–35

26 1 Im Land herrschte eine Hungersnot,
eine andere als die frühere zur Zeit Ab-
rahams. Isaak begab sich nach Gerar zu Abi-
melech, dem König der Philister. 2 Da erschien
ihm der HERR und sprach: Geh nicht nach
Ägypten hinunter, bleib in dem Land, das ich
dir nenne! 3 Halte dich als Fremder in diesem
Land auf! Ich werde mit dir sein und dich seg-
nen. Denn dir und deinen Nachkommen gebe
ich alle diese Länder und stehe zu dem Eid, den
ich deinem Vater Abraham geleistet habe. 4 Ich
mache deine Nachkommen zahlreich wie die
Sterne am Himmel und gebe ihnen alle diese
Länder. Mit deinen Nachkommen werden alle
Völker der Erde sich segnen, 5 weil Abraham
auf meine Stimme gehört und weil er auf mei-
ne Anordnungen, Gebote, Satzungen und

Weisungen geachtet hat. 6 Isaak ließ sich in
Gerar nieder.
7 Als sich die Männer des Ortes nach seiner
Frau erkundigten, sagte er: Sie ist meine
Schwester. Denn er fürchtete sich zu sagen: Sie
ist meine Frau. Er dachte: Damit mich die
Männer des Ortes nicht wegen Rebekka um-
bringen, denn sie sah schön aus. 8 Nachdem er
längere Zeit dort zugebracht hatte, schaute
Abimelech, der König der Philister, durch das
Fenster und siehe, Isaak liebkoste seine Frau
Rebekka. 9 Da rief Abimelech Isaak und sagte:
Sieh da, sie ist deine Frau. Wie konntest du
sagen: Sie ist meine Schwester? Da antworte-
te ihm Isaak: Ich sagte mir: Ich möchte nicht
ihretwegen sterben. 10 Abimelech entgegnete:
Was hast du uns da angetan? Beinahe hätte
jemand aus dem Volk bei deiner Frau gelegen;
dann hättest du über uns Schuld gebracht.
11 Abimelech ordnete für das ganze Volk an:
Wer diesen Mann oder seine Frau anrührt,
wird mit dem Tod bestraft.
12 Isaak säte in diesem Land und er erntete
in diesem Jahr hundertfältig. Der HERR seg-
nete ihn; 13 der Mann wurde reicher und rei-
cher, bis er sehr wohlhabend war. 14 Er besaß
Schafe, Ziegen und Rinder und zahlreiches
Gesinde, sodass ihn die Philister beneideten.
15 Die Philister schütteten alle Brunnen zu, die
zur Zeit seines Vaters Abraham die Knechte
seines Vaters gegraben hatten, und füllten sie
mit Erde. 16 Da sagte Abimelech zu Isaak: Zieh
von uns fort; denn du bist uns viel zu mächtig
geworden! 17 Isaak zog fort, schlug sein Lager
im Tal von Gerar auf und ließ sich dort nieder.
18 Die Brunnen, die man zur Zeit seines Vaters
Abraham gegraben hatte und die die Philister
nach dem Tod Abrahams zugeschüttet hatten,
ließ Isaak wieder aufgraben und gab ihnen die-
selben Namen, die ihnen sein Vater gegeben
hatte. 19 Die Knechte Isaaks gruben im Bachtal
und fanden dort einen Brunnen mit frischem
Wasser. 20 Die Hirten von Gerar stritten mit
den Hirten Isaaks und sagten: Uns gehört das
Wasser. Da gab er dem Brunnen den Namen
Esek – Zank –, denn sie hatten sich um ihn ge-
zankt. 21 Als sie einen anderen Brunnen gru-
ben, stritten sie auch um ihn; so gab er ihm den
Namen Sitna – Streit –. 22 Darauf brach er von
dort auf und grub wieder einen anderen Brun-
nen. Um ihn stritten sie nicht mehr. Da gab er
ihm den Namen Rehobot – Weite – und sagte:
Jetzt hat uns der HERR weiten Raum ver-
schafft und wir sind im Land fruchtbar gewor-
den.
23 Von dort zog er nach Beerscheba hinauf.
24 In jener Nacht erschien ihm der HERR
und sprach: Ich bin der Gott deines Vaters
Abraham. Fürchte dich nicht, denn ich bin mit
dir! Ich segne dich und mache deine Nach-
kommen zahlreich wegen meines Knechtes
Abraham. 25 Dort baute er einen Altar, rief den
Namen des HERRN an und schlug sein Zelt
auf. Isaaks Knechte hoben dort einen Brunnen
aus.
26 Als Abimelech aus Gerar mit seinem Ver-
trauten Ahusat und seinem Feldherrn Pichol
zu ihm kam, 27 sagte Isaak zu ihnen: Weshalb
kommt ihr zu mir? Ihr habt mich gehasst und
habt mich aus eurem Gebiet ausgewiesen.
28 Sie entgegneten: Wir haben klar gesehen,
dass der HERR mit dir ist, und wir dachten:
Zwischen uns und dir sollte ein Eid stehen.
Wir wollen mit dir einen Bund schließen:
29 Du wirst uns nichts Böses zufügen, wie
auch wir dich nicht angetastet haben; wir ha-
ben dir nur Gutes erwiesen und dich in Frie-
den ziehen lassen. Jetzt bist du der Gesegnete
des HERRN. 30 Da bereitete er ihnen ein Mahl
und sie aßen und tranken. 31 Früh am Morgen
standen sie auf und leisteten einander den
Eid. Isaak entließ sie und sie schieden von ihm
in Frieden.
32 Am selben Tag kamen die Knechte Isaaks
und erzählten ihm von dem Brunnen, den sie
gegraben hatten. Sie meldeten ihm: Wir ha-
ben Wasser gefunden. 33 Da nannte er ihn
Schiba – Schwur –; darum heißt die Stadt bis
auf den heutigen Tag Beerscheba – Schwur-
brunnen –.
34 Als Esau vierzig Jahre alt war, nahm er Ju-
dit, die Tochter des Hetiters Beeri, und Base-
mat, die Tochter des Hetiters Elon, zu Frauen.
35 Sie wurden für Isaak und Rebekka Anlass zu
bitterem Gram.

1–11: 12,10–20; 20,1–18 / **3**: 15,18–21 / **4**: 15,5; 12,3; 18,18; 22,18; 28,14 / **33**: 21,31

DER ERSTGEBURTSSEGEN: 27,1–45

27 1 Als Isaak alt geworden und seine Au-
gen zu schwach waren, um noch etwas
zu sehen, rief er seinen älteren Sohn Esau und
sagte zu ihm: Mein Sohn! Er antwortete: Hier
bin ich. 2 Da sagte Isaak: Sieh! Ich bin alt ge-
worden. Ich weiß nicht, wann ich sterbe.
3 Nimm jetzt dein Jagdgerät, deinen Köcher

und deinen Bogen, geh aufs Feld und jag mir
ein Wild! 4 Bereite mir dann ein leckeres Mahl,
wie ich es gern mag, und bring es mir! Dann
will ich essen, damit meine Lebenskraft dich
segne, bevor ich sterbe.

5 Rebekka hatte gehört, was Isaak seinem
Sohn Esau gesagt hatte. Als Esau zur Jagd aufs
Feld gegangen war, um ein Wild zu jagen und
herbeizuschaffen, 6 sagte Rebekka zu ihrem
Sohn Jakob: Siehe, ich habe gehört, wie dein
Vater zu deinem Bruder Esau gesagt hat:
7 Bring mir ein Wild und bereite mir ein le-
ckeres Mahl! Dann will ich essen und dich vor
dem HERRN segnen, bevor ich sterbe. 8 Jetzt
aber, mein Sohn, hör genau zu, was ich dir
auftrage: 9 Geh zur Herde und bring mir von
dort zwei schöne Ziegenböckchen! Ich will
damit ein leckeres Mahl für deinen Vater zu-
bereiten, wie er es gern mag. 10 Bring es deinem
Vater! Dann wird er essen, damit er dich vor
seinem Tod segnet. 11 Jakob antwortete seiner
Mutter Rebekka: Sieh, mein Bruder Esau ist
behaart und ich habe eine glatte Haut. 12 Viel-
leicht betastet mich mein Vater; dann wäre ich
in seinen Augen wie einer, der sich über ihn
lustig macht, und ich brächte Fluch über mich
statt Segen. 13 Seine Mutter entgegnete: Dein
Fluch komme auf mich, mein Sohn. Hör auf
mich, geh und hol mir die Böckchen! 14 Da ging
er hin, holte sie und brachte sie seiner Mutter.
Sie bereitete ein leckeres Mahl zu, wie es sein
Vater gern mochte. 15 Dann holte Rebekka die
kostbaren Gewänder ihres älteren Sohnes
Esau, die bei ihr im Haus waren, und zog sie
ihrem jüngeren Sohn Jakob an. 16 Die Felle der
Ziegenböckchen legte sie um seine Hände und
um seinen glatten Hals. 17 Dann gab sie das
leckere Essen und das Brot, das sie zubereitet
hatte, ihrem Sohn Jakob in die Hand.

18 Er ging zu seinem Vater hinein und sagte:
Mein Vater! Er antwortete: Hier bin ich! Wer
bist du, mein Sohn? 19 Jakob entgegnete sei-
nem Vater: Ich bin Esau, dein Erstgeborener.
Ich habe getan, wie du mir gesagt hast. Setz
dich auf, iss von meinem Wildbret, damit dei-
ne Lebenskraft mich segne! 20 Da sagte Isaak
zu seinem Sohn: Wie hast du nur so schnell
etwas finden können, mein Sohn? Er antwor-
tete: Der HERR, dein Gott, hat es mir entge-
genlaufen lassen. 21 Da sagte Isaak zu Jakob:
Komm näher heran! Ich will dich betasten,
mein Sohn, ob du wirklich mein Sohn Esau
bist oder nicht. 22 Jakob trat zu seinem Vater
Isaak hin. Isaak betastete ihn und sagte: Die
Stimme ist zwar Jakobs Stimme, die Hände
aber sind Esaus Hände. 23 Er erkannte ihn
nicht, denn Jakobs Hände waren behaart wie
die seines Bruders Esau, und so segnete er ihn.
24 Er fragte: Bist du es, mein Sohn Esau? Er
sagte: Ich bin es. 25 Da sagte Isaak: Bring es mir!
Ich will von dem Wildbret meines Sohnes
essen, damit dich meine Lebenskraft segne.
Jakob brachte es ihm und Isaak aß. Dann reich-
te er ihm auch Wein und Isaak trank. 26 Nun
sagte sein Vater Isaak zu ihm: Komm näher
und küss mich, mein Sohn! 27 Er trat näher und
küsste ihn. Isaak roch den Duft seiner Gewän-
der, er segnete ihn und sagte:

Siehe, mein Sohn duftet wie das Feld, / das
der HERR gesegnet hat.

28 Gott gebe dir vom Tau des Himmels, /
vom Fett der Erde, viel Korn und Most.

29 Völker sollen dir dienen, / Nationen sich
vor dir niederwerfen. / Sei Herr über deine
Brüder. / Die Söhne deiner Mutter sollen dir
huldigen. / Verflucht, wer dich verflucht. /
Gesegnet, wer dich segnet.

30 Als Isaak Jakob gesegnet hatte und Jakob
gerade von seinem Vater Isaak weggegangen
war, kam sein Bruder Esau von der Jagd.
31 Auch er bereitete ein leckeres Mahl, brachte
es seinem Vater und sagte zu ihm: Mein Vater
richte sich auf und esse von dem Wildbret sei-
nes Sohnes, damit deine Lebenskraft mich
dann segne! 32 Da fragte ihn sein Vater Isaak:
Wer bist du? Er antwortete: Ich bin dein Sohn
Esau, dein Erstgeborener. 33 Vor Schrecken
überkam ihn ein heftiges Zittern und er frag-
te: Wer war es denn, der das Wild gejagt und
es mir gebracht hat? Ich habe von allem geges-
sen, bevor du gekommen bist, und ich habe
ihn gesegnet; gesegnet wird er auch bleiben.
34 Als Esau die Worte seines Vaters hörte,
schrie er heftig auf, aufs Äußerste verbittert,
und sagte zu seinem Vater: Segne auch mich,
Vater! 35 Er entgegnete: Dein Bruder ist mit List
gekommen und hat dir deinen Segen wegge-
nommen. 36 Da sagte Esau: Hat man ihm nicht
den Namen Jakob – Betrüger – gegeben? Er hat
mich jetzt schon zweimal betrogen: Mein Erst-
geburtsrecht hat er mir genommen, jetzt
nimmt er mir auch noch den Segen. Dann sag-
te er: Hast du mir keinen Segen aufgehoben?
37 Isaak antwortete und sagte zu Esau: Siehe,

27,36 Der Name Jakob ist mehrdeutig: Fersenhalter (vgl. 25,26) und Betrüger (vgl. Hos 12,4; Jer 9,3).

ich habe ihn zum Herrn über dich gemacht
und alle seine Brüder habe ich ihm als Knech-
te gegeben. Auch mit Korn und Most habe ich
ihn versorgt. Was kann ich da noch für dich
tun, mein Sohn? 38 Da sagte Esau zu seinem
Vater: Hattest du denn nur einen einzigen Se-
gen, mein Vater? Segne auch mich, Vater! Und
Esau erhob seine Stimme und weinte. 39 Sein
Vater Isaak antwortete ihm und sagte ihm:

Siehe, fern vom Fett der Erde musst du woh-
nen, / fern vom Tau des Himmels droben.

40 Von deinem Schwert wirst du leben. /
Deinem Bruder wirst du dienen. / Doch reißt
du dich los, so schüttelst du ab / sein Joch von
deinem Nacken.

41 Esau war dem Jakob Feind wegen des Se-
gens, mit dem ihn sein Vater gesegnet hatte,
und Esau sagte in seinem Herzen: Es werden
die Tage der Trauer um meinen Vater kom-
men; dann werde ich meinen Bruder Jakob
töten. 42 Als man Rebekka hinterbrachte, was
ihr ältester Sohn Esau gesagt hatte, ließ sie Ja-
kob, ihren jüngeren Sohn, rufen und sagte zu
ihm: Siehe, dein Bruder Esau will sich an dir
rächen und dich töten. 43 Nun aber, mein Sohn,
hör auf mich! Mach dich auf und flieh zu mei-
nem Bruder Laban nach Haran! 44 Bleib einige
Zeit bei ihm, bis sich der Groll deines Bruders
gelegt hat! 45 Wenn der Zorn deines Bruders
von dir abgelassen und er vergessen hat, was
du ihm angetan hast, werde ich dich von dort
holen lassen. Warum soll ich euch beide an
einem Tag verlieren?

30-40: Hebr 12,16f.

JAKOBS AUFBRUCH UND ESAUS FRAUEN: 27,46–28,9

46 Zu Isaak sagte Rebekka: Mir ist mein Leben
verleidet wegen der Hetiterinnen. Wenn Jakob
eine Frau von diesen Hetiterinnen, den Töch-
tern des Landes, nimmt, was liegt mir dann
noch am Leben?

28 1 Isaak rief Jakob, segnete ihn und befahl
ihm: Nimm keine Kanaaniterin zur
Frau! 2 Mach dich auf, geh nach Paddan-Aram,
zum Haus Betuëls, des Vaters deiner Mutter!
Hol dir von dort eine Frau, eine von den Töch-
tern Labans, des Bruders deiner Mutter!
3 El-Schaddai wird dich segnen, er wird dich
fruchtbar machen und vermehren: Zu einer
Schar von Völkern wirst du werden. 4 Er wird
dir den Segen Abrahams geben, dir und deinen
Nachkommen bei dir, damit du das Land in
Besitz nimmst, in dem du als Fremder lebst,
das aber Gott Abraham gegeben hat. 5 Isaak
entließ Jakob und er zog nach Paddan-Aram
zu Laban, dem Sohn des Aramäers Betuël,
dem Bruder Rebekkas, der Mutter Jakobs und
Esaus.

6 Esau sah, dass Isaak Jakob segnete und
nach Paddan-Aram schickte, damit er sich von
dort eine Frau holt. Als er ihn segnete, gebot
er ihm: Du sollst dir keine Kanaaniterin zur
Frau nehmen! 7 Jakob hörte auf seinen Vater
und seine Mutter und ging nach Paddan-Aram.
8 Als Esau sah, dass die Kanaaniterinnen sei-
nem Vater Isaak nicht gefielen, 9 ging Esau zu
Ismael und nahm zu seinen Frauen noch
Mahalat als Frau hinzu, die Schwester Neba-
jots, die Tochter Ismaels, des Sohnes Abra-
hams.

27,46: 26,34f.
28,3: 17,6–8

JAKOB IN BET-EL: 28,10–22

10 Jakob zog aus Beerscheba weg und ging nach
Haran. 11 Er kam an einen bestimmten Ort und
übernachtete dort, denn die Sonne war unter-
gegangen. Er nahm einen von den Steinen
dieses Ortes, legte ihn unter seinen Kopf und
schlief dort ein. 12 Da hatte er einen Traum:
Siehe, eine Treppe stand auf der Erde, ihre
Spitze reichte bis zum Himmel. Und siehe:
Auf ihr stiegen Engel Gottes auf und nieder.
13 Und siehe, der HERR stand vor ihm und
sprach: Ich bin der HERR, der Gott deines Va-
ters Abraham und der Gott Isaaks. Das Land,
auf dem du liegst, will ich dir und deinen
Nachkommen geben. 14 Deine Nachkommen
werden zahlreich sein wie der Staub auf der
Erde. Du wirst dich nach Westen und Osten,
nach Norden und Süden ausbreiten und durch
dich und deine Nachkommen werden alle Sip-
pen der Erde Segen erlangen. 15 Siehe, ich bin
mit dir, ich behüte dich, wohin du auch gehst,
und bringe dich zurück in dieses Land. Denn
ich verlasse dich nicht, bis ich vollbringe, was
ich dir versprochen habe. 16 Jakob erwachte aus
seinem Schlaf und sagte: Wirklich, der HERR
ist an diesem Ort und ich wusste es nicht. 17 Er
fürchtete sich und sagte: Wie Ehrfurcht gebie-
tend ist doch dieser Ort! Er ist nichts anderes
als das Haus Gottes und das Tor des Himmels.
18 Jakob stand früh am Morgen auf, nahm den
Stein, den er unter seinen Kopf gelegt hatte,
stellte ihn als Steinmal auf und goss Öl darauf.

19 Dann gab er dem Ort den Namen Bet-El –
Haus Gottes –. Früher hieß die Stadt Lus. 20 Ja-
kob machte das Gelübde: Wenn Gott mit mir
ist und mich auf diesem Weg, den ich gehe,
behütet, wenn er mir Brot zum Essen und
Kleider zum Anziehen gibt, 21 wenn ich wohl-
behalten heimkehre in das Haus meines Va-
ters, dann wird der HERR für mich Gott sein
22 und dieser Stein, den ich als Steinmal aufge-
stellt habe, soll ein Gotteshaus werden. Von
allem, was du mir gibst, will ich dir gewiss den
zehnten Teil geben.

14: 12,3; 13,16; 18,18; 22,18; 26,4

JAKOBS HEIRAT MIT LEA UND RAHEL: 29,1–30

29 1 Jakob machte sich auf und zog ins
Land der Söhne des Ostens. 2 Als er
aufsah, siehe, da war ein Brunnen auf freiem
Feld. Und siehe, da lagerten drei Herden von
Schafen und Ziegen; denn aus dem Brunnen
tränkte man die Herden. Ein großer Stein lag
über der Brunnenöffnung. 3 Wenn sich dort
alle Herden eingefunden hatten, wälzte man
den Stein von der Brunnenöffnung und tränk-
te das Vieh. Dann schob man den Stein wieder
zurück an seinen Platz über der Brunnenöff-
nung. 4 Jakob fragte die Leute dort: Meine Brü-
der, woher seid ihr? Sie sagten: Wir sind aus
Haran. 5 Da sagte er zu ihnen: Kennt ihr Laban,
den Sohn Nahors? Ja, wir kennen ihn, antwor-
teten sie. 6 Er fragte sie: Geht es ihm gut? Sie
entgegneten: Ja, es geht ihm gut. Aber da
kommt gerade seine Tochter Rahel mit den
Schafen und Ziegen. 7 Da sagte er: Seht, es ist
noch mitten am Tag und nicht die Zeit, das
Vieh zusammenzutreiben. Tränkt doch die
Schafe und Ziegen, dann geht und weidet
weiter! 8 Da sagten sie: Das können wir nicht,
bevor nicht alle Herden sich eingefunden ha-
ben. Erst dann wird man den Stein von der
Brunnenöffnung wegwälzen und die Schafe
und Ziegen tränken.

9 Während er sich noch mit ihnen unterhielt,
war Rahel mit den Schafen und Ziegen, die
ihrem Vater gehörten, eingetroffen; denn sie
war Hirtin. 10 Als Jakob Rahel, die Tochter La-
bans, des Bruders seiner Mutter, und die Scha-
fe und Ziegen Labans, des Bruders seiner Mut-
ter, sah, trat er hinzu, wälzte den Stein von der
Brunnenöffnung und tränkte die Schafe und
Ziegen Labans, des Bruders seiner Mutter.
11 Dann küsste Jakob Rahel, erhob seine Stim-
me und weinte. 12 Jakob eröffnete Rahel, dass
er ein Bruder ihres Vaters und der Sohn Rebek-
kas sei. Da lief sie weg und erzählte es ihrem
Vater. 13 Als Laban die Nachricht von Jakob,
dem Sohn seiner Schwester, hörte, lief er ihm
entgegen; er umarmte und küsste ihn und
führte ihn in sein Haus. Jakob erzählte Laban
die ganze Geschichte. 14 Da erwiderte ihm La-
ban: Du bist wirklich mein Bein und mein
Fleisch.

Als Jakob etwa einen Monat bei ihm geblie-
ben war, 15 sagte Laban zu Jakob: Bist du nicht
mein Bruder? Sollst du mir umsonst dienen?
Sag mir, welchen Lohn du haben willst! 16 La-
ban hatte zwei Töchter; die ältere hieß Lea, die
jüngere Rahel. 17 Die Augen Leas waren matt,
Rahel aber war von schöner Gestalt und von
schönem Aussehen. 18 Jakob hatte Rahel lieb
und so sagte er: Ich will dir um die jüngere
Tochter Rahel sieben Jahre dienen. 19 Laban
entgegnete: Es ist besser, ich gebe sie dir als
einem anderen. Bleib bei mir! 20 Jakob diente
also um Rahel sieben Jahre. Weil er sie liebte,
kamen sie ihm wie wenige Tage vor. 21 Dann
aber sagte Jakob zu Laban: Gib mir jetzt meine
Frau; denn meine Zeit ist um und ich will nun
zu ihr gehen. 22 Da ließ Laban alle Männer des
Ortes zusammenkommen und bereitete ein
Festmahl. 23 Am Abend nahm er aber seine
Tochter Lea, führte sie zu ihm und Jakob kam
zu ihr. 24 Laban gab seine Magd Silpa seiner
Tochter Lea zur Magd. 25 Am Morgen aber, sie-
he, da war es Lea. Jakob sagte zu Laban: Was
hast du mir angetan? Habe ich dir denn nicht
um Rahel gedient? Warum hast du mich be-
trogen? 26 Laban erwiderte: Es ist hierzulande
nicht üblich, die Jüngere vor der Älteren zur
Ehe zu geben. 27 Vollende diese Brautwoche,
dann wollen wir dir auch die andere geben für
die Arbeit, die du bei mir noch weitere sieben
Jahre verrichten wirst. 28 Jakob machte es so.
Er vollendete die Brautwoche, dann gab ihm
Laban seine Tochter Rahel zur Frau. 29 Laban
gab seine Magd Bilha seiner Tochter Rahel zur
Magd. 30 Jakob kam auch zu Rahel und er lieb-
te Rahel mehr als Lea. Er blieb noch weitere
sieben Jahre bei Laban.

20: Hos 12,13

DIE GEBURT DER KINDER: 29,31–30,24

31 Als der HERR sah, dass Lea zurückgesetzt
wurde, öffnete er ihren Mutterschoß, Rahel
aber blieb unfruchtbar. 32 Lea wurde schwan-
ger und gebar einen Sohn. Sie gab ihm den

Namen Ruben – Seht, ein Sohn –; denn sie
sagte: Ja, der HERR hat mein Elend gesehen.
Jetzt wird mein Mann mich gewiss lieben.
33 Sie wurde abermals schwanger und gebar
einen Sohn. Da sagte sie: Der HERR hat sicher
gehört, dass ich zurückgesetzt bin, und hat mir
auch diesen geschenkt. Sie gab ihm den Na-
men Simeon – Hörer –. 34 Sie wurde noch ein-
mal schwanger und gebar einen Sohn. Da sag-
te sie: Jetzt endlich wird sich mein Mann mir
anschließen, denn ich habe ihm drei Söhne
geboren. Darum gab sie ihm den Namen Levi
– Anhänglicher –. 35 Abermals wurde sie
schwanger und gebar einen Sohn. Da sagte sie:
Diesmal will ich dem HERRN danken. Darum
nannte sie seinen Namen Juda – Dank –. Dann
bekam sie keine Kinder mehr.

30 1 Als Rahel sah, dass sie Jakob keine
Kinder gebar, wurde sie eifersüchtig
auf ihre Schwester. Sie sagte zu Jakob: Ver-
schaff mir Söhne! Wenn nicht, sterbe ich. 2 Da
wurde Jakob zornig auf Rahel und sagte: Neh-
me ich etwa die Stelle Gottes ein, der dir die
Leibesfrucht versagt? 3 Sie antwortete: Da ist
meine Magd Bilha. Geh zu ihr! Sie soll auf mei-
nen Knien gebären, dann komme auch ich
durch sie zu Kindern. 4 Sie gab ihm also ihre
Magd Bilha zur Frau und Jakob ging zu ihr.
5 Bilha wurde schwanger und gebar Jakob ei-
nen Sohn. 6 Rahel sagte: Gott hat mir Recht
verschafft; er hat auch meine Stimme gehört
und mir einen Sohn geschenkt. Deshalb gab
sie ihm den Namen Dan – Richter –. 7 Bilha,
Rahels Magd, wurde abermals schwanger und
gebar Jakob einen zweiten Sohn. 8 Da sagte
Rahel: Gotteskämpfe habe ich ausgestanden
mit meiner Schwester und ich habe mich
durchgesetzt. So gab sie ihm den Namen Naf-
tali – Kämpfer –.

9 Als Lea sah, dass sie keine Kinder mehr
bekam, nahm sie ihre Magd Silpa und gab sie
Jakob zur Frau. 10 Leas Magd Silpa gebar Jakob
einen Sohn. 11 Da sprach Lea: Glück auf! So gab
sie ihm den Namen Gad – Glück –. 12 Als Leas
Magd Silpa Jakob einen zweiten Sohn gebar,
13 sagte Lea: Ich Glückliche! Denn die Töchter
werden mich beglückwünschen. So gab sie
ihm den Namen Ascher – Glücklicher –.

14 Zur Zeit der Weizenernte ging Ruben aus
und fand auf dem Feld Alraunen. Er brachte sie
seiner Mutter Lea mit. Da sagte Rahel zu Lea:
Gib mir doch ein paar von den Alraunen deines
Sohnes! 15 Sie aber erwiderte ihr: Ist es dir nicht
genug, mir meinen Mann wegzunehmen?
Nimmst du mir auch die Alraunen meines
Sohnes weg? Da entgegnete Rahel: Dann soll
Jakob für die Alraunen deines Sohnes heute
Nacht bei dir liegen. 16 Als Jakob am Abend
vom Feld kam, ging ihm Lea entgegen und
sagte: Zu mir musst du kommen! Ich habe
nämlich um den Preis der Alraunen meines
Sohnes ein Recht auf dich erworben. So lag er
in jener Nacht bei ihr. 17 Gott erhörte Lea. Sie
wurde schwanger und gebar Jakob einen fünf-
ten Sohn. 18 Da sagte Lea: Gott hat mich dafür
belohnt, dass ich meine Magd meinem Mann
gegeben habe. Sie gab ihm den Namen Issachar
– Mann des Lohnes –. 19 Noch einmal wurde
Lea schwanger und gebar Jakob einen sechsten
Sohn. 20 Da sagte Lea: Gott hat mich mit einem
schönen Geschenk bedacht. Jetzt endlich wird
mein Mann mich ehren, da ich ihm doch sechs
Söhne geboren habe. Sie gab ihm also den Na-
men Sebulon – Ehrung –. 21 Danach gebar sie
eine Tochter und gab ihr den Namen Dina.

22 Nun erinnerte sich Gott an Rahel. Gott
erhörte sie und öffnete ihren Schoß. 23 Sie wur-
de schwanger und gebar einen Sohn. Da sagte
sie: Gott hat die Schande von mir genommen.
24 Sie gab ihm den Namen Josef – Möge er noch
hinzufügen – und sagte: Der HERR gebe mir
noch einen anderen Sohn hinzu.

JAKOBS LIST: 30,25–43

25 Nachdem Rahel Josef geboren hatte, sagte
Jakob zu Laban: Entlass mich! Ich will zu mei-
nem Ort und in mein Land gehen. 26 Gib mir
meine Frauen und Kinder, um die ich dir ge-
dient habe, und ich will gehen. Du kennst ja
meinen Dienst, den ich dir geleistet habe. 27 La-
ban antwortete ihm: Wenn ich nur Wohlwol-
len in deinen Augen gefunden habe: Ich habe
es als gutes Zeichen angesehen und der HERR
hat mich deinetwegen gesegnet. 28 Und er sag-
te: Bestimm selbst deinen Lohn und ich werde
ihn dir geben. 29 Da sagte Jakob zu ihm: Du
kennst meinen Dienst und dein Vieh, das mir
anvertraut war. 30 Das Wenige, das du hattest,
bevor ich kam, hat sich gewaltig vermehrt und

29,34 Levi meint ursprünglich: Anhänger, Verehrer.
30,6 Dan bedeutet: Er hat Recht verschafft.
30,8 Der Name Naftali wird hier von einem Verbum „ringen“ abgeleitet.
30,20 Die Bedeutung von Sebulon leitet sich von der Wurzel „ehren“ ab.

der HERR hat dich gesegnet für jeden meiner
Schritte. Doch jetzt – wann werde ich etwas
für mein eigenes Haus tun können? 31 Da sag-
te Laban: Was soll ich dir geben? Du brauchst
mir nichts zu geben, antwortete Jakob. Wenn
du mir das Folgende gewährst, will ich dein
Vieh weiterhin weiden und hüten. 32 Ich will
heute unter deinem Vieh umhergehen. Son-
dere dort alle gesprenkelten oder scheckigen
und alle dunklen Lämmer aus, ebenso die
scheckigen und gesprenkelten Ziegen. Das soll
mein Lohn sein. 33 Morgen soll meine Redlich-
keit offenbar werden, wenn du kommst, mei-
nen Lohn zu besehen: Alles, was nicht ge-
sprenkelt und scheckig unter den Ziegen und
dunkel unter den Lämmern ist, das soll als von
mir gestohlen gelten. 34 Gut, sagte Laban, wie
du gesagt hast, soll es geschehen.

35 Am selben Tag noch sonderte er die ge-
streiften und scheckigen Ziegenböcke aus und
alle gesprenkelten und scheckigen Ziegen, al-
les, an dem etwas Weißes war, und alles
Dunkle unter den Lämmern und übergab es
seinen Söhnen. 36 Dann entfernte er sich drei
Tagesmärsche von Jakob, der das übrige Vieh
Labans weidete. 37 Nun holte sich Jakob frische
Ruten von Silberpappeln, Mandelbäumen und
Platanen, schälte weiße Streifen heraus und
legte so das Weiße an den Ruten bloß. 38 Die
geschälten Ruten legte er in die Tröge, in die
Wasserrinnen, zu denen die Tiere zur Tränke
kamen, gerade vor die Tiere hin. Die Tiere be-
gatteten sich, wenn sie zur Tränke kamen.
39 Hatten sich die Tiere vor den Ruten begattet,
so warfen sie gestreifte, gesprenkelte und
scheckige Junge. 40 Die Lämmer teilte Jakob
auf. Er richtete den Blick der Tiere auf das Ge-
streifte und alles Dunkle in der Herde Labans.
So legte er sich selbst Herden zu und tat sie
nicht zum Vieh Labans. 41 Jedes Mal nun, wenn
sich die kräftigen Tiere begatteten, legte Jakob
die Ruten in die Tröge, sodass die Tiere sie vor
Augen hatten, wenn sie sich begatteten. 42 Bei
den schwächlichen Tieren aber legte er sie
nicht hin. So wurden die schwächlichen La-
bans, die kräftigen dagegen Jakobs Eigentum
43 und der Mann wurde überaus reich; er besaß
eine Menge Schafe und Ziegen, Mägde und
Knechte, Kamele und Esel.

JAKOBS TRENNUNG VON LABAN: 31,1–32,1

31 1 Er hörte aber, dass die Söhne Labans
sagten: Jakob hat alles, was unserem
Vater gehört, weggenommen; auf Kosten un-
seres Vaters hat er sich so bereichert. 2 Jakob
sah an Labans Gesicht: Er war ihm nicht mehr
zugetan wie gestern und vorgestern. 3 Da sag-
te der HERR zu Jakob: Kehr zurück in das Land
deiner Väter und zu deiner Verwandtschaft!
Ich werde mit dir sein. 4 Jakob ließ Rahel und
Lea auf das Feld zu seiner Herde rufen 5 und
sagte zu ihnen: Ich sehe am Gesicht eures Va-
ters, dass er mir nicht mehr zugetan ist wie
gestern und vorgestern. Aber der Gott meines
Vaters war mit mir. 6 Ihr wisst, dass ich mit
allen Kräften eurem Vater gedient habe. 7 Aber
euer Vater hat mich hintergangen und meinen
Lohn zehnmal geändert; Gott aber hat ihm
nicht erlaubt, mich zu schädigen. 8 Sagte er, die
Gesprenkelten sollen dein Lohn sein, dann
warfen alle Tiere gesprenkelte Junge; sagte er,
die Gestreiften sollen dein Lohn sein, dann
warfen alle Tiere gestreifte Junge. 9 Gott hat
eurem Vater den Viehbestand entzogen und
ihn mir gegeben. 10 Zur Zeit, da die Tiere
brünstig waren, erhob ich meine Augen und
hatte einen Traum: Siehe, gestreifte, gespren-
kelte und gefleckte Böcke besprangen die Tie-
re. 11 Der Engel Gottes sprach im Traum zu mir:
Jakob! Ich antwortete: Hier bin ich. 12 Dann
sprach er: Erhebe doch deine Augen und schau
hin: Alle Böcke, welche die Tiere bespringen,
sind gestreift, gesprenkelt oder gefleckt. Ich
habe nämlich alles gesehen, was dir Laban an-
tut. 13 Ich bin der Gott von Bet-El, wo du das
Steinmal gesalbt und mir ein Gelübde gemacht
hast. Jetzt steh auf, zieh fort aus diesem Land
und kehr in das Land deiner Verwandtschaft
zurück! 14 Rahel und Lea antworteten und sag-
ten ihm: Haben wir noch Anteil oder Erbe im
Haus unseres Vaters? 15 Gelten wir ihm nicht
wie Fremde? Er hat uns ja verkauft und sogar
unser Geld restlos aufgezehrt. 16 Ja, der ganze
Reichtum, den Gott unserem Vater entrissen
hat – uns gehört er und unseren Söhnen. Jetzt
tu alles, was Gott dir gesagt hat. 17 Da machte
sich Jakob auf, hob seine Söhne und Frauen auf
die Kamele 18 und führte sein ganzes Vieh fort,
seinen ganzen Besitz an Vieh, den er in Pad-
dan-Aram erworben hatte, um zu seinem Va-
ter Isaak nach Kanaan zurückzukehren.

19 Laban war weggegangen, um seine Schafe
zu scheren; da stahl Rahel die Götterbilder

30,32 Nach G soll Laban nur die dunklen Schafe und die scheckigen und gesprenkelten Ziegen aussondern.

ihres Vaters 20 und Jakob überlistete den
Aramäer Laban: Er verriet ihm nicht, dass er
fliehen wollte. 21 Er floh mit allem, was ihm
gehörte. Er machte sich auf, überquerte den
Strom und wandte sein Gesicht dem Gebirge
von Gilead zu. 22 Am dritten Tag meldete man
Laban, Jakob sei geflohen. 23 Da nahm er seine
Brüder mit sich, jagte ihm sieben Tage lang
nach und kam ihm im Gebirge von Gilead ganz
nahe. 24 Gott aber kam in einem nächtlichen
Traum zum Aramäer Laban und sprach zu
ihm: Hüte dich, Jakob auch nur das Geringste
vorzuwerfen!

25 Laban holte Jakob ein, als dieser gerade im
Gebirge sein Zelt aufgeschlagen hatte. Da
schlug auch Laban mit seinen Brüdern im Ge-
birge von Gilead die Zelte auf. 26 Laban sagte
nun zu Jakob: Was hast du getan? Du hast
mich überlistet und meine Töchter wie Kriegs-
gefangene weggeführt. 27 Warum bist du
heimlich geflohen, hast mich bestohlen und
mir nichts gesagt? Ich hätte dich gern mit einem
Freudenfest, mit Gesang, Pauken und Leiern
entlassen. 28 Du hast mir aber nicht einmal ge-
stattet, meine Söhne und Töchter zu küssen.
Jetzt hast du töricht gehandelt. 29 Es stünde in
meiner Macht, euch Schlimmes anzutun; aber
der Gott eures Vaters hat mir gestern Nacht
gesagt: Hüte dich, Jakob auch nur das Gerings-
te vorzuwerfen! 30 Nun bist du fortgezogen,
weil du Heimweh hattest nach deinem Vater-
haus. Aber warum hast du meine Götter ge-
stohlen? 31 Jakob antwortete und sagte zu La-
ban: Ja, ich fürchtete mich, denn ich meinte,
du könntest mir deine Töchter wegnehmen.
32 Bei wem du aber deine Götter findest, der
soll nicht am Leben bleiben. In Gegenwart un-
serer Brüder durchsuche, was ich habe, und
nimm, was dein ist! Jakob wusste nicht, dass
Rahel sie gestohlen hatte.

33 Laban betrat das Zelt Jakobs, das Zelt der
Lea und das der beiden Mägde, fand aber
nichts. Vom Zelt der Lea ging er in das Zelt
Rahels. 34 Rahel hatte die Götterbilder genom-
men, sie in die Satteltasche des Kamels gelegt
und sich daraufgesetzt. Laban durchstöberte
das ganze Zelt, fand aber nichts. 35 Sie aber sag-
te zu ihrem Vater: Zürne nicht, mein Herr! Ich
kann vor dir nicht aufstehen, es geht mir gera-
de, wie es eben Frauen ergeht. Er suchte weiter,
die Götterbilder aber fand er nicht.

36 Da wurde Jakob zornig und begann mit
Laban zu streiten. Jakob ergriff das Wort und
sagte zu Laban: Was habe ich verbrochen, was
habe ich Unrechtes getan, dass du mir nach-
hetzt? 37 Alle meine Sachen hast du durchstö-
bert. Was hast du gefunden an Sachen, die zu
deinem Haus gehören? Leg sie her vor meine
und deine Brüder und sie sollen zwischen uns
beiden entscheiden. 38 Schon zwanzig Jahre
bin ich bei dir. Deine Mutterschafe und Ziegen
hatten keinen Fehlwurf. Die Böcke deiner Her-
de habe ich nicht aufgezehrt. 39 Gerissenes
Vieh habe ich dir nicht gebracht; ich habe es
selbst ersetzt. Aus meiner Hand hast du gefor-
dert, was mir bei Tag oder Nacht gestohlen
wurde. 40 So ging es mir: Bei Tag fraß mich die
Hitze, der Frost bei Nacht und der Schlaf floh
meine Augen. 41 Schon zwanzig Jahre diene ich
in deinem Haus, vierzehn Jahre um deine bei-
den Töchter und sechs Jahre um dein Vieh. Du
aber hast meinen Lohn zehnmal geändert.
42 Wäre nicht der Gott meines Vaters, der Gott
Abrahams und der Schrecken Isaaks, für mich
eingetreten, dann hättest du mich jetzt mit
leeren Händen weggeschickt. Doch Gott hat
mein Elend und die Mühe meiner Hände ge-
sehen und gestern Nacht hat er entschieden.
43 Laban antwortete und sprach zu Jakob: Die
Töchter sind meine Töchter und die Söhne
sind meine Söhne und das Vieh ist mein Vieh
und alles, was du siehst, gehört mir. Was kann
ich heute für meine Töchter tun oder für ihre
Söhne, die sie geboren haben? 44 Jetzt aber
komm, wir wollen einen Bund schließen, ich
und du. Er soll zwischen mir und dir Zeuge
sein. 45 Da nahm Jakob einen Stein und richte-
te ihn als Steinmal auf. 46 Jakob sagte zu seinen
Brüdern: Tragt Steine zusammen! Da holten
sie Steine und legten einen Steinhügel an. Dort
auf dem Steinhügel aßen sie. 47 Laban nannte
ihn Jegar-Sahaduta und Jakob nannte ihn
Gal-Ed. 48 Dieser Steinhügel, sagte Laban, soll
heute Zeuge sein zwischen mir und dir. Da-
rum gab er ihm den Namen Gal-Ed – Zeugen-
hügel – 49 und Mizpa – Spähort –, weil er sagte:
Der HERR sei Späher zwischen mir und dir,
wenn wir voneinander nichts mehr wissen.
50 Solltest du meine Töchter unterdrücken
oder dir außer meinen Töchtern noch andere
Frauen nehmen – auch wenn kein Mensch bei
uns ist: Sieh, Gott ist Zeuge zwischen mir und
dir. 51 Weiter sagte Laban zu Jakob: Siehe, die-
ser Steinhügel, siehe, dieses Steinmal, das ich

31,42 Schrecken Isaaks – nur hier und V. 53 – ist ein alter-
tümlicher Gottesname.

zwischen mir und dir errichtet habe – 52 Zeuge
sei dieser Steinhügel. Zeuge sei dieses Stein-
mal: Nie will ich diesen Steinhügel zu dir hin
überschreiten und nie sollst du diesen Stein-
hügel oder dieses Steinmal in böser Absicht zu
mir hin überschreiten. 53 Der Gott Abrahams
und der Gott Nahors, der Gott unserer Väter,
seien Richter zwischen uns. Da leistete Jakob
einen Eid beim Schrecken seines Vaters Isaak.
54 Dann brachte Jakob auf dem Berg ein
Schlachtopfer dar und lud seine Brüder ein,
Mahl zu halten. Sie aßen und verbrachten die
Nacht auf dem Berg.

32 1 Früh am Morgen stand Laban auf, küss-
te seine Söhne und Töchter und segnete
sie. Dann kehrte er an seinen Ort zurück.

31,13: 28,18.20

DIE GESCHENKE FÜR ESAU: 32,2–22

2 Auch Jakob zog seines Weges. Da begegneten
ihm Engel Gottes. 3 Als Jakob sie erblickte, sag-
te er: Das ist das Lager Gottes. Dem Ort gab er
darum den Namen Mahanajim – Lager –.

4 Jakob sandte Boten vor sich her zu seinem
Bruder Esau in das Land Seïr, in das Gebiet von
Edom. 5 Er trug ihnen auf: Ihr sollt Esau, mei-
nem Herrn, sagen: So sagt dein Knecht Jakob:
Bei Laban habe ich mich aufgehalten und bin
bis jetzt geblieben. 6 Ich habe Stiere, Esel, Scha-
fe und Ziegen sowie Knechte und Mägde be-
kommen. Ich schicke nun meinem Herrn eine
Nachricht, um dein Wohlwollen zu finden.

7 Die Boten kehrten zu Jakob zurück und
berichteten: Als wir zu deinem Bruder Esau
kamen, war auch er schon unterwegs zu dir.
Vierhundert Mann hat er bei sich. 8 Jakob
fürchtete sich sehr und Angst ergriff ihn. Er
teilte seine Leute, die Schafe und Ziegen, Rin-
der und Kamele auf zwei Lager auf 9 und sagte:
Wenn Esau zu dem einen Lager kommt und es
niedermacht, dann kann das andere Lager ent-
kommen. 10 Und Jakob sagte: Du Gott meines
Vaters Abraham und Gott meines Vaters Isaak,
HERR, du hast mir gesagt: Kehr in dein Land
und zu deiner Verwandtschaft zurück; ich
werde es dir gut gehen lassen. 11 Ich bin zu ge-
ring für all die Hulderweise und alle Treue, die
du deinem Knecht erwiesen hast. Denn nur
mit einem Stab habe ich den Jordan dort über-
schritten und jetzt sind aus mir zwei Lager
geworden. 12 Entreiß mich doch der Hand mei-
nes Bruders, der Hand Esaus! Denn ich fürch-
te, dass er kommt und mich erschlägt, die
Mutter mit den Kindern. 13 Du hast doch ge-
sagt: Ich will es dir sehr gut gehen lassen und
will deine Nachkommen zahlreich machen
wie den Sand am Meer, den man wegen der
Menge nicht zählen kann.

14 Er brachte dort jene Nacht zu. Dann stell-
te er von allem, was er gerade zur Hand hatte,
ein Geschenk für seinen Bruder Esau zusam-
men: 15 zweihundert Ziegen und zwanzig Bö-
cke, zweihundert Mutterschafe und zwanzig
Widder, 16 dreißig säugende Kamele mit ihren
Jungen, vierzig Kühe und zehn Stiere, zwanzig
Eselinnen und zehn Esel. 17 Er übergab sie, jede
Herde für sich, seinen Knechten und sagte zu
ihnen: Zieht mir voraus und haltet zwischen
den Herden Abstand! 18 Dem ersten trug er auf:
Wenn mein Bruder Esau dich trifft und dich
fragt: Zu wem gehörst du, wohin gehst du
und wem gehören diese da vor dir?, 19 dann
sag: Deinem Knecht Jakob. Ein Geschenk ist
es, gesandt an meinen Herrn, an Esau. Und
siehe, er selbst kommt hinter uns her. 20 Auch
dem zweiten und dritten, allen, die hinter den
einzelnen Herden schritten, trug er auf: Redet
ebenso mit Esau, wenn ihr ihn trefft! 21 Sagt:
Siehe, dein Knecht Jakob kommt schon hinter
uns her. Denn Jakob sagte sich: Ich werde sein
Angesicht besänftigen mit dem Geschenk, das
vor meinem Angesicht hergeht. Danach werde
ich sein Angesicht anschauen und vielleicht
wird er dann mein Angesicht aufheben. 22 Das
Geschenk zog ihm also voraus, er aber brachte
jene Nacht im Lager zu.

10: 31,3 / **13:** 32,10; 22,17; 28,14

JAKOBS KAMPF AM JABBOK: 32,23–33

23 In derselben Nacht stand er auf, nahm seine
beiden Frauen, seine beiden Mägde sowie sei-
ne elf Kinder und durchschritt die Furt des
Jabbok. 24 Er nahm sie und ließ sie den Fluss
überqueren. Dann schaffte er alles hinüber,
was ihm sonst noch gehörte. 25 Als er allein
zurückgeblieben war, rang mit ihm ein Mann,
bis die Morgenröte aufstieg. 26 Als der Mann

32,23–33 In dieser Erzählung sind drei alte Traditionen miteinander verwoben: 1. eine von der Umbenennung des Namens Jakob in Israel (vgl. 35,9f.); 2. eine, die die Herkunft des Ortsnamens Peniël erklärt (Gottes Angesicht); 3. eine, die den sonderbaren Brauch begründet, den Muskelstrang über dem Hüftgelenk der Tiere nicht zu essen. Der unbekannte Mann war vielleicht in der vorisraelitischen Form der Erzählung ein dämonisches Wesen; die israelitische Tradition erkennt in ihm Gott selbst oder zumindest ein himmlisches Wesen, einen Engel.

sah, dass er ihn nicht besiegen konnte, be-
rührte er sein Hüftgelenk. Jakobs Hüftgelenk
renkte sich aus, als er mit ihm rang. 27 Er sag-
te: Lass mich los; denn die Morgenröte ist
aufgestiegen. Er entgegnete: Ich lasse dich
nicht los, wenn du mich nicht segnest. 28 Er
fragte ihn: Wie ist dein Name? Jakob, ant-
wortete er. 29 Er sagte: Nicht mehr Jakob wird
man dich nennen, sondern Israel – Gottes-
streiter –; denn mit Gott und Menschen hast
du gestritten und gesiegt. 30 Nun fragte Jakob:
Nenne mir doch deinen Namen! Er entgeg-
nete: Was fragst du mich nach meinem Na-
men? Dann segnete er ihn dort. 31 Jakob gab
dem Ort den Namen Peniël – Gottes Ange-
sicht – und sagte: Ich habe Gott von Ange-
sicht zu Angesicht gesehen und bin doch mit
dem Leben davongekommen.

32 Die Sonne schien bereits auf ihn, als er
durch Penuël zog; er hinkte an seiner Hüfte.
33 Darum essen die Israeliten den Muskel-
strang über dem Hüftgelenk nicht bis auf den
heutigen Tag; denn er hat Jakobs Hüftgelenk,
den Hüftmuskel berührt.

DIE BEGEGNUNG MIT ESAU: 33,1–20

33 1 Jakob erhob seine Augen und sah: Und
siehe, Esau kam und mit ihm vierhun-
dert Mann. Da verteilte er die Kinder auf Lea
und Rahel und auf die beiden Mägde. 2 Die
Mägde und deren Kinder stellte er vorn hin,
dahinter Lea und ihre Kinder und zuletzt Ra-
hel und Josef. 3 Er selbst ging vor ihnen her und
warf sich siebenmal zur Erde nieder, bis er
nahe an seinen Bruder herangekommen war.
4 Esau lief ihm entgegen, umarmte ihn und fiel
ihm um den Hals; er küsste ihn und sie wein-
ten. 5 Dann erhob Esau seine Augen und sah
die Frauen mit den Kindern. Er fragte: Wer
sind die dort bei dir? Die Kinder, erwiderte er,
die Gott deinem Knecht aus Wohlwollen ge-
schenkt hat.

6 Die Mägde und ihre Kinder kamen näher
und warfen sich nieder. 7 Dann kamen auch Lea
und ihre Kinder und warfen sich nieder, da-
nach kamen Josef und Rahel und warfen sich
nieder. 8 Da fragte Esau: Was willst du mit dem
ganzen Lager dort, auf das ich gestoßen bin?
Jakob erwiderte: Ich wollte die Gnade meines
Herrn finden. 9 Darauf sagte Esau: Ich habe
selber genug, Bruder. Dir gehöre, was dein ist.
10 Nicht doch, entgegnete Jakob, wenn ich
Gnade in deinen Augen gefunden habe, dann
nimm mein Geschenk aus meiner Hand an!
Denn dafür habe ich dein Angesicht gesehen,
wie man das Angesicht Gottes sieht, und du
bist mir wohlwollend begegnet. 11 Nimm doch
mein Begrüßungsgeschenk an, das man dir
überbracht hat! Denn Gott hat mir Gnade er-
wiesen und ich habe alles, was ich brauche. Er
drängte ihn, bis er annahm.

12 Darauf machte Esau den Vorschlag: Bre-
chen wir auf und ziehen wir weiter! Ich will
an deiner Seite ziehen. 13 Jakob entgegnete
ihm: Mein Herr weiß, dass die Kinder noch
schwach sind; auch habe ich für säugende
Schafe und Rinder zu sorgen. Treibt man sie
auch nur einen einzigen Tag rasch an, so stirbt
das ganze Vieh. 14 Mein Herr ziehe doch sei-
nem Knecht voraus. Ich aber will mich dem
gemächlichen Gang der Viehherden vor mir
und dem Schritt der Kinder anpassen, bis ich
zu meinem Herrn nach Seïr komme. 15 Darauf
sagte Esau: Ich will dir einige von meinen Leu-
ten zuweisen. Wozu?, erwiderte Jakob, ich
finde ja das Wohlwollen meines Herrn.

16 Esau kehrte an jenem Tag auf seinem
Weg nach Seïr zurück. 17 Jakob brach nach
Sukkot auf. Er baute sich ein Haus und für
sein Vieh errichtete er Hütten. Darum gab er
dem Ort den Namen Sukkot. 18 Jakob gelang-
te, als er aus Paddan-Aram kam, wohlbehal-
ten bis zur Stadt Sichem in Kanaan und
schlug vor der Stadt sein Lager auf. 19 Das
Grundstück, auf dem er sein Zelt aufspannte,
erwarb er von den Söhnen Hamors, des Va-
ters von Sichem, für hundert Kesita. 20 Dort
errichtete er einen Altar und nannte ihn: El,
Gott Israels.

DIE RACHE AN SICHEM: 34,1–31

34 1 Dina, die Tochter, die Lea Jakob gebo-
ren hatte, ging aus, um sich unter den

33,17 Sukkot bedeutet Hütten.

33,18 Andere Deutung des hebr. Wortlauts: Statt des Beiworts wohlbehalten kann man hier den Ortsnamen Salem lesen: Jakob kam nach Salem, der Stadt Sichems. So hat es G verstanden und das mag der ursprünglich gemeinte Sinn gewesen sein.

34,1–31 Vergewaltigung einer Frau gilt noch heute bei den Beduinen als ein dem Mord gleichwertiges Verbrechen und löst Blutrache aus. Das Verwerfliche der Tat der Jakobsöhne an den Sichemiten ist nicht die Blutrache an sich, sondern der Vollzug der Blutrache, obwohl bereits Ausgleichsverhandlungen zum erfolgreichen Abschluss gekommen sind, die einem Verzicht auf Blutrache gleichkommen. Zur Blutrache nach Vergewaltigung einer Frau vgl. auch 2 Sam 13.

Töchtern des Landes umzusehen. 2 Sichem,
der Sohn des Hiwiters Hamor, des Landesfürs-
ten, erblickte sie; er ergriff sie, legte sich zu ihr
und vergewaltigte sie. 3 Seine Seele hängte sich
an Dina, die Tochter Jakobs, er liebte das Mäd-
chen und redete ihm zu Herzen. 4 Zu seinem
Vater Hamor sagte Sichem: Nimm mir dieses
Mädchen zur Frau!

5 Jakob hörte, dass man seine Tochter Dina
entehrt hatte. Seine Söhne waren gerade auf
dem Feld bei seiner Herde. Jakob aber schwieg
bis zu ihrer Rückkehr. 6 Da kam Hamor, der
Vater Sichems, zu Jakob heraus, um mit ihm
darüber zu reden. 7 Als Jakobs Söhne vom Feld
kamen und davon erfuhren, empfanden sie
das als Beleidigung und wurden sehr zornig.
Denn Sichem hatte eine Schandtat an Israel
begangen, weil er bei der Tochter Jakobs gele-
gen hatte; so etwas darf man nicht tun.

8 Hamor redete mit ihnen und sagte: Mein
Sohn Sichem hat zu eurer Tochter Zuneigung
gefasst. Gebt sie ihm doch zur Frau! 9 Ver-
schwägern wir uns; gebt uns eure Töchter und
nehmt euch die unseren! 10 Ihr könnt euch bei
uns ansiedeln und das Land steht euch offen.
Bleibt da, zieht umher und siedelt euch an!
11 Sichem sagte zu Dinas Vater und zu ihren
Brüdern: Finde ich Wohlwollen in euren Au-
gen, dann will ich geben, was ihr auch von mir
verlangt. 12 Legt mir ruhig einen hohen Braut-
preis und eine Gabe auf! Ich will geben, was
ihr von mir verlangt. Nur gebt mir das Mäd-
chen zur Frau!

13 Die Söhne Jakobs antworteten Sichem
und seinem Vater Hamor, aber sie redeten
mit Hinterlist, weil er ihre Schwester entehrt
hatte. 14 Sie sagten zu ihnen: Wir können uns
nicht darauf einlassen, unsere Schwester ei-
nem Unbeschnittenen zu geben; denn das
gilt bei uns als Schande. 15 Nur unter der Be-
dingung gehen wir darauf ein, dass ihr so
werdet wie wir und alle männlichen Perso-
nen beschneiden lasst. 16 Dann würden wir
euch unsere Töchter geben und wir könnten
eure Töchter nehmen; wir könnten mit euch
zusammenwohnen und ein einziges Volk
werden. 17 Wollt ihr aber von der Beschnei-
dung nichts wissen, so nehmen wir unsere
Tochter zurück und ziehen fort. 18 Ihre Wor-
te waren gut in den Augen Hamors und sei-
nes Sohnes Sichem. 19 Der junge Mann verlor
keine Zeit, die Angelegenheit zu regeln; denn
er hatte die Tochter Jakobs lieb und er war der
Angesehenste von allen im Hause seines
Vaters.

20 Hamor und sein Sohn Sichem gingen an
das Tor ihrer Stadt und sprachen zu ihren Mit-
bürgern: 21 Diese Männer leben in Frieden mit
uns. Sie sollen sich im Land ansiedeln und da-
rin umherziehen. Siehe, das Land hat nach
allen Seiten Platz genug für sie. Wir könnten
ihre Töchter zu Frauen nehmen und unsere
Töchter ihnen geben. 22 Allerdings sind die
Männer nur unter dieser Bedingung einver-
standen, mit uns zusammenzuwohnen und
ein einziges Volk zu werden, wenn sich bei uns
alle Männer beschneiden lassen, so wie sie be-
schnitten sind. 23 Ihre Herden, ihr Besitz und
all ihr Vieh, könnte das nicht uns gehören?
Gehen wir also auf ihren Vorschlag ein, dann
werden sie bei uns bleiben. 24 Alle, die durch
das Tor seiner Stadt auszogen, hörten auf Ha-
mor und seinen Sohn Sichem; und alle Män-
ner, alle, die durch das Tor seiner Stadt auszo-
gen, ließen sich beschneiden.

25 Am dritten Tag aber, als sie Schmerzen
hatten, griffen zwei Söhne Jakobs, Simeon und
Levi, die Brüder Dinas, jeder zu seinem
Schwert, drangen unbehelligt in die Stadt ein
und brachten alles Männliche um. 26 Hamor
und seinen Sohn Sichem töteten sie mit der
Schärfe des Schwertes, holten Dina aus dem
Hause Sichems und gingen davon. 27 Dann
machten sich die Söhne Jakobs über die Er-
schlagenen her und plünderten die Stadt, weil
man ihre Schwester entehrt hatte. 28 Ihre Scha-
fe und Rinder, ihre Esel und was es sonst in
der Stadt oder auf dem Feld gab nahmen sie
mit. 29 Ihre ganze Habe, all ihre Kinder und
Frauen führten sie fort und plünderten alles,
was sich in den Häusern fand.

30 Jakob sagte darauf zu Simeon und Levi: Ihr
stürzt mich ins Unglück. Ihr habt mich in Ver-
ruf gebracht bei den Bewohnern des Landes,
den Kanaanitern und Perisitern. Ich habe nur
wenige Männer. Jene werden sich gegen mich
zusammentun und mich schlagen. Dann wer-
den wir – ich und mein Haus – ausgerottet
werden. 31 Die Söhne aber sagten: Durfte er
unsere Schwester wie eine Dirne behandeln?

30: 49,5–7

DIE RÜCKKEHR NACH BET-EL: 35,1–15

35 1 Gott sprach zu Jakob: Steh auf, zieh
nach Bet-El hinauf und lass dich dort
nieder! Errichte dort einen Altar dem Gott,

der dir auf der Flucht vor deinem Bruder Esau
erschienen ist! 2 Dann sagte Jakob zu seinem
Haus und zu allen, die bei ihm waren: Entfernt
die fremden Götter aus eurer Mitte, reinigt
euch und wechselt eure Kleider! 3 Wir wollen
uns aufmachen und nach Bet-El hinaufziehen.
Dort will ich einen Altar für den Gott errich-
ten, der mich am Tag meiner Bedrängnis er-
hört hat und der auf dem Weg, den ich gegan-
gen bin, mit mir war. 4 Sie übergaben Jakob alle
fremden Götter, die sie in ihren Händen hat-
ten, und die Ringe an ihren Ohren. Jakob ver-
grub sie unter der Terebinthe bei Sichem.
5 Dann brachen sie auf. Da überkam ein Got-
tesschrecken die Städte ringsum und sie ver-
folgten die Söhne Jakobs nicht. 6 Jakob kam
nach Lus, das im Land Kanaan liegt und jetzt
Bet-El heißt, er und alles Volk, das bei ihm
war.

7 Er baute dort einen Altar und nannte die
Stätte Gott von Bet-El; denn auf der Flucht vor
seinem Bruder hatte Gott sich ihm dort offen-
bart.

8 Debora, die Amme Rebekkas, starb. Man
begrub sie unterhalb von Bet-El unter der Ei-
che. Er gab ihr den Namen Träneneiche.

9 Gott erschien Jakob noch einmal, als er aus
Paddan-Aram kam, und segnete ihn. 10 Gott
sprach zu ihm: Dein Name ist Jakob. Dein
Name soll jedoch nicht mehr Jakob lauten,
sondern Israel soll dein Name sein. Er gab ihm
also den Namen Israel. 11 Und Gott sprach zu
ihm: Ich bin El-Schaddai. Sei fruchtbar und
vermehre dich! Ein Volk, eine Schar von Völ-
kern soll aus dir werden, Könige sollen aus
deinen Lenden hervorgehen. 12 Das Land,
das ich Abraham und Isaak gegeben habe, will
ich dir geben und auch deinen Nachkommen
will ich es geben. 13 An dem Ort, an dem er
mit ihm geredet hatte, fuhr Gott von ihm
empor.

14 Jakob richtete an dem Ort, wo Gott mit
ihm geredet hatte, ein Steinmal, einen Ge-
denkstein, auf. Darüber schüttete er ein Trank-
opfer und goss Öl darauf. 15 Jakob gab dem Ort,
an dem Gott mit ihm geredet hatte, den Na-
men Bet-El.

7: 28,12–22 / **10:** 32,29 / **12:** 13,14f.; 15,17–21; 26,3f.

BENJAMINS GEBURT UND RAHELS TOD: 35,16–20

16 Sie brachen von Bet-El auf. Es war nur noch
eine kurze Strecke bis Efrata, als Rahel gebar.
Sie hatte eine schwere Geburt. 17 Da sie eine so
schwere Geburt hatte, sagte ihr die Hebamme:
Fürchte dich nicht, auch diesmal hast du einen
Sohn. 18 Während die Lebenskraft sie verließ
– denn sie lag im Sterben –, gab sie ihm den
Namen Ben-Oni – Sohn meiner Not –; sein
Vater aber nannte ihn Benjamin – Sohn der
Rechten –. 19 Als Rahel gestorben war, begrub
man sie an der Straße nach Efrata, das jetzt
Betlehem heißt. 20 Jakob errichtete ein Stein-
mal über ihrem Grab. Das ist bis heute das
Grabmal Rahels.

DIE SÖHNE JAKOBS UND ISAAKS TOD: 35,21–29

21 Israel brach auf und schlug sein Zelt jenseits
von Migdal-Eder auf. 22 Während Israel in je-
nem Land wohnte, ging Ruben hin und schlief
mit Bilha, der Nebenfrau seines Vaters. Israel
hörte davon. Jakob hatte zwölf Söhne. 23 Die
Söhne Leas waren: Ruben, der Erstgeborene
Jakobs, und Simeon, Levi, Juda, Issachar und
Sebulon. 24 Die Söhne Rahels waren: Josef und
Benjamin. 25 Die Söhne Bilhas, der Magd Ra-
hels, waren: Dan und Naftali. 26 Die Söhne
Silpas, der Magd Leas, waren: Gad und Ascher.
Das waren die Söhne Jakobs, die ihm in Pad-
dan-Aram geboren wurden.

27 Jakob kam zu seinem Vater Isaak nach
Mamre, nach Kirjat-Arba, das jetzt Hebron
heißt, wo sich Abraham und Isaak als Fremde
aufgehalten hatten. 28 Isaak wurde hundert-
achtzig Jahre alt, 29 dann verschied er. Er starb
und wurde mit seinen Vorfahren vereint, be-
tagt und satt an Jahren. Seine Söhne Esau und
Jakob begruben ihn.

22: 49,3f.

DIE NACHKOMMEN ESAUS: 36,1–43

36 1 Das ist die Geschlechterfolge Esaus,
das heißt Edoms: 2 Esau nahm sich sei-
ne Frauen aus den Töchtern Kanaans: Ada, die
Tochter des Hetiters Elon, Oholibama, die
Tochter der Ana, einer Tochter des Hiwiters
Zibon, 3 und Basemat, die Tochter Ismaels,
eine Schwester Nebajots. 4 Ada gebar dem Esau
Elifas, Basemat gebar Reguël 5 und Oholibama
gebar Jëusch, Jalam und Korach. Das waren die
Söhne Esaus, die ihm in Kanaan geboren wur-
den.

35,18 Benjamin meint eigentlich Sohn der rechten Seite, hier aber wohl Sohn des Glücks.

6 Esau nahm seine Frauen, Söhne und Töchter, alle Personen seines Hauses und seinen Besitz, all sein Vieh und seine ganze Habe, die er in Kanaan erworben hatte, und zog in ein anderes Land, fort von seinem Bruder Jakob.
7 Ihre Habe war nämlich zu groß, als dass sie zusammen hätten wohnen können. Das Land, in dem sie sich aufhielten, konnte sie wegen
ihres Viehbestandes nicht ernähren. 8 So ließ
sich Esau im Bergland Seïr nieder. Esau ist Edom.
9 Das ist die Geschlechterfolge Esaus, des
Vaters von Edom im Bergland Seïr. 10 Die Na-
men der Söhne Esaus sind: Elifas, der Sohn der Ada, der Frau Esaus, und Reguël, der Sohn
Basemats, der Frau Esaus. 11 Die Söhne des Eli-
fas waren: Teman, Omar, Zefo, Gatam und
Kenas. 12 Timna war die Nebenfrau des Elifas, des Sohnes Esaus. Sie gebar dem Elifas Amalek. Das waren die Söhne Adas, der Frau Esaus.
13 Die Söhne Reguëls sind: Nahat, Serach, Schamma und Misa. Das waren die Söhne Ba-
semats, der Frau Esaus. 14 Dies waren die Söh-
ne der Oholibama, der Frau Esaus und Tochter Anas, einer Tochter Zibons. Sie gebar dem Esau: Jëusch, Jalam und Korach.
15 Das sind die Stammesführer der Söhne Esaus: die Söhne des Elifas, des Erstgeborenen Esaus: Stammesführer Teman, Stammesführer Omar, Stammesführer Zefo, Stammes-
führer Kenas, 16 Stammesführer Korach, Stam-
mesführer Gatam, Stammesführer Amalek. Das waren die Stammesführer des Elifas in Edom, lauter Söhne der Ada.
17 Das sind die Söhne Reguëls, des Sohnes Esaus: Stammesführer Nahat, Stammesführer Serach, Stammesführer Schamma, Stammesführer Misa. Das waren die Stammesführer Reguëls in Edom; sie waren die Söhne Basemats, der Frau Esaus.
18 Das sind die Söhne Oholibamas, der Frau Esaus: Stammesführer Jëusch, Stammesführer Jalam, Stammesführer Korach. Das waren die Stammesführer, die von Oholibama, der Frau Esaus und Tochter Anas, abstammten.
19 Das waren also die Söhne Esaus und deren Stammesführer. Das ist Edom.
20 Das sind die Söhne des Horiters Seïr, die Einwohner des Landes: Lotan, Schobal, Zibon,
Ana, 21 Dischon, Ezer und Dischan. Das waren die Stammesführer der Horiter, der Söhne Seïrs, in Edom.
22 Die Söhne Lotans waren: Hori und He-
mam. Die Schwester Lotans ist Timna. 23 Das
sind die Söhne Schobals: Alwan, Manahat,
Ebal, Schefi und Onam. 24 Die Söhne Zibons
sind: Aja und Ana. Das ist jener Ana, der das Wasser in der Wüste fand, als er die Esel seines
Vaters Zibon weidete. 25 Die Kinder Anas sind:
Dischon und Oholibama, die Tochter Anas.
26 Die Söhne Dischons sind: Hemdan,
Eschban, Jitran und Keran. 27 Die Söhne Ezers
sind: Bilhan, Saawan und Akan. 28 Die Söhne
Dischans sind: Uz und Aran.
29 Das sind die Stammesführer der Horiter: Stammesführer Lotan, Stammesführer Schobal, Stammesführer Zibon, Stammesführer
Ana, 30 Stammesführer Dischon, Stammesführer Ezer, Stammesführer Dischan. Das waren die Stammesführer der Horiter nach ihren Abteilungen in Seïr.
31 Das waren die Könige, die in Edom regierten, bevor bei den Israeliten ein König regierte:
32 In Edom regierte Bela, der Sohn Beors; seine
Stadt hieß Dinhaba. 33 Als Bela starb, wurde
König an seiner Stelle Jobab, der Sohn Serachs
aus Bozra. 34 Als Jobab starb, wurde König an
seiner Stelle Huscham aus dem Land der Te-
maniter. 35 Als Huscham starb, wurde König
an seiner Stelle Hadad, der Sohn Bedads, der Midian im Grünland von Moab schlug; seine
Stadt hieß Awit. 36 Als Hadad starb, wurde
König an seiner Stelle Samla aus Masreka.
37 Als Samla starb, wurde König an seiner Stel-
le Schaul aus Rehobot am Fluss. 38 Als Schaul
starb, wurde König an seiner Stelle Baal-Ha-
nan, der Sohn Achbors. 39 Als Baal-Hanan, der
Sohn Achbors, starb, wurde König an seiner Stelle Hadar; seine Stadt hieß Pagu. Seine Frau hieß Mehetabel; sie war die Tochter Matreds und Enkelin Me-Sahabs.
40 Das sind die Namen der Stammesführer Esaus nach ihren Sippen und Orten und mit ihren Namen: Stammesführer Timna, Stammesführer Alwa, Stammesführer Jetet,
41 Stammesführer Oholibama, Stammesfüh-
rer Ela, Stammesführer Pinon, 42 Stammes-
führer Kenas, Stammesführer Teman, Stam-
mesführer Mibzar, 43 Stammesführer Magdiël,
Stammesführer Iram. Das waren die Stammesführer Edoms nach ihren Wohnsitzen im Land ihres Eigentums. Das war Esau, der Vater Edoms.

7: 13,6

JOSEF UND SEINE BRÜDER: 37,1–50,26

JOSEFS VERKAUF NACH ÄGYPTEN: 37,1–36

37 1 Jakob ließ sich in dem Land nieder, in
dem sich sein Vater als Fremder aufge-
halten hatte, in Kanaan. 2 Das ist die Ge-
schlechterfolge Jakobs: Als Josef siebzehn
Jahre zählte, weidete er mit seinen Brüdern die
Schafe und Ziegen. Er war Hirtenjunge bei den
Söhnen Bilhas und Silpas, den Frauen seines
Vaters. Josef hinterbrachte ihrem Vater ihre
üble Nachrede. 3 Israel liebte Josef mehr als alle
seine Söhne, weil er ihm in hohem Alter ge-
boren worden war. Er ließ ihm einen bunten
Rock machen. 4 Als seine Brüder sahen, dass
ihr Vater ihn mehr liebte als alle seine Brüder,
hassten sie ihn und konnten mit ihm kein
friedliches Wort mehr reden.

5 Einst hatte Josef einen Traum. Als er ihn
seinen Brüdern erzählte, hassten sie ihn noch
mehr. 6 Er sagte zu ihnen: Hört euch doch die-
sen Traum an, den ich geträumt habe. 7 Siehe,
wir banden Garben mitten auf dem Feld. Und
siehe, meine Garbe richtete sich auf und blieb
auch stehen. Siehe, eure Garben umringten sie
und warfen sich vor meiner Garbe nieder. 8 Da
sagten seine Brüder zu ihm: Willst du etwa
König über uns werden oder über uns herr-
schen? Und sie hassten ihn noch mehr wegen
seiner Träume und seiner Worte.

9 Er hatte noch einen anderen Traum. Er er-
zählte ihn seinen Brüdern und sagte: Siehe, ich
träumte noch einmal: Und siehe, die Sonne,
der Mond und elf Sterne warfen sich vor mir
nieder. 10 Als er davon seinem Vater und seinen
Brüdern erzählte, schalt ihn sein Vater und
sagte zu ihm: Was soll der Traum, den du da
geträumt hast? Sollen wir etwa, ich, deine
Mutter und deine Brüder, kommen und uns
vor dir zur Erde niederwerfen? 11 Seine Brüder
waren eifersüchtig auf ihn, sein Vater aber be-
wahrte die Sache.

12 Als seine Brüder fortgezogen waren, um
die Schafe und Ziegen ihres Vaters bei Sichem
zu weiden, 13 sagte Israel zu Josef: Weiden
nicht deine Brüder bei Sichem? Geh, ich will
dich zu ihnen schicken. Er antwortete: Hier
bin ich. 14 Da sagte der Vater zu ihm: Geh doch
hin und sieh, wie es deinen Brüdern und den
Schafen und Ziegen geht, und berichte mir! So
schickte er ihn aus dem Tal von Hebron fort
und Josef kam nach Sichem.

15 Ein Mann traf ihn und siehe, Josef irrte auf
dem Feld umher; der Mann fragte ihn: Was
suchst du? 16 Josef antwortete: Meine Brüder
suche ich. Sag mir doch, wo sie das Vieh wei-
den! 17 Der Mann antwortete: Sie sind von
hier weitergezogen. Ich habe nämlich gehört,
wie sie sagten: Gehen wir nach Dotan. Da
ging Josef seinen Brüdern nach und fand sie in
Dotan.

18 Sie sahen ihn von Weitem. Bevor er jedoch
nahe an sie herangekommen war, fassten sie
den Plan, ihn umzubringen. 19 Sie sagten zuei-
nander: Siehe, da kommt ja dieser Träumer.
20 Jetzt aber auf, erschlagen wir ihn und werfen
wir ihn in eine der Zisternen. Sagen wir, ein
wildes Tier habe ihn gefressen. Dann werden
wir ja sehen, was aus seinen Träumen wird.

21 Ruben hörte das und wollte ihn aus ihrer
Hand retten. Er sagte: Begehen wir doch kei-
nen Mord. 22 Und Ruben sagte zu ihnen: Ver-
gießt kein Blut! Werft ihn in die Zisterne da in
der Steppe, aber legt nicht Hand an ihn! Das
sagte er, um ihn aus ihrer Hand zu retten und
zu seinem Vater zurückzubringen.

23 Als Josef bei seinen Brüdern angekommen
war, zogen sie ihm seinen bunten Rock aus,
den Ärmelrock, den er anhatte, 24 packten ihn
und warfen ihn in die Zisterne. Die Zisterne
war leer; es war kein Wasser darin.

25 Sie saßen beim Essen und erhoben ihre
Augen und sahen, siehe, eine Karawane von
Ismaelitern aus Gilead kam. Ihre Kamele wa-
ren mit Tragakant, Mastix und Ladanum bela-
den. Sie waren unterwegs nach Ägypten. 26 Da
sagte Juda seinen Brüdern: Was haben wir
davon, wenn wir unseren Bruder erschlagen
und sein Blut zudecken? 27 Kommt, verkaufen
wir ihn den Ismaelitern. Wir wollen aber nicht
Hand an ihn legen, denn er ist doch unser Bru-
der und unser Fleisch. Seine Brüder hörten auf
ihn.

28 Midianitische Kaufleute kamen vorbei. Da
zogen sie Josef aus der Zisterne herauf und
verkauften ihn für zwanzig Silberstücke an die
Ismaeliter. Sie brachten Josef nach Ägypten.

29 Ruben kam zur Zisterne zurück und siehe,
Josef war nicht mehr dort. Er zerriss seine Klei-

37,25 Tragakant, Mastix und Ladanum sind wohlriechende Harze, die als Räucherwerk und als Grundstoffe für die Salbenherstellung dienten.

der, 30 kehrte zu seinen Brüdern zurück und
sagte: Der Kleine ist ja nicht mehr da. Und ich,
wohin soll ich nun gehen? 31 Da nahmen sie
Josefs Gewand, schlachteten einen Ziegen-
bock und tauchten das Gewand in das Blut.
32 Dann schickten sie den bunten Rock zu ih-
rem Vater und ließen ihm sagen: Das haben
wir gefunden. Sieh doch genau nach, ob das
der Rock deines Sohnes ist oder nicht! 33 Als er
ihn genau angesehen hatte, sagte er: Der Rock
meines Sohnes! Ein wildes Tier hat ihn gefres-
sen. Zerfetzt ist Josef, zerfetzt. 34 Jakob zerriss
seine Kleider, legte ein Trauergewand an und
trauerte um seinen Sohn viele Tage. 35 Alle sei-
ne Söhne und Töchter machten sich auf, um
ihn zu trösten. Er aber ließ sich nicht trösten
und sagte: Ich will voller Trauer zu meinem
Sohn in die Unterwelt hinabsteigen. So be-
weinte ihn sein Vater. 36 Die Midianiter aber
verkauften Josef nach Ägypten an Potifar, ei-
nen Hofbeamten des Pharao, den Obersten der
Leibwache.

JUDA UND TAMAR: 38,1–30

38 1 Um jene Zeit verließ Juda seine Brüder
und begab sich hinunter zu einem
Mann aus Adullam, der Hira hieß. 2 Juda sah
dort die Tochter eines Kanaaniters namens
Schua. Er nahm sie und kam zu ihr. 3 Sie wur-
de schwanger, gebar einen Sohn und gab ihm
den Namen Er. 4 Sie wurde abermals schwan-
ger, gebar einen Sohn und gab ihm den Namen
Onan. 5 Und noch einmal gebar sie einen Sohn
und gab ihm den Namen Schela. Juda war in
Kesib, als sie ihn gebar.

6 Juda nahm für seinen Erstgeborenen Er
eine Frau namens Tamar. 7 Aber Er, der Erstge-
borene Judas, missfiel dem HERRN und so ließ
ihn der HERR sterben. 8 Da sagte Juda zu
Onan: Geh zur Frau deines Bruders, vollzieh
mit ihr die Schwagerehe und verschaff deinem
Bruder Nachkommen! 9 Onan aber wusste,
dass die Nachkommen nicht ihm gehören
würden. Sooft er zur Frau seines Bruders ging,
ließ er den Samen zur Erde fallen und verder-
ben, um seinem Bruder Nachkommen vorzu-
enthalten. 10 Was er tat, missfiel dem HERRN
und so ließ er auch ihn sterben. 11 Nun sagte
Juda zu seiner Schwiegertochter Tamar: Bleib
als Witwe im Haus deines Vaters, bis mein
Sohn Schela groß ist! Denn er dachte: Er soll
mir nicht auch noch sterben wie seine Brüder.
Tamar ging und blieb im Haus ihres Vaters.

12 Viele Jahre vergingen. Die Tochter Schuas,
die Frau Judas, war gestorben. Als die Trauer
vorbei war, ging Juda mit seinem Freund Hira
aus Adullam hinauf nach Timna zur Schaf-
schur. 13 Man berichtete Tamar: Siehe, dein
Schwiegervater geht gerade nach Timna hi-
nauf, um seine Schafe zu scheren. 14 Da zog sie
ihre Witwenkleider aus, legte einen Schleier
über und verhüllte sich. Dann setzte sie sich
an den Ortseingang von Enajim, der an der
Straße nach Timna liegt. Sie hatte nämlich
gemerkt, dass Schela groß geworden war und
dass man sie ihm nicht zur Frau gegeben hat-
te.

15 Juda sah sie und hielt sie für eine Dirne;
denn sie hatte ihr Gesicht verhüllt. 16 Er bog
auf den Weg zu ihr ein und sagte: Mach schon,
ich will zu dir kommen! Er wusste ja nicht,
dass es seine Schwiegertochter war. Sie ant-
wortete: Was gibst du mir, wenn du zu mir
kommst? 17 Er sagte: Ich werde dir ein Ziegen-
böckchen von der Herde schicken. Sie entgeg-
nete: Nur wenn du mir ein Pfand gibst, bis du
es schickst. 18 Da fragte er: Was für ein Pfand
soll ich dir dalassen? Deinen Siegelring, deine
Schnur und den Stab in deiner Hand, antwor-
tete sie. Er gab es ihr. Dann ging er zu ihr und
sie wurde von ihm schwanger. 19 Sie stand auf,
ging weg, legte ihren Schleier ab und zog wie-
der ihre Witwenkleider an.

20 Juda schickte das Ziegenböckchen durch
seinen Freund aus Adullam hin, um das Pfand
aus der Hand der Frau zurückzuerhalten. Er
fand sie aber nicht. 21 Er fragte die Leute aus
ihrem Ort: Wo ist die Dirne, die in Enajim an
der Straße saß? Sie antworteten ihm: Hier gibt
es keine Dirne. 22 Darauf kehrte er zu Juda zu-
rück und sagte: Ich habe sie nicht gefunden
und außerdem sagen die Leute aus dem Ort,
hier sei keine Dirne gewesen. 23 Juda antwor-
tete: Soll sie es behalten! Wenn man uns nur
nicht auslacht! Siehe, ich habe ja dieses Böck-
chen geschickt, aber du hast sie nicht gefun-
den.

24 Nach etwa drei Monaten meldete man
Juda: Deine Schwiegertochter Tamar hat Un-
zucht getrieben und siehe, sie ist schwanger
durch Unzucht. Da sagte Juda: Führt sie hi-
naus! Sie soll verbrannt werden. 25 Als man sie
hinausführte, schickte sie zu ihrem Schwie-
gervater und ließ ihm sagen: Von dem Mann,

38,8 Zur Schwagerehe vgl. Dtn 25,5–10 und Rut 2,20; 3,9.12f.; 4,1–14.

dem das gehört, bin ich schwanger. Auch ließ
sie sagen: Sieh genau hin: Wem gehören der
Siegelring, die Schnüre und dieser Stab?
26 Juda sah genau hin und gab zu: Sie ist mir
gegenüber im Recht, weil ich sie meinem Sohn
Schela nicht zur Frau gegeben habe. Danach
verkehrte er mit ihr nicht mehr.

27 Als die Zeit kam, dass sie gebären sollte,
siehe, da waren Zwillinge in ihrem Leib. 28 Bei
der Geburt streckte einer die Hand heraus. Die
Hebamme griff zu, band einen roten Faden um
die Hand und sagte: Dieser ist zuerst heraus-
gekommen. 29 Als er aber seine Hand zurück-
zog, siehe, da kam sein Bruder heraus. Da sag-
te sie: Warum hast du dir den Durchbruch
erzwungen? So gab man ihm den Namen Pe-
rez – Durchbruch –. 30 Dann erst kam sein
Bruder zum Vorschein, an dessen Hand der
rote Faden war. Man gab ihm den Namen Se-
rach – Rotglanz –.

JOSEF UND DIE FRAU DES POTIFAR: 39,1–23

39 1 Josef wurde nach Ägypten hinab-
gebracht. Ein Ägypter namens Potifar,
ein Hofbeamter des Pharao, der Oberste der
Leibwache, kaufte ihn den Ismaelitern ab, die
ihn dorthin gebracht hatten. 2 Der HERR war
mit Josef und so glückte ihm alles. Er blieb im
Haus seines ägyptischen Herrn. 3 Sein Herr
sah, dass der HERR mit Josef war und dass der
HERR alles, was er unternahm, durch seine
Hand gelingen ließ. 4 So fand Josef Wohlwol-
len in seinen Augen und er durfte ihn bedie-
nen. Er bestellte ihn über sein Haus und gab
alles, was ihm gehörte, in seine Hand. 5 Seit er
ihn über sein Haus und alles, was ihm gehörte,
bestellt hatte, segnete der HERR das Haus des
Ägypters um Josefs willen. Der Segen des
HERRN ruhte auf allem, was ihm gehörte im
Haus und auf dem Feld. 6 Er ließ seinen ganzen
Besitz in Josefs Hand und kümmerte sich,
wenn Josef da war, um nichts als nur um sein
Essen. Josef war von schöner Gestalt und von
schönem Aussehen.

7 Nach einiger Zeit erhob die Frau seines
Herrn ihre Augen zu Josef und sagte: Liege bei
mir! 8 Er weigerte sich und entgegnete der Frau
seines Herrn: Siehe, mein Herr kümmert sich,
wenn ich da bin, um nichts im Haus; alles, was
ihm gehört, hat er in meine Hand gegeben. 9 Er
ist in diesem Haus nicht größer als ich und er
hat mir nichts vorenthalten als nur dich, denn
du bist seine Frau. Wie könnte ich da ein so
großes Unrecht begehen und gegen Gott sün-
digen? 10 Obwohl sie Tag für Tag auf Josef ein-
redete, an ihrer Seite zu liegen und mit ihr
zusammen zu sein, hörte er nicht auf sie. 11 An
einem solchen Tag kam er ins Haus, um seiner
Arbeit nachzugehen. Niemand von den Haus-
leuten war dort im Haus. 12 Da packte sie ihn
an seinem Gewand und sagte: Liege bei mir!
Er ließ sein Gewand in ihrer Hand, floh und
lief nach draußen. 13 Als sie sah, dass er sein
Gewand in ihrer Hand zurückgelassen hatte
und nach draußen geflohen war, 14 rief sie nach
ihren Hausleuten und sagte zu ihnen: Seht
nur! Er hat uns einen Hebräer ins Haus ge-
bracht, seinen Mutwillen mit uns zu treiben.
Er ist zu mir gekommen, um bei mir zu liegen;
da habe ich laut geschrien. 15 Als er hörte, dass
ich laut aufschrie und rief, ließ er sein Gewand
neben mir liegen, floh und lief nach draußen.
16 Sie ließ sein Gewand neben sich liegen, bis
sein Herr nach Hause kam. 17 Ihm erzählte sie
die gleiche Geschichte: Der hebräische Sklave,
den du uns gebracht hast, ist zu mir gekom-
men, um mit mir seinen Mutwillen zu treiben.
18 Als ich laut aufschrie und rief, ließ er sein
Gewand neben mir liegen und floh nach drau-
ßen.

19 Als sein Herr hörte, wie ihm seine Frau
erzählte: Genau das hat dein Sklave mir ange-
tan!, packte ihn der Zorn. 20 Josefs Herr ergriff
ihn und warf ihn in den Kerker, den Ort, an
dem die Gefangenen des Königs in Haft gehal-
ten wurden. Dort blieb er im Kerker. 21 Aber
der HERR war mit Josef. Er wandte ihm das
Wohlwollen und die Gunst des Kerkermeis-
ters zu.

22 Der Kerkermeister übergab der Hand Jo-
sefs alle Gefangenen im Kerker. Alles, was dort
zu tun war, tat Josef. 23 Der Kerkermeister
sorgte sich um nichts mehr, was Josef in seine
Hand nahm, denn der HERR war mit ihm. Was
er auch unternahm, der HERR ließ es ihm ge-
lingen.

TRAUMDEUTUNG IM GEFÄNGNIS: 40,1–23

40 1 Einige Zeit später vergingen sich der
königliche Mundschenk und der Hof-
bäcker gegen ihren Herrn, den König von
Ägypten. 2 Der Pharao war zornig über seine
beiden Hofbeamten, den Obermundschenk
und den Oberbäcker. 3 Er gab sie in Haft in das

38,30 Der Name Serach spielt auf die aufgehende Sonne an, die morgens rot sein kann.

Haus des Obersten der Leibwache, in den Ker-
ker, den Ort, wo Josef gefangen gehalten wur-
de. 4 Der Oberste der Leibwache betraute Josef
mit ihrer Bedienung. Als sie einige Zeit in Haft
waren, 5 hatte jeder von ihnen in derselben
Nacht einen Traum mit je eigener Bedeutung,
der Mundschenk und der Bäcker des Königs
von Ägypten, die im Kerker gefangen gehalten
wurden. 6 Am Morgen kam Josef zu ihnen und
sah ihnen an, dass sie missmutig waren. 7 Da
fragte er die Hofbeamten des Pharao, die mit
ihm im Hause seines Herrn in Gewahrsam
gehalten wurden: Warum seht ihr heute so
böse drein? 8 Sie antworteten ihm: Wir hatten
einen Traum, aber es ist keiner da, der ihn aus-
legen kann. Josef sagte zu ihnen: Ist nicht das
Träumedeuten Sache Gottes? Erzählt mir
doch!

9 Darauf erzählte der Obermundschenk Jo-
sef seinen Traum. Er sagte zu ihm: In meinem
Traum, siehe, da war ein Weinstock vor mir.
10 Am Weinstock waren drei Ranken und es
war mir, als triebe er Knospen. Seine Blüten
wuchsen und schon reiften die Beeren an sei-
nen Trauben. 11 Ich hatte den Becher des Pha-
rao in meiner Hand. Ich nahm die Beeren,
drückte sie in den Becher des Pharao aus und
gab dem Pharao den Becher in die Hand. 12 Da
sprach Josef zu ihm: Das ist seine Deutung:
Die drei Ranken sind drei Tage. 13 Noch drei
Tage, dann wird der Pharao dein Haupt erhe-
ben und dich wieder in dein Amt einsetzen.
Du wirst dem Pharao den Becher reichen, wie
es früher deine Aufgabe war, als du noch sein
Mundschenk warst. 14 Doch denk an mich,
wenn es dir gut geht! Erweise mir dann einen
Liebesdienst: Erzähl dem Pharao von mir und
hol mich aus diesem Haus heraus! 15 Denn ent-
führt hat man mich aus dem Land der Hebräer
und auch hier habe ich nichts getan, dass man
mich hätte in die Grube werfen müssen.

16 Als der Oberbäcker merkte, dass Josef eine
günstige Deutung gegeben hatte, sagte er zu
ihm: Ja, in meinem Traum, siehe, da waren drei
Körbe Feingebäck auf meinem Kopf. 17 Im
obersten Korb war allerlei Backwerk für den
Pharao. Aber die Vögel fraßen es aus dem Korb
auf meinem Kopf. 18 Josef antwortete: Das ist
die Deutung: Die drei Körbe sind drei Tage.
19 Noch drei Tage, dann wird der Pharao dein
Haupt erheben, nämlich von dir weg, und dich
an einem Baum aufhängen; die Vögel werden
von dir das Fleisch abfressen.

20 Drei Tage darauf hatte der Pharao Ge-
burtstag. Er veranstaltete für alle seine Diener
ein Gastmahl. Da erhob er das Haupt des
Obermundschenks und des Oberbäckers in-
mitten seiner Diener. 21 Den Obermund-
schenk setzte er wieder als seinen Mundschenk
ein; er durfte dem Pharao den Becher reichen.
22 Den Oberbäcker ließ er aufhängen, wie Josef
es ihnen gedeutet hatte. 23 Der Obermund-
schenk aber dachte nicht mehr an Josef und
vergaß ihn.

DIE DEUTUNG DER TRÄUME PHARAOS:
41,1–36

41 1 Zwei Jahre später hatte der Pharao
einen Traum: Siehe, er stand am Nil.
2 Siehe, aus dem Nil stiegen sieben Kühe von
schönem Aussehen und fett im Fleisch und
weideten im Riedgras. 3 Nach ihnen stiegen
sieben andere Kühe aus dem Nil; sie waren von
hässlichem Aussehen und mager im Fleisch.
Sie stellten sich neben die Kühe am Ufer des
Nils. 4 Und die hässlichen, mageren Kühe fra-
ßen die sieben schön aussehenden und fetten
Kühe auf. Dann erwachte der Pharao. 5 Er
schlief aber wieder ein und träumte ein zweites
Mal: Siehe, an einem einzigen Halm wuchsen
sieben Ähren, prall und schön. 6 Doch siehe:
Nach ihnen wuchsen sieben kümmerliche,
vom Ostwind ausgedörrte Ähren. 7 Die küm-
merlichen Ähren verschlangen die sieben pral-
len, vollen Ähren. Der Pharao wachte auf:
Siehe, es war ein Traum.

8 Am Morgen fühlte er sich beunruhigt; er
schickte hin und ließ alle Wahrsager und Wei-
sen Ägyptens rufen. Der Pharao erzählte ih-
nen seine Träume, doch keiner war da, der sie
ihm deuten konnte. 9 Da sagte der Obermund-
schenk zum Pharao: Heute muss ich an meine
Verfehlungen erinnern: 10 Als der Pharao über
seine Diener zornig war, gab er mich ins Haus
des Obersten der Leibwache in Haft, mich und
den Oberbäcker. 11 Da hatten wir, ich und er,
in derselben Nacht einen Traum. Ein jeder von
uns träumte entsprechend der Deutung seinen
Traum. 12 Dort war mit uns zusammen ein
junger Hebräer, ein Sklave des Obersten der
Leibwache. Wir erzählten es ihm und er deu-
tete uns unsere Träume. Den Traum eines je-
den deutete er. 13 Wie er es uns gedeutet hatte,

40,19 Dein Haupt erheben: Die Wendung bedeutet nicht immer begnadigen (2 Kön 25,27). Hier besagt sie: jemanden vorladen und sich des Falles annehmen. Vgl. V. 13 und 20.

so geschah es: Mich setzte man wieder in mein
Amt ein, jenen aber hängte man auf.
14 Da schickte der Pharao hin und ließ Josef
rufen. Man holte ihn schnell aus der Grube,
schor ihm die Haare, er wechselte seine Ober-
gewänder und kam zum Pharao. 15 Der Pharao
sagte zu Josef: Ich hatte einen Traum, doch
keiner kann ihn deuten. Von dir habe ich aber
gehört, du brauchst einen Traum nur zu hören,
dann kannst du ihn deuten. 16 Josef antworte-
te dem Pharao: Nicht ich, sondern Gott wird
zum Wohl des Pharao eine Antwort geben.
17 Da sagte der Pharao zu Josef: In meinem
Traum, siehe, da stand ich am Nilufer. 18 Siehe,
aus dem Nil stiegen sieben Kühe, fett im
Fleisch und von schönem Aussehen, und wei-
deten im Riedgras. 19 Doch siehe, nach ihnen
stiegen sieben andere Kühe herauf, elend, von
sehr hässlicher Gestalt und mager im Fleisch.
Nie habe ich so etwas Hässliches in ganz
Ägypten gesehen. 20 Die mageren und hässli-
chen Kühe fraßen die sieben ersten, fetten
Kühe auf. 21 Sie verschwanden in ihrem Bauch,
aber man merkte nicht, dass sie darin waren;
sie sahen ebenso hässlich aus wie am Anfang.
Dann wachte ich auf. 22 Dann sah ich in mei-
nem Traum: Siehe, auf einem einzigen Halm
gingen sieben volle, schöne Ähren auf. 23 Doch
siehe, nach ihnen wuchsen sieben taube, küm-
merliche, vom Ostwind ausgedörrte Ähren.
24 Die kümmerlichen Ähren verschlangen die
sieben schönen Ähren. Ich habe das den
Wahrsagern erzählt, aber keiner konnte mir
Kunde geben.
25 Darauf sagte Josef zum Pharao: Der Traum
des Pharao ist ein und derselbe. Gott hat dem
Pharao kundgetan, was er vorhat: 26 Die sieben
schönen Kühe sind sieben Jahre und die sieben
schönen Ähren sind sieben Jahre. Es ist ein und
derselbe Traum. 27 Die sieben mageren und
hässlichen Kühe, die nachher heraufkamen,
sind sieben Jahre und die sieben leeren, vom
Ostwind ausgedörrten Ähren sind sieben
Jahre Hungersnot. 28 Das ist es, was ich zum
Pharao sagte: Gott ließ den Pharao sehen, was
er vorhat. 29 Siehe, sieben Jahre kommen, da
wird großer Überfluss im ganzen Land Ägyp-
ten sein. 30 Nach ihnen aber werden sieben
Jahre Hungersnot heraufziehen: Da wird der
ganze Überfluss im Land Ägypten vergessen
sein und Hunger wird das Land auszehren.
31 Dann wird man nichts mehr vom Überfluss
im Land merken wegen des Hungers, der da-
nach kommt; denn er wird sehr drückend sein.
32 Dass aber der Pharao gleich zweimal träum-
te, bedeutet: Die Sache steht bei Gott fest und
Gott wird sie bald ausführen. 33 Nun sehe sich
der Pharao nach einem klugen, weisen Mann
um und setze ihn über das Land Ägypten.
34 Der Pharao möge handeln: Er bestelle Be-
vollmächtigte über das Land und besteuere das
Land Ägypten mit einem Fünftel in den sieben
Jahren des Überflusses. 35 Sie sollen alles Brot-
getreide der kommenden guten Jahre sammeln
und unter der Hand des Pharao Getreide als
Nahrungsmittel in den Städten speichern und
verwahren. 36 Das Brotgetreide soll dem Land
als Rücklage dienen für die sieben Jahre der
Hungersnot, die über das Land Ägypten kom-
men werden. Dann wird das Land nicht an
Hunger zugrunde gehen.

11: 40,5

JOSEFS ERHÖHUNG UND SEINE VORSORGE:
41,37–57

37 Die Rede war gut in den Augen des Pharao
und in den Augen aller seiner Diener. 38 Der
Pharao sagte zu ihnen: Finden wir einen Mann
wie diesen hier, einen, in dem der Geist Gottes
ist? 39 Dann sagte der Pharao zu Josef: Nach-
dem dich Gott all das hat wissen lassen, gibt
es niemand, der so klug und weise wäre wie
du. 40 Du sollst über meinem Hause stehen
und deinem Wort soll sich mein ganzes Volk
beugen. Nur um den Thron will ich größer sein
als du. 41 Der Pharao sagte weiter zu Josef:
Schau her, ich stelle dich über das ganze Land
Ägypten. 42 Der Pharao nahm den Siegelring
von seiner Hand und steckte ihn Josef an die
Hand. Er bekleidete ihn mit Byssusgewändern
und legte ihm die goldene Kette um den Hals.
43 Dann ließ er ihn seinen zweiten Wagen be-
steigen. Man rief vor ihm aus: Achtung! So
stellte er ihn über das ganze Land Ägypten.
44 Der Pharao sagte zu Josef: Ich bin der Pharao,
aber ohne dich soll niemand seine Hand oder
seinen Fuß heben im ganzen Land Ägypten.
45 Der Pharao gab Josef den Namen Zafenat-
Paneach und gab ihm Asenat, die Tochter Po-
tiferas, des Priesters von On, zur Frau. So wur-
de Josef Herr über Ägypten.
46 Josef war dreißig Jahre alt, als er vor dem
Pharao, dem König von Ägypten, stand. Josef
ging vom Pharao weg und durchzog das ganze
Land Ägypten. 47 Das Land brachte in den sie-
ben Jahren des Überflusses überreichen Ertrag.

48 Josef ließ während der sieben Jahre, in denen
es Überfluss gab, alles Brotgetreide in Ägypten
sammeln und in die Städte schaffen. Das Ge-
treide der Felder rings um jede Stadt ließ er
dort hineinbringen. 49 So speicherte Josef Ge-
treide in sehr großer Menge auf, wie Sand am
Meer, bis man aufhören musste, es zu messen,
weil man es nicht mehr messen konnte.

50 Ein Jahr, bevor die Hungersnot kam, wur-
den Josef zwei Söhne geboren. Asenat, die
Tochter Potiferas, des Priesters von On, gebar
sie ihm. 51 Josef gab dem Erstgeborenen den
Namen Manasse – der vergessen lässt –, denn
er sagte: Gott hat mich all meine Sorge und
mein ganzes Vaterhaus vergessen lassen.
52 Dem zweiten Sohn gab er den Namen Efraim
– der Fruchtbare –, denn er sagte: Gott hat mich
fruchtbar werden lassen im Lande meines
Elends.

53 Die sieben Jahre des Überflusses im Land
Ägypten gingen zu Ende 54 und es begannen
die sieben Jahre der Hungersnot, wie es Josef
vorausgesagt hatte. Eine Hungersnot brach
über alle Länder herein, im ganzen Land Ägyp-
ten aber gab es Brot. 55 Als das ganze Land
Ägypten Hunger hatte, schrie das Volk zum
Pharao nach Brot. Der Pharao aber sagte zu
allen Ägyptern: Geht zu Josef! Tut, was er euch
sagt! 56 Als die Hungersnot über das ganze
Land gekommen war, öffnete Josef alle Spei-
cher und verkaufte Getreide an die Ägypter.
Aber der Hunger wurde immer drückender im
Land Ägypten. 57 Alle Welt kam nach Ägyp-
ten, um bei Josef Getreide zu kaufen; denn der
Hunger wurde immer drückender auf der gan-
zen Erde.

DIE ERSTE REISE DER BRÜDER: 42,1–38

42 1 Als Jakob erfuhr, dass es in Ägypten
Getreide gab, sagte er zu seinen Söh-
nen: Warum schaut ihr einander so an? 2 Und
er sagte: Siehe, ich habe gehört, dass es in
Ägypten Getreide gibt. Zieht hinunter und
kauft dort für uns Getreide, damit wir am Le-
ben bleiben und nicht sterben müssen! 3 Zehn
Brüder Josefs zogen also hinunter, um in
Ägypten Getreide zu kaufen. 4 Benjamin, den
Bruder Josefs, ließ Jakob nicht mit seinen Brü-
dern ziehen, denn er dachte: Dass ihm nur kein
Unglück zustößt! 5 Die Söhne Israels kamen
also mitten unter anderen, die auch gekom-
men waren, um Getreide zu kaufen; denn
Hungersnot herrschte in Kanaan. 6 Josef war
der Gebieter über das Land. Er war es, der allen
Leuten im Lande Getreide verkaufte. So ka-
men Josefs Brüder und warfen sich vor ihm
mit dem Gesicht zur Erde nieder. 7 Als Josef
seine Brüder sah, erkannte er sie. Aber er gab
sich ihnen nicht zu erkennen, sondern fuhr sie
barsch an. Er fragte sie: Wo kommt ihr her?
Aus Kanaan, um Brotgetreide zu kaufen, sag-
ten sie. 8 Josef hatte seine Brüder erkannt, sie
aber hatten ihn nicht erkannt. 9 Josef erinnerte
sich an das, was er von ihnen geträumt hatte,
und sagte: Spione seid ihr. Um nachzusehen,
wo das Land eine Blöße hat, seid ihr gekom-
men. 10 Sie antworteten ihm: Nein, Herr. Um
Brotgetreide zu kaufen, sind deine Knechte
gekommen. 11 Wir alle sind Söhne ein und des-
selben Vaters. Ehrliche Leute sind wir, deine
Knechte sind keine Spione. 12 Er aber entgeg-
nete ihnen: Nichts da, ihr seid nur gekommen,
um nachzusehen, wo das Land eine Blöße hat.
13 Da sagten sie: Wir, deine Knechte, waren
zwölf Brüder, Söhne ein und desselben Man-
nes im Land Kanaan. Der Jüngste ist gegenwär-
tig bei unserem Vater und einer ist nicht mehr
da. 14 Josef aber sagte zu ihnen: Es ist so, wie
ich euch gesagt habe: Spione seid ihr. 15 So wird
man euch auf die Probe stellen: Beim Leben
des Pharao! Ihr sollt von hier nicht eher los-
kommen, bis auch euer jüngster Bruder da ist.
16 Schickt einen von euch hin! Er soll euren
Bruder holen; ihr anderen aber werdet in Haft
genommen. So wird man eure Worte überprü-
fen, ob ihr die Wahrheit gesagt habt oder nicht.
Beim Leben des Pharao, ja, Spione seid ihr.
17 Dann ließ er sie für drei Tage in Gewahrsam
nehmen.

18 Am dritten Tag sagte Josef zu ihnen: Tut
Folgendes und ihr werdet am Leben bleiben.
Ich fürchte Gott. 19 Wenn ihr ehrliche Leute
seid, soll einer von euch Brüdern in Gewahr-
sam zurückgehalten werden. Ihr aber geht und
bringt das Getreide heim, um den Hunger eu-
rer Familien zu stillen. 20 Euren jüngsten Bru-
der aber schafft mir herbei, damit sich eure
Worte als wahr erweisen und ihr nicht sterben
müsst. So machten sie es.

21 Sie sagten zueinander: Ach ja, wir sind an
unserem Bruder schuldig geworden. Wir ha-
ben zugesehen, wie er sich um sein Leben
ängstigte. Als er uns um Erbarmen anflehte,
haben wir nicht auf ihn gehört. Darum ist nun
diese Angst über uns gekommen. 22 Ruben
entgegnete ihnen: Habe ich euch nicht gesagt:

Versündigt euch nicht an dem Kind! Ihr aber
habt nicht gehört. Seht, nun wird sein Blut von
uns gefordert. 23 Sie aber wussten nicht, dass
Josef zuhörte, denn zwischen ihnen vermit-
telte ein Dolmetscher. 24 Er wandte sich von
ihnen ab und weinte. Als er zu ihnen zurück-
kehrte und mit ihnen redete, ließ er aus ihrer
Mitte Simeon festnehmen und vor ihren Au-
gen fesseln. 25 Josef befahl dann, ihre Behälter
mit Getreide zu füllen, einem jeden von ihnen
das Geld wieder in den Sack zurückzulegen
und ihnen für die Reise Verpflegung mitzuge-
ben. So machte er es mit ihnen. 26 Sie luden ihr
Getreide auf ihre Esel und zogen fort. 27 Als
einer seinen Sack öffnete, um in der Herberge
seinen Esel zu füttern, sah er sein Geld. Siehe,
es lag in seinem Getreidesack ganz oben. 28 Er
sagte zu seinen Brüdern: Man hat mir mein
Geld zurückgegeben. Siehe, hier ist es in mei-
nem Getreidesack. Da verließ sie der Mut und
sie sagten zitternd zueinander: Was hat uns
Gott da angetan?

29 Sie kamen zu ihrem Vater Jakob ins Land
Kanaan und berichteten ihm alles, was ihnen
zugestoßen war: 30 Jener Mann, der Herr des
Landes, hat uns barsch angefahren und uns für
Leute gehalten, die das Land ausspionieren.
31 Wir sagten ihm: Ehrliche Leute sind wir und
keine Spione. 32 Wir waren zwölf Brüder, Söh-
ne ein und desselben Vaters. Einer ist nicht
mehr und der Jüngste ist gegenwärtig bei un-
serem Vater im Land Kanaan. 33 Jener Mann
aber, der Herr des Landes, sagte zu uns: Daran
will ich erkennen, ob ihr ehrliche Leute seid:
Lasst einen von euch Brüdern bei mir zurück,
nehmt das Getreide, das den Hunger eurer
Familien stillen soll, geht 34 und schafft mir
euren jüngsten Bruder herbei! So werde ich
erfahren, dass ihr keine Spione, sondern ehr-
liche Leute seid. Ich gebe euch dann euren
Bruder heraus und ihr dürft euch frei im Land
bewegen. 35 Während sie nun ihre Säcke leer-
ten, da war tatsächlich der Geldbeutel eines
jeden in seinem Sack. Als sie und ihr Vater ihre
Geldbeutel sahen, fürchteten sie sich. 36 Ihr
Vater Jakob sagte zu ihnen: Ihr bringt mich um
meine Kinder. Josef ist nicht mehr, Simeon ist
nicht mehr und Benjamin wollt ihr mir auch
noch nehmen. Nichts bleibt mir erspart. 37 Da
sagte Ruben zu seinem Vater: Meine beiden
Söhne magst du umbringen, wenn ich ihn dir
nicht zurückbringe. Vertrau ihn meiner Hand
an; ich bringe ihn dir wieder zurück. 38 Er sag-
te: Mein Sohn wird nicht mit euch hinunter-
ziehen. Denn sein Bruder ist schon tot, nur er
allein ist noch da. Stößt ihm auf dem Weg, den
ihr geht, ein Unglück zu, dann bringt ihr mein
graues Haar vor Kummer in die Unterwelt.

9: 37,5–11

DIE ZWEITE REISE DER BRÜDER: 43,1–34

43 1 Der Hunger lastete schwer auf dem
Land. 2 Als das Getreide, das sie aus
Ägypten gebracht hatten, aufgezehrt war, sag-
te ihr Vater zu ihnen: Geht noch einmal hin,
kauft uns etwas Brotgetreide! 3 Juda antwor-
tete ihm: Der Mann hat uns ausdrücklich ge-
warnt: Kommt mir ja nicht mehr unter die
Augen, wenn ihr nicht euren Bruder mit-
bringt! 4 Wenn du bereit bist, unseren Bruder
mitzuschicken, ziehen wir hinunter und kau-
fen dir Brotgetreide. 5 Willst du ihn aber nicht
mitschicken, ziehen wir nicht hinunter. Denn
der Mann hat uns gesagt: Kommt mir ja nicht
mehr unter die Augen, wenn ihr nicht euren
Bruder mitbringt! 6 Da sagte Israel: Warum
habt ihr mir so etwas Schlimmes angetan, je-
nem Mann zu sagen, dass ihr noch einen Bru-
der habt? 7 Der Mann, entgegneten sie, hat sich
eingehend nach uns und unserer Verwandt-
schaft erkundigt und gefragt: Lebt euer Vater
noch, habt ihr noch einen Bruder? Wir haben
ihm Auskunft gegeben, wie es wirklich ist.
Konnten wir denn wissen, dass er sagen wür-
de: Bringt euren Bruder herab! 8 Juda sagte
seinem Vater Israel: Lass den Knaben mit mir
ziehen! Dann können wir aufbrechen und ge-
hen. So werden wir am Leben bleiben und
nicht sterben, sowohl wir als auch du und un-
sere Kinder. 9 Ich verbürge mich für ihn; aus
meiner Hand magst du ihn zurückfordern.
Wenn ich ihn dir nicht zurückbringe und vor
dich hinstelle, will ich alle Tage bei dir in
Schuld stehen. 10 Ja, hätten wir nicht gezögert,
könnten wir jetzt schon zum zweiten Mal zu-
rück sein.

11 Da sagte ihr Vater Israel zu ihnen: Wenn
es schon sein muss, dann macht es so: Nehmt
von den besten Erzeugnissen des Landes in
eurem Gepäck mit und überbringt es dem
Mann als Geschenk: etwas Mastix, etwas Ho-
nig, Tragakant und Ladanum, Pistazien und
Mandeln! 12 Nehmt den doppelten Geldbetrag
mit! Das Geld, das sich wieder oben in euren

43,11 Zu Mastix, Tragakant und Ladanum vgl. die Anmerkung zu 37,25.

Getreidesäcken fand, gebt mit eigenen Händen
zurück! Vielleicht war es ein Versehen. 13 So
nehmt denn euren Bruder mit, brecht auf und
geht wieder zu dem Mann zurück! 14 El-Schad-
dai lasse euch Erbarmen bei dem Mann finden,
sodass er euch den anderen Bruder und Ben-
jamin freigibt. Ich aber, ich verliere noch alle
Kinder.

15 Die Männer nahmen das Geschenk und
den doppelten Geldbetrag mit und dazu auch
Benjamin. Sie machten sich auf, zogen nach
Ägypten hinab und traten vor Josef hin. 16 Als
Josef bei ihnen Benjamin sah, sagte er zu sei-
nem Hausverwalter: Führe die Männer ins
Haus, schlachte ein Tier und richte es her!
Denn mit mir werden die Männer zu Mittag
essen. 17 Der Mann tat, wie Josef gesagt hatte:
Er führte die Männer in das Haus Josefs. 18 Die
Männer fürchteten sich, weil sie in Josefs Haus
geführt wurden, und dachten: Wegen des Gel-
des, das sich beim ersten Mal wieder in unse-
ren Getreidesäcken fand, werden wir hinein-
geführt. Man wird sich auf uns stürzen, über
uns herfallen und uns und unsere Esel zu Skla-
ven machen. 19 Sie traten näher an den Haus-
verwalter Josefs heran und redeten mit ihm an
der Haustür. 20 Sie sagten: Bitte, Herr, schon
früher sind wir einmal hierhergekommen, um
Brotgetreide zu kaufen. 21 Als wir aber in die
Herberge kamen und unsere Getreidesäcke
öffneten, siehe, da lag das Geld eines jeden von
uns oben im Sack, unser Geld in seinem vollen
Gewicht. Wir bringen es mit eigenen Händen
wieder zurück. 22 Wir haben noch anderes
Geld in unseren Händen mitgebracht, um
Brotgetreide einzukaufen. Wir wissen nicht,
wer das Geld in unsere Säcke gelegt hat. 23 Er
sagte: Friede sei mit euch! Fürchtet euch nicht!
Euer Gott, der Gott eures Vaters, hat euch ei-
nen Schatz in eure Säcke gelegt. Bei mir ist euer
Geld eingegangen. Dann brachte er Simeon zu
ihnen heraus. 24 Der Mann führte die Männer
ins Haus Josefs und gab ihnen Wasser. Sie wu-
schen ihre Füße und er gab ihnen Futter für
ihre Esel. 25 Sie legten, bis Josef zu Mittag kam,
das Geschenk zurecht; denn sie hatten gehört,
dass sie dort essen sollten.

26 Als Josef ins Haus kam, überreichten sie
ihm das Geschenk, das sie in ihren Händen
hielten, und warfen sich vor ihm auf die Erde
nieder. 27 Er erkundigte sich, wie es ihnen gehe,
und fragte: Geht es eurem alten Vater gut, von
dem ihr erzählt habt? Ist er noch am Leben?
28 Sie erwiderten: Deinem Knecht, unserem
Vater, geht es gut; er lebt noch. Dann verneig-
ten sie sich und warfen sich nieder. 29 Als er
seine Augen erhob und seinen Bruder Benja-
min, den Sohn seiner Mutter, erblickte, fragte
er: Ist das euer jüngster Bruder, von dem ihr
mir erzählt habt? Und weiter sagte er: Gott sei
dir gnädig, mein Sohn. 30 Dann ging Josef
schnell weg, denn sein Gemüt war bewegt
wegen seines Bruders. Er wollte weinen. Und
so ging er in die Kammer und weinte dort.
31 Dann wusch er sein Gesicht, kam heraus,
nahm sich zusammen und sagte: Tragt das
Essen auf! 32 Man trug das Essen auf, getrennt
für ihn, für sie und für die mit ihm speisenden
Ägypter. Die Ägypter können nämlich nicht
gemeinsam mit den Hebräern essen, weil das
für die Ägypter ein Gräuel ist. 33 Sie saßen vor
ihm entsprechend ihrem Alter, vom Erstgebo-
renen bis zum Jüngsten. Da blickten die Män-
ner einander verwundert an. 34 Er ließ ihnen
Gerichte vorsetzen, die vor ihm standen, was
man aber Benjamin vorsetzte, übertraf das al-
ler anderen um das Fünffache. Sie tranken mit
ihm und sie wurden trunken.

3: 42,15f.20 / **7:** 42,10–13

DIE ERNEUTE PRÜFUNG DER BRÜDER:
44,1–34

44 1 Dann befahl Josef seinem Hausver-
walter: Fülle die Getreidesäcke der
Männer mit so viel Brotgetreide, wie sie tragen
können, und leg das Geld eines jeden oben in
den Sack! 2 Meinen Becher, den Silberbecher,
leg oben in den Sack des Jüngsten mit dem
Geld für sein Getreide. Er tat, wie Josef es ge-
sagt hatte. 3 Der Morgen leuchtete und man
entließ die Männer mit ihren Eseln. 4 Sie hat-
ten sich noch nicht weit von der Stadt entfernt,
da sagte Josef zu seinem Hausverwalter: Auf,
jag hinter den Männern her! Wenn du sie ein-
geholt hast, sag ihnen: Warum habt ihr Gutes
mit Bösem vergolten? 5 Ist das nicht der Be-
cher, aus dem mein Herr trinkt und aus dem
er wahrsagt? Da habt ihr etwas Schlimmes
getan. 6 Der Hausverwalter holte sie ein und
sagte zu ihnen, was ihm aufgetragen war. 7 Sie
antworteten ihm: Wie kann mein Herr so et-
was sagen? Fern sei deinen Knechten, so etwas
zu tun. 8 Sieh her, das Geld, das wir oben in
unseren Getreidesäcken fanden, haben wir dir

44,4 und mir den Silberbecher gestohlen: Diese Worte finden sich nur am Anfang von V. 5 in G und Vg.

aus dem Land Kanaan zurückgebracht. Wie
könnten wir da aus dem Haus deines Herrn
Silber oder Gold stehlen? 9 Der von deinen
Knechten, bei dem sich der Becher findet, soll
sterben und auch wir werden dann unserem
Herrn als Sklaven gehören. 10 Er sagte: Also, es
soll geschehen, wie ihr gesagt habt: Bei wem
er sich findet, der sei mein Sklave, ihr aber sollt
frei sein. 11 Jeder stellte eiligst seinen Sack auf
die Erde und öffnete ihn: 12 Er durchsuchte
alles, beim Ältesten begann er und beim Jüngs-
ten hörte er auf. Der Becher fand sich im Sack
Benjamins.

13 Da zerrissen sie ihre Obergewänder. Jeder
belud seinen Esel und sie kehrten in die Stadt
zurück. 14 So kamen Juda und seine Brüder
wieder in das Haus Josefs, der noch dort war.
Sie fielen vor ihm zur Erde nieder. 15 Josef sag-
te zu ihnen: Was habt ihr getan? Wusstet ihr
denn nicht, dass ein Mann wie ich wahrsagen
kann? 16 Juda erwiderte: Was sollen wir unse-
rem Herrn sagen, was sollen wir vorbringen,
womit uns rechtfertigen? Gott hat die Schuld
deiner Knechte herausgefunden. So sind wir
also Sklaven unseres Herrn, wir und der, bei
dem sich der Becher gefunden hat. 17 Doch Jo-
sef gab zur Antwort: Mir sei es fern, das zu tun.
Derjenige, in dessen Hand sich der Becher
gefunden hat, der soll mein Sklave sein. Ihr
anderen aber zieht in Frieden hinauf zu eurem
Vater!

18 Da trat Juda an ihn heran und sagte: Bitte,
mein Herr, darf dein Knecht etwas zu meinem
Herrn sagen? Dein Zorn entbrenne deswegen
nicht gegen deinen Knecht; denn du bist wie
der Pharao. 19 Mein Herr hat seine Knechte ge-
fragt: Habt ihr einen Vater oder Bruder? 20 Wir
erwiderten meinem Herrn: Wir haben einen
alten Vater und den Jüngsten, der ihm im ho-
hen Alter geboren wurde. Dessen Bruder ist
gestorben; er ist allein von seiner Mutter noch
da und sein Vater liebt ihn. 21 Du aber hast dei-
nen Knechten gesagt: Bringt ihn her zu mir,
ich will mein Auge auf ihn richten. 22 Da sagten
wir zu unserem Herrn: Der Knabe kann seinen
Vater nicht verlassen. Verließe er seinen Vater,
so würde dieser sterben. 23 Du aber sagtest zu
deinen Knechten: Wenn euer jüngster Bruder
nicht mit euch herabkommt, dürft ihr mir
nicht mehr unter die Augen treten. 24 Als wir
zu deinem Knecht, meinem Vater, hinaufge-
kommen waren, erzählten wir ihm, was mein
Herr gesagt hatte. 25 Als dann unser Vater sag-
te: Kauft uns noch einmal etwas Brotgetreide!,
26 entgegneten wir: Wir können nicht hinun-
terziehen; nur wenn unser jüngster Bruder
dabei ist, ziehen wir hinunter. Wir können
nämlich dem Mann nicht mehr unter die Au-
gen treten, wenn nicht unser jüngster Bruder
dabei ist. 27 Darauf antwortete uns dein
Knecht, mein Vater: Ihr wisst, dass mir meine
Frau zwei Söhne geboren hat. 28 Einer ist von
mir gegangen und ich sagte: Er ist gewiss zer-
fetzt worden. Ich habe ihn bis heute nicht
mehr gesehen. 29 Nun nehmt ihr mir auch den
noch weg. Stößt ihm ein Unglück zu, dann
bringt ihr mein graues Haar vor Leid in die
Unterwelt. 30 Wenn ich jetzt zu deinem
Knecht, meinem Vater, käme und der Knabe
wäre nicht bei uns, da doch sein Leben so an
ihm hängt, 31 wenn er also sähe, dass der Kna-
be nicht dabei ist, würde er sterben. Dann
brächten deine Sklaven deinen Knecht, unse-
ren greisen Vater mit seinem grauen Haar, vor
Gram in die Unterwelt. 32 Denn dein Knecht
hat sich für den Knaben beim Vater mit den
Worten verbürgt: Wenn ich ihn nicht zu dir
zurückbringe, will ich alle Tage bei meinem
Vater in Schuld stehen. 33 Darum soll jetzt dein
Knecht anstelle des Knaben dableiben als Skla-
ve für meinen Herrn; der Knabe aber soll mit
seinen Brüdern hinaufziehen dürfen. 34 Denn
wie könnte ich zu meinem Vater hinaufziehen,
ohne dass der Knabe bei mir wäre? Ich könnte
das Unglück nicht mit ansehen, das dann mei-
nen Vater träfe.

JOSEFS OFFENBARUNG: 45,1–15

45 1 Josef vermochte nicht mehr an sich zu
halten vor allen, die um ihn standen,
und rief: Schafft mir alle Leute hinaus! So
stand niemand bei ihm, als er sich seinen Brü-
dern zu erkennen gab. 2 Er begann so laut zu
weinen, dass es die Ägypter hörten; auch am
Hof des Pharao hörte man davon. 3 Josef sagte
zu seinen Brüdern: Ich bin Josef. Ist mein Vater
noch am Leben? Seine Brüder waren nicht fä-
hig, ihm zu antworten, weil sie fassungslos
vor ihm standen. 4 Josef sagte zu seinen Brü-
dern: Kommt doch näher zu mir her! Als sie
näher herangetreten waren, sagte er: Ich bin
Josef, euer Bruder, den ihr nach Ägypten ver-
kauft habt. 5 Jetzt aber schmerze es euch nicht
und es brenne nicht in euren Augen, weil ihr
mich hierher verkauft habt. Denn um Leben
zu erhalten, hat mich Gott vor euch herge-

schickt. 6 Ja, zwei Jahre sind es jetzt schon, dass
der Hunger im Land herrscht. Und noch fünf
Jahre stehen bevor, in denen man weder pflü-
gen noch ernten wird. 7 Gott aber hat mich vor
euch hergeschickt, um euch im Land einen
Rest zu erhalten und euch für eine große Ret-
tungstat am Leben zu lassen. 8 Also nicht ihr
habt mich hierhergeschickt, sondern Gott. Er
hat mich zum Vater für den Pharao gemacht,
zum Herrn für sein ganzes Haus und zum
Herrscher über das ganze Land Ägypten.
9 Zieht eiligst zu meinem Vater hinauf und
meldet ihm: So hat dein Sohn Josef gesagt:
Gott hat mich zum Herrn über ganz Ägypten
gemacht. Komm herunter zu mir, zögere
nicht! 10 Du kannst dich im Gebiet von Go-
schen niederlassen und wirst in meiner Nähe
sein, du mit deinen Söhnen und deinen Kin-
deskindern, mit deinen Schafen und Ziegen
und deinen Rindern und mit allem, was dir
gehört. 11 Dort werde ich für dich sorgen, da-
mit du nicht verarmst, du und dein Haus mit
allem, was dir gehört, denn noch fünf Jahre
dauert die Hungersnot. 12 Siehe, eure Augen
und die Augen meines Bruders sehen, dass
mein Mund mit euch redet. 13 Erzählt meinem
Vater von meinem hohen Rang in Ägypten
und von allem, was ihr gesehen habt! Beeilt
euch und bringt meinen Vater hierher herab!
14 Er fiel seinem Bruder Benjamin um den Hals
und weinte; auch Benjamin weinte an seinem
Hals. 15 Josef küsste dann weinend alle seine
Brüder. Darauf sprachen seine Brüder mit ihm.

DIE EINLADUNG FÜR JAKOB: 45,16–28

16 Am Hof des Pharao verbreitete sich die
Nachricht: Die Brüder Josefs sind gekommen.
Und das war gut in den Augen des Pharao und
seiner Diener. 17 Der Pharao sagte zu Josef: Sag
zu deinen Brüdern: So sollt ihr es machen: Be-
ladet eure Tiere und reist ins Land Kanaan zu-
rück! 18 Holt euren Vater und eure Familien
und kommt zu mir! Ich will euch das Beste
vom Land Ägypten geben; von den besten Er-
zeugnissen des Landes dürft ihr essen. 19 Du
hast den Auftrag erhalten. Das tut: Nehmt
euch aus dem Land Ägypten Wagen mit für
eure Kinder und Frauen, lasst euren Vater auf-
steigen und kommt! 20 Es soll euch nicht leid
sein um euren Hausrat. Denn das Beste aus
dem ganzen Land Ägypten soll euch gehören.
21 Die Söhne Israels machten es so. Josef
stellte nach der Weisung des Pharao Wagen
zur Verfügung und gab ihnen Verpflegung mit
auf die Reise. 22 Allen schenkte er Festgewän-
der, Benjamin aber schenkte er dreihundert
Silberstücke und fünf Festgewänder, 23 seinem
Vater schickte er entsprechend: zehn Esel, be-
laden mit dem Besten Ägyptens, und zehn
Eselinnen, beladen mit Getreide und Brot, so-
wie Reiseverpflegung für seinen Vater. 24 Dann
entließ er seine Brüder. Als sie sich auf den
Weg machten, sagte er noch zu ihnen: Streitet
nicht unterwegs!
25 Sie zogen also von Ägypten hinauf und
kamen ins Land Kanaan zu ihrem Vater Jakob.
26 Sie berichteten ihm: Josef ist noch am Leben.
Er ist sogar Herrscher über das ganze Land
Ägypten. Jakobs Herz aber blieb unbewegt;
denn er glaubte ihnen nicht. 27 Als sie ihm aber
alles erzählten, was Josef zu ihnen gesagt hat-
te, und als er die Wagen sah, die Josef geschickt
hatte, um ihn zu holen, lebte der Geist Jakobs,
ihres Vaters, wieder auf 28 und Israel sagte:
Genug! Mein Sohn Josef lebt noch. Ich will
hingehen und ihn sehen, bevor ich sterbe.

JAKOBS ÜBERSIEDLUNG NACH ÄGYPTEN: 46,1–47,12

46 1 Israel brach auf mit allem, was ihm
gehörte. Er kam nach Beerscheba und
brachte dem Gott seines Vaters Isaak Schlacht-
opfer dar. 2 Da sprach Gott in einer nächtlichen
Vision zu Israel: Jakob! Jakob! Er antwortete:
Hier bin ich! 3 Gott sprach: Ich bin Gott, der
Gott deines Vaters. Fürchte dich nicht, nach
Ägypten hinabzuziehen; denn zu einem
großen Volk mache ich dich dort. 4 Ich selbst
ziehe mit dir hinunter nach Ägypten und ich
führe dich auch selbst wieder herauf. Josef
wird dir die Augen zudrücken.
5 Jakob brach von Beerscheba auf. Die Söhne
Israels hoben ihren Vater Jakob, ihre Kinder
und ihre Frauen auf die Wagen, die der Pharao
geschickt hatte, um ihn zu holen. 6 Sie nahmen
ihr Vieh und ihre Habe, die sie im Land Kana-
an erworben hatten, und gelangten nach
Ägypten, Jakob und mit ihm alle seine Nach-
kommen. 7 Seine Söhne und Enkel, seine
Töchter und Enkelinnen, alle seine Nachkom-
men brachte er mit nach Ägypten.
8 Das sind die Namen der Söhne Israels, die
nach Ägypten kamen, Jakob und seine Söhne:
der Erstgeborene Jakobs, Ruben; 9 die Söhne

45,7 Hinweis auf die Rettung der Nachkommen Jakobs aus der ägyptischen Knechtschaft, von der Ex 1–15 berichtet.

Rubens: Henoch, Pallu, Hezron und Karmi;
10 die Söhne Simeons: Jemuël, Jamin, Ohad,
Jachin, Zohar und Schaul, der Sohn der Kana-
aniterin; 11 die Söhne Levis: Gerschon, Kehat
und Merari; 12 die Söhne Judas: Er, Onan, Sche-
la, Perez und Serach; Er und Onan waren aber
in Kanaan gestorben; die Söhne des Perez wa-
ren Hezron und Hamul; 13 die Söhne Issachars:
Tola, Puwa, Job und Schimron; 14 die Söhne
Sebulons: Sered, Elon und Jachleel. 15 Das wa-
ren die Söhne Leas, die sie Jakob in Pad-
dan-Aram geboren hatte, dazu seine Tochter
Dina, an Söhnen und Töchtern insgesamt
dreiunddreißig Personen.

16 Die Söhne Gads: Zifjon, Haggi, Schuni,
Ezbon, Eri, Arod und Areli; 17 die Söhne
Aschers: Jimna, Jischwa, Jischwi und Beria,
dazu ihre Schwester Serach; die Söhne Berias:
Heber und Malkiël. 18 Das waren die Söhne
Silpas, die Laban seiner Tochter Lea mitgege-
ben hatte; sie alle hatte sie Jakob geboren, sech-
zehn Personen.

19 Die Söhne Rahels, der Frau Jakobs: Josef
und Benjamin. 20 Josef hatte in Ägypten Kin-
der erhalten, die ihm Asenat, die Tochter Po-
tiferas, des Priesters von On, geboren hatte:
Manasse und Efraim. 21 Die Söhne Benjamins:
Bela, Becher, Aschbel, Gera, Naaman, Ehi,
Rosch, Muppim, Huppim und Ard. 22 Das wa-
ren die Söhne Rahels, die Jakob geboren wor-
den waren, insgesamt vierzehn Personen.

23 Die Söhne Dans: Huschim. 24 Die Söhne
Naftalis: Jachzeel, Guni, Jezer und Schillem.
25 Das waren die Söhne Bilhas, die Laban seiner
Tochter Rahel mitgegeben hatte. Sie alle hatte
Bilha Jakob geboren, insgesamt sieben Perso-
nen.

26 Die Gesamtzahl der Personen, die mit Ja-
kob nach Ägypten gekommen und aus seiner
Lende hervorgegangen waren, betrug ohne die
Frauen der Söhne Jakobs insgesamt sechsund-
sechzig Personen. 27 Dazu kommen die Söhne
Josefs, die ihm in Ägypten geboren worden
waren, zwei Personen. Insgesamt waren vom
Haus Jakob siebzig Personen nach Ägypten
gekommen.

28 Jakob schickte Juda voraus zu Josef, damit
er ihm den Weg nach Goschen weise. So ka-
men sie ins Land Goschen. 29 Josef ließ seinen
Wagen anspannen und zog seinem Vater Isra-
el nach Goschen entgegen. Als er ihn sah, fiel
er ihm um den Hals und weinte lange. 30 Israel
sagte zu Josef: Jetzt will ich gern sterben, nach-
dem ich dein Angesicht wieder gesehen habe.
Du bist ja noch am Leben. 31 Josef sagte dann
zu seinen Brüdern und zum ganzen Haus sei-
nes Vaters: Ich will hinaufgehen, den Pharao
benachrichtigen und ihm sagen: Meine Brüder
und alle vom Haus meines Vaters, die im Land
Kanaan waren, sind zu mir gekommen. 32 Die
Männer sind Schafhirten, ja, Viehzüchter sind
sie. Ihre Schafe, Ziegen und Rinder und alles,
was ihnen gehört, haben sie mitgebracht.
33 Wenn euch der Pharao rufen lässt und fragt,
was eure Arbeit ist, 34 dann sagt: Deine Knech-
te sind von Jugend an bis jetzt Viehzüchter
gewesen, wir waren es und unsere Väter waren
es auch schon. Dann werdet ihr euch in
Goschen niederlassen dürfen; denn den
Ägyptern sind alle Schafhirten ein Gräuel.

47 1 Josef ging also hin, berichtete dem
Pharao und sagte: Mein Vater und mei-
ne Brüder sind mit ihren Schafen, Ziegen und
Rindern und mit allem, was ihnen gehört, aus
Kanaan gekommen. Siehe, sie sind bereits im
Land Goschen. 2 Aus dem Kreis seiner Brüder
hatte er fünf Männer mitgebracht und stellte
sie dem Pharao vor. 3 Der Pharao fragte seine
Brüder: Was ist eure Arbeit? Sie antworteten
dem Pharao: Schafhirten sind deine Knechte;
wir wie schon unsere Väter. 4 Und sie sagten
zum Pharao: Wir sind gekommen, um uns als
Fremde im Land aufzuhalten. Es gibt ja keine
Weide für die Schafe und Ziegen deiner
Knechte, denn schwer lastet die Hungersnot
auf dem Land Kanaan. Nun möchten sich dei-
ne Knechte im Land Goschen niederlassen.
5 Darauf sagte der Pharao zu Josef: Dein Vater
und deine Brüder sind also zu dir gekommen.
6 Das Land Ägypten steht dir offen. Im besten
Teil des Landes lass deinen Vater und deine
Brüder wohnen! Sie sollen sich im Land Go-
schen niederlassen. Wenn du aber unter ihnen
tüchtige Leute kennst, dann setze sie als Auf-
seher über meine Herden ein!

7 Darauf führte Josef seinen Vater Jakob hi-
nein und stellte ihn dem Pharao vor. Jakob
segnete den Pharao. 8 Der Pharao redete Jakob
an: Wie viele Lebensjahre zählst du? 9 Jakob
gab dem Pharao zur Antwort: Die Zahl der
Jahre meiner Pilgerschaft beträgt hundertdrei-
ßig. Gering an Zahl und unglücklich waren
meine Lebensjahre und sie reichen nicht he-
ran an die Lebensjahre meiner Väter in den

46,23 Statt Huschim liest Num 26,42 Schuham.

Tagen ihrer Pilgerschaft. 10 Jakob segnete den
Pharao und ging von dessen Angesicht weg.
11 Josef siedelte seinen Vater und seine Brüder
an und wies ihnen Grundbesitz im Land
Ägypten zu, im besten Teil des Landes, im
Land von Ramses, wie der Pharao verfügt
hatte. 12 Josef versorgte seinen Vater und seine
Brüder und das ganze Haus seines Vaters mit
Brot nach der Zahl der Familienmitglieder.

JOSEFS VERWALTUNG IN ÄGYPTEN: 47,13–26

13 Im ganzen Land gab es kein Brot, denn die
Hungersnot war sehr drückend. Das Land
Ägypten und das Land Kanaan waren vor
Hunger erschöpft. 14 Josef hatte alles Geld, das
im Land Ägypten und im Land Kanaan im
Umlauf war, für das Getreide, das sie kauften,
eingezogen und in den Palast des Pharao ge-
bracht. 15 So war das Geld im Land Ägypten
und im Land Kanaan ausgegangen. Alle Ägyp-
ter kamen zu Josef und sagten: Gib uns Brot!
Warum sollen wir vor deinen Augen umkom-
men? Das Geld ist nämlich zu Ende. 16 Liefert
euer Vieh ab, sagte Josef, dann gebe ich euch
dafür Brot, wenn das Geld zu Ende ist. 17 So
brachten sie ihr Vieh zu Josef und Josef gab
ihnen Brot um den Preis der Pferde, ihrer Be-
stände an Schafen, Ziegen und Rindern und
Eseln. Er ernährte sie in jenem Jahr gegen ihren
ganzen Viehbestand mit Brot. 18 Das Jahr ging
indes zu Ende und im nächsten Jahr kamen sie
und sagten zu ihm: Wir können unserem
Herrn nicht verhehlen, dass das Geld zu Ende
und unser Viehbestand unserem Herrn zuge-
fallen ist. Wie unser Herr sieht, haben wir
nichts mehr als unsere Leiber und unser Acker-
land. 19 Warum sollen wir vor deinen Augen
umkommen, wir selbst und auch unser Acker-
land? Kauf uns und unsere Äcker um Brot! Wir
und unser Ackerland wollen dem Pharao
dienstbar sein. Stell Saatgut zur Verfügung, so
werden wir am Leben bleiben, wir müssen
dann nicht sterben und das Ackerland braucht
nicht zu verkommen. 20 Josef kaufte also das
ganze Ackerland der Ägypter für den Pharao
auf; denn jeder Ägypter verkaufte sein Feld,
weil ihn der Hunger überwältigte. So fiel das
Land an den Pharao. 21 Das Volk aber machte
er ihm leibeigen von einem Ende Ägyptens bis
zum andern. 22 Nur das Ackerland der Priester
kaufte er nicht auf, denn den Priestern stand
ein festes Einkommen vom Pharao zu; sie ver-
zehrten ihr festes Einkommen, das ihnen der
Pharao gewährte. Darum brauchten sie ihr
Ackerland nicht zu verkaufen.
23 Nun sprach Josef zum Volk: Seht, heute
habe ich euch und euer Ackerland für den Pha-
rao gekauft. Hier habt ihr Saatgut; bestellt nun
die Äcker! 24 Vom Ertrag liefert ihr dann ein
Fünftel dem Pharao ab, vier Teile aber gehören
euch als Saatgut für das Feld sowie als Nahrung
für euch, für die Leute in euren Häusern und
für eure Kinder. 25 Da antworteten sie: Du hast
uns am Leben erhalten. Wenn wir das Wohl-
wollen unseres Herrn finden, wollen wir gern
dem Pharao als Knechte dienen. 26 So machte
es Josef zum Gesetz bis auf den heutigen Tag,
dass das Ackerland Ägyptens zugunsten des
Pharao mit einem Fünftel zu besteuern ist. Nur
das Ackerland der Priester fiel nicht an den
Pharao.

JAKOBS LETZTER WILLE: 47,27–31

27 Israel ließ sich im Land Ägypten nieder,
im Land Goschen. Sie wurden dort ansässig,
waren fruchtbar und vermehrten sich sehr.
28 Jakob lebte noch siebzehn Jahre im Land
Ägypten und die Tage Jakobs, seine Lebens-
jahre, betrugen hundertsiebenundvierzig Jah-
re. 29 Als die Zeit kam, da Israel sterben sollte,
rief er seinen Sohn Josef und sagte zu ihm:
Wenn ich dein Wohlwollen gefunden habe,
leg deine Hand unter meine Hüfte, dass du
nach Treu und Glauben an mir handeln wirst:
Begrab mich nicht in Ägypten! 30 Bin ich zu
meinen Vätern entschlafen, dann bring mich
fort aus Ägypten und begrab mich in der Grab-
stätte meiner Väter! Er antwortete: Ich will
tun, wie du gesagt hast. 31 Da sagte Jakob:
Leiste mir einen Eid! Er leistete ihm den Eid.
Darauf warf sich Israel am Kopfende seines
Bettes nieder.

DER SEGEN FÜR EFRAIM UND MANASSE: 48,1–22

48 1 Einige Zeit danach sagte man zu Josef:
Siehe, dein Vater ist krank. Da nahm
Josef seine beiden Söhne mit, Manasse und
Efraim, 2 und ließ Jakob melden: Siehe, dein
Sohn Josef ist zu dir gekommen. Israel nahm
seine Kräfte zusammen und setzte sich im Bett
auf. 3 Dann sagte Jakob zu Josef: El-Schaddai

47,21 Das Volk aber machte er ihm leibeigen: so G. In H heißt es: Das Volk führte er in die Städte über.

47,29 Zu der Schwurgebärde vgl. die Anmerkung zu 24,2.

ist mir zu Lus im Land Kanaan erschienen und
hat mich gesegnet. 4 Er hat zu mir gesagt: Siehe,
ich mache dich fruchtbar und vermehre dich,
ich mache dich zu einer Schar von Völkern und
gebe dieses Land deinen Nachkommen zu
ewigem Besitz. 5 Jetzt sollen deine beiden Söh-
ne, die dir im Land Ägypten geboren wurden,
bevor ich zu dir nach Ägypten kam, mir gehö-
ren. Efraim und Manasse sollen mir wie Ruben
und Simeon gehören. 6 Die Nachkommen
aber, die du erst nach ihnen gezeugt hast, sol-
len dir gehören; nach dem Namen ihrer Brüder
soll man sie in ihrem Erbteil benennen. 7 Als
ich aus Paddan-Aram kam, starb mir unter-
wegs Rahel im Land Kanaan; nur noch eine
kurze Strecke war es bis Efrata. Ich begrub sie
dort auf dem Weg nach Efrata, das jetzt Betle-
hem heißt.

8 Als Israel die Söhne Josefs sah, fragte er:
Wer sind diese? 9 Josef sagte zu seinem Vater:
Meine Söhne sind es, die mir Gott hier ge-
schenkt hat. Da sagte Israel: Bring sie her zu
mir, ich will sie segnen! 10 Israels Augen waren
vor Alter schwer geworden, er konnte nicht
mehr recht sehen. Er ließ die Söhne Josefs zu
sich herantreten, küsste und umarmte sie.
11 Dann sagte Israel zu Josef: Ich hatte nicht
mehr geglaubt, dich jemals wiederzusehen.
Doch siehe, Gott hat mich sogar noch deine
Nachkommen sehen lassen. 12 Josef holte sie
von seinen Knien weg und sie warfen sich mit
ihrem Gesicht zur Erde nieder. 13 Dann nahm
Josef beide, Efraim an seine Rechte, zur Linken
Israels, und Manasse an seine Linke, zur Rech-
ten Israels, und führte sie zu ihm hin. 14 Israel
streckte seine Rechte aus und legte sie Efraim
auf den Kopf, obwohl er der jüngere war, seine
Linke aber legte er Manasse auf den Kopf, wo-
bei er seine Hände überkreuzte, obwohl Ma-
nasse der Erstgeborene war.

15 Er segnete Josef und sprach:

Gott, vor dem meine Väter Abraham und
Isaak / ihren Weg gegangen sind, / Gott, der
mein Hirt war mein Lebtag bis heute,

16 der Engel, der mich erlöst hat / von jegli-
chem Unheil, / er segne die Knaben. / Unter
ihnen soll mein Name / und der Name mei-
ner Väter / Abraham und Isaak genannt
werden. / Sie sollen sich mitten im Land in
Fülle tummeln.

17 Als Josef sah, dass sein Vater seine Rechte
Efraim auf den Kopf legte, gefiel ihm das nicht.
Josef ergriff die Hand seines Vaters, um sie von
Efraims Kopf auf den Kopf Manasses hinüber-
zuziehen, 18 und er sagte zu seinem Vater:
Nicht so, mein Vater! Denn er ist der Erstge-
borene; leg deine Rechte ihm auf den Kopf!
19 Aber sein Vater weigerte sich und sagte: Ich
weiß, mein Sohn, ich weiß, auch er wird zu
einem Volk, auch er wird groß sein; aber sein
jüngerer Bruder wird größer als er und seine
Nachkommen werden zu einer Fülle von Völ-
kern. 20 Er segnete jeden von ihnen an jenem
Tag mit den Worten:

Durch dich wird Israel segnen und sagen:
Gott mache dich wie Efraim und Manasse. So
setzte er Efraim vor Manasse.

21 Israel sagte zu Josef: Sieh, ich sterbe nun.
Gott wird mit euch sein und euch in das Land
eurer Väter zurückbringen. 22 Ich gebe dir Si-
chem, einen Bergrücken hoch über deinen
Brüdern, den ich der Hand der Amoriter mit
Schwert und Bogen entrissen habe.

3: 28,13f.; 35,11f. / 7: 35,16–20

DER SEGEN JAKOBS FÜR SEINE SÖHNE: 49,1–27

49
1 Darauf rief Jakob seine Söhne und
sprach: Versammelt euch, dann sage
ich euch an, was euch begegnet in künftigen
Tagen.

2 Kommt zusammen und hört, / ihr Söhne
Jakobs, hört auf Israel, euren Vater!

3 Ruben, mein Erstgeborener bist du, meine
Stärke, / der Erste meiner Manneskraft, /
übermütig an Stolz, übermütig an Kraft,

4 überschäumend wie Wasser. Der Erste
sollst du nicht bleiben. / Denn du hast das Bett
deines Vaters bestiegen; du hast damals mein
Lager entweiht.

5 Simeon und Levi, die Brüder, / Werkzeu-
ge der Gewalt sind ihre Messer.

6 Zu ihrem Kreis mag ich nicht gehören, /
mit ihrer Rotte vereinige sich nicht meine
Ehre. / Denn in ihrem Zorn brachten sie Män-
ner um, / mutwillig lähmten sie Stiere.

48,22 Wortspiel mit dem Ortsnamen Sichem, der Schulter bedeutet und auch das Bergland bezeichnet, in dem die Stämme Efraim und Manasse ihr Siedlungsgebiet haben.

49,1–27 Der sog. Jakobsegen enthält nicht nur Segenssprüche, sondern deutet auch das Scheitern von Stämmen an (V. 7). Die Sprache ist recht knapp und bisweilen schwer verständlich.

49,4 Der Erste sollst du nicht bleiben: Er verliert das Erstgeburtsrecht. Andere Übersetzungsmöglichkeit: Den Übermut dämpfe! (vgl. V. 3).

7 Verflucht ihr Zorn, da er so heftig, / ver-
flucht ihr Grimm, da er so roh. / Ich teile sie
unter Jakob auf, / ich zerstreue sie unter Israel.
8 Juda, dir jubeln die Brüder zu, / deine
Hand hast du am Genick deiner Feinde. / Dei-
nes Vaters Söhne werfen sich vor dir nieder.
9 Ein junger Löwe ist Juda. / Vom Raub,
mein Sohn, stiegst du auf. / Er kauert, liegt da
wie ein Löwe, / wie eine Löwin. Wer bringt
sie zum Aufstehen?
10 Nie weicht von Juda das Zepter, / der
Herrscherstab von seinen Füßen, / bis Schilo
kommt, / dem der Gehorsam der Völker ge-
bührt.
11 Er bindet an den Weinstock seinen Esel-
hengst, / an die Edelrebe das Füllen seiner
Eselin. / Er wäscht in Wein sein Kleid, / in
Traubenblut sein Gewand.
12 Dunkler als Wein sind die Augen, / seine
Zähne weißer als Milch.
13 Sebulon wohnt am Gestade der Meere, /
am Gestade der Schiffe, / mit seinem Rücken
nach Sidon hin.
14 Issachar ist ein knochiger Esel, / lagernd
zwischen den Hürden.
15 Er sieht, wie die Ruhe so schön ist / und
wie lieblich das Land; / da neigt er die Schulter
als Träger / und wird zum fronenden Knecht.
16 Dan schafft Recht seinem Volk wie / nur
einer von Israels Stämmen.
17 Zur Schlange am Weg wird Dan, / zur zi-
schelnden Natter am Pfad. / Sie beißt das Pferd
in die Fesseln, / sein Reiter stürzt rücklings
herab.
18 Auf deine Hilfe hoffe ich, HERR.
19 Gad, ins Gedränge drängen sie ihn, / doch
er bedrängt ihre Ferse.
20 Ascher, fett ist sein Brot. / Königskost
liefert er.
21 Naftali, eine flüchtige Hirschkuh, / ver-
steht sich auf gefällige Rede.
22 Ein junger Fruchtbaum ist Josef, / ein jun-
ger Fruchtbaum am Quell, / dessen Zweige an
der Mauer emporsteigen.
23 Man erbittert und beschießt ihn, / Schüt-
zen stellen ihm nach.
24 Sein Bogen sitzt sicher; / gelenkig sind
Arme und Hände. / Von den Händen des Star-
ken Jakobs, / von dort kommt ein Hirt, Israels
Stein,
25 vom Gott deines Vaters, er wird dir hel-
fen. / El-Schaddai, er wird dich segnen / mit
Segen des Himmels von droben, / mit Segen
tief lagernder Urflut, / mit Segen von Brust
und Schoß.
26 Deines Vaters Segen übertrifft / den Se-
gen der uralten Berge, / das Verlangen der
ewigen Hügel. / Er komme auf Josefs Haupt, /
auf das Haupt des Geweihten der Brüder.
27 Benjamin ist ein reißender Wolf: / Am
Morgen frisst er den Raub, / am Abend teilt er
die Beute.

3–27: Dtn 33,6–25 / **4**: 35,22

JAKOBS TOD UND BEGRÄBNIS: 49,28–50,13

28 Sie alle sind die zwölf Stämme Israels und
das war es, was ihr Vater zu ihnen sagte. So
segnete er sie. Einen jeden bedachte er mit dem
Segen, der ihm zukam. 29 Er trug ihnen ferner
auf und sagte zu ihnen: Ich werde mit meinen
Vorfahren vereint. Begrabt mich bei meinen
Vätern in der Höhle auf dem Feld des Hetiters
Efron, 30 in der Höhle auf dem Feld von Mach-
pela gegenüber von Mamre im Land Kanaan!
Das Feld hatte Abraham vom Hetiter Efron als
eigene Grabstätte erworben. 31 Dort hat man
Abraham und seine Frau Sara begraben; dort
hat man Isaak und seine Frau Rebekka begra-
ben; dort habe ich Lea begraben, 32 auf dem
Feld, das samt der Höhle darauf von den He-
titern erworben worden ist. 33 Jakob beendete
den Auftrag an seine Söhne und zog seine
Füße auf das Bett zurück. Dann verschied er
und wurde mit seinen Vorfahren vereint.

50 1 Josef fiel auf das Angesicht des Vaters,
weinte über ihn und küsste ihn. 2 Darauf
befahl Josef seinen Dienern, den Ärzten, seinen
Vater einzubalsamieren. Die Ärzte balsamierten
also Israel ein. 3 Darüber vergingen vierzig volle
Tage, denn so lange dauerte die Einbalsamie-
rung. Die Ägypter beweinten ihn siebzig Tage
lang. 4 Als die Tage der Trauer vorüber waren,
sagte Josef zu den Hofleuten des Pharao: Wenn
ich euer Wohlwollen genieße, dann tragt vor den
Ohren des Pharao Folgendes vor: 5 Mein Vater
hat mich schwören lassen: Siehe, ich werde ster-
ben; in dem Grab, das ich mir im Land Kanaan

49,7 Die Stämme Simeon und Levi sind später in anderen Stämmen aufgegangen.

49,10 Erwartet wird eine Herrscherfigur, die aber noch anonym bleibt (vgl. Ez 21,32).

49,16 Wortspiel mit dem Namen Dan, der auch „Der, der Recht spricht" bedeuten kann (vgl. 30,6).

49,19 Dreimal spielt der kurze Vers im Hebräischen mit dem Namen Gad; anders 30,11.

49,24 Der Sinn des letzten Versteils ist in H unklar.

ausgehauen habe, dort begrabt mich! Jetzt also
möchte ich hinaufziehen und meinen Vater be-
graben; dann komme ich wieder zurück. 6 Da
sagte der Pharao: Zieh hinauf, begrabe deinen
Vater, wie er dich hat schwören lassen!

7 Josef zog hinauf, um seinen Vater zu be-
graben. Mit ihm zogen alle Diener des Pharao,
die Ältesten seines Hauses und alle Ältesten
des Landes Ägypten, 8 das ganze Haus Josef,
seine Brüder und das Haus seines Vaters. Nur
ihre Kinder, ihre Schafe und Rinder ließen sie
im Land Goschen zurück. 9 Mit ihm zogen
auch Streitwagen sowie Pferdegespanne hi-
nauf, sodass es ein sehr würdiger Zug wurde.
10 Als sie nach Goren-Atad jenseits des Jordan
gekommen waren, hielten sie dort eine sehr
große, würdige Totenklage; sieben Tage hielt
er um seinen Vater Trauer. 11 Die Bewohner
des Landes, die Kanaaniter, beobachteten die
Trauerfeier in Goren-Atad und sagten: Eine
würdige Trauerfeier ist das für die Ägypter.
Darum gab man dem Ort den Namen
Abel-Mizrajim – Ägyptentrauer –; er liegt jen-
seits des Jordan.

12 Seine Söhne handelten an ihm so, wie er
ihnen aufgetragen hatte. 13 Seine Söhne brach-
ten ihn ins Land Kanaan und begruben ihn in
der Höhle des Feldes von Machpela. Abraham
hatte das Feld gegenüber von Mamre als eige-
ne Grabstätte von dem Hetiter Efron erwor-
ben.

49,32: 23,16–18

DIE AUSSÖHNUNG DER BRÜDER: 50,14–26

14 Nachdem Josef seinen Vater begraben hatte,
kehrte er nach Ägypten zurück, er, seine
Brüder und alle, die mit ihm hinaufgezogen
waren, um seinen Vater zu begraben.

15 Als Josefs Brüder sahen, dass ihr Vater tot
war, sagten sie: Wenn sich Josef nun feindselig
gegen uns stellt und uns tatsächlich alles Böse
vergilt, das wir ihm getan haben. 16 Deshalb
ließen sie Josef wissen: Dein Vater hat uns,
bevor er starb, aufgetragen: 17 So sagt zu Josef:
Ach, vergib doch deinen Brüdern ihre Untat
und Sünde, denn Schlimmes haben sie dir an-
getan. Nun also vergib doch die Untat der
Knechte des Gottes deines Vaters! Als man
ihm diese Worte überbrachte, weinte Josef.
18 Seine Brüder gingen dann auch selbst hin,
fielen vor ihm nieder und sagten: Hier sind wir
als deine Knechte. 19 Josef aber antwortete ih-
nen: Fürchtet euch nicht! Stehe ich denn an
Gottes Stelle? 20 Ihr habt Böses gegen mich im
Sinne gehabt, Gott aber hatte dabei Gutes im
Sinn, um zu erreichen, was heute geschieht:
viel Volk am Leben zu erhalten. 21 Nun also
fürchtet euch nicht! Ich selbst will für euch und
eure Kinder sorgen. So tröstete er sie und re-
dete ihnen zu Herzen.

22 Josef blieb in Ägypten, er und das Haus
seines Vaters. Josef wurde hundertzehn Jahre
alt. 23 Er sah von Efraim noch Söhne der drit-
ten Generation. Auch die Söhne Machirs, des
Sohnes Manasses, wurden auf Josefs Knien
geboren. 24 Dann sprach Josef zu seinen Brü-
dern: Ich sterbe. Gott wird sich gewiss euer
annehmen, er wird euch aus diesem Land he-
raus- und in jenes Land hinaufführen, das er
Abraham, Isaak und Jakob mit einem Eid zu-
gesichert hat. 25 Josef ließ die Söhne Israels
schwören: Gott wird sich euer gewiss anneh-
men. Dann bringt meine Gebeine von hier mit
hinauf! 26 Josef starb im Alter von hundertzehn
Jahren. Man balsamierte ihn ein und legte ihn
in Ägypten in einen Sarg.

50,11 Abel-Mizrajim bedeutet: Klage/Trauer Ägyptens oder der Ägypter.

50,23 Josef nimmt die Kinder Manasses zum Zeichen der Adoption unmittelbar nach ihrer Geburt auf seine Knie (vgl. 30,3).

DAS BUCH EXODUS

Der Name „Exodus“ geht auf die griechische Bibel zurück, die inhaltlich orientierte Bezeichnungen gewählt hat und das Buch nach dem zentralen Ereignis, dem Auszug des Volkes Israel aus Ägypten, benennt. In der jüdischen Tradition ist „Schemot“ (Namen) gebräuchlich, da die hebräischen Bezeichnungen von den Anfangsworten der Bücher abgeleitet werden.

Das Buch Exodus bildet mit den anderen Büchern des Pentateuchs eine literarische Einheit. Wie diese ist es über einen Zeitraum von mehreren Jahrhunderten allmählich gewachsen und im 5. Jh. zu seiner endgültigen Form gelangt.

Das Buch Exodus ist eine kunstvolle Komposition. Es lässt sich in zwei große Abschnitte unterteilen: Ex 1–18 behandelt den Auszug (Exodus) des Volkes aus Ägypten mit anschließender Wanderung durch die Wüste bis zum Berg Sinai; Ex 19–40 ist der Erscheinung Gottes (Theophanie) am Sinai samt Bundesschluss mit Gesetzesübermittlung und ausführlicher Anweisung zum Heiligtum gewidmet.

Der erste Teil des Buches hat drei Schwerpunkte: Am Anfang steht die Erzählung von der Rettung und Berufung des Mose (Ex 1,1–6,1), die in der Ankündigung der Befreiung aus Ägypten ihren Höhe- und Schlusspunkt findet. Daran schließt sich die Auseinandersetzung zwischen Israels Gott und dem ägyptischen Pharao im Plagenzyklus an (Ex 6,2–11,10). Den Abschluss bilden die Schilderung der Befreiung, die in der Rettung am Roten Meer gipfelt, und die Darstellung des ersten Teils der Wanderung Israels, die Israel durch die Wüste zum Sinai führt (Ex 12,1–18,27). Der zweite Teil des Buches, der sich in vier Abschnitte gliedern lässt, erzählt von der Gottesbegegnung am Sinai. Er setzt programmatisch mit der Offenbarung Gottes und dem Bundesschluss ein (Ex 19,1–24,18). Die Anweisungen für den Bau des Heiligtums (Ex 25,1–31,17) und die Ausführungen dieser Anweisungen (Ex 35,1–40,38) sind aufeinander bezogen und bilden einen Rahmen. Innerhalb dieses Rahmens stehen die Erzählungen von der Abwendung Israels von seinem Gott (Herstellung und Verehrung des Goldenen Kalbs) und von der Erneuerung des Bundes (Ex 31,18–34,35). Die Gottesbegegnung Israels vollzieht sich in der Dynamik der Begegnung Gottes mit seinem Volk, der Abwendung des Volkes von seinem Gott und der erneuten Zuwendung Gottes zu seinem Volk. Die Ausführungen der Anweisungen zum Bau des Heiligtums und zur Stiftung der Liturgie (Ex 35,1–40,38) kommen zum Ziel, wenn die Wolke als Zeichen der Gegenwart Gottes von dem errichteten Zeltheiligtum Besitz ergreift.

Mit dem Buch Exodus beginnt im Pentateuch die Volksgeschichte Israels, die mit den vorausgehenden Geschichten von den Erzeltern im Buch Genesis verknüpft ist. Am Ende des Buches ist die Darstellung noch nicht zum Abschluss gekommen; denn die Erzählung von Israels Aufenthalt am Sinai, die Ex 19,1 beginnt, endet erst Num 10,11. Insofern stellt Exodus nur einen Ausschnitt aus der großen Erzählung des Pentateuchs – von der Schöpfung bis zum Tod des Mose – dar.

Mit den zwei großen Themen von der Befreiung aus Ägypten und der Gottesbegegnung am Berg Sinai bildet das Buch Exodus allerdings einen inhaltlichen Schwerpunkt des Pentateuchs. Die ihnen gewidmeten Teile (Ex 1–18 und Ex 19–40) stehen nicht unverbunden nebeneinander, sondern sind vielfältig aufeinander bezogen, sodass keiner der beiden für sich allein bestehen kann. Der Sinai ist nicht Ziel des Exodus, sondern Kristallisationspunkt für das Verhältnis von Israel zu seinem Gott. Das Ziel des Exodus ist das Land, das Gott den Vätern Israels verheißen hat, worauf bei der Berufung des Mose (Ex 3) hingewiesen wird. Am Sinai offenbart sich Gott diesem Volk als der Gott des Exodus, wenn es zu Beginn der Zehn Gebote heißt (Ex 20,2): „Ich bin der HERR, dein Gott, der dich aus dem Land Ägypten geführt hat, aus dem Sklavenhaus.“

Zusammengehalten werden die beiden Teile des Buches durch die Person des Mose. Er ist der Retter zu Beginn und er ist der Mittler des Gotteswillens am Sinai. Aus der innerbiblischen Rezeption des Buches Exodus lässt sich seine große theologische Bedeutung erschließen. Die Befreiung aus Ägypten wird nicht nur als ein geschichtliches Ereignis, sondern geradezu als eine Wesensaussage über den Gott Israels aufgefasst. Die Mitteilung der Tora am Sinai muss folglich als Selbstaussage dieses Gottes verstanden werden. Die Tora (Weisung) ist keine Last, die Gott dem Menschen aufbürdet, sondern etwas Befreiendes; sie legt Zeugnis ab von der Barmherzigkeit Gottes, weil sich in ihr sein Wille zum Bund mit Israel offenbart. So konnte der Exodus zum Paradigma von Rettung, Erlösung und Befreiung werden und in der neutestamentlichen Deutung der Geschichte Jesu ebenso (vgl. z. B. Mt 2,13ff.) wie in der jüdischen Tradition nachhaltige Wirkung entfalten.

ISRAEL IN ÄGYPTEN: 1,1–6,1

JAKOBS NACHKOMMEN IN ÄGYPTEN: 1,1–22

1 1 Das sind die Namen der Söhne Israels,
die nach Ägypten gekommen waren –
mit Jakob waren sie gekommen, jeder mit
seiner Familie: 2 Ruben, Simeon, Levi, Juda,
3 Issachar, Sebulon, Benjamin, 4 Dan, Naftali,
Gad und Ascher. 5 Es waren siebzig Personen;
sie alle stammten von Jakob ab. Josef aber war
bereits in Ägypten.
6 Josef, alle seine Brüder und seine Zeit-
genossen waren gestorben. 7 Aber die Söhne
Israels waren fruchtbar, sodass das Land von
ihnen wimmelte. Sie vermehrten sich und
wurden überaus stark; sie bevölkerten das
Land.
8 In Ägypten kam ein neuer König an die
Macht, der Josef nicht gekannt hatte. 9 Er sag-
te zu seinem Volk: Seht nur, das Volk der Is-
raeliten ist größer und stärker als wir. 10 Gebt
Acht! Wir müssen überlegen, was wir gegen
es tun können, damit es sich nicht weiter ver-
mehrt. Wenn ein Krieg ausbricht, könnte es
sich unseren Feinden anschließen, gegen uns
kämpfen und aus dem Lande hinaufziehen.
11 Da setzte man Fronvögte über es ein, um es
durch schwere Arbeit unter Druck zu setzen.
Es musste für den Pharao die Städte Pitom
und Ramses als Vorratslager bauen. 12 Je mehr
man es aber unter Druck hielt, umso stärker
vermehrte es sich und breitete sich aus. Da
packte sie das Grauen vor den Israeliten.
13 Die Ägypter gingen hart gegen die Israeli-
ten vor und machten sie zu Sklaven. 14 Sie
machten ihnen das Leben schwer durch har-
te Arbeit mit Lehm und Ziegeln und durch
alle möglichen Arbeiten auf den Feldern. So
wurden die Israeliten zu harter Sklavenarbeit
gezwungen.
15 Zu den hebräischen Hebammen – die eine
hieß Schifra, die andere Pua – sagte der König
von Ägypten: 16 Wenn ihr den Hebräerinnen
Geburtshilfe leistet, dann achtet auf das Ge-
schlecht! Ist es ein Knabe, so lasst ihn sterben!
Ist es ein Mädchen, dann kann es am Leben
bleiben. 17 Die Hebammen aber fürchteten
Gott und taten nicht, was ihnen der König
von Ägypten gesagt hatte, sondern ließen die
Kinder am Leben. 18 Da rief der König von
Ägypten die Hebammen zu sich und sagte zu
ihnen: Warum tut ihr das und lasst die Kin-
der am Leben? 19 Die Hebammen antworteten
dem Pharao: Die hebräischen Frauen sind
nicht wie die ägyptischen, denn sie sind vol-
ler Leben. Bevor die Hebamme zu ihnen
kommt, haben sie schon geboren. 20 Gott ver-
half den Hebammen zu Glück; das Volk aber
vermehrte sich und wurde sehr stark. 21 Weil
die Hebammen Gott fürchteten, gab er ihnen
Nachkommen. 22 Daher gab der Pharao sei-
nem ganzen Volk den Befehl: Alle Knaben,
die den Hebräern geboren werden, werft in
den Nil! Die Mädchen dürft ihr alle am Leben
lassen.

5: Gen 46,27 / **6**: Gen 50,26 / **7**: Ps 105,24 / **11**: 12,37

RETTUNG, JUGEND UND FLUCHT DES MOSE: 2,1–14

2 1 Ein Mann aus dem Hause Levi ging hin
und nahm eine Frau aus dem gleichen
Stamm. 2 Die Frau wurde schwanger und gebar
einen Sohn. Weil sie sah, dass er schön war,
verbarg sie ihn drei Monate lang. 3 Als sie ihn
nicht mehr verborgen halten konnte, nahm sie
ein Binsenkästchen, dichtete es mit Pech und
Teer ab, legte das Kind hinein und setzte es am
Nilufer im Schilf aus. 4 Seine Schwester blieb
in der Nähe stehen, um zu sehen, was mit ihm
geschehen würde.
5 Die Tochter des Pharao kam herab, um im
Nil zu baden. Ihre Dienerinnen gingen unter-

dessen am Nilufer auf und ab. Auf einmal sah
sie im Schilf das Kästchen und ließ es durch
ihre Magd holen. 6 Als sie es öffnete und hi-
neinsah, lag ein weinendes Kind darin. Sie hat-
te Mitleid mit ihm und sie sagte: Das ist ein
Hebräerkind. 7 Da sagte seine Schwester zur
Tochter des Pharao: Soll ich zu den Hebräerin-
nen gehen und dir eine Amme rufen, damit sie
dir das Kind stillt? 8 Die Tochter des Pharao
antwortete ihr: Ja, geh! Das Mädchen ging und
rief die Mutter des Knaben herbei. 9 Die Toch-
ter des Pharao sagte zu ihr: Nimm das Kind
mit und still es mir! Ich werde dich dafür ent-
lohnen. Die Frau nahm das Kind zu sich und
stillte es. 10 Als der Knabe größer geworden
war, brachte sie ihn der Tochter des Pharao.
Diese nahm ihn als Sohn an, nannte ihn Mose
und sagte: Ich habe ihn aus dem Wasser gezo-
gen.
11 Die Jahre vergingen und Mose wuchs he-
ran. Eines Tages ging er zu seinen Brüdern
hinaus und schaute ihnen bei der Fronarbeit
zu. Da sah er, wie ein Ägypter einen Hebräer
schlug, einen seiner Stammesbrüder. 12 Mose
sah sich nach allen Seiten um, und als er sah,
dass sonst niemand da war, erschlug er den
Ägypter und verscharrte ihn im Sand. 13 Als er
am nächsten Tag wieder hinausging, sah er
zwei Hebräer miteinander streiten. Er sagte zu
dem, der im Unrecht war: Warum schlägst du
deinen Stammesgenossen? 14 Der Mann erwi-
derte: Wer hat dich zum Aufseher und
Schiedsrichter über uns bestellt? Meinst du,
du könntest mich umbringen, wie du den
Ägypter umgebracht hast? Da bekam Mose
Angst und sagte: Die Sache ist also bekannt
geworden.

1: 6,20

ZUFLUCHT IN MIDIAN: 2,15–22

15 Der Pharao hörte von diesem Vorfall und
wollte Mose töten; Mose aber entkam ihm. Er
wollte in Midian bleiben und setzte sich an
einen Brunnen. 16 Der Priester von Midian hat-
te sieben Töchter. Sie kamen zum Wasser-
schöpfen und wollten die Tröge füllen, um die
Schafe und Ziegen ihres Vaters zu tränken.
17 Doch die Hirten kamen und wollten sie ver-
drängen. Da stand Mose auf, kam ihnen zu
Hilfe und tränkte ihre Schafe und Ziegen.
18 Als sie zu ihrem Vater Reguël zurückkehr-
ten, fragte er: Warum seid ihr heute so schnell
wieder da? 19 Sie erzählten: Ein Ägypter hat
uns aus der Hand der Hirten gerettet; er hat
uns sogar Wasser geschöpft und das Vieh ge-
tränkt. 20 Da sagte er zu seinen Töchtern: Wo
ist er? Warum habt ihr ihn dort gelassen?
Holt ihn und ladet ihn zum Essen ein! 21 Mose
entschloss sich, bei dem Mann zu bleiben, und
dieser gab Mose seine Tochter Zippora zur
Frau. 22 Als sie einen Sohn gebar, nannte er ihn
Gerschom und sagte: Gast bin ich in fremdem
Land.

18: 18,1 / **22:** 18,3

GOTT UND ISRAELS UNTERDRÜCKUNG: 2,23–25

23 Nach vielen Jahren starb der König von
Ägypten. Die Israeliten stöhnten noch unter
der Sklavenarbeit; sie klagten und ihr Hilferuf
stieg aus ihrem Sklavendasein zu Gott empor.
24 Gott hörte ihr Stöhnen und Gott gedachte
seines Bundes mit Abraham, Isaak und Jakob.
25 Gott blickte auf die Israeliten. Gott hatte es
wahrgenommen.

MOSES BERUFUNG: 3,1–4,17

3 1 Mose weidete die Schafe und Ziegen sei-
nes Schwiegervaters Jitro, des Priesters
von Midian. Eines Tages trieb er das Vieh über
die Steppe hinaus und kam zum Gottesberg
Horeb. 2 Dort erschien ihm der Engel des
HERRN in einer Feuerflamme mitten aus dem
Dornbusch. Er schaute hin: Der Dornbusch
brannte im Feuer, aber der Dornbusch wurde
nicht verzehrt. 3 Mose sagte: Ich will dorthin
gehen und mir die außergewöhnliche Erschei-
nung ansehen. Warum verbrennt denn der
Dornbusch nicht? 4 Als der HERR sah, dass
Mose näher kam, um sich das anzusehen, rief
Gott ihm mitten aus dem Dornbusch zu:
Mose, Mose! Er antwortete: Hier bin ich. 5 Er
sagte: Komm nicht näher heran! Leg deine
Schuhe ab; denn der Ort, wo du stehst, ist hei-
liger Boden. 6 Dann fuhr er fort: Ich bin der
Gott deines Vaters, der Gott Abrahams, der
Gott Isaaks und der Gott Jakobs. Da verhüllte

2,10 Der Name ist ägyptisch und bedeutet Kind; der israelitische Leser hört das hebräische Zeitwort „ziehen" (mascháh) heraus.

2,18 Reguël (eigentlich: Re'uel): So auch Num 10,29. In Ex 3,1; 4,18; 18,1 heißt er Jitro, in Ri 4,11 aber Hobab. Sodann ist einmal von einem Midianiter (2,16), dann von einem Keniter (Ri 1,16; 4,11) die Rede. In der Forschung ist umstritten, ob es sich bei allen Bezeichnungen um dieselbe Person handelt, die in unterschiedlichen Traditionen unterschiedlich genannt wird.

Mose sein Gesicht; denn er fürchtete sich, Gott
anzuschauen.
7 Der HERR sprach: Ich habe das Elend mei-
nes Volkes in Ägypten gesehen und ihre laute
Klage über ihre Antreiber habe ich gehört. Ich
kenne sein Leid. 8 Ich bin herabgestiegen, um
es der Hand der Ägypter zu entreißen und aus
jenem Land hinaufzuführen in ein schönes,
weites Land, in ein Land, in dem Milch und
Honig fließen, in das Gebiet der Kanaaniter,
Hetiter, Amoriter, Perisiter, Hiwiter und Je-
busiter. 9 Jetzt ist die laute Klage der Israeliten
zu mir gedrungen und ich habe auch gesehen,
wie die Ägypter sie unterdrücken. 10 Und jetzt
geh! Ich sende dich zum Pharao. Führe mein
Volk, die Israeliten, aus Ägypten heraus!
11 Mose antwortete Gott: Wer bin ich, dass ich
zum Pharao gehen und die Israeliten aus
Ägypten herausführen könnte? 12 Er aber sag-
te: Ich bin mit dir; ich habe dich gesandt und
als Zeichen dafür soll dir dienen: Wenn du das
Volk aus Ägypten herausgeführt hast, werdet
ihr Gott an diesem Berg dienen. 13 Da sagte
Mose zu Gott: Gut, ich werde also zu den Is-
raeliten kommen und ihnen sagen: Der Gott
eurer Väter hat mich zu euch gesandt. Da wer-
den sie mich fragen: Wie heißt er? Was soll
ich ihnen sagen? 14 Da antwortete Gott dem
Mose: Ich bin, der ich bin. Und er fuhr fort: So
sollst du zu den Israeliten sagen: Der Ich-bin
hat mich zu euch gesandt. 15 Weiter sprach
Gott zu Mose: So sag zu den Israeliten: Der
HERR, der Gott eurer Väter, der Gott Abra-
hams, der Gott Isaaks und der Gott Jakobs, hat
mich zu euch gesandt. Das ist mein Name für
immer und so wird man mich anrufen von
Geschlecht zu Geschlecht. 16 Geh, versammle
die Ältesten Israels und sag ihnen: Der HERR,
der Gott eurer Väter, der Gott Abrahams,
Isaaks und Jakobs, ist mir erschienen und hat
mir gesagt: Ich habe sorgsam auf euch geachtet
und habe gesehen, was man euch in Ägypten
antut. 17 Da habe ich gesagt: Ich will euch aus
dem Elend Ägyptens hinaufführen in das Land
der Kanaaniter, Hetiter, Amoriter, Perisiter,
Hiwiter und Jebusiter, in ein Land, in dem
Milch und Honig fließen.
18 Wenn sie auf dich hören, so geh mit den
Ältesten Israels zum König von Ägypten; sagt
ihm: Der HERR, der Gott der Hebräer, ist uns
begegnet. Und jetzt wollen wir drei Tagesmär-
sche weit in die Wüste ziehen und dem
HERRN, unserem Gott, Schlachtopfer dar-
bringen. 19 Ich weiß, dass euch der König von
Ägypten nicht ziehen lässt, es sei denn, er
würde von starker Hand dazu gezwungen.
20 Erst wenn ich meine Hand ausstrecke und
Ägypten niederschlage mit allen meinen
Wundern, die ich in seiner Mitte vollbringe,
wird er euch ziehen lassen. 21 Dann werde ich
diesem Volk Gunst in den Augen der Ägypter
verschaffen, und wenn ihr wegzieht, werdet
ihr nicht mit leeren Händen gehen. 22 Jede Frau
mag von ihrer Nachbarin oder Hausgenossin
silberne und goldene Geräte und Kleider erbit-
ten. Legt sie euren Söhnen und Töchtern an
und plündert so die Ägypter aus!

4 1 Mose antwortete: Was aber, wenn sie
mir nicht glauben und nicht auf mich hö-
ren, sondern sagen: Der HERR ist dir nicht
erschienen? 2 Der HERR entgegnete ihm: Was
hast du da in der Hand? Er antwortete: einen
Stab. 3 Da sagte er: Wirf ihn auf die Erde! Er
warf ihn auf die Erde. Da wurde er zu einer
Schlange und Mose wich vor ihr zurück. 4 Der
HERR aber sprach zu Mose: Streck deine Hand
aus und fasse sie am Schwanz! Er streckte sei-
ne Hand aus und packte sie. Da wurde sie in
seiner Hand wieder zu einem Stab. 5 So sollen
sie glauben, dass dir der HERR erschienen ist,
der Gott ihrer Väter, der Gott Abrahams, der
Gott Isaaks und der Gott Jakobs.
6 Weiter sprach der HERR zu ihm: Leg deine
Hand in deinen Gewandbausch! Er legte seine
Hand hinein. Als er sie herauszog, war seine
Hand von Aussatz weiß wie Schnee. 7 Darauf
sagte er: Leg deine Hand noch einmal in deinen
Gewandbausch! Er legte seine Hand noch ein-
mal hinein. Als er sie wieder herauszog, siehe,
da war sie wieder unversehrt. 8 Wenn sie dir
nicht glauben und sich durch das erste Zeichen
nicht überzeugen lassen, werden sie auf das
zweite Zeichen hin glauben. 9 Glauben sie aber
selbst nach diesen beiden Zeichen nicht und
hören nicht auf dich, dann nimm etwas Nil-
wasser und schütt es auf trockenen Boden! Das
Wasser, das du aus dem Nil geholt hast, wird
auf dem Boden zu Blut werden.

3,14f. Der Gottesname (JHWH) ist schwer zu deuten. An der vorliegenden Stelle wird an den Namen durch einen geheimnisvollen Satz, der etwas durch sich selbst erklärt, angespielt. Etwa: Ich bin, der ich bin oder auch, wenn man den in der Verbform enthaltenen Aspekt der Zukunft aufnehmen will: Ich werde sein, der ich sein werde. Wie auch immer zielt die Umschreibung darauf ab, die Unverfügbarkeit Gottes – auch und gerade wenn er seinen Namen offenbart – zu wahren.

10 Doch Mose sagte zum HERRN: Aber bitte,
Herr, ich bin keiner, der gut reden kann, weder
gestern noch vorgestern, noch seitdem du mit
deinem Knecht sprichst. Mein Mund und
meine Zunge sind nämlich schwerfällig. 11 Der
HERR entgegnete ihm: Wer hat dem Men-
schen den Mund gegeben und wer macht taub
oder stumm, sehend oder blind? Doch wohl
ich, der HERR! 12 Geh also! Ich bin mit deinem
Mund und weise dich an, was du reden sollst.
13 Doch Mose antwortete: Aber bitte, Herr,
sende doch, wen du senden willst!
14 Da entbrannte der Zorn des HERRN über
Mose und er sprach: Hast du nicht noch einen
Bruder, den Leviten Aaron? Ich weiß, er kann
reden; außerdem bricht er gerade auf und wird
dir begegnen. Wenn er dich sieht, wird er sich
von Herzen freuen. 15 Sprich mit ihm und leg
ihm die Worte in den Mund! Ich aber werde
mit deinem und seinem Mund sein, ich werde
euch anweisen, was ihr tun sollt, 16 und er wird
für dich zum Volk reden. Er wird für dich der
Mund sein und du wirst für ihn Gott sein.
17 Diesen Stab nimm in deine Hand! Mit ihm
wirst du die Zeichen vollbringen.

3,15: 6,2 / **22:** 11,2
4,12: Dtn 18,18

MOSES RÜCKKEHR NACH ÄGYPTEN: 4,18–20

18 Darauf kehrte Mose zu seinem Schwieger-
vater Jitro zurück. Er sagte zu ihm: Ich will zu
meinen Brüdern nach Ägypten zurückkehren.
Ich will sehen, ob sie noch am Leben sind. Jitro
antwortete Mose: Geh in Frieden! 19 Der HERR
sprach zu Mose in Midian: Mach dich auf und
kehr nach Ägypten zurück; denn alle, die dir
nach dem Leben getrachtet haben, sind tot.
20 Da holte Mose seine Frau und seine Söhne,
setzte sie auf einen Esel und trat den Rückweg
nach Ägypten an. Den Gottesstab hielt Mose
in der Hand.

18: 2,18; 3,1

ISRAEL, DER ERSTGEBORENE SOHN GOTTES: 4,21–23

21 Der HERR sprach zu Mose: Wenn du gehst
und nach Ägypten zurückkehrst, halte dir alle
Wunder vor Augen, die ich in deine Hand ge-
legt habe, und vollbring sie vor dem Pharao!
Ich will sein Herz verhärten, sodass er das Volk
nicht ziehen lässt. 22 Dann sag zum Pharao: So
spricht der HERR: Israel ist mein erstgeborener
Sohn. 23 Ich sage dir: Lass meinen Sohn ziehen,
damit er mir dienen kann! Wenn du dich wei-
gerst, ihn ziehen zu lassen, bringe ich deinen
erstgeborenen Sohn um.

MOSES RETTUNG DURCH ZIPPORA: 4,24–26

24 Unterwegs am Rastplatz trat der HERR dem
Mose entgegen und wollte ihn töten. 25 Zippo-
ra ergriff einen Feuerstein und schnitt ihrem
Sohn die Vorhaut ab. Damit berührte sie seine
Füße und sagte: Ein Blutbräutigam bist du mir.
26 Da ließ er von ihm ab. Blutbräutigam sagte
sie damals wegen der Beschneidung.

ISRAELS GLAUBE AN MOSES BERUFUNG: 4,27–31

27 Der HERR sprach zu Aaron: Geh hinaus in
die Wüste, Mose entgegen! Da ging er. Am
Gottesberg traf er ihn und küsste ihn. 28 Mose
erzählte Aaron von dem Auftrag, mit dem der
HERR ihn gesandt hatte, und von allen Zei-
chen, zu denen er ihn ermächtigt hatte. 29 Mose
und Aaron gingen und versammelten alle Äl-
testen der Israeliten. 30 Aaron wiederholte vor
ihnen alle Worte, die der HERR zu Mose ge-
sprochen hatte, und er vollbrachte die Zeichen
vor den Augen des Volkes. 31 Da glaubte das
Volk, und als sie hörten, dass der HERR sich
der Israeliten angenommen und ihr Elend ge-
sehen habe, verneigten sie sich und warfen
sich vor ihm nieder.

31: 14,31

ERFOLGLOSE VERHANDLUNGEN MIT DEM PHARAO: 5,1–6,1

5 1 Danach gingen Mose und Aaron zum
Pharao und sagten: So spricht der HERR,
der Gott Israels: Lass mein Volk ziehen, damit
sie mir in der Wüste ein Fest feiern können!
2 Der Pharao erwiderte: Wer ist der HERR, dass
ich auf ihn hören und Israel ziehen lassen soll-
te? Ich kenne den HERRN nicht und denke
auch nicht daran, Israel ziehen zu lassen. 3 Da
sagten sie: Der Gott der Hebräer ist uns begeg-
net und jetzt wollen wir drei Tagesmärsche
weit in die Wüste ziehen und dem HERRN,
unserem Gott, Schlachtopfer darbringen, da-
mit er uns nicht mit Pest oder Schwert straft.
4 Der König von Ägypten entgegnete ihnen:
Warum, Mose und Aaron, wollt ihr die Leute
zum Nichtstun verleiten? Fort mit euch, tut
euren Frondienst! 5 Der Pharao fuhr fort: So

4,18 Zu den verschiedenen Namen des Schwiegervaters des Mose vgl. Anm. zu 2,18.

viele Leute sind jetzt im Land und ihr wollt sie
vom Frondienst abhalten? 6 Am selben Tag
noch gab der Pharao den Antreibern der Leute
und den Listenführern die Anweisung: 7 Gebt
den Leuten nicht mehr, wie bisher, Stroh zum
Ziegelmachen! Sie sollen selber gehen und sich
Stroh besorgen. 8 Legt ihnen aber das gleiche
Soll an Ziegeln auf, das sie bisher erfüllen
mussten! Lasst ihnen davon nichts nach! Denn
sie sind faul und deshalb schreien sie: Wir
wollen gehen und unserem Gott Schlachtop-
fer darbringen. 9 Erschwert man den Leuten
die Arbeit, dann sind sie beschäftigt und küm-
mern sich nicht um leeres Geschwätz. 10 Da
gingen die Antreiber der Leute und die Listen-
führer zu den Leuten und sagten: So spricht
der Pharao: Ich gebe euch kein Stroh mehr.
11 Geht selbst und besorgt euch Stroh, wo ihr
es findet! Von eurem Arbeitssoll aber wird
euch nichts erlassen. 12 Die Leute verteilten
sich also über ganz Ägypten, um sich Stroh zu
besorgen. 13 Die Antreiber drängten und sag-
ten: Ihr müsst euer tägliches Soll erfüllen wie
bisher, als euch noch Stroh geliefert wurde.
14 Die Antreiber des Pharao schlugen die isra-
elitischen Listenführer, die sie eingesetzt hat-
ten, und sagten: Warum habt ihr heute nicht
wie neulich noch das festgesetzte Soll an Zie-
geln erfüllt? 15 Da gingen die israelitischen
Listenführer zum Pharao und erhoben vor ihm
Klage: Warum tust du deinen Sklaven das an?
16 Man gibt deinen Sklaven kein Stroh, aber
man sagt uns: Macht Ziegel! Schau, man hat
deine Sklaven geschlagen; die Schuld aber liegt
bei deinen Leuten. 17 Er entgegnete: Faul seid
ihr, faul. Nur deshalb sagt ihr: Wir wollen ge-
hen und dem HERRN Schlachtopfer darbrin-
gen. 18 Jetzt aber fort mit euch und tut eure
Arbeit! Stroh bekommt ihr nicht, aber euer
Soll an Ziegeln müsst ihr erfüllen. 19 Da sahen
sich die israelitischen Listenführer in einer
üblen Lage, weil man ihnen sagte: Nichts von
eurem täglichen Soll an Ziegeln wird euch er-
lassen.

20 Als sie vom Pharao kamen, stießen sie auf
Mose und Aaron, die ihnen entgegenkamen.
21 Die Listenführer sagten zu ihnen: Der HERR
soll euch erscheinen und euch richten; denn
ihr habt uns beim Pharao und seinen Dienern
in Verruf gebracht und ihnen ein Schwert in
die Hand gegeben, mit dem sie uns umbringen
können. 22 Da wandte sich Mose an den HERRN
und sagte: Mein Herr, wozu behandelst du
dieses Volk so schlecht? Wozu hast du mich
denn gesandt? 23 Seit ich zum Pharao gegangen
bin, um in deinem Namen zu reden, behandelt
er dieses Volk noch schlechter, aber du hast
dein Volk nicht gerettet.

6 1 Der HERR antwortete Mose: Jetzt wirst
du sehen, was ich dem Pharao antue.
Denn von starker Hand gezwungen, wird er
sie ziehen lassen, ja, von starker Hand ge-
zwungen, wird er sie sogar aus seinem Land
ausweisen.

EMPÖRUNG DES PHARAO GEGEN GOTT: 6,2–11,10

SELBSTOFFENBARUNG GOTTES ALS ERLÖSER: 6,2–13

2 Gott redete mit Mose und sprach zu ihm: Ich
bin der HERR. 3 Ich bin Abraham, Isaak und
Jakob als El-Schaddai erschienen, aber unter
meinem Namen HERR habe ich mich ihnen
nicht zu erkennen gegeben. 4 Auch habe ich
einen Bund mit ihnen aufgerichtet und habe
versprochen, ihnen das Land Kanaan zu ge-
ben, das Land, in dem sie als Fremde lebten.
5 Ferner habe ich gehört, wie die Israeliten da-
rüber stöhnen, dass die Ägypter sie wie Skla-
ven behandeln. Da habe ich meines Bundes
gedacht 6 und deshalb sag zu den Israeliten:
Ich bin der HERR. Ich führe euch aus dem
Frondienst für die Ägypter heraus und rette
euch aus der Sklaverei. Ich erlöse euch mit
hoch erhobenem Arm und durch gewaltige
Entscheide. 7 Ich nehme euch mir zum Volk
und werde euch Gott sein. Und ihr sollt wis-
sen, dass ich der HERR bin, euer Gott, der euch
aus dem Frondienst Ägyptens herausführt.
8 Ich führe euch in das Land, das ich Abraham,
Isaak und Jakob unter Eid versprochen habe.
Ich übergebe es euch als Eigentum, ich, der
HERR. 9 So redete Mose zu den Israeliten. Sie
aber hörten nicht auf Mose, weil sie vor harter
Arbeit verzagten. 10 Da sprach der HERR zu

Mose: 11 Geh, sag dem Pharao, dem König von
Ägypten, er solle die Israeliten aus seinem
Land fortziehen lassen! 12 Mose erwiderte dem
HERRN: Wenn schon die Israeliten nicht auf
mich hörten, wie sollte mich dann der Pharao
anhören, zumal ich ungeschickt im Reden bin?
13 So redete der HERR mit Mose und mit Aa-
ron. Er gab ihnen den Auftrag, zu den Israeli-
ten und zum Pharao, dem König von Ägypten,
zu gehen und die Israeliten aus Ägypten he-
rauszuführen.

2: 3,15

DIE NACHKOMMEN RUBENS, SIMEONS UND LEVIS: 6,14–27

14 Das waren die Oberhäupter ihrer Großfami-
lien: Die Söhne Rubens, des Erstgeborenen
Israels: Henoch, Pallu, Hezron und Karmi; das
waren die Sippenverbände Rubens.
15 Die Söhne Simeons: Jemuël, Jamin, Ohad,
Jachin, Zohar und Schaul, der Sohn der Kana-
aniterin; das waren die Sippenverbände Si-
meons.
16 Das waren die Namen der Söhne Levis
nach ihrer Geschlechterfolge: Gerschon, Ke-
hat und Merari. Die Lebenszeit Levis betrug
hundertsiebenunddreißig Jahre. 17 Die Söhne
Gerschons: Libni und Schimi, nach ihren Sip-
penverbänden. 18 Die Söhne Kehats: Amram,
Jizhar, Hebron und Usiël. Die Lebenszeit Ke-
hats betrug hundertdreiunddreißig Jahre.
19 Die Söhne Meraris: Machli und Muschi; das
waren die Sippenverbände der Leviten nach
ihrer Geschlechterfolge. 20 Amram nahm seine
Tante Jochebed zur Frau. Sie gebar ihm Aaron
und Mose. Die Lebenszeit Amrams betrug
hundertsiebenunddreißig Jahre. 21 Die Söhne
Jizhars: Korach, Nefeg und Sichri. 22 Die Söhne
Usiëls: Mischaël, Elizafan und Sitri. 23 Aaron
nahm Elischeba, die Tochter Amminadabs, die
Schwester Nachschons, zur Frau. Sie gebar
ihm Nadab, Abihu, Eleasar und Itamar. 24 Die
Söhne Korachs: Assir, Elkana und Abiasaf. Das
waren die Sippenverbände der Korachiter.
25 Eleasar, der Sohn Aarons, nahm eine Tochter
Putiëls zur Frau. Sie gebar ihm Pinhas. Das
waren die Oberhäupter der levitischen Groß-
familien nach ihren Sippenverbänden.
26 Das waren also Aaron und Mose, zu denen
der HERR gesagt hatte: Führt die Israeliten aus
dem Land Ägypten, ihre Scharen unter eurem
Befehl! 27 Die beiden waren es, die mit dem
Pharao, dem König von Ägypten, reden soll-
ten, um die Israeliten aus Ägypten herauszu-
führen, Mose und Aaron.

14–25: Num 26,5–14 / **20**: 2,1; Num 26,59

ANKÜNDIGUNG DER ÄGYPTISCHEN PLAGEN: 6,28–7,7

28 Damals, als der HERR mit Mose in Ägypten
redete, 29 sagte der HERR zu Mose: Ich bin der
HERR. Sag dem Pharao, dem König von Ägyp-
ten, alles, was ich dir auftrage. 30 Mose aber
antwortete dem HERRN: Ich bin doch unge-
schickt im Reden; wie soll der Pharao auf mich
hören?
7 1 Der HERR sprach zu Mose: Hiermit ma-
che ich dich für den Pharao zum Gott;
dein Bruder Aaron soll dein Prophet sein. 2 Du
sollst alles sagen, was ich dir auftrage; dein
Bruder Aaron soll es dem Pharao sagen und
der Pharao muss die Israeliten aus seinem Land
fortziehen lassen. 3 Ich aber will das Herz des
Pharao verhärten und dann werde ich meine
Zeichen und Wunder im Land Ägypten häu-
fen. 4 Der Pharao wird nicht auf euch hören.
Deshalb werde ich meine Hand auf Ägypten
legen und mit gewaltigen Entscheiden meine
Scharen, mein Volk, die Israeliten, aus Ägyp-
ten führen. 5 Erst wenn ich meine Hand gegen
die Ägypter ausstrecke, werden sie erkennen,
dass ich der HERR bin, und dann werde ich die
Israeliten aus ihrer Mitte herausführen. 6 Mose
und Aaron taten, was ihnen der HERR aufge-
tragen hatte. So machten sie es. 7 Mose war
achtzig Jahre und Aaron dreiundachtzig Jahre
alt, als sie mit dem Pharao verhandelten.

7,1–2: 4,15–16

ERSTES ZEICHEN – SCHLANGENSTAB: 7,8–13

8 Der HERR sprach zu Mose und Aaron:
9 Wenn der Pharao zu euch sagt: Tut doch ein
Wunder zu eurer Beglaubigung!, dann sag zu
Aaron: Nimm deinen Stab und wirf ihn vor
den Pharao hin! Er wird zu einer Schlange
werden. 10 Als Mose und Aaron zum Pharao
kamen, taten sie, was ihnen der HERR auf-
getragen hatte: Aaron warf seinen Stab vor den
Pharao und seine Diener hin und er wurde zu
einer Schlange. 11 Da rief auch der Pharao
Weise und Beschwörungspriester und sie, die
Wahrsager der Ägypter, taten mit Hilfe ihrer
Zauberkunst das Gleiche: 12 Jeder warf seinen
Stab hin und die Stäbe wurden zu Schlangen.
Doch Aarons Stab verschlang ihre Stäbe. 13 Das
Herz des Pharao aber blieb hart und er hörte

nicht auf sie. So hatte es der HERR vorausge-
sagt.

ZWEITES ZEICHEN – BLUTWASSER: 7,14–25

14 Der HERR sprach zu Mose: Das Herz des
Pharao ist ungerührt und er ist nicht bereit, das
Volk ziehen zu lassen. 15 Geh morgen früh zum
Pharao, wenn er zum Wasser hinuntergeht,
und tritt am Nilufer vor ihn hin! Den Stab, der
sich in eine Schlange verwandelt hat, nimm
mit! 16 Sag zu ihm: Der HERR, der Gott der
Hebräer, hat mich zu dir gesandt und lässt dir
sagen: Lass mein Volk ziehen, damit sie mir in
der Wüste dienen können! Bis jetzt hast du
nicht hören wollen. 17 So spricht der HERR:
Daran sollst du erkennen, dass ich der HERR
bin: Mit dem Stab in meiner Hand schlage ich
auf das Wasser im Nil und es wird sich in Blut
verwandeln. 18 Die Fische im Nil werden ster-
ben und der Nil wird stinken, sodass sich die
Ägypter davor ekeln, Nilwasser zu trinken.
19 Dann sprach der HERR zu Mose: Sag
Aaron: Nimm deinen Stab und streck deine
Hand über die Gewässer Ägyptens aus, über
ihre Flüsse und Nilarme, über ihre Sümpfe
und alle Wasserstellen; sie sollen zu Blut wer-
den. Blut soll es geben in ganz Ägypten, in den
Gefäßen aus Holz und Stein. 20 Mose und Aa-
ron taten, was ihnen der HERR aufgetragen
hatte. Er erhob den Stab und schlug vor den
Augen des Pharao und seiner Höflinge auf das
Wasser im Nil. Da verwandelte sich alles
Nilwasser in Blut. 21 Die Fische im Nil starben
und der Nil stank, sodass die Ägypter kein
Nilwasser mehr trinken konnten. Das Blut gab
es im ganzen Land Ägypten. 22 Doch die
Wahrsager der Ägypter taten mit Hilfe ihrer
Zauberkunst das Gleiche. Das Herz des Pharao
blieb hart und er hörte nicht auf sie. So hatte
es der HERR vorausgesagt. 23 Der Pharao kehr-
te nach Hause zurück und nahm die Sache
nicht ernst. 24 Alle Ägypter gruben in der Um-
gebung des Nil nach Trinkwasser, denn das
Nilwasser konnten sie nicht trinken. 25 So ver-
gingen sieben Tage, nachdem der HERR den
Nil geschlagen hatte.

DRITTES ZEICHEN – FRÖSCHE: 7,26–8,11

26 Dann sprach der HERR zu Mose: Geh zum
Pharao und sag ihm: So spricht der HERR: Lass
mein Volk ziehen, damit sie mir dienen kön-
nen! 27 Weigerst du dich, sie ziehen zu lassen,
so bringe ich eine Froschplage über dein gan-
zes Gebiet. 28 Der Nil wird von Fröschen wim-
meln; sie werden heraufkommen und in dein
Haus eindringen, in dein Schlafgemach, auf
dein Bett werden sie kommen, in die Häuser
deiner Diener und deines Volkes, in deine
Backöfen und Backschüsseln. 29 Über dich,
dein Volk und alle deine Diener werden die
Frösche kommen.

8 1 Der HERR sprach zu Mose: Sag zu Aaron:
Streck deine Hand mit dem Stab aus über
die Flüsse, über die Nilarme und die Sümpfe
und lass die Frösche über das Land Ägypten
kommen! 2 Aaron streckte seine Hand über die
Gewässer Ägyptens aus. Da stiegen die Frö-
sche herauf und bedeckten das Land Ägypten.
3 Doch die Wahrsager taten mit Hilfe ihrer
Zauberkunst das Gleiche und ließen die Frö-
sche über das Land Ägypten kommen. 4 Der
Pharao rief Mose und Aaron zu sich und sagte:
Betet zum HERRN, er möge mich und mein
Volk von den Fröschen befreien. Dann will ich
das Volk ziehen lassen und sie können dem
HERRN Schlachtopfer darbringen. 5 Da sagte
Mose zum Pharao: Verfüg über mich! Wann
soll ich für dich, deine Diener und dein Volk
um Beseitigung der Frösche von dir und aus
deinen Häusern beten? Nur im Nil sollen sie
erhalten bleiben. 6 Er sagte: Morgen. Mose ant-
wortete: Wie du willst; du sollst erkennen,
dass keiner dem HERRN, unserem Gott,
gleichkommt. 7 Die Frösche werden von dir
und deinen Häusern, von deinen Dienern und
deinem Volk weichen; nur im Nil werden sie
bleiben. 8 Als Mose und Aaron vom Pharao
weggegangen waren, schrie Mose zum HERRN
um Befreiung von der Froschplage, die er über
den Pharao gebracht hatte. 9 Der HERR erfüll-
te Mose die Bitte und die Frösche in den Häu-
sern, in den Höfen und auf den Feldern star-
ben. 10 Man sammelte sie zu riesigen Haufen
und das ganze Land stank davon. 11 Als der
Pharao sah, dass die Not vorbei war, verschloss
er sein Herz wieder und hörte nicht auf sie. So
hatte es der HERR vorausgesagt.

VIERTES ZEICHEN – STECHMÜCKEN: 8,12–15

12 Darauf sprach der HERR zu Mose: Sag zu
Aaron: Streck deinen Stab aus und schlag da-
mit auf den Staub der Erde! Im ganzen Land
Ägypten sollen daraus Stechmücken werden.
13 Sie taten es. Aaron streckte die Hand aus und
schlug mit seinem Stab auf den Staub der Erde.
Da wurden Stechmücken daraus, die sich auf

Mensch und Vieh setzten. Aller Staub der Erde
wurde zu Stechmücken im ganzen Land
Ägypten. 14 Die Wahrsager versuchten mit
Hilfe ihrer Zauberkunst ebenfalls Stechmü-
cken hervorzubringen, konnten es aber nicht.
Die Stechmücken saßen auf Mensch und Vieh.
15 Da sagten die Wahrsager zum Pharao: Das
ist der Finger Gottes. Doch das Herz des
Pharao blieb hart und er hörte nicht auf sie. So
hatte es der HERR vorausgesagt.

FÜNFTES ZEICHEN – UNGEZIEFER: 8,16–28

16 Darauf sprach der HERR zu Mose: Steh früh
auf, tritt vor den Pharao, wenn er zum Wasser
hinuntergeht, und sag zu ihm: So spricht der
HERR: Lass mein Volk ziehen, damit sie mir
dienen können! 17 Denn wenn du mein Volk
nicht ziehen lässt, lasse ich Ungeziefer auf dich
los, auf deine Diener, dein Volk und deine
Häuser. Die Häuser in Ägypten werden voll
Ungeziefer sein; es wird sogar den Boden, auf
dem sie stehen, bedecken. 18 Das Land Go-
schen aber, in dem mein Volk lebt, will ich an
jenem Tag auszeichnen: Dort wird es kein Un-
geziefer geben. Daran wirst du erkennen, dass
ich, der HERR, mitten im Land bin. 19 Ich ma-
che einen Unterschied zwischen meinem und
deinem Volk. Morgen wird das Zeichen ge-
schehen. 20 Und so tat es der HERR. Ungeziefer
kam in Massen über das Haus des Pharao, über
das Haus seiner Diener und über das ganze
Land Ägypten. Das Land erlitt durch das Un-
geziefer schweren Schaden. 21 Da ließ der Pha-
rao Mose und Aaron rufen und sagte: Geht,
bringt eurem Gott hier im Land Schlachtopfer
dar! 22 Doch Mose erwiderte: Das können wir
nicht. Denn wir müssen dem HERRN, unse-
rem Gott, Schlachtopfer darbringen, die bei
den Ägyptern Anstoß erregen. Wenn wir vor
ihren Augen Schlachtopfer darbringen, die bei
ihnen Anstoß erregen, werden sie uns dann
nicht steinigen? 23 Wir wollen drei Tagesmär-
sche weit in die Wüste ziehen und dem
HERRN, unserem Gott, Schlachtopfer dar-
bringen, wie er es uns gesagt hat. 24 Der Pharao
antwortete: Ich lasse euch ziehen. Bringt also
dem HERRN, eurem Gott, in der Wüste
Schlachtopfer dar! Aber zu weit dürft ihr euch
nicht entfernen. Betet auch für mich! 25 Darauf
sagte Mose: Gut, ich gehe von dir fort und bete
zum HERRN. Dann wird morgen das Ungezie-
fer vom Pharao, von seinen Dienern und sei-
nem Volk ablassen. Nur darf der Pharao nicht
wieder wortbrüchig werden und das Volk da-
ran hindern, wegzuziehen und dem HERRN
zu opfern. 26 Mose verließ den Pharao und
betete zum HERRN. 27 Der HERR erfüllte Mose
die Bitte und befreite den Pharao, seine Diener
und sein Volk von dem Ungeziefer; nichts
blieb übrig. 28 Der Pharao aber verschloss sein
Herz auch diesmal und ließ das Volk nicht zie-
hen.

SECHSTES ZEICHEN – VIEHSEUCHE: 9,1–7

9 1 Wieder sprach der HERR zu Mose: Geh
zum Pharao und sag zu ihm: So spricht
der HERR, der Gott der Hebräer: Lass mein
Volk ziehen, damit sie mir dienen können!
2 Wenn du dich weigerst, sie ziehen zu lassen,
und sie immer noch festhältst, 3 wird die Hand
des HERRN dein Vieh auf dem Feld, die Pfer-
de und Esel, die Kamele und Rinder, die Scha-
fe und Ziegen, überfallen und über sie eine
sehr schwere Seuche bringen. 4 Aber der
HERR wird einen Unterschied zwischen dem
Vieh Israels und dem Vieh der Ägypter ma-
chen; nichts von dem, was den Israeliten ge-
hört, wird eingehen. 5 Auch den Zeitpunkt hat
der HERR schon festgesetzt: Morgen wird der
HERR das im Lande tun. 6 Am folgenden Tag
tat es der HERR. Alles Vieh der Ägypter ging
ein, vom Vieh der Israeliten aber ging kein
einziges Stück ein. 7 Der Pharao erkundigte
sich, und wirklich: Vom Vieh Israels war kein
einziges Stück eingegangen. Doch der Pharao
verschloss sein Herz und ließ das Volk nicht
ziehen.

SIEBTES ZEICHEN – GESCHWÜRE: 9,8–12

8 Da sprach der HERR zu Mose und Aaron: Holt
euch eine Handvoll Ofenruß und Mose soll
ihn vor den Augen des Pharao in die Höhe
werfen. 9 Er wird als Staub auf das ganze Land
Ägypten niedergehen und an Mensch und
Vieh Geschwüre mit aufplatzenden Blasen
hervorrufen, im ganzen Land Ägypten. 10 Sie
holten den Ofenruß, traten vor den Pharao
und Mose warf ihn in die Höhe. Da bildeten
sich an Mensch und Vieh Geschwüre mit auf-
platzenden Blasen. 11 Die Wahrsager konnten
wegen der Geschwüre Mose nicht gegenüber-
treten, sie waren wie alle Ägypter von Ge-
schwüren befallen. 12 Aber der HERR verhär-
tete das Herz des Pharao, sodass er nicht auf
sie hörte. So hatte es der HERR dem Mose
vorausgesagt.

ACHTES ZEICHEN – HAGEL: 9,13–35

13 Darauf sprach der HERR zu Mose: Steh früh
am Morgen auf, tritt vor den Pharao hin und
sag zu ihm: So spricht der HERR, der Gott der
Hebräer: Lass mein Volk ziehen, damit sie mir
dienen können! 14 Denn diesmal will ich alle
meine Plagen loslassen auf dich, deine Diener
und dein Volk. Daran wirst du erkennen, dass
mir keiner im ganzen Land gleichkommt.
15 Denn schon jetzt hätte ich meine Hand aus-
strecken und dich und dein Volk mit der Pest
schlagen können und du wärst vom Erdboden
verschwunden. 16 Ich habe dich aber am Leben
gelassen, um dir meine Macht zu zeigen und
meinen Namen auf der ganzen Erde bekannt
zu machen. 17 Solange du dich über mein Volk
anmaßend erhebst und sie nicht ziehen lässt,
18 lasse ich morgen um diese Zeit ein sehr
schweres Hagelwetter niedergehen, wie es in
Ägypten seit seiner Gründung bis auf den heu-
tigen Tag noch keines gegeben hat. 19 Und nun
schick Leute aus, bring dein Vieh in Sicherheit
und alles, was dir auf dem Feld gehört! Auf alle
Menschen und auf das Vieh, das auf dem Feld
bleibt und nicht unter Dach gebracht wird,
geht der Hagel nieder und erschlägt sie. 20 Wer
sich von den Dienern des Pharao vor der Dro-
hung des HERRN fürchtete, ließ seine Knech-
te und sein Vieh unter Dach bringen. 21 Wer
aber das Wort des HERRN nicht ernst nahm,
ließ seine Knechte und sein Vieh auf dem Feld.

22 Und der HERR sprach zu Mose: Streck
deine Hand zum Himmel empor! Dann wird
Hagel auf das ganze Land Ägypten niederge-
hen, auf Mensch und Vieh und auf alle Feld-
pflanzen im Land Ägypten. 23 Mose streckte
seinen Stab zum Himmel empor und der
HERR ließ es donnern und hageln. Blitze
fuhren auf die Erde herab und der HERR ließ
Hagel über das Land Ägypten niedergehen.
24 Schwerer Hagel prasselte herab und in den
sehr schweren Hagel hinein zuckten Blitze.
Ähnliches hatte es im ganzen Land Ägypten
noch nicht gegeben, seit sie ein Volk geworden
waren. 25 Der Hagel erschlug im ganzen Land
Ägypten alles, was auf dem Feld war. Men-
schen, Vieh und alle Feldpflanzen erschlug der
Hagel und alle Feldbäume zerbrach er. 26 Nur
im Land Goschen, wo sich die Israeliten auf-
hielten, hagelte es nicht. 27 Da ließ der Pharao
Mose und Aaron rufen und sagte zu ihnen:
Diesmal bekenne ich mich schuldig. Der HERR
ist im Recht; ich aber und mein Volk, wir sind
im Unrecht. 28 Betet zum HERRN! Der Donner
Gottes und der Hagel, das ist zu viel. Ich will
euch jetzt ziehen lassen; ihr müsst nicht länger
bleiben. 29 Mose antwortete ihm: Sobald ich
außerhalb der Stadt bin, werde ich meine Hän-
de vor dem HERRN ausbreiten; der Donner
wird aufhören und es wird kein Hagel mehr
fallen. So wirst du erkennen, dass das Land
dem HERRN gehört. 30 Du und deine Diener
aber, das weiß ich, ihr fürchtet euch noch im-
mer nicht vor Gott, dem HERRN.

31 Der Flachs und die Gerste waren zerschla-
gen; denn die Gerste hatte gerade Ähren an-
gesetzt und der Flachs stand in Blüte. 32 Der
Weizen und der Spelt wurden nicht zerschla-
gen, denn sie kommen später heraus.

33 Mose verließ den Pharao, ging vor die
Stadt hinaus und breitete seine Hände vor dem
HERRN aus. Da hörte der Donner auf und kein
Hagel und kein Regen fiel mehr auf die Erde.
34 Doch als der Pharao sah, dass Regen, Hagel
und Donner aufgehört hatten, blieb er bei sei-
ner Sünde; er und seine Diener verschlossen
wieder ihr Herz. 35 Das Herz des Pharao blieb
hart und er ließ die Israeliten nicht ziehen. So
hatte es der HERR durch Mose vorausgesagt.

NEUNTES ZEICHEN – HEUSCHRECKEN: 10,1–20

10 1 Der HERR sprach zu Mose: Geh zum
Pharao! Ich habe sein Herz und das
Herz seiner Diener verschlossen, damit ich
diese Zeichen unter ihnen vollbringen konnte
2 und damit du deinem Sohn und deinem En-
kel erzählen kannst, was ich den Ägyptern
angetan und welche Zeichen ich unter ihnen
vollbracht habe. Dann werdet ihr erkennen,
dass ich der HERR bin.

3 Mose und Aaron gingen zum Pharao und
sagten: So spricht der HERR, der Gott der Heb-
räer: Wie lange willst du dich noch weigern,
dich mir zu unterwerfen? Lass mein Volk zie-
hen, damit sie mir dienen können! 4 Wenn du
dich weigerst, mein Volk ziehen zu lassen, so
schicke ich morgen Heuschrecken über dein
Land. 5 Sie werden die Oberfläche der Erde be-
decken, sodass man den Erdboden nicht mehr
sehen kann. Sie werden auch noch das verzeh-
ren, was der Hagel verschont hat, und alle
Bäume kahl fressen, die auf euren Feldern
wachsen. 6 Deine Häuser, die Häuser aller dei-
ner Diener und die aller Ägypter werden voll
davon sein. So etwas haben deine Väter und

Vorväter bis heute nicht gesehen, seitdem sie
in diesem Land leben. Dann wandte sich Mose
um und verließ den Pharao.

7 Die Diener sagten zum Pharao: Wie lange
soll uns dieser Mann noch Unglück bringen?
Lass die Leute ziehen, damit sie dem HERRN,
ihrem Gott, dienen können! Merkst du denn
noch immer nicht, dass Ägypten zugrunde
geht? 8 Da holte man Mose und Aaron zum Pha-
rao zurück und er sagte zu ihnen: Geht, dient
dem HERRN, eurem Gott! Wer von euch will
denn mitgehen? 9 Mose antwortete: Wir gehen
mit Jung und Alt, mit unseren Söhnen und
Töchtern; auch die Schafe, Ziegen und Rinder
nehmen wir mit. Denn wir feiern ein Fest des
HERRN. 10 Da sagte er zu ihnen: Dann sei der
HERR ebenso wenig mit euch, wie ich euch und
eure Kinder ziehen lasse. Seht, ihr habt Böses
im Sinn. 11 Nein, nur ihr Männer dürft gehen
und dem HERRN dienen; denn das habt ihr
verlangt. Und man jagte sie vom Pharao weg.

12 Darauf sprach der HERR zu Mose: Streck
deine Hand über das Land Ägypten aus! Dann
werden Heuschrecken kommen und über das
Land Ägypten herfallen. Sie werden den gan-
zen Pflanzenwuchs des Landes auffressen,
alles, was der Hagel verschont hat. 13 Da streck-
te Mose seinen Stab über das Land Ägypten
aus und der HERR schickte den Ostwind in
das Land, einen ganzen Tag und eine ganze
Nacht lang. Als es Morgen wurde, hatte der
Ostwind die Heuschrecken ins Land gebracht.
14 Sie fielen über ganz Ägypten her und ließen
sich in Schwärmen auf dem Gebiet von Ägyp-
ten nieder. Niemals vorher gab es so viele Heu-
schrecken wie damals, auch wird es nie wieder
so viele geben. 15 Sie bedeckten die Oberfläche
des ganzen Landes und das Land war schwarz
von ihnen. Sie fraßen allen Pflanzenwuchs des
Landes und alle Baumfrüchte auf, die der Hagel
verschont hatte, und an den Bäumen und Feld-
pflanzen im ganzen Land Ägypten blieb nichts
Grünes. 16 Da ließ der Pharao Mose und Aaron
eiligst rufen und sagte zu ihnen: Ich habe ge-
gen den HERRN, euren Gott, gesündigt und
auch gegen euch. 17 Nur noch diesmal nehmt
meine Sünde von mir und betet zum HERRN,
eurem Gott, er möge mich wenigstens noch
von dieser tödlichen Gefahr befreien. 18 Mose
verließ den Pharao und betete zum HERRN.
19 Der HERR ließ den Wind in einen sehr
starken Westwind umschlagen, der die Heu-
schrecken forttrug und ins Rote Meer warf.
Im ganzen Gebiet von Ägypten blieb keine
einzige Heuschrecke mehr übrig. 20 Der HERR
aber verhärtete das Herz des Pharao, sodass er
die Israeliten nicht ziehen ließ.

ZEHNTES ZEICHEN – FINSTERNIS: 10,21–29

21 Da sprach der HERR zu Mose: Streck deine
Hand zum Himmel aus; dann wird eine Fins-
ternis über das Land Ägypten kommen und es
wird stockdunkel werden. 22 Mose streckte
seine Hand zum Himmel aus und schon brei-
tete sich tiefe Finsternis über das ganze Land
Ägypten aus, drei Tage lang. 23 Man konnte
einander nicht sehen und sich nicht von der
Stelle rühren, drei Tage lang. Wo aber die Isra-
eliten wohnten, blieb es hell. 24 Da ließ der
Pharao Mose rufen und sagte: Geht und dient
dem HERRN! Nur eure Schafe, Ziegen und
Rinder sollen bleiben. Eure Kinder dürfen mit-
ziehen. 25 Mose erwiderte: Selbst wenn du uns
Schlacht- und Brandopfer mitgäbest, damit
wir sie dem HERRN, unserem Gott, darbrin-
gen, 26 müssten unsere Herden doch mitge-
hen, keine Klaue darf zurückbleiben. Denn aus
unseren Herden nehmen wir das Opfer, mit
dem wir dem HERRN, unserem Gott, dienen;
aber mit welchem Opfertier wir dem HERRN
dienen sollen, wissen wir nicht, ehe wir dort
angekommen sind. 27 Der HERR verhärtete
das Herz des Pharao, sodass er sie nicht ziehen
lassen wollte. 28 Der Pharao sagte zu ihm: Weg
von mir! Hüte dich, mir jemals wieder unter
die Augen zu treten. Denn an dem Tag, an dem
du mir unter die Augen trittst, musst du ster-
ben. 29 Da sagte Mose: Gut, dein Wort soll
gelten. Ich werde dir nie mehr unter die Augen
treten.

ANKÜNDIGUNG DER LETZTEN PLAGE: 11,1–10

11 1 Da sprach der HERR zu Mose: Noch
eine Plage schicke ich dem Pharao und
seinem Land. Danach wird er euch von hier
wegziehen lassen. Und wenn er euch endlich
ziehen lässt, wird er euch sogar fortjagen.
2 Lass unter dem Volk ausrufen, jeder Mann
und jede Frau soll sich von dem Nachbarn Ge-
räte aus Silber und Gold erbitten! 3 Der HERR
ließ das Volk bei den Ägyptern Gunst finden.
Auch Mose genoss im Land Ägypten bei den
Dienern des Pharao und beim Volk hohes An-
sehen.

4 Mose sagte: So spricht der HERR: Um Mit-
ternacht will ich mitten durch Ägypten gehen.

5 Dann wird jeder Erstgeborene im Land Ägyp-
ten sterben, vom Erstgeborenen des Pharao,
der auf dem Thron sitzt, bis zum Erstgebore-
nen der Magd an der Handmühle und alle Erst-
geburt vom Vieh. 6 Geschrei wird sich im gan-
zen Land Ägypten erheben, so groß, wie es
keines je gegeben hat oder geben wird. 7 Doch
gegen keinen der Israeliten wird auch nur ein
Hund die Zähne fletschen, weder gegen
Mensch noch Vieh; denn ihr sollt wissen, dass
der HERR zwischen Ägypten und Israel einen
Unterschied macht. 8 Dann werden alle deine
Diener hier zu mir herabsteigen, sich vor mir
niederwerfen und sagen: Zieht doch fort, du
und das ganze Volk, das du anführst. Danach
werde ich fortziehen. Er verließ den Pharao,
rot vor Zorn.

9 Der HERR sprach zu Mose: Der Pharao
wird nicht auf euch hören; denn ich will viele
Wunder im Land Ägypten vollbringen.
10 Mose und Aaron vollbrachten alle diese
Wunder vor dem Pharao, aber der HERR ver-
härtete das Herz des Pharao, sodass er die Is-
raeliten nicht aus seinem Land fortziehen ließ.

2: 3,22

AUSZUG AUS ÄGYPTEN: 12,1–18,27

PESSACH UND AUSZUG AUS ÄGYPTEN: 12,1–42

12 1 Der HERR sprach zu Mose und Aaron
im Land Ägypten: 2 Dieser Monat soll
die Reihe eurer Monate eröffnen, er soll euch
als der Erste unter den Monaten des Jahres gel-
ten.

3 Sagt der ganzen Gemeinde Israel: Am
Zehnten dieses Monats soll jeder ein Lamm für
seine Familie holen, ein Lamm für jedes Haus.
4 Ist die Hausgemeinschaft für ein Lamm zu
klein, so nehme er es zusammen mit dem
Nachbarn, der seinem Haus am nächsten
wohnt, nach der Anzahl der Personen. Bei der
Aufteilung des Lammes müsst ihr berücksich-
tigen, wie viel der Einzelne essen kann. 5 Nur
ein fehlerfreies, männliches, einjähriges
Lamm darf es sein, das Junge eines Schafes
oder einer Ziege müsst ihr nehmen. 6 Ihr sollt
es bis zum vierzehnten Tag dieses Monats auf-
bewahren. In der Abenddämmerung soll die
ganze versammelte Gemeinde Israel es
schlachten. 7 Man nehme etwas von dem Blut
und bestreiche damit die beiden Türpfosten
und den Türsturz an den Häusern, in denen
man es essen will. 8 Noch in der gleichen Nacht
soll man das Fleisch essen. Über dem Feuer
gebraten und zusammen mit ungesäuertem
Brot und Bitterkräutern soll man es essen.
9 Nichts davon dürft ihr roh oder in Wasser
gekocht essen, sondern es muss über dem Feu-
er gebraten sein: Kopf, Schenkel und Einge-
weide. 10 Ihr dürft nichts bis zum Morgen übrig
lassen. Wenn aber am Morgen noch etwas
übrig ist, dann verbrennt es im Feuer! 11 So aber
sollt ihr es essen: eure Hüften gegürtet, Schu-
he an euren Füßen und euren Stab in eurer
Hand. Esst es hastig! Es ist ein Pessach für den
HERRN.

12 In dieser Nacht gehe ich durch das Land
Ägypten und erschlage im Land Ägypten jede
Erstgeburt bei Mensch und Vieh. Über alle
Götter Ägyptens halte ich Gericht, ich, der
HERR. 13 Das Blut an den Häusern, in denen
ihr wohnt, soll für euch ein Zeichen sein.
Wenn ich das Blut sehe, werde ich an euch
vorübergehen und das vernichtende Unheil
wird euch nicht treffen, wenn ich das Land
Ägypten schlage.

14 Diesen Tag sollt ihr als Gedenktag bege-
hen. Feiert ihn als Fest für den HERRN! Für
eure kommenden Generationen wird es eine
ewige Satzung sein, das Fest zu feiern! 15 Sie-
ben Tage lang sollt ihr ungesäuertes Brot essen.
Gleich am ersten Tag schafft den Sauerteig aus
euren Häusern! Denn jeder, der zwischen dem
ersten und dem siebten Tag Gesäuertes isst,
soll aus Israel ausgemerzt werden. 16 Am ersten
Tag sollt ihr eine heilige Versammlung einbe-
rufen und ebenso eine heilige Versammlung
am siebten Tag. An diesen beiden Tagen darf
man keinerlei Arbeit tun. Nur das, was jeder
zum Essen braucht, dürft ihr zubereiten.
17 Haltet das Fest der Ungesäuerten Brote!
Denn gerade an diesem Tag habe ich eure
Heerscharen aus dem Land Ägypten heraus-

geführt. Haltet diesen Tag in allen kommen-
den Generationen! Es ist eine ewige Satzung.
18 Im ersten Monat, vom Abend des vierzehn-
ten Tags bis zum Abend des einundzwanzigs-
ten Tags, esst ungesäuerte Brote! 19 Sieben Tage
lang darf sich in euren Häusern kein Sauerteig
befinden; denn jeder, der Gesäuertes isst, sei
er fremd oder einheimisch, soll aus der Ge-
meinde Israel ausgemerzt werden. 20 Esst also
nichts Gesäuertes! Überall, wo ihr wohnt, sollt
ihr ungesäuerte Brote essen.

21 Da rief Mose alle Ältesten Israels zusam-
men und sagte zu ihnen: Holt Schafe oder
Ziegen für eure Sippenverbände herbei und
schlachtet das Pessach! 22 Dann nehmt einen
Ysopzweig, taucht ihn in die Schüssel mit
Blut und streicht etwas von dem Blut in der
Schüssel auf den Türsturz und auf die beiden
Türpfosten! Bis zum Morgen darf niemand
von euch das Haus verlassen. 23 Der HERR geht
umher, um die Ägypter mit Unheil zu schla-
gen. Wenn er das Blut am Türsturz und an den
beiden Türpfosten sieht, wird er an der Tür
vorübergehen und dem Vernichter nicht erlau-
ben, in eure Häuser einzudringen und euch zu
schlagen. 24 Bewahrt dies! Es gelte dir und dei-
nen Nachkommen als Gesetz für die Ewigkeit.
25 Wenn ihr in das Land kommt, das euch der
HERR gibt, wie er gesagt hat, so bewahrt die-
sen Dienst! 26 Und wenn euch eure Söhne fra-
gen: Was bedeutet dieser Dienst für euch?,
27 dann sagt: Es ist das Pessach-Opfer für den
HERRN, der in Ägypten an den Häusern der
Israeliten vorüberging, als er die Ägypter mit
Unheil schlug, unsere Häuser aber verschonte.

Das Volk verneigte sich und warf sich nie-
der. 28 Dann gingen die Israeliten und taten,
was der HERR Mose und Aaron befohlen hat-
te. So machten sie es.

29 Es war Mitternacht, als der HERR alle Erst-
geburt im Land Ägypten erschlug, vom Erst-
geborenen des Pharao, der auf dem Thron saß,
bis zum Erstgeborenen des Gefangenen im
Kerker und alle Erstgeburt beim Vieh. 30 Da
standen der Pharao, alle seine Diener und alle
Ägypter noch in der Nacht auf und großes
Wehgeschrei erhob sich bei den Ägyptern;
denn es gab kein Haus, in dem nicht ein Toter
war. 31 Der Pharao ließ Mose und Aaron noch
in der Nacht rufen und sagte: Auf, zieht fort
aus der Mitte meines Volkes, ihr und auch die
Israeliten! Geht und dient dem HERRN, wie
ihr gesagt habt! 32 Auch eure Schafe, Ziegen
und Rinder nehmt mit, wie ihr gesagt habt.
Geht und segnet auch mich! 33 Die Ägypter
drängten das Volk, eiligst das Land zu verlas-
sen, denn sie sagten: Sonst kommen wir noch
alle um. 34 Das Volk nahm den Brotteig unge-
säuert mit; sie wickelten ihre Backschüsseln in
Kleider ein und luden sie sich auf die Schul-
tern. 35 Die Israeliten taten, was Mose gesagt
hatte. Sie erbaten von den Ägyptern Geräte aus
Silber und Gold und auch Gewänder. 36 Der
HERR ließ das Volk bei den Ägyptern Gunst
finden, sodass sie auf ihre Bitte eingingen. Auf
diese Weise plünderten sie die Ägypter aus.
37 Die Israeliten brachen von Ramses nach Suk-
kot auf. Es waren an die sechshunderttausend
Mann zu Fuß, nicht gerechnet die Kinder.
38 Auch ein großer Haufen anderer Leute zog
mit, dazu Schafe, Ziegen und Rinder, eine sehr
große Menge Vieh. 39 Aus dem Teig, den sie aus
Ägypten mitgebracht hatten, backten sie un-
gesäuerte Brotfladen; denn der Teig war nicht
durchsäuert, weil sie aus Ägypten verjagt wor-
den waren und nicht einmal Zeit hatten, für
Reiseverpflegung zu sorgen.

40 Der Aufenthalt der Israeliten in Ägypten
dauerte vierhundertdreißig Jahre. 41 Nach Ab-
lauf der vierhundertdreißig Jahre, genau an
jenem Tag, zogen alle Scharen des HERRN aus
dem Land Ägypten fort. 42 Eine Nacht des Wa-
chens war es für den HERRN, als er sie aus dem
Land Ägypten herausführte. Als eine Nacht
des Wachens für den HERRN gilt sie den Isra-
eliten in allen Generationen.

15.20: 23,15 / **37**: Num 33,3–5 / **40**: Gen 15,13

PESSACH, UNGESÄUERTE BROTE UND AUSLÖSUNG DER ERSTGEBURT: 12,43–13,16

43 Der HERR sprach zu Mose und Aaron: Dies
ist die Satzung für das Pessach: Kein Fremder
darf davon essen; 44 aber jeder Sklave, den du
für Geld gekauft und beschnitten hast, darf
davon essen. 45 Beisassen und Lohnarbeiter
dürfen nicht davon essen. 46 In einem Haus
muss man es essen. Trag nichts vom Fleisch
aus dem Haus! Und ihr sollt keinen seiner
Knochen zerbrechen. 47 Die ganze Gemeinde
Israel soll es so halten. 48 Lebt bei dir jemand
als Fremder, der das Pessach für den HERRN
feiern will, so muss er alle männlichen Ange-
hörigen beschneiden lassen; dann darf er sich
am Pessach beteiligen. Er gilt dann wie ein
Einheimischer. Doch kein Unbeschnittener
darf davon essen. 49 Für Einheimische und für

Fremde, die bei euch leben, gilt die gleiche
Weisung.
50 Alle Israeliten taten, was der HERR Mose
und Aaron aufgetragen hatte. So machten sie
es. 51 Genau an jenem Tag führte der HERR die
Israeliten aus dem Land Ägypten, ihre Scharen
unter seinem Befehl.

13 1 Der HERR sprach zu Mose: 2 Erkläre
alle Erstgeburt als mir geheiligt! Alles,
was bei den Israeliten den Mutterschoß durch-
bricht, bei Mensch und Vieh, gehört mir.
3 Mose sagte zum Volk: Denkt an diesen Tag,
an dem ihr aus Ägypten, dem Sklavenhaus,
fortgezogen seid; denn mit starker Hand hat
euch der HERR von dort herausgeführt. Nichts
Gesäuertes soll man essen. 4 Heute im Monat
Abib seid ihr weggezogen. 5 Wenn dich der
HERR in das Land der Kanaaniter, Hetiter,
Amoriter, Hiwiter und Jebusiter geführt hat
– er hat deinen Vätern mit einem Eid zugesi-
chert, dir das Land zu geben, wo Milch und
Honig fließen –, erfülle diesen Dienst in die-
sem Monat! 6 Sieben Tage sollst du ungesäuer-
te Brote essen, am siebten Tag ist ein Fest für
den HERRN. 7 Ungesäuerte Brote soll man
sieben Tage lang essen. Nichts Gesäuertes soll
man bei dir sehen und kein Sauerteig soll in
deinem ganzen Gebiet zu finden sein. 8 An
diesem Tag erzähl deinem Sohn: Das geschieht
für das, was der HERR an mir getan hat, als ich
aus Ägypten auszog. 9 Es sei dir ein Zeichen an
der Hand und ein Erinnerungsmal zwischen
deinen Augen, damit die Weisung des HERRN
in deinem Mund sei. Denn mit starker Hand
hat dich der HERR aus Ägypten herausgeführt.
10 Bewahre diese Satzung, Jahr für Jahr, zur
festgesetzten Zeit! 11 Der HERR wird dich in
das Land der Kanaaniter bringen und wird es
dir geben, wie er dir und deinen Vätern mit
einem Eid zugesichert hat. 12 Dann musst du
alles, was den Mutterschoß durchbricht, vor
den HERRN bringen; alle männlichen Erstlin-
ge, die dein Vieh wirft, gehören dem HERRN.
13 Jeden Erstling vom Esel aber löse durch ein
Schaf aus! Willst du ihn nicht auslösen, dann
brich ihm das Genick! Jeden Erstgeborenen
deiner Söhne musst du auslösen. 14 Wenn dich
morgen dein Sohn fragt: Was bedeutet das?,
dann sag ihm: Mit starker Hand hat uns der
HERR aus Ägypten, aus dem Sklavenhaus,
herausgeführt. 15 Als der Pharao hart blieb und
uns nicht ziehen ließ, erschlug der HERR alle
Erstgeborenen im Land Ägypten, bei Mensch
und Vieh. Darum opfere ich dem HERRN alle
männlichen Tiere, die den Mutterschoß
durchbrechen; alle Erstgeborenen meiner
Söhne aber löse ich aus. 16 Das sei dir ein Zei-
chen an deiner Hand und ein Gehänge zwi-
schen deinen Augen auf deiner Stirn; denn mit
starker Hand hat uns der HERR aus Ägypten
herausgeführt.

13,6: 34,18 / **12:** 34,19 / **16:** Dtn 6,8

RETTUNG IM ROTEN MEER: 13,17–14,31

17 Als der Pharao das Volk ziehen ließ, führte
sie Gott nicht den Weg ins Philisterland, ob-
wohl er der kürzere war. Denn Gott sagte:
Die Leute könnten es sonst, wenn sie Krieg
erleben, bereuen und nach Ägypten zurück-
kehren wollen. 18 So ließ sie Gott einen Um-
weg machen, der durch die Wüste des Roten
Meeres führte. Geordnet zogen die Israeliten
aus dem Land Ägypten hinauf. 19 Mose nahm
die Gebeine Josefs mit; denn dieser hatte die
Söhne Israels beschworen: Wenn Gott sich
euer annimmt, dann nehmt meine Gebeine
von hier mit hinauf! 20 Sie brachen von Suk-
kot auf und schlugen ihr Lager in Etam am
Rand der Wüste auf. 21 Der HERR zog vor
ihnen her, bei Tag in einer Wolkensäule, um
ihnen den Weg zu zeigen, bei Nacht in einer
Feuersäule, um ihnen zu leuchten. So konn-
ten sie Tag und Nacht unterwegs sein. 22 Die
Wolkensäule wich bei Tag nicht von der
Spitze des Volkes und die Feuersäule nicht
bei Nacht.

14 1 Der HERR sprach zu Mose: 2 Sag den
Israeliten, sie sollen umkehren und vor
Pi-Hahirot zwischen Migdol und dem Meer
ihr Lager aufschlagen! Gegenüber von Baal-
Zefon sollt ihr am Meer das Lager aufschlagen.
3 Dann denkt der Pharao: Die Israeliten haben
sich im Land verlaufen, die Wüste hat sie ein-
geschlossen. 4 Ich will das Herz des Pharao
verhärten, sodass er ihnen nachjagt; dann will
ich am Pharao und an seiner ganzen Streit-
macht meine Herrlichkeit erweisen und die
Ägypter sollen erkennen, dass ich der HERR
bin. Und so taten sie es.
5 Als man dem König von Ägypten meldete,
das Volk sei geflohen, änderten der Pharao und
seine Diener ihre Meinung über das Volk und
sagten: Wie konnten wir nur Israel aus unse-
rem Dienst entlassen! 6 Er ließ seinen Streit-
wagen anspannen und nahm sein Kriegsvolk
mit. 7 Sechshundert auserlesene Streitwagen

nahm er mit und alle anderen Streitwagen der
Ägypter mit Vorkämpfern auf jedem von ih-
nen. 8 Der HERR verhärtete das Herz des Pha-
rao, des Königs von Ägypten, sodass er den
Israeliten nachjagte, die Israeliten aber zogen
aus mit hoch erhobener Hand. 9 Die Ägypter
jagten mit allen Pferden und Streitwagen des
Pharao, mit seiner Reiterei und seiner Streit-
macht hinter ihnen her und holten sie ein, als
sie gerade am Meer lagerten. Es war bei Pi-Ha-
hirot vor Baal-Zefon. 10 Als der Pharao sich
näherte, blickten die Israeliten auf und sahen
plötzlich die Ägypter von hinten anrücken. Da
erschraken die Israeliten sehr und schrien zum
HERRN. 11 Zu Mose sagten sie: Gab es denn
keine Gräber in Ägypten, dass du uns zum
Sterben in die Wüste holst? Was hast du uns
da angetan, uns aus Ägypten herauszuführen?
12 Haben wir dir in Ägypten nicht gleich ge-
sagt: Lass uns in Ruhe! Wir wollen Sklaven der
Ägypter bleiben; denn es ist für uns immer
noch besser, Sklaven der Ägypter zu sein, als
in der Wüste zu sterben. 13 Mose aber sagte
zum Volk: Fürchtet euch nicht! Bleibt stehen
und schaut zu, wie der HERR euch heute rettet!
Wie ihr die Ägypter heute seht, so seht ihr sie
niemals wieder. 14 Der HERR kämpft für euch,
ihr aber könnt ruhig abwarten.

15 Der HERR sprach zu Mose: Was schreist
du zu mir? Sag den Israeliten, sie sollen auf-
brechen. 16 Und du heb deinen Stab hoch,
streck deine Hand über das Meer und spalte
es, damit die Israeliten auf trockenem Boden
in das Meer hineinziehen können! 17 Ich aber
will das Herz der Ägypter verhärten, damit sie
hinter ihnen hineinziehen. So will ich am Pha-
rao und an seiner ganzen Streitmacht, an sei-
nen Streitwagen und Reitern meine Herrlich-
keit erweisen. 18 Die Ägypter sollen erkennen,
dass ich der HERR bin, wenn ich am Pharao,
an seinen Streitwagen und Reitern meine
Herrlichkeit erweise.

19 Der Engel Gottes, der den Zug der Israeli-
ten anführte, brach auf und ging nach hinten
und die Wolkensäule brach auf und stellte sich
hinter sie. 20 Sie kam zwischen das Lager der
Ägypter und das Lager der Israeliten. Die Wol-
ke war da und Finsternis und Blitze erhellten
die Nacht. So kamen sie die ganze Nacht ei-
nander nicht näher. 21 Mose streckte seine
Hand über das Meer aus und der HERR trieb
die ganze Nacht das Meer durch einen starken
Ostwind fort. Er ließ das Meer austrocknen
und das Wasser spaltete sich. 22 Die Israeliten
zogen auf trockenem Boden ins Meer hinein,
während rechts und links von ihnen das Was-
ser wie eine Mauer stand. 23 Die Ägypter setz-
ten ihnen nach; alle Pferde des Pharao, seine
Streitwagen und Reiter zogen hinter ihnen ins
Meer hinein. 24 Um die Zeit der Morgenwache
blickte der HERR aus der Feuer- und Wolken-
säule auf das Lager der Ägypter und brachte es
in Verwirrung. 25 Er hemmte die Räder an ih-
ren Wagen und ließ sie nur schwer vorankom-
men. Da sagte der Ägypter: Ich muss vor Isra-
el fliehen; denn der HERR kämpft auf ihrer
Seite gegen Ägypten.

26 Darauf sprach der HERR zu Mose: Streck
deine Hand über das Meer, damit das Wasser
zurückflutet und den Ägypter, seine Wagen
und Reiter zudeckt! 27 Mose streckte seine
Hand über das Meer und gegen Morgen flute-
te das Meer an seinen alten Platz zurück, wäh-
rend die Ägypter auf der Flucht ihm entgegen-
liefen. So trieb der HERR die Ägypter mitten
ins Meer. 28 Das Wasser kehrte zurück und
bedeckte Wagen und Reiter, die ganze Streit-
macht des Pharao, die den Israeliten ins Meer
nachgezogen war. Nicht ein Einziger von ih-
nen blieb übrig.

29 Die Israeliten aber waren auf trockenem
Boden mitten durch das Meer gezogen, wäh-
rend rechts und links von ihnen das Wasser
wie eine Mauer stand. 30 So rettete der HERR
an jenem Tag Israel aus der Hand der Ägypter.
Israel sah die Ägypter tot am Strand liegen.
31 Als Israel sah, dass der HERR mit mächtiger
Hand an den Ägyptern gehandelt hatte, fürch-
tete das Volk den HERRN. Sie glaubten an den
HERRN und an Mose, seinen Knecht.

13,19: Gen 50,25; Jos 24,32 / **20**: Num 33,5–6

MOSES UND MIRJAMS SIEGESLIED: 15,1–21

15 1 Damals sang Mose mit den Israeliten
dem HERRN dieses Lied; sie sagten:
Ich singe dem HERRN ein Lied, / denn er ist
hoch und erhaben. / Ross und Reiter warf er
ins Meer.

2 Meine Stärke und mein Lied ist der HERR, /
er ist mir zur Rettung geworden. / Er ist mein
Gott, ihn will ich preisen; / den Gott meines
Vaters will ich rühmen.

3 Der HERR ist ein Krieger, / HERR ist sein
Name.

14,20 Wörtlich: und er (Gott) erhellte die Nacht.

4 Pharaos Wagen und seine Streitmacht warf
er ins Meer. / Seine besten Vorkämpfer versan-
ken im Roten Meer.
5 Fluten deckten sie zu, / sie sanken in die
Tiefe wie Steine.
6 Deine Rechte, HERR, ist herrlich an Stär-
ke; / deine Rechte, HERR, zerschmettert den
Feind.
7 In deiner erhabenen Größe / wirfst du die
Gegner zu Boden. / Du sendest deinen Zorn; /
er frisst sie wie Stoppeln.
8 Du schnaubtest vor Zorn, / da türmte sich
Wasser, / da standen Wogen als Wall, / Fluten
erstarrten im Herzen des Meeres.
9 Da sagte der Feind: Ich jage nach, hole
ein. / Ich teile die Beute, ich stille die Gier. /
Ich zücke mein Schwert, meine Hand jagt sie
davon.
10 Da schnaubtest du Sturm. / Das Meer
deckte sie zu. / Sie sanken wie Blei ins tosende
Wasser.
11 Wer ist wie du unter den Göttern, o
HERR? / Wer ist wie du gewaltig und heilig, /
gepriesen als furchtbar, Wunder vollbringend?
12 Du strecktest deine Rechte aus, / da ver-
schlang sie die Erde.
13 Du lenktest in deiner Güte / das Volk, das
du erlöst hast, / du führtest sie machtvoll / zu
deiner heiligen Wohnung.
14 Als die Völker das hörten, erzitterten
sie, / die Philister packte das Schütteln.
15 Damals erschraken die Stammesführer
Edoms, / die Mächtigen von Moab packte das
Zittern, / Kanaans Bewohner, sie alle verzag-
ten.
16 Schrecken und Furcht überfiel sie, / sie
erstarrten zu Stein vor der Macht deines
Arms, / bis hindurchzog, o HERR, dein Volk, /
bis hindurchzog das Volk, das du erschufst.
17 Du wirst sie hinbringen / und auf den
Berg deines Erbes einpflanzen, / den du,
HERR, zu deiner Wohnstätte gemacht hast,
um dich niederzulassen, / zu einem Heilig-
tum, HERR, von deinen Händen gegründet.
18 Der HERR ist König für immer und ewig.
19 Denn als die Rosse des Pharao mit ihren
Wagen und ihren Reitern ins Meer zogen, ließ
der HERR das Wasser des Meeres auf sie zu-
rückfluten, nachdem die Israeliten auf trocke-
nem Boden mitten durchs Meer gezogen wa-
ren.

15,17 Für Judäer war dieser Berg der Berg Zion, für Samariter der Berg Garizim.

20 Die Prophetin Mirjam, die Schwester
Aarons, nahm die Pauke in die Hand und alle
Frauen zogen mit Paukenschlag und Tanz
hinter ihr her. 21 Mirjam sang ihnen vor:
Singt dem HERRN ein Lied, / denn er ist
hoch und erhaben! / Ross und Reiter warf er
ins Meer.

2: Jes 12,2; Ps 118,14 / **20:** Num 26,59

SÜSSES WASSER UND MANNA: 15,22–16,36

22 Mose ließ Israel vom Roten Meer aufbrechen
und sie zogen zur Wüste Schur weiter. Drei
Tage waren sie in der Wüste unterwegs und
fanden kein Wasser. 23 Als sie nach Mara ka-
men, konnten sie das Wasser von Mara nicht
trinken, weil es bitter war. Deshalb nannte
man es Mara. 24 Da murrte das Volk gegen
Mose und sagte: Was sollen wir trinken? 25 Er
schrie zum HERRN und der HERR zeigte ihm
ein Stück Holz. Als er es ins Wasser warf, wur-
de das Wasser süß. Dort gab er dem Volk Ge-
setz und Rechtsentscheide und dort stellte er
es auf die Probe. 26 Er sagte: Wenn du auf die
Stimme des HERRN, deines Gottes, hörst und
tust, was in seinen Augen recht ist, wenn du
seinen Geboten gehorchst und auf alle seine
Gesetze achtest, werde ich dir keine der Krank-
heiten schicken, die ich den Ägyptern ge-
schickt habe. Denn ich bin der HERR, dein
Arzt.
27 Dann kamen sie nach Elim. Dort gab es
zwölf Quellen und siebzig Palmen; dort am
Wasser schlugen sie ihr Lager auf.
16 1 Die ganze Gemeinde der Israeliten
brach von Elim auf und kam in die
Wüste Sin, die zwischen Elim und dem Sinai
liegt. Es war der fünfzehnte Tag des zweiten
Monats nach ihrem Auszug aus Ägypten. 2 Die
ganze Gemeinde der Israeliten murrte in der
Wüste gegen Mose und Aaron. 3 Die Israeliten
sagten zu ihnen: Wären wir doch im Land
Ägypten durch die Hand des HERRN ge-
storben, als wir an den Fleischtöpfen saßen
und Brot genug zu essen hatten. Ihr habt uns
nur deshalb in diese Wüste geführt, um alle,
die hier versammelt sind, an Hunger sterben
zu lassen. 4 Da sprach der HERR zu Mose: Ich
will euch Brot vom Himmel regnen lassen.
Das Volk soll hinausgehen, um seinen tägli-
chen Bedarf zu sammeln. Ich will es prüfen,
ob es nach meiner Weisung lebt oder nicht.
5 Wenn sie am sechsten Tag feststellen, was
sie zusammengebracht haben, wird es doppelt

so viel sein, wie sie sonst täglich gesammelt
haben.

6 Da sagten Mose und Aaron zu allen Israe-
liten: Heute Abend sollt ihr erfahren, dass der
HERR euch aus dem Land Ägypten geführt
hat, 7 und morgen werdet ihr die Herrlichkeit
des HERRN schauen; denn er hat euer Murren
gegen den HERRN gehört. Aber wer sind schon
wir, dass ihr gegen uns murrt? 8 Weiter sagte
Mose: Wenn der HERR euch am Abend Fleisch
zu essen gibt und euch am Morgen mit Brot
sättigt, wenn der HERR also euer Murren hört,
mit dem ihr ihn bedrängt, was sind wir dann?
Nicht uns galt euer Murren, sondern dem
HERRN.

9 Dann sagte Mose zu Aaron: Sag der ganzen
Gemeinde der Israeliten: Tretet hin vor den
HERRN; denn er hat euer Murren gehört!
10 Während Aaron zur ganzen Gemeinde der
Israeliten sprach, wandten sie sich zur Wüste
hin. Da erschien plötzlich in der Wolke die
Herrlichkeit des HERRN. 11 Der HERR sprach
zu Mose: 12 Ich habe das Murren der Israeliten
gehört. Sag ihnen: In der Abenddämmerung
werdet ihr Fleisch zu essen haben, am Morgen
werdet ihr satt werden von Brot und ihr werdet
erkennen, dass ich der HERR, euer Gott, bin.

13 Am Abend kamen die Wachteln und be-
deckten das Lager. Am Morgen lag eine Schicht
von Tau rings um das Lager. 14 Als sich die Tau-
schicht gehoben hatte, lag auf dem Wüsten-
boden etwas Feines, Knuspriges, fein wie Reif,
auf der Erde. 15 Als das die Israeliten sahen,
sagten sie zueinander: Was ist das? Denn sie
wussten nicht, was es war. Da sagte Mose zu
ihnen: Das ist das Brot, das der HERR euch zu
essen gibt. 16 Das ordnet der HERR an: Sam-
melt davon so viel, wie jeder zum Essen
braucht, ein Gomer für jeden, entsprechend
der Zahl der Personen in seinem Zelt! 17 Die
Israeliten taten es und sammelten ein, der eine
viel, der andere wenig. 18 Als sie die Gomer
zählten, hatte keiner, der viel gesammelt hatte,
zu viel, und keiner, der wenig gesammelt hat-
te, zu wenig. Jeder hatte so viel gesammelt, wie
er zum Essen brauchte. 19 Mose sagte zu ihnen:
Davon darf bis zum Morgen niemand etwas
übrig lassen. 20 Doch sie hörten nicht auf Mose,
sondern einige ließen etwas bis zum Morgen
übrig. Aber es wurde wurmig und stank. Da
geriet Mose in Zorn über sie.

21 Sie sammelten es Morgen für Morgen, je-
der so viel, wie er zum Essen brauchte. Sobald
die Sonnenhitze einsetzte, zerging es. 22 Am
sechsten Tag sammelten sie die doppelte Men-
ge Brot, zwei Gomer für jeden. Da kamen alle
Sippenhäupter der Gemeinde und berichteten
es Mose. 23 Er sagte zu ihnen: Es ist so, wie der
HERR gesagt hat: Morgen ist Feiertag, heiliger
Sabbat für den HERRN. Backt, was ihr backen
wollt, und kocht, was ihr kochen wollt, den
Rest bewahrt bis morgen früh auf! 24 Sie be-
wahrten es also bis zum Morgen auf, wie es
Mose angeordnet hatte, und es faulte nicht,
noch wurde es madig. 25 Da sagte Mose: Esst
es heute, denn heute ist Sabbat für den HERRN.
Heute findet ihr draußen nichts. 26 Sechs Tage
dürft ihr es sammeln, am siebten Tag ist Sab-
bat; da wird nichts da sein.

27 Am siebten Tag gingen trotzdem einige
vom Volk hinaus, um zu sammeln, fanden aber
nichts. 28 Da sprach der HERR zu Mose: Wie
lange wollt ihr euch noch weigern, meine Ge-
bote und meine Weisungen zu bewahren?
29 Seht: Der HERR hat euch den Sabbat gege-
ben; daher gibt er auch am sechsten Tag Brot
für zwei Tage. Jeder bleibe, wo er ist. Am sieb-
ten Tag verlasse niemand seinen Platz. 30 Das
Volk ruhte also am siebten Tag. 31 Das Haus
Israel nannte das Brot Manna. Es war weiß wie
Koriandersamen und schmeckte wie Honig-
kuchen.

32 Mose sagte: Der HERR ordnet Folgendes
an. Ein volles Gomer davon ist für die Gene-
rationen nach euch aufzubewahren, damit sie
das Brot sehen, das ich euch in der Wüste zu
essen gab, als ich euch aus dem Land Ägypten
herausführte. 33 Zu Aaron sagte Mose: Nimm
ein Gefäß, schütte ein volles Gomer Manna
hinein und stell es vor den HERRN! Es soll für
die nachkommenden Generationen aufbe-
wahrt werden. 34 Wie der HERR dem Mose
befohlen hatte, stellte Aaron es vor das Bun-
deszeugnis, damit es dort aufbewahrt würde.
35 Die Israeliten aßen vierzig Jahre lang Manna,
bis sie in bewohntes Land kamen. Sie aßen
Manna, bis sie die Grenze des Landes Kanaan
erreichten. 36 Ein Gomer ist der zehnte Teil
eines Efa.

16,1–8: Num 11,31–33 / **9–15**: Num 11,7–9 / **35**: Jos 5,12

WASSER AUS DEM FELSEN: 17,1–7

17 1 Die ganze Gemeinde der Israeliten zog
von der Wüste Sin weiter, einen Ta-
gesmarsch nach dem anderen, wie es der HERR
jeweils bestimmte. In Refidim schlugen sie ihr

Lager auf, aber das Volk hatte kein Wasser zu trinken. 2 Da geriet es mit Mose in Streit und sagte: Gebt uns Wasser zu trinken! Mose antwortete ihnen: Was streitet ihr mit mir? Warum stellt ihr den HERRN auf die Probe? 3 Das Volk dürstete dort nach Wasser und murrte gegen Mose. Sie sagten: Wozu hast du uns überhaupt aus Ägypten heraufgeführt, um mich und meine Söhne und mein Vieh vor Durst sterben zu lassen? 4 Mose schrie zum HERRN: Was soll ich mit diesem Volk anfangen? Es fehlt nur wenig und sie steinigen mich. 5 Der HERR antwortete Mose: Geh am Volk vorbei und nimm einige von den Ältesten Israels mit; nimm auch den Stab in die Hand, mit dem du auf den Nil geschlagen hast, und geh! 6 Siehe, dort drüben auf dem Felsen am Horeb werde ich vor dir stehen. Dann schlag an den Felsen! Es wird Wasser herauskommen und das Volk kann trinken. Das tat Mose vor den Augen der Ältesten Israels. 7 Den Ort nannte er Massa und Meriba, Probe und Streit, weil die Israeliten gehadert und den HERRN auf die Probe gestellt hatten, indem sie sagten: Ist der HERR in unserer Mitte oder nicht?

1–7: Num 20,7–13 / **1**: Num 33,12–14 / **7**: Num 20,13.24; Dtn 6,16; 9,22; 33,8

RETTUNG VOR DEM KRIEG: 17,8–16

8 Und Amalek kam und suchte in Refidim den Kampf mit Israel. 9 Da sagte Mose zu Josua: Wähl uns Männer aus und zieh in den Kampf gegen Amalek! Ich selbst werde mich morgen mit dem Gottesstab in meiner Hand auf den Gipfel des Hügels stellen. 10 Josua tat, was ihm Mose aufgetragen hatte, und kämpfte gegen Amalek, während Mose, Aaron und Hur auf den Gipfel des Hügels stiegen. 11 Solange Mose seine Hand erhoben hielt, war Israel stärker; sooft er aber die Hand sinken ließ, war Amalek stärker. 12 Als dem Mose die Hände schwer wurden, holten sie einen Steinbrocken, schoben den unter ihn und er setzte sich darauf. Aaron und Hur stützten seine Arme, der eine rechts, der andere links, sodass seine Hände erhoben blieben, bis die Sonne unterging. 13 So schwächte Josua Amalek und sein Heer mit scharfem Schwert. 14 Da sprach der HERR zu Mose: Schreibe das zum Gedächtnis in ein Buch und präge es Josua ein! Denn ich will die Erinnerung an Amalek unter dem Himmel austilgen. 15 Mose baute einen Altar und gab ihm den Namen: Der HERR ist mein Feldzeichen. 16 Er sagte: Die Hand an des HERRN Feldzeichen! Krieg ist zwischen dem HERRN und Amalek von Generation zu Generation.

JITROS RAT: BERUFUNG VON RICHTERN: 18,1–27

18 1 Jitro, der Priester von Midian, der Schwiegervater des Mose, hörte, was Gott alles an Mose und seinem Volk Israel getan und wie der HERR Israel aus Ägypten herausgeführt hatte. 2 Da nahm Jitro, der Schwiegervater des Mose, Zippora mit sich, die Frau des Mose – Mose hatte sie wieder zurückgeschickt –, 3 und ihre beiden Söhne. Der eine hieß Gerschom, weil Mose gesagt hatte: Gast bin ich in fremdem Land. 4 Der andere hieß Eliëser, weil Mose gesagt hatte: Der Gott meines Vaters hat mir geholfen und hat mich vor dem Schwert des Pharao gerettet. 5 Jitro, der Schwiegervater des Mose, kam mit dessen Söhnen und dessen Frau in die Wüste, wo Mose beim Gottesberg lagerte. 6 Er ließ Mose sagen: Ich, dein Schwiegervater Jitro, komme zu dir zusammen mit deiner Frau und ihren beiden Söhnen.

7 Da ging Mose seinem Schwiegervater entgegen, fiel vor ihm nieder und küsste ihn. Dann fragten sie einander nach ihrem Wohlergehen und gingen ins Zelt. 8 Mose erzählte seinem Schwiegervater alles, was der HERR dem Pharao und den Ägyptern um Israels willen angetan hatte, auch von allen Schwierigkeiten, denen sie unterwegs begegnet waren, und wie der HERR sie gerettet hatte. 9 Jitro freute sich über alles, was der HERR an Israel Gutes getan hatte, als er es aus der Hand der Ägypter rettete. 10 Jitro sagte: Gepriesen sei der HERR, der euch aus der Hand der Ägypter und der Hand des Pharao gerettet hat; der das Volk unter der Hand der Ägypter weg errettet hat. 11 Jetzt weiß ich: Der HERR ist größer als alle Götter. Denn worin sie vermessen waren, das ist auf sie zurückgefallen. 12 Dann holte Jitro, der Schwiegervater des Mose, Brandopfer und Schlachtopfer für Gott. Aaron und alle Ältesten Israels kamen, um mit dem Schwiegervater des Mose vor dem Angesicht Gottes ein Mahl zu halten.

13 Am folgenden Morgen setzte sich Mose, um für das Volk Recht zu sprechen. Die Leute mussten vor Mose vom Morgen bis zum Abend anstehen. 14 Als der Schwiegervater des

Mose sah, was er alles für das Volk zu tun hat-
te, sagte er: Was soll das, was du da für das Volk
tust? Warum sitzt du hier allein und die vielen
Leute müssen vom Morgen bis zum Abend vor
dir anstehen? 15 Mose antwortete seinem
Schwiegervater: Weil das Volk zu mir kommt,
um Gott zu befragen. 16 Wenn sie einen Streit-
fall haben, kommt er zu mir. Ich entscheide
zwischen ihnen und teile ihnen die Gesetze
und Weisungen Gottes mit.

17 Da sagte der Schwiegervater zu Mose: Es
ist nicht gut, wie du das machst. 18 So richtest
du dich selbst zugrunde und auch das Volk, das
bei dir ist. Das ist zu schwer für dich; allein
kannst du es nicht bewältigen. 19 Nun hör zu,
ich will dir einen Rat geben und Gott wird mit
dir sein. Vertritt du das Volk vor Gott! Bring
ihre Angelegenheiten vor ihn, 20 unterrichte
sie in den Gesetzen und Weisungen und mach
sie mit dem Weg bekannt, auf dem sie gehen,
und mit dem Tun, nach dem sie handeln sol-
len! 21 Du aber sieh dich im ganzen Volk nach
tüchtigen, gottesfürchtigen und zuverlässigen
Männern um, die Bestechung ablehnen. Gib
dem Volk Vorsteher für je tausend, hundert,
fünfzig und zehn! 22 Sie sollen dem Volk jeder-
zeit als Richter zur Verfügung stehen. Alle
wichtigen Fälle sollen sie vor dich bringen, die
leichteren sollen sie selber entscheiden. Ent-
laste dich und lass sie mittragen! 23 Wenn du
das tust, sofern Gott zustimmt, bleibst du der
Aufgabe gewachsen und dieses ganze Volk
kann in Frieden heimkehren.

24 Mose hörte auf seinen Schwiegervater
und tat alles, was er vorschlug. 25 Mose wählte
sich tüchtige Männer in ganz Israel aus und
setzte sie als Hauptleute über das Volk ein, als
Vorsteher für je tausend, hundert, fünfzig und
zehn. 26 Sie standen dem Volk jederzeit als
Richter zur Verfügung. Die schwierigen Fälle
brachten sie vor Mose, alle leichteren entschie-
den sie selber.

27 Mose verabschiedete seinen Schwieger-
vater und dieser kehrte in sein Land zurück.

1: 2,18 / **3**: 2,22 / **13–26**: Dtn 1,9–18

OFFENBARUNG UND BUNDESSCHLUSS: 19,1–24,18

VERHEISSUNG: BUND, HEILIGES VOLK UND KÖNIGREICH VON PRIESTERN: 19,1–9

19 1 Im dritten Monat nach dem Auszug der
Israeliten aus Ägypten, an diesem Tag,
kamen sie in der Wüste Sinai an. 2 Sie waren von
Refidim aufgebrochen und kamen in die Wüste
Sinai. Sie schlugen in der Wüste das Lager auf.
Dort lagerte Israel gegenüber dem Berg.

3 Mose stieg zu Gott hinauf. Da rief ihm der
HERR vom Berg her zu: Das sollst du dem
Haus Jakob sagen und den Israeliten verkün-
den: 4 Ihr habt gesehen, was ich den Ägyptern
angetan habe, wie ich euch auf Adlerflügeln
getragen und zu mir gebracht habe. 5 Jetzt aber,
wenn ihr auf meine Stimme hört und meinen
Bund haltet, werdet ihr unter allen Völkern
mein besonderes Eigentum sein. Mir gehört
die ganze Erde, 6 ihr aber sollt mir als ein Kö-
nigreich von Priestern und als ein heiliges Volk
gehören. Das sind die Worte, die du den Isra-
eliten mitteilen sollst.

7 Mose ging und rief die Ältesten des Volkes
zusammen. Er legte ihnen alles vor, was der
HERR ihm aufgetragen hatte. 8 Das ganze Volk
antwortete einstimmig und erklärte: Alles,
was der HERR gesagt hat, wollen wir tun.
Mose überbrachte dem HERRN die Antwort
des Volkes. 9 Der HERR sprach zu Mose: Ich
werde zu dir in einer dichten Wolke kommen;
das Volk soll es hören, wenn ich mit dir rede,
damit sie auch dir für immer vertrauen. Da
berichtete Mose dem HERRN, was das Volk
gesagt hatte.

2: Num 33,15 / **3**: Gen 46,27; Ex 1,5 / **5–6**: 1 Petr 2,9

GOTTESERSCHEINUNG: 19,10–25

10 Der HERR sprach zu Mose: Geh zum Volk!
Heilige sie heute und morgen! Sie sollen ihre
Kleider waschen 11 und sich für den dritten Tag
bereithalten. Am dritten Tag nämlich wird der
HERR vor den Augen des ganzen Volkes auf
den Berg Sinai herabsteigen. 12 Zieh um das
Volk eine Grenze und sag: Hütet euch, auf den
Berg zu steigen oder auch nur seinen Fuß zu
berühren! Jeder, der den Berg berührt, hat den
Tod verdient. 13 Keine Hand soll den Berg be-

rühren. Wer es aber tut, soll gesteinigt oder
mit Pfeilen erschossen werden; sei es Tier oder
Mensch, es darf nicht am Leben bleiben. Erst
wenn das Horn ertönt, dürfen sie auf den Berg
steigen.

14 Mose stieg vom Berg zum Volk hinunter
und heiligte das Volk. Dann wuschen sie ihre
Kleider. 15 Er sagte zum Volk: Haltet euch für
den dritten Tag bereit! Berührt keine Frau!
16 Am dritten Tag, im Morgengrauen, begann
es zu donnern und zu blitzen. Schwere Wol-
ken lagen über dem Berg und gewaltiger Hör-
nerschall erklang. Das ganze Volk im Lager
begann zu zittern. 17 Mose führte das Volk aus
dem Lager hinaus Gott entgegen. Unten am
Berg blieben sie stehen. 18 Der ganze Sinai war
in Rauch gehüllt, denn der HERR war im Feu-
er auf ihn herabgestiegen. Der Rauch stieg vom
Berg auf wie Rauch aus einem Schmelzofen.
Der ganze Berg bebte gewaltig 19 und der Hör-
nerschall wurde immer lauter. Mose redete
und Gott antwortete ihm mit verstehbarer
Stimme.

20 Der HERR war auf den Sinai, auf den Gip-
fel des Berges, herabgestiegen. Er hatte Mose
zu sich auf den Gipfel des Berges gerufen und
Mose war hinaufgestiegen. 21 Da sprach der
HERR zu Mose: Geh hinunter und schärfe
dem Volk ein, sich nicht an den HERRN he-
ranzudringen, um zu schauen, sonst müssen
viele von ihnen umkommen. 22 Auch die Pries-
ter, die sich dem HERRN nähern, müssen sich
geheiligt haben, damit der HERR in ihre Rei-
hen keine Bresche schlägt. 23 Mose entgegnete
dem HERRN: Das Volk kann nicht auf den
Sinai steigen. Denn du selbst hast uns einge-
schärft: Zieh eine Grenze um den Berg und
erklär ihn für heilig! 24 Doch der HERR sprach
zu ihm: Geh hinunter und komm zusammen
mit Aaron wieder herauf! Die Priester aber und
das Volk sollen nicht versuchen, hinaufzustei-
gen und zum HERRN vorzudringen, damit er
nicht in ihre Reihen eine Bresche schlägt. 25 Da
ging Mose zum Volk hinunter und sagte es
ihnen.

16–25: Dtn 5,2–5.25–31

DIE ZEHN GEBOTE: 20,1–17

20 1 Dann sprach Gott alle diese Worte:
2 Ich bin der HERR, dein Gott, der
dich aus dem Land Ägypten geführt hat, aus
dem Sklavenhaus. 3 Du sollst neben mir keine
anderen Götter haben. 4 Du sollst dir kein
Kultbild machen und keine Gestalt von ir-
gendetwas am Himmel droben, auf der Erde
unten oder im Wasser unter der Erde. 5 Du
sollst dich nicht vor ihnen niederwerfen und
ihnen nicht dienen. Denn ich bin der HERR,
dein Gott, ein eifersüchtiger Gott: Ich suche
die Schuld der Väter an den Kindern heim, an
der dritten und vierten Generation, bei denen,
die mich hassen; 6 doch ich erweise Tausenden
meine Huld bei denen, die mich lieben und
meine Gebote bewahren.

7 Du sollst den Namen des HERRN, deines
Gottes, nicht missbrauchen; denn der HERR
lässt den nicht ungestraft, der seinen Namen
missbraucht.

8 Gedenke des Sabbats: Halte ihn heilig!
9 Sechs Tage darfst du schaffen und all deine
Arbeit tun. 10 Der siebte Tag ist ein Ruhetag,
dem HERRN, deinem Gott, geweiht. An ihm
darfst du keine Arbeit tun: du und dein Sohn
und deine Tochter, dein Sklave und deine Skla-
vin und dein Vieh und dein Fremder in deinen
Toren. 11 Denn in sechs Tagen hat der HERR
Himmel, Erde und Meer gemacht und alles,
was dazugehört; am siebten Tag ruhte er. Da-
rum hat der HERR den Sabbat gesegnet und
ihn geheiligt.

12 Ehre deinen Vater und deine Mutter, da-
mit du lange lebst in dem Land, das der HERR,
dein Gott, dir gibt!

13 Du sollst nicht töten.

14 Du sollst nicht die Ehe brechen.

15 Du sollst nicht stehlen.

16 Du sollst nicht falsch gegen deinen Nächs-
ten aussagen.

17 Du sollst nicht das Haus deines Nächsten
begehren. Du sollst nicht die Frau deines
Nächsten begehren, nicht seinen Sklaven oder
seine Sklavin, sein Rind oder seinen Esel oder
irgendetwas, das deinem Nächsten gehört.

2–17: Dtn 5,6–21 / **5**: 34,14 / **8**: 23,12; 31,15; 34,21; 35,2; Lev 23,3; Dtn 5,13 / **11**: Gen 2,2–3

MOSE ALS MITTLER: 20,18–21

18 Das ganze Volk erlebte, wie es donnerte und
blitzte, wie Hörner erklangen und der Berg
rauchte. Da bekam das Volk Angst, es zitterte
und hielt sich in der Ferne. 19 Sie sagten zu
Mose: Rede du mit uns, dann wollen wir
hören! Gott soll nicht mit uns reden, sonst
sterben wir. 20 Da sagte Mose zum Volk: Fürch-
tet euch nicht! Gott ist gekommen, um euch
auf die Probe zu stellen. Die Furcht vor ihm

soll über euch kommen, damit ihr nicht sün-
digt. 21 Das Volk hielt sich in der Ferne und
Mose näherte sich der dunklen Wolke, dort,
wo Gott war.

DAS ALTARGESETZ: 20,22–26

22 Der HERR sprach zu Mose: Sag den Israe-
liten: Ihr habt gesehen, dass ich vom Himmel
her mit euch geredet habe. 23 Ihr sollt euch
neben mir nichts machen. Weder Götter aus
Silber noch Götter aus Gold sollt ihr euch
machen. 24 Du sollst mir einen Altar aus Erde
machen und darauf deine Brandopfer und
Heilsopfer, deine Schafe, Ziegen und Rinder
schlachten. An jedem Ort, an dem ich mei-
nem Namen ein Gedächtnis stifte, will ich zu
dir kommen und dich segnen. 25 Wenn du
mir einen Altar aus Steinen machst, so sollst
du ihn nicht aus behauenen Quadern bauen.
Du entweihst ihn, wenn du mit einem Mei-
ßel daran arbeitest. 26 Du sollst nicht auf
Stufen zu meinem Altar hinaufsteigen, da-
mit deine Blöße dabei nicht zum Vorschein
komme.

25: Dtn 27,5–6

EINLEITUNG ZUM BUNDESBUCH: 21,1

21 1 Das sind die Rechtsentscheide, die du
ihnen vorlegen sollst:

HEBRÄISCHE SKLAVEN: 21,2–11

2 Wenn du einen hebräischen Sklaven kaufst,
soll er sechs Jahre Sklave bleiben, im siebten
Jahr soll er ohne Entgelt als freier Mann entlas-
sen werden. 3 Ist er allein gekommen, soll er
allein gehen. War er verheiratet, soll seine Frau
mitgehen. 4 Hat ihm sein Herr eine Frau gege-
ben und hat sie ihm Söhne oder Töchter gebo-
ren, dann gehören Frau und Kinder ihrem
Herrn und er muss allein gehen. 5 Erklärt aber
der Sklave: Ich liebe meinen Herrn, meine Frau
und meine Kinder und will nicht als freier
Mann fortgehen, 6 dann soll ihn sein Herr vor
Gott bringen, er soll ihn an die Tür oder an
den Torpfosten bringen und ihm das Ohr mit
einem Pfriem durchbohren; dann bleibt er für
immer sein Sklave.

7 Wenn einer seine Tochter als Sklavin ver-
kauft hat, soll sie nicht wie andere Sklaven
entlassen werden. 8 Mag sie der Herr nicht
mehr, der sie für sich selbst bestimmt hat, dann
soll er sie zurückkaufen lassen. Er hat nicht das
Recht, sie an Fremde zu verkaufen, da er seine
Zusage nicht eingehalten hat. 9 Hat er sie für
seinen Sohn bestimmt, verfahre er mit ihr
nach dem Recht, das für Töchter gilt. 10 Nimmt
er sich noch eine andere Frau, darf er sie in
Nahrung, Kleidung und Beischlaf nicht be-
nachteiligen. 11 Wenn er ihr diese drei Dinge
nicht gewährt, darf sie unentgeltlich, ohne
Bezahlung, gehen.

TODESWÜRDIGE VERBRECHEN: 21,12–17

12 Wer einen Menschen so schlägt, dass er
stirbt, hat den Tod verdient. 13 Wenn er ihm
aber nicht aufgelauert hat, sondern Gott es
durch seine Hand geschehen ließ, werde ich
dir einen Ort festsetzen, an den er fliehen
kann. 14 Hat einer vorsätzlich gehandelt und
seinen Mitbürger aus dem Hinterhalt umge-
bracht, sollst du ihn von meinem Altar weg-
holen, damit er stirbt.

15 Wer seinen Vater oder seine Mutter
schlägt, hat den Tod verdient.

16 Wer einen Menschen raubt, gleichgül-
tig, ob er ihn verkauft hat oder ob man ihn
noch in seiner Hand vorfindet, hat den Tod
verdient.

17 Wer seinen Vater oder seine Mutter ver-
flucht, hat den Tod verdient.

VERLETZUNG KÖRPERLICHER UNVERSEHRTHEIT: 21,18–32

18 Wenn Männer in Streit geraten und einer
den andern mit einem Stein oder einer Hacke
verletzt, sodass er zwar nicht stirbt, aber bett-
lägerig wird, 19 später wieder aufstehen und
mit Krücken draußen umhergehen kann, so
ist der freizusprechen, der geschlagen hat; nur
für die Arbeitsunfähigkeit des Geschädigten
muss er Ersatz leisten und er muss für die
Heilung aufkommen. 20 Wenn einer seinen
Sklaven oder seine Sklavin mit dem Stock so
schlägt, dass er unter seiner Hand stirbt, dann
muss er unbedingt gerächt werden. 21 Wenn
er noch einen oder zwei Tage am Leben bleibt,
dann soll den Täter keine Rache treffen; es geht
ja um sein eigenes Geld. 22 Wenn Männer mit-
einander raufen und dabei eine schwangere
Frau treffen, sodass ihre Kinder abgehen, ohne
dass ein weiterer Schaden entsteht, dann muss
der Täter eine Buße zahlen, die ihm der Ehe-
mann der Frau auferlegt; er muss die Zahlung
nach dem Urteil von Schiedsrichtern leisten.

21,1–23,33 Diese Gesetzessammlung bezeichnet man heute als Bundesbuch (vgl. 24,7).

23 Ist weiterer Schaden entstanden, dann
musst du geben: Leben für Leben, 24 Auge für
Auge, Zahn für Zahn, Hand für Hand, Fuß für
Fuß, 25 Brandmal für Brandmal, Wunde für
Wunde, Strieme für Strieme. 26 Wenn einer
seinem Sklaven oder seiner Sklavin ein Auge
ausschlägt, soll er ihn für das ausgeschlagene
Auge freilassen. 27 Wenn er seinem Sklaven
oder seiner Sklavin einen Zahn ausschlägt, soll
er ihn für den ausgeschlagenen Zahn freilas-
sen. 28 Wenn ein Rind einen Mann oder eine
Frau so stößt, dass der Betreffende stirbt, dann
muss man das Rind steinigen und sein Fleisch
darf man nicht essen; der Eigentümer des
Rinds aber bleibt straffrei. 29 Hat das Rind aber
schon früher gestoßen und hat der Eigentü-
mer, obwohl man ihn darauf aufmerksam ge-
macht hat, auf das Tier nicht aufgepasst, so-
dass es einen Mann oder eine Frau getötet hat,
dann soll man das Rind steinigen und auch
sein Eigentümer muss sterben. 30 Will man
ihm stattdessen eine Sühneleistung auferle-
gen, soll er als Lösegeld für sein Leben so viel
geben, wie man von ihm fordert. 31 Stößt das
Rind einen Sohn oder eine Tochter, verfahre
man nach dem gleichen Recht. 32 Stößt das
Rind einen Sklaven oder eine Sklavin, soll der
Eigentümer dem Herrn dreißig Silberschekel
zahlen; das Rind aber soll gesteinigt werden.

24: Lev 24,19–20; Dtn 19,21

HAFTUNG: 21,33–22,14

33 Wenn jemand einen Brunnen offen lässt
oder einen Brunnen gräbt, ohne ihn abzude-
cken, und es fällt ein Rind oder ein Esel hinein,
34 dann soll der Eigentümer des Brunnens Er-
satz leisten; er soll dem Eigentümer des Tieres
Geld zahlen, das verendete Tier aber gehört
ihm. 35 Wenn jemandes Rind das Rind eines
anderen stößt, sodass es eingeht, soll man das
lebende Rind verkaufen und den Erlös auftei-
len; auch das verendete Rind soll man auftei-
len. 36 Wenn jedoch der Eigentümer wusste,
dass das Rind schon früher stößig war, aber
trotzdem nicht darauf aufgepasst hat, soll er
das Rind ersetzen, Rind für Rind, das veren-
dete Rind aber gehört ihm.

37 Wenn einer ein Rind oder ein Schaf stiehlt
und es schlachtet oder verkauft, soll er fünf
Stück Großvieh für das Rind oder vier Stück
Kleinvieh für das Schaf als Ersatz geben.

22 1 Wird ein Dieb beim Einbruch ertappt
und so geschlagen, dass er stirbt, so
entsteht dadurch keine Blutschuld. 2 Doch ist
darüber bereits die Sonne aufgegangen, dann
entsteht Blutschuld. Ein Dieb muss Ersatz leis-
ten. Besitzt er nichts, soll man ihn für den
Wert des Gestohlenen verkaufen. 3 Findet man
das Gestohlene, sei es Rind, Esel oder Schaf,
noch lebend in seinem Besitz, dann soll er dop-
pelten Ersatz leisten.

4 Wenn jemand ein Feld oder einen Wein-
berg abweiden lässt und lässt sein Vieh frei
laufen, sodass es das Feld eines anderen ab-
weidet, dann soll er den besten Ertrag seines
Feldes oder Weinbergs als Ersatz dafür ge-
ben. 5 Breitet sich das Feuer aus, erfasst es
eine Dornenhecke und vernichtet einen
Getreidehaufen, auf dem Halm stehendes
Getreide oder ein Feld, dann soll der für den
Brand Verantwortliche den Schaden erset-
zen.

6 Übergibt jemand einem andern Geld oder
Gerät zur Aufbewahrung und es wird aus des-
sen Haus gestohlen, dann soll der Dieb, wenn
man ihn findet, doppelten Ersatz leisten.
7 Findet man den Dieb nicht, soll der Haus-
herr vor Gott erklären, dass er sich nicht
selbst am Eigentum des andern vergriffen
hat. 8 Wenn jemandem etwas veruntreut
wurde, ein Rind, ein Esel, ein Schaf, ein Kleid
oder sonst etwas, und er behauptet: Ja, das ist
es, dann soll der Streitfall der beiden vor Gott
kommen. Wen Gott als schuldig bezeichnet,
soll dem andern doppelten Ersatz leisten.
9 Wenn jemand einem andern einen Esel, ein
Rind, ein Schaf oder sonst ein Haustier zur
Verwahrung übergibt und das Tier eingeht,
sich etwas bricht oder fortgetrieben wird,
ohne dass es jemand sieht, 10 dann soll ein Eid
beim HERRN Klarheit darüber schaffen, dass
der eine sich nicht am Eigentum des andern
vergriffen hat. Der Eigentümer soll an sich
nehmen, was noch da ist, ohne dass der an-
dere Ersatz zu leisten hätte. 11 Ist es ihm aber
gestohlen worden, muss er dem Eigentümer
Ersatz leisten. 12 Ist das Tier gerissen worden,
bringe er es zum Beweis herbei; dann braucht
er für das Gerissene keinen Ersatz zu leisten.
13 Leiht jemand von einem andern ein Tier
und bricht es sich etwas oder geht ein, und
zwar in Abwesenheit des Eigentümers, so
muss er Ersatz leisten. 14 War der Eigentümer
aber anwesend, so braucht der andere keinen
Ersatz zu leisten. Ist er Taglöhner, so geht es
von seinem Lohn ab.

RECHTSSCHUTZ DER UNVERHEIRATETEN FRAU: 22,15–16

15 Wenn jemand ein noch nicht verlobtes
Mädchen verführt und bei ihm schläft, dann
soll er das Brautgeld zahlen und sie zur Frau
nehmen. 16 Weigert sich aber ihr Vater, sie ihm
zu geben, dann hat er ihm so viel zu zahlen,
wie der Brautpreis für eine Jungfrau beträgt.

TODESWÜRDIGE VERBRECHEN: 22,17–19

17 Eine Zauberin sollst du nicht am Leben las-
sen. 18 Jeder, der mit einem Tier verkehrt, hat
den Tod verdient. 19 Wer einer Gottheit außer
dem HERRN Schlachtopfer darbringt, soll
dem Bann verfallen.

VERBOT DER AUSBEUTUNG VON SCHWACHEN: 22,20–26

20 Einen Fremden sollst du nicht ausnützen
oder ausbeuten, denn ihr selbst seid im Land
Ägypten Fremde gewesen.

21 Ihr sollt keine Witwe oder Waise ausnüt-
zen. 22 Wenn du sie ausnützt und sie zu mir
schreit, werde ich auf ihren Klageschrei hören.
23 Mein Zorn wird entbrennen und ich werde
euch mit dem Schwert umbringen, sodass
eure Frauen zu Witwen und eure Söhne zu
Waisen werden.

24 Leihst du einem aus meinem Volk, einem
Armen, der neben dir wohnt, Geld, dann sollst
du dich gegen ihn nicht wie ein Gläubiger be-
nehmen. Ihr sollt von ihm keinen Zins for-
dern. 25 Nimmst du von einem Mitbürger den
Mantel zum Pfand, dann sollst du ihn bis Son-
nenuntergang zurückgeben; 26 denn es ist sei-
ne einzige Decke, der Mantel, mit dem er sei-
nen bloßen Leib bedeckt. Worin soll er sonst
schlafen? Wenn er zu mir schreit, höre ich es,
denn ich habe Mitleid.

FLUCH, ERSTGEBURT, REINHEIT: 22,27–30

27 Du sollst Gott nicht verächtlich machen
und den Fürsten deines Volkes nicht verflu-
chen.

28 Deinen Reichtum und Überfluss sollst du
nicht für dich behalten. Den Erstgeborenen
unter deinen Söhnen sollst du mir geben.
29 Ebenso sollst du es mit deinen Rindern,
Schafen und Ziegen halten. Sieben Tage sollen
sie bei ihrer Mutter bleiben, am achten Tag
sollst du sie mir übergeben.

30 Als heilige Männer sollt ihr mir gehören.
Fleisch von einem Tier, das auf dem Feld ge-
rissen wurde, sollt ihr nicht essen; ihr sollt es
den Hunden vorwerfen.

GERECHTIGKEIT VOR GERICHT, FEINDESLIEBE: 23,1–9

23 1 Du sollst kein leeres Gerücht verbrei-
ten. Biete deine Hand nicht dem, der
Unrecht hat, indem du als falscher Zeuge auf-
trittst! 2 Du sollst dich nicht der Mehrheit an-
schließen, wenn sie im Unrecht ist, und sollst
in einem Rechtsstreit nicht so aussagen, dass
du dich der Mehrheit fügst und das Recht
beugst. 3 Du sollst auch den Geringen in sei-
nem Rechtsstreit nicht begünstigen.

4 Wenn du dem verirrten Rind oder dem
Esel deines Feindes begegnest, sollst du ihm
das Tier zurückbringen. 5 Wenn du siehst, wie
der Esel deines Feindes unter seiner Last zu-
sammenbricht, dann lass ihn nicht im Stich,
sondern leiste ihm Hilfe!

6 Du sollst das Recht des Armen in seinem
Rechtsstreit nicht beugen. 7 Von einem unlau-
teren Verfahren sollst du dich fernhalten. Wer
unschuldig und im Recht ist, den bring nicht
um sein Leben; denn ich spreche den Schuldi-
gen nicht frei. 8 Du sollst dich nicht bestechen
lassen; denn Bestechung macht Sehende blind
und verkehrt die Sache derer, die im Recht
sind.

9 Einen Fremden sollst du nicht ausbeuten.
Ihr wisst doch, wie es einem Fremden zumute
ist; denn ihr selbst seid im Land Ägypten
Fremde gewesen.

SABBATJAHR UND SABBAT: 23,10–13

10 Sechs Jahre kannst du in deinem Land säen
und die Ernte einbringen; 11 im siebten sollst
du es brachliegen lassen und nicht bestellen.
Die Armen in deinem Volk sollen davon
essen, den Rest mögen die Tiere des Feldes
fressen. Das Gleiche sollst du mit deinem
Weinberg und deinen Ölbäumen tun. 12 Sechs
Tage kannst du deine Arbeit verrichten, am
siebten Tag aber sollst du ruhen, damit dein
Rind und dein Esel ausruhen und der Sohn
deiner Sklavin und der Fremde zu Atem kom-
men.

13 Auf alles, was ich euch gesagt habe, sollt
ihr achten. Den Namen eines anderen Gottes
sollt ihr nicht aussprechen, er soll dir nicht
über die Lippen kommen.

DIE DREI FESTE, OPFERVORSCHRIFTEN:
23,14–19
14 Dreimal im Jahr sollst du mir ein Fest feiern.
15 Du sollst das Fest der Ungesäuerten Brote
halten. Im Monat Abib sollst du zur festgesetz-
ten Zeit sieben Tage lang ungesäuertes Brot
essen, wie ich es dir geboten habe. Denn in
diesem Monat bist du aus Ägypten ausgezo-
gen. Man soll nicht mit leeren Händen vor
meinem Angesicht erscheinen. 16 Du sollst
auch das Fest der Ernte, des ersten Ertrags dei-
ner Aussaat auf dem Feld, halten, ebenso das
Fest der Lese am Ende des Jahres, wenn du den
Ertrag deines Feldes eingebracht hast. 17 Drei-
mal im Jahr sollen alle deine Männer vor dem
Antlitz des Herrn erscheinen, vor dem HERRN.

18 Beim Schlachten sollst du das Blut meines
Opfers nicht über gesäuertes Brot fließen las-
sen. Das Fett meines Festopfers darf nicht bis
zum Morgen liegen bleiben. 19 Von den Erst-
lingsfrüchten deines Ackers sollst du die bes-
ten in das Haus des HERRN, deines Gottes,
bringen. Das Junge einer Ziege sollst du nicht
in der Milch seiner Mutter kochen.

14–17: 34,18–23; Dtn 16,1–16 / **19:** 34,26; Dtn 14,21

ABSCHLUSS DES BUNDESBUCHES:
WARNUNG UND VERHEISSUNG: 23,20–33
20 Siehe, Ich werde einen Engel schicken, der
dir vorausgeht. Er soll dich auf dem Weg
schützen und dich an den Ort bringen, den ich
bestimmt habe. 21 Achte auf ihn und hör auf
seine Stimme! Widersetz dich ihm nicht! Er
würde es nicht ertragen, wenn ihr euch auf-
lehnt; denn in ihm ist mein Name gegenwär-
tig. 22 Wenn du auf seine Stimme hörst und
alles tust, was ich sage, dann werde ich der
Feind deiner Feinde sein und alle in die Enge
treiben, die dich bedrängen. 23 Denn mein En-
gel wird vor dir hergehen und dich zu den
Amoritern, Hetitern, Perisitern, Kanaanitern,
Hiwitern und Jebusitern führen und ich wer-
de sie vernichten.

24 Du sollst dich vor ihren Göttern nicht nie-
derwerfen und ihnen nicht dienen. Du sollst
keine Kultgegenstände herstellen wie sie, son-
dern sie zerstören und ihre Steinmale zer-
schlagen. 25 Wenn ihr dem HERRN, eurem
Gott, dient, wird er dein Brot und dein Wasser
segnen. Ich werde Krankheiten von dir fern-
halten. 26 In deinem Land wird es keine Frau
geben, die eine Fehlgeburt hat oder kinderlos
bleibt. Ich lasse dich die volle Zahl deiner Le-
benstage erreichen. 27 Ich sende meinen Schre-
cken vor dir her, ich verwirre jedes Volk, zu
dem du kommst, und alle deine Feinde lasse
ich vor dir die Flucht ergreifen. 28 Ich lasse vor
dir Panik ausbrechen; sie wird die Hiwiter,
Kanaaniter und Hetiter vor dir hertreiben.
29 Ich vertreibe sie aber nicht gleich im ersten
Jahr; sonst verödet das Land und die wilden
Tiere könnten zu deinem Schaden überhand-
nehmen. 30 Nur allmählich will ich sie vor dir
zurückdrängen, bis du so zahlreich geworden
bist, dass du das Land in Besitz nehmen kannst.
31 Ich setze deine Landesgrenzen fest vom
Roten Meer bis zum Philistermeer, von der
Wüste bis zum Strom.

Wenn ich die Einwohner des Landes in dei-
ne Hand gebe und du sie vertreibst, 32 dann
sollst du keinen Bund mit ihnen und ihren
Göttern schließen. 33 Sie sollen nicht in dei-
nem Land bleiben. Sonst könnten sie dich zur
Sünde gegen mich verführen, wenn du ihren
Göttern dienst; denn dann würde dir das zu
einer Falle.

24: 20,5; Dtn 5,9; 13,3 / **28:** Dtn 7,20; Jos 24,12

BUNDESSCHLUSS UND
GOTTESERSCHEINUNG: 24,1–18
24 1 Zu Mose sprach er: Steig zum HERRN
hinauf zusammen mit Aaron, Nadab,
Abihu und mit siebzig von den Ältesten Isra-
els; werft euch in einiger Entfernung nieder!
2 Mose allein soll sich dem HERRN nähern, die
anderen dürfen nicht näherkommen und das
Volk darf den Berg nicht mit ihm zusammen
besteigen.

3 Mose kam und übermittelte dem Volk alle
Worte und Rechtssatzungen des HERRN. Das
ganze Volk antwortete einstimmig und sagte:
Alles, was der HERR gesagt hat, wollen wir
tun. 4 Mose schrieb alle Worte des HERRN auf.
Am frühen Morgen stand er auf und errichte-
te am Fuß des Berges einen Altar und zwölf
Steinmale für die zwölf Stämme Israels. 5 Er
schickte die jungen Männer der Israeliten aus
und sie brachten Brandopfer dar und schlach-
teten junge Stiere als Heilsopfer für den
HERRN. 6 Mose nahm die Hälfte des Blutes
und goss es in eine Schüssel, mit der anderen
Hälfte besprengte er den Altar. 7 Darauf nahm
er das Buch des Bundes und verlas es vor dem

23,31 Der Strom ist der Eufrat. Der Eufrat markiert in ei-
ner Idealgeografie des verheißenen Landes die maximale
Nordgrenze. Vgl. z. B. Gen 15,18 u. a.

Volk. Sie antworteten: Alles, was der HERR
gesagt hat, wollen wir tun; und wir wollen es
hören. 8 Da nahm Mose das Blut, besprengte
damit das Volk und sagte: Das ist das Blut des
Bundes, den der HERR aufgrund all dieser
Worte mit euch schließt. 9 Danach stiegen
Mose, Aaron, Nadab, Abihu und die siebzig
von den Ältesten Israels hinauf 10 und sie
schauten den Gott Israels. Die Fläche unter
seinen Füßen war wie mit blauem Edelstein
ausgelegt und glänzte hell wie der Himmel
selbst. 11 Gott streckte seine Hand nicht gegen
die Vornehmen der Israeliten aus; sie durften
Gott schauen und sie aßen und tranken.

12 Der HERR sprach zu Mose: Komm herauf
zu mir auf den Berg und bleib hier! Ich will dir
die Steintafeln übergeben, die Weisung und
das Gebot, die ich darauf geschrieben habe,
um sie zu unterweisen. 13 Da erhob sich Mose
mit seinem Diener Josua. Mose stieg den Got-
tesberg hinauf. 14 Zu den Ältesten sagte er:
Bleibt hier, bis wir zu euch zurückkehren; Aa-
ron und Hur sind ja bei euch. Wer ein Anliegen
hat, wende sich an sie. 15 Dann stieg Mose auf
den Berg und die Wolke bedeckte den Berg.
16 Die Herrlichkeit des HERRN nahm Woh-
nung auf dem Berg Sinai und die Wolke be-
deckte den Berg sechs Tage lang. Am siebten
Tag rief er mitten aus der Wolke Mose herbei.
17 Die Erscheinung der Herrlichkeit des HERRN
auf dem Gipfel des Berges zeigte sich vor den
Augen der Israeliten wie verzehrendes Feuer.
18 Mose ging mitten in die Wolke hinein und
stieg auf den Berg hinauf. Vierzig Tage und
vierzig Nächte blieb Mose auf dem Berg.

4: 32,19 / **10**: Ez 1,26 / **12**: 31,18 / **18**: 34,28

GRUNDLEGUNG DER ORDNUNG VON HEILIGTUM UND LITURGIE: 25,1–31,17

DAS HEILIGTUM UND SEINE GERÄTE: 25,1–27,21

25 1 Der HERR sprach zu Mose: 2 Sag zu
den Israeliten, sie sollen für mich eine
Abgabe erheben! Von jedem, den sein Herz
dazu bewegt, sollt ihr die Abgabe erheben.
3 Das ist die Abgabe, die ihr von ihnen erheben
sollt: Gold und Silber und Kupfer, 4 violetten
und roten Purpur, Karmesin, Byssus, Ziegen-
haare, 5 rötliche Widderfelle, Tahaschhäute
und Akazienholz; 6 Öl für den Leuchter, Bal-
same für das Salböl und für duftendes Räu-
cherwerk; 7 Karneolsteine und Ziersteine für
Efod und Brusttasche. 8 Sie sollen mir ein Hei-
ligtum machen! Dann werde ich in ihrer Mit-
te wohnen. 9 Genau wie ich es dir zeige, nach
dem Modell der Wohnung und nach dem Mo-
dell all ihrer Gegenstände sollt ihr es machen.

10 Sie sollen eine Lade aus Akazienholz ma-
chen, zweieinhalb Ellen lang, anderthalb Ellen
breit und anderthalb Ellen hoch! 11 Überzieh
sie mit purem Gold, innen und außen sollst du
sie überziehen. Bring daran ringsherum eine
Goldleiste an! 12 Gieß für sie vier Goldringe
und befestige sie an ihren vier unteren Ecken,
zwei Ringe an der einen Seite und zwei Ringe
an der anderen Seite! 13 Fertige Stangen aus
Akazienholz an und überzieh sie mit Gold!
14 Steck die Stangen durch die Ringe an den
Seiten der Lade, sodass man die Lade damit
tragen kann! 15 Die Stangen sollen in den Rin-
gen der Lade bleiben; man soll sie nicht he-
rausziehen. 16 In die Lade sollst du das Bundes-
zeugnis legen, das ich dir gebe. 17 Verfertige
auch eine Sühneplatte aus purem Gold, zwei-
einhalb Ellen lang und anderthalb Ellen breit!
18 Mach zwei Kerubim aus getriebenem Gold
und arbeite sie aus den beiden Enden der
Sühneplatte heraus! 19 Arbeite einen Kerub aus
dem einen Ende heraus und einen anderen
Kerub aus dem anderen Ende; aus der Sühne-
platte arbeitet die Kerubim heraus, an ihren
beiden Enden! 20 Die Kerubim sollen die Flügel
nach oben ausbreiten, mit ihren Flügeln die
Sühneplatte beschirmen und sie sollen ihre
Gesichter einander zuwenden; der Sühneplat-
te sollen die Gesichter der Kerubim zuge-
wandt sein. 21 Setze die Sühneplatte oben auf
die Lade und in die Lade leg das Bundeszeug-
nis, das ich dir gebe! 22 Ich werde dir dort be-

25,7 Das Efod ist hier ein Kleidungsstück des Priesters (vgl. Ex 28,6–14). In Ri 8,24–27 und 18,14–20 scheint der Begriff Efod hingegen eher ein Kultobjekt zu bezeichnen.

gegnen und dir über der Sühneplatte zwischen
den beiden Kerubim, die auf der Lade des Bun-
deszeugnisses sind, alles sagen, was ich dir für
die Israeliten auftragen werde.

23 Mach einen Tisch aus Akazienholz, zwei
Ellen lang, eine Elle breit und anderthalb Ellen
hoch! 24 Überzieh ihn mit purem Gold und
bring daran ringsherum eine Goldleiste an!
25 Mach ihm ringsherum eine handbreite Ein-
fassung und verfertige um diese Einfassung
eine goldene Leiste! 26 Mach ihm vier Goldrin-
ge und befestige die Ringe an den vier Ecken,
die von seinen vier Füßen gebildet werden!
27 Die Ringe sollen dicht unter der Einfassung
die Stangen aufnehmen, mit denen man den
Tisch trägt. 28 Mach die Stangen aus Akazien-
holz und überzieh sie mit Gold! Mit ihnen soll
man den Tisch tragen. 29 Mach seine Schüsseln
und seine Schalen und seine Kannen und seine
Krüge für die Trankopfer an! Aus purem Gold
sollst du sie machen. 30 Auf dem Tisch sollst
du ständig Schaubrote vor mir auflegen.

31 Mach einen Leuchter aus purem Gold! Der
Leuchter, sein Gestell und sein Schaft, seine
Kelche, Knospen und Blüten sollen aus einem
Stück getrieben sein. 32 Von seinen Seiten sol-
len sechs Arme ausgehen, drei Leuchterarme
auf der einen Seite und drei Leuchterarme auf
der anderen Seite. 33 Der erste Arm soll drei
mandelblütenförmige Kelche mit je einer
Knospe und einer Blüte aufweisen und der
zweite Arm soll drei mandelblütenförmige
Kelche mit je einer Knospe und einer Blüte
aufweisen; so alle sechs Arme, die von dem
Leuchter ausgehen. 34 Am Leuchter sollen vier
mandelblütenförmige Kelche mit Knospen
und Blüten sein, 35 eine Knospe unter dem ers-
ten Paar seiner Arme, eine Knospe unter dem
zweiten Paar seiner Arme und eine Knospe
unter dem dritten Paar seiner Arme, bei allen
sechs Armen, die vom Leuchter ausgehen.
36 Seine Knospen und seine Arme sollen aus
ihm herausgetrieben und aus purem Gold
sein. 37 Dann mach für den Leuchter sieben
Lampen und setze seine Lampen so auf, dass
sie das Licht nach vorn fallen lassen; 38 dazu
Dochtscheren und Pfannen aus purem Gold.
39 Aus einem Talent puren Goldes soll man den
Leuchter und alle diese Geräte machen. 40 Sieh
zu, dass du es nach dem Modell ausführst, das
dir auf dem Berg gezeigt worden ist!

26 1 Die Wohnung sollst du aus zehn Zelt-
tüchern herstellen; aus gezwirntem
Byssus, violettem und rotem Purpur und Kar-
mesin mit Kerubim sollst du sie machen, wie
es ein Kunstweber macht. 2 Ein Zelttuch soll
achtundzwanzig Ellen lang und vier Ellen breit
sein; alle Zelttücher sollen dasselbe Maß ha-
ben. 3 Fünf Zelttücher sollen verbunden sein,
eins mit dem anderen, und nochmals fünf
Zelttücher sollen verbunden sein, eins mit
dem anderen. 4 Mach Schleifen aus violettem
Purpur am Rand des einen Zelttuchs, am Ende
des zusammengefügten Stückes; ebenso sollst
du es am Rand des letzten Zelttuchs des außen
zusammengefügten Stückes machen. 5 Fünf-
zig Schleifen sollst du an dem einen Zelttuch
anbringen und fünfzig Schleifen am Zelt-
tuchende des zweiten zusammengefügten
Stückes; die Schleifen sollen einander entspre-
chen. 6 Du sollst fünfzig Goldhaken machen
und die Zelttücher mit den Haken verbinden,
eines mit dem andern; so soll die Wohnung
ein Ganzes bilden.

7 Mach Decken aus Ziegenhaar für das Zelt
über der Wohnung; elf Decken sollst du her-
stellen. 8 Eine Decke soll dreißig Ellen lang und
vier Ellen breit sein; die elf Decken sollen das-
selbe Maß haben. 9 Verbinde fünf Decken zu
einem Stück und sechs Decken zu einem
Stück; die sechste Decke sollst du an der Vor-
derseite des Zeltes doppelt zusammenlegen.
10 Fünfzig Schleifen mach am Saum der Decke,
die das Ende eines zusammengesetzten Stü-
ckes bildet, und ebenso fünfzig Schleifen am
Saum der Decke, die das Ende des andern zu-
sammengesetzten Stückes bildet. 11 Fertige
fünfzig Kupferhaken an, häng die Haken in die
Schleifen und setz das Zelt so zusammen, dass
es ein Ganzes bildet! 12 Den herabhängenden
überschüssigen Teil der Zeltdecke lass zur
Hälfte an der Rückseite der Wohnung herab-
hängen! 13 Die überschüssige Elle auf beiden
Längsseiten der Zeltdecken soll auf die beiden
Seiten der Wohnung herabhängen, sodass
sie sie bedeckt. 14 Mach für das Zelt eine Decke
aus rötlichen Widderfellen und darüber eine
Decke aus Tahaschhäuten!

15 Mach für die Wohnung Bretter aus Akazi-
enholz zum Aufstellen! 16 Jedes Brett soll zehn
Ellen lang und anderthalb Ellen breit sein; 17 je-
des Brett soll durch zwei Zapfen mit dem
nächsten verbunden werden. So mach es mit
allen Brettern der Wohnung! 18 An Brettern für
die Wohnung verfertige zwanzig für die Süd-
seite! 19 Stell vierzig Sockel aus Silber her als

Unterlage für die zwanzig Bretter, je zwei So-
ckel als Unterlage eines Brettes für seine beiden
Zapfen! 20 Für die zweite Seite der Wohnung,
die Nordseite, ebenfalls zwanzig Bretter 21 und
vierzig Sockel aus Silber, je zwei Sockel als Un-
terlage eines Brettes. 22 Für die Rückseite der
Wohnung, die Westseite, verfertige sechs
Bretter 23 und zwei Bretter stell für die Eckstü-
cke an der Rückseite der Wohnung her! 24 Sie
sollen einander entsprechen und von unten bis
oben zum ersten Ring reichen. So soll es mit
den beiden Brettern geschehen, die die Eck-
stücke bilden. 25 Acht Bretter und sechzehn
Sockel aus Silber sollen vorhanden sein, je
zwei Sockel als Unterlage für jedes Brett.

26 Verfertige Querlatten aus Akazienholz,
fünf für die Bretter auf der einen Seite der
Wohnung, 27 fünf für die Bretter der zweiten
Seite der Wohnung und fünf für die Bretter der
Rückseite der Wohnung, der Westseite! 28 Die
mittlere Querlatte soll in der Mitte der Bretter
angebracht werden und von einem Ende zum
andern reichen. 29 Überzieh die Bretter mit
Gold und mach Ringe aus Gold, welche die
Querlatten aufnehmen; auch die Querlatten
überzieh mit Gold! 30 So errichte die Wohnung
nach ihrem Plan, der dir auf dem Berg gezeigt
worden ist. 31 Mach einen Vorhang aus violet-
tem und rotem Purpur, Karmesin und ge-
zwirntem Byssus; wie Kunstweberarbeit soll
er gemacht werden, mit Kerubim. 32 Häng ihn
an die vier mit Gold überzogenen Akaziensäu-
len, die auf vier Sockeln aus Silber stehen sol-
len! Auch die Nägel der Säulen sollen aus Gold
sein. 33 Häng den Vorhang an die Haken und
bring dorthin, hinter den Vorhang, die Lade
des Bundeszeugnisses! Der Vorhang trenne für
euch zwischen dem Heiligen und dem Aller-
heiligsten. 34 Setze die Sühneplatte auf die Lade
des Bundeszeugnisses im Allerheiligsten!
35 Stell den Tisch außen vor den Vorhang, den
Leuchter gegenüber dem Tisch an die Südsei-
te der Wohnung; den Tisch stell an die Nord-
seite!

36 Für den Eingang des Zeltes mach eine Ver-
hüllung aus violettem und rotem Purpur, Kar-
mesin und gezwirntem Byssus; Arbeit eines
Buntwirkers soll er sein. 37 Für die Verhüllung
mach fünf Akaziensäulen, überziehe sie mit
Gold, dazu goldene Nägel, und gieße für sie
fünf kupferne Sockel!

27 1 Dann mach aus Akazienholz den Al-
tar, fünf Ellen lang und fünf Ellen breit
– der Altar soll also quadratisch sein – und drei
Ellen hoch. 2 Mach ihm Hörner an seinen vier
Ecken – seine Hörner sollen mit ihm ein Gan-
zes bilden – und überzieh ihn mit Kupfer!
3 Stell auch seine Gefäße für seine Fett-Asche
her und seine Schaufeln und seine Schalen,
seine Gabeln und seine Feuerpfannen! Alle
seine Geräte sollst du aus Kupfer herstellen.
4 Mach für ihn ein Gitterwerk, ein Netzgitter
aus Kupfer, und befestige am Netzgitter vier
Kupferringe, und zwar an seinen vier Enden!
5 Bring das Gitterwerk unterhalb der Altarein-
fassung unten an! Das Netzgitter soll bis zur
Mitte des Altars reichen. 6 Verfertige für den
Altar Stangen – Stangen aus Akazienholz –
und überzieh sie mit Kupfer! 7 Man soll die
Stangen in die Ringe stecken, und zwar sollen
die Stangen an beiden Seiten des Altars ange-
bracht sein, wenn man ihn trägt. 8 Mach ihn
hohl, aus Brettern! Wie man es dir auf dem
Berg gezeigt hat, so sollen sie es ausführen.

9 Dann mach den Vorhof der Wohnung: für
die Südseite die Behänge des Vorhofs aus ge-
zwirntem Byssus, hundert Ellen lang für eine
Seite, 10 seine zwanzig Säulen und deren zwan-
zig Sockel aus Kupfer, die Nägel der Säulen und
deren Querstangen aus Silber; 11 ebenso für die
nördliche Längsseite Behänge, hundert Ellen
lang, ihre zwanzig Säulen und deren zwanzig
Sockel aus Kupfer, die Nägel der Säulen und de-
ren Querstangen aus Silber; 12 für die Breitseite
des Vorhofs im Westen Behänge von fünfzig
Ellen, ihre zehn Säulen und deren Sockel.
13 Der Vorhof an der Ostseite soll fünfzig Ellen
breit sein, 14 und zwar fünfzehn Ellen Behänge
für die eine Seitenwand mit ihren drei Säulen
und deren drei Sockel; 15 für die andere Seiten-
wand ebenso fünfzehn Ellen Behänge mit ih-
ren drei Säulen und deren drei Sockel; 16 für das
Tor des Vorhofs als Buntwirkerarbeit eine Ver-
hüllung von zwanzig Ellen aus violettem und
rotem Purpur, Karmesin und gezwirntem
Byssus, mit ihren vier Säulen und deren vier
Sockeln; 17 alle Säulen des Vorhofs ringsum mit
Querstangen aus Silber sowie ihre Nägel aus
Silber und ihre Sockel aus Kupfer. 18 Der Vor-
hof soll hundert Ellen lang, fünfzig Ellen breit
und fünf Ellen hoch sein, die Behänge aus ge-
zwirntem Byssus, ihre Sockel aus Kupfer.
19 Alle Geräte der Wohnung, die darin zu ir-
gendeinem Dienst verwendet werden, alle
ihre Zeltpflöcke und alle Zeltpflöcke des Vor-
hofs sollen aus Kupfer sein.

20 Du aber befiehl den Israeliten, dass sie dir
reines Öl aus gestoßenen Oliven für den
Leuchter liefern, damit darauf ein beständiges
Licht brennt! 21 Im Offenbarungszelt außer-
halb des Vorhangs vor dem Bundeszeugnis
sollen es Aaron und seine Söhne zurichten, es
soll vom Abend bis zum Morgen vor dem
HERRN brennen. Für ihre Generationen ist es
eine ewige Satzung im Namen der Israeliten.

25,1-7: 35,4–9 / **10-22:** 37,1–9 / **23-30:** 37,10–16 / **31-40:** 37,17–24
26,1-14: 36,8–19 / **15-37:** 36,20–38
27,1-8: 38,1–7 / **9-19:** 38,9–20 / **20-21:** Lev 24,2–3

PRIESTERGEWÄNDER: 28,1–43

28 1 Lass aus der Mitte der Israeliten deinen
Bruder Aaron und mit ihm auch seine
Söhne zu dir kommen, damit sie mir als Pries-
ter dienen, Aaron mit Nadab, Abihu, Eleasar
und Itamar, den Söhnen Aarons!

2 Lass für deinen Bruder Aaron heilige Ge-
wänder der Ehre und der Würde anfertigen!
3 Rede mit allen Sachkundigen, die ich mit
dem Geist der Weisheit erfüllt habe; sie sollen
Aarons Gewänder anfertigen, damit er gehei-
ligt sei und mir als Priester dient. 4 Das sind die
Gewänder, die sie anfertigen sollen: Brustta-
sche, Efod, Obergewand, Leibrock aus gewirk-
tem Stoff, Turban und Gürtel. Sie sollen also
für deinen Bruder Aaron und für seine Söhne
heilige Gewänder anfertigen, damit er mir als
Priester dient. 5 Sie sollen dazu Gold, violetten
und roten Purpur, Karmesin und Byssus ver-
wenden.

6 Das Efod sollen sie als Kunstweberarbeit
herstellen, aus Gold, violettem und rotem
Purpur, Karmesin und gezwirntem Byssus.
7 Es soll zwei miteinander verbundene Schul-
terstücke haben, und zwar an seinen beiden
Enden sollen sie miteinander verbunden sein.
8 Die Schärpe am Efod soll von derselben
Machart sein und mit ihm ein einziges Stück
bilden, aus Gold, violettem und rotem Purpur,
Karmesin und gezwirntem Byssus. 9 Nimm
die beiden Karneolsteine und schneide die
Namen der Söhne Israels ein: 10 sechs von den
Namen in den einen Stein und die übrigen
sechs Namen in den andern Stein, in der Rei-
henfolge, wie sie geboren wurden. 11 In Stein-
schneidearbeit wie Siegelgravierung sollst du
in die beiden Steine die Namen der Söhne Is-
raels schneiden, in Goldfassungen eingesetzt
sollst du sie herstellen. 12 Befestige die beiden
Steine an den Schulterstücken des Efod als
Steine, die den HERRN an die Israeliten erin-
nern! Aaron soll ihre Namen auf beiden Schul-
terstücken vor dem HERRN zur Erinnerung
tragen. 13 Du sollst also die Fassung aus Gold
14 und zwei Ketten aus purem Gold machen;
dreh sie wie eine Schnur und befestige die
schnurartigen Ketten an den Fassungen!

15 Mach die Brusttasche des Rechtsent-
scheids; als Kunstweberarbeit wie das Efod
sollst du sie herstellen; aus Gold, violettem
und rotem Purpur, Karmesin und gezwirntem
Byssus sollst du sie herstellen. 16 Sie soll qua-
dratisch sein, zusammengefaltet, eine Spanne
lang und eine Spanne breit. 17 Besetze sie mit
gefassten Edelsteinen in vier Reihen: die erste
Reihe mit Rubin, Topas und Smaragd; 18 die
zweite Reihe mit Karfunkel, Saphir und Jaspis;
19 die dritte Reihe mit Achat, Hyazinth und
Amethyst; 20 die vierte Reihe mit Chrysolith,
Karneol und Onyx; sie sollen in Gold gefasst
und eingesetzt sein. 21 Die Steine sollen auf die
Namen der Söhne Israels lauten, zwölf Steine
auf ihre Namen – in Siegelgravierung. Jeder
laute auf einen Namen der zwölf Stämme.
22 Befestige an der Brusttasche schnurartige,
gedrehte Ketten aus purem Gold! 23 An der
Brusttasche bring zwei goldene Ringe an und
befestige die Ringe an den Enden der Brustta-
sche! 24 Sodann verbinde die beiden Gold-
schnüre mit den beiden Ringen an den Enden
der Brusttasche; 25 die zwei andern Enden der
Schnüre befestige an den beiden Einfassungen
und häng sie an die Vorderseite der Schulter-
stücke des Efod! 26 Mach noch zwei Goldringe
und befestige sie an den beiden Enden der
Brusttasche, und zwar am inneren Rand, der
dem Efod zugekehrt ist. 27 Mach zwei Gold-
ringe und befestige sie unten an den beiden
Schulterstücken des Efod, und zwar an der
Vorderseite, nahe ihrer Naht, aber oberhalb der
Efodschärpe! 28 Man soll die Lostasche mit
ihren Ringen an die Ringe des Efod mit einer
violetten Purpurschnur binden, damit sie über
der Efodschärpe bleibt und sich die Lostasche
nicht vom Efod verschiebt. 29 Aaron soll die
Namen der Söhne Israels in der Brusttasche
des Rechtsentscheids über seinem Herzen tra-
gen, wenn er zum Heiligtum kommt, zur im-
merwährenden Erinnerung vor dem HERRN.
30 In die Brusttasche des Rechtsentscheids

28,6 zum Efod vgl. die Anmerkung zu 25,7.

steck die Urim und die Tummim; sie sollen
sich über dem Herzen Aarons befinden, wenn
er vor den HERRN kommt; Aaron trage den
Rechtsentscheid für die Israeliten über seinem
Herzen ständig vor dem HERRN.

31 Verfertige den Efodmantel ganz aus vio-
lettem Purpur; 32 in seiner Mitte soll sich eine
Öffnung für den Kopf befinden; an seiner Öff-
nung ringsum soll wie bei der Öffnung eines
Panzerhemds ein gewebter, unzerreißbarer
Rand angebracht sein. 33 An seinem Saum
mach Granatäpfel aus violettem und rotem
Purpur und aus Karmesin, an seinem Saum
ringsum, und dazwischen goldene Glöckchen
ringsum: 34 ein goldenes Glöckchen und ein
Granatapfel abwechselnd ringsum am Saum
des Mantels. 35 Aaron soll ihn beim Dienst tra-
gen; sein Ton soll zu hören sein, wenn er ins
Heilige vor den HERRN hintritt und wenn er
wieder herauskommt; so wird er nicht sterben.

36 Mach eine Rosette aus purem Gold und
bring darauf nach Art der Siegelgravierung die
Inschrift an: Heilig dem HERRN! 37 Befestige
die Rosette an einer Schnur aus violettem Pur-
pur und bring sie am Turban an; sie soll an der
Vorderseite des Turbans angebracht werden.
38 Sie soll auf Aarons Stirn sein, sodass Aaron
die Mängel an den heiligen Dingen über-
nimmt, die die Israeliten heiligen, für alle hei-
ligen Abgaben; sie soll ständig auf Aarons Stirn
sein, damit sie dem HERRN wohlgefällig sind.

39 Web den Leibrock aus Byssus; mach einen
Turban aus Byssus und einen Gürtel in Bunt-
wirkerarbeit!

40 Für die Söhne Aarons verfertige Leibröcke
und mach ihnen Gürtel! Mach für sie auch
Kopfbünde der Ehre und der Würde!

41 Dann bekleide damit deinen Bruder Aaron
und zusammen mit ihm auch seine Söhne
und salbe sie, fülle ihre Hände und weihe sie,
damit sie mir als Priester dienen! 42 Mach ihnen
Beinkleider aus Leinen, damit sie ihre Scham
bedecken; von den Hüften bis zu den Schen-
keln sollen sie reichen. 43 Aaron und seine
Söhne sollen sie tragen, wenn sie zum Offen-
barungszelt kommen oder sich dem Altar
nähern, um den Dienst im Heiligtum zu ver-
richten; so werden sie keine Schuld auf sich
laden und nicht sterben. Eine beständige Sat-
zung ist dies für ihn und seine Nachkommen.

1–43: 39,1–31

WEIHE DER PRIESTER: 29,1–37

29 1 Das ist es, was du mit ihnen tun sollst,
wenn du sie zum Priesterdienst für
mich weihst: Nimm einen Jungstier und zwei
fehlerlose Widder, 2 ungesäuerte Brote, mit Öl
vermengte ungesäuerte Kuchen und mit Öl
bestrichene ungesäuerte Brotfladen; aus Fein-
mehl sollst du sie zubereiten. 3 Leg sie in einen
Korb und bring sie im Korb herbei, dazu den
Jungstier und die beiden Widder! 4 Lass Aaron
und seine Söhne zum Eingang des Offenba-
rungszeltes treten und wasche sie mit Wasser!
5 Nimm die Gewänder und bekleide Aaron mit
Leibrock, Efodmantel, Efod und Lostasche
und bind ihm die Efodschärpe um! 6 Setz ihm
den Turban auf den Kopf und befestige das
heilige Diadem am Turban! 7 Nimm Salböl,
gieß es auf sein Haupt und salb ihn! 8 Lass
seine Söhne herantreten und bekleide sie mit
Leibröcken! 9 Gürte Aaron und seine Söhne
mit einem Gürtel und bind ihnen die Kopf-
bünde um! Das Priestertum gehört ihnen nach
ewiger Satzung. Fülle also Aaron und seinen
Söhnen die Hände!

10 Lass den Jungstier vor das Offenbarungs-
zelt bringen und Aaron und seine Söhne sollen
ihre Hände auf den Kopf des Jungstiers legen.
11 Dann schlachte den Jungstier vor dem
HERRN am Eingang des Offenbarungszeltes!
12 Nimm vom Blut des Jungstiers und gib etwas
davon mit deinem Finger auf die Hörner des
Altars! Das ganze übrige Blut aber gieß am
Sockel des Altars aus! 13 Nimm das ganze Fett,
das die Eingeweide bedeckt, die Fettmasse
über der Leber, die beiden Nieren und ihr Fett
und lass es auf dem Altar in Rauch aufgehen!
14 Das Fleisch des Jungstiers, sein Fell und
seinen Mageninhalt verbrenn im Feuer außer-
halb des Lagers, denn es ist ein Sündopfer!

15 Dann hol den einen Widder und Aaron
und seine Söhne sollen ihre Hände auf den
Kopf des Widders legen. 16 Schlachte den Wid-
der, nimm sein Blut und gieß es ringsum an
den Altar! 17 Zerleg den Widder in seine Teile,
wasche seine Eingeweide und seine Beine und
leg sie auf seine übrigen Teile und auf seinen
Kopf! 18 Dann lass den ganzen Widder auf dem
Altar in Rauch aufgehen! Ein Brandopfer ist es
für den HERRN zum beruhigenden Duft, ein
Feueropfer für den HERRN ist es.

19 Dann hol den zweiten Widder und Aaron
und seine Söhne sollen ihre Hände auf den Kopf
des Widders legen. 20 Schlachte den Widder,

nimm von seinem Blut und streich es auf das
rechte Ohrläppchen Aarons und seiner Söhne,
auf den Daumen ihrer rechten Hand und auf
die große Zehe ihres rechten Fußes! Das übrige
Blut gieß ringsum an den Altar! 21 Nimm vom
Blut auf dem Altar und vom Salböl und be-
sprenge damit Aaron und dessen Gewänder
sowie seine Söhne und deren Gewänder! Er und
seine Gewänder werden so heilig werden und
mit ihm auch seine Söhne und deren Gewän-
der. 22 Dann nimm vom Widder das Fett, den
Fettschwanz, das Fett, das die Eingeweide be-
deckt, die Fettmasse über der Leber, die beiden
Nieren und ihr Fett sowie die rechte Schenkel-
keule; denn es ist der Widder der Einsetzung.
23 Nimm dazu ein rundes Brot, einen mit Öl
zubereiteten Brotkuchen und einen Brotfladen
aus dem Korb der ungesäuerten Brote, der sich
vor dem HERRN befindet. 24 Das alles leg Aaron
und seinen Söhnen in die Hände und lass sie
es vor dem HERRN als Erhebungsopfer empor-
heben! 25 Dann nimm die Stücke wieder aus
ihren Händen und lass sie auf dem Altar mit
dem Brandopfer in Rauch aufgehen, zum beru-
higenden Duft vor dem HERRN; ein Feueropfer
für den HERRN ist es. 26 Dann nimm die Brust
des Widders der Einsetzung Aarons und bringe
sie als Erhebungsopfer vor dem HERRN dar! Es
gehört dir als Anteil. 27 Erkläre die Brust des
Erhebungsopfers und die Keule des Hebeopfers
als heilig; denn sie wurden vom Widder der
Einsetzung Aarons und seiner Söhne genom-
men. 28 Sie gehören Aaron und seinen Söhnen
nach einem ewigen Gesetz im Namen der Isra-
eliten, denn es ist ein Hebeopfer, und zwar ein
Hebeopfer im Namen der Israeliten, von ihren
Heilsopfern, ihren Hebeopfern für den HERRN.
29 Die heiligen Gewänder Aarons gehören
nach ihm seinen Söhnen, damit man sie darin
salbt und ihm die Hände füllt. 30 Sieben Tage
lang soll sie derjenige von seinen Söhnen tra-
gen, der an seiner Stelle Priester wird und ins
Offenbarungszelt eintritt, um den Dienst im
Heiligtum zu verrichten. 31 Nimm den Einset-
zungswidder und koch sein Fleisch an heiliger
Stätte! 32 Aaron und seine Söhne sollen das
Widderfleisch und das Brot aus dem Korb am
Eingang des Offenbarungszeltes essen. 33 Sie
sollen das essen. Es hat ihnen Sühne erwirkt,
als ihre Hände gefüllt und sie geweiht wurden.
Kein Unbefugter darf davon essen, denn es ist
heilig. 34 Wenn vom Fleisch der Einsetzung
und vom Brot etwas bis zum Morgen übrig
bleibt, dann sollst du das Übriggebliebene im
Feuer verbrennen; man darf es nicht essen,
denn es ist heilig. 35 Tu mit Aaron und seinen
Söhnen genauso, wie ich es dir befohlen habe!
Sieben Tage fülle ihre Hand! 36 Bringe täglich
einen Stier als Sündopfer für die Versöhnung
dar und entsündige den Altar, indem du ihn
entsühnst! Salbe ihn, um ihn zu weihen! 37 Sie-
ben Tage sollst du für den Altar Sühne erwirken
und ihn so weihen. Der Altar ist dann hoch-
heilig; alles, was den Altar berührt, wird heilig.

1–37: Lev 8,1–36

DIE TÄGLICHE LITURGIE: 29,38–46

38 Folgendes sollst du auf dem Altar darbrin-
gen: tagtäglich und ständig zwei männliche
einjährige Lämmer. 39 Das eine Lamm sollst du
am Morgen, das andere in der Abenddämme-
rung darbringen, 40 dazu ein Zehntel Feinmehl,
das mit einem Viertel Hin Öl aus gestoßenen
Oliven vermengt ist, und als Trankopfer ein
Viertel Hin Wein für ein Lamm. 41 Das zweite
Lamm bring in der Abenddämmerung dar, mit
einer Opfergabe und einem Trankopfer wie am
Morgen, zum beruhigenden Duft als Feuerop-
fer für den HERRN. 42 Für eure Generationen
soll es ein beständiges Brandopfer am Eingang
des Offenbarungszeltes vor dem HERRN sein,
wo ich mich euch offenbare, um mit dir dort
zu reden. 43 Ich werde mich dort den Israeliten
offenbaren und mich in meiner Herrlichkeit als
heilig erweisen. 44 Ich werde das Offenba-
rungszelt, den Altar, Aaron und seine Söhne
als Priester für mich weihen. 45 Ich werde in der
Mitte der Israeliten wohnen und ihnen Gott
sein. 46 Sie sollen erkennen, dass ich der HERR,
ihr Gott bin, der sie aus Ägypten herausgeführt
hat, um in ihrer Mitte zu wohnen, ich, der
HERR, ihr Gott.

39–41: Num 28,3–8; Ex 25,8

RAUCHOPFERALTAR: 30,1–10

30 1 Mach auch einen Altar zum Verbren-
nen von Räucherwerk; aus Akazien-
holz sollst du ihn machen. 2 Er soll eine Elle
lang, eine Elle breit, also quadratisch, und zwei
Ellen hoch sein; seine Hörner sollen mit ihm
eine Einheit bilden. 3 Mit purem Gold überzieh
ihn, seine Platte, seine Wände ringsum und
seine Hörner und bring an ihm ringsum eine
Goldleiste an! 4 Mach für ihn zwei Paar Gol-
dringe, befestige sie unterhalb seiner Leiste an
seinen beiden Seiten, seinen Seitenwänden,

zum Aufnehmen der Stangen, sodass man ihn damit tragen kann. 5 Mach die Stangen aus Akazienholz und überzieh sie mit Gold! 6 Stell ihn vor den Vorhang vor der Lade des Bundeszeugnisses, vor der Sühneplatte über dem Bundeszeugnis! Dort will ich mich dir offenbaren. 7 Aaron soll auf ihm Morgen für Morgen duftendes Räucherwerk verbrennen; wenn er die Lampen herrichtet, soll er es verbrennen. 8 Wenn Aaron in der Abenddämmerung die Lampen wieder aufsetzt, soll er das Räucherwerk verbrennen; es soll ein ständiges Räucheropfer vor dem HERRN sein für eure Generationen. 9 Ihr dürft auf ihm weder ein unrechtmäßiges Räucheropfer noch ein Brandopfer noch ein Speiseopfer darbringen; auch dürft ihr auf ihm kein Trankopfer ausgießen. 10 An seinen Hörnern soll Aaron einmal im Jahr Sühne erwirken; von dem Blut des Sündopfers zur Versöhnung wird er einmal im Jahr für ihn Sühne erwirken von Generation zu Generation. Hochheilig ist es für den HERRN.

1-5: 37,25–28 / **10:** Lev 16,18–19

SÜHNEGELD FÜR DAS HEILIGTUM: 30,11–16

11 Der HERR sprach zu Mose: 12 Wenn du die Zählung der Israeliten für ihre Erhebung durchführst, soll jeder von ihnen ein Sühnegeld für seine Person anlässlich der Erhebung für den HERRN geben, damit sie kein Unheil wegen der Erhebung trifft. 13 Jeder von ihnen, der zur Erhebung kommt, soll einen halben Schekel, entsprechend dem Schekelgewicht des Heiligtums, entrichten: zwanzig Gera auf einen Schekel; einen halben Schekel soll die Abgabe für den HERRN betragen. 14 Jeder von zwanzig Jahren und darüber, der zur Erhebung kommt, soll eine Abgabe für den HERRN entrichten. 15 Der Reiche soll nicht mehr, der Arme nicht weniger als einen halben Schekel geben, wenn ihr die Abgabe für den HERRN als Sühnegeld für eure Person entrichtet. 16 Nimm das Silber des Sühnegeldes von den Israeliten und verwende es für den Dienst im Offenbarungszelt; es diene den Israeliten zur Erinnerung vor dem HERRN, als Sühnegeld für eure Person.

12: 38,21

KUPFERBECKEN: 30,17–21

17 Der HERR sprach zu Mose: 18 Verfertige ein Becken aus Kupfer und ein Gestell aus Kupfer für die Waschungen und stell es zwischen das Offenbarungszelt und den Altar; dann füll Wasser ein! 19 Aaron und seine Söhne sollen darin ihre Hände und Füße waschen. 20 Wenn sie ins Offenbarungszelt eintreten, sollen sie sich mit Wasser waschen, damit sie nicht sterben. Ebenso sollen sie es halten, wenn sie zum Altar treten, um den Dienst zu verrichten und um Feueropfer für den HERRN in Rauch aufgehen zu lassen. 21 Sie sollen sich ihre Hände und Füße waschen, damit sie nicht sterben. Dies soll für sie ein ewiges Gesetz sein, für Aaron und seine Nachkommen von Generation zu Generation.

18: 38,8

SALBÖL UND RÄUCHERWERK: 30,22–38

22 Der HERR sprach zu Mose: 23 Nimm dir Balsam von bester Sorte: fünfhundert Schekel erstarrte Tropfenmyrrhe, halb so viel, also zweihundertfünfzig, wohlriechenden Zimt, zweihundertfünfzig Gewürzrohr 24 und fünfhundert Zimtnelken, nach dem Schekelgewicht des Heiligtums, dazu ein Hin Olivenöl, 25 und mach daraus ein heiliges Salböl, eine würzige Salbe, wie sie der Salbenmischer bereitet! Ein heiliges Salböl soll es sein. 26 Damit salbe das Offenbarungszelt und die Lade des Bundeszeugnisses, 27 den Tisch mit all seinen Geräten und den Leuchter mit seinen Geräten und den Räucheraltar, 28 ferner den Brandopferaltar samt allen seinen Geräten und das Becken mit seinem Gestell. 29 So sollst du sie weihen, damit sie hochheilig seien; alles, was sie berührt, wird heilig. 30 Auch Aaron und seine Söhne sollst du salben und sie weihen, damit sie mir als Priester dienen. 31 Zu den Israeliten aber sage: Das soll euch als ein mir heiliges Salböl gelten von Generation zu Generation. 32 Auf keinen menschlichen Körper darf es gegossen werden und ihr dürft auch keines in der gleichen Mischung herstellen; denn heilig ist es, heilig soll es euch sein. 33 Wer eine solche Mischung herstellt oder damit einen Unbefugten salbt, soll aus seinen Stammesgenossen ausgemerzt werden.

34 Der HERR sprach zu Mose: Nimm dir Duftstoffe, Staktetropfen, Räucherklaue, Galbanum, Gewürzkräuter und reinen Weihrauch, von jedem gleich viel, 35 und mach Räucherwerk daraus, ein Würzgemisch, wie es der Salbenmischer herstellt, gesalzen, rein und heilig! 36 Zerstoß einen Teil davon ganz fein und bring davon einen Teil vor das Bundeszeugnis im Offenbarungszelt, wo ich dir begegnen werde; hochheilig soll es euch sein.

37 Das Räucherwerk, das du bereiten sollst – in
derselben Mischung dürft ihr euch kein ande-
res herstellen –: als etwas Heiliges für den
HERRN soll es dir gelten. 38 Wer solches um
des Duftes willen herstellt, soll aus seinen
Stammesgenossen ausgemerzt werden.

25: 37,29 / **26–30:** 40,9–15 / **35:** 37,29

BEAUFTRAGUNG VON KÜNSTLERN UND HANDWERKERN: 31,1–11

31 1 Der HERR sprach zu Mose: 2 Siehe, ich
habe Bezalel, den Sohn Uris, den Enkel
Hurs, vom Stamm Juda, beim Namen gerufen
3 und ihn mit dem Geist Gottes erfüllt, mit
Weisheit, mit Verstand und mit Kenntnis für
jegliche Arbeit: 4 Pläne zu entwerfen und sie
in Gold, Silber und Kupfer auszuführen 5 und
durch Schneiden und Fassen von Steinen und
durch Schnitzen von Holz allerlei Werke her-
zustellen. 6 Siehe, ich selbst habe ihm Oholiab,
den Sohn Ahisamachs, vom Stamm Dan, bei-
gegeben und allen Kunstverständigen Weis-
heit verliehen, damit sie alles ausführen, was
ich dir aufgetragen habe: 7 das Offenbarungs-
zelt, die Lade für das Bundeszeugnis, die
Sühneplatte darauf und alle Geräte des Zeltes,
8 den Tisch mit seinen Geräten, den Leuchter
aus reinem Gold mit allen seinen Geräten und
den Räucheraltar, 9 den Brandopferaltar mit
allen seinen Geräten und das Becken mit sei-
nem Gestell, 10 die gewirkten Gewänder und
die heiligen Gewänder des Priesters Aaron
sowie die Gewänder seiner Söhne für den
Priesterdienst, 11 das Salböl und das duftende
Räucherwerk für das Heiligtum. Sie sollen
alles so ausführen, wie ich es dir befohlen
habe.

FEIER DES SABBATS: 31,12–17

12 Der HERR sprach zu Mose: 13 Sag den Israe-
liten: Ihr sollt meine Sabbate halten; denn das
ist ein Zeichen zwischen mir und euch von
Generation zu Generation, damit man er-
kennt, dass ich, der HERR, es bin, der euch
heiligt. 14 Darum haltet den Sabbat; denn er
soll euch heilig sein. Wer ihn entweiht, hat
den Tod verdient; denn jeder, der an ihm eine
Arbeit verrichtet, soll aus der Mitte seiner
Stammesgenossen ausgemerzt werden.
15 Sechs Tage darf man arbeiten; der siebte Tag
aber ist Sabbat, heilige Ruhe für den HERRN.
Jeder, der am Sabbat arbeitet, hat den Tod ver-
dient. 16 Die Israeliten sollen also den Sabbat
halten, um ihn zu feiern von Generation zu
Generation. Das ist ein ewiger Bund. 17 Für alle
Zeiten wird er ein Zeichen zwischen mir und
den Israeliten sein. Denn in sechs Tagen hat
der HERR Himmel und Erde gemacht; am sieb-
ten Tag ruhte er und atmete auf.

15: 35,2–3; 20,9–11; Dtn 5,12–14 / **17:** Gen 2,2–3

ÜBERGABE DER TAFELN: 31,18

18 Nachdem der HERR aufgehört hatte, zu
Mose auf dem Berg Sinai zu sprechen, übergab
er ihm die zwei Tafeln des Bundeszeugnisses,
steinerne Tafeln, beschrieben vom Finger
Gottes.

18: 24,12

SÜNDE DES ABFALLS UND IHRE VERGEBUNG: 32,1–34,35

DAS GOLDENE KALB: 32,1–29

32 1 Als das Volk sah, dass Mose noch
immer nicht vom Berg herabkam, ver-
sammelte es sich um Aaron und sagte zu ihm:
Komm, mach uns Götter, die vor uns herzie-
hen. Denn dieser Mose, der Mann, der uns
aus dem Land Ägypten heraufgeführt hat –
wir wissen nicht, was mit ihm geschehen ist.
2 Aaron antwortete: Nehmt euren Frauen,
Söhnen und Töchtern die goldenen Ringe ab,
die sie an den Ohren tragen, und bringt sie
her! 3 Da nahm das ganze Volk die goldenen
Ohrringe ab und brachte sie zu Aaron. 4 Er
nahm sie aus ihrer Hand. Und er bearbeitete
sie mit einem Werkzeug und machte daraus

32,1–35 Der Stier (im AT oft abwertend: Kalb) ist Sinnbild der Kraft und der Fruchtbarkeit. Darum werden in der Umwelt Israels die Götter oft in Stiergestalt oder mit Hörnern dargestellt. Als später Jerobeam die Nordstämme von der Dynastie Davids und vom Kult in Jerusalem losreißt, lässt er in seinen Staatsheiligtümern Bet-El und Dan mit Gold überzogene Stierbilder aufstellen, die zunächst als Symbole für den Gott Israels gedacht waren, aber vom Volk bald als Bilder des Fruchtbarkeitsgottes Baal verehrt wurden (vgl. 1 Kön 12,26–33).

ein gegossenes Kalb. Da sagten sie: Das sind
deine Götter, Israel, die dich aus dem Land
Ägypten heraufgeführt haben. 5 Als Aaron
das sah, baute er vor ihm einen Altar und rief
aus: Morgen ist ein Fest für den HERRN.
6 Früh am Morgen standen sie auf, brachten
Brandopfer dar und führten Tiere für das
Heilsopfer herbei. Das Volk setzte sich zum
Essen und Trinken und stand auf, um sich zu
vergnügen.

7 Da sprach der HERR zu Mose: Geh, steig
hinunter, denn dein Volk, das du aus dem
Land Ägypten heraufgeführt hast, läuft ins
Verderben. 8 Schnell sind sie von dem Weg
abgewichen, den ich ihnen vorgeschrieben
habe. Sie haben sich ein gegossenes Kalb ge-
macht, sich vor ihm niedergeworfen und ihm
Opfer geschlachtet, wobei sie sagten: Das
sind deine Götter, Israel, die dich aus dem
Land Ägypten heraufgeführt haben. 9 Weiter
sprach der HERR zu Mose: Ich habe dieses
Volk gesehen und siehe, es ist ein hartnäckiges
Volk. 10 Jetzt lass mich, damit mein Zorn ge-
gen sie entbrennt und sie verzehrt! Dich aber
will ich zu einem großen Volk machen.
11 Mose aber besänftigte den HERRN, seinen
Gott, indem er sagte: Wozu, HERR, soll dein
Zorn gegen dein Volk entbrennen, das du mit
großer Macht und starker Hand aus dem Land
Ägypten herausgeführt hast. 12 Wozu sollen
die Ägypter sagen können: In böser Absicht
hat er sie herausgeführt, um sie im Gebirge
umzubringen und sie vom Erdboden ver-
schwinden zu lassen? Lass ab von deinem
glühenden Zorn und lass dich das Unheil reu-
en, das du deinem Volk antun wolltest!
13 Denk an deine Knechte, an Abraham, Isaak
und Israel, denen du selbst geschworen und
gesagt hast: Ich will eure Nachkommen zahl-
reich machen wie die Sterne am Himmel,
und: Dieses ganze Land, von dem ich gespro-
chen habe, will ich euren Nachkommen geben
und sie sollen es für immer besitzen. 14 Da ließ
sich der HERR das Unheil reuen, das er seinem
Volk angedroht hatte.

15 Mose kehrte um und stieg den Berg hinab,
die zwei Tafeln des Bundeszeugnisses in der
Hand, die Tafeln, die auf beiden Seiten be-
schrieben waren. Auf der einen wie auf der
andern Seite waren sie beschrieben. 16 Die Ta-
feln hatte Gott selbst gemacht und die Schrift,
die auf den Tafeln eingegraben war, war Gottes
Schrift.

17 Josua hörte das Lärmen und die Schreie
des Volkes und sagte zu Mose: Horch, Kriegs-
lärm ist im Lager. 18 Mose antwortete: Nicht
Geschrei der Starken, nicht Geschrei der
Schwachen, Geschrei höre ich! 19 Als er dem
Lager näher kam und das Kalb und die Tänze
sah, entbrannte der Zorn des Mose. Er schleu-
derte die Tafeln fort und zerschmetterte sie am
Fuß des Berges. 20 Dann packte er das Kalb, das
sie gemacht hatten, verbrannte es im Feuer
und zerstampfte es zu Staub. Den Staub streu-
te er in Wasser und gab es den Israeliten zu
trinken.

21 Zu Aaron sagte Mose: Was hat dir dieses
Volk getan, dass du ihm eine so große Schuld
aufgeladen hast? 22 Aaron erwiderte: Mein
Herr möge sich doch nicht vom Zorn hinrei-
ßen lassen. Du kennst das Volk, es ist böse.
23 Sie haben zu mir gesagt: Mach uns Götter,
die uns vorangehen! Denn dieser Mose, der
Mann, der uns aus dem Land Ägypten herauf-
geführt hat – wir wissen nicht, was mit ihm
geschehen ist. 24 Da habe ich zu ihnen gesagt:
Wer Goldschmuck trägt, soll ihn ablegen. Sie
haben es mir übergeben, ich habe es ins Feuer
geworfen und herausgekommen ist dieses
Kalb. 25 Mose sah, wie verwildert das Volk war.
Denn Aaron hatte es verwildern lassen, zur
Schadenfreude ihrer Widersacher.

26 Mose trat in das Lagertor und sagte: Wer
für den HERRN ist, her zu mir! Da sammelten
sich alle Leviten um ihn. 27 Er sagte zu ihnen:
So spricht der HERR, der Gott Israels: Jeder
lege sein Schwert an. Zieht durch das Lager
von Tor zu Tor! Jeder erschlage seinen Bruder,
seinen Freund, seinen Nachbarn. 28 Die Levi-
ten taten, was Mose gesagt hatte. Vom Volk
fielen an jenem Tag gegen dreitausend Mann.
29 Dann sagte Mose: Füllt heute eure Hände
für den HERRN! Denn jeder ist gegen seinen
Sohn und seinen Bruder vorgegangen, damit
Segen auf euch komme.

13: Gen 22,17; 26,4 / **19**: 24,4

MOSE, DER FÜRBITTER: 32,30–34,3

30 Am folgenden Morgen sprach Mose zum
Volk: Ihr habt eine große Sünde begangen.
Jetzt will ich zum HERRN hinaufsteigen; viel-
leicht kann ich für eure Sünde Sühne erwirken.
31 Mose kehrte zum HERRN zurück und sagte:
Ach, dieses Volk hat eine große Sünde began-

32,29 Das Füllen der Hände (mit Gaben) war ein Ritus der Priestereinsetzung.

gen. Götter aus Gold haben sie sich gemacht.
32 Jetzt nimm ihre Sünde von ihnen! Wenn
nicht, dann streich mich aus dem Buch, das du
geschrieben hast. 33 Der HERR antwortete
Mose: Nur wer gegen mich gesündigt hat, den
streiche ich aus meinem Buch. 34 Aber jetzt
geh, führe das Volk, wohin ich dir gesagt habe!
Siehe, mein Engel wird vor dir hergehen. Am
Tag meiner Heimsuchung werde ich ihre Sün-
de an ihnen heimsuchen. 35 Der HERR schlug
das Volk dafür, dass sie das Kalb gemacht hat-
ten, das Aaron gemacht hatte.

33 1 Der HERR sprach zu Mose: Geh, zieh
hinauf von hier, du und das Volk, das
du aus dem Land Ägypten heraufgeführt hast,
in das Land, von dem ich Abraham, Isaak und
Jakob geschworen habe: Deinen Nachkom-
men werde ich es geben. 2 Ich sende einen En-
gel, der dir vorangeht, und ich vertreibe die
Kanaaniter, Amoriter, Hetiter, Perisiter, Hiwi-
ter und Jebusiter. 3 In ein Land, in dem Milch
und Honig fließen, wirst du kommen. Ich
selbst ziehe nicht in deiner Mitte hinauf, damit
ich dich unterwegs nicht vertilge, denn du bist
ein hartnäckiges Volk. 4 Als das Volk diese
Drohung hörte, trauerten sie und keiner legte
seinen Schmuck an. 5 Da sprach der HERR zu
Mose: Sag zu den Israeliten: Ihr seid ein hart-
näckiges Volk. Wenn ich auch nur einen ein-
zigen Augenblick mit dir zöge, müsste ich dir
ein Ende machen. Jetzt aber leg deinen
Schmuck ab! Dann will ich sehen, was ich mit
dir tun kann. 6 Da legten die Israeliten ihren
Schmuck ab, vom Berg Horeb an.

7 Mose nahm jeweils das Zelt und schlug es
für sich außerhalb des Lagers auf, in einiger
Entfernung vom Lager. Er nannte es Offen-
barungszelt. Wenn einer den HERRN aufsu-
chen wollte, ging er zum Offenbarungszelt
vor das Lager hinaus. 8 Wenn Mose zum Zelt
hinausging, erhob sich das ganze Volk. Jeder
trat vor sein Zelt und sie schauten Mose nach,
bis er in das Zelt eintrat. 9 Sobald Mose das
Zelt betrat, ließ sich die Wolkensäule herab
und blieb am Zelteingang stehen. Dann rede-
te der HERR mit Mose. 10 Wenn das ganze
Volk die Wolkensäule am Zelteingang stehen
sah, erhoben sich alle und warfen sich vor
ihren Zelten zu Boden, jeder am Eingang sei-
nes Zeltes. 11 Der HERR und Mose redeten
miteinander von Angesicht zu Angesicht,
wie einer mit seinem Freund spricht. Mose
ging ins Lager zurück, während sein Diener
Josua, der Sohn Nuns, ein junger Mann, nicht
vom Zelt wich.

12 Mose sagte zum HERRN: Siehe, du hast
zwar zu mir gesagt: Führ dieses Volk hinauf!
Du hast mich aber nicht wissen lassen, wen du
mit mir sendest. Du hast doch gesagt: Ich habe
dich mit Namen erkannt und du hast Gnade
in meinen Augen gefunden. 13 Wenn ich wirk-
lich Gnade in deinen Augen gefunden habe, so
lass mich doch deine Wege erkennen, dass ich
dich kenne und Gnade in deinen Augen finde,
und siehe, diese Nation ist dein Volk! 14 Da
sagte er: Mein Angesicht wird mitgehen, bis
ich dir Ruhe verschafft habe. 15 Da entgegnete
er ihm: Wenn dein Angesicht nicht mitginge,
dann führe uns nicht von hier hinauf! 16 Wo-
ran soll man erkennen, dass ich Gnade in dei-
nen Augen gefunden habe, ich und dein Volk?
Doch wohl daran, dass du mit uns ziehst. Und
dann werden wir, ich und dein Volk, vor allen
Völkern auf der Erde ausgezeichnet werden.
17 Der HERR erwiderte Mose: Auch das, was
du jetzt verlangt hast, will ich tun; denn du
hast Gnade in meinen Augen gefunden und
ich kenne dich mit Namen.

18 Dann sagte er: Lass mich doch deine Herr-
lichkeit schauen! 19 Da sagte er: Ich will meine
ganze Güte vor dir vorüberziehen lassen und
den Namen des HERRN vor dir ausrufen. Ich
bin gnädig, wem ich gnädig bin, und ich bin
barmherzig, wem ich barmherzig bin. 20 Wei-
ter sprach er: Du kannst mein Angesicht nicht
schauen; denn kein Mensch kann mich schau-
en und am Leben bleiben. 21 Dann sprach der
HERR: Siehe, da ist ein Ort bei mir, stell dich
da auf den Felsen! 22 Wenn meine Herrlichkeit
vorüberzieht, stelle ich dich in den Felsspalt
und halte meine Hand über dich, bis ich vorü-
ber bin. 23 Dann ziehe ich meine Hand zurück
und du wirst meinen Rücken sehen. Mein An-
gesicht kann niemand schauen.

34 1 Weiter sprach der HERR zu Mose:
Hau dir zwei steinerne Tafeln zurecht
wie die ersten! Ich werde darauf die Worte
schreiben, die auf den ersten Tafeln standen,
die du zerschmettert hast. 2 Halte dich für
morgen früh bereit! Steig am Morgen auf
den Sinai und dort auf dem Gipfel des Berges
stell dich vor mich hin! 3 Niemand soll mit
dir hinaufsteigen; auch soll sich kein Mensch
auf dem ganzen Berg sehen lassen und kein
Schaf oder Rind soll am Abhang des Berges
weiden.

VERGEBUNG UND BUNDESERNEUERUNG:
34,4–35

4 Da hieb Mose zwei Tafeln aus Stein zurecht
wie die ersten. Früh am Morgen stand er auf
und ging auf den Sinai hinauf, wie es ihm der
HERR aufgetragen hatte. Die beiden steiner-
nen Tafeln nahm er mit. 5 Der HERR aber stieg
in der Wolke herab und stellte sich dort neben
ihn hin. Er rief den Namen des HERRN aus.
6 Der HERR ging vor seinem Angesicht vorü-
ber und rief:

Der HERR ist der HERR, ein barmherziger
und gnädiger Gott, langmütig und reich an
Huld und Treue: 7 Er bewahrt tausend Gene-
rationen Huld, nimmt Schuld, Frevel und
Sünde weg, aber er spricht nicht einfach frei,
er sucht die Schuld der Väter bei den Söhnen
und Enkeln heim, bis zur dritten und vierten
Generation.

8 Sofort verneigte sich Mose bis zur Erde
und warf sich zu Boden. 9 Er sagte: Wenn ich
Gnade in deinen Augen gefunden habe, mein
Herr, dann ziehe doch, mein Herr, in unserer
Mitte! Weil es ein hartnäckiges Volk ist, musst
du uns unsere Schuld und Sünde vergeben und
uns dein Eigentum sein lassen! 10 Da sprach
der HERR: Hiermit schließe ich einen Bund:
Vor deinem ganzen Volk werde ich Wunder
wirken, wie sie auf der ganzen Erde und unter
allen Völkern nie geschehen sind. Das ganze
Volk, in dessen Mitte du bist, wird die Taten
des HERRN sehen; denn was ich mit dir vor-
habe, wird Furcht erregen. 11 Bewahre, was ich
dir heute auftrage! Siehe, ich vertreibe die
Amoriter, Kanaaniter, Hetiter, Perisiter, Hiwi-
ter und Jebusiter vor dir.

12 Du hüte dich aber, mit den Bewohnern
des Landes, in das du kommst, einen Bund zu
schließen; sie könnten dir sonst zu einer Falle
in deiner Mitte werden. 13 Ihre Altäre sollt ihr
vielmehr niederreißen, ihre Steinmale zer-
schlagen, ihre Kultpfähle umhauen.

14 Du darfst dich nicht vor einem andern
Gott niederwerfen. Denn der HERR, der Eifer-
süchtige ist sein Name, ein eifersüchtiger Gott
ist er.

15 Hüte dich, einen Bund mit den Bewoh-
nern des Landes zu schließen! Sonst werden
sie dich einladen, wenn sie mit ihren Göttern
Unzucht treiben und ihren Göttern Schlach-
topfer darbringen, und du wirst von ihren
Schlachtopfern essen. 16 Du wirst von ihren
Töchtern für deine Söhne Frauen nehmen; sie
werden mit ihren Göttern Unzucht treiben
und auch deine Söhne zur Unzucht mit ihren
Göttern verführen.

17 Du sollst dir keine Götter aus Metall gie-
ßen.

18 Du sollst das Fest der Ungesäuerten Brote
halten. Im Monat Abib sollst du zur festgesetz-
ten Zeit sieben Tage lang ungesäuertes Brot
essen, wie ich es dir geboten habe. Denn im
Monat Abib bist du aus Ägypten ausgezogen.

19 Das Erste, was den Mutterschoß durch-
bricht, jeder männliche Erstling beim Vieh, bei
deinen Rindern und Schafen, gehört mir.
20 Den Erstling vom Esel aber sollst du durch
ein Schaf auslösen. Willst du ihn nicht auslö-
sen, dann brich ihm das Genick! Jeden Erstge-
borenen deiner Söhne musst du auslösen.

Man soll vor mir nicht mit leeren Händen
erscheinen.

21 Sechs Tage darfst du arbeiten, am siebten
Tag sollst du ruhen; zur Zeit des Pflügens und
des Erntens sollst du ruhen.

22 Das Wochenfest sollst du für dich feiern
mit den Erstlingsfrüchten von der Weizen-
ernte und das Fest der Lese an der Jahreswen-
de.

23 Dreimal im Jahr sollen alle deine Männer
vor dem Antlitz des Herrn erscheinen, vor
dem HERRN, Israels Gott. 24 Wenn ich die
Völker vor dir vertrieben und deine Grenzen
weiter vorgeschoben habe, wird niemand in
dein Land einfallen, während du dreimal im
Jahr hinaufziehst, um vor dem HERRN, dei-
nem Gott, zu erscheinen.

25 Beim Schlachten sollst du das Blut meines
Opfers nicht über gesäuertes Brot fließen las-
sen und vom Schlachttier des Pessachfestes
darf nichts bis zum Morgen liegen bleiben.

26 Von den Erstlingsfrüchten deines Ackers
sollst du die besten in das Haus des HERRN,
deines Gottes, bringen.

Das Junge einer Ziege sollst du nicht in der
Milch seiner Mutter kochen.

27 Dann sprach der HERR zu Mose: Schreibe
dir diese Worte auf! Denn diesen Worten ge-
mäß schließe ich hiermit einen Bund mit dir
und mit Israel.

28 Mose blieb dort beim HERRN vierzig Tage
und vierzig Nächte. Er aß kein Brot und trank
kein Wasser. Er schrieb auf die Tafeln die Wor-
te des Bundes, die zehn Worte. 29 Als Mose
vom Sinai herunterstieg, hatte er die beiden
Tafeln des Bundeszeugnisses in der Hand.

Während Mose vom Berg herunterstieg,
wusste er nicht, dass die Haut seines Gesichtes
strahlte, weil er mit ihm geredet hatte. 30 Aa-
ron und alle Israeliten sahen Mose und siehe:
Die Haut seines Gesichtes strahlte und sie
fürchteten sich, in seine Nähe zu kommen.
31 Erst als Mose sie rief, kamen Aaron und alle
Sippenhäupter der Gemeinde zu ihm zurück
und Mose redete mit ihnen. 32 Dann kamen alle
Israeliten herbei und er trug ihnen alles auf,
was der HERR zu ihm auf dem Berg Sinai ge-
sprochen hatte. 33 Als Mose aufhörte, mit ih-
nen zu reden, legte er über sein Gesicht einen
Schleier. 34 Wenn Mose zum HERRN hinein-
ging, um mit ihm zu reden, nahm er den
Schleier ab, bis er wieder herauskam. Wenn er
herauskam, trug er den Israeliten alles vor, was
ihm aufgetragen worden war. 35 Wenn die Is-
raeliten das Gesicht des Mose sahen, wie die
Haut seines Gesichtes strahlte, legte er den
Schleier über sein Gesicht, bis er wieder hi-
neinging, um mit ihm zu reden.

6: 20,5–6; Dtn 5,9–10; Num 14,18; Jona 4,2; Joël 2,13 / **18–24**: 23,14–17; Dtn 16,3–17 / **29–35**: 1 Kor 3,7–4,6

AUSFÜHRUNG DER LITURGISCHEN ANORDNUNGEN: 35,1–40,38

GESETZ ÜBER DEN SABBAT: 35,1–3

35 1 Mose versammelte die ganze Gemein-
de der Israeliten und sagte zu ihnen:
Das ist es, was der HERR euch zu tun befohlen
hat: 2 Sechs Tage darf man arbeiten; der siebte
Tag sei euch heilig, Sabbat, Ruhetag für den
HERRN. Jeder, der an ihm arbeitet, hat den Tod
verdient. 3 Am Sabbat sollt ihr in keiner eurer
Wohnstätten Feuer anzünden.

1–3: 31,12–17

SPENDEN FÜR DAS HEILIGTUM: 35,4–29

4 Mose sagte zur ganzen Gemeinde der Israe-
liten: Der HERR hat Folgendes befohlen: 5 Er-
hebt von euch eine Abgabe für den HERRN!
Jeder, den sein Herz dazu bewegt, soll eine
Abgabe für den HERRN bringen: Gold, Silber,
Kupfer, 6 violetten und roten Purpur, Karme-
sin, Byssus, Ziegenhaare, 7 rötliche Widder-
felle, Tahaschhäute und Akazienholz, 8 Öl für
den Leuchter, Balsam für das Salböl und für
das duftende Räucherwerk, 9 Karneolsteine
und Ziersteine für Efod und Brusttasche.
10 Alle Sachkundigen unter euch sollen kom-
men und alles anfertigen, was der HERR ange-
ordnet hat: 11 die Wohnung, ihr Zelt und seine
Decke, seine Haken, Bretter, Querlatten, Säu-
len und Sockel, 12 die Lade und ihre Stangen,
die Sühneplatte und den verhüllenden Vor-
hang, 13 den Tisch, seine Stangen, alle seine
Geräte und die Schaubrote, 14 den Leuchter mit
seinen Geräten und Lampen sowie das Öl für
den Leuchter, 15 den Räucheraltar mit seinen
Stangen, das Salböl, das duftende Räucher-
werk und die Verhüllung des Eingangs für den
Eingang der Wohnung, 16 den Brandopferaltar,
sein Gitter aus Kupfer, seine Stangen, all sein
Gerät, das Becken und sein Gestell, 17 die Be-
hänge des Vorhofs, seine Säulen und Sockel
sowie die Verhüllung für das Tor des Vorhofs,
18 die Zeltpflöcke der Wohnung und des Vor-
hofs mit ihren Stricken, 19 die gewirkten Ge-
wänder für den Dienst im Heiligtum, die hei-
ligen Gewänder für den Priester Aaron und die
Gewänder für seine Söhne zum Priesterdienst.
20 Da ging die ganze Gemeinde der Israeliten
weg von Mose; 21 als sie wiederkamen, brachte
jeder, den sein Herz bewog, und jeder, den sein
Geist dazu antrieb, die Abgabe für den HERRN
zur Herstellung des Offenbarungszeltes und
für seinen gesamten Dienst und die heiligen
Gewänder. 22 Männer und Frauen kamen; alle
brachten auf eigenen Antrieb hin Spangen,
Nasenreife und Fingerringe, Halsketten, aller-
lei Goldgegenstände, jeder, der Gold für den
HERRN als Weihegabe bringen wollte. 23 Alle,
die etwas an violettem und rotem Purpur, Kar-
mesin, Byssus, Ziegenhaaren, rötlichen Wid-
derfellen oder Tahaschhäuten bei sich fanden,
brachten es. 24 Alle, die eine Abgabe an Silber
oder Kupfer leisten wollten, brachten die Ab-
gabe für den HERRN; alle, die Akazienholz
beschaffen konnten, geeignet für jede Bearbei-
tung, brachten es herbei. 25 Alle Frauen, die
sich auf Handarbeit verstanden, spannen und
brachten das Gesponnene: violetten und roten

Purpur, Karmesin und Byssus. 26 Alle kunst-
fertigen Frauen, die sich angespornt fühlten,
spannen Ziegenhaare. 27 Die Sippenhäupter
brachten Karneolsteine und Ziersteine für
Efod und Brusttasche, 28 Balsam und Öl für
den Leuchter, für das Salböl und für das duf-
tende Räucherwerk. 29 Alle Männer und Frau-
en, die ihr Herz dazu trieb, etwas zu irgendei-
ner Arbeit beizutragen, die der HERR durch
Mose anzufertigen befohlen hatte, alle diese
Israeliten brachten eine Spende für den
HERRN.

4–9: 25,1–7

BEAUFTRAGUNG VON KÜNSTLERN
UND HANDWERKERN: 35,30–36,7

30 Dann sagte Mose zu den Israeliten: Seht, der
HERR hat Bezalel, den Sohn Uris, des Sohnes
Hurs, vom Stamm Juda, beim Namen gerufen
31 und ihn mit dem Geist Gottes erfüllt, mit
Weisheit, Klugheit und Kenntnis für jegliche
Arbeit, 32 Pläne zu entwerfen und sie in Gold,
Silber und Kupfer auszuführen 33 und durch
Schneiden und Fassen von Steinen und durch
Schnitzen von Holz allerlei Kunstwerke her-
zustellen. 34 Auch hat er ihm und Oholiab, dem
Sohn Ahisamachs, vom Stamm Dan, die Gabe
verliehen, andere zu lehren. 35 Er hat sie erfüllt
mit Kunstsinn zum Ausführen jeder Arbeit
eines Steinschneiders, eines Kunstwebers und
eines Buntwirkers in violettem und rotem
Purpur, Karmesin und Byssus sowie eines
Webers. Sie können alle Arbeiten ausführen
und die Pläne dazu entwerfen.

36 1 Bezalel und Oholiab und alle sachver-
ständigen Männer, denen der HERR
Weisheit und Klugheit zum Entwerfen und
Ausführen der ganzen Arbeiten für den Dienst
im Heiligtum gegeben hat, sollen alles tun,
was der HERR angeordnet hat.

2 Mose berief also Bezalel, Oholiab und alle
kunstverständigen Männer, denen der HERR
Weisheit in ihr Herz gegeben hatte, jeden, den
sein Herz antrieb, sich ans Werk zu machen
und es durchzuführen. 3 Sie nahmen von Mose
alle Abgaben entgegen, die die Israeliten ge-
bracht hatten, damit die Arbeiten für den
Dienst im Heiligtum ausgeführt werden
könnten. Man brachte ihm auch weiterhin
Morgen für Morgen Spenden. 4 Alle Sachkun-
digen, die alle Arbeiten für das Heiligtum aus-
führten, kamen aber – jeder von seiner Arbeit,
die er gerade verrichtete – 5 und sagten zu
Mose: Das Volk bringt viel mehr, als man für
die Arbeit benötigt, die der HERR auszuführen
geboten hatte. 6 Da erließ Mose einen Befehl
und ließ im Lager ausrufen: Weder Mann noch
Frau soll sich weiterhin um eine Abgabe für
das Heiligtum bemühen. So bewog man das
Volk, nichts mehr zu bringen. 7 Es war Mate-
rial mehr als genug vorhanden, um alle Arbei-
ten durchzuführen.

35,30–35: 31,1–6

AUSSTATTUNG DES HEILIGTUMS: 36,8–38,31

8 Die Kunstverständigen unter den Arbeitern
verfertigten die Wohnung aus zehn Zelt-
tüchern: aus gezwirntem Byssus, violettem
und rotem Purpur und Karmesin, mit Keru-
bim; als Kunstweberarbeit machten sie es.
9 Ein Zelttuch war achtundzwanzig Ellen lang
und vier Ellen breit; alle Zelttücher hatten
dasselbe Maß. 10 Er fügte fünf Zelttücher anei-
nander, eins mit dem anderen und nochmals
fünf Zelttücher, eins mit dem anderen. 11 Dann
machte er Schleifen aus violettem Purpur am
Rand des einen Zelttuchs, das das Ende des
zusammengefügten Stückes bildete; ebenso
machte er es am Rande des letzten Zelttuchs
des anderen zusammengefügten Stückes.
12 Fünfzig Schleifen brachte er an dem einen
Zelttuch an und fünfzig Schleifen am Zelt-
tuchende des zweiten zusammengefügten
Stückes; die Schleifen entsprachen einander.
13 Dann machte er fünfzig Goldhaken und
verband die Zelttücher mit den Haken, eines
mit dem andern; so wurde die Wohnung ein
Ganzes.

14 Er machte Decken aus Ziegenhaar für das
Zelt über der Wohnung; elf Decken stellte er
her. 15 Eine Decke war dreißig Ellen lang und
vier Ellen breit; die elf Decken hatten dasselbe
Maß. 16 Er verband fünf Decken zu einem
Stück und sechs Decken zu einem Stück. 17 Er
machte fünfzig Schleifen am Saum der Decke,
die das Ende des einen zusammengesetzten
Stückes bildete, und ebenso fünfzig Schleifen
am Saum der Decke, welche das Ende des an-
deren zusammengesetzten Stückes bildete.
18 Er fertigte fünfzig Kupferhaken an, um das
Zelt zusammenzusetzen, damit es ein Ganzes
ergäbe. 19 Schließlich machte er für das Zelt
eine Decke aus rötlichen Widderfellen und
darüber eine Decke aus Tahaschhäuten.

20 Er machte für die Wohnung Bretter aus
Akazienholz zum Aufstellen. 21 Jedes Brett war

zehn Ellen lang und anderthalb Ellen breit;
22 jedes Brett wurde durch zwei Zapfen mit
dem nächsten verbunden. So machte er es mit
allen Brettern der Wohnung. 23 An Brettern für
die Wohnung verfertigte er zwanzig für die
Südseite. 24 Er stellte vierzig Sockel aus Silber
als Unterlage für die zwanzig Bretter her: je
zwei Sockel als Unterlage eines Brettes für sei-
ne beiden Zapfen. 25 Für die zweite Seite der
Wohnung, die Nordseite, machte er ebenfalls
zwanzig Bretter 26 und vierzig Sockel aus Sil-
ber, je zwei Sockel als Unterlage eines Brettes.
27 Für die Rückseite der Wohnung, die West-
seite, verfertigte er sechs Bretter 28 und zwei
Bretter stellte er für die Eckstücke an der Rück-
seite der Wohnung her. 29 Sie entsprachen ei-
nander und reichten von unten bis oben, zum
ersten Ring. So machte er es mit den beiden
Brettern, die die beiden Eckstücke bildeten.
30 Es waren also acht Bretter und sechzehn So-
ckel aus Silber vorhanden: je zwei Sockel als
Unterlage für ein Brett.

31 Er verfertigte Querlatten aus Akazien-
holz, fünf für die Bretter auf der einen Seite der
Wohnung, 32 fünf für die Bretter auf der zwei-
ten Seite der Wohnung und fünf für die Bretter
der Rückseite der Wohnung, der Westseite.
33 Er brachte die mittlere Querlatte in der Mit-
te der Bretter an; sie reichte von einem Ende
zum andern. 34 Er überzog die Bretter mit Gold
und machte Ringe aus Gold, die die Querlat-
ten aufnahmen; auch die Querlatten überzog
er mit Gold.

35 Er machte einen Vorhang aus violettem
und rotem Purpur, Karmesin und gezwirntem
Byssus; er machte ihn in Kunstweberarbeit,
mit Kerubim. 36 Er machte für ihn vier Akazi-
ensäulen, überzog sie mit Gold – auch die Nä-
gel waren aus Gold – und goss für sie vier So-
ckel aus Silber. 37 Für den Eingang des Zeltes
machte er eine Verhüllung aus violettem und
rotem Purpur, Karmesin und gezwirntem
Byssus in Buntwirkerarbeit 38 sowie seine fünf
Säulen mit ihren Nägeln und überzog ihre Ka-
pitelle und ihre Querstangen mit Gold; ihre
fünf Sockel waren aus Kupfer.

8–19: 26,1–14 / **20–38**: 26,15–37

37 1 Dann machte Bezalel die Lade aus
Akazienholz, zweieinhalb Ellen lang,
anderthalb Ellen breit und anderthalb Ellen
hoch. 2 Er überzog sie innen und außen mit
purem Gold und brachte daran ringsherum
eine Goldleiste an. 3 Er goss für sie vier Gold-
ringe und befestigte sie an ihren vier Füßen,
zwei Ringe an der einen Seite und zwei Ringe
an der anderen Seite. 4 Er fertigte Stangen aus
Akazienholz an und überzog sie mit Gold. 5 Er
steckte die Stangen durch die Ringe an den
Seiten der Lade, sodass man damit die Lade
tragen konnte. 6 Er verfertigte auch eine
Sühneplatte aus purem Gold, zweieinhalb El-
len lang und anderthalb Ellen breit. 7 Er mach-
te zwei Kerubim aus getriebenem Gold und
arbeitete sie aus den beiden Enden der Sühne-
platte heraus, 8 und zwar einen Kerub an dem
einen Ende und einen Kerub an dem andern
Ende der Sühneplatte; er arbeitete die Kerubim
an ihren beiden Enden heraus. 9 Die Kerubim
breiteten ihre Flügel nach oben aus; mit ihren
Flügeln beschirmten sie die Sühneplatte und
sie wandten ihre Gesichter einander zu; die
Gesichter waren der Sühneplatte zugewandt.

10 Er fertigte auch den Tisch aus Akazienholz
an, zwei Ellen lang, eine Elle breit und andert-
halb Ellen hoch. 11 Er überzog ihn mit purem
Gold und brachte daran ringsherum eine
Goldleiste an. 12 Er machte ihm ringsherum
eine handbreite Einfassung und verfertigte
um diese Einfassung eine goldene Leiste. 13 Er
goss für ihn vier Goldringe und befestigte die
Ringe an den vier Ecken, die von seinen vier
Füßen gebildet wurden. 14 Die Ringe waren
dicht unter der Einfassung, sodass sie die Stan-
gen aufnahmen und man den Tisch tragen
konnte. 15 Er machte die Stangen aus Akazien-
holz und überzog sie mit Gold, sodass man den
Tisch tragen konnte. 16 Dazu machte er die
Geräte, die auf dem Tisch stehen sollten: seine
Schüsseln, Schalen, Kannen und Krüge für die
Trankopfer – alles aus purem Gold.

17 Er machte den Leuchter aus purem Gold.
Der Leuchter, sein Gestell und sein Schaft,
seine Kelche, Knospen und Blüten waren aus
einem Stück getrieben. 18 Von seinen Seiten
gingen sechs Arme aus, drei Leuchterarme auf
der einen Seite und drei Leuchterarme auf der
anderen Seite. 19 Der erste Arm wies drei man-
delblütenförmige Kelche auf mit je einer
Knospe und einer Blüte und der zweite Arm
wies drei mandelblütenförmige Kelche auf mit
je einer Knospe und einer Blüte; so alle sechs
Arme, die von dem Leuchter ausgingen. 20 An
dem Leuchter waren vier mandelblütenförmi-
ge Kelche, Knospen und Blüten: 21 je eine
Knospe unten zwischen zwei Armen, entspre-
chend den sechs Armen, die vom Leuchter

ausgingen. 22 Die Knospen und Arme bildeten
mit dem Schaft ein Ganzes; das Ganze war ein
Stück aus getriebenem purem Gold. 23 Dann
machte er auch für den Leuchter die sieben
Lampen, seine Dochtscheren und Pfannen aus
purem Gold. 24 Aus einem Talent puren Goldes
machte er den Leuchter und alle dazugehören-
den Geräte.

25 Auch machte er den Räucheraltar aus Aka-
zienholz, eine Elle lang, eine Elle breit – also
quadratisch – und zwei Ellen hoch; seine Hör-
ner bildeten mit ihm eine Einheit. 26 Er über-
zog ihn mit purem Gold, seine Platte, seine
Wände ringsum und seine Hörner, und brach-
te an ihm ringsum eine Goldleiste an. 27 Er
machte für ihn zwei Paar Goldringe und be-
festigte sie unterhalb der Leiste an seinen bei-
den Seiten, seinen Seitenwänden, zum Auf-
nehmen der Stangen, sodass man ihn damit
tragen konnte. 28 Er machte die Stangen aus
Akazienholz und überzog sie mit Gold. 29 Er
bereitete auch das heilige Salböl und das reine
duftende Räucherwerk, wie Salbenmischer sie
zubereiten.

1–9: 25,10–22 / **10–16:** 25,23–30 / **17–24:** 25,31–40 / **25–28:** 30,1–10 / **29:** 30,22–28

38 1 Dann machte er den Brandopferaltar
aus Akazienholz, fünf Ellen lang, fünf
Ellen breit – also quadratisch – und drei Ellen
hoch. 2 Er machte ihm Hörner an seinen vier
Ecken – seine Hörner bildeten mit ihm ein
Ganzes – und überzog ihn mit Kupfer. 3 Er
stellte auch alle Altargeräte her: die Gefäße, die
Schaufeln, die Schalen, die Gabeln und die
Feuerpfannen. Alle seine Geräte stellte er aus
Kupfer her. 4 Er machte auch für den Altar ein
Gitterwerk, ein Netzgitter aus Kupfer, unter-
halb der Einfassung bis zu seiner halben Höhe.
5 Dann goss er vier Ringe an die vier Enden des
kupfernen Gitterwerkes zum Aufnehmen der
Stangen. 6 Er verfertigte die Stangen aus Aka-
zienholz und überzog sie mit Kupfer. 7 Er
steckte die Stangen in die Ringe an den Seiten
des Altars, sodass man ihn damit tragen konn-
te; er machte ihn hohl, aus Brettern.

8 Er machte das Becken und sein Gestell aus
Kupfer, und zwar aus den Spiegeln der Frauen,
die am Eingang des Offenbarungszeltes
Dienst taten. 9 Dann machte er den Vorhof:
für die südliche Längsseite Vorhofbehänge aus
gezwirntem Byssus, hundert Ellen. 10 Ihre
zwanzig Säulen und deren zwanzig Sockel
waren aus Kupfer, die Nägel der Säulen und
ihre Querstangen waren aus Silber. 11 Für die
nördliche Längsseite hundert Ellen Behänge;
ihre zwanzig Säulen und deren zwanzig So-
ckel waren aus Kupfer; die Nägel der Säulen
und ihre Querstangen waren aus Silber. 12 Für
die Westseite fünfzig Ellen Behänge, ihre
zehn Säulen und deren zehn Sockel; die Nägel
der Säulen und ihre Querstangen waren aus
Silber. 13 Für die Vorderseite, gegen Osten hin,
fünfzig Ellen Behänge, 14 und zwar fünfzehn
Ellen Behänge für die eine Seitenwand mit
den drei Säulen und den drei Sockeln, 15 eben-
so für die andere Seitenwand. So waren bei-
derseits des Vorhoftores fünfzehn Ellen Be-
hänge mit den drei Säulen und den drei
Sockeln. 16 Alle Behänge des Vorhofs ringsum
bestanden aus gezwirntem Byssus. 17 Die So-
ckel der Säulen waren aus Kupfer, die Nägel
der Säulen und ihre Querstangen aus Silber,
der Überzug ihrer Kapitelle aus Silber. Alle
Säulen des Vorhofs hatten Querstangen aus
Silber. 18 Für das Tor des Vorhofs machte er
eine Verhüllung: Sie war Buntwirkerarbeit
aus violettem und rotem Purpur, Karmesin
und gezwirntem Byssus, zwanzig Ellen breit
und fünf Ellen hoch, entsprechend den übri-
gen Behängen des Vorhofs. 19 Ihre vier Säulen
und deren vier Sockel waren aus Kupfer, ihre
Nägel aus Silber und auch der Überzug ihrer
Kapitelle und ihre Querstangen aus Silber.
20 Alle Zeltpflöcke für die Wohnung und den
Vorhof ringsum waren aus Kupfer.

21 Das ist die Erhebung zugunsten der Woh-
nung, der Wohnung des Bundeszeugnisses;
diese Erhebung hatte Mose den Leviten unter
dem Priester Itamar, dem Sohn Aarons, über-
tragen. 22 Bezalel, der Sohn Uris, des Sohnes
Hurs, vom Stamm Juda, führte alles aus, was
der HERR dem Mose befohlen hatte. 23 Mit
Oholiab, dem Sohn Ahisamachs, vom Stamm
Dan, als Steinschneider, Kunstweber und
Buntwirker des violetten und roten Purpurs,
des Karmesins und des Byssus führte er alles
aus. 24 Das gesamte Gold, das man für alle Ar-
beiten zur Errichtung des Heiligtums verwen-
dete – es war das Gold der Weihegaben –, wog
29 Talente und 730 Schekel, und zwar nach
dem Schekelgewicht des Heiligtums. 25 Das
Silber betrug aufgrund der Erhebung der Ge-
meinde 100 Talente und 1775 Schekel, und
zwar nach dem Schekelgewicht des Heilig-
tums, 26 einen Halbschekel für jede Person,
also die Hälfte eines Schekels, und zwar nach

dem Schekelgewicht des Heiligtums, für jeden
von zwanzig Jahren und darüber, der zur Er-
hebung vortreten musste, also für 603 550
Mann. 27 Verwendet wurden 100 Talente Silber
zum Guss der Sockel des Heiligtums und der
Sockel des Vorhangs, 100 Talente für 100 So-
ckel, also ein Talent für einen Sockel. 28 Aus
1775 Schekel machte er die Nägel für die Säu-
len, überzog die Kapitelle und verband sie mit-
einander. 29 Das Kupfer der Weihegaben be-
trug 70 Talente und 2400 Schekel. 30 Daraus
machte er die Sockel für den Eingang des Of-
fenbarungszeltes, den kupfernen Altar samt
seinem kupfernen Gitterwerk und alle Altar-
geräte 31 sowie die Sockel für den Vorhof rings-
um, die Torsockel des Vorhofs, alle Zeltpflöcke
der Wohnung und alle Zeltpflöcke des Vorhofs
ringsum.

1-7: 27,1–8 / **8**: 30,17–21 / **9-20**: 27,9–19 / **21-26**: 30,11–16

ANFERTIGUNG DER PRIESTERGEWÄNDER: 39,1–31

39 1 Aus violettem und rotem Purpur und
aus Karmesin verfertigten sie die ge-
wirkten Gewänder für den Dienst im Heilig-
tum und verfertigten die heiligen Gewänder
für Aaron, wie es der HERR dem Mose befoh-
len hatte.

2 Sie stellten das Efod her aus Gold, vio-
lettem und rotem Purpur, Karmesin und
gezwirntem Byssus. 3 Sie schlugen goldene
Plättchen breit, schnitten sie in Fäden, um
sie zwischen violettem und rotem Purpur,
Karmesin und Byssus als Kunstweberarbeit
einzuwirken. 4 Für das Efod machten sie mit-
einander verbundene Schulterstücke und
befestigten sie an ihren beiden Enden. 5 Eine
Efodschärpe daran bildete mit ihm ein einzi-
ges Stück und war von derselben Machart, aus
Gold, violettem und rotem Purpur, Karmesin
und gezwirntem Byssus, wie es der HERR dem
Mose geboten hatte. 6 Sie bearbeiteten die in
Goldfassungen eingesetzten Karneolsteine
und schnitten nach Siegelart die Namen der
Söhne Israels ein. 7 Man setzte sie dann auf die
Schulterstücke des Efod als Steine, die den
HERRN an die Israeliten erinnern, wie es der
HERR dem Mose geboten hatte.

8 Die Brusttasche verfertigte man als Kunst-
weberarbeit wie das Efod, aus Gold, violettem
und rotem Purpur, Karmesin und gezwirn-
tem Byssus. 9 Sie machten die Brusttasche
quadratisch, zusammengefaltet, eine Spanne
lang und eine Spanne breit. 10 Sie besetzten
sie mit Edelsteinen in vier Reihen: die erste
Reihe mit Rubin, Topas und Smaragd, 11 die
zweite Reihe mit Karfunkel, Saphir und Jas-
pis, 12 die dritte Reihe mit Achat, Hyazinth
und Amethyst, 13 die vierte Reihe mit
Chrysolith, Karneol und Onyx; sie waren in
Gold gefasst. 14 Die Steine lauteten auf die
Namen der Söhne Israels, zwölf auf ihre Na-
men – in Siegelgravierung. Jeder lautete auf
den Namen eines der zwölf Stämme. 15 Sie
befestigten an der Brusttasche schnurartige,
gedrehte Ketten aus purem Gold. 16 Sie mach-
ten zwei goldene Einfassungen und zwei
Goldringe und befestigten die beiden Ringe
an den beiden Enden der Brusttasche. 17 Die
beiden goldenen Schnüre verbanden sie mit
den beiden Ringen an den Enden der Brust-
tasche; 18 die zwei anderen Enden der Schnü-
re befestigten sie an den beiden Einfassungen
und hängten sie an die Vorderseite der Schul-
terstücke des Efod. 19 Sie machten noch zwei
Goldringe und befestigten sie an den beiden
Enden der Brusttasche, und zwar am inneren
Rand, der dem Efod zugekehrt ist. 20 Sie
machten zwei weitere Goldringe und befes-
tigten sie unten an den beiden Schulterstü-
cken des Efod, und zwar an der Vorderseite,
nahe ihrer Naht, aber oberhalb der Efod-
schärpe. 21 Sie banden die Brusttasche mit
ihren Ringen an die Ringe des Efod mit einer
violetten Purpurschnur, sodass sie über der
Efodschärpe blieb und sich die Brusttasche
nicht vom Efod verschob, wie es der HERR
dem Mose befohlen hatte.

22 Er machte den Efodmantel als Weberar-
beit gänzlich aus violettem Purpur. 23 In seiner
Mitte war die Mantelöffnung, wie die Öffnung
eines Panzerhemds; die Öffnung hatte rings-
um einen gewebten unzerreißbaren Rand.
24 An seinem unteren Saum machten sie Gra-
natäpfel aus violettem und rotem Purpur und
aus gezwirntem Karmesin. 25 Sie machten
Glöckchen aus reinem Gold und befestigten
die Glöckchen zwischen den Granatäpfeln am
Saum des Mantels, ringsum zwischen den
Granatäpfeln: 26 ein Glöckchen und ein Gra-
natapfel abwechselnd ringsum am Saum des
Mantels für den Dienst, wie es der HERR dem
Mose befohlen hatte.

27 Danach machten sie die Leibröcke aus
Byssus als Weberarbeit für Aaron und seine

Söhne, 28 den Turban aus Byssus, den Schmuck
der Kopfbünde aus Byssus, die leinenen Bein-
kleider aus gezwirntem Byssus 29 und den
Gürtel aus gezwirntem Byssus, violettem und
rotem Purpur und Karmesin, als Buntwirker-
arbeit, wie es der HERR dem Mose geboten
hatte.
30 Sie machten eine Rosette aus purem Gold,
das heilige Diadem, und brachten darauf die
Inschrift nach Art der Siegelgravierung an:
Heilig dem HERRN. 31 Sie befestigten sie an
einer Schnur aus violettem Purpur, um sie
oben am Turban anzubringen, wie es der HERR
dem Mose geboten hatte.

1–31: 28,1–43

ABSCHLUSS DER ARBEITEN: 39,32–43

32 So wurde das ganze Werk für die Wohnung
des Offenbarungszeltes vollendet; die Israeli-
ten taten genauso, wie es der HERR dem Mose
geboten hatte. So machten sie es. 33 Sie brach-
ten die Wohnung zu Mose: das Zelt mit allen
seinen Geräten, seinen Haken, Brettern,
Querlatten, Säulen und Sockeln, 34 die Decke
aus rötlichen Widderfellen, die Decke aus
Tahaschhäuten und den verhüllenden Vor-
hang, 35 die Lade des Bundeszeugnisses mit
ihren Stangen und der Sühneplatte, 36 den
Tisch und alle dazugehörigen Geräte sowie die
Schaubrote, 37 den Leuchter aus purem Gold,
seine Lampen – die Lampen der Reihe nach
aufgestellt – und alle seine Geräte sowie das Öl
für den Leuchter, 38 den goldenen Altar, das
Salböl, das duftende Räucherwerk und die
Verhüllung für den Eingang des Zeltes, 39 den
kupfernen Altar und das zugehörige kupferne
Gitterwerk mit seinen Stangen und allen sei-
nen Geräten, das Becken und sein Gestell,
40 die Behänge des Vorhofs, seine Säulen und
Sockel sowie die Verhüllung für das Tor des
Vorhofs, seine Schnüre und Zeltpflöcke und
alle Geräte für den Dienst an der Wohnung,
am Offenbarungszelt, 41 die gewirkten Ge-
wänder für den Dienst im Heiligtum, die hei-
ligen Gewänder für den Priester Aaron und die
Gewänder seiner Söhne für den Priesterdienst.
42 Genauso, wie es der HERR dem Mose befoh-
len hatte, führten die Israeliten die gesamte
Arbeit aus. 43 Mose sah das ganze Werk: Siehe,
sie hatten es gemacht, wie der HERR es gebo-
ten hatte. So hatten sie es gemacht und Mose
segnete sie.

WEIHE DES HEILIGTUMS UND GOTTES GEGENWART: 40,1–38

40 1 Der HERR sprach zu Mose: 2 Am ers-
ten Tag des ersten Monats sollst du die
Wohnung des Offenbarungszeltes aufstellen.
3 Stell die Lade des Bundeszeugnisses hinein
und verdeck die Lade durch den Vorhang!
4 Bring den Tisch hinein und leg seine Aus-
rüstung zurecht; stell den Leuchter auf und
setz seine Lampen auf! 5 Stell den goldenen
Räucheraltar vor die Lade des Bundeszeugnis-
ses und hänge die Verhüllung des Eingangs der
Wohnung auf! 6 Errichte den Brandopferaltar
vor dem Eingang der Wohnung, des Offenba-
rungszeltes! 7 Das Becken stell zwischen das
Offenbarungszelt und den Altar und gieß
Wasser hinein! 8 Errichte den Vorhof ringsum
und häng die Verhüllung an das Tor des Vor-
hofs! 9 Nimm das Salböl und salbe die Woh-
nung und alles, was in ihr ist! Weihe sie mit
allen ihren Geräten! So wird sie heilig sein.
10 Salbe auch den Brandopferaltar mit all sei-
nen Geräten und weihe den Altar! So wird der
Altar hochheilig sein. 11 Salbe das Becken mit
seinem Gestell und weihe es! 12 Dann lass Aa-
ron und seine Söhne zum Eingang des Offen-
barungszeltes herantreten und wasche sie mit
Wasser! 13 Bekleide Aaron mit den heiligen
Gewändern, salbe und weihe ihn, damit er mir
als Priester dient! 14 Dann lass seine Söhne he-
rantreten und bekleide sie mit Leibröcken;
15 salbe sie, wie du ihren Vater gesalbt hast,
damit sie mir als Priester dienen! Dies soll ge-
schehen, damit ihre Salbung ihnen ein ewiges
Priestertum verleiht, von Generation zu Ge-
neration.
16 Mose machte alles so, wie es der HERR ihm
geboten hatte. So machte er es. 17 Im zweiten
Jahr, am ersten Tag des ersten Monats, stellte
man die Wohnung auf. 18 Mose stellte die
Wohnung auf, legte ihre Sockel hin, setzte ihre
Bretter darauf, brachte ihre Querlatten an und
stellte ihre Säulen auf. 19 Dann spannte er das
Zelt über die Wohnung und legte die Decke
des Zeltes darüber, wie es der HERR dem Mose
befohlen hatte. 20 Dann nahm er das Bundes-
zeugnis, legte es in die Lade, brachte die Stan-
gen an der Lade an und setzte die Sühneplatte
oben auf die Lade. 21 Er brachte die Lade in die
Wohnung, spannte den verhüllenden Vor-
hang auf und verdeckte so die Lade des Bun-
deszeugnisses, wie es der HERR dem Mose
geboten hatte. 22 Er stellte den Tisch in das

Offenbarungszelt, an die Nordseite der Woh-
nung, vor den Vorhang. 23 Darauf schichtete er
die Brote vor dem HERRN auf, wie es der HERR
dem Mose geboten hatte. 24 Er stellte den
Leuchter in das Offenbarungszelt, dem Tisch
gegenüber, an die Südseite der Wohnung. 25 Er
setzte die Lampen vor dem HERRN auf, wie es
der HERR dem Mose geboten hatte. 26 Dann
stellte er den goldenen Altar in das Offenba-
rungszelt vor den Vorhang. 27 Er ließ auf ihm
duftendes Räucherwerk verbrennen, wie es
der HERR dem Mose geboten hatte. 28 Dann
hängte er die Verhüllung des Eingangs der
Wohnung auf. 29 Den Brandopferaltar stellte
er an den Eingang der Wohnung, des Offen-
barungszeltes, und brachte auf ihm das Brand-
und Speiseopfer dar, wie es der HERR dem
Mose befohlen hatte. 30 Er stellte das Becken
zwischen das Offenbarungszelt und den Altar
und goss Wasser zum Waschen hinein. 31 Da-
rin wuschen Mose, Aaron und seine Söhne
ihre Hände und Füße. 32 Wenn sie in das Of-
fenbarungszelt eintraten oder sich dem Altar
näherten, wuschen sie sich, wie es der HERR
dem Mose geboten hatte. 33 Er errichtete den
Vorhof um die Wohnung und den Altar und
ließ die Verhüllung am Tor des Vorhofs auf-
hängen. So vollendete Mose das Werk.

34 Dann bedeckte die Wolke das Offenba-
rungszelt und die Herrlichkeit des HERRN
erfüllte die Wohnung. 35 Mose konnte das Of-
fenbarungszelt nicht betreten, denn die Wol-
ke wohnte darauf und die Herrlichkeit des
HERRN erfüllte die Wohnung. 36 Immer, wenn
die Wolke sich von der Wohnung erhob, bra-
chen die Israeliten auf zu all ihren Wanderun-
gen. 37 Wenn sich aber die Wolke nicht erhob,
brachen sie nicht auf, bis zu dem Tag, an dem
sie sich erhob. 38 Bei Tag schwebte die Wolke
des HERRN über der Wohnung, bei Nacht aber
war Feuer in ihr vor den Augen des ganzen
Hauses Israel auf all ihren Wanderungen.

DAS BUCH LEVITIKUS

Das Buch trägt in der griechischen und lateinischen Bibel den Namen Levitikus, der sich vom Stamm Levi ableitet. Aus ihm stammen die Priester, die den in Levitikus beschriebenen Kult ausführen und Israel seine Lebensordnung als heiliges, priesterliches Volk (vgl. Ex 19,6) lehren. Die jüdische Tradition nennt das Buch nach dem Anfangswort „Wajjikrá" (Und er rief), bei den Rabbinen heißt es auch „torat kohanim" (Priesterliche Weisung).

Die Verfasser waren Priester am Zweiten Jerusalemer Tempel (eingeweiht 515 v. Chr.). Ihr Werk spiegelt somit die gottesdienstlichen Abläufe der nachexilischen Zeit unter persischer Oberherrschaft wider; was davon inhaltlich auf den vorexilischen Kult zurückgeht, ist nicht mehr festzustellen. Die Varianten in den hebräischen Handschriften sind gering. Die griechische Übersetzung folgt der hebräischen Vorlage sehr genau.

Das Buch bietet sich als Wort dar, das Gott an Mose richtet. Dieser verkündet es Israel im Namen Gottes. Es besteht aus sieben Teilen: Die verschiedenen Opferbestimmungen werden in Lev 1–7 beschrieben; darauf folgen die Einsetzung der Priester und der erste von Gott angenommene Opfergottesdienst (Lev 8–10). Die Kapitel 11 bis 15 nennen Umstände, die eine Kultteilnahme unmöglich machen (Reinheitsvorschriften). Im Zentrum des Buches und der Tora steht die kultische Versöhnung als das Gnadengeschenk Gottes (Lev 16–17): der große Versöhnungstag einmal im Jahr (Jom ha-Kippurim nach Lev 23,27, als jüdischer Feiertag Jom Kippur). Die letzten drei Teile sprechen von der Übertragung der Heiligkeit des Kultes in den Alltag (Lev 18–20), von Einzelbestimmungen für die Priester und Opfer, damit diese Heiligkeit erhalten bleibt (Lev 21–22), sowie vom Zusammenleben mit Gott und untereinander (Lev 23–27).

Das Interesse der priesterlichen Verfasser bestand neben der handbuchartigen Sicherung der Tradition vor allem in der intensiven Bildung des Volkes in Fragen des Kultes, der Reinheit und der Ethik. Der eigentliche Opferkult fand nur im kleinen Kreis der Priester am Tempel statt – aber jedes Glied des israelitischen Volkes (jede/r Israelit/in) sollte darüber Bescheid wissen und den Kult im Geiste nachvollziehen. Die Reinheit war für die Priester und die am Opfergottesdienst und den Mählern teilnehmenden Laien die entscheidende Voraussetzung für die Begegnung mit Gott – aber auch im Alltag sollte die Befolgung der Reinheitsvorschriften ein Bewusstsein der Nähe zu Gott vermitteln. Untrennbar mit dem Kult ist ein hoher sittlich-ethischer Anspruch verbunden: Rechter Gottesdienst und gerechter Umgang mit den Mitmenschen gehen Hand in Hand; insbesondere Lev 19 zeigt dies deutlich. Dort wird etwa das Gebot der Achtung der eigenen Eltern vor dem Gebot der Beachtung des Sabbats und dem Verbot, fremde Götter zu verehren, in den Vordergrund gestellt (Lev 19,3–4).

Das Buch Levitikus ist durch eine Fachsprache mit regelmäßig wiederkehrenden Begriffen gekennzeichnet, deren Bedeutung als bekannt vorausgesetzt und daher nicht erklärt wird. Die Inhalte der Reden Gottes an Mose (und z. T. an Aaron) sollen an die Israeliten weitergegeben werden (z. B. Lev 1,1–2).

Mit der Zerstörung des Jerusalemer Tempels 70 n. Chr. durch die Römer ist der Opferkult zu Ende gegangen – die mit ihm verbundenen Gedanken und Symbole werden weiterbedacht: Im Judentum ersetzt das Studium dieser Opferbestimmungen ihre Durchführung; das Fasten und die strikte Arbeitsruhe (Lev 23,26–32) am Versöhnungstag (Jom Kippur) sowie die Barmherzigkeit gegenüber dem Mitmenschen werden zum Weg der Versöhnung mit Gott (Hos 6,6). Im Christentum ersetzt das Kreuzesopfer Christi ein für alle Mal jegliche Opfer als Weg zu Gott; insbesondere der Hebräerbrief erklärt im Lichte der Vorstellungen des Buches Levitikus das Christusgeschehen. Das bleibende Vermächtnis von Levitikus ist der große Ernst, mit dem die Begegnung zwischen Menschen und dem lebendigen Gott betrachtet wird. Aus dieser Begegnung folgen zahlreiche Maßstäbe für das soziale Verhalten der Menschen untereinander. Als Beispiele seien genannt: Ehrfurcht gegenüber den Eltern (Lev 19,3), Fürsorge für Arme und Fremde (Lev 19,10), das Verbot, zu betrügen, den Lohn vorzuenthalten, den Blinden zu behindern, bei Gericht parteilich zu sein (Lev 19,11–16), das Gebot der Nächstenliebe und der Liebe zu den Fremden (Lev 19,17–18.33–34), das Gebot der Ehrfurcht vor dem Alter (Lev 19,32), das Verbot, andere zu übervorteilen (Lev 19,35–36), das Gebot der Dankbarkeit für die Ernte (Lev 23,9–14), die Idee eines generellen Schulderlasses nach einem bestimmten Zeitraum, um Verarmung zu verhindern (Jubeljahr: Lev 25,8–31), die soziale Verantwortung für den Armen (Lev 25,35–38).

OPFERBESTIMMUNGEN: 1–7

BRANDOPFER: 1,1–17

1 1 Der HERR rief Mose, redete ihn vom
Offenbarungszelt aus an und sprach:
2 Rede zu den Israeliten und sag zu ihnen:
Wenn einer von euch dem HERRN von den
Haustieren eine Opfergabe darbringt, könnt
ihr das mit Rind und Kleinvieh tun. 3 Ist seine
Opfergabe ein Brandopfer vom Rind, so bringe er ein männliches Tier ohne Fehler dar; er
soll es an den Eingang des Offenbarungszeltes
bringen, damit er vor dem HERRN Wohlgefallen findet. 4 Er lege seine Hand auf den Kopf
des Opfertiers, damit es für ihn wohlgefällig
angenommen werde, um für ihn Versöhnung
zu erwirken. 5 Er soll dann den Stier vor dem
HERRN schlachten und die Söhne Aarons, die
Priester, sollen das Blut darbringen. Sie sollen
es ringsum an den Altar sprengen, der am

1,1–17 Brandopfer sind Tieropfer, bei denen das ganze Tier auf dem Altar verbrannt wird (auch: Ganzopfer). Im Unterschied dazu wird beim Speiseopfer (Lev 2) nur ein Teil verbrannt, der andere Teil aber den Priestern übergeben. Eine dritte Opferart ist das Heilsopfer (Lev 3), dessen Fleisch von der Gemeinschaft, die das Opfer stiftet, beim Opfermahl verzehrt wird.

1,4 Das Auflegen (wörtlich: Aufstemmen) der Hand hat mit allem Nachdruck sowie eigenhändig zu erfolgen. Es kann von keinem Vertreter übernommen werden, denn es stellt eine individuelle Beziehung zwischen dem Opfernden, seinem Opfertier und der Wirkung des Opfers her – Wohlgefallen bei Gott für den Opfernden (siehe auch Ex 29,10.15.19; Lev 3,2.8.13; 4,4.15.24.29.33; 8,14.18.22).

Eingang des Offenbarungszeltes steht. 6 Dann
soll er das Opfer abhäuten und es in Stücke
zerlegen. 7 Die Söhne Aarons, die Priester,
sollen Feuer auf den Altar bringen und Holz
darauf schichten. 8 Hierauf sollen die Söhne
Aarons, die Priester, die Stücke sowie den
Kopf und das Fett auf das Holz über dem
Altarfeuer legen. 9 Der Priester soll dann die
Eingeweide und die Beine mit Wasser wa-
schen und das Ganze auf dem Altar in Rauch
aufgehen lassen. Ein Brandopfer ist es, ein
Feueropfer zum beruhigenden Duft für den
HERRN.

10 Ist seine Opfergabe ein Brandopfer vom
Kleinvieh, von den Schafen oder Ziegen, dann
soll er ein fehlerloses männliches Tier bringen.
11 Er soll es an der Nordseite des Altars vor dem
HERRN schlachten und die Söhne Aarons, die
Priester, sollen sein Blut ringsum an den Altar
sprengen. 12 Dann soll er es in Stücke zerlegen
und der Priester soll diese sowie den Kopf
und das Fett auf das Holz über dem Altarfeuer
legen. 13 Er soll dann die Eingeweide und die
Beine mit Wasser waschen und der Priester
soll das Ganze darbringen und auf dem Altar
in Rauch aufgehen lassen. Ein Brandopfer ist
es, ein Feueropfer zum beruhigenden Duft für
den HERRN.

14 Ist seine Opfergabe für den HERRN ein
Brandopfer vom Geflügel, dann soll er eine
Turteltaube oder eine Felsentaube bringen.
15 Der Priester soll sie zum Altar bringen, ihren
Kopf abtrennen und ihn auf dem Altar in
Rauch aufgehen lassen; ihr Blut soll gegen die
Altarwand ausgepresst werden. 16 Dann soll er
ihren Kropf mit den Federn entfernen und ihn
an der Ostseite des Altars auf den Platz der
Fett-Asche werfen. 17 Darauf soll der Priester
den Vogel an den Flügeln einreißen, ohne ihn
dabei zu teilen, und ihn auf dem Altar, auf dem
Holz über dem Feuer, in Rauch aufgehen las-
sen. Ein Brandopfer ist es, ein Feueropfer zum
beruhigenden Duft für den HERRN.

1–17: 6,1–6; 9,16 / **4**: Ez 45,15 / **6a**: 7,8 / **9.13.17**: Gen 8,21 /
14: Gen 15,9

SPEISEOPFER: 2,1–16

2 1 Wenn jemand dem HERRN ein Speise-
opfer darbringt, muss seine Opfergabe
aus Weizenfeinmehl bestehen, auf das er Öl
gießen und Weihrauch legen soll. 2 Er bringe
es zu den Söhnen Aarons, den Priestern. Er
nehme davon eine Handvoll, vom Weizen-
feinmehl und vom Öl mit dem ganzen Weih-
rauch, und der Priester lasse sie auf dem Altar
als Gedächtnisanteil in Rauch aufgehen, als ein
Feueropfer zum beruhigenden Duft für den
HERRN. 3 Der Rest des Speiseopfers gehört
Aaron und seinen Söhnen als etwas Hochhei-
liges von den Feueropfern des HERRN.

4 Wenn du ein im Ofen gebackenes Speise-
opfer darbringst, so soll es aus Weizenfein-
mehl sein, ein mit Öl vermengter ungesäuer-
ter Kuchen und ein mit Öl bestrichener
ungesäuerter Brotfladen. 5 Ist deine Opfergabe
eine auf einer Ofenplatte zubereitete Speise,
so soll sie aus ungesäuertem Weizenfeinmehl
sein, das mit Öl vermengt ist. 6 Du sollst sie
zerbröckeln und Öl darüber gießen. Ein Spei-
seopfer ist es.

7 Ist deine Opfergabe eine im Kochtopf zu-
bereitete Speise, so soll sie aus Weizenfein-
mehl mit Öl angemacht sein. 8 Du sollst die
daraus zubereitete Speise zum HERRN brin-
gen. Man soll sie dem Priester reichen, der sie
an den Altar bringt. 9 Der Priester soll davon
den Gedächtnisanteil abheben und auf dem
Altar in Rauch aufgehen lassen als ein Feuer-
opfer zum beruhigenden Duft für den HERRN.
10 Der Rest des Speiseopfers gehört Aaron und
seinen Söhnen als etwas Hochheiliges von
den Feueropfern des HERRN.

11 Kein Speiseopfer, das ihr dem HERRN dar-
bringt, darf mit Sauerteig angemacht sein;
denn ihr dürft dem HERRN weder Sauerteig
noch Honig als Feueropfer darbringen. 12 Ihr
sollt sie dem HERRN als Erstlingsopfer dar-
bringen, aber auf dem Altar sollen sie nicht
zum beruhigenden Duft aufsteigen.

13 Jedes Speiseopfer sollst du salzen und
deinem Speiseopfer sollst du das Salz des Bun-
des deines Gottes nicht fehlen lassen; jede
deiner Opfergaben sollst du mit Salz darbrin-
gen.

1,9 Feueropfer ist ein Oberbegriff für alle menschlichen Gaben, die Gott übergeben werden: Diese Übergabe an Gott steht im Vordergrund, nicht der technische Vorgang des Verbrennens. – Zum beruhigenden Duft vgl. die Anmerkung zu Gen 8,21.

2,2 Gedächtnisanteil: ein kleiner Teil der Speiseopfergabe, der symbolisch für die ganze Gabe steht, die Gott übergeben wird. Tatsächlich verbrannt wird nur der symbolische Teil, den Rest der Gabe gibt Gott als hochheilige Speise den Priestern zurück.

14 Wenn du dem HERRN ein Speiseopfer
von den Erstlingsfrüchten darbringst, sollst du
geröstete reife Körner und Grütze aus frischen
Körnern als Speiseopfer deiner Erstlingsfrüch-
te darbringen. 15 Du sollst Öl darauf gießen
und Weihrauch darauf geben. Ein Speiseopfer
ist es. 16 Der Priester soll den Gedächtnisanteil
von der Grütze und dem Öl mit dem ganzen
Weihrauch als ein Feueropfer für den HERRN
in Rauch aufgehen lassen.

1–16: 6,7–11; 9,17

HEILSOPFER: 3,1–17

3 1 Ist seine Opfergabe ein Heilsopfer und
vom Rind, dann soll er ein männliches
oder ein weibliches fehlerloses Tier vor den
HERRN bringen. 2 Er soll seine Hand auf den
Kopf des Opfers legen und es am Eingang des
Offenbarungszeltes schlachten. Dann sollen
die Söhne Aarons, die Priester, das Blut rings-
um an den Altar sprengen. 3 Er soll einen Teil
des Heilsopfers als Feueropfer für den HERRN
darbringen, und zwar das Fett, das die Einge-
weide bedeckt, das gesamte Fett über den
Eingeweiden, 4 die beiden Nieren, das Fett
über ihnen und das an den Lenden sowie die
Fettmasse, die er von der Leber und den Nie-
ren loslöst. 5 Die Söhne Aarons sollen diesen
Teil mit dem Brandopfer, das auf dem Holz
über dem Feuer liegt, auf dem Altar in Rauch
aufgehen lassen. Es ist ein Feueropfer zum
beruhigenden Duft für den HERRN.

6 Ist seine Opfergabe ein Heilsopfer für den
HERRN vom Kleinvieh, dann soll er ein
männliches oder weibliches fehlerloses Tier
darbringen. 7 Wenn er ein Schaf darbringt, soll
er es vor den HERRN bringen. 8 Er soll seine
Hand auf den Kopf des Opfers legen und es
vor dem Offenbarungszelt schlachten; dann
sollen die Söhne Aarons das Blut ringsum an
den Altar sprengen. 9 Von diesem Heilsopfer
soll er das Fett als Feueropfer für den HERRN
darbringen: den ganzen Fettschwanz, den er
nahe an den Schwanzwirbelknochen ablösen
soll, das Fett, das die Eingeweide bedeckt, das
gesamte Fett über den Eingeweiden, 10 die
beiden Nieren, das Fett über ihnen und das an
den Lenden sowie die Fettmasse, die er von
der Leber und den Nieren loslöst. 11 Der Pries-
ter lasse diese Teile auf dem Altar in Rauch
aufgehen. Das soll eine Feueropferspeise für
den HERRN sein.

12 Wenn er eine Ziege darbringt, soll er sie
vor den HERRN bringen. 13 Er soll seine Hand
auf ihren Kopf legen und sie vor dem Offen-
barungszelt schlachten; dann sollen die Söh-
ne Aarons ihr Blut ringsum an den Altar
sprengen. 14 Von ihr soll er als Feueropfer für
den HERRN darbringen: das Fett, das die Ein-
geweide bedeckt, das gesamte Fett über den
Eingeweiden, 15 die beiden Nieren, das Fett
über ihnen und das an den Lenden sowie die
Fettmasse, die er von der Leber und den Nie-
ren loslöst. 16 Der Priester lasse diese Teile auf
dem Altar in Rauch aufgehen. Sie sind eine
Feueropferspeise zum beruhigenden Duft für
den HERRN. Das ganze Fett gehört dem
HERRN.

17 Als ewige Satzung gelte bei euren Gene-
rationen überall, wo ihr wohnt: Ihr dürft we-
der Fett noch Blut genießen.

1–17: 7,11–21; 7,28–36; 9,18; 17,5 / **3–4**: 4,9–10 / **16**: 7,22–25 / **17**: 7,26–27; 17,10–14; 19,26; Gen 9,4; Dtn 12,23–25

SÜNDIGEN AUS VERSEHEN: SÜNDOPFER: 4,1–35

4 1 Der HERR sprach zu Mose: 2 Sag zu den
Israeliten: Wenn einer ohne Vorsatz ge-
gen eines der Gebote des HERRN sündigt und
etwas Verbotenes tut, 3 dann soll er, wenn es
ein gesalbter Priester ist, der sündigt und da-
durch Schuld auf das Volk zieht, dem HERRN
für die von ihm begangene Sünde einen feh-
lerlosen Jungstier als Sündopfer darbringen.
4 Er soll diesen Jungstier zum Eingang des Of-
fenbarungszeltes vor den HERRN bringen,
ihm die Hand auf den Kopf legen und ihn vor
dem HERRN schlachten. 5 Dann soll der ge-
salbte Priester etwas vom Blut dieses Stiers
nehmen, es in das Offenbarungszelt bringen,
6 seinen Finger in das Blut tauchen und es vor
dem HERRN siebenmal gegen den Vorhang des
Heiligtums spritzen. 7 Darauf soll der Priester
etwas vom Blut auf die Hörner des Räucheral-
tars tun, der vor dem HERRN im Offenba-
rungszelt steht, und dann soll er das ganze Blut
des Stiers am Sockel des Brandopferaltars aus-

3,1–17 Beim Heilsopfer (andere Übersetzungsmöglichkeiten: Friedens- oder Bundesopfer) steht die Gemeinschaft im Vordergrund, die sich zu einem freudigen Anlass zum Festmahl (mit Fleischspeisen) am Heiligtum versammelt.

4,7 Die Hörner des Altars sind nach oben gerichtete hornförmige Ausläufer an den vier Ecken, die vermutlich Stärke und Kraft symbolisieren (vgl. die Anmerkung zu Ex 32,1–35).

gießen, der sich am Eingang des Offenba-
rungszeltes befindet. 8 Dann soll er das ganze
Fett des Sündopferstieres abheben, und zwar
das Fett, das die Eingeweide bedeckt, das ge-
samte Fett über den Eingeweiden, 9 die beiden
Nieren, das Fett über ihnen und das an den
Lenden sowie die Fettmasse, die er von der
Leber und den Nieren loslöst – 10 genauso, wie
es beim Stier des Heilsopfers geschieht –, und
der Priester lasse diese Teile auf dem Brand-
opferaltar in Rauch aufgehen. 11 Das Fell des
Stiers aber, sein ganzes Fleisch mit dem Kopf,
den Beinen, den Eingeweiden und dem
Mageninhalt, 12 also den ganzen Stier, soll er
aus dem Lager hinaus an einen reinen Ort,
nämlich den Abfallplatz der Fett-Asche, schaf-
fen und ihn auf einem Holzfeuer verbrennen;
auf dem Abfallplatz der Fett-Asche soll es ver-
brannt werden.

13 Wenn die ganze Gemeinde Israels ohne
Vorsatz gesündigt hat und die Sache blieb vor
den Augen der Versammlung verborgen, aber
sie haben etwas vom HERRN Verbotenes ge-
tan und werden dadurch schuldig, 14 soll die
Versammlung für die Sünde, sobald sie be-
kannt wird, einen Jungstier als Sündopfer
darbringen und ihn vor das Offenbarungszelt
bringen. 15 Die Ältesten der Gemeinde sollen
ihre Hände vor dem HERRN auf den Kopf des
Stiers legen und man soll ihn vor dem HERRN
schlachten. 16 Dann soll der gesalbte Priester
etwas vom Blut des Stiers in das Offenba-
rungszelt tragen, 17 seinen Finger in das Blut
tauchen und es siebenmal gegen den Vorhang
vor dem HERRN spritzen. 18 Darauf soll er ein
wenig von dem Blut auf die Hörner des Altars
tun, der vor dem HERRN im Offenbarungs-
zelt steht, und dann soll er das ganze Blut am
Sockel des Brandopferaltars ausgießen, der
sich am Eingang des Offenbarungszeltes be-
findet. 19 Dann soll er das ganze Fett des Tieres
abheben und es auf dem Altar in Rauch auf-
gehen lassen. 20 Er soll mit dem Stier tun, was
auch mit dem Sündopferstier gemacht wird;
so soll er es mit ihm machen. Dann soll er für
die Gemeinde Versöhnung erwirken und es
wird ihnen vergeben werden. 21 Er soll den
Stier aus dem Lager hinausbringen und ihn
verbrennen, wie er den ersten Stier verbrannt
hat. Das ist das Sündopfer für die Versamm-
lung.

22 Angenommen, ein Fürst sündigt, tut
ohne Vorsatz etwas, was der HERR, sein Gott,
verboten hat, so wird er schuldig, 23 oder man
teilt ihm seine Sünde mit, die er begangen hat,
so soll er als seine Opfergabe einen fehlerlosen
Ziegenbock bringen. 24 Er soll die Hand auf
den Kopf des Bockes legen und ihn dort
schlachten, wo man das Brandopfer vor dem
HERRN schlachtet. Ein Sündopfer ist es.
25 Der Priester soll mit seinem Finger etwas
vom Blut des Sündopfers auf die Hörner des
Brandopferaltars tun, dann das Blut am So-
ckel des Brandopferaltars ausgießen 26 und das
ganze Fett, wie das Fett des Heilsopfers, auf
dem Altar in Rauch aufgehen lassen. So er-
wirkt der Priester für den Betreffenden Ver-
söhnung von seiner Sünde; dann wird ihm
vergeben werden.

27 Wenn jemand aus dem Volk ohne Vor-
satz sündigt, weil er etwas vor dem HERRN
Verbotenes getan hat, so wird er schuldig,
28 oder man teilt ihm seine Sünde mit, die er
begangen hat, so soll er als seine Opfergabe
für seine Sünde, die er begangen hat, eine feh-
lerlose Ziege bringen. 29 Er soll die Hand auf
den Kopf des Sündopfers legen und es dort
schlachten, wo man das Brandopfer schlach-
tet. 30 Der Priester soll mit seinem Finger et-
was vom Blut auf die Hörner des Brandop-
feraltars tun und dann das ganze Blut am
Sockel des Altars ausgießen. 31 Er soll das
ganze Fett ablösen, wie man das Fett eines
Heilsopfers ablöst, und der Priester soll es auf
dem Altar in Rauch aufgehen lassen als beru-
higenden Duft für den HERRN und so für ihn
Versöhnung erwirken; dann wird ihm verge-
ben werden. 32 Will er aber zum Sündopfer
ein Schaf als Opfergabe bringen, soll er ein
fehlerloses weibliches Tier bringen. 33 Er soll
die Hand auf den Kopf des Sündopfers legen
und es dort schlachten, wo man das Brand-
opfer schlachtet. 34 Der Priester soll mit sei-
nem Finger etwas vom Blut dieses Opfers
nehmen, auf die Hörner des Brandopferaltars
tun und das ganze Blut am Sockel des Altars
ausgießen. 35 Das ganze Fett soll er ablösen,
wie man das Fett des Schafes eines Heilsop-
fers ablöst. Der Priester soll die Fettteile mit
den Feueropfern des HERRN auf dem Altar
in Rauch aufgehen lassen und für ihn so Ver-
söhnung erwirken, um ihn von seiner Sünde
zu lösen, die er begangen hat; dann wird ihm
vergeben werden.

1–5,13: 6,17–23; 16,1–34; Num 15,22–31 / **5:** 17,10–14 / **6:** Num 19,4 / **6:** 16,14 / **9–10:** 3,3–4

IM NACHHINEIN ERKANNTE SÜNDEN UND GEBOTENE UNTERLASSUNGEN: SCHULDOPFER ALS SÜNDOPFER: 5,1–6

5 1 Angenommen, jemand sündigt in einem
der folgenden Fälle: Er hat eine laute Ver-
fluchung gehört, ist Zeuge, da er es gesehen
oder darum gewusst hat, aber er zeigt es nicht
an und lädt damit Schuld auf sich; 2 oder je-
mand berührt eine unreine Sache, das Aas ei-
nes unreinen wilden Tieres oder eines unrei-
nen Haustiers oder eines unreinen Kriechtiers
und es bleibt ihm zunächst verborgen, aber er
ist unrein und ist schuldig; 3 oder er berührt
etwas Unreines von einem Menschen, dessen
Berührung unrein macht, und es bleibt ihm
zunächst verborgen, aber dann erkennt er es
und ist schuldig; 4 oder jemand schwört unbe-
sonnen, ob zum Schaden oder zum Nutzen,
wie eben der Mensch bisweilen unbesonnen
schwört, und es bleibt ihm zunächst verbor-
gen, aber dann erkennt er es und ist schuldig
in einem dieser Fälle – 5 wenn also jemand in
einem dieser Fälle schuldig ist, so soll er be-
kennen, wodurch er sich verfehlt hat. 6 Als
Schuldopfer für seine begangene Sünde soll er
dann ein weibliches Stück Kleinvieh, ein Schaf
oder eine Ziege, vor den HERRN als Sündopfer
bringen und der Priester soll für ihn von seiner
Sünde Versöhnung erwirken.

2: 11,24 / **3:** 7,21; 15,5–12.19–24 / **5:** 16,21

SÜNDOPFER DER ARMEN: 5,7–13

7 Wenn seine Mittel für ein Schaf nicht aus-
reichen, soll er als Schuldopfer für seine Ver-
fehlung zwei Turteltauben oder zwei Fel-
sentauben vor den HERRN bringen, die eine
als Sünd- und die andere als Brandopfer. 8 Er
soll sie zum Priester bringen und dieser soll
zuerst die eine für das Sündopfer darbringen.
Er soll ihren Kopf vom Genick trennen, aber
nicht ganz abreißen; 9 er soll etwas vom Blut
des Sündopfers gegen die Altarwand spritzen
und das übrige Blut am Sockel des Altars aus-
pressen. Ein Sündopfer ist das. 10 Die zweite
Taube soll er, wie vorgeschrieben, als Brand-
opfer darbringen. Der Priester soll für ihn von
der Sünde, die er begangen hat, Versöhnung
erwirken; dann wird ihm vergeben werden.
11 Falls seine Mittel für zwei Turteltauben oder
zwei Felsentauben nicht ausreichen, soll er als
Opfergabe für seine Verfehlung ein Zehntel
Efa Weizenfeinmehl darbringen, aber weder
Öl noch Weihrauch darauftun, denn es ist
ein Sündopfer. 12 Er bringe es dem Priester, der
davon eine Handvoll nimmt und als Gedächt-
nisanteil auf dem Altar mit den Feueropfern
des HERRN in Rauch aufgehen lässt. Ein Sünd-
opfer ist das. 13 Der Priester soll für ihn so von
der von ihm in einem dieser Fälle begangenen
Sünde Versöhnung erwirken und es wird ihm
vergeben werden. Dem Priester gehört das
Gleiche wie beim Speiseopfer.

UNBEABSICHTIGTES SAKRILEG: SCHULDOPFER: 5,14–19

14 Der HERR sprach zu Mose: 15 Wenn jemand
ein Sakrileg begeht und sich ohne Vorsatz an
Dingen vergeht, die dem HERRN heilig sind,
soll er als sein Schuldopfer für den HERRN von
seiner Herde einen fehlerlosen Widder für ein
Schuldopfer bringen nach dem Richtwert in
Silberschekeln nach dem Schekelgewicht des
Heiligtums. 16 Wenn er sich am Heiligen ver-
fehlt hat, soll er Ersatz leisten und noch ein
Fünftel des Wertes hinzufügen. Er soll es dem
Priester geben und dieser soll für ihn mit dem
Schuldopferwidder Versöhnung erwirken;
dann wird ihm vergeben werden. 17 Wenn je-
mand sündigt und etwas tut, was der HERR
verboten hat, es nicht bemerkt, aber dann sich
seiner Schuld bewusst wird, soll er die Folgen
seiner Schuld tragen. 18 Er soll als Schuldopfer
einen fehlerlosen Widder von seiner Herde
nach dem Richtwert zum Priester bringen und
dieser soll ihn für seine unabsichtliche Verfeh-
lung, die er ohne Vorsatz begangen hat,
entsühnen; dann wird ihm vergeben werden.
19 Ein Schuldopfer ist das; der Betreffende hat
sich tatsächlich vor dem HERRN schuldig ge-
macht.

14–26: 7,1–7

BEABSICHTIGTES, ABER BEREUTES SAKRILEG: SCHULDOPFER: 5,20–26

20 Der HERR sprach zu Mose: 21 Wenn jemand
sündigt und ein Sakrileg gegen den HERRN
begeht, indem er einen Mitbürger über anver-
trautes oder hinterlegtes oder geraubtes Gut
täuscht oder ihn übervorteilt 22 oder verlo-
renes Gut findet und es leugnet und er leistet
einen Meineid hinsichtlich eines von all diesen
Dingen, an denen sich ein Mensch versündi-
gen kann, 23 wenn er also auf solche Weise
sündigt und sich seiner Schuld bewusst wird,
muss er das, was er geraubt oder durch Über-
vorteilung gewonnen hat oder was ihm anver-

traut wurde, oder das Verlorene, das er gefunden hat, zurückgeben 24 oder er muss den Schaden, den er durch den Meineid angerichtet hat, wiedergutmachen; am Tag, an dem er sich seiner Schuld bewusst wurde, muss er dem Geschädigten den um ein Fünftel vermehrten Wert zurückerstatten. 25 Er soll einen fehlerlosen Widder von seiner Herde nach dem Richtwert als sein Schuldopfer vor den HERRN zum Priester bringen 26 und dieser soll für ihn vor dem HERRN Versöhnung erwirken; dann wird ihm jede Tat vergeben werden, für die er sich seiner Schuld bewusst geworden ist.

21–26: Ex 22,6–14 / **22**: 19,12; Ex 20,7; Dtn 5,11

WEISUNGEN AN DIE PRIESTER FÜR OPFER UND GABEN: 6,1–7,21

6 1 Der HERR sprach zu Mose: 2 Trag Aaron und seinen Söhnen auf: Dies ist die Weisung für das Brandopfer: Das Brandopfer soll die ganze Nacht bis zum Morgen auf der Feuerstelle des Altars bleiben und das Altarfeuer soll darauf brennen. 3 Der Priester soll sein Leinengewand anlegen und seinen Körper mit einem leinenen Beinkleid bedecken. Dann soll er die Fett-Asche nehmen, zu der das Brandopfer auf dem Altar vom Feuer verzehrt wurde, und sie neben den Altar schütten. 4 Dann soll er seine Kleider ablegen, andere anziehen und die Fett-Asche aus dem Lager hinaus an einen reinen Platz schaffen. 5 Das Feuer soll auf dem Altar brennen bleiben, es darf nicht erlöschen und der Priester soll jeden Morgen Holz anzünden. Er lege darauf das Brandopfer und lasse auf ihm die Fetteile des Heilsopfers in Rauch aufgehen. 6 Ein ständiges Feuer soll auf dem Altar brennen; es darf nicht verlöschen.

7 Dies ist die Weisung für das Speiseopfer: Einer der Söhne Aarons bringt es vor den HERRN zur Vorderseite des Altars, 8 hebt von ihm eine Handvoll Weizenfeinmehl, zusammen mit dem Öl und dem ganzen darauf befindlichen Weihrauch ab und lässt es als Gedächtnisanteil für den HERRN auf dem Altar zum beruhigenden Duft in Rauch aufgehen. 9 Das Übrige sollen Aaron und seine Söhne als ungesäuertes Brot an einem heiligen Ort, im Vorhof des Offenbarungszeltes, essen. 10 Man soll den Anteil an meinen Feueropfern, den ich ihnen gebe, nicht gesäuert backen. Es ist etwas Hochheiliges wie das Sünd- und das Schuldopfer. 11 Jede männliche Person unter den Söhnen Aarons darf von diesem Anteil an den Feueropfern des HERRN essen. Das gelte bei euch als ewiges Gesetz für eure Generationen. Alles, was damit in Berührung kommt, wird heilig.

12 Der HERR sprach zu Mose: 13 Das ist die Opfergabe, die Aaron und seine Söhne am Tag ihrer Salbung dem HERRN darbringen sollen: ein Zehntel Efa Weizenfeinmehl als dauerndes Speiseopfer, die Hälfte am Morgen und die Hälfte am Abend. 14 Dieses Speiseopfer soll, mit Öl eingerührt, auf einer Ofenplatte zubereitet werden; du sollst es in mehrere Stücke zerbröckeln und als beruhigenden Duft für den HERRN darbringen. 15 Der Priester, der an Aarons Stelle aus dem Kreis seiner Söhne gesalbt ist, soll es zubereiten. Als ewiges Gesetz gelte: Das Speiseopfer soll für den HERRN ganz in Rauch aufgehen; 16 jedes Speiseopfer eines Priesters soll ein Ganzopfer sein; man darf es nicht essen.

17 Der HERR sprach zu Mose: 18 Sag zu Aaron und seinen Söhnen: Dies ist die Weisung für das Sündopfer: Dort, wo man das Brandopfer schlachtet, soll das Sündopfer vor dem HERRN geschlachtet werden. Es ist etwas Hochheiliges. 19 Der Priester, der das Sündopfer darbringt, soll es essen; an einem heiligen Ort, im Vorhof des Offenbarungszeltes, muss es gegessen werden. 20 Alles, was mit dem Fleisch in Berührung kommt, wird heilig, und wenn vom Blut etwas auf die Gewänder spritzt, sollst du die Stelle an einem heiligen Ort waschen. 21 Das Tongefäß, in dem das Fleisch gekocht wird, soll zerbrochen werden, und wenn es in einem Bronzegefäß gekocht wird, muss dieses gescheuert und mit Wasser abgespült werden. 22 Jede männliche Person unter den Priestern darf davon essen; es ist etwas Hochheiliges. 23 Aber man darf kein Sündopfer essen, dessen Blut man in das Offenbarungszelt gebracht hat, um im Heiligtum Versöhnung zu erwirken; es muss im Feuer verbrannt werden.

7 1 Dies ist die Weisung für das Schuldopfer: Es ist etwas Hochheiliges. 2 Dort, wo man das Brandopfer schlachtet, soll man das Schuldopfer schlachten und der Priester soll das Blut ringsum an den Altar sprengen. 3 Dann soll er das ganze Fett davon darbringen: den Fettschwanz, das Fett, das die Eingeweide bedeckt, 4 die beiden Nieren, das Fett über ihnen und das an den Lenden sowie die Fett-

masse, die er von der Leber und den Nieren
loslöst. 5 Der Priester lasse das alles auf dem
Altar als Feueropfer für den HERRN in Rauch
aufgehen; es ist ein Schuldopfer. 6 Jede männ-
liche Person unter den Priestern darf davon
essen; man soll es an einem heiligen Ort essen.
Es ist etwas Hochheiliges.

7 Für das Schuldopfer gilt dieselbe Weisung
wie für das Sündopfer. Es gehört dem Priester,
der damit Versöhnung erwirkt.

8 Das Fell des Opfertieres, das einer als ein
Brandopfer zum Priester bringt, gehört dem
Priester, der es darbringt. 9 Jedes Speiseopfer,
das im Ofen gebacken oder in einem Kochtopf
oder auf einer Ofenplatte zubereitet wurde,
gehört dem Priester, der es darbringt. 10 Jedes
mit Öl vermengte und jedes trockene Speise-
opfer gehört allen Söhnen Aarons ohne Un-
terschied.

11 Dies ist die Weisung für das Heilsopfer,
das man für den HERRN darbringt: 12 Wenn
man es als Dankopfer darbringt, soll man zu
diesem Dankschlachtopfer ungesäuerte, mit
Öl vermengte Kuchen hinzutun und ungesäu-
erte, mit Öl bestrichene Brotfladen sowie Ku-
chen aus Weizenfeinmehl, das mit Öl ver-
mengt und eingerührt ist. 13 Dazu soll man
auch Gebäck aus gesäuertem Brot geben und
das alles zusammen mit seinem als Dank-
schlachtopfer dargebrachten Heilsopfer dar-
bringen. 14 Einen Teil von jeder Opfergabe soll
man als Hebeopfer dem HERRN darbringen;
es gehört dem Priester, der das Blut des Heils-
opfers sprengt. 15 Das Opferfleisch seines als
Dankschlachtopfer dargebrachten Heilsopfers
soll am Tag der Darbringung gegessen werden;
nichts davon darf bis zum nächsten Morgen
liegen bleiben.

16 Wenn es sich um ein Gelübde oder um ein
freiwilliges Opfer handelt, darf das Fleisch am
Tag der Darbringung und am folgenden Tag
gegessen werden; was übrig bleibt, darf geges-
sen werden; 17 was aber vom Fleisch des
Schlachtopfers am dritten Tag übrig bleibt,
soll verbrannt werden. 18 Wenn man vom
Fleisch des Heilsopfers am dritten Tag isst,
findet der Darbringende kein Wohlgefallen. Es
wird ihm nicht angerechnet und ist verfallen
und die Person, die davon isst, muss die Folgen
ihrer Schuld tragen.

19 Fleisch, das irgendetwas Unreines berührt
hat, darf man nicht essen; man soll es im Feu-
er verbrennen. Jeder Reine darf Opferfleisch
essen; 20 wenn aber eine Person im Zustand
der Unreinheit vom Fleisch des Heilsopfers
isst, das dem HERRN gehört, soll diese Person
von ihrer Geschlechterfolge herausgeschnit-
ten werden. 21 Wenn eine Person mit irgend-
etwas Unreinem in Berührung kommt, sei es
mit etwas Unreinem von einem Menschen
oder einem unreinen Tier oder irgendeiner
unreinen, abscheulichen Sache, und dann vom
Fleisch eines Heilsopfers isst, das für den
HERRN geopfert wird, soll diese Person von
ihrer Geschlechterfolge herausgeschnitten
werden.

6,1–6: 1,1–17 / **3:** Ex 28,42–43 / **7–11:** 2,1–16 / **9:** 10,18 / **12–16:** Ex 29,1–37 / **17–23:** 4,1–5,13; 16,1–34
7,1–7: 5,14–26 / **8:** 1,6 / **11–21:** 3,1–17 / **12:** Ps 107,22; 116,17 / **16:** Num 15,3; Ps 116,18 / **16–17:** 19,5–8 / **21:** 5,3; 15,5–12.19–24

VERBOT VON FETT- UND BLUTGENUSS: 7,22–27

22 Der HERR sprach zu Mose: 23 Sag zu den
Israeliten: Von Rind, Schaf oder Ziege dürft
ihr keinerlei Fett essen. 24 Das Fett eines ver-
endeten oder zerrissenen Tieres kann zu je-
dem Zweck verwendet werden, doch essen
dürft ihr es auf keinen Fall. 25 Jeder, der den-
noch das Fett eines Tieres isst, das man als
Feueropfer für den HERRN darbringt, soll von
seiner Geschlechterfolge herausgeschnitten
werden. 26 Wo immer ihr wohnt, dürft ihr kein
Blut genießen, weder von Vögeln noch vom
Vieh. 27 Jede Person, die Blut genießt, soll von
ihrer Geschlechterfolge herausgeschnitten
werden.

22–25: 3,16 / **26–27:** 3,17; 17,10–14; 19,26; Gen 9,4; Dtn 12,23–25

WEISUNGEN AN DIE ISRAELITEN ZUM HEILSOPFER: 7,28–36

28 Der HERR sprach zu Mose: 29 Sag zu
den Israeliten: Wer ein Tier als Heilsopfer
für den HERRN darbringen will, soll davon
als Opfergabe für den HERRN Folgendes
herbeibringen: 30 Mit seinen Händen bringe
er als Feueropfer für den HERRN das Fett des
Bruststückes; er soll dieses Fett und die Brust
bringen, die er vor dem HERRN als Erhe-
bungsopfer emporheben soll. 31 Der Priester
lasse das Fett auf dem Altar in Rauch aufge-
hen, die Brust aber gehört Aaron und seinen

7,14 Das Hebeopfer ist kein Ritus, sondern bezeichnet das Abheben (Abtrennen) eines Teils von einem größeren Ganzen als eine Abgabe für Gott.

Söhnen. 32 Als Hebeopfer gebt von euren
Heilsopfern die rechte Schenkelkeule dem
Priester! 33 Diese rechte Schenkelkeule soll
jenem der Söhne Aarons als Anteil gehören,
der das Blut und das Fett des Heilsopfers dar-
bringt. 34 Ich nehme nämlich von den Heils-
opfern der Israeliten die Brust als Erhebungs-
opfer und die Schenkelkeule als Hebeopfer
und gebe sie dem Priester Aaron und seinen
Söhnen als ein ewiges Gesetz von den Israe-
liten. 35 Das also ist der Anteil Aarons und
seiner Söhne an den Feueropfern des HERRN
von dem Tag an, an dem man sie herantreten
ließ, um als Priester dem HERRN zu dienen.
36 Das hat der HERR ihnen zu geben befohlen
an dem Tag, an dem er sie unter den Israeliten
salbte. Das gelte für sie als ewige Satzung für
eure Generationen.

28–36: 3,1–17 / **34**: 10,15; Num 6,20

ZUSAMMENFASSUNGEN: 7,37–38

37 Das ist die Weisung für Brandopfer, Speise-
opfer, Sündopfer, Schuldopfer, Priesterein-
setzungsopfer und Heilsopfer. 38 So hat es der
HERR dem Mose auf dem Sinai an dem Tag
aufgetragen, an dem er die Israeliten verpflich-
tete, ihre Gaben dem HERRN in der Wüste
Sinai darzubringen.

EINSETZUNG DER PRIESTER ALS TRÄGER DER HEILIGKEIT: 8–10

DIE VORBEREITUNGEN FÜR DIE ERSTEN OPFER (MIT EINSETZUNG DER PRIESTER): 8,1–36

8 1 Der HERR sprach zu Mose: 2 Nimm Aa-
ron und seine Söhne, die Gewänder, das
Salböl, den Stier für das Sündopfer, die beiden
Widder und den Korb mit den ungesäuerten
Broten! 3 Dann ruf die ganze Gemeinde am
Eingang des Offenbarungszeltes zusammen!
4 Mose tat, was ihm der HERR befohlen hatte,
und die Gemeinde versammelte sich am Ein-
gang des Offenbarungszeltes.

5 Mose sagte zur Gemeinde: Der HERR hat
angeordnet, das Folgende zu tun. 6 Mose ließ
Aaron und seine Söhne nähertreten und
wusch sie mit Wasser. 7 Er legte ihm das Ge-
wand an, gürtete ihn mit dem Gürtel, beklei-
dete ihn mit dem Obergewand und legte ihm
das Efod an. Dann band er ihm die Schärpe um,
an der er das Efod befestigte. 8 Er übergab ihm
das Brustschild, in das er die Urim und Tum-
mim steckte. 9 Dann setzte er ihm den Turban
auf und befestigte an der Vorderseite des Tur-
bans die goldene Rosette, das heilige Diadem,
wie der HERR dem Mose geboten hatte. 10 Da-
rauf nahm Mose das Salböl und salbte die
Wohnung und alles, was darin war, um sie zu
weihen. 11 Mit dem Öl spritzte er siebenmal
gegen den Altar, salbte ihn und alle seine Ge-
räte, das Becken und sein Gestell, um sie zu
weihen. 12 Vom Salböl goss er etwas auf das
Haupt Aarons und salbte ihn, um ihn zu wei-
hen. 13 Dann ließ Mose die Söhne Aarons nä-
hertreten, bekleidete sie mit Gewändern und
legte ihnen den Gürtel an; er setzte ihnen den
Kopfbund auf, wie es der HERR dem Mose
geboten hatte. 14 Dann ließ er den Sündopfer-
stier heranbringen. Auf seinen Kopf legten
Aaron und seine Söhne ihre Hände 15 und
Mose schlachtete ihn. Dann nahm Mose das
Blut und tat etwas davon mit seinem Finger
ringsum auf die Hörner des Altars, um für ihn
Sühne zu erwirken. Nachher goss er das Blut
am Sockel des Altars aus und weihte ihn; so
entsühnte er ihn. 16 Danach nahm er das ganze
Fett, das die Eingeweide bedeckt, die Fettmas-
se über der Leber, die beiden Nieren und ihr
Fett und ließ diese Stücke auf dem Altar in
Rauch aufgehen. 17 Was vom Stier noch übrig
war, sein Fell und Fleisch sowie seinen Magen-
inhalt verbrannte er außerhalb des Lagers,
wie es der HERR dem Mose geboten hatte.
18 Dann ließ er den Widder für das Brandopfer
herbeibringen. Aaron und seine Söhne legten
ihre Hände auf den Kopf des Widders 19 und
Mose schlachtete ihn. Er sprengte das Blut
ringsum an den Altar. 20 Dann zerteilte er den
Widder und ließ den Kopf, die Teile und das
Fett in Rauch aufgehen. 21 Er wusch die Einge-
weide und die Beine mit Wasser und ließ den
ganzen Widder auf dem Altar in Rauch aufge-
hen. Es war ein Brandopfer zum beruhigenden

Duft, ein Feueropfer für den HERRN, wie es
der HERR dem Mose geboten hatte. 22 Dann
ließ er den zweiten Widder, den Widder
für das Opfer der Priestereinsetzung, herbei-
bringen. Aaron und seine Söhne legten ihre
Hände auf den Kopf des Widders 23 und Mose
schlachtete ihn. Er nahm etwas von dessen
Blut und tat es auf das rechte Ohrläppchen
Aarons, auf den Daumen seiner rechten Hand
und auf die große Zehe seines rechten Fußes.
24 Dann ließ er die Söhne Aarons nähertreten
und tat etwas von dem Blut auf ihr rechtes
Ohrläppchen, auf den Daumen ihrer rechten
Hand und auf die große Zehe ihres rechten
Fußes. Danach sprengte Mose das Blut rings-
um an den Altar. 25 Er nahm auch das Fett, den
Fettschwanz, das ganze Fett, das sich über den
Eingeweiden befindet, die Fettmasse über der
Leber, die beiden Nieren und ihr Fett und die
rechte Schenkelkeule. 26 Aus dem Korb mit
den ungesäuerten Broten, der vor dem HERRN
stand, nahm er einen ungesäuerten Kuchen,
einen Ölbrotkuchen und einen Brotfladen, die
er auf die Fettstücke und die rechte Schenkel-
keule legte. 27 Das alles gab er in die Hände
Aarons und seiner Söhne und hob es dann vor
dem HERRN als Erhebungsopfer empor.
28 Dann nahm es Mose aus ihren Händen und
ließ es auf dem Altar mit dem Brandopfer in
Rauch aufgehen. Das war das Opfer der Pries-
tereinsetzung zum beruhigenden Duft, ein
Feueropfer für den HERRN. 29 Mose nahm auch
das Bruststück und erhob es als Erhebungsop-
fer vor dem HERRN. Dieser Teil des Opferwid-
ders bei der Weihe der Priester gehörte Mose
als Anteil, wie es der HERR dem Mose geboten
hatte. 30 Danach nahm Mose etwas Salböl und
etwas von dem Blut, das auf dem Altar war,
und spritzte es auf Aaron und dessen Gewän-
der sowie auf seine Söhne und deren Gewän-
der. So weihte er Aaron und dessen Gewänder
sowie seine Söhne und deren Gewänder.

31 Mose sagte zu Aaron und seinen Söhnen:
Kocht das Fleisch am Eingang des Offenba-
rungszeltes! Ihr sollt es dort essen, ebenso wie
das Brot aus dem Korb des Priestereinset-
zungsopfers, wie ich es geboten habe: Aaron
und seine Söhne sollen es essen. 32 Was vom
Fleisch und vom Brot übrig bleibt, sollt ihr im
Feuer verbrennen. 33 Sieben Tage lang sollt ihr
den Eingang des Offenbarungszeltes nicht
verlassen, bis die Zeit eurer Einsetzung um ist;
denn sieben Tage dauert eure Einsetzung.
34 Wie man es am heutigen Tag getan hat, so
hat der HERR angeordnet, soll man es auch
weiter tun, um für euch Versöhnung zu erwir-
ken. 35 Sieben Tage lang, Tag und Nacht, sollt
ihr am Eingang des Offenbarungszeltes blei-
ben und auf die Anordnungen des HERRN
achten; dann werdet ihr nicht sterben. Denn
so ist es mir geboten worden.

36 Aaron und seine Söhne taten alles, was der
HERR durch Mose geboten hatte.

1–36: Ex 29,1–37 / **7–9**: Ex 28,4–43; 40,12–15 / **10**: Ex 30,29; 40,9–11 / **12**: 16,32; 21,10; Ex 28,41 / **13**: Ex 28,40

DIE ERSTEN OPFER UND IHRE ANNAHME DURCH GOTT: 9,1–24

9 1 Am achten Tag rief Mose Aaron, seine
Söhne und die Ältesten Israels zusam-
men 2 und sagte zu Aaron: Nimm ein Kalb für
ein Sündopfer und einen Widder für ein
Brandopfer, fehlerlose Tiere, und bring sie vor
dem HERRN dar! 3 Dann sollst du zu den Isra-
eliten sagen: Nehmt einen Ziegenbock für ein
Sündopfer, ferner ein Kalb und ein Schaf, ein-
jährige und fehlerlose Tiere, für ein Brandop-
fer, 4 ein Rind und einen Widder für ein Heils-
opfer, um sie vor dem HERRN zu schlachten,
und ein Speiseopfer, das mit Öl vermengt ist.
Denn heute wird euch der HERR erscheinen.
5 Sie brachten, was Mose geboten hatte, zum
Offenbarungszelt und die ganze Gemeinde
kam herbei und stellte sich vor dem HERRN
auf. 6 Mose sagte: Das ist es, was der HERR
euch zu tun geboten hat, damit euch die Herr-
lichkeit des HERRN erscheint. 7 Dann sagte
Mose zu Aaron: Tritt zum Altar hin, bring dein
Sünd- und dein Brandopfer dar und erwirke
so für dich und für das Volk Versöhnung! Dann
bring das Opfer des Volkes dar und erwirke für
es Versöhnung, wie der HERR geboten hat.

8 Aaron trat an den Altar und schlachtete das
Kalb des Sündopfers, das für ihn bestimmt
war. 9 Dann brachten ihm die Söhne Aarons
das Blut; er tauchte seinen Finger in das Blut,
tat es auf die Hörner des Altars und goss das
übrige Blut am Sockel des Altars aus. 10 Das
Fett, die Nieren und die Fettmasse über der
Leber vom Sündopfer ließ er auf dem Altar in
Rauch aufgehen, wie es der HERR dem Mose
geboten hatte. 11 Das Fleisch und das Fell ver-

9,3 zu den Israeliten: G hat hier die Ältesten Israels aus 9,1.

9,7 für dich und das Volk, G hat eine andere Lesart: für dich und dein Haus.

brannte er im Feuer außerhalb des Lagers.
12 Danach schlachtete er das Brandopfer; die
Söhne Aarons reichten ihm das Blut und er
sprengte es ringsum an den Altar. 13 Sie reich-
ten ihm die einzelnen Stücke und den Kopf des
Brandopfers und er ließ sie auf dem Altar in
Rauch aufgehen. 14 Er wusch die Eingeweide
und Beine und ließ auch sie mit dem Brandop-
fer auf dem Altar in Rauch aufgehen. 15 Dann
ließ er das Opfer des Volkes heranbringen. Er
nahm den Bock für das Sündopfer des Volkes,
schlachtete ihn und brachte ihn wie den ersten
als Sündopfer dar. 16 Darauf ließ er das Brand-
opfer bringen und verfuhr nach der Vorschrift.
17 Er ließ das Speiseopfer bringen, nahm eine
Handvoll davon und ließ es auf dem Altar in
Rauch aufgehen, dazu noch das Morgenbrand-
opfer. 18 Dann schlachtete er das Rind und den
Widder als Heilsopfer für das Volk. Die Söhne
Aarons reichten ihm das Blut und er sprengte
es ringsum an den Altar. 19 Die Fettstücke des
Rinds und des Widders, und zwar den Fett-
schwanz, das Eingeweidenetz, die Nieren und
die Fettmasse über der Leber, 20 legten sie auf
die Bruststücke und er ließ die Fettstücke auf
dem Altar in Rauch aufgehen. 21 Die Bruststü-
cke und die rechte Schenkelkeule hob Aaron
vor dem HERRN als Erhebungsopfer empor,
wie es Mose geboten hatte.

22 Dann erhob Aaron seine Hände über das
Volk und segnete es. Nachdem er so das Sünd-
und das Brandopfer sowie das Heilsopfer
vollzogen hatte, stieg er herunter 23 und Mose
ging mit Aaron in das Offenbarungszelt. Dann
kamen beide heraus und segneten das Volk.
Da erschien die Herrlichkeit des HERRN dem
ganzen Volk. 24 Feuer ging vom HERRN aus
und verzehrte das Brandopfer und die Fettstü-
cke auf dem Altar. Als das ganze Volk das sah,
stieß es Jubelschreie aus und alle fielen auf ihr
Gesicht nieder.

16: 1,1–13 / **17**: 2,1–16; 6,7–11; Ex 29,39 / **18**: 3,1–17 / **22**: Num 6,22–27; Dtn 10,8; 21,5 / **24**: Ri 6,21; 1 Kön 18,38; 1 Chr 21,26

ERSTE STÖRUNG: DER FALL VON NADAB UND ABIHU: 10,1–5

10 1 Die Söhne Aarons, Nadab und Abihu,
nahmen jeder seine Räucherpfanne. Sie
legten Feuer auf, taten Räucherwerk darauf
und brachten vor dem HERRN ein unrechtmä-
ßiges Feuer dar, eines, das er ihnen nicht ge-
boten hatte. 2 Da ging vom HERRN ein Feuer
aus, das sie verzehrte, und sie starben vor dem
HERRN. 3 Da sagte Mose zu Aaron: Das ist es,
was der HERR meinte, als er sprach: An denen,
die mir nahe sind, erweise ich mich heilig und
vor dem ganzen Volk zeige ich mich herrlich.
Aaron schwieg. 4 Mose rief Mischaël und Eli-
zafan, die Söhne von Aarons Onkel Usiël, und
sagte zu ihnen: Kommt her und tragt eure
Brüder vom Heiligtum weg, vor das Lager hi-
naus! 5 Sie traten heran und trugen sie in ihren
Gewändern vor das Lager hinaus, wie es Mose
gesagt hatte.

1: 16,1; Ex 30,9; 6,23 / **2**: 16,1; Num 3,4; 16,35; 1 Chr 24,2 / **4**: Ex 6,18.22

WEISUNGEN AN DIE PRIESTER FÜR DIE OPFERDARBRINGUNGEN: 10,6–20

6 Zu Aaron und seinen Söhnen Eleasar und
Itamar sagte Mose: Lasst euer Haar nicht lose
herunterhängen und zerreißt nicht eure Klei-
der, damit ihr nicht sterbt und der HERR über
die ganze Gemeinde zürnt. Eure Brüder, das
ganze Haus Israel, sollen über den Brand wei-
nen, den der HERR entfacht hat. 7 Verlasst nicht
den Eingang des Offenbarungszeltes, sonst
müsst ihr sterben; denn das Salböl des HERRN
ist auf euch. Sie taten, was Mose gesagt hatte.

8 Der HERR sagte zu Aaron: 9 Weder Wein
noch Bier dürft ihr, du und deine Söhne, trin-
ken, wenn ihr zum Offenbarungszelt kommt,
damit ihr nicht sterbt. Das gelte bei euch als
ewige Satzung für eure Generationen. 10 Ihr
sollt zwischen heilig und profan, zwischen
unrein und rein unterscheiden 11 und die Is-
raeliten sollt ihr in allen Gesetzen unterwei-
sen, die der HERR euch durch Mose verkündet
hat. 12 Mose sagte zu Aaron und seinen übrig
gebliebenen Söhnen Eleasar und Itamar:
Nehmt das Speiseopfer, das von den Feuerop-
fern des HERRN übrig bleibt, esst davon die
ungesäuerten Brote neben dem Altar, denn es
ist etwas Hochheiliges. 13 An einem heiligen
Ort sollt ihr es essen, denn es ist das, was dir
und deinen Söhnen von den Feueropfern des
HERRN als der bestimmte Anteil zusteht; so
ist es mir nämlich geboten worden. 14 Die
Brust des Erhebungsopfers und die Schenkel-
keule des Hebeopfers sollt ihr, du, deine Söh-
ne und deine Töchter, an einem reinen Ort
essen, denn sie werden dir und deinen Nach-
kommen als der bestimmte Anteil von den

10,14 G hat anstelle der Töchter dein Haus (d. h. deine Familie).

Heilsopfern der Israeliten gegeben. 15 Die
Schenkelkeule des Hebeopfers und die Brust
des Erhebungsopfers, die auf den Fettstücken
der Feueropfer sind, sollen sie als Erhebungs-
opfer vor dem HERRN emporheben; sie sollen
dir und deinen Kindern als ewiges Gesetz ge-
hören, wie es der HERR geboten hat.
16 Mose erkundigte sich nach dem Bock des
Sündopfers, und siehe da, er war verbrannt. Er
geriet über Eleasar und Itamar, die übrig ge-
bliebenen Söhne Aarons, in Zorn und sagte:
17 Warum habt ihr das Sündopfer nicht am
heiligen Ort gegessen? Es ist etwas Hochhei-
liges und es wurde euch gegeben, damit ihr die
Schuld von der Gemeinde wegnehmt, um für
sie vor dem HERRN Versöhnung zu erwirken.
18 Sein Blut wurde ja nicht in das Innere des
Heiligtums gebracht; das Fleisch hättet ihr im
Heiligtum essen sollen, wie ich es geboten
habe. 19 Aaron antwortete Mose: Siehe, heute
haben sie ihr Sünd- und ihr Brandopfer vor
dem HERRN dargebracht und doch hat mich
so etwas getroffen. Wenn ich heute das Sünd-
opfer gegessen hätte, wäre das in den Augen
des HERRN gut gewesen? 20 Als Mose das hör-
te, war es in seinen Augen gut.

6: 21,10 / **9**: Ez 44,21 / **10**: 11,47; Ez 22,26 / **11**: Dtn 33,10; Mal 2,4–9 / **14**: 22,12–13 / **15**: 7,34; Num 6,20 / **18**: 6,9

10,18 wie ich es geboten habe, G: wie es mir der HERR geboten hat.

REINHEIT IM ALLTAG: 11–15

SPEISEBESTIMMUNGEN UND UNREINE TIERE: 11,1–47

11 1 Der HERR sprach zu Mose und Aaron:
2 Sagt den Israeliten: Das sind die Tiere,
die ihr von allem Vieh auf der Erde essen
dürft: 3 Alle Tiere, die gespaltene Klauen ha-
ben, Paarzeher sind und wiederkäuen, dürft
ihr essen. 4 Jedoch dürft ihr von den Tieren,
die wiederkäuen oder gespaltene Klauen ha-
ben, folgende nicht essen: Ihr sollt für unrein
halten das Kamel, weil es zwar wiederkäut,
aber keine gespaltenen Klauen hat; 5 ihr sollt
für unrein halten den Klippdachs, weil er zwar
wiederkäut, aber keine gespaltenen Klauen
hat; 6 ihr sollt für unrein halten den Hasen,
weil er zwar wiederkäut, aber keine gespalte-
nen Klauen hat; 7 ihr sollt für unrein halten
das Wildschwein, weil es zwar gespaltene
Klauen hat und Paarzeher ist, aber nicht wie-
derkäut. 8 Ihr dürft von ihrem Fleisch nicht
essen und ihr Aas nicht berühren; ihr sollt sie
für unrein halten.
9 Von allen Tieren, die im Wasser leben, dürft
ihr diese essen: Alle Tiere mit Flossen und
Schuppen, die im Wasser, in Meeren und Flüs-
sen leben, dürft ihr essen. 10 Aber alles, was in
Meeren oder Flüssen lebt, alles Kleingetier des
Wassers und alle Lebewesen, die im Wasser
leben und keine Flossen oder Schuppen haben,
seien euch abscheulich. 11 Ihr sollt sie als ab-
scheulich ansehen; von ihrem Fleisch dürft ihr
nicht essen und ihr Aas sollt ihr verabscheuen.
12 Alles, was ohne Flossen oder Schuppen im
Wasser lebt, haltet für abscheulich!
13 Unter den Vögeln sollt ihr folgende ver-
abscheuen – man darf sie nicht essen, sie sind
abscheulich: Gänsegeier, Bartgeier, Mönchs-
geier, 14 Milan, die verschiedenen Bussardar-
ten, 15 alle Arten des Raben, 16 Adlereule, Kurz-
ohreule, Langohreule und die verschiedenen
Falkenarten, 17 Kauz, Fischeule, Waldohreule,
18 Weißeule, Kleineule, Schmutzgeier, 19 den
Storch, die verschiedenen Reiherarten, Wie-
dehopf und Fledermaus. 20 Alle Kleintiere mit
Flügeln und vier Füßen seien euch ein Gräuel.
21 Von diesen Kleintieren mit Flügeln und vier
Füßen dürft ihr aber jene essen, die Springbei-
ne haben, um damit auf dem Boden zu hüpfen.
22 Von ihnen dürft ihr die verschiedenen Arten
der Wanderheuschrecke, der Solam-, der Har-
gol- und der Hagab-Heuschrecke essen. 23 Alle
übrigen Kleintiere mit Flügeln und vier Füßen
aber seien euch ein Gräuel.
24 An diesen Tieren verunreinigt ihr euch;
jeder, der ihr Aas berührt, wird unrein bis zum
Abend. 25 Jeder, der ihr Aas trägt, muss seine
Kleider waschen und ist unrein bis zum Abend.
26 Alle Tiere mit gespaltenen Klauen, die aber
nicht Paarzeher sind und nicht wiederkäuen,
sollt ihr für unrein halten; jeder, der sie berührt,

11,26 jeder, der sie berührt: G und einige hebräische Handschriften lesen: jeder, der ihr Aas berührt. Diese Deutung ist dem Gesamtzusammenhang und der Textlogik angemessener.

wird unrein. 27 Alle Vierfüßler, die auf Pfoten
gehen, sollt ihr für unrein halten; jeder, der ihr
Aas berührt, wird unrein bis zum Abend,
28 und wer ihr Aas trägt, muss seine Kleider
waschen und ist unrein bis zum Abend. Ihr
sollt sie für unrein halten. 29 Unter dem Klein-
getier, das auf dem Boden kriecht, sollt ihr für
unrein halten den Maulwurf, die Feldmaus
und die verschiedenen Arten der Eidechsen,
30 den Gecko, die Koach- und die Letaa-Ei-
dechse, den Salamander und das Chamäleon.
31 Unter allem Kleingetier sollt ihr diese für
unrein halten. Jeder, der sie berührt, wenn sie
tot sind, ist unrein bis zum Abend. 32 Jeder Ge-
genstand, auf den eines dieser Tiere fällt, wenn
sie tot sind, wird unrein, jedes Holzgerät,
Kleid, Fell, jeder Sack und jeder Gebrauchsge-
genstand. Man muss einen solchen Gegen-
stand in Wasser tauchen; er ist unrein bis zum
Abend und erst dann wieder rein. 33 Jedes Ton-
gefäß, in das ein solches Tier fällt, müsst ihr
zerbrechen und sein Inhalt ist unrein. 34 Jede
Speise, die man essen will, wird unrein, wenn
Wasser aus einem solchen Gefäß darauf
kommt; jedes Getränk, das man trinken will,
wird durch ein solches Gefäß unrein. 35 Alles,
worauf ein Aas von ihnen fällt, wird unrein;
ein Backofen und ein kleiner Herd müssen
niedergerissen werden, denn sie sind unrein
und als unrein sollen sie euch gelten. 36 Nur
eine Quelle und eine Zisterne mit angesam-
meltem Wasser bleiben rein. Jeder, der ein Aas
von jenen Tieren berührt, wird unrein.
37 Wenn ein Aas von ihnen auf irgendeinen
Samen fällt, der gesät werden soll, so bleibt er
rein. 38 Wenn aber das Korn mit Wasser be-
feuchtet war und ein solches Aas darauf fällt,
sollt ihr es für unrein halten. 39 Wenn eines der
Tiere, das euch zur Nahrung dient, verendet,
so wird der, der sein Aas berührt, unrein bis
zum Abend. 40 Wer von solchem Fleisch isst,
muss seine Kleider waschen und ist unrein bis
zum Abend; wer solches Aas trägt, muss seine
Kleider waschen und ist unrein bis zum
Abend.

41 Jedes Kleintier, das sich auf dem Boden
bewegt, ist abscheulich und darf nicht geges-
sen werden. 42 Alles, was sich auf dem Bauch
oder auf vier und mehr Füßen fortbewegt,
kurz alles Kleingetier, das sich auf dem Boden
bewegt, dürft ihr nicht essen, denn es ist ab-
scheulich. 43 Macht euch nicht selbst abscheu-
lich mit all diesem Gewimmel von Kleintie-
ren und macht euch durch sie nicht unrein,
indem ihr euch durch sie verunreinigen lasst!
44 Denn ich bin der HERR, euer Gott. Erweist
euch als heilig und seid heilig, weil ich heilig
bin. Verunreinigt euch daher nicht selbst
durch alle diese Kleintiere, die auf dem Boden
kriechen.

45 Denn ich bin der HERR, der euch aus
Ägypten heraufgeführt hat, um euer Gott zu
sein. Ihr sollt daher heilig sein, weil ich heilig
bin.

46 Das ist die Weisung über das Vieh, die
Vögel, alle Lebewesen, die sich im Wasser be-
wegen, und alle Lebewesen, die auf dem Bo-
den kriechen. 47 So soll man das Unreine und
das Reine unterscheiden, die Tiere, die zum
Essen bestimmt sind, und jene, die nicht zum
Essen bestimmt sind.

1–47: Dtn 14,3–21; Apg 10,12–14 / **7**: Jes 65,4; 66,17 / **22**: Mt 3,4 / **24**: 5,2 / **39–40**: 17,15; 22,8; Ex 22,30 / **43–44**: 22,5 / **44–45**: 19,2; 20,7.26; 1 Petr 1,15–16 / **47**: 10,10

KULTISCHE WIEDEREINGLIEDERUNG EINER FRAU NACH DER GEBURT EINES KINDES: 12,1–8

12 1 Der HERR sprach zu Mose: 2 Sag zu den
Israeliten: Wenn eine Frau empfängt
und einen Knaben gebiert, ist sie sieben Tage
unrein, wie sie in der Zeit ihrer Regel unrein
ist. 3 Am achten Tag soll man die Vorhaut des
Kindes beschneiden 4 und dreiunddreißig
Tage soll die Frau wegen des vergossenen Blu-
tes im Zustand der Reinigung bleiben. Sie darf
nichts Geweihtes berühren und nicht zum
Heiligtum kommen, bis die Tage ihres Reini-
gungszustands vorüber sind.

5 Wenn sie ein Mädchen gebiert, ist sie zwei
Wochen unrein wie während ihrer Regel.
Sechsundsechzig Tage soll sie wegen des ver-
gossenen Blutes im Zustand der Reinigung
bleiben.

6 Wenn die Tage ihres Reinigungszustands
für einen Sohn ebenso wie für eine Tochter
vorüber sind, soll sie ein einjähriges Schaf als
Brandopfer und eine Felsentaube oder eine
Turteltaube als Sündopfer zum Priester an den
Eingang des Offenbarungszeltes bringen. 7 Er
soll es vor dem HERRN darbringen und für sie
Versöhnung erwirken; so wird sie rein von der
entstandenen Blutung. Das ist die Weisung für
eine Frau, die einen Knaben oder ein Mädchen
gebiert.

8 Wenn sie die Mittel für ein Schaf nicht
aufbringen kann, soll sie zwei Turteltauben
oder zwei Felsentauben nehmen, eine als
Brandopfer und die andere als Sündopfer; der
Priester soll für sie Versöhnung erwirken und
so wird sie rein.

2: 15,19–24 / **3**: Gen 17,12; 21,4; Lk 1,59; 2,21 / **4**: Lk 2,22 / **8**: Lk 2,24

VERUNSTALTENDE ANZEICHEN
AN OBERFLÄCHEN: 13,1–59

13 1 Der HERR sprach zu Mose und Aaron:
2 Wenn sich auf der Haut eines Men-
schen eine Schwellung, ein Ausschlag oder ein
heller Fleck bildet und auf der Haut zu einem
Anzeichen von Aussatz wird, soll man ihn
zum Priester Aaron oder zu einem seiner Söh-
ne, den Priestern, führen. 3 Der Priester soll das
Anzeichen auf der Haut untersuchen. Wenn
das Haar an der kranken Stelle weiß wurde und
die Stelle tiefer als die übrige Haut liegt, ist es
Aussatz. Nachdem der Priester das Anzeichen
untersucht hat, soll er den Erkrankten für un-
rein erklären. 4 Wenn aber auf der Haut ein
weißer Fleck besteht, der nicht merklich tiefer
als die übrige Haut liegt, und das Haar nicht
weiß geworden ist, soll der Priester den Befal-
lenen für sieben Tage absondern. 5 Am siebten
Tag untersuche er ihn wieder. Wenn er mit
seinen eigenen Augen feststellt, dass das An-
zeichen gleich geblieben ist und sich auf der
Haut nicht ausgebreitet hat, soll er ihn noch
einmal für sieben Tage absondern 6 und ihn am
siebten Tag abermals untersuchen. Wenn er
dann feststellt, dass das Anzeichen nachgelas-
sen und sich auf der Haut nicht ausgebreitet
hat, soll ihn der Priester für rein erklären. Es
handelt sich um einen Ausschlag. Der Kranke
soll seine Kleider waschen, dann ist er rein.
7 Breitet sich jedoch der Ausschlag auf der Haut
aus, nachdem der Kranke vom Priester unter-
sucht und für rein erklärt wurde, soll er sich
ihm noch einmal zeigen. 8 Stellt der Priester
fest, dass der Ausschlag sich auf der Haut aus-
gebreitet hat, soll der Priester ihn für unrein
erklären: Es handelt sich um Aussatz.

9 Wenn sich also an jemandem ein Anzei-
chen von Aussatz zeigt, soll man ihn zum
Priester bringen. 10 Stellt der Priester fest, dass
sich auf der Haut eine weiße Schwellung zeigt,
dass die Haare heller geworden sind und dass
sich an der Schwellung wildes Fleisch gebildet
hat, 11 dann ist es ein veralteter Aussatz auf der
Haut. Der Priester soll ihn für unrein erklären,
ohne ihn erst abzusondern, denn er ist unrein.
12 Wenn aber der Aussatz auf der Haut aus-
bricht, sie völlig ergreift und sich vom Kopf bis
zu den Füßen erstreckt, überall, wohin der
Priester schaut, 13 so soll er den Kranken unter-
suchen und, falls er feststellt, dass der Aussatz
den ganzen Körper bedeckt, den Kranken für
rein erklären. Da er völlig weiß geworden ist,
ist er rein. 14 An dem Tag jedoch, an dem an ihm
wildes Fleisch sichtbar wird, ist er unrein. 15 Hat
der Priester das wilde Fleisch untersucht, soll
er ihn für unrein erklären. Das wilde Fleisch ist
etwas Unreines; es ist Aussatz. 16 Wenn aber
das wilde Fleisch verschwindet und die befal-
lene Stelle weiß wird, soll der Betroffene den
Priester aufsuchen. 17 Dieser soll ihn untersu-
chen, und wenn er feststellt, dass die betroffe-
ne Stelle tatsächlich weiß geworden ist, soll er
den Kranken für rein erklären: Er ist rein.

18 Wenn sich auf der Haut eines Menschen
ein Furunkel bildet und wieder abheilt, 19 sich
aber dann an der Stelle des Furunkels eine wei-
ße Schwellung oder ein hellroter Fleck bildet,
soll er sich dem Priester zeigen; 20 dieser soll
ihn untersuchen. Wenn er eine merkliche Ver-
tiefung der Haut und heller gewordenes Haar
feststellt, soll der Priester ihn für unrein erklä-
ren; es ist ein Fall von Aussatz, der im Furun-
kel ausgebrochen ist. 21 Wenn der Priester bei
der Untersuchung weder weiße Haare noch
eine Vertiefung der Haut, vielmehr ein Ab-
klingen feststellt, soll er den Kranken sieben
Tage lang absondern. 22 Wenn sich das Übel
dann doch auf der Haut ausbreitet, soll der
Priester ihn für unrein erklären: Es ist ein An-
zeichen von Aussatz. 23 Wenn aber der helle
Fleck unverändert bleibt, ohne sich auszubrei-
ten, so ist es eine Narbe vom Furunkel; der
Priester soll diesen Menschen für rein erklären.

24 Wenn jemand auf der Haut eine Brand-
wunde hat und sich eine Wucherung als hell-
roter oder weißer Fleck bildet, 25 soll ihn der
Priester untersuchen. Wenn er heller gewor-
denes Haar oder eine merkliche Vertiefung des
Fleckes in der Haut feststellt, ist es Aussatz,
der in der Brandwunde ausgebrochen ist. Der
Priester soll den Menschen für unrein erklä-
ren; es ist ein Anzeichen von Aussatz. 26 Un-
tersucht ihn der Priester und stellt kein weißes
Haar auf dem Fleck, keine Vertiefung der Haut,

12,8 Felsentauben: G hat junge Tauben.

sondern ein Abklingen fest, so soll er ihn sie-
ben Tage lang absondern. 27 Am siebten Tag
soll der Priester ihn wieder untersuchen. Hat
sich der Fleck auf der Haut ausgebreitet, soll
der Priester ihn für unrein erklären; es ist ein
Anzeichen von Aussatz. 28 Wenn der helle
Fleck unverändert geblieben ist, ohne sich auf
der Haut auszubreiten, vielmehr abgeblasst ist,
so ist es nur eine angeschwollene Brandnarbe.
Der Priester soll den Kranken für rein erklären,
denn es ist nur eine Brandnarbe.

29 Zeigt sich bei einem Mann oder bei einer
Frau an Kopf oder Kinn eine kranke Stelle,
30 soll der Priester sie untersuchen. Stellt er
dort eine merkliche Hautvertiefung mit röt-
lich-gelb glänzendem, schütter gewordenem
Haar fest, soll der Priester den Kranken für
unrein erklären. Es ist eine Flechte, ein Aussatz
des Kopfes oder des Kinns. 31 Stellt der Priester
bei der Untersuchung dieses Anzeichens von
Flechte weder eine merkliche Hautvertiefung
noch schwarzes Haar fest, soll er den mit
Flechte Behafteten sieben Tage lang abson-
dern. 32 Am siebten Tag soll er das Anzeichen
untersuchen. Stellt er fest, dass sich die Flech-
te nicht ausgebreitet hat, an ihr kein rötlich-
gelb glänzendes Haar aufgetreten ist und auch
keine merkliche Hautvertiefung besteht,
33 soll sich der Kranke rasieren, dabei aber die
befallene Stelle aussparen und der Priester soll
ihn noch einmal sieben Tage lang absondern.
34 Am siebten Tag soll er die Flechte wieder
untersuchen. Stellt er fest, dass sich die Flech-
te auf der Haut nicht ausgebreitet hat und dass
keine merkliche Hautvertiefung besteht, soll
er den Kranken für rein erklären. Dieser soll
seine Kleider waschen, dann ist er rein. 35 Hat
sich aber die Flechte nach der Reinerklärung
doch auf der Haut ausgebreitet, 36 soll ihn der
Priester wieder untersuchen. Stellt er fest, dass
sich die Flechte auf der Haut ausbreitet,
braucht der Priester nicht erst festzustellen, ob
das Haar rötlich-gelb glänzend ist; er ist un-
rein. 37 Scheint aber dem Priester die Flechte
gleichzubleiben und wächst an ihr schwarzes
Haar, so heilt sie ab; er ist rein und der Priester
soll ihn für rein erklären. 38 Zeigen sich bei ei-
nem Mann oder bei einer Frau Flecken, weiße
Flecken auf der Haut, 39 so soll der Priester sie
untersuchen. Stellt er fest, dass diese Flecken
auf der Haut abklingen, so handelt es sich um
Weißflecken, die auf der Haut ausgebrochen
sind; der Kranke ist rein.

40 Verliert ein Mann auf seinem Kopf die
Haare, so ist es eine Hinterkopfglatze; er ist
rein. 41 Geschieht es an der Schädelvorderseite,
so ist es eine Stirnglatze; er ist rein. 42 Entsteht
aber auf der Glatze des Hinterkopfes oder über
der Stirn ein hellroter Fleck, so ist es Aussatz,
der auf dem Kopf oder auf der Stirn dieses
Menschen ausbricht. 43 Der Priester soll ihn
untersuchen. Stellt er auf der Hinterkopf- oder
auf der Stirnglatze eine hellrote Aussatz-
schwellung fest, die wie Hautaussatz aussieht,
44 so ist der Mensch aussätzig; er ist unrein. Der
Priester muss ihn für unrein erklären; sein
Kopf weist das Anzeichen auf.

45 Der Aussätzige mit dem Anzeichen soll
eingerissene Kleider tragen und das Kopfhaar
ungekämmt lassen; er soll den Bart verhüllen
und ausrufen: Unrein! Unrein! 46 Solange das
Anzeichen an ihm besteht, bleibt er unrein; er
ist unrein. Er soll abgesondert wohnen, außer-
halb des Lagers soll er sich aufhalten.

47 Zeigt sich ein Anzeichen von Aussatz auf
einem Kleidungsstück, sei es ein Woll- oder
Leinenkleid, 48 ein Gewebe oder Tuch aus
Leinen oder Wolle oder auf Leder oder auf ir-
gendeinem Ledergegenstand, 49 so ist das ein
Anzeichen von Aussatz, der dem Priester dann
zu zeigen ist, wenn der Fleck auf dem Kleid,
dem Leder, dem Gewebe, dem Tuch oder ir-
gendeinem Ledergerät grüngelblich oder röt-
lich erscheint. 50 Der Priester soll das Anzei-
chen untersuchen und den befallenen
Gegenstand sieben Tage lang absondern.
51 Wenn er am siebten Tage beobachtet, dass
sich das Anzeichen auf dem Kleid, dem Gewe-
be, dem Tuch, dem Leder oder Ledergegen-
stand, was immer es auch sein mag, ausgebrei-
tet hat, so ist es ein Anzeichen von bösartigem
Aussatz: Der befallene Gegenstand ist unrein.
52 Man soll dieses Kleid, dieses Gewebe, dieses
Tuch aus Wolle oder Leinen oder das Lederge-
rät, was es auch sein mag, auf dem sich das
Anzeichen zeigt, verbrennen; denn es ist bös-
artiger Aussatz, der im Feuer verbrannt wer-
den muss. 53 Wenn aber der Priester bei der
Untersuchung feststellt, dass das Anzeichen
sich auf diesem Kleid, Gewebe, Tuch oder Le-
dergerät nicht ausgebreitet hat, 54 soll er den
befallenen Gegenstand waschen lassen und
ihn noch einmal sieben Tage lang absondern.
55 Nach dem Abwaschen soll er das Anzeichen
untersuchen, und wenn er feststellt, dass sich
sein Aussehen nicht verändert hat, so ist der

Gegenstand unrein, auch wenn sich das An-
zeichen nicht ausbreitet; du sollst ihn im Feu-
er verbrennen. Es liegt eine ausgefressene
Vertiefung an seiner Rückseite oder Vorder-
seite vor. 56 Stellt aber der Priester bei der Un-
tersuchung fest, dass das Anzeichen nach dem
Abwaschen abgeblasst ist, so soll er die befal-
lene Stelle von dem Kleid, dem Leder, dem
Gewebe oder dem Tuch abreißen. 57 Sollte aber
das Anzeichen auf diesem Kleid, Gewebe,
Tuch oder Ledergerät wieder erscheinen, so
greift das Anzeichen weiter um sich und du
sollst den befallenen Gegenstand im Feuer
verbrennen. 58 Aber das Kleid, das Gewebe, das
Tuch oder das Ledergerät, auf dem das Anzei-
chen nach dem Abwaschen verschwunden ist,
soll noch einmal gewaschen werden und ist
dann rein.

59 Das ist die Weisung für das Anzeichen von
Aussatz auf einem Woll- oder Leinenkleid,
einem Gewebe, Tuch oder Ledergerät, wenn
es gilt, sie für rein oder unrein zu erklären.

2: Dtn 24,8 / **4**: Num 12,14 / **45**: Klgl 4,15 / **46**: Num 5,2;
2 Kön 15,5; Lk 17,12 / **59**: 10,10

KULTISCHE WIEDEREINGLIEDERUNG: 14,1–57

14 1 Der HERR sprach zu Mose: 2 Das ist die
Weisung für den Aussätzigen, wenn er
für rein erklärt wird: Man soll ihn zum Priester
führen 3 und der Priester soll vor das Lager he-
rauskommen. Stellt er nach der Untersuchung
fest, dass der Aussätzige von seinem Aussatz
geheilt ist, 4 soll er anordnen, dass man für den,
der sich der Reinigung unterzieht, zwei leben-
de reine Vögel, Zedernholz, Karmesin und
Ysop nimmt. 5 Dann soll er anordnen, den ei-
nen Vogel über einem Tongefäß mit Quell-
wasser zu schlachten. 6 Den lebenden Vogel,
das Zedernholz, das Karmesin und den Ysop
soll er nehmen und alles, auch den lebenden
Vogel, in das Blut des über dem Quellwasser
geschlachteten Vogels tauchen. 7 Nun soll er
den, der sich der Reinigung vom Aussatz un-
terzieht, siebenmal besprengen und ihn für
rein erklären. Den lebenden Vogel soll er ins
freie Feld schicken. 8 Der sich der Reinigung
unterzieht, der soll seine Kleider waschen, sein
ganzes Haar scheren, sich in Wasser baden und
dann rein sein. Nachher darf er ins Lager kom-
men, muss aber noch sieben Tage außerhalb
seines Zeltes bleiben.

9 Am siebten Tag soll er sein ganzes Haar
scheren, die Kopfhaare, den Bart und die Au-
genbrauen; alle Haare muss er scheren. Nach-
dem er seine Kleider gewaschen und seinen
Körper in Wasser gebadet hat, ist er rein.

10 Am achten Tag soll er zwei fehlerlose
Widder, ein einjähriges fehlerloses Schaf, drei
Zehntel Efa Weizenfeinmehl mit Öl vermengt
als Speiseopfer und ein Log Öl nehmen. 11 Der
Priester, der die Reinigung vornimmt, soll
den, der sich der Reinigung unterzieht, mit
seinen Opfergaben am Eingang des Offenba-
rungszeltes vor dem HERRN aufstellen.
12 Dann soll er den einen Widder nehmen, ihn
zusammen mit dem Log Öl als Schuldopfer
darbringen und beide als Erhebungsopfer vor
dem HERRN emporheben. 13 Er soll den Wid-
der an der Stelle schlachten, wo man das Sünd-
und das Brandopfer schlachtet, an dem heili-
gen Ort; denn das Schuldopfer gehört wie das
Sündopfer dem Priester, es ist etwas Hochhei-
liges. 14 Der Priester soll etwas Blut vom
Schuldopfer nehmen und es auf das rechte
Ohrläppchen dessen tun, der sich der Reini-
gung unterzieht, und auf den Daumen seiner
rechten Hand und auf die große Zehe seines
rechten Fußes. 15 Dann soll er etwas von dem
Log Öl nehmen und auf seinen eigenen linken
Handteller gießen. 16 Er soll seinen rechten
Zeigefinger in das Öl, das auf seinem linken
Handteller ist, tauchen und mit diesem Finger
siebenmal Öl vor dem HERRN verspritzen.
17 Dann soll er etwas von dem auf seinem
Handteller übrig gebliebenen Öl auf das rech-
te Ohrläppchen dessen tun, der sich der Rei-
nigung unterzieht, auf den Daumen seiner
rechten Hand und auf die große Zehe seines
rechten Fußes, auf das Blut des Schuldopfers.
18 Den Rest des Öls, das er auf seinem Hand-
teller hat, soll er auf den Kopf dessen tun, der
sich der Reinigung unterzieht. So soll der
Priester für ihn vor dem HERRN Versöhnung
erwirken. 19 Nun soll der Priester das Sünd-
opfer durchführen und für den, der sich der
Reinigung unterzieht, von seiner Unreinheit
Versöhnung erwirken. Danach soll er das
Brandopfer schlachten. 20 Der Priester soll das
Brandopfer und das Speiseopfer auf dem Altar
darbringen und für den betreffenden Men-
schen Versöhnung erwirken. So ist er rein.

21 Wenn er arm ist und seine Mittel nicht
ausreichen, soll er einen Widder als Schuldop-
fer für das Erhebungsopfer nehmen, um für
ihn Versöhnung zu erwirken. Er soll nur ein
Zehntel Efa Weizenfeinmehl mit Öl vermengt

und ein Log Öl als Speiseopfer nehmen, 22 und
je nachdem es seine Mittel gestatten, soll er
zwei Turteltauben oder zwei Felsentauben
bringen, von denen die eine als Sündopfer und
die andere als Brandopfer dienen soll. 23 Er soll
sie am achten Tag zu seiner Reinigung dem
Priester zum Eingang des Offenbarungszeltes
vor den HERRN bringen. 24 Der Priester soll
den Widder des Schuldopfers und das Log Öl
nehmen und als Erhebungsopfer vor dem
HERRN emporheben. 25 Hat er diesen Widder
des Schuldopfers geschlachtet, dann nehme er
etwas Blut vom Schuldopfer und tue es auf das
rechte Ohrläppchen dessen, der sich der Rei-
nigung unterzieht, auf den Daumen seiner
rechten Hand und auf die große Zehe seines
rechten Fußes. 26 Der Priester soll etwas Öl auf
seinen linken Handteller gießen 27 und etwas
von diesem Öl, das auf seinem linken Hand-
teller ist, mit seinem rechten Zeigefinger sie-
benmal vor dem HERRN verspritzen. 28 Dann
soll der Priester etwas von dem Öl, das auf
seinem Handteller ist, auf das rechte Ohrläpp-
chen dessen, der sich der Reinigung unter-
zieht, auf den Daumen seiner rechten Hand
und auf die große Zehe seines rechten Fußes
tun, und zwar auf die Stelle des Blutes des
Schuldopfers. 29 Den Rest des Öls auf seinem
Handteller soll der Priester auf den Kopf des-
sen tun, der sich der Reinigung unterzieht. So
soll er für ihn vor dem HERRN Versöhnung
erwirken. 30 Seinen Mitteln entsprechend soll
er die eine der beiden Turteltauben oder Fel-
sentauben 31 als ein Sündopfer und die andere
als ein Brandopfer mit einem Speiseopfer ver-
wenden. Der Priester soll damit für den, der
sich der Reinigung unterzieht, vor dem
HERRN Versöhnung erwirken. 32 Das ist die
Weisung für einen, der vom Aussatz befallen
ist und dessen Mittel für seine Reinigung nicht
ausreichen.

33 Der HERR sprach zu Mose und Aaron:
34 Wenn ihr in das Land Kanaan kommt, das
ich euch zum Besitz gebe, und ich lasse an ei-
nem Haus des Landes, das ihr besitzen werdet,
ein Anzeichen von Aussatz auftreten, 35 so soll
der Hausherr kommen, es dem Priester anzei-
gen und sagen: Ich habe an meinem Haus so
etwas wie Aussatz gesehen. 36 Der Priester soll
anordnen, dass man das Haus räumt, bevor er
kommt, um das Anzeichen zu untersuchen;
auf diese Weise wird das, was sich im Haus
befindet, nicht unrein. Danach erst soll der
Priester kommen, um das Haus zu untersu-
chen.

37 Stellt er dabei fest, dass sich an den Mauern
des Hauses grünlich-gelbe oder rötliche Ver-
tiefungen zeigen, die Mulden in der Mauer
bilden, 38 so soll der Priester aus dem Haus zum
Eingang des Hauses hinausgehen und das
Haus für sieben Tage abschließen. 39 Am sieb-
ten Tag soll er wiederkommen. Stellt er bei der
Untersuchung fest, dass sich das Anzeichen an
den Hausmauern ausgebreitet hat, 40 so ordne
er an, die Steine, die von dem Anzeichen be-
fallen sind, herauszureißen und sie vor die
Stadt hinaus an einen unreinen Ort zu werfen.
41 Dann soll er die Innenwände des Hauses
abkratzen lassen und man soll den so entfern-
ten Mörtel aus der Stadt hinausschaffen und
an einen unreinen Ort schütten. 42 Man soll
andere Steine nehmen, um die herausgerisse-
nen zu ersetzen, und das Haus mit frischem
Mörtel verputzen.

43 Hat man die Steine entfernt, das Haus ab-
gekratzt und neu verputzt und das Anzeichen
bricht wieder aus, 44 soll der Priester kommen,
um es zu untersuchen. Stellt er fest, dass sich
das Anzeichen an dem Haus ausgebreitet hat,
so ist bösartiger Aussatz an dem Haus; es ist
unrein. 45 Man soll es niederreißen und seine
Steine, seine Balken und seinen ganzen Mör-
telverputz vor die Stadt hinausbringen an ei-
nen unreinen Ort.

46 Jeder, der das Haus während der Tage, an
denen es durch den Priester verschlossen war,
betreten hat, ist unrein bis zum Abend. 47 Wer
im Haus geschlafen hat, muss seine Kleider
waschen; wer im Haus gegessen hat, muss
seine Kleider waschen.

48 Kommt aber der Priester, um das Anzei-
chen zu untersuchen, und stellt fest, dass sich
das Anzeichen, nachdem das Haus neu ver-
putzt wurde, nicht ausgebreitet hat, soll er das
Haus für rein erklären, denn das Anzeichen
ist abgeheilt. 49 Um das Haus zu entsündigen,
soll er zwei Vögel, Zedernholz, Karmesin und
Ysop nehmen. 50 Er soll einen der Vögel über
einem Tongefäß mit Quellwasser schlachten.
51 Dann soll er das Zedernholz, den Ysop, das
Karmesin und den lebenden Vogel nehmen,
um sie in das Blut des geschlachteten Vogels
und in das Quellwasser zu tauchen. Er soll das
Haus siebenmal besprengen und, 52 nachdem
er das Haus mit dem Blut des Vogels, dem
Quellwasser, dem lebenden Vogel, dem Ze-

dernholz, dem Ysop und dem Karmesin
entsündigt hat, 53 den lebenden Vogel aus der
Stadt hinaus ins freie Feld schicken. So er-
wirkt er Sühne für das Haus und es ist wieder
rein.
54 Das ist die Weisung für jedes Anzeichen
von Aussatz und Flechte, 55 von Aussatz an
Kleidern und Häusern, 56 von Geschwülsten,
Ausschlag und hellen Flecken, 57 zur Unter-
weisung, wann etwas unrein oder rein ist. Das
ist die Weisung über den Aussatz.

1–32: Mt 8,4; Mk 1,44; Lk 5,14; 17,14 / **4**: Num 19,6; Ps 51,9 / **7**: 16,22

KULTISCHE BEURTEILUNG VON AUSFLÜSSEN AUS DEN GENITALIEN: 15,1–33

15 1 Der HERR sprach zu Mose und Aaron:
2 Redet zu den Israeliten und sagt zu
ihnen: Wenn ein Mann einen Ausfluss aus
seinem Körper hat, so ist dieser Ausfluss un-
rein.
3 Hat er diesen Ausfluss, so besteht seine
Unreinheit, ob sein Körper den Ausfluss flie-
ßen lässt oder ihn zurückhält; bei ihm liegt
Unreinheit vor. 4 Jedes Lager, auf das sich der
mit Ausfluss Behaftete legt, und jeder Gegen-
stand, auf den er sich setzt, ist unrein. 5 Wer
sein Lager berührt, muss seine Kleider wa-
schen, sich in Wasser baden und ist unrein bis
zum Abend. 6 Wer sich auf einen Gegenstand
setzt, auf dem der mit Ausfluss Behaftete saß,
muss seine Kleider waschen, sich in Wasser
baden und ist unrein bis zum Abend. 7 Wer den
Körper des mit Ausfluss Behafteten berührt,
muss seine Kleider waschen, sich in Wasser
baden und ist unrein bis zum Abend. 8 Wenn
der mit Ausfluss Behaftete eine reine Person
anspuckt, muss sie ihre Kleider waschen, sich
in Wasser baden und ist unrein bis zum Abend.
9 Jeder Sattel, den der mit Ausfluss Behaftete
benutzt, ist unrein. 10 Jeder, der irgendeinen
Gegenstand berührt, der unter dem Kranken
war, ist unrein bis zum Abend. Wer einen sol-
chen Gegenstand trägt, muss seine Kleider
waschen, sich in Wasser baden und ist unrein
bis zum Abend. 11 Jeder, den der mit Ausfluss
Behaftete berührt, ohne zuvor seine Hände
mit Wasser abzuspülen, muss seine Kleider
waschen, sich in Wasser baden und ist unrein
bis zum Abend. 12 Ein Tongefäß, das der mit
Ausfluss Behaftete berührt, muss zerbrochen
und jedes Holzgerät mit Wasser abgespült
werden. 13 Wird der mit Ausfluss Behaftete
von seinem Ausfluss rein, soll er sieben Tage
bis zu seiner Reinigung zählen. Danach muss
er seine Kleider waschen, seinen Körper in
Quellwasser baden und ist dann rein. 14 Am
achten Tag soll er für sich zwei Turteltauben
oder zwei Felsentauben nehmen, vor den
HERRN zum Eingang des Offenbarungszeltes
kommen und sie dem Priester geben. 15 Mit der
einen soll der Priester ein Sündopfer und mit
der andern ein Brandopfer darbringen. Der
Priester soll für ihn so vor dem HERRN wegen
seines Ausflusses Versöhnung erwirken.
16 Hat ein Mann Samenerguss, soll er seinen
ganzen Körper in Wasser baden und ist unrein
bis zum Abend. 17 Jedes Kleid und jedes Leder-
stück, auf das Samen gekommen ist, muss mit
Wasser gesäubert werden und ist unrein bis
zum Abend.
18 Folgendes gilt für eine Frau, bei der ein
Mann schläft mit Samenerguss: Sie müssen
sich beide in Wasser baden und sind unrein bis
zum Abend.
19 Wenn eine Frau einen Ausfluss hat und
der Ausfluss aus ihrem Körper Blut ist, soll sie
sieben Tage lang in ihrer Regel verbleiben. Wer
sie berührt, ist unrein bis zum Abend. 20 Alles,
worauf sie sich während ihrer Regel legt, ist
unrein; alles, worauf sie sich setzt, ist unrein.
21 Wer ihr Lager berührt, muss seine Kleider
waschen, sich in Wasser baden und ist unrein
bis zum Abend. 22 Wer irgendeinen Gegen-
stand berührt, auf dem sie saß, muss seine
Kleider waschen, sich in Wasser baden und ist
unrein bis zum Abend. 23 Befindet sich etwas
auf dem Bett oder auf dem Gegenstand, auf
dem sie saß, wird derjenige, der es berührt,
unrein bis zum Abend. 24 Schläft ein Mann mit
ihr, so kommt die Unreinheit ihrer Regel auf
ihn. Er wird für sieben Tage unrein. Jedes La-
ger, auf das er sich legt, wird unrein.
25 Hat eine Frau mehrere Tage außerhalb der
Zeit ihrer Regel einen Blutfluss oder hält ihre
Regel länger an, ist sie für die ganze Dauer die-
ses Ausflusses im gleichen Zustand der Un-
reinheit wie während der Zeit ihrer Regel. Sie
ist unrein. 26 Jedes Lager, auf das sie sich wäh-
rend der ganzen Dauer ihres Ausflusses legt,
ist so wie ihr Lager, auf dem sie während ihrer
Regel liegt. Jeder Gegenstand, auf den sie sich
setzt, wird unrein wie bei der Unreinheit ihrer
Regel. 27 Jeder, der diese Gegenstände berührt,
wird unrein; er muss seine Kleider waschen,
sich in Wasser baden und ist unrein bis zum

Abend. 28 Ist sie von ihrem Ausfluss rein, soll
sie sieben Tage zählen und dann rein sein.
29 Am achten Tag soll sie für sich zwei Turtel-
tauben oder zwei Felsentauben nehmen und
sie dem Priester zum Eingang des Offenba-
rungszeltes bringen. 30 Der Priester soll die
eine als Sündopfer und die andere als Brand-
opfer verwenden. Er soll für sie so vor dem
HERRN wegen ihres verunreinigenden Aus-
flusses Versöhnung erwirken.
31 Ihr sollt die Israeliten vor ihrer Unreinheit
warnen, damit sie nicht in ihr sterben müssen,
weil sie meine Wohnung in ihrer Mitte verun-
reinigen.
32 Das ist die Weisung für einen Mann, der
einen Ausfluss hat, für einen, den ein Samen-
erguss unrein gemacht hat, 33 und für die Frau
in ihrer Regel und für diejenigen, die an Aus-
fluss leiden, sei es ein Mann oder eine Frau,
und für den Mann, der mit einer unreinen Frau
schläft.

2–15: 22,4; Num 5,2 / **5–12**: 5,3; 7,21; 15,19–24 / **16**: 22,4; Dtn 23,11–12 / **19–24**: 5,3; 7,21; 12,2; 15,5–12; 18,19; 20,18 / **25**: Mt 9,20; Mk 5,25; Lk 8,43

VERSÖHNUNGSTAG UND LITURGISCHE VERSÖHNUNG ALS GOTTES GNADENGESCHENK: 16–17

VERSÖHNUNGSTAG: 16,1–34

16 1 Nach dem Tod der beiden Söhne Aa-
rons, die umgekommen waren, als sie
vor den HERRN hintraten, redete der HERR mit
Mose. 2 Der HERR sprach zu Mose: Sag deinem
Bruder Aaron, er soll nicht zu jeder beliebigen
Zeit das Heiligtum hinter dem Vorhang vor der
Sühneplatte der Lade betreten. Dann wird er
nicht sterben, wenn ich über der Sühneplatte in
einer Wolke erscheine. 3 Aaron darf nur so in
das Heiligtum kommen: mit einem Jungstier
für ein Sündopfer und einem Widder für ein
Brandopfer. 4 Ein geweihtes Leinengewand soll
er anhaben, leinene Beinkleider tragen, sich mit
einem Leinengürtel gürten und um den Kopf
einen Leinenturban binden. Das sind heilige
Gewänder; deshalb soll er seinen ganzen Kör-
per in Wasser baden und sie erst dann anlegen.
5 Von der Gemeinde der Israeliten soll er zwei
Ziegenböcke für ein Sündopfer und einen Wid-
der für ein Brandopfer nehmen.
6 Hat er den Jungstier für seine eigene Sünde
dargebracht und für sich und sein Haus Ver-
söhnung erwirkt, 7 dann soll Aaron die beiden
Ziegenböcke nehmen und sie vor dem HERRN
am Eingang des Offenbarungszeltes aufstel-
len. 8 Für die beiden Böcke soll er Lose kenn-
zeichnen, ein Los für den HERRN und ein Los
für Asasel. 9 Aaron soll den Bock, für den das
Los für den HERRN herauskommt, herbeifüh-
ren und ihn als Sündopfer darbringen. 10 Der
Bock, für den das Los für Asasel herauskommt,
soll lebend vor den HERRN gestellt werden,
um für ihn Sühne zu erwirken, damit er für
Asasel in die Wüste geschickt werde.
11 Aaron soll den Jungstier für sein eigenes
Sündopfer herbeibringen lassen, um für sich
und sein Haus Versöhnung zu erwirken, und
diesen Jungstier des Sündopfers für sich
schlachten. 12 Dann soll er eine Räucherpfanne
voll glühender Kohlen vom Altar, der vor dem
HERRN steht, und zwei Handvoll zerstoße-
nen duftenden Räucherwerks nehmen. Er soll
alles hinter den Vorhang bringen 13 und das
Räucherwerk auf das Feuer vor dem HERRN
tun; die Wolke des Räucherwerks soll die
Sühneplatte über dem Bundeszeugnis einhül-
len, damit er nicht sterben muss. 14 Dann soll
er vom Blut des Jungstiers nehmen und es mit
seinem Finger gegen die Vorderseite der
Sühneplatte an der Ostseite spritzen; auch vor
die Sühneplatte soll er mit seinem Finger sie-
benmal etwas Blut spritzen. 15 Nachher soll er
den Bock schlachten, der als Sündopfer für das
Volk bestimmt ist, und sein Blut hinter den
Vorhang tragen. Er soll es mit diesem Blut
ebenso machen wie mit dem Blut des Jung-
stiers und es auf die Sühneplatte und vor die
Sühneplatte spritzen. 16 So soll er für das Hei-
ligtum von den Unreinheiten der Israeliten

16,1–34 Der Versöhnungstag wird am 10. Tag des Monats Tischri (September/Oktober), fünf Tage vor dem Laubhüttenfest, gefeiert.

16,8.20–22 Der Ritus mit dem Sündenbock für Asasel (Name eines Wüstendämons) wurde als alter Brauch in das Ritual des Versöhnungstages eingebaut.

und von all ihren Freveltaten einschließlich all
ihrer Sünden Sühne erwirken und so soll er
mit dem Offenbarungszelt verfahren, das bei
ihnen inmitten ihrer Unreinheiten seinen Sitz
hat. 17 Kein Mensch darf im Offenbarungszelt
sein, wenn er eintritt, um im Heiligtum die
Versöhnung zu erwirken, bis er es wieder ver-
lässt. Hat er für sich, sein Haus und die ganze
Versammlung Israels Versöhnung erwirkt,
18 so soll er zum Altar vor dem HERRN hinaus-
gehen und für ihn Sühne erwirken. Er soll et-
was Blut des Jungstiers und des Bockes neh-
men und es auf die Hörner rings um den Altar
tun. 19 Etwas von diesem Blut soll er mit sei-
nem Finger siebenmal auf den Altar spritzen.
So soll er ihn von den Unreinheiten der Israe-
liten reinigen und ihn heiligen.

20 Hat er es vollendet, für das Heiligtum, das
Offenbarungszelt und den Altar Sühne zu er-
wirken, soll er den lebenden Bock herbringen
lassen. 21 Aaron soll seine beiden Hände auf
den Kopf des lebenden Bockes legen und über
ihm alle Schuld der Israeliten und alle ihre Fre-
vel mitsamt all ihrer Sünden bekennen. Nach-
dem er sie so auf den Kopf des Bockes geladen
hat, soll er ihn durch einen bereitstehenden
Mann in die Wüste schicken 22 und der Bock
soll alle ihre Sünden mit sich in die Einöde
tragen. Hat er den Bock in die Wüste geschickt,
23 dann soll Aaron wieder in das Offenba-
rungszelt gehen, die Leinengewänder, die er
beim Betreten des Heiligtums angelegt hat,
ablegen und sie dort verwahren. 24 Er soll sei-
nen Körper in Wasser an einem heiligen Ort
baden, wieder seine Kleider anlegen und hi-
nausgehen, um sein Brandopfer und das des
Volkes darzubringen. Er soll für sich und das
Volk Versöhnung erwirken 25 und das Fett des
Sündopfers auf dem Altar in Rauch aufgehen
lassen.

26 Der Mann, der den Bock für Asasel weg-
geschickt hat, muss seine Kleider waschen,
seinen Körper in Wasser baden und darf da-
nach wieder in das Lager kommen. 27 Den
Jungstier und den Bock, die man als Sündopfer
dargebracht und deren Blut man hereinge-
bracht hat, um im Heiligtum Versöhnung zu
erwirken, soll man aus dem Lager hinausschaf-
fen und ihr Fell, ihr Fleisch und ihren Magen-
inhalt im Feuer verbrennen. 28 Wer sie ver-
brannt hat, muss seine Kleider waschen, den
Körper in Wasser baden und darf danach wie-
der ins Lager kommen.

29 Folgendes soll euch als ewige Satzung gel-
ten: Im siebten Monat, am zehnten Tag des
Monats, sollt ihr euch Enthaltung auferlegen
und keinerlei Arbeit tun, der Einheimische
und ebenso der Fremde, der in eurer Mitte lebt.
30 Denn an diesem Tag erwirkt man für euch
Versöhnung, um euch zu reinigen. Vor dem
HERRN werdet ihr von allen euren Sünden
wieder rein. 31 Dieser Tag ist für euch ein voll-
ständiger Ruhetag und ihr sollt euch Enthal-
tung auferlegen. Das gelte als ewige Satzung.
32 Der Priester, den man gesalbt und dem man
die Hand gefüllt hat, anstelle seines Vaters
Priester zu sein, soll die Versöhnung erwirken.
Er soll die Leinengewänder, die heiligen Ge-
wänder, anlegen. 33 Er soll für das geweihte
Heiligtum, das Offenbarungszelt und den Al-
tar Sühne erwirken; dann soll er für die Pries-
ter und das ganze Volk der Versammlung Ver-
söhnung erwirken. 34 Das soll für euch als
ewige Satzung gelten: Einmal im Jahr soll für
die Israeliten von allen ihren Sünden Versöh-
nung erwirkt werden. Und man tat, wie es der
HERR dem Mose geboten hatte.

1–34: 4,1–5,13; 6,17–23 / **1:** 10,1–2 / **2:** Num 18,7; Ex 25,17–22 / **12:** Ex 30,34–35 / **14:** 4,6 / **21:** 5,5 / **22:** 14,7 / **29–31:** 23,26–32; Num 29,7–11 / **32:** 8,12; 21,10; Ex 28,41; 29,29–30 / **34:** Ex 30,10; Hebr 10,3

ALLGEMEINE OPFERBESTIMMUNGEN MIT SANKTIONEN: 17,1–16

17 1 Der HERR sprach zu Mose: 2 Rede zu
Aaron, seinen Söhnen und allen Israeli-
ten und sag zu ihnen: Das ist es, worauf der
HERR euch verpflichtet hat: 3 Jeder Mann aus
dem Haus Israel, der innerhalb oder außerhalb
des Lagers ein Rind, ein Schaf oder eine Ziege
schlachtet 4 und das Tier nicht zum Eingang
des Offenbarungszeltes bringt, um es dem
HERRN vor seiner Wohnung zu opfern, dem
soll es als Blutschuld angerechnet werden; er
hat Blut vergossen und wird aus der Mitte sei-
nes Volkes ausgemerzt werden. 5 Daher sollen
die Israeliten die Opfer herbeibringen, die sie
auf freiem Feld zu opfern pflegten, um sie für
den HERRN beim Eingang des Offenbarungs-
zeltes dem Priester zu überbringen, und sie als
Heilsopfer für den HERRN opfern. 6 Der Pries-
ter soll das Blut an den Altar des HERRN am
Eingang des Offenbarungszeltes sprengen
und das Fett zum beruhigenden Duft für den
HERRN in Rauch aufgehen lassen. 7 Sie sollen
nicht mehr ihre Schlachtopfer für Bocksdämo-

nen schlachten, mit denen sie huren. Das gel-
te ihnen und ihren kommenden Generationen
als ewige Satzung.
8 Du sollst ihnen weiter sagen: Jeder Mann
aus dem Haus Israel oder jeder Fremde in eurer
Mitte, der ein Brand- oder Schlachtopfer auf-
steigen lässt, 9 ohne es zum Eingang des Of-
fenbarungszeltes zu bringen, um es für den
HERRN zu vollziehen, wird aus seiner Ge-
schlechterfolge ausgemerzt werden.
10 Jeder Mann aus dem Haus Israel oder jeder
Fremde in eurer Mitte, der irgendwie Blut ge-
nießt, gegen diese Person werde ich mein An-
gesicht wenden und ihn aus der Mitte seines
Volkes ausmerzen. 11 Denn das Leben des Flei-
sches ist im Blut. Und ich selbst habe es für
euch auf den Altar gegeben, um für euer Leben
Versöhnung zu erwirken; denn das Blut ist es,
das durch Leben Versöhnung erwirkt. 12 Des-
halb habe ich zu den Israeliten gesagt: Nie-
mand unter euch darf Blut genießen, auch der
Fremde, der in eurer Mitte lebt, darf kein Blut
genießen. 13 Jeder unter den Israeliten oder der
Fremde in eurer Mitte, der Wild oder für den
Genuss erlaubte Vögel erlegt, muss das Blut
ausfließen lassen und es mit Erde bedecken.
14 Denn das Leben aller Wesen aus Fleisch ist
das Blut im Lebewesen. Ich habe zu den Israe-
liten gesagt: Das Blut irgendeines Wesens aus
Fleisch dürft ihr nicht genießen; denn das Le-
ben aller Wesen aus Fleisch ist ihr Blut. Jeder,
der es genießt, wird ausgemerzt werden.
15 Jeder, sei er einheimisch oder fremd, der
ein verendetes oder zerrissenes Tier isst, muss
seine Kleider waschen, sich in Wasser baden
und ist unrein bis zum Abend; dann ist er rein.
16 Wer seine Kleider nicht wäscht und seinen
Körper nicht in Wasser badet, muss die Folgen
seiner Schuld tragen.

1-9: Dtn 12,13–16 / **5**: 3,1–17 / **10-14**: 3,17; 4,5; 7,26–27; 19,26; Gen 9,4; Dtn 12,23–25; Hebr 9,22 / **15**: 11,39–40; 22,8; Ex 22,30; Ez 4,14

HEILIGKEIT IM ALLTAG: 18–20

BESTIMMUNGEN ZU EHE, GESCHLECHTSVERKEHR UND BLUTSCHANDE: 18,1–30

18 1 Der HERR sprach zu Mose: 2 Rede zu
den Israeliten und sag zu ihnen: Ich bin
der HERR, euer Gott. 3 Ihr sollt nicht tun, was
man in Ägypten tut, wo ihr gewohnt habt; ihr
sollt nicht tun, was man in Kanaan tut, wohin
ich euch führe. Ihre Satzungen sollt ihr nicht
befolgen. 4 Meine Rechtsentscheide sollt ihr
einhalten und meine Satzungen sollt ihr be-
wahren und befolgen. Ich bin der HERR, euer
Gott. 5 Ihr sollt meine Satzungen und meine
Rechtsentscheide bewahren. Wer sie einhält,
wird durch sie leben. Ich bin der HERR.
6 Niemand von euch darf sich einer Bluts-
verwandten nähern, um ihre Scham zu ent-
blößen. Ich bin der HERR. 7 Die Scham deines
Vaters, nämlich die Scham deiner Mutter,
darfst du nicht entblößen. Sie ist deine Mutter,
du darfst ihre Scham nicht entblößen. 8 Die
Scham der Frau deines Vaters darfst du nicht
entblößen; sie ist die Scham deines Vaters.
9 Die Scham deiner Schwester, einer Tochter
deines Vaters oder einer Tochter deiner Mut-
ter, darfst du nicht entblößen, sei sie im Haus
oder außerhalb geboren. 10 Die Scham einer
Tochter deines Sohnes oder einer Tochter dei-
ner Tochter darfst du nicht entblößen; denn
ihre Scham ist deine eigene Scham. 11 Die
Scham der Tochter einer Frau deines Vaters
darfst du nicht entblößen. Sie ist eine Bluts-
verwandte väterlicherseits; sie ist deine
Schwester; du darfst ihre Scham nicht entblö-
ßen. 12 Die Scham einer Schwester deines Va-
ters darfst du nicht entblößen; denn sie ist mit
deinem Vater leiblich verwandt. 13 Die Scham
der Schwester deiner Mutter darfst du nicht
entblößen; denn sie ist mit deiner Mutter leib-
lich verwandt. 14 Die Scham des Bruders dei-
nes Vaters darfst du nicht entblößen; du darfst
dich seiner Frau nicht nähern; denn sie ist
deine Tante. 15 Die Scham deiner Schwieger-
tochter darfst du nicht entblößen. Sie ist die
Frau deines Sohnes; du darfst ihre Scham nicht
entblößen. 16 Die Scham der Frau deines Bru-
ders darfst du nicht entblößen; denn sie ist die
Scham deines Bruders. 17 Die Scham einer Frau
und gleichzeitig die ihrer Tochter darfst du
nicht entblößen; weder die Tochter ihres Soh-
nes noch die Tochter ihrer Tochter darfst du
nehmen, um ihre Scham zu entblößen. Sie
sind leiblich verwandt, es wäre Blutschande.

18 Du darfst neben einer Frau nicht auch noch
deren Schwester heiraten; du würdest sie zur
Nebenbuhlerin machen, wenn du zu Lebzei-
ten der einen die Scham der anderen entblößt.
19 Einer Frau, die wegen ihrer Regel unrein
ist, darfst du dich nicht nähern, um ihre Scham
zu entblößen. 20 Mit der Frau deines Mitbür-
gers darfst du nicht schlafen; du würdest durch
sie unrein. 21 Von deinen Nachkommen darfst
du keinen hingeben, um ihn für Moloch hi-
nübergehen zu lassen. Du darfst den Namen
deines Gottes nicht entweihen. Ich bin der
HERR. 22 Du darfst nicht mit einem Mann
schlafen, wie man mit einer Frau schläft; das
wäre ein Gräuel. 23 Keinem Vieh darfst du bei-
wohnen; du würdest dadurch unrein. Keine
Frau darf vor ein Vieh hintreten, um sich mit
ihm zu begatten; das wäre eine schandbare Tat.
24 Ihr sollt euch nicht durch all das verunrei-
nigen; denn durch all das haben sich die Nati-
onen verunreinigt, die ich vor euch vertreibe.
25 Das Land wurde unrein, ich habe an ihm
seine Schuld heimgesucht und das Land hat
seine Bewohner ausgespien. 26 Ihr aber sollt auf
meine Satzungen und Rechtsentscheide ach-
ten und keine dieser Gräueltaten begehen,
weder der Einheimische noch der Fremde, der
in eurer Mitte lebt. 27 Denn all diese Gräuelta-
ten haben die Leute begangen, die vor euch im
Land waren, und so wurde das Land unrein.
28 Wird es etwa euch, wenn ihr es verunrei-
nigt, nicht ebenso ausspeien, wie es die Nation
vor euch ausgespien hat? 29 Alle nämlich, die
irgendeine dieser Gräueltaten begehen, wer-
den aus der Mitte ihres Volkes ausgemerzt.
30 Bewahrt meine Anordnungen, befolgt keine
von den gräulichen Satzungen, die man vor
euch befolgt hat, und verunreinigt euch nicht
durch sie. Ich bin der HERR, euer Gott.

1–30: 20,1–27 / **4**: Ez 20,19 / **5**: Dtn 4,1; Röm 7,10; Gal 3,12 / **8**: Gen 35,22; Dtn 23,1 / **9**: Dtn 27,22 / **15**: Gen 38,16 / **16**: Mt 14,3–4; Mk 6,17–18; Lk 3,19 / **17**: Dtn 27,23 / **19**: 15,19–24; Ez 18,6 / **20**: Ex 20,17; Dtn 5,21 / **21**: 20,2–5 / **22**: Gen 19,5; Ri 19,22; Röm 1,27 / **23**: Ex 22,18; Dtn 27,21 / **24**: Esra 9,11 / **25.28**: 20,22

SOZIALE, LITURGISCHE UND ETHISCHE EINZELBESTIMMUNGEN: 19,1–37

19 1 Der HERR sprach zu Mose: 2 Rede zur
ganzen Gemeinde der Israeliten und
sag zu ihnen: Seid heilig, denn ich, der HERR,
euer Gott, bin heilig.
3 Jeder von euch soll Mutter und Vater fürch-
ten und auf meine Sabbate achten; ich bin der
HERR, euer Gott. 4 Ihr sollt euch nicht anderen
Göttern zuwenden und euch nicht Götter-
bilder aus Metall gießen; ich bin der HERR,
euer Gott.
5 Wenn ihr für den HERRN ein Heilsopfer
schlachtet, opfert es so, dass ihr Wohlgefallen
vor Gott findet. 6 An dem Tag, an dem ihr es
schlachtet, und am folgenden Tag soll es ge-
gessen werden; was davon am dritten Tag
noch übrig ist, soll im Feuer verbrannt werden.
7 Isst man davon am dritten Tag, so ist es ver-
fallen und findet kein Wohlgefallen mehr.
8 Wer davon isst, muss die Folgen seiner
Schuld tragen; denn er hat die Heiligkeit des
HERRN entweiht. Diese Person wird aus ihrer
Geschlechterfolge ausgemerzt werden.
9 Wenn ihr die Ernte eures Landes einbringt,
sollst du das Feld nicht bis zum äußersten
Rand abernten. Du sollst keine Nachlese von
deiner Ernte halten. 10 In deinem Weinberg
sollst du keine Nachlese halten und die abge-
fallenen Beeren nicht einsammeln. Du sollst
sie dem Armen und dem Fremden überlassen.
Ich bin der HERR, euer Gott.
11 Ihr sollt nicht stehlen, nicht täuschen und
einander nicht betrügen. 12 Ihr sollt nicht falsch
bei meinem Namen schwören; du würdest
sonst den Namen deines Gottes entweihen.
Ich bin der HERR.
13 Du sollst deinen Nächsten nicht ausbeuten
und ihn nicht um das Seine bringen. Der Lohn
des Tagelöhners soll nicht über Nacht bis zum
Morgen bei dir bleiben. 14 Du sollst einen Tau-
ben nicht verfluchen und einem Blinden kein
Hindernis in den Weg stellen; vielmehr sollst
du deinen Gott fürchten. Ich bin der HERR.
15 Ihr sollt beim Rechtsentscheid kein Un-
recht begehen. Du sollst weder für einen Ge-
ringen noch für einen Großen Partei nehmen;
gerecht sollst du deinen Mitbürger richten.
16 Du sollst deinen Mitbürger nicht verleum-
den und dich nicht hinstellen und das Blut
deines Nächsten fordern. Ich bin der HERR.
17 Du sollst in deinem Herzen keinen Hass ge-
gen deinen Bruder tragen. Weise deinen Mit-
bürger zurecht, so wirst du seinetwegen keine
Sünde auf dich laden. 18 An den Kindern dei-
nes Volkes sollst du dich nicht rächen und ih-
nen nichts nachtragen. Du sollst deinen
Nächsten lieben wie dich selbst. Ich bin der
HERR.

19,18 wie dich selbst: Mögliche Übersetzung: Er ist wie du.

19 Ihr sollt meine Satzungen bewahren: Un-
ter deinem Vieh sollst du nicht zwei Tiere ver-
schiedener Art sich begatten lassen. Dein Feld
sollst du nicht mit zweierlei Arten besäen. Du
sollst kein aus zweierlei Fäden gewebtes Kleid
anlegen.

20 Wohnt ein Mann einer Frau bei, die einem
andern Mann als Sklavin zur Nebenfrau be-
stimmt ist und die weder losgekauft noch frei-
gelassen ist, dann sollen die Ansprüche unter-
sucht werden; sterben sollen sie nicht, da sie
nicht freigelassen war. 21 Er soll als sein
Schuldopfer für den HERRN einen Widder
zum Eingang des Offenbarungszeltes bringen.
22 Mit diesem Widder soll der Priester für ihn
vor dem HERRN von der begangenen Sünde
Versöhnung erwirken; so wird ihm die Sünde,
die er begangen hat, vergeben.

23 Wenn ihr in das Land kommt und einen
Fruchtbaum pflanzt, sollt ihr seine Früchte
behandeln, als ob sie seine Vorhaut wären. Drei
Jahre lang sollen sie für euch etwas Unbe-
schnittenes sein. Sie sind nicht zum Essen
bestimmt. 24 Im vierten Jahr sollen alle Früch-
te als Festgabe für den HERRN geheiligt sein.
25 Erst im fünften Jahr dürft ihr die Früchte
essen und den Ertrag für euch ernten. Ich bin
der HERR, euer Gott.

26 Ihr sollt nichts mit Blut essen. Wahrsage-
rei und Hellseherei sollt ihr nicht treiben. 27 Ihr
sollt euer Kopfhaar nicht rundum abschnei-
den. Du sollst deinen Bart nicht stutzen. 28 Für
einen Toten dürft ihr keine Einschnitte auf
eurem Körper anbringen und ihr dürft euch
keine Zeichen einritzen lassen. Ich bin der
HERR.

29 Entweih nicht deine Tochter, indem du
sie als Hure preisgibst, damit das Land nicht
der Hurerei verfällt und voller Blutschande
wird!

30 Ihr sollt auf meine Sabbate achten und
mein Heiligtum fürchten. Ich bin der HERR.

31 Wendet euch nicht an die Totenbeschwö-
rer und sucht nicht die Wahrsager auf; sie
verunreinigen euch. Ich bin der HERR, euer
Gott.

32 Du sollst vor grauem Haar aufstehen, das
Ansehen eines Greises ehren und deinen Gott
fürchten. Ich bin der HERR.

33 Wenn bei dir ein Fremder in eurem Land
lebt, sollt ihr ihn nicht unterdrücken. 34 Der
Fremde, der sich bei euch aufhält, soll euch
wie ein Einheimischer gelten und du sollst ihn
lieben wie dich selbst; denn ihr seid selbst
Fremde in Ägypten gewesen. Ich bin der
HERR, euer Gott.

35 Ihr sollt kein Unrecht begehen beim
Rechtsentscheid, mit Längenmaß, Gewicht
und Hohlmaß. 36 Eure Waagen müssen stim-
men, eure Gewichtsteine, euer Efa und euer
Hin müssen stimmen. Ich bin der HERR, euer
Gott, der euch aus Ägypten geführt hat.

37 Ihr sollt alle meine Satzungen und alle
meine Rechtsentscheide bewahren und sie
befolgen. Ich bin der HERR.

2: 11,44–45 / **3**: Ex 20,12; Dtn 5,12–15 / **4**: 26,1; Ex 20,4 / **5–8**: 7,16–17 / **9–10**: 23,22; Dtn 24,19 / **11**: Ex 20,15 / **12**: Ex 20,7 / **13**: Jer 22,13 / **14**: Dtn 27,18 / **15–16**: Ex 23,3–7 / **16**: Ps 15,3 / **17**: 1 Joh 3,15 / **18**: 19,33–34; Röm 12,19; Mt 5,43 / **19**: Dtn 22,9–11 / **20–22**: Ex 21,7–9 / **26**: Gen 9,4 / **27**: 21,5 / **28**: Dtn 14,1 / **30**: 19,3; 23,3; 26,2 / **31**: 20,6.27 / **32**: 1 Tim 5,1 / **33–34**: 19,18; Ex 22,20 / **35–36**: Dtn 25,13–15; Spr 11,1; 16,11

SANKTIONEN: 20,1–27

20 1 Der HERR sprach zu Mose: 2 Sag zu
den Israeliten: Jeder Mann unter den
Israeliten oder unter den Fremden in Israel,
der eines seiner Kinder dem Moloch gibt, hat
den Tod verdient. Die Bürger des Landes sol-
len ihn steinigen. 3 Ich richte mein Angesicht
gegen einen solchen und merze ihn aus sei-
nem Volk aus, weil er eines seiner Kinder dem
Moloch gegeben, dadurch mein Heiligtum
verunreinigt und meinen heiligen Namen
entweiht hat. 4 Falls die Bürger des Landes
ihre Augen diesem Mann gegenüber ver-
schließen, wenn er eines seiner Kinder dem
Moloch gibt, und ihn nicht töten, 5 so richte
ich mein Angesicht gegen ihn und seine Sip-
pe und merze sie aus der Mitte ihres Volkes
aus, ihn und alle, die mit ihm dem Moloch
nachhuren.

6 Gegen einen, der sich an Totenbeschwörer
und Wahrsager wendet, um ihnen nachzuhu-
ren, richte ich mein Angesicht und merze ihn
aus seinem Volk aus.

7 Ihr sollt euch heiligen, um heilig zu sein;
denn ich bin der HERR, euer Gott. 8 Ihr sollt
meine Satzungen bewahren und sie befolgen.
Ich bin der HERR, der euch heiligt.

9 Jeder, der seinen Vater oder seine Mutter
verflucht, hat den Tod verdient. Da er seinen
Vater oder seine Mutter verflucht hat, soll sein
Blut auf ihn kommen.

10 Ein Mann, der mit der Frau seines
Nächsten die Ehe bricht, hat den Tod ver-

dient, der Ehebrecher und die Ehebrecherin.
11 Ein Mann, der mit der Frau seines Vaters
schläft, hat die Scham seines Vaters ent-
blößt. Beide haben den Tod verdient; ihr
Blut kommt auf sie selbst. 12 Schläft einer mit
seiner Schwiegertochter, so haben beide den
Tod verdient. Sie haben eine schändliche Tat
begangen, ihr Blut kommt auf sie selbst.
13 Schläft einer mit einem Mann, wie man
mit einer Frau schläft, dann haben sie eine
Gräueltat begangen; beide haben den Tod
verdient; ihr Blut kommt auf sie selbst.
14 Heiratet einer eine Frau und ihre Mutter,
so ist das Blutschande. Ihn und die beiden
Frauen soll man verbrennen, damit es keine
Blutschande unter euch gibt. 15 Ein Mann,
der einem Tier beiwohnt, hat den Tod ver-
dient und das Tier sollt ihr töten. 16 Nähert
sich eine Frau einem Tier, um sich mit ihm
zu begatten, dann sollst du die Frau und das
Tier töten. Sie haben den Tod verdient; ihr
Blut kommt auf sie selbst. 17 Nimmt einer
seine Schwester, eine Tochter seines Vaters
oder eine Tochter seiner Mutter und sieht
ihre Scham und sie sieht die seine, so ist es
eine Schandtat. Sie sollen vor den Augen der
Angehörigen ihres Volkes ausgemerzt wer-
den. Er hat die Scham seiner Schwester ent-
blößt; er muss die Folgen seiner Schuld tra-
gen. 18 Ein Mann, der mit einer Frau während
ihrer Regel schläft und ihre Scham entblößt,
hat ihre Blutquelle aufgedeckt und sie hat
ihre Blutquelle entblößt; daher sollen beide
aus ihrem Volk ausgemerzt werden. 19 Die
Scham der Schwester deiner Mutter oder der
Schwester deines Vaters sollst du nicht ent-
blößen; denn wer seine eigene Verwandte
entblößt, muss die Folgen seiner Schuld tra-
gen. 20 Ein Mann, der mit seiner Tante schläft,
hat die Scham seines Onkels entblößt. Sie
müssen die Folgen ihrer Sünde tragen; sie
sollen kinderlos sterben. 21 Nimmt einer die
Frau seines Bruders, so ist das Befleckung.
Er hat die Scham seines Bruders entblößt;
sie sollen kinderlos bleiben.

22 Ihr sollt alle meine Satzungen und
Rechtsentscheide bewahren und sie befol-
gen; dann wird euch das Land nicht ausspei-
en, in das ich euch führe, und ihr werdet dort
wohnen können. 23 Ihr sollt euch nicht nach
den Satzungen der Nation richten, die ich vor
euren Augen vertreibe; denn all diese Dinge
haben sie getan, sodass es mich vor ihnen
ekelte. 24 Daher habe ich euch gesagt: Ihr seid
es, die ihren Boden in Besitz nehmen sollen. Ich
bin es, der ihn euch zum Besitz geben wird,
ein Land, in dem Milch und Honig fließen.
Ich bin der HERR, euer Gott, der euch von
diesen Völkern unterschieden hat. 25 So un-
terscheidet zwischen reinem und unreinem
Vieh, zwischen unreinen und reinen Vögeln!
Macht euch nicht selbst abscheulich mit die-
sen Tieren, diesen Vögeln, mit allem, was auf
dem Boden kriecht. Ich habe es für euch als
unrein unterschieden. 26 Seid mir geheiligt;
denn ich, der HERR, bin heilig und ich habe
euch von all diesen Völkern unterschieden,
damit ihr mir gehört.

27 Männer oder Frauen, in denen ein Toten-
oder ein Wahrsagegeist ist, haben den Tod
verdient. Man soll sie steinigen, ihr Blut
kommt auf sie selbst.

1-27: 18,1–30 / **2-5**: 18,21; 2 Kön 23,10; Jer 32,35 / **6**: 19,31; 20,27; Dtn 18,10–11 / **7**: 11,44–45; 20,26; 19,2 / **9**: Ex 21,17; Mt 15,4; Mk 7,10 / **10**: Ex 20,14; Dtn 5,18 / **15-16**: Dtn 27,21 / **18**: 15,19–24 / **22**: 18,25.28 / **26**: 11,44–45; 20,7; 19,2 / **27**: 19,31; 20,6; Dtn 18,10–11

EINZELBESTIMMUNGEN FÜR DIE PRIESTER UND OPFER ZUR BEWAHRUNG DER HEILIGKEIT: 21–22

DIE PRIESTER UND IHRE HEILIGKEIT: 21,1–24

21 1 Der HERR sprach zu Mose: Rede zu
den Priestern, den Söhnen Aarons,
und sag zu ihnen: Keiner von ihnen darf sich
an der Leiche eines Angehörigen seiner Fa-
milie verunreinigen, 2 außer an seinen nächs-
ten Verwandten: seiner Mutter, seinem Va-
ter, seinem Sohn, seiner Tochter oder seinem
Bruder. 3 An seiner unverheirateten Schwes-
ter, die seine nahe Verwandte blieb, da sie
keinem Mann angehörte, darf er unrein wer-
den. 4 Nicht aber darf er an seiner Schwester,

die mit einem Verwandten verheiratet ist,
unrein werden; er würde sich entweihen.
5 Die Priester sollen sich auf ihrem Kopf kei-
ne Glatze scheren, ihren Bart nicht stutzen
und an ihrem Körper keine Einschnitte ma-
chen. 6 Sie sollen ihrem Gott geheiligt sein
und den Namen ihres Gottes nicht entwei-
hen. Denn sie sind es, die die Feueropfer des
HERRN, die Speise ihres Gottes, darbringen;
darum sollen sie heilig sein. 7 Sie dürfen we-
der eine Dirne noch eine Entweihte noch
eine Frau heiraten, die ihr Mann verstoßen
hat; denn der Priester ist seinem Gott gehei-
ligt. 8 Du sollst ihn heilig halten, denn er
bringt die Speise deines Gottes dar. Heilig
soll er dir sein, denn ich bin heilig, der HERR,
der euch heiligt. 9 Wenn sich die Tochter ei-
nes Priesters als Dirne entweiht, so entweiht
sie ihren Vater; sie soll im Feuer verbrannt
werden.

10 Der Priester, der unter seinen Brüdern
den höchsten Rang einnimmt, auf dessen
Haupt das Salböl ausgegossen wurde und des-
sen Hand gefüllt wurde, als er die Gewänder
anlegte, soll sein Haar nicht lose herunterhän-
gen lassen, seine Kleider nicht zerreißen,
11 sich an keinem Leichnam verunreinigen,
auch nicht, wenn es sich um Vater oder Mut-
ter handelt. 12 Er soll sich nicht vom Heiligtum
entfernen, um nicht das Heiligtum seines
Gottes zu entweihen; denn die Weihe des
Salböls seines Gottes ist auf ihm. Ich bin der
HERR. 13 Er soll nur eine Jungfrau heiraten.
14 Eine Witwe, eine Verstoßene oder eine Ent-
weihte, eine Dirne, darf er nicht heiraten; nur
eine Jungfrau aus seinem Stamm darf er zur
Frau nehmen; 15 sonst würde er seine Nach-
kommenschaft unter seinen Stammesgenos-
sen entweihen; denn ich, der HERR, bin es,
der ihn heiligt.

16 Der HERR sprach zu Mose: 17 Sag zu Aa-
ron: Keiner deiner Nachkommen, auch in den
kommenden Generationen, der ein Gebre-
chen hat, darf herantreten, um die Speise sei-
nes Gottes darzubringen. 18 Denn keiner mit
einem Gebrechen darf herantreten: kein Blin-
der oder Lahmer, kein im Gesicht oder am
Körper Entstellter, 19 kein Mann, der einen
gebrochenen Fuß oder eine gebrochene Hand
hat, 20 keiner mit Buckel, kein Kleinwüchsiger,
keiner mit Augenstar, Ausschlag, Flechte oder
Hodenquetschung. 21 Keiner der Nachkom-
men Aarons, des Priesters, der ein Gebrechen
hat, darf herantreten, um die Feueropfer des
HERRN darzubringen. Er hat ein Gebrechen,
er darf nicht herantreten, um die Speise seines
Gottes darzubringen. 22 Doch darf er von der
Speise seines Gottes, von den hochheiligen
und heiligen Dingen, essen. 23 Aber er darf
nicht zum Vorhang kommen und sich nicht
dem Altar nähern; denn er hat ein Gebrechen
und darf meine heiligen Gegenstände nicht
entweihen; denn ich bin der HERR, der sie
geheiligt hat.

24 Das sagte Mose zu Aaron, zu dessen Söh-
nen und zu allen Israeliten.

1-4: Num 19,11–22; Ez 44,25 / **5**: 19,27 / **7**: Ez 44,22 / **10**: 8,12; 16,32; Ex 28,41 / **10**: 10,6 / **11-12**: Num 6,6–7 / **17-20**: 22,19–25 / **20**: Dtn 23,2

DIE HEILIGEN GABEN: 22,1–33

22 1 Der HERR sprach zu Mose: 2 Sag zu
Aaron und seinen Söhnen, sie sollen
die heiligen Opfergaben der Israeliten ehr-
fürchtig behandeln, um meinen heiligen
Namen nicht zu entweihen; sie müssen für
mich heilig gehalten werden. Ich bin der
HERR.

3 Sag zu ihnen: Jeder aus euren Nachkom-
men, auch in den kommenden Generationen,
der sich im Zustand der Unreinheit den heili-
gen Opfergaben nähert, die die Israeliten dem
HERRN weihen, wird ausgemerzt und aus
meiner Gegenwart weggeschafft werden. Ich
bin der HERR.

4 Keiner aus den Nachkommen Aarons, der
aussätzig ist oder einen Ausfluss hat, darf von
den heiligen Gaben essen, ehe er rein ist. Wer
irgendjemanden berührt hat, der durch eine
Leiche unrein wurde oder der einen Samener-
guss hatte, 5 wer irgendein Kleingetier berührt
hat und sich damit verunreinigte oder einen
Menschen, der sich durch irgendeine Unrein-
heit verunreinigte, 6 jeder, der solche Berüh-
rungen hatte, ist bis zum Abend unrein und
darf von den heiligen Gaben erst essen, nach-
dem er seinen Körper in Wasser gebadet hat.
7 Mit Sonnenuntergang soll er wieder rein sein
und darf danach von den heiligen Gaben es-
sen; denn sie sind sein Lebensunterhalt. 8 Er
darf kein verendetes oder zerrissenes Tier es-
sen; er würde sich dadurch verunreinigen. Ich
bin der HERR. 9 Sie sollen auf meine Anord-

22,9 wenn sie meinen heiligen Namen entweihen: In H steht nur wenn sie ihn entweihen. Lev 22,2 legt nahe, dass der heilige Name Gottes gemeint ist.

nungen achten, damit sie keine Sünde auf sich
laden und deswegen sterben, wenn sie meinen
heiligen Namen entweihen. Ich bin der HERR,
der sie heiligt.

10 Kein Unbefugter darf Heiliges essen;
weder der Beisasse eines Priesters noch sein
Lohnarbeiter darf etwas Heiliges essen.
11 Aber wenn ein Priester eine Person mit sei-
nem Geld als Eigentum erwirbt, darf sie da-
von essen ebenso wie einer, der in seinem
Haus geboren ist; sie dürfen von seiner Spei-
se essen. 12 Wenn eine Priestertochter einen
Unbefugten heiratet, darf sie vom Anteil des
Hebeopfers, von den heiligen Gaben nicht
essen; 13 aber wenn sie verwitwet oder ver-
stoßen ist und keine Kinder hat und deshalb
in das Haus ihres Vaters zurückkehrt, darf sie
wie in ihrer Jugend vom Lebensunterhalt ih-
res Vaters essen; kein Unbefugter aber darf
davon essen. 14 Wenn einer ohne Vorsatz et-
was Heiliges isst, soll er es dem Priester er-
setzen und ein Fünftel des Wertes hinzufü-
gen. 15 Die Priester dürfen die heiligen Gaben
der Israeliten, die sie dem HERRN darbieten,
nicht entweihen. 16 Sie würden den Israeliten
Schuld aufladen, die zu einem Schuldopfer
verpflichtet, wenn sie so ihre heiligen Gaben
äßen; denn ich bin der HERR, der diese Ga-
ben geheiligt hat.

17 Der HERR sprach zu Mose: 18 Rede zu
Aaron, seinen Söhnen und allen Israeliten
und sag zu ihnen: Jeder aus dem Haus Israel
oder von den Fremden in Israel, der seine
Opfergabe wegen eines Gelübdes oder frei-
willig bringt und sie für den HERRN als
Brandopfer darbringt, 19 muss, damit ihr
Wohlgefallen findet, ein fehlerloses, männ-
liches Tier von den Rindern, Schafen oder
Ziegen darbringen. 20 Ihr dürft kein Tier mit
einem Gebrechen darbringen, denn ihr wür-
det damit kein Wohlgefallen finden. 21 Wenn
jemand ein Heilsopfer für den HERRN dar-
bringt, sei es, um ein Gelübde zu erfüllen,
oder sei es als freiwillige Gabe, so soll es ein
fehlerloses Rind oder Schaf oder eine fehler-
lose Ziege sein, um Wohlgefallen zu finden;
es darf kein Gebrechen haben. 22 Ihr dürft
dem HERRN kein Tier opfern, das blind ist
oder zerbrochene Gliedmaßen hat, das ver-
stümmelt ist oder einen Auswuchs, einen
Ausschlag oder eine Flechte hat. Kein Stück
von solchen Tieren dürft ihr auf den Altar als
ein Feueropfer für den HERRN legen. 23 Ein
Rind oder ein Schaf oder eine Ziege, die ent-
stellt oder verstümmelt sind, kannst du als
freiwillige Opfergabe verwenden, aber als
Einlösung eines Gelübdes wird es nicht
wohlgefällig angenommen werden. 24 Ihr
dürft dem HERRN kein Tier darbringen, das
zerdrückte, zerschlagene, ausgerissene oder
abgeschnittene Hoden hat. Ihr dürft das in
eurem Land nicht tun 25 und ihr dürft kein
solches Tier aus der Hand eines Fremden er-
werben, um es als Speise eures Gottes darzu-
bringen. Ein Schaden ist an ihnen; sie haben
ein Gebrechen; sie würden für euch nicht
wohlgefällig angenommen werden.

26 Der HERR sprach zu Mose: 27 Wenn ein
Rind, ein Schaf oder eine Ziege geboren wird,
soll das Junge sieben Tage bei seiner Mutter
bleiben. Vom achten Tag an ist es als Feuer-
opfer für den HERRN annehmbar. 28 Ein Rind
oder Schaf oder eine Ziege sollt ihr nicht an
einem Tag zugleich mit seinem Jungen
schlachten. 29 Wenn ihr dem HERRN ein
Dankopfer darbringt, opfert es für euer Wohl-
gefallen vor Gott. 30 Man soll es noch am selben
Tag essen, ohne etwas davon bis zum Morgen
übrig zu lassen. Ich bin der HERR.

31 Ihr sollt meine Gebote bewahren und sie
befolgen; ich bin der HERR. 32 Ihr sollt mei-
nen heiligen Namen nicht entweihen, damit
ich inmitten der Israeliten geheiligt werde;
ich bin der HERR, der euch heiligt. 33 Ich, der
euch aus Ägypten herausgeführt hat, um
euer Gott zu sein, ich bin der HERR.

4: 15,2–16; Num 19,11 / **5**: 11,43–44 / **8**: 11,39–40 / **10**: Ex 29,33 / **12-13**: 10,14 / **18**: Num 15,3; Ps 116,17–18 / **19-25**: 21,17–20; Dtn 15,21; Mal 1,8 / **27**: Ex 22,29 / **28**: Ex 23,19

22,10 Beisasse: vermutlich nicht-israelitischer Gast- oder Fremdarbeiter.

ZUSAMMENLEBEN MIT GOTT UND UNTEREINANDER: 23–26(27)

HEILIGE FESTZEITEN: 23,1–44

23 1 Der HERR sprach zu Mose: 2 Rede zu
den Israeliten und sag zu ihnen: Die
Feste des HERRN, die ihr als Tage heiliger Ver-
sammlung ausrufen sollt, sind folgende:
3 Sechs Tage darf man arbeiten, aber am sieb-
ten Tag ist vollständiger Ruhetag, ein Tag hei-
liger Versammlung, an dem ihr keinerlei Ar-
beit verrichten dürft. Es ist ein Feiertag für den
HERRN überall, wo ihr wohnt.
4 Das sind die Feste des HERRN, Tage heili-
ger Versammlungen, die ihr zur festgesetzten
Zeit ausrufen sollt: 5 Im ersten Monat, am vier-
zehnten Tag des Monats, in der Abenddämme-
rung, ist Pessach für den HERRN.
6 Am fünfzehnten Tag dieses Monats ist das
Fest der Ungesäuerten Brote für den HERRN.
Sieben Tage sollt ihr ungesäuertes Brot essen.
7 Am ersten Tag habt ihr heilige Versammlung;
ihr dürft keine schwere Arbeit verrichten.
8 Sieben Tage hindurch sollt ihr ein Feueropfer
für den HERRN darbringen. Am siebten Tag ist
heilige Versammlung; da dürft ihr keine
schwere Arbeit verrichten.
9 Der HERR sprach zu Mose: 10 Rede zu den
Israeliten und sag zu ihnen: Wenn ihr in das
Land kommt, das ich euch gebe, und wenn ihr
dort die Ernte einbringt, sollt ihr dem Priester
die erste Garbe eurer Ernte bringen. 11 Er soll
sie vor dem HERRN emporheben, damit ihr
Wohlgefallen findet. Am Tag nach dem Sabbat
soll sie der Priester emporheben. 12 Am Tag, an
dem ihr die Garbe emporhebt, sollt ihr dem
HERRN auch ein fehlerloses einjähriges Schaf
als Brandopfer herrichten, 13 dazu als Speise-
opfer zwei Zehntel Weizenfeinmehl, das mit
Öl vermengt ist. Das Ganze soll ein Feueropfer
für den HERRN zum beruhigenden Duft sein;
dazu kommt ein viertel Hin Wein als Trank-
opfer. 14 Vor diesem Tag, bevor ihr eurem Gott
die Opfergabe gebracht habt, dürft ihr kein
Brot und kein geröstetes oder frisches Korn
essen. Das gelte als ewige Satzung von Gene-
ration zu Generation überall, wo ihr wohnt.
15 Vom Tag nach dem Sabbat, an dem ihr die
Garbe für das Erhebungsopfer gebracht habt,
sollt ihr sieben volle Wochen zählen. 16 Zählt
fünfzig Tage bis zum Tag nach dem siebten
Sabbat und dann bringt dem HERRN ein neu-
es Speiseopfer dar! 17 Bringt als Erhebungsop-
fer aus euren Wohnsitzen zwei Brote dar, ge-
backen aus zwei Zehntel Efa Weizenfeinmehl
mit Sauerteig als Erstlingsgabe für den HERRN!
18 Zum Brot bringt sieben fehlerlose einjährige
Lämmer, einen Jungstier und zwei Widder als
Brandopfer für den HERRN dar, dazu das Spei-
seopfer sowie das Trankopfer als ein Feuerop-
fer zum beruhigenden Duft für den HERRN!
19 Bereitet auch einen Ziegenbock als Sündop-
fer und zwei einjährige Lämmer als Heilsopfer
zu! 20 Der Priester soll sie, zusammen mit dem
Brot der Erstlingsgaben, als Erhebungsopfer
vor dem HERRN emporheben; sie sind mit den
beiden Lämmern heilige Gaben für den
HERRN, die dem Priester gehören. 21 Am sel-
ben Tag ruft eine heilige Versammlung aus
und haltet sie ab! Da dürft ihr keine schwere
Arbeit verrichten. Das gelte bei euch als ewige
Satzung für eure Generationen überall, wo ihr
wohnt.
22 Wenn ihr die Ernte eures Landes ein-
bringt, sollst du dein Feld nicht bis zum äu-
ßersten Rand abernten und keine Nachlese
deiner Ernte halten. Du sollst das dem Armen
und dem Fremden überlassen. Ich bin der
HERR, euer Gott.
23 Der HERR sprach zu Mose: 24 Sag zu den
Israeliten: Im siebten Monat, am ersten Tag des
Monats, ist für euch Ruhetag, in Erinnerung
gerufen durch Jubelschall, eine heilige Ver-
sammlung. 25 Da dürft ihr keine schwere Ar-
beit verrichten und ihr sollt dem HERRN ein
Feueropfer darbringen.
26 Der HERR sprach zu Mose: 27 Am zehnten
Tag dieses siebten Monats ist der Versöh-
nungstag. Da sollt ihr heilige Versammlung
halten. Ihr sollt euch Enthaltung auferlegen
und dem HERRN ein Feueropfer darbringen.
28 An ebendiesem Tag dürft ihr keinerlei Arbeit
verrichten, denn es ist der Versöhnungstag,
um Versöhnung für euch vor dem HERRN zu
erwirken. 29 Denn jede Person, die sich an die-
sem Tag nicht Enthaltung auferlegt, soll von
ihrer Geschlechterfolge abgeschnitten wer-
den. 30 Wer an diesem Tag irgendeine Arbeit
verrichtet, den werde ich in der Mitte seines
Volkes umkommen lassen. 31 Ihr dürft keiner-
lei Arbeit tun. Das gelte bei euch als ewige

Satzung für eure Generationen überall, wo ihr
wohnt. 32 Dieser Tag ist für euch ein vollstän-
diger Ruhetag. Ihr sollt euch Enthaltung auf-
erlegen. Vom Abend des neunten Tags in die-
sem Monat bis zum folgenden Abend sollt ihr
Ruhetag halten.
33 Der HERR sprach zu Mose: 34 Sag zu den
Israeliten: Am fünfzehnten Tag dieses sieb-
ten Monats ist sieben Tage hindurch das
Laubhüttenfest für den HERRN. 35 Am ersten
Tag ist heilige Versammlung, ihr dürft keine
schwere Arbeit verrichten. 36 Sieben Tage
hindurch sollt ihr ein Feueropfer für den
HERRN darbringen. Am achten Tag habt ihr
heilige Versammlung und ihr sollt ein Feuer-
opfer für den HERRN darbringen. Es ist der
Tag der Festversammlung; da dürft ihr keine
schwere Arbeit verrichten. 37 Das sind die
Festzeiten des HERRN, die ihr als heilige Ver-
sammlungen ausrufen sollt, dazu bestimmt,
für den HERRN Feueropfer darzubringen:
Brandopfer, Speiseopfer, Schlachtopfer und
Trankopfer, dem jeweiligen Tag entspre-
chend, 38 abgesehen von den Sabbaten des
HERRN und abgesehen von euren Geschen-
ken, den gelobten und freiwilligen Gaben,
die ihr dem HERRN gebt.
39 Am fünfzehnten Tag des siebten Monats,
wenn ihr den Ertrag des Landes erntet, feiert
sieben Tage lang das Fest des HERRN! Am
ersten und am achten Tag ist Ruhetag. 40 Am
ersten Tag nehmt schöne Baumfrüchte,
Palmwedel, Zweige von dicht belaubten Bäu-
men und von Bachweiden und seid sieben
Tage lang vor dem HERRN, eurem Gott, fröh-
lich! 41 Feiert dieses Fest für den HERRN jähr-
lich sieben Tage lang! Das gelte bei euch als
ewige Satzung für eure Generationen. Ihr
sollt dieses Fest im siebten Monat feiern.
42 Sieben Tage sollt ihr in Hütten wohnen.
Alle Einheimischen in Israel sollen in Hütten
wohnen, 43 damit eure kommenden Genera-
tionen wissen, dass ich die Israeliten in Hüt-
ten wohnen ließ, als ich sie aus Ägypten
herausführte. Ich bin der HERR, euer Gott.
44 Da teilte Mose den Israeliten die Festzeiten
des HERRN mit.

3: 19,3.30; Ex 20,8–11 / **4–44**: Ex 23,14–17 / **5**: Ex 12,2–11 / **6**: Ex 12,15; 34,18 / **22**: 19,9–10; Dtn 24,19 / **26–32**: 16,29–31; Num 29,7–11 / **40–42**: Neh 8,14–17

ÖL FÜR DEN LEUCHTER UND BROT – ISRAELS SYMBOLISCHE ANWESENHEIT IM HAUS GOTTES: 24,1–9

24 1 Der HERR sprach zu Mose: 2 Befiehl
den Israeliten, dass sie dir für den
Leuchter reines Öl aus zerstoßenen Oliven
bringen, damit man ständig eine Lampe bren-
nen lassen kann! 3 Im Offenbarungszelt, vor
dem Vorhang vor dem Bundeszeugnis, soll
Aaron diese Lampe aufstellen. Sie soll hier vor
dem HERRN ständig vom Abend bis zum Mor-
gen brennen. Das gelte bei euch als ewige Sat-
zung für eure Generationen. 4 Aaron soll die
Lampen auf dem reinen Leuchter vor dem
HERRN ständig in Ordnung halten.
5 Du sollst Weizenfeinmehl nehmen und
daraus zwölf Kuchen backen; aus zwei Zehntel
Efa Weizenfeinmehl soll jeder einzelne Ku-
chen zubereitet sein. 6 Dann sollst du sie in
zwei Schichten, sechs in jeder Schicht, auf den
reinen Tisch vor den HERRN legen. 7 Auf jede
Schicht sollst du reinen Weihrauch tun; er soll
der Gedächtnisanteil des Brotes sein, ein Feu-
eropfer für den HERRN. 8 Stets, Sabbat für Sab-
bat, soll man die Brote vor den HERRN hinle-
gen als ewiger Bund vonseiten der Israeliten.
9 Sie gehören Aaron und seinen Söhnen, die
sie an einem heiligen Ort essen sollen; denn
sie sind für ihn etwas Hochheiliges von den
Feueropfern des HERRN – ein ewiges Gesetz.

1–4: Ex 25,31–40; Ex 27,20–21 / **5–9**: Ex 25,30; 35,13; 39,36; 1 Sam 21,5; 1 Chr 9,32

LÄSTERUNG DES GOTTESNAMENS – GOTTES ANWESENHEIT IM ALLTAG ISRAELS: 24,10–23

10 Der Sohn einer Israelitin und eines Ägypters
ging unter die Israeliten. Im Lager geriet er in
Streit mit einem Mann, der Israelit war. 11 Der
Sohn der Israelitin schmähte den Gottesna-
men und fluchte. Da brachten sie ihn zu Mose.
Der Name der Mutter war Schelomit; sie war
die Tochter Dibris aus dem Stamm Dan. 12 Man
nahm ihn in Gewahrsam, um auf ein Wort
des HERRN hin zu entscheiden. 13 Der HERR
sprach zu Mose: 14 Lass den, der den Fluch aus-
gesprochen hat, aus dem Lager hinausführen!
Alle, die es gehört haben, sollen ihm ihre Hän-
de auf den Kopf legen; dann soll ihn die ganze
Gemeinde steinigen.
15 Sag den Israeliten: Jeder, der seinem Gott
flucht, muss die Folgen seiner Sünde tragen.
16 Wer den Namen des HERRN schmäht, hat

den Tod verdient; die ganze Gemeinde wird ihn
steinigen. Das gilt für den Fremden ebenso wie
für den Einheimischen: Wenn er den Gottes-
namen schmäht, wird er getötet werden.

17 Wer einen Menschen erschlägt, hat den
Tod verdient. 18 Wer ein Stück Vieh erschlägt,
muss es ersetzen: Leben für Leben. 19 Wenn
jemand einen Mitbürger verletzt, soll man ihm
antun, was er getan hat: 20 Bruch für Bruch,
Auge für Auge, Zahn für Zahn. Der Schaden,
den er einem Menschen zugefügt hat, soll ihm
zugefügt werden. 21 Wer ein Stück Vieh er-
schlägt, muss es ersetzen; wer aber einen Men-
schen erschlägt, wird getötet. 22 Gleiches
Recht soll bei euch für den Fremden wie für
den Einheimischen gelten; denn ich bin der
HERR, euer Gott.

23 Nachdem Mose so zu den Israeliten ge-
sprochen hatte, führten sie den, der den Fluch
ausgesprochen hatte, aus dem Lager hinaus
und steinigten ihn. Sie erfüllten es so, wie der
HERR dem Mose geboten hatte.

12–14: Num 15,34–36 / **15–16:** Ex 20,7; 22,27; 1 Kön 21,10–13 /
17: Ex 20,13; 21,12; Dtn 5,17 / **19–20:** Ex 21,23–25; Dtn 19,21

SABBATJAHR UND JUBELJAHR: 25,1–55

25 1 Der HERR sprach zu Mose auf dem
Berg Sinai: 2 Rede zu den Israeliten und
sag zu ihnen: Wenn ihr in das Land kommt,
das ich euch gebe, soll das Land Sabbatruhe für
den HERRN halten. 3 Sechs Jahre sollst du dein
Feld besäen, sechs Jahre sollst du deinen Wein-
berg beschneiden und seinen Ertrag ernten.
4 Aber im siebten Jahr soll das Land eine voll-
ständige Sabbatruhe für den HERRN halten:
Dein Feld sollst du nicht besäen und deinen
Weinberg nicht beschneiden. 5 Den Nach-
wuchs deiner Ernte sollst du nicht ernten und
die Trauben deines nicht beschnittenen Wein-
stockes sollst du nicht lesen. Für das Land soll
es ein Jahr der Sabbatruhe sein. 6 Der Sabbat
des Landes selbst soll euch ernähren: dich, dei-
nen Knecht, deine Magd, deinen Lohnarbeiter,
deine Beisassen, alle, die bei dir leben. 7 Auch
deinem Vieh und den Tieren in deinem Land
wird sein ganzer Ertrag zur Nahrung dienen.

8 Du sollst sieben Sabbatjahre, siebenmal
sieben Jahre, zählen; die Zeit von sieben Sab-
batjahren ergibt für dich neunundvierzig Jahre.
9 Im siebten Monat, am zehnten Tag des Mo-
nats, sollst du das schallende Horn ertönen
lassen; am Versöhnungstag sollt ihr das Horn
im ganzen Land ertönen lassen. 10 Erklärt die-
ses fünfzigste Jahr für heilig und ruft Freiheit
für alle Bewohner des Landes aus! Es gelte euch
als Jubeljahr. Jeder von euch soll zu seinem
Grundbesitz zurückkehren, jeder soll zu seiner
Sippe heimkehren. 11 Dieses fünfzigste Jahr
gelte euch als Jubeljahr. Ihr sollt nicht säen, den
Nachwuchs nicht abernten, die unbeschnitte-
nen Weinstöcke nicht lesen. 12 Denn es ist ein
Jubeljahr, es soll euch als heilig gelten. Vom
Feld weg sollt ihr den Ertrag essen. 13 In diesem
Jubeljahr soll jeder von euch zu seinem Besitz
zurückkehren. 14 Wenn du deinem Mitbürger
etwas verkaufst oder von ihm etwas kaufst,
sollt ihr einander nicht übervorteilen. 15 Kaufst
du von deinem Mitbürger, so berücksichtige
die Zahl der Jahre nach dem Jubeljahr; verkauft
er dir, dann soll er die noch ausstehenden Er-
tragsjahre berücksichtigen. 16 Je höher die An-
zahl der Jahre, desto höher berechne den Kauf-
preis; je geringer die Anzahl der Jahre, desto
weniger verlang von ihm; denn es ist die Zahl
von Ernteerträgen, die er dir verkauft. 17 Ihr
sollt einander nicht übervorteilen. Fürchte dei-
nen Gott; denn ich bin der HERR, euer Gott.

18 Ihr sollt meine Satzungen befolgen und
meine Rechtsentscheide bewahren und sie
ausführen; dann werdet ihr im Land in Sicher-
heit wohnen. 19 Das Land wird seine Frucht
geben, ihr werdet euch satt essen und in Si-
cherheit darin wohnen. 20 Wenn ihr aber fragt:
Was sollen wir im siebten Jahr essen, wenn wir
nicht säen und unseren Ertrag nicht ernten
dürfen? – 21 Ich werde für euch im sechsten Jahr
meinen Segen aufbieten und er wird den Er-
trag für drei Jahre geben. 22 Wenn ihr im achten
Jahr sät, werdet ihr noch bis zum neunten Jahr
vom alten Ertrag essen können; bis der Ertrag
dieses Jahres kommt, werdet ihr vom alten
essen können.

23 Das Land darf nicht endgültig verkauft
werden; denn das Land gehört mir und ihr seid
nur Fremde und Beisassen bei mir. 24 Für jeden
Grundbesitz sollt ihr ein Rückkaufrecht auf
das Land gewähren. 25 Wenn dein Bruder
verarmt und etwas von seinem Grundbesitz
verkauft, soll sein Verwandter als Löser für ihn

25,8–12 Das deutsche Wort Jubel (in Jubelfeier, Jubilar usw.) kommt vom hebräischen jobél (= Widderhorn). Mit dem Widderhorn blies man Alarm, kündigte aber auch freudige Ereignisse, Feste und Festzeiten an.

25,25 Löser ist der nächste Verwandte, der anstelle des verarmten Israeliten das verkaufte Feld für die Familie zurückkauft (vgl. Rut 2,20; 3,12; 4,3–10).

eintreten und den verkauften Boden seines
Bruders auslösen. 26 Hat einer keinen Löser,
hat er aber die nötigen Mittel für den Rückkauf
selbst aufgebracht, 27 dann soll er die Jahre seit
dem Verkauf anrechnen und den Restbetrag
dem Käufer zurückzahlen; sein Grundbesitz
fällt an ihn zurück. 28 Bringt er die nötigen Mit-
tel für diese Rückzahlung nicht auf, dann soll
der verkaufte Grund bis zum Jubeljahr im Be-
sitz des Käufers bleiben. Im Jubeljahr wird das
Grundstück frei und es kommt wieder zu sei-
nem Besitz. 29 Verkauft jemand ein Wohnhaus
in einer ummauerten Stadt, so besteht das
Rückkaufrecht bis zum Ablauf des Jahres, das
dem Verkauf folgt; sein Rückkaufrecht ist zeit-
lich beschränkt. 30 Erfolgt der Rückkauf bis
zum Ablauf des Jahres nicht, dann soll das
Haus innerhalb der ummauerten Stadt dem
Käufer und seinen Nachkommen endgültig
verbleiben; er braucht es im Jubeljahr nicht zu
verlassen. 31 Aber die Häuser in Dörfern, die
nicht von Mauern umgeben sind, werden als
Bestandteil des freien Feldes betrachtet; für sie
besteht ein Rückkaufrecht und der Käufer
muss es im Jubeljahr verlassen. 32 Für die Städ-
te der Leviten, die Häuser der Städte, die ihr
Erbbesitz sind, gilt: Die Leviten haben ein zeit-
lich unbegrenztes Rückkaufrecht. 33 Das be-
deutet: Einer von den Leviten löst es aus oder
das verkaufte Haus in der Stadt seines Erbbe-
sitzes fällt im Jubeljahr an den ursprünglichen
Besitzer zurück; denn die Häuser in den Städ-
ten der Leviten sind deren Besitz mitten unter
den Israeliten. 34 Das Weideland, das zu diesen
Städten gehört, kann nicht verkauft werden;
denn es ist ihr ewiger Besitz. 35 Wenn dein
Bruder verarmt und sich neben dir nicht hal-
ten kann, sollst du ihn, auch einen Fremden
oder Beisassen, unterstützen, damit er neben
dir leben kann. 36 Nimm von ihm keinen Zins
und Wucher! Fürchte deinen Gott und dein
Bruder soll neben dir leben können. 37 Du
sollst ihm weder dein Geld noch deine Nah-
rung gegen Zins und Wucher geben.

38 Ich bin der HERR, euer Gott, der euch aus
Ägypten herausgeführt hat, um euch Kanaan
zu geben und euer Gott zu sein.

39 Wenn ein Bruder bei dir verarmt und sich
dir verkauft, darfst du ihm keine Sklavenarbeit
auferlegen; 40 er soll dir wie ein Lohnarbeiter
oder ein Beisasse gelten und bei dir bis zum Ju-
beljahr arbeiten. 41 Dann soll er von dir frei weg-
gehen, er und seine Kinder, und soll zu seiner
Sippe, zum Besitz seiner Väter zurückkehren.
42 Denn sie sind meine Knechte; ich habe sie aus
Ägypten herausgeführt; sie sollen nicht ver-
kauft werden, wie ein Sklave verkauft wird.
43 Du sollst nicht mit Gewalt über ihn herr-
schen. Fürchte deinen Gott! 44 Die Sklaven und
Sklavinnen, die euch gehören sollen, kauft von
den Völkern, die rings um euch wohnen; von
ihnen könnt ihr Sklaven und Sklavinnen er-
werben. 45 Auch von den Kindern der Beisas-
sen, die bei euch leben, aus ihren Sippen, die
mit euch leben, von den Kindern, die sie in
eurem Land gezeugt haben, könnt ihr Sklaven
erwerben. Sie sollen euer Besitz sein 46 und ihr
dürft sie euren Kindern nach euch vererben,
damit diese sie als Besitz für immer haben; ihr
sollt sie als Sklaven haben. Aber was eure Brü-
der, die Israeliten, angeht, so soll keiner über
den andern mit Gewalt herrschen.

47 Wenn ein Fremder oder ein Beisasse bei
dir zu Vermögen kommt, aber dein Bruder
neben ihm verarmt und sich ihm oder einem
Nachkommen aus der Familie eines Fremden
verkauft, 48 dann soll es, wenn er sich verkauft
hat, für ihn ein Loskaufrecht geben: Einer sei-
ner Brüder soll ihn auslösen. 49 Auslösen sollen
ihn sein Onkel, der Sohn seines Onkels oder
sonst ein Verwandter aus seiner Sippe. Falls
seine eigenen Mittel ausreichen, kann er sich
selbst loskaufen. 50 Er soll mit dem, der ihn
gekauft hat, die Jahre zwischen dem Verkaufs-
und dem Jubeljahr berechnen; die Summe des
Verkaufspreises soll auf die Zahl der Jahre ver-
teilt werden, wobei die verbrachte Zeit wie die
eines Lohnarbeiters gilt. 51 Wenn noch viele
Jahre abzudienen sind, soll er die ihnen ent-
sprechende Summe als seinen Lösepreis be-
zahlen. 52 Wenn nur noch wenige Jahre bis
zum Jubeljahr übrig sind, soll er es ihm berech-
nen; den Jahren entsprechend soll er seinen
Lösepreis bezahlen. 53 Er gelte wie ein Lohnar-
beiter Jahr um Jahr bei seinem Herrn; dieser
soll nicht vor deinen Augen mit Gewalt über
ihn herrschen. 54 Wenn er in der Zwischenzeit
nicht losgekauft wird, soll er im Jubeljahr frei-
gelassen werden, er und seine Kinder. 55 Denn
mir gehören die Israeliten als Knechte, meine
Knechte sind sie; ich habe sie aus Ägypten he-
rausgeführt, ich bin der HERR, euer Gott.

2–7: Ex 23,10–11 / **2**: 26,34 / **13**: 27,24 / **14**: 1 Thess 4,6 / **18–19**: 26,5; Dtn 12,10; 1 Kön 5,5 / **21**: Dtn 28,8 / **22**: 26,10 / **23**: Ps 39,13 / **25**: Rut 4,4; Jer 32,7–9 / **35**: Dtn 15,7–11 / **36–37**: Ex 22,24 / **39–43**: Ex 21,2–11; Dtn 15,12–18 / **43**: Ex 21,20 / **48**: Neh 5,8

SEGEN UND FLUCH: 26,1–46

26 1 Ihr sollt euch keine Götzen machen,
euch weder ein Gottesbild noch ein
Steinmal aufstellen und in eurem Land keine
Steine mit Bildwerken aufrichten, um euch
vor ihnen niederzuwerfen; denn ich bin der
HERR, euer Gott. 2 Ihr sollt auf meine Sabbate
achten und mein Heiligtum fürchten; ich bin
der HERR. 3 Wenn ihr nach meinen Satzungen
handelt, meine Gebote bewahrt und sie be-
folgt, 4 so gebe ich euch Regen zur rechten Zeit;
die Erde liefert ihren Ertrag und der Baum des
Feldes gibt seine Früchte; 5 die Dreschzeit
reicht bei euch bis zur Weinlese und die Wein-
lese bis zur Aussaat. Ihr esst euch satt an eurem
Brot und wohnt in eurem Land in Sicherheit.
6 Ich schaffe Frieden im Land: Ihr legt euch
nieder und niemand schreckt euch auf. Ich
lasse die Raubtiere aus dem Land verschwin-
den. Kein Schwert kommt über euer Land.
7 Verfolgt ihr eure Feinde, so werden sie vor
euren Augen dem Schwert verfallen. 8 Fünf
von euch werden hundert verfolgen, hundert
von euch werden zehntausend verfolgen und
eure Feinde werden vor euren Augen dem
Schwert verfallen. 9 Ich wende mich euch zu,
mache euch fruchtbar und zahlreich und halte
meinen Bund mit euch aufrecht. 10 Ihr werdet
noch von der alten Ernte zu essen haben und
das Alte hinausschaffen müssen, um Platz für
das Neue zu haben. 11 Ich schlage meine Woh-
nung in eurer Mitte auf und habe gegen euch
keine Abneigung. 12 Ich gehe in eurer Mitte; ich
bin euer Gott und ihr seid mein Volk. 13 Ich bin
der HERR, euer Gott, der euch aus dem Land
der Ägypter herausgeführt hat, sodass ihr
nicht mehr ihre Sklaven zu sein braucht. Ich
habe eure Jochstangen zerbrochen und euch
aufrecht gehen lassen.

14 Aber wenn ihr auf mich nicht hört und alle
diese Gebote nicht befolgt, 15 wenn ihr meine
Satzungen missachtet, meine Rechtsentschei-
de verabscheut und meinen Bund brecht, in-
dem ihr keines meiner Gebote befolgt, 16 so tue
auch ich euch Folgendes an: Ich biete gegen
euch Entsetzen auf, Schwindsucht und Fieber,
die das Augenlicht zum Verlöschen bringen
und den Atem ersticken. Ihr sät euer Saatgut
vergeblich; eure Feinde werden es verzehren.
17 Ich wende mein Angesicht gegen euch und
ihr werdet von euren Feinden geschlagen. Die
euch hassen, herrschen über euch; ihr flieht,
selbst wenn euch niemand verfolgt. 18 Wenn
ihr dann immer noch nicht auf mich hört, fah-
re ich fort, euch zu züchtigen; siebenfach
züchtige ich euch für eure Sünden. 19 Ich bre-
che eure stolze Macht und mache euren Him-
mel wie Eisen und euer Land wie Bronze.
20 Eure Kraft verbraucht sich vergeblich, euer
Land liefert keinen Ertrag mehr und die Bäu-
me im Land tragen keine Früchte mehr.
21 Wenn ihr mir feindlich begegnet und nicht
auf mich hören wollt, werde ich noch weitere
Schläge über euch kommen lassen, siebenfach,
wie es euren Sünden entspricht. 22 Ich lasse
auf euch die wilden Tiere los, die euer Land
entvölkern, euer Vieh vernichten und euch an
Zahl so verringern, dass eure Wege veröden.
23 Wenn ihr euch dadurch noch nicht warnen
lasst und mir weiterhin feindlich begegnet,
24 begegne auch ich euch feindlich und schlage
auch ich euch siebenfach für eure Sünden.
25 Ich lasse über euch das Schwert kommen,
das Rache für den Bund nehmen wird. Zieht
ihr euch in eure Städte zurück, so sende ich die
Pest in eure Mitte und ihr geratet in Feindes-
hand. 26 Ich entziehe euch dann euren Vorrat
an Brot, sodass zehn Frauen euer Brot in einem
einzigen Backofen backen, dass man euch das
Brot abgewogen zuteilt und ihr euch nicht satt
essen könnt. 27 Und wenn ihr daraufhin noch
immer nicht auf mich hört und mir immer
noch feindlich begegnet, 28 begegne auch ich
euch im Zorn und züchtige euch siebenfach
für eure Sünden. 29 Ihr esst das Fleisch eurer
Söhne und Töchter. 30 Ich vernichte eure Kult-
höhen, zerstöre eure Räucheraltäre, häufe eure
Leichen über die Leichen eurer Götzen und
verabscheue euch. 31 Ich mache eure Städte zu
Ruinen, verwüste eure Heiligtümer und will
den beruhigenden Duft eurer Opfer nicht
mehr riechen. 32 Ich selbst verwüste das Land;
eure Feinde, die sich darin niederlassen, wer-
den darüber entsetzt sein. 33 Euch aber zer-
streue ich unter die Völker und zücke hinter
euch das Schwert. Euer Land wird zur Wüste
und eure Städte werden zu Ruinen. 34 Dann
erhält das Land seine Sabbate ersetzt, in der
ganzen Zeit der Verwüstung, während ihr im
Land eurer Feinde seid. Dann hat das Land
Ruhe und erhält Ersatz für seine Sabbate.
35 Während der ganzen Zeit der Verwüstung
hat es Sabbatruhe, die es an euren Sabbaten
nicht hatte, als ihr noch darin wohntet. 36 In
das Herz derer, die von euch überleben, bringe
ich Angst in den Ländern ihrer Feinde; das blo-

ße Rascheln verwelkter Blätter jagt sie auf und
sie fliehen, wie man vor dem Schwert flieht;
sie fallen, ohne dass jemand sie verfolgt. 37 Sie
stürzen übereinander wie vor dem Schwert,
ohne dass jemand sie verfolgt. Ihr könnt vor
euren Feinden nicht standhalten, 38 ihr geht
unter den Nationen zugrunde und das Land
eurer Feinde frisst euch. 39 Diejenigen von
euch, die dann noch überleben, siechen dahin
in den Ländern eurer Feinde wegen ihrer
Schuld und auch wegen der auf ihnen liegen-
den Schuld ihrer Väter siechen sie dahin.
40 Dann werden sie ihre Schuld und die Schuld
ihrer Väter bekennen, das Sakrileg, das sie an
mir begangen haben, und auch, dass sie mir
feindlich begegnet sind, 41 sodass auch ich ih-
nen feindlich begegnete und sie in das Land
ihrer Feinde führte. Ihr unbeschnittenes Herz
muss sich dann beugen und für ihre Schuld
müssen sie Genugtuung leisten. 42 Dann wer-
de ich meines Bundes mit Jakob gedenken,
meines Bundes mit Isaak und meines Bundes
mit Abraham und ich werde des Landes geden-
ken. 43 Das Land aber muss von ihnen verlassen
werden und seine Sabbate ersetzt bekommen,
indem es ohne seine Bewohner verödet da-
liegt. Sie sollen für ihre Schuld Genugtuung
leisten, weil sie meine Rechtsentscheide miss-
achtet und meine Satzungen verabscheut
haben. 44 Aber selbst wenn sie im Land ihrer
Feinde sind, werde ich sie nicht missachten
und sie nicht verabscheuen, um ihnen etwa
ein Ende zu machen und meinen Bund mit
ihnen zu widerrufen; denn ich bin der HERR,
ihr Gott. 45 Ich werde zu ihren Gunsten des
Bundes mit den früheren Generationen ge-
denken, die ich vor den Augen der Nationen
aus Ägypten herausgeführt habe, um ihr Gott
zu sein, ich bin der HERR.

46 Das sind die Gesetze, Rechtsentscheide
und Weisungen, die der HERR zwischen sich
und den Israeliten auf dem Sinai durch die Ver-
mittlung des Mose erlassen hat.

1: 19,4 / **2**: 19,3 / **3-13**: Dtn 28,1–14 / **4**: Dtn 11,14 / **5**: 25,18–19 / **6**: Jes 35,9; Ez 34,25 / **10**: 25,22 / **11-12**: Ex 29,45; 2 Kor 6,16 / **13**: Jes 9,3 / **14-39**: Dtn 28,15–68; Dan 9,11 / **17**: Spr 28,1 / **19-20**: Dtn 11,17 / **22**: Ez 5,17 / **26**: Ps 105,16; Jes 3,1; Ez 4f. / **29**: 2 Kön 6,29; Jer 19,9 / **30**: 2 Chr 34,4; Ez 6,5 / **31**: 2 Kön 25,9 / **32**: Jer 18,16 / **33**: Dtn 4,27; 2 Kön 17,6; 25,11 / **34**: 25,2; 2 Chr 36,21 / **37**: Ri 2,14 / **41**: Dtn 10,16; Jer 9,25; Apg 7,51 / **42**: Ex 2,24 / **46**: 27,34

ABLÖSUNG VON GELÜBDEN UND WEIHEGABEN: 27,1–34

27 1 Der HERR sprach zu Mose: 2 Rede zu
den Israeliten und sag zu ihnen: Will
jemand ein Gelübde für den HERRN einlösen,
das er nach dem Richtwert für Personen ab-
gelegt hat, 3 so gilt für einen Mann zwischen
zwanzig und sechzig Jahren ein Richtwert
von fünfzig Silberschekel, nach dem Schekel-
gewicht des Heiligtums, 4 für eine Frau ein
Richtwert von dreißig Schekel, 5 für einen
Jugendlichen zwischen fünf und zwanzig
Jahren, wenn es ein Junge ist, ein Richtwert
von zwanzig Schekel, wenn es ein Mädchen
ist, ein Richtwert von zehn Schekel, 6 für ei-
nen Knaben zwischen einem Monat und fünf
Jahren ein Richtwert von fünf und für ein
Mädchen ein Richtwert von drei Silbersche-
kel, 7 für einen Mann von sechzig und mehr
Jahren ein Richtwert von fünfzehn und für
eine Frau ein Richtwert von zehn Schekel.
8 Ist derjenige, der das Gelübde gemacht hat,
nicht in der Lage, den Richtwert zu bezahlen,
dann soll er die Person dem Priester vorstel-
len. Dieser soll den Richtwert nach Maßgabe
dessen, was der Gelobende aufbringen kann,
feststellen.

9 Handelt es sich um Tiere, die man für den
HERRN als Opfergabe darbringen kann, so
wird jedes Tier, das man dem HERRN gibt,
etwas Heiliges. 10 Man darf es weder auswech-
seln noch vertauschen, nicht ein gutes gegen
ein schlechtes oder ein schlechtes gegen ein
gutes geben. Wenn man aber doch ein Tier
gegen ein anderes vertauscht, so wird sowohl
das eine als auch das andere etwas Heiliges.
11 Handelt es sich um ein unreines Tier, von
dem man keine Opfergabe für den HERRN
darbringen darf, soll man das Tier dem Priester
vorführen 12 und dieser soll es schätzen, wie
gut oder schlecht es ist. An die Schätzung des
Priesters soll man sich halten. 13 Will man es
auslösen, so soll man den Richtwert um ein
Fünftel erhöhen.

14 Will man sein Haus dem HERRN weihen,
so soll es der Priester schätzen, wie gut oder
schlecht es ist. Man halte sich an die Schätzung
des Priesters. 15 Will der Mann, der das Haus
gelobt hat, es auslösen, so soll er ein Fünftel
des Geldes zu dessen Richtwert hinzufügen
und es soll wieder ihm gehören.

16 Weiht ein Mann etwas vom Feld seines
Besitzes dem HERRN, so soll der Richtwert

seiner Aussaat entsprechen. Ein Hómer Saat-
gerste entspricht fünfzig Silberschekeln.
17 Weiht jemand das Feld vom Jubeljahr an, so
halte man sich an diesen Richtwert; 18 weiht
er es aber nach dem Jubeljahr, soll ihm der
Priester den Preis entsprechend der bis zum
nächsten Jubeljahr ausstehenden Jahre berech-
nen und den Richtwert entsprechend verrin-
gern. 19 Will derjenige, der das Feld geweiht
hat, es wieder auslösen, soll er ein Fünftel des
Geldes zum Richtwert hinzufügen und es soll
wieder ihm gehören. 20 Löst er es nicht aus,
verkauft es aber einem anderen, so kann es
nicht mehr ausgelöst werden 21 und das Feld
wird, wenn es im Jubeljahr frei wird, etwas
Heiliges für den HERRN, wie ein Feld, das ge-
weihtes Gut ist. Es wird Besitz des Priesters.
22 Wenn jemand dem HERRN ein Feld weiht,
das er erworben hat und das nicht zu seinem
Erbbesitz gehört, 23 berechne der Priester den
Richtwert mit Rücksicht auf die Zeit bis zum
Jubeljahr und der Mann bezahle die Summe
am selben Tag als etwas Heiliges für den
HERRN. 24 Im Jubeljahr soll das Feld an den
Verkäufer zurückfallen, dem es als ererbter
Landbesitz gehört. 25 Jeder Richtwert soll nach
dem Schekelgewicht des Heiligtums erfolgen:
Zwanzig Gera entsprechen einem Schekel.
26 Eine Erstgeburt beim Vieh, die als Erst-
lingsgabe dem HERRN gehört, kann man nicht
weihen, weder ein Rind noch ein Schaf oder
eine Ziege; denn es gehört schon dem HERRN.
27 Aber wenn es die Erstgeburt eines unreinen
Tiers ist, kann man es um den um ein Fünftel
erhöhten Richtwert auslösen. Wird das Tier
nicht ausgelöst, soll es nach dem Richtwert
verkauft werden.
28 Aber nichts von dem, was ein Mann von
seinem Besitz an Menschen, Vieh und Feldbe-
sitz als Banngut dem HERRN geweiht hat, darf
verkauft oder ausgelöst werden. Alles Banngut
ist etwas Hochheiliges; es gehört dem HERRN.
29 Kein menschliches Wesen, das als Banngut
geweiht wird, kann zurückgekauft werden; es
muss getötet werden.
30 Jeder Zehnt des Landes, der vom Ertrag
des Landes oder von den Baumfrüchten abzu-
ziehen ist, gehört dem HERRN; er ist etwas
Heiliges für den HERRN. 31 Will ein Mann ei-
nen Teil seines Zehnten auslösen, muss er ein
Fünftel dazuzahlen. 32 Jeder Zehnt an Rind,
Schaf und Ziege ist dem HERRN geweiht, jedes
zehnte Stück von allem, was unter dem Hir-
tenstab hindurchgeht. 33 Man soll nicht zwi-
schen dem Guten und dem Schlechten unter-
scheiden und keinen Tausch vornehmen.
Wenn man es dennoch tut, werden das Tier
und das mit ihm vertauschte Tier etwas Hei-
liges; es darf nicht ausgelöst werden.
34 Das sind die Gebote, die der HERR dem
Mose für die Israeliten auf dem Sinai gegeben
hat.

2: Num 30,3; Dtn 23,22 / **5**: Gen 37,28 / **24**: 25,13 / **26**: Ex 13,2; 22,28–29 / **30–32**: Gen 14,20 / **34**: 26,46

DAS BUCH NUMERI

Das vierte Buch des Pentateuch trägt in der lateinischen Bibel den Namen „Numeri" (Zahlen), weil es mit der Musterung der wehrfähigen Israeliten beginnt (1,2). In der jüdischen Tradition wird das Buch nach einem der ersten Worte „Bemidbar" (In der Wüste) genannt. Das Buch Numeri beginnt räumlich und zeitlich im Anschluss an die Bücher Exodus und Levitikus am Fuß des Berges Sinai. Es schildert den Aufbruch Israels und den Weg durch die Wüste bis in die Steppen von Moab. Dort spielen die Ereignisse, von denen das nachfolgende Buch Deuteronomium erzählt.

Obwohl das Buch Numeri ältere Traditionen verarbeitet, geht es in seiner jetzt vorliegenden Fassung auf das 5. Jh. zurück. Die Infragestellung der Führung Moses und Aarons spiegelt soziale und politische Konflikte Judas in nachexilischer Zeit. Die Vormachtstellung Aarons im Amt des Hohepriesters weist auf ein erbliches aaronidisches Hohepriestertum hin, das sich allmählich herausbildet.

Die Eigenart, dass sich erzählende und gesetzliche Textanteile in loser Folge abwechseln, macht es schwer, eine klare Gliederung zu erkennen. Die Überschriften in dieser Übersetzung gehen von einer Fünfteilung (1,1–10,10; 10,11–14,45; 15,1–20,29; 21,1–25,18; 25,19–36,13) aus, wobei die beiden äußeren Teile aufeinander bezogen sind und die Mittelteile eng zusammengehören.

Die beiden Rahmenteile sind am Sinai (1,1–10,10) und in Moab (25,19–36,13) verortet. Sie sind positiv geprägt durch die Gewährung der Gottesgegenwart in der Liturgie, durch den Segen und die Verheißung an Israel. Die Mittelteile erzählen von der spannungsreichen Beziehung zwischen Gott und seinem Volk, wobei das Wirken des Segens Gottes für Israel zunehmend mehr Raum einnimmt. Immer wieder wendet sich Gott, durch die Fürbitte des Mose und das Sühne erwirkende Eintreten des obersten Priesters Aaron bewegt, in Gnade dem Volk zu. Im zweiten Teil (10,11–14,45) stellt das Murren Israels die Gemeinschaft mit Gott am Sinai in Frage (11,1–3; 11,4–35; 12,1–16). Dieses Murren gipfelt in der Ablehnung des verheißenen Landes nach dessen Verleumdung in der Kundschaftererzählung (13,1–14,45). Durch das fürbittende Eintreten des Mose wird die Strafe auf die Erwachsenen der Exodusgeneration begrenzt, die in den folgenden vierzig Jahren zum Sterben in der Wüste verurteilt werden. Von dieser vierzigjährigen Strafe erzählt der Mittelteil (15,1–20,29). Mit Korach, Datan und Abiram und den 250 Männern stellt Israel die gottgewollte Führung erneut in Frage. Ihr Aufbegehren richtet sich nicht nur gegen die Führung des Mose, sondern auch gegen die Beschränkung des Zugangs zum Heiligtum auf Aaron und die Priesterschaft (16,1–35). Erst das Eingreifen Aarons begrenzt die Vernichtung des Volkes (17,11–15). Mit dem Tod Mirjams (20,1) und Aarons (20,22–29), den Führungsgestalten der Exodusgeneration, vollzieht sich beispielhaft der Generationenwechsel und deutet sich die Wende an. Der vierte Teil (21,1–25,18) erzählt von der Bewahrung und der Verwirklichung der Verheißung. Während in 14,45 der eigenmächtige Versuch, das Land zu erobern, scheitert und Israel zurückgeschlagen wird, gelingt jetzt bei Horma (21,3) der Sieg über die Feinde. Die Erzählung von der kupfernen Schlange (21,4–9), der Beginn der Eroberung des Ostjordanlandes (21,21–35), der ewige Bund des Priestertums (25,6–18) und besonders die Bileamerzählung (22,1–24,25) verdeutlichen den Segen, der den Erzeltern gegeben wurde und immer wieder neu zur gnädigen Zuwendung Gottes und zur Bewahrung Israels führt.

Beispielhaft schildert die Bileamerzählung die Infragestellung der Verheißung angesichts der Bedrohung Israels durch den Moabiterkönig Balak. Dass es dem Propheten Bileam nicht gelingt, den Auftrag Balaks auszuführen und Israel zu verfluchen, lässt erkennen, dass Gott sein Volk trotz dessen Fehlverhaltens nicht fallen lässt, sondern der Verheißung gemäß bewahrt. Im abschließenden Teil des Buches (25,19–36,13) veranschaulicht die zweite Volkszählung (25,19–26,65), dass Israel trotz der Bestrafung in der Wüste ein großes Volk geblieben ist. Die Verteilung des Landes durch das Los am Ende der vierzig Jahre (26,64) wird am Beispiel des Ostjordanlands ausführlich dargestellt (26,55–56; 33,54; 34,13; 36,2). Die Erzählung von den Töchtern Zelofhads, welche die Darstellung der Landverteilung (27,1–11 und 36,1–12) rahmt, verdeutlicht die Unveräußerlichkeit des Landes als Verheißungsgut. Die Zuteilung nur des Ostjordanlandes an einen Teil der Stämme (32,1–42), die Regelung der Asylstädte (35,1–34) sowie die Anweisungen für die Verteilung des Westjordanlandes (33,50–34,29) zeigen, dass das Buch Numeri auf eine Fortsetzung im Buch Josua (bes. Jos 13–22) angelegt ist.

In die erzählenden Passagen sind immer wieder Stücke mit gesetzlichen Regelungen eingebaut, die auf das dauerhafte Leben im Land zielen (15; 18; 19; 28,1–30,1; 30,2–17) und so die Verheißung des Landes auch an den Tiefpunkten wachrufen. Im Zentrum steht dabei die am Sinai gewährte Gottesgegenwart, die eine besondere Reinheit und Heiligkeit des Volkes in der Liturgie erfordert. Diese wird vor allem im ersten Teil des Buches im Anschluss an Exodus und Levitikus entfaltet. Das auf dem Berg geschaute und am Sinai errichtete Heiligtum wird als Ort der Begegnung endgültig und dauerhaft eingerichtet. Unter der finanziellen Beteiligung ganz Israels wird die Liturgie am Heiligtum aufgenommen (7,1–88). Die zum Dienst ausgesonderten Leviten werden in ihren Dienst am Heiligtum eingeführt und geweiht (3,1–51; 4,1–49, 8,5–26). Wie vor dem Exodus (Ex 12) wird ein Pessach vor dem Aufbruch gefeiert (9,1–14). Die zwölf Stämme lagern um das Heiligtum, das, von den Leviten und Priestern umgeben, die Mitte des

Lagers bildet. Am Heiligtum wird Recht ermittelt (5,11–31), werden Gelübde abgelegt (6,1–21) und Israel durch die Priester der Segen zugesprochen (6,22–27). Die besondere Gottesnähe bedingt eine besondere Reinheit des Lagers (5,1–4).

Das Buch Numeri gibt ein lebendiges Zeugnis von dem unerschütterlichen Willen Gottes, zu seinen Zusagen für Israel gegen alle äußeren und inneren Widerstände zu stehen und an den Verheißungen an die Erzeltern und somit an der Erwählung Israels festzuhalten. Gott führt das Volk auch dann durch die Wüste zum Ziel, wenn dieses verzagt, murrt und sich von ihm abwendet. Er straft die Vergehen, jedoch sind seine Gnade und sein Erbarmen um ein Vielfaches größer. In der Liturgie bietet Gott Israel an, seiner belebenden und lebenserhaltenden Gegenwart immer neu zu begegnen.

VORBEREITUNGEN FÜR DEN AUFBRUCH VOM SINAI: 1,1–10,10

ERSTE MUSTERUNG DES VOLKES: 1,1–54

1 1 Am ersten Tag des zweiten Monats im
zweiten Jahr nach ihrem Auszug aus
Ägypten sprach der HERR in der Wüste Sinai
im Offenbarungszelt zu Mose: 2 Ermittelt die
Gesamtzahl der Israeliten in der Gemeinde,
geordnet nach ihren Sippen und ihren Groß-
familien; zählt alle Männer einzeln mit Na-
men, 3 die zwanzig Jahre und älter sind, alle
wehrfähigen Israeliten! Mustert sie für ihre
Heeresverbände, du und Aaron! 4 Aus jedem
Stamm soll euch dabei ein Mann helfen, und
zwar jeweils das Haupt einer Großfamilie.

5 Das sind die Namen der Männer, die euch
beistehen sollen: aus Ruben Elizur, der Sohn
Schedëurs; 6 aus Simeon Schelumiël, der Sohn
Zurischaddais; 7 aus Juda Nachschon, der Sohn
Amminadabs; 8 aus Issachar Netanel, der Sohn
Zuars; 9 aus Sebulon Eliab, der Sohn Helons;
10 von den Nachkommen Josefs: aus Efraim
Elischama, der Sohn Ammihuds, und aus Ma-
nasse Gamliël, der Sohn Pedazurs; 11 aus Ben-
jamin Abidan, der Sohn Gidonis; 12 aus Dan
Ahiëser, der Sohn Ammischaddais; 13 aus
Ascher Pagiël, der Sohn Ochrans; 14 aus Gad
Eljasaf, der Sohn Deguëls; 15 aus Naftali Ahira,
der Sohn Enans. 16 Das sind die von der Ge-
meinde berufenen Anführer der Stämme ihrer
Väter; sie waren die Befehlshaber der Tausend-
schaften Israels.

17 Mose und Aaron nahmen diese mit Na-
men genannten Männer 18 und versammelten
die ganze Gemeinde am ersten Tag des zwei-
ten Monats. Dann erhob man die Geschlechter
nach Sippen und Großfamilien. Man zählte
jeden einzeln mit Namen, von zwanzig Jahren
an aufwärts. 19 Wie der HERR es Mose geboten
hatte, so musterte man sie in der Wüste Sinai.

20 Zuerst kamen die Nachkommen Rubens,
des Erstgeborenen Israels: Man ermittelte ihre
Geschlechterfolge nach ihren Sippen und ih-
ren Großfamilien und zählte alle wehrfähigen
Männer einzeln mit Namen von 20 Jahren an
aufwärts. 21 Die Zahl der aus dem Stamm Ru-
ben Gemusterten betrug 46 500 Mann.

22 Sodann die Simeoniter: Man ermittelte
ihre Geschlechterfolge nach ihren Sippen und
ihren Großfamilien und zählte jeden einzeln
mit Namen, alle wehrfähigen Männer von
zwanzig Jahren an aufwärts. 23 Die Zahl der
aus dem Stamm Simeon Gemusterten betrug
59 300 Mann.

24 Sodann die Gaditer: Man ermittelte ihre
Geschlechterfolge nach ihren Sippen und ih-
ren Großfamilien und zählte mit Namen alle
wehrfähigen Männer von zwanzig Jahren an
aufwärts. 25 Die Zahl der aus dem Stamm Gad
Gemusterten betrug 45 650 Mann.

26 Sodann die Nachkommen Judas: Man er-
mittelte ihre Geschlechterfolge nach ihren
Sippen und ihren Großfamilien und zählte mit
Namen alle wehrfähigen Männer von zwanzig
Jahren an aufwärts. 27 Die Zahl der aus dem
Stamm Juda Gemusterten betrug 74 600 Mann.

28 Sodann die Issachariter: Man ermittelte
ihre Geschlechterfolge nach ihren Sippen und
ihren Großfamilien und zählte mit Namen alle
wehrfähigen Männer von zwanzig Jahren

1,14 In H heißt der Vater Eljasafs hier wie in Num 7,42.47; 10,20 Deguël, in Num 2,14 Reguël.

an aufwärts. 29 Die Zahl der aus dem Stamm
Issachar Gemusterten betrug 54 400 Mann.
30 Sodann die Sebuloniter: Man ermittelte
ihre Geschlechterfolge nach ihren Sippen und
ihren Großfamilien und zählte mit Namen alle
wehrfähigen Männer von zwanzig Jahren an
aufwärts. 31 Die Zahl der aus dem Stamm Se-
bulon Gemusterten betrug 57 400 Mann.
32 Sodann die Nachkommen Josefs, zuerst
die Efraimiter: Man ermittelte ihre Geschlech-
terfolge nach ihren Sippen und ihren Großfa-
milien und zählte mit Namen alle wehrfähigen
Männer von zwanzig Jahren an aufwärts. 33 Die
Zahl der aus dem Stamm Efraim Gemusterten
betrug 40 500 Mann.
34 Sodann die Manassiter: Man ermittelte
ihre Geschlechterfolge nach ihren Sippen und
ihren Großfamilien und zählte mit Namen
alle wehrfähigen Männer von zwanzig Jahren
an aufwärts. 35 Die Zahl der aus dem Stamm
Manasse Gemusterten betrug 32 200 Mann.
36 Sodann die Benjaminiter: Man ermittelte
ihre Geschlechterfolge nach ihren Sippen und
ihren Großfamilien und zählte mit Namen alle
wehrfähigen Männer von zwanzig Jahren an
aufwärts. 37 Die Zahl der aus dem Stamm Ben-
jamin Gemusterten betrug 35 400 Mann.
38 Sodann die Daniter: Man ermittelte ihre
Geschlechterfolge nach ihren Sippen und ih-
ren Großfamilien und zählte mit Namen alle
wehrfähigen Männer von zwanzig Jahren an
aufwärts. 39 Die Zahl der aus dem Stamm Dan
Gemusterten betrug 62 700 Mann.
40 Sodann die Ascheriter: Man ermittelte
ihre Geschlechterfolge nach ihren Sippen und
ihren Großfamilien und zählte mit Namen alle
wehrfähigen Männer von zwanzig Jahren an
aufwärts. 41 Die Zahl der aus dem Stamm
Ascher Gemusterten betrug 41 500 Mann.
42 Sodann die Naftaliter: Man ermittelte ihre
Geschlechterfolge nach ihren Sippen und ih-
ren Großfamilien und zählte alle wehrfähigen
Männer mit Namen von zwanzig Jahren an
aufwärts. 43 Die Zahl der aus dem Stamm Naf-
tali Gemusterten betrug 53 400 Mann.
44 Das waren die Gemusterten, die Mose
und Aaron zusammen mit den Anführern Is-
raels musterten; es waren zwölf Anführer, je
einer aus seiner Großfamilie. 45 So ergab sich
die Gesamtzahl der gemusterten Israeliten,
geordnet nach ihren Großfamilien, alle wehr-
fähigen Männer in Israel von zwanzig Jahren
an aufwärts. 46 Die Gesamtzahl der Gemuster-
ten betrug 603 550. 47 Die aber, die dem Stamm
ihrer Väter nach Leviten waren, wurden nicht
gemustert.
48 Der HERR sprach zu Mose: 49 Unter den
Israeliten sollst du nur den Stamm Levi nicht
mustern und zählen. 50 Betrau die Leviten mit
der Sorge für die Wohnung des Bundeszeug-
nisses, für ihre Geräte und für alles, was dazu-
gehört! Sie sollen die Wohnung und alle ihre
Geräte tragen und sollen sie pflegen; sie sollen
ihren Lagerplatz rings um die Wohnung ha-
ben. 51 Beim Aufbruch der Wohnung sollen die
Leviten sie abbauen und beim Lagern der
Wohnung sollen die Leviten sie aufstellen.
Jeder Unbefugte, der sich nähert, ist dem Tod
verfallen. 52 Die Israeliten sollen sich jeder an
seinem Lagerplatz lagern, jeder bei seinem
Feldzeichen, bei seiner Abteilung im Heer.
53 Die Leviten aber sollen ihr Lager rings um
die Wohnung des Bundeszeugnisses aufschla-
gen, damit kein Zorn die Gemeinde der Israe-
liten trifft; die Leviten sollen den Dienst an der
Wohnung des Bundeszeugnisses tun.
54 Die Israeliten taten alles genauso, wie es
der HERR dem Mose geboten hatte. So mach-
ten sie es.

1–54: 26,1–65 / **1**: Ex 40,17 / **3**: Ex 38,26; Lev 27,1–7 / **19**: 1,54 / **46**: Ex 12,37; 38,26; Num 2,32; 11,21; 26,51 / **50**: 8,6–15; 18,6 / **51**: 4,4–33; 3,10.38; 17,5; 18,4.7

DAS HEILIGTUM ALS MITTELPUNKT DES LAGERS. ANORDNUNG DER STÄMME: 2,1–34

2 1 Der HERR sprach zu Mose und Aaron:
2 Alle Israeliten sollen bei ihren Feldzei-
chen lagern, bei den Zeichen ihrer Großfami-
lie. Gegenüber dem Offenbarungszelt, rings
umher sollen sie lagern. 3 Vorne, gegen Son-
nenaufgang hin, ist das Lager Judas mit seinem
Feldzeichen, geordnet nach Abteilungen. An-
führer der Nachkommen Judas ist Nachschon,
der Sohn Amminadabs; 4 sein Heer zählt im
Ganzen 74 600 Gemusterte. 5 Es lagern dane-
ben: der Stamm Issachar; Anführer der Is-
sachariter ist Netanel, der Sohn Zuars; 6 sein
Heer zählt im Ganzen 54 400 Gemusterte.
7 Der Stamm Sebulon; Anführer der Sebuloni-
ter ist Eliab, der Sohn Helons; 8 sein Heer zählt
im Ganzen 57 400 Gemusterte. 9 Die Gesamt-
zahl der Gemusterten, die zum Lager Judas
gehören, beträgt 186 400 Mann, geordnet nach
Abteilungen. Sie brechen als Erste auf.
10 Im Süden ist das Lager Rubens mit seinem
Feldzeichen, geordnet nach Abteilungen. An-

führer der Rubeniter ist Elizur, der Sohn Sche-
dëurs; 11 sein Heer zählt im Ganzen 46 500
Gemusterte. 12 Es lagern daneben: der Stamm
Simeon; Anführer der Simeoniter ist Schelu-
miël, der Sohn Zurischaddais; 13 sein Heer
zählt im Ganzen 59 300 Gemusterte. 14 Der
Stamm Gad; Anführer der Gaditer ist Eljasaf,
der Sohn Reguëls; 15 sein Heer zählt im Ganzen
45 650 Gemusterte. 16 Die Gesamtzahl der
Gemusterten, die zum Lager Rubens gehören,
beträgt 151 450 Mann, geordnet nach Abtei-
lungen. Sie brechen als Zweite auf.

17 Dann bricht das Offenbarungszelt auf und
das Lager der Leviten, das in der Mitte der La-
ger liegt. Wie sie lagern, so sollen sie aufbre-
chen, jeder an seiner Stelle, nach ihren Feld-
zeichen geordnet.

18 Im Westen ist das Lager Efraims mit sei-
nem Feldzeichen, geordnet nach Abteilungen.
Anführer der Efraimiter ist Elischama, der
Sohn Ammihuds; 19 sein Heer zählt im Gan-
zen 40 500 Gemusterte. 20 Es lagern daneben:
der Stamm Manasse; Anführer der Manassiter
ist Gamliël, der Sohn Pedazurs; 21 sein Heer
zählt im Ganzen 32 200 Gemusterte. 22 Der
Stamm Benjamin; Anführer der Benjaminiter
ist Abidan, der Sohn Gidonis; 23 sein Heer
zählt im Ganzen 35 400 Gemusterte. 24 Die
Gesamtzahl der Gemusterten, die zum Lager
Efraims gehören, beträgt 108 100 Mann, ge-
ordnet nach Abteilungen. Sie brechen als
Dritte auf.

25 Im Norden ist das Lager Dans mit seinem
Feldzeichen, geordnet nach Abteilungen.
Anführer der Daniter ist Ahiëser, der Sohn
Ammischaddais; 26 sein Heer zählt im Ganzen
62 700 Gemusterte. 27 Es lagern daneben: der
Stamm Ascher; Anführer der Ascheriter ist
Pagiël, der Sohn Ochrans; 28 sein Heer zählt im
Ganzen 41 500 Gemusterte. 29 Der Stamm
Naftali; Anführer der Naftaliter ist Ahira, der
Sohn Enans; 30 sein Heer zählt im Ganzen
53 400 Gemusterte. 31 Die Gesamtzahl der
Gemusterten, die zum Lager Dans gehören,
beträgt 157 600 Mann. Sie brechen als Letzte
auf, nach ihren Feldzeichen geordnet.

32 Das sind die gemusterten Israeliten, ge-
ordnet nach ihren Großfamilien. Die Gesamt-
zahl der Gemusterten im Lager, geordnet nach
Abteilungen, beträgt 603 550 Mann. 33 Die
Leviten wurden, wie der HERR es Mose gebo-
ten hatte, unter den Israeliten nicht gemustert.
34 Die Israeliten führten alles aus, was der
HERR dem Mose geboten hatte; sie lagerten
geordnet nach ihren Feldzeichen und so bra-
chen sie auch auf, jeder in seiner Sippe und bei
seiner Großfamilie.

3: 10,5–6 / **32:** 1,46

AUSSONDERUNG DER PRIESTER UND LEVITEN: 3,1–13

3 1 Das ist die Geschlechterfolge nach Aa-
ron und Mose, zu der Zeit, als der HERR
mit Mose auf dem Berg Sinai redete. 2 Das wa-
ren die Namen der Söhne Aarons: Nadab, der
Erstgeborene, und Abihu, Eleasar und Itamar.
3 Das waren die Namen der Söhne Aarons, der
gesalbten Priester, denen man die Hand gefüllt
hatte zum Priesterdienst. 4 Nadab und Abihu
waren vor den Augen des HERRN gestorben,
als sie in der Wüste Sinai dem HERRN ein un-
rechtmäßiges Feueropfer darbrachten. Sie hat-
ten keine Söhne und so versahen dann Eleasar
und Itamar unter der Aufsicht ihres Vaters
Aaron den Priesterdienst.

5 Der HERR sprach zu Mose: 6 Lass den
Stamm Levi vor dem Priester Aaron antreten,
damit sie ihm dienen! 7 Sie sollen seine Anord-
nung befolgen und den Dienst der ganzen Ge-
meinde vor dem Offenbarungszelt tun, indem
sie den Dienst an der Wohnung verrichten.
8 Sie sollen alle Geräte des Offenbarungszeltes
versorgen und den Dienst der Israeliten tun,
indem sie den Dienst an der Wohnung ver-
richten. 9 Die Leviten sollst du Aaron und sei-
nen Söhnen zuweisen; sie sollen unter den
Israeliten ausschließlich für den Dienst bei
Aaron bestimmt sein. 10 Aaron und seine Söh-
ne aber sollst du beauftragen, ihren Priester-
dienst zu tun. Jeder Unbefugte, der sich nä-
hert, ist dem Tod verfallen.

11 Der HERR sprach zu Mose: 12 Siehe, hier-
mit nehme ich die Leviten aus der Mitte der
Israeliten als Ersatz für alle Erstgeborenen, die
den Mutterschoß durchbrechen. Die Leviten
gehören mir; 13 denn alle Erstgeborenen gehö-
ren mir. Als ich in Ägypten alle Erstgeborenen
erschlug, habe ich alle Erstgeborenen in Israel
mir geheiligt, bei den Menschen und beim
Vieh. Mir gehören sie; ich bin der HERR.

1: Ex 6,16–27 / **4:** Lev 10,1–2; Num 26,61 / **6–7:** 18,2–3 / **10:** 1,51; 3,38; 17,5; 18,4.7 / **11–13:** 3,41–45; Ex 13,11–15; 34,20

2,14 Reguël vgl. die Anmerkung zu 1,14.

3,8 Wörtlich: Sie sollen seinen Dienst tun.

MUSTERUNG DER LEVITEN FÜR DEN DIENST AM HEILIGTUM, MUSTERUNG DER ERSTGEBORENEN: 3,14–4,49

14 Der HERR sprach in der Wüste Sinai zu
Mose: 15 Mustere die Leviten nach ihren Groß-
familien und ihren Sippen! Alle männlichen
Personen von einem Monat und darüber sollst
du mustern. 16 Da musterte sie Mose nach dem
Befehl des HERRN, wie ihm geboten worden
war.

17 Das waren die Namen der Söhne Levis:
Gerschon, Kehat und Merari. 18 Die Namen der
Söhne Gerschons und ihrer Sippen waren Lib-
ni und Schimi, 19 die der Söhne Kehats und
ihrer Sippen Amram, Jizhar, Hebron und
Usiël, 20 die der Söhne Meraris und ihrer Sip-
pen Machli und Muschi.

Das waren die Sippen Levis, geordnet nach
ihren Großfamilien: 21 Zu Gerschon gehörten
die Sippe der Libniter und die Sippe der Schi-
miter; das waren die Sippen der Gerschoniter.
22 Die Zahl ihrer gemusterten männlichen Per-
sonen von einem Monat und darüber betrug
im Ganzen 7 500. 23 Die Sippen der Gerscho-
niter lagerten hinter der Wohnung gegen
Westen. 24 Anführer der Großfamilie der Ger-
schoniter war Eljasaf, der Sohn Laëls. 25 Die
Gerschoniter hatten am Offenbarungszelt die
Sorge für die Wohnung und das Zelt, für seine
Decke und den Vorhang am Eingang des Of-
fenbarungszeltes, 26 für die Behänge des Vor-
hofs, für den Vorhang am Eingang des Vorhofs,
der ringsum die Wohnung und den Altar um-
gibt, und für die Zeltstricke, je nachdem, wie
es der Dienst erforderte.

27 Zu Kehat gehörten die Sippe der Amrami-
ter, die Sippe der Jizhariter, die Sippe der Heb-
roniter und die Sippe der Usiëliter; das waren
die Sippen der Kehatiter. 28 Die Zahl der männ-
lichen Personen von einem Monat und darü-
ber betrug im Ganzen 8 600; sie hatten am
Heiligtum Dienst zu tun. 29 Die Sippen der
Kehatiter lagerten an der Südseite der Woh-
nung. 30 Anführer der Großfamilie der Sippen
der Kehatiter war Elizafan, der Sohn Usiëls.
31 Sie hatten die Sorge für die Lade, den Tisch,
den Leuchter, die Altäre, die heiligen Geräte,
mit denen sie ihren Dienst versahen, für den
Vorhang und alles, was zu diesem Dienst ge-
hörte. 32 Der oberste Anführer der Leviten war
der Priester Eleasar, der Sohn Aarons. Er war
mit der Aufsicht derer betraut, die am Heilig-
tum Dienst zu tun hatten.

33 Zu Merari gehörten die Sippe der Machli-
ter und die Sippe der Muschiter; das waren die
Sippen der Merariter. 34 Die Zahl ihrer gemus-
terten männlichen Personen von einem Monat
und darüber betrug im Ganzen 6 200. 35 An-
führer der Großfamilie der Sippen der Mera-
riter war Zuriël, der Sohn Abihajils. Sie lager-
ten an der Nordseite der Wohnung. 36 Die
Söhne Meraris waren betraut mit der Sorge für
die Bretter der Wohnung, ihre Querlatten,
Säulen und Sockel, ihre Geräte und alles, was
zu diesem Dienst gehörte, 37 ferner für die Säu-
len des Vorhofs ringsum, ihre Sockel, ihre
Zeltpflöcke und Stricke.

38 Vor der Wohnung, vorne vor dem Offen-
barungszelt, gegen Sonnenaufgang, lagerten
Mose und Aaron mit seinen Söhnen. Sie hatten
den Dienst am Heiligtum zu tun, wie er den
Israeliten aufgetragen worden war. Jeder Un-
befugte, der sich nähert, ist dem Tod verfallen.

39 Die Gesamtzahl der Leviten, die Mose und
Aaron auf Befehl des HERRN musterten, aller
männlichen Personen von einem Monat und
darüber, nach ihren Sippen geordnet, betrug
22 000.

40 Der HERR sprach zu Mose: Mustere alle
männlichen erstgeborenen Israeliten, die ei-
nen Monat und älter sind, stell ihre Zahl na-
mentlich fest! 41 Dann nimm für mich – ich bin
der HERR – die Leviten als Ersatz für alle erst-
geborenen Israeliten entgegen, außerdem das
Vieh der Leviten als Ersatz für alle Erstlinge
unter dem Vieh der Israeliten!

42 Mose musterte alle erstgeborenen Israeli-
ten, wie es ihm der HERR geboten hatte. 43 Die
Gesamtzahl der männlichen Erstgeborenen,
die einen Monat und älter waren, betrug bei
dieser namentlichen Musterung 22 273.

44 Dann sprach der HERR zu Mose: 45 Nimm
die Leviten als Ersatz für alle erstgeborenen
Israeliten entgegen, außerdem das Vieh der
Leviten als Ersatz für das Vieh der Israeliten!
Die Leviten gehören mir, ich bin der HERR.
46 Es sind aber 273 erstgeborene Israeliten mehr
als Leviten; sie müssen ausgelöst werden. 47 Er-
heb für jeden fünf Schekel; erheb sie nach dem
Schekelgewicht des Heiligtums, den Schekel
zu zwanzig Gera! 48 Übergib das Geld Aaron
und seinen Söhnen zur Auslösung der über-
zähligen Israeliten! 49 Da erhob Mose das Lö-
segeld von denen, welche die Zahl der Leviten
überstiegen und deshalb auszulösen waren.
50 1 365 Silberschekel erhob Mose von den erst-

geborenen Israeliten, nach dem Schekelge-
wicht des Heiligtums, 51 und er übergab Aaron
und seinen Söhnen das Geld der Auslösung
auf Befehl des HERRN, wie es ihm der HERR
geboten hatte.

17–20: Ex 6,16–19 / **38:** 1,51; 17,5; 18,4.7 / **40–45:** 3,11–13

4 1 Der HERR sprach zu Mose und Aaron:
2 Ermittelt die Zahl der Kehatiter aus der
Mitte der Leviten, geordnet nach ihren Sippen
und ihren Großfamilien, 3 zählt alle Wehrfä-
higen zwischen dreißig und fünfzig Jahren! Sie
sollen im Offenbarungszelt tätig sein. 4 Die
Kehatiter haben im Offenbarungszelt das
Hochheilige zu betreuen. 5 Beim Aufbruch
gehen Aaron und seine Söhne hinein, nehmen
den verhüllenden Vorhang ab und hüllen da-
mit die Lade des Bundeszeugnisses ein. 6 Da-
rüber legen sie eine Decke aus Tahaschhaut,
breiten darüber ein Tuch, ganz aus violettem
Purpur, und bringen an der Lade die Stangen
an. 7 Auch über den Tisch der Schaubrote brei-
ten sie ein Tuch aus violettem Purpur. Darauf
legen sie die Schüsseln, die Schalen, die Krüge
und die Kannen für das Trankopfer; auch die
Schaubrote sollen darauf sein. 8 Dann breiten
sie darüber ein karmesinrotes Tuch, bedecken
es mit einer Tahaschhaut und bringen die da-
zugehörenden Stangen an. 9 Weiter nehmen
sie ein Tuch aus violettem Purpur und hüllen
damit den Leuchter ein, auch seine einzelnen
Lampen, die Dochtscheren und Pfannen und
alle Ölbehälter, die man für den Leuchter
braucht. 10 Ihn und alle zu ihm gehörenden
Geräte legen sie auf eine Decke aus Tahasch-
haut, dann legen sie alles auf das Traggestell.
11 Über den goldenen Altar breiten sie ein Tuch
aus violettem Purpur, hüllen ihn in eine Decke
aus Tahaschhaut und bringen seine Stangen
an. 12 Dann nehmen sie alle zum Dienst im
Heiligtum erforderlichen Geräte, legen sie auf
ein Tuch aus violettem Purpur, hüllen sie in
eine Decke aus Tahaschhaut und legen sie auf
das Traggestell. 13 Sie säubern den Altar von
der Fett-Asche und breiten ein Tuch aus rotem
Purpur über ihn. 14 Auf den Altar legen sie alle
Geräte, die man für den Altardienst braucht,
die Pfannen, Gabeln, Schaufeln und Schalen,
alle Altargeräte; darüber breiten sie eine Hülle
aus Tahaschhaut und bringen die Altarstangen
an. 15 Erst nachdem Aaron und seine Söhne
beim Aufbruch des Lagers mit dem Verhüllen
des Heiligtums und aller heiligen Geräte fertig
sind, kommen die Kehatiter und übernehmen
den Trägerdienst. Sie dürfen aber das Heilige
nicht berühren, sonst müssen sie sterben. Das
ist die Aufgabe, die die Kehatiter am Offenba-
rungszelt als Träger haben.

16 Der Priester Eleasar, der Sohn Aarons, hat
die Verantwortung für das Öl des Leuchters,
das duftende Räucherwerk, das ständige Spei-
seopfer und das Salböl, die Verantwortung
für die ganze Wohnung und für alles, was es
darin an Heiligem und an Geräten gibt.

17 Der HERR sprach zu Mose und Aaron:
18 Sorgt dafür, dass die Sippen des Stammes
der Kehatiter nicht aus der Mitte der Leviten
ausgerottet werden! 19 Damit sie am Leben
bleiben und nicht sterben, wenn sie sich dem
Allerheiligsten nähern, sollt ihr so verfahren:
Aaron und seine Söhne sollen kommen und
jedem von ihnen anweisen, was er zu tun und
zu tragen hat, 20 sodass sie nicht hineingehen
und das Heilige auch nur für einen Augenblick
sehen und sterben müssen.

21 Der HERR sprach zu Mose: 22 Ermittle
auch die Zahl der Gerschoniter, geordnet nach
ihren Großfamilien und ihren Sippen! 23 Du
sollst sie mustern für den Dienst am Offenba-
rungszelt, alle wehrfähigen Männer zwischen
dreißig und fünfzig Jahren. 24 Die Sippen der
Gerschoniter haben folgende Pflichten als Die-
ner und Träger: 25 Sie tragen die Zelttücher der
Wohnung und das Offenbarungszelt, seine
Decke, die Tahaschdecke, die darüber liegt,
und den Vorhang am Eingang des Offenba-
rungszeltes, 26 ferner die Behänge des Vorhofs,
den Vorhang am Toreingang des Vorhofs, der
rings um die Wohnung und um den Altar
liegt, die dazugehörenden Stricke und alle Ge-
räte, die sie zu ihrer Arbeit brauchen; sie sollen
alle Arbeiten verrichten, die daran auszufüh-
ren sind. 27 Der ganze Dienst der Gerschoniter
soll nach der Anweisung Aarons und seiner
Söhne geschehen, die ihnen alles sagen, alles,
was sie zu tragen und zu tun haben. Beauftragt
sie mit dem gesamten Trägerdienst! 28 Das ist
die Aufgabe der Gerschoniter am Offenba-
rungszelt. Die Aufsicht über ihren Dienst hat
der Priester Itamar, der Sohn Aarons.

29 Ferner sollst du die Merariter mustern,
geordnet nach ihren Sippen und ihren Groß-
familien. 30 Du sollst sie mustern für den
Dienst am Offenbarungszelt, alle wehrfähigen
Männer zwischen dreißig und fünfzig Jahren.
31 Das ist ihre Pflicht als Träger bei all ihren
Diensten am Offenbarungszelt: Sie haben die

Bretter der Wohnung zu tragen, ihre Querlat-
ten, Säulen und Sockel, 32 die Säulen des Vor-
hofs ringsum, ihre Sockel, Zeltpflöcke und
Stricke sowie alle Geräte, die sie zur Erfüllung
ihrer Aufgaben brauchen. Ihr sollt jedem die
Gegenstände einzeln mit Namen zuweisen,
die sie zu tragen haben. 33 Das ist der Dienst
der Sippen der Merariter bei all ihren Diensten
am Offenbarungszelt. Die Aufsicht über sie
hat der Priester Itamar, der Sohn Aarons.

34 Mose, Aaron und die Anführer der Ge-
meinde musterten die Kehatiter, geordnet
nach ihren Sippen und ihren Großfamilien,
35 für den Dienst am Offenbarungszelt, alle
wehrfähigen Männer zwischen dreißig und
fünfzig Jahren. 36 Die Zahl der nach Sippen
gemusterten Männer betrug 2 750. 37 Das wa-
ren die in den Sippen der Kehatiter Gemuster-
ten, alle, die am Offenbarungszelt Dienst zu
tun hatten. Mose und Aaron hatten sie gemus-
tert, wie es der HERR durch Mose befohlen
hatte.

38 Bei den Gerschonitern betrug die Zahl der
nach Sippen und Großfamilien für den Dienst
am Offenbarungszelt Gemusterten, 39 die Zahl
aller wehrfähigen Männer zwischen dreißig
und fünfzig Jahren, 40 die, geordnet nach ihren
Sippen und ihren Großfamilien, gemustert
worden waren, 2 630. 41 Das waren die in den
Sippen der Gerschoniter Gemusterten, alle,
die am Offenbarungszelt Dienst zu tun hatten.
Mose und Aaron hatten sie auf Befehl des
HERRN gemustert. 42 Bei den Sippen der Me-
rariter betrug die Zahl der nach Sippen und
Großfamilien zum Dienst am Offenbarungs-
zelt Gemusterten, 43 die Zahl aller wehrfähi-
gen Männer zwischen dreißig und fünfzig
Jahren, 44 die, geordnet nach ihren Sippen,
gemustert worden waren, 3 200. 45 Das waren
die in den Sippen der Merariter Gemusterten.
Mose und Aaron hatten sie gemustert, wie es
der HERR durch Mose befohlen hatte.

46 Die Gesamtzahl der Gemusterten, die
Mose, Aaron und die Anführer Israels bei den
Leviten, geordnet nach ihren Sippen und ihren
Großfamilien, gemustert hatten, 47 die Zahl
aller Männer zwischen dreißig und fünfzig
Jahren, die zur Erfüllung der Aufgaben und
Trägerdienste am Offenbarungszelt fähig wa-
ren, 48 die Gesamtzahl dieser Gemusterten
betrug 8 580. 49 Auf Befehl des HERRN emp-
fing jeder Einzelne aus der Hand des Mose
seine Aufgabe und seinen Trägerdienst. Jedem
wurde seine Aufgabe zugewiesen, wie der
HERR es Mose geboten hatte.

3: 8,24; Gen 41,46; 2 Sam 5,4; Ez 1,1; Lk 3,23 / **19–20**: Ex 19,21; 33,20.23; Lev 16,2; Ri 6,22f.; 13,22

REINHEIT DES LAGERS: 5,1–4

5 1 Der HERR sprach zu Mose: 2 Gebiete den
Israeliten, jeden aus dem Lager zu schi-
cken, der an Aussatz oder an einem Ausfluss
leidet, und jeden, der sich an einer Leiche ver-
unreinigt hat! 3 Ob Mann oder Frau, schickt sie
hinaus, aus dem Lager sollt ihr sie hinausschi-
cken! Sie dürfen das Lager nicht verunreini-
gen, in dessen Mitte ich wohne. 4 Das taten die
Israeliten: Sie schickten sie aus dem Lager, wie
der HERR zu Mose geredet hatte. Die Israeliten
taten das.

2: Lev 13,46; 15,2; Num 9,6–7; 19,11–16 / **3**: 12,14; Lev 15,31 / **4**: 2 Chr 26,21

SCHADENSERSATZ FÜR PROFANIERTES UND ABGABEN ANS HEILIGTUM: 5,5–10

5 Der HERR sprach zu Mose: 6 Rede zu den Is-
raeliten: Wenn ein Mann oder eine Frau eine
Sünde begangen hat, wie sie bei Menschen
vorkommt, und dabei das Recht des HERRN
verletzt, und dieser Mensch schuldig gewor-
den ist, 7 dann müssen sie die Sünde, die sie
begangen haben, bekennen und der Schuldige
muss das, was er schuldet, voll ersetzen und
dem, an dem er schuldig geworden ist, noch
ein Fünftel dazugeben. 8 Wenn aber der An-
spruchsberechtigte keinen Löser hat, dem der
Schuldige Ersatz leisten könnte, dann gehört
der geschuldete Betrag dem HERRN zuguns-
ten des Priesters, ebenso wie der Sühnewid-
der, mit dem der Priester für ihn die Sühne
erwirkt. 9 Alle Hebeopfer von allen heiligen
Gaben, die die Israeliten dem Priester über-
bringen, gehören dem Priester. 10 Die heiligen
Gaben selbst gehören dem Überbringer; was
er aber dem Priester gibt, gehört dem Priester.

5–8: Lev 5,20–26; Ex 21,37–22,14 / **7**: Lev 5,16.24; 22,14; 27,13.15.19.27.31 / **8**: Lev 7,7 / **9–10**: Ex 29,27–28; Num 18,8–11

GOTTESURTEIL BEI EIFERSUCHTSKLAGE: 5,11–31

11 Der HERR sprach zu Mose: 12 Rede zu den
Israeliten und sag ihnen: Angenommen, eine
Frau gerät auf Abwege, sie wird ihrem Mann
untreu, 13 und ein anderer Mann liegt bei ihr

5,8 Zum Löser vgl. die Anmerkung zu Lev 25,25.

im Beischlaf, ohne dass ihr Mann es merkt,
angenommen also, sie ist unrein geworden,
ohne dass es entdeckt wird, und es gibt keine
Zeugen, weil sie nicht ertappt worden ist, 14 im
Mann aber wird Eifersucht wach und er wird
eifersüchtig auf seine Frau, die wirklich unrein
geworden ist; angenommen aber auch, er wird
auf seine Frau eifersüchtig, obwohl sie in
Wirklichkeit nicht unrein geworden ist:

15 In einem solchen Fall soll der Mann seine
Frau zum Priester bringen und soll zugleich die
für sie vorgesehene Opfergabe mitbringen: ein
Zehntel Efa Gerstenmehl. Er darf kein Öl da-
rauf gießen und keinen Weihrauch darauf
streuen; denn es ist ein Eifersuchtsspeiseop-
fer, ein Speiseopfer zur Ermittlung der Schuld.
16 Der Priester führt die Frau hinein und stellt
sie vor den HERRN. 17 Er nimmt heiliges Was-
ser in einem Tongefäß; dann nimmt er etwas
Staub vom Fußboden der Wohnung und
streut ihn in das Wasser. 18 Dann stellt der
Priester die Frau vor den HERRN, löst ihr Haar
und legt ihr das Ermittlungsspeiseopfer, das
heißt das Eifersuchtsspeiseopfer, in die Hän-
de; der Priester aber hält das bittere, fluchbrin-
gende Wasser in der Hand. 19 Dann beschwört
der Priester die Frau und sagt zu ihr: Wenn
kein Mann mit dir geschlafen hat, wenn du
deinem Mann nicht untreu gewesen, also
nicht unrein geworden bist, dann wird sich
deine Unschuld durch dieses bittere, fluch-
bringende Wasser erweisen. 20 Wenn du aber
deinem Mann untreu gewesen, wenn du un-
rein geworden bist und wenn ein anderer als
dein eigener Mann mit dir geschlafen hat –
21 und nun soll der Priester die Frau mit einem
Fluch beschwören und zu ihr sprechen –, dann
wird der HERR dich zum Fluch und zum
Schwur in deinem Volk machen. Der HERR
wird deine Hüften einfallen und deinen Bauch
anschwellen lassen. 22 Dieses fluchbringende
Wasser wird in deine Eingeweide eindringen,
sodass dein Bauch anschwillt und deine Hüf-
ten einfallen. Darauf soll die Frau antworten:
Amen, amen.

23 Der Priester aber schreibt diese Flüche auf
und wischt die Schrift sodann in das bittere
Wasser. 24 Dann gibt er der Frau das bittere,
fluchbringende Wasser zu trinken, damit die-
ses fluchbringende Wasser in sie eindringt und
Bitternis bewirkt. 25 Der Priester nimmt aus
der Hand der Frau das Eifersuchtsspeiseopfer,
erhebt das Speiseopfer vor dem HERRN und
bringt es auf dem Altar dar. 26 Der Priester
nimmt von dem Speiseopfer eine Handvoll als
Gedächtnisanteil weg und lässt ihn auf dem
Altar in Rauch aufgehen. Dann erst lässt er die
Frau das Wasser trinken. 27 Sobald er sie das
Wasser hat trinken lassen, wird das fluchbrin-
gende Wasser in sie eindringen und Bitternis
bewirken, falls sie unrein und ihrem Mann
untreu geworden ist: Es wird ihren Bauch an-
schwellen und ihre Hüften einfallen lassen,
sodass die Frau in ihrem Volk zum Fluch wird.
28 Wenn sie aber nicht unrein geworden, son-
dern rein ist, dann wird sich zeigen, dass sie
unschuldig ist, und sie kann Kinder bekom-
men.

29 Das ist die Eifersuchtsweisung für den
Fall, dass eine Frau ihren Mann betrügt und
unrein geworden ist 30 oder dass in einem
Mann Eifersucht wach wird, er auf sie eifer-
süchtig wird und sie vor den HERRN treten
lässt. Wenn der Priester diese Weisung auf sie
anwendet, 31 dann ist der Mann von Schuld
frei, die Frau aber muss die Folgen ihrer Schuld
tragen.

26: Lev 2,2 / **27**: Ex 32,20; Ps 109,18 / **30**: Mal 2,14–16

NASIRÄERGELÜBDE: 6,1–21

6 1 Der HERR sprach zu Mose: 2 Rede zu
den Israeliten und sag zu ihnen: Wenn
ein Mann oder eine Frau etwas Besonderes tun
will und das Nasiräergelübde ablegt, sodass sie
dem HERRN geweiht sind, 3 dann sollen sie auf
Wein und Bier verzichten; sie sollen keinen
gegorenen Wein und kein gegorenes Bier trin-
ken, auch keinen Traubensaft, sie sollen weder
frische noch getrocknete Trauben essen. 4 So-
lange sie Nasiräer sind, sollen sie nichts essen,
was von Weinreben stammt, von den unreifen
Trauben angefangen bis zu den Trebern.

5 Solange das Nasiräergelübde in Kraft ist,
soll auch kein Schermesser ihr Haupt berüh-
ren, bis die Zeit abgelaufen ist, für die sie sich
dem HERRN als Nasiräer geweiht haben. Sie
sind heilig, sie müssen ihr Haar ganz frei
wachsen lassen.

6 Solange sie sich dem HERRN als Nasiräer
geweiht haben, sollen sie auch nicht in die
Nähe eines Toten kommen. 7 Nicht einmal an
Vater oder Mutter, an Bruder oder Schwester
sollen sie sich verunreinigen, wenn sie ster-

6,1–21 Das Nasiräergelübde ist eine Selbstverpflichtung zu gottgeweihtem Leben sowohl von Männern als auch von Frauen.

ben; denn sie tragen die Weihe ihres Gottes
auf ihrem Haupt. 8 Solange sie Nasiräer sind,
sind sie dem HERRN heilig.

9 Wenn aber jemand in ihrer Nähe ganz
plötzlich stirbt und sie dabei ihr geweihtes
Haupt unrein machen, dann sollen sie ihr Haar
an dem Tag abschneiden, an dem sie wieder
rein werden: Am siebten Tag sollen sie ihr
Haar abschneiden 10 und am achten Tag sollen
sie zwei Turteltauben oder zwei junge Tauben
zum Priester an den Eingang des Offenba-
rungszeltes bringen. 11 Der Priester richtet die
eine zum Sündopfer, die andere zum Brand-
opfer her und erwirkt Sühne für die Person,
die an der Leiche eine Sünde auf sich geladen
hat; am selben Tag erklärt der Priester ihr
Haupt wieder für heilig. 12 Sie soll sich dann
dem HERRN für die Zeit, für die sie sich als
Nasiräer verpflichtet hatte, von Neuem wei-
hen und ein einjähriges Lamm als Schuldopfer
darbringen. Die schon abgeleistete Zeit aber ist
verfallen, da das Geweihte unrein geworden
ist.

13 Das ist die Nasiräerweisung: Am Tag, an
dem die Zeit der Nasiräerweihe abgelaufen ist,
soll man die Person zum Eingang des Offen-
barungszeltes führen. 14 Sie soll ihre Opferga-
be für den HERRN darbringen: ein fehlerloses
einjähriges männliches Lamm als Brandopfer,
ein fehlerloses einjähriges weibliches Lamm
als Sühnopfer, einen fehlerlosen Widder als
Heilsopfer, 15 ferner einen Korb voll ungesäu-
erter Kuchen aus Weizenfeinmehl, das mit Öl
vermengt ist, sowie voll ungesäuerter Brotfla-
den, die mit Öl bestrichen sind, ferner das
dazugehörende Speiseopfer und die dazuge-
hörenden Trankopfer. 16 Der Priester bringt
alles vor dem HERRN dar und richtet für die
betreffende Person das Sündopfer und das
Brandopfer her. 17 Auch richtet er den Widder
für das Heilsopfer für den HERRN her, zusam-
men mit dem Korb voll ungesäuertem Gebäck;
dann richtet der Priester für die betreffende
Person das Speiseopfer und das Trankopfer
her. 18 Die Nasiräer schneiden am Eingang des
Offenbarungszeltes ihr geweihtes Haupthaar
ab, nehmen das geweihte Haar und werfen es
in das Feuer, das unter dem Heilsopfer brennt.
19 Nachdem sie sich das Nasiräerhaar abge-
schnitten haben, nimmt der Priester den ge-
kochten Vorderschenkel des Widders, einen
ungesäuerten Kuchen aus dem Korb und einen
ungesäuerten Brotfladen und legt es den Na-
siräern auf die Hände. 20 Dann erhebt sie der
Priester vor dem HERRN als Erhebungsopfer.
Das ist eine heilige Gabe für den Priester, zu-
sätzlich zur Widderbrust des Erhebungsopfers
und zur Schenkelkeule des Hebeopfers. Da-
nach dürfen die Nasiräer wieder Wein trinken.
21 Das ist die Nasiräerweisung für die, welche
aufgrund ihres Weihegelübdes dem HERRN
eine Opfergabe gelobt haben, abgesehen von
dem, was sie sonst noch leisten können. Wie
es den Worten des Gelübdes entspricht, das
sie abgelegt haben, so müssen sie handeln,
nach der Weisung ihrer Weihe.

2–21: Ri 13,4.7; 16,17 / **3**: Lev 10,9; Ez 44,21; Am 2,11 / **5**: Lev 21,5; Ez 44,21 / **6**: 5,2; 19,11; Lev 21,1f. / **7**: Lev 21,11 / **13–21**: Apg 21,23–24 / **18**: Apg 18,18 / **20**: Ex 29,27–28; Lev 7,34

PRIESTERSEGEN: 6,22–27

22 Der HERR sprach zu Mose: 23 Sag zu Aaron
und seinen Söhnen: So sollt ihr die Israeliten
segnen; sprecht zu ihnen:

24 Der HERR segne dich und behüte dich.

25 Der HERR lasse sein Angesicht über dich
leuchten und sei dir gnädig.

26 Der HERR wende sein Angesicht dir zu
und schenke dir Frieden.

27 So sollen sie meinen Namen auf die Isra-
eliten legen und ich werde sie segnen.

23: Lev 9,22f.; 1 Chr 23,13 / **24**: Ps 121,7–8 / **25**: Ex 34,6f.; Ps 4,7 / **26**: Jes 26,3.12 / **27**: Ex 20,24

SPENDEN DER STÄMME FÜR DEN DIENST AM HEILIGTUM UND ZUR ALTARWEIHE: 7,1–88

7 1 An dem Tag, an dem Mose die Errichtung
der Wohnung vollendet hatte, salbte und
heiligte er sie mit all ihren Geräten, ebenso den
Altar und all seine Geräte – er salbte und hei-
ligte sie.

2 Da brachten die Anführer Israels, die
Oberhäupter ihrer Großfamilien, die Stam-
mesführer, die an der Spitze der Gemusterten
standen, ihre Gaben herbei. 3 Sie brachten
dem HERRN als ihre Gabe: sechs Planwagen
und zwölf Rinder, jeweils für zwei Stammes-
führer einen Wagen und für jeden Stammes-
führer einen Stier. Das brachten sie vor die
Wohnung.

4 Der HERR sprach zu Mose: 5 Nimm die
Gaben von ihnen an; sie sollen für den Dienst
am Offenbarungszelt verwendet werden.
Übergib sie den Leviten, entsprechend ihrer
Aufgabe! 6 Da nahm Mose die Wagen und die

Rinder und übergab sie den Leviten. 7 Zwei
Wagen und vier Rinder übergab er den Ger-
schonitern entsprechend ihrer Aufgabe; 8 vier
Wagen und acht Rinder übergab er dem Pries-
ter Itamar, dem Sohn Aarons, für die Merariter
entsprechend ihrer Aufgabe; 9 den Kehatitern
übergab er nichts, weil ihnen der Dienst am
Heiligtum anvertraut war, das sie auf der
Schulter trugen. 10 Die Anführer brachten an
dem Tag, an dem man den Altar salbte, auch
die Spende für die Altarweihe und die Anfüh-
rer legten ihre Gaben vor den Altar.

11 Der HERR sagte zu Mose: Täglich soll je-
weils ein Anführer seine Gabe als Spende für
die Altarweihe bringen.

12 Derjenige, der am ersten Tag seine Gabe
darbrachte, war Nachschon, der Sohn Am-
minadabs, für den Stamm Juda. 13 Sie bestand
aus einer silbernen Schüssel, hundertdreißig
Schekel schwer, einer silbernen Schale zu sieb-
zig Schekel, nach dem Schekelgewicht des
Heiligtums, beide gefüllt mit Weizenfein-
mehl, das mit Öl vermengt war, für das Spei-
seopfer, 14 ferner aus einer goldenen Schale von
zehn Schekel Gewicht, gefüllt mit Räucher-
werk, 15 aus einem Jungstier, einem Widder
und einem einjährigen Lamm für das Brand-
opfer, 16 einem Ziegenbock für das Sündopfer
17 sowie aus zwei Rindern, fünf Widdern, fünf
Böcken und fünf einjährigen Lämmern für das
Heilsopfer. Das war die Gabe Nachschons, des
Sohnes Amminadabs.

18 Am zweiten Tag brachte Netanel, der Sohn
Zuars, der Anführer von Issachar, seine Gabe
dar. 19 Er brachte als seine Gabe eine silberne
Schüssel, hundertdreißig Schekel schwer, eine
silberne Schale zu siebzig Schekel, nach dem
Schekelgewicht des Heiligtums, beide gefüllt
mit Weizenfeinmehl, das mit Öl vermengt
war, für das Speiseopfer, 20 ferner eine goldene
Schale von zehn Schekel Gewicht, gefüllt mit
Räucherwerk, 21 dazu einen Jungstier, einen
Widder und ein einjähriges Lamm für das
Brandopfer, 22 einen Ziegenbock für das Sünd-
opfer 23 sowie zwei Rinder, fünf Widder, fünf
Böcke und fünf einjährige Lämmer für das
Heilsopfer. Das war die Gabe Netanels, des
Sohnes Zuars.

24 Am dritten Tag kam der Stammesführer
der Sebuloniter, Eliab, der Sohn Helons. 25 Sei-
ne Gabe bestand aus einer silbernen Schüssel,
hundertdreißig Schekel schwer, einer silber-
nen Schale zu siebzig Schekel, nach dem Sche-
kelgewicht des Heiligtums, beide gefüllt mit
Weizenfeinmehl, das mit Öl vermengt war,
für das Speiseopfer, 26 ferner aus einer golde-
nen Schale von zehn Schekel Gewicht, gefüllt
mit Räucherwerk, 27 aus einem Jungstier, ei-
nem Widder und einem einjährigen Lamm für
das Brandopfer, 28 einem Ziegenbock für das
Sündopfer 29 sowie aus zwei Rindern, fünf
Widdern, fünf Böcken und fünf einjährigen
Lämmern für das Heilsopfer. Das war die Gabe
Eliabs, des Sohnes Helons.

30 Am vierten Tag kam der Stammesführer
der Rubeniter, Elizur, der Sohn Schedëurs.
31 Seine Gabe bestand aus einer silbernen
Schüssel, hundertdreißig Schekel schwer, ei-
ner silbernen Schale zu siebzig Schekel, nach
dem Schekelgewicht des Heiligtums, beide
gefüllt mit Weizenfeinmehl, das mit Öl ver-
mengt war, für das Speiseopfer, 32 ferner aus
einer goldenen Schale von zehn Schekel Ge-
wicht, gefüllt mit Räucherwerk, 33 aus einem
Jungstier, einem Widder und einem einjähri-
gen Lamm für das Brandopfer, 34 einem Zie-
genbock für das Sündopfer 35 sowie aus zwei
Rindern, fünf Widdern, fünf Böcken und fünf
einjährigen Lämmern für das Heilsopfer. Das
war die Gabe Elizurs, des Sohnes Schedëurs.

36 Am fünften Tag kam der Stammesführer
der Simeoniter, Schelumiël, der Sohn Zu-
rischaddais. 37 Seine Gabe bestand aus einer
silbernen Schüssel, hundertdreißig Schekel
schwer, einer silbernen Schale zu siebzig Sche-
kel, nach dem Schekelgewicht des Heiligtums,
beide gefüllt mit Weizenfeinmehl, das mit Öl
vermengt war, für das Speiseopfer, 38 ferner
aus einer goldenen Schale von zehn Schekel
Gewicht, gefüllt mit Räucherwerk, 39 aus ei-
nem Jungstier, einem Widder und einem ein-
jährigen Lamm für das Brandopfer, 40 einem
Ziegenbock für das Sündopfer 41 sowie aus
zwei Rindern, fünf Widdern, fünf Böcken und
fünf einjährigen Lämmern für das Heilsopfer.
Das war die Gabe Schelumiëls, des Sohnes
Zurischaddais.

42 Am sechsten Tag kam der Stammesführer
der Gaditer, Eljasaf, der Sohn Deguëls. 43 Seine
Gabe bestand aus einer silbernen Schüssel,
hundertdreißig Schekel schwer, einer silber-
nen Schale zu siebzig Schekel, nach dem Sche-
kelgewicht des Heiligtums, beide gefüllt mit
Weizenfeinmehl, das mit Öl vermengt war,
für das Speiseopfer, 44 ferner aus einer golde-
nen Schale von zehn Schekel Gewicht, gefüllt

mit Räucherwerk, 45 aus einem Jungstier, ei-
nem Widder und einem einjährigen Lamm für
das Brandopfer, 46 einem Ziegenbock für das
Sündopfer 47 sowie aus zwei Rindern, fünf
Widdern, fünf Böcken und fünf einjährigen
Lämmern für das Heilsopfer. Das war die Gabe
Eljasafs, des Sohnes Deguëls.

48 Am siebten Tag kam der Stammesführer
der Efraimiter, Elischama, der Sohn Ammi-
huds. 49 Seine Gabe bestand aus einer silbernen
Schüssel, hundertdreißig Schekel schwer, ei-
ner silbernen Schale zu siebzig Schekel, nach
dem Schekelgewicht des Heiligtums, beide
gefüllt mit Weizenfeinmehl, das mit Öl ver-
mengt war, für das Speiseopfer, 50 ferner aus
einer goldenen Schale von zehn Schekel Ge-
wicht, gefüllt mit Räucherwerk, 51 aus einem
Jungstier, einem Widder und einem einjähri-
gen Lamm für das Brandopfer, 52 einem Zie-
genbock für das Sündopfer 53 sowie aus zwei
Rindern, fünf Widdern, fünf Böcken und fünf
einjährigen Lämmern für das Heilsopfer. Das
war die Gabe Elischamas, des Sohnes Ammi-
huds.

54 Am achten Tag kam der Stammesführer
der Manassiter, Gamliël, der Sohn Pedazurs.
55 Seine Gabe bestand aus einer silbernen
Schüssel, hundertdreißig Schekel schwer, ei-
ner silbernen Schale zu siebzig Schekel, nach
dem Schekelgewicht des Heiligtums, beide
gefüllt mit Weizenfeinmehl, das mit Öl ver-
mengt war, für das Speiseopfer, 56 ferner aus
einer goldenen Schale von zehn Schekel Ge-
wicht, gefüllt mit Räucherwerk, 57 aus einem
Jungstier, einem Widder und einem einjähri-
gen Lamm für das Brandopfer, 58 einem Zie-
genbock für das Sündopfer 59 sowie aus zwei
Rindern, fünf Widdern, fünf Böcken und
fünf einjährigen Lämmern für das Heilsopfer.
Das war die Gabe Gamliëls, des Sohnes Peda-
zurs.

60 Am neunten Tag kam der Stammesführer
der Benjaminiter, Abidan, der Sohn Gidonis.
61 Seine Gabe bestand aus einer silbernen
Schüssel, hundertdreißig Schekel schwer, ei-
ner silbernen Schale zu siebzig Schekel, nach
dem Schekelgewicht des Heiligtums, beide
gefüllt mit Weizenfeinmehl, das mit Öl ver-
mengt war, für das Speiseopfer, 62 ferner aus
einer goldenen Schale zu zehn Schekel Ge-
wicht, gefüllt mit Räucherwerk, 63 aus einem
Jungstier, einem Widder und einem einjähri-
gen Lamm für das Brandopfer, 64 einem Zie-
genbock für das Sündopfer 65 sowie aus zwei
Rindern, fünf Widdern, fünf Böcken und fünf
einjährigen Lämmern für das Heilsopfer. Das
war die Gabe Abidans, des Sohnes Gidonis.

66 Am zehnten Tag kam der Stammesführer
der Daniter, Ahiëser, der Sohn Ammischad-
dais. 67 Seine Gabe bestand aus einer silbernen
Schüssel, hundertdreißig Schekel schwer, ei-
ner silbernen Schale zu siebzig Schekel, nach
dem Schekelgewicht des Heiligtums, beide
gefüllt mit Weizenfeinmehl, das mit Öl ver-
mengt war, für das Speiseopfer, 68 ferner aus
einer goldenen Schale von zehn Schekel Ge-
wicht, gefüllt mit Räucherwerk, 69 aus einem
Jungstier, einem Widder und einem einjähri-
gen Lamm für das Brandopfer, 70 einem Zie-
genbock für das Sündopfer 71 sowie aus zwei
Rindern, fünf Widdern, fünf Böcken und fünf
einjährigen Lämmern für das Heilsopfer. Das
war die Gabe Ahiësers, des Sohnes Am-
mischaddais.

72 Am elften Tag kam der Stammesführer der
Ascheriter, Pagiël, der Sohn Ochrans. 73 Seine
Gabe bestand aus einer silbernen Schüssel,
hundertdreißig Schekel schwer, einer silber-
nen Schale zu siebzig Schekel, nach dem Sche-
kelgewicht des Heiligtums, beide gefüllt mit
Weizenfeinmehl, das mit Öl vermengt war,
für das Speiseopfer, 74 ferner aus einer golde-
nen Schale zu zehn Schekel Gewicht, gefüllt
mit Räucherwerk, 75 aus einem Jungstier, ei-
nem Widder und einem einjährigen Lamm für
das Brandopfer, 76 einem Ziegenbock für das
Sündopfer 77 sowie aus zwei Rindern, fünf
Widdern, fünf Böcken und fünf einjährigen
Lämmern für das Heilsopfer. Das war die Gabe
Pagiëls, des Sohnes Ochrans.

78 Am zwölften Tag kam der Stammesführer
der Naftaliter, Ahira, der Sohn Enans. 79 Seine
Gabe bestand aus einer silbernen Schüssel,
hundertdreißig Schekel schwer, einer silber-
nen Schale zu siebzig Schekel, nach dem Sche-
kelgewicht des Heiligtums, beide gefüllt mit
Weizenfeinmehl, das mit Öl vermengt war,
für das Speiseopfer, 80 ferner aus einer golde-
nen Schale von zehn Schekel Gewicht, gefüllt
mit Räucherwerk, 81 aus einem Jungstier, ei-
nem Widder und einem einjährigen Lamm für
das Brandopfer, 82 einem Ziegenbock für das
Sündopfer 83 sowie aus zwei Rindern, fünf
Widdern, fünf Böcken und fünf einjährigen
Lämmern für das Heilsopfer. Das war die Gabe
Ahiras, des Sohnes Enans.

84 Das war die Spende der Stammesführer
Israels für die Weihe des Altars, als man den
Altar salbte: zwölf silberne Schüsseln, zwölf
silberne Schalen, zwölf goldene Schalen,
85 jede silberne Schüssel hundertdreißig Sche-
kel schwer, jede silberne Schale siebzig Schekel
schwer, das Silber aller Gefäße zusammen also
zweitausendvierhundert Schekel, nach dem
Schekelgewicht des Heiligtums, 86 ferner
zwölf goldene Schalen, gefüllt mit Räucher-
werk, jede Schale zehn Schekel schwer, nach
dem Schekelgewicht des Heiligtums, das Gold
aller Schalen zusammen also hundertzwanzig
Schekel, 87 dazu insgesamt zwölf Rinder, und
zwar Stiere, für das Brandopfer, zwölf Widder,
zwölf einjährige Lämmer und die dazugehö-
renden Speiseopfer, ferner zwölf Ziegenböcke
für das Sündopfer, 88 außerdem im Ganzen
vierundzwanzig Rinder, und zwar Stiere,
sechzig Widder, sechzig Böcke und sechzig
einjährige Lämmer für das Heilsopfer. Das war
die Spende für die Weihe des Altars, nachdem
man ihn gesalbt hatte.

1: Ex 40,17; 29,36 / **10**: 1 Kön 8,63; 2 Chr 7,5; Esra 7,16

KUNDGABE GOTTES ÜBER DER SÜHNEPLATTE: 7,89

89 Wenn Mose das Offenbarungszelt betrat,
um mit dem HERRN zu reden, hörte er die
Stimme zu ihm reden. Sie sprach zu ihm von
der Sühneplatte her, die auf der Lade des Bun-
deszeugnisses lag, zwischen den beiden Keru-
bim hervor.

DIENST AM SIEBENARMIGEN LEUCHTER: 8,1–4

8 1 Der HERR sprach zu Mose: 2 Rede zu
Aaron und sag zu ihm: Wenn du die Lam-
pen auf den Leuchter steckst, dann so, dass das
Licht der sieben Lampen vom Leuchter aus
nach vorn fällt. 3 Das tat Aaron; er steckte die
Lampen so auf, dass ihr Licht vom Leuchter
aus nach vorn fiel, wie der HERR es Mose ge-
boten hatte. 4 So war der Leuchter gemacht: Er
war aus Gold getrieben, vom Gestell bis zu den
Blüten war er aus Gold getrieben. Mose hatte
den Leuchter nach dem Muster angefertigt,
das der HERR ihm gezeigt hatte.

2–4: Ex 25,31–40; 37,17–24 / **4**: Ex 25,9

WEIHE UND DIENST DER LEVITEN: 8,5–26

5 Der HERR sprach zu Mose: 6 Nimm die Levi-
ten aus der Mitte der Israeliten und reinige sie!
7 So sollst du ihre Reinigung vollziehen:
Spreng über sie das Entsündigungswasser! Sie
selbst sollen sich an ihrem ganzen Körper mit
einem Schermesser die Haare schneiden, ihre
Kleider waschen und sich reinigen. 8 Dann sol-
len sie einen Jungstier nehmen und dazu als
Speiseopfer Weizenfeinmehl, das mit Öl ver-
mengt ist. Einen zweiten Jungstier sollst du für
das Sündopfer nehmen. 9 Dann sollst du die
Leviten vor das Offenbarungszelt hintreten
lassen und die ganze Gemeinde der Israeliten
versammeln.
10 Lass die Leviten vor den HERRN treten!
Die Israeliten sollen den Leviten die Hände
auflegen 11 und Aaron soll aus den Israeliten
die Leviten zum Erhebungsopfer vor dem
HERRN erklären, damit sie den Dienst des
HERRN verrichten. 12 Die Leviten sollen ihre
Hände den Stieren auf den Kopf legen. Dann
richte den einen als Sündopfer und den ande-
ren als Brandopfer für den HERRN her, um für
die Leviten Sühne zu erwirken. 13 Stell die Le-
viten vor Aaron und seine Söhne und erkläre
sie zum Erhebungsopfer für den HERRN!
14 Auf diese Weise sollst du die Leviten aus
der Mitte der Israeliten aussondern; dann ge-
hören die Leviten mir. 15 Danach sollen die
Leviten mit ihrem Dienst am Offenbarungs-
zelt beginnen. Reinige sie und erkläre sie zum
Erhebungsopfer; 16 denn sie sind mir überge-
ben – übergeben sind sie mir aus der Mitte der
Israeliten –, als Ersatz für alle, die den Mutter-
schoß durchbrechen; als Ersatz für alle erstge-
borenen Israeliten habe ich sie mir genommen.
17 Denn alle erstgeborenen Israeliten gehören
mir, sowohl bei den Menschen als auch beim
Vieh. An dem Tag, an dem ich in Ägypten alle
Erstgeborenen erschlug, habe ich sie als mir
heilig erklärt. 18 Die Leviten habe ich als Ersatz
für alle erstgeborenen Israeliten genommen.
19 Ich habe die Leviten Aaron und seinen Söh-
nen aus der Mitte der Israeliten als Gabe über-
geben, damit sie am Offenbarungszelt den
Dienst der Israeliten vollziehen und für die
Israeliten Sühne erwirken, sodass die Israeli-
ten kein Unheil trifft, wenn sie dem Heiligtum
zu nahe kommen. 20 Mose, Aaron und die gan-
ze Gemeinde der Israeliten taten mit den Le-
viten genau das, was der HERR dem Mose
hinsichtlich der Leviten geboten hatte; das
taten die Israeliten mit den Leviten. 21 Die Le-
viten entsündigten sich und wuschen ihre
Kleider. Aaron erklärte sie zum Erhebungsop-

fer vor dem HERRN und erwirkte Sühne für
sie, sodass sie rein waren. 22 Danach traten die
Leviten bei Aaron und seinen Söhnen ihren
Dienst am Offenbarungszelt an. Was der
HERR dem Mose hinsichtlich der Leviten ge-
boten hatte, das tat man mit ihnen.

23 Der HERR sprach zu Mose: 24 Folgendes
gilt für die Leviten: Mit fünfundzwanzig Jah-
ren und darüber ist jeder verpflichtet, am
Offenbarungszelt seinen Dienst zu tun.
25 Mit fünfzig Jahren endet seine Verpflich-
tung und er braucht keinen Dienst mehr zu
tun; 26 er kann aber am Offenbarungszelt
seinen Brüdern bei der Ausübung ihres
Dienstes helfen; doch den Dienst selbst soll
er nicht versehen. So sollst du den Dienst der
Leviten ordnen.

6: Ex 29,4; Lev 8,5–15 / **7**: 19,9; Lev 14,8–9 / **9**: Lev 8,3 / **13**: 3,9 / **14–19**: 3,11–13 / **17**: Ex 13,2; 22,28f. / **24–25**: 4

DAS PESSACH VOR DEM AUFBRUCH UND
DAS PESSACH IM ZWEITEN MONAT: 9,1–14

9 1 Im ersten Monat des zweiten Jahres nach
ihrem Auszug aus Ägypten sprach der
HERR in der Wüste Sinai zu Mose: 2 Die Isra-
eliten sollen zur festgesetzten Zeit das Pes-
sachfest feiern. 3 Am vierzehnten Tag dieses
Monats sollt ihr es in der Abenddämmerung
zur festgesetzten Zeit feiern. Entsprechend
aller betreffenden Satzungen und Rechtsent-
scheide sollt ihr es feiern. 4 Da sagte Mose zu
den Israeliten, sie sollten das Pessachfest fei-
ern. 5 So feierten sie am vierzehnten Tag des
ersten Monats in der Abenddämmerung das
Pessachfest in der Wüste Sinai. Genauso, wie
der HERR es Mose geboten hatte, machten es
die Israeliten.

6 Es gab Männer, die unrein waren, weil sie
einen toten Menschen berührt hatten, und die
deshalb an jenem Tag das Pessachfest nicht
feiern konnten. Die Männer kamen noch am
selben Tag zu Mose und Aaron 7 und sagten zu
ihm: Wir sind unrein, weil wir einen toten
Menschen berührt haben. Warum soll es uns
verwehrt sein, zur festgesetzten Zeit wie die
anderen Israeliten dem HERRN unsere Opfer-
gabe darzubringen? 8 Mose antwortete ihnen:
Bleibt da; ich will hören, was euch der HERR
gebietet.

9 Der HERR sprach zu Mose: 10 Sag den Isra-
eliten: Wenn irgendeiner unrein wurde durch
Berührung eines Toten oder auf einer weiten
Reise ist, sei es unter euch oder in den kom-
menden Generationen, er aber das Pessach für
den HERRN feiern will, 11 dann dürfen sie es
im zweiten Monat am vierzehnten Tag in der
Abenddämmerung feiern; zu ungesäuerten
Broten und Bitterkräutern sollen sie es essen.
12 Sie sollen davon nichts bis zum nächsten
Morgen übrig lassen und sollen an ihm keinen
Knochen zerbrechen. Entsprechend der Pes-
sachsatzung sollen sie es feiern. 13 Wer jedoch
rein ist und sich nicht auf einer Reise befindet,
es aber trotzdem unterlässt, das Pessachfest zu
feiern, der soll aus seinen Stammesgenossen
ausgemerzt werden, denn er hat dem HERRN
seine Opfergabe nicht zur festgesetzten Zeit
dargebracht; ein solcher Mensch muss die Fol-
gen seiner Sünde tragen. 14 Wenn ein Fremder
sich bei euch aufhält und das Pessachfest für
den HERRN feiern will, dann soll er es nach
der Pessachsatzung und ihren Rechtsentschei-
den feiern. Für den Fremden und für den Ein-
heimischen soll bei euch dieselbe Satzung
gelten.

1: Ex 40,17; Num 1,1 / **2–14**: Ex 12,1–20.43–49 / **6–7**: 5,2; 19,11

UNTER FÜHRUNG DER WOLKENSÄULE:
9,15–23

15 An dem Tag, als man die Wohnung aufstell-
te, bedeckte die Wolke die Wohnung, das Zelt
des Bundeszeugnisses. Am Abend war über
der Wohnung etwas wie ein Feuerschein bis
zum Morgen.

16 So war es die ganze Zeit: Die Wolke be-
deckte sie und bei Nacht der Feuerschein. 17 Je-
des Mal, wenn sich die Wolke über dem Zelt
erhob, brachen die Israeliten daraufhin auf,
und wo sich die Wolke niederließ, dort schlu-
gen die Israeliten ihr Lager auf. 18 Auf Befehl
des HERRN brachen die Israeliten auf und auf
Befehl des HERRN schlugen sie ihr Lager auf.
Solange die Wolke über der Wohnung lag,
blieben sie im Lager. 19 Auch wenn die Wolke
längere Zeit über der Wohnung verweilte, ta-
ten die Israeliten den Dienst des HERRN und
brachen nicht auf. 20 Und wenn es vorkam,
dass die Wolke nur wenige Tage über der
Wohnung war, blieben sie auf Befehl des
HERRN im Lager und brachen auf Befehl des
HERRN auf. 21 Und wenn es vorkam, dass die
Wolke nur vom Abend bis zum Morgen blieb
und sich am Morgen erhob, dann brachen sie
am nächsten Morgen auf. Ob es bei Tag oder
bei Nacht war: Wenn die Wolke sich erhob,

brachen sie auf. 22 Ob es zwei Tage dauerte oder
einen Monat oder noch länger: Wenn die
Wolke über der Wohnung anhielt und blieb,
dann schlugen die Israeliten ihr Lager auf und
brachen nicht auf; erst wenn sie sich erhob,
brachen sie auf. 23 Auf Befehl des HERRN
schlugen sie das Lager auf und auf Befehl des
HERRN brachen sie auf. Sie taten den Dienst
des HERRN gemäß dem durch Mose gege-
benen Befehl des HERRN.

15–18: Ex 40,34–38

DIE TROMPETENSIGNALE FÜR DIE VERSAMMLUNG: 10,1–10

10 1 Der HERR sprach zu Mose: 2 Mach dir
zwei silberne Trompeten! Aus getrie-
benem Metall sollst du sie machen. Sie sollen
dir dazu dienen, die Gemeinde einzuberufen
und den einzelnen Lagern das Zeichen zum
Aufbruch zu geben. 3 Wenn man mit beiden
Trompeten bläst, soll sich die ganze Gemeinde
am Eingang des Offenbarungszeltes bei dir
versammeln. 4 Wenn man nur mit einer bläst,
sollen sich die Anführer, die Hauptleute der
Tausendschaften Israels, bei dir versammeln.
5 Wenn ihr sie mit lautem Schall blast, dann
sollen die Lager auf der Ostseite aufbrechen.
6 Wenn ihr sie zum zweiten Mal mit lautem
Schall blast, dann sollen die Lager auf der Süd-
seite aufbrechen. Je nachdem, wie sie aufzu-
brechen haben, soll man mit lautem Schall
blasen. 7 Wenn die Versammlung einberufen
werden soll, dann blast, aber nicht das Signal
mit lautestem Schall! 8 Die Söhne Aarons, die
Priester, sollen die Trompeten blasen. Das soll
als ewige Satzung bei euch gelten, von Gene-
ration zu Generation.

9 Wenn ihr in eurem Land in einen Krieg
zieht gegen einen Angreifer, der euch be-
drängt, dann blast mit den Trompeten das
Signal mit lautestem Schall! So werdet ihr euch
vor dem HERRN, eurem Gott, in Erinnerung
bringen und vor euren Feinden gerettet wer-
den. 10 Auch an euren Freudentagen, an den
Festen und Monatsanfängen, blast zu euren
Brand- und Heilsopfern mit den Trompeten!
Das wird euch vor eurem Gott in Erinnerung
bringen. Ich bin der HERR, euer Gott.

VOM SINAI BIS AN DIE GRENZE DES VERHEISSENEN LANDES: 10,11–14,45

AUFBRUCH VOM SINAI: 10,11–28

11 Am zwanzigsten Tag des zweiten Monats im
zweiten Jahr erhob sich die Wolke über der
Wohnung des Bundeszeugnisses. 12 Da bra-
chen die Israeliten von der Wüste Sinai auf,
wie es die Ordnung für den Aufbruch vorsah,
und die Wolke ließ sich in der Wüste Paran
nieder.

13 So brachen sie zum ersten Mal auf, wie
ihnen der HERR durch Mose befohlen hatte.
14 Als Erstes brach das Feldzeichen des Lagers
Juda auf, nach Abteilungen geordnet. Judas
Heer befehligte Nachschon, der Sohn Am-
minadabs. 15 Das Heer des Stammes der Is-
sachariter befehligte Netanel, der Sohn Zu-
ars. 16 Das Heer des Stammes der Sebuloniter
befehligte Eliab, der Sohn Helons. 17 Nach
dem Abbau der Wohnung brachen die Ger-
schoniter und die Merariter auf, die die Woh-
nung trugen. 18 Dann brach das Feldzeichen
des Lagers Rubens auf, nach Abteilungen
geordnet. Rubens Heer befehligte Elizur, der
Sohn Schedëurs. 19 Das Heer des Stammes
der Simeoniter befehligte Schelumiël, der
Sohn Zurischaddais. 20 Das Heer des Stam-
mes der Gaditer befehligte Eljasaf, der Sohn
Deguëls. 21 Dann brachen die Kehatiter auf,
die das Heiligtum trugen. Die Wohnung
stellte man auf, bevor sie ankamen. 22 Dann
brach das Feldzeichen des Lagers der Efrai-
miter auf, nach Abteilungen geordnet. Ef-
raims Heer befehligte Elischama, der Sohn
Ammihuds. 23 Das Heer des Stammes der
Manassiter befehligte Gamliël, der Sohn Pe-
dazurs. 24 Das Heer des Stammes der Benja-
miniter befehligte Abidan, der Sohn Gidonis.
25 Dann brach das Feldzeichen des Lagers der
Daniter auf; sie bildeten die Nachhut aller
nach Abteilungen geordneten Lager. Das
Heer Dans befehligte Ahiëser, der Sohn
Ammischaddais. 26 Das Heer des Stammes
der Ascheriter befehligte Pagiël, der Sohn

Ochrans. 27 Das Heer des Stammes der Naf-
taliter befehligte Ahira, der Sohn Enans.
28 Das war die Ordnung für den Aufbruch der
Israeliten, geordnet nach Abteilungen. So
brachen sie auf.

13–28: 2,1–34

FÜHRUNG GOTTES AUF DEM WEG: 10,29–36

29 Mose sagte zu Hobab, dem Sohn des Midia-
niters Reguël, seines Schwiegervaters: Wir
brechen auf zu dem Ort, von dem der HERR
gesagt hat: Ihn gebe ich euch. Geh mit uns!
Wir werden dir Gutes tun; denn der HERR hat
Israel Gutes verheißen. 30 Er aber sagte zu ihm:
Ich gehe nicht mit, sondern ich gehe in mein
Land und zu meiner Verwandtschaft zurück.
31 Da sagte Mose: Verlass uns doch nicht! Denn
du kennst unsere Lagerplätze in der Wüste; du
kannst unser Auge sein. 32 Wenn du mit uns
gehst, dann werden wir das Gute, das der
HERR uns gibt, auch dir geben.

33 Sie brachen vom Berg des HERRN auf und
zogen drei Tagesmärsche weit. Die Bundesla-
de des HERRN zog drei Tage lang vor ihnen her,
um einen Lagerplatz für sie zu erkunden. 34 Die
Wolke des HERRN war bei Tag über ihnen,
wenn sie vom Lager aufbrachen. 35 Wenn die
Lade aufbrach, sagte Mose:

Steh auf, HERR, /
dann zerstieben deine Feinde, /
dann fliehen deine Gegner vor dir. /
36 Und wenn sie lagerten, sagte er:
Kehr zurück, HERR, /
zu den Tausenden und Abertausenden
Israels!

29–32: Ex 2,18.20; 3,1; 4,18; 18,1–12.27; Ri 1,16; 4,11 / **30:** Ex 18,27 / **33–34:** Dtn 1,33; Ex 13,21–22 / **35:** Ps 68,2; 132,8; Jes 33,3

MURREN NACH DEM AUFBRUCH: 11,1–3

11 1 Als das Volk die Ohren des HERRN mit
Klagen über sein böses Los erfüllte, ent-
brannte sein Zorn; das Feuer des HERRN brach
bei ihnen aus und griff am Rand des Lagers um
sich. 2 Da schrie das Volk zu Mose und Mose
legte Fürbitte beim HERRN für sie ein. Darauf
ging das Feuer wieder aus. 3 Daher nannte man
den Namen jenes Ortes Tabera, Brand, denn
das Feuer des HERRN war gegen sie entbrannt.

1–3: Ex 14,11–12; Dtn 9,22 / **2:** Ex 32,11; Num 14,13–20; 21,7

ABLEHNUNG DES MANNA UND DIE GABE DER WACHTELN: 11,4–35

4 Die Leute, die sich ihnen angeschlossen hat-
ten, wurden von der Gier gepackt und auch die
Israeliten begannen wieder zu weinen und
sagten: Wenn uns doch jemand Fleisch zu es-
sen gäbe! 5 Wir denken an die Fische, die wir
in Ägypten umsonst zu essen bekamen, an die
Gurken und Melonen, an den Lauch, an die
Zwiebeln und an den Knoblauch. 6 Doch jetzt
vertrocknet uns die Kehle, nichts bekommen
wir zu sehen als immer nur Manna.

7 Das Manna war wie Koriandersamen und
es sah wie Bdelliumharz aus. 8 Das Volk streif-
te umher und sammelte es, mahlte es mit der
Handmühle oder zerstampfte es mit dem
Mörser, kochte es in einem Topf oder bereite-
te daraus Brotfladen. Sein Geschmack war wie
der Geschmack von Ölgebäck. 9 Wenn bei
Nacht der Tau auf das Lager herabkam, kam
auch das Manna herab.

10 Mose hörte das Volk weinen, nach Sippen
getrennt, jeder am Eingang seines Zeltes. Da
entbrannte der Zorn des HERRN; in den Augen
des Mose war es böse. 11 Da sagte Mose zum
HERRN: Warum warst du so böse zu deinem
Knecht und warum habe ich keine Gnade in
deinen Augen gefunden, dass du mir die Last
dieses ganzen Volkes auflädst? 12 War ich denn
mit diesem ganzen Volk schwanger oder habe
ich es geboren, dass du zu mir sagst: Trag es an
deiner Brust, wie die Amme den Säugling
trägt, in das Land, das du seinen Vätern mit
einem Eid verheißen hast? 13 Woher soll ich
für dieses ganze Volk Fleisch nehmen? Sie wei-
nen vor mir und sagen zu mir: Gib uns Fleisch
zu essen! 14 Ich kann dieses ganze Volk nicht
allein tragen, es ist mir zu schwer. 15 Wenn du
mich so behandelst, dann bring mich lieber
um. Wenn ich Gnade in deinen Augen gefun-
den habe, werde ich mein Unheil nicht mehr
schauen.

16 Da sprach der HERR zu Mose: Versamm-
le mir siebzig von den Ältesten Israels, die du
kennst, weil sie die Ältesten des Volkes und
seine Listenführer sind; bring sie zum Offen-
barungszelt! Dort sollen sie mit dir zusam-
men hintreten. 17 Dann komme ich herab und
rede dort mit dir. Ich nehme etwas von dem
Geist, der auf dir ruht, und lege ihn auf sie.
So können sie mit dir zusammen an der Last
des Volkes tragen und du musst sie nicht
mehr allein tragen. 18 Zum Volk aber sollst du

sagen: Heiligt euch für morgen, dann werdet
ihr Fleisch zu essen haben. Denn ihr habt dem
HERRN die Ohren vollgeweint und gesagt:
Wenn uns doch jemand Fleisch zu essen gäbe!
In Ägypten ging es uns gut. Der HERR wird
euch Fleisch geben und ihr werdet essen.
19 Nicht nur einen Tag werdet ihr es essen,
nicht zwei Tage, nicht fünf Tage, nicht zehn
Tage und nicht zwanzig Tage, 20 sondern ei-
nen Monat lang, bis es euch zur Nase heraus-
kommt und ihr euch davor ekelt. Denn ihr
habt den HERRN, der mitten unter euch ist,
verworfen und habt vor ihm geweint und
gesagt: Warum sind wir aus Ägypten wegge-
zogen?

21 Da entgegnete Mose: Sechshunderttau-
send Mann zu Fuß zählt das Volk, in dessen
Mitte ich bin, und du sagst: Ich gebe ihnen
Fleisch, sodass sie einen Monat lang zu essen
haben? 22 Soll man etwa alle Schafe, Ziegen
und Rinder für sie schlachten, dass es für sie
ausreicht? Oder kann man alle Fische des
Meeres für sie fangen, dass es für sie aus-
reicht? 23 Der HERR antwortete Mose: Ist
etwa die Hand des HERRN zu kurz? Jetzt
wirst du sehen, ob mein Wort für dich ein-
trifft oder nicht.

24 Mose ging hinaus und teilte dem Volk die
Worte des HERRN mit. Dann versammelte er
siebzig von den Ältesten des Volkes und stell-
te sie rings um das Zelt auf. 25 Der HERR kam
in der Wolke herab und redete mit Mose. Er
nahm etwas von dem Geist, der auf ihm ruhte,
und legte ihn auf die siebzig Ältesten. Sobald
der Geist auf ihnen ruhte, redeten sie prophe-
tisch. Danach aber nicht mehr.

26 Zwei Männer aber waren im Lager geblie-
ben; der eine hieß Eldad, der andere Medad.
Auch über sie kam der Geist. Sie gehörten zu
den Aufgezeichneten, waren aber nicht zum
Offenbarungszelt hinausgegangen. Auch sie
redeten prophetisch im Lager. 27 Ein junger
Mann lief zu Mose und berichtete ihm: Eldad
und Medad sind im Lager zu Propheten gewor-
den. 28 Da ergriff Josua, der Sohn Nuns, der von
Jugend an der Diener des Mose gewesen war,
das Wort und sagte: Mose, mein Herr, hinde-
re sie daran! 29 Doch Mose sagte zu ihm: Willst
du dich für mich ereifern? Wenn nur das gan-
ze Volk des HERRN zu Propheten würde, wenn
nur der HERR seinen Geist auf sie alle legte!
30 Dann zog sich Mose mit den Ältesten Israels
in das Lager zurück.

31 Darauf erhob sich ein Wind vom HERRN
her und trieb Wachteln vom Meer herüber. Er
warf sie auf das Lager, etwa einen Tagesmarsch
weit in der einen Richtung und einen Ta-
gesmarsch weit in der anderen Richtung
rings um das Lager; ungefähr zwei Ellen hoch
lagen sie auf dem Erdboden. 32 Da stand das
Volk auf und sammelte die Wachteln ein, den
ganzen Tag und die ganze Nacht und den gan-
zen folgenden Tag. Jeder sammelte mindes-
tens zehn Hómer. Sie legten sie rings um das
Lager aus.

33 Sie hatten das Fleisch noch zwischen den
Zähnen, es war noch nicht gegessen, da ent-
brannte der Zorn des HERRN gegen das Volk
und der HERR schlug das Volk mit einem sehr
schweren Schlag. 34 Daher nannte man den Ort
Kibrot-Hataawa, denn dort begrub man das
gierige Volk. 35 Von Kibrot-Hataawa brach das
Volk nach Hazerot auf. Und sie waren in Ha-
zerot.

4: Ex 12,38; 1 Kor 10,6 / **5**: Ex 16,3 / **6**: Ex 16; Num 21,5 / **7-9**: Ex 16,13–26.31 / **7**: Gen 2,12 / **11**: Ex 5,22; 33,12–17 / **12**: Dtn 1,31; Hos 11,4 / **14**: Ex 18,18 / **15**: Ex 32,32; 33,13 / **16**: Ex 24,1 / **17**: Ex 18,22 / **18**: 11,4–5; Ex 19,10–15 / **21**: Ex 12,37 / **23**: Ps 78,18–20; Jes 50,2 / **25**: Neh 9,20; Joël 3,1–3 / **28**: Ex 24,13 / **29**: Joël 3,1f. / **31**: Ex 16,6–13 / **33**: Ps 78,30–31 / **34-35**: Dtn 9,22; Num 33,17

AUFLEHNUNG MIRJAMS UND AARONS GEGEN MOSE: 12,1–16

12 1 Als sie in Hazerot waren, redeten Mir-
jam und Aaron gegen Mose wegen der
kuschitischen Frau, die er sich genommen
hatte. Er hatte sich nämlich eine Kuschiterin
zur Frau genommen. 2 Sie sagten: Hat der
HERR etwa nur durch Mose gesprochen? Hat
er nicht auch durch uns gesprochen? Das hör-
te der HERR. 3 Mose aber war ein sehr demüti-
ger Mann, demütiger als alle Menschen auf der
Erde. 4 Da sprach der HERR plötzlich zu Mose,
Aaron und Mirjam: Geht ihr drei hinaus zum
Offenbarungszelt! Da gingen die drei hinaus.
5 Der HERR kam in der Wolkensäule herab,
blieb am Zelteingang stehen und rief Aaron
und Mirjam. Beide traten vor 6 und der HERR
sprach: Hört meine Worte! Wenn es bei euch
einen Propheten gibt, so gebe ich mich ihm in
einer Vision als der HERR zu erkennen, im
Traum rede ich mit ihm. 7 Anders bei meinem
Knecht Mose. Mein ganzes Haus ist ihm an-
vertraut. 8 Von Mund zu Mund rede ich mit

11,32 Zehn Hómer sind ca. 4 000 l.

ihm, in einer Vision, nicht in Rätseln. Die Ge-
stalt des HERRN darf er sehen. Warum habt
ihr euch nicht gefürchtet, gegen meinen
Knecht, gegen Mose, zu reden? 9 Da entbrann-
te der Zorn des HERRN gegen sie und er ging
weg.

10 Als die Wolke vom Zelt gewichen war,
siehe, da war Mirjam weiß wie Schnee vor
Aussatz. Aaron wandte sich Mirjam zu und
siehe, sie war aussätzig. 11 Da sagte Aaron zu
Mose: Mein Herr, ich bitte dich, lege uns die
Sünde nicht zur Last, mit der wir töricht ge-
handelt haben und mit der wir uns versündigt
haben! 12 Mirjam soll nicht wie eine Totgeburt
sein, halb verwest, wenn sie den Schoß der
Mutter verlässt. 13 Da schrie Mose zum HERRN:
O Gott, heile sie doch! 14 Der HERR antworte-
te Mose: Wenn ihr Vater ihr ins Gesicht ge-
spuckt hätte, müsste sie sich dann nicht sieben
Tage lang schämen? Sie soll sieben Tage lang
aus dem Lager ausgesperrt sein; erst dann soll
man sie wieder hereinlassen.

15 So wurde Mirjam sieben Tage aus dem
Lager ausgesperrt. Das Volk brach nicht auf,
bis man Mirjam wieder hereinließ. 16 Danach
brach das Volk von Hazerot auf und schlug sein
Lager in der Wüste Paran auf.

2: Mi 6,4 / **6–8**: Ex 33,11; Dtn 34,10–12 / **7**: Hebr 3,2.5 / **8**: Ex 33,18–23; 4,16 / **10**: Lev 13,13; Dtn 24,9; Ex 4,6 / **12**: Koh 6,3f.; Ijob 3,16 / **13**: Ex 15,26

ERKUNDUNG DES LANDES: 13,1–33

13 1 Der HERR sprach zu Mose: 2 Schick
Männer aus, die das Land Kanaan er-
kunden, das ich den Israeliten geben will! Aus
jedem Väterstamm sollt ihr einen Mann aus-
senden, und zwar jeweils einen der führenden
Männer.

3 Da schickte Mose von der Wüste Paran auf
Befehl des HERRN die Männer aus. Sie alle wa-
ren Anführer der Israeliten 4 und das waren
ihre Namen: für den Stamm Ruben Scham-
mua, der Sohn Sakkurs; 5 für den Stamm Si-
meon Schafat, der Sohn Horis; 6 für den
Stamm Juda Kaleb, der Sohn Jefunnes; 7 für
den Stamm Issachar Jigal, der Sohn Josefs; 8 für
den Stamm Efraim Hoschea, der Sohn Nuns;
9 für den Stamm Benjamin Palti, der Sohn Ra-
fus; 10 für den Stamm Sebulon Gadiël, der
Sohn Sodis; 11 für den Stamm Josef, den Stamm
Manasse, Gadi, der Sohn Susis; 12 für den
Stamm Dan Ammiël, der Sohn Gemallis; 13 für
den Stamm Ascher Setur, der Sohn Michaels;
14 für den Stamm Naftali Nachbi, der Sohn
Wofsis; 15 für den Stamm Gad Gëuël, der Sohn
Machis. 16 Das waren die Namen der Männer,
die Mose zur Erkundigung des Landes aus-
sandte. Hoschea aber, den Sohn Nuns, nannte
Mose Josua.

17 Mose schickte sie aus, das Land Kanaan zu
erkunden, und sagte zu ihnen: Zieht von hier
durch den Negeb hinauf und zieht hinauf ins
Gebirge! 18 Seht, wie das Land beschaffen ist
und ob das Volk, das darin wohnt, stark oder
schwach ist, ob es klein oder groß ist; 19 seht,
wie das Land beschaffen ist, in dem das Volk
wohnt, ob es gut ist oder schlecht, und wie die
Städte angelegt sind, in denen es wohnt, ob sie
offen oder befestigt sind 20 und ob das Land
fett oder mager ist, ob es dort Bäume gibt
oder nicht. Habt Mut und bringt Früchte des
Landes mit! Es war gerade die Zeit der ersten
Trauben.

21 Da zogen sie hinauf und erkundeten das
Land von der Wüste Zin bis Rehob bei
Lebo-Hamat. 22 Sie zogen hinauf durch den
Negeb und kamen bis Hebron. Dort lebten
Ahiman, Scheschai und Talmai, Söhne des
Anak. Hebron war sieben Jahre vor der Stadt
Zoan, die in Ägypten liegt, erbaut worden.
23 Von dort kamen sie in das Traubental. Dort
schnitten sie eine Weinranke mit einer Traube
ab und trugen sie zu zweit auf einer Stange,
dazu auch einige Granatäpfel und Feigen.
24 Den Ort nannte man später Traubental we-
gen der Traube, die die Israeliten dort abge-
schnitten hatten.

25 Nach vierzig Tagen kehrten sie von der
Erkundung des Landes zurück. 26 Sie gingen
und kamen zu Mose und Aaron und zu der
ganzen Gemeinde der Israeliten in die Wüste
Paran nach Kadesch. Sie berichteten ihnen und
der ganzen Gemeinde und zeigten ihnen die
Früchte des Landes. 27 Sie erzählten Mose: Wir
kamen in das Land, in das du uns geschickt
hast: Es ist wirklich ein Land, in dem Milch
und Honig fließen. Das hier sind seine Früch-
te. 28 Doch das Volk, das im Land wohnt, ist
stark und die Städte sind befestigt und sehr
groß. Auch haben wir die Söhne des Anak dort
gesehen. 29 Amalek wohnt im Gebiet des Ne-
geb, die Hetiter, die Jebusiter und Amoriter
wohnen im Gebirge und die Kanaaniter woh-
nen am Meer und am Ufer des Jordan. 30 Kaleb
besänftigte das Volk, das über Mose aufge-
bracht war, und sagte: Wir werden hinaufzie-

hen und das Land in Besitz nehmen. Wir kön-
nen es bezwingen.
31 Die Männer aber, die mit ihm hinaufgezo-
gen waren, sagten: Nein, wir können nicht zu
dem Volk hinaufziehen; es ist stärker als wir.
32 Und sie verbreiteten bei den Israeliten ein Ge-
rücht über das Land, das sie erkundet hatten, und
sagten: Das Land, das wir durchwandert und
erkundet haben, ist ein Land, das seine Bewoh-
ner auffrisst; das ganze Volk, das wir in seiner
Mitte gesehen haben, ist von riesigem Wuchs.
33 Sogar die Riesen haben wir dort gesehen – die
Anakiter gehören nämlich zu den Riesen. Wir
kamen uns selbst klein wie Heuschrecken vor
und auch ihnen erschienen wir so.

2: Jos 2,1; Num 21,32; 34,18 / **27:** Ex 3,8 / **33:** Dtn 2,10.21

ANGST VOR DER LANDNAHME: 14,1–45

14 1 Da empörte sich die ganze Gemeinde
und erhob ihre Stimme und das Volk
weinte in jener Nacht. 2 Alle Israeliten murrten
über Mose und Aaron und die ganze Gemein-
de sagte zu ihnen: Wären wir doch in Ägypten
oder in dieser Wüste gestorben! 3 Warum nur
will uns der HERR in jenes Land bringen? Etwa
damit wir durch das Schwert umkommen und
unsere Frauen und Kinder eine Beute der Fein-
de werden? Wäre es für uns nicht besser, nach
Ägypten zurückzukehren? 4 Und sie sagten
zueinander: Wir wollen einen neuen Anfüh-
rer wählen und nach Ägypten zurückkehren.
5 Da warfen sich Mose und Aaron vor der
ganzen Versammlung der Gemeinde der Isra-
eliten auf ihr Gesicht nieder. 6 Josua, der Sohn
Nuns, und Kaleb, der Sohn Jefunnes, zwei von
denen, die das Land erkundet hatten, zerrissen
ihre Kleider 7 und sagten zu der ganzen Ge-
meinde der Israeliten: Das Land, das wir
durchwandert und erkundet haben, dieses
Land ist sehr, sehr gut. 8 Wenn der HERR uns
wohlgesinnt ist und uns in dieses Land bringt,
dann schenkt er uns ein Land, in dem Milch
und Honig fließen. 9 Lehnt euch nur nicht ge-
gen den HERRN auf! Habt keine Angst vor dem
Volk des Landes, denn sie werden wie Brot
sein, das wir verschlingen! Ihr schützender
Schatten ist von ihnen gewichen, denn der
HERR ist mit uns. Habt keine Angst vor ihnen!
10 Doch die ganze Gemeinde drohte Mose und
Aaron zu steinigen.
Da erschien die Herrlichkeit des HERRN am
Offenbarungszelt allen Israeliten 11 und der
HERR sprach zu Mose: Wie lange verachtet
mich dieses Volk noch, wie lange noch wollen
sie nicht an mich glauben trotz all der Zeichen,
die ich mitten unter ihnen vollbracht habe?
12 Ich will sie mit der Pest schlagen und ausrot-
ten; dich aber will ich zu einer Nation machen,
die größer und mächtiger ist als diese.
13 Da antwortete Mose dem HERRN: Die
Ägypter werden hören, dass du dieses Volk
mit deiner Kraft aus ihrer Mitte heraufgeführt
hast, 14 und sie werden zu den Einwohnern
dieses Landes sagen, sie hätten gehört, dass du,
HERR, mitten in diesem Volk bist, dass du,
HERR, dich ihnen Auge in Auge zu sehen
gabst, dass deine Wolke über ihnen stand, dass
du ihnen bei Tag in einer Wolkensäule und bei
Nacht in einer Feuersäule vorangegangen bist,
15 dann aber dieses Volk wie einen einzigen
Mann getötet hast. Da werden die Nationen,
die die Gerüchte über dich gehört haben, sa-
gen: 16 Weil der HERR nicht imstande war,
dieses Volk in das Land zu bringen, das er ih-
nen mit einem Eid verheißen hatte, hat er sie
in der Wüste abgeschlachtet. 17 Gerade jetzt
sollte sich die Kraft meines Herrn in ihrer
ganzen Größe zeigen, wie du gesagt hast:
18 Der HERR ist langmütig und reich an Huld,
er nimmt Schuld und Frevel hinweg, aber er
spricht nicht einfach frei, sondern sucht die
Schuld der Väter bei den Kindern heim, bis zur
dritten und vierten Generation: 19 Vergib die-
sem Volk nach deiner großen Gnade die
Schuld, wie du sie diesem Volk schon früher
weggenommen hast von Ägypten bis hierher!
20 Da sprach der HERR: Ich verzeihe ihm, da
du mich bittest. 21 Doch so wahr ich lebe und
die Herrlichkeit des HERRN das ganze Land
erfüllt: 22 Alle Männer, die meine Herrlichkeit
und meine Zeichen gesehen haben, die ich in
Ägypten und in der Wüste vollbracht habe,
und die mich jetzt schon zum zehnten Mal auf
die Probe gestellt und doch nicht auf mich ge-
hört haben, 23 sie alle werden das Land niemals
zu sehen bekommen, das ich ihren Vätern mit
einem Eid verheißen habe. Keiner von denen,
die mich verachtet haben, wird es zu sehen
bekommen. 24 Meinen Knecht Kaleb aber, der
anders denkt und treu zu mir hält, ihn werde
ich in das Land bringen. Er darf es betreten und
seine Nachkommen sollen es erben. 25 Die
Amalekiter und die Kanaaniter sitzen in der
Ebene. Brecht also morgen auf und schlagt
eine andere Richtung ein, in die Wüste, zum
Roten Meer hin!

26 Der HERR sprach zu Mose und Aaron:
27 Wie lange soll das mit dieser bösen Gemein-
de so weitergehen, die über mich murrt? Ich
habe das Murren der Israeliten gehört. Gegen
mich murren sie. 28 Sag ihnen: So wahr ich lebe
– Spruch des HERRN –, wovon ihr mir die Oh-
ren vollgeredet habt, das werde ich euch tun:
29 Hier in der Wüste werden eure Leichen lie-
gen bleiben, alle ohne Ausnahme; jeder von
euch, der gemustert worden ist, wird sterben,
alle Männer von zwanzig Jahren an aufwärts,
die über mich gemurrt haben. 30 Keiner von
euch wird in das Land kommen, obwohl ich
meine Hand erhoben und geschworen hatte,
euch darin wohnen zu lassen, außer Kaleb, der
Sohn Jefunnes, und Josua, der Sohn Nuns.
31 Eure Kinder aber, von denen ihr gesagt habt,
sie würden eine Beute der Feinde werden, sie
werde ich in das Land bringen. Sie werden das
Land kennenlernen, das ihr verworfen habt.
32 Eure Leichen aber werden in dieser Wüste
liegen bleiben. 33 Eure Söhne müssen ihre
Herde vierzig Jahre lang in der Wüste hüten
und eure Hurerei tragen, bis eure Leichen in
der Wüste liegen. 34 So viele Tage, wie ihr ge-
braucht habt, um das Land zu erkunden, näm-
lich vierzig Tage, so viele Jahre lang – für jeden
Tag ein Jahr – müsst ihr die Folgen eurer Schuld
tragen, also vierzig Jahre lang, dann werdet ihr
erkennen, was es heißt, wenn ich mich von
euch abwende. 35 Ich, der HERR, habe gespro-
chen. Unwiderruflich werde ich es mit dieser
ganzen bösen Gemeinde so machen, die sich
gegen mich zusammengerottet hat: In dieser
Wüste finden sie ihr Ende, hier müssen sie
sterben.

36 Die Männer, die Mose ausgeschickt hatte,
um das Land zu erkunden, und die nach ihrer
Rückkehr die ganze Gemeinde zum Murren
verführt hatten, weil sie ein Gerücht über das
Land ausgestreut hatten, 37 diese Männer, die
ein Gerücht über das Land ausgestreut hatten,
starben an einer Plage vor dem HERRN. 38 Nur
Josua, der Sohn Nuns, und Kaleb, der Sohn
Jefunnes, blieben am Leben, als Einzige von
allen, die ausgezogen waren, um das Land zu
erkunden.

39 Mose sagte das alles den Israeliten. Da
brach das Volk in Wehklage aus. 40 Sie standen
am nächsten Morgen auf, um auf die Höhe des
Gebirges zu steigen; sie sagten: Siehe, wir zie-
hen jetzt zu dem Ort hinauf, den der HERR
genannt hat. Ja, wir haben gesündigt. 41 Da sag-
te Mose: Warum übertretet ihr den Befehl des
HERRN? Das wird euch nicht gelingen. 42 Zieht
nicht hinauf, denn der HERR ist nicht bei euch;
ihr werdet von euren Feinden nur geschlagen
werden. 43 Denn ihr habt dort die Amalekiter
und die Kanaaniter gegen euch und ihr werdet
durch das Schwert umkommen. Weil ihr euch
vom HERRN abgewendet habt, wird der HERR
nicht mit euch sein. 44 Doch in ihrem Starrsinn
stiegen sie auf die Höhe des Gebirges hinauf.
Aber die Bundeslade des HERRN und Mose
wichen nicht von ihrer Stelle mitten im Lager.
45 Da kamen die Amalekiter und die Kanaani-
ter, die dort im Gebirge wohnten, herunter und
schlugen die Israeliten und zersprengten sie bis
nach Horma.

2: Ex 14,11; 16,3 / **3**: Apg 7,39 / **8**: Ex 3,8 / **11–20**: Ex 32,9–14 / **12**: Gen 12,2 / **18**: Ex 34,6f. / **19**: Ex 34,9 / **20**: Ex 32,11–14 / **22–23**: Ps 95,11; Hebr 3,17–18 / **28**: 14,2 / **29**: 26,65 / **31**: 14,3 / **34**: 13,25 / **36**: 1 Kor 10,10 / **42–45**: 13,17 / **44**: 10,35 / **45**: 21,3

BESTRAFUNG UND BEWAHRUNG IN DER WÜSTE: 15,1–20,29

ANWEISUNGEN FÜR BEGLEITENDE SPEISE- UND TRANKOPFER: 15,1–16

15 1 Der HERR sprach zu Mose: 2 Rede zu
den Israeliten und sag zu ihnen: Wenn
ihr in das Land kommt, das ich euch zur Be-
siedlung gebe, 3 und wenn ihr für den HERRN
ein Feueropfer vorbereitet, ein Brandopfer
oder ein Schlachtopfer zur Erfüllung eines
Gelübdes oder als freiwillige Gabe oder an-
lässlich eurer Feste, um dem HERRN einen
beruhigenden Duft von einem Rind, einem
Schaf oder einer Ziege darzubringen, 4 dann
soll der, der darbringt, dem HERRN als seine
Opfergabe bringen: ein Speiseopfer, ein
Zehntel Weizenfeinmehl, das mit einem
viertel Hin Öl vermengt ist, 5 und ein viertel

Hin Wein als Trankopfer sollst du zu Brand-
oder Schlachtopfer eines Lammes herrichten.
6 Für einen Widder sollst du als Speiseopfer
zwei Zehntel Weizenfeinmehl herrichten,
das mit einem drittel Hin Öl vermengt ist,
7 und als Trankopfer ein drittel Hin Wein. Du
sollst es darbringen als beruhigenden Duft für
den HERRN. 8 Richtest du ein Kalb als Brand-
oder Schlachtopfer zur Erfüllung eines Ge-
lübdes oder als Heilsopfer für den HERRN her,
9 dann soll man für jedes Kalb als Speiseopfer
drei Zehntel Weizenfeinmehl darbringen,
das mit einem halben Hin Öl vermengt ist;
10 als Trankopfer sollst du ein halbes Hin Wein
darbringen. Das ist ein Feueropfer, ein beru-
higender Duft für den HERRN. 11 So soll man
es bei jedem Rind, bei jedem Widder, bei je-
dem jungen Lamm und jeder jungen Ziege
machen. 12 Je nachdem, wie viele Tiere ihr
zum Opfer herrichtet, sollt ihr es jeweils ma-
chen. 13 So soll es jeder Einheimische machen,
wenn er ein Feueropfer als beruhigenden
Duft für den HERRN darbringt.

14 Wenn ein Fremder, der bei euch lebt, oder
einer, dessen Familie schon seit Generationen
unter euch lebt, ein Feueropfer als beruhigen-
den Duft für den HERRN darbringen will,
dann soll er es ebenso machen wie ihr. 15 In der
Versammlung soll ein und dieselbe Satzung
für euch und für die Fremden, die bei euch le-
ben, gelten; das soll als ewige Satzung gelten,
von Generation zu Generation: Was für euch
gilt, soll auch für den Fremden vor dem HERRN
gelten. 16 Die gleiche Weisung und der gleiche
Rechtsentscheid gelten für euch und für die
Fremden, die bei euch leben.

14–16: Ex 12,14; Lev 16,29; 19,34

ERSTLINGSGABE DES BROTTEIGS: 15,17–21

17 Der HERR sprach zu Mose: 18 Rede zu den
Israeliten und sag zu ihnen: Wenn ihr in das
Land kommt, in das ich euch bringe, 19 und
wenn ihr vom Brot des Landes esst, dann
sollt ihr ein Hebeopfer für den HERRN abge-
ben. 20 Als Erstlingsgabe von eurem Brotteig
sollt ihr einen Kuchen als Hebeopfer abge-
ben. Ihr sollt ihn wie das Hebeopfer von der
Tenne abliefern. 21 Von dem ersten Gebäck
aus eurem Teig sollt ihr dem HERRN ein He-
beopfer abgeben, von Generation zu Gene-
ration.

SÜHNOPFER FÜR UNABSICHTLICHE UNTERLASSUNGEN: 15,22–29

22 Wenn ihr aus Versehen irgendeines dieser
Gebote, die der HERR dem Mose mitgeteilt hat,
nicht haltet, 23 irgendetwas, was der HERR euch
durch Mose geboten hat seit dem Tag, an dem
der HERR die Gebote gegeben hat, und von da
an von Generation zu Generation, 24 dann soll,
wenn das Versehen vorkam, ohne dass die Ge-
meinde es bemerkte, die ganze Gemeinde einen
Jungstier zum Brandopfer als beruhigenden
Duft für den HERRN herrichten sowie das da-
zugehörende Speise- und Trankopfer gemäß der
Vorschrift und einen Ziegenbock als Sündopfer.
25 Der Priester soll für die ganze Gemeinde der
Israeliten Sühne erwirken, dann wird ihnen ver-
geben werden; denn es war ein Versehen und
sie haben ihre Opfergabe als Feueropfer für den
HERRN und ihr Sündopfer für ihr Versehen vor
den HERRN gebracht. 26 Der ganzen Gemeinde
der Israeliten und den Fremden, die bei ihnen
leben, wird vergeben werden, denn das ganze
Volk war von dem Versehen betroffen.

27 Wenn jemand versehentlich sündigt,
dann soll er eine einjährige Ziege als Sündop-
fer darbringen. 28 Der Priester soll für die Per-
son, die versehentlich gesündigt hat, vor dem
HERRN Sühne erwirken; dann wird ihr verge-
ben werden. 29 Für die einheimischen Israeli-
ten und für die Fremden, die bei ihnen leben,
gilt die gleiche Weisung, wenn jemand etwas
aus Versehen tut.

KEINE VERGEBUNG FÜR ÖFFENTLICH BEGANGENE FREVELTATEN: 15,30–31

30 Die Person aber, sei sie einheimisch oder
fremd, die mit erhobener Hand handelt, hat
den HERRN gelästert. Eine solche Person muss
aus ihrem Volk ausgemerzt werden, 31 denn sie
hat das Wort des HERRN verachtet und sein
Gebot gebrochen. Eine solche Person muss
ausgemerzt werden; ihre Schuld bleibt auf ihr.

VERSTOSS GEGEN DAS SABBATGEBOT: 15,32–36

32 Als die Israeliten in der Wüste waren, ent-
deckten sie einmal, dass jemand am Sabbat
Holz sammelte. 33 Diejenigen, die ihn beim
Holzsammeln entdeckt hatten, brachten ihn
vor Mose und Aaron und vor die ganze Ge-
meinde. 34 Sie nahmen ihn in Gewahrsam,
weil noch nicht entschieden war, was mit ihm
geschehen sollte.

35 Der HERR sprach zu Mose: Der Mann hat
den Tod verdient. Die ganze Gemeinde soll
ihn draußen vor dem Lager steinigen. 36 Da
führte die ganze Gemeinde den Mann vor das
Lager hinaus und steinigte ihn zu Tode, wie
der HERR es Mose geboten hatte.

ERINNERUNGSZEICHEN DER KLEIDERQUASTEN ZUM HALTEN DER GEBOTE: 15,37–41

37 Der HERR sprach zu Mose: 38 Rede zu den
Israeliten und sag zu ihnen, sie sollen sich
Quasten an ihre Kleiderzipfel nähen, von Ge-
neration zu Generation, und sollen an den
Quasten eine violette Purpurschnur anbrin-
gen; 39 sie soll bei euch zur Quaste gehören. Ihr
sollt sie ansehen und euch an alle Gebote des
HERRN erinnern; ihr sollt sie tun und nicht
hinter eurem Herzen und hinter euren Augen
herschweifen, indem ihr ihnen nachhurt,
40 damit ihr euch erinnert und alle meine Ge-
bote tut und ihr eurem Gott heilig seid. 41 Ich
bin der HERR, euer Gott, der euch aus Ägypten
herausgeführt hat, um euer Gott zu sein, ich
bin der HERR, euer Gott.

41: Ex 6,7; Lev 22,33; 25,38

ERNEUTE AUFLEHNUNG GEGEN MOSE UND AARON. KORACH, DATAN UND ABIRAM: 16,1–17,28

16 1 Da nahm es sich Korach heraus, der
Sohn Jizhars, des Sohnes Kehats, des
Sohnes Levis, ferner Datan und Abiram, die
Söhne Eliabs, und On, der Sohn Pelets, die
Rubeniter: 2 Sie erhoben sich in Moses Ge-
genwart, zusammen mit zweihundertfünfzig
Israeliten, Anführern der Gemeinde, Berufe-
nen der Festversammlung, angesehenen
Männern. 3 Sie versammelten sich gegen
Mose und gegen Aaron und sagten zu ihnen:
Das ist zu viel! Alle sind heilig, die ganze Ge-
meinde, und der HERR ist in ihrer Mitte. Wa-
rum erhebt ihr euch über die Versammlung
des HERRN?

4 Als Mose das hörte, warf er sich auf sein
Gesicht nieder 5 und er sagte zu Korach und
seiner ganzen Gemeinde: Morgen früh wird
der HERR zeigen, wer zu ihm gehört, wer der
Heilige ist und wer sich ihm nähern darf. Wen
der HERR erwählt, der darf sich ihm nähern.
6 Tut dies: Nehmt euch Räucherpfannen – Ko-
rach und seine ganze Gemeinde –, 7 tut Feuer
hinein und legt Räucherwerk vor dem HERRN
darauf, und zwar morgen! Dann wird sich er-
weisen, dass der heilig ist, den der HERR er-
wählt. Das ist zu viel, ihr Leviten!

8 Dann sagte Mose zu Korach: Hört doch, ihr
Leviten! 9 Ist es euch zu wenig, dass euch der
Gott Israels aus der Gemeinde Israels ausge-
sondert hat, um euch in seine Nähe zu holen,
damit ihr an der Wohnung des HERRN Dienst
tut, vor die Gemeinde tretet, um ihr zu die-
nen? 10 Er hat dich und mit dir alle deine Brü-
der, die Leviten, in seine Nähe geholt, doch
nun wollt ihr auch noch den Priesterdienst.
11 Deshalb rottet ihr, du und deine ganze Ge-
meinde, euch gegen den HERRN zusammen.
Aaron aber, was ist er, dass ihr gegen ihn murrt?

12 Mose schickte hin, Datan und Abiram, die
Söhne Eliabs, zu rufen. Sie aber sagten: Wir
kommen nicht hinauf. 13 Ist es nicht genug,
dass du uns aus einem Land, in dem Milch und
Honig fließen, heraufgeführt hast, um uns in
der Wüste sterben zu lassen? Willst du dich
auch noch als unser Herrscher aufspielen?
14 Du hast uns nicht in ein Land gebracht, in
dem Milch und Honig fließen, und hast uns
keine Felder und Weinberge zum Erbbesitz
gegeben. Hältst du diese Männer hier etwa für
blind? Wir kommen nicht hinauf.

15 Da wurde Mose sehr zornig und sagte zum
HERRN: Sieh ihre Opfergabe nicht an! Nicht
einen einzigen Esel habe ich ihnen wegge-
nommen, keinem von ihnen habe ich etwas
zuleide getan. 16 Dann sagte Mose zu Korach:
Du und deine ganze Gemeinde, erscheint
morgen vor dem HERRN, du, sie und Aaron!
17 Nehmt eure Räucherpfannen, tut Räucher-
werk hinein und bringt eure Räucherpfannen
vor den HERRN, jeder seine eigene Räucher-
pfanne, im Ganzen also zweihundertfünfzig
Räucherpfannen, auch du und Aaron, bringt
eure Räucherpfannen! 18 Sie nahmen jeder sei-
ne Räucherpfanne, sie taten Feuer hinein, leg-
ten Räucherwerk darauf und stellten sich an
den Eingang des Offenbarungszeltes, zusam-
men mit Mose und Aaron. 19 Korach aber ver-
sammelte gegen sie die ganze Gemeinde am
Eingang des Offenbarungszeltes. Da erschien
der ganzen Gemeinde die Herrlichkeit des
HERRN.

20 Der HERR sprach zu Mose und Aaron:
21 Sondert euch aus der Mitte dieser Gemeinde
ab! Ich will ihr augenblicklich ein Ende berei-
ten. 22 Da warfen sie sich auf ihr Gesicht nieder
und sagten: Gott, du Gott des Lebensatems für

alles Fleisch, ein einzelner Mensch sündigt
und du zürnst der ganzen Gemeinde?
23 Der HERR antwortete Mose: 24 Sag der
Gemeinde: Entfernt euch aus der Nähe der
Wohnung Korachs, Datans und Abirams!
25 Da stand Mose auf und ging zu Datan und
Abiram und die Ältesten Israels folgten ihm.
26 Dann sagte er zur Gemeinde: Weicht unbe-
dingt aus der Nähe der Zelte dieser frevleri-
schen Männer und rührt nichts von dem an,
was ihnen gehört, damit ihr nicht weggerafft
werdet wegen aller ihrer Sünden! 27 Da ent-
fernten sie sich aus der Nähe der Wohnung
Korachs, Datans und Abirams. Datan und
Abiram waren herausgekommen und standen
am Eingang ihrer Zelte, zusammen mit ihren
Frauen, Kindern und kleinen Kindern.
28 Dann sagte Mose: Daran sollt ihr erken-
nen, dass der HERR mich gesandt hat, damit
ich alle diese Taten vollbringe, und dass ich
nicht aus eigenem Antrieb gehandelt habe:
29 Wenn diese sterben, wie alle Menschen ster-
ben, und wenn sie heimgesucht werden, wie
alle Menschen heimgesucht werden, dann hat
der HERR mich nicht gesandt. 30 Wenn aber
der HERR etwas Unerhörtes erschafft und der
Erdboden seinen Rachen aufreißt und sie ver-
schlingt, zusammen mit allem, was ihnen
gehört, und wenn sie lebend in die Unterwelt
hinabfahren, dann werdet ihr erkennen, dass
diese Leute den HERRN verachtet haben.
31 Es geschah, als er alle diese Worte zu Ende
geredet hatte, da spaltete sich der Erdboden
unter ihnen 32 und die Erde öffnete ihren Ra-
chen und verschlang sie samt ihren Familien
und allen Menschen, die zu Korach gehörten,
und den ganzen Besitz. 33 Sie und alle, die mit
ihnen waren, fuhren lebend in die Unterwelt
hinab. Die Erde deckte sie zu und sie waren
aus der Mitte der Gemeinde verschwunden.
34 Ganz Israel, das rings um sie stand, floh, als
sie sie schreien hörten, denn sie sagten: Dass
ja nicht die Erde uns auch noch verschlinge.
35 Vom HERRN ging ein Feuer aus und fraß die
zweihundertfünfzig Männer, die das Räucher-
werk dargebracht hatten.

1–34: Ps 106,16–18; Sir 45,18–19; Dtn 11,6 / **5**: Lev 10,1–3 / **9**: 1,47–53; 3,11–13; 8,14–15 / **10**: 3,6; 8,19; 18,6 / **11**: Ex 16,8 / **13–14**: Ex 3,8 / **13**: Ex 14,11; 16,3; 2,14 / **15**: 1 Sam 12,3 / **21**: 17,10 / **22**: 27,16 / **31–33**: 26,10; Dtn 11,6; Ps 106,17; Sir 45,18 / **35**: Lev 10,2

17 1 Darauf sprach der HERR zu Mose: 2 Sag
zum Priester Eleasar, dem Sohn Aarons,
er soll die Räucherpfannen aus der Brandglut
herausnehmen – das Feuer streue weit ausei-
nander –, denn sie sind geheiligt. 3 Die Räu-
cherpfannen der Männer, die wegen ihrer
Sünde ums Leben gekommen sind, soll man
zu Blech hämmern und damit den Altar über-
ziehen. Denn sie wurden vor den HERRN ge-
bracht, deshalb sind sie heilig. Sie sollen für die
Israeliten ein Zeichen sein.
4 Da nahm der Priester Eleasar die kupfernen
Räucherpfannen, welche die im Feuer Umge-
kommenen dargebracht hatten, und hämmer-
te daraus einen Überzug für den Altar 5 – ein
Erinnerungszeichen für die Israeliten, dass
sich kein Unbefugter, der nicht zu den Nach-
kommen Aarons gehört, dem HERRN nähert,
um vor ihm Räucherwerk zu verbrennen, da-
mit es ihm nicht ergeht wie Korach und seiner
Gemeinde –, so wie der HERR durch Mose zu
ihm geredet hatte.
6 Am nächsten Tag murrte die ganze Ge-
meinde der Israeliten über Mose und Aaron;
sie sagten: Ihr habt das Volk des HERRN getö-
tet. 7 Als sich die Gemeinde gegen Mose und
Aaron versammelte und sich dem Offenba-
rungszelt zuwandte, siehe, da hatte die Wolke
das Zelt bedeckt und die Herrlichkeit des
HERRN erschien.
8 Mose und Aaron gingen vor das Offenba-
rungszelt 9 und der HERR sprach zu Mose:
10 Zieht euch aus der Mitte dieser Gemeinde
zurück, denn ich will ihr augenblicklich ein
Ende bereiten. Da warfen sich Mose und
Aaron auf ihr Gesicht nieder 11 und Mose sagte
zu Aaron: Nimm die Räucherpfanne, tu Feuer
vom Altar hinein und leg Räucherwerk da-
rauf; dann geh schnell zur Gemeinde und er-
wirke Sühne für sie! Denn der Zorn ist vom
HERRN ausgegangen und die Plage hat begon-
nen. 12 Da nahm Aaron die Räucherpfanne,
wie Mose gesagt hatte, und lief mitten in die
Versammlung. Und siehe, die Plage hatte im
Volk begonnen. Er legte das Räucherwerk in
die Pfanne und erwirkte Sühne für das Volk.
13 Er trat zwischen die Toten und die Lebenden
und da hörte die Plage auf. 14 Durch die Plage
waren vierzehntausendsiebenhundert Men-
schen gestorben, abgesehen von denen, die
wegen Korach umgekommen waren. 15 Darauf
kehrte Aaron zu Mose an den Eingang des Of-
fenbarungszeltes zurück; die Plage hatte auf-
gehört.
16 Dann sprach der HERR zu Mose: 17 Rede
zu den Israeliten und nimm jeweils von einer

Großfamilie einen Stab, und zwar von den
Anführern einer Großfamilie, im Ganzen also
zwölf Stäbe, und schreib ihre Namen darauf!
18 Auf den Stab Levis schreib den Namen Aa-
ron; denn je ein Stab soll für das Haupt ihrer
Großfamilien stehen. 19 Dann leg die Stäbe in
das Offenbarungszelt vor das Bundeszeugnis,
dort, wo ich euch begegne. 20 Und es wird ge-
schehen: Der Mann, den ich erwähle, dessen
Stab wird sprossen. So will ich vor mir das
Murren zum Schweigen bringen, mit dem sie
euch belästigen. 21 Mose redete zu den Israeli-
ten. Darauf gaben ihm all ihre Stammesführer
je einen Stab, je einen Stab für einen Anführer,
entsprechend ihren Großfamilien: insgesamt
zwölf Stäbe. Auch Aarons Stab war mitten
unter ihren Stäben. 22 Mose legte die Stäbe im
Zelt des Bundeszeugnisses vor dem HERRN
nieder.

23 Als Mose am nächsten Tag zum Zelt des
Bundeszeugnisses kam, siehe, da hatte der
Stab Aarons für das Haus Levi gesprosst; er
trieb Sprossen, blühte und trug Mandeln. 24 Da
nahm Mose alle Stäbe von ihrem Platz vor dem
HERRN weg und brachte sie zu allen Israeliten
hinaus. Als sie die Stäbe sahen, nahm jeder den
seinen.

25 Darauf sagte der HERR zu Mose: Trag den
Stab Aarons zurück vor das Bundeszeugnis!
Dort soll er aufbewahrt werden als ein Zeichen
für alle Aufsässigen. Mach mir auf diese Weise
ihrem Murren ein Ende, dann werden sie nicht
sterben. 26 Mose tat genauso, wie es ihm der
HERR geboten hatte. So machte er es.

27 Die Israeliten aber sagten zu Mose: Sieh
her, wir kommen um, wir gehen zugrunde, wir
alle gehen zugrunde. 28 Jeder, der zu nahe an
die Wohnung des HERRN kommt, stirbt. Sol-
len wir denn alle umkommen?

5: Ex 30,16; Jos 4,7 / **10**: 16,21; 16,4 / **12–15**: 25,6–13 / **17**:
Ez 37,16 / **25**: 20,9; Hebr 9,4

DIENST UND ENTLOHNUNG DER PRIESTER UND LEVITEN: 18,1–32

18 1 Der HERR sprach zu Aaron: Du, deine
Söhne und deine Großfamilie mit dir,
ihr müsst die Schuld tragen, wenn jemand sich
am Heiligtum versündigt; du und mit dir dei-
ne Söhne, ihr tragt die Schuld eures Priester-
dienstes. 2 Aber auch deine Brüder, den Stamm
Levi, deinen väterlichen Stamm, lass zusam-
men mit dir herannahen! Sie sollen sich dir
anschließen und dir dienen, während ihr, du
und deine Söhne, vor dem Zelt des Bundes-
zeugnisses seid. 3 Sie sollen deinen Dienst und
den Dienst an dem ganzen Zelt tun. Nur den
heiligen Geräten und dem Altar dürfen sie
nicht zu nahe kommen, sonst müssen sie ster-
ben, sowohl sie als auch ihr. 4 Sie sollen sich
dir anschließen und den Dienst an dem Of-
fenbarungszelt, alle auf das Zelt bezogenen
Arbeiten, tun. Kein Unbefugter darf in eure
Nähe kommen. 5 Tut den Dienst am Heilig-
tum und am Altar! Dann wird der Zorn nicht
mehr über die Israeliten kommen. 6 Siehe, ich
selbst habe die Leviten, eure Brüder, aus der
Mitte der Israeliten herausgenommen. Sie
sind dem HERRN gegeben, euch zum Ge-
schenk, damit sie den Dienst am Offenba-
rungszelt verrichten. 7 Du aber, und mit dir
deine Söhne, ihr sollt euren Priesterdienst in
allem ausüben, was den Altar und den Raum
hinter dem Vorhang betrifft; dort sollt ihr eu-
ren Dienst tun. Als einen Dienst, der ein Ge-
schenk ist, übergebe ich euch den Priester-
dienst. Jeder Unbefugte, der sich nähert, wird
getötet.

8 Der HERR sagte zu Aaron: Siehe, ich selbst
übergebe dir hiermit die Verwaltung der He-
beopfer, die mir gegeben werden. Von allen
heiligen Gaben der Israeliten gebe ich sie dir
hiermit als Anteil und deinen Söhnen als ewi-
ges Gesetz. 9 Dir soll von dem Hochheiligen
all das zufallen, was nicht für das Feuer be-
stimmt ist: alle ihre Opfergaben bei allen ihren
Speise-, Sünd- und Schuldopfern, die sie mir
bringen. Das Hochheilige gehört dir und dei-
nen Söhnen: 10 Esst sie am hochheiligen Ort!
Jede männliche Person darf davon essen; sie
sollen dir als heilig gelten. 11 Auch das gehört
dir: die Abgabe ihrer Gabe bei allen Erhe-
bungsopfern der Israeliten. Dir und deinen
Söhnen und Töchtern, die bei dir sind, gebe
ich hiermit diese Abgabe als ewiges Gesetz.
Jeder, der rein ist in deinem Haus, darf davon
essen. 12 Das Beste von allem Öl, das Beste von
allem Most und Getreide, ihre Erstlingsgaben,
die sie dem HERRN entrichten, gebe ich dir
hiermit. 13 Von allem, was es in ihrem Land
gibt, gehören dir die Erstlingsfrüchte, die sie
dem HERRN bringen. Jeder, der rein ist in dei-
nem Haus, darf davon essen. 14 Alles, was in
Israel geweiht wird, gehört dir. 15 Alle leben-
den Wesen, die den Mutterschoß durchbre-
chen, und die sie dem HERRN darbringen,
Mensch und Vieh, gehören dir.

Du musst aber den Erstgeborenen bei den
Menschen auslösen und ebenso musst du auch
die erstgeborenen Tiere bei unreinem Vieh
auslösen. 16 Du sollst sie auslösen, sobald sie
einen Monat alt sind, nach dem Schätzwert,
mit fünf Schekel Silber, nach dem Schekelge-
wicht des Heiligtums, das sind zwanzig Gera.
17 Aber die Erstlinge vom Rind, vom Schaf
oder von der Ziege darfst du nicht auslösen;
sie sind heilig. Ihr Blut sollst du auf den Altar
sprengen und ihre Fettteile in Rauch aufgehen
lassen; ein Feueropfer zum beruhigenden
Duft für den HERRN ist es. 18 Ihr Fleisch gehört
dir, wie auch die Brust vom Hebeopfer und
auch die rechte Keule dir gehören.

19 Alle Abgaben von den heiligen Opfern,
die die Israeliten dem HERRN entrichten, gebe
ich hiermit dir und deinen Söhnen und Töch-
tern, die bei dir sind, als ewiges Gesetz. Ein
ewiger Salzbund ist das vor dem HERRN für
dich und mit dir für deine Nachkommen.

20 Der HERR sprach zu Aaron: Du sollst in
ihrem Land keinen erblichen Besitz haben. Dir
gehört unter ihnen kein Besitzanteil; ich bin
dein Besitz und dein Erbteil mitten unter den
Israeliten. 21 Was aber die Leviten betrifft, sie-
he, ich gebe hiermit als Erbteil den ganzen
Zehnten in Israel, als Entgelt für ihren Dienst,
den sie verrichten, den Dienst am Offenba-
rungszelt. 22 Die Israeliten dürfen künftig
nicht mehr in die Nähe des Offenbarungszel-
tes kommen; sonst laden sie eine Sünde auf
sich und sterben. 23 Vielmehr darf nur der Le-
vit am Offenbarungszelt Dienst tun, während
die Israeliten ihre eigene Schuld tragen müs-
sen. Das soll eine ewige Satzung bei euch sein
von Generation zu Generation. In der Mitte
der Israeliten sollen die Leviten keinen Erbbe-
sitz haben. 24 Denn als Erbteil für die Leviten
gebe ich hiermit den Zehnten, den die Israeli-
ten dem HERRN als Hebeopfer abgeben. Da-
rum habe ich zu den Leviten gesagt, sie sollen
keinen Erbbesitz unter den Israeliten bekom-
men.

25 Der HERR sprach zu Mose: 26 Rede zu den
Leviten und sag zu ihnen: Wenn ihr von den
Israeliten den Zehnten entgegennehmt, den
ich euch von ihnen als euren Erbteil zugewie-
sen habe, dann gebt davon dem HERRN ein
Hebeopfer als Zehnten vom Zehnten! 27 Das
soll euch als euer Hebeopfer angerechnet wer-
den wie das Hebeopfer vom Getreide der Ten-
ne und vom Inhalt der Kelter. 28 So sollt auch
ihr dem HERRN ein Hebeopfer von allen euren
Zehnten abgeben, die ihr von den Israeliten
erhebt. Ihr sollt davon das Hebeopfer des
HERRN dem Priester Aaron übergeben. 29 Von
allem, was man euch gibt, sollt ihr das ganze
Hebeopfer des HERRN abgeben, von allem
Besten davon, als seinen heiligen Teil.

30 Ferner sag zu ihnen: Wenn ihr davon das
Beste abliefert, wird es den Leviten angerech-
net wie der Ertrag von Tenne und Kelter.
31 Diesen dürft ihr überall essen, ihr und eure
Familien, denn Lohn ist es für euch, Entgelt für
euren Dienst am Offenbarungszelt. 32 Ihr wer-
det dadurch keine Sünde auf euch laden, so-
fern ihr nur das Beste davon abgegeben habt,
und ihr entweiht die heiligen Gaben der Isra-
eliten nicht und werdet nicht sterben.

2–4: 3,6–10; 4,19–20; 8,19 / **4.7**: 1,51; 3,10.38; 17,5; 18,4.7 /
20: 26,62; Dtn 10,9; Jos 13,14; Ez 44,28

DIE ROTE KUH, DAS REINIGUNGSWASSER: 19,1–22

19 1 Der HERR sprach zu Mose und Aaron:
2 Das ist die Satzung in der Weisung,
die der HERR hiermit gebietet: Sag den Israe-
liten, sie sollen dir eine fehlerlose, einwand-
freie rote Kuh bringen, die noch nie ein Joch
getragen hat. 3 Übergebt die Kuh dem Priester
Eleasar! Dann soll man sie vor das Lager hi-
nausführen und sie vor seinen Augen schlach-
ten. 4 Der Priester Eleasar nimmt mit seinem
Finger etwas von ihrem Blut und spritzt damit
siebenmal gegen die Vorderseite des Offenba-
rungszeltes. 5 Darauf verbrennt man die Kuh
vor seinen Augen. Ihr Fell, ihr Fleisch und ihr
Blut, alles soll man verbrennen, samt ihrem
Mageninhalt. 6 Der Priester nimmt Zedern-
holz, Ysop und Karmesin und wirft alles in das
Feuer, in dem die Kuh verbrannt wird. 7 Dann
wäscht der Priester seine Kleider, badet seinen
Körper in Wasser und kehrt nachher ins Lager
zurück; der Priester bleibt aber bis zum Abend
unrein. 8 Derjenige, der die Kuh verbrannt hat,
wäscht seine Kleider und badet seinen Körper
in Wasser; er bleibt aber bis zum Abend un-
rein. 9 Ein reiner Mann sammelt die Asche der
Kuh und legt sie an einen reinen Ort außerhalb
des Lagers. Sie wird für die Gemeinde der Is-
raeliten zur Zubereitung des Reinigungswas-
sers aufbewahrt. Es ist ein Sündopfer. 10 Der-
jenige, der die Asche der Kuh gesammelt hat,
wäscht dann seine Kleider, bleibt aber bis zum
Abend unrein.

Für die Israeliten und für die Fremden, die
bei ihnen leben, soll es als ewige Satzung gel-
ten: 11 Wer einen toten Menschen berührt, ist
sieben Tage lang unrein. 12 Am dritten Tag und
am siebten Tag entsündigt er sich mit dem Rei-
nigungswasser, dann wird er rein. Wenn er
sich am dritten Tag und am siebten Tag nicht
entsündigt, dann wird er nicht rein. 13 Jeder,
der einen toten Menschen, einen Verstorbe-
nen, anrührt und sich nicht entsündigt, hat die
Wohnung des HERRN verunreinigt. Ein sol-
cher Mensch muss aus Israel ausgemerzt wer-
den, weil er sich nicht hat mit dem Reini-
gungswasser besprengen lassen. Er ist unrein;
seine Unreinheit haftet ihm immer noch an.

14 Folgende Weisung gilt, wenn ein Mensch
in einem Zelt stirbt: Jeder, der ins Zelt kommt
oder der schon im Zelt ist, wird für sieben Tage
unrein; 15 auch jedes offene Gefäß, das keinen
verschnürten Deckel hat, wird unrein. 16 Jeder,
der auf freiem Feld einen mit dem Schwert
Erschlagenen, einen Toten, menschliche Ge-
beine oder ein Grab berührt, wird für sieben
Tage unrein.

17 Für den Unreinen nimmt man etwas
Brandasche vom Sündopfer, schüttet sie in
ein Gefäß und gießt Quellwasser darüber.
18 Ein reiner Mann nimmt Ysop, taucht ihn in
das Wasser und bespritzt damit das Zelt so-
wie die Gefäße und die Menschen, die dort
waren, oder den, der Gebeine, einen Erschla-
genen, einen Toten oder ein Grab berührt hat.
19 Der Reine bespritzt den Unreinen am drit-
ten und am siebten Tag und entsündigt ihn
am siebten Tag. Dann wäscht der Betreffende
seine Kleider und badet seinen Körper in
Wasser; am Abend ist er dann rein. 20 Wer
aber unrein geworden ist und sich nicht
entsündigt, ein solcher Mensch ist aus der
Mitte der Versammlung auszumerzen; denn
er hat das Heiligtum des HERRN verunrei-
nigt. Er hat sich nicht mit dem Reinigungs-
wasser besprengen lassen; er ist unrein. 21 Das
soll bei den Israeliten als ewige Satzung gel-
ten. Auch wer das Reinigungswasser ver-
spritzt hat, wäscht seine Kleider; wer mit dem
Reinigungswasser in Berührung kommt, ist
bis zum Abend unrein. 22 Alles, was der Un-
reine berührt, ist unrein. Jeder, der ihn be-
rührt, ist bis zum Abend unrein.

2: 31,21 / **4:** Lev 4,6.17; 8,11 / **5:** Ex 29,14 / **6:** Lev 14,4–6 / **11–16:** 5,2; 6,6–7 / **18:** Ps 51,9 / **19:** Hebr 9,13–14

MIRJAMS TOD. DAS WASSER AUS DEM FELSEN: 20,1–13

20 1 Im ersten Monat kam die ganze
Gemeinde der Israeliten in die Wüste
Zin und das Volk ließ sich in Kadesch nieder.
Dort starb Mirjam und wurde auch dort be-
graben.

2 Da die Gemeinde kein Wasser hatte, rot-
teten sie sich gegen Mose und Aaron zusam-
men. 3 Das Volk haderte mit Mose; sie sagten:
Wären wir doch umgekommen, als unsere
Brüder vor dem HERRN umkamen. 4 Warum
habt ihr das Volk des HERRN in diese Wüste
geführt? Nur damit wir hier zusammen mit
unserem Vieh sterben? 5 Wozu habt ihr uns
aus Ägypten hierher geführt? Nur um uns an
diesen elenden Ort zu bringen, eine Gegend
ohne Korn und Feigen, ohne Wein und Gra-
natäpfel? Nicht einmal Trinkwasser gibt es.
6 Mose und Aaron verließen die Versamm-
lung, gingen zum Eingang des Offenbarungs-
zeltes und warfen sich auf ihr Gesicht nieder.
Da erschien ihnen die Herrlichkeit des
HERRN.

7 Der HERR sprach zu Mose: 8 Nimm den
Stab und versammle die Gemeinde, du und
dein Bruder Aaron! Sagt vor ihren Augen zu
dem Felsen, er solle sein Wasser spenden! Auf
diese Weise wirst du für sie Wasser aus dem
Felsen fließen lassen und der Gemeinde und
ihrem Vieh zu trinken geben. 9 Mose holte den
Stab von seinem Platz vor dem HERRN, wie
der HERR ihm geboten hatte. 10 Mose und Aa-
ron riefen die Versammlung vor dem Felsen
zusammen und Mose sagte zu ihnen: Hört, ihr
Meuterer, können wir euch wohl aus diesem
Felsen Wasser fließen lassen? 11 Dann hob er
seine Hand hoch und schlug mit seinem Stab
zweimal auf den Felsen. Da kam Wasser he-
raus, viel Wasser, und die Gemeinde und ihr
Vieh konnten trinken.

12 Der HERR aber sprach zu Mose und Aa-
ron: Weil ihr mir nicht geglaubt habt, um
mich vor den Augen der Israeliten zu heili-
gen, darum werdet ihr diese Versammlung
nicht in das Land hineinführen, das ich ihnen
gegeben habe. 13 Das ist das Wasser von Me-
riba, Streit, weil die Israeliten mit dem
HERRN gestritten haben und er sich als der
Heilige erwiesen hat.

3–4: 11,4–6; 14,1–4; 17,6 / **4:** Ex 17,3 / **7–13:** Ex 17,3–7 / **9:** 17,25 / **10:** Ps 106,32–33

EDOMS WIDERSTAND. ISRAELS UMWEG: 20,14–21

14 Mose schickte von Kadesch aus Boten zum
König von Edom und ließ ihm sagen: So sagt
dein Bruder Israel: Du kennst alle Mühsal, die
uns getroffen hat. 15 Unsere Väter sind nach
Ägypten gezogen und wir haben viele Jahre in
Ägypten gewohnt. Aber die Ägypter haben
uns und unsere Väter schlecht behandelt. 16 Da
haben wir zum HERRN geschrien und er hat
uns gehört. Er schickte einen Boten und er
führte uns aus Ägypten heraus. Und siehe,
jetzt sind wir in Kadesch, einer Stadt an der
Grenze deines Gebietes. 17 Wir möchten durch
dein Land ziehen. Wir werden eure Felder und
Weinberge nicht betreten und kein Brunnen-
wasser trinken. Wir werden die Königsstraße
benutzen und weder rechts noch links davon
abbiegen, bis wir dein Gebiet durchzogen ha-
ben. 18 Edom aber sprach zu ihm: Du wirst bei
mir nicht durchziehen, sonst ziehe ich dir mit
dem Schwert entgegen. 19 Da sagten die Israe-
liten zu ihm: Wir wollen auf der Straße ziehen.
Und wenn wir von deinem Wasser trinken,
ich und meine Herden, dann zahle ich dafür.
Ich will nichts anderes, nur zu Fuß durch dein
Land ziehen. 20 Aber Edom sagte: Du wirst
nicht durchziehen. Und Edom zog Israel ent-
gegen mit mächtigem Volk und mit starker
Hand. 21 Da Edom sich also weigerte, Israel
durch sein Gebiet ziehen zu lassen, musste
Israel einen Umweg machen.

14: 21,21–24 / **15–16**: Ex 2,23; 3,7–9 / **16**: Ex 23,20 / **19**: Dtn 2,6.28 / **21**: 21,4

AARONS TOD: 20,22–29

22 Die Israeliten brachen von Kadesch auf und
die ganze Gemeinde kam zum Berg Hor.
23 Am Berg Hor, an der Grenze von Edom,
sprach der HERR zu Mose und Aaron: 24 Aaron
wird jetzt mit seinen Vorfahren vereint; er
wird nicht in das Land kommen, das ich für die
Israeliten bestimmt habe; denn ihr habt euch
am Wasser von Meriba gegen meinen Befehl
aufgelehnt. 25 Nimm Aaron und seinen Sohn
Eleasar und führ sie auf den Berg Hor hinauf!
26 Dann nimm Aaron seine Gewänder ab und
leg sie seinem Sohn Eleasar an! Aaron wird
dort mit seinen Vätern vereint werden und
sterben. 27 Mose tat, was ihm der HERR gebo-
ten hatte. Sie stiegen vor den Augen der gan-
zen Gemeinde auf den Berg Hor. 28 Mose nahm
Aaron die Gewänder ab und legte sie seinem
Sohn Eleasar an. Dann starb Aaron dort auf
dem Gipfel des Berges, Mose aber und Eleasar
stiegen vom Berg herab. 29 Als die ganze Ge-
meinde sah, dass Aaron dahingeschieden war,
beweinte ihn das ganze Haus Israel dreißig
Tage lang.

24: 20,12–13; 27,13; 33,38–39; Dtn 32,50 / **28**: 33,38–39; Dtn 10,6 / **29**: Dtn 34,8

SEGEN UND BEWAHRUNG IN DER WÜSTE: 21,1–25,18

WIDERSTAND DES KÖNIGS VON ARAD. ISRAELS SIEG: 21,1–3

21
1 Als der Kanaanäer, der König von
Arad, der im Negeb wohnte, hörte, dass
Israel auf dem Weg von Atarim heranzog, griff
er die Israeliten an und machte Gefangene.
2 Da gelobte Israel dem HERRN: Wenn du mir
dieses Volk in meine Hand gibst, dann voll-
ziehe ich den Bann an ihren Städten. 3 Der
HERR hörte auf Israel und gab die Kanaaniter
in seine Hand. Israel vollzog an ihnen und an
ihren Städten den Bann. Daher nannte man
den Ort Horma, Bannung.

1: 33,40 / **3**: 14,45

DIE KUPFERNE SCHLANGE: 21,4–9

4 Die Israeliten brachen vom Berg Hor auf und
schlugen die Richtung zum Roten Meer ein,
um Edom zu umgehen.
Das Volk aber verlor auf dem Weg die Ge-
duld, 5 es lehnte sich gegen Gott und gegen
Mose auf und sagte: Warum habt ihr uns aus
Ägypten heraufgeführt? Etwa damit wir in der
Wüste sterben? Es gibt weder Brot noch Was-
ser und es ekelt uns vor dieser elenden Nah-
rung. 6 Da schickte der HERR Feuerschlangen
unter das Volk. Sie bissen das Volk und viel
Volk aus Israel starb. 7 Da kam das Volk zu Mose
und sagte: Wir haben gesündigt, denn wir
haben uns gegen den HERRN und gegen dich
aufgelehnt. Bete zum HERRN, dass er uns von

den Schlangen befreit! Da betete Mose für das
Volk.
8 Der HERR sprach zu Mose: Mach dir eine
Feuerschlange und häng sie an einer Stange
auf! Jeder, der gebissen wird, wird am Leben
bleiben, wenn er sie ansieht. 9 Mose machte
also eine Schlange aus Kupfer und hängte sie
an einer Stange auf. Wenn nun jemand von
einer Schlange gebissen wurde und zu der
Kupferschlange aufblickte, blieb er am Leben.

4–5: 11,4–6; 14,1–4 / **6**: Dtn 8,15; Weish 16,5–14; 1 Kor 10,9 / **7**: Ex 8,26; 10,18; Num 11,2; 14,13–20 / **8–9**: 2 Kön 18,4; Dtn 8,15; Joh 3,14–15

DER WEG ZU DEN STEPPEN VON MOAB: 21,10–20

10 Die Israeliten brachen auf und schlugen ihr
Lager in Obot auf. 11 Dann brachen sie von
Obot auf und schlugen in Ije-Abarim ihr Lager
auf, in der Wüste, die östlich von Moab liegt.
12 Von dort brachen sie auf und schlugen ihr
Lager am Bach Sered auf. 13 Von dort brachen
sie auf und schlugen das Lager jenseits des Arnon auf, in der Wüste, die sich vom Amoritergebiet bis zum Arnon ausdehnt. Der Arnon
bildet nämlich die Grenze zwischen Moab und
den Amoritern.
14 Deshalb heißt es im Buch der Kriege des
HERRN: Waheb in Sufa und die Bäche des Arnon 15 und die Wasserscheide, die sich zum
Wohngebiet von Ar hinneigt und sich an das
Gebiet von Moab anlehnt.
16 Von dort ging es weiter nach Beer, Brunnen; es ist der Brunnen, von dem der HERR zu
Mose gesagt hat: Versammle das Volk, damit
ich ihnen Wasser gebe!
17 Damals sang Israel das folgende Lied:
Steig auf, Brunnen! /
Singt über ihn ein Lied! /
18 Brunnen, den Heerführer gruben, /
den die Edlen des Volkes aushoben /
mit dem Zepter, mit ihren Stäben.
Aus der Wüste nach Mattana, 19 von Mattana nach Nahaliël, von Nahaliël nach Bamot,
20 von Bamot zum Tal im Grünland von Moab,
zum Gipfel des Pisga, der auf das Ödland herabschaut.

11: 33,44–48 / **20**: 23,14.28

EROBERUNG DES OSTJORDANLANDES: 21,21–35

21 Israel schickte Boten zum Amoriterkönig
Sihon und ließ ihm sagen: 22 Ich möchte durch
dein Land ziehen. Wir werden nicht in die Felder und Weinberge abbiegen und wir werden
kein Wasser aus euren Brunnen trinken. Wir
wollen nur die Königsstraße benutzen, bis wir
dein Gebiet durchzogen haben. 23 Doch Sihon
ließ Israel nicht durch sein Gebiet ziehen. Er
versammelte sein ganzes Volk und zog Israel
in die Wüste entgegen. Als er nach Jahaz gekommen war, griff er Israel an. 24 Aber Israel
schlug ihn mit scharfem Schwert und nahm
sein Land in Besitz vom Arnon bis zum Jabbok,
das heißt bis zu den Ammonitern, denn Jaser
bildete damals die Grenze zu den Ammonitern. 25 Die Israeliten nahmen alle jene Städte
ein und ließen sich in den Amoriterstädten
nieder, in Heschbon und allen seinen Tochterstädten. 26 Heschbon war nämlich die Stadt
Sihons, des Amoriterkönigs. Dieser hatte aber
gegen den ersten König von Moab Krieg geführt und hatte ihm sein ganzes Land bis zum
Arnon abgenommen.
27 Darum sagen die Spruchdichter:
Kommt nach Heschbon! /
Gebaut und befestigt werde Sihons Stadt. /
28 Denn von Heschbon ging ein Feuer aus, /
eine Flamme von Sihons Burg, /
sie hat Ar-Moab gefressen /
und die Arnonhöhen verschlungen.
29 Weh dir, Moab, /
mit dir ist es aus, Volk des Kamosch. /
Seine Söhne hat er zu Flüchtlingen gemacht, /
seine Töchter zu Gefangenen des Amoriterkönigs Sihon. /
30 Denn wir haben auf sie geschossen; /
verloren ist Heschbon bis Dibon, /
von Naschim bis Nofach bei Medeba.
31 Die Israeliten ließen sich im Land der
Amoriter nieder. 32 Mose schickte Boten aus,
um Jaser auskundschaften zu lassen. Die Israeliten eroberten Jasers Tochterstädte und vertrieben die Amoriter, die dort wohnten.
33 Dann änderten sie die Richtung und zogen den Weg zum Baschan hinauf. Og, der
König des Baschan, zog ihnen mit seinem
ganzen Volk nach Edreï zum Kampf entgegen. 34 Der HERR sagte zu Mose: Hab keine
Angst vor ihm; denn hiermit gebe ich ihn mit
seinem ganzen Volk und seinem Land in deine
Hand. Mach mit ihm, was du schon mit dem
Amoriterkönig Sihon gemacht hast, der in
Heschbon wohnte! 35 Da erschlugen die Israeliten Og und seine Söhne und sein ganzes

Volk; keiner von ihnen konnte entrinnen. Die
Israeliten aber nahmen sein Land in Besitz.

21–35: Dtn 2,24–3,13; Jos 12,1–6; Ri 11,19–22; Ps 135,10–12; 136,16–20 / **22–23:** 20,17–18

DER SEHER BILEAM UND DAS GESEGNETE ISRAEL: 22,1–24,25

22 1 Die Israeliten brachen auf und schlu-
gen ihr Lager in den Steppen von Moab
auf, jenseits des Jordan bei Jericho. 2 Balak, der
Sohn Zippors, hatte gesehen, was Israel den
Amoritern alles angetan hatte. 3 Moab erschrak
sehr vor dem Volk, weil es so groß war, und
Moab packte das Grauen vor den Israeliten.
4 Da sagte Moab zu den Ältesten von Midian:
Jetzt wird uns die Versammlung ringsum alles
kahl fressen, wie die Rinder das Gras auf den
Weiden kahl fressen.
Damals war Balak, der Sohn Zippors, König
von Moab. 5 Er schickte Boten zu Bileam, dem
Sohn Beors, nach Petor am Strom, ins Land
seiner Stammesgenossen, um ihn rufen zu
lassen. Er ließ ihm sagen: Siehe, aus Ägypten
ist ein Volk ausgezogen, siehe, es verdeckt den
Blick auf das Land und hat sich mir gegenüber
niedergelassen. 6 Darum komm her und ver-
fluch mir dieses Volk; denn es ist zu mächtig
für mich. Vielleicht kann ich es dann schlagen
und aus dem Land vertreiben. Ich weiß: Wen
du segnest, der ist gesegnet; wen du verfluchst,
der ist verflucht.
7 Die Ältesten von Moab und die Ältesten
von Midian machten sich auf den Weg, mit
Wahrsagerlohn in den Händen. Als sie zu Bi-
leam kamen, wiederholten sie ihm die Worte
Balaks. 8 Bileam sagte zu ihnen: Bleibt über
Nacht hier, dann werde ich euch ein Wort
überbringen, das der HERR zu mir sagen wird.
Da blieben die Hofleute aus Moab bei Bileam.
9 Gott kam zu Bileam und fragte ihn: Wer
sind diese Männer bei dir? 10 Bileam antwor-
tete Gott: Balak, der Sohn Zippors, der König
von Moab, hat Boten zu mir geschickt und lässt
mir sagen: 11 Siehe, das Volk, das aus Ägypten
ausgezogen ist, verdeckt den Blick auf das
Land. Darum komm und verwünsch es für
mich! Vielleicht kann ich es dann im Kampf
besiegen und vertreiben. 12 Gott antwortete
Bileam: Geh nicht mit! Verfluch das Volk
nicht; denn es ist gesegnet.
13 Am Morgen stand Bileam auf und sagte
zu den Hofleuten Balaks: Kehrt in euer Land
zurück; denn der HERR erlaubt mir nicht,
mit euch zu gehen. 14 Da machten sich die
Hofleute aus Moab auf den Weg und kehrten
zu Balak zurück. Sie berichteten: Bileam hat
sich geweigert, mit uns zu kommen.
15 Balak schickte noch einmal Hofleute aus,
mehr und vornehmere als das erste Mal. 16 Sie
kamen zu Bileam und sagten zu ihm: So sagt
Balak, der Sohn Zippors: Lass dich nicht ab-
halten, zu mir zu kommen! 17 Ich will dir einen
sehr hohen Lohn geben; alles, was du von mir
verlangst, will ich tun. Nur komm und ver-
wünsch mir dieses Volk! 18 Bileam antwortete
den Dienern Balaks: Auch wenn mir Balak sein
Haus voll Silber und Gold gäbe, könnte ich
dem Befehl des HERRN, meines Gottes, nicht
zuwiderhandeln, weder in kleinen noch in
großen Dingen. 19 Doch bleibt auch ihr jetzt
über Nacht hier, bis ich weiß, was der HERR
weiter zu mir sagt.
20 In der Nacht kam Gott zu Bileam und
sprach zu ihm: Wenn die Männer gekommen
sind, um dich zu holen, dann mach dich auf
den Weg und geh mit! Aber nur das Wort, das
ich dir sagen werde, darfst du tun!
21 Am Morgen stand Bileam auf, sattelte sei-
ne Eselin und ging mit den Hofleuten aus
Moab. 22 Aber Gott wurde zornig, weil Bileam
mitging, und der Engel des HERRN trat Bileam
als Widersacher in den Weg, als Bileam auf
seiner Eselin dahinritt, begleitet von zwei
jungen Männern. 23 Die Eselin sah den Engel
des HERRN auf dem Weg stehen, mit dem ge-
zückten Schwert in der Hand, und sie verließ
den Weg und wich ins Feld aus. Da schlug sie
Bileam, um sie auf den Weg zurückzubringen.
24 Darauf stellte sich der Engel des HERRN auf
den engen Weg zwischen den Weinbergen,
der zu beiden Seiten Mauern hatte. 25 Als die
Eselin den Engel des HERRN sah, drückte sie
sich an der Mauer entlang und drückte dabei
das Bein Bileams gegen die Mauer. Da schlug
Bileam sie wieder. 26 Der Engel des HERRN
ging weiter und stellte sich an eine enge Stelle,
wo es weder rechts noch links eine Möglich-
keit gab auszuweichen. 27 Als die Eselin den
Engel des HERRN sah, ging sie unter Bileam in
die Knie. Bileam aber wurde wütend und
schlug die Eselin mit dem Stock. 28 Da öffnete
der HERR der Eselin den Mund und die Eselin
sagte zu Bileam: Was habe ich dir getan, dass

22,5 Der Strom ist der Eufrat. Seiner Stammesgenossen: wörtlich: Söhne des Ammo. Gemeint sind vielleicht die Ammoniter.

du mich jetzt schon zum dritten Mal schlägst?
29 Bileam erwiderte der Eselin: Weil du mich
verhöhnst. Hätte ich ein Schwert dabei, dann
hätte ich dich jetzt schon umgebracht. 30 Die
Eselin antwortete Bileam: Bin ich nicht deine
Eselin, auf der du seit eh und je bis heute ge-
ritten bist? War es etwa je meine Gewohnheit,
mich so zu benehmen? Da sagte er: Nein.
31 Nun öffnete der HERR dem Bileam die Au-
gen und er sah den Engel des HERRN auf dem
Weg stehen, mit dem gezückten Schwert in
der Hand. Da verneigte sich Bileam und warf
sich auf sein Gesicht nieder. 32 Der Engel des
HERRN sagte zu ihm: Warum hast du deine
Eselin dreimal geschlagen? Siehe, ich bin dir
als Widersacher in den Weg getreten, weil der
Weg in meinen Augen abschüssig ist. 33 Die
Eselin hat mich gesehen und ist mir schon
dreimal ausgewichen. Wäre sie mir nicht aus-
gewichen, dann hätte ich dich jetzt schon um-
gebracht, sie aber am Leben gelassen. 34 Bileam
antwortete dem Engel des HERRN: Ich habe
gesündigt, weil ich nicht erkannt habe, dass
du dich mir in den Weg gestellt hast. Jetzt aber
will ich umkehren, wenn mein Weg in deinen
Augen böse ist. 35 Der Engel des HERRN ant-
wortete Bileam: Geh mit den Männern, aber
rede nichts, außer was ich dir sage!

Da ging Bileam mit den Hofleuten Balaks.
36 Als Balak hörte, dass Bileam kam, ging er
ihm entgegen bis zur Grenzstadt Moabs am
Arnon, unmittelbar an der Grenze. 37 Balak
sagte zu Bileam: Habe ich dich nicht rufen las-
sen? Warum bist du nicht zu mir gekommen?
Kann ich dir etwa keinen Lohn geben? 38 Bile-
am antwortete Balak: Siehe, jetzt bin ich zu dir
gekommen. Aber kann ich jetzt etwas reden?
Ich kann nur sagen, was Gott mir in den Mund
legt. 39 Bileam ging mit Balak weiter nach Kir-
jat-Huzot. 40 Balak schlachtete Rinder und
Kleinvieh und schickte davon an Bileam und
die Hofleute, die bei ihm waren. 41 Am nächs-
ten Morgen nahm Balak Bileam und führte ihn
zu den Baalshöhen hinauf. Von dort konnte er
das hinterste Ende des Volkes sehen.

3: Ex 1,12 / **6:** 24,9; Gen 12,3; 27,29 / **12:** Gen 12,2–3; 26,29 / **18:** 1 Kön 13,8 / **23–35:** 2 Petr 2,15–16 / **23:** Jos 5,13; 1 Chr 21,16 / **32:** Ex 4,24–26; Gen 32,23–33

23 1 Bileam sagte zu Balak: Errichte mir
hier sieben Altäre und stell mir hier
sieben junge Stiere und sieben Widder bereit!
2 Balak tat, was Bileam gesagt hatte, und Balak
und Bileam brachten auf jedem Altar einen
jungen Stier und einen Widder dar. 3 Dann
sagte Bileam zu Balak: Bleib bei deinem Brand-
opfer stehen! Ich aber will gehen; vielleicht
begegnet mir der HERR. Was er mich sehen
lässt, werde ich dir mitteilen. Dann ging er auf
die kahle Höhe.

4 Gott begegnete Bileam. Bileam sagte zu
ihm: Ich habe sieben Altäre hergerichtet und
auf jedem Altar einen jungen Stier und einen
Widder dargebracht. 5 Da legte der HERR dem
Bileam ein Wort in den Mund und sagte: Kehr
zu Balak zurück! So sollst du reden! 6 Bileam
kehrte zu ihm zurück und siehe, Balak stand
bei seinem Brandopfer und alle Hofleute Mo-
abs waren bei ihm. 7 Da begann Bileam mit
seinem Orakelspruch und sagte:

Aus Aram führte mich Balak her, /
der König von Moab vom Ostgebirge: /
Geh, verfluche mir Jakob! Geh, verdamme Israel! /
8 Doch wie kann ich verwünschen, /
wen Gott nicht verwünscht, /
wie kann ich verdammen, /
wen der HERR nicht verdammt? /
9 Denn vom Gipfel der Felsen sehe ich es, /
von den Höhen aus erblicke ich es: /
Siehe, ein Volk, es wohnt für sich, /
es zählt sich nicht zu den Nationen. /
10 Wer zählt Jakobs Menge, zahlreich wie Staub, /
wer die Zehntausende Israels? /
Oh, könnte ich den Tod der Gerechten sterben /
und wäre mein Ende dem seinen gleich.

11 Da sagte Balak zu Bileam: Was hast du mir
angetan? Ich habe dich geholt, damit du meine
Feinde verwünschst, und siehe, stattdessen
hast du sie gesegnet. 12 Bileam antwortete und
sagte: Muss ich nicht darauf achten, nur das zu
sagen, was der HERR mir in den Mund legt?

13 Darauf sagte Balak zu ihm: Geh mit mir
an einen anderen Ort, von wo aus du das Volk
sehen kannst! Du wirst freilich nur einen Teil
sehen; ganz sollst du es nicht sehen. Von dort
aus verwünsch es mir! 14 Er nahm ihn mit zum
Späherfeld, auf den Gipfel des Pisga, errichte-
te dort sieben Altäre und brachte auf jedem
Altar einen jungen Stier und einen Widder dar.
15 Bileam sagte zu Balak: Bleib hier bei deinem
Brandopfer stehen, ich aber will ihm dort be-
gegnen. 16 Der HERR begegnete Bileam, legte
ihm ein Wort in den Mund und sagte: Kehr zu
Balak zurück! So sollst du reden! 17 Als Bileam

zu Balak kam, siehe, da stand er bei seinem
Opfer und die Hofleute Moabs waren bei ihm.
Balak fragte ihn: Was hat der HERR gesagt?
18 Da begann Bileam mit seinem Orakelspruch
und sagte:
Auf, Balak, höre, /
lausche mir, Sohn Zippors! /
19 Gott ist kein Mensch, der lügt, /
kein Menschenkind, das etwas bereut. /
Spricht er etwas und tut es dann nicht, /
sagt er etwas und hält es dann nicht? /
20 Siehe, Segen habe ich empfangen; /
er hat gesegnet, ich kann es nicht widerrufen. /
21 Man erblickt kein Unrecht in Jakob, /
man sieht kein Unheil in Israel. /
Der HERR, sein Gott, ist mit ihm /
und königlicher Jubelschall ist in ihm. /
22 Gott hat sie aus Ägypten herausgeführt. /
Er hat Hörner wie ein Wildstier. /
23 Denn kein Zauber wirkt gegen Jakob /
und kein Orakel gegen Israel. – /
Jetzt sagt man zu Jakob, zu Israel: Was hat
Gott getan? /
24 Siehe, ein Volk wie eine Löwin, die aufsteht, /
wie ein Löwe, der sich erhebt. /
Er legt sich nicht hin, /
bevor er die Beute gefressen /
und das Blut der Erschlagenen getrunken hat.
25 Da sagte Balak zu Bileam: Wenn du es
schon nicht verwünschen willst, dann segne
es doch wenigstens nicht! 26 Bileam antwortete Balak: Habe ich es dir nicht gesagt: Ich muss
alles tun, was der HERR mir sagt. 27 Darauf
sagte Balak zu Bileam: Komm doch, ich will
dich noch an einen anderen Ort mitnehmen.
Vielleicht ist es Gott recht, dass du mir das
Volk von dort aus verwünschst. 28 Balak nahm
also Bileam mit auf den Gipfel des Pegor, der
auf das Ödland herabschaut. 29 Bileam sagte zu
Balak: Bau mir hier sieben Altäre und stell mir
hier sieben junge Stiere und sieben Widder
bereit! 30 Balak tat, was Bileam gesagt hatte,
und brachte auf jedem Altar einen jungen Stier
und einen Widder dar.

7: 22,6 / **9:** Est 3,8 / **10:** Gen 12,2; 13,16 / **19:** Hos 11,9 / **22:** 24,8 / **24:** 24,9; Gen 49,9

24 1 Bileam aber sah, dass es gut war in den
Augen des HERRN, Israel zu segnen. Da
ließ er sich nicht wie die vorigen Male auf Zaubereien ein, sondern wandte sein Gesicht der
Wüste zu. 2 Als Bileam aufblickte, sah er Isra-
el im Lager, nach Stämmen geordnet. Da kam
der Geist Gottes über ihn, 3 er begann mit seinem Orakelspruch und sagte:
Spruch Bileams, des Sohnes Beors, /
Spruch des Mannes mit geöffnetem Auge, /
4 Spruch dessen, der Gottesworte hört, /
der eine Vision des Allmächtigen sieht, /
der niedersinkt mit entschleierten Augen: /
5 Jakob, wie schön sind deine Zelte, /
deine Wohnungen, Israel! /
6 Wie Bachtäler ziehen sie sich hin, /
wie Gärten an einem Strom, /
wie Aloebäume, vom HERRN gepflanzt, /
wie Zedern am Wasser. /
7 Von seinen Schöpfeimern rinnt das Wasser, /
reichlich Wasser hat seine Saat. /
Sein König möge Agag überlegen sein /
und seine Königsherrschaft sich erheben. /
8 Ja, Gott hat ihn aus Ägypten herausgeführt. /
Er hat Hörner wie ein Wildstier. /
Er frisst die Nationen, die ihm Feind sind, /
er zermalmt ihre Knochen und zerbricht
ihre Pfeile. /
9 Er duckt sich, liegt da wie ein Löwe, /
wie eine Löwin. Wer wagt es, sie aufzujagen? /
Wer dich segnet, ist gesegnet, /
und wer dich verflucht, ist verflucht.
10 Da wurde Balak zornig auf Bileam. Er schlug
die Hände zusammen und sagte zu Bileam: Ich
habe dich gerufen, damit du meine Feinde verwünschst, siehe, du aber hast sie schon dreimal
gesegnet. 11 Und jetzt flieh dorthin, woher du
gekommen bist! Ich habe versprochen, dir einen
hohen Lohn zu geben, doch siehe, der HERR hat
dich daran gehindert, ihn zu erhalten. 12 Bileam
antwortete Balak: Habe ich nicht schon zu deinen Boten, die du zu mir geschickt hast, gesagt:
13 Auch wenn mir Balak sein Haus voll Silber
und Gold gibt, kann ich dem Befehl des HERRN
nicht zuwiderhandeln und nach eigenem Gutdünken Gutes oder Böses bewirken. Ich muss
sagen, was der HERR sagt.
14 Siehe, ich gehe jetzt zu meinem Volk zurück. Ich will dir aber noch verraten, was dieses Volk deinem Volk in der Zukunft antun
wird. 15 Und er begann mit seinem Orakelspruch und sagte:
Spruch Bileams, des Sohnes Beors, /
Spruch des Mannes mit geöffnetem Auge, /

23,23 Andere Übersetzungsmöglichkeit: Es gibt keine Beschwörung in Jakob und kein Orakel in Israel.

16 Spruch dessen, der Gottesworte hört /
und die Kunde des Höchsten kennt, /
der eine Vision des Allmächtigen sieht, /
der niedersinkt mit entschleierten Augen: /
17 Ich sehe ihn, aber nicht jetzt, /
ich erblicke ihn, aber nicht in der Nähe: /
Ein Stern geht in Jakob auf, /
ein Zepter erhebt sich in Israel. /
Er zerschlägt Moab die Schläfen /
und allen Söhnen Sets den Schädel. /
18 Edom wird Eigentum, /
Seïr wird Eigentum seiner Feinde /
und Israel wird Starkes tun. /
19 Aus Jakob steigt einer herab /
und richtet zugrunde, was aus der Stadt entkam.

20 Dann sah er Amalek; er begann mit seinem Orakelspruch und sagte:

Die erste unter den Nationen war Amalek, /
doch seine Zukunft ist Untergang.

21 Dann sah er die Keniter; er begann mit seinem Orakelspruch und sagte:

Dein Wohnsitz ist sicher und fest, /
dein Nest ist auf Felsen gebaut; /
22 doch Kain wird fortgeschafft werden. /
Nicht mehr lange, dann führt Assur dich gefangen weg.

23 Er begann mit seinem Orakelspruch und sagte:

Weh, wer wird am Leben bleiben, wenn Gott das tut? /
24 Schiffe kommen von den Kittäern, /
sie demütigen Assur, sie demütigen Eber. /
Doch auch er endet im Untergang.

25 Dann stand Bileam auf, ging und kehrte in seine Heimat zurück und auch Balak zog seines Weges.

22,1 – 24,25: Dtn 23,5–6; Jos 13,22; 24,9–10
2: 2 / **3–4:** 24,15–16 / **5:** Ps 84,2 / **7:** 1 Sam 15,8 / **8:** 23,22 / **9:** 22,6; Gen 12,3; 27,29 / **13:** 22,18 / **17:** Gen 49,10; Mt 2,2 / **20:** 1 Sam 15,2–7 / **21–22:** 1 Sam 15,6

ABFALL ZUM BAAL-PEGOR: 25,1–5

25 1 Als sich Israel in Schittim aufhielt, begann das Volk mit den Moabiterinnen Unzucht zu treiben, 2 indem jene das Volk zu den Opferfesten ihrer Götter einluden. Das Volk aß mit ihnen und sie warfen sich vor ihren Göttern nieder. 3 So ließ sich Israel für Baal-Pegor ins Joch spannen.

Da entbrannte der Zorn des HERRN gegen Israel 4 und der HERR sprach zu Mose: Nimm alle Anführer des Volkes und richte sie hin für den HERRN im Angesicht der Sonne, damit sich der glühende Zorn des HERRN von Israel abwendet! 5 Da sagte Mose zu den Richtern Israels: Jeder soll die von seinen Männern töten, die sich für Baal-Pegor ins Joch spannen ließen.

1–13: Ps 106,28–31; Jos 22,17; 1 Kor 10,7–8 / **2:** Ex 34,15–16; Dtn 7,1–5 / **3:** 31,16; Dtn 4,3 / **4:** Dtn 21,22 / **5:** Ex 32,27

PINHAS EIFER: 25,6–18

6 Und siehe, unter den Israeliten war einer,
der zu seinen Brüdern kam und eine Midia-
niterin mitbrachte, vor den Augen des Mose
und der ganzen Gemeinde der Israeliten,
während sie am Eingang des Offenbarungs-
zeltes weinten. 7 Als das der Priester Pinhas,
der Sohn Eleasars, des Sohnes Aarons, sah,
stand er mitten in der Gemeinde auf, ergriff
einen Speer, 8 ging dem Israeliten in das Zelt-
innere nach und durchbohrte beide, den Is-
raeliten und die Frau, durch ihren Bauch.
Danach nahm die Plage, die die Israeliten
getroffen hatte, ein Ende. 9 Im Ganzen aber
waren vierundzwanzigtausend Menschen an
der Plage gestorben.

10 Der HERR sprach zu Mose: 11 Der Priester
Pinhas, der Sohn Eleasars, des Sohnes Aarons,
hat meinen Zorn von den Israeliten abgewen-
det, weil er mitten unter ihnen Eifer für mich
bewiesen hat. So musste ich die Israeliten in
meinem leidenschaftlichen Eifer nicht umbrin-
gen. 12 Darum sprich: Siehe, hiermit stifte ich
ihm meinen Friedensbund. 13 Ihm und seinen
Nachkommen wird der Bund des ewigen Pries-
tertums zuteil, weil er sich für seinen Gott erei-
fert und für die Israeliten Sühne erwirkt hat.

14 Der Israelit, der zusammen mit der Midi-
aniterin erschlagen worden war, hieß Simri;
er war ein Sohn Salus und Anführer einer si-
meonitischen Großfamilie. 15 Die erschlagene
Midianiterin hieß Kosbi; sie war die Tochter
Zurs und dieser war das Haupt von Sippen
einer Großfamilie in Midian.

16 Der HERR sprach zu Mose: 17 Greift die
Midianiter an und schlagt sie; 18 denn auch sie
haben euch arglistig angegriffen, als sie euch
mit Pegor und mit ihrer Schwester Kosbi über-
listeten, der Tochter eines Anführers der Mi-
dianiter, die erschlagen wurde, als die Plage
wegen Pegor ausgebrochen war.

9: 1 Kor 10,8 / **12:** Mal 2,5 / **13:** Ex 29,9; 40,15 / **18:** 31,16

25,8 das Zeltinnere: Das hebräische Wort, das nur hier vorkommt, bezieht sich vielleicht umschreibend auf das Innere des Heiligtums.

VERTEILUNG DES LANDES: 25,19–36,13

ZWEITE VOLKSZÄHLUNG: 25,19–26,65

19 Nach der Plage
26 1 sagte der HERR zu Mose und zu dem
Priester Eleasar, dem Sohn Aarons:
2 Ermittelt die Gesamtzahl der Gemeinde aller
Israeliten, die zwanzig Jahre und älter sind,
aller wehrfähigen Israeliten, geordnet nach
ihren Großfamilien! 3 Da redeten Mose und
der Priester Eleasar zu den Israeliten in den
Steppen von Moab, am Jordan bei Jericho:
4 Alle Männer von zwanzig Jahren und darü-
ber, wie der HERR es Mose geboten hatte.

Das sind die Israeliten, die aus Ägypten aus-
gezogen waren: 5 Ruben war der Erstgeborene
Israels. Zu den Rubenitern gehörten von
Henoch die Sippe der Henochiter, von Pallu
die Sippe der Palluiter, 6 von Hezron die Sippe
der Hezroniter, von Karmi die Sippe der Kar-
miter. 7 Das waren die Sippen der Rubeniter.
Die Zahl der bei ihnen Gemusterten betrug
43 730 Mann. 8 Der Sohn Pallus war Eliab; 9 die
Söhne Eliabs: Nemuël, Datan und Abiram.
Datan und Abiram waren die Abgeordneten
der Gemeinde, die mit Mose und Aaron in
Streit geraten waren, zusammen mit der Ge-
meinde Korachs, als diese mit dem HERRN in
Streit geraten war. 10 Die Erde tat ihren Rachen
auf und verschlang sie und Korach, als die
Gemeinde ums Leben kam, als das Feuer die
zweihundertfünfzig Mann fraß und sie zu ei-
nem Zeichen wurden. 11 Die Söhne Korachs
waren aber nicht ums Leben gekommen.

12 Zu den Simeonitern gehörten folgende
Sippen: von Jemuël die Sippe der Jemuëliter,
von Jamin die Sippe der Jaminiter, von Jachin
die Sippe der Jachiniter, 13 von Serach die Sip-
pe der Serachiter, von Schaul die Sippe der
Schauliter. 14 Das waren die Sippen der Simeo-
niter, im Ganzen 22 200 Mann.

15 Zu den Gaditern gehörten folgende Sip-
pen: von Zifjon die Sippe der Zifjoniter, von
Haggi die Sippe der Haggiter, von Schuni die
Sippe der Schuniter, 16 von Osni die Sippe der
Osniter, von Eri die Sippe der Eriter, 17 von
Arod die Sippe der Aroditer, von Areli die
Sippe der Areliter. 18 Das waren die Sippen
der Gaditer mit ihren Gemusterten, im Gan-
zen 40 500 Mann.

19 Die Söhne Judas waren: Er und Onan; Er
und Onan aber waren in Kanaan gestorben.
20 Zu den Nachkommen Judas gehörten fol-
gende Sippen: von Schela die Sippe der Sche-
laniter, von Perez die Sippe der Pereziter, von
Serach die Sippe der Serachiter. 21 Zu den Pe-
rezitern gehörten von Hezron die Sippe der
Hezroniter und von Hamul die Sippe der Ha-
muliter. 22 Das waren die Sippen Judas mit
ihren Gemusterten, im Ganzen 76 500 Mann.

23 Zu den Issacharitern gehörten folgende
Sippen: von Tola die Sippe der Tolaiter, von
Puwa die Sippe der Puwaniter, 24 von Jaschub
die Sippe der Jaschubiter, von Schimron die
Sippe der Schimroniter. 25 Das waren die
Sippen Issachars mit ihren Gemusterten, im
Ganzen 64 300 Mann.

26 Zu den Sebulonitern gehörten folgende
Sippen: von Sered die Sippe der Serediter, von
Elon die Sippe der Eloniter, von Jachleel die
Sippe der Jachleeliter. 27 Das waren die Sippen
der Sebuloniter mit ihren Gemusterten, im
Ganzen 60 500 Mann.

28 Zu den Nachkommen Josefs gehörten fol-
gende Sippen: Manasse und Efraim. 29 Die
Manassiter: von Machir die Sippe der Machi-
riter; Machir zeugte Gilead und von Gilead
stammt die Sippe der Gileaditer. 30 Das waren
die Gileaditer: von Ieser die Sippe der Ieseriter,
von Helek die Sippe der Helekiter, 31 von Asriël
die Sippe der Asriëliter, von Schechem die
Sippe der Schechemiter, 32 von Schemida die
Sippe der Schemidaiter, von Hefer die Sippe
der Heferiter. 33 Zelofhad, der Sohn Hefers,
hatte keine Söhne, sondern nur Töchter; die
Töchter Zelofhads hießen Machla, Noa, Hog-
la, Milka und Tirza. 34 Das waren die Sippen
Manasses mit ihren Gemusterten, im Ganzen
52 700 Mann. 35 Das waren die Sippen der Ef-
raimiter: von Schutelach die Sippe der Schu-
telachiter, von Becher die Sippe der Becheriter,
von Tahan die Sippe der Tahaniter. 36 Das wa-
ren die Schutelachiter: von Eran die Sippe der
Eraniter. 37 Das waren die Sippen der Efraimi-
ter mit ihren Gemusterten, im Ganzen 32 500
Mann. Das waren die Nachkommen Josefs
nach ihren Sippen.

38 Zu den Benjaminitern gehörten folgende
Sippen: von Bela die Sippe der Belaiter, von
Aschbel die Sippe der Aschbeliter, von Ahiram
die Sippe der Ahiramiter, 39 von Schufam die
Sippe der Schufamiter, von Hufam die Sippe

der Hufamiter. 40 Die Söhne Belas waren Ard
und Naaman; von Ard stammt die Sippe der
Arditer, von Naaman die Sippe der Naamani-
ter. 41 Das waren die Benjaminiter nach ihren
Sippen; die Zahl der bei ihnen Gemusterten
betrug 45 600 Mann.

42 Zu den Danitern gehörten folgende Sip-
pen: von Schuham die Sippe der Schuhamiter.
Das waren die Sippen Dans nach ihren Sippen.
43 Alle Sippen der Schuhamiter mit ihren Ge-
musterten betrugen im Ganzen 64 400 Mann.

44 Zu den Ascheritern gehörten folgende
Sippen: von Jimna die Sippe der Jimnaiter, von
Jischwi die Sippe der Jischwiter, von Beria die
Sippe der Beriaiter. 45 Zu den Beriaitern gehör-
ten folgende Sippen: von Heber die Sippe der
Heberiter, von Malkiël die Sippe der Malkiëli-
ter. 46 Die Tochter Aschers hieß Serach. 47 Das
waren die Sippen der Ascheriter mit ihren
Gemusterten, im Ganzen 53 400 Mann.

48 Zu den Naftalitern gehörten folgende Sip-
pen: von Jachzeel die Sippe der Jachzeeliter,
von Guni die Sippe der Guniter, 49 von Jezer
die Sippe der Jezeriter, von Schillem die Sippe
der Schillemiter. 50 Das waren die Sippen Naf-
talis nach ihren Sippen. Die Zahl der bei ihnen
Gemusterten betrug 45 400 Mann.

51 Die Gesamtzahl der gemusterten Israeli-
ten betrug 601 730 Mann.

52 Der HERR sprach zu Mose: 53 An diese
Männer soll das Land als Erbbesitz verteilt
werden, entsprechend der Zahl der Namen.
54 Wer mehr Namen zählt, dem sollst du einen
größeren Erbbesitz geben; wer weniger zählt,
dem sollst du einen kleineren Erbbesitz geben.
Jedem soll sein Erbbesitz entsprechend der
Zahl der bei ihm Gemusterten gegeben wer-
den. 55 Doch soll das Land durch das Los ver-
teilt werden und sie sollen ihren Erbbesitz
nach den Namen der Stämme ihrer Väter er-
halten. 56 Der Erbbesitz soll durch das Los zwi-
schen den großen und den kleinen Stämmen
aufgeteilt werden.

57 Das waren die Gemusterten Levis nach
ihren Sippen: von Gerschon die Sippe der Ger-
schoniter, von Kehat die Sippe der Kehatiter,
von Merari die Sippe der Merariter. 58 Das wa-
ren die Sippen Levis: die Sippe der Libniter, die
Sippe der Hebroniter, die Sippe der Machliter,
die Sippe der Muschiter, die Sippe der Kora-
chiter. Kehat zeugte Amram. 59 Die Frau Am-
rams hieß Jochebed; sie war die Tochter Levis,
die dem Levi noch in Ägypten geboren wurde.
Sie gebar dem Amram Aaron und Mose sowie
deren Schwester Mirjam. 60 Dem Aaron wur-
den Nadab und Abihu, Eleasar und Itamar
geboren. 61 Nadab und Abihu aber waren ge-
storben, als sie vor dem HERRN ein unrecht-
mäßiges Feueropfer darbrachten. 62 Bei den
Leviten wurden im Ganzen 23 000 Mann ge-
mustert, alle männlichen Personen im Alter
von einem Monat und darüber. Sie wurden
aber nicht zusammen mit den Israeliten ge-
mustert; denn ihnen wurde kein Erbbesitz
unter den Israeliten gegeben.

63 Das waren die von Mose und dem Priester
Eleasar Gemusterten, die Israeliten, die sie in
den Steppen von Moab am Jordan bei Jericho
gemustert hatten. 64 Unter ihnen war niemand
mehr von den Gemusterten, die Israeliten, die
Mose und der Priester Aaron in der Wüste Si-
nai gemustert hatten. 65 Denn über sie hatte
der HERR ja gesagt: Sie müssen in der Wüste
sterben. Daher war keiner von ihnen übrig ge-
blieben außer Kaleb, der Sohn Jefunnes, und
Josua, der Sohn Nuns.

1–65: 1 / **10**: 16 / **19**: Gen 38.3–10 / **33**: 27,1–11; 36,1–12; Jos 17,3 / **51**: 1,46 / **53**: Jos 11,23 / **54**: 33,54; 35,8; Jos 17,17–18 / **57–62**: 3,14–39 / **59**: Ex 6,20 / **60**: Ex 6,23 / **61**: Lev 10,1–3 / **62**: 1,47; 18,20; Dtn 10,9 / **65**: 14,21–35

ERBE DER FRAUEN: 27,1–11

27 1 Die Töchter Zelofhads, des Sohnes
Hefers, des Sohnes Gileads, des Sohnes
Machirs, des Sohnes Manasses, aus den Sippen
Manasses, des Sohnes Josefs, traten heran.
Dies waren die Namen seiner Töchter: Mach-
la, Noa, Hogla, Milka und Tirza. 2 Sie stellten
sich vor Mose und vor den Priester Eleasar und
vor die Anführer und die ganze Gemeinde an
den Eingang des Offenbarungszeltes und sag-
ten: 3 Unser Vater ist in der Wüste gestorben.
Er war aber nicht inmitten der Gemeinde, die
sich in Korachs Gefolge gegen den HERRN zu-
sammengerottet hatte, sondern er ist wegen
seiner eigenen Sünde gestorben. Aber er hin-
terließ keine Söhne. 4 Warum soll nun der
Name unseres Vaters aus der Mitte seiner Sip-
pe verschwinden, weil er keinen Sohn hatte?
Gib uns Grundbesitz bei den Brüdern unseres
Vaters!

5 Da übergab Mose ihre Rechtssache dem
HERRN 6 und der HERR sprach zu Mose: 7 Die
Töchter Zelofhads haben recht geredet. Du
musst ihnen vererbbaren Grundbesitz bei den
Brüdern ihres Vaters geben, also den Erbbesitz
ihres Vaters auf sie übertragen. 8 Sag zu den

Israeliten: Wenn jemand ohne Sohn stirbt,
dann übertragt seinen Erbbesitz auf seine
Tochter! 9 Hat er keine Tochter, dann gebt sei-
nen Erbbesitz seinen Brüdern! 10 Hat er keine
Brüder, dann gebt seinen Erbbesitz den Brü-
dern seines Vaters! 11 Hat sein Vater keine Brü-
der, dann gebt seinen Erbbesitz dem nächsten
Verwandten aus seiner Sippe; er soll ihn erben.
Das werde für die Israeliten zur Satzung und
zum Rechtsentscheid, wie der HERR es Mose
geboten hatte.

3: 14,29; 16,1–34 / **7**: 36,2–5; Jos 17,4; Ijob 42,15

JOSUAS BERUFUNG: 27,12–23

12 Der HERR sprach zu Mose: Steig auf das
Abarimgebirge dort und sieh dir das Land an,
das ich den Israeliten gegeben habe! 13 Wenn
du es gesehen hast, wirst auch du mit deinen
Vorfahren vereint werden wie dein Bruder
Aaron; 14 denn ihr habt euch in der Wüste Zin
meinem Befehl widersetzt, als die Gemeinde
haderte und ihr durch das Wasser vor ihren
Augen hättet bezeugen sollen, dass ich der
Heilige bin. Das ist das Haderwasser von Ka-
desch in der Wüste Zin.

15 Da sagte Mose zum HERRN: 16 Der HERR,
der Gott des Lebensatems für alles Fleisch, set-
ze einen Mann über die Gemeinde ein, 17 der
vor ihnen auszieht und vor ihnen einzieht, der
sie hinausführt und hineinführt; die Gemein-
de des HERRN soll nicht sein wie Schafe und
Ziegen, die keinen Hirten haben. 18 Der HERR
antwortete Mose: Nimm dir Josua, den Sohn
Nuns, einen Mann, der mit Geist begabt ist,
und leg ihm deine Hand auf! 19 Dann lass ihn
vor den Priester Eleasar und vor die ganze Ge-
meinde treten und gib ihm vor ihren Augen
deine Anweisungen! 20 Gib ihm etwas von
deiner Würde, damit die ganze Gemeinde der
Israeliten auf ihn hört. 21 Er soll vor den Pries-
ter Eleasar treten und der wird für ihn vor dem
HERRN den Rechtsentscheid des Urim-Ora-
kels erfragen. Auf dessen Befehl hin sollen sie
ausziehen und einziehen, er und mit ihm alle
Israeliten und die ganze Gemeinde. 22 Mose
tat, was ihm der HERR geboten hatte. Er nahm
Josua und ließ ihn vor den Priester Eleasar und
vor die ganze Gemeinde treten. 23 Er legte ihm
seine Hände auf und gab ihm seine Anweisun-
gen, wie der HERR durch Mose geredet hatte.

12–14: 31,2; Dtn 1,37 / **13**: 20,22–29 / **14**: 20,2–13.24 / **16**: 16,22 / **17**: 1 Kön 22,17; Mk 6,34 / **18–19**: Dtn 3,28; 34,9 / **20**: Jos 1,17

OPFER UND FESTE: 28,1–30,1

28 1 Der HERR sprach zu Mose: 2 Gebiete
den Israeliten und sag zu ihnen: Ihr
sollt darauf bedacht sein, zur festgesetzten
Zeit meine Opfergaben, meine Speise, durch
das Feueropfer als beruhigenden Duft mir dar-
zubringen. 3 Sag zu ihnen: Das ist das Feuerop-
fer, das ihr dem HERRN darbringen sollt: täg-
lich zwei fehlerlose einjährige Lämmer als
regelmäßiges Brandopfer. 4 Das eine Lamm
sollst du am Morgen, das zweite Lamm in der
Abenddämmerung herrichten, 5 dazu ein
zehntel Efa Weizenfeinmehl, das mit einem
viertel Hin gestoßenen Öls vermengt ist, als
Speiseopfer. 6 Ein regelmäßiges Brandopfer,
das am Berg Sinai als beruhigender Duft, als
Feueropfer, für den HERRN hergerichtet wur-
de. 7 Das dazugehörende Trankopfer soll aus
einem viertel Hin je Lamm bestehen. Spende
es dem HERRN als Trankopfer von berau-
schendem Getränk im Heiligtum! 8 Das zwei-
te Lamm sollst du in der Abenddämmerung
herrichten; wie das Speiseopfer am Morgen
und das dazugehörige Trankopfer sollst du es
herrichten, als Feueropfer zum beruhigenden
Duft für den HERRN.

9 Am Sabbat aber nimm zwei fehlerlose ein-
jährige Lämmer, dazu als Speiseopfer zwei
Zehntel Weizenfeinmehl, das mit Öl ver-
mengt ist, sowie das dazugehörende Trankop-
fer; 10 das sei das Sabbatbrandopfer an jedem
Sabbat, zusätzlich zum regelmäßigen Brand-
opfer mit dem entsprechenden Trankopfer.

11 Am Anfang eurer Monate sollt ihr für den
HERRN als Brandopfer zwei einjährige Jung-
stiere, einen Widder und sieben fehlerlose
einjährige Lämmer darbringen, 12 dazu je
Jungstier drei Zehntel Weizenfeinmehl, das
mit Öl vermengt ist, als Speiseopfer, außer-
dem zwei Zehntel Weizenfeinmehl, das mit
Öl vermengt ist, als zu dem Widder gehören-
des Speiseopfer 13 sowie je Lamm ein Zehntel
Weizenfeinmehl, das mit Öl vermengt ist, als
Speiseopfer; dies sei das Brandopfer als beru-
higender Duft, als Feueropfer für den HERRN.
14 Die dazugehörenden Trankopfer bestehen
aus einem halben Hin Wein je Jungstier, einem
drittel Hin für den Widder und einem viertel
Hin Wein je Lamm. Das ist das monatliche
Opfer, das in jedem Monat des Jahres am Neu-
mond dargebracht wird. 15 Auch soll man ei-
nen Ziegenbock als Sündopfer für den HERRN
herrichten, zusätzlich zu dem regelmäßigen

Brandopfer und dem dazugehörenden Trank-
opfer.
16 Am vierzehnten Tag des ersten Monats ist
das Pessachfest für den HERRN. 17 Der fünf-
zehnte Tag dieses Monats ist ein Festtag. Sie-
ben Tage lang soll man ungesäuerte Brote es-
sen. 18 Am ersten Tag findet eine heilige
Versammlung statt; an ihm dürft ihr keine
schwere Arbeit verrichten; 19 ihr sollt ein Feu-
eropfer darbringen, ein Brandopfer für den
HERRN: zwei Jungstiere, einen Widder und
sieben einjährige Lämmer, fehlerlos sollen sie
euch sein. 20 Als das dazugehörende Speiseop-
fer sollt ihr je Jungstier drei Zehntel Weizen-
feinmehl, das mit Öl vermengt ist, und zwei
Zehntel für den Widder herrichten; 21 außer-
dem sollst du je Lamm ein Zehntel herrichten,
22 zusätzlich einen Sündopferbock, um für
euch Sühne zu erwirken. 23 Das sollt ihr zu-
sätzlich zu dem Morgenbrandopfer herrich-
ten, das zu dem regelmäßigen Brandopfer ge-
hört. 24 Diese Opfer sollt ihr sieben Tage lang
täglich als Speise, als Feueropfer zum beruhi-
genden Duft für den HERRN bereiten. Das soll
zusätzlich zu dem regelmäßigen Brandopfer
und dem dazugehörenden Trankopfer gesche-
hen. 25 Am siebten Tag sollt ihr eine heilige
Versammlung abhalten; an diesem Tag dürft
ihr keine schwere Arbeit verrichten.
26 Am Tag der Erstlingsfrüchte, wenn ihr
dem HERRN das Speiseopfer vom neuen Ge-
treide darbringt, an eurem Wochenfest, sollt
ihr die heilige Versammlung abhalten; auch an
diesem Tag dürft ihr keine schwere Arbeit ver-
richten; 27 ihr sollt als Brandopfer zum beru-
higenden Duft für den HERRN zwei Jungstie-
re, einen Widder und sieben einjährige
Lämmer darbringen 28 und als dazugehörendes
Speiseopfer je Jungstier drei Zehntel Weizen-
feinmehl, das mit Öl vermengt ist, zwei Zehn-
tel für den einen Widder 29 und ein Zehntel für
jedes der sieben Lämmer; 30 einen Ziegenbock,
um für euch Sühne zu erwirken. 31 Das sollt ihr
zusätzlich zu dem regelmäßigen Brandopfer,
dem dazugehörenden Speiseopfer und den
dazugehörenden Trankopfern darbringen.
Aber ihr dürft dabei nur fehlerlose Tiere ver-
wenden.

2–8: Ex 29,38–42 / **9**: Neh 10,34; 2 Chr 31,3 / **10**: Ez 46,4 / **15**: Lev 4,23; 9,3 / **16**: 9,11; Ex 12,1–14 / **17**: Ex 12,15–29 / **18**: Lev 23,7–8 / **24**: Ez 45,23 / **26**: Ex 23,16; Dtn 16,9–10

29 1 Am ersten Tag des siebten Monats
sollt ihr eine heilige Versammlung ab-
halten; an diesem Tag dürft ihr keine schwere
Arbeit verrichten. Es wird für euch ein Tag mit
Jubelschall sein. 2 Richtet als Brandopfer, als
beruhigenden Duft für den HERRN einen
Jungstier, einen Widder und sieben fehlerlose
einjährige Lämmer her 3 und als zu dem Stier
gehörendes Speiseopfer drei Zehntel Weizen-
feinmehl, das mit Öl vermengt ist, sowie zwei
Zehntel für den einen Widder 4 und ein Zehn-
tel für jedes der sieben Lämmer 5 sowie einen
Ziegenbock als Sündopfer, um für euch Sühne
zu erwirken; 6 das alles zusätzlich zum monat-
lichen Brandopfer und zum dazugehörenden
Speiseopfer und zusätzlich zum regelmäßigen
Brandopfer und dem dazugehörenden Speise-
opfer und den dazugehörenden Trankopfern,
wie sie der Vorschrift entsprechen, als beruhi-
genden Duft, als Feueropfer für den HERRN.
7 Am zehnten Tag dieses siebten Monats
sollt ihr eine heilige Versammlung abhalten.
An diesem Tag sollt ihr euch Enthaltung auf-
erlegen und dürft keinerlei Arbeit verrichten;
8 ihr sollt dem HERRN ein Brandopfer als be-
ruhigenden Duft darbringen: einen Jungstier,
einen Widder und sieben einjährige Lämmer,
fehlerlos sollen sie euch sein, 9 und als zu dem
Stier gehörendes Speiseopfer drei Zehntel
Weizenfeinmehl, das mit Öl vermengt ist,
sowie zwei Zehntel für den einen Widder
10 und ein Zehntel für jedes der sieben Lämmer;
11 einen Ziegenbock als Sündopfer, und zwar
zusätzlich zum Sündopfer der Versöhnung,
zum regelmäßigen Brandopfer, zum dazuge-
hörenden Speiseopfer und den dazugehören-
den Trankopfern.
12 Am fünfzehnten Tag des siebten Monats
sollt ihr eine heilige Versammlung abhalten.
An diesem Tag dürft ihr keine schwere Arbeit
verrichten; ihr sollt sieben Tage lang ein Fest
für den HERRN feiern. 13 Ihr sollt ein Brand-
opfer darbringen, als Feueropfer zum beruhi-
genden Duft für den HERRN: dreizehn Jung-
stiere, zwei Widder und vierzehn einjährige
Lämmer, die fehlerlos sein sollen, 14 und als
dazugehörendes Speiseopfer drei Zehntel
Weizenfeinmehl, das mit Öl vermengt ist, für
jeden der dreizehn Stiere, zwei Zehntel für
jeden der zwei Widder 15 und ein Zehntel für

29,7 Am 10.7. wird der große Versöhnungstag (Jom Kippur) gefeiert, wo neben die Opfer das Fasten des ganzen Volkes und eine verschärfte Arbeitsruhe (keinerlei Arbeit statt keine schwere Arbeit wie in Num 28,18.25.26; 29,1.12.35) treten, vgl. Lev 16,29–31.

jedes der vierzehn Lämmer; 16 außerdem einen
Ziegenbock als Sündopfer; das alles zusätzlich
zum regelmäßigen Brandopfer und zum da-
zugehörenden Speise- und Trankopfer.

17 Am zweiten Tag sollen es zwölf Jungstie-
re, zwei Widder und vierzehn fehlerlose ein-
jährige Lämmer sein, 18 dazu die Speise- und
Trankopfer, entsprechend der Zahl der Stiere,
Widder und Lämmer, wie es vorgeschrieben
ist, 19 ferner einen Ziegenbock als Sündopfer;
das alles zusätzlich zum regelmäßigen Brand-
opfer sowie zum dazugehörenden Speise- und
Trankopfer.

20 Am dritten Tag sollen es elf Stiere, zwei
Widder und vierzehn fehlerlose einjährige
Lämmer sein, 21 dazu die Speise- und Trankop-
fer, entsprechend der Zahl der Stiere, Widder
und Lämmer, wie es vorgeschrieben ist, 22 fer-
ner einen Sündopferbock; das alles zusätzlich
zum regelmäßigen Brandopfer und zum dazu-
gehörenden Speise- und Trankopfer.

23 Am vierten Tag sollen es zehn Stiere, zwei
Widder und vierzehn fehlerlose einjährige
Lämmer sein, 24 dazu die Speise- und Trankop-
fer, entsprechend der Zahl der Stiere, Widder
und Lämmer, wie es vorgeschrieben ist, 25 fer-
ner einen Ziegenbock als Sündopfer; das alles
zusätzlich zum regelmäßigen Brandopfer und
zum dazugehörenden Speise- und Trankopfer.

26 Am fünften Tag sollen es neun Stiere, zwei
Widder und vierzehn fehlerlose einjährige
Lämmer sein, 27 dazu die Speise- und Trankop-
fer, entsprechend der Zahl der Stiere, Widder
und Lämmer, wie es vorgeschrieben ist, 28 fer-
ner einen Sündopferbock; das alles zusätzlich
zum regelmäßigen Brandopfer und zum dazu-
gehörenden Speise- und Trankopfer.

29 Am sechsten Tag sollen es acht Stiere, zwei
Widder und vierzehn fehlerlose einjährige
Lämmer sein, 30 dazu die Speise- und Trankop-
fer, entsprechend der Zahl der Stiere, Widder
und Lämmer, wie es vorgeschrieben ist, 31 fer-
ner einen Sündopferbock; das alles zusätzlich
zum regelmäßigen Brandopfer und zum dazu-
gehörenden Speise- und Trankopfer.

32 Am siebten Tag sollen es sieben Stiere,
zwei Widder und vierzehn fehlerlose einjähri-
ge Lämmer sein, 33 dazu die Speise- und Trank-
opfer, entsprechend der Zahl der Stiere, Wid-
der und Lämmer, wie es vorgeschrieben ist,
34 ferner einen Sündopferbock; das alles zusätz-
lich zum regelmäßigen Brandopfer und zum
dazugehörenden Speise- und Trankopfer.

35 Am achten Tag sollt ihr eine Festver-
sammlung abhalten. An diesem Tag dürft ihr
keine schwere Arbeit verrichten; 36 ihr sollt als
Brandopfer, als Feueropfer, als beruhigenden
Duft für den HERRN einen Stier, einen Widder
und sieben fehlerlose einjährige Lämmer dar-
bringen, 37 dazu die dem Stier, dem Widder
und den Lämmern entsprechenden Speise-
und Trankopfer, wie es vorgeschrieben ist,
38 ferner einen Sündopferbock; das alles zu-
sätzlich zum regelmäßigen Brandopfer und
zum dazugehörenden Speise- und Trank-
opfer.

39 Das sollt ihr für den HERRN an euren Fest-
tagen tun, abgesehen von euren Brand-, Spei-
se-, Trank- und Heilsopfern, die ihr gelobt
habt oder freiwillig darbringt.

30 1 Mose teilte den Israeliten alles genau-
so mit, wie es ihm der HERR geboten
hatte.

29,1–6: Lev 23,23–25 / **7–11**: Lev 16,29–32;23,26–32 /
12–38: Lev 23,33–43

GELÜBDE: 30,2–17

2 Mose sagte zu den Stammeshäuptern der Is-
raeliten: Das ist es, was der HERR gebietet:
3 Wenn ein Mann dem HERRN ein Gelübde
ablegt oder einen Eid schwört und sich zu einer
Enthaltung verpflichtet, dann darf er sein
Wort nicht brechen; genauso, wie er es ausge-
sprochen hat, muss er es ausführen.

4 Wenn aber eine Frau dem HERRN ein Ge-
lübde ablegt oder sich zu einer Enthaltung
verpflichtet, während sie noch ledig im Haus
ihres Vaters lebt, 5 und ihr Vater von ihrem
Gelübde oder ihrer Enthaltung, zu der sie sich
verpflichtet hat, erfährt und ihr Vater ihr ge-
genüber schweigt, dann gelten all ihre Gelüb-
de und jede Enthaltung, zu der sie sich ver-
pflichtet hat, bleibt in Kraft; 6 versagt aber ihr
Vater an dem Tag, an dem er davon erfährt,
seine Zustimmung, dann tritt das Gelübde
oder das Enthaltungsversprechen, zu dem sie
sich verpflichtet hat, nicht in Kraft; der HERR
wird ihr vergeben, weil ihr Vater seine Zustim-
mung versagt hat. 7 Heiratet sie einen Mann,
während sie durch ein Gelübde oder durch ein
unbedachtes Wort, mit dem sie sich verpflich-
tet hat, gebunden ist, 8 dann bleiben die Ge-
lübde oder die Enthaltung, zu der sie sich ver-
pflichtet hat, in Kraft, falls ihr Mann an dem
Tag, an dem er davon erfährt, dazu schweigt.
9 Wenn ihr Mann aber an dem Tag, an dem er

davon erfährt, seine Zustimmung versagt,
dann hat er ihr Gelübde, an das sie gebunden
war, oder das unbedachte Wort, durch das sie
sich verpflichtet hatte, außer Kraft gesetzt und
der HERR wird ihr vergeben.
10 Aber das Gelübde einer Witwe oder einer
Geschiedenen – alles, wozu sie sich verpflich-
tet hat – bleibt für sie in Kraft. 11 Wenn sie im
Haus ihres Mannes etwas gelobt oder sich mit
einem Eid zu einer Enthaltung verpflichtet
hat, 12 dann bleiben alle Gelübde und jede Ent-
haltung, zu der sie sich verpflichtet hat, in
Kraft, wenn ihr Mann zwar davon gehört, aber
geschwiegen und seine Zustimmung nicht
versagt hat. 13 Wenn sie aber ihr Mann aus-
drücklich außer Kraft gesetzt hat an dem Tag,
an dem er davon hörte, dann ist alles, was über
ihre Lippen gegangen ist an Gelübden und an
Enthaltungsversprechen, aufgehoben; ihr
Mann hat es außer Kraft gesetzt und der
HERR wird es ihr vergeben. 14 Ihr Mann kann
jedes Gelübde und jeden Eid, der zu Enthal-
tung oder Verzicht verpflichtet, in Kraft oder
außer Kraft setzen. 15 Schweigt ihr Mann dazu
von einem Tag bis zum andern, dann setzt er
alle Gelübde oder alle Enthaltungsverspre-
chen, die sie verpflichten, in Kraft. Er hat sie
in Kraft gesetzt, denn er hat an dem Tag, an
dem er davon erfahren hat, geschwiegen.
16 Hat er aber davon erfahren und setzt sie erst
später außer Kraft, dann trägt er dafür die Ver-
antwortung.
17 Das sind die Gesetze, die der HERR dem
Mose geboten hat, zwischen einem Mann und
seiner Frau, zwischen einem Vater und seiner
ledigen Tochter, solange sie noch im Haus ih-
res Vaters lebt.

3–17: Lev 27,1–25; Num 6,2–21; Dtn 23,22–24; Koh 5,3–4; Sir 18,22–23

DER MIDIANITERKRIEG: 31,1–54

31 1 Der HERR sprach zu Mose: 2 Nimm für
die Israeliten Rache an den Midiani-
tern! Danach wirst du mit deinen Vorfahren
vereint werden. 3 Da redete Mose zum Volk
und sagte: Rüstet einen Teil eurer Männer für
das Heer! Sie sollen über Midian herfallen, um
die Rache des HERRN an Midian zu vollziehen.
4 Aus jedem Stamm Israels sollt ihr tausend
Mann zum Heer abstellen.
5 Man hob also aus den Tausendschaften Is-
raels je Stamm tausend Mann aus, im Ganzen
zwölftausend zum Heer gerüstete Männer.
6 Mose schickte die tausend Mann je Stamm
zum Heer, zusammen mit dem Priester Pin-
has, dem Sohn Eleasars, der die heiligen Gerä-
te und die schallenden Trompeten mitnahm.
7 Sie zogen gegen Midian zu Feld, wie der
HERR es Mose geboten hatte, und brachten alle
männlichen Personen um. 8 Neben den ande-
ren, die sie erschlugen, brachten sie auch die
Könige von Midian um: Ewi, Rekem, Zur, Hur
und Reba, die fünf Könige von Midian. Auch
Bileam, den Sohn Beors, brachten sie mit dem
Schwert um. 9 Die Frauen von Midian und de-
ren kleine Kinder nahmen die Israeliten als
Gefangene mit. All ihr Vieh und ihr Besitz und
ihre Habe plünderten sie. 10 Alle Städte im
Siedlungsgebiet der Midianiter und ihre Zelt-
dörfer brannten sie nieder. 11 Alle Menschen
und das ganze Vieh, das sie erbeutet und ge-
raubt hatten, nahmen sie mit.
12 Sie brachten die Gefangenen, das Geraub-
te und die Beute zu Mose, zum Priester Eleasar
und zur Gemeinde der Israeliten in das Lager
in den Steppen von Moab am Jordan bei Jeri-
cho. 13 Als Mose, der Priester Eleasar und alle
Anführer der Gemeinde ihnen aus dem Lager
heraus entgegengingen, 14 geriet Mose in Zorn
über die Befehlshaber des Heeres, die Haupt-
leute der Tausendschaften und die Hauptleute
der Hundertschaften, die von dem Kriegszug
zurückkamen.
15 Und Mose sagte zu ihnen: Warum habt
ihr alle Frauen am Leben gelassen? 16 Siehe, sie
haben in der Sache mit Pegor auf den Rat Bi-
leams den Israeliten Anlass gegeben, dem
HERRN untreu zu werden, sodass die Plage
über die Gemeinde des HERRN kam. 17 Nun
bringt alle kleinen Knaben um und tötet eben-
so alle Frauen, die schon mit einem Mann ge-
schlafen haben! 18 Aber alle Mädchen, die noch
nicht mit einem Mann geschlafen haben, lasst
für euch am Leben! 19 Schlagt aber für sieben
Tage eure Zelte außerhalb des Lagers auf! Jeder
von euch, der einen Menschen umgebracht
hat, und jeder, der einen Erschlagenen berührt
hat, muss sich am dritten und am siebten Tag
der Entsündigung unterziehen, ihr selbst wie
eure Gefangenen. 20 Auch alle Kleidungsstü-
cke, alle Lederwaren, alle Erzeugnisse aus Zie-
genhaaren und alle Holzgeräte müsst ihr
entsündigen.
21 Der Priester Eleasar sagte zu den Männern
des Heeres, die von dem Kriegszug zurückge-
kehrt waren: Das ist Satzung in der Weisung,

die der HERR dem Mose geboten hat: 22 Nur
das Gold, das Silber, das Kupfer, das Eisen, das
Zinn und das Blei, 23 alles, was Feuer nicht ver-
brennen kann, sollt ihr durchs Feuer ziehen,
damit es rein wird. Doch es muss auch noch
mit Reinigungswasser entsündigt werden.
Alles aber, was im Feuer verbrennen kann,
zieht durchs Wasser! 24 Wascht am siebten Tag
eure Kleider, dann seid ihr rein! Danach dürft
ihr in das Lager kommen.

25 Der HERR sprach zu Mose: 26 Zähl zusam-
men mit dem Priester Eleasar und den Famili-
enhäuptern der Gemeinde die Beute, die ge-
fangenen Menschen und Tiere! 27 Teil die
Beute zur Hälfte zwischen den Kriegführen-
den, die mit dem Heer ausgezogen sind, und
der ganzen Gemeinde! 28 Dann erheb von den
Kriegern, die mit dem Heer ausgezogen sind,
als Steuer für den HERRN: je einen Menschen
von fünfhundert Gefangenen, je ein Tier von
fünfhundert Rindern, Eseln, Schafen und Zie-
gen! 29 Von ihrer Hälfte sollt ihr sie nehmen;
dann gib sie dem Priester Eleasar als Abgabe
für den HERRN! 30 Von dem Anteil der Beute,
der auf die Israeliten entfällt, sollst du je einen
Menschen von fünfzig Gefangenen und je ein
Tier von fünfzig Rindern, Eseln, Schafen und
Ziegen, also vom ganzen Vieh, nehmen. Gib
sie den Leviten, die den Dienst an der Woh-
nung des HERRN tun!

31 Mose und der Priester Eleasar taten, was
der HERR dem Mose geboten hatte. 32 Die Beu-
te, der Rest von dem Erbeuteten, das das Volk,
das im Heer war, erbeutet hatte, betrug 675 000
Schafe und Ziegen, 33 72 000 Rinder, 34 61 000
Esel 35 und insgesamt 32 000 Menschen, Frau-
en, die noch mit keinem Mann geschlafen hat-
ten. 36 Die Hälfte des Anteils derer, die mit dem
Heer ausgezogen waren, betrug 337 500 Scha-
fe und Ziegen; 37 die Steuer für den HERRN von
den Schafen und Ziegen betrug also 675 Stück.
38 Rinder waren es 36 000; davon fielen 72 als
Steuer an den HERRN. 39 Esel waren es 30 500,
davon fielen 61 als Steuer an den HERRN.
40 Menschen waren es 16 000, davon fielen 32
als Steuer an den HERRN.

41 Mose übergab die Steuer als Hebeopfer des
HERRN dem Priester Eleasar, wie der HERR es
ihm geboten hatte. 42 Von der für die Israeliten
bestimmten Hälfte, die Mose von den Krie-
gern abgezweigt hatte, 43 von der für die Ge-
meinde bestimmten Hälfte – im Ganzen 337 500
Schafe und Ziegen, 44 36 000 Rinder, 45 30 500
Esel 46 und 16 000 Menschen –, 47 von dieser
für die Israeliten bestimmten Hälfte nahm
Mose je eine Einheit aus fünfzig heraus, von
den Menschen und von dem Vieh, und über-
gab sie den Leviten, die den Dienst an der
Wohnung des HERRN tun, wie der HERR es
Mose geboten hatte.

48 Die Befehlshaber der Heeresverbände, die
Hauptleute der Tausendschaften und die
Hauptleute der Hundertschaften kamen zu
Mose 49 und sagten zu Mose: Deine Knechte
haben die Krieger gezählt, die unter unserem
Befehl standen; kein einziger Mann wird ver-
misst. 50 Darum bringen wir eine Opfergabe
für den HERRN, jeder, was er an Goldgeräten,
an Armbändern, Spangen, Siegelringen, Ohr-
ringen und Halsketten gefunden hat; damit
wollen wir für uns vor dem HERRN Sühne
erwirken. 51 Mose und der Priester Eleasar nah-
men das Gold und alle Kunstgegenstände von
ihnen entgegen. 52 Dieses Hebeopfer an Gold,
das sie für den HERRN von den Hauptleuten
der Tausendschaften und den Hauptleuten der
Hundertschaften abgaben, betrug im Ganzen
16 750 Schekel. 53 Von den Männern des Heeres
hatte jeder für sich Beute gemacht. 54 Mose und
der Priester Eleasar nahmen das Gold von den
Hauptleuten der Tausendschaften und von
den Hauptleuten der Hundertschaften entge-
gen und brachten es in das Offenbarungszelt,
als Erinnerungszeichen für die Israeliten vor
dem HERRN.

2: 25,17; 20,24; 27,13 / **6**: 10,9 / **7**: Dtn 20,13 / **8**: 24,25; Jos 13,22 / **9**: Dtn 20,14 / **16**: 25,1–5; Offb 2,14 / **17–18**: Ri 21,11–12 / **19**: 19,11–19 / **21**: 19,2 / **23**: 19; Lev 11,32 / **27**: Jos 22,8; 1 Sam 30,24 / **49**: 1 Sam 30,19 / **50–52**: Ri 8,24–26 / **54**: Ex 30,16; 39,7; Num 10,10; Jos 4,7

LANDZUTEILUNG AN DIE OSTJORDANISCHEN STÄMME: 32,1–42

32 1 Der Viehbesitz der Rubeniter und Ga-
diter war groß und mächtig. Sie nah-
men das Land Jaser und das Land Gilead in
Augenschein und siehe, es war ein Ort für
Viehherden. 2 Darum kamen die Gaditer und
die Rubeniter zu Mose, zu dem Priester Eleasar
und zu den Anführern der Gemeinde und sag-
ten: 3 Atarot, Dibon, Jaser, Nimra, Heschbon,
Elale, Sibma, Nebo und Beon, 4 das Land, das
der HERR vor den Augen der Gemeinde Israel
geschlagen hat, ist ein Land für Viehherden
und deine Knechte haben Viehbesitz. 5 Sie sag-
ten: Wenn wir Gnade in deinen Augen gefun-
den haben, dann gebe man dieses Land deinen

Knechten als Grundbesitz. Lass uns nicht über
den Jordan ziehen!

6 Mose antwortete den Gaditern und den
Rubenitern: Sollen eure Brüder in den Krieg
ziehen, während ihr hier wohnt? 7 Warum
wollt ihr den Israeliten den Mut nehmen, in
das Land hinüberzuziehen, das der HERR ih-
nen gegeben hat? 8 Genauso haben es eure
Väter gemacht, als ich sie von Kadesch-Barnea
ausgeschickt hatte, das Land anzusehen. 9 Sie
waren bis zum Traubental hinaufgezogen, hat-
ten das Land angesehen und dann den Israeli-
ten den Mut genommen, sodass sie das Land
nicht mehr betreten wollten, das der HERR
ihnen gegeben hatte. 10 Damals entbrannte der
Zorn des HERRN und er schwor: 11 Auf keinen
Fall werden die, die aus Ägypten heraufge-
kommen sind, die Männer von zwanzig Jahren
und darüber, das Land zu sehen bekommen,
das ich Abraham, Isaak und Jakob mit einem
Eid verheißen habe; denn sie haben nicht treu
zu mir gehalten, 12 mit Ausnahme des Kenasi-
ters Kaleb, des Sohnes Jefunnes, und Josuas,
des Sohnes Nuns. Denn diese hielten treu zum
HERRN. 13 Der Zorn des HERRN entbrannte
über Israel und er ließ sie vierzig Jahre lang in
der Wüste umherirren, bis die ganze Genera-
tion ausgestorben war, die getan hatte, was in
den Augen des HERRN böse war. 14 Und siehe,
jetzt kommt ihr anstelle eurer Väter, ihr Brut
von Sündern, um den glühenden Zorn des
HERRN auf Israel noch größer zu machen?
15 Wenn ihr euch von ihm abwendet, wird er
dieses ganze Volk noch länger in der Wüste
lassen und ihr richtet dieses ganze Volk zu-
grunde.

16 Da traten sie an Mose heran und sagten:
Wir wollen hier Schaf- und Ziegen-Pferche für
unser Vieh und Städte für unsere kleinen Kin-
der bauen. 17 Wir selbst aber rüsten uns eilends
und ziehen bewaffnet vor den Israeliten her,
bis wir sie an ihren Ort gebracht haben. Unter-
dessen werden unsere kleinen Kinder in den
Städten wohnen, die zum Schutz gegen die
Einwohner des Landes befestigt sind. 18 Wir
kehren nicht in unsere Häuser zurück, bevor
jeder der Israeliten seinen Erbbesitz erhalten
hat. 19 Wir verlangen auf der anderen Seite des
Jordan keinen Erbbesitz wie sie, wenn wir
diesseits, östlich des Jordan, unseren Erbbesitz
bekommen.

20 Mose antwortete ihnen: Wenn ihr das tut,
wenn ihr euch also vor den Augen des HERRN
zum Kampf rüstet 21 und jeder von euch, der
sich gerüstet hat, vor den Augen des HERRN
den Jordan überschreitet, bis er seine Feinde
ausgerottet hat 22 und das Land vor dem
HERRN unterworfen ist, und ihr danach um-
kehrt vor dem HERRN und dem HERRN und
Israel gegenüber ohne Tadel gehandelt habt,
dann wird dieses Land vor den Augen des
HERRN euch als Grundbesitz gehören.
23 Wenn ihr das aber nicht tut, siehe, dann ver-
sündigt ihr euch gegen den HERRN. Dann habt
ihr die Folgen für eure Sünde zu tragen; das
müsst ihr wissen. 24 Baut euch Städte für eure
kleinen Kinder und errichtet Pferche für eure
Schafe und Ziegen! Aber haltet auch, was ihr
versprochen habt!

25 Da sagten die Gaditer und die Rubeniter
zu Mose: Deine Knechte werden tun, was
mein Herr gebietet. 26 Unsere kleinen Kinder,
unsere Frauen und unsere Herden, unser gan-
zes Vieh, werden dort in den Städten von Gi-
lead bleiben. 27 Alle deine Knechte aber werden
sich für das Heer rüsten und vor den Augen
des HERRN über den Jordan in den Krieg zie-
hen, wie mein Herr befiehlt.

28 Mose gebot dem Priester Eleasar, Josua,
dem Sohn Nuns, und den Familienhäuptern
der Stämme der Israeliten: 29 Er sagte zu ihnen:
Wenn die Gaditer und die Rubeniter, zum
Kampf gerüstet, vor den Augen des HERRN
mit euch den Jordan überschreiten und das
Land vor euch unterworfen ist, dann gebt ih-
nen das Land Gilead zum Grundbesitz!
30 Wenn sie sich aber nicht rüsten und mit euch
hinübergehen, dann sollen sie mitten unter
euch in Kanaan Grundbesitz erhalten.

31 Die Gaditer und die Rubeniter antwor-
teten: Was der HERR zu deinen Knechten sagt,
werden wir tun. 32 Wir ziehen gerüstet vor den
Augen des HERRN nach Kanaan hinüber, dann
bleibt uns jenseits des Jordan vererbbarer
Grundbesitz erhalten.

33 Da übergab Mose den Gaditern, den Ru-
benitern und dem halben Stamm des Manasse,
des Sohnes Josefs, das Reich des Amoriterkö-
nigs Sihon und das Reich Ogs, des Königs des
Baschan, das Land und seine Städte mit den
Gebieten der Städte des Landes ringsum. 34 Die
Gaditer erbauten Dibon, Atarot, Aroër, 35 At-
rot-Schofan, Jaser, Jogboha, 36 Bet-Nimra und
Bet-Haran; befestigte Städte und Schaf- und
Ziegenpferche. 37 Die Rubeniter erbauten
Heschbon, Elale, Kirjatajim, 38 Nebo und Baal-

Meon, denen sie andere Namen gaben, sowie
Sibma. Sie gaben nämlich den Städten, die sie
wieder aufbauten, neue Namen. 39 Die Söhne
Machirs, des Sohnes des Manasse, zogen nach
Gilead und eroberten es. Sie rotteten die Amo-
riter aus, die dort lebten. 40 Da übergab Mose
Gilead dem Machir, dem Sohn des Manasse,
und er wohnte dort. 41 Jaïr, der Sohn des Ma-
nasse, ging und eroberte ihre Zeltdörfer; er
nannte sie Hawot-Jaïr. 42 Nobach ging und er-
oberte Kenat und seine Tochterstädte und
nannte es nach seinem eigenen Namen Nob-
ach.

1: 21,32 / **7-13**: 13–14 / **16-18**: Dtn 3,19–20; Jos 1,14–15; 4,12; 22,4 / **22**: Jos 13,8; 22,9 / **33-42**: Dtn 3,12–17; Jos 13,8–33

VERZEICHNIS DER LAGERSTATIONEN: 33,1–49

33 1 Das sind die Wegstrecken der Israeli-
ten, als sie aus Ägypten unter der Füh-
rung von Mose und Aaron, nach Abteilungen
geordnet, auszogen. 2 Mose schrieb die Aus-
gangpunkte, von denen sie zu ihren Märschen
aufbrachen, auf Befehl des HERRN auf.

Das sind ihre Wegstrecken in der Reihen-
folge ihrer Ausgangsorte: 3 Aus Ramses bra-
chen sie am fünfzehnten Tag des ersten Mo-
nats auf. Am Tag nach dem Pessachfest zogen
die Israeliten vor den Augen aller Ägypter mit
erhobener Hand aus, 4 während die Ägypter
alle Erstgeborenen begruben, die der HERR bei
ihnen erschlagen hatte, und während der
HERR an ihren Göttern ein Strafgericht voll-
streckte. 5 Die Israeliten brachen von Ramses
auf und schlugen ihr Lager in Sukkot auf. 6 Von
Sukkot brachen sie auf und schlugen ihr Lager
in Etam, am Rand der Wüste, auf. 7 Von Etam
brachen sie auf, bogen nach Pi-Hahirot gegen-
über Baal-Zefon ab und schlugen ihr Lager vor
Migdol auf. 8 Von Pi-Hahirot brachen sie auf
und zogen mitten durch das Meer in die Wüs-
te. In der Wüste Etam waren sie drei Tage un-
terwegs und schlugen dann ihr Lager in Mara
auf. 9 Von Mara brachen sie auf und kamen
nach Elim. In Elim gab es zwölf Quellen und
siebzig Palmen; sie schlugen ihr Lager dort auf.
10 Von Elim brachen sie auf und schlugen ihr
Lager am Roten Meer auf. 11 Vom Roten Meer
brachen sie auf und schlugen ihr Lager in der
Wüste Sin auf. 12 Von der Wüste Sin brachen
sie auf und schlugen ihr Lager in Dofka auf.
13 Von Dofka brachen sie auf und schlugen ihr
Lager in Alusch auf. 14 Von Alusch brachen sie
auf und schlugen ihr Lager in Refidim auf; dort
hatte das Volk kein Wasser zu trinken. 15 Von
Refidim brachen sie auf und schlugen ihr Lager
in der Wüste Sinai auf. 16 Aus der Wüste Sinai
brachen sie auf und schlugen ihr Lager in Ki-
brot-Taawa auf. 17 Von Kibrot-Taawa brachen
sie auf und schlugen ihr Lager in Hazerot auf.
18 Von Hazerot brachen sie auf und schlugen
ihr Lager in Ritma auf. 19 Von Ritma brachen
sie auf und schlugen ihr Lager in Rimmon-Pe-
rez auf. 20 Von Rimmon-Perez brachen sie auf
und schlugen ihr Lager in Libna auf. 21 Von
Libna brachen sie auf und schlugen ihr Lager
in Rissa auf. 22 Von Rissa brachen sie auf und
schlugen ihr Lager in Kehelata auf. 23 Von Ke-
helata brachen sie auf und schlugen ihr Lager
am Berg Schefer auf. 24 Vom Berg Schefer bra-
chen sie auf und schlugen ihr Lager in Harada
auf. 25 Von Harada brachen sie auf und schlu-
gen ihr Lager in Makhelot auf. 26 Von Makhelot
brachen sie auf und schlugen ihr Lager in Tahat
auf. 27 Von Tahat brachen sie auf und schlugen
ihr Lager in Terach auf. 28 Von Terach brachen
sie auf und schlugen ihr Lager in Mitka auf.
29 Von Mitka brachen sie auf und schlugen ihr
Lager in Haschmona auf. 30 Von Haschmona
brachen sie auf und schlugen ihr Lager in Mo-
serot auf. 31 Von Moserot brachen sie auf und
schlugen ihr Lager in Bene-Jaakan auf. 32 Von
Bene-Jaakan brachen sie auf und schlugen ihr
Lager in Hor-Gidgad auf. 33 Von Hor-Gidgad
brachen sie auf und schlugen ihr Lager in Jot-
bata auf. 34 Von Jotbata brachen sie auf und
schlugen ihr Lager in Abrona auf. 35 Von Abro-
na brachen sie auf und schlugen ihr Lager in
Ezjon-Geber auf. 36 Von Ezjon-Geber brachen
sie auf und schlugen ihr Lager in der Wüste
Zin, das ist Kadesch, auf. 37 Von Kadesch bra-
chen sie auf und schlugen ihr Lager am Berg
Hor am Rand von Edom auf.

38 Auf Befehl des HERRN stieg der Priester
Aaron auf den Berg Hor und starb dort im vier-
zigsten Jahr nach dem Auszug der Israeliten
aus Ägypten, am ersten Tag des fünften Mo-
nats. 39 Aaron war hundertdreiundzwanzig
Jahre alt, als er auf dem Berg Hor starb.

40 Der kanaanitische König von Arad, der im
Negeb, im Land Kanaan, wohnte, hörte, dass
die Israeliten heranrückten. 41 Vom Berg Hor
brachen sie auf und schlugen ihr Lager in Zal-
mona auf. 42 Von Zalmona brachen sie auf und
schlugen ihr Lager in Punon auf. 43 Von Punon
brachen sie auf und schlugen ihr Lager in Obot

auf. 44 Von Obot brachen sie auf und schlugen
ihr Lager in Ije-Abarim, im Gebiet von Moab,
auf. 45 Von Ijim brachen sie auf und schlugen
ihr Lager in Dibon-Gad auf. 46 Von Dibon-Gad
brachen sie auf und schlugen ihr Lager in Al-
mon-Diblatajim auf. 47 Von Almon-Diblatajim
brachen sie auf und schlugen ihr Lager im Aba-
rimgebirge vor Nebo auf. 48 Vom Abarimgebir-
ge brachen sie auf und schlugen ihr Lager in
den Steppen von Moab am Jordan bei Jericho
auf; 49 ihr Lager am Jordan erstreckte sich von
Bet-Jeschimot bis Abel-Schittim in den Step-
pen von Moab.

3: Ex 12,37 / **4**: Ex 12,12.29 / **5**: Ex 12,37 / **6**: Ex 13,20 / **7**: Ex 14,2 / **8**: Ex 15,23 / **9**: Ex 15,27 / **11**: Ex 16,1 / **14**: Ex 17,1 / **15**: Ex 19,2 / **16–17**: 11,34–35 / **18**: 12,16 / **30–31**: Dtn 10,6 / **33**: Dtn 10,7 / **35**: Dtn 2,8 / **36**: 13,26; 20,1 / **37**: 20,22 / **38**: 20,22–29 / **39**: Ex 7,7 / **40**: 21,1 / **41–49**: 21,4.10–11; 22,1 / **47**: 27,12 / **48**: 22,1 / **49**: 25,1; Jos 13,20

ANWEISUNGEN FÜR DIE LANDZUTEILUNG JENSEITS DES JORDAN: 33,50–34,29

50 In den Steppen von Moab, am Jordan bei
Jericho, sprach der HERR zu Mose: 51 Rede zu
den Israeliten und sag zu ihnen: Wenn ihr über
den Jordan nach Kanaan zieht, 52 dann ver-
treibt vor euch alle Bewohner des Landes und
zerstört alle ihre Götterbilder! Alle ihre aus
Metall gegossenen Figuren sollt ihr zerstören
und alle ihre Kulthöhen vernichten. 53 Dann
nehmt das Land in Besitz und lasst euch darin
nieder; denn ich habe es euch zum Besitz ge-
geben. 54 Verteilt das Land durch das Los an
eure Sippen! Einem großen Stamm gebt gro-
ßen Erbbesitz, einem kleinen Stamm gebt
kleinen Erbbesitz! Worauf das Los eines jeden
fällt, das soll ihm gehören. Teilt das Land so
unter die Stämme eurer Väter auf! 55 Wenn ihr
die Bewohner des Landes vor euch nicht ver-
treibt, dann werden die, die von ihnen übrig
bleiben, zu Dornen in euren Augen und zu
Stacheln in eurer Seite. Sie werden euch in
dem Land, in dem ihr wohnt, bedrängen.
56 Dann werde ich mit euch machen, was ich
mit ihnen machen wollte.

50–52: Ex 23,23–33; Dtn 7,1–5; Ri 2,2 / **54**: 26,52–56 / **55**: Jos 23,13

34 1 Der HERR sprach zu Mose: 2 Gebiete
den Israeliten und sag ihnen: Wenn ihr
nach Kanaan kommt, dann ist dies das Land,
das euch als erblicher Besitz zufällt, Kanaan in
seinen Grenzen:

3 Der Südrand soll für euch von der Wüste
Zin bis an die Seite Edoms gehen und eure
Südgrenze vom Ende des Salzmeers ostwärts.
4 Dann soll eure Grenze südlich der Skorpio-
nensteige sich bis Zin erstrecken. Ihre Ausläu-
fer sollen bis südlich von Kadesch-Barnea
reichen. Von dort soll sie sich bis Hazar-Addar
und bis Azmon hinziehen. 5 Von Azmon soll
die Grenze zum Grenzbach Ägyptens abbie-
gen und ihre Ausläufer sollen bis zum Meer
reichen. 6 Eure Grenze im Westen soll das Gro-
ße Meer mit seinem Küstengebiet sein. Das sei
eure Westgrenze. 7 Das sei eure Nordgrenze:
Vom Großen Meer sollt ihr euch eine Linie bis
zum Berg Hor ziehen 8 und vom Berg Hor eine
Linie bis Lebo-Hamat. Die Ausläufer dieser
Grenze sollen bis Zedad reichen. 9 Dann soll
die Grenze weitergehen bis Sifron und ihre
Ausläufer sollen bis Hazar-Enan reichen. Das
sei eure Nordgrenze. 10 Als Ostgrenze sollt ihr
eine Linie von Hazar-Enan bis Schefam ziehen.
11 Von Schefam soll die Grenze nach Ribla öst-
lich von Ajin hinuntersteigen. Dann soll die
Grenze zum Rand des Gebirges östlich des
Sees von Kinneret hinuntergehen. 12 Dann soll
die Grenze zum Jordan hinunterführen und
ihre Ausläufer sollen bis zum Salzmeer rei-
chen. Das seien die Grenzen rings um euer
Land.

13 Da befahl Mose den Israeliten: Das ist das
Land, das ihr durch das Los als Erbbesitz ver-
teilen sollt. Der HERR hat geboten, es den
neuneinhalb Stämmen zu geben; 14 denn der
Stamm der Rubeniter nach seinen Großfami-
lien und der Stamm der Gaditer nach seinen
Großfamilien und der halbe Stamm Manasse
haben ihren Erbbesitz schon erhalten. 15 Diese
zweieinhalb Stämme haben ihren Erbbesitz
jenseits des Jordan erhalten, östlich von Jeri-
cho.

16 Der HERR sprach zu Mose: 17 Das sind die
Namen der Männer, die das Land unter euch
verteilen sollen: der Priester Eleasar und Josua,
der Sohn Nuns. 18 Außerdem nehmt zur Ver-
teilung des Landes je einen Anführer aus je-
dem Stamm hinzu! 19 Das sind die Namen
dieser Männer: für den Stamm Juda Kaleb, der
Sohn Jefunnes; 20 für den Stamm der Simeo-
niter Schemuël, der Sohn Ammihuds; 21 für
den Stamm Benjamin Elidad, der Sohn Kis-
lons; 22 für den Stamm der Daniter der Anfüh-
rer Bukki, der Sohn Joglis; 23 bei den Josefstäm-
men für den Stamm der Manassiter der
Anführer Hanniël, der Sohn Efods, 24 und für
den Stamm der Efraimiter der Anführer Ke-

muël, der Sohn Schiftans; 25 für den Stamm
der Sebuloniter der Anführer Elizafan, der
Sohn Parnachs; 26 für den Stamm der Issacha-
riter der Anführer Paltiël, der Sohn Asans;
27 für den Stamm der Ascheriter der Anfüh-
rer Ahihud, der Sohn Schelomis; 28 für den
Stamm der Naftaliter der Anführer Pedahel,
der Sohn Ammihuds. 29 Das waren die Män-
ner, denen der HERR geboten hatte, in Kanaan
den Israeliten ihren Erbanteil zuzuteilen.

3–5: Jos 15,1–4 / **6**: Jos 15,11–12 / **8**: Jos 13,5 / **10–12**: Jos 15,5 / **13**: Jos 13,7 / **14–15**: 32,1–42 / **17**: Jos 14,1; 19,51

LEVITEN- UND ZUFLUCHTSTÄDTE. ABSICHTLICHER UND UNABSICHTLICHER TOTSCHLAG: 35,1–34

35 1 In den Steppen von Moab, am Jordan
bei Jericho, sprach der HERR zu Mose:
2 Gebiete den Israeliten, sie sollen von ihrem
vererbbaren Grundbesitz den Leviten einige
Städte abgeben, in denen sie sich niederlassen
können! Auch die ringsum zu den Städten ge-
hörende Weidefläche sollt ihr den Leviten
überlassen. 3 Die Städte sollen ihnen als
Wohnsitz gehören und die dazugehörenden
Weideflächen sollen ihrem Vieh, ihren Her-
den und allen ihren Tieren zur Verfügung ste-
hen. 4 Die Weideflächen der Städte, die ihr den
Leviten gebt, sollen ringsum von der Stadt-
mauer tausend Ellen nach außen reichen. 5 Au-
ßerhalb der Stadt sollt ihr in östlicher Rich-
tung zweitausend Ellen, in südlicher Richtung
zweitausend Ellen, in westlicher Richtung
zweitausend Ellen und in nördlicher Richtung
zweitausend Ellen abmessen. Die Stadt soll
also in der Mitte liegen. Das soll den Leviten
als Weidefläche der Städte gehören.

6 Unter den Städten, die ihr ihnen abgebt,
sollen sechs Asylstädte sein, die ihr als Zu-
fluchtsorte für den bestimmt, der einen Men-
schen getötet hat. Außerdem sollt ihr ihnen
weitere zweiundvierzig Städte geben. 7 Im
Ganzen sind es achtundvierzig Städte samt
ihren Weideflächen, die ihr den Leviten abge-
ben sollt. 8 Die Zahl der Städte, die ihr vom
Grundbesitz der Israeliten abgebt, sollt ihr bei
einem großen Stamm höher, bei einem klei-
nen niedriger ansetzen; jeder Stamm soll von
seinen Städten den Leviten so viele abgeben,
wie es der Größe seines eigenen Erbbesitzes
entspricht.

9 Der HERR sprach zu Mose: 10 Rede zu den
Israeliten und sag zu ihnen: Wenn ihr über den
Jordan nach Kanaan zieht, 11 dann sollt ihr ei-
nige Städte bestimmen, die euch als Asylstäd-
te dienen. Dorthin kann einer fliehen, der ei-
nen Menschen unabsichtlich erschlagen hat.
12 Die Städte sollen euch als Asyl vor dem
Bluträcher dienen, sodass der, der getötet hat,
nicht sterben muss, bevor er vor dem Gericht
der Gemeinde stand. 13 Von den Städten, die
ihr abgebt, sollen euch sechs als Asylstädte
dienen. 14 Drei dieser Städte sollt ihr jenseits
des Jordan und drei in Kanaan bestimmen; sie
sollen Asylstädte sein. 15 Den Israeliten, auch
den Fremden und den Beisassen bei euch, sol-
len diese sechs Städte als Asyl zur Verfügung
stehen; dorthin kann jeder fliehen, der ohne
Vorsatz einen Menschen erschlagen hat.

16 Wenn er ihn aber mit einem Eisengerät so
geschlagen hat, dass er stirbt, ist er ein Mörder.
Der Mörder hat den Tod verdient. 17 Wenn er
ihn mit einem Stein in der Hand, der groß ge-
nug ist, jemanden zu töten, so geschlagen hat,
dass er stirbt, ist er ein Mörder. Der Mörder hat
den Tod verdient. 18 Auch wenn er ihn mit ei-
nem hölzernen Gegenstand, der geeignet ist,
einen Menschen zu töten, so geschlagen hat,
dass er stirbt, ist er ein Mörder. Der Mörder hat
den Tod verdient. 19 Der Bluträcher darf den
Mörder töten; sobald er ihn trifft, darf er ihn
töten.

20 Wenn einer einen andern aus Hass stößt
oder mit Vorsatz nach ihm wirft, sodass er
stirbt, 21 oder wenn er ihn in feindlicher Ab-
sicht mit der Hand so schlägt, dass er stirbt,
dann hat der, der zugeschlagen hat, den Tod
verdient; er ist ein Mörder. Der Bluträcher darf
den Mörder töten, sobald er ihn trifft.

22 Wenn aber einer einen andern aus Unacht-
samkeit, ohne feindliche Absicht, gestoßen
oder ohne Vorsatz irgendeinen Gegenstand
auf ihn geworfen hat 23 oder wenn er, ohne ihn
zu sehen, einen Stein, der einen Menschen
töten kann, auf ihn fallen ließ, sodass er starb
– vorausgesetzt, er war nicht sein Feind und
suchte ihn auch nicht zu schädigen –, 24 dann
soll die Gemeinde zwischen dem, der geschla-
gen hat, und dem Bluträcher nach diesen
Rechtsentscheiden ein Urteil fällen. 25 Die Ge-
meinde soll den, der getötet hat, vor der Ge-
walt des Bluträchers retten und ihn in die
Asylstadt, in die er geflohen war, zurückbrin-
gen. Er darf darin wohnen, bis der Hohepries-

35,4 tausend: H; zweitausend: G, vgl. V. 5.

ter stirbt, den man mit heiligem Öl gesalbt hat.
26 Wenn der, der getötet hat, das Gebiet der
Asylstadt verlässt, in die er geflohen ist, 27 und
der Bluträcher ihn außerhalb des Gebietes sei-
ner Asylstadt trifft, darf dieser den, der getötet
hat, töten; dadurch entsteht ihm keine Blut-
schuld. 28 Denn der, der getötet hat, soll bis
zum Tod des Hohepriesters in der Asylstadt
bleiben; nach dem Tod des Hohepriesters kann
er zu seinem Land und zu seinem Grundbesitz
zurückkehren.

29 Das soll bei euch überall, wo ihr wohnt,
von Generation zu Generation als Satzung und
Rechtsentscheid gelten. 30 Wenn irgendje-
mand einen Menschen erschlägt, darf man den
Mörder nur aufgrund von Zeugenaussagen
töten; doch aufgrund der Aussage nur eines
einzigen Zeugen darf man einen Menschen
nicht töten. 31 Ihr sollt kein Sühnegeld anneh-
men für das Leben eines Mörders, der schuldig
gesprochen und zum Tod verurteilt ist; denn
er hat den Tod verdient. 32 Auch dürft ihr von
einem, der in eine Asylstadt geflohen ist, kein
Sühnegeld annehmen, sodass er vor dem Tod
des Hohepriesters in die Heimat zurückkeh-
ren könnte. 33 Ihr dürft das Land, in dem ihr
wohnt, nicht entweihen; denn Blut entweiht
das Land und man kann dem Land für das auf
ihm vergossene Blut keine Sühne erwirken,
außer durch das Blut dessen, der es vergossen
hat. 34 Verunreinigt nicht das Land, in dem ihr
euch niedergelassen habt und in dessen Mitte
ich wohne; denn ich, der HERR, wohne mitten
unter den Israeliten.

1: Ex 21,12–14; Dtn 4,41–43; 19,1–10; Jos 20,1–9 / **2–8:** Lev 25,32–34; Jos 21,1–8; 1 Chr 6,39–66 / **7:** Jos 21,41 / **8:** 26,54 / **30:** Dtn 17,6; 19,15 / **31:** Ps 49,8–9 / **33:** Gen 9,5–6 / **34:** Ex 29,45; Lev 18,25.27; Dtn 21,23; Jos 22,19; Jer 2,7; Ez 36,17f.

UNVERÄUSSERLICHER STAMMESBESITZ: 36,1–12

36 1 Die Familienoberhäupter der Nach-
kommen Gileads, des Sohnes Machirs,
des Sohnes Manasses, aus den Sippen der
Nachkommen Josefs, kamen zu Mose und den
Anführern, den Familienhäuptern der Israeli-
ten, um mit ihnen zu reden. 2 Sie sagten: Der
HERR hat meinem Herrn geboten, das Land
durch das Los als Erbbesitz an die Israeliten zu
verteilen. Und meinem Herrn wurde durch
den HERRN geboten, den Erbbesitz unseres
Bruders Zelofhad seinen Töchtern zu geben.
3 Wenn diese nun einen Mann aus einem an-
deren israelitischen Stamm heiraten, dann
geht ihr Besitz dem Erbbesitz unserer Väter
verloren und wird zum Erbbesitz des Stam-
mes, in den sie einheiraten; er geht also unse-
rem durch das Los zugeteilten Erbbesitz ver-
loren. 4 Sobald das Jubeljahr für die Israeliten
kommt, wird ihr Erbbesitz zum Erbbesitz des
Stammes, in den sie einheiraten, aber dem
Erbbesitz unseres väterlichen Stammes geht
ihr Erbbesitz verloren.

5 Da gebot Mose den Israeliten auf Befehl des
HERRN: Die Männer vom Stamm der Söhne
Josefs haben Recht. 6 Das ist es, was der HERR
den Töchtern Zelofhads gebietet: Heiratet,
wen ihr wollt, nur müsst ihr einen Mann aus
einer Sippe eures väterlichen Stammes heira-
ten. 7 Der Erbbesitz darf bei den Israeliten nicht
von einem Stamm auf den andern übergehen;
denn jeder Israelit soll fest mit dem Erbbesitz
seines väterlichen Stammes verbunden blei-
ben. 8 Jede Tochter, die Erbbesitz aus den isra-
elitischen Stämmen besitzt, muss einen Mann
aus einer Sippe ihres väterlichen Stammes
heiraten, damit jeder Israelit den Erbbesitz sei-
ner Väter erbt. 9 Der Erbbesitz darf nicht von
einem Stamm auf einen andern übergehen.
Denn jeder israelitische Stamm soll an seinen
Erbbesitz gebunden bleiben.

10 Die Töchter Zelofhads taten, was der
HERR dem Mose geboten hatte. 11 Machla,
Tirza, Hogla, Milka und Noa, die Töchter Ze-
lofhads, heirateten Söhne ihrer Onkel; 12 sie
heirateten Männer aus den Sippen der Nach-
kommen Manasses, des Sohnes Josefs. So blieb
ihr Erbbesitz dem Stamm ihrer väterlichen
Sippe erhalten.

1–12: 27,1–11 / **4:** Lev 25,10

EPILOG: 36,13

13 Das sind die Gebote und Rechtsentscheide,
die der HERR den Israeliten in den Steppen
von Moab, am Jordan bei Jericho, durch Mose
geboten hat.

13: Lev 27,34; Num 22,1

DAS BUCH DEUTERONOMIUM

Das Buch Deuteronomium enthält den letzten Lebenstag Moses. Weil Mose das Verheißungsland nicht betreten darf, muss er Josua die Leitung Israels übergeben. Deshalb fasst Mose dem Volk noch einmal die gemeinsam erlebte Geschichte zusammen und gibt ihm, in einer Neufassung der bisher ergangenen Gottesgesetze, Weisung für das Leben im Land. In der griechischen und lateinischen Bibel heißt das Buch daher Deuteronomium (Zweites Gesetz). Als „das fünfte Buch Moses" beschließt es den Pentateuch. Die Juden nennen das Buch nach seinem Anfang „Debarim" (Worte).

Das Deuteronomium hat eine längere Wachstumsgeschichte. Es entstand als Antwort einer nationalreligiösen Bewegung auf die Identitätskrise Judas als der Gesellschaft, dem Volk Gottes, die unter neuassyrischem Herrschaftsdruck und Kulturschock in die Krise geriet. Seine Verfasser gehörten zur literarisch, theologisch und juristisch kompetenten Führungselite Jerusalems. In seiner ältesten Form legitimierte das Deuteronomium vor allem eine Reform des Opferkultes und seine Beschränkung auf das Heiligtum von Jerusalem (2 Kön 18,4.22) unter König Hiskija von Juda (725–697 v. Chr.). Nach Jahren des Rückfalls sorgte König Joschija (640–610 v. Chr.) wieder für diese Kulteinheit und Kultreinheit (2 Kön 23,4–20). Außerdem verpflichtete er 622 v. Chr. sein Reich durch eine Eideszeremonie auf die im Jerusalemer Tempel gefundene Tora-Urkunde (2 Kön 22f.), wahrscheinlich das damals nicht allzu umfangreiche Ur-Deuteronomium. Es dürfte noch unter Joschija (z. B. um die Kapitel 1–3, 5,9f., 20,31) erweitert und Teil einer Landeroberungserzählung geworden sein, die seine Territorialpolitik begründete. Sie ging später in Dtn 1–Jos 22 auf. Später wurde die Geschichte fortgeschrieben und reichte im Babylonischen Exil schließlich als „Deuteronomistisches Geschichtswerk" bis 2 Kön 25. Das Deuteronomium zeigte darin am Anfang den göttlichen Maßstab zur Bewertung der Geschichte. Vor allem als Juda 586 v. Chr. dem Ansturm der Neubabylonier erlag, fanden diese Ereignisse im Deuteronomium ihre theologische Deutung: Israel hatte den Ausschließlichkeitsanspruch des HERRN auf sein Volk missachtet und nicht nach der übernommenen deuteronomischen Sozialordnung, dem Gesetz, gelebt. Es trug die Verantwortung für die Folgen. Doch führten weitere Bearbeitungsschichten aus der Exilszeit in die Kapitel 4, 7–9 und 29–30 zu einer veränderten Bundestheologie. Sie griff auf die Tradition vom Bund Gottes mit Abraham und den Erzvätern zurück, einer einseitigen Selbstverpflichtung Gottes, die nicht an den Gehorsam Israels gebunden war und deshalb aus seiner Gnade auch neue Hoffnung ermöglichte. Für das künftige Leben im Land formulierte 16,18–18,22 jetzt einen gewaltenteiligen Verfassungsentwurf. Und konkrete Bedürfnisse der Gemeinden führten vor allem in den Kap. 19–25 zu massiven Erweiterungen des legislativen Materials. Wahrscheinlich zu Beginn des 4. Jh.s v. Chr. wurde das Deuteronomium von Josua bis 2 Könige, den „vorderen Propheten", losgelöst und durch einige Texte mit den ersten vier Büchern des Pentateuchs verklammert.

Die Einheitsübersetzung folgt immer dem hebräischen Text der Masoreten aus dem 10. Jh. n. Chr. Nur in Dtn 32,8 gibt sie eine ältere Tradition wieder. Die zahlreichen Rollenfunde in Qumran und die vielen Zitate im Neuen Testament erweisen das Deuteronomium als eines der damals am meisten gelesenen Bücher des Alten Testaments. Deshalb ist sein Text auch sehr gut erhalten.

Im Deuteronomium lässt der Bucherzähler einfach Mose seine Reden halten. Er gliedert das Buch durch vier Überschriften, die die Hauptreden charakterisieren: „Worte" (1,1) für 1,6–4,40, wo Josuas Beauftragung begründet und die Situation der Gesetzesverkündigung konstituiert wird; „Tora" (4,44) für die Kapitel 5–28, wo das „Gesetz", die „Weisung", vorgetragen wird; „Eides-Worte" für die Kapitel 29–32, wo sich der Abschluss des Moabbundes und die Beauftragung Josuas ereignet; „Segen" (33,1) für Kapitel 33. Dann folgt nur noch Moses Tod.

Das Schwergewicht liegt auf der Tora. Ihr Aufbau lässt sich mit einem altorientalischen Gesetzeskodex vergleichen. Sie wird aber durch 26,17–19 als Vertrags-/Bundesurkunde interpretiert. Ihre Form steht vor allem neuassyrischen Vasalleneiden nahe, deren Rhetorik sich in der Kunstprosa des Deuteronomiums spiegelt. Sie hat eine für öffentlichen Vortrag gedachte Sprache voll Harmonie und Feierlichkeit. Die literarische Abhängigkeit geht sogar noch weiter. Denn das Deuteronomium hat in 28,20–44 bestimmte Eidesflüche aus den Thronnachfolgevereidigungen Asarhaddons (672 v. Chr.) übernommen. Damit ist auch ein absoluter Fixpunkt für die Literaturgeschichte des Deuteronomiums gegeben.

Neben außerbiblischen Dokumenten hat das Deuteronomium im Lauf seiner Entstehung auch innerbiblische Vorgaben verarbeitet. Zu ihnen gehören wahrscheinlich das sogenannte Bundesbuch (Ex 20,22–23,33, eine Gesetzessammlung) und Erzählungen des vorpriesterschriftlichen Tetrateuchs. Wichtige Basistexte waren ferner eine alte Schicht des „Privilegrechtes JHWHs", die dem Text von Ex 34,10–26 zugrunde liegt, und der in Dtn 5,6–21 von Mose zitierte Dekalog. Sein erstes Gebot wird im Blick auf unterschiedliche Situationen und Zeiten ausgelegt – zum Beispiel in 4,15–20; 6,10–15; 7,8–11; 8,7–20. Darüber hinaus bestimmen die Zehn Gebote die Disposition des Gesetzeskodex Kapitel 12–25 und werden durch seine Einzelgesetze konkretisiert.

Man kann das Deuteronomium als die erste große theologische Synthese in Israel betrachten. Hier werden zum ersten Mal unter dem Leitgedanken der Verpflichtung Israels auf den ausschließlichen Dienst für seinen Gott und des Verhältnisses Gott-Volk nach Art eines Lehensverhältnisses zwischen einem Herrn und denen, die sich ihm durch einen Vertrag anvertraut haben („Bund"), die verschiedenen alten Traditionen zu einer Einheit zusammengefasst. Für uns sind die vielen Institutionen, die sich in den Gesetzen spiegeln, Vergangenheit. Doch zeigt dieses alle Lebensbereiche in das Gottesverhältnis hineinziehende Buch, dass Gott sich ein Volk schaffen will, als Zeichen unter den Völkern und als Zeuge seiner Herrschaft.

REDE DES MOSE: RÜCKBLICK UND MAHNUNG: 1,1–4,43

ORT UND ZEIT: 1,1–5

1 1 Das sind die Worte, die Mose vor ganz
Israel gesprochen hat. Er sprach sie jen-
seits des Jordan, in der Wüste, in der Araba,
gegenüber Suf, zwischen Paran und Tofel, La-
ban, Hazerot und Di-Sahab. 2 Elf Tage sind es
vom Horeb auf dem Weg zum Gebirge Seïr bis
nach Kadesch-Barnea. 3 Es war im vierzigsten
Jahr, im elften Monat, am ersten Tag des Mo-
nats. Mose sagte den Israeliten genau das, was
ihm der HERR für sie aufgetragen hatte.
4 Nachdem er Sihon, den König der Amoriter,
der in Heschbon seinen Sitz hatte, und bei
Edreï auch Og, den König des Baschan, der in
Aschtarot seinen Sitz hatte, geschlagen hatte,
5 begann Mose jenseits des Jordan im Land
Moab, diese Weisung bindend zu machen. Er
sagte:

1: 4,44; 28,69; 33,1 / **2**: 1,19; Num 10–13 / **3**: Ex 25,22; Lev 27,34; Num 36,13 / **4**: 2,24–3,11; Num 21,21–35

AUFBRUCHSBEFEHL AM HOREB: 1,6–8

6 Der HERR, unser Gott, hat am Horeb zu uns
gesagt: Ihr habt euch lange genug an diesem
Berg aufgehalten. 7 Nun wendet euch dem
Bergland der Amoriter zu, brecht auf und
zieht hinauf! Zieht aus gegen alle seine Bewoh-
ner in der Araba, auf dem Gebirge, in der Sche-
fela, im Negeb und an der Meeresküste! Zieht
in das Land der Kanaaniter und in das Gebiet
des Libanon, bis an den großen Strom, den
Eufrat! 8 Siehe, hiermit liefere ich euch das
Land aus. Zieht hinein und nehmt es in Besitz,
das Land, von dem ihr wisst: Der HERR hat
euren Vätern Abraham, Isaak und Jakob ge-
schworen, es ihnen und später ihren Nach-
kommen zu geben.

6–8: Ex 33,1 / **7**: 11,24; Jos 1,4 / **8**: Gen 15,18; 26,3f.; 28,13f.

1,6 Horeb ist in Dtn der Name des Sinai.

1,7 Bergland der Amoriter ist in Dtn der Name für das verheißene Land westlich des Jordan.

ENTLASTUNG DES MOSE DURCH NEUE ÄMTER: 1,9–18

9 Damals habe ich euch gesagt: Ich allein kann
euch nicht tragen. 10 Der HERR, euer Gott, hat
euch zahlreich gemacht. Ja, ihr seid heute
schon so zahlreich wie die Sterne am Himmel.
11 Und der HERR, der Gott eurer Väter, lasse
eure Zahl auf das Tausendfache wachsen und
segne euch, wie er es euch versprochen hat.
12 Wie soll ich allein euch tragen: eure Bürde,
eure Last, eure Rechtshändel? 13 Schlagt für
jeden eurer Stämme weise, gebildete und
wohlbekannte Männer vor, damit ich sie als
eure Oberhäupter einsetze. 14 Ihr habt mir ge-
antwortet und gesagt: Das ist ein guter Vor-
schlag, den du gemacht hast. Er soll ausgeführt
werden. 15 Also habe ich die Häupter eurer
Stämme, weise und wohlbekannte Männer,
genommen und sie zu Häuptern über euch
ernannt: als Anführer für je tausend, Anführer
für je hundert, Anführer für je fünfzig, Anfüh-
rer für je zehn, und als Listenführer, für jeden
eurer Stämme. 16 Damals habe ich eure Richter
verpflichtet: Lasst jeden Streit zwischen euren
Brüdern vor euch kommen! Entscheidet ge-
recht, sei es der Streit eines Mannes mit einem
Bruder oder mit einem Fremden! 17 Kennt vor
Gericht kein Ansehen der Person! Klein wie
Groß hört an! Fürchtet euch nicht vor angese-
henen Leuten; denn das Gericht hat mit Gott
zu tun. Und ist euch eine Sache zu schwierig,
legt sie mir vor; dann werde ich sie anhören.
18 Damals habe ich euch auf alle Regeln ver-
pflichtet, an die ihr euch dabei halten sollt.

9–18: Ex 18,13–27; Num 11,11–17 / **10**: 10,22; Gen 22,17; 26,4; Ex 32,13 / **15**: 5,23; 16,18; 20,5–9; 29,9; 31,9.28 / **16f.**: 16,18–20; 17,8–13; 2 Chr 19,4–11; Joh 7,51 / **17**: Lev 19,15

ISRAELS UNGLAUBE IN KADESCH-BARNEA: 1,19–46

19 Wir brachen vom Horeb auf und wanderten
durch die gesamte Wüste, die große und
Furcht erregende, dieselbe, die ihr schon ge-
sehen hattet, diesmal auf dem Weg zum Amo-
riterbergland, wie es uns der HERR, unser
Gott, befohlen hatte. Wir kamen bis Kadesch-
Barnea. 20 Dort sagte ich zu euch: Nun seid ihr
am Bergland der Amoriter angekommen, das
der HERR, unser Gott, uns gibt. 21 Sieh, der
HERR, dein Gott, hat dir das Land ausgeliefert.
Zieh hinauf und nimm es in Besitz, wie der
HERR, der Gott deiner Väter, es dir verspro-
chen hat. Fürchte dich nicht und hab keine
Angst! 22 Da seid ihr zu mir gekommen, ihr
alle, und habt gesagt: Wir wollen einige Män-
ner vorausschicken. Sie sollen uns das Land
auskundschaften und uns Bericht erstatten
über den Weg, den wir hinaufziehen, und über
die Städte, auf die wir treffen werden. 23 Der
Vorschlag erschien mir gut. Ich wählte unter
euch zwölf Männer aus, für jeden Stamm ei-
nen. 24 Sie wendeten sich dem Bergland zu,
zogen hinauf, gelangten bis zum Traubental
und erkundeten das Land. 25 Sie pflückten ei-
nige von den Früchten des Landes, brachten
sie zu uns herab und erstatteten uns Bericht.
Sie sagten: Prächtig ist das Land, das der HERR,
unser Gott, uns gibt. 26 Doch ihr habt euch ge-
weigert hinaufzuziehen. Ihr habt euch dem
Befehl des HERRN, eures Gottes, widersetzt
27 und habt in euren Zelten den HERRN ver-
leumdet und gesagt: Weil er uns hasst, hat er
uns aus Ägypten geführt. Er will uns in die
Hand der Amoriter geben, um uns zu ver-
nichten. 28 Wohin sollen wir ziehen? Unsere
Brüder haben uns das Herz zerschmolzen, als
sie berichteten: Ein Volk, größer und höher
gewachsen als wir, Städte, groß, mit himmel-
hohen Mauern. Sogar Anakiter haben wir dort
gesehen. 29 Da habe ich zu euch gesagt: Ihr
dürft nicht vor ihnen zurückweichen und
dürft euch nicht vor ihnen fürchten. 30 Der
HERR, euer Gott, der euch vorangeht, er wird
für euch kämpfen, genauso, wie er vor euren
Augen in Ägypten auf eurer Seite gekämpft
hat. 31 Das Gleiche tat er in der Wüste, die du
gesehen hast. Da hat der HERR, dein Gott, dich
auf dem ganzen Weg, den ihr gewandert seid,
getragen, wie ein Mann sein Kind trägt, bis ihr
an diesen Ort kamt. 32 Trotzdem habt ihr nicht
an den HERRN, euren Gott, geglaubt, 33 der
euch auf dem Weg vorangeht, um euch die
Stelle für das Lager zu suchen. Bei Nacht geht
er im Feuer voran, um euch den Weg zu zei-
gen, auf dem ihr gehen sollt, bei Tag in der
Wolke. 34 Der HERR hörte eure Stimme, eure
Worte. Er wurde unwillig und schwor: 35 Kein
Einziger von diesen Männern, von dieser ver-
dorbenen Generation, soll das prächtige Land
sehen, von dem ihr wisst: Ich habe geschwo-
ren, es euren Vätern zu geben. 36 Nur Kaleb,
der Sohn Jefunnes, er wird es sehen. Ihm und

1,24 Das Traubental liegt bei Hebron.

1,28 Die Anakiter sind eine auch aus ägyptischen Texten bekannte Gruppe aus der Urbevölkerung des Landes. Sie lebten im Gebiet von Hebron.

seinen Söhnen werde ich das Land geben, das
er betreten hat. Denn er ist dem HERRN ganz
und gar nachgefolgt. 37 Auch mir grollte der
HERR euretwegen und sagte: Auch du sollst
nicht in das Land hineinkommen. 38 Josua, der
Sohn Nuns, dein Gehilfe, er wird hineinkom-
men. Ihm übertrage Vollmacht: Er soll das
Land an Israel als Erbbesitz verteilen. 39 Und
eure Kleinen, von denen ihr sagt: Zur Beute
werden sie!, und eure Kinder, die heute noch
nichts von Gut und Böse wissen, sie werden
in das Land hineinkommen. Ihnen gebe ich es
und sie nehmen es dann auch in Besitz. 40 Ihr
aber, wendet euch zur Wüste, brecht auf und
nehmt den Weg zum Roten Meer! 41 Ihr habt
mir darauf erwidert und gesagt: Wir haben
vor dem HERRN gesündigt. Doch jetzt wollen
wir hinaufziehen und kämpfen, genauso, wie
es uns der HERR, unser Gott, befohlen hat.
Und jeder legte die Waffen an und gürtete sich,
um ins Bergland zu ziehen. 42 Doch der HERR
sprach zu mir: Sag ihnen: Ihr sollt nicht hi-
naufziehen und nicht kämpfen; denn ich bin
nicht in eurer Mitte. Ihr sollt nicht geschlagen
daliegen vor euren Feinden. 43 Ich habe euch
zugeredet, doch ihr habt nicht gehört. Ihr habt
euch dem Befehl des HERRN widersetzt. In
eurer Vermessenheit seid ihr ins Bergland ge-
zogen. 44 Da rückten die Amoriter, die dort im
Bergland wohnen, gegen euch aus. Sie verfolg-
ten euch wie ein Bienenschwarm und ver-
sprengten euch von Seïr bis nach Horma hin.
45 Als ihr zurückkamt, weintet ihr vor dem
HERRN. Doch der HERR hat auf eure Stimme
nicht gehört und hatte kein Ohr mehr für euch.
46 Dann hieltet ihr euch lange in Kadesch auf
– die ganze Zeit, die ihr dort geblieben seid.

19–46: 9,23; Num 13–14; 32,8–13 / **21:** 1,8 / **27:** 9,1f. / **28:** 2,10f.21 / **29–31:** 20,2–4 / **30:** 3,22; 20,4; Ex 14,14 / **31:** 32,10; Ex 4,22; Num 11,12 / **32:** 9,23; Num 14,11; Jes 7,4–9 / **33:** Ex 13,21f. / **36:** Jos 14,6–15 / **37:** 3,23–27; 4,21f.; 31,2; 34,4 / **38:** 3,28 / **40:** 2,1 / **43:** 1,26 / **46:** 2,14; Num 20,1; Ri 11,16f.

FRIEDLICHE DURCHZÜGE IM OSTJORDANLAND: 2,1–13

2 1 Dann wendeten wir uns der Wüste zu,
brachen auf und nahmen den Weg zum
Roten Meer, wie es der HERR mir befohlen
hatte. Wir zogen lange Zeit am Gebirge Seïr
entlang. 2 Dann sagte der HERR zu mir: 3 Ihr
seid jetzt lange genug an diesem Gebirge ent-
langgezogen. Wendet euch jetzt nach Norden!
4 Befiehl dem Volk: Ihr werdet jetzt durch das
Gebiet von Stammverwandten ziehen, durch
das Gebiet der Nachkommen Esaus, die in Seïr
wohnen. Wenn sie Furcht vor euch zeigen,
dann seid auf der Hut 5 und beginnt keine
Feindseligkeiten gegen sie! Von ihrem Land
gebe ich euch keinen Fußbreit; denn das Ge-
birge Seïr habe ich für Esau zum Besitz be-
stimmt. 6 Was ihr an Getreide zum Essen
braucht, kauft von ihnen für Silber; selbst das
Trinkwasser beschafft euch von ihnen gegen
Silber! 7 Der HERR, dein Gott, hatte dich reich
gesegnet bei der Arbeit deiner Hände. Er hatte
erkannt, dass du in dieser großen Wüste un-
terwegs warst. Vierzig Jahre lang war der
HERR, dein Gott, bei dir. Nichts hat dir gefehlt.
8 Wir zogen also weg aus dem Gebiet in der
Nähe der Söhne Esaus, unserer Stammver-
wandten, die in Seïr wohnen, weg vom Weg
durch die Araba, von Elat und Ezjon-Geber.
Wir wendeten uns und zogen den Weg zur
Wüste Moab entlang. 9 Und der HERR sagte zu
mir: Begegne Moab nicht feindlich, beginn
keinen Kampf mit ihnen! Von ihrem Land be-
stimme ich dir kein Stück zum Besitz; denn Ar
habe ich für die Nachkommen Lots zum Besitz
bestimmt. 10 Einst saßen dort die Emiter, ein
Volk, das groß, zahlreich und hochgewachsen
war wie die Anakiter. 11 Wie die Anakiter gal-
ten auch sie als Rafaïter, die Moabiter aber
nennen sie Emiter. 12 In Seïr saßen einst die
Horiter, aber deren Besitz haben die Nach-
kommen Esaus übernommen. Als sie vordran-
gen, vernichteten sie die Horiter und setzten
sich an deren Stelle, so wie die Israeliten es mit
dem Land taten, das ihnen der HERR zum Be-
sitz bestimmt hatte. 13 Und jetzt steht auf und
überquert das Tal des Sered! Da überquerten
wir das Tal des Sered.

1–25: Num 21,4–20 / **1:** 1,40; Num 20,22 / **4–8:** Num 20,14–21 / **5:** Gen 36,8 / **7:** 8,4; 29,4; Neh 9,21

KRIEGSZÜGE UND LANDVERTEILUNG IM OSTJORDANLAND: 2,14–3,17

14 Die Zeit, die wir von Kadesch-Barnea an
gewandert waren, bis wir das Tal des Sered
überquerten, betrug achtunddreißig Jahre. So
lange dauerte es, bis die Generation der waf-
fenfähigen Männer vollständig ausgestorben
war, sodass sich keiner von ihnen mehr im
Lager befand, wie es ihnen der HERR geschwo-
ren hatte. 15 Auch hatte der HERR seine Hand

1,41 Andere Übersetzungsmöglichkeit: Jeder legte die Waffen an und zog selbstherrlich ins Bergland hinauf.

gegen sie ausgestreckt und Verwirrung unter
ihnen verbreitet, bis sie ausgestorben waren,
sodass sich keiner von ihnen mehr im Lager
befand. 16 Als alle waffenfähigen Männer aus-
gestorben und tot waren, sodass keiner von
ihnen mehr im Volk lebte, 17 sagte der HERR
zu mir: 18 Wenn du heute durch das Gebiet von
Moab, durch Ar, ziehst, 19 kommst du nahe an
den Ammonitern vorbei. Begegne ihnen nicht
feindlich, beginne keine Feindseligkeiten ge-
gen sie! Vom Land der Ammoniter bestimme
ich dir kein Stück zum Besitz; denn ich habe
es für die Nachkommen Lots zum Besitz be-
stimmt. 20 Auch dieses gilt als Land der Rafaï-
ter. Einst saßen die Rafaïter darin. Die Ammo-
niter nennen sie die Samsummiter, 21 ein Volk,
das groß, zahlreich und hochgewachsen war
wie die Anakiter. Der HERR vernichtete die
Rafaïter, als die Ammoniter eindrangen. Die-
se übernahmen ihren Besitz und setzten sich
an ihre Stelle. 22 Das war das Gleiche, was der
Herr für die Nachkommen Esaus getan hat, die
in Seïr sitzen. Als sie vordrangen, vernichtete
er die Horiter. Die Nachkommen Esaus über-
nahmen ihren Besitz und setzten sich an ihre
Stelle. So blieb es bis heute. 23 Das Gleiche ge-
schah mit den Awitern, die in einzelnen Dör-
fern bis nach Gaza hin saßen. Die Kaftoriter,
die aus Kaftor ausgewandert waren, vernich-
teten sie und setzten sich an ihre Stelle. 24 Steht
auf, brecht auf und überquert das Tal des Ar-
non! Siehe, hiermit gebe ich Sihon, den König
von Heschbon, den Amoriter, mit seinem
Land in eure Hand. Fang an, in Besitz zu neh-
men! Bei ihm sollst du den Kampf beginnen.
25 Und ich fange heute an, den Völkern überall
unter dem Himmel Schrecken und Furcht vor
dir ins Gesicht zu zeichnen. Wenn sie von dir
nur hören, zittern sie. Sie winden sich vor
Angst, wenn sie dich sehen. 26 Da sandte ich
aus der Wüste Kedemot Boten zu Sihon, dem
König von Heschbon, und ließ ihm folgendes
Abkommen vorschlagen: 27 Ich will durch dein
Land ziehen. Ich werde mich genau an den
Weg halten, ohne ihn rechts oder links zu ver-
lassen. 28 Was ich an Getreide zum Essen brau-
che, wirst du mir für Silber verkaufen, auch das
Trinkwasser wirst du mir gegen Silber geben.
Ich werde nur zu Fuß durchziehen, 29 so wie
die Nachkommen Esaus, die in Seïr wohnen,
und die Moabiter, die in Ar wohnen, es mir
erlaubt haben. Das soll gelten, bis ich über den
Jordan in das Land gezogen bin, das der HERR,
unser Gott, uns gibt. 30 Doch Sihon, der König
von Heschbon, weigerte sich, uns bei sich
durchziehen zu lassen. Denn der HERR, dein
Gott, hatte seinen Kampfgeist gestärkt und
ihm Mut gemacht, um ihn in deine Hand zu
geben, wie es inzwischen geschehen ist. 31 Mir
aber sagte der HERR: Siehe, hiermit fange ich
an. Ich liefere dir Sihon und sein Land aus. Du
fang an, in Besitz zu nehmen! Fang mit seinem
Land an! 32 Sihon rückte mit seinem ganzen
Volk gegen uns aus, um bei Jahaz zu kämpfen.
33 Der HERR, unser Gott, lieferte ihn uns aus.
Wir schlugen ihn, seine Söhne und sein gan-
zes Volk. 34 Damals eroberten wir alle seine
Städte. Wir vollzogen an ihrer ganzen Bevöl-
kerung den Bann, auch die Frauen samt Kin-
dern und Alten; keinen ließen wir überleben.
35 Als Beute behielten wir nur das Vieh und
das, was wir in den eroberten Städten geplün-
dert hatten. 36 Von Aroër am Rand des Arnon-
tals und von der Stadt, die im Tal liegt, bis hin
nach Gilead gab es keine befestigte Stadt, de-
ren Mauern für uns zu hoch waren. Alle hat
uns der HERR, unser Gott, ausgeliefert. 37 Nur
dem Land der Ammoniter hast du dich nicht
genähert, dem gesamten Randgebiet des Jab-
boktals und den Städten im Gebirge, also al-
lem, was der HERR, unser Gott, uns verwehrt
hatte.

14–16: 1,34f. / **15**: Ex 14,24f. / **19**: Gen 19,37 / **23**: Am 9,7 /
25: 11,25; 28,10; Ex 15,14 / **26–37**: Num 21,21–25 / **31**: 1,8 /
34f.: 20,16–18 / **37**: 2,19

3 1 Dann wendeten wir uns dem Weg zum
Baschan zu und zogen hinauf. Og, der
König des Baschan, rückte mit seinem ganzen
Volk gegen uns aus, um bei Edreï zu kämpfen.
2 Der HERR sagte zu mir: Fürchte ihn nicht,
denn ich gebe ihn, sein ganzes Volk und sein
Land in deine Hand. Tu mit ihm, was du mit
Sihon getan hast, dem König der Amoriter, der
in Heschbon seinen Sitz hatte! 3 Und der
HERR, unser Gott, gab auch Og, den König
des Baschan, und sein ganzes Volk in unsere
Hand. Wir schlugen ihn und ließen keinen
überleben. 4 Damals eroberten wir alle seine
Städte. Es gab keine befestigte Stadt, die wir
ihnen nicht genommen hätten: sechzig Städte,
den ganzen Bezirk von Argob, das Königreich
des Og im Baschan. 5 Alle diese Städte waren
durch hohe Mauern, Torflügel und Torbalken
befestigt. Hinzu kamen die zahlreichen offe-
nen Landstädte. 6 Wir vollzogen an ihnen den
Bann, wie wir es mit Sihon, dem König von

Heschbon, getan hatten. Wir vollzogen den
Bann an der ganzen Bevölkerung, auch an den
Frauen samt Kindern und Alten. 7 Alles Vieh
und das, was wir in den Städten geplündert
hatten, behielten wir als Beute.

8 Damals entrissen wir der Gewalt der bei-
den Amoriterkönige jenseits des Jordan das
Land vom Arnontal bis zum Gebirge Hermon
– 9 die Sidonier nennen den Hermon Sirjon,
die Amoriter nennen ihn Senir –, 10 alle Städte
der Hochebene, ganz Gilead und den ganzen
Baschan bis nach Salcha und Edreï, das heißt
nur die Städte des Königreichs Ogs im Ba-
schan. 11 Denn Og, der König des Baschan, war
als Einziger von den letzten Rafaïtern noch
übrig geblieben. Sein Bett war aus Eisen. Steht
es nicht in Rabba, der Hauptstadt der Ammo-
niter? Es ist neun gewöhnliche Ellen lang und
vier breit. 12 Dieses Land nahmen wir damals
in Besitz. Von Aroër an, das am Arnontal liegt,
einschließlich der Hälfte des Gebirges Gilead
und ihrer Städte, übergab ich es den Rubeni-
tern und Gaditern. 13 Den Rest von Gilead und
den ganzen Baschan, soweit er zum König-
reich Ogs gehört hatte, übergab ich der einen
Hälfte des Stammes Manasse – den ganzen
Bezirk von Argob. Diesen ganzen Baschan be-
zeichnet man als Land der Rafaïter. 14 Jaïr, der
Sohn Manasses, übernahm den ganzen Bezirk
von Argob einschließlich des Gebiets der Ge-
schuriter und der Maachatiter und benannte
sie nach seinem eigenen Namen: Er nannte
den Baschan Hawot-Jaïr, Zeltdörfer Jaïrs. So
heißt er noch heute. 15 Dem Machir übergab
ich Gilead, 16 den Rubenitern und Gaditern
aber gab ich das Gebiet von Gilead bis zum
Arnontal, das Tal selbst und das zugehörige
Gebiet bis zum Jabbok, wo das Tal die Grenze
zu den Ammonitern bildet, 17 dazu die Araba
und den Jordan mit dem zugehörigen Gebiet,
vom See Kinneret bis zum Meer der Araba,
dem Salzmeer am Fuß der Steilhänge des Pis-
ga, nach Osten hin.

1–7: Num 21,33–35 / **6f.**: 20,16–18; 2,34f. / **8**: 4,47f. / **12f.**: 29,7; Num 32,33; Jos 13,15–33 / **14f.**: Num 32,39–41; Jos 13,30f.

VORBEREITUNGEN ZUR EROBERUNG DES WESTJORDANLANDES: 3,18–29

18 Damals gebot ich euch: Der HERR, euer
Gott, hat euch dieses Land gegeben, sodass ihr
es in Besitz genommen habt. Doch jetzt, in
Waffen, sollt ihr zunächst mit allen Wehrfä-
higen an der Spitze eurer Brüder, der Israeliten,
über den Jordan ziehen. 19 Nur eure Frauen,
Kinder, Alten und Herden – ich weiß, ihr habt
viele Herden – sollen in den Städten bleiben,
die ich für euch bestimmt habe. 20 Erst wenn
der HERR euren Brüdern wie euch Ruhe ver-
schafft hat, erst wenn auch sie das Land jen-
seits des Jordan in Besitz genommen haben,
das der HERR, euer Gott, ihnen gibt, dürft ihr
zurückkehren, jeder zu seinem Besitz, den ich
für euch bestimmt habe.

21 Damals gebot ich Josua: Du hast mit eige-
nen Augen alles gesehen, was der HERR, euer
Gott, mit diesen beiden Königen getan hat.
Das Gleiche wird der HERR mit allen König-
reichen tun, zu denen du hinüberziehst. 22 Ihr
sollt sie nicht fürchten; denn der HERR, euer
Gott, ist es, der für euch kämpft.

23 Damals rief ich den HERRN um Gnade für
mich an: 24 Herr und GOTT! Du hast angefan-
gen, deinen Knecht deine Macht und deine
starke Hand schauen zu lassen. Welcher Gott
im Himmel oder auf der Erde hat etwas voll-
bracht, was deinen Taten und deinen Siegen
vergleichbar wäre? 25 Lass mich doch hinüber-
ziehen! Lass mich das prächtige Land jenseits
des Jordan sehen, dieses prächtige Bergland
und den Libanon! 26 Doch euretwegen zürnte
mir der HERR und erhörte mich nicht. Der
HERR sagte zu mir: Genug! Trag mir diese Sa-
che niemals wieder vor! 27 Steig auf den Gipfel
des Pisga, richte die Augen nach Westen, nach
Norden, nach Süden und nach Osten und
schau mit eigenen Augen hinüber! Hinüber-
ziehen über den Jordan hier wirst du nicht.
28 Beauftrage Josua, übertrag ihm Vollmacht
und Kraft: Er soll an der Spitze dieses Volkes
hinüberziehen. Er soll an sie das Land als Erb-
besitz verteilen, das du nur schauen darfst.
29 So blieben wir in der Talschlucht gegenüber
Bet-Pegor.

18–20: Num 32,1.16–27 / **20**: Jos 1,13.15; 22,4 / **21**: Ex 14,13.30 / **22**: 1,29f. / **23–27**: 1,37 / **27**: 34,1–3 / **28**: 1,38 / **29**: 4,3.46; 34,6; Num 25

ERÖFFNUNG DER GESETZESVERKÜNDIGUNG. ERMAHNUNG UND AUSBLICK: 4,1–40

4
1 Und nun, Israel, hör auf die Gesetze und
Rechtsentscheide, die ich euch zu halten
lehre! Hört und ihr werdet leben, ihr werdet
in das Land, das der HERR, der Gott eurer Vä-

3,29 Bet-Pegor ist der Ort, Baal-Pegor (4,3) der dort verehrte kanaanäische Gott.

ter, euch gibt, hineinziehen und es in Besitz
nehmen. 2 Ihr sollt dem Wortlaut dessen, wo-
rauf ich euch verpflichte, nichts hinzufügen
und nichts davon wegnehmen; ihr sollt die
Gebote des HERRN, eures Gottes, bewahren,
auf die ich euch verpflichte. 3 Ihr habt mit ei-
genen Augen gesehen, was der HERR wegen
des Baal-Pegor getan hat: Jeden, der dem
Baal-Pegor nachfolgte, hat der HERR, dein
Gott, in deiner Mitte vernichtet. 4 Ihr aber habt
euch am HERRN, eurem Gott, festgehalten
und darum seid ihr alle heute noch am Leben.

5 Siehe, hiermit lehre ich euch, wie es mir der
HERR, mein Gott, aufgetragen hat, Gesetze und
Rechtsentscheide. Ihr sollt sie innerhalb des
Landes halten, in das ihr hineinzieht, um es in
Besitz zu nehmen. 6 Ihr sollt sie bewahren und
sollt sie halten. Denn darin besteht eure Weis-
heit und eure Bildung in den Augen der Völker.
Wenn sie dieses Gesetzeswerk kennenlernen,
müssen sie sagen: In der Tat, diese große Nation
ist ein weises und gebildetes Volk. 7 Denn wel-
che große Nation hätte Götter, die ihr so nah
sind, wie der HERR, unser Gott, uns nah ist, wo
immer wir ihn anrufen? 8 Oder welche große
Nation besäße Gesetze und Rechtsentscheide,
die so gerecht sind wie alles in dieser Weisung,
die ich euch heute vorlege?

9 Jedoch, nimm dich in Acht, achte gut auf
dich! Vergiss nicht die Ereignisse, die du mit
eigenen Augen gesehen, und die Worte, die
du gehört hast! Lass sie dein ganzes Leben lang
nicht aus dem Sinn! Präge sie deinen Kindern
und Kindeskindern ein! 10 Vergiss nicht den
Tag, als du am Horeb vor dem HERRN, deinem
Gott, standest! Der HERR hatte zu mir gesagt:
Ruf mir das Volk zusammen! Ich will sie mei-
ne Worte hören lassen. Sie sollen lernen, mich
zu fürchten, so lange, wie sie im Land leben,
und sie sollen es auch ihre Kinder lehren. 11 Ihr
wart herangekommen und standet unten am
Berg und der Berg brannte: Feuer, hoch bis in
den Himmel hinauf, Finsternis, Wolken und
Dunkel. 12 Der HERR sprach zu euch mitten
aus dem Feuer. Eine Stimme, Worte habt ihr
gehört, eine Gestalt habt ihr nicht gesehen, nur
Donnerstimme war da. 13 Der HERR verkün-
dete euch seinen Bund: Er verpflichtete euch,
die Zehn Worte zu halten, und schrieb sie auf
zwei Steintafeln. 14 Mir befahl damals der
HERR, euch Gesetze und Rechtsentscheide zu
lehren, die ihr in dem Land halten sollt, in das
ihr hinüberzieht, um es in Besitz zu nehmen.

15 Nehmt euch um eures Lebens willen gut
in Acht! Denn ihr habt keinerlei Gestalt gese-
hen an dem Tag, als der HERR am Horeb mit-
ten aus dem Feuer zu euch sprach. 16 Lauft
nicht in euer Verderben und macht euch kein
Kultbild, das irgendetwas darstellt, keine Sta-
tue, kein Abbild eines männlichen oder weib-
lichen Wesens, 17 kein Abbild irgendeines
Tiers, das auf der Erde lebt, kein Abbild irgend-
eines gefiederten Vogels, der am Himmel
fliegt, 18 kein Abbild irgendeines Tiers, das am
Boden kriecht, und kein Abbild irgendeines
Meerestieres im Wasser unter der Erde!
19 Wenn du die Augen zum Himmel erhebst
und das ganze Himmelsheer siehst, die Sonne,
den Mond und die Sterne, dann lass dich nicht
verführen! Du sollst dich nicht vor ihnen nie-
derwerfen und ihnen nicht dienen. Der HERR,
dein Gott, hat sie allen Völkern unter dem
ganzen Himmel zugewiesen. 20 Euch aber hat
der HERR genommen und aus dem Schmelz-
ofen, aus Ägypten, herausgeführt, damit ihr
sein Volk, sein Erbbesitz werdet – wie ihr es
heute seid. 21 Zwar hat der HERR mir wegen
eures Murrens gegrollt und mir geschworen,
ich dürfe nicht über den Jordan ziehen und das
prächtige Land betreten, das der HERR, dein
Gott, dir als Erbbesitz gibt. 22 Ich muss in die-
sem Land hier sterben und werde nicht über
den Jordan ziehen. Aber ihr werdet hinüber-
ziehen und dieses prächtige Land in Besitz
nehmen.

23 Nehmt euch in Acht! Vergesst nicht den
Bund, den der HERR, euer Gott, mit euch ge-
schlossen hat! Ihr sollt euch kein Kultbild ma-
chen, das irgendetwas darstellt, was der HERR,
dein Gott, dir verboten hat. 24 Denn der HERR,
dein Gott, ist verzehrendes Feuer. Er ist ein
eifersüchtiger Gott. 25 Wenn du Kinder und
Kindeskinder zeugst und ihr im Land hei-
misch seid, wenn ihr dann ins Verderben lauft
und ein Kultbild macht, das irgendetwas dar-
stellt, wenn ihr also tut, was in den Augen des
HERRN, deines Gottes, böse ist und wenn ihr
ihn erzürnt – 26 den Himmel und die Erde rufe
ich heute als Zeugen gegen euch an –, dann
werdet ihr unverzüglich aus dem Land ausge-
tilgt sein, in das ihr jetzt über den Jordan zieht,
um es in Besitz zu nehmen. Nicht lange werdet
ihr darin leben. Ihr werdet vernichtet werden.
27 Der HERR wird euch unter die Völker ver-
streuen. Nur einige von euch werden übrig
bleiben in den Nationen, zu denen der HERR

euch führt. 28 Dort müsst ihr Göttern dienen,
Machwerken von Menschenhand, aus Holz
und Stein. Sie können nicht sehen und nicht
hören, nicht essen und nicht riechen. 29 Dort
werdet ihr den HERRN, deinen Gott, wieder
suchen. Du wirst ihn auch finden, wenn du
dich mit ganzem Herzen und mit ganzer See-
le um ihn bemühst. 30 Wenn du in Not bist,
werden alle diese Worte dich finden. In späte-
ren Tagen wirst du zum HERRN, deinem Gott,
zurückkehren und auf seine Stimme hören.
31 Denn der HERR, dein Gott, ist ein barmher-
ziger Gott. Er lässt dich nicht fallen und gibt
dich nicht dem Verderben preis und vergisst
nicht den Bund mit deinen Vätern, den er ih-
nen beschworen hat.

32 Denn forsche doch einmal in früheren
Zeiten nach, die vor dir gewesen sind, seit dem
Tag, als Gott den Menschen auf der Erde er-
schuf; forsche nach vom einen Ende des Him-
mels bis zum andern Ende: Hat sich je etwas
so Großes ereignet wie dieses und hat man je
solches gehört? 33 Hat je ein Volk mitten aus
dem Feuer die donnernde Stimme eines Got-
tes reden gehört, wie du sie gehört hast, und
ist am Leben geblieben? 34 Oder hat je ein Gott
es ebenso versucht, zu einer Nation zu kom-
men und sie sich mitten aus einer anderen
herauszuholen unter Prüfungen, unter Zei-
chen, Wundern und Krieg, mit starker Hand
und hoch erhobenem Arm und unter großen
Schrecken, wie alles, was der HERR, euer Gott,
in Ägypten mit euch getan hat, vor deinen
Augen? 35 Du bist es, der das hat sehen dürfen,
damit du erkennst: Der HERR ist der Gott, kein
anderer ist außer ihm. 36 Vom Himmel herab
ließ er dich seine donnernde Stimme hören,
um dich zu erziehen. Auf der Erde ließ er dich
sein großes Feuer sehen und mitten aus dem
Feuer hast du seine Worte gehört. 37 Weil er
deine Väter lieb gewonnen hatte, hat er alle
Nachkommen eines jeden von ihnen erwählt
und dich dann in eigener Person durch seine
große Kraft aus Ägypten geführt, 38 um bei
deinem Angriff Völker auszurotten, die größer
und mächtiger sind als du, um dich in ihr Land
zu führen und es dir als Erbbesitz zu geben,
wie es jetzt geschieht. 39 Heute sollst du erken-
nen und zuinnerst begreifen: Der HERR ist der
Gott im Himmel droben und auf der Erde un-
ten, keiner sonst. 40 Daher sollst du seine Ge-
setze und seine Gebote, auf die ich dich heute
verpflichte, bewahren, damit es dir und später
deinen Nachkommen gut geht und du lange
lebst in dem Land, das der HERR, dein Gott,
dir gibt für alle Zeit.

1-4: 30,15–20 / **1**: 5,1; Lev 18,5 / **2**: 13,1; Offb 22,18f. / **3**: Num 25,1–5 / **5**: 12,1 / **7f.**: Röm 3,2; 9,4 / **9-14**: 5,2–31; Ex 19f. / **10**: 31,13; 32,46 / **11f.**: Hebr 12,18f. / **12**: Joh 1,18 / **15-19**: Röm 1,23 / **16-19**: 5,8f.; Ex 20,4f. / **16**: 4,25 / **19f.**: 32,8f.; 29,24f. / **20**: 9,26.29 / **21f.**: 1,37 / **23**: 4,16–18; 29,24 / **24**: 5,9; 2 Kor 11,2; Hebr 12,29 / **25-28**: 28,15–68 / **25**: 9,18; 17,2; 31,29 / **26**: 30,19; 31,28 / **28**: Ps 135,15–18 / **29-31**: 30,1–10; Jer 29,13 / **31**: 1,8; Ex 34,6; Gen 15,18 / **33**: 5,24.26; Ex 33,20 / **34**: 3,24; 4,37 / **35**: 2 Sam 7,22; Mk 12,32; 1 Kor 8,4 / **36**: 4,12.33 / **37**: 10,15 / **38**: 7,17 / **39**: 4,35; Jos 2,11; 1 Kön 8,23

ASYLSTÄDTE IM OSTJORDANLAND: 4,41–43

41 Damals hat Mose jenseits des Jordan, nach
Osten hin, drei Städten eine Sonderstellung
zugewiesen. 42 Dorthin soll jeder, der einen
Menschen getötet hat, fliehen können, falls er
den andern ohne Vorsatz getötet hat und nicht
schon früher mit ihm verfeindet gewesen ist.
Wenn er in eine dieser Städte flieht, darf er am
Leben bleiben. 43 Es sind Bezer im Wüstenge-
biet der Hochebene für die Rubeniter, Ramot
in Gilead für die Gaditer und Golan im Ba-
schan für die Manassiter.

41-43: 19,1–10; Num 35,6.9–15; Jos 20

VERKÜNDIGUNG DES GESETZES: 4,44–28,68

ORT UND ZEIT: 4,44–49

44 Und das ist die Weisung, die Mose den
Israeliten vorgelegt hat. 45 Das sind die Eides-
bestimmungen und die Gesetze und die
Rechtsentscheide, die Mose den Israeliten
verkündet hat, als sie aus Ägypten zogen.
46 Es geschah jenseits des Jordan, in der Tal-
schlucht gegenüber Bet-Pegor, im Land
Sihons, des Königs der Amoriter, der in
Heschbon seinen Sitz hatte. Ihn hatten Mose
und die Israeliten geschlagen, als sie aus
Ägypten zogen. 47 Sie hatten sein Land und
das Land Ogs, des Königs des Baschan, in Be-
sitz genommen, das Land der beiden Amori-

terkönige jenseits des Jordan, im Osten,
48 von Aroër am Rand des Arnontals bis zum
Gebirge Sion – das ist der Hermon – 49 und die
ganze Araba jenseits des Jordan nach Osten
hin, bis zum Meer der Araba unterhalb der
Steilhänge des Pisga.

46–49: 2 24–3,17

EINLEITUNG IN DIE VERKÜNDIGUNG DES GESETZES: 5,1

5 1 Mose rief ganz Israel zusammen. Er sag-
te zu ihnen: Höre, Israel, die Gesetze und
Rechtsentscheide, die ich euch heute vortrage!
Ihr sollt sie lernen, sie bewahren und sie halten.

1: 11,32; 12,1; 26,16

DER BUND AM HOREB: DIE ZEHN GEBOTE: 5,2–22

2 Der HERR, unser Gott, hat am Horeb einen
Bund mit uns geschlossen. 3 Nicht mit unseren
Vätern hat der HERR diesen Bund geschlos-
sen, sondern mit uns, die wir heute hier ste-
hen, mit uns allen, mit den Lebenden. 4 Von
Angesicht zu Angesicht hat der HERR auf dem
Berg mitten aus dem Feuer mit euch geredet.
5 Ich stand damals zwischen dem HERRN
und euch, um euch das Wort des HERRN zu
verkünden; denn ihr wart aus Furcht vor dem
Feuer nicht auf den Berg gekommen. Der
HERR sprach:

6 Ich bin der HERR, dein Gott, der dich aus
dem Land Ägypten geführt hat, aus dem Skla-
venhaus. 7 Du sollst neben mir keine anderen
Götter haben. 8 Du sollst dir kein Kultbild ma-
chen, keine Gestalt von irgendetwas am Him-
mel droben, auf der Erde unten oder im Was-
ser unter der Erde. 9 Du sollst dich nicht vor
ihnen niederwerfen und ihnen nicht dienen.
Denn ich bin der HERR, dein Gott, ein eifer-
süchtiger Gott: Ich suche die Schuld der Väter
an den Kindern heim, an der dritten und vier-
ten Generation, bei denen, die mich hassen;
10 doch ich erweise Tausenden meine Huld bei
denen, die mich lieben und meine Gebote be-
wahren.

11 Du sollst den Namen des HERRN, deines
Gottes, nicht missbrauchen; denn der HERR
lässt den nicht ungestraft, der seinen Namen
missbraucht.

12 Halte den Sabbat: Halte ihn heilig, wie es
dir der HERR, dein Gott, geboten hat! 13 Sechs
Tage darfst du schaffen und all deine Arbeit tun.
14 Der siebte Tag ist ein Ruhetag, dem HERRN,
deinem Gott, geweiht. An ihm darfst du keine
Arbeit tun: du und dein Sohn und deine Tochter
und dein Sklave und deine Sklavin und dein
Rind und dein Esel und dein ganzes Vieh und
dein Fremder in deinen Toren. Dein Sklave und
deine Sklavin sollen sich ausruhen wie du. 15 Ge-
denke, dass du Sklave warst im Land Ägypten
und dass dich der HERR, dein Gott, mit starker
Hand und ausgestrecktem Arm von dort he-
rausgeführt hat. Darum hat es dir der HERR,
dein Gott, geboten, den Sabbat zu begehen.

16 Ehre deinen Vater und deine Mutter, wie
es dir der HERR, dein Gott, geboten hat, damit
du lange lebst und es dir gut geht in dem Land,
das der HERR, dein Gott, dir gibt!

17 Du sollst nicht töten 18 und nicht die Ehe
brechen 19 und nicht stehlen 20 und nicht Fal-
sches gegen deinen Nächsten aussagen 21 und
nicht die Frau deines Nächsten begehren und
du sollst nicht das Haus deines Nächsten ver-
langen, nicht sein Feld, seinen Sklaven oder
seine Sklavin, sein Rind oder seinen Esel,
nichts, was deinem Nächsten gehört.

22 Diese Worte sagte der HERR auf dem Berg
zu eurer vollzähligen Versammlung, mitten
aus dem Feuer, aus Wolken und Dunkel, mit
Donners mächtiger Stimme, diese Worte und
sonst nichts. Er schrieb sie auf zwei Steintafeln
und übergab sie mir.

3: 28,69; 29,13f. / **4–22:** Ex 19f. / **4:** 34,10 / **5:** Apg 7,38 / **6–21:** Ex 20,2–17 / **7:** Ex 23,13 / **8:** 4,16–18; 27,15 / **9f.:** 7,9f.; Ex 34,7; Num 14,18 / **10:** 11,1 / **13–14:** Ex 23,12; 34,21; Mk 2,27; Lk 13,14 / **15:** 15,15; 16,12; 24,18.22 / **16–21:** Mt 19,18f.; Mk 10,19; Lk 18,20; Röm 13,9 / **16:** Sir 3,1–16; Mt 15,4; Mk 7,10; Eph 6,2f. / **17–21:** Röm 13,9 / **17f.:** Jak 2,11 / **17:** Mt 5,21 / **18:** Mt 5,27 / **21:** Röm 7,7 / **22–27:** Hebr 12,18f. / **22:** 4,12f.

EINSETZUNG DES MOSE ALS GESETZESMITTLER: 5,23–33

23 Als ihr den Donner mitten aus der Fins-
ternis gehört hattet und der Berg immer noch
in Feuer stand, seid ihr zu mir gekommen –
eure Stammeshäupter und Ältesten – 24 und

5,11 Andere Übersetzungsmöglichkeit: Du sollst bei dem Namen des HERRN, deines Gottes, keinen Meineid schwören, denn der HERR spricht den nicht frei, der bei seinem Namen einen Meineid schwört. – Die oben gegebene weitere Übersetzung erlaubt es, auch anderen Missbrauch des Gottesnamens, etwa durch Magie, einzuschließen.

5,14 Das Tor ist der Ort der Bürgerversammlung. Deshalb bezeichnet das Wort Tor auch das gesamte, zu einer Stadt gehörende Gemeinwesen oder bei großen Städten ein Stadtquartier mit eigener Verwaltungsstruktur. – So immer, wenn diese Wendung wiederkehrt.

habt gesagt: Sieh, der HERR, unser Gott, hat
uns seine Herrlichkeit und Macht gezeigt und
wir haben seine donnernde Stimme mitten
aus dem Feuer gehört. Heute haben wir ge-
sehen, dass Gott zu Menschen sprach und sie
am Leben blieben. 25 Trotzdem: Warum sol-
len wir sterben? Denn dieses große Feuer
könnte uns verzehren. Wenn wir noch ein-
mal die donnernde Stimme des HERRN, un-
seres Gottes, hören, werden wir sterben.
26 Denn welches Wesen aus Fleisch wäre am
Leben geblieben, wenn es wie wir die don-
nernde Stimme des lebendigen Gottes gehört
hätte, als er mitten aus dem Feuer redete?
27 Geh du allein hin! Höre alles, was der HERR,
unser Gott, sagt! Berichte uns dann alles, was
der HERR, unser Gott, dir gesagt hat, und wir
werden es hören und halten. 28 Der HERR
hörte eure Stimme, die Worte, noch während
ihr sie an mich gerichtet habt, und der HERR
sagte zu mir: Ich habe die Stimme gehört, die
Worte, die dieses Volk an dich gerichtet hat.
Alles, was sie von dir verlangen, ist recht.
29 Möchten sie doch diese Gesinnung behal-
ten, mich fürchten und ihr Leben lang alle
meine Gebote bewahren, damit es ihnen und
ihren Nachkommen immer gut geht. 30 Geh
und sag ihnen: Kehrt zu euren Zelten zurück!
31 Du aber, stell dich hierher zu mir! Ich will
dir das ganze Gebot mitteilen, die Gesetze
und die Rechtsentscheide, die du sie lehren
sollst und die sie halten sollen in dem Land,
das ich ihnen gebe und das sie in Besitz neh-
men sollen.

32 Daher sollt ihr darauf achten, dass ihr han-
delt, wie der HERR, euer Gott, euch verpflich-
tet hat. Ihr sollt weder rechts noch links abwei-
chen. 33 Ihr sollt nur auf dem Weg gehen, auf
den der HERR, euer Gott, euch verpflichtet
hat, damit ihr Leben habt und es euch gut geht
und ihr lange lebt in dem Land, das ihr in Besitz
nehmt.

23–31: 18,16–19; Ex 20,18–21 / **23**: 1,15; 19,12 / **24**: 4,33 / **27**: Ex 19,8; 24,3

DIE GRUNDFORDERUNG GOTTES: LIEBE UND FURCHT: 6,1–25

6 1 Und das ist das Gebot, das sind die Ge-
setze und Rechtsentscheide, die ich euch
im Auftrag des HERRN, eures Gottes, lehren
soll und die ihr halten sollt in dem Land, in das
ihr hinüberzieht, um es in Besitz zu nehmen,
2 damit du dort den HERRN, deinen Gott,
fürchtest, indem du alle seine Satzungen und
Gebote, auf die ich dich verpflichte, dein gan-
zes Leben lang bewahrst, du, dein Sohn und
dein Enkel, und damit du lange lebst. 3 Deshalb
sollst du hören, Israel, und sollst darauf ach-
ten, sie zu halten, damit es dir gut geht und ihr
so unermesslich zahlreich werdet, wie es der
HERR, der Gott deiner Väter, dir zugesagt hat:
ein Land, wo Milch und Honig fließen!

4 Höre, Israel! Der HERR, unser Gott, der
HERR ist einzig. 5 Darum sollst du den HERRN,
deinen Gott, lieben mit ganzem Herzen, mit
ganzer Seele und mit ganzer Kraft.

6 Und diese Worte, auf die ich dich heute
verpflichte, sollen auf deinem Herzen ge-
schrieben stehen. 7 Du sollst sie deinen Kin-
dern wiederholen. Du sollst sie sprechen,
wenn du zu Hause sitzt und wenn du auf der
Straße gehst, wenn du dich schlafen legst und
wenn du aufstehst. 8 Du sollst sie als Zeichen
um das Handgelenk binden. Sie sollen zum
Schmuck auf deiner Stirn werden. 9 Du sollst
sie auf die Türpfosten deines Hauses und in
deine Stadttore schreiben.

10 Und wenn der HERR, dein Gott, dich in
das Land geführt hat, von dem du weißt: er hat
deinen Vätern Abraham, Isaak und Jakob ge-
schworen, es dir zu geben – große und schöne
Städte, die du nicht gebaut hast, 11 mit allen
Gütern gefüllte Häuser, die du nicht gefüllt
hast, ausgehauene Zisternen, die du nicht aus-
gehauen hast, Weinberge und Ölbäume, die
du nicht gepflanzt hast –, wenn du dann isst
und satt wirst: 12 nimm dich in Acht, dass du
nicht den HERRN vergisst, der dich aus Ägyp-
ten, dem Sklavenhaus, geführt hat! 13 Den
HERRN, deinen Gott, sollst du fürchten; ihm
sollst du dienen, bei seinem Namen sollst du
schwören. 14 Ihr sollt nicht anderen Göttern
nachfolgen, keinem Gott eines Volkes, das in
eurer Nachbarschaft wohnt. 15 Denn der HERR,
dein Gott, ist als eifersüchtiger Gott in deiner
Mitte. Der Zorn des HERRN, deines Gottes,
könnte gegen dich entbrennen, er könnte dich
im ganzen Land vernichten. 16 Ihr sollt den
HERRN, euren Gott, nicht auf die Probe stel-
len, wie ihr ihn bei Massa auf die Probe gestellt
habt.

17 Ihr sollt die Gebote des HERRN, eures
Gottes, genau bewahren, seine Eidesbestim-
mungen und Gesetze, auf die er dich verpflich-
tet hat. 18 Du sollst tun, was in seinen Augen
richtig und gut ist. Dann wird es dir gut gehen

und du kannst in das prächtige Land, das der HERR deinen Vätern mit einem Schwur versprochen hat, hineinziehen und es in Besitz nehmen. 19 Der HERR wird alle deine Feinde vor dir herjagen, wie er es zugesagt hat.

20 Wenn dich morgen dein Kind fragt: Warum achtet ihr auf die Eidesbestimmungen und die Gesetze und die Rechtsentscheide, auf die der HERR, unser Gott, euch verpflichtet hat?, 21 dann sollst du deinem Kind antworten: Wir waren Sklaven des Pharao in Ägypten und der HERR hat uns mit starker Hand aus Ägypten geführt. 22 Der HERR hat vor unseren Augen gewaltige, unheilvolle Zeichen und Wunder an Ägypten, am Pharao und an seinem ganzen Haus getan, 23 uns aber hat er dort herausgeführt, um uns in das Land, das er unseren Vätern mit einem Schwur versprochen hatte, hineinzuführen und es uns zu geben. 24 Der HERR hat uns verpflichtet, alle diese Gesetze zu halten und den HERRN, unseren Gott, zu fürchten, damit es uns alle Tage gut geht und er für unser Leben aufkommt wie am heutigen Tag. 25 Nur dann werden wir vor Gott im Recht sein, wenn wir darauf achten, dieses ganze Gebot vor dem HERRN, unserem Gott, so zu halten, wie er es uns zur Pflicht gemacht hat.

1: 5,31 / **3**: 11,9; Ex 3,8.17 / **4f.**: Mk 12,29–33; 1 Kor 8,3f. / **5**: 30,6; 2 Kön 23,3.25; Mt 22,37; Lk 10,27 / **6–9**: 11,18–20; 30,14; Spr 6,20–23 / **8**: Ex 13,9.16; Spr 3,3; 7,3; Mt 23,5 / **10**: 1,8 / **11f.** 8,10f.; 11,15f.; 32,15 / **12–14**: Hos 2,15; 13,4–6 / **13**: Mt 4,10 Lk 4,8 / **14**: 8,19; 11,28; 13,3; 28,14 / **16**: Ex 17,1–7; Num 20,1–13; Ps 95,8f.; Mt 4,7; Lk 4,12 / **17**: 2 Kön 23,3 / **18**: 12,25.28 / **19**: 9,4; Jos 23,5 / **20–25**: Ex 12,26f.; 13,8.14; Jos 4,6f.21–24

ISRAEL UND DIE VÖLKER DES LANDES: 7,1–26

7 1 Wenn der HERR, dein Gott, dich in das Land geführt hat, in das du jetzt hineinziehst, um es in Besitz zu nehmen, wenn er dir viele Völker aus dem Weg räumt – Hetiter, Girgaschiter und Amoriter, Kanaaniter und Perisiter, Hiwiter und Jebusiter, sieben Völker, die zahlreicher und mächtiger sind als du –, 2 wenn der HERR, dein Gott, sie dir ausliefert und du sie schlägst, dann sollst du an ihnen den Bann vollziehen. Du sollst keinen Vertrag mit ihnen schließen, sie nicht verschonen 3 und dich nicht mit ihnen verschwägern. Deine Tochter gib nicht seinem Sohn und nimm seine Tochter nicht für deinen Sohn! 4 Wenn er dein Kind verleitet, mir nicht mehr nachzufolgen, und sie dann anderen Göttern dienen, wird der Zorn des HERRN gegen euch entbrennen und wird dich unverzüglich vernichten. 5 So sollt ihr gegen sie vorgehen: Ihr sollt ihre Altäre niederreißen, ihre Steinmale zerschlagen, ihre Kultpfähle umhauen und ihre Götterbilder im Feuer verbrennen.

6 Denn du bist ein Volk, das dem HERRN, deinem Gott, heilig ist. Dich hat der HERR, dein Gott, ausgewählt, damit du unter allen Völkern, die auf der Erde leben, das Volk wirst, das ihm persönlich gehört. 7 Nicht weil ihr zahlreicher als die anderen Völker wäret, hat euch der HERR ins Herz geschlossen und ausgewählt; ihr seid das kleinste unter allen Völkern. 8 Weil der HERR euch liebt und weil er auf den Schwur achtet, den er euren Vätern geleistet hat, deshalb hat der HERR euch mit starker Hand herausgeführt und dich aus dem Sklavenhaus freigekauft, aus der Hand des Pharao, des Königs von Ägypten. 9 Daran sollst du erkennen: Der HERR, dein Gott, ist der Gott; er ist der treue Gott; noch nach tausend Generationen bewahrt er den Bund und erweist denen seine Huld, die ihn lieben und seine Gebote bewahren. 10 Denen aber, die ihn hassen, vergilt er ins Angesicht und tilgt einen jeden aus; er zögert nicht, wenn er ihn hasst, sondern vergilt ihm ins Angesicht. 11 Deshalb sollst du das Gebot bewahren und die Gesetze und die Rechtsentscheide, auf die ich dich heute verpflichte, und du sollst sie halten.

12 Wenn ihr diese Rechtsentscheide hört, sie bewahrt und sie haltet, wird der HERR, dein Gott, dir dafür den Bund und die Huld bewahren, die er deinen Vätern geschworen hat. 13 Er wird dich lieben, dich segnen und dich zahlreich machen. Er wird die Frucht deines Leibes und die Frucht deines Ackers segnen, dein Korn, deinen Wein und dein Öl, den Wurf deiner Rinder und den Zuwachs an Lämmern und Zicklein, in dem Land, von dem du weißt: Er hat deinen Vätern geschworen, es dir zu geben. 14 Du wirst mehr als die anderen Völker gesegnet sein. Weder Mann noch Frau noch Vieh, nichts wird bei dir unfruchtbar sein. 15 Alle Krankheiten wird der HERR von dir ablenken. Keine der schweren ägyptischen Seu-

7,13 Unter den hebräischen Wörtern Wurf und Zuwachs (so auch in 28,4.18.51) stecken die aus Ugarit und Tel Deir Alla bekannten Gottheiten Scheger und Astarte, die das Dtn entgöttlicht und zu Auswirkungen des Segens des Herrn macht.

chen, die du kennst, wird er dir auferlegen,
sondern über alle deine Feinde wird er sie brin-
gen. 16 Du wirst alle Völker verzehren, die der
HERR, dein Gott, für dich bestimmt. Du sollst
in dir kein Mitleid mit ihnen aufsteigen lassen.
Und du sollst ihren Göttern nicht dienen;
denn dann liefest du in eine Falle.

17 Wenn du überlegst: Diese Völker sind grö-
ßer als ich – wie sollte ich sie ausrotten kön-
nen?, 18 dann sollst du vor ihnen keine Furcht
haben. Du sollst an das denken, was der HERR,
dein Gott, mit dem Pharao und mit ganz
Ägypten gemacht hat: 19 an die schweren Prü-
fungen, die du mit eigenen Augen gesehen
hast, an die Zeichen und Wunder, an die star-
ke Hand und den hoch erhobenen Arm, mit
denen der HERR, dein Gott, dich herausge-
führt hat. So wird es der HERR, dein Gott, mit
allen Völkern machen, vor denen du Furcht
hast. 20 Außerdem wird der HERR, dein Gott,
Panik unter ihnen ausbrechen lassen, so lange,
bis auch die ausgetilgt sind, die überleben
konnten und sich vor dir versteckt haben.
21 Du sollst nicht erschreckt zurückweichen,
wenn sie angreifen; denn der HERR, dein Gott,
ist als großer und Furcht erregender Gott in
deiner Mitte. 22 Doch der HERR, dein Gott,
wird diese Völker dir nur nach und nach aus
dem Weg räumen. Du kannst sie nicht rasch
ausmerzen, weil sonst die wilden Tiere über-
handnehmen und dir schaden. 23 Doch wird
der HERR, dein Gott, dir diese Völker auslie-
fern. Er wird sie in ausweglose Verwirrung
stürzen, bis sie vernichtet sind. 24 Er wird ihre
Könige in deine Hand geben. Du wirst ihren
Namen unter dem Himmel austilgen. Keiner
wird deinem Angriff standhalten können, bis
du sie schließlich vernichtet hast.

25 Ihre Götterbilder sollt ihr im Feuer ver-
brennen. Du sollst nicht das Silber oder Gold
haben wollen, mit dem sie überzogen sind. Du
sollst es nicht an dich nehmen, damit du dabei
nicht in eine Falle läufst. Denn es ist dem
HERRN, deinem Gott, ein Gräuel. 26 Du sollst
aber keinen Gräuel in dein Haus bringen, da-
mit du nicht selbst wie er dem Bann verfällst.
Du sollst Grauen und Abscheu vor ihm haben,
denn er ist dem Bann verfallen.

1–26: 12,2f.29–31; Ex 23,20–33; 34,11–16; Ri 2,1–5 / **1**: Jos 3,10; 24,11; Apg 13,19 / **3**: Ri 3,5f.; Esra 9,1f.; Neh 13,25 / **4**: 13,3; 28,14 / **5**: 7,25; Ex 23,24 / **6–8**: Ex 19,3–6; Röm 9,4; Tit 2,14 / **8**: Hos 11,1; Gen 15,18 / **9**: 11,1; Dan 9,4; 1 Kor 1,9 / **12f.**: Joh 14,21; 1 Joh 2,5 / **13**: 28,4 / **15**: 28,27; Ex 15,26; Mt 4,23 / **16**: 19,13 / **17f.**: 1,28–31; 4,38; 9,1–3; 18,12; 20,1–4 / **18f.**: 29,1 / **19**: 4,34 / **20**: Jos 24,12 / **25f.**: 7,5.16; 27,15; Jos 7

ISRAEL UND DER REICHTUM: 8,1–20

8 1 Ihr sollt das ganze Gebot, auf das ich dich
heute verpflichte, bewahren und es hal-
ten, damit ihr Leben habt und zahlreich werdet
und in das Land, das der HERR euren Vätern
mit einem Schwur versprochen hat, hinein-
ziehen und es in Besitz nehmen könnt.

2 Du sollst an den ganzen Weg denken, den
der HERR, dein Gott, dich während dieser
vierzig Jahre in der Wüste geführt hat, um dich
gefügig zu machen und dich zu prüfen. Er
wollte erkennen, wie du dich entscheiden
würdest: ob du seine Gebote bewahrst oder
nicht. 3 Durch Hunger hat er dich gefügig ge-
macht und hat dich dann mit dem Manna ge-
speist, das du nicht kanntest und das auch
deine Väter nicht kannten. Er wollte dich er-
kennen lassen, dass der Mensch nicht nur von
Brot lebt, sondern dass der Mensch von allem
lebt, was der Mund des HERRN spricht. 4 Dei-
ne Kleider sind dir nicht in Lumpen vom Leib
gefallen und dein Fuß ist nicht geschwollen,
diese vierzig Jahre lang. 5 Daraus sollst du die
Erkenntnis gewinnen, dass der HERR, dein
Gott, dich erzieht, wie ein Mann sein Kind
erzieht. 6 Du sollst die Gebote des HERRN,
deines Gottes, bewahren, auf seinen Wegen
gehen und ihn fürchten.

7 Wenn der HERR, dein Gott, dich in ein
prächtiges Land führt, ein Land mit Bächen,
Quellen und Grundwasser, das im Tal und am
Berg hervorquillt, 8 ein Land mit Weizen und
Gerste, mit Weinstock, Feigenbaum und Gra-
natbaum, ein Land mit Ölbaum und Honig,
9 ein Land, in dem du nicht armselig dein Brot
essen musst, in dem es dir an nichts fehlt, ein
Land, dessen Steine aus Eisen sind, aus dessen
Bergen du Erz gewinnst; 10 wenn du dort isst
und satt wirst und den HERRN, deinen Gott,
für das prächtige Land, das er dir gegeben hat,
preist, 11 dann nimm dich in Acht und vergiss
den HERRN, deinen Gott, nicht, missachte
nicht seine Gebote, Rechtsentscheide und Sat-
zungen, auf die ich dich heute verpflichte!
12 Und wenn du gegessen hast und satt gewor-
den bist und prächtige Häuser gebaut hast und
sie bewohnst, 13 wenn deine Rinder, Schafe
und Ziegen sich vermehren und Silber und
Gold sich bei dir häuft und dein gesamter Be-
sitz sich vermehrt, 14 dann nimm dich in Acht,

dass dein Herz nicht hochmütig wird und du
den HERRN, deinen Gott, nicht vergisst, der
dich aus Ägypten, dem Sklavenhaus, geführt
hat; 15 der dich durch die große und Furcht er-
regende Wüste geführt hat, durch Feuernat-
tern und Skorpione, durch ausgedörrtes Land,
wo es kein Wasser gab; der für dich Wasser aus
dem Felsen der Steilwand hervorsprudeln
ließ; 16 der dich in der Wüste mit dem Manna
speiste, das deine Väter noch nicht kannten,
um, nachdem er dich gefügig gemacht und
dich geprüft hat, dir zuletzt Gutes zu tun.
17 Dann nimm dich in Acht und denk nicht bei
dir: Ich habe mir diesen Reichtum aus eigener
Kraft und mit eigener Hand erworben. 18 Ge-
denke vielmehr des HERRN, deines Gottes: Er
ist es, der dir die Kraft gibt, Reichtum zu er-
werben, weil er seinen Bund, den er deinen
Vätern geschworen hatte, so verwirklichen
will, wie er es heute tut.

19 Wenn du aber den HERRN, deinen Gott,
vergisst und anderen Göttern nachfolgst, ih-
nen dienst und dich vor ihnen niederwirfst –
heute rufe ich Zeugen gegen euch an –, dann
werdet ihr völlig ausgetilgt werden. 20 Wie die
Völker, die der HERR bei eurem Angriff aus-
tilgt, so werdet auch ihr dafür ausgetilgt wer-
den, dass ihr nicht auf die Stimme des HERRN,
eures Gottes, gehört habt.

1: 6,18f.; 1,8 / **2:** 13,4; Ex 15,25; 16,4; 20,20; Ri 2,22; 3,4 / **3:** Ex 16; Num 11,4–9; Mt 4,4; Lk 4,4 / **4:** 2,7; 29,4 / **5:** 4,36; 11,2; Weish 11,9f.; Hebr 12,7 / **10f.:** 6,11f. / **12–14:** Hos 13,4–6 / **15:** Num 21,4–9; Ex 17,1–7 / **16:** 8,3 / **19:** 6,13–15; 30,18f.

KEIN RECHTSANSPRUCH ISRAELS AUF DAS LAND: 9,1–8

9 1 Höre, Israel! Heute wirst du den Jordan
überschreiten, um in das Land von Völ-
kern, die größer und mächtiger sind als du,
hineinzuziehen und ihren Besitz zu überneh-
men. Du wirst in große Städte mit himmelho-
hen Mauern kommen, 2 zu einem großen,
hochgewachsenen Volk, den Anakitern – du
kennst ja die Redensart und hast sie oft gehört:
Wer kann den Söhnen Anaks widerstehen?
3 Heute wirst du erkennen, dass der HERR,
dein Gott, wie ein verzehrendes Feuer selbst
vor dir hinüberzieht. Er wird sie vernichten
und er wird sie dir unterwerfen, sodass du sie
unverzüglich ausrotten und austilgen kannst,
wie es der HERR dir zugesagt hat. 4 Wenn der
HERR, dein Gott, sie vor dir herjagt, sollst du
nicht meinen: Ich bin im Recht, daher lässt
mich der HERR in das Land hineinziehen und
es in Besitz nehmen; diese Völker sind im
Unrecht, daher rottet sie der HERR vor mir
aus. 5 Denn nicht, weil du im Recht bist und
die richtige Gesinnung hast, kannst du in ihr
Land hineinziehen und es in Besitz nehmen.
Vielmehr rottet der HERR, dein Gott, diese
Völker vor dir aus, weil sie im Unrecht sind
und weil der HERR die Zusage einlösen will,
die er deinen Vätern Abraham, Isaak und Ja-
kob mit einem Schwur bekräftigt hat. 6 Du
sollst erkennen: Du bist ein hartnäckiges
Volk. Daher kann dir der HERR, dein Gott,
dieses prächtige Land nicht etwa aufgrund
eines Rechtsanspruchs geben, damit du es in
Besitz nimmst. 7 Denk daran und vergiss
nicht, dass du in der Wüste den Unwillen des
HERRN, deines Gottes, erregt hast. Von dem
Tag an, als du aus Ägypten auszogst, bis zur
Ankunft an diesem Ort habt ihr euch dem
HERRN ständig widersetzt. 8 Vor allem am
Horeb habt ihr den Unwillen des HERRN er-
regt. Damals grollte er euch so sehr, dass er
euch vernichten wollte.

1f.: 1,28; 4,38; 6,4 / **3:** 31,3 / **4f.:** 6,25; 8,17f.; Röm 10,6 / **5:** 1,8 / **6:** Ex 32,9; 2 Kön 17,14; Jer 7,26; Apg 7,51 / **7:** Num 20,10.24; Ez 20,8.13.21; Ps 78,17.40.56

KRISE UND VOLLENDUNG DES BUNDESSCHLUSSES AM HOREB: 9,9–10,11

9 Als ich auf den Berg gestiegen war, um die
Steintafeln entgegenzunehmen, die Tafeln des
Bundes, den der HERR mit euch geschlossen
hatte, blieb ich vierzig Tage und vierzig Näch-
te auf dem Berg, aß kein Brot und trank kein
Wasser. 10 Der HERR übergab mir die beiden
Steintafeln, die mit dem Gottesfinger be-
schrieben waren. Auf den Tafeln standen alle
die Worte, die der HERR am Tag der Versamm-
lung auf dem Berg mitten aus dem Feuer zu
euch gesprochen hatte.

11 Es war am Ende der vierzig Tage und der
vierzig Nächte, als mir der HERR die beiden
Steintafeln, die Tafeln des Bundes, übergab
12 und zu mir sagte: Steh auf, steig rasch hi-
nunter, weg von hier; denn dein Volk, das du
aus Ägypten geführt hast, läuft ins Verderben.
Sie sind rasch von dem Weg abgewichen, auf
den ich sie verpflichtet habe. Sie haben sich ein
Bildnis gegossen. 13 Weiter sagte der HERR zu
mir: Ich habe mir dieses Volk angesehen. Ja, es
ist ein hartnäckiges Volk. 14 Lass mich, damit
ich sie vernichte, ihren Namen unter dem

Himmel auslösche und dich zu einem Volk
mache, das mächtiger und zahlreicher als die-
ses ist! 15 Ich wandte mich um und stieg den
Berg hinunter. Der Berg stand in Feuer. Ich
trug die beiden Tafeln des Bundes auf meinen
Armen. 16 Und ich sah, was geschehen war: Ja,
ihr hattet euch an dem HERRN, eurem Gott,
versündigt, ihr hattet euch ein Kalb gegossen,
ihr wart rasch von dem Weg abgewichen, auf
den der HERR euch verpflichtet hatte. 17 Ich
packte die beiden Tafeln, die ich auf meinen
Armen trug, schleuderte sie fort und zer-
schmetterte sie vor euren Augen.

18 Dann warf ich mich vor dem HERRN wie
beim ersten Mal nieder. Vierzig Tage und
vierzig Nächte aß ich kein Brot und trank kein
Wasser, wegen all der Sünde, die ihr began-
gen hattet, indem ihr tatet, was in den Augen
des HERRN böse ist, sodass ihr ihn erzürntet.
19 Denn ich hatte Angst vor dem glühenden
Zorn des HERRN. Er war voll Unwillen gegen
euch und wollte euch vernichten. Doch der
HERR erhörte mich auch diesmal. 20 Auch
dem Aaron grollte der HERR sehr und er
wollte ihn vernichten. Damals betete ich auch
für Aaron. 21 Ich nahm das Kalb, die Sünde,
die ihr euch gemacht hattet, verbrannte es
im Feuer, zerstieß es und zermahlte es voll-
ständig, bis es feiner Staub war; den Staub
streute ich in den Bach, der vom Berg herun-
terfließt.

22 Auch in Tabera, in Massa und in Ki-
brot-Taawa habt ihr den Unwillen des HERRN
erregt. 23 Als der HERR euch von Kadesch-Bar-
nea aussandte mit dem Befehl: Zieht hinauf
und nehmt das Land in Besitz, das ich euch
gebe!, da habt ihr euch dem Befehl des HERRN,
eures Gottes, widersetzt, ihr habt ihm nicht
geglaubt und nicht auf seine Stimme gehört.
24 Ihr habt euch dem HERRN widersetzt, seit
ich euch kenne.

25 Ich warf mich also vor dem HERRN nieder
und lag vor ihm vierzig Tage und vierzig Näch-
te lang. Ich warf mich nieder, weil der HERR
gedroht hatte, er werde euch vernichten. 26 Ich
betete zum HERRN und sagte: Herr und GOTT,
bring nicht das Verderben über dein Volk und
deinen Erbbesitz, die du in deiner Macht frei-
gekauft und mit starker Hand aus Ägypten
geführt hast! 27 Denk an deine Knechte, an
Abraham, Isaak und Jakob! Beachte nicht den
Starrsinn dieses Volkes, sein Verschulden und
seine Sünde, 28 damit man nicht in dem Land,
aus dem du uns geführt hast, sagt: Offenbar
kann der HERR sie nicht in das Land führen,
das er ihnen zugesagt hat, oder er hasst sie; also
hat er sie nur herausgeführt, um sie in der
Wüste sterben zu lassen. 29 Sie sind aber doch
dein Volk und dein Erbbesitz, die du mit gro-
ßer Kraft und hoch erhobenem Arm heraus-
geführt hast.

9: 5,22; Ex 24,18; Mt 4,2 / **10:** 5,22; Ex 31,18 / **12:** Ri 17,3; 1 Kön 14,9; 2 Kön 17,16 / **13:** 9,6 / **21:** Ex 32,20; 1 Kön 12,30 / **22:** Ex 17,1–7; Num 11 / **23:** 1,19–40 / **24:** 9,7 / **28:** 1,27; Ex 3,8 / **29:** 4,20.34; 1 Kön 8,51

10 1 Damals sagte der HERR zu mir: Hau
zwei Steintafeln zurecht, so wie die
ersten, und steig zu mir auf den Berg! Fertige
auch eine hölzerne Lade an! 2 Ich will auf die
Tafeln die gleichen Worte schreiben wie auf
die ersten, die du zerschmettert hast; diese
Tafeln sollst du dann in die Lade legen. 3 Ich
fertigte eine Lade aus Akazienholz an, hieb
zwei Steintafeln zurecht, so wie die ersten,
und stieg auf den Berg. Ich hielt die beiden Ta-
feln in der Hand. 4 Wie bei der ersten Inschrift
schrieb der HERR auf die Tafeln die Zehn Wor-
te, die er am Tag der Versammlung auf dem
Berg mitten aus dem Feuer zu euch gespro-
chen hatte, und der HERR übergab sie mir. 5 Ich
wandte mich um, stieg den Berg hinunter und
legte die Tafeln in die Lade, die ich angefertigt
hatte. Dort blieben sie, wie der HERR es mir
befohlen hatte. 6 Die Israeliten zogen von
Beerot-Bene-Jaakan nach Moser. Dort starb
Aaron, dort wurde er auch begraben. Sein
Sohn Eleasar wurde an seiner Stelle Priester.
7 Von dort zogen sie nach Hor-Gidgad, von
Hor-Gidgad nach Jotbata, einer Gegend, wo es
Bäche gab, die immer Wasser führten. 8 Da-
mals sonderte der HERR den Stamm Levi aus,
damit er die Lade des Bundes des HERRN trage,
vor dem HERRN stehe, vor ihm Dienst tue und
in seinem Namen den Segen spreche. So ge-
schieht es noch heute. 9 Deshalb erhielt Levi
nicht wie seine Brüder Landanteil und Erbbe-
sitz. Der HERR ist sein Erbbesitz, wie es der
HERR, dein Gott, ihm zugesagt hat.

10 Was aber mich betrifft: Als ich wie beim
ersten Mal vierzig Tage und vierzig Nächte
lang auf dem Berg geblieben war und der HERR
mich auch diesmal erhört hatte, weil er sich
weigerte, dich dem Verderben preiszugeben,
11 da sprach der HERR zu mir: Steh auf und tritt
zum Aufbruch an die Spitze des Volkes! Sie
sollen in das Land hineinziehen und es in Be-

sitz nehmen, das Land, von dem du weißt: Ich
habe ihren Vätern geschworen, es ihnen zu
geben.

9,9–10,11: Ex 32–34
1: Ex 34,1 / **3–5:** Hebr 9,4 / **4:** 5,22 / **5:** 10,2; 1 Kön 8,9 / **6f.:** Num 33,31–33; 20,22–29 / **8:** 17,9.18; 18,1.5; 21,5; 24,8; 27,9; 31,9 / **9:** 12,12; 14,27.29; 18,1–2; Num 18,20 / **10:** 4,31; 9,18f. / **11:** 1,7f.; Ex 32,34; 33,1

BUNDESTREUE UND ERNTE: 10,12–11,21

12 Und nun, Israel, was fordert der HERR, dein
Gott, von dir außer dem einen: dass du den
HERRN, deinen Gott, fürchtest, indem du auf
allen seinen Wegen gehst, ihn liebst und dem
HERRN, deinem Gott, mit ganzem Herzen
und mit ganzer Seele dienst; 13 dass du ihn
fürchtest, indem du die Gebote des HERRN
und seine Satzungen bewahrst, auf die ich dich
heute verpflichte. Dann wird es dir gut gehen.
14 Sieh, dem HERRN, deinem Gott, gehören
der Himmel, der Himmel über den Himmeln,
die Erde und alles, was auf ihr lebt. 15 Doch nur
deine Väter hat der HERR ins Herz geschlos-
sen, nur sie hat er geliebt. Und euch, ihre Nach-
kommen, hat er später unter allen Völkern
ausgewählt, wie es sich heute zeigt.

16 Ihr sollt die Vorhaut eures Herzens be-
schneiden und nicht länger halsstarrig sein.
17 Denn der HERR, euer Gott, ist der Gott
über den Göttern und der Herr über den Her-
ren. Er ist der große Gott, der Held und der
Furchterregende. Er lässt kein Ansehen gel-
ten und nimmt keine Bestechung an. 18 Er
verschafft Waisen und Witwen ihr Recht. Er
liebt die Fremden und gibt ihnen Nahrung
und Kleidung – 19 auch ihr sollt die Fremden
lieben, denn ihr seid Fremde in Ägypten ge-
wesen.

20 Du sollst den HERRN, deinen Gott, fürch-
ten. Ihm sollst du dienen, an ihm sollst du dich
festhalten, bei seinem Namen sollst du schwö-
ren. 21 Er ist dein Lobgesang, er ist dein Gott.
Für dich hat er all das Große und Furchterre-
gende getan, das du mit eigenen Augen gese-
hen hast. 22 Als deine Vorfahren nach Ägypten
zogen, waren sie nur siebzig an der Zahl; jetzt
aber hat der HERR, dein Gott, dich so zahlreich
gemacht wie die Sterne am Himmel.

12f.: 6,4–25; 11,1; Sir 2,15f.; Mi 6,8 / **15:** 4,37; 7,6–8.13; 10,19; 23,6 / **16:** Jer 4,4; Röm 2,29; Kol 2,11–13 / **17:** 1 Tim 6,15; 1 Petr 1,17; Offb 17,14 / **18f.:** 14,29 / **19:** Ex 22,20; 23,9; Lev 19,34 / **20:** 6,13 / **22:** 1,10; Gen 46,27; Ex 1,5; Apg 7,14; Hebr 11,12

11 1 Darum sollst du den HERRN, deinen
Gott, lieben und dein Leben lang seine
Dienstordnung, seine Satzungen, Rechtsent-
scheide und Gebote bewahren. 2 Heute sollt
ihr erkennen: Es geht nicht um eure Kinder,
welche die Erziehung durch den HERRN,
euren Gott, nicht kennengelernt und nicht
miterlebt haben: seine Macht, seine starke
Hand und seinen hoch erhobenen Arm, 3 sei-
ne Zeichen und seine Taten: was er in Ägyp-
ten mit dem Pharao, dem König von Ägypten,
und mit seinem ganzen Land getan hat; 4 was
er mit dem ägyptischen Heer, den Rossen und
Streitwagen getan hat – das Wasser des Roten
Meers ließ der HERR über ihnen zusammen-
schlagen, als sie euch nachsetzten, und er riss
sie in die Tiefe, sodass sie heute nicht mehr
sind –; 5 was er mit euch in der Wüste getan
hat, bis ihr an diesen Ort gekommen seid;
6 was er mit Datan und Abiram getan hat, den
Söhnen Eliabs, des Sohnes Rubens – die Erde
riss ihren Rachen auf und verschlang sie mit
ihren Familien, ihren Zelten und ihrem gan-
zen Tross in der Mitte von ganz Israel. 7 Viel-
mehr: Ihr selbst habt die ganze Großtat des
HERRN, die er getan hat, mit eigenen Augen
gesehen.

8 Daher sollt ihr das ganze Gebot, auf das
ich dich heute verpflichte, bewahren, damit
ihr stark seid und in das Land, in das ihr jetzt
hinüberzieht, um es in Besitz zu nehmen, hi-
neinziehen und es in Besitz nehmen könnt.
9 Ihr sollt darauf achten, damit ihr lange lebt in
dem Land, von dem ihr wisst: Der HERR hat
euren Vätern geschworen, es ihnen und ihren
Nachkommen zu geben, ein Land, wo Milch
und Honig fließen. 10 Denn das Land, in das du
hineinziehst, um es in Besitz zu nehmen, ist
nicht wie das Land Ägypten, aus dem ihr aus-
gezogen seid. Dort musstest du, wenn der
Same gesät war, den Boden künstlich bewäs-
sern wie in einem Gemüsegarten. 11 Das Land,
in das ihr jetzt hinüberzieht, um es in Besitz
zu nehmen, ist ein Land mit Bergen und Tä-
lern und es trinkt das Wasser, das als Regen
vom Himmel fällt. 12 Es ist ein Land, um das
der HERR, dein Gott, sich kümmert. Stets
ruhen auf ihm die Augen des HERRN, deines
Gottes, vom Anfang des Jahres bis zum Ende
des Jahres.

13 Und wenn ihr auf meine Gebote hört, auf
die ich euch heute verpflichte, wenn ihr also
den HERRN, euren Gott, liebt und ihm mit

ganzem Herzen und mit ganzer Seele dient,
14 dann gebe ich eurem Land seinen Regen zur
rechten Zeit, den Regen im Herbst und den
Regen im Frühjahr, und du kannst Korn, Most
und Öl ernten; 15 dann gebe ich deinem Vieh
sein Gras auf dem Feld und du kannst essen
und satt werden. 16 Aber nehmt euch in Acht!
Lasst euer Herz nicht verführen, weicht nicht
ab, dient nicht anderen Göttern und werft
euch nicht vor ihnen nieder! 17 Sonst wird der
Zorn des HERRN gegen euch entbrennen; er
wird den Himmel zuschließen, es wird kein
Regen fallen, der Acker wird keinen Ertrag
bringen und ihr werdet unverzüglich aus dem
prächtigen Land getilgt sein, das der HERR
euch geben will.
18 Diese meine Worte sollt ihr auf euer Herz
und auf eure Seele schreiben. Ihr sollt sie als
Zeichen um das Handgelenk binden. Sie sollen
zum Schmuck auf eurer Stirn werden. 19 Ihr
sollt sie eure Kinder lehren, indem ihr sie
sprecht, wenn du zu Hause sitzt und wenn du
auf der Straße gehst, wenn du dich schlafen
legst und wenn du aufstehst. 20 Du sollst sie
auf die Türpfosten deines Hauses und in deine
Stadttore schreiben. 21 So sollen die Tage, die
ihr und eure Kinder in dem Land lebt, von dem
ihr wisst: der HERR hat euren Vätern ge-
schworen, es ihnen zu geben, so zahlreich
werden wie die Tage, die der Himmel sich über
der Erde wölbt.

1: 5,10; 6,5 / **2:** 8,5 / **3:** Ex 7–15 / **4:** Ex 14f. / **5:** Ex 16; Num 21 / **6:** Num 16 / **8:** 6,18f. / **9:** 1,8; 6,3 / **13–17:** 28,1–68 / **14:** Jer 5,24; Joël 2,23 / **17:** 28,23 / **18–20:** 6,6–9 / **21:** 1,8

EROBERUNG DES LANDES: 11,22–25

22 Wenn ihr dieses ganze Gebot, auf das ich
euch heute verpflichte, genau bewahrt und es
haltet, wenn ihr den HERRN, euren Gott, liebt,
auf allen seinen Wegen geht und euch an ihm
festhaltet, 23 dann wird der HERR alle diese
Völker vor euch ausrotten und ihr werdet den
Besitz von Völkern übernehmen, die größer
und mächtiger sind als ihr. 24 Jede Stelle, die
euer Fuß berührt, soll euch gehören, von der
Wüste an. Dazu soll der Libanon euer Gebiet
sein, vom Strom, dem Eufrat, bis zum Meer
im Westen. 25 Keiner wird eurem Angriff
standhalten können. Dem ganzen Land, das
ihr betretet, wird der HERR, euer Gott, Schre-
cken und Furcht vor euch ins Gesicht zeich-
nen, wie er es euch zugesagt hat.

22: 11,1 / **23:** 1,28; 4,38 / **24:** 1,7; Jos 1,3f. / **25:** 2,25; 7,24

VON SEGEN UND FLUCH: 11,26–32

26 Seht, heute werde ich euch den Segen und
den Fluch vorlegen: 27 den Segen, wenn ihr auf
die Gebote des HERRN, eures Gottes, auf die
ich euch heute verpflichte, hört, 28 und den
Fluch für den Fall, dass ihr nicht auf die Gebo-
te des HERRN, eures Gottes, hört, sondern von
dem Weg abweicht, auf den ich euch heute
verpflichte, und anderen Göttern nachfolgt,
die ihr früher nicht gekannt habt.
29 Und wenn der HERR, dein Gott, dich in
das Land geführt hat, in das du jetzt hinein-
ziehst, um es in Besitz zu nehmen, dann sollst
du auf dem Berg Garizim den Segen und auf
dem Berg Ebal den Fluch verkünden. 30 Liegen
denn beide nicht jenseits des Jordan, hinter der
Straße, im Westen, im Gebiet der Kanaaniter,
die in der Araba wohnen, gegenüber Gilgal bei
den Orakel-Terebinthen?
31 Wenn ihr jetzt den Jordan überschreitet,
um in das Land, das der HERR, euer Gott, euch
gibt, hineinzuziehen und es in Besitz zu neh-
men, und wenn ihr es in Besitz genommen
habt und es bewohnt, 32 dann sollt ihr alle Ge-
setze und Rechtsentscheide, die ich euch heu-
te vorlege, bewahren und sie halten.

26–28: 28,1–68 / **29:** 27,12f. / **32:** 5,1

GELTUNGSBEREICH UND GELTUNGSDAUER DER GEBOTE: 12,1

12 1 Das sind die Gesetze und Rechtsent-
scheide, die ihr bewahren und die ihr
halten sollt in dem Land, das der HERR, der
Gott deiner Väter, dir gegeben hat, damit du
es in Besitz nimmst. Sie sollen so lange gelten,
wie ihr in dem Land leben werdet.

1: 4,5; 5,1; Ex 21,1

VERNICHTUNG FREMDER KULTSTÄTTEN: 12,2f.

2 Ihr sollt alle Kultstätten zerstören, an denen
die Völker, deren Besitz ihr übernehmt, ihren
Göttern gedient haben: auf den hohen Bergen,
auf den Hügeln und unter jedem üppigen
Baum. 3 Ihr sollt ihre Altäre niederreißen und
ihre Steinmale zerschlagen. Ihre Kultpfähle
sollt ihr im Feuer verbrennen und die Bilder
ihrer Götter umhauen. Ihren Namen sollt ihr
an jeder solchen Stätte tilgen.

2: 1 Kön 14,23; 2 Kön 16,4; 17,10, Jer 2,20; 3,6; Ez 6,13; Hos 4,13 / **3:** 7,5; Ex 23,24; 34,13

11,24 Im Hintergrund steht der Rechtsbrauch, zum Zeichen des Besitzantritts ein Grundstück zu betreten (vgl. Ps 60,10).

EINE EINZIGE KULTSTÄTTE FÜR ISRAEL: 12,4–7

4 Ihr sollt nicht das Gleiche tun wie diese Völ-
ker, wenn ihr den HERRN, euren Gott, verehrt,
5 sondern ihr sollt nach der Stätte fragen, die
der HERR, euer Gott, aus allen euren Stam-
mesgebieten erwählen wird, indem er dort
seinen Namen anbringt. Nach seiner Woh-
nung sollt ihr fragen und dorthin sollst du
ziehen. 6 Dorthin sollt ihr eure Brandopfertie-
re und Schlachtopfertiere bringen, eure Zehn-
ten und das Hebeopfer eurer Hand, was ihr
dem HERRN gelobt habt und was ihr freiwillig
gebt, und die Erstlinge eurer Rinder, Schafe
und Ziegen. 7 Dort sollt ihr vor dem HERRN,
eurem Gott, das Mahl halten. Ihr sollt fröhlich
sein, ihr und eure Familien, aus Freude über
alles, was eure Hände geschafft haben, weil der
HERR, dein Gott, dich gesegnet hat.

5: 12,21; 14,24; 1 Kön 9,3; 11,36; 14,21; 2 Kön 21,4.7 / **7**: 12,12.18; 14,26; 16,11.14; 26,11

DER ZEITPUNKT DES INKRAFTTRETENS: 12,8–12

8 Ihr sollt nicht tun, was jeder Einzelne für
richtig hält, wie es hier bei uns heute noch ge-
schieht. 9 Denn ihr seid bis jetzt nicht in die
Ruhe und in den Erbbesitz eingezogen, die der
HERR, dein Gott, dir gibt. 10 Wenn ihr aber den
Jordan überschritten habt und in dem Land
wohnt, das der HERR, euer Gott, an euch als
Erbbesitz verteilt, wenn er euch Ruhe vor allen
euren Feinden ringsum verschafft hat und ihr
in Sicherheit wohnt, 11 dann sollt ihr alles,
wozu ich euch verpflichte, an die Stätte brin-
gen, die der HERR, euer Gott, erwählen wird,
indem er dort seinen Namen wohnen lässt:
eure Brandopfertiere und Schlachtopfertiere,
eure Zehnten und das Hebeopfer eurer Hand
und alle eure auserlesenen Gaben, die ihr dem
HERRN gelobt habt. 12 Dort sollt ihr vor dem
HERRN, eurem Gott, fröhlich sein, ihr, eure
Söhne und Töchter, eure Sklaven und Sklavin-
nen sowie die Leviten, die in euren Stadtbe-
reichen Wohnrecht haben; denn der Levit hat
nicht wie ihr Landanteil und Erbbesitz.

8: Ri 17,6; 21,25 / **9**: 1 Kön 8,56; Ps 95,11 / **10**: 2 Sam 7,1.11; 1 Kön 5,18 / **11**: 12,5; 14,23; 16,2.6.11; 26,2

UNTERSCHEIDUNG VON OPFER UND SCHLACHTUNG: 12,13–19

13 Nimm dich in Acht! Verbrenn deine Brand-
opfertiere nicht an irgendeiner Stätte, die dir
gerade vor die Augen kommt, 14 sondern nur
an der Stätte, die der HERR im Gebiet eines
deiner Stämme erwählen wird! Dort sollst du
deine Brandopfertiere verbrennen und dort
sollst du alles ausführen, wozu ich dich ver-
pflichte. 15 Doch darfst du immer, wenn du es
möchtest, und überall in deinen Stadtberei-
chen schlachten und Fleisch essen, soweit der
Segen reicht, den dir der HERR, dein Gott,
geschenkt hat. Jeder, der Reine wie der Unrei-
ne, darf davon essen, wie bei Gazelle und
Damhirsch. 16 Das Blut aber sollt ihr nicht ge-
nießen, sondern wie Wasser auf die Erde
schütten. 17 Auch darfst du in deinen Stadt-
bereichen nicht den Zehnten von Korn, Wein
und Öl verzehren, die Erstlinge von Rindern,
Schafen und Ziegen, alle Gaben, die du dem
Herrn gelobt hast, die freiwilligen Gaben
und das Hebeopfer deiner Hand. 18 Vor dem
HERRN, deinem Gott, sollst du sie verzehren,
an der Stätte, die der HERR, dein Gott, aus-
wählen wird – du, dein Sohn und deine Toch-
ter, dein Sklave und deine Sklavin sowie die
Leviten, die in deinen Stadtbereichen Wohn-
recht haben –, und du sollst vor dem HERRN,
deinem Gott, fröhlich sein und dich freuen
über alles, was deine Hände geschafft haben.
19 Nimm dich in Acht und lass die Leviten
nicht im Stich, solange du im Land lebst!

14: 12,5.11.18.21.26 / **15f.**: 12,20–25; 15,22f. / **17f.**: 14,22–27 / **19**: 14,27

BLUT BEI OPFER UND SCHLACHTUNG: 12,20–28

20 Wenn der HERR, dein Gott, dein Gebiet
vergrößert, wie er es dir zugesagt hat, und du,
weil du Appetit auf Fleisch hast, sagst: Ich
möchte gern Fleisch essen, dann darfst du so
viel Fleisch essen, wie du möchtest. 21 Und
wenn die Entfernung zu der Stätte, die der
HERR, dein Gott, auswählen wird, indem er
dort seinen Namen anbringt, zu groß ist, dann
schlachte, so wie ich es dir erlaubt habe, Rinder,
Schafe oder Ziegen, die der HERR dir geschenkt
hat, und iss in deinen Stadtbereichen, so viel
du möchtest. 22 Auch sollst du davon essen, wie
man von Gazelle und Damhirsch isst: Der Rei-
ne und der Unreine dürfen gemeinsam davon
essen. 23 Doch beherrsche dich und genieße
kein Blut; denn Blut ist Lebenskraft und du
sollst nicht zusammen mit dem Fleisch die
Lebenskraft verzehren. 24 Du sollst es nicht
genießen, sondern wie Wasser auf die Erde
schütten. 25 Du sollst es nicht genießen, damit

es dir und später deinen Kindern gut geht, weil
du tust, was in den Augen des HERRN richtig
ist. 26 Die heiligen Abgaben jedoch, zu denen
du verpflichtet bist, und die Gaben, die du
selbst dem HERRN gelobt hast, sollst du auf-
laden und du sollst damit zu der Stätte ziehen,
die der HERR auswählen wird. 27 Dort sollst
du deine Brandopfertiere auf dem Altar des
HERRN, deines Gottes, darbringen, das Fleisch
und das Blut. Bei deinen Schlachtopfertieren
soll das Blut auf den Altar des HERRN, deines
Gottes, geschüttet werden, das Fleisch sollst
du essen. 28 Achte und höre auf alle diese Wor-
te, auf die ich dich verpflichte, damit es dir und
später deinen Kindern immer gut geht, weil du
tust, was in den Augen des HERRN, deines
Gottes, gut und richtig ist!

20: 19,8 / **21:** 12,5 / **22–25:** 15,22f.; Lev 17,11 / **27:** 12,14

VERBOT KANAANÄISCHER KULTBRÄUCHE: 12,29–31

29 Wenn der HERR, dein Gott, die Völker, in
deren Land du hineinziehst, um ihren Besitz zu
übernehmen, vor dir niedergestreckt hat, wenn
du ihren Besitz übernommen hast und dort
wohnst, 30 dann nimm dich in Acht! Lauf nicht
hinter ihnen her in die Falle, nachdem sie bei
deinem Angriff vernichtet worden sind! Erkun-
dige dich nicht nach ihren Göttern und frag
nicht: Wie haben denn diese Völker ihren Göt-
tern gedient? Ich will das Gleiche tun wie sie.
31 Wenn du dem HERRN, deinem Gott, dienst,
sollst du nicht das Gleiche tun wie sie; denn sie
haben, wenn sie ihren Göttern dienten, alle
Gräuel begangen, die der HERR hasst. Sie haben
sogar ihre Söhne und Töchter im Feuer ver-
brannt, wenn sie ihren Göttern dienten.

29–31: 7 / **30:** Ex 23,33; 34,12 / **31:** 18,9f.; 2 Kön 17,31; Jer 7,31; 19,5

VERBOT EINER ÄNDERUNG DIESES GESETZES: 13,1

13 1 Ihr sollt den vollständigen Wortlaut
dessen, worauf ich euch verpflichte,
bewahren und euch daran halten. Du sollst
nichts hinzufügen und nichts wegnehmen.

1: 4,2

ANSTIFTUNG ZUM ABFALL DURCH PROPHETEN UND TRAUMSEHER: 13,2–6

2 Wenn in deiner Mitte ein Prophet oder ein
Traumseher auftritt und dir ein Zeichen oder
Wunder ankündigt, 3 wobei er sagt: Folgen wir
anderen Göttern nach, die du bisher nicht
kanntest, und verpflichten wir uns, ihnen zu
dienen!, und wenn das Zeichen und Wunder,
das er dir angekündigt hatte, eintrifft, 4 dann
sollst du nicht auf die Worte dieses Propheten
oder Traumsehers hören; denn der HERR, euer
Gott, prüft euch, um zu erkennen, ob ihr das
Volk seid, das den HERRN, seinen Gott, mit
ganzem Herzen und mit ganzer Seele liebt.
5 Ihr sollt dem HERRN, eurem Gott, nachfol-
gen, ihn sollt ihr fürchten, seine Gebote sollt
ihr bewahren, auf seine Stimme sollt ihr hö-
ren, ihm sollt ihr dienen, an ihm sollt ihr euch
festhalten. 6 Der Prophet oder Traumseher
aber soll mit dem Tod bestraft werden. Er hat
euch aufgewiegelt gegen den HERRN, euren
Gott, der euch aus Ägypten geführt und dich
aus dem Sklavenhaus freigekauft hat. Denn er
wollte dich davon abbringen, auf dem Weg zu
gehen, auf den der HERR, dein Gott, dich ver-
pflichtet hat. Du sollst das Böse aus deiner
Mitte wegschaffen.

2–4: Jer 23,25–32; Mt 24,24; Mk 13,22; Gal 1,6–9; 2 Petr 2,1; Offb 13,14 / **3:** 6,14; 7,4 / **4:** 6,5; 8,2; 1 Kön 22,22 / **5:** 10,20; 2 Kön 18,6; 23,3 / **6:** 17,7.12; 19,13.19; 21,9.21; 22,21f.24; 24,7

GEHEIME ANSTIFTUNG ZUM ABFALL: 13,7–12

7 Wenn dein Bruder, der dieselbe Mutter hat
wie du, oder dein Sohn oder deine Tochter
oder deine Frau, mit der du schläfst, oder dein
Freund, den du liebst wie dich selbst, dich
heimlich verführen will und sagt: Gehen wir
und dienen wir anderen Göttern, die du nicht
kanntest, weder du noch deine Vorfahren –
8 aus den Göttern der Völker, die euch umge-
ben, dir nah, dir fern, überall, zwischen dem
einen Ende der Erde und dem andern Ende der
Erde –, 9 dann sollst du nicht nachgeben und
nicht auf ihn hören. Du sollst in dir kein Mit-
leid mit ihm aufsteigen lassen, sollst keine
Nachsicht für ihn kennen und die Sache nicht
vertuschen, 10 sondern du sollst ihn umbrin-
gen. Wenn er hingerichtet wird, sollst du als
Erster deine Hand gegen ihn erheben, dann
erst das ganze Volk. 11 Du sollst ihn steinigen
und er soll sterben; denn er hat versucht, dich
vom HERRN, deinem Gott, abzubringen, der
dich aus Ägypten geführt hat, aus dem Skla-
venhaus. 12 Ganz Israel soll davon hören, damit
sie sich fürchten und nicht noch einmal einen
solchen Frevel in deiner Mitte begehen.

7: 13,3; 1 Kor 5,13 / **9:** 7,16 / **10:** 17,7 / **12:** 17,13; 19,20; 21,21

ABFALL EINER STADT: 13,13–19

13 Wenn du aus einer deiner Städte, die der
Herr, dein Gott, dir als Wohnort gibt, er-
fährst: 14 Niederträchtige Menschen sind aus
deiner Mitte herausgetreten und haben ihre
Mitbürger vom Herrn abgebracht, indem sie
sagten: Gehen wir und dienen wir anderen
Göttern, die ihr bisher nicht kanntet!, 15 wenn
du dann durch Augenschein und Vernehmung
genaue Ermittlungen angestellt hast und sich
gezeigt hat: Ja, es ist wahr, der Tatbestand steht
fest, dieser Gräuel ist in deiner Mitte gesche-
hen, 16 dann sollst du die Bürger dieser Stadt
mit scharfem Schwert erschlagen, du sollst an
der Stadt und an allem, was darin lebt, auch am
Vieh, mit scharfem Schwert den Bann vollzie-
hen. 17 Alles, was du in der Stadt erbeutet hast,
sollst du auf dem Marktplatz aufhäufen, dann
sollst du die Stadt und die gesamte Beute als
Ganzopfer für den Herrn, deinen Gott, im
Feuer verbrennen. Für immer soll sie ein
Schutthügel bleiben und nie wieder aufgebaut
werden. 18 Von dem Banngut soll nichts an dei-
ner Hand kleben, damit der Herr von seinem
glühenden Zorn ablässt und dir wieder sein
Erbarmen schenkt, sich deiner annimmt und
dich wieder zahlreich macht, wie er es deinen
Vätern geschworen hat 19 für den Fall, dass du
auf die Stimme des Herrn, deines Gottes,
hörst, alle seine Gebote, auf die ich dich heute
verpflichte, bewahrst und tust, was in den Au-
gen des Herrn, deines Gottes, richtig ist.

14: 13,3 / **15**: 17,4; 19,18 / **16f.**: 20,16–18

VERBOT KANAANÄISCHER TRAUERBRÄUCHE: 14,1–2

14 1 Ihr seid Kinder des Herrn, eures Got-
tes. Ihr sollt euch für einen Toten nicht
wundritzen und keine Stirnglatzen scheren.
2 Denn du bist ein Volk, das dem Herrn, dei-
nem Gott, heilig ist, und dich hat der Herr
ausgewählt, damit du unter allen Völkern, die
auf der Erde leben, das Volk wirst, das ihm
persönlich gehört.

1: 32,6.19f.; Röm 9,4; Lev 19,27f. / **2**: 14,21; 7,6; Lev 20,26; Tit 2,14

SPEISEVERBOTE: 14,3–21a

3 Du sollst nichts essen, was ein Gräuel ist.
4 Dies sind die Großtiere, die ihr essen dürft:
Rind, Lamm, Zicklein, 5 Damhirsch, Gazelle,
Rehbock, Wildziege, Wisent, Wildschaf
und Steinbock. 6 Ihr dürft jedes Großtier es-
sen, das gespaltene Klauen hat, und zwar
ganz gespaltene Klauen, und das zu den Wie-
derkäuern gehört. 7 Von den Großtieren, die
wiederkäuen oder ganz gespaltene Klauen
haben, dürft ihr aber folgende nicht essen:
Kamel, Hase, Klippdachs. Sie sind zwar Wie-
derkäuer, haben aber keine gespaltenen Klau-
en. Sie sollen euch als unrein gelten. 8 Ebenso
das Wildschwein, denn es hat zwar gespal-
tene Klauen, ist aber kein Wiederkäuer. Es
soll euch als unrein gelten. Vom Fleisch die-
ser Tiere dürft ihr nicht essen und ihr Aas
dürft ihr nicht berühren. 9 Von allem, was im
Wasser lebt, dürft ihr Folgendes essen: Alles,
was Flossen und Schuppen hat, dürft ihr es-
sen. 10 Alles, was keine Flossen und keine
Schuppen hat, dürft ihr nicht essen. Es soll
euch als unrein gelten. 11 Alle reinen Vögel
dürft ihr essen. 12 Dies sind die Vögel, die ihr
nicht essen dürft: Aasgeier, Schwarzgeier,
Bartgeier, 13 Milan, die verschiedenen Bus-
sardarten, 14 alle Arten des Raben, 15 Adler-
eule, Kurzohreule, Langohreule und die
verschiedenen Falkenarten, 16 Kauz, Bienen-
fresser, Weißeule, 17 Kleineule, Fischadler,
Fischeule, 18 Storch und die verschiedenen
Reiherarten, Wiedehopf, Fledermaus 19 und
alles fliegende Kleingetier: Sie sollen euch als
unrein gelten und dürfen nicht gegessen
werden. 20 Alle reinen geflügelten Tiere dürft
ihr essen. 21 (a) Ihr dürft keinerlei Aas essen.
Du sollst es dem Fremden, der in euren
Stadtbereichen Wohnrecht hat, zum Essen
überlassen oder es einem Ausländer verkau-
fen. Denn du bist ein Volk, das dem Herrn,
deinem Gott, heilig ist.

3–21a: Lev 11; 20,24–26 / **21a**: Ex 22,30; Lev 17,15

EIN ZUBEREITUNGSVERBOT: 14,21b

21 (b) Du sollst ein Zicklein nicht in der Milch
seiner Mutter kochen.

21b: Ex 23,19; 34,26

JÄHRLICHE ABGABEN AN DAS HEILIGTUM: 14,22–27

22 Du sollst jedes Jahr den Zehnten von der
gesamten Ernte geben, die dein Acker erbringt
aus dem, was du angebaut hast. 23 Vor dem
Herrn, deinem Gott, sollst du an der Stätte,
die er erwählen wird, indem er dort seinen Na-
men wohnen lässt, deinen Zehnten an Korn,
Wein und Öl und die Erstlinge deiner Rinder,
Schafe und Ziegen verzehren, damit du lernst,

den HERRN, deinen Gott, zu fürchten, solange
du lebst. 24 Wenn aber der Weg dorthin deine
Kräfte übersteigt, weil die Stätte, die der HERR
erwählen wird, indem er dort seinen Namen
anbringt, so weit entfernt liegt und der HERR,
dein Gott, dich so gesegnet hat, dass du den
Zehnten nicht dorthin tragen kannst, 25 dann
sollst du alles für Silber verkaufen, das Silber als
deinen Besitz zusammenbinden, zu der Stätte
ziehen, die der HERR, dein Gott, erwählen
wird, 26 dort für das Silber alles kaufen, worauf
du Appetit hast – Rinder, Schafe, Ziegen, Wein
und Bier, alles, wonach es deinen Gaumen ver-
langt –, und dann sollst du vor dem HERRN,
deinem Gott, Mahl halten und fröhlich sein, du
und deine Familie. 27 Auch sollst du die Leviten,
die in deinen Stadtbereichen Wohnrecht ha-
ben, nicht im Stich lassen, denn sie haben nicht
wie du Landanteil und Erbbesitz.

22–27: 12,17–19; Lev 27,30–33 / **23**: 12,11.14; 15,19–23 / **24**: 12,5 / **26**: 12,7 / **27**: 10,9; 12,19

DER ZEHNTE FÜR DIE ARMEN IN JEDEM DRITTEN JAHR: 14,28f.

28 In jedem dritten Jahr sollst du den ganzen
Zehnten deiner Jahresernte in deinen Stadt-
bereichen abliefern und einlagern 29 und die
Leviten, die ja nicht wie du Landanteil und
Erbbesitz haben, die Fremden, die Waisen und
die Witwen, die in deinen Stadtbereichen
wohnen, können kommen, essen und satt
werden, damit der HERR, dein Gott, dich stets
segnet bei der Arbeit, die deine Hände tun.

28f.: 26,12–15 / **29**: 10,9.18f.; 16,11.14; 24,17–22; 26,12f.; 27,19; 28,12

VERZICHT AUF FORDERUNGEN IN JEDEM SIEBTEN JAHR: 15,1–6

15 1 In jedem siebten Jahr sollst du die
Ackerbrache einhalten. 2 Und so lautet
die Bestimmung für die Brache: Jeder Gläubi-
ger soll den Teil seines Vermögens, den er ei-
nem andern unter Personalhaftung als Darle-
hen gegeben hat, brachliegen lassen. Er soll
gegen den andern, falls dieser sein Bruder ist,
nicht mit Zwang vorgehen; denn er hat die
Brache für den HERRN verkündet. 3 Gegen ei-
nen Ausländer darfst du mit Zwang vorgehen.
Wenn es sich aber um deinen Bruder handelt,
dann lass deinen Vermögensteil brachliegen!
4 Doch eigentlich sollte es bei dir gar keine
Armen geben; denn der HERR wird dich reich
segnen in dem Land, das der HERR, dein Gott,
dir als Erbbesitz gibt und das du in Besitz
nimmst, 5 wenn du auf die Stimme des
HERRN, deines Gottes, hörst, dieses ganze
Gebot, auf das ich dich heute verpflichte, be-
wahrst und es hältst. 6 Wenn der HERR, dein
Gott, dich segnet, wie er es dir zugesagt hat,
dann kannst du vielen Völkern gegen Pfand
leihen, du selbst aber brauchst nichts zu ver-
pfänden; du wirst über viele Völker Gewalt
haben, über dich aber werden sie keine Ge-
walt haben.

1–11: Lev 25,1–11.23–31.35–38 / **1f.**: Neh 5,11 / **3**: 23,20f. / **4–6**: 28,1–13; Ex 23,10f.; Apg 4,34

KREDITHILFEN AN ARME ISRAELITEN: 15,7–11

7 Wenn bei dir ein Armer lebt, irgendeiner
deiner Brüder in irgendeinem deiner Stadtbe-
reiche in dem Land, das der HERR, dein Gott,
dir gibt, dann sollst du nicht hartherzig sein
und sollst deinem armen Bruder deine Hand
nicht verschließen. 8 Du sollst ihm deine Hand
öffnen und ihm gegen Pfand leihen, was der
Not, die ihn bedrückt, abhilft. 9 Nimm dich in
Acht, dass du nicht in niederträchtigem Her-
zen den Gedanken hegst: Bald kommt das
siebte Jahr, das Brachjahr!, und deinen armen
Bruder böse ansiehst und ihm nichts gibst,
sodass er den HERRN gegen dich anruft und
Strafe für diese Sünde über dich kommt. 10 Du
sollst ihm etwas geben, und wenn du ihm
gibst, soll auch dein Herz nicht böse darüber
sein; denn wegen dieser Tat wird dich der
HERR, dein Gott, segnen in allem, was du ar-
beitest, und in allem, was deine Hände schaf-
fen. 11 Die Armen werden niemals ganz aus
deinem Land verschwinden. Darum mache
ich dir zur Pflicht: Du sollst deinem notleiden-
den und armen Bruder, der in deinem Land
lebt, deine Hand öffnen.

7f.: Mt 5,42; 1 Joh 3,17 / **8**: 24,10–13 / **9**: 15,1; 24,15; Ex 22,22.26 / **10**: 2 Kor 9,7 / **11**: Mt 26,11; Mk 14,7; Joh 12,8

HAFTUNG MIT DER EIGENEN PERSON: 15,12–18

12 Wenn dein Bruder, ein Hebräer – oder auch
eine Hebräerin –, sich dir verkauft, soll er dir
sechs Jahre dienen. Im siebten Jahr sollst du
ihn als freien Mann entlassen. 13 Und wenn du
ihn als freien Mann entlässt, sollst du ihn nicht

14,28 Wahrscheinlich in jedem dritten Jahr nach einem Sabbatjahr; denn im Sabbatjahr gehörten alle Erträge den Armen (vgl. Ex 23,11).

mit leeren Händen entlassen. 14 Du sollst ihm
von deinen Schafen und Ziegen, von deiner
Tenne und von deiner Kelter so viel mitgeben,
wie er tragen kann. Wie der HERR, dein Gott,
dich gesegnet hat, so sollst du ihn bedenken.
15 Denk daran: Als du in Ägypten Sklave warst,
hat der HERR, dein Gott, dich freigekauft. Da-
rum verpflichte ich dich heute auf dieses Ge-
bot. 16 Wenn er dir aber erklärt: Ich will nicht
von dir freigelassen werden – denn er hat dich
und deine Familie lieb gewonnen, weil es ihm
bei dir gut ging –, 17 so nimm einen Pfriem und
stich ihn durch sein Ohr in die Tür: Dann ist
er dein Sklave für immer. Bei einer Sklavin
sollst du das Gleiche tun. 18 Halt es nicht für
eine Härte, wenn du ihn als freien Mann ent-
lassen musst; denn was er in den sechs Jahren
für dich erarbeitet hat, entspricht dem, was du
einem Tagelöhner als Lohn hättest zahlen
müssen. Dann wird der HERR, dein Gott, dich
in allem segnen, was du tust.

12: 15,1; Lev 25,39–41; Joh 8,35 / **13:** Ex 3,21; 12,35f. / **15:** 5,15 / **18:** 15,10

ERSTGEBURT DES VIEHS: 15,19–23

19 Alle männlichen Erstlinge, die unter deinen
Rindern, Schafen und Ziegen geboren wer-
den, sollst du dem HERRN, deinem Gott, wei-
hen. Mit einem Erstlingsstier darfst du nicht
arbeiten und ein Erstlingsschaf darfst du nicht
scheren. 20 Jahr für Jahr sollst du die Erstlinge
vor dem HERRN, deinem Gott, an der Stätte,
die der HERR erwählen wird, essen, du und
deine Familie. 21 Doch wenn ein Tier einen
Fehler hat, wenn es hinkt oder blind ist, wenn
es irgendeinen Makel hat, sollst du es nicht für
den HERRN, deinen Gott, schlachten. 22 In
deinen Stadtbereichen sollst du es verzehren;
der Reine wie der Unreine können es gemein-
sam essen, wie bei Gazelle und Damhirsch.
23 Nur das Blut sollst du nicht genießen, son-
dern wie Wasser auf die Erde schütten.

19–23: 12,6.17; 14,23; Ex 13,2.11–16; 22,29; 34,19f.; Num 18,15–18

FRÜHLINGSFEST: 16,1–8

16 1 Achte auf den Monat Abib und feiere
dem HERRN, deinem Gott, das Pes-
sach; denn im Monat Abib hat der HERR, dein
Gott, dich nachts aus Ägypten geführt. 2 Als
Pessachtiere für den HERRN, deinen Gott,
sollst du Schafe, Ziegen oder Rinder schlach-
ten an der Stätte, die der HERR erwählen wird,
indem er dort seinen Namen wohnen lässt.
3 Du sollst nichts Gesäuertes dazu essen. Sie-
ben Tage lang sollst du ungesäuertes Brot dazu
essen, die Speise der Bedrängnis, denn in Hast
bist du aus Ägypten gezogen, damit du dein
ganzes Leben lang des Tages gedenkst, an
dem du aus Ägypten gezogen bist. 4 In deinem
ganzen Gebiet soll sieben Tage lang kein
Sauerteig zu finden sein und vom Fleisch des
Tieres, das du am Abend des ersten Tages
schlachtest, darf bis zum andern Morgen
nichts übrig bleiben. 5 Du darfst das Pessach
nicht in irgendeinem der Stadtbereiche
schlachten, die der HERR, dein Gott, dir gibt,
6 sondern nur an der Stätte, die der HERR, dein
Gott, erwählen wird, indem er dort seinen
Namen wohnen lässt. Dort sollst du das Pes-
sachtier schlachten, am Abend bei Sonnenun-
tergang, zu der Stunde, in der du aus Ägypten
gezogen bist. 7 Du sollst es an der Stätte kochen
und verzehren, die der HERR, dein Gott, er-
wählen wird, und am Morgen darfst du wieder
zu deinen Zelten zurückkehren. 8 Sechs Tage
sollst du ungesäuertes Brot essen, am siebten
Tag ist eine Festversammlung für den HERRN,
deinen Gott; da sollst du keine Arbeit tun.

1–8: Ex 12; 23,15; 34,18; Lev 23,5–8; Num 28,16–25; 2 Kön 23,21–23; Lk 2,41

WOCHENFEST: 16,9–12

9 Du sollst sieben Wochen zählen. Wenn man
beginnt, die Sichel an den Halm zu legen, sollst
du beginnen, die sieben Wochen zu zählen.
10 Danach sollst du dem HERRN, deinem Gott,
das Wochenfest feiern und dabei eine freiwil-
lige Gabe darbringen, die du danach bemisst,
wie der HERR, dein Gott, dich segnen wird.
11 Du sollst vor dem HERRN, deinem Gott,
fröhlich sein, du, dein Sohn und deine Tochter,
dein Sklave und deine Sklavin, auch die Levi-
ten, die in deinen Stadtbereichen Wohnrecht
haben, und die Fremden, Waisen und Wit-
wen, die in deiner Mitte leben. Du sollst fröh-
lich sein an der Stätte, die der HERR, dein Gott,
erwählen wird, indem er dort seinen Namen
wohnen lässt. 12 Denk daran: Du bist in Ägyp-
ten Sklave gewesen! Daher sollst du diese Ge-
setze bewahren und sie halten.

9–12: Ex 23,16; 34,22; Lev 23,15–21; Apg 2,1; 1 Kor 16,8

15,14 Andere Lesart: Womit der HERR, dein Gott, dich gesegnet hat, damit sollst du ihn bedenken.

16,1 Der Monat Abib entspricht dem März/April unseres Kalenders.

LAUBHÜTTENFEST: 16,13–15

13 Das Laubhüttenfest sollst du sieben Tage
lang feiern, nachdem du das Korn von der Ten-
ne und den Wein aus der Kelter eingelagert
hast. 14 Du sollst an deinem Fest fröhlich sein,
du, dein Sohn und deine Tochter, dein Sklave
und deine Sklavin, die Leviten und die Frem-
den, Waisen und Witwen, die in deinen Stadt-
bereichen wohnen. 15 Sieben Tage lang sollst
du dem HERRN, deinem Gott, das Fest feiern
an der Stätte, die der HERR erwählen wird.
Wenn dich der HERR, dein Gott, in allem ge-
segnet hat, in deiner Ernte und in der Arbeit
deiner Hände, dann sollst du wirklich fröhlich
sein.

13–15: Ex 23,16; 34,22; Lev 23,33–36.39–43; Num 29,12–38

VERPFLICHTUNG ZU WALLFAHRTEN: 16,16f.

16 Dreimal im Jahr sollen alle deine Männer
hingehen, um vor dem Angesicht des HERRN,
deines Gottes, an der Stätte, die er erwählen
wird, zu erscheinen: am Fest der Ungesäuerten
Brote, am Wochenfest und am Laubhütten-
fest. Man soll nicht mit leeren Händen hinge-
hen, um vor dem Angesicht des HERRN zu
erscheinen, 17 sondern jeder mit seiner Gabe,
die dem Segen entspricht, den du vom HERRN,
deinem Gott, erhalten hast.

16f.: Ex 23,17; 34,18.22f. / **16:** 12,14

VERHALTEN DER RICHTER IN DEN ORTSCHAFTEN: 16,18–20

18 Richter und Listenführer sollst du in allen
Stadtbereichen einsetzen, die der HERR, dein
Gott, dir in deinen Stammesgebieten gibt. Sie
sollen dem Volk Recht sprechen und gerechte
Urteile fällen. 19 Du sollst das Recht nicht beu-
gen. Du sollst kein Ansehen der Person ken-
nen. Du sollst keine Bestechung annehmen;
denn Bestechung macht Weise blind und ver-
dreht die Fälle derer, die im Recht sind. 20 Ge-
rechtigkeit, Gerechtigkeit – ihr sollst du nach-
jagen, damit du Leben hast und das Land in
Besitz nehmen kannst, das der HERR, dein
Gott, dir gibt.

18–20: 1,15–17; Ex 23,1–3.6–8; Lev 19,15f.; Jak 2,9

VERBOT NICHTJAHWISTISCHER KULTSYMBOLE: 16,21f.

21 Du sollst neben dem Altar des HERRN, dei-
nes Gottes, den du dir baust, keinen Kultpfahl,
keinerlei Holz einpflanzen. 22 Du sollst kein
Steinmal von der Art errichten, die der HERR,
dein Gott, hasst.

21f.: 7,5; 12,3; Ex 20,4; 1 Kön 14,15.23; 15,13; 16,33; 2 Kön 17,10; 21,3.7

VERBOT FEHLERHAFTER OPFER: 17,1

17 1 Du sollst dem HERRN, deinem Gott,
keinen Stier und kein Lamm schlachten,
die einen Fehler, irgendeine Missbildung ha-
ben, denn das ist dem HERRN, deinem Gott,
ein Gräuel.

1: Lev 22,17–25; Mal 1,6–14

VERFAHREN BEIM ABFALL ZU GESTIRNGÖTTERN: 17,2–7

2 Wenn in deiner Mitte, in einem der Stadtbe-
reiche, die der HERR, dein Gott, dir gibt, ein
Mann – oder auch eine Frau – lebt, der tut, was
in den Augen des HERRN, deines Gottes, böse
ist und sich über seinen Bund hinwegsetzt,
3 wenn er hingeht, anderen Göttern dient und
sich vor ihnen niederwirft – und zwar vor der
Sonne, dem Mond oder dem ganzen Him-
melsheer, was ich verboten habe –, 4 wenn dir
das gemeldet wird, wenn du den Fall anhängig
machst, genaue Ermittlungen anstellst und es
sich zeigt: Ja, es ist wahr, der Tatbestand steht
fest, dieser Gräuel ist in Israel geschehen!,
5 dann sollst du diesen Mann oder diese Frau,
die den Frevel begangen haben, den Mann oder
die Frau, zu einem deiner Stadttore führen und
steinigen und sie sollen sterben. 6 Wenn es um
Leben oder Tod eines Angeklagten geht, darf
er nur auf die Aussage von zwei oder drei Zeu-
gen hin zum Tod verurteilt werden. Auf die
Aussage eines einzigen Zeugen hin darf er
nicht zum Tod verurteilt werden. 7 Wenn er
hingerichtet wird, sollen die Zeugen als Erste
ihre Hand gegen ihn erheben, dann erst das
ganze Volk. Du sollst das Böse aus deiner Mit-
te wegschaffen.

2: 29,24 / **3:** 4,19; 2 Kön 17,16; 21,3.5; 23,4f. / **4:** 19,18 / **6:** 19,15; Hebr 10,28 / **7:** 13,6.10; Joh 8,7; 1 Kor 5,13

DAS SAKRALE GERICHTSVERFAHREN: 17,8–13

8 Wenn bei einem Verfahren wegen Mord, Ei-
gentumsdelikt oder Körperverletzung – also
wegen Streitsachen, über die in deinen Stadt-
bereichen entschieden werden darf – der Fall
für dich zu ungewöhnlich liegt, dann sollst du
dich aufmachen, zu der Stätte hinaufziehen,
die der HERR erwählen wird, 9 und vor die le-
vitischen Priester und den Richter treten, der

dann amtiert. Du sollst genaue Ermittlungen
anstellen lassen und sie sollen dir den Urteils-
spruch verkünden. 10 Dann sollst du dich an
den Wortlaut des Spruchs halten, den sie dir
an dieser Stätte, die der HERR erwählen wird,
verkünden, und du sollst alles, was sie dich
lehren, genau bewahren und es halten. 11 An
den Wortlaut der Weisung, die sie dich lehren,
und an das Urteil, das sie fällen, sollst du dich
halten. Von dem Spruch, den sie dir verkün-
den, sollst du weder rechts noch links abwei-
chen. 12 Wer aber so vermessen ist, auf den
Priester, der dort steht, um vor dem HERRN,
deinem Gott, Dienst zu tun oder auf den Rich-
ter nicht zu hören, dieser Mann soll sterben.
Du sollst das Böse aus Israel wegschaffen.
13 Das ganze Volk soll davon hören, damit sie
sich fürchten und nicht noch einmal so ver-
messen sind.

8–13: 1,16f.; 21,5 / **9:** 10,8; 19,17; 26,3 / **12f.:** 21,21

DER KÖNIG: 17,14–20

14 Wenn du in das Land, das der HERR, dein
Gott, dir gibt, hineingezogen bist, es in Besitz
genommen hast, in ihm wohnst und dann
sagst: Ich will einen König über mich einset-
zen wie alle Völker in meiner Nachbarschaft!,
15 dann darfst du einen König über dich einset-
zen, doch nur einen, den der HERR, dein Gott,
auswählt. Nur aus der Mitte deiner Brüder
darfst du einen König über dich einsetzen. Ei-
nen Ausländer darfst du nicht über dich ein-
setzen, weil er nicht dein Bruder ist. 16 Der
König soll sich aber nicht zu viele Pferde hal-
ten. Er soll das Volk nicht nach Ägypten zu-
rückbringen, um mehr Pferde zu bekommen;
denn der HERR hat zu euch gesagt: Ihr sollt auf
diesem Weg nie wieder zurückkehren. 17 Er
soll sich auch keine große Zahl von Frauen
nehmen, damit sein Sinn nicht vom rechten
Weg abweicht. Er soll nicht zu viel Silber und
Gold anhäufen. 18 Und wenn er seinen Kö-
nigsthron bestiegen hat, soll er sich von dieser
Weisung, die die levitischen Priester aufbe-
wahren, auf einer Schriftrolle eine Zweit-
schrift anfertigen lassen. 19 Sein Leben lang soll
er die Weisung mit sich führen und in der
Rolle lesen, damit er lernt, den HERRN, seinen
Gott, zu fürchten, alle Worte dieser Weisung
und diese Gesetze zu bewahren, sie zu halten,
20 sein Herz nicht über seine Brüder zu erheben
und von dem Gebot weder rechts noch links
abzuweichen, damit er lange als König in Isra-
els Mitte lebt, er und seine Nachkommen.

15: 1 Sam 10,24; 16,1–13; 2 Sam 2,4; 5,1–3 / **16:** 28,68; 2 Sam 8,4; 1 Kön 10,26–29; Jes 31,1–3 / **17:** 1 Kön 10,14–25; 11,1–8 / **18–20:** Jos 1,7f.; 1 Kön 2,1–4

EINKÜNFTE DER PRIESTER: 18,1–8

18 1 Die levitischen Priester – der ganze
Stamm Levi – sollen nicht wie das üb-
rige Israel Landanteil und Erbbesitz haben. Sie
sollen sich von den Opferanteilen des HERRN,
von seinem Erbbesitz, ernähren. 2 Der Stamm
Levi soll inmitten seiner Brüder leben, aber
keinen Erbbesitz haben. Der HERR selbst ist
sein Erbbesitz, wie er es ihm zugesagt hat.
3 Und das ist das Recht, das die Priester gegen-
über dem Volk haben, gegenüber denen, die
ein Schlachtopfertier schlachten, sei es ein
Stier oder ein Lamm: Man soll dem Priester
den Bug, die Kinnbacken und den Labmagen
geben. 4 Du sollst ihm den ersten Ertrag von
Korn, Wein und Öl und den ersten Ertrag der
Schafschur geben. 5 Denn der HERR, dein
Gott, hat den Stamm Levi unter allen deinen
Stämmen dazu ausgewählt, dass er im Namen
des HERRN dasteht und Dienst tut – Levi und
seine Nachkommen, ihr Leben lang. 6 Wenn
ein Levit aus einem deiner Stadtbereiche ir-
gendwo in Israel, in dem er als Fremder ge-
wohnt hat, zu der Stätte kommt, die der HERR
erwählen wird, und zwar, wann immer er
möchte, 7 und wenn er dann wie alle seine le-
vitischen Brüder, die dort vor dem HERRN
stehen, im Namen des HERRN, seines Gottes,
Dienst tut, 8 sollen alle die gleiche Zuteilung
erhalten, ohne dass man berücksichtigt, wie
groß sein väterliches Vermögen ist.

1–8: 1 Kor 9,13 / **1f.:** 10,8f.; Num 18,20–24; Ez 44,28f.; 1 Sam 2,28 / **4:** 26,1–11 / **5:** 10,8 / **6–8:** 2 Kön 23,9 / **6:** 12,14

ZAUBERER UND PROPHETEN: 18,9–22

9 Wenn du in das Land hineinziehst, das der
HERR, dein Gott, dir gibt, sollst du nicht ler-
nen, die Gräuel dieser Völker nachzuahmen.
10 Es soll bei dir keinen geben, der seinen Sohn
oder seine Tochter durchs Feuer gehen lässt,
keinen, der Losorakel befragt, Wolken deutet,
aus dem Becher weissagt, zaubert, 11 Gebets-
beschwörungen hersagt oder Totengeister
befragt, keinen Hellseher, keinen, der Verstor-
bene um Rat fragt. 12 Denn jeder, der so etwas

17,18 Mit dieser Weisung dürfte der Text der Kapitel 5–28 gemeint sein. Der Buchname Deuteronomium kommt vielleicht von diesem Vers.

tut, ist dem HERRN ein Gräuel. Wegen dieser
Gräuel rottet sie der HERR, dein Gott, aus.
13 Du sollst ganz und gar bei dem HERRN, dei-
nem Gott, bleiben. 14 Denn diese Völker, deren
Besitz du übernimmst, hören auf Wolkendeu-
ter und Orakelleser. Für dich aber hat der
HERR, dein Gott, es anders bestimmt. 15 Einen
Propheten wie mich wird dir der HERR, dein
Gott, aus deiner Mitte, unter deinen Brüdern,
erstehen lassen. Auf ihn sollt ihr hören. 16 Der
HERR wird ihn als Erfüllung von allem erste-
hen lassen, worum du am Horeb, am Tag der
Versammlung, den HERRN, deinen Gott, ge-
beten hast, als du sagtest: Ich kann die don-
nernde Stimme des HERRN, meines Gottes,
nicht noch einmal hören und dieses große
Feuer nicht noch einmal sehen, ohne dass ich
sterbe. 17 Damals sagte der HERR zu mir: Was
sie von dir verlangen, ist recht. 18 Einen Pro-
pheten wie dich will ich ihnen mitten unter
ihren Brüdern erstehen lassen. Ich will ihm
meine Worte in den Mund legen und er wird
ihnen alles sagen, was ich ihm gebiete. 19 Den
aber, der nicht auf meine Worte hört, die der
Prophet in meinem Namen verkünden wird,
ziehe ich selbst zur Rechenschaft. 20 Doch ein
Prophet, der sich anmaßt, in meinem Namen
ein Wort zu verkünden, dessen Verkündigung
ich ihm nicht geboten habe, oder der im Na-
men anderer Götter spricht, ein solcher Pro-
phet soll sterben. 21 Und wenn du denkst:
Woran können wir ein Wort erkennen, das der
HERR nicht gesprochen hat?, 22 dann sollst du
wissen: Wenn ein Prophet im Namen des
HERRN verkündet und sein Wort sich nicht
erfüllt und nicht eintrifft, dann ist es ein Wort,
das nicht der HERR gesprochen hat. Der Pro-
phet hat sich nur angemaßt, es zu sprechen.
Du sollst dich dadurch nicht aus der Fassung
bringen lassen.

9f.: 12,31; 20,18; 1 Kön 14,24; 2 Kön 16,3; 21,2.11; 23,13 / **10**: 2 Kön 16,3; 17,17; Lev 19,26; 2 Kön 9,22 / **11**: Lev 19,31; 20,6; 1 Sam 28,3–25 / **12**: 7,17f. / **15**: Hos 12,14 / **18**: Jer 1,7.9; Ps 40,4; Ex 7,2; Jer 1,7 / **20**: Jer 14,14f.; 29,23 / **21f.**: 13,2–6; 1 Kön 22,28; Jer 28,8f.; Ez 33,33

18,15.18 Hier ist Israel zugesagt, dass es immer Propheten haben wird, die ihm den Willen Gottes mitteilen. Später kombinierte man die Aussage von 34,10, es habe niemals mehr in Israel einen Propheten wie Mose gegeben, mit unserem Text und schloss daraus, dass Mose hier von einem endzeitlichen Propheten spreche, der so sein werde wie er.

ASYLSTÄDTE: 19,1–10

19 1 Wenn der HERR, dein Gott, die Völ-
ker, deren Land der HERR, dein Gott,
dir geben will, niederstreckt und du ihren Be-
sitz übernimmst und in ihren Städten und
Häusern wohnst, 2 sollst du in dem Land, das
der HERR, dein Gott, dir gibt, damit du es in
Besitz nimmst, drei Städten eine Sonderstel-
lung zuweisen. 3 Du sollst die Wegstrecken
berechnen und die Fläche des Landes, das der
HERR, dein Gott, dir als Erbbesitz gibt, in drei
Teile teilen. Dann kann jeder, der einen Men-
schen getötet hat, in diese Städte fliehen. 4 Und
so lautet die Bestimmung für einen, der je-
mand getötet hat und dorthin flieht, um am
Leben zu bleiben: Wenn er den andern ohne
Vorsatz erschlagen hat und nicht schon früher
mit ihm verfeindet gewesen ist, 5 zum Beispiel
wenn er mit einem andern in den Wald gegan-
gen ist, um Bäume zu fällen, seine Hand mit
der Axt ausgeholt hat, um einen Baum umzu-
hauen, das Eisenblatt sich vom Stiel gelöst und
den andern getroffen hat und dieser gestorben
ist, dann kann er in eine dieser Städte fliehen,
um am Leben zu bleiben. 6 Es darf nicht sein,
dass der Weg (zum Heiligtum) zu weit ist,
damit nicht der Bluträcher, der aus Rachedurst
den, der getötet hat, verfolgt, ihn einholt und
tödlich trifft, obwohl kein Recht besteht, ihn
zu töten, da er ja mit dem Getöteten nicht
schon früher verfeindet war. 7 Deshalb mache
ich dir zur Pflicht: Du sollst drei Städten eine
Sonderstellung zuweisen. 8 Und wenn der
HERR, dein Gott, dein Gebiet vergrößert, wie
er es deinen Vätern geschworen hat, und dir
das ganze Land, von dem er gesagt hat, er wer-
de es deinen Vätern geben, wirklich gibt, 9 weil
du dieses ganze Gebot, auf das ich dich heute
verpflichte, bewahrst und es hältst, indem du
den HERRN, deinen Gott, liebst und dein Le-
ben lang auf seinen Wegen gehst, dann sollst
du diese drei Städte um drei weitere vermeh-
ren. 10 So soll verhindert werden, dass mitten
in dem Land, das der HERR, dein Gott, dir als
Erbbesitz gibt, unschuldiges Blut vergossen
wird und Blutschuld über dich kommt.

1-10: 4,41–43; Ex 21,12–14; Num 35; Jos 20 / **6**: 2 Sam 14,7 / **8**: 1,8; 12,20 / **9**: 11,1 / **10**: 19,13; 21,7–9; 22,8; 27,25

AUSLIEFERUNG EINES MÖRDERS AUS DER ASYLSTADT: 19,11–13

11 Wenn es sich um einen Mann handelt, der
mit einem andern verfeindet war, wenn er ihm

auflauerte, ihn überfiel und tödlich traf, sodass
er starb, und wenn er in eine dieser Städte floh,
12 dann sollen die Ältesten seiner Stadt ihn von
dort holen lassen und in die Hand des Blut-
rächers geben und er soll sterben. 13 Du sollst
in dir kein Mitleid mit ihm aufsteigen lassen.
Du sollst das Blut des Unschuldigen aus Israel
wegschaffen und es wird dir gut gehen.

12: 21,1–9.19; 22,13–21; 25,5–10 / **13:** 7,16; 13,6–9; 19,21; 25,12; 1 Kön 2,31

VERSCHIEBUNG VON GRUNDSTÜCKSGRENZEN: 19,14

14 An deinem Erbbesitz, der dir in dem Land
zugeteilt werden soll, das der HERR, dein
Gott, dir gibt, damit du es in Besitz nimmst,
sollst du die Grenzmarkierung zu deinem
Nachbarn hin, die die Vorfahren errichtet ha-
ben, nicht verrücken.

14: 27,17

MINDESTZAHL DER ZEUGEN: 19,15

15 Wenn es um ein Verbrechen oder ein Verge-
hen geht, darf ein einzelner Belastungszeuge
nicht Recht bekommen, welches Vergehen
auch immer der Angeklagte begangen hat. Erst
auf die Aussage von zwei oder drei Zeugen darf
eine Sache Recht bekommen.

15: 17,6; Num 35,30; Mt 18,16; Joh 8,17; 2 Kor 13,1; 1 Tim 5,19; Hebr 10,28

FALSCHAUSSAGE UND TALIONSGESETZ: 19,16–21

16 Wenn jemand vor Gericht geht und als
Zeuge einen andern zu Unrecht der Anstif-
tung zum Aufruhr bezichtigt, 17 wenn die
beiden Parteien mit ihrem Rechtsstreit vor
den HERRN hintreten, vor die Priester und
Richter, die dann amtieren, 18 wenn die Rich-
ter eine genaue Ermittlung anstellen und sich
zeigt: Der Mann ist ein falscher Zeuge, er hat
seinen Bruder fälschlich bezichtigt, 19 dann
sollt ihr mit ihm so verfahren, wie er mit
seinem Bruder verfahren wollte. Du sollst
das Böse aus deiner Mitte wegschaffen. 20 Die
Übrigen sollen davon hören, damit sie sich
fürchten und nicht noch einmal ein solches
Verbrechen in deiner Mitte begehen. 21 Und
du sollst in dir kein Mitleid aufsteigen lassen:
Leben um Leben, Auge für Auge, Zahn für
Zahn, Hand für Hand, Fuß für Fuß.

17: 17,9 / **18:** 13,15; 17,4 / **19f.:** 21,21; 1 Kor 5,13 / **21:** 19,13; Ex 21,23–25; Lev 24,19f.; Mt 5,38

AUFGEBOT DES VOLKSHEERES: 20,1–9

20 1 Wenn du zum Kampf gegen deine
Feinde ausziehst und Pferde und Wa-
gen und ein Kriegsvolk erblickst, das zahlrei-
cher ist als du, dann sollst du dich nicht vor
ihnen fürchten; denn der HERR, dein Gott, der
dich aus Ägypten heraufgeführt hat, ist bei dir.
2 Wenn ihr in den Kampf zieht, soll der Priester
vortreten, dem Kriegsvolk eine Ansprache hal-
ten 3 und zu ihnen sagen: Höre, Israel! Ihr zieht
heute in den Kampf gegen eure Feinde. Verliert
nicht den Mut! Fürchtet euch nicht, geratet
nicht durcheinander und weicht nicht er-
schreckt zurück, wenn sie angreifen. 4 Denn
der HERR, euer Gott, zieht mit euch, um für
euch gegen eure Feinde zu kämpfen und euch
zu retten. 5 Dann sollen die Listenführer zum
Kriegsvolk sagen: Ist unter euch einer, der ein
neues Haus gebaut und noch nicht eingeweiht
hat? Er trete weg und kehre zu seinem Haus
zurück, damit er nicht im Kampfe fällt und ein
anderer es einweiht. 6 Ist unter euch einer, der
einen Weinberg angelegt und noch nicht die
erste Lese gehalten hat? Er trete weg und kehre
nach Hause zurück, damit er nicht im Kampfe
fällt und ein anderer die erste Lese hält. 7 Ist
unter euch einer, der sich mit einer Frau verlobt
und sie noch nicht geheiratet hat? Er trete weg
und kehre nach Hause zurück, damit er nicht
im Kampfe fällt und ein anderer seine Frau hei-
ratet. 8 Außerdem sollen die Listenführer zum
Kriegsvolk sagen: Ist unter euch einer, der sich
fürchtet und keinen Mut hat? Er trete weg und
kehre nach Hause zurück, damit er nicht auch
noch seinen Brüdern das Herz zerschmilzt.
9 Und wenn die Listenführer damit zu Ende
sind, dies dem Kriegsvolk zu sagen, sollen sie
Truppenführer ernennen und ihnen das Kom-
mando über das Kriegsvolk übertragen.

4: Ri 2,18; 6,37; 7,7; 10,12; 1 Sam 7,8; 14,23.39 / **7:** 24,5 / **8:** Ri 7,3

KRIEG GEGEN STÄDTE: 20,10–18

10 Wenn du vor eine Stadt ziehst, um sie an-
zugreifen, dann sollst du ihr zunächst eine
friedliche Einigung vorschlagen. 11 Nimmt sie

19,16–19 In dem hier vorausgesetzten Fall wird die Funktion des Anklägers und die des Zeugen von der gleichen Person wahrgenommen. Das war damals möglich.

19,17 Gemeint ist die Anwendung des Gesetzes von 17,8–13 oder die Anrufung eines Gottesentscheids durch den zu Unrecht Angeklagten.

die friedliche Einigung an und öffnet dir die
Tore, dann soll die gesamte Bevölkerung, die
du dort vorfindest, zum Frondienst verpflich-
tet und dir untertan sein. 12 Lehnt sie eine
friedliche Einigung mit dir ab und will sich mit
dir im Kampf messen, dann darfst du sie bela-
gern. 13 Wenn der HERR, dein Gott, sie in dei-
ne Hand gibt, sollst du alle männlichen Per-
sonen mit scharfem Schwert erschlagen. 14 Die
Frauen aber, die Kinder und Greise, das Vieh
und alles, was sich sonst in der Stadt befindet,
alles, was sich darin plündern lässt, darfst du
dir als Beute nehmen. Was du bei deinen Fein-
den geplündert hast, darfst du verzehren;
denn der HERR, dein Gott, hat es dir ge-
schenkt. 15 So sollst du mit allen Städten ver-
fahren, die sehr weit von dir entfernt liegen
und nicht zu den Städten dieser Völker hier
gehören. 16 Aus den Städten dieser Völker je-
doch, die der HERR, dein Gott, dir als Erbbesitz
gibt, darfst du nichts, was Atem hat, am Leben
lassen. 17 Vielmehr sollst du an den Hetitern
und Amoritern, Kanaanitern und Perisitern,
Hiwitern und Jebusitern den Bann vollziehen,
so wie es der HERR, dein Gott, dir zur Pflicht
gemacht hat, 18 damit sie euch nicht lehren,
entsprechend all den Gräueln zu handeln, die
sie zu Ehren ihrer Götter begangen haben, und
so zu sündigen gegen den HERRN, euren Gott.

17: 2,34f.; 3,6f.; 7,1f.; Jos 11,12–14 / **18**: 18,9

SCHONUNG DES BAUMBESTANDES: 20,19f.

19 Wenn du eine Stadt längere Zeit hindurch
belagerst, um sie anzugreifen und zu erobern,
dann sollst du ihrem Baumbestand keinen
Schaden zufügen, indem du die Axt daran
legst. Du darfst von den Bäumen essen, sie
aber nicht fällen mit dem Gedanken, die Bäu-
me auf dem Feld seien der Mensch selbst, so-
dass sie von dir belagert werden müssten.
20 Nur den Bäumen, von denen du weißt, dass
sie keine Fruchtbäume sind, darfst du Schaden
zufügen. Du darfst sie fällen und daraus Bela-
gerungswerk bauen gegen die Stadt, die gegen
dich kämpfen will, bis sie schließlich fällt.

19f.: Jer 6,6

UNAUFGEKLÄRTER MORD: 21,1–9

21 1 Wenn in dem Land, das der HERR,
dein Gott, dir gibt, damit du es in Besitz
nimmst, einer auf freiem Feld ermordet auf-
gefunden wird und man nicht weiß, wer ihn
erschlagen hat, 2 dann sollen deine Ältesten
und Richter hinausgehen und feststellen, wie
weit die Städte ringsum von dem Ermordeten
entfernt sind. 3 Wenn feststeht, welche Stadt
dem Ermordeten am nächsten liegt, sollen die
Ältesten dieser Stadt eine junge Kuh aussu-
chen, die noch nicht zur Arbeit verwendet
worden ist, das heißt, die noch nicht unter
dem Joch gegangen ist. 4 Die Ältesten dieser
Stadt sollen die Kuh in ein ausgetrocknetes
Bachtal bringen, wo weder geackert noch gesät
wird. Dort sollen sie im Bachbett der Kuh das
Genick brechen. 5 Dann sollen die Priester, die
Nachkommen Levis, herantreten; denn sie hat
der HERR, dein Gott, dazu ausgewählt, vor
ihm Dienst zu tun und im Namen des HERRN
den Segen zu sprechen. Nach ihrem Spruch
soll jeder Rechtsstreit und jeder Fall von Kör-
perverletzung entschieden werden. 6 Alle Äl-
testen dieser Stadt sollen, weil sie dem Ermor-
deten am nächsten sind, über der Kuh, der im
Bachbett das Genick gebrochen wurde, ihre
Hände waschen. 7 Sie sollen feierlich sagen:
Unsere Hände haben dieses Blut nicht vergos-
sen und unsere Augen haben nichts gesehen.
8 Wirke Sühne für dein Volk Israel, das du frei-
gekauft hast, HERR, und lass kein unschuldig
vergossenes Blut in der Mitte deines Volkes
Israel bleiben! Dann ist das Blut für sie ge-
sühnt. 9 Du wirst das unschuldig vergossene
Blut aus deiner Mitte wegschaffen können,
wenn du tust, was in den Augen des HERRN
richtig ist.

3: 19,12 / **5**: 10,8; 17,8–13 / **6f.**: Mt 27,24 / **7–9**: 19,10 / **9**: 13,6; 21,21

EHE MIT EINER KRIEGSGEFANGENEN: 21,10–14

10 Wenn du zum Kampf gegen deine Feinde
ausziehst und der HERR, dein Gott, sie alle in
deine Hand gibt, wenn du dabei Gefangene
machst 11 und unter den Gefangenen eine Frau
von schöner Gestalt erblickst, wenn du sie ins
Herz geschlossen hast und du sie heiraten
möchtest, 12 dann sollst du sie in dein Haus
bringen und sie soll sich den Kopf scheren, ihre
Nägel kürzen 13 und die Gefangenenkleidung
ablegen. Sie soll in deinem Haus wohnen und
einen Monat lang ihren Vater und ihre Mutter
beweinen. Danach darfst du mit ihr Verkehr
haben, du darfst ihr Mann werden und sie dei-
ne Frau. 14 Wenn sie dir aber nicht mehr gefällt,
darfst du sie entlassen und sie darf tun, was sie
will. Auf keinen Fall darfst du sie für Silber

verkaufen. Auch darfst du sie nicht als Sklavin
kennzeichnen. Denn du hast sie dir gefügig
gemacht.

ERBRECHT DES ERSTGEBORENEN SOHNES: 21,15–17

15 Wenn ein Mann zwei Frauen hat, eine, die er
liebt, und eine, die er nicht liebt, und wenn
beide ihm Söhne gebären, die geliebte wie die
ungeliebte, und der erstgeborene Sohn von der
ungeliebten stammt, 16 dann darf er, wenn er
sein Erbe unter seine Söhne verteilt, den Sohn
der geliebten Frau nicht als Erstgeborenen be-
handeln und damit gegen das Recht des wirkli-
chen Erstgeborenen, des Sohnes der ungelieb-
ten Frau, verstoßen. 17 Vielmehr soll er den
Erstgeborenen, den Sohn der Ungeliebten, an-
erkennen, indem er ihm von allem, was er be-
sitzt, den doppelten Anteil gibt. Ihn hat er zuerst
gezeugt, er besitzt das Erstgeborenenrecht.

KONFLIKT ZWISCHEN ELTERN UND SOHN: 21,18–21

18 Wenn ein Mann einen störrischen und wi-
derspenstigen Sohn hat, der nicht auf die
Stimme seines Vaters und seiner Mutter hört,
und wenn sie ihn züchtigen und er trotzdem
nicht auf sie hört, 19 dann sollen Vater und
Mutter ihn packen, vor die Ältesten der Stadt
und die Torversammlung des Ortes führen
20 und zu den Ältesten der Stadt sagen: Unser
Sohn hier ist störrisch und widerspenstig, er
hört nicht auf unsere Stimme, er ist ein Ver-
schwender und Trinker. 21 Dann sollen alle
Männer der Stadt ihn steinigen und er soll
sterben. Du sollst das Böse aus deiner Mitte
wegschaffen. Ganz Israel soll davon hören,
damit sie sich fürchten.

19: 19,12 / **20**: Spr 23,19f. / **21**: 13,6.12

BESTATTUNG VON HINGERICHTETEN: 21,22f.

22 Wenn jemand ein Verbrechen begangen hat,
auf das die Todesstrafe steht, wenn er hinge-
richtet wird und du den Toten an einen Pfahl
hängst, 23 dann soll die Leiche nicht über Nacht
am Pfahl hängen bleiben, sondern du sollst ihn
noch am gleichen Tag begraben; denn ein Ge-
henkter ist ein von Gott Verfluchter. Du sollst
das Land nicht unrein werden lassen, das der
HERR, dein Gott, dir als Erbbesitz gibt.

22f.: Jos 8,29; 10,26f.; Mt 27,57f.; Joh 19,31; Gal 3,13

GEFUNDENES GUT: 22,1–3

22 1 Du sollst nicht untätig zusehen, wie
ein Stier oder ein Lamm deines Bruders
sich verläuft. Du sollst dann nicht so tun, als
gingen sie dich nichts an, sondern sie deinem
Bruder zurückbringen. 2 Wenn dein Bruder
nicht in der Nähe wohnt oder wenn du ihn
nicht kennst, sollst du das Tier in deinen Stall
tun und es soll bei dir bleiben, bis dein Bruder
es sucht und du es ihm zurückgeben kannst.
3 Ebenso sollst du es mit einem Esel halten,
ebenso mit einem Gewand, ebenso mit allem
anderen, was dein Bruder verloren hat: was er
verloren hat und was du findest. Du kannst gar
nicht so tun, als ginge dich das nichts an.

1–3: Ex 23,4; Lev 19,18

NACHBARSCHAFTLICHE HILFE: 22,4

4 Du sollst nicht untätig zusehen, wie ein Esel
oder ein Ochse deines Bruders auf dem Weg
zusammenbricht. Du sollst dann nicht so tun,
als gingen sie dich nichts an, sondern ihm
helfen, sie wieder aufzurichten.

4: Ex 23,5

KLEIDUNG UND GESCHLECHT: 22,5

5 Eine Frau soll nicht die Ausrüstung eines
Mannes tragen und ein Mann soll kein Frau-
enkleid anziehen; denn jeder, der das tut, ist
dem HERRN, deinem Gott, ein Gräuel.

AUSHEBUNG VON VOGELNESTERN: 22,6f.

6 Wenn du unterwegs auf einem Baum oder
auf der Erde zufällig ein Vogelnest mit Jungen
oder mit Eiern darin findest und die Mutter auf
den Jungen oder auf den Eiern sitzt, sollst du
die Mutter nicht zusammen mit den Jungen
herausnehmen. 7 Sondern du sollst die Mutter
fliegen lassen und nur die Jungen nehmen,
damit es dir gut geht und du lange lebst.

SCHUTZGELÄNDER AN DACHTERRASSEN: 22,8

8 Wenn du ein neues Haus baust, sollst du um
die Dachterrasse eine Brüstung ziehen. Du
sollst nicht dadurch, dass jemand herunter-
fällt, Blutschuld auf dein Haus legen.

8: 19,10

VERBOT VON VERMISCHUNG: 22,9–11

9 Du sollst in deinem Weinberg keine anderen
Pflanzen anbauen, sonst verfällt das Ganze

21,17 den doppelten Anteil, andere Übersetzungsmöglichkeit: zwei Drittel.

dem Heiligtum, sowohl was du zusätzlich an-
gebaut hast als auch was der Weinberg trägt.
10 Du sollst nicht Ochse und Esel zusammen
vor den Pflug spannen. 11 Du sollst für deine
Kleidung kein Mischgewebe aus Wolle und
Flachs verwenden.

9–11: Lev 19,19

QUASTEN AN DEN KLEIDERN: 22,12

12 Du sollst an den vier Zipfeln des Überwurfs,
den du trägst, Quasten anbringen.

12: Num 15,38; Mt 23,5

BESCHULDIGUNG DER EHEFRAU WEGEN VOREHELICHEN VERKEHRS: 22,13–21

13 Wenn ein Mann eine Frau geheiratet und mit
ihr Verkehr gehabt hat, sie aber später nicht
mehr liebt 14 und ihr Anrüchiges vorwirft, sie
in Verruf bringt und behauptet: Diese Frau
habe ich geheiratet, aber als ich mich ihr nä-
herte, entdeckte ich, dass sie nicht mehr un-
berührt war!, 15 wenn Vater und Mutter des
Mädchens dann das Beweisstück ihrer Unbe-
rührtheit holen und zu den Ältesten der Stadt
ans Tor bringen 16 und der Vater des Mädchens
den Ältesten erklärt: Ich habe diesem Mann
meine Tochter zur Frau gegeben, aber er liebt
sie nicht mehr, 17 ja er wirft ihr jetzt Anrüchiges
vor, indem er sagt: Ich habe entdeckt, dass dei-
ne Tochter nicht mehr unberührt war!; aber
hier ist das Beweisstück für die Unberührtheit
meiner Tochter!, und wenn sie das Gewand
vor den Ältesten der Stadt ausbreiten, 18 dann
sollen die Ältesten dieser Stadt den Mann pa-
cken und züchtigen lassen. 19 Sie sollen ihm
eine Geldbuße von hundert Silberschekel auf-
erlegen und sie dem Vater des Mädchens über-
geben, weil der Mann eine unberührte Israeli-
tin in Verruf gebracht hat. Sie soll seine Frau
bleiben. Er darf sie niemals entlassen. 20 Wenn
der Vorwurf aber zutrifft, wenn sich keine Be-
weisstücke für die Unberührtheit des Mäd-
chens beibringen lassen, 21 soll man das Mäd-
chen hinausführen und vor die Tür ihres
Vaterhauses bringen. Dann sollen die Männer
ihrer Stadt sie steinigen und sie soll sterben;
denn sie hat eine Schandtat in Israel begangen,
indem sie in ihrem Vaterhaus Unzucht trieb.
Du sollst das Böse aus deiner Mitte wegschaf-
fen.

13–21: 5,18.21; 13,6; 19,12

EHEBRUCH MIT EINER VERHEIRATETEN FRAU: 22,22

22 Wenn ein Mann dabei ertappt wird, wie er
bei einer verheirateten Frau liegt, dann sollen
beide sterben, der Mann, der bei der Frau gele-
gen hat, und die Frau. Du sollst das Böse aus
Israel wegschaffen.

22: 13,6; Lev 18,20; 20,10; Joh 8,5

BEISCHLAF MIT DER VERLOBTEN EINES ANDEREN: 22,23–27

23 Wenn ein unberührtes Mädchen mit einem
Mann verlobt ist und ein anderer Mann ihr in
der Stadt begegnet und sich mit ihr hinlegt,
24 dann sollt ihr beide zum Tor dieser Stadt
führen. Ihr sollt sie steinigen und sie sollen
sterben, das Mädchen, weil es in der Stadt
nicht um Hilfe geschrien hat, und der Mann,
weil er sich die Frau eines andern gefügig ge-
macht hat. Du sollst das Böse aus deiner Mitte
wegschaffen. 25 Wenn der Mann dem verlob-
ten Mädchen aber auf freiem Feld begegnet, sie
festhält und sich mit ihr hinlegt, dann soll nur
der Mann sterben, der bei ihr gelegen hat,
26 dem Mädchen aber sollst du nichts tun. Bei
dem Mädchen handelt es sich nicht um ein
Verbrechen, auf das der Tod steht; denn dieser
Fall ist so zu beurteilen, wie wenn ein Mann
einen andern überfällt und ihn tötet. 27 Auf
freiem Feld ist er ihr begegnet, das verlobte
Mädchen mag um Hilfe geschrien haben, aber
es ist kein Helfer dagewesen.

24: 13,6

BEISCHLAF MIT EINER NOCH NICHT VERLOBTEN: 22,28f.

28 Wenn ein Mann einem unberührten Mäd-
chen, das noch nicht verlobt ist, begegnet, sie
packt und sich mit ihr hinlegt und sie ertappt
werden, 29 soll der Mann, der bei ihr gelegen
hat, dem Vater des Mädchens fünfzig Silber-
schekel zahlen und sie soll seine Frau werden,
weil er sie sich gefügig gemacht hat. Er darf sie
niemals entlassen.

28f.: Ex 22,15f.

BLUTSCHANDE: 23,1

23 1 Ein Mann darf eine Frau seines Vaters
nicht heiraten; denn er darf das Bett
seines Vaters nicht aufdecken.

1: 27,20; Lev 18,8; 20,11; 1 Kor 5,1

ZUTRITT ZUR VERSAMMLUNG DES HERRN: 23,2–9

2 In die Versammlung des HERRN darf keiner
kommen, dessen Hoden zerquetscht sind
oder dessen Glied verstümmelt ist. 3 In die
Versammlung des HERRN darf kein Bastard
kommen; auch in der zehnten Generation dür-
fen seine Nachkommen nicht in die Versamm-
lung des HERRN kommen. 4 In die Versamm-
lung des HERRN darf kein Ammoniter oder
Moabiter kommen, auch nicht in der zehnten
Generation. Niemals dürfen ihre Nachkom-
men in die Versammlung des HERRN kom-
men; 5 denn sie sind euch nicht mit Brot und
Wasser auf dem Weg entgegengegangen, als
ihr aus Ägypten zogt, und Moab hat Bileam,
den Sohn Beors, aus Petor in Mesopotamien
gegen dich gedungen, damit er dich verfluch-
te – 6 doch der HERR, dein Gott, hat sich ge-
weigert, Bileam zu erhören, und der HERR,
dein Gott, hat für dich den Fluch in Segen
verwandelt; denn der HERR, dein Gott, liebt
dich. 7 Du sollst dich nie und nimmer um einen
Friedens- und Freundschaftsvertrag mit ihnen
bemühen. 8 Der Edomiter dagegen soll dir kein
Gräuel sein; denn er ist dein Bruder. Der Ägyp-
ter soll dir kein Gräuel sein; denn du hast als
Fremder in seinem Land gewohnt. 9 In der
dritten Generation dürfen ihre leiblichen
Nachkommen in die Versammlung des
HERRN kommen.

4: Neh 13,1–3 / **5f.**: Num 22–24 / **6**: 10,15 / **7**: Esra 9,12

REINHEIT DES HEERLAGERS: 23,10–15

10 Wenn du ins Feld ziehst und gegenüber
deinen Feinden das Lager aufschlägst, sollst
du dich vor jeder Unsauberkeit hüten.
11 Wenn jemand unter dir ist, der nicht mehr
rein ist, weil nachts etwas geschah, soll er in
das Vorgelände des Lagers gehen und das La-
ger nicht betreten. 12 Wenn der Abend
kommt, soll er sich mit Wasser waschen, und
wenn die Sonne untergeht, darf er in das La-
ger zurückkehren. 13 Du sollst im Vorgelände
des Lagers eine Ecke haben, wo du austreten
kannst. 14 In deinem Gepäck sollst du eine
Schaufel haben, und wenn du dich draußen
hinhocken willst, dann grab damit ein Loch
und nachher deck deine Notdurft wieder zu!
15 Denn der HERR, dein Gott, hält sich in der
Mitte deines Lagers auf, um dich der Gefahr
zu entreißen und dir deine Feinde auszulie-
fern. Dein Lager soll heilig sein, damit er bei
dir nichts Anstößiges sieht und sich nicht von
dir abwendet.

VERBOT DER AUSLIEFERUNG VON FLÜCHTLINGEN: 23,16f.

16 Du sollst einen fremden Untertan, der vor
seinem Herrn bei dir Schutz sucht, seinem
Herrn nicht ausliefern. 17 Bei dir soll er wohnen
dürfen, in deiner Mitte, in einem Ort, den er
sich in einem deiner Stadtbereiche auswählt,
wo es ihm gefällt. Du sollst ihn nicht ausbeu-
ten.

17: Ex 22,20; Lev 19,33

VERBOTENE HEILIGUNG VON PERSONEN: 23,18

18 Unter den Frauen Israels soll es keine Ge-
heiligte geben und unter den Männern Israels
soll es keinen Geheiligten geben.

18f.: 1 Kön 14,24; 15,12; 22,47; 2 Kön 23,7

VERBOTENE ABGABE AN DEN TEMPEL: 23,19

19 Du sollst weder Dirnenlohn noch Hunde-
geld in den Tempel des HERRN, deines Gottes,
bringen. Kein Gelübde kann dazu verpflich-
ten; denn auch diese beiden Dinge sind dem
HERRN, deinem Gott, ein Gräuel.

ZINSEN: 23,20f.

20 Du darfst von deinem Bruder keine Zinsen
nehmen: weder Zinsen für Geld noch Zinsen
für Getreide noch Zinsen für sonst etwas,
wofür man Zinsen nimmt. 21 Von einem Aus-
länder darfst du Zinsen nehmen, von deinem
Bruder darfst du keine Zinsen nehmen, damit
der HERR, dein Gott, dich segnet in allem, was
deine Hände schaffen, in dem Land, in das du
hineinziehst, um es in Besitz zu nehmen.

20f.: 15,3; Ex 22,24; Lev 25,36f.

GELÜBDE: 23,22–24

22 Wenn du vor dem HERRN, deinem Gott, ein
Gelübde machst, sollst du nicht zögern, es zu
erfüllen; sonst wird es der HERR, dein Gott,
von dir einfordern und die Strafe für diese
Sünde wird über dich kommen. 23 Wenn du
davon absiehst, Gelübde zu machen, wird
auch die Strafe für diese Sünde nicht über dich
kommen. 24 Was dir über die Lippen gekom-
men ist, darauf sollst du auch achten und du

23,18 Geheiligte bzw. Geheiligter sind Bezeichnungen für eine uns nicht näher greifbare Gruppe des Kultpersonals.

sollst es halten, da du dem HERRN, deinem
Gott, ja aus freien Stücken gelobt hast, was
dein Mund genannt hat.

22–24: Num 30,3; Koh 5,3f.; Mt 5,33

FRÜCHTE AM WEG: 23,25f.

25 Wenn du in den Weinberg eines andern
kommst, darfst du so viel Trauben essen, wie du
magst, bis du satt bist, nur darfst du nichts in
ein Gefäß tun. 26 Wenn du durch das Kornfeld
eines andern kommst, darfst du mit der Hand
Ähren abreißen, aber die Sichel darfst du auf
dem Kornfeld eines andern nicht schwingen.

26: Mt 12,1; Mk 2,23; Lk 6,1

WIEDERAUFNAHME EINER GESCHIEDENEN EHEFRAU: 24,1–4

24 1 Wenn ein Mann eine Frau geheiratet
hat und ihr Ehemann geworden ist, sie
ihm dann aber nicht gefällt, weil er an ihr et-
was Anstößiges entdeckt, wenn er ihr dann
eine Scheidungsurkunde ausstellt, sie ihr
übergibt und sie aus seinem Haus fortschickt,
2 sie sein Haus verlässt, die Frau eines anderen
Mannes wird, 3 wenn dann der zweite Mann
sie nicht mehr liebt, ihr eine Scheidungsur-
kunde ausstellt, sie ihr übergibt und sie aus
seinem Haus fortschickt oder wenn der ande-
re Mann, der sie geheiratet hat, stirbt, 4 dann
darf sie ihr erster Mann, der sie fortgeschickt
hat, nicht wieder heiraten, sodass sie wieder
seine Frau würde, nachdem sie für ihn unbe-
rührbar geworden ist. Das wäre dem HERRN
ein Gräuel. Du sollst das Land, das der HERR,
dein Gott, dir als Erbbesitz gibt, nicht der
Sünde verfallen lassen.

1: Mt 5,31, 19,7; Mk 10,4

BEFREIUNG NEUVERMÄHLTER VOM KRIEGSDIENST: 24,5

5 Wenn ein Mann neuvermählt ist, muss er
nicht mit dem Heer ausrücken. Man soll auch
keine andere Leistung von ihm verlangen. Ein
Jahr lang darf er frei von Verpflichtungen zu
Hause bleiben und die Frau, die er geheiratet
hat, erfreuen.

5: 20,7

VERBOTENES PFANDGUT: 24,6

6 Man darf nicht die Handmühle oder den obe-
ren Mühlstein als Pfand nehmen; denn dann
nimmt man das Leben selbst als Pfand.

MENSCHENRAUB: 24,7

7 Wenn ein Mann dabei ertappt wird, wie er
einen seiner Brüder, einen Israeliten, entführt,
ihn als Sklaven kennzeichnet und verkauft,
dann soll dieser Entführer sterben. Du sollst
das Böse aus deiner Mitte wegschaffen.

7: 5,19; 13,6; Ex 21,16

AUSSATZ: 24,8f.

8 Nimm dich in Acht, wenn Aussatz als Seuche
auftritt! Achte genau auf alles, wozu euch die
levitischen Priester anweisen, und haltet es! So
wie ich es ihnen aufgetragen habe, sollt ihr
darauf achten und es halten. 9 Denkt an das,
was der HERR, dein Gott, als ihr aus Ägypten
zogt, unterwegs mit Mirjam getan hat!

8: 10,8; Lev 13f. / **9**: Num 12,10

PFANDEINBRINGUNG UND PFANDBEHANDLUNG: 24,10–13

10 Wenn du einem andern irgendein Darlehen
gibst, sollst du, um das Pfand zu holen, nicht
sein Haus betreten. 11 Du sollst draußen stehen
bleiben und der Mann, dem du das Darlehen
gibst, soll dir ein Pfand nach draußen bringen.
12 Wenn er in Not ist, sollst du sein Pfand nicht
über Nacht behalten. 13 Bei Sonnenuntergang
sollst du ihm sein Pfand zurückgeben. Dann
kann er in seinem Mantel schlafen, er wird
dich segnen und du wirst vor dem HERRN,
deinem Gott, im Recht sein.

13: 6,25; Ex 22,25f.

LOHNAUSZAHLUNG AN DEN TAGELÖHNER: 24,14f.

14 Du sollst einen notleidenden und armen
Tagelöhner unter deinen Brüdern oder unter
den Fremden, die in deinem Land innerhalb
deiner Stadtbereiche wohnen, nicht ausbeu-
ten. 15 An dem Tag, an dem er arbeitet, sollst
du ihm auch seinen Lohn geben. Die Sonne
soll darüber nicht untergehen; denn er ist in
Not und lechzt danach. Dann wird er nicht den
HERRN gegen dich anrufen und es wird keine
Strafe für eine Sünde über dich kommen.

14f.: 15,9; Lev 19,13; Tob 4,14; Mt 20,8; Jak 5,4; Mal 3,5

24,14 Andere Lesart: Du sollst den Lohn eines Notleidenden und Armen unter deinen Brüdern oder unter den Fremden, die in deinem Land innerhalb deines Stadtbereiches wohnen, nicht zurückhalten.

VERBOT DER SIPPENHAFT: 24,16

16 Väter sollen nicht wegen ihrer Söhne und
Söhne nicht wegen ihrer Väter mit dem Tod
bestraft werden. Jeder soll nur für sein eigenes
Verbrechen mit dem Tod bestraft werden.

16: 7,10; 2 Kön 14,6; Ez 18,20

DER SOZIAL SCHWACHE: 24,17f.

17 Du sollst das Recht von Fremden, die Wai-
sen sind, nicht beugen; du sollst das Kleid einer
Witwe nicht als Pfand nehmen. 18 Denk daran:
Als du in Ägypten Sklave warst, hat dich der
HERR, dein Gott, dort freigekauft. Darum ma-
che ich es dir zur Pflicht, diese Bestimmung
einzuhalten.

17: 14,29 27,19; Ex 22,20–23; 23,9 / **18:** 5,15

DIE VERGESSENE GARBE: 24,19

19 Wenn du dein Feld aberntest und eine Gar-
be auf dem Feld vergisst, sollst du nicht um-
kehren, um sie zu holen. Sie soll den Fremden,
Waisen und Witwen gehören, damit der
HERR, dein Gott, dich bei jeder Arbeit deiner
Hände segnet.

19: 28,12; Lev 19,9; 23,22; Rut 2

NACHLESE: 24,20–22

20 Wenn du einen Ölbaum abgeklopft hast,
sollst du nicht auch noch die Zweige absuchen.
Was noch hängt, soll den Fremden, Waisen
und Witwen gehören. 21 Wenn du in deinem
Weinberg die Trauben geerntet hast, sollst du
keine Nachlese halten. Sie soll den Fremden,
Waisen und Witwen gehören. 22 Denk daran:
Du bist in Ägypten Sklave gewesen. Darum
mache ich es dir zur Pflicht, diese Bestimmung
einzuhalten.

21: Lev 19,10 / **22:** 5,15

PRÜGELSTRAFE: 25,1–3

25 1 Wenn zwei Männer eine Auseinan-
dersetzung haben, vor Gericht gehen
und man zwischen ihnen die Entscheidung
fällt, indem man dem Recht gibt, der im
Recht ist, und den schuldig spricht, der schul-
dig ist, 2 dann soll der Richter, falls der Schul-
dige zu einer Prügelstrafe verurteilt wurde,
anordnen, dass er sich hinlegt und in seiner
Gegenwart eine bestimmte Anzahl von
Schlägen erhält, wie es seiner Schuld ent-
spricht. 3 Vierzig Schläge darf er ihm geben
lassen, mehr nicht. Sonst könnte dein Bruder,
wenn man ihm darüber hinaus noch viele
Schläge gibt, vor deinen Augen entehrt wer-
den.

3: 2 Kor 11,24

DER OCHSE BEIM DRESCHEN: 25,4

4 Du sollst dem Ochsen zum Dreschen keinen
Maulkorb anlegen.

4: 1 Kor 9,9; 1 Tim 5,18

SCHWAGEREHE: 25,5–10

5 Wenn zwei Brüder zusammenwohnen und
der eine von ihnen stirbt und keinen Sohn
hat, soll die Frau des Verstorbenen nicht die
Frau eines fremden Mannes außerhalb der
Familie werden. Ihr Schwager soll sich ihrer
annehmen, sie heiraten und die Schwagerehe
mit ihr vollziehen. 6 Der erste Sohn, den sie
gebiert, soll den Namen des verstorbenen
Bruders weiterführen. So soll dessen Name
in Israel nicht erlöschen. 7 Wenn der Mann
aber seine Schwägerin nicht heiraten will und
seine Schwägerin zu den Ältesten ans Tor hi-
naufgeht und sagt: Mein Schwager will dem
Namen seines Bruders in Israel keinen Be-
stand sichern und hat es deshalb abgelehnt,
mit mir die Schwagerehe einzugehen!, 8 wenn
die Ältesten seiner Stadt ihn dann vorladen
und zur Rede stellen, er aber bei seiner Hal-
tung bleibt und erklärt: Ich will sie nicht hei-
raten!, 9 dann soll seine Schwägerin vor den
Augen der Ältesten zu ihm hintreten, ihm
den Schuh vom Fuß ziehen, ihm ins Gesicht
spucken und ausrufen: So behandelt man ei-
nen, der seinem Bruder das Haus nicht baut.
10 Ihm soll man in Israel den Namen geben:
Barfüßerhaus.

5f.: 19,12; Gen 38,8f.; Rut 4; Mt 22,24; Mk 12,19; Lk 20,28

ÜBERGRIFF BEIM STREIT: 25,11f.

11 Wenn zwei Männer, ein Mann und sein Bru-
der, miteinander raufen und die Frau des einen
hinzukommt, um ihren Mann aus der Gewalt
des andern, der auf ihn einschlägt, zu befreien,
und wenn sie die Hand ausstreckt und dessen
Schamteile ergreift, 12 dann sollst du ihr die
Hand abhacken. Du sollst in dir kein Mitleid
aufsteigen lassen.

12: 19,13

FALSCHES GEWICHT UND MASS: 25,13–16

13 Du sollst in deinem Beutel nicht zwei ver-
schiedene Gewichte haben, ein größeres und
ein kleineres. 14 Du sollst in deinem Haus nicht

zwei verschiedene Efa haben, ein größeres und
ein kleineres. 15 Volle und richtige Gewichte
sollst du haben, volle und richtige Hohlmaße
sollst du haben, damit du lange in dem Land
lebst, das der HERR, dein Gott, dir gibt. 16 Denn
alle, die so etwas tun, alle Betrüger, sind dem
HERRN ein Gräuel.

13–16: Lev 19,35f.; Spr 11,1; 16,11; 20,10.23; Am 8,5

VERGELTUNG AN DEN AMALEKITERN: 25,17–19

17 Denk daran, was Amalek dir unterwegs
angetan hat, als ihr aus Ägypten zogt: 18 wie er
unterwegs auf dich stieß und, als du müde und
matt warst, ohne jede Gottesfurcht alle er-
schöpften Nachzügler von hinten nieder-
machte. 19 Wenn der HERR, dein Gott, dir vor
allen deinen Feinden ringsum Ruhe verschafft
hat in dem Land, das der HERR, dein Gott, dir
als Erbbesitz gibt, damit du es in Besitz
nimmst, dann lösche die Erinnerung an Ama-
lek unter dem Himmel aus! Du sollst nicht
vergessen.

17–19: 12,10; Ex 17,14; 1 Sam 15

DARBRINGUNG DER ERSTLINGSFRÜCHTE: 26,1–11

26 1 Wenn du in das Land, das der HERR,
dein Gott, dir als Erbbesitz gibt, hi-
neinziehst, es in Besitz nimmst und darin
wohnst, 2 dann sollst du von den ersten Erträ-
gen aller Feldfrüchte, die du in dem Land, das
der HERR, dein Gott, dir gibt, eingebracht
hast, etwas nehmen und in einen Korb legen.
Dann sollst du zu der Stätte ziehen, die der
HERR, dein Gott, erwählen wird, indem er
dort seinen Namen wohnen lässt. 3 Du sollst
vor den Priester treten, der dann amtiert, und
sollst zu ihm sagen: Heute bestätige ich vor
dem HERRN, deinem Gott, dass ich in das
Land gekommen bin, von dem ich weiß: Er hat
unseren Vätern geschworen, es uns zu geben.
4 Dann soll der Priester den Korb aus deiner
Hand entgegennehmen und ihn vor den Altar
des HERRN, deines Gottes, stellen. 5 Du aber
sollst vor dem HERRN, deinem Gott, folgen-
des Bekenntnis ablegen:

Mein Vater war ein heimatloser Aramäer. Er
zog nach Ägypten, lebte dort als Fremder mit
wenigen Leuten und wurde dort zu einem gro-
ßen, mächtigen und zahlreichen Volk. 6 Die
Ägypter behandelten uns schlecht, machten
uns rechtlos und legten uns harte Fronarbeit
auf. 7 Wir schrien zum HERRN, dem Gott un-
serer Väter, und der HERR hörte unser Schrei-
en und sah unsere Rechtlosigkeit, unsere Ar-
beitslast und unsere Bedrängnis. 8 Der HERR
führte uns mit starker Hand und hoch erhobe-
nem Arm, unter großem Schrecken, unter
Zeichen und Wundern aus Ägypten, 9 er
brachte uns an diese Stätte und gab uns dieses
Land, ein Land, wo Milch und Honig fließen.
10 Und siehe, nun bringe ich hier die ersten
Erträge von den Früchten des Landes, das du
mir gegeben hast, HERR.

Wenn du den Korb vor den HERRN, deinen
Gott, gestellt hast, sollst du dich vor dem
HERRN, deinem Gott, niederwerfen. 11 Dann
sollst du fröhlich sein und dich freuen über
alles Gute, das der HERR, dein Gott, dir und
deiner Familie gegeben hat: du, die Leviten
und die Fremden in deiner Mitte.

2: 12,11.14 / **3:** 1,8; 17,9 / **5:** Gen 12,10; 18,18; 26,2f.; 46,3; 47,4 / **6:** Ex 1,9–12; 5,9.23 / **7:** Ex 3,7.9; 22,20.22 / **8:** 4,34; Ex 3,19; 4,8f.21; 8,19 / **9:** 6,3; Ex 23,20 / **11:** 12,7; 16,14

GEBET NACH DER ABLIEFERUNG DES ZEHNTEN FÜR DIE ARMEN: 26,12–15

12 Wenn du im dritten Jahr, dem Zehntjahr,
alle Zehntanteile von deiner Ernte vollständig
ausgesondert und für die Leviten, Fremden,
Waisen und Witwen abgeliefert hast und sie
davon in deinen Stadtbereichen essen und satt
werden, 13 dann sollst du vor dem HERRN,
deinem Gott, sagen: Ich habe alle heiligen Ab-
gaben aus meinem Haus geschafft.

Ich habe sie für die Leviten und die Fremden,
für die Waisen und die Witwen gegeben, ge-
nau nach deinem Gebot, auf das du mich ver-
pflichtet hast. Ich habe deine Gebote nicht
übertreten und nicht vergessen. 14 Ich habe in
der Trauerzeit nicht davon gegessen. Ich habe
nichts davon weggeschafft, als ich unrein war.
Ich habe nichts davon einem Toten gespendet.
Ich habe auf die Stimme des HERRN, meines
Gottes, gehört. Ich habe alles so gehalten, wie
du es mir zur Pflicht gemacht hast. 15 Blick von
deiner heiligen Wohnung, vom Himmel, he-
rab und segne dein Volk Israel und das Land,
das du uns gegeben hast, wie du es unseren
Vätern geschworen hattest, das Land, wo
Milch und Honig fließen!

12f.: 14,29 / **15:** 1,8; 6,3; 28,8

DER GRUND, DAS GESETZ ZU HALTEN: DER BUND: 26,16–19

16 Heute, an diesem Tag, verpflichtet dich der
HERR, dein Gott, diese Gesetze und die
Rechtsentscheide zu halten: Du sollst sie be-
wahren und sie halten mit ganzem Herzen
und mit ganzer Seele.

17 Heute hast du der Erklärung des HERRN
zugestimmt. Er hat dir erklärt: Er will dein
Gott werden und du sollst auf seinen Wegen
gehen, seine Gesetze, Gebote und Rechts-
entscheide bewahren und auf seine Stimme
hören.

18 Und der HERR hat heute deiner Erklärung
zugestimmt. Du hast ihm erklärt: Du möch-
test das Volk werden, das ihm persönlich ge-
hört, wie er es dir zugesagt hat. Du willst alle
seine Gebote bewahren; 19 er soll dich über alle
Völker, die er geschaffen hat, erheben – zum
Lob, zum Ruhm, zur Zierde –; und du möch-
test ein Volk werden, das ihm, dem HERRN,
deinem Gott, heilig ist, wie er es zugesagt hat.

16: 5,1 / **17–19:** 29,12; 2 Sam 7,24

AUFTRÄGE FÜR DIE ZEIT NACH DEM JORDANÜBERGANG: 27,1–26

27 1 Mose und die Ältesten Israels befahlen
dem Volk: Bewahrt das ganze Gebot,
auf das ich euch heute verpflichte! 2 An dem
Tag, wenn ihr über den Jordan zieht in das
Land, das der HERR, dein Gott, dir gibt, sollst
du große Steine aufrichten, sie mit Kalk be-
streichen 3 und alle Worte dieser Weisung
darauf schreiben, wenn du hinüberziehst, da-
mit du in das Land, das der HERR, dein Gott,
dir gibt, das Land, wo Milch und Honig flie-
ßen, so wie der HERR, der Gott deiner Väter,
es dir zugesagt hat, auch hineinziehen kannst.
4 Wenn ihr über den Jordan zieht, sollt ihr
diese Steine, die zu errichten ich euch heute
befehle, auf dem Berg Ebal aufrichten. Mit
Kalk sollst du sie bestreichen. 5 Dort sollst du
dem HERRN, deinem Gott, einen Altar bauen,
einen Altar aus Steinen. Du darfst nicht mit
Eisenwerkzeug daran arbeiten. 6 Aus unbe-
hauenen Steinen sollst du den Altar des
HERRN, deines Gottes, bauen und auf ihm
sollst du Brandopfertiere für den HERRN, dei-
nen Gott, verbrennen. 7 Dort sollst du Heils-
opfertiere schlachten und verzehren und vor
dem HERRN, deinem Gott, fröhlich sein.
8 Und auf die Steine sollst du in schöner Schrift
alle Worte dieser Weisung schreiben.

9 Mose und die levitischen Priester sagten
zu ganz Israel: Sei still und höre, Israel: Heute,
an diesem Tag, bist du das Volk des HERRN,
deines Gottes, geworden. 10 Du sollst auf die
Stimme des HERRN, deines Gottes, hören und
seine Gebote und Gesetze halten, auf die ich
dich heute verpflichte.

11 Am gleichen Tag befahl Mose dem Volk:
12 Folgende Stämme sollen sich auf dem Berg
Garizim aufstellen, um das Volk zu segnen,
nachdem ihr den Jordan überschritten habt:
Simeon, Levi, Juda, Issachar, Josef und Benja-
min. 13 Und folgende Stämme sollen sich auf
dem Berg Ebal zum Fluch aufstellen: Ruben,
Gad, Ascher, Sebulon, Dan und Naftali. 14 Die
Leviten sollen über alle Männer Israels mit lau-
ter Stimme ausrufen: 15 Verflucht ist der Mann,
der ein Gottesbildnis, das dem HERRN ein
Gräuel ist, ein Künstlermachwerk, schnitzt
oder gießt und es heimlich aufstellt. Und das
ganze Volk soll ausrufen: Amen. 16 Verflucht,
wer Vater oder Mutter schmäht. Und das gan-
ze Volk soll rufen: Amen. 17 Verflucht, wer den
Grenzstein seines Nachbarn verrückt. Und das
ganze Volk soll rufen: Amen. 18 Verflucht, wer
einem Blinden den falschen Weg weist. Und
das ganze Volk soll rufen: Amen. 19 Verflucht,
wer das Recht der Fremden, die Waisen sind,
und das der Witwen beugt. Und das ganze
Volk soll rufen: Amen. 20 Verflucht, wer sich
mit der Frau seines Vaters hinlegt, denn er
deckt das Bett seines Vaters auf. Und das gan-
ze Volk soll rufen: Amen. 21 Verflucht, wer sich
mit irgendeinem Tier hinlegt. Und das ganze
Volk soll rufen: Amen. 22 Verflucht, wer sich
mit seiner Schwester hinlegt, mit der Tochter
seines Vaters oder mit der Tochter seiner Mut-
ter. Und das ganze Volk soll rufen: Amen.
23 Verflucht, wer sich mit seiner Schwieger-
mutter hinlegt. Und das ganze Volk soll rufen:
Amen. 24 Verflucht, wer einen andern heimlich
erschlägt. Und das ganze Volk soll rufen:
Amen. 25 Verflucht, wer sich bestechen lässt,
einen unschuldigen Menschen zu töten. Und
das ganze Volk soll rufen: Amen. 26 Verflucht,
wer nicht die Worte dieser Weisung stützt,
indem er sie hält. Und das ganze Volk soll ru-
fen: Amen.

27,4 Als ursprünglicher Text ist Garizim in anderen Textzeugen belegt. Ebal in H stammt aus antisamaritanischer Tendenz, denn nach V. 13 ist der Ebal der Berg des Verfluchens und der Tempel der Samaritaner stand auf dem Garizim.

3: 6,3 / **4**: Joh 4,20 / **5f.**: Ex 20,25 / **9**: 7,6; 26,17–19 / **10**: 28,1 / **11–13**: 11,29; Jos 8,33 / **15**: 4,16.28, 5,8; 7,25f.; 9,12, 31,29 / **16**: 5,16; Ex 21,17; Lev 20,9 / **17**: 5,21; 19,14 / **19**: 14,29; 24,17f. / **20**: 23,1; 2 Sam 16,22; 1 Kor 5,1 / **21**: Ex 22,18 / **24**: 5,17; Ex 21,12 / **25**: 19,10; Ex 23,8 / **26**: 2 Kor 3,9; Gal 3,10

ABSCHLUSS DER VERKÜNDIGUNG DES GESETZES: SEGEN FÜR GEHORSAM: 28,1–14

28 1 Wenn du auf die Stimme des HERRN,
deines Gottes, hörst, indem du alle
seine Gebote, auf die ich dich heute verpflich-
te, bewahrst und sie hältst, wird dich der
HERR, dein Gott, über alle Völker der Erde
erheben. 2 Alle diese Segnungen werden über
dich kommen und dich erreichen, wenn du
auf die Stimme des HERRN, deines Gottes,
hörst: 3 Gesegnet bist du in der Stadt, gesegnet
bist du auf dem Land. 4 Gesegnet ist die Frucht
deines Leibes, die Frucht deines Ackers und
die Frucht deines Viehs, der Wurf deiner
Rinder und der Zuwachs an Lämmern und
Zicklein. 5 Gesegnet ist dein Korb und dein
Backtrog. 6 Gesegnet bist du, wenn du heim-
kehrst, gesegnet bist du, wenn du ausziehst.
7 Der HERR stößt die Feinde, die sich gegen
dich erheben, nieder und liefert sie dir aus.
Auf einer Straße ziehen sie gegen dich aus, auf
sieben Straßen fliehen sie vor dir. 8 Der HERR
befiehlt dem Segen, an deiner Seite zu sein: in
deinen Speichern und bei allem, was deine
Hände schaffen. Der HERR segnet dich in dem
Land, das er, dein Gott, dir gibt. 9 Der HERR
lässt dich, wie er es dir geschworen hat, be-
stehen als das Volk, das ihm heilig ist, wenn
du die Gebote des HERRN, deines Gottes,
bewahrst und auf seinen Wegen gehst.
10 Dann sehen alle Völker der Erde, dass der
Name des HERRN über dir ausgerufen ist, und
fürchten sich vor dir. 11 Der HERR schenkt dir
Gutes im Überfluss bei der Frucht deines Lei-
bes, bei der Frucht deines Viehs und bei der
Frucht deines Ackers in dem Land, von dem
du weißt: Der HERR hat deinen Vätern ge-
schworen, es dir zu geben. 12 Der HERR öffnet
dir den Himmel, seine Schatzkammer voll
köstlichen Wassers: Er gibt deinem Land zur
rechten Zeit Regen und segnet jede Arbeit
deiner Hände. An viele Völker kannst du aus-
leihen und du brauchst nichts zu entleihen.
13 Der HERR macht dich zum Kopf und nicht
zum Schwanz. Du kennst nur den Aufstieg,
du kennst keinen Abstieg, wenn du auf die
Gebote des HERRN, deines Gottes, auf die ich
dich heute verpflichte, hörst, sie bewahrst
und sie hältst.
14 Von allen Worten, auf die ich euch heute
verpflichte, sollst du weder rechts noch links
abweichen. Du sollst nicht anderen Göttern
nachfolgen und ihnen dienen.

1: 26,19; 27,10 / **4**: 7,13; 28,11; 30,9; Lk 1,42 / **8**: 26,15 / **9**: 7,6 / **10**: 2,25; 1 Kön 8,43; Jer 14,9 / **11**: 1,8; 28,4; 30,9 / **12**: 2,7; 14,29; 16,15; 24,19; 30,9; 15,6 / **14**: 6,14; 7,4

ABSCHLUSS DER VERKÜNDIGUNG DES GESETZES: FLUCH FÜR UNGEHORSAM: 28,15–68

15 Wenn du nicht auf die Stimme des HERRN,
deines Gottes, hörst, indem du nicht alle sei-
ne Gebote und Satzungen, auf die ich dich
heute verpflichte, bewahrst und sie nicht
hältst, werden alle diese Verfluchungen über
dich kommen und dich erreichen: 16 Verflucht
bist du in der Stadt, verflucht bist du auf dem
Land. 17 Verflucht ist dein Korb und dein Back-
trog. 18 Verflucht ist die Frucht deines Leibes
und die Frucht deines Ackers, der Wurf deiner
Rinder und der Zuwachs an Lämmern und
Zicklein. 19 Verflucht bist du, wenn du heim-
kehrst, verflucht bist du, wenn du ausziehst.
20 Verfluchtsein, Verwirrtsein, Verwünscht-
sein lässt der HERR auf dich los, auf alles, was
deine Hände schaffen und was du tust, bis du
bald vernichtet und bis du ausgetilgt bist we-
gen deines Tuns, durch das du mich böswillig
verlassen hast. 21 Der HERR heftet die Pest an
dich, bis er dich ausgemerzt hat aus dem Land,
in das du hineinziehst, um es in Besitz zu neh-
men. 22 Der HERR schlägt dich mit Schwind-
sucht, Fieber und Brand, mit Glut und
Schwert, Versengung und Vergilbung. Sie
verfolgen dich, bis du ausgetilgt bist. 23 Der
Himmel über deinem Kopf wird zu Erz, die
Erde unter dir wird zu Eisen. 24 Der HERR gibt
deinem Lande Flugsand und Staub als Regen.
Vom Himmel fällt er auf dich herab, bis du
vernichtet bist. 25 Der HERR stößt dich nieder
und liefert dich deinen Feinden aus. Auf einer
Straße ziehst du gegen sie aus, auf sieben Stra-
ßen fliehst du vor ihnen. Alle Könige der Erde
erschauern vor dir. 26 Deine Leichen liegen da
zum Fraß für alle Vögel des Himmels und für
die Tiere der Erde und keiner verscheucht sie.

28,22 mit Glut und Schwert, andere Lesart: mit Glut und Trockenheit.

28,24 Andere Lesart: Der HERR verwandelt den Regen, den dein Land erhält, in Staub. Asche fällt vom Himmel auf dich herab, bis du vernichtet bist.

27 Der HERR schlägt dich mit dem ägyptischen
Geschwür, mit Beulen, Krätze und Grind
und keiner kann dich heilen. 28 Der HERR
schlägt dich mit Wahnsinn, Blindheit und
Irresein. 29 Am hellen Mittag tappst du im
Dunkel wie ein Blinder. Deine Wege führen
nicht zum Erfolg. Dein Leben lang wirst du
ausgebeutet und ausgeraubt und niemand
hilft dir. 30 Du verlobst dich mit einer Frau
und ein anderer schläft mit ihr. Du baust ein
Haus und wohnst nicht darin. Du legst einen
Weinberg an und hältst nicht einmal die erste
Lese. 31 Dein Ochse wird vor deinen Augen
geschlachtet und du bekommst nicht einmal
davon zu essen. Dein Esel wird dir weggeris-
sen und kehrt nicht zurück. Deine Schafe und
Ziegen werden deinen Feinden ausgeliefert
und niemand kommt dir zu Hilfe. 32 Deine
Söhne und Töchter werden einem anderen
Volk ausgeliefert, du siehst dir den ganzen Tag
nach ihnen die Augen aus und zwingst sie
doch nicht herbei. 33 Den Ertrag deines Ackers
und all deinen Gewinn verzehrt ein Volk, das
du früher nicht einmal gekannt hast, und du
wirst dein Leben lang nur ausgebeutet und
misshandelt. 34 Wahnsinn befällt dich bei dem
Anblick, der sich deinen Augen bietet. 35 Der
HERR schlägt dich mit bösen Geschwüren am
Knie und am Schenkel und keiner kann dich
heilen. Von der Sohle bis zum Scheitel bist
du krank. 36 Der HERR bringt dich und den
König, den du über dich eingesetzt hast, zu
einem Volk, das du und deine Väter früher
nicht einmal gekannt haben, und dort musst
du anderen Göttern dienen, Göttern aus Holz
und Stein. 37 Alle Völker, zu denen der HERR
dich führt, wenden sich entsetzt von dir ab,
sagen Spottverse über dich auf und stimmen
Hohngelächter an. 38 Viel Saatgut trägst du
aufs Feld, aber du erntest wenig. Das andere
hat die Heuschrecke gefressen. 39 Weinberge
legst du an und pflegst sie, aber du trinkst kei-
nen Wein und bringst keinen in den Keller.
Der Wurm hat ihn weggefressen. 40 Ölbäume
wachsen überall in deinem Land, aber du hast
kein Öl, um dich zu salben. Dein Ölbaum hat
die Oliven abgeworfen. 41 Söhne und Töchter
hast du gezeugt, aber sie sind nicht bei dir. Sie
sind als Gefangene weggezogen. 42 Alle deine
Bäume und Feldfrüchte nimmt das Ungezie-
fer in Besitz. 43 Der Fremde, der in deiner Mit-
te wohnt, steigt immer höher nach oben, hoch
über dich hinaus, und du steigst immer tiefer
hinab. 44 Er leiht dir aus und du kannst ihm
nichts ausleihen. Er wird zum Kopf und du
wirst zum Schwanz.

45 Alle diese Verfluchungen werden über
dich kommen, dich verfolgen und dich errei-
chen, bis du vernichtet bist, weil du nicht auf
die Stimme des HERRN, deines Gottes, ge-
hört und seine Gebote und Satzungen nicht
bewahrt hast, auf die er dich verpflichtet hat.
46 Für immer werden sie als Zeichen und
Wunder an dir und an deinen Nachkommen
haften.

47 Weil du dem HERRN, deinem Gott, nicht
gedient hast aus Freude und Herzenslust, weil
alles in Überfluss da war, 48 musst du deinen
Feinden dienen, die der HERR gegen dich aus-
gesandt hat. Hunger und Durst wirst du lei-
den, nackt sein und nichts mehr haben. Er legt
dir ein eisernes Joch auf den Nacken, bis er
dich vernichtet hat. 49 Der HERR trägt zum
Kampf gegen dich ein Volk aus der Ferne her-
bei, von den Enden der Erde, das wie ein Ad-
ler herabstößt, ein Volk, dessen Sprache du
noch nie gehört hast, 50 ein Volk mit unbeweg-
lichem Gesicht, das sich dem Greis nicht zu-
wendet und für das Kind kein Mitleid zeigt.
51 Es verzehrt die Frucht deines Viehs und die
Frucht deines Ackers, bis du vernichtet bist.
Es lässt dir nichts übrig vom Korn, vom Wein
und vom Öl, vom Wurf deiner Rinder und
dem Zuwachs an Lämmern und Zicklein, bis
es dich ausgetilgt hat. 52 Es belagert dich in
allen deinen Städten, bis die Mauern fallen,
die hohen, festgefügten Mauern, auf die du
dich in deinem ganzen Land verlässt. Es bela-
gert dich in allen deinen Städten in dem gan-
zen Land, das der HERR, dein Gott, dir gege-
ben hat. 53 In der Not der Belagerung, wenn
dein Feind dich einschnürt, musst du die
Frucht deines eigenen Leibes essen, das
Fleisch deiner Söhne und Töchter, die dir der
HERR, dein Gott, geschenkt hat. 54 Der weich-
lichste und verwöhnteste Mann blickt dann
bei dir missgünstig auf seinen Bruder, auf die
Frau, mit der er schläft, und auf den Rest der
Kinder, die er noch übrig gelassen hat, 55 und
möchte niemandem etwas abgeben von dem
Fleisch seiner Kinder, das er isst, weil ihm
keine Nahrung mehr übrig geblieben ist in der
Not der Belagerung, wenn dein Feind dich in
allen deinen Städten einschnürt. 56 Die weich-
lichste und verwöhnteste Frau, die noch nie
versucht hat, ihren Fuß auf die Erde zu setzen

vor lauter Verwöhntheit und Verweichli-
chung, blickt missgünstig auf den Mann, mit
dem sie schläft, auf ihren Sohn und ihre Toch-
ter, 57 auf die Nachgeburt, die zwischen ihren
Beinen hervorkommt, und auf die Kinder, die
sie noch gebären wird; denn sie will sie heim-
lich essen, weil sie nichts mehr hat in der Not
der Belagerung, wenn dein Feind dich in allen
deinen Städten einschnürt.
58 Wenn du nicht alle Worte dieser Wei-
sung, die in dieser Urkunde aufgezeichnet
sind, bewahrst und sie hältst, aus Furcht vor
diesem herrlichen und Furcht erregenden Na-
men, vor dem HERRN, deinem Gott, 59 wird
der HERR die Schläge, die er dir und deinen
Nachkommen versetzt, über alles Gewohnte
hinaus steigern zu gewaltigen und hartnäcki-
gen Schlägen, zu schlimmen und hartnäcki-
gen Krankheiten. 60 Er wird alle ägyptischen
Seuchen, vor denen du Angst hast, wieder
über dich bringen und sie werden an dir haf-
ten bleiben. 61 Auch alle Krankheiten und
Schläge, die nicht in der Urkunde dieser Wei-
sung aufgezeichnet sind, wird der HERR über
dich bringen, bis du vernichtet bist. 62 Dann
werden nur noch wenige Leute von euch übrig
bleiben, statt dass ihr zahlreich seid wie die
Sterne am Himmel; denn du hast nicht auf die
Stimme des HERRN, deines Gottes, gehört.
63 So wie der HERR seine Freude daran hatte,
euch Gutes zu tun und euch zahlreich zu ma-
chen, so wird der HERR seine Freude daran
haben, euch auszutilgen und euch zu vernich-
ten. Ihr werdet aus dem Land, in das du nun
hineinziehst, um es in Besitz zu nehmen, he-
rausgerissen werden. 64 Der HERR wird dich
unter alle Völker verstreuen, vom einen Ende
der Erde bis zum anderen Ende der Erde. Dort
musst du anderen Göttern dienen, die du und
deine Väter vorher nicht einmal gekannt ha-
ben, Göttern aus Holz und Stein. 65 Unter
diesen Nationen wirst du keine Ruhe finden.
Es wird keine Stelle geben, wohin du deinen
Fuß setzen kannst. Der HERR wird dir dort
das Herz erzittern, die Augen verlöschen und
den Atem stocken lassen. 66 Du wirst in Le-
bensgefahr schweben, bei Nacht und bei Tag
erschrecken und nicht mehr an dein Leben
glauben. 67 Am Morgen wirst du sagen: Wenn
es doch schon Abend wäre!, und am Abend:
Wenn es doch schon Morgen wäre! – um dem
Schrecken zu entfliehen, der dein Herz befällt,
und dem Anblick, der sich deinen Augen bie-
tet. 68 Der HERR wird dich auf Schiffen nach
Ägypten zurückbringen, auf einem Weg, von
dem ich dir gesagt hatte: Du sollst ihn niemals
wiedersehen. Dort werdet ihr euch deinen
Feinden als Sklaven und Sklavinnen zum Ver-
kauf anbieten, aber niemand wird euch kau-
fen.

21: 1 Kön 8,37; Jer 24,10 / **23**: 11,17; 1 Kön 8,35 / **26**: Jer 7,33 / **27**: 7,15; Offb 16,2 / **30**: 20,5–7 / **35**: Offb 16,2 / **36**: 4,28; 2 Kön 17,4–6; 25,7.11 / **37**: 1 Kön 9,7 / **38–41**: 24,19–22; Mi 6,15 / **48**: Jer 28,13f. / **49**: Jer 5,15; Bar 4,15 / **52**: Jer 5,17 / **53**: Jer 19,9; Klgl 2,20; 4,10 / **60**: 28,27 / **62**: 4,27; 1,10 / **63**: 30,9 / **64**: 4,28; 30,3 / **68**: 17,16; Gen 26,2; Jer 43,7; Hos 8,13; 9,3

LETZTE VERFÜGUNGEN DES MOSE: 28,69–32,52

GESCHICHTLICHER RÜCKBLICK: 28,69–29,8

69 Das sind die Worte, mit denen der Bund
geschlossen wurde, den Mose im Auftrag des
HERRN in Moab mit den Israeliten schloss,
zusätzlich zu dem Bund, den er mit ihnen am
Horeb geschlossen hatte.

69: 1,1; 5,2

29 1 Mose rief ganz Israel zusammen und
sagte zu den Israeliten: Ihr habt alles
gesehen, was der HERR in Ägypten vor euren
Augen mit dem Pharao, mit seinem ganzen
Hof und seinem ganzen Land getan hat. 2 Mit
eigenen Augen hast du jene schweren Prüfun-
gen, die großen Zeichen und Wunder gesehen.
3 Aber einen Verstand, der wirklich erkennt,
Augen, die wirklich sehen, und Ohren, die
wirklich hören, hat der HERR euch bis zum
heutigen Tag nicht gegeben. 4 Ich habe euch
vierzig Jahre lang durch die Wüste geführt.
Eure Kleider sind euch nicht in Lumpen vom
Leib gefallen, deine Schuhe sind dir nicht an
den Füßen zerrissen, 5 ihr habt kein Brot ge-
gessen und keinen Wein und kein Bier getrun-
ken, denn ihr solltet erkennen: Ich bin der
HERR, euer Gott. 6 Und so kamt ihr bis an die-
sen Ort. Sihon, der König von Heschbon, und

Og, der König des Baschan, sind gegen uns
zum Kampf ausgerückt und wir haben sie ge-
schlagen. 7 Wir haben ihnen ihr Land genom-
men und es den Rubenitern, den Gaditern und
der Hälfte des Stammes der Manassiter als
Erbbesitz gegeben. 8 Darum achtet auf die Be-
stimmungen dieses Bundes und haltet sie,
damit euch alles, was ihr tut, gelingt!

1: 5,1; 7,18f. / **2**: 4,3 / **3**: Röm 11,8 / **4**: 2,7; 8,4; Jos 9 / **6f.**: 2,24–3,13 / **8**: Jos 1,7f.; 1 Kön 2,3f.

PARTNER UND INHALT DES BUNDES: 29,9–14

9 Ihr habt euch heute alle vor dem HERRN,
eurem Gott, aufgestellt: eure Anführer, Ober-
häupter, Ältesten und Listenführer, alle Män-
ner Israels, 10 eure Kinder und Greise, eure
Frauen und auch die Fremden in deinem Lager,
vom Holzarbeiter bis zum Wasserträger. 11 Du
schreitest jetzt zwischen den Zeichen des Bun-
des mit dem HERRN, deinem Gott, hindurch,
den Zeichen der Selbstverwünschung. Der
HERR, dein Gott, schließt heute mit dir diesen
Bund, 12 um dich heute als sein Volk einzuset-
zen und dein Gott zu werden, wie er es dir
zugesagt und deinen Vätern Abraham, Isaak
und Jakob geschworen hat. 13 Nicht mit euch
allein schließe ich diesen Bund und setze die-
se Verwünschung in Kraft, 14 sondern ich
schließe ihn mit denen, die heute hier bei uns
vor dem HERRN, unserem Gott, stehen, und
mit denen, die heute nicht hier bei uns sind.

9: 1,15; 27,1 / **10**: 31,12; Jos 8,35; 9,27 / **12**: 26,17–19; Ex 19,5f. / **13f.**: 5,3

STRAFE FÜR DEN GEHEIMEN VORBEHALT BEIM BUNDESSCHWUR: 29,15–20

15 Ihr wisst noch von unserem Aufenthalt in
Ägypten und von unserem Zug mitten durch
die Völker, deren Gebiet ihr durchziehen
musstet. 16 Ihr habt bei ihnen Scheusale und
Götzen aus Holz und Stein, aus Silber und
Gold gesehen. 17 Es soll keinen unter euch ge-
ben, weder Mann noch Frau, weder Sippe noch
Stamm, der heute sein Herz vom HERRN, un-
serem Gott, abwendet und anfängt, den Göt-
tern dieser Völker zu dienen. Es soll bei euch
keine Wurzel wachsen, die Gift und Wermut
hervorbringt, 18 das heißt keinen, der beim
Hören der Worte dieser Verwünschung ins-
geheim folgenden Gegensegen über sich
spricht: Mir soll nichts geschehen, wenn ich
aus eigenem Entschluss etwas tue, damit
Wasserfülle die Dürre beendet. 19 Der HERR
wird sich weigern, ihm zu verzeihen, er wird
schnauben vor Zorn und Eifersucht gegen ei-
nen solchen Menschen. Jede Verwünschung,
die in dieser Urkunde aufgezeichnet ist, wird
auf ihn lauern und der HERR wird seinen
Namen unter dem Himmel auslöschen. 20 Ent-
sprechend den Verwünschungen, die beim
Abschluss des Bundes gesprochen werden
und die in dieser Urkunde der Weisung ein-
zeln aufgezeichnet sind, wird der HERR ihn
von allen Stämmen Israels absondern, damit
es ihm schlecht ergeht.

17: Hebr 12,15 / **19f.**: 28,15–68; Offb 22,18

VERWÜSTUNG DES LANDES UND VERTREIBUNG: 29,21–28

21 Dann wird eine spätere Generation, also
eure Söhne, die nach euch erstehen, und die
Ausländer, die aus fernen Ländern kommen,
die Schläge sehen, die dieses Land getroffen
haben, und die Seuchen, die der HERR in ihm
ausbrechen ließ: 22 Schwefel und Salz bedecken
es; seine Fläche ist eine einzige Brandstätte; es
kann nicht besät werden und lässt nichts auf-
keimen; kein Hälmchen kann wachsen; alles ist
wie nach der Zerstörung von Sodom und Go-
morra, Adma und Zebojim, die der HERR in
seinem glühenden Zorn zerstört hat. 23 Dann
werden sie und alle Völker fragen: Warum hat
der HERR diesem Land so etwas angetan? Wa-
rum entbrannte dieser gewaltige Zorn? 24 Und
man wird antworten: Weil sie den Bund ver-
lassen haben, den der HERR, der Gott ihrer
Väter, mit ihnen geschlossen hatte, als er sie aus
Ägypten führte, 25 weil sie angefangen haben,
anderen Göttern zu dienen und sich vor ihnen
niederzuwerfen, Göttern, die sie vorher nicht
einmal gekannt hatten und die er ihnen nicht
zugewiesen hatte. 26 Deshalb entbrannte der
Zorn des HERRN gegen dieses Land. Deshalb
brachte der HERR den ganzen Fluch, der in die-
ser Urkunde aufgezeichnet ist, über das Land,
27 riss sie mit glühendem Zorn und großem
Unwillen aus ihrem Land heraus und warf sie
in ein anderes Land, in dem sie heute noch sind.

28 Was noch verborgen ist, steht bei dem
HERRN, unserem Gott. Was schon offenbar
ist, gilt für uns und unsere Kinder auf ewig:
dass wir alle Bestimmungen dieser Weisung
halten sollen.

22: Gen 14,2; 19,15–29; Jer 49,18; 50,40 / **24**: Jos 7,11.15; 23,16, Ri 2,20; 1 Kön 11,11; 2 Kön 17,15.38 / **25**: 4,19f. / **28**: 32,34

HEIMKEHRVERHEISSUNG: 30,1–10

30 1 Und wenn alle diese Worte über dich
gekommen sind, der Segen und der
Fluch, die ich dir vorgelegt habe, dann wirst
du sie dir zu Herzen nehmen mitten unter den
Völkern, unter die der HERR, dein Gott, dich
versprengt hat, 2 und zum HERRN, deinem
Gott, zurückkehren und auf seine Stimme hö-
ren in allem, wozu ich dich heute verpflichte,
du und deine Kinder, mit ganzem Herzen und
mit ganzer Seele, 3 und der HERR, dein Gott,
wird dein Schicksal wenden. Er wird sich dei-
ner erbarmen, sich dir zukehren und dich aus
allen Völkern zusammenführen, unter die der
HERR, dein Gott, dich verstreut hat. 4 Und
wenn einige von dir bis ans Ende des Himmels
versprengt sind, wird dich der HERR, dein
Gott, von dort zusammenführen, von dort
wird er dich holen. 5 Und der HERR, dein Gott,
wird dich in das Land, das deine Väter in Besitz
genommen haben, zurückbringen. Du wirst es
wieder in Besitz nehmen und er wird dich
glücklicher und zahlreicher machen als deine
Väter. 6 Der HERR, dein Gott, wird dein Herz
und das Herz deiner Nachkommen beschnei-
den. Dann wirst du den HERRN, deinen Gott,
mit ganzem Herzen und mit ganzer Seele lie-
ben können, damit du Leben hast. 7 Alle diese
Verwünschungen aber wird der HERR, dein
Gott, über deine Feinde und Gegner verhän-
gen, die dich verfolgt haben. 8 Du jedoch wirst
umkehren, auf die Stimme des HERRN hören
und alle seine Gebote, auf die ich dich heute
verpflichte, halten 9 und der HERR, dein Gott,
wird dir Gutes im Überfluss schenken, bei je-
der Arbeit deiner Hände, bei der Frucht deines
Leibes, bei der Frucht deines Viehs und bei der
Frucht deines Ackers. Denn der HERR wird
sich, wie er sich an deinen Vätern gefreut hat,
auch an dir wieder freuen. Er wird dir Gutes
tun. 10 Denn du hörst auf die Stimme des
HERRN, deines Gottes, und bewahrst seine
Gebote und Satzungen, die in dieser Urkunde
der Weisung einzeln aufgezeichnet sind, und
kehrst zum HERRN, deinem Gott, mit ganzem
Herzen und mit ganzer Seele zurück.

1: 28,1–68; 30,15.19 / **2:** 4,30 / **3:** 28,64 / **4:** Neh 1,9; Mt 24,31 / **6:** 10,16; 11,1; Röm 2,28f. / **9:** 28,4.11f.63

DAS DEM MENSCHEN NAHE GEBOT: 30,11–14

11 Denn dieses Gebot, auf das ich dich heute
verpflichte, geht nicht über deine Kraft und ist
nicht fern von dir. 12 Es ist nicht im Himmel,
sodass du sagen müsstest: Wer steigt für uns
in den Himmel hinauf, holt es herunter und
verkündet es uns, damit wir es halten können?
13 Es ist auch nicht jenseits des Meeres, sodass
du sagen müsstest: Wer fährt für uns über das
Meer, holt es herüber und verkündet es uns,
damit wir es halten können? 14 Nein, das Wort
ist ganz nah bei dir, es ist in deinem Mund und
in deinem Herzen, du kannst es halten.

11: 1 Joh 5,3 / **12–14:** 4,7; 6,6f.; Bar 3,29f.; Röm 2,15; 10,6–8

SEGEN UND FLUCH – LEBEN UND TOD: 30,15–20

15 Siehe, hiermit lege ich dir heute das Leben
und das Glück, den Tod und das Unglück vor,
nämlich so: 16 Ich selbst verpflichte dich heute,
den HERRN, deinen Gott, zu lieben, auf seinen
Wegen zu gehen und seine Gebote, Satzungen
und Rechtsentscheide zu bewahren, du aber
lebst und wirst zahlreich und der HERR, dein
Gott, segnet dich in dem Land, in das du hi-
neinziehst, um es in Besitz zu nehmen.
17 Wenn sich aber dein Herz abwendet und
nicht hört, wenn du dich verführen lässt, dich
vor anderen Göttern niederwirfst und ihnen
dienst – 18 heute erkläre ich euch: Dann werdet
ihr ausgetilgt werden; ihr werdet nicht lange
in dem Land leben, in das du jetzt über den
Jordan hinüberziehst, um hineinzuziehen und
es in Besitz zu nehmen. 19 Den Himmel und
die Erde rufe ich heute als Zeugen gegen euch
an. Leben und Tod lege ich dir vor, Segen und
Fluch. Wähle also das Leben, damit du lebst,
du und deine Nachkommen. 20 Liebe den
HERRN, deinen Gott, hör auf seine Stimme
und halte dich an ihm fest; denn er ist dein
Leben. Er ist die Länge deines Lebens, das du
in dem Land verbringen darfst, von dem du
weißt: Der HERR hat deinen Vätern Abraham,
Isaak und Jakob geschworen, es ihnen zu ge-
ben.

16: 28,1–14; 11,1 / **17f.:** 28,15–68 / **19:** 4,26; 8,19; 31,28 / **20:** 11,1; 32,47; 1,8

EINSETZUNG JOSUAS DURCH MOSE: 31,1–8

31 1 Mose trat vor ganz Israel hin und
sprach diese Worte. 2 Er sagte zu ihnen:
Ich bin jetzt hundertzwanzig Jahre alt. Ich
kann nicht mehr in den Kampf ziehen. Auch
hat der HERR zu mir gesagt: Du wirst den

30,16 G überliefert als Anfang des Verses: Wenn du auf die Gebote des HERRN, deines Gottes, hörst.

Jordan hier nicht überschreiten. 3 Der HERR,
dein Gott, zieht selbst vor dir hinüber, er selbst
vernichtet diese Völker bei deinem Angriff,
sodass du ihren Besitz übernehmen kannst.
Josua zieht vor dir hinüber, wie es der HERR
zugesagt hat. 4 Der HERR wird an ihnen tun,
was er an Sihon und Og, den Amoriterköni-
gen, die er vernichtete, und an ihrem Land
getan hat. 5 Der HERR wird sie euch ausliefern:
Dann sollt ihr an ihnen genau nach dem Gebot
handeln, auf das ich euch verpflichtet habe.
6 Empfangt Vollmacht und Kraft: Fürchtet
euch nicht und weicht nicht erschreckt zu-
rück, wenn sie angreifen! Denn der HERR,
dein Gott, er zieht mit dir. Er lässt dich nicht
fallen und verlässt dich nicht.

7 Mose rief Josua herbei und sagte vor den
Augen ganz Israels zu ihm: Empfange Voll-
macht und Kraft: Du sollst mit diesem Volk in
das Land hineinziehen, von dem du weißt:
Der HERR hat ihren Vätern geschworen, es
ihnen zu geben. Du sollst es an sie als Erbbesitz
verteilen. 8 Der HERR selbst zieht vor dir her.
Er ist mit dir. Er lässt dich nicht fallen und ver-
lässt dich nicht. Du sollst dich nicht fürchten
und keine Angst haben.

2: 34,7; 1,37 / **3**: 9,3 / **4**: 7,1–5.16.23–26; Num 21,21–35 / **5**: 20,16–18 / **6**: 31,8; Hebr 13,5 / **7f.**: 1,8.38; 3,28

VERLESUNG DES GESETZES IM SABBATJAHR: 31,9–13

9 Mose schrieb diese Weisung auf und übergab
sie den Priestern, den Nachkommen Levis, die
die Lade des Bundes des HERRN trugen, und
allen Ältesten Israels. 10 Mose gebot ihnen: In
jedem siebten Jahr, in einer der Festzeiten des
Brachjahres, beim Laubhüttenfest, 11 wenn
ganz Israel zusammenkommt, um an der Stät-
te, die der HERR erwählen wird, vor dem An-
gesicht des HERRN, deines Gottes, zu erschei-
nen, sollst du diese Weisung vor ganz Israel laut
vortragen. 12 Versammle das Volk – die Männer
und Frauen, Kinder und Greise, dazu die Frem-
den, die in deinen Stadtbereichen Wohnrecht
haben –, damit sie zuhören und auswendig ler-
nen und den HERRN, euren Gott, fürchten und
darauf achten, dass sie alle Bestimmungen die-
ser Weisung halten! 13 Vor allem ihre Kinder,
die das alles noch nicht kennen, sollen zuhören
und lernen, den HERRN, euren Gott, zu fürch-
ten. Das sollt ihr so lange tun, wie ihr in dem
Land lebt, in das ihr jetzt über den Jordan hi-
nüberzieht, um es in Besitz zu nehmen.

9: 1,15; 10,8; 17,18; 31,26 / **10**: 15,1; 16,13 / **11**: 12,14 / **12**: 29,10 / **13**: 4,10; 32,46; 12,1

ERSCHEINUNG GOTTES: 31,14f.

14 Der HERR sagte zu Mose: Sieh, deine Zeit ist
gekommen: Du wirst sterben. Ruf Josua und
tritt mit ihm in das Offenbarungszelt, damit
ich ihn beauftragen kann. Mose und Josua
gingen hin und traten in das Offenbarungszelt
hinein. 15 Der HERR erschien ihnen am Zelt in
einer Wolkensäule. Die Wolkensäule stand
über dem Eingang des Zeltes.

14f.: Ex 33,7–11

OFFENBARUNG DES MOSELIEDES: 31,16–22

16 Und der HERR sagte zu Mose: Sieh, du wirst
jetzt bald zu deinen Vätern gebettet werden.
Dann wird dieses Volk sich erheben; man
wird in seiner Mitte Unzucht treiben, indem
man den fremden Göttern des Landes nach-
folgt, in das es jetzt hineinzieht, es wird mich
verlassen und meinen Bund brechen, den ich
mit ihm geschlossen habe. 17 An jenem Tag
wird mein Zorn gegen sie entbrennen. Ich
werde sie verlassen und mein Angesicht vor
ihnen verbergen. Dann wird dieses Volk
verzehrt werden. Not und Zwang jeder Art
werden es treffen. An jenem Tag wird es sich
fragen: Hat mich diese Not nicht deshalb
getroffen, weil mein Gott nicht mehr in mei-
ner Mitte ist? 18 Aber ich werde an jenem Tag
mein Angesicht nur noch mehr verbergen
wegen all des Bösen, das dieses Volk getan
hat; denn es hat sich anderen Göttern zuge-
wandt. 19 Doch jetzt schreibt dieses Lied auf!
Lehre es die Israeliten! Lass es sie auswendig
lernen, damit dieses Lied mein Zeuge gegen
die Israeliten werde! 20 Wenn ich dieses Volk
in das Land geführt habe, das ich seinen Vä-
tern mit einem Schwur versprochen habe, in
das Land, wo Milch und Honig fließen, und
wenn es gegessen hat und satt und fett gewor-
den ist und sich anderen Göttern zugewandt
hat, wenn sie ihnen gedient und mich ver-
worfen haben und es so meinen Bund gebro-
chen hat, 21 dann wird, wenn Not und Zwang
jeder Art es treffen, dieses Lied vor ihm als
Zeuge aussagen; denn seine Nachkommen
werden es nicht vergessen, sondern es aus-
wendig wissen. Ich kenne seine Neigung, die
sich schon heute regt, noch ehe ich es in das

31,7 Du sollst mit diesem Volk in das Land hineinziehen, andere Lesart: Du sollst dieses Volk in das Land führen.

Land gebracht habe, das ich mit einem Schwur
versprochen habe. 22 An jenem Tag schrieb
Mose dieses Lied auf und lehrte es die Israeliten.

16: 29,24; Ex 34,15f.; Ri 2,17; 8,27.33 / **17:** 32,20–30 / **19:** 32,1–43 / **20:** 1,8; 6,3; 29,24; 32,13–18 / **21:** 32,23–25; 31,26

JOSUAS EINSETZUNG DURCH GOTT: 31,23

23 Der HERR aber beauftragte Josua, den Sohn Nuns, und sagte: Empfange Vollmacht und Kraft: Du sollst die Israeliten in das Land führen, das ich ihnen mit einem Schwur versprochen habe. Ich werde bei dir sein.

23: 1,38

HINTERLEGUNG DES GESETZES: 31,24–29

24 Als Mose damit zu Ende war, den Text dieser
Weisung in eine Urkunde einzutragen, ohne
irgendetwas auszulassen, 25 befahl Mose den
Leviten, die die Lade des Bundes des HERRN
trugen: 26 Nehmt diese Urkunde der Weisung
entgegen und legt sie neben die Lade des Bundes des HERRN, eures Gottes! Dort diene sie
als Zeuge gegen dich. 27 Denn ich kenne deine
Widersetzlichkeit und deine Hartnäckigkeit.
Seht, schon jetzt, wo ich noch unter euch lebe,
habt ihr euch dem HERRN widersetzt. Was
wird erst nach meinem Tod geschehen? 28 Versammelt um mich alle Ältesten eurer Stämme
und alle eure Listenführer, damit ich ihnen
diesen Text vortragen und Himmel und Erde
gegen sie als Zeugen anrufen kann! 29 Denn ich
weiß: Nach meinem Tod werdet ihr ins Verderben laufen und von dem Weg abweichen, auf den ich euch verpflichtet habe. Dann, in künftigen Tagen, wird euch die Not begegnen, weil ihr tut, was in den Augen des HERRN böse ist, und weil ihr ihn durch euer Machwerk erzürnt.

26f.: 9,6f.; 31,9.21; Joh 5,45 / **28:** 1,15; 4,26; 30,19 / **29:** 4,16.25; 9,12; 27,15

LIED DES MOSE: 31,30–32,44

30 Und Mose trug der vollzähligen Versammlung Israels den Wortlaut dieses Liedes vor, ohne irgendetwas auszulassen:

30: 5,22

32 1 Hört zu, ihr Himmel, ich will reden, / die Erde lausche meinen Worten.

2 Meine Lehre wird strömen wie Regen, / meine Botschaft wird fallen wie Tau, / wie Regentropfen auf das Gras / und wie Tauperlen auf die Pflanzen.

3 Ich will den Namen des HERRN verkünden. / Preist die Größe unseres Gottes!

4 Er heißt: Der Fels. Vollkommen ist, was er tut; / denn alle seine Wege sind recht. / Er ist ein unbeirrbar treuer Gott, / er ist gerecht und gerade.

5 Ein falsches, verdrehtes Geschlecht fiel von ihm ab, / Verkrüppelte, die nicht mehr seine Söhne sind.

6 Ist das euer Dank an den HERRN, / du dummes, verblendetes Volk? / Ist er nicht dein Vater, dein Schöpfer? / Hat er dich nicht geformt und hingestellt?

7 Denk an die Tage der Vergangenheit, / lerne aus den Jahren der Geschichte! / Frag deinen Vater, er wird es dir erzählen, / frag die Alten, sie werden es dir sagen.

8 Als der Höchste die Völker als Erbe verteilte, / als er die Menschheit aufteilte, / legte er die Gebiete der Völker / nach der Zahl der Gottessöhne fest;

9 der HERR nahm sich sein Volk als Anteil, / Jakob wurde sein Erbteil.

10 Er fand ihn in der Steppe, / in der Wüste, wo wildes Getier heult. / Er hüllte ihn ein, gab auf ihn Acht / und hütete ihn wie seinen Augenstern,

11 wie ein Adler sein Nest ausführt / und über seinen Jungen schwebt, / seine Schwingen ausbreitet, eines von ihnen aufnimmt / und es auf seinem Gefieder trägt.

12 Der HERR allein hat Jakob geleitet, / kein fremder Gott stand ihm zur Seite.

13 Er führte ihn auf die Berge des Landes / und er aß von den Früchten des Feldes, / er stillte ihn mit Wein aus den Felsen, / mit Öl aus Felsspalten.

14 Mit Butter von Kühen, Milch von Schafen und Ziegen, / dazu kam Fett von Lämmern, / von Widdern aus Baschan / und von Ziegenböcken, / dazu Feinmehl aus Weizen. / Das Blut der Trauben trankst du gegoren.

15 Und Jakob aß und wurde satt, / Jeschurun wurde fett und bockte. / Ja, fett und voll und

---

32f. Der textkritisch und philologisch schwierige Text hat große Unterschiede in den modernen Übersetzungen zur Folge.

32,8 nach der Zahl der Gottessöhne: G und ein Qumran-Fragment. Lesart von H: nach der Zahl der Söhne Israels.

32,15 Die erste Textzeile: Und Jakob aß und wurde satt fehlt in H. Sie wird von anderen Textzeugen ganz oder teilweise bezeugt und ist wahrscheinlich die ursprüngliche, weil im Kommentar zum Lied in 31,20 auf sie angespielt wird. – Jeschurun: kultischer Name für Israel.

feist bist du geworden. / Er stieß den Gott, der
ihn geformt hatte, von sich / und hielt den Fels
für dumm, der ihn gerettet hatte.
16 Sie weckten seine Eifersucht durch Frem-
de, / durch gräuliche Wesen reizten sie ihn
zum Zorn:
17 Sie opferten Geistern, die keine Gotthei-
ten sind, / und Göttern, die sie früher nicht
kannten, / Neulingen, die erst vor Kurzem
gekommen waren, / vor denen eure Väter sich
nicht fürchteten.
18 An den Fels, der dich gezeugt hat, / dach-
test du nicht mehr, / du vergaßest den Gott,
der dich geboren hat.
19 Der HERR sah es und verwarf / im Zorn
seine Söhne und Töchter.
20 Und er sagte: Ich will mein Gesicht vor
ihnen verbergen / und dann sehen, was in Zu-
kunft mit ihnen geschieht. / Denn sie sind
eine Generation des Aufruhrs, / Söhne, in
denen die Untreue sitzt.
21 Sie haben meine Eifersucht geweckt /
durch einen Gott, der kein Gott ist, / mich
zum Zorn gereizt durch ihre Götter aus
Luft – / so wecke ich ihre Eifersucht / durch
ein Volk, das kein Volk ist, / durch ein dum-
mes Volk reize ich sie zum Zorn.
22 In meiner Nase ist Feuer entbrannt. / Es
lodert bis in die unterste Totenwelt, / verzehrt
die Erde und was auf ihr wächst / und schmilzt
die Fundamente der Berge.
23 Immer neue Not bürde ich ihnen auf, / ich
setze gegen sie alle meine Pfeile ein.
24 Sie werden ausgemergelt durch den Hun-
ger, / verzehrt durch die Pest und die verhee-
rende Seuche. / Den Zahn der Raubtiere lasse
ich auf sie los, / dazu das Gift der im Staube
Kriechenden.
25 Auf der Straße raubt das Schwert / und in
den Zimmern der Schrecken / den jungen
Mann und das Mädchen, / den Säugling samt
dem Greis.
26 Ich könnte sagen: Das ist ihr Ende. / Ihr
Gedächtnis will ich unter den Menschen til-
gen,
27 scheute ich nicht die Kränkung durch
ihren Feind. / Ihre Gegner sollen es nicht
falsch verstehen, / sollen nicht sagen: Unse-
re Hand ist erhoben, statt zu sagen: / Der
HERR hat das alles gewirkt.
28 Doch diesem Volk fehlt es an Rat, / ihm
mangelt es an Verstand.
29 Wären sie klug, so begriffen sie alles /
und verstünden, was in Zukunft mit ihnen
geschieht.
30 Wie kann ein Einziger hinter tausend
herjagen / und zwei zehntausend in die
Flucht schlagen, / es sei denn, ihr Fels hat
sie verkauft, / der HERR hat sie preisgege-
ben?
31 Doch der Fels unserer Feinde ist nicht wie
unser Fels; / das beweisen unsere Feinde.
32 Ihr Weinstock stammt von dem Wein-
stock Sodoms, / vom Todesacker Gomorras. /
Ihre Trauben sind giftige Trauben / und tra-
gen bittere Beeren.
33 Ihr Wein ist Schlangengift / und Gift von
ekligen Ottern.
34 Liegt dies nicht bei mir verborgen, / in
meinen Vorratskammern versiegelt? /
35 Mein ist die Strafe und die Vergeltung /
zu der Zeit, da ihr Fuß wanken wird. / Ja, der
Tag ihres Verderbens ist nah / und ihr Ver-
hängnis kommt schnell. –
36 Ja, der HERR wird seinem Volk Recht
geben / und mit seinen Dienern Mitleid
haben. / Er wird sehen: Jede Hand ist ermü-
det, / es gibt nur noch Unterdrückte und
Hilflose.
37 Und er wird sagen: Wo sind ihre Göt-
ter? / Wo ist der Fels, bei dem sie Schutz
suchten?
38 Die das Fett ihrer Schlachtopfer essen, /
die den Wein ihrer Trankopfer trinken – / die
sollen vortreten und euch helfen. / Dieser
Fels soll ein Schutzdach über euch sein.
39 Jetzt seht: Ich bin es, nur ich, / und es gibt
keinen Gott neben mir. / Ich bin es, der tötet
und der lebendig macht. / Ich habe verwun-
det; nur ich werde heilen. / Niemand kann
retten aus meiner Hand.
40 Denn ich hebe meine Hand zum Himmel
empor / und sage: So wahr ich ewig lebe:
41 Habe ich erst die Klinge meines Schwer-
tes geschliffen, / um das Recht in meine
Hand zu nehmen, / dann zwinge ich meinen
Gegnern die Strafe auf / und denen, die mich
hassen, die Vergeltung.
42 Meine Pfeile mache ich trunken von
Blut, / während mein Schwert sich ins Fleisch
frisst – / trunken vom Blut Erschlagener und

32,19 Andere Lesart: Da sah der HERR, dass er geschmäht wurde von seinen Söhnen und Töchtern, die seinen Zorn erregten.

32,35 Lesart von Samaritanus: bis zum Tag der Strafe und der Vergeltung, bis zu der Zeit, da ihr Fuß wanken wird.

Gefangener, / ins Fleisch des höchsten feind-
lichen Fürsten.
43 Preist, ihr Völker, sein Volk! / Denn er
straft für das Blut seiner Diener. / Er zwingt
seinen Gegnern die Strafe auf / und erwirkt
Sühne für sein Land, sein Volk.
44 Dann kam Mose zum Volk und trug ihm
das Lied in seinem vollen Wortlaut vor, er
und Josua, der Sohn Nuns.

1: 30,19; Jes 1,2 / **2:** Ijob 29,23 / **4:** Ps 18,31f.; Jes 44,8 / **5:** Mt 17,17; Lk 9,41; Apg 2,40; Phil 2,15 / **6:** Mt 6,9; Lk 11,2; Joh 8,41 / **7:** 4,32; Ps 78,3–6 / **8f.:** 4,19f.; Ps 82; Sir 17,17; Apg 17,26 / **11:** Ex 19,4 / **13:** 8,15 / **15:** 31,20 / **16:** 4,24; 18,9f. / **17:** 1 Kor 10,20; Offb 9,20 / **18:** Jer 2,27 / **20:** 31,17 / **21:** 4,24; Röm 10,19 / **23:** 31,21 / **29:** Lk 19,42 / **31:** 1 Sam 2,2 / **35f.:** Lk 21,22; Röm 12,19; Hebr 10,30 / **36:** Ps 135,14; 2 Makk 7,6; 2 Kön 14,26 / **37:** Jer 2,28 / **39:** 1 Sam 2,6; Jes 43,10–13 / **40:** Offb 10,5f. / **43:** Röm 15,10; Offb 6,10; 18,20; 19,2

MAHNUNG ZUR BELEHRUNG DER NÄCHSTEN GENERATION: 32,45–47

45 Als Mose damit zu Ende war, alle diese Wor-
te vor ganz Israel vorzutragen, 46 sagte er zu
ihnen: Nehmt euch alle Worte zu Herzen, die
ich heute gegen euch als Zeugen bestelle, da-
mit ihr auch eure Kinder dazu verpflichtet, auf
alle Worte dieser Weisung zu achten und sie
zu halten. 47 Das ist kein leeres Wort, das ohne
Bedeutung für euch wäre, sondern es ist euer
Leben. Wenn ihr diesem Wort folgt, werdet
ihr lange in dem Land leben, in das ihr jetzt
über den Jordan hinüberzieht, um es in Besitz
zu nehmen.

46: 4,10; 31,13 / **47:** 30,15–20; Apg 7,38

GOTTES WEISUNG ÜBER DAS STERBEN DES MOSE: 32,48–52

48 Am selben Tag sagte der HERR zu Mose:
49 Geh hinauf in das Gebirge Abarim, das du
vor dir siehst, steig auf den Berg Nebo, der in
Moab gegenüber Jericho liegt, und schau auf
das Land Kanaan, das ich den Israeliten als
Grundbesitz geben werde. 50 Dort auf dem
Berg, den du ersteigst, sollst du sterben und
sollst mit deinen Vorfahren vereint werden,
wie dein Bruder Aaron auf dem Berg Hor ge-
storben ist und mit seinen Vorfahren vereint
wurde. 51 Denn ihr seid mir untreu gewesen
inmitten der Israeliten beim Haderwasser
von Kadesch in der Wüste Zin und habt mich
inmitten der Israeliten nicht als den Heiligen
geehrt. 52 Du darfst das Land von der anderen
Talseite aus sehen. Aber du darfst das Land,
das ich den Israeliten geben werde, nicht be-
treten.

48–52: Num 20,2–13.22–29; 27,12–14; 33,47f.

32,43 Statt „Völker" haben G und Qumran „Himmel".

SEGEN DES MOSE: 33,1–29

EINLEITUNG: 33,1–5

33 1 Und das ist der Segen, mit dem Mose,
der Mann Gottes, die Israeliten segnete,
bevor er starb. 2 Er sprach:
Der HERR kam hervor aus dem Sinai, / er
leuchtete vor ihnen auf aus Seïr, / er strahlte
aus dem Gebirge Paran, / er trat heraus aus
Tausenden von Heiligen. / Ihm zur Rechten
flammte vor ihnen das Feuer des Gesetzes.
3 Der du die Völker liebst: / In deiner Hand
sind alle Heiligen eines jeden von ihnen. / Sie
haben sich dir zu Füßen geworfen, / jeder wird
sich erheben, wenn du es befiehlst.
4 Eine Weisung hat uns Mose geboten, / ein
Besitztum für die Gemeinde Jakobs, 5 und ein
König erstand in Jeschurun – / als sich die
Häupter des Volkes versammelten, / die Ver-
einigung der Stämme Israels.

1: 1,1 / **2:** Ri 5,4; Ps 68,8; Mt 25,31; Jud 14 / **4:** 5,22

SEGEN ÜBER DIE STÄMME: 33,6–25

6 Ruben soll leben, er sterbe nicht aus – / doch
habe er wenig Männer.
7 Und dies soll gelten für Juda: Und er sagte:
Höre, HERR, die Stimme Judas, / führ ihn
heim zu seinem Volk. / Mit eigenen Händen
kämpfe er dafür – / sei du ihm Hilfe gegen sei-
ne Feinde.
8 Und für Levi sagte er:
Deine Tummim und Urim gehören deinem
treuen Gefolgsmann, / den du in Massa auf die

33,2–29 Ein sehr alter, mehrfach neu gedeuteter und erweiterter Text.

33,5 Zu Jeschurun vgl. die Anmerkung zu 32,15.

33,8 Tummim und Urim sind Orakelinstrumente.

Probe stelltest, / mit dem du strittest am Was-
ser von Meriba; 9 der von seinem Vater und
seiner Mutter sagte: / Ich habe beide nie gese-
hen! / und der seine Brüder nicht erkannte /
und von seinen Kindern nichts wissen woll-
te. / Denn die Leviten haben auf dein Wort
geachtet – / nun wachen sie über deinen Bund.
10 Sie lehren Jakob deine Rechtsvorschrif-
ten, / Israel deine Weisung. / Sie legen Weih-
rauch auf, damit du ihn riechst, / legen das
Ganzopfer auf deinen Altar.
11 Segne, HERR, Levis Besitz, / freu dich am
Werk seiner Hände! / Zerschlag seinen Fein-
den die Hüften, / seinen Hassern, sodass sie
sich nicht mehr erheben.
12 Für Benjamin sagte er:
Der Liebling des HERRN, / er wohnt in Si-
cherheit bei ihm. / Er beschirmt ihn allezeit /
und zwischen seinen Schultern wohnt er.
13 Und für Josef sagte er:
Sein Land sei vom HERRN gesegnet / mit
Köstlichem des Himmels, mit Tau, / mit
Grundwasser, das in der Tiefe lagert, 14 mit
Köstlichem aus den Erzeugnissen der Sonne, /
mit Köstlichem aus dem, was jeden Monat
sprießt,
15 mit dem Besten uralter Berge, / mit Köst-
lichem ewiger Hügel,
16 mit Köstlichem des Landes und seiner
Bewohner. / Die Gnade dessen, der im Dorn-
busch wohnt, / komme über Josefs Haupt, /
auf den Scheitel des Geweihten aus seiner Brü-
der Schar.
17 Der Erstling seines Stiers – wie herrlich ist
er! / Seine Hörner sind Büffelhörner. / Mit
ihnen stoße er die Völker nieder / bis an die
Enden der Erde. / Das sind die Zehntausende
aus Efraim, / das sind die Tausende aus Ma-
nasse.
18 Und für Sebulon sagte er:
Lache, Sebulon, wenn du in See stichst, /
und du, Issachar, in deinen Zelten!
19 Sie werden Völker zum Berge rufen, / dort
werden sie gültige Opfer schlachten. / Denn
sie nähren sich vom Überfluss der Meere, / von
Schätzen, die im Sand verborgen sind.
20 Und für Gad sagte er:
Gepriesen sei der, der Gad Raum schafft. /
Gad lauert wie ein Löwe, / Arm und Kopf reißt
er ab.
21 Das erste Stück hat er sich ausgesucht, /
denn dort ist der Anteil des verborgenen An-
führers / und dort erschien jeder aus den
Häuptern des Volkes. / Was recht ist vor dem
HERRN, führte er aus, / dessen Rechtsent-
scheide gemeinsam mit Israel.
22 Und für Dan sagte er:
Dan ist ein junger Löwe, / der aus dem Ba-
schan hervorspringt.
23 Und für Naftali sagte er:
Naftali, gesättigt mit Gnade, / gefüllt mit
dem Segen des HERRN – / See und Süden
nimm in Besitz!
24 Und für Ascher sagte er:
Mehr als die anderen Söhne sei Ascher ge-
segnet, / bei seinen Brüdern sei er beliebt, / er
bade seinen Fuß in Öl.
25 Deine Riegel seien von Eisen und Bron-
ze. / Hab Stärke, solange du lebst!

8: 1 Sam 14,37–42 G; Ex 17,1–7; Num 20,2–13 / **9:** Ex 32,27–29; Mt 10,37; Lk 14,26 / **16:** Ex 3,2–4

SCHLUSS: 33,26–29

26 Keiner ist wie der Gott Jeschuruns, / der in
den Himmel steigt, um dir zu helfen, / auf die
Wolken in seiner Hoheit.
27 Eine Wohnung ist der Gott der Urzeit, /
von unten tragen sie die Arme des Ewigen. /
Er trieb den Feind vor dir her, / er sagte: Ver-
nichte!
28 So siedelte Israel sich sicher an, / die Quel-
le Jakobs für sich allein, / in einem Land voller
Korn und Wein, / dessen Himmel Tau träufeln
lässt.
29 Wie glücklich bist du, Israel! / Wer ist dir
gleich, du Volk, / gerettet durch den HERRN, /
den Schild, der dir hilft, / deine Hoheit, wenn
das Schwert kommt? Deine Feinde werden
sich vor dir erniedrigen / und du setzt deinen
Fuß auf ihre Rücken.

26: Ps 68,5.34 / **27:** Ps 90,1f. / **28:** Gen 27,28

33,26 Zu Jeschurun vgl. die Anmerkung zu 32,15.

TOD DES MOSE: 34,1–9

34 1 Mose stieg aus den Steppen von Moab
hinauf auf den Nebo, den Gipfel des
Pisga gegenüber Jericho, und der HERR zeigte
ihm das ganze Land. Er zeigte ihm Gilead bis
nach Dan hin, 2 ganz Naftali, das Gebiet von
Efraim und Manasse, ganz Juda bis zum Mit-
telmeer, 3 den Negeb und die Jordangegend,
den Talgraben von Jericho, der Palmenstadt,
bis Zoar. 4 Der HERR sagte zu ihm: Das ist das
Land, das ich Abraham, Isaak und Jakob ver-
sprochen habe mit dem Schwur: Deinen
Nachkommen werde ich es geben. Ich habe es
dich mit deinen Augen schauen lassen. Hi-
nüberziehen wirst du nicht. 5 Danach starb
Mose, der Knecht des HERRN, dort in Moab,
wie es der HERR bestimmt hatte. 6 Man begrub
ihn im Tal, in Moab, gegenüber Bet-Pegor. Bis
heute kennt niemand sein Grab.
7 Mose war hundertzwanzig Jahre alt, als er
starb. Sein Auge war noch nicht getrübt, seine
Frische war noch nicht geschwunden. 8 Die
Israeliten beweinten Mose dreißig Tage lang
in den Steppen von Moab. Danach war die Zeit
des Weinens und der Klage um Mose beendet.
9 Josua, der Sohn Nuns, war vom Geist der
Weisheit erfüllt, denn Mose hatte ihm die
Hände aufgelegt. Die Israeliten hörten auf ihn
und taten, was der HERR dem Mose aufgetra-
gen hatte.

1–3: 3,27; 32,49 / **4:** 1,8 / **5:** 1,37 / **6:** 3,29 / **7:** 31,2 / **9:** Num 27,18–23

34,6 Andere Übersetzungsmöglichkeit: Er begrub ihn. Gemeint wäre: Der HERR begrub ihn.

ABSCHLUSS DER FÜNF BÜCHER DES MOSE: 34,10–12

10 Niemals wieder ist in Israel ein Prophet wie
Mose aufgetreten. Ihn hat der HERR von An-
gesicht zu Angesicht erkannt, 11 für all die
Zeichen und Wunder, die er in Ägypten im
Auftrag des HERRN am Pharao, an seinem
ganzen Hof und an seinem ganzen Land getan
hat, 12 zu all den Beweisen seiner starken Hand
und zu all den Furcht erregenden und großen
Taten, die Mose vor den Augen von ganz Isra-
el vollbracht hat.

10: 5,4; Ex 33,11f.; Num 12,6–8 / **11f.:** 4,34

DIE BÜCHER DER GESCHICHTE DES VOLKES GOTTES

DAS BUCH JOSUA

Das Buch Josua trägt seinen Namen nach Josua, nach der Überlieferung der Nachfolger des Mose und die Führungsgestalt bei der Einnahme und Aufteilung des Landes Israel. Der Name Josua bedeutet „Der HERR ist Rettung". Die Rettung und das vom Gott Israels vorgesehene und verliehene Land als künftige Heimat der Zwölf Stämme Israels sind zugleich die tragenden und bestimmenden Themen des Buches. Es besteht aus einer dichten Folge von Reden und Schilderungen von Szenen der Einwanderung Israels. Es berichtet ferner die Zuteilung der Ortschaften an die Stämme und die Festlegung der Stammesgrenzen. Es beginnt mit einer Amtsübertragung in Form einer Gottesrede an Josua (Kap. 1) und endet mit einer Gottesdienstbegründung in Form einer wegweisenden Rede Josuas an sein Volk (Kap. 24). So steht der ganze erzählerische Ablauf unter dem grundlegenden Bekenntnis, dass Gott Israel auf seinem Weg durch die Geschichte in unverbrüchlicher Treue führt.

Die leitende Idee des Buches ist in erster Linie von Schriftstellern geprägt, die unter dem Eindruck der deuteronomistischen und priesterlichen Theologie in der Zeit nach dem Babylonischen Exil tätig waren. Es war die Zeit der Neuorganisation und Selbstfindung des beginnenden Judentums im Kerngebiet des Stammes Juda und in der gleichnamigen persischen Provinz. Ihr Anliegen war es, vorexilische Überlieferungen in Mittelpalästina aufzunehmen. Das relativ junge Endstadium des heutigen Textes bedeutet nicht, dass das kollektive Gedächtnis keine Überlieferungen und Ereignisse aus der frühen Zeit der Geschichte Israels bewahrt haben könnte. Doch lassen sich die Ereignisse nicht in allen Einzelheiten historisch zuverlässig rekonstruieren.

Der Text des Buches Josua ist in Qumran und in der alten griechischen Bibel zum Teil vom hebräischen Text verschieden. Die Unterschiede weisen auf eine redaktionelle und herausgeberische Arbeit an dem Buch bis an die Schwelle der neutestamentlichen Zeit hin.

Der erste Hauptteil (Kap. 1–10) widmet sich Josuas Rolle als Kriegsherr in der Vollmacht des Gottes Israels. Die Ortsnamen und Ruinenstätten wie Jericho, Ai oder Makkeda erinnern an Ereignisse, die etwas vom wechselvollen Weg Israels in vorstaatlicher Zeit ahnen lassen. Früh wurden wohl der Durchzug durch den Grenzfluss Jordan (Kap. 3.4) und die Einnahme der Festung Jericho (Kap. 6) erzählerisch gestaltet. Die Erläuterungen zu den Bräuchen der Beschneidung und des Pessachfestes, die beide konstitutiv für die Identität Israels sind, wurden zwischen diese beiden Stationen eingefügt (Kap. 5). In der Folge kamen Darstellungen von Militäraktionen hinzu, wie jene gegen Ai (Kap. 8) und gegen kanaanäische Bündnisse im Süden und Norden (Kap. 10–11). Sie sind teilweise durch ähnliche Schilderungen aus Ägypten und dem Alten Orient beeinflusst. Daher ist ihr Wert für die Rekonstruktion einer historischen Eroberungsgeschichte gering. Doch nicht immer ist Gewalt im Spiel. Mit den Bewohnern von Gibeon schließt Israel einen Vertrag, der diesen das Überleben sichert (Kap. 9). Erzählende und listenartige Abschnitte bezeugen so den Glauben an den Beistand des Rettergottes Israels, der gerade auch unter dem Eindruck der schweren assyrisch-babylonischen Bedrohung im 8. und 7. Jh. v. Chr. eine Hilfe war.

Der zweite Hauptteil des Buches (Kap. 13–22) ist der Landverteilung an die Stämme gewidmet. Der Stamm Juda wird als Erster bedacht. Josua ist nicht mehr nur der von Gott eingesetzte Kriegsherr, sondern er verteilt das Land an die Stämme innerhalb seiner Grenzen. So erscheint er als der Gründer der Volksgemeinschaft Israel in ihrem Wohngebiet, dessen Bestand von Gott garantiert wird. Darin gleicht Josua dem altorientalisch-ägyptischen Bild eines erwählten Herrschers, dem von Gott das Land zur Verteilung übergeben worden ist.

Grenzpunkte und Ortsnamen in den Stammesgebieten bedeuten in diesem Horizont göttlichen Schutz und göttliche Legitimierung des Landbesitzes, in dessen Grenzen das Volk sicher wohnen darf, unerachtet der ständigen Bedrohung durch mächtige Nachbarn. Juda hat unter den Stämmen dabei eine Vorrangstellung inne, die bis in die perserzeitliche Kontrolle Judas reichen mag. Nach dem Bericht über die Bestimmung der Asyl- und Levitenstädte in Kap. 20–21 klingt die Erzählung in der Lösung eines Konfliktes zwischen den Stämmen östlich und westlich des Jordan aus, die zugleich das Bekenntnis zur Alleinverehrung von Israels Gott thematisiert (22,34).

Der abschließende dritte Teil des Buches enthält Reden Josuas. Sie stellen sein Testament dar. Josua legt dem an einem unbekannten Ort versammelten Volk dar, wie das Handeln Gottes die Liebe aus ganzem Herzen herausfordert (23). In einem zweiten Akt verpflichtet Josua das in Sichem wie ein kultischer Verband versammelte Volk zur Alleinverehrung seines Gottes (24). Das von den Stämmen Israels bewohnte Land wird so zu einem sakralen Territorium unter göttlicher Bestandsgarantie erklärt, dessen Bevölkerung in Sicherheit wohnen soll und darf.

Das Buch Josua ist keine historische Darstellung der Anfänge Israels, noch weniger die religiöse Rechtfertigung einer kriegerischen Inbesitznahme fremden Landes. Die erzählten Ereignisse in der literarischen Darstellung des Buches stehen unter dem theologisch bedeutsamen Namen „Josua", der jüdische und christliche Leser an den unvergleichlichen Rettergott erinnert, an den sie glauben. Denn der Name Josua ist die hebräische Form des Namens Jesus. So steht der Heilsname des Neuen Testaments und des Christentums in der biblischen Tradition der alttestamentlichen Rettergestalt Josua, um anzuzeigen, dass Israel und sein Land Urbild und Sinnbild des Gottesreichs auf Erden ist und bleibt.

DAS LAND ALS GOTTESGABE: 1,1–12,24

BEFEHL ZUR EINNAHME DES WESTJORDANLANDES: 1,1–18

1 1 Nachdem Mose, der Knecht des HERRN,
gestorben war, sagte der HERR zu Josua,
dem Sohn Nuns, dem Diener des Mose: 2 Mein
Knecht Mose ist gestorben. Mach dich also auf
den Weg und zieh über den Jordan hier mit
diesem ganzen Volk in das Land, das ich ihnen,
den Israeliten, geben werde! 3 Jeden Ort, den
euer Fuß betreten wird, gebe ich euch, wie ich
es Mose versprochen habe. 4 Euer Gebiet soll
von der Steppe und vom Libanon an bis zum
großen Strom, zum Eufrat, reichen – das ist
das ganze Land der Hetiter – und bis hin zum
großen Meer, wo die Sonne untergeht. 5 Niemand
wird dir Widerstand leisten können,
solange du lebst. Wie ich mit Mose war, will
ich auch mit dir sein. Ich lasse dich nicht fallen
und verlasse dich nicht. 6 Sei mutig und stark!
Denn du sollst diesem Volk das Land zum Besitz
geben, von dem du weißt: Ich habe ihren
Vätern geschworen, es ihnen zu geben. 7 Sei
ganz mutig und stark und achte genau darauf,
dass du ganz nach der Weisung handelst, die
mein Knecht Mose dir gegeben hat! Weich
nicht nach rechts und nicht nach links davon
ab, damit du Erfolg hast überall, wo du unterwegs
bist! 8 Über dieses Buch der Weisung
sollst du immer reden und Tag und Nacht darüber
nachsinnen, damit du darauf achtest,
genauso zu handeln, wie darin geschrieben
steht. Dann wirst du auf deinem Weg Glück
und Erfolg haben. 9 Habe ich dir nicht befohlen:
Sei mutig und stark? Fürchte dich also
nicht und hab keine Angst; denn der HERR,
dein Gott, ist mit dir überall, wo du unterwegs
bist.

10 Da befahl Josua den Listenführern im
Volk: 11 Geht durch das Lager und befehlt den
Leuten: Versorgt euch mit Lebensmitteln;
denn in drei Tagen werdet ihr den Jordan hier
überschreiten, um in das Land hineinzuziehen
und es in Besitz zu nehmen, das der HERR,
euer Gott, euch zu eigen gibt. 12 Und den Rubenitern,
den Gaditern und dem halben
Stamm Manasse sagte Josua: 13 Erinnert euch
an das, was Mose, der Knecht des HERRN,
euch geboten hat: Der HERR, euer Gott, gewährt
euch Ruhe und gibt euch dieses Land.
14 Eure Frauen, eure Kinder und euer Vieh sollen
in dem Land bleiben, das Mose euch östlich
des Jordan gegeben hat. Ihr aber sollt mit euren
Brüdern hinübergehen, ihnen kampfbereit
mit allen Kriegern voranziehen und ihnen
helfen, 15 bis der HERR euren Brüdern ebenso
wie euch Ruhe gewährt und bis auch sie das

Land in Besitz nehmen, das der HERR, euer
Gott, ihnen gibt. Dann sollt ihr in euren eige-
nen Besitz zurückkehren, in das Land, das
euch Mose, der Knecht des HERRN, östlich des
Jordan gegen Sonnenaufgang als Besitz gege-
ben hat. 16 Sie antworteten Josua: Alles, was
du uns befohlen hast, wollen wir tun und
überall, wohin du uns schickst, werden wir
gehen. 17 Genauso, wie wir auf Mose gehört
haben, wollen wir auch auf dich hören. Der
HERR aber, dein Gott, möge mit dir sein, wie
er mit Mose gewesen ist. 18 Jeder, der sich dei-
nem Befehl widersetzt und nicht allen deinen
Anordnungen gehorcht, soll mit dem Tod be-
straft werden. Sei nur mutig und stark!

1: Dtn 34,5 / **3**: Dtn 11,24 / **5**: Dtn 31,6.8 / **6**: Dtn 3,28 / **7**: Dtn 5,32; 29,8 / **11**: Dtn 3,12–29 / **12–18**: 4,12 / **13**: Num 32,20–29

KUNDSCHAFTER IN JERICHO: 2,1–24

2 1 Josua, der Sohn Nuns, schickte von
Schittim heimlich zwei Kundschafter aus
und befahl ihnen: Geht, erkundet das Land,
besonders die Stadt Jericho! Sie brachen auf
und kamen zu dem Haus einer Dirne namens
Rahab; dort legten sie sich schlafen. 2 Man mel-
dete dem König von Jericho: Siehe, heute Nacht
sind ein paar Männer hierhergekommen, Isra-
eliten, um das Land auszukundschaften. 3 Da
schickte der König von Jericho Boten zu Rahab
und ließ ihr sagen: Gib die Männer heraus, die
bei dir in deinem Haus eingekehrt sind; denn
sie sind gekommen, um das ganze Land auszu-
kundschaften. 4 Da nahm die Frau die beiden
Männer und versteckte sie. Zu den Boten aber
sagte sie: Ja, die Männer sind zu mir gekom-
men; doch ich habe nicht erfahren, woher sie
waren. 5 Als das Stadttor bei Einbruch der Dun-
kelheit geschlossen werden sollte, sind die
Männer weggegangen; ich habe nicht erfahren,
wohin sie gegangen sind. Lauft ihnen schnell
nach, dann könnt ihr sie noch einholen! 6 Sie
hatte aber die Männer auf das flache Dach ge-
bracht und unter den Flachsstängeln versteckt,
die für sie auf dem Dach aufgeschichtet waren.
7 Inzwischen hatte man die Verfolgung der
Männer aufgenommen, und zwar in Richtung
Jordan, zu den Furten hin. Und man hatte das
Stadttor geschlossen, nachdem die Verfolger
hinausgegangen waren.
8 Bevor die Männer sich niederlegten, stieg
Rahab zu ihnen auf das Dach hinauf 9 und sag-
te zu ihnen: Ich habe erfahren, dass der HERR
euch das Land gegeben hat und dass uns Furcht
vor euch befallen hat und alle Bewohner des
Landes aus Angst vor euch vergehen. 10 Denn
wir haben gehört, wie der HERR das Wasser
des Roten Meeres euretwegen austrocknen
ließ, als ihr aus Ägypten ausgezogen seid. Wir
haben auch gehört, was ihr mit Sihon und Og,
den beiden Königen der Amoriter jenseits des
Jordan, gemacht habt: Ihr habt den Bann an
ihnen vollzogen. 11 Als wir das hörten, zer-
schmolz unser Herz und jedem stockte euret-
wegen der Atem; denn der HERR, euer Gott,
ist Gott droben im Himmel und hier unten auf
der Erde. 12 Nun schwört mir beim HERRN,
dass ihr der Familie meines Vaters Gnade er-
weist, wie ich sie euch erwiesen habe, und gebt
mir ein sicheres Zeichen dafür, 13 dass ihr mei-
nen Vater und meine Mutter, meine Brüder
und meine Schwestern und alles, was ihnen
gehört, am Leben lasst und dass ihr uns vor
dem Tod bewahrt! 14 Die Männer antworteten
ihr: Wir bürgen mit unserem Leben für euch,
wenn ihr nur unsere Sache nicht verratet.
Wenn uns der HERR das Land gibt, werden wir
dir Gnade und Treue erweisen. 15 Darauf ließ
die Frau sie mit einem Seil durch das Fenster
hinab; das Haus, in dem sie wohnte, war näm-
lich in die Stadtmauer eingebaut. 16 Sie riet
ihnen: Geht ins Gebirge, damit die Verfolger
euch nicht finden; dort haltet euch drei Tage
lang verborgen, bis die Verfolger zurückge-
kehrt sind; dann könnt ihr eures Weges gehen.
17 Die Männer sagten zu ihr: Der Eid, den du
uns schwören lässt, bindet uns so weit: 18 Sie-
he, du musst, wenn wir in das Land eindrin-
gen, diese geflochtene purpurrote Schnur an
das Fenster binden, durch das du uns herabge-
lassen hast, und du musst deinen Vater, deine
Mutter, deine Brüder und die ganze Familie
deines Vaters bei dir in deinem Haus versam-
meln. 19 Bei jedem aber, der aus der Tür deines
Hauses heraustritt, kommt sein Blut auf sein
Haupt. Wir sind dann ohne Schuld. Doch bei
jedem, der mit dir im Haus bleibt, dessen Blut
kommt auf unser Haupt. 20 Auch wenn du un-
sere Sache verrätst, sind wir frei von dem Eid,
den du uns hast schwören lassen. 21 Sie ant-
wortete: Es sei, wie ihr gesagt habt. Dann ließ
sie die beiden gehen und band die purpurrote
Schnur an das Fenster. 22 Die Männer gingen

2,1 Rahab, im Stammbaum Jesu Mt 1,5 als Mutter des Boas genannt, wird Hebr 11,31 wegen ihres Glaubens, Jak 2,25 wegen ihrer guten Werke gerühmt.

also und kamen ins Gebirge; dort blieben sie
drei Tage, bis die Verfolger in die Stadt zurück-
gekehrt waren. Die Verfolger hatten sie überall
gesucht, aber nicht gefunden. 23 Dann machten
sich die beiden Männer auf den Rückweg. Sie
stiegen vom Gebirge herab, überschritten den
Jordan und kamen zu Josua, dem Sohn Nuns.
Sie erzählten ihm alles, was ihnen zugestoßen
war, 24 und sagten: Der HERR hat uns das gan-
ze Land ausgeliefert; alle Bewohner des Landes
vergehen aus Angst vor uns.

1: 6,22 / **10:** Ex 14,21; Num 21,21–26 / **12f.:** 6,25 / **14:** 6,22

WUNDERBARER DURCHZUG DURCH DEN JORDAN: 3,1–17

3 1 Am frühen Morgen brach Josua mit allen
Israeliten von Schittim auf. Als sie an den
Jordan kamen, übernachteten sie dort, bevor
sie ihn überschritten. 2 Nach drei Tagen gingen
die Listenführer durch das Lager 3 und befah-
len dem Volk: Wenn ihr die Bundeslade des
HERRN, eures Gottes, seht und die levitischen
Priester, die sie tragen, dann sollt auch ihr
von der Stelle, wo ihr seid, aufbrechen und ihr
folgen; 4 nur müsst ihr zwischen euch und ihr
einen Abstand von etwa zweitausend Ellen
lassen, ihr dürft nicht zu nahe an sie heran-
kommen. So werdet ihr wissen, welchen Weg
ihr gehen sollt; denn ihr seid den Weg ja früher
noch nie gegangen. 5 Und Josua sagte zum
Volk: Heiligt euch; denn morgen wird der
HERR mitten unter euch Wunder tun. 6 Und
zu den Priestern sagte Josua: Nehmt die Bun-
deslade auf und zieht dem Volk voran! Und sie
nahmen die Bundeslade auf und gingen dem
Volk voraus.

7 Da sagte der HERR zu Josua: Heute fange
ich an, dich vor den Augen ganz Israels groß
zu machen, damit sie erkennen, dass ich mit
dir sein werde, wie ich mit Mose gewesen bin.
8 Du aber sollst den Priestern, die die Bundes-
lade tragen, befehlen: Wenn ihr zum Ufer des
Jordan kommt, bleibt im Jordan stehen! 9 Da-
rauf sagte Josua zu den Israeliten: Kommt her
und hört die Worte des HERRN, eures Gottes!
10 Dann sagte Josua: Daran sollt ihr erkennen,
dass ein lebendiger Gott mitten unter euch ist:
Er wird die Kanaaniter, die Hetiter, Hiwiter,
Perisiter, Girgaschiter, Amoriter und Jebusiter
vor euren Augen vertreiben. 11 Seht, die Bun-
deslade des Herrn der ganzen Erde zieht vor
euch her durch den Jordan. 12 Wählt nun zwölf
Männer aus den Stämmen Israels aus, aus je-
dem Stamm einen! 13 Sobald die Fußsohlen der
Priester, die die Lade des HERRN tragen, des
Herrn der ganzen Erde, im Wasser des Jordan
stehen, wird das Wasser des Jordan, das von
oben herabkommt, wie abgeschnitten sein
und wie ein Wall dastehen.

14 Als dann das Volk seine Zelte verließ und
aufbrach, um den Jordan zu überschreiten,
gingen die Priester, die die Bundeslade trugen,
an der Spitze des Volkes. 15 Und als die Träger
der Lade an den Jordan kamen und die Füße
der Priester, die die Lade trugen, das Wasser
berührten – der Jordan war aber während der
ganzen Erntezeit über alle Ufer getreten –,
16 da blieben die Fluten des Jordan stehen. Das
von oben herabkommende Wasser stand wie
ein Wall in weiter Entfernung, bei der Stadt
Adam, die in der Nähe von Zaretan liegt. Die
zum Meer der Araba, zum Salzmeer, hinab-
fließenden Fluten dagegen liefen vollständig
ab und das Volk zog Jericho gegenüber durch
den Jordan. 17 Die Priester, die die Bundeslade
des HERRN trugen, standen, während ganz
Israel trockenen Fußes hindurchzog, fest und
sicher mitten im Jordan auf trockenem Boden,
bis das ganze Volk den Jordan durchschritten
hatte.

7: 4,14; 1,5.17 / **13:** 4,7 / **16:** Ex 14,21; Ps 114,3

DIE ZWÖLF GEDENKSTEINE: 4,1–5,1

4 1 Als das ganze Volk den Jordan durch-
schritten hatte, sagte der HERR zu Josua:
2 Wählt aus dem Volk zwölf Männer aus, aus
jedem Stamm einen, 3 und befehlt ihnen: Hebt
euch hier, an der Stelle mitten im Jordan, wo
die Priester fest und sicher standen, zwölf Stei-
ne auf, nehmt sie mit hinüber und legt sie auf
dem Lagerplatz nieder, wo ihr die nächste
Nacht verbringt! 4 Da rief Josua die zwölf Män-
ner, die er aus den Israeliten bestimmt hatte,
aus jedem Stamm einen, 5 und sagte zu ihnen:
Geht vor der Lade des HERRN, eures Gottes,
her bis zur Mitte des Jordan; dort soll jeder von
euch einen Stein auf seine Schulter heben, so
viele Steine, wie es Stämme der Israeliten gibt.
6 Sie sollen unter euch ein Zeichen sein. Wenn
euch eure Söhne morgen fragen: Was bedeu-
ten diese Steine für euch?, 7 dann antwortet
ihnen: Die Fluten des Jordan waren vor der
Bundeslade des HERRN wie abgeschnitten; als
sie durch den Jordan zog, waren die Fluten des

3,16 Das Meer der Araba ist das Tote Meer.

Jordan abgeschnitten. So sind diese Steine ein
ewiges Erinnerungszeichen für die Israeliten.
8 Die Israeliten taten, was Josua befohlen hat-
te, und nahmen zwölf Steine mitten aus dem
Jordan, so viele, wie es Stämme der Israeliten
gab, wie es der HERR dem Josua befohlen hat-
te. Sie nahmen sie mit hinüber zu ihrem La-
gerplatz und stellten sie dort auf. 9 Und in der
Mitte des Jordan richtete Josua zwölf Steine
auf, dort, wo die Füße der Priester gestanden
hatten, die die Bundeslade trugen; sie stehen
dort bis zum heutigen Tag. 10 Die Priester aber,
die die Lade trugen, blieben mitten im Jordan
stehen, bis alles geschehen war, was der HERR
durch Josua dem Volk befohlen hatte, ganz so,
wie Mose dem Josua befohlen hatte, und das
Volk beeilte sich und zog hinüber. 11 Als das
ganze Volk vollständig hinübergezogen war,
zog auch die Lade des HERRN hinüber und die
Priester an der Spitze des Volkes. 12 Die Ru-
beniter, die Gaditer und der halbe Stamm Ma-
nasse zogen kampfbereit vor den Israeliten
her, wie es ihnen Mose befohlen hatte. 13 Es
waren etwa vierzigtausend bewaffnete Män-
ner, die vor den Augen des HERRN zum Kampf
in die Steppen von Jericho zogen.

14 An jenem Tag machte der HERR den Josua
in den Augen ganz Israels groß und man hatte
Ehrfurcht vor ihm, wie man vor Mose zeit
seines Lebens Ehrfurcht hatte. 15 Da sagte der
HERR zu Josua: 16 Befiehl den Priestern, die
die Lade des Bundeszeugnisses tragen, aus
dem Jordan heraufzusteigen! 17 Da befahl Josua
den Priestern: Steigt aus dem Jordan herauf!
18 Als nun die Priester, die die Bundeslade des
HERRN trugen, aus der Mitte des Jordan he-
raufstiegen und ihre Fußsohlen das Ufer be-
rührten, da kehrte das Wasser des Jordan an
seinen Ort zurück und trat wie gestern und
vorgestern wieder über alle Ufer. 19 Das Volk
zog am zehnten Tag des ersten Monats durch
den Jordan und schlug in Gilgal, am Ostrand
des Gebietes von Jericho, sein Lager auf.

20 In Gilgal stellte Josua die zwölf Steine auf,
die man aus dem Jordan mitgenommen hatte.
21 Er sagte zu den Israeliten: Wenn eure Söhne
morgen ihre Väter fragen: Was bedeuten die-
se Steine?, 22 dann sollt ihr sie belehren: Hier
hat Israel trockenen Fußes den Jordan durch-
schritten; 23 denn der HERR, euer Gott, hat das
Wasser des Jordan vor euren Augen austrock-
nen lassen, bis ihr hindurchgezogen wart, ge-
nauso wie es der HERR, euer Gott, mit dem
Roten Meer machte, das er vor unseren Augen
austrocknen ließ, bis wir hindurchgezogen
waren. 24 Daran sollen alle Völker der Erde er-
kennen, dass die Hand des HERRN stark ist,
und ihr sollt allezeit den HERRN, euren Gott,
fürchten.

5 1 Alle Könige der Amoriter jenseits des
Jordan im Westen und alle Könige der
Kanaaniter am Meer hörten, dass der HERR
das Wasser des Jordan vor den Augen der Is-
raeliten austrocknen ließ, bis sie hinübergezo-
gen waren; da zerschmolz ihr Herz und jedem
stockte der Atem wegen der Israeliten.

4,12: 1,12–16 / **4,23:** Ex 14,21f.

BESCHNEIDUNG UND PESSACHFEST
IN GILGAL: 5,2–12

2 Damals sagte der HERR zu Josua: Mach dir
Steinmesser und beschneide die Israeliten ein
zweites Mal! 3 Da machte sich Josua Stein-
messer und er beschnitt die Israeliten auf dem
Hügel der Vorhäute. 4 Josua nahm die Be-
schneidung vor, weil das ganze Volk, das aus
Ägypten ausgezogen war, das heißt die Män-
ner, alle Krieger, nach ihrem Auszug aus
Ägypten auf dem Weg durch die Wüste ge-
storben waren. 5 Als das Volk auszog, waren
alle beschnitten. Alle aber, die nach dem Aus-
zug aus Ägypten unterwegs in der Wüste ge-
boren wurden, hatte man nicht beschnitten.
6 Denn vierzig Jahre lang wanderten die Isra-
eliten durch die Wüste. Schließlich war das
ganze Volk, alle Krieger, die aus Ägypten aus-
gezogen waren, umgekommen, weil sie nicht
auf die Stimme des HERRN gehört hatten. Der
HERR hatte ihnen geschworen, er werde sie
das Land nicht schauen lassen, von dem er ih-
ren Vätern geschworen hatte, er werde es uns
geben, ein Land, wo Milch und Honig fließen.
7 Ihre Söhne, die der HERR an ihre Stelle treten
ließ, beschnitt Josua; denn sie waren noch un-
beschnitten, da man sie unterwegs nicht be-
schnitten hatte. 8 Als nun das ganze Volk be-
schnitten war, blieb man an Ort und Stelle, im
Lager, bis die Männer wieder gesund waren.
9 Und der HERR sagte zu Josua: Heute habe ich
die ägyptische Schande von euch abgewälzt.
Darum nennt man diesen Ort bis zum heuti-
gen Tag Gilgal, Wälzplatz.

10 Als die Israeliten in Gilgal ihr Lager hatten,
feierten sie am Abend des vierzehnten Tages
jenes Monats in den Steppen von Jericho das
Pessach. 11 Am Tag nach dem Pessach, genau

an diesem Tag, aßen sie ungesäuerte Brote und
geröstetes Getreide aus dem Ertrag des Landes.
12 Vom folgenden Tag an, nachdem sie von dem
Ertrag des Landes gegessen hatten, blieb das
Manna aus; von da an hatten die Israeliten kein
Manna mehr, denn sie aßen in jenem Jahr von
der Ernte des Landes Kanaan.

2: Gen 17,10–14 / **6**: Num 14,22f. / **11**: Lev 23,10.14 / **12**: Ex 16,35

DER ANFÜHRER DES HEERES DES HERRN: 5,13–15

13 Als Josua bei Jericho war und die Augen er-
hob, schaute er und siehe: Ein Mann stand vor
ihm, mit einem gezückten Schwert in der
Hand. Josua ging auf ihn zu und fragte ihn:
Gehörst du zu uns oder zu unseren Feinden?
14 Er antwortete: Nein, ich bin der Anführer
des Heeres des HERRN. Ich bin soeben gekom-
men. Da fiel Josua auf sein Angesicht zur Erde
nieder, um ihm zu huldigen, und fragte ihn:
Was befiehlt mein Herr seinem Knecht? 15 Der
Anführer des Heeres des HERRN antwortete
Josua: Zieh deine Schuhe aus; denn der Ort,
wo du stehst, ist heilig. Und Josua tat es.

15: Ex 3,5

EINNAHME JERICHOS: 6,1–27

6 1 Jericho hielt wegen der Israeliten die
Tore fest verschlossen. Niemand konnte
heraus und niemand konnte hinein. 2 Da sagte
der HERR zu Josua: Sieh her, ich gebe Jericho
und seinen König samt seinen Helden in deine
Hand. 3 Ihr sollt mit allen Kriegern um die
Stadt herumziehen und sie einmal umkreisen.
Das sollst du sechs Tage lang tun. 4 Sieben
Priester sollen sieben Widderhörner vor der
Lade hertragen. Am siebten Tag sollt ihr sie-
benmal um die Stadt herumziehen und die
Priester sollen die Hörner blasen. 5 Wenn das
Widderhorn geblasen wird und ihr den Hör-
nerschall hört, soll das ganze Volk in laut
schallendes Geschrei ausbrechen. Darauf wird
die Mauer der Stadt in sich zusammenstürzen;
dann soll das Volk hinübersteigen, jeder an der
nächstbesten Stelle. 6 Da rief Josua, der Sohn
Nuns, die Priester und sagte: Nehmt die Bun-
deslade und lasst sieben Priester sieben Wid-
derhörner vor der Lade des HERRN hertragen!
7 Und zum Volk sagte er: Geht hinüber und
zieht rings um die Stadt herum und lasst die
bewaffneten Männer vor der Lade des HERRN
herziehen!
8 Und es geschah so, wie Josua es dem Volk
gesagt hatte: Sieben Priester trugen die sieben
Widderhörner vor dem HERRN her und zogen
hinüber und bliesen die Widderhörner und
die Bundeslade des HERRN zog hinter ihnen
her. 9 Die bewaffneten Männer gingen vor den
Priestern her, die die Hörner bliesen, die Nach-
hut folgte der Lade und man blies ständig die
Hörner. 10 Dem Volk aber befahl Josua: Erhebt
kein Kriegsgeschrei und lasst eure Stimmen
nicht hören! Kein Wort komme aus eurem
Mund bis zu dem Tag, an dem ich zu euch sage:
Erhebt das Kriegsgeschrei! Dann sollt ihr los-
schreien.

11 Darauf ließ er die Lade des HERRN um die
Stadt herumziehen und sie einmal umkreisen.
Dann kam man zum Lager zurück und über-
nachtete im Lager. 12 Früh am anderen Morgen
brach Josua auf und die Priester trugen die
Lade des HERRN. 13 Sieben Priester trugen die
sieben Widderhörner der Lade des HERRN
voraus und bliesen ständig die Hörner. Die
bewaffneten Männer zogen vor ihnen her und
die Nachhut folgte der Lade des HERRN. Man
blies ständig die Hörner. 14 So zogen sie auch
am zweiten Tag einmal um die Stadt herum
und kehrten wieder ins Lager zurück. Das
machten sie sechs Tage lang.

15 Am siebten Tag aber brachen sie beim An-
bruch der Morgenröte auf und zogen, wie ge-
wohnt, um die Stadt, siebenmal; nur an die-
sem Tag zogen sie siebenmal um die Stadt.
16 Als die Priester beim siebten Mal die Hörner
bliesen, sagte Josua zum Volk: Erhebt das
Kriegsgeschrei! Denn der HERR hat die Stadt
in eure Gewalt gegeben. 17 Die Stadt mit allem,
was in ihr ist, soll Banngut für den HERRN
werden. Nur die Dirne Rahab und alle, die bei
ihr im Haus sind, sollen am Leben bleiben,
weil sie die Boten versteckt hat, die wir ausge-
schickt hatten. 18 Aber seid auf der Hut vor dem
Banngut, damit ihr es nicht als Banngut erklärt
und dann doch davon wegnehmt! So würdet
ihr das Lager Israels zum Banngut machen und
es ins Unglück stürzen. 19 Alles Silber und
Gold und die Geräte aus Bronze und Eisen
sollen dem HERRN geweiht sein und in den
Schatz des HERRN kommen. 20 Darauf erhob
das Volk das Kriegsgeschrei und die Widder-
hörner wurden geblasen. Als das Volk den
Hörnerschall hörte, brach es in laut schallen-
des Geschrei aus. Die Stadtmauer stürzte in
sich zusammen und das Volk stieg in die Stadt

hinein, jeder an der nächstbesten Stelle. So
eroberten sie die Stadt. 21 Alles, was in der
Stadt war, machten sie zum Banngut, Männer
und Frauen, Kinder und Alte, Rinder, Schafe
und Esel, mit der Schärfe des Schwertes.

22 Zu den beiden Männern, die das Land er-
kundet hatten, sagte Josua: Geht zu dem Haus
der Dirne und holt von dort die Frau und alles,
was ihr gehört, wie ihr es ihr geschworen habt!
23 Da gingen die jungen Männer, die Kund-
schafter, und holten Rahab, ihren Vater, ihre
Mutter, ihre Brüder und alles, was ihr gehörte;
sie führten ihre ganze Verwandtschaft heraus
und wiesen ihnen einen Platz außerhalb des
Lagers Israels an. 24 Die Stadt aber und alles,
was darin war, brannte man nieder; nur das
Silber und Gold und die Geräte aus Bronze und
Eisen brachte man in den Schatz im Haus des
HERRN. 25 Die Dirne Rahab und die Familie
ihres Vaters und alles, was ihr gehörte, ließ
Josua am Leben. So wohnt ihre Familie bis
heute mitten in Israel; denn Rahab hatte die
Boten versteckt, die Josua ausgesandt hatte,
um Jericho auskundschaften zu lassen.

26 Damals schwor Josua: Verflucht beim
HERRN sei der Mann, der es unternimmt, die-
se Stadt Jericho wieder aufzubauen. Seinen
Erstgeborenen soll es ihn kosten, wenn er sie
neu gründet, und seinen Jüngsten, wenn er
ihre Tore wieder aufrichtet. 27 Der HERR war
mit Josua und sein Ruhm verbreitete sich im
ganzen Land.

18: Lev 27,28 / **20**: Hebr 11,30 / **21**: 8,2 / **22**: 2,14 / **25**: 2,13 /
26: 1 Kön 16,34

ACHANS VERGEHEN: 7,1–26

7 1 Die Israeliten aber veruntreuten etwas
von dem, was als Banngut geweiht war.
Denn Achan, der Sohn Karmis, des Sohnes
Sabdis, des Sohnes Serachs, vom Stamm Juda,
nahm etwas von dem Banngut. Da entbrannte
der Zorn des HERRN über die Israeliten.

2 Josua schickte von Jericho aus einige Män-
ner nach Ai, das bei Bet-Awen, östlich von Bet-
El liegt, und sagte zu ihnen: Geht hinauf und
erkundet das Land! Die Männer gingen hinauf
und erkundeten Ai. 3 Als sie zu Josua zurück-
kamen, sagten sie zu ihm: Es braucht nicht das
ganze Volk hinaufzuziehen. Etwa zwei- oder
dreitausend Mann sollen hinaufziehen; sie
werden Ai schlagen. Bemüh nicht das ganze
Volk dorthin! Denn ihrer sind nur wenige. 4 So
stiegen vom Volk etwa dreitausend Mann nach
Ai hinauf; doch sie flohen vor den Männern
von Ai. 5 Die Männer von Ai erschlugen etwa
sechsunddreißig Mann; und sie verfolgten sie
vom Stadttor bis zu den Steinbrüchen und
schlugen sie an der Steige. Da zerschmolz das
Herz des Volkes und wurde zu Wasser. 6 Josua
zerriss seine Kleider und warf sich zusammen
mit den Ältesten Israels vor der Lade des
HERRN mit dem Gesicht zu Boden bis zum
Abend. Sie streuten sich Staub auf das Haupt
7 und Josua sagte: Ach, Herr und GOTT! Wa-
rum hast du denn dieses Volk den Jordan über-
schreiten lassen? Um uns in die Hand der
Amoriter zu geben, damit sie uns vernichten?
Hätten wir uns doch dazu entschlossen, jen-
seits des Jordan zu bleiben! 8 Ach Herr, was
soll ich sagen, nachdem Israel seinen Feinden
den Rücken gezeigt hat? 9 Das werden die Ka-
naaniter und alle Bewohner des Landes hören
und sie werden uns umzingeln und unseren
Namen aus dem ganzen Land ausmerzen. Was
willst du dann für deinen großen Namen tun?

10 Da sagte der HERR zu Josua: Steh auf! Wa-
rum fällst du auf dein Angesicht? 11 Israel hat
gesündigt. Sogar meinen Bund, den ich ihnen
geboten habe, haben sie übertreten. Wegge-
nommen haben sie vom Banngut, gestohlen
haben sie es, unterschlagen und zu ihren eige-
nen Sachen gelegt. 12 Deshalb können die Isra-
eliten ihren Feinden nicht mehr standhalten
und müssen ihren Feinden den Rücken zei-
gen; denn sie sind dem Bann verfallen. Ich
werde nicht mehr mit euch sein, wenn ihr das
Banngut nicht aus eurer Mitte beseitigt. 13 Auf!
Heilige das Volk und sag: Heiligt euch für mor-
gen! Denn so hat der HERR, der Gott Israels,
gesprochen: Banngut ist in deiner Mitte, Isra-
el. Du kannst deinen Feinden nicht standhal-
ten, solange ihr das Banngut nicht aus eurer
Mitte entfernt habt. 14 Morgen sollt ihr Stamm
für Stamm antreten und der Stamm, den der
HERR bezeichnet, soll Sippe für Sippe antreten
und die Sippe, die der HERR dann bezeichnet,
soll Großfamilie für Großfamilie antreten und
die Großfamilie, die der HERR dann bezeich-
net, soll Mann für Mann antreten. 15 Wer mit
dem Banngut aufgegriffen wird, der soll mit
allem, was er hat, verbrannt werden, weil er
den Bund des HERRN übertreten und in Israel
eine Schandtat verübt hat.

7,2 Ai bedeutet: Trümmerhaufen. Bet-Awen, Haus des Unheils, kann Spottname für Bet-El sein (vgl. Hos 4,15; Am 5,5).

16 Josua ließ früh am Morgen Israel Stamm
für Stamm antreten; da wurde der Stamm Juda
bezeichnet. 17 Dann ließ er die Sippen Judas
antreten; da wurde die Sippe der Serachiter
bezeichnet. Dann ließ er die Sippe der Serachi-
ter nach Großfamilien antreten; da wurde
Sabdi bezeichnet. 18 Dann ließ er dessen Fami-
lie Mann für Mann antreten; da wurde Achan,
der Sohn Karmis, der Enkel Sabdis, des Sohnes
Serachs, vom Stamm Juda bezeichnet. 19 Josua
sagte zu Achan: Mein Sohn, gib dem HERRN,
dem Gott Israels, die Ehre und leg vor ihm ein
Geständnis ab! Sag mir offen, was du getan
hast, und verheimliche mir nichts! 20 Achan
antwortete Josua: Es ist wahr, ich habe mich
gegen den HERRN, den Gott Israels, versün-
digt. Das ist es, was ich getan habe: 21 Ich sah
unter der Beute einen schönen Mantel aus
Schinar, außerdem zweihundert Schekel Sil-
ber und einen Goldbarren, der fünfzig Schekel
wog. Ich wollte es haben und nahm es an mich.
Es ist in meinem Zelt im Boden vergraben,
das Silber an unterster Stelle. 22 Josua schickte
Boten und sie liefen zum Zelt, und wirklich:
Die Sachen waren im Zelt Achans vergraben,
das Silber an unterster Stelle. 23 Sie holten alles
aus dem Zelt heraus, brachten es zu Josua und
allen Israeliten und breiteten es vor dem
HERRN aus.

24 Da nahm Josua Achan, den Sohn Serachs,
ebenso das Silber und den Mantel und den
Goldbarren, seine Söhne und Töchter, sein
Rind, seinen Esel und sein Schaf und seine
Ziege, sein Zelt und seine ganze Habe. Er und
ganz Israel brachten alles ins Tal Achor. 25 Dann
sagte Josua: Womit du uns ins Unglück ge-
stürzt hast, damit stürzt dich der HERR heute
ins Unglück. Und ganz Israel steinigte ihn. Sie
verbrannten sie im Feuer und steinigten sie.
26 Man errichtete über ihm einen großen
Steinhaufen, der bis zum heutigen Tag zu
sehen ist, und der HERR ließ ab von seinem
glühenden Zorn. Deshalb nennt man diesen
Ort bis heute Tal Achor.

16: 1 Sam 10,20 / **26:** Jes 65,10; Hos 2,17

EINNAHME UND VERNICHTUNG VON AI: 8,1–29

8 1 Dann sagte der HERR zu Josua: Fürchte
dich nicht und hab keine Angst! Nimm
alle kriegstüchtigen Männer, brich auf und
zieh nach Ha-Ai, die Trümmerstätte! Siehe, ich
habe den König von Ha-Ai und sein Volk,
seine Stadt und sein Land in deine Hand gege-
ben. 2 Du sollst es mit Ai und seinem König
ebenso machen, wie du es mit Jericho und sei-
nem König gemacht hast. Doch Beute von ihm
und seinem Vieh dürft ihr für euch nehmen.
Lege auf der Rückseite der Stadt einen Hinter-
halt! 3 Da brach Josua mit dem ganzen Heer
auf, um nach Ai hinaufzuziehen. Josua wählte
dreißigtausend kampferprobte Männer aus
und schickte sie bei Nacht weg 4 mit dem Be-
fehl: Seht zu, dass ihr auf der Rückseite der
Stadt im Hinterhalt liegt, aber nicht zu weit
entfernt von der Stadt. Dort haltet euch alle
bereit! 5 Ich aber werde mit allen Leuten, die
bei mir sind, gegen die Stadt vorrücken, und
wenn man dann wie beim ersten Mal einen
Ausfall macht, werden wir vor ihnen fliehen.
6 Sie werden hinter uns herziehen, bis wir sie
von der Stadt weggelockt haben; denn sie wer-
den sagen: Sie fliehen vor uns wie beim ersten
Mal. Und tatsächlich werden wir vor ihnen
fliehen. 7 Ihr aber werdet aus dem Hinterhalt
hervorbrechen und die Stadt erobern. Der
HERR, euer Gott, wird sie in eure Hand geben.
8 Wenn ihr dann die Stadt eingenommen habt,
sollt ihr sie in Brand stecken. Handelt nach
dem Wort des HERRN! Seht, ich habe es euch
befohlen. 9 Dann schickte Josua sie weg und
sie legten sich in den Hinterhalt. Sie lagen zwi-
schen Bet-El und Ai westlich von Ai. Josua
aber blieb die Nacht über beim Volk.

10 Früh am Morgen stand Josua auf, muster-
te das Volk und zog zusammen mit den Ältes-
ten Israels an der Spitze des Volkes nach Ai
hinauf. 11 Das ganze Heer zog mit ihm hinauf
und rückte bis in die Nähe der Stadt vor. Im
Norden von Ai schlugen sie ihr Lager auf. Das
Tal lag zwischen ihm und Ai. 12 Dann nahm er
etwa fünftausend Mann und legte sie westlich
der Stadt, zwischen Bet-El und Ai, in einen
Hinterhalt. 13 So stellten sie das Volk auf: Das
ganze Lager war im Norden der Stadt und sei-
ne Nachhut westlich der Stadt. Josua aber ging
in jener Nacht mitten in die Ebene.

14 Als das der König von Ai sah, da beeilten
sich die Männer der Stadt und zogen frühmor-
gens heraus, Israel entgegen in die Schlacht
zum Gefecht, der König und sein gesamtes
Heer an einen bestimmten Ort vor der Steppe.
Dabei wusste er nicht, dass man ihm auf der
Rückseite der Stadt einen Hinterhalt gelegt

7,26 Achor klingt an Achan an. Mit der Erzählung wird der Name des Achortals gedeutet.

hatte. 15 Josua und die Israeliten ließen sich von
ihnen schlagen und flohen auf die Steppe zu.
16 Nun wurde das ganze Volk, das noch in der
Stadt war, zu ihrer Verfolgung aufgeboten. Sie
verfolgten Josua und wurden so von der Stadt
weggelockt. 17 Niemand blieb in Ai und Bet-El
zurück, der nicht herausgezogen wäre hinter
Israel her. Sie ließen die Stadt offen zurück und
verfolgten Israel. 18 Da sagte der HERR zu Jo-
sua: Streck das Sichelschwert in deiner Hand
gegen Ai aus; denn ich gebe es in deine Hand.
Josua streckte das Sichelschwert in seiner
Hand gegen Ai aus. 19 Die im Hinterhalt erho-
ben sich eilends aus ihrer Stellung und rannten
los, als er seine Hand ausstreckte. Sie kamen in
die Stadt, nahmen sie ein und steckten sie in
Brand. 20 Als die Männer von Ai sich umwand-
ten und zurückblickten, siehe, da stieg der
Rauch der Stadt zum Himmel empor. Es lag
nicht mehr in ihrer Hand zu fliehen, weder
hierhin noch dorthin. Denn das Volk, das zur
Wüste hin geflohen war, wandte sich nun ge-
gen den Verfolger. 21 Als nämlich Josua und
ganz Israel sahen, dass aus der Stadt Rauch
aufstieg, dass also die Männer aus dem Hinter-
halt die Stadt eingenommen hatten, machten
sie kehrt und schlugen die Männer von Ai.
22 Denn weil diese ihnen aus der Stadt nach-
gerückt waren, waren sie nun von beiden Sei-
ten her mitten zwischen die Israeliten geraten.
Die Israeliten schlugen sie, dass keiner von
ihnen mehr übrig blieb, der hätte entkommen
und sich in Sicherheit bringen können. 23 Den
König von Ai aber nahmen sie lebend gefangen
und brachten ihn zu Josua.

24 Als Israel sämtliche Bewohner von Ai, die
ihm nachgejagt waren, ohne Ausnahme auf
freiem Feld und in der Steppe mit scharfem
Schwert getötet hatte und alle gefallen waren
bis auf den letzten Mann, kehrte ganz Israel
nach Ai zurück und machte alles mit der Schär-
fe des Schwertes nieder. 25 Es gab an jenem Tag
insgesamt zwölftausend Gefallene, Männer
und Frauen, die Gesamtheit der Männer von
Ai. 26 Josua aber ließ seine Hand, die er mit dem
Sichelschwert ausgestreckt hatte, nicht sin-
ken, bis er an allen Bewohnern von Ai den
Bann vollzogen hatte. 27 Nur das Vieh und die
Beute von jener Stadt nahm Israel für sich als
Beute, nach dem Wort, das der HERR Josua
geboten hatte. 28 Dann brannte Josua Ai nieder
und machte es für immer zu einem Trümmer-
haufen und zu einem öden Platz; das ist es
geblieben bis zum heutigen Tag. 29 Den König
von Ai aber ließ er an einem Baum aufhängen;
dort hing er bis zur Abenddämmerung. Als die
Sonne unterging, gebot Josua, seine Leiche
vom Baum abzunehmen, und sie warfen sie an
den Eingang des Stadttores. Man errichtete
über ihr einen großen Steinhaufen, der noch
heute da ist.

6: 7,4 / **29**: Dtn 21,23

OPFERGOTTESDIENST UND TORA-LESUNG: 8,30–35

30 Damals errichtete Josua auf dem Berg Ebal
für den HERRN, den Gott Israels, einen Altar,
31 wie Mose, der Knecht des HERRN, es den
Israeliten geboten hatte und wie es im Buch
der Weisung des Mose geschrieben steht, ei-
nen Altar aus unbehauenen Steinen, die kein
eisernes Werkzeug berührt hatte. Auf diesem
Altar brachte man dem HERRN Brandopfer dar
und schlachtete Heilsopfer. 32 Und dort schrieb
er auf die Steine eine Abschrift der Weisung
des Mose, die dieser geschrieben hatte vor den
Augen der Israeliten. 33 Ganz Israel und die
Ältesten, die Listenführer und die Richter,
standen zu beiden Seiten der Lade gegenüber
den levitischen Priestern, den Trägern der
Bundeslade des HERRN, dazu Fremde und
Einheimische. Die eine Hälfte von ihnen war
dem Berg Garizim zugewandt, die andere dem
Berg Ebal, wie es Mose, der Knecht des HERRN,
für die Segnung des Volkes Israel früher an-
geordnet hatte. 34 Danach verlas Josua alle
Worte der Weisung, Segen und Fluch, genau-
so, wie es im Buch der Weisung aufgezeichnet
ist. 35 Von alldem, was Mose geboten hatte, gab
es kein einziges Wort, das Josua nicht vor der
ganzen Versammlung Israels verlesen hätte;
auch die Frauen und kleinen Kinder und die
Fremden, die mit ihnen zogen, waren dabei.

30: Dtn 27,2–8 / **31**: Ex 20,25 / **32**: Ex 24,1–8 / **33**: Dtn 11,29; 27,12f.

VERTRAG ZWISCHEN ISRAEL UND GIBEON: 9,1–27

9 1 Davon hörten alle Könige jenseits des
Jordan, auf dem Gebirge, in der Schefela
und an der ganzen Küste des großen Meeres
bis hin zum Libanon: die Hetiter, die Amori-
ter, die Kanaaniter, die Perisiter, die Hiwiter
und die Jebusiter. 2 Sie taten sich zusammen,
um gemeinsam gegen Josua und Israel den
Kampf aufzunehmen.

3 Die Bewohner von Gibeon hatten gehört,
was Josua mit Jericho und Ai gemacht hatte.
4 Da griffen auch sie zu einer List. Sie gingen
und versahen sich mit Verpflegung und pack-
ten alte Säcke und alte, brüchige und geflickte
Weinschläuche auf ihre Esel. 5 Sie zogen alte,
geflickte Schuhe und alte Mäntel an. Das gan-
ze Brot in ihrem Vorrat war trocken und krü-
melig. 6 So zogen sie zu Josua ins Lager nach
Gilgal und sagten zu ihm und zu den Israeli-
ten: Wir kommen aus einem fernen Land.
Schließt doch einen Bund mit uns! 7 Da ant-
worteten die Israeliten den Hiwitern: Viel-
leicht wohnt ihr mitten in unserem Gebiet.
Wie können wir da einen Bund mit euch
schließen? 8 Sie aber sagten zu Josua: Wir sind
deine Knechte. Josua fragte sie: Wer seid ihr
und woher kommt ihr? 9 Sie antworteten ihm:
Deine Knechte kommen aus einem sehr weit
entfernten Land, wegen des Namens des
HERRN, deines Gottes. Wir haben von seinem
Ruhm und von allem gehört, was er in Ägyp-
ten getan hat, 10 und auch von allem, was er mit
den beiden Königen der Amoriter jenseits des
Jordan gemacht hat, mit Sihon, dem König von
Heschbon, und mit Og, dem König des Ba-
schan in Aschtarot. 11 Da sagten unsere Ältes-
ten und alle Bewohner unseres Landes zu uns:
Nehmt Verpflegung für unterwegs mit euch,
zieht ihnen entgegen und sagt zu ihnen: Wir
sind eure Knechte. Nun schließt mit uns einen
Bund! 12 Unser Brot hier war noch warm, als
wir es aus unseren Häusern als Vorrat mitnah-
men an dem Tag, als wir uns auf den Weg zu
euch machten. Jetzt aber, seht her: Es ist tro-
cken und krümelig. 13 Auch diese Weinschläu-
che waren neu, als wir sie füllten; und jetzt,
seht her: Sie sind brüchig. Und hier, unsere
Mäntel und unsere Schuhe, sie sind durch den
weiten Weg ganz abgenützt. 14 Da nahmen die
Männer etwas von ihrer Verpflegung; aber den
Mund des HERRN befragten sie nicht. 15 So
gewährte ihnen Josua Frieden und schloss mit
ihnen einen Bund, sie am Leben zu lassen.
Auch die Vorsteher der Gemeinde leisteten
ihnen einen Eid.

16 Drei Tage aber, nachdem sie mit ihnen den
Bund geschlossen hatten, erfuhren sie, dass
die Männer aus der Nähe waren und mitten in
ihrem Gebiet wohnten. 17 Die Israeliten bra-
chen auf und kamen am dritten Tag zu ihren
Städten: nach Gibeon, Kefira, Beerot und Kir-
jat-Jearim. 18 Aber die Israeliten erschlugen die
Einwohner nicht, weil die Vorsteher der Ge-
meinde ihnen beim HERRN, dem Gott Israels,
einen Eid geleistet hatten. Doch die ganze
Gemeinde war empört über die Vorsteher.
19 Da sagten alle Vorsteher zu der ganzen Ge-
meinde: Wir haben ihnen beim HERRN, dem
Gott Israels, einen Eid geleistet. Darum kön-
nen wir ihnen nichts tun. 20 Wir wollen es so
mit ihnen machen: Wir werden sie am Leben
lassen, damit nicht wegen des Eides, den wir
ihnen geschworen haben, ein Zorngericht
über uns kommt. 21 Die Vorsteher sagten also
zu ihnen: Sie sollen am Leben bleiben. So wur-
den sie Holzfäller und Wasserträger für die
ganze Gemeinde, wie es ihnen die Vorsteher
sagten.

22 Darauf rief Josua die Gibeoniter und sagte
zu ihnen: Warum habt ihr uns getäuscht und
gesagt: Wir wohnen sehr weit entfernt von
euch, obwohl ihr mitten in unserem Gebiet
wohnt? 23 Nun seid ihr verflucht; ihr müsst für
immer Sklaven, Holzfäller und Wasserträger
für das Haus meines Gottes sein. 24 Sie antwor-
teten Josua: Deinen Knechten wurde genau
berichtet, was der HERR, dein Gott, seinem
Knecht Mose befohlen hat: euch das ganze
Land zu geben und alle Bewohner des Landes
vor euren Augen zu vernichten. Darum hatten
wir große Angst vor euch und fürchteten um
unser Leben. Deshalb haben wir das getan.
25 Jetzt sind wir in deiner Hand. Mach mit uns,
was dir gut und recht erscheint! 26 Daraufhin
tat er Folgendes: Er rettete sie zwar aus der
Hand der Israeliten, sodass sie sie nicht töte-
ten; 27 doch er machte sie an jenem Tag zu
Holzfällern und Wasserträgern für die Ge-
meinde und für den Altar des HERRN an dem
Ort, den er erwählen würde. Das sind sie bis
zum heutigen Tag geblieben.

3: 6,20f.; 8,26.29 / **10:** 12,2.4; Num 21,21–35 / **15:** 11,19

SCHLACHT BEI GIBEON: 10,1–15

10
1 Adoni-Zedek, der König von Jerusa-
lem, hörte, dass Josua Ai erobert und
den Bann an ihm vollzogen hatte – wie er es
mit Jericho und seinem König gemacht hatte,
so hatte er es auch mit Ai und seinem König
gemacht – und dass die Einwohner von Gibe-
on mit den Israeliten Frieden geschlossen hat-
ten und mitten unter ihnen leben durften. 2 Da
bekam er große Angst; denn die Stadt Gibeon

9,14 Mund des HERRN, wohl Umschreibung für die Be-
fragung eines Sehers oder Propheten.

war ebenso groß wie die Städte mit Königssitz;
sie war größer als Ai und alle ihre Männer wa-
ren kampferprobte Krieger. 3 Darum sandte
Adoni-Zedek, der König von Jerusalem, Boten
an Hoham, den König von Hebron, an Piram,
den König von Jarmut, an Jafia, den König von
Lachisch, und an Debir, den König von Eglon,
und ließ ihnen sagen: 4 Zieht herauf zu mir und
helft mir! Wir wollen Gibeon schlagen, weil
es mit Josua und den Israeliten Frieden ge-
schlossen hat. 5 Da sammelten sich die fünf
Könige der Amoriter und zogen zusammen
mit ihren ganzen Heeren hinauf: der König
von Jerusalem, der König von Hebron, der Kö-
nig von Jarmut, der König von Lachisch und
der König von Eglon. Sie belagerten Gibeon
und eröffneten den Kampf gegen die Stadt.

6 Darauf sandten die Männer von Gibeon zu
Josua ins Lager nach Gilgal und ließen ihm
sagen: Zieh deine Hand nicht ab von deinen
Knechten! Komm schnell herauf zu uns, rette
uns und komm uns zu Hilfe; denn alle Amo-
riterkönige, die das Bergland bewohnen, ha-
ben sich gegen uns zusammengetan. 7 Da zog
Josua mit dem ganzen Heer, mit allen kampfer-
probten Männern, von Gilgal herauf. 8 Der
HERR sagte zu Josua: Fürchte dich nicht vor
ihnen; denn ich gebe sie in deine Hand. Keiner
von ihnen kann dir standhalten. 9 Und Josua
stieß plötzlich auf sie. Die ganze Nacht war er
von Gilgal heraufgezogen. 10 Der HERR ver-
setzte sie beim Anblick der Israeliten in Ver-
wirrung, sodass er ihnen bei Gibeon eine
schwere Niederlage beibrachte. Er verfolgte sie
in Richtung auf die Steige von Bet-Horon und
schlug sie bis nach Aseka und Makkeda. 11 Als
sie auf der Flucht vor Israel an den Abhang von
Bet-Horon kamen, warf der HERR große Stei-
ne auf sie vom Himmel her, bis nach Aseka hin,
sodass viele umkamen. Es kamen mehr durch
die Hagelsteine um, als die Israeliten mit dem
Schwert töteten.

12 Damals redete Josua zum HERRN, am
Tage, da der HERR die Amoriter den Israeliten
preisgab, und sprach vor den Augen Israels:

Sonne, bleib stehen über Gibeon / und du,
Mond, über dem Tal von Ajalon! –

13 Und die Sonne blieb stehen / und der
Mond stand still, / bis das Volk an seinen Fein-
den Rache genommen hatte.

Steht das nicht geschrieben im Buch des
Aufrechten? Die Sonne blieb mitten am Him-
mel stehen und beeilte sich nicht, unterzuge-
hen, ungefähr einen ganzen Tag lang. 14 Nie hat
es einen Tag gegeben wie diesen, an dem der
HERR auf die Stimme eines Menschen gehört
hätte; der HERR kämpfte nämlich für Israel.
15 Danach kehrte Josua und mit ihm ganz Isra-
el in das Lager nach Gilgal zurück.

1: 6; 8; 9 / **10**: Ex 23,27; Ri 4,15; 1 Sam 7,10 / **12**: Hab 3,11 / **13**: 2 Sam 1,18

SIEG ÜBER DIE FÜNF KANAANITERKÖNIGE: 10,16–27

16 Jene fünf Könige aber waren geflohen und
hatten sich in der Höhle bei Makkeda ver-
steckt. 17 Da meldete man Josua: Wir haben die
fünf Könige gefunden; sie haben sich in der
Höhle bei Makkeda versteckt. 18 Josua sagte:
Wälzt große Steine vor den Eingang der Höh-
le und stellt einige Männer davor, um die Kö-
nige zu bewachen! 19 Ihr aber bleibt nicht ste-
hen, sondern verfolgt eure Feinde und schlagt
auch ihre Nachhut! Lasst sie nicht bis zu ihren
Städten gelangen; denn der HERR, euer Gott,
hat sie in eure Hand gegeben. 20 So brachten
Josua und die Israeliten ihnen endgültig eine
sehr schwere Niederlage bei, die sie völlig auf-
rieb. Es entkamen aber einige Überlebende, die
in die befestigten Städte gelangten. 21 Darauf
kehrte das ganze Heer wohlbehalten in das
Lager zu Josua nach Makkeda zurück und kei-
ner hat mehr spitz gegen die Israeliten geredet.

22 Dann sagte Josua: Öffnet den Eingang der
Höhle und bringt diese fünf Könige aus der
Höhle zu mir her! 23 Sie taten so und führten
diese fünf Könige aus der Höhle heraus: den
König von Jerusalem, den König von Hebron,
den König von Jarmut, den König von Lachisch
und den König von Eglon. 24 Als man diese
Könige zu Josua herausgeführt hatte, rief Josua
alle Männer Israels herbei und sagte zu den
Anführern der Krieger, die mit ihm ausgezo-
gen waren: Kommt her, setzt diesen Königen
euren Fuß auf den Nacken! Sie kamen herbei
und setzten ihnen den Fuß auf den Nacken.
25 Und Josua sagte zu ihnen: Fürchtet euch
nicht und habt keine Angst! Seid mutig und
stark! Denn so wird es der HERR mit allen eu-
ren Feinden machen, mit denen ihr kämpfen
werdet. 26 Danach erschlug sie Josua und töte-
te sie und hängte sie auf an fünf Bäumen. Dort
blieben sie bis zum Abend hängen. 27 Bei Son-
nenuntergang befahl Josua, sie von den Bäu-
men abzunehmen und in die Höhle zu werfen,
in der sie sich zuvor versteckt hatten. Dann

wälzte man große Steine vor den Eingang der
Höhle; sie liegen dort bis zum heutigen Tag.

26: Dtn 21,23

EINNAHME DES SÜDLICHEN WESTJORDANLANDES: 10,28–43

28 Am gleichen Tag nahm Josua Makkeda ein
und erschlug seine Bewohner und seinen Kö-
nig mit der Schärfe des Schwertes. Er vollzog
an ihnen und allem, was in der Stadt lebte, den
Bann; niemand ließ er entkommen. Mit dem
König von Makkeda machte er es, wie er es mit
dem König von Jericho gemacht hatte. 29 Dann
zog Josua mit ganz Israel von Makkeda weiter
nach Libna und kämpfte gegen Libna. 30 Der
HERR gab auch Libna und seinen König in die
Hand Israels. Josua erschlug alles, was in ihm
lebte, mit der Schärfe des Schwertes; niemand
ließ er entkommen. Mit seinem König machte
er es, wie er es mit dem König von Jericho ge-
macht hatte. 31 Dann zog Josua mit ganz Israel
von Libna weiter nach Lachisch, belagerte die
Stadt und griff sie an. 32 Und der HERR gab
auch Lachisch in die Hand Israels. Josua nahm
die Stadt am zweiten Tag ein. Er erschlug alles,
was in ihr lebte, mit der Schärfe des Schwertes,
genauso, wie er es mit Libna gemacht hatte.
33 Als Horam, der König von Geser, heranzog,
um Lachisch zu helfen, schlug Josua auch ihn
und sein Volk und ließ niemand übrig, der hät-
te entkommen können. 34 Dann zog Josua mit
ganz Israel von Lachisch weiter nach Eglon. Sie
belagerten die Stadt und griffen sie an. 35 Noch
am gleichen Tag nahmen sie die Stadt ein und
schlugen sie mit der Schärfe des Schwertes. An
allem, was in ihr lebte, vollzog man am selben
Tag den Bann, genauso, wie man es mit La-
chisch gemacht hatte. 36 Von Eglon zog Josua
mit ganz Israel nach Hebron hinauf und griff
es an. 37 Sie nahmen die Stadt ein und erschlu-
gen ihren König und alles, was in ihr lebte,
ebenso die Bewohner aller ihrer Tochterstädte,
mit der Schärfe des Schwertes; niemand ließ
er entkommen, genauso, wie er es mit Eglon
gemacht hatte. Er vollzog an der Stadt und al-
lem, was in ihr lebte, den Bann. 38 Dann wand-
te sich Josua mit ganz Israel gegen Debir und
griff die Stadt an. 39 Er nahm die Stadt ein,
ihren König und ihre Tochterstädte, schlug sie
mit der Schärfe des Schwertes und vollzog an
allem, was in ihr lebte, den Bann; niemand ließ
er entkommen. Wie er es mit Hebron gemacht
hatte, so machte er es mit Debir und seinem
König, ebenso wie er es mit Libna und seinem
König gemacht hatte. 40 So schlug Josua das
ganze Land – das Bergland und den Negeb, die
Schefela und ihre Ausläufer – mit allen seinen
Königen. Niemand ließ er entkommen; an je-
dem Lebenshauch vollzog er den Bann, wie es
der HERR, der Gott Israels, geboten hatte. 41 Jo-
sua schlug sie von Kadesch-Barnea bis Gaza
und das ganze Land Goschen und bis nach
Gibeon. 42 Aller dieser Könige und ihrer Länder
bemächtigte sich Josua mit einem Schlag;
denn der HERR, der Gott Israels, kämpfte für
Israel. 43 Dann kehrte Josua mit ganz Israel in
das Lager nach Gilgal zurück.

EINNAHME DES NÖRDLICHEN WESTJORDANLANDES: 11,1–14

11 1 Als Jabin, der König von Hazor, das
hörte, schickte er Boten zu Jobab, dem
König von Madon, zum König von Schimron,
zum König von Achschaf 2 und zu den Königen
im Norden auf dem Gebirge und in der Araba
südlich von Kinneret, in der Schefela und auf
den Höhen von Dor im Westen, 3 zu den Ka-
naanitern im Osten und im Westen, zu den
Amoritern, Hetitern und Perisitern, zu den
Jebusitern im Gebirge und den Hiwitern am
Fuß des Hermon im Land Mizpe. 4 Da rückten
sie aus mit all ihren Truppen, einem Heer so
groß und zahlreich wie der Sand am Ufer des
Meeres, dazu mit einer großen Menge von
Pferden und Wagen. 5 Alle diese Könige taten
sich zusammen, rückten heran und bezogen
gemeinsam ihr Lager bei den Wassern von
Merom, um den Kampf mit Israel aufzuneh-
men.

6 Der HERR sagte zu Josua: Fürchte dich
nicht vor ihnen! Denn morgen um diese Zeit
gebe ich sie allesamt preis, erschlagen vor Is-
rael. Du wirst ihre Pferde lähmen und ihre
Wagen in Brand stecken. 7 Da rückte Josua mit
dem ganzen Heer an den Wassern von Merom
plötzlich gegen sie vor und überfiel sie. 8 Der
HERR gab sie in die Hand Israels und die Isra-
eliten schlugen sie und verfolgten sie bis
Groß-Sidon und Misrefot-Majim und bis zur
Ebene von Mizpe im Osten. Sie schlugen sie,
dass keiner von ihnen übrig blieb, der hätte
entkommen können. 9 Josua machte mit ih-
nen, was der HERR ihm gesagt hatte: Er lähm-
te ihre Pferde und steckte ihre Wagen in Brand.

10 Zu jener Zeit kehrte Josua um und nahm
Hazor ein; ihren König erschlug er mit dem

Schwert. Hazor hatte früher die Oberherrschaft über alle diese Königreiche. 11 Die Israeliten erschlugen alles, was in der Stadt lebte, mit scharfem Schwert und vollzogen an ihm den Bann. Nichts Lebendiges blieb übrig. Die Stadt selbst steckte man in Brand.

12 Aller dieser Königsstädte samt ihren Königen bemächtigte sich Josua; er erschlug alles mit der Schärfe des Schwertes und vollzog an ihm den Bann, wie Mose, der Knecht des HERRN, geboten hatte. 13 Nicht alle Städte, die auf Hügeln stehen, verbrannte Israel; nur Hazor brannte Josua nieder. 14 Die ganze Beute aus diesen Städten und das Vieh nahmen die Israeliten für sich, die Menschen aber erschlugen sie alle mit der Schärfe des Schwertes und rotteten sie völlig aus. Keinen Lebenshauch ließen sie übrig.

1: Ri 4,2

RÜCKSCHAU AUF DIE INBESITZNAHME DES LANDES: 11,15–12,24

15 Wie der HERR es seinem Knecht Mose geboten hatte, so hatte es Mose Josua geboten und so führte Josua es aus: Er unterließ nichts von alldem, was der HERR dem Mose geboten hatte. 16 So nahm Josua dieses ganze Land ein, das Gebirge und den ganzen Negeb, das ganze Land Goschen und die Schefela, die Araba und das Gebirge Israels mit seiner Schefela: 17 von den kahlen Bergen, die nach Seïr hin ansteigen, bis nach Baal-Gad in der Libanonsenke am Fuß des Hermongebirges. Alle ihre Könige nahm Josua gefangen, er schlug sie und tötete sie. 18 Lange Zeit hatte Josua gegen alle diese Könige Krieg geführt. 19 Es gab keine Stadt, die mit den Israeliten Frieden geschlossen hätte, außer den Hiwitern, die Gibeon bewohnten. Alle musste man im Kampf nehmen. 20 Denn vom HERRN kam die Verhärtung ihres Herzens angesichts des Kampfes mit Israel, damit an ihnen der Bann vollzogen würde; Israel sollte keine Gnade bei ihnen walten lassen, sondern sie ausrotten, wie es der HERR dem Mose geboten hatte.

21 Zu jener Zeit zog Josua auch gegen die Anakiter, die im Gebirge, in Hebron, in Debir, in Anab, im Bergland von Juda und im Bergland von Israel wohnten; er rottete sie überall aus und vollzog an ihnen samt ihren Städten den Bann. 22 Im Land der Israeliten blieben keine Anakiter übrig; nur in Gaza, Gat und Aschdod verblieben sie.

23 Josua nahm das ganze Land ein, genauso, wie es der HERR zu Mose gesagt hatte, und Josua gab es Israel als Erbbesitz entsprechend seiner Stammeseinteilung. Dann hatte das Land Ruhe vom Krieg.

15: Dtn 20,10–15 / **19:** 9,15 / **20:** Dtn 7,2 / **21:** 14,12–15; Dtn 9,2

12 1 Das sind die Könige des Landes, die von den Israeliten geschlagen wurden, und die Länder, die sie in Besitz nahmen, jenseits des Jordan vom Arnontal bis zum Hermongebirge mit der ganzen Araba gegen Sonnenaufgang: 2 Sihon, der Amoriterkönig, der in Heschbon wohnte; er herrschte von Aroër am Rand des Arnontales und von der Mitte des Tals an über das halbe Gilead bis zum Jabboktal, das die Grenze zu den Ammonitern bildet, 3 ferner über die Araba bis zum See Kinneret im Osten und bis zum Meer der Araba, dem Salzmeer im Osten in Richtung auf Bet-Jeschimot und im Süden über das Gebiet unten an den Abhängen des Berges Pisga, 4 dann das Gebiet des Og, des Königs von Baschan, der von den Rafaïtern übrig geblieben war und in Aschtarot und in Edreï wohnte; 5 er herrschte über das Hermongebirge und Salcha und den ganzen Baschan bis zum Gebiet der Geschuriter und der Maachatiter sowie über das halbe Gilead bis zum Gebiet Sihons, des Königs von Heschbon. 6 Mose, der Knecht des HERRN, und die Israeliten hatten sie geschlagen und Mose, der Knecht des HERRN, hatte das Land den Rubenitern, den Gaditern und dem halben Stamm Manasse zum Besitz gegeben. 7 Das sind die Könige des Landes, die Josua und die Israeliten jenseits des Jordan im Westen geschlagen hatten, von Baal-Gad in der Libanonsenke bis zu den kahlen Bergen, die nach Seïr hin ansteigen – Josua gab ihr Land den Stämmen Israels zum Besitz, deren Stammeseinteilung entsprechend: 8 im Gebirge und in der Schefela, in der Araba und an den Bergabhängen, in der Wüste und im Negeb, das Land der Hetiter, der Amoriter, der Kanaaniter, der Perisiter, der Hiwiter und der Jebusiter:

9 Der König von Jericho: einer; der König von Ai, das seitlich von Bet-El liegt: einer; 10 der König von Jerusalem: einer; der König von Hebron: einer; 11 der König von Jarmut: einer; der König von Lachisch: einer; 12 der König von Eglon: einer; der König von Geser: einer; 13 der König von Debir: einer; der König von Geder: einer; 14 der König von Horma: einer; der König von Arad: einer; 15 der König

von Libna: einer; der König von Adullam:
einer; 16 der König von Makkeda: einer; der
König von Bet-El: einer; 17 der König von Tap-
puach: einer; der König von Hefer: einer; 18 der
König von Afek: einer; der König von Scharon:
einer; 19 der König von Madon: einer; der König
von Hazor: einer; 20 der König von Schimron-
Meron: einer; der König von Achschaf: einer;
21 der König von Taanach: einer; der König von
Megiddo: einer; 22 der König von Kedesch: ei-
ner; der König von Jokneam am Karmel: einer;
23 der König von Dor an der Höhe von Dor:
einer; der König von Gojim in Galiläa: einer;
24 der König von Tirza: einer; zusammen:
einunddreißig Könige.

VERTEILUNG DES LANDES: 13,1–22,34

AUFTRAG AN JOSUA: 13,1–7

13 1 Als Josua alt und hochbetagt war,
sagte der HERR zu ihm: Du bist alt und
hochbetagt, aber vom Land bleibt noch sehr
viel in Besitz zu nehmen. 2 Das ist das Land,
das noch übrig ist: alle Bezirke der Philister
und das ganze Gebiet der Geschuriter 3 vom
Schihor-Fluss östlich von Ägypten bis zum
Gebiet von Ekron im Norden – es wird den
Kanaanitern zugerechnet –, die fünf Philister-
fürsten von Gaza, Aschdod, Aschkelon, Gat
und Ekron sowie die Awiter 4 im Süden, das
ganze Land der Kanaaniter und Meara, das zu
den Sidoniern gehört, bis nach Afek und bis
zum Gebiet der Amoriter, 5 ferner das Land der
Gibliter und der ganze Libanon gegen Sonnen-
aufgang, von Baal-Gad am Fuß des Hermon-
gebirges bis nach Lebo-Hamat. 6 Alle Bewoh-
ner des Berglandes vom Libanon bis nach
Misrefot-Majim, alle Sidonier werde ich selbst
vor den Israeliten vertreiben. Du aber verlose
das Land für Israel als Erbbesitz, wie ich es dir
befohlen habe! 7 Verteil nun dieses Land als
Erbbesitz an die neun Stämme und den halben
Stamm Manasse!

3: Ri 3,3

LANDZUTEILUNG IM OSTEN: 13,8–33

8 Die andere Hälfte des Stammes Manasse und
mit ihm die Rubeniter und Gaditer hatten ih-
ren Erbbesitz schon erhalten; ihn hatte Mose
ihnen jenseits des Jordan nach Osten gegeben,
wie ihn Mose, der Knecht des HERRN, ihnen
zugewiesen hatte, 9 von Aroër am Rand des
Arnontales und von der Stadt an, die mitten
im Tal liegt, also die ganze Ebene von Medeba
bis Dibon, 10 alle Städte des Amoriterkönigs
Sihon, der in Heschbon herrschte, bis zum
Gebiet der Ammoniter, 11 dazu Gilead und das
Gebiet der Geschuriter und Maachatiter und
das ganze Hermongebirge und den ganzen
Baschan bis nach Salcha, 12 das ganze Reich des
Og im Baschan, der in Aschtarot und Edreï
herrschte. Er war vom Rest der Rafaïter übrig
geblieben. Mose hatte sie geschlagen und ver-
trieben. 13 Aber die Israeliten vertrieben die
Geschuriter und die Maachatiter nicht; so
wohnen Geschuriter und Maachatiter bis zum
heutigen Tag mitten in Israel.

14 Nur dem Stamm Levi gab Josua keinen
Erbbesitz; der HERR, der Gott Israels, ist sein
Erbteil, wie der HERR ihm gesagt hatte.

15 Die Zuteilung an den Stamm der Rubeni-
ter hatte also Mose entsprechend ihren Sippen
vorgenommen. 16 Ihnen war zuteilgeworden
das Gebiet von Aroër am Rand des Arnontales
und von der Stadt an, die mitten im Tal liegt:
die ganze Ebene bei Medeba, 17 Heschbon und
alle seine Städte in der Ebene, Dibon, Ba-
mot-Baal und Bet-Baal-Meon, 18 Jahaz, Kede-
mot und Mefaat, 19 Kirjatajim, Sibma und Ze-
ret-Schahar auf dem Berg in der Talebene,
20 Bet-Pegor, die Abhänge des Pisga, Bet-Je-
schimot 21 und alle Städte der Ebene, das heißt:
das ganze Reich des Amoriterkönigs Sihon,
der in Heschbon herrschte. Mose hatte ihn
und die Vornehmen Midians geschlagen: Ewi,
Rekem, Zur, Hur und Reba, die Stammesfüh-
rer Sihons, die im Land wohnten. 22 Auch den
Wahrsager Bileam, den Sohn Beors, hatten die
Israeliten zusammen mit den anderen mit dem
Schwert erschlagen. 23 Die Grenze der Rubeni-
ter bildete der Jordan und sein Ufergebiet. Die-
ses Gebiet mit seinen Städten und Gehöften
ist der Erbbesitz der Rubeniter, entsprechend
ihren Sippen.

24 Mose hatte auch die Zuteilung an den
Stamm Gad, die Gaditer, entsprechend ihren
Sippen vorgenommen. 25 Ihnen war zuteilge-
worden das Gebiet von Jaser und alle Städte
Gileads, das halbe Land der Ammoniter bis
Aroër, das gegenüber Rabba liegt, 26 das Land
von Heschbon bis Ramat-Mizpe und Betonim
und von Mahanajim bis zum Gebiet von
Lo-Dabar, 27 dazu in der Talebene Bet-Haram,
Bet-Nimra, Sukkot und Zafon – der Rest des
Reiches Sihons, des Königs von Heschbon –,
ferner der Jordan und das Gebiet bis zum Ende
des Sees von Kinneret jenseits des Jordan ge-
gen Osten. 28 Dieses Gebiet mit seinen Städten
und Gehöften ist der Erbbesitz der Gaditer,
entsprechend ihren Sippen.

29 Mose hatte auch die Zuteilung an den hal-
ben Stamm Manasse vorgenommen und diese
war auch für den halben Stamm der Manassi-
ten nach seinen Sippen erfolgt. 30 Sein Gebiet
umfasste von Mahanajim an den ganzen Ba-
schan, das ganze Reich des Königs Og vom
Baschan und alle Zeltdörfer Jaïrs im Baschan,
sechzig Städte. 31 Die Hälfte von Gilead sowie
Aschtarot und Edreï, die Königsstädte des Og
vom Baschan, fiel den Nachkommen Machirs,
des Sohnes Manasses, zu, und zwar der Hälfte
der Machiriter entsprechend ihren Sippen.

32 Das sind die Gebiete, die Mose in den
Steppen von Moab jenseits des Jordan östlich
von Jericho als Erbbesitz verteilt hatte.

33 Dem Stamm Levi aber hatte Mose keinen
Erbbesitz zugeteilt. Der HERR, der Gott Isra-
els, ist ihr Erbteil, wie er es ihnen gesagt hat-
te.

8: 13,15–32 / **14:** 13,33; 18,7; Num 18,20f.; Dtn 18,1 / **15–32:** Num 32,1–42 / **22:** Num 22,5; 31,8 / **33:** 13,14; 18,7

LANDZUTEILUNG IM WESTEN: 14,1–15

14 1 Das sind die Gebiete, die die Israeliten
als Erbbesitz im Land Kanaan erhielten
und die der Priester Eleasar sowie Josua, der
Sohn Nuns, und die Anführer der Sippen der
Israeliten zuteilten – 2 durch das Los teilten sie
es ihnen zu, wie es der HERR durch Mose be-
fohlen hatte –, den neuneinhalb Stämmen.
3 Denn Mose hatte zweieinhalb Stämmen ih-
ren Erbbesitz schon jenseits des Jordan zuge-
wiesen; den Leviten gab er keinen Erbbesitz in
ihrer Mitte. 4 Denn die Nachkommen Josefs
bildeten zwei Stämme, Manasse und Efraim.
Den Leviten gab man also keinen Landanteil,
sondern nur Städte als Wohnsitz und die da-
zugehörenden Weideflächen für ihr Vieh und
ihren Besitz. 5 Wie es der HERR dem Mose
befohlen hatte, so machten es die Israeliten
und verteilten das Land.

6 Damals traten die Judäer in Gilgal an Josua
heran und Kaleb, der Sohn des Kenasiters
Jefunne, sagte zu ihm: Du weißt, was der
HERR zu Mose, dem Gottesmann, in Ka-
desch-Barnea meinet- und deinetwegen gesagt
hat. 7 Ich war vierzig Jahre alt, als mich Mose,
der Knecht des HERRN, von Kadesch-Barnea
aussandte, damit ich das Land erkundete, und
ich erstattete ihm Bericht, nach bestem Wis-
sen und Gewissen. 8 Während meine Brüder,
die mit mir hinaufgezogen waren, dem Volk
den Mut nahmen, stand ich voll zum HERRN,
meinem Gott. 9 An jenem Tag schwor Mose:
Wahrhaftig, das Land, das dein Fuß betreten
hat, soll dir und deinen Söhnen für immer als
Erbbesitz gehören, weil du voll zum HERRN,
meinem Gott, gestanden bist. 10 Nun sieh her:
Der HERR hat mich, wie er es versprochen
hat, am Leben gelassen. Fünfundvierzig Jah-
re ist es her, seit der HERR dieses Wort zu
Mose gesprochen hat, als Israel durch die
Wüste zog. Heute bin ich, wie du siehst,
fünfundachtzig Jahre alt. 11 Ich bin immer
noch so stark wie damals, als Mose mich aus-
gesandt hat; wie meine Kraft damals war, so
ist sie noch heute, wenn es gilt, zu kämpfen,
auszuziehen und heimzukehren. 12 Nun gib
mir also dieses Bergland, von dem der HERR
an jenem Tag geredet hat. Denn du hast selbst
an jenem Tag gehört, dass Anakiter dort sind
und große befestigte Städte. Vielleicht ist der
HERR mit mir, sodass ich sie vertreiben kann,
wie der HERR gesagt hat. 13 Da segnete Josua
Kaleb, den Sohn Jefunnes, und gab ihm
Hebron als Erbbesitz. 14 Deshalb gehört
Hebron bis zum heutigen Tag dem Kenasiter
Kaleb, dem Sohn Jefunnes, dafür, dass er voll
zum HERRN, dem Gott Israels, gestanden ist.
15 Hebron hieß früher Kirjat-Arba, Stadt des
Arba; Arba war der größte Mann unter den
Anakitern. Das Land hatte nunmehr Ruhe
vor dem Krieg.

1: Num 34,17 / **2:** Num 26,55 / **3:** 13,14.33; Dtn 10,9 / **4:** 21,1–42 / **6:** Num 14,24; Dtn 1,36 / **7:** Num 13,6.30 / **8:** Num 14,24; 32,11f. / **12:** 11,21 / **13:** 15,13–17; 21,12; Ri 1,20 / **14:** Num 32,12

14,2 durch das Los teilten sie es ihnen zu: Text nach G; H: durch Los ihr Erbteil.

STAMMESGEBIET JUDA: 15,1–63

15 1 An den Stamm der Judäer fiel durch
das Los, entsprechend seinen Sippen,
der Anteil gegen die Grenze Edoms hin, süd-
wärts der Wüste Zin zu gelegen, die im äu-
ßersten Süden ist. 2 Die Südgrenze Judas be-
ginnt am Ende des Salzmeeres, an der
Meereszunge, die sich nach Süden erstreckt,
3 verläuft dann südlich zur Skorpionensteige,
zieht sich hinüber nach Zin, steigt südlich von
Kadesch-Barnea hinauf, führt hinüber nach
Hezron, steigt hinauf nach Addar und wendet
sich nach Karka; 4 dann führt sie hinüber nach
Azmon, geht hinaus zum Grenzbach Ägyp-
tens und läuft am Meer aus. Das wird für euch
die Südgrenze sein.
5 Die Ostgrenze bildet das Salzmeer bis zur
Jordanmündung. Für die Nordseite beginnt die
Grenze an der Meereszunge bei der Jordanmün-
dung. 6 Die Grenze geht dann nach Bet-Hogla
hinauf und läuft nördlich an Bet-Araba vorbei.
Dann zieht sie sich hinauf zum Stein Bohans,
des Sohnes Rubens. 7 Vom Tal Achor steigt sie
empor nach Debir und wendet sich nordwärts
nach Gelilot gegenüber der Steige von Adum-
mim, die südlich des Bachtals liegt; dann führt
sie hinüber zum Wasser von En-Schemesch
und läuft hinaus zur Rogel-Quelle. 8 Von da an
steigt die Grenze hinauf in das Ben-Hinnom-
Tal südlich des Bergrückens der Jebusiter – das
ist Jerusalem – und weiter empor zum Gipfel
des Berges, der gegenüber dem Hinnom-Tal
westwärts am nördlichen Rand der Rafaï-
ter-Ebene liegt. 9 Vom Gipfel des Berges biegt
die Grenze ab zur Neftoach-Quelle und führt
hinaus zu den Städten des Berges Efron. Dann
biegt sie ab nach Baala, das ist Kirjat-Jearim.
10 Von Baala wendet sich die Grenze nach Wes-
ten zum Berg Seïr, führt dann an der Nordflan-
ke des Berges von Jearim, das ist Kesalon, vor-
bei, hinab nach Bet-Schemesch und hinüber
nach Timna. 11 Dann verläuft sie hinaus zur
Nordflanke von Ekron, biegt ab nach Schikka-
ron, geht hinüber zum Berg Baala und hinaus
nach Jabneel. Die Grenze läuft aus am Meer.
12 Das große Meer und das Küstengebiet bilden
die Westgrenze. Das ist das Gebiet der Judäer
ringsum, entsprechend ihren Sippen.
13 Kaleb aber, dem Sohn Jefunnes, gab Josua
einen Anteil mitten unter den Judäern, nach
der Anweisung des HERRN an Josua, und zwar
Kirjat-Arba – Arba war der Vater Anaks –, das
ist Hebron. 14 Kaleb vertrieb von dort die drei
Anakiter Scheschai, Ahiman und Talmai, die
Söhne Anaks. 15 Von dort zog er hinauf zu den
Einwohnern von Debir. Debir hieß früher Kir-
jat-Sefer. 16 Und Kaleb sagte: Wer Kirjat-Sefer
besiegt und einnimmt, dem gebe ich meine
Tochter Achsa zur Frau. 17 Otniël, der Sohn des
Kenas, eines Bruders Kalebs, nahm die Stadt
ein und Kaleb gab ihm seine Tochter Achsa zur
Frau. 18 Als sie nun ankam, drängte sie ihn, von
ihrem Vater ein Stück Land zu verlangen. Sie
ließ sich vom Esel herabgleiten und Kaleb
fragte sie: Was hast du? 19 Sie antwortete: Gib
mir einen Segen! Wenn du mich schon ins
Trockenland geschickt hast, dann gib mir auch
Wasserstellen! Da gab er ihr die obere und die
untere Wasserquelle.
20 Das ist der Erbbesitz des Stammes der Ju-
däer, entsprechend ihren Sippen: 21 Die Städte
im Bereich des Stammes der Judäer waren fol-
gende:
an der Grenze zu Edom im Negeb: Kabzeel,
Eder, Jagur, 22 Kina, Dimona, Adada, 23 Ka-
desch, Hazor, Jitna, 24 Sif, Telem, Bealot, 25 Ha-
zor-Hadatta, Kerijot-Hezron, das ist Hazor,
26 Amam, Schema, Molada, 27 Hazar-Gadda,
Heschmon, Bet-Pelet, 28 Hazar-Schual, Beer-
scheba und seine Tochterstädte, 29 Baala, Ijim,
Ezem, 30 Eltolad, Kesil, Horma, 31 Ziklag, Mad-
manna, Sansanna, 32 Lebaot, Schilhim und
En-Rimmon: im Ganzen neunundzwanzig
Städte mit ihren Gehöften;
33 in der Schefela: Eschtaol, Zora, Aschna,
34 Sanoach, En-Gannim, Tappuach, Enajim,
35 Jarmut, Adullam, Socho, Aseka, 36 Schaara-
jim, Aditajim, Gedera und Gederotajim: vier-
zehn Städte mit ihren Gehöften; 37 Zenan,
Hadascha, Migdal-Gad, 38 Dilan, Mizpe, Jok-
teel, 39 Lachisch, Bozkat, Eglon, 40 Kabbon,
Lachmas, Kitlisch, 41 Gederot, Bet-Dagon,
Naama und Makkeda: sechzehn Städte mit
ihren Gehöften; 42 Libna, Eter, Aschan, 43 Jif-
tach, Aschna, Nezib, 44 Keïla, Achsib und
Marescha: neun Städte mit ihren Gehöften;
45 Ekron mit ihren Tochterstädten und Gehöf-
ten, 46 von Ekron bis zum Meer alles, was auf
der Seite von Aschdod liegt, samt ihren Ge-
höften; 47 Aschdod mit ihren Tochterstädten

15,7 Gelilot, Umkreis, ist wohl kein Ortsname, sondern eine Landschaftsbezeichnung.

15,9 zu den Städten des Berges Efron; G: zum Berg Efron.

15,28 und seine Tochterstädte: ergänzt nach G.

15,32 hebr.: Ajin und Rimmon; En-Rimmon nach Neh 11,29, vgl. Jos 19,7.

und Gehöften, Gaza mit ihren Tochterstädten
und Gehöften bis zum Grenzbach Ägyptens
und zum großen Meer mit dem Küstengebiet;
48 auf dem Gebirge: Schamir, Jattir, Socho,
49 Danna, Kirjat-Sanna, das ist Debir, 50 Anab,
Eschtemoa, Anim, 51 Goschen, Holon und Gilo:
elf Städte mit ihren Gehöften; 52 Arab, Duma,
Eschan, 53 Janum, Bet-Tappuach, Afeka, 54 Hum-
ta, Kirjat-Arba, das ist Hebron, und Zior: neun
Städte und ihre Gehöfte; 55 Maon, Karmel, Sif,
Jutta, 56 Jesreel, Jokdeam, Sanoach, 57 Kain, Gibea
und Timna: zehn Städte mit ihren Gehöften;
58 Halhul, Bet-Zur, Gedor, 59 Maarat, Bet-Anot
und Eltekon: sechs Städte mit ihren Gehöften;
Tekoa, Efrata, das ist Betlehem, Pegor, Etam,
Kulon, Tatam, Schoresch, Kerem, Gallim, Bet-
Ter und Manocho: elf Städte mit ihren Gehöf-
ten: 60 Kirjat-Baal, das ist Kirjat-Jearim, und
Rabba: zwei Städte mit ihren Gehöften;
61 in der Steppe: Bet-Araba, Middin, Secha-
cha, 62 Nibschan, Ir-Melach und En-Gedi:
sechs Städte mit ihren Gehöften.
63 Nur die Jebusiter, die in Jerusalem wohn-
ten, konnten die Judäer nicht vertreiben und
so wohnen die Jebusiter bis zum heutigen Tag
mit den Judäern zusammen in Jerusalem.

13–19: 14,13–15; Ri 1,10–15 / **17**: Ri 3,9

STAMMESGEBIETE EFRAIM UND MANASSE: 16,1–17,18

16 1 Das war der Anteil, der den Nachkom-
men Josefs durch das Los zufiel: vom
Jordan bei Jericho zu den Quellen von Jericho
ostwärts, dann von Jericho aus in die Wüste
aufsteigend und ins Gebirge von Bet-El. 2 Von
Bet-El geht er nach Lus hinaus und hinüber
zum Gebiet der Arkiter nach Atarot. 3 Dann
führt er westwärts hinab zum Gebiet der Jafle-
titer bis zum Gebiet von Unter-Bet-Horon und
Geser und läuft am Meer aus.
4 Erbbesitz erhielten auch die Söhne Josefs,
Manasse und Efraim. 5 Dies war das Gebiet der
Efraimiter, entsprechend ihren Sippen: Die
Grenze ihres Erbbesitzes im Osten verläuft
von Atarot-Addar bis Ober-Bet-Horon 6 und
läuft zum Meer. Von Michmetat im Norden
wendet sich die Grenze ostwärts nach Taa-
nat-Schilo und geht ostwärts daran vorbei
nach Janoach. 7 Von Janoach führt sie hinab
nach Atarot und Naara, berührt Jericho und
läuft am Jordan aus. 8 Von Tappuach geht die
Grenze westwärts zum Bach Kana und läuft
am Meer aus. Das ist der Erbbesitz des Stam-
mes der Efraimiter, entsprechend ihren Sip-
pen; 9 ferner die Städte, die für die Efraimiter
abgesondert waren mitten im Erbbesitz der
Manassiter, und zwar alle Städte samt ihren
Gehöften. 10 Die Efraimiter konnten aber die
Kanaaniter, die in Geser wohnten, nicht ver-
treiben. So wohnen die Kanaaniter bis zum
heutigen Tag mitten in Efraim; sie wurden
zum Frondienst verpflichtet.

17 1 Dem Stamm des Manasse – er war der
Erstgeborene Josefs – fiel durch das Los
folgender Anteil zu: Machir, der Erstgeborene
Manasses, der Vater Gileads – er war ein
kampferprobter Mann – erhielt Gilead und den
Baschan. 2 Auch die übrigen Söhne Manasses
erhielten einen Anteil entsprechend ihren Sip-
pen: die Söhne Abiësers, die Söhne Heleks, die
Söhne Asriëls, die Söhne Schechems, die Söh-
ne Hefers und die Söhne Schemidas; das sind
die männlichen Nachkommen Manasses, des
Sohnes Josefs, mit ihren Sippen. 3 Zelofhad
aber, der Sohn Hefers, des Sohnes Gileads, des
Sohnes Machirs, des Sohnes Manasses, hatte
keine Söhne, sondern nur Töchter. Seine Töch-
ter hatten folgende Namen: Machla, Noa, Hog-
la, Milka und Tirza. 4 Sie erschienen vor dem
Priester Eleasar und vor Josua, dem Sohn Nuns,
und vor den Anführern und sagten: Der HERR
hat Mose befohlen, uns Erbbesitz im Kreis un-
serer Brüder zu geben. Da gab er ihnen, gemäß
der Anweisung des HERRN, Erbbesitz im Kreis
der Brüder ihres Vaters. 5 So entfielen auf Ma-
nasse, abgesehen vom Land Gilead und dem
Baschan, die jenseits des Jordan liegen, zehn
Anteile. 6 Denn die Töchter Manasses erhielten
Erbbesitz im Kreis seiner Söhne. Das Land Gi-
lead aber erhielten die übrigen Söhne Manasses.
7 Das Gebiet Manasses reicht vom Gebiet
Aschers bis nach Michmetat, das gegenüber von
Sichem liegt. Von dort verläuft die Grenze nach
Süden bis zu den Einwohnern von En-Tap-
puach. 8 Manasse wurde das Land von Tappuach
zuteil, Tappuach selbst aber, an der Grenze Ma-
nasses, den Efraimitern. 9 Dann zieht sich die
Grenze hinab zum Bach Kana; südlich des Bachs
gehören einzelne Städte mitten unter den Städ-
ten Manasses zu Efraim. Nördlich des Bachs ist
die Grenze Manasses; sie läuft am Meer aus.
10 Das Gebiet im Süden gehört Efraim und das
Gebiet im Norden Manasse, dessen Grenze das
Meer bildet. Im Norden grenzen sie an Ascher,

15,59 Tekoa ... Gehöften, ergänzt nach G.

im Osten an Issachar. 11 Manasse erhielt in Is-
sachar und in Ascher Bet-Schean und seine
Tochterstädte, Jibleam und seine Tochterstädte,
die Einwohner von Dor und seinen Tochter-
städten, die Einwohner von En-Dor und seinen
Tochterstädten, die Einwohner von Taanach
und seinen Tochterstädten, die Einwohner von
Megiddo und seinen Tochterstädten, wobei die
dritte Stadt Nafet ist. 12 Doch die Manassiter
konnten diese Städte nicht in Besitz nehmen; es
gelang den Kanaanitern, ihre Wohnsitze in die-
sem Land zu halten. 13 Als die Israeliten jedoch
stark geworden waren, zwangen sie die Kanaa-
niter zur Fron; aber ganz vertreiben konnten sie
sie nicht.

14 Die Nachkommen Josefs sagten zu Josua:
Warum hast du uns nur ein einziges Los und
nur einen einzigen Anteil als Erbbesitz gege-
ben, obwohl wir ein zahlreiches Volk sind,
nachdem uns der HERR so sehr gesegnet hat?
15 Josua antwortete ihnen: Wenn ihr ein so
zahlreiches Volk seid, dann steigt doch hinauf
in das Waldgebiet und rodet für euch dort im
Land der Perisiter und Rafaïter, wenn euch das
Gebirge Efraim zu eng ist. 16 Da sagten die
Nachkommen Josefs: Das Bergland reicht für
uns nicht aus. Im ebenen Land aber wohnen
die Kanaaniter, die alle eiserne Kampfwagen
haben, wie etwa die Leute in Bet-Schean und
seinen Tochterstädten und die Leute in der
Ebene Jesreel. 17 Josua erwiderte dem Haus
Josef, Efraim und Manasse: Ihr seid ein zahl-
reiches Volk und habt große Kraft. Ihr erhaltet
nicht nur einen einzigen Anteil; 18 denn auch
das Bergland soll euch gehören. Es ist bewal-
det; ihr könnt es roden. Das so gewonnene
Land soll euch gehören, denn ihr werdet die
Kanaaniter vertreiben, auch wenn sie eiserne
Kampfwagen haben und stark sind.

1: 13,29f.; Num 26,29; Ri 5,14 / **3**: Num 26,33; 27,1–8; 36,2 / **9**: 16,8f. / **11–13**: Ri 1,27f.

LANDZUTEILUNG AN DIE RESTLICHEN SIEBEN STÄMME: 18,1–10

18
1 Die ganze Gemeinde der Israeliten
versammelte sich in Schilo. Dort schlu-
gen sie das Offenbarungszelt auf; das ganze
Land lag unterworfen vor ihnen. 2 Aber noch
waren von den Israeliten sieben Stämme übrig,
die ihren Erbbesitz nicht zugeteilt bekommen
hatten. 3 Da sagte Josua zu den Israeliten: Wie
lange wollt ihr noch zögern, hinzugehen und
das Land in Besitz zu nehmen, das der HERR,
der Gott eurer Väter, euch gegeben hat? 4 Be-
stellt euch drei Männer aus jedem Stamm; ich
will sie aussenden. Sie sollen sich auf den Weg
machen, im Lande umherziehen und es im
Hinblick auf ihren Erbbesitz schriftlich auf-
nehmen. Dann sollen sie wieder zu mir kom-
men. 5 Ihr sollt es unter euch in sieben Teile
aufteilen. Juda soll auf seinem Gebiet im Sü-
den bleiben und das Haus Josef soll auf seinem
Gebiet im Norden bleiben. 6 Ihr sollt das Land
in sieben Teilen aufzeichnen. Bringt das zu mir
hierher! Ich werde dann hier vor dem HERRN,
unserem Gott, das Los für euch werfen. 7 Doch
Levi bekommt keinen Anteil unter euch; denn
sein Erbbesitz ist das Priestertum des HERRN.
Und Gad, Ruben und der halbe Stamm Manas-
se haben bereits ihren Erbbesitz erhalten; ihn
hat Mose, der Knecht des HERRN, ihnen gege-
ben, jenseits des Jordan im Osten.

8 Da machten sich die Männer auf den Weg
und zogen fort. Josua hatte denen, die fortzo-
gen, befohlen, das Land schriftlich aufzuneh-
men, und gesagt: Geht, zieht durch das Land
und nehmt es schriftlich auf! Dann kommt zu
mir zurück und ich will hier in Schilo vor dem
HERRN das Los für euch werfen. 9 Die Männer
gingen fort, durchquerten das Land und zeich-
neten es in einem Buch auf, geordnet nach
Städten und in sieben Teile gegliedert. Dann
kamen sie wieder zu Josua ins Lager nach Schi-
lo. 10 Und Josua warf in Schilo vor den Augen
des HERRN das Los für die Israeliten. So ver-
teilte Josua das Land an sie, entsprechend ih-
ren Abteilungen.

7: 13,14.33

STAMMESGEBIET BENJAMIN: 18,11–28

11 Ein Los fiel auf den Stamm der Benjaminiter
und ihre Sippen. Als ihr Anteil ergab sich das
Gebiet zwischen den Judäern und den Nach-
kommen Josefs. 12 Ihre Grenze im Norden be-
ginnt am Jordan. Dann steigt die Grenze hi-
nauf zum Bergrücken von Jericho im Norden
und weiter nach Westen ins Gebirge hinauf
und läuft sodann in die Steppe von Bet-Awen
hinaus. 13 Von dort zieht sie sich hinüber nach
Lus, südlich am Bergrücken von Lus, das ist
Bet-El, vorbei; dann steigt sie nach Atrot-
Addar hinab zu dem Berg, der südlich von
Unter-Bet-Horon liegt. 14 Darauf biegt sie ab
und wendet sich auf der Westseite nach Sü-

17,11 So G und Vg. Es handelt sich um eine Glosse: Die dritte Stadt im Vers, Dor, ist Dor in Nafet.

den, von dem Berg aus, der Bet-Horon südlich
gegenüberliegt. Sie läuft aus bei Kirjat-Baal,
das ist Kirjat-Jearim, eine Stadt der Judäer. Das
ist die Westseite. 15 Die Südseite beginnt am
Rand von Kirjat-Jearim. Sie verläuft dann
westwärts hin zur Neftoach-Quelle. 16 Dann
zieht sie sich hinab zum Rand des Berges, der
dem Ben-Hinnom-Tal gegenüber im Norden
der Rafaïter-Ebene liegt. Sie steigt in das Hin-
nom-Tal hinab südlich des Bergrückens der
Jebusiter und führt zur Rogel-Quelle hinun-
ter. 17 Dann biegt sie nach Norden ab, geht wei-
ter nach En-Schemesch und nach Gelilot, ge-
genüber der Steige von Adummim, und steigt
dann zum Stein des Bohan, des Sohnes Ru-
bens, hinab. 18 Sie geht nördlich am Bergrücken
von Bet-Araba vorbei und führt weiter in die
Araba hinunter. 19 Dann führt die Grenze
nördlich am Bergrücken von Bet-Hogla vorbei
und läuft nördlich der Landzunge des Salz-
meers aus, am südlichen Ende des Jordan. Das
ist die Südgrenze. 20 Der Jordan bildet die
Grenze auf der Ostseite. Das ist der Erbbesitz
der Benjaminiter mit seinen Grenzen rings-
um, entsprechend ihren Sippen.

21 Das sind die Städte des Stammes der Ben-
jaminiter, entsprechend ihren Sippen: Jericho,
Bet-Hogla, Emek-Keziz, 22 Bet-Araba, Zema-
rajim, Bet-El, 23 Awim, Para, Ofra, 24 Kefar-Am-
moni, Ofni und Geba: zwölf Städte mit ihren
Gehöften; 25 ferner Gibeon, Rama, Beerot,
26 Mizpe, Kefira, Moza, 27 Rekem, Jirpeel, Tara-
la, 28 Zela, Elef, Jebus, das ist Jerusalem, Gibea
und Kirjat: vierzehn Städte mit den dazugehö-
renden Gehöften. Das ist der Erbbesitz der
Benjaminiter, entsprechend ihren Sippen.

STAMMESGEBIET SIMEON: 19,1–9

19 1 Das zweite Los fiel auf Simeon, auf den
Stamm der Simeoniter und ihre Sippen.
Ihr Erbbesitz lag mitten im Erbbesitz der Judä-
er. 2 Sie erhielten als Erbbesitz: Beerscheba,
Scheba, Molada, 3 Hazar-Schual, Baala, Ezem,
4 Eltolad, Betul, Horma, 5 Ziklag, Bet-Marka-
bot, Hazar-Susa, 6 Bet-Lebaot und Scharuhen:
dreizehn Städte mit den dazugehörenden Ge-
höften; 7 ferner Ajin, Rimmon, Atar und
Aschan: vier Städte mit den dazugehörenden
Gehöften, 8 dazu alle Gehöfte rings um diese
Städte bis hin nach Baalat-Beer und Ramat-
Negeb. Das ist der Erbbesitz des Stamms der
Simeoniter, entsprechend ihren Sippen. 9 Der
Erbbesitz der Simeoniter war ein Stück vom
Anteil der Judäer; denn der Anteil der Judäer
war für diese zu groß. So erhielten die Simeo-
niter Erbbesitz mitten in deren Erbbesitz.

STAMMESGEBIET SEBULON: 19,10–16

10 Das dritte Los fiel auf die Sebuloniter und ihre
Sippen. Das Gebiet ihres Erbbesitzes erstreckt
sich bis nach Sarid. 11 Ihre Grenze steigt west-
wärts nach Marala hinauf, berührt Dabbeschet
und stößt an das Bachtal gegenüber von Jok-
neam. 12 Von Sarid aus wendet sie sich nach
Osten dem Sonnenaufgang zu zum Gebiet von
Kislot-Tabor, läuft weiter nach Daberat und
hinauf nach Jafia. 13 Von dort geht sie wieder
ostwärts dem Sonnenaufgang zu nach Gat-He-
fer und Et-Kazin und weiter nach Rimmon und
biegt dann ab nach Nea, 14 die Grenze zieht sich
darum herum, von Norden nach Hannaton und
läuft im Tal Jiftach-El aus, 15 bei Kattat, Nahalal,
Schimron, Jidala und Betlehem: zwölf Städte
mit den dazugehörenden Gehöften. 16 Das ist
der Erbbesitz der Sebuloniter, entsprechend
ihren Sippen: diese Städte mit ihren Gehöften.

STAMMESGEBIET ISSACHAR: 19,17–23

17 Auf Issachar fiel das vierte Los, auf die Is-
sachariter und ihre Sippen. 18 Ihre Grenze er-
streckt sich bis Jesreel und Kesullot und Schu-
nem, 19 Hafarajim, Schion, Anahara, 20 Rabbit,
Kischjon, Ebez, 21 Remet, En-Gannim, En-
Hadda und Bet-Pazzez. 22 Die Grenze berührt
Tabor, Schahazajim und Bet-Schemesch.
Dann läuft sie am Jordan aus: Im Ganzen sind
es sechzehn Städte mit den dazugehörenden
Gehöften. 23 Das ist der Erbbesitz der Issacha-
riter, entsprechend ihren Sippen: die Städte
mit den dazugehörenden Gehöften.

STAMMESGEBIET ASCHER: 19,24–31

24 Das fünfte Los fiel auf den Stamm der Asche-
riter und ihre Sippen. 25 Ihr Gebiet umfasst
Helkat, Hali, Beten, Achschaf, 26 Alammelech,
Amad und Mischal und stößt im Westen an
den Karmel und an den Schichor-Libnat. 27 Sie
wendet sich gegen Sonnenaufgang nach
Bet-Dagon, stößt an Sebulon und berührt im
Norden das Tal Jiftach-El, ferner Bet-Emek
und Negiël und geht dann nordwärts nach Ka-
bul 28 – Abdon, Rehob, Hammon und Kana
gehören dazu – und bis nach Groß-Sidon.
29 Dann wendet sich die Grenze nach Rama
und geht bis zur Festung Tyrus. Von dort wen-
det sie sich nach Hosa und läuft meerwärts aus

nach Mahaleb, Achsib, 30 Umma, Afek und
Rehob: im Ganzen zweiundzwanzig Städte
mit ihren Gehöften. 31 Das ist der Erbbesitz des
Stammes der Ascheriter, entsprechend ihren
Sippen: diese Städte mit ihren Gehöften.

STAMMESGEBIET NAFTALI: 19,32–39

32 Das sechste Los fiel auf die Naftaliter und
ihre Sippen. 33 Ihre Grenze geht von Helef, von
der Terebinthe bei Zaanannim aus über Ada-
mi-Nekeb und Jabneel bis nach Lakkum und
läuft am Jordan aus. 34 Die Grenze wendet sich
westwärts nach Asnot-Tabor und von dort
hinaus nach Hukkok. Sie stößt im Süden an
Sebulon; im Westen stößt sie an Ascher und
an Juda beim Jordan gegen Sonnenaufgang,
35 bei den befestigten Städte Ziddim, Zer,
Hammat, Rakkat, Kinneret, 36 Adama, Rama,
Hazor, 37 Kedesch, Edreï, En-Hazor, 38 Jiron,
Migdal-El, Horem, Bet-Anat und Bet-Sche-
mesch: neunzehn Städte mit den dazugehö-
renden Gehöften. 39 Das ist der Erbbesitz der
Naftaliter entsprechend ihren Sippen: die
Städte mit den dazugehörenden Gehöften.

STAMMESGEBIET DAN: 19,40–48

40 Das siebte Los fiel auf den Stamm der Dani-
ter und ihre Sippen. 41 Das Gebiet ihres
Erbbesitzes umfasste Zora, Eschtaol, Ir-
Schemesch, 42 Schaalbim, Ajalon, Jitla, 43 Elon,
Timna, Ekron, 44 Elteke, Gibbeton, Baalat,
45 Jehud, Bene-Berak, Gat-Rimmon, 46 Me-Jar-
kon, Rakkon samt dem Gebiet gegenüber Jafo.
47 Doch das Gebiet ging den Danitern verloren.
Da zogen die Daniter nach Leschem hinauf,
eröffneten den Kampf gegen Leschem, nah-
men es ein und erschlugen seine Einwohner
mit scharfem Schwert. Sie nahmen die Stadt
in Besitz und blieben dort. Sie nannten Le-
schem von nun an Dan, nach dem Namen ih-
res Stammvaters Dan. 48 Das ist der Erbbesitz
des Stammes der Daniter, entsprechend ihren
Sippen: diese Städte mit ihren Gehöften.

47: Ri 18,27–29

ABSCHLUSS DER LANDZUTEILUNG: 19,49–51

49 So vollendeten die Israeliten die Vertei-
lung der Gebiete des Landes. Die Israeliten
gaben auch Josua, dem Sohn Nuns, Erbbesitz
in ihrer Mitte. 50 Auf Befehl des HERRN gaben
sie ihm die Stadt, die er sich erbeten hatte:
Timnat-Serach im Gebirge Efraim. Er baute
die Stadt wieder auf und wohnte dort. 51 Das
sind die erblichen Anteile, die der Priester
Eleasar und Josua, der Sohn Nuns, und die
Häupter der Großfamilien der Israeliten in
Schilo vor den Augen des HERRN, am Ein-
gang des Offenbarungszeltes, den Stämmen
der Israeliten durch das Los zuteilten. Dann
waren sie mit der Verteilung des Landes fer-
tig.

ASYLSTÄDTE: 20,1–9

20 1 Damals sagte der HERR zu Josua: 2 Sag
den Israeliten: Bestimmt die Asylstäd-
te bei euch, von denen ich zu euch durch Mose
gesprochen habe! 3 Dorthin kann jeder fliehen,
der getötet hat, das heißt, der versehentlich,
ohne Vorsatz, einen Menschen erschlagen hat.
Die Städte sollen euch als Asyl vor dem Bluträ-
cher dienen. 4 Wenn jemand in eine von diesen
Städten flieht, soll er am Eingang des Stadttors
stehen bleiben und den Ältesten der Stadt sei-
ne Sache vortragen. Sie sollen ihn zu sich in
die Stadt aufnehmen und ihm eine Unterkunft
geben, damit er bei ihnen bleiben kann.
5 Wenn dann der Bluträcher ihn verfolgt, sol-
len sie ihm den, der getötet hat, nicht auslie-
fern; denn er hat seinen Nächsten versehent-
lich erschlagen und ohne ihn vorher gehasst
zu haben. 6 Er soll in dieser Stadt bleiben, bis
er vor die Gemeinde zur Gerichtsverhandlung
treten kann, bis zum Tod des Hohepriesters,
der in jenen Tagen im Amt ist. Dann darf der,
der getötet hat, wieder in seine Stadt und in
sein Haus zurückkehren – in die Stadt, aus der
er geflohen ist.

7 Man wählte also Kedesch in Galiläa, im
Gebirge Naftali, aus, ferner Sichem im Gebir-
ge Efraim und Kirjat-Arba, das ist Hebron, im
Gebirge Juda. 8 Jenseits des Jordan, östlich von
Jericho, bestimmte man Bezer in der Steppe,
in der Ebene, vom Stamm Ruben, Ramot in
Gilead vom Stamm Gad und Golan im Ba-
schan vom Stamm Manasse. 9 Das waren die
Asylstädte für alle Israeliten und für die Frem-
den, die sich bei ihnen aufhielten. Dorthin
konnte jeder, der ohne Vorsatz einen Men-
schen erschlagen hatte, fliehen, um nicht
durch die Hand des Bluträchers zu sterben,
bevor er vor der Gemeinde gestanden hätte.

1–9: Num 35,9–29; Dtn 19,1–10

LEVITENSTÄDTE: 21,1–42

21 1 Die Familienoberhäupter der Leviten
kamen zu dem Priester Eleasar, zu Jo-

sua, dem Sohn Nuns, und zu den Familien-
oberhäuptern der Stämme Israels 2 und sagten
zu ihnen in Schilo, im Lande Kanaan: Der
HERR hat durch Mose befohlen, uns Städte
zum Wohnen und ihre Weideflächen für un-
ser Vieh zu geben. 3 Da gaben die Israeliten den
Leviten nach der Anordnung des HERRN aus
ihrem Erbbesitz die folgenden Städte mit ihren
Weideflächen. 4 Als das Los auf die Sippen der
Kehatiter fiel, erhielten unter den Leviten die
Nachkommen des Priesters Aaron durch das
Los dreizehn Städte vom Stamm Juda, vom
Stamm der Simeoniter und vom Stamm Ben-
jamin. 5 Die übrigen Kehatiter erhielten, ent-
sprechend ihren Sippen, durch das Los zehn
Städte vom Stamm Efraim, vom Stamm Dan
und vom halben Stamm Manasse. 6 Die Nach-
kommen Gerschons erhielten, entsprechend
ihren Sippen, durch das Los dreizehn Städte
vom Stamm Issachar, vom Stamm Ascher,
vom Stamm Naftali und vom halben Stamm
Manasse im Baschan. 7 Die Nachkommen Me-
raris erhielten, entsprechend ihren Sippen,
zwölf Städte vom Stamm Ruben, vom Stamm
Gad und vom Stamm Sebulon. 8 Diese Städte
mit ihren Weideflächen gaben die Israeliten
durch das Los den Leviten, wie es der HERR
durch Mose befohlen hatte.

9 Vom Stamm der Judäer und vom Stamm der
Simeoniter gaben sie ihnen die folgenden, na-
mentlich genannten Städte. 10 Sie wurden den
Nachkommen Aarons unter den Sippen der
Kehatiter, unter den Leviten, zuteil; denn auf
sie fiel das erste Los. 11 Ihnen gab man die Stadt
des Arba, des Vaters Anaks, also Hebron, im
Gebirge Juda, mit seinen Weideflächen rings-
um. 12 Das Ackerland der Stadt aber und die
dazugehörenden Gehöfte hatte man Kaleb,
dem Sohn Jefunnes, als Besitz gegeben. 13 Den
Nachkommen des Priesters Aaron gab man also
die Asylstadt für Totschläger, Hebron mit
seinen Weideflächen, ferner Libna mit seinen
Weideflächen, 14 Jattir mit seinen Weideflä-
chen, Eschtemoa mit seinen Weideflächen,
15 Holon mit seinen Weideflächen, Debir mit
seinen Weideflächen, 16 Ajin mit seinen Wei-
deflächen, Jutta mit seinen Weideflächen und
Bet-Schemesch mit seinen Weideflächen: neun
Städte von den zwei Stämmen Juda und Si-
meon, 17 vom Stamm Benjamin Gibeon mit
seinen Weideflächen, Geba mit seinen Weide-
flächen, 18 Anatot mit seinen Weideflächen und
Almon mit seinen Weideflächen: vier Städte.
19 Im Ganzen erhielten die Nachkommen Aa-
rons, die Priester waren, dreizehn Städte mit
ihren Weideflächen. 20 Die Sippen der leviti-
schen Kehatiter, die von den Nachkommen
Kehats außerdem noch vorhanden waren, er-
hielten die Städte ihres Anteils vom Stamm
Efraim. 21 Man gab ihnen die Asylstädte für
Totschläger, Sichem mit seinen Weideflächen
im Gebirge Efraim, ferner Geser mit seinen
Weideflächen, 22 Kibzajim mit seinen Weide-
flächen und Bet-Horon mit seinen Weideflä-
chen: vier Städte; 23 vom Stamm Dan erhielten
sie Elteke mit seinen Weideflächen, Gibbeton
mit seinen Weideflächen, 24 Ajalon mit seinen
Weideflächen und Gat-Rimmon mit seinen
Weideflächen: vier Städte; 25 vom halben
Stamm Manasse erhielten sie Taanach mit sei-
nen Weideflächen und Gat-Rimmon mit sei-
nen Weideflächen: zwei Städte. 26 Im Ganzen
erhielten die Sippen der übrigen Nachkommen
Kehats zehn Städte. 27 Den Gerschonitern aus
den levitischen Sippen gab man vom halben
Stamm Manasse die Asylstadt für Totschläger,
Golan im Baschan mit seinen Weideflächen
sowie Aschtarot mit seinen Weideflächen: zwei
Städte; 28 vom Stamm Issachar erhielten sie
Kischjon mit seinen Weideflächen, Daberat mit
seinen Weideflächen, 29 Jarmut mit seinen Wei-
deflächen und En-Gannim mit seinen Weide-
flächen: vier Städte; 30 vom Stamm Ascher er-
hielten sie Mischal mit seinen Weideflächen,
Abdon mit seinen Weideflächen, 31 Helkat mit
seinen Weideflächen und Rehob mit seinen
Weideflächen: vier Städte; 32 vom Stamm Naf-
tali erhielten sie die Asylstadt für Totschläger,
Kedesch in Galiläa mit seinen Weideflächen
sowie Hammot-Dor mit seinen Weideflächen
und Kartan mit seinen Weideflächen: drei Städ-
te. 33 Im Ganzen erhielten die Gerschoniter,
entsprechend ihren Sippen, dreizehn Städte
mit ihren Weideflächen. 34 Den übrigen Levi-
ten, also den Sippen der Nachkommen Meraris,
gab man vom Stamm Sebulon Jokneam mit
seinen Weideflächen, Karta mit seinen Weide-
flächen, 35 Dimna mit seinen Weideflächen und
Nahalal mit seinen Weideflächen: vier Städte;
36 dazu vom Stamm Ruben Bezer mit seinen
Weideflächen, Jahaz mit seinen Weideflächen,
37 Kedemot mit seinen Weideflächen und Me-
faat mit seinen Weideflächen: vier Städte;
38 vom Stamm Gad erhielten sie die Asylstadt
für Totschläger, Ramot in Gilead mit seinen
Weideflächen, ferner Mahanajim mit seinen

Weideflächen, 39 Heschbon mit seinen Weide-
flächen und Jaser mit seinen Weideflächen:
zusammen vier Städte. 40 Im Ganzen erhielten
die Merariter entsprechend ihren Sippen, die
unter den Sippen der Leviten noch übrig waren,
als ihren Anteil zwölf Städte.
41 Die Gesamtanzahl der Levitenstädte mit-
ten im Besitz der Israeliten betrug achtund-
vierzig, mit ihren Weideflächen. 42 Diese Städ-
te bestanden jeweils aus der Stadt und den
Weideflächen in ihrer Umgebung; so war es
bei allen diesen Städten.

1–3: 14,4; Num 35,1–8 / **12:** 15,13

RÜCKSCHAU: 21,43–45

43 So gab der HERR Israel das ganze Land, das
er ihren Vätern mit einem Eid zugesichert hat-
te. Sie nahmen es in Besitz und wohnten darin.
44 Und der HERR verschaffte ihnen Ruhe
ringsum, genauso, wie er es ihren Vätern mit
einem Eid zugesichert hatte. Keiner von all
ihren Feinden konnte ihnen Widerstand leis-
ten; alle ihre Feinde gab der HERR in ihre
Hand. 45 Keine von all den Zusagen, die der
HERR dem Haus Israel gegeben hatte, war aus-
geblieben; jede war in Erfüllung gegangen.

DER ALTAR AM JORDAN ALS BEKENNTNIS ZUM GOTT ISRAELS: 22,1–34

22 1 Damals rief Josua die Rubeniter, die
Gaditer und den halben Stamm Manas-
se zu sich 2 und sagte zu ihnen: Ihr habt alles
bewahrt, was euch Mose, der Knecht des
HERRN, befohlen hat; ihr habt auch mir in al-
lem gehorcht, was ich euch befohlen habe. 3 Ihr
habt eure Brüder während dieser langen Zeit
bis heute nicht im Stich gelassen und habt da-
rauf geachtet, das Gebot des HERRN, eures
Gottes, zu befolgen. 4 Nun hat der HERR, euer
Gott, euren Brüdern Ruhe verschafft, wie er
es ihnen versprochen hatte. Kehrt also jetzt
um und geht zu euren Zelten, in das Land zu-
rück, das euch gehört und das euch Mose, der
Knecht des HERRN, jenseits des Jordan gege-
ben hat. 5 Achtet aber genau darauf, das Gebot
und die Weisung zu erfüllen, das euch Mose,
der Knecht des HERRN, gegeben hat: den
HERRN, euren Gott, zu lieben, auf allen seinen
Wegen zu gehen, seine Gebote zu bewahren,
euch ihm anzuschließen und ihm mit eurem
ganzem Herzen und eurer ganzen Seele zu
dienen. 6 Dann segnete sie Josua und ließ sie
ziehen und sie begaben sich zu ihren Zelten.
7 Der einen Hälfte des Stammes Manasse
hatte Mose im Baschan Land gegeben, der an-
deren Hälfte gab Josua bei ihren Brüdern Land
auf der anderen Seite des Jordan im Westen.
Als Josua auch sie wieder zu ihren Zelten zie-
hen ließ und sie segnete, 8 sagte er zu ihnen:
Mit reichlichem Besitz kehrt ihr zu euren Zel-
ten zurück, mit sehr viel Vieh, mit Silber und
Gold, mit Bronze, Eisen und sehr vielen Ge-
wändern. Teilt die Beute, die ihr euren Fein-
den abgenommen habt, mit euren Brüdern!
9 So verließen die Rubeniter, die Gaditer und
der halbe Stamm Manasse die Israeliten und
zogen von Schilo im Land Kanaan nach Gilead,
in das Land, das ihnen gehörte und das sie
auf den durch Mose ergangenen Befehl des
HERRN hin in Besitz genommen hatten.
10 Als sie zu den Bezirken am Jordan kamen,
die noch im Land Kanaan liegen, bauten die
Rubeniter, die Gaditer und der halbe Stamm
Manasse dort einen Altar am Jordan, einen
Altar von stattlichem Aussehen. 11 Da erhiel-
ten die Israeliten folgende Nachricht: Schaut,
die Rubeniter, die Gaditer und der halbe
Stamm Manasse haben gegenüber dem Land
Kanaan bei den Bezirken am Jordan jenseits
des Gebiets der Israeliten den Altar gebaut.
12 Als die Israeliten das hörten, versammelte
sich die ganze Gemeinde Israels in Schilo, um
gegen sie ins Feld zu ziehen. 13 Die Israeliten
schickten den Priester Pinhas, den Sohn Elea-
sars, zu den Rubenitern, den Gaditern und
zum halben Stamm Manasse in Gilead. 14 Mit
ihm gingen zehn Anführer aus jeder Familie,
aus jedem Stamm Israels je ein Anführer; jeder
gehörte zu den Familienoberhäuptern der
Tausendschaften Israels. 15 Als sie zu den Ru-
benitern, den Gaditern und dem halben
Stamm Manasse ins Land Gilead kamen, sag-
ten sie zu ihnen: 16 So hat die ganze Gemeinde
des HERRN gesagt: Was soll denn dieser Treu-
bruch bedeuten, den ihr gegen den Gott Israels
begeht, indem ihr euch heute vom HERRN
abwendet, da ihr euch einen Altar bautet, um
euch heute gegen den HERRN aufzulehnen?
17 Ist uns der Frevel von Pegor zu wenig? Von
ihm haben wir uns bis heute noch nicht gerei-
nigt und seinetwegen ist die Plage über die
Gemeinde des HERRN gekommen. 18 Ihr aber
wendet euch heute vom HERRN ab. Wenn ihr
euch heute gegen den HERRN auflehnt, wird
sich sein Zorn morgen gegen die ganze Ge-
meinde Israels richten. 19 Falls das Land, das

euch gehört, unrein ist, dann kommt herüber
in das Land, das dem HERRN gehört und wo
die Wohnung des HERRN steht, und siedelt
euch bei uns an! Aber lehnt euch nicht gegen
den HERRN auf und zieht uns nicht dadurch
in euren Aufruhr hinein, dass ihr für euch sel-
ber einen Altar, neben dem Altar des HERRN,
unseres Gottes, baut! 20 Ist nicht sein Zorn über
die ganze Gemeinde Israels gekommen, als
sich Achan, der Sohn Serachs, treulos an dem
Gut vergriffen hatte, das dem Bann geweiht
war? Und er war nur ein einzelner Mann.
Musste er nicht für seinen Frevel sterben?

21 Darauf antworteten die Rubeniter, die
Gaditer und der halbe Stamm Manasse den
Befehlshabern der Tausendschaften Israels:
22 Gott der Götter ist der HERR, der Gott der
Götter, der HERR, er weiß es und Israel soll es
wissen: Wenn das Untreue, wenn das Aufleh-
nung gegen den HERRN war, dann rette uns
heute nicht. 23 Ob wir uns einen Altar errichtet
haben, um uns vom HERRN abzuwenden, und
ob wir auf ihm Brandopfer und Speiseopfer
darbringen und Heilsopfer herrichten woll-
ten, möge der HERR selbst untersuchen.
24 Nein, wir haben das nur aus Sorge getan, und
zwar aus folgender Überlegung: Eure Söhne
könnten morgen zu unseren Söhnen sagen:
Was habt ihr mit dem HERRN, dem Gott Isra-
els, zu tun? 25 Als Grenze hat der HERR den
Jordan zwischen uns und euch, das heißt den
Rubenitern und Gaditern, gelegt. Ihr habt kei-
nen Anteil am HERRN. So könnten eure Söh-
ne unsere Söhne davon abhalten, den HERRN
zu fürchten. 26 Deshalb sagten wir uns: Wir
wollen einen Altar errichten, nicht für Brand-
opfer und nicht für Schlachtopfer; 27 er soll
vielmehr ein Zeuge sein zwischen uns und
euch und zwischen unseren Nachkommen
nach uns dafür, dass wir den Dienst vor dem
Angesicht des HERRN durch Brandopfer,
Schlachtopfer und Heilsopfer verrichten dür-
fen. Dann können eure Söhne morgen nicht
unseren Söhnen sagen: Ihr habt keinen Anteil
am HERRN. 28 Wir dachten: Wenn sie morgen
so zu uns und unseren Nachkommen spre-
chen, werden wir zu ihnen sagen: Seht euch
doch die Gestalt des Altares des HERRN an,
den unsere Väter errichtet haben, nicht für
Brandopfer und nicht für Schlachtopfer, son-
dern damit er Zeuge zwischen uns und euch
sei. 29 Es sei fern von uns, dass wir uns gegen
den HERRN auflehnen und uns heute von ihm
abwenden, indem wir einen zweiten Altar für
Brandopfer, Speiseopfer und Schlachtopfer
neben dem Altar des HERRN, unseres Gottes,
errichten, der vor seiner Wohnung steht.

30 Als der Priester Pinhas und die Fürsten der
Gemeinde, die Oberhäupter der Tausend-
schaften Israels, die bei ihm waren, hörten,
was die Rubeniter, die Gaditer und die Manas-
siter sagten, waren sie damit einverstanden.
31 Und der Priester Pinhas, der Sohn Eleasars,
sagte zu den Rubenitern, den Gaditern und
den Manassitern: Jetzt wissen wir, dass der
HERR mitten unter uns ist; denn ihr habt kei-
nen solchen Treubruch gegen den HERRN
begangen. Dadurch habt ihr die Israeliten vor
der Hand des HERRN bewahrt. 32 Dann verlie-
ßen der Priester Pinhas, der Sohn Eleasars, und
die Fürsten die Rubeniter und Gaditer und
kehrten aus dem Land Gilead ins Land Kanaan
zu den Israeliten zurück. Sie berichteten ihnen
alles 33 und die Israeliten waren damit einver-
standen. Sie priesen Gott und dachten nicht
mehr daran, gegen die Rubeniter und Gaditer
ins Feld zu ziehen und das Land zu verwüsten,
in dem sie wohnten. 34 Die Rubeniter und Ga-
diter nannten den Altar Zeuge, denn sie sag-
ten: Er steht mitten unter uns als Zeuge dafür,
dass der HERR Gott ist.

1: Num 32,20–22; Dtn 3,18–20 / **17**: Num 25 / **20**: 7,1–26

VERPFLICHTUNG ISRAELS AUF SEINEN GOTT: 23,1–24,33

JOSUAS TESTAMENT: ISRAELS NEUES BEKENNTNIS ZUM HERRN: 23,1–16

23 1 Lange Zeit später, nachdem der HERR
Israel Ruhe vor all seinen Feinden
ringsum verschafft hatte und Josua alt und
betagt geworden war, 2 rief Josua ganz Israel,
seine Ältesten und Häupter, seine Richter und
Listenführer zusammen und sagte zu ihnen:
Ich bin nun alt und betagt. 3 Ihr habt selbst al-
les gesehen, was der HERR, euer Gott, mit all

diesen Völkern vor euren Augen gemacht hat;
denn der HERR, euer Gott, hat selbst für euch
gekämpft. 4 Seht, ich habe euch diese Völker,
die noch übrig geblieben sind, als Erbbesitz für
eure Stämme zugeteilt vom Jordan an und alle
Völker, die ich vernichtet habe, am großen
Meer gegen Sonnenuntergang. 5 Der HERR,
euer Gott, wird sie vor euch verjagen und sie
vor euch vertreiben und ihr werdet ihr Land
in Besitz nehmen, wie es euch der HERR, euer
Gott, versprochen hat. 6 Seid sehr standhaft,
alles zu bewahren und zu tun, was im Buch
der Weisung des Mose geschrieben steht;
ohne nach rechts oder links abzuweichen
7 und ohne aufzugehen in diesen Völkern, die
bei euch noch übrig geblieben sind; den Na-
men ihrer Götter werdet ihr nicht nennen und
bei ihnen nicht schwören, ihr werdet ihnen
nicht dienen und euch nicht vor ihnen nieder-
werfen. 8 Vielmehr werdet ihr am HERRN,
eurem Gott, festhalten, wie ihr es bis heute
getan habt. 9 Der HERR hat vor euren Augen
große und mächtige Völker vertrieben; bis
heute konnte niemand euch standhalten.
10 Ein Einziger von euch kann tausend verfol-
gen; denn der HERR, euer Gott, kämpft selbst
für euch, wie er es euch versprochen hat.
11 Achtet darum um eures Lebens willen sehr
darauf, dass ihr den HERRN, euren Gott, liebt!
12 Denn wenn ihr euch wirklich von ihm ab-
wendet und euch diesen Völkern, die bei euch
noch übrig geblieben sind, anschließt, wenn
ihr euch mit ihnen verschwägert, wenn ihr in
ihnen aufgeht und sie in euch, 13 dann könnt
ihr gewiss sein, dass der HERR, euer Gott,
diese Völker nicht mehr vor euren Augen ver-
treiben wird. Sie werden zur Schlinge und zur
Falle für euch, zur Peitsche für euren Rücken
und zum Stachel in euren Augen, bis ihr aus
diesem schönen Land verschwindet, das der
HERR, euer Gott, euch gegeben hat. 14 Ich
selbst muss heute den Weg alles Irdischen
gehen. Ihr aber sollt mit ganzem Herzen und
ganzer Seele erkennen, dass von all den Zusa-
gen, die der HERR, euer Gott, euch gegeben
hat, keine einzige ausgeblieben ist; alle sind
sie für euch eingetroffen, keine einzige von
ihnen ist ausgeblieben. 15 Wie aber bisher jede
Zusage, die der HERR, euer Gott, euch gege-
ben hat, eingetroffen ist, so wird der HERR,
euer Gott, künftig jede Drohung gegen euch
verwirklichen, bis er euch aus diesem schönen
Land hinweggerafft hat, das euch der HERR,
euer Gott, gegeben hat. 16 Wenn ihr euch ge-
gen den Bund, auf den der HERR, euer Gott,
euch verpflichtet hat, vergeht, wenn ihr hin-
geht und anderen Göttern dient und sie anbe-
tet, dann wird der Zorn des HERRN gegen
euch entbrennen und ihr werdet rasch aus
dem schönen Land verschwinden, das er euch
gegeben hat.

13: Num 33,55; Ri 2,3

JOSUAS ABSCHIEDSREDE: 24,1–28

24 1 Josua versammelte alle Stämme Israels
in Sichem; er rief die Ältesten Israels,
seine Oberhäupter, Richter und Aufsichts-
leute zusammen und sie traten vor Gott hin.
2 Josua sagte zum ganzen Volk: So spricht der
HERR, der Gott Israels: Jenseits des Stroms
wohnten eure Väter von Urzeiten an, Terach,
der Vater Abrahams und der Vater Nahors,
und dienten anderen Göttern. 3 Da holte ich
euren Vater Abraham von jenseits des Stroms
und ließ ihn durch das ganze Land Kanaan
ziehen. Ich schenkte ihm zahlreiche Nach-
kommenschaft und gab ihm Isaak. 4 Dem Isaak
gab ich Jakob und Esau und ich verlieh Esau
das Bergland Seïr, damit er es in Besitz nahm.
Jakob aber und seine Söhne zogen nach Ägyp-
ten hinab. 5 Dann sandte ich Mose und Aaron
und schlug Ägypten, so wie ich es in seiner
Mitte getan habe, und dann habe ich euch he-
rausgeführt. 6 Ich führte eure Väter aus Ägyp-
ten heraus. Da seid ihr ans Meer gekommen.
Die Ägypter aber verfolgten eure Väter mit
Wagen und Pferden bis zum Roten Meer. 7 Da
schrien eure Väter zum HERRN und er legte
zwischen euch und die Ägypter eine Finster-
nis und ließ das Meer über sie kommen, sodass
es sie überflutete. Mit eigenen Augen habt ihr
gesehen, was ich in Ägypten getan habe. Dann
habt ihr euch lange in der Wüste aufgehalten.
8 Ich brachte euch in das Land der Amoriter,
die jenseits des Jordan wohnten. Sie kämpften
mit euch, aber ich gab sie in eure Hand; ihr
habt ihr Land in Besitz genommen und ich
habe sie euretwegen vernichtet. 9 Dann erhob
sich der König Balak von Moab, der Sohn Zip-
pors, und kämpfte gegen Israel. Er schickte
Boten zu Bileam, dem Sohn Beors, und ließ
ihn rufen, damit er euch verflucht. 10 Ich aber
wollte keinen Fluch von Bileam hören. Darum
musste er euch segnen und ich rettete euch aus
seiner Hand. 11 Dann habt ihr den Jordan
durchschritten und seid nach Jericho gekom-

men; die Bürger von Jericho kämpften gegen
euch, ebenso die Amoriter, die Perisiter, die
Kanaaniter, die Hetiter, die Girgaschiter, die
Hiwiter und die Jebusiter und ich gab sie in
eure Hand. 12 Ich habe Panik vor euch herge-
schickt. Die hat sie vor euch auseinanderge-
jagt, die Könige der Amoriter. Das geschah
weder durch dein Schwert noch durch deinen
Bogen. 13 Ich gab euch ein Land, um das ihr
euch nicht bemüht hattet, und Städte, die ihr
nicht erbaut hattet. Ihr habt in ihnen gewohnt
und ihr habt von Weinbergen und Ölbäumen
gegessen, die ihr nicht gepflanzt hattet.
14 Fürchtet also jetzt den HERRN und dient ihm
in vollkommener Treue! Schafft die Götter
fort, denen eure Väter jenseits des Stroms und
in Ägypten gedient haben, und dient dem
HERRN! 15 Wenn es euch aber nicht gefällt,
dem HERRN zu dienen, dann entscheidet euch
heute, wem ihr dienen wollt: den Göttern,
denen eure Väter jenseits des Stroms dienten,
oder den Göttern der Amoriter, in deren Land
ihr wohnt. Ich aber und mein Haus, wir wollen
dem HERRN dienen.

16 Das Volk antwortete: Das sei uns fern,
dass wir den HERRN verlassen und anderen
Göttern dienen. 17 Denn der HERR, unser Gott,
war es, der uns und unsere Väter aus dem Skla-
venhaus Ägypten herausgeführt hat und der
vor unseren Augen alle die großen Wunder
getan hat. Er hat uns beschützt auf dem ganzen
Weg, den wir gegangen sind, und unter allen
Völkern, durch deren Gebiet wir gezogen sind.
18 Der HERR hat alle Völker vertrieben, auch
die Amoriter, die vor uns im Land wohnten.
Auch wir wollen dem HERRN dienen; denn er
ist unser Gott. 19 Da sagte Josua zum Volk: Ihr
seid nicht imstande, dem HERRN zu dienen,
denn er ist ein heiliger Gott, ein eifersüchtiger
Gott; er wird euch eure Frevel und eure Sün-
den nicht verzeihen. 20 Wenn ihr den HERRN
verlasst und fremden Göttern dient, dann
wird er sich von euch abwenden, wird Un-
glück über euch bringen und euch ein Ende
bereiten, obwohl er euch zuvor Gutes getan
hat. 21 Das Volk aber sagte zu Josua: Nein, wir
wollen dem HERRN dienen. 22 Josua antwor-
tete dem Volk: Ihr seid Zeugen gegen euch
selbst, dass ihr selbst euch den HERRN erwählt
habt, um ihm zu dienen. Sie antworteten: Wir
sind Zeugen. 23 Schafft also jetzt die fremden
Götter ab, die noch bei euch sind, und neigt
eure Herzen dem HERRN zu, dem Gott Israels!
24 Das Volk sagte zu Josua: Dem HERRN, un-
serem Gott, wollen wir dienen und auf seine
Stimme hören.

25 So schloss Josua an jenem Tag einen Bund
für das Volk und gab dem Volk Gesetz und
Recht in Sichem. 26 Josua schrieb alle diese
Worte in das Buch der Weisung Gottes und er
nahm einen großen Stein und stellte ihn in
Sichem unter der Eiche auf, die im Heiligtum
des HERRN steht. 27 Dabei sagte er zu dem gan-
zen Volk: Seht her, dieser Stein wird ein Zeu-
ge sein gegen uns; denn er hat alle Worte des
HERRN gehört, die er zu uns gesprochen hat.
Er soll ein Zeuge sein gegen euch, damit ihr
euren Gott nicht verleugnet. 28 Dann entließ
Josua das Volk, einen jeden in seinen Erbbe-
sitz.

2: Gen 11,26 / **3**: Gen 12–24 / **4**: Gen 25,19–26; 27; 32,4; 36,1–8; 46,6 / **5**: Ex 3–15 / **6**: Ex 14 / **8**: Num 21,25.31 / **9–10**: Num 22–24; Ri 11,25 / **11**: 3,16f.; 6,1f. / **12**: 10,1f.; Ex 23,27f.; Dtn 7,20 / **13**: Dtn 6,10f. / **19**: Ex 20,5 / **26**: Gen 35,4; Ri 9,6

DIE GRÄBER JOSUAS, JOSEFS UND ELEASARS: 24,29–33

29 Nach diesen Ereignissen starb Josua, der
Sohn Nuns, der Diener des HERRN, im Alter
von hundertzehn Jahren. 30 Man begrub ihn in
Timnat-Serach, im Gebiet seines Erbbesitzes
auf dem Gebirge Efraim, nördlich vom Berg
Gaasch. 31 Israel aber diente dem HERRN, so-
lange Josua lebte und solange die Ältesten am
Leben waren, die Josua überlebten und alles
wussten, was der HERR für Israel getan hatte.
32 Die Gebeine Josefs, die die Israeliten aus
Ägypten mitgebracht hatten, begrub man in
Sichem auf dem Grundstück, das Jakob von
den Söhnen Hamors, des Vaters Sichems, für
hundert Kesita erworben hatte; es war den
Nachkommen Josefs als Erbbesitz zuteilge-
worden. 33 Auch Eleasar, der Sohn Aarons,
starb und man begrub ihn auf dem Hügel
Pinhas', seines Sohnes, den man diesem im
Gebirge Efraim gegeben hatte.

29: Ri 2,8f. / **31**: Ri 2,7 / **32**: Gen 50,25; 33,19 / **33**: Dtn 10,6

DAS BUCH DER RICHTER

Das Buch hat seinen Namen nach den Helden, deren Taten im Zentralteil 2,11–16,31 erzählt werden und die junge deuteronomistische Redaktoren „Richter" genannt haben (Otniël aus Juda, Ehud aus Benjamin, Debora mit dem General Barak aus Naftali, Gideon, der Abiësriter aus Manasse, Jiftach aus Gilead, Simson, der Daniter). Das hier mit „Richter" übersetzte hebräische Wort war ursprünglich ein Herrschaftsterminus, bezeichnete eine administrativ-politische Funktion; Septuaginta, Vulgata und in ihrer Gefolgschaft moderne Übersetzungen entschieden sich aber für die in jüngerer Verwendung vorherrschende juridische Bedeutung „Richter". Daher wird das Buch „Richterbuch" genannt.

Innerhalb der großen, literarisch kompliziert gewachsenen Erzählung Exodus – 2 Könige gestaltet das Richterbuch die Zeit zwischen der mit dem Tod Josuas endenden Gründungs- und Heilszeit Israels und der durch den letzten Richter Israels, Samuel, eröffneten Königszeit, die in den Katastrophen des Nordreichs Israel und des Südreichs Juda mit Jerusalem endet. Deuteronomistische Bearbeiter heben diese Zeit gegenüber den umgebenden Epochen durch nur ihr eigene Handlungsphasen ab, die aufeinander folgen, aber voneinander isoliert bleiben und folgende Charakteristika aufweisen: Das Volk hat die Taten des Gottes Israels in der Mose- und Josuazeit vergessen und neigt ständig zum Abfall zu den Göttern und Göttinnen Kanaans; regelmäßig straft Gott es durch kanaanäische oder auswärtig benachbarte Feinde; sobald das Volk zu Gott um Hilfe ruft, sendet er ihnen einen Richter, der es aus deren Bedrückung rettet; nach dem Tod des Richters beginnt dieser Zyklus von vorn. Die Richter kommen aus unterschiedlichen Stämmen Israels, vornehmlich des späteren Nordreichs, handeln und herrschen jeweils in Gottes Auftrag; sie bilden keine Dynastien aus – das gewalttätige scheiternde Königtum des Gideonsohnes Abimelech ist das abschreckende Gegenbeispiel.

Bei genauerem Zusehen ist noch erkennbar, dass aus zunächst isolierten sagenhaften Stammesüberlieferungen, zum Teil derben Charakters, die nur Einzelstämme oder kleinere Stämmegruppen als Handelnde kennen, künstlich ein kontinuierlicher Ablauf der Geschichte Gesamtisraels konstruiert wurde. Während Details der lebhaften Erzählungen gelegentlich Einblicke in die Lebenswelt der vorstaatlichen Zeit erlauben, ermöglicht diese Konstruktion insgesamt keine historischen Rückschlüsse; die in den letzten Jahrzehnten zunehmend dichteren archäologischen Zeugnisse stehen häufig in Spannung auch zu Einzelheiten der Erzählungen.

Der zentrale Buchteil 2,11–16,31 mit seinen Kriegshelden ist gerahmt durch Texte, die Stämme oder auch ganz Israel ohne zentrale Führungsgestalten handeln lassen. Der vordere Rahmenteil 1,1–2,10 teilt wichtige Details der kriegerisch vorgestellten Landnahme westjordanischer Stämme mit, beschreibt die Landnahme aber zugleich als unvollständig; das wird in 2,20–3,6 verstärkt und theologisch gedeutet. So wird im Voraus verdeutlicht, warum das Volk ständig zu den Göttern und Göttinnen der ehemaligen Landesbewohner abfällt. Die Rede des Boten/Engels des Herrn in 2,1–5 stellt die folgende Geschichte Israels unter das Zeichen des Bundesbruches und des Scheiterns. Die Rede des isoliert auftretenden namenlosen Propheten in 6,7–10 nimmt diese Perspektive ebenso auf wie der Dialog Gottes mit dem Volk in 10,10–15. Der hintere Rahmenteil berichtet die wenig ruhmvolle Landnahme der Daniter und in diesem Zusammenhang Einzelheiten des Kultes des Gottes Israels, die aus der späteren Perspektive als schwere Verfehlungen verstanden werden (17,1–18,31). Die letzten drei Kapitel 19,1–21,25 geben mit der Schandtat der Benjaminiter von Gibea, der fast gänzlichen Ausrottung Benjamins durch eine gesamtisraelitische Koalition und der gewalttätigen Beschaffung von Frauen für die wenigen überlebenden Benjaminiter der Epoche der vorköniglichen Zeit einen düsteren Ausklang, der den anschließenden Übergang zum Königtum in positivem Licht erscheinen lässt, auch wenn es rätselhaft bleibt, wie Benjamin sich so schnell erholen konnte, dass es den ersten König stellte.

Die Hauptgestalt der Geschichte Israels ist der Gott Israels, der sowohl die Feinde zur Strafe für Fremdgötterverehrung über Israel siegen lässt als auch und vor allem nach dem Hilferuf des Volkes den Richtern Triumph über jene schenkt. Höhepunkt dieser Konzeption ist der Sieg, den Gott Gideon mit nur dreihundert Kämpfern und seltsamer Bewaffnung über hundertfünfunddreißigtausend Midianiter erringen lässt. Die Richter siegen über ihre Feinde, werden aber nicht heroisiert, sondern zeigen deutliche Schwächen. Sie sind erst in Hebr 11,32–34 zu Glaubenshelden geworden.

Die Deuteronomisten verstehen die Geschichte der Richterzeit als Prüfung in der exklusiven kultischen Treue zum Gott Israels. Das Volk ist und bleibt schwach, es erregt durch seinen Abfall den Zorn Gottes 2,14.20; 3,8; 10,7, aber dieser unterbricht nur seine heilvolle Leitung Israels; der Hilferuf Israels, der Umkehr zu ihm anzeigt, wenn auch tatsächliche Umkehr außer in 10,15–16 nicht geschildert wird, lässt sogleich seine Hilfsbereitschaft wieder aufleben.

EROBERUNG DER WESTJORDANISCHEN STAMMESGEBIETE: 1,1–36

SÜDSTÄMME: 1,1–21

1 1 Nach dem Tod Josuas befragten die Is-
raeliten den HERRN: Wer soll für uns
zuerst gegen die Kanaaniter in den Kampf
ziehen? 2 Der HERR antwortete: Juda soll hi-
naufziehen; siehe, ich gebe das Land in seine
Hand. 3 Da sagte Juda zu seinem Bruder Si-
meon: Zieh mit mir hinauf in das Gebiet, das
mir durch das Los zugefallen ist; wir wollen
gegen die Kanaaniter kämpfen. Dann werde
auch ich mit dir in das Gebiet ziehen, das dir
durch das Los zugefallen ist. Da ging Simeon
mit ihm. 4 Juda zog hinauf und der HERR gab
die Kanaaniter und die Perisiter in ihre Hand.
Sie schlugen sie bei Besek, zehntausend
Mann. 5 Sie stießen bei Besek auf Adoni-Be-
sek, kämpften mit ihm und schlugen die Ka-
naaniter und die Perisiter. 6 Adoni-Besek floh,
aber sie verfolgten ihn, ergriffen ihn und
hackten ihm die Daumen und die großen Ze-
hen ab. 7 Da sagte Adoni-Besek: Siebzig Kö-
nige mit abgehackten Daumen und abgehack-
ten großen Zehen haben unter meinem Tisch
die Reste aufgelesen. Wie ich gehandelt habe,
so hat mir Gott vergolten. Man brachte ihn
nach Jerusalem und dort starb er. 8 Die Judäer
kämpften gegen Jerusalem, nahmen es ein,
schlugen die Stadt mit scharfem Schwert und
steckten sie in Brand. 9 Danach zogen die Ju-
däer hinab, um gegen die Kanaaniter zu
kämpfen, die im Gebirge, im Negeb und in
der Schefela wohnten. 10 Juda zog gegen die
Kanaaniter, die in Hebron wohnten – Hebron
hieß früher Kirjat-Arba –, und sie schlugen
Scheschai, Ahiman und Talmai. 11 Von dort
zogen sie weiter gegen die Einwohner von
Debir. Debir hieß früher Kirjat-Sefer.

12 Da sagte Kaleb: Wer Kirjat-Sefer schlägt
und einnimmt, dem gebe ich meine Tochter
Achsa zur Frau. 13 Otniël, der Sohn des Kenas,
der jüngere Bruder Kalebs, nahm die Stadt
ein. Da gab ihm Kaleb seine Tochter Achsa zur
Frau. 14 Als sie nun ankam, drängte sie ihn,
von ihrem Vater das Stück Land zu verlangen.
Da ließ sie sich vom Esel herabgleiten und Ka-
leb fragte sie: Was hast du? 15 Sie antwortete:
Gib mir einen Segen! Wenn du mich schon
ins Trockenland geschickt hast, dann gib
mir auch Wasserstellen! Da gab Kaleb ihr die
Obere und die Untere Quelle. 16 Die Söhne
des Keni, des Schwiegervaters des Mose, wa-
ren mit den Judäern von der Palmenstadt
zur Wüste Juda südlich von Arad hinaufgezo-
gen; er ging hin und wohnte bei dem Volk.
17 Juda aber zog mit seinem Bruder Simeon
weiter. Sie schlugen die Kanaaniter, die in
Zefat wohnten, und vollzogen den Bann an
ihr. Man nannte den Namen der Stadt Horma.
18 Juda eroberte Gaza und sein Gebiet, Asch-
kelon und sein Gebiet und Ekron und sein
Gebiet. 19 Der HERR war mit Juda, sodass es
das Bergland in Besitz nehmen konnte. Aber
die Bewohner der Ebene waren nicht zu ver-
treiben, weil sie eiserne Kampfwagen hatten.

20 Dem Kaleb gab man Hebron, wie Mose es
angeordnet hatte; er vertrieb von dort die drei
Söhne Anaks. 21 Die Benjaminiter vertrieben
die Jebusiter, die in Jerusalem wohnten, nicht
und so blieben die Jebusiter bei den Benjami-
nitern in Jerusalem wohnen bis auf den heu-
tigen Tag.

9: Jos 10,40; 11,16–20 / **10–15**: Jos 15,13–19 / **13**: 3,9 / **16**: 4,11; 1 Sam 15,6 / **17**: Dtn 20,13–17 / **20**: Jos 14,6–15; 11,21 / **21**: Jos 15,63

NORDSTÄMME: 1,22–36

22 Das Haus Josef zog seinerseits hinauf nach
Bet-El. Und der HERR war mit ihnen. 23 Das
Haus Josef ließ Bet-El auskundschaften. Die
Stadt hieß früher Lus. 24 Als die Wächter einen
Mann aus der Stadt herauskommen sahen,
sagten sie zu ihm: Zeig uns den Zugang zur
Stadt, dann werden wir dir unser Wohlwollen
beweisen. 25 Er zeigte ihnen den Zugang zur
Stadt und sie schlugen die Stadt mit scharfem
Schwert. Den Mann aber und seine ganze
Sippe ließen sie gehen. 26 Der Mann ging in das
Land der Hetiter, erbaute eine Stadt und nann-
te sie Lus. Das ist ihr Name bis auf den heutigen
Tag.

27 Manasse vertrieb nicht Bet-Schean und
seine Tochterstädte sowie Taanach und seine
Tochterstädte, die Einwohner von Dor und
seine Tochterstädte, die Einwohner von Jible-
am und seine Tochterstädte und die Einwoh-
ner von Megiddo und seine Tochterstädte. So
gelang es den Kanaanitern, in dieser Gegend
zu bleiben. 28 Als Israel stark geworden war,
zwang es die Kanaaniter zur Fron, aber sie hat-
ten sie nicht vertrieben.

29 Efraim vertrieb die Kanaaniter nicht, die
in Geser wohnten. Darum blieben die Kanaa-
niter mitten unter ihnen in Geser wohnen.

30 Sebulon vertrieb die Einwohner von Ki-
tron und die Einwohner von Nahalol nicht.
Darum blieben die Kanaaniter mitten unter
ihnen wohnen, aber sie wurden Fronarbeiter.

31 Ascher vertrieb die Einwohner von Akko
und die Einwohner von Sidon nicht, auch
nicht von Achlab, Achsib, Helba, Afek und
Roheb. 32 Darum wohnten die Ascheriter mit-
ten unter den Kanaanitern, die in der Gegend
wohnen blieben, weil sie diese nicht vertrie-
ben hatten.

33 Naftali vertrieb die Einwohner von
Bet-Schemesch und die Einwohner von Bet-
Anat nicht und wohnte deshalb mitten unter
den Kanaanitern, die in der Gegend wohnen
blieben. Die Einwohner von Bet-Schemesch
und Bet-Anat aber wurden Fronarbeiter.

34 Die Amoriter drängten die Daniter ins
Bergland ab, denn sie ließen sie nicht in die
Ebene herabkommen. 35 Es gelang den Amo-
ritern, in Har-Heres, Ajalon und Schaalbim zu
bleiben. Die Hand des Hauses Josef lag aber
schwer auf ihnen und sie wurden Fronarbeiter.
36 Das Gebiet der Amoriter erstreckt sich von
der Skorpionensteige, von Sela aus weiter hi-
nauf.

27: Jos 17,11–13 / **29**: Jos 16,10 / **34**: 18,1

ANKLAGE DES ENGELS DES HERRN GEGEN ISRAEL: 2,1–5

2 1 Der Engel des HERRN kam von Gilgal
nach Bochim hinauf und sagte: Ich habe
euch aus Ägypten heraufgeführt und euch in
das Land gebracht, das ich euren Vätern mit
einem Eid zugesichert habe. Ich habe gesagt:
Ich werde meinen Bund mit euch niemals bre-
chen; 2 aber ihr dürft keinen Bund mit den
Bewohnern dieses Landes schließen und ihre
Altäre sollt ihr niederreißen. Doch ihr habt auf
meine Stimme nicht gehört. Was habt ihr da
getan! 3 Deshalb sage ich euch jetzt: Ich werde
sie nicht vor euren Augen vertreiben, sondern
sie werden euch zu eurem Gegner und ihre
Götter werden euch zur Falle. 4 Als der Engel
des HERRN diese Worte zu allen Israeliten ge-
sagt hatte, brach das Volk in lautes Weinen aus.
5 Darum nannten sie jenen Ort Bochim, Ort
des Weinens. Und sie brachten dort dem
HERRN Opfer dar.

2: Dtn 7,2–5 / **3**: Jos 23,13

JOSUAS TOD UND EINE NEUE GENERATION OHNE KENNTNIS DES HERRN: 2,6–10

6 Als Josua das Volk ziehen ließ, gingen die
Israeliten, jeder in seinen Erbbesitz, um das
Land in Besitz zu nehmen. 7 Und das Volk
diente dem HERRN, solange Josua lebte und
solange die Ältesten am Leben waren, die
Josua überlebten und die ganze Großtat des
HERRN gesehen hatten, die er für Israel getan
hatte. 8 Josua, der Sohn Nuns, der Knecht des
HERRN, starb im Alter von hundertzehn Jah-
ren 9 und man begrub ihn in Timnat-Heres,
im Gebiet seines Erbbesitzes auf dem Gebir-
ge Efraim, nördlich vom Berg Gaasch. 10 Auch
jene ganze Generation wurde mit ihren Vä-
tern vereint und nach ihnen kam eine andere
Generation, die den HERRN nicht kannte
und auch nicht die Tat, die er für Israel getan
hatte.

7: Jos 24,31 / **9**: Jos 24,30

KENNZEICHEN DER RICHTERZEIT: 2,11–19

11 Die Israeliten taten, was in den Augen des
HERRN böse ist, und dienten den Baalen. 12 Sie
verließen den HERRN, den Gott ihrer Väter,
der sie aus Ägypten herausgeführt hatte, und
liefen anderen Göttern nach, Göttern der Völ-
ker, die rings um sie her wohnten. Sie warfen
sich vor ihnen nieder und reizten den HERRN
zum Zorn. 13 Als sie den HERRN verließen und
dem Baal und den Astarten dienten, 14 ent-
brannte der Zorn des HERRN gegen Israel. Er
gab sie in die Hand von Plünderern, die sie
ausplünderten, und gab sie der Hand ihrer
Feinde ringsum preis, sodass sie ihren Feinden
keinen Widerstand mehr leisten konnten.
15 Sooft sie auch in den Krieg zogen, war die
Hand des HERRN gegen sie zum Unheil, wie
der HERR gesagt und ihnen geschworen hatte.
So gerieten sie in große Not. 16 Der HERR aber
setzte Richter ein und die retteten sie aus der
Hand derer, die sie ausplünderten. 17 Doch sie
gehorchten auch ihren Richtern nicht, son-
dern hurten anderen Göttern hinterher und
warfen sich vor ihnen nieder. Rasch wichen
sie von dem Weg ab, den ihre Väter, den Ge-
boten des HERRN gehorsam, gegangen waren.
Sie jedoch handelten nicht so. 18 Wenn aber der
HERR bei ihnen Richter einsetzte, dann war
der HERR mit dem Richter und rettete die Is-
raeliten aus der Hand ihrer Feinde, solange der
Richter lebte; denn der HERR hatte Mitleid mit
ihnen, wenn sie über ihre Feinde und Unter-
drücker klagten. 19 Sobald aber der Richter
gestorben war, wurden sie rückfällig und trie-
ben es noch schlimmer als ihre Väter, liefen
anderen Göttern nach, dienten ihnen und
warfen sich vor ihnen nieder. Sie ließen nicht
ab von ihrem bösen Treiben und von ihrem
störrischen Verhalten.

14: Lev 26,17

UNVOLLENDETE EROBERUNG DES LANDES: 2,20–3,6

20 Da entbrannte der Zorn des HERRN gegen
Israel. Er sagte: Weil dieses Volk meinen
Bund übertreten hat, zu dem ich ihre Väter
verpflichtet habe, und weil es nicht auf meine
Stimme gehört hat, 21 werde auch ich kein
einziges der Völker mehr vor ihren Augen
vertreiben, die Josua bei seinem Tod noch
übrig gelassen hat. 22 Israel soll durch sie auf
die Probe gestellt werden, ob es daran fest-
hält, den Weg des HERRN zu gehen, wie es
seine Väter taten, oder nicht. 23 Darum ließ
der HERR diese Völker da und vertrieb sie

nicht sofort. Er hatte sie auch nicht in die
Hand Josuas gegeben.

3 1 Das sind die Völker, die der HERR dage-
lassen hat, um durch sie die Israeliten,
alle, die von all den Kämpfen um Kanaan
nichts mehr wussten, auf die Probe zu stellen,
2 nur damit die Generationen der Israeliten sie
kennenlernten, indem er sie das Kriegführen
lehrte, und zwar nur die, die sie zuvor nicht
kennengelernt hatten –: 3 die fünf Fürsten der
Philister und alle Kanaaniter und Sidonier und
Hiwiter, die auf dem Libanongebirge wohnen,
vom Berg Baal-Hermon bis nach Lebo-Hamat.
4 Sie waren dazu da, damit er die Israeliten
durch sie auf die Probe stellte, um zu erkennen,
ob sie den Geboten des HERRN gehorchen
würden, auf die er ihre Väter durch Mose ver-
pflichtet hatte. 5 Die Israeliten wohnten also
mitten unter den Kanaanitern, Hetitern,
Amoritern, Perisitern, Hiwitern und Jebusi-
tern. 6 Sie nahmen sich deren Töchter zu Frau-
en und ihre Töchter gaben sie deren Söhnen
und sie dienten deren Göttern.

3,1: 2,21f. / **3:** Jos 13,3

DER RICHTER OTNIËL: 3,7–11

7 Die Israeliten taten, was in den Augen des
HERRN böse ist. Sie vergaßen den HERRN,
ihren Gott, und dienten den Baalen und den
Ascheren. 8 Da entbrannte der Zorn des
HERRN gegen die Israeliten und er gab sie der
Hand des Kuschan-Rischatajim preis, des Kö-
nigs von Aram in Mesopotamien. So mussten
die Israeliten acht Jahre lang Kuschan-Rischa-
tajim dienen. 9 Als die Israeliten zum HERRN
schrien, setzte der HERR den Israeliten einen
Retter ein, der sie rettete: Otniël, den Sohn des
Kenas, den jüngeren Bruder Kalebs. 10 Der
Geist des HERRN kam über ihn und er richte-
te Israel. Er zog in den Kampf und der HERR
gab Kuschan-Rischatajim, den König von
Aram, in seine Hand und seine Hand wurde
stark gegen Kuschan-Rischatajim. 11 Darauf
hatte das Land vierzig Jahre lang Ruhe; dann
starb Otniël, der Sohn des Kenas.

9: 1,13; Jos 15,17 / **10:** 6,34; 11,29; 13,25; 14,6.19; 15,14

DER RETTER EHUD: 3,12–30

12 Und wiederum taten die Israeliten, was in
den Augen des HERRN böse ist. Der HERR aber
gab Eglon, dem König von Moab, Macht über
Israel, weil sie getan hatten, was in den Augen
des HERRN böse ist. 13 Eglon verbündete sich
mit den Ammonitern und Amalekitern, zog
hin und schlug Israel und sie eroberten die
Palmenstadt. 14 Darauf mussten die Israeliten
achtzehn Jahre lang Eglon, dem König von
Moab, dienen.

15 Als aber die Israeliten zum HERRN
schrien, setzte ihnen der HERR einen Retter
ein: Ehud, den Sohn Geras, aus dem Stamm
Benjamin, einen Mann mit gehemmter rechter
Hand. Als nun die Israeliten durch seine Hand
Tribut an Eglon, den König von Moab, schick-
ten, 16 machte sich Ehud einen Dolch mit zwei
Schneiden, eine Spanne lang, und band ihn
unter seinem Gewand an seine rechte Hüfte.
17 So brachte er Eglon, dem König von Moab,
den Tribut dar. Eglon aber war ein sehr beleib-
ter Mann. 18 Als Ehud mit der Darbringung des
Tributs zu Ende war, schickte er die Leute, die
den Tribut getragen hatten, weg; 19 er selber
aber kehrte von den Götterbildern in Gilgal
um und sagte: Ich habe eine geheime Botschaft
an dich, König. Da sagte er: Still! und alle, die
um ihn standen, gingen von ihm hinaus.
20 Nun trat Ehud zu ihm herein. Eglon saß in
seinem kühlen Obergemach, das für ihn allein
bestimmt war, und Ehud sagte: Ich habe eine
Botschaft Gottes an dich. Da erhob er sich von
seinem Thron. 21 Ehud aber streckte seine lin-
ke Hand aus, ergriff den Dolch an seiner rech-

ten Hüfte und stieß ihn Eglon in den Leib. 22 Es
drang sogar der Griff nach der Klinge ein und
das Fett umschloss die Klinge, da er den Dolch
nicht aus seinem Leib herausgezogen hatte.
Dann ging er zum Seiteneingang hinaus.
23 Ehud ging zur Säulenvorhalle hinaus, schloss
die Tür des Obergemachs hinter sich und
schob den Riegel vor. 24 Kaum war er hinaus-
gegangen, kamen seine Diener und sahen:
Siehe, die Tür des Obergemachs war verrie-
gelt. Sie sagten: Sicher verrichtet er in der küh-
len Kammer seine Notdurft. 25 Sie warteten
vergeblich. Aber siehe, er öffnete die Tür des
Obergemachs nicht. Sie nahmen den Schlüssel
und schlossen auf: Siehe, da lag ihr Herr tot auf
dem Boden. 26 Ehud aber war entkommen,
während sie gezögert hatten. Er war bereits an
den Götterbildern vorbeigegangen und hatte
sich nach Seïra in Sicherheit gebracht.

27 Sobald er dort angekommen war, ließ er
auf dem Gebirge Efraim das Widderhorn
blasen und die Israeliten zogen mit ihm vom
Gebirge hinab, er an ihrer Spitze. 28 Er sagte zu
ihnen: Jagt mir nach, denn der HERR hat euch
eure Feinde, die Moabiter, in die Hand gege-
ben! Sie zogen hinter ihm hinab, besetzten die
Jordanübergänge nach Moab und ließen nie-
mand mehr hinüber. 29 Damals erschlugen sie
von Moab etwa zehntausend Mann, alles star-
ke und kriegstüchtige Männer, und keiner ent-
kam. 30 So musste sich Moab an jenem Tag
unter die Hand Israels beugen und das Land
hatte achtzig Jahre lang Ruhe.

DER RETTER SCHAMGAR: 3,31

31 Auf Ehud folgte Schamgar, der Sohn des
Anat. Er erschlug sechshundert Philister mit
einem Ochsenstecken. Auch er rettete Israel.

31: 5,6

DIE RICHTERIN DEBORA UND BARAK: 4,1–5,31

DEBORAS UND BARAKS KAMPF GEGEN SISERA: 4,1–16

4 1 Die Israeliten taten wieder, was in den
Augen des HERRN böse ist, nachdem
Ehud gestorben war. 2 Der HERR lieferte sie
aus in die Hand Jabins, des Königs von Kanaan,
der in Hazor herrschte. Sein Heerführer war
Sisera; der wohnte in Haroschet-Gojim. 3 Da
schrien die Israeliten zum HERRN; denn Sise-
ra besaß neunhundert eiserne Kampfwagen
und hatte die Israeliten zwanzig Jahre lang
grausam unterdrückt.

4 Damals war Debora, eine Prophetin, die
Frau des Lappidot, Richterin in Israel. 5 Sie hat-
te ihren Sitz unter der Debora-Palme zwischen
Rama und Bet-El im Gebirge Efraim und die
Israeliten kamen zu ihr hinauf, um sich Recht
sprechen zu lassen. 6 Sie sandte hin, rief Barak,
den Sohn Abinoams aus Kedesch-Naftali, her-
bei und sagte zu ihm: Befiehlt der HERR, der
Gott Israels, nicht: Geh hin, zieh auf den Berg
Tabor und nimm zehntausend Mann von den
Naftalitern und den Sebulonitern mit dir? 7 Ich
werde Sisera, den Heerführer Jabins, mit sei-
nen Wagen und seiner Streitmacht zu dir an
den Bach Kischon lenken und ihn in deine
Hand geben. 8 Barak sagte zu ihr: Wenn du mit
mir gehst, werde ich gehen; wenn du aber
nicht mit mir gehst, werde ich nicht gehen.
9 Sie sagte: Ja, ich gehe mit dir; aber der Ruhm
wird auf dem Weg, den du gehen wirst, dann
nicht dir zuteil, sondern in die Hand einer Frau
wird der HERR Sisera ausliefern. Und Debora
machte sich auf und ging zusammen mit Barak
nach Kedesch.

10 Barak rief Sebulon und Naftali in Kedesch
zusammen und zehntausend Mann folgten
ihm auf den Tabor hinauf. Auch Debora ging
mit ihm. 11 Der Keniter Heber lebte getrennt
von Kain, von den Söhnen Hobabs, des

Schwiegervaters des Mose. Er schlug sein Zelt
an der Terebinthe von Zaanannim bei Kedesch
auf. 12 Als man nun Sisera meldete, dass Barak,
der Sohn Abinoams, auf den Berg Tabor gezo-
gen sei, 13 beorderte Sisera alle seine Wagen –
neunhundert eiserne Kampfwagen – und das
ganze Kriegsvolk, das er bei sich hatte, von
Haroschet-Gojim an den Bach Kischon. 14 Da
sagte Debora zu Barak: Auf! Denn das ist der
Tag, an dem der HERR den Sisera in deine
Hand gegeben hat. Ist nicht der HERR vor dir
her ausgezogen? Barak zog also vom Berg Ta-
bor herab, zehntausend Mann hinter sich.
15 Und der HERR brachte Sisera, alle seine Wa-
gen und seine ganze Streitmacht mit scharfem
Schwert vor Barak in große Verwirrung. Sise-
ra sprang vom Wagen und floh zu Fuß. 16 Barak
verfolgte die Wagen und das Heer bis nach
Haroschet-Gojim. Das ganze Heer Siseras fiel
unter dem scharfen Schwert; nicht ein einzi-
ger Mann blieb übrig.

2: Jos 11,1 / **5**: Gen 35,8 / **11**: 1,16 / **15**: 5,20; Ex 23,27; Jos 10,10; 1 Sam 7,10

JAËLS TAT UND DER VOLLSTÄNDIGE SIEG: 4,17–24

17 Sisera war zu Fuß zum Zelt der Jaël, der Frau
des Keniters Heber, geflohen; denn zwischen
Jabin, dem König von Hazor, und der Familie
des Keniters Heber herrschte Frieden. 18 Jaël
trat heraus, Sisera entgegen, und sagte zu ihm:
Kehr ein, Herr, kehr ein bei mir, hab keine
Angst! Da kehrte er ein bei ihr im Zelt und sie
deckte ihn mit einem Teppich zu. 19 Er sagte
zu ihr: Gib mir doch etwas Wasser zu trinken,
ich habe Durst. Sie öffnete einen Schlauch mit
Milch und gab ihm zu trinken; dann deckte sie
ihn wieder zu. 20 Er sagte zu ihr: Stell dich an
den Zelteingang, und wenn einer kommt und
dich fragt: Ist jemand hier?, dann antworte:
Nein. 21 Doch Jaël, die Frau Hebers, holte einen
Zeltpflock, nahm einen Hammer in die Hand,
ging leise zu Sisera hin und schlug ihm den
Zeltpflock durch die Schläfe, sodass er noch in
den Boden drang, während er erschöpft in tie-
fem Schlaf lag. So fand Sisera den Tod. 22 Siehe,
Barak, der Sisera nachjagte! Jaël trat heraus,
ihm entgegen, und sagte zu ihm: Komm, ich
zeige dir den Mann, den du suchst. Er ging mit
ihr hinein; siehe, Sisera lag tot, den Pflock in
seiner Schläfe.

23 So demütigte Gott an diesem Tag Jabin,
den König von Kanaan, vor den Israeliten
24 und die Hand der Israeliten lag immer
schwerer auf Jabin, dem König von Kanaan, bis
sie Jabin, den König von Kanaan, ganz vernich-
tet hatten.

19: 5,25

DEBORAS UND BARAKS SIEGESLIED: 5,1–31

5 1 Debora und Barak, der Sohn Abinoams,
sangen an jenem Tag dieses Lied:

2 Dass Führer Israel führten / und das Volk
sich bereit zeigte, / dafür preist den HERRN!

3 Hört, ihr Könige, horcht auf, ihr Fürsten! /
Ich will für den HERRN, / ich will singen, für
den HERRN, / den Gott Israels, spielen.

4 HERR, als du auszogst aus Seïr, / als du vom
Grünland Edoms heranschrittest, / da bebte
die Erde, die Himmel ergossen sich, / ja, aus
den Wolken ergoss sich das Wasser.

5 Die Berge flossen vor dem HERRN, dem
vom Sinai, / vor dem HERRN, dem Gott Isra-
els.

6 In den Tagen Schamgars, des Sohnes des
Anat, / in den Tagen Jaëls lagen die Wege ver-
lassen da; / wer unterwegs war, ging auf ver-
schlungenen Wegen.

7 Bewohner des offenen Landes gab es nicht
mehr, / es gab sie nicht mehr in Israel, / bis du
dich erhobst, Debora, / bis du dich erhobst,
Mutter in Israel.

8 Gott erwählte Neue. / Damals war Kampf
in den Toren. / Schild und Speer waren nicht
mehr zu sehen / bei den Vierzigtausend in
Israel.

9 Mein Herz gehört Israels Führern. / Ihr, die
ihr bereit seid im Volk, / preist den HERRN!

10 Ihr, die ihr auf weißen Eselinnen reitet, /
die ihr auf Teppichen sitzt, / die ihr auf der
Straße dahinzieht, singt!

11 Horch, sie jubeln zwischen den Tränken; /
dort besingt man die rettenden Taten des
HERRN, / seine rettenden Taten an den Bauern
in Israel. / Damals zog das Volk des HERRN
hinab zu den Toren.

12 Wach auf, wach auf, Debora! / Wach auf,
wach auf, sing ein Lied! / Erheb dich, Barak, /
führ deine Gefangenen heim, / Sohn
Abinoams!

13 Damals stieg herab, / was übrig war, zu
den Herrlichen. / Das Volk des HERRN stieg
herab / zu mir unter den Helden.

5,1 Der Text des Liedes ist mehrfach unklar oder verderbt, die Übersetzung nur ein Annäherungsversuch, vor allem in 5,8.11.13.14.

14 Aus Efraim sind, die ihre Wurzel in Ama-
lek haben; / dir nach, Benjamin, mit deinen
Scharen; / von Machir stiegen die Führer hi-
nab, / von Sebulon, die das Zepter tragen.
15 Die Fürsten Issachars zusammen mit De-
bora / und wie Issachar so auch Barak, / ins Tal
gesandt zu Fuß. / Groß waren in Rubens Be-
zirken / die Beschlüsse des Herzens.
16 Warum sitzt du zwischen den Hürden, /
um bei den Herden Flötenspiel zu hören? /
Groß waren in Rubens Bezirken / die Be-
schlüsse des Herzens.
17 Gilead blieb jenseits des Jordan. / Und
Dan – warum verweilt er bei den Schiffen? /
Ascher saß am Ufer des Meeres, / bleibt ruhig
an seinen Buchten.
18 Sebulon ist ein Volk, / das sein Leben aufs
Spiel setzt, / auch Naftali auf den Höhen des
Feldes.
19 Könige kamen und kämpften, / damals
kämpften Kanaans Könige / bei Taanach, an
den Wassern Megiddos, / doch Beute an Silber
machten sie nicht.
20 Vom Himmel her kämpften die Sterne, /
von ihren Bahnen aus kämpften sie gegen Si-
sera.
21 Der Bach Kischon schwemmte sie fort, /
ein uralter Bach ist der Bach Kischon. / Meine
Seele soll auftreten mit Macht.
22 Damals stampften die Hufe der Pferde /
im Jagen, im Dahinjagen seiner Hengste.
23 Ihr sollt Meros verfluchen, / spricht der
Engel des HERRN. / Mit Flüchen flucht seinen
Bewohnern; / denn sie kamen dem HERRN
nicht zu Hilfe, / zu Hilfe dem HERRN unter
den Helden.
24 Gepriesen sei Jaël unter den Frauen, / die
Frau des Keniters Heber, / gepriesen unter den
Frauen im Zelt.
25 Wasser erbat er, Milch gab sie, / in einer
prächtigen Schale reichte sie Sahne.
26 Ihre Hand streckte sie aus nach dem
Pflock, / ihre Rechte nach dem Hammer der
Arbeiter. / Sie hämmerte auf Sisera ein, zer-
malmte sein Haupt, / zerschlug, durchbohrte
seine Schläfe.
27 Zwischen ihren Füßen brach er in die
Knie, stürzte, lag da, / zwischen ihren Füßen
brach er in die Knie, stürzte. / Wo er in die Knie
brach, da lag er vernichtet.
28 Durch das Fenster blickte Siseras Mutter /
und klagte durch das Gitter: / Warum säumt
sein Wagen zu kommen, / warum zögert der
Hufschlag seiner Gespanne?
29 Die Klügsten ihrer Fürstinnen antwor-
teten / und sie selbst wiederholte für sich ihre
Worte:
30 Sicher machen und teilen sie Beute, / ein,
zwei Frauen für jeden Mann, / bunte Tücher
als Beute für Sisera, / als Beute Buntgewirktes,
ein buntes Tuch, doppelt Buntgewirktes / für
meinen Hals zur Beute.
31 So gehen all deine Feinde zugrunde,
HERR. / Doch die, die ihn lieben, sind wie die
Sonne, / wenn sie aufgeht in ihrer Kraft. Dann
hatte das Land vierzig Jahre lang Ruhe.

5,14 Text korr. H fügt am Schluss, wohl als erklärenden Zusatz im Sinn von hoher Beamter, hinzu: Schreiber.

4: Dtn 33,2 / **6:** 3,31 / **25:** 4,19

DER RETTER GIDEON-JERUBBAAL: 6,1–8,35

DIE MIDIANITERNOT: 6,1–6

6 1 Die Israeliten taten, was in den Augen
des HERRN böse ist. Da gab sie der HERR
in die Hand Midians, sieben Jahre lang.
2 Die Hand Midians wurde stark gegen Is-
rael. Vor Midian machten sich die Israeliten
die Schluchten in den Bergen und die Höhlen
und die Bergnester zurecht. 3 Doch immer,
wenn die Israeliten gesät hatten, kamen Mi-
dian, die Amalekiter und die Leute aus dem
Osten und zogen gegen sie heran. 4 Sie bela-
gerten die Israeliten und vernichteten die
Ernte des Landes bis hin in die Gegend von
Gaza. Sie ließen in Israel keine Lebensmittel
übrig, auch kein Schaf, kein Rind und keinen
Esel. 5 Denn sie zogen mit ihren Herden he-
rauf und mit ihren Zelten. Sie kamen so zahl-
reich wie die Heuschrecken. Zahllos waren
sie selbst und auch ihre Kamele. Sie kamen
und verheerten das Land. 6 So verarmte Isra-
el sehr wegen Midian und die Israeliten
schrien zum HERRN.

ANKLAGE DES PROPHETEN GEGEN ISRAEL: 6,7–10

7 Als nun die Israeliten wegen Midian zum
HERRN schrien, 8 schickte der HERR einen
Propheten zu den Israeliten. Dieser sagte zu
ihnen: So spricht der HERR, der Gott Israels:
Ich selbst habe euch aus Ägypten heraufge-
führt. Ich habe euch aus dem Sklavenhaus
herausgeführt. 9 Ich habe euch aus der Hand
Ägyptens und aus der Hand all eurer Unter-
drücker befreit. Ich habe sie vor euch vertrie-
ben und euch ihr Land gegeben. 10 Und ich
habe euch gesagt: Ich bin der HERR, euer Gott.
Fürchtet nicht die Götter der Amoriter, in de-
ren Land ihr wohnt! Aber ihr habt nicht auf
meine Stimme gehört.

GIDEONS BERUFUNG: 6,11–24

11 Der Engel des HERRN kam und setzte sich
unter die Eiche bei Ofra, die dem Abiësriter
Joasch gehörte. Sein Sohn Gideon war gerade
dabei, in der Kelter Weizen zu dreschen, um
ihn vor Midian in Sicherheit zu bringen. 12 Da
erschien ihm der Engel des HERRN und sagte
zu ihm: Der HERR sei mit dir, starker Held.
13 Doch Gideon sagte zu ihm: Mit Verlaub,
mein Herr, ist der HERR wirklich mit uns?
Warum hat uns dann all das getroffen? Wo
sind alle seine wunderbaren Taten, von denen
uns unsere Väter erzählt haben? Sie sagten
doch: Hat uns der HERR nicht aus Ägypten
heraufgeführt? Jetzt aber hat uns der HERR
aufgegeben und uns in die Hand Midians ge-
geben. 14 Da wandte sich der HERR ihm zu und
sagte: Geh in dieser deiner Kraft und rette
Israel aus der Hand Midians! Sende ich dich
nicht hiermit? 15 Er entgegnete ihm: Mit Ver-
laub, Herr, womit könnte ich Israel retten?
Sieh doch, meine Tausendschaft ist die
schwächste in Manasse und ich bin der Jüngs-
te im Haus meines Vaters. 16 Der HERR sagte
zu ihm: Ich werde ganz gewiss mit dir sein
und du wirst Midian schlagen, als wäre es nur
ein Mann. 17 Gideon erwiderte ihm: Wenn ich
Gnade gefunden habe in deinen Augen, dann
gib mir ein Zeichen dafür, dass du selbst es bist,
der mit mir redet. 18 Entfern dich doch nicht
von hier, bis ich zu dir komme, meine Gabe
herausbringe und sie vor dir hinlege! Er sagte:
Ich werde bleiben, bis du zurückkommst.

19 Gideon ging hinein und bereitete ein Zie-
genböckchen zu sowie ungesäuerte Brote von
einem Efa Mehl. Er legte das Fleisch in einen
Korb, tat die Brühe in einen Topf, brachte bei-
des zu ihm hinaus unter die Eiche und legte es
vor. 20 Da sagte der Engel Gottes zu ihm: Nimm
das Fleisch und die Brote und leg sie auf den
Felsen da, die Brühe aber gieß aus! Gideon tat es.
21 Der Engel des HERRN streckte die Spitze des
Stabes aus, den er in der Hand hatte, und be-
rührte das Fleisch und die Brote. Da stieg Feuer
von dem Felsblock auf und verzehrte das
Fleisch und die Brote. Der Engel des HERRN
aber war Gideons Augen entschwunden. 22 Als
nun Gideon sah, dass es der Engel des HERRN
gewesen war, sagte er: Ach, Herr und GOTT,
ich habe den Engel des HERRN von Angesicht zu
Angesicht gesehen. 23 Der HERR erwiderte
ihm: Friede sei mit dir! Fürchte dich nicht, du
wirst nicht sterben. 24 Gideon errichtete an jener
Stelle einen Altar für den HERRN und nannte
ihn: Der HERR ist Friede. Der Altar steht bis
zum heutigen Tag in Ofra der Abiësriter.

11: 8,22 / **14**: 1 Sam 12,11; Hebr 11,32 / **16**: Ex 3,12 / **22**: Ex 33,20; Jes 6,5

ZERSTÖRUNG DES BAAL-ALTARES UND DER ASCHERA: 6,25–32

25 In jener Nacht sagte der HERR zu ihm:
Nimm den Stier von den Rindern, die deinem
Vater gehören, und zwar den siebenjährigen
Prachtstier, reiß den Altar des Baal nieder, der
deinem Vater gehört, und die Aschera daneben
hau um! 26 Bau einen Altar für den HERRN,
deinen Gott, auf der Höhe der Burg hier, in der
vorgesehenen Ordnung, nimm den Prachtstier
und bring ihn mit den Holzstücken der Asche-
ra, die du umhaust, als Brandopfer dar! 27 Da
nahm Gideon zehn seiner Knechte und tat, was
der HERR zu ihm gesagt hatte. Weil er sich aber
vor seiner Familie und den Leuten der Stadt
fürchtete, es bei Tag zu tun, tat er es bei Nacht.

28 Als die Einwohner der Stadt am Morgen
aufstanden, siehe, da war der Altar des Baal
niedergerissen, die Aschera daneben umge-
hauen und der Prachtstier auf dem neuerbauten
Altar dargebracht. 29 Da sagten sie zueinander:
Wer hat das getan? Sie suchten und forschten
nach und stellten fest: Gideon, der Sohn des
Joasch, hat es getan. 30 Die Einwohner der Stadt
sagten zu Joasch: Gib deinen Sohn heraus, dass
er stirbt, denn er hat den Altar des Baal nieder-
gerissen und die Aschera daneben umgehauen!
31 Joasch erwiderte allen, die um ihn herum-

6,25 Text geändert, da der erste Satz der Rede in H nicht grammatisch ist.

standen: Wollt ihr etwa für Baal streiten? Wollt
ihr ihn retten? Wer für ihn streitet, soll noch
vor dem Morgen sterben. Wenn Baal Gott ist,
soll er für sich selbst streiten, weil man seinen
Altar niedergerissen hat. 32 Darum nannte man
Gideon seit jenem Tag Jerubbaal – das heißt:
Baal möge gegen ihn streiten –; denn er hat sei-
nen Altar niedergerissen.

32: 7,1

GIDEONS AUFGEBOT UND SEINE ZWEITE ZEICHENBITTE: 6,33–40

33 Ganz Midian, Amalek und die Leute aus
dem Osten taten sich zusammen, zogen
herüber und schlugen in der Ebene Jesreel
ihr Lager auf. 34 Der Geist des HERRN hatte
Gideon bekleidet. Gideon blies ins Widder-
horn und die Abiesriter ließen sich in seiner
Gefolgschaft aufbieten. 35 Er schickte Boten in
ganz Manasse umher und auch Manasse ließ
sich in seiner Gefolgschaft aufbieten. Außer-
dem schickte er Boten in Ascher, Sebulon und
Naftali umher und sie zogen hinauf ihnen
entgegen.

36 Da sagte Gideon zu Gott: Wenn du Israel
wirklich durch meine Hand retten willst, wie
du gesagt hast – 37 siehe, ich lege frisch gescho-
rene Wolle auf die Tenne; wenn Tau allein auf
der Wolle und auf dem ganzen Boden Trocken-
heit sein wird, dann werde ich erkennen, dass
du durch meine Hand Israel retten willst, wie
du gesagt hast. 38 Und so geschah es. Als er früh
am Morgen aufstand und die Wolle ausdrück-
te, presste er Tau aus der Wolle heraus – eine
Schale voll Wasser. 39 Darauf sagte Gideon zu
Gott: Dein Zorn möge nicht gegen mich ent-
brennen, wenn ich nur dieses eine Mal noch
rede. Ich möchte es nur noch dieses eine Mal
mit der Wolle versuchen: Trockenheit sei auf
der Wolle allein und auf dem ganzen Boden
soll Tau liegen. 40 Und so machte es Gott in
jener Nacht: Trockenheit war auf der Wolle
allein und auf dem ganzen Boden lag Tau.

34: 3,10; 11,29; 13,25

SIEG ÜBER MIDIAN: 7,1–8,3

7 1 Am frühen Morgen brach Jerubbaal – das
ist Gideon – mit allen Leuten, die er bei sich
hatte, auf und sie errichteten bei der Harod-
Quelle ihr Lager; das Lager Midians war nörd-
lich davon beim Hügel More in der Ebene. 2 Der
HERR sagte zu Gideon: Die Leute, die du bei
dir hast, sind zu zahlreich, als dass ich Midian
in ihre Hand geben könnte. Sonst könnte sich
Israel mir gegenüber rühmen und sagen: Meine
eigene Hand hat mich gerettet. 3 Nun also, rufe
vor den Ohren der Leute aus: Wer sich fürchtet
und Angst hat, kehre um und enteile vom Berg
Gilead! Darauf kehrten von den Leuten zwei-
undzwanzigtausend um, während zehntau-
send übrig blieben. 4 Doch der HERR sagte zu
Gideon: Die Leute sind immer noch zu zahl-
reich. Führ sie hinab ans Wasser; dort will ich
sie für dich mustern. Von wem ich zu dir sagen
werde: Er soll mit dir gehen!, der soll mit dir
gehen und jeder, von dem ich zu dir sagen wer-
de: Dieser soll nicht mit dir gehen!, der soll
nicht gehen. 5 Gideon führte die Leute zum
Wasser hinab und der HERR sagte zu ihm: Stell
alle, die das Wasser mit der Zunge auflecken,
wie es ein Hund tut, auf einen besonderen
Platz, und ebenso alle, die sich zum Trinken
hinknien. 6 Die Zahl derer, die aufleckten – mit
der Hand zum Mund –, betrug dreihundert
Mann. Alle übrigen Leute aber knieten sich hin,
um das Wasser zu trinken. 7 Der HERR sagte
zu Gideon: Durch die dreihundert Mann, die
aufgeleckt haben, will ich euch retten und Mi-
dian in deine Hand geben. Alle übrigen Leute
sollen jeder an seinen Ort gehen. 8 Sie nahmen
die Verpflegung der Leute und ihre Widder-
hörner mit. Gideon entließ alle Israeliten, jeden
zu seinen Zelten. Nur die dreihundert Mann
behielt er bei sich. Das Lager Midians lag unter-
halb von ihm in der Ebene.

9 Und es geschah in jener Nacht: Der HERR
sagte zu ihm: Auf, geh in das Lager hinab; denn
ich habe es in deine Hand gegeben. 10 Wenn du
dich aber davor fürchtest hinabzusteigen, dann
geh mit deinem Diener Pura bis zum Lager
hinab. 11 Du wirst hören, was man dort redet.
Dann werden deine Hände stark werden und
du wirst in das Lager hinabziehen. Gideon ging
also mit seinem Diener Pura bis unmittelbar
an die Krieger im Lager heran. 12 Midian und
Amalek und die Leute des Ostens waren in die
Ebene eingefallen, zahlreich wie die Heuschre-
cken, und ihre Kamele waren zahllos wie der
Sand am Ufer des Meeres. 13 Als Gideon ankam,
erzählte gerade einer dem andern einen Traum.
Er sagte: Hör zu, ich hatte einen Traum: Siehe,
ein Laib Gerstenbrot rollte im Lager Midians
hin und her, gelangte bis zum Zelt und stieß
dagegen, sodass es umfiel. Er stülpte es nach
oben um und so lag das Zelt da. 14 Der andere
antwortete: Das bedeutet nichts anderes als das

Schwert des Israeliten Gideon, des Sohnes des
Joasch. Gott hat Midian und das ganze Lager in
seine Hand gegeben.
15 Als Gideon die Erzählung von dem Traum
und seine Deutung hörte, warf er sich nieder
und betete. Dann kehrte er ins Lager Israels
zurück und rief: Auf! Der HERR hat das Lager
Midians in eure Hand gegeben. 16 Gideon teil-
te die dreihundert Mann in drei Abteilungen
und gab allen Männern Widderhörner und
leere Krüge in die Hand; in den Krügen waren
Fackeln. 17 Er sagte zu ihnen: Seht auf mich und
macht alles ebenso wie ich! Wenn ich an den
Rand des Lagers komme, so sollt, wie ich es
mache, auch ihr machen. 18 Wenn ich und alle,
die bei mir sind, das Widderhorn blasen, dann
müsst auch ihr rings um das ganze Lager eure
Hörner blasen und rufen: Für den HERRN und
Gideon! 19 Gideon und die hundert Mann, die
bei ihm waren, gelangten zu Beginn der mitt-
leren Nachtwache an den Rand des Lagers;
man hatte gerade die Wachen aufgestellt. Sie
bliesen das Widderhorn und zerschlugen die
Krüge, die sie in der Hand hatten. 20 Es bliesen
also die drei Abteilungen die Hörner, zer-
schlugen die Krüge, ergriffen mit der linken
Hand die Fackeln, während sie in der rechten
Hand die Widderhörner hielten, um zu bla-
sen, und schrien: Schwert für den HERRN und
Gideon! 21 Dabei blieben sie rings um das Lager
stehen, jeder an dem Platz, wo er gerade war.
Im Lager liefen alle durcheinander, schrien
und flohen. 22 Als die dreihundert Männer ihre
Hörner bliesen, richtete der HERR im ganzen
Lager das Schwert des einen gegen den andern.
Alle im Lager flohen bis nach Bet-Schitta, Ze-
reda, Sefat-Abel-Mehola und Tabbat.
23 Nun wurden die Israeliten aus Naftali,
Ascher und ganz Manasse aufgeboten und sie
jagten den Midianitern nach. 24 Außerdem
schickte Gideon Boten im ganzen Bergland
von Efraim umher und ließ sagen: Zieht hinab
gegen Midian und schneidet ihnen das Wasser
bis nach Bet-Bara und den Jordan ab! So wur-
den alle Männer Efraims zusammengerufen
und sie besetzten die Wasserstellen bis Bet-
Bara und den Jordanübergang. 25 Sie nahmen
auch die zwei Midianiterfürsten Oreb, Rabe,
und Seeb, Wolf, gefangen. Oreb töteten sie am
Rabenfelsen und Seeb töteten sie an der
Wolfskelter; dann setzten sie die Verfolgung
Midians fort. Die Köpfe Orebs und Seebs aber
brachten sie zu Gideon über den Jordan.

8 1 Die Efraimiter aber sagten zu Gideon:
Was hast du uns da angetan, dass du uns
nicht hast rufen lassen, als du ausgezogen bist,
um gegen Midian zu kämpfen? Und sie stritten
heftig mit ihm. 2 Er antwortete ihnen: Was
habe ich schon getan im Vergleich zu euch? Ist
nicht die Nachlese Efraims besser als die Wein-
lese Abiësers? 3 In eure Hand hat Gott Oreb und
Seeb, die Fürsten Midians, gegeben. Was ver-
mochte ich zu tun im Vergleich zu euch? Als er
das sagte, ließ ihr Zorn von ihm ab.

7,1: 6,32 / **3**: Dtn 20,8 / **25**: Ps 83,12
8,1: 12,1

GIDEONS BLUTRACHE AN DEN MIDIANITERKÖNIGEN UND SEINE VERGELTUNG AN SUKKOT UND PENUËL: 8,4–21

4 Als Gideon an den Jordan gekommen und mit
den dreihundert Männern, die bei ihm waren,
hinübergegangen war, erschöpft von der Ver-
folgung, 5 sagte er zu den Einwohnern von
Sukkot: Gebt doch den Leuten, die mir folgen,
einige Laibe Brot; denn sie sind erschöpft. Ich
bin dabei, Sebach und Zalmunna, die Könige
von Midian, zu verfolgen. 6 Doch die Oberen
von Sukkot entgegneten: Sind denn die Hände
von Sebach und Zalmunna schon in deiner
Hand, dass wir deinem Heer Brot geben soll-
ten? 7 Darauf sagte Gideon: Wahrhaftig, wenn
der HERR Sebach und Zalmunna in meine
Hand gibt, dann dresche ich euch den Leib mit
Wüstendornen und Stechdisteln. 8 Dann zog
er von Sukkot hinauf nach Penuël und sprach
die Leute dort in derselben Weise an; aber die
Einwohner von Penuël antworteten ihm ge-
nauso, wie die Männer von Sukkot geantwor-
tet hatten. 9 Da drohte er auch den Männern
von Penuël: Wenn ich heil zurückkehre, werde
ich die Burg hier niederreißen.
10 Sebach und Zalmunna befanden sich mit
ihrem Heerlager in Karkor; es waren etwa
fünfzehntausend Mann; das war alles, was von
dem ganzen Heerlager der Leute aus dem Os-
ten übrig geblieben war. Hundertzwanzigtau-
send mit dem Schwert bewaffnete Männer
waren gefallen. 11 Gideon zog auf dem Bedui-
nenweg östlich von Nobach und Jogboha hi-
nauf und schlug das Heerlager, während es
sich in Sicherheit wähnte. 12 Sebach und Zal-
munna flohen, aber er verfolgte sie, nahm die
beiden Midianiterkönige Sebach und Zalmun-
na gefangen und scheuchte das ganze Heer-
lager auseinander.

13 Als Gideon, der Sohn des Joasch, aus dem
Kampf von Maale-Heres zurückkehrte,
14 nahm er einen jungen Mann fest, der zu den
Leuten von Sukkot gehörte. Er fragte ihn aus
und dieser musste ihm die Oberen und Ältes-
ten von Sukkot aufschreiben, siebenundsieb-
zig Männer. 15 Als er nun zu den Einwohnern
von Sukkot kam, sagte er: Hier sind Sebach
und Zalmunna, deretwegen ihr mich ver-
höhnt habt mit den Worten: Sind denn die
Hände von Sebach und Zalmunna schon in
deiner Hand, dass wir deinen erschöpften
Männern Brot geben sollten? 16 Dann ergriff
er die Ältesten der Stadt und Wüstendornen
und Stechdisteln und drosch mit ihnen die
Männer von Sukkot. 17 Die Burg von Penuël
aber riss er nieder und tötete die Männer in
der Stadt.

18 Dann sagte er zu Sebach und Zalmunna:
Wo sind die Männer, die ihr in Tabor getötet
habt? Sie antworteten: Sie waren wie du; jeder
sah aus wie ein Königssohn. 19 Er entgegnete:
Es waren meine Brüder, die Söhne meiner
Mutter. So wahr der HERR lebt: Hättet ihr sie
am Leben gelassen, würde ich euch nicht tö-
ten. 20 Und er sagte zu Jeter, seinem Erstgebo-
renen: Auf, töte sie! Aber der Junge zog sein
Schwert nicht; er hatte Angst, weil er noch so
jung war. 21 Da sagten Sebach und Zalmunna:
Steh selber auf und schlag uns nieder! Denn
wie der Mann, so seine Kraft. Da stand Gideon
auf und tötete Sebach und Zalmunna. Dann
nahm er ihren Kamelen die kleinen Monde ab,
die sie am Hals trugen.

GIDEONS ABLEHNUNG DYNASTISCHER HERRSCHAFT: 8,22–23

22 Die Israeliten sagten zu Gideon: Herrsche
über uns, du und auch dein Sohn und dein En-
kel; denn du hast uns aus der Hand Midians
gerettet. 23 Aber Gideon antwortete ihnen: Ich
will nicht über euch herrschen und auch mein
Sohn soll nicht über euch herrschen; der HERR
wird über euch herrschen.

GIDEONS VERFEHLUNG MIT DEM GOLDENEN EFOD UND SEIN TOD: 8,24–35

24 Weiter sagte Gideon zu ihnen: Ich möchte
euch um etwas bitten: Jeder von euch gebe mir
einen Ring aus seiner Beute. Die Feinde hatten
nämlich goldene Ringe, denn sie waren Ismae-
liter. 25 Sie antworteten: Wir geben sie dir gern.
Sie breiteten einen Mantel aus und jeder legte
einen Ring aus seiner Beute darauf. 26 Das Ge-
wicht der goldenen Ringe, um die er gebeten
hatte, betrug tausendsiebenhundert Goldsche-
kel, ohne die kleinen Monde und die Ohrgehän-
ge und die Purpurkleider, die die Könige von
Midian getragen hatten, und ohne die Halsket-
ten ihrer Kamele. 27 Gideon machte daraus ein
Efod und stellte es in seiner Stadt Ofra auf. Und
ganz Israel hurte dort hinter ihm her. So wurde
es für Gideon und sein Haus zur Falle.

28 Midian aber war von den Israeliten gede-
mütigt, sodass es sein Haupt nicht mehr erhe-
ben konnte. Das Land hatte dann vierzig Jahre
lang Ruhe, solange Gideon lebte. 29 Jerubbaal,
der Sohn des Joasch, ging hin und wohnte in
seinem Haus. 30 Gideon hatte siebzig leibliche
Söhne, denn er hatte viele Frauen. 31 Auch seine
Nebenfrau, die in Sichem war, gebar ihm einen
Sohn; dem gab er den Namen Abimelech. 32 Gi-
deon, der Sohn des Joasch, starb in hohem Alter
und wurde im Grab seines Vaters Joasch im
Ofra der Abiësriter begraben. 33 Als Gideon tot
war, kehrten sich die Israeliten ab und hurten
hinter den Baalen her und machten den Baal des
Bundes zu ihrem Gott. 34 Die Israeliten dachten
nicht mehr an den HERRN, ihren Gott, der sie
aus der Hand all ihrer Feinde ringsum befreit
hatte. 35 Auch dem Haus Jerubbaal-Gideon er-
wiesen sie keine Treue, wie es all dem Guten
entsprochen hätte, das es für Israel getan hatte.

31: 9,1

KÖNIG ABIMELECH: 9,1–57

ABIMELECHS ERHEBUNG ZUM KÖNIG VON SICHEM: 9,1–6

9 1 Abimelech, der Sohn Jerubbaals, ging
nach Sichem zu den Brüdern seiner Mut-
ter und sagte zu ihnen und zur ganzen Sippe
des Vaterhauses seiner Mutter: 2 Redet doch
vor den Ohren aller Bürger von Sichem und
sagt: Was ist besser für euch: wenn siebzig

Männer über euch herrschen, alle Söhne Je-
rubbaals, oder wenn nur ein Mann über euch
herrscht? Denkt auch daran, dass ich euer
Fleisch und Bein bin. 3 Da redeten die Brüder
seiner Mutter seinetwegen vor den Ohren aller
Bürger von Sichem all diese Worte, sodass sich
ihr Herz Abimelech zuwandte. Denn sie sag-
ten sich: Er ist unser Bruder. 4 Sie gaben ihm
siebzig Silberstücke aus dem Tempel des Baal
des Bundes und Abimelech warb damit Män-
ner an, die nichts zu verlieren hatten und zu
allem fähig waren; sie wurden sein Gefolge.
5 Dann drang er in das Haus seines Vaters in
Ofra ein und brachte seine Brüder, die Söhne
Jerubbaals, siebzig Mann, auf ein und demsel-
ben Stein um. Nur Jotam, der jüngste Sohn
Jerubbaals, blieb übrig, weil er sich versteckt
hatte. 6 Da versammelten sich alle Bürger von
Sichem und Bet-Millo, zogen zu der Terebin-
the, die bei Sichem steht, und machten Abi-
melech zum König.

1: 8,31 / **2:** Gen 2,23 / **4:** 8,33 / **5:** 8,35 / **6:** Gen 35,4; Jos 24,26

JOTAMS FABEL: 9,7–21

7 Als man das Jotam meldete, stellte er sich auf
den Gipfel des Berges Garizim und rief ihnen
mit erhobener Stimme zu:
Hört auf mich, ihr Bürger von Sichem, /
damit Gott auf euch hört!
8 Einst gingen die Bäume hin, / um sich ei-
nen König zu salben, / und sie sagten zum
Ölbaum: / Sei du unser König!
9 Der Ölbaum sagte zu ihnen: / Habe ich
etwa schon mein Fett aufgegeben, / das Götter
und Menschen an mir ehren, / und werde hin-
gehen, um über den Bäumen zu schwanken?
10 Da sagten die Bäume zum Feigenbaum: /
Geh du hin, sei unser König!
11 Der Feigenbaum sagte zu ihnen: / Habe
ich etwa schon meine Süßigkeit / und meine
guten Früchte aufgegeben / und werde hinge-
hen, um über den Bäumen zu schwanken?
12 Da sagten die Bäume zum Weinstock: /
Geh du hin, sei unser König!
13 Der Weinstock sagte zu ihnen: / Habe ich
etwa schon meinen Most aufgegeben, / der
Götter und Menschen erfreut, / und werde hin-
gehen, um über den Bäumen zu schwanken?
14 Da sagten alle Bäume zum Dornen-
strauch: / Geh du hin, sei unser König!
15 Der Dornenstrauch sagte zu den Bäu-
men: / Wenn ihr mich wirklich zu eurem
König salben wollt, / kommt, bergt euch in
meinem Schatten! / Wenn aber nicht, dann
soll vom Dornenstrauch Feuer ausgehen / und
die Zedern des Libanon fressen.
16 Wenn ihr also treu und redlich gehandelt
habt, als ihr Abimelech zum König machtet,
und wenn ihr an Jerubbaal und seinem Haus
gut gehandelt habt, wenn ihr so an ihm gehan-
delt habt, wie das Wirken meines Vaters es
verdient, 17 der für euch gekämpft, sein Leben
gewagt und euch aus der Hand Midians befreit
hat, 18 während ihr euch heute gegen das Haus
meines Vaters erhoben habt, seine Söhne,
siebzig Männer, auf ein und demselben Stein
umgebracht und Abimelech, den Sohn seiner
Sklavin, zum König über die Bürger von Si-
chem gemacht habt, weil er euer Bruder ist, –
19 wenn ihr also heute treu und redlich an Je-
rubbaal und seinem Haus gehandelt habt,
dann sollt ihr eure Freude haben an Abimelech
und er soll seine Freude an euch haben.
20 Wenn aber nicht, dann soll Feuer von Abi-
melech ausgehen und die Bürger Sichems und
Bet-Millo fressen. Und von den Bürgern Si-
chems und von Bet-Millo soll Feuer ausgehen
und Abimelech fressen. 21 Dann machte sich
Jotam davon, floh vor seinem Bruder Abi-
melech nach Beer und ließ sich dort nieder.

SICHEMS VERNICHTUNG: 9,22–49

22 Als Abimelech drei Jahre lang über Israel
geherrscht hatte, 23 sandte Gott einen bösen
Geist zwischen Abimelech und die Bürger von
Sichem, sodass die Bürger von Sichem von
Abimelech abfielen. 24 Das Verbrechen an den
siebzig Söhnen Jerubbaals sollte zurückkom-
men und ihr Blut sollte auf ihrem Bruder Abi-
melech liegen, der sie ermordet hatte, aber auch
auf den Bürgern von Sichem, die seinen Hän-
den die Kraft gegeben hatten, sie zu ermorden.
25 Die Bürger von Sichem legten ihm auf den
Höhen der Berge einen Hinterhalt. Sie raubten
dort jeden aus, der auf seinem Weg bei ihnen
vorbeikam. Das wurde Abimelech gemeldet.
26 Gaal, der Sohn Ebeds, kam mit seinen Brü-
dern her und sie zogen herüber nach Sichem
und die Bürger von Sichem fassten Vertrauen
zu ihm. 27 Sie gingen aufs Feld hinaus, hielten
in ihren Weinbergen die Weinlese, kelterten
und feierten ein Freudenfest; sie zogen zum
Haus ihres Gottes, aßen und tranken und ver-
fluchten Abimelech. 28 Gaal, der Sohn Ebeds,
sagte: Wer ist schon Abimelech? Und wer ist
Sichem, dass wir ihm dienen sollten? Ist er

nicht der Sohn Jerubbaals und ist nicht Sebul
sein Vogt? Dient lieber den Männern Hamors,
des Vaters von Sichem! Warum sollten gerade
wir ihm dienen? 29 Wer gäbe diese Leute in
meine Hand! Ich wollte Abimelech vertreiben.
Und er sagte zu Abimelech: Vermehre dein
Heer und zieh in den Kampf! 30 Als Sebul, der
Vogt der Stadt, von den Reden Gaals, des Soh-
nes Ebeds, hörte, entbrannte sein Zorn. 31 Er
schickte heimlich Boten zu Abimelech und
ließ ihm sagen: Gaal, der Sohn Ebeds, und sei-
ne Brüder sind nach Sichem gekommen und
hetzen nun die Stadt gegen dich auf. 32 Brich
also noch in der Nacht mit den Leuten auf, die
du bei dir hast, und leg dich auf dem freien Feld
in einen Hinterhalt! 33 Am Morgen aber brich
bei Sonnenaufgang auf und rück gegen die
Stadt vor! Sobald dann Gaal mit seinen Leuten
gegen dich ausrückt, mach mit ihm, wie deine
Hand es finden wird. 34 Abimelech brach noch
in der Nacht mit allen Leuten, die er bei sich
hatte, auf und sie legten sich in vier Abteilun-
gen bei Sichem in einen Hinterhalt.

35 Als Gaal, der Sohn Ebeds, herauskam und
vor das Stadttor trat, brach Abimelech mit sei-
nen Leuten aus dem Hinterhalt hervor. 36 Als
Gaal die Männer sah, sagte er zu Sebul: Sieh,
da steigen Leute von den Höhen der Berge he-
runter. Sebul entgegnete ihm: Du siehst den
Schatten der Berge für Menschen an. 37 Doch
Gaal redete weiter und sagte: Sieh doch, da
kommen Leute vom Nabel des Landes herab
und eine Abteilung kommt aus der Richtung
der Orakel-Terebinthe. 38 Da sagte Sebul zu
ihm: Wo bleibt nun dein Maul, mit dem du
gesagt hast: Wer ist schon Abimelech, dass wir
ihm dienen sollten? Sind das nicht die Leute,
die du verachtet hast? Rück jetzt nur aus und
kämpfe gegen ihn! 39 Da rückte Gaal an der
Spitze der Bürger von Sichem aus und kämpf-
te gegen Abimelech. 40 Abimelech verfolgte
ihn, er musste vor ihm fliehen und viele fielen
erschlagen bis zum Eingang des Tores. 41 Abi-
melech aber blieb in Aruma wohnen und Sebul
vertrieb Gaal und seine Brüder; sie konnten
nicht mehr in Sichem bleiben.

42 Am anderen Morgen gingen die Leute aufs
Feld hinaus. Das meldete man Abimelech. 43 Er
nahm seine Leute, teilte sie in drei Abteilun-
gen und legte auf dem Feld einen Hinterhalt.
Als er sah, wie die Leute aus der Stadt heraus-
kamen, überfiel er sie und erschlug sie. 44 Abi-
melech stürmte mit den Abteilungen, die bei
ihm waren, vor und bezog am Eingang des
Stadttors Stellung, während die beiden Abtei-
lungen auf die, die auf dem Feld waren, ein-
drangen und sie erschlugen. 45 Abimelech
kämpfte jenen ganzen Tag gegen die Stadt. Er
eroberte sie und tötete ihre Einwohner. Dann
zerstörte er die Stadt und streute Salz über sie.

46 Als die Besatzung der Burg von Sichem
davon hörte, zog sie sich in das Gewölbe des
Tempels des Bundesgottes zurück. 47 Abi-
melech wurde gemeldet, dass sich die ganze
Besatzung der Burg von Sichem dort versam-
melt hatte. 48 Daraufhin stieg Abimelech mit
all seinen Leuten den Berg Zalmon hinauf.
Abimelech nahm seine Axt in die Hand, hieb
einen Busch ab, hob ihn auf, legte ihn auf sei-
ne Schulter und sagte zu seinen Leuten: Macht
mir nach, was ihr gesehen habt, aber schnell!
49 Da hieben auch alle seine Leute einen Busch
ab und zogen hinter Abimelech her. Sie legten
die Zweige auf das Gewölbe und zündeten sie
an und steckten das Gewölbe über der Besat-
zung in Brand. So kam auch die ganze Besat-
zung der Burg von Sichem um, etwa tausend
Männer und Frauen.

ABIMELECHS ENDE: 9,50–57

50 Dann zog Abimelech nach Tebez, belagerte
die Stadt und nahm sie ein. 51 Mitten in der
Stadt aber war eine starke Burg. Dorthin flohen
alle Männer und Frauen und alle Herren der
Stadt. Sie schlossen hinter sich zu und stiegen
auf das Dach der Burg. 52 Abimelech rückte an
die Burg heran und eröffnete den Kampf gegen
sie. Als er sich dem Burgtor näherte, um es in
Brand zu stecken, 53 warf eine Frau Abimelech
einen Mühlstein auf den Kopf und zerschmet-
terte ihm den Schädel. 54 Da rief er eilends sei-
nen Waffenträger und sagte zu ihm: Zieh dein
Schwert und töte mich! Man soll nicht von mir
sagen: Eine Frau hat ihn umgebracht. Der jun-
ge Mann durchbohrte ihn und er starb. 55 Als
die Israeliten sahen, dass Abimelech tot war,
ging jeder zurück in seinen Heimatort.

56 So ließ Gott das Verbrechen, das Abi-
melech an seinem Vater begangen hatte, als er
seine siebzig Brüder umbrachte, zurückfallen
57 und alles Böse, das die Einwohner von
Sichem getan hatten, ließ Gott auf ihren Kopf
zurückfallen. So kam über sie der Fluch
Jotams, des Sohnes Jerubbaals.

53: 2 Sam 11,21

9,48 seine Axt: Text korr., vgl. G.

DIE RICHTER TOLA UND JAÏR: 10,1–5

10 1 Nach Abimelech trat Tola auf, der
Sohn Puwas, des Sohnes Dodos, um
Israel zu retten, ein Mann aus Issachar. Er
wohnte in Schamir auf dem Gebirge Efraim.
2 Er richtete Israel dreiundzwanzig Jahre lang.
Dann starb er und wurde in Schamir begraben.
3 Nach ihm trat Jaïr aus Gilead auf; er richte-
te Israel zweiundzwanzig Jahre lang. 4 Er hatte
dreißig Söhne, die auf dreißig Eseln ritten und
dreißig Städte besaßen. Man nennt sie bis auf
den heutigen Tag die Zeltdörfer Jaïrs; sie liegen
im Land Gilead. 5 Jaïr starb und wurde in Ka-
mon begraben.

1: Gen 46,13; Num 26,23 / **3**: Num 32,41; Dtn 3,14; Jos 13,30

DER RICHTER JIFTACH: 10,6–12,7

ISRAELS UNTERDRÜCKUNG DURCH DIE PHILISTER UND DIE AMMONITER: 10,6–16

6 Die Israeliten taten wieder, was in den Augen
des HERRN böse ist. Sie dienten den Baalen
und Astarten, den Göttern Arams, den Göt-
tern Sidons, den Göttern Moabs, den Göttern
der Ammoniter und den Göttern der Philister.
Sie verließen den HERRN und dienten ihm
nicht. 7 Deshalb entbrannte der Zorn des
HERRN gegen Israel und er lieferte sie in die
Hand der Philister und der Ammoniter aus.
8 Sie zerschlugen und misshandelten die Isra-
eliten in jener Zeit achtzehn Jahre lang, alle
Israeliten jenseits des Jordan im Land der
Amoriter, in Gilead. 9 Dann kamen die Am-
moniter über den Jordan, um auch gegen Juda,
Benjamin und das Haus Efraim Krieg zu füh-
ren. Israel geriet in große Bedrängnis, 10 und
die Israeliten schrien zum HERRN: Wir haben
gegen dich gesündigt; denn wir haben unseren
Gott verlassen und den Baalen gedient. 11 Der
HERR erwiderte den Israeliten: Nicht wahr,
von Ägypten an, auch von den Amoritern,
Ammonitern und Philistern her, 12 und als die
Sidonier, Amalek und Maon euch unterdrückt
haben und ihr zu mir geschrien habt, da habe
ich euch aus ihrer Hand gerettet. 13 Ihr aber
habt mich verlassen und anderen Göttern ge-
dient. Darum werde ich euch nicht mehr ret-
ten. 14 Geht und schreit doch zu den Göttern,
die ihr euch erwählt habt; sollen doch die euch
retten in der Zeit eurer Not. 15 Die Israeliten
sagten zum HERRN: Wir haben gesündigt.
Handle du an uns ganz so, wie es gut ist in dei-
nen Augen, nur rette uns heute! 16 Und sie
entfernten die fremden Götter aus ihrer Mitte
und dienten dem HERRN. Da wurde ihm die
Mühsal Israels unerträglich.

JIFTACHS EINSETZUNG ZUM HAUPT UND ANFÜHRER DER GILEADITER: 10,17–11,11

17 Die Ammoniter wurden aufgeboten und
schlugen ihr Lager in Gilead auf. Auch die Is-
raeliten versammelten sich; sie bezogen ihr
Lager in Mizpa. 18 Das Volk, die Obersten Gi-
leads, sagten zueinander: Wer ist der Mann,
der den Kampf gegen die Ammoniter auf-
nimmt? Er soll das Haupt aller Bewohner Gi-
leads werden.
11 1 Jiftach, der Gileaditer, war ein tapferer
Held; er war der Sohn einer Dirne und
Gilead zeugte Jiftach. 2 Auch Gileads Ehefrau
gebar ihm Söhne. Als nun die Söhne der Ehe-
frau herangewachsen waren, jagten sie Jiftach
fort und sagten zu ihm: Du sollst im Haus un-
seres Vaters nicht erben; denn du bist der Sohn
einer anderen Frau. 3 Da floh Jiftach vor seinen
Brüdern. Er ließ sich im Land Tob nieder und
Männer, die nichts zu verlieren hatten, schar-
ten sich um Jiftach und zogen mit ihm aus.
4 Nach einiger Zeit führten die Ammoniter
Krieg mit Israel. 5 Als nun die Ammoniter mit
Israel Krieg führten, machten sich die Ältesten
Gileads auf den Weg, um Jiftach aus dem Land
Tob zu holen. 6 Sie sagten zu Jiftach: Komm,
sei unser Anführer, damit wir gegen die Am-
moniter kämpfen können! 7 Jiftach erwiderte
den Ältesten Gileads: Habt ihr mich nicht ge-
hasst und aus dem Haus meines Vaters verjagt?
Warum kommt ihr jetzt zu mir, da ihr in Be-

drängnis seid? 8 Die Ältesten Gileads antwor-
teten Jiftach: Eben darum haben wir uns jetzt
dir wieder zugewandt. Geh mit uns und kämp-
fe gegen die Ammoniter; dann wirst du für uns
das Haupt aller Bewohner Gileads sein. 9 Jiftach
entgegnete den Ältesten Gileads: Wenn ihr
mich zum Kampf gegen die Ammoniter zu-
rückholt und der HERR sie mir preisgibt, will
auch ich für euch das Haupt sein! 10 Die Ältes-
ten Gileads antworteten Jiftach: Der HERR soll
uns Ohrenzeuge sein: Ganz gewiss werden wir
genau nach deinem Wort handeln. 11 Darauf-
hin ging Jiftach mit den Ältesten Gileads und
das Volk setzte ihn zum Haupt und Anführer
über sich ein. Jiftach aber brachte in Mizpa alle
seine Angelegenheiten vor den HERRN.

JIFTACHS VERHANDLUNG MIT DEM KÖNIG DER AMMONITER: 11,12–28

12 Danach schickte Jiftach Boten zum König
der Ammoniter und ließ ihn fragen: Was ha-
ben du und ich miteinander zu schaffen, dass
du herangerückt bist, um gegen mein Land
Krieg zu führen? 13 Der König der Ammoniter
antwortete den Boten Jiftachs: Israel hat mir
mein Land zwischen dem Arnon und dem Jab-
bok, bis hin zum Jordan, weggenommen, als
es aus Ägypten heraufzog. Gib es jetzt freiwil-
lig wieder zurück! 14 Darauf schickte Jiftach
noch einmal Boten zum König der Ammoniter
15 und ließ ihm sagen: So spricht Jiftach: Israel
hat das Land Moabs und das Land der Ammo-
niter nicht weggenommen. 16 Als Israel aus
Ägypten heraufzog, wanderte es durch die
Wüste bis zum Roten Meer und kam nach Ka-
desch. 17 Da schickte Israel Boten zum König
von Edom und ließ ihm sagen: Ich möchte
durch dein Land ziehen. Aber der König von
Edom hörte nicht darauf. Auch zum König von
Moab schickten sie, aber auch er wollte nicht.
Deshalb blieb Israel in Kadesch. 18 Es zog dann
durch die Wüste, umging das Land Edoms und
das Land Moabs und kam so in das Gebiet öst-
lich vom Land Moabs. Sie schlugen jenseits des
Arnon ihr Lager auf, kamen also gar nicht in
das Gebiet Moabs; denn der Arnon ist die
Grenze Moabs. 19 Dann sandte Israel Boten zu
Sihon, dem König der Amoriter, dem König
von Heschbon, und ließ ihm sagen: Wir
möchten durch dein Gebiet bis zu meinem Ort
ziehen. 20 Sihon aber traute Israel nicht, dass
es nur durch sein Gebiet durchziehen wollte.
Sihon sammelte sein ganzes Volk und sie
schlugen in Jahaz ihr Lager auf und er eröffne-
te den Kampf gegen Israel. 21 Der HERR, der
Gott Israels, aber gab Sihon und sein ganzes
Volk in die Hand Israels. Israel schlug sie und
nahm das ganze Land der Amoriter, der Be-
wohner jenes Landes, in Besitz. 22 So nahmen
sie das ganze Land der Amoriter vom Arnon
bis zum Jabbok und von der Wüste bis zum
Jordan in Besitz. 23 Der HERR, der Gott Israels,
hat also die Amoriter vor seinem Volk Israel
vertrieben. Und du willst es nun aus seinem
Besitz vertreiben? 24 Ist es nicht so: Wen Ke-
mosch, dein Gott, vertreibt, dessen Besitz
nimmst du, und wen immer der HERR, unser
Gott, vor unseren Augen vertreibt, dessen Be-
sitz nehmen wir. 25 Bist du denn wirklich bes-
ser als der Moabiterkönig Balak, der Sohn Zip-
pors? Hat er denn mit Israel einen Streit oder
einen Krieg angefangen? 26 Als Israel dreihun-
dert Jahre lang in Heschbon und seinen
Tochterstädten saß, in Aroër und seinen
Tochterstädten und in allen Städten, die zu
beiden Seiten des Arnon liegen, warum habt
ihr diese Städte nicht in jener Zeit an euch ge-
rissen? 27 Ich habe dir kein Unrecht getan, aber
du willst mir Böses antun, indem du den
Kampf gegen mich eröffnest. Der HERR, der
Richter, möge heute richten zwischen den Is-
raeliten und den Ammonitern. 28 Doch der
König der Ammoniter hörte nicht auf die Bot-
schaft, die ihm Jiftach schickte.

18: Num 21,13 / **19**: Num 21,21–31 / **25**: Num 22,2; Jos 24,9

JIFTACHS GELÜBDE UND SEIN SIEG ÜBER DIE AMMONITER: 11,29–33

29 Da kam der Geist des HERRN über Jiftach
und Jiftach zog durch Gilead und Manasse und
er zog nach Mizpa in Gilead und von Mizpa in
Gilead zog er gegen die Ammoniter. 30 Jiftach
legte dem HERRN ein Gelübde ab und sagte:
Wenn du die Ammoniter wirklich in meine
Hand gibst 31 und wenn ich wohlbehalten von
den Ammonitern zurückkehre, dann soll, was
immer mir aus der Tür meines Hauses entge-
genkommt, dem HERRN gehören und ich will
es als Brandopfer darbringen. 32 Darauf zog
Jiftach gegen die Ammoniter in den Kampf
und der HERR gab sie in seine Hand. 33 Er
schlug sie von Aroër bis dahin, wo man nach
Minit kommt, zwanzig Städte, und bis hin
nach Abel-Keramim. So mussten sich die Am-
moniter vor den Israeliten beugen.

29: 3,10; 6,34; 13,25

OPFERUNG DER JUNGFRÄULICHEN TOCHTER JIFTACHS: 11,34–40

34 Als Jiftach nach Mizpa zu seinem Haus kam,
siehe, da kam ihm seine Tochter entgegen mit
Handtrommeln und Reigentänzen. Sie war
sein einziges Kind; er hatte weder einen Sohn
noch eine andere Tochter. 35 Und es geschah,
sobald er sie sah, zerriss er seine Kleider und
sagte: Weh, meine Tochter! Du hast mich tief
gebeugt und du gehörst zu denen, die mich ins
Unglück stürzen. Habe ich doch dem HERRN
gegenüber meinen Mund zu weit aufgetan und
kann nun nicht mehr zurück. 36 Sie erwiderte
ihm: Mein Vater, du hast dem HERRN gegen-
über deinen Mund zu weit aufgetan. Tu mit
mir, wie es aus deinem Mund hervorgegangen
ist, nachdem dir der HERR Rache an deinen
Feinden, den Ammonitern, verschafft hat!
37 Und sie sagte zu ihrem Vater: Nur das eine
soll mir gewährt werden: Lass mir noch zwei
Monate Zeit, damit ich in die Berge hinabgehe
und zusammen mit meinen Freundinnen
meine Jungfrauschaft beweine. 38 Er entgeg-
nete: Geh! und ließ sie für zwei Monate fort.
Und sie ging mit ihren Freundinnen hin und
beweinte in den Bergen ihre Jungfrauschaft.
39 Und es geschah, als zwei Monate zu Ende
waren, kehrte sie zu ihrem Vater zurück und
er erfüllte an ihr sein Gelübde, das er gelobt
hatte; sie aber hatte noch mit keinem Mann
Verkehr gehabt. So wurde es Brauch in Israel,
40 dass Jahr für Jahr die Töchter Israels hinge-
hen und die Tochter des Gileaditers Jiftach
besingen, vier Tage lang, jedes Jahr.

JIFTACHS SIEG ÜBER DIE EFRAIMITER UND SEIN TOD: 12,1–7

12 1 Die Männer aus Efraim wurden aufge-
boten; sie zogen hinüber nach Zafon und
sagten zu Jiftach: Warum bist du hinübergezo-
gen, um gegen die Ammoniter zu kämpfen, und
hast uns nicht aufgefordert, mit dir zu ziehen?
Wir werden dir dein Haus über dem Kopf an-
zünden. 2 Jiftach sagte zu ihnen: Ich selbst und
mein Volk lagen mit den Ammonitern in hefti-
gem Streit. Ich habe euch gerufen, aber ihr habt
mich nicht aus ihrer Hand gerettet. 3 Als ich nun
sah, dass du kein Retter warst, nahm ich mein
Leben in meine Hand und zog hinüber gegen die
Ammoniter und der HERR gab sie in meine
Hand. Warum seid ihr nun heute zu mir herauf-
gezogen, um Krieg mit mir anzufangen? 4 Da-
rauf sammelte Jiftach alle Männer aus Gilead und
kämpfte gegen Efraim und die Männer aus Gi-
lead schlugen Efraim. Die Efraimiter hatten ge-
sagt: Ihr seid Flüchtlinge aus Efraim; Gilead liegt
ja mitten in Efraim, mitten in Manasse. 5 Gilead
schnitt Efraim die Jordanfurten ab. Und wenn
die Flüchtlinge aus Efraim sagten: Ich will hi-
nüber!, fragten ihn die Männer aus Gilead: Bist du
ein Efraimiter? Wenn er Nein sagte, 6 forderten
sie ihn auf: Sag doch einmal Schibbolet! Sagte er
dann Sibbolet, weil er es nicht richtig aussprechen
konnte, ergriffen sie ihn und machten ihn dort
an den Furten des Jordan nieder. So fielen damals
zweiundvierzigtausend Mann aus Efraim.
7 Jiftach richtete Israel sechs Jahre lang.
Dann starb Jiftach, der Gileaditer, und wurde
in seiner Stadt in Gilead begraben.

1: 8,1

12,7 in seiner Stadt: Text korr. nach G.

DIE RICHTER IBZAN, ELON UND ABDON: 12,8–15

8 Nach ihm richtete Ibzan aus Betlehem Israel.
9 Er hatte dreißig Söhne; dreißig Töchter gab
er nach auswärts und dreißig Töchter führte
er seinen Söhnen von auswärts zu. Ibzan rich-
tete Israel sieben Jahre lang. 10 Dann starb er
und wurde in Betlehem begraben.
11 Nach ihm richtete Elon, der Sebuloniter,
Israel; er richtete Israel zehn Jahre lang. 12 Dann
starb der Sebuloniter Elon und wurde in Aja-
lon im Land Sebulon begraben.
13 Nach ihm richtete Abdon, der Sohn Hil-
lels aus Piraton, Israel. 14 Er hatte vierzig Söhne
und dreißig Enkel, die auf siebzig Eselshengs-
ten ritten. Er richtete Israel acht Jahre lang.
15 Dann starb Abdon, der Sohn Hillels aus Pi-
raton, und wurde in Piraton, im Land Efraim,
auf dem Amalekiterberg begraben.

DER RICHTER SIMSON: 13,1–16,31

ANKÜNDIGUNG DER GEBURT SIMSONS: 13,1–25

13 1 Die Israeliten taten wieder, was in den
Augen des HERRN böse ist. Deshalb
gab sie der HERR vierzig Jahre lang in die Hand
der Philister.
2 Es war ein Mann aus Zora, aus der Sippe der
Daniter, namens Manoach; seine Frau war un-
fruchtbar und hatte nicht geboren. 3 Der Engel
des HERRN erschien der Frau und sagte zu ihr:
Siehe, du bist unfruchtbar und hast nicht gebo-
ren; aber du wirst schwanger werden und einen
Sohn gebären. 4 Und jetzt nimm dich in Acht
und trink weder Wein noch Bier und iss nichts
Unreines! 5 Denn siehe, du wirst schwanger
werden und einen Sohn gebären. Es darf kein
Schermesser an seinen Kopf kommen; denn
der Knabe wird vom Mutterleib an ein Gott
geweihter Nasiräer sein. Er wird damit begin-
nen, Israel aus der Hand der Philister zu retten.
6 Die Frau ging und sagte zu ihrem Mann: Der
Gottesmann ist zu mir gekommen; er sah aus,
wie der Engel Gottes aussieht, überaus Furcht
erregend. Ich habe ihn nicht gefragt, woher er
kam, und er hat mir auch seinen Namen nicht
genannt. 7 Er sagte zu mir: Siehe, du wirst
schwanger werden und einen Sohn gebären.
Und von jetzt an trink keinen Wein und kein
Bier und iss nichts Unreines; denn der Knabe
wird vom Mutterleib an ein Gott geweihter
Nasiräer sein, bis zum Tag seines Todes.
8 Da betete Manoach zum HERRN und sagte:
Bitte, mein Herr, der Gottesmann, den du ge-
sandt hast, komme doch noch einmal zu uns
und belehre uns, was wir mit dem Knaben
machen sollen, der geboren werden soll. 9 Und
Gott hörte auf die Stimme Manoachs. Der En-
gel Gottes kam noch einmal zu der Frau, als sie
gerade auf dem Feld war; ihr Mann Manoach
war nicht bei ihr. 10 Die Frau lief schnell und
teilte es ihrem Mann mit; sie sagte zu ihm:
Siehe, der Mann ist mir erschienen, der damals
zu mir gekommen ist. 11 Manoach stand auf
und folgte seiner Frau. Als er zu dem Mann
kam, fragte er ihn: Bist du der Mann, der mit
meiner Frau geredet hat? Er antwortete: Ja, ich
bin es. 12 Da sagte Manoach: Wenn sich nun
dein Wort erfüllt, wie sollen wir es mit dem
Knaben halten, was sollen wir mit ihm tun?
13 Der Engel des HERRN antwortete Manoach:
Die Frau soll sich vor all dem hüten, was ich
ihr gesagt habe. 14 Nichts, was vom Weinstock
kommt, darf sie genießen; weder Wein noch
Bier darf sie trinken und nichts Unreines es-
sen. Alles, was ich ihr befohlen habe, muss sie
bewahren. 15 Manoach sagte zum Engel des
HERRN: Wir möchten dich gern aufhalten
und vor dir ein Ziegenböckchen zubereiten.
16 Aber der Engel des HERRN sagte zu Manoach:
Auch wenn du mich aufhieltest, würde ich von
deinem Mahl nichts essen. Wenn du aber ein
Brandopfer herrichten willst, bring es dem
HERRN dar! Manoach wusste nämlich nicht,
dass es der Engel des HERRN war. 17 Manoach
fragte den Engel des HERRN: Wie ist dein
Name? Wenn eintrifft, was du gesagt hast,
möchten wir dir gern Ehre erweisen. 18 Der
Engel des HERRN erwiderte: Warum fragst du
nach meinem Namen? Er ist wunderbar. 19 Da
nahm Manoach das Ziegenböckchen und das
Speiseopfer und brachte es auf dem Felsblock
dem HERRN dar und er vollbrachte etwas
Wunderbares. Manoach und seine Frau sahen
zu 20 und es geschah, als die Flamme vom Altar
zum Himmel aufstieg, stieg der Engel des
HERRN in der Flamme des Altars mit empor.
Als Manoach und seine Frau das sahen, warfen
sie sich zu Boden auf ihr Gesicht.
21 Von da an aber erschien der Engel des
HERRN dem Manoach und seiner Frau nicht
mehr. Da erkannte Manoach, dass es der Engel
des HERRN gewesen war, 22 und sagte zu seiner
Frau: Sicher müssen wir sterben, weil wir Gott
gesehen haben. 23 Doch seine Frau entgegnete
ihm: Wenn der HERR uns hätte töten wollen,
hätte er nicht aus unserer Hand Brand- und
Speiseopfer angenommen und er hätte uns
nicht all das sehen und uns auch jetzt nichts
Derartiges hören lassen.
24 Die Frau gebar einen Sohn und nannte ihn
Simson; der Knabe wuchs heran und der HERR
segnete ihn. 25 Dann aber begann der Geist des
HERRN, ihn umherzutreiben im Lager Dans
zwischen Zora und Eschtaol.

4: Num 6,2–21 / **5**: Jes 7,14 / **17**: Gen 32,30 / **22**: Ex 33,20; Jes 6,5 / **25**: 3,10; 6,34; 11,29; 1 Sam 10,6

13,19 und er vollbrachte etwas Wunderbares: Textänderung des wohl verderbten hebräischen Wortlauts; vgl. G, wo allerdings eine andere Verbbedeutung aus dem Aramäischen angesetzt ist.

SIMSONS HEIRAT EINER PHILISTERIN UND SEIN RÄTSEL: 14,1–20

14 1 Simson ging nach Timna hinab und er
sah in Timna unter den Töchtern der
Philister eine Frau. 2 Als er wieder heraufkam,
teilte er es seinem Vater und seiner Mutter mit
und sagte: Eine Frau habe ich in Timna gese-
hen unter den Töchtern der Philister. Nehmt
sie mir doch zur Frau! 3 Sein Vater und seine
Mutter erwiderten ihm: Gibt es denn unter
den Töchtern deiner Stammesbrüder und in
meinem ganzen Volk keine Frau, sodass du
fortgehen und eine Frau von diesen unbe-
schnittenen Philistern heiraten musst? Sim-
son antwortete seinem Vater: Die nimm mir,
denn sie ist recht in meinen Augen. 4 Sein Va-
ter und seine Mutter wussten nicht, dass es
vom HERRN so geplant war, weil er einen An-
lass zum Kampf mit den Philistern suchte.
Damals herrschten nämlich die Philister über
Israel.

5 Simson ging mit seinem Vater und seiner
Mutter nach Timna hinab. Als sie bei den
Weinbergen von Timna waren, siehe, da brüll-
te ihm ein junger Löwe entgegen. 6 Da kam der
Geist des HERRN über Simson und Simson
zerriss den Löwen mit bloßen Händen, als
würde er ein Böckchen zerreißen. Aber seinem
Vater und seiner Mutter teilte er nicht mit, was
er getan hatte. 7 Dann ging er hinab und redete
mit der Frau und sie war recht in Simsons Au-
gen. 8 Nach einiger Zeit ging er wieder hin, um
sie zu heiraten. Dabei bog er vom Weg ab, um
nach dem Kadaver des Löwen zu sehen. Und
siehe, da war ein Bienenschwarm im Gerippe
des Löwen und Honig. 9 Er löste den Honig mit
den Händen heraus und aß davon im Weiter-
gehen. Als er zu seinem Vater und zu seiner
Mutter kam, gab er ihnen davon und sie aßen
ebenfalls. Er sagte ihnen aber nicht, dass er den
Honig aus dem Kadaver des Löwen herausge-
holt hatte.

10 Auch sein Vater kam zu der Frau hinab
und Simson veranstaltete dort ein Trinkgela-
ge, wie es die jungen Leute zu machen pflegen.
11 Und es geschah, sobald sie ihn sahen, holten
sie dreißig Gefährten; die waren um ihn.
12 Simson sagte zu ihnen: Ich will euch ein
Rätsel aufgeben. Wenn ihr es mir in den sieben
Tagen des Gelages lösen könnt und herausfin-
det, will ich euch dreißig Hemden und dreißig
Festgewänder geben. 13 Wenn ihr mir aber die
Lösung nicht sagen könnt, dann sollt ihr mir
dreißig Hemden und dreißig Festgewänder
geben. Sie sagten zu ihm: Sag uns dein Rätsel,
wir möchten es hören. 14 Er sagte zu ihnen:

Vom Fresser kam Speise, vom Starken kam
Süßes.

Sie aber konnten das Rätsel drei Tage lang
nicht lösen. 15 Und es geschah am siebten Tag,
sie sagten zur Frau Simsons: Betöre deinen
Mann, dass er uns die Lösung des Rätsels
nennt; sonst werden wir dich samt dem Haus
deines Vaters verbrennen. Habt ihr uns hierher
eingeladen, um uns arm zu machen? 16 Da
weinte die Frau Simsons vor ihm und sagte:
Du hasst mich ja nur und liebst mich nicht. Du
hast den Söhnen meines Volkes das Rätsel auf-
gegeben und hast mir nicht die Lösung gesagt.
Er erwiderte ihr: Ich habe es ja nicht einmal
meinem Vater und meiner Mutter gesagt. Wie
sollte ich es dir sagen? 17 Sie weinte die sieben
Tage lang vor ihm, solange sie Gelage hielten.
Und es geschah am siebten Tag, da sagte er es
ihr, weil sie ihm so zusetzte, und sie teilte die
Lösung den Söhnen ihres Volkes mit. 18 Und
am siebten Tag sagten die Männer der Stadt zu
ihm, bevor die Sonne unterging:

Was ist süßer als Honig und was ist stärker
als ein Löwe?

Er erwiderte ihnen:

Hättet ihr nicht mit meiner Kuh gepflügt,
dann hättet ihr mein Rätsel nicht erraten.

19 Und der Geist des HERRN kam über ihn;
er ging nach Aschkelon hinab und erschlug
dreißig Mann von ihnen, nahm ihnen ihre
Kleider und gab die Gewänder denen, die das
Rätsel gelöst hatten. Sein Zorn entbrannte und
er ging hinauf in das Haus seines Vaters.
20 Simsons Frau fiel seinem Gefährten zu, der
ihm als Brautführer gedient hatte.

19: 3,10

SIMSONS STREIT MIT DEN PHILISTERN: 15,1–20

15 1 Und es geschah einige Zeit danach, zur
Zeit der Weizenernte, da besuchte Sim-
son seine Frau mit einem Ziegenböckchen und
sagte: Ich will zu meiner Frau in die Kammer.
Aber ihr Vater ließ ihn nicht hinein, 2 sondern
sagte: Ich war fest überzeugt, dass du sie wirk-
lich hasst. Darum habe ich sie deinem Gefähr-
ten gegeben. Aber ist nicht ihre jüngere
Schwester noch schöner als sie? Die kannst du
an ihrer Stelle haben. 3 Simson sagte zu ihnen:
Diesmal bin ich frei von Schuld, wenn ich den

Philistern etwas Böses antue. 4 Simson ging
weg und fing dreihundert Schakale. Dann
nahm er Fackeln, kehrte Schwanz zu Schwanz
und steckte je eine Fackel mitten zwischen
zwei Schwänze. 5 Er zündete die Fackeln an
und ließ sie in die Getreidefelder der Philister
laufen. So verbrannte er die Garben und das
noch stehende Korn, ebenso die Weingärten
und die Ölbäume. 6 Als die Philister fragten:
Wer hat das getan?, antwortete man: Simson,
der Schwiegersohn des Timniters, weil dieser
ihm seine Frau weggenommen und seinem
Gefährten gegeben hat. Da zogen die Philister
hinauf und verbrannten die Frau und ihren
Vater. 7 Darauf sagte ihnen Simson: Wenn ihr
es so macht, dann werde ich nicht mehr auf-
hören, bis ich an euch Rache genommen habe.
8 Und er schlug ihnen mit gewaltigen Schlä-
gen die Knochen entzwei. Dann ging er hinab
und hauste in der Felsenkluft von Etam.
9 Die Philister zogen hinauf, schlugen in
Juda ihr Lager auf und streiften in Lehi umher.
10 Die Männer von Juda fragten sie: Warum
seid ihr gegen uns heraufgezogen? Sie antwor-
teten: Um Simson zu fesseln, sind wir herauf-
gezogen, um es mit ihm so zu machen, wie er
es mit uns gemacht hat. 11 Da zogen dreitau-
send Männer aus Juda zur Felsenkluft von
Etam hinab und sagten zu Simson: Weißt du
nicht, dass die Philister unsere Herren sind?
Was hast du uns da angetan? Er antwortete
ihnen: Wie sie es mit mir gemacht haben, so
habe ich es mit ihnen gemacht. 12 Sie sagten zu
ihm: Um dich zu fesseln, sind wir herabgezo-
gen, und dich in die Hand der Philister zu ge-
ben. Simson sagte zu ihnen: Schwört mir, dass
ihr selber nicht über mich herfallen werdet!
13 Sie antworteten ihm: Nein, wir wollen dich
nur fesseln und in ihre Hand geben, aber töten
wollen wir dich nicht. Sie fesselten ihn also
mit zwei neuen Stricken und führten ihn vom
Felsen hinauf. 14 Als er nach Lehi hinaufkam,
liefen ihm die Philister mit Triumphgeschrei
entgegen. Da kam der Geist des HERRN über
ihn. Die Stricke an seinen Armen wurden wie
Flachsfäden, die vom Feuer versengt werden,
und die Fesseln schmolzen von seinen Hän-
den. 15 Er fand den noch blutigen Kinnbacken
eines Esels, streckte seine Hand aus, ergriff ihn
und erschlug damit tausend Männer. 16 Da-
mals sagte Simson:

Mit dem Kinnbacken eines Esels einen Hau-
fen, zwei Haufen!

Mit einem Eselskinnbacken habe ich tau-
send Männer erschlagen.

17 Und es geschah, als er ausgeredet hatte,
warf er den Kinnbacken aus seiner Hand weg;
daher nannte man den Ort Ramat Lehi.
18 Weil er großen Durst hatte, rief er zum
HERRN und sagte: Du hast durch die Hand
deines Knechtes diesen großen Sieg gegeben;
jetzt aber muss ich vor Durst sterben und den
Unbeschnittenen in die Hände fallen. 19 Da
spaltete Gott die Höhle von Lehi und es kam
Wasser daraus hervor, sodass Simson trinken
konnte. Seine Lebensgeister kehrten zurück
und er lebte wieder auf. Deshalb nennt man
die Quelle bei Lehi bis zum heutigen Tag Quel-
le des Rufers.
20 Er richtete Israel in den Tagen der Philister
zwanzig Jahre lang.

14: 3,10 / **20**: 16,31

SIMSON IN GAZA: 16,1–3

16 1 Simson kam nach Gaza, sah dort eine
Dirne und ging zu ihr. 2 Als man den
Leuten von Gaza berichtete: Simson ist hier-
hergekommen!, umstellten sie ihn und lauer-
ten ihm die ganze Nacht am Stadttor auf. Die
ganze Nacht über verhielten sie sich still und
sagten: Bis zum Morgengrauen, dann bringen
wir ihn um.
3 Simson aber schlief bis gegen Mitternacht.
Um Mitternacht stand er auf, packte die Flügel
des Stadttors mit den beiden Pfosten und riss
sie zusammen mit dem Riegel heraus. Er lud
alles auf seine Schultern und trug es auf den
Gipfel des Berges, der Hebron gegenüberliegt.

SIMSON UND DELILA: 16,4–22

4 Danach geschah es, dass er sich in eine Frau
im Tal Sorek verliebte; sie hieß Delila. 5 Die
Fürsten der Philister kamen zu ihr hinauf und
sagten zu ihr: Versuch ihn zu betören und he-
rauszufinden, wodurch er so große Kraft be-
sitzt und wie wir ihn überwältigen und fesseln
können, um ihn zu bezwingen! Jeder von uns
gibt dir dann elfhundert Silberstücke. 6 Darauf
sagte Delila zu Simson: Sag mir doch, wo-
durch du so große Kraft besitzt und wie man
dich fesseln kann, um dich niederzuzwingen.
7 Simson sagte zu ihr: Wenn man mich mit
sieben frischen Sehnen fesselt, die noch nicht
getrocknet sind, dann werde ich schwach und

15,8 Die Knochen entzwei, wörtlich: Wade auf Schenkel; wohl eine sprichwörtliche Redensart.

bin wie jeder andere Mensch. 8 Die Fürsten der
Philister brachten ihr also sieben frische Seh-
nen, die noch nicht getrocknet waren, und sie
fesselte ihn damit, 9 während man bei ihr in
der Kammer saß und lauerte. Dann rief sie ihm
zu: Philister über dir, Simson! Er aber zerriss
die Sehnen, wie ein Zwirnfaden reißt, wenn
er Feuer nur riecht. Doch das Geheimnis seiner
Kraft wurde nicht bekannt.

10 Darauf sagte Delila zu Simson: Du hast
mich getäuscht und mir etwas vorgelogen. Sag
mir doch endlich, womit man dich fesseln
kann! 11 Er erwiderte ihr: Wenn man mich mit
neuen Stricken fesselt, mit denen noch keine
Arbeit getan worden ist, werde ich schwach
und bin wie jeder andere Mensch. 12 Delila
nahm also neue Stricke und band ihn damit.
Dann rief sie ihm zu: Philister über dir, Sim-
son, während man in der Kammer saß und
lauerte. Er aber riss die Stricke von seinen Ar-
men wie Fäden.

13 Darauf sagte Delila zu Simson: Bis jetzt
hast du mich getäuscht und mir etwas vorge-
logen. Sag mir doch, womit man dich fesseln
kann! Er erwiderte ihr: Wenn du die sieben
Locken auf meinem Kopf mit den Kettfäden
des Webstuhls verwebst. 14 Sie schlug sie mit
dem Pflock fest. Dann rief sie ihm zu: Philister
über dir, Simson! Er fuhr aus dem Schlaf hoch
und riss den Webepflock mit den Kettfäden
heraus.

15 Darauf sagte sie zu ihm: Wie kannst du
sagen: Ich liebe dich!, wenn mir dein Herz
nicht gehört? Jetzt hast du mich dreimal ge-
täuscht und mir nicht gesagt, wodurch du so
große Kraft besitzt. 16 Und es geschah, als sie
ihm mit ihrem Gerede jeden Tag zusetzte und
ihn bedrängte, wurde er es zum Sterben leid;
17 er legte ihr sein ganzes Herz offen und sagte
zu ihr: Kein Schermesser ist mir auf den Kopf
gekommen; denn ich bin vom Mutterleib an
Gott als Nasiräer geweiht. Würden mir die
Haare geschoren, dann würde meine Kraft von
mir weichen; ich würde schwach und wäre wie
jeder andere Mensch. 18 Da sah Delila, dass er
ihr sein ganzes Herz offengelegt hatte. Sie
schickte hin und rief die Philisterfürsten und
ließ ihnen sagen: Kommt diesmal her! Denn
er hat mir sein ganzes Herz offengelegt. Die
Philisterfürsten kamen zu ihr herauf und
brachten das Geld mit hinauf. 19 Delila ließ
Simson auf ihren Knien einschlafen, rief nach
dem Mann und schnitt dann die sieben Locken
auf seinem Kopf ab. So begann sie ihn zu über-
winden und seine Kraft wich von ihm. 20 Dann
rief sie: Philister über dir, Simson! Er erwach-
te aus seinem Schlaf und dachte: Ich werde
auch diesmal wie bisher entkommen und mich
freischütteln. Denn er wusste nicht, dass der
HERR von ihm gewichen war. 21 Da packten
ihn die Philister und stachen ihm die Augen
aus. Sie führten ihn nach Gaza hinab und fes-
selten ihn mit zwei Bronzeketten und er muss-
te im Gefängnis mit der Handmühle mahlen.
22 Doch sein Haupthaar fing wieder an zu
wachsen, nachdem es abgeschnitten worden
war.

SIMSONS GRÖSSTER SIEG IN SEINEM TOD: 16,23–31

23 Die Fürsten der Philister versammelten sich,
um ihrem Gott Dagon ein großes Opfer dar-
zubringen und ein Freudenfest zu feiern. Sie
sagten: Unser Gott hat unseren Feind Simson
in unsere Hand gegeben. 24 Als das Volk
Simson sah, priesen sie ihren Gott, denn sie
sagten:

Unser Gott hat unseren Feind / in unsere
Hand gegeben, /
ihn, der unser Land verwüstet hat, /
der so viele von uns erschlagen hat.

25 Und es geschah, als ihr Herz fröhlich war,
sagten sie: Ruft Simson her, damit er für uns
Späße macht! Und sie ließen Simson aus dem
Gefängnis holen und er machte vor ihnen
Späße. Sie stellten ihn zwischen die Säulen.
26 Simson aber sagte zu dem Jungen, der ihn
an der Hand führte: Lass mich los und lass
mich die Säulen betasten, auf denen das Haus
errichtet ist, ich will mich daran lehnen. 27 Das
Haus war voll von Männern und Frauen; alle
Fürsten der Philister waren da und auf dem
Flachdach saßen etwa dreitausend Männer
und Frauen. Sie alle schauten zu, wie Simson
seine Späße machte. 28 Simson aber rief zum
HERRN und sagte: Herr und GOTT, denk doch
an mich und gib mir nur noch dieses eine Mal
Kraft, Gott, damit ich an den Philistern Rache
nehmen kann, wenigstens für eines von mei-
nen beiden Augen. 29 Dann ertastete Simson
die beiden Mittelsäulen, auf denen das Haus
fest aufruhte, und stemmte sich gegen sie, ge-
gen die eine mit der rechten Hand und gegen
die andere mit der linken. 30 Er sagte: So mag
ich denn zusammen mit den Philistern ster-
ben. Er streckte sich mit aller Kraft und das

Haus stürzte über den Fürsten und über allen
Leuten, die darin waren, zusammen. So war
die Zahl derer, die er bei seinem Tod tötete,
größer als die, die er während seines Lebens
getötet hatte.

31 Seine Brüder und die ganze Familie seines
Vaters kamen herab; sie hoben ihn auf, brach-
ten ihn hinauf und begruben ihn zwischen
Zora und Eschtaol im Grab seines Vaters
Manoach. Simson hatte Israel zwanzig Jahre
lang gerichtet.

31: 13,25; 15,20

DIE DANITER: 17,1–18,31

MICHAS HEILIGTUM: 17,1–13

17 1 Es war ein Mann vom Gebirge Efraim
namens Michajehu. 2 Er sagte zu seiner
Mutter: Die elfhundert Silberstücke, die dir
jemand weggenommen hat und deretwegen
du den Fluch ausgestoßen und ihn sogar vor
meinen Ohren wiederholt hast, siehe, dieses
Geld befindet sich bei mir; ich selber habe es
genommen. Seine Mutter sagte: Sei gesegnet
vor dem HERRN, mein Sohn! 3 Er gab die elf-
hundert Silberstücke seiner Mutter zurück.
Seine Mutter aber sagte: Ich weihe das Silber
aus meiner Hand dem HERRN für meinen
Sohn, damit man ein Schnitzbild und ein
Gussbild macht. Und jetzt gebe ich es dir zu-
rück. 4 Er gab das Silber seiner Mutter zurück.
Seine Mutter nahm zweihundert Silberstücke
und gab sie dem Goldschmied. Der machte ein
Schnitzbild und ein Gussbild. Es befand sich
im Haus Michajehus. 5 Der Mann Micha hatte
ein Gotteshaus. Er machte ein Efod und Tera-
fim und füllte einem seiner Söhne die Hand
und der wurde sein Priester.

6 In jenen Tagen gab es keinen König in Isra-
el; jeder tat, was in seinen Augen recht war.

7 Es war ein junger Mann aus Betlehem in
Juda aus der Sippe Juda. Er war Levit und lebte
dort als Fremder. 8 Dieser Mann zog aus der
Stadt, aus Betlehem in Juda, fort, um sich ir-
gendwo als Fremder niederzulassen, wo im-
mer es sei. Auf seiner Wanderung kam er auch
ins Gebirge Efraim zum Haus Michas. 9 Micha
fragte ihn: Woher kommst du? Er antwortete
ihm: Ich bin ein Levit aus Betlehem in Juda und
bin unterwegs, um mich irgendwo als Fremder
niederzulassen, wo immer es sei. 10 Micha sag-
te zu ihm: Bleib bei mir und sei mir Vater und
Priester! Ich werde dir jährlich zehn Silberstü-
cke geben, dazu die nötigen Kleider und dei-
nen Lebensunterhalt. Da ging der Levit. 11 Der
Levit willigte ein, bei ihm zu bleiben, und der
junge Mann wurde für Micha wie einer seiner
Söhne. 12 Micha füllte dem Leviten die Hand
und er blieb bei ihm im Haus. 13 Und Micha
sagte: Nun weiß ich, dass der HERR mir Gutes
erweisen wird; denn ich habe einen Leviten als
Priester.

6: 18,1; 19,1; 21,25

DIE KUNDSCHAFTER DER DANITER: 18,1–10

18 1 In jenen Tagen gab es keinen König in
Israel.

Und in jenen Tagen war der Stamm der Da-
niter dabei, sich einen Erbbesitz zu suchen, um
sich niederzulassen; denn es war ihm inmitten
der Stämme Israels bis zu jener Zeit noch kein
Erbbesitz zugefallen. 2 Die Daniter schickten
aus ihrer gesamten Sippe fünf kampferprobte
Männer aus Zora und Eschtaol aus, um das
Land zu durchstreifen und zu erkunden. Sie
sagten zu ihnen: Geht, erkundet das Land! Die
Männer kamen ins Gebirge Efraim zum Haus
Michas und übernachteten dort. 3 Als sie beim
Haus Michas waren, erkannten sie die Stimme
des jungen Leviten. Sie gingen zu ihm hin und
fragten ihn: Wer hat dich hierher gebracht?
Was willst du hier und was tust du hier? 4 Er
antwortete ihnen: Das und das hat Micha mit
mir gemacht; er hat mich angestellt und so
wurde ich sein Priester. 5 Sie sagten zu ihm:
Befrag doch Gott für uns, damit wir erfahren,
ob unser Weg, auf dem wir gehen, zum Erfolg
führt! 6 Der Priester erwiderte ihnen: Zieht in
Frieden weiter! Der Weg, den ihr gehen wollt,
liegt vor dem HERRN.

7 Die fünf Männer zogen weiter und kamen
nach Lajisch. Sie sahen, dass das Volk dort un-

18,7 Der Mittelteil des Verses ist verderbt.

gestört nach Art der Sidonier lebte, ruhig und
sicher. Es gab niemand, der Schaden anrichte-
te im Land, keinen Eroberer und keine Unter-
drückung. Sie waren weit entfernt von den
Sidoniern und lebten zurückgezogen von den
Menschen. 8 Als die Männer zu ihren Brüdern
nach Zora und Eschtaol kamen, sagten ihre
Brüder zu ihnen: Wie ist es euch ergangen?
9 Sie antworteten: Auf, ziehen wir hinauf ge-
gen sie! Denn wir haben gesehen, dass das
Land sehr gut ist. Und da zaudert ihr? Zögert
nicht! Macht euch auf den Weg dorthin und
nehmt das Land in Besitz! 10 Ihr findet ein sorg-
loses Volk vor, wenn ihr hinkommt. Das Land
ist nach allen Seiten hin weiträumig. Wahr-
haftig, Gott hat es in eure Hand gegeben. Es ist
ein Ort, wo es an nichts fehlt, was es auf Erden
gibt.

1: 17,6; 1,34; Jos 19,47

ZUG DER DANITER NACH NORDEN UND RAUB DES GOTTESBILDES: 18,11–26

11 Darauf brachen von dort, also von Zora und
Eschtaol aus, sechshundert mit Waffen ausge-
rüstete Männer aus der Sippe der Daniter auf.
12 Sie zogen hinauf und schlugen bei Kirjat-
Jearim in Juda ihr Lager auf; deshalb nennt
man diesen Ort bis auf den heutigen Tag Lager
Dans; es liegt hinter Kirjat-Jearim. 13 Von dort
zogen sie hinüber ins Gebirge Efraim und ka-
men zum Haus Michas. 14 Da sagten die fünf
Männer, die unterwegs gewesen waren, um
das Land Lajisch zu erkunden, zu ihren Brü-
dern: Wisst ihr auch, dass es in diesen Häusern
ein Efod und Terafim sowie ein Schnitzbild
und ein Gussbild gibt? Überlegt also, was ihr
tun wollt! 15 Da bogen sie dorthin ab und gin-
gen zum Haus des jungen Leviten, zum Haus
Michas, und fragten ihn nach seinem Befin-
den. 16 Sechshundert mit Waffen ausgerüstete
Daniter blieben am Hoftor stehen, 17 während
die fünf Männer, die unterwegs gewesen wa-
ren, um das Land zu erkunden, hineingingen.
Sie nahmen das Schnitzbild und das Efod und
die Terafim und das Gussbild, während der
Priester am Eingang des Tores bei den sechs-
hundert mit Waffen ausgerüsteten Männern
stand. 18 Als die Leute in das Haus Michas ein-
drangen und das Schnitzbild und das Efod und
die Terafim und das Gussbild nahmen, fragte
sie der Priester: Was macht ihr da? 19 Sie ant-
worteten ihm: Schweig! Leg deine Hand auf
deinen Mund! Geh mit uns und werde uns
Vater und Priester! Was ist besser – wenn du
Priester im Haus eines einzigen Mannes bist
oder wenn du Priester für einen Stamm und
eine Sippe in Israel bist? 20 Da wurde der Pries-
ter froh in seinem Herzen. Er nahm das Efod,
die Terafim und das Schnitzbild und begab sich
damit unter die Leute. 21 Sie wandten sich um
und zogen weiter. Die Kinder, das Vieh und
die Habe führten sie an der Spitze des Zuges
mit sich.
22 Als sie schon weit weg vom Haus Michas
waren, wurden die Männer in den Häusern,
die in der Nähe von Michas Haus lagen, auf-
geboten und sie holten die Daniter ein. 23 Sie
riefen hinter den Danitern her, diese aber
wandten sich um und sagten zu Micha: Was
ist los? Warum habt ihr euch zusammenge-
tan? 24 Er antwortete: Ihr habt meinen Gott,
den ich mir gemacht hatte, und auch den Pries-
ter weggenommen und seid davongezogen.
Was habe ich jetzt noch? Wie könnt ihr da zu
mir sagen: Was ist los? 25 Die Daniter entgeg-
neten ihm: Lass deine Stimme nicht bei uns
hören, sonst fallen erbitterte Leute über euch
her und du nimmst dir und deinem Haus
selbst das Leben. 26 Dann zogen die Daniter auf
ihrem Weg weiter. Micha aber sah ein, dass sie
stärker waren als er, kehrte um und ging nach
Hause zurück.

EROBERUNG VON LAJISCH UND GRÜNDUNG VON DAN: 18,27–31

27 Sie aber hatten genommen, was Micha an-
gefertigt hatte, samt dem Priester, den er
hatte, und sie überfielen Lajisch, ein ruhiges
und friedliches Volk. Sie erschlugen die Leu-
te mit scharfem Schwert und steckten die
Stadt in Brand. 28 Niemand kam zu Hilfe;
denn die Stadt lag weit entfernt von Sidon
und hatte mit keinem Menschen zu tun; sie
lag im Tal von Bet-Rehob. Die Daniter bauten
die Stadt wieder auf und wohnten in ihr. 29 Sie
nannten sie Dan, nach dem Namen ihres
Stammvaters Dan, der einst dem Israel gebo-
ren worden war. Doch früher hatte die Stadt
den Namen Lajisch. 30 Die Daniter stellten
das Schnitzbild bei sich auf und Jonatan, der
Sohn Gerschoms, des Sohnes des Mose, und
seine Nachkommen dienten dem Stamm der
Daniter als Priester bis zu dem Tag, an dem

18,30 des Sohnes des Mose (statt H: des Manasse): korr. nach G und Vg. In vielen hebräischen Handschriften ist das „Manasse“ als theologische Korrektur markiert.

die Bewohner des Landes in die Gefangen-
schaft geführt wurden. 31 Sie stellten also das
Schnitzbild, das Micha gemacht hatte, bei sich
auf, die ganze Zeit über, solange es das Gottes-
haus in Schilo gab.

27: Jos 19,47 / **30**: 2 Kön 15,29

SCHANDTAT VON GIBEA UND DIE FOLGEN FÜR DIE BENJAMINITER: 19,1–21,25

VERBRECHEN AN DER NEBENFRAU EINES EFRAIMITEN: 19,1–30

19 1 Und es war in jenen Tagen, als es kei-
nen König in Israel gab. Es lebte im ent-
legensten Teil des Gebirges Efraim ein Levit
als Fremder. Er nahm sich eine Nebenfrau aus
Betlehem in Juda. 2 Aber seine Nebenfrau wur-
de ihm untreu und ging von ihm fort in das
Haus ihres Vaters nach Betlehem in Juda. Dort
war sie eine Zeit lang, vier Monate lang. 3 Da
machte sich ihr Mann auf den Weg und zog ihr
mit seinem Knecht und zwei Eseln nach, um
ihr zu Herzen zu reden und sie zurückzuholen.
Die Frau brachte ihn in das Haus ihres Vaters,
und als der Vater der jungen Frau ihn sah, freu-
te er sich bei der Begegnung. 4 Da sein Schwie-
gervater, der Vater der jungen Frau, ihn drin-
gend darum bat, blieb er drei Tage bei ihm. Sie
aßen und tranken und übernachteten dort.

5 Und es geschah am vierten Tag, da erhoben
sie sich frühmorgens und er machte sich auf,
um wegzugehen. Da sagte der Vater der jungen
Frau zu seinem Schwiegersohn: Stärke dein
Herz mit einem Bissen Brot; dann könnt ihr
gehen. 6 So blieben sie und die beiden aßen und
tranken zusammen. Der Vater der jungen Frau
aber sagte zu dem Mann: Entschließ dich doch
und bleib über Nacht und lass dein Herz froh
sein! 7 Der Mann stand auf, um zu gehen; doch
sein Schwiegervater nötigte ihn, sodass er
dort noch einmal übernachtete. 8 Als er sich
dann am Morgen des fünften Tages aufmachte,
um wegzugehen, sagte der Vater der jungen
Frau: Stärke doch dein Herz und lasst euch
Zeit, bis der Tag zur Neige geht! So aßen die
beiden zusammen. 9 Dann stand der Mann auf,
um mit seiner Nebenfrau und seinem Knecht
abzureisen. Sein Schwiegervater aber, der Va-
ter der jungen Frau, sagte zu ihm: Sieh doch,
der Tag geht zu Ende und es wird Abend. Bleibt
über Nacht hier! Siehe, der Tag geht zur Neige;
bleib über Nacht hier und lass dein Herz froh
sein! Morgen früh könnt ihr euch auf den Weg
machen und du kannst zu deinem Zelt gehen!
10 Aber der Mann wollte nicht über Nacht blei-
ben, sondern erhob sich und ging fort und kam
zu einem Ort gegenüber von Jebus, das heißt
Jerusalem; er hatte ein Paar gesattelter Esel und
seine Nebenfrau bei sich.

11 Als sie dort waren, war der Tag schon fast
zu Ende gegangen. Darum sagte der Knecht zu
seinem Herrn: Komm, wir wollen in der Je-
busiterstadt hier einkehren und übernachten.
12 Sein Herr antwortete ihm: Wir wollen nicht
in einer Stadt von Fremden, die nicht zu den
Israeliten gehört, einkehren, sondern nach
Gibea weiterziehen. 13 Und er sagte zu seinem
Knecht: Komm, wir wollen zu einem der Orte
gehen; wir wollen in Gibea oder Rama über
Nacht bleiben. 14 Sie zogen also weiter und
gingen; da ging ihnen bei Gibea, das zu Benja-
min gehört, die Sonne unter. 15 Sie bogen dort
ab, um nach Gibea hineinzugehen und dort
über Nacht zu bleiben. Er ging hinein und blieb
auf dem Platz der Stadt; aber es fand sich nie-
mand, der ihn in seinem Haus zum Übernach-
ten aufnehmen wollte.

16 Und siehe, ein alter Mann kam am Abend
von seiner Arbeit auf dem Feld. Der Mann
stammte aus dem Gebirge Efraim und lebte als
Fremder in Gibea; die Einwohner des Ortes
waren Benjaminiter. 17 Als der alte Mann auf-
sah, erblickte er den Wanderer auf dem Platz
der Stadt und fragte ihn: Woher kommst du
und wohin gehst du? 18 Er antwortete ihm:
Wir sind auf der Durchreise von Betlehem in
Juda zum entlegensten Teil des Gebirges Ef-
raim. Von dort komme ich; ich war nach Bet-
lehem in Juda gegangen und bin nun auf dem
Weg nach Hause. Aber hier findet sich nie-
mand, der mich in sein Haus aufnimmt, 19 ob-
wohl Stroh und Futter für unsere Esel vorhan-

19,18 nach Hause: Text korr. nach G und V. 29; H: zum Haus des HERRN.

den ist und auch Brot und Wein für mich,
deine Magd und den Knecht, der bei deinen
Dienern ist. Es fehlt also an nichts. 20 Der alte
Mann entgegnete: Friede sei mit dir! Was dir
fehlt, das lass nur meine Sorge sein; auf dem
Platz jedenfalls darfst du nicht übernachten.
21 Und er führte ihn in sein Haus und schütte-
te den Eseln Futter vor. Sie wuschen sich die
Füße und aßen und tranken.

22 Während sie ihr Herz froh sein ließen,
siehe, da umringten die Männer aus der Stadt,
übles Gesindel, das Haus, schlugen an die Tür
und sagten zu dem alten Mann, dem Besitzer
des Hauses: Bring den Mann heraus, der in
dein Haus gekommen ist, damit wir ihn erken-
nen! 23 Der Besitzer des Hauses ging zu ihnen
hinaus und sagte zu ihnen: Nein, meine Brü-
der, so etwas Schlimmes dürft ihr nicht tun.
Dieser Mann ist als Gast in mein Haus gekom-
men; darum dürft ihr keine solche Schandtat
begehen. 24 Siehe, da sind meine jungfräuliche
Tochter und seine Nebenfrau. Sie will ich zu
euch hinausbringen; vergewaltigt sie und
macht mit ihnen, wie es gut ist in euren Augen.
Aber an diesem Mann dürft ihr keine solche
Schandtat begehen. 25 Doch die Männer woll-
ten nicht auf ihn hören. Da ergriff der Levit
seine Nebenfrau und brachte sie zu ihnen auf
die Straße hinaus. Sie erkannten sie und trie-
ben die ganze Nacht hindurch bis zum Morgen
ihren Mutwillen mit ihr. Sie schickten sie erst
fort, als die Morgenröte heraufzog.

26 Als der Morgen anbrach, kam die Frau zu-
rück; vor der Haustür des Mannes, bei dem ihr
Herr wohnte, brach sie zusammen und blieb
dort liegen, bis es hell wurde. 27 Ihr Herr stand
am Morgen auf, öffnete die Haustür und ging
hinaus, um seine Reise fortzusetzen. Und sie-
he, die Frau, seine Nebenfrau, lag am Eingang
des Hauses, die Hände auf der Schwelle. 28 Er
sagte zu ihr: Steh auf, wir wollen gehen! Doch
niemand antwortete. Da lud er sie auf den Esel,
machte sich auf und ging an seinen Ort.

29 Als er nach Hause gekommen war, nahm
er das Messer, ergriff seine Nebenfrau, zer-
schnitt sie in zwölf Stücke, Glied für Glied,
und schickte sie in das ganze Gebiet Israels.
30 Jeder, der das sah, sagte: So etwas ist noch
nie geschehen, so etwas hat man nicht erlebt,
seit die Söhne Israels aus Ägypten heraufge-
zogen sind, bis zum heutigen Tag. Denkt nach,
beratet und sprecht darüber!

1: 17,6 / **22-24:** Gen 19,4–11 / **29:** 1 Sam 11,7 / **30:** Hos 10,9

STRAFBESCHLUSS DER ISRAELITEN: 20,1–10

20 1 Alle Israeliten zogen aus. Die Volks-
gemeinde versammelte sich wie ein
Mann von Dan bis Beerscheba, dazu das Land
Gilead beim HERRN in Mizpa. 2 Die Häupter
des ganzen Volkes, alle Stämme Israels, traten
zu einer Versammlung des Volkes Gottes zu-
sammen, vierhunderttausend Mann zu Fuß,
mit Schwertern bewaffnet. 3 Die Benjaminiter
erfuhren, dass die Israeliten nach Mizpa hi-
naufgezogen waren. Die Israeliten sagten:
Berichtet, wie dieses Verbrechen geschehen
ist! 4 Der Levit, der Mann der ermordeten Frau,
antwortete: Ich bin mit meiner Nebenfrau
nach Gibea, das in Benjamin liegt, gekommen,
um zu übernachten. 5 Da rotteten sich die Her-
ren von Gibea gegen mich zusammen und
umringten nachts in feindlicher Absicht das
Haus. Sie wollten mich umbringen und meine
Nebenfrau vergewaltigten sie, sodass sie ge-
storben ist. 6 Da ergriff ich meine Nebenfrau,
schnitt sie in Stücke und schickte sie in alle
Gebiete des Erbbesitzes der Israeliten; denn sie
haben ein Verbrechen und eine Schandtat in
Israel begangen. 7 Siehe, ihr alle seid Israeliten;
also besprecht euch auf der Stelle miteinander
und beratet! 8 Da erhob sich das ganze Volk wie
ein Mann und sagte: Keiner von uns darf in
sein Zelt gehen und keiner von uns darf in sein
Haus zurückkehren. 9 Und jetzt ist das der Be-
schluss, was wir Gibea tun wollen: Wir wollen
gegen die Stadt ziehen nach dem Los. 10 Und
zwar nehmen wir aus allen Stämmen Israels
jeweils zehn Männer von hundert und hun-
dert von tausend und tausend von zehn-
tausend. Sie sollen Verpflegung für das Volk
holen, damit sie mit Geba in Benjamin, wenn
sie dorthin kommen, machen, was es nach der
Schandtat verdient, die es mitten in Israel
begangen hat.

1: 21,1; 1 Sam 7,5; 10,17

DREITÄGIGE SCHLACHT DER ISRAELITEN GEGEN DIE BENJAMINITER: 20,11–48

11 So versammelten sich alle Männer Israels,
geschlossen wie ein Mann, bei der Stadt.
12 Und die Stämme Israels schickten Boten
durch das ganze Gebiet des Stammes Benja-
min und ließen sagen: Was ist das für eine üble
Tat, die bei euch geschehen ist? 13 Gebt uns also
das üble Gesindel von Gibea heraus, wir wol-

20,12 des Stammes: Text korr. nach G und Vg.

len es töten und wollen das Böse aus Israel
austilgen. Doch die Benjaminiter wollten
nicht auf die Stimme ihrer Brüder, der Israeli-
ten, hören. 14 Sie kamen vielmehr aus ihren
Städten bei Gibea zusammen, um gegen die
Israeliten in den Kampf zu ziehen.

15 Als man an jenem Tag die Benjaminiter
aus den Städten musterte, zählte man sechs-
undzwanzigtausend mit Schwertern bewaff-
nete Männer, ohne die Einwohner von Gibea,
von denen siebenhundert auserlesene Männer
gemustert wurden. 16 Unter diesem ganzen
Volk befanden sich siebenhundert besonders
auserlesene Männer; sie waren alle Linkshän-
der und konnten einen Stein haargenau
schleudern, ohne je das Ziel zu verfehlen.
17 Auch die Männer Israels ließen sich mustern.
Es waren ohne die Benjaminiter vierhundert-
tausend mit dem Schwert bewaffnete Männer,
alles tüchtige Krieger.

18 Sie brachen auf, zogen nach Bet-El hinauf
und befragten Gott. Die Israeliten sagten: Wer
von uns soll zuerst gegen die Benjaminiter in
den Kampf ziehen? Der HERR antwortete:
Zuerst Juda. 19 Die Israeliten brachen am Mor-
gen auf und bezogen ihr Lager gegenüber Gi-
bea. 20 Dann rückten die Männer Israels zum
Kampf gegen die Benjaminiter aus und stellten
sich ihnen gegenüber vor Gibea zum Kampf
auf. 21 Die Benjaminiter rückten von Gibea aus
und streckten an diesem Tag zweiundzwan-
zigtausend Israeliten zu Boden.

22 Doch das Volk, die Männer Israels, fassten
wieder Mut und stellten sich noch einmal zum
Kampf auf, am gleichen Ort, wo sie sich am
ersten Tag aufgestellt hatten. 23 Die Israeliten
zogen hinauf und weinten bis zum Abend
vor dem HERRN. Sie fragten den HERRN: Soll
ich noch einmal zum Kampf gegen die Söhne
meines Bruders Benjamin antreten? Der HERR
antwortete: Zieht hinauf gegen ihn! 24 Als
nun die Israeliten am zweiten Tag gegen die
Benjaminiter vorrückten, 25 zogen ihnen die
Benjaminiter am zweiten Tag von Gibea aus
entgegen und streckten noch einmal acht-
zehntausend Männer aus Israel zu Boden, die
alle mit Schwertern bewaffnet waren.

26 Darauf zogen alle Israeliten, das ganze
Volk, hinauf und kamen nach Bet-El. Dort sa-
ßen sie klagend vor dem HERRN; sie fasteten
an jenem Tag bis zum Abend und brachten
dem HERRN Brandopfer und Heilsopfer dar.
27 Dann befragten die Israeliten den HERRN.
In Bet-El stand nämlich in jenen Tagen die
Bundeslade Gottes 28 und Pinhas, der Sohn
Eleasars, des Sohnes Aarons, stand in jenen
Tagen vor ihm. Die Israeliten sagten: Soll ich
noch einmal ausrücken zum Kampf mit den
Söhnen meines Bruders Benjamin oder soll ich
es sein lassen? Der HERR antwortete: Zieht
hinauf! Denn morgen gebe ich ihn in deine
Hand.

29 Darauf legten die Israeliten rings um Gi-
bea Leute in den Hinterhalt. 30 Am dritten Tag
zogen die Israeliten gegen die Benjaminiter
hinauf und stellten sich, wie die beiden vori-
gen Male, bei Gibea auf. 31 Die Benjaminiter
rückten gegen das Volk aus, wurden aber so
von der Stadt fortgelockt; sie begannen, wie
die beiden vorigen Male, auf freiem Feld eini-
ge vom Volk zu erschlagen, an den Straßen,
von denen die eine nach Bet-El, die andere
nach Gibea hinaufführt, im Ganzen etwa drei-
ßig Mann. 32 Die Benjaminiter dachten: Sie
werden von uns geschlagen wie beim ersten
Mal. Die Israeliten aber hatten gesagt: Wir
wollen fliehen und ihn von der Stadt weg zu
den Straßen hinlocken. 33 Alle Männer Israels
zogen sich also von ihrem Platz zurück und
stellten sich bei Baal-Tamar wieder auf, wäh-
rend die Israeliten, die im Hinterhalt lagen,
von ihrer Stellung aus der Lichtung von Geba
hervorbrachen. 34 Zehntausend ausgewählte
Männer aus ganz Israel rückten gegenüber Gi-
bea heran. Es gab einen schweren Kampf; die
Benjaminiter erkannten nicht, dass das Unheil
sie ereilte. 35 Der HERR schlug die Benjamini-
ter vor Israel und die Israeliten machten an
jenem Tag fünfundzwanzigtausendundein-
hundert Mann aus Benjamin nieder, alles mit
Schwertern bewaffnete Krieger. 36 Die Benja-
miniter sahen, dass sie geschlagen waren.

Die Israeliten gaben also Benjamin Gelände
preis; denn sie vertrauten auf den Hinterhalt,
den sie bei Gibea gelegt hatten. 37 Die Leute im
Hinterhalt stürmten nun schnell auf Gibea los.
Sie kamen aus dem Hinterhalt hervor und er-
schlugen alles in der Stadt mit scharfem
Schwert. 38 Die Männer Israels hatten mit den
Männern im Hinterhalt verabredet, dass sie
eine Rauchwolke aus der Stadt aufsteigen las-
sen sollten. 39 Die Männer Israels machten
kehrt im Kampf. Benjamin hatte begonnen,
etwa dreißig Israeliten zu erschlagen, denn sie
sagten: Sicher wird Israel von uns völlig ge-
schlagen wie beim ersten Kampf! 40 Da begann

das Signal aus der Stadt aufzusteigen, eine
Rauchsäule. Die Benjaminiter wandten sich
um und siehe, der Brand der ganzen Stadt war
wie ein Opfer zum Himmel emporgestiegen!
41 Die Männer Israels hatten kehrtgemacht,
da gerieten die Benjaminiter in Verwirrung;
denn sie erkannten, dass das Unglück sie ereilt
hatte. 42 Sie wandten sich von den Männern
Israels ab auf die Wüste zu. Da konnten sie aber
dem Kampf nicht entrinnen. Denn die Israe-
liten brachen aus der Stadt hervor und mach-
ten die Benjaminiter in ihrer Mitte nieder.
43 Sie umzingelten Benjamin, sie ließen ihn bis
Menuha verfolgen, sie warfen sie bei Gibea
von Osten her nieder. 44 Achtzehntausend
Mann aus Benjamin fielen, alles kampferprob-
te Männer.
45 Sie wandten sich also um und flohen auf
die Wüste zu, nach Sela-Rimmon. Die Israe-
liten hielten Nachlese und vernichteten auf
den Straßen noch einmal fünftausend Mann.
Bei der Verfolgung, die sich bis nach Gidom
hinzog, erschlugen sie nochmals zweitausend
von ihnen. 46 Die Gesamtzahl der Gefallenen
aus Benjamin betrug an diesem Tag fünfund-
zwanzigtausend, lauter mit dem Schwert be-
waffnete Krieger.
47 Nur sechshundert Mann konnten sich ab-
setzen und in die Wüste nach Sela-Rimmon
fliehen; sie blieben vier Monate in Sela-Rim-
mon. 48 Die Männer Israels aber kehrten zu den
Benjaminitern zurück und erschlugen alles,
was zu finden war, mit scharfem Schwert, von
der männlichen Stadtbevölkerung bis zum
Vieh. Ebenso steckten sie alle Städte, die sie
finden konnten, in Brand.

28: Num 25,7 / **47**: 21,13

FRAUEN FÜR DIE ÜBRIG GEBLIEBENEN BENJAMINITER: 21,1–25

21 1 Die Männer Israels hatten in Mizpa
geschworen: Keiner von uns darf seine
Tochter einem Benjaminiter zur Frau geben.
2 Nun kam das Volk nach Bet-El; sie saßen dort
bis zum Abend vor Gott, jammerten laut und
klagten sehr. 3 Sie sagten: Warum, HERR, Gott
Israels, musste das in Israel geschehen, dass
heute ein ganzer Stamm Israels fehlt? 4 Und es
geschah am nächsten Morgen, da machte sich
das Volk früh auf, sie erbauten dort einen Altar
und brachten Brandopfer und Heilsopfer dar.
5 Und die Israeliten fragten: Wer aus allen
Stämmen Israels ist nicht zu der Versammlung
zum HERRN heraufgekommen? Man hatte
nämlich gegen den, der nicht zum HERRN
nach Mizpa hinaufgezogen wäre, einen feier-
lichen Schwur getan und gesagt: Er hat den
Tod verdient. 6 Nun aber tat es den Israeliten
leid um ihren Bruder Benjamin und sie sagten:
Heute ist ein ganzer Stamm von Israel abge-
hauen worden. 7 Wie können wir denen, die
übrig geblieben sind, Frauen verschaffen? Wir
haben doch beim HERRN geschworen, ihnen
keine von unseren Töchtern zur Frau zu geben.
8 Darum fragten sie: Ist etwa einer von den
Stämmen Israels nicht zum HERRN nach Miz-
pa hinaufgezogen? Und tatsächlich war nie-
mand aus Jabesch-Gilead zur Versammlung
ins Heerlager gekommen. 9 Das Volk wurde
gemustert und siehe, keiner der Einwohner
von Jabesch-Gilead war da.
10 Die Gemeinde schickte deshalb zwölftau-
send Mann von den Kriegsleuten nach Ja-
besch-Gilead mit dem Befehl: Geht hin und
erschlagt die Einwohner von Jabesch-Gilead
mit scharfem Schwert, auch Frauen und Kin-
der! 11 So sollt ihr es machen: An allem, was
männlich ist, und an allen Frauen, die schon
Verkehr mit einem Mann hatten, sollt ihr den
Bann vollziehen. 12 Sie fanden aber unter den
Einwohnern von Jabesch-Gilead vierhundert
jungfräuliche Mädchen, die noch keinen Ver-
kehr mit einem Mann hatten. Diese brachten
sie ins Lager nach Schilo im Land Kanaan.
13 Darauf schickte die ganze Gemeinde Bo-
ten und verhandelte mit den Benjaminitern,
die in Sela-Rimmon waren, und bot ihnen
Frieden an. 14 So kehrten die Benjaminiter
damals zurück und die Israeliten gaben ihnen
die Frauen aus Jabesch-Gilead, die sie dort am
Leben gelassen hatten. Aber diese reichten für
sie nicht aus.
15 Dem Volk tat es leid um Benjamin; denn
der HERR hatte eine Lücke in die Stämme Is-
raels gerissen. 16 Die Ältesten der Gemeinde
sagten: Wie können wir den übrigen Männern
Frauen verschaffen, da in Benjamin die Frauen
ausgerottet sind? 17 Und sie sagten: Der Besitz
der übrig gebliebenen Benjaminiter ist ja noch
immer da. Kein Stamm darf in Israel ausge-
löscht werden. 18 Von unseren Töchtern kön-
nen wir ihnen jedoch keine als Frauen geben;
denn die Israeliten haben geschworen: Ver-
flucht sei, wer den Benjaminitern eine Frau
gibt. 19 Sie sagten also: Da ist doch Jahr für Jahr
ein Fest des HERRN in Schilo nördlich von Bet-

El, östlich der Straße, die von Bet-El nach Si-
chem führt, südlich von Lebona.
20 Und sie
forderten die Benjaminiter auf: Geht hin und
legt euch in den Weinbergen dort auf die Lau-
er!
21 Wenn ihr dann seht, wie die Töchter
Schilos herauskommen, um im Reigen zu tan-
zen, dann kommt aus den Weinbergen hervor
und jeder von euch soll sich von den Töchtern
Schilos eine Frau rauben. Dann geht heim ins
Land Benjamin!
22 Wenn dann ihre Väter oder
Brüder kommen und bei uns Klage erheben,
werden wir zu ihnen sagen: Erbarmt euch ih-
rer um unseretwillen, denn keiner von uns hat
seine Frau im Kampf genommen und ihr selbst
konntet sie ihnen nicht geben; sonst würdet
ihr euch schuldig machen.
23 Die Benjaminiter
machten es so und nahmen sich ihrer Anzahl
entsprechend Frauen von den tanzenden Mäd-
chen, die sie geraubt hatten. Dann kehrten sie
in ihren Erbbesitz zurück, bauten die Städte
wieder auf und wohnten darin.
24 Auch die
Israeliten gingen in jener Zeit von dort weg,
jeder zu seinem Stamm und zu seiner Sippe.
Jeder zog von dort heim in seinen Erbbesitz.

25 In jenen Tagen gab es keinen König in Is-
rael; jeder tat, was in seinen eigenen Augen
recht war.

1: 20,1 / **13**: 20,47 / **25**: 17,6

DAS BUCH RUT

Das Buch Rut ist nach der gleichnamigen Hauptfigur, einer Nichtisraelitin und Moabiterin, benannt, die gemäß den Schlussbemerkungen des Buches Urgroßmutter des nachmaligen Königs David wurde. Es ist nicht in der Zeit entstanden, über die es erzählt, sondern mit einiger Sicherheit erst mehr als ein halbes Jahrtausend später in der nachexilischen Zeit. Dafür sprechen die literarische Form des Buches, der wahrscheinliche Bezug auf andere biblische Stellen (Dtn 23,4–7; Esra 9–10; Neh 13) und vor allem die einleuchtende Vermutung, dass das Rutbuch eine Art Gegenentwurf zur ethnisch-religiösen Abgrenzungspolitik unter Nehemia und Esra im 5./4. Jh. sein will. Das Büchlein steht im jüdischen Kanon unter den sog. Schriften und gehört dort zu den „Fünf Festrollen“ (Rut, Hld, Koh, Klgl, Est). Im christlichen Kanon ist es im Gefolge von Septuaginta und Vulgata aufgrund seiner fiktiven Zeitangabe in 1,1 unmittelbar nach dem Richterbuch unter die Geschichtsbücher eingeordnet.

Das Buch beginnt mit einem aus anderen biblischen Erzählungen vertrauten Motiv von Hungersnot und Auswanderung: Ein gewisser Elimelech, der Mann Noomis, aus Betlehem gelangt nach Moab, wo seine beiden Söhne Moabiterinnen heiraten. Nach dem Tod von Ehemann und Söhnen entschließt sich die verzweifelte Noomi zur Rückkehr nach Betlehem. Dem schließt sich ihre Schwiegertochter Rut an und lässt sich trotz Noomis Widerstand nicht davon abhalten (Kap. 1). Kaum in der Heimat ihrer Schwiegermutter angelangt, kümmert sich Rut um die Versorgung der beiden Frauen, indem sie sich zum Nachlesen der Ähren auf die Felder des reichen Verwandten Boas begibt, der seine schützende Hand über sie hält (Kap. 2). Auf Anraten der Schwiegermutter erinnert Rut Boas in der nächtlichen Szene auf der Tenne daran, dass er der Löser von Noomis Besitz ist (Kap. 3). In der morgendlichen Szene im Tor, dem klassischen Gerichtsort, verhandelt Boas zunächst mit einem als Löser bevorrechtigten Verwandten um dessen Ansprüche. Nach dessen im Ritus des Schuhausziehens öffentlich erklärtem Verzicht verpflichtet sich Boas als Löser von Noomis Besitz. Somit ist er bereit, für die Bewirtschaftung von Noomis Familienacker aus eigenen Mitteln aufzukommen. Zugleich erklärt er seine Absicht, Rut zu heiraten. Der Verbindung der beiden entspringt Obed, der Vater Isais, des Vaters Davids (Kap. 4).

Oft wegen seiner vielen eindringlichen Dialoge als novellenartig bezeichnet, ist das Buch zugleich eine Art narrative Rechtsauslegung in einer Vorform des Midraschs, in der fast alle Figuren sprechende Namen tragen. Zwei Rechtsinstitutionen werden überblendet: Nach den Bestimmungen zur Schwager- bzw. Leviratsehe (Dtn 25,5–9) sollte der Bruder die kinderlose

Witwe eines verstorbenen Mannes heiraten. Die Institution des Lösens (Lev 25) macht es nahen Verwandten zur Pflicht, sich um den Wiedererwerb notverkaufter Äcker zu kümmern. Rechtshistorisch wirft die Verbindung beider Institutionen schwierige Fragen auf, über welche die Erzählung stillschweigend hinweggeht. Rut gehört zu den seltenen Frauenbüchern des Alten Testaments, auch wenn keine Frau die Verfasserin gewesen sein dürfte. Mit großer Intensität werden gegenseitiges Wohlwollen, Treue und Solidarität innerhalb der Familie thematisiert, speziell zwischen den beiden starken Figuren von Schwiegertochter und Schwiegermutter. Das Buch setzt angesichts der ethnisch-religiösen Abgrenzungstendenzen seiner Zeit alles darauf, den einzelnen Menschen tatsächlich ethisch zu beurteilen und ihm auf dieser Basis das Tor zum Gottesvolk und zum Glauben an den Gott Israels weit offenzuhalten. Deshalb passt Rut auch bestens in den Stammbaum Jesu (Mt 1,5).

AUSWANDERUNG VON BETLEHEM NACH MOAB: 1,1–5

1 1 Zu der Zeit, als die Richter regierten, kam
eine Hungersnot über das Land. Da zog
ein Mann mit seiner Frau und seinen beiden
Söhnen aus Betlehem in Juda fort, um sich als
Fremder im Grünland Moabs niederzulassen.
2 Der Mann hieß Elimelech, seine Frau Noomi
und seine Söhne hießen Machlon und Kiljon;
sie waren Efraimiter aus Betlehem in Juda. Als
sie im Grünland Moabs ankamen, blieben sie
dort. 3 Elimelech, der Mann Noomis, starb
und sie blieb mit ihren beiden Söhnen zurück.
4 Diese nahmen sich moabitische Frauen, Orpa
und Rut, und so wohnten sie dort etwa zehn
Jahre lang. 5 Dann starben auch Machlon und
Kiljon und Noomi blieb allein, ohne ihren
Mann und ohne ihre beiden Söhne.

NOOMIS HEIMKEHR IN BEGLEITUNG VON RUT: 1,6–22

6 Da brach sie mit ihren Schwiegertöchtern
auf, um aus dem Grünland Moabs heimzukehren; denn sie hatte dort gehört, der HERR habe
sich seines Volkes angenommen und ihm Brot
gegeben. 7 Sie verließ zusammen mit ihren
beiden Schwiegertöchtern den Ort, wo sie sich
aufgehalten hatte. Als sie nun auf dem Heimweg in das Land Juda waren, 8 sagte Noomi zu
ihren beiden Schwiegertöchtern: Kehrt doch
beide heim zu euren Müttern! Der HERR erweise euch Güte, wie ihr sie den Toten und mir
erwiesen habt. 9 Der HERR lasse jede von euch
Geborgenheit finden bei einem Gatten. Damit
küsste sie beide zum Abschied; doch Orpa und
Rut begannen laut zu weinen 10 und sagten zu
ihr: Nein, wir wollen mit dir zu deinem Volk
gehen. 11 Noomi sagte: Kehrt doch um, meine
Töchter! Warum wollt ihr mit mir ziehen?
Habe ich etwa in meinem Leib noch Söhne, die
eure Männer werden könnten? 12 Kehrt um,
meine Töchter, und geht; denn ich bin zu alt,
noch einem Mann zu gehören. Selbst wenn ich
dächte, ich habe noch Hoffnung, ja, wenn ich
noch diese Nacht einem Mann gehörte und gar
Söhne bekäme: 13 Wolltet ihr warten, bis sie
erwachsen sind? Wolltet ihr euch so lange abschließen und ohne einen Mann leben? Nein,
meine Töchter! Mir täte es bitter leid um euch;
denn mich hat die Hand des HERRN getroffen.
14 Da weinten sie noch lauter. Doch dann gab
Orpa ihrer Schwiegermutter den Abschiedskuss, während Rut nicht von ihr ließ. 15 Noomi
sagte: Du siehst, deine Schwägerin kehrt heim
zu ihrem Volk und zu ihrem Gott. Folge ihr
doch! 16 Rut antwortete: Dränge mich nicht,
dich zu verlassen und umzukehren! Wohin du
gehst, dahin gehe auch ich, und wo du bleibst,
da bleibe auch ich. Dein Volk ist mein Volk
und dein Gott ist mein Gott. 17 Wo du stirbst,
da sterbe auch ich, da will ich begraben sein.
Der HERR soll mir dies und das antun – nur
der Tod wird mich von dir scheiden. 18 Als sie
sah, dass Rut darauf bestand, mit ihr zu gehen,
redete sie nicht länger auf sie ein. 19 So zogen
sie miteinander bis Betlehem. Als sie in Betlehem ankamen, geriet die ganze Stadt ihretwegen in Bewegung. Die Frauen sagten: Ist das
nicht Noomi? 20 Doch sie erwiderte: Nennt
mich nicht mehr Noomi, Liebliche, sondern
Mara, Bittere; denn viel Bitteres hat der Allmächtige mir getan. 21 Reich bin ich ausgezogen, aber mit leeren Händen hat der HERR
mich heimkehren lassen. Warum nennt ihr
mich noch Noomi, da doch der HERR gegen
mich gesprochen und der Allmächtige mir
Schlimmes angetan hat? 22 So kehrte Noomi
mit Rut, ihrer moabitischen Schwiegertoch-

ter, aus dem Grünland Moabs heim. Zu Beginn
der Gerstenernte kamen sie in Betlehem an.

SORGE FÜR NOOMI, RUT AUF DEM ACKER DES BOAS: 2,1–23

2 1 Noomi hatte einen Verwandten von ih-
rem Mann her, einen einflussreichen
Mann; er war aus dem Geschlecht Elimelechs
und hieß Boas. 2 Da sagte Rut, die Moabiterin,
zu Noomi: Ich möchte aufs Feld gehen und
Ähren lesen, wo es mir jemand erlaubt. Sie
antwortete ihr: Geh, meine Tochter! 3 Rut ging
hin und las auf dem Feld hinter den Schnittern
her. Dabei war sie auf ein Grundstück des Boas
aus dem Geschlecht Elimelechs geraten. 4 Und
nun kam Boas von Betlehem dazu. Er sagte zu
den Schnittern: Der HERR sei mit euch! Sie
antworteten ihm: Der HERR segne dich. 5 Boas
fragte seinen Knecht, der die Schnitter beauf-
sichtigte: Wem gehört dieses Mädchen da?
6 Der Knecht, der die Schnitter beaufsichtigte,
antwortete: Es ist eine junge Moabiterin, die
mit Noomi aus dem Grünland Moabs gekom-
men ist. 7 Sie hat gesagt: Ich möchte gern Äh-
ren lesen und bei den Garben hinter den
Schnittern her sammeln. So kam sie und hielt
aus vom Morgen bis jetzt und gönnte sich
kaum Ruhe.

8 Boas sagte zu Rut: Höre wohl, meine Toch-
ter, geh auf kein anderes Feld, um zu lesen;
entfern dich nicht von hier, sondern halte dich
an meine Mägde; 9 behalte das Feld im Auge,
wo sie ernten, und geh hinter ihnen her! Ich
habe den Knechten befohlen, dich nicht anzu-
rühren. Hast du Durst, so darfst du zu den
Gefäßen gehen und von dem trinken, was die
Knechte schöpfen. 10 Sie sank nieder, beugte
sich zur Erde und sagte zu ihm: Wie habe ich
es verdient, dass du mich so achtest, da ich
doch eine Fremde bin? 11 Boas antwortete ihr:
Mir wurde alles berichtet, was du nach dem
Tod deines Mannes für deine Schwiegermutter
getan hast, wie du deinen Vater und deine
Mutter, dein Land und deine Verwandtschaft
verlassen hast und zu einem Volk gegangen
bist, das dir zuvor unbekannt war. 12 Der
HERR, der Gott Israels, zu dem du gekommen
bist, um dich unter seinen Flügeln zu bergen,
möge dir dein Tun vergelten und dich reich
belohnen. 13 Sie sagte: Ich habe Gnade gefun-
den in deinen Augen, Herr. Du hast mir Mut
gemacht und zum Herzen deiner Magd ge-
sprochen und ich bin nicht einmal eine deiner
Mägde. 14 Zur Essenszeit sagte Boas zu ihr:
Komm hierher und iss von dem Brot, tauch
deinen Bissen in die Würztunke! Sie setzte
sich neben die Schnitter. Er reichte ihr gerös-
tete Körner und sie aß sich satt und behielt
noch übrig. 15 Als sie wieder aufstand zum Äh-
renlesen, befahl Boas seinen Knechten: Auch
wenn sie zwischen den Garben liest, dürft ihr
sie nicht schelten. 16 Ihr sollt sogar für sie ei-
gens etwas aus den Bündeln herausziehen und
liegen lassen; sie mag es auflesen und ihr dürft
sie nicht schelten.

17 So sammelte sie auf dem Feld bis zum
Abend. Als sie ausklopfte, was sie aufgelesen
hatte, war es etwa ein Efa Gerste. 18 Sie hob es
auf, ging in die Stadt und ihre Schwiegermut-
ter sah, was sie aufgelesen hatte. Dann packte
sie aus, was sie von ihrer Mahlzeit übrig behal-
ten hatte, und gab es ihr. 19 Ihre Schwiegermut-
ter fragte: Wo hast du heute aufgelesen und
gearbeitet? Gesegnet sei, der auf dich Acht hat-
te. Sie berichtete ihrer Schwiegermutter, bei
wem sie gearbeitet hatte, und sagte: Der Mann,
bei dem ich heute gearbeitet habe, heißt Boas.
20 Da sagte Noomi zu ihrer Schwiegertochter:
Gesegnet sei er vom HERRN, der seine Güte
den Lebenden und Toten nicht entzogen hat.
Und sie erzählte ihr: Der Mann ist mit uns ver-
wandt, er ist einer unserer Löser. 21 Die Moa-
biterin Rut sagte: Er hat noch zu mir gesagt:
Halte dich an meine Knechte, bis sie meine
Ernte eingebracht haben! 22 Gut, meine Toch-
ter, sagte Noomi zu Rut, ihrer Schwiegertoch-
ter, wenn du mit seinen Mägden hinausgehst,
dann kann man dich auf einem anderen Feld
nicht belästigen. 23 Rut hielt sich beim Ähren-
lesen an die Mägde des Boas, bis die Gersten-
und Weizenernte beendet war. Danach blieb
sie bei ihrer Schwiegermutter.

2: Lev 19,9; 23,22; Dtn 24,19 / **10:** Dtn 23,4 / **11:** Gen 2,24; 12,1 / **20:** Lev 25,24f.; Jer 32,7f.

NOOMIS RATSCHLAG FÜR RUT: 3,1–6

3 1 Ihre Schwiegermutter Noomi sagte zu
ihr: Meine Tochter, ich möchte dafür sor-
gen, dass du einen Ort der Geborgenheit fin-
dest, wo es dir gut geht. 2 Nun ist ja Boas, bei

3,2–4 Auf der Tenne bzw. dem Dreschplatz, der sich meist im Freien vor der Stadt befindet, wird zunächst das Getreide gedroschen und geworfelt, sodass die Körner übrig bleiben. Die Körner werden in Haufen am Rand der Tenne gesammelt. Um Diebstahl zu verhindern, schläft man über Nacht beim Getreide.

dessen Mägden du warst, ein Verwandter von
uns. Heute Abend worfelt er die Gerste auf der
Tenne. 3 Wasch dich, salbe dich und zieh dein
Obergewand an, dann geh zur Tenne! Zeig
dich aber dem Mann nicht, bis er fertig geges-
sen und getrunken hat. 4 Wenn er sich nieder-
legt, so merk dir den Ort, wo er sich hinlegt.
Geh dann hin, deck den Platz zu seinen Füßen
auf und leg dich dorthin! Er wird dir dann sa-
gen, was du tun sollst. 5 Rut antwortete ihr:
Alles, was du sagst, will ich tun. 6 Sie ging zur
Tenne und tat genauso, wie ihre Schwieger-
mutter ihr aufgetragen hatte.

RUT AUF DER TENNE DES BOAS: 3,7–18

7 Als Boas gegessen und getrunken hatte und
es ihm wohl zumute wurde, ging er hin, um
sich neben dem Getreidehaufen schlafen zu
legen. Nun trat sie leise heran, deckte den Platz
zu seinen Füßen auf und legte sich nieder.
8 Um Mitternacht schrak der Mann auf, beug-
te sich vor und fand eine Frau zu seinen Füßen
liegen. 9 Er fragte: Wer bist du? Sie antworte-
te: Ich bin Rut, deine Magd. Breite doch den
Saum deines Gewandes über deine Magd;
denn du bist Löser. 10 Da sagte er: Gesegnet bist
du vom HERRN, meine Tochter. So zeigst du
deine Güte noch schöner als zuvor; denn du
bist nicht den jungen Männern, ob arm oder
reich, nachgelaufen. 11 Jetzt aber, fürchte dich
nicht, meine Tochter! Alles, was du sagst, will
ich dir tun; denn jeder im Tor weiß, dass du
eine tüchtige Frau bist. 12 Gewiss, ich bin Löser,
aber es gibt noch einen Löser, der näher ver-
wandt ist als ich. 13 Bleib über Nacht, und wenn
er dich dann am Morgen lösen will, gut, so mag
er lösen. Wenn er dich aber nicht lösen will,
so werde ich dich lösen, so wahr der HERR
lebt. Bleib liegen bis zum Morgen! 14 Sie blieb
zu seinen Füßen liegen bis zum Morgen. Doch
noch ehe man einander erkennen konnte,
stand sie auf. Denn Boas wollte nicht bekannt
werden lassen, dass die Frau auf die Tenne ge-
kommen war. 15 Er sagte zu ihr: Reich mir das
Tuch, das du umgelegt hast! Sie hielt es hin und
er füllte sechs Maß Gerste hinein und lud es
ihr auf. Dann ging er zur Stadt.

16 Rut kam nun zu ihrer Schwiegermutter
und diese fragte: Wie steht es, meine Tochter?
Sie erzählte ihr, wie viel Gutes ihr der Mann
erwiesen hatte, 17 und sagte: Diese sechs Maß
Gerste hat er mir gegeben; denn er meinte: Du
sollst nicht mit leeren Händen zu deiner
Schwiegermutter kommen. 18 Noomi antwor-
tete ihr: Warte ab, meine Tochter, bis du er-
fährst, wie die Sache ausgeht; denn der Mann
wird nicht ruhen, ehe er noch heute die Sache
erledigt hat.

11: Spr 31,10–31 / **12**: Dtn 25,5

VERHANDLUNG IM TOR: 4,1–12

4 1 Indes war Boas zum Tor gegangen und
hatte sich dort niedergelassen. Da ging
gerade der Löser vorüber, von dem Boas ge-
sprochen hatte. Er sagte zu ihm: Komm he-
rüber und setz dich hierher! Der kam herüber
und setzte sich. 2 Dann holte Boas zehn Män-
ner von den Ältesten der Stadt und sagte:
Setzt euch hierher! Sie taten es. 3 Darauf sagte
er zu dem Löser: Das Grundstück, das unse-
rem Verwandten Elimelech gehört, will Noo-
mi, die aus dem Grünland Moabs zurückge-
kehrt ist, verkaufen. 4 Ich dachte, ich will dich
davon unterrichten und dir sagen: Erwirb es
in Gegenwart der hier Sitzenden und in Ge-
genwart der Ältesten meines Volkes! Wenn
du lösen willst, so löse! Willst du aber nicht
lösen, so sag es mir, damit ich es weiß; denn
außer dir ist niemand zum Lösen da und ich
bin nach dir an der Reihe. Jener antwortete:
Ich werde lösen. 5 Boas fuhr fort: Wenn du
den Acker aus der Hand der Noomi erwirbst,
dann erwirbst du zugleich auch die Moabite-
rin Rut, die Frau des Verstorbenen, um den
Namen des Toten auf seinem Erbe erstehen zu
lassen. 6 Der Löser sagte: Dann kann ich für
mich nicht lösen, sonst schädige ich mein ei-
genes Erbe. Übernimm du mein Löserecht;
denn ich kann nicht lösen. 7 Früher bestand in
Israel folgender Brauch: Um ein Löse- oder
Tauschgeschäft rechtskräftig zu machen, zog
man den Schuh aus und gab ihn seinem Part-
ner. Das galt in Israel als Bestätigung. 8 Der
Löser sagte nun zu Boas: Erwirb es für dich!
und zog seinen Schuh aus. 9 Boas sagte zu den
Ältesten und zum ganzen Volk: Ihr seid heu-
te Zeugen, dass ich alles Eigentum Elimelechs
sowie das Kiljons und Machlons aus der Hand
der Noomi erworben habe. 10 Auch Rut, die
Moabiterin, die Frau Machlons, habe ich mir
zur Frau erworben, um den Namen des Ver-
storbenen auf seinem Erbe erstehen zu lassen,
damit sein Name unter seinen Verwandten
und im Tor seines Ortes nicht erlischt. Ihr seid

3,9 Zum Löser vgl. die Anmerkung zu Lev 25,25.

heute Zeugen.
11 Da antwortete das ganze
Volk im Tor samt den Ältesten: Wir sind Zeu-
gen. Der HERR mache die Frau, die in dein
Haus kommt, wie Rahel und Lea, die zwei, die
das Haus Israel aufgebaut haben. Handle tüch-
tig in Efrata und komm zu Ansehen in Betle-
hem!
12 Dein Haus gleiche dem Haus des Pe-
rez, den Tamar dem Juda geboren hat, durch
die Nachkommenschaft, die der HERR dir aus
dieser jungen Frau geben möge.

3: Lev 25,24f.; Jer 32,7f. / **6-8**: Dtn 25,7–10 / **11**: Gen 29,31–30,23; 35,16–18 / **12**: Gen 38,29

RUTS HEIRAT UND DIE GEBURT EINES SOHNES: 4,13–17

13 So nahm Boas Rut zur Frau und ging zu ihr.
Der HERR ließ sie schwanger werden und sie
gebar einen Sohn.
14 Da sagten die Frauen zu
Noomi: Gepriesen sei der HERR, der es dir
heute nicht an einem Löser hat fehlen lassen.
Sein Name soll in Israel gerühmt werden.
15 Du
wirst jemand haben, der dein Herz erfreut und
dich im Alter versorgt; denn deine Schwieger-
tochter, die dich liebt, hat ihn geboren, sie, die
für dich mehr wert ist als sieben Söhne.
16 Noo-
mi nahm das Kind, drückte es an ihre Brust
und wurde seine Pflegemutter.
17 Die Nachba-
rinnen rühmten ihn und sagten: Der Noomi
ist ein Sohn geboren. Und sie gaben ihm den
Namen Obed. Er ist der Vater Isais, des Vaters
Davids.

DAVIDS STAMMBAUM: 4,18–22

18 Das ist die Geschlechterfolge nach Perez:
Perez zeugte Hezron,
19 Hezron zeugte Ram,
Ram zeugte Amminadab,
20 Amminadab
zeugte Nachschon, Nachschon zeugte Salmon,
21 Salmon zeugte Boas, Boas zeugte Obed,
22 Obed zeugte Isai und Isai zeugte David.

18-22: 1 Chr 2,5–15; Mt 1,3–6; Lk 3,31–34

DIE SAMUELBÜCHER

Der Name der Bücher leitet sich von der zentralen Gestalt ab, die sowohl Saul (1 Sam 9,1–10,16) als auch David (16,1–13) gesalbt hat. Es handelt sich ursprünglich um ein einziges Samuelbuch, das aber in der griechischen Übersetzung in ein erstes und zweites Buch der „Königsherrschaften" aufgeteilt worden ist.

Als Verfasser des Samuelbuches galten in biblischer Zeit Samuel, Natan und Gad (1 Chr 29,29). Den Grundstock des Werkes bilden aber eher frühe Sammlungen über Kindheit und Jugend Samuels, über die Lade Gottes, über Saul als erstem König Israels sowie über Aufstieg und Thronfolge Davids. Die einst selbstständigen Sammlungen sind im Laufe der Zeit weiter ausgestaltet, miteinander verknüpft und von einer Redaktion behutsam bearbeitet worden, die sich im Stil und Geist an das Deuteronomium anlehnt. In der Zeit des Exils hat das Samuelbuch seine vorliegende Gestalt erreicht.

Der Aufbau des Buches entwirft ein plausibles Bild der Anfänge des Königtums. An die Jugendgeschichte Samuels (1 Sam 1–3) schließt sich die Erzählung vom Verlust und der Rückkehr der Lade Gottes an (4,1–7,1). Samuel zeigt, dass er Israel aus der Hand der Philister retten kann (7,2–17). Darum willigt er nur widerstrebend in die Berufung eines Königs ein (8,1–22). Nach heimlicher Salbung (9,1–10,16) und öffentlicher Ausrufung zum König (10,17–27) erweist Saul sein Charisma in der Befreiung der Stadt Jabesch (11,1–15). Seine Erfolge (14,1–52) werden aber überschattet von der Verwerfung durch Samuel (13,7–15 und 15,1–35). Am Ende scheitert er tragisch (28,3–25 und 31,1–13). Während der Herrschaft Sauls beginnt der unaufhaltsame Aufstieg Davids, den Samuel ebenfalls gesalbt hat (16,1–13) und der als „Musiktherapeut" (16,14–23) wie als furchtloser Sieger über Goliat (1 Sam 17) an den Hof Sauls gelangt. Saul aber misstraut David und verfolgt ihn so sehr (1 Sam 19–26), dass David zu den Philistern ausweicht (27,1–28,2). Nachdem Saul im Kampf gegen die Philister gefallen ist, vermeidet David jeden Anschein, für den Tod Sauls, seines Heerführers Abner und seines Nachfolgers Ischbaal mitschuldig zu sein (2 Sam 1; 3,22–39; 4). Er wird König von Juda (2,4) und Israel (5,3), erobert Jerusalem (5,6–8), überführt die Lade dorthin (6,1–23), empfängt die Verheißung einer beständigen Dynastie (7,1–17) und hat im Kampf gegen Feinde Erfolg (8,1–14; 10,1–19; 11,1; 12,26–31). Doch der Ehebruch mit Batseba wirft einen dunklen Schatten auf ihn (11,2–12,25). Da der älteste Sohn Amnon seine Halbschwester Tamar vergewaltigt hat, verfällt er der Rache des jüngeren Bruders Abschalom (13,1–37), der seinerseits Jahre später gegen seinen Vater David einen Aufstand anzettelt. Dieser scheitert nach anfänglichem Erfolg kläglich (15,1–19,44). Nachdem noch ein anderer Rebell niedergerungen ist (20,1–22), schließen Erzählungen, Listen und poetische Texte an (21,1–24,25).

Das große Thema des Samuelbuches ist die Frage nach einer gerechten Beurteilung des Königtums. Die neue Herrschaftsform wird z. T. harter Kritik unterworfen: David bricht mit der Frau des Urija die Ehe und schickt diesen in den Tod (2 Sam 11). Samuel warnt nicht umsonst die freien Israeliten vor dem „Recht" des Königs (1 Sam 8,11–17). Die Kritik geht schließlich so weit, dass ein Königtum nach dem Muster der anderen Völker der Königsherrschaft Gottes widerspricht (1 Sam 8,6–8). Aber am Beispiel Davids wird auch gezeigt, dass er sein Schicksal ganz in die Hände Gottes legt (2 Sam 15,25f.; 16,9–12). Wer wie David etwas für Gott zu tun bereit ist (7,1–3), dem sichert Gott auch eine beständige Herrschaft zu (7,11b.16).

Auf die Dauer verstummt auch der Tadel an Salomo, da ihn Gott offenbar zum Nachfolger Davids bestimmt hat (2 Sam 7,12–15). Die beiden Samuelbücher ringen um die Frage politischer Macht unter dem Aspekt des Glaubens. Eine besondere Bedeutung kommt der Verheißung des Propheten Natan an König David zu (2 Sam 7). Denn darin empfängt das Geschlecht Davids die göttliche Zusicherung immerwährenden Bestandes. Aus ihr ging die messianische Hoffnung hervor, d. h. die Erwartung eines kommenden gesalbten Königs aus dem Haus Davids.

DAS ERSTE BUCH SAMUEL

ELI UND SAMUEL: 1,1–3,21

SAMUELS GEBURT: 1,1–20

1 1 Einst lebte ein Mann aus Ramatajim,
ein Zufiter vom Gebirge Efraim. Er hieß
Elkana und war ein Sohn Jerohams, des Soh-
nes Elihus, des Sohnes Tohus, des Sohnes
Zufs, ein Efraimiter. 2 Er hatte zwei Frauen. Die
eine hieß Hanna, die andere Peninna. Peninna
hatte Kinder, Hanna aber hatte keine Kinder.
3 Dieser Mann zog Jahr für Jahr von seiner Stadt
hinauf, um den HERRN der Heerscharen in
Schilo anzubeten und ihm zu opfern. Dort
waren Hofni und Pinhas, die beiden Söhne
Elis, Priester des HERRN. 4 An dem Tag, an dem
Elkana das Opfer darbrachte, gab er seiner Frau
Peninna und all ihren Söhnen und Töchtern
ihre Anteile. 5 Hanna aber gab er einen dop-
pelten Anteil; denn er hatte Hanna lieb, ob-
wohl der HERR ihren Schoß verschlossen
hatte. 6 Ihre Rivalin aber kränkte und demü-
tigte sie sehr, weil der HERR ihren Schoß ver-
schlossen hatte. 7 So machte es Elkana Jahr für
Jahr. Sooft sie zum Haus des HERRN hinauf-
zogen, kränkte Peninna sie; und Hanna wein-
te und aß nichts. 8 Ihr Mann Elkana fragte sie:
Hanna, warum weinst du, warum isst du
nichts, warum ist dein Herz betrübt? Bin ich
dir nicht viel mehr wert als zehn Söhne?

9 Nachdem man in Schilo gegessen und ge-
trunken hatte, stand Hanna auf. Der Priester
Eli saß an den Türpfosten des Tempels des
HERRN auf seinem Stuhl. 10 Hanna war ver-
zweifelt, betete zum HERRN und weinte sehr.
11 Sie machte ein Gelübde und sagte: HERR der
Heerscharen, wenn du das Elend deiner Magd
wirklich ansiehst, wenn du an mich denkst
und deine Magd nicht vergisst und deiner
Magd einen männlichen Nachkommen
schenkst, dann will ich ihn für sein ganzes Le-
ben dem HERRN überlassen; kein Schermes-
ser soll an sein Haupt kommen. 12 So betete sie
lange vor dem HERRN. Eli beobachtete ihren
Mund; 13 denn Hanna redete in ihrem Herzen,
ihre Lippen bewegten sich, doch ihre Stimme
war nicht zu hören.

Eli hielt sie deshalb für betrunken 14 und
sagte zu ihr: Wie lange willst du dich noch wie
eine Betrunkene aufführen? Sieh zu, dass du
deinen Weinrausch los wirst! 15 Hanna gab zur
Antwort: Nein, Herr! Ich bin eine unglückli-
che Frau. Ich habe weder Wein getrunken
noch Bier; ich habe nur dem HERRN mein
Herz ausgeschüttet. 16 Halte deine Magd nicht
für eine nichtsnutzige Frau; denn nur aus gro-
ßem Kummer und aus Traurigkeit habe ich so
lange geredet. 17 Eli erwiderte und sagte: Geh
in Frieden! Der Gott Israels wird dir die Bitte
erfüllen, die du an ihn gerichtet hast. 18 Sie sag-
te: Möge deine Magd Gnade finden vor deinen
Augen. Dann ging sie weg; sie aß wieder und
hatte kein trauriges Gesicht mehr.

19 Am nächsten Morgen standen sie früh auf
und beteten den HERRN an. Dann machten sie
sich auf den Heimweg und kehrten in ihr Haus
nach Rama zurück. Elkana erkannte seine Frau
Hanna; der HERR dachte an sie 20 und um die
Jahreswende wurde Hanna schwanger. Sie ge-
bar einen Sohn und nannte ihn Samuel, denn
sie sagte: Ich habe ihn vom HERRN erbeten.

1: 1 Chr 6,11f. / **3**: Ri 21,19; Jos 18,1 / **5**: Dtn 21,15–17 / **6**: Gen 16,1–6; 29,31 / **8**: Rut 4,15 / **11**: Ijob 7,11; Ri 13,5 / **14**: Apg 2,13 / **15**: Klgl 2,19 / **17**: 20,42 / **18**: Rut 2,13 / **20**: Gen 30,22

SAMUELS RÜCKGABE: 1,21–28

21 Als dann Elkana mit seiner ganzen Familie
wieder hinaufzog, um dem HERRN das jähr-
liche Opfer und die Gaben, die er gelobt hatte,
darzubringen, 22 zog Hanna nicht mit, sondern
sagte zu ihrem Mann: Ich werde den Knaben
erst, wenn er entwöhnt ist, hinaufbringen;

1,1 Ramatajim kann auch Rama (V. 19) genannt werden. Ein Zufiter: vermuteter Text, vgl. 9,5.

1,5 doppelten: Übersetzung unsicher. Nach G, Vg u.a. erhält Hanna nur einen Teil.

1,9 stand Hanna auf: H; stand Hanna auf und trat vor den HERRN: G.

dann soll er vor dem Angesicht des HERRN
erscheinen und für immer dort bleiben. 23 Ihr
Mann Elkana sagte zu ihr: Tu, was dir gefällt!
Bleib hier, bis du ihn entwöhnt hast! Wenn
nur der HERR sein Wort erfüllt! Die Frau blieb
also daheim und stillte ihren Sohn, bis sie ihn
entwöhnte. 24 Als sie ihn entwöhnt hatte,
nahm sie ihn mit hinauf, dazu einen dreijäh-
rigen Stier, ein Efa Mehl und einen Schlauch
Wein. So brachte sie ihn zum Haus des HERRN
in Schilo; der Knabe aber war damals noch sehr
jung. 25 Als sie den Stier geschlachtet hatten,
brachten sie den Knaben zu Eli 26 und Hanna
sagte: Bitte, mein Herr, so wahr du lebst, mein
Herr, ich bin die Frau, die damals neben dir
stand, um zum HERRN zu beten. 27 Ich habe
um diesen Knaben gebetet und der HERR hat
mir die Bitte erfüllt, die ich an ihn gerichtet
habe. 28 Darum lasse ich ihn auch vom HERRN
zurückfordern. Er soll für sein ganzes Leben
ein vom HERRN Zurückgeforderter sein. Und
sie beteten dort den HERRN an.

22: 2 Makk 7,27 / **23**: Num 30,4–9 / **28**: Sir 46,13

HANNAS LOBLIED: 2,1–11

2 1 Hanna betete. Sie sagte:
Mein Herz ist voll Freude über den
HERRN, / erhöht ist meine Macht durch den
HERRN. / Weit öffnet sich mein Mund gegen
meine Feinde; / denn ich freue mich über dei-
ne Hilfe.

2 Keiner ist heilig wie der HERR; / denn au-
ßer dir ist keiner; / keiner ist ein Fels wie unser
Gott.

3 Redet nicht immer vermessen, / kein fre-
ches Wort komme aus eurem Mund; / denn
der HERR ist ein wissender Gott / und bei ihm
werden die Taten geprüft.

4 Der Bogen der Helden wird zerbrochen, /
die Wankenden aber gürten sich mit Kraft.

5 Die Satten verdingen sich um Brot / und
die Hungrigen gibt es nicht mehr. / Die Un-
fruchtbare bekommt sieben Kinder / und die
Kinderreiche welkt dahin.

6 Der HERR macht tot und lebendig, / er
führt zum Totenreich hinab und führt auch
herauf.

7 Der HERR macht arm und macht reich, /
er erniedrigt und er erhöht.

8 Den Schwachen hebt er empor aus dem
Staub / und erhöht den Armen, der im
Schmutz liegt; / er gibt ihm einen Sitz bei den
Edlen, / einen Ehrenplatz weist er ihm zu. /
Ja, dem HERRN gehören die Pfeiler der Erde; /
auf sie hat er den Erdkreis gegründet.

9 Er behütet die Schritte seiner Frommen, /
doch die Frevler verstummen in der Finster-
nis; / denn der Mensch ist nicht stark aus ei-
gener Kraft.

10 Wer gegen den HERRN streitet, wird zer-
brechen; / über ihn lässt er es am Himmel
donnern. / Der HERR hält Gericht bis an die
Grenzen der Erde. / Seinem König gebe er
Kraft / und erhöhe die Macht seines Gesalb-
ten.

11 Darauf kehrte Elkana in sein Haus nach
Rama zurück, der Knabe aber stand von da an
im Dienst des HERRN unter der Aufsicht des
Priesters Eli.

1: Lk 1,46–55; Ps 92,11 / **2**: Jes 45,5; Dtn 4,35.39 / **3**: Spr 16,2 / **5**: Lk 6,21.25; Jes 54,1 / **6**: Dtn 32,39 / **8**: Ps 113,6–8; 24,1f. / **9**: Ps 91,11f.; 121,3; 33,16f. / **10**: Ps 18,14; 20,7

SCHULD DES HAUSES ELI: 2,12–36

12 Die Söhne Elis waren nichtsnutzige Men-
schen. Sie kannten weder den HERRN 13 noch
das Recht der Priester gegenüber dem Volk:
Sooft jemand ein Schlachtopfer darbrachte
und das Fleisch kochte, kam ein Diener des
Priesters mit einer dreizinkigen Gabel in der
Hand. 14 Er stach in den Kessel oder den Topf,
in das Becken oder die Schüssel und alles, was
die Gabel heraufholte, nahm der Priester für
sich. So machten sie es bei allen Israeliten, die
dorthin, nach Schilo, kamen. 15 Noch bevor
man das Fett in Rauch aufgehen ließ, kam der
Diener des Priesters und sagte zu dem Mann,
der opferte: Gib mir Fleisch zum Braten für
den Priester; er nimmt von dir aber kein ge-
kochtes Fleisch an, sondern nur rohes. 16 Wenn
ihm der Mann erwiderte: Zuerst muss man
doch das Fett in Rauch aufgehen lassen, dann
nimm dir, was dein Herz begehrt!, sagte ihm
der Diener: Nein, gib es sofort her, sonst neh-
me ich es mit Gewalt. 17 Die Sünde der jungen
Männer war sehr schwer in den Augen des
HERRN; denn sie behandelten das Opfer des
HERRN mit Verachtung.

18 Der junge Samuel aber versah den Dienst
vor dem Angesicht des HERRN, bekleidet mit
dem leinenen Efod. 19 Seine Mutter machte
ihm immer wieder ein kleines Obergewand
und brachte es ihm jedes Jahr mit, wenn sie
zusammen mit ihrem Mann hinaufzog, um
das jährliche Opfer darzubringen. 20 Dann seg-

nete Eli Elkana und seine Frau und sagte: Der
HERR gebe dir für den, den er von dir erbeten
hat, andere Nachkommenschaft von dieser
Frau. Darauf gingen sie wieder in ihren Hei-
matort zurück. 21 Der HERR aber nahm sich
Hannas an; sie wurde schwanger und bekam
noch drei Söhne und zwei Töchter. Der Knabe
Samuel aber wuchs beim HERRN heran.

22 Eli war sehr alt geworden. Er hörte von
allem, was seine Söhne allen Israeliten anta-
ten, auch, dass sie mit den Frauen schliefen,
die sich vor dem Eingang des Offenbarungs-
zeltes aufhielten. 23 Er sagte zu ihnen: Warum
tut ihr so etwas? Warum muss ich von allen
Leuten solch schlimme Dinge über euch hö-
ren? 24 Nein, meine Söhne, was man, wie ich
höre, im Volk des HERRN über euch verbreitet,
ist nicht gut. 25 Wenn ein Mensch gegen einen
Menschen sündigt, kann Gott Schiedsrichter
sein. Wenn aber ein Mensch gegen den HERRN
sündigt, wer kann dann für ihn eintreten?
Aber sie hörten nicht auf die Stimme ihres
Vaters; denn der HERR war entschlossen, sie
umkommen zu lassen. 26 Der Knabe Samuel
aber wuchs heran und gewann immer mehr an
Gunst beim HERRN und auch bei den Men-
schen.

27 Da kam ein Gottesmann zu Eli und sagte
zu ihm: So spricht der HERR: Habe ich mich
dem Haus deines Vaters nicht deutlich offen-
bart, als deine Vorfahren in Ägypten dem
Haus des Pharao gehörten? 28 Ich habe sie aus
allen Stämmen Israels für mich als Priester er-
wählt, damit sie zu meinem Altar hinaufge-
hen, das Räucheropfer darbringen und vor
meinen Augen das Efod tragen. Auch habe ich
dem Haus deines Vaters alle Feueropfer der
Israeliten überlassen. 29 Warum missachtet ihr
Schlachtopfer und Speiseopfer, die ich für die
Wohnung angeordnet habe? Warum ehrst du
deine Söhne mehr als mich und warum mästet
ihr euch mit dem Besten aller Gaben meines
Volkes Israel? 30 Darum – Spruch des HERRN,
des Gottes Israels:

Ich hatte fest zugesagt: Dein Haus und das
Haus deines Vaters sollen für ewig vor meinem
Angesicht ein- und ausgehen. Nun aber –
Spruch des HERRN: Das sei fern von mir; denn
nur die, die mich ehren, werde ich ehren, die
aber, die mich verachten, geraten in Schande.
31 Es werden Tage kommen, da werde ich dei-
nen Arm abhauen und die Macht deines Vater-
hauses vernichten; in deinem Haus wird es
keinen alten Mann mehr geben. 32 Du wirst
einen Gegner in der Wohnung erblicken bei all
dem Guten, das der HERR für Israel tun wird.
Nie mehr wird es in deinem Haus einen alten
Mann geben. 33 Nur einen werde ich nicht weg-
reißen von meinem Altar, wenn ich deine Au-
gen brechen und deine Seele verschmachten
lasse; aber der ganze Nachwuchs deines Hau-
ses wird im besten Mannesalter sterben. 34 Und
das soll das Zeichen sein, das sich an deinen
beiden Söhnen Hofni und Pinhas verwirkli-
chen wird: Beide werden an einem Tag ster-
ben. 35 Ich aber werde mir einen zuverlässigen
Priester einsetzen, der nach meinem Herzen
und nach meinem Sinn handeln wird. Ich will
ihm ein Haus bauen, das Bestand hat, und er
wird allezeit vor den Augen meines Gesalbten
seinen Dienst versehen. 36 Wer dann von dei-
nem Haus noch übrig ist, wird kommen und
sich um ein Geldstück oder einen Laib Brot vor
ihm niederwerfen und sagen: Nimm mich
doch in eine der Priestergruppen auf, damit ich
ein Stück Brot zu essen habe!

13: Dtn 18,3; Lev 7,31–33 / **15**: Lev 3,3 / **18**: Sir 46,13; Ex 28,4 / **21**: Gen 21,1f.; Lk 2,40 / **22**: Ex 38,8 / **26**: Lk 2,52 / **27**: Ex 3 / **28**: Dtn 18,1 / **31**: Ps 78,60 / **33**: 14,3; 22,20 / **34**: 4,11; 1 Kön 13,3 / **36**: Dtn 18,6–8; 2 Kön 23,9

SAMUELS BERUFUNG: 3,1–21

3 1 Der junge Samuel versah den Dienst des
HERRN unter der Aufsicht Elis. In jenen
Tagen waren Worte des HERRN selten; Visio-
nen waren nicht häufig. 2 Eines Tages geschah
es: Eli schlief auf seinem Platz; seine Augen
waren schwach geworden und er konnte nicht
mehr sehen. 3 Die Lampe Gottes war noch
nicht erloschen und Samuel schlief im Tempel
des HERRN, wo die Lade Gottes stand. 4 Da rief
der HERR den Samuel und Samuel antwortete:
Hier bin ich. 5 Dann lief er zu Eli und sagte:
Hier bin ich, du hast mich gerufen. Eli erwi-
derte: Ich habe dich nicht gerufen. Geh wieder
schlafen! Da ging er und legte sich wieder
schlafen. 6 Der HERR rief noch einmal: Samu-
el! Samuel stand auf und ging zu Eli und sagte:
Hier bin ich, du hast mich gerufen. Eli erwi-
derte: Ich habe dich nicht gerufen, mein Sohn.
Geh wieder schlafen! 7 Samuel kannte den
HERRN noch nicht und das Wort des HERRN
war ihm noch nicht offenbart worden. 8 Da rief
der HERR den Samuel wieder, zum dritten
Mal. Er stand auf und ging zu Eli und sagte:
Hier bin ich, du hast mich gerufen. Da merkte

Eli, dass der HERR den Knaben gerufen hatte.
9 Eli sagte zu Samuel: Geh, leg dich schlafen!
Wenn er dich ruft, dann antworte: Rede,
HERR; denn dein Diener hört. Samuel ging
und legte sich an seinem Platz nieder. 10 Da
kam der HERR, trat heran und rief wie die vo-
rigen Male: Samuel, Samuel! Und Samuel ant-
wortete: Rede, denn dein Diener hört. 11 Der
HERR sagte zu Samuel: Fürwahr, ich werde in
Israel etwas tun, sodass jedem, der davon
hört, beide Ohren gellen. 12 An jenem Tag wer-
de ich an Eli vom Anfang bis zum Ende alles
verwirklichen, was ich seinem Haus ange-
droht habe. 13 Ich habe ihm angekündigt, dass
ich über sein Haus für immer das Urteil ge-
sprochen habe wegen seiner Schuld; denn er
wusste, wie seine Söhne Gott lästern, und
gebot ihnen nicht Einhalt. 14 Darum habe ich
dem Haus Eli geschworen: Für die Schuld des
Hauses Eli kann durch Opfer und durch Gaben
in Ewigkeit keine Sühne erwirkt werden.

3,13 Gott lästern: G; sich Fluch zuziehen: H (Korrektur der Schreiber).

15 Samuel blieb bis zum Morgen liegen, dann
öffnete er die Türen zum Haus des HERRN. Er
fürchtete sich aber, Eli von der Vision zu be-
richten. 16 Da rief Eli Samuel und sagte: Samu-
el, mein Sohn! Er antwortete: Hier bin ich.
17 Eli fragte: Was war es, das er zu dir gesagt
hat? Verheimliche mir nichts! Gott möge dir
dies und das antun, wenn du mir auch nur
eines von all den Worten verheimlichst, die er
zu dir gesprochen hat. 18 Da teilte ihm Samuel
alle Worte mit und verheimlichte ihm nichts.
Darauf sagte Eli: Es ist der HERR. Er tue, was
ihm gefällt.

19 Samuel wuchs heran und der HERR war
mit ihm und ließ keines von all seinen Worten
zu Boden fallen. 20 Ganz Israel von Dan bis
Beerscheba erkannte, dass Samuel als Prophet
des HERRN beglaubigt war. 21 Auch weiterhin
erschien der HERR in Schilo: Der HERR offen-
barte sich Samuel in Schilo durch sein Wort.

3,1: Dan 3,38; Ps 74,9 / **2:** Gen 27,1 / **3:** Lev 24,2–4 / **10:** Gen 46,2; Ex 3,4 / **11:** 2 Kön 21,12 / **14:** Jes 22,14 / **17:** 2 Sam 3,35 / **20:** Sir 46,13 / **21:** Jos 18,1

VERLUST UND RÜCKKEHR DER BUNDESLADE: 4,1–7,1

4 1 Das Wort Samuels erging an ganz Israel.

VERLUST DER LADE: 4,1b–22

Israel zog gegen die Philister in den Krieg. Sie
schlugen ihr Lager bei Eben-Eser auf und die
Philister hatten ihr Lager in Afek. 2 Die Philister
rückten in Schlachtordnung gegen Israel vor
und der Kampf wogte hin und her. Israel wur-
de von den Philistern besiegt, die von Israels
Heer auf dem Feld etwa viertausend Mann er-
schlugen. 3 Als das Volk ins Lager zurückkam,
sagten die Ältesten Israels: Warum hat der
HERR heute die Philister über uns siegen las-
sen? Wir wollen die Bundeslade des HERRN
aus Schilo zu uns holen; er soll in unsere Mitte
kommen und uns aus der Hand unserer Fein-
de retten. 4 Das Volk schickte also nach Schilo
und man holte von dort die Bundeslade des
HERRN der Heerscharen, der über den Keru-
bim thront. Dort waren auch die beiden Söhne

4,1 Afek ist ein bedeutender Ort an der Küstenstraße nördlich von Jaffa.

Elis, Hofni und Pinhas. 5 Als die Bundeslade
des HERRN ins Lager kam, erhob ganz Israel
großen Jubelschall, sodass die Erde dröhnte.
6 Die Philister hörten den Jubelschall und sag-
ten: Was ist das für ein großer Jubelschall im
Lager der Hebräer? Als sie erfuhren, dass die
Lade des HERRN ins Lager gekommen sei,
7 fürchteten sich die Philister; denn sie sagten:
Gott ist zu ihnen ins Lager gekommen. Und sie
riefen: Weh uns! Denn so etwas ist früher nie
geschehen. 8 Weh uns! Wer rettet uns aus der
Hand dieses mächtigen Gottes? Das ist der
Gott, der Ägypten mit allerlei Plagen in der
Wüste geschlagen hat. 9 Seid tapfer, Philister,
und seid Männer, damit ihr nicht den Hebräern
dienen müsst, wie sie euch gedient haben! Seid
Männer und kämpft! 10 Da traten die Philister
zum Kampf an und Israel wurde besiegt, sodass
alle zu ihren Zelten flohen. Es war eine sehr
schwere Niederlage. Von Israel fielen dreißig-
tausend Mann Fußvolk. 11 Die Lade Gottes
wurde erbeutet und die beiden Söhne Elis,
Hofni und Pinhas, fanden den Tod.

12 Ein Benjaminiter lief vom Schlachtfeld
weg und kam noch am gleichen Tag nach Schi-
lo, mit zerrissenen Kleidern und Erde auf dem
Haupt. 13 Als er ankam, saß Eli auf seinem
Stuhl neben der Straße und hielt Ausschau;
denn er hatte Angst um die Lade Gottes. Als
der Mann kam und in der Stadt berichtete,
schrie die ganze Stadt auf. 14 Eli hörte das lau-
te Geschrei und fragte: Was bedeutet dieser
Lärm? Der Mann lief schnell herbei und be-
richtete Eli. 15 Eli war achtundneunzig Jahre
alt; seine Augen waren starr geworden, sodass
er nichts mehr sehen konnte. 16 Der Mann sag-
te zu Eli: Ich bin der Mann, der vom Schlacht-
feld gekommen ist; ich bin heute aus der
Schlacht geflohen. Eli fragte: Wie ist es denn
zugegangen, mein Sohn? 17 Der Bote antwor-
tete: Israel ist vor den Philistern geflohen. Das
Volk hat eine schwere Niederlage erlitten.
Auch deine beiden Söhne Hofni und Pinhas
sind tot und die Lade Gottes ist weggeschleppt
worden. 18 Als er die Lade Gottes erwähnte, fiel
Eli rückwärts von seinem Stuhl neben dem
Tor, brach sich das Genick und starb, denn er
war ein alter und schwerfälliger Mann. Er war
vierzig Jahre lang Richter in Israel gewesen.

19 Seine Schwiegertochter, die Frau des Pin-
has, war schwanger und stand vor der Nieder-
kunft. Als sie die Nachricht vernahm, dass die
Lade Gottes weggeschleppt und dass ihr
Schwiegervater und ihr Mann tot waren, sank
sie zu Boden und gebar; denn die Wehen wa-
ren über sie gekommen. 20 Als sie im Sterben
lag, sagten die Frauen, die um sie herumstan-
den: Fürchte dich nicht, du hast einen Sohn
geboren. Doch sie achtete nicht darauf und
antwortete nichts. 21 Sie nannte den Knaben
Ikabod – das will besagen: Fort ist die Herr-
lichkeit aus Israel – wegen des Verlustes der
Lade Gottes und wegen ihres Schwiegervaters
und ihres Mannes. 22 Sie sagte: Fort ist die
Herrlichkeit aus Israel, denn die Lade Gottes
ist weggeschleppt worden.

2: 28,1.4 / **3:** Jos 7,7; Num 10,35 / **4:** Ps 80,2 / **5:** Jos 6,5.20 / **6:** Ex 15,14 / **9:** 2 Sam 10,12 / **10:** 2 Kön 14,12 / **11:** Ps 78,61 / **12:** 2 Sam 1,2 / **15:** 3,2; 1 Kön 14,4 / **20:** Gen 35,17 / **21:** Jer 7,12 / **22:** Ps 78,61

DIE LADE BEI DEN PHILISTERN: 5,1–12

5 1 Die Philister brachten die Lade Gottes,
die sie erbeutet hatten, von Eben-Eser
nach Aschdod. 2 Dann nahmen sie die Lade
Gottes, brachten sie in den Tempel Dagons
und stellten sie neben Dagon auf. 3 Als die Ein-
wohner von Aschdod aber am nächsten Mor-
gen aufstanden, war Dagon vornüber gefallen
und lag vor der Lade des HERRN mit dem Ge-
sicht auf dem Boden. Sie nahmen Dagon und
stellten ihn wieder an seinen Platz. 4 Doch als
sie am nächsten Morgen in der Frühe wieder
aufstanden, da war Dagon wieder vornüber
gefallen und lag vor der Lade des HERRN mit
dem Gesicht auf dem Boden. Dagons Kopf und
seine beiden Hände lagen abgeschlagen auf der
Schwelle. Nur der Rumpf war Dagon geblie-
ben. 5 Deshalb treten die Priester Dagons und
alle, die in den Tempel Dagons kommen, bis
zum heutigen Tag nicht auf die Schwelle des
Dagon von Aschdod.

6 Die Hand des HERRN lastete schwer auf den
Einwohnern von Aschdod und er versetzte sie
in Schrecken und schlug Aschdod und sein
Gebiet mit Geschwüren. 7 Als die Einwohner
von Aschdod sahen, was geschah, sagten sie:
Die Lade des Gottes Israels darf nicht bei uns
bleiben; denn seine Hand liegt schwer auf uns
und auf unserem Gott Dagon. 8 Sie sandten zu
allen Fürsten der Philister, riefen sie bei sich zu-
sammen und fragten sie: Was sollen wir mit der
Lade des Gottes Israels machen? Die Fürsten
erklärten: Die Lade des Gottes Israels soll nach
Gat hinüberziehen. Darauf brachte man die
Lade des Gottes Israels nach Gat. 9 Doch nach-
dem man sie nach Gat gebracht hatte, kam die
Hand des HERRN über diese Stadt und versetz-
te sie in gewaltigen Schrecken. Er schlug die
Leute der Stadt, vom Kleinsten bis zum Größ-
ten, sodass Pestbeulen bei ihnen aufbrachen.

10 Darauf schickte man die Lade Gottes nach
Ekron. Als die Lade Gottes nach Ekron kam,
schrien die Einwohner von Ekron auf und sag-
ten: Sie bringen die Lade des Gottes Israels zu
uns herüber, um uns und unser Volk zu töten.
11 Darauf sandten sie zu allen Fürsten der Phi-
lister, riefen sie zusammen und sagten: Schafft
die Lade des Gottes Israels fort! Sie soll an den
Ort zurückkehren, an den sie gehört, und nicht
uns und unser Volk töten. Denn ein tödlicher
Schrecken lag über der ganzen Stadt; die Hand
Gottes lastete schwer auf ihr. 12 Die Leute, die
nicht starben, waren mit Pestbeulen geschla-
gen und der Hilfeschrei der Stadt stieg zum
Himmel empor.

1: Jos 13,3 / **2:** Ri 16,23 / **3:** 1 Makk 10,83f. / **4:** Jes 46,7; 44,9–20; Weish 13,10–16; Mi 1,7 / **5:** Zef 1,9 / **6:** Ps 32,4 / **8:** Jos 13,3 / **9:** Dtn 7,23

RÜCKKEHR DER LADE: 6,1–7,1

6 1 Die Lade des HERRN war sieben Monate
lang im Gebiet der Philister. 2 Dann riefen
die Philister ihre Priester und Wahrsager herbei
und fragten sie: Was sollen wir mit der Lade des
HERRN machen? Gebt uns Auskunft, auf wel-
che Weise wir sie an den Ort zurückschicken
sollen, an den sie gehört. 3 Sie antworteten:
Wenn ihr die Lade des Gottes Israels zurück-
schickt, dann schickt sie nicht ohne Gabe zu-
rück! Ihr müsst ihm vielmehr ein Sühnege-
schenk entrichten. Dann werdet ihr Heilung
finden und ihr werdet erkennen, warum seine
Hand nicht von euch ablässt. 4 Sie fragten wei-
ter: Was für ein Sühnegeschenk sollen wir ihm
entrichten? Sie antworteten: Fünf goldene Ge-
schwüre und fünf goldene Mäuse, entspre-
chend der Zahl der Philisterfürsten; denn alle
hat die gleiche Plage getroffen, auch eure Fürs-
ten. 5 Macht also Abbilder eurer Geschwüre und
der Mäuse, die euer Land verwüsten, und gebt
dem Gott Israels die Ehre! Vielleicht lässt er
seine Hand leichter werden über euch, eurem
Gott und eurem Land. 6 Warum wollt ihr euer
Herz verhärten, wie die Ägypter und der Pharao
ihr Herz verhärtet haben? Sie mussten doch
auch die Israeliten, nachdem sie sie übel behan-
delt hatten, entlassen und diese konnten fort-
gehen. 7 Macht also jetzt einen neuen Wagen;
holt zwei säugende Kühe, auf die noch kein Joch
gelegt worden ist, und spannt die Kühe vor den
Wagen; ihre Kälber aber nehmt ihnen weg und
bringt sie nach Hause! 8 Dann nehmt die Lade
des HERRN und stellt sie auf den Wagen und
legt daneben in einer Tasche die goldenen Ge-
genstände, die ihr ihm als Sühnegabe entrich-
ten wollt; dann lasst sie fortziehen! 9 Gebt aber
Acht: Wenn die Lade in Richtung Bet-Sche-
mesch, also in ihr Gebiet, hinaufzieht, dann war
er es, der uns dieses große Unheil zugefügt hat;
wenn nicht, dann wissen wir, dass nicht seine
Hand uns getroffen hat, sondern dass es ein
Zufall gewesen ist. 10 Die Leute machten es so.
Sie nahmen zwei säugende Kühe und spannten
sie an den Wagen; ihre Kälber aber hielten sie
zu Hause zurück. 11 Sie stellten die Lade des
HERRN auf den Wagen und auch die Tasche mit
den goldenen Mäusen und den Abbildern ihrer
Geschwüre. 12 Die Kühe aber gingen gerade-
wegs in Richtung Bet-Schemesch; sie folgten
genau der Straße, wichen weder nach rechts
noch nach links ab und brüllten immerzu. Die
Fürsten der Philister folgten ihnen bis zur
Grenze von Bet-Schemesch. 13 Die Leute von
Bet-Schemesch waren gerade im Tal bei der
Weizenernte. Als sie aufblickten und die Lade
sahen, freuten sie sich sehr darüber. 14 Als der
Wagen bis zum Feld Joschuas von Bet-Sche-
mesch gekommen war, blieb er stehen. Dort lag
ein großer Stein. Sie spalteten das Holz des Wa-
gens und brachten die Kühe dem HERRN als
Brandopfer dar. 15 Die Leviten hatten die Lade
des HERRN und die Tasche, die neben ihr stand
und in der goldene Gegenstände waren, herab-
gehoben und auf den großen Stein gestellt. Die
Männer von Bet-Schemesch brachten an jenem
Tag dem HERRN Brandopfer und Schlachtopfer
dar. 16 Die fünf Fürsten der Philister sahen zu;
dann kehrten sie am gleichen Tag nach Ekron
zurück. 17 Das sind die goldenen Geschwüre,
die die Philister dem HERRN als Sühnegabe
entrichtet haben: eines für Aschdod, eines für
Gaza, eines für Aschkelon, eines für Gat, eines
für Ekron, 18 dazu die goldenen Mäuse entspre-
chend der Zahl der Philisterstädte unter den
fünf Fürsten, von der befestigten Stadt bis zum
offenen Dorf. Der große Stein, auf den man die
Lade des HERRN gestellt hatte, liegt noch bis
zum heutigen Tag auf dem Feld des Joschua aus
Bet-Schemesch.

19 Der HERR aber strafte die Leute von
Bet-Schemesch, weil sie die Lade des HERRN
angeschaut hatten. Er erschlug aus dem Volk
siebzig Mann, fünfzigtausend Mann. Da trauer-
te das Volk, weil der HERR einen so schweren
Schlag gegen das Volk geführt hatte. 20 Die Män-
ner von Bet-Schemesch sagten: Wer kann vor
dem HERRN, diesem heiligen Gott, bestehen?
Und zu wem soll er von uns aus hinaufziehen?
21 Sie schickten Boten zu den Einwohnern von
Kirjat-Jearim und ließen sagen: Die Philister
haben die Lade des HERRN zurückgebracht.
Kommt herab und holt sie zu euch hinauf!

2: Jes 44,25 / **4**: Jos 13,3; Ri 3,3 / **6**: Ex 8,11.28; 12,31–33 / **7**: Num 19,2; Dtn 21,3 / **8**: 2 Sam 6,3 / **9**: Jos 15,10 / **14**: 2 Sam 24,22–25; 1 Kön 19,21 / **19**: Num 4,20; 2 Sam 6,6f. / **20**: Jes 33,14; Mal 3,2 / **21**: 1 Chr 13,6; Ps 132,6

7 1 Da kamen die Leute von Kirjat-Jearim
und holten die Lade des HERRN zu sich
hinauf. Sie brachten sie in das Haus Abinadabs
auf der Anhöhe. Und seinen Sohn Eleasar
weihten sie, dass er die Lade des HERRN be-
wache.

1: 2 Sam 6,2

6,18 Der große Stein: G; und bis Abel-Gedola: H.

6,20 Bet-Schemesch liegt östlich von Aschdod, Kirjat-Jearim westlich von Jerusalem.

SAMUEL UND SAUL: 7,2–15,35

SIEG ÜBER DIE PHILISTER: 7,2–17

2 Seit dem Tag, an dem die Lade in Kirjat-Jea-
rim ihre Wohnung nahm, war eine lange Zeit
vergangen, zwanzig Jahre. Als sich das ganze
Haus Israel klagend an den HERRN wandte,
3 sagte Samuel zum ganzen Haus Israel: Wenn
ihr von ganzem Herzen zum HERRN zurück-
kehren wollt, dann schafft die fremden Götter
mitsamt den Astarten aus eurer Mitte fort!
Wendet euer Herz wieder dem HERRN zu
und dient ihm allein; dann wird er euch aus
der Gewalt der Philister befreien. 4 Da entfern-
ten die Israeliten die Baale und Astarten und
dienten nur noch dem HERRN. 5 Darauf sagte
Samuel: Versammelt ganz Israel in Mizpa; ich
will für euch zum HERRN beten. 6 Da versam-
melten sie sich in Mizpa, sie schöpften Wasser
und gossen es vor dem HERRN aus. Dort fas-
teten sie an diesem Tag und sagten: Wir haben
uns gegen den HERRN versündigt. Samuel
sprach den Israeliten Recht in Mizpa. 7 Die
Philister erfuhren, dass sich die Israeliten in
Mizpa versammelt hatten, und ihre Fürsten
zogen gegen Israel heran. Als die Israeliten das
hörten, bekamen sie Angst vor den Philistern.
8 Sie sagten zu Samuel: Kehr dich nicht schwei-
gend von uns ab und hör nicht auf, zum
HERRN, unserem Gott, zu rufen, damit er uns
aus der Hand der Philister befreit! 9 Da nahm
Samuel ein junges Lamm und brachte es dem
HERRN als Brandopfer, als Ganzopfer dar.
Er rief zum HERRN für Israel und der HERR
erhörte ihn. 10 Als Samuel das Brandopfer
darbrachte, rückten die Philister schon zum
Kampf gegen Israel heran. Da ließ der HERR es
mit gewaltigem Krachen am selben Tag gegen
die Philister donnern und brachte sie so in Ver-
wirrung, dass sie von den Israeliten geschlagen
wurden. 11 Nun zogen die Israeliten von Mizpa
aus, verfolgten die Philister bis unterhalb von
Bet-Kar und schlugen sie. 12 Samuel nahm ei-
nen Stein und stellte ihn zwischen Mizpa und
Jeschana auf. Er nannte ihn Eben-Eser, Stein
der Hilfe, und sagte: Bis hierher hat uns der
HERR geholfen. 13 So wurden die Philister ge-
demütigt und drangen nicht mehr in das Ge-
biet Israels ein; und die Hand des HERRN las-
tete auf den Philistern, solange Samuel lebte.
14 Die Städte von Ekron bis Gat, die die Philis-
ter Israel weggenommen hatten, kamen an
Israel zurück; das ganze Gebiet dieser Städte
entriss Israel den Philistern wieder. Aber zwi-
schen Israel und den Amoritern war Friede.

15 Samuel war Richter in Israel, solange er
lebte. 16 Jahr für Jahr zog er umher und machte
die Runde durch Bet-El, Gilgal und Mizpa und
sprach an all diesen Orten Israel Recht. 17 Dann
kehrte er jeweils nach Rama zurück, denn dort
hatte er sein Haus. Auch dort sprach er Israel
Recht und er baute dort einen Altar für den
HERRN.

3: Gen 35,2; Jos 24,14 / **4:** 2 Kön 23,4 / **5:** Ri 20,1 / **6:** Neh 9,1 / **7:** 17,11 / **8:** 12,19.23 / **9:** Ex 22,29; Ps 99,6 / **10:** 12,18; Jos 10,10; Ri 4,15 / **13:** Sir 46,18 / **15:** Ri 12,7–15 / **17:** 1,19; 25,1

FORDERUNG NACH EINEM KÖNIG: 8,1–22

8 1 Als Samuel alt geworden war, setzte er
seine Söhne als Richter Israels ein. 2 Sein
erstgeborener Sohn hieß Joël, sein zweiter
Abija. Sie waren in Beerscheba Richter. 3 Seine
Söhne gingen nicht auf seinen Wegen, son-
dern waren auf ihren Vorteil aus, ließen sich
bestechen und beugten das Recht. 4 Deshalb
versammelten sich alle Ältesten Israels und
gingen zu Samuel nach Rama. 5 Sie sagten zu
ihm: Du bist nun alt und deine Söhne gehen
nicht auf deinen Wegen. Darum setze jetzt
einen König bei uns ein, der uns regieren soll,
wie es bei allen Völkern der Fall ist! 6 Aber Sa-
muel missfiel es, dass sie sagten: Gib uns einen
König, der uns regieren soll! Samuel betete
deshalb zum HERRN 7 und der HERR sagte
zu Samuel: Hör auf die Stimme des Volkes in
allem, was sie zu dir sagen! Denn nicht dich
haben sie verworfen, sondern mich haben sie
verworfen: Ich soll nicht mehr ihr König sein.
8 Das entspricht ganz ihren Taten, die sie von
dem Tag an, da ich sie aus Ägypten heraufge-
führt habe, bis zum heutigen Tag getan haben;
sie haben mich verlassen und anderen Göttern
gedient. So machen sie es nun auch mit dir.
9 Doch hör jetzt auf ihre Stimme, warne sie
aber eindringlich und mach ihnen bekannt,
welche Rechte der König hat, der über sie herr-
schen wird!

10 Samuel teilte dem Volk, das einen König
von ihm verlangte, alle Worte des HERRN mit.
11 Er sagte: Das werden die Rechte des Königs
sein, der über euch herrschen wird: Er wird

eure Söhne holen und sie für sich bei seinen Wagen und seinen Pferden verwenden und sie werden vor seinem Wagen herlaufen. 12 Er wird sie zu Obersten über Tausend und zu Führern über Fünfzig machen. Sie müssen sein Ackerland pflügen und seine Ernte einbringen. Sie müssen seine Kriegsgeräte und die Ausrüstung seiner Streitwagen anfertigen. 13 Eure Töchter wird er holen, damit sie ihm Salben zubereiten und kochen und backen. 14 Eure besten Felder, Weinberge und Ölbäume wird er euch wegnehmen und seinen Beamten geben. 15 Von euren Äckern und euren Weinbergen wird er den Zehnten erheben und ihn seinen Höflingen und Beamten geben. 16 Eure Knechte und Mägde, eure besten jungen Leute und eure Esel wird er holen und für sich arbeiten lassen. 17 Von euren Schafherden wird er den Zehnten erheben. Ihr selber werdet seine Sklaven sein. 18 An jenem Tag werdet ihr wegen des Königs, den ihr euch erwählt habt, um Hilfe schreien, aber der HERR wird euch an jenem Tag nicht antworten.

19 Doch das Volk wollte nicht auf Samuel hören, sondern sagte: Nein, ein König soll über uns herrschen. 20 Auch wir wollen wie alle anderen Völker sein. Unser König soll uns Recht sprechen, er soll vor uns herziehen und soll unsere Kriege führen. 21 Samuel hörte alles an, was das Volk sagte, und trug es dem HERRN vor. 22 Und der HERR sagte zu Samuel: Hör auf ihre Stimme und setz ihnen einen König ein! Da sagte Samuel zu den Israeliten: Geht heim, jeder in seine Stadt!

1: Dtn 16,18 / **2:** 1 Chr 6,13 / **3:** Dtn 16,19 / **5:** Dtn 17,14–20 / **6:** Hos 13,10 / **7:** 10,19; Ex 15,18 / **8:** 2 Kön 17,15f.; Ri 2,17.19 / **11:** 10,25; Dtn 17,16 / **12:** 1 Kön 5,27 / **14:** 1 Kön 21,16; Ez 46,18 / **15:** 1 Kön 12,4 / **18:** Jes 1,15; Mi 3,4 / **22:** Hos 13,11

SAULS SALBUNG ZUM KÖNIG: 9,1–10,16

9 1 Damals lebte in Benjamin ein Mann namens Kisch, ein Sohn Abiëls, des Sohnes Zerors, des Sohnes Bechorats, des Sohnes Afiachs, ein wohlhabender Benjaminiter. 2 Er hatte einen Sohn namens Saul, der jung und schön war; kein anderer unter den Israeliten war so schön wie er; er überragte alle um Haupteslänge.

3 Eines Tages verliefen sich die Eselinnen von Sauls Vater Kisch. Da sagte Kisch zu seinem Sohn Saul: Nimm einen von den Knechten, mach dich mit ihm auf den Weg und such die Eselinnen! 4 Sie durchquerten das Gebirge Efraim und durchstreiften das Gebiet von Schalischa, fanden sie aber nicht. Sie zogen durch das Gebiet von Schaalim – ohne Erfolg; dann durchwanderten sie das Land Jemini, fanden sie aber wieder nicht. 5 Als sie in das Gebiet von Zuf gekommen waren, sagte Saul zu seinem Knecht, der ihn begleitete: Komm, wir wollen umkehren, sonst macht sich mein Vater um uns noch mehr Sorgen als um die Eselinnen. 6 Der Knecht erwiderte ihm: In dieser Stadt wohnt doch ein Gottesmann. Er ist sehr angesehen; alles, was er sagt, trifft mit Sicherheit ein. Lasst uns jetzt zu ihm gehen; vielleicht kann er uns sagen, welchen Weg wir hätten gehen sollen. 7 Saul antwortete dem Knecht: Was sollen wir dem Mann mitbringen, wenn wir hingehen? Das Brot in unseren Taschen ist zu Ende. Wir haben nichts, was wir dem Gottesmann als Geschenk bringen könnten. Oder haben wir sonst etwas? 8 Darauf antwortete ihm der Knecht: Sieh her, ich habe noch einen Viertel-Silberschekel bei mir. Den will ich dem Gottesmann geben, damit er uns Auskunft über den Weg gibt. 9 – Früher sagte man in Israel, wenn man hinging, um Gott zu befragen: Wir wollen zum Seher gehen. Denn wer heute Prophet genannt wird, hieß früher Seher. – 10 Saul sagte zu seinem Knecht: Dein Vorschlag ist gut. Komm, wir wollen hingehen. Sie gingen also in die Stadt, wo der Gottesmann wohnte. 11 Als sie die Steige zur Stadt hinaufgingen, trafen sie einige Mädchen, die herauskamen, um Wasser zu schöpfen. Sie fragten sie: Ist der Seher hier? 12 Sie antworteten ihnen: Ja, er ist da, da vorn. Beeilt euch aber, denn er ist gerade in die Stadt gekommen, weil das Volk heute auf der Kulthöhe ein Opferfest feiert. 13 Wenn ihr in die Stadt kommt, werdet ihr ihn gerade noch treffen, bevor er zur Kulthöhe hinaufsteigt, um am Mahl teilzunehmen. Denn das Volk isst nicht, ehe er kommt, weil er das Opfer segnet; erst dann essen die Eingeladenen. Geht also hinauf; denn jetzt könnt ihr ihn treffen. 14 Da gingen sie weiter zur Stadt hinauf. Und als sie zur Mitte der Stadt gekommen waren, kam ihnen gerade Samuel entgegen, der zur Kulthöhe hinaufgehen wollte.

15 Der HERR aber hatte Samuel, einen Tag bevor Saul kam, das Ohr für eine Offenbarung geöffnet und gesagt: 16 Morgen um diese Zeit schicke ich einen Mann aus dem Gebiet Benjamins zu dir. Ihn sollst du zum Fürsten meines Volkes Israel salben. Er wird mein Volk aus

der Hand der Philister befreien; denn ich habe
mein Volk Israel gesehen und sein Hilfeschrei
ist zu mir gedrungen. 17 Als Samuel Saul sah,
sagte der HERR zu ihm: Das ist der Mann, von
dem ich dir gesagt habe: Der wird über mein
Volk herrschen. 18 Saul trat mitten im Tor zu
Samuel und fragte: Sag mir doch, wo das Haus
des Sehers ist! 19 Samuel antwortete Saul: Ich
bin der Seher. Geh vor mir her zur Kulthöhe
hinauf! Ihr sollt heute mit mir essen. Morgen
früh will ich dich dann weiterziehen lassen.
Ich werde dir Auskunft über alles geben, was
du auf dem Herzen hast. 20 Über die Eselinnen,
die dir vor drei Tagen abhandengekommen
sind, brauchst du dir keine Gedanken zu ma-
chen. Sie wurden gefunden. Wem gehört, was
in Israel kostbar ist? Gehört es nicht dir und
dem ganzen Haus deines Vaters? 21 Da antwor-
tete Saul: Bin ich nicht ein Benjaminiter, also
aus dem kleinsten Stamm Israels? Ist meine
Sippe nicht die geringste von allen Sippen des
Stammes Benjamin? Warum sagst du so etwas
zu mir? 22 Samuel nahm Saul und seinen
Knecht mit, führte sie in das Haus und wies
ihnen Ehrenplätze unter den Eingeladenen an;
es waren etwa dreißig Männer. 23 Samuel sag-
te zum Koch: Bring das Stück her, das ich dir
gegeben habe, das, von dem ich dir gesagt
habe: Halt es bei dir zurück! 24 Da trug der Koch
die Keule auf und setzte sie Saul vor; er sagte:
Das ist das, was übrig blieb. Greif zu und iss!
Als ich das Volk eingeladen hatte, ist dieses
Stück für dich und für diese Stunde aufgeho-
ben worden. An jenem Tag aß Saul zusammen
mit Samuel. 25 Dann stiegen sie von der Kult-
höhe in die Stadt hinab und Samuel hatte mit
Saul auf dem Flachdach eine Unterredung.
26 Früh am Morgen, als die Dämmerung an-
brach, rief Samuel zu Saul aufs Dach hinauf:
Steh auf! Ich will dir das Geleit geben. Saul
stand auf und beide gingen zusammen hinaus.
27 Als sie zur Grenze des Stadtgebietes gekom-
men waren, sagte Samuel zu Saul: Sag dem
Knecht, er soll vorausgehen; du aber bleib nun
hier stehen! Ich will dir ein Gotteswort ver-
künden. Da ging der Knecht voraus.

1: 1 Chr 8,33; 9,39 / **2**: 16,12; 10,23f. / **4**: 2 Kön 4,42 / **6**: 2,27 / **7**: Num 22,7; 1 Kön 14,3 / **9**: Jes 30,10; Sir 46,15 / **11**: Gen 24,11 / **12**: 16,1–3 / **15**: 3,7.21 / **16**: 1 Kön 14,5; Ri 13,5; Ex 3,7.9 / **17**: 16,12 / **21**: Ps 68,28; Ri 6,15; 1 Sam 15,17 / **24**: Lev 7,32–35; Num 18,18

10 1 Da nahm Samuel den Ölkrug und goss
Saul das Öl auf das Haupt, küsste ihn
und sagte: Hiermit hat der HERR dich zum
Fürsten über sein Erbe gesalbt. 2 Wenn du jetzt
von mir weggehst, wirst du beim Grab der Ra-
hel in Zelzach im Gebiet von Benjamin zwei
Männer treffen und sie werden zu dir sagen:
Die Eselinnen, nach denen du auf der Suche
bist, sind gefunden worden. Doch denkt dein
Vater nicht mehr an die Sache mit den Eselin-
nen, sondern macht sich Sorgen um euch und
sagt: Was kann ich nur wegen meines Sohnes
unternehmen? 3 Wenn du dann von dort wei-
terziehst und zur Tabor-Terebinthe kommst,
werden dir dort drei Männer begegnen, die zu
Gott nach Bet-El hinaufziehen. Einer trägt ein
Böckchen, einer trägt drei Laib Brot und einer
trägt einen Schlauch Wein. 4 Sie werden dich
grüßen und dir zwei Brote geben; die sollst du
von ihnen annehmen. 5 Danach wirst du nach
Gibeat-Elohim kommen, wo die Vorposten
der Philister stehen. Wenn du dort in die Stadt
hineingehst, wirst du eine Schar von Prophe-
ten treffen, die von der Kulthöhe herabkom-
men, und vor ihnen wird Harfe, Handpauke,
Flöte und Leier gespielt. Sie selbst sind in pro-
phetischer Verzückung. 6 Dann wird der Geist
des HERRN über dich kommen und du wirst
wie sie in Verzückung geraten und in einen
anderen Menschen verwandelt werden.
7 Wenn du aber all diese Zeichen erlebst, dann
tu, was sich gerade ergibt; denn Gott ist mit
dir. 8 Hernach geh mir voraus nach Gilgal hi-
nab! Ich werde dann bereits auf dem Weg zu
dir sein, um Brandopfer darzubringen und
Heilsopfer zu schlachten. Sieben Tage musst
du warten, bis ich zu dir komme. Dann werde
ich dir verkünden, was du tun sollst.

9 Als sich Saul nun umwandte, um von Sa-
muel wegzugehen, verwandelte Gott sein
Herz. Und noch am gleichen Tag trafen alle
diese Zeichen ein. 10 Als sie nach Gibea gelang-
ten, kam ihnen tatsächlich eine Schar von Pro-
pheten entgegen. Der Geist Gottes kam über
Saul und Saul geriet mitten unter ihnen in
prophetische Verzückung. 11 Alle, die ihn von
früher kannten, sahen, wie er zusammen mit
den Propheten in Verzückung war. Die Leute
sagten zueinander: Was ist denn nur mit dem
Sohn des Kisch geschehen? Ist auch Saul unter
den Propheten? 12 Einer von dort erwiderte:
Wer ist denn schon deren Vater? So ist das
Sprichwort entstanden: Ist denn auch Saul
unter den Propheten?

13 Als die Verzückung zu Ende war, kam er
zur Kulthöhe. 14 Der Onkel Sauls fragte ihn

und seinen Knecht: Wo seid ihr denn gewe-
sen? Er antwortete: Wir waren weg, um die
Eselinnen zu suchen. Als wir aber sahen, dass
sie nirgends waren, gingen wir zu Samuel.
15 Sauls Onkel sagte: Erzähl mir doch, was Sa-
muel euch gesagt hat! 16 Saul antwortete sei-
nem Onkel: Er hat uns mit Bestimmtheit ge-
sagt, dass die Eselinnen gefunden worden
sind. Die Sache mit dem Königtum aber, von
der Samuel gesprochen hatte, erzählte er ihm
nicht.

1: 16,13; 2 Sam 2,4; 5,3 / **3**: Gen 28,22 / **5**: 13,3; 2 Kön 3,15 / **6**: 19,20; Num 11,25.29 / **7**: Ri 6,36–40 / **8**: 11,14f.; 13,8 / **10**: 16,13; 19,20–24 / **12**: 19,24; 2 Kön 2,12 / **14**: 14,50

ENTSCHEIDUNG DURCH DAS LOS: 10,17–27

17 Samuel rief das Volk zum HERRN nach Miz-
pa zusammen. 18 Er sagte zu den Israeliten: So
spricht der HERR, der Gott Israels: Ich habe
Israel aus Ägypten heraufgeführt, ich habe
euch aus der Hand der Ägypter befreit und aus
der Hand all der Königreiche, die euch be-
drängt haben. 19 Ihr aber habt heute euren Gott
verworfen, der euer Retter in allen Nöten und
Bedrängnissen war, und ihr habt gesagt: Nein,
du sollst einen König bei uns einsetzen. Stellt
euch jetzt also vor dem HERRN auf nach euren
Stämmen und Tausendschaften. 20 Und Samu-
el ließ alle Stämme Israels antreten. Das Los
fiel auf den Stamm Benjamin. 21 Darauf ließ er
den Stamm Benjamin nach seinen Sippen an-
treten und das Los fiel auf die Sippe Matri. Und
schließlich fiel das Los auf Saul, den Sohn des
Kisch. Man suchte ihn, fand ihn aber nicht.
22 Sie befragten noch einmal den HERRN: Ist
noch jemand hierhergekommen? Der HERR
antwortete: Ja, aber er hat sich beim Tross ver-
steckt. 23 Sie liefen hin und holten ihn von dort.
Als er mitten unter das Volk trat, überragte er
alle anderen um Haupteslänge. 24 Und Samuel
sagte zum ganzen Volk: Habt ihr gesehen, wen
der HERR erwählt hat? Keiner ist ihm gleich
im ganzen Volk. Da jubelte das ganze Volk und
sagte: Es lebe der König! 25 Samuel machte dem
Volk das Königsrecht bekannt, schrieb es in ein
Buch und legte das Buch vor dem HERRN nie-
der. Dann entließ Samuel das ganze Volk, je-
den in sein Haus. 26 Auch Saul ging in sein
Haus nach Gibea. Und mit ihm zog eine Schar
von Männern, deren Herz Gott berührt hatte.
27 Niederträchtige Menschen aber sagten: Was
kann uns der schon helfen? Sie verachteten ihn
und brachten ihm kein Geschenk. Er aber tat,
als merkte er es nicht.

17: 7,5 / **18**: 12,8 / **19**: 8,7; Hos 13,10 / **20**: Jos 7,14–18 / **21**: 14,40–42 / **22**: 23,2.4 / **24**: 2 Sam 6,21; 16,16 / **25**: Dtn 17,14–20; 1 Sam 8,11–17 / **26**: 15,34 / **27**: 11,12; 1 Kön 10,25

SAULS SIEG ÜBER DIE AMMONITER: 11,1–15

11 1 Da zog der Ammoniter Nahasch heran
und belagerte Jabesch-Gilead. Die Män-
ner von Jabesch sagten zu Nahasch: Schließ
einen Vertrag mit uns, dann wollen wir dir
dienen! 2 Der Ammoniter Nahasch erwiderte
ihnen: Unter einer Bedingung will ich mit
euch einen Vertrag schließen: Ich steche euch
allen das rechte Auge aus und bringe damit
Schande über ganz Israel. 3 Die Ältesten von
Jabesch sagten: Lass uns sieben Tage Zeit! Wir
wollen Boten durch das ganze Gebiet von Is-
rael schicken. Wenn sich niemand findet, der
uns retten kann, werden wir zu dir hinaus-
kommen. 4 Als die Boten nach Gibea-Saul ka-
men und die Sache dem Volk vortrugen, brach
das ganze Volk in lautes Weinen aus. 5 Saul
kam gerade hinter seinen Rindern vom Feld
her und fragte: Was haben denn die Leute,
dass sie weinen? Sie erzählten ihm, was die
Männer von Jabesch berichtet hatten. 6 Als
Saul das hörte, kam der Geist Gottes über ihn
und sein Zorn entbrannte heftig. 7 Er ergriff ein
Gespann Rinder und hieb es in Stücke, schick-
te die Stücke durch Boten in das ganze Gebiet
von Israel und ließ sagen: Wer nicht hinter
Saul und Samuel in den Kampf zieht, dessen
Rindern soll es ebenso gehen. Da fiel der
Schrecken des HERRN auf das ganze Volk und
sie rückten aus wie ein Mann. 8 Als Saul sie in
Besek musterte, waren es dreihunderttausend
Männer aus Israel und dreißigtausend Männer
aus Juda. 9 Sie sagten zu den Boten, die gekom-
men waren: Folgendes sollt ihr den Männern
von Jabesch-Gilead sagen: Morgen, wenn die
Sonne am heißesten brennt, bekommt ihr Hil-
fe. Die Boten gingen heim und berichteten
alles und die Männer von Jabesch freuten sich.
10 Sie ließen Nahasch sagen: Morgen werden
wir zu euch hinauskommen. Dann könnt ihr
mit uns machen, was euch gefällt. 11 Am nächs-
ten Morgen stellte Saul das Volk in drei Abtei-
lungen auf. Um die Zeit der Morgenwache
drangen sie mitten in das Lager ein. Sie hatten
die Ammoniter bis zur Zeit der Mittagshitze

10,19 Nein: G, S und Vg; zu ihm: H.

geschlagen. Die übrig blieben, wurden zer-
streut, sodass nicht einmal zwei von ihnen
beieinander blieben.

12 Da sagte das Volk zu Samuel: Wer hat da-
mals gesagt: Soll etwa Saul als König über uns
herrschen? Gebt diese Männer heraus, damit
wir sie töten! 13 Saul aber sagte: An diesem Tag
soll niemand getötet werden; denn heute hat
der HERR Israel Hilfe gebracht.

14 Samuel sagte zum Volk: Kommt, wir wol-
len nach Gilgal gehen und dort das Königtum
erneuern. 15 Da ging das ganze Volk nach Gil-
gal. Sie machten dort in Gilgal Saul vor dem
HERRN zum König, schlachteten dem HERRN
Heilsopfer und Saul und alle Männer Israels
waren voll Freude.

1: Ri 21,8–14 / **2**: Ex 23,32; 34,12 / **3**: 17,26 / **7**: Ri 19,29f.; 6,34 / **8**: 2 Sam 24,2–9 / **11**: Ri 7,16 / **12**: 10,27 / **13**: 2 Sam 19,23 / **14**: 10,8

SAMUELS ABSCHIED: 12,1–25

12 1 Samuel sagte zu ganz Israel: Ihr wisst,
ich habe in allem, was ihr mir gesagt
habt, auf euch gehört und einen König bei euch
eingesetzt. 2 Seht, hier ist nun der König, der
vor euch hergehen wird. Ich selbst bin alt und
grau geworden und meine Söhne leben ja mit-
ten unter euch. Von meiner Jugend an bis zum
heutigen Tag bin ich vor euch hergegangen.
3 Hier stehe ich; antwortet mir in Gegenwart
des HERRN und seines Gesalbten: Wem habe
ich je ein Rind weggenommen? Wem habe ich
einen Esel weggenommen? Wen habe ich
übervorteilt, wen ungerecht behandelt? Von
wem habe ich Bestechungsgeld angenommen
und habe beide Augen zugedrückt? Ich will es
euch zurückerstatten. 4 Sie antworteten: Du
hast uns weder übervorteilt noch ungerecht
behandelt, noch hast du von jemand etwas
angenommen. 5 Er sagte zu ihnen: Der HERR
ist Zeuge euch gegenüber und auch sein Ge-
salbter ist heute Zeuge dafür, dass ihr mir
nichts vorwerfen könnt. Sie erwiderten: Sie
sind Zeugen.

6 Und Samuel sagte zum Volk: Der HERR ist
es gewesen, der Mose und Aaron erschaffen
und eure Väter aus Ägypten heraufgeführt hat.
7 Tretet zu mir, damit ich vor den Augen des
HERRN mit euch ins Gericht gehe wegen all
der Wohltaten des HERRN, die er euch und
euren Vätern erwiesen hat! 8 Als Jakob nach
Ägypten gekommen war und eure Väter zum
HERRN schrien, da sandte der HERR Mose und
Aaron. Sie führten eure Väter aus Ägypten
heraus und gaben ihnen Wohnsitze an diesem
Ort. 9 Doch sie vergaßen den HERRN, ihren
Gott. Da lieferte er sie in die Hand Siseras, des
Feldherrn von Hazor, in die Hand der Philister
und in die Hand des Königs von Moab aus und
diese führten Krieg gegen sie. 10 Da schrien sie
zum HERRN und sagten: Wir haben gesün-
digt; denn wir haben den HERRN verlassen
und den Baalen und Astarten gedient. Befrei
uns jetzt aus der Hand unserer Feinde; wir
wollen wieder dir dienen. 11 Darauf sandte der
HERR Jerubbaal, Bedan, Jiftach und Samuel
und befreite euch aus der Hand eurer Feinde
ringsumher, sodass ihr in Sicherheit leben
konntet. 12 Als ihr aber saht, dass Nahasch, der
König der Ammoniter, gegen euch ausrückte,
sagtet ihr zu mir: Nein, ein König soll über uns
herrschen!, obwohl doch der HERR, euer Gott,
euer König ist. 13 Seht, hier ist euer König, den
ihr verlangt und den ihr euch erwählt habt. Ja,
der HERR hat euch einen König gegeben: 14 in-
sofern ihr den HERRN fürchtet und ihm dient
und auf seine Stimme hört und euch dem Be-
fehl des HERRN nicht widersetzt und sowohl
ihr als auch der König, der über euch herrscht,
dem HERRN, eurem Gott folgt. 15 Insofern ihr
aber nicht auf die Stimme des HERRN hört und
euch dem Befehl des HERRN widersetzt, wird
die Hand des HERRN gegen euch wie gegen
eure Väter sein.

16 Nun tretet her und seht die große Tat mit
an, die der HERR vor euren Augen vollbringen
wird! 17 Ist jetzt nicht gerade Weizenernte? Ich
werde zum HERRN rufen und er wird Gewit-
ter und Regen schicken. So werdet ihr erken-
nen und einsehen, wie groß euer Unrecht in
den Augen des HERRN ist, das ihr dadurch
begangen habt, dass ihr für euch einen König
verlangt habt. 18 Samuel rief zum HERRN und
der HERR schickte noch am gleichen Tag Ge-
witter und Regen. Da geriet das ganze Volk in
große Furcht vor dem HERRN und vor Samu-
el 19 und alle sagten zu Samuel: Bete für deine
Knechte zum HERRN, deinem Gott, damit wir
nicht umkommen; denn wir haben all unseren
Sünden noch die Bosheit hinzugefügt, einen
König für uns zu verlangen. 20 Samuel erwi-
derte dem Volk: Fürchtet euch nicht! Ihr habt
all dieses Böse getan; doch weicht nicht mehr
von der Nachfolge des HERRN ab und dient
dem HERRN mit ganzem Herzen! 21 Weicht ja
nicht ab und folgt nicht den nichtigen Göttern,

die nichts nützen und nicht retten können,
weil sie nichtig sind! 22 Um seines großen Na-
mens willen wird der HERR sein Volk nicht
verstoßen; denn er hat sich entschlossen, euch
zu seinem Volk zu machen. 23 Auch mir selbst
sei es fern, mich am HERRN zu versündigen,
und ich höre deshalb nicht auf, für euch zu
beten; ich werde euch den guten und geraden
Weg weisen. 24 Nur fürchtet den HERRN und
dient ihm treu und von ganzem Herzen! Denn
ihr seht, welch große Dinge er an euch getan
hat. 25 Wenn ihr aber wieder Böses tut, dann
werdet sowohl ihr als auch euer König dahin-
gerafft werden.

1: 10,20–25 / **2**: 8,20 / **3**: 24,7; Dtn 16,19 / **8**: Gen 46,5f.; Ex 3,7.9; Dtn 26,6–9 / **9**: Ri 3,7; 4,2; 3,12 / **10**: Ri 10,10 / **11**: Ri 6,14 / **12**: 11,1f.; 8,19 / **13**: Hos 13,11 / **14**: Dtn 30,15f. / **15**: Dtn 28,15 / **16**: Ex 14,13 / **17**: 7,9f.; Spr 26,1 / **21**: Jes 41,29; Hab 2,18 / **22**: Ps 94,14 / **25**: Jos 24,20

DIE PHILISTER UND SAULS VERWERFUNG: 13,1–22

13 1 Saul war … Jahre alt, als er König wur-
de, und er regierte zwei Jahre über Israel.
2 Saul wählte sich dreitausend Mann aus Israel
aus; zweitausend davon waren bei Saul in
Michmas und auf dem Berg von Bet-El und
tausend waren bei Jonatan in Gibea-Benjamin.
Den Rest des Volkes entließ er, jeden zu seinem
Zelt. 3 Jonatan erschlug den Vogt der Philister,
der in Geba saß; die Philister hörten davon.
Saul aber ließ im ganzen Land das Widderhorn
blasen und ausrufen: Die Hebräer sollen es hö-
ren. 4 Und ganz Israel hörte die Kunde: Saul hat
den Vogt der Philister erschlagen und dadurch
hat sich Israel bei den Philistern verhasst ge-
macht. Das Volk wurde aufgeboten, Saul nach
Gilgal zu folgen. 5 Die Philister versammelten
sich zum Kampf gegen Israel; sie hatten drei-
tausend Wagen und sechstausend Wagen-
kämpfer und ein Heer so zahlreich wie der Sand
am Ufer des Meeres. Sie zogen herauf und
schlugen bei Michmas, östlich von Bet-Awen,
ihr Lager auf. 6 Als die Israeliten sahen, dass sie
in Gefahr gerieten und dass das Volk bedrängt
wurde, versteckten sie sich in Höhlen, Schlupf-
löchern, Felsspalten, Gruben und Zisternen.
7 Einige Hebräer gingen über den Jordan in das
Land Gad und Gilead. Saul war noch in Gilgal
und das ganze Volk, das ihm gefolgt war, hatte
große Angst. 8 Er wartete in Gilgal sieben Tage
auf Samuel, wie vereinbart, aber Samuel kam
nicht. Als ihm nun das Volk davonlief, 9 sagte
Saul: Bringt das Brandopfer und die Heilsopfer
zu mir her! Und er brachte das Opfer dar. 10 Ge-
rade als er mit der Darbringung des Opfers
fertig war, kam Samuel. Saul ging ihm entge-
gen, um ihn zu begrüßen. 11 Samuel aber frag-
te: Was hast du getan? Saul antwortete: Weil
ich sah, dass mir das Volk davonlief und du
nicht zu dem vereinbarten Zeitpunkt gekom-
men bist und die Philister sich bei Michmas
versammelt haben, 12 dachte ich: Jetzt werden
die Philister gegen mich nach Gilgal herabzie-
hen, noch ehe ich den HERRN gnädig gestimmt
habe. Darum habe ich es gewagt, das Brandop-
fer darzubringen. 13 Samuel erwiderte Saul: Du
hast töricht gehandelt: Hättest du das Gebot
bewahrt, das dir der HERR, dein Gott, gegeben
hat, dann hätte er jetzt deine Herrschaft über
Israel für immer gefestigt. 14 Nun aber wird
deine Herrschaft keinen Bestand haben. Der
HERR hat sich einen Mann nach seinem Her-
zen gesucht und ihn zum Fürsten seines Volkes
gemacht. Denn du hast nicht bewahrt, was der
HERR dir geboten hat.

15 Danach brach Samuel auf und ging von
Gilgal nach Gibea-Benjamin hinauf. Saul mus-
terte das Volk, das noch bei ihm war; es waren
etwa sechshundert Mann. 16 Saul, sein Sohn
Jonatan und die Leute, die noch bei ihnen wa-
ren, standen bei Geba-Benjamin, während die
Philister ihr Lager bei Michmas hatten. 17 Da
zogen aus dem Lager der Philister drei Abtei-
lungen aus, um zu plündern. Eine Abteilung
wandte sich in Richtung Ofra im Gebiet von
Schual; 18 die zweite Abteilung zog in Rich-
tung Bet-Horon und die dritte Abteilung
wandte sich in Richtung auf den Hügel, der
über das Hyänental weg in die Wüste hinü-
berschaut.

19 Damals war im ganzen Land kein Schmied
zu finden. Denn die Philister hatten sich ge-
sagt: Die Hebräer sollen sich keine Schwerter
und Lanzen machen können. 20 Alle Israeliten
gingen zu den Philistern hinab, wenn jemand
sich eine Pflugschar, eine Hacke, eine Axt oder
eine Sichel schmieden lassen wollte. 21 Der
Preis für das Schärfen der Pflugscharen, der
Hacken, des Dreizacks und der Äxte und das
Einsetzen des Ochsenstachels betrug ein Pim.
22 Als es nun zum Krieg kam, fand sich im gan-

13,5 dreitausend: vgl. S und eine Rezension von G; dreißigtausend: H.

13,18 den Hügel: vgl. G; das Gebiet: H.

13,21 ein Pim: eine Gewichtseinheit, zwei Drittel eines Schekels.

zen Volk, das bei Saul und Jonatan war, weder
ein Schwert noch ein Speer. Es gab sie nur bei
Saul und seinem Sohn Jonatan.

1: Apg 13,21 / **3**: Ri 3,27 / **5**: Jos 11,4; 1 Sam 14,31 / **6**: Ri 6,2 / **8**: 10,8 / **9**: 2 Sam 24,25 / **10**: 15,13 / **13**: 10,8 / **14**: 15,23.28; 16,1 / **15**: 14,2 / **18**: Jos 18,13f. / **19**: Ri 5,8; 2 Kön 24,14

JONATANS VORSTOSS BEI MICHMAS: 13,23–14,15

23 Ein Posten der Philister rückte gegen den
Pass von Michmas vor.
14 1 Eines Tages sagte Jonatan, der Sohn
Sauls, zu seinem Waffenträger: Komm,
wir wollen zu dem Posten der Philister hinü-
bergehen, der da drüben steht. Seinem Vater
sagte er aber nichts davon. 2 Saul saß an der
Flurgrenze von Gibea unter dem Granatapfel-
baum, der bei Migron steht. Das Volk, das er
bei sich hatte, zählte etwa sechshundert Mann.
3 Damals trug Ahija, der Sohn Ahitubs, des
Bruders Ikabods, des Sohnes des Pinhas, des
Sohnes Elis, des Priesters des HERRN in Schi-
lo, das Efod. Das Volk wusste nicht, dass Jona-
tan weggegangen war. 4 An den Übergängen,
wo Jonatan zu dem Posten der Philister hinü-
berzukommen versuchte, war hüben und drü-
ben eine Felszacke; die eine nannte man Bozez,
die andere Senne. 5 Die eine Felszacke erhebt
sich wie eine Säule auf der Nordseite, gegen-
über von Michmas, die andere auf der Südsei-
te, gegenüber von Geba. 6 Jonatan sagte also zu
seinem Waffenträger: Komm, wir wollen hi-
nübergehen zu dem Posten dieser Unbe-
schnittenen. Vielleicht wird der HERR für uns
handeln; für den HERRN ist es ja keine Schwie-
rigkeit zu helfen, sei es durch viele oder durch
wenige. 7 Sein Waffenträger erwiderte ihm: Tu
nur, was du im Sinn hast! Geh, ich bin mit da-
bei; ganz wie du willst. 8 Jonatan sagte: Hör zu!
Wir wollen zu den Männern hinübergehen
und uns ihnen offen zeigen. 9 Und wenn sie
dann zu uns sagen: Bleibt stehen, bis wir zu
euch kommen!, dann bleiben wir stehen, wo
wir sind, und gehen nicht zu ihnen hinauf.
10 Wenn sie aber sagen: Kommt zu uns herauf!,
dann wollen wir zu ihnen hinaufsteigen; denn
der HERR hat sie in unsere Hand gegeben. Das
soll für uns das Zeichen sein. 11 Die beiden
zeigten sich also dem Posten der Philister. Die
Philister sagten: Seht nur, die Hebräer sind
aus ihren Löchern hervorgekommen, in denen
sie sich versteckt hatten. 12 Die Wachtposten
riefen zu Jonatan und seinem Waffenträger
hinüber und sagten: Kommt nur herauf zu uns,
wir werden euch etwas erzählen. Da sagte
Jonatan zu seinem Waffenträger: Geh hinter
mir hinauf; denn der HERR hat sie in die Hand
Israels gegeben. 13 Jonatan kletterte auf
Händen und Füßen hinauf und sein Waffen-
träger folgte ihm. Sie fielen vor Jonatan und
sein Waffenträger, der ihm folgte, gab ihnen
den Todesstoß. 14 Das war der erste Schlag, den
Jonatan und sein Waffenträger führten. Sie
erschlugen etwa zwanzig Mann, auf einer Flä-
che, die ungefähr einen halben Morgen groß
war. 15 Großer Schrecken entstand im Lager,
auf dem Feld und im ganzen Volk; auch der
Vorposten und die plündernden Abteilungen
erschraken. Dazu bebte die Erde und es ent-
stand ein Gottesschrecken.

14,2: 13,15 / **3**: 14,18; 4,21; 22,20 / **6**: Ri 14,3; 7,1–8 / **9**: Ri 6,36–40 / **11**: 13,6 / **12**: Ri,7,15; 2 Sam 5,19.24

SIEG ÜBER DIE PHILISTER: 14,16–23

16 Die Späher Sauls in Gibea-Benjamin sahen
ein Getümmel, das wogte und hin und her lief.
17 Da sagte Saul zu den Leuten, die bei ihm wa-
ren: Prüft und seht nach, wer von unseren Leu-
ten weggegangen ist! Sie prüften und tatsäch-
lich fehlten Jonatan und sein Waffenträger.
18 Saul sagte zu Ahija: Bring die Lade Gottes
her! Denn die Lade war an jenem Tag bei den
Israeliten. 19 Während Saul mit dem Priester
redete, wurde das Getümmel im Lager der Phi-
lister immer größer. Da sagte Saul zu dem
Priester: Halt ein! 20 Saul aber und alle Leute,
die bei ihm waren, wurden aufgeboten und
zogen bis zum Ort des Kampfes. Und siehe,
jeder hatte sein Schwert gegen den anderen
gerichtet und eine große Verwirrung war ent-
standen. 21 Auch die Hebräer, die bis zu diesem
Zeitpunkt auf Seiten der Philister gestanden
und mit ihnen in den Krieg gezogen waren,
wandten sich ab, um auf Seiten Israels zu sein,
das zu Saul und Jonatan hielt. 22 Als die Israeli-
ten, die sich im Gebirge Efraim versteckt hat-
ten, hörten, dass die Philister auf der Flucht
waren, setzten auch sie ihnen im Kampf nach
23 und der HERR rettete an jenem Tag Israel. Der
Kampf hatte sich bis Bet-Awen ausgedehnt.

18: 7,1f. / **20**: Ri 7,22

SAULS SCHWUR UND JONATANS RETTUNG: 14,24–46

24 Die Israeliten gerieten an jenem Tag in Be-
drängnis. Darum stellte Saul das Volk unter

einen Fluch und sagte: Verflucht sei jeder, der
vor dem Abend etwas isst, bevor ich mich an
meinen Feinden gerächt habe. Das Volk nahm
also bis zum Abend keine Nahrung zu sich.
25 Das ganze Volk ging in den Wald. Da gab es
Honig auf dem Boden des Feldes. 26 Als das
Volk in den Wald kam, siehe, da lief Honig
dahin, aber niemand streckte seine Hand aus,
um etwas davon zu nehmen. Denn das Volk
fürchtete den Schwur. 27 Jonatan aber hatte
nicht gehört, wie sein Vater das Volk beschwor.
Er tauchte den Stock, den er in der Hand hielt,
mit der Spitze in eine Honigwabe und führte
den Honig mit der Hand zum Mund. Da leuch-
teten seine Augen wieder. 28 Einer aus dem
Volk aber sagte: Dein Vater hat das Volk mit
einem Eid beschworen und gesagt: Verflucht
sei jeder, der heute etwas isst. Das Volk war
aber erschöpft. 29 Jonatan erwiderte: Mein Va-
ter stürzt das Land ins Unglück. Seht nur, mei-
ne Augen leuchten, weil ich ein bisschen von
diesem Honig gegessen habe. 30 Ja, hätte das
Volk heute von der Beute, die es gemacht hat,
ordentlich gegessen! Dann wäre die Niederla-
ge der Philister noch größer geworden.

31 Die Israeliten schlugen an diesem Tag die
Philister zwischen Michmas und Ajalon, das
Volk aber war sehr erschöpft. 32 Deshalb stürz-
te sich das Volk auf die Beute, nahm Schafe,
Rinder und Kälber, schlachtete sie am Boden
und das Volk aß davon samt dem Blut. 33 Da
meldete man Saul: Sieh nur, das Volk versün-
digt sich gegen den HERRN, es isst Fleisch samt
dem Blut. Er sagte: Ihr habt ein Unrecht be-
gangen. Wälzt sofort einen großen Stein her!
34 Und er befahl: Geht unter die Leute und sagt
ihnen: Jeder soll sein Rind und sein Lamm zu
mir bringen und es hier schlachten und essen.
Versündigt euch nicht gegen den HERRN, in-
dem ihr es samt dem Blut esst! Da brachten die
Leute noch in der Nacht alles, was sie in der
Hand hatten, herbei und schlachteten es dort.
35 Und Saul erbaute dem HERRN einen Altar.
Es war der erste Altar, den er dem HERRN er-
baute.

36 Saul sagte: Wir wollen in der Nacht hinter
den Philistern herziehen und unter ihnen
plündern, bis der Tag anbricht. Keinen von
ihnen wollen wir übrig lassen. Die Leute ant-
worteten: Tu nur, was du für richtig hältst! Der
Priester aber sagte: Wir wollen hier vor Gott
hintreten. 37 Saul fragte also Gott: Soll ich hin-
ter den Philistern herziehen? Wirst du sie in
die Hand Israels geben? Gott aber gab an je-
nem Tag keine Antwort. 38 Darauf sagte Saul:
Alle Anführer des Volkes, kommt her und
forscht nach, wodurch diese Sünde heute zu-
stande gekommen ist! 39 So wahr der HERR,
der Retter Israels, lebt: Selbst wenn es sich um
meinen Sohn Jonatan handeln würde – er
muss sterben. Doch niemand aus dem Volk
antwortete. 40 Saul aber sagte zu allen Israeli-
ten: Ihr sollt auf der einen Seite stehen, ich und
mein Sohn Jonatan wollen auf der anderen
Seite stehen. Das Volk antwortete Saul: Tu,
was du für richtig hältst! 41 Darauf sagte Saul
zum HERRN: Gott Israels, gib uns volle Klar-
heit! Da fiel das Los auf Jonatan und Saul, das
Volk aber ging frei aus. 42 Saul sagte: Werft nun
das Los zwischen mir und meinem Sohn Jo-
natan! Das Los fiel auf Jonatan. 43 Da sagte Saul
zu Jonatan: Sag mir, was hast du getan? Jona-
tan bekannte es ihm und sagte: Ich habe mit
der Spitze des Stockes, den ich in der Hand
hatte, ein wenig Honig genommen und davon
versucht. Ich bin bereit zu sterben. 44 Saul er-
widerte: Gott möge mir dies und das antun –
Jonatan, du musst sterben. 45 Aber das Volk
sagte zu Saul: Soll Jonatan sterben, der so viel
für die Rettung Israels getan hat? Das darf
nicht sein! So wahr der HERR lebt: Ihm soll
kein Haar gekrümmt werden. Denn nur mit
Gottes Hilfe hat er heute diese Tat vollbracht.
So befreite das Volk Jonatan und er brauchte
nicht zu sterben. 46 Saul aber gab die Verfol-
gung der Philister auf und zog wieder hinauf
und die Philister kehrten in ihre Städte zurück.

24: Jos 6,26 / **25**: Ri 14,8f.; Ps 81,17 / **27**: 30,12 / **29**: 1 Kön 18,17f. / **33**: Gen 9,4; Lev 3,17 / **34**: Lev 17,10–14 / **35**: 7,17; 2 Sam 24,24f. / **36**: Ri 3,28f.; 4,16 / **37**: 23,2 / **39**: 2 Sam 12,5 / **40**: Jos 7,16–18; 1 Sam 10,20f. / **41**: Spr 16,33; Apg 1,24–26 / **43**: Jos 7,19 / **44**: Rut 1,17 / **45**: 11,13; 1 Kön 1,52; 2 Sam 14,11

SAULS KRIEGE. SEINE FAMILIE: 14,47–52

47 Als Saul die Königswürde über Israel erlangt
hatte, führte er ringsum mit all seinen Feinden
Krieg: mit Moab und den Ammonitern, mit
Edom und den Königen von Zoba und mit den
Philistern. Wohin er sich auch wandte, war
er siegreich. 48 Er vollbrachte tapfere Taten,
schlug Amalek und befreite Israel aus der
Hand derer, die es ausraubten.

14,34 alles, was: G; ihren Stier: H, Vg und S.

14,47 war er siegreich: vgl. G; frevelte er: H.

49 Die Söhne Sauls waren Jonatan, Jischwi
und Malkischua. Die ältere seiner beiden
Töchter hieß Merab, die jüngere Michal.
50 Sauls Frau hieß Ahinoam; sie war eine Toch-
ter des Ahimaaz. Sein Heerführer hieß Abner;
er war ein Sohn Ners, des Onkels Sauls;
51 Kisch, der Vater Sauls, und Ner, der Vater
Abners, waren Söhne Abiëls.

52 Der harte Krieg gegen die Philister hörte
nicht auf, solange Saul lebte. Jeden starken und
kriegstüchtigen Mann, den Saul sah, nahm er
in seinen Dienst.

47: 11,1–11; 14,16–23 / **48**: 15,4–8 / **49**: 31,2 / **50**: 18,17–27; 2 Sam 2,8; 1 Sam 10,16 / **52**: 18,2

SAULS ERNEUTE VERWERFUNG NACH DEM SIEG ÜBER AMALEK: 15,1–35

15 1 Samuel sagte zu Saul: Der HERR hat-
te mich gesandt, um dich zum König
seines Volkes Israel zu salben. Darum gehor-
che jetzt den Worten des HERRN! 2 So spricht
der HERR der Heerscharen: Ich habe beobach-
tet, was Amalek Israel angetan hat: Es hat sich
ihm in den Weg gestellt, als Israel aus Ägyp-
ten heraufzog. 3 Darum zieh jetzt in den
Kampf und schlag Amalek! Ihr werdet an al-
lem, was ihm gehört, den Bann vollziehen!
Schone es nicht, sondern töte Männer und
Frauen, Kinder und Säuglinge, Rinder und
Schafe, Kamele und Esel! 4 Saul bot das Volk
auf und musterte es in Telaim. Es waren zwei-
hunderttausend Mann Fußvolk, dazu noch
zehntausend Mann mit den Judäern. 5 Saul
rückte bis zur Stadt der Amalekiter vor und
legte im Bachtal einen Hinterhalt. 6 Den Keni-
tern aber ließ er sagen: Auf, zieht fort, verlasst
das Gebiet der Amalekiter, damit ich euch
nicht zusammen mit ihnen vernichte; denn
ihr habt euch gegenüber allen Israeliten
freundlich verhalten, als sie aus Ägypten he-
raufzogen. Da verließen die Keniter das Ge-
biet der Amalekiter. 7 Saul aber schlug die
Amalekiter zwischen Hawila und der Gegend
von Schur, das Ägypten gegenüberliegt.
8 Agag, den König von Amalek, brachte er le-
bend in seine Gewalt; aber am ganzen Volk
vollzog er den Bann mit der Schärfe des
Schwertes. 9 Saul und das Volk schonten
Agag, ebenso auch die besten von den Schafen
und Rindern, nämlich das Mastvieh und die
Lämmer, sowie alles, was sonst noch wertvoll
war. Das wollten sie nicht zum Banngut ma-
chen. Nur alles Minderwertige und Wertlose
machten sie zum Banngut.

10 Deshalb erging das Wort des HERRN an
Samuel: 11 Es reut mich, dass ich Saul zum
König gemacht habe. Denn er hat sich von
mir abgewandt und hat meine Befehle nicht
ausgeführt. Das verdross Samuel sehr und er
schrie die ganze Nacht zum HERRN. 12 Am
nächsten Morgen machte sich Samuel auf den
Weg und ging Saul entgegen. Man hatte Samu-
el mitgeteilt: Saul ist nach Karmel gekommen
und hat sich ein Denkmal errichtet; dann ist
er umgekehrt und nach Gilgal hinab weiterge-
zogen. 13 Als Samuel nun zu Saul kam, sagte
Saul zu ihm: Gesegnet seist du vom HERRN.
Ich habe den Befehl des HERRN ausgeführt.
14 Samuel erwiderte: Und was bedeutet dieses
Blöken von Schafen, das mir in die Ohren
dringt, und das Gebrüll der Rinder, das ich da
höre? 15 Saul antwortete: Man hat sie aus Ama-
lek mitgebracht, weil das Volk die besten von
den Schafen und Rindern geschont hat, um sie
dem HERRN, deinem Gott, zu opfern. Das
Übrige haben wir zum Banngut gemacht. 16 Da
sagte Samuel zu Saul: Hör auf! Ich will dir ver-
künden, was der HERR mir heute Nacht gesagt
hat. Saul antwortete: Sprich! 17 Samuel sagte:
Bist du nicht, obwohl du dir gering vor-
kommst, das Haupt der Stämme Israels? Der
HERR hat dich zum König von Israel gesalbt.
18 Dann hat dich der HERR auf den Weg ge-
schickt und gesagt: Geh und vollziehe an den
Übeltätern, an den Amalekitern, den Bann;
kämpfe gegen sie, bis du sie vernichtet hast!
19 Warum hast du nicht auf die Stimme des
HERRN gehört, sondern hast dich auf die Beu-
te gestürzt und getan, was dem HERRN miss-
fällt? 20 Saul erwiderte Samuel: Ich habe doch
auf die Stimme des HERRN gehört; ich bin den
Weg gegangen, auf den der HERR mich ge-
schickt hat; ich habe Agag, den König von
Amalek, hergebracht und an den Amalekitern
den Bann vollzogen. 21 Aber das Volk hat von
der Beute einige Schafe und Rinder genom-
men, das Beste vom Banngut, um es dem
HERRN, deinem Gott, in Gilgal zu opfern.
22 Samuel aber sagte:

Hat der HERR an Brandopfern und Schlachtopfern das gleiche Gefallen / wie am Gehorsam gegenüber der Stimme des HERRN?
Wahrhaftig, Gehorsam ist besser als Opfer, / Hinhören besser als das Fett von Widdern.

15,9 das Mastvieh: S; die zweiten/Zweitgeborenen: H.

23 Denn wie Sünde der Wahrsagerei ist Wi-
derspenstigkeit, / wie Frevel mit Götzenbil-
dern ist Auflehnung. / Weil du das Wort des
HERRN verworfen hast, / verwirft er dich als
König.

24 Da sagte Saul zu Samuel: Ich habe gesün-
digt; denn ich habe mich über den Befehl des
HERRN und deine Anweisungen hinwegge-
setzt, ich habe mich vor dem Volk gefürchtet
und auf seine Stimme gehört.

25 Darum nimm doch die Sünde von mir
weg und kehr mit mir zurück, damit ich den
HERRN anbete! 26 Samuel erwiderte Saul: Ich
kehre nicht mit dir zurück; denn du hast das
Wort des HERRN verworfen und nun hat der
HERR dich verworfen, sodass du nicht mehr
König von Israel sein kannst.

27 Als Samuel sich umwandte, um wegzu-
gehen, griff Saul nach dem Zipfel seines Man-
tels, doch der riss ab. 28 Da sagte Samuel zu
ihm: So entreißt dir heute der HERR die Herr-
schaft über Israel und gibt sie einem anderen,
der besser ist als du. 29 Er, der ewige Ruhm
Israels, kann weder lügen noch bereuen. Er
ist doch kein Mensch, sodass er etwas bereu-
en müsste. 30 Saul erwiderte: Ich habe gesün-
digt; erweise mir aber jetzt vor den Ältesten
des Volkes und vor Israel die Ehre, mit mir
zurückzukehren, damit ich den HERRN, dei-
nen Gott, anbete!

31 Da kehrte Samuel um und folgte Saul und
Saul betete den HERRN an. 32 Darauf sagte
Samuel: Bringt Agag, den König von Amalek,
zu mir! Agag wurde in Fesseln zu ihm gebracht
und sagte: Wahrhaftig, die Bitterkeit des
Todes ist gewichen. 33 Samuel aber erwiderte:

Wie dein Schwert die Frauen um ihre Kin-
der gebracht, / so sei unter den Frauen deine
Mutter kinderlos gemacht.

Und Samuel hieb vor den Augen des HERRN
in Gilgal Agag in Stücke. 34 Dann ging Samuel
nach Rama und Saul zog hinauf in sein Haus
nach Gibea-Saul.

35 Samuel sah Saul vor dem Tag seines Todes
nicht mehr. Samuel trauerte um Saul, weil es
den HERRN reute, dass er Saul zum König über
Israel gemacht hatte.

1: 9,16; 10,1 / **2**: Ex 17,8–16; Dtn 25,17–19 / **3**: Jos 6,21 / **4**: 2 Sam 24,2–9 / **6**: Ri 1,16 / **7**: Gen 20,1; 26,18 / **11**: Gen 6,7 / **12**: 25,2; Jos 15,55 / **13**: Gen 14,19 / **17**: 9,21 / **19**: 28,18; 14,32 / **22**: Jes 1,11–13; Am 5,21–25; Mi 6,6–8 / **23**: Dtn 18,10f. / **24**: 2 Sam 12,13; Jes 51,12 / **26**: 13,14 / **27**: 1 Kön 11,29–31 / **28**: 28,17 / **29**: Num 23,19 / **30**: Joh 12,43 / **33**: Ri 8,18–21; Gen 9,6 / **34**: 1,19; 25,1 / **35**: 19,18–24

SAUL UND DAVID: 16,1–31,13

DAVIDS SALBUNG ZUM KÖNIG: 16,1–13

16 1 Der HERR sagte zu Samuel: Wie lange
willst du noch um Saul trauern? Ich
habe ihn doch verworfen; er soll nicht mehr
als König über Israel herrschen. Fülle dein
Horn mit Öl und mach dich auf den Weg! Ich
schicke dich zu dem Betlehemiter Isai; denn
ich habe mir einen von seinen Söhnen als Kö-
nig ausersehen. 2 Samuel erwiderte: Wie kann
ich da hingehen? Saul wird es erfahren und
mich umbringen. Der HERR sagte: Nimm ein
junges Rind mit und sag: Ich bin gekommen,
um dem HERRN ein Schlachtopfer darzubrin-
gen. 3 Lade Isai zum Opfer ein! Ich selbst wer-
de dich dann erkennen lassen, was du tun
sollst: Du sollst mir nur den salben, den ich dir
nennen werde. 4 Samuel tat, was der HERR
befohlen hatte. Als er nach Betlehem kam,
gingen ihm die Ältesten der Stadt zitternd ent-
gegen und fragten: Bedeutet dein Kommen
Frieden? 5 Er antwortete: Frieden. Ich bin ge-
kommen, um dem HERRN ein Schlachtopfer
darzubringen. Heiligt euch und kommt mit
mir zum Opfer! Dann heiligte er Isai und seine
Söhne und lud sie zum Opfer ein. 6 Als sie ka-
men und er den Eliab sah, dachte er: Gewiss
steht nun vor dem HERRN sein Gesalbter.
7 Der HERR aber sagte zu Samuel: Sieh nicht
auf sein Aussehen und seine stattliche Gestalt,
denn ich habe ihn verworfen; Gott sieht näm-
lich nicht auf das, worauf der Mensch sieht.
Der Mensch sieht, was vor den Augen ist, der
HERR aber sieht das Herz. 8 Nun rief Isai den
Abinadab und ließ ihn vor Samuel treten. Die-
ser sagte: Auch ihn hat der HERR nicht er-
wählt. 9 Isai ließ Schima kommen. Samuel

16,7 Gott sieht: G; nicht in H.

sagte: Auch ihn hat der HERR nicht erwählt.
10 So ließ Isai sieben seiner Söhne vor Samuel
treten, aber Samuel sagte zu Isai: Diese hat der
HERR nicht erwählt. 11 Und er fragte Isai: Sind
das alle jungen Männer? Er antwortete: Der
jüngste fehlt noch, aber der hütet gerade die
Schafe. Samuel sagte zu Isai: Schick jemand
hin und lass ihn holen; wir wollen uns nicht
zum Mahl hinsetzen, bevor er hergekommen
ist. 12 Isai schickte also jemand hin und ließ ihn
kommen. David war rötlich, hatte schöne Au-
gen und eine schöne Gestalt. Da sagte der
HERR: Auf, salbe ihn! Denn er ist es. 13 Samu-
el nahm das Horn mit dem Öl und salbte David
mitten unter seinen Brüdern. Und der Geist
des HERRN war über David von diesem Tag
an. Samuel aber brach auf und kehrte nach
Rama zurück.

1: 13,14; 15,23; 2 Kön 9,1 / **2**: 20,33 / **5**: 2 Kön 9,22 / **6**: 1 Chr 2,13 / **7**: 9,2; Jer 17,10 / **10**: 17,13; 1 Chr 2,13–15 / **11**: 17,15; 2 Sam 7,8 / **12**: 17,42 / **13**: 2 Sam 2,4; 5,3; Ps 89,21

DAVID IM DIENST SAULS: 16,14–23

14 Der Geist des HERRN war von Saul gewichen
und ein böser Geist vom HERRN verstörte ihn.
15 Da sagten die Diener Sauls zu ihm: Du
siehst, ein böser Geist Gottes verstört dich.
16 Darum möge unser Herr seinen Knechten,
die vor ihm stehen, befehlen, einen Mann zu
suchen, der die Leier zu spielen versteht. So-
bald dich der böse Geist Gottes überfällt, soll
er spielen; dann wird es dir wieder gut gehen.
17 Saul sagte zu seinen Dienern: Seht euch für
mich nach einem Mann um, der gut spielen
kann, und bringt ihn her zu mir! 18 Einer der
jungen Männer antwortete: Ich kenne einen
Sohn des Betlehemiters Isai, der zu spielen
versteht. Und er ist tapfer und ein guter Krie-
ger, wortgewandt, von schöner Gestalt und
der HERR ist mit ihm. 19 Da schickte Saul Boten
zu Isai und ließ ihm sagen: Schick mir deinen
Sohn David, der bei den Schafen ist! 20 Isai
nahm einen Esel, dazu Brot, einen Schlauch
Wein und ein Ziegenböckchen und schickte
seinen Sohn David damit zu Saul. 21 So kam
David zu Saul und trat in seinen Dienst; Saul
gewann ihn sehr lieb und David wurde sein
Waffenträger. 22 Darum schickte Saul zu Isai
und ließ ihm sagen: David soll in meinem
Dienst bleiben; denn er hat mein Wohlwollen
gefunden. 23 Sooft nun ein Geist Gottes Saul
überfiel, nahm David die Leier und spielte da-
rauf. Dann fühlte sich Saul erleichtert, es ging
ihm wieder gut und der böse Geist wich von
ihm.

14: 18,10; 19,9 / **16**: 2 Kön 3,15 / **17**: Spr 22,29 / **18**: 14,52; 18,12.14 / **20**: 16,11; 10,3 / **22**: 18,2

DAVID UND GOLIAT: 17,1–58

17 1 Die Philister zogen ihre Truppen zum
Kampf zusammen. Sie versammelten
sich bei Socho, das zu Juda gehört, und schlu-
gen zwischen Socho und Aseka in Efes-Dam-
mim ihr Lager auf. 2 Auch Saul und die Männer
Israels sammelten sich; sie schlugen ihr Lager
im Terebinthental auf und traten zum Kampf
gegen die Philister an. 3 Die Philister standen
an dem Berg auf der einen Seite, die Israeliten
an dem Berg auf der anderen Seite; zwischen
ihnen lag das Tal.

4 Da trat aus dem Lager der Philister ein Vor-
kämpfer namens Goliat aus Gat hervor. Er war
sechs Ellen und eine Spanne groß. 5 Auf sei-
nem Kopf hatte er einen Helm aus Bronze und
er trug einen Schuppenpanzer aus Bronze, der
fünftausend Schekel wog. 6 Er hatte bronzene
Schienen an den Beinen und zwischen seinen
Schultern hing ein Sichelschwert aus Bronze.
7 Der Schaft seines Speeres war wie ein We-
berbaum und die eiserne Speerspitze wog
sechshundert Schekel. Sein Schildträger ging
vor ihm her. 8 Goliat trat vor und rief zu den
Reihen der Israeliten hinüber: Warum seid ihr
ausgezogen und habt euch zum Kampf aufge-
stellt? Bin ich nicht ein Philister und seid ihr
nicht die Knechte Sauls? Wählt euch doch
einen Mann aus! Er soll zu mir herunterkom-
men. 9 Wenn er mich im Kampf erschlagen
kann, wollen wir eure Knechte sein. Wenn ich
ihm aber überlegen bin und ihn erschlage,
dann sollt ihr unsere Knechte sein und uns
dienen. 10 Und der Philister sagte weiter: Heu-
te habe ich die Reihen Israels verhöhnt. Schickt
mir doch einen Mann, damit wir gegeneinan-
der kämpfen können! 11 Als Saul und ganz Is-
rael diese Worte des Philisters hörten, erschra-
ken sie und hatten große Angst.

12 David war der Sohn eines Efraimiters na-
mens Isai aus Betlehem in Juda, der acht Söhne
hatte. Zur Zeit Sauls war Isai bereits alt und
betagt. 13 Die drei ältesten Söhne Isais waren
zusammen mit Saul in den Krieg gezogen. Sei-
ne drei Söhne, die mit in den Krieg gezogen
waren, hießen Eliab – er war der Erstgebore-
ne –, der zweite Abinadab, der dritte Schima.
14 David aber war der Jüngste. Die drei Ältesten

waren Saul gefolgt. 15 David kehrte öfters vom
Hof Sauls nach Betlehem zurück, um die Scha-
fe seines Vaters zu hüten.

16 Der Philister kam jeden Morgen und
Abend und stellte sich hin – vierzig Tage lang.
17 Eines Tages sagte Isai zu seinem Sohn David:
Nimm für deine Brüder ein Efa von diesem
gerösteten Korn und diese zehn Brote und
lauf damit zu ihnen ins Lager! 18 Und diese
zehn Käse bring dem Obersten der Tausend-
schaft! Sieh nach, ob es deinen Brüdern gut
geht, und lass dir ein Pfand von ihnen geben!
19 Saul ist mit ihnen und all den anderen Isra-
eliten im Terebinthental und sie kämpfen
gegen die Philister. 20 David brach früh am
Morgen auf, überließ die Herde einem Wäch-
ter, lud die Sachen auf und ging, wie es ihm
Isai befohlen hatte. Als er zur Wagenburg kam,
rückte das Heer gerade in Schlachtordnung
aus und ließ den Kampfruf erschallen. 21 Isra-
el und die Philister stellten sich, Reihe gegen
Reihe, zum Kampf auf. 22 David legte das Ge-
päck ab, überließ es dem Wächter des Trosses
und lief zur Schlachtreihe. Er ging zu seinen
Brüdern und fragte, wie es ihnen gehe.
23 Während er noch mit ihnen redete, trat ge-
rade aus den Reihen der Philister ihr Vor-
kämpfer, der Philister namens Goliat aus Gat,
hervor; er rief die gewohnten Worte und
David hörte es. 24 Als alle Israeliten den Mann
sahen, flohen sie vor ihm und fürchteten sich
sehr. 25 Sie sagten: Habt ihr gesehen, wie dieser
Mann daherkommt? Er kommt doch nur, um
Israel zu verhöhnen. Wer ihn erschlägt, den
wird der König sehr reich machen; er wird ihm
seine Tochter geben und seine Familie wird er
von allen Steuern in Israel befreien. 26 David
fragte die Männer, die bei ihm standen: Was
wird man für den Mann tun, der diesen Phi-
lister erschlägt und die Schande von Israel
wegnimmt? Wer ist denn dieser unbeschnit-
tene Philister, dass er die Schlachtreihen des
lebendigen Gottes verhöhnen darf? 27 Die
Leute antworteten ihm dasselbe: Das und das
wird man dem tun, der ihn erschlägt. 28 Sein
ältester Bruder Eliab hörte, wie er mit den
Männern redete, und er wurde zornig auf Da-
vid. Er sagte: Wozu bist du denn hergekom-
men? Wem hast du denn die paar Schafe in
der Wüste überlassen? Ich kenne doch deine
Keckheit und die Bosheit deines Herzens. Du
bist nur hergekommen, um den Kampf zu se-
hen. 29 David erwiderte: Was habe ich denn
jetzt wieder getan? Ich habe doch nur gefragt.
30 Dann wandte er sich von ihm ab und einem
anderen zu und fragte ihn dasselbe. Die Leute
antworteten ihm wie beim ersten Mal.

31 Als bekannt wurde, was David gesagt
hatte, berichtete man davon auch in Sauls Um-
gebung und Saul ließ ihn holen. 32 David sagte
zu Saul: Niemand soll wegen des Philisters den
Mut sinken lassen. Dein Knecht wird hinge-
hen und mit diesem Philister kämpfen. 33 Saul
erwiderte ihm: Du kannst nicht zu diesem
Philister hingehen, um mit ihm zu kämpfen;
du bist zu jung, er aber ist ein Krieger seit seiner
Jugend. 34 David sagte zu Saul: Dein Knecht
hat für seinen Vater die Schafe gehütet. Wenn
ein Löwe oder ein Bär kam und ein Lamm aus
der Herde wegschleppte, 35 lief ich hinter ihm
her, schlug auf ihn ein und riss das Tier aus
seinem Maul. Und wenn er sich dann gegen
mich aufrichtete, packte ich ihn an der Mähne
und schlug ihn tot. 36 Dein Knecht hat den Lö-
wen und den Bären erschlagen und diesem
unbeschnittenen Philister soll es genauso er-
gehen wie ihnen, weil er die Schlachtreihen
des lebendigen Gottes verhöhnt hat. 37 Und
David sagte weiter: Der HERR, der mich aus
der Gewalt des Löwen und des Bären gerettet
hat, wird mich auch aus der Gewalt dieses Phi-
listers retten. Da antwortete Saul David: Geh,
der HERR sei mit dir. 38 Und Saul zog David
seine Rüstung an; er setzte ihm einen bronze-
nen Helm auf den Kopf und legte ihm seinen
Panzer an 39 und über der Rüstung hängte er
ihm sein Schwert um. David versuchte zu ge-
hen, aber er war es nicht gewohnt. Darum
sagte er zu Saul: Ich kann in diesen Sachen
nicht gehen, ich bin nicht daran gewöhnt. Und
er legte sie wieder ab, 40 nahm seinen Stock in
die Hand, suchte sich fünf glatte Steine aus
dem Bach und legte sie in die Hirtentasche, die
er bei sich hatte, in den Vorratsbeutel. Die
Schleuder in der Hand, ging er auf den Philis-
ter zu.

41 Der Philister kam immer näher an David
heran; sein Schildträger schritt vor ihm her.
42 Als der Philister aufblickte und David sah,
verachtete er ihn, denn er war jung, rötlich und
von schöner Gestalt. 43 Der Philister sagte zu
David: Bin ich denn ein Hund, dass du mit
einem Stock zu mir kommst? Und er verfluch-
te David bei seinen Göttern.

44 Er rief David zu: Komm nur her zu mir,
ich werde dein Fleisch den Vögeln des Him-

mels und den wilden Tieren geben. 45 David
antwortete dem Philister: Du kommst zu mir
mit Schwert, Speer und Sichelschwert, ich
aber komme zu dir im Namen des HERRN der
Heerscharen, des Gottes der Schlachtreihen
Israels, den du verhöhnt hast. 46 Heute wird
dich der HERR mir ausliefern. Ich werde dich
erschlagen und dir den Kopf abhauen. Die Lei-
chen des Heeres der Philister werde ich noch
heute den Vögeln des Himmels und den wil-
den Tieren geben. Alle Welt soll erkennen,
dass Israel einen Gott hat. 47 Auch alle, die hier
versammelt sind, sollen erkennen, dass der
HERR nicht durch Schwert und Speer Rettung
verschafft; denn es ist ein Krieg des HERRN
und er wird euch in unsere Hand geben. 48 Als
der Philister weiter vorrückte und immer nä-
her an David herankam, lief auch David schnell
auf die Schlachtreihe zu, dem Philister entge-
gen. 49 Er griff in seine Hirtentasche, nahm
einen Stein heraus, schleuderte ihn ab und traf
den Philister an der Stirn. Der Stein drang in
die Stirn ein und der Philister fiel mit dem
Gesicht zu Boden. 50 So besiegte David den
Philister mit einer Schleuder und einem Stein;
er traf den Philister und tötete ihn, ohne ein
Schwert in der Hand zu haben. 51 Dann lief
David hin und trat neben den Philister. Er er-
griff sein Schwert, zog es aus der Scheide, tö-
tete ihn und schlug ihm den Kopf ab. Als die
Philister sahen, dass ihr starker Mann tot war,
flohen sie. 52 Die Männer von Israel und Juda
aber griffen an, erhoben das Kriegsgeschrei
und verfolgten die Philister bis nach Gat und
bis vor die Tore von Ekron. Von Schaarajim bis
nach Gat und Ekron lagen die erschlagenen
Philister am Weg. 53 Nach der Verfolgung kehr-
ten die Israeliten zurück und plünderten das
Lager der Philister. 54 David nahm den Kopf des
Philisters und brachte ihn nach Jerusalem. Go-
liats Waffen aber legte er in sein Zelt.

55 Als Saul David dem Philister entgegenge-
hen sah, sagte er zu Abner, seinem Heerführer:
Abner, wessen Sohn ist der junge Mann? Ab-
ner antwortete: So wahr du lebst, König, ich
weiß es nicht. 56 Der König sagte: Dann erkun-
dige dich, wessen Sohn der Knabe ist. 57 Als
David zurückkehrte, nachdem er den Philister
erschlagen hatte, nahm ihn Abner mit und
führte ihn zu Saul. David hatte den Kopf des
Philisters noch in der Hand. 58 Saul fragte ihn:
Wessen Sohn bist du, junger Mann? David
antwortete: der Sohn deines Knechtes Isai aus
Betlehem.

2: 21,10 / **4**: 2 Sam 21,19 / **5**: 1 Kön 22,34 / **7**: Jos 8,18 / **10**: 2 Kön 19,23 / **12**: Rut 1,2 / **13**: 16,6–9 / **15**: 18,2 / **17**: 16,20 / **18**: Gen 37,14 / **20**: 16,11 / **25**: 18,17.25; Jos 15,16 / **26**: Ri 14,3; 2 Kön 19,4 / **28**: Gen 37,4 / **34**: Sir 47,3 / **35**: Ri 14,6 / **36**: Hebr 11,33; 2 Tim 4,17 / **40**: Ri 20,16 / **42**: 16,12 / **43**: 24,14 / **44**: Ps 79,2 / **45**: Ps 124,8 / **46**: Jer 16,4 / **47**: 1 Kön 18,36; Ps 46,10 / **50**: Sir 47,4; 1 Makk 4,30 / **51**: 21,10 / **52**: Hebr 11,34; Jos 6,20; 11,8 / **54**: 21,10 / **58**: 16,18

JONATANS FREUNDSCHAFT MIT DAVID: 18,1–9

18 1 Nach dem Gespräch Davids mit Saul
schloss Jonatan David in sein Herz.
Und Jonatan liebte David wie sein eigenes Le-
ben. 2 Saul behielt David von jenem Tag an bei
sich und ließ ihn nicht mehr in das Haus seines
Vaters zurückkehren. 3 Jonatan schloss mit
David einen Bund, weil er ihn wie sein eigenes
Leben liebte. 4 Er zog den Mantel, den er an-
hatte, aus und gab ihn David, ebenso seine
Rüstung, sein Schwert, seinen Bogen und sei-
nen Gürtel. 5 David zog ins Feld und überall,
wohin Saul ihn schickte, hatte er Erfolg, sodass
Saul ihn an die Spitze seiner Krieger stellte.
David war beim ganzen Volk und bei den
Dienern Sauls beliebt. 6 Als sie nach Davids
Sieg über den Philister heimkehrten, zogen die
Frauen aus allen Städten Israels König Saul
singend und tanzend mit Handpauken, Freu-
denrufen und Zimbeln entgegen. 7 Die Frauen
spielten und riefen voll Freude: Saul hat Tau-
send erschlagen, David aber Zehntausend.

8 Saul wurde darüber sehr zornig. Das Lied
missfiel ihm und er sagte: David geben sie
Zehntausend, mir aber geben sie nur Tausend.
Jetzt fehlt ihm nur noch die Königswürde.

9 Von diesem Tag an war Saul gegen David
voll Argwohn.

1: Gen 44,30 / **2**: 16,21 / **3**: 20,8.17; 23,18 / **6–7**: 21,12; 29,5 / **8**: Sir 47,6 / **9**: 15,28

MICHALS LIEBE UND SAULS EIFERSUCHT: 18,10–30

10 Am folgenden Tag kam über Saul wieder ein
böser Gottesgeist, sodass er in seinem Haus in
Raserei geriet. David aber spielte wie jeden
Tag. Saul hatte den Speer in der Hand. 11 Saul
schleuderte den Speer und dachte: Ich will

17,52 bis nach Gat: vgl. G und die zweite Vershälfte; bis nach Gaj: H.

18,4 Der Königssohn vollzieht einen Investiturritus. Er bekleidet David mit den prinzlichen Abzeichen, die zu seinem eigenen Rang gehören.

David an die Wand spießen! Aber David wich
ihm zweimal aus. 12 Und Saul begann sich vor
David zu fürchten, weil der HERR mit David
war, Saul aber verlassen hatte. 13 Darum ent-
fernte Saul David aus seiner Umgebung und
machte ihn zum Obersten einer Tausend-
schaft. So zog David an der Spitze der Leute
hinaus und wieder heim. 14 David hatte Erfolg,
wohin ihn auch sein Weg führte, und der
HERR war mit ihm. 15 Als Saul sah, dass David
sehr erfolgreich war, bekam er noch mehr
Angst vor ihm. 16 Ganz Israel und Juda aber
liebte David, weil er an ihrer Spitze hinaus und
wieder heimzog.

17 Saul sagte zu David: Hier ist meine älteste
Tochter Merab. Ich will sie dir zur Frau geben,
wenn du dich mir als tapfer erweist und die
Kriege des HERRN führst. Saul dachte näm-
lich: Ich will nicht meine Hand gegen ihn er-
heben; das sollen die Philister tun. 18 David
antwortete Saul: Wer bin ich denn und was ist
schon meine Sippe und die Verwandtschaft
meines Vaters in Israel, dass ich der Schwie-
gersohn des Königs werden sollte? 19 Als aber
dann die Zeit kam, in der Sauls Tochter Merab
David zur Frau gegeben werden sollte, wurde
sie Adriël aus Mehola zur Frau gegeben. 20 Sauls
Tochter Michal liebte David; dies teilte man
Saul mit. Es war ihm recht; 21 denn er sagte
sich: Ich will sie ihm geben; sie soll ihm zum
Verhängnis werden, sodass er den Philistern
in die Hände fällt. Saul sagte zu David: Heute
in zwei Jahren kannst du mein Schwiegersohn
werden. 22 Seinen Dienern aber befahl Saul:
Redet heimlich mit David und sagt: Du siehst,
dass der König Gefallen an dir hat und dass alle
seine Diener dich gern haben; du könntest so-
fort der Schwiegersohn des Königs werden.
23 Sauls Diener redeten also in dieser Weise mit
David. David aber erwiderte: Scheint es euch
so leicht zu sein, der Schwiegersohn des Kö-
nigs zu werden? Ich bin doch ein armer und
geringer Mann. 24 Die Diener berichteten Saul:
Das und das hat David gesagt. 25 Saul antwor-
tete: So sollt ihr David sagen: Der König möch-
te keine andere Brautgabe als die Vorhäute von
hundert Philistern, um an den Feinden des
Königs Rache zu nehmen. Saul plante näm-
lich, David den Philistern in die Hände fallen
zu lassen. 26 Seine Diener berichteten David,
was Saul gesagt hatte, und es war David recht,
dass er so der Schwiegersohn des Königs wer-
den sollte. Die gesetzte Frist war noch nicht
um, 27 als David sich auf den Weg machte und
mit seinen Leuten zog; er erschlug zweihun-
dert von den Philistern, brachte ihre Vorhäute
zum König und legte sie vollzählig vor ihn hin,
um sein Schwiegersohn zu werden. Und Saul
gab ihm seine Tochter Michal zur Frau. 28 Als
Saul immer deutlicher erkannte, dass der
HERR mit David war und dass seine Tochter
Michal ihn liebte, 29 fürchtete er sich noch
mehr vor David. So wurde Saul für alle Zeit
zum Feind Davids.

30 Die Fürsten der Philister rückten aus; so-
oft sie aber ausrückten, hatte David mehr Er-
folg als alle anderen Diener Sauls, sodass sein
Name immer mehr galt.

10: 16,14; Ri 9,23 / **11**: 19,9f.; 20,33 / **13**: 2 Sam 5,2 / **15**: Gen 39,2f. / **17**: 14,49; 17,25 / **18**: 9,21 / **19**: 2 Sam 21,8 / **25**: Gen 34,12 / **27**: 2 Sam 3,14 / **30**: 2 Sam 7,9

JONATANS VERMITTLUNG: 19,1–7

19 1 Saul redete vor seinem Sohn Jonatan
und vor allen seinen Dienern davon,
dass er David töten wolle. Sauls Sohn Jonatan
aber hatte David sehr gern; 2 deshalb berichte-
te er David davon und sagte: Mein Vater Saul
will dich töten. Nimm dich also morgen früh
in Acht, verbirg dich in einem Versteck! 3 Ich
aber will hinausgehen und auf dem Feld gera-
de dort zu meinem Vater hintreten, wo du bist.
Dann werde ich mit meinem Vater über dich
reden, und wenn ich etwas erfahre, werde ich
dir Bescheid geben. 4 Jonatan redete also zu-
gunsten Davids mit seinem Vater und sagte zu
ihm: Der König möge sich doch nicht an sei-
nem Knecht David versündigen; denn er hat
sich ja auch nicht an dir versündigt und seine
Taten sind für dich sehr nützlich gewesen. 5 Er
hat sein Leben aufs Spiel gesetzt und den Phi-
lister erschlagen. Der HERR hat ganz Israel
eine große Rettung geschenkt. Du hast es
selbst gesehen und dich darüber gefreut. Wa-
rum willst du dich nun versündigen und un-
schuldiges Blut vergießen, indem du David
ohne jeden Grund tötest? 6 Saul hörte auf
Jonatan und schwor: So wahr der HERR lebt:
David soll nicht umgebracht werden. 7 Jonatan
rief David und berichtete ihm alles. Dann
führte Jonatan David zu Saul und David war
wieder in Sauls Dienst wie vorher.

1: 18,3 / **3**: 20,9 / **4**: Gen 42,22 / **5**: 17,50 / **6**: 11,13

18,21 in zwei Jahren: vermuteter Text, vgl. V. 26; um zweierlei: H, G, Vg und S.

DAVIDS FLUCHT: 19,8–24

8 Der Krieg ging weiter und David zog wieder
gegen die Philister in den Kampf. Er brachte
ihnen eine schwere Niederlage bei und sie er-
griffen die Flucht.
9 Doch wieder kam vom HERRN ein böser
Geist über Saul, während er in seinem Haus
saß und den Speer in der Hand hielt. David
schlug mit der Hand die Saiten. 10 Da versuch-
te Saul, David mit dem Speer an die Wand zu
spießen; aber er wich Saul aus, sodass der
Speer in die Wand fuhr. David floh und brach-
te sich noch in derselben Nacht in Sicherheit.
11 Saul schickte Boten zum Haus Davids, die
ihm auflauern und ihn am nächsten Morgen
töten sollten. Doch Michal, Davids Frau,
warnte ihn und sagte: Wenn du dich nicht
noch in dieser Nacht in Sicherheit bringst,
wirst du morgen früh umgebracht. 12 Michal
ließ David durch das Fenster hinab, sodass er
fliehen und sich in Sicherheit bringen konnte.
13 Dann nahm Michal das Götterbild, legte es
in Davids Bett, umgab seinen Kopf mit einem
Geflecht von Ziegenhaaren und deckte es mit
einem Kleidungsstück zu. 14 Als nun Saul Bo-
ten schickte, die David holen sollten, sagte sie:
Er ist krank. 15 Da schickte Saul die Boten wie-
derum, um nach David zu sehen, und befahl:
Bringt ihn im Bett zu mir her; er soll umge-
bracht werden. 16 Als die Boten kamen, ent-
deckten sie im Bett ein Götterbild mit einem
Geflecht von Ziegenhaaren um den Kopf. 17 Da
sagte Saul zu Michal: Warum hast du mich so
betrogen und meinen Feind entkommen las-
sen, sodass er sich in Sicherheit bringen konn-
te? Michal antwortete Saul: Er hat zu mir ge-
sagt: Lass mich weggehen, sonst bringe ich
dich um! 18 David floh also und brachte sich in
Sicherheit. Er kam zu Samuel nach Rama und
erzählte ihm alles, was Saul ihm angetan hatte.
Dann ging er zusammen mit Samuel ins Pro-
phetenhaus und beide blieben dort. 19 Als man
nun Saul berichtete: David ist in Rama, und
zwar im Prophetenhaus!, 20 da schickte Saul
Boten, um David holen zu lassen. Sobald sie
die Schar der Propheten mit Samuel an ihrer
Spitze in prophetischer Verzückung sahen,
kam der Geist Gottes auch über die Boten
Sauls und auch sie gerieten in Verzückung.
21 Als man Saul das meldete, schickte er ande-
re Boten; aber auch sie gerieten in Verzückung.
Da schickte er zum dritten Mal Boten; doch
auch sie gerieten in Verzückung. 22 Darauf ging
er selbst nach Rama. Als er zu der großen Zis-
terne in Sechu kam, fragte er: Wo sind Samu-
el und David? Man antwortete ihm: Sie sind
gerade im Prophetenhaus in Rama. 23 Als er
von dort zum Prophetenhaus in Rama weiter-
ging, kam auch über ihn der Geist Gottes und
er ging in prophetischer Verzückung weiter,
bis er zum Prophetenhaus in Rama kam. 24 Er
zog sogar seine Kleider aus und blieb auch in
Samuels Gegenwart in Verzückung. Den gan-
zen Tag und die ganze Nacht über lag er nackt
da. Deshalb sagt man: Ist denn auch Saul unter
den Propheten?

8: 2 Sam 5,20.25 / **9**: 16,14; 18,10f. / **12**: Jos 2,15; Apg 9,25 / **13**: Gen 31,19.30–35; Ri 18,14–20 / **18**: 15,34 / **20**: 10,5f. / **21**: 2 Kön 1,9–14 / **22**: 15,35 / **23**: 10,10–12; Num 11,25 / **24**: Jes 20,2; Mi 1,8; 1 Sam 10,12

ABSCHIED VON JONATAN: 20,1–42

20 1 David floh aus dem Prophetenhaus in
Rama, ging zu Jonatan und hielt ihm
vor: Was habe ich denn getan? Was ist meine
Schuld? Was habe ich gegen deinen Vater ver-
brochen, dass er mir nach dem Leben trachtet?
2 Jonatan antwortete ihm: Das ist undenkbar.
Du wirst nicht sterben. Du weißt doch: Mein
Vater tut nichts Wichtiges oder Unwichtiges,
ohne es mir zu offenbaren. Warum sollte mein
Vater gerade das vor mir verheimlichen? Nein,
das kann nicht sein. 3 David aber beteuerte
nochmals: Dein Vater weiß genau, dass ich
dein Wohlwollen gefunden habe, und sagt
sich: Jonatan soll das nicht wissen, sonst wird
er betrübt. Aber, so wahr der HERR lebt und
so wahr du selbst lebst: Zwischen mir und dem
Tod liegt nur ein Schritt. 4 Jonatan fragte Da-
vid: Was meinst du? Was könnte ich für dich
tun? 5 David antwortete Jonatan: Du weißt
doch, morgen ist Neumond. Da müsste ich
unbedingt am Mahl des Königs teilnehmen.
Lass mich fortgehen, damit ich mich bis über-
morgen Abend auf dem Feld versteckt halte!
6 Wenn dein Vater mich vermisst, dann sag:
David hat mich dringend gebeten, in seine
Heimatstadt Betlehem gehen zu dürfen, weil
dort das jährliche Opfer für die ganze Sippe
stattfindet. 7 Wenn er dann sagt: Gut!, dann
steht es günstig für deinen Knecht. Wenn er
aber in heftigen Zorn gerät, dann kannst du
daran erkennen, dass das Unheil von ihm be-
schlossen ist. 8 Zeig deinem Knecht also deine

20,5 Der Neumond ist wie der Sabbat Fest- und Ruhetag.

Freundschaft; denn du hast mit deinem
Knecht einen Bund vor dem HERRN geschlos-
sen. Wenn ich Schuld auf mich geladen habe,
dann töte mich gleich! Warum willst du mich
erst zu deinem Vater bringen? 9 Jonatan ant-
wortete: Das darf nicht mit dir geschehen.
Sobald ich sicher weiß, dass mein Vater be-
schlossen hat, Unheil über dich zu bringen,
werde ich es dir auf jeden Fall mitteilen.

10 David aber fragte Jonatan: Wer wird mir
die Nachricht bringen, wenn dir dein Vater
etwa eine schroffe Antwort gibt? 11 Jonatan
sagte zu David: Komm, wir wollen aufs Feld
hinausgehen. Beide gingen aufs Feld hinaus.
12 Und Jonatan sagte zu David: Beim HERRN,
dem Gott Israels: Wenn ich morgen oder über-
morgen um diese Zeit bei meinem Vater in
Erfahrung bringe, dass es gut für David steht,
dann werde ich jemand schicken und es dir
sagen lassen. 13 Der HERR möge Jonatan dies
und das antun: Wenn mein Vater Böses gegen
dich im Sinn hat, werde ich es dir sagen und
werde dich in Frieden gehen lassen. Der HERR
möge mit dir sein, wie er mit meinem Vater
gewesen ist. 14 Nicht wahr, wenn ich dann
noch am Leben bin, wirst du entsprechend der
Huld des HERRN an mir handeln. Wenn ich
aber umkomme, 15 dann entzieh meinem Haus
niemals deine Gunst, selbst wenn der HERR
jeden der Feinde Davids auf dem Erdboden
ausrottet. 16 So schloss Jonatan einen Bund
mit dem Haus David. – Der HERR wird es aus
der Hand von Davids Feinden einfordern.
17 Und Jonatan ließ auch David bei seiner Liebe
zu ihm schwören; denn er liebte ihn wie sein
eigenes Leben. 18 Dann sagte Jonatan zu ihm:
Morgen ist Neumond. Du wirst vermisst wer-
den, wenn dein Platz leer sein wird. 19 Über-
morgen aber geh weit hinab, an den Ort, wo
du dich am Tag der Tat versteckt hattest, und
setz dich neben den Stein dort! 20 Ich werde
dann drei Pfeile in seine Nähe schießen, als ob
ich ein Ziel treffen wollte. 21 Siehe, ich schicke
meinen Diener und sage: Geh, such nach den
Pfeilen! Wenn ich dem Diener ausdrücklich
sage: Pass auf, die Pfeile liegen von dir aus her-
wärts, hol sie!, dann komm, denn es steht
günstig für dich und es liegt nichts vor, so wahr
der HERR lebt. 22 Wenn ich aber zu dem jungen
Mann sage: Pass auf, die Pfeile liegen von dir
aus weiter draußen!, dann geh weg, denn der
HERR schickt dich fort. 23 Für diese Vereinba-
rung, die wir, ich und du, getroffen haben, soll
der HERR auf ewig zwischen mir und dir sein.
24 Daraufhin versteckte sich David auf dem
Feld.

So kam der Neumond und der König setzte
sich zu Tisch, um das Mahl zu halten. 25 Er
setzte sich wie jedes Mal auf seinen gewohnten
Platz an der Wand; Jonatan saß ihm gegenüber
und Abner saß an Sauls Seite. Davids Platz aber
blieb leer. 26 Saul sagte an diesem Tag nichts,
denn er dachte: Es ist ihm etwas zugestoßen,
was ihn unrein sein lässt; sicher ist er nicht
rein. 27 Als aber am zweiten Tag, dem Tag nach
dem Neumond, der Platz Davids wieder leer
blieb, sagte Saul zu seinem Sohn Jonatan:
Warum ist der Sohn Isais gestern und heute
nicht zum Essen gekommen? 28 Jonatan ant-
wortete Saul: David hat mich dringend gebe-
ten, nach Betlehem gehen zu dürfen. 29 Er
sagte: Lass mich gehen; denn in der Stadt fin-
det ein Opfer unserer Sippe statt. Mein Bruder
selbst hat mich aufgefordert. Wenn ich dein
Wohlwollen gefunden habe, dann möchte ich
jetzt fortgehen dürfen und meine Brüder wie-
dersehen. Deswegen ist David nicht an den
Tisch des Königs gekommen. 30 Da wurde Saul
zornig über Jonatan und sagte: Du Sohn eines
entarteten und aufsässigen Weibes! Ich weiß
sehr gut, dass du dich zu deiner eigenen Schan-
de und zur Schande des Schoßes deiner Mutter
für den Sohn Isais entschieden hast. 31 Doch
solange der Sohn Isais auf Erden lebt, wirst
weder du noch dein Königtum Bestand haben.
Schick also sofort jemand hin und lass ihn
holen; denn er ist ein Kind des Todes. 32 Jona-
tan antwortete seinem Vater Saul: Warum soll
er umgebracht werden? Was hat er getan?
33 Da schleuderte Saul den Speer gegen ihn, um
ihn zu töten. Nun wusste Jonatan, dass sein
Vater beschlossen hatte, David umzubringen.
34 Voll Zorn stand er vom Tisch auf und aß an
diesem zweiten Neumondtag nichts; denn er
war bekümmert wegen David, weil sein Vater
ihn beschimpft hatte.

35 Am nächsten Morgen ging Jonatan, wie er
mit David verabredet hatte, aufs Feld hinaus
und ein junger Diener war bei ihm. 36 Er sagte
zu dem Diener: Lauf, such die Pfeile, die ich
abschieße. Der Diener lief und er schoss einen
Pfeil über ihn hinaus. 37 Als der Diener an die

20,16 Versuchsweise Wiedergabe des zweiten Satzes.
20,19 Welche Tat gemeint ist, wird aus H nicht deutlich.
20,25 saß ihm gegenüber: G; stand auf: H, Vg und S.

Stelle kam, wohin Jonatan den Pfeil geschos-
sen hatte, rief Jonatan dem Diener nach: Liegt
der Pfeil von dir aus nicht noch weiter drau-
ßen? 38 Und er rief dem Diener nach: Beeil
dich, schnell, bleib nicht stehen! Der Diener
Jonatans hob den Pfeil auf und kam zu seinem
Herrn zurück. 39 Der Diener aber ahnte nichts;
nur Jonatan und David wussten von der Ver-
einbarung. 40 Jonatan gab dem Diener, den er
bei sich hatte, seine Waffen und sagte zu ihm:
Geh, bring sie in die Stadt! 41 Als der Diener
heimgegangen war, verließ David sein Ver-
steck neben dem Stein, warf sich mit dem Ge-
sicht zur Erde nieder und verneigte sich drei-
mal. Dann küssten sie einander und beide
weinten, am heftigsten aber David. 42 Jonatan
sagte zu ihm: Geh in Frieden! Für das, was wir
beide uns im Namen des HERRN geschworen
haben, sei der HERR zwischen mir und dir,
zwischen meinen und deinen Nachkommen
auf ewig.

1: 26,18 / **2**: 19,1.3 / **5**: Jes 1,13f. / **6**: 1,21 / **7**: Est 7,7 / **8**: 18,3 / **9**: 19,3 / **13**: 1 Kön 1,37 / **14**: 2 Sam 9,1.3.7 / **16**: 18,3 / **19**: 19,3 / **23**: Gen 31,49.53 / **24**: Ez 46,6 / **29**: 2 Sam 15,7–9 / **31**: 13,14; 15,28 / **33**: 18,11; 19,10 / **41**: 2 Sam 1,26

DAVIDS UNTERSTÜTZUNG DURCH AHIMELECH: 21,1–10

21 1 Dann brach David auf und ging weg,
Jonatan aber begab sich in die Stadt zu-
rück. 2 David gelangte nach Nob zu dem Pries-
ter Ahimelech. Ahimelech kam David aufge-
regt entgegen und fragte ihn: Warum bist du
allein und hast niemand bei dir? 3 David ant-
wortete dem Priester Ahimelech: Der König
hat mir einen Auftrag gegeben und zu mir
gesagt: Niemand darf etwas von der Angele-
genheit erfahren, in der ich dich sende und mit
der ich dich beauftrage. Darum habe ich meine
Leute an einen bestimmten Ort bestellt. 4 Hast
du vielleicht etwas zur Hand für mich? Fünf
Brote vielleicht? Dann gib sie mir oder gib mir,
was du sonst finden kannst! 5 Der Priester gab
David Antwort und sagte: Gewöhnliches Brot
habe ich nicht zur Hand, nur heiliges Brot ist
da; aber dann müssen sich die jungen Männer
von Frauen ferngehalten haben. 6 David ant-
wortete dem Priester: Wir haben uns schon
gestern und vorgestern von Frauen ferngehal-
ten. Als ich auszog, waren die Waffen der jun-
gen Männer geheiligt; wenn dies auch ein ge-
wöhnlicher Marsch ist, so wird er doch durch
die Waffen geheiligt. 7 Da gab ihm der Priester
heiliges Brot, denn es gab dort nur die Schau-
brote, die man von dem Angesicht des HERRN
entfernt, um an dem Tag, an dem sie wegge-
nommen werden, frisches Brot aufzulegen.
8 Damals hielt sich dort im Heiligtum des
HERRN gerade einer von den Knechten Sauls
auf, ein Edomiter namens Doëg; er war der
Oberste von Sauls Hirten. 9 David fragte Ahi-
melech: Hast du einen Speer oder ein Schwert
zur Hand? Denn ich konnte weder mein
Schwert noch andere Waffen mitnehmen,
weil der Auftrag des Königs so dringend war.
10 Der Priester antwortete: Das Schwert des
Philisters Goliat, den du im Terebinthental
erschlagen hast, liegt hier, in einem Mantel
eingewickelt, hinter dem Efod. Wenn du es
nehmen willst, nimm es! Außer diesem gibt
es keines hier. David sagte: Kein anderes
kommt ihm gleich; gib es mir!

2: 22,19; Jes 10,32 / **5**: Lev 24,5–8; Ex 19,15 / **6**: 2 Sam 11,11 / **7**: Mt 12,3f.; Mk 2,25f. / **8**: 22,9 / **10**: 17,51.54

DAVIDS FLUCHT NACH GAT UND IN DIE WÜSTE: 21,11–22,5

11 David brach noch am gleichen Tag auf und
floh vor Saul. Er kam zu Achisch, dem König
von Gat. 12 Doch die Diener des Achisch sagten
zu ihrem Herrn: Ist das nicht David, der König
des Landes? Ist das nicht der, von dem man
beim Reigentanz gesungen hat: Saul hat Tau-
send erschlagen, David aber Zehntausend?
13 David nahm sich diese Worte zu Herzen und
er fürchtete sich sehr vor Achisch, dem König
von Gat. 14 Darum verstellte er sich vor ihnen
und tat in ihrer Gegenwart so, als sei er wahn-
sinnig; er kritzelte auf die Flügel des Tores und
ließ sich den Speichel in den Bart laufen.
15 Achisch sagte zu seinen Dienern: Seht ihr
nicht, dass der Mann verrückt ist? Warum
bringt ihr ihn zu mir? 16 Gibt es bei mir nicht
schon genug Verrückte, sodass ihr auch noch
diesen Mann zu mir herbringt, damit er bei mir
verrückt spielt? Soll der etwa auch noch in
mein Haus kommen?

11: 27,2 / **12**: 18,7; 29,5 / **14**: Ps 34,1 / **16**: Ps 56,1

22 1 Darum ging David von dort weg und
brachte sich in der Höhle von Adullam
in Sicherheit. Als seine Brüder und seine Fa-
milie davon hörten, kamen sie zu ihm hinab.
2 Auch schlossen sich ihm viele Männer an, die
unter Druck standen, sowie alle möglichen

20,41 neben dem Stein: vermuteter Text, vgl. V. 19.

Leute, die Schulden hatten oder verbittert wa-
ren, und er wurde ihr Anführer. So waren etwa
vierhundert Mann um ihn. 3 Von dort zog Da-
vid nach Mizpe-Moab und sagte zum König
von Moab: Dürfen mein Vater und meine Mut-
ter mit euch wegziehen, bis ich weiß, was Gott
mit mir vorhat? 4 So brachte er seine Eltern
zum König von Moab und sie blieben bei ihm,
solange David sich in der Bergfeste aufhielt.
5 Der Prophet Gad aber sagte zu David: Bleib
nicht in der Bergfeste, sondern zieh weg und
geh wieder ins Land Juda! Und David zog weg
und kam nach Jaar-Heret.

1: Gen 38,1; Jos 15,35 / **2:** Ri 11,3 / **3:** Rut 1,4; 4,17 / **5:** 2 Sam 24,11

SAULS RACHE AN DEN PRIESTERN VON NOB: 22,6–23

6 Saul hörte, David und die Männer, die er bei
sich hatte, seien entdeckt worden. Er saß ge-
rade in Gibea unter der Tamariske auf der
Höhe. Er hatte den Speer in der Hand und alle
seine Diener standen um ihn herum. 7 Da sag-
te Saul zu seinen Dienern, die um ihn standen:
Hört her, ihr Benjaminiter! Euch allen wird
wohl der Sohn Isais Felder und Weinberge ge-
ben und euch zu Obersten von Tausendschaf-
ten und Hundertschaften machen, 8 weil ihr
euch alle gegen mich verschworen habt. Kei-
ner hat mir etwas davon gesagt, als mein Sohn
einen Bund mit dem Sohn Isais schloss, und
keinem tat es leid um mich, sodass er mir mit-
geteilt hätte, dass mein Sohn meinen Knecht
dazu angestiftet hat, mir aufzulauern, wie es
jetzt der Fall ist. 9 Da antwortete der Edomiter
Doëg, der bei den Dienern Sauls stand: Ich
habe den Sohn Isais gesehen, wie er gerade
nach Nob zu Ahimelech, dem Sohn Ahitubs,
kam. 10 Ahimelech befragte für ihn den HERRN
und gab ihm Verpflegung; auch das Schwert
des Philisters Goliat gab er ihm.

11 Darauf schickte der König jemand hin und
ließ den Priester Ahimelech, den Sohn Ahi-
tubs, rufen sowie alle vom Haus seines Vaters,
die Priester von Nob. Als sie alle zum König
gekommen waren, 12 sagte Saul: Hör her, Sohn
Ahitubs! Er antwortete: Hier bin ich, mein
Herr. 13 Saul sagte zu ihm: Warum habt ihr
euch gegen mich verschworen, du und der
Sohn Isais? Du hast ihm doch Brot und ein
Schwert gegeben und für ihn Gott befragt,
sodass er sich gegen mich erheben und mir
auflauern kann, wie es heute der Fall ist. 14 Ahi-
melech erwiderte dem König: Wer hat sich
denn von allen deinen Dienern so sehr be-
währt wie David, der Schwiegersohn des Kö-
nigs, der Anführer deiner Leibwache, der in
deinem Haus hoch geehrt ist? 15 Habe ich denn
erst heute begonnen, für ihn Gott zu befragen?
Keineswegs! Der König möge seinem Knecht
und dem ganzen Haus meines Vaters nichts
unterstellen; denn dein Knecht hat von alldem
nichts gewusst, weder Wichtiges noch Un-
wichtiges. 16 Doch der König sagte: Du bist
dem Tod verfallen, Ahimelech, du und das
ganze Haus deines Vaters. 17 Und der König
sagte den Läufern, die bei ihm standen: Um-
zingelt die Priester des HERRN und tötet sie!
Denn auch sie haben David die Hand gereicht;
sie haben gewusst, dass er auf der Flucht war,
und mir nichts davon berichtet. Aber die Die-
ner des Königs wollten ihre Hand nicht erhe-
ben, um die Priester des HERRN niederzusto-
ßen. 18 Da sagte der König zu Doëg: Komm her,
stoß du die Priester nieder! Der Edomiter Doëg
ging zu den Priestern hin und stieß sie nieder.
Er brachte an jenem Tag fünfundachtzig Män-
ner um, die das leinene Efod trugen. 19 Auch
die Priesterstadt Nob schlug er mit scharfem
Schwert: Männer und Frauen, Kinder und
Säuglinge, Rinder, Esel und Schafe mit schar-
fem Schwert. 20 Nur ein einziger Sohn Ahi-
melechs, des Sohnes Ahitubs, namens Abja-
tar konnte sich in Sicherheit bringen und zu
David fliehen. 21 Abjatar berichtete David, dass
Saul die Priester des HERRN umgebracht hat-
te. 22 Da sagte David zu Abjatar: Ich wusste
schon an jenem Tag, als der Edomiter Doëg
dort war, dass er Saul bestimmt alles berichten
werde. Ich selbst bin schuld am Tod all der
Leute aus dem Haus deines Vaters. 23 Bleib bei
mir, fürchte dich nicht; denn der, der mir nach
dem Leben trachtet, trachtet auch dir nach
dem Leben; bei mir bist du in Sicherheit.

6: 11,4; 15,34 / **7:** 8,12.14 / **8:** 20,16f. / **9:** 21,8; Ps 52,1 / **10:** Num 27,21 / **14:** 18,5.14; 19,4 / **17:** 2 Kön 10,25 / **18:** 1 Kön 2,31 / **19:** 15,3 / **20:** 2,33; 23,6; Mk 2,26 / **22:** 21,8 / **23:** 23,9–12; 1 Kön 2,26

DAVID IN KEÏLA UND IN DER STEPPE SIF: 23,1–28

23 1 Man berichtete David: Die Philister
kämpfen gerade gegen Keïla und plün-
dern die Tennen. 2 Da befragte David den

22,22 Ich selbst bin schuld: G, Vg und S; in dieser Weise: H.

HERRN: Soll ich hinziehen und diese Philis-
ter schlagen? Der HERR antwortete David:
Geh, schlag die Philister und rette Keïla!
3 Aber die Männer Davids sagten: Schau, wir
haben schon hier in Juda Angst, wie viel mehr
erst dann, wenn wir nach Keïla gegen die
Truppen der Philister ziehen sollen. 4 David
befragte daher noch einmal den HERRN und
der HERR gab zur Antwort: Brich auf, zieh
nach Keïla hinab; denn ich werde die Philister
in deine Hand geben. 5 Darauf zog David mit
seinen Männern gegen Keïla und kämpfte
gegen die Philister. Er trieb ihre Herden weg
und brachte den Philistern eine schwere Nie-
derlage bei. So rettete David die Einwohner
von Keïla.

6 Als Abjatar, der Sohn Ahimelechs, zu Da-
vid nach Keïla floh, nahm er auch das Efod
mit. 7 Saul aber wurde berichtet, dass David
in Keïla war. Und Saul sagte: Gott hat ihn mir
ausgeliefert; er hat sich selbst gefangen, in-
dem er in eine Stadt mit Tor und Riegel ge-
gangen ist. 8 Saul bot das ganze Volk zum
Kampf auf, um nach Keïla hinabzuziehen und
David und seine Männer zu belagern. 9 Als
David merkte, dass Saul Böses gegen ihn im
Schild führte, sagte er zu dem Priester Abja-
tar: Bring das Efod her! 10 Dann sprach David:
HERR, Gott Israels, dein Knecht hat gehört,
dass Saul beabsichtigt, nach Keïla zu kom-
men, um die Stadt meinetwegen zu vernich-
ten. 11 Werden die Bürger von Keïla mich ihm
ausliefern? Wird Saul herabkommen, wie
dein Knecht gehört hat? HERR, Gott Israels,
teile es deinem Knecht mit! Der HERR ant-
wortete: Er wird herabkommen. 12 David
fragte weiter: Werden die Bürger von Keïla
mich und meine Männer an Saul ausliefern?
Der HERR antwortete: Sie werden euch aus-
liefern. 13 Da brach David mit seinen Männern
auf, etwa sechshundert Mann. Sie verließen
Keïla und streiften umher, wie es sich gerade
ergab. Als Saul berichtet wurde, dass David
aus Keïla entkommen war, ließ er von seinem
Plan ab und rückte nicht aus.

14 David setzte sich in der Steppe auf Berg-
festungen fest; er ließ sich in den Bergen der
Steppe Sif nieder. Saul suchte ihn die ganze
Zeit, aber Gott gab ihn nicht in seine Hand.
15 David aber wusste, dass Saul ausgezogen
war, weil er ihm nach dem Leben trachtete.

Als David in Horescha in der Steppe Sif war,
16 brach Jonatan, der Sohn Sauls, auf und ging
zu David nach Horescha; er stärkte Davids
Vertrauen auf Gott. 17 Er sagte zu ihm: Fürchte
dich nicht; die Hand meines Vaters Saul wird
dich nicht erreichen. Du wirst König über Is-
rael sein und ich werde der Zweite nach dir
sein. Auch mein Vater Saul weiß das. 18 Und
die beiden schlossen vor dem HERRN einen
Bund. David blieb in Horescha und Jonatan
ging wieder nach Hause.

19 Einige Sifiter gingen zu Saul nach Gibea
hinauf und berichteten ihm: David hat sich
bei uns auf den Bergfestungen bei Horescha
versteckt, und zwar auf der Anhöhe von
Hachila südlich von Jeschimon. 20 Wenn es
dir, König, beliebt, herabzukommen, dann
komm! Es wird dann unsere Sache sein, ihn
dem König auszuliefern. 21 Saul erwiderte:
Gesegnet seid ihr vom HERRN, weil ihr Mit-
leid mit mir habt. 22 Geht, haltet euch bereit,
forscht nach und merkt euch den Ort, wo er
sich aufhält und wer ihn dort gesehen hat;
denn man hat mir gesagt, er sei schlau. 23 Be-
obachtet und erkundet alle Schlupfwinkel, in
denen er sich verstecken könnte! Wenn ihr
sichere Angaben habt, kehrt zu mir zurück;
dann werde ich mit euch gehen. Wenn er
wirklich im Land ist, werde ich ihn unter allen
Tausendschaften Judas aufspüren. 24 Sie bra-
chen auf und zogen vor Saul her nach Sif. Da-
vid aber und seine Männer waren in der Step-
pe Maon, in der Araba südlich von Jeschimon.
25 Saul und seine Männer machten sich auf die
Suche. Als man das David meldete, zog er
weiter hinunter zu den Felsen in der Steppe
Maon und blieb dort. Saul hörte davon und
folgte ihm in die Steppe Maon. 26 Saul zog auf
der einen Seite des Berges dahin, David und
seine Männer auf der anderen Seite des Ber-
ges. David versuchte, rasch von Saul wegzu-
kommen, während Saul und seine Männer
schon dabei waren, ihn und seine Leute zu
umzingeln, um sie gefangen zu nehmen.
27 Doch da kam ein Bote zu Saul und sagte:
Komm schnell, die Philister sind in das Land
eingefallen. 28 Saul ließ von der Verfolgung
Davids ab und zog den Philistern entgegen.
Deshalb nennt man diesen Ort Sela-Machle-
kot, Fels der Trennung.

1: Jos 15,44 / **2**: 2 Sam 5,19.23 / **4**: Jos 10,8; Ri 4,7 / **6**: 22,20 / **7**: Jos 8,7.18 / **9**: 30,7 / **13**: 2 Sam 15,20 / **14**: Jos 15,24 / **17**: 24,21 / **18**: 18,3; 20,16 / **19**: 26,1; Ps 54,1 / **21**: Rut 3,10 / **23**: Mt 2,8 / **24**: Jos 15,55 / **28**: 2 Kön 19,7; 2 Chr 20,2

VERSCHONUNG SAULS IN DER HÖHLE: 24,1–23

24 1 Von dort zog David hinauf und setzte
sich in den schwer zugänglichen Ber-
gen bei En-Gedi fest. 2 Als Saul von der Verfol-
gung der Philister zurückkehrte, berichtete
man ihm: Gib Acht, David ist in der Steppe
von En-Gedi. 3 Da nahm Saul dreitausend
Mann, ausgesuchte Leute aus ganz Israel, und
zog aus, um David und seine Männer bei den
Steinbock-Felsen zu suchen. 4 Auf seinem
Weg kam er zu einigen Schafhürden. Dort war
eine Höhle. Saul ging hinein, um seine Not-
durft zu verrichten. David aber und seine Män-
ner saßen hinten in der Höhle. 5 Da sagten die
Männer zu David: Das ist der Tag, von dem der
HERR zu dir gesagt hat: Sieh her, ich gebe dei-
nen Feind in deine Hand und du kannst mit
ihm machen, was dir richtig erscheint. Da
stand David auf und schnitt heimlich einen
Zipfel von Sauls Mantel ab.

6 Hinterher aber schlug David das Gewissen,
weil er einen Zipfel vom Mantel Sauls abge-
schnitten hatte. 7 Er sagte zu seinen Männern:
Der HERR bewahre mich davor, meinem Ge-
bieter, dem Gesalbten des HERRN, so etwas
anzutun und Hand an ihn zu legen; denn er ist
der Gesalbte des HERRN. 8 Und David fuhr
seine Leute mit scharfen Worten an und ließ
nicht zu, dass sie sich an Saul vergriffen. Als
Saul die Höhle verlassen hatte und seinen Weg
fortsetzte, 9 stand auch David auf, verließ die
Höhle und rief Saul nach: Mein Herr und Kö-
nig! Als Saul sich umblickte, verneigte sich
David bis zur Erde und warf sich nieder.
10 Dann sagte David zu Saul: Warum hörst du
auf die Worte von Leuten, die sagen: Gib Acht,
David will dein Verderben. 11 Doch heute
kannst du mit eigenen Augen sehen, dass der
HERR dich heute in der Höhle in meine Hand
gegeben hat. Man hat mir gesagt, ich solle dich
töten; aber ich habe dich geschont. Ich sagte:
Ich will nicht die Hand an meinen Herrn le-
gen; denn er ist der Gesalbte des HERRN.
12 Sieh her, mein Vater! Hier, der Zipfel deines
Mantels ist in meiner Hand. Wenn ich einen
Zipfel deines Mantels abgeschnitten und dich
nicht getötet habe, dann kannst du erkennen
und einsehen, dass ich weder Bosheit noch
Aufruhr im Sinn habe und dass ich mich nicht
gegen dich versündigt habe; du aber stellst mir
nach, um mir das Leben zu nehmen. 13 Der
HERR soll zwischen mir und dir entscheiden.
Der HERR soll mich an dir rächen; aber meine
Hand wird dich nicht anrühren, 14 wie das alte
Sprichwort sagt: Von den Frevlern geht Frevel
aus; aber meine Hand soll dich nicht anrühren.
15 Hinter wem zieht der König von Israel her?
Wem jagst du nach? Einem toten Hund, einem
einzigen Floh! 16 Der HERR soll unser Richter
sein und zwischen mir und dir entscheiden. Er
blicke her, er soll meinen Rechtsstreit führen
und mir dir gegenüber Recht verschaffen.

17 Als David das zu Saul gesagt hatte, ant-
wortete Saul: Ist das nicht deine Stimme, mein
Sohn David? Und Saul begann laut zu weinen
18 und sagte zu David: Du bist gerechter als ich;
denn du hast mir Gutes erwiesen, während ich
böse an dir gehandelt habe. 19 Du hast heute
bewiesen, dass du gut an mir gehandelt hast;
obwohl der HERR mich in deine Hand gegeben
hatte, hast du mich nicht getötet. 20 Wenn je-
mand auf seinen Feind trifft, lässt er ihn dann
im Guten seinen Weg weiterziehen? Der
HERR möge dir mit Gutem vergelten, was du
mir heute getan hast! 21 Jetzt weiß ich, dass du
König werden wirst und dass das Königtum
in deiner Hand Bestand haben wird. 22 Darum
schwöre mir nun beim HERRN, dass du meine
Nachkommen nicht ausrotten und meinen
Namen nicht aus dem Haus meines Vaters aus-
tilgen wirst! 23 Und David schwor es Saul. Saul
zog nach Hause, David aber und seine Männer
stiegen in die Bergfeste hinauf.

5: Ri 4,14 / **6:** 2 Sam 24,10 / **7:** 26,9.11; 2 Sam 1,14; Mt 5,44 / **11:** Röm 12,14–21 / **13:** Ri 11,27 / **15:** 26,20 / **16:** Gen 31,53; Ps 43,1 / **18:** Gen 38,26; 1 Petr 3,9 / **19:** 26,23 / **21:** 23,17 / **22:** Gen 21,23; 2 Sam 21,6f.

DAVID UND ABIGAJIL: 25,1–44

25 1 Samuel starb und ganz Israel versam-
melte sich und hielt für ihn die Toten-
klage. Man begrub ihn in seinem Haus in
Rama.

Danach brach David auf und zog in die Step-
pe Paran hinab. 2 Damals lebte in Maon ein
Mann, der sein Gut in Karmel hatte. Der Mann
war sehr reich; er besaß dreitausend Schafe
und tausend Ziegen. Er war eben dabei, in Kar-
mel seine Schafe zu scheren. 3 Der Mann hieß
Nabal und seine Frau Abigajil. Die Frau war
klug und von schöner Gestalt, aber der Mann
war roh und bösartig; er war ein Kalebiter.
4 David hörte in der Steppe, dass Nabal dabei
war, seine Schafe zu scheren. 5 Er schickte zehn
junge Männer hin und sagte zu ihnen: Geht

hinauf nach Karmel, und wenn ihr zu Nabal
kommt, dann fragt ihn in meinem Namen
nach seinem Wohl 6 und sagt so zu meinem
Bruder: Friede sei mit dir, Friede mit deinem
Haus, Friede mit allem, was dir gehört! 7 Ich
habe soeben gehört, dass du bei der Schafschur
bist. Nun sind deine Hirten mit ihren Schafen
bei uns gewesen; wir haben ihnen nichts
zuleide getan und sie haben nichts vermisst,
solange sie in Karmel waren. 8 Frag deine jun-
gen Leute, sie werden es dir bestätigen. Mögen
also meine jungen Männer dein Wohlwollen
finden; wir sind ja an deinem Festtag gekom-
men. Darum gib deinen Knechten und deinem
Sohn David, was du gerade zur Hand hast!
9 Davids junge Leute kamen zu Nabal und re-
deten im Auftrag Davids, wie er es gesagt hat-
te, mit ihm; danach warteten sie ruhig ab.
10 Nabal aber gab den Knechten Davids zur
Antwort: Wer ist denn David, wer ist der Sohn
Isais? Heute gibt es viele Knechte, die ihren
Herren davongelaufen sind. 11 Soll ich etwa
mein Brot und mein Wasser, und was ich für
meine Schafscherer geschlachtet habe, neh-
men und es Männern geben, von denen ich
nicht einmal weiß, woher sie sind? 12 Die Leu-
te Davids kehrten um und machten sich auf
den Rückweg. Als sie angekommen waren,
berichteten sie ihm alles, was Nabal gesagt
hatte. 13 Da sagte David zu seinen Männern:
Jeder gürte sein Schwert um. Alle gürteten ihr
Schwert um; auch David gürtete sein Schwert
um. Und sie zogen mit David hinauf, etwa
vierhundert Mann, während zweihundert
beim Gepäck blieben.

14 Inzwischen hatte einer der jungen Männer
Abigajil, der Frau Nabals, berichtet: David hat
aus der Steppe Boten geschickt, um unserem
Herrn seine Segenswünsche entbieten zu las-
sen, aber er hat sie schroff abgewiesen. 15 Dabei
waren die Männer sehr freundlich zu uns. Wir
wurden nicht beschimpft und wir haben nie
etwas vermisst in der ganzen Zeit, in der wir
mit ihnen umherzogen, als wir auf der Weide
waren. 16 Sie haben bei Tag und bei Nacht eine
Mauer um uns gebildet, die ganze Zeit hin-
durch, da wir mit ihnen zusammen waren und
unsere Schafe hüteten. 17 Nun aber überleg dir
genau, was du tun kannst; denn unserem
Herrn und seinem ganzen Haus droht Unheil.
Er ist ein so übler Mensch, dass man nicht mit
ihm reden kann. 18 Da nahm Abigajil in aller
Eile zweihundert Brote und zwei Schläuche
Wein, fünf schon zurechtgemachte Schafe,
fünf Sea geröstetes Korn, hundert Rosinenku-
chen und zweihundert Feigenkuchen, lud al-
les auf Esel 19 und sagte zu ihren Knechten:
Geht mir schon voraus, ich komme euch gleich
nach. Ihrem Mann Nabal aber teilte sie nichts
davon mit.

20 Als sie auf ihrem Esel im Schutz eines Ber-
ges hinabritt, kamen ihr plötzlich David und
seine Männer entgegen, sodass sie mit ihnen
zusammentraf. 21 David hatte eben gesagt:
Wahrhaftig, ich habe all das, was diesem Mann
gehört, ganz umsonst in der Steppe beschützt;
von all seinem Besitz wurde nichts vermisst,
doch er hat mir Gutes mit Bösem vergolten.
22 Gott möge mir dies und das antun, wenn
ich von allem, was ihm gehört, bis zum Mor-
gen auch nur einen Mann übrig lasse. 23 Als
Abigajil David sah, stieg sie schnell von ihrem
Esel, warf sich vor David nieder und verneigte
sich bis zur Erde. 24 Sie fiel ihm zu Füßen und
sagte: Mich allein, Herr, trifft die Schuld. Möge
deine Magd mit dir reden dürfen; höre, was
deine Magd zu sagen hat. 25 Mein Herr achte
nicht auf diesen üblen Mann Nabal; denn wie
sein Name sagt, so ist er: Nabal, Tor, heißt er
und voll Torheit ist er. Ich, deine Magd, habe
die jungen Leute, die du, mein Herr, geschickt
hast, nicht gesehen. 26 Doch nun, mein Herr,
so wahr der HERR lebt und so wahr du selbst
lebst, hat dich der HERR davor bewahrt, Blut-
schuld auf dich zu laden und dir selbst zu hel-
fen. Möge es deinen Feinden und allen, die
gegen meinen Herrn Böses planen, ebenso
ergehen wie Nabal. 27 Dieses Geschenk aber,
das deine Magd meinem Herrn mitgebracht
hat, möge jetzt den jungen Leuten gegeben
werden, die meinem Herrn folgen. 28 Verzeih
deiner Magd ihr Vergehen! Denn der HERR
wird meinem Herrn sicher ein Haus errichten,
das Bestand hat, weil mein Herr die Kriege des
HERRN führt, und man wird dir nichts Böses
vorwerfen können, solange du lebst. 29 Wenn
sich aber ein Mensch erhebt, um dich zu ver-
folgen und dir nach dem Leben zu trachten,
dann sei das Leben meines Herrn beim
HERRN, deinem Gott, eingebunden in den
Beutel des Lebens; das Leben deiner Feinde
aber möge der Herr mit einer Schleuder fort-

25,6 zu meinem Bruder: Vg; nächstes Jahr: H, G und S.

25,22 mir: G und S; den Feinden Davids: H und Vg (Korrektur der Schreiber).

schleudern. 30 Wenn dann der HERR meinem
Herrn all das Gute erweist, das er dir verspro-
chen hat, und dich zum Fürsten über Israel
macht, 31 dann sollst du nicht darüber stolpern
und dein Gewissen soll meinem Herrn nicht
vorwerfen können, dass du ohne Grund Blut
vergossen hast und dass sich mein Herr selbst
geholfen hat. Wenn der HERR aber meinem
Herrn Gutes erweist, dann denk an deine
Magd! 32 Da sagte David zu Abigajil: Gepriesen
sei der HERR, der Gott Israels, der dich mir
heute entgegengeschickt hat. 33 Gepriesen sei
deine Klugheit und gepriesen seist du, weil du
mich heute daran gehindert hast, Blutschuld
auf mich zu laden und mir selbst zu helfen.
34 Aber so wahr der HERR, der Gott Israels,
lebt, der mich davon abgehalten hat, dir etwas
Böses zu tun: Wärest du mir nicht so schnell
entgegengekommen, dann wäre von Nabals
Männern bis zum Morgengrauen keiner mehr
übrig gewesen. 35 Und David nahm von ihr
entgegen, was sie ihm gebracht hatte, und sag-
te zu ihr: Geh in Frieden hinauf in dein Haus!
Denk aber daran: Ich habe auf dich gehört und
dich gnädig aufgenommen. 36 Als Abigajil zu
Nabal kam, veranstaltete er in seinem Haus
gerade ein Trinkgelage wie ein König. Nabal
war in fröhlicher Stimmung, aber völlig be-
trunken. Darum erzählte sie ihm kein Wort,
weder wenig noch viel, bis zum Morgengrau-
en. 37 Als dann am Morgen der Rausch Nabals
vorüber war, berichtete ihm seine Frau, was
sich zugetragen hatte. Da versagte das Herz in
seiner Brust und er war wie versteinert. 38 Nach
etwa zehn Tagen schlug der HERR den Nabal,
sodass er starb. 39 Als David hörte, dass Nabal
tot sei, sagte er: Gepriesen sei der HERR, der
meinen Rechtsstreit gegen Nabal wegen der
Schmach, die mir angetan wurde, geführt hat
und der seinen Knecht von einer bösen Tat
zurückgehalten hat; die Bosheit Nabals aber
hat der HERR auf ihn selbst zurückfallen las-
sen. Darauf schickte David und trug Abigajil
an, sie zur Frau zu nehmen. 40 Die Diener Da-
vids kamen zu Abigajil nach Karmel, redeten
mit ihr und sagten: David schickt uns zu dir,
weil er dich zur Frau nehmen will. 41 Sie stand
auf, verneigte sich bis zur Erde und sagte: Dei-
ne Magd steht als Dienerin bereit, um den
Dienern meines Herrn die Füße zu waschen.
42 Dann machte sich Abigajil in aller Eile auf,
setzte sich auf ihren Esel und ihre fünf Mägde
folgten ihr. Sie zog den Boten Davids nach und
wurde seine Frau. 43 Aus Jesreel hatte sich Da-
vid zuvor schon Ahinoam zur Frau genom-
men. So hatte er zwei Frauen. 44 Saul aber hat-
te seine Tochter Michal, die Frau Davids, Palti,
dem Sohn des Lajisch aus Gallim, gegeben.

1: 28,3; 15,34; Gen 21,21 / **2**: Jos 15,55; Ijob 1,3 / **3**: Gen 29,17 / **6**: Mt 10,12; Lk 10,5 / **10**: Ri 9,28 / **18**: 2 Sam 16,1; Gen 32,14–16 / **21**: Ps 109,5 / **22**: 1 Kön 14,10 / **23**: Rut 2,10 / **24**: 2 Sam 14,9 / **26**: 2 Kön 2,2.4.6; Gen 20,6 / **27**: Gen 33,11 / **28**: 2 Sam 7,16; 1 Sam 17,45.47 / **29**: Ps 69,29 / **30**: 2 Sam 7,8 / **32**: Ex 18,10 / **33**: Lk 1,42; Gen 20,6 / **34**: 1 Kön 14,10 / **35**: 2 Kön 5,19 / **36**: 1 Kön 16,9 / **38**: 2 Chr 13,20 / **39**: 1 Kön 2,44; Ps 7,17 / **41**: Rut 2,10.13 / **42**: Gen 24,61; 2 Sam 2,2; 3,3 / **43**: 27,3; 30,5 / **44**: 2 Sam 3,14–16

DAVIDS ERNEUTE VERSCHONUNG SAULS: 26,1–25

26 1 Die Sifiter kamen zu Saul nach Gibea
und sagten: David hält sich auf der An-
höhe von Hachila gegenüber von Jeschimon
auf. 2 Saul machte sich mit dreitausend Mann,
ausgesuchten Kriegern aus Israel, auf den Weg
und zog in die Wüste von Sif hinab, um dort
nach David zu suchen. 3 Er schlug sein Lager
auf der Anhöhe von Hachila am Weg gegen-
über von Jeschimon auf, David aber blieb in
der Wüste. Als er sah, dass Saul ihm in die
Wüste folgte, 4 schickte er Kundschafter aus
und erfuhr, dass Saul mit Sicherheit am Kom-
men war. 5 Er brach auf und kam zu dem Ort,
wo Saul sein Lager hatte. Und David konnte
die Stelle sehen, wo Saul sich mit seinem Heer-
führer Abner, dem Sohn Ners, zur Ruhe hin-
gelegt hatte: Saul schlief mitten im Lager, wäh-
rend seine Leute rings um ihn herum lagen.
6 Da wandte sich David an den Hetiter Ahi-
melech und an Abischai, den Sohn der Zeruja,
den Bruder Joabs, und sagte: Wer geht mit mir
zu Saul ins Lager hinab? Abischai antwortete:
Ich gehe mit. 7 So kamen David und Abischai
in der Nacht zu den Leuten und siehe, Saul lag
mitten im Lager und schlief; sein Speer steck-
te neben seinem Kopf in der Erde und rings
um ihn schliefen Abner und seine Leute. 8 Da
sagte Abischai zu David: Heute hat Gott dei-
nen Feind in deine Hand ausgeliefert. Jetzt
werde ich ihn mit einem einzigen Speerstoß
auf den Boden spießen, einen zweiten brauche
ich nicht dafür. 9 David aber erwiderte
Abischai: Bring ihn nicht um! Denn wer hat je
seine Hand gegen den Gesalbten des HERRN
erhoben und ist ungestraft geblieben? 10 Und
er fügte hinzu: So wahr der HERR lebt: Der
HERR möge ihn schlagen, ob nun der Tag
kommt, an dem er sterben muss, oder ob er in

den Krieg zieht und dort umkommt. 11 Mich
aber bewahre der HERR davor, dass ich meine
Hand gegen den Gesalbten des HERRN erhebe.
Nimm jetzt den Speer neben seinem Kopf und
den Wasserkrug und lass uns gehen! 12 David
nahm den Speer und den Wasserkrug, die ne-
ben Sauls Kopf waren, und sie gingen weg.
Niemand sah und niemand bemerkte etwas
und keiner wachte auf; alle schliefen, denn der
HERR hatte sie in einen tiefen Schlaf fallen
lassen.

13 David ging auf die andere Seite hinüber
und stellte sich in größerer Entfernung auf
den Gipfel des Berges, sodass ein weiter Zwi-
schenraum zwischen ihnen war. 14 Dann rief
er dem Volk und Abner, dem Sohn Ners, zu:
Abner, willst du antworten? Abner antworte-
te und sagte: Wer bist du, um den König an-
zurufen? 15 David antwortete Abner: Bist du
nicht ein Mann, dem keiner in Israel gleicht?
Warum hast du deinen Herrn, den König,
nicht bewacht? Es ist nämlich einer aus dem
Volk gekommen, um den König, deinen
Herrn, umzubringen. 16 Das war nicht gut, was
du da gemacht hast. So wahr der HERR lebt:
Ihr habt den Tod verdient, weil ihr euren
Herrn, den Gesalbten des HERRN, nicht be-
wacht habt. Sieh doch nach, wo der Speer des
Königs und der Wasserkrug sind, die neben
dem Kopf des Königs standen! 17 Saul erkann-
te die Stimme Davids und sagte: Ist das deine
Stimme, mein Sohn David? David antwortete:
Es ist meine Stimme, mein Herr und König.
18 Dann fragte er: Warum verfolgt eigentlich
mein Herr seinen Knecht? Was habe ich denn
getan? Welches Unrecht habe ich begangen?
19 Möge doch mein Herr, der König, jetzt auf
die Worte seines Knechtes hören: Wenn der
HERR dich gegen mich aufgereizt hat, möge er
ein wohlriechendes Opfer erhalten. Wenn es
aber Menschen waren, dann sollen sie ver-
flucht sein vor dem HERRN; denn sie haben
mich vertrieben, sodass ich jetzt nicht mehr
am Erbbesitz des HERRN teilhaben kann. Sie
sagen: Geh fort, diene anderen Göttern!
20 Doch mein Blut soll nicht fern vom HERRN
zur Erde fließen. Der König von Israel ist aus-
gezogen, um einen einzigen Floh zu suchen,
wie man in den Bergen ein Rebhuhn jagt.
21 Darauf sagte Saul: Ich habe gesündigt.
Komm zurück, mein Sohn David! Ja, ich wer-
de dir nichts zuleide tun, weil dir heute mein
Leben so kostbar war. Ich sehe ein, ich habe
töricht gehandelt und schwere Fehler ge-
macht. 22 David erwiderte: Seht her, hier ist der
Speer des Königs. Einer von den jungen Män-
nern soll herüberkommen und ihn holen.
23 Der HERR wird jedem seine Gerechtigkeit
und Treue vergelten. Obwohl dich der HERR
heute in meine Hand gegeben hatte, wollte ich
meine Hand nicht an den Gesalbten des
HERRN legen. 24 Doch denk daran: Wie dein
Leben heute in meinen Augen wertvoll war,
so wird auch mein Leben in den Augen des
HERRN wertvoll sein; er wird mich aus aller
Bedrängnis erretten. 25 Saul sagte zu David:
Gesegnet seist du, mein Sohn David. Du wirst
es sicher vollbringen, dir wird es auch be-
stimmt gelingen. Und David zog weiter, Saul
aber kehrte an seinen Ort zurück.

1: 23,19; Ps 54,1 / **2**: 23,14 / **5**: 14,50; 17,55 / **6**: 2 Sam 2,18; Ri 7,9–11 / **8**: 24,5 / **9**: 24,7f.; 2 Sam 1,16 / **10**: 25,39 / **12**: Gen 2,21 / **13**: 2 Sam 2,25f. / **17**: 24,17 / **18**: 24,15 / **19**: 2 Sam 24,1; Gen 8,21 / **21**: 2 Kön 1,13f. / **22**: 24,12 / **23**: Ps 18,25 / **25**: 24,21

DAVID BEI DEN PHILISTERN: 27,1–28,2

27 1 David überlegte: Eines Tages werde
ich doch noch durch Saul umgebracht.
Es bleibt nichts anderes übrig, als mich im
Land der Philister in Sicherheit zu bringen.
Dann wird Saul mich in Ruhe lassen und auf-
hören, mich weiter im ganzen Gebiet Israels
zu suchen, und ich bin seiner Hand entkom-
men. 2 David machte sich also auf den Weg und
ging mit den sechshundert Männern, die bei
ihm waren, zu Achisch hinüber, dem Sohn
Maochs, dem König von Gat. 3 Und er blieb mit
seinen Leuten bei Achisch in Gat; alle hatten
ihre Familien bei sich, David seine beiden
Frauen: Ahinoam, die Jesreeliterin, und Abi-
gajil aus Karmel, die Frau Nabals. 4 Als man
Saul meldete, dass David nach Gat geflohen
war, suchte er nicht mehr weiter nach ihm.
5 David sagte zu Achisch: Wenn ich dein
Wohlwollen gefunden habe, dann weise mir
einen Wohnraum in einer der Städte des fla-
chen Landes zu, wo ich mich niederlassen
kann. Warum soll dein Knecht bei dir in der
Königsstadt wohnen? 6 Da gab ihm Achisch
noch am gleichen Tag Ziklag. Deshalb gehört
Ziklag den Königen von Juda bis zum heutigen
Tag. 7 Die Zeit, die David im Land der Philister
verbrachte, betrug ein Jahr und vier Monate.

8 David zog mit seinen Männern aus und sie
unternahmen Raubzüge bei den Geschuri-
tern, den Geresitern und den Amalekitern;

diese bewohnen von jeher das Gebiet in Rich-
tung Schur und nach Ägypten zu. 9 David
verheerte das Land und ließ weder Männer
noch Frauen am Leben; Schafe und Rinder,
Esel, Kamele und Kleider aber nahm er mit.
Wenn er dann zurückkehrte und zu Achisch
kam 10 und Achisch ihn fragte: Wohin habt
ihr heute euren Raubzug gemacht?, antwor-
tete David: ins Südland von Juda, oder: ins
Südland der Jerachmeeliter, oder: ins Südland
der Keniter. 11 Weder Männer noch Frauen
ließ er am Leben und er brachte niemand nach
Gat; denn er sagte sich: Niemand soll etwas
über uns berichten und sagen können: Das
und das hat David gemacht. So hielt er es die
ganze Zeit über, solange er sich im Land der
Philister aufhielt. 12 Achisch aber schenkte
David Vertrauen, denn er sagte sich: Er hat
sich bei seinem Volk, bei den Israeliten, so
verhasst gemacht, dass er für immer mein
Knecht bleiben wird.

2: 21,11–16 / **3:** 1 Kön 2,39 / **6:** 30,1; Jos 15,31; 19,5 / **7:** 29,3 /
8: Jos 13,2.13; Ex 17,16 / **12:** Gen 34,30

28 1 In jenen Tagen sammelten die Philis-
ter ihre Truppen, um gegen Israel in
den Kampf zu ziehen. Da sagte Achisch zu
David: Du weißt sehr wohl, dass du samt dei-
nen Männern mit mir ins Feldlager ziehen
musst. 2 David antwortete Achisch: Auf diese
Weise wirst du selbst erfahren, was dein
Knecht tun wird. Achisch sagte zu David: Gut,
ich mache dich für diese ganze Zeit zu meinem
Leibwächter.

1: 29,1

SAUL BEI DER FRAU IN EN-DOR: 28,3–25

3 Samuel war gestorben und ganz Israel hatte
die Totenklage für ihn gehalten und ihn in sei-
ner Stadt Rama begraben. Saul aber hatte die
Totenbeschwörer und die Wahrsager aus dem
Land vertrieben. 4 Als sich die Philister gesam-
melt hatten, rückten sie heran und schlugen
bei Schunem ihr Lager auf. Saul versammelte
ganz Israel und sie schlugen ihr Lager auf dem
Gilboa auf. 5 Als Saul das Lager der Philister
sah, bekam er große Angst und sein Herz be-
gann zu zittern. 6 Da befragte Saul den HERRN,
aber der HERR gab ihm keine Antwort, weder
durch Träume noch durch die Losorakel noch
durch die Propheten. 7 Daher sagte Saul zu sei-
nen Dienern: Sucht mir eine Frau, die Gewalt
über einen Totengeist hat; ich will zu ihr gehen
und sie befragen. Seine Diener antworteten
ihm: In En-Dor gibt es eine Frau, die über ei-
nen Totengeist Gewalt hat. 8 Da machte sich
Saul unkenntlich, zog andere Kleider an und
ging mit zwei Männern zu der Frau. Sie kamen
in der Nacht bei der Frau an und er sagte zu ihr:
Wahrsage mir durch den Totengeist! Lass für
mich den heraufsteigen, den ich dir nenne.
9 Die Frau antwortete ihm: Du weißt doch
selbst, was Saul getan hat: Er hat die Toten-
beschwörer und die Wahrsager im Land aus-
gerottet. Warum stellst du mir eine Falle, um
mich zu töten? 10 Saul aber schwor ihr beim
HERRN und sagte: So wahr der HERR lebt: Es
soll dich in dieser Sache keine Schuld treffen.
11 Die Frau sagte: Wen soll ich für dich herauf-
steigen lassen? Er antwortete: Lass Samuel für
mich heraufsteigen! 12 Als die Frau Samuel
erblickte, schrie sie laut auf und sagte zu Saul:
Warum hast du mich getäuscht? Du bist ja
Saul! 13 Der König sagte zu ihr: Hab keine
Angst! Was siehst du denn? Die Frau antwor-
tete Saul: Ich sehe einen Gott aus der Erde he-
raufsteigen. 14 Er fragte sie: Wie sieht er aus?
Sie antwortete: Ein alter Mann steigt herauf;
er ist in einen Mantel gehüllt. Da erkannte
Saul, dass es Samuel war. Er verneigte sich mit
dem Gesicht zur Erde und warf sich zu Boden.
15 Und Samuel sagte zu Saul: Warum hast du
mich aufgestört und mich heraufsteigen las-
sen? Saul antwortete: Ich bin in großer Be-
drängnis. Die Philister führen Krieg gegen
mich und Gott ist von mir gewichen und hat
mir keine Antwort mehr gegeben, weder
durch die Propheten noch durch die Träume.
Darum habe ich dich gerufen, damit du mir
sagst, was ich tun soll. 16 Samuel erwiderte:
Warum fragst du mich? Der HERR ist doch
von dir gewichen und ist dein Feind geworden.
17 Er hat getan, was er durch mich angekündigt
hatte: Der HERR hat dir das Königtum aus der
Hand gerissen und hat es einem anderen, näm-
lich David, gegeben. 18 Weil du nicht auf die
Stimme des HERRN gehört und seinen glü-
henden Zorn an Amalek nicht vollstreckt hast,
darum hat dir der HERR heute das getan. 19 Der
HERR wird auch Israel zusammen mit dir in
die Hand der Philister geben und morgen wirst
du samt deinen Söhnen bei mir sein; auch das
Heerlager Israels wird der HERR in die Hand
der Philister geben. 20 Da fiel Saul der Länge
nach jäh zu Boden; so sehr war er über die
Worte Samuels erschrocken. Es war auch
keine Kraft mehr in ihm, weil er den ganzen

Tag und die ganze Nacht keinen Bissen geges-
sen hatte. 21 Die Frau ging zu Saul hin und sah,
dass er ganz verstört war; sie sagte zu ihm:
Deine Magd hat auf deine Stimme gehört; ich
habe mein Leben aufs Spiel gesetzt, als ich auf
das hörte, was du zu mir gesagt hast. 22 Jetzt
aber höre auch du auf die Stimme deiner
Magd! Ich will dir ein Stück Brot zum Essen
geben. Dann wirst du wieder zu Kräften kom-
men und kannst deines Weges gehen. 23 Er
aber weigerte sich und sagte: Ich esse nichts.
Doch seine Diener und die Frau drängten ihn,
bis er auf ihre Stimme hörte. Er erhob sich
vom Boden und setzte sich aufs Bett. 24 Die
Frau hatte ein Mastkalb im Haus. Sie schlach-
tete es in aller Eile, nahm Mehl, knetete Teig
und backte ungesäuerte Brote. 25 Das alles
setzte sie Saul und seinen Knechten vor; sie
aßen, standen auf und gingen noch in der
gleichen Nacht zurück.

3: 25,1; 15,34; Lev 19,31 / **4**: 2 Kön 4,8 / **6**: 14,37; Spr 1,28 / **7**: 1 Chr 10,13f.; Jos 17,11 / **8**: 1 Kön 14,2 / **9**: Dtn 18,10f.; Jes 8,19 / **14**: 15,27 / **15**: Ijob 3,13; Mi 3,4–7 / **17**: 15,28 / **18**: 15,19; Ex 17,14–16 / **19**: 31,6; Sir 46,20 / **21**: 19,5 / **24**: Gen 18,6–8

DAVIDS ENTLASSUNG AUS DEM HEER DER PHILISTER: 29,1–11

29 1 Die Philister versammelten ihr gan-
zes Heer bei Afek, während die Israe-
liten ihr Lager an der Quelle bei Jesreel aufge-
schlagen hatten. 2 Als nun die Fürsten der
Philister mit ihren Hundertschaften und Tau-
sendschaften auf dem Marsch waren – David
und seine Männer zogen mit Achisch am
Schluss –, 3 fragten die Obersten der Philister:
Was sollen diese Hebräer hier? Achisch ant-
wortete den Obersten der Philister: Das ist
doch David, der Knecht Sauls, des Königs von
Israel, der seit Jahr und Tag bei mir ist. Seit
dem Tag, da er übergelaufen ist, bis heute fand
ich bei ihm nichts Nachteiliges. 4 Die Obersten
der Philister aber wurden zornig auf ihn und
sagten zu ihm: Schick den Mann zurück! Er
soll an den Ort zurückkehren, den du ihm
zugewiesen hast, und nicht mit uns in den
Kampf ziehen. Dann kann er sich in der
Schlacht nicht gegen uns wenden. Womit
könnte er sich die Gunst seines Herrn besser
erwerben als mit den Köpfen unserer Leute
hier? 5 Ist das nicht der gleiche David, von dem
man beim Reigentanz gesungen hat: Saul hat
Tausend erschlagen, David aber Zehntau-
send?
6 Da rief Achisch David zu sich und sagte zu
ihm: So wahr der HERR lebt, du bist ein auf-
rechter Mann und es wäre in meinen Augen
gut, wenn du mit mir ins Feld ziehen und wie-
der zurückkommen würdest; denn ich habe an
dir nichts Unrechtes entdeckt seit dem Tag, an
dem du zu mir gekommen bist, bis heute. Aber
den Fürsten bist du nicht genehm. 7 Darum
kehr jetzt um und zieh in Frieden; so wirst du
nichts tun, was den Fürsten der Philister miss-
fällt. 8 David sagte zu Achisch: Was habe ich
denn getan? Was hast du an deinem Knecht
auszusetzen gehabt von dem Tag an, an dem
ich in deinen Dienst getreten bin, bis heute?
Warum darf ich nicht mitkommen und gegen
die Feinde meines Herrn, des Königs, kämp-
fen? 9 Achisch antwortete David: Gewiss, mir
bist du teuer wie ein Engel Gottes; aber die
Obersten der Philister haben gesagt: Er soll
nicht mit uns in den Kampf ziehen. 10 Darum
brich morgen früh auf, samt den Knechten
deines Herrn, die mit dir gekommen sind!
Brecht morgen früh auf, sobald es hell wird,
und geht! 11 David machte sich also mit seinen
Männern in aller Frühe auf den Weg; er zog
noch am Morgen weg und kehrte ins Land der
Philister zurück; die Philister aber zogen nach
Jesreel hinauf.

1: 4,1; Ri 7,1 / **2**: Jos 13,3 / **3**: 4,6.9 / **4**: 1 Chr 12,20 / **5**: 18,7; 21,12 / **6**: 18,13 / **9**: 2 Sam 14,17.20 / **11**: 1 Chr 12,21

DAVIDS SIEG ÜBER DIE AMALEKITER: 30,1–31

30 1 Als David und seine Männer am drit-
ten Tag nach Ziklag kamen, waren die
Amalekiter in den Negeb und in Ziklag einge-
fallen und hatten Ziklag erobert und nieder-
gebrannt. 2 Die Frauen und was sonst in der
Stadt war, Jung und Alt, hatten sie, ohne je-
mand zu töten, gefangen genommen und bei
ihrem Abzug mit sich weggeführt. 3 Als David
mit seinen Männern zur Stadt kam, sah er, dass
sie niedergebrannt und die Frauen, Söhne und
Töchter gefangen genommen worden waren.
4 Da brachen David und die Leute, die bei ihm
waren, in lautes Weinen aus und sie weinten,
bis sie keine Kraft mehr zum Weinen hatten.
5 Auch die beiden Frauen Davids, die Jesreeli-
terin Ahinoam und Abigajil, die Frau Nabals
aus Karmel, waren gefangen genommen wor-
den. 6 David geriet in große Bedrängnis, denn
das Volk drohte ihn zu steinigen; alle im Volk
waren gegen ihn erbittert wegen ihrer Söhne

und Töchter. Aber David fand Kraft beim
HERRN, seinem Gott. 7 Er sagte zu dem Pries-
ter Abjatar, dem Sohn Ahimelechs: Bring das
Efod zu mir! Abjatar brachte das Efod zu Da-
vid. 8 Und David befragte den HERRN: Soll ich
diese Räuberbande verfolgen? Werde ich sie
einholen? Der HERR antwortete: Verfolg sie!
Denn du wirst sie mit Sicherheit einholen und
deine Leute befreien. 9 David brach also mit
den sechshundert Mann, die bei ihm waren,
auf und sie kamen bis zum Bach Besor. Die
Übrigen machten dort Rast. 10 David nahm mit
vierhundert Mann die Verfolgung auf; die
zweihundert Mann machten Rast, weil sie zu
erschöpft waren, um den Bach Besor zu über-
schreiten.

11 Man griff dort im Gelände einen Ägypter
auf und brachte ihn zu David. Sie gaben ihm
Brot zu essen und Wasser zu trinken, 12 au-
ßerdem gepresste Feigen und zwei Rosinen-
kuchen. Als er gegessen hatte, kehrten seine
Lebensgeister zurück; er hatte nämlich schon
drei Tage und drei Nächte keinen Bissen Brot
mehr gegessen und keinen Schluck Wasser
getrunken. 13 David fragte ihn: Zu wem ge-
hörst du und woher bist du? Er sagte: Ich bin
ein junger Ägypter, der Sklave eines Amale-
kiters. Mein Herr hat mich zurückgelassen,
als ich heute vor drei Tagen krank wurde.
14 Wir waren in das Südland der Kereter und
in das Gebiet von Juda und in das Südland von
Kaleb eingefallen und hatten Ziklag nieder-
gebrannt. 15 David sagte zu ihm: Kannst du
mich zu dieser Räuberbande hinführen? Er
antwortete: Schwöre mir bei Gott, dass du
mich nicht tötest und mich nicht an meinen
Herrn ausliefern wirst; dann will ich dich zu
dieser Räuberbande hinführen. 16 Als er Da-
vid hinführte, sah man die Amalekiter über
die ganze Gegend verstreut; sie aßen und
tranken und feierten, weil sie im Land der
Philister und im Land Juda so reiche Beute
gemacht hatten. 17 David schlug sie vom Mor-
gengrauen an bis zum Abend des folgenden
Tages; keiner von ihnen entkam, außer vier-
hundert jungen Männern, die sich auf ihre
Kamele setzen und fliehen konnten. 18 David
entriss den Amalekitern alles wieder, was sie
erbeutet hatten; auch seine beiden Frauen
befreite er. 19 Nichts fehlte, weder Jung noch
Alt, weder Söhne noch Töchter, weder von der
Beute noch sonst etwas, was die Amalekiter
ihnen weggenommen hatten. Alles brachte
David zurück. 20 David nahm auch alle Schafe
und Rinder mit. Man trieb sie vor David her
und sagte: Das ist Davids Beute. 21 David kam
zu den zweihundert Mann zurück, die zu er-
schöpft gewesen waren, um ihm zu folgen,
und die man am Bach Besor zurückgelassen
hatte. Sie kamen David und seinen Leuten ent-
gegen, und als David mit seinen Leuten he-
rankam, fragte er sie nach ihrem Wohl. 22 Doch
einige boshafte und nichtsnutzige Männer, die
mit David gezogen waren, sagten: Sie sind
nicht mit uns gezogen; darum wollen wir ih-
nen auch nichts von der Beute geben, die wir
zurückgeholt haben, ausgenommen ihre Frau-
en und ihre Kinder. Diese sollen sie mitneh-
men und gehen. 23 David aber erwiderte: So
dürft ihr es mit dem, was der HERR uns gege-
ben hat, nicht machen, meine Brüder. Er hat
uns behütet und die Räuberbande, die uns
überfallen hatte, in unsere Hand gegeben.
24 Wer würde in dieser Sache auf euch hören?
Nein, der Anteil dessen, der beim Tross geblie-
ben ist, soll genauso groß sein wie der Anteil
dessen, der in den Kampf gezogen ist. Sie sol-
len die Beute miteinander teilen. 25 So geschah
es an jenem Tag und auch weiterhin; denn
David machte es zu Gesetz und Recht in Isra-
el und so ist es bis auf den heutigen Tag geblie-
ben.

26 Als David dann nach Ziklag heimgekehrt
war, schickte er einen Teil von der Beute an die
Ältesten von Juda, die ihm nahestanden, und
ließ ihnen sagen: Hier ist ein Geschenk für
euch aus der Beute von den Feinden des
HERRN 27 – an die Ältesten in Bet-El, in Ra-
mat-Negeb, in Jattir, 28 in Aroër, in Sifmot, in
Eschtemoa, 29 in Karmel, in den Städten der
Jerachmeeliter, in den Städten der Keniter, 30 in
Horma, in Bor-Aschan, in Atach 31 und in He-
bron, ferner an all die Orte, wo David auf sei-
nen Streifzügen mit seinen Männern gewesen
war.

1: 27,6; 15,5.7f. / **5**: 25,42f.; 2 Sam 2,2; 3,2f. / **6**: Ex 17,4; Num 14,10; Ps 56,4 / **7**: 23,9–12 / **8**: 23,2.4 / **9**: 22,2; 27,2 / **12**: 25,18; Ri 15,18f. / **14**: Ez 25,16; Zef 2,5; Jos 14,6–15 / **16**: 1 Kön 20,16 / **22**: 10,27 / **24**: Num 31,27 / **29**: 27,10

SAULS ENDE: 31,1–13

31
1 Als die Philister gegen Israel kämpften,
flohen die Israeliten vor ihnen; viele

30,20 vor David her: vermuteter Text, vgl. Vg; vor der Herde: H und G.

30,29 Karmel: G; Rakal: H und Vg.

waren gefallen und lagen erschlagen auf dem
Gebirge von Gilboa. 2 Die Philister verfolgten
Saul und seine Söhne und erschlugen Sauls
Söhne Jonatan, Abinadab und Malkischua.
3 Um Saul selbst entstand ein schwerer Kampf.
Die Bogenschützen hatten ihn entdeckt und
es befiel ihn heftiges Beben vor den Schützen.
4 Da sagte Saul zu seinem Waffenträger: Zieh
dein Schwert und durchbohre mich damit!
Sonst kommen diese Unbeschnittenen,
durchbohren mich und treiben ihren Mutwil-
len mit mir. Der Waffenträger wollte es nicht
tun; denn er hatte große Angst. Da nahm Saul
selbst das Schwert und stürzte sich hinein.
5 Als der Waffenträger sah, dass Saul tot war,
stürzte auch er sich in sein Schwert und starb
zusammen mit Saul. 6 So kamen Saul, seine
drei Söhne, sein Waffenträger und alle seine
Männer an jenem Tag gemeinsam ums Leben.
7 Als die Israeliten auf der anderen Seite der
Ebene und jenseits des Jordan sahen, dass die
Israeliten geflohen und dass Saul und seine
Söhne tot waren, verließen sie ihre Städte und
flohen. Dann kamen die Philister und besetz-
ten die Städte.

8 Als am nächsten Tag die Philister kamen,
um die Erschlagenen auszuplündern, fanden
sie Saul und seine drei Söhne, die auf dem Ge-
birge von Gilboa gefallen waren. 9 Sie schlugen
ihm den Kopf ab, zogen ihm die Rüstung aus
und schickten beides im Land der Philister
umher, um ihrem Götzentempel und dem
Volk die Siegesnachricht zu übermitteln.
10 Die Rüstung Sauls legten sie im Astartetem-
pel nieder; seinen Leichnam aber hefteten sie
an die Mauer von Bet-Schean.

11 Als die Einwohner von Jabesch-Gilead
hörten, was die Philister mit Saul gemacht
hatten, 12 brachen alle kriegstüchtigen Männer
auf, marschierten die ganze Nacht hindurch
und nahmen die Leiche Sauls und die Leichen
seiner Söhne von der Mauer von Bet-Schean
ab; sie brachten sie nach Jabesch und verbrann-
ten sie dort. 13 Dann nahmen sie die Gebeine,
begruben sie unter der Tamariske von Jabesch
und fasteten sieben Tage lang.

1: 28,4; 29,1.11 / **2**: 14,49; 28,19 / **3**: 2 Sam 1,6 / **4**: 2 Sam 1,9 / **9**: 17,51; 2 Sam 1,20 / **10**: 21,10; Ri 1,27 / **13**: 2 Sam 2,5; 21,12–14

31,12 sie brachten sie: G und S; sie kamen: H und Vg.

DAS ZWEITE BUCH SAMUEL

DAVIDS AUFSTIEG: 1,1–5,12

DAVIDS KLAGE UM SAUL UND JONATAN: 1,1–27

1 1 Als David nach dem Tod Sauls von sei-
nem Sieg über die Amalekiter zurückge-
kehrt war und sich zwei Tage lang in Ziklag
aufgehalten hatte, 2 kam am dritten Tag ein
Mann aus dem Lager Sauls, mit zerrissenen
Kleidern und Staub auf dem Haupt. Als er bei
David angelangt war, warf er sich auf den Bo-
den nieder und huldigte ihm. 3 David fragte
ihn: Woher kommst du? Er antwortete ihm:
Ich habe mich aus dem Lager Israels gerettet.
4 David sagte zu ihm: Wie stehen die Dinge?
Berichte mir! Er erwiderte: Das Volk ist aus
dem Kampf geflohen, viele von den Männern
sind gefallen und umgekommen; auch Saul
und sein Sohn Jonatan sind tot. 5 David fragte
den jungen Mann, der ihm die Nachricht
brachte: Woher weißt du, dass Saul und sein
Sohn Jonatan tot sind? 6 Der junge Mann, der
ihm die Nachricht brachte, sagte: Ich kam zu-
fällig auf das Gebirge von Gilboa; da sah ich,
wie sich Saul auf seinen Speer stützte und
Kriegswagen und Reiter auf ihn eindrangen.
7 Er wandte sich um, und als er mich sah, rief
er mich. Ich antwortete: Hier bin ich. 8 Er frag-
te mich: Wer bist du? Ich gab ihm zur Antwort:
Ich bin ein Amalekiter. 9 Da sagte er zu mir:
Komm her zu mir und töte mich! Denn mich
hat ein Schwächeanfall erfasst, aber noch ist

alles Leben in mir. 10 Ich ging also zu ihm hin
und tötete ihn; denn ich wusste, dass er seinen
Sturz nicht überleben würde. Dann nahm ich
den Stirnreif, den er auf dem Kopf trug, und
die Spange, die er am Arm hatte, und bringe sie
nun hierher zu meinem Herrn. 11 Da fasste Da-
vid sein Gewand und zerriss es und mit ihm
alle Männer um ihn. 12 Sie klagten, weinten und
fasteten bis zum Abend wegen Saul, seines
Sohnes Jonatan, des Volkes des HERRN und
des Hauses Israel, die unter dem Schwert ge-
fallen waren. 13 Und David fragte den jungen
Mann, der ihm die Nachricht gebracht hatte:
Woher bist du? Er antwortete: Ich bin der Sohn
eines Einwanderers aus Amalek. 14 David frag-
te ihn: Wie kommt es, dass du dich nicht davor
gefürchtet hast, deine Hand auszustrecken, um
den Gesalbten des HERRN umzubringen?
15 Darauf rief David einen von seinen jungen
Männern zu sich und sagte: Komm her, stoß
ihn nieder! Und er schlug ihn tot. 16 David aber
sagte zu ihm: Dein Blut über dein Haupt; denn
dein Mund zeugt gegen dich, wenn du sagst:
Ich habe den Gesalbten des HERRN getötet.
17 Und David sang die folgende Totenklage auf
Saul und seinen Sohn Jonatan; 18 er sagte, man
solle es die Söhne Judas als Bogenlied lehren;
es steht im Buch des Aufrechten:

19 Israel, dein Stolz liegt erschlagen auf dei-
nen Höhen. / Ach, die Helden sind gefallen!

20 Meldet es nicht in Gat, / verkündet es nicht
auf Aschkelons Straßen, / damit die Töchter
der Philister sich nicht freuen, / damit die
Töchter der Unbeschnittenen nicht jauchzen.

21 Ihr Berge in Gilboa, kein Tau und kein Re-
gen / falle auf euch und auch nicht auf euch, ihr
Gefilde der Erstlingsgaben. / Denn dort wurde
der Schild der Helden befleckt, / der Schild des
Saul, als wäre er nicht mit Öl gesalbt.

22 Ohne das Blut von Erschlagenen, / ohne
das Mark der Helden / kam der Bogen Jonatans
nie zurück; / auch das Schwert Sauls / kehrte
niemals erfolglos zurück.

23 Saul und Jonatan, die Geliebten und Teu-
ren, / im Leben und Tod sind sie nicht ge-
trennt. / Sie waren schneller als Adler, / waren
stärker als Löwen.

24 Ihr Töchter Israels, weint um Saul; / er hat
euch in köstlichen Purpur gekleidet, / hat gol-
denen Schmuck auf eure Gewänder geheftet.

25 Ach, die Helden sind gefallen mitten im
Kampf. / Jonatan liegt erschlagen auf deinen
Höhen.

26 Weh ist mir um dich, mein Bruder Jona-
tan. / Du warst mir sehr lieb. / Wunderbarer
war deine Liebe für mich / als die Liebe der
Frauen.

27 Ach, die Helden sind gefallen, / die Waf-
fen des Kampfes verloren.

1: 1 Sam 30,26 / **2:** 1 Sam 4,12 / **4:** 1 Sam 4,16f. / **9:** 1 Sam 31,4; Ri 9,54 / **10:** 2 Kön 11,12 / **11:** Gen 37,34 / **12:** 1 Sam 31,13 / **14:** 1 Sam 24,7.11; 26,9.11 / **16:** Mt 27,25; 2 Sam 3,29 / **18:** 3,33; Jos 10,13 / **20:** 1 Makk 9,21; Ri 16,23f. / **21:** 1 Sam 31,1; Jes 21,5 / **22:** 1 Sam 13,3; 14,13.47f. / **23:** Jer 4,13; Ri 14,18 / **26:** 1 Sam 18,1.3; 20,17.41

DAVIDS SALBUNG UND ISCHBAALS HERRSCHAFT: 2,1–11

2 1 Danach befragte David den HERRN:
Soll ich in eine der Städte Judas hinauf-
ziehen? Der HERR antwortete ihm: Zieh
hinauf! David fragte: Wohin soll ich ziehen?
Er antwortete: Nach Hebron. 2 David zog also
nach Hebron mit seinen beiden Frauen,
Ahinoam aus Jesreel und Abigajil, der Frau
Nabals aus Karmel. 3 Auch die Männer, die bei
ihm waren, führte David hinauf, jeden mit
seiner Familie, und sie ließen sich in den Städ-
ten um Hebron nieder. 4 Dann kamen die
Männer Judas und salbten David dort zum
König über das Haus Juda.

Als man David berichtete, dass die Einwoh-
ner von Jabesch-Gilead Saul begraben hatten,
5 schickte er Boten zu den Männern von Ja-
besch-Gilead und ließ ihnen sagen: Seid vom
HERRN gesegnet, weil ihr Saul, eurem Herrn,
dieses Wohlwollen erwiesen und ihn begra-
ben habt. 6 Möge der HERR euch jetzt auch sein
Wohlwollen und seine Treue erweisen; auch
ich will euch dafür Gutes tun, dass ihr das ge-
tan habt. 7 Nun aber zeigt euren Mut und seid
tapfer; denn Saul, euer Herr, ist tot, mich aber
hat das Haus Juda zu seinem König gesalbt.
8 Doch Abner, der Sohn Ners, der Heerführer
Sauls, hatte Ischbaal, den Sohn Sauls, mit sich
nach Mahanajim genommen 9 und ihn zum
König über Gilead, Ascher, Jesreel, Efraim und
Benjamin und über ganz Israel gemacht.
10 Sauls Sohn Ischbaal war vierzig Jahre alt, als
er König von Israel wurde, und er war zwei
Jahre König; nur das Haus Juda stand hinter
David. 11 Die Zeit, die David in Hebron König

2,8 Ischbaal: so lautet der Name richtig (vgl. 1 Chr 8,33; 9,39). Sehr früh veränderte man den Namen, um den darin enthaltenen Gottesnamen Baal verächtlich zu machen, in Isch-Boschet (Mann der Schande); vgl. auch 4,4.

über das Haus Juda war, betrug sieben Jahre
und sechs Monate.

1: 1 Sam 23,2.4; 30,31 / **2**: 1 Sam 25,42f. / **3**: 1 Sam 22,2 / **4**: 1 Sam 16,13; 31,12f. / **5**: 1 Sam 23,21 / **8**: 1 Sam 26,14f.; 1 Chr 8,33 / **11**: 5,5

BRUDERKRIEG ZWISCHEN ISRAEL UND JUDA: 2,12–3,1

12 Abner, der Sohn Ners, zog mit den Knechten
Ischbaals, des Sohnes Sauls, von Mahanajim
nach Gibeon. 13 Auch Joab, der Sohn der Zeru-
ja, und die Knechte Davids waren ausgezogen;
sie trafen mit ihnen am Teich von Gibeon zu-
sammen. Die einen blieben diesseits, die an-
deren jenseits des Teiches. 14 Da sagte Abner
zu Joab: Die jungen Männer könnten doch zu
einem Kampfspiel vor uns antreten. Joab er-
widerte: Sie sollen antreten. 15 Sie stellten
sich also auf und es wurde abgezählt: zwölf
für Benjamin und Ischbaal, den Sohn Sauls,
und zwölf von den Leuten Davids. 16 Jeder fass-
te seinen Gegner am Kopf und stieß ihm das
Schwert in die Seite, sodass alle miteinander
fielen. Diesen Ort bei Gibeon nannte man des-
halb: Helkat-Hazzurim, Feld der Steinmesser.
17 Der Kampf wurde an jenem Tag sehr hart.
Abner und die Israeliten wurden von den Leu-
ten Davids geschlagen. 18 Auch die drei Söhne
der Zeruja waren dabei: Joab, Abischai und
Asaël. Asaël war so flink auf den Beinen wie
eine Gazelle im Gelände. 19 Asaël jagte Abner
nach, ohne nach rechts oder links abzuwei-
chen. 20 Da wandte sich Abner um und sagte:
Bist du es, Asaël? Asaël antwortete: Ja, ich bin
es. 21 Abner sagte zu ihm: Bieg doch nach
rechts oder links ab, greif dir einen von den
jungen Männern und nimm dir seine Rüstung!
Asaël aber wollte nicht von ihm ablassen.
22 Abner sagte noch einmal zu Asaël: Lass
von mir ab! Warum soll ich dich zu Boden
schlagen? Wie könnte ich dann noch deinem
Bruder Joab in die Augen blicken? 23 Als Asaël
sich weigerte, von ihm abzulassen, stieß ihm
Abner das Ende des Speers in den Bauch, so-
dass der Speer hinten wieder herauskam.
Asaël stürzte zu Boden und starb auf der Stel-
le. Alle aber, die an den Ort kamen, wo Asaël
niedergestürzt und gestorben war, blieben
stehen. 24 Joab und Abischai jedoch jagten Ab-
ner nach. Als die Sonne unterging, waren sie
bis Gibeat-Amma gelangt, das Giach gegen-
über am Weg in die Steppe von Gibeon liegt.
25 Die Benjaminiter in der Gefolgschaft Abners
sammelten sich, bildeten eine geschlossene
Gruppe und stellten sich auf dem Gipfel eines
Hügels auf. 26 Abner rief Joab zu: Soll denn
das Schwert unaufhörlich um sich fressen?
Weißt du nicht, dass das zu einem bitteren
Ende führen wird? Wann endlich wirst du
deinen Leuten befehlen, die Verfolgung ihrer
Brüder aufzugeben? 27 Joab antwortete: So
wahr Gott lebt: Wenn du nichts gesagt hät-
test, dann hätten die Leute erst am Morgen
den Rückzug angetreten und aufgehört, ihre
Brüder zu verfolgen. 28 Dann ließ Joab das
Widderhorn blasen und alle Leute machten
Halt; sie setzten den Kampf nicht mehr fort
und verfolgten die Israeliten nicht mehr.
29 Abner und seine Männer durchzogen wäh-
rend jener Nacht die Araba, überschritten den
Jordan, waren den ganzen Vormittag unter-
wegs und kamen nach Mahanajim. 30 Als Joab
aufhörte, Abner zu verfolgen, und seine Leu-
te wieder sammelte, fehlten außer Asaël von
den Leuten Davids neunzehn Mann. 31 Da-
vids Leute aber hatten von den Benjaminitern
und von den Männern Abners dreihundert-
sechzig Mann erschlagen und getötet. 32 Sie
nahmen Asaël mit und begruben ihn im Grab
seines Vaters in Betlehem. Dann marschierte
Joab mit seinen Männern die ganze Nacht
hindurch in Richtung Hebron, das sie bei
Tagesanbruch erreichten.

3 1 Der Krieg zwischen dem Haus Saul und
dem Haus David zog sich lange hin. David
wurde immer stärker, während das Haus Saul
immer schwächer wurde.

2,13: Jos 9,3–27; Jes 41,12 / **14**: 1 Sam 14,50 / **15**: 1 Sam 22,7 / **17**: 1 Sam 26,5 / **18**: 23,19.24 / **23**: Ri 3,22 / **26**: 11,25
3,1: 5,10

DIE IN HEBRON GEBORENEN SÖHNE DAVIDS: 3,2–5

2 In Hebron wurden David folgende Söhne
geboren: Sein Erstgeborener Amnon stammte
von Ahinoam aus Jesreel, 3 sein zweiter, Kilab,
von Abigajil, der Frau Nabals aus Karmel; der
dritte war Abschalom, der Sohn der Maacha,
der Tochter des Königs Talmai von Geschur,
4 der vierte Adonija, der Sohn der Haggit, der
fünfte Schefatja, der Sohn der Abital, 5 der
sechste Jitream von Davids Frau Egla. Diese
Söhne wurden David in Hebron geboren.

2–5: 5,13–16; 1 Chr 3,1–4 / **3**: 1 Sam 25,42; 2 Sam 13,37 / **4**: 1 Kön 1,5

VERHANDLUNG ZWISCHEN DAVID UND ABNER: 3,6–21

6 Solange zwischen dem Haus Saul und dem
Haus David Krieg herrschte, hielt Abner entschieden zum Haus Saul. 7 Saul hatte eine Nebenfrau namens Rizpa gehabt; sie war eine
Tochter Ajas. Da sagte Ischbaal zu Abner: Warum bist du zu der Nebenfrau meines Vaters
gegangen? 8 Da wurde Abner sehr zornig über
die Frage Ischbaals und sagte: Bin ich denn ein
Hundskopf aus Juda? Ich erweise dem Haus
Sauls, deines Vaters, und seinen Brüdern und
Verwandten auch heute mein Wohlwollen
und habe dich nicht in die Hände Davids fallen
lassen. Und du willst mich jetzt wegen eines
Vergehens mit dieser Frau zur Rechenschaft
ziehen? 9 Gott soll Abner dies und das antun,
wenn ich nicht gegenüber David so handle,
wie der HERR es ihm geschworen hat: 10 das
Königtum dem Haus Saul zu nehmen und den
Thron Davids aufzustellen in Israel und Juda,
von Dan bis Beerscheba. 11 Darauf konnte Ischbaal Abner nichts erwidern; denn er hatte
Angst vor ihm. 12 Abner schickte in eigener
Sache Boten zu David und ließ ihm sagen:
Wem gehört das Land? Schließ also einen Vertrag mit mir; dann werde ich dir helfen, um
ganz Israel auf deine Seite zu bringen. 13 David
antwortete: Gut, ich will einen Vertrag mit dir
schließen; nur das eine verlange ich von dir:
Du darfst mir nicht unter die Augen treten,
falls du nicht Michal, die Tochter Sauls, mitbringst, wenn du kommst und vor mir erscheinst. 14 Dann schickte David Boten zu
Ischbaal, dem Sohn Sauls, und ließ ihm sagen:
Gib meine Frau Michal heraus, für die ich die
hundert Vorhäute der Philister als Brautpreis
bezahlt habe. 15 Ischbaal schickte zu ihrem
Mann Paltiël, dem Sohn des Lajisch, und ließ
sie ihm wegnehmen. 16 Ihr Mann lief bis nach
Bahurim weinend hinter ihr her. Erst als Abner
zu ihm sagte: Geh, kehr um!, kehrte er um.
17 Darauf verhandelte Abner mit den Ältesten
Israels und sagte: Schon seit langer Zeit wollt
ihr David zu eurem König haben. 18 Jetzt müsst
ihr handeln. Denn der HERR hat zu David gesagt: Durch meinen Knecht David will ich
mein Volk Israel aus der Hand der Philister
und all seiner Feinde retten. 19 Auch mit den
Benjaminitern redete Abner. Dann ging Abner
nach Hebron, um David alles zu berichten,
was Israel und das ganze Haus Benjamin für
gut befunden hatten. 20 So kam Abner mit
zwanzig Männern zu David nach Hebron. David veranstaltete für Abner und seine Begleiter
ein Mahl. 21 Abner sagte zu David: Ich will
mich auf den Weg machen und ganz Israel um
meinen Herrn, den König, sammeln. Sie sollen
mit dir einen Vertrag schließen und du sollst
überall König sein, wo du es wünschst. Damit
ließ David Abner in Frieden ziehen.

7: 21,8.10; 16,21f. / **8**: Gen 35,22 / **9**: Rut 1,17 / **10**: 1 Sam 15,28; 3,20 / **13**: Gen 43,3 / **14–15**: 1 Sam 18,27; 25,44 / **18**: 1 Sam 9,16 / **19**: 1 Sam 22,7 / **21**: 1 Kön 12,4

ABNERS TOD UND DAVIDS TRAUER: 3,22–39

22 Inzwischen kamen die Leute Davids und
Joab von einem Streifzug; sie brachten reiche
Beute mit. Abner war nicht mehr bei David in
Hebron; denn David hatte ihn in Frieden ziehen lassen. 23 Als Joab mit seiner ganzen
Mannschaft ankam, meldete man ihm: Abner,
der Sohn Ners, ist zum König gekommen und
der König hat ihn wieder in Frieden ziehen
lassen. 24 Joab ging zum König und sagte zu
ihm: Was hast du getan? Abner ist zu dir gekommen. Warum hast du ihn wieder weggehen lassen? 25 Du kennst doch Abner, den
Sohn Ners. Er ist nur gekommen, um dich zu
täuschen und zu erkunden, wann du kommst
und wann du gehst, und so zu erfahren, was
du alles vorhast. 26 Als Joab David verlassen
hatte, schickte er Boten hinter Abner her,
die ihn von Bor-Sira zurückholten. David
aber wusste nichts davon. 27 Als Abner nach
Hebron zurückkehrte, führte ihn Joab beiseite in das Innere des Tores, als wolle er ungestört mit ihm reden. Dort stach er ihn, um
Blutrache für seinen Bruder Asaël zu nehmen,
in den Bauch, sodass er starb. 28 Als David später davon hörte, sagte er: Ich und mein Königtum sind vor dem HERRN für alle Zeit ohne
Schuld am Blut Abners, des Sohnes Ners.
29 Sie falle auf Joab und seine ganze Familie
zurück. Immer soll es in Joabs Familie Menschen geben, die an Blutungen und Aussatz
leiden, die an Krücken gehen, durch das
Schwert umkommen und denen es an Brot
mangelt.

30 Joab und sein Bruder Abischai brachten
Abner um, weil er ihren Bruder Asaël bei Gibeon im Kampf getötet hatte. 31 David aber
sagte zu Joab und allen Leuten, die bei ihm
waren: Zerreißt eure Kleider, legt Trauergewänder an und geht klagend vor Abner her!
König David selbst aber ging hinter der Bahre

her. 32 Man begrub Abner in Hebron. Und der
König begann am Grab Abners laut zu weinen
und auch das ganze Volk weinte.

33 Der König stimmte die Totenklage für
Abner an und sang:

Musste Abner sterben, / wie ein schlechter
Mensch stirbt?

34 Deine Hände waren nicht gefesselt / und
deine Füße lagen nicht in Ketten. / Du bist
gefallen, / wie man unter der Hand von Ver-
brechern fällt.

Da weinten alle noch mehr um ihn. 35 Als
nun die Leute kamen, um David zum Essen zu
bewegen, während es noch Tag war, schwor
David: Gott soll mir dies und das antun, wenn
ich Brot oder sonst etwas zu mir nehme, bevor
die Sonne untergeht. 36 Als das Volk das erfuhr,
gefiel es ihm sehr, wie überhaupt alles, was der
König tat, dem ganzen Volk gefiel. 37 Alle Leu-
te, auch ganz Israel, erkannten an jenem Tag,
dass die Ermordung Abners, des Sohnes Ners,
nicht vom König ausgegangen war. 38 Und der
König sagte zu seinen Dienern: Wisst ihr
nicht, dass heute ein Fürst gefallen ist und
ein großer Mann in Israel? 39 Obwohl ich zum
König gesalbt worden bin, bin ich heute noch
zu schwach und diese Männer, die Söhne der
Zeruja, sind stärker als ich. Dem, der das Ver-
brechen begangen hat, vergelte der HERR so,
wie es seiner bösen Tat entspricht.

22: 1 Sam 27,8 / **25**: 10,3 / **27**: 2,23; 20,9f. / **29**: 1 Kön 2,32f. / **30**: 2,23 / **31**: Gen 37,34 / **32**: Gen 23,2; 50,3 / **33**: 1,17 / **35**: 12,17 / **37**: 16,7f.; 19,7 / **39**: 16,10; 19,23; 1 Kön 2,32f.

ISCHBAALS TOD: 4,1–12

4 1 Als der Sohn Sauls hörte, dass Abner in
Hebron ums Leben gekommen war, ver-
lor er allen Mut und ganz Israel war bestürzt.

2 Der Sohn Sauls hatte zwei Männer als
Truppenführer; der eine hieß Baana, der ande-
re Rechab; sie waren Söhne Rimmons aus
Beerot, Benjaminiter; denn auch Beerot wird
zu Benjamin gerechnet. 3 Die Beerotiter sind
nämlich einst nach Gittajim geflohen und le-
ben dort bis zum heutigen Tag als Fremde.
4 Jonatan, der Sohn Sauls, hatte einen Sohn,
der an beiden Füßen gelähmt war. Er war fünf
Jahre alt gewesen, als die Nachricht vom Tod
Sauls und Jonatans aus Jesreel eintraf; seine
Amme hatte ihn aufgehoben, um mit ihm zu
fliehen, aber in der Eile der Flucht war er ihr
vom Arm gefallen; seitdem war er gelähmt.
Sein Name war Merib-Baal. 5 Rechab und
Baana, die Söhne Rimmons aus Beerot, mach-
ten sich auf den Weg und kamen um die hei-
ßeste Zeit des Tages zum Haus Ischbaals, der
eben seine Mittagsruhe hielt. 6 Sie waren als
Weizenträger bis ins Innere des Hauses gelangt
und führten einen Schlag gegen seinen Unter-
leib. Rechab und sein Bruder Baana brachten
sich in Sicherheit. 7 Als sie ins Haus gekommen
waren, hatte Ischbaal auf dem Bett in seinem
Schlafgemach gelegen. Sie schlugen ihn tot,
hieben ihm den Kopf ab und nahmen den Kopf
mit. Sie gingen die ganze Nacht hindurch auf
dem Weg durch die Araba, 8 brachten den Kopf
Ischbaals zu David nach Hebron und sagten
zum König: Da ist der Kopf deines Feindes
Ischbaal, des Sohnes Sauls, der dir nach dem
Leben trachtete. Aber der HERR hat heute un-
serem Herrn, dem König, Rache an Saul und
seinen Nachkommen verschafft. 9 David erwi-
derte Rechab und seinem Bruder Baana, den
Söhnen Rimmons aus Beerot: So wahr der
HERR lebt, der mich aus aller Not befreit hat:
10 Den, der mir die Nachricht gebracht hat: Saul
ist tot! und der gemeint hat, ein Freudenbote
zu sein, den habe ich in Ziklag ergreifen und
umbringen lassen; so gab ich ihm den verdien-
ten Botenlohn. 11 Und wenn nun ruchlose
Männer einen rechtschaffenen Mann in sei-
nem Haus auf seinem Bett erschlagen haben,
sollte ich dann nicht sein Blut von euch zu-
rückfordern und euch von der Erde austilgen?
12 Und David gab seinen Leuten den Befehl, sie
zu töten; sie taten es. Sie schlugen ihnen Hän-
de und Füße ab und hängten die Leichen am
Teich von Hebron auf. Den Kopf Ischbaals aber
nahmen sie und begruben ihn im Grab Abners
in Hebron.

1: 3,27; Jer 6,24 / **2**: Jos 18,25 / **3**: Neh 11,33 / **4**: 9,3; 1 Chr 8,34; 9,40 / **5**: 2,8 / **7**: 1 Sam 31,9 / **8**: 1 Sam 18,11; 23,15 / **9**: Rut 3,13 / **10**: 1,15f. / **11**: Gen 9,5f. / **12**: 1 Sam 31,10

DAVIDS SALBUNG ZUM KÖNIG ÜBER ISRAEL: 5,1–5

5 1 Alle Stämme Israels kamen zu David
nach Hebron und sagten: Wir sind doch
dein Fleisch und Bein. 2 Schon früher, als noch

4,4 Merib-Baal: So lautet der Name richtig (vgl. 1 Chr 8,34; 9,40). Sehr früh veränderte man den Namen, um den darin enthaltenen Gottesnamen Baal verächtlich zu machen, zu Mefiboschet, vgl. die Anmerkung zu 2,8.

4,6 G hat einen zusätzlichen Vers: Siehe, die Türhüterin des Hauses reinigte Weizen, wurde schläfrig und schlief ein.

Saul unser König war, bist du es gewesen, der
Israel hinaus und wieder nach Hause geführt
hat. Der HERR hat zu dir gesagt: Du sollst der
Hirt meines Volkes Israel sein, du sollst Israels
Fürst werden. 3 Alle Ältesten Israels kamen
zum König nach Hebron; der König David
schloss mit ihnen in Hebron einen Vertrag vor
dem HERRN und sie salbten David zum König
von Israel.

4 David war dreißig Jahre alt, als er König
wurde, und er regierte vierzig Jahre lang. 5 In
Hebron war er sieben Jahre und sechs Monate
König von Juda und in Jerusalem war er drei-
unddreißig Jahre König von ganz Israel und
Juda.

1–5: 1 Chr 11,1–3 / **1:** 19,13; Gen 2,23 / **2:** 1 Sam 18,13.16; 25,30; 1 Kön 12,4 / **3:** 2,4 / **4–5:** 2,11; 1 Chr 3,4

EROBERUNG JERUSALEMS: 5,6–12

6 Der König zog mit seinen Männern nach
Jerusalem gegen die Jebusiter, die in dieser
Gegend wohnten. Die Jebusiter aber sagten
zu David: Du kommst hier nicht herein;
vielmehr werden dich die Lahmen und die
Blinden vertreiben. Das sollte besagen: David
wird hier nicht eindringen. 7 Dennoch er-
oberte David die Burg Zion; sie wurde die
Stadt Davids. 8 David sagte an jenem Tag: Wer
die Jebusiter schlagen will, muss den Zinnor
erreichen, mit den Lahmen und den Blinden,
die David verhasst sind. Daher sagt man: Ein
Blinder und ein Lahmer kommt nicht ins
Haus.

9 David ließ sich in der Burg nieder und
nannte sie die Stadt Davids. Und David begann
ringsum zu bauen, und zwar vom Millo an bis
zur Burg. 10 David wurde immer mächtiger und
der HERR, der Gott der Heerscharen, war mit
ihm. 11 Hiram, der König von Tyrus, schickte
eine Gesandtschaft zu David und ließ ihm Ze-
dernholz überbringen; auch Zimmerleute und
Steinmetzen schickte er und sie bauten für
David einen Palast. 12 So erkannte David, dass
der HERR ihn als König von Israel bestätigt
hatte und dass der HERR sein Königtum we-
gen seines Volkes Israel zu hohem Ansehen
gebracht hatte.

6–10: 1 Chr 11,4–9 / **6:** Jos 15,63; Ri 1,21 / **7:** 1 Chr 11,5f. / **8:** Lev 21,18 / **9:** 1 Kön 2,10 / **10:** 1 Sam 18,14.28 / **11–12:** 1 Chr 14,1–2 / **11:** 1 Kön 5,22f.

FESTIGUNG DER HERRSCHAFT: 5,13–8,18

DIE IN JERUSALEM GEBORENEN SÖHNE DAVIDS: 5,13–16

13 Als David von Hebron gekommen war,
nahm er sich noch Nebenfrauen, auch Frauen
aus Jerusalem. So wurden ihm noch mehr
Söhne und Töchter geboren. 14 Das sind die
Namen der Söhne, die ihm in Jerusalem gebo-
ren wurden: Schima, Schobab, Natan, Salomo,
15 Jibhar, Elischua, Nefeg, Jafia, 16 Elischama,
Eljada und Elifelet.

13–16: 1 Chr 14,3–6 / **13:** Dtn 17,17; 1 Chr 3,5–9 / **14:** 12,24

KRIEG MIT DEN PHILISTERN: 5,17–25

17 Die Philister hörten, dass man David zum
König von Israel gesalbt hatte. Da zogen alle
herauf, um David gefangen zu nehmen. David
erfuhr davon und zog sich in eine Bergfestung
zurück. 13 Als die Philister herankamen und in
der Rafaïterebene umherstreiften, 19 befragte
David den HERRN; er sagte: Soll ich die Phi-
lister angreifen? Wirst du sie in meine Hand
geben? Der HERR antwortete David: Greif
sie an; denn ich werde die Philister bestimmt
in deine Hand geben. 20 Da zog David nach
Baal-Perazim. Dort schlug er die Philister und
sagte: Der HERR hat die Reihen meiner Feinde
vor meinen Augen durchbrochen, wie Wasser
durchbricht. Deshalb nennt man jenen Ort
Baal-Perazim, Herr der Durchbrüche.

21 Die Philister ließen dort ihre Götterbilder
zurück, sodass David und seine Männer sie
mitnehmen konnten.

22 Doch die Philister zogen noch einmal he-
rauf und streiften in der Rafaïterebene umher.
23 David befragte wieder den HERRN und der
HERR antwortete ihm: Zieh nicht hinauf, um-
geh sie in ihrem Rücken und komm von den
Baka-Bäumen her an sie heran! 24 Wenn du
dann in den Wipfeln der Baka-Bäume ein Ge-
räusch wie von Schritten hörst, dann beeil
dich; denn dann geht der HERR vor dir her, um
das Heer der Philister zu schlagen. 25 David tat,

was der HERR ihm befohlen hatte, und er
schlug die Philister von Geba bis dort, wo es
nach Geser geht.

17–25: 1 Chr 14,8–17 / **18**: Jos 15,8 / **19**: 1 Sam 23,2.4; Ri 4,14; 7,7 / **20**: Jes 28,21 / **21**: 1 Sam 4,11 / **23**: 2,1 / **24**: Ri 6,36–40 / **25**: 1 Sam 7,10.14

ÜBERFÜHRUNG DER LADE: 6,1–23

6 1 David versammelte wiederum alle jun-
gen Krieger aus Israel, dreißigtausend
Mann, 2 brach auf und zog mit seinem ganzen
Heer nach Baala in Juda, um von dort die Lade
Gottes heraufzuholen, über der der Name des
HERRN der Heerscharen, der über den Keru-
bim thront, ausgerufen worden ist. 3 Sie stell-
ten die Lade Gottes auf einen neuen Wagen
und holten sie so vom Haus Abinadabs, das
auf einem Hügel stand; Usa und Achjo, die
Söhne Abinadabs, lenkten den neuen Wagen
4 mit der Lade Gottes und Achjo ging vor der
Lade her. 5 David und das ganze Haus Israel
musizierten vor dem HERRN mit allen
Wacholderhölzern, Leiern, Harfen und Trom-
meln, Rasseln und Zimbeln. 6 Als sie zur Ten-
ne Nachons kamen, streckte Usa seine Hand
nach der Lade Gottes aus und fasste sie an,
denn die Rinder waren ausgebrochen. 7 Da
regte sich der Zorn des HERRN gegen Usa und
Gott schlug ihn dort wegen der Vermessenheit
neben der Lade Gottes und er starb dort. 8 Und
David war erregt, dass der HERR den Usa so
plötzlich dahingerafft hatte, und man nennt
den Ort bis heute darum Perez-Usa, Dahin-
raffung Usas. 9 An jenem Tag bekam David
Angst vor dem HERRN und er sagte: Wie soll
die Lade des HERRN jemals zu mir kommen?
10 Darum wollte David die Lade des HERRN
nicht zu sich in die Davidstadt bringen lassen,
sondern stellte sie in das Haus des Obed-Edom
aus Gat. 11 Drei Monate lang blieb die Lade des
HERRN im Haus Obed-Edoms aus Gat und der
HERR segnete Obed-Edom und sein ganzes
Haus.

12 Als man König David berichtete: Der
HERR hat das Haus Obed-Edoms und alles,
was ihm gehört, um der Lade Gottes willen
gesegnet, da ging David hin und brachte die
Lade Gottes voll Freude aus dem Haus Obed-
Edoms in die Davidstadt hinauf. 13 Sobald die
Träger der Lade des HERRN sechs Schritte ge-
gangen waren, opferte er einen Stier und ein
Mastkalb. 14 Und David tanzte mit ganzer Hin-
gabe vor dem HERRN her und trug dabei das
leinene Efod. 15 So brachten David und das
ganze Haus Israel die Lade des HERRN unter
Jubelschall und unter dem Klang des Widder-
horns hinauf. 16 Als die Lade des HERRN in die
Davidstadt kam, schaute Michal, Sauls Toch-
ter, aus dem Fenster, und als sie sah, wie der
König David vor dem HERRN hüpfte und
tanzte, verachtete sie ihn in ihrem Herzen.
17 Man trug die Lade des HERRN in das Zelt,
das David für sie aufgestellt hatte, und setzte
sie an ihren Platz in der Mitte des Zeltes und
David brachte dem HERRN Brandopfer und
Heilsopfer dar. 18 Als David mit dem Darbrin-
gen der Brandopfer und Heilsopfer fertig war,
segnete er das Volk im Namen des HERRN der
Heerscharen 19 und ließ an das ganze Volk, an
alle Israeliten, Männer und Frauen, je einen
Laib Brot, einen Dattelkuchen und einen Trau-
benkuchen austeilen. Dann gingen alle wieder
nach Hause.

20 Als David zurückkehrte, um seine Familie
zu begrüßen, kam ihm Michal, die Tochter
Sauls, entgegen und sagte: Wie würdevoll hat
sich heute der König von Israel benommen, als
er sich vor den Augen der Mägde seiner Unter-
tanen bloßgestellt hat, wie sich nur einer vom
Gesindel bloßstellen kann. 21 David erwiderte
Michal: Vor dem HERRN, der mich statt deines
Vaters und seines ganzen Hauses erwählt hat,
um mich zum Fürsten über das Volk des
HERRN, über Israel, zu bestellen, vor dem
HERRN habe ich getanzt; 22 für ihn will ich
mich gern noch geringer machen als diesmal
und in meinen eigenen Augen niedrig erschei-
nen. Bei den Mägden jedenfalls, von denen du
gesprochen hast, stehe ich in Ehren. 23 Michal
aber, die Tochter Sauls, bekam bis zu ihrem
Tod kein Kind.

1–11: 1 Chr 13,1–14 / **2**: 1 Sam 6,21; Ps 132,3–6 / **3**: 1 Sam 6,7; 7,1 / **5**: Ps 68,25f. / **6**: Num 4,15.19 / **7**: 1 Sam 6,19; 1 Chr 15,13 / **12–23**: 1 Chr 15,25–16,3 / **15**: Ps 47,6–9 / **16**: 3,13–16; 1 Sam 18,20 / **17**: 1 Kön 8,6 / **19–20**: 1 Chr 16,43 / **20**: 1 Sam 19,24 / **21**: 1 Sam 25,30 / **22**: 1 Sam 18,7 / **23**: 21,8

NATANS VERHEISSUNG: 7,1–17

7 1 Als nun der König in seinem Haus wohn-
te und der HERR ihm Ruhe vor allen sei-
nen Feinden ringsum verschafft hatte, 2 sagte
er zu dem Propheten Natan: Ich wohne in ei-
nem Haus aus Zedernholz, die Lade Gottes
aber wohnt in einem Zelt. 3 Natan antwortete

6,2 nach Baala in Juda: Übersetzung folgt der Parallele 1 Chr 13,6; H, G, Vg und S: von den Bürgern Judas.

dem König: Geh nur und tu alles, was du im
Herzen hast; denn der HERR ist mit dir. 4 Aber
in jener Nacht erging das Wort des HERRN an
Natan: 5 Geh zu meinem Knecht David und sag
zu ihm: So spricht der HERR: Du willst mir ein
Haus bauen, damit ich darin wohne? 6 Seit
dem Tag, als ich die Israeliten aus Ägypten he-
raufgeführt habe, habe ich bis heute nie in ei-
nem Haus gewohnt, sondern bin in einer Zelt-
wohnung umhergezogen. 7 Habe ich in der
Zeit, als ich bei den Israeliten von Ort zu Ort
zog, jemals zu einem der Stämme Israels, die
ich als Hirten über mein Volk Israel eingesetzt
hatte, ein Wort gesagt und sie gefragt: Warum
habt ihr mir kein Haus aus Zedernholz gebaut?
8 Sag also jetzt meinem Knecht David: So
spricht der HERR der Heerscharen: Ich habe
dich von der Weide und von der Herde weg-
geholt, damit du Fürst über mein Volk Israel
wirst, 9 und ich bin überall mit dir gewesen,
wohin du auch gegangen bist. Ich habe alle
deine Feinde vor deinen Augen vernichtet und
ich werde dir einen großen Namen machen,
der dem Namen der Großen auf der Erde gleich
ist. 10 Ich werde meinem Volk Israel einen Platz
zuweisen und es einpflanzen, damit es an sei-
nem Ort wohnen kann und sich nicht mehr
ängstigen muss und schlechte Menschen es
nicht mehr unterdrücken wie früher 11 und
auch von dem Tag an, an dem ich Richter in
meinem Volk Israel eingesetzt habe. Ich ver-
schaffe dir Ruhe vor allen deinen Feinden.
Nun verkündet dir der HERR, dass der HERR
dir ein Haus bauen wird. 12 Wenn deine Tage
erfüllt sind und du dich zu deinen Vätern legst,
werde ich deinen leiblichen Sohn als deinen
Nachfolger einsetzen und seinem Königtum
Bestand verleihen. 13 Er wird für meinen Na-
men ein Haus bauen und ich werde seinem
Königsthron ewigen Bestand verleihen. 14 Ich
werde für ihn Vater sein und er wird für mich
Sohn sein. Wenn er sich verfehlt, werde ich
ihn nach Menschenart mit Ruten und mit
Schlägen züchtigen. 15 Nie wird sich meine
Huld von ihm entfernen, wie ich sie von Saul
entfernt habe, den ich vor dir entfernt habe.
16 Dein Haus und dein Königtum werden vor
dir auf ewig bestehen bleiben; dein Thron wird
auf ewig Bestand haben. 17 Natan sprach zu
David genauso, wie es gesagt und offenbart
worden war.

7,7 Stämme im Sinn von Stammesführern. G spricht von Richtern.

1–17: 1 Chr 17,1–15 / **1**: Dtn 12,10 / **2**: Ps 132,2–5 / **3**: 1 Sam 16,18 / **5–8**: 1 Kön 5,17; 8,27; Jes 66,1; Ps 78,70 / **9**: 1 Sam 18,14; Gen 12,2 / **10**: Jer 2,21; Ps 89,23 / **11**: Ri 2,16; Dtn 12,10 / **13**: 1 Kön 5,19; Jes 9,6 / **14**: Ps 89,27 / **15**: 23,5; 1 Sam 15,23.26 / **16**: Ps 89,4f.30; 132,11

DAVIDS GEBET: 7,18–29

18 Da ging König David hin und setzte sich vor
dem HERRN nieder und sagte: Wer bin ich,
Herr und GOTT, und was ist mein Haus, dass
du mich bis hierher geführt hast? 19 Weil das
in deinen Augen noch zu wenig war, Herr und
GOTT, hast du dem Haus deines Knechtes so-
gar Zusagen für die ferne Zukunft gemacht. Ist
das eine Weisung, wie sie einem Menschen
zukommt, mein Herr und GOTT? 20 Was soll
David noch weiter zu dir sagen? Du kennst
deinen Knecht, Herr und GOTT. 21 Um deines
Wortes willen und nach der Absicht deines
Herzens hast du alle diese großen Taten getan
und deinem Knecht offenbart. 22 Darum bist
du groß, Herr und GOTT. Ja, keiner ist dir
gleich und außer dir gibt es keinen Gott nach
allem, was wir mit unseren Ohren gehört ha-
ben. 23 Welches andere Volk auf der Erde ist
wie dein Volk Israel? Wo wäre ein Gott hinge-
gangen, um ein Volk für sich als sein Volk frei-
zukaufen und ihm einen Namen zu machen
und für dieses Volk große und erstaunliche
Taten zu vollbringen, so wie du ganze Völker
und ihre Götter vertrieben hast vor den Augen
deines Volkes, das du dir von den Ägyptern
freigekauft hast? 24 Du hast Israel auf ewig zu
deinem Volk bestimmt und du, HERR, bist
sein Gott geworden.

25 Doch nun, HERR und Gott, verleih dem
Wort, das du über deinen Knecht und über
sein Haus gesprochen hast, für immer Geltung
und tu, was du gesagt hast! 26 Dann wird dein
Name groß sein für ewige Zeiten und man
wird sagen: Der HERR der Heerscharen ist
Israels Gott! und das Haus deines Knechtes
David wird vor deinen Augen Bestand haben.
27 Denn du, HERR der Heerscharen, Gott Isra-
els, hast deinem Knecht offenbart: Ich will dir
ein Haus bauen. Darum fand dein Knecht den
Mut, so zu dir zu beten: 28 Ja, Herr und GOTT,
du bist der einzige Gott und deine Worte sind
wahr. Du hast deinem Knecht ein solches
Glück zugesagt. 29 So segne jetzt gnädig das
Haus deines Knechtes, damit es ewig vor dei-
nen Augen Bestand hat. Denn du, Herr und

7,23 vermuteter Text.

GOTT, hast es versprochen und mit deinem
Segen wird das Haus deines Knechtes für im-
mer gesegnet sein.

18–29: 1 Chr 17,16–27 / **18**: 1 Sam 9,21; 18,18 / **20**: Ps 139,1–6 / **22**: Dtn 4,35.39; Jes 45,5 / **23**: Dtn 4,7.34 / **24**: Ex 6,7; Dtn 26,17f. / **25**: 1 Kön 2,4 / **28**: Num 23,19

DAVIDS SIEGE: 8,1–14

8 1 Hernach schlug David die Philister. Er
unterwarf sie und nahm ihnen die Zügel
der Herrschaft aus der Hand. 2 Auch die Mo-
abiter schlug er. Sie mussten sich nebeneinan-
der auf die Erde legen und er maß die Reihe
mit einer Messschnur ab: Jeweils zwei Schnur-
längen wurden getötet und jeweils eine volle
Schnurlänge ließ er am Leben. So wurden die
Moabiter David untertan und tributpflichtig.
3 David schlug auch Hadad-Eser, den Sohn
Rehobs, den König von Zoba, als dieser aus-
gezogen war, um seine Macht am Eufrat
wiederzugewinnen. 4 David nahm von ihm
siebzehnhundert Wagenkämpfer und zwan-
zigtausend Fußsoldaten gefangen; er ließ alle
Wagengespanne lähmen und ließ nur hundert
übrig.
5 Als die Aramäer von Damaskus Hadad-
Eser, dem König von Zoba, zu Hilfe kamen,
erschlug David 22 000 von den Aramäern
6 und setzte Statthalter im Aramäerreich von
Damaskus ein. So wurden die Aramäer David
untertan und tributpflichtig. Der HERR half
David bei allem, was er unternahm.
7 David nahm die goldenen Schilde, die die
Krieger Hadad-Esers trugen, und brachte sie
nach Jerusalem. 8 Aus Tebach und Berotai, den
Städten Hadad-Esers, ließ König David eine
große Menge Bronze holen. 9 Als Toï, der Kö-
nig von Hamat, hörte, dass David das ganze
Heer Hadad-Esers geschlagen hatte, 10 schick-
te er seinen Sohn Hadoram zu König David,
um ihn nach seinem Wohl zu fragen und ihn
zu beglückwünschen, dass er Hadad-Eser im
Krieg geschlagen hatte; Toï lebte nämlich im
Krieg mit Hadad-Eser. Und in Hadorams
Hand waren Gefäße aus Gold, Silber und
Bronze. 11 König David weihte auch diese Ge-
fäße dem HERRN, zusammen mit dem Silber
und Gold, das er geweiht hatte, von all den
Völkern, die er unterworfen hatte: 12 von Aram
und Moab, von den Ammonitern, den Philis-
tern, von Amalek, sowie die Beute von Hadad-
Eser, dem Sohn Rehobs, dem König von Zoba.
13 So machte sich David einen Namen. Als
er nach dem Sieg über Aram zurückkehrte,
schlug er Edom im Salztal, achtzehntausend
Mann, 14 und setzte in Edom Vögte ein. In ganz
Edom setzte er Vögte ein. So wurde ganz
Edom von David unterworfen. Der HERR half
David bei allem, was er unternahm.

1–14: 1 Chr 18,1–13 / **2**: Num 24,17; 2 Kön 3,4–27 / **3**: 10,16–19 / **6**: 1 Sam 18,14 / **7**: 2 Kön 11,10; 1 Kön 14,26 / **9**: Am 6,2 / **11**: 1 Kön 7,51 / **13**: Ps 60,2 / **14**: 2 Kön 8,20; Num 24,18

DAVIDS BEAMTE: 8,15–18

15 David war König von ganz Israel und sorg-
te für Recht und Gerechtigkeit in seinem gan-
zen Volk. 16 Joab, der Sohn der Zeruja, war
Heerführer und Joschafat, der Sohn Ahiluds,
war Sprecher des Königs. 17 Zadok, der Sohn
Ahitubs, und Abjatar, der Sohn Ahimelechs,
waren Priester, Seraja war Staatsschreiber.
18 Benaja, der Sohn Jojadas, war der Befehls-
haber der Kereter und Peleter. Auch die Söhne
Davids waren Priester.

15–18: 20,23–26; 1 Chr 18,14–17 / **17**: 15,24; 1 Sam 22,20 / **18**: 1 Sam 30,14

8,1 die Zügel der Herrschaft, wörtlich: den Zaum des Unterarms.

8,13 schlug er Edom: vermuteter Text, vgl. 1 Chr 18,12 und G; schlug er Aram: H und Vg.

8,17 Abjatar, der Sohn Ahimelechs: vermuteter Text; Ahimelech, der Sohn Abjatars: H.

8,18 der Befehlshaber: vermuteter Text; nicht in H, G und Vg.

WIRREN AM HOFE DES KÖNIGS DAVID: 9,1–20,26

DAVIDS SORGE FÜR JONATANS SOHN: 9,1–13

9 1 David sagte: Gibt es noch jemand, der
vom Haus Saul übrig geblieben ist? Ich
will ihm um Jonatans willen eine Huld erwei-
sen. 2 Zum Haus Saul gehörte ein Knecht na-
mens Ziba; man rief ihn zu David und der
König fragte ihn: Bist du Ziba? Er antwortete:
Ja, dein Knecht. 3 Der König fragte ihn: Ist vom

Haus Saul niemand mehr am Leben, dass ich
ihm göttliche Huld erweisen könnte? Ziba
antwortete dem König: Es gibt einen Sohn Jo-
natans, der an beiden Füßen gelähmt ist. 4 Der
König sagte zu ihm: Wo ist er? Ziba antwor-
tete dem König: Er lebt jetzt im Haus Machirs,
des Sohnes Ammiëls, in Lo-Dabar. 5 Da schick-
te der König David hin und ließ ihn aus dem
Haus Machirs, des Sohnes Ammiëls, in Lo-Da-
bar holen. 6 Als Merib-Baal, der Sohn Jonatans,
des Sohnes Sauls, zu David kam, warf er sich
auf sein Gesicht nieder und huldigte ihm. Da-
vid sagte: Merib-Baal! Er antwortete: Hier ist
dein Knecht. 7 David sagte zu ihm: Fürchte
dich nicht; denn ich will dir um deines Vaters
Jonatan willen eine Huld erweisen: Ich gebe
dir alle Felder deines Großvaters Saul zurück
und du sollst immer an meinem Tisch essen.
8 Da warf sich Merib-Baal nieder und sagte:
Was ist dein Knecht, dass du dich einem toten
Hund zuwendest, wie ich es bin? 9 Der König
David rief Ziba, den Diener Sauls, und sagte
zu ihm: Alles, was Saul und seiner ganzen Fa-
milie gehört hat, gebe ich dem Sohn deines
Herrn. 10 Du sollst mit deinen Söhnen und
Knechten für ihn das Land bebauen und ihm
den Ertrag bringen, damit der Sohn deines
Herrn zu essen hat. Merib-Baal aber, der Sohn
deines Herrn, soll immer an meinem Tisch
essen. Ziba hatte fünfzehn Söhne und zwanzig
Knechte. 11 Ziba sagte zum König: Genauso,
wie es mein Herr, der König, seinem Knecht
befohlen hat, wird es dein Knecht tun. Aber
Merib-Baal kann auch an meinem Tisch essen
wie einer von den Königssöhnen. 12 Me-
rib-Baal hatte einen kleinen Sohn namens
Micha und alle, die im Haus Zibas wohnten,
waren Merib-Baals Knechte. 13 Merib-Baal
blieb also in Jerusalem; denn er aß immer am
Tisch des Königs; er war aber an beiden Füßen
gelähmt.

1: 1 Sam 20,14f. / **2:** 16,1–4 / **3:** 21,8f.; 4,4 / **4:** 21,7 / **5:** 17,27 /
6: 19,25–31 / **7:** 1 Kön 2,7; 2 Kön 25,29 / **12:** 1 Chr 8,34; 9,40

KRIEG MIT AMMONITERN UND ARAMÄERN:
10,1–19

10 1 Als darauf der König der Ammoniter
starb und sein Sohn Hanun an seiner
Stelle König wurde, 2 sagte David: Ich will Ha-
nun, dem Sohn des Nahasch, mein Wohlwol-
len zeigen, so wie sein Vater mir sein Wohl-
wollen gezeigt hat. Und David sandte hin und
ließ ihm durch seine Diener sein Beileid zum
Tod seines Vaters aussprechen. Als die Diener
in das Land der Ammoniter kamen, 3 sagten
die Fürsten der Ammoniter zu Hanun, ihrem
Herrn: Will David wirklich deinen Vater vor
deinen Augen ehren, weil er Leute schickt, die
dir sein Beileid aussprechen sollen? Hat David
seine Diener nicht viel eher zu dir geschickt,
um die Stadt zu durchforschen und auszu-
kundschaften und sie dann verwüsten zu las-
sen? 4 Darauf ließ Hanun die Diener Davids
festnehmen, ihnen die Hälfte des Bartes ab-
scheren und ihnen die Kleider zur Hälfte ab-
schneiden, bis zum Gesäß herauf. So schickte
er sie weg. 5 Als man David das meldete,
schickte er ihnen jemand entgegen und ließ
ihnen, weil sie so schwer geschändet waren,
sagen: Bleibt in Jericho und kehrt erst zurück,
wenn euer Bart wieder gewachsen ist! 6 Als die
Ammoniter merkten, dass sie sich bei David
verhasst gemacht hatten, schickten sie Ge-
sandte und warben die Aramäer von Bet-Re-
hob und von Zoba an, zwanzigtausend Mann
Fußvolk, außerdem den König von Maacha
mit tausend Mann und die Leute von Tob mit
zwölftausend Mann. 7 David erfuhr davon und
schickte Joab mit dem ganzen Heer, allen
kriegstüchtigen Männern, hin. 8 Die Ammo-
niter rückten aus und stellten sich vor dem
Stadttor zum Kampf auf, während die Aramä-
er von Zoba und Rehob und die Leute von Tob
und Maacha jeweils für sich draußen auf dem
freien Feld standen. 9 Als Joab sah, dass ihm
ein Angriff von vorn und von hinten drohte,
traf er eine Auswahl aus den Kerntruppen Is-
raels und stellte sie gegen die Aramäer auf.
10 Den Rest des Heeres unterstellte er seinem
Bruder Abischai, damit er sie den Ammoni-
tern gegenüber aufstelle. 11 Joab sagte: Wenn
die Aramäer stärker sind als ich, dann komm
du mir zu Hilfe! Wenn die Ammoniter stärker
sind als du, dann werde ich dir zu Hilfe kom-
men. 12 Sei tapfer! Wir wollen mutig für unser
Volk und für die Städte unseres Gottes kämp-
fen. Der HERR aber wird tun, was er für recht
hält. 13 Da griff Joab mit seinen Leuten die
Aramäer an und diese ergriffen die Flucht vor
ihm. 14 Als die Ammoniter sahen, dass die
Aramäer flohen, ergriffen auch sie die Flucht
vor Abischai und zogen sich in die Stadt zu-
rück. Joab kehrte nach dem Kampf gegen die
Ammoniter nach Jerusalem zurück.

15 Die Aramäer sahen, dass sie von Israel
geschlagen waren, aber sie sammelten sich

wieder. 16 Hadad-Eser schickte Boten und ließ
die Aramäer, die jenseits des Stroms wohn-
ten, ausrücken. Sie kamen nach Helam, an
ihrer Spitze Schobach, der Oberbefehlshaber
Hadad-Esers. 17 Als man das David meldete,
versammelte er ganz Israel, überschritt den
Jordan und kam nach Helam. Die Aramäer
nahmen David gegenüber Aufstellung und
eröffneten den Kampf gegen ihn. 18 Doch sie
mussten vor den Israeliten fliehen. David ver-
nichtete siebenhundert aramäische Kriegs-
wagen und tötete vierzigtausend Reiter.
Auch Schobach, den Oberbefehlshaber des
Heeres, schlug er nieder, sodass er an Ort und
Stelle starb. 19 Die Könige, die Hadad-Esers
Vasallen waren, sahen nun ein, dass sie von
den Israeliten besiegt waren. Sie schlossen
Frieden mit den Israeliten und unterwarfen
sich ihnen. Von da an fürchteten sich die
Aramäer, den Ammonitern noch weiter zu
helfen.

1-19: 1 Chr 19,1–19 / **2**: 1 Sam 11,1 / **3**: Gen 42,9–16; Jos 2,1–3; Ri 18,2 / **4**: Jes 20,4; Gen 34,30 / **6**: Ri 11,3.5 / **7**: 11,1 / **9**: 18,2 / **10**: 1 Sam 26,6 / **12**: Dtn 31,6 / **13**: 1 Kön 20,20.30 / **14**: 12,31 / **15**: 8,3 / **18**: 8,4

DAVID, BATSEBA UND URIJA: 11,1–27

11 1 Um die Jahreswende, zu der Zeit, in
der die Könige in den Krieg ziehen,
schickte David Joab mit seinen Knechten und
ganz Israel aus und sie verwüsteten das Land
der Ammoniter und belagerten Rabba. David
selbst aber blieb in Jerusalem.

2 Als David einmal zur Abendzeit von sei-
nem Lager aufstand und auf dem Flachdach
des Königspalastes hin- und herging, sah er
von dort aus eine Frau, die badete. Die Frau war
sehr schön anzusehen. 3 David schickte je-
mand hin, erkundigte sich nach ihr und sagte:
Ist das nicht Batseba, die Tochter Ammiëls, die
Frau des Hetiters Urija? 4 Darauf schickte Da-
vid Boten zu ihr und ließ sie holen; sie kam zu
ihm und er schlief mit ihr – sie hatte sich gera-
de von ihrer Unreinheit gereinigt. Dann kehr-
te sie in ihr Haus zurück. 5 Die Frau war aber
schwanger geworden und schickte deshalb zu
David und ließ ihm mitteilen: Ich bin schwan-
ger.

6 Darauf sandte David zu Joab und ließ ihm
sagen: Schick den Hetiter Urija zu mir! Und
Joab schickte Urija zu David. 7 Als Urija zu ihm
kam, fragte David, ob es Joab und dem Volk
gut gehe und wie es mit dem Kampf stehe.
8 Dann sagte er zu Urija: Geh in dein Haus hi-
nab und wasch dir die Füße! Urija verließ das
Haus des Königs und es wurde ihm ein Ge-
schenk des Königs nachgetragen. 9 Urija aber
legte sich am Tor des Königshauses bei den
Knechten seines Herrn nieder und ging nicht
in sein Haus hinab. 10 Man berichtete David:
Urija ist nicht in sein Haus hinabgegangen.
Darauf sagte David zu Urija: Bist du nicht ge-
rade von einer Reise gekommen? Warum bist
du nicht in dein Haus hinuntergegangen?
11 Urija antwortete David: Die Lade und Israel
und Juda wohnen in Hütten und mein Herr
Joab und die Knechte meines Herrn lagern auf
freiem Feld; da soll ich in mein Haus gehen,
um zu essen und zu trinken und bei meiner
Frau zu liegen? So wahr du lebst und so wahr
deine Seele lebt, das werde ich nicht tun. 12 Da-
rauf sagte David zu Urija: Bleib auch heute
noch hier; morgen werde ich dich wegschi-
cken. So blieb Urija an jenem und am folgen-
den Tag in Jerusalem. 13 David lud ihn ein, bei
ihm zu essen und zu trinken, und machte ihn
betrunken. Am Abend aber ging Urija weg, um
sich wieder auf seinem Lager bei den Knechten
seines Herrn niederzulegen; er ging nicht in
sein Haus hinab.

14 Am anderen Morgen schrieb David einen
Brief an Joab und ließ ihn durch Urija über-
bringen. 15 Er schrieb in dem Brief: Stellt Urija
nach vorn, wo der Kampf am heftigsten ist,
dann zieht euch von ihm zurück, sodass er
getroffen wird und den Tod findet! 16 Joab hat-
te die Stadt beobachtet und er stellte Urija an
einen Platz, von dem er wusste, dass dort be-
sonders tüchtige Krieger standen. 17 Als dann
die Leute aus der Stadt einen Ausfall machten
und gegen Joab kämpften, fielen einige vom
Volk, das heißt von den Kriegern Davids; auch
der Hetiter Urija fand den Tod. 18 Joab schickte
zu David und ließ ihm den Verlauf des Kampfes
berichten. 19 Und er befahl dem Boten: Wenn
du dem König alles über den Verlauf des
Kampfes bis zu Ende berichtet hast 20 und
wenn dann der König in Zorn gerät und zu dir
sagt: Warum seid ihr beim Kampf so nahe an
die Stadt herangegangen? Habt ihr nicht ge-
wusst, dass sie von der Mauer herabschießen?
21 Wer hat Abimelech, den Sohn Jerubbaals,

11,1 das Land: so sinngemäß nach 1 Chr 20,1.

11,21 Jerubbaals: G (vgl. Ri 7,1); Jerubbeschet: H und Vg (zur Vermeidung des Gottesnamens Baal).

erschlagen? Hat nicht eine Frau in Tebez einen
Mühlstein von der Mauer auf ihn herabgewor-
fen, sodass er starb? Warum seid ihr so nahe
an die Mauer herangegangen?, dann sollst du
sagen: Auch dein Knecht, der Hetiter Urija, ist
tot. 22 Der Bote ging fort, kam zu David und
berichtete ihm alles, was Joab ihm aufgetragen
hatte. 23 Der Bote sagte zu David: Die Männer
waren stärker als wir und waren gegen uns bis
aufs freie Feld vorgedrungen; wir aber dräng-
ten sie bis zum Eingang des Tores zurück. 24 Da
schossen die Schützen von der Mauer herab
auf deine Knechte, sodass einige von den
Knechten des Königs starben; auch dein
Knecht, der Hetiter Urija, ist tot. 25 Da sagte
David zu dem Boten: So sollst du zu Joab sa-
gen: Betrachte die Sache nicht als so schlimm;
denn das Schwert frisst bald hier, bald dort.
Setz den Kampf gegen die Stadt mutig fort und
zerstöre sie! So sollst du ihm Mut machen.
26 Als die Frau Urijas hörte, dass ihr Mann
Urija tot war, hielt sie für ihren Gemahl die
Totenklage. 27 Sobald die Trauerzeit vorüber
war, ließ David sie zu sich in sein Haus holen.
Sie wurde seine Frau und gebar ihm einen
Sohn. In den Augen des HERRN aber war böse,
was David getan hatte.

1: 1 Kön 20,22; 1 Chr 20,1 / **2**: Mt 5,28 / **3**: 1 Sam 17,55f. / **4**: 1 Sam 25,39–41; Lev 15,19–24 / **8**: Gen 18,4; Est 2,18 / **11**: 1 Sam 21,5 / **13**: Gen 19,33.35 / **14**: 1 Kön 21,8–10 / **15**: 12,9 / **20**: Est 7,7 / **21**: Ri 9,53f. / **23**: 10,14 / **25**: 2,26; Jer 46,10 / **26**: 12,16; Gen 23,2 / **27**: Gen 50,10; 1 Sam 25,40f.

NATANS EINGREIFEN: 12,1–15

12 1 Darum schickte der HERR den Natan
zu David; dieser ging zu David und sag-
te zu ihm: In einer Stadt lebten einst zwei Män-
ner; der eine war reich, der andere arm. 2 Der
Reiche besaß sehr viele Schafe und Rinder,
3 der Arme aber besaß nichts außer einem ein-
zigen kleinen Lamm, das er gekauft hatte. Er
zog es auf und es wurde bei ihm zusammen
mit seinen Kindern groß. Es aß von seinem
Stück Brot und es trank aus seinem Becher, in
seinem Schoß lag es und war für ihn wie eine
Tochter. 4 Da kam ein Besucher zu dem reichen
Mann und er brachte es nicht über sich, eines
von seinen Schafen oder Rindern zu nehmen,
um es für den zuzubereiten, der zu ihm ge-
kommen war. Darum nahm er dem Armen das
Lamm weg und bereitete es für den Mann zu,
der zu ihm gekommen war. 5 Da geriet David
in heftigen Zorn über den Mann und sagte zu
Natan: So wahr der HERR lebt: Der Mann, der
das getan hat, verdient den Tod. 6 Das Lamm
soll er vierfach ersetzen, weil er das getan und
kein Mitleid gehabt hat. 7 Da sagte Natan zu
David: Du selbst bist der Mann. So spricht
der HERR, der Gott Israels: Ich habe dich zum
König von Israel gesalbt und ich habe dich aus
der Hand Sauls gerettet. 8 Ich habe dir das Haus
deines Herrn und die Frauen deines Herrn in
den Schoß gegeben und ich habe dir das Haus
Israel und Juda gegeben, und wenn das zu we-
nig ist, gebe ich dir noch manches andere dazu.
9 Aber warum hast du das Wort des HERRN
verachtet und etwas getan, was ihm missfällt?
Du hast den Hetiter Urija mit dem Schwert
erschlagen und hast dir seine Frau zur Frau
genommen; durch das Schwert der Ammoni-
ter hast du ihn umgebracht. 10 Darum soll jetzt
das Schwert auf ewig nicht mehr von deinem
Haus weichen; denn du hast mich verachtet
und dir die Frau des Hetiters genommen, da-
mit sie deine Frau werde. 11 So spricht der
HERR: Ich werde dafür sorgen, dass sich aus
deinem eigenen Haus das Unheil gegen dich
erhebt, und ich werde dir vor deinen Augen
deine Frauen wegnehmen und sie einem an-
dern geben; er wird am hellen Tag bei deinen
Frauen liegen. 12 Ja, du hast es heimlich getan,
ich aber werde es vor ganz Israel und am hellen
Tag tun. 13 Darauf sagte David zu Natan: Ich
habe gegen den HERRN gesündigt. Natan ant-
wortete David: Der HERR hat dir deine Sünde
vergeben; du wirst nicht sterben. 14 Weil du
aber durch diese Tat den HERRN verworfen
hast, muss der Sohn, der dir geboren wird,
sterben. 15 Dann ging Natan nach Hause.

1: 7,2; 14,5–7 / **6**: 1 Kön 20,40; Ex 21,37 / **7**: 1 Sam 16,13 / **8**: 1 Sam 25,42–44; 2 Sam 2,4; 5,3 / **9**: 11,17 / **10**: 13,28f.; 18,14 / **11**: 16,22 / **13**: 24,10; Ps 51,2–6

TOD DES KINDES: 12,15–25

Der HERR aber schlug das Kind, das die Frau
des Urija dem David geboren hatte, und es
wurde schwer krank. 16 David suchte Gott we-
gen des Knaben auf und fastete streng; und
wenn er heimkam, legte er sich bei Nacht auf
die bloße Erde. 17 Die Ältesten seines Hauses
kamen zu ihm, um ihn dazu zu bewegen, von
der Erde aufzustehen. Er aber wollte nicht und
aß auch nicht mit ihnen. 18 Am siebten Tag aber
starb das Kind. Davids Diener fürchteten sich,
ihm mitzuteilen, dass das Kind tot war; denn

12,14 die Feinde des HERRN verworfen: H, G, Vg und S.

sie sagten: Wir haben ihm zugeredet, als das
Kind noch am Leben war; er aber hat nicht auf
uns gehört. Wie können wir ihm jetzt sagen:
Das Kind ist tot? Er würde ein Unheil anrich-
ten. 19 David jedoch sah, dass seine Diener
miteinander flüsterten, und merkte daran,
dass das Kind tot war. Er fragte seine Diener:
Ist das Kind tot? Sie antworteten: Ja, es ist tot.
20 Da erhob sich David von der Erde, wusch
sich, salbte sich, wechselte seine Kleider, ging
zum Haus des HERRN und warf sich nieder.
Als er dann nach Hause zurückkehrte, verlang-
te er zu essen. Man setzte ihm etwas vor und
er aß. 21 Da fragten ihn seine Diener: Was soll
das bedeuten, was du getan hast? Als das Kind
noch am Leben war, hast du seinetwegen ge-
fastet und geweint. Nachdem aber das Kind tot
ist, stehst du auf und isst. 22 Er antwortete: Als
das Kind noch am Leben war, habe ich gefastet
und geweint; denn ich dachte: Wer weiß, viel-
leicht ist der HERR mir gnädig und das Kind
bleibt am Leben. 23 Jetzt aber, da es tot ist, wa-
rum soll ich da noch fasten? Kann ich es zu-
rückholen? Ich werde einmal zu ihm gehen,
aber es kommt nicht zu mir zurück. 24 Und
David tröstete seine Frau Batseba; er ging zu
ihr hinein und schlief mit ihr. Und sie gebar
einen Sohn und er gab ihm den Namen Salo-
mo. Der HERR liebte Salomo 25 und sandte den
Propheten Natan, damit er ihm um des HERRN
willen den Namen Jedidja, der vom HERRN
Geliebte, gebe.

16: 1 Kön 21,27 / **17**: 1 Sam 28,23 / **19**: Ps 41,8 / **22**: Joël 2,12–14 / **23**: Gen 37,35; Ijob 7,9f. / **24**: 11,27

EROBERUNG DER HAUPTSTADT DER AMMONITER: 12,26–31

26 Joab überzog das Rabba der Ammoniter mit
Krieg und er eroberte diese Königsstadt.
27 Darauf schickte Joab Boten zu David und
ließ ihm sagen: Ich habe gegen Rabba ge-
kämpft und dabei auch die Wasserstadt ein-
genommen. 28 Darum versammle jetzt den
Rest des Heeres, belagere die Stadt und nimm
sie selbst ein, damit nicht ich sie einnehme
und mein Name über ihr ausgerufen wird.
29 David sammelte also das ganze Heer, zog
nach Rabba, kämpfte gegen die Stadt und
nahm sie ein. 30 Dann nahm er ihrem König
die Krone vom Haupt, deren Gewicht ein Ta-
lent Gold betrug und an der ein kostbarer
Stein war; sie wurde nun Davids Krone. Und
er schaffte eine sehr große Beute aus der Stadt
fort. 31 Auch ihre Einwohner führte er fort und
stellte sie an die Steinsägen, an die eisernen
Spitzhacken und an die eisernen Äxte und ließ
sie in den Ziegeleien arbeiten. So machte er es
mit allen Städten der Ammoniter. Dann kehr-
te David mit dem ganzen Heer nach Jerusalem
zurück.

26: 11,1 / **28**: Dtn 28,10 / **30–31**: 1 Chr 20,2–3

AMNON UND TAMAR: 13,1–22

13 1 Danach geschah Folgendes: Abscha-
lom, der Sohn Davids, hatte eine schö-
ne Schwester namens Tamar und Amnon, der
Sohn Davids, verliebte sich in sie. 2 Amnon
war sehr bedrückt und wurde fast krank wegen
seiner Schwester Tamar; denn sie war Jung-
frau und es schien Amnon unmöglich, ihr
etwas anzutun. 3 Nun hatte Amnon einen
Freund namens Jonadab, einen Sohn des Schi-
ma, des Bruders Davids. Jonadab war ein sehr
kluger Mann. 4 Er sagte zu Amnon: Warum
bist du jeden Morgen so bedrückt, Sohn des
Königs? Willst du es mir nicht erzählen?
Amnon antwortete ihm: Ich liebe Tamar, die
Schwester meines Bruders Abschalom. 5 Da
sagte Jonadab zu ihm: Leg dich ins Bett und
stell dich krank! Wenn dann dein Vater
kommt, um nach dir zu sehen, sag zu ihm: Lass
doch meine Schwester Tamar zu mir kommen
und mir etwas zu essen machen; sie soll die
Krankenkost vor meinen Augen zubereiten,
sodass ich zusehen und aus ihrer Hand essen
kann. 6 Amnon legte sich also hin und stellte
sich krank. Als der König kam, um nach ihm
zu sehen, sagte Amnon zum König: Meine
Schwester Tamar möge doch zu mir kommen;
sie soll mir vor meinen Augen zwei Kuchen
backen und ich will die Krankenkost aus ihrer
Hand essen. 7 David schickte jemand ins Haus
der Tamar und ließ ihr sagen: Geh doch in das
Haus deines Bruders Amnon und mach ihm
etwas zu essen! 8 Tamar ging in das Haus ihres
Bruders Amnon, der im Bett lag. Sie nahm
Teig, knetete vor seinen Augen die Kuchen
und backte sie. 9 Dann nahm sie die Pfanne und
schüttete sie vor ihm aus. Amnon aber wollte
nichts essen, sondern sagte: Schickt alle hi-
naus! Als alle aus dem Zimmer hinausgegangen
waren, 10 sagte Amnon zu Tamar: Bring das
Essen in das Schlafgemach, ich möchte es aus
deiner Hand essen. Tamar nahm die Kuchen,

12,31 ließ sie arbeiten: vermuteter Text; führte sie hindurch: H, G, Vg und S.

die sie zubereitet hatte, und brachte sie ihrem
Bruder Amnon in das Gemach. 11 Als sie ihm
aber die Kuchen zum Essen reichte, griff er nach
ihr und sagte zu ihr: Komm, leg dich zu mir,
Schwester! 12 Sie antwortete ihm: Nein, mein
Bruder, entehre mich nicht! So etwas tut man
in Israel nicht. Begeh keine solche Schandtat!
13 Wohin sollte ich denn in meiner Schande ge-
hen? Du würdest als einer der niederträchtigs-
ten Menschen in Israel dastehen. Rede doch mit
dem König, er wird mich dir nicht verweigern.
14 Doch Amnon wollte nicht auf sie hören, son-
dern tat ihr Gewalt an und demütigte sie und
schlief mit ihr. 15 Hinterher aber empfand Am-
non eine sehr große Abneigung gegen sie; ja,
der Hass, mit dem er sie nun hasste, war größer
als die Liebe, mit der er sie geliebt hatte. Amnon
sagte zu ihr: Steh auf, geh weg! 16 Sie erwiderte
ihm: Nicht doch! Wenn du mich wegschickst,
wäre das ein noch größeres Unrecht als das,
das du mir schon angetan hast. Er aber wollte
nicht auf sie hören, 17 sondern rief den jungen
Mann, der in seinen Diensten stand, und sagte:
Bringt dieses Mädchen da von mir weg auf die
Straße hinaus und schließt die Tür hinter ihr
ab! 18 Sie hatte ein Ärmelkleid an; denn solche
Obergewänder trugen die Königstöchter, so-
lange sie Jungfrauen waren. Sein Diener brach-
te sie hinaus und schloss die Tür hinter ihr zu.
19 Tamar aber streute sich Asche auf das Haupt
und zerriss das Ärmelkleid, das sie anhatte, sie
legte ihre Hand auf den Kopf und ging schrei-
end weg. 20 Ihr Bruder Abschalom fragte sie:
War dein Bruder Amnon mit dir zusammen?
Sprich nicht darüber, meine Schwester, er ist ja
dein Bruder. Nimm dir die Sache nicht so zu
Herzen! Von da an lebte Tamar einsam im Haus
ihres Bruders Abschalom. 21 Doch der König
David erfuhr von der ganzen Sache und wurde
darüber sehr zornig. 22 Abschalom aber redete
nicht mehr mit Amnon, weder im Guten noch
im Bösen; er hasste Amnon, weil dieser seine
Schwester Tamar vergewaltigt hatte.

1: 3,2f. / **2**: 1 Chr 3,1 / **3**: 1 Sam 16,9; 1 Chr 2,13 / **9**: Gen 45,1; Ri 3,19 / **12**: Gen 39,12; Ri 19,23 / **16**: Ex 22,15f.; Dtn 22,28f. / **19**: 1 Sam 4,12 / **22**: Lev 19,17

ABSCHALOMS RACHE AN AMNON: 13,23–37

23 Zwei Jahre später ließ Abschalom in
Baal-Hazor, das bei Efraim liegt, seine Schafe
scheren und lud alle Söhne des Königs ein. 24 Er
ging zum König und sagte: Dein Knecht lässt
gerade seine Schafe scheren. Der König möge
doch samt seinen Dienern seinen Knecht dort-
hin begleiten. 25 Der König antwortete Ab-
schalom: Nein, mein Sohn, wir können doch
nicht alle kommen; wir wollen dir nicht zur
Last fallen. Obwohl Abschalom ihn dringend
bat, wollte er nicht mitgehen, sondern segne-
te ihn zum Abschied. 26 Da sagte Abschalom:
Kann nicht wenigstens mein Bruder Amnon
mit uns gehen? Der König fragte ihn: Warum
soll er mit dir gehen? 27 Abschalom aber dräng-
te ihn und der König ließ Amnon und seine
anderen Söhne mit ihm gehen. 28 Abschalom
befahl seinen jungen Leuten: Gebt Acht:
Wenn Amnon vom Wein guter Laune ist, wer-
de ich zu euch sagen: Schlagt Amnon tot!
Dann tötet ihn! Habt keine Angst! Ich selbst
habe es euch ja befohlen. Seid mutig und tap-
fer! 29 Die jungen Leute Abschaloms machten
mit Amnon, was ihnen Abschalom befohlen
hatte. Da sprangen alle Söhne des Königs auf,
stiegen auf ihre Maultiere und flohen. 30 Sie
waren noch auf dem Weg, als zu David das
Gerücht gelangte: Abschalom hat alle Söhne
des Königs erschlagen; nicht einer von ihnen
ist übrig geblieben. 31 Da stand der König auf,
zerriss seine Kleider und warf sich zu Boden.
Auch alle seine Diener, die um ihn herumstan-
den, zerrissen ihre Kleider. 32 Jonadab aber, der
Sohn Schimas, des Bruders Davids, sagte:
Mein Herr soll nicht glauben, dass alle jungen
Männer, alle Söhne des Königs, tot sind. Nur
Amnon ist tot; denn auf Befehl Abschaloms
war das eine beschlossene Sache seit dem Tag,
an dem Amnon seine Schwester gedemütigt
hatte. 33 Mein Herr, der König, nehme sich die
Sache nicht so zu Herzen und denke nicht: Alle
Söhne des Königs sind tot. Nur Amnon ist tot.

34 Abschalom aber war geflohen. Der junge
Mann jedoch, der Wache hielt, schaute aus
und sah plötzlich, dass eine Menge Leute auf
dem hinter ihm liegenden Weg von der Seite
des Berges herabkamen. 35 Da sagte Jonadab
zum König: Sieh, da kommen die Söhne des
Königs. Es ist so, wie dein Knecht gesagt hat.
36 Kaum hatte er das gesagt, da kamen die
Söhne des Königs. Sie begannen laut zu wei-
nen und auch der König und alle seine Diener
brachen in heftiges Weinen aus. 37 Abschalom
aber floh und ging zu Talmai, dem Sohn des
Königs Ammihud von Geschur, und David
trauerte lange Zeit um seinen Sohn.

24: Gen 38,12f.; 1 Sam 25,2 / **28**: 1 Kön 16,9f. / **34**: 18,24; 2 Kön 9,17 / **36**: 3,32 / **37**: 3,3; 14,23

ABSCHALOMS RÜCKKEHR: 13,38–14,33
38 Abschalom war also geflohen und nach Ge-
schur gegangen; dort blieb er drei Jahre.
39 Dann aber hörte der König allmählich auf,
gegen Abschalom zu hadern; denn er hatte
sich damit abgefunden, dass Amnon tot war.
14 1 Als Joab, der Sohn der Zeruja, merkte,
dass das Herz des Königs sich wieder
Abschalom zuwandte, 2 schickte er nach Tekoa
und ließ von dort eine kluge Frau holen. Er
sagte zu ihr: Tu so, als ob du trauerst, zieh Trau-
ergewänder an und salbe dich nicht mit Öl!
Stell dich wie eine Frau, die schon lange Zeit
um einen Toten trauert. 3 Dann geh zum König
und sprich Folgendes zu ihm – und Joab legte
ihr die Worte in den Mund. 4 Die Frau aus Te-
koa ging zum König, warf sich mit dem Ge-
sicht auf die Erde nieder, um ihm zu huldigen,
und sagte: Hilf mir, mein König! 5 Der König
fragte sie: Was hast du? Sie antwortete: Ach,
ich bin eine Witwe; mein Mann ist tot. 6 Deine
Magd hatte zwei Söhne. Die beiden bekamen
auf dem Feld Streit miteinander, und weil nie-
mand da war, der sich zwischen die beiden
gestellt hätte, schlug der eine den anderen tot.
7 Da erhob sich die ganze Verwandtschaft ge-
gen deine Magd. Sie sagten: Gib den, der sei-
nen Bruder erschlagen hat, heraus, damit wir
ihn töten, weil er seinen Bruder ums Leben
gebracht hat. Wir wollen auch den Erben ver-
nichten. Sie wollten die Kohle, die mir geblie-
ben ist, auslöschen, um meinem Mann weder
Namen noch Nachkommen auf dem Erdboden
zu lassen. 8 Da sagte der König zu der Frau: Geh
nach Hause! Ich werde deinetwegen Anwei-
sungen erteilen. 9 Die Frau aus Tekoa erwider-
te dem König: Mein Herr und König, dann
lastet die Schuld auf mir und dem Haus meines
Vaters. Der König aber und sein Thron sind
schuldlos. 10 Der König antwortete: Wenn je-
mand gegen dich spricht, bring ihn zu mir; er
wird dir nicht wieder zu nahe treten. 11 Sie aber
sagte: Der König rufe doch den HERRN, dei-
nen Gott, dafür an, dass der Bluträcher nicht
noch mehr Unheil anrichtet und meinen Sohn
umbringt. Der König antwortete: So wahr der
HERR lebt, deinem Sohn soll kein Haar ge-
krümmt werden.

12 Darauf sagte die Frau: Deine Magd möch-
te meinem Herrn, dem König, noch ein Wort
sagen. Er antwortete: Sprich! 13 Da fragte die
Frau: Warum planst du genau das Gleiche ge-
gen das Volk Gottes? Wenn der König ein sol-
ches Urteil gefällt hat, spricht er sich selbst
schuldig, da er den von ihm Verstoßenen nicht
zurückkehren lässt. 14 Wir müssen alle sterben
und sind wie das Wasser, das man auf die Erde
schüttet und nicht wieder einsammeln kann.
Aber Gott wird dem das Leben nicht nehmen,
der darauf aus ist, dass ein von ihm Verstoße-
ner nicht verstoßen bleibt. 15 Dass ich aber
hergekommen bin, um dem König, meinem
Herrn, das zu sagen, geschah, weil die Leute
mir Angst machten. Darum sagte sich deine
Magd: Ich will mit dem König reden; vielleicht
wird der König tun, was seine Magd sagt. 16 Ja,
der König wird Gehör schenken und seine
Magd aus der Hand des Mannes retten, der
mich zusammen mit meinem Sohn aus dem
Erbbesitz austilgen will. 17 Deine Magd hat sich
gesagt: Das Wort meines Herrn, des Königs,
wird mich beruhigen; denn mein Herr, der
König, ist geradeso wie der Engel Gottes: Er
hört Gutes und Böses. Der HERR, dein Gott,
sei mit dir.

18 Der König erwiderte der Frau: Verhehl mir
nichts von dem, was ich dich jetzt frage! Die
Frau sagte: Mein Herr und König, rede! 19 Da
fragte der König: Hat etwa Joab bei alldem die
Hand im Spiel? Die Frau antwortete: So wahr
du lebst, mein Herr und König, an alldem, was
mein Herr, der König, sagt, kann man sich un-
möglich rechts oder links vorbeidrücken. Ja,
dein Knecht Joab war es, der mir das befohlen
hat; er hat all diese Worte deiner Magd in den
Mund gelegt. 20 Das hat dein Knecht Joab ge-
tan, um der Sache ein anderes Gesicht zu ge-
ben. Mein Herr ist weise wie der Engel Gottes,
der alles weiß, was im Land geschieht.

21 Darauf sagte der König zu Joab: Gut, ich
erfülle dir diese deine Bitte. Geh, bring den
jungen Abschalom zurück! 22 Joab fiel auf sein
Gesicht zu Boden und warf sich nieder. Er
segnete den König und sagte: Heute hat dein
Knecht erkannt, dass ich dein Wohlwollen
gefunden habe, mein Herr und König, weil
der König die Bitte seines Knechtes erfüllt hat.
23 Dann brach Joab auf, ging nach Geschur und
brachte Abschalom nach Jerusalem zurück.
24 Der König aber sagte: Er soll in sein Haus
gehen, aber er soll mir nicht unter die Augen
treten. Abschalom ging in sein Haus, aber
dem König durfte er nicht unter die Augen
treten.

13,39 zu hadern: vermuteter Text; hinterher zu sein: H, G, Vg und S.

25 In ganz Israel gab es keinen schöneren und
lobenswerteren Mann als Abschalom. Vom
Scheitel bis zur Sohle war kein Makel an ihm.
26 Und wenn er sein Haar schneiden ließ – das
geschah von Zeit zu Zeit, weil es so schwer
wurde, dass er es schneiden lassen musste –,
und man wog sein Haar, dann wog es zwei-
hundert Schekel nach königlichem Gewicht.
27 Drei Söhne wurden Abschalom geboren und
eine Tochter namens Tamar; sie wurde eine
Frau von großer Schönheit.

28 Abschalom wohnte zwei Jahre lang in Je-
rusalem, ohne dem König unter die Augen zu
treten. 29 Da schickte Abschalom jemand zu
Joab, weil er ihn zum König senden wollte;
aber Joab wollte nicht kommen. Er schickte
noch ein zweites Mal jemand hin, aber er woll-
te wieder nicht kommen. 30 Da sagte Abscha-
lom zu seinen Knechten: Seht, das Feld Joabs,
das neben meinem liegt; er hat dort Gerste.
Geht hin, steckt es in Brand! Die Diener Ab-
schaloms steckten das Feld in Brand. 31 Darauf
machte sich Joab auf den Weg, suchte Abscha-
lom in seinem Haus auf und fragte ihn: Wa-
rum haben deine Knechte das Feld in Brand
gesteckt, das mir gehört? 32 Abschalom ant-
wortete: Ich hatte doch jemand zu dir ge-
schickt und dir sagen lassen: Komm her, ich
möchte dich zum König senden. Du sollst ihn
fragen: Wozu bin ich eigentlich von Geschur
hergekommen? Es wäre für mich besser gewe-
sen, ich wäre dort geblieben. Jetzt aber möch-
te ich dem König vor die Augen treten. Wenn
eine Schuld auf mir liegt, soll er mich töten.
33 Joab ging zum König und berichtete ihm
alles und der König ließ Abschalom rufen. Er
kam zum König und fiel vor ihm mit dem Ge-
sicht zur Erde nieder. Und der König küsste
Abschalom.

2: Am 1,1 / **3**: 1 Kön 1,11–14 / **5**: Est 5,3 / **7**: Ex 21,12; Dtn 19,11–13; Mt 21,38; Mk 12,7 / **11**: Num 35,25; 1 Sam 14,45 / **13**: 1 Kön 20,41f. / **14**: 12,23; Gen 3,19; Koh 3,19–21 / **17**: 19,28 / **18**: 1 Sam 29,9 / **23**: 13,37 / **24**: 3,13 / **25**: 1 Sam 16,12 / **26**: Ri 16,17 / **27**: 18,18 / **30**: Ri 15,4f.; Ex 22,4f. / **33**: Gen 33,3

ABSCHALOMS AUFSTAND: 15,1–12

15 1 Einige Zeit danach schaffte sich Ab-
schalom einen Wagen und Pferde an
sowie fünfzig Mann, die immer vor ihm her-
liefen. 2 Früh am Morgen stellte er sich neben
den Weg zum Stadttor, und sooft jemand mit
einer Streitsache zum König vor Gericht gehen
wollte, sprach er ihn an und sagte: Aus welcher
Stadt bist du? Wenn der dann antwortete:
Dein Knecht ist aus einem der Stämme Israels!,
3 sagte Abschalom zu ihm: Was du sagst, ist ja
gut und recht, aber beim König gibt es nie-
mand, der dich anhört. 4 Und Abschalom füg-
te hinzu: Würde mich doch jemand zum Rich-
ter im Land machen, damit jeder, der einen
Streit oder eine Rechtssache hat, zu mir
kommt; ich würde ihm Recht verschaffen.
5 Ging dann einer auf ihn zu, um vor ihm nie-
derzufallen, dann streckte er die Hand aus,
hielt ihn fest und küsste ihn. 6 So machte es
Abschalom bei allen Israeliten, die zum König
vor Gericht gehen wollten, und so stahl er das
Herz der Israeliten.

7 Nach vier Jahren sagte Abschalom zum
König: Ich möchte nach Hebron gehen, um ein
Gelübde zu erfüllen, das ich dem HERRN ab-
gelegt habe. 8 Denn dein Knecht hat bei seinem
Aufenthalt in Geschur in Aram das Gelübde
gemacht: Wenn der HERR mich wirklich nach
Jerusalem zurückkehren lässt, dann will ich
für den HERRN einen Gottesdienst feiern.
9 Der König antwortete ihm: Geh in Frieden!
Da brach Abschalom auf und ging nach Hebron.
10 Er schickte Boten an alle Stämme Israels und
ließ ihnen sagen: Wenn ihr den Klang des
Widderhorns hört, dann sollt ihr rufen: Ab-
schalom ist König in Hebron. 11 Zweihundert
Männer aus Jerusalem waren mit Abschalom
gegangen; er hatte sie eingeladen und sie wa-
ren arglos mit ihm gezogen, ohne von der gan-
zen Sache etwas zu ahnen. 12 Als er seine Opfer
darbrachte, ließ Abschalom auch den Giloni-
ter Ahitofel, den Berater Davids, aus seiner
Heimatstadt Gilo kommen. So wurde die Ver-
schwörung immer größer und immer mehr
Leute schlossen sich Abschalom an.

1: 1 Kön 1,5 / **2**: 19,9 / **4**: 1 Kön 3,16–28 / **6**: Röm 16,18 / **7**: 3,2 / **8**: Gen 28,20–22 / **9**: 2 Kön 5,19 / **10**: 2 Kön 9,13 / **11**: 1 Sam 22,15 / **12**: 16,15.23

DAVIDS FLUCHT VOR SEINEM SOHN: 15,13–16,14

13 Als ein Bote kam und David meldete: Das
Herz der Israeliten hat sich Abschalom zuge-
wandt!, 14 sagte David zu allen seinen Dienern,
die bei ihm in Jerusalem waren: Auf, wir müs-
sen fliehen, denn für uns gibt es keine Rettung
vor Abschalom. Beeilt euch mit dem Auf-
bruch, sonst kommt er und holt uns ein, bringt

15,7 vier: G und S; vierzig: H.

Unglück über uns und schlägt die Stadt mit
scharfem Schwert. 15 Die Diener des Königs
sagten zu ihm: Ganz wie der Herr und König
sich entscheidet. Hier sind deine Knechte. 16 So
zog der König fort und sein ganzes Haus folg-
te ihm. Nur die zehn Nebenfrauen ließ der
König zurück; sie sollten das Haus bewachen.
17 Als der König mit den Leuten, die ihm
folgten, fortzog, blieben sie beim letzten Haus
stehen 18 und alle seine Diener zogen an ihm
vorüber, dazu alle Kereter und Peleter und alle
Gatiter, jene sechshundert Mann, die ihm aus
Gat gefolgt waren; sie alle zogen vor dem Kö-
nig vorüber. 19 Da sagte der König zu Ittai aus
Gat: Warum willst auch du mit uns gehen?
Kehr um und bleib beim König! Denn du bist
ein Ausländer und aus deiner Heimat ver-
bannt. 20 Erst gestern bist du gekommen – und
schon heute sollte ich dich aufjagen, um mit
uns zu gehen? Ich gehe, wohin ich eben gehe.
Du aber kehr um und bring deine Brüder in
Liebe und Treue zurück! 21 Doch Ittai erwider-
te dem König: So wahr der HERR lebt und so
wahr mein Herr, der König, lebt: Nur an dem
Ort, wo mein Herr, der König, ist, dort wird
auch dein Diener sein, sei es um zu leben oder
um zu sterben. 22 Da sagte David zu Ittai:
Dann geh und zieh vorüber! Und der Gatiter
zog vorüber und alle seine Männer mitsamt
den Kleinen, die bei ihm waren. 23 Das ganze
Land weinte laut, als die Leute vorüberzo-
gen. Dann überschritt der König den Bach
Kidron und alle zogen weiter auf dem Weg
zur Steppe.
24 Auch Zadok und all die Leviten um ihn,
die die Bundeslade Gottes trugen, waren da-
bei. Sie stellten die Lade Gottes nieder und
Abjatar brachte Opfer dar, bis alle Leute aus der
Stadt vollzählig vorübergezogen waren. 25 Der
König sagte zu Zadok: Bring die Lade Gottes
in die Stadt zurück! Wenn ich vor den Augen
des HERRN Gnade finde, dann wird er mich
zurückführen und mich die Lade und ihre Stät-
te wiedersehen lassen. 26 Wenn er aber sagt:
Ich habe an dir keinen Gefallen!, gut, dann mag
er mit mir machen, was ihm gefällt. 27 Und der
König sagte zu dem Priester Zadok: Siehst du
das ein? Kehr in Frieden in die Stadt zurück,
ebenso dein Sohn Ahimaaz und Abjatars Sohn
Jonatan, eure beiden Söhne. 28 Seht: Ich werde
an den Übergängen zur Steppe warten, bis von
euch eine Nachricht kommt, die mir Bescheid
gibt. 29 Darauf brachten Zadok und Abjatar die
Lade Gottes nach Jerusalem zurück und blie-
ben dort.
30 David stieg weinend und mit verhülltem
Haupte den Ölberg hinauf; er ging barfuß und
alle Leute, die bei ihm waren, verhüllten ihr
Haupt und zogen weinend hinauf. 31 Man hat-
te David die Nachricht gebracht, dass auch
Ahitofel unter den Verschwörern auf Seiten
Abschaloms war. Da sagte David: HERR, ver-
eitle den Rat Ahitofels!
32 Als David auf den Gipfel des Berges kam,
auf dem man sich vor Gott niederwirft, kam
ihm plötzlich der Arkiter Huschai entgegen,
mit zerrissenen Kleidern und Erde auf dem
Haupt. 33 David sagte zu ihm: Wenn du mit
mir ziehst, wärest du mir nur eine Last.
34 Wenn du aber in die Stadt zurückkehrst
und zu Abschalom sagst: Ich bin dein Knecht,
mein König, ich war früher der Knecht deines
Vaters, jetzt aber will ich dein Knecht sein!,
dann kannst du für mich den Rat Ahitofels
durchkreuzen. 35 Die Priester Zadok und Ab-
jatar werden auch dort bei dir sein und du
kannst alles, was du aus dem Haus des Königs
hörst, den Priestern Zadok und Abjatar be-
richten. 36 Sie haben dort auch ihre beiden
Söhne bei sich, Zadok den Ahimaaz und Ab-
jatar den Jonatan; durch sie könnt ihr mir
alles übermitteln, was ihr hört. 37 So kam
Huschai, der Freund Davids, in die Stadt zu-
rück, als Abschalom gerade in Jerusalem an-
kam.

14: Dan 11,42 / **16:** 16,21 / **18:** 8,18; 1 Sam 27,2 / **19:** Rut 1,8 / **20:** 1 Sam 23,13 / **21:** 2 Kön 2,2.4.6; Rut 1,16f. / **23:** 1 Kön 2,37; Joh 18,1 / **24:** 11,11; 1 Sam 22,20–23 / **25:** 6,17; Ps 43,3 / **26:** 1 Sam 3,18 / **27:** 17,17 / **30:** 19,5; Est 6,12 / **31:** 17,14 / **35:** 17,15

16 1 Als David vom Gipfel des Berges aus
ein Stück weiterzog, da kam ihm Ziba,
der Diener Merib-Baals, mit einem Paar gesat-
telter Esel entgegen. Sie waren mit zweihun-
dert Broten, hundert Traubenkuchen, hundert
frischen Früchten und einem Schlauch Wein
beladen. 2 Der König fragte Ziba: Was hast du
damit vor? Ziba antwortete: Die Esel sind für
die königliche Familie als Reittiere bestimmt,
das Brot und die Früchte zur Verpflegung der
jungen Männer, der Wein ist zum Trinken für
die, die in der Steppe müde werden. 3 Der Kö-
nig fragte: Wo ist der Sohn deines Herrn? Ziba
antwortete dem König: Er ist in Jerusalem ge-
blieben; denn er hat gesagt: Heute wird mir
das Haus Israel das Königtum meines Vaters
wiedergeben. 4 Da sagte der König zu Ziba:

Jetzt soll alles, was Merib-Baal gehört, dir ge-
hören. Ziba antwortete: Ich habe mich nieder-
geworfen; möge ich Gnade finden vor deinen
Augen, mein Herr und König.

5 Als König David nach Bahurim kam, siehe,
da kam aus der Stadt ein Mann heraus namens
Schimi, ein Sohn Geras aus der Sippe des Hau-
ses Saul. Er kam heraus, fluchte 6 und warf mit
Steinen nach ihm und allen Dienern des Kö-
nigs David, obwohl das ganze Volk und alle
Krieger rechts und links um ihn standen.
7 Schimi schrie und fluchte: Verschwinde, ver-
schwinde, du Mörder, du Niederträchtiger!
8 Der HERR hat all deine Blutschuld am Haus
Sauls, an dessen Stelle du König geworden
bist, auf dich zurückfallen lassen. Der HERR
hat das Königtum in die Hand deines Sohnes
Abschalom gegeben. Nun bist du ins Unglück
geraten; denn du bist ein Mörder. 9 Da sagte
Abischai, der Sohn der Zeruja, zum König:
Warum flucht dieser tote Hund meinem
Herrn, dem König? Ich will hinübergehen und
ihm den Kopf abschlagen. 10 Doch der König
antwortete: Was habe ich mit euch zu schaf-
fen, ihr Söhne der Zeruja? Wenn er flucht und
wenn der HERR ihm gesagt hat: Verfluch Da-
vid!, wer darf dann fragen: Warum tust du
das? 11 Und weiter sagte David zu Abischai und
all seinen Dienern: Seht, mein leiblicher Sohn
trachtet mir nach dem Leben, wie viel mehr
erst der Benjaminiter. Lasst ihn fluchen! Si-
cherlich hat es ihm der HERR geboten. 12 Viel-
leicht sieht der HERR mein Elend an und er-
weist mir Gutes für den Fluch, der mich heute
trifft. 13 David und seine Männer setzten ihren
Weg fort; Schimi ging am Berghang neben ih-
nen her und fluchte ununterbrochen, warf mit
Steinen nach ihm und bewarf ihn mit Erde.
14 Erschöpft kam der König mit allen Leuten,
die er bei sich hatte, an den Jordan; dort konn-
te er wieder Atem schöpfen.

1: 9,1–13; 19,27–29 / **3-4**: 19,25–31 / **5-12**: 19,17–24; 1 Kön 2,8f. / **7**: 21 8f. / **9**: Ex 22,27; 1 Sam 24,15 / **10**: 19,23; 2,18 / **12**: 1 Sam 1,11; Gen 50,20 / **13**: 19,21

HUSCHAI UND AHITOFEL: 16,15–17,23

15 Abschalom war mit dem ganzen Heer der
Israeliten nach Jerusalem gekommen; auch
Ahitofel war bei ihm. 16 Als der Arkiter Hu-
schai, der Freund Davids, zu Abschalom kam,
sagte er zu Abschalom: Es lebe der König, es
lebe der König! 17 Abschalom fragte Huschai:
So sieht die Liebe zu deinem Freund aus? Wa-
rum bist du nicht mit deinem Freund gegan-
gen? 18 Huschai sagte zu Abschalom: Nein, ich
gehöre vielmehr zu dem, den der HERR und
dieses Volk und alle Israeliten erwählt haben;
bei ihm will ich bleiben. 19 Und außerdem:
Wem diene ich denn? Doch nur seinem Sohn.
Wie ich vor den Augen deines Vaters Dienst
getan habe, so will ich auch dir zur Verfügung
stehen.

20 Abschalom sagte zu Ahitofel: Gebt einen
Rat, was wir tun sollen! 21 Ahitofel sagte zu
Abschalom: Geh zu den Nebenfrauen deines
Vaters, die er hiergelassen hat, um das Haus zu
bewachen! So wird ganz Israel erfahren, dass
du dich bei deinem Vater verhasst gemacht
hast, und alle, die zu dir halten, werden ermu-
tigt. 22 Man errichtete für Abschalom ein Zelt
auf dem Dach und Abschalom ging vor den
Augen ganz Israels zu den Nebenfrauen seines
Vaters. 23 Ein Rat, den Ahitofel gab, galt in je-
nen Tagen so viel, als hätte man ein Gottes-
wort erbeten. So viel galt jeder Rat Ahitofels,
bei David wie bei Abschalom.

15: 15,37 / **16**: 1 Sam 10,24; 1 Kön 1,39 / **17**: 1 Chr 27,33 / **18**: 6,21 / **19**: 15,34 / **21**: 15,16; 1 Sam 13,4 / **22**: 2,7; 12,11; 20,3 / **23**: 15,12; 17,23

17 1 Und Ahitofel sagte weiter zu Abscha-
lom: Ich möchte zwölftausend Mann
auswählen, mit ihnen noch heute Nacht auf-
brechen und David nachsetzen. 2 Ich will ihn
überfallen, wenn er noch müde und ermattet
ist, und ihm einen Schrecken einjagen. Alle
Leute, die bei ihm sind, werden fliehen und ich
kann den König, wenn er allein ist, erschlagen.
3 Dann werde ich das ganze Volk zu dir zu-
rückführen, wie eine Neuvermählte zu ihrem
Mann heimgeholt wird. Du trachtest ja nur
dem einen Mann nach dem Leben; das ganze
übrige Volk aber soll Frieden haben. 4 Der Plan
erschien Abschalom und allen Ältesten Israels
gut.

5 Abschalom aber sagte: Ruft auch den Ar-
kiter Huschai! Wir wollen hören, was er zu
sagen hat. 6 Als Huschai kam, sagte Abscha-
lom zu ihm: Das und das hat Ahitofel gesagt.
Sollen wir seinen Vorschlag ausführen? Wenn
nicht, dann rede du! 7 Da sagte Huschai zu
Abschalom: Diesmal ist der Rat, den Ahitofel
gegeben hat, nicht gut. 8 Und er fuhr fort: Du

16,14 an den Jordan: G, vgl. 15,28; nicht in H und S.

17,3 nach G; H schwer deutbar.

kennst deinen Vater und seine Männer; sie
sind Krieger und erbittert wie eine Bärin im
freien Gelände, der man die Jungen geraubt
hat. Dein Vater ist ein Krieger, der mit seinen
Leuten keine Nachtruhe hält. 9 Sicher hält er
sich jetzt in einer Höhle oder an einem ande-
ren Ort versteckt. Wenn nun gleich zu Anfang
einige von deinen Leuten fallen und man hört
davon, wird man sagen: Die Anhänger Ab-
schaloms haben eine Niederlage erlitten.
10 Dann wird auch der Tapferste – und habe er
ein Herz wie ein Löwe – völlig den Mut ver-
lieren; denn ganz Israel weiß, dass dein Vater
ein Held ist und tapfere Männer bei sich hat.
11 Darum rate ich: Alle Israeliten zwischen
Dan und Beerscheba sollen sich bei dir ver-
sammeln, so zahlreich wie der Sand am Ufer
des Meeres, während du selbst in den Kampf
vorausziehst. 12 Wenn wir ihn dann in einem
der Orte, wo er sich aufhält, finden, überfallen
wir ihn, wie der Tau auf die Erde fällt; dann
wird von ihm und allen Männern, die bei ihm
sind, auch nicht einer übrig bleiben. 13 Und
wenn er sich in eine Stadt zurückzieht, so
wird ganz Israel Seile zu jener Stadt bringen
und wir schleifen sie ins Tal hinab, sodass dort
kein Stein mehr zu finden ist. 14 Da sagten Ab-
schalom und alle Israeliten: Der Rat des Arki-
ters Huschai ist besser als der Rat Ahitofels.
Der HERR hatte es nämlich so bestimmt; der
gute Rat Ahitofels sollte durchkreuzt werden,
weil der HERR Unheil über Abschalom brin-
gen wollte.

15 Darauf sagte Huschai zu den Priestern Za-
dok und Abjatar: Das und das hat Ahitofel
Abschalom und den Ältesten Israels geraten
und das und das habe ich geraten. 16 Schickt
jetzt schnell jemand zu David und lasst ihm
sagen: Bleib heute Nacht nicht in der Einöde
der Steppe, sondern zieh sofort hinüber, damit
nicht der König samt allen Leuten, die er bei
sich hat, vernichtet wird! 17 Jonatan und Ahi-
maaz aber hielten sich an der Rogel-Quelle
auf; eine Magd ging zu ihnen und brachte ih-
nen die Nachricht, sie aber gingen zu König
David und machten ihm Meldung. Sie durften
sich nämlich nicht sehen lassen und konnten
deshalb die Stadt nicht betreten. 18 Doch ein
junger Mann sah sie trotzdem und meldete es
Abschalom. Die beiden aber gingen schnell
weiter und kamen zum Haus eines Mannes in
Bahurim, der in seinem Hof einen Brunnen
hatte. Sie stiegen hinein 19 und die Frau nahm
eine Decke, breitete sie über die Öffnung des
Brunnens und streute Körner darauf, sodass
man nichts merken konnte. 20 Als Abschaloms
Knechte zu der Frau ins Haus kamen, fragten
sie: Wo sind Ahimaaz und Jonatan? Die Frau
antwortete ihnen: Sie sind von hier zum Was-
ser weitergegangen. Die Knechte machten sich
auf die Suche, als sie sie aber nicht fanden,
kehrten sie nach Jerusalem zurück. 21 Nach-
dem sie weggegangen waren, stiegen die bei-
den aus dem Brunnen heraus, gingen zu König
David und brachten ihm die Nachricht. Sie
sagten zu David: Brecht auf und geht schnell
über den Fluss hinüber; denn Ahitofel hat ge-
gen euch den und den Rat erteilt. 22 Da brach
David mit allen Leuten, die noch bei ihm wa-
ren, auf und zog über den Jordan. Als es Mor-
gen wurde, war auch nicht mehr einer da, der
den Jordan nicht überschritten hätte.

23 Als Ahitofel sah, dass sein Rat nicht aus-
geführt wurde, sattelte er seinen Esel, brach
auf und kehrte in seine Heimatstadt zurück.
Dann bestellte er sein Haus und erhängte sich.
So starb er und man begrub ihn im Grab seines
Vaters.

2: 16,14; 1 Kön 22,31 / **3**: Sach 13,7 / **7**: 16,23 / **8**: Spr 17,12; Hos 13,8 / **11**: 3,10; Jos 11,4; 1 Sam 13,5 / **12**: Ri 6,36–40 / **13**: Mi 1,6 / **14**: 15,31 / **17**: 15,27; Jos 15,7 / **18**: 1 Sam 22,9 / **20**: Jos 2,3–5 / **23**: 2 Kön 20,1; Mt 27,5

DAVIDS VORBEREITUNGEN IN MAHANAJIM: 17,24–18,5

24 Als David nach Mahanajim gekommen war,
überschritt Abschalom mit allen Israeliten
den Jordan. 25 Abschalom hatte Amasa an-
stelle Joabs an die Spitze des Heeres gestellt.
Amasa war der Sohn eines Israeliten namens
Jeter und der Abigal, die eine Tochter des
Nahasch und eine Schwester von Joabs
Mutter Zeruja war. 26 Die Israeliten unter
Abschalom schlugen ihr Lager im Gebiet von
Gilead auf.

27 Als nun David nach Mahanajim gekom-
men war, brachten ihm Schobi, der Sohn des
Nahasch aus der Ammoniterstadt Rabba,
und Machir, der Sohn Ammiëls aus Lo-Da-
bar, sowie der Gileaditer Barsillai aus Roglim
28 Matten und Decken, irdene Gefäße, Wei-

17,20 von hier zum Wasser: vermuteter Text; über die Wasserfurt: H.

17,23 Selbstmorde sind nur von Menschen berichtet, die einem grausamen Tod entgehen wollen.

17,27.29 brachten: G, Vg und S; brachten (V. 29): H.

zen, Gerste, Mehl und geröstetes Korn sowie
Bohnen und Linsen mit geröstetem Korn;
29 außerdem brachten sie David und seinen
Leuten Honig und Butter, Schafe und Käse
als Nahrung. Denn sie sagten: Das Volk in
der Steppe ist hungrig, erschöpft und durs-
tig.

18 1 Dann musterte David die Leute, die bei
ihm waren, und setzte Anführer ein
über die einzelnen Tausendschaften und Hun-
dertschaften. 2 Dann ließ er seine Leute ausrü-
cken, ein Drittel unter Joab, ein Drittel unter
Abischai, dem Sohn der Zeruja und Bruder
Joabs, und ein Drittel unter dem Gatiter Ittai.
Der König sagte zu seinen Leuten: Auch ich
will mit euch in den Kampf ziehen. 3 Doch sie
erwiderten: Du sollst nicht mit uns in den
Kampf ziehen; denn wenn wir fliehen, wird
man sich um uns nicht kümmern; und wenn
die Hälfte von uns stirbt, wird man sich um
uns nicht kümmern. Doch du giltst so viel wie
zehntausend von uns und außerdem wäre es
besser, wenn du uns von der Stadt aus zu Hil-
fe kommen könntest. 4 Der König antwortete
ihnen: Ich will tun, was ihr für richtig haltet.
Darauf stellte sich der König neben das Stadt-
tor und die Leute zogen nach Hundertschaften
und Tausendschaften geordnet hinaus. 5 Und
der König befahl Joab, Abischai und Ittai: Geht
mir mit dem Jungen, mit Abschalom, scho-
nend um! Alle Leute hörten, wie der König
seinen Anführern wegen Abschalom diese
Anweisung gab.

1: 24,1f.; 1 Sam 22,7 / **2f.:** Ri 7,16; 1 Sam 11,11; 2 Sam 15,19–22 / **3:** 1 Kön 22,31–33; 2 Sam 21,17 / **5:** 19,1–7

ABSCHALOMS TOD: 18,6–32

6 Die Leute zogen ins Feld, den Israeliten ent-
gegen, und im Wald Efraim kam es zur
Schlacht. 7 Die Israeliten wurden von den Leu-
ten Davids geschlagen und erlitten eine
schwere Niederlage; an jenem Tag fielen zwan-
zigtausend. 8 Der Kampf breitete sich über die
ganze dortige Gegend aus und der Wald ver-
schlang an jenem Tag mehr Krieger als das
Schwert. 9 Plötzlich kam Abschalom in das
Blickfeld der Krieger Davids; er ritt auf einem
Maultier. Als das Maultier unter den Ästen ei-
ner großen Eiche hindurchlief, blieb Abscha-
lom mit dem Kopf fest an der Eiche hängen,
sodass er zwischen Himmel und Erde schweb-
te und das Maultier unter ihm weglief. 10 Je-
mand sah es und meldete Joab: Ich habe gerade
Abschalom an einer Eiche hängen sehen.
11 Joab sagte zu dem Mann, der ihm das mel-
dete: Wenn du es gesehen hast, warum hast
du ihn nicht sofort an Ort und Stelle nieder-
gestoßen? Ich hätte dir dann gern zehn Silber-
stücke und einen Gürtel gegeben. 12 Der Mann
antwortete Joab: Auch wenn ich tausend Sil-
berstücke auf die Hand ausgezahlt erhielte,
würde ich meine Hand nicht gegen den Sohn
des Königs erheben; denn der König hat dir,
Abischai und Ittai vor unseren Ohren befoh-
len: Gebt mir auf den Jungen, auf Abschalom,
Acht! 13 Hätte ich heimtückisch gehandelt und
ihm etwas getan – dem König bleibt ohnehin
nichts verborgen –, dann würdest du dich he-
raushalten. 14 Joab erwiderte: Ich kann mich
nicht noch länger mit dir aufhalten. Und er
nahm drei Spieße in die Hand und stieß sie
Abschalom, der noch lebend an der Eiche
hing, ins Herz. 15 Die zehn Waffenträger Joabs
umringten Abschalom und schlugen ihn tot.
16 Dann ließ Joab das Widderhorn blasen und
die Krieger hörten auf, die Israeliten zu ver-
folgen, weil Joab ihnen Einhalt gebot. 17 Sie
nahmen Abschalom und warfen ihn im Wald
in eine tiefe Grube und errichteten über ihm
einen riesigen Steinhaufen. Alle Israeliten
aber flohen, jeder in sein Zelt. – 18 Abschalom
hatte sich schon zu Lebzeiten den Gedenk-
stein, der jetzt im Königstal steht, her-
beischaffen und für sich aufstellen lassen;
denn er sagte sich: Ich habe keinen Sohn, um
die Erinnerung an meinen Namen wachzu-
halten. Er benannte den Stein nach seinem
Namen; deshalb heißt er bis zum heutigen Tag
Hand Abschaloms.

19 Ahimaaz, der Sohn Zadoks, sagte: Ich will
zum König eilen und ihm die freudige Nach-
richt bringen, dass der HERR ihm Recht ge-
genüber seinen Feinden verschafft hat. 20 Joab
sagte zu ihm: Du würdest heute kein Freuden-
bote sein. An einem anderen Tag kannst du
eine gute Nachricht überbringen; heute wür-
dest du nichts Erfreuliches melden; denn der
Sohn des Königs ist tot. 21 Und Joab befahl ei-
nem Kuschiter: Geh, melde dem König, was
du gesehen hast! Der Kuschiter warf sich vor
Joab nieder, dann eilte er davon. 22 Ahimaaz,
der Sohn Zadoks, sagte noch einmal zu Joab:
Mag kommen, was will, ich möchte auch hin-
eilen, hinter dem Kuschiter her. Joab antwor-
tete: Warum willst du denn hinlaufen, mein
Sohn? Du bekommst keinen Botenlohn.

23 Doch Ahimaaz sagte: Mag kommen, was
will; ich laufe hin. Joab erwiderte: Dann lauf!
Ahimaaz lief los, nahm den Weg durch die
Jordansenke und überholte den Kuschiter.
24 David saß zwischen den beiden Toren. Der
Späher aber war auf das Dach des Tores, auf die
Mauer, gestiegen, und als er Ausschau hielt,
sah er einen einzelnen Mann herbeilaufen.
25 Der Späher rief dem König die Meldung zu.
Der König sagte: Wenn er allein ist, dann
bringt er eine gute Nachricht. Während der
Mann herankam, 26 sah der Späher noch einen
anderen herbeieilen und rief dem Torhüter zu:
Da läuft noch ein einzelner Mann herbei. Der
König sagte: Auch er bringt eine gute Nachricht. 27 Darauf sagte der Späher: Ich sehe, der
Erste läuft in der Art des Ahimaaz, des Sohnes
Zadoks. Und der König sagte: Das ist ein guter
Mann, er kommt mit einer guten Nachricht.
28 Ahimaaz rief dem König den Friedensgruß
zu, warf sich vor ihm mit dem Gesicht zur Erde
nieder und sagte: Gepriesen sei der HERR, dein
Gott, der die Männer ausgeliefert hat, die ihre
Hand gegen meinen Herrn, den König, erhoben haben. 29 Der König fragte: Geht es dem
Jungen, Abschalom, gut? Ahimaaz antwortete: Ich sah ein großes Getümmel, als Joab den
Knecht des Königs, deinen Knecht, wegschickte; darum weiß ich nicht, was da geschah. 30 Der König befahl: Tritt zur Seite und
stell dich hierher! Ahimaaz trat zur Seite und
blieb dort stehen. 31 Da kam auch der Kuschiter
und sagte: Mein Herr, der König, lasse sich die
gute Nachricht bringen, dass der HERR dir
heute Recht verschafft hat gegenüber allen, die
sich gegen dich erhoben hatten. 32 Der König
fragte den Kuschiter: Geht es dem Jungen,
Abschalom, gut? Der Kuschiter antwortete:
Wie dem jungen Mann möge es allen Feinden
meines Herrn, des Königs, ergehen, allen, die
sich in böser Absicht gegen dich erhoben haben.

7: 2,17 / **9**: 13,29; 14,26 / **11**: Mt 26,15 / **16**: 2,28; 20,22 / **17**: Jos 7,26; 8,29 / **18**: 1 Sam 15,12 / **20**: 1,4–16; 4,10–12 / **21**: Jer 38,7–13 / **24**: 2 Kön 9,17–20 / **28**: 14,4; 1 Sam 25,39 / **32**: Ri 5,31

DAVIDS KLAGE UM ABSCHALOM: 19,1–9

19 1 Da zuckte der König zusammen, stieg
in den oberen Raum des Tores hinauf
und weinte. Während er hinaufging, rief er:
Mein Sohn Abschalom, mein Sohn, mein Sohn
Abschalom! Wäre ich doch an deiner Stelle
gestorben, Abschalom, mein Sohn, mein
Sohn! 2 Man meldete Joab: Der König weint
und trauert um Abschalom. 3 So wurde der Tag
der Rettung für das ganze Volk zu einem Trauertag; denn die Leute hörten an diesem Tag:
Der König ist voll Schmerz wegen seines Sohnes. 4 Die Leute schlichen sich an jenem Tag in
die Stadt, wie sich Leute davonschleichen, die
Schande auf sich geladen haben, weil sie im
Kampf geflohen sind. 5 Der König aber hatte
sein Gesicht verhüllt und rief laut: Mein Sohn
Abschalom! Abschalom, mein Sohn, mein
Sohn! 6 Da ging Joab zum König ins Haus hinein und sagte: Du hast heute deine Diener mit
Schmach bedeckt, die dir, deinen Söhnen und
Töchtern, deinen Frauen und Nebenfrauen das
Leben gerettet haben. 7 Du zeigst ja denen deine Liebe, die dich hassen, und deinen Hass
denen, die dich lieben; denn du gabst uns heute zu verstehen, dass dir die Anführer und die
Krieger nichts bedeuten. Jetzt weiß ich, dass es
in deinen Augen ganz richtig wäre, wenn Abschalom noch am Leben wäre, wir alle aber
heute gestorben wären. 8 Doch nun steh auf,
geh hinaus und sag deinen Leuten einige anerkennende Worte! Denn ich schwöre dir
beim HERRN: Wenn du nicht hinausgehst,
dann wird bis zur kommenden Nacht keiner
mehr bei dir sein und das wird für dich schlimmer sein als alles Unheil, das dir von deiner
Jugend an bis jetzt zugestoßen ist. 9 Da stand
der König auf und setzte sich in das Tor. Und
im Volk wurde bekannt: Siehe, der König sitzt
im Tor. Da kamen alle Leute zum König, Israel
aber war zu seinen Zelten geflohen.

DAVIDS RÜCKKEHR NACH JERUSALEM: 19,10–44

10 Da entstand ein allgemeiner Streit in allen
Stämmen Israels. Man sagte: Der König hat
uns der Faust unserer Feinde entrissen, er hat
uns aus der Faust der Philister gerettet und
jetzt hat er vor Abschalom aus dem Land fliehen müssen. 11 Abschalom aber, den wir zu
unserem König gesalbt haben, ist im Kampf
gefallen. Warum schweigt ihr jetzt davon, den
König zurückzuholen? 12 Da schickte König
David zu den Priestern Zadok und Abjatar und
ließ ihnen sagen: Sagt zu den Ältesten Judas:
Warum wollt ihr die Letzten sein, die den König in sein Haus zurückholen? Die Rede von

18,23 Doch Ahimaaz sagte: G, Vg und S; nicht in H.

ganz Israel war schon zum König, in sein Haus,
gelangt. 13 Ihr seid meine Brüder, ihr seid mein
Fleisch und Bein. Warum wollt ihr die Letzten
sein, die den König zurückholen? 14 Und zu
Amasa sollt ihr sagen: Bist du nicht mein
Fleisch und Bein? Gott soll mir dies und das
antun, wenn du nicht bei mir für alle Zeit an-
stelle Joabs der Befehlshaber des Heeres sein
wirst. 15 So machte David sich das Herz aller
Männer in Juda geneigt, sodass sie wie ein
Mann zu ihm hielten. Sie sandten dem König
die Aufforderung: Kehr zurück, du selbst und
alle deine Diener! 16 Da machte sich der König
auf den Rückweg und kam an den Jordan, die
Judäer aber, die dem König entgegengezogen
waren, um ihn über den Jordan zu geleiten,
waren bis nach Gilgal gekommen.

17 Auch der Benjaminiter Schimi aus Bahu-
rim, der Sohn Geras, eilte herbei und zog mit
den Männern von Juda dem König David ent-
gegen. 18 Bei ihm waren tausend Mann aus
Benjamin, darunter Ziba, der Diener des Hau-
ses Saul, mit seinen fünfzehn Söhnen und
seinen zwanzig Knechten. Sie waren schon vor
dem König an den Jordan gelangt 19 und
durchschritten die Furt, um die Familie des
Königs hinüberzugeleiten und alles zu tun,
was dem König gut erschien. Als der König
gerade den Jordan überschreiten wollte, fiel
Schimi, der Sohn Geras, vor ihm nieder 20 und
sagte zu ihm: Mein Herr möge mir meine
Schuld nicht anrechnen; mögest du nicht an
das denken, was dein Knecht sich an dem Tag
zuschulden kommen ließ, als mein Herr, der
König, Jerusalem verließ; der König nehme es
sich nicht so zu Herzen; 21 denn dein Knecht
weiß, dass er gesündigt hat. Sieh her, ich bin
heute als Erster vom ganzen Haus Josef herge-
kommen, um meinem Herrn, dem König,
entgegenzugehen. 22 Da fragte Abischai, der
Sohn der Zeruja: Müsste nicht Schimi dafür
mit dem Tod bestraft werden, dass er den Ge-
salbten des HERRN verflucht hat? 23 David aber
sagte: Was habe ich mit euch zu schaffen, ihr
Söhne der Zeruja? Warum benehmt ihr euch
plötzlich wie Feinde von mir? Soll heute je-
mand in Israel getötet werden, wo ich doch
weiß, dass ich ab heute wieder König von Is-
rael bin? 24 Und der König sagte zu Schimi: Du
sollst nicht sterben. Der König bekräftigte es
ihm mit einem Schwur.

25 Auch Merib-Baal, der Sohn Sauls, kam
dem König entgegen. Er hatte seine Füße und
seinen Bart nicht mehr gepflegt und seine Klei-
der nicht gewaschen seit dem Tag, an dem der
König weggegangen war, bis zu dem Tag, an
dem er wohlbehalten zurückkam. 26 Als er in
Jerusalem dem König entgegenkam, fragte ihn
der König: Warum bist du damals nicht mit mir
weggegangen, Merib-Baal? 27 Er antwortete:
Mein Herr und König, mein Diener hat mich
hintergangen. Dein Knecht sagte zu ihm: Ich
will mir die Eselin satteln und mit dem König
zusammen wegreiten; dein Knecht ist ja lahm.
28 Man hat deinen Knecht bei meinem Herrn,
dem König, verleumdet. Aber mein Herr, der
König, ist wie der Engel Gottes; darum tu, was
dir gefällt! 29 Obwohl das ganze Haus meines
Vaters von meinem Herrn, dem König, nichts
anderes als den Tod zu erwarten hatte, hast du
deinen Knecht unter die aufgenommen, die an
deinem Tisch essen. Was habe ich noch für ein
Recht, den König weiterhin anzurufen? 30 Der
König antwortete ihm: Warum redest du noch
lange? Ich habe bestimmt: Du und Ziba, ihr
sollt euch das Land teilen. 31 Darauf sagte Me-
rib-Baal: Er kann auch das ganze nehmen,
nachdem mein Herr, der König, wohlbehalten
in sein Haus zurückgekehrt ist.

32 Der Gileaditer Barsillai war aus Roglim
herabgekommen und mit dem König an den
Jordan gezogen, um ihn am Jordan zu verab-
schieden. 33 Barsillai war sehr alt, ein Mann von
achtzig Jahren. Er hatte den König versorgt, als
dieser sich in Mahanajim aufhielt; er war näm-
lich sehr reich. 34 Der König sagte zu Barsillai:
Zieh mit mir hinüber, ich will für dich bei mir
in Jerusalem sorgen. 35 Doch Barsillai antwor-
tete dem König: Wie viele Jahre habe ich denn
noch zu leben, dass ich mit dem König nach
Jerusalem hinaufziehen sollte? 36 Ich bin jetzt
achtzig Jahre alt. Kann ich denn noch Gutes
und Böses unterscheiden? Kann dein Knecht
noch Geschmack finden an dem, was er isst
und trinkt? Höre ich denn noch die Stimme
der Sänger und Sängerinnen? Warum soll
denn dein Knecht noch meinem Herrn, dem
König, zur Last fallen? 37 Nur eine kleine Stre-
cke wollte dein Knecht den König zum Jordan
begleiten. Warum will sich der König bei mir
in dieser Weise erkenntlich zeigen? 38 Dein
Knecht möchte umkehren und in seiner Hei-
matstadt beim Grab seines Vaters und seiner
Mutter sterben. Aber hier ist dein Knecht Kim-

19,19 und durchschritten: Vg.

ham; er mag mit meinem Herrn, dem König,
hinüberziehen. Tu für ihn, was dir gefällt!
39 Der König erwiderte: Kimham soll mit mir
hinüberziehen; ich werde für ihn tun, was du
für gut hältst. Alles aber, was du von mir begehrst, will ich für dich tun. 40 Darauf zog das
ganze Volk über den Jordan und auch der König ging hinüber. Der König küsste Barsillai
und segnete ihn und Barsillai kehrte in seinen
Heimatort zurück. 41 Der König aber zog weiter nach Gilgal und Kimham ging mit ihm. Das ganze Volk von Juda zog mit dem König, dazu halb Israel.

42 Da kamen alle Israeliten zum König und
sagten zu ihm: Warum haben unsere Brüder, die Männer von Juda, dich uns geraubt und den König, seine Familie und alle seine Männer
über den Jordan geführt? 43 Alle Judäer antworteten den Israeliten: Weil der König uns nähersteht. Warum bist du darüber erzürnt? Haben wir denn ein Stück vom König gegessen oder
ist er etwa von uns weggetragen worden? 44 Die
Israeliten antworteten den Judäern: Ich habe zehn Anteile am König, auch an David haben wir größeren Anteil als ihr. Warum hast du mich also gering geachtet? War es nicht zuerst mein Wunsch, meinen König zurückzuholen? Die Antwort der Judäer hierauf war noch schärfer als die Rede der Israeliten.

10: 5,17–25; 8,1–14 / **13**: 5,1; Gen 2,23 / **14**: 17,25; Gen 29,14 / **15**: 15,6 / **18**: 16,1–4 / **20**: 16,5–13 / **22**: Ex 22,27 / **23**: 16,10; 1 Sam 11,13 / **24**: 1 Kön 2,8f. / **27**: 16,3 / **28**: 14,17 / **32**: 17,27 / **35**: Ps 90,10 / **36**: Koh 12,4 / **38**: Jer 41,17 / **39**: 1 Kön 2,7 / **41**: Jos 4,19 / **44**: 1 Kön 11,29–31

SCHEBAS AUFSTAND GEGEN DAVID: 20,1–22

20 1 Damals lebte ein niederträchtiger
Mensch namens Scheba, ein Sohn des Bichri, ein Benjaminiter. Er ließ das Widderhorn blasen und rief:

Welchen Anteil haben wir an David? / Wir haben keinen Erbbesitz beim Sohn Isais. / In deine Zelte, Israel!

2 Da verließen alle Israeliten Davids Gefolgschaft und folgten Scheba, dem Sohn Bichris. Die Männer aus Juda aber hielten weiter zu ihrem König, vom Jordan bis nach Jerusalem.

3 Als David in sein Haus nach Jerusalem zurückkehrte, nahm der König die zehn Nebenfrauen, die er zurückgelassen hatte, um das Haus zu bewachen, und ließ sie in Gewahrsam bringen. Er versorgte sie, ging aber nicht mehr zu ihnen und sie blieben bis zu ihrem Tod eingesperrt – schon zu Lebzeiten des Mannes im
Witwenstand. 4 Der König befahl Amasa: Ruf mir in drei Tagen die Männer Judas zusammen; dann sei auch du selbst wieder hier!
5 Amasa ging, um die Judäer zusammenzurufen. Aber er versäumte die Frist, die der König
ihm gesetzt hatte. 6 Da sagte David zu Abischai:
Nun wird uns Scheba, der Sohn Bichris, gefährlicher als Abschalom. Nimm darum die Knechte deines Herrn mit und verfolg Scheba, damit er nicht die befestigten Städte einnimmt und uns die Augen ausreißt!

7 Da zogen die Männer Joabs, die Kereter und Peleter und alle Helden hinter ihm her. Sie zogen von Jerusalem aus, um Scheba, den Sohn Bichris, zu verfolgen.

8 Als sie bei dem großen Stein von Gibeon waren, war Amasa gerade vor ihnen angekommen. Joab trug einen gegürteten Rock als sein Gewand, mit dem Gürtel des Schwertes darüber. Dieses war in seiner Scheide, an seine Hüfte geschnallt. Während Joab hervortrat,
ließ er es zu Boden gleiten. 9 Joab sagte zu
Amasa: Geht es dir gut, mein Bruder? und griff mit der rechten Hand nach dem Bart Amasas,
um ihn zu küssen. 10 Amasa aber achtete nicht
auf das Schwert, das Joab in der Hand hatte, und Joab stieß es ihm in den Bauch, sodass seine Eingeweide zu Boden quollen. Amasa starb, ohne dass Joab ein zweites Mal zustieß. Dann setzten Joab und sein Bruder Abischai die Verfolgung Schebas, des Sohnes Bichris,
fort. 11 Einer von den Leuten Joabs aber blieb
bei Amasa stehen und rief: Wer zu Joab hält und wer zu David gehört, der folge Joab nach!
12 Amasa aber hatte sich in seinem Blut mitten
auf der Straße gewälzt. Als der Mann sah, dass alle Leute stehen blieben, schaffte er Amasa von der Straße weg auf das Feld und warf ein Kleidungsstück über ihn, weil jeder, der vor-
beikam und ihn sah, stehen blieb. 13 Erst nach-
dem er ihn von der Straße weggeschafft hatte, zogen alle Männer vorüber und Joab nach, um Scheba, den Sohn Bichris, zu verfolgen.

14 Scheba zog in allen Stämmen Israels umher, bis nach Abel-Bet-Maacha. Alle Bichriter
sammelten sich um ihn und folgten ihm. 15 Als
aber die Leute Joabs angekommen waren, schlossen sie ihn in Abel-Bet-Maacha ein; sie schütteten einen Damm gegen die Stadt auf, der bis an die Mauer heranreichte, und alle

20,14 Bichriter: vermuteter Text; Beriter: H.

Leute, die bei Joab geblieben waren, bemühten
sich, die Mauer zu zerstören und zum Einsturz
zu bringen. 16 Da rief eine kluge Frau aus der
Stadt: Hört her! Hört her! Sagt Joab: Komm
hierher, ich will mit dir reden. 17 Er trat zu ihr
heran. Die Frau fragte: Bist du Joab? Er antwor-
tete: Ja, ich bin es. Da sagte sie zu ihm: Hör auf
die Worte deiner Magd! Er antwortete: Ich
höre. 18 Sie sagte: Früher pflegte man zu sagen:
Man frage nur in Abel nach, so bringt man es
fertig. 19 Wir sind die friedlichsten, treuesten
Menschen in Israel. Du aber bist darauf aus,
eine Stadt, die für Israel wie eine Mutter ist, zu
vernichten. Warum zerstörst du das Erbe des
HERRN? 20 Joab antwortete: Das liegt mir ganz
und gar fern: Ich will die Stadt nicht vernich-
ten und zerstören. 21 So ist es nicht. Vielmehr
hat ein Mann aus dem Gebirge Efraim namens
Scheba, ein Sohn Bichris, seine Hand gegen
den König, gegen David, erhoben. Ihn allein
gebt heraus! Dann werde ich von der Stadt ab-
ziehen. Die Frau sagte zu Joab: Gib Acht, sein
Kopf wird dir über die Mauer zugeworfen wer-
den. 22 Dann ging die kluge Frau zu allen Leu-
ten und sie schlugen Scheba, dem Sohn Bichris,
den Kopf ab und warfen ihn Joab zu. Da ließ
Joab das Widderhorn blasen und alle zogen
von der Stadt ab und gingen wieder zu ihren
Zelten; Joab aber kehrte nach Jerusalem zum
König zurück.

1: 1 Sam 10,27; 1 Kön 12,16 / **3:** 16,21f.; 6,23 / **4:** 17,25 / **7:** 2 Sam 8,18; 15,18 / **9:** 11,7 / **10:** 3,27; 1 Kön 2,5.32 / **12:** 2 Kön 9,25 / **14:** 1 Kön 15,20 / **15:** 2 Kön 15,29; Jer 6,6; Ez 4,2 / **16:** 14,2 / **18:** 1 Sam 28,22 / **19:** Ri 5,7; 1 Sam 26,19 / **21:** 1 Sam 26,9 / **22:** 2,28; 18,16

DAVIDS BEAMTE: 20,23–26

23 Joab war Befehlshaber des ganzen Heeres der
Israeliten und Benaja, der Sohn Jojadas, war
der Befehlshaber der Kereter und Peleter.
24 Adoniram beaufsichtigte die Fronarbeiten
und Joschafat, der Sohn Ahiluds, war der Spre-
cher des Königs. 25 Schewa war Staatsschreiber
und Zadok und Abjatar waren Priester. 26 Auch
der Jaïriter Ira war Davids Priester.

23–26: 8,16–18 / **24:** 1 Kön 12,18

ERGÄNZUNGEN: 21,1–24,25

AUSLIEFERUNG DER NACHKOMMEN SAULS: 21,1–14

21 1 Zur Zeit Davids herrschte drei Jahre
hintereinander eine Hungersnot. Da
suchte David das Angesicht des HERRN. Der
HERR sagte: Auf Saul und seinem Haus lastet
eine Blutschuld, weil er die Gibeoniter getötet
hat. 2 Da rief der König die Gibeoniter zu sich
und redete mit ihnen. Die Gibeoniter stamm-
ten nicht von den Söhnen Israels ab, sondern
von einem Rest der Amoriter. Obwohl die
Israeliten sich ihnen gegenüber mit einem Eid
verpflichtet hatten, suchte Saul in seinem Eifer
für die Söhne Israels und Judas, sie zu vernich-
ten. 3 David sagte also zu den Gibeonitern:
Was soll ich für euch tun? Womit kann ich
Versöhnung erwirken, damit ihr das Erbe des
HERRN segnet? 4 Die Gibeoniter antworteten
ihm: Wir wollen weder Silber noch Gold von
Saul und seinem Haus; auch steht es uns nicht
zu, jemand in Israel zu töten. David sagte: Was
meint ihr, was soll ich für euch tun? 5 Sie sagten
zum König: Der Mann, der uns vernichten
wollte und der darauf aus war, uns auszurot-
ten, sodass wir uns in keinem Gebiet Israels
mehr hätten halten können, 6 von dessen Söh-
nen soll man uns sieben Männer geben. Wir
wollen sie vor dem HERRN im Gibea Sauls, des
vom HERRN Erwählten, hinrichten. Der Kö-
nig antwortete: Ich will sie euch geben. 7 Me-
rib-Baal, den Sohn Jonatans, des Sohnes Sauls,
aber verschonte der König wegen der Abma-
chung zwischen David und Jonatan, dem Sohn
Sauls, die sie mit einem Eid beim HERRN be-
kräftigt hatten. 8 Der König nahm Armoni und
Mefi-Boschet, die beiden Söhne, die Rizpa, die
Tochter Ajas, dem Saul geboren hatte, und die
fünf Söhne, die Michal, die Tochter Sauls, dem
Adriël, dem Sohn Barsillais aus Mehola, gebo-
ren hatte. 9 Er gab sie in die Hand der Gibeoni-
ter, die sie auf dem Berg vor dem Angesicht des
HERRN hinrichteten; so kamen alle sieben auf
einmal um. Sie wurden in den ersten Tagen der

21,7 Merib-Baal: H: Mefi-Boschet (vgl. die Anmerkung zu 4,4).

Ernte getötet, zu Beginn der Gerstenernte.
10 Rizpa, die Tochter Ajas, aber nahm Sacklei-
nen und breitete es für sich auf dem Felsen aus
vom Beginn der Ernte, bis sich Wasser vom
Himmel über die Toten ergoss. Sie ließ nicht
zu, dass bei Tag die Vögel des Himmels und
bei Nacht die Tiere des Feldes an sie heranka-
men. 11 Als David erzählt wurde, was Rizpa,
die Tochter Ajas und Nebenfrau Sauls, getan
hatte, 12 holte er die Gebeine Sauls und die Ge-
beine seines Sohnes Jonatan von den Bürgern
von Jabesch-Gilead, die sie heimlich vom
Marktplatz in Bet-Schean weggenommen hat-
ten, wo die Philister sie aufgehängt hatten, als
sie Israel am Gilboa schlugen. 13 Er ließ also von
dort die Gebeine Sauls und die Gebeine seines
Sohnes Jonatan heraufbringen.

Dann sammelte man die Gebeine der Hin-
gerichteten ein 14 und begrub sie zusammen
mit den Gebeinen Sauls und seines Sohnes
Jonatan in Zela im Land Benjamin, im Grab
von Sauls Vater Kisch. Man tat alles, was der
König befohlen hatte, und da ließ sich Gott um
des Landes willen erbitten.

1: 1 Kön 18,2; Ps 27,8 / **2**: Jos 9,15.18 / **3**: Gen 32,21 / **4**: Num 35,31 / **6**: 9,1–13 / **7**: 19,25–31 / **8**: 3,7; 1 Sam 25,44; 1 Kön 18,19 / **9**: Num 25,4 / **10**: Dtn 21,22f. / **12**: 1 Sam 31,12 / **14**: Jos 18,28; 2 Sam 24,25

DAVIDS RETTUNG UND SEINE HELDEN: 21,15–22

15 Wieder einmal kam es zum Krieg zwischen
den Philistern und Israel. David zog mit seinen
Leuten hinab. Als sie gegen die Philister
kämpften, wurde David müde. 16 Jischbi aus
Nob, ein Rafaïter, dessen Bronze-Speer drei-
hundert Schekel wog und der mit einem neu-
en Schwert umgürtet war, sagte, er werde
David erschlagen. 17 Aber Abischai, der Sohn
der Zeruja, kam David zu Hilfe und schlug den
Philister tot. Damals leisteten die Männer Da-
vids ihm folgenden Schwur: Du wirst nicht
mehr mit uns in den Kampf ziehen, damit du
nicht die Leuchte Israels auslöschst.

18 Danach kam es bei Gob wieder zum
Kampf mit den Philistern. Damals erschlug
Sibbechai aus Huscha den Sippai, der zu den
Rafaïtern gehörte.

19 Als es wieder einmal bei Gob zum Kampf
gegen die Philister kam, erschlug Elhanan, der
Sohn Jaïrs aus Betlehem, den Goliat aus Gat,
dessen Speer einem Weberbaum glich. 20 Dann
kam es noch einmal bei Gat zum Kampf. Da
trat ein Mann von riesenhafter Größe auf; er
hatte an jeder Hand sechs Finger und an jedem
Fuß sechs Zehen, zusammen vierundzwan-
zig; auch er stammte von Rafa ab. 21 Als er Is-
rael verhöhnte, erschlug ihn Jonatan, der Sohn
von Davids Bruder Schima.

22 Diese vier stammten von Rafa aus Gat ab;
sie fielen durch die Hand Davids und seiner
Krieger.

15: 5,17–25; 8,1 / **17**: 1 Sam 26,6; 2 Sam 18,3; 1 Kön 11,36 / **18–22**: 1 Chr 20,4–8 / **18**: 1 Chr 11,29 / **19**: 23,24 / **21**: 1 Sam 17,10

DAVIDS DANKLIED: 22,1–51

22 1 David sang dem HERRN an dem Tag,
als ihn der HERR aus der Hand all seiner
Feinde und aus der Hand Sauls errettet hatte,
folgendes Lied:

2 Er sprach: HERR, du mein Fels und meine
Burg und mein Retter,

3 mein Gott, mein Fels, bei dem ich mich
berge, / mein Schild und Horn meines Heils,
meine Feste, / meine Zuflucht, mein Retter, /
du rettest mich vor Gewalttat.

4 Ich rufe: Der HERR sei hochgelobt! / und
ich werde vor meinen Feinden gerettet.

5 Denn mich umfingen die Wellen des To-
des, / die Fluten des Verderbens erschreckten
mich.

6 Die Fesseln der Unterwelt umstrickten
mich, / über mich fielen die Schlingen des To-
des.

7 In meiner Not rief ich zum HERRN / und
rief zu meinem Gott / und er hörte aus seinem
Tempel meine Stimme, / mein Hilfeschrei
drang an seine Ohren.

8 Da wankte und schwankte die Erde, / die
Grundfesten des Himmels erbebten. / Sie
wankten, denn sein Zorn war entbrannt.

9 Rauch stieg aus seiner Nase auf, / aus sei-
nem Mund kam verzehrendes Feuer, / glühen-
de Kohlen sprühten von ihm aus.

10 Er neigte den Himmel und fuhr herab, /
zu seinen Füßen dunkle Wolken.

11 Er fuhr auf dem Kerub und flog daher; / er
erschien auf den Flügeln des Windes.

12 Er machte Dunkelheit zu seiner Hütte, /
um sich herum, dunkle Wasser, dichte Wol-
ken.

21,19 Jaïrs: vermuteter Text, vgl. Parallele 1 Chr 20,5; der Wälder: H.

22,12 dunkle: G, S und Parallele Ps 18,12; H unklar.

13 Aus dem Glanz vor ihm flammten feurige
Kohlen auf.
14 Da ließ der HERR den Donner vom Him-
mel her erdröhnen, / der Höchste ließ seine
Stimme erschallen.
15 Da schoss er Pfeile und streute sie, / er
schleuderte Blitze und jagte sie dahin.
16 Da wurden sichtbar die Tiefen des Mee-
res, / die Grundfesten der Erde wurden ent-
blößt / durch das Drohen des HERRN, / vor
dem Schnauben seines zornigen Atems.
17 Er griff aus der Höhe herab und fasste
mich, / zog mich heraus aus gewaltigen Wassern.
18 Er entriss mich meinem mächtigen
Feind, / meinen Hassern, denn sie waren stär-
ker als ich.
19 Sie überfielen mich am Tag meines Un-
heils, / doch der HERR wurde mir zur Stütze.
20 Er führte mich hinaus ins Weite, / er be-
freite mich, denn er hatte an mir Gefallen.
21 Der HERR handelte gut an mir nach mei-
ner Gerechtigkeit, / vergalt mir nach der Rein-
heit meiner Hände.
22 Denn ich hielt mich an die Wege des
HERRN / und fiel nicht ruchlos ab von mei-
nem Gott.
23 Ja, ich habe alle seine Entscheide vor mir, /
von seinen Satzungen weiche ich nicht ab.
24 Ich war vor ihm ohne Makel, / ich nahm
mich in Acht vor meiner Sünde.
25 Darum hat der HERR mir vergolten, /
nach meiner Gerechtigkeit, / nach der Rein-
heit meiner Hände vor seinen Augen.
26 Gegen den Treuen zeigst du dich treu, /
lauter handelst du am Lauteren.
27 Gegen den Reinen zeigst du dich rein, /
doch falsch gegen den Falschen.
28 Das elende Volk rettest du, / doch deine
Blicke wenden sich gegen die Stolzen, / du
zwingst sie nieder.
29 Ja, du bist meine Leuchte, HERR. / Der
HERR macht meine Finsternis hell.
30 Ja, mit dir überrenne ich Scharen, / mit
meinem Gott überspringe ich Mauern.
31 Gott, sein Weg ist lauter, / das Wort des
HERRN ist im Feuer geläutert. / Ein Schild ist
er für alle, die sich bei ihm bergen.
32 Denn wer ist Gott außer dem HERRN, /
wer ist ein Fels, wenn nicht unser Gott?
33 Gott ist meine starke Burg, / er gab mir
meinen Weg ohne Hindernis frei.
34 Schnell wie die Hirschkühe ließ er mich
springen, / auf Höhen hat er mich hingestellt.
35 Er lehrte meine Hände kämpfen, / meine
Arme, den ehernen Bogen zu spannen.
36 Du gabst mir deine Rettung zum Schild, /
dein Zuspruch machte mich groß.
37 Du schufst weiten Raum meinen Schrit-
ten, / meine Knöchel wankten nicht.
38 Ich verfolge meine Feinde und vertilge
sie, / ich kehre nicht um, bis sie vernichtet sind.
39 Ich vernichte sie, ich schlage sie nieder; /
sie stehen nicht mehr auf, sie fallen unter mei-
ne Füße.
40 Du hast mich zum Kampf mit Kraft um-
gürtet, / hast in die Knie gezwungen, / die
gegen mich aufstehn.
41 Den Nacken meiner Feinde gabst du mir
preis; / ich konnte die vernichten, die mich
hassen.
42 Sie blicken umher, doch da ist kein Ret-
ter, / sie blicken zum HERRN, doch er gab
keine Antwort.
43 Ich zermalme sie wie Staub auf der Erde, /
wie Unrat auf der Straße zertrete, zermalme
ich sie.
44 Du rettest mich vor den Anfeindungen
meines Volkes, / bewahrst mich als Haupt
über Nationen. / Ein Volk, das ich früher nicht
kannte, wird mir dienen.
45 Mir huldigen die Söhne der Fremde; / so-
bald ihr Ohr hört, sind sie mir gehorsam.
46 Den Söhnen der Fremde schwindet die
Kraft, / sie kommen zitternd aus ihren Burgen
hervor.
47 Es lebt der HERR, gepriesen sei mein
Fels! / Der Gott, der Fels meiner Rettung, sei
hoch erhoben;
48 denn Gott verschaffte mir Vergeltung /
und unterwarf mir Völker.
49 Du entführst mich meinen Feinden, / du
erhöhst mich über die, die gegen mich auf-
stehn, / du entreißt mich dem Mann der Ge-
walttaten.
50 Darum will ich dir danken, HERR, inmit-
ten der Nationen, / ich will deinem Namen
singen und spielen.
51 Seinem König verleiht er große Hilfe, /
Huld erweist er seinem Gesalbten, / David
und seinem Stamm auf ewig.

22,27 doch falsch: G, Vg, S und Parallele Ps 18,27; doch verdreht: H.

1–51: Ps 18 / **1**: Ex 15,1 / **2**: Ps 31,4 / **3**: Ps 78,35 / **5**: Ps 116,3 / **7**: Ps 120,1 / **8**: Ps 68,9 / **9**: Ex 19,18; Ps 97,3 / **12**: 1 Kön 8,12 / **14**: Ps 77,19 / **15**: Ps 144,6 / **17**: Ps 144,7 / **18**: Ps 34,5.18.20 / **20**: Ps 31,9 / **21**: Ps 24,4 / **22**: Ijob 23,11f. / **24**: Ijob 1,1 / **25**: Ijob 22,30 / **28**: Jes 2,11–17 / **29**: Ps 27,1 / **31**:

Dtn 32,4; Ps 12,7 / **32**: Jes 44,8 / **33**: Ps 31,5 / **35**: Ps 144,1 /
37: Spr 4,12 / **38**: Ps 20,7 / **40**: Ps 44,5–8 / **41**: Ps 143,12 /
42: 1 Sam 28,6; Jes 1,15 / **43**: Jes 10,6 / **44**: Jes 55,5 / **46**: Mi
7,17 / **47**: Ps 92,16 / **50**: Ps 7,18 / **51**: Ps 144,10

DAVIDS LETZTE WORTE: 23,1–7

23 1 Das sind die letzten Worte Davids:
Spruch Davids, des Sohnes Isais, /
Spruch des hochgestellten Mannes, / des Ge-
salbten des Gottes Jakobs, / des Lieblingshel-
den der Lieder Israels:
2 Der Geist des HERRN sprach durch mich, /
sein Wort war auf meiner Zunge.
3 Der Gott Israels sprach, / zu mir sagte der
Fels Israels: / Wer gerecht über die Menschen
herrscht, / wer voll Gottesfurcht herrscht,
4 der ist wie das Licht am Morgen, / wenn
die Sonne aufstrahlt / an einem Morgen ohne
Wolken, / der nach dem Regen grünes Gras /
aus der Erde hervorsprießen lässt.
5 Denn steht mein Haus nicht so zu Gott? /
Weil er mir einen ewigen Bund gewährt hat, ist
es in allem wohlgeordnet und gut gesichert. /
All mein Heil und alles, was ich begehrte, /
ließ er es nicht aufsprießen?
6 All die Übeltäter aber sind wie verwehte
Dornen; / man fasst sie nicht mit der Hand an.
7 Wenn jemand sie anrühren will, / rüstet
er sich mit Eisen und einer Lanze; / sie werden
im Feuer verbrannt.

1: 1 Kön 2,1–9; Num 24,3f.15f. / **2**: 1 Sam 16,13 / **3**: Jes
11,2–5 / **4**: Spr 4,18 / **5**: Ps 89,4f.29 / **6**: Ri 9,15

DAVIDS HELDEN: 23,8–39

8 Das sind die Namen der Helden Davids:
Jischbaal, der Hachmoniter, das Haupt der
Drei; er schwang seine Streitaxt über achthun-
dert Männer und erschlug sie alle auf einmal.
9 Nach ihm kommt der Ahoachiter Eleasar, der
Sohn Dodos, unter den drei Helden. Er war bei
David, als sie die Philister mit Schmach be-
deckten. Sie sammelten sich dort zum Krieg.
Als sich die Israeliten zurückzogen, 10 hielt er
stand und schlug auf die Philister ein, bis seine
Hand erlahmte. Seine Hand blieb am Schwert
haften. So bewirkte der HERR an jenem Tag
einen großen Sieg. Das Volk kehrte wieder um
und folgte Eleasar, aber nur noch, um zu plün-
dern. 11 Nach ihm kommt der Harariter Scham-
ma, der Sohn Ages. Einst versammelten sich
die Philister bei Lehi. Dort war ein Linsenfeld.
Als das Volk vor den Philistern floh, 12 stellte
sich Schamma mitten in das Feld, behauptete
es und schlug die Philister. So verlieh ihm der
HERR einen großen Sieg.
13 Als sich einst das Lager der Philister in der
Rafaïterebene befand, kamen drei von den
Dreißig zu Beginn der Ernte hinab zur Höhle
Adullam. 14 David hielt sich damals in der
Bergfestung auf und ein Posten der Philister
lag in Betlehem. 15 Da verspürte David ein Ver-
langen und er sagte: Wer bringt mir Wasser
aus der Zisterne am Tor von Betlehem? 16 Da
drangen die drei Helden in das Lager der Phi-
lister ein, schöpften Wasser aus der Zisterne
am Tor von Betlehem, nahmen es mit und
brachten es David. Doch er wollte es nicht
trinken, sondern goss es für den HERRN als
Trankopfer aus 17 und sagte: Das sei fern von
mir, HERR, dass ich so etwas tue. Ist es nicht
sozusagen das Blut der Männer, die unter Le-
bensgefahr hingegangen sind? Darum wollte
er es nicht trinken. Eine solche Tat vollbrach-
ten die drei Helden.
18 Joabs Bruder Abischai, der Sohn der Zeru-
ja, war der Anführer der Dreißig. Er schwang
seinen Speer über dreihundert Männer und
erschlug sie; bei den drei Helden hatte er einen
großen Namen. 19 Unter den Dreißig war er
hochgeehrt und er wurde ihr Anführer, aber
an die Drei reichte er nicht heran. 20 Benaja aus
Kabzeel, der Sohn Jojadas, war ein tapferer
Mann, der große Taten vollbrachte. Er erschlug
die beiden Söhne Ariëls aus Moab. Als einmal
Schnee gefallen war, kam er zu einer Zisterne
und erlegte darin einen Löwen. 21 Auch er-
schlug er einen Ägypter, einen Furcht erregen-
den Mann. Der Ägypter hatte einen Speer in
der Hand. Benaja aber ging nur mit einem
Stock auf ihn los, riss ihm den Speer aus der
Hand und tötete ihn mit diesem Speer. 22 Sol-
che Taten vollbrachte Benaja, der Sohn Jojadas.
Er hatte bei den drei Helden einen großen Na-
men. 23 Unter den Dreißig war er hochgeehrt,
aber an die Drei reichte er nicht heran. David
stellte ihn an die Spitze seiner Leibwache.
24 Zu den Dreißig gehörte Joabs Bruder
Asaël, ferner Elhanan aus Betlehem, der Sohn
Dodos, 25 Schamma und Elika aus Harod,
26 Helez aus Pelet, Ira aus Tekoa, der Sohn des
Ikkesch, 27 Abiëser aus Anatot, Sibbechai aus
Huscha, 28 Zalmon, der Ahoachiter, Mahrai aus
Netofa, 29 Heled aus Netofa, der Sohn Baanas,
Ittai aus Gibea in Benjamin, der Sohn Ribais,

23,8–39 In diesem Abschnitt gehen H und die alten Über-
setzungen G, Vg und S vor allem bei Namen und Zahlen
häufig auseinander.

30 Benaja aus Piraton, Hiddai aus Naha-
le-Gaasch, 31 Abialbon aus Bet-Araba, Asma-
wet aus Bahurim, 32 Eljachba aus Schaalbon,
die Söhne Jaschens, Jonatan, 33 der Sohn des
Schamma aus Harar, Ahiam aus Harar, der
Sohn Scharars, 34 Elifelet aus Maacha, der Sohn
Ahasbais, Eliam aus Gilo, der Sohn Ahitofels,
35 Hezro aus Karmel, Paarai aus Arab, 36 Jigal
aus Zoba, der Sohn Natans, Mibhar aus Gad,
37 Zelek, der Ammoniter, Nachrai aus Beerot,
der Waffenträger Joabs, des Sohnes der Zeruja,
38 Ira aus Jattir, Gareb aus Jattir 39 sowie Urija,
der Hetiter. Im Ganzen waren es siebenund-
dreißig.

8–39: 1 Chr 11,10–47 / **9**: 1 Chr 27,4 / **10**: 1 Sam 19,5 / **14**: 1 Sam 22,4 / **16**: Gen 35,14 / **17**: Lev 17,10.14 / **18**: 2,18; 1 Sam 26,6–9 / **19**: 18,5.12 / **20**: 8,18; 20,23 / **21**: Ri 14,6; 1 Sam 17,40.51 / **24**: 2,18–23; 21,19 / **27**: 1 Chr 27,9–15 / **34**: 16,23

VOLKSZÄHLUNG UND ALTARBAU: 24,1–25

24 1 Der Zorn des HERRN entbrannte noch
einmal gegen Israel und er reizte David
gegen das Volk auf und sagte: Geh, zähl Israel
und Juda! 2 Der König befahl Joab, dem Obers-
ten des Heeres, der bei ihm war: Durchstreift
alle Stämme Israels von Dan bis Beerscheba
und mustert das Volk, damit ich die Zahl des
Volkes kenne! 3 Joab aber sagte zum König: Der
HERR, dein Gott, möge das Volk vermehren,
hundertmal mehr, als es jetzt ist, und mein
Herr, der König, möge es mit eigenen Augen
sehen. Warum aber hat mein Herr, der König,
Gefallen an einer solchen Sache? 4 Doch der
König beharrte gegenüber Joab und den An-
führern des Heeres auf seinem Befehl und Joab
und die Anführer des Heeres verließen den
König, um das Volk Israel zu mustern. 5 Sie
überschritten den Jordan und begannen bei
Aroër, rechts von der Stadt, die mitten im Tal
liegt. Dann gingen sie auf Gad und Jaser zu
6 und weiter nach Gilead und ins Land der He-
titer nach Kadesch. Von dort aus zogen sie nach
Dan und von Dan wandten sie sich nach Sidon.
7 Dann kamen sie zur Festung Tyrus und zu all
den Städten der Hiwiter und der Kanaaniter.
Darauf zogen sie in den Negeb von Juda hinab
nach Beerscheba. 8 So durchstreiften sie das
ganze Land und kamen nach neun Monaten
und zwanzig Tagen wieder nach Jerusalem
zurück. 9 Und Joab gab dem König das Ergebnis
der Volkszählung bekannt: Israel zählte acht-
hunderttausend Krieger, die mit dem Schwert
kämpfen konnten, und Juda fünfhunderttau-
send.

10 Dann aber schlug David das Gewissen,
nachdem er das Volk gezählt hatte, und er sag-
te zum HERRN: Ich habe schwer gesündigt,
weil ich das getan habe. Doch vergib deinem
Knecht seine Schuld, HERR; denn ich habe
sehr unvernünftig gehandelt. 11 Als David am
Morgen aufstand, war bereits folgendes Wort
des HERRN an den Propheten Gad, den Seher
Davids, ergangen: 12 Geh und sag zu David: So
spricht der HERR: Dreierlei lege ich dir vor.
Wähl dir eines davon! Das werde ich dir antun.
13 Gad kam zu David, teilte ihm das Wort mit
und sagte: Was soll über dich kommen? Sie-
ben Jahre Hungersnot in deinem Land? Oder
drei Monate Flucht vor deinen Feinden, die
dich verfolgen? Oder drei Tage Pest in deinem
Land? Überleg dir sehr genau, was ich dem, der
mich gesandt hat, als Antwort überbringen
soll! 14 Da sagte David zu Gad: Ich habe große
Angst. Wir wollen lieber in die Hand des
HERRN fallen, denn seine Barmherzigkeit ist
groß; den Menschen aber möchte ich nicht in
die Hand fallen. 15 Da ließ der HERR über Isra-
el eine Pest kommen; sie dauerte von jenem
Morgen an bis zu dem festgesetzten Zeitpunkt
und es starben zwischen Dan und Beerscheba
siebzigtausend Mann im Volk. 16 Als der Engel
seine Hand gegen Jerusalem ausstreckte, um
es ins Verderben zu stürzen, reute den HERRN
das Unheil und er sagte zu dem Engel, der das
Volk ins Verderben stürzte: Es ist jetzt genug,
lass deine Hand sinken! Der Engel war gerade
bei der Tenne des Jebusiters Arauna. 17 Als Da-
vid den Engel sah, der das Volk schlug, sagte
er zum HERRN: Ich bin es doch, der gesündigt
hat; ich bin es, der sich vergangen hat. Aber
diese, die Herde, was haben denn sie getan?
Erheb deine Hand gegen mich und gegen das
Haus meines Vaters!

18 Am gleichen Tag kam Gad zu David und
sagte zu ihm: Geh hinauf und errichte dem
HERRN auf der Tenne des Jebusiters Arauna
einen Altar! 19 David ging hinauf, wie es Gad
gesagt und der HERR befohlen hatte. 20 Arauna
hielt gerade Ausschau und sah den König mit

24,2 durchstreift: S, vgl. V. 4; durchstreife: H, G und Vg.
24,5 begannen: vermuteter Text; lagerten sich: H und G.
24,6 ins Land der Hetiter nach Kadesch: G; ins Land Tachtim und Hodschi: H.

24,18–25 Die Erzählung erklärt, warum die Tenne des Arauna ein heiliger Ort geworden ist. Hier baute Salomo den Tempel (vgl. 1 Chr 22,1; 2 Chr 3,1).

seinen Dienern kommen. Er ging hinaus, warf
sich vor dem König mit dem Gesicht zur Erde
nieder 21 und sagte: Warum kommt mein Herr,
der König, zu seinem Knecht? David antwor-
tete: Um von dir die Tenne zu kaufen und dem
HERRN einen Altar zu errichten, damit die
Plage im Volk aufhört. 22 Arauna antwortete
David: Mein Herr, der König, möge alles neh-
men, was er für gut findet, und es als Brandop-
fer darbringen. Sieh her, hier sind die Rinder
für das Brandopfer und die Dreschschlitten
und das Geschirr der Rinder als Brennholz.
23 Das alles gab König Arauna dem König.
Dann sagte Arauna zum König: Der HERR,
dein Gott, sei dir gnädig. 24 Der König erwi-
derte Arauna: Nein, ich will es dir gegen Be-
zahlung abkaufen; ich will dem HERRN, mei-
nem Gott, keine unbezahlten Brandopfer
darbringen. David kaufte also die Tenne und
die Rinder für fünfzig Silberschekel. 25 Und er
baute dort einen Altar für den HERRN und
brachte Brandopfer und Heilsopfer dar; der
HERR aber ließ sich um des Landes willen er-
bitten und die Plage hörte auf in Israel.

1–25: 1 Chr 21,1–30 / **1**: 21,1 / **2**: 17,11; 18,1 / **3**: Dtn 1,11; 1 Kön 1,48 / **4**: Ex 30,11–16 / **5**: Jos 13,9.16 / **6**: Jos 13,25; Ri 1,26 / **9**: 1 Chr 27,24 / **10**: 1 Sam 24,6 / **11**: 1 Sam 22,5 / **12**: Jos 24,15 / **13**: Jer 32,24; Ez 6,11 / **14**: Sir 2,18; Ps 103,8.13 / **15**: Dtn 28,21 / **16**: 2 Kön 19,35; Ex 12,23 / **17**: Ex 10,16 / **19**: 2 Chr 3,1 / **21**: Lk 1,43; 1 Sam 14,34f. / **22**: Gen 23,11; 1 Sam 6,14; 1 Kön 19,21 / **24**: Gen 23,13; 1 Kön 16,24

DIE BÜCHER DER KÖNIGE

Der Name „Bücher der Könige“ entspricht ihrem Inhalt. Alle Könige Israels und Judas nach Saul und David werden vorgestellt und beurteilt. Da der Aufstieg Salomos eng mit dem Ende der Herrschaft Davids verbunden ist (1 Kön 1–2), bilden die Königsbücher einer Fortsetzung der Bücher Samuel. In der griechischen und lateinischen Bibel gibt es daher vier Bücher der „Königsherrschaften“.

Der maßgebliche Redaktor stellt die Herrscher in Israel und Juda in einem bestimmten Rahmen dar, der den Antritt und die Dauer der Regierung angibt, manchmal wichtige Taten aufzählt, bis er schließlich Tod, Beisetzung und Nachfolger nennt. Mit diesen konkreten Daten ist ein Urteil verbunden, ob der betreffende König für die Einheit und Reinheit des Kultes eingetreten ist. Der Redaktor misst die Könige an der Forderung des Deuteronomiums (12,13–19). Nach 2 Kön 22f. hat König Joschija im Jahre 622 v. Chr. diese Forderung verwirklicht. Da das letzte Datum die Begnadigung des in Gefangenschaft lebenden judäischen Königs Jojachin ist (2 Kön 25,27–30), können die Königsbücher nicht vor 561 v. Chr. abgeschlossen worden sein. Die Einheitsübersetzung folgt dem hebräischen Text. Wenn die alte griechische Bibel davon ziemlich oft abweicht, kann das auch an einer anderen hebräischen Textgrundlage liegen.

Die beiden Bücher enthalten drei Teile: die Geschichte Salomos (1 Kön 1,1–11,43), die Geschichte Israels und Judas (1 Kön 12,1–2 Kön 17,41) und die letzte Zeit Judas (2 Kön 18,1–25,30). Nachdem wider Erwarten der junge Salomo auf den Thron gelangt ist und seine Herrschaft gefestigt hat (1 Kön 1–2), werden seine Weisheit und sein Reichtum gerühmt. Im Mittelpunkt der Geschichte Salomos stehen aber die Vorbereitung, der Bau und die Einweihung des Tempels. Das Verhalten des alternden Salomo leitet zur Teilung des Reiches in einen Nordstaat Israel und ein südliches Juda über. In der Ära der beiden Staaten kann der Regierungsantritt eines judäischen Königs nach dem Regierungsjahr des israelitischen Herrschers datiert werden (1 Kön 15,1) und umgekehrt (1 Kön 15,25). Umfangreiche Prophetenerzählungen und andere Überlieferungen sprengen Anfang und Ende eines Rahmenstücks für einen bestimmten König weit auseinander (1 Kön 17,1–22,40; 2 Kön 3,4–8,15 und 18,13–20,21).

Der Endverfasser verweist auf Quellen für Salomo (1 Kön 11,41) wie für die Könige Israels (1 Kön 14,19) und Judas (1 Kön 15,7), in denen man mehr über Bauten, Kriege und andere Ereignisse nachlesen konnte. Er zeigt so, dass ihm nicht zuerst an einer profanen Geschichte gelegen war. Ihn bewegt die Frage, warum zunächst das Nordreich Israel (722 v. Chr.) und später auch der Staat Juda (587 v. Chr.) untergegangen sind. Die Antwort findet er in der Abkehr von den kultischen Bestimmungen der Tora (Dtn 12). Die Erzählungen über Elija, Elischa und Jesaja stellen dar, wie wichtig die Propheten sind und der Glaube an den einen Gott, der nicht nur Leben schenken und heilen kann, sondern auch die Kraft gibt, den Mächtigen dieser Welt zu widerstehen.

DAS ERSTE BUCH DER KÖNIGE

GESCHICHTE SALOMOS: 1,1–11,43

DER GREISE DAVID UND DIE PARTEIEN:
1,1–10

1 1 König David war alt und hochbetagt; auch
wenn man ihn in Decken hüllte, wurde
ihm nicht mehr warm. 2 Da sagten seine
Diener zu ihm: Man suche für unseren Herrn,
den König, ein unberührtes Mädchen, das ihn
bedient und pflegt. Wenn es an deiner Seite
schläft, wird es unserem Herrn, dem König,
warm werden. 3 Man suchte nun im ganzen
Land Israel nach einem schönen Mädchen,
fand Abischag aus Schunem und brachte sie
zum König. 4 Das Mädchen war überaus schön.
Sie pflegte den König und diente ihm; doch
der König erkannte sie nicht.

5 Adonija, der Sohn der Haggit, trat anma-
ßend auf und sagte: Ich werde König sein. Er
beschaffte sich Wagen und Besatzung dazu
sowie fünfzig Mann, die vor ihm herliefen.
6 Sein Vater David hatte ihn nie in seinem
Leben getadelt und nie zu ihm gesagt: Wa-
rum tust du das? Auch war Adonija ein sehr
stattlicher Mann; seine Mutter hatte ihn nach
Abschalom geboren. 7 Er verhandelte mit
Joab, dem Sohn der Zeruja, und mit dem
Priester Abjatar. Beide stellten sich hinter
Adonija. 8 Der Priester Zadok aber und Bena-
ja, der Sohn Jojadas, und der Prophet Natan,
auch Schimi, Reï und die Helden Davids
schlossen sich ihm nicht an. 9 Adonija
schlachtete nun am Stein Sohelet bei der Ro-
gel-Quelle Schafe, Rinder und Mastkälber
zum Opfermahl. Er lud dazu alle seine Brü-
der, die Königssöhne sowie alle Männer von
Juda ein, die im Dienst des Königs standen.
10 Den Propheten Natan jedoch und Benaja
sowie die Helden und seinen Bruder Salomo
lud er nicht ein.

5: 1 Sam 8,11 / **8:** 2 Sam 7,1–17; 8,17f.; 23,9–39 / **10:** 2 Sam 12,24

NATAN UND BATSEBA BEI DAVID: 1,11–31

11 Da sagte Natan zu Batseba, der Mutter Salo-
mos: Hast du nicht gehört, dass Adonija, der
Sohn der Haggit, König geworden ist, ohne
dass David, unser Herr, davon weiß? 12 Komm
nun, ich will dir einen Rat geben, wie du dir
und deinem Sohn Salomo das Leben retten
kannst. 13 Geh zum König David und sag zu
ihm: Mein Herr und König, du hast doch dei-
ner Magd geschworen: Dein Sohn Salomo soll
nach mir König sein und er soll auf meinem
Thron sitzen. Warum ist nun Adonija König
geworden? 14 Noch während du dort mit
dem König redest, will auch ich kommen und
deine Worte bestätigen. 15 Batseba ging zum
König in das Gemach. Er war sehr gealtert und
Abischag aus Schunem bediente ihn. 16 Batse-
ba verneigte sich und warf sich vor dem König
nieder und der König fragte sie: Was willst du?
17 Sie sagte: Mein Herr, du selbst hast doch
deiner Magd beim HERRN, deinem Gott, ge-
schworen: Dein Sohn Salomo soll nach mir
König sein und er soll auf meinem Thron sit-
zen. 18 Nun aber ist Adonija König geworden
und du, mein Herr und König, weißt nichts
davon. 19 Er hat eine Menge Rinder, Mastkälber
und Schafe geschlachtet und alle Söhne des
Königs, den Priester Abjatar und den Feld-
herrn Joab dazu eingeladen. Doch deinen
Knecht Salomo hat er nicht eingeladen. 20 Auf
dich, mein Herr und König, sind nun die Au-
gen ganz Israels gerichtet. Du sollst ihnen be-
kannt geben, wer nach meinem Herrn und
König auf dem Thron sitzen wird. 21 Sonst
müssen ich und mein Sohn Salomo es büßen,
wenn mein Herr und König zu seinen Vätern
entschlafen ist.

22 Während sie noch mit dem König redete,
kam der Prophet Natan. 23 Man meldete dem
König: Der Prophet Natan ist da. Er trat vor den
König, warf sich vor ihm nieder, mit dem Ge-

sicht zur Erde, 24 und sagte: Mein Herr und
König, du hast wohl verfügt: Adonija soll nach
mir König sein und er soll auf meinem Thron
sitzen. 25 Denn er ist heute hinabgezogen, hat
eine Menge Rinder, Mastkälber und Schafe
geschlachtet und hat dazu alle Söhne des Kö-
nigs, die Obersten des Heeres und den Priester
Abjatar eingeladen. Sie essen und trinken mit
ihm und rufen: Es lebe der König Adonija!
26 Mich aber, deinen Knecht, sowie den Pries-
ter Zadok und Benaja, den Sohn Jojadas, und
deinen Knecht Salomo hat er nicht eingeladen.
27 Wenn nun diese Verfügung wirklich von
meinem Herrn und König ergangen ist, dann
hast du deinen Knecht nicht wissen lassen,
wer nach meinem Herrn und König auf dem
Thron sitzen wird.

28 Darauf befahl König David: Ruft mir Bat-
seba! Sie kam zum König herein, trat vor den
König hin 29 und der König schwor ihr: So
wahr der HERR lebt, der mein Leben aus jeder
Gefahr gerettet hat: 30 Wie ich dir beim
HERRN, dem Gott Israels, geschworen habe,
dass dein Sohn Salomo nach mir König sein
und an meiner Stelle auf meinem Thron sitzen
soll, so will ich es heute wahr machen. 31 Da
verneigte sich Batseba bis zur Erde, warf sich
vor dem König nieder und rief: Ewig lebe mein
Herr, der König David!

11: 2 Sam 11,3 / **13**: 1 Chr 22,9f. / **25**: 1 Sam 10,24; 2 Sam 16,16 / **31**: Dan 2,4; 3,9; 5,10

SALOMOS SALBUNG UND IHRE FOLGEN: 1,32–53

32 Hierauf befahl König David: Ruft mir den
Priester Zadok, den Propheten Natan und
Benaja, den Sohn Jojadas! Sie erschienen vor
dem König 33 und dieser trug ihnen auf: Nehmt
das Gefolge eures Herrn mit euch, setzt mei-
nen Sohn Salomo auf mein eigenes Maultier
und führt ihn zum Gihon hinab! 34 Dort sollen
ihn der Priester Zadok und der Prophet Natan
zum König von Israel salben und ihr sollt in
das Horn stoßen und rufen: Es lebe König
Salomo! 35 Dann zieht mit ihm herauf! Er soll
kommen, sich auf meinen Thron setzen und
König werden an meiner Stelle; denn ihn habe
ich zum Fürsten von Israel und Juda bestimmt.
36 Benaja, der Sohn Jojadas, antwortete dem
König: So sei es, so füge es der HERR, der Gott
meines Herrn und Königs. 37 Wie der HERR
mit meinem Herrn und König war, so möge er
auch mit Salomo sein. Er mache seinen Thron
noch erhabener als den Thron meines Herrn,
des Königs David.

38 Der Priester Zadok, der Prophet Natan und
Benaja, der Sohn Jojadas, zogen mit den Kere-
tern und Peletern hinab. Sie setzten Salomo
auf das Maultier des Königs David und führten
ihn zum Gihon. 39 Der Priester Zadok hatte das
Salbhorn aus dem Zelt mitgenommen und
salbte Salomo. Hierauf blies man das Widder-
horn und alles Volk rief: Es lebe König Salomo!
40 Nun zog das ganze Volk mit ihm hinauf.
Dabei spielten sie auf Flöten und waren voller
Freude, sodass bei ihrem Geschrei die Erde zu
bersten drohte.

41 Das hörten Adonija und alle Geladenen,
die bei ihm waren. Sie hatten eben das Mahl
beendet. Als Joab den Schall des Hornes hörte,
rief er: Warum ist der Lärm in der Stadt so laut?
42 Während er noch redete, kam Jonatan, der
Sohn des Priesters Abjatar. Adonija rief ihm
zu: Komm, du bist ein tüchtiger Mann. Du
bringst sicher eine gute Nachricht. 43 Doch Jo-
natan erwiderte Adonija: Im Gegenteil. Unser
Herr, der König David, hat Salomo als König
eingesetzt. 44 Er hat mit ihm den Priester Zadok
ausgeschickt sowie den Propheten Natan und
Benaja, den Sohn Jojadas, samt den Keretern
und Peletern und diese haben ihn auf das
Maultier des Königs gesetzt. 45 Der Priester
Zadok und der Prophet Natan haben ihn am
Gihon zum König gesalbt. Von dort sind sie
voller Freude hinaufgezogen und die Stadt ist
in großer Aufregung. Das war der Lärm, den
ihr gehört habt. 46 Salomo hat sich bereits auf
den königlichen Thron gesetzt. 47 Auch sind
die Diener des Königs gekommen, um unseren
Herrn, den König David, zu beglückwünschen
und zu rufen: Gott lasse Salomos Ruhm noch
größer werden als deinen und er mache seinen
Thron noch erhabener als deinen Thron. Dabei
hat sich der König auf seinem Lager tief ver-
neigt. 48 Auch hat der König gesagt: Gepriesen
sei der HERR, der Gott Israels, der mir heute
gewährt hat, dass mein Nachkomme auf mei-
nem Thron sitzt und dass meine Augen das
noch sehen dürfen. 49 Da erschraken alle Ge-
ladenen, die bei Adonija waren, und brachen
auf; jeder ging seines Weges.

50 Adonija fürchtete sich vor Salomo. Er
stand auf, eilte zum Altar und ergriff dessen
Hörner. 51 Man meldete Salomo: Adonija hat
aus Furcht vor König Salomo die Hörner des
Altars ergriffen und gesagt: König Salomo

schwöre mir zuerst, dass er seinen Knecht
nicht mit dem Schwert hinrichten lässt. 52 Sa-
lomo versprach: Wenn er sich wie ein recht-
schaffener Mann verhält, soll ihm kein Haar
gekrümmt werden. Stellt es sich aber heraus,
dass er unrecht handelt, muss er sterben. 53 Da-
rauf ließ ihn König Salomo vom Altar wegho-
len. Als er kam und vor König Salomo nieder-
fiel, befahl ihm dieser: Geh in dein Haus!

34: 2 Kön 11,12 / **37**: 10,23 / **39**: Ex 30,20–33; Ps 89,21 / **42**: 2 Sam 18,27 / **48**: 2 Sam 7,12; Ps 132,11

DAVIDS RATSCHLÄGE UND SEIN TOD: 2,1–12

2 1 Als die Zeit herankam, da David sterben
sollte, ermahnte er seinen Sohn Salomo:
2 Ich gehe nun den Weg alles Irdischen. Sei also
stark und mannhaft! 3 Erfüll deine Pflicht ge-
gen den HERRN, deinen Gott: Geh auf seinen
Wegen und bewahre alle seine Satzungen,
Gebote, Rechtsentscheide und Bundeszeug-
nisse, die in der Weisung des Mose niederge-
schrieben sind! Dann wirst du Erfolg haben bei
allem, was du tust, und überall, wohin du dich
wendest. 4 Und der HERR wird sein Wort wahr
machen, das er mir gegeben hat, als er sagte:
Wenn deine Söhne auf ihren Weg achten und
aufrichtig mit ganzem Herzen und ganzer See-
le vor mir leben, wird es dir nie an Nachkom-
men auf dem Thron Israels fehlen.

5 Du weißt selbst, was Joab, der Sohn der
Zeruja, mir angetan hat: was er den beiden
Heerführern Israels, Abner, dem Sohn Ners,
und Amasa, dem Sohn Jeters, angetan hat. Er
hat sie ermordet, hat mit Blut, das im Krieg
vergossen wurde, den Frieden belastet und
mit solchem Blut den Gürtel an seinen Hüften
und die Schuhe an seinen Füßen befleckt.
6 Lass dich von deiner Weisheit leiten und sor-
ge dafür, dass sein graues Haupt nicht unbe-
helligt in die Unterwelt kommt! 7 Doch die
Söhne Barsillais aus Gilead sollst du freundlich
behandeln. Sie sollen zu denen gehören, die
von deinem Tisch essen; denn sie sind mir
ebenso entgegengekommen, als ich vor dei-
nem Bruder Abschalom fliehen musste. 8 Da
ist auch Schimi, der Sohn Geras, vom Stamm
Benjamin, aus Bahurim. Er hat einen bösen
Fluch gegen mich ausgesprochen, als ich nach
Mahanajim ging. Doch ist er mir an den Jordan
entgegengekommen und ich habe ihm beim
HERRN geschworen: Ich werde dich nicht mit
dem Schwert hinrichten. 9 Jetzt aber lass ihn
nicht ungestraft! Du bist ein kluger Mann und
weißt, was du mit ihm tun sollst. Schick sein
graues Haupt blutig in die Unterwelt!

10 David entschlief zu seinen Vätern und
wurde in der Davidstadt begraben. 11 Die Zeit,
in der David über Israel König war, betrug vier-
zig Jahre. In Hebron regierte er sieben und in
Jerusalem dreiunddreißig Jahre. 12 Salomo saß
nun auf dem Thron seines Vaters David und
seine Herrschaft festigte sich mehr und mehr.

5: 2 Sam 3,27; 20,10 / **7**: 2 Sam 17,27–29 / **8**: 2 Sam 16,5; 19,19–24

ENDE DER GEGNER SALOMOS: 2,13–46

13 Adonija, der Sohn der Haggit, begab sich zu
Batseba, der Mutter Salomos. Sie fragte ihn:
Kommst du in friedlicher Absicht? Er antwor-
tete: Ja. 14 Dann fuhr er fort: Ich möchte mit dir
reden. Sie erwiderte: Rede nur! 15 Da sagte er:
Du weißt, dass mir das Königtum zustand und
dass ganz Israel mich als König haben wollte.
Doch ist mir die Königswürde entgangen; sie
ist meinem Bruder zugefallen, weil sie ihm
vom HERRN bestimmt war. 16 Jetzt aber möch-
te ich eine einzige Bitte an dich richten. Weise
mich nicht ab! Sie antwortete: Sprich sie nur
aus! 17 Da begann er: Rede doch mit König Sa-
lomo; dich wird er nicht abweisen. Bitte ihn,
dass er mir Abischag aus Schunem zur Frau
gibt. 18 Batseba erwiderte: Gut, ich werde in
deiner Angelegenheit mit dem König reden.

19 Als nun Batseba zu König Salomo kam,
um mit ihm wegen Adonija zu sprechen, er-
hob sich der König, ging ihr entgegen und ver-
neigte sich vor ihr. Dann setzte er sich auf
seinen Thron und ließ auch für die Königin-
mutter einen Thron hinstellen. Sie setzte sich
an seine rechte Seite 20 und begann: Eine ein-
zige kleine Bitte hätte ich an dich. Weise mich
nicht ab! Der König antwortete ihr: Sprich sie
nur aus, Mutter! Ich werde dich nicht abwei-
sen. 21 Da bat sie: Man gebe doch Abischag aus
Schunem deinem Bruder Adonija zur Frau.
22 Der König Salomo entgegnete seiner Mutter:
Warum bittest du für Adonija um Abischag
aus Schunem? Fordere doch gleich das König-
tum für ihn! Er ist ja mein älterer Bruder und
auf seiner Seite stehen der Priester Abjatar und
Joab, der Sohn der Zeruja. 23 Und König Salo-
mo schwor beim HERRN: Gott soll mir dies
und das antun, wenn dieses Ansinnen Adoni-
ja nicht das Leben kostet. 24 So wahr der HERR
lebt, der mich eingesetzt und auf den Thron
meines Vaters David erhoben hat und der mir,

wie er versprochen hat, ein Haus gebaut hat:
Noch heute muss Adonija sterben. 25 Darauf
schickte König Salomo Benaja, den Sohn Jo-
jadas, hinauf und dieser versetzte Adonija den
Todesstoß.

26 Zum Priester Abjatar sagte der König: Geh
auf dein Landgut nach Anatot! Zwar hast du
den Tod verdient; doch will ich dich heute
nicht töten, weil du die Lade GOTTES, des
Herrn, vor meinem Vater David getragen und
alle Demütigungen mit meinem Vater geteilt
hast. 27 So vertrieb Salomo Abjatar, sodass er
nicht mehr Priester des HERRN war, und er-
füllte das Wort, das der HERR über das Haus
Eli in Schilo gesprochen hatte.

28 Die Kunde davon erreichte Joab. Er hatte
zu Adonija gehalten, sich aber nicht an Ab-
schalom angeschlossen. Er floh in das Zelt des
HERRN und ergriff die Hörner des Altars.
29 Man meldete dem König Salomo: Joab ist in
das Zelt des HERRN geflohen und steht neben
dem Altar. Salomo sandte Benaja, den Sohn
Jojadas, mit dem Auftrag: Geh hin und stoß
ihn nieder! 30 Benaja kam in das Zelt des
HERRN und rief Joab zu: Der König befiehlt
dir herauszukommen. Doch Joab antwortete:
Nein, hier will ich sterben. Benaja berichtete
dem König: Das hat Joab gesagt, so hat er mir
geantwortet. 31 Da gebot ihm der König: Tu,
was er gesagt hat! Stoß ihn nieder und begrab
ihn! Nimm so von mir und vom Haus meines
Vaters das Blut, das Joab ohne Grund vergos-
sen hat! 32 Der HERR lasse sein Blut auf sein
Haupt kommen, weil er ohne Wissen meines
Vaters zwei Männer, die gerechter und besser
waren als er, niedergestoßen und mit dem
Schwert getötet hat: Abner, den Sohn Ners,
den Heerführer Israels, und Amasa, den Sohn
Jeters, den Heerführer Judas. 33 Ihr Blut kom-
me für immer auf das Haupt Joabs und seiner
Nachkommen. David aber, seinen Nachkom-
men, seinem Haus und seinem Thron sei vom
HERRN immerfort Heil beschieden. 34 Nun
ging Benaja, der Sohn Jojadas, hinauf, stieß
Joab nieder und tötete ihn. Er wurde auf
seinem Besitz in der Steppe begraben. 35 Der
König setzte dann Benaja, den Sohn Jojadas,
an seiner Stelle über das Heer und dem Priester
Zadok verlieh er die Stelle Abjatars.

36 Hierauf ließ der König Schimi rufen und
befahl ihm: Bau dir ein Haus in Jerusalem,
bleib hier und geh nicht weg, weder dahin
noch dorthin! 37 Du sollst wissen, dass du ster-
ben musst, sobald du hinausgehst und das
Kidrontal überschreitest. Dein Blut wird über
dein Haupt kommen. 38 Schimi antwortete
dem König: Gut, dein Knecht wird tun, was
mein Herr, der König, bestimmt hat. So blieb
Schimi viele Tage in Jerusalem. 39 Nach Verlauf
von drei Jahren entflohen zwei Sklaven Schi-
mis zu Achisch, dem Sohn Maachas, dem
König von Gat. Man meldete Schimi: Deine
Sklaven sind in Gat. 40 Da machte er sich auf,
sattelte seinen Esel und begab sich zu Achisch
nach Gat, um seine Sklaven zu suchen. Er ging
hin und holte sie aus Gat zurück. 41 Es wurde
aber Salomo hinterbracht, dass Schimi von
Jerusalem nach Gat gegangen und wieder zu-
rückgekehrt sei. 42 Er ließ daher Schimi rufen
und hielt ihm vor: Habe ich dich nicht beim
HERRN schwören lassen und dich gewarnt:
Sobald du weggehst und dich dahin oder dort-
hin begibst, so weißt du, dass du sterben
musst? Und du hast geantwortet: Gut, ich
habe es gehört. 43 Warum hast du den Eid beim
HERRN und das Gebot, das ich dir gegeben
habe, nicht beachtet? 44 Und weiter sagte der
König zu Schimi: Du kennst all das Böse, dein
Herz kennt es, das du meinem Vater David
angetan hast; jetzt lässt es der HERR auf dein
Haupt zurückfallen. 45 Der König Salomo aber
sei gesegnet und der Thron Davids stehe fest
vor dem HERRN in Ewigkeit. 46 Hierauf erteil-
te der König dem Benaja, dem Sohn Jojadas,
Befehl und dieser ging hinaus und versetzte
Schimi den Todesstoß. Die Herrschaft war
nun fest in der Hand Salomos.

23: 19,2; 20,10; Rut 1,17 / **26:** 1 Sam 22,20–23 / **27:** 1 Sam 2,30–36 / **31:** Dtn 19,11–13 / **36:** 2 Sam 16,5–13

SALOMOS BITTE UM WEISHEIT: 3,1–15

3 1 Salomo verschwägerte sich mit dem
Pharao, dem König von Ägypten. Er
nahm eine Tochter des Pharao zur Frau und
brachte sie in die Davidstadt, bis er sein Haus,
das Haus des HERRN und die Mauern rings um
Jerusalem vollendet hatte.

2 Das Volk opferte jedoch zu jener Zeit auf
den Kulthöhen, weil dem Namen des HERRN
noch kein Haus gebaut war. 3 Salomo aber lieb-
te den HERRN und befolgte die Satzungen
seines Vaters David; nur brachte er auf den
Kulthöhen Schlachtopfer und Rauchopfer dar.
4 So ging der König nach Gibeon, um dort zu
opfern; denn hier war die größte Kulthöhe.
Tausend Brandopfer pflegte Salomo auf jenen

Altar zu legen. 5 In Gibeon erschien der HERR
dem Salomo nachts im Traum und forderte ihn
auf: Sprich eine Bitte aus, die ich dir gewähren
soll! 6 Salomo antwortete: Du hast deinem
Knecht David, meinem Vater, große Huld er-
wiesen; denn er lebte vor dir in Treue, in Ge-
rechtigkeit und mit aufrichtigem Herzen. Du
hast ihm diese große Huld bewahrt und ihm
einen Sohn geschenkt, der heute auf seinem
Thron sitzt. 7 So hast du jetzt, HERR, mein
Gott, deinen Knecht anstelle meines Vaters
David zum König gemacht. Doch ich bin noch
sehr jung und weiß nicht aus noch ein. 8 Dein
Knecht steht aber mitten in deinem Volk, das
du erwählt hast: einem großen Volk, das man
wegen seiner Menge nicht zählen und nicht
schätzen kann. 9 Verleih daher deinem Knecht
ein hörendes Herz, damit er dein Volk zu re-
gieren und das Gute vom Bösen zu unterschei-
den versteht! Wer könnte sonst dieses mäch-
tige Volk regieren? 10 Es gefiel dem Herrn, dass
Salomo diese Bitte aussprach. 11 Daher antwor-
tete ihm Gott: Weil du gerade diese Bitte aus-
gesprochen hast und nicht um langes Leben,
Reichtum oder um den Tod deiner Feinde,
sondern um Einsicht gebeten hast, um auf das
Recht zu hören, 12 werde ich deine Bitte erfül-
len. Sieh, ich gebe dir ein so weises und ver-
ständiges Herz, dass keiner vor dir war und
keiner nach dir kommen wird, der dir gleicht.
13 Aber auch das, was du nicht erbeten hast,
will ich dir geben: Reichtum und Ehre, sodass
zu deinen Lebzeiten keiner unter den Königen
dir gleicht. 14 Wenn du auf meinen Wegen
gehst, meine Gesetze und Gebote bewahrst
wie dein Vater David, dann schenke ich dir ein
langes Leben. 15 Da erwachte Salomo und
merkte, dass es ein Traum war. Als er nach Je-
rusalem kam, trat er vor die Bundeslade des
Herrn, brachte Brand- und Heilsopfer dar und
gab ein Festmahl für alle seine Diener.

4–15: 2 Chr 1,3–13 / **1**: 7,8; 9,15 / **4**: 1 Chr 16,39f. / **6**: 1,48 / **9**: Ps 72,1f.; Weish 9 / **12f.**: Weish 7,7.11

DAS SALOMONISCHE URTEIL: 3,16–28

16 Damals kamen zwei Dirnen und traten vor
den König. 17 Die eine sagte: Bitte, Herr, ich
und diese Frau wohnen im gleichen Haus und
ich habe dort in ihrem Beisein geboren. 18 Am
dritten Tag nach meiner Niederkunft gebar
auch diese Frau. Wir waren beisammen; kein
Fremder war bei uns im Haus, nur wir beide
waren dort. 19 Nun starb der Sohn dieser Frau
während der Nacht; denn sie hatte im Schlaf
auf ihm gelegen. 20 Sie stand mitten in der
Nacht auf, nahm mir mein Kind weg, während
deine Magd schlief, und legte es an ihre Seite.
Ihr totes Kind aber legte sie an meine Seite.
21 Als ich am Morgen aufstand, um mein Kind
zu stillen, war es tot. Als ich es aber am Morgen
genau ansah, war es nicht mein Kind, das ich
geboren hatte. 22 Da rief die andere Frau: Nein,
mein Kind lebt und dein Kind ist tot. Doch
die erste entgegnete: Nein, dein Kind ist tot
und mein Kind lebt. So stritten sie vor dem
König. 23 Da begann der König: Diese sagt:
Mein Kind lebt und dein Kind ist tot! und jene
sagt: Nein, dein Kind ist tot und mein Kind
lebt. 24 Und der König fuhr fort: Holt mir ein
Schwert! Man brachte es vor den König. 25 Nun
entschied er: Schneidet das lebende Kind ent-
zwei und gebt eine Hälfte der einen und eine
Hälfte der anderen! 26 Doch nun bat die Mutter
des lebenden Kindes den König – es regte sich
nämlich in ihr die mütterliche Liebe zu ihrem
Kind: Bitte, Herr, gebt ihr das lebende Kind
und tötet es nicht! Doch die andere rief: Es soll
weder mir noch dir gehören. Zerteilt es! 27 Da
befahl der König: Gebt jener das lebende Kind
und tötet es nicht; denn sie ist seine Mutter.
28 Ganz Israel hörte von dem Urteil, das der
König gefällt hatte, und sie schauten mit Ehr-
furcht zu ihm auf; denn sie erkannten, dass die
Weisheit Gottes in ihm war, wenn er Recht
sprach.

26: Gen 43,30; Jes 49,15 / **28**: Weish 8,11

SALOMOS BEAMTE UND STATTHALTER: 4,1–20

4 1 König Salomo war König von ganz Isra-
el. 2 Dies waren seine obersten Beamten:
Asarja, der Enkel Zadoks, war Priester. 3 Eliho-
ref und Ahija, die Söhne Schischas, waren
Staatsschreiber, Joschafat, der Sohn Ahiluds,
war Sprecher des Königs. 4 Benaja, der Sohn
Jojadas, war Heerführer. Zadok und Abjatar
waren Priester. 5 Asarja, der Sohn Natans, war
Vorgesetzter der Statthalter. Sabud, der Sohn
Natans, war Priester, der Freund des Königs,
6 Ahischar war Palastvorsteher und Adoniram,
der Sohn Abdas, war Aufseher über die Fron-
arbeiten.

7 Salomo hatte zwölf Statthalter für ganz
Israel, die den König und sein Haus versorg-

4,2 Asarja ist ein Sohn Zadoks, nach 1 Chr 5,34f. dessen Enkel.

ten. Je einen Monat im Jahr hatte ihn jeder zu
versorgen. 8 Das sind ihre Namen: Der Sohn
Hurs im Gebirge Efraim, 9 der Sohn Dekers in
Makaz, Schaalbim, Bet-Schemesch, Elon und
Bet-Hanan, 10 der Sohn Heseds in Arubbot.
Ihm unterstanden Socho und das ganze Ge-
biet von Hefer. 11 Dem Sohn Abinadabs unter-
stand der ganze Höhenrücken von Dor. Er
hatte Tafat, eine Tochter Salomos, zur Frau.
12 Baana, der Sohn Ahiluds, verwaltete Ta-
anach, Megiddo und ganz Bet-Schean, das an
der Seite von Zaretan unterhalb von Jesreel
liegt, von Bet-Schean bis Abel-Mehola und bis
über Jokneam hinaus. 13 Der Sohn Gebers in
Ramot-Gilead. Ihm unterstanden die Zelt-
dörfer Jaïrs, des Sohnes des Manasse, in Gilead
und der Kreis Argob im Baschan, sechzig gro-
ße Städte mit Mauern und bronzenen Torrie-
geln. 14 Ahinadab, der Sohn Iddos, in Mahana-
jim, 15 Ahimaaz in Naftali. Auch er hatte eine
Tochter Salomos, nämlich Basemat, zur Frau.
16 Baana, der Sohn Huschais, in Ascher und
Bealot, 17 Joschafat, der Sohn Paruachs, in Is-
sachar, 18 Schimi, der Sohn Elas, in Benjamin.
19 Geber, der Sohn Uris, in Gilead, dem Land
Sihons, des Königs der Amoriter, und Ogs,
des Königs des Baschan. Dazu kam ein Vogt
im Land Juda.

20 Das Volk von Juda und Israel war zahlreich
wie der Sand am Meer. Es hatte zu essen und
zu trinken und war glücklich.

4,2–6: 2 Sam 8,15–18; 20,23–26 / **13**: Dtn 3,4f. / **20**: Gen 22,17; 32,13

SALOMOS WEISE HERRSCHAFT: 5,1–14

5 1 Salomo war Herrscher über alle Reiche
vom Eufrat bis zum Land der Philister und
bis an die Grenze Ägyptens. Sie entrichteten
Abgaben und waren Salomo untertan, solange
er lebte.

2 Der tägliche Unterhalt Salomos belief sich
auf dreißig Kor Feinmehl, sechzig Kor ge-
wöhnliches Mehl, 3 zehn Mastrinder, zwanzig
Weiderinder, hundert Schafe, nicht gerechnet
die Hirsche, Gazellen, Rehe und das gemäste-
te Geflügel. 4 Denn er herrschte über das gan-
ze Gebiet diesseits des Stromes, von Tifsach
bis Gaza, über alle Könige diesseits des Stro-
mes. Er hatte Frieden ringsum nach allen Sei-
ten. 5 Juda und Israel lebten in Sicherheit von
Dan bis Beerscheba; ein jeder saß unter seinem
Weinstock und seinem Feigenbaum, solange
Salomo lebte. 6 Salomo hatte vierzigtausend
Stallplätze für die Pferde seiner Wagen und
zwölftausend Berittene.

7 Jene Statthalter, jeder in seinem Monat,
versorgten den König Salomo und alle, die zu
seinem Tisch Zutritt hatten. Sie ließen es an
nichts fehlen. 8 Die Gerste und das Stroh für
die Pferde und Zugtiere brachten sie jeweils an
den Ort, für den jeder zuständig war.

9 Gott gab Salomo Weisheit und Einsicht in
hohem Maß und Weite des Herzens – wie
Sand am Strand des Meeres. 10 Die Weisheit
Salomos war größer als die Weisheit aller
Söhne des Ostens und alle Weisheit Ägyptens.
11 Er war weiser als alle Menschen, weiser als
Etan, der Esrachiter, als Heman, Kalkol und
Darda, die Söhne Mahols. Sein Name war be-
kannt bei allen Völkern ringsum. 12 Er verfass-
te dreitausend Sprichwörter und die Zahl
seiner Lieder betrug tausendundfünf. 13 Er
redete über die Bäume, von der Zeder auf dem
Libanon bis zum Ysop, der an der Mauer
wächst. Er redete über das Vieh, die Vögel, das
Gewürm und die Fische. 14 Von allen Völkern
kamen Leute, um die Weisheit Salomos zu
hören, Abgesandte von allen Königen der
Erde, die von seiner Weisheit vernommen
hatten.

6: 10,26; 2 Chr 9,25 / **9**: Ps 139,18; Weish 7,7 / **11**: 1 Chr 2,6; Ps 89,1 / **12**: Spr 1,1; 10,1; 25,1

VORBEREITUNGEN ZUM TEMPELBAU: 5,15–32

15 Hiram, der König von Tyrus, sandte seine
Diener zu Salomo; denn er hatte gehört, dass
man ihn anstelle seines Vaters zum König ge-
salbt habe. Hiram war nämlich zeitlebens ein
Freund Davids gewesen. 16 Und Salomo ließ
Hiram sagen: 17 Du weißt selbst, dass mein
Vater David durch Kriege verhindert war, dem
Namen des HERRN, seines Gottes, ein Haus
zu bauen, da seine Feinde ihn bedrängten, bis
der HERR sie ihm unter die Füße legte. 18 Jetzt
aber hat mir der HERR, mein Gott, ringsum
Ruhe verschafft. Es gibt keinen Widersacher
mehr und keine Gefahr. 19 Darum gedenke ich,
dem Namen des HERRN, meines Gottes, ein
Haus zu bauen; denn er hat meinem Vater Da-
vid zugesagt: Dein Sohn, den ich an deiner
Stelle auf deinen Thron setzen werde, wird
meinem Namen das Haus bauen. 20 Befiehl
nun, dass man auf dem Libanon Zedern für

5,6 40 000: H; nach 2 Chr 9,25 betrug die Zahl 4 000; nach 1 Kön 10,26 und 2 Chr 1,14 sogar nur 1 400.

mich fällt! Meine Knechte sollen mit deinen
Knechten arbeiten. Den Lohn für deine Knech-
te werde ich dir geben, ganz wie du bestimmst.
Du weißt ja selbst, dass wir niemand haben,
der so gut Holz fällen kann wie die Leute von
Sidon.
21 Als Hiram die Botschaft Salomos ver-
nahm, freute er sich sehr und rief aus: Ge-
priesen sei heute der HERR, der David einen
weisen Sohn als Herrscher über dieses große
Volk gegeben hat. 22 Er ließ Salomo sagen: Ich
habe die Botschaft vernommen, die du an
mich gesandt hast, und werde deinen
Wunsch nach Zedern- und Zypressenholz
erfüllen. 23 Meine Leute werden es vom Liba-
non an das Meer schaffen. Ich lasse es dann
auf dem Meer an den Ort flößen, den du mir
nennen wirst. Dort lasse ich es wieder ausei-
nandernehmen, sodass du es abholen kannst.
Du aber erfülle meinen Wunsch und sende
Lebensmittel für mein Haus! 24 Also lieferte
Hiram so viel Zedern- und Zypressenholz,
wie Salomo wollte, 25 und Salomo gab Hiram
zwanzigtausend Kor Weizen zum Unterhalt
seines Hofes und zwanzig Kor feinstes Öl.
Diese Menge lieferte Salomo Jahr für Jahr an
Hiram.
26 Der HERR schenkte Salomo Weisheit, wie
er es ihm versprochen hatte. Zwischen Salomo
und Hiram herrschte Friede und sie schlossen
miteinander ein Bündnis.
27 König Salomo ließ Leute aus ganz Israel
zum Frondienst ausheben. Dieser umfasste
30 000 Fronpflichtige. 28 Von ihnen schickte
er abwechselnd jeden Monat 10 000 Mann auf
den Libanon. Einen Monat waren sie auf dem
Libanon und zwei Monate zu Hause. Ado-
niram leitete den Frondienst. 29 Ferner hatte
Salomo 70 000 Lastträger und 80 000 Stein-
hauer im Gebirge, 30 abgesehen von den 3 300
Werkführern der Statthalter, denen die Lei-
tung der Arbeit oblag. Sie führten die Aufsicht
über die Arbeiter. 31 Der König ließ mächtige,
kostbare Steine brechen, um mit Quadern das
Fundament des Tempels zu legen. 32 Die Bau-
leute Salomos bearbeiteten mit den Bauleuten
Hirams und den Gebalitern das Holz und die
Steine und richteten sie her für den Bau des
Tempels.

15–32: 2 Chr 2,2–17 / **17**: 1 Chr 22,8; 28,3 / **19**: 2 Sam 7,12f. / **27**: 9,20–22

TEMPELBAU: 6,1–38

6 1 Im vierhundertachtzigsten Jahr nach
dem Auszug der Israeliten aus Ägypten,
im vierten Jahr der Regierung Salomos über
Israel, im Monat Siw, das ist der zweite Monat,
begann er das Haus des HERRN zu bauen.
2 Das Haus, das König Salomo für den
HERRN baute, war sechzig Ellen lang, zwanzig
Ellen breit und dreißig Ellen hoch. 3 Die Vor-
halle vor dem Hauptraum des Hauses war
zwanzig Ellen breit, entsprechend der Breite
des Hauses, und zehn Ellen tief in der Längs-
richtung des Hauses. 4 Er machte für das Haus
Fenster mit Rahmen und Gittern. 5 An die
Wände des Hauses, und zwar an die Wände
des Hauptraums und des hochheiligen Ortes,
legte er ringsum einen Anbau mit Kammern.
6 Dieser war im Untergeschoss fünf Ellen, im
mittleren sechs und im dritten sieben Ellen
breit; die Außenwand des Hauses hatte er ab-
gestuft, um sie nachher nicht beschädigen zu
müssen. 7 Beim Bau des Hauses wurden Steine
verwendet, die man schon im Steinbruch fer-
tig behauen hatte; Hämmer, Meißel und sons-
tige eiserne Werkzeuge waren beim Bau des
Hauses nicht zu hören. 8 Die Türe zu den mitt-
leren Kammern war an der Südseite des Hau-
ses. Über Treppen stieg man zum mittleren
und vom mittleren zum dritten Stockwerk
hinauf. 9 Als er den Bau des Hauses vollendet
hatte, überdeckte er es mit Balken und Bret-
tern aus Zedernholz. 10 Den Anbau führte er
um das ganze Haus. Seine Höhe betrug fünf
Ellen und er verband ihn durch Zedernbalken
mit dem Haus.
11 Das Wort des HERRN erging an Salomo:
12 Dieses Haus, das du baust, – wenn du mei-
nen Satzungen gehorchst und auf meine
Rechtsentscheide achtest und alle meine Ge-
bote bewahrst und befolgst, dann werde ich an
dir das Wort wahr machen, das ich zu deinem
Vater David gesprochen habe. 13 Und ich wer-
de inmitten der Israeliten wohnen und mein
Volk Israel nicht verlassen.
14 So vollendete Salomo den Bau des Hauses.
15 Er täfelte seine Innenwände mit Zedernholz
aus; vom Fußboden bis zu den Balken der De-
cke ließ er eine Holzvertäfelung anbringen.
Den Fußboden belegte er mit Zypressenholz.
16 Zwanzig Ellen vor der Rückseite des Hauses
errichtete er vom Fußboden bis zum Gebälk

6,1–7,51 Die Angaben über den Tempel und seine Ausstattung sind oft schwer zu deuten.

eine Wand aus Zedernholz und schuf so einen
hochheiligen Ort, das Allerheiligste. 17 Vierzig
Ellen lang war der davorliegende Hauptraum.
18 Im Innern hatte das Haus Zedernverklei-
dung mit eingeschnitzten Blumengewinden
und Blütenranken. Alles war aus Zedernholz,
kein Stein war zu sehen. 19 Im Innern des Hau-
ses richtete er einen hochheiligen Ort ein, um
die Bundeslade des HERRN aufstellen zu
können. 20 Der hochheilige Ort war zwanzig
Ellen lang, zwanzig Ellen breit und zwanzig
Ellen hoch; er überzog ihn mit bestem Gold.
Er überzog auch den Altar aus Zedernholz.
21 Das Innere des Hauses ließ Salomo mit bes-
tem Gold auskleiden und vor dem hochheili-
gen Ort ließ er goldene Ketten anbringen. 22 So
überzog er das ganze Haus vollständig mit
Gold; auch den Altar vor der Gotteswohnung
überzog er ganz mit Gold.

23 In der Gotteswohnung ließ er zwei Keru-
bim aus Olivenholz anfertigen. Ihre Höhe be-
trug zehn Ellen. 24 Fünf Ellen maß der eine
Flügel des Kerubs und fünf Ellen sein anderer
Flügel. Von einem Flügelende bis zum anderen
waren es zehn Ellen. 25 Auch der zweite Kerub
war zehn Ellen hoch. Beide hatten gleiches
Maß und gleiche Gestalt. 26 Der eine Kerub war
zehn Ellen hoch und ebenso hoch war der an-
dere. 27 Er stellte die Kerubim mitten in den
innersten Raum. Ihre Flügel waren so ausge-
spannt, dass der Flügel des einen Kerubs die
eine Wand, der Flügel des zweiten Kerubs die
andere Wand, die Flügel in der Mitte des Rau-
mes aber einander berührten. 28 Er ließ die
Kerubim mit Gold überziehen.

29 An allen Wänden des Hauses, im inneren
wie im äußeren Raum, ließ er ringsum Keru-
bim, Palmen und Blütenranken einschnitzen.
30 Auch die Fußböden des hinteren und des
vorderen Raumes ließ er mit Gold belegen.

31 Für den Eingang zum hochheiligen Ort
ließ er Türflügel aus Olivenholz anfertigen.
Die Türlaibung, die Torpfeiler hatten ein fünf-
faches Profil. 32 An den beiden Türflügeln aus
Olivenholz ließ er Kerubim, Palmen und Blü-
tenranken einschnitzen und sie mit Gold
überziehen, indem er auf die Kerubim und die
Palmen Gold auftragen ließ. 33 Ebenso ließ er
für den Eingang zum Hauptraum Türpfosten
aus Olivenholz anfertigen, die ein Viereck bil-
deten, 34 dazu zwei Türflügel aus Zypressen-
holz. Zwei drehbare Teile hatte der eine Tür-
flügel und zwei drehbare Teile der andere. 35 Er
ließ auf ihnen Kerubim, Palmen und Blüten-
ranken einschnitzen und auf das Schnitzwerk
dünnes Blattgold legen.

36 Er baute den inneren Hof aus drei Lagen
Quadern und einer Lage Zedernbalken.

37 Im vierten Jahr, im Monat Siw, war das
Fundament für das Haus des HERRN gelegt
worden 38 und im elften Jahr, im Monat Bul,
das ist der achte Monat, wurde das Haus mit
all seinem Zubehör vollendet, ganz so, wie es
geplant war. Sieben Jahre hatte man an ihm
gebaut.

1–38: 2 Chr 3,1–14 / **3:** Ez 40,48f. / **5:** Ez 41,5–7 / **12:** 2 Sam 7,8–16 / **20:** Ez 41,4 / **31–35:** Ez 41,21–25

ERRICHTUNG DES PALASTES: 7,1–12

7 1 An seinem Palast baute Salomo dreizehn
Jahre, bis er ihn ganz vollendet hatte.

2 Er baute das Libanonwaldhaus, hundert
Ellen lang, fünfzig Ellen breit und dreißig Ellen
hoch, mit drei Reihen von Zedernsäulen und
mit Zedernbalken über den Säulen. 3 Gedeckt
war es mit Zedernholz über dem Gebälk, das
auf den Säulen ruhte; es waren fünfundvierzig
Säulen, fünfzehn in jeder Reihe. 4 In drei Rei-
hen waren Fenster so angebracht, dass dreimal
eine Fensterreihe einer anderen gegenüber-
stand. 5 Alle Türen und Fenster waren vier-
eckig gerahmt. Dreimal stand eine Fensterrei-
he der anderen gegenüber.

6 Salomo baute die Säulenhalle, fünfzig Ellen
lang und dreißig Ellen breit, davor eine Halle
mit Säulen und einem Vordach.

7 Er schuf die Thronhalle, das ist die Ge-
richtshalle, um darin Recht zu sprechen. Sie
war vom Fußboden bis zum Gebälk mit Ze-
dernholz ausgetäfelt.

8 Sein eigenes Wohnhaus stand im anderen
Hof, von der Halle aus nach innen zu. Es hatte
die gleiche Bauart. Auch baute Salomo für die
Tochter des Pharao, die er geheiratet hatte, ein
Haus, das dieser Halle glich.

9 Alle diese Bauten waren vom Grund bis zu
den Gesimsen und von außen bis zum großen
Hof aus wertvollen Steinen ausgeführt, die in
der Größe von Quadern an der Innen- wie
Außenseite mit der Säge zugeschnitten waren.
10 Die Fundamente bestanden aus wertvollen,
mächtigen Steinblöcken, aus Steinen von zehn

6,38 Der Monat Bul entspricht ungefähr unserem Oktober/November.

7,2 drei Reihen: G; vier Reihen: H, vgl. V. 3.

7,7 bis zum Gebälk: Vg und S; bis zum Fußboden: H.

und Steinen von acht Ellen. 11 Darüber lagen
wertvolle Steine in der Größe von Quadern
sowie Zedernbalken. 12 Der große Hof hatte
ringsum drei Lagen Quader und eine Lage Zedernbalken; ebenso war es beim inneren Hof um das Haus des HERRN und bei der Palasthalle.

8: 3,1; 9,24 / **12:** 2 Chr 4,9; Esra 6,4

AUSSTATTUNG DES TEMPELS: 7,13–51

13 König Salomo ließ Hiram aus Tyrus kommen.
14 Dieser war der Sohn einer Witwe aus dem Stamm Naftali. Sein Vater war ein Bronzeschmied aus Tyrus. Er war mit Weisheit, Verstand und Geschick begabt, um jede Bronzearbeit auszuführen. Er kam zum König Salomo und führte alle Arbeiten für ihn aus.

15 Er formte die zwei bronzenen Säulen.
Achtzehn Ellen betrug die Höhe der einen Säule und ein Band von zwölf Ellen umspannte die zweite Säule.
16 Dazu machte er zwei Kapitelle, um sie oben auf die Säulen zu setzen; sie waren aus Bronze gegossen. Fünf Ellen betrug die Höhe des einen Kapitells und fünf Ellen die Höhe des anderen.
17 Auch machte er Geflechte, Flechtwerksarbeit, kettenförmige Bänder für die Kapitelle oben auf den Säulen, und zwar ein Geflecht für das eine Kapitell und ein Geflecht für das andere.
18 Ferner machte er Granatäpfel und legte sie in zwei Reihen ringsum über die Geflechte, sodass sie die Kapitelle oben auf den Säulen bedeckten. Ebenso verfuhr er mit dem zweiten Kapitell.
19 Die Kapitelle oben auf den Säulen hatten die Form einer Lotusblüte aus der Vorhalle. Sie waren vier Ellen hoch.
20 Kapitelle krönten die zwei Säulen über dem Wulst, der über das Flechtwerk hinausragte. Granatäpfel waren zweihundert in Reihen rings um das zweite Kapitell angebracht.
21 Er stellte die Säulen an der Vorhalle des Tempels auf. Die eine Säule stellte er auf die rechte Seite und nannte sie Jachin, die andere stellte er auf die linke Seite und nannte sie Boas.
22 Oben auf den Säulen waren lilienförmige Gebilde. So wurde die Arbeit an den Säulen zu Ende geführt.
23 Dann machte er das Meer. Es wurde aus Bronze gegossen und maß zehn Ellen von einem Rand zum andern; es war völlig rund und fünf Ellen hoch. Eine Schnur von dreißig Ellen konnte es rings umspannen.
24 Unterhalb seines Randes waren rundum Rankengebilde. In einer Länge von zehn Ellen umsäumten sie das Meer ringsum in zwei Reihen. Sie wurden beim Guss mitgegossen.
25 Das Meer stand auf zwölf Rindern. Von ihnen schauten drei nach Norden, drei nach Westen, drei nach Süden und drei nach Osten. Das Meer ruhte oben auf den Rindern. Ihre Hinterteile waren nach innen gekehrt.
26 Die Wand des Meeres war eine Handbreit dick. Sein Rand war wie der Rand eines Bechers geformt, einer Lilienblüte gleich. Es fasste zweitausend Bat.

27 Er machte die zehn fahrbaren Gestelle aus Bronze. Jedes war vier Ellen lang, vier Ellen breit und drei Ellen hoch.
28 Und so waren die Gestelle beschaffen: Sie hatten Querleisten, und zwar Querleisten zwischen den Eckleisten.
29 Auf den Querleisten zwischen den Eckleisten waren Bilder von Löwen, Rindern und Kerubim, und ebenso auf den Eckleisten. Über den Löwen und Rindern sowie unter ihnen waren Kranzgewinde eingehämmert.
30 Jedes Gestell hatte vier bronzene Räder und bronzene Achsen. An den vier Füßen waren Ansätze. Unterhalb des Kessels waren Ansätze, die neben den Kranzgewinden angegossen waren.
31 Seine Öffnung war von innen zum Kapitell eine Elle emporragend gestaltet und die Öffnung war rund und eineinhalb Ellen hoch. Auch an seiner Öffnung waren Verzierungen. Die Querleisten waren nicht rund, sondern viereckig.
32 Die vier Räder waren unter den Querleisten. Ihre Halter waren am Gestell befestigt. Jedes Rad war eineinhalb Ellen hoch.
33 Sie waren gearbeitet wie Wagenräder. Ihre Halter, Felgen, Speichen und Naben waren alle gegossen.
34 Die vier Ansätze waren an den vier Ecken eines jeden Gestells angebracht und bildeten mit ihm ein Ganzes.
35 Der Aufsatz des Gestells war eine halbe Elle hoch und völlig rund. An ihm waren seine Halter und Leisten angesetzt.
36 Auf die Wandflächen, Halter und Querleisten gravierte er Bilder von Kerubim, Löwen, Palmen und Kranzgewinden ein.
37 In dieser Weise fertigte Hiram die zehn Gestelle an. Sie hatten alle gleichen Guss, gleiches Maß und gleiche Gestalt.
38 Dazu machte er zehn bronzene Kessel. Jeder fasste vierzig Bat und hatte eine Weite von vier Ellen. Für jedes der zehn Gestelle war ein Kessel bestimmt.
39 Fünf von den Gestellen brachte er an die Südseite

7,20 Der erste Teil des Verses ist schwer zu deuten.

7,21 Jachin bedeutet: Er hat gegründet oder bereitet. Boas meint: mit Macht. Beide Namen weisen auf die Schöpfung hin.

des Hauses und fünf an die Nordseite. Das
Meer stellte er an die Südseite des Hauses, ge-
gen Südosten. 40 Auch machte Hiram die Töp-
fe, Schaufeln und Schalen.

So führte Hiram alle Arbeiten zu Ende, die
er dem König Salomo für das Haus des HERRN
anzufertigen hatte: 41 zwei Säulen, zwei be-
ckenförmige Kapitelle oben auf den Säulen,
die zwei Flechtwerke, mit denen man die bei-
den beckenförmigen Kapitelle oben auf den
Säulen bedeckte, 42 die vierhundert Granatäp-
fel für die beiden Flechtwerke, die in zwei Rei-
hen an jedem Flechtwerk angebracht waren
und die beiden beckenförmigen Kapitelle auf
den Säulen bedeckten, 43 die zehn fahrbaren
Gestelle, die zehn Kessel für die Gestelle, 44 das
eine Meer, die zwölf Rinder unter dem Meer,
45 die Töpfe, Schaufeln und Schalen. Alle die-
se Geräte, die Hiram dem König Salomo für
das Haus des HERRN anfertigte, waren aus
glatter Bronze. 46 In der Jordanau zwischen
Sukkot und Zaretan ließ sie der König in For-
men aus festem Lehm gießen. 47 Und Salomo
gab allen Geräten ihren Platz. Wegen ihrer
überaus großen Menge war das Gewicht der
Bronze nicht festzustellen.

48 Salomo ließ alle Geräte, die zum Haus des
HERRN gehörten, anfertigen: den goldenen
Altar, den goldenen Tisch, auf den man die
Schaubrote legte, 49 die fünf Leuchter auf der
rechten und die fünf Leuchter auf der linken
Seite vor dem hochheiligen Ort, aus bestem
Gold, dazu die goldenen Blüten, Lampen und
Dochtscheren, 50 ferner die Becken, Messer,
Schalen, Schüsseln und Pfannen aus bestem
Gold. Auch die Stirnseiten der Türen des in-
neren Raumes zum Allerheiligsten und die
Stirnseiten der beiden Türflügel, die zum
Hauptraum führten, waren mit Gold verklei-
det.

51 So wurden alle Arbeiten, die König Salo-
mo für das Haus des HERRN ausführen ließ,
vollendet. Dann brachte er die Weihegaben
seines Vaters David hinein und legte das Sil-
ber, das Gold und die Geräte in die Schatzkam-
mern des Hauses des HERRN.

13–51: 2 Chr 3,15–5,1 / **13**: 2 Chr 2,12f. / **15**: 2 Kön 25,17; Jer 52,21 / **23**: 2 Kön 25,13.16; Jer 52,17.20

ÜBERFÜHRUNG DER LADE: 8,1–13

8 1 Damals versammelte Salomo die Ältes-
ten Israels, alle Stammesführer und die
Häupter der israelitischen Großfamilien bei
sich in Jerusalem, um die Bundeslade des
HERRN aus der Stadt Davids, das ist Zion, he-
raufzuholen. 2 Am Fest im Monat Etanim, das
ist der siebte Monat, kamen alle Männer Israels
bei König Salomo zusammen. 3 Alle Ältesten
Israels kamen und die Priester nahmen die
Lade 4 und brachten sie zugleich mit dem
Offenbarungszelt und den heiligen Geräten,
die im Zelt waren, hinauf. Die Priester und
die Leviten übernahmen den Trägerdienst.
5 König Salomo aber und die ganze Gemeinde
Israels, die bei ihm vor der Lade versammelt
war, schlachteten Schafe und Rinder, die man
wegen ihrer Menge nicht zählen und nicht be-
rechnen konnte. 6 Darauf stellten die Priester
die Bundeslade des HERRN an ihren Platz, an
den hochheiligen Ort des Hauses, in das Al-
lerheiligste, unter die Flügel der Kerubim.
7 Denn die Kerubim breiteten ihre Flügel über
den Ort, wo die Lade stand, und bedeckten sie
und ihre Stangen von oben her. 8 Die Stangen
waren so lang, dass man ihre Spitzen im Hei-
ligtum vor dem hochheiligen Ort sehen konn-
te; draußen aber waren sie nicht zu sehen. Sie
blieben dort bis zum heutigen Tag. 9 In der Lade
befanden sich nur die zwei steinernen Tafeln,
die Mose am Horeb hineingelegt hatte, die Ta-
feln des Bundes, den der HERR mit den Israe-
liten beim Auszug aus Ägypten geschlossen
hatte. 10 Als dann die Priester aus dem Heilig-
tum traten, erfüllte die Wolke das Haus des
HERRN. 11 Sie konnten wegen der Wolke ihren
Dienst nicht verrichten; denn die Herrlichkeit
des HERRN erfüllte das Haus des HERRN.
12 Damals sagte Salomo:

Der HERR hat gesagt, / er werde im Wol-
kendunkel wohnen.

13 Erbaut habe ich ein fürstliches Haus für
dich, / eine Wohnstätte für ewige Zeiten.

1–13: 2 Chr 5,2–11; 6,1f. / **3f.**: Jos 3,6.13–17; 2 Sam 15,24 / **7**: Ex 25,20 / **8**: Ex 25,13–15 / **9**: Ex 25,16.21

SALOMOS ANSPRACHE: 8,14–21

14 Dann wandte sich der König um und segne-
te die ganze Versammlung Israels. Alle stan-

8,2 Der Monat Etanim (Monat der ständig fließenden Bäche) entspricht ungefähr unserem September/Oktober. Das Fest ist das Laubhüttenfest.

8,12 G hat diesen kleinen Hymnus statt am Anfang des Gebetes Salomos am Ende. Er lautet: Die Sonne hat der HERR am Himmel bekannt gemacht, / er sagte, er [selber] aber wohne im Dunkel. / Baue mein Haus zu einem herrlichen Haus für dich, / um da zu wohnen in neuer Weise!

den 15 und er betete: Gepriesen sei der HERR,
der Gott Israels. Seine Hand hat ausgeführt,
was sein Mund meinem Vater David verhei-
ßen hat, als er sprach: 16 Seit dem Tag, da ich
mein Volk Israel aus Ägypten führte, habe ich
aus keinem der Stämme Israels eine Stadt für
den Bau eines Hauses erwählt, um meinen
Namen dort wohnen zu lassen. David aber
habe ich zum Herrscher über mein Volk Israel
erwählt. 17 Meinem Vater David lag es am Her-
zen, dem Namen des HERRN, des Gottes Isra-
els, ein Haus zu bauen. 18 Doch der HERR
sprach zu ihm: Weil es dir am Herzen lag,
meinem Namen ein Haus zu bauen, hast du
einen guten Entschluss gefasst. Ja, es lag dir am
Herzen. 19 Doch sollst nicht du das Haus bau-
en; sondern erst dein leiblicher Sohn soll mei-
nem Namen das Haus bauen. 20 Der HERR hat
jetzt sein Versprechen, das er gegeben hat,
wahr gemacht: Ich bin an die Stelle meines
Vaters David getreten und habe den Thron
Israels bestiegen, wie es der HERR zugesagt
hatte. Ich habe dem Namen des HERRN, des
Gottes Israels, das Haus gebaut 21 und darin
einen Raum für die Lade geschaffen. Sie ent-
hält die Tafeln des Bundes, den der HERR mit
unseren Vätern geschlossen hat, als er sie aus
Ägypten führte.

14–21: 2 Chr 6,3–11 / **17–19**: 2 Sam 7,1–13 / **21**: Dtn 29,24; Jer 31,32; 34,13

WEIHEGEBET: 8,22–53

22 Dann trat Salomo in Gegenwart der ganzen
Versammlung Israels vor den Altar des
HERRN, breitete seine Hände zum Himmel
aus 23 und betete: HERR, Gott Israels, im Him-
mel oben und auf der Erde unten gibt es keinen
Gott, der so wie du Bund und Huld seinen
Knechten bewahrt, die mit ungeteiltem Her-
zen vor ihm leben. 24 Du hast das Versprechen
gehalten, das du deinem Knecht, meinem Va-
ter David, gegeben hast. Deine Hand hat heu-
te erfüllt, was dein Mund versprochen hat.
25 Und nun, HERR, Gott Israels, halte auch das
andere Versprechen, das du deinem Knecht
David, meinem Vater, gegeben hast, als du
sagtest: Es soll dir nie an einem Nachkommen
fehlen, der vor mir auf dem Thron Israels sitzt,
wenn nur deine Söhne darauf achten, ihren
Weg so vor mir zu gehen, wie du es getan hast.
26 Gott Israels, möge sich jetzt dein Wort, das
du deinem Knecht David, meinem Vater, ge-
geben hast, als wahr erweisen.

27 Wohnt denn Gott wirklich auf der Erde?
Siehe, selbst der Himmel und die Himmel der
Himmel fassen dich nicht, wie viel weniger
dieses Haus, das ich gebaut habe. 28 Wende
dich, HERR, mein Gott, dem Beten und Flehen
deines Knechtes zu! Höre auf das Rufen und
auf das Gebet, das dein Knecht heute vor dir
verrichtet! 29 Halte deine Augen offen über
diesem Haus bei Nacht und bei Tag, über der
Stätte, von der du gesagt hast, dass dein Name
hier wohnen soll! Höre auf das Gebet, das dein
Knecht an dieser Stätte verrichtet! 30 Achte auf
das Flehen deines Knechtes und deines Volkes
Israel, wenn sie an dieser Stätte beten! Höre sie
im Himmel, dem Ort, wo du wohnst! Höre sie
und verzeih!

31 Wenn sich jemand gegen seinen Nächsten
verfehlt und dieser ihm einen Eid abverlangt,
den er schwören muss, und er dann kommt
und vor deinem Altar in diesem Haus schwört,
32 so höre du es im Himmel und greif ein! Ver-
schaff deinen Knechten Recht; verurteile den
Schuldigen und lass sein Tun auf ihn selbst
zurückfallen! Den Schuldlosen aber sprich frei
und vergilt ihm, wie es seiner Gerechtigkeit
entspricht.

33 Wenn dein Volk Israel von einem Feind
geschlagen wird, weil es gegen dich gesündigt
hat, und dann wieder zu dir umkehrt, deinen
Namen preist und in diesem Haus zu dir betet
und fleht, 34 so höre du es im Himmel! Vergib
deinem Volk Israel seine Sünde; lass sie in das
Land zurückkommen, das du ihren Vätern ge-
geben hast!

35 Wenn der Himmel verschlossen ist und
kein Regen fällt, weil sie gegen dich gesündigt
haben, und wenn sie dann an diesem Ort be-
ten, deinen Namen preisen und von ihrer Sün-
de lassen, weil du sie demütigst, 36 so höre du
sie im Himmel! Vergib deinen Knechten und
deinem Volk Israel ihre Sünden; denn du
führst sie den guten Weg, den sie gehen sollen.
Spende Regen deinem Land, das du deinem
Volk zum Erbbesitz gegeben hast!

37 Wenn im Land Hungersnot herrscht,
wenn Pest ausbricht, wenn Getreidebrand,
Rost, Heuschrecken und Ungeziefer auftre-
ten, wenn Feinde sie im eigenen Land bedrän-
gen, wenn irgendeine Plage oder Krankheit
sie trifft, 38 wenn sich dann Gebet und Flehen
erhebt von jedem einzelnen Menschen und

8,35 sie demütigst: G und Vg; sie erhörst: H und S.

von ganz Israel, weil alle die Not ihres Her-
zens kennen und ihre Hände zu diesem Haus
ausstrecken, 39 dann höre sie im Himmel,
dem Ort, wo du wohnst, und verzeih! Greif
ein und vergilt jedem, wie es sein Tun ver-
dient! Du kennst ja ihre Herzen; denn du
allein kennst die Herzen aller Menschen. 40 So
werden sie dich fürchten, solange sie in dem
Land leben, das du unseren Vätern gegeben
hast.

41 Auch Fremde, die nicht zu deinem Volk
Israel gehören, werden wegen deines Namens
aus fernen Ländern kommen; 42 denn sie wer-
den von deinem großen Namen, deiner star-
ken Hand und deinem hoch erhobenen Arm
hören. Sie werden kommen und in diesem
Haus beten. 43 Höre sie dann im Himmel, dem
Ort, wo du wohnst, und tu alles, weswegen
der Fremde zu dir ruft! Dann werden alle Völ-
ker der Erde deinen Namen erkennen. Sie wer-
den dich fürchten, wie dein Volk Israel dich
fürchtet, und erfahren, dass dein Name ausge-
rufen ist über diesem Haus, das ich gebaut
habe.

44 Wenn dein Volk auf dem Weg, den du es
führst, gegen seine Feinde in den Krieg zieht
und wenn es dann zu dir betet, zur Stadt hin-
gewendet, die du erwählt hast, und zu dem
Haus hin, das ich deinem Namen gebaut habe,
45 so höre du im Himmel sein Beten und Fle-
hen und verschaff ihm Recht!

46 Wenn sie gegen dich sündigen – es gibt ja
niemand, der nicht sündigt – und du ihnen
zürnst, sie ihren Bedrängern preisgibst und
ihre Feinde sie gefangen fortführen in ein fer-
nes oder nahes Land, 47 so werden sie es sich
im Land ihrer Gefangenschaft zu Herzen neh-
men. Sie werden im Land ihrer Gefangen-
schaft umkehren, zu dir flehen und rufen: Wir
haben gesündigt, Unrecht getan und gefrevelt.
48 Mit ganzem Herzen und ganzer Seele wer-
den sie im Land ihrer Feinde, von denen sie als
Gefangene weggeführt wurden, zu dir um-
kehren und zu dir beten, zum Land hingewen-
det, das du ihren Vätern gegeben hast, zur
Stadt hin, die du erwählt hast, und zum Haus
hin, das ich deinem Namen gebaut habe.
49 Höre dann im Himmel, dem Ort, wo du
wohnst, ihr Beten und Flehen! Verschaff ihnen
Recht 50 und verzeih deinem Volk, was es ge-
gen dich gesündigt hat; verzeih ihm alle Fre-
vel, die es gegen dich begangen hat! Lass sie bei
ihren Unterdrückern Mitleid und Erbarmen
finden! 51 Sie sind ja dein Volk und dein Eigen-
tum, das du aus dem Schmelzofen, aus Ägyp-
ten, herausgeführt hast.

52 Halte deine Augen offen für das Flehen
deines Knechtes und für das Flehen deines
Volkes Israel! Erhöre sie, sooft sie zu dir rufen.
53 Du hast dir Israel unter allen Völkern der
Erde als Eigentum ausgewählt, wie du es durch
deinen Knecht Mose verkündet hast, als du
unsere Väter aus Ägypten geführt hast, Herr
und GOTT.

22–52: 2 Chr 6,12–40 / **25:** Ps 132,12 / **31:** Ex 22,7–10 / **41:** Jes 56,6f. / **44:** Dan 6,11 / **46:** Spr 20,6; Koh 7,20

SALOMOS SEGEN: 8,54–61

54 Als Salomo dieses flehentliche Gebet zum
HERRN beendet hatte, erhob er sich auf dem
Platz vor dem Altar des HERRN, wo er nieder-
gekniet war und die Hände zum Himmel aus-
gebreitet hatte. 55 Er trat vor die ganze Ver-
sammlung Israels, segnete sie und rief mit
lauter Stimme: 56 Gepriesen sei der HERR, der
seinem Volk Israel Ruhe geschenkt hat, wie er
es versprochen hat. Von all den herrlichen Ver-
heißungen, die er durch seinen Knecht Mose
verkündet hat, ist nicht eine hinfällig gewor-
den. 57 Der HERR, unser Gott, sei mit uns, wie
er mit unseren Vätern war. Er verlasse uns
nicht und verstoße uns nicht. 58 Er lenke un-
sere Herzen zu sich hin, damit wir auf seinen
Wegen gehen und die Gebote, Gesetze und
Rechtsentscheide bewahren, die er unseren
Vätern gegeben hat. 59 Mögen diese Worte, die
ich flehend vor dem HERRN, unserem Gott,
gesprochen habe, ihm Tag und Nacht gegen-
wärtig bleiben. Möge er seinem Knecht und
seinem Volk Israel Recht verschaffen, wie es
jeder Tag verlangt, 60 damit alle Völker der Erde
erkennen, dass niemand Gott ist als der HERR
allein. 61 Euer Herz aber bleibe ungeteilt beim
HERRN, unserem Gott, sodass ihr seinen Ge-
setzen folgt und auf seine Gebote achtet, wie
es heute geschieht.

58: Jer 31,33f.; Ez 11,19 / **60:** 2 Kön 19,19; Jes 45,5f.

ABSCHLUSS DER FEIER: 8,62–66

62 Dann brachten der König und mit ihm
ganz Israel vor dem HERRN Opfer dar. 63 Zwei-
undzwanzigtausend Rinder und hundert-
zwanzigtausend Schafe ließ Salomo als Heils-
opfer für den HERRN schlachten. So vollzogen
der König und alle Israeliten die Weihe des
Hauses des HERRN. 64 An jenem Tag weihte

der König auch die Mitte des Hofes, der vor
dem Haus des HERRN war, als er dort das
Brandopfer, das Speiseopfer und die Fettstü-
cke der Heilsopfer darbrachte. Der bronzene
Altar, der vor dem HERRN stand, war nämlich
zu klein, um das Brandopfer, das Speiseopfer
und die Fettstücke der Heilsopfer fassen zu
können.
65 Salomo feierte damals mit ganz Israel, das
von Lebo-Hamat bis zum Grenzbach Ägyp-
tens zu einer großen Versammlung vor dem
HERRN, unserem Gott, erschienen war, das
Fest sieben Tage lang und nochmals sieben
Tage, zusammen vierzehn Tage. 66 Am achten
Tag entließ er das Volk. Sie priesen den König
und gingen zu ihren Zelten, frohen Mutes und
voll Freude über all das Gute, das der HERR an
seinem Knecht David und seinem Volk Israel
getan hatte.

62–66: 2 Chr 7,4–10 / **63**: 2 Sam 6,17 / **64**: 9,25; 2 Kön 16,10–16 / **65**: Dtn 16,13–15

VERHEISSUNG UND WARNUNG: 9,1–9

9 1 Nachdem Salomo den Bau des Tempels
und des königlichen Palastes vollendet
und alle Pläne, die er auszuführen wünschte,
verwirklicht hatte, 2 erschien ihm der HERR
zum zweiten Mal, wie er ihm in Gibeon er-
schienen war. 3 Er sprach zu ihm: Ich habe dein
flehentliches Gebet, das du an mich gerichtet
hast, gehört und dieses Haus, das du gebaut
hast, geheiligt. Meinen Namen werde ich für
immer hierher legen, meine Augen und mein
Herz werden allezeit hier weilen. 4 Wenn du
mit ungeteiltem und aufrichtigem Herzen vor
mir den Weg gehst, den dein Vater David ge-
gangen ist, und wenn du alles tust, was ich dir
befohlen habe, wenn du meine Gesetze und
Rechtsentscheide bewahrst, 5 dann werde ich
deinen Königsthron auf ewig in Israel beste-
hen lassen, wie ich es deinem Vater David zu-
gesichert habe, zu dem ich gesagt habe: Es soll
dir nie an einem Nachkommen auf dem Thron
Israels fehlen. 6 Doch wenn ihr und eure Söh-
ne euch von mir abwendet und die Gebote und
Satzungen, die ich euch gegeben habe, über-
tretet, wenn ihr euch anschickt, andere Götter
zu verehren und anzubeten, 7 dann werde ich
Israel in dem Land ausrotten, das ich ihm ge-
geben habe. Das Haus, das ich meinem Namen
geweiht habe, werde ich aus meinem Ange-
sicht wegschaffen und Israel soll zum Gespött
und zum Hohn unter allen Völkern werden.
8 Dieses Haus wird zu einem Trümmerhaufen
werden und jeder, der vorübergeht, wird sich
entsetzen und zischen. Man wird fragen: Wa-
rum hat der HERR diesem Land und diesem
Haus das angetan? 9 Und man wird antworten:
Weil sie den HERRN, ihren Gott, der ihre Vä-
ter aus Ägypten geführt hat, verlassen, sich an
andere Götter gehängt, sich vor ihnen nieder-
geworfen und sie verehrt haben, darum hat der
HERR all dieses Unglück über sie gebracht.

1–9: 2 Chr 7,11–22 / **2–3**: 3,4f. / **5**: 2 Sam 7,16 / **9**: Jer 5,19; 9,11–15; 16,10–13

SALOMOS BAUARBEITEN: 9,10–28

10 Zwanzig Jahre hatte Salomo an den beiden
Häusern, dem Tempel des HERRN und dem
königlichen Palast, gebaut. 11 Der König Hiram
von Tyrus hatte ihn dabei mit Zedern- und
Zypressenholz sowie mit Gold in der ge-
wünschten Menge unterstützt. Damals trat
König Salomo zwanzig Städte in der Land-
schaft Galiläa an Hiram ab. 12 Als aber Hiram
aus Tyrus herüberkam, um die Städte anzu-
sehen, die Salomo ihm gegeben hatte, gefielen
sie ihm nicht. 13 Er meinte: Was sind das für
Städte, die du mir gegeben hast, mein Bruder?
– Man nennt sie Land Kabul bis zum heutigen
Tag. 14 Hiram hatte dem König hundertzwan-
zig Talente Gold gesandt.
15 So verhielt es sich mit dem Frondienst:
König Salomo hatte Fronarbeiter ausgehoben
zum Bau des Tempels, seines Palastes, des Mil-
lo und der Mauern von Jerusalem, Hazor, Me-
giddo und Geser. 16 Der Pharao, der König von
Ägypten, war nämlich heraufgezogen, hatte
Geser erobert und eingeäschert, die Kanaani-
ter, die darin wohnten, getötet und die Stadt
als Brautgeschenk seiner Tochter, der Frau Sa-
lomos, gegeben. 17 Salomo baute nun Geser
wieder auf. Ferner baute er das untere Bet-Ho-
ron aus 18 sowie Baala und Tamar in der Steppe
im Land, 19 dazu alle Vorratsstädte, die ihm
gehörten, die Städte für die Wagen und ihre
Mannschaft und was er sonst in Jerusalem, auf
dem Libanon und im ganzen Bereich seiner
Herrschaft zu bauen wünschte. 20 Die Reste
der Amoriter, Hetiter, Perisiter, Hiwiter und
Jebusiter, die nicht zu den Israeliten gehörten
21 und von denen noch Nachkommen im Land
lebten – die Israeliten hatten an ihnen den

9,8 Trümmerhaufen: S; zum höchsten [Haus]: H.
9,13 Den Namen konnte man verächtlich verstehen als wie dürres Holz (vgl. Jes 44,19).

Bann nicht vollziehen können –, hob Salomo
als Fronarbeiter aus und sie blieben es bis zum
heutigen Tag. 22 Von den Israeliten aber mach-
te Salomo niemand zum Sklaven; sie waren
seine Krieger und Beamten, seine Obersten
und Vorkämpfer, die Befehlshaber über seine
Wagen und deren Mannschaft. 23 Die Leitung
der Arbeiten Salomos oblag den fünfhundert-
fünfzig Werkführern unter dem Befehl der
Statthalter. Sie hatten die Aufsicht über die
Leute, die bei den Arbeiten beschäftigt waren.

24 Als die Tochter des Pharao aus der David-
stadt in ihr Haus hinaufgezogen war, das Sa-
lomo für sie gebaut hatte, baute er den Millo
aus.

25 Dreimal im Jahr brachte Salomo auf dem
Altar, den er für den HERRN erbaut hatte,
Brand- und Heilsopfer dar und ließ seine Op-
fergaben vor dem HERRN in Rauch aufgehen.
Und er vollendete das Haus.

26 König Salomo baute auch eine Flotte in
Ezjon-Geber, das bei Elat an der Küste des Ro-
ten Meeres in Edom liegt. 27 Hiram schickte
seine Leute, geübte Seefahrer, mit den Leuten
Salomos zu Schiff aus. 28 Sie fuhren nach Ofir,
holten von dort vierhundertzwanzig Talente
Gold und brachten es dem König Salomo.

10–28: 2 Chr 8,1–18 / **15:** 11,28; 2 Sam 5,9 / **24:** 3,1; 7,8 / **25:** Ex 23,14

KÖNIGIN VON SABA: 10,1–13

10 1 Die Königin von Saba hörte vom Ruf
Salomos, der zum Ruhm des HERRN
gereichte, und kam, um ihn mit Rätselfragen
auf die Probe zu stellen. 2 Sie kam nach Jeru-
salem mit sehr großem Gefolge, mit Kamelen,
die Balsam, eine gewaltige Menge Gold und
Edelsteine trugen, trat bei Salomo ein und
redete mit ihm über alles, was sie in ihrem
Herzen erwogen hatte. 3 Salomo gab ihr Ant-
wort auf alle Fragen. Es gab nichts, was dem
König verborgen war und was er ihr nicht
hätte sagen können. 4 Als nun die Königin von
Saba die ganze Weisheit Salomos erkannte,
als sie den Palast sah, den er gebaut hatte, 5 die
Speisen auf seiner Tafel, die Sitzplätze seiner
Beamten, das Aufwarten der Diener und ihre
Gewänder, seine Getränke und sein Brandop-
fer, das er im Haus des HERRN darbrachte, da
stockte ihr der Atem. 6 Sie sagte zum König:
Was ich in meinem Land über dich und deine
Weisheit gehört habe, ist wirklich wahr. 7 Ich
wollte es nicht glauben, bis ich nun selbst ge-
kommen bin und es mit eigenen Augen gese-
hen habe. Und wahrlich, nicht einmal die
Hälfte hat man mir berichtet; deine Weisheit
und deine Vorzüge übertreffen alles, was ich
gehört habe. 8 Glücklich sind deine Männer,
glücklich diese deine Diener, die allezeit vor
dir stehen und deine Weisheit hören. 9 Ge-
priesen sei der HERR, dein Gott, der an dir
Gefallen fand und dich auf den Thron Israels
setzte. Weil der HERR Israel ewig liebt, hat er
dich zum König bestellt, damit du Recht und
Gerechtigkeit übst. 10 Sie gab dem König hun-
dertzwanzig Talente Gold, dazu eine sehr
große Menge Balsam und Edelsteine. Niemals
mehr kam so viel Balsam in das Land, wie die
Königin von Saba dem König Salomo schenk-
te.

11 Auch die Flotte Hirams, die Gold aus Ofir
holte, brachte von dort große Mengen Al-
muggimholz und Edelsteine. 12 Der König ließ
aus dem Almuggimholz Schnitzarbeiten für
das Haus des HERRN und den königlichen
Palast sowie Leiern und Saiteninstrumente
für die Sänger anfertigen. Solches Almuggim-
holz ist nie wieder in das Land gekommen und
bis zum heutigen Tag nicht mehr gesehen
worden.

13 König Salomo gewährte der Königin von
Saba alles, was sie wünschte und begehrte.
Dazu beschenkte er sie reichlich, wie es nur
der König Salomo vermochte. Schließlich
kehrte sie mit ihrem Gefolge in ihr Land zu-
rück.

1–13: 2 Chr 9,1–12 / **2:** Ps 72,10 / **11:** 9,27f.

SALOMOS REICHTUM: 10,14–29

14 Das Gewicht des Goldes, das alljährlich bei
Salomo einging, betrug sechshundertsechs-
undsechzig Goldtalente. 15 Dabei ist nicht
eingerechnet, was von den Kaufleuten und
vom Gewinn der Händler, von allen Königen
Arabiens und von den Statthaltern des Landes
einging.

16 König Salomo ließ zweihundert Schilde
aus gehämmertem Gold herstellen; sechshun-
dert Goldschekel verwandte er für jeden
Schild. 17 Dazu machte er dreihundert kleine-
re Schilde aus gehämmertem Gold; drei Minen
Gold verwandte er für jeden. Er brachte sie in
das Libanonwaldhaus.

18 Ferner ließ der König einen großen Thron
aus Elfenbein anfertigen und mit bestem
Gold überziehen. 19 Sechs Stufen führten zum

Thron hinauf. Seine Rücklehne war im oberen
Teil rund und zu beiden Seiten des Sitzes be-
fanden sich Armlehnen. Zwei Löwen standen
neben den Lehnen 20 und zwölf zu beiden Sei-
ten der sechs Stufen. Dergleichen ist noch für
kein Königreich geschaffen worden.

21 Alle Trinkgefäße des Königs Salomo wa-
ren aus Gold; ebenso waren alle Geräte des
Libanonwaldhauses aus bestem Gold. Silber
galt in den Tagen Salomos als wertlos; 22 denn
der König hatte eine Tarschischflotte auf dem
Meer, zusammen mit den Schiffen Hirams.
Einmal in drei Jahren kam die Tarschischflotte
und brachte Gold, Silber, Elfenbein, Affen und
Pfauen.

23 So übertraf König Salomo alle Könige der
Erde an Reichtum und Weisheit. 24 Alle Welt
begehrte ihn zu sehen und die Weisheit zu
hören, die Gott in sein Herz gelegt hatte.
25 Alle brachten ihm Jahr für Jahr ihre Gaben:
silberne und goldene Gefäße, Gewänder, Waf-
fen, Balsam, Pferde und Maultiere.

26 Salomo beschaffte sich Wagen und Be-
rittene. Er hatte vierzehnhundert Wagen und
zwölftausend Berittene. Er brachte sie in die
Wagenstädte sowie in die Umgebung des Kö-
nigs nach Jerusalem. 27 Der König machte das
Silber in Jerusalem so häufig wie die Steine
und die Zedern so zahlreich wie die Maul-
beerfeigenbäume in der Schefela. 28 Man be-
zog die Pferde für Salomo aus Ägypten und
Koë; die Händler des Königs kauften sie in
Koë. 29 Ein Wagen, der aus Ägypten kam, kos-
tete sechshundert und ein Pferd hundertfünf-
zig Silberschekel. Ebenso trieb man Handel
mit allen hetitischen und aramäischen Köni-
gen.

14–28: 2 Chr 9,13–28 / **14:** Weish 7,11 / **21:** Sir 47,18 / **22:** 9,26–28; 10,11 / **26–29:** 2 Chr 1,14–17 / **28:** Dtn 17,16

SALOMOS BUNDESBRUCH: 11,1–13

11 1 König Salomo liebte neben der Tochter
des Pharao noch viele andere ausländi-
sche Frauen: Moabiterinnen, Ammoniterin-
nen, Edomiterinnen, Sidonierinnen, Hetite-
rinnen. 2 Es waren Frauen aus den Völkern,
von denen der HERR den Israeliten gesagt
hatte: Ihr dürft nicht zu ihnen gehen und sie
dürfen nicht zu euch kommen; denn sie wür-
den euer Herz ihren Göttern zuwenden. An
diesen hing Salomo mit Liebe. 3 Er hatte sie-
benhundert fürstliche Frauen und dreihundert
Nebenfrauen. Sie machten sein Herz abtrün-
nig. 4 Als Salomo älter wurde, machten seine
Frauen sein Herz anderen Göttern geneigt,
sodass sein Herz dem HERRN, seinem Gott,
nicht mehr ungeteilt ergeben war wie das Herz
seines Vaters David. 5 Er verehrte Astarte, die
Göttin der Sidonier, und Milkom, den Götzen
der Ammoniter. 6 Er tat, was böse war in den
Augen des HERRN, und war ihm nicht so voll-
kommen ergeben wie sein Vater David. 7 Da-
mals baute Salomo auf dem Berg östlich von
Jerusalem eine Kulthöhe für Kemosch, den
Götzen der Moabiter, und für Milkom, den
Götzen der Ammoniter.

8 Dasselbe tat er für alle seine ausländischen
Frauen, die ihren Göttern Rauch- und Schlacht-
opfer darbrachten. 9 Der HERR aber wurde
zornig über Salomo, weil sich sein Herz von
ihm, dem Gott Israels, abgewandt hatte, der
ihm zweimal erschienen war 10 und ihm ver-
boten hatte, fremden Göttern zu dienen. Doch
Salomo hielt sich nicht an das, was der HERR
von ihm verlangt hatte. 11 Daher sprach der
HERR zu ihm: Weil es so mit dir steht, weil du
meinen Bund und meine Satzungen nicht be-
wahrt hast, die ich dir gegeben habe, werde ich
dir das Königreich entreißen und es deinem
Knecht geben. 12 Nur deines Vaters David we-
gen werde ich es nicht schon zu deinen Leb-
zeiten tun; erst deinem Sohn werde ich es
entreißen. 13 Doch werde ich ihm das König-
tum nicht ganz entreißen; einen Stamm lasse
ich deinem Sohn wegen meines Knechtes
David und wegen Jerusalem, das ich erwählt
habe.

1: 3,1; 7,8; 9,24 / **2:** Ex 34,16; Dtn 7,3 / **4:** Neh 13,26 / **9:** 3,4–15; 9,1–9 / **11:** 1 Sam 15,26–28

SALOMOS WIDERSACHER: 11,14–40

14 Der HERR ließ Salomo einen Widersacher
erstehen, den Edomiter Hadad aus der könig-
lichen Familie von Edom. 15 Als David die
Edomiter geschlagen hatte und sein Heer-
führer Joab hinaufzog, um die Gefallenen zu
begraben, tötete er in Edom alles, was männ-
lich war. 16 Sechs Monate hielt sich Joab mit
ganz Israel in Edom auf, bis er alles, was
männlich war, ausgerottet hatte. 17 Hadad aber
konnte mit einigen Edomitern, die im Dienst
seines Vaters standen, entfliehen und nach
Ägypten entkommen. Er war noch sehr jung.

11,7 Milkom: G und S; Moloch: H.

11,15 geschlagen hatte: vermuteter Text, vgl. G: sich aufhielt.

18 Sie waren von Midian aufgebrochen und
nach Paran gelangt. Dort nahmen sie noch
andere Männer mit und kamen nach Ägypten
zum Pharao, dem König von Ägypten. Dieser
gab ihm ein Haus, sagte ihm Speise zu und
schenkte ihm Land. 19 Hadad fand solche Gna-
de beim Pharao, dass dieser ihm die Schwester
seiner Gemahlin, der Königin Tachpenes,
zur Frau gab. 20 Die Schwester der Tachpenes
gebar ihm den Sohn Genubat und Tachpenes
zog ihn im Haus des Pharao auf. So lebte
Genubat im Haus des Pharao unter dessen
Söhnen. 21 Als nun Hadad in Ägypten hörte,
dass David zu seinen Vätern entschlafen und
der Heerführer Joab tot war, bat er den Pharao:
Lass mich in mein Land zurückkehren! 22 Der
Pharao entgegnete ihm: Was fehlt dir denn bei
mir, dass du in dein Land zurückkehren
willst? Hadad antwortete: Nichts, doch lass
mich ziehen!

23 Gott ließ Salomo noch einen anderen
Widersacher erstehen, Reson, den Sohn El-
jadas, der vor seinem Herrn, dem König
Hadad-Eser von Zoba, geflohen war. 24 Als
David viele Aramäer niedermachen ließ,
sammelte Reson Männer um sich und wurde
Anführer einer Freischar. Sie zogen nach Da-
maskus, ließen sich dort nieder und herrsch-
ten in Damaskus. 25 Er war ein Widersacher
Israels, solange Salomo lebte, und es kam
Unheil von Hadad her, er verabscheute Isra-
el und herrschte über Aram. 26 Auch Jerobe-
am, der Sohn Nebats, ein Beamter Salomos,
erhob sich gegen den König. Er war ein Efrai-
miter aus Zereda; seine Mutter hieß Zerua
und war Witwe. 27 Mit der Erhebung hatte es
folgende Bewandtnis: Salomo baute den Mil-
lo und schloss die Lücke in der Stadt Davids,
seines Vaters. 28 Jerobeam war ein tüchtiger
Mann, und als Salomo sah, wie der junge
Mann arbeitete, machte er ihn zum Aufseher
über alle Fronarbeiten des Hauses Josef. 29 Als
in jener Zeit Jerobeam einmal aus Jerusalem
herauskam, begegnete ihm auf dem Weg der
Prophet Ahija aus Schilo. Dieser war mit ei-
nem neuen Mantel bekleidet. Während nun
beide allein auf freiem Feld waren, 30 fasste
Ahija den neuen Mantel, den er anhatte, zer-
riss ihn in zwölf Stücke 31 und sagte zu
Jerobeam: Nimm dir zehn Stücke; denn so
spricht der HERR, der Gott Israels: Ich nehme
Salomo das Königtum weg und gebe dir zehn
Stämme. 32 Nur ein Stamm soll ihm verblei-
ben wegen meines Knechtes David und we-
gen Jerusalem, der Stadt, die ich aus allen
Stämmen Israels erwählt habe. 33 Denn sie
haben mich verlassen und sich vor Astarte,
der Göttin der Sidonier, vor Kemosch, dem
Gott der Moabiter, und vor Milkom, dem
Gott der Ammoniter, niedergeworfen. Sie
sind nicht meinen Wegen gefolgt und haben
nicht getan, was in meinen Augen recht ist
– meine Satzungen und Rechtsentscheide zu
halten wie sein Vater David. 34 Doch werde
ich ihm das Königtum nicht ganz wegneh-
men. Wegen meines Knechtes David, den ich
erwählt habe und der meine Gebote und Sat-
zungen bewahrt hat, erhebe ich ihn zum
Fürsten, solange er lebt. 35 Erst seinem Sohn
werde ich das Königreich nehmen und dir
zehn Stämme geben. 36 Seinem Sohn werde
ich einen einzigen Stamm geben, damit mei-
nem Knecht David für immer eine Leuchte
vor mir bleibe in Jerusalem, der Stadt, die ich
erwählt habe, um auf sie meinen Namen zu
legen. 37 Dich aber will ich nehmen, damit du
ganz nach deinem Begehren herrschen
kannst; du sollst König von Israel sein.
38 Wenn du nun auf alles hörst, was ich dir
gebiete, auf meinen Wegen gehst und das
tust, was mir gefällt, wenn du meine Satzun-
gen und Gebote bewahrst wie mein Knecht
David, dann werde ich mit dir sein. Ich wer-
de dir ein Haus bauen, das Bestand hat, wie
ich es für David gebaut habe, und dir Israel
übergeben. 39 Die Nachkommen Davids wer-
de ich deshalb demütigen, doch nicht für alle
Zeiten. 40 Salomo suchte nun Jerobeam zu
töten. Doch dieser machte sich auf und floh
nach Ägypten zu Schischak, dem König von
Ägypten. Dort blieb er bis zum Tod Salomos.

29: 14,2 / **36**: 15,4; 2 Kön 8,19 / **38**: 2 Sam 7,16

SALOMOS TOD: 11,41–43

41 Die übrige Geschichte Salomos, alle seine
Taten und seine Weisheit, sind aufgezeichnet
in der Chronik Salomos. 42 Die Zeit, in der
Salomo in Jerusalem über ganz Israel König
war, betrug vierzig Jahre. 43 Er entschlief zu
seinen Vätern und wurde in der Stadt seines
Vaters David begraben. Sein Sohn Rehabeam
wurde König an seiner Stelle.

41–43: 2 Chr 9,29–31

GESCHICHTE ISRAELS UND JUDAS BIS ZU DEN KÖNIGEN AHAB UND JOSCHAFAT: 12,1–22,54

AUFSTAND DER ISRAELITEN: 12,1–19

12 1 Rehabeam begab sich nach Sichem;
denn dorthin war ganz Israel gekom-
men, um ihn zum König zu machen. 2 Jerobe-
am, der Sohn Nebats, hörte davon, während
er noch in Ägypten war, wohin er vor dem
König Salomo hatte fliehen müssen; er blieb
in Ägypten. 3 Man sandte zu ihm und ließ ihn
rufen. So kamen also Jerobeam und die gan-
ze Versammlung Israels und sagten zu Reha-
beam: 4 Dein Vater hat uns ein hartes Joch
auferlegt. Erleichtere du jetzt den harten
Dienst deines Vaters und das schwere Joch,
das er uns auferlegt hat! Dann wollen wir dir
dienen. 5 Er antwortete ihnen: Geht weg und
kommt nach drei Tagen wieder zu mir! Als
sich das Volk entfernt hatte, 6 beriet sich Kö-
nig Rehabeam mit den älteren Männern, die
zu Lebzeiten seines Vaters Salomo in dessen
Dienst gestanden hatten. Er fragte sie: Wel-
chen Rat gebt ihr mir? Was soll ich diesem
Volk antworten? 7 Sie sagten zu ihm: Wenn
du dich heute zum Diener dieses Volkes
machst, ihnen zu Willen bist, auf sie hörst
und freundlich mit ihnen redest, dann wer-
den sie immer deine Diener sein. 8 Doch er
verwarf den Rat, den die Älteren ihm gege-
ben hatten, und beriet sich mit den jungen
Leuten, die mit ihm groß geworden waren
und jetzt in seinem Dienst standen. 9 Er frag-
te sie: Welchen Rat gebt ihr mir? Was sollen
wir diesem Volk antworten, das zu mir sagt:
Erleichtere das Joch, das dein Vater uns auf-
erlegt hat? 10 Die jungen Leute, die mit ihm
groß geworden waren, sagten zu ihm: So
sollst du diesem Volk antworten, das zu dir
sagt: Dein Vater hat uns ein schweres Joch
auferlegt; erleichtere es uns! So sollst du zu
ihnen sagen: Mein kleiner Finger ist stärker
als die Lenden meines Vaters. 11 Hat mein
Vater euch ein schweres Joch aufgebürdet, so
werde ich es noch schwerer machen. Mein
Vater hat euch mit Peitschen gezüchtigt, ich
werde euch mit Skorpionen züchtigen.

12 Am dritten Tag kamen Jerobeam und das
ganze Volk zu Rehabeam; denn der König hat-
te ihnen gesagt: Kommt am dritten Tag wieder
zu mir! 13 Der König gab nun dem Volk eine
harte Antwort. Er verwarf den Rat, den die
Älteren ihm erteilt hatten, 14 und antwortete
ihnen nach dem Rat der jungen Leute: Mein
Vater hat euer Joch schwer gemacht. Ich werde
es noch schwerer machen. Mein Vater hat euch
mit Peitschen gezüchtigt, ich werde euch mit
Skorpionen züchtigen. 15 Der König hörte also
nicht auf das Volk; denn der HERR hatte es so
bestimmt, um das Wort wahr zu machen, das
er durch Ahija von Schilo zu Jerobeam, dem
Sohn Nebats, gesprochen hatte.

16 Als die Israeliten sahen, dass der König
nicht auf sie hörte, gaben sie ihm zur Antwort:
Welchen Anteil haben wir an David? / Wir
haben keinen Erbbesitz beim Sohn Isais. / In
deine Zelte, Israel! / Nun kümmere dich um
dein Haus, David!

So begab sich Israel zu seinen Zelten. 17 Nur
über die Israeliten, die in den Städten Judas
wohnten, blieb Rehabeam König. 18 Und als
er den Fronaufseher Adoniram hinschickte,
steinigte ihn ganz Israel zu Tode. Dem König
Rehabeam gelang es, den Wagen zu besteigen
und nach Jerusalem zu entkommen. 19 So
überwarf sich Israel mit dem Haus David bis
zum heutigen Tag.

1–19: 2 Chr 10,1–19 / **1**: Jos 24,1 / **4**: 5,27–32 / **8**: Lev 19,32; Sir 47,23 / **15**: 11,29–39 / **16**: 2 Sam 20,1

WAHL JEROBEAMS ZUM KÖNIG VON ISRAEL: 12,20–25

20 Als die Israeliten erfuhren, dass Jerobeam
zurückgekehrt war, ließen sie ihn zur Ver-
sammlung rufen und machten ihn zum König
über ganz Israel. Der Stamm Juda allein hielt
noch zum Haus David.

21 Rehabeam kam nach Jerusalem und ver-
sammelte das ganze Haus Juda und den Stamm
Benjamin, hundertachtzigtausend auserlesene
Krieger, um gegen das Haus Israel zu kämpfen
und das Königtum für Rehabeam, den Sohn
Salomos, zurückzugewinnen. 22 Doch das Wort
Gottes erging an Schemaja, den Mann Gottes:
23 Sag zu Rehabeam, dem Sohn Salomos, dem
König von Juda, und zum ganzen Haus Juda
und Benjamin und zum übrigen Volk: 24 So
spricht der HERR: Zieht nicht in den Krieg
gegen eure Brüder, die Israeliten! Jeder kehre
in sein Haus zurück; denn ich habe es so
verfügt. Sie hörten auf das Wort des HERRN

und kehrten heim, wie der HERR es befohlen
hatte.
25 Jerobeam baute Sichem im Gebirge Ef-
raim aus und ließ sich dort nieder. Von Si-
chem zog er nach Penuël und baute auch die-
se Stadt aus.

21–24: 2 Chr 11,1–5 / **24**: 2 Kön 14,8–10 / **25**: Ri 8,17

GOLDENE KÄLBER IN BET-EL UND DAN: 12,26–33

26 Jerobeam dachte in seinem Herzen: Das
Königtum könnte wieder an das Haus David
fallen. 27 Wenn dieses Volk hinaufgeht, um im
Haus des HERRN in Jerusalem Opfer darzu-
bringen, wird sich sein Herz wieder seinem
Herrn, dem König Rehabeam von Juda, zu-
wenden. Mich werden sie töten und zu Reha-
beam, dem König von Juda, zurückkehren.
28 So ging er mit sich zu Rate, ließ zwei golde-
ne Kälber anfertigen und sagte: Ihr seid schon
zu viel nach Jerusalem hinaufgezogen. Hier
sind deine Götter, Israel, die dich aus Ägypten
heraufgeführt haben. 29 Er stellte das eine Kalb
in Bet-El auf, das andere brachte er nach Dan.
30 Dies wurde Anlass zur Sünde. Das Volk zog
vor dem einen Kalb her bis nach Dan. 31 Auch
machte er das Haus der Kulthöhen und Pries-
ter, die aus allen Teilen des Volkes stammten
und nicht zu den Söhnen Levis gehörten. 32 Für
den fünfzehnten Tag des achten Monats mach-
te Jerobeam ein Fest, das dem Fest in Juda ent-
sprach. Er stieg zum Altar hinauf. Das tat er in
Bet-El, um den Kälbern zu opfern, die er hatte
machen lassen. In Bet-El ließ er auch die Pries-
ter auftreten, die er für die Kulthöhen gemacht
hatte. 33 Am fünfzehnten Tag des achten Mo-
nats stieg er zum Altar hinauf, den er in Bet-El
gemacht hatte. Er hatte sich diesen Monat ei-
gens ausgedacht und diesen Tag zu einem Fest
für die Israeliten gemacht. An ihm stieg er zum
Altar hinauf, um zu opfern.

27: Dtn 12,13f. / **28**: Ex 32,4 / **31**: 2 Kön 17,32

DER UNGEHORSAME GOTTESMANN: 13,1–34

13 1 Während Jerobeam am Altar stand,
um zu opfern, kam ein Gottesmann aus
Juda im Auftrag des HERRN nach Bet-El. 2 Er
rief im Auftrag des HERRN gegen den Altar:
Altar, Altar! So spricht der HERR: Dem Haus
David wird ein Sohn geboren mit Namen Jo-
schija. Dieser wird auf dir die Höhenpriester
hinschlachten, die auf dir opfern, und die Ge-
beine von Menschen wird man auf dir verbren-
nen. 3 Er gab an jenem Tag auch ein Zeichen
und sprach: Das ist das Zeichen dafür, dass der
HERR gesprochen hat: Der Altar wird zerbers-
ten und die Asche auf ihm wird zerstreut wer-
den. 4 Als der König die Worte hörte, die der
Gottesmann gegen den Altar in Bet-El ausrief,
streckte er am Altar seine Hand aus und befahl:
Nehmt ihn fest! Doch die Hand, die er gegen
ihn ausgestreckt hatte, erstarrte; er konnte sie
nicht mehr zurückziehen. 5 Der Altar aber zer-
barst und die Asche auf ihm wurde zerstreut,
wie es der Gottesmann im Auftrag des HERRN
als Zeichen verkündet hatte. 6 Nun ergriff der
König das Wort und sagte zu dem Gottes-
mann: Besänftige doch den HERRN, deinen
Gott, und bete für mich, dass ich meine Hand
wieder an mich ziehen kann. Da besänftigte
der Gottesmann den HERRN und der König
konnte seine Hand wieder an sich ziehen; sie
war wie zuvor. 7 Darauf sagte der König zum
Gottesmann: Komm in mein Haus und stärke
dich! Auch möchte ich dir ein Geschenk ge-
ben. 8 Der Gottesmann aber erwiderte dem
König: Ich werde nicht mit dir gehen, auch
wenn du mir die Hälfte deines Hauses gibst.
Ich werde an diesem Ort weder essen noch
trinken. 9 Denn so wurde mir durch das Wort
des HERRN befohlen: Du darfst dort weder
essen noch trinken; und auf dem Weg, den du
gekommen bist, darfst du nicht zurückkehren.
10 Daher schlug er einen anderen Weg ein und
kehrte nicht auf dem Weg zurück, auf dem er
nach Bet-El gekommen war.
11 In Bet-El aber wohnte ein alter Prophet.
Als dessen Söhne heimkamen, erzählten sie
ihm alles, was der Gottesmann an diesem Tag
in Bet-El getan und was er zum König gesagt
hatte. 12 Darauf fragte sie der Vater: Auf wel-
chem Weg ist er fortgezogen? Die Söhne hat-
ten gesehen, welchen Weg der Gottesmann,
der aus Juda gekommen war, eingeschlagen
hatte. 13 Da befahl er ihnen: Sattelt mir den
Esel! Sie taten es und er stieg auf, 14 ritt dem
Gottesmann nach und traf ihn unter einer Ei-
che sitzend an. Er fragte ihn: Bist du der Got-
tesmann, der aus Juda gekommen ist? Jener
antwortete: Ich bin es. 15 Da bat er ihn: Komm
in mein Haus und iss Brot mit mir! 16 Doch
jener entgegnete: Ich kann nicht mit dir zu-
rückkehren und werde an diesem Ort mit dir
weder essen noch trinken. 17 Denn im Auftrag

13,11 Söhne: G und S; Sohn: H.

des HERRN ist das Wort an mich ergangen: Du
darfst dort weder essen noch trinken und auf
dem Weg, den du gekommen bist, darfst du
nicht zurückkehren. 18 Der andere aber sagte:
Auch ich bin ein Prophet wie du und ein Engel
hat mir im Auftrag des HERRN befohlen: Hol
ihn zurück! Er soll in dein Haus kommen, um
zu essen und zu trinken. So belog er ihn. 19 Nun
kehrte er mit ihm um und aß und trank im
Haus des Propheten.

20 Während sie bei Tisch saßen, erging das
Wort des HERRN an den Propheten, der ihn
zurückgeholt hatte, 21 und er rief es dem Got-
tesmann aus Juda zu: So spricht der HERR:
Weil du gegen den Befehl des HERRN gehan-
delt und das Gebot nicht gehalten hast, das dir
der HERR, dein Gott, auferlegt hat, 22 weil du
zurückgekehrt bist und an dem Ort gegessen
und getrunken hast, an dem zu essen und zu
trinken er dir verboten hatte, darum soll deine
Leiche nicht in das Grab deiner Väter kommen.
23 Nachdem der Gottesmann gegessen und
getrunken hatte, sattelte man für ihn den Esel,
der dem Propheten gehörte, der ihn zurückge-
holt hatte. 24 Er zog fort; doch unterwegs fiel
ihn ein Löwe an und tötete ihn. Seine Leiche
lag hingestreckt am Weg und der Esel stand
neben ihr. Auch der Löwe blieb neben der Lei-
che stehen. 25 Die Leute, die vorübergingen,
sahen die Leiche am Weg liegen und den Lö-
wen neben ihr stehen. Sie kamen und erzähl-
ten es in der Stadt, in der der alte Prophet
wohnte. 26 Als der Prophet, der ihn vom Weg
zurückgeholt hatte, davon hörte, sagte er: Das
ist der Gottesmann, der gegen den Befehl des
HERRN gehandelt hat. Darum hat ihn der
HERR dem Löwen preisgegeben und dieser
hat ihn zerrissen und getötet, wie es der HERR
ihm angekündigt hatte. 27 Dann befahl er sei-
nen Söhnen: Sattelt mir den Esel! Sie taten es
28 und er machte sich auf und fand die Leiche
am Weg hingestreckt; der Esel und der Löwe
standen neben ihr. Der Löwe hatte die Leiche
nicht gefressen und den Esel nicht zerrissen.
29 Der Prophet hob nun die Leiche auf, legte sie
auf den Esel und brachte sie in die Stadt zu-
rück. Er kam in die Stadt des alten Propheten,
um die Totenklage zu halten und ihn zu begra-
ben. 30 Er bestattete ihn in seinem eigenen
Grab und man klagte um ihn: Ach, mein Bru-
der! 31 Nachdem er ihn begraben hatte, sagte er
zu seinen Söhnen: Wenn ich gestorben bin,
bringt mich in das Grab, in dem der Gottes-
mann beigesetzt ist, und legt meine Gebeine
neben die seinen! 32 Denn das Wort, das er im
Auftrag des HERRN gegen den Altar in Bet-El
und gegen alle Häuser der Kulthöhen in den
Städten Samariens gesprochen hat, wird in
Erfüllung gehen.

33 Jerobeam kehrte auch nach diesem Ereig-
nis von seinem bösen Weg nicht um. Er mach-
te weiterhin aus allen Teilen des Volkes Pries-
ter für die Kulthöhen; jedem, der es wünschte,
füllte er die Hand und er wurde ein Höhen-
priester. 34 Das aber wurde dem Haus Jerobeam
als Sünde angerechnet, sodass es vernichtet
und vom Erdboden vertilgt wurde.

2: 2 Kön 22,1; 23,20 / **8**: Num 22,18; 24,13 / **10**: Mt 2,12 / **24**: 20,36 / **30**: 2 Kön 23,17f. / **33**: Sir 47,24

BEFRAGUNG AHIJAS VON SCHILO: 14,1–18

14 1 In jener Zeit erkrankte Jerobeams Sohn
Abija. 2 Jerobeam befahl daher seiner
Frau: Mach dich auf, verkleide dich, damit man
nicht erkennt, dass du Jerobeams Frau bist,
und geh nach Schilo! Dort wohnt der Prophet
Ahija, der mir verkündet hat, dass ich König
dieses Volkes sein werde. 3 Nimm zehn Brote,
Kuchen und einen Krug Honig mit und geh zu
ihm! Er wird dir sagen, was mit dem Kind
geschehen wird. 4 Die Frau Jerobeams tat so;
sie machte sich auf, ging nach Schilo und kam
in das Haus Ahijas. Dieser aber konnte nicht
mehr sehen; denn seine Augen waren im Alter
starr geworden. 5 Doch der HERR hatte ihm
gesagt: Die Frau Jerobeams kommt, um von
dir Auskunft über ihren kranken Sohn zu er-
halten. Das und das sollst du zu ihr sagen.
Wenn sie kommt, wird sie sich verstellen.
6 Sobald sie sich nun der Türe näherte und Ahi-
ja das Geräusch ihrer Schritte hörte, rief er:
Komm herein, Frau Jerobeams! Warum ver-
stellst du dich? Ich habe dir eine harte Bot-
schaft zu verkünden. 7 Geh heim und sag zu
Jerobeam: So spricht der HERR, der Gott Isra-
els: Ich habe dich mitten aus dem Volk empor-
gehoben und zum Fürsten meines Volkes Is-
rael gemacht. 8 Ich habe das Königtum dem
Haus David entrissen und dir gegeben. Du
aber bist nicht wie mein Knecht David gewe-
sen, der meine Gebote bewahrte, mir mit gan-
zem Herzen folgte und nur das tat, was mir
gefällt. 9 Du hast es schlimmer getrieben als
alle, die vor dir waren, du bist hingegangen,
hast dir andere Götter und Gussbilder gemacht
und mich dadurch erzürnt. Mir hast du den

Rücken gekehrt. 10 Darum bringe ich Unheil
über das Haus Jerobeam und rotte von ihm
alles in Israel aus, was männlich ist, ob unmün-
dig oder mündig. Ich entferne das Haus
Jerobeam, wie man Kot entfernt, bis nichts
mehr vorhanden ist. 11 Wer vom Haus Jerobe-
am in der Stadt stirbt, den werden die Hunde
fressen; und wer auf dem freien Feld stirbt, den
werden die Vögel des Himmels fressen. Ja, der
HERR hat gesprochen. 12 Du aber mach dich
auf und geh in dein Haus! Sobald deine Füße
die Stadt betreten, wird der Knabe sterben.
13 Ganz Israel wird ihm die Totenklage halten
und ihn begraben; denn er allein wird vom
Haus Jerobeam ein Grab erhalten, weil im
Haus Jerobeam nur an ihm sich etwas fand,
was dem HERRN, dem Gott Israels, gefiel.
14 Der HERR aber wird sich einen König von
Israel bestellen, der das Haus Jerobeam ausrot-
tet. Das wird er heute noch tun. Was? Jetzt tut
er es. 15 Der HERR wird Israel schlagen, dass es
schwankt wie das Rohr im Wasser, und er wird
Israel aus diesem guten Land, das er den Vätern
gegeben hat, ausreißen und es jenseits des
Stromes zerstreuen, weil sie sich Kultpfähle
gemacht und ihn dadurch erzürnt haben. 16 Er
wird Israel preisgeben wegen der Sünden, die
Jerobeam begangen und zu denen er Israel ver-
führt hat. 17 Da stand die Frau Jerobeams auf
und ging. Als sie nach Tirza kam und über die
Schwelle des Hauses trat, starb der Knabe.
18 Ganz Israel begrub ihn und hielt ihm die
Totenklage, wie der HERR durch seinen
Knecht, den Propheten Ahija, vorausgesagt
hatte.

2: 11,29–39 / **5**: 1 Sam 9,15f. / **10**: 21,21–24; 2 Kön 9,8 / **14**: 15,27–29

JEROBEAMS TOD: 14,19–20

19 Die übrige Geschichte Jerobeams, welche
Kriege er führte und wie er regierte, ist aufge-
zeichnet in der Chronik der Könige von Israel.
20 Die Regierungszeit Jerobeams betrug zwei-
undzwanzig Jahre. Er entschlief zu seinen
Vätern und sein Sohn Nadab wurde König an
seiner Stelle.

REHABEAM VON JUDA: 14,21–31

21 Rehabeam, der Sohn Salomos, war König in
Juda. Er war einundvierzig Jahre alt, als er
König wurde, und regierte siebzehn Jahre in
Jerusalem, der Stadt, die der HERR aus allen
Stämmen Israels erwählt hatte, um seinen
Namen auf sie zu legen. Seine Mutter hieß
Naama und war eine Ammoniterin. 22 Juda
aber tat, was böse war in den Augen des
HERRN. Die Sünden, die sie begingen, reizten
ihn mehr als alles, was ihre Väter getan hatten.
23 Denn auch sie errichteten Kulthöhen, Stein-
male und Kultpfähle auf allen hohen Hügeln
und unter jedem üppigen Baum. 24 Sogar
Götzengeweihte gab es im Land. Sie ahmten
alle Gräuel der Völker nach, die der HERR vor
den Israeliten vertrieben hatte.

25 Im fünften Jahr des Königs Rehabeam zog
Schischak, der König von Ägypten, gegen Je-
rusalem. 26 Er raubte die Schätze des Tempels
und die Schätze des königlichen Palastes und
nahm alles weg, auch alle goldenen Schilde, die
Salomo hatte anfertigen lassen. 27 An deren
Stelle ließ König Rehabeam bronzene anferti-
gen und übergab sie den Befehlshabern der
Läufer, die den Eingang zum Haus des Königs
bewachten. 28 Sooft nun der König in das Haus
des HERRN ging, trugen die Läufer die Schilde
und brachten sie dann wieder in ihre Wachstu-
be zurück.

29 Die übrige Geschichte Rehabeams und
alle seine Taten sind aufgezeichnet in der
Chronik der Könige von Juda. 30 Es war aber
dauernd Krieg zwischen Rehabeam und
Jerobeam. 31 Rehabeam entschlief zu seinen
Vätern und wurde bei seinen Vätern in der
Davidstadt begraben. Seine Mutter hieß Naa-
ma und war eine Ammoniterin. Sein Sohn
Abija wurde König an seiner Stelle.

21–31: 2 Chr 12,9–16 / **21**: 8,44.48; 11,13.32.36 / **23**: Jer 2,20 / **24**: 2 Kön 16,3 / **26**: 2 Kön 14,14

ABIJA VON JUDA: 15,1–8

15 1 Im achtzehnten Jahr des Königs
Jerobeam, des Sohnes Nebats, wurde
Abija König von Juda. 2 Er regierte drei Jahre in
Jerusalem. Seine Mutter hieß Maacha und war
eine Tochter Abischaloms. 3 Er verfiel allen
Sünden, die sein Vater vor ihm begangen hat-
te, und sein Herz war nicht ungeteilt beim
HERRN, seinem Gott, wie das Herz seines Va-
ters David. 4 Nur Davids wegen ließ ihm der
HERR, sein Gott, eine Leuchte in Jerusalem,
indem er seinen Sohn als Nachfolger einsetzte
und Jerusalem bestehen ließ. 5 Denn David

14,14 Die beiden Sätze sind schwer zu deuten.

14,24 Götzengeweihte; Geweihte: H.

hatte getan, was dem HERRN gefiel. Er war
sein Leben lang von keinem Gebot abgewi-
chen, außer in der Sache Urijas, des Hetiters.
6 Es war aber Krieg zwischen Rehabeam und
Jerobeam, solange er lebte.
7 Die übrige Geschichte Abijas und alle seine
Taten sind aufgezeichnet in der Chronik der
Könige von Juda. Zwischen Abija und Jerobe-
am herrschte Krieg. 8 Abija entschlief zu seinen
Vätern; man begrub ihn in der Davidstadt.
Sein Sohn Asa wurde König an seiner Stelle.

1–8: 2 Chr 13,1–2.22–23 / **4**: 11,36; 2 Kön 8,19; 2 Chr 21,7 / **5**: 2 Sam 11,2–25

ASA VON JUDA: 15,9–24

9 Im zwanzigsten Jahr Jerobeams, des Königs
von Israel, wurde Asa König von Juda. 10 Er
regierte einundvierzig Jahre in Jerusalem.
Seine Großmutter hieß Maacha und war eine
Tochter Abischaloms. 11 Asa tat, was dem
HERRN gefiel, wie sein Vater David. 12 Er ent-
fernte die Hierodulen aus dem Land und be-
seitigte alle Götzenbilder, die seine Väter
gemacht hatten. 13 Auch seine Großmutter
Maacha enthob er ihrer Stellung als Herrin,
weil sie der Aschera ein Schandbild errichtet
hatte. Er ließ ihr Schandbild umhauen und
im Kidrontal verbrennen. 14 Nur die Kult-
höhen verschwanden nicht. Doch das Herz
Asas war ungeteilt beim HERRN, solange er
lebte. 15 Er brachte auch die Weihegaben sei-
nes Vaters und seine eigenen Weihegaben in
das Haus des HERRN: Silber, Gold und aller-
lei Geräte.
16 Zwischen Asa und Bascha, dem König von
Israel, herrschte Krieg, solange sie lebten.
17 Bascha, der König von Israel, zog gegen Juda
und baute Rama aus, um Asa, den König von
Juda, daran zu hindern, auszurücken und wie-
der einzuziehen. 18 Da nahm Asa alles Silber
und Gold, das in den Schatzkammern des
Tempels noch vorhanden war, dazu alle Schät-
ze des königlichen Palastes, und ließ sie durch
seine Abgesandten zu Ben-Hadad bringen,
dem Sohn Tabrimmons und Enkel Hesjons,
dem König von Aram, der in Damaskus seinen
Sitz hatte. Dabei ließ er ihm sagen: 19 Zwischen
mir und dir, zwischen meinem Vater und dei-
nem Vater, besteht ein Bündnis. Ich schicke dir
Silber und Gold als Geschenk. Löse also dein
Bündnis mit Bascha, dem König von Israel,
damit er von mir abzieht! 20 Ben-Hadad hörte
auf König Asa. Er sandte seine Heerführer ge-
gen die Städte Israels und verwüstete Ijon,
Dan, Abel-Bet-Maacha, ganz Kinneret sowie
das ganze Land Naftali. 21 Als Bascha dies er-
fuhr, hörte er auf, Rama auszubauen, und blieb
in Tirza. 22 König Asa aber bot ganz Juda bis
zum letzten Mann auf und ließ die Steine und
Balken wegnehmen, mit denen Bascha Rama
ausgebaut hatte. Mit ihnen baute König Asa
Geba in Benjamin und Mizpa aus.
23 Die ganze übrige Geschichte Asas, alle
seine Erfolge und Taten sowie die Städte, die
er baute, sind aufgezeichnet in der Chronik der
Könige von Juda. In seinem Alter erkrankte er
an den Füßen. 24 Asa entschlief zu seinen Vä-
tern und wurde bei seinen Vätern in der Stadt
seines Vaters David begraben. Sein Sohn Jo-
schafat wurde König an seiner Stelle.

9–12: 2 Chr 14,1–4 / **13–15**: 2 Chr 15,16–18 / **16–22**: 2 Chr 16,1–6

NADAB VON ISRAEL: 15,25–32

25 Nadab, der Sohn Jerobeams, wurde König
von Israel im zweiten Jahr des Königs Asa von
Juda. Er regierte zwei Jahre über Israel 26 und
tat, was böse war in den Augen des HERRN. Er
folgte den Wegen seines Vaters und hielt an
der Sünde fest, zu der dieser Israel verführt
hatte. 27 Bascha, der Sohn Ahijas, aus dem
Stamm Issachar, zettelte eine Verschwörung
gegen ihn an und erschlug ihn bei Gibbeton,
das den Philistern gehörte. Nadab belagerte
nämlich damals Gibbeton mit ganz Israel. 28 Im
dritten Jahr des Königs Asa von Juda tötete ihn
Bascha und wurde König an seiner Stelle. 29 Als
er aber König geworden war, beseitigte er das
ganze Haus Jerobeam. Er ließ keinen am Le-
ben, sondern rottete es völlig aus, wie der
HERR durch seinen Knecht Ahija von Schilo
vorausgesagt hatte. 30 Das geschah wegen der
Sünden, die Jerobeam begangen und zu denen
er Israel verführt hatte, und wegen des Ärgers,
den er dem HERRN, dem Gott Israels, bereitet
hatte.
31 Die übrige Geschichte Nadabs und alle
seine Taten sind aufgezeichnet in der Chronik
der Könige von Israel. 32 Zwischen Asa und
Bascha, dem König von Israel, herrschte Krieg,
solange sie lebten.

25: 14,20 / **26**: 12,26–33 / **29**: 14,10f. / **30**: 2 Kön 23,26

BASCHA VON ISRAEL: 15,33–16,7

33 Im dritten Jahr des Königs Asa von Juda wur-
de Bascha, der Sohn Ahijas, König über ganz

Israel. Er regierte in Tirza vierundzwanzig
Jahre 34 und tat, was böse war in den Augen des
HERRN. Er folgte den Wegen Jerobeams und
hielt an der Sünde fest, zu der dieser Israel ver-
führt hatte.

16 1 Da erging das Wort des HERRN an
Jehu, den Sohn Hananis, gegen Bascha:
2 Ich habe dich aus dem Staub emporgehoben
und zum Fürsten meines Volkes Israel ge-
macht. Du aber bist den Wegen Jerobeams
gefolgt und hast mein Volk Israel zur Sünde
verleitet, sodass sie mich durch ihre Sünden
erzürnten. 3 Darum werde ich Bascha und sein
Haus wegfegen und sein Haus dem Haus
Jerobeams, des Sohnes Nebats, gleichmachen.
4 Wer vom Haus Bascha in der Stadt stirbt, den
werden die Hunde fressen; und wer auf dem
freien Feld stirbt, den werden die Vögel des
Himmels fressen.

5 Die übrige Geschichte Baschas, seine Taten
und Erfolge, sind aufgezeichnet in der Chronik
der Könige von Israel. 6 Bascha entschlief zu
seinen Vätern und wurde in Tirza begraben.
Sein Sohn Ela wurde König an seiner Stelle.
7 Das Wort des HERRN war durch den Prophe-
ten Jehu, den Sohn Hananis, an Bascha und
sein Haus ergangen, weil er tat, was böse war
in den Augen des HERRN, weil er ihn durch
das Werk seiner Hände erzürnte und es dem
Haus Jerobeam gleichtat, aber auch weil er die-
ses ausgerottet hatte.

2: Ps 113,7 / **4:** 14,10f.; 21,21–24; 2 Kön 9,8–10

ELA VON ISRAEL: 16,8–14

8 Im sechsundzwanzigsten Jahr des Königs
Asa von Juda wurde Ela, der Sohn Baschas,
König von Israel. Er regierte in Tirza zwei Jah-
re. 9 Gegen ihn zettelte sein Knecht Simri, der
Befehlshaber der einen Hälfte der Kriegswa-
gen, eine Verschwörung an. Ela war in Tirza
und hatte sich im Haus Arzas, des Palastvor-
stehers in Tirza, völlig betrunken. 10 Simri
drang ein und erschlug ihn im siebenund-
zwanzigsten Jahr des Königs Asa von Juda und
wurde König an seiner Stelle. 11 Als er aber
König geworden war und den Thron bestiegen
hatte, beseitigte er das ganze Haus Bascha. Er
ließ nichts am Leben, was männlich war, kei-
nen Verwandten und keinen Freund. 12 So
rottete Simri das ganze Haus Bascha aus, wie
es der HERR durch den Propheten Jehu über
Bascha vorausgesagt hatte. 13 Dies geschah we-
gen aller Sünden, die Bascha und sein Sohn Ela
begangen und zu denen sie Israel verführt hat-
ten. Durch ihre nichtigen Götzen reizten sie
den HERRN, den Gott Israels.

14 Die übrige Geschichte Elas und alle seine
Taten sind aufgezeichnet in der Chronik der
Könige von Israel.

9f.: Hos 7,3–7 / **12:** 2 Kön 10,17

SIMRI, TIBNI UND OMRI: 16,15–28

15 Im siebenundzwanzigsten Jahr des Königs
Asa von Juda war Simri sieben Tage König in
Tirza. Das Volk belagerte damals Gibbeton,
das den Philistern gehörte. 16 Als das Kriegs-
volk während der Belagerung hörte, dass
Simri eine Verschwörung angezettelt und
den König erschlagen hatte, rief ganz Israel
Omri, den Befehlshaber des Heeres, noch am
gleichen Tag im Lager zum König von Israel
aus. 17 Omri zog nun mit ganz Israel von
Gibbeton hinauf und schloss Tirza ein. 18 Als
Simri sah, dass die Stadt genommen war, zog
er sich in den Wohnturm des königlichen
Palastes zurück, steckte den Palast über sich
in Brand und fand den Tod. 19 Dies traf ihn zur
Strafe für die Sünden, die er begangen hatte;
denn er hatte getan, was böse war in den Au-
gen des HERRN. Er war den Wegen Jerobeams
gefolgt und hatte an der Sünde festgehalten,
die dieser begangen und zu der er Israel ver-
führt hatte.

20 Die übrige Geschichte Simris und die Ver-
schwörung, die er angezettelt hat, sind aufge-
zeichnet in der Chronik der Könige von Israel.
21 Damals spaltete sich das Volk Israel in zwei
Parteien. Die eine Hälfte des Volkes stand hin-
ter Tibni, dem Sohn Ginats, und wollte ihn
zum König machen; die andere Hälfte schloss
sich Omri an. 22 Doch die Anhänger Omris
waren stärker als die Gefolgschaft Tibnis, des
Sohnes Ginats, und als Tibni starb, wurde
Omri König.

23 Im einunddreißigsten Jahr des Königs Asa
von Juda wurde Omri König von Israel. Er re-
gierte zwölf Jahre, davon sechs in Tirza.
24 Dann kaufte er von Schemer für zwei Talen-
te Silber den Berg Samaria, errichtete Bauten
auf ihm und nannte die Stadt, die er baute,
Samaria, nach dem Namen Schemers, des Be-
sitzers des Berges. 25 Omri tat, was böse war in
den Augen des HERRN, und trieb es noch
schlimmer als alle seine Vorgänger. 26 Er folgte
ganz den Wegen Jerobeams, des Sohnes Ne-
bats, und hielt an der Sünde fest, zu der dieser

die Israeliten verführt hatte, sodass sie den
HERRN, den Gott Israels, durch ihre Götzen
erzürnten.
27 Die übrige Geschichte Omris, seine Taten
und die Erfolge, die er errang, sind aufgezeich-
net in der Chronik der Könige von Israel.
28 Omri entschlief zu seinen Vätern und wur-
de in Samaria begraben. Sein Sohn Ahab wur-
de König an seiner Stelle.

15: 15,27 / **16**: 2 Kön 9,13

AHAB VON ISRAEL: EINLEITUNG: 16,29–34

29 Ahab, der Sohn Omris, wurde König von
Israel im achtunddreißigsten Jahr des Königs
Asa von Juda. Er regierte in Samaria zweiund-
zwanzig Jahre über Israel 30 und tat, was böse
war in den Augen des HERRN, mehr als alle
seine Vorgänger. 31 Es war noch das Wenigste,
dass er an den Sünden Jerobeams, des Sohnes
Nebats, festhielt. Er nahm Isebel, die Tochter
Etbaals, des Königs der Sidonier, zur Frau, ging
hin, diente dem Baal und warf sich vor ihm
nieder. 32 Im Baalstempel, den er in Samaria
baute, errichtete er einen Altar für den Baal.
33 Auch stellte er einen Kultpfahl auf und tat
noch vieles andere, womit er den HERRN, den
Gott Israels, mehr erzürnte als alle Könige Is-
raels vor ihm. 34 In seinen Tagen baute Hiël aus
Bet-El Jericho wieder auf. Um den Preis seines
Erstgeborenen Abiram legte er die Fundamen-
te und um den Preis seines jüngsten Sohnes
Segub setzte er die Tore ein, wie es der HERR
durch Josua, den Sohn Nuns, vorausgesagt
hatte.

31: Dtn 7,3 / **32**: 2 Kön 10,25–27 / **34**: Jos 6,26

ELIJA AM BACH KERIT: 17,1–7

17 1 Elija aus Tischbe in Gilead sprach zu
Ahab: So wahr der HERR, der Gott Isra-
els, lebt, in dessen Dienst ich stehe: in diesen
Jahren sollen weder Tau noch Regen fallen, es
sei denn auf mein Wort hin.
2 Danach erging das Wort des HERRN an
Elija: 3 Geh weg von hier, wende dich nach
Osten und verbirg dich am Bach Kerit östlich
des Jordan! 4 Aus dem Bach sollst du trinken
und den Raben habe ich befohlen, dass sie dich
dort ernähren. 5 Elija ging weg und tat, was der
HERR befohlen hatte; er begab sich zum Bach
Kerit östlich des Jordan und ließ sich dort nie-
der. 6 Die Raben brachten ihm Brot und Fleisch
am Morgen und ebenso Brot und Fleisch am
Abend und er trank aus dem Bach. 7 Nach ei-
niger Zeit aber vertrocknete der Bach; denn es
fiel kein Regen im Land.

1: 18,15; 2 Kön 3,14 / **4**: Ijob 38,41; Ps 147,9

ELIJA IN SAREPTA: 17,8–24

8 Da erging das Wort des HERRN an Elija:
9 Mach dich auf und geh nach Sarepta, das zu
Sidon gehört, und bleib dort! Ich habe dort
einer Witwe befohlen, dich zu versorgen. 10 Er
machte sich auf und ging nach Sarepta. Als er
an das Stadttor kam, traf er dort eine Witwe,
die Holz auflas. Er bat sie: Bring mir in einem
Gefäß ein wenig Wasser zum Trinken! 11 Als
sie wegging, um es zu holen, rief er ihr nach:
Bring mir auch einen Bissen Brot mit! 12 Doch
sie sagte: So wahr der HERR, dein Gott, lebt:
Ich habe nichts mehr vorrätig als eine Hand-
voll Mehl im Topf und ein wenig Öl im Krug.
Ich lese hier ein paar Stücke Holz auf und gehe
dann heim, um für mich und meinen Sohn
etwas zuzubereiten. Das wollen wir noch es-
sen und dann sterben. 13 Elija entgegnete ihr:
Fürchte dich nicht! Geh heim und tu, was du
gesagt hast! Nur mache zuerst für mich ein
kleines Gebäck und bring es zu mir heraus!
Danach kannst du für dich und deinen Sohn
etwas zubereiten; 14 denn so spricht der HERR,
der Gott Israels: Der Mehltopf wird nicht leer
werden und der Ölkrug nicht versiegen bis zu
dem Tag, an dem der HERR wieder Regen auf
den Erdboden sendet. 15 Sie ging und tat, was
Elija gesagt hatte. So hatte sie mit ihm und ih-
rem Haus viele Tage zu essen. 16 Der Mehltopf
wurde nicht leer und der Ölkrug versiegte
nicht, wie der HERR durch Elija versprochen
hatte.
17 Nach einiger Zeit erkrankte der Sohn der
Frau, der das Haus gehörte. Die Krankheit ver-
schlimmerte sich so, dass zuletzt kein Atem
mehr in ihm war. 18 Da sagte sie zu Elija: Was
habe ich mit dir zu schaffen, Mann Gottes? Du
bist nur zu mir gekommen, um an meine Sün-
de zu erinnern und meinem Sohn den Tod zu
bringen. 19 Er antwortete ihr: Gib mir deinen
Sohn! Und er nahm ihn von ihrem Schoß, trug
ihn in das Obergemach hinauf, in dem er
wohnte, und legte ihn auf sein Bett. 20 Dann
rief er zum HERRN und sagte: HERR, mein
Gott, willst du denn auch über die Witwe, in
deren Haus ich wohne, Unheil bringen und
ihren Sohn sterben lassen? 21 Hierauf streckte
er sich dreimal über den Knaben hin, rief zum
HERRN und flehte: HERR, mein Gott, es keh-

re doch Leben in diesen Knaben zurück! 22 Der
HERR erhörte das Gebet Elijas. Das Leben
kehrte in den Knaben zurück und er lebte wie-
der auf. 23 Elija nahm ihn, brachte ihn vom
Obergemach in das Haus hinab und gab ihn
seiner Mutter zurück mit den Worten: Sieh,
dein Sohn lebt. 24 Da sagte die Frau zu Elija:
Jetzt weiß ich, dass du ein Mann Gottes bist
und dass das Wort des HERRN wirklich in dei-
nem Mund ist.

17,8–16: 2 Kön 4,1–7 / **9:** Lk 4,25f. / **14:** 2 Kön 4,43 / **17,17–24:** 2 Kön 4,8–37; Lk 7,11–17 / **21:** Apg 20,10

KONFLIKT MIT AHAB: 18,1–19

18 1 Nach langer Zeit – es war im dritten
Jahr – erging das Wort des HERRN an
Elija: Geh und zeig dich dem Ahab! Ich will
Regen auf die Erde senden. 2 Da ging Elija hin,
um sich Ahab zu zeigen.

Die Hungersnot war groß in Samaria. 3 Da-
her rief Ahab den Palastvorsteher Obadja. Die-
ser war sehr gottesfürchtig. 4 Als Isebel die
Propheten des HERRN ausrottete, hatte Obad-
ja hundert von ihnen beiseitegenommen, sie
zu je fünfzig in einer Höhle verborgen und mit
Brot und Wasser versorgt. 5 Ahab befahl nun
Obadja: Geh an alle Wasserquellen und Bäche
im Land! Vielleicht finden wir Gras, damit wir
Pferde und Maultiere am Leben erhalten kön-
nen und nicht einen Teil des Viehs töten müs-
sen. 6 Sie teilten sich das Land, um es zu durch-
streifen. Ahab ging in die eine und Obadja in
die andere Richtung.

7 Als nun Obadja unterwegs war, kam ihm
Elija entgegen. Obadja erkannte ihn, warf sich
vor ihm nieder und rief: Bist du es, mein Herr
Elija? 8 Dieser antwortete: Ich bin es. Geh und
melde deinem Herrn: Elija ist da. 9 Obadja ent-
gegnete: Was habe ich mir zuschulden kom-
men lassen, dass du deinen Knecht an Ahab
ausliefern und dem Tod preisgeben willst?
10 So wahr der HERR, dein Gott, lebt: Es gibt
kein Volk und kein Reich, wo mein Herr dich
nicht hätte suchen lassen. Und wenn man sag-
te: Er ist nicht hier, dann ließ er dieses Reich
oder Volk schwören, dass man dich nicht ge-
funden habe. 11 Und jetzt befiehlst du: Geh und
melde deinem Herrn: Elija ist da. 12 Wenn ich
nun von dir weggehe, könnte ja der Geist des
HERRN dich an einen Ort tragen, den ich nicht
kenne. Käme ich dann zu Ahab, um dich zu
melden, und könnte er dich nicht finden, so
würde er mich töten. Dabei hat dein Knecht
doch von Jugend auf den HERRN gefürchtet.
13 Hat man dir denn nicht berichtet, was ich
getan habe, als Isebel die Propheten des HERRN
umbrachte? Ich habe doch hundert von ihnen,
je fünfzig in einer Höhle, verborgen und mit
Brot und Wasser versorgt. 14 Und nun befiehlst
du: Geh und melde deinem Herrn: Elija ist da.
Ahab würde mich töten. 15 Doch Elija antwor-
tete: So wahr der HERR der Heerscharen lebt,
in dessen Dienst ich stehe: Heute noch werde
ich ihm vor die Augen treten.

16 Obadja kam zu Ahab und brachte ihm die
Nachricht. Ahab ging Elija entgegen. 17 Sobald
er ihn sah, rief er aus: Bist du es, Verderber Is-
raels? 18 Elija entgegnete: Nicht ich habe Israel
ins Verderben gestürzt, sondern du und das
Haus deines Vaters, weil ihr die Gebote des
HERRN übertreten habt und du den Baalen
nachgelaufen bist. 19 Doch schick jetzt Boten
aus und versammle mir ganz Israel auf dem
Karmel, auch die vierhundertfünfzig Prophe-
ten des Baal und die vierhundert Propheten der
Aschera, die vom Tisch Isebels essen!

1: Dtn 11,14; Jer 5,24; 10,13 / **12:** 2 Kön 2,16–18; Ez 3,12–15; 11,1.24 / **19:** 2 Kön 10,19

ENTSCHEIDUNG AUF DEM KARMEL: 18,20–40

20 Ahab schickte in ganz Israel umher und ließ
die Propheten auf dem Karmel zusammen-
kommen. 21 Und Elija trat vor das ganze Volk
und rief: Wie lange noch schwankt ihr nach
zwei Seiten? Wenn der HERR der wahre Gott
ist, dann folgt ihm! Wenn aber Baal es ist, dann
folgt diesem! Doch das Volk gab ihm keine
Antwort. 22 Da sagte Elija zum Volk: Ich allein
bin als Prophet des HERRN übrig geblieben;
die Propheten des Baal aber sind vierhundert-
fünfzig. 23 Man gebe uns zwei Stiere. Sie sollen
sich einen auswählen, ihn zerteilen und auf das
Holz legen, aber kein Feuer anzünden. Ich wer-
de den andern zubereiten, auf das Holz legen
und kein Feuer anzünden. 24 Dann sollt ihr den
Namen eures Gottes anrufen und ich werde
den Namen des HERRN anrufen. Der Gott, der
mit Feuer antwortet, ist der wahre Gott. Da rief
das ganze Volk: Der Vorschlag ist gut.

25 Nun sagte Elija zu den Propheten des Baal:
Wählt ihr zuerst den einen Stier aus und be-
reitet ihn zu; denn ihr seid die Mehrheit. Ruft
dann den Namen eures Gottes an, entzündet
aber kein Feuer! 26 Sie nahmen den Stier, den

18,26 den er/man gemacht hatte: H; den sie gemacht hatten: G, Vg und S.

er ihnen überließ, und bereiteten ihn zu. Dann
riefen sie vom Morgen bis zum Mittag den
Namen des Baal an und schrien: Baal, erhöre
uns! Doch es kam kein Laut und niemand gab
Antwort. Sie tanzten hüpfend um den Altar,
den man gemacht hatte. 27 Um die Mittagszeit
verspottete sie Elija und sagte: Ruft lauter! Er
ist doch Gott. Er könnte beschäftigt sein,
könnte beiseitegegangen oder verreist sein.
Vielleicht schläft er und wacht dann auf. 28 Sie
schrien nun mit lauter Stimme. Nach ihrem
Brauch ritzten sie sich mit Schwertern und
Lanzen wund, bis das Blut an ihnen herabfloss.
29 Als der Mittag vorüber war, verfielen sie in
Raserei und das dauerte bis zu der Zeit, da man
das Speiseopfer darzubringen pflegt. Doch es
kam kein Laut, keine Antwort, keine Erhö-
rung.

30 Nun forderte Elija das ganze Volk auf: Tre-
tet her zu mir! Sie kamen und Elija baute den
zerstörten Altar des HERRN wieder auf. 31 Er
nahm zwölf Steine, nach der Zahl der Stämme
der Söhne Jakobs, zu dem der HERR gesagt
hatte: Israel soll dein Name sein. 32 Er fügte die
Steine zu einem Altar für den Namen des
HERRN, zog rings um den Altar einen Graben
und grenzte eine Fläche ab, die zwei Sea Saat
hätte aufnehmen können. 33 Sodann schichte-
te er das Holz auf, zerteilte den Stier und legte
ihn auf das Holz. 34 Nun befahl er: Füllt vier
Krüge mit Wasser und gießt es über das Brand-
opfer und das Holz! Hierauf sagte er: Tut es
noch einmal! Und sie wiederholten es. Dann
sagte er: Tut es zum dritten Mal! Und sie taten
es zum dritten Mal. 35 Das Wasser lief rings um
den Altar. Auch den Graben füllte er mit Was-
ser. 36 Zu der Zeit nun, da man das Speiseopfer
darzubringen pflegt, trat der Prophet Elija an
den Altar und rief: HERR, Gott Abrahams,
Isaaks und Israels, heute soll man erkennen,
dass du Gott bist in Israel, dass ich dein Knecht
bin und all das in deinem Auftrag tue. 37 Erhö-
re mich, HERR, erhöre mich! Dieses Volk soll
erkennen, dass du, HERR, der wahre Gott bist
und dass du sein Herz zur Umkehr wendest.
38 Da kam das Feuer des HERRN herab und
verzehrte das Brandopfer, das Holz, die Steine
und die Erde. Auch das Wasser im Graben
leckte es auf. 39 Das ganze Volk sah es, warf sich
auf das Angesicht nieder und rief: Der HERR
ist Gott, der HERR ist Gott! 40 Elija aber befahl
ihnen: Ergreift die Propheten des Baal! Keiner
von ihnen soll entkommen. Man ergriff sie
und Elija ließ sie zum Bach Kischon hinabfüh-
ren und dort töten.

21: Jos 24,15 / **22**: 19,10.14 / **26**: Hos 11,7 / **28**: Hos 7,14 / **31**: Gen 32,29; 35,10 / **38**: Num 11,1.3

ENDE DER DÜRRE: 18,41–46

41 Dann sagte Elija zu Ahab: Geh hinauf, iss
und trink; denn das Rauschen des Regens ist
schon hörbar. 42 Während Ahab wegging, um
zu essen und zu trinken, stieg Elija zur Höhe
des Karmel empor, kauerte sich auf den Boden
nieder und legte seinen Kopf zwischen die
Knie. 43 Dann befahl er seinem Diener: Geh
hinauf und schau auf das Meer hinaus! Dieser
ging hinauf schaute hinaus und meldete: Es ist
nichts zu sehen. Elija befahl: Geh sieben Mal
hinauf! 44 Beim siebten Mal meldete der Die-
ner: Eine Wolke, klein wie eine Menschen-
hand, steigt aus dem Meer herauf. Darauf sag-
te Elija: Geh hinauf und sag zu Ahab: Spanne
an und fahr hinab, damit der Regen dich nicht
aufhält! 45 Es dauerte nicht lange, da verfins-
terte sich der Himmel durch Sturm und Wol-
ken und es fiel ein starker Regen. Ahab bestieg
den Wagen und fuhr nach Jesreel. 46 Über Eli-
ja aber kam die Hand des HERRN. Er gürtete
sich und lief vor Ahab her bis dorthin, wo der
Weg nach Jesreel abzweigt.

44: Lk 12,54 / **46**: 2 Kön 3,15; Ez 1,3

ELIJA AM HOREB: 19,1–18

19 1 Ahab erzählte Isebel alles, was Elija
getan, auch dass er alle Propheten mit
dem Schwert getötet habe. 2 Sie schickte einen
Boten zu Elija und ließ ihm sagen: Die Götter
sollen mir dies und das antun, wenn ich mor-
gen um diese Zeit dein Leben nicht dem Leben
eines jeden von ihnen gleichmache. 3 Elija ge-
riet in Angst, machte sich auf und ging weg,
um sein Leben zu retten. Er kam nach Beer-
scheba in Juda und ließ dort seinen Diener
zurück. 4 Er selbst ging eine Tagereise weit in die
Wüste hinein. Dort setzte er sich unter einen
Ginsterstrauch und wünschte sich den Tod. Er
sagte: Nun ist es genug, HERR. Nimm mein
Leben; denn ich bin nicht besser als meine Vä-
ter. 5 Dann legte er sich unter den Ginster-
strauch und schlief ein. Doch ein Engel rührte
ihn an und sprach: Steh auf und iss! 6 Als er um
sich blickte, sah er neben seinem Kopf Brot,
das in glühender Asche gebacken war, und ei-

19,3 geriet in Angst: G; sah: H, Vg und S.

nen Krug mit Wasser. Er aß und trank und
legte sich wieder hin. 7 Doch der Engel des
HERRN kam zum zweiten Mal, rührte ihn an
und sprach: Steh auf und iss! Sonst ist der Weg
zu weit für dich. 8 Da stand er auf, aß und trank
und wanderte, durch diese Speise gestärkt,
vierzig Tage und vierzig Nächte bis zum Got-
tesberg Horeb. 9 Dort ging er in eine Höhle, um
darin zu übernachten. Doch das Wort des
HERRN erging an ihn: Was willst du hier, Eli-
ja? 10 Er sagte: Mit leidenschaftlichem Eifer bin
ich für den HERRN, den Gott der Heerscharen,
eingetreten, weil die Israeliten deinen Bund
verlassen, deine Altäre zerstört und deine Pro-
pheten mit dem Schwert getötet haben. Ich
allein bin übrig geblieben und nun trachten sie
auch mir nach dem Leben. 11 Der HERR antwor-
tete: Komm heraus und stell dich auf den Berg
vor den HERRN! Da zog der HERR vorüber: Ein
starker, heftiger Sturm, der die Berge zerriss
und die Felsen zerbrach, ging dem HERRN vo-
raus. Doch der HERR war nicht im Sturm.
Nach dem Sturm kam ein Erdbeben. Doch der
HERR war nicht im Erdbeben. 12 Nach dem
Beben kam ein Feuer. Doch der HERR war
nicht im Feuer. Nach dem Feuer kam ein sanf-
tes, leises Säuseln. 13 Als Elija es hörte, hüllte
er sein Gesicht in den Mantel, trat hinaus und
stellte sich an den Eingang der Höhle.

14 Da vernahm er eine Stimme, die ihm zu-
rief: Was willst du hier, Elija? Er antwortete:
Mit Leidenschaft bin ich für den HERRN, den
Gott der Heerscharen, eingetreten, weil die
Israeliten deinen Bund verlassen, deine Altäre
zerstört und deine Propheten mit dem Schwert
getötet haben. Ich allein bin übrig geblieben
und nun trachten sie auch mir nach dem Le-
ben. 15 Der HERR antwortete ihm: Geh deinen
Weg durch die Wüste zurück und begib dich
nach Damaskus! Bist du dort angekommen,
salbe Hasaël zum König über Aram! 16 Jehu,
den Sohn Nimschis, sollst du zum König von
Israel salben und Elischa, den Sohn Schafats
aus Abel-Mehola, salbe zum Propheten an dei-
ner Stelle. 17 So wird es geschehen: Wer dem
Schwert Hasaëls entrinnt, den wird Jehu tö-
ten. Und wer dem Schwert Jehus entrinnt, den
wird Elischa töten. 18 Ich werde in Israel sie-
bentausend übrig lassen, alle, deren Knie sich
vor dem Baal nicht gebeugt und deren Mund
ihn nicht geküsst hat.

2: 20,10; 2 Kön 6,31 / **4**: Jona 4,3.8 / **15**: 2 Kön 8,7–15 / **16**: 2 Kön 9,1–10

ELISCHAS BERUFUNG: 19,19–21

19 Als Elija von dort weggegangen war, traf er
Elischa, den Sohn Schafats. Er war gerade mit
zwölf Gespannen am Pflügen und er selbst
pflügte mit dem zwölften. Im Vorbeigehen
warf Elija seinen Mantel über ihn. 20 Sogleich
verließ Elischa die Rinder, eilte Elija nach und
bat ihn: Lass mich noch meinem Vater und
meiner Mutter den Abschiedskuss geben;
dann werde ich dir folgen. Elija antwortete:
Geh, kehr um! Denn was habe ich dir getan?
21 Elischa ging von ihm weg, nahm seine zwei
Rinder und schlachtete sie. Mit dem Joch der
Rinder kochte er das Fleisch und setzte es
den Leuten zum Essen vor. Dann stand er auf,
folgte Elija und trat in seinen Dienst.

19: 2 Kön 2,8.13–15 / **20**: Mt 8,21f. / **21**: 2 Kön 3,11

KRIEG MIT DEN ARAMÄERN: 20,1–43

20 1 Ben-Hadad, der König von Aram,
sammelte sein ganzes Heer. In seinem
Gefolge waren zweiunddreißig Könige mit
Pferden und Wagen. Er zog herauf, belagerte
Samaria und bestürmte es. 2 Dann schickte er
Boten in die Stadt zu Ahab, dem König von
Israel, 3 und ließ ihm sagen: So spricht Ben-
Hadad: Dein Silber und dein Gold gehören
mir. Auch deine Frauen und deine edlen Söh-
ne gehören mir. 4 Der König von Israel antwor-
tete: Ganz wie du sagst, mein Herr und König,
gehöre ich dir mit allem, was ich besitze. 5 Aber
die Boten kamen ein zweites Mal und melde-
ten: So spricht Ben-Hadad: Ich habe dir sagen
lassen, dass du mir dein Silber und Gold, dei-
ne Frauen und Söhne ausliefern sollst. 6 Doch
morgen um diese Zeit werde ich meine Leute
zu dir schicken, damit sie dein Haus und auch
die Häuser deiner Diener durchsuchen und
alles, was wertvoll ist, nehmen und forttragen.
7 Da rief der König von Israel alle Ältesten des
Landes zu sich und sagte: Seht und erkennt,
dass dieser Mann Böses im Sinn hat. Er hat von
mir meine Frauen und Söhne, mein Silber und
Gold gefordert und ich habe ihm nichts ver-
weigert. 8 Da antworteten ihm alle Ältesten
und das ganze Volk: Gehorch ihm nicht und
willige nicht ein! 9 Er gab daher den Abgesand-
ten Ben-Hadads den Bescheid: Sagt zu mei-
nem Herrn, dem König: Alles, was du zuerst
von deinem Knecht verlangt hast, will ich tun;
doch diese Forderung kann ich nicht erfüllen.

20,1 In der alten griechischen Bibel ist die Reihenfolge der Kapitel 20 und 21 umgekehrt.

Die Boten zogen ab und meldeten es ihrem
Herrn. 10 Darauf sandte Ben-Hadad abermals
Boten und ließ sagen: Die Götter sollen mir
dies und das antun, wenn der Staub Samarias
ausreicht, um allen Leuten in meinem Gefolge
die Hand zu füllen. 11 Doch der König von Is-
rael antwortete: Sagt zu ihm: Wer den Gürtel
anlegt, soll sich nicht rühmen wie einer, der
ihn bereits ablegt. 12 Als Ben-Hadad diese
Meldung empfing, hielt er gerade in den Zelten
ein Gelage mit den Königen. Er befahl seinen
Leuten anzugreifen und diese begannen den
Sturm auf die Stadt.

13 Doch ein Prophet kam zu Ahab, dem Kö-
nig von Israel, und sagte: So spricht der HERR:
Siehst du diese gewaltige Menge? Ich gebe sie
heute in deine Hand und du wirst erkennen,
dass ich der HERR bin. 14 Ahab fragte: Durch
wen? Er erwiderte: So spricht der HERR:
Durch die Truppe der Provinzstatthalter. Als
dann der König weiter wissen wollte, wer den
Kampf eröffnen solle, sprach er: Du selbst.
15 Daraufhin musterte er die Truppe der Pro-
vinzstatthalter; es waren zweihundertzwei-
unddreißig Mann. Nach ihnen musterte er das
ganze Kriegsvolk, die Gesamtheit der Israeli-
ten; es waren siebentausend Mann. 16 Als sie
um die Mittagszeit ausrückten, zechte Ben-
Hadad mit den zweiunddreißig Königen, sei-
nen Bundesgenossen, in den Zelten. 17 Die
Truppe der Provinzstatthalter rückte zuerst
aus. Ben-Hadad hatte Beobachter ausgesandt
und sie meldeten ihm, dass Leute aus Samaria
herauskommen. 18 Er befahl: Wenn sie in
friedlicher Absicht kommen, ergreift sie le-
bendig! Wenn sie zum Kampf ausrücken, er-
greift sie ebenfalls lebendig! 19 Sobald nun die
Truppe der Statthalter und das Heer, das ihr
folgte, aus der Stadt ausgerückt waren, 20 ge-
lang es jedem Einzelnen, seinen Gegner zu
überwinden. Die Aramäer mussten fliehen
und die Israeliten setzten ihnen nach. Ben-
Hadad, der König von Aram, konnte zu Pferd
entkommen, ebenso einige Wagenkämpfer.
21 Als dann auch der König von Israel ausrück-
te, vernichtete er die Pferde und Kriegswagen
und bereitete den Aramäern eine schwere Nie-
derlage.

22 Da erschien der Prophet wieder beim Kö-
nig von Israel und sagte zu ihm: Sammle deine
Kräfte und überleg dir gut, was du zu tun hast;
denn um die Jahreswende wird der König von
Aram abermals gegen dich ziehen. 23 Zum Kö-
nig von Aram hatten nämlich seine Ratgeber
gesagt: Ihr Gott ist ein Gott der Berge; darum
waren sie uns überlegen. Wenn wir aber in der
Ebene mit ihnen kämpfen, dann werden wir
sie bestimmt besiegen. 24 Tu also Folgendes:
Entfern die Könige aus ihrer Stellung und er-
setze sie durch Statthalter! 25 Dann sammle ein
ebenso großes Heer, wie du es verloren hast,
und ebenso viele Pferde und Kriegswagen, wie
du zuvor hattest! Wir werden in der Ebene mit
ihnen kämpfen und sie gewiss besiegen.

Ben-Hadad befolgte ihren Rat. 26 Um die
Jahreswende musterte er die Aramäer und
rückte zum Krieg gegen Israel bis Afek vor.
27 Auch die Israeliten wurden gemustert und
mit Lebensmitteln versehen. Sie zogen den
Aramäern entgegen und lagerten ihnen gegen-
über wie zwei Ziegenherden; die Aramäer aber
füllten die ganze Gegend. 28 Nun trat der Got-
tesmann zum König von Israel hin und sagte:
So spricht der HERR: Weil die Aramäer sagen,
dass der HERR ein Gott der Berge und nicht
ein Gott der Ebenen sei, gebe ich diese ganze
gewaltige Menge in deine Hand; und ihr wer-
det erkennen, dass ich der HERR bin. 29 Sie
lagen dann sieben Tage einander gegenüber.
Am siebten Tag kam es zur Schlacht und die
Israeliten töteten vom aramäischen Fußvolk
hunderttausend Mann an einem Tag. 30 Der
Rest floh in die Stadt Afek; doch die Mauer
stürzte über den siebenundzwanzigtausend
Mann, die übrig geblieben waren, zusammen.

Auch Ben-Hadad war in die Stadt geflohen
und irrte von einem Gemach in das andere.
31 Da sagten seine Ratgeber zu ihm: Wir haben
gehört, dass die Könige des Hauses Israel mil-
de Könige sind. Wir wollen daher Trauerge-
wänder anlegen und mit Stricken um den Hals
zum König von Israel hinausgehen. Vielleicht
schenkt er dir das Leben. 32 Sie legten also Trau-
ergewänder an und mit Stricken um den Hals
kamen sie zum König von Israel. Sie flehten
ihn an: Dein Knecht Ben-Hadad bittet dich,
ihm das Leben zu schenken. Er antwortete:
Lebt er noch? Er ist mein Bruder. 33 Die Männer
nahmen das Wort als gutes Zeichen, gingen
sogleich darauf ein und sagten: Ben-Hadad ist
dein Bruder. Dann befahl der König von Israel:
Geht, bringt ihn zu mir! Als Ben-Hadad kam,
nahm er ihn zu sich auf seinen Wagen. 34 Da
erklärte Ben-Hadad: Die Städte, die mein Va-
ter deinem Vater weggenommen hat, werde
ich zurückgeben und in Damaskus magst du

dir Handelsniederlassungen errichten, wie
mein Vater es in Samaria getan hat. Auf diese
Abmachung hin werde ich dich freilassen. So
schloss er mit ihm einen Vertrag und ließ ihn
frei.

35 Einer von den Prophetenjüngern sprach
im Auftrag des HERRN zu seinem Gefährten:
Schlag mich! Als dieser sich weigerte, ihn zu
schlagen, 36 sagte er zu ihm: Weil du der Stim-
me des HERRN nicht gehorcht hast, wird dich
ein Löwe töten, sobald du von mir weggegan-
gen bist. Der Mann hatte sich kaum von ihm
entfernt, als ihn ein Löwe anfiel und tötete.
37 Hierauf traf der Prophet einen andern und
befahl ihm: Schlag mich! Dieser schlug auf ihn
ein und verwundete ihn. 38 Sogleich begab sich
der Prophet zum König und stellte sich ihm in
den Weg. Durch eine Binde über den Augen
hatte er sich unkenntlich gemacht. 39 Als der
König vorbeikam, rief er ihn und sagte: Dein
Knecht ist in den Kampf gezogen. Da kam je-
mand herbei, brachte mir einen Gefangenen
und befahl: Bewach diesen Mann! Wenn er
entkommt, dann musst du es mit deinem Le-
ben büßen oder du musst ein Talent Silber
bezahlen. 40 Während nun dein Knecht da und
dort zu tun hatte, konnte der Gefangene ent-
kommen. Da sagte der König von Israel: Du
hast dir dein Urteil selbst gesprochen. 41 So-
gleich nahm der Prophet die Binde von den
Augen und der König von Israel erkannte ihn
als einen von den Propheten. 42 Dieser aber
sagte zu ihm: So spricht der HERR: Weil du
den Mann, der meinem Bann verfallen war,
aus deiner Hand entlassen hast, muss dein Le-
ben für sein Leben, dein Volk für sein Volk
einstehen. 43 Missmutig und verdrossen ging
der König von Israel nach Hause und kam nach
Samaria.

1: 2 Kön 6,24 / **7**: 2 Kön 5,7 / **11**: Spr 27,1 / **23**: Jdt 7,10 / **34**: 2 Kön 13,25 / **36**: 13,24 / **40**: 2 Sam 14,13

NABOTS WEINBERG: 21,1–29

21 1 Danach trug sich Folgendes zu. Nabot
aus Jesreel hatte einen Weinberg in Jes-
reel neben dem Palast Ahabs, des Königs von
Samarien. 2 Ahab verhandelte mit Nabot und
schlug ihm vor: Gib mir deinen Weinberg! Er
soll mir als Gemüsegarten dienen; denn er
liegt nahe bei meinem Haus. Ich will dir dafür
einen besseren Weinberg geben. Wenn es dir
aber lieber ist, bezahle ich dir den Kaufpreis in
Geld. 3 Doch Nabot erwiderte: Der HERR be-
wahre mich davor, dass ich dir das Erbe meiner
Väter überlasse. 4 Darauf kehrte Ahab in sein
Haus zurück. Er war missmutig und verdros-
sen, weil Nabot aus Jesreel zu ihm gesagt hat-
te: Ich werde dir das Erbe meiner Väter nicht
überlassen. Er legte sich auf sein Bett, wandte
das Gesicht ab und aß nichts. 5 Seine Frau Ise-
bel kam zu ihm herein und fragte: Warum bist
du missmutig und isst nichts? 6 Er erzählte ihr:
Ich habe mit Nabot aus Jesreel verhandelt und
ihm gesagt: Verkauf mir deinen Weinberg für
Geld, oder wenn es dir lieber ist, gebe ich dir
einen anderen dafür. Doch er hat geantwortet:
Ich werde dir meinen Weinberg nicht geben.
7 Da sagte seine Frau Isebel zu ihm: Du bist
doch jetzt König in Israel. Steh auf, iss und sei
guter Dinge! Ich werde dir den Weinberg Na-
bots aus Jesreel verschaffen.

8 Sie schrieb Briefe im Namen Ahabs, versah
sie mit seinem Siegel und schickte sie an die
Ältesten und Vornehmen, die mit Nabot zu-
sammen in der Stadt wohnten. 9 In den Briefen
schrieb sie: Ruft ein Fasten aus und lasst Nabot
oben vor allem Volk Platz nehmen! 10 Setzt
ihm aber zwei nichtswürdige Männer gegen-
über! Sie sollen gegen ihn als Zeugen auftreten
und sagen: Du hast Gott und den König geläs-
tert. Führt ihn dann hinaus und steinigt ihn
zu Tode! 11 Die Männer der Stadt, die Ältesten
und Vornehmen, die mit ihm zusammen in
der Stadt wohnten, taten, was Isebel ihnen
geboten hatte, was in den Briefen stand, die sie
ihnen gesandt hatte. 12 Sie riefen ein Fasten aus
und ließen Nabot oben vor allem Volk Platz
nehmen. 13 Es kamen aber auch die beiden
nichtswürdigen Männer und setzten sich ihm
gegenüber. Sie standen vor dem Volk als Zeu-
gen gegen Nabot auf und sagten: Nabot hat
Gott und den König gelästert. Sogleich führte
man ihn aus der Stadt hinaus und steinigte ihn
zu Tode.

14 Darauf ließen sie Isebel melden: Nabot
wurde gesteinigt und ist tot. 15 Sobald sie hör-
te, dass Nabot gesteinigt wurde und tot war,
sagte sie zu Ahab: Auf, nimm den Weinberg
Nabots aus Jesreel in Besitz, den er dir für Geld
nicht verkaufen wollte; denn Nabot lebt nicht
mehr; er ist tot. 16 Als Ahab hörte, dass Nabot
tot war, stand er auf und ging zum Weinberg
Nabots aus Jesreel hinab, um von ihm Besitz
zu ergreifen.

21,10 Segnen: euphemistisch für lästern.

17 Da erging das Wort des HERRN an Elija
aus Tischbe: 18 Mach dich auf und geh Ahab,
dem König von Israel, entgegen, der in Sama-
ria seinen Wohnsitz hat! Er ist zum Weinberg
Nabots hinabgegangen, um von ihm Besitz zu
ergreifen. 19 Sag ihm: So spricht der HERR:
Hast du gemordet und auch in Besitz genom-
men? Weiter sag ihm: So spricht der HERR:
An der Stelle, wo die Hunde das Blut Nabots
geleckt haben, werden Hunde auch dein Blut
lecken. 20 Ahab sagte zu Elija: Hast du mich
gefunden, mein Feind? Er erwiderte: Ich habe
dich gefunden. Weil du dich hergabst, das zu
tun, was dem HERRN missfällt, 21 werde ich
Unheil über dich bringen. Ich werde dich ent-
fernen und von Ahabs Geschlecht alles, was
männlich ist, ob unmündig oder mündig, in
Israel ausrotten. 22 Weil du mich zum Zorn
gereizt und Israel zur Sünde verführt hast,
werde ich mit deinem Haus verfahren wie mit
dem Haus Jerobeams, des Sohnes Nebats, und
mit dem Haus Baschas, des Sohnes Ahijas.
23 Und über Isebel verkündet der HERR: Die
Hunde werden Isebel an der Mauer von Jesre-
el auffressen. 24 Wer von der Familie Ahabs in
der Stadt stirbt, den werden die Hunde fres-
sen, und wer auf dem freien Feld stirbt, den
werden die Vögel des Himmels fressen.

25 Es gab in der Tat niemand, der sich wie
Ahab hergab zu tun, was böse war in den Au-
gen des HERRN, da seine Frau Isebel ihn ver-
führte. 26 Sein Tun war überaus verwerflich; er
lief den Götzen nach, ganz so, wie es die Amo-
riter getan hatten, die der HERR vor den Isra-
eliten vertrieben hatte.

27 Als Ahab diese Drohungen hörte, zerriss
er seine Kleider, trug ein Bußgewand auf dem
bloßen Leib, fastete, schlief im Bußgewand
und ging bedrückt umher. 28 Da erging das
Wort des HERRN an Elija aus Tischbe: 29 Hast
du gesehen, wie Ahab sich vor mir gedemütigt
hat? Weil er sich vor mir gedemütigt hat, will
ich das Unglück nicht schon in seinen Tagen
kommen lassen. Erst in den Tagen seines Soh-
nes werde ich das Unheil über sein Haus brin-
gen.

3: Lev 25,23 / **10**: Ex 22,27; Lev 24,16 / **21**: 14,10; 16,4; 2 Kön 9,8 / **23**: 2 Kön 9,36

URTEIL DES PROPHETEN MICHA BEN JIMLA ÜBER DEN FELDZUG AHABS: 22,1–38

22 1 Drei Jahre hatte das Land Ruhe und
gab es keinen Krieg zwischen Aram
und Israel. 2 Als im dritten Jahr Joschafat, der
König von Juda, zum König von Israel kam,
3 sagte der König von Israel zu seinen Beamten:
Ihr wisst doch, dass Ramot-Gilead uns gehört.
Wir aber zögern, es der Hand des Königs von
Aram zu entreißen. 4 Und er fragte Joschafat:
Würdest du mit mir gegen Ramot-Gilead in
den Krieg ziehen? Dieser antwortete dem Kö-
nig von Israel: Ich ziehe mit dir, mein Volk mit
deinem Volk, meine Pferde mit deinen Pfer-
den.

5 Joschafat bat aber den König von Israel:
Hole doch zuvor das Wort des HERRN ein!
6 Da versammelte der König von Israel die Pro-
pheten, gegen vierhundert Mann, und fragte
sie: Soll ich gegen Ramot-Gilead zu Felde zie-
hen oder soll ich es lassen? Sie gaben den Be-
scheid: Zieh hinauf! Der Herr gibt die Stadt in
die Hand des Königs. 7 Doch Joschafat sagte:
Ist hier sonst kein Prophet des HERRN, den wir
befragen könnten? 8 Der König von Israel ant-
wortete Joschafat: Es ist noch einer da, durch
den wir den HERRN befragen könnten. Doch
ich hasse ihn; denn er weissagt mir nie Gutes,
sondern immer nur Schlimmes. Es ist Micha,
der Sohn Jimlas. Joschafat erwiderte: Der Kö-
nig sage das nicht. 9 Da rief der König von Is-
rael einen Hofbeamten und befahl ihm: Hole
unverzüglich Micha, den Sohn Jimlas, herbei!
10 Der König von Israel und Joschafat, der Kö-
nig von Juda, saßen in königlichen Gewän-
dern auf ihren Thronen. Sie befanden sich auf
der Tenne beim Tor Samarias und alle Prophe-
ten weissagten vor ihnen. 11 Zidkija, der Sohn
Kenaanas, hatte sich eiserne Hörner gemacht
und rief: So spricht der HERR: Mit diesen wirst
du die Aramäer niederstoßen, bis du sie ver-
nichtet hast. 12 Alle Propheten weissagten in
gleicher Weise und riefen: Zieh nach Ra-
mot-Gilead und sei erfolgreich; der HERR gibt
die Stadt in die Hand des Königs.

13 Der Bote aber, der gegangen war, um
Micha zu rufen, redete ihm zu: Die Worte der
Propheten waren ohne Ausnahme günstig für
den König. Mögen deine Worte ihren Worten
gleichen. Sag daher Gutes an! 14 Doch Micha
erwiderte: So wahr der HERR lebt: Nur was
der HERR mir sagt, werde ich sagen. 15 Als er
zum König kam, fragte ihn dieser: Micha, sol-
len wir gegen Ramot-Gilead zu Felde ziehen
oder sollen wir es lassen? Micha antwortete:
Zieh hinauf und sei erfolgreich! Der HERR
gibt die Stadt in die Hand des Königs. 16 Doch

der König entgegnete: Wie oft muss ich dich
beschwören, mir im Namen des HERRN nur
die Wahrheit zu sagen? 17 Da sagte Micha: Ich
sah ganz Israel über die Berge zerstreut wie
Schafe, die keinen Hirten haben. Und der
HERR sagte: Sie haben keine Herren mehr. So
gehe jeder in Frieden nach Hause. 18 Da wand-
te sich der König von Israel an Joschafat: Habe
ich es dir nicht gesagt? Er weissagt mir nie
Gutes, sondern immer nur Schlimmes. 19 Mi-
cha aber fuhr fort: Darum – höre das Wort des
HERRN: Ich sah den HERRN auf seinem Thron
sitzen; das ganze Heer des Himmels stand zu
seiner Rechten und seiner Linken. 20 Und der
HERR fragte: Wer will Ahab betören, sodass
er nach Ramot-Gilead hinaufzieht und dort
fällt? Da hatte der eine diesen, der andere jenen
Vorschlag. 21 Da trat der Geist vor, stellte sich
vor den HERRN und sagte: Ich werde ihn be-
tören. Der HERR fragte ihn: Auf welche Wei-
se? 22 Er gab zur Antwort: Ich werde mich
aufmachen und zu einem Lügengeist im Mund
all seiner Propheten werden. Da sagte der
HERR: Du wirst ihn betören; du vermagst es.
Geh hin und tu das! 23 So hat der HERR jetzt
einen Geist der Lüge in den Mund all dieser
deiner Propheten gelegt; denn er hat über dich
Unheil beschlossen. 24 Da trat Zidkija, der
Sohn Kenaanas, zu Micha, schlug ihn ins Ge-
sicht und rief: Wie, sollte denn der Geist des
HERRN von mir gewichen sein, um mit dir zu
reden? 25 Micha erwiderte: Du wirst es an je-
nem Tag erfahren, an dem du von einem Ge-
mach in das andere eilst, um dich zu verste-
cken. 26 Der König von Israel aber gab den
Befehl: Nehmt Micha fest, führt ihn zum
Stadtobersten Amon und zum Prinzen Joasch
27 und meldet: So spricht der König: Werft
diesen Mann ins Gefängnis und haltet ihn
streng bei Brot und Wasser, bis ich wohlbehal-
ten zurückkomme! 28 Doch Micha erwiderte:
Wenn du heil und wohlbehalten zurück-
kommst, dann hat der HERR nicht durch mich
geredet. Und er sagte: Hört, all ihr Völker!

29 Darauf zog der König von Israel mit
Joschafat, dem König von Juda, gegen Ramot-
Gilead. 30 Der König von Israel sagte zu Jo-
schafat: Ich will mich verkleiden und so in den
Kampf ziehen. Du aber behalte deine Gewän-
der an! So ging der König von Israel verkleidet
in den Kampf. 31 Der König von Aram hatte
aber den zweiunddreißig Obersten seiner
Kriegswagen befohlen: Greift niemanden an,
er sei hohen oder niederen Ranges, außer den
König von Israel! 32 Als daher die Obersten der
Kriegswagen Joschafat erblickten und ihn für
den König von Israel hielten, stürmten sie auf
ihn ein, sodass er um Hilfe schrie. 33 Doch als
sie sahen, dass er nicht der König von Israel
war, ließen sie von ihm ab. 34 Ein Mann aber
spannte aufs Geratewohl seinen Bogen und
traf den König von Israel zwischen Panzer und
Leibgurt. Dieser befahl daher seinem Wagen-
lenker: Wende um und bring mich aus der
Schlacht; denn ich bin verwundet. 35 Da aber
die Schlacht an jenem Tag heftig wurde, blieb
der König im Kampf gegen die Aramäer auf-
recht im Wagen stehen. Am Abend starb er.
Das Blut der Wunde war in das Innere des
Wagens geflossen. 36 Bei Sonnenuntergang
ließ man im Lager ausrufen: Jeder kehre in sei-
ne Stadt, in sein Land zurück! 37 So starb der
König; man brachte ihn nach Samaria und be-
grub ihn dort. 38 Als man im Teich von Samaria
den Wagen ausspülte, leckten Hunde sein Blut
und Dirnen wuschen sich darin, nach dem
Wort, das der HERR gesprochen hatte.

4–35: 2 Chr 18,1–34 / **4**: 2 Kön 3,7 / **7**: 2 Kön 3,11 / **14**: Num 22,38; 24,13 / **19**: Jes 6,1–3 / **38**: 21,19

AHAB VON ISRAEL: ABSCHLUSS: 22,39–40

39 Die übrige Geschichte Ahabs und alle seine
Taten, der Bericht über das Elfenbeinhaus,
das er gebaut, und die Städte, die er ausgebaut
hat, sind aufgezeichnet in der Chronik der
Könige von Israel. 40 Ahab entschlief zu seinen
Vätern und sein Sohn Ahasja wurde König an
seiner Stelle.

JOSCHAFAT VON JUDA: 22,41–51

41 Im vierten Jahr des Königs Ahab von Israel
wurde Joschafat, der Sohn Asas, König von
Juda. 42 Er war fünfunddreißig Jahre alt, als er
König wurde, und regierte fünfundzwanzig
Jahre in Jerusalem. Seine Mutter hieß Asuba
und war eine Tochter Schilhis. 43 Er folgte ganz
den Wegen seines Vaters Asa, ohne von ihnen
abzuweichen, und tat, was dem HERRN ge-
fiel. 44 Nur die Kulthöhen verschwanden
nicht. Das Volk brachte noch Schlacht- und
Rauchopfer auf ihnen dar. 45 Joschafat hatte
auch Frieden mit dem König von Israel.

22,28 Hört, all ihr Völker: Satz aus Mi 1,2. Der hier auftretende Prophet Micha wird mit dem Micha des Prophetenbuches gleichgesetzt, um ihn als echten Propheten zu beglaubigen.

46 Die übrige Geschichte Joschafats, die Er-
folge, die er errang, und die Kriege, die er führ-
te, sind aufgezeichnet in der Chronik der Kö-
nige von Juda. 47 Er entfernte die letzten
Hierodulen, die in den Tagen seines Vaters Asa
übrig geblieben waren, aus dem Land. 48 In
Edom gab es damals keinen König; ein Statt-
halter vertrat den König. 49 Auch baute Jo-
schafat eine Tarschischflotte, die nach Ofir
fahren sollte, um Gold zu holen. Doch kam es
nicht zur Fahrt, da die Schiffe in Ezjon-Geber
zerschellten. 50 Damals sagte Ahasja, der Sohn
Ahabs, zu Joschafat: Meine Leute sollen mit
deinen Leuten auf den Schiffen fahren. Doch
Joschafat lehnte es ab. – 51 Joschafat entschlief
zu seinen Vätern und wurde bei seinen Vätern
in der Stadt seines Vaters David begraben. Sein
Sohn Joram wurde König an seiner Stelle.

41–51: 2 Chr 20,31–21,1 / **47**: 15,12 / **49**: 10,22

AHASJA VON ISRAEL: 22,52–54

52 Im siebzehnten Jahr des Königs Joschafat
von Juda wurde Ahasja, der Sohn Ahabs, in
Samaria König von Israel. Er regierte zwei Jah-
re über Israel 53 und tat, was böse war in den
Augen des HERRN. Er folgte den Wegen seines
Vaters und seiner Mutter und den Wegen
Jerobeams, des Sohnes Nebats, der Israel zur
Sünde verführt hatte. 54 Auch diente er Baal
und betete ihn an. So erzürnte er den HERRN,
den Gott Israels, ganz so, wie es sein Vater ge-
tan hatte.

DAS ZWEITE BUCH DER KÖNIGE

GESCHICHTE ISRAELS UND JUDAS BIS ZUM ENDE ISRAELS: 1,1–17,41

AHASJAS BEFRAGUNG DES BAAL: 1,1–18

1 1 Nach dem Tod Ahabs fiel Moab von Isra-
el ab. 2 Ahasja war in Samaria durch das
Gitter seines Obergemachs gefallen und hatte
sich verletzt. Er sandte Boten ab mit dem Auf-
trag: Geht, befragt Beelzebul, den Gott von
Ekron, ob ich von diesem Leiden genesen
werde! 3 Doch der Engel des HERRN sprach zu
Elija aus Tischbe: Mach dich auf, geh den Boten
des Königs von Samaria entgegen und sag zu
ihnen: Gibt es denn keinen Gott in Israel, so-
dass ihr fortgehen müsst, um Beelzebul, den
Gott von Ekron, zu befragen? 4 Darum: So
spricht der HERR: Vom Lager, auf das du dich
gelegt hast, wirst du nicht mehr aufstehen;
denn du musst sterben. Elija ging hin. 5 Die
Boten aber kehrten zum König zurück und er
fragte sie: Wie kommt es, dass ihr schon zu-
rück seid? 6 Sie antworteten ihm: Ein Mann
kam uns entgegen und trug uns auf: Kehrt zum
König zurück, der euch gesandt hat, und sagt
zu ihm: So spricht der HERR: Gibt es denn
keinen Gott in Israel, sodass du Boten aussen-
den musst, die Beelzebul, den Gott von Ekron,
befragen sollen? Darum wirst du von dem
Lager, auf das du dich gelegt hast, nicht mehr
aufstehen; denn du musst sterben. 7 Da fragte
er sie: Wie sah der Mann aus, der euch entge-
genkam und diese Worte zu euch sprach? 8 Sie
erwiderten: Er trug einen Mantel aus Ziegen-
haaren und hatte einen ledernen Gurt um die
Hüften. Da sagte er: Das war Elija aus Tischbe.
9 Er sandte nun den Hauptmann über Fünf-
zig und seine Leute zu ihm. Dieser stieg zu
Elija hinauf, der auf dem Gipfel des Berges saß,
und rief ihm zu: Mann Gottes, der König be-

1,2 Die Bezeichnung Zebul (= Fürst) wurde Baal und anderen Göttern beigelegt. Mt 10,25 hat noch die ursprüngliche Namensform Beelzebul. Baalzebub in H ist eine Entstellung des Namens (= Herr der Fliegen).

fiehlt dir herabzukommen. 10 Doch Elija ant-
wortete dem Hauptmann der Fünfzig: Wenn
ich ein Mann Gottes bin, so falle Feuer vom
Himmel und verzehre dich und deine Fünfzig.
Sogleich fiel Feuer vom Himmel und verzehr-
te ihn und seine Leute. 11 Darauf sandte der
König einen anderen Hauptmann über Fünfzig
und seine Leute zu ihm. Auch dieser ergriff das
Wort und rief Elija zu: Mann Gottes, so spricht
der König: Komm sofort herab! 12 Doch Elija
antwortete ihnen: Wenn ich ein Mann Gottes
bin, so falle Feuer vom Himmel und verzehre
dich und deine Fünfzig. Sogleich fiel das Feuer
Gottes vom Himmel und verzehrte ihn und
seine Leute. 13 Nun schickte der König einen
dritten Hauptmann über Fünfzig und seine
Leute. Dieser kam hinauf, kniete vor Elija nie-
der und flehte ihn an: Mann Gottes, möchte
doch mein Leben und das Leben deiner fünfzig
Knechte kostbar sein in deinen Augen. 14 Feu-
er ist vom Himmel gefallen und hat die ersten
zwei Hauptleute und ihre fünfzig Mann ver-
zehrt. Möchte nun mein Leben kostbar sein in
deinen Augen. 15 Da sagte der Engel des HERRN
zu Elija: Geh mit ihm hinab und fürchte dich
nicht vor ihm! Elija stand also auf, ging mit ihm
zum König hinab 16 und hielt ihm vor: So
spricht der HERR: Du hast Boten ausgesandt,
um Beelzebul, den Gott von Ekron, zu befra-
gen, als gäbe es in Israel keinen Gott, dessen
Wort man einholen könnte. Darum wirst du
von dem Lager, auf das du dich gelegt hast,
nicht mehr aufstehen; denn du musst sterben.
17 So starb Ahasja nach dem Wort des HERRN,
das Elija verkündet hatte.

Joram wurde König an seiner Stelle im zwei-
ten Jahr Jorams, des Sohnes Joschafats, des
Königs von Juda; denn er hatte keinen Sohn.
18 Die übrige Geschichte Ahasjas und seine
Taten sind aufgezeichnet in der Chronik der
Könige von Israel.

1: 3,5 / **2:** 1 Kön 14,1–3 / **10:** Lk 9,54f. / **17:** 3,1

ENTRÜCKUNG ELIJAS: 2,1–18

2 1 An dem Tag, da der HERR Elija im Wir-
belsturm in den Himmel aufnehmen
wollte, ging Elija mit Elischa von Gilgal weg.
2 Er sagte zu Elischa: Bleib hier; denn der HERR
hat mich nach Bet-El gesandt. Doch Elischa
erwiderte: So wahr der HERR lebt und so wahr
du lebst: Ich verlasse dich nicht. So gingen sie
nach Bet-El. 3 Dort kamen die Prophetenjün-
ger, die in Bet-El waren, zu Elischa heraus und
sagten zu ihm: Weißt du, dass der HERR heu-
te deinen Meister über dein Haupt hinweg
aufnehmen wird? Er antwortete: Auch ich
weiß es. Seid still! 4 Elija aber sagte zu ihm:
Bleib hier, Elischa; denn der HERR hat mich
nach Jericho gesandt. Elischa erwiderte: So
wahr der HERR lebt und so wahr du lebst: Ich
verlasse dich nicht. So kamen sie nach Jericho.
5 Dort traten die Prophetenjünger, die in Jeri-
cho waren, an Elischa heran und sagten zu
ihm: Weißt du, dass der HERR heute deinen
Meister über dein Haupt hinweg aufnehmen
wird? Er antwortete ihnen: Auch ich weiß es.
Seid still! 6 Elija aber bat ihn: Bleib hier; denn
der HERR hat mich an den Jordan gesandt.
Elischa erwiderte: So wahr der HERR lebt und
so wahr du lebst: Ich verlasse dich nicht. So
gingen beide miteinander. 7 Fünfzig Prophe-
tenjünger folgten ihnen und blieben dann
seitwärts in einiger Entfernung stehen. Die
beiden traten an den Jordan. 8 Hier nahm Elija
seinen Mantel, rollte ihn zusammen und
schlug mit ihm auf das Wasser. Dieses teilte
sich nach beiden Seiten und sie schritten tro-
ckenen Fußes hindurch. 9 Als sie drüben ange-
kommen waren, sagte Elija zu Elischa: Sprich
eine Bitte aus, die ich dir erfüllen soll, bevor
ich von dir weggenommen werde! Elischa ant-
wortete: Möchten mir doch zwei Anteile dei-
nes Geistes zufallen. 10 Elija entgegnete: Du
hast etwas Schweres erbeten. Wenn du siehst,
wie ich von dir weggenommen werde, wird es
dir zuteilwerden. Sonst aber wird es nicht ge-
schehen. 11 Während sie miteinander gingen
und redeten, erschien ein feuriger Wagen mit
feurigen Pferden und trennte beide voneinan-
der. Elija fuhr im Wirbelsturm zum Himmel
empor. 12 Elischa sah es und rief laut: Mein
Vater, mein Vater! Wagen Israels und seine
Reiter! Als er ihn nicht mehr sah, fasste er sein
Gewand und riss es mitten entzwei. 13 Dann
hob er den Mantel auf, der Elija entfallen war,
kehrte um und trat an das Ufer des Jordan. 14 Er
nahm den Mantel, der Elija entfallen war,
schlug mit ihm auf das Wasser und rief: Wo
ist der HERR, der Gott des Elija? Als er auf
das Wasser schlug, teilte es sich nach beiden
Seiten und Elischa ging hinüber.

15 Die Prophetenjünger von Jericho, die in
der Nähe standen, sahen ihn und sagten: Der
Geist des Elija ruht auf Elischa. Sie kamen ihm
entgegen und warfen sich vor ihm zur Erde
nieder. 16 Dann sagten sie zu ihm: Unter dei-

nen Knechten sind fünfzig starke Männer. Sie
sollen auf die Suche nach deinem Meister gehen. Der Geist des HERRN könnte ihn fortgetragen und auf einem der Berge oder in einem der Täler niedergesetzt haben. Doch Elischa entgegnete: Schickt niemand!
17 Als sie aber heftig darauf bestanden, sagte er: Schickt sie also hin! Sie schickten fünfzig Mann aus und diese suchten drei Tage lang. Da sie ihn nicht fanden,
18 kehrten sie zu Elischa zurück. Er hielt sich noch in Jericho auf und sagte zu ihnen: Habe ich euch nicht gesagt: Ihr sollt nicht hingehen?

3: Gen 5,24 / **4**: Rut 1,16 / **8**: Ex 14,21f.; Jos 3,16 / **9**: Num 11,17.25 / **11**: 2 Kön 6,17 / **12**: 2 Kön 13,14

ELISCHAS QUELLWUNDER: 2,19–22

19 Die Männer der Stadt sagten zu Elischa: Unser Herr sieht, dass man in dieser Stadt gut wohnen kann; nur das Wasser ist ungesund und in der Gegend gibt es viele Fehlgeburten.
20 Elischa befahl: Bringt mir eine neue Schüssel und schüttet Salz hinein! Man brachte sie ihm
21 und er ging zur Wasserquelle und warf das Salz hinein mit den Worten: So spricht der HERR: Ich mache dieses Wasser gesund. Es wird keinen Tod und keine Fehlgeburt mehr verursachen.
22 Daher ist das Wasser bis zum heutigen Tag gesund, wie es Elischa vorausgesagt hatte.

19: Ex 23,26 / **20**: 4,41

FLUCH ÜBER DIE SPÖTTER: 2,23–25

23 Von dort ging er nach Bet-El. Während er den Weg hinaufstieg, kamen junge Burschen aus der Stadt und verspotteten ihn: Sie riefen ihm zu: Kahlkopf, komm herauf! Kahlkopf, komm herauf!
24 Er wandte sich um, sah sie an und verfluchte sie im Namen des HERRN. Da kamen zwei Bären aus dem Wald und zerrissen zweiundvierzig junge Leute.
25 Von dort ging er zum Berg Karmel und kehrte dann nach Samaria zurück.

JORAM VON ISRAEL: 3,1–3

3
1 Im achtzehnten Jahr Joschafats, des Königs von Juda, wurde Joram, der Sohn Ahabs, in Samaria König von Israel. Er regierte zwölf Jahre
2 und tat, was böse war in den Augen des HERRN. Doch trieb er es nicht so schlimm wie sein Vater und seine Mutter; denn er entfernte das Steinmal des Baal, das sein Vater errichtet hatte.
3 Nur an der Sünde, zu der Jerobeam, der Sohn Nebats, Israel verführt hatte, hielt er fest und ließ nicht von ihr ab.

2: 1 Kön 16,32

FELDZUG GEGEN MOAB: 3,4–27

4 Mescha, der König von Moab, betrieb Schafzucht und musste dem König von Israel hunderttausend Lämmer und die Wolle von hunderttausend Widdern liefern.
5 Nach dem Tod Ahabs aber fiel der König von Moab vom König von Israel ab.
6 König Joram rückte daher zu dieser Zeit von Samaria aus und musterte ganz Israel.
7 Auch ließ er Joschafat, dem König von Juda, sagen: Der König von Moab ist von mir abgefallen. Willst du mit mir gegen Moab in den Krieg ziehen? Joschafat antwortete: Ich ziehe mit dir, mein Volk mit deinem Volk, meine Pferde mit deinen Pferden.
8 Dann fragte Joram: Auf welchem Weg sollen wir hinaufziehen? Joschafat entschied: durch die Wüste von Edom.

9 Der König von Israel, der König von Juda und der König von Edom rückten nun aus. Als sie bereits einen Weg von sieben Tagen zurückgelegt hatten, fehlte es dem Heer und dem Vieh, das sie mitführten, an Wasser.
10 Der König von Israel sagte: Weh uns, der HERR hat diese drei Könige hierher gerufen, um sie in die Hand der Moabiter zu geben.
11 Joschafat aber fragte: Ist hier kein Prophet des HERRN, durch den wir den HERRN befragen könnten? Einer von den Dienern des Königs von Israel antwortete: Hier ist Elischa, der Sohn Schafats, der Elija Wasser über die Hände gegossen hat.
12 Joschafat sagte: Bei ihm ist das Wort des HERRN.

Da ging der König von Israel mit Joschafat und dem König von Edom zu ihm hinab.
13 Doch Elischa sagte zum König von Israel: Was habe ich mit dir zu schaffen? Geh zu den Propheten deines Vaters und zu den Propheten deiner Mutter! Der König von Israel entgegnete: Darum geht es jetzt nicht. Der HERR hat diese drei Könige hierher gerufen, um sie in die Hand der Moabiter zu geben.
14 Elischa antwortete: So wahr der HERR der Heerscharen lebt, in dessen Dienst ich stehe: Wenn ich nicht auf Joschafat, den König von Juda, Rücksicht nähme, dich würde ich nicht beachten und keines Blickes würdigen.
15 Aber nun holt mir einen Saitenspieler! Als der Spieler über die Saiten fuhr, kam die Hand des HERRN über

Elischa 16 und er rief: So spricht der HERR:
Macht in diesem Tal Grube neben Grube!
17 Denn so spricht der HERR: Ihr werdet weder
Wind noch Regen sehen. Doch dieses Tal wird
sich mit Wasser füllen und ihr werdet trinken,
wie auch eure Herden und euer Vieh. 18 Aber
das ist dem HERRN noch zu wenig. Er wird die
Moabiter in eure Hand geben. 19 Ihr werdet alle
Festungen und ihre besten Städte erobern, alle
wertvollen Bäume fällen, alle Wasserquellen
zuschütten und alle guten Äcker mit Steinen
verderben. 20 Und wirklich, am nächsten Mor-
gen, zur Zeit, da man das Speiseopfer darzu-
bringen pflegt, kam Wasser von Edom her
und die ganze Gegend wurde vom Wasser
überflutet.

21 Als ganz Moab erfuhr, dass die Könige
zum Krieg gegen das Land anrückten, wurden
alle aufgeboten, die Waffen tragen konnten;
sie stellten sich an der Grenze auf. 22 Früh-
morgens aber, als die Sonne über dem Wasser
aufging, erschien ihnen das Wasser drüben
rot wie Blut. 23 Sie sagten: Das ist Blut. Die
Könige haben gegeneinander gekämpft; einer
hat den andern erschlagen. Auf jetzt, zur Beu-
te, ihr Moabiter! 24 Doch als sie sich dem La-
ger der Israeliten näherten, erhoben sich die-
se und schlugen die Moabiter in die Flucht.
Unaufhörlich drängten die Israeliten nach
und machten sie nieder. 25 Sie zerstörten die
Städte und auf alle guten Äcker warf jeder
seinen Stein, bis sie ganz bedeckt waren.
Auch schütteten sie alle Wasserquellen zu
und fällten alle wertvollen Bäume. Zuletzt
blieb nur noch Kir-Heres übrig; diese Stadt
umstellten und beschossen die Schleuderer.
26 Als der König von Moab sah, dass er dem
Angriff nicht mehr standhalten konnte, sam-
melte er siebenhundert mit dem Schwert
bewaffnete Männer um sich und versuchte,
beim König von Edom durchzubrechen.
Doch es gelang ihnen nicht. 27 Nun nahm er
seinen erstgeborenen Sohn, der nach ihm
König werden sollte, und brachte ihn auf der
Mauer als Brandopfer dar. Da kam ein gewal-
tiger Zorn über Israel. Sie zogen von Moab ab
und kehrten in ihr Land zurück.

7: 1 Kön 22,4 / **11:** 1 Kön 22,7 / **13:** 1 Kön 18,19 / **15:** 1 Kön 18,46 / **19:** Dtn 20,19f. / **27:** Ri 11,30–39

ÖLWUNDER: 4,1–7

4
1 Eine von den Frauen der Prophetenjün-
ger wandte sich laut rufend an Elischa:
Mein Mann, dein Knecht, ist gestorben. Du
weißt, dass dein Knecht gottesfürchtig war.
Nun kommt der Gläubiger, um sich meine bei-
den Söhne als Sklaven zu nehmen. 2 Elischa
fragte sie: Was kann ich für dich tun? Sag mir:
Was hast du im Haus? Sie antwortete: Deine
Magd hat nichts im Haus als einen Krug Öl.
3 Da sagte er: Geh und erbitte dir auf der Gasse
von allen deinen Nachbarn leere Gefäße, aber
nicht zu wenige! 4 Dann geh heim, verschließ
die Tür hinter dir und deinen Söhnen, gieß Öl
in alle diese Gefäße und stell die gefüllten bei-
seite! 5 Sie ging von ihm weg und verschloss
die Tür hinter sich und ihren Söhnen. Diese
reichten ihr die Gefäße hin und sie füllte ein.
6 Als alle Gefäße voll waren, sagte sie zu ihrem
Sohn: Bring mir noch ein Gefäß! Er antworte-
te: Es ist keines mehr da. Da floss das Öl nicht
mehr weiter. 7 Sie aber kam und erzählte es
dem Gottesmann. Dieser befahl ihr: Geh, ver-
kauf das Öl und bezahl deine Schuld! Von
dem, was übrig bleibt, magst du mit deinen
Söhnen leben.

2: 1 Kön 17,12

TOTENERWECKUNG: 4,8–37

8 Eines Tages ging Elischa nach Schunem. Dort
lebte eine vornehme Frau, die ihn dringend
bat, bei ihr zu essen. Seither kehrte er zum Es-
sen bei ihr ein, sooft er vorbeikam. 9 Sie aber
sagte zu ihrem Mann: Ich weiß, dass dieser
Mann, der ständig bei uns vorbeikommt, ein
heiliger Gottesmann ist. 10 Wir wollen ein
kleines, gemauertes Obergemach herrichten
und dort ein Bett, einen Tisch, einen Stuhl und
einen Leuchter für ihn bereitstellen. Wenn er
dann zu uns kommt, kann er sich dorthin zu-
rückziehen.

11 Als Elischa eines Tages wieder hinkam,
ging er in das Obergemach, um dort zu schla-
fen. 12 Dann befahl er seinem Diener Gehasi:
Ruf diese Schunemiterin! Er rief sie, und als
sie vor ihm stand, 13 befahl er dem Diener: Sag
zu ihr: Du hast dir so viel Mühe um uns ge-
macht. Was können wir für dich tun? Sollen
wir beim König oder beim Obersten des Hee-
res ein Wort für dich einlegen? Doch sie ent-
gegnete: Ich wohne inmitten meiner Ver-
wandten. 14 Und als er weiter fragte, was man
für sie tun könne, sagte Gehasi: Nun, sie hat

3,24 drängten die Israeliten nach: G; und sie schlugen/kamen da: H, Vg, S.

keinen Sohn und ihr Mann ist alt. 15 Da befahl
er: Ruf sie herein! Er rief sie und sie blieb in
der Tür stehen. 16 Darauf versicherte ihr
Elischa: Im nächsten Jahr um diese Zeit wirst
du einen Sohn liebkosen. Sie aber entgegnete:
Ach nein, Herr, Mann Gottes, täusche doch
deiner Magd nichts vor! 17 Doch die Frau wur-
de schwanger und im nächsten Jahr, um die
Zeit, die Elischa genannt hatte, gebar sie einen
Sohn.

18 Als das Kind herangewachsen war, ging es
eines Tages zu seinem Vater hinaus zu den
Schnittern. 19 Dort klagte es ihm: Mein Kopf,
mein Kopf! Der Vater befahl seinem Knecht:
Trag das Kind heim zu seiner Mutter! 20 Der
Knecht nahm es und brachte es zu ihr. Es saß
noch bis zum Mittag auf ihren Knien; dann
starb es. 21 Sie stieg nun in das obere Gemach
hinauf, legte das Kind auf das Bett des Gottes-
mannes und schloss die Tür hinter ihm ab.
Dann verließ sie das Haus, 22 rief ihren Mann
und bat ihn: Schick mir einen von den Knech-
ten und einen Esel! Ich will zum Gottesmann
eilen und komme bald zurück. 23 Er wandte
ein: Warum gehst du heute zu ihm? Es ist doch
nicht Neumond und nicht Sabbat. Doch sie
sagte nur: Friede mit dir!, 24 sattelte den Esel
und befahl dem Knecht: Treib tüchtig an und
halte mich beim Reiten nicht auf, es sei denn,
dass ich es dir sage.

25 So reiste sie ab und kam zum Gottesmann
auf den Karmel. Als er sie von ferne sah, sagte
er zu seinem Diener Gehasi: Da kommt die
Schunemiterin. 26 Lauf ihr entgegen und frag
sie: Geht es dir gut? Geht es auch deinem Mann
und dem Kind gut? Sie antwortete: Es geht gut.
27 Sobald sie aber zum Gottesmann auf den
Berg kam, umfasste sie seine Füße. Gehasi trat
hinzu, um sie wegzudrängen; aber der Gottes-
mann wehrte ab: Lass sie; denn ihre Seele ist
betrübt. Doch der HERR hat mir den Grund
verborgen und mir nicht mitgeteilt. 28 Darauf
sagte sie: Habe ich denn meinen Herrn um
einen Sohn gebeten? Habe ich nicht gesagt:
Mach mir keine falschen Hoffnungen?
29 Elischa befahl nun Gehasi: Gürte dich,
nimm meinen Stab in die Hand und mach
dich auf den Weg! Wenn du jemand begeg-
nest, so grüß ihn nicht; und wenn dich jemand
grüßt, so antworte ihm nicht! Leg meinen Stab
auf das Gesicht des Kindes! 30 Aber die Mutter
des Kindes sagte: So wahr der HERR lebt und
so wahr du lebst: Ich lasse nicht von dir ab. Da
stand er auf und folgte ihr. 31 Gehasi war vo-
rausgeeilt und hatte den Stab auf das Gesicht
des Kindes gelegt; doch es kam kein Laut und
kein Lebenszeichen. Daher lief er zum Gottes-
mann zurück und berichtete: Das Kind ist
nicht aufgewacht.

32 Als Elischa in das Haus kam, lag das Kind
tot auf seinem Bett. 33 Er ging in das Gemach,
schloss die Tür hinter sich und dem Kind und
betete zum HERRN. 34 Dann trat er an das Bett
und warf sich über das Kind; er legte seinen
Mund auf dessen Mund, seine Augen auf des-
sen Augen, seine Hände auf dessen Hände. Als
er sich so über das Kind hinstreckte, kam Wär-
me in dessen Leib. 35 Dann stand er auf, ging
im Haus einmal hin und her, trat wieder an das
Bett und warf sich über das Kind. Da nieste es
siebenmal und öffnete die Augen. 36 Nun rief
Elischa seinen Diener Gehasi und befahl ihm,
die Schunemiterin zu rufen. Er rief sie, und als
sie kam, sagte der Gottesmann zu ihr: Nimm
deinen Sohn! 37 Sie trat hinzu, fiel Elischa zu
Füßen und verneigte sich bis zur Erde. Dann
nahm sie ihren Sohn und ging hinaus.

18–37: 1 Kön 17,17–24 / **34**: 1 Kön 17,21; Apg 20,10

WUNDERBARE SPEISUNG: 4,38–44

38 Elischa kehrte nach Gilgal zurück. Im Land
herrschte damals eine Hungersnot. Als die
Prophetenjünger vor ihm saßen, befahl er
seinem Diener: Setz den großen Topf auf und
koch ein Gericht für die Prophetenjünger!
39 Einer von ihnen ging auf das Feld hinaus, um
Malven zu holen. Dabei fand er ein wildes
Rankengewächs und pflückte davon so viele
Früchte, wie sein Gewand fassen konnte.
Dann kam er zurück und schnitt sie in den
Kochtopf hinein, da man sie nicht kannte.
40 Als man sie aber den Männern zum Essen
vorsetzte und sie von der Speise kosteten,
schrien sie laut und riefen: Der Tod ist im Topf,
Mann Gottes. Sie konnten nichts essen.
41 Doch er befahl: Bringt mir etwas Mehl! Er
streute das Mehl in den Topf und sagte: Setzt
es nun den Leuten zum Essen vor! Jetzt war
nichts Schädliches mehr im Topf.

42 Einmal kam ein Mann von Baal-Scha-
lischa und brachte dem Gottesmann Brot von
Erstlingsfrüchten, zwanzig Gerstenbrote und
frische Körner in einem Beutel. Elischa sagte:
Gib es den Leuten zu essen! 43 Doch sein Die-

4,41 setzt (pl.): S; setze (sg.): H, G.

ner sagte: Wie soll ich das hundert Männern
vorsetzen? Elischa aber sagte: Gib es den Leu-
ten zu essen! Denn so spricht der HERR: Man
wird essen und noch übrig lassen. 44 Nun setz-
te er es ihnen vor; und sie aßen und ließen
noch übrig, wie der HERR gesagt hatte.

42–44: Mk 6,32–44; 8,1–10

NAAMANS HEILUNG VOM AUSSATZ: 5,1–27

5 1 Naaman, der Feldherr des Königs von
Aram, galt viel bei seinem Herrn und war
angesehen; denn durch ihn hatte der HERR
den Aramäern den Sieg verliehen. Der Mann
war tapfer, aber an Aussatz erkrankt. 2 Nun
hatten die Aramäer bei einem Streifzug ein
junges Mädchen aus dem Land Israel ver-
schleppt. Es war in den Dienst der Frau Naa-
mans gekommen. 3 Es sagte zu seiner Herrin:
Wäre mein Herr doch bei dem Propheten in
Samaria! Er würde seinen Aussatz heilen.
4 Naaman ging zu seinem Herrn und meldete
ihm: Das und das hat das Mädchen aus Israel
gesagt. 5 Der König von Aram antwortete: So
geh doch hin; ich werde dir ein Schreiben an
den König von Israel mitgeben. Naaman
machte sich auf den Weg. Er nahm zehn Ta-
lente Silber, sechstausend Schekel Gold und
zehn Festkleider mit 6 und überbrachte dem
König von Israel das Schreiben. Es hatte fol-
genden Inhalt: Wenn jetzt dieser Brief zu dir
gelangt, so wisse: Ich habe meinen Knecht
Naaman zu dir geschickt, damit du seinen
Aussatz heilst. 7 Als der König von Israel den
Brief gelesen hatte, zerriss er seine Kleider und
rief: Bin ich denn ein Gott, der töten und zum
Leben erwecken kann? Er schickt einen Mann
zu mir, damit ich ihn von seinem Aussatz hei-
le. Merkt doch und seht, dass er nur Streit mit
mir sucht!

8 Als der Gottesmann Elischa hörte, der Kö-
nig von Israel habe seine Kleider zerrissen, ließ
er ihm sagen: Warum hast du deine Kleider
zerrissen? Naaman soll zu mir kommen; dann
wird er erfahren, dass es in Israel einen Pro-
pheten gibt. 9 So kam Naaman mit seinen Pfer-
den und Wagen und hielt vor dem Haus
Elischas. 10 Dieser schickte einen Boten zu ihm
hinaus und ließ ihm sagen: Geh und wasch
dich siebenmal im Jordan! Dann wird dein
Leib wieder gesund und du wirst rein. 11 Doch
Naaman wurde zornig. Er ging weg und sagte:
Ich dachte, er würde herauskommen, vor mich
hintreten, den Namen des HERRN, seines Got-
tes, anrufen, seine Hand über die kranke Stel-
le bewegen und so den Aussatz heilen. 12 Sind
nicht der Abana und der Parpar, die Flüsse von
Damaskus, besser als alle Gewässer Israels?
Kann ich nicht dort mich waschen, um rein zu
werden? Voll Zorn wandte er sich ab und ging
weg. 13 Doch seine Diener traten an ihn heran
und redeten ihm zu: Wenn der Prophet etwas
Schweres von dir verlangt hätte, würdest
du es tun; wie viel mehr jetzt, da er zu dir
nur gesagt hat: Wasch dich und du wirst rein.
14 So ging er also zum Jordan hinab und tauch-
te siebenmal unter, wie ihm der Gottesmann
befohlen hatte. Da wurde sein Leib gesund wie
der Leib eines Kindes und er war rein. 15 Nun
kehrte er mit seinem ganzen Gefolge zum
Gottesmann zurück, trat vor ihn hin und sag-
te: Jetzt weiß ich, dass es nirgends auf der Erde
einen Gott gibt außer in Israel. So nimm jetzt
von deinem Knecht ein Dankgeschenk an!
16 Elischa antwortete: So wahr der HERR lebt,
in dessen Dienst ich stehe: Ich nehme nichts
an. Auch als Naaman ihn dringend bat, es zu
nehmen, lehnte er ab. 17 Darauf sagte Naaman:
Wenn es also nicht sein kann, dann gebe man
deinem Knecht so viel Erde, wie zwei Maultie-
re tragen können; denn dein Knecht wird kei-
nem andern Gott mehr Brand- und Schlach-
topfer darbringen als dem HERRN allein.
18 Nur dies möge der HERR deinem Knecht
verzeihen: Wenn mein Herr zur Anbetung in
den Tempel Rimmons geht, stützt er sich dort
auf meinen Arm. Ich muss mich dann im Tem-
pel Rimmons niederwerfen, wenn er sich dort
niederwirft. Dann möge das der HERR deinem
Knecht verzeihen. 19 Elischa antwortete: Geh
in Frieden!

Als Naaman schon eine Strecke Weges von
ihm entfernt war, 20 sagte sich Gehasi, der
Diener Elischas, des Gottesmannes: Mein
Herr hat diesen Aramäer Naaman geschont
und nichts von dem angenommen, was er
mitgebracht hatte. So wahr der HERR lebt: Ich
werde ihm nachlaufen und mir etwas von
ihm holen. 21 Gehasi eilte ihm also nach. Als
ihn Naaman hinter sich herankommen sah,
beugte er sich ihm vom Wagen aus zu und
fragte: Steht alles gut? 22 Er antwortete: Ja; nur
lässt mein Herr sagen: Soeben sind vom Ge-

5,13 wenn: vermuteter Text; mein Vater: H; Vater, wenn: G und Vg; Herr, wenn: S.

5,18 wenn er sich dort niederwirft: G; wenn ich mich dort niederwerfe: H, Vg, S.

birge Efraim zwei junge Männer, zwei Pro-
phetenjünger, zu mir gekommen. Gib ihnen
doch ein Talent Silber und zwei Festkleider!
23 Naaman erwiderte: Tu mir den Gefallen
und nimm zwei Talente! Er bat ihn dringend
darum und tat zwei Talente Silber in zwei
Beutel, legte zwei Festkleider dazu und ließ
sie durch zwei Diener vor ihm hertragen.
24 Als Gehasi auf der Höhe angekommen war,
nahm er ihnen die Geschenke ab und brachte
sie in das Haus. Die Männer schickte er weg
und sie kehrten zurück. 25 Er selbst ging hinein
und trat vor seinen Herrn. Elischa fragte ihn:
Woher kommst du, Gehasi? Er antwortete:
Dein Knecht ist nirgendwohin gegangen.
26 Da sagte Elischa zu ihm: War nicht mein
Geist zugegen, als sich jemand von seinem
Wagen aus dir zuwandte? Ist es denn Zeit,
Geld anzunehmen und Kleider, Ölgärten,
Weinberge, Schafe und Rinder, Knechte und
Mägde zu erwerben? 27 Der Aussatz Naamans
aber soll für immer an dir und deinen Nach-
kommen haften. Gehasi ging hinaus und war
vom Aussatz weiß wie Schnee.

1: Lk 4,27 / **7**: 1 Sam 2,6 / **10**: Lev 14,1–9 / **16**: Gen 14,23 / **27**: Num 12,10

DAS VERLORENE BEIL: 6,1–7

6 1 Die Prophetenjünger klagten bei
Elischa: Der Raum, in dem wir vor dir
sitzen, ist zu eng für uns. 2 Wir wollen an den
Jordan gehen und dort soll jeder von uns einen
Balken holen, damit wir uns hier einen Raum
errichten, in dem wir wohnen können. Er ant-
wortete: Geht! 3 Einer aber bat ihn: Erweis uns
den Gefallen und geh mit deinen Knechten!
Er erwiderte: Ich gehe mit. 4 Er ging also mit
ihnen und sie kamen an den Jordan und fällten
Bäume. 5 Einem aber fiel beim Fällen seines
Stammes die eiserne Klinge des Beils in das
Wasser. Er rief laut: Wehe, mein Herr, das Beil
ist auch noch geliehen! 6 Der Gottesmann
fragte: Wohin ist es gefallen? Er zeigte ihm die
Stelle; Elischa schnitt ein Stück Holz ab, warf
es dorthin und brachte das Eisen zum
Schwimmen. 7 Dann befahl er: Hol es herauf!
Der Mann streckte die Hand aus und ergriff
es.

IRREFÜHRUNG DER ARAMÄER: 6,8–23

8 Der König von Aram führte Krieg mit Israel.
Er verabredete mit seinen Untergebenen: An
dem und dem Ort soll mein Lager sein. 9 Aber
der Gottesmann ließ dem König von Israel
sagen: Hüte dich, an jener Stelle vorbeizuge-
hen; denn die Aramäer kommen dort herab.
10 Der König von Israel schickte nun Späher an
die Stelle, die ihm der Gottesmann genannt
und vor der er ihn gewarnt hatte, und nahm
sich dort in Acht. Als das nicht nur einmal oder
zweimal geschah, 11 wurde der König von
Aram beunruhigt. Er rief seine Untergebenen
und fragte sie: Könnt ihr mir nicht angeben,
wer von den Unsrigen zum König von Israel
hält? 12 Da sagte einer von seinen Leuten: Nie-
mand, mein Herr und König, sondern Elischa,
der Prophet in Israel, verrät dem König von
Israel, was du in deinem Schlafzimmer
sprichst. 13 Da befahl er: Geht und erkundet,
wo er sich aufhält, damit ich ihn festnehmen
lasse. Man meldete ihm: Er ist in Dotan. 14 Er
schickte also Pferde und Wagen und eine star-
ke Truppe dorthin. Sie erreichten die Stadt in
der Nacht und umstellten sie. 15 Als der Diener
des Gottesmannes am nächsten Morgen auf-
stand und hinaustrat, hatte die Truppe die
Stadt mit Pferden und Wagen umstellt. Da
sagte der Diener zu seinem Herrn: Wehe,
mein Herr, was sollen wir tun? 16 Doch dieser
sagte: Fürchte dich nicht! Bei uns sind mehr
als bei ihnen. 17 Dann betete Elischa: HERR,
öffne ihm die Augen, damit er sieht! Und der
HERR öffnete dem Diener die Augen: Er sah
den Berg rings um Elischa voll von feurigen
Pferden und Wagen.

18 Als dann die Aramäer zu ihm herabstie-
gen, betete Elischa zum HERRN und rief:
Schlag doch diese Leute mit Verblendung!
Und der HERR schlug sie auf das Wort Elischas
hin mit Verblendung. 19 Daraufhin sagte
Elischa zu ihnen: Das ist nicht der richtige Weg
und nicht die richtige Stadt. Folgt mir! Ich wer-
de euch zu dem Mann führen, den ihr sucht.
Er führte sie aber nach Samaria. 20 Als sie dort
angekommen waren, betete Elischa: HERR,
öffne ihnen die Augen, damit sie sehen! Der
HERR öffnete ihnen die Augen und sie sahen,
dass sie mitten in Samaria waren.

21 Sobald nun der König von Israel sie er-
blickte, rief er Elischa zu: Soll ich sie totschla-
gen, mein Vater? 22 Doch dieser erwiderte:
Töte sie nicht! Erschlägst du denn jene, die du
mit deinem Schwert und Bogen gefangen
nimmst? Setz ihnen Brot und Wasser vor, da-
mit sie essen und trinken und dann zu ihrem
Herrn zurückkehren! 23 Der König gab ihnen

reichlich zu essen und zu trinken und entließ
sie zu ihrem Herrn. Seitdem kamen keine
aramäischen Streifscharen mehr in das Land
Israel.

17: 2,11 / **18**: Gen 19,11

BEFREIUNG SAMARIAS: 6,24–7,20

24 Danach sammelte Ben-Hadad, der König
von Aram, seine ganze Streitmacht, zog gegen
Samaria und belagerte es. 25 In der eingeschlos-
senen Stadt entstand eine große Hungersnot,
sodass der Kopf eines Esels achtzig Silbersche-
kel kostete und ein Viertel Kab Taubenmist
fünf Silberschekel. 26 Als der König von Israel
einmal auf der Mauer vorbeischritt, rief ihm
eine Frau zu: Hilf mir, mein Herr und König!
27 Er antwortete: Wenn dir der HERR nicht
hilft, wie soll ich dir helfen? Soll es etwas von
der Tenne oder von der Kelter sein? 28 Dann
fragte er sie: Was fehlt dir? Sie sagte: Diese
Frau hat von mir verlangt: Gib deinen Sohn
her, damit wir ihn heute aufessen! Meinen
Sohn werden wir dann morgen verzehren.
29 So haben wir meinen Sohn gekocht und auf-
gegessen. Als ich aber am nächsten Tag zu ihr
sagte: Gib jetzt deinen Sohn her, damit wir ihn
verzehren, hatte sie ihren Sohn versteckt.
30 Als der König die Worte der Frau hörte, zer-
riss er seine Kleider, und da er auf der Mauer
entlangging, sah das Volk, dass er ein Bußge-
wand auf dem bloßen Leib trug. 31 Er rief: Gott
soll mir dies und das antun, wenn Elischa, der
Sohn Schafats, bis heute Abend seinen Kopf
behält.

32 Elischa hielt sich in seinem Haus auf und
die Ältesten saßen bei ihm. Der König hatte
einen Mann vor sich her gesandt; aber noch vor
der Ankunft des Boten sagte Elischa zu den
Ältesten: Merkt ihr, dass dieser Sohn eines
Mörders jemanden schickt, der mir den Kopf
abschlagen soll? Gebt nun Acht! Wenn der
Bote kommt, verschließt die Tür und haltet
ihn an der Tür zurück! Sind nicht schon die
Schritte seines Herrn hinter ihm zu hören?
33 Noch während er mit ihnen redete, kam der
König und sagte: Dieses Elend kommt vom
HERRN. Was soll ich noch vom HERRN erwar-
ten?

24: 1 Kön 20,1 / **26**: 2 Sam 14,4 / **32**: Ez 8,1 / **33**: Ijob 2,9

7 1 Doch Elischa entgegnete: Hört das Wort
des HERRN! So spricht der HERR: Morgen
um diese Zeit kostet am Tor von Samaria ein
Sea Feinmehl nur noch einen Schekel und
auch zwei Sea Gerste kosten nur noch einen
Schekel. 2 Doch der Vorkämpfer, auf dessen
Arm sich der König stützte, antwortete dem
Gottesmann: Selbst wenn der HERR Schleu-
sen am Himmel anbrächte, könnte das nicht
geschehen. Elischa erwiderte: Du wirst es mit
deinen eigenen Augen sehen, aber nicht davon
essen.

3 Vor dem Eingang des Stadttors saßen vier
aussätzige Männer. Sie sagten zueinander:
Warum sitzen wir hier, bis wir sterben?
4 Wollten wir in die Stadt gehen, in der Hun-
gersnot herrscht, dann sterben wir in ihr. Blei-
ben wir draußen, dann sterben wir auch.
Kommt, wir gehen in das Lager der Aramäer
hinüber! Wenn sie uns am Leben lassen, blei-
ben wir am Leben. Wenn sie uns töten, so
sterben wir. 5 Sie machten sich daher in der
Abenddämmerung auf, um in das Lager der
Aramäer zu gehen. Doch als sie in den Bereich
des aramäischen Lagers kamen, war dort nie-
mand zu sehen. 6 Der Herr hatte nämlich das
Rollen von Wagen, das Getrampel von Pfer-
den und das Lärmen eines großen Heeres im
Lager vernehmen lassen, sodass einer zum
andern sagte: Der König von Israel hat die Kö-
nige der Hetiter und die Könige von Ägypten
gegen uns angeworben, um uns überfallen zu
lassen. 7 Sie waren daher in der Dämmerung
aufgebrochen und geflohen. Dabei hatten sie
ihre Zelte, Pferde und Esel und das ganze La-
ger, so wie es war, zurückgelassen, um durch
die Flucht ihr Leben zu retten. 8 Als nun die
Aussätzigen in den Bereich des Lagers kamen,
gingen sie in ein Zelt, aßen und tranken, nah-
men Silber, Gold und Kleider und entfernten
sich, um die Beute zu verstecken. Dann kamen
sie zurück, gingen in ein anderes Zelt, machten
auch hier ihre Beute und entfernten sich wie-
der, um sie zu verstecken. 9 Dann aber sagten
sie zueinander: Wir handeln nicht recht. Heu-
te ist ein Tag froher Botschaft. Wenn wir
schweigen und bis zum Morgengrauen war-
ten, trifft uns Schuld. Kommt also; wir gehen
und melden es im Palast des Königs. 10 Sie
machten sich auf, riefen die Wächter der Stadt
und erzählten ihnen: Wir sind in das Lager der
Aramäer gekommen. Aber dort war niemand
zu sehen und kein menschlicher Laut zu hö-
ren. Die Pferde und Esel waren angebunden
und die Zelte standen so da, wie sie waren.

6,33 König: vermuteter Text, vgl. 7,17 und Flavius Josephus; Bote: H, G, Vg, S.

11 Da riefen es die Wächter aus und man mel-
dete es drinnen im Palast des Königs.
12 Noch in der Nacht stand der König auf und
sagte zu seinen Leuten: Ich will euch erklären,
was die Aramäer gegen uns planen. Sie wis-
sen, dass wir Hunger leiden, und haben das
Lager nur verlassen, um sich auf dem freien
Feld zu verstecken mit dem Hintergedanken:
Wenn sie die Stadt verlassen, nehmen wir sie
lebendig gefangen und dringen in die Stadt
ein. 13 Doch einer von den Leuten schlug vor:
Man nehme doch fünf von den noch vorhan-
denen Pferden. Ihnen mag es ergehen wie den
vielen Israeliten, die schon zugrunde gegan-
gen sind. Wir wollen Männer mit den Pferden
hinschicken und dann weitersehen. 14 Man
nahm also zwei Wagen mit den Pferden. Der
König schickte sie der Streitmacht der Ara-
mäer nach und befahl ihnen: Brecht auf und
seht nach! 15 Sie fuhren hinter ihnen her bis an
den Jordan und fanden den ganzen Weg mit
Kleidern und Waffen übersät, die die Aramä-
er auf ihrer überstürzten Flucht weggeworfen
hatten. Als sie zurückkamen und dem König
Meldung erstatteten, 16 strömte das Volk hi-
naus und plünderte das Lager der Aramäer.
Jetzt kostete ein Sea Feinmehl nur noch einen
Schekel und auch zwei Sea Gerste kosteten
nur noch einen Schekel, wie es der HERR vo-
rausgesagt hatte.
17 Der König hatte die Aufsicht über das Tor
dem Vorkämpfer übertragen, auf dessen Arm
er sich zu stützen pflegte. Ihn trat das Volk im
Stadttor nieder und so starb er, wie es ihm der
Gottesmann vorausgesagt hatte. Als der Kö-
nig herabgekommen war, hatte er es gesagt.
18 Als nämlich der Gottesmann zum König
sagte: Morgen um diese Zeit kosten am Tor
von Samaria zwei Sea Gerste nur noch einen
Schekel und ein Sea Feinmehl kostet nur noch
einen Schekel, 19 hatte der Vorkämpfer dem
Gottesmann geantwortet: Selbst wenn der
HERR Schleusen am Himmel anbrächte,
könnte dies nicht geschehen. Und Elischa
hatte ihm erwidert: Du wirst es mit deinen
Augen sehen, aber nicht davon essen. 20 So
geschah es ihm nun: Das Volk trat ihn im Tor
nieder, sodass er starb.

4: Est 4,16 / **7**: Spr 28,1 / **16**: Jdt 15,6f.

7,13 H ist durch Doppelschreibung einer Zeile erweitert. G, Vg und S haben diese Verdoppelung nicht. Männer mit den Pferden: vermuteter Text; nicht in H, G, Vg, S.

SORGE FÜR DIE FRAU AUS SCHUNEM: 8,1–6

8 1 Elischa sagte zu der Frau, deren Sohn
er zum Leben erweckt hatte: Mach dich
auf, zieh mit deiner Familie fort und halte
dich irgendwo in der Fremde auf; denn der
HERR hat eine Hungersnot verhängt. Schon
kommt sie über das Land und sie wird sieben
Jahre dauern. 2 Da machte sich die Frau auf
den Weg und tat, was ihr der Gottesmann
geraten hatte. Sie zog mit ihren Angehörigen
fort und hielt sich sieben Jahre im Land der
Philister auf. 3 Nach Ablauf von sieben Jahren
kehrte sie aus dem Land der Philister zurück
und ging zum König, um wegen ihres Hauses
und ihrer Felder seine Hilfe zu erbitten. 4 Der
König war gerade im Gespräch mit Gehasi,
dem Diener des Gottesmannes, und hatte
ihn aufgefordert: Erzähl mir alles Große, das
Elischa vollbracht hat! 5 Während dieser dem
König erzählte, wie Elischa den Toten zum
Leben erweckt hatte, kam die Frau, deren
Sohn er zum Leben erweckt hatte, um wegen
ihres Hauses und ihrer Felder die Hilfe des
Königs zu erbitten. Da sagte Gehasi: Das,
mein Herr und König, ist die Frau und das ist
ihr Sohn, den Elischa zum Leben erweckt
hat. 6 Nun fragte der König die Frau selbst
und sie erzählte ihm alles. Darauf gab ihr
der König einen Beamten mit und trug ihm
auf: Verschaff ihr alles wieder, was ihr ge-
hört, auch den ganzen Ertrag ihrer Felder
von dem Tag an, da sie das Land verlassen hat,
bis heute!

1: 4,32–37

ELISCHA IN DAMASKUS: 8,7–15

7 Elischa kam nach Damaskus, wo Ben-Hadad,
der König von Damaskus, krank daniederlag.
Man meldete ihm, dass der Gottesmann
gekommen sei. 8 Darauf befahl der König
dem Hasaël: Nimm ein Geschenk, geh dem
Gottesmann entgegen und befrag durch ihn
den HERRN, ob ich von dieser Krankheit wie-
der genesen werde. 9 Hasaël ging Elischa ent-
gegen; als Geschenk nahm er allerlei Kostbar-
keiten von Damaskus mit, so viel, wie vierzig
Kamele tragen konnten. Er kam zu Elischa, trat
vor ihn hin und sagte: Dein Sohn Ben-Hadad,
der König von Aram, hat mich zu dir gesandt
und lässt fragen: Werde ich von dieser Krank-
heit wieder genesen? 10 Elischa antwortete
ihm: Geh und sag ihm: Du wirst sicher gene-

sen. – Doch der HERR hat mir gezeigt, dass er
sterben muss. 11 Hasaël verzog keine Miene
und blickte ihn scharf an. Der Gottesmann
aber weinte. 12 Als Hasaël dann fragte: Warum
weint mein Herr?, gab er zur Antwort: Weil
ich weiß, wie viel Leid du den Israeliten brin-
gen wirst. Du wirst ihre Festungen in Brand
stecken, ihre jungen Männer mit dem Schwert
töten, ihre Kinder zerschmettern, ihren
schwangeren Frauen den Leib aufschlitzen.
13 Hasaël entgegnete: Was ist denn dein
Knecht, dieser Hund, dass er so gewaltige Din-
ge tun könnte? Elischa antwortete: Der HERR
hat dich mir als König von Aram gezeigt. 14 Ha-
saël verließ Elischa und kehrte zu seinem
Herrn zurück. Dieser fragte ihn: Was hat
Elischa zu dir gesagt? Und er gab zur Antwort:
Er hat zu mir gesagt, dass du genesen wirst.
15 Am folgenden Tag aber nahm er eine Decke,
tauchte sie ins Wasser und legte sie ihm über
das Gesicht, sodass er starb. Hasaël wurde
König an seiner Stelle.

7: 1 Kön 19,15 / **8:** 1 Kön 14,3 / **12:** 10,32f.; Am 1,3

JORAM VON JUDA: 8,16–24

16 Im fünften Jahr Jorams, des Sohnes Ahabs,
des Königs von Israel, während Joschafat noch
König von Juda war, wurde Joram, der Sohn
Joschafats, König von Juda. 17 Er war zweiund-
dreißig Jahre alt, als er König wurde, und re-
gierte acht Jahre in Jerusalem. 18 Er folgte den
Wegen der Könige von Israel, wie es das Haus
Ahab getan hatte; denn er hatte eine Tochter
Ahabs zur Frau und er tat, was böse war in den
Augen des HERRN. 19 Doch der HERR wollte
Juda nicht verderben wegen seines Knechtes
David, dem er versprochen hatte, er werde
ihm eine Leuchte geben und seinen Söhnen
für immer.
20 In den Tagen Jorams fiel Edom von Juda
ab und setzte einen eigenen König ein. 21 Joram
zog daher mit all seinen Kriegswagen nach
Zaïr. Während der Nacht griff er an und schlug
die Edomiter, die ihn und die Obersten der
Kriegswagen umzingelt hatten; seine Leute
aber waren in die Zelte geflohen. 22 Doch Edom
fiel von Juda ab und ist abtrünnig bis zum heu-
tigen Tag. Damals, zur gleichen Zeit, fiel auch
Libna ab.
23 Die übrige Geschichte Jorams und alle
seine Taten sind aufgezeichnet in der Chronik
der Könige von Juda. 24 Joram entschlief zu
seinen Vätern und wurde bei seinen Vätern in
der Davidstadt begraben. Sein Sohn Ahasja
wurde König an seiner Stelle.

16–24: 2 Chr 21,5–10 / **19:** 1 Kön 11,36

AHASJA VON JUDA: 8,25–29

25 Im zwölften Jahr Jorams, des Sohnes Ahabs,
des Königs von Israel, wurde Ahasja, der Sohn
Jorams, König von Juda. 26 Er war zweiund-
zwanzig Jahre alt, als er König wurde, und re-
gierte ein Jahr in Jerusalem. Seine Mutter hieß
Atalja; sie war eine Tochter Omris, des Königs
von Israel. 27 Er folgte den Wegen des Hauses
Ahab und tat, was böse war in den Augen des
HERRN, wie das Haus Ahab; denn er war mit
dem Haus Ahab verschwägert. 28 Er zog auch
mit Joram, dem Sohn Ahabs, gegen Hasaël,
den König von Aram, nach Ramot-Gilead in
den Krieg. Dabei verwundeten die Aramäer
Joram. 29 König Joram musste heimkehren, um
in Jesreel von den Wunden Heilung zu su-
chen, die ihm die Aramäer geschlagen hatten,
als er in Ramot gegen ihren König Hasaël
kämpfte. Ahasja, der Sohn Jorams, der König
von Juda, kam hinab, um Joram, den Sohn
Ahabs, in Jesreel zu besuchen, als er krank da-
niederlag.

25–29: 2 Chr 22,2–6

JEHUS VERSCHWÖRUNG: 9,1–13

9 1 Der Prophet Elischa rief einen von den
Prophetenjüngern und trug ihm auf:
Gürte dich, nimm diesen Ölkrug und geh nach
Ramot-Gilead! 2 Wenn du dorthin kommst,
such Jehu, den Sohn Joschafats, des Sohnes
Nimschis! Geh zu ihm, ruf ihn aus dem Kreis
seiner Brüder und begib dich mit ihm in das
innerste Gemach! 3 Dann nimm den Ölkrug,
gieß ihn über seinem Haupt aus und sag: So
spricht der HERR: Ich salbe dich zum König
über Israel. Dann öffne die Tür und eile unver-
züglich fort! 4 Der junge Mann – der junge
Mann war Prophet – ging nach Ramot-Gilead.
5 Als er hinkam, saßen die Obersten des Hee-
res gerade beisammen. Er sagte: Ich habe einen
Auftrag an dich, Oberst. Jehu fragte: An wen
von uns? Der junge Mann antwortete: An
dich, Oberst. 6 Da stand Jehu auf und ging in
das Haus. Der Prophetenjünger goss ihm das
Öl über das Haupt mit den Worten: So spricht
der HERR, der Gott Israels: Ich salbe dich zum
König über das Volk des HERRN, über Israel.
7 Du wirst dem Haus Ahabs, deines Herrn,
schwere Schläge versetzen und ich werde Ra-

che nehmen für das Blut meiner Knechte, der
Propheten, und für das Blut aller Diener des
HERRN, das Isebel vergossen hat. 8 Das ganze
Haus Ahab wird zugrunde gehen. Ich werde
vom Haus Ahab alles, was männlich ist, bis
zum letzten Mann in Israel ausrotten 9 und es
dem Haus Ahab ergehen lassen wie dem Haus
Jerobeams, des Sohnes Nebats, und dem Haus
Baschas, des Sohnes Ahijas. 10 Isebel werden
auf der Flur von Jesreel die Hunde fressen und
niemand wird sie begraben. Dann öffnete er
die Tür und eilte davon.

11 Als Jehu zu den Leuten seines Herrn he-
rauskam, fragten sie ihn: Steht es gut? Wa-
rum ist denn dieser Verrückte zu dir gekom-
men? Er antwortete: Ihr kennt doch den
Mann und sein Gerede. 12 Doch sie sagten:
Das sind Ausflüchte. Teil uns nur alles mit!
Da gab er zu: So und so hat er zu mir gesagt:
So spricht der HERR: Ich salbe dich zum Kö-
nig über Israel. 13 Sogleich nahmen alle ihre
Kleider, legten sie ihm zu Füßen auf die blo-
ßen Stufen, stießen in das Horn und riefen:
Jehu ist König.

3: 1 Kön 19,16 / **8:** 1 Kön 14,10f.; 16,4; 21,21–24 / **13:** 1 Kön 1,34.39

JORAMS UND AHASJAS TOD: 9,14–29

14 So verschwor sich Jehu, der Sohn Joscha-
fats, des Sohnes Nimschis, gegen Joram. –
Joram hatte mit ganz Israel vor Ramot-Gilead
im Abwehrkampf gegen Hasaël, den König
von Aram, gestanden. 15 Er war dann heim-
gekehrt, um in Jesreel Heilung von den Wun-
den zu suchen, die ihm die Aramäer geschla-
gen hatten, als er gegen ihren König Hasaël
kämpfte.

Jehu sagte nun: Wenn ihr einverstanden
seid, lassen wir keinen aus der Stadt entkom-
men, der nach Jesreel gehen und dort Meldung
machen könnte. 16 Dann bestieg er seinen
Wagen, um selbst nach Jesreel zu fahren; denn
dort lag Joram danieder. Auch Ahasja, der
König von Juda, war dorthin gekommen, um
Joram zu besuchen. 17 Der Wächter, der in Jes-
reel auf dem Turm stand, sah die Schar Jehus
herankommen und meldete: Ich sehe eine
Schar. Da befahl Joram: Hol einen Reiter und
schick ihn der Schar entgegen! Er soll fragen,
ob er in friedlicher Absicht kommt. 18 Als der
Reiter sie erreichte, sagte er: Der König lässt
fragen, ob ihr in friedlicher Absicht kommt.
Doch Jehu antwortete: Was geht es dich an,
ob wir in friedlicher Absicht kommen? Reih
dich hinter mir ein! Der Wächter meldete: Der
Bote hat sie erreicht, kehrt aber nicht mehr
zurück. 19 Nun schickte der König einen zwei-
ten Reiter. Dieser kam zu ihnen und sagte: Der
König lässt fragen, ob ihr in friedlicher Ab-
sicht kommt. Doch Jehu antwortete: Was
geht es dich an, ob wir in friedlicher Absicht
kommen? Reih dich hinter mir ein! 20 Der
Wächter meldete wieder: Er hat sie erreicht,
kehrt aber nicht mehr zurück. Die Art, wie ihr
Anführer fährt, ist die Art Jehus, des Enkels
Nimschis; denn er fährt wie ein Rasender.
21 Da ließ Joram selbst anspannen. Man mach-
te seinen Wagen bereit und Joram, der König
von Israel, und Ahasja, der König von Juda,
fuhren, jeder auf seinem Wagen, Jehu ent-
gegen. Sie trafen ihn beim Acker Nabots aus
Jesreel. 22 Als Joram Jehu sah, fragte er:
Kommst du in friedlicher Absicht, Jehu? Doch
dieser erwiderte: Wie sollte ich in friedlicher
Absicht kommen, solange die Unzucht deiner
Mutter Isebel und ihre vielen Zaubereien an-
dauern? 23 Da lenkte Joram um und wollte
fliehen, während er Ahasja zurief: Verrat,
Ahasja! 24 Doch Jehu ergriff den Bogen und
traf Joram zwischen die Schultern, sodass der
Pfeil sein Herz durchbohrte und er in seinem
Wagen niedersank. 25 Dann befahl Jehu sei-
nem Vorkämpfer Bidkar: Nimm ihn und wirf
ihn auf den Acker Nabots aus Jesreel. Denk
daran: Ich und du fuhren auf unseren Gespan-
nen hinter seinem Vater Ahab her, als der
HERR dieses Wort über ihn verkünden ließ:
26 Fürwahr, ich habe gestern das Blut Nabots
und seiner Söhne gesehen – Spruch des
HERRN. Ich werde an dir auf diesem Acker
Vergeltung üben – Spruch des HERRN. Nimm
ihn also und wirf ihn auf den Acker, wie es der
HERR gesagt hat!

27 Als Ahasja, der König von Juda, dies sah,
floh er in Richtung Bet-Gan. Doch Jehu ver-
folgte ihn und rief: Schlagt auch diesen nieder!
Man schlug ihn beim Anstieg nach Gur, das
bei Jibleam liegt, im Wagen nieder. Er kam
noch bis Megiddo, wo er starb. 28 Seine Diener
brachten ihn nach Jerusalem und begruben

9,11 fragten sie: G, Vg, S; fragte er: H.

9,27 Die Worte „man schlug ihn“ sind aus G und S ergänzt. Nach H gibt Jehu lediglich die Anweisung, Ahasja beim schwierigen Aufstieg von Gur zu erschlagen, ohne dass von einer Ausführung die Rede ist.

ihn bei seinen Vätern in seinem Grab in der
Davidstadt. 29 Im elften Jahr Jorams, des Soh-
nes Ahabs, war Ahasja König von Juda gewor-
den.

16: 8,29 / **24:** 1 Kön 22,34 / **26:** 1 Kön 21,19

ISEBELS STURZ: 9,30–37

30 Als Jehu nach Jesreel kam und Isebel dies
erfuhr, legte sie Schminke auf ihre Augen,
schmückte ihr Haupt und schaute durch das
Fenster hinab. 31 Während dann Jehu an das
Tor trat, rief sie ihm zu: Geht es Simri, dem
Mörder seines Herrn, gut? 32 Jehu schaute zum
Fenster empor und fragte: Ist jemand da, der
zu mir hält? Zwei oder drei Hofleute sahen zu
ihm herab 33 und er befahl ihnen: Werft sie
herunter! Sie warfen sie herunter und Isebels
Blut bespritzte die Wand und die Pferde, die
sie zertraten. 34 Dann ging Jehu hinein, um zu
essen und zu trinken. Schließlich befahl er:
Seht nach dieser Verfluchten und begrabt sie;
denn sie ist eine Königstochter. 35 Doch als sie
hinkamen, um sie zu begraben, fanden sie von
ihr nur noch den Schädel, die Füße und die
Hände. 36 Und sie kamen zurück, um es ihm
zu melden. Er aber sagte: Das ist das Wort, das
der HERR durch seinen Knecht Elija aus Tisch-
be verkündet hat: Auf der Flur von Jesreel wer-
den die Hunde das Fleisch Isebels fressen.
37 Die Leiche Isebels soll wie Mist auf dem Feld
in der Flur Jesreels liegen, sodass man nicht
mehr sagen kann: Das ist Isebel.

31: 1 Kön 16,10 / **36:** 1 Kön 21,23

ENDE DES HAUSES AHAB: 10,1–17

10 1 Ahab hatte siebzig Söhne in Samaria.
Jehu sandte nun Briefe nach Samaria an
die Fürsten der Stadt, an die Ältesten und die
Erzieher der Söhne Ahabs. Darin schrieb er:
2 Wenn jetzt dieses Schreiben zu euch kommt,
bedenkt: Bei euch sind die Söhne eures Herrn.
Ihr habt die Wagen und die Pferde, eine be-
festigte Stadt und die Waffen. 3 Seht euch
nach dem besten und tüchtigsten unter den
Söhnen eures Herrn um, setzt ihn auf den
Thron seines Vaters und kämpft für das Haus
eures Herrn! 4 Doch sie bekamen große Angst
und sagten: Die beiden Könige konnten ihm
nicht standhalten. Wie sollten wir es können?
5 Daher ließen der Palastvorsteher, der Stadt-
oberste, die Ältesten und die Erzieher dem
Jehu melden: Wir sind deine Knechte und
wollen alles tun, was du uns befiehlst; wir
werden keinen König aufstellen. Tu, was du
für richtig hältst!
6 Darauf schrieb er einen zweiten Brief an sie
mit folgendem Inhalt: Wenn ihr auf meiner
Seite steht und meinen Befehlen gehorchen
wollt, dann nehmt die Köpfe der Söhne eures
Herrn und kommt morgen um diese Zeit zu
mir nach Jesreel! Die siebzig Söhne des Königs
waren bei den Großen der Stadt, die sie erzo-
gen. 7 Sobald der Brief angekommen war, er-
griff man die Söhne des Königs, machte alle
siebzig nieder, legte ihre Köpfe in Körbe und
schickte sie zu Jehu nach Jesreel. 8 Als der Bote
mit der Meldung eintraf, dass man die Köpfe
der Königssöhne gebracht habe, befahl Jehu:
Schichtet sie bis zum Morgen in zwei Haufen
vor dem Tor auf! 9 Am nächsten Morgen ging
er hinaus, trat vor das Volk und sagte: Ihr seid
ohne Schuld. Ich bin es, der die Verschwörung
gegen meinen Herrn angezettelt und ihn ge-
tötet hat. Doch wer hat diese alle erschlagen?
10 Erkennt also, dass keine der Drohungen un-
erfüllt bleibt, die der HERR gegen das Haus
Ahab ausgesprochen hat! Der HERR hat das
getan, was er durch seinen Knecht Elija ver-
kündet hat. 11 Hierauf ließ Jehu alle vom Haus
Ahab erschlagen, die noch in Jesreel übrig
geblieben waren, alle Großen und Vertrauten
Ahabs, auch alle seine Priester; keinen von
ihnen ließ er entkommen.
12 Dann brach er auf, kam und ging nach Sa-
maria. Als er unterwegs bei Bet-Eked-Roïm
war, 13 traf er die Brüder Ahasjas, des Königs
von Juda. Er fragte sie: Wer seid ihr? Sie ant-
worteten: Wir sind die Brüder Ahasjas und
sind gekommen, um die Söhne des Königs und
die Söhne der Herrin zu begrüßen. 14 Da befahl
er: Ergreift sie lebendig! Man ergriff sie leben-
dig und machte sie am Brunnen von Bet-Eked
nieder. Es waren zweiundvierzig Mann; kei-
nen von ihnen ließ er am Leben.
15 Von da zog er weiter und traf Jonadab, den
Sohn Rechabs, der ihm entgegenkam. Er grüß-
te ihn und fragte: Ist dein Herz aufrichtig ge-
gen mich wie mein Herz gegen dich? Jonadab
antwortete: So ist es. Dann reich mir deine
Hand, wenn es so ist! Da reichte er ihm die
Hand und Jehu nahm ihn zu sich auf den Wa-

9,33 die sie zertraten: G, Vg, S; und er/man zertrat sie: H.
10,1 Fürsten der Stadt … Erzieher der Söhne: vermuteter Text; Fürsten von Jesreel … Erzieher: H und T; Fürsten der Stadt … Erzieher (der Söhne): Vg; Fürsten … Erzieher: S.

gen 16 und sagte: Komm mit mir und sieh
meinen Eifer für den HERRN! So ließ er ihn bei
sich im Wagen fahren. 17 Als er nach Samaria
kam, ließ er alle erschlagen, die vom Haus
Ahab dort noch übrig geblieben waren. Sie
wurden ausgerottet, wie es der HERR zu Elija
gesagt hatte.

10: 1 Kön 21,18–24 / **15:** Jer 35,1–11 / **16:** 1 Kön 19,10.14

VERNICHTUNG DER BAALSDIENER: 10,18–28

18 Jehu versammelte das ganze Volk und trug
ihm vor: Ahab hat Baal nur wenig gedient;
Jehu wird ihm eifriger dienen. 19 Ruft jetzt alle
Propheten Baals, alle seine Diener und Priester
zu mir! Keiner darf fernbleiben; denn ich will
ein großes Schlachtopfer für Baal darbringen.
Wer nicht erscheint, soll sein Leben verlieren.
Jehu tat dies aus Hinterlist, weil er die Baals-
diener vernichten wollte. 20 Darauf befahl
Jehu: Bereitet eine heilige Festversammlung
zur Ehre Baals vor! Man berief sie ein. 21 Jehu
sandte Boten durch ganz Israel. Alle Baalsdie-
ner kamen; es gab keinen, der fernblieb. Sie
betraten den Baalstempel, der sich von einem
Ende zum andern füllte. 22 Nun befahl Jehu
dem Verwalter der Kleiderkammer, jedem
Baalsdiener ein Kleid zu reichen. Nachdem
dieser die Gewänder überreicht hatte, 23 betrat
Jehu mit Jonadab, dem Sohn Rechabs, den
Baalstempel und forderte die Baalsdiener auf:
Vergewissert euch, dass nur Baalsdiener hier
sind und dass kein Diener des HERRN sich
unter euch befindet! 24 Darauf begannen sie,
Schlacht- und Brandopfer darzubringen.

Jehu hatte aber draußen achtzig Mann auf-
gestellt und ihnen gesagt: Wer einen von den
Männern, die ich in eure Hand gebe, entkom-
men lässt, wird mit seinem Leben dafür bü-
ßen. 25 Nach Beendigung des Brandopfers
befahl er den Läufern und ihren Vorkämpfern:
Kommt her und macht sie nieder! Keiner darf
entrinnen. Die Läufer und ihre Vorkämpfer
erschlugen sie mit der Schärfe des Schwerts
und warfen sie hinaus. Dann gingen sie zur
Stadt des Baalstempels, 26 schafften das Stein-
mal des Baalstempels weg und verbrannten es.
27 Sie zerschlugen das Steinmal des Baal, rissen
den Baalstempel nieder und machten ihn zu
einer Stätte des Unrats; das blieb er bis zum
heutigen Tag. 28 So beseitigte Jehu den Baal
aus Israel.

21: 1 Kön 16,32 / **24:** 1 Kön 20,39 / **25:** 1 Kön 18,40

URTEILE ÜBER JEHU: 10,29–36

29 Doch von den Sünden, zu denen Jerobeam,
der Sohn Nebats, Israel verführt hatte, den
goldenen Kälbern in Bet-El und Dan, ließ Jehu
nicht ab.

30 Der HERR sprach zu Jehu: Weil du mein
Vorhaben genau vollstreckt und am Haus
Ahab alles ausgeführt hast, was ich ihm zuge-
dacht hatte, sollen Nachkommen von dir bis
in das vierte Geschlecht auf dem Thron Israels
sitzen. 31 Doch Jehu war nicht darauf bedacht,
mit ganzem Herzen die Weisung des HERRN,
des Gottes Israels, zu befolgen. Er ließ nicht
von den Sünden ab, zu denen Jerobeam die
Israeliten verführt hatte.

32 In jenen Tagen begann der HERR, Israel zu
verkleinern. Hasaël schlug sie in allen Gebie-
ten Israels 33 vom Jordan gegen Sonnenauf-
gang: das ganze Land Gilead, das Gebiet der
Stämme Gad, Ruben und Manasse bis nach
Aroër am Arnon, Gilead und den Baschan.

34 Die übrige Geschichte Jehus, alle seine
Taten und Erfolge, sind aufgezeichnet in der
Chronik der Könige von Israel. 35 Jehu ent-
schlief zu seinen Vätern; man begrub ihn in
Samaria. Sein Sohn Joahas wurde König an
seiner Stelle. 36 Die Zeit, die Jehu in Samaria
König von Israel war, betrug achtundzwanzig
Jahre.

30: 1 Kön 21,21–24 / **32:** 13,3

STURZ DER KÖNIGIN ATALJA: 11,1–20

11 1 Als Atalja, die Mutter Ahasjas, sah,
dass ihr Sohn tot war, ging sie daran, die
ganze Nachkommenschaft der königlichen
Familie auszurotten. 2 Doch Joscheba, die
Tochter des Königs Joram und Schwester
Ahasjas, nahm Joasch, den Sohn Ahasjas, aus
dem Kreis der Königssöhne, die ermordet
werden sollten, weg und brachte ihn mit sei-
ner Amme in die Bettenkammer. Dort ver-
steckte sie ihn vor Atalja, sodass er nicht getö-
tet wurde. 3 Er blieb sechs Jahre bei ihr im Haus
des HERRN verborgen, während Atalja das
Land regierte.

4 Im siebten Jahr bestellte der Priester Jojada
die Hundertschaftsführer der Karer und Läufer

10,16 ließ er ihn ... fahren: G; ließen sie ihn ... fahren: H, S.
10,25 zur (wörtlich: über die) Stadt des Baalstempels: H, Vg, S; zum Baalstempel: G.

11,2 brachte ihn: 2 Chr 22,11, vgl. S; ihn: H, G und Vg – versteckte sie: G, Vg und S; versteckten sie: H.

zu sich. Er führte sie in das Haus des HERRN,
schloss mit ihnen ein Abkommen, ließ sie im
Haus des HERRN schwören und zeigte ihnen
den Sohn des Königs. 5 Dann ordnete er an:
Das ist es, was ihr tun sollt: Das Drittel von
der Wache, das am Sabbat aufzieht und den
Königspalast bewacht, 6 das Drittel am Tor Sur
und das Drittel am Tor hinter den Läufern:
abwechselnd sollt ihr die Bewachung des Tem-
pels übernehmen. 7 Die zwei Abteilungen
aber, die am Sabbat abziehen, sollen im Haus
des HERRN beim König als Wache stehen.
8 Schart euch mit der Waffe in der Hand um
den König! Wer in die Reihen einzudringen
versucht, soll getötet werden. Seid beim Kö-
nig, wenn er auszieht und wenn er einzieht!
9 Die Führer der Hundertschaften befolgten
alle Gebote des Priesters Jojada. Jeder holte
seine Leute, sowohl jene, die am Sabbat aufzo-
gen, als auch jene, die am Sabbat abzogen. Sie
kamen zum Priester Jojada 10 und dieser gab
den Anführern der Hundertschaften die Lan-
zen und Schilde, die dem König David gehört
hatten und sich jetzt im Haus des HERRN be-
fanden. 11 Die Läufer stellten sich mit der Waf-
fe in der Hand von der Südseite des Tempels
bis zur Nordseite vor dem Altar und dem Tem-
pel rings um den König auf. 12 Dann führte
Jojada den Königssohn heraus und überreich-
te ihm den Stirnreif und das Bundeszeugnis.
So machten sie ihn zum König, salbten ihn,
klatschten in die Hände und riefen: Es lebe der
König!

13 Als Atalja das Geschrei des Volkes hörte,
kam sie zu den Leuten in das Haus des HERRN.
14 Da sah sie den König am gewohnten Platz
bei der Säule stehen; die Obersten und die
Trompeter waren bei ihm und alle Bürger des
Landes waren voller Freude und bliesen die
Trompeten. Atalja zerriss ihre Kleider und
schrie: Verrat, Verrat! 15 Doch der Priester Jo-
jada befahl den Hundertschaftsführern, die
das Kommando über die Truppen hatten:
Führt sie durch die Reihen hinaus und schlagt
jeden mit dem Schwert nieder, der ihr folgen
will; denn – so sagte der Priester – sie soll nicht
im Haus des HERRN getötet werden. 16 Da leg-
te man Hand an sie, und als sie an den Weg
kam, auf dem man die Pferde zum Palast des
Königs führt, wurde sie dort getötet.

17 Jojada schloss den Bund zwischen dem
HERRN und dem König und dem Volk. Sie
versprachen, dass sie das Volk des HERRN sein
wollten, und auch zwischen König und Volk
schloss er den Bund. 18 Darauf zogen alle Bür-
ger des Landes zum Baalstempel und rissen
ihn nieder. Sie zertrümmerten seine Altäre
und Bilder vollständig und erschlugen den
Baalspriester Mattan vor den Altären. Auch
stellte Jojada Posten vor das Haus des HERRN
19 und rief die Hundertschaftsführer, die Karer
und Läufer sowie alle Bürger des Landes her-
bei. Sie führten den König aus dem Haus des
HERRN durch das Tor der Läufer hinab in den
königlichen Palast. Dort setzte er sich auf den
Thron der Könige. 20 Alle Bürger des Landes
waren voll Freude und die Stadt blieb ruhig.
Atalja aber hatte man vor dem Palast des Kö-
nigs mit dem Schwert umgebracht.

1–20: 2 Chr 22,10–23,21 / **1:** 8,26 / **10:** 2 Sam 8,7 / **12:** Dtn 17,18 / **14:** 9,23 / **17:** 23,3

JOASCH VON JUDA: 12,1–22

12 1 Joasch war sieben Jahre alt, als er König
wurde. 2 Im siebten Jahr Jehus wurde er
König und vierzig Jahre regierte er in Jerusa-
lem. Seine Mutter hieß Zibja und stammte aus
Beerscheba. 3 Er tat, was dem HERRN gefiel,
solange der Priester Jojada ihn unterwies. 4 Nur
die Kulthöhen verschwanden nicht. Das Volk
brachte noch Schlacht- und Rauchopfer auf
ihnen dar. 5 Joasch gab den Priestern die Wei-
sung: Alles Geld, das als Weihegabe in das
Haus des HERRN gebracht wird, ferner das
Geld, das jemandem durch Schätzung aufer-
legt wird oder das er nach der Schätzung für
andere zu entrichten hat, endlich das Geld, das
jemand freiwillig in das Haus des HERRN
bringt, 6 das alles sollen die Priester an sich
nehmen, jeder von seinen Bekannten. Sie sol-
len damit die Schäden ausbessern, die man am
Tempel feststellt. 7 Als aber die Priester im
dreiundzwanzigsten Jahr des Königs Joasch
die Schäden des Hauses noch nicht beseitigt
hatten, 8 ließ König Joasch den Priester Jojada
und die übrigen Priester kommen und hielt
ihnen vor: Warum bessert ihr die Schäden am
Tempel nicht aus? Von jetzt an dürft ihr das
Geld, das von euren Bekannten kommt, nicht
mehr an euch nehmen, sondern müsst es un-
verzüglich zur Ausbesserung der Schäden des
Hauses abliefern. 9 Die Priester waren damit
einverstanden, dass sie vom Volk kein Geld
mehr annehmen durften, aber auch für die
Schäden des Hauses nicht mehr aufkommen
mussten.

10 Der Priester Jojada nahm nun einen Kas-
ten, bohrte ein Loch in seinen Deckel und
stellte ihn neben dem Altar rechts vom Ein-
gang zum Tempel des HERRN auf. Dahinein
legten die Priester, die an der Schwelle Wache
hielten, alles Geld, das in den Tempel des
HERRN gebracht wurde. 11 Wenn sie dann sa-
hen, dass viel Geld im Kasten war, kam der
Schreiber des Königs mit dem Hohepriester.
Sie verschnürten und zählten das Geld, das
sich im Haus des HERRN befand, 12 und über-
gaben es abgewogen den Werkmeistern, die
die Arbeiten im Haus des HERRN beaufsich-
tigten. Diese verwendeten es für die Zimmer-
leute und Bauarbeiter, die im Haus des HERRN
beschäftigt waren, 13 für die Maurer und Stein-
metzen, ebenso zum Ankauf von Holz und
Bruchsteinen, die man zur Beseitigung der
Schäden am Haus des HERRN benötigte, und
zur Bestreitung aller Unkosten, die bei der
Ausbesserung des Hauses entstanden. 14 Man
ließ jedoch von dem Geld, das in den Tempel
kam, keine silbernen Becken, Lichtscheren,
Schalen, Trompeten, auch keinerlei Gold- und
Silbergeräte für das Haus des HERRN anferti-
gen, 15 sondern gab alles den Werkmeistern,
die damit das Haus des HERRN instand setz-
ten. 16 Man rechnete mit den Männern, denen
man das Geld zur Ausbezahlung an die Arbei-
ter übergab, nicht ab; denn sie waren zuverläs-
sige Leute. 17 Geld für Schuld- und Sündopfer
dagegen wurde nicht an den Tempel abge-
führt, sondern gehörte den Priestern.

18 Damals zog Hasaël, der König von Aram,
herauf, griff Gat an und eroberte es. Als er sich
anschickte, auch gegen Jerusalem zu ziehen,
19 nahm Joasch, der König von Juda, alle Wei-
hegaben, die Joschafat, Joram und Ahasja,
seine Vorgänger, die Könige von Juda, gespen-
det hatten, dazu seine eigenen Weihegaben
und alles Gold, das in den Schatzkammern des
Tempels und des königlichen Palastes war,
und sandte alles an Hasaël, den König von
Aram, der daraufhin von Jerusalem abzog.

20 Die übrige Geschichte des Joasch und alle
seine Taten sind aufgezeichnet in der Chronik
der Könige von Juda. 21 Seine Diener erhoben
sich gegen ihn; sie zettelten eine Verschwö-
rung an und erschlugen ihn im Haus am Millo
beim Abstieg nach Silla. 22 Sabad, der Sohn
Schimats, und Josabad, der Sohn Schomers,
seine Diener, waren es, die ihn erschlugen. So
starb er und man begrub ihn bei seinen Vätern
in der Davidstadt. Sein Sohn Amazja wurde
König an seiner Stelle.

1–22: 2 Chr 24,1–27 / **5:** Lev 27,1–8 / **10:** 22,3–7 / **14:** 1 Kön 7,48–50 / **19:** 18,14f.

JOAHAS VON ISRAEL: 13,1–9

13 1 Im dreiundzwanzigsten Jahr des Jo-
asch, des Sohnes Ahasjas, des Königs
von Juda, wurde Joahas, der Sohn Jehus, König
von Israel. Er regierte siebzehn Jahre in Sama-
ria 2 und tat, was böse war in den Augen des
HERRN; er hielt an der Sünde fest, zu der
Jerobeam, der Sohn Nebats, Israel verführt
hatte, und ließ nicht von ihr ab. 3 Da entbrann-
te der Zorn des HERRN gegen Israel. Er gab sie
in die Hand Hasaëls, des Königs von Aram,
und seines Sohnes Ben-Hadad, die ganze Zeit
hindurch.

4 Als aber Joahas den HERRN besänftigte,
erhörte ihn der HERR; denn er sah die Be-
drängnis, die der König von Aram über Israel
brachte. 5 Er gab Israel einen Helfer, sodass
es sich aus der Hand Arams befreien konnte
und die Israeliten wieder in ihren Zelten
wohnten wie früher. 6 Doch ließen sie nicht
von der Sünde ab, zu der das Haus Jerobeam
Israel verführt hatte, sondern hielten an ihr
fest. Auch der Kultpfahl blieb in Samaria ste-
hen.

7 Denn der HERR ließ vom Heer des Joahas
nur fünfzig Wagenkämpfer, zehn Wagen und
zehntausend Mann Fußtruppen übrig. Alles
andere hatte der König von Aram vernichtet
und dem Staub gleichgemacht, auf den man
tritt.

8 Die übrige Geschichte des Joahas, alle seine
Taten und Erfolge, sind aufgezeichnet in der
Chronik der Könige von Israel. 9 Er entschlief
zu seinen Vätern; man begrub ihn in Samaria.
Sein Sohn Joasch wurde König an seiner
Stelle.

3: 8,12 / **7:** Am 1,3

JOASCH VON ISRAEL: 13,10–13

10 Im siebenunddreißigsten Jahr des Königs
Joasch von Juda wurde Joasch, der Sohn des
Joahas, König von Israel. Er regierte sechzehn
Jahre in Samaria 11 und tat, was böse war in
den Augen des HERRN; er ließ nicht von der
Sünde ab, zu der Jerobeam, der Sohn Nebats,
Israel verführt hatte.

12,11 sie verschnürten: andere Übersetzung: sie schmolzen ein; vgl. 2 Chr 24,11.

12 Die übrige Geschichte des Joasch, alle sei-
ne Taten und Erfolge, wie er mit Amazja, dem
König von Juda, Krieg führte, all das ist aufge-
zeichnet in der Chronik der Könige von Israel.
13 Joasch entschlief zu seinen Vätern und
Jerobeam bestieg seinen Thron. Joasch wurde
in Samaria bei den Königen von Israel begra-
ben.

12–13: 14,15f.

KRANKHEIT UND TOD ELISCHAS: 13,14–21

14 Als Elischa von der Krankheit befallen
wurde, an der er sterben sollte, ging Joasch,
der König von Israel, zu ihm hinab. Er weinte
vor ihm und rief: Mein Vater, mein Vater! Wa-
gen Israels und sein Lenker! 15 Doch Elischa
befahl ihm: Hol einen Bogen und Pfeile! Er
holte sie herbei. 16 Dann sagte Elischa zum
König von Israel: Leg deine Hand auf den Bo-
gen! Da legte er die Hand auf den Bogen,
Elischa aber legte seine Hände auf die Hände
des Königs. 17 Hierauf sagte er: Öffne das
Fenster nach Osten! Der König öffnete es und
Elischa forderte ihn auf zu schießen. Als er
abschoss, rief Elischa: Ein Siegespfeil vom
HERRN, ein Siegespfeil gegen Aram. Du wirst
Aram bei Afek vernichtend schlagen. 18 Wei-
ter sagte er: Nimm die Pfeile! Als der König
von Israel sie genommen hatte, befahl ihm
Elischa, auf den Boden zu schlagen. Der König
tat drei Schläge und hielt dann inne. 19 Da
wurde der Gottesmann unwillig über ihn und
sagte: Du hättest fünf- oder sechsmal schla-
gen sollen; dann hättest du die Aramäer ver-
nichtend geschlagen. Jetzt aber wirst du sie
nur dreimal schlagen.

20 Elischa starb und man begrub ihn. In je-
nem Jahr fielen moabitische Räuberscharen in
das Land ein. 21 Als man einmal einen Toten
begrub und eine dieser Scharen erblickte, warf
man den Toten in das Grab Elischas und floh.
Sobald aber der Tote die Gebeine Elischas be-
rührte, wurde er wieder lebendig und richtete
sich auf.

14: 2,12 / **17:** 1 Kön 20,26.30 / **19:** 13,25

ERFOLGE GEGEN ARAM: 13,22–25

22 Hasaël, der König von Aram, bedrängte Is-
rael, solange Joahas lebte. 23 Doch der HERR
war seinem Volk gnädig und hatte Erbarmen
mit ihm. Wegen seines Bundes mit Abraham,
Isaak und Jakob wandte er sich ihm wieder zu.
Er wollte es nicht verderben und hatte es bis
dahin nicht von seinem Angesicht verstoßen.
24 Als daher Hasaël, der König von Aram, starb
und sein Sohn Ben-Hadad an seiner Stelle
König wurde, 25 konnte Joasch, der Sohn des
Joahas, Ben-Hadad, dem Sohn Hasaëls, die
Städte wieder entreißen, die dieser seinem
Vater Joahas im Krieg weggenommen hatte.
Dreimal schlug ihn Joasch und gewann die
israelitischen Städte zurück.

25: 1 Kön 20,34

AMAZJA VON JUDA: 14,1–22

14 1 Im zweiten Jahr des Joasch, des Sohnes
des Joahas, des Königs von Israel, wur-
de Amazja, der Sohn des Joasch, König von
Juda. 2 Er war fünfundzwanzig Jahre alt, als er
König wurde, und regierte neunundzwanzig
Jahre in Jerusalem. Seine Mutter hieß Joaddan
und stammte aus Jerusalem. 3 Er tat, was dem
HERRN gefiel, wenn auch nicht in der Weise
seines Ahnherrn David; sein Verhalten glich
dem seines Vaters Joasch. 4 Die Kulthöhen ver-
schwanden nicht; das Volk brachte noch
Schlacht- und Rauchopfer auf ihnen dar.

5 Sobald die Herrschaft fest in seiner Hand
war, ließ er die Diener hinrichten, die seinen
Vater, den König, erschlagen hatten. 6 Die Söh-
ne der Mörder aber verschonte er, wie der
HERR es geboten hatte und wie es im Buch der
Weisung des Mose niedergeschrieben ist: Vä-
ter sollen nicht wegen ihrer Söhne und Söhne
nicht wegen ihrer Väter mit dem Tod bestraft
werden, sondern jeder soll nur für sein eigenes
Verbrechen sterben.

7 Er besiegte die Edomiter, zehntausend
Mann, im Salztal, nahm Sela im Kampf und
nannte es Jokteel, wie es bis heute genannt
wird.

8 Damals sandte Amazja Boten an Joasch,
den Sohn des Joahas, des Sohnes Jehus, den
König von Israel, und ließ ihm sagen: Komm,
wir wollen gegeneinander antreten. 9 Doch
Joasch, der König von Israel, ließ dem König
Amazja von Juda sagen: Der Dornstrauch auf
dem Libanon ließ der Zeder auf dem Libanon
sagen: Gib deine Tochter meinem Sohn zur
Frau! Aber die Tiere des Libanon liefen über
den Dornstrauch und zertraten ihn. 10 Du hast
Edom vollständig besiegt und dein Herz hat
sich erhoben. Wahre doch deinen Ruhm und
bleib zu Hause! Wozu willst du das Unglück

13,20 In jenem Jahr: vermuteter Text; als das Jahr begann/kam: H, G, Vg, S.

herausfordern und zu Fall kommen, du und
Juda mit dir? 11 Doch Amazja wollte nicht hö-
ren. Daraufhin rückte Joasch, der König von
Israel, aus. Er und Amazja, der König von Juda,
traten bei Bet-Schemesch, das zu Juda gehört,
einander gegenüber. 12 Die Judäer wurden von
den Israeliten geschlagen und flohen zu ihren
Zelten. 13 Den König Amazja von Juda, den
Sohn des Joasch, des Sohnes Ahasjas, nahm
König Joasch von Israel bei Bet-Schemesch
gefangen und brachte ihn nach Jerusalem.
Dort riss er die Mauer der Stadt vom Efraimtor
bis zum Ecktor auf einer Strecke von vierhun-
dert Ellen nieder, 14 nahm alles Gold und Silber
sowie alle Geräte, die sich im Haus des HERRN
und in den Schatzkammern des königlichen
Palastes befanden, ließ sich Geiseln stellen
und kehrte nach Samaria zurück.
15 Die übrige Geschichte des Joasch, seine
Taten und Erfolge, auch wie er mit Amazja,
dem König von Juda, Krieg führte, all das ist
aufgezeichnet in der Chronik der Könige von
Israel. 16 Joasch entschlief zu seinen Vätern und
wurde in Samaria bei den Königen von Israel
begraben. Sein Sohn Jerobeam wurde König
an seiner Stelle.
17 Amazja, der Sohn des Joasch, der König
von Juda, lebte nach dem Tod des Joasch, des
Sohnes des Joahas, des Königs von Israel,
noch fünfzehn Jahre. 18 Die übrige Geschichte
Amazjas ist aufgezeichnet in der Chronik der
Könige von Juda. 19 Gegen ihn zettelte man in
Jerusalem eine Verschwörung an. Er floh nach
Lachisch; aber man sandte Verfolger hinter
ihm her nach Lachisch, die ihn dort erschlu-
gen. 20 Man brachte ihn auf Pferden nach Jeru-
salem; dort wurde er bei seinen Vätern in der
Davidstadt begraben. 21 Das ganze Volk von
Juda nahm nun Asarja, der damals sechzehn
Jahre alt war, und machte ihn zum König an-
stelle seines Vaters Amazja. 22 Er baute Elat aus,
das er für Juda zurückgewonnen hatte, nach-
dem der König zu seinen Vätern entschlafen
war.

1–20: 2 Chr 25,1–4.17–28 / **6:** Dtn 24,16; Ez 18,10–23 / **15–16:** 13,12f. / **21–22:** 2 Chr 26,1f.

JEROBEAM II. VON ISRAEL: 14,23–29

23 Im fünfzehnten Jahr Amazjas, des Sohnes
des Joasch, des Königs von Juda, wurde Jerobe-
am, der Sohn des Joasch, König von Israel. Er
regierte einundvierzig Jahre in Samaria 24 und
tat, was böse war in den Augen des HERRN; er
ließ nicht von all den Sünden ab, zu denen
Jerobeam, der Sohn Nebats, Israel verführt
hatte. 25 Er stellte die Grenzen Israels wieder
her von Lebo-Hamat bis zum Meer der Araba,
wie es der HERR, der Gott Israels, durch seinen
Knecht, den Propheten Jona, den Sohn Amit-
tais aus Gat-Hefer, vorhergesagt hatte. 26 Denn
der HERR sah die bittere Not Israels: dass bis
zum letzten Mann alle dahinschwanden und
dass es für Israel keinen Retter gab. 27 Er hatte
nicht im Sinn, den Namen Israels unter dem
Himmel auszutilgen. Darum half er ihnen
durch Jerobeam, den Sohn des Joasch.
28 Die übrige Geschichte Jerobeams, alle
seine Taten und Erfolge, wie er Krieg führte
und wie er Damaskus und Hamat für Juda in
Israel zurückgewann, all das ist aufgezeichnet
in der Chronik der Könige von Israel. 29 Jerobe-
am entschlief zu seinen Vätern, den Königen
von Israel, und sein Sohn Secharja wurde Kö-
nig an seiner Stelle.

25: Jona 3,4 / **27:** 13,5

ASARJA (USIJA) VON JUDA: 15,1–7

15 1 Im siebenundzwanzigsten Jahr Jero-
beams, des Königs von Israel, wurde
Asarja, der Sohn Amazjas, König von Juda. 2 Er
war sechzehn Jahre alt, als er König wurde, und
regierte zweiundfünfzig Jahre in Jerusalem.
Seine Mutter hieß Jecholja und stammte aus
Jerusalem. 3 Genau wie sein Vater Amazja tat
er, was dem HERRN gefiel.
4 Nur die Kulthöhen verschwanden nicht;
das Volk brachte noch Schlacht- und Rauchop-
fer auf ihnen dar. 5 Doch der HERR schlug den
König mit Aussatz. Er musste bis zu seinem
Tod in einem abgesonderten Haus wohnen,
während Jotam, der Sohn des Königs, Vorste-
her des Palastes war und die Bürger des Landes
regierte.
6 Die übrige Geschichte Asarjas und alle sei-
ne Taten sind aufgezeichnet in der Chronik der
Könige von Juda. 7 Asarja entschlief zu seinen
Vätern; man begrub ihn bei seinen Vätern in
der Davidstadt. Sein Sohn Jotam wurde König
an seiner Stelle.

1–7: 2 Chr 26,3–4.16–23 / **5:** 2 Chr 26,21; Lev 13,46

14,13 und brachte ihn: 2 Chr 25,23, Vg; und kam: H, G, S.

14,28 und wie er Damaskus und Hamat für Juda in Israel zurückgewann: H, G, Vg; für Israel: S.

15,1 Der Name des Königs ist in zwei Formen, Asarja und Usija, überliefert.

SECHARJA VON ISRAEL: 15,8–12

8 Im achtunddreißigsten Jahr des Königs Asar-
ja von Juda wurde Secharja, der Sohn Jerobeams,
König von Israel. Er regierte sechs Monate in
Samaria. 9 Wie seine Väter tat er, was böse war
in den Augen des HERRN. Er ließ nicht von den
Sünden ab, zu denen Jerobeam, der Sohn
Nebats, Israel verführt hatte. 10 Gegen ihn
zettelte Schallum, der Sohn des Jabesch, eine
Verschwörung an; er erschlug ihn vor allem
Volk und wurde König an seiner Stelle.
11 Die übrige Geschichte Secharjas ist aufge-
zeichnet in der Chronik der Könige von Israel.
12 So erfüllte sich das Wort, das der HERR zu
Jehu gesprochen hatte: Nachkommen von dir
sollen bis in das vierte Geschlecht auf dem
Thron Israels sitzen. So ist es geschehen.

12: 10,30

SCHALLUM VON ISRAEL: 15,13–16

13 Im neununddreißigsten Jahr Usijas, des
Königs von Juda, wurde Schallum, der Sohn
des Jabesch, König und regierte einen Monat
in Samaria. 14 Gegen ihn zog Menahem, der
Sohn Gadis, von Tirza heran, kam nach Sama-
ria, erschlug Schallum, den Sohn des Jabesch,
in Samaria und wurde König an seiner Stelle.
15 Die übrige Geschichte Schallums und die
Verschwörung, die er angezettelt hat, sind auf-
gezeichnet in der Chronik der Könige von Is-
rael. 16 Damals eroberte Menahem von Tirza
aus die Stadt Tifsach und tötete alle Bewohner
der Stadt und ihrer Umgebung, weil sie ihm
die Tore nicht geöffnet hatten. Er eroberte sie
und ließ ihren schwangeren Frauen den Leib
aufschlitzen.

MENAHEM VON ISRAEL: 15,17–22

17 Im neununddreißigsten Jahr Asarjas, des
Königs von Juda, wurde Menahem, der Sohn
Gadis, König von Israel. Er regierte zehn Jahre
in Samaria 18 und tat, was böse war in den Au-
gen des HERRN; er ließ nicht von den Sünden
ab, zu denen Jerobeam, der Sohn Nebats, Isra-
el verführt hatte, solange er lebte. 19 In seinen
Tagen kam Pul, der König von Assur, in das
Land. Menahem gab ihm tausend Talente Sil-
ber, damit er ihm helfe, seine Herrschaft zu
festigen. 20 Um das Geld dem König von Assur
abliefern zu können, musste er den wohlha-
benden Männern in Israel eine Steuer auferle-
gen; fünfzig Silberschekel kamen auf jeden.
Daraufhin zog der König von Assur ab und
blieb nicht länger im Land.
21 Die übrige Geschichte Menahems und alle
seine Taten sind aufgezeichnet in der Chronik
der Könige von Israel. 22 Er entschlief zu seinen
Vätern und sein Sohn Pekachja wurde König
an seiner Stelle.

19: 1 Chr 5,26

PEKACHJA VON ISRAEL: 15,23–26

23 Im fünfzigsten Jahr Asarjas, des Königs von
Juda, wurde Pekachja, der Sohn Menahems,
König von Israel. Er regierte zwei Jahre in Sa-
maria 24 und tat, was böse war in den Augen
des HERRN; er ließ nicht von den Sünden ab,
zu denen Jerobeam, der Sohn Nebats, Israel
verführt hatte. 25 Gegen ihn zettelte sein Vor-
kämpfer Pekach, der Sohn Remaljas, eine Ver-
schwörung an und erschlug ihn im Wohn-
turm des königlichen Palastes in Samaria,
ebenso Argob und Arje. Er hatte fünfzig Mann
aus Gilead bei sich, tötete Pekachja und wurde
König an seiner Stelle.
26 Die übrige Geschichte Pekachjas und alle
seine Taten sind aufgezeichnet in der Chronik
der Könige von Israel.

PEKACH VON ISRAEL: 15,27–31

27 Im zweiundfünfzigsten Jahr des Königs Asar-
ja von Juda wurde Pekach, der Sohn Remaljas,
König von Israel. Er regierte zwanzig Jahre in
Samaria 28 und tat, was böse war in den Augen
des HERRN; er ließ nicht von den Sünden ab, zu
denen Jerobeam, der Sohn Nebats, Israel ver-
führt hatte. 29 In den Tagen Pekachs, des Königs
von Israel, zog Tiglat-Pileser, der König von As-
sur, heran. Er eroberte Ijon, Abel-Bet-Maacha,
Janoach, Kedesch, Hazor, Gilead, Galiläa, das
ganze Land Naftali und verschleppte ihre Be-
wohner nach Assur. 30 Hoschea aber, der Sohn
Elas, zettelte eine Verschwörung gegen Pekach,
den Sohn Remaljas, an. Er erschlug ihn und
wurde König an seiner Stelle im zwanzigsten
Jahr Jotams, des Sohnes Usijas.
31 Die übrige Geschichte Pekachs und alle
seine Taten sind aufgezeichnet in der Chronik
der Könige von Israel.

27: 16,5; Jes 7,1–9

15,10 vor allem Volk: H, Vg, S; in Jibleam: eine Handschrift von G, vgl. 9,27.

15,19 In G beginnt der Vers mit der Zeitbestimmung: In seinen Tagen; vgl. V. 18; in H, Vg, S endet der Vers mit der Zeitbestimmung: alle seine Tage. – Pul ist der babylonische Thronname des assyrischen Königs Tiglat-Pileser III. (745–727 v. Chr.).

JOTAM VON JUDA: 15,32–38

32 Im zweiten Jahr Pekachs, des Sohnes Remal-
jas, des Königs von Israel, wurde Jotam, der
Sohn Usijas, König von Juda. 33 Er war fünf-
undzwanzig Jahre alt, als er König wurde, und
regierte sechzehn Jahre in Jerusalem. Seine
Mutter hieß Jeruscha und war eine Tochter
Zadoks. 34 Er tat, was dem HERRN gefiel, genau
wie sein Vater Usija. 35 Nur die Kulthöhen ver-
schwanden nicht. Das Volk brachte noch
Schlacht- und Rauchopfer auf ihnen dar. Er
baute das obere Tor am Haus des HERRN.

36 Die übrige Geschichte Jotams und seine
Taten sind aufgezeichnet in der Chronik der
Könige von Juda. 37 In jenen Tagen begann der
HERR, Rezin, den König von Aram, und Pe-
kach, den Sohn Remaljas, gegen Juda ziehen
zu lassen. 38 Jotam aber entschlief zu seinen
Vätern und wurde bei seinen Vätern in der
Stadt seines Vaters David begraben. Sein Sohn
Ahas wurde König an seiner Stelle.

32–38: 2 Chr 27,1–9

AHAS VON JUDA: 16,1–20

16 1 Im siebzehnten Jahr Pekachs, des Soh-
nes Remaljas, wurde Ahas, der Sohn
Jotams, König von Juda. 2 Er war zwanzig Jah-
re alt, als er König wurde, und regierte sech-
zehn Jahre in Jerusalem. Er tat nicht wie sein
Vater David, was dem HERRN, seinem Gott,
gefiel, 3 sondern er folgte den Wegen der Kö-
nige von Israel. Er ließ sogar seinen Sohn durch
das Feuer gehen und ahmte so die Gräuel der
Völker nach, die der HERR vor den Israeliten
vertrieben hatte. 4 Auf den Kulthöhen und
Hügeln und unter jedem üppigen Baum brach-
te er Schlacht- und Rauchopfer dar.

5 Damals unternahmen Rezin, der König
von Aram, und Pekach, der Sohn Remaljas, der
König von Israel, einen Kriegszug gegen Jeru-
salem. Sie schlossen Ahas ein, konnten ihn
aber nicht zum Kampf zwingen. 6 Zur gleichen
Zeit gewann Rezin, der König von Aram, Elat
für Edom zurück. Er vertrieb die Judäer aus
Elat und die Edomiter kamen und blieben dort
ansässig bis zum heutigen Tag. 7 Ahas aber
sandte Boten an Tiglat-Pileser, den König von
Assur, und ließ ihm sagen: Ich bin dein Knecht
und dein Sohn; zieh herauf und rette mich aus
der Hand des Königs von Aram und des Königs
von Israel, die mich bedrohen. 8 Zugleich
nahm Ahas das Silber und Gold, das sich im
Haus des HERRN und in den Schatzkammern
des königlichen Palastes befand, und sandte es
als Huldigungsgeschenk an den König von
Assur. 9 Dieser hörte auf ihn, zog gegen Da-
maskus, nahm es ein und verschleppte seine
Bewohner nach Kir; Rezin aber ließ er hinrich-
ten.

10 Als König Ahas zu Tiglat-Pileser, dem
König von Assur, nach Damaskus kam und
den Altar in Damaskus sah, schickte er dem
Priester Urija ein Abbild und eine genaue Be-
schreibung des Altars. 11 Daraufhin baute der
Priester Urija einen Altar; genau nach dem
Auftrag, den König Ahas von Damaskus aus
erteilt hatte, ließ er ihn anfertigen, bevor der
König aus Damaskus zurückkehrte. 12 Als
dann Ahas nach seiner Rückkehr aus Damas-
kus den Altar sah, ging er zu ihm hin, stieg
hinauf 13 und verbrannte auf ihm sein Brand-
und Speiseopfer, goss sein Trankopfer aus
und besprengte den Altar mit dem Blut seiner
Heilsopfer. 14 Den bronzenen Altar aber, der
zwischen dem neuen Altar und dem Tempel
vor dem HERRN stand, ließ er von seinem
Platz vor dem Tempel wegrücken und nörd-
lich vom neuen Altar aufstellen. 15 Zugleich
gab er dem Priester Urija die Anweisung: Auf
dem neuen großen Altar sollst du das Brand-
opfer am Morgen und das Speiseopfer am
Abend, das Brandopfer des Königs und sein
Speiseopfer sowie das Brandopfer aller Bürger
des Landes, ihr Speiseopfer und ihre Trank-
opfer darbringen. Auf ihn sollst du auch das
Blut aller Brand- und Schlachtopfer sprengen.
Was aber mit dem bronzenen Altar gesche-
hen soll, will ich noch überlegen. 16 Der Pries-
ter Urija tat alles, was König Ahas angeordnet
hatte.

17 König Ahas ließ die Leisten an den fahr-
baren Gestellen abtrennen und die Kessel aus
ihnen nehmen, auch das Meer von den bron-
zenen Rindern, auf denen es ruhte, wegneh-
men und auf das Steinpflaster setzen. 18 Ferner
ließ er den überdachten Sabbatgang, den man
an den Tempel angebaut hatte, und den äuße-
ren Zugang für den König vom Haus des
HERRN entfernen. Er tat dies mit Rücksicht
auf den König von Assur.

19 Die übrige Geschichte des Ahas und seine
Taten sind aufgezeichnet in der Chronik der
Könige von Juda. 20 Ahas entschlief zu seinen
Vätern und wurde bei seinen Vätern in der

16,6 Edom: vermuteter Text; Aram: H, G, Vg und S.

Davidstadt begraben. Sein Sohn Hiskija wurde
König an seiner Stelle.

1–20: 2 Chr 28,1–27 / **5**: Jes 7,1–9 / **6**: 14,22 / **8**: 12,19; 18,14f. / **14**: 1 Kön 8,64

EROBERUNG SAMARIAS: 17,1–23

17 1 Im zwölften Jahr des Königs Ahas von
Juda wurde Hoschea, der Sohn Elas, in
Samaria König von Israel. Er regierte neun
Jahre 2 und tat, was böse war in den Augen des
HERRN, jedoch nicht in dem Maß wie die
Könige von Israel, die vor ihm herrschten.
3 Gegen ihn zog Salmanassar, der König von
Assur, herauf. Hoschea unterwarf sich ihm
und entrichtete Abgaben. 4 Dann aber erfuhr
der König von Assur, dass Hoschea an einer
Verschwörung beteiligt war. Er hatte nämlich
Boten zu So, dem König von Ägypten, gesandt
und die jährliche Abgabe an den König von
Assur nicht mehr geleistet. Daher ließ ihn die-
ser festnehmen und ins Gefängnis werfen.
5 Der König von Assur fiel über das ganze Land
her, rückte gegen Samaria vor und belagerte es
drei Jahre lang. 6 Im neunten Jahr Hoscheas
eroberte er die Stadt, verschleppte die Israeli-
ten nach Assur und siedelte sie in Halach, am
Habor, einem Fluss von Gosan, und in den
Städten der Meder an.

7 Das geschah, weil die Israeliten sich gegen
den HERRN, ihren Gott, versündigten, der sie
aus Ägypten, aus der Hand des Pharao, des
Königs von Ägypten, heraufgeführt hatte. Sie
verehrten fremde Götter, 8 ahmten die Satzun-
gen der Völker nach, die der HERR vor den
Israeliten vertrieben hatte, und folgten dem
Beispiel, das die Könige von Israel gaben. 9 Ge-
gen den HERRN, ihren Gott, ersannen die Is-
raeliten Dinge, die nicht recht waren. Sie bau-
ten sich Kulthöhen in allen ihren Städten, vom
Wachtturm angefangen bis zur befestigten
Stadt, 10 errichteten Steinmale und Kultpfähle
auf jedem hohen Hügel und unter jedem üp-
pigen Baum. 11 Auf allen Kulthöhen brachten
sie Räucheropfer dar wie die Völker, die der
HERR vor ihnen vertrieben hatte, taten böse
Dinge und erzürnten dadurch den HERRN.
12 Sie dienten den Götzen, obwohl der HERR
ihnen gesagt hatte: Das dürft ihr nicht tun.
13 Der HERR warnte Israel und Juda durch alle
seine Propheten, durch alle Seher: Kehrt um
von euren bösen Wegen, achtet auf meine Ge-
bote und meine Satzungen genau nach der
ganzen Weisung, die ich euren Vätern geboten
und euch durch meine Knechte, die Prophe-
ten, verkündet habe! 14 Doch sie wollten nicht
hören, sondern versteiften ihre Nacken wie
ihre Väter, die nicht auf den HERRN, ihren
Gott, vertrauten. 15 Sie verwarfen seine Geset-
ze und den Bund, den er mit ihren Vätern ge-
schlossen hatte, und verschmähten die War-
nungen, die er an sie richtete. Sie liefen
nichtigen Göttern nach und wurden selbst
zunichte; sie ahmten die Völker ihrer Umge-
bung nach, obwohl der HERR verboten hatte,
ihrem Beispiel zu folgen. 16 Sie übertraten alle
Gebote des HERRN, ihres Gottes, schufen sich
Gussbilder, zwei Kälber, stellten einen Kult-
pfahl auf, beteten das ganze Heer des Himmels
an und dienten dem Baal. 17 Ihre Söhne und
Töchter ließen sie durch das Feuer gehen, trie-
ben Wahrsagerei und Zauberei und gaben sich
dazu her zu tun, was böse war in den Augen
des HERRN, und ihn zu erzürnen. 18 Darum
wurde der HERR über Israel sehr zornig. Er
verstieß es von seinem Angesicht, sodass der
Stamm Juda allein übrig blieb.

19 Doch auch Juda bewahrte nicht die Gebo-
te des HERRN, seines Gottes, sondern ahmte
die Bräuche nach, die Israel eingeführt hatte.
20 Darum verwarf der HERR das ganze Ge-
schlecht Israels. Er demütigte sie und gab sie
Räubern preis; schließlich verstieß er sie von
seinem Angesicht. 21 Er hatte Israel vom Haus
David losgerissen und sie hatten Jerobeam,
den Sohn Nebats, als König eingesetzt. Jerobe-
am aber machte Israel vom HERRN abtrünnig
und verführte es zu schwerer Sünde. 22 Die
Israeliten begingen all die Sünden, die Jerobe-
am begangen hatte, und ließen nicht von ih-
nen ab. 23 Schließlich verstieß der HERR Israel
von sich, wie er es durch seine Knechte, die
Propheten, angedroht hatte. So wanderte Isra-
el aus seinem Land weg in die Verbannung
nach Assur und blieb dort bis zum heutigen
Tag.

3: 15,20 / **5**: 18,9–11 / **13**: Jer 7,25; 25,4; 26,5 / **15**: Jer 2,5 / **19**: Jer 3,7–9; Ez 23,11–17 / **21**: 1 Kön 11,31

ENDE UND SCHULD ISRAELS – FREMDE KULTE IN SAMARIA: 17,24–41

24 Der König von Assur brachte Leute aus
Babel, Kuta, Awa, Hamat und Sefarwajim in
das Land und siedelte sie anstelle der Israeliten
in den Städten Samariens an. Sie nahmen
Samarien in Besitz und ließen sich in seinen
Städten nieder. 25 In der ersten Zeit, in der sie

dort wohnten, erwiesen sie dem HERRN keine
Verehrung. Er schickte deshalb Löwen unter
sie, die manche von ihnen töteten. 26 Da mel-
dete man dem König von Assur: Die Völker,
die du weggeführt und in den Städten Sama-
riens angesiedelt hast, wissen nicht, wie man
den Landesgott verehren soll. Er hat daher
Löwen unter sie gesandt, von denen sie getötet
werden, weil sie nicht wissen, wie man den
Landesgott verehren soll. 27 Da befahl der Kö-
nig von Assur: Bringt einen von den Priestern
zurück, die ihr von dort weggeführt habt! Er
soll zu ihnen gehen, bei ihnen wohnen und sie
belehren, wie man den Landesgott verehren
soll. 28 So kam einer von den Priestern zurück,
die man aus Samarien weggeführt hatte! Er
ließ sich in Bet-El nieder und belehrte sie, wie
man den HERRN verehren müsse.

29 Jedes Volk aber schuf sich seine eigenen
Götter. Es stellte sie im Tempel der Kulthöhen
auf, der von den Bewohnern Samariens erbaut
worden waren. Jedes Volk tat dies in der Stadt,
in der es wohnte. 30 Die Leute aus Babel mach-
ten sich Bilder Sukkot-Benots. Die Ansiedler
aus Kuta stellten Bilder Nergals her. Jene aus
Hamat schufen Bilder Aschimas. 31 Die Awiter
fertigten Bilder des Nibhas und des Tartak an.
Die, die aus Sefarwajim gekommen waren,
verbrannten ihre Kinder zur Ehre Adram-
melechs und Anammelechs, der Götter von
Sefarwajim. 32 Gleichzeitig verehrten sie aber
auch den HERRN. Auch setzten sie aus ihren
eigenen Reihen Priester für die Kulthöhen ein,
die für sie im Tempel der Kulthöhen Dienst
taten. 33 So verehrten sie den HERRN und dien-
ten daneben ihren Göttern nach den Bräuchen
der Völker, aus denen man sie weggeführt
hatte.

34 Bis zum heutigen Tag handeln sie nach
ihren früheren Bräuchen. Sie fürchten den
HERRN nicht und halten sich nicht an die Sat-
zungen und Rechtsentscheide, an die Wei-
sung und das Gebot, auf die der HERR die
Nachkommen Jakobs, dem er den Namen Is-
rael gegeben hatte, verpflichtet hat. 35 Der
HERR hat nämlich mit ihnen einen Bund ge-
schlossen und ihnen befohlen: Ihr dürft keine
fremden Götter verehren, sie nicht anbeten,
ihnen nicht dienen und ihnen keine Opfer
darbringen. 36 Den HERRN allein, der euch mit
großer Kraft und hoch erhobenem Arm aus
Ägypten heraufgeführt hat, sollt ihr fürchten
und anbeten und ihm eure Opfer darbringen.
37 Die Gesetze und Rechtsentscheide, die Wei-
sung und das Gebot, die er für euch niederge-
schrieben hat, sollt ihr bewahren und alle Tage
erfüllen. Fremde Götter aber dürft ihr nicht
verehren. 38 Ihr dürft den Bund, den er mit
euch geschlossen hat, nicht vergessen und
fremde Götter nicht verehren. 39 Den HERRN
allein, euren Gott, sollt ihr fürchten. Er wird
euch aus der Hand all eurer Feinde erretten.
40 Doch sie wollten nicht hören, sondern sie
handelten, wie sie es immer schon gewohnt
waren. 41 Sie verehren den HERRN und dienen
zugleich ihren Götzen. Was ihre Väter getan
haben, das tun auch ihre Kinder und Kindes-
kinder bis zum heutigen Tag.

17,27 Er soll zu ihnen gehen, bei ihnen wohnen: Vg und S; sie sollen zu ihnen gehen, bei ihnen wohnen: H, G.

25: 1 Kön 13,24 / **30**: Am 5,26 / **32**: 1 Kön 12,31 / **34**: Gen 32,28f.; 35,10 / **35**: Ex 20,5; 23,24; 34,14

BIS ZUM ENDE JUDAS: 18,1–25,30

HISKIJAS KULTREFORM: 18,1–12

18 1 Im dritten Jahr Hoscheas, des Sohnes
Elas, des Königs von Israel, wurde His-
kija, der Sohn des Ahas, König von Juda. 2 Er
war fünfundzwanzig Jahre alt, als er König
wurde, und regierte neunundzwanzig Jahre in
Jerusalem. Seine Mutter hieß Abi und war eine
Tochter Secharjas. 3 Genau wie sein Vater Da-
vid tat er, was dem HERRN gefiel. 4 Er schaffte
die Kulthöhen ab, zerbrach die Steinmale, zer-
störte den Kultpfahl und zerschlug die Kup-
ferschlange, die Mose angefertigt hatte und der
die Israeliten bis zu jener Zeit Räucheropfer
darbrachten – man nannte sie Nehuschtan,
Bild aus Erz. 5 Er setzte sein Vertrauen auf den
HERRN, den Gott Israels. Unter allen Königen
Judas, die nach ihm kamen oder vor ihm leb-
ten, war keiner wie er. 6 Er hing dem HERRN
an, ohne von ihm abzuweichen, und bewahr-
te die Gebote, die der HERR dem Mose gege-

ben hatte. 7 Daher war der HERR mit ihm; in
allem, was er unternahm, hatte er Erfolg. So
fiel er vom König von Assur ab und war ihm
nicht länger untertan. 8 Auch schlug er die Phi-
lister bis Gaza und den Umkreis dieser Stadt,
vom Wachtturm bis zur befestigten Stadt.

9 Im vierten Jahr des Königs Hiskija, das ist
im siebten Jahr Hoscheas, des Sohnes Elas, des
Königs von Israel, zog Salmanassar, der König
von Assur, gegen Samaria, belagerte es 10 und
nahm es nach drei Jahren ein. Im sechsten Jahr
Hiskijas und im neunten Jahr Hoscheas, des
Königs von Israel, wurde Samaria erobert.
11 Der König von Assur verschleppte die Isra-
eliten nach Assur und brachte sie nach Halach,
an den Habor, einen Fluss von Gosan, und in
die Städte der Meder. 12 Denn sie hatten auf die
Stimme des HERRN, ihres Gottes, nicht ge-
hört, seinen Bund gebrochen und alles, was
Mose, der Knecht des HERRN, geboten hatte,
übertreten und nicht befolgt.

1–3: 2 Chr 29,1f. / **4:** Num 21,4–9 / **5:** 23,25 / **9–11:** 17,5f.

HISKIJAS TRIBUT AN SANHERIB: 18,13–16

13 Im vierzehnten Jahr des Königs Hiskija
zog Sanherib, der König von Assur, gegen alle
befestigten Städte Judas und nahm sie ein.
14 Hiskija aber, der König von Juda, schickte
Boten an den König von Assur nach Lachisch
und ließ ihm sagen: Ich habe gefehlt. Lass ab
von mir! Alles, was du mir auferlegst, will ich
tragen. Der König von Assur verlangte von
Hiskija, dem König von Juda, dreihundert Ta-
lente Silber und dreißig Talente Gold. 15 Hiski-
ja lieferte alles Geld ab, das sich im Haus des
HERRN und in den Schatzkammern des kö-
niglichen Palastes befand. 16 Damals ließ His-
kija, der König von Juda, die Türen am Tempel
des HERRN und die Pfosten, die er mit Gold
und Silber überzogen hatte, zerschlagen und
lieferte das Metall an den König von Assur.

13: 20,6 / **15:** 12,19; 14,14; 16,8 / **16:** 1 Kön 6,31–35

REDE DES RABSCHAKE: 18,17–37

17 Doch der König von Assur sandte den Tar-
tan, den Rabsaris und den Rabschake mit einer
großen Streitmacht von Lachisch aus gegen
König Hiskija. Sie zogen nach Jerusalem hi-
nauf, stellten sich an der Wasserleitung des
oberen Teiches auf, der an der Walkerfeldstraße
liegt, 18 und ließen den König rufen. Der Pa-
lastvorsteher Eljakim, der Sohn Hilkijas, der
Staatsschreiber Schebna und Joach, der Sohn
Asafs, der Sprecher des Königs, gingen zu ih-
nen hinaus.

19 Der Rabschake sagte zu ihnen: Sagt zu
Hiskija: So spricht der Großkönig, der König
von Assur: Worauf vertraust du denn, dass du
dich so sicher fühlst? 20 Du dachtest wohl, blo-
ßes Gerede sei im Krieg schon Rat und Stärke?
Auf wen vertraust du also, dass du dich gegen
mich aufgelehnt hast? 21 Du vertraust jetzt ge-
wiss auf Ägypten, dieses geknickte Schilfrohr,
das jeden, der sich darauf stützt, in die Hand
dringt und sie durchbohrt. Denn so ist der
Pharao, der König von Ägypten, mit allen, die
ihm vertrauen. 22 Wenn ihr aber zu mir sagt:
Wir vertrauen auf den HERRN, unseren Gott!
– Ist nicht er es, dessen Kulthöhen und Altäre
Hiskija beseitigt hat? Hat nicht Hiskija in Juda
und Jerusalem angeordnet: Nur vor diesem
Altar in Jerusalem dürft ihr euch niederwer-
fen? 23 Geh doch jetzt mit meinem Herrn, dem
König von Assur, eine Wette ein! Ich gebe dir
zweitausend Pferde, wenn du die Reiter für sie
stellen kannst. 24 Wie willst du auch nur einen
einzigen Statthalter meines Herrn in die
Flucht schlagen, und wäre es der unbedeu-
tendste seiner Knechte? Du vertraust ja nur auf
Ägypten, auf seine Wagen und deren Besat-
zung. 25 Außerdem: Bin ich denn ohne den
HERRN heraufgezogen, um dieses Land zu
verwüsten? Der HERR selbst hat mir befohlen:
Zieh gegen dieses Land und verwüste es!

26 Da sagten Eljakim, der Sohn Hilkijas, so-
wie Schebna und Joach zu dem Rabschake:
Sprich doch aramäisch mit deinen Knechten;
wir verstehen es. Sprich vor den Ohren des
Volkes, das auf der Mauer steht, nicht judäisch
mit uns! 27 Der Rabschake antwortete ihnen:
Hat mich mein Herr etwa beauftragt, das alles
nur zu deinem Herrn und zu dir zu sagen und
nicht vielmehr zu all den Männern, die auf der
Mauer sitzen und ihren eigenen Kot essen und
ihren Harn trinken wie ihr? 28 Dann trat der
Rabschake vor und rief laut auf Judäisch: Hört
die Worte des Großkönigs, des Königs von
Assur! 29 So spricht der König: Hiskija täusche
euch nicht; denn er kann euch nicht aus mei-
ner Hand retten. 30 Er soll euch nicht verleiten,
auf den HERRN zu vertrauen, und sagen: Der
HERR wird uns sicher retten und diese Stadt
wird dem König von Assur nicht in die Hände
fallen. 31 Hört nicht auf Hiskija! Denn so

18,29 aus meiner Hand: G, Vg, S; aus seiner Hand: H.

spricht der König von Assur: Schließt mit mir
Frieden, kommt zu mir heraus und esst – jeder
von seinem Weinstock und jeder von seinem
Feigenbaum – und trinkt – jeder das Wasser
seiner Zisterne –, 32 bis ich komme und euch
in ein Land mitnehme, das eurem Land gleicht:
in ein Land voll Getreide und Most, ein Land
voll Brot und Wein, ein Land mit Ölbäumen
und Honig. So werdet ihr am Leben bleiben
und nicht umkommen. Hört nicht auf Hiskija;
denn er führt euch in die Irre, wenn er sagt:
Der HERR wird uns retten. 33 Hat denn einer
von den Göttern der anderen Völker sein Land
vor dem König von Assur gerettet? 34 Wo sind
die Götter von Hamat und Arpad? Wo sind die
Götter von Sefarwajim, Hena und Awa? Haben sie etwa Samaria aus meiner Hand gerettet? 35 Wer von all den Göttern der anderen
Länder hat sein Land aus meiner Hand gerettet? Wie sollte dann der HERR Jerusalem aus
meiner Hand retten? 36 Das Volk aber schwieg
und gab ihm keine Antwort; denn der Befehl
des Königs lautete: Ihr dürft ihm nicht antworten.

37 Der Palastvorsteher Eljakim, der Sohn
Hilkijas, der Staatsschreiber Schebna und Joach, der Sohn Asafs, der Sprecher des Königs,
gingen mit zerrissenen Kleidern zu Hiskija
und berichteten ihm, was der Rabschake gesagt hatte.

17–37: Jes 36,1–22; 2 Chr 32,1–19 / **17**: Jes 7,3 / **18**: Jes 22,20–25 / **21**: Jes 30,1–7; 31,1–3 / **22**: 18,4

JESAJAS REAKTION: 19,1–7

19 1 Als König Hiskija das hörte, zerriss er
seine Kleider, hüllte sich in ein Sacktuch und ging in das Haus des HERRN. 2 Dann
sandte er den Palastvorsteher Eljakim, den
Staatsschreiber Schebna und die Ältesten der
Priester, in Sacktuch gehüllt, zu dem Propheten Jesaja, dem Sohn des Amoz. 3 Sie sagten
zu ihm: So spricht Hiskija: Heute ist ein Tag
der Not, der Strafe und der Schande. Die Kinder sind bis an die Öffnung des Mutterschoßes gelangt, doch es fehlt die Kraft zum Gebären. 4 Vielleicht hört der HERR, dein Gott,
alle Worte des Rabschake, den sein Herr, der
König von Assur, gesandt hat, um den lebendigen Gott zu verhöhnen, und bestraft ihn
wegen der Worte, die der HERR, dein Gott,
gehört hat. So trag ein Gebet für den Rest vor,
der sich noch findet! 5 Jesaja sagte zu ihnen:
6 So sollt ihr zu eurem Herrn sagen: So spricht
der HERR: Fürchte dich nicht vor den Worten,
die du gehört hast und mit denen die Knechte des Königs von Assur mich geschmäht haben. 7 Seht, ich lege einen Geist in ihn, sodass
er ein Gerücht hört und in sein Land zurückkehrt; dort bringe ich ihn durch das Schwert
zu Fall.

1–7: Jes 37,1–7 / **3**: Hos 13,13 / **4**: 1 Sam 17,26 / **6**: Jes 7,4

SANHERIBS BOTSCHAFT: 19,8–13

8 Der Rabschake trat den Rückweg an und fand
den König von Assur im Kampf gegen die
Stadt Libna, denn er hatte gehört, dieser sei
von Lachisch abgezogen. 9 Sanherib hatte
nämlich über Tirhaka, den König von Kusch,
gehört: Er ist ausgezogen, um gegen dich zu
kämpfen. Sanherib sandte erneut Boten zu
Hiskija, um ihm zu sagen: 10 So sollt ihr zu
Hiskija, dem König von Juda, sagen: Dein Gott
täusche dich nicht, auf den du vertraust, wenn
du sagst: Jerusalem wird nicht in die Hand des
Königs von Assur gegeben werden. 11 Siehe, du
hast doch gehört, was die Könige von Assur
mit allen Ländern gemacht haben. Sie haben
an ihnen den Bann vollzogen. Und du solltest
gerettet werden? 12 Sind denn die Völker, die
von meinen Vätern vernichtet wurden, von
ihren Göttern gerettet worden, Gosan, Haran
und Rezef, die Söhne von Eden, die in Telassar
wohnten? 13 Wo ist der König von Hamat, der
König von Arpad, der König der Stadt Sefarwajim, wo sind die Könige von Hena und
Awa?

8–13: Jes 37,8–13

HISKIJAS GEBET: 19,14–19

14 Hiskija nahm das Schreiben von den Boten
in Empfang und las es. Dann ging er zum Haus
des HERRN hinauf, breitete das Schreiben vor
dem HERRN aus 15 und betete vor dem HERRN;
er sagte: HERR, Gott Israels, der über den Kerubim thront, du allein bist der Gott aller
Reiche der Erde. Du hast den Himmel und die
Erde gemacht. 16 Neige, HERR, dein Ohr und
höre! Öffne, HERR, deine Augen und sieh her!
Höre die Worte Sanheribs, der seinen Boten
hergesandt hat, um den lebendigen Gott zu
verhöhnen. 17 Es ist wahr, HERR, die Könige
von Assur haben die Völker vernichtet, ihre
Länder verwüstet 18 und ihre Götter ins Feuer
geworfen. Denn das waren keine Götter, sondern Werke von Menschenhand, aus Holz und
Stein; darum konnte man sie vernichten.

19 Nun aber, HERR, unser Gott, rette uns aus
seiner Hand, damit alle Reiche der Erde erken-
nen, dass du, HERR, Gott bist, du allein!

14–19: Jes 37,14–20 / **14**: 2 Chr 32,17 / **15**: 1 Sam 4,4 / **18**: Ps 115,4–7; Jes 44,9–20

JESAJAS VERHEISSUNG: 19,20–34

20 Jesaja, der Sohn des Amoz, schickte zu
Hiskija und ließ ihm sagen: So spricht der
HERR, der Gott Israels: Du hast zu mir wegen
Sanherib, des Königs von Assur, gebetet. Ich
habe es gehört. 21 Das ist das Wort, das der
HERR über ihn gesprochen hat:

Dich verachtet, dich verspottet / die Jung-
frau, die Tochter Zion.

Hinter dir schüttelt die Tochter Jerusalem /
den Kopf über dich.

22 Wen hast du verhöhnt und geschmäht, /
gegen wen die Stimme erhoben, / deine Au-
gen in die Höhe erhoben? / Auf den Heiligen
Israels.

23 Durch deine Gesandten hast du den Herrn
verhöhnt und gesagt: / Mit meinen zahl-
reichen Wagen fuhr ich / auf die Höhen der
Berge, / in die fernsten Winkel des Libanon. /
Ich fällte seine hohen Zedern, / seine schöns-
ten Nadelbäume, / kam bis zu seinen ent-
legensten Hütten, / in das Dickicht seiner
Wälder.

24 Ich habe Brunnen gegraben / und fremdes
Wasser getrunken. / Ich ließ unter dem Schritt
meiner Füße / alle Ströme Ägyptens vertrock-
nen.

25 Hast du nicht gehört: / Vor langer Zeit
habe ich es gemacht, / seit den Tagen der Vor-
zeit habe ich es so gefügt; / jetzt ließ ich es
kommen. / Du bist es, der befestigte Städte /
in öde Steinhaufen verwandelt.

26 Ihre Bewohner waren machtlos, / in
Schrecken und Schande gestoßen. / Sie waren
Kraut des Feldes / und frisches Grün, / Gras
auf den Dächern, / das im Ostwind verdorrt.

27 Ich weiß, ob du ruhst, ob du gehst oder
kommst / ob du gegen mich tobst.

28 Weil du gegen mich wütest / und dein
Lärm meine Ohren erreicht hat, / lege ich mei-
nen Haken in deine Nase / und mein Zaum-
zeug an deine Lippen. / Ich lasse dich auf dem
Weg zurückkehren, / auf dem du gekommen
bist.

29 Und das soll für dich das Zeichen sein: In
diesem Jahr isst man, was von selbst nach-
wächst, im nächsten Jahr, was wild wächst; im
dritten Jahr aber sollt ihr wieder säen und ern-
ten, die Weinberge bepflanzen und ihre
Früchte genießen. 30 Wer vom Haus Juda
entronnen und übrig geblieben ist, wird wie-
der unten Wurzeln treiben und oben Frucht
tragen. 31 Denn von Jerusalem wird ein Rest
ausziehen, vom Berg Zion ziehen die Gerette-
ten hinaus. Der Eifer des HERRN wird das
vollbringen. 32 Darum – so spricht der HERR
über den König von Assur: Er wird nicht in
diese Stadt eindringen; er wird keinen einzi-
gen Pfeil hineinschießen, er wird nicht unter
dem Schutz seines Schildes gegen sie anren-
nen und keinen Wall gegen sie aufschütten.
33 Auf dem Weg, auf dem er gekommen ist,
wird er wieder zurückkehren. Aber in diese
Stadt wird er nicht eindringen – Spruch des
HERRN. 34 Ich werde diese Stadt beschützen
und retten, um meinetwillen und um meines
Knechtes David willen.

20–34: Jes 37,21–35 / **26**: Ps 129,6 / **28**: Ez 38,4 / **30**: Ps 80,10

RETTUNG DER STADT: 19,35–37

35 In jener Nacht zog der Engel des HERRN aus
und erschlug im Lager der Assyrer hundert-
fünfundachtzigtausend Mann. Als man am
nächsten Morgen aufstand, siehe, sie alle wa-
ren Leichen, Tote. 36 Da brach Sanherib, der
König von Assur, auf und kehrte in sein Land
zurück. Er blieb in Ninive. 37 Als er sich im
Tempel seines Gottes Nisroch niederwarf, da
erschlugen ihn seine Söhne Adrammelech
und Sarezer mit dem Schwert. Sie retteten sich
in das Land Ararat und Sanheribs Sohn Asar-
haddon wurde König an seiner Stelle.

35–37: Jes 37,36–38 / **35**: 2 Sam 24,16f.

HISKIJAS KRANKHEIT: 20,1–11

20 1 In jenen Tagen wurde Hiskija tod-
krank. Der Prophet Jesaja, der Sohn des
Amoz, kam zu ihm und sagte: So spricht der
HERR: Bestell dein Haus; denn du wirst ster-
ben, du wirst nicht am Leben bleiben. 2 Da
drehte sich Hiskija mit dem Gesicht zur Wand
und betete zum HERRN: 3 Ach, HERR, denk
daran, dass ich in Treue und mit ungeteiltem
Herzen vor dir gegangen bin und dass ich getan
habe, was gut ist in deinen Augen! Und Hiski-
ja weinte laut. 4 Jesaja hatte aber die innere

19,26 Ostwind: Jesajarolle a aus der Höhle 1 von Qumran; im Aufstehen: H, G, Vg, S.

19,28 dein Lärm: vgl. G, Vg und S; deine Sorglosigkeit: H.

Stadt noch nicht verlassen, als das Wort des
HERRN an ihn erging: 5 Kehr um und sag zu
Hiskija, dem Fürsten meines Volkes: So spricht
der HERR, der Gott deines Vaters David: Ich
habe dein Gebet gehört und deine Tränen ge-
sehen. Siehe, ich heile dich. Übermorgen wirst
du zum Haus des HERRN hinaufgehen. 6 Ich
füge deinen Tagen noch fünfzehn Jahre hinzu.
Aus der Faust des Königs von Assur werde ich
dich und diese Stadt retten und die Stadt be-
schützen, um meinetwillen und um meines
Knechtes David willen. 7 Darauf sagte Jesaja:
Holt einen Feigenbrei! Man holte ihn, strich
ihn auf das Geschwür und der König wurde
gesund.

8 Hiskija aber fragte Jesaja: Was ist das Zei-
chen dafür, dass der HERR mich heilen wird
und ich übermorgen zum Haus des HERRN
hinaufgehen werde? 9 Jesaja antwortete: Das
ist für dich das Zeichen vom HERRN, dass der
HERR dieses Wort, das er gesprochen hat, aus-
führen wird: Soll der Schatten zehn Stufen
weiter abwärts- oder zehn Stufen rückwärts-
gehen? 10 Hiskija erwiderte: Für den Schatten
ist es ein Leichtes, zehn Stufen weiter abwärts-
zugehen. Nein, er soll zehn Stufen rückwärts-
gehen. 11 Da rief der Prophet Jesaja zum HERRN
und dieser ließ den Schatten die zehn Stufen
zurückgehen, die er auf den Stufen des Ahas
bereits herabgestiegen war.

1–11: Jes 38,1–8; 2 Chr 32,24–26 / **8–11**: Jes 7,11–14; Sir 48,23

GESANDTSCHAFT AUS BABEL: 20,12–21

12 In jener Zeit sandte Merodach-Baladan, der
Sohn Baladans, der König von Babel, Briefe
und Geschenke an Hiskija; denn er hatte von
seiner Krankheit gehört. 13 Hiskija freute sich
darüber und zeigte den Gesandten sein ganzes
Schatzhaus, das Silber und das Gold, die Vor-
räte an Balsam und feinem Öl, sein Waffenla-
ger und alle anderen Schätze, die er besaß. Es
gab nichts in seinem Haus und in seinem Herr-
schaftsbereich, das er ihnen nicht gezeigt hät-
te. 14 Danach kam der Prophet Jesaja zu König
Hiskija und fragte ihn: Was haben diese Män-
ner gesagt? Woher kommen sie zu dir? Hiski-
ja antwortete: Sie sind aus einem fernen Land,
aus Babel, gekommen. 15 Er fragte weiter: Was
haben sie in deinem Haus gesehen? Hiskija
antwortete: Sie haben alles gesehen, was in
meinem Haus ist. Es gibt nichts in meinen
Schatzkammern, das ich ihnen nicht gezeigt
hätte. 16 Da sagte Jesaja zu Hiskija: Höre das
Wort des HERRN: 17 Es werden Tage kommen,
an denen man alles, was in deinem Haus ist,
alles, was deine Väter bis zum heutigen Tag
angesammelt haben, nach Babel bringt. Nichts
wird übrig bleiben, spricht der HERR. 18 Und
von deinen Söhnen, die von dir abstammen,
die du zeugen wirst, wird man einige nehmen
und sie werden Eunuchen sein im Palast des
Königs von Babel. 19 Hiskija sagte zu Jesaja:
Das Wort des HERRN, das du mir gesagt hast,
ist gut. Und er dachte: Wenn nur zu meinen
Lebzeiten noch Friede und Sicherheit herr-
schen.

20 Die übrige Geschichte Hiskijas und alle
seine Erfolge, wie er den Teich und die Was-
serleitung angelegt und das Wasser in die
Stadt geleitet hat, das alles ist aufgezeichnet in
der Chronik der Könige von Juda. 21 Hiskija
entschlief zu seinen Vätern und sein Sohn
Manasse wurde König an seiner Stelle.

12–19: Jes 39,1–8 / **17**: 24,13; 25,13–15 / **20**: 2 Chr 32,30

MANASSE: 21,1–18

21 1 Manasse war zwölf Jahre alt, als er Kö-
nig wurde, und regierte fünfundfünfzig
Jahre in Jerusalem. Seine Mutter hieß Hef-
zi-Bah. 2 Er tat, was böse war in den Augen des
HERRN, und ahmte die Gräuel der Völker
nach, die der HERR vor den Israeliten vertrie-
ben hatte. 3 Er baute die Kulthöhen wieder auf,
die sein Vater Hiskija zerstört hatte, errichtete
Altäre für den Baal, ließ einen Kultpfahl anfer-
tigen, wie es schon Ahab, der König von Israel,
getan hatte, warf sich vor dem ganzen Heer des
Himmels nieder und diente ihm. 4 Auch baute
er Altäre im Haus des HERRN, obwohl der
HERR gesagt hatte: Auf Jerusalem will ich
meinen Namen legen. 5 In den beiden Höfen
des Tempels baute er Altäre für das ganze Heer
des Himmels. 6 Er ließ seinen Sohn durch das
Feuer gehen, trieb Zauberei und Wahrsagerei,
bestellte Totenbeschwörer und Zeichendeu-
ter. So tat er vieles, was böse war in den Augen
des HERRN und ihn erzürnte. 7 Er brachte auch
den Kultpfahl, den er hatte anfertigen lassen,
in das Haus, von dem der HERR zu David und
dessen Sohn Salomo gesagt hatte: Auf dieses

20,9 soll der Schatten: Vg; der Schatten geht/ging: H, G und S.

20,12 Merodach: G und S, vgl. Jes 39,1; Berodach: H.

20,13 freute sich: G, Vg und S, vgl. Jes 39,2; hörte davon: H.

Haus und auf Jerusalem, das ich aus allen
Stämmen Israels auserwählt habe, will ich
meinen Namen auf ewig legen. 8 Ich werde Is-
raels Fuß nicht mehr von dem Boden vertrei-
ben, den ich ihren Vätern gegeben habe, wenn
sie nur alles befolgen, was ich ihnen geboten
habe, und die ganze Weisung einhalten, die
ihnen mein Knecht Mose gegeben hat. 9 Doch
sie hörten nicht und Manasse verführte sie,
noch Schlimmeres zu tun als die Völker, die
der HERR vor den Augen der Israeliten ver-
nichtet hatte.

10 Da ließ der HERR durch seine Knechte, die
Propheten, sagen: 11 Weil Manasse, der König
von Juda, diese Gräuel verübt und noch
Schlimmeres getrieben hat als die Amoriter
vor ihm, weil er auch Juda durch seine Götzen
zur Sünde verführt hat, 12 darum – so spricht
der HERR, der Gott Israels: Ich bringe Unheil
über Jerusalem und Juda, sodass jedem, der
davon hört, beide Ohren gellen werden. 13 Ich
will an Jerusalem die Messschnur Samarias
und die Waage des Hauses Ahab anlegen und
Jerusalem auswischen, wie man eine Schüssel
auswischt und dann umdreht. 14 Den Rest
meines Erbbesitzes will ich preisgeben und
den Feinden ausliefern. So wird mein Volk ein
Raub und eine Beute all seiner Feinde werden;
15 denn es hat getan, was mir missfällt und
mich erzürnt seit dem Tag, da seine Väter aus
Ägypten zogen, bis zum heutigen Tag. 16 Auch
vergoss Manasse unschuldiges Blut in großer
Menge, bis er Jerusalem von einem Ende zum
andern damit anfüllte. Außerdem verführte er
Juda zur Sünde, sodass es tat, was böse war in
den Augen des HERRN.

17 Die übrige Geschichte Manasses, alle seine
Taten und die Sünden, die er beging, sind auf-
gezeichnet in der Chronik der Könige von
Juda. 18 Manasse entschlief zu seinen Vätern
und wurde im Garten seines Hauses, im Gar-
ten Usas, begraben. Sein Sohn Amon wurde
König an seiner Stelle.

1–18: 2 Chr 33,1–20 / **3**: 1 Kön 16,33 / **4**: 1 Kön 8,16 / **8**: 2 Sam 7,10 / **18**: 2 Chr 33,20

AMON: 21,19–26

19 Amon war zweiundzwanzig Jahre alt, als er
König wurde, und regierte zwei Jahre in Jeru-
salem. Seine Mutter hieß Meschullemet und
war eine Tochter des Haruz aus Jotba. 20 Wie
sein Vater Manasse tat er, was böse war in den
Augen des HERRN, 21 und folgte ganz den We-
gen, die sein Vater gegangen war. Er diente den
Götzen, die sein Vater verehrt hatte, und warf
sich vor ihnen nieder. 22 Er verließ den HERRN,
den Gott seiner Väter, und hielt sich nicht an
die Wege des HERRN. 23 Gegen ihn zettelten
seine Diener eine Verschwörung an und töte-
ten ihn in seinem Haus. 24 Doch die Bürger des
Landes erschlugen alle, die sich gegen den
König Amon verschworen hatten, und mach-
ten seinen Sohn Joschija zum König an seiner
Stelle.

25 Die übrige Geschichte Amons, seine Ta-
ten, sind aufgezeichnet in der Chronik der
Könige von Juda. 26 Man begrub ihn in seinem
Grab im Garten Usas und sein Sohn Joschija
wurde König an seiner Stelle.

19–24: 2 Chr 33,21–25

JOSCHIJAS REGIERUNGSANTRITT: 22,1–2

22 1 Joschija war acht Jahre alt, als er König
wurde, und regierte einunddreißig Jah-
re in Jerusalem. Seine Mutter hieß Jedida und
war eine Tochter Adajas aus Bozkat. 2 Er tat,
was dem HERRN gefiel, und folgte ganz den
Wegen seines Vaters David, ohne nach rechts
oder links abzuweichen.

1–2: 2 Chr 34,1–2 / **2**: Dtn 5,32; Sir 49,1–3

AUFFINDUNG DES BUCHES: 22,3–20

3 Im achtzehnten Jahr seiner Regierung
sandte König Joschija den Staatsschreiber
Schafan, den Sohn Azaljas, des Sohnes Me-
schullams, in das Haus des HERRN mit dem
Auftrag: 4 Geh zum Hohepriester Hilkija! Er
soll das Geld zusammennehmen, das in das
Haus des HERRN gebracht worden ist und das
die Wächter an den Schwellen vom Volk ge-
sammelt haben. 5 Man soll es den Werkmeis-
tern geben, die im Haus des HERRN angestellt
sind, und diese sollen es für die Arbeiter ver-
wenden, die im Tempel die Schäden des Hau-
ses zu beseitigen haben, 6 für die Zimmerleu-
te, Bauarbeiter, Maurer, sowie zum Ankauf
von Holz und Bruchsteinen, die man zur
Beseitigung der Schäden am Haus des HERRN
benötigt. 7 Doch soll man über das Geld, das
ihnen übergeben wird, nicht abrechnen. Sie
sollen auf Treu und Glauben handeln.

8 Damals teilte der Hohepriester Hilkija dem
Staatsschreiber Schafan mit: Ich habe im Haus
des HERRN das Buch der Weisung gefunden.
Hilkija übergab Schafan das Buch und dieser
las es. 9 Darauf begab sich der Staatsschreiber

Schafan zum König und meldete ihm: Deine
Knechte haben das Geld ausgeschüttet, das
sich im Haus vorfand, und es den Werkmeis-
tern übergeben, die im Haus des HERRN an-
gestellt sind. 10 Dann sagte der Staatsschreiber
Schafan zum König: Der Priester Hilkija hat
mir ein Buch gegeben. Schafan las es dem Kö-
nig vor. 11 Als der König die Worte des Buches
der Weisung hörte, zerriss er seine Kleider
12 und befahl dem Priester Hilkija sowie Ahi-
kam, dem Sohn Schafans, Achbor, dem Sohn
Michas, dem Staatsschreiber Schafan und Asa-
ja, dem Diener des Königs: 13 Geht und befragt
den HERRN für mich, für das Volk und für ganz
Juda wegen dieses Buches, das aufgefunden
wurde! Der Zorn des HERRN muss heftig ge-
gen uns entbrannt sein, weil unsere Väter auf
die Worte dieses Buches nicht gehört und weil
sie nicht getan haben, was in ihm niederge-
schrieben ist.

14 Da gingen der Priester Hilkija, Ahikam,
Achbor, Schafan und Asaja zur Prophetin Hul-
da. Sie war die Frau Schallums, des Sohnes
Tikwas, des Sohnes des Harhas, des Verwal-
ters der Kleiderkammer, und wohnte in Jeru-
salem in der Neustadt. Die Abgesandten tru-
gen ihr alles vor 15 und sie gab ihnen diese
Antwort: So spricht der HERR, der Gott Isra-
els: Sagt zu dem Mann, der euch zu mir ge-
schickt hat: 16 So spricht der HERR: Ich bringe
Unheil über diesen Ort und seine Bewohner,
alle Drohungen des Buches, das der König von
Juda gelesen hat. 17 Denn sie haben mich ver-
lassen, anderen Göttern geopfert und mich
durch alle Werke ihrer Hände erzürnt. Darum
ist mein Zorn gegen diesen Ort entbrannt und
er wird nicht erlöschen. 18 Sagt aber zum König
von Juda, der euch hergesandt hat, um den
HERRN zu befragen: So spricht der HERR, der
Gott Israels: Durch die Worte, die du gehört
hast, 19 wurde dein Herz erweicht. Du hast
dich vor dem HERRN gedemütigt, als du ver-
nahmst, was ich über diesen Ort und seine
Bewohner gesprochen habe: dass sie zu einem
Bild des Entsetzens und zum Fluch werden
sollen. Du hast deine Kleider zerrissen und vor
mir geweint. Darum habe ich dich erhört –
Spruch des HERRN. 20 Ich werde dich mit dei-
nen Vätern vereinen und du sollst in Frieden
in deinem Grab beigesetzt werden. Deine Au-
gen sollen all das Unheil nicht mehr sehen, das
ich über diesen Ort bringen werde. Sie berich-
teten dies dem König.

3–20: 2 Chr 34,8–28 / **4:** 12,10–13 / **7:** 12,16 / **12:** Jer 26,24 /
13: Dtn 29,24–27 / **19:** 1 Kön 21,29

REFORM DES KULTES: 23,1–27

23 1 Der König ließ alle Ältesten Judas und
Jerusalems bei sich zusammenkom-
men. 2 Er ging zum Haus des HERRN hinauf
mit allen Männern Judas und allen Einwoh-
nern Jerusalems, den Priestern und Propheten
und allem Volk, Jung und Alt. Er ließ ihnen alle
Worte des Bundesbuches vorlesen, das im
Haus des HERRN gefunden worden war.
3 Dann trat der König an die Säule und schloss
vor dem HERRN diesen Bund: Er wolle dem
HERRN folgen, seine Gebote, Bundeszeugnis-
se und Satzungen von ganzem Herzen und
ganzer Seele bewahren und die Worte des
Bundes einhalten, die in diesem Buch nieder-
geschrieben sind. Das ganze Volk trat dem
Bund bei.

4 Hierauf befahl der König dem Hohepries-
ter Hilkija, den Priestern des zweiten Ranges
und den Wächtern an den Schwellen, alle Ge-
genstände aus dem Tempel des HERRN hi-
nauszuschaffen, die für den Baal, die Aschera
und das ganze Heer des Himmels angefertigt
worden waren. Er ließ sie außerhalb Jerusa-
lems bei den Terrassen des Kidrontals verbren-
nen und die Asche nach Bet-El bringen. 5 Auch
setzte er die Götzenpriester ab, die von den
Königen von Juda bestellt worden waren und
die auf den Kulthöhen, in den Städten Judas
und in der Umgebung Jerusalems Opfer ver-
brannt sowie dem Baal, der Sonne, dem Mond,
den Wandelsternen und dem ganzen Heer des
Himmels geopfert hatten. 6 Den Kultpfahl
schaffte er aus dem Haus des HERRN und aus
Jerusalem hinaus in das Kidrontal und ver-
brannte ihn dort; er zermalmte ihn zu Staub
und streute diesen auf die Gräber des einfa-
chen Volkes. 7 Ferner riss er die Gemächer der
Geheiligten am Tempel nieder, in denen die
Frauen Schleier für die Aschera webten. 8 Er
holte alle Priester aus den Städten Judas weg
und machte die Kulthöhen von Geba bis Beer-
scheba, auf denen die Priester geopfert hatten,
unrein. Er zerstörte die Torhöhen, die am Ein-
gang zum Tor des Stadtobersten Josua auf der
linken Seite des Stadttores waren. 9 Doch durf-
ten die Höhenpriester nicht an den Altar des
HERRN in Jerusalem treten, sondern nur von

22,13 in ihm niedergeschrieben ist: vermuteter Text, vgl.
2 Chr 34,21; gegen uns niedergeschrieben ist: H.

den ungesäuerten Broten inmitten ihrer Brü-
der essen. 10 Ebenso machte er das Tofet im Tal
der Söhne Hinnoms unrein, damit niemand
mehr seinen Sohn oder seine Tochter für den
Moloch durch das Feuer gehen ließ. 11 Er ent-
fernte die Pferde, die die Könige von Juda zu
Ehren der Sonne am Eingang zum Haus des
HERRN bei der Zelle des Kämmerers Ne-
tan-Melech am Parwar aufgestellt hatten, und
verbrannte die Sonnenwagen im Feuer.
12 Auch die Altäre, die die Könige von Juda auf
dem Dach über dem Obergemach des Ahas
errichtet hatten, sowie die Altäre, die Manasse
in den beiden Höfen des Tempels aufgestellt
hatte, ließ der König abbrechen. Er schlug sie
dort in Trümmer und warf ihren Schutt in das
Kidrontal. 13 Desgleichen entweihte der König
die Kulthöhen östlich von Jerusalem, südlich
vom Berg des Verderbens, die Salomo, der Kö-
nig von Israel, für Astarte, die Göttin der Sido-
nier, für Kemosch, den Götzen der Moabiter,
und für Milkom, den Gräuel der Ammoniter,
erbaut hatte. 14 Er zerbrach die Steinmale, hieb
die Kultpfähle um und füllte ihre Stätten mit
Menschenknochen.

15 Auch den Altar von Bet-El, die Kulthöhe,
die Jerobeam, der Sohn Nebats, der Verführer
Israels, errichtet hatte, auch diesen Altar zer-
störte er samt der Kulthöhe. Er steckte das
Höhenheiligtum in Brand, zermalmte die
Steine zu Staub und verbrannte den Kultpfahl.
16 Als Joschija sich umwandte und die Gräber
sah, die dort auf dem Berg waren, ließ er die
Gebeine aus ihnen nehmen und auf dem Altar
verbrennen. So machte er ihn unrein gemäß
dem Wort des HERRN, das der Gottesmann
ausgerufen hatte, der diese Drohung aus-
sprach. 17 Und als dann der König fragte: Was
ist das für ein Denkmal, das ich hier sehe?,
antworteten ihm die Männer der Stadt: Das ist
das Grab des Gottesmannes, der aus Juda ge-
kommen war und vorausgesagt hatte, was du
am Altar von Bet-El getan hast. 18 Da befahl er:
Lasst ihn ruhen! Niemand soll seine Gebeine
berühren. So ließ man seine Gebeine samt den
Gebeinen des Propheten, der aus Samaria
stammte, ungestört. 19 Auch beseitigte Joschi-
ja alle Höhentempel in den Städten Samariens,
die die Könige von Israel errichtet und durch
die sie den HERRN erzürnt hatten. Er verfuhr
mit ihnen so, wie er es in Bet-El getan hatte.
20 Alle Höhenpriester, die dort waren, ließ er
auf den Altären hinschlachten und Menschen-
gebeine auf den Altären verbrennen. Darauf
kehrte er nach Jerusalem zurück.

21 Nun befahl der König dem ganzen Volk:
Feiert das Pessachfest zur Ehre des HERRN,
eures Gottes, wie es in diesem Bundesbuch
vorgeschrieben ist! 22 Ein solches Pessach war
nämlich nicht gefeiert worden seit den Tagen
der Richter, die Israel regierten, auch nicht in
der ganzen Zeit der Könige von Israel und Juda.
23 Erst im achtzehnten Jahr des Königs Joschi-
ja wurde dieses Pessach zur Ehre des HERRN
in Jerusalem begangen. 24 Auch die Totenbe-
schwörer und Zeichendeuter, die Hausgötter,
Götzen und alle Gräuel, die im Land Juda und
in Jerusalem zu sehen waren, fegte Joschija
hinweg. So führte er die Worte der Weisung
aus, die in dem Buch niedergeschrieben wa-
ren, das der Priester Hilkija im Haus des
HERRN gefunden hatte. 25 Es gab vor ihm kei-
nen König, der so mit ganzem Herzen, mit
ganzer Seele und mit all seinen Kräften zum
HERRN umkehrte und so getreu die Weisung
des Mose befolgte, und auch nach ihm war
keiner wie er.

26 Doch der HERR ließ von der gewaltigen
Glut seines Zornes nicht ab. Sein Zorn war
über Juda entbrannt wegen all der Kränkun-
gen, die Manasse ihm zugefügt hatte. 27 Darum
sprach der HERR: Auch Juda will ich von mei-
nem Angesicht entfernen, wie ich Israel ent-
fernt habe. Ich verwerfe diese Stadt Jerusalem,
die ich erwählt habe, und das Haus, von dem
ich gesagt habe: Hier wird mein Name sein.

1–3: 2 Chr 34,29–33 / **13:** 1 Kön 11,7 / **16:** 1 Kön 13,2 / **21:** 2 Chr 35,1–19 / **25:** Dtn 6,5

JOSCHIJAS TOD: 23,28–30

28 Die übrige Geschichte Joschijas und alle
seine Taten sind aufgezeichnet in der Chronik
der Könige von Juda. 29 In seinen Tagen unter-
nahm der Pharao Necho, der König von Ägyp-
ten, einen Kriegszug gegen den König von
Assur an den Eufrat. König Joschija stellte sich
ihm entgegen. Doch der Pharao tötete ihn bei
Megiddo, sobald er ihn sah. 30 Die Diener Jo-
schijas hoben den Toten auf einen Wagen,
brachten ihn von Megiddo weg nach Jerusalem
und begruben ihn in seinem Grab. Dann nah-
men die Bürger des Landes Joahas, den Sohn
Joschijas, salbten ihn und machten ihn zum
König an seines Vaters Stelle.

28–30: 2 Chr 35,20–24; 36,1

JOAHAS: 23,31–35
31 Joahas war dreiundzwanzig Jahre alt, als er
König wurde, und regierte drei Monate in Je-
rusalem. Seine Mutter hieß Hamutal und war
eine Tochter Jirmejas aus Libna. 32 Genau wie
seine Väter tat er, was böse war in den Augen
des HERRN. 33 Doch der Pharao Necho nahm
ihn als König von Jerusalem zu Ribla im Land
Hamat gefangen und legte dem Land eine
Geldbuße von hundert Talenten Silber und
einem Talent Gold auf. 34 Dann machte der
Pharao Necho Eljakim, den Sohn Joschijas,
anstelle seines Vaters Joschija zum König und
änderte seinen Namen in Jojakim. Joahas aber
nahm er fest und brachte ihn nach Ägypten,
wo er starb. 35 Jojakim lieferte dem Pharao das
Silber und das Gold ab. Doch musste er das
Land besteuern, um das Geld aufbringen zu
können, das der Pharao forderte. Nach dem
Vermögen eines jeden Bürgers trieb er von den
Bürgern des Landes das Silber und das Gold
ein, um es an den Pharao Necho abzuliefern.

32–35: 2 Chr 36,2–4 / **33**: Jer 22,10–12

JOJAKIM: 23,36–24,7
36 Jojakim war fünfundzwanzig Jahre alt, als er
König wurde, und regierte elf Jahre in Jerusa-
lem. Seine Mutter hieß Sebuda und war eine
Tochter Pedajas aus Ruma. 37 Wie seine Väter
tat er, was böse war in den Augen des HERRN.
24 1 In seinen Tagen zog Nebukadnezzar,
der König von Babel, herauf. Jojakim
war ihm drei Jahre untertan; dann aber fiel er
von ihm ab. 2 Der HERR sandte nun die Räu-
berscharen der Chaldäer, Aramäer, Moabiter
und Ammoniter gegen ihn. Er ließ sie über
Juda herfallen und es verwüsten, wie er durch
seine Diener, die Propheten, angedroht hatte.
3 Nur weil der HERR zürnte, kam dieses Un-
glück über Juda, sodass er es von seinem An-
gesicht verstieß. Es geschah wegen der Sünde
Manasses, für alles, was dieser getan hatte,
4 auch wegen des unschuldigen Blutes, das
Manasse vergossen und mit dem er Jerusalem
angefüllt hatte. Das wollte der HERR nicht
mehr verzeihen.
5 Die übrige Geschichte Jojakims und alle
seine Taten sind aufgezeichnet in der Chronik
der Könige von Juda. 6 Jojakim entschlief zu
seinen Vätern und sein Sohn Jojachin wurde
König an seiner Stelle. 7 Der König von Ägyp-
ten unternahm keinen Kriegszug mehr aus
seinem Land; denn der König von Babel hatte
ihm alles genommen, was vom Grenzbach
Ägyptens bis zum Eufrat den Königen von
Ägypten gehört hatte.

23,36–24,6: 2 Chr 36,5–8 / **24,1**: Jer 46,2 / **4**: Dtn 29,19 / **7**: Jer 37,5–7

JOJACHIN: 24,8–17
8 Jojachin war achtzehn Jahre alt, als er König
wurde, und regierte drei Monate in Jerusalem.
Seine Mutter hieß Nehuschta und war eine
Tochter Elnatans aus Jerusalem. 9 Wie sein
Vater tat er, was böse war in den Augen des
HERRN. 10 In jener Zeit zogen die Truppen
Nebukadnezzars, des Königs von Babel, gegen
Jerusalem und belagerten die Stadt. 11 Als
dann König Nebukadnezzar von Babel selbst
vor der Stadt erschien, während seine Krieger
sie belagerten, 12 ging Jojachin, der König von
Juda, mit seiner Mutter, seinen Dienern,
Fürsten und Kämmerern zum König von
Babel hinaus und dieser nahm ihn im achten
Jahr seiner Regierung fest. 13 Nebukadnezzar
nahm auch alle Schätze des Hauses des
HERRN und die Schätze des königlichen Pa-
lastes weg und zerbrach alle goldenen Geräte,
die Salomo, der König von Israel, im Haus des
HERRN hatte anfertigen lassen, so wie es der
HERR gesagt hatte. 14 Von ganz Jerusalem ver-
schleppte er alle Vornehmen und alle wehrfä-
higen Männer, insgesamt zehntausend Mann,
auch alle Schmiede und Schlosser. Von den
Bürgern des Landes blieben nur die geringen
Leute zurück. 15 Jojachin verschleppte er nach
Babel. Auch die Mutter des Königs, die König-
lichen Frauen und Kämmerer sowie die ein-
flussreichen Männer des Landes verschleppte
er von Jerusalem nach Babel, 16 dazu alle
Wehrfähigen, siebentausend Mann, die
Schmiede und Schlosser, tausend an der Zahl,
lauter kriegstüchtige Männer. Sie alle ver-
schleppte der babylonische König nach Babel.
17 Dann machte der König von Babel den Mat-
tanja, den Onkel Jojachins, an dessen Stelle
zum König und änderte seinen Namen in Zid-
kija.

8–17: 2 Chr 36,9–10 / **8–12.15**: Jer 22,24–30 / **13**: Jer 20,5 / **14**: Jer 52,28 / **17**: Jer 37,1

23,34 brachte ihn: G und Vg, vgl. 2 Chr 36,4; und er kam: H, S.

24,3 zürnte: G, vgl. V. 20; durch den Mund des HERRN: H, G und Vg.

ZIDKIJA: 24,18–25,7
18 Zidkija war einundzwanzig Jahre alt, als er
König wurde, und regierte elf Jahre in Jerusa-
lem. Seine Mutter hieß Hamutal und war eine
Tochter Jirmejas aus Libna. 19 Er tat, was böse
war in den Augen des HERRN, wie es Jojakim
getan hatte. 20 Weil der HERR über Juda und
Jerusalem erzürnt war, kam es so weit, dass er
sie von seinem Angesicht verstieß. Zidkija
hatte sich gegen den König von Babel empört.
25 1 Im neunten Regierungsjahr, am zehn-
ten Tag des zehnten Monats, rückte
Nebukadnezzar, der König von Babel, mit
seiner ganzen Streitmacht vor Jerusalem und
belagerte es. Man errichtete ringsherum einen
Belagerungswall. 2 Bis zum elften Jahr des
Königs Zidkija wurde die Stadt belagert. 3 Am
neunten Tag des vierten Monats war in der
Stadt die Hungersnot groß geworden und die
Bürger des Landes hatten kein Brot mehr. 4 Da-
mals wurden Breschen in die Stadtmauer ge-
schlagen. Alle Krieger verließen die Stadt bei
Nacht auf dem Weg durch das Tor zwischen
den beiden Mauern, das zum königlichen Gar-
ten hinausführt, obwohl die Chaldäer rings
um die Stadt lagen. Der König ging in die Rich-
tung nach der Araba. 5 Aber die chaldäischen
Truppen setzten dem König nach und holten
ihn in den Niederungen von Jericho ein, nach-
dem alle seine Truppen ihn verlassen und sich
zerstreut hatten. 6 Man ergriff den König und
brachte ihn nach Ribla, zum König von Babel,
und dieser sprach über ihn das Urteil. 7 Die
Söhne Zidkijas machte man vor dessen Augen
nieder. Zidkija ließ er blenden, in Fesseln legen
und nach Babel bringen.

24,18–25,7: 2 Chr 36,11–12; Jer 52,1–11 / **25,1–7:** Jer 39,1–7 / **3:** Klgl 4,9 / **6:** Klgl 4,20

ZERSTÖRUNG JERUSALEMS: 25,8–21
8 Am siebten Tag des fünften Monats – das ist
im neunzehnten Jahr des Königs Nebukad-
nezzar, des Königs von Babel – rückte Nebu-
saradan, der Befehlshaber der Leibwache und
Diener des Königs von Babel, in Jerusalem ein
9 und steckte das Haus des HERRN, den kö-
niglichen Palast und alle Häuser Jerusalems in
Brand. Jedes große Haus ließ er in Flammen
aufgehen. 10 Auch die Umfassungsmauern
Jerusalems rissen die chaldäischen Truppen,
die dem Befehlshaber der Leibwache unter-
standen, nieder. 11 Den Rest der Bevölkerung,
der noch in der Stadt geblieben war, sowie
alle, die zum König von Babel übergelaufen
waren, und den Rest der Menge schleppte
Nebusaradan, der Befehlshaber der Leibwa-
che, in die Verbannung. 12 Nur von den armen
Leuten im Land ließ der Befehlshaber der
Leibwache einen Teil als Wein- und Acker-
bauern zurück.

13 Die bronzenen Säulen am Haus des
HERRN, die fahrbaren Gestelle und das Eher-
ne Meer beim Haus des HERRN zerschlugen
die Chaldäer und nahmen alle Gegenstände
aus Bronze mit nach Babel. 14 Auch die Töpfe,
Schaufeln, Messer und Becher sowie alle bron-
zenen Geräte, die man beim Tempeldienst
verwendete, nahmen sie weg. 15 Ebenso nahm
der Befehlshaber der Leibwache die Kohlen-
pfannen und die Schalen weg, die sämtlich aus
Gold oder aus Silber waren, 16 ferner die zwei
Säulen, das eine Meer, die Gestelle, die Salomo
für das Haus des HERRN hatte anfertigen las-
sen – die Bronze von all diesen Geräten war
nicht zu wägen. 17 Achtzehn Ellen betrug die
Höhe der einen Säule und oben hatte sie ein
Kapitell aus Bronze. Die Höhe des einen Kapi-
tells betrug drei Ellen; das Kapitell umgaben
Flechtwerk und Granatäpfel, alles aus Bronze.
Ebenso war es bei der zweiten Säule auf dem
Flechtwerk.

18 Der Befehlshaber der Leibwache nahm
ferner den Oberpriester Seraja, den zweiten
Priester Zefanja und die drei Schwellenwäch-
ter mit. 19 Aus der Stadt nahm er einen Hofbe-
amten, der Kommandant der Soldaten war,
und fünf Leute vom persönlichen Dienst des
Königs mit, die sich noch in der Stadt befan-
den, sowie den Schreiber des Heerführers, der
die Bürger des Landes auszuheben hatte,
schließlich sechzig Mann von der Bürger-
schaft, die sich noch in der Stadt befanden.
20 Nebusaradan, der Befehlshaber der Leibwa-
che, nahm sie fest und schickte sie zum König
von Babel nach Ribla. 21 Der König von Babel
ließ sie in Ribla in der Landschaft Hamat hin-
richten. So wurde Juda von seiner Heimat
weggeführt.

8–21: 2 Chr 36,17–21; Jer 52,12–27 / **8–12:** Jer 39,8–10 / **13–17:** 1 Kön 7,15–50

DER STATTHALTER GEDALJA: 25,22–26
22 Über das Volk, das im Land Juda geblieben
war und das Nebukadnezzar, der König von

25,3 des vierten Monats: vermuteter Text, vgl. Jer 39,2; des Monats: H, G, Vg und T; des fünften Monats: S.

Babel, zurückgelassen hatte, setzte er Gedalja,
den Sohn Ahikams und Enkel Schafans, als
Statthalter ein. 23 Als nun alle Truppenführer
und ihre Mannschaften hörten, dass der König
von Babel Gedalja als Statthalter eingesetzt
habe, kamen sie zu ihm nach Mizpa. Es waren
Jischmael, der Sohn Netanjas, Johanan, der
Sohn Kareachs, Seraja, der Sohn Tanhumets
aus Netofa, und Jaasanja, der Sohn des Maa-
chatiters, mit ihren Leuten. 24 Gedalja schwor
ihnen und ihren Mannschaften und sagte ih-
nen: Fürchtet euch nicht vor den chaldäischen
Beamten! Bleibt im Land und dient dem König
von Babel; dann wird es euch gut gehen.
25 Aber im siebten Monat kam Jischmael, der
Sohn Netanjas, des Sohnes Elischamas, ein
Mann aus königlichem Geschlecht, mit zehn
Mann. Sie erschlugen Gedalja samt den Judä-
ern und Chaldäern, die bei ihm in Mizpa wa-
ren. 26 Dann machte sich das ganze Volk vom
Kleinsten bis zum Größten mit den Truppen-
führern auf und zog nach Ägypten. Sie fürch-
teten sich nämlich vor den Chaldäern.

22-26: Jer 40,7-41,18 / **22**: Jer 39,14; 40,5

JOJACHINS BEGNADIGUNG: 25,27-30

27 Im siebenunddreißigsten Jahr nach der Weg-
führung Jojachins, des Königs von Juda, am
siebenundzwanzigsten Tag des zwölften Mo-
nats, begnadigte Ewil-Merodach, der König
von Babel, im Jahr seines Regierungsantritts
Jojachin, den König von Juda, und entließ ihn
aus dem Kerker. 28 Er söhnte sich mit ihm aus
und wies ihm seinen Sitz oberhalb des Sitzes
der anderen Könige an, die bei ihm in Babel
waren. 29 Er durfte seine Gefängniskleidung
ablegen und ständig bei ihm speisen, solange
er lebte. 30 Sein Unterhalt – ein dauernder Un-
terhalt – wurde ihm vom König von Babel in
der bestimmten Menge täglich geliefert, solan-
ge er lebte.

27-30: Jer 52,31-34 / **27**: 24,12.15 / **29**: 2 Sam 9,7.13

DIE BÜCHER DER CHRONIK

Der Name „Chronik“ stammt von Hieronymus, der die Bücher als „Chronik der gesamten göttlichen Geschichte“ bezeichnete. In der hebräischen Bibel lautet der Titel „Ereignisse der Tage“. Dort ist auch noch zu erkennen, dass es sich ursprünglich nur um ein einziges Buch handelt, das erst später in zwei Bücher geteilt worden ist. Die griechische und lateinische Überschrift lautet „Übergangenes“. Sie weist darauf hin, dass die Chronik manches bietet, was in den älteren Büchern Samuel und Könige ausgelassen worden ist.

Der Verfasser ist unbekannt. Aus dem Interesse am Tempel und seinem Personal kann man schließen, dass er zu diesem Umfeld gehört. Geht man von der Liste der bekannten Davididen aus (1 Chr 3,17–24), kann das Werk nicht vor 400 v. Chr. geschrieben worden sein. Es ist am ehesten mit einer Abfassung am Ende des 4. Jahrhunderts v. Chr. zu rechnen.

Der erste Teil der Chronik (1 Chr 1–9), der die Zeit von Adam bis zu den Anfängen des Königtums umfasst, besteht vor allem aus Namenslisten, die zumeist genealogisch geordnet sind und die Gliederung des Volkes in Stämme berücksichtigen. Sie führen aber nur die königliche und die priesterlich-levitische Linie eingehender auf. Der große zweite Teil ist der Geschichte Davids und Salomos gewidmet (1 Chr 10 – 2 Chr 9). Den Abschluss bildet die Geschichte Judas bis zu seinem Ende (2 Chr 10–36).

Im Mittelpunkt der Aufmerksamkeit stehen das von Gott auserwählte Herrscherhaus David und das auf Gottes Weisung hin gestiftete Heiligtum in Jerusalem. Nach dem Regierungsantritt (1 Chr 11) überführt David die Lade nach Jerusalem (1 Chr 13 und 15) und empfängt die Verheißung einer immerwährenden Dynastie (1 Chr 17). Er trifft alle Vorbereitungen für den Bau des Tempels und die mit ihm verbundene Liturgie (1 Chr 22–29). Salomo hat darum keine Mühe, den Tempel zu errichten und ihn einzuweihen (2 Chr 2–7). Nach dem Abfall der Nordstämme (2 Chr 10,1–11,4) werden die judäischen Könige vorgestellt, unter denen Asa, Joschafat, Hiskija und Joschija herausragen. Das illegitime Nordreich wird nur dann beachtet, wenn die Geschichte Judas davon berührt ist (2 Chr 18,1–19,3).

Der Chronist stützt sich in seinem Werk auf den Pentateuch, die Bücher Josua, Samuel, Könige, Esra und Nehemia. Er zitiert aus den Propheten, kennt die Klagelieder und greift einzelne Psalmen auf. Er spart nicht mit Hinweisen auf seine Quellen. Umstritten ist, wieweit darunter auch eigenständige außerbiblische Zeugnisse sind. Er bietet eine Darstellung der Geschichte seines Volkes, beschränkt sich aber nicht auf den menschlichen Anteil daran, sondern bezieht das Handeln Gottes mit ein. Der eine Gott regiert in seiner Allmacht die ganze Welt. Da er gerecht ist (2 Chr 12,6), belohnt und straft er unmittelbar. Die Geschichte ist schon jetzt und nicht erst in ferner Zukunft Ausdruck der göttlichen Gerechtigkeit. Israel ist nicht erst seit Abraham, sondern von Anfang an erwählt. Das Land ist Israel schon in der Frühzeit gegeben worden (1 Chr 13,1–5). Der Tempel in Jerusalem ist der einzige legitime Kultort. Wer im Tempel betet, findet Erhörung (2 Chr 7,13–16). Der von Gott erwählte König sitzt auf dem Thron Davids (1 Chr 29,23). Für den König wie für alle Israeliten gilt: Der HERR lässt sich von denen finden, die ihn suchen (1 Chr 28,9). Die Chronik zeigt also, wie man an der Schwelle zum hellenistischen Zeitalter die geschichtliche und liturgische Überlieferung geachtet und bewahrt, aber auch auf neue Weise ausgelegt hat.

DAS ERSTE BUCH DER CHRONIK

GESCHLECHTER- UND FAMILIENLISTEN: 1,1–9,44

ADAMS NACHKOMMEN: 1,1–27

1 1 Adam, Set, Enosch, 2 Kenan, Mahalalel,
Jered, 3 Henoch, Metuschelach, Lamech,
4 Noach, Sem, Ham und Jafet.

5 Die Söhne Jafets waren: Gomer, Magog,
Madai, Jawan, Tubal, Meschech und Tiras. 6 Die
Söhne Gomers waren: Aschkenas, Rifat und
Togarma. 7 Die Söhne Jawans waren: Elischa,
Tarschisch, die Kittäer und die Rodaniter.

8 Die Söhne Hams waren: Kusch, Ägypten,
Put und Kanaan. 9 Die Söhne des Kusch waren:
Seba, Hawila, Sabta, Ragma und Sabtecha;
und die Söhne Ragmas waren: Saba und De-
dan. 10 Kusch zeugte Nimrod. Dieser wurde
der erste Held auf der Erde. 11 Ägypten zeugte
die Luditer, die Anamiter, die Lehabiter, die
Naftuhiter, 12 die Patrositer und die Kasluhiter,
von denen die Philister abstammen, ferner die
Kaftoriter. 13 Kanaan zeugte Sidon, seinen
Erstgeborenen, und Het, 14 ferner die Jebusiter,
die Amoriter, die Girgaschiter, 15 die Hiwiter,
die Arkiter, die Siniter, 16 die Arwaditer, die
Zemariter und die Hamatiter.

17 Die Söhne Sems waren: Elam, Assur, Ar-
pachschad, Lud, Aram, Uz, Hul, Geter und
Meschech. 18 Arpachschad zeugte Schelach,
Schelach zeugte Eber. 19 Eber wurden zwei
Söhne geboren; der eine hieß Peleg, Teilung,
denn zu seiner Zeit wurde das Land geteilt; sein
Bruder hieß Joktan. 20 Joktan zeugte Almodad,
Schelef, Hazarmawet, Jerach, 21 Hadoram,
Usal, Dikla, 22 Obal, Abimaël, Saba, 23 Ofir, Ha-
wila und Jobab. Das alles waren Söhne Joktans.

24 Sem, Arpachschad, Schelach, 25 Eber,
Peleg, Regu, 26 Serug, Nahor, Terach, 27 Abram,
das ist Abraham.

1-3: Gen 5,1–32 / **1**: Gen 4,25f. / **5-7**: Gen 10,2–4 / **8-10**: Gen 10,6–8 / **11-16**: Gen 10,13–18 / **17-23**: Gen 10,22–29 / **24-27**: Gen 11,10–32

1,6 Rifat: G und Vg, vgl. Gen 10,3; Difat: H, S. Die hebräischen Konsonanten R und D sind wegen ihrer grafischen Ähnlichkeit öfter verwechselt worden.

ABRAHAMS NACHKOMMEN: 1,28–42

28 Die Söhne Abrahams waren Isaak und Is-
mael. 29 Das ist die Geschlechterfolge nach
ihnen: Der Erstgeborene Ismaels war Neba-
jot; dann kamen Kedar, Adbeel, Mibsam,
30 Mischma, Duma, Massa, Hadad, Tema,
31 Jetur, Nafisch und Kedma. Das waren die
Söhne Ismaels.

32 Die Söhne Keturas, der Nebenfrau Abra-
hams: Sie gebar Simran, Jokschan, Medan,
Midian, Jischbak und Schuach. Die Söhne Jok-
schans waren Saba und Dedan. 33 Die Söhne
Midians waren: Efa, Efer, Henoch, Abida und
Eldaa. Sie alle waren Söhne Keturas.

34 Abraham zeugte Isaak. Die Söhne Isaaks
waren Esau und Israel.

35 Die Söhne Esaus waren: Elifas, Reguël,
Jëusch, Jalam und Korach. 36 Die Söhne des
Elifas waren: Teman, Omar, Zefo, Gatam,
Kenas, Timna und Amalek. 37 Die Söhne Re-
guëls waren: Nahat, Serach, Schamma und
Misa.

38 Die Söhne Seïrs waren: Lotan, Schobal,
Zibon, Ana, Dischon, Ezer und Dischan. 39 Die
Söhne Lotans waren Hori und Hemam. Die
Schwester Lotans war Timna. 40 Die Söhne
Schobals waren: Alwan, Manahat, Ebal, Sche-
fi und Onam. Die Söhne Zibons waren Aja und
Ana. 41 Der Sohn Anas war Dischon. Die Söh-
ne Dischons waren: Hemdan, Eschban, Jitran
und Keran. 42 Die Söhne Ezers waren Bilhan,
Saawan und Akan. Die Söhne Dischons waren
Uz und Aran.

28: Gen 16,15; 21,3 / **29-30**: Gen 25,13–18 / **32f.**: Gen 25,1–4 / **34**: Gen 25,21–26 / **35**: Gen 36,4–5 / **36f.**: Gen 36,11–13 / **38-42**: Gen 36,20–28

1,28–42 Manche Namen dieser und der folgenden Listen werden im Buch Genesis und in G in anderer Form überliefert. Es ist auch mit Irrtümern in der Überlieferung von Namen zu rechnen. In den folgenden Anmerkungen wird darauf nicht im Einzelnen eingegangen.

HERRSCHER IN EDOM: 1,43–54

43 Die Könige, die in Edom regierten, bevor
über die Israeliten ein König regierte, waren
folgende: Bela, der Sohn Beors; seine Stadt
hieß Dinhaba. 44 Als Bela starb, wurde König
an seiner Stelle Jobab, der Sohn Serachs, aus
Bozra. 45 Als Jobab starb, wurde König an seiner
Stelle Huscham aus dem Land der Temaniter.
46 Als Huscham starb, wurde König an seiner
Stelle Hadad, der Sohn Bedads, der Midian im
Grünland von Moab schlug; seine Stadt hieß
Awit. 47 Als Hadad starb, wurde König an sei-
ner Stelle Samla aus Masreka. 48 Als Samla
starb, wurde König an seiner Stelle Schaul aus
Rehobot am Strom. 49 Als Schaul starb, wurde
König an seiner Stelle Baal-Hanan, der Sohn
Achbors. 50 Als Baal-Hanan starb, wurde Kö-
nig an seiner Stelle Hadad; seine Stadt hieß
Pagu. Seine Frau hieß Mehetabel; sie war die
Tochter Matreds und die Enkelin Me-Sahabs.

51 Als Hadad starb, regierten Stammesführer
in Edom: Stammesführer Timna, Stammes-
führer Alwa, Stammesführer Jetet, 52 Stam-
mesführer Oholibama, Stammesführer Ela,
Stammesführer Pinon, 53 Stammesführer
Kenas, Stammesführer Teman, Stammesfüh-
rer Mibzar, 54 Stammesführer Magdiël, Stam-
mesführer Iram. Das waren die Stammesfüh-
rer Edoms.

43–54: Gen 36,31–43

JAKOBS SÖHNE UND DER STAMM JUDA: 2,1–55

2 1 Das waren die Söhne Israels: Ruben,
Simeon, Levi, Juda, Issachar, Sebulon,
2 Dan, Josef, Benjamin, Naftali, Gad und
Ascher.

3 Die Söhne Judas waren: Er, Onan und
Schela. Diese drei wurden ihm von der Tochter
Schuas, der Kanaaniterin, geboren. Aber Er,
der Erstgeborene Judas, war böse in den Augen
des HERRN und so ließ ihn der HERR sterben.
4 Judas Schwiegertochter Tamar gebar Perez
und Serach. Juda hatte insgesamt fünf Söhne.
5 Die Söhne des Perez waren Hezron und Ha-
mul 6 und die Söhne Serachs: Simri, Etan,
Heman, Kalkol und Darda, insgesamt fünf.
7 Der Sohn Simris war Karmi und der Sohn
Karmis Achan. Dieser brachte Unglück über
Israel, da er sich am Banngut vergriff. 8 Der
Sohn Etans war Asarja. 9 Dem Hezron wurden
die Söhne Jerachmeel, Ram und Kaleb gebo-
ren.

10 Ram zeugte Amminadab, Amminadab
zeugte Nachschon, den Anführer der Söhne
Judas, 11 Nachschon zeugte Salmon, Salmon
zeugte Boas, 12 Boas zeugte Obed, Obed zeug-
te Isai, 13 Isai zeugte Eliab als Erstgeborenen,
als zweiten Abinadab, als dritten Schima,
14 als vierten Netanel, als fünften Raddai, 15 als
sechsten Ozem, als siebten David. 16 Ihre
Schwestern waren Zeruja und Abigajil. Die
Söhne der Zeruja waren Abischai, Joab und
Asaël, diese drei. 17 Abigajil gebar Amasa. Der
Vater Amasas war der Ismaeliter Jeter.

18 Kaleb, der Sohn Hezrons, zeugte mit sei-
ner Frau Asuba die Jeriot. Deren Söhne waren
Jescher, Schobab und Ardon. 19 Als Asuba
starb, heiratete Kaleb Efrata, die ihm den Hur
gebar. 20 Hur zeugte Uri und Uri zeugte Be-
zalel.

21 Danach ging Hezron zur Tochter Machirs,
des Vaters Gileads. Er war sechzig Jahre alt, als
er sie nahm, und sie gebar ihm Segub. 22 Segub
zeugte Jaïr. Dieser besaß dreiundzwanzig
Städte im Land Gilead. 23 Doch die Geschuriter
und Aramäer nahmen die Zeltdörfer Jaïrs so-
wie Kenat und seine Tochterstädte weg, ins-
gesamt sechzig Städte. Sie alle waren Söhne
Machirs, des Vaters Gileads.

24 Nach dem Tod Hezrons kam Kaleb zu
Efrata. Eine Frau Hezrons war Abija; sie gebar
ihm Aschhur, den Vater Tekoas.

25 Die Söhne Jerachmeels, des Erstgebore-
nen Hezrons, waren: Ram, der Erstgeborene,
ferner Buna, Oren, Ozem und Ahija. 26 Jerach-
meel hatte noch eine andere Frau namens
Atara. Sie war die Mutter Onams. 27 Die Söhne
Rams, des Erstgeborenen Jerachmeels, waren:
Maaz, Jamin und Eker. 28 Die Söhne Onams
waren Schammai und Jada und die Söhne
Schammais Nadab und Abischur. 29 Die Frau
Abischurs hieß Abihajil. Sie gebar ihm Achban
und Molid. 30 Die Söhne Nadabs waren Seled
und Appajim. Seled starb ohne Nachkommen.
31 Der Sohn Appajims war Jischi, der Sohn
Jischis Scheschan und die Tochter Scheschans
Achlai. 32 Die Söhne Jadas, des Bruders von
Schammai, waren Jeter und Jonatan. Jeter starb
ohne Nachkommen. 33 Die Söhne Jonatans
waren Pelet und Sasa. Das waren die Nach-
kommen Jerachmeels.

2,3–14 Die von Juda zu David führende Linie begegnet auch im Stammbaum Jesu (vgl. Mt 1,3–6 und Lk 3,32f.).

2,31 die Tochter: vermuteter Text, vgl. V. 34; Söhne: H, G und S.

34 Scheschan hatte keine Söhne, sondern nur
Töchter. Scheschan hatte einen ägyptischen
Sklaven namens Jarha. 35 Diesem gab Sche-
schan seine Tochter zur Frau und sie gebar ihm
Attai. 36 Attai zeugte Natan, Natan zeugte
Sabad, 37 Sabad zeugte Eflal, Eflal zeugte Obed,
38 Obed zeugte Jehu, Jehu zeugte Asarja,
39 Asarja zeugte Helez, Helez zeugte Elasa,
40 Elasa zeugte Sismai, Sismai zeugte Schal-
lum, 41 Schallum zeugte Jekamja und Jekamja
zeugte Elischama.

42 Die Söhne Kalebs, des Bruders Jerach-
meels, waren: Mescha, sein Erstgeborener – er
war der Vater Sifs –, und sein zweiter Sohn
Marescha, der Vater Hebrons. 43 Die Söhne
Hebrons waren: Korach, Tappuach, Rekem
und Schema. 44 Schema zeugte Raham, den
Vater Jorkoams, und Rekem zeugte Scham-
mai. 45 Der Sohn Schammais war Maon und
Maon war der Vater von Bet-Zur.

46 Efa, die Nebenfrau Kalebs, gebar Haran,
Moza und Gases. Haran zeugte Jahdai. 47 Die
Söhne Jahdais waren: Regem, Jotam, Geschan,
Pelet, Efa und Schaaf. 48 Kalebs Nebenfrau
Maacha gebar Scheber und Tirhana. 49 Sie gebar
auch Schaaf, den Vater Madmannas, sowie
Schewa, den Vater Machbenas und Gibeas. Die
Tochter Kalebs war Achsa. 50 Das waren die
Nachkommen Kalebs.

Die Söhne Hurs, des Erstgeborenen der
Efrata, waren: Schobal, der Vater von Kir-
jat-Jearim, 51 Salmon, der Vater von Betlehem,
und Haref, der Vater von Bet-Gader. 52 Scho-
bal, der Vater von Kirjat-Jearim, hatte als Söh-
ne: Reaja und Hazi, den Manahatiter. 53 Die
Sippenverbände von Kirjat-Jearim waren die
Jeteriter, die Putiter, die Schumatiter und die
Mischraïter. Von ihnen zweigten ab die Zoraï-
ter und die Eschtaoliter. 54 Die Söhne Salmons
waren: Betlehem, die Netofatiter, Atrot-
Bet-Joab, die Hälfte der Manahatiter und der
Zoraïter.

55 Die Sippenverbände von Sofer, die Ein-
wohner von Jabez, die Tiratiter, Schimatiter
und Suchatiter waren Keniter, die von Ham-
mat, dem Vater von Bet-Rechab, stammten.

1f.: Gen 35,23–26 / **3**: Gen 38,6f. / **4**: Gen 38,27–30 / **6**: 1 Kön 5,11 / **7**: Jos 7,16–26 / **13f.**: 1 Sam 16,6–9 / **16**: 2 Sam 2,18 / **18–20**: 2,42–55 / **23**: Num 32,41 / **44**: Mi 1,15; Jos 15,26 / **45**: Jos 15,55.58 / **49**: Jos 15,31; 15,16–19; Ri 1,12–15 / **54**: Esra 2,22 / **55**: 2 Kön 10,15f.

DAVIDS NACHKOMMEN: 3,1–24

3 1 Das waren die Söhne Davids, die ihm in
Hebron geboren wurden: Sein Erstgebo-
rener war Amnon von Ahinoam aus Jesreel,
der zweite Daniel von Abigajil aus Karmel,
2 der dritte Abschalom, der Sohn der Maacha,
der Tochter des Königs Talmai von Geschur,
der vierte Adonija, der Sohn der Haggit, 3 der
fünfte Schefatja von Abital, der sechste Jitream
von seiner Frau Egla. 4 Sechs wurden ihm in
Hebron geboren. Er regierte dort sieben Jahre
und sechs Monate. Dreiunddreißig Jahre re-
gierte er in Jerusalem.

5 Und diese wurden ihm in Jerusalem gebo-
ren: Schima, Schobab, Natan, Salomo – diese
vier waren Söhne der Batseba, der Tochter
Ammiëls –, 6 ferner Jibhar, Elischua, Elifelet,
7 Nogah, Nefeg, Jafia, 8 Elischama, Eljada und
Elifelet, insgesamt neun. 9 Das ist die Gesamt-
heit der Söhne Davids, ohne die Söhne der
Nebenfrauen. Ihre Schwester war Tamar.

10 Der Sohn Salomos war Rehabeam, dessen
Sohn war Abija, dessen Sohn Asa, dessen Sohn
Joschafat, 11 dessen Sohn Joram, dessen Sohn
Ahasja, dessen Sohn Joasch, 12 dessen Sohn
Amazja, dessen Sohn Asarja, dessen Sohn Jo-
tam, 13 dessen Sohn Ahas, dessen Sohn Hiski-
ja, dessen Sohn Manasse, 14 dessen Sohn Amon,
dessen Sohn Joschija. 15 Die Söhne Joschijas
waren: der Erstgeborene Johanan, der zweite
Jojakim, der dritte Zidkija, der vierte Schallum.
16 Jojakims Söhne waren: Jojachin und Zidkija.
17 Die Söhne Jojachins, des Gefangenen, waren:
Schealtiël, 18 Malkiram, Pedaja, Schenazzar,
Jekamja, Hoschama und Nedabja. 19 Die Söhne
Pedajas waren Serubbabel und Schimi. Die
Söhne Serubbabels waren Meschullam und
Hananja. Ihre Schwester war Schelomit. 20 Me-
schullams Söhne waren: Haschuba, Ohel, Be-
rechja, Hasadja und Juschab-Hesed, insgesamt
fünf. 21 Die Söhne Hananjas waren: Pelatja,
Jeschaja, Refaja, Arnan, Obadja und Schechan-
ja. 22 Die Söhne Schechanjas waren Schemaja,
Hattusch, Jigal, Bariach, Nearja und Schafat,
insgesamt sechs. 23 Die Söhne Nearjas waren:
Eljoënai, Hiskija und Asrikam, insgesamt drei.
24 Die Söhne Eljoënais waren: Hodawja, Elja-

3,20 Meschullams Söhne waren: vermuteter Text; nicht in H, G, Vg und S.

3,21 Entsprechend der Korrektur von V. 20 wären die hier genannten Söhne Hananjas untereinander Brüder. Demnach würden fünf Generationen auf Serubbabel folgen; das wäre ein Hinweis auf die Entstehungszeit der Chronik, siehe Einleitung.

schib, Pelaja, Akkub, Johanan, Delaja und Anani, insgesamt sieben.

1-4: 2 Sam 3,2-5 / **4**: 2 Sam 2,11; 5,5 / **5-8**: 2 Sam 5,14-16 / **5**: 2 Sam 12,24 / **9**: 2 Sam 13,1-21 / **10-19**: Mt 1,7-11 / **19**: Esra 3,2.8; 5,2; Hag 1,1.12.14 / **22**: Neh 3,29

EINZELNE FAMILIEN DES STAMMES JUDA: 4,1-23

4 1 Die Söhne Judas waren: Perez, Hezron, Karmi, Hur und Schobal. 2 Reaja, der Sohn Schobals, zeugte Jahat und Jahat zeugte Ahumai und Lahad. Das waren die Sippen der Zoraïter.

3 Und das waren die Söhne Etams: Jesreel, Jischma und Jidbasch. Der Name ihrer Schwester war Hazlelponi.

4 Penuel war der Vater Gedors und Eser der Vater Huschas. Das waren die Nachkommen Hurs, des Erstgeborenen der Efrata, des Vaters von Betlehem.

5 Aschhur, der Vater Tekoas, hatte zwei Frauen, Hela und Naara. 6 Naara gebar ihm Ahusam, Hefer, Temni und Ahaschtari. Das waren die Söhne der Naara. 7 Die Söhne der Hela waren: Zeret, Zohar und Etnan.

8 Koz zeugte Anub, Zobeba, ferner die Sippen Aharhels, des Sohnes Harums.

9 Jabez war angesehener als seine Brüder. Seine Mutter hatte ihn Jabez genannt; denn sie sagte: Ich habe ihn unter Beschwerden geboren. 10 Doch Jabez rief zum Gott Israels und sprach: Möchtest du mich segnen und mein Gebiet erweitern. Möchte deine Hand mit mir sein, dass du mich freimachst von Unheil und ich ohne Beschwerden bleibe. Und Gott erfüllte seine Bitte.

11 Kelub, der Bruder Schuhas, zeugte Mehir, den Vater Eschtons. 12 Eschton zeugte Bet-Rafa, Paseach und Tehinna, den Vater von Ir-Nahasch. Das sind die Männer von Recha.

13 Die Söhne des Kenas waren Otniël und Seraja, die Söhne Otniëls Hatat und Meonotai. 14 Meonotai zeugte Ofra. Seraja zeugte Joab, den Vater von Ge-Haraschim, Tal der Handwerker, denn sie waren Handwerker.

15 Die Söhne Kalebs, des Sohnes Jefunnes, waren: Iru, Ela und Naam. Der Sohn Elas war Kenas.

16 Die Söhne Jehallelels waren: Sif, Sifa, Tirja und Asarel.

17 Der Sohn Esras war: Jeter, dazu Mered, Efer und Jalon; Bitja empfing Mirjam, Schammai und Jischbach, den Vater von Eschtemoa. 18 Seine judäische Frau gebar: Jered, den Vater von Gedor, Heber, den Vater von Socho, und Jekutiël, den Vater von Sanoach. Das waren die Söhne der Bitja, der Tochter des Pharao, die Mered geheiratet hatte, 19 und die Söhne seiner judäischen Frau, der Schwester Nahams, des Vaters von Keïla, dem Garmiter, und von Eschtemoa, dem Maachatiter.

20 Die Söhne Schimons waren: Amnon, Rinna, Ben-Hanan und Tilon. Die Söhne Jischis waren Sohet und Ben-Sohet.

21 Die Söhne Schelas, des Sohnes Judas, waren: Er, der Vater Lechas, Lada, der Vater Mareschas, sowie die Sippen des Hauses der Byssusbearbeiter von Bet-Aschbea, 22 ferner Jokim und die Männer von Koseba sowie Joasch und Saraf, die Moab in Besitz genommen hatten, aber wieder nach Betlehem zurückgekehrt waren – die Berichte sind altüberliefert. 23 Sie sind die Töpfer und Einwohner von Netaïm und Gedera und wohnen dort im Dienst des Königs.

1: 2,3-7 / **4**: Jos 15,58; Gen 35,19 / **5**: 2,24 / **9**: Gen 3,16 / **13**: Jos 15,17 / **15**: Num 13,6.30f.; 1 Chr 2,42 / **21**: Gen 38,5 / **23**: 12,5

DER STAMM SIMEON: 4,24-43

24 Die Söhne Simeons waren: Jemuël, Jamin, Jarib, Serach und Schaul. 25 Dessen Sohn war Schallum, dessen Sohn Mibsam und dessen Sohn Mischma. 26 Der Sohn Mischmas war Hammuël, dessen Sohn Sakkur und dessen Sohn Schimi. 27 Schimi hatte sechzehn Söhne und sechs Töchter. Doch seine Brüder waren nicht kinderreich und alle ihre Sippen erreichten nicht die Zahl der Söhne Judas.

28 Sie wohnten in Beerscheba, Molada, Hazar-Schual, 29 Bilha, Ezem, Eltolad, 30 Betuël, Horma, Ziklag, 31 Bet-Markabot, Hazar-Susim, Bet-Biri und Schaarajim. Das waren ihre Städte mit den dazugehörenden Gehöften, bis David König wurde, 32 dazu noch Etam, Ajin, Rimmon, Tochen und Aschan, fünf Städte 33 mit all ihren Gehöften im Umkreis dieser Städte bis nach Baal hin. Das waren ihre Wohnsitze und sie hatten ihre eigenen Stammeslisten.

34 Meschobab, Jamlech, Joscha, der Sohn Amazjas, 35 Joël, Jehu, der Sohn Joschibjas, des Sohnes Serajas, des Sohnes Asiëls, 36 Eljoënai, Jaakoba, Jeschohaja, Asaja, Adiël, Jesimiël, Benaja, 37 Sisa, der Sohn Schifis, des Sohnes Allons, des Sohnes Jedajas, des Sohnes Schim-

ris, des Sohnes Schemajas: 38 Diese namentlich
Genannten waren führende Männer in ihren
Sippenverbänden. Ihre Großfamilien hatten
sich stark vermehrt. 39 Daher zogen sie, um
Weideplätze für ihre Schafe und Ziegen zu
suchen, zum Osten des Tals, wo der Weg nach
Gedor abzweigt. 40 Sie fanden fette und gute
Weideplätze. Das Land war nach allen Seiten
hin ausgedehnt, ruhig und friedlich; denn die
früheren Bewohner gehörten zu den Hamiten.
41 So kamen diese mit Namen Aufgezeichne-
ten in den Tagen des Königs Hiskija von Juda,
machten einen Anschlag auf ihre Zelte und auf
die Mëuniter, die sich dort fanden, und blieben
bis zum heutigen Tag. Sie vollzogen an ihnen
den Bann und ließen sich an ihrer Stelle nieder;
denn es gab dort Weideplätze für ihre Schafe
und Ziegen.

42 Von den Nachkommen Simeons zogen
fünfhundert Mann in das Gebirge Seïr. Pelatja,
Nearja, Refaja und Usiël, die Söhne Jischis,
standen an ihrer Spitze. 43 Sie schlugen die
Restbevölkerung, die von den Amalekitern
noch vorhanden war, und wohnen dort bis
zum heutigen Tag.

24: Num 26,12–14; Gen 46,10; Ex 6,15 / **28**: Jos 19,2–8 /
40: Ri 18,7 / **41**: 2 Chr 20,1; 26,7

DIE STÄMME JENSEITS DES JORDAN: 5,1–26

5 1 Die Söhne Rubens, des Erstgeborenen
Israels: Ruben war der Erstgeborene. Da
er aber das Bett seines Vaters entweiht hatte,
wurde sein Erstgeburtsrecht den Söhnen Jo-
sefs, des Sohnes Israels, gegeben. Doch richten
sich die Stammeslisten nicht nach dem Erst-
geburtsrecht; 2 Juda erlangte nämlich die Herr-
schaft über seine Brüder und einer aus ihm
wurde der Fürst, obwohl das Erstgeburtsrecht
bei Josef war. 3 Die Söhne Rubens, des Erstge-
borenen Israels, waren: Henoch, Pallu, Hezron
und Karmi.

4 Der Sohn Joëls war Schemaja, dessen Sohn
Gog, dessen Sohn Schimi, 5 dessen Sohn
Micha, dessen Sohn Reaja, dessen Sohn Baal,
6 dessen Sohn Beera, den Tiglat-Pileser, der
König von Assur, verschleppte. Er war der An-
führer der Rubeniter. 7 Seine Brüder wurden,
als sie sich nach ihren Geschlechterfolgen in
die Stammeslisten eintragen ließen, seinen
Familien zugezählt. Der Erste war Jëiël, ihm
folgte Secharja.

8 Bela war der Sohn des Asas, des Sohnes
Schemas, des Sohnes Joëls.
Die Rubeniter wohnten in Aroër bis Nebo
und Baal-Meon. 9 Ostwärts wohnten sie bis an
den Rand der Steppe, die sich vom Eufrat her
erstreckt; denn sie besaßen große Herden im
Land Gilead. 10 In den Tagen Sauls führten sie
Krieg mit den Hagaritern. Diese fielen in ihre
Hand und sie wohnten in deren Zelten auf der
ganzen Ostseite von Gilead.

11 Die Nachkommen Gads wohnten ihnen
gegenüber im Gebiet des Baschan bis Salcha.
12 Ihr Oberhaupt war Joël; Schafam war der
Zweite, dazu kamen Janai und Schafat; sie
wohnten im Baschan. 13 Ihre Brüder mit ihren
Großfamilien waren Michael, Meschullam,
Scheba, Jorai, Jakan, Sia und Eber, insgesamt
sieben.

14 Das waren die Söhne Abihajils, des Soh-
nes Huris, des Sohnes Jaroachs, des Sohnes
Gileads, des Sohnes Michaels, des Sohnes Je-
schischais, des Sohnes Jachdos, des Sohnes des
Bus: 15 Ahi, der Sohn Abdiëls, des Sohnes Gu-
nis, war Haupt ihrer Großfamilien. 16 Sie
wohnten in Gilead, im Baschan und seinen
Tochterstädten und an allen Weideflächen
Scharons bis zu ihren Ausläufern. 17 In den
Tagen Jotams, des Königs von Juda, und in den
Tagen Jerobeams, des Königs von Israel, wur-
den alle in die Stammeslisten eingetragen.

18 Die Krieger von Ruben, Gad und dem hal-
ben Stamm Manasse, Männer, die Schild und
Schwert trugen, den Bogen spannten und im
Kampf geübt waren, vierundvierzigtausend-
siebenhundertsechzig Mann, die im Heer aus-
rückten, 19 führten Krieg gegen die Hagariter
und gegen Jetur, Nafisch und Nodab. 20 Und es
wurde ihnen geholfen gegen sie. Die Hagariter
und alle ihre Verbündeten wurden in ihre Hand
gegeben. Denn sie schrien im Kampf zu Gott
und dieser ließ sich erbitten, da sie auf ihn ver-
trauten. 21 So führten sie deren Besitz weg:
50 000 Kamele, 250 000 Schafe und 2 000 Esel,
dazu 100 000 Personen. 22 Viele wurden er-
schlagen und fielen; denn es war ein Krieg Got-
tes. Die Israeliten siedelten sich an ihrer Stelle
an und blieben dort bis zur Verschleppung.

23 Die Angehörigen des halben Stammes
Manasse wohnten in dem Land, das vom Ba-
schan bis Baal-Hermon, zum Senir und zum
Hermongebirge reicht. Sie waren sehr zahl-
reich. 24 Und das waren die Häupter ihrer
Großfamilien: Efer, Jischi, Eliël, Asriël, Jirme-
ja, Hodawja und Jachdiël. Sie waren tapfere
Krieger, Männer von Namen, Häupter ihrer

Großfamilien. 25 Doch wurden sie dem Gott
ihrer Väter untreu und gaben sich den Göttern
der Landesbevölkerung hin, die Gott vor ih-
nen vertrieben hatte. 26 Darum erweckte der
Gott Israels den Geist Puls, des Königs von
Assur, das heißt den Geist Tiglat-Pilesers, des
Königs von Assur. Dieser führte die Rubeniter,
die Gaditer und den halben Stamm Manasse
in die Verbannung und brachte sie nach
Halach, an den Habor, nach Hara und an den
Fluss von Gosan. Dort sind sie bis zum heuti-
gen Tag.

1: Gen 35,22; 49,3f. / **2:** Gen 49,8; Ps 60,9 / **3:** Gen 46,9; Ex 6,14 / **6:** 2 Chr 28,20; 2 Kön 15,29 / **8:** Num 32,37f. / **9:** Num 32,1 / **10:** 5,19; 27,31; Ps 83,7 / **11:** Jos 12,5; 13,11 / **18:** 5,10 / **20** 2 Chr 14,10f. / **22:** 2 Chr 20,15 / **23:** Num 32,39–42 / **26:** 2 Chr 36,22; Hag 1,14; 2 Chr 28,20

LEVIS NACHKOMMEN: 5,27–6,66

27 Die Söhne Levis waren: Gerschon, Kehat
und Merari. 28 Die Söhne Kehats waren: Am-
ram, Jizhar, Hebron und Usiël. 29 Die Kinder
Amrams waren: Aaron, Mose und Mirjam. Die
Söhne Aarons waren: Nadab, Abihu, Eleasar
und Itamar. 30 Eleasar zeugte Pinhas, Pinhas
zeugte Abischua, 31 Abischua zeugte Bukki,
Bukki zeugte Usi, 32 Usi zeugte Serachja,
Serachja zeugte Merajot, 33 Merajot zeugte
Amarja, Amarja zeugte Ahitub, 34 Ahitub zeug-
te Zadok, Zadok zeugte Ahimaaz, 35 Ahimaaz
zeugte Asarja, Asarja zeugte Johanan, 36 Jo-
hanan zeugte Asarja – dieser war es, der im
Tempel, den Salomo in Jerusalem erbaute, das
Priesteramt verwaltete –, 37 Asarja zeugte
Amarja, Amarja zeugte Ahitub, 38 Ahitub
zeugte Zadok, Zadok zeugte Schallum,
39 Schallum zeugte Hilkija, Hilkija zeugte
Asarja, 40 Asarja zeugte Seraja, Seraja zeugte
Jozadak. 41 Jozadak zog fort, als der HERR Juda
und Jerusalem durch Nebukadnezzar in die
Verbannung führte.

27–30: Ex 6,16–25 / **27:** Gen 46,11 / **29:** Num 26,57–61 / **30:** 24,1–6 / **34:** 15,11; 16,39 / **36:** 29,22; 1 Kön 4,2

6 1 Die Söhne Levis waren: Gerschon, Ke-
hat und Merari. 2 Die Söhne Gerschons
hießen Libni und Schimi. 3 Kehats Söhne wa-
ren: Amram, Jizhar, Hebron und Usiël. 4 Die
Söhne Meraris waren: Machli und Muschi.

Das sind die Sippen der Leviten nach ihren
Stammvätern: 5 Der Sohn Gerschons war Lib-
ni, dessen Sohn Jahat, dessen Sohn Simma,
6 dessen Sohn Joach, dessen Sohn Iddo, dessen
Sohn Serach und dessen Sohn Jeotrai. 7 Der
Sohn Kehats war Amminadab, dessen Sohn
Korach, dessen Sohn Assir, 8 dessen Sohn El-
kana, dessen Sohn Abiasaf, dessen Sohn Assir,
9 dessen Sohn Tahat, dessen Sohn Uriël, des-
sen Sohn Usija und dessen Sohn Schaul. 10 Die
Söhne Elkanas waren Amasai und Ahimot.
11 Der Sohn Elkanas war Elkana, dessen Sohn
Zuf, dessen Sohn Nahat, 12 dessen Sohn Eliab,
dessen Sohn Jeroham, dessen Sohn Elkana,
dessen Sohn Samuel. 13 Die Söhne Samuels
waren: Joël, der Erstgeborene, und der zweite
war Abija. 14 Der Sohn Meraris war Machli,
dessen Sohn Libni, dessen Sohn Schimi, des-
sen Sohn Usa, 15 dessen Sohn Schima, dessen
Sohn Haggija und dessen Sohn Asaja.

16 Diese sind es, die David zur Pflege des Ge-
sangs im Haus des HERRN bestellte, nachdem
die Lade eine bleibende Stätte gefunden hatte.
17 Sie versahen ihren Dienst als Sänger vor der
Wohnung des Offenbarungszeltes, bis Salomo
das Haus des HERRN in Jerusalem baute. Ihrer
Rangordnung gemäß standen sie in ihrem
Dienst. 18 Diese sind es, die mit ihren Söhnen
den Dienst besorgten:

Von den Nachkommen der Kehatiter: He-
man, der Sänger, der Sohn Joëls, des Sohnes
Samuels, 19 des Sohnes Elkanas, des Sohnes
Jerohams, des Sohnes Eliëls, des Sohnes
Tohus, 20 des Sohnes Zufs, des Sohnes Elkanas,
des Sohnes Mahats, des Sohnes Amasais, 21 des
Sohnes Elkanas, des Sohnes Joëls, des Sohnes
Asarjas, des Sohnes Zefanjas, 22 des Sohnes
Tahats, des Sohnes Assirs, des Sohnes Abia-
safs, des Sohnes Korachs, 23 des Sohnes Jizhars,
des Sohnes Kehats, des Sohnes Levis, des Soh-
nes Israels.

24 Sein Bruder war Asaf, der zu seiner Rech-
ten stand: Er war der Sohn Berechjas, des Soh-
nes Schimas, 25 des Sohnes Michaels, des Soh-
nes Maasejas, des Sohnes Malkijas, 26 des
Sohnes Etnis, des Sohnes Serachs, des Sohnes
Adajas, 27 des Sohnes Etans, des Sohnes Sim-
mas, des Sohnes Schimis, 28 des Sohnes Jahats,
des Sohnes Gerschoms, des Sohnes Levis.

29 Die Söhne Meraris, ihre Brüder, standen
zur Linken: Etan, der Sohn Kischis, des Sohnes

5,26 zu Pul: vgl. die Anmerkung zu 2 Kön 15,19.

5,36 Zwischenbemerkung hier: H, G, Vg, S. Vielleicht bezieht sie sich auf den in V. 35 genannten Asarja, vgl. 1 Kön 4,2.

6,12 dessen Sohn Samuel: G teilweise; nicht in H, Vg, S und G teilweise.

6,13 Joël: G teilweise, S, vgl. 1 Sam 8,2; Waschni: H, Vg und G teilweise.

Abdis, des Sohnes Malluchs, 30 des Sohnes Ha-
schabjas, des Sohnes Amazjas, des Sohnes
Hilkijas, 31 des Sohnes Amzis, des Sohnes Ba-
nis, des Sohnes Schemers, 32 des Sohnes Mach-
lis, des Sohnes Muschis, des Sohnes Meraris,
des Sohnes Levis.

33 Ihre Brüder, die Leviten, waren für den
gesamten Dienst an der Wohnung des Hauses
Gottes bestimmt. 34 Aaron aber und seine Söh-
ne räucherten auf dem Brandopferaltar und
dem Räucheraltar. Sie besorgten jeden Dienst
am Allerheiligsten und wirkten Versöhnung
für Israel, genau wie Mose, der Knecht Gottes,
angeordnet hatte.

35 Das sind die Nachkommen Aarons: Sein
Sohn war Eleasar, dessen Sohn Pinhas, dessen
Sohn Abischua, 36 dessen Sohn Bukki, dessen
Sohn Usi, dessen Sohn Serachja, 37 dessen
Sohn Merajot, dessen Sohn Amarja, dessen
Sohn Ahitub, 38 dessen Sohn Zadok, dessen
Sohn Ahimaaz.

39 Das sind ihre Wohnsitze mit ihren Zeltla-
gern auf ihrem Gebiet: Den Nachkommen Aa-
rons von der Sippe der Kehatiter, auf die das
erste Los gefallen war, 40 gaben sie Hebron im
Land Juda mit seinen Weideflächen ringsum.
41 Das Ackerland der Stadt aber und ihre Gehöf-
te gaben sie Kaleb, dem Sohn Jefunnes. 42 Sie
gaben den Nachkommen Aarons die Asylstadt
Hebron, ferner Libna mit seinen Weideflächen,
Jattir und Eschtemoa mit seinen Weideflächen,
43 Holon mit seinen Weideflächen, Debir mit
seinen Weideflächen, 44 Aschan mit seinen
Weideflächen, Bet-Schemesch mit seinen Wei-
deflächen. 45 Vom Stamm Benjamin gaben sie
ihnen: Geba mit seinen Weideflächen, Alemet
mit seinen Weideflächen, Anatot mit seinen
Weideflächen. Insgesamt gehörten ihnen drei-
zehn Städte mit ihren Weideflächen. 46 Den
übrigen Sippen von den Nachkommen Kehats
gaben sie durch das Los zehn Städte vom halben
Stamm Manasse.

47 Den Nachkommen Gerschoms gaben die
Israeliten entsprechend ihren Sippen aus dem
Stamm Issachar, aus dem Stamm Ascher, aus
dem Stamm Naftali und aus dem Stamm Ma-
nasse im Baschan dreizehn Städte. 48 Den
Nachkommen Meraris gaben sie entsprechend
ihren Sippen aus dem Stamm Ruben, aus dem
Stamm Gad und aus dem Stamm Sebulon
durch das Los zwölf Städte.

49 Die Israeliten gaben den Leviten die Städ-
te samt ihren Weideflächen. 50 Durch das Los
gaben sie ihnen aus dem Stamm Juda, aus
dem Stamm Simeon und aus dem Stamm
Benjamin diese Städte, die sie namentlich
bezeichneten.

51 Die Angehörigen der kehatitischen Sippen
erhielten durch das Los vom Stamm Efraim
folgende Städte: 52 Man gab ihnen die Asyl-
stadt Sichem mit ihren Weideflächen auf dem
Gebirge Efraim, ferner Geser mit seinen Wei-
deflächen, 53 Jokmeam mit seinen Weideflä-
chen, Bet-Horon mit seinen Weideflächen;
54 Ajalon mit seinen Weideflächen, Gat-Rim-
mon mit seinen Weideflächen; 55 vom halben
Stamm Manasse: Aner mit seinen Weideflä-
chen und Jibleam mit seinen Weideflächen.
Diese gaben sie den Sippen der übrigen Keha-
titer.

56 Den Nachkommen Gerschoms gaben sie
von den Sippen des halben Stamms Manasse:
Golan im Baschan mit seinen Weideflächen,
Aschtarot mit seinen Weideflächen; 57 vom
Stamm Issachar: Kedesch mit seinen Weide-
flächen, Dobrat mit seinen Weideflächen,
58 Ramot mit seinen Weideflächen, Anem mit
seinen Weideflächen; 59 vom Stamm Ascher:
Mischal mit seinen Weideflächen, Abdon mit
seinen Weideflächen, 60 Helkat mit seinen
Weideflächen, Rehob mit seinen Weideflä-
chen; 61 vom Stamm Naftali: Kedesch in Gali-
läa mit seinen Weideflächen, Hammon mit
seinen Weideflächen, Kirjatajim mit seinen
Weideflächen.

62 Den übrigen Nachkommen Meraris gaben
sie vom Stamm Sebulon: Rimmon mit seinen
Weideflächen, Tabor mit seinen Weideflä-
chen; 63 im Land jenseits des Jordan bei Jericho,
östlich des Jordan, vom Stamm Ruben: Bezer
in der Steppe mit seinen Weideflächen, Jahaz
mit seinen Weideflächen, 64 Kedemot mit sei-
nen Weideflächen, Mefaat mit seinen Weide-
flächen; 65 vom Stamm Gad: Ramot in Gilead
mit seinen Weideflächen, Mahanajim mit sei-
nen Weideflächen, 66 Heschbon mit seinen
Weideflächen und Jaser mit seinen Weide-
flächen.

1: 5,27 / **7:** Num 16,1 / **10:** 2 Chr 29,12 / **11:** 1 Sam 1,1; 2,11 / **12:** 9,22 / **13:** 1 Sam 8,2 / **16:** 2 Chr 5,12 / **18:** 15,17; Ps 88,1 / **24:** 15,17; 16,5 / **29:** 15,17.19 / **34:** 23,13; 2 Chr 29,11; Ex 28,1 / **35–38:** 5,29–34 / **39–66:** Jos 21,1–40 / **41:** Jos 14,13f. / **42:** Jos 15,13 / **46:** 6,51–55 / **47:** 6,56–61 / **48:** 6,62–66

DIE STÄMME DES NORDENS: 7,1–40

7 1 Die Söhne Issachars waren: Tola, Puwa,
Jaschub und Schimron, zusammen vier.
2 Die Söhne Tolas waren: Usi, Refaja, Jeriël,
Jachmai, Jibsam und Schemuël. Sie waren
Häupter der Großfamilien Tolas, tapfere Krie-
ger, jeder entsprechend seiner Geschlechter-
folge. Zur Zeit Davids zählten sie 22 600 Mann.
3 Die Söhne Usis waren: Serachja, Michael,
Obadja, Joël und Jischija, insgesamt fünf. Sie
alle waren Oberhäupter. 4 Sie hatten, geordnet
nach ihrer Geschlechterfolge und nach ihren
Großfamilien, ein Kriegsheer von 36 000
Mann zu stellen; denn sie hatten viele Frauen
und Kinder. 5 Ihre Brüder aus allen Sippen Is-
sachars waren tapfere Krieger. Ihre Aufzeich-
nung ergab insgesamt 87 000 Mann.

6 Die Söhne Benjamins waren: Bela, Becher
und Jediaël, insgesamt drei. 7 Die Söhne Belas
waren: Ezbon, Usi, Usiël, Jerimot und Ir, ins-
gesamt fünf. Sie waren Häupter ihrer Großfa-
milien und tapfere Krieger. Ihre Aufzeichnung
ergab 22 034 Mann. 8 Die Söhne Bechers waren:
Semira, Joasch, Eliëser, Eljoënai, Omri, Jere-
mot, Abija, Anatot und Alemet. Sie alle waren
Söhne Bechers. 9 Die Aufzeichnung ent-
sprechend ihrer Geschlechterfolge nach den
Häuptern ihrer Großfamilien ergab 20 200
tapfere Krieger. 10 Der Sohn Jediaëls war Bil-
han und die Söhne Bilhans waren: Jëusch,
Benjamin, Ehud, Kenaana, Setan, Tarschisch
und Ahischahar. 11 Sie alle waren Söhne Jediaëls,
Häupter ihrer Großfamilien, tapfere Krieger,
17 200 Mann, die im Heer zum Krieg ausrück-
ten.

12 Schuppim und Huppim waren Söhne Irs,
Huschim der Sohn Ahers.

13 Die Söhne Naftalis waren: Jachzeel, Guni,
Jezer und Schallum, die Nachkommen der
Bilha.

14 Der Sohn Manasses war Asriël. Seine
aramäische Nebenfrau gebar Machir, den Vater
Gileads. 15 Machir nahm eine Frau für Huppim
und Schuppim. Der Name seiner Schwester
war Maacha. Der Name des zweiten Sohnes
war Zelofhad. Dieser hatte nur Töchter.
16 Maacha, die Frau Machirs, gebar einen Sohn
und nannte ihn Peresch; sein Bruder hieß
Scheresch. Dessen Söhne waren Ulam und
Rekem. 17 Der Sohn Ulams war Bedan. Das
waren die Söhne Gileads, des Sohnes Machirs,
des Sohnes Manasses. 18 Seine Schwester Mo-
lechet gebar Ischhod, Abiëser und Machla.
19 Die Söhne Schemidas waren Achjan, Sche-
chem, Likhi und Aniam.

20 Der Sohn Efraims war Schutelach. Dessen
Sohn war Bered, dessen Sohn Tahat, dessen
Sohn Elada, dessen Sohn Tahat, 21 dessen Sohn
Sabad und dessen Sohn Schutelach sowie Eser
und Elad. Diese erschlug die einheimische Be-
völkerung von Gat, weil sie hinabgezogen
waren, um deren Vieh wegzunehmen. 22 Da-
rüber trauerte ihr Vater Efraim lange Zeit und
seine Brüder kamen, ihn zu trösten. 23 Dann
ging er zu seiner Frau; sie wurde schwanger
und gebar einen Sohn. Er nannte ihn Beria, da
er zur Zeit des Unglücks in seinem Haus gebo-
ren wurde. 24 Seine Tochter war Scheera. Sie
erbaute das untere und das obere Bet-Horon
sowie Usen-Scheera.

25 Weitere Söhne waren Refach und Res-
chef. Dessen Sohn war Telach, dessen Sohn
Tahan, 26 dessen Sohn Ladan, dessen Sohn
Ammihud, dessen Sohn Elischama, 27 dessen
Sohn Nun und dessen Sohn Josua.

28 Ihr Besitz und ihre Wohnplätze waren
Bet-El mit seinen Tochterstädten, gegen Osten
Naara, gegen Westen Geser mit seinen
Tochterstädten, Sichem mit seinen Tochter-
städten bis nach Aja und seinen Tochterstäd-
ten. 29 In der Hand der Nachkommen Manasses
waren Bet-Schean mit seinen Tochterstädten,
Taanach mit seinen Tochterstädten, Megiddo
mit seinen Tochterstädten und Dor mit seinen
Tochterstädten. In ihnen wohnten die Nach-
kommen Josefs, des Sohnes Israels.

30 Die Söhne Aschers waren: Jimna, Jischwa,
Jischwi und Beria. Ihre Schwester war
Serach. 31 Die Söhne Berias waren Heber und
Malkiël. Dieser war der Vater von Birsajit.
32 Heber zeugte Jaflet, Schemer, Hotam und
deren Schwester Schua. 33 Die Söhne Jaflets
waren Pasach, Bimhal und Aschwat. Das wa-
ren die Söhne Jaflets. 34 Die Söhne Schemers
waren: Ahi, Rohga, Hubba und Aram. 35 Die
Söhne seines Bruders Hotam waren: Zofach,
Jimna, Schelesch und Amal. 36 Die Söhne
Zofachs waren: Suach, Harnefer, Schual, Beri,
Jimra, 37 Bezer, Hod, Schamma, Schilscha,
Jitran und Beera. 38 Die Söhne Jitrans waren:
Jefunne, Pispa und Ara. 39 Die Söhne Ullas
waren: Arach, Hanniël und Rizja. 40 Alle
diese waren Nachkommen Aschers, auser-
lesene Häupter von Großfamilien, tapfere

7,14–19 Der Text ist wohl lückenhaft überliefert.

Krieger, Häupter unter den führenden Män-
nern. Ihre Aufzeichnung für das Kriegsheer
ergab 26 000 Mann.

1f.: Gen 46,13 / **2**: Ri 10,1 / **6**: Gen 46,21 / **8**: 6,45; Jos 21,18 / **10**: Ri 3,15 / **15**: Num 27,1–11; 36,1–12 / **18**: Ri 6,11.24 / **20**: Num 26,35–37 / **24**: Jos 10,10f. / **28**: Ex 33,11; Jos 16,1f. / **29**: Jos 17,11 / **30f.**: Gen 46,17 / **31**: Num 26,44–47

ZWEITES VERZEICHNIS DES STAMMES BENJAMIN: 8,1–9,1a

8 1 Benjamin zeugte Bela als seinen Erstge-
borenen, Aschbel als zweiten, Achrach als
dritten, 2 Noha als vierten und Rafa als fünften.
3 Bela hatte folgende Söhne: Ard, Gera, Abi-
hud, 4 Abischua, Naaman, Ahoach, 5 Gera,
Schefufan und Huram.

6 Und das waren die Söhne Ehuds … Sie
waren die Familienhäupter der Bewohner von
Geba … Man führte sie in die Verbannung nach
Manahat. 7 Naaman, Ahija und Gera … Dieser
führte sie gefangen fort. Er zeugte Usa und
Ahihud.

8 Schaharajim zeugte im Grünland von
Moab Söhne, nachdem er seine Frauen Hu-
schim und Baara entlassen hatte. 9 Mit seiner
Frau Hodesch zeugte er Jobab, Zibja, Mescha,
Malkam, 10 Jëuz, Sacheja und Mirma. Das wa-
ren seine Söhne, die Häupter ihrer Großfami-
lien. 11 Mit Huschim zeugte er Abitub und
Elpaal. 12 Die Söhne Elpaals waren: Eber,
Mischam und Schemed. Dieser baute Ono und
Lod mit seinen Tochterstädten.

13 Beria und Schema waren die Häupter
der Großfamilien der Einwohner von Ajalon.
Sie vertrieben die Einwohner von Gat. 14 Ihre
Brüder waren Elpaal, Schaschak und Jero-
ham. 15 Sebadja, Arad, Eder, 16 Michael, Jischpa
und Joha waren Söhne Berias. 17 Sebadja,
Meschullam, Hiski, Heber, 18 Jischmerai, Jislia
und Jobab waren Söhne Elpaals. 19 Jakim,
Sichri, Sabdi, 20 Eliënai, Zilletai, Eliël, 21 Adaja,
Beraja und Schimrat waren Söhne Schimis.
22 Jischpan, Eber, Eliël, 23 Abdon, Sichri, Hanan,
24 Hananja, Elam, Antotija, 25 Jifdeja und
Penuël waren Söhne Schaschaks. 26 Scham-
scherai, Scheharja, Atalja, 27 Jaareschja, Elija
und Sichri waren Söhne Jerohams. 28 Sie waren
Häupter der Großfamilien entsprechend ihrer
Geschlechterfolge, ihre Oberhäupter, und
wohnten in Jerusalem.

29 In Gibeon wohnte der Vater Gibeons. Sei-
ne Frau war Maacha 30 und sein erstgeborener
Sohn war Abdon. Ihm folgten Zur, Kisch,
Baal, Nadab, 31 Gedor, Achjo und Secher.
32 Miklot zeugte Schima. Auch sie wohnten in
Jerusalem bei ihren Brüdern, ihnen gegen-
über. 33 Ner zeugte Abner und Kisch zeugte
Saul. Saul zeugte Jonatan, Malkischua,
Abinadab und Eschbaal. 34 Der Sohn Jonatans
war Merib-Baal. Merib-Baal zeugte Micha.
35 Die Söhne Michas waren: Piton, Melech,
Tachrea und Ahas. 36 Ahas zeugte Joadda und
Joadda zeugte Alemet, Asmawet und Simri.
Simri zeugte Moza, 37 Moza zeugte Bina; des-
sen Sohn war Rafa, dessen Sohn Elasa und
dessen Sohn Azel. 38 Azel hatte sechs Söhne
und das sind ihre Namen: Asrikam, Bochru,
Jischmael, Schearja, Obadja und Hanan. Alle
diese waren Söhne Azels. 39 Die Söhne seines
Bruders Eschek waren: Ulam, sein Erstgebo-
rener; der zweite war Jëusch und der dritte
Elifelet. 40 Die Söhne Ulams waren tapfere
Krieger, die den Bogen spannten. Sie hatten
viele Söhne und Enkel, insgesamt hundert-
fünfzig. Alle diese gehörten zu den Nachkom-
men Benjamins.

9 1 So ließ sich ganz Israel in die Stammes-
listen eintragen.

8,1: 7,6–12; Gen 46,21 / **3**: Num 26,38–40 / **6**: Ri 3,15 / **12**: Esra 2,33 / **28**: 9,34 / **29–38**: 9,35–44 / **33**: 1 Sam 14,49–51

JERUSALEMER FAMILIEN NACH DEM EXIL: 9,1b–34

Sie wurden in das Buch der Könige von Israel
und Juda aufgenommen. 2 Juda wurde wegen
seiner Treulosigkeit nach Babel weggeführt.
Die ersten Ansiedler, die sich wieder auf ihrem
Besitz in ihren Städten niederließen, waren
Israeliten, Priester, Leviten und Tempeldiener.
3 In Jerusalem wohnten von den Angehörigen
Judas, Benjamins, Efraims und Manasses fol-
gende:

4 Utai, der Sohn Ammihuds, des Sohnes
Omris, des Sohnes Imris, des Sohnes Banis,
ein Nachkomme des Perez, des Sohnes Judas.
5 Von den Nachkommen Schelas: Asaja, der
Erstgeborene, und dessen Söhne. 6 Von den
Nachkommen Serachs: Jëuël. Die Zahl ihrer
Brüder betrug 690 Mann.

8,6f. Der Text ist wohl lückenhaft überliefert.

8,14 Elpaal: vermuteter Text, vgl. V. 18; nicht in H, G, Vg und S.

9,5 Nachkommen Schelas: vermuteter Text; und vom Schiloniter: S.

7 Von den Nachkommen Benjamins: Sallu,
der Sohn Meschullams, des Sohnes Hodawjas,
des Sohnes Senuas; 8 ferner Jibneja, der Sohn
Jerohams, und Ela, der Sohn Usis, des Sohnes
Michris, sowie Meschullam, der Sohn Sche-
fatjas, des Sohnes Reguëls, des Sohnes Jibnijas;
9 dazu ihre Brüder nach ihrer Geschlechterfol-
ge, insgesamt 956 Mann. Sie alle waren Ober-
häupter ihrer Großfamilien.

10 Von den Priestern: Jedaja, Jojarib, Jachin,
11 Asarja, der Sohn Hilkijas, des Sohnes Me-
schullams, des Sohnes Zadoks, des Sohnes
Merajots, des Sohnes Ahitubs, der Fürst des
Hauses Gottes; 12 ferner Adaja, der Sohn Jero-
hams, des Sohnes Paschhurs, des Sohnes Mal-
kijas, und Masai, der Sohn Adiëls, des Sohnes
Jachseras, des Sohnes Meschullams, des Soh-
nes Meschillemots, des Sohnes Immers, 13 so-
wie ihre Brüder, die Häupter ihrer Großfami-
lien, insgesamt 1760 Mann. Sie waren tüchtige
Männer in der Besorgung des Dienstes im
Haus Gottes.

14 Von den Leviten: Schemaja, der Sohn Ha-
schubs, des Sohnes Asrikams, des Sohnes Ha-
schabjas, von den Nachkommen Meraris;
15 ferner Bakbakar, Heresch, Galal, Mattanja,
der Sohn Michas, des Sohnes Sichris, des Soh-
nes Asafs, 16 sowie Abda, der Sohn Scham-
muas, des Sohnes Galals, des Sohnes Jedutuns,
und Berechja, der Sohn Asas, des Sohnes El-
kanas, der in den Dörfern der Netofatiter
wohnte.

17 Die Torwächter waren: Schallum, Akkub,
Talmon und Ahiman. Ihr Bruder Schallum war
das Oberhaupt. 18 Er hat bis heute die Wache
am Königstor im Osten. Das sind die Tor-
wächter in den Lagern der Leviten.

19 Schallum, der Sohn Kores, des Sohnes
Abiasafs, des Sohnes Korachs, und seine Brü-
der aus seiner Großfamilie, die Korachiter,
hatten als Wächter den Dienst an den Schwel-
len des Zeltes zu besorgen. Ihre Väter waren
im Lager des HERRN Wächter am Eingang
gewesen. 20 Pinhas, der Sohn Eleasars, war
einst ihr Anführer – der HERR sei mit ihm.
21 Secharja, der Sohn Meschelemjas, war Tor-
wächter am Eingang des Offenbarungszeltes.
22 Die als Torwächter an den Schwellen auser-
sehen waren, zählten insgesamt 212 Mann. Sie
hatten sich in ihren Dörfern in die Stammes-
listen eingetragen und waren von David und
dem Seher Samuel auf Dauer eingesetzt wor-
den. 23 Mit ihren Söhnen standen sie nach der
Dienstordnung als Wächter an den Toren zum
Haus des HERRN, zum Haus des Zeltes. 24 Sie
waren nach den vier Himmelsrichtungen auf-
gestellt, nach Osten, Westen, Norden und
Süden. 25 Ihre Brüder wohnten in ihren Dör-
fern und mussten jeweils sieben Tage, von
einem Zeitpunkt zum andern, mit ihnen zum
Dienst erscheinen. 26 Denn ständig im Dienst
waren nur die vier obersten Torwächter, sie
waren Leviten.

Sie hatten die Aufsicht über die Kammern
und die Schätze im Haus Gottes. 27 Sie blieben
auch während der Nacht in der Nähe des Hau-
ses Gottes; denn ihnen war die Wache über-
tragen und sie hatten den Schlüssel, um jeden
Morgen zu öffnen. 28 Einige von ihnen über-
wachten die Geräte für den Dienst. Sie trugen
sie abgezählt hinein und brachten sie abgezählt
wieder heraus. 29 Andere waren zur Aufsicht
über die sonstigen Geräte und alle Geräte des
Heiligtums bestellt. Sie hatten das Feinmehl,
den Wein und das Öl, den Weihrauch und
verschiedenartigen Balsam zu besorgen. 30 Ei-
nige von den Söhnen der Priester bereiteten
die Salben für den Balsam. 31 Mattitja, einer der
Leviten, der Erstgeborene des Korachiters
Schallum, war auf Dauer mit der Zubereitung
des Backwerks beauftragt. 32 Ein Teil der Ke-
hatiter, ihrer Amtsbrüder, hatte für die Schau-
brote zu sorgen, die sie jeden Sabbat aufzule-
gen hatten.

33 Das waren die Sänger, Häupter der
Großfamilien bei den Leviten, die, von an-
deren Arbeiten befreit, in den Kammern
wohnten, da sie Tag und Nacht im Dienst
sein mussten.

34 Das waren die Häupter der Großfamilien
der Leviten nach ihrer Geschlechterfolge, die
Häupter. Sie wohnten in Jerusalem.

2: Esra 2,1.36.40.43 / **5**: 2,3; 4,21 / **7**: Esra 2,35 / **10**: 24,7 / **11**: Esra 7,1–3 / **12**: Jer 21,1; 38,1 / **15**: Neh 11,17 / **16**: 16,38 / **18**: Ez 44,1–3 / **19**: 6,7f.22 / **23**: 6,12; 26,28 / **26**: 26,12–16 / **30**: Ex 30,22–33 / **31**: 23,29 / **32**: Ex 25,30 / **33**: 6,16f.; 25,1 / **34**: 8,32

SAULS FAMILIE: 9,35–44

35 In Gibeon wohnte Jëiël, der Vater Gibeons.
Seine Frau war Maacha 36 und sein erstge-
borener Sohn war Abdon. Ihm folgten Zur,
Kisch, Baal, Ner, Nadab, 37 Gedor, Achjo, Se-
cher und Miklot. 38 Miklot zeugte Schima.
Auch sie wohnten in Jerusalem bei ihren Brü-

9,33 Die erwartete Aufzählung der Namen erfolgt nicht.

dern, ihnen gegenüber. 39 Ner zeugte Abner
und Kisch zeugte Saul. Saul zeugte Jonatan,
Malkischua, Abinadab und Eschbaal. 40 Der
Sohn Jonatans war Merib-Baal. Merib-Baal
zeugte Micha. 41 Die Söhne Michas waren: Pi-
ton, Melech, Tachrea und Ahas. 42 Ahas zeug-
te Joadda und Joadda zeugte Alemet, Asmawet
und Simri. Simri zeugte Moza, 43 Moza zeugte
Bina; dessen Sohn war Refaja, dessen Sohn
Elasa und dessen Sohn Azel. 44 Azel hatte sechs
Söhne und das sind ihre Namen: Asrikam,
Bochru, Jischmael, Schearja, Obadja und
Hanan. Das waren die Söhne Azels.

35–44: 8,29–38

GESCHICHTE DAVIDS: 10,1–29,30

SAULS ENDE: 10,1–14

10 1 Als die Philister gegen Israel kämpf-
ten, flohen die Israeliten vor ihnen.
Viele waren gefallen und lagen erschlagen auf
dem Gebirge Gilboa. 2 Die Philister verfolgten
Saul und seine Söhne und erschlugen Sauls
Söhne Jonatan, Abinadab und Malkischua.
3 Um Saul selbst entstand ein schwerer Kampf.
Die Bogenschützen hatten ihn getroffen und
es befiel ihn schwere Angst. 4 Da sagte Saul zu
seinem Waffenträger: Zieh dein Schwert und
durchbohre mich damit! Sonst kommen diese
Unbeschnittenen und treiben ihr Spiel mit
mir. Der Waffenträger wollte es nicht tun;
denn er hatte große Angst. Da nahm Saul
selbst das Schwert und stürzte sich hinein.
5 Als der Waffenträger sah, dass Saul tot war,
stürzte auch er sich in sein Schwert und starb.
6 So kamen Saul und seine drei Söhne ums Le-
ben; sein ganzes Haus starb mit ihm. 7 Als die
Israeliten in der Ebene sahen, dass die Krieger
Israels geflohen und dass Saul und seine Söhne
tot waren, verließen sie ihre Städte und flohen.
Dann kamen die Philister und besetzten die
Städte.

8 Als am nächsten Tag die Philister kamen,
um die Erschlagenen auszuplündern, fanden
sie Saul und seine Söhne, die auf dem Gebirge
Gilboa gefallen waren. 9 Sie zogen ihn aus,
nahmen seinen Kopf und seine Rüstung und
schickten beides im Land der Philister umher,
um ihren Götzen und dem Volk die Sie-
gesnachricht zu übermitteln. 10 Die Rüstung
Sauls legten sie im Tempel ihrer Götter nieder.
Seinen Kopf aber hefteten sie an den Tempel
des Dagon. 11 Als die Einwohner von Ja-
besch-Gilead hörten, was die Philister mit
Saul gemacht hatten, 12 brachen alle kriegs-
tüchtigen Männer auf, nahmen die Leiche
Sauls und die Leichen seiner Söhne und brach-
ten sie nach Jabesch. Sie begruben ihre Gebei-
ne unter der Eiche in Jabesch und fasteten
sieben Tage lang.

13 So starb Saul wegen der Treulosigkeit, die
er gegen den HERRN begangen hatte. Er hatte
das Wort des HERRN nicht befolgt und den
Totengeist befragt, um Auskunft zu suchen;
14 an den HERRN aber hatte er sich nicht ge-
wandt. Dieser ließ ihn sterben und übergab
das Königtum David, dem Sohn Isais.

1–12: 1 Sam 31,1–13 / **10:** 1 Sam 5,2.4 / **12:** 2 Sam 2,5 / **13:** 1 Sam 15,11; 13,13; 28,8–19

DAVIDS SALBUNG UND DIE EROBERUNG JERUSALEMS: 11,1–9

11 1 Ganz Israel versammelte sich bei Da-
vid in Hebron und sagte: Wir sind doch
dein Fleisch und Bein. 2 Schon früher, als Saul
noch König war, hast du Israel in den Kampf
und wieder nach Hause geführt. Und der
HERR, dein Gott, hat zu dir gesagt: Du sollst
der Hirt meines Volkes Israel sein, du sollst der
Fürst meines Volkes Israel werden.

3 Alle Ältesten Israels kamen zum König
nach Hebron; David schloss mit ihnen in
Hebron einen Vertrag vor dem HERRN und sie
salbten David zum König von Israel gemäß
dem Wort, das der HERR durch Samuel ver-
kündet hatte. 4 David zog mit ganz Israel nach
Jerusalem, das ist Jebus. Dort saßen noch die
Jebusiter, die damals im Land wohnten. 5 Die
Jebusiter aber sagten zu David: Du wirst nicht
in die Stadt hereinkommen. Doch David er-
oberte die Burg Zion; sie wurde die Stadt Da-
vids. 6 Damals sagte David: Wer als Erster die
Jebusiter schlägt, soll Hauptmann und Anfüh-

rer werden. Da stieg Joab, der Sohn der Zeruja,
als Erster hinauf und wurde Hauptmann.
7 David ließ sich in der Burg nieder und daher
nannte man sie Davidstadt. 8 Er baute an der
Stadt ringsum vom Millo an und im Umkreis,
während Joab die übrige Stadt wiederherstell-
te. 9 David wurde immer mächtiger und der
HERR der Heerscharen war mit ihm.

1–3: 2 Sam 5,1–3 / **2**: Gen 2,23; 29,14 / **4–9**: 2 Sam 5,6–10 / **5**: Jos 15,8; Ri 19,10f. / **6**: 2 Sam 8,16 / **8**: 14,1; 15,1 / **9**: 1 Sam 16,18

DAVIDS HELDEN: 11,10–47

10 Das sind die Obersten der Helden Davids,
die mit ganz Israel in der Sache des Königtums
fest zu ihm hielten, um ihn nach dem Wort
des HERRN zum König von Israel zu machen.
11 Das ist das Verzeichnis der Helden Davids:
Jaschobam, der Sohn Hachmonis, war das
Haupt der Drei; er schwang seine Lanze über
dreihundert Männer und erschlug sie alle auf
einmal. 12 Nach ihm kommt der Ahoachiter
Eleasar, der Sohn Dodos. Er war unter den drei
Helden. 13 Er war bei David, als die Philister
sich bei Pas-Dammim zum Kampf sammelten.
Dort war ein Gerstenfeld. Als das Volk vor den
Philistern floh, 14 stellte er sich mitten in das
Feld, behauptete es und schlug die Philister. So
verlieh ihm der HERR einen großen Sieg.

15 Als sich einst das Lager der Philister in der
Rafaïterebene befand, kamen drei von den
dreißig Helden zu David in das Felsennest, in
die Höhle Adullam. 16 David hielt sich damals
in seiner Bergfestung auf und ein Posten der
Philister lag in Betlehem. 17 Da bekam David
großen Durst und er sagte: Wer bringt mir
Wasser aus der Zisterne am Tor von Betlehem?
18 Da drangen die drei Helden in das Lager der
Philister ein, schöpften Wasser aus der Zister-
ne am Tor von Betlehem, nahmen es mit und
brachten es David. Doch er wollte es nicht
trinken, sondern goss es als Trankopfer für den
HERRN aus 19 und sagte: Das sei fern von mir,
Gott, dass ich so etwas tue. Soll ich das Blut
dieser Männer trinken, die unter Lebensgefahr
hingegangen sind? Denn unter Lebensgefahr
haben sie es geholt. Darum wollte er es nicht
trinken. Eine solche Tat vollbrachten die drei
Helden.

20 Joabs Bruder Abischai war der Anführer
der Dreißig. Er schwang seinen Speer über
dreihundert Männer und erschlug sie; er hatte
bei den drei Helden einen großen Namen.
21 Unter den Dreißig war er hochgeehrt und
er wurde ihr Anführer, aber an die Drei reich-
te er nicht heran.

22 Benaja aus Kabzeel, der Sohn Jojadas, war
ein tapferer Mann, der große Taten vollbrach-
te. Er erschlug die beiden Söhne Ariëls aus
Moab. Als einmal Schnee gefallen war, kam er
zu einer Zisterne und erlegte darin einen Lö-
wen. 23 Auch erschlug er einen riesenhaften
Ägypter, der fünf Ellen groß war. Der Ägypter
hatte einen Speer gleich einem Weberbaum in
der Hand. Benaja aber ging nur mit einem
Stock auf ihn los, riss ihm den Speer aus der
Hand und tötete ihn mit diesem Speer. 24 Sol-
che Taten vollbrachte Benaja, der Sohn Jojadas.
Er hatte bei den drei Helden einen großen Na-
men. 25 Unter den Dreißig war er hochgeehrt,
aber an die Drei reichte er nicht heran. David
stellte ihn an die Spitze seiner Leibwache.

26 Tapfere Helden waren Joabs Bruder Asaël,
Elhanan aus Betlehem, der Sohn Dodos,
27 Schammot aus Harod, Helez aus Bet-Pelet,
28 Ira aus Tekoa, der Sohn des Ikkesch, Abiëser
aus Anatot, 29 Sibbechai aus Huscha, Ilai, der
Ahoachiter, 30 Mahrai aus Netofa, Heled aus
Netofa, der Sohn Baanas, 31 Ittai aus Gibea in
Benjamin, der Sohn Ribais, Benaja aus Piraton,
32 Hiddai aus Nahale-Gaasch, Abiël aus
Bet-Araba, 33 Asmawet aus Bahurim, Eljachba
aus Schaalbim, 34 Jaschen, der Guniter, Jonatan
aus Harar, der Sohn Schages, 35 Ahiam aus Ha-
rar, der Sohn Sachars, Elifal, der Sohn Urs,
36 Hefer aus Mechera, Ahija aus Gilo, 37 Hezro
aus Karmel, Naarai, der Sohn Esbais, 38 Joël, der
Bruder Natans, Mibhar, der Sohn Hagris,
39 Zelek, der Ammoniter, Nachrai aus Beerot,
der Waffenträger Joabs, des Sohnes der Zeruja,
40 Ira aus Jattir, Gareb aus Jattir, 41 Urija, der
Hetiter, Sabad, der Sohn Achlais, 42 Adina, der
Sohn Schisas, aus dem Stamm Ruben, Haupt
der Rubeniter und Anführer von dreißig

11,11 Jaschobam ersetzt sehr wahrscheinlich den ursprünglichen Namen Jischbaal, vgl. 2 Sam 23,8, der wegen des in ihm enthaltenen Göttertitels Baal als untragbar empfunden wurde. – drei: vermuteter Text; Garden: H; dreißig: G, Vg und S.

11,13 Im Text, den H, G, Vg, S bezeugen, ist möglicherweise etwas ausgefallen, vgl. 2 Sam 23,9–12.

11,20f. dreißig: S; drei: H, G, Vg.

11,26–47 Die Formen der Namen sind in der Überlieferung Schwankungen unterworfen gewesen. Einige werden hier in Anlehnung an die Parallelen in 2 Sam und an G geschrieben. In 2 Sam schließt die Liste mit Urija; 1 Chr fügt sechzehn weitere Namen hinzu.

Mann, 43 Hanan, der Sohn Maachas, Joschafat
aus Meten, 44 Usija aus Aschtarot, Schama und
Jëiël, die Söhne Hotams, aus Aroër, 45 Jediaël,
der Sohn Schimris, und sein Bruder Joha aus
Tiz, 46 Eliël aus Mahanajim, Jeribai und Joscha-
wja, die Söhne Elnaams, Jitma, der Moabiter,
47 Eliël, Obed und Jaasiël aus Zoba.

10–19: 2 Sam 23,8–39 / **10**: 11,3 / **11**: 27,2 / **12**: 2 Sam 23,9f. / **15**: 2 Sam 23,13–18 / **20**: 2 Sam 23,18f. / **22**: 2 Sam 23,20–23 / **25**: 27,5f. / **26**: 2 Sam 2,18–23; 21,19 / **27**: 27,8–14 / **29**: 2 Sam 21,18 / **41**: 2 Sam 11,3.6–26

DAVIDS ANHÄNGER VOR SEINER SALBUNG: 12,1–23

12 1 Diese sind es, die zu David nach Ziklag
kamen, als er sich noch von Saul, dem
Sohn des Kisch, fernhalten musste. Sie gehör-
ten zu den Helden, die ihn im Kampf unter-
stützten. 2 Sie waren mit dem Bogen ausgerüs-
tet und konnten mit der rechten und mit der
linken Hand Steine schleudern und Pfeile mit
dem Bogen abschießen. Von den Stammes-
brüdern Sauls, von Benjamin, kamen: 3 Ahië-
ser, ihr Anführer, ferner Joasch, der Sohn
Schemaas, aus Gibea, Jesiël und Pelet, die Söh-
ne Asmawets, Beracha und Jehu aus Anatot,
4 Jischmaja aus Gibeon, ein Held unter den
Dreißig und ihr Anführer, 5 Jirmeja, Jahasiël,
Johanan und Josabad aus Gedera, 6 Elusai, Je-
rimot, Bealja, Schemarja und Schefatja aus
Haruf, 7 Elkana, Jischija, Asarel, Joëser und
Jaschobam, die Korachiter, 8 Joëla und Sebadja,
die Söhne Jerohams, aus Gedor.

9 Auch Gaditer traten zu David über und
kamen in die Bergfestung in der Wüste. Sie
waren tapfere Helden, kampfgeübte Krieger
mit Schild und Lanze, waren wie Löwen an-
zusehen und flink wie Gazellen auf den Ber-
gen. 10 Eser war der erste, Obadja der zweite,
Eliab der dritte, 11 Mischmanna der vierte, Jir-
meja der fünfte, 12 Attai der sechste, Eliël der
siebte, 13 Johanan der achte, Elsabad der neun-
te, 14 Jirmeja der zehnte, Machbannai der elfte.
15 Diese waren von den Gaditern gekommen.
Sie waren Hauptleute im Heer. Der kleinste
von ihnen nahm es mit hundert, der stärkste
mit tausend auf. 16 Sie waren es, die im ersten
Monat den Jordan überquerten, als er über die
Ufer getreten war und die Täler im Osten und
Westen abgeschnitten waren. 17 Auch Ange-
hörige Benjamins und Judas kamen zu David
in die Bergfestung. 18 David trat zu ihnen he-
raus, sprach sie an und sagte: Wenn ihr in
friedlicher Absicht zu mir kommt, um mir zu
helfen, so bin ich zur Gemeinschaft mit euch
bereit. Wenn ihr aber kommt, um mich den
Feinden zu verraten, obwohl ich kein Unrecht
begangen habe, dann soll der Gott unserer Vä-
ter es sehen und euch strafen. 19 Da ergriff ein
Geist Amasai, das Haupt der Dreißig, sodass
er ausrief: Dir, David, gehören wir. Zu dir,
Sohn Isais, stehen wir. Heil, Heil sei dir, Heil
deinem Helfer; denn dir hilft dein Gott. Da
nahm sie David auf und reihte sie ein unter die
Anführer seiner Schar.

20 Auch von Manasse gingen einige zu Da-
vid über. David zog damals im Heer der Phi-
lister gegen Saul in den Krieg, brachte ihnen
aber keine Hilfe, da ihn die Fürsten der Philis-
ter nach einer Beratung wegschickten. Sie sag-
ten nämlich: Er könnte um den Preis unserer
Köpfe zu seinem Herrn, zu Saul, übergehen.
21 David kehrte daher nach Ziklag zurück. Zu
dieser Zeit stießen von Manasse zu ihm: Ad-
nach, Josabad, Jediaël, Michael, Josabad, Elihu
und Zilletai, die Häupter der Tausendschaften
Manasses. 22 Sie halfen David im Kampf gegen
die Räuberscharen; denn sie alle waren tapfe-
re Krieger und wurden Oberste im Heer. 23 Tag
für Tag kamen Leute zu David, um ihm zu
helfen; und so entstand ein großes Heerlager
gleich einem Heerlager Gottes.

1: 1 Sam 27,6; 1 Chr 12,21–23 / **2**: Ri 20,16; 2 Chr 14,7; 17,17 / **3**: 11,28; 2 Sam 23,31 / **9**: 1 Sam 22,1; 1 Chr 12,9 / **20**: 1 Sam 29,1–11 / **23**: Gen 32,3

DAVIDS GÄSTE IN HEBRON: 12,24–41

24 Das sind die Zahlen aller wehrfähigen
Männer, die zu David nach Hebron kamen, um
ihm nach dem Wort des HERRN das König-
tum Sauls zu übertragen: 25 Aus Juda kamen
6 800 wehrfähige Männer, die Schild und Lan-
ze trugen. 26 Aus Simeon kamen 7 100 tapfere
Krieger, 27 aus Levi 4 600 Mann, 28 dazu Jojada,
der Fürst der Nachkommen Aarons, mit 3 700
Mann 29 und Zadok, ein junger, tapferer Krie-
ger, dessen Großfamilie 22 Führer stellte.
30 Aus Benjamin, den Stammesbrüdern Sauls,
kamen 3 000 Mann. Ihre Mehrheit war bis
dahin in der Gefolgschaft des Hauses Saul ge-
blieben.

31 Aus Efraim kamen 20 800 in ihren Groß-
familien hoch angesehene Krieger, 32 aus

12,19 sodass er ausrief: G, Vg, S; nicht in H.

12,20 (David) brachte ... keine Hilfe: G teilweise und Vg; sie brachten ... keine Hilfe: H, S und G teilweise.

dem halben Stamm Manasse 18 000 Mann,
die namentlich dazu bestimmt waren, zu
kommen und David zum König zu machen.
33 Von den Angehörigen Issachars, die die
Zeiten verstanden und wussten, was Israel
zu tun hatte, kamen 200 Oberste mit allen
Stammesbrüdern, die ihrem Befehl unter-
standen. 34 Aus Sebulon kamen 50 000 wehr-
fähige Männer, die mit allen Kriegswaffen zu
kämpfen verstanden, um ihn ungeteilten
Herzens zu unterstützen. 35 Aus Naftali ka-
men 1 000 Anführer und mit ihnen 37 000
Mann mit Schild und Lanze, 36 aus Dan
28 600 kampfbereite Männer, 37 aus Ascher
40 000 wehrfähige, kampfbereite Männer.
38 Von jenseits des Jordan, aus Ruben, Gad
und dem halben Stamm Manasse kamen
120 000 Mann mit allen Waffen eines Kriegs-
heeres. 39 Alle diese waren Krieger, die die
Schlachtreihe von ganzem Herzen unter-
stützten. Sie kamen nach Hebron, um David
zum König von ganz Israel zu machen; aber
auch alle übrigen Israeliten waren einmüti-
gen Herzens dafür, David zum König zu ma-
chen. 40 Sie blieben drei Tage dort bei David;
sie aßen und tranken, denn ihre Stammes-
brüder hatten für sie gesorgt. 41 Auch jene,
die bis nach Issachar, Sebulon und Naftali hin
in ihrer Nähe wohnten, brachten auf Eseln,
Kamelen, Maultieren und Rindern Lebens-
mittel zum Unterhalt herbei: Mehl, Feigen-
und Traubenkuchen, Wein, Öl und eine
große Menge Rinder und Schafe; denn es
herrschte Freude in Israel.

24: 11,10.1–3 / **30:** 12,2–8 / **34:** 28,9 / **39:** 2 Chr 15,17; 16,9; Jer 32,39

ÜBERFÜHRUNG DER LADE NACH JERUSALEM: 13,1–14

13
1 David besprach sich mit den Obersten
der Tausend- und Hundertschaften
und mit allen führenden Leuten. 2 Dann sagte
er zur ganzen Versammlung Israels: Wenn ihr
einverstanden seid und wenn es dem HERRN,
unserem Gott, gefällt, schicken wir überallhin
Boten zu unseren Brüdern, die in allen Gegen-
den Israels geblieben sind, sowie zu den Pries-
tern und Leviten, die in ihren Städten und auf
ihren Weideflächen wohnen. Sie sollen sich
bei uns versammeln 3 und wir wollen die Lade
unseres Gottes zu uns heraufholen; denn in
den Tagen Sauls haben wir uns nicht um sie
gekümmert. 4 Die ganze Versammlung stimm-
te dem Vorhaben zu; denn der Plan gefiel dem
ganzen Volk.
5 David versammelte nun ganz Israel vom
Schihor in Ägypten bis Lebo-Hamat, um die
Lade Gottes von Kirjat-Jearim heraufzuholen.
6 Er zog mit ganz Israel nach Baala bei Kirjat-Je-
arim, das zu Juda gehörte, um von dort die
Lade Gottes heraufzuholen, über der der Name
des HERRN, der über den Kerubim thront,
ausgerufen worden ist. 7 Sie holten die Lade
Gottes auf einem neuen Wagen vom Haus
Abinadabs ab; Usa und Achjo lenkten den
Wagen. 8 David und ganz Israel tanzten und
sangen vor Gott mit ganzer Hingabe und spiel-
ten auf Zithern, Harfen und Pauken, mit Zim-
beln und Trompeten. 9 Als sie zur Tenne
Kidons kamen, brachen die Rinder aus und
Usa streckte seine Hand aus, um die Lade fest-
zuhalten. 10 Da entbrannte der Zorn des
HERRN gegen Usa und er erschlug ihn, weil er
seine Hand nach der Lade ausgestreckt hatte,
sodass er dort vor Gott starb. 11 David war sehr
erregt darüber, dass der HERR so plötzlich in
Usa eine Bresche geschlagen hatte. Darum
nennt man den Ort bis heute Perez-Usa, Bre-
sche Usas. 12 An jenem Tag bekam David Angst
vor Gott, sodass er sagte: Wie soll ich die Lade
Gottes zu mir bringen? 13 Er ließ sie darum
nicht zu sich in die Davidstadt bringen, son-
dern stellte sie in das Haus Obed-Edoms aus
Gat. 14 Drei Monate lang blieb die Lade Gottes
im Haus Obed-Edoms und der HERR segnete
das Haus Obed-Edoms und alles, was ihm ge-
hörte.

1–14: 2 Sam 6,1–23 / **2:** 2 Chr 30,1 / **5:** Jes 23,3 / **6:** Ps 132,6; 2 Sam 6,1f. / **10:** Num 4,15; 1 Chr 15,13

ERSTARKEN DES KÖNIGTUMS: 14,1–7

14
1 Hiram, der König von Tyrus, schickte
eine Gesandtschaft zu David und ließ
ihm Zedernholz überbringen; auch Maurer
und Zimmerleute schickte er, die ihm einen
Palast bauen sollten. 2 So erkannte David, dass
ihn der HERR als König von Israel bestätigt
hatte; denn wegen seines Volkes Israel war
Davids Königtum zu hohem Ansehen gelangt.
3 David nahm sich noch weitere Frauen in Je-
rusalem und zeugte noch Söhne und Töchter.
4 Das sind die Namen der Söhne, die ihm in
Jerusalem geboren wurden: Schima, Schobab,
Natan, Salomo, 5 Jibhar, Elischua, Elpelet,

13,2 gefällt: G, Vg, S; vom HERRN: H.

6 Nogah, Nefeg, Jafia, 7 Elischama, Beeljada und
Elifelet.

1–7: 2 Sam 5,11–16 / **4–7:** 3,5–9

DAVIDS SIEG ÜBER DIE PHILISTER: 14,8–17

8 Die Philister hörten, dass David zum König
von ganz Israel gesalbt worden war. Da zogen
alle herauf, um David gefangen zu nehmen.
David erfuhr davon und zog ihnen entgegen.
9 Als die Philister herankamen und in der
Rafaïterebene umherstreiften, 10 befragte
David Gott: Soll ich die Philister angreifen?
Wirst du sie in meine Hand geben? Der HERR
antwortete ihm: Greif sie an, ich will sie in
deine Hand geben. 11 Da zog David nach
Baal-Perazim. Dort schlug er die Philister und
sagte: Gott hat durch meine Hand die Reihen
meiner Feinde durchbrochen, wie Wasser
durchbricht. Deshalb nennt man jenen Ort
Baal-Perazim, Herr der Durchbrüche. 12 Die
Philister ließen dort ihre Götter zurück. Sie
wurden im Feuer verbrannt, wie David befoh-
len hatte.

13 Doch die Philister streiften noch einmal
im Tal der Rafaïter umher. 14 David befragte
Gott wieder und Gott antwortete ihm: Zieh
nicht hinter ihnen her, sondern umgeh sie
und komm von den Baka-Bäumen her an sie
heran! 15 Wenn du dann in den Wipfeln der
Baka-Bäume ein Geräusch wie von Schritten
hörst, dann rück zum Kampf aus; denn Gott
geht vor dir her, um das Heer der Philister zu
schlagen. 16 David tat, was Gott ihm befohlen
hatte, und er schlug das Heer der Philister von
Gibeon bis Geser. 17 So drang der Ruhm Davids
in alle Länder und der HERR legte Furcht vor
ihm auf alle Völker.

8–17: 2 Sam 5,17–25 / **9:** 2 Sam 23,13f. / **11:** Jes 28,21 / **17:** Dtn 2,25; 11,25

ÜBERFÜHRUNG DER LADE IN DAS ZELT: 15,1–16,3

15 1 David baute sich Häuser in der David-
stadt; er richtete auch eine Stätte für die
Lade Gottes her und stellte ein Zelt für sie auf.
2 Damals ordnete er an, dass nur die Leviten
die Lade tragen dürfen; denn sie hat der HERR
erwählt, seine Lade zu tragen und immerfort
bei ihr Dienst zu tun.

3 Hierauf berief David ganz Israel nach Jeru-
salem, um die Lade des HERRN an den Ort zu
bringen, den er für sie hergerichtet hatte. 4 Er
ließ die Nachkommen Aarons und die Leviten
kommen: 5 von den Nachkommen Kehats den
Vorsteher Uriël und seine Brüder, 120 Mann,
6 von den Nachkommen Meraris den Vorste-
her Asaja und seine Brüder, 220 Mann, 7 von
den Nachkommen Gerschoms den Vorsteher
Joël und seine Brüder, 130 Mann, 8 von den
Nachkommen Elizafans den Vorsteher Sche-
maja und seine Brüder, 200 Mann, 9 von den
Nachkommen Hebrons den Vorsteher Eliël
und seine Brüder, 80 Mann, 10 von den Nach-
kommen Usiëls den Vorsteher Amminadab
und seine Brüder, 112 Mann.

11 David rief die Priester Zadok und Abjatar
sowie die Leviten Uriël, Asaja, Joël, Schemaja,
Eliël und Amminadab zu sich 12 und befahl
ihnen: Ihr seid die Familienhäupter der Levi-
ten. Ihr und eure Brüder, heiligt euch und
bringt die Lade des HERRN, des Gottes Israels,
herauf an den Ort, den ich für sie hergerichtet
habe! 13 Weil ihr beim ersten Mal nicht betei-
ligt wart, hat der HERR, unser Gott, Unglück
über uns gebracht; denn wir sind nicht auf ihn
bedacht gewesen, wie es sich gehört hätte.
14 Da heiligten sich die Priester und die Levi-
ten, um die Lade des HERRN, des Gottes Isra-
els, heraufzubringen. 15 Die Leviten hoben die
Lade Gottes mit den Tragstangen auf ihre
Schultern, wie es Mose auf Befehl des HERRN
angeordnet hatte.

16 Den Vorstehern der Leviten befahl David,
sie sollten ihre Stammesbrüder, die Sänger,
mit ihren Instrumenten, mit Harfen, Zithern
und Zimbeln, aufstellen, damit sie zum Freu-
denjubel laut ihr Spiel ertönen ließen. 17 Sie
stellten daher die Leviten Heman, den Sohn
Joëls, und seinen Stammesbruder Asaf, den
Sohn Berechjas, auf, ferner von den Nachkom-
men Meraris ihren Stammesbruder Etan, den
Sohn Kuschajas. 18 Zu ihnen kamen von ihren
Brüdern im zweiten Dienstrang: Secharja, Jaa-
siël, Schemiramot, Jehiël, Unni, Eliab, Benaja,
Maaseja, Mattitja, Elifelehu, Mikneja, Obed-
Edom und Jëiël, die Torwächter. 19 Die Sänger
Heman, Asaf und Etan schlugen die bronze-
nen Zimbeln. 20 Secharja, Jaasiël, Schemira-
mot, Jehiël, Unni, Eliab, Maaseja und Benaja
spielten nach elamitischer Weise auf Harfen
21 und Mattitja, Elifelehu, Mikneja, Obed-
Edom, Jëiël und Asasja in der achten Stufe auf
Zithern, um den Gesang zu führen. 22 Kenan-
ja, der Vorsteher der Leviten, leitete den Vor-

15,18 Secharja, Jaasiël: G; Secharja, Sohn Jaasiëls: H und S, vgl. Vg.

trag. Er gab dazu Anweisungen, da er sich
darauf verstand. 23 Berechja und Elkana waren
Torwächter für die Lade. 24 Die Priester Sche-
banja, Joschafat, Netanel, Amasai, Secharja,
Benaja und Eliëser bliesen die Trompeten vor
der Lade Gottes. Obed-Edom und Jehija waren
Torwächter für die Lade.

25 David, die Ältesten Israels und die Führer
der Tausendschaften, die gegangen waren, um
die Bundeslade des HERRN aus dem Haus
Obed-Edoms heraufzuholen, waren voller
Freude. 26 Damit Gott den Leviten, die die
Bundeslade des HERRN trugen, beistand, op-
ferte man sieben Stiere und sieben Widder.
27 David war mit einem Mantel aus Byssus be-
kleidet, ebenso alle Leviten, die die Lade tru-
gen, sowie die Sänger und Kenanja, der den
Vortrag der Sänger leitete. Dabei trug David
das leinene Efod. 28 So brachte ganz Israel die
Bundeslade des HERRN hinauf unter Jubel-
schall und unter dem Klang des Widderhorns,
unter dem Lärm der Trompeten und Zimbeln,
beim Spiel der Harfen und Zithern.

29 Als die Bundeslade des HERRN in die Da-
vidstadt kam, schaute Michal, Sauls Tochter,
aus dem Fenster, und als sie sah, wie König
David hüpfte und tanzte, verachtete sie ihn in
ihrem Herzen.

16 1 Man trug die Lade Gottes in das Zelt,
das David für sie aufgestellt hatte, setz-
te sie an ihren Platz in der Mitte des Zeltes und
brachte Brand- und Heilsopfer vor Gott dar.
2 Als David mit dem Darbringen der Brand-
und Heilsopfer fertig war, segnete er das Volk
im Namen des HERRN 3 und ließ an alle Israe-
liten, Männer und Frauen, je einen Laib Brot,
einen Dattelkuchen und einen Traubenku-
chen austeilen.

15,1: 2 Sam 6,17 / **2**: Dtn 10,8; Num 1,50–53 / **3**: 2 Chr 5,4f.; 1 Chr 13,5 / **5**: 5,27 / **6**: 6,1–15 / **11**: 2 Sam 8,17 / **12**: Ex 19,10.15 / **14**: 1 Sam 21,5f. / **15**: Ex 25,14; Num 7,9 / **16**: 6,16–32 / **18**: 9,19–26 / **20**: Ps 46,1 / **15,25–16,3**: 2 Sam 6,12–19 / **26**: Num 23,1 / **28**: 1 Chr 16,6; 2 Chr 5,12 / **29**: 2 Sam 6,16
16,1–3: 2 Sam 6,17–19

DAVIDS LOBLIED: 16,4–36

4 David bestellte für den Dienst vor der Lade
des HERRN Leviten, die den HERRN, den Gott
Israels, rühmen, loben und preisen sollten. 5 Er
bestellte Asaf als ersten, Secharja als zweiten,
ferner Jaasiël, Schemiramot, Jehiël, Mattitja,
Eliab, Benaja, Obed-Edom und Jëiël. Sie soll-
ten die Harfen und Zithern spielen, Asaf die
Zimbeln schlagen 6 und die Priester Benaja und
Jahasiël ständig die Trompeten blasen vor der
Bundeslade Gottes.

7 An jenem Tag ließ David Asaf und seine
Amtsbrüder zum ersten Mal diesen Lobpreis
zur Ehre des HERRN vortragen:

8 Dankt dem HERRN! Ruft seinen Namen
an! / Macht unter den Völkern seine Taten be-
kannt!

9 Singt ihm und spielt ihm, / sinnt nach über
all seine Wunder!

10 Rühmt euch seines heiligen Namens! /
Alle, die den HERRN suchen, / sollen sich von
Herzen freuen.

11 Fragt nach dem HERRN und seiner
Macht, / sucht sein Antlitz allezeit!

12 Denkt an die Wunder, die er getan hat, /
an seine Zeichen und die Beschlüsse aus sei-
nem Mund,

13 ihr Nachkommen seines Knechtes Israel, /
ihr Kinder Jakobs, die er erwählt hat!

14 Er, der HERR, ist unser Gott. / Seine Herr-
schaft umgreift die Erde.

15 Gedenkt für immer seines Bundes, / an
das Wort, das er gegeben hat für tausend Ge-
schlechter,

16 an den Bund, den er mit Abraham ge-
schlossen, / an den Eid, den er Isaak geschwo-
ren hat!

17 Er bestimmte ihn als Gesetz für Jakob, /
als ewigen Bund für Israel.

18 Er sprach: Dir will ich Kanaan geben, / das
Land, das dir als Erbe bestimmt ist.

19 Als sie noch gering waren an Zahl, / nur
wenige und fremd im Land,

20 und noch zogen von Volk zu Volk, / von
einem Reich zum andern,

21 da ließ er sie von niemand bedrücken, /
wies ihretwegen Könige zurecht:

22 Tastet meine Gesalbten nicht an, / tut
meinen Propheten nichts zuleide!

23 Singt dem HERRN, alle Lande! / Verkün-
det sein Heil von Tag zu Tag!

24 Erzählt bei den Nationen von seiner Herr-
lichkeit, / bei allen Völkern von seinen Wun-
dern!

25 Denn groß ist der HERR und hoch zu lo-
ben, / mehr zu fürchten als alle Götter.

26 Denn alle Götter der Völker sind Nichtse, /
aber der HERR ist es, der den Himmel gemacht
hat.

27 Hoheit und Pracht sind vor seinem Ange-
sicht, / Macht und Glanz in seinem Heiligtum.

28 Bringt dar dem HERRN, ihr Stämme der
Völker, / bringt dar dem HERRN Ehre und
Macht!
29 Bringt dar dem HERRN die Ehre seines
Namens, / bringt Gaben und tretet vor ihn
hin! / Werft euch nieder vor dem HERRN in
heiligem Schmuck,
30 erbebt vor ihm, alle Lande! / Fest ist der
Erdkreis gegründet, er wird nicht wanken.
31 Der Himmel freue sich, die Erde frohlo-
cke. / Verkündet bei den Nationen: Der HERR
ist König!
32 Es brause das Meer und seine Fülle, / es
jauchze die Flur und was auf ihr wächst.
33 Jubeln sollen die Bäume des Waldes vor
dem HERRN, / denn er kommt, um die Erde
zu richten.
34 Danket dem HERRN, denn er ist gut, /
denn seine Huld währt ewig!
35 Sagt: Hilf uns, du Gott unsres Heils, /
führe uns zusammen, rette uns vor den Nati-
onen! Wir wollen deinen heiligen Namen
preisen, / uns rühmen, weil wir dich loben
dürfen.
36 Gepriesen sei der HERR, der Gott Israels, /
vom Anfang bis ans Ende der Zeiten.
Und das ganze Volk rief: Amen, und: Lob sei
dem HERRN.

5: 15,16–18 / **6**: 15,24 / **8–22**: Ps 105,1–15 / **16**: Gen 17,1–21 / **17**: Gen 26,3 / **18**: Gen 12,7; 15,8 / **19**: Dtn 26,5 / **21**: Gen 12,17 / **23–33**: Ps 96,1–13 / **25**: Ps 48,2 / **28**: Ps 29,1f. / **33**: Jes 55,12; Ps 98,9 / **34**: Ps 106,1 / **35–36**: Ps 106,47f.

GOTTESDIENST IN JERUSALEM UND GIBEON: 16,37–43

37 Auf Befehl Davids blieben Asaf und seine
Brüder vor der Bundeslade des HERRN, um
dauernd den täglichen Dienst bei ihr zu ver-
richten. 38 Bei ihnen waren Obed-Edom und
seine Brüder, achtundsechzig Mann. Obed-
Edom, der Sohn Jedutuns, und Hosa waren
Torwächter.
39 Dem Priester Zadok aber und seinen
Amtsbrüdern, den Priestern, übertrug er den
Dienst vor der Wohnung des HERRN auf der
Kulthöhe in Gibeon. 40 Sie sollten täglich am
Morgen und am Abend auf dem Brandopferal-
tar dem HERRN Opfer darbringen und alles
ausführen, was in der Weisung geschrieben
steht, auf die der HERR die Israeliten verpflich-
tet hat. 41 Bei ihnen waren Heman und Jedutun
sowie die anderen, die ausgewählt und na-
mentlich dazu bestimmt waren, den HERRN
zu loben: Denn seine Huld währt ewig. 42 He-
man und Jedutun hatten Trompeten und Zim-
beln für die Spieler und Instrumente für die
Gotteslieder. Die Söhne Jedutuns waren für
das Tor bestellt.
43 Dann ging das ganze Volk wieder nach
Hause. Auch David ging heim, um seine Fami-
lie zu begrüßen.

37: 6,24; Ps 73–83 / **38**: 15,18 / **39**: 2 Sam 8,17; 1 Chr 5,34; 1 Kön 3,4 / **41**: Ps 89,2; 39,1; 136,1–26 / **43**: 2 Sam 6,19

VERHEISSUNG EINES EWIGEN KÖNIGTUMS: 17,1–15

17 1 Als nun David in seinem Haus wohnte,
sagte er zu dem Propheten Natan: Ich
wohne in einem Haus aus Zedernholz, die
Bundeslade des HERRN aber steht in einem
Zelt. 2 Natan antwortete David: Tu alles, was
du im Sinn hast; denn Gott ist mit dir. 3 Aber
in jener Nacht erging das Wort Gottes an Na-
tan: 4 Geh zu meinem Knecht David und sag
zu ihm: So spricht der HERR: Nicht du sollst
mir das Haus bauen, damit ich darin wohne.
5 Seit dem Tag, als ich Israel aus Ägypten he-
rausgeführt habe, habe ich bis zum heutigen
Tag nie in einem Haus gewohnt, sondern bin
von Zelt zu Zelt, von Wohnung zu Wohnung
mitgewandert. 6 Habe ich in der Zeit, als ich
bei den Israeliten von Ort zu Ort zog, jemals
zu einem der Richter Israels, die ich als Hirten
über mein Volk eingesetzt hatte, ein Wort ge-
sagt und sie gefragt: Warum habt ihr mir kein
Haus aus Zedernholz gebaut? 7 Sag also jetzt
meinem Knecht David: So spricht der HERR
der Heerscharen: Ich habe dich von der Weide
und von der Herde weggeholt, damit du Fürst
meines Volkes Israel wirst, 8 und bin überall
mit dir gewesen, wohin du auch gegangen bist.
Ich habe alle deine Feinde vor deinen Augen
vernichtet und ich will dir einen Namen ma-
chen, der dem Namen der Großen auf der Erde
gleich ist. 9 Ich will meinem Volk Israel einen
Platz zuweisen und will es einpflanzen, damit
es an seinem Ort wohnen kann und sich nicht
mehr ängstigen muss und schlechte Menschen
es nicht zugrunde richten wie am Anfang,
10 seit den Tagen, als ich Richter in meinem
Volk Israel eingesetzt habe. Ich werfe alle dei-
ne Feinde nieder. Und ich kündige dir an: Der
HERR wird dir ein Haus bauen. 11 Wenn deine
Tage erfüllt sind und du zu deinen Vätern
gehst, dann werde ich einen von deinen Nach-
kommen, einen von deinen Söhnen, als dei-

nen Nachfolger einsetzen und seinem König-
tum Bestand verleihen. 12 Er wird für mich
ein Haus bauen und ich werde seinem Thron
ewigen Bestand verleihen. 13 Ich will für ihn
Vater sein und er wird für mich Sohn sein.
Meine Huld will ich ihm nicht entziehen, wie
ich sie dem entzogen habe, der vor dir König
war. 14 In meinem Haus und in meinem Kö-
nigtum werde ich ihm ewigen Bestand verlei-
hen; sein Thron wird für immer bestehen
bleiben.

15 Allen diesen Worten gemäß und dieser
ganzen Vision gemäß sprach Natan zu David.

1–15: 2 Sam 7,1–17 / **1**: 29,29; 16,1 / **4**: 22,8; 28,3 / **8**: 14,17 / **10**: 17,25 / **12**: 22,10; 28,7 / **13**: 10,13f. / **14**: 28,5

DAVIDS GEBET: 17,16–27

16 Da ging König David hin, setzte sich vor dem
HERRN nieder und sagte: Wer bin ich, mein
Herr und GOTT, und was ist mein Haus, dass
du mich bis hierher geführt hast? 17 Weil das
in deinen Augen noch zu wenig war, o Gott,
hast du dem Haus deines Knechtes Zusagen
für eine ferne Zukunft gemacht und mich als
einen Menschen von hoher Stellung auserse-
hen, o Herr und GOTT. 18 Was soll David dir
noch weiter über die Ehre sagen, die deinem
Diener widerfährt? Du kennst deinen Knecht.
19 HERR, um deines Knechtes willen und nach
der Absicht deines Herzens hast du alle diese
großen Taten getan und alle diese großen Din-
ge offenbart. 20 HERR, keiner ist dir gleich und
außer dir gibt es keinen Gott nach allem, was
wir mit unseren Ohren gehört haben. 21 Wel-
ches andere Volk auf der Erde ist wie dein Volk
Israel? Wo wäre ein Gott hingegangen, um ein
Volk für sich freizukaufen und dir den Ruhm
großer und erstaunlicher Taten zu verschaf-
fen? Du hast vor den Augen deines Volkes, das
du von den Ägyptern freigekauft hast, ganze
Völker vertrieben.

22 Du hast Israel für immer zu deinem Volk
bestimmt und du, HERR, bist sein Gott gewor-
den. 23 Möge doch jetzt auch das Wort, HERR,
das du über deinen Knecht und über sein Haus
gesprochen hast, sich für immer als wahr er-
weisen. Tu, was du gesagt hast! 24 Dann wird
dein Name sich als wahr erweisen und groß
sein für ewige Zeiten und man wird sagen: Der
HERR der Heerscharen ist Israels Gott!, und
das Haus deines Knechtes David wird vor dei-
nen Augen Bestand haben. 25 Denn du, mein
Gott, hast deinem Knecht offenbart, ihm ein
Haus zu bauen. Darum fand dein Knecht den
Mut, zu dir zu beten. 26 Ja, HERR, du bist der
einzige Gott; du hast deinem Knecht ein sol-
ches Glück zugesagt. 27 Du hast jetzt gnädig
das Haus deines Knechtes gesegnet, damit es
ewig vor deinen Augen Bestand hat. Denn du,
HERR, hast es gesegnet und es bleibt für immer
gesegnet.

16–27: 2 Sam 7,18–29 / **16**: Ex 3,11; 1 Sam 18,18 / **20**: Dtn 4,35.39; 1 Sam 2,2 / **21**: Dtn 7,6 / **22**: Dtn 26,17–19 / **24**: Ex 3,13–15 / **25**: 17,10 / **27**: 2 Sam 6,11f.

DAVIDS SIEGE UND SEINE BEAMTEN: 18,1–17

18 1 Hernach schlug David die Philister. Er
unterwarf sie und nahm ihnen Gat und
seine Tochterstädte weg. 2 Auch die Moabiter
schlug er; sie wurden David untertan und tri-
butpflichtig.

3 David schlug auch Hadad-Eser, den König
von Zoba, das in Richtung Hamat liegt, als
dieser ausgezogen war, um seine Macht am
Eufrat zu festigen. 4 David erbeutete von ihm
tausend Wagen und nahm siebentausend Wa-
genkämpfer und zwanzigtausend Fußsolda-
ten gefangen; er ließ alle Wagenpferde lähmen
und behielt nur hundert von ihnen für sich
zurück.

5 Als die Aramäer von Damaskus Hadad-
Eser, dem König von Zoba, zu Hilfe kamen,
erschlug David zweiundzwanzigtausend von
ihnen 6 und besetzte das Aramäerreich von
Damaskus. So wurden die Aramäer David
untertan und tributpflichtig. Der HERR half
David bei allem, was er unternahm. 7 David
erbeutete die goldenen Schilde, die die Krieger
Hadad-Esers trugen, und brachte sie nach Je-
rusalem. 8 In Tibhat und Kun, den Städten
Hadad-Esers, erbeutete David eine sehr große
Menge Bronze, aus der Salomo später das
Eherne Meer, die Säulen und die bronzenen
Geräte anfertigen ließ.

9 Als Toï, der König von Hamat, hörte, dass
David das ganze Heer Hadad-Esers, des Kö-
nigs von Zoba, geschlagen hatte, 10 schickte er
seinen Sohn Hadoram mit Gefäßen aus Gold,
Silber und Bronze zu König David. Er ließ ihm
den Friedensgruß entbieten und ihn dazu be-
glückwünschen, dass er Hadad-Eser im Krieg
geschlagen hatte. Toï lebte nämlich im Krieg

17,17 Menschen von hoher Stellung: versuchsweise Wiedergabe eines schwer zu deutenden Wortlauts.
17,21 welches … ist wie: H, Vg, S; nicht gibt es wie: G.

mit Hadad-Eser. 11 König David weihte auch
diese Gefäße dem HERRN, zusammen mit
dem Silber und Gold, das er von allen Völkern,
von Edom und Moab, von den Ammonitern,
Philistern und Amalekitern erbeutet hatte.

12 Abischai, der Sohn der Zeruja, schlug von
Edom im Salztal achtzehntausend Mann
13 und David setzte in Edom Vögte ein. So
wurde ganz Edom von David unterworfen.
Der HERR half David bei allem, was er unter-
nahm.

14 David war König von ganz Israel und sorg-
te für Recht und Gerechtigkeit in seinem gan-
zen Volk. 15 Joab, der Sohn der Zeruja, war
Heerführer. Joschafat, der Sohn Ahiluds, war
Sprecher des Königs. 16 Zadok, der Sohn Ahi-
tubs, und Abimelech, der Sohn Abjatars, wa-
ren Priester. Schawscha war Staatsschreiber.
17 Benaja, der Sohn Jojadas, war Befehlshaber
der Kereter und Peleter. Die Söhne Davids wa-
ren die Ersten an der Seite des Königs.

1–13: 2 Sam 8,1–14 / **8:** 2 Chr 3,15–4,17 / **11:** 26,27; 28,12; 2 Chr 5,1; Num 31,48–54 / **12:** 2,16 / **14–17:** 2 Sam 8,15–18; 20,23–26

KRIEG MIT DEN AMMONITERN UND ARAMÄERN: 19,1–19

19 1 Als darauf Nahasch, der König der
Ammoniter, starb und sein Sohn an
seiner Stelle König wurde, 2 sagte David: Ich
will Hanun, dem Sohn des Nahasch, mein
Wohlwollen zeigen, weil sein Vater auch mir
sein Wohlwollen gezeigt hat. Und David
schickte eine Gesandtschaft zu Hanun und
ließ ihm sein Beileid zum Tod seines Vaters
aussprechen. Als die Diener Davids in das
Land der Ammoniter kamen, um Hanun das
Beileid auszusprechen, 3 sagten die Fürsten der
Ammoniter zu Hanun: Will David wirklich
deinen Vater vor deinen Augen ehren, weil er
Leute schickt, die dir sein Beileid aussprechen
sollen? Sind seine Diener nicht viel eher zu dir
gekommen, um das Land auszukundschaften,
in Aufruhr zu versetzen und auszuspionieren?
4 Darauf ließ Hanun die Diener Davids fest-
nehmen, scheren und ihnen die Kleider zur
Hälfte abschneiden, bis zum Gesäß herauf. So
schickte er sie weg. 5 Sie zogen fort, und als
man David meldete, was mit den Männern
geschehen war, schickte er ihnen jemand ent-
gegen und ließ ihnen, weil sie so schwer ge-
schändet waren, sagen: Bleibt in Jericho und
kehrt erst zurück, wenn euer Bart wieder ge-
wachsen ist! 6 Als die Ammoniter merkten,
dass sie sich bei David verhasst gemacht hat-
ten, schickten Hanun und die Ammoniter
tausend Talente Silber, um in Mesopotamien,
Aram-Maacha und Zoba Wagenkämpfer samt
Wagen anzuwerben. 7 Sie warben zweiund-
dreißigtausend Kriegswagen an und gewan-
nen den König von Maacha mit seinen Kriegs-
leuten. Diese zogen heran und lagerten vor
Medeba. Auch die Ammoniter sammelten sich
aus ihren Städten und zogen in den Kampf.
8 David erfuhr davon und schickte Joab mit
dem ganzen Heer, allen kriegstüchtigen Män-
nern, hin. 9 Die Ammoniter rückten aus und
stellten sich vor der Stadt zum Kampf auf,
während die Könige, die gekommen waren,
jeweils für sich draußen auf dem freien Feld
standen. 10 Als Joab sah, dass ihm ein Angriff
von vorn und von hinten drohte, traf er eine
Auswahl aus der Kerntruppe Israels und stell-
te sie gegen die Aramäer auf. 11 Den Rest des
Heeres unterstellte er seinem Bruder Abischai,
damit sie sich den Ammonitern gegenüber
aufstellten. 12 Joab sagte: Wenn die Aramäer
stärker sind als ich, dann komm du mir zu Hil-
fe! Wenn die Ammoniter stärker sind als du,
dann werde ich dir zu Hilfe kommen. 13 Sei
tapfer! Wir wollen mutig für unser Volk und
für die Städte unseres Gottes kämpfen. Der
HERR aber möge tun, was er für recht hält.
14 Dann griff Joab mit seinen Leuten die
Aramäer an und diese ergriffen die Flucht vor
ihm. 15 Als die Ammoniter sahen, dass die
Aramäer flohen, ergriffen sie ebenfalls die
Flucht vor seinem Bruder Abischai und zogen
sich in die Stadt zurück. Joab kehrte heim nach
Jerusalem.

16 Die Aramäer sahen, dass sie von Israel ge-
schlagen waren. Sie schickten Boten und lie-
ßen die Aramäer, die diesseits des Stromes
wohnten, ausrücken; an ihrer Spitze stand
Schobach, der Oberbefehlshaber Hadad-
Esers. 17 Als man das David meldete, versam-
melte er ganz Israel, überschritt den Jordan,
zog gegen sie und nahm ihnen gegenüber Auf-
stellung. Während er sich den Aramäern ge-
genüber zum Kampf aufstellte, eröffneten sie
den Kampf. 18 Doch sie mussten vor den Isra-
eliten fliehen. David vernichtete siebentau-
send aramäische Kriegswagen und tötete vier-
zigtausend Mann von ihren Fußtruppen.

18,16 Abimelech: H; Ahimelech: G, Vg und S, vgl. 1 Chr 24,3.6.31.

Auch Schobach, den Oberbefehlshaber des
Heeres, tötete er. 19 Die Vasallen Hadad-Esers
sahen nun ein, dass sie von den Israeliten be-
siegt waren. Sie schlossen Frieden mit David
und unterwarfen sich ihm. Von da an hatten
die Aramäer kein Verlangen mehr, den Am-
monitern zu helfen.

1–19: 2 Sam 10,1–19 / **2**: 1 Sam 11,1–11 / **3**: Jos 2,2f. / **6**: Gen 34,30 / **8**: 2,16 / **11**: 11,20 / **17**: 18,8f.; 2 Sam 8,3.5.10

WEITERE SIEGE ÜBER AMMONITER UND PHILISTER: 20,1–8

20 1 Um die Jahreswende, zu der Zeit, in
der die Könige in den Krieg ziehen,
führte Joab die Streitmacht in das Feld und
verwüstete das Land der Ammoniter. Er rück-
te bis Rabba vor und belagerte es. David selbst
blieb in Jerusalem. Joab eroberte Rabba und
zerstörte es. 2 David nahm ihrem König die
Krone vom Haupt. Er stellte fest, dass ihr Ge-
wicht ein Talent Gold betrug; an ihr war ein
kostbarer Stein. Sie wurde nun Davids Krone.
Und er schaffte eine sehr große Beute aus der
Stadt fort. 3 Auch ihre Einwohner führte er
fort und stellte sie an die Steinsägen, an die
eisernen Spitzhacken und an die eisernen
Äxte. So machte er es mit allen Städten der
Ammoniter. Dann kehrte David mit dem gan-
zen Heer nach Jerusalem zurück.

4 Danach kam es bei Geser zum Kampf mit
den Philistern. Damals erschlug Sibbechai
aus Huscha den Sippai, der zu den Rafaïtern
gehörte. Die Philister wurden niedergewor-
fen.

5 Als es wieder einmal zum Kampf gegen
die Philister kam, erschlug Elhanan, der Sohn
Jaïrs, den Lachmi, den Bruder Goliats aus Gat,
dessen Speer einem Weberbaum glich.
6 Dann kam es noch einmal bei Gat zum
Kampf. Da trat ein Mann von riesenhafter
Größe auf; er hatte je sechs Finger und sechs
Zehen, zusammen vierundzwanzig; auch er
stammte von Rafa ab. 7 Als er Israel verhöhn-
te, erschlug ihn Jonatan, der Sohn von Davids
Bruder Schima. 8 Diese stammten von Rafa
aus Gat ab; sie fielen durch die Hand Davids
und seiner Krieger.

1: 2 Sam 11,1 / **1**: 2 Sam 12,26 / **2–3**: 2 Sam 12,30–31 / **4–8**: 2 Sam 21,18–22 / **4**: 11,29; 27,11 / **5**: 11,26; 1 Sam 17,7 / **6**: 11,23 / **7**: 1 Sam 17,10

DAVIDS VOLKSZÄHLUNG: 21,1–17

21 1 Der Satan trat gegen Israel auf und
reizte David, Israel zu zählen. 2 David
befahl Joab und den Anführern des Volkes:
Geht, zählt Israel von Beerscheba bis Dan und
bringt mir Bescheid, damit ich weiß, wie viele
es sind. 3 Joab aber sagte zum König: Der HERR
möge sein Volk vermehren, hundertmal mehr,
als es jetzt ist. Sind denn nicht alle, mein Herr
und König, Untertanen meines Herrn? Wa-
rum hat mein Herr diesen Wunsch? Warum
soll Israel in Schuld geraten? 4 Doch der König
beharrte gegenüber Joab auf seinem Befehl. So
ging Joab weg und durchzog ganz Israel. Als er
nach Jerusalem zurückkam, 5 gab er David das
Ergebnis der Volkszählung bekannt. Ganz Is-
rael zählte 1 100 000 Krieger, die mit dem
Schwert kämpfen konnten, und Juda zählte
470 000 Mann, die mit dem Schwert kämpfen
konnten. 6 Levi und Benjamin hatte Joab nicht
zusammen mit ihnen gemustert; denn der
Befehl des Königs war ihm ein Gräuel.

7 Doch es war böse in den Augen Gottes;
darum schlug er Israel. 8 Nun sagte David zu
Gott: Ich habe schwer gesündigt, weil ich das
getan habe. Doch vergib deinem Knecht seine
Schuld; denn ich habe sehr unvernünftig ge-
handelt. 9 Der HERR aber sprach zu Gad, dem
Seher Davids: 10 Geh und sag zu David: So
spricht der HERR: Dreierlei lege ich dir vor.
Wähl dir eines davon! Das werde ich dir antun.
11 Gad kam zu David und sagte zu ihm: So
spricht der HERR: Wähle dir: 12 drei Jahre
Hungersnot oder drei Monate, in denen du vor
deinen Feinden fliehen musst und das Schwert
deiner Gegner dich verfolgt, oder drei Tage,
in denen das Schwert des HERRN, die Pest,
im Land wütet und der Engel des HERRN über
alle Gebiete Israels Verderben bringt. Überleg
nun, was ich dem, der mich gesandt hat, als
Antwort überbringen soll! 13 Da sagte David
zu Gad: Ich habe große Angst. Ich will lieber
dem HERRN in die Hände fallen; denn seine
Barmherzigkeit ist sehr groß. Den Menschen
aber möchte ich nicht in die Hände fallen. 14 Da
ließ der HERR über Israel eine Pest kommen
und es kamen in Israel siebzigtausend Men-
schen um.

15 Gott sandte einen Engel nach Jerusalem,
um es ins Verderben zu stürzen. Doch als er
mit der Vernichtung begann, sah es der HERR,

20,3 und stellte sie: vgl. Parallelstelle 2 Sam 12,31; und zersägte sie: H, G; anderer Wortlaut: Vg und S.

21,12 fliehen: G und Vg, vgl. 2 Sam 24,13; hinweggerafft werden: H, S.

und das Unheil reute ihn. Er sagte zu dem En-
gel des Verderbens: Es ist jetzt genug, lass dei-
ne Hand sinken! Der Engel des HERRN stand
gerade bei der Tenne des Jebusiters Arauna.
16 Als David aufblickte, sah er den Engel des
HERRN zwischen Erde und Himmel stehen.
Er hielt das gezückte Schwert in der Hand ge-
gen Jerusalem gerichtet. Da fielen David und
die Ältesten, die in Trauergewänder gehüllt
waren, auf ihr Angesicht nieder 17 und David
rief zu Gott: Habe nicht ich befohlen, das Volk
zu zählen? Ich bin es doch, der gesündigt und
Böses getan hat. Aber diese, die Herde, was
haben denn sie getan? HERR, mein Gott, erheb
deine Hand zum Schlag gegen mich und gegen
das Haus meines Vaters, nicht aber gegen dein
Volk!

1–17: 2 Sam 24,1–17 / **2**: 2 Chr 30,5 / **3**: Dtn 1,11; 2 Chr 24,18 / **5**: 27,24 / **6**: Num 2,33 / **12**: Lev 26,25f.; Am 4,6–10 / **13**: Sir 2,18; Dan 13,23 / **15**: Ex 12,23; 32,14; 2 Chr 3,1 / **16**: Jos 5,13; Num 22,23.31

KAUF DES TEMPELPLATZES: 21,18–30

18 Der Engel des HERRN befahl Gad, zu David
zu sagen, er solle hinaufgehen und dem
HERRN auf der Tenne des Jebusiters Arauna
einen Altar errichten. 19 David ging hinauf, wie
ihm Gad im Namen des HERRN befohlen hat-
te. 20 Arauna hatte sich umgewandt und den
Engel erblickt. Seine vier Söhne, die bei ihm
waren, versteckten sich. Er drosch gerade Wei-
zen. 21 Als nun David zu Arauna kam und die-
ser aufschaute und David sah, kam er aus der
Tenne heraus und warf sich vor David mit dem
Gesicht zur Erde nieder. 22 Da sagte David zu
Arauna: Überlass mir den Platz der Tenne! Ich
möchte auf ihm einen Altar für den HERRN
errichten. Um den vollen Kaufpreis sollst du
ihn mir geben, damit die Plage im Volk auf-
hört. 23 Arauna antwortete David: Du magst
ihn nehmen; mein Herr und König tue, was er
für gut findet. Ich gebe dir die Rinder für die
Brandopfer, die Dreschschlitten als Brennholz
und den Weizen zum Speiseopfer; ich will
dir alles geben. 24 Doch König David sagte zu
Arauna: Nein, ich will dir den Platz zum vollen
Preis abkaufen. Ich will nicht dein Eigentum
wegnehmen und dem HERRN unbezahlte
Brandopfer darbringen. 25 So gab David dem
Arauna für den Platz sechshundert abgewoge-
ne Goldschekel. 26 Er baute dort einen Altar für
den HERRN, brachte Brand- und Heilsopfer
dar und rief den HERRN an. Dieser antwortete
ihm durch Feuer, das vom Himmel auf den
Altar des Brandopfers niederfiel. 27 Dem Engel
aber gebot der HERR und er steckte das Schwert
in die Scheide.

28 Damals merkte David, dass ihn der HERR
auf der Tenne des Jebusiters Arauna erhörte,
und brachte dort Opfer dar. 29 Die Wohnung
des HERRN aber, die Mose in der Wüste ange-
fertigt hatte, und der Brandopferaltar waren
zu jener Zeit auf der Kulthöhe von Gibeon.
30 Doch David konnte sich nicht mehr dorthin
begeben, um Gott aufzusuchen; denn ihn hat-
te vor dem Schwert des Engels des HERRN
Schrecken erfasst.

18–27: 2 Sam 24,18–25 / **22**: Gen 23,9 / **23**: 1 Kön 19,21 / **25**: Gen 23,16 / **26**: Gen 12,7f. / **29**: Ex 36,8–38; 38,1–7

VORBEREITUNGEN FÜR DEN TEMPELBAU: 22,1–19

22 1 Damals sagte David: Hier soll das
Haus Gottes, des HERRN, stehen und
hier der Altar für die Brandopfer Israels. 2 Er
ließ daher die Fremden im Land Israel zusam-
menholen und bestellte sie als Steinmetzen,
die Quadern für den Bau des Hauses Gottes
behauen sollten. 3 Auch ließ er eine Menge
Eisen für die Nägel, für die Torflügel und für
die Klammern bereitstellen, dazu Bronze in
einer Menge, dass sie nicht mehr gewogen
werden konnte, 4 und ungezählte Zedern-
stämme. Die Bewohner von Sidon und Tyrus
lieferten David Zedernholz in Menge. 5 David
dachte nämlich: Mein Sohn Salomo ist noch
jung und unerfahren; das Haus aber, das dem
HERRN gebaut werden soll, muss groß wer-
den und in aller Welt Lob und Bewunderung
finden. Ich will daher Vorbereitungen dazu
treffen. So stellte David vor seinem Tod vieles
bereit.

6 Dann rief er seinen Sohn Salomo und trug
ihm auf, dem HERRN, dem Gott Israels, ein
Haus zu bauen. 7 Er sagte zu ihm: Ich selbst
hatte vor, dem Namen des HERRN, meines
Gottes, ein Haus zu bauen. 8 Da erging das
Wort des HERRN an mich: Du hast viel Blut
vergossen und große Kriege geführt. Du sollst
meinem Namen kein Haus bauen; denn du
hast vor meinen Augen viel Blut zur Erde flie-
ßen lassen. 9 Doch wurde dir ein Sohn gebo-
ren. Dieser wird ein Mann der Ruhe sein: Ich
will ihm Ruhe vor allen seinen Feinden rings-
um verschaffen. Salomo ist sein Name und in
seinen Tagen werde ich Israel Frieden und

Ruhe gewähren. 10 Er wird meinem Namen
ein Haus bauen; er wird für mich Sohn sein
und ich werde für ihn Vater sein. Seinen Kö-
nigsthron werde ich in Israel festigen für im-
mer. 11 Möge jetzt der HERR mit dir sein, mein
Sohn, damit du Erfolg hast und das Haus des
HERRN, deines Gottes, baust, wie er es von
dir vorausgesagt hat. 12 Nur gebe dir der HERR
Klugheit und Einsicht. Er mache dich zum
Gebieter in Israel und helfe dir, die Weisung
des HERRN, deines Gottes, zu bewahren.
13 Du wirst dann Erfolg haben, wenn du die
Gesetze und Rechtsentscheide gewissenhaft
befolgst, die der HERR dem Mose für Israel
aufgetragen hat. Sei mutig und stark! Fürchte
dich nicht und verzag nicht! 14 Sieh her, trotz
meiner bescheidenen Mittel konnte ich für
das Haus des HERRN hunderttausend Talen-
te Gold und eine Million Talente Silber bereit-
stellen. Bronze und Eisen sind in solchen
Mengen vorhanden, dass sie nicht gewogen
werden können. Auch Holz und Steine habe
ich herbeigeschafft; und du wirst noch mehr
dazutun. 15 Du hast Handwerker in großer
Anzahl, Steinmetzen, Maurer, Zimmerleute
und zahllose Künstler, die jede Arbeit 16 in
Gold, Silber, Bronze und Eisen ausführen
können. Auf denn, geh ans Werk und der
HERR sei mit dir!

17 Darauf befahl David allen führenden Män-
nern Israels, seinem Sohn Salomo zu helfen:
18 Ist nicht der HERR, euer Gott, mit euch ge-
wesen und hat euch ringsum Ruhe verschafft?
Er hat die Bewohner des Landes in meine Hand
gegeben, sodass nun das Land dem HERRN
und seinem Volk unterworfen ist. 19 Richtet
jetzt euer Herz und euren Sinn darauf, den
HERRN, euren Gott, zu suchen! Auf denn,
baut das Heiligtum Gottes, des HERRN, um
dann die Bundeslade des HERRN und die hei-
ligen Geräte Gottes in das Haus zu bringen,
das man seinem Namen errichtet!

1: Gen 28,17 / **2**: 2 Chr 2,16f. / **3**: 29,2–5; 1 Kön 7,47 / **5**: 1 Chr 29,1 / **7**: 28,2; 2 Sam 7,2 / **8**: 28,3; 1 Kön 5,17 / **9**: 2 Sam 12,24 / **10**: 17,12f.; 2 Sam 7,13f. / **11**: 29,19 / **13**: Jos 1,6f. / **14**: 29,2–5 / **16**: 17,2

EINTEILUNG UND DIENST DER LEVITEN: 23,1–32

23 1 David war alt und lebenssatt und be-
stellte seinen Sohn Salomo zum König
von Israel. 2 Er versammelte dazu alle führen-
den Männer Israels, die Priester und Leviten.

3 Die Leviten waren von dreißig Jahren an
aufwärts gezählt worden. Ihre Zahl betrug
38 000 Mann. 4 Von diesen hatten 24 000 den
Dienst im Haus des HERRN zu leiten, 6 000
waren Listenführer und Richter, 5 4 000 Tor-
wächter und 4 000 sollten den HERRN mit
den Instrumenten preisen, die David zum
Lobpreis anfertigen ließ.

6 David teilte die Leviten in Klassen ein nach
den Söhnen Levis: Gerschon, Kehat und Me-
rari.

7 Zu den Nachkommen Gerschons gehörten
Ladan und Schimi. 8 Von den Söhnen Ladans
war Jehiël der erste; ihm folgten Setam und
Joël; insgesamt waren es drei. 9 Die Söhne Je-
hiëls waren Schelomit, Hasiël und Haran, ins-
gesamt drei. Sie waren die Familienhäupter
Ladans. 10 Die Söhne Schimis waren Jahat,
Sisa, Jëusch und Beria. Das waren die vier Söh-
ne Schimis. 11 Jahat war der erste, Sisa der zwei-
te. Jëusch und Beria hatten nur wenige Söhne;
sie bildeten daher nur eine Großfamilie und
eine Dienstklasse.

12 Die Söhne Kehats waren: Amram, Jizhar,
Hebron und Usiël, insgesamt vier. 13 Die Söh-
ne Amrams waren Aaron und Mose. Aaron
und seine Söhne wurden für immer dazu be-
stimmt, Hochheiliges zu betreuen, Rauchop-
fer vor dem HERRN zu verbrennen, ihm zu
dienen und allezeit in seinem Namen zu seg-
nen. 14 Die Söhne des Mose aber, des Mannes
Gottes, wurden dem Stamm der Leviten zu-
gerechnet. 15 Die Söhne des Mose waren Ger-
schom und Eliëser. 16 Von den Söhnen Ger-
schoms war Schubaël der erste. 17 Der
Erstgeborene Eliësers war Rehabja. Andere
Söhne hatte er nicht. Die Söhne Rehabjas da-
gegen waren sehr zahlreich. 18 Von den Söhnen
Jizhars war Schelomit der erste. 19 Die Söhne
Hebrons waren: der erste Jerija, der zweite
Amarja, der dritte Jahasiël, der vierte Jeka-
mam. 20 Von den Söhnen Usiëls war Micha der
erste und Jischija der zweite.

21 Die Söhne Meraris waren Machli und
Muschi. Die Söhne Machlis waren Eleasar und

23,3 Das Alter, in dem die Leviten ihren Dienst antreten, wird an verschiedenen Stellen verschieden angegeben: dreißig (Num 4,2f.23.30; 1 Chr 23,3), fünfundzwanzig (Num 8,24) oder zwanzig Jahre (1 Chr 23,27; 2 Chr 31,17; Esra 3,8).

23,5 die David … anfertigen ließ: G und Vg; ich ließ anfertigen: H.

23,9 Jehiël: vermuteter Text, vgl. V. 10, der die Söhne Schimis nennt; Schimi: H, G, Vg, S.

Kisch. 22 Eleasar hinterließ keine Söhne, als er
starb; er hatte nur Töchter und diese heirateten
die Söhne des Kisch, ihre Vettern. 23 Die Söh-
ne Muschis waren: Machli, Eder und Jeremot,
insgesamt drei.

24 Das waren die Leviten nach ihren Groß-
familien mit deren Häuptern, wie sie Kopf für
Kopf gemustert und gezählt worden waren.
Sie besorgten, von zwanzig Jahren an auf-
wärts, den Dienst am Haus des HERRN. 25 Da-
vid sagte nämlich: Der HERR, der Gott Israels,
hat seinem Volk Israel Ruhe verliehen und für
immer in Jerusalem Wohnung genommen.
26 Die Leviten brauchen die Wohnung und all
ihre Geräte für den Dienst nicht mehr zu tra-
gen. 27 Nach den letzten Anordnungen Davids
zählte man die Leviten von zwanzig Jahren an
aufwärts. 28 Ihre Stellung im Dienst des Hauses
des HERRN an der Seite der Söhne Aarons ver-
pflichtet sie vielmehr zur Aufsicht über die
Höfe und Kammern, zur Reinigung alles Hei-
ligen, zum Dienst im Haus Gottes, 29 zur Be-
sorgung der Schaubrote, des Feinmehls für die
Speiseopfer und die ungesäuerten Brote, der
Bratpfannen und des Backwerks sowie zur
Überwachung der Hohl- und Längenmaße.
30 Sie müssen auch jeden Morgen und Abend
bereitstehen, um den HERRN zu loben und zu
preisen. 31 Desgleichen sollen sie bei allen
Brandopfern, die an den Sabbaten, Neumon-
den und Festen dem HERRN dargebracht wer-
den, vollzählig, wie es ihre Pflicht ist, immer
vor ihm erscheinen. 32 So sollen sie den Dienst
im Offenbarungszelt, den Dienst am Heilig-
tum und die Bedienung der Söhne Aarons,
ihrer Amtsbrüder, bei ihren Verrichtungen im
Haus des HERRN übernehmen.

1: 1 Kön 1,1 / **2:** 28,1 / **3:** Num 4,3.23 / **5:** 26,1–19; 25,1–31 / **7:** 5,27 / **8:** 26,21f. / **12:** 5,28f. / **14:** Dtn 33,1 / **15:** Ex 18,3f. / **17:** 24,20–31 / **19:** 26,31 / **21:** 6,14 / **25:** 22,9 / **27:** 23,24 / **28:** 9,26–32 / **30:** 6,16 / **31:** Num 28–29

EINTEILUNG DER PRIESTER: 24,1–31

24 1 Auch die Nachkommen Aarons waren
in Abteilungen gegliedert. Die Söhne
Aarons waren: Nadab, Abihu, Eleasar und Ita-
mar. 2 Nadab und Abihu starben vor ihrem
Vater. Da sie keine Söhne hatten, übernahmen
Eleasar und Itamar das Priestertum. 3 David
teilte sie gemeinsam mit Zadok, einem Nach-
kommen Eleasars, und mit Ahimelech, einem
Nachkommen Itamars, in ihre Dienstklassen
ein. 4 Dabei ergab sich, dass bei den Nachkom-
men Eleasars mehr führende Männer waren als
bei den Nachkommen Itamars. Man teilte da-
her den Nachkommen Eleasars sechzehn
Oberhäupter von Großfamilien zu und den
Nachkommen Itamars nur acht für ihre Groß-
familien. 5 Doch teilte man diese wie jene
durch das Los ein; denn Fürsten des Heilig-
tums, Fürsten Gottes, waren sowohl unter den
Nachkommen Eleasars wie auch unter den
Nachkommen Itamars. 6 Der Schreiber Sche-
maja, der Sohn Netanels, ein Levit, schrieb sie
auf im Beisein des Königs, der führenden Män-
ner, des Priesters Zadok, Ahimelechs, des Soh-
nes Abjatars, sowie der Familienhäupter der
Priester und Leviten. Jeweils zwei Großfami-
lien wurden aus der Linie Eleasars und eine aus
der Linie Itamars ausgelost.

7 Das erste Los fiel auf Jojarib, das zweite auf
Jedaja, 8 das dritte auf Harim, das vierte auf
Seorim, 9 das fünfte auf Malkija, das sechste
auf Mijamin, 10 das siebte auf Koz, das achte
auf Abija, 11 das neunte auf Jeschua, das zehn-
te auf Schechanja, 12 das elfte auf Eljaschib, das
zwölfte auf Jakim, 13 das dreizehnte auf Huppa,
das vierzehnte auf Jeschebab, 14 das fünfzehn-
te auf Bilga, das sechzehnte auf Immer, 15 das
siebzehnte auf Hesir, das achtzehnte auf Piz-
zez, 16 das neunzehnte auf Petachja, das zwan-
zigste auf Jeheskel, 17 das einundzwanzigste
auf Jachin, das zweiundzwanzigste auf Gamul,
18 das dreiundzwanzigste auf Delaja, das vier-
undzwanzigste auf Maasja. 19 Das waren ihre
Dienstklassen, nach denen sie in das Haus des
HERRN kommen mussten, wie es ihre Pflicht
war, die sie von ihrem Vater Aaron übernom-
men hatten; so hatte es ihm der HERR, der
Gott Israels, befohlen.

20 Zu den übrigen Leviten, und zwar zu den
Söhnen Amrams, gehörte Schubaël, zu den
Söhnen Schubaëls Jechdeja. 21 Von Rehabja,
und zwar von den Söhnen Rehabjas, war Ji-
schija der erste. 22 Zu den Nachkommen Jizhars
gehörte Schelomit, zu den Söhnen Schelomits
Jahat. 23 Von den Söhnen Hebrons war Jerija
der erste, Amarja der zweite, Jahasiël der drit-
te, Jekamam der vierte. 24 Der Sohn Usiëls war
Micha. Zu den Söhnen Michas gehörte Scha-
mir. 25 Der Bruder Michas war Jischija. Zu den

24,6 jeweils zwei: vermuteter Text; ... und eine: G; eine (Großfamilie) wurde ausgelost (für Eleasar) und eine und nochmals eine (für Itamar): H.

24,23 von den Söhnen Hebrons: G teilweise, vgl. 23,19 und 26,31; Jerihu: H, Vg und G teilweise.

Söhnen Jischijas gehörte Secharja. 26 Die Söh-
ne Meraris waren Machli und Muschi. Der
Sohn Jaasijas war Bani. 27 Meraris Nachkom-
men über Jaasija waren: Bani, Schoham, Sak-
kur und Ibri. 28 Zu Machli gehörten Eleasar, der
keine Kinder hatte, und Kisch. 29 Der Sohn des
Kisch war Jerachmeel. 30 Die Söhne Muschis
waren: Machli, Eder und Jerimot. – Das waren
die Leviten nach ihren Großfamilien. 31 Auch
sie warfen das Los wie ihre Brüder, die Söhne
Aarons, im Beisein des Königs David, Zadoks
und Ahimelechs sowie der Familienhäupter
der Priester und Leviten, und zwar die Fami-
lien des Oberhauptes wie die seines jüngsten
Bruders.

1: 5,29 / **2:** Lev 10,1f.; Num 3,4 / **5:** 25,8; 26,13f. / **6:** 15,8.11; 2 Sam 8,17 / **7:** 1 Makk 2,1 / **19:** 6,34 / **20–31:** 23,12–23 / **20:** 26,24 / **23:** 26,31 / **26:** 6,14.32

DIENSTKLASSEN DER SÄNGER: 25,1–31

25 1 David und die Obersten des Heeres
sonderten die Söhne Asafs, Hemans
und Jedutuns, die auf Zithern, Harfen und
Zimbeln spielten, für ihren Dienst aus. Und
das ist das Verzeichnis der Männer, die den
Dienst versahen: 2 Von den Söhnen Asafs: Sak-
kur, Josef, Netanja und Asarela. Die Söhne
Asafs standen unter der Leitung Asafs, der
nach der Anweisung des Königs spielte. 3 Von
Jedutun: die Söhne Jedutuns: Gedalja, Zeri,
Schimi, Jeschaja, Haschabja und Mattitja, ins-
gesamt sechs. Sie standen unter der Leitung
ihres Vaters Jedutun, der zum Lob und Preis
des HERRN die Zither spielte. 4 Von Heman:
die Söhne Hemans: Bukkija, Mattanja, Usiël,
Schubaël, Jerimot, Hananja, Hanani, Eliata,
Giddalti, Romamti-Eser, Joschbekascha, Mal-
loti, Hotir, Mahasiot. 5 Sie alle waren Söhne
Hemans, des Sehers des Königs, gemäß der
Verheißung Gottes, das Horn zu erheben. So
schenkte Gott dem Heman vierzehn Söhne
und drei Töchter. 6 Alle diese spielten unter der
Leitung ihrer Väter, nämlich Asafs, Jedutuns
und Hemans, beim Gesang im Haus des
HERRN auf Zimbeln, Harfen und Zithern. Sie
hatten den Dienst im Haus Gottes nach der
Weisung des Königs zu besorgen. 7 Sie zählten
zusammen mit ihren Amtsbrüdern, die im
Gesang zu Ehren des HERRN unterrichtet wa-
ren, 288 Mann, lauter geübte Leute. 8 Sie war-
fen das Los zur Feststellung des Dienstes, und
zwar der Geringste wie der Größte, der Meis-
ter wie der Schüler.
9 Das erste Los fiel für Asaf auf Josef, das
zweite auf Gedalja, seine Brüder und Söhne:
12;
10 das dritte auf Sakkur, seine Söhne und
Brüder: 12;
11 das vierte auf Zeri, seine Söhne und Brü-
der: 12;
12 das fünfte auf Netanja, seine Söhne und
Brüder: 12;
13 das sechste auf Bukkija, seine Söhne und
Brüder: 12;
14 das siebte auf Asarela, seine Söhne und
Brüder: 12;
15 das achte auf Jeschaja, seine Söhne und
Brüder: 12;
16 das neunte auf Mattanja, seine Söhne und
Brüder: 12;
17 das zehnte auf Schimi, seine Söhne und
Brüder: 12;
18 das elfte auf Usiël, seine Söhne und Brü-
der: 12;
19 das zwölfte auf Haschabja, seine Söhne
und Brüder: 12;
20 das dreizehnte auf Schubael, seine Söhne
und Brüder: 12;
21 das vierzehnte auf Mattitja, seine Söhne
und Brüder: 12;
22 das fünfzehnte auf Jerimot, seine Söhne
und Brüder: 12;
23 das sechzehnte auf Hananja, seine Söhne
und Brüder: 12;
24 das siebzehnte auf Joschbekascha, seine
Söhne und Brüder: 12;
25 das achtzehnte auf Hanani, seine Söhne
und Brüder: 12;
26 das neunzehnte auf Malloti, seine Söhne
und Brüder: 12;
27 das zwanzigste auf Eliata, seine Söhne und
Brüder: 12;
28 das einundzwanzigste auf Hotir, seine
Söhne und Brüder: 12;
29 das zweiundzwanzigste auf Giddalti, sei-
ne Söhne und Brüder: 12;
30 das dreiundzwanzigste auf Mahasiot, sei-
ne Söhne und Brüder: 12;
31 das vierundzwanzigste auf Romam-
ti-Eser, seine Söhne und Brüder: 12.

1: 6,18.24; 16,41f. / **2:** 9,15 / **8:** 24,5 / **9:** 24,7–18

25,3 Schimi: G (aber nach Jeschaja platziert, vgl. V. 17); nicht in H, Vg, S.

TORHÜTER, SCHATZAUFSICHT, BEAMTE UND RICHTER: 26,1–32

26 1 Bei den Abteilungen der Torwächter
gehörte Meschelemjahu, der Sohn Ko-
res, ein Nachkomme Abiasafs, zu den Kora-
chitern. 2 Von den Söhnen Meschelemjahus
war Secharja der Erstgeborene, Jediaël der
zweite, Sebadja der dritte, Jatniël der vierte,
3 Elam der fünfte, Johanan der sechste, Eljoënai
der siebte.

4 Von den Söhnen Obed-Edoms war Sche-
maja der Erstgeborene, Josabad der zweite,
Joach der dritte, Sachar der vierte, Netanel der
fünfte, 5 Ammiël der sechste, Issachar der sieb-
te, Pëulletai der achte. Gott hatte ihn nämlich
gesegnet. 6 Auch seinem Sohn Schemaja wur-
den Söhne geboren. Sie wurden Oberhäupter
in ihren Großfamilien; denn sie waren tüch-
tige Männer. 7 Die Söhne Schemajas waren
Otni, Refaël und Obed. Die Söhne seines Bru-
ders Elsabad waren Elihu und Semachja, eben-
falls tüchtige Männer. 8 Diese alle waren Nach-
kommen Obed-Edoms. Sie selbst, ihre Söhne
und Brüder, waren tüchtige Leute und zu ih-
rem Dienst befähigt: zweiundsechzig Ange-
hörige Obed-Edoms.

9 Auch Meschelemjahu hatte Söhne und
Brüder, achtzehn tüchtige Männer.

10 Ebenso wurden Hosa, einem Nachkom-
men Meraris, Söhne geboren. Schimri war ihr
Oberhaupt. Sein Vater hatte ihn dazu gemacht,
obwohl er nicht der Erstgeborene war. 11 Sein
zweiter Sohn war Hilkija, der dritte Tebalja,
der vierte Secharja. Insgesamt hatte Hosa drei-
zehn Söhne und Brüder.

12 Diese Abteilungen der Torwächter be-
sorgten die Wache mit der Gesamtheit ihrer
Männer. Wie ihre Brüder taten sie Dienst im
Haus des HERRN. 13 Sie warfen für jedes ein-
zelne Tor das Los in ihren Großfamilien, der
Geringste wie der Größte. 14 Das Los für das
Osttor fiel auf Schelemjahu; für seinen Sohn
Secharja, einen klugen Berater, warf man das
Los und es traf auf das Nordtor. 15 Obed-Edom
fiel das Südtor zu und seinen Söhnen das Vor-
ratshaus. 16 Auf Schuppim und Hosa traf das
Westtor mit dem Schallechettor an der aufstei-
genden Straße. Eine Wache entsprach der an-
dern.

17 Im Osten standen täglich sechs Posten,
im Norden täglich vier, im Süden täglich vier,
an den Vorratskammern je zwei. 18 Am Parbar
im Westen waren vier für die Straße und zwei
für den Parbar bestimmt. 19 Das waren die Ab-
teilungen der Torwächter aus den Nachkom-
men der Korachiter und den Nachkommen
Meraris.

20 Einige von den Leviten, ihren Stammes-
brüdern, wachten über die Schätze des Hauses
Gottes und über die Schätze aus den Weihe-
gaben. 21 Es waren dies die Söhne Ladans, eines
Nachkommen Gerschons, die Familienhäup-
ter Ladans. Zu Ladan gehörte Jehiël, der Sohn
Gerschons. 22 Die Söhne Jehiëls waren Setam
und sein Bruder Joël. Sie wachten über die
Schätze im Haus des HERRN. 23 Zu ihnen ka-
men Nachkommen Amrams, Jizhars, Hebrons
und Usiëls. 24 Schubaël, der Sohn Gerschoms
und Enkel des Mose, war Oberaufseher über
die Schätze gewesen. 25 Sein Stammesbruder
aus der Linie Eliësers war dessen Sohn Rehab-
ja; dessen Sohn war Jeschaja, dessen Sohn Jo-
ram, dessen Sohn Sichri und dessen Sohn
Schelomit. 26 Schelomit und seine Brüder hat-
ten die Aufsicht über alle Schätze aus den Wei-
hegaben, die König David, die Häupter der
Großfamilien, die Obersten der Tausend- und
Hundertschaften und die Obersten des Heeres
gespendet hatten. 27 Diese hatten aus der
Kriegsbeute Weihegaben gestiftet, um das
Haus des HERRN gut auszustatten. 28 Sie über-
wachten auch alles, was der Seher Samuel,
Saul, der Sohn des Kisch, Abner, der Sohn
Ners, und Joab, der Sohn der Zeruja, gespendet
hatten. Jeder, der eine Weihegabe darbrachte,
legte sie in die Hand Schelomits und seiner
Brüder.

29 Von den Nachkommen Jizhars waren
Kenanja und seine Söhne als Beamte und
Richter für die äußeren Angelegenheiten
in Israel bestellt. 30 Von den Nachkommen
Hebrons hatten Haschabja und seine Brüder,
siebzehnhundert tüchtige Männer, die Auf-
sicht über Israel westlich des Jordan in allen
Angelegenheiten des HERRN und im Dienst
des Königs. 31 Haupt der Hebroniter war Jeri-
ja. Im vierzigsten Jahr der Regierung Davids
suchte man anhand der Geschlechterlisten die
Großfamilien der Hebroniter ab und fand un-
ter ihnen tüchtige Männer in Jaser in Gilead.
32 König David setzte Jerija und seine Stam-
mesbrüder, zweitausendsiebenhundert tüch-

26,17 täglich: sinngemäß ergänzt.

26,20 ihren Stammesbrüdern: G; Ahija: H, Vg, S.

tige Männer, Häupter ihrer Familien, über die
Rubeniter, Gaditer und den halben Stamm
Manasse in allen Angelegenheiten Gottes und
des Königs.

1: 9,17–26; Ex 6,24 / **4**: 15,18.21.24 / **14**: 9,18; Ez 44,1–3 / **18**: 2 Kön 23,11 / **19**: 9,19 / **20**: 18,11; 2 Chr 5,1 / **21**: 23,7f. / **23**: 23,12 / **24**: 23,16; 24,20 / **26**: 28,12; Num 31,48–54 / **28**: 1 Sam 15,21 / **29**: 23,4 / **30**: 2 Chr 19,4–11; 1 Chr 27,17 / **31**: 23,19; 23,1 / **32**: 24,23

DIE ABTEILUNGEN UND IHRE ANFÜHRER: 27,1–24

27 1 Die Israeliten nach ihrer Anzahl, die
Familienhäupter, die Obersten der Tau-
send- und Hundertschaften und ihre Beamten
dienten dem König in allen Angelegenheiten
der Abteilungen, die Monat für Monat das
ganze Jahr hindurch antraten und abzogen.
Jede Abteilung war 24 000 Mann stark.
2 Die erste Abteilung für den ersten Monat
befehligte Jaschobam, der Sohn Sabdiëls. Zu
seiner Abteilung gehörten 24 000 Mann. 3 Er
war ein Nachkomme des Perez und Haupt aller
Obersten des Heeres im ersten Monat. 4 Die
Abteilung des zweiten Monats befehligte der
Ahoachiter Dodai, aber auch Miklot, ein Fürst.
Zu seiner Abteilung gehörten 24 000 Mann.
5 Der dritte Heerführer, für den dritten Monat,
war Benaja, der Sohn des Priesters Jojada, ein
Oberhaupt. Zu seiner Abteilung gehörten
24 000 Mann. 6 Dieser Benaja war ein Held
unter den Dreißig und Anführer der Dreißig.
Seine Abteilung befehligte sein Sohn Ammi-
sabad. 7 Der vierte Befehlshaber, für den vier-
ten Monat, war Asaël, der Bruder Joabs. Nach
ihm war es sein Sohn Sebadja. Zu seiner Ab-
teilung gehörten 24 000 Mann. 8 Der fünfte,
für den fünften Monat, war der Oberst Scham-
hut, ein Nachkomme Serachs. Zu seiner Ab-
teilung gehörten 24 000 Mann. 9 Der sechste,
für den sechsten Monat, war Ira, der Sohn des
Ikkesch, aus Tekoa. Zu seiner Abteilung gehör-
ten 24 000 Mann. 10 Der siebte, für den siebten
Monat, war Helez aus Pelet, ein Efraimiter. Zu
seiner Abteilung gehörten 24 000 Mann.
11 Der achte, für den achten Monat, war der
Huschatiter Sibbechai, ein Nachkomme
Serachs. Zu seiner Abteilung gehörten 24 000
Mann. 12 Der neunte, für den neunten Monat,
war Abiëser aus Anatot vom Stamm Benja-
min. Zu seiner Abteilung gehörten 24 000
Mann. 13 Der zehnte, für den zehnten Monat,
war Mahrai aus Netofa, ein Nachkomme
Serachs. Zu seiner Abteilung gehörten 24 000
Mann. 14 Der elfte, für den elften Monat, war
Benaja aus Piraton, ein Efraimiter. Zu seiner
Abteilung gehörten 24 000 Mann. 15 Der
zwölfte, für den zwölften Monat, war Heldai
aus Netofa vom Geschlecht Otniël. Zu seiner
Abteilung gehörten 24 000 Mann.
16 Diese standen an der Spitze der Stämme
Israels: Fürst bei den Rubenitern war Eliëser,
der Sohn Sichris; bei Simeon war es Schefatja,
der Sohn Maachas; 17 bei Levi Haschabja, der
Sohn Kemuëls; bei Aaron Zadok; 18 bei Juda
Elihu, ein Bruder Davids; bei Issachar Omri,
der Sohn Michaels; 19 bei Sebulon Jischmaja,
der Sohn Obadjas; bei Naftali Jerimot, der
Sohn Asriëls; 20 bei den Efraimitern Hoschea,
der Sohn Asasjas; bei der einen Hälfte des
Stammes Manasse Joël, der Sohn Pedajas; 21 bei
der anderen Hälfte des Stammes Manasse in
Gilead war es Jiddo, der Sohn Secharjas; bei
Benjamin Jaasiël, der Sohn Abners; 22 bei Dan
Asarel, der Sohn Jerohams. Das waren die An-
führer der Stämme Israels.
23 Die Zahl derer, die noch nicht zwanzig
Jahre alt waren, hatte David nicht aufnehmen
lassen; denn der HERR hatte versprochen, dass
er Israel zahlreich werden lasse wie die Sterne
des Himmels. 24 Joab, der Sohn der Zeruja, hat-
te die Zählung begonnen, aber nicht zu Ende
geführt, da ihretwegen ein Zorngericht über
Israel gekommen war. So wurde ihre Zahl
nicht in die Chronik des Königs David aufge-
nommen.

5: 11,22 / **7**: 11,26 / **8**: 11,27 / **9**: 11,28 / **10**: 11,27 / **11**: 11,29; 20,4 / **12**: 11,28 / **13**: 11,30 / **14**: 11,31 / **15**: 11,30 / **16**: Num 1,5–16; 34,16–29 / **17**: 26,30 / **23**: Num 1,2f.; Gen 15,5; 22,17 / **24**: 21,6

VERWALTER UND BERATER: 27,25–34

25 Asmawet, der Sohn Adiëls, hatte die Auf-
sicht über die Schätze des Königs, Jonatan,
der Sohn Usijas, über die Vorräte auf dem
Land, in den Städten, Dörfern und Türmen,
26 Esri, der Sohn Kelubs, über die Feldarbeiter,
die den Boden zu bestellen hatten, 27 Schimi
aus Rama über die Weinberge, Sabdi aus Sche-
fam über die Weinvorräte in den Weinbergen,
28 Baal-Hanan aus Bet-Gader über die Öl- und
Maulbeerfeigenbäume in der Schefela, Joasch
über die Ölvorräte, 29 Schitrai, der Scharoniter,

27,2–15 Die Namen der zwölf Befehlshaber sind in der Liste der Helden Davids enthalten (vgl. 11,11–40).

27,10 Helez aus Pelet: vermuteter Text, vgl. 2 Sam 23,26; Helez aus Pelon/Palon: H, G, Vg und S.

über die Rinder, die in der Scharonebene wei-
deten, Schafat, der Sohn Adlais, über die Rin-
der in den Tälern, 30 der Ismaeliter Obil über
die Kamele, Jechdeja aus Meronot über die
Esel, 31 der Hagariter Jasis über die Schafe und
Ziegen. Sie alle waren Verwalter des Eigen-
tums, das dem König David gehörte.

32 Jonatan, der Onkel Davids, war sein Bera-
ter. Er war ein kluger, schriftkundiger Mann.
Jehiël, der Sohn Hachmonis, war bei den Söh-
nen des Königs. 33 Ahitofel war Berater des
Königs, der Arkiter Huschai war Freund des
Königs. 34 Auf Ahitofel folgten Jojada, der
Sohn Benajas, und Abjatar. Joab war Heerfüh-
rer des Königs.

27: 1 Sam 1,1 / **32:** 18,14–17 / **33:** 2 Sam 15,12.32 / **34:** 2 Sam 8,16f.

AUFTRAG ZUM TEMPELBAU: 28,1–21

28 1 David versammelte in Jerusalem alle
führenden Männer Israels, die Vorste-
her der Stämme und der Abteilungen, die im
Dienst des Königs standen, die Obersten der
Tausend- und der Hundertschaften, die Ver-
walter des ganzen Eigentums und des Viehbe-
sitzes des Königs und seiner Söhne, dazu die
Hofbeamten, die Helden und alle tapferen
Krieger. 2 Dabei erhob sich König David und
sagte: Hört mich an, meine Brüder und mein
Volk! Ich selbst hatte vor, für die Bundeslade
des HERRN, den Fußschemel unseres Gottes,
eine Ruhestätte zu errichten, und traf Vorbe-
reitungen für den Bau. 3 Doch Gott sprach zu
mir: Du sollst meinem Namen kein Haus bau-
en; denn du hast Kriege geführt und Blut ver-
gossen. 4 Der HERR, der Gott Israels, hat mich
aus dem ganzen Haus meines Vaters für immer
zum König von Israel auserwählt. Er hat Juda
zur Herrschaft bestimmt und im Haus Juda
das Haus meines Vaters. Unter den Söhnen
meines Vaters hat er an mir Gefallen gefunden,
sodass er mich zum König über Israel machte.
5 Unter allen meinen Söhnen aber – der HERR
hat mir ja viele Söhne geschenkt – hat er mei-
nen Sohn Salomo erwählt, dass er auf dem
Königsthron des HERRN über Israel herrscht.
6 Er sprach zu mir: Dein Sohn Salomo soll mein
Haus und meine Höfe bauen; denn ihn habe
ich mir zum Sohn erwählt und ich werde ihm
Vater sein. 7 Ich will seinem Königtum ewigen
Bestand verleihen, wenn er mannhaft meine
Gebote und Rechtsentscheide befolgt, wie es
heute der Fall ist. 8 Und nun ermahne ich euch
vor den Augen ganz Israels, der Versammlung
des HERRN, und vor den Ohren unseres Got-
tes: Bewahrt alle Gebote des HERRN, eures
Gottes, und befolgt sie, damit ihr im Besitz des
prächtigen Landes bleibt und es für immer auf
eure Söhne nach euch vererben könnt! 9 Du
aber, mein Sohn Salomo, erkenne den Gott
deines Vaters; diene ihm mit ungeteiltem Her-
zen und williger Seele; denn der HERR er-
forscht alle Herzen und kennt jedes Sinnen der
Gedanken. Wenn du ihn suchst, lässt er sich
von dir finden. Wenn du ihn aber verlässt, ver-
wirft er dich auf ewig. 10 Sieh nun zu: Der
HERR hat dich erwählt, dass du ihm ein Haus
als Heiligtum erbaust. Sei mutig und geh ans
Werk!

11 Darauf übergab David seinem Sohn Salo-
mo das Modell der Vorhalle mit ihren Bauten,
Schatzkammern, Obergemächern, Innenräu-
men und dem Raum der Sühneplatte 12 sowie
das Modell von allem, was ihm im Geiste war
für die Höfe des Tempels und für alle Kam-
mern ringsum. Er gab Anweisungen über die
Schätze des Gotteshauses und die Schätze aus
den Weihegaben, 13 über die Abteilungen der
Priester und Leviten, über den Vollzug des ge-
samten Dienstes am Haus des HERRN und
über alle Geräte, die man zum Dienst im Haus
des HERRN benötigte. 14 Dazu übergab er ihm
seine Berechnungen über das Gold, mit Anga-
be des Gewichtes des Goldes für jedes einzel-
ne Dienstgerät, und über alle silbernen Geräte,
mit Angabe des Gewichtes eines jeden Dienst-
gerätes. 15 Er nannte ihm das Gewicht der gol-
denen Leuchter mit ihren goldenen Lampen,
mit Angabe des Gewichtes eines jeden Leuch-
ters und seiner Lampen, sowie der silbernen
Leuchter, mit Angabe des Gewichtes eines
jeden Leuchters und seiner Lampen, entspre-
chend der Verwendung eines jeden Leuchters.
16 Er bestimmte das Gold mit Angabe des Ge-
wichtes für die einzelnen Schaubrotetische
und des Silbers für die silbernen Tische.
17 Ebenso gab er ihm Auskunft über die Ga-
beln, Schalen und Kannen aus purem Gold,
über die goldenen Becher, mit Angabe des Ge-
wichtes eines jeden Bechers, auch über die
silbernen Becher, mit Angabe des Gewichtes
eines jeden Bechers. 18 Er verordnete geläuter-
tes Gold für den Räucheraltar, mit Angabe des
Gewichtes, und Gold für den Aufbau des
Thronwagens, die Kerubim, die ihre Flügel
ausbreiteten und die Bundeslade des HERRN

bedeckten. 19 Das alles hat er mich in einer
Schrift von der Hand des HERRN einsehen
lassen, alle nach dem Modell auszuführenden
Arbeiten.

20 Dann sagte David zu seinem Sohn Salo-
mo: Sei mutig und stark! Geh ans Werk! Fürch-
te dich nicht und verzage nicht! Denn der
HERR, mein Gott, wird mit dir sein. Er wird
dich nicht erlahmen lassen und dich nicht im
Stich lassen, bis alle Arbeiten für den Dienst
des Hauses des HERRN zu Ende geführt sind.
21 Sieh, die Abteilungen der Priester und Levi-
ten stehen da, zu jeder Dienstleistung im Haus
Gottes bereit. Bei jeder Arbeit und zu jedem
Dienst werden dir alle willig nach ihren Fähig-
keiten beistehen; ebenso werden dir die füh-
renden Männer und das ganze Volk in jeder
Angelegenheit zur Seite stehen.

1: 23,2 / **2**: 22,7–10; Ps 99,5; 132,7 / **3**: 22,8 / **4**: 1 Chr 5,2 / **5**: 17,11–14 / **7**: Ps 132,12 / **8**: Dtn 6,18 / **9**: 29,9 / **10**: 22,13 / **11**: Ex 25,9.40; Lev 16,13–15 / **12**: 18,11; 26,20.27 / **14**: 18,7–11; 22,14; 29,2–5 / **15**: Ex 25,31–40; 1 Kön 7,49 / **16**: 1 Kön 7,48 / **17**: 2 Chr 4,8.19.22 / **18**: 2 Chr 5,7f. / **20**: Esra 10,4; Hag 2,4

SPENDEN UND DANKGEBET DAVIDS: 29,1–20

29 1 Darauf wandte sich König David an
die ganze Versammlung: Mein Sohn
Salomo, den allein Gott erwählt hat, ist noch
jung und unerfahren. Das Werk aber ist groß;
denn nicht für Menschen ist das Gebäude
bestimmt, sondern für Gott, den HERRN.
2 Nach meinen besten Kräften habe ich nun
für das Haus meines Gottes Gold beschafft
für die goldenen, Silber für die silbernen,
Bronze für die bronzenen, Eisen für die eiser-
nen und Holz für die hölzernen Gegenstän-
de, dazu Schohamsteine mit Einfassungen,
Malachit und buntfarbige Steine sowie aller-
lei Edelsteine und Alabaster in Menge. 3 Aus
Liebe zum Haus meines Gottes spende ich
aus meinem Besitz, meinem Gold und Silber,
über all das hinaus, was ich für das Haus des
Heiligtums schon bereitgestellt habe, 4 noch
weitere 3 000 Talente Gold vom Ofirgold und
7 000 Talente geläutertes Silber. Man soll da-
mit die Wände der Räume verkleiden 5 und
Gold zur Verfügung haben für die goldenen
und Silber für die silbernen Gegenstände und
für jede Arbeit von Künstlerhand. Wer ist
nun bereit, seine Hand ebenso für den
HERRN zu füllen?

6 Da zeigten die Häupter der Großfamilien,
die Vorsteher der israelitischen Stämme, die
Obersten der Tausend- und Hundertschaften
und die obersten Beamten des königlichen
Dienstes ihre Freigebigkeit. 7 Sie spendeten
für den Bau des Hauses Gottes 5 000 Talente
Gold, 10 000 Golddariken, 10 000 Talente
Silber, 18 000 Talente Bronze, 100 000 Talen-
te Eisen. 8 Wer Edelsteine besaß, gab sie zum
Schatz des Hauses des HERRN in die Hände
Jehiëls, eines Nachkommen Gerschons. 9 Das
Volk freute sich über diese Freigebigkeit; denn
sie hatten mit ungeteiltem Herzen willig für
den HERRN gespendet. Auch König David
hatte eine große Freude.

10 Da pries David den HERRN vor der ganzen
Versammlung und rief: Gepriesen bist du,
HERR, Gott unseres Vaters Israel, von Ewig-
keit zu Ewigkeit. 11 Dein, HERR, sind Größe
und Kraft, Ruhm und Glanz und Hoheit; dein
ist alles im Himmel und auf Erden. HERR, dein
ist das Königtum. Du erhebst dich als Haupt
über alles. 12 Reichtum und Ehre kommen von
dir; du bist der Herrscher über das All. In dei-
ner Hand liegen Kraft und Stärke; es steht in
deiner Hand, alles groß und stark zu machen.
13 Darum danken wir dir, unser Gott, und rüh-
men deinen herrlichen Namen. 14 Doch wer
bin ich und was ist mein Volk, dass wir die
Kraft besaßen, diese Gaben zu spenden? Von
dir kommt ja alles; und was wir dir gegeben
haben, stammt aus deiner Hand. 15 Denn wir
sind nur Fremde bei dir, Beisassen, wie alle
unsere Väter. Wie ein Schatten sind unsere
Tage auf Erden und ohne Hoffnung. 16 HERR,
unser Gott, diese ganze Fülle, die wir bereit-
gestellt haben, um dir, deinem heiligen Na-
men, ein Haus zu bauen, kam aus deiner Hand;
dir gehört alles. 17 Ich weiß, mein Gott, dass du
die Herzen prüfst und an Aufrichtigkeit Ge-
fallen hast. Mit aufrichtigem Herzen habe ich
dies alles gegeben und ich habe mit Freuden
gesehen, wie auch dein Volk, das sich hier ein-
gefunden hat, dir willig spendet. 18 HERR, Gott
unserer Väter Abraham, Isaak und Israel, er-
halte diese Gesinnung für immer im Herzen
deines Volkes! Lenke sein Herz auf dich! 19 Gib
auch meinem Sohn Salomo ein ungeteiltes
Herz, damit er deine Gebote, Bundeszeugnis-
se und Gesetze bewahrt und alles tut, um das

28,19 mich: H, Vg; ihm: G.

29,7 Eine Darike ist eine Münze; die Bezeichnung soll auf den Perserkönig Darius I. (522–486 v. Chr.) zurückgehen.

Gebäude zu errichten, das ich vorbereitet
habe! 20 Dann befahl David der ganzen Ver-
sammlung: Preist den HERRN, euren Gott!
Und die ganze Versammlung lobte den
HERRN, den Gott ihrer Väter. Sie verneigten
sich und warfen sich nieder vor dem HERRN
und dem König.

1: 22,5; 1 Kön 3,7; Weish 9,5 / **2**: 22,14; 2 Chr 3,6 / **4**: 2 Chr 8,18 / **7**: Esra 8,27 / **10**: Lk 1,68 / **11**: Offb 5,13 / **12**: 2 Chr 1,12 / **15**: Lev 25,23; Ps 39,13 / **17**: Ps 7,10 / **18**: Gen 6,5 / **19**: 22,13

SALOMOS THRONBESTEIGUNG UND DAVIDS TOD: 29,21–30

21 Am folgenden Tag brachten sie dem HERRN
Opfer dar. Sie spendeten zu Brandopfern tau-
send Stiere, tausend Widder, tausend Lämmer
sowie die dazugehörenden Trankopfer. Dazu
kam eine Menge Schlachtopfer für ganz Israel.
22 Voller Freude aßen und tranken sie an jenem
Tag vor dem HERRN und machten Salomo,
den Sohn Davids, zum zweiten Mal zum Kö-
nig. Sie salbten ihn zum Fürsten des HERRN
und Zadok salbten sie zum Priester. 23 Salomo
setzte sich nun anstelle seines Vaters David als
König auf den Thron des HERRN. Er hatte
Glück und ganz Israel leistete ihm Gehorsam.
24 Alle hohen Beamten und Helden, auch alle
Söhne des Königs David, unterwarfen sich Sa-
lomo. 25 Der HERR ließ Salomo überaus mäch-
tig werden vor den Augen Israels. Er verlieh
seinem Königtum einen Glanz, wie ihn kein
König in Israel vor ihm besessen hatte.

26 David, der Sohn Isais, war König von ganz
Israel. 27 Die Zeit, die er in Israel regierte, be-
trug vierzig Jahre. In Hebron regierte er sieben
und in Jerusalem dreiunddreißig Jahre. 28 Er
starb in hohem Alter, satt an Tagen, Reichtum
und Ehre. Sein Sohn Salomo wurde König an
seiner Stelle. 29 Die frühere und die spätere
Geschichte des Königs David ist aufgezeichnet
in der Geschichte des Sehers Samuel, in der
Geschichte des Propheten Natan und in der
Geschichte des Sehers Gad. 30 Sie berichten
von seiner ganzen Regierung, seiner Macht-
entfaltung und von den Zeiten, die über ihn,
über Israel und alle Reiche der Länder hinweg-
gegangen sind.

21: 2 Chr 5,6 / **22**: 12,40 / **25**: 2 Chr 1,1 / **27**: 1 Kön 2,11 / **28**: Gen 25,8 / **29**: 1 Sam 9,9.11

DAS ZWEITE BUCH DER CHRONIK

GESCHICHTE SALOMOS: 1,1–9,31

SALOMOS BITTE UM WEISHEIT: 1,1–13

1 1 Salomo, der Sohn Davids, gewann Macht
in seinem Königtum, der HERR, sein
Gott, war mit ihm und ließ ihn überaus stark
werden.

2 Er sprach mit ganz Israel, den Obersten der
Tausend- und Hundertschaften, den Rich-
tern, mit allen Fürsten aus ganz Israel und mit
den Häuptern der Großfamilien. 3 Dann ging
er mit der ganzen Versammlung, die bei ihm
war, zur Kulthöhe von Gibeon; denn hier war
das Offenbarungszelt Gottes, das Mose, der
Knecht des HERRN, in der Wüste angefertigt
hatte. 4 Die Lade Gottes jedoch hatte David aus
Kirjat-Jearim an den Ort bringen lassen, den
er für sie hergerichtet hatte. Er hatte nämlich
in Jerusalem ein Zelt für sie aufgestellt. 5 Der
bronzene Altar, den Bezalel, der Sohn Uris und
Enkel Hurs, gemacht hatte, stand in Gibeon
vor der Wohnung des HERRN. Ihn suchten
Salomo und die ganze Versammlung Israels
auf. 6 Salomo stieg dort auf den bronzenen Al-
tar vor dem HERRN beim Offenbarungszelt
und brachte auf ihm tausend Brandopfer dar.

7 In jener Nacht erschien Gott dem Salomo
und forderte ihn auf: Sprich eine Bitte aus, die
ich dir gewähren soll! 8 Salomo antwortete
Gott: Du hast meinem Vater David große Huld
erwiesen und mich an seiner Stelle zum König
gemacht. 9 So möge sich nun, mein Herr und
GOTT, dein Wort an meinen Vater David als
wahr erweisen; denn du hast mich zum König
gemacht über ein Volk, das zahlreich ist wie
der Staub der Erde. 10 Verleih mir daher Weis-
heit und Einsicht, damit ich weiß, wie ich
mich vor diesem Volk verhalten soll! Denn wer
könnte sonst dieses mächtige Volk regieren?
11 Gott antwortete Salomo: Weil dir das am
Herzen liegt, weil du nicht um Reichtum, Ver-
mögen, Ehre oder um den Tod deiner Feinde,
auch nicht um langes Leben gebeten hast,
sondern weil du um Weisheit und Einsicht
gebeten hast, um mein Volk zu regieren, zu
dessen König ich dich bestellt habe, 12 sollen
dir Weisheit und Einsicht zuteilwerden.
Aber auch Reichtum, Vermögen und Ehre
will ich dir geben, wie sie kein König vor dir
erlangt hat und auch nach dir keiner haben
wird. 13 Da kam Salomo von der Kulthöhe in
Gibeon, vom Offenbarungszelt, nach Jerusa-
lem und herrschte über Israel.

1–13: 1 Kön 3,4–15 / **1**: 1 Kön 2,46 / **2**: 1 Chr 28,1 / **3**: 1 Kön 3,4 / **4**: 1 Chr 13,5–14; 16,1 / **5**: Ex 31,2–4; 1 Chr 2,20 / **9**: 2 Sam 7,12; Gen 13,16; 28,14 / **10**: Jes 11,2; Weish 9,12 / **11**: Weish 7,7 / **12**: Mt 6,33

SALOMOS REICHTUM: 1,14–17

14 Salomo beschaffte sich Wagen und die Be-
satzung dazu. Er hatte vierzehnhundert Wa-
gen und zwölftausend Mann als Besatzung
und brachte sie in die Wagenstädte sowie in
die Umgebung des Königs nach Jerusalem.
15 Der König machte das Silber und das Gold
in Jerusalem so häufig wie die Steine und die
Zedern so zahlreich wie die Maulbeerfeigen-
bäume in der Schefela. 16 Man bezog die Pferde
für Salomo aus Ägypten und Koë. Die Händler
des Königs kauften sie in Koë. 17 Einen Wagen
brachten sie aus Ägypten für sechshundert
und ein Pferd für hundertfünfzig Silberschekel. Ebenso trieb man Handel mit allen hetiti-
schen und aramäischen Königen.

14–17: 1 Kön 10,26–29 / **15**: Sir 47,18 / **16**: Dtn 17,16

VORBEREITUNGEN ZUM TEMPELBAU: 1,18–2,17

18 Salomo beschloss, einen Tempel für den Na-
men des HERRN und eine königliche Residenz
für sich zu bauen.

2 1 Er ließ 70 000 Lastträger und 80 000
Steinhauer im Gebirge auszählen und
setzte 3 600 Aufseher über sie. 2 Dann sandte
er Boten zu Hiram, dem König von Tyrus, und
ließ ihm sagen: Du hast meinem Vater David
geholfen und ihm Zedern geliefert, damit er
sich ein Haus als Wohnung bauen konnte.
3 Ich möchte jetzt dem Namen des HERRN,
meines Gottes, ein Haus bauen und es ihm
weihen. Man soll wohlriechendes Räucher-
werk vor ihm anzünden, ständig die Brote
auflegen und jeden Morgen und jeden Abend,
an den Sabbaten, Neumondtagen und Festen
des HERRN, unseres Gottes, Brandopfer dar-
bringen. So ist es Israel für ewige Zeiten zur
Pflicht gemacht worden. 4 Das Haus, das ich
bauen will, soll groß werden, denn unser Gott
ist größer als alle Götter. 5 Wer aber besitzt die
Kraft, ihm ein Haus zu bauen? Der Himmel
und die Himmel der Himmel fassen ihn nicht.
Und wer bin ich, dass ich ihm ein Haus baue,
wenn auch nur, um Rauchopfer vor ihm dar-
zubringen?
6 Schick mir nun einen fähigen Mann, der
Arbeiten in Gold, Silber, Bronze, Eisen, rotem
Purpur, Karmesin und blauem Purpur ausfüh-
ren kann und sich aufs Gravieren versteht! Er
soll mit den Künstlern zusammenarbeiten, die
bei mir in Juda und Jerusalem sind und die
mein Vater David bestellt hat. 7 Liefere mir
auch Zedern, Nadelbäume und Algummim-
holz vom Libanon! Denn ich weiß, dass deine
Leute die Bäume des Libanon zu fällen verste-
hen. Meine Leute sollen deinen Leuten dabei
helfen. 8 Sie sollen eine Menge Holz herrich-
ten; denn das Haus, das ich bauen will, soll
groß und wunderbar werden. 9 Den Arbei-
tern, die das Holz fällen, gebe ich zum Unter-
halt für deine Knechte 20 000 Kor Weizen,
20 000 Kor Gerste, 20 000 Bat Wein und
20 000 Bat Öl.

1,13 Übersetzung nach G wie in allen Übertragungen der Bibel. H lautet: Salomo war zur Kulthöhe gekommen, die sich in Gibeon Jerusalem befand, vor das Offenbarungszelt. Gibeon Jerusalem weist darauf hin, dass es sich nicht um Gibeon in Benjamin handelt, wo eine unrechtmäßige Höhe bestand, sondern um die Höhe, auf welcher der Tempel von Jerusalem zu stehen kam. G ist wahrscheinlich die ursprünglichere Textgestalt.

2,9 zum Unterhalt: G, Vg, S, vgl. 1 Kön 5,25; in Schläge/zu schlagen: H. 1 Kön spricht nur von 20 000 Kor Weizen und 20 Kor (= 200 Bat) Öl.

10 Hiram, der König von Tyrus, antwortete
Salomo in einem Schreiben, das er ihm sandte:
Weil der HERR sein Volk liebt, hat er dich ihm
als König gegeben. 11 Ferner schrieb Hiram: Ge-
priesen sei der HERR, der Gott Israels, der Him-
mel und Erde gemacht hat. Er hat dem König
David einen weisen Sohn gegeben, der Einsicht
und Verstand besitzt, um ein Haus für den
HERRN und eine königliche Residenz für sich
selbst zu bauen. 12 Ich schicke dir einen fähigen,
klugen Mann, Hiram-Abi, 13 den Sohn einer
danitischen Frau. Sein Vater stammt aus Tyrus.
Er versteht es, Arbeiten in Gold, Silber, Bronze,
Eisen, Stein, Holz, rotem und blauem Purpur,
Byssus und Karmesin auszuführen, alle Gravie-
rungen zu besorgen und jeden Plan zu entwer-
fen, der ihm aufgetragen wird. Er wird mit dei-
nen Künstlern und den Künstlern meines
Herrn, deines Vaters David, zusammenarbei-
ten. 14 Den Weizen, die Gerste, das Öl und den
Wein dagegen, von denen mein Herr gespro-
chen hat, möge er seinen Knechten liefern.
15 Wir aber werden die Bäume auf dem Libanon
fällen, so viele du nötig hast, und sie dir in Flö-
ßen auf dem Meer nach Jafo schaffen. Du magst
sie dann nach Jerusalem hinaufbringen.

16 Salomo ließ nun alle Fremden zählen, die
im Land Israel wohnten, nachdem schon sein
Vater David eine Zählung unter ihnen vorge-
nommen hatte. Es fanden sich 153 600 Mann.
17 Von diesen machte er 70 000 zu Lastträgern,
80 000 zu Steinhauern im Gebirge und 3 600
zu Aufsehern, die das Volk zur Arbeit anhalten
sollten.

1: 1 Kön 5,29f. / **2**: 1 Kön 5,22–24 / **5**: Ps 95,5; 96,4; Apg 7,49 / **6**: 1 Kön 7,13f. / **7**: 1 Kön 5,20 / **9**: 1 Kön 5,25 / **11**: 1 Kön 5,21; 2 Chr 9,8 / **12**: 1 Kön 7,14 / **14**: 1 Kön 5,25; Esra 3,7 / **15**: 1 Kön 5,23 / **17**: 1 Kön 5,29f.

BAU DES TEMPELS: 3,1–17

3 1 Salomo begann, das Haus des HERRN
in Jerusalem auf dem Berg Morija zu bau-
en, wo der HERR seinem Vater David erschie-
nen war, an der Stätte, die David bestimmt
hatte, auf der Tenne des Jebusiters Arauna. 2 Er
begann den Bau im zweiten Monat, im vierten
Jahr seiner Regierung.

3 Dies sind die Grundmaße, die Salomo für
den Bau des Hauses Gottes festlegte: Die Län-
ge betrug sechzig Ellen – die Elle nach dem
früheren Maß gerechnet – und die Breite
zwanzig Ellen. 4 Die Halle vor dem Hauptraum
war zwanzig Ellen lang, entsprechend der
Breite des Hauses, und hundertzwanzig Ellen
hoch. Er überzog sie innen mit purem Gold.
5 Den Hauptraum vertäfelte er mit Zypressen-
holz, überzog dieses mit echtem Gold und
brachte Palmen und kettenförmige Bänder
darauf an. 6 Auch schmückte er das Haus mit
kostbaren Steinen. Das Gold war Gold aus Par-
wajim. 7 So überzog er das Haus, die Balken,
die Schwellen, seine Wände und Türen mit
Gold und ließ in die Wände Kerubim ein-
schnitzen.

8 Er schuf den Raum des Allerheiligsten.
Seine Länge betrug zwanzig Ellen, der Breite
des Hauses entsprechend, und seine Breite
zwanzig Ellen. Er überzog es mit echtem Gold
im Gewicht von sechshundert Talenten. 9 Für
die Nägel verwendete er Gold im Gewicht von
fünfzig Schekeln. Auch die Obergemächer ließ
er mit Gold verkleiden.

10 Im Raum des Allerheiligsten ließ er zwei
Kerubim als gegossene Standbilder anfertigen
und mit Gold überziehen. 11 Die Flügel der Ke-
rubim hatten zusammen eine Spannweite von
zwanzig Ellen. Der Flügel des einen war fünf
Ellen lang und berührte die Wand des Hauses.
Der zweite Flügel war fünf Ellen lang und be-
rührte den Flügel des anderen Kerubs. 12 Der
Flügel des zweiten Kerubs war fünf Ellen lang
und berührte die Wand des Hauses und auch
der andere Flügel war fünf Ellen lang und stieß
an den Flügel des ersten Kerubs. 13 Die Flügel
dieser Kerubim hatten eine Spannweite von
zwanzig Ellen. Sie selbst standen auf ihren
Füßen und ihre Gesichter waren dem Innen-
raum zugewandt. 14 Er verfertigte auch den
Vorhang aus blauem und rotem Purpur, aus
Karmesin und Byssus und brachte darauf
Kerubim an.

15 Für die Vorderseite des Hauses machte er
zwei Säulen von achtzehn Ellen Höhe. Das
Kapitell auf ihnen maß fünf Ellen. 16 Dazu
schuf er kettenförmige Bänder und brachte sie
oben auf den Säulen an. Auch machte er hun-
dert Granatäpfel und befestigte sie an den ket-

3,1–4,22 Der Wortlaut ist hier stellenweise nicht zweifelsfrei überliefert worden. Die Übersetzung ist daher bisweilen versuchsweise gegeben.

3,1 Morija ist die Gegend, in der Abraham nach Gen 22,2 seinen Sohn opfern sollte. Der Ort des Tempels ist also durch die Opfer Abrahams und Davids (2 Sam 24; 1 Chr 21,26; 22,1) im Voraus bezeichnet worden.

3,10 H ist teilweise schwer zu deuten.

3,15 achtzehn: vermuteter Text, vgl. 1 Kön 7,15; fünfunddreißig: H.

tenförmigen Bändern. 17 Die Säulen stellte er
vor dem Tempel auf, die eine auf der rechten,
die andere auf der linken Seite. Die rechte
nannte er Jachin, die linke Boas.

1: Gen 22,2; 2 Sam 24,16–25; 1 Chr 21,15.18–26 / **4**: Ez 40,48f. / **7**: 1 Chr 29,4 / **8**: 1 Kön 6,16.20 / **9**: 1 Kön 10,14; Ex 26,32.37 / **10–13**: 1 Kön 6,23–28 / **11**: Ex 25,18–20 / **14**: Ex 26,31–33 / **15**: Jer 52,21–23 / **17**: 2 Kön 25,13.16f.

AUSSTATTUNG DES TEMPELS: 4,1–5,1

4 1 Er ließ einen bronzenen Altar herstellen,
zwanzig Ellen lang, zwanzig Ellen breit
und zehn Ellen hoch.
2 Dann machte er das Meer. Es war gegos-
sen, maß zehn Ellen von einem Rand zum
andern, war völlig rund und fünf Ellen hoch.
Eine Schnur von dreißig Ellen konnte es rings
umspannen. 3 Unter ihm waren rundum Bil-
der von Rindern. In einem Band von zehn
Ellen Länge umsäumten sie das Meer ringsum
in zwei Reihen. Sie wurden bei seinem Guss
mitgegossen. 4 Das Meer stand auf zwölf Rin-
dern. Von ihnen schauten drei nach Norden,
drei nach Westen, drei nach Süden und drei
nach Osten. Das Meer ruhte oben auf den
Rindern. Ihre Hinterteile waren nach innen
gekehrt. 5 Die Wand des Meeres war eine
Handbreit dick. Sein Rand war wie der Rand
eines Bechers geformt, einer Lilienblüte
gleich. Es fasste dreitausend Bat. 6 Auch
machte er zehn Kessel, von denen er fünf an
die Südseite und fünf an die Nordseite brach-
te. Sie dienten für die Waschungen; was zum
Brandopfer gehörte, sollte man in ihnen ab-
spülen. Das Meer war für die Waschungen der
Priester bestimmt.
7 Er machte die zehn goldenen Leuchter der
Vorschrift gemäß und stellte sie im Tempel
auf, fünf auf der rechten und fünf auf der lin-
ken Seite. 8 Ferner machte er zehn Tische und
brachte sie in den Tempel, fünf auf die rechte
und fünf auf die linke Seite. Desgleichen ver-
fertigte er hundert goldene Schalen.
9 Auch schuf er den Vorhof der Priester und
den großen Hof mit seinen Toren. Die Torflü-
gel überzog er mit Bronze. 10 Das Meer stellte
er an die Südseite des Hauses gegen Südosten.
11 Endlich machte Hiram die Töpfe, Schaufeln
und Schalen.
So führte Hiram die Arbeiten zu Ende, die
er dem König Salomo für das Haus Gottes an-
zufertigen hatte: 12 zwei Säulen, zwei becken-
förmige Kapitelle oben auf den Säulen, die
zwei Flechtwerke, mit denen man die beiden
beckenförmigen Kapitelle oben auf den Säulen
bedeckte, 13 die vierhundert Granatäpfel für die
beiden Flechtwerke, die in zwei Reihen an je-
dem Flechtwerk angebracht waren und die die
beiden beckenförmigen Kapitelle auf den Säu-
len bedeckten, 14 die zehn fahrbaren Gestelle,
die zehn Kessel für die Gestelle, 15 das eine
Meer, die zwölf Rinder unter ihm, 16 die Töp-
fe, Schaufeln und Gabeln. Alle diese Geräte
machte Hiram-Abi dem König Salomo für das
Haus des HERRN aus glatter Bronze. 17 In der
Jordanau zwischen Sukkot und Zereda ließ sie
der König in Formen aus festem Lehm gießen.
18 Salomo ließ alle diese Geräte in überaus gro-
ßer Menge anfertigen; das Gewicht der Bron-
ze war darum nicht festzustellen.
19 Salomo ließ alle Geräte, die zum Haus
Gottes gehörten, anfertigen: den goldenen
Altar, die Tische, auf die man die Schaubrote
legte, 20 die Leuchter mit ihren Lampen aus
bestem Gold, um sie der Vorschrift gemäß vor
dem hochheiligen Ort anzuzünden, 21 die gol-
denen Blüten, Lampen und Dochtscheren aus
bestem Gold, 22 ferner die Messer, Schalen,
Schüsseln und Pfannen aus bestem Gold. An
den Eingängen des Hauses waren die inneren
Türflügel zum Allerheiligsten und jene zum
Hauptraum aus Gold.

5 1 So wurden alle Arbeiten, die Salomo für
das Haus des HERRN ausführen ließ, voll-
endet. Dann brachte er die Weihegaben seines
Vaters David hinein und legte das Silber, das
Gold und alle Geräte in die Schatzkammern
des Hauses Gottes.

4,1: Esra 3,2f. / **2**: 1 Kön 7,23–26 / **3**: 2 Kön 25,13.16; Jer 27,19–22 / **4**: 2 Kön 16,17 / **6**: 1 Kön 7,38f.; Ez 40,38 / **7**: 1 Kön 7,49 / **8**: 1 Kön 7,48 / **9**: 1 Kön 6,36; 7,12 / **11**: 1 Kön 7,40 / **12**: 1 Kön 7,15–19 / **14**: 4,6 / **17**: 1 Kön 7,46 / **18**: 1 Kön 7,47 / **19**: 4,8; 1 Chr 22,14; Hebr 9,4 / **22**: 1 Kön 6,31–35
5,1: 1 Kön 6,38

ÜBERTRAGUNG DER LADE: 5,2–6,2

2 Damals versammelte Salomo die Ältesten
Israels, alle Stammesführer und die Anführer
der israelitischen Großfamilien in Jerusalem,
um die Bundeslade des HERRN aus der Stadt
Davids, das ist Zion, heraufzuholen. 3 Am Fest,
das ist im siebten Monat, kamen alle Männer
Israels beim König zusammen. 4 Nachdem alle
Ältesten gekommen waren, nahmen die Levi-
ten die Lade 5 und brachten sie zugleich mit

4,6 H, G und Vg drücken die Himmelsrichtung Süden mit dem Begriff rechts und Norden mit links aus.

dem Offenbarungszelt und den heiligen Ge-
räten, die im Zelt waren, hinauf. Die leviti-
schen Priester übernahmen den Trägerdienst.
6 König Salomo aber und die ganze Gemeinde
Israels, die bei ihm vor der Lade versammelt
war, schlachteten Schafe und Rinder, die man
wegen ihrer Menge nicht zählen und nicht be-
rechnen konnte. 7 Darauf stellten die Priester
die Bundeslade des HERRN an ihren Platz, an
den hochheiligen Ort des Hauses, in das Al-
lerheiligste, unter die Flügel der Kerubim.
8 Denn die Kerubim breiteten ihre Flügel über
den Ort, wo die Lade stand, und bedeckten sie
und ihre Stangen von oben her. 9 Die Stangen
waren so lang, dass man ihre Spitzen an der
Lade vor dem hochheiligen Ort sehen konnte;
draußen aber waren sie nicht zu sehen. Sie
blieben dort bis zum heutigen Tag. 10 In der
Lade befanden sich nur die zwei Tafeln, die
Mose am Horeb hineingelegt hatte, die Tafeln
des Bundes, den der HERR mit den Israeliten
beim Auszug aus Ägypten geschlossen hatte.
11 Darauf traten die Priester aus dem Heilig-
tum. Alle, die gekommen waren, unabhängig
davon, zu welcher Abteilung sie gehörten,
hatten sich geheiligt. 12 Die levitischen Sänger,
Asaf, Heman, Jedutun, ihre Söhne und Brüder,
standen alle, in Byssus gekleidet, mit Zimbeln,
Harfen und Zithern an der Ostseite des Altars.
Bei ihnen waren hundertzwanzig Priester, die
auf Trompeten bliesen. 13 Es kam wie aus ei-
nem Mund, wenn die Trompeter und Sänger
gleichzeitig zum Lob und Preis des HERRN sich
vernehmen ließen. Als sie mit ihren Trom-
peten, Zimbeln und Musikinstrumenten ein-
setzten und den HERRN priesen – Denn er ist
gütig, denn seine Huld währt ewig –, erfüllte
eine Wolke den Tempel, das Haus des HERRN.
14 Die Priester konnten wegen der Wolke
ihren Dienst nicht verrichten; denn die Herr-
lichkeit des HERRN erfüllte das Haus Gottes.

6 1 Damals sagte Salomo: Der HERR sprach,
er wolle im Dunkel wohnen. 2 Ich habe
ein fürstliches Haus für dich gebaut, eine
Wohnstätte für ewige Zeiten.

5,2 - 6,2: 1 Kön 8,1–13 / **2**: 1 Chr 11,5; 15,29 / **5**: Jos 3,6; 1 Chr 15,2 / **7**: 1 Chr 16,1; 2 Chr 1,4 / **9**: 1 Chr 28,18 / **10**: Ex 25,16.21; 34,28; Dtn 10,1–5; Hebr 9,4 / **12**: 29,13f.; 35,15 / **14**: Num 17,7; Ez 10,4
6,1: Ex 20,21; Dtn 4,11; Ps 18,12; 97,2

SALOMOS ANSPRACHE: 6,3–11

3 Dann wandte sich der König um und segnete
die ganze Versammlung Israels. Alle standen
4 und er betete: Gepriesen sei der HERR, der
Gott Israels. Seine Hand hat ausgeführt, was
sein Mund meinem Vater David verheißen
hat, als er sprach: 5 Seit dem Tag, da ich mein
Volk aus dem Land Ägypten führte, habe ich
aus keinem der Stämme Israels eine Stadt für
den Bau eines Hauses erwählt, damit mein
Name dort sei. Auch habe ich keinen Mann
zum Fürsten meines Volkes Israel erwählt.
6 Nur Jerusalem habe ich zur Wohnung für
meinen Namen und David zum Herrscher
über mein Volk Israel erwählt. 7 Mein Vater
David wollte dem Namen des HERRN, des
Gottes Israels, ein Haus bauen. 8 Doch der
HERR sprach zu ihm: Wenn du dir vorgenom-
men hast, meinem Namen ein Haus zu bauen,
hast du einen guten Entschluss gefasst. 9 Doch
wirst nicht du das Haus bauen, sondern erst
dein leiblicher Sohn wird meinem Namen das
Haus bauen. 10 Der HERR hat jetzt sein Ver-
sprechen, das er gegeben hat, wahr gemacht:
Ich bin an die Stelle meines Vaters David ge-
treten und habe den Thron Israels bestiegen,
wie es der HERR zugesagt hat. Ich habe dem
Namen des HERRN, des Gottes Israels, das
Haus gebaut 11 und die Lade darin aufgestellt.
Sie enthält die Tafeln des Bundes, den der
HERR mit den Israeliten geschlossen hat.

3-11: 1 Kön 8,14–21 / **5**: 2 Sam 7,6f.; 1 Chr 17,5f. / **6**: 1 Chr 28,4 / **7**: 2 Sam 7,1–3 / **8**: 1 Chr 17,1f. / **9**: 2 Sam 7,13 / **10**: 1 Chr 17,11f.; 22,10; 28,6; 2 Sam 7,12 / **11**: 5,10

WEIHEGEBET: 6,12–42

12 Dann trat er in Gegenwart der ganzen Ver-
sammlung Israels vor den Altar des HERRN
und breitete seine Hände aus. 13 Salomo hatte
nämlich eine bronzene Tribüne anfertigen las-
sen und sie in der Mitte des Hofes aufgestellt.
Sie war fünf Ellen lang, fünf Ellen breit und
drei Ellen hoch. Er trat auf sie, ließ sich im An-
gesicht der ganzen Versammlung Israels auf
die Knie nieder, breitete seine Hände zum
Himmel aus 14 und betete: HERR, Gott Israels,
im Himmel und auf der Erde gibt es keinen
Gott, der so wie du Bund und Huld seinen
Knechten bewahrt, die mit ungeteiltem Her-
zen vor ihm leben. 15 Du hast das Versprechen
gehalten, das du deinem Knecht, meinem Va-
ter David, gegeben hast. Deine Hand hat heu-
te erfüllt, was dein Mund versprochen hat.
16 Und nun, HERR, Gott Israels, halte auch das
Wort, das du deinem Knecht David, meinem
Vater, gegeben hast, als du sagtest: Es soll dir

nie an einem Nachkommen fehlen, der vor mir
auf dem Thron Israels sitzt, wenn nur deine
Söhne darauf achten, ihren Weg so nach mei-
ner Weisung zu gehen, wie du es getan hast.
17 HERR, Gott Israels, möge sich jetzt dein
Wort, das du deinem Knecht David gegeben
hast, als wahr erweisen.

18 Wohnt denn Gott wirklich bei den Men-
schen auf der Erde? Siehe, selbst der Himmel
und die Himmel der Himmel fassen dich nicht,
wie viel weniger dieses Haus, das ich gebaut
habe. 19 Wende dich, HERR, mein Gott, dem
Beten und Flehen deines Knechtes zu! Hör auf
das Rufen und auf das Gebet, das dein Knecht
vor dir verrichtet! 20 Halte deine Augen offen
über diesem Haus bei Tag und bei Nacht, über
der Stätte, von der du gesagt hast, dass du dei-
nen Namen hierher legen willst! Höre auf das
Gebet, das dein Knecht an dieser Stätte verrich-
tet! 21 Achte auf das Flehen deines Knechtes
und deines Volkes Israel, wenn sie an dieser
Stätte beten! Höre sie im Himmel, dem Ort,
wo du wohnst! Höre sie und verzeih!

22 Wenn sich jemand gegen seinen Nächsten
verfehlt und dieser ihm einen Eid abverlangt,
den er schwören muss, und er dann kommt
und vor deinem Altar in diesem Haus schwört,
23 so höre du es im Himmel und greif ein! Ver-
schaff deinen Knechten Recht! Vergilt dem
Schuldigen und lass sein Tun auf ihn selbst
zurückfallen! Den Schuldlosen aber sprich frei
und vergilt ihm, wie es seiner Gerechtigkeit
entspricht!

24 Wenn dein Volk Israel von einem Feind
geschlagen wird, weil es gegen dich gesündigt
hat, und dann wieder umkehrt, deinen Namen
preist und in diesem Haus zu dir betet und
fleht, 25 so höre du es im Himmel! Vergib dei-
nem Volk Israel seine Sünde; lass sie in das
Land zurückkommen, das du ihnen und ihren
Vätern gegeben hast!

26 Wenn der Himmel verschlossen ist und
kein Regen fällt, weil sie gegen dich gesündigt
haben, und wenn sie dann an diesem Ort be-
ten, deinen Namen preisen und von ihrer Sün-
de lassen, weil du sie demütigst, 27 so höre du
sie im Himmel! Vergib deinen Knechten und
deinem Volk Israel ihre Sünden; denn du
führst sie den guten Weg, den sie gehen sollen.
Spende Regen deinem Land, das du deinem
Volk zum Erbbesitz gegeben hast!

28 Wenn im Land Hungersnot herrscht,
wenn Pest ausbricht, wenn Getreidebrand,
Rost, Heuschrecken und Ungeziefer auftre-
ten, wenn Feinde sie im eigenen Land bedrän-
gen, wenn irgendeine Plage oder Krankheit sie
trifft, 29 so höre du jedes Gebet und Flehen
eines jeden Einzelnen und deines ganzen Vol-
kes Israel, denn sie alle kennen ihre Not und
ihr Leid und erheben ihre Hände zu diesem
Haus, 30 höre sie im Himmel, dem Ort, wo du
wohnst, und verzeih! Vergilt jedem, was sein
Tun verdient! Du kennst ja ihre Herzen; denn
du allein kennst die Herzen der Menschen.
31 So werden sie dich fürchten und auf deinen
Wegen gehen, solange sie in dem Land leben,
das du unseren Vätern gegeben hast.

32 Auch Fremde, die nicht zu deinem Volk
Israel gehören, werden wegen deines großen
Namens, deiner starken Hand und deines hoch
erhobenen Armes aus fernem Land kommen.
Sie werden kommen und in diesem Haus be-
ten. 33 Höre sie dann im Himmel, dem Ort, wo
du wohnst, und tu alles, weswegen der Frem-
de zu dir ruft! Dann werden alle Völker der
Erde deinen Namen erkennen. Sie werden dich
fürchten, wie dein Volk Israel dich fürchtet,
und erfahren, dass dein Name ausgerufen ist
über diesem Haus, das ich gebaut habe.

34 Wenn dein Volk gegen seine Feinde in den
Krieg zieht, auf dem Weg, den du es sendest,
und wenn es dann zu dir betet, zu dieser Stadt
hingewendet, die du erwählt hast, und zu dem
Haus hin, das ich deinem Namen gebaut habe,
35 so höre du im Himmel sein Beten und Fle-
hen und verschaff ihm Recht!

36 Wenn sie gegen dich sündigen – es gibt ja
niemand, der nicht sündigte – und du ihnen
zürnst, sie ihren Bedrängern preisgibst und
ihre Feinde sie gefangen fortführen in ein fer-
nes oder nahes Land, 37 so werden sie im Land
ihrer Gefangenschaft in sich gehen. Sie wer-
den im Land ihrer Gefangenschaft umkehren,
zu dir flehen und rufen: Wir haben gesündigt,
Unrecht getan und gefrevelt. 38 Mit ganzem
Herzen und ganzer Seele werden sie im Land
ihrer Gefangenschaft, wohin man sie geführt
hat, zu dir umkehren und beten, zu dem Land
hingewendet, das du ihren Vätern gegeben
hast, zu der Stadt hin, die du erwählt hast, und
zu dem Haus hin, das ich deinem Namen ge-
baut habe. 39 Höre dann im Himmel, dem Ort,

6,26 sie demütigst: G und Vg; sie erhörst: H, S.

6,28 im eigenen Land: wörtlich – im Land seiner Tore.

wo du wohnst, ihr Beten und Flehen! Ver-
schaff ihnen Recht und verzeih deinem Volk,
was es gegen dich gesündigt hat!
40 Lass jetzt, mein Gott, deine Augen offen
sein und deine Ohren aufmerksam für das Ge-
bet an diesem Ort. 41 Und jetzt steh auf, HERR
und Gott, zum Ort deiner Ruhe, du und deine
machtvolle Lade! Deine Priester, HERR und
Gott, sollen sich in Heil kleiden und deine
Frommen sich des Glückes freuen. 42 HERR
und Gott, weise deinen Gesalbten nicht ab! Sei
eingedenk der Hulderweise an David, deinen
Knecht!

12-40: 1 Kön 8,22–52 / **13**: 1 Kön 8,54 / **14**: Dtn 4,15.39; 1 Chr 17,20 / **15**: 6,10; 7,18; 23,3 / **16**: 1 Kön 2,4; 9,5 / **18**: Jes 66,1 / **20**: 7,15f.; Neh 1,6 / **22**: Ex 22,7–10 / **24**: 20,9; Dtn 28,25 / **26**: 7,13; Dtn 28,23f. / **28**: 7,13; 20,9; Dtn 28,21f. / **32**: Jes 56,6f.; Jer 16,19–21; Sach 8,20–22 / **35**: Dan 6,11 / **36**: Ps 14,3; 53,4 / **37**: 7,14; Dtn 30,1–3; Ps 106,6 / **38**: Dan 9,5 / **41**: 7,15f.; Ps 132,8–10.16

ABSCHLUSS DER FEIER: 7,1–10

7 1 Als Salomo sein Gebet beendet hatte, fiel
Feuer vom Himmel und verzehrte das
Brandopfer und die Schlachtopfer. Die Herr-
lichkeit des HERRN erfüllte den Tempel. 2 Die
Priester konnten das Haus des HERRN nicht
betreten, da die Herrlichkeit des HERRN es
erfüllte. 3 Alle Israeliten sahen, wie das Feuer
herabfiel und wie die Herrlichkeit des HERRN
über dem Tempel erschien. Sie warfen sich mit
dem Gesicht zur Erde auf das Steinpflaster nie-
der, beteten den HERRN an und priesen ihn:
Denn er ist gütig, denn seine Huld währt ewig.
4 Dann brachten der König und das ganze
Volk vor dem HERRN Opfer dar. 5 Zweiund-
zwanzigtausend Rinder und hundertzwan-
zigtausend Schafe ließ König Salomo zum
Opfer schlachten. So vollzogen der König und
das ganze Volk die Weihe des Hauses Gottes.
6 Die Priester taten ihren Dienst und die Le-
viten spielten die Instrumente für die Lieder
des HERRN. König David hatte diese Geräte
anfertigen lassen, um den HERRN zu preisen:
Denn seine Huld währt ewig. Während die
Leviten den Lobpreis Davids vortrugen, blie-
sen die Priester ihnen gegenüber die Trompe-
ten und ganz Israel nahm daran teil. 7 Salomo
weihte die Mitte des Hofes, der vor dem Haus
des HERRN war, als er dort die Brandopfer und
die Fettstücke der Heilsopfer darbrachte. Der
bronzene Altar, den Salomo hatte anfertigen
lassen, konnte nämlich das Brandopfer, das
Speiseopfer und die Fettstücke nicht fassen.
8 Salomo feierte damals mit ganz Israel, das
von Lebo-Hamat bis zum Grenzbach Ägyp-
tens zu einer sehr großen Versammlung er-
schienen war, auch das Fest sieben Tage lang.
9 Am achten Tag hielten sie eine Festversamm-
lung. Die Weihe des Altars hatten sie nämlich
sieben Tage lang gefeiert und auch das Fest
dauerte sieben Tage. 10 Am dreiundzwanzigs-
ten Tag des siebten Monats entließ der König
das Volk zu seinen Zelten. Sie waren voll Freu-
de und frohen Mutes über das Gute, das der
HERR an David, an Salomo und an seinem
Volk Israel getan hatte.

1: 1 Kön 18,38; 1 Chr 21,26 / **2**: Sir 36,19; Ex 40,34f. / **3**: 1 Chr 16,34 / **5**: 1 Kön 8,62f.; Esra 6,16; 1 Makk 4,54 / **8**: 1 Chr 13,5 / **9**: 1 Makk 4,56; 2 Makk 2,12 / **10**: 1 Chr 29,22; 1 Makk 4,58

NÄCHTLICHE ERSCHEINUNG: 7,11–22

11 Nachdem Salomo das Haus des HERRN und
den königlichen Palast vollendet und alle seine
Pläne für das Haus des HERRN und für seinen
Palast verwirklicht hatte, 12 erschien ihm der
HERR in der Nacht und sprach zu ihm: Ich
habe dein Gebet gehört und diesen Ort als
Opferstätte für mich erwählt. 13 Wenn ich den
Himmel verschließe und kein Regen fällt oder
wenn ich der Heuschrecke gebiete, das Land
kahl zu fressen, wenn ich die Pest in mein Volk
sende 14 und mein Volk, über das mein Name
ausgerufen ist, sich demütigt und betet, mich
sucht und von seinen schlechten Wegen um-
kehrt, dann höre ich es im Himmel. Ich ver-
zeihe seine Sünde und bringe seinem Land
Heilung. 15 Meine Augen sollen jetzt für das
Gebet an diesem Ort offen sein und meine
Ohren sollen darauf achten. 16 Ich habe jetzt
dieses Haus erwählt und geheiligt, damit mein
Name ewig hier sei. Meine Augen und mein
Herz werden allezeit hier weilen. 17 Wenn du
deinen Weg vor mir gehst, wie ihn dein Vater
David gegangen ist, und wenn du alles tust,
was ich dir befohlen habe, wenn du meine Ge-
setze und Rechtsentscheide bewahrst, 18 dann
werde ich deinen Königsthron bestehen las-
sen, wie ich es deinem Vater David zugesichert
habe, zu dem ich gesagt habe: Es soll dir nie an
einem Herrscher über Israel fehlen. 19 Doch
wenn ihr euch von mir abwendet und meine
Satzungen und Gebote, die ich euch gegeben
habe, übertretet, wenn ihr euch anschickt, an-
dere Götter zu verehren und euch vor ihnen
niederzuwerfen, 20 dann werde ich euch aus

meinem Land vertreiben, das ich euch gegeben
habe. Dieses Haus, das ich meinem Namen
geweiht habe, werde ich aus meinem Ange-
sicht wegschaffen und zum Gespött und zum
Hohn unter allen Völkern machen. 21 Jeder, der
an diesem Haus, das so erhaben war, vorüber-
geht, wird sich entsetzen und fragen: Warum
hat der HERR diesem Land und diesem Haus
das angetan? 22 Und man wird antworten:
Weil sie den HERRN, den Gott ihrer Väter, der
sie aus Ägypten geführt hat, verlassen und sich
an andere Götter gehängt, sich vor ihnen nie-
dergeworfen und sie verehrt haben, darum hat
er all dieses Unglück über sie gebracht.

11–22: 1 Kön 9,1–9 / **13–14:** 6,26–28 / **14:** Jer 14,9 / **15:** 6,20 / **16:** 6,6 / **17:** 1 Kön 2,3f. / **18:** 6,16 / **19:** Lev 26,14f. / **20:** Dtn 29,27 / **22:** Dtn 29,23–27

BAUARBEITEN, KULT UND SEEFAHRT: 8,1–18

8 1 Nach Ablauf von zwanzig Jahren, in de-
nen Salomo das Haus des HERRN und
seinen Palast gebaut hatte, 2 baute er auch die
Städte aus, die Hiram ihm gegeben hatte, und
siedelte Israeliten darin an.

3 Salomo zog nach Hamat-Zoba und erober-
te es. 4 Er baute Tadmor in der Steppe aus und
alle Vorratsstädte, die er in Hamat anlegte. 5 Er
baute auch das obere und das untere Bet-Ho-
ron zu Festungen mit Mauern, Toren und Rie-
geln aus, 6 ebenso Baala und alle Vorratsstädte,
die ihm gehörten, die Städte für die Wagen
und ihre Mannschaft und was er sonst in Jeru-
salem, auf dem Libanon und im ganzen Be-
reich seiner Herrschaft zu bauen wünschte.

7 Die Reste der Hetiter, Amoriter, Perisiter,
Hiwiter und Jebusiter, die nicht zu den Israeliten
gehörten 8 und von denen noch Nachkommen
im Land lebten – die Israeliten hatten sie nicht
ausgerottet –, hob Salomo als Fronarbeiter aus
und sie blieben es bis zum heutigen Tag. 9 Von
den Israeliten aber machte Salomo niemanden
zum Sklaven für seine Arbeit; sie waren viel-
mehr Krieger, Oberste seiner Vorkämpfer, Be-
fehlshaber über seine Wagen und deren Mann-
schaft. 10 Zweihundertfünfzig Werkführer, die
unter dem Befehl der Statthalter Salomos stan-
den, hatten die Aufsicht über die Arbeiter.

11 Salomo brachte die Tochter des Pharao aus
der Davidstadt in das Haus, das er für sie ge-
baut hatte; denn er sagte: Eine Frau soll nicht
im Haus Davids, des Königs von Israel, woh-
nen; denn die Räume, in die die Lade des
HERRN gekommen ist, sind heilig.

12 Damals brachte Salomo auf dem Altar, den
er vor der Halle für den HERRN erbaut hatte,
Brandopfer dar. 13 Auch an den Sabbaten und
Neumondtagen ließ er die Opfer darbringen,
die nach dem Gebot des Mose für diese Tage
angeordnet waren. Das Gleiche tat er dreimal
im Jahr, jeweils an den Festen, am Fest der Un-
gesäuerten Brote, am Wochenfest und am
Laubhüttenfest. 14 Dem Auftrag seines Vaters
David folgend, bestellte er die Abteilungen der
Priester für ihren Dienst und die Leviten für
ihre Aufgabe, Loblieder zu singen und an der
Seite der Priester Dienst zu tun, wie es für jeden
Tag vorgeschrieben war. Auch bestellte er die
Torwächter nach ihren Abteilungen für die
einzelnen Tore; denn so lautete das Gebot Da-
vids, des Mannes Gottes. 15 Man wich in keinem
Punkt von dem Gebot ab, das der König für die
Priester und für die Leviten erlassen hatte, auch
nicht bezüglich der Schätze. 16 So wurde das
ganze Werk Salomos planmäßig ausgeführt,
vom Tag der Grundlegung des Hauses des
HERRN bis zu seiner Fertigstellung, bis zur
Vollendung des Hauses des HERRN.

17 Damals begab sich Salomo nach Ezjon-
Geber und Elat an der Küste des Meeres in
Edom. 18 Hiram schickte ihm durch seine
Knechte Schiffe und geübte Seefahrer. Sie fuh-
ren mit den Leuten Salomos nach Ofir, holten
von dort vierhundertfünfzig Talente Gold und
brachten es dem König Salomo.

1–18: 1 Kön 9,10–28 / **3:** 1 Chr 18,3 / **6:** 1,14; 9,25 / **7:** Jos 16,10; 17,12f. / **8:** Ri 1,19.21.27–36; 2 Chr 2,16f. / **11:** 1 Kön 3,1; 7,8 / **12:** 1,6; 4,1 / **13:** Num 28,1–10; 1 Chr 23,31; Ex 23,14 / **18:** 9,10.21; 1 Chr 29,4

KÖNIGIN VON SABA: 9,1–12

9 1 Die Königin von Saba hörte vom Ruf
Salomos und kam mit sehr großem Ge-
folge, mit Kamelen, die Balsam, eine Menge
Gold und Edelsteine trugen, nach Jerusalem,
um ihn mit Rätselfragen auf die Probe zu stel-
len. Sie trat bei Salomo ein und redete mit ihm
über alles, was sie sich vorgenommen hatte.
2 Salomo gab ihr Antwort auf alle Fragen. Es
gab nichts, was ihm verborgen war und was er
ihr nicht hätte sagen können. 3 Als nun die
Königin von Saba die Weisheit Salomos er-
kannte, als sie den Palast sah, den er gebaut
hatte, 4 die Speisen auf seiner Tafel, die Sitz-
plätze seiner Beamten, das Aufwarten seiner

9,4 sein Opfer: G, Vg und S (eigentlich: seine Opfer), vgl. 1 Kön 10,5; sein Obergemach: H.

Diener und ihre Gewänder, seine Mundschen-
ken und ihre Gewänder, sein Opfer, das er im
Haus des HERRN darbrachte, da stockte ihr der
Atem. 5 Sie sagte zum König: Was ich in mei-
nem Land über dich und deine Weisheit ge-
hört habe, ist wirklich wahr. 6 Ich wollte es
nicht glauben, bis ich nun selbst gekommen
bin und es mit eigenen Augen gesehen habe.
Und wahrhaftig, nicht einmal die Hälfte hat
man mir berichtet von der Größe deiner Weis-
heit. Du übertriffst alles, was ich gehört habe.
7 Glücklich sind deine Männer und glücklich
diese deine Diener, die allezeit vor dir stehen
und deine Weisheit hören. 8 Gepriesen sei der
HERR, dein Gott, der an dir Gefallen gefunden
und dich auf seinen Thron gesetzt hat, damit
du König bist für den HERRN, deinen Gott.
Weil dein Gott Israel liebt und ihm ewigen
Bestand verleihen will, hat er dich zum König
bestellt, damit du Recht und Gerechtigkeit
übst. 9 Sie gab dem König hundertzwanzig
Talente Gold, dazu eine sehr große Menge
Balsam und Edelsteine. Balsam, wie ihn die
Königin von Saba dem König Salomo schenk-
te, gab es nicht wieder.

10 Auch die Leute Hirams und die Leute
Salomos, die Gold aus Ofir holten, brachten
Algummimholz und Edelsteine. 11 Der König
ließ aus dem Algummimholz Aufgänge für das
Haus des HERRN und den königlichen Palast
sowie Zithern und Harfen für die Sänger an-
fertigen. Dergleichen hatte man vordem im
Land Juda nicht gesehen.

12 König Salomo gewährte der Königin von
Saba alles, was sie wünschte und begehrte,
ausgenommen das, was sie dem König ge-
schenkt hatte. Schließlich kehrte sie mit ihrem
Gefolge in ihr Land zurück.

1–12: 1 Kön 10,1–13 / **1**: Lk 12,42; 11,31; 2 Chr 9,23; 1 Kön 5,14; Sir 47,16f. / **3**: 2,11 / **7**: Lk 10,23f. / **8**: 2,10f.; 1 Chr 17,11 / **10**: 8,18; 9,21 / **11**: 2,7

SALOMOS REICHTUM: 9,13–28

13 Das Gewicht des Goldes, das alljährlich bei
Salomo einging, betrug sechshundertsechs-
undsechzig Goldtalente. 14 Dabei sind nicht
eingerechnet die Abgaben, die von den Kauf-
leuten und Händlern kamen. Auch alle Könige
von Arabien und die Statthalter des Landes
brachten Salomo Gold und Silber.

15 König Salomo ließ zweihundert Schilde
aus gehämmertem Gold herstellen. Sechs-
hundert Schekel gehämmertes Gold ver-
wandte er für jeden Schild. 16 Dazu machte er
dreihundert kleinere Schilde aus gehämmer-
tem Gold. Dreihundert Schekel Gold ver-
wendete er für jeden. Er brachte sie in das
Libanonwaldhaus.

17 Ferner ließ der König einen großen Thron
aus Elfenbein anfertigen und mit purem Gold
überziehen. 18 Der Thron hatte sechs Stufen
und einen Schemel aus Gold. Sie waren am
Thron befestigt. Zu beiden Seiten des Sitzes
befanden sich Armlehnen. Zwei Löwen stan-
den neben den Lehnen 19 und zwölf zu beiden
Seiten der sechs Stufen. Dergleichen ist noch
für kein Königreich geschaffen worden.

20 Alle Trinkgefäße des Königs Salomo wa-
ren aus Gold; ebenso waren alle Geräte des
Libanonwaldhauses aus bestem Gold. Silber
galt in den Tagen Salomos als wertlos; 21 denn
der König hatte eine Flotte, die mit den Leuten
Hirams nach Tarschisch fuhr. Einmal in drei
Jahren kam die Tarschischflotte und brachte
Gold, Silber, Elfenbein, Affen und Pfauen.

22 So übertraf König Salomo alle Könige der
Erde an Reichtum und Weisheit. 23 Alle Köni-
ge der Erde begehrten, ihn zu sehen und die
Weisheit zu hören, die Gott in sein Herz gelegt
hatte. 24 Alle brachten ihm Jahr für Jahr ihre
Gaben: silberne und goldene Gefäße, Gewän-
der, Waffen, Balsam, Pferde und Maultiere.

25 Salomo hatte viertausend Stallplätze für
seine Pferde sowie Wagen und zwölftausend
Mann als Besatzung. Er brachte sie in die Wa-
genstädte sowie in die Umgebung des Königs
nach Jerusalem. 26 Er war Herrscher über alle
Könige vom Eufrat bis zum Land der Philister
und bis an die Grenze Ägyptens. 27 Salomo
machte das Silber in Jerusalem so häufig wie
die Steine und die Zedern so zahlreich wie die
Maulbeerfeigenbäume in der Schefela. 28 Man
bezog die Pferde für Salomo aus Ägypten und
aus allen Ländern.

13–28: 1 Kön 10,14–28 / **14**: Ps 72,10 / **15**: 1 Chr 18,7; 2 Chr 12,9 / **21**: 8,18; Jes 2,16 / **23**: 1,12; 9,1; 1 Kön 5,1 / **25**: 1,14; 8,6 / **26**: 1 Kön 5,1; Koh 2,8 / **27**: Sir 47,18 / **28**: Dtn 17,16

SALOMOS TOD: 9,29–31

29 Die übrige Geschichte Salomos, die frühere
und die spätere, ist aufgezeichnet in der Ge-
schichte des Propheten Natan, in der Weis-
sagung Ahijas aus Schilo und in der Vision des

9,14 die Abgaben: Vg, S, vgl. 1 Kön 10,15; Männer: H und G.

Sehers Jedo über Jerobeam, den Sohn Nebats.
30 Salomo war vierzig Jahre in Jerusalem König
über ganz Israel. 31 Er entschlief zu seinen Vä-
tern und man begrub ihn in der Stadt seines
Vaters David. Sein Sohn Rehabeam wurde
König an seiner Stelle.

29–31: 1 Kön 11,41–43 / **29:** 1 Kön 11,29–39 / **31:** Sir 47,23; 1 Chr 3,10; Mt 1,7

GESCHICHTE JUDAS BIS ZUM UNTERGANG: 10,1–36,23

ABFALL DER NORDSTÄMME: 10,1–19

10 1 Rehabeam begab sich nach Sichem;
denn dorthin war ganz Israel gekom-
men, um ihn zum König zu machen. 2 Jerobe-
am, der Sohn Nebats, hörte davon, während
er in Ägypten war, wohin er vor dem König
Salomo hatte fliehen müssen; er kehrte jetzt
aus Ägypten zurück. 3 Man sandte zu ihm und
ließ ihn rufen. So kamen also Jerobeam und
ganz Israel und sie sagten zu Rehabeam: 4 Dein
Vater hat uns ein hartes Joch auferlegt. Erleich-
tere jetzt den harten Dienst deines Vaters und
das schwere Joch, das er uns auferlegt hat!
Dann wollen wir dir dienen. 5 Er antwortete
ihnen: Kommt nach drei Tagen wieder zu mir!
Als sich das Volk entfernt hatte, 6 beriet sich
König Rehabeam mit den älteren Männern, die
zu Lebzeiten seines Vaters Salomo in dessen
Dienst gestanden hatten. Er fragte sie: Wel-
chen Rat gebt ihr mir? Was soll ich diesem
Volk antworten? 7 Sie sagten zu ihm: Wenn du
gut gegen dieses Volk bist, ihnen zu Willen
bist und freundlich mit ihnen redest, dann
werden sie immer deine Diener sein. 8 Doch er
verwarf den Rat, den die Älteren ihm gegeben
hatten, und beriet sich mit den jungen Leuten,
die mit ihm groß geworden waren und jetzt in
seinem Dienst standen. 9 Er fragte sie: Wel-
chen Rat gebt ihr mir? Was sollen wir diesem
Volk antworten, das zu mir sagt: Erleichtere
das Joch, das dein Vater uns auferlegt hat!
10 Die jungen Leute, die mit ihm groß gewor-
den waren, sagten zu ihm: So sollst du dem
Volk antworten, das zu dir sagt: Dein Vater hat
uns ein schweres Joch auferlegt. Erleichtere es
uns! So sollst du zu ihnen sagen: Mein kleiner
Finger ist stärker als die Lenden meines Vaters.
11 Hat mein Vater euch ein schweres Joch auf-
gebürdet, so werde ich es noch schwerer ma-
chen. Mein Vater hat euch mit Peitschen ge-
züchtigt, ich werde euch mit Skorpionen
züchtigen.
12 Am dritten Tag kamen Jerobeam und das
ganze Volk zu Rehabeam; denn der König hat-
te ihnen gesagt: Kommt am dritten Tag wieder
zu mir! 13 Der König gab ihnen nun eine harte
Antwort. Er verwarf den Rat der Älteren
14 und antwortete ihnen nach dem Rat der
jungen Leute: Mein Vater hat euer Joch schwer
gemacht. Ich werde es noch schwerer machen.
Mein Vater hat euch mit Peitschen gezüchtigt,
ich werde euch mit Skorpionen züchtigen.
15 Der König hörte also nicht auf das Volk; denn
Gott hatte es so bestimmt, um das Wort wahr
zu machen, das er durch Ahija von Schilo
zu Jerobeam, dem Sohn Nebats, gesprochen
hatte.
16 Als alle Israeliten sahen, dass der König
nicht auf sie hörte, gaben sie ihm zur Antwort:
Welchen Anteil haben wir an David? / Wir
haben keinen Erbbesitz beim Sohn Isais. / In
deine Zelte, Israel! / Nun kümmere dich um
dein Haus, David!
So begab sich ganz Israel zu seinen Zelten.
17 Nur über die Israeliten, die in den Städten
Judas wohnten, blieb Rehabeam König. 18 Und
als er den Fronaufseher Hadoram hinschickte,
steinigten ihn die Israeliten zu Tode. Dem Kö-
nig Rehabeam gelang es, den Wagen zu bestei-
gen und nach Jerusalem zu entkommen. 19 So
fiel Israel vom Haus David ab und ist abtrünnig
bis zum heutigen Tag.

1–19: 1 Kön 12,1–19 / **2:** 1 Kön 11,26–28.40 / **4:** 1 Kön 5,27–30; 1 Sam 8,11–17 / **9:** Jer 3,4 / **11:** Ex 5,6–9 / **14:** Spr 15,1; Sir 47,23 / **15:** 1 Kön 11,29–39 / **16:** 2 Sam 20,1 / **18:** 2 Sam 20,24; 1 Kön 4,6 / **19:** Jes 7,17; Sir 47,21

REHABEAMS HERRSCHAFT: 11,1–23

11 1 Rehabeam kam nach Jerusalem und
versammelte das Haus Juda und Benja-
min, hundertachtzigtausend auserlesene
Krieger, um gegen die Israeliten zu kämpfen

10,14 mein Vater: G, Vg, S, vgl. 1 Kön 12,14; ich: H.

und das Königtum für Rehabeam zurückzu-
gewinnen. 2 Doch das Wort des HERRN erging
an Schemaja, den Mann Gottes: 3 Sag zu Reha-
beam, dem Sohn Salomos, dem König von
Juda, und zu allen Israeliten in Juda und Ben-
jamin: 4 So spricht der HERR: Zieht nicht in
den Krieg gegen eure Brüder! Jeder kehre in
sein Haus zurück; denn ich habe es so verfügt.
Sie hörten auf die Worte des HERRN und sa-
hen davon ab, gegen Jerobeam zu ziehen. 5 Re-
habeam blieb in Jerusalem.

6 Rehabeam baute Städte in Juda zu Festun-
gen aus. Er baute aus: Betlehem, Etam, Tekoa,
7 Bet-Zur, Socho, Adullam, 8 Gat, Marescha,
Sif, 9 Adorajim, Lachisch, Aseka, 10 Zora, Aja-
lon und Hebron, die alle in Juda und Benjamin
lagen, lauter Festungen. 11 Er machte die Fes-
tungen stark, setzte Befehlshaber über sie ein
und legte Vorräte an Nahrungsmitteln, Öl und
Wein in ihnen an. 12 In jede einzelne Stadt
brachte er Schilde und Lanzen. So machte er
sie sehr stark.

Ihm gehörten Juda und Benjamin. 13 Aber
die Priester und Leviten, die in ganz Israel leb-
ten, stellten sich aus all ihren Gebieten bei ihm
ein. 14 Denn die Leviten verließen ihre Weide-
flächen und ihren Besitz und zogen nach Juda
und Jerusalem, weil Jerobeam und seine Söh-
ne ihnen den Priesterdienst für den HERRN
verwehrten. 15 Jerobeam bestellte sich eigene
Priester für die Kulthöhen, für die Bocksgeister
und für die Kälber, die er gemacht hatte. 16 Den
Leviten folgten aus allen Stämmen Israels auch
andere, die darauf bedacht waren, den HERRN,
den Gott Israels, zu suchen. Sie kamen nach
Jerusalem, um dem HERRN, dem Gott ihrer
Väter, Opfer darzubringen. 17 Sie stärkten das
Reich Juda und waren drei Jahre lang eine Stüt-
ze für Rehabeam, den Sohn Salomos; denn
drei Jahre folgten sie den Wegen Davids und
Salomos.

18 Rehabeam nahm sich Mahalat, die Tochter
Jerimots, des Sohnes Davids, und der Abihajil,
der Tochter Eliabs, des Sohnes Isais, zur Frau.
19 Sie gebar ihm die Söhne Jëusch, Schemarja
und Saham. 20 Nach ihr nahm er Maacha, die
Enkelin Abschaloms. Sie gebar ihm Abija, At-
tai, Sisa und Schelomit. 21 Rehabeam aber lieb-
te Maacha, die Enkelin Abschaloms, mehr als
seine anderen Frauen und Nebenfrauen. Er
hatte nämlich achtzehn Frauen und sechzig
Nebenfrauen genommen und achtundzwan-
zig Söhne und sechzig Töchter gezeugt. 22 Abi-
ja, den Sohn der Maacha, bestellte Rehabeam
zum Oberhaupt und Fürsten unter seinen
Brüdern; denn er hatte vor, ihn zum König zu
machen. 23 In kluger Weise verteilte er alle Ge-
genden Judas und Benjamins und alle festen
Städte an seine Söhne. Auch verschaffte er
ihnen reichlichen Unterhalt und warb viele
Frauen für sie.

1–5: 1 Kön 12,21–24 / **4**: 28,8.11.15 / **6**: 14,5f.; 17,2 / **7**: 1 Chr 2,45; 4,18 / **10**: 1 Chr 2,42 / **13**: Jos 21,1–42 / **14**: 1 Kön 12,31 / **16**: 15,9 / **18**: 1 Chr 2,13 / **20**: 13,2 / **22**: 21,3 / **23**: Dtn 21,15–17

EINFALL DER ÄGYPTER UND REHABEAMS ENDE: 12,1–16

12 1 Als aber seine Herrschaft gefestigt und
er stark geworden war, fiel er mit ganz
Israel von der Weisung des HERRN ab. 2 Im
fünften Jahr des Königs Rehabeam zog
Schischak, der König von Ägypten, gegen Je-
rusalem, da sie dem HERRN untreu geworden
waren. 3 Er kam mit zwölfhundert Wagen und
sechzigtausend Wagenkämpfern. Zahllos war
das Kriegsvolk, das mit ihm aus Ägypten kam:
Libyer, Sukkijiter und Kuschiter. 4 Er eroberte
die Festungen in Juda und rückte vor Jerusa-
lem. 5 Damals kam der Prophet Schemaja zu
Rehabeam und zu den führenden Leuten Ju-
das, die sich vor Schischak nach Jerusalem
zurückgezogen hatten, und sagte zu ihnen: So
spricht der HERR: Ihr habt mich verlassen;
darum verlasse auch ich euch und übergebe
euch der Hand Schischaks. 6 Doch nun demü-
tigten sich die führenden Leute Israels und der
König und sagten: Der HERR ist gerecht. 7 Als
der HERR sah, dass sie sich demütigten, erging
das Wort des HERRN an Schemaja: Sie haben
sich gedemütigt; darum werde ich sie nicht
verderben. Bald werde ich ihnen Rettung
bringen und mein Zorn soll sich nicht durch
Schischak über Jerusalem ergießen. 8 Doch
sollen sie ihm untertan werden, damit sie den
Unterschied zwischen meinem Dienst und
dem Dienst der irdischen Reiche erfahren.
9 Schischak, der König von Ägypten, zog also
gegen Jerusalem. Er raubte die Schätze des
Tempels und die Schätze des königlichen Pa-
lastes und nahm alles weg, auch die goldenen
Schilde, die Salomo hatte anfertigen lassen.
10 An deren Stelle ließ König Rehabeam bron-
zene anfertigen und übergab sie den Befehls-
habern der Läufer, die den Eingang zum Haus
des Königs bewachten. 11 Sooft nun der König

in das Haus des HERRN ging, kamen die Läu-
fer, trugen die Schilde und brachten sie dann
wieder in ihre Wachstube zurück. 12 Da der
König sich demütigte, ließ der Zorn des
HERRN von ihm ab, sodass er ihn nicht ganz
zugrunde richtete. Es gab ja in Juda noch man-
ches Gute. 13 So gewann König Rehabeam wie-
der festen Halt in Jerusalem und herrschte
weiter als König.

Er war einundvierzig Jahre alt, als er König
wurde, und regierte siebzehn Jahre in Jerusa-
lem, der Stadt, die der HERR aus allen Stäm-
men Israels erwählt hatte, um seinen Namen
dorthin zu legen. Seine Mutter hieß Naama
und war eine Ammoniterin. 14 Er tat Böses und
war nicht darauf bedacht, den HERRN zu su-
chen.

15 Die frühere und die spätere Geschichte
Rehabeams ist aufgezeichnet in der Geschich-
te des Propheten Schemaja und des Sehers
Iddo. Sie enthalten auch seinen Stammbaum.
Der Krieg zwischen Rehabeam und Jerobeam
dauerte die ganze Zeit an. 16 Rehabeam ent-
schlief zu seinen Vätern und wurde in der Da-
vidstadt begraben. Sein Sohn Abija wurde
König an seiner Stelle.

2: 1 Kön 14,22–25 / **5**: 1 Kön 12,22–24 / **7**: 7,14 / **9–13**: 1 Kön 14,25–28 / **13**: 1 Kön 14,21 / **14–16**: 1 Kön 14,29–31 / **16**: 1 Chr 3,10; Mt 1,7

ABIJA UND SEIN SIEG ÜBER ISRAEL: 13,1–23

13 1 Im achtzehnten Jahr des Königs
Jerobeam wurde Abija König von Juda.
2 Er regierte drei Jahre in Jerusalem. Seine Mut-
ter hieß Michaja und war eine Tochter Uriëls
aus Gibea.

Es war aber Krieg zwischen Abija und
Jerobeam. 3 Abija begann den Kampf mit ei-
nem Heer von vierhunderttausend auserlese-
nen Kriegern. Jerobeam stellte ihm achthun-
derttausend auserlesene, tapfere Krieger
entgegen. 4 Da stellte sich Abija auf den Berg
Zemarajim im Gebirge Efraim hin und rief:
Hört mich an, Jerobeam und ganz Israel!
5 Wisst ihr denn nicht, dass der HERR, der Gott
Israels, David und seinen Söhnen das König-
tum von Israel in einem Salzbund auf ewige
Zeiten verliehen hat? 6 Doch Jerobeam, der
Sohn Nebats, der Knecht Salomos, des Sohnes
Davids, erhob sich und empörte sich gegen
seinen HERRN. 7 Um ihn sammelten sich halt-
lose, nichtswürdige Leute, die Rehabeam, dem
Sohn Salomos, überlegen waren. Rehabeam
war eben noch jung und zaghaft und konnte
gegen sie nicht aufkommen. 8 Ihr glaubt nun,
euch gegen das Königtum des HERRN, das in
der Hand der Söhne Davids liegt, behaupten
zu können, weil ihr ein großer Haufen seid
und die goldenen Kälber bei euch habt, die
Jerobeam zu euren Göttern gemacht hat.
9 Habt ihr nicht die Priester des HERRN, die
Nachkommen Aarons, und die Leviten versto-
ßen und euch Priester bestellt wie die Völker
anderer Länder? Jeder, der mit einem jungen
Stier und sieben Widdern zu euch kam, wurde
Priester der Nichtgötter, indem man ihm dazu
seine Hand füllte. 10 Doch unser Gott ist der
HERR. Wir haben ihn nicht verlassen. Die
Nachkommen Aarons dienen ihm als Priester
und die Leviten versehen ihren Dienst. 11 Je-
den Morgen und jeden Abend bringen sie dem
HERRN Brandopfer und wohlriechendes Räu-
cherwerk dar, schichten Brote auf den reinen
Tisch und bedienen den goldenen Leuchter
mit seinen Lampen, um sie jeden Abend an-
zuzünden; denn wir achten auf die Anord-
nung des HERRN, unseres Gottes. Doch ihr
habt ihn verlassen. 12 Seht: Gott ist mit uns, er
steht an unserer Spitze. Bei uns sind auch sei-
ne Priester mit den schallenden Trompeten,
um sie gegen euch zu blasen. Israeliten, kämpft
nicht gegen den HERRN, den Gott eurer Väter;
denn ihr werdet keinen Erfolg haben.

13 Doch Jerobeam ließ die Leute im Hinter-
halt eine Umgehung ausführen, um den Judä-
ern in den Rücken zu fallen. So stand seine
Abteilung vor den Judäern, der Hinterhalt aber
in ihrem Rücken. 14 Als daher die Judäer sich
umwandten, sahen sie, dass ihnen der Angriff
von vorne und von hinten drohte. Sie schrien
zum HERRN und die Priester bliesen die
Trompeten. 15 Dann erhoben die Judäer das
Kriegsgeschrei, und während sie lärmten,
schlug Gott den Jerobeam und ganz Israel
durch Abija und Juda. 16 Die Israeliten mussten
vor den Judäern fliehen. Gott gab sie in ihre
Hand 17 und Abija und seine Leute versetzten
ihnen harte Schläge, sodass fünfhunderttau-
send auserlesene Krieger von ihnen fielen.
18 So wurden die Israeliten damals gedemütigt,
die Judäer aber gewannen die Oberhand; denn
sie stützten sich auf den HERRN, den Gott ih-
rer Väter. 19 Abija verfolgte Jerobeam und
nahm ihm folgende Städte weg: Bet-El mit
seinen Tochterstädten, Jeschana mit seinen
Tochterstädten und Efron mit seinen Tochter-

städten. 20 Jerobeam kam in den Tagen Abijas
nicht wieder zu Macht. Schließlich schlug
ihn der HERR und er starb. 21 Abija aber wurde
mächtig. Er nahm sich vierzehn Frauen und
zeugte zweiundzwanzig Söhne und sechzehn
Töchter.

22 Die übrige Geschichte Abijas, sein Leben
und seine Reden sind aufgezeichnet in den
Erläuterungen des Propheten Iddo. 23 Abija
entschlief zu seinen Vätern; man begrub ihn
in der Davidstadt. Sein Sohn Asa wurde König
an seiner Stelle. In seinen Tagen hatte das Land
zehn Jahre Ruhe.

1–23: 1 Kön 15,1–2 / **3:** 2 Sam 24,9 / **4:** Jos 18,22 / **5:** Lev 2,13 / **6:** 1 Kön 11,26; Sir 47,23 / **7:** Ri 9,4 / **8:** 1 Kön 12,28f. / **9:** 11,14f. / **11:** Lev 24,1–9 / **12:** Jes 7,14 / **13:** Jos 8,9; Ri 20,29 / **14:** Jos 8,22 / **15:** Jos 6,20 / **19:** 15,8; 17,2 / **21:** 11,21 / **22:** 1 Kön 15,7–8 / **23:** 9,29; 12,15

ASAS SIEG ÜBER DIE KUSCHITER: 14,1–14

14 1 Asa tat, was gut und recht war in den
Augen des HERRN, seines Gottes. 2 Er
entfernte die fremden Altäre und die Kulthö-
hen, zerbrach die Steinmale, hieb die Kult-
pfähle um 3 und befahl den Judäern, den
HERRN, den Gott ihrer Väter, zu suchen und
die Weisung und die Gebote zu halten. 4 Er
beseitigte die Kulthöhen und die Rauchop-
feraltäre aus allen Städten Judas. Das Reich
hatte Ruhe unter ihm.

5 Weil das Land Ruhe hatte und weil er in
jenen Jahren keinen Krieg führen musste,
konnte Asa Festungen in Juda ausbauen. Der
HERR hatte ihm nämlich Ruhe verschafft. 6 Er
sagte daher zu den Männern Judas: Wir wollen
diese Städte ausbauen und sie mit Mauern,
Türmen, Toren und Riegeln versehen; denn
noch liegt das Land frei vor uns. Weil wir den
HERRN, unseren Gott, eifrig gesucht haben,
hat er uns ringsum Ruhe verschafft. So konn-
ten sie bauen und hatten Erfolg.

7 Asa hatte ein Heer von dreihunderttausend
Mann aus Juda, die Schild und Lanze führten,
und zweihundertachtzigtausend Mann aus
Benjamin, die den Rundschild trugen und den
Bogen spannten. Sie alle waren tapfere Krie-
ger. 8 Gegen sie zog der Kuschiter Serach mit
einem Heer von einer Million Mann und drei-
hundert Wagen. Er kam bis Marescha. 9 Asa
zog ihm entgegen und sie stellten sich im Tal
nördlich von Marescha zum Kampf auf.
10 Doch Asa rief zum HERRN, seinem Gott,
und sagte: HERR, im Streit zwischen einem
Mächtigen und einem Schwachen kann nie-
mand so helfen wie du. Hilf uns, HERR, unser
Gott; denn du bist unsere Stütze und in dei-
nem Namen sind wir gegen diese Übermacht
gezogen. HERR, du bist unser Gott und kein
Mensch soll etwas gegen dich vermögen. 11 Da
schlug der HERR die Kuschiter vor Asa und
Juda und die Kuschiter mussten fliehen; 12 Asa
und seine Leute verfolgten sie bis Gerar. Von
den Kuschitern fielen so viele, dass sie sich
nicht mehr erholten. Sie zerbrachen vor dem
HERRN und seinem Heerlager. Die Judäer aber
machten reiche Beute. 13 Sie schlugen alle Städ-
te im Umkreis von Gerar; denn der Schrecken
des HERRN war über sie gekommen. Die Judä-
er plünderten sie aus; denn es gab in ihnen viel
zu erbeuten. 14 Auch die Zeltlager bei den Her-
den überwältigten sie, führten eine Menge
Schafe und Ziegen und Kamele fort und kehr-
ten dann nach Jerusalem zurück.

1–4: 1 Kön 15,11–12 / **2:** Ex 34,13; Dtn 7,5 / **4:** 17,6; 19,3 / **5:** 1 Chr 22,9 / **6:** 1 Chr 22,18 / **7:** 2 Chr 13,3 / **8:** 16,8; Jes 18,1–7 / **10:** 1 Sam 14,6; 17,45 / **11:** Jes 20,1–6 / **12:** Gen 20,1f.; 26,1.26 / **13:** 1 Sam 11,7; 14,15; 1 Makk 3,25

ERNEUERUNG DES BUNDES UNTER ASA: 15,1–18

15 1 Über Asarja, den Sohn Odeds, kam der
Geist Gottes. 2 Er ging zu Asa hinaus
und sagte zu ihm: Hört mich an, Asa und ihr
alle von Juda und Benjamin! Der HERR ist mit
euch, wenn ihr zu ihm haltet. Wenn ihr ihn
sucht, lässt er sich von euch finden; wenn ihr
ihn aber verlasst, verlässt er euch. 3 Lange Zeit
lebte Israel ohne den wahren Gott, ohne einen
belehrenden Priester, ohne Weisung. 4 In ihrer
Not bekehrten sie sich zum HERRN, dem Gott
Israels, und da sie ihn suchten, ließ er sich von
ihnen finden. 5 In jenen Zeiten konnte nie-
mand sicher aus- und eingehen; denn große
Unruhe lag über allen Bewohnern der Länder.
6 Ein Volk wurde vom andern bedrängt, eine
Stadt von der andern; denn Gott beunruhigte
sie durch allerlei Not. 7 Ihr aber, seid stark! Eure
Hände sollen nicht erschlaffen; denn euer Tun
wird seinen Lohn finden.

8 Als Asa diese Worte und die Weissagung
des Propheten Oded hörte, entfernte er mutig
die Götzenbilder aus dem ganzen Gebiet von
Juda und Benjamin sowie aus den Städten, die
er im Gebirge Efraim erobert hatte. Auch er-
neuerte er den Altar des HERRN, der vor dem

14,9 nördlich: G; (im Tal) Zefata: H, Vg; (im Tal von Marescha): S.

Tempel des HERRN stand. 9 Dann versammel-
te er ganz Juda und Benjamin sowie die Leute
von Efraim, Manasse und Simeon, die sich bei
ihnen aufhielten. Sehr viele waren nämlich aus
Israel zu ihm übergegangen, als sie sahen, dass
der HERR, sein Gott, mit ihm war. 10 Im dritten
Monat des fünfzehnten Jahres der Regierung
Asas kamen sie in Jerusalem zusammen 11 und
opferten an jenem Tag dem HERRN sieben-
hundert Rinder und siebentausend Schafe von
der Beute, die sie gemacht hatten. 12 Sie gingen
die Verpflichtung ein, mit ganzem Herzen und
ganzer Seele den HERRN, den Gott ihrer Väter,
zu suchen. 13 Wer aber nicht den HERRN, den
Gott Israels, suchen würde, sollte getötet wer-
den, sei er klein oder groß, Mann oder Frau.
14 Das schworen sie dem HERRN mit lauter
Stimme, unter Jubelschall, beim Schall der
Trompeten und Hörner. 15 Ganz Juda freute
sich über den Schwur; denn sie hatten ihn mit
ganzem Herzen geleistet. Und da sie mit bes-
tem Willen den HERRN suchten, ließ er sich
von ihnen finden und verschaffte ihnen rings-
um Ruhe.

16 König Asa enthob auch seine Mutter Maa-
cha ihrer Stellung als Herrin, weil sie der
Aschera ein Schandbild errichtet hatte. Er ließ
das Schandbild umhauen, es zertrümmern
und im Kidrontal verbrennen. 17 Nur die Kult-
höhen verschwanden nicht aus Israel. Doch
das Herz Asas war ungeteilt, solange er lebte.
18 Er brachte auch die Weihegaben seines Va-
ters und seine eigenen Weihegaben in das
Haus Gottes: Silber, Gold und allerlei Geräte.

1: Num 24,2 / **3**: Klgl 2,9 / **4**: Dtn 4,29 / **7**: 19,11; 32,7 / **8**: 28,9; 1 Kön 15,12; 2 Chr 4,1 / **9**: 11,16f. / **12**: Jer 34,10 / **14**: Neh 10,30 / **16–19**: 1 Kön 15,13–15 / **16**: 29,16; 30,14 / **17**: 17,6; 20,33

ASAS BÜNDNIS MIT ARAM UND SEIN ENDE:
15,19–16,14

19 Es gab keinen Krieg bis zum fünfunddrei-
ßigsten Jahr der Regierung Asas.

16 1 Im sechsunddreißigsten Regierungs-
jahr Asas zog Bascha, der König von
Israel, gegen Juda und baute Rama aus, damit
niemand im Dienste Asas, des Königs von
Juda, hinüber- oder herüberziehen konnte. 2 Da
nahm Asa Silber und Gold aus den Schatzkam-
mern des Tempels und des königlichen Palas-
tes und sandte es an Ben-Hadad, den König
von Aram, der in Damaskus seinen Sitz hatte.
Dabei ließ er ihm sagen: 3 Zwischen mir und
dir, zwischen meinem Vater und deinem Vater
soll ein Bündnis sein. Ich schicke dir Silber und
Gold. Löse also dein Bündnis mit Bascha, dem
König von Israel, damit er von mir abzieht!
4 Ben-Hadad hörte auf König Asa. Er sandte
seine Heerführer gegen die Städte Israels und
diese verwüsteten Ijon, Dan und Abel-Majim
sowie alle Vorratshäuser in den Städten Naf-
talis. 5 Als Bascha das erfuhr, hörte er auf,
Rama auszubauen, und stellte die Arbeit ein.
6 König Asa aber holte ganz Juda herbei und
ließ die Steine und Balken wegnehmen, mit
denen Bascha Rama ausgebaut hatte. Mit ih-
nen baute er Geba und Mizpa aus.

7 Damals kam der Seher Hanani zu Asa, dem
König von Juda, und hielt ihm vor: Weil du
dich auf den König von Aram gestützt hast und
nicht auf den HERRN, deinen Gott, darum ist
das Heer des Königs von Aram deiner Hand
entkommen. 8 Hatten nicht auch die Kuschiter
und Libyer ein gewaltiges Heer mit sehr vielen
Wagen und Wagenkämpfern? Weil du dich
aber auf den HERRN stütztest, gab er es in
deine Hand. 9 Denn die Augen des HERRN
schweifen über die ganze Erde, um denen ein
starker Helfer zu sein, die mit ungeteiltem
Herzen zu ihm halten. Hierin hast du töricht
gehandelt; denn von nun an wirst du Krieg
haben. 10 Asa aber wurde zornig über den Se-
her. Er ließ ihn im Gefängnis in den Block le-
gen; denn er war über ihn sehr aufgebracht.
Auch einige aus dem Volk ließ Asa damals
misshandeln.

11 Die frühere und die spätere Geschichte
Asas ist aufgezeichnet im Buch der Könige von
Juda und Israel. 12 Im neununddreißigsten Jahr
seiner Regierung erkrankte Asa an den Füßen.
Die Krankheit war sehr heftig. Aber auch in
der Krankheit suchte er nicht den HERRN,
sondern die Ärzte. 13 Asa entschlief zu seinen
Vätern; er starb im einundvierzigsten Jahr sei-
ner Regierung. 14 Man setzte ihn bei in seiner
Grabstätte, die er sich in der Davidstadt ange-
legt hatte. Man legte ihn auf ein Lager, das mit
Balsam und allerlei kunstvoll zubereiteten
Salben ausgestattet war, und zündete zu seiner
Ehre ein gewaltiges Feuer an.

16,1–6: 1 Kön 15,17–22 / **1**: Jos 18,25; 1 Chr 27,27 / **2**: 28,21 / **3**: 2 Kön 16,7–9 / **4**: 2 Kön 15,29 / **6**: Jer 41,9 / **7**: 19,2; 13,18; Jes 31,1 / **8**: 14,8–14 / **9**: Ijob 34,21; Jer 16,17 / **10**: 18,26 / **11–14**: 1 Kön 15,23–24 / **11**: 9,29 / **14**: 21,19

15,19–16,1 Die Zahlen sind in den Textzeugen verschieden: 35 und 36: H; 35 und 38: G; 30 und 36: Vg.

JUDAS STÄRKE UNTER JOSCHAFAT: 17,1–19

17 1 Joschafat, der Sohn Asas, wurde König
anstelle seines Vaters. Er wurde mächtig
in Israel, 2 brachte Truppen in alle befestigten
Städte Judas und legte eine Besatzung in das
Land Juda und in die Städte Efraims, die sein
Vater Asa erobert hatte. 3 Der HERR war mit
Joschafat; denn er folgte den früheren Wegen
seines Vaters David und suchte nicht die Baa-
le auf, 4 sondern den Gott seines Vaters. Er
befolgte seine Gebote und machte es nicht wie
Israel. 5 Darum festigte der HERR die Königs-
herrschaft in seiner Hand. Ganz Juda brachte
Joschafat Geschenke, sodass ihm Reichtum
und Ehre in hohem Maß zuteilwurden. 6 Da
sein Herz den Wegen des HERRN folgte, er-
starkte sein Mut und so entfernte er auch die
Kulthöhen und die Kultpfähle aus Juda.

7 Im dritten Jahr seiner Regierung sandte er
seine Beamten Ben-Hajil, Obadja, Secharja,
Netanel und Michaja zur Belehrung des Volkes
in die Städte Judas. 8 Bei ihnen waren die Le-
viten Schemaja, Netanja, Sebadja, Asaël, Sche-
miramot, Jonatan, Adonija, Tobija und
Tob-Adonija sowie die Priester Elischama und
Joram. 9 Sie lehrten in Juda; mit dem Buch der
Weisung des HERRN durchzogen sie alle Städ-
te Judas und belehrten das Volk.

10 Über alle Königreiche der Länder rings um
Juda kam der Schrecken des HERRN, sodass
sie mit Joschafat keinen Krieg anfingen. 11 Phi-
lister brachten ihm Geschenke und zahlten
Tribut. Auch die Araber lieferten ihm Klein-
vieh: siebentausendsiebenhundert Widder
und siebentausendsiebenhundert Ziegenbö-
cke. 12 So wurde Joschafat immer mächtiger. Er
baute in Juda Burgen und Vorratsstädte 13 und
unternahm viel in den Städten Judas. In Jeru-
salem standen tapfere Krieger zu seiner Ver-
fügung. 14 Und das war ihre Dienstordnung
nach ihren Großfamilien: Für Juda waren als
Tausendschaftsführer bestellt der Oberst
Adna mit 300 000 tapferen Kriegern 15 und
ihm zur Seite der Oberst Johanan mit 280 000
Mann 16 sowie Amasja, der Sohn Sichris, der
sich freiwillig für den HERRN gestellt hatte,
mit 200 000 tapferen Kriegern. 17 Aus Ben-
jamin kam Eljada, ein tapferer Krieger, mit
200 000 Mann, die Bogen und Schild trugen.
18 Ihm zur Seite stand Josabad mit 180 000 zum
Heeresdienst gerüsteten Männern. 19 Sie dien-
ten dem König zusätzlich zu jenen, die er in
die Festungen in ganz Juda gebracht hatte.

1: 1 Kön 15,24; 22,41 / **3:** 1 Kön 22,43 / **5:** 1 Chr 29,28; 2 Chr 18,1 / **10:** 14,13 / **11:** 2 Chr 9,24 / **13:** 11,11

JOSCHAFATS TEILNAHME AM FELDZUG AHABS: 18,1–19,3

18 1 So wurden Joschafat Reichtum und
Ehre in hohem Maß zuteil. Joschafat
verschwägerte sich mit Ahab. 2 Als er nach ei-
nigen Jahren zu Ahab nach Samaria kam, ließ
Ahab für ihn und seine Leute eine Menge Scha-
fe und Rinder schlachten und überredete ihn,
gegen Ramot-Gilead in den Krieg zu ziehen.
3 Ahab, der König von Israel, fragte Joschafat,
den König von Juda: Würdest du mit mir ge-
gen Ramot-Gilead ziehen? Er antwortete: Ich
ziehe mit dir, mein Volk mit deinem Volk. Ich
nehme mit dir am Krieg teil.

4 Joschafat bat aber den König von Israel:
Befrag doch zuvor den HERRN! 5 Da versam-
melte der König von Israel die Propheten, vier-
hundert Mann, und fragte sie: Sollen wir gegen
Ramot-Gilead zu Felde ziehen oder soll ich es
lassen? Sie gaben den Bescheid: Zieh hinauf!
Gott gibt die Stadt in die Hand des Königs.
6 Doch Joschafat sagte: Ist hier sonst kein Pro-
phet des HERRN, den wir befragen könnten?
7 Der König von Israel antwortete Joschafat: Es
ist noch einer da, durch den wir den HERRN
befragen könnten. Doch ich hasse ihn; denn
er weissagt mir nie Gutes, sondern immer nur
Schlimmes. Es ist Micha, der Sohn Jimlas. Jo-
schafat erwiderte: Der König sage das nicht.
8 Da rief der König von Israel einen Hofbeam-
ten herbei und befahl ihm, unverzüglich
Micha, den Sohn Jimlas, zu holen. 9 Der König
von Israel und Joschafat, der König von Juda,
saßen in königlichen Gewändern auf ihren
Thronen. Sie befanden sich auf der Tenne beim
Tor Samarias und alle Propheten weissagten
vor ihnen. 10 Zidkija, der Sohn Kenaanas, hat-
te sich eiserne Hörner gemacht und rief: So
spricht der HERR: Mit diesen wirst du die
Aramäer niederstoßen, bis du sie vernichtet
hast. 11 Alle Propheten weissagten in gleicher
Weise und riefen: Zieh nach Ramot-Gilead
und sei erfolgreich; der HERR gibt die Stadt in
die Hand des Königs.

12 Der Bote aber, der Micha holen sollte, re-
dete ihm zu: Die Worte der Propheten waren
ohne Ausnahme günstig für den König. Mögen
deine Worte ihren Worten gleichen. Sag daher
Gutes an! 13 Doch Micha erwiderte: So wahr
der HERR lebt: Nur was Gott mir sagt, werde

ich sagen. 14 Als er zum König kam, fragte ihn
dieser: Micha, sollen wir gegen Ramot-Gilead
zu Felde ziehen oder soll ich es lassen? Er
antwortete: Zieht hinauf und seid erfolgreich!
Sie werden in eure Hand gegeben werden.
15 Doch der König entgegnete: Wie oft muss
ich dich beschwören, mir im Namen des
HERRN nur die Wahrheit zu sagen? 16 Da sag-
te Micha: Ich sah ganz Israel über die Berge
zerstreut wie Schafe, die keinen Hirten haben.
Und der HERR sagte: Sie haben keine Herren
mehr. So gehe jeder in Frieden nach Hause.
17 Da wandte sich der König von Israel an Jo-
schafat: Habe ich es dir nicht gesagt? Er weis-
sagt mir nie Gutes, sondern immer nur
Schlimmes. 18 Micha aber fuhr fort: Darum
hört das Wort des HERRN: Ich sah den HERRN
auf seinem Thron sitzen; das ganze Heer des
Himmels stand zu seiner Rechten und seiner
Linken. 19 Und der HERR fragte: Wer will
Ahab, den König von Israel, betören, sodass er
nach Ramot-Gilead hinaufzieht und dort fällt?
Da hatte der eine diesen, der andere jenen Vor-
schlag. 20 Zuletzt trat der Geist vor, stellte
sich vor den HERRN und sagte: Ich werde ihn
betören. Der HERR fragte ihn: Auf welche
Weise? 21 Er gab zur Antwort: Ich werde mich
aufmachen und zu einem Lügengeist im Mund
all seiner Propheten werden. Da sagte der
HERR: Du wirst ihn betören; du vermagst es.
Geh und tu es! 22 So hat der HERR jetzt einen
Geist der Lüge in den Mund deiner Propheten
gelegt; denn er hat über dich Unheil beschlos-
sen. 23 Da trat Zidkija, der Sohn Kenaanas, zu
Micha, schlug ihn ins Gesicht und rief: Wie,
sollte denn der Geist des HERRN von mir ge-
wichen sein, um mit dir zu reden? 24 Micha
erwiderte: Du wirst es an jenem Tag erfahren,
an dem du von einem Gemach in das andere
eilst, um dich zu verstecken. 25 Der König von
Israel aber gab den Befehl: Nehmt Micha fest,
führt ihn zum Stadtobersten Amon und zum
Prinzen Joasch 26 und meldet: So spricht der
König: Werft diesen Mann ins Gefängnis und
haltet ihn streng bei Brot und Wasser, bis ich
wohlbehalten zurückkomme! 27 Doch Micha
erwiderte: Wenn du wohlbehalten zurück-
kommst, dann hat der HERR nicht durch mich
geredet. Und er sagte: Hört, ihr Völker alle!
28 Darauf zog der König von Israel mit
Joschafat, dem König von Juda, gegen Ramot-
Gilead. 29 Der König von Israel sagte zu
Joschafat: Ich will mich verkleiden und so in
den Kampf ziehen. Du aber behalte deine Ge-
wänder an! So ging der König von Israel ver-
kleidet in den Kampf. 30 Der König von Aram
hatte aber den Obersten seiner Kriegswagen
befohlen: Greift niemanden an, er sei hohen
oder niederen Ranges, außer den König von
Israel! 31 Als daher die Obersten der Kriegswa-
gen Joschafat erblickten und ihn für den König
von Israel hielten, stürmten sie auf ihn ein,
sodass er um Hilfe schrie. Doch der HERR half
ihm und lenkte sie von ihm weg. 32 Als sie
nämlich sahen, dass er nicht der König von
Israel war, ließen sie von ihm ab. 33 Ein Mann
aber spannte aufs Geratewohl seinen Bogen
und traf den König von Israel zwischen Panzer
und Leibgurt. Dieser befahl daher dem Wa-
genlenker: Wende um und bring mich aus der
Schlacht; denn ich bin verwundet. 34 Da aber
die Schlacht an jenem Tag heftig wurde, hielt
der König von Israel den Aramäern gegenüber
im Wagen stand bis zum Abend. Zur Zeit des
Sonnenuntergangs starb er.

19 1 Joschafat aber, der König von Juda,
kehrte wohlbehalten nach Jerusalem in
sein Haus zurück. 2 Da trat ihm der Seher Jehu,
der Sohn Hananis, entgegen und hielt ihm vor:
Musstest du dem Frevler helfen und liebst du
jene, die den HERRN hassen? So lastet nun der
Zorn des HERRN auf dir. 3 Doch fand sich auch
Gutes an dir. Du hast die Kultpfähle aus dem
Land beseitigt und deinen Sinn darauf gerich-
tet, Gott zu suchen.

18,1–34: 1 Kön 22,2–36 / **1:** 17,5 / **3:** 2 Kön 3,7; 8,28 / **5:** 1 Kön 18,19 / **6:** 2 Kön 3,11 / **10:** Jer 28,13 / **13:** Num 22,20; 23,3.12 / **16:** Ez 34,5; Num 27,17 / **18:** Jes 6,1–3; Ijob 1,6; 2,1 / **23:** Ez 14,9; Joh 18,22 / **26:** 16,10 / **27:** Dtn 18,21f.; Jer 28,9; Mi 1,2

19,2: 20,34 / **3:** 12,12

JOSCHAFATS SORGE FÜR DAS RECHT: 19,4–11

4 Joschafat blieb in Jerusalem. Dann zog er wie-
der von Beerscheba bis zum Gebirge Efraim
unter dem Volk umher und führte es zum
HERRN, dem Gott ihrer Väter, zurück. 5 Er be-
stellte Richter im Land für jede einzelne feste
Stadt Judas 6 und gab ihnen die Weisung: Seht
zu, was ihr tut; denn nicht im Auftrag von
Menschen haltet ihr Gericht, sondern im Auf-
trag des HERRN. Er steht euch in der Recht-
sprechung zur Seite. 7 Lasst euch also von der
Furcht des HERRN leiten und handelt gewis-

18,27 Der Text: Hört, ihr Völker alle! ist vermutlich aus Micha 1 hierher übernommen worden.

senhaft; denn beim HERRN, unserem Gott,
gibt es keine Ungerechtigkeit, kein Ansehen
der Person, keine Bestechlichkeit. 8 Außer-
dem bestellte Joschafat in Jerusalem Leviten,
Priester und Familienhäupter aus Israel für
das Gericht des HERRN und für Streitigkeiten
unter den Einwohnern Jerusalems. 9 Er trug
ihnen auf: Mit Furcht vor dem HERRN, mit
Festigkeit und ehrlichem Herzen verfahrt fol-
gendermaßen: 10 Bei jedem Streitfall, den eure
Brüder in ihren Städten euch vorlegen, mag es
sich nun um Blutschuld oder um eine Wei-
sung, um ein Gebot oder um Gesetze und
Rechtsentscheide handeln, sollt ihr die Betei-
ligten warnen, damit sie nicht vor dem HERRN
schuldig werden und ein Zorngericht über
euch und eure Brüder kommt. Das sollt ihr
tun, damit ihr euch nicht versündigt. 11 Seht,
der Oberpriester Amarja ist euer Vorgesetzter
in allen Angelegenheiten des HERRN und Se-
badja, der Sohn Jischmaels, der Fürst des Hau-
ses Juda, in allen Angelegenheiten des Königs.
Als Beamte stehen euch die Leviten zur Ver-
fügung. Geht mutig an die Arbeit und der
HERR wird mit dem Guten sein.

5: Dtn 16,18 / **6**: Esra 7,25 / **7**: Dtn 16,19 / **8**: Dtn 17,8f. / **11**: 1 Chr 5,37

JOSCHAFATS SIEG ÜBER DIE ÖSTLICHEN NACHBARN: 20,1–37

20 1 Danach zogen die Moabiter und Am-
moniter mit einer Anzahl von Mëuni-
tern zum Krieg gegen Joschafat heran. 2 Boten
kamen und meldeten Joschafat: Ein großer
Heerhaufen zieht von jenseits des Meeres, von
Edom, gegen dich. Sie stehen schon in Haze-
zon-Tamar, das ist En-Gedi. 3 Joschafat geriet
in Furcht; er beschloss, den HERRN zu befra-
gen, und ließ in ganz Juda ein Fasten ausrufen.
4 Die Judäer versammelten sich, um zum
HERRN zu flehen. Auch aus allen Städten Ju-
das kamen sie herbei, um zum HERRN zu fle-
hen. 5 Joschafat aber trat im Haus des HERRN,
im neuen Vorhof, vor die Versammlung Judas
und Jerusalems 6 und betete: HERR, Gott un-
serer Väter, bist nicht du Gott im Himmel und
Herrscher über alle Reiche der Völker? In dei-
ner Hand liegen Kraft und Stärke; niemand
kann dir widerstehen. 7 Hast nicht du, unser
Gott, die Bewohner dieses Landes vor deinem
Volk Israel vertrieben und für alle Zeiten ihr
Gebiet den Nachkommen Abrahams, deines
Freundes, gegeben? 8 Sie ließen sich darin nie-
der, bauten dir darin ein Heiligtum für deinen
Namen und sagten: 9 Wenn Unglück, Schwert,
Gericht, Pest oder Hunger über uns kommen,
wollen wir vor dieses Haus und vor dein An-
gesicht hintreten; denn dein Name ist gegen-
wärtig in diesem Haus. Wir wollen in unserer
Not zu dir rufen und du wirst uns dann hören
und wirst helfen. 10 Und jetzt siehe die Ammo-
niter, Moabiter und die Bewohner des Berg-
lands Seïr. Du hast den Israeliten bei ihrem
Auszug aus Ägypten nicht erlaubt, ihr Gebiet
zu betreten. Sie haben sich von ihnen fernge-
halten und sie nicht ausgerottet. 11 Dafür er-
weisen sie uns nun Böses; sie kommen, um
uns aus deinem Besitz zu vertreiben, den du
uns verliehen hast. 12 Wirst du, unser Gott,
nicht über sie Gericht halten? Wir sind macht-
los vor dieser gewaltigen Menge, die gegen uns
zieht, und wissen nicht, was wir tun sollen.
Nur auf dich sind unsere Augen gerichtet.

13 Während ganz Juda, mit Kindern, Frauen
und Söhnen, vor dem HERRN stand, 14 kam
mitten in der Versammlung der Geist des
HERRN über Jahasiël, den Sohn Secharjas, des
Sohnes Benajas, des Sohnes Jëiëls, des Sohnes
Mattanjas, einen Leviten von den Söhnen
Asafs. 15 Er rief: Ihr Judäer alle, ihr Einwohner
Jerusalems und du, König Joschafat, merkt
auf! So spricht der HERR zu euch: Fürchtet
euch nicht und erschreckt nicht vor diesem
großen Heerhaufen; denn nicht eure, sondern
Gottes Sache ist der Krieg. 16 Zieht morgen
gegen sie hinab! Sie werden die Steige von Ziz
heraufkommen und ihr werdet am Ausgang
des Tals vor der Wüste Jeruël auf sie stoßen.
17 Doch werdet ihr nicht kämpfen müssen.
Tretet an, bleibt aber stehen und seht zu, wie
der HERR euch Rettung verschafft! Juda und
Jerusalem, fürchtet euch nicht und habt keine
Angst! Morgen sollt ihr vor ihren Augen aus-
rücken und der HERR wird mit euch sein. 18 Da
verneigte sich Joschafat mit dem Gesicht zur
Erde. Auch alle Judäer und die Einwohner Je-
rusalems fielen vor dem HERRN nieder und
beteten ihn an. 19 Darauf erhoben sich von den
Leviten die Nachkommen Kehats, und zwar
die Nachkommen Korachs, um den HERRN,

19,8 unter den Einwohnern Jerusalems: G und Vg; und sie kehrten nach Jerusalem zurück: H, S.

20,1 Mëuniter: vermuteter Text, vgl. V. 10 und V. 22f.; und Ammoniter: H, G, Vg, S.

20,2 von Edom: altlateinische Übersetzung, vgl. S; von Aram: H, Vg.

den Gott Israels, mit lauter und mächtiger
Stimme zu preisen.
20 Früh am nächsten Morgen zogen sie in die
Wüste von Tekoa. Beim Aufbruch trat Jo-
schafat hin und rief: Hört mir zu, Juda und ihr
Einwohner Jerusalems! Vertraut auf den
HERRN, euren Gott, dann werdet ihr beste-
hen! Vertraut auf seine Propheten, dann wer-
det ihr Erfolg haben! 21 Nachdem er sich mit
dem Volk beraten hatte, stellte er Sänger für
den HERRN auf, die in heiligem Schmuck dem
kampfbereiten Heer voranzogen, Loblieder
sangen und riefen: Dankt dem HERRN; denn
seine Huld währt ewig! 22 Während sie den
Jubelruf und Lobpreis anstimmten, führte der
HERR Feinde aus dem Hinterhalt gegen die
Ammoniter, Moabiter und die Bewohner des
Berglands Seïr, die gegen Juda gezogen waren,
sodass sie geschlagen wurden. 23 Darauf stell-
ten sich die Ammoniter und Moabiter gegen
die Bewohner des Berglands Seïr, vollzogen an
ihnen den Bann und vernichteten sie. Nach-
dem sie die Bewohner Seïrs vollends aufgerie-
ben hatten, gerieten sie selbst gegeneinander
zu ihrem eigenen Verderben. 24 Als daher die
Judäer an die Stelle kamen, von der aus man
die Wüste überschauen konnte, und ihren
Blick auf die feindlichen Scharen richteten,
sahen sie nur Leichen am Boden liegen; keiner
war entkommen. 25 Da rückte Joschafat mit
seinen Leuten an, um die Beute zu sammeln.
Sie fanden bei ihnen eine Menge Waren, Klei-
der, kostbare Geräte und nahmen so viel an
sich, dass sie es nicht mehr tragen konnten.
Drei Tage plünderten sie; denn die Beute war
reichlich. 26 Am vierten Tag sammelten sie sich
im Tal Beracha und priesen dort den HERRN.
Darum nennt man diese Gegend Tal Beracha,
Tal des Preises, bis zum heutigen Tag. 27 Darauf
wandten sich alle Männer Judas und Jerusa-
lems mit Joschafat an ihrer Spitze voller Freu-
de zur Heimkehr nach Jerusalem; denn der
HERR hatte ihnen Freude über ihre Feinde
verliehen. 28 Unter dem Spiel der Harfen,
Zithern und Trompeten kamen sie nach Jeru-
salem zum Haus des HERRN. 29 Der Schrecken
Gottes aber erfasste alle Reiche der Länder, als
sie hörten, dass der HERR gegen die Feinde
Israels gekämpft habe. 30 So hatte das Reich
Joschafats Frieden und sein Gott verschaffte
ihm ringsum Ruhe.

20,25 Kleider: altlateinische Übersetzung; Leichen: H, S; Beute: G.

31 Joschafat war König von Juda. Er war fünf-
unddreißig Jahre alt, als er König wurde, und
regierte fünfundzwanzig Jahre in Jerusalem.
Seine Mutter hieß Asuba und war eine Tochter
Schilhis. 32 Er folgte den Wegen seines Vaters
Asa, ohne von ihnen abzuweichen, und tat,
was dem HERRN gefiel. 33 Nur die Kulthöhen
verschwanden nicht. Das Volk hatte sein Herz
noch nicht dem Gott seiner Väter zugewandt.
34 Die übrige Geschichte Joschafats, die frü-
here und die spätere, ist aufgezeichnet in der
Geschichte Jehus, des Sohnes Hananis, die in
das Buch der Könige von Israel aufgenommen
wurde.
35 Danach verbündete sich Joschafat, der
König von Juda, mit Ahasja, dem König von
Israel, dessen Tun frevelhaft war. 36 Joschafat
schloss mit ihm ein Abkommen, um Schiffe
zu bauen, die nach Tarschisch fahren sollten.
Sie bauten die Schiffe in Ezjon-Geber. 37 Doch
Eliëser, der Sohn Dodawas aus Marescha,
weissagte gegen Joschafat: Weil du dich mit
Ahasja verbündet hast, wird der HERR dein
Werk zerstören. So zerschellten denn die
Schiffe und konnten nicht nach Tarschisch
fahren.

1: 26,7; 1 Chr 4,41 / **3**: 1 Kön 21,9; Jer 36,9 / **6**: 1 Chr 29,11f. / **7**: Dtn 4,38; Ps 44,3 / **9**: 6,24f.28f. / **10**: Dtn 2,19 / **12**: Ps 94,2 / **15**: Ex 14,13f.; 1 Chr 28,20 / **17**: Num 14,9; Dtn 3,22 / **19**: 29,30 / **20**: Jes 7,9 / **21**: 5,13; 1 Chr 16,29; Ps 29,2 / **23**: Ri 7,22 / **25**: 2 Chr 14,12–14 / **29**: 14,13 / **31-35**: 1 Kön 22,42–46 / **33**: 17,3; 15,17 / **34**: 9,29 / **35**: 18,1; 21,6 / **36-37**: 1 Kön 22,49–50 / **36**: Jes 2,16; Jona 1,3

JORAMS SCHULD UND STRAFE: 21,1–20

21 1 Joschafat entschlief zu seinen Vätern
und wurde bei seinen Vätern in der Da-
vidstadt begraben. Sein Sohn Joram wurde
König an seiner Stelle. 2 Seine Brüder, die Söh-
ne Joschafats, waren: Asarja, Jehiël, Secharja,
Asarja, Michael und Schefatja; sie alle waren
Söhne Joschafats, des Königs von Israel. 3 Ihr
Vater gab ihnen reiche Geschenke an Silber,
Gold und anderen Kostbarkeiten, dazu befes-
tigte Städte in Juda. Das Königtum aber verlieh
er Joram; denn dieser war der Erstgeborene.
4 Als Jorams Herrschaft über das Königreich
seines Vaters gefestigt war, da ließ er alle seine
Brüder und auch einige führende Männer Is-
raels mit dem Schwert hinrichten.
5 Joram war zweiunddreißig Jahre alt, als er
König wurde, und regierte acht Jahre in Jeru-
salem. 6 Er folgte den Wegen der Könige von
Israel, wie es das Haus Ahab getan hatte; denn

er hatte eine Tochter Ahabs zur Frau und er tat,
was böse war in den Augen des HERRN. 7 Doch
der HERR wollte das Haus David nicht verder-
ben wegen des Bundes, den er mit David ge-
schlossen hatte, und weil er ihm versprochen
hatte, er werde ihm und seinen Söhnen für
immer eine Leuchte geben.

8 In den Tagen Jorams fiel Edom von Juda ab
und setzte einen eigenen König ein. 9 Joram
zog daher mit seinen Obersten und allen
Kriegswagen gegen sie. Während der Nacht
griff er an und schlug die Edomiter, die ihn und
die Obersten der Kriegswagen umzingelt hat-
ten. 10 Doch Edom fiel von Juda ab und ist ab-
trünnig bis zum heutigen Tag. Damals, zur
gleichen Zeit, fiel auch Libna von Juda ab; denn
Joram hatte den HERRN, den Gott seiner Vä-
ter, verlassen. 11 Auch errichtete er Kulthöhen
auf den Bergen Judas und verführte die Ein-
wohner Jerusalems zur Untreue und Juda zum
Abfall.

12 Damals traf ein Schreiben des Propheten
Elija bei ihm ein. Es hatte folgenden Inhalt: So
spricht der HERR, der Gott deines Vaters Da-
vid: Weil du nicht auf den Wegen deines Va-
ters Joschafat und auf den Wegen Asas, des
Königs von Juda, 13 sondern auf den Wegen der
Könige von Israel gegangen bist, weil du Juda
und die Einwohner Jerusalems zur Untreue
verführt hast, wie es das Haus Ahab getan hat,
und weil du deine eigenen Brüder aus der Fa-
milie deines Vaters, die besser waren als du,
getötet hast, 14 darum wird der HERR dein
Volk, deine Söhne und Frauen und deinen
ganzen Besitz mit harten Schlägen treffen.
15 Du selbst wirst in schweres Siechtum ver-
fallen und an deinen Eingeweiden erkranken,
sodass sie nach Jahr und Tag infolge der Krank-
heit herausfallen werden.

16 Der HERR reizte nun den Wagemut der
Philister und der Araber, die neben den Ku-
schitern wohnen, gegen Joram auf. 17 Sie zogen
gegen Juda, überfielen das Land und nahmen
den ganzen Besitz weg, der sich im Palast des
Königs fand; auch seine Söhne und Frauen
führten sie weg. Es blieb ihm kein Sohn außer
Joahas, dem jüngsten von ihnen. 18 Nach all-
dem schlug der HERR den Joram mit einer un-
heilbaren Krankheit in den Eingeweiden.
19 Nach Jahr und Tag, zwei Tage vor seinem
Ende, fielen infolge der Krankheit seine Ein-
geweide heraus und er starb unter großen
Schmerzen. Das Volk zündete zu seiner Ehre
kein Feuer an, wie das bei seinen Vätern ge-
schehen war. 20 Er war zweiunddreißig Jahre
alt, als er König wurde, und regierte acht Jahre
in Jerusalem. Er ging dahin, von niemand be-
dauert. Man begrub ihn in der Davidstadt, aber
nicht in den Gräbern der Könige.

1–4: 1 Kön 22,51 / **3**: 11,23 / **4**: Ri 9,5 / **5–10**: 2 Kön 8,17–22 / **7**: 1 Kön 11,36; 2 Sam 23,5 / **10**: 2 Kön 19,8 / **12**: 17,3–6 / **13**: 1 Kön 16,31–33; 2 Chr 22,3 / **16**: 17,11 / **19**: 16,14 / **20**: 2 Kön 8,17

AHASJAS KURZE HERRSCHAFT: 22,1–9

22 1 Die Einwohner Jerusalems machten
nun seinen jüngsten Sohn Ahasja zum
König an seiner Stelle. Alle älteren Brüder hat-
te die Räuberbande getötet, die mit den Ara-
bern in das Lager eingedrungen war. So kam
Ahasja, der Sohn Jorams, des Königs von Juda,
zur Herrschaft. 2 Ahasja war zweiundzwanzig
Jahre alt, als er König wurde, und regierte ein
Jahr in Jerusalem. Seine Mutter hieß Atalja; sie
war eine Enkelin Omris. 3 Auch er folgte den
Wegen des Hauses Ahab; denn seine Mutter
verführte ihn durch ihren Rat zum Bösen.
4 Wie die Angehörigen des Hauses Ahab tat er,
was böse war in den Augen des HERRN; denn
diese stürzten ihn nach dem Tod seines Vaters
durch ihren Rat ins Verderben.

5 Ihrem Rat folgend, zog er mit Joram, dem
Sohn Ahabs, dem König von Israel, gegen Ha-
saël, den König von Aram, nach Ramot-Gilead
in den Krieg. Dabei verwundeten die Aramäer
Joram 6 und er musste heimkehren, um in Jes-
reel von den Wunden Heilung zu suchen, die
ihm die Aramäer geschlagen hatten, als er in
Ramot gegen ihren König Hasaël kämpfte.
Ahasja, der Sohn Jorams, der König von Juda,
kam hinab, um Joram, den Sohn Ahabs, in Jes-
reel zu besuchen, als er krank daniederlag.
7 Von Gott aber war es zum Verderben Ahasjas
bestimmt, dass er sich zu Joram begab. Mit
Joram fuhr er nach seiner Ankunft Jehu, dem
Enkel Nimschis, entgegen, den der HERR ge-
salbt hatte, damit er das Haus Ahab ausrotte.
8 Als Jehu seinen Streit mit dem Haus Ahab
austrug, stieß er auf die Hofleute Judas und die
Verwandten Ahasjas, die im Dienst Ahasjas

22,2 zweiundzwanzig: G teilweise, vgl. 2 Kön 8,26; zweiundvierzig: H, Vg, S; zwanzig: G teilweise; sechzehn: altlateinische Übersetzung.

22,6 von den Wunden: G und S, vgl. 2 Kön 8,29; denn: Vg – Ahasja: G und S; Asarja: H, Vg und S.

22,8 die Verwandten: G (eigentlich: die Brüder); die Söhne der Brüder: H, Vg, S, vgl. 2 Kön 10,13.

standen, und machte sie nieder. 9 Dann ließ er
Ahasja suchen. Man nahm ihn fest, während
er sich in Samaria verborgen hielt, brachte ihn
vor Jehu und tötete ihn. Doch gab man ihm ein
Grab; denn sie sagten: Er ist ein Enkel Jo-
schafats, der den HERRN mit ganzem Herzen
gesucht hat. Im Haus Ahasjas war nun nie-
mand mehr, der fähig gewesen wäre, die Kö-
nigsherrschaft zu übernehmen.

1: 1 Chr 3,11; 2 Chr 21,17 / 2–4: 2 Kön 8,25–29 / 3: 1 Kön 16,31–33 / 4: 21,13 / 5f.: 2 Kön 8,28–29 / 5: 18,3 / 6: 2 Kön 9,16 / 7: 2 Kön 9,21 / 8: 2 Kön 10,12–14 / 9: 2 Kön 9,27–29

ATALJAS HERRSCHAFT UND JOJADAS VERSCHWÖRUNG: 22,10–23,21

10 Als Atalja, die Mutter Ahasjas, sah, dass
ihr Sohn tot war, ging sie daran, die ganze
Nachkommenschaft der königlichen Familie
des Hauses Juda auszurotten. 11 Doch Jusche-
ba, die Tochter des Königs, nahm Joasch, den
Sohn Ahasjas, aus dem Kreis der Königssöhne,
die ermordet werden sollten, weg und brachte
ihn heimlich mit seiner Amme in die Betten-
kammer. Dort versteckte sie ihn vor Atalja,
sodass diese ihn nicht töten konnte. Joscheba,
die Tochter des Königs Joram und Frau des
Priesters Jojada, war die Schwester Ahasjas.
12 Joasch blieb sechs Jahre bei ihr im Haus
Gottes verborgen, während Atalja das Land
regierte.

23 1 Doch im siebten Jahr fasste Jojada Mut
und verbündete sich mit den Hundert-
schaftsführern, mit Asarja, dem Sohn Jero-
hams, Jischmaël, dem Sohn Johanans, Asarja,
dem Sohn Obeds, Maaseja, dem Sohn Adajas,
und Elischafat, dem Sohn Sichris. 2 Sie durch-
zogen Juda und versammelten die Leviten aus
allen Städten Judas sowie die Häupter der is-
raelitischen Großfamilien in Jerusalem. 3 Dort
schloss die Versammlung im Haus Gottes ei-
nen Bund mit dem König. Jojada legte ihnen
dar: Seht da den Sohn des Königs! Er soll herr-
schen, wie der HERR den Nachkommen Da-
vids versprochen hat. 4 Das ist es, was ihr tun
sollt: Ein Drittel von euch, die am Sabbat an-
treten, nämlich von den Priestern und Leviten,
sollen an den Schwellen Wache stehen. 5 Ein
Drittel soll am Königspalast und ein Drittel am
Jesodtor stehen. Das ganze Volk aber soll in
den Höfen des Hauses des HERRN bleiben.
6 Niemand darf in das Haus des HERRN kom-
men als nur die Priester und die diensttuenden
Leviten; diese können eintreten, denn sie sind
heilig. Das ganze Volk aber soll die Anordnun-
gen des HERRN befolgen. 7 Die Leviten sollen
sich mit der Waffe in der Hand um den König
scharen. Wer in das Haus einzudringen ver-
sucht, soll getötet werden. Seid beim König,
wenn er einzieht und wenn er auszieht! 8 Die
Leviten und Judäer befolgten alle Gebote des
Priesters Jojada. Jeder holte seine Leute, so-
wohl jene, die am Sabbat aufzogen, als auch
jene, die am Sabbat abzogen; denn der Priester
Jojada hatte die Abteilungen nicht entlassen.
9 Er gab den Anführern der Hundertschaften
die Lanzen sowie die großen und kleinen
Schilde, die dem König David gehört hatten
und sich jetzt im Haus Gottes befanden. 10 Das
ganze Volk stellte er mit der Waffe in der Hand
von der Südseite des Tempels bis zur Nordsei-
te vor dem Altar und dem Tempel rings um
den König auf. 11 Dann führte man den Königs-
sohn heraus. Man überreichte ihm den Stirn-
reif und das Bundeszeugnis und machte ihn
so zum König. Jojada und seine Söhne salbten
ihn und riefen: Es lebe der König!

12 Als Atalja das Geschrei des Volkes hörte,
das herbeilief und dem König zujubelte, kam
sie zu den Leuten in das Haus des HERRN. 13 Da
sah sie den König am Eingang bei seiner Säule
stehen; die Obersten und die Trompeter wa-
ren bei ihm und alle Bürger des Landes waren
voller Freude und bliesen die Trompeten,
während die Sänger mit ihren Instrumenten
dastanden und das Zeichen zum Lobpreis ga-
ben. Atalja zerriss ihre Kleider und schrie:
Verrat, Verrat! 14 Doch der Priester Jojada be-
fahl den Hundertschaftsführern, die das Kom-
mando über die Truppen hatten: Führt sie
durch die Reihen hinaus und jeder, der ihr
folgen will, soll mit dem Schwert niederge-
schlagen werden. Er sagte: Tötet sie nicht im
Haus des HERRN! 15 Da legte man Hand an sie,
und als sie zum Eingang des Rosstores am kö-
niglichen Palast kam, machte man sie dort
nieder.

16 Jojada schloss einen Bund zwischen sich,
dem ganzen Volk und dem König, dass sie ein
Volk für den HERRN sein wollten. 17 Darauf

22,10 auszurotten: G, Vg, S, vgl. 2 Kön 11,1; und sprach: H. 22,12 bei ihr: S, vgl. 2 Kön 11,3; bei ihnen: H, Vg; bei ihm: G.

23,14 befahl den Hundertschaftsführern: S, vgl. 2 Kön 11,15; führte die Hundertschaftsführer … heraus: H; ging hinaus zu den Hundertschaftsführern und sagte: G, vgl. Vg.

zog das ganze Volk zum Baalstempel und riss
ihn nieder. Sie zertrümmerten seine Altäre
und Bilder und erschlugen den Baalspriester
Mattan vor den Altären.
18 Dann betraute Jojada die levitischen Pries-
ter mit der Aufsicht über das Haus des HERRN.
David hatte sie für das Haus des HERRN in
Klassen eingeteilt; nach seiner Anweisung
sollten sie unter Freudengesängen und Lie-
dern die Brandopfer für den HERRN dar-
bringen, wie sie in der Weisung des Mose
vorgeschrieben sind. 19 Auch stellte er Wäch-
ter an die Tore des Hauses des HERRN, damit
niemand hereinkäme, der mit einer Unrein-
heit behaftet wäre. 20 Hierauf nahm Jojada die
Hundertschaftsführer, die Vornehmen und
Großen des Volkes sowie alle Bürger des
Landes und führte den König vom Haus des
HERRN hinab. Sie kamen durch das obere Tor
in den königlichen Palast und setzten Joasch
auf den Königsthron. 21 Alle Bürger des Landes
waren voller Freude und die Stadt blieb ruhig.
Atalja aber hatte man mit dem Schwert um-
gebracht.

22,10–23,21: 2 Kön 11,1–20 / **11:** 1 Chr 3,11 / **12:** 24,1
23,3: 2 Sam 7,12–16; 1 Chr 17,11–14 / **9:** 12,9–11 / **11:** 2 Sam 1,10; Ps 132,18 / **13:** 2 Kön 9,23 / **17:** 2 Kön 10,27 / **18:** 8,14

JOASCH: VERDIENST UND STRAFE: 24,1–27

24 1 Joasch war sieben Jahre alt, als er König
wurde, und regierte vierzig Jahre in Je-
rusalem. Seine Mutter hieß Zibja und stamm-
te aus Beerscheba. 2 Joasch tat, was dem
HERRN gefiel, solange der Priester Jojada lebte.
3 Jojada warb für ihn zwei Frauen und er zeug-
te Söhne und Töchter.
4 Danach fasste Joasch den Entschluss, das
Haus des HERRN zu erneuern. 5 Er ließ die
Priester und die Leviten zusammenkommen
und sagte zu ihnen: Geht in die Städte Judas
und sammelt Geld von ganz Israel, um Jahr für
Jahr Ausbesserungen am Haus eures Gottes
vornehmen zu können. Beeilt euch dabei! Als
sich aber die Leviten nicht beeilten, 6 rief Jo-
asch den Oberpriester Jojada zu sich und hielt
ihm vor: Warum hast du die Leviten nicht
angehalten, von Juda und Jerusalem die Abga-
be zu erheben, die Mose, der Knecht des
HERRN, und die Versammlung Israels für das
Zelt des Bundeszeugnisses vorgeschrieben
haben? 7 Denn die Söhne der ruchlosen Atalja
haben das Haus Gottes aufgebrochen und so-
gar die Weihegaben des Hauses des HERRN
für die Baale verwendet. 8 Der König ließ nun
einen Kasten anfertigen und außen am Tor des
Hauses des HERRN aufstellen. 9 Dann rief man
in Juda und Jerusalem aus, man solle die Ab-
gabe für den HERRN entrichten, die Mose, der
Knecht Gottes, den Israeliten in der Wüste
befohlen hat. 10 Alle führenden Männer und
das ganze Volk waren darüber erfreut. Sie
brachten ihre Beiträge und warfen sie in den
Kasten, bis er voll war. 11 Zu bestimmten Zei-
ten ließ man den Kasten durch Leviten zur
Überprüfung zum König bringen. Wenn man
sah, dass viel Geld darin war, kamen der
Schreiber des Königs und der Beauftragte des
Oberpriesters, leerten den Kasten und trugen
ihn wieder an seinen Platz zurück. Das taten
sie Tag für Tag und brachten viel Geld zusam-
men. 12 Der König und Jojada übergaben es den
Werkmeistern, die am Haus des HERRN tätig
waren, und diese bestellten Maurer und Zim-
merleute sowie Eisen- und Bronzeschmiede,
die das Haus des HERRN erneuern und seine
Schäden beseitigen sollten. 13 Die Werkmeis-
ter griffen zu und unter ihrer Leitung gingen
die Ausbesserungsarbeiten gut voran. Sie
stellten das Haus Gottes nach seinen Plänen
wieder her und erhöhten seine Festigkeit.
14 Als sie fertig waren, brachten sie den Rest
des Geldes vor den König und vor Jojada und
dieser ließ dafür Geräte für das Haus des
HERRN, Kult- und Opfergeräte, Schalen und
sonstige Gefäße aus Gold und Silber anferti-
gen.
Solange Jojada lebte, wurden ständig im
Haus des HERRN Brandopfer dargebracht.
15 Jojada aber wurde alt und satt an Lebensta-
gen; er war hundertdreißig Jahre alt, als er
starb. 16 Man begrub ihn bei den Königen in der
Davidstadt; denn er hatte an Israel, für Gott
und sein Haus, Gutes getan.
17 Nach dem Tod Jojadas kamen die führen-
den Männer Judas zum König und warfen sich
vor ihm nieder. Dieser hörte damals auf sie,
18 sodass sie den Bund des HERRN, des Gottes
ihrer Väter, verließen und die Kultpfähle und
Götzenbilder verehrten. Wegen dieser Schuld
kam ein Zorngericht über Juda und Jerusalem.
19 Der HERR schickte Propheten zu ihnen, um
sie zur Umkehr zum HERRN zu bewegen, aber
man hörte nicht auf ihre Warnung. 20 Da kam
der Geist Gottes über Secharja, den Sohn des
Priesters Jojada. Er trat vor das Volk und hielt
ihm vor: So spricht Gott: Warum übertretet

ihr die Gebote des HERRN? So könnt ihr kein
Glück mehr haben. Weil ihr den HERRN ver-
lassen habt, wird er euch verlassen. 21 Sie aber
taten sich gegen ihn zusammen und steinigten
ihn auf Befehl des Königs im Hof des Hauses
des HERRN. 22 König Joasch dachte nicht mehr
an die Treue, die ihm Jojada, sein Vater, erwie-
sen hatte, sondern ließ dessen Sohn töten.
Dieser aber rief sterbend aus: Der HERR möge
es sehen und vergelten.

23 Um die Jahreswende zog das Heer der
Aramäer gegen Joasch. Sie drangen nach Juda
und Jerusalem vor und machten alle führen-
den Männer des Volkes nieder. Ihre gesamte
Beute brachte man zum König von Damaskus.
24 Mit nur wenig Kriegern war das Heer der
Aramäer gekommen; aber der HERR gab ein
sehr großes Heer in ihre Hand, weil die Isra-
eliten den HERRN, den Gott ihrer Väter, ver-
lassen hatten. So vollzogen die Aramäer an
Joasch das Strafgericht. 25 Als sie abzogen und
ihn schwerkrank zurückließen, verschworen
sich seine Diener gegen ihn wegen der Blut-
schuld am Sohn des Priesters Jojada und er-
schlugen ihn auf seinem Bett. Man begrub ihn
in der Davidstadt, aber nicht in den Gräbern
der Könige. 26 Die Verschwörer waren Sabad,
der Sohn der Ammoniterin Schimat, und Jo-
sabad, der Sohn der Moabiterin Schomer.
27 Weitere Nachrichten über seine Söhne, über
die vielen Prophetensprüche gegen ihn und
über die Wiederherstellung des Hauses Gottes
sind aufgezeichnet in den Erläuterungen zum
Buch der Könige. Sein Sohn Amazja wurde
König an seiner Stelle.

1-27: 2 Kön 12,1–14 / **6**: Ex 25,1–7; 35,4–29 / **15**: Gen 25,7f.; 35,28 / **20**: Ri 6,34; 1 Chr 12,19 / **21**: Mt 23,35; Lk 11,51 / **23**: 2 Kön 12,18–22 / **24**: 13,13–19; 14,8–14; Jes 30,17; Ez 5,10.15

AMAZJAS SIEG UND NIEDERLAGE: 25,1–28

25 1 Amazja war fünfundzwanzig Jahre alt,
als er König wurde, und regierte neun-
undzwanzig Jahre in Jerusalem. Seine Mutter
hieß Joaddan und stammte aus Jerusalem. 2 Er
tat, was dem HERRN gefiel, wenn auch nicht
mit ungeteiltem Herzen. 3 Sobald sich seine
Herrschaft gefestigt hatte, ließ er die Diener
hinrichten, die seinen Vater, den König, er-
schlagen hatten. 4 Ihre Söhne aber verschonte
er, wie es in der Weisung, im Buch des Mose,
geschrieben steht, wo der HERR geboten hat:
Väter sollen nicht wegen ihrer Söhne und Söh-
ne nicht wegen ihrer Väter mit dem Tod be-
straft werden, sondern jeder soll nur für sein
eigenes Verbrechen sterben.

5 Amazja versammelte die Judäer aus ganz
Juda und Benjamin und stellte sie nach Groß-
familien unter den Führern der Tausend- und
Hundertschaften auf. Er ließ alle, die zwanzig
Jahre und darüber waren, mustern. Ihre Zäh-
lung ergab dreihunderttausend auserlesene,
wehrfähige Männer, die Lanze und Schild
trugen. 6 Dazu ließ er in Israel hunderttau-
send tapfere Krieger um hundert Silbertalen-
te anwerben. 7 Doch ein Gottesmann kam zu
ihm und sagte: Das Heer Israels, o König, soll
nicht mit dir ziehen; denn der HERR ist nicht
mit Israel, er hilft keinem Efraimiter. 8 Rück
vielmehr allein aus und nimm mutig und
entschlossen den Kampf auf! Gott könnte
dich sonst vor dem Feind zu Fall bringen;
denn Gott hat die Macht, zu helfen oder zu
stürzen. 9 Amazja erwiderte dem Gottes-
mann: Wozu habe ich dann den israelitischen
Söldnerscharen hundert Talente gegeben?
Der Gottesmann antwortete: Der HERR kann
dir viel mehr als diese geben. 10 Da schied
Amazja die Truppe, die aus Efraim zu ihm
gekommen war, aus und ließ sie in ihre Hei-
mat zurückkehren. Sie geriet deswegen in
heftigen Zorn über Juda und zog grollend in
ihr Land zurück. 11 Amazja aber fasste Mut
und führte sein Volk in den Krieg. Er zog in
das Salztal und erschlug von den Seïritern
zehntausend Mann. 12 Zehntausend nahmen
die Judäer lebend gefangen, führten sie auf die
Höhe eines Felsens und stürzten sie hinab,
sodass alle zerschmettert wurden. 13 Die An-
gehörigen der Söldnertruppe aber, die Ama-
zja zurückgeschickt und am Kriegszug nicht
hatte teilnehmen lassen, überfielen die Städ-
te Judas zwischen Samaria und Bet-Horon,
erschlugen dort dreitausend Mann und
machten reiche Beute.

14 Nach der Rückkehr vom Sieg über die Edo-
miter stellte Amazja die Götter der Seïriter, die
er mitgebracht hatte, als Götter für sich auf, fiel
vor ihnen nieder und brachte ihnen Opfer dar.
15 Da entbrannte der Zorn des HERRN gegen
Amazja. Er sandte einen Propheten zu ihm
und ließ ihm sagen: Warum suchst du die Göt-
ter des Volkes, die ihr Volk aus deiner Hand
nicht retten konnten? 16 Amazja fiel ihm ins
Wort und rief: Haben wir dich zum Berater
des Königs bestellt? Halt ein! Warum soll man

dich schlagen? Da hielt der Prophet inne und sagte: Ich weiß, dass Gott dein Verderben plant, weil du das getan und auf meinen Rat nicht gehört hast.

17 Nach einer Beratung sandte Amazja, der König von Juda, Boten an Joasch, den Sohn des Joahas, des Sohnes Jehus, den König von Israel, und ließ ihm sagen: Komm, wir wollen uns miteinander messen! 18 Doch Joasch, der König von Israel, ließ dem König Amazja von Juda sagen: Der Dornstrauch auf dem Libanon ließ der Zeder auf dem Libanon sagen: Gib deine Tochter meinem Sohn zur Frau! Aber die Tiere des Libanon liefen über den Dornstrauch und zertraten ihn. 19 Du denkst: Ich habe Edom besiegt! Dein Herz hat sich erhoben, um sich zu brüsten. Bleib jetzt zu Hause! Wozu willst du das Unglück herausfordern und zu Fall kommen, du und Juda mit dir? 20 Doch Amazja wollte nicht hören; denn Gott hatte es so bestimmt, sie preiszugeben, weil sie die Götter der Edomiter suchten. 21 Joasch, der König von Israel, rückte daraufhin aus. Er und Amazja, der König von Juda, traten bei Bet-Schemesch, das zu Juda gehört, einander gegenüber. 22 Die Judäer wurden von den Israeliten geschlagen und flohen zu ihren Zelten. 23 Den König Amazja von Juda, den Sohn des Joasch, des Sohnes des Joahas, nahm König Joasch von Israel bei Bet-Schemesch gefangen und brachte ihn nach Jerusalem. Dort riss er die Mauer der Stadt vom Efraimtor bis zum Ecktor auf einer Strecke von vierhundert Ellen nieder, 24 nahm alles Gold und Silber sowie alle Geräte, die sich im Haus Gottes bei Obed-Edom befanden, samt den Schätzen des königlichen Palastes, ließ sich Geiseln stellen und kehrte nach Samaria zurück.

25 Amazja, der Sohn des Joasch, der König von Juda, lebte nach dem Tod des Joasch, des Sohnes des Joahas, des Königs von Israel, noch fünfzehn Jahre. 26 Die übrige Geschichte Amazjas, die frühere und die spätere, ist aufgezeichnet im Buch der Könige von Juda und Israel. 27 Zur Zeit, da Amazja sich vom HERRN abwandte, bildete sich in Jerusalem gegen ihn eine Verschwörung. Er floh nach Lachisch; aber man sandte Verfolger hinter ihm her nach Lachisch, die ihn dort erschlugen. 28 Man brachte ihn auf Pferden nach Jerusalem und begrub ihn bei seinen Vätern in der Stadt Judas.

1–28: 2 Kön 14,2–20 / **4**: Dtn 24,16; Ez 18,4.17 / **5**: Num 1,3; 1 Chr 27,23 / **6**: 1 Chr 19,6 / **7**: 19,2 / **8**: 1 Sam 14,6 / **11**: 2 Kön 14,7 / **15**: 28,23; 1 Chr 14,12 / **16**: 16,10 / **18**: Ri 9,14f. / **20**: 10,15 / **24**: 1 Chr 13,14 / **27**: 24,25 / **28**: 35,24

USIJAS TATKRAFT UND SEIN AUSSATZ: 26,1–23

26 1 Das ganze Volk von Juda nahm Usija, der damals sechzehn Jahre alt war, und machte ihn zum König anstelle seines Vaters Amazja. 2 Er baute Elat aus, das er für Juda zurückgewonnen hatte, nachdem Amazja zu seinen Vätern entschlafen war. 3 Usija war sechzehn Jahre alt, als er König wurde, und regierte zweiundfünfzig Jahre in Jerusalem. Seine Mutter hieß Jecholja und stammte aus Jerusalem. 4 Genau wie sein Vater Amazja tat er, was dem HERRN gefiel. 5 Er war bestrebt, Gott zu suchen, solange Secharja lebte, der sich auf die Visionen Gottes verstand; und solange er den HERRN suchte, ließ ihn Gott erfolgreich sein. 6 Er unternahm einen Kriegszug gegen die Philister, riss die Mauern von Gat, Jabne und Aschdod nieder und baute Städte bei Aschdod und im übrigen Gebiet der Philister aus. 7 Gott stand ihm bei gegen die Philister, gegen die Araber, die in Gur-Baal wohnten, und gegen die Mëuniter. 8 Die Ammoniter zahlten ihm Tribut und sein Ruhm reichte bis an die Grenze Ägyptens; denn er war überaus mächtig geworden. 9 In Jerusalem baute Usija Türme am Ecktor und am Taltor sowie im Winkel und befestigte sie. 10 Auch in der Steppe baute er Türme und grub viele Zisternen. Er besaß nämlich große Herden in der Schefela und in der Ebene und beschäftigte Acker- und Weinbauern in den Bergen und im Fruchtland; denn er liebte den Ackerbau. 11 Usija hatte ein kriegstüchtiges Heer, das, nach Abteilungen gegliedert, in der Stärke ausrückte, die der Staatsschreiber Jëiël und der Amtmann Maaseja unter Aufsicht Hananjas, eines der Obersten des Königs, bei der Musterung festgestellt hatten. 12 Unter den Kriegern waren insgesamt zweitausendsechshundert Häupter von Großfamilien. 13 Sie befehligten ein Heer von dreihundertsiebentausendfünfhundert kampffähigen Männern, die stark genug waren, um dem König gegen seine Feinde zu helfen. 14 Für das ganze Heer stellte Usija Schilde, Lanzen, Helme, Panzer, Bogen und

25,24 nahm: S, vgl. 2 Kön 14,14; nicht in H, G, Vg.

26,5 Visonen Gottes: der Gott sah: H und Vg; in der Furcht Gottes: G.

26,7 zu den Mëunitern vgl. die Anmerkung zu 20,1.

Schleudersteine bereit. 15 In Jerusalem ließ er kunstvolle Wurfmaschinen bauen und auf den Türmen und Mauerecken aufstellen, um Pfeile und große Steine abschießen zu können. So wurde er weithin berühmt; denn ihm wurde außergewöhnliche Hilfe zuteil, sodass er an Macht gewann.

16 Doch als er mächtig geworden war, wurde sein Herz übermütig und er handelte verkehrt. Er wurde dem HERRN, seinem Gott, untreu und drang in den Tempel des HERRN ein, um auf dem Räucheraltar zu opfern. 17 Aber der Priester Asarja folgte ihm mit achtzig mutigen Priestern des HERRN. 18 Sie traten dem König Usija entgegen und sagten zu ihm: Nicht dir, Usija, steht es zu, dem HERRN Rauchopfer darzubringen, sondern den Priestern, den Söhnen Aarons, die geweiht sind, das Rauchopfer darzubringen. Verlass das Heiligtum; denn du bist untreu geworden und es gereicht dir nicht zur Ehre vor Gott, dem HERRN. 19 Usija wurde zornig; er hielt schon die Räucherpfanne in der Hand, um das Räucheropfer darzubringen. Als er sich aber zornig gegen die Priester wandte, brach an seiner Stirn der Aussatz hervor. Es geschah vor den Augen der Priester, während er im Tempel neben dem Räucheraltar stand. 20 Als daher der Oberpriester Asarja und alle anderen Priester sich ihm zuwandten, zeigte sich der Aussatz an seiner Stirn. Sie drängten ihn eiligst von dort weg und auch er selbst beeilte sich hinauszukommen, da der HERR ihn geschlagen hatte. 21 So war König Usija aussätzig bis zu seinem Tod. Da er vom Haus des HERRN ausgeschlossen war, musste er als Aussätziger in einem abgesonderten Haus wohnen, während sein Sohn Jotam Vorsteher des königlichen Palastes war und die Bürger des Landes regierte.

22 Die übrige Geschichte Usijas, die frühere und die spätere, schrieb der Prophet Jesaja, der Sohn des Amoz. 23 Usija entschlief zu seinen Vätern und man begrub ihn bei seinen Vätern auf dem Feld bei der Grabstätte der Könige; denn man sagte: Er war aussätzig. Sein Sohn Jotam wurde König an seiner Stelle.

1–20: 2 Kön 14,21–22; 15,1–3 / **5**: Jes 8,2 / **6**: 2 Sam 5,17–25 / **7**: 17,11 / **8**: 20,1–30 / **10**: 2 Chr 14,6; Jes 61,5 / **13**: 25,5 / **16**: 12,1; 25,19 / **18**: 1 Kön 13,7–14; Ez 46,2 / **19**: Num 16,4–7.35 / **20**: Num 12,10 / **21–23**: 2 Kön 15,5–7 / **23**: Jes 6,1

JOTAM: 27,1–9

27 1 Jotam war fünfundzwanzig Jahre alt, als er König wurde, und regierte sechzehn Jahre in Jerusalem. Seine Mutter hieß Jeruscha und war eine Tochter Zadoks. 2 Er tat, was dem HERRN gefiel, genau wie sein Vater Usija, aber er drang nicht in den Tempel des HERRN ein. Das Volk jedoch handelte immer noch verkehrt. 3 Er baute das obere Tor am Haus des HERRN. Auch an der Mauer des Ofel baute er viel. 4 Ebenso baute er Städte im Gebirge Juda aus, errichtete Burgen und Türme in den Waldgebieten, 5 führte Krieg mit dem König der Ammoniter und besiegte ihn. Die Ammoniter mussten ihm in jenem Jahr hundert Talente Silber, zehntausend Kor Weizen und zehntausend Kor Gerste abliefern. Die gleiche Abgabe leisteten sie auch im zweiten und dritten Jahr. 6 So wurde Jotam mächtig; denn er achtete in seinem Verhalten auf den HERRN, seinen Gott.

7 Die übrige Geschichte Jotams, alle seine Kriege und Unternehmungen, sind aufgezeichnet im Buch der Könige von Israel und Juda. 8 Er war fünfundzwanzig Jahre alt, als er König wurde, und regierte sechzehn Jahre in Jerusalem. 9 Jotam entschlief zu seinen Vätern und man begrub ihn in der Davidstadt. Sein Sohn Ahas wurde König an seiner Stelle.

1–9: 2 Kön 15,32–38 / **2**: 26,4.16 / **3**: 23,20 / **4**: 17,12; 26,10 / **5**: 26,8 / **8**: 27,1 / **9**: 26,23

AHAS: 28,1–27

28 1 Ahas war zwanzig Jahre alt, als er König wurde, und regierte sechzehn Jahre in Jerusalem. Er tat nicht wie sein Vater David, was dem HERRN gefiel, 2 sondern er folgte den Wegen der Könige von Israel. Auch ließ er Gussbilder für die Baale anfertigen, 3 opferte im Tal Ben-Hinnom, ließ seine Söhne durch das Feuer gehen und ahmte so die Gräuel der Völker nach, die der HERR vor den Augen der Israeliten vertrieben hatte. 4 Auf den Kulthöhen und Hügeln und unter jedem üppigen Baum brachte er Schlacht- und Rauchopfer dar.

5 Darum gab ihn der HERR, sein Gott, in die Hand des Königs der Aramäer. Sie schlugen ihn, führten ihm viele Gefangene weg und brachten sie nach Damaskus. Ebenso geriet er in die Hand des Königs von Israel. Pekach, der Sohn Remaljas, bereitete ihm eine schwere Niederlage. 6 Er erschlug an einem Tag in Juda

hundertzwanzigtausend Mann, lauter tapfere
Krieger, da sie den HERRN, den Gott ihrer Vä-
ter, verlassen hatten. 7 Sichri, ein efraimitischer
Kriegsheld, tötete den Königssohn Maaseja,
den Hausvorsteher Asrikam und Elkana, den
Zweiten nach dem König. 8 Die Israeliten führ-
ten von ihren Stammesbrüdern zweihundert-
tausend Frauen, Söhne und Töchter als Ge-
fangene weg, machten bei ihnen auch reiche
Beute und brachten sie nach Samaria.

9 Dort lebte ein Prophet des HERRN namens
Oded. Dieser ging dem Heer entgegen, das
nach Samaria zurückkehrte, und hielt ihm
vor: Seht, weil der HERR, der Gott eurer Väter,
über Juda erzürnt war, hat er sie in eure Hand
gegeben. Ihr habt unter ihnen mit einer Wut
gemordet, die zum Himmel schreit. 10 Jetzt
wollt ihr euch Leute aus Juda und Jerusalem
als Knechte und Mägde untertan machen.
Steht denn nicht ihr gerade in Schuld vor dem
HERRN, eurem Gott? 11 Hört daher jetzt auf
mich! Gebt die Gefangenen zurück, die ihr
von euren Stammesbrüdern weggeführt habt!
Es würde sonst der glühende Zorn des HERRN
euch treffen. 12 Darauf traten einige von den
Häuptern der Efraimiter, nämlich Asarja, der
Sohn Johanans, Berechja, der Sohn Meschil-
lemots, Jehiskija, der Sohn Schallums, und
Amasa, der Sohn Hadlais, zu den Heimkeh-
rern vom Feldzug hin, 13 redeten mit ihnen
und sagten: Bringt die Gefangenen nicht hier-
her! Schon liegt eine Schuld vor dem HERRN
auf uns und ihr wollt unsere Sünde und
Schuld noch vermehren. Ist doch unsere
Schuld schon groß genug und glühender Zorn
lastet auf Israel. 14 Daraufhin gaben die be-
waffneten Krieger in Gegenwart der Obersten
und der ganzen Versammlung die Gefange-
nen und die Beute frei. 15 Männer, die nament-
lich dazu bestimmt waren, gingen hin und
nahmen sich der Gefangenen an. Sie beklei-
deten alle, die nackt waren, aus der Beute und
versahen sie mit Gewändern und Schuhen.
Sie gaben ihnen zu essen und zu trinken, salb-
ten sie und führten alle Schwachen auf Eseln
weiter. So brachten sie die Gefangenen in die
Palmenstadt Jericho in die Nähe ihrer Stam-
mesbrüder. Sie selbst kehrten nach Samaria
zurück.

16 In jener Zeit sandte König Ahas einen
Hilferuf an den König von Assur; 17 denn auch
die Edomiter waren eingedrungen, hatten
Juda besiegt und Gefangene weggeführt.
18 Zugleich überfielen die Philister die Städte
der Schefela und des judäischen Negeb, er-
oberten Bet-Schemesch, Ajalon, Gederot, So-
cho mit seinen Tochterstädten, Timna mit
seinen Tochterstädten und Gimso mit seinen
Tochterstädten und setzten sich darin fest;
19 denn der HERR demütigte Juda wegen
Ahas', des Königs von Israel, der die Zügello-
sigkeit in Juda förderte und gegen den HERRN
treulos war. 20 Tiglat-Pileser, der König von
Assur, zog gegen ihn; brachte ihn in Bedräng-
nis, überwältigte ihn aber nicht. 21 Ahas muss-
te den Tempel, den königlichen Palast und die
führenden Männer berauben und alles dem
König von Assur geben, fand jedoch keine Hil-
fe. 22 Selbst in der Zeit der Bedrängnis setzte
König Ahas seine Treulosigkeit gegen den
HERRN fort. 23 Er brachte den Göttern von
Damaskus, die ihn geschlagen hatten, Opfer
dar und sagte: Die Götter der aramäischen Kö-
nige haben ihren Verehrern geholfen. Ihnen
will ich opfern und sie werden mir helfen.
Doch sie dienten nur dazu, ihn und ganz Isra-
el zu Fall zu bringen. 24 Ahas ließ die Geräte
des Hauses Gottes zusammenholen und zer-
schlagen, schloss die Tore des Hauses des
HERRN und errichtete Altäre an allen Ecken
Jerusalems. 25 In jeder einzelnen Stadt Judas
baute er Kulthöhen, um anderen Göttern zu
opfern. So erzürnte er den HERRN, den Gott
seiner Väter.

26 Seine übrige Geschichte und alle seine
Unternehmungen, die früheren und die spä-
teren, sind aufgezeichnet im Buch der Könige
von Juda und Israel. 27 Ahas entschlief zu sei-
nen Vätern und man begrub ihn in Jerusalem,
innerhalb der Stadt, legte ihn also nicht in die
Gräber der Könige von Israel. Sein Sohn His-
kija wurde König an seiner Stelle.

1–8: 2 Kön 16,2–4 / **2**: Ex 34,17 / **3**: 33,6; Jer 7,31 / **4**: Dtn 12,2 / **5**: 2 Kön 16,5; Jes 7,1 / **10**: Lev 25,46 / **11**: 2 Kön 6,22 / **13**: Esra 9,7.13.15 / **15**: 2 Kön 6,23; Mt 25,36; Jak 2,15 / **16**: 2 Kön 16,7 / **21**: 2 Kön 16,8f. / **23**: 25,14; Jer 44,15–19 / **24**: 2 Kön 16,17; 2 Chr 29,19 / **25**: 21,11 / **26**: 2 Kön 16,19f.

HISKIJAS WIEDERHERSTELLUNG DES KULTES: 29,1–36

29 1 Hiskija war fünfundzwanzig Jahre alt,
als er König wurde, und regierte neun-
undzwanzig Jahre in Jerusalem. Seine Mutter
hieß Abi und war eine Tochter Secharjas. 2 Ge-

28,16 an den König von Assur: G, Vg, S; an die Könige von Assur: H.

nau wie sein Vater David tat er, was dem
HERRN gefiel.
3 Im ersten Jahr seiner Regierung, im ersten
Monat, öffnete er die Tore des Hauses des
HERRN und setzte sie wieder instand. 4 Darauf
ließ er die Priester und die Leviten kommen,
versammelte sie auf dem Platz im Osten 5 und
sagte zu ihnen: Leviten, hört mich an! Heiligt
euch jetzt und heiligt das Haus des HERRN,
des Gottes eurer Väter! Schafft alles Unreine
aus dem Heiligtum! 6 Unsere Väter haben
treulos gehandelt und getan, was dem HERRN,
unserem Gott, missfällt. Sie haben ihn verlas-
sen und ihre Blicke von der Wohnung des
HERRN abgewandt und ihr den Rücken ge-
kehrt. 7 Sogar die Tore der Vorhalle haben sie
geschlossen, die Lampen ausgelöscht, kein
Räucheropfer angezündet und dem Gott Isra-
els im Heiligtum kein Brandopfer dargebracht.
8 Darum kam der Zorn des HERRN über Juda
und Jerusalem. Er machte sie zum Schreckbild,
zum Gegenstand des Entsetzens und zum Ge-
spött, wie ihr es mit eigenen Augen seht.
9 Deswegen sind unsere Väter unter dem
Schwert gefallen und sind unsere Söhne,
Töchter und Frauen in Gefangenschaft. 10 Ich
habe nun vor, einen Bund mit dem HERRN,
dem Gott Israels, zu schließen, damit sein glü-
hender Zorn von uns ablässt. 11 Meine Söhne,
seid jetzt nicht nachlässig! Euch hat ja der
HERR dazu erwählt, dass ihr vor ihm steht und
ihm dient. Ihr sollt seine Diener sein und ihm
Opfer darbringen.
12 Da standen folgende Leviten auf: Mahat,
der Sohn Amasais, und Joël, der Sohn Asar-
jas, von den Nachkommen der Kehatiter;
Kisch, der Sohn Abdis, und Asarja, der Sohn
Jehallelels, von den Nachkommen Meraris;
Joach, der Sohn Simmas, und Eden, der Sohn
Joachs, von den Gerschonitern; 13 Schimri
und Jëiël von den Nachkommen Elizafans;
Secharja und Mattanja von den Nachkommen
Asafs; 14 Jehiël und Schimi von den Nach-
kommen Hemans; Schemaja und Usiël von
den Nachkommen Jedutuns. 15 Sie versam-
melten ihre Stammesbrüder und heiligten
sich. Dann gingen sie nach dem Gebot des
Königs gemäß den Worten des HERRN daran,
das Haus des HERRN zu reinigen. 16 Die Pries-
ter betraten das Innere des Hauses des
HERRN, um es zu reinigen. Sie schafften alles
Unreine, das sie im Tempel des HERRN fan-
den, in den Hof des Hauses des HERRN. Dort
übernahmen es die Leviten und trugen es in
das Kidrontal hinaus. 17 Am ersten Tag des
ersten Monats begannen sie mit der Reini-
gung; am achten Tag des Monats kamen sie
zur Vorhalle des HERRN; dann heiligten sie
das Haus des HERRN innerhalb von acht Ta-
gen. Am sechzehnten Tag des ersten Monats
hatten sie die Arbeit vollendet.
18 Darauf gingen sie zum König Hiskija hi-
nein und meldeten: Wir haben das ganze Haus
des HERRN gereinigt. Den Brandopferaltar
mit all seinen Geräten, den Tisch für die
Schaubrote mit all seinen Geräten, 19 alle Ge-
räte, die König Ahas während seiner Regie-
rung durch seine Treulosigkeit entweiht hat,
haben wir instand gesetzt und geheiligt. Sie
stehen nun vor dem Altar des HERRN.
20 Am nächsten Morgen versammelte König
Hiskija die führenden Männer der Stadt und
ging mit ihnen in das Haus des HERRN hinauf.
21 Man führte sieben Stiere, sieben Widder,
sieben Lämmer und sieben Ziegenböcke als
Sündopfer für das Königshaus, für das Heilig-
tum und für Juda herbei und der König befahl
den Priestern, den Nachkommen Aarons, sie
auf dem Altar des HERRN darzubringen.
22 Man schlachtete die Rinder; die Priester fin-
gen das Blut auf und sprengten es an den Altar.
Dann schlachteten sie die Widder und spreng-
ten das Blut an den Altar. Dann schlachteten
sie die Lämmer und sprengten das Blut an den
Altar. 23 Zuletzt brachte man die Böcke für das
Sündopfer vor den König und die Versamm-
lung, damit sie die Hände auf sie legten.
24 Dann schlachteten die Priester die Böcke
und sprengten das Blut als Sündopfer an den
Altar, um für ganz Israel Sühne zu erwirken;
denn der König hatte das Brandopfer und das
Sündopfer für ganz Israel bestimmt. 25 Er stell-
te die Leviten mit Zimbeln, Harfen und
Zithern im Haus des HERRN auf, wie es dem
Gebot Davids, des königlichen Sehers Gad
und des Propheten Natan entsprach. Dieses
Gebot war vom HERRN durch seine Prophe-
ten ergangen. 26 Die Leviten traten mit den
Instrumenten Davids und die Priester mit
ihren Trompeten an. 27 Dann ließ Hiskija das
Brandopfer auf dem Altar darbringen. Als das
Opfer begann, setzten gleichzeitig auch der
Gesang zur Ehre des HERRN und die Trompe-
ten ein, begleitet von den Instrumenten Da-
vids, des Königs von Israel. 28 Die ganze Ver-
sammlung warf sich nieder, während der

Gesang ertönte und die Trompeten schmet-
terten. Dies alles dauerte bis zum Abschluss
des Opfers. 29 Nach der Darbringung des
Brandopfers verneigten sich der König und
alle, die sich bei ihm eingefunden hatten, und
warfen sich nieder. 30 König Hiskija und die
führenden Männer befahlen den Leviten, den
HERRN mit den Worten Davids und des Se-
hers Asaf zu preisen. Diese sangen den Lob-
preis mit Freuden, verneigten sich und warfen
sich nieder.

31 Hierauf nahm Hiskija das Wort und sagte:
Ihr steht jetzt mit vollen Händen vor dem
HERRN. Tretet heran und bringt Schlacht-
und Dankopfer zum Haus des HERRN! Da
brachte die Versammlung Schlacht- und
Dankopfer herbei; manche gaben freiwillig
noch Brandopfer hinzu. 32 Die Anzahl der
Brandopfer, die die Versammlung spendete,
betrug siebzig Rinder, hundert Widder und
zweihundert Lämmer. Sie wurden alle als
Brandopfer dem HERRN dargebracht. 33 Die
Weihegaben beliefen sich auf sechshundert
Rinder und dreitausend Schafe. 34 Es waren
aber zu wenig Priester vorhanden, um alle
Brandopfer enthäuten zu können. Daher hal-
fen ihnen ihre Amtsbrüder, die Leviten, bis die
Arbeit geschehen war und die Priester sich
geheiligt hatten; denn die Leviten hatten sich
eifriger um ihre Heiligung bemüht als die
Priester. 35 Es war aber auch die Anzahl der
Brandopfer sehr groß, die neben den Fettstü-
cken der Heilsopfer und den zum Brandopfer
gehörenden Trankopfern dargebracht werden
mussten. So wurde der Dienst im Haus des
HERRN wiederhergestellt. 36 Hiskija und das
ganze Volk freuten sich, dass Gott dies dem
Volk gewährt hatte; denn es war wider Erwar-
ten schnell geschehen.

1–2: 2 Kön 18,1–3 / **2**: Sir 49,4 / **5**: 5,11 / **6**: Klgl 5,7; Jer 32,33 / **7**: 28,24 / **8**: Jer 25,9 / **10**: 34,29–33 / **11**: Dtn 18,5 / **12**: 31,13 / **14**: 5,12 / **16**: 1 Makk 4,36.48 / **19**: 28,24 / **21**: Esra 6,17; Ez 43,18–27 / **22**: Lev 8,15.19 / **25**: 8,14 / **27**: 7,6 / **28**: 1 Makk 4,55 / **30**: 20,18; Sir 50,16–19 / **34**: 30,3

HISKIJAS PESSACHFEST: 30,1–27

30 1 Hiskija sandte Boten zu ganz Israel
und Juda, schrieb auch Briefe an Efraim
und Manasse und forderte sie auf, zum Haus
des HERRN nach Jerusalem zu kommen und
zur Ehre des HERRN, des Gottes Israels, das
Pessach zu feiern. 2 Dann beriet er sich mit sei-
nen Hofleuten und der ganzen Versammlung
in Jerusalem, ob sie das Pessach nicht erst im
zweiten Monat begehen sollten; 3 denn sie
konnten es damals nicht abhalten, da sich
nicht genügend Priester geheiligt hatten und
das Volk nicht in Jerusalem versammelt war.
4 Der Plan gefiel dem König und der ganzen
Versammlung. 5 Sie beschlossen, man solle in
ganz Israel von Dan bis Beerscheba ausrufen,
dass sie kommen und in Jerusalem zur Ehre
des HERRN, des Gottes Israels, das Pessach
feiern sollten; denn man hatte es bisher nicht
vollzählig so gehalten, wie es vorgeschrieben
war.

6 Die Eilboten durchzogen nun mit den
Briefen aus der Hand des Königs und seiner
Hofleute ganz Israel und Juda und verkünde-
ten nach dem Gebot des Königs: Israeliten,
kehrt um zum HERRN, dem Gott Abrahams,
Isaaks und Israels, damit er sich dem Rest
zuwendet, der von der Hand der Könige von
Assur verschont geblieben ist! 7 Seid nicht wie
eure Väter und Brüder, die dem HERRN, dem
Gott ihrer Väter, untreu geworden sind, sodass
er sie zu einem Bild des Entsetzens machte,
wie ihr es vor Augen habt! 8 Seid jetzt nicht
hartnäckig wie eure Väter! Reicht dem HERRN
die Hand und kommt in sein Heiligtum, das
er für immer geheiligt hat! Dient dem HERRN,
eurem Gott, damit sein Zorn von euch ablässt!
9 Wenn ihr zum HERRN zurückkehrt, werden
eure Brüder und Söhne Erbarmen finden bei
denen, die sie als Gefangene weggeführt ha-
ben. Sie werden in dieses Land zurückkehren
dürfen; denn der HERR, euer Gott, ist gnädig
und barmherzig. Er wird sein Angesicht nicht
von euch abwenden, wenn ihr zu ihm um-
kehrt.

10 Die Eilboten zogen von Stadt zu Stadt
durch das Gebiet von Efraim und Manasse bis
nach Sebulon. Doch man lachte und spottete
über sie. 11 Nur einige Männer von Ascher, Ma-
nasse und Sebulon beugten sich und kamen
nach Jerusalem. 12 Auch in Juda waltete die
Hand Gottes und bewirkte, dass sie einmütig
das Gebot des Königs und der führenden Män-
ner befolgten, wie es dem Wort des HERRN
entsprach. 13 So versammelte sich viel Volk in
Jerusalem, um im zweiten Monat das Fest der
Ungesäuerten Brote zu begehen. Es war eine
sehr große Versammlung. 14 Sie machten sich
auf, entfernten die Altäre in Jerusalem, besei-
tigten alle Rauchopferaltäre und warfen sie in
das Kidrontal. 15 Am vierzehnten Tag des zwei-
ten Monats schlachteten sie das Pessach. Die

Priester und Leviten aber fühlten sich be-
schämt. Sie heiligten sich, brachten Brandop-
fer zum Haus des HERRN 16 und begaben sich
pflichtgemäß an ihren Platz, nach der Weisung
des Mose, des Mannes Gottes. Die Priester
sprengten Blut, das sie von den Leviten entge-
gennahmen. 17 Weil viele in der Versammlung
sich nicht geheiligt hatten, schlachteten die
Leviten für alle, denen die Reinheit fehlte, die
Pessachlämmer, um sie dem HERRN zu wei-
hen. 18 Denn ein großer Teil des Volkes, viele
nämlich aus Efraim, Manasse, Issachar und
Sebulon, hatten sich nicht gereinigt. Sie aßen
das Pessach nicht in der vorgeschriebenen
Weise. Doch Hiskija betete für sie und sagte:
Der HERR, der Gütige, wirke Versöhnung für
19 jeden, der seinen Sinn darauf richtet, den
HERRN, den Gott seiner Väter, zu suchen,
auch wenn er nicht die Reinheit besitzt, die
dem Heiligtum gebührt. 20 Der HERR hörte
auf Hiskija und ließ das Volk unversehrt. 21 So
feierten die Israeliten, die sich in Jerusalem
eingefunden hatten, das Fest der Ungesäuer-
ten Brote sieben Tage hindurch mit großer
Freude. Tag für Tag priesen die Leviten und
Priester den HERRN mit lauten Instrumenten.
22 Hiskija redete allen Leviten zu Herzen, die
so großes Verständnis für den HERRN gezeigt
hatten. Als dann die sieben Tage der Festzeit
zu Ende waren, an denen sie Heilsopfer dar-
brachten und den HERRN, den Gott ihrer Vä-
ter, priesen, 23 beschloss die ganze Versamm-
lung, weitere sieben Tage zu feiern, und so
machten sie auch diese sieben Tage zu einem
Freudenfest. 24 Hiskija, der König von Juda,
hatte nämlich tausend Stiere und siebentau-
send Schafe für die Versammlung gestiftet
und die führenden Männer hatten tausend
Stiere und zehntausend Schafe für die Ver-
sammlung gestiftet; von den Priestern aber
hatten sich sehr viele geheiligt. 25 So freute sich
die ganze Versammlung Judas, die Priester
und die Leviten und alle, die aus Israel gekom-
men waren, auch die Fremden, die sich aus
dem Gebiet Israels eingefunden hatten oder in
Juda wohnten. 26 Die Freude war groß in Jeru-
salem; denn seit den Tagen Salomos, des Soh-
nes Davids, des Königs von Israel, hatte es
dergleichen in Jerusalem nicht mehr gegeben.
27 Zuletzt standen die levitischen Priester auf
und segneten das Volk. Ihr Rufen wurde erhört
und ihr Gebet drang zu seiner heiligen Woh-
nung, zum Himmel, empor.

1: Dtn 16,5f. / **3**: 29,34 / **5**: 1 Chr 21,2 / **6**: 1 Chr 13,2; 2 Kön 19,30 / **8**: Neh 9,16 / **9**: Ps 106,46 / **14**: 28,24 / **16**: Esra 3,2 / **17**: Ez 44,11 / **23**: 7,7f. / **24**: 35,7–9 / **26**: 2 Kön 23,22 / **27**: Num 6,22–27

NEUORDNUNG DES TEMPELDIENSTES:

31,1–21

31 1 Nachdem sie dies alles beendet hatten,
zogen die anwesenden Israeliten insge-
samt in die Städte Judas, zertrümmerten die
Steinmale, hieben die Kultpfähle um und zer-
störten die Kulthöhen und Altäre in ganz Juda,
Benjamin, Efraim und Manasse vollständig.
Darauf kehrten alle in ihre Städte auf ihren
Besitz zurück.

2 Hiskija stellte die Abteilungen der Priester
und Leviten nach ihren Dienstklassen auf. Er
wies alle Priester und Leviten einzeln in ihren
Dienst ein und bestellte sie zum Vollzug der
Brand- und Heilsopfer, zu Dienstleistungen
und zum Vortrag der Dank- und Lobgesänge
an den Toren des Lagers des HERRN.

3 Der Beitrag, den der König aus seinem Ver-
mögen für die Brandopfer leistete, betraf die
Opfer am Morgen und am Abend sowie die
Brandopfer an den Sabbaten, Neumondtagen
und Festen, die durch die Weisung des HERRN
vorgeschrieben waren.

4 Hiskija befahl dem Volk, das heißt, den
Einwohnern Jerusalems, die den Priestern
und den Leviten zustehenden Anteile abzulie-
fern, damit sie sich ganz der Weisung des
HERRN widmen könnten. 5 Sobald der Befehl
bekannt wurde, brachten die Israeliten die
Ersterträge von Getreide, Most, Öl, Honig und
allen Früchten des Feldes reichlich herbei und
lieferten den Zehnten von allem vollzählig ab.
6 Ebenso brachten die Israeliten und die Judä-
er, die in den Städten Judas wohnten, den
Zehnten von den Rindern und Schafen sowie
den Zehnten von den Weihegaben, die dem
HERRN, ihrem Gott, übergeben wurden. Sie
reihten Stapel an Stapel. 7 Im dritten Monat
fingen sie an, die unterste Schicht zu legen,
und im siebten Monat waren sie damit fertig.
8 Als dann Hiskija und die führenden Männer
kamen und die aufgestapelten Mengen sahen,
priesen sie den HERRN und sein Volk Israel.
9 Hiskija erkundigte sich bei den Priestern und
den Leviten wegen der aufgestapelten Mengen
10 und der Oberpriester Asarja aus dem Haus

30,22 zu Ende waren: G; sie aßen: H, Vg, S.

Zadok gab zur Antwort: Seitdem man begon-
nen hat, die Abgaben in das Haus des HERRN
zu bringen, haben wir zu essen, werden satt
und lassen noch reichlich übrig; denn der
HERR hat sein Volk gesegnet. Diese Menge ist
übrig geblieben.
11 Hiskija ließ nun Kammern im Haus des
HERRN herrichten, und als man sie herge-
richtet hatte, 12 brachte man die Abgaben, die
Zehnten und die Weihegaben gewissenhaft
dorthin. Der Levit Konanja war Aufseher
über sie und sein Bruder Schimi sein Stellver-
treter. 13 Ihnen standen auf Anordnung des
Königs Hiskija und Asarjas, des Fürsten des
Hauses Gottes, Jehiël, Asasja, Nahat, Asaël,
Jerimot, Josabad, Eliël, Jismachja, Mahat und
Benaja als Beamte zur Seite. 14 Der Levit Kore,
der Sohn Jimnas, der Wächter am Osttor,
wachte über die freiwilligen Spenden an
Gott, damit die für den HERRN bestimmte
Abgabe und das Hochheilige abgeliefert wür-
den. 15 Ihm standen Eden, Minjamin, Jeschua,
Schemaja, Amarja und Schechanja in den
Priesterstädten gewissenhaft zur Seite, damit
ihre Amtsbrüder, die Vornehmen wie die Ge-
ringen, abteilungsweise ihre Anteile erhiel-
ten. 16 Außerdem hatte man für alle, die ab-
teilungsweise in das Haus des HERRN kamen,
um aufgrund ihrer Obliegenheiten und ent-
sprechend den Erfordernissen eines jeden
Tages ihren Dienst zu verrichten, Verzeich-
nisse angelegt. Sie erfassten alle männlichen
Personen, die drei Jahre und darüber waren.
17 Dabei war die Eintragung der Priester nach
Großfamilien geschehen; die Leviten wur-
den, von zwanzig Jahren an aufwärts, nach
ihren Obliegenheiten und nach ihren Abtei-
lungen aufgeschrieben. 18 Die Eintragung
erfasste bei jeder Gemeinschaft alle Kinder,
Frauen, Söhne und Töchter; denn auch diese
wurden durch deren ständigen Dienst gehei-
ligt. 19 Für die Söhne Aarons, die Priester, die
auf den Weideflächen ihrer Städte wohnten,
wurden in jeder einzelnen Stadt Männer be-
stellt, die namentlich bestimmt waren, um
allen männlichen Angehörigen der Priester
und allen im Verzeichnis stehenden Leviten
ihre Anteile zu geben.
20 So verfuhr Hiskija in ganz Juda. Er tat, was
gut, recht und getreu war vor dem HERRN,
seinem Gott. 21 Bei jedem Unternehmen, das
er im Dienst des Hauses Gottes oder für die
Weisung und die Gebote begann, um seinen
Gott zu suchen, handelte er mit Hingabe sei-
nes ganzen Herzens und hatte Erfolg.

1: 28,24f.; 2 Kön 18,4 / **2**: 8,14 / **4**: Dtn 14,22–27 / **5**: Num 18,11–19 / **6**: Ex 23,19; Lev 27,32; Dtn 12,26 / **10**: Hag 2,15–19; Mal 3,10 / **11**: Neh 13,4–13; 1 Chr 9,26f. / **13**: 1 Chr 9,11 / **14**: 1 Chr 9,19 / **15**: 1 Chr 6,39–45 / **17**: 1 Chr 23,24 / **21**: 29,2; Sir 49,4

SANHERIBS FELDZUG GEGEN JERUSALEM: 32,1–23

32 1 Nach diesen Maßnahmen und diesen
Beweisen der Treue Hiskijas zog San-
herib, der König von Assur, heran. Er fiel in
Juda ein, belagerte die festen Städte und ge-
dachte, sie für sich zu erobern. 2 Als Hiskija
sah, dass Sanherib herankam und sich zum
Krieg gegen Jerusalem anschickte, 3 überlegte
er mit seinen Obersten und Helden, ob man
nicht die Wasserquellen außerhalb der Stadt
verstopfen solle. Sie unterstützten sein Vorha-
ben. 4 Man holte viel Volk zusammen und
verstopfte alle Quellen und den Bach, der mit-
ten durch das Tal fließt; denn man sagte sich:
Wozu sollen die Könige von Assur bei ihrer
Ankunft reichlich Wasser finden? 5 Auch un-
ternahm der König Anstrengungen, um die
ganze Mauer auszubessern, in der Risse ent-
standen waren. Er erhöhte die Türme, baute
draußen die andere Mauer, befestigte den Mil-
lo in der Davidstadt und ließ viele Wurfspieße
und Schilde anfertigen. 6 Dann setzte er
Kriegsoberste über das Volk und versammelte
sie vor sich am Platz vor dem Stadttor. Dort
sprach er ihnen Mut zu und sagte: 7 Seid mutig
und tapfer! Fürchtet euch nicht und erschreckt
nicht vor dem König von Assur und dem gro-
ßen Heer, das bei ihm ist; denn bei uns ist
mehr als bei ihm. 8 Bei ihm sind Arme aus
Fleisch, bei uns aber ist der HERR, unser Gott,
der uns hilft und unsere Kriege führt. Das Volk
wurde durch die Worte Hiskijas, des Königs
von Juda, ermutigt.
9 Als dann Sanherib, der König von Assur,
später mit seiner ganzen Streitmacht vor La-
chisch stand, sandte er seine Diener nach Je-
rusalem zu Hiskija, dem König von Juda, und
zu allen Judäern, die in Jerusalem wohnten. Er
ließ ihnen sagen: 10 So spricht Sanherib, der
König von Assur: Worauf vertraut ihr denn,
dass ihr im belagerten Jerusalem bleibt? 11 His-
kija führt euch nur irre, um euch durch Hunger
und Durst umkommen zu lassen, wenn er

32,4 mitten durch das Tal: vermuteter Text; mitten durch das Land: H, Vg, S; mitten durch die Stadt: G.

sagt: Der HERR, unser Gott, wird uns aus der
Hand des Königs von Assur retten. 12 Hat nicht
gerade Hiskija seine Kulthöhen und Altäre
beseitigt und in Juda und Jerusalem angeord-
net: Nur vor einem einzigen Altar dürft ihr
euch niederwerfen und auf ihm Opfer anzün-
den? 13 Wisst ihr denn nicht, was ich und mei-
ne Väter mit allen Völkern in anderen Ländern
gemacht haben? Konnten denn die Götter der
Völker in diesen Ländern ihr Land aus meiner
Hand retten? 14 Wer von all den Göttern dieser
Völker, an denen meine Väter den Bann voll-
zogen haben, konnte sein Volk aus meiner
Hand retten? Wie sollte dann euer Gott euch
aus meiner Hand retten? 15 Lasst euch jetzt
nicht von Hiskija betören und euch nicht auf
diese Weise irreführen! Glaubt ihm nicht!
Denn kein Gott irgendeines anderen Volkes
oder Reiches konnte sein Volk aus meiner
Hand und aus der Hand meiner Väter retten.
Wie viel weniger wird euer Gott euch aus mei-
ner Hand retten! 16 Noch vieles andere redeten
die Abgesandten Sanheribs gegen Gott, den
HERRN, und seinen Knecht Hiskija. 17 Sanhe-
rib schrieb auch einen Brief, in dem er den
HERRN, den Gott Israels, verhöhnte. Er
schrieb darin über ihn: Wie die Götter der Völ-
ker in anderen Ländern ihr Volk nicht aus mei-
ner Hand gerettet haben, so wird auch der Gott
Hiskijas sein Volk nicht aus meiner Hand ret-
ten. 18 Der Bevölkerung Jerusalems, die auf der
Mauer stand, riefen die Abgesandten ihren
Auftrag mit lauter Stimme auf Judäisch zu, um
sie in Furcht und Schrecken zu versetzen und
so die Stadt erobern zu können. 19 Sie redeten
vom Gott Jerusalems wie von den Göttern der
anderen Völker auf der Erde, die nur ein Werk
von Menschen sind. 20 Doch König Hiskija und
der Prophet Jesaja, der Sohn des Amoz, beteten
in dieser Angelegenheit zum HERRN und rie-
fen zum Himmel. 21 Da sandte der HERR einen
Engel, der alle Kriegshelden, Fürsten und
Hauptleute im Lager des Königs von Assur
vernichtete. Sanherib musste, mit Schande
bedeckt, in sein Land zurückkehren. Als er in
den Tempel seines Gottes kam, machten ihn
dort seine eigenen Söhne mit dem Schwert
nieder. 22 So befreite der HERR den Hiskija
und die Einwohner Jerusalems aus der Hand
Sanheribs, des Königs von Assur, und aus der
Hand aller Feinde. Er verlieh ihnen ringsum
Ruhe. 23 Viele brachten Gaben für den HERRN
nach Jerusalem und kostbare Geschenke für
Hiskija, den König von Juda. Er war seitdem
hochgeehrt in den Augen aller Völker.

1–23: 2 Kön 18,13–19,37; Jes 36–37 / **1:** Sir 48,18 / **5:** Jes 22,8–11 / **7:** Neh 4,8 / **8:** 2 Kön 6,16; Jes 31,3 / **12:** 31,1 / **15:** Jes 10,10f.; Dan 3,15 / **16:** Sir 48,18; Ps 2,2 / **21:** 2 Makk 8,19; Tob 1,21 / **23:** 17,5

ERFOLGE, KRANKHEIT UND TOD HISKIJAS: 32,24–33

24 In jenen Tagen wurde Hiskija schwer krank
und war dem Tod nahe. Er betete zum HERRN
und dieser erhörte ihn und gab ihm ein
Wunderzeichen. 25 Doch Hiskija zeigte keine
Dankbarkeit für die empfangene Wohltat
und wurde hochmütig. Da kam Zorn über
ihn und über Juda und Jerusalem. 26 Nun aber
demütigte sich Hiskija mit den Einwohnern
Jerusalems in seinem Stolz und so kam der
Zorn des HERRN nicht schon in den Tagen
Hiskijas über sie.

27 Hiskija wurden Reichtum und Ehre in ho-
hem Maß zuteil. Er erwarb Schätze an Silber,
Gold, Edelsteinen, Balsam, Schilden und aller-
lei kostbaren Geräten. 28 Auch hatte er Speicher
für Getreide, Most und Öl, dazu Ställe für jede
Art von Vieh und Herden für die Hürden. 29 Er
hatte sich nämlich Esel und einen reichen Be-
sitz an Schafen und Rindern verschafft; denn
Gott hatte ihm ein sehr großes Vermögen ver-
liehen. 30 Hiskija war es auch, der den oberen
Abfluss des Gihonwassers verstopfte und es
nach Westen in die Davidstadt hinableitete.
Bei allem, was er unternahm, hatte er Erfolg.
31 So war es auch, als die babylonischen Obers-
ten ihre Unterhändler zu ihm sandten, um
Auskunft über das Zeichen zu erlangen, das im
Land geschehen war. Da überließ ihn Gott sich
selbst, um zu erproben und zu erkennen, was
alles in seinem Herzen war.

32 Die übrige Geschichte Hiskijas und seine
frommen Taten sind aufgezeichnet in der Vi-
sion des Propheten Jesaja, des Sohnes des
Amoz, und im Buch der Könige von Juda und
Israel. 33 Hiskija entschlief zu seinen Vätern
und man begrub ihn beim Aufgang zu den
Gräbern der Nachkommen Davids. Bei seinem
Tod erwiesen ihm ganz Juda und die Einwoh-
ner Jerusalems die Ehre. Sein Sohn Manasse
wurde König an seiner Stelle.

32,22 verlieh ihnen Ruhe: G, Vg; ließ sie Besitz ergreifen: H.

32,24 erhörte ihn: G und Vg; er sprach zu ihm: H, S.

32,29 Esel: vermuteter Text; Städte: H, G, Vg, S.

24–26: 2 Kön 20,1–11 / **24**: Jes 38,1–8 / **25**: Ps 131,1 / **27**: 2 Kön 20,13 / **30**: 2 Kön 20,20 / **31**: 2 Kön 20,12.8–11.20f. / **33**: Neh 3,16

MANASSE UND AMON: 33,1–25

33 1 Manasse war zwölf Jahre alt, als er Kö-
nig wurde, und regierte fünfundfünf-
zig Jahre in Jerusalem. 2 Er tat, was böse war in
den Augen des HERRN, und ahmte die Gräuel
der Völker nach, die der HERR vor den Augen
der Israeliten vertrieben hatte. 3 Er baute die
Kulthöhen wieder auf, die sein Vater Hiskija
zerstört hatte, errichtete Altäre für die Baale,
ließ Kultpfähle anfertigen, warf sich vor dem
ganzen Heer des Himmels nieder und diente
ihm. 4 Auch baute er solche Altäre im Haus des
HERRN, obwohl der HERR gesagt hatte: In
Jerusalem soll mein Name auf ewig bleiben.
5 In den beiden Höfen des Tempels baute er
Altäre für das ganze Heer des Himmels. 6 Er
ließ im Tal Ben-Hinnom seine Söhne durch
das Feuer gehen, trieb Zauberei, Wahrsagerei
und andere geheime Künste, bestellte Toten-
beschwörer und Zeichendeuter. So tat er vie-
les, was böse war in den Augen des HERRN
und ihn erzürnte. 7 Er brachte auch das Götter-
bild, das er hatte anfertigen lassen, in das Haus
Gottes, von dem Gott zu David und dessen
Sohn Salomo gesagt hatte: Auf dieses Haus
und auf Jerusalem, das ich aus allen Stämmen
Israels auserwählt habe, will ich meinen Na-
men auf ewig legen. 8 Ich werde Israels Fuß
nicht mehr außerhalb des Landes ziehen las-
sen, das ich für eure Väter bestimmt habe,
wenn sie nur alles befolgen, was ich ihnen in
der ganzen Weisung, in den Gesetzen und
Rechtsentscheiden des Mose befohlen habe.
9 Doch Manasse verführte Juda und die Ein-
wohner Jerusalems, noch Schlimmeres zu tun
als die Völker, die der HERR vor den Augen der
Israeliten vernichtet hatte. 10 Der HERR redete
zu Manasse und zu seinem Volk. Doch sie ach-
teten nicht darauf.

11 Da ließ der HERR die Heerführer des Kö-
nigs von Assur gegen sie anrücken. Sie nah-
men Manasse mit Haken gefangen, fesselten
ihn mit bronzenen Ketten und führten ihn
nach Babel. 12 Als man ihn so bedrängte, such-
te er den HERRN, seinen Gott, zu besänftigen.
Er beugte sich tief vor dem Gott seiner Väter
13 und betete zu ihm. Gott erbarmte sich sei-
ner; er hörte sein Flehen und ließ ihn als König
nach Jerusalem zurückkehren. So musste Ma-
nasse erfahren, dass der HERR der wahre Gott
ist. 14 Danach baute er für die Davidstadt eine
äußere Mauer, die im Tal westlich vom Gihon
gegen das Fischtor lief, sodass er den Ofel um-
schloss; er machte sie sehr hoch. Auch bestell-
te er Kriegsoberste für alle befestigten Städte
Judas. 15 Sodann entfernte er die fremden Göt-
ter und das Götzenbild aus dem Haus des
HERRN, auch alle Altäre, die er auf dem Berg
des Hauses des HERRN und in Jerusalem er-
richtet hatte, und warf sie vor die Stadt hinaus.
16 Den Altar des HERRN aber stellte er wieder
her, brachte auf ihm Heils- und Dankopfer dar
und befahl Juda, dem HERRN, dem Gott Isra-
els, zu dienen. 17 Doch opferte das Volk immer
noch auf den Kulthöhen, wenn auch nur dem
HERRN, seinem Gott.

18 Die übrige Geschichte Manasses, sein Ge-
bet zu seinem Gott und die Worte der Seher,
die im Namen des HERRN, des Gottes Israels,
zu ihm redeten, sind aufgezeichnet in der Ge-
schichte der Könige von Israel. 19 Sein Gebet
und dessen Erhörung, alle seine Sünden und
treulosen Taten, die Orte, an denen er Kulthö-
hen errichtete und Kultpfähle und Götzenbil-
der aufstellte, bevor er sich demütigte, sind
aufgezeichnet in der Geschichte seiner Seher.
20 Manasse entschlief zu seinen Vätern und
man begrub ihn im Garten seines Hauses. Sein
Sohn Amon wurde König an seiner Stelle.

21 Amon war zweiundzwanzig Jahre alt, als
er König wurde, und regierte zwei Jahre in Je-
rusalem. 22 Wie sein Vater Manasse tat er, was
böse war in den Augen des HERRN; er opferte
allen Götzenbildern, die sein Vater Manasse
hatte machen lassen, und verehrte sie. 23 Doch
demütigte er sich nicht vor dem HERRN wie
sein Vater Manasse, sondern vermehrte die
Schuld. 24 Gegen ihn zettelten seine Diener
eine Verschwörung an und töteten ihn in sei-
nem Haus. 25 Doch die Bürger des Landes er-
schlugen alle, die sich gegen König Amon
verschworen hatten, und machten seinen
Sohn Joschija zum König an seiner Stelle.

1–17: 2 Kön 21,1–10 / **2**: 28,3 / **3**: 2 Chr 30,14; Zef 1,5; Dtn 4,19 / **6**: Dtn 18,10f.; 2 Kön 23,24 / **7**: Dtn 4,16; Ez 8,3.5 / **8**: 1 Chr 17,21 / **13**: 12,6; Ex 32,11 / **15**: 33,7 / **18–20**: 2 Kön 21,17–18 / **21–25**: 2 Kön 21,19–24 / **22**: 33,7 / **23**: 33,12 / **25**: 23,13.21

33,19 seiner Seher: G (eigentlich: der Seher); von Hosai: H, Vg.

33,20 im Garten: G, vgl. 2 Kön 21,18; ähnlich S; in seinem Haus: H, Vg.

JOSCHIJAS REFORMEN UND DER FUND DES BUCHES: 34,1–28

34 1 Joschija war acht Jahre alt, als er König
wurde, und regierte einunddreißig Jah-
re in Jerusalem. 2 Er tat, was dem HERRN gefiel,
und folgte den Wegen seines Vaters David,
ohne nach rechts oder links abzuweichen.

3 Im achten Jahr seiner Regierung, als er noch
jung war, begann er, den Gott seines Vaters Da-
vid zu suchen. Im zwölften Jahr fing er an, Juda
und Jerusalem von den Kulthöhen, den Kult-
pfählen, den Schnitz- und Gussbildern zu rei-
nigen. 4 Vor seinen Augen riss man die Altäre
der Baale nieder. Er ließ die Rauchopferaltäre,
die auf ihnen standen, zerschlagen, die Kult-
pfähle zerstören, die Schnitz- und Gussbilder
zermalmen, ihren Staub auf die Gräber derer
streuen, die ihnen geopfert hatten, 5 und Ge-
beine von Priestern auf ihren Altären verbren-
nen. So reinigte er Juda und Jerusalem. 6 Auch
in den Städten von Manasse, Efraim, Simeon
bis nach Naftali 7 riss er überall auf ihren Plätzen
die Altäre nieder, zerstörte die Kultpfähle, zer-
malmte die Götzenbilder und zertrümmerte
die Rauchopferaltäre im ganzen Land Israel.
Dann kehrte er nach Jerusalem zurück.

8 Im achtzehnten Jahr seiner Regierung,
während der Säuberung des Landes und des
Tempels, sandte König Joschija Schafan, den
Sohn Azaljas, den Stadtobersten Maaseja und
den Sprecher des Königs, Joach, den Sohn des
Joahas, in das Haus des HERRN, seines Gottes,
um es instand setzen zu lassen. 9 Sie kamen
zum Hohepriester Hilkija und man gab das
Geld heraus, das in das Haus Gottes gebracht
worden war und das die Leviten, die Wächter
an den Schwellen, von Manasse, Efraim und
dem ganzen übrigen Israel, von ganz Juda,
Benjamin und den Einwohnern Jerusalems
gesammelt hatten. 10 Sie gaben es den Werk-
meistern, die im Haus des HERRN angestellt
waren, und diese verwendeten es für die Ar-
beiter, die im Haus des HERRN tätig waren,
um seine Schäden auszubessern und das Haus
instand zu setzen. 11 Sie gaben es den Zimmer-
leuten und Bauarbeitern zum Ankauf von
Bruchsteinen und Holz zur Beschaffung der
Klammern und zur Erneuerung des Gebälks
in den Gebäuden, die von den Königen von
Juda vernachlässigt worden waren. 12 Die Män-
ner handelten bei ihrer Arbeit auf Treu und
Glauben. Zu ihrer Leitung waren die Leviten
Jahat und Obadja von den Nachkommen Me-
raris sowie Secharja und Meschullam von den
Nachkommen Kehats bestellt. Die Leviten, die
sich auf die Musikinstrumente verstanden,
13 befehligten die Lastträger und hatten die
Aufsicht über alle Arbeiter bei verschiedenen
Dienstleistungen. Einzelne Leviten waren
Schreiber, Listenführer und Torwächter.

14 Als man das Geld herausnahm, das in das
Haus des HERRN gebracht worden war, fand
der Priester Hilkija das Buch der Weisung des
HERRN, das durch Mose verkündet worden
war. 15 Hilkija berichtete darüber dem Staats-
schreiber Schafan und sagte: Ich habe im Haus
des HERRN das Buch der Weisung gefunden.
Hilkija übergab Schafan das Buch, 16 dieser
brachte es zum König und meldete außerdem:
Deine Knechte haben alles ausgeführt, was
ihnen aufgetragen wurde. 17 Sie haben das Geld
ausgeschüttet, das sich im Haus des HERRN
vorfand, und es den Aufsehern und Arbeitern
gegeben. 18 Dann sagte der Staatsschreiber
zum König: Der Priester Hilkija hat mir ein
Buch gegeben. Schafan las dem König daraus
vor.

19 Als der König die Worte der Weisung hör-
te, zerriss er seine Kleider 20 und befahl dem
Priester Hilkija sowie Ahikam, dem Sohn
Schafans, Abdon, dem Sohn Michas, dem
Staatsschreiber Schafan und Asaja, dem Die-
ner des Königs: 21 Geht und befragt den HERRN
für mich und den Rest Israels und Judas wegen
des Buches, das aufgefunden wurde! Denn der
Zorn des HERRN, der sich über uns ergossen
hat, muss groß sein, weil unsere Väter auf das
Wort des HERRN nicht geachtet und weil sie
nicht getan haben, was in diesem Buch nieder-
geschrieben ist.

22 Da ging Hilkija mit den Männern, die der
König bestimmt hatte, zur Prophetin Hulda.
Sie war die Frau Schallums, des Sohnes Tok-
hats, des Sohnes Hasras, des Verwalters der
Kleiderkammer, und wohnte in Jerusalem in
der Neustadt. Die Abgesandten trugen ihr die
Angelegenheit vor 23 und sie gab ihnen diese
Antwort: So spricht der HERR, der Gott Isra-
els: Sagt zu dem Mann, der euch zu mir ge-
schickt hat: 24 So spricht der HERR: Ich bringe
Unheil über diesen Ort und seine Bewohner,
alle Flüche, die im Buch geschrieben stehen,
das man dem König von Juda vorgelesen hat.
25 Denn sie haben mich verlassen, anderen

34,9 den Einwohnern Jerusalems: G, Vg und S; sie kehrten nach Jerusalem zurück: H.

Göttern geopfert und mich durch alle Werke
ihrer Hände erzürnt. Darum ist mein Zorn
ausgegossen über diesen Ort und er wird nicht
erlöschen. 26 Sagt aber zum König von Juda,
der euch hergesandt hat, um den HERRN zu
befragen: So spricht der HERR, der Gott Isra-
els: Durch die Worte, die du gehört hast,
27 wurde dein Herz erweicht. Du hast dich vor
Gott gedemütigt, als du seine Drohungen ge-
gen diesen Ort und seine Bewohner vernom-
men hast. Du hast dich vor mir gedemütigt,
deine Kleider zerrissen und hast vor mir ge-
weint. Darum habe ich dich erhört – Spruch
des HERRN. 28 Ich werde dich mit deinen Vä-
tern vereinen und du sollst in Frieden in dei-
nem Grab beigesetzt werden. Deine Augen
sollen all das Unheil nicht mehr sehen, das ich
über diesen Ort und seine Bewohner bringen
werde. – Sie berichteten das dem König.

1–2: 2 Kön 22,1–2 / **2**: Sir 49,1–4; Dtn 5,32 / **3**: 31,21 / **4**: 2 Kön 23,6 / **5**: 2 Kön 23,16 / **6**: 2 Kön 23,19f. / **9**: 24,8–14 / **12**: 2 Kön 12,16 / **14–28**: 2 Kön 22,8–20 / **19**: Jer 36,21–24 / **21**: Dtn 29,26 / **22**: Ri 4,4 / **27**: 12,6; 1 Kön 21,29

ERNEUERUNG DES BUNDES: 34,29–33

29 Der König ließ alle Ältesten Judas und Jeru-
salems zusammenkommen. 30 Er ging zum
Haus des HERRN hinauf mit allen Männern
Judas und den Einwohnern Jerusalems, den
Priestern und Leviten und allem Volk, Alt und
Jung. Er ließ ihnen alle Worte des Bundesbu-
ches vorlesen, das im Haus des HERRN gefun-
den worden war. 31 Dann trat der König an
seinen Platz und schloss vor dem HERRN die-
sen Bund: Er wolle dem HERRN folgen, seine
Gebote, Bundeszeugnisse und Gesetze von
ganzem Herzen und ganzer Seele bewahren
und die Vorschriften des Bundes durchführen,
die in diesem Buch niedergeschrieben sind.
32 Er ließ auch alle, die sich in Jerusalem und
Benjamin befanden, dem Bund beitreten und
die Einwohner Jerusalems hielten sich an den
Bund Gottes, des Gottes ihrer Väter. 33 Joschi-
ja entfernte alle Gräuel aus allen Gebieten der
Israeliten und veranlasste alle, die in Israel
lebten, dem HERRN, ihrem Gott, zu dienen.
Solange er lebte, fielen sie nicht mehr vom
HERRN, dem Gott ihrer Väter, ab.

29–33: 2 Kön 23,1–3 / **30**: Dtn 31,10–13 / **31**: 15,12 / **32**: 23,16; 29,10 / **33**: Ez 11,18

JOSCHIJAS PESSACHFEST: 35,1–19

35 1 Joschija feierte in Jerusalem ein Pes-
sach zur Ehre des HERRN. Man schlach-
tete das Pessach am vierzehnten Tag des ersten
Monats. 2 Er ließ die Priester zu ihrem Dienst
antreten und ermunterte sie zu ihrer Tätigkeit
im Haus des HERRN. 3 Zu den Leviten, die
ganz Israel zu unterweisen hatten und dem
HERRN heilig waren, sagte er: Bringt die hei-
lige Lade in das Haus, das Salomo, der Sohn
Davids, der König von Israel, gebaut hat! Ihr
braucht sie nicht mehr auf euren Schultern zu
tragen. Dient nun dem HERRN, eurem Gott,
und seinem Volk Israel! 4 Haltet euch bereit
nach euren Großfamilien und euren Abteilun-
gen gemäß der Vorschrift Davids, des Königs
von Israel, und der Weisung seines Sohnes
Salomo! 5 Steht im Heiligtum bereit für die
Familiengruppen eurer Brüder aus dem Volk,
jeweils eine Abteilung einer levitischen Groß-
familie! 6 Schlachtet das Pessach und heiligt
euch! Bereitet es auch für eure Brüder, damit
alles geschieht, was der HERR durch Mose ge-
sagt hat!
7 Joschija spendete den Leuten aus dem Volk,
die sich eingefunden hatten, 30 000 Stück
Kleinvieh, Lämmer und junge Ziegen zu Pes-
sachopfern und 3 000 Rinder. Sie stammten
aus dem Besitz des Königs. 8 Auch seine hohen
Beamten gaben freiwillige Spenden für das
Volk, die Priester und die Leviten. Hilkija,
Secharja und Jehiël, die Vorsteher des Gottes-
hauses, gaben den Priestern 2 600 Stück Klein-
vieh zu Pessachopfern und 300 Rinder. 9 Ko-
nanja und seine Brüder Schemaja und Netanel,
ferner Haschabja, Jëiël und Josabad, die Vor-
steher der Leviten, spendeten für die Leviten
5 000 Tiere zu Pessachopfern und 500 Rinder.
10 Als man so zum Dienst gerüstet war, traten
die Priester an ihren Platz und die Leviten zu
ihren Abteilungen gemäß dem Gebot des Kö-
nigs. 11 Man schlachtete das Pessach, die Pries-
ter sprengten mit ihrer Hand und die Leviten
enthäuteten die Tiere. 12 Die zum Brandopfer
bestimmten Stücke legten sie beiseite und ga-
ben sie den Familiengruppen des Volkes, da-
mit sie dem HERRN dargebracht würden, wie
es im Buch des Mose vorgeschrieben war.
Ebenso machten sie es mit den Rindern.
13 Dann brieten sie das Pessach der Vorschrift
gemäß am Feuer. Die heiligen Gaben kochten

35,3 bringt: H, Vg, S; hat man gebracht: G.

sie in Kesseln, Töpfen und Schüsseln und
brachten sie eilends zu allen Angehörigen des
Volkes. 14 Hieraufbesorgten sie das Pessach für
sich selbst und für die Priester; denn die Pries-
ter, die Nachkommen Aarons, waren mit der
Darbringung der Brandopfer und der Fettstü-
cke bis in die Nacht hinein beschäftigt. Darum
bereiteten es die Leviten für sich und die Pries-
ter, die Nachkommen Aarons. 15 Die Sänger,
die Nachkommen Asafs, waren an ihrem Platz
gemäß dem Gebot Davids, Asafs, Hemans und
Jedutuns, des königlichen Sehers. Ebenso
standen die Torwächter an den einzelnen To-
ren. Sie brauchten ihren Dienst nicht zu ver-
lassen; denn ihre Amtsbrüder, die Leviten,
bereiteten für sie das Pessach.

16 So war der gesamte Dienst für den HERRN
an jenem Tag gut geordnet. Man feierte das
Pessach und brachte auf dem Altar des HERRN
Brandopfer dar, wie es König Joschija geboten
hatte. 17 Sieben Tage lang begingen damals die
Israeliten, die sich eingefunden hatten, das
Pessach und das Fest der Ungesäuerten Brote.
18 Ein Pessach wie dieses war seit den Tagen
des Propheten Samuel in Israel nicht mehr ge-
feiert worden. Keiner von den Königen Israels
hat ein Pessach veranstaltet, wie es Joschija mit
den Priestern und Leviten, mit ganz Juda und
den anwesenden Israeliten und den Einwoh-
nern Jerusalems feierte. 19 Im achtzehnten Jahr
der Regierung Joschijas wurde dieses Pessach
begangen.

1–19: 2 Kön 23,21–23 / **1**: Esra 6,19 / **6**: 30,17; Esra 6,20 / **7**: Ez 45,22–25; 2 Chr 30,24 / **8**: 31,3 / **10**: 30,16 / **13**: Ex 12,8f.; Dtn 16,7 / **15**: 5,12; 29,30 / **17**: 30,21 / **18**: 30,26; Jos 5,10

JOSCHIJAS ENDE: 35,20–27

20 Nachdem Joschija all dies zur Instandset-
zung des Hauses getan hatte, zog Necho, der
König von Ägypten, herauf, um bei Karke-
misch am Eufrat zu kämpfen. Joschija stellte
sich ihm entgegen. 21 Necho aber sandte Boten
zu ihm und ließ ihm sagen: Was habe ich mit
dir zu tun, König von Juda? Nicht gegen dich
ziehe ich heute, sondern gegen das Herrscher-
haus, das mit mir im Krieg steht. Gott hat mir
Eile geboten; lass daher ab von Gott, der auf
meiner Seite steht; sonst wird er dich verder-
ben. 22 Doch Joschija zog sich nicht vor Necho
zurück, sondern verkleidete sich, um mit ihm
zu kämpfen. Er hörte nicht auf die Worte
Nechos, die aus dem Mund Gottes kamen,
sondern trat in der Ebene von Megiddo zum
Kampf gegen ihn an. 23 Aber die Bogenschüt-
zen trafen den König Joschija, der nun seinen
Dienern zurief: Bringt mich weg, denn ich bin
schwer verwundet! 24 Sie hoben ihn vom
Kriegswagen, setzten ihn auf seinen zweiten
Wagen und brachten ihn nach Jerusalem.
Dort starb er und wurde in den Gräbern seiner
Väter beigesetzt. Ganz Juda und Jerusalem
trauerten um Joschija 25 Jeremia aber hielt
Klage über Joschija und alle Sänger und Sän-
gerinnen singen auf ihn Klagelieder bis zum
heutigen Tag. Es wurde dies zu einem festen
Brauch in Israel. Sie sind aufgezeichnet in den
Klageliedern.

26 Die übrige Geschichte Joschijas und seine
frommen Taten, die ganz dem entsprachen,
was in der Weisung des HERRN vorgeschrie-
ben ist, 27 seine frühere und spätere Geschich-
te, all das ist aufgezeichnet im Buch der Köni-
ge von Israel und Juda.

20–24: 2 Kön 23,28–30 / **21**: Joh 2,4 / **23**: 1 Kön 22,34 / **25**: 2 Sam 1,17

JOAHAS, JOJAKIM UND JOJACHIN: 36,1–10

36 1 Die Bürger des Landes nahmen nun
Joahas, den Sohn Joschijas, und mach-
ten ihn anstelle seines Vaters zum König in
Jerusalem. 2 Joahas war dreiundzwanzig Jahre
alt, als er König wurde. Er regierte drei Mona-
te in Jerusalem; 3 dann setzte ihn der König von
Ägypten in Jerusalem ab und legte dem Land
eine Geldbuße von hundert Talenten Silber
und einem Talent Gold auf. 4 Er machte Elja-
kim, den Bruder des Joahas, zum König von
Juda und Jerusalem und änderte seinen Na-
men in Jojakim. Seinen Bruder Joahas aber
nahm Necho fest und brachte ihn nach Ägyp-
ten.

5 Jojakim war fünfundzwanzig Jahre alt, als
er König wurde. Er regierte elf Jahre in Jerusa-
lem und tat, was böse war in den Augen des
HERRN. 6 Gegen ihn zog Nebukadnezzar, der
König von Babel, herauf und legte ihn in Ket-
ten, um ihn nach Babel wegzuführen. 7 Auch
einen Teil der Geräte des Hauses des HERRN
brachte Nebukadnezzar nach Babel und stellte
sie in seinem Palast in Babel auf.

8 Die übrige Geschichte Jojakims, die Gräu-
eltaten, die er verübte, und was sich sonst über
ihn findet, das alles ist aufgezeichnet im Buch
der Könige von Israel und Juda. Sein Sohn Jo-
jachin wurde König an seiner Stelle.

9 Jojachin war achtzehn Jahre alt, als er Kö-
nig wurde. Er regierte drei Monate und zehn
Tage in Jerusalem und tat, was böse war in den
Augen des HERRN. 10 Um die Jahreswende
ließ König Nebukadnezzar ihn samt den kost-
baren Geräten des Hauses des HERRN nach
Babel bringen. Er machte Zidkija, den Bruder
Jojakims, zum König von Juda und Jerusalem.

1–4: 2 Kön 23,30–35 / **1**: 33,25 / **3**: Jer 22,10–12; Ez 19,4 / **5–8**: 2 Kön 23,36–24,1 / **5**: Jer 22,13–19 / **6**: Jer 36,20–32 / **7**: Dan 1,2; 5,2–4 / **9–10**: 2 Kön 24,5–6.8–9 / **10**: 2 Kön 24,15–17

ZIDKIJA UND DAS ENDE JUDAS: 36,11–21

11 Zidkija war einundzwanzig Jahre alt, als er
König wurde. Er regierte elf Jahre in Jerusalem
12 und tat, was böse war in den Augen des
HERRN; er beugte sich nicht vor dem Prophe-
ten Jeremia, der im Auftrag des HERRN zu ihm
sprach. 13 Auch fiel er vom König Nebukadnez-
zar ab, der ihn bei Gott einen Eid hatte schwö-
ren lassen. Er versteifte seinen Nacken, verhär-
tete sein Herz und kehrte nicht um zum
HERRN, dem Gott Israels. 14 Auch alle führen-
den Männer Judas und die Priester und das
Volk begingen viel Untreue. Sie ahmten die
Gräueltaten der Völker nach und entweihten
das Haus, das der HERR in Jerusalem zu sei-
nem Heiligtum gemacht hatte. 15 Immer wie-
der hatte der HERR, der Gott ihrer Väter, sie
durch seine Boten gewarnt; denn er hatte Mit-
leid mit seinem Volk und seiner Wohnung.
16 Sie aber verhöhnten die Boten Gottes, ver-
achteten sein Wort und verspotteten seine
Propheten, bis der Zorn des HERRN gegen sein
Volk so groß wurde, dass es keine Heilung
mehr gab.
17 Der HERR ließ nun den König der Chal-
däer gegen sie heranziehen. Dieser tötete ihre
jungen Krieger in ihrem Heiligtum mit dem
Schwert und verschonte keinen jungen Mann
und keine junge Frau, keinen Greis und Betag-
ten; alle gab Gott in seine Hand. 18 Nebukad-
nezzar ließ die großen und kleinen Geräte des
Hauses Gottes, die Tempelschätze und die
Schätze des Königs und seiner hohen Beamten
insgesamt nach Babel bringen. 19 Die Chaldäer
verbrannten das Haus Gottes, rissen die Mau-
ern Jerusalems nieder, legten Feuer an alle
seine Paläste und zerstörten alle wertvollen
Geräte. 20 Alle, die dem Schwert entgangen
waren, führte Nebukadnezzar in die Verban-
nung nach Babel. Dort mussten sie ihm und
seinen Söhnen als Sklaven dienen, bis das
Reich der Perser zur Herrschaft kam. 21 Da ging
das Wort in Erfüllung, das der HERR durch
den Mund Jeremias verkündet hatte. Das Land
bekam seine Sabbate ersetzt, es lag brach wäh-
rend der ganzen Zeit der Verwüstung, bis sieb-
zig Jahre voll waren.

11–16: 2 Kön 24,18–19; Jer 52,1–2 / **12**: Jer 21,3–7 / **13**: Ez 17,18 / **14**: Ez 8,5–18 / **15**: Jer 7,13; 2 Kön 17,13; Joël 2,18 / **16**: 2 Sam 12,9 / **17**: Jer 6,11; Klgl 2,20f. / **18**: 2 Kön 25,13–17; Jer 52,17–23 / **19**: Ps 74,3–7; 79,1 / **20**: 2 Kön 25,11f. / **21**: Lev 25,34f.; Jer 25,11f.

NEUANFANG UNTER KYRUS: 36,22–23

22 Im ersten Jahr des Königs Kyrus von Persien
sollte sich erfüllen, was der HERR durch Jere-
mia gesprochen hatte. Darum erweckte der
HERR den Geist des Königs Kyrus von Persien
und Kyrus ließ in seinem ganzen Reich münd-
lich und schriftlich den Befehl verkünden:
23 So spricht Kyrus, der König von Persien: Der
HERR, der Gott des Himmels, hat mir alle Rei-
che der Erde verliehen. Er selbst hat mir aufge-
tragen, ihm in Jerusalem in Juda ein Haus zu
bauen. Jeder unter euch, der zu seinem Volk
gehört – der HERR, sein Gott, sei mit ihm –,
der soll hinaufziehen.

22–23: Esra 1,1–3 / **22**: Jes 45,1–3 / **23**: Esra 5,13; 6,3

36,9 achtzehn: S, vgl. 2 Kön 24,8; acht: H, G, Vg.

36,10 den Bruder Jojakims: G (eigentlich: den Bruder seines Vaters), S (eigentlich: seinen Onkel); seinen Bruder: H, Vg.

36,14 auch alle führenden Männer Judas und die Priester: G; auch die Obersten der Priester: H, Vg; auch die Obersten der Priester und Leviten: S.

DIE BÜCHER ESRA UND NEHEMIA

Die „Bücher“ Esra und Nehemia bilden in der hebräischen und griechischen Bibel ein einziges Buch, das den Namen „Esra“ (griech. „Esdras“) trägt. In der Vulgata des Hieronymus erscheint das Buch in zwei Teilen als „Erstes und Zweites Esrabuch“. Im Deutschen heißt das erste „Esra“, das zweite „Nehemia“.

Das Buch Esra-Nehemia ist aus mehreren Einzelerzählungen, die unabhängig voneinander entstanden sind, zusammengesetzt. So könnte der „Bericht Nehemias“ (Neh 1–6 und 12–13) durchaus aus der persischen Zeit stammen. Das Gesamtbuch, wie es heute vorliegt, ist möglicherweise erst zu Zeiten der Hasmonäer (2. Jh. v. Chr.) aus zum Teil wesentlich älteren Bestandteilen zusammengesetzt worden, und zwar von prohasmonäischen Kreisen. Die Einheitsübersetzung folgt dem hebräisch-aramäischen Masoretentext.

Das Buch besteht erzählerisch aus drei Hauptteilen mit drei Hauptfiguren: Esra 1–6 (Serubbabel), Esra 7–10 (Esra) und Neh 1–13 (Nehemia).

Das Buch erzählt von der Rückkehr der nach Babylon verschleppten Juden (vgl. 2 Kön 25) nach der Eroberung Babylons durch den persischen König Kyrus. Der erste Hauptteil handelt vom Wiederaufbau des Tempels durch Serubbabel unter dem Perserkönig Darius (Esra 1–6): König Kyrus gestattet den Juden die Heimkehr nach Juda und Jerusalem und den Wiederaufbau des Jerusalemer Tempels. Daraufhin kehren unter Führung Scheschbazzars (Esra 1) und später Serubbabels (Esra 2) erste Heimkehrerkarawanen zurück und beginnen mit dem Wiederaufbau des Tempels in Jerusalem (Esra 3). Die dort ansässige Fremdbevölkerung aber verleumdet den Tempelbau als gegen den persischen König gerichtete Stadtbefestigung und erreicht die Unterbrechung des Baus von Tempel und Stadt (Esra 4). Erst unter König Darius kann Serubbabel, unterstützt von den Propheten Haggai und Sacharja, den Bau des Tempels vollenden (Esra 5–6). Der zweite Hauptteil handelt von der Ordnung der Verhältnisse in Juda nach der Weisung des Mose durch den Priester Esra unter dem Perserkönig Artaxerxes (Esra 7–10). Eine Hauptsorge Esras ist der Schutz des Gottesvolkes vor Vermischung mit heidnischen Völkern durch bloße Einheirat ohne Bekehrung zum Judentum (Esra 10; vgl. Esra 6,21). Schon Serubbabel hatte die ortsansässigen Heiden, die neben ihren Göttern (vgl. 2 Kön 17) auch Israels Gott verehren (Esra 4,2), vom Jerusalemer Tempelbau ausschließen müssen. Esra bereitet die Trennung illegitimer Mischehen zwischen Juden und Heiden vor (Esra 10), Nehemia wird sie vollenden (Neh 13,23–30). Nehemia bestimmt den dritten Hauptteil des Buches, den Wiederaufbau und die Wiederbesiedlung der Heiligen Stadt (Neh 1–13). Nun erst, da die Stadt befestigt und das Gottesvolk nach außen abgegrenzt ist, kommen auch Esras Reformen zu ihrem Ziel (vgl. Neh 8 und 13). Ein Leben nach der Tora des Mose ist nur in der sichtbaren Gemeinschaft des Gottesvolkes möglich.

König Kyrus starb 530 v. Chr. Es ist nicht ganz leicht, die anderen persischen Könige der Erzählung zu identifizieren. Mit „Darius“, unter dem der Tempelbau vollendet wurde (Esra 5–6), dürfte eher Darius I. (522–486 v. Chr.) gemeint sein, kaum Darius II. (423–404), dann sind aber die in Esra 4,6ff. genannten „Xerxes“ (hebr. Achaschwerosch) und „Artaxerxes“ eher nicht Xerxes I. (486–465) und Artaxerxes I. (465–423), sondern andere Regenten, denen unser Erzähler aber die berühmten persischen Königsnamen beilegt. Der andere „Artaxerxes“ (Esra 7 und Neh 1) dürfte Artaxerxes I. sein. Die Geschichte spielt also im 6. und 5. Jh. v. Chr. Erzählt wird sie aber deutlich später.

Das Buch nimmt zwar geschichtliche Überlieferungen aus der Perserzeit (539–330 v. Chr.) auf, es will aber vor allem eine theologische Sicht vom Gottesvolk Israel vermitteln und ordnet den Stoff entsprechend an. So werden der Wiederaufbau des Tempels und die Einrichtung des Gottesdienstes an den Anfang gestellt, weil nach der Auffassung dieses Buches die Liturgie die Grundlage des Volkes Gottes ist. Hausordnung in Tempel und Volk ist die Weisung des Mose, wie Esra sie verkündet. Gelebt werden kann die Heilige Schrift aber nur innerhalb der sichtbaren Gemeinschaft des Gottesvolkes, wie sie Nehemia durch den Bau der Heiligen Stadt abgrenzt (Neh 13,15–30). Die Liturgie, die Heilige Schrift und die sichtbare Organisation des Gottesvolkes sind nach der theologischen Darstellung von Esr-Neh die wesentlichen tragenden Fundamente Israels. In dieser Lehre vom „Volk Gottes" besteht auch die geistliche und theologische Bedeutung des Buches bis heute für Christen: Wesentlich für die Kirche ist 1. die Liturgie, 2. die Heilige Schrift, 3. die sichtbare Gestalt der Kirche, in der allein Gottesdienst und Gotteswort gelebt werden können.

DAS BUCH ESRA

HEIMKEHR DER JUDEN UND WIEDERAUFBAU DES TEMPELS DURCH SERUBBABEL: 1,1–6,22

ERLAUBNIS ZUR HEIMKEHR UND ZUM TEMPELBAU: 1,1–11

1 1 Im ersten Jahr des Königs Kyrus von Per-
sien sollte sich erfüllen, was der HERR
durch Jeremia gesprochen hatte. Darum er-
weckte der HERR den Geist des Königs Kyrus
von Persien und Kyrus ließ in seinem ganzen
Reich mündlich und schriftlich den Befehl
verkünden: 2 So spricht Kyrus, der König von
Persien: Der HERR, der Gott des Himmels, hat
mir alle Reiche der Erde verliehen. Er selbst hat
mir aufgetragen, ihm in Jerusalem in Juda ein
Haus zu bauen. 3 Jeder unter euch, der zu sei-
nem Volk gehört – sein Gott sei mit ihm –, der
soll hinaufziehen nach Jerusalem in Juda und
das Haus des HERRN, des Gottes Israels, auf-
bauen; denn er ist der Gott, der in Jerusalem
wohnt. 4 Und jeden, der irgendwo übrig ge-
blieben ist, sollen die Leute des Ortes, in dem
er ansässig war, unterstützen mit Silber und
Gold, mit beweglicher Habe und Vieh, neben
den freiwilligen Gaben für das Haus Gottes in
Jerusalem.

5 Die Familienoberhäupter von Juda und
Benjamin sowie die Priester und Leviten, kurz
alle, deren Geist Gott erweckte, machten sich
auf den Weg, um hinaufzuziehen und das
Haus des HERRN in Jerusalem zu bauen. 6 Alle
ihre Nachbarn unterstützten sie mit Silberge-
räten, mit Gold, mit beweglicher Habe und mit
Vieh sowie mit wertvollen Dingen, abgesehen
von dem, was jeder für den Tempel spendete.
7 König Kyrus gab auch die Geräte des Hauses
des HERRN zurück, die Nebukadnezzar aus
Jerusalem weggeschleppt und in das Haus sei-
nes Gottes gebracht hatte. 8 König Kyrus von
Persien übergab sie dem Schatzmeister Mitre-
dat und dieser zählte sie Scheschbazzar, dem
Oberen von Juda, vor. 9 Das war ihre Zahl: 30
goldene Opferschalen, 1 000 silberne Opfer-
schalen, 29 Räucherpfannen; 10 30 goldene
Becher, daneben 410 silberne Becher, 1 000
sonstige Geräte. 11 Insgesamt waren es 5 400
Geräte aus Gold und Silber. All das brachte
Scheschbazzar mit, als er mit den Verschlepp-
ten von Babel nach Jerusalem zurückkehrte.

1–3: 2 Chr 36,22f.; Jer 25,11f.; 29,10 / **2**: Jes 44,28; 45,1–4 / **6**: Ex 12,36

VERZEICHNIS DER HEIMKEHRER: 2,1–70

2 1 Und das sind die Leute, die aus der Pro-
vinz stammten, die hinaufzogen aus der
Gefangenschaft und der Verschleppung. Ne-
bukadnezzar, der König von Babel, hatte sie
nach Babel verschleppt; nun kehrten sie nach
Jerusalem und Juda zurück, jeder in seine
Stadt. 2 Sie kamen zusammen mit Serubbabel,
Jeschua, Nehemja, Seraja, Reelaja, Mordochai,
Bilschan, Misperet, Bigwai, Rehum und Baana.

Das ist die Zahl der Männer des Volkes Is-
rael: 3 Nachkommen des Parosch: 2 172. 4 Nach-
kommen Schefatjas: 372. 5 Nachkommen

Arachs: 775. 6 Nachkommen des Pahat-Moab,
und zwar Nachkommen Jeschuas und Joabs:
2 812. 7 Nachkommen Elams: 1 254. 8 Nachkom-
men Sattus: 945. 9 Nachkommen Sakkais: 760.
10 Nachkommen Banis: 642. 11 Nachkommen
Bebais: 623. 12 Nachkommen Asgads: 1 222.
13 Nachkommen Adonikams: 666. 14 Nach-
kommen Bigwais: 2 056. 15 Nachkommen
Adins: 454. 16 Nachkommen Aters aus der Li-
nie Hiskijas: 98. 17 Nachkommen Bezais: 323.
18 Nachkommen Joras: 112. 19 Nachkommen
Haschums: 223. 20 Nachkommen Gibbars: 95.
21 Leute, die aus Betlehem stammen: 123.
22 Männer aus Netofa: 56. 23 Männer aus Ana-
tot: 128. 24 Leute, die aus Asmawet stammen:
42. 25 Leute, die aus Kirjat-Jearim, Kefira und
Beerot stammen: 743. 26 Leute, die aus Rama
und Geba stammen: 621. 27 Männer aus Mich-
mas: 122. 28 Männer aus Bet-El und Ai: 223.
29 Leute, die aus Nebo stammen: 52. 30 Nach-
kommen des Magbisch: 156. 31 Nachkommen
eines anderen Elam: 1 254. 32 Nachkommen
Harims: 320. 33 Leute, die aus Lod, Hadid und
Ono stammen: 725. 34 Leute, die aus Jericho
stammen: 345. 35 Nachkommen Senaas: 3 630.

36 Von den Priestern: Nachkommen Jedajas
vom Haus Jeschua: 973. 37 Nachkommen Im-
mers: 1 052. 38 Nachkommen Paschhurs: 1 247.
39 Nachkommen Harims: 1 017.

40 Von den Leviten: Nachkommen Jeschuas
und Kadmiëls, und zwar Nachkommen Ho-
dawjas: 74.

41 Von den Sängern: Nachkommen Asafs: 128.

42 Von den Torwächtern: Nachkommen
Schallums, Nachkommen Aters, Nachkom-
men Talmons, Nachkommen Akkubs, Nach-
kommen Hatitas, Nachkommen Schobais, im
Ganzen: 139.

43 Von den Tempeldienern: Nachkommen
Zihas, Nachkommen Hasufas, Nachkommen
Tabbaots, 44 Nachkommen des Keros, Nach-
kommen Sias, Nachkommen Padons, 45 Nach-
kommen Lebanas, Nachkommen Hagabas,
Nachkommen Akkubs, 46 Nachkommen Ha-
gabs, Nachkommen Salmais, Nachkommen
Hanans, 47 Nachkommen Giddels, Nachkom-
men Gahars, Nachkommen Reajas, 48 Nach-
kommen Rezins, Nachkommen Nekodas,
Nachkommen Gasams, 49 Nachkommen Usas,
Nachkommen Paseachs, Nachkommen Be-
sais, 50 Nachkommen Asnas, Nachkommen
der Mëuniter, Nachkommen der Nefusiter,
51 Nachkommen Bakbuks, Nachkommen Ha-
kufas, Nachkommen Harhurs, 52 Nach-
kommen Bazluts, Nachkommen Mehidas,
Nachkommen Harschas, 53 Nachkommen des
Barkos, Nachkommen Siseras, Nachkommen
Temachs, 54 Nachkommen Neziachs, Nach-
kommen Hatifas.

55 Von den Nachkommen der Knechte Salo-
mos: Nachkommen Sotais, Nachkommen So-
ferets, Nachkommen Perudas, 56 Nachkom-
men Jaalas, Nachkommen Darkons, Nach-
kommen Giddels, 57 Nachkommen Schefatjas,
Nachkommen Hattils, Nachkommen des Po-
cheret-Zebajim und Nachkommen des Ami.
58 Die Gesamtzahl der Tempeldiener und der
Nachkommen der Knechte Salomos betrug
392.

59 Die Folgenden kamen aus Tel-Melach, Tel-
Harscha, Kerub-Addon und Immer, konnten
aber nicht angeben, ob sie ihrer Familie und
Herkunft nach aus Israel stammten: 60 Nach-
kommen Delajas, Nachkommen Tobijas und
Nachkommen Nekodas, im Ganzen 652;
61 dazu bei den Priestern die Nachkommen
Habajas, die Nachkommen des Koz und die
Nachkommen Barsillais; dieser hatte eine von
den Töchtern Barsillais aus Gilead geheiratet
und dessen Namen angenommen. 62 Die Ge-
nannten suchten ihre Eintragung im Ge-
schlechterverzeichnis, aber man fand sie
nicht; deshalb wurden sie aus dem Priester-
stand ausgeschlossen. 63 Der Statthalter un-
tersagte ihnen, vom Hochheiligen zu essen,
bis ein Priester für den Losentscheid mit Urim
und Tummim zur Verfügung stehe.

64 Die ganze Volksgemeinde zählte insge-
samt 42 360 Personen. 65 Dabei waren ihre
Knechte und Mägde nicht mitgerechnet; das
waren im Ganzen 7 337 Personen; dazu kamen
noch 200 Sänger und Sängerinnen. 66 Pferde
hatten sie 736, Maultiere 245, 67 Kamele 435,
Esel 6 720.

68 Als sie zum Haus des HERRN in Jerusalem
kamen, machten einige von den Familienober-
häuptern großzügige Spenden, damit man das
Gotteshaus an seiner alten Stelle wieder er-
richten könne. 69 Ihrem Vermögen entspre-
chend gaben sie für den Bauschatz 61 000
Golddariken, 5 000 Minen Silber und 100
Priestergewänder.

70 Die Priester, die Leviten, ein Teil des Vol-
kes, die Sänger, die Torwächter und die Tem-

2,63 Der Statthalter – Hattirschata: Die Bedeutung des Wortes ist unsicher.

peldiener ließen sich in ihren Städten nieder
und alle übrigen Israeliten in ihren Städten.

1–35: Neh 7,6–38 / **36–63**: Neh 7,39–65 / **43**: 8,20 / **55**: 1 Kön 9,20f. / **61**: 2 Sam 17,27; 19,32 / **63**: Lev 2,3; 6,9–11; 7,6–10.33–35; Ex 28,30 / **64–70**: Neh 7,66–72

BEGINN DES KULTS UND DES TEMPELBAUS: 3,1–13

3 1 Als der siebte Monat herankam und die
Israeliten bereits in den jeweiligen Städ-
ten waren, versammelte sich das Volk ge-
schlossen in Jerusalem. 2 Jeschua, der Sohn des
Jozadak, mit seinen Brüdern, den Priestern,
und Serubbabel, der Sohn Schealtiëls, mit sei-
nen Brüdern gingen daran, den Altar des Got-
tes Israels wieder aufzubauen, um auf ihm
Brandopfer darzubringen, wie es in der Wei-
sung des Gottesmannes Mose vorgeschrieben
ist. 3 Sie errichteten den Altar an seiner alten
Stelle, obwohl die Völker der Nachbarländer
sie davon abzuschrecken suchten, und brach-
ten auf ihm dem HERRN Brandopfer dar, je ein
Brandopfer am Morgen und am Abend. 4 Dann
feierten sie der Vorschrift entsprechend das
Laubhüttenfest und brachten Tag für Tag so
viele Opfer dar, wie es für die einzelnen Tage
festgesetzt ist. 5 Von da an brachten sie auch
das ständige Brandopfer wieder dar, ferner die
Opfer an den Neumondtagen und an allen
dem HERRN geheiligten Festzeiten sowie alle
freiwilligen Opfer, die jemand dem HERRN
spendete. 6 Am ersten Tag des siebten Monats
hatten sie begonnen, dem HERRN Brandopfer
darzubringen; aber die Fundamente für den
Tempel des HERRN waren noch nicht gelegt.
7 Darum bezahlten sie Steinhauer und Zim-
merleute, den Sidoniern und Tyrern aber lie-
ferten sie Nahrungsmittel, Getränke und Öl,
damit sie Zedernstämme vom Libanon über
das Meer nach Jafo brachten; das hatte ihnen
der König Kyrus von Persien erlaubt.

8 Im zweiten Monat des zweiten Jahres nach
ihrer Ankunft beim Gotteshaus in Jerusalem
machten sich ans Werk Serubbabel, der Sohn
Schealtiëls, und Jeschua, der Sohn des Jozadak,
mit ihren übrigen Brüdern, nämlich den Pries-
tern, Leviten und allen, die aus der Gefangen-
schaft nach Jerusalem zurückgekommen wa-
ren. Sie bestimmten die Leviten, die zwanzig
Jahre und älter waren, dazu, die Arbeiten am
Haus des HERRN zu leiten.

9 Jeschua, seine Söhne und Brüder, Kadmiël
und seine Söhne sowie die Söhne Hodawjas
traten gemeinsam an, um die anzuleiten, die
die Arbeiten am Gotteshaus ausführten; dazu
kamen noch die Söhne Henadads sowie ihre
Söhne und Brüder, ebenfalls Leviten. 10 Als die
Bauleute das Fundament für den Tempel des
HERRN gelegt hatten, kamen die Priester in
ihren Gewändern und mit den Trompeten,
außerdem die Leviten, die Nachkommen
Asafs, mit den Zimbeln, um den HERRN zu
preisen nach der Ordnung Davids, des Königs
von Israel. 11 Sie begannen, den HERRN zu lo-
ben und zu preisen: Denn er ist gütig und sei-
ne Huld gegenüber Israel währt ewig. Und das
ganze Volk brach in schallenden Jubel zum
Preis des HERRN aus, weil das Fundament für
das Haus des HERRN gelegt war. 12 Viele be-
tagte Priester, Leviten und Familienoberhäup-
ter hatten noch den ersten Tempel gesehen.
Als nun vor ihren Augen das Fundament für
den neuen Tempel gelegt wurde, weinten sie
laut. Viele andere aber erhoben ihre Stimme in
Jubel und Freude. 13 Die Leute konnten den
lauten Freudenjubel kaum von dem lauten
Weinen der Leute unterscheiden, denn das
Volk schrie sehr laut und der Lärm war weithin
zu hören.

2: Ex 27,1–8; Lev 6,2 / **3**: Ex 29,38–42 / **4**: Num 29,12–38 / **7**: 1 Kön 5,20–29 / **10**: 1 Chr 25 / **11**: 2 Chr 5,13; Jer 33,11 / **12**: Hag 2,3

UNTERBRECHUNG DES WIEDERAUFBAUS VON TEMPEL UND STADT: 4,1–24

4 1 Die Feinde von Juda und Benjamin er-
fuhren, dass die Heimkehrer für den
HERRN, den Gott Israels, einen Tempel bau-
ten. 2 Da kamen sie zu Serubbabel und den
Familienoberhäuptern und sagten: Wir wol-
len zusammen mit euch bauen. Denn wie ihr
suchen auch wir euren Gott auf und opfern
ihm seit der Zeit des Königs Asarhaddon von
Assur, der uns hierher gebracht hat. 3 Aber Se-
rubbabel, Jeschua und die übrigen Oberhäup-
ter der Großfamilien Israels erwiderten ihnen:
Es geht nicht, dass wir mit euch zusammen
unserem Gott ein Haus bauen, sondern wir
allein wollen für den HERRN, den Gott Israels,
bauen, wie es uns König Kyrus, der König von
Persien, geboten hat. 4 Da machte das Volk des
Landes die Leute von Juda mutlos und schreck-
te sie vom Bauen ab. 5 Man bestach sogar kö-
nigliche Räte gegen sie, um ihr Vorhaben zu
vereiteln; das dauerte die ganze Regierungs-
zeit des Perserkönigs Kyrus bis zur Regierung

des Königs Darius von Persien. 6 Als dann
Xerxes König wurde, setzten sie zu Beginn
seiner Herrschaft eine Anklage gegen die Be-
wohner von Juda und Jerusalem auf.

7 In der Zeit des Artaxerxes schrieb Bischlam
zusammen mit Mitredat, Tabeel und seinen
übrigen Amtsgenossen an den König Artaxer-
xes von Persien. Der Brief war ins Aramäische
übersetzt und in aramäischer Schrift geschrie-
ben. 8 Ebenso schrieben der Befehlshaber
Rehum und der Schreiber Schimschai einen
Brief gegen Jerusalem an den König Artaxer-
xes, 9 darauf dann der Befehlshaber Rehum
und der Schreiber Schimschai sowie ihre üb-
rigen Amtsgenossen, Leute aus Dina, Afarsa-
tach, Tarpal, Persien, Erech, Babel und Susa –
das sind Elamiter – 10 und die übrigen
Volksgruppen, die der große und berühmte
Asenappar weggeführt und in den Städten von
Samaria und im übrigen Gebiet jenseits des
Stroms angesiedelt hat. 11 Dies ist nun eine
Abschrift des Briefes, den sie an Artaxerxes
schickten: An den König Artaxerxes, von dei-
nen Knechten, den Leuten jenseits des Stroms.
12 Dem König sei gemeldet: Die Juden, die aus
deiner Nähe wegzogen, sind zu uns nach Jeru-
salem gekommen. Sie bauen die aufrühreri-
sche und böse Stadt wieder auf; sie stellen die
Mauern wieder her und sichern die Funda-
mente. 13 Dem König sei nun gemeldet: Wenn
diese Stadt wieder aufgebaut ist und ihre Mau-
ern vollendet sind, dann entrichten die Juden
keine Steuern, Abgaben und Zölle mehr. So
bringt sie den Königen schließlich nur Scha-
den. 14 Nun ist aber das Salz des Palastes unser
Salz; darum ist es nicht recht, wenn wir mit
ansehen, wie der König erniedrigt wird. Des-
halb senden wir dem König Nachricht: 15 Man
möge in der Chronik deiner Väter nachfor-
schen; du wirst dann in der Chronik finden
und feststellen: Diese Stadt ist eine aufrühre-
rische Stadt; sie hat Königen und Provinzen
Schaden gebracht und von jeher hat man in ihr
Empörung angestiftet. Deshalb ist diese Stadt
ja auch zerstört worden. 16 Wir machen also
den König darauf aufmerksam: Wird diese
Stadt wieder aufgebaut und werden ihre Mau-
ern vollendet, dann hast du keinen Anteil
mehr am Gebiet jenseits des Stroms.

17 Der König schickte folgende Erwiderung:
An den Befehlshaber Rehum und den Schrei-
ber Schimschai sowie ihre übrigen Genossen,
die in Samaria und dem übrigen Gebiet jen-
seits des Stroms wohnen, meinen Gruß. 18 Das
Schriftstück, das ihr an uns gesandt habt, ist
mir Wort für Wort vorgelesen worden. 19 Da-
raufhin befahl ich nachzuforschen und man
fand: Diese Stadt hat sich von jeher gegen die
Könige erhoben und in ihr gab es immer wie-
der Aufruhr und Empörung. 20 Mächtige Kö-
nige geboten über Jerusalem und herrschten
über das ganze Gebiet jenseits des Stroms und
ihnen entrichtete man Steuern, Abgaben und
Zölle. 21 Gebt also Befehl, dass man jenen Män-
nern ihr Tun verwehrt! Diese Stadt darf nicht
wieder aufgebaut werden, bis weitere Anord-
nungen von mir ergehen. 22 Hütet euch, in
dieser Sache nachlässig zu sein; sonst könnte
großer Schaden zum Nachteil der Könige ent-
stehen. 23 Sobald das Schreiben des Königs
Artaxerxes vor Rehum und dem Schreiber
Schimschai sowie ihren Amtsgenossen verle-
sen worden war, gingen diese eilends nach
Jerusalem zu den Juden und hinderten sie mit
Waffengewalt an ihrer Arbeit. 24 So kam die
Arbeit am Gotteshaus in Jerusalem zum Still-
stand und ruhte bis zum zweiten Jahr der
Herrschaft des Perserkönigs Darius.

2: 2 Kön 17,24–41

4,8 Hier wechselt der bis dahin hebräische Text ins Aramäische.

WIEDERAUFNAHME UND VOLLENDUNG DES TEMPELBAUS: 5,1–6,18

5 1 Da traten Haggai, der Prophet, und
Sacharja, der Sohn Iddos, auf und spra-
chen als Propheten zu den Juden in Juda und
Jerusalem im Namen des Gottes Israels, der
über ihnen war. 2 Daraufhin machten sich Se-
rubbabel, der Sohn Schealtiëls, und Jeschua,
der Sohn des Jozadak, an die Arbeit und nah-
men den Bau des Gotteshauses in Jerusalem
wieder auf. Die Propheten Gottes standen ih-
nen bei und unterstützten sie.

3 In dieser Zeit kamen Tattenai, der Statthal-
ter des Gebiets jenseits des Stroms, und Sche-
tar-Bosnai sowie ihre Amtsgenossen zu den
Juden und fragten sie: Wer hat euch die Er-
laubnis erteilt, dieses Haus wieder aufzubauen
und das Holzwerk innen zu vollenden? 4 Und
sie fragten weiter: Wie heißen die Männer, die
diesen Bau aufführen? 5 Aber über die Ältesten
der Juden wachte das Auge ihres Gottes. So
hinderte man sie nicht, bis ein Bericht an Da-
rius abgegangen und die Antwort darauf zu-
rückgekommen sei.

6 Das ist eine Abschrift des Briefes, den Tat-
tenai, der Statthalter des Gebiets jenseits des
Stroms, und Schetar-Bosnai mit seinen Amts-
genossen, den Beamten im Gebiet jenseits des
Stroms, an den König Darius sandten. 7 Sie
schickten ihm einen Bericht folgenden Inhalts:
Dem König Darius alles Gute! 8 Dem König sei
gemeldet, dass wir in der Provinz Juda das Haus
des großen Gottes besichtigt haben. Die Leute
bauen es mit Quadersteinen und belegen die
Wände mit Holz. Sie betreiben diese Arbeit mit
Eifer und sie geht unter ihren Händen gut vo-
ran. 9 Darauf fragten wir jene Ältesten und
sagten so zu ihnen: Wer hat euch die Erlaubnis
erteilt, dieses Haus wieder aufzubauen und das
Holzwerk innen zu vollenden? 10 Wir fragten
sie auch nach ihren Namen, um sie dir zu mel-
den. Was wir schreiben, sind die Namen der
Männer, die an ihrer Spitze stehen. 11 Sie gaben
uns folgende Antwort: Wir verehren den Gott
des Himmels und der Erde und bauen das Got-
teshaus wieder auf, das einst viele Jahre lang
hier stand; ein großer König von Israel hat es
erbaut und vollendet. 12 Unsere Väter aber er-
zürnten den Gott des Himmels; darum gab er
sie in die Hand des Chaldäers Nebukadnezzar,
des Königs von Babel. Er zerstörte dieses Haus
und verschleppte das Volk nach Babel. 13 Doch
im ersten Jahr, als Kyrus König von Babel war,
gab König Kyrus den Befehl, dieses Gotteshaus
wieder aufzubauen. 14 Nebukadnezzar hatte
auch die goldenen und silbernen Geräte des
Gotteshauses aus dem Tempel von Jerusalem
weggenommen und in den Tempel von Babel
gebracht. König Kyrus ließ sie nun wieder aus
dem Tempel von Babel holen und einem Mann
namens Scheschbazzar übergeben, den er als
Statthalter einsetzte. 15 Er sagte zu ihm: Nimm
diese Geräte, zieh heim und bring sie in den
Tempel zu Jerusalem! Das Gotteshaus soll an
seiner alten Stelle wieder aufgebaut werden.
16 Darauf kam jener Scheschbazzar und legte
die Fundamente für das Gotteshaus in Jerusa-
lem. Seitdem baut man daran, bis jetzt; aber es
ist noch nicht fertig.

17 Wenn es dem König nun recht ist, so for-
sche man dort in Babel in den königlichen
Schatzhäusern nach, ob wirklich von König
Kyrus ein Befehl vorliegt, jenes Gotteshaus in
Jerusalem wieder aufzubauen. Seinen Entscheid
in der Sache sende dann der König uns zu.

1: Hag 1,1–11; Sach 4,9 / **5:** 1 Kön 8,29 / **11:** 1 Kön 6–8 / **13:** 1,1–3 / **14:** 1,7–10

6 1 Auf Befehl des Königs Darius forschte
man nun im Archiv nach, dort, wo in Ba-
bel die Schätze aufbewahrt wurden. 2 In der
Festung Ekbatana in der Provinz Medien fand
man eine Schriftrolle, in der geschrieben war:
Beurkundung: 3 Im ersten Jahr des Königs Ky-
rus hat König Kyrus einen Befehl erlassen, der
das Gotteshaus in Jerusalem betrifft: Das Haus
soll wieder aufgebaut werden als Ort, an dem
man Opfer darbringt. Seine Fundamente sol-
len erhalten bleiben. Seine Höhe soll sechzig
Ellen betragen und seine Breite zwanzig Ellen.
4 Auf drei Lagen Quadersteinen soll eine Lage
Holz kommen. Die Kosten bestreitet der kö-
nigliche Hof. 5 Auch soll man die goldenen und
silbernen Geräte des Gotteshauses zurückge-
ben, die Nebukadnezzar aus dem Tempel von
Jerusalem weggenommen und nach Babel
gebracht hat. Alles soll wieder an seinen alten
Platz in den Tempel von Jerusalem kommen
und in das Gotteshaus gebracht werden.

6 Darum, Tattenai, Statthalter des Gebiets
jenseits des Stroms, Schetar-Bosnai und eure
Amtsgenossen, die Beamten des Gebiets jen-
seits des Stroms: Haltet euch aus der Sache dort
heraus! 7 Lasst die Arbeit an jenem Gotteshaus
weitergehen! Der Statthalter der Juden und
ihre Ältesten mögen das Gotteshaus an seiner
früheren Stelle wieder aufbauen. 8 Auch ordne
ich an, wie ihr die Ältesten der Juden dort beim
Bau jenes Gotteshauses unterstützen sollt: Aus
den königlichen Einkünften, die das Gebiet
jenseits des Stroms aufbringt, sollen jenen
Männern pünktlich die Kosten bezahlt wer-
den, damit sie nicht aufgehalten werden.
9 Auch ist ihnen jeden Tag ohne Versäumnis zu
liefern, was nach den Angaben der Priester von
Jerusalem an Stieren, Widdern und Lämmern
als Brandopfer für den Gott des Himmels be-
nötigt wird, auch Weizen und Salz, Wein und
Öl. 10 So mögen sie dem Gott des Himmels
wohlgefällige Opfer darbringen und auch für
das Leben des Königs und seiner Söhne beten.
11 Schließlich befehle ich: Jedem, der diesen
Erlass missachtet, reiße man einen Balken aus
seinem Haus und pfähle ihn darauf und sein
Haus soll dafür zu einem Trümmerhaufen ge-
macht werden. 12 Der Gott aber, der seinen
Namen dort wohnen lässt, vernichte jeden
König und jedes Volk, die sich unterfangen, das
zu missachten, um jenes Gotteshaus in Jerusa-
lem zu schädigen. Ich, Darius, habe den Befehl
gegeben; man befolge ihn genau.

13 Tattenai, der Statthalter des Gebiets jen-
seits des Stroms, Schetar-Bosnai und ihre
Amtsgenossen befolgten genau den Befehl,
den der König Darius gesandt hatte, 14 und die
Ältesten der Juden bauten weiter. Dank der
Wirksamkeit Haggais, des Propheten, und
Sacharjas, des Sohnes Iddos, kamen sie gut
voran. Sie konnten den Bau vollenden, wie der
Gott Israels es geboten und wie Kyrus und Da-
rius sowie der Perserkönig Artaxerxes es be-
fohlen hatten. 15 Das Gotteshaus war fertig am
dritten Tag des Monats Adar, im sechsten Jahr
der Regierung des Königs Darius. 16 Die Israe-
liten, die Priester, die Leviten und die Übrigen,
die heimgekehrt waren, feierten voll Freude
die Einweihung dieses Gotteshauses. 17 Bei der
Einweihung des Gotteshauses brachten sie als
Opfer dar: hundert Stiere, zweihundert Wid-
der und vierhundert Lämmer, dazu als Sünd-
opfer für ganz Israel zwölf Ziegenböcke, ent-
sprechend der Zahl der Stämme Israels. 18 Für
den Gottesdienst in Jerusalem bestellten sie
die Priester nach ihren Klassen und die Leviten
nach ihren Abteilungen, wie es das Buch des
Mose vorschreibt.

3: 1 Kön 6,2 / **14:** 5,1; 1,2 / **16–17:** 1 Kön 8,1f.62–65 / **17:** 2 Chr 29,20–32 / **18:** 1 Chr 24,19

FEIER DES PESSACH: 6,19–22

19 Am vierzehnten Tag des ersten Monats
feierten die Heimkehrer das Pessachfest.
20 Denn die Priester und Leviten hatten sich
allesamt gereinigt, sodass sie alle rein waren.
Sie schlachteten das Pessachlamm für alle
Heimkehrer und für ihre Brüder, die Priester,
und für sich selbst. 21 Und so aßen die Israeli-
ten, die aus der Verbannung heimgekehrt wa-
ren, sowie alle, die sich von der Unreinheit der
Völker des Landes abgesondert und sich ihnen
angeschlossen hatten, um den HERRN, den
Gott Israels, zu suchen. 22 Sieben Tage lang fei-
erten sie voll Freude das Fest der Ungesäuerten
Brote. Denn der HERR hatte sie froh gemacht
und ihnen das Herz des Königs von Assur zu-
gewandt, sodass er sie bei der Arbeit am Haus
Gottes, des Gottes Israels, unterstützte.

19: 2 Chr 35,10–15

6,19 Von hier ab ist der Urtext wieder hebräisch, vgl. die Anmerkung zu 4,8.

ESRA UND DIE ORDNUNG DER VERHÄLTNISSE IN ISRAEL NACH DER WEISUNG DES MOSE: 7,1–10,44

HEIMKEHR ESRAS UND SEINER KARAWANE AUS BABEL: 7,1–28

7 1 Nach diesen Ereignissen, unter der
Herrschaft des Perserkönigs Artaxerxes,
kam Esra, der Sohn Serajas, des Sohnes Asar-
jas, des Sohnes Hilkijas, 2 des Sohnes Schal-
lums, des Sohnes Zadoks, des Sohnes Ahitubs,
3 des Sohnes Amarjas, des Sohnes Asarjas, des
Sohnes Merajots, 4 des Sohnes Serachjas, des
Sohnes Usis, des Sohnes Bukkis, 5 des Sohnes
Abischuas, des Sohnes des Pinhas, des Sohnes
Eleasars, des Sohnes des Hohepriesters Aa-
ron. 6 Dieser Esra kam also von Babel herauf.
Er war ein Schriftgelehrter, kundig in der Wei-
sung des Mose, die der HERR, der Gott Israels,
gegeben hatte. Weil die Hand des HERRN,
seines Gottes, über ihm war, gewährte der Kö-
nig ihm alles, was er wünschte. 7 Mit ihm zog
im siebten Jahr des Königs Artaxerxes auch
eine Anzahl von Israeliten sowie von Pries-
tern, Leviten, Sängern, Torwächtern und
Tempeldienern nach Jerusalem. 8 Im fünften
Monat dieses siebten Regierungsjahrs des Kö-
nigs kam Esra in Jerusalem an. 9 Den Aufbruch
von Babel hatte er auf den Ersten des ersten
Monats festgesetzt und am Ersten des fünften
Monats kam er in Jerusalem an, da die gütige
Hand seines Gottes über ihm war. 10 Denn Esra
war von ganzem Herzen darauf aus, die Wei-
sung des HERRN zu erforschen und danach zu
handeln und Gesetz und Rechtsentscheid in
Israel zu lehren.

11 Das ist eine Abschrift des Erlasses, den der
König Artaxerxes dem Priester und Schriftge-
lehrten Esra mitgab, dem Schriftkundigen in
den Dingen der Gebote des HERRN und seinen
Gesetzen für Israel: 12 Artaxerxes, der König
der Könige, wünscht dem Priester Esra, dem

7,12–26 Das Schreiben des Artaxerxes ist in aramäischer Sprache verfasst (vgl. 4,8–6,18).

Schriftkundigen im Gesetz des Gottes des
Himmels, alles Gute. 13 Das ist es, was ich be-
fehle: Jeder in meinem Reich, der zum Volk
Israel oder seinen Priestern und Leviten gehört
und gewillt ist, nach Jerusalem zu gehen, darf
mit dir ziehen. 14 Denn du bist von dem König
und seinen sieben Räten ausgesandt und sollst
nach dem Gesetz deines Gottes, das in deiner
Hand ist, untersuchen, wie es in Juda und Je-
rusalem steht. 15 Auch sollst du das Silber und
Gold hinbringen, das der König und seine Räte
dem Gott Israels gespendet haben, der in Jeru-
salem seine Wohnstätte hat, 16 auch alles Silber
und Gold, das du in der ganzen Provinz Babel
bekommst, samt den Spenden, die das Volk
Israel und die Priester für das Haus ihres Got-
tes in Jerusalem geben. 17 Von diesem Geld
sollst du dann gewissenhaft Stiere, Widder
und Lämmer sowie die dazugehörenden Spei-
seopfer und Trankopfer kaufen und sie auf
dem Altar des Hauses eures Gottes in Jerusa-
lem darbringen. 18 Das übrige Silber und Gold
dürft ihr nach dem Willen eures Gottes ver-
wenden, wie es dir und deinen Amtsbrüdern
gut scheint. 19 Auch die Geräte, die man dir für
den Dienst im Haus deines Gottes übergibt,
sollst du dem Gott in Jerusalem abliefern.
20 Den restlichen Bedarf für das Haus deines
Gottes, den du aufzubringen hast, kannst du
aus den königlichen Schatzhäusern bezahlen.
21 Ich, der König Artaxerxes, befehle allen
Schatzmeistern im Gebiet jenseits des Stroms:
Alles, was der Priester Esra, der Schriftkundi-
ge im Gesetz des Gottes des Himmels, von
euch fordert, soll genau erfüllt werden, 22 und
zwar bis zu hundert Talenten Silber, bis zu
hundert Kor Weizen, bis zu hundert Bat Wein,
bis zu hundert Bat Öl, dazu Salz in jeder Men-
ge. 23 Alles, was der Gott des Himmels befiehlt,
soll man mit frommem Eifer erfüllen für das
Haus des Gottes des Himmels, damit nicht
Zorn das Reich des Königs und seiner Söhne
trifft.

24 Auch wird euch Folgendes bekannt ge-
macht: Niemand ist befugt, irgendeinem
Priester, Leviten, Sänger, Torwächter, Tempel-
diener oder Arbeiter dieses Gotteshauses
Steuern, Abgaben oder Zölle aufzuerlegen.

25 Du aber, Esra, bestelle Richter und Rechts-
pfleger gemäß der Weisheit deines Gottes, die
in deiner Hand ist; sie sollen dem ganzen Volk
im Gebiet jenseits des Stroms Recht sprechen,
allen, die die Gesetze deines Gottes kennen;
wer aber unkundig ist, den sollt ihr belehren.
26 Doch über jeden, der das Gesetz deines Got-
tes und das Gesetz des Königs nicht befolgt,
halte man streng Gericht und verurteile ihn je
nachdem zum Tod, zur Verstoßung, zu einer
Geldstrafe oder zu Gefängnis!

27 Gepriesen sei der HERR, der Gott unserer
Väter! Denn er hat dem König das alles ins
Herz gelegt, um das Haus des HERRN in Jeru-
salem so herrlich auszustatten. 28 Mir hat er die
Gunst des Königs und seiner Räte sowie all der
mächtigen Großen des Königs zugewandt. Ich
aber fasste Mut, da die Hand des HERRN, mei-
nes Gottes, über mir war, und sammelte Fami-
lienoberhäupter aus Israel, mit mir hinaufzu-
ziehen.

1–5: 1 Chr 5,29–40 / **14**: Est 1,14 / **15**: 2 Makk 3,2 / **20**: 6,9

VERZEICHNIS DER HEIMKEHRER: 8,1–20

8 1 Das sind die Familienoberhäupter und
die bei ihnen Eingetragenen, die unter der
Herrschaft des Königs Artaxerxes mit mir aus
Babel hinaufgezogen sind: 2 Von den Nach-
kommen des Pinhas: Gerschom; von den
Nachkommen Itamars: Daniel; von den
Nachkommen Davids: Hattusch, 3 der Sohn
Schechanjas. Von den Nachkommen des Pa-
rosch: Secharja und mit ihm 150 eingetragene
Männer. 4 Von den Nachkommen des Pahat-
Moab: Eljoënai, der Sohn Serachjas, und mit
ihm 200 Männer. 5 Von den Nachkommen
Sattus: Schechanja, der Sohn Jahasiëls, und
mit ihm 300 Männer. 6 Von den Nachkommen
Adins: Ebed, der Sohn Jonatans, und mit ihm
50 Männer. 7 Von den Nachkommen Elams:
Jeschaja, der Sohn Ataljas, und mit ihm 70
Männer. 8 Von den Nachkommen Schefatjas:
Sebadja, der Sohn Michaels, und mit ihm 80
Männer. 9 Von den Nachkommen Joabs: Obad-
ja, der Sohn Jehiëls, und mit ihm 218 Männer.
10 Von den Nachkommen Banis: Schelomit,
der Sohn Josifjas, und mit ihm 160 Männer.
11 Von den Nachkommen Bebais: Secharja, der
Sohn Bebais, und mit ihm 28 Männer. 12 Von
den Nachkommen Asgads: Johanan, der Sohn
Katans, und mit ihm 110 Männer. 13 Von den
Nachkommen Adonikams: die Letzten; sie
heißen: Elifelet, Jëiël und Schemaja und mit
ihnen 60 Männer. 14 Und von den Nachkom-
men Bigwais: Utai und Sakkur und mit ihm
70 Männer.

15 Ich ließ alle an dem Fluss zusammenkom-
men, der an Ahawa vorbeifließt. Dort blieben

wir drei Tage. Ich stellte fest, dass zwar Laien-
volk und Priester da waren; doch fand ich dort
keine Leviten. 16 Da schickte ich zu Eliëser,
Ariël, Schemaja, Elnatan, Jarib, Elnatan, Na-
tan, Secharja und Meschullam, führenden
Leuten, und zu Jojarib und Elnatan, verstän-
digen Männern, 17 und gab ihnen Anweisung
für Iddo, den Vorsteher der Ortschaft Kasifja;
ich sagte ihnen, was sie zu Iddo und zu seinen
Brüdern, die in der Ortschaft Kasifja ansässig
waren, sagen sollten, damit sie uns Diener für
das Haus unseres Gottes überließen. 18 Da die
gütige Hand unseres Gottes über uns war,
schickten sie uns einen einsichtigen Mann,
einen von den Nachkommen Machlis, des
Sohnes Levis, des Sohnes Israels, nämlich
Scherebja, mit seinen Söhnen und Brüdern,
zusammen 18 Männer; 19 ferner von den Nach-
kommen Meraris den Haschabja und mit ihm
Jeschaja, seine Brüder und ihre Söhne, 20 Män-
ner; 20 dazu eine Anzahl von Tempeldienern,
die David und die Obersten geschenkt hatten,
damit sie den Leviten dienten, im Ganzen 220
Tempeldiener. Sie alle sind namentlich aufge-
zeichnet.

2: Num 25,7–13; 1 Chr 5,29f.; 24,1–4 / **20**: 2,43–54; 1 Chr 9,2

BERICHT ÜBER DIE REISE: 8,21–36

21 Dann rief ich dort am Fluss bei Ahawa ein
Fasten aus; so wollten wir uns vor unserem
Gott beugen und von ihm eine glückliche Rei-
se erbitten für uns, unsere Kleinen und unsere
ganze Habe. 22 Denn ich schämte mich, vom
König Soldaten und Reiter zu fordern, die uns
gegen Feinde auf dem Weg beistehen sollten.
Vielmehr hatten wir dem König gesagt: Die
Hand unseres Gottes ist zum Guten über allen,
die ihn suchen; doch seine Macht und sein
Zorn kommen über alle, die ihn verlassen.
23 Wir fasteten also und suchten in dieser
Sache Hilfe bei unserem Gott und er erhörte
uns.

24 Dann wählte ich von den Obersten der
Priester zwölf aus, dazu Scherebja und Ha-
schabja und mit ihnen noch zehn ihrer Brüder.
25 Ich wog vor ihnen das Silber, das Gold und
die Geräte, die Weihegaben, die der König,
seine Räte und Großen sowie alle Israeliten,
die dort lebten, für das Haus unseres Gottes
gestiftet hatten. 26 Ich wog es ab in ihre Hand:
sechshundertfünfzig Talente Silber und silber-
ne Geräte für hundert Talente; ferner hundert
Talente Gold 27 und zwanzig goldene Becher
im Wert von tausend Golddariken sowie zwei
Geräte aus feinster, glänzender Bronze, kost-
bar wie Gold. 28 Und ich sagte zu ihnen: Ihr
seid dem HERRN heilig, auch die Geräte sind
heilig; das Silber und das Gold sind Weihega-
ben für den HERRN, den Gott eurer Väter.
29 Seid wachsam und behütet es, bis ihr es vor
den Obersten der Priester und Leviten sowie
den Oberhäuptern der Familien Israels in Je-
rusalem wägt, in den Räumen des Hauses des
HERRN. 30 Die Priester und Leviten nahmen
das Silber, das Gold und die Geräte abgewogen
in Empfang, um sie nach Jerusalem in das Haus
unseres Gottes zu bringen.

31 Am zwölften Tag des ersten Monats bra-
chen wir von dem Fluss bei Ahawa auf, um
nach Jerusalem zu ziehen. Die Hand unseres
Gottes war über uns und er entriss uns dem
Griff von Feinden und Wegelagerern. 32 Als
wir nach Jerusalem kamen, ruhten wir dort
drei Tage aus. 33 Am vierten Tag wog man im
Haus unseres Gottes das Silber und das Gold
sowie die Geräte in die Hand des Priesters
Meremot, des Sohnes Urijas; bei ihm waren
Eleasar, der Sohn des Pinhas, sowie die Leviten
Josabad, der Sohn Jeschuas, und Noadja, der
Sohn Binnuis. 34 Man übergab alles, gezählt
und gewogen, und verzeichnete gleichzeitig
das genaue Gewicht.

35 Die Verschleppten, die jetzt aus der Ge-
fangenschaft heimgekehrt waren, brachten
dem Gott Israels Brandopfer dar: zwölf Stiere
für ganz Israel, sechsundneunzig Widder und
siebenundsiebzig Lämmer, ferner zwölf Zie-
genböcke für ein Sündopfer – all das als Brand-
opfer für den HERRN.

36 Man übergab die Anordnungen des Kö-
nigs den königlichen Satrapen und den Statt-
haltern im Gebiet jenseits des Stroms. Diese
unterstützten Volk und Haus Gottes.

22: Neh 2,9 / **36**: 5,17; 7,11–26

MISCHEHENPROBLEM UND ESRAS
BUSSGEBET: 9,1–15

9 1 Als das vollbracht war, kamen die
Obersten zu mir und sagten: Das Volk
Israel und die Priester und die Leviten haben
sich nicht ferngehalten von den Völkern der
Länder mit ihren Gräueln, von den Kanaani-
tern, Hetitern, Perisitern, Jebusitern, Ammo-
nitern, Moabitern, Ägyptern und Amoritern.
2 Sie haben von deren Töchtern Frauen ge-
nommen für sich und ihre Söhne. So hat sich

der heilige Same mit den Völkern der Länder
vermischt und die Obersten und Beamten
waren bei diesem Treubruch die Ersten. 3 Als
ich das hörte, zerriss ich mein Gewand und
meinen Mantel; ich raufte mir die Haare und
den Bart und setzte mich erschüttert nieder.
4 Da versammelten sich alle um mich, die we-
gen des Treubruchs der Heimkehrer vor den
Worten des Gottes Israels zitterten. Bis zum
Abendopfer saß ich erschüttert da.

5 Zur Zeit des Abendopfers erhob ich mich
aus meiner Bußübung, mit zerrissenem Ge-
wand und Mantel. Dann warf ich mich auf die
Knie, breitete die Hände aus und betete zum
HERRN, meinem Gott: 6 Mein Gott, ich schä-
me mich und wage nicht, die Augen zu dir,
mein Gott, zu erheben. Denn unsere Vergehen
sind uns über den Kopf gewachsen; unsere
Schuld reicht bis zum Himmel. 7 Seit den Ta-
gen unserer Väter bis heute sind wir in großer
Schuld. Wegen unserer Vergehen wurden wir,
unsere Könige und Priester, den Königen der
Länder ausgeliefert, dem Schwert, der Gefan-
genschaft, der Plünderung und der Schande,
wie es noch heute der Fall ist. 8 Jetzt, für einen
kurzen Augenblick, hat der HERR, unser Gott,
uns Erbarmen gezeigt; er hat einen Rest geret-
tet und übrig gelassen und uns einen Ruhe-
platz an seinem heiligen Ort gewährt. So ließ
unser Gott unsere Augen aufleuchten, er ließ
uns ein wenig aufleben in unserer Knecht-
schaft. 9 Ja, wir sind Knechte. Aber auch in
unserer Knechtschaft hat unser Gott uns nicht
verlassen. Er wandte uns die Gunst der Könige
von Persien zu. Er ließ uns aufleben, sodass wir
das Haus unseres Gottes wieder aufbauen und
es aus den Trümmern wieder aufrichten konn-
ten. Er gewährte uns ein geschütztes Gebiet in
Juda und Jerusalem.

10 Aber jetzt, unser Gott, was sollen wir nach
alldem sagen? Wir haben ja deine Gebote ver-
lassen. 11 Du hast durch deine Diener, die Pro-
pheten, geboten: Das Land, in das ihr kommt,
um es in Besitz zu nehmen, ist ein beflecktes
Land; denn die Völker der Länder haben es be-
fleckt; in ihrer Unreinheit haben sie es mit
ihren Gräueltaten erfüllt, vom einen Ende bis
zum andern. 12 Darum dürft ihr eure Töchter
nicht ihren Söhnen als Frauen geben, noch
dürft ihr ihre Töchter für eure Söhne nehmen.
Ihr werdet euch niemals um einen Friedens-
und Freundschaftsvertrag mit ihnen bemü-
hen. Dann werdet ihr stark sein und die Güter
des Landes genießen und sie euren Kindern
vererben für alle Zeit.

13 Was ist alles über uns gekommen wegen
unserer bösen Taten und unserer großen
Schuld! Dabei hast du, unser Gott, unsere
Schuld mit Nachsicht behandelt und uns diese
Schar von Geretteten gelassen. 14 Können wir
nach alledem von Neuem deine Gebote bre-
chen und uns mit diesen Gräuel beladenen
Völkern verschwägern? Musst du uns dann
nicht zürnen, bis wir ganz vernichtet sind, so-
dass kein Rest von Geretteten mehr übrig
bleibt? 15 HERR, Gott Israels, du bist gerecht;
darum hast du uns als geretteten Rest übrig
gelassen, wie es heute der Fall ist. Nun stehen
wir vor dir mit unserer Schuld. Nein, so kann
niemand vor dir bestehen.

1: Dtn 7,1–4; 23,3f. / **2**: Mal 2,10–12; Neh 13,23–28 / **11**: Lev 18,24–27; Dtn 7,1.3; Ez 6,21; 36,17

VORBEREITUNGEN FÜR DIE AUFLÖSUNG DER MISCHEHEN: 10,1–17

10 1 Während Esra vor dem Haus Gottes
auf den Knien lag und weinend sein
Gebet und sein Bekenntnis sprach, sammelte
sich um ihn eine sehr große Menge von Män-
nern, Frauen und Kindern aus Israel. Denn
großes Weinen hatte das Volk ergriffen.
2 Schechanja, der Sohn Jehiëls, einer der Nach-
kommen Elams, nahm das Wort und sagte zu
Esra: Ja, wir haben unserem Gott die Treue
gebrochen; wir haben fremde Frauen aus der
Bevölkerung des Landes geheiratet. Doch auch
jetzt gibt es noch Hoffnung für Israel: 3 Wir
wollen jetzt mit unserem Gott einen Bund
schließen, dass wir alle fremden Frauen samt
den von ihnen geborenen Kindern wegschi-
cken nach dem Beschluss des Herrn und aller,
die vor dem Gebot unseres Gottes zittern. Man
handle nach der Weisung. 4 Steh auf! Denn dir
obliegt die Sache. Wir aber stehen dir bei. Fass
Mut und handle! 5 Da stand Esra auf; er ließ die
Obersten der Priester, der Leviten und ganz
Israels schwören, nach diesem Vorschlag zu
handeln, und sie leisteten den Eid. 6 Dann ver-
ließ Esra den Platz vor dem Haus Gottes und
ging in die Kammer Johanans, des Sohnes El-
jaschibs. Dort verbrachte er die Nacht, aß aber
kein Brot und trank kein Wasser; denn er trau-
erte über den Treubruch der Heimkehrer.

7 Dann ließ man in Juda und Jerusalem bei
allen Heimkehrern ausrufen, sie sollten sich
in Jerusalem versammeln. 8 Jeder, der nicht

binnen drei Tagen komme, wie es die Vorste-
her und Ältesten beschlossen hätten, dessen
ganzer Besitz solle zu Banngut gemacht wer-
den und er selbst solle aus der Versammlung
der Heimkehrer ausgeschlossen werden. 9 Da
versammelten sich nach drei Tagen alle Män-
ner von Juda und Benjamin in Jerusalem; es
war am zwanzigsten Tag des neunten Monats.
Das ganze Volk ließ sich auf dem Platz vor dem
Haus Gottes nieder. Alle zitterten wegen der
Sache, aber auch wegen der Regengüsse. 10 Der
Priester Esra stand auf und sagte zu ihnen: Ihr
habt einen Treubruch begangen; ihr habt
fremde Frauen genommen und so die Schuld
Israels noch größer gemacht. 11 So legt nun vor
dem HERRN, dem Gott eurer Väter, ein Be-
kenntnis ab und tut, was er wünscht: Trennt
euch von der Bevölkerung des Landes, insbe-
sondere von den fremden Frauen! 12 Darauf
antwortete die ganze Versammlung laut: Al-
les, was du uns gesagt hast, müssen wir tun.
13 Aber es sind viele Menschen und es ist Re-
genzeit, da kann man nicht im Freien bleiben
und die Angelegenheit ist nicht an einem oder
zwei Tagen abzumachen. Denn viele von uns
haben sich in dieser Sache verfehlt. 14 Unsere
Vorsteher sollen darum die ganze Versamm-
lung vertreten. Alle, die in unseren Städten
fremde Frauen geheiratet haben, sollen dann
zu festgesetzten Zeiten herkommen, dazu die
Ältesten und Richter jeder einzelnen Stadt, bis
wir den Zorn unseres Gottes, der wegen dieser
Sache entbrannt ist, von uns abgewendet ha-
ben.

15 Nur Jonatan, der Sohn Asaëls, und Jachse-
ja, der Sohn Tikwas, standen dagegen auf;
Meschullam und der Levit Schabbetai unter-
stützten sie. 16 Die Heimkehrer machten es
aber so. Der Priester Esra wählte Männer aus,
Häupter ihrer Familien, und alle mit Namen.
Am ersten Tag des zehnten Monats traten sie
zusammen, um die Sache zu untersuchen,
17 und am ersten Tag des ersten Monats waren
sie fertig mit den Fällen aller Männer, die frem-
de Frauen geheiratet hatten.

6: Neh 13,4 / **8**: 7,26

LISTE DER BETROFFENEN: 10,18–44

18 Unter den Priestern fand man folgende, die
fremde Frauen geheiratet hatten: Von den
Nachkommen Jeschuas, des Sohnes des Jo-
zadak, und seinen Brüdern: Maaseja, Eliëser,
Jarib und Gedalja. 19 Sie gaben die Hand darauf,
ihre Frauen wegzuschicken und als Buße für
ihre Schuld einen Widder zu bezahlen. 20 Von
den Nachkommen Immers: Hanani und Se-
badja; 21 von den Nachkommen Harims: Maa-
seja, Elija, Schemaja, Jehiël und Usija; 22 von
den Nachkommen Paschhurs: Eljoënai, Maa-
seja, Jischmael, Netanel, Josabad und Elasa.
23 Von den Leviten: Josabad, Schimi, Kelaja,
das ist Kelita, Petachja, Juda und Eliëser. 24 Von
den Sängern: Eljaschib. Von den Torwächtern:
Schallum, Telem und Uri. 25 Unter den Israe-
liten von den Nachkommen des Parosch:
Ramja, Jisija, Malkija, Mijamin, Eleasar, Mal-
kija und Benaja; 26 von den Nachkommen
Elams: Mattanja, Secharja, Jehiël, Abdi, Jere-
mot und Elija; 27 von den Nachkommen Sattus:
Eljoënai, Eljaschib, Mattanja, Jeremot, Sabad
und Asisa; 28 von den Nachkommen Bebais:
Johanan, Hananja, Sabbai und Atlai; 29 von den
Nachkommen Banis: Meschullam, Malluch,
Adaja, Jaschub, Scheal und Ramot; 30 von den
Nachkommen des Pahat-Moab: Adna, Kelal,
Benaja, Maaseja, Mattanja, Bezalel, Binnui und
Manasse; 31 von den Nachkommen Harims:
Eliëser, Jischija, Malkija, Schemaja, Simeon,
32 Benjamin, Malluch und Schemarja; 33 von
den Nachkommen Haschums: Mattenai,
Mattatta, Sabad, Elifelet, Jeremai, Manasse
und Schimi; 34 von den Nachkommen Banis:
Maadai, Amram, Uël, 35 Benaja, Bedja, Keluhi,
36 Wanja, Meremot, Eljaschib, 37 Mattanja,
Mattenai und Jaasai; 38 und Bani und Binnui,
Schimi und 39 Schelemja, Natan und Adaja;
40 Machnadbai, Schaschai, Scharai, 41 Asarel,
Schelemja, Schemarja, 42 Schallum, Amarja
und Josef; 43 von den Nachkommen Nebos:
Jëiël, Mattitja, Sabad, Sebina, Jaddai, Joël und
Benaja. 44 Alle diese hatten fremde Frauen
geheiratet; und darunter gab es Frauen, mit
denen sie Kinder hatten.

18–22: 2,36–39 / **19**: Lev 5,14–19 / **25–43**: 2,3–35

DAS BUCH NEHEMIA

WIEDERAUFBAU UND WIEDERBESIEDLUNG DER HEILIGEN STADT DURCH NEHEMIA: 1,1–13,31

NEHEMIAS GEBET: 1,1–11

1 1 Bericht des Nehemia, des Sohnes
Hachaljas. Im Monat Kislew, im zwan-
zigsten Jahr des Artaxerxes, war ich in der
Festung Susa; 2 da kam Hanani, einer meiner
Brüder, an, und zwar mit Männern aus Juda.
Ich fragte sie nach den Juden, den Entronne-
nen, die der Gefangenschaft entgangen wa-
ren, und nach Jerusalem. 3 Sie sagten zu mir:
Der Rest, der der Gefangenschaft entgangen
ist, lebt dort in der Provinz in großer Not und
Schmach. Die Stadtmauer von Jerusalem ist
niedergelegt und seine Tore sind im Feuer
verbrannt. 4 Als ich diese Worte hörte, setzte
ich mich nieder und weinte. Ich trauerte tage-
lang, fastete und betete vor dem Gott des
Himmels. 5 Ich sagte:

Ach, HERR, Gott des Himmels, du großer
und Furcht gebietender Gott, der den Bund
und die Huld bewahrt denen, die ihn lieben
und seine Gebote bewahren! 6 Hab ein auf-
merksames Ohr und ein offenes Auge und hör
das Gebet deines Knechtes! Ich bete jetzt Tag
und Nacht vor dir für die Israeliten, deine Die-
ner. Ich lege ein Bekenntnis ab wegen der Sün-
den der Israeliten. Wir haben gegen dich ge-
sündigt; auch ich und meine Familie haben
gesündigt. 7 Wir haben sehr schlecht gegen
dich gehandelt: Wir haben die Gebote, Geset-
ze und Rechtsentscheide nicht bewahrt, die du
deinem Diener Mose geboten hast. 8 Aber denk
an das Wort, das du deinem Diener Mose auf-
getragen hast: Wenn ihr mir die Treue brecht,
dann werde ich euch unter die Völker zerstreu-
en; 9 wenn ihr aber zu mir umkehrt, meine
Gebote bewahrt und sie ausführt, dann werde
ich selbst die von euch, die bis ans Ende des
Himmels verschlagen wurden, von dort sam-
meln; ich bringe sie an den Ort, den ich er-
wählt habe, um dort meinen Namen wohnen
zu lassen.

10 Sie sind ja deine Knechte, dein Volk, das
du erlöst hast mit deiner großen Kraft und
deiner starken Hand. 11 Ach, HERR, hab ein
aufmerksames Ohr für das Gebet deines
Knechtes und das Gebet deiner Knechte, die
von Herzen deinen Namen fürchten: Gewäh-
re deinem Knecht heute Erfolg und lass ihn
Erbarmen finden bei diesem Mann!

Ich war nämlich Mundschenk beim König.

1: Est 1,2f.; Dan 8,2 / **3**: Esra 4,21–24 / **4**: Esra 9,3 / **5**: Dan 9,4 / **8–9**: Dtn 30,1–4 / **10**: Dtn 9,29

NEHEMIAS RÜCKKEHR: 2,1–10

2 1 Es geschah im Monat Nisan, im zwan-
zigsten Jahr des Königs Artaxerxes: Als
Wein vor ihm stand, nahm ich den Wein und
reichte ihn dem König. Nie zuvor hatte der
König mein Aussehen schlecht gefunden;
2 jetzt aber fragte er mich: Warum siehst du so
schlecht aus? Du bist doch nicht etwa krank?
Nein, du hast gewiss Kummer. Ich erschrak
sehr; 3 dann sagte ich zum König: Der König
möge ewig leben. Wie sollte ich nicht schlecht
aussehen? Die Stadt, in der die Gräber meiner
Väter sind, liegt in Trümmern und ihre Tore
sind vom Feuer verzehrt. 4 Der König erwider-
te: Was möchtest du also? Da betete ich zum
Gott des Himmels; 5 dann sagte ich zum Kö-
nig: Wenn du, König, es für gut findest und
wenn du deinem Knecht vertraust, so sende
mich nach Juda in die Stadt, in der die Gräber
meiner Väter sind, damit ich sie wieder auf-
baue.

6 Darauf fragte mich der König, während die
Königin neben ihm saß: Wie lang soll deine
Reise dauern? Wann kommst du zurück? Ich
nannte ihm eine bestimmte Zeit; der König
war einverstanden und ließ mich ziehen. 7 Ich
sagte dem König noch: Wenn der König es für
gut findet, dann gebe man mir Briefe mit an

1,1 Wenn der hier genannte Perserkönig Artaxerxes I. ist, dann fällt sein 20. Jahr in das Jahr 445 v. Chr.

die Statthalter des Gebiets jenseits des Stroms,
damit sie mich bis nach Juda durchreisen las-
sen; 8 ferner einen Brief an Asaf, den Verwalter
der königlichen Wälder: Er soll mir Bauholz
liefern für die Tore der Tempelburg, für die
Stadtmauer und für das Haus, in das ich ziehen
will. Der König bewilligte es mir, weil die gü-
tige Hand meines Gottes über mir war.
9 So kam ich zu den Statthaltern im Gebiet
jenseits des Stroms und ich übergab ihnen die
Briefe des Königs. Der König hatte mir auch
Hauptleute und Reiter als Geleit gegeben.
10 Sanballat, der Horoniter, und Tobija, der
Knecht von Ammon, hörten davon. Es ver-
dross sie sehr, dass da ein Mann kam, der sich
für das Wohl der Israeliten einsetzte.

7: Esra 4,10f.; 7,11 / **9**: Esra 8,22

BESCHLUSS DES MAUERBAUS: 2,11–20

11 So kam ich nach Jerusalem. Dort blieb ich
drei Tage. 12 Dann machte ich mich bei Nacht
auf, nahm aber nur einige wenige Männer mit.
Noch hatte ich keinem Menschen mitgeteilt,
was mein Gott mir eingegeben hatte, für Je-
rusalem zu tun. Ich nahm keine Tiere mit au-
ßer dem einen, auf dem ich ritt. 13 So ritt ich
bei Nacht zum Taltor hinaus. An der Drachen-
quelle vorbei gelangte ich zum Aschentor.
Dabei besichtigte ich die Mauern Jerusalems:
Sie waren niedergerissen und die Tore vom
Feuer verzehrt. 14 Ich ritt zum Quelltor und
zum Königsteich hinüber. Hier konnte ich mit
dem Reittier nicht mehr vorwärtskommen.
15 So ging ich bei Nacht das Bachtal hinauf und
besichtigte die Mauer. Dann kehrte ich um
und kam durch das Taltor wieder zurück.
16 Die Beamten wussten nicht, wohin ich ge-
gangen war und was ich vorhatte. Denn ich
hatte bis dahin den Juden nichts mitgeteilt,
weder den Priestern noch den Vornehmen,
noch den Beamten und den Übrigen, die an
dem Werk mitwirken sollten. 17 Jetzt aber sag-
te ich zu ihnen: Ihr seht selbst, in welchem
Elend wir sind: Jerusalem liegt in Trümmern
und seine Tore sind im Feuer verbrannt. Ge-
hen wir daran und bauen wir die Mauer Jeru-
salems wieder auf! So machen wir unserer
Schande ein Ende. 18 Dann berichtete ich ih-
nen, wie die Hand meines Gottes so gütig über
mir gewesen war und was der König mir zu-
gesagt hatte. Da sagten sie: Wir wollen ans
Werk gehen und bauen. Und sie nahmen die
gute Sache in die Hand.
19 Als aber Sanballat, der Horoniter, Tobija,
der Knecht von Ammon, und der Araber Ge-
schem davon hörten, verspotteten sie uns und
sagten verächtlich: Was soll das, was ihr da
macht? Wollt ihr euch etwa gegen den König
auflehnen? 20 Ich ließ ihnen antworten: Der
Gott des Himmels wird uns Erfolg verleihen.
Wir, seine Knechte, wollen ans Werk gehen
und bauen. Ihr hingegen habt weder Anteil
noch Anrecht noch gibt es Erinnerung an euch
in Jerusalem.

11: Esra 8,32 / **13–14**: 3,13–16; 12,31–37 / **19**: 2,10; 13,4; Esra 4,23

BERICHT ÜBER DEN BAU: 3,1–32

3 1 Der Hohepriester Eljaschib und seine
Brüder, die Priester, machten sich ans
Werk und bauten das Schaftor auf. Sie weihten
es und brachten die Torflügel an. Sie weihten
es bis zum Turm der Hundert, bis zum Turm
Hananel. 2 Anschließend bauten die Männer
von Jericho und daneben baute Sakkur, der
Sohn Imris. 3 Das Fischtor bauten die Söhne
des Senaa; sie setzten die Balken ein und
brachten die Torflügel, Riegel und Sperrbalken
an. 4 Neben ihnen arbeitete an der Instandset-
zung Meremot, der Sohn Urijas, des Sohnes
des Koz. Daneben arbeitete Meschullam, der
Sohn Berechjas, des Sohnes Meschesabels.
Daneben arbeitete Zadok, der Sohn Baanas.
5 Daneben arbeiteten die Leute aus Tekoa. Die
Vornehmen unter ihnen freilich beugten den
Nacken nicht zum Dienst für ihre Herren. 6 Jo-
jada, der Sohn Paseachs, und Meschullam, der
Sohn Besodjas, arbeiteten an der Instandset-
zung des Jeschanators; sie setzten die Balken
ein und brachten die Torflügel, Riegel und
Sperrbalken an. 7 Daneben arbeitete Melatja
aus Gibeon und Jadon aus Meronot sowie die
Leute aus Gibeon und Mizpa, dort, wo der
Statthalter des Gebiets jenseits des Stroms sei-
nen Sitz hatte. 8 Daneben arbeitete Usiël, der
Sohn Harhajas, einer von den Goldschmieden;
und daneben arbeitete Hananja, ein Salben-
hersteller. Sie ließen Jerusalem bis zur breiten
Mauer. 9 Daneben arbeitete Refaja, der Sohn
Hurs, der Vorsteher der einen Hälfte des Be-
zirks von Jerusalem. 10 Daneben arbeitete Je-
daja, der Sohn Harumafs, gegenüber seinem
Haus; und daneben arbeitete Hattusch, der
Sohn Haschabnejas. 11 Malkija, der Sohn Ha-

3,8 Sie ließen Jerusalem: gemeint ist, dass der Teil bis zur breiten Mauer nicht in die Stadt einbezogen wurde.

rims, und Haschub, der Sohn des Pahat-Moab,
arbeiteten an der Instandsetzung des folgen-
den Stückes und des Ofenturms. 12 Daneben
arbeitete Schallum, der Sohn des Lohesch, der
Vorsteher der anderen Hälfte des Bezirks von
Jerusalem, er und seine Töchter. 13 Hanun und
die Einwohner von Sanoach arbeiteten an der
Instandsetzung des Taltors; sie bauten es auf
und brachten die Torflügel, Riegel und Sperr-
balken an; sie setzten auch weitere tausend
Ellen der Mauer instand, bis zum Aschentor.
14 Malkija, der Sohn Rechabs, der Vorsteher des
Bezirks von Bet-Kerem, arbeitete an der In-
standsetzung des Aschentors; er baute es auf
und brachte die Torflügel, Riegel und Sperr-
balken an. 15 Schallun, der Sohn Kolhoses, der
Vorsteher des Bezirks von Mizpa, arbeitete an
der Instandsetzung des Quelltors; er baute es
auf, versah es mit einem Dach und brachte die
Torflügel, Riegel und Sperrbalken an. Weiter
setzte er die Mauer am Teich der Wasserlei-
tung beim Königsgarten instand, bis zu den
Stufen, die von der Davidstadt herabführen.
16 Hinter ihm arbeitete Nehemja, der Sohn des
Asbuk, der Vorsteher der einen Hälfte des Be-
zirks von Bet-Zur; er arbeitete bis zu der Stelle
gegenüber den Gräbern Davids und weiter bis
zum künstlichen Teich und zur Kaserne der
Leibwache. 17 Hinter ihm arbeiteten die Levi-
ten, nämlich Rehum, der Sohn Banis, und da-
neben Haschabja, der Vorsteher der einen
Hälfte des Bezirks von Keïla; er arbeitete für
seinen Bezirk. 18 Hinter ihm arbeiteten ihre
Brüder unter Bawwai, dem Sohn des Henadad,
dem Vorsteher der anderen Hälfte des Bezirks
von Keïla. 19 Neben ihm arbeitete Eser, der
Sohn Jeschuas, der Vorsteher von Mizpa, an
der Instandsetzung des folgenden Stückes,
gegenüber dem Aufstieg zum Zeughaus am
Winkel. 20 Hinter ihm arbeitete voller Eifer
Baruch, der Sohn Sabbais, an der Instandset-
zung des anschließenden Stückes, vom Win-
kel bis an den Eingang zum Haus des Hohe-
priesters Eljaschib. 21 Hinter ihm arbeitete
Meremot, der Sohn Urijas, des Sohnes des
Koz, am anschließenden Stück, vom Eingang
bis zum Ende des Hauses von Eljaschib. 22 Hin-
ter ihm arbeiteten die Priester, die im Umkreis
wohnten. 23 Dahinter arbeiteten Benjamin und
Haschub gegenüber ihrem Haus und hinter
ihnen arbeitete Asarja, der Sohn Maasejas, des
Sohnes Ananejas, neben seinem Haus. 24 Da-
hinter arbeitete Binnui, der Sohn Henadads,
an der Instandsetzung des anschließenden
Stückes, vom Haus des Asarja bis zum Winkel
und weiter bis zur Ecke. 25 Palal, der Sohn
Usais, arbeitete gegenüber dem Winkel und
dem oberen Turm, der vom königlichen Palast
am Wachthof vorspringt. Hinter ihm arbeite-
ten Pedaja, der Sohn des Parosch, 26 und die
Tempeldiener, die auf dem Ofel wohnten, bis
zu der Stelle gegenüber dem Wassertor im
Osten und dem vorspringenden Turm. 27 Da-
hinter arbeiteten die Leute von Tekoa an der
Instandsetzung des anschließenden Stückes,
von der Stelle, die dem großen, vorspringen-
den Turm gegenüberliegt, bis zur Mauer des
Ofel. 28 Oberhalb des Rosstors arbeiteten die
Priester, jeder seinem Haus gegenüber. 29 Da-
hinter arbeitete Zadok, der Sohn Immers,
seinem Haus gegenüber und hinter ihm ar-
beitete Schemaja, der Sohn Schechanjas, der
Wächter des Osttors. 30 Dahinter arbeiteten
Hananja, der Sohn Schelemjas, und Hanun,
der sechste Sohn Zalafs, an der Instandsetzung
eines weiteren Stückes. Dahinter arbeitete Me-
schullam, der Sohn Berechjas, gegenüber sei-
ner Zelle. 31 Hinter ihm arbeitete Malkija, einer
von den Goldschmieden, bis zum Haus der
Tempeldiener und der Händler, gegenüber
dem Wachttor, und bis zum Obergemach an
der Ecke. 32 Und zwischen dem Obergemach
an der Ecke und dem Schaftor arbeiteten die
Goldschmiede und die Händler.

1: Jer 31,38–40; Neh 12,31–39 / **15**: 2 Kön 20,20; Joh 9,7 / **25**: Jer 32,2 / **29**: Ez 40,6

STÖRUNGEN DER FEINDE: 3,33–4,17

33 Als Sanballat hörte, dass wir die Mauer auf-
bauten, wurde er zornig und ärgerte sich sehr.
Er spottete über die Juden 34 und sagte vor sei-
nen Brüdern und dem Heer von Samarien:
Was machen diese elenden Juden da? Wollen
sie das niemand sonst überlassen? Wollen sie
Opfer darbringen? Wollen sie es noch heute
vollenden? Können sie die Steine, die doch
ausgeglüht sind, aus den Schutthaufen zu neu-
em Leben aufrichten? 35 Und Tobija von Am-
mon, der neben ihm stand, sagte: Wenn sie
auch noch so bauen, springt ein Fuchs hinauf,
dann reißt er ihre Steinmauer nieder.

36 Hör, unser Gott, wie wir zum Gespött
geworden sind! Lass ihren Hohn auf ihr Haupt
zurückfallen! Gib sie der Plünderung preis in
einem Land der Gefangenschaft! 37 Deck ihr
Vergehen nicht zu! Ihre Sünde soll bei dir nicht

ausgelöscht sein; denn sie haben die Bauenden
beleidigt.
38 Wir bauten an der Mauer weiter und bald
hatte sich die Mauer auf halber Höhe geschlos-
sen. Das ermutigte das Volk zur weiteren Arbeit.

4 1 Als aber Sanballat und Tobija sowie die
Araber, die Ammoniter und die Leute von
Aschdod hörten, dass der Wiederaufbau der
Mauer von Jerusalem voranging – denn die
Breschen schlossen sich allmählich –, wurden
sie wütend 2 und alle zusammen verschworen
sich, gegen Jerusalem in den Krieg zu ziehen
und dort Unruhe zu stiften. 3 Wir aber beteten
zu unserem Gott und stellten Tag und Nacht
eine Wache auf, um uns vor ihnen zu schützen.
4 Doch dann sagten die Juden: Den Trägern
geht die Kraft aus; denn es liegt zu viel Schutt
da; es wird uns nie gelingen, die Mauer aufzu-
bauen. 5 Unsere Feinde aber sagten: Sie sollen
nichts merken und nichts von uns sehen, bis
wir mitten unter ihnen stehen; dann metzeln
wir sie nieder und machen dem Unternehmen
ein Ende. 6 Als nun die Juden, die bei ihnen
lebten, kamen und uns mindestens zehnmal
sagten, und zwar aus allen Orten: Ihr werdet
zu uns zurückkehren!, 7 da stellte ich unterhalb
der Mauer auf dem freien Gelände das Volk
nach Sippen geordnet auf, mit Schwertern,
Lanzen und Bogen bewaffnet. 8 Ich musterte
sie, dann erhob ich mich und sagte zu den Vor-
nehmen, den Beamten und dem übrigen Volk:
Fürchtet euch nicht vor ihnen! Denkt an den
Herrn; er ist groß und Furcht gebietend.
Kämpft für eure Brüder und Söhne, für eure
Töchter und Frauen und für eure Häuser!
9 Unsere Feinde erfuhren, dass uns ihr Vor-
haben bekannt geworden war. So vereitelte
Gott ihren Plan und wir alle kehrten zu der
Mauer zurück, jeder zu seiner Arbeit. 10 Seit
jenem Tag arbeitete nur die Hälfte meiner Leu-
te am Bau; die andere Hälfte hielt Lanzen,
Schilde, Bogen und Panzer bereit und die
Obersten standen hinter dem ganzen Haus
Juda. 11 Die an der Mauer bauten und die Träger,
die Lasten trugen, taten mit der einen Hand
ihre Arbeit, in der andern hielten sie den Wurf-
spieß. 12 Von den Bauleuten hatte jeder sein
Schwert um die Hüften gegürtet und so bauten
sie. Ständig hatte ich den Hornbläser bei mir
13 und ich sagte zu den Vornehmen, den Beam-
ten und dem übrigen Volk: Die Arbeit ist viel-
fältig und weit ausgedehnt. Wir stehen auf der
Mauer zerstreut und weit voneinander ent-
fernt. 14 Wo ihr also das Horn ertönen hört,
dort sammelt euch um uns! Unser Gott wird
für uns streiten. 15 So arbeiteten wir am Bau,
während die Hälfte die Lanzen bereithielt, vom
Anbruch der Morgenröte bis zum Aufgang der
Sterne. 16 Damals sagte ich dem Volk noch: Je-
der soll mit seinen Leuten auch nachts in Jeru-
salem bleiben; dann stehen sie uns in der Nacht
als Wache zur Verfügung und am Tag zur Ar-
beit. 17 Weder ich noch meine Brüder, weder
meine Leute noch die Wachmannschaft, die
mich begleitete, keiner von uns zog seine Klei-
der aus; jeder legte seines nur am Wasser ab.

3,33: 2,10.19 / **37:** Jer 18,23
4,14: Ex 14,14

SCHULDENERLASS UND NEHEMIAS
SELBSTLOSE AMTSFÜHRUNG: 5,1–19

5 1 Die Männer des einfachen Volkes und
ihre Frauen erhoben aber laute Klage gegen
ihre jüdischen Stammesbrüder. 2 Die einen sag-
ten: Unsere Söhne und unsere Töchter – wir
sind viele, wir müssen Getreide bekommen,
damit wir zu essen haben und leben können.
3 Andere sagten: Wir müssen unsere Felder,
Weinberge und Häuser verpfänden, um in der
Hungerzeit Getreide zu bekommen. 4 Wieder
andere sagten: Auf unsere Felder und Weinber-
ge mussten wir Geld aufnehmen für die Steuern
des Königs. 5 Wir sind doch vom selben Fleisch
wie unsere Stammesbrüder; unsere Kinder sind
ihren Kindern gleich und doch müssen wir un-
sere Söhne und Töchter zu Sklaven erniedri-
gen. Einige von unseren Töchtern sind schon
erniedrigt worden. Wir sind machtlos und
unsere Felder und Weinberge gehören anderen.
6 Als ich ihre Klage und diese Worte hörte,
wurde ich sehr zornig. 7 Ich überlegte mir die
Sache; dann stellte ich die Vornehmen und die
Beamten zur Rede und sagte zu ihnen: Die ei-
genen Stammesbrüder bedrückt ihr mit
Schuldforderungen. Und ich berief ihretwegen
eine große Versammlung ein 8 und sagte zu
ihnen: Wir haben von unseren jüdischen
Stammesbrüdern, die an andere Völker ver-
kauft worden waren, so viele wie möglich los-
gekauft. Ihr aber, ihr wollt eure eigenen Stam-
mesbrüder verkaufen, damit sie dann wieder
an uns verkauft werden. Da schwiegen sie und
wussten nichts zu erwidern. 9 Darauf sagte ich:
Was ihr tut, ist nicht recht. Solltet ihr nicht in

4,17 Übersetzung wegen Störungen in H unsicher.

der Furcht vor unserem Gott wandeln ange-
sichts des Hohnes der Völker, unserer Feinde?
10 Auch ich und meine Brüder und meine Leu-
te haben Stammesbrüdern Geld und Getreide
geliehen. Erlassen wir ihnen doch diese Schuld-
forderungen! 11 Gebt ihnen unverzüglich ihre
Äcker und Weinberge, ihre Ölgärten und Häu-
ser zurück sowie die Prozente auf Geld und
Getreide, Wein und Öl, die ihr ihnen geliehen
habt! 12 Da erklärten sie: Wir wollen alles zu-
rückgeben und nichts mehr von ihnen fordern.
Wir wollen tun, was du gesagt hast. Darauf rief
ich die Priester herbei und ließ die Leute schwö-
ren, dass sie ihre Zusage halten würden. 13 Dann
schüttelte ich den Bausch meines Gewandes
aus und sagte: Genauso schüttle Gott jeden, der
diese Zusage nicht hält, aus seinem Haus und
seinem Eigentum; er sei ebenso ausgeschüttelt
und leer. Die ganze Versammlung antwortete:
Amen, so sei es! und pries den HERRN; und das
Volk erfüllte die Zusage.

14 Außerdem verzichtete ich mit meinen
Brüdern auf den Unterhalt, den ich als Statt-
halter hätte beanspruchen können, und zwar
von dem Tag an, an dem mich der König zum
Statthalter in Juda bestellt hatte, vom zwan-
zigsten bis zum zweiunddreißigsten Jahr des
Artaxerxes, also zwölf Jahre lang. 15 Die Statt-
halter, die mir vorangingen, hatten das Volk
schwer belastet; sie hatten von ihm täglich
vierzig Silberschekel für ihren Unterhalt erho-
ben; auch ihre Leute hatten das Volk unter-
drückt. Ich hingegen tat das aus Gottesfurcht
nicht. 16 Auch beim Bau der Mauer habe ich
selbst Hand angelegt. Wir haben kein Feld ge-
kauft. Alle meine Leute halfen dort gemeinsam
bei der Bauarbeit. 17 An meinem Tisch speisten
die führenden Juden und die Beamten, hun-
dertfünfzig an der Zahl, sowie die, die von den
Völkern ringsumher zu uns kamen. 18 Täglich
wurden ein Ochse, sechs auserlesene Schafe
und auch Geflügel zubereitet und all das ging
auf meine Kosten. Dazu kam alle zehn Tage
eine Menge von verschiedenen Weinen. Trotz-
dem habe ich den Unterhalt eines Statthalters
nicht eingefordert; denn der Frondienst lag
schon schwer genug auf diesem Volk.

19 Denk daran, mein Gott, und lass mir all
das zugutekommen, was ich für dieses Volk
getan habe!

1–5: Jes 34,8–16 / **2**: 2 Kön 4,1; Mt 18,25 / **5**: Lev 25,39.43 / **8**: Lev 25,47f. / **9**: Lev 25,35–37 / **11**: Dtn 15,1f. / **19**: 6,14; 13,14.31; Ps 132,1

MACHENSCHAFTEN DER FEINDE UND VOLLENDUNG DES MAUERBAUS: 6,1–7,3

6 1 Sanballat, Tobija, der Araber Geschem
und unsere übrigen Feinde erfuhren, dass
ich die Mauer fertig gebaut hatte und dass in
ihr keine Lücke mehr war. Allerdings hatte ich
damals die Torflügel noch nicht in die Tore
eingesetzt. 2 Da ließen Sanballat und Geschem
mir sagen: Komm, wir wollen uns in Kefirim
in der Ebene von Ono treffen. Sie hatten aber
Böses gegen mich im Sinn. 3 Ich schickte Boten
an sie mit der Antwort: Ich arbeite gerade an
einem großen Werk; darum kann ich nicht
kommen. Die Arbeit würde stocken, wenn
ich sie verließe und zu euch käme. 4 Viermal
schickten sie mir die gleiche Einladung und
jedes Mal gab ich ihnen die gleiche Antwort.
5 Da schickte mir Sanballat in gleicher Weise
zum fünften Mal seinen Diener; er brachte
einen unverschlossenen Brief, 6 in dem stand:
Unter den Völkern geht das Gerücht um – und
Geschem bestätigt es –, dass du mit den Juden
einen Aufstand planst. Deshalb baust du die
Mauer auf. Und du willst, wie man sagt, ihr
König werden. 7 Du sollst auch Propheten be-
stellt haben, die in Jerusalem von dir sagen und
ausrufen sollen: Juda hat einen König. Solche
Gerüchte werden aber dem König zu Ohren
kommen. Darum komm jetzt, wir wollen zu-
sammen beraten. 8 Ich ließ ihm antworten:
Nichts von dem, was du behauptest, ist ge-
schehen. Das hast du alles selbst erfunden.
9 Sie alle wollten uns nämlich einschüchtern;
sie dachten: Dann lassen sie die Hände von
dem Werk und es kommt nicht zustande. Nun
aber rührte ich die Hände erst recht.

10 Eines Tages ging ich in das Haus Schema-
jas, des Sohnes Delajas, des Sohnes Meheta-
bels; er war nämlich dort festgehalten. Er sag-
te: Gehen wir zusammen in das Haus Gottes,
ins Innere des Tempels, und verschließen wir
die Türen des Tempels! Denn man wird kom-
men, um dich zu töten. In der Nacht wird man
kommen, um dich zu töten. 11 Ich erwiderte:
Sollte ein Mann wie ich fliehen? Wer von mei-
nesgleichen würde am Leben bleiben, wenn er
den Tempel beträte? Ich gehe nicht hin. 12 Ich
erkannte deutlich, dass nicht Gott ihn ge-
schickt hatte; er hatte vielmehr diese Prophe-
zeiung über mich nur gesprochen, weil Tobija
und Sanballat ihn gedungen hatten. 13 Er war
gedungen, damit ich aus Furcht so handeln
und mich versündigen sollte. Damit wollten

sie mich in üblen Ruf bringen, um mich ver-
ächtlich zu machen. 14 Mein Gott, vergiss dem
Tobija und dem Sanballat nicht, was sie getan
haben, auch nicht der Prophetin Noadja und
den übrigen Propheten, die mir Angst machen
wollten!

15 Nach zweiundfünfzig Tagen, am Fünf-
undzwanzigsten des Monats Elul, war die
Mauer vollendet. 16 Als alle unsere Feinde es
hörten, fürchteten sich alle Völker rings um
uns her. Ihr Hochmut verging ihnen und sie
mussten einsehen, dass unser Gott es war, der
dieses Werk vollbracht hatte.

17 In jener Zeit sandten die Vornehmen von
Juda auch viele Briefe an Tobija und Briefe von
Tobija gelangten an sie. 18 Denn viele Men-
schen in Juda waren ihm durch einen Eid ver-
pflichtet. Er war nämlich der Schwiegersohn
Schechanjas, des Sohnes Arachs, und sein
Sohn Johanan hatte die Tochter Meschullams,
des Sohnes Berechjas, geheiratet. 19 Auch
rühmten sie vor mir seine Verdienste und tru-
gen ihm zu, was ich sagte. Tobija schickte auch
Briefe, um mir Furcht zu machen.

7 1 Als die Mauer gebaut war und ich die Tor-
flügel hatte einsetzen lassen, wurden die
Torwächter samt den Sängern und den Leviten
bestellt. 2 Zu Befehlshabern über Jerusalem er-
nannte ich meinen Bruder Hanani und den
Burghauptmann Hananja; denn dieser war ein
zuverlässiger und gottesfürchtiger Mann, wie
es nicht viele gab. 3 Ich sagte zu ihnen: Die Tore
Jerusalems dürfen erst geöffnet werden, wenn
die Sonne heiß scheint; und noch während al-
les auf den Beinen ist, soll man die Tore schlie-
ßen und verriegeln. Auch soll man Wachen aus
den Einwohnern Jerusalems bilden; jeder soll
eine bestimmte Zeit des Wachdienstes haben,
und zwar jeweils vor seinem Haus.

2: Esra 2,33 / **6**: Esra 4,11–16 / **11**: Num 18,7; 2 Chr 26,16–20 / **12**: Jer 23,15–17

VORBEREITUNG DER BESIEDLUNG JERUSALEMS: 7,4–72a

4 Nun war die Stadt weit ausgedehnt und groß;
es war aber wenig Volk darin und es gab nicht
viele Häuser, die wieder aufgebaut waren. 5 Da
gab mir mein Gott in den Sinn, die Vorneh-
men, die Beamten und das Volk zusammen-
zurufen, um sie nach Familien in Listen ein-
zutragen. Ich fand das Familienverzeichnis
derer, die zuerst heimgekehrt waren; darin
fand ich geschrieben:

6 Und das sind die Leute, die aus der Provinz
stammten, die hinaufzogen aus der Gefangen-
schaft und der Verschleppung. Nebukadnez-
zar, der König von Babel, hatte sie verschleppt;
nun kehrten sie nach Jerusalem und Juda
zurück, jeder in seine Stadt. 7 Sie kamen mit
Serubbabel, Jeschua, Nehemja, Asarja, Raamja,
Nahamani, Mordochai, Bilschan, Misperet,
Bigwai, Rehum und Baana.

Das ist die Zahl der Männer des Volkes Isra-
el: 8 Nachkommen des Parosch 2 172. 9 Nach-
kommen Schefatjas 372. 10 Nachkommen
Arachs 652. 11 Nachkommen Pahat-Moabs, und
zwar Nachkommen Jeschuas und Joabs, 2 818.
12 Nachkommen Elams 1 254. 13 Nachkommen
Sattus 845. 14 Nachkommen Sakkais 760.
15 Nachkommen Binnuis 648. 16 Nachkommen
Bebais 628. 17 Nachkommen Asgads 2 322.
18 Nachkommen Adonikams 667. 19 Nach-
kommen Bigwais 2 067. 20 Nachkommen
Adins 655. 21 Nachkommen Aters der Linie
Hiskija 98. 22 Nachkommen Haschums 328.
23 Nachkommen Bezais 324. 24 Nachkommen
Harifs 112. 25 Nachkommen Gibeons 95.
26 Männer von Betlehem und Netofa 188.
27 Männer von Anatot 128. 28 Männer von
Bet-Asmawet 42. 29 Männer von Kirjat-Jearim,
Kefira und Beerot 743. 30 Männer von Rama
und Geba 621. 31 Männer von Michmas 122.
32 Männer von Bet-El und Ai 123. 33 Männer von
dem andern Nebo 52. 34 Nachkommen eines
andern Elam 1 254. 35 Nachkommen Harims
320. 36 Leute, die aus Jericho stammen: 345.
37 Leute, die aus Lod, Hadid und Ono stam-
men: 721. 38 Nachkommen Senaas 3 930.

39 Von den Priestern: Nachkommen Jedajas
vom Haus Jeschua 973. 40 Nachkommen Im-
mers 1 052. 41 Nachkommen Paschhurs 1 247.
42 Nachkommen Harims 1 017.

43 Von den Leviten: Nachkommen Jeschuas,
und zwar von Kadmiel und von den Nachkom-
men Hodwas: 74.

44 Von den Sängern: Nachkommen Asafs
148.

45 Von den Torwächtern: Nachkommen
Schallums, Nachkommen Aters, Nachkom-
men Talmons, Nachkommen Akkubs, Nach-
kommen Hatitas, Nachkommen Schobais,
zusammen 138.

46 Von den Tempeldienern: Nachkommen
Zihas, Nachkommen Hasufas, Nachkommen
Tabbaots, 47 Nachkommen des Keros, Nach-
kommen Sias, Nachkommen Padons, 48 Nach-

kommen Lebanas, Nachkommen Hagabas,
Nachkommen Salmais, 49 Nachkommen Ha-
nans, Nachkommen Giddels, Nachkommen
Gahars, 50 Nachkommen Reajas, Nachkom-
men Rezins, Nachkommen Nekodas, 51 Nach-
kommen Gasams, Nachkommen Usas, Nach-
kommen Paseachs, 52 Nachkommen Besais,
Nachkommen der Mëuniter, Nachkommen
der Nefusiter, 53 Nachkommen des Bakbuk,
Nachkommen Hakufas, Nachkommen Har-
hurs, 54 Nachkommen Bazluts, Nachkommen
Mehidas, Nachkommen Harschas, 55 Nach-
kommen des Barkos, Nachkommen Siseras,
Nachkommen Temachs, 56 Nachkommen
Neziachs und Nachkommen Hatifas. 57 Von
den Nachkommen der Knechte Salomos:
Nachkommen Sotais, Nachkommen Soferets,
Nachkommen Perudas, 58 Nachkommen
Jaalas, Nachkommen Darkons, Nachkommen
Giddels, 59 Nachkommen Schefatjas, Nach-
kommen Hattils, Nachkommen des Poche-
ret-Zebajim und Nachkommen Amons. 60 Zu-
sammen waren es 392 Tempeldiener und
Nachkommen der Knechte Salomos.

61 Die Folgenden sind aus Tel-Melach, Tel-
Harscha, Kerub-Addon und Immer gekom-
men, konnten aber nicht angeben, ob sie nach
Großfamilie und Abkunft überhaupt aus Isra-
el stammten: 62 Nachkommen Delajas, Nach-
kommen Tobijas und Nachkommen Nekodas,
insgesamt 642; 63 dazu bei den Priestern die
Nachkommen Habajas, die Nachkommen des
Koz und die Nachkommen Barsillais; dieser
hatte eine von den Töchtern Barsillais aus Gi-
lead geheiratet und dessen Namen angenom-
men. 64 Die Genannten suchten ihre Eintra-
gung im Geschlechterverzeichnis; aber man
fand sie nicht; deshalb wurden sie aus dem
Priesterstand ausgeschlossen; 65 Hattirschata
untersagte ihnen, vom Hochheiligen zu essen,
bis der Priester mit den Urim und Tummim
auftrete.

66 Die ganze Volksgemeinde zählte insge-
samt 42 360 Personen. 67 Dabei waren ihre
Knechte und Mägde nicht mitgerechnet; es
waren 7 337 Personen. Dazu kamen 245 Sänger
und Sängerinnen; 68 sowie 435 Kamele und
6 720 Esel.

69 Einige von den Familienoberhäuptern
brachten Spenden für das Werk. Hattirschata
spendete für den Bauschatz 1 000 Drachmen
Gold, 50 Schalen, 530 Priesterkleider. 70 Von
den Familienoberhäuptern spendeten einige
für den Bauschatz 20 000 Drachmen Gold
und 2 200 Minen Silber. 71 Was das übrige Volk
spendete, betrug 20 000 Drachmen Gold,
2 000 Minen Silber und 67 Priesterkleider.

72 Die Priester, Leviten, Torwächter und Sän-
ger, auch ein Teil des Volkes und die Tempel-
diener, ließen sich nieder und ebenso alle üb-
rigen Israeliten in ihren Städten.

6–72a: Esra 2,1–70 / **39–65**: Esra 2,36–63 / **65**: Lev 6,9–11; Ex 28,30 / **66–72**: Esra 2,64–70

VERLESUNG DER WEISUNG DES MOSE: 7,72b–8,12

Als der siebte Monat herankam, waren die Is-
raeliten bereits in ihren Städten.

8 1 Das ganze Volk versammelte sich ge-
schlossen auf dem Platz vor dem Wasser-
tor und bat den Schriftgelehrten Esra, das
Buch mit der Weisung des Mose zu holen, die
der HERR den Israeliten geboten hat. 2 Am ers-
ten Tag des siebten Monats brachte der Priester
Esra die Weisung vor die Versammlung, Män-
ner und Frauen und überhaupt alle, die schon
mit Verstand zuhören konnten. 3 Vom frühen
Morgen bis zum Mittag las Esra auf dem Platz
vor dem Wassertor den Männern und Frauen
und denen, die es verstehen konnten, daraus
vor. Das ganze Volk lauschte auf das Buch der
Weisung. 4 Der Schriftgelehrte Esra stand auf
einer Kanzel aus Holz, die man eigens dafür
errichtet hatte. Neben ihm standen rechts
Mattitja, Schema, Anaja, Urija, Hilkija und
Maaseja und links Pedaja, Mischaël, Malkija,
Haschum, Haschbaddana, Secharja und Me-
schullam. 5 Esra öffnete das Buch vor aller Au-
gen; denn er stand höher als das versammelte
Volk. Als er das Buch aufschlug, erhoben sich
alle. 6 Dann pries Esra den HERRN, den großen
Gott; darauf antworteten alle mit erhobenen
Händen: Amen, amen! Sie verneigten sich,
warfen sich vor dem HERRN nieder, mit dem
Gesicht zur Erde. 7 Jeschua, Bani, Scherebja,
Jamin, Akkub, Schabbetai, Hodija, Maaseja,
Kelita, Asarja, Josabad, Hanan und Pelaja, die
Leviten, erklärten dem Volk die Weisung; die
Leute blieben auf ihrem Platz. 8 Man las aus
dem Buch, der Weisung Gottes, in Abschnit-
ten vor und gab dazu Erklärungen, sodass die
Leute das Vorgelesene verstehen konnten.

9 Nehemia, das ist Hattirschata, der Priester
und Schriftgelehrte Esra und die Leviten, die
das Volk unterwiesen, sagten dann zum gan-
zen Volk: Heute ist ein heiliger Tag zu Ehren

des HERRN, eures Gottes. Seid nicht traurig
und weint nicht! Alle Leute weinten nämlich,
als sie die Worte der Weisung hörten. 10 Dann
sagte er zu ihnen: Nun geht, haltet ein festli-
ches Mahl und trinkt süßen Wein! Schickt
auch denen etwas, die selbst nichts haben;
denn heute ist ein heiliger Tag zur Ehre unse-
res Herrn. Macht euch keine Sorgen; denn die
Freude am HERRN ist eure Stärke. 11 Auch die
Leviten beruhigten das ganze Volk und sag-
ten: Seid still, denn dieser Tag ist heilig. Macht
euch keine Sorgen! 12 Da gingen alle Leute
weg, um zu essen und zu trinken und auch
andern davon zu geben und um ein großes
Freudenfest zu begehen; denn sie hatten die
Worte verstanden, die man ihnen verkündet
hatte.

7,72b – 8,1: Esra 3,1; 7,6 / **6:** 5,13; 1 Chr 16,36 / **10:** Dtn 14,29; 26,12

FEIER DES LAUBHÜTTENFESTES: 8,13–18

13 Am zweiten Tag versammelten sich die Fa-
milienoberhäupter des ganzen Volkes sowie
die Priester und Leviten bei dem Schriftge-
lehrten Esra, um die Worte der Weisung wei-
ter kennenzulernen. 14 Da fanden sie in der
Weisung, die der HERR durch Mose geboten
hat, die Stelle, an der es heißt: Die Israeliten
sollen während des Festes im siebten Monat
in Laubhütten wohnen. 15 Wie man sie unter-
richtet hatte, ließen sie nun in all ihren Städten
und in Jerusalem ausrufen: Geht in die Berge
und holt Zweige von veredelten und von wil-
den Ölbäumen, Zweige von Myrten, Palmen
und Laubbäumen zum Bau von Laubhütten,
wie es vorgeschrieben ist! 16 Da ging das Volk
hinaus, holte sie und baute sich Laubhütten,
der eine auf seinem flachen Dach, andere in
ihren Höfen, in den Vorhöfen des Gotteshau-
ses, auf dem Platz am Wassertor und auf dem
Platz am Efraimtor. 17 Die ganze Versamm-
lung, alle, die aus der Gefangenschaft heimge-
kehrt waren, bauten Laubhütten und wohnten
darin. So hatten die Israeliten es nicht mehr
gehalten seit den Tagen Josuas, des Sohnes
Nuns, bis zu diesem Tag und die Freude war
überaus groß. 18 Jeden Tag las Esra aus dem
Buch der Weisung Gottes vor, vom ersten Tag
bis zum letzten. So feierte man das Fest sieben
Tage lang; am achten Tag war, wie vorgeschrie-
ben, die Festversammlung.

14: Lev 23,40–42 / **18:** Lev 23,36

BUSSGOTTESDIENST UND BUSSGEBET: 9,1–37

9
1 Am vierundzwanzigsten Tag dieses Mo-
nats kamen die Israeliten zu einem Fasten
zusammen, in Bußgewänder gehüllt und das
Haupt mit Staub bedeckt. 2 Die, die ihrer Ab-
stammung nach Israeliten waren, sonderten
sich von allen Fremden ab; sie traten vor und
bekannten ihre Sünden und die Vergehen ihrer
Väter. 3 Sie erhoben sich von ihren Plätzen
und man las ein Viertel des Tages aus dem
Buch der Weisung des HERRN, ihres Gottes,
vor. Dann bekannten sie ein Viertel des Tages
ihre Schuld und warfen sich vor dem HERRN,
ihrem Gott, nieder. 4 Auf der Tribüne der Le-
viten erhoben sich Jeschua, Bani, Kadmiël,
Schebanja, Bunni, Scherebja, Bani und Kenani
und riefen laut zum HERRN, ihrem Gott. 5 Die
Leviten Jeschua, Kadmiël, Bani, Haschabneja,
Scherebja, Hodija, Schebanja und Petachja
sagten: Erhebt euch und preist den HERRN,
euren Gott, von Ewigkeit zu Ewigkeit! Man
preise deinen herrlichen Namen, obwohl er
erhaben ist über allen Preis und Ruhm.
6 Du, HERR, bist der Einzige. Du hast den
Himmel geschaffen und den Himmel der
Himmel und sein ganzes Heer, die Erde und
alles, was auf ihr ist, die Meere und alles, was
darin lebt. Ihnen allen gibst du das Leben. Das
Heer des Himmels betet dich an. 7 Du, HERR,
bist der Gott, der Abraham auserwählt hat. Du
hast ihn aus Ur in Chaldäa herausgeführt und
ihm den Namen Abraham verliehen. 8 Du hast
sein Herz getreu befunden; deshalb hast du
mit ihm den Bund geschlossen, seinen Nach-
kommen das Land der Kanaaniter, Hetiter,
Amoriter, Perisiter, Jebusiter und Girgaschiter
zu geben; und du hast dein Wort gehalten,
denn du bist gerecht. 9 Du hast das Elend un-
serer Väter in Ägypten gesehen und du hast
ihren Notschrei am Roten Meer gehört. 10 Du
hast Zeichen und Wunder getan am Pharao,
an all seinen Dienern und am ganzen Volk in
seinem Land; denn du wusstest, dass sie mit
Israel ihren Übermut getrieben hatten. So hast
du dir einen Namen gemacht, der gerühmt
wird bis zum heutigen Tag. 11 Du hast das Meer
vor ihnen zerteilt und sie schritten auf trocke-
nem Boden mitten durchs Meer; doch ihre
Verfolger hast du in die Tiefe gestürzt wie
einen Stein, der in reißendem Wasser ver-

9,3 Nach antikem Verständnis dauert der Tag von Sonnenauf- bis Sonnenuntergang.

sinkt. 12 Durch eine Wolkensäule hast du sie
bei Tag geleitet und durch eine Feuersäule bei
Nacht, um ihnen den Weg zu erhellen, den sie
gehen sollten. 13 Du bist auf den Berg Sinai he-
rabgestiegen und hast vom Himmel her mit
ihnen gesprochen; du hast ihnen klare Rechts-
entscheide und zuverlässige Weisungen gege-
ben, gute Gesetze und Gebote. 14 Deinen hei-
ligen Sabbat hast du ihnen bekannt gemacht
und hast ihnen durch deinen Diener Mose
Gebote, Gesetze und Weisungen aufgetragen.
15 Du hast ihnen Brot vom Himmel gegeben,
als sie Hunger hatten, und hast Wasser aus
dem Felsen sprudeln lassen, als sie Durst lit-
ten. Endlich hast du ihnen befohlen, in das
Land, das du ihnen unter einem Eid zugesagt
hattest, hineinzuziehen und es in Besitz zu
nehmen.

16 Unsere Väter aber wurden hochmütig;
sie verhärteten ihren Nacken und hörten nicht
auf deine Gebote. 17 Sie weigerten sich zu
gehorchen und dachten nicht mehr an die
Wunder, die du an ihnen getan hattest. Hart-
näckig setzten sie sich in den Kopf, als Sklaven
nach Ägypten zurückzukehren. Doch du bist
ein Gott, der verzeiht, du bist gnädig und
barmherzig, langmütig und reich an Huld; da-
rum hast du sie nicht verlassen. 18 Sie machten
sich sogar ein gegossenes Kalb und sagten: Das
ist dein Gott, der dich aus Ägypten heraufge-
führt hat, und sie verübten schwere Frevel.
19 Du aber hast sie in deinem großen Erbarmen
nicht in der Wüste verlassen. Die Wolkensäu-
le wich nicht von ihnen bei Tag, sondern führ-
te sie auf ihrem Weg; ebenso erhellte die Feu-
ersäule bei Nacht den Weg, den sie gehen
sollten. 20 Du gabst ihnen deinen guten Geist,
um sie zur Einsicht zu bringen. Du entzogst
ihnen dein Manna nicht und gabst ihnen Was-
ser für ihren Durst. 21 Vierzig Jahre lang hast
du für sie in der Wüste gesorgt. Sie litten kei-
nen Mangel; ihre Kleider zerfielen nicht, ihre
Füße schwollen nicht an. 22 Du hast ihnen
ganze Reiche und Völker ausgeliefert und als
Randgebiet zugeteilt. So nahmen sie das Land
des Königs Sihon von Heschbon in Besitz und
das Land des Königs Og des Baschan. 23 Du
hast ihre Nachkommen so zahlreich gemacht
wie die Sterne am Himmel und hast sie in das
Land geführt, von dem du ihren Vätern ver-
sprochen hattest, sie würden dort hineinzie-
hen und es in Besitz nehmen. 24 Und die Nach-
kommen zogen in das Land und nahmen es in
Besitz. Du hast ihnen die Kanaaniter, die Be-
wohner des Landes, unterworfen. Du gabst
sie in ihre Hand, die Völker des Landes samt
ihren Königen, und sie durften mit ihnen
machen, was sie wollten. 25 Sie eroberten be-
festigte Städte und fruchtbares Ackerland.
Häuser mit all ihrem Reichtum nahmen sie in
Besitz, ausgehauene Zisternen, Weinberge,
Ölbäume und Obstbäume in Menge. Sie aßen
sich satt, wurden fett und lebten gut von dei-
nen reichen Gaben.

26 Dann aber wurden sie trotzig; sie empör-
ten sich gegen dich und kehrten deiner Wei-
sung den Rücken. Deine Propheten warnten
sie zwar und wollten sie zu dir zurückführen;
doch man tötete sie und verübte schwere Fre-
vel. 27 Da gabst du unsere Väter in die Hand
ihrer Feinde, die sie hart bedrängten. Wenn sie
dann bedrängt wurden, schrien sie zu dir und
du erhörtest sie im Himmel. In deinem großen
Erbarmen schicktest du ihnen Retter, die sie
aus der Hand ihrer Feinde befreiten. 28 Doch
sobald sie Ruhe hatten, taten sie wieder Dinge,
die dir missfielen. Da liefertest du sie wieder
der Hand ihrer Feinde aus, die sie unterdrück-
ten. Nun schrien sie wieder zu dir und du er-
hörtest sie im Himmel; oft hast du sie befreit
in deinem großen Erbarmen. 29 Du warntest
sie, um sie zu deiner Weisung zurückzufüh-
ren. Sie aber waren stolz; sie hörten nicht auf
deine Gebote und versündigten sich gegen
deine Rechtsentscheide; und doch lebt durch
sie der Mensch, der sie befolgt. Sie kehrten dir
trotzig den Rücken zu, waren hartnäckig und
gehorchten dir nicht. 30 Viele Jahre hast du mit
ihnen Geduld gehabt, hast sie gewarnt durch
deinen Geist, durch deine Propheten; doch sie
hörten nicht. Da gabst du sie in die Hand der
Völker der Länder. 31 In deinem großen Erbar-
men hast du sie aber nicht ausgerottet; du hast
sie nicht verlassen, denn du bist ein gnädiger
und barmherziger Gott.

32 Und jetzt, unser Gott, du großer, starker,
Furcht gebietender Gott, der den Bund hält
und uns seine Huld bewahrt: Achte nicht ge-
ring all die Mühsal, die uns getroffen hat, un-
sere Könige und Vorsteher, unsere Priester und
Propheten, unsere Väter und dein ganzes Volk
seit den Tagen der Könige von Assur bis heute!
33 Du warst gerecht bei allem, was über uns
gekommen ist. Du hast uns deine Treue be-
wiesen; wir aber haben gesündigt. 34 Unsere
Könige, Vorsteher und Priester und unsere

Väter befolgten deine Weisung nicht; sie miss-
achteten deine Gebote und deine Bundeszeug-
nisse, die du für sie aufgerichtet hast. 35 Sie
lebten in ihrem eigenen Königreich, in der
Fülle des Reichtums, den du ihnen gewährt
hast, in dem weiten, fruchtbaren Land, das du
vor sie hingebreitet hast; sie aber haben dir
trotzdem nicht gedient und sich nicht von ih-
rem bösen Treiben abgewandt. 36 Darum sind
wir heute Knechte. Du hast unseren Vätern
dieses Land gegeben, damit sie seine Früchte
und seinen Reichtum genießen; wir aber leben
darin als Knechte. 37 Sein reicher Ertrag geht an
die Könige, die du wegen unserer Sünden über
uns gesetzt hast. Sie verfügen über uns selbst
und unser Vieh nach ihrem Belieben. Darum
sind wir in großer Not.

2: Esra 10,11f. / **5**: Dan 3,26 / **6**: Dtn 6,4; 10,14 / **7**: Gen 11,31; 12,1–3 / **8**: Gen 15,18–21 / **9**: Ex 3,7 / **10**: Ex 18,11; Dtn 6,22 / **11**: Ex 14f. / **12**: Ex 13,21f. / **13**: Ex 19,18 / **14**: Ex 20,8–11 / **15**: Ex 16,4; 17,6 / **16**: Num 14,1–4 / **17**: Ex 34,6 / **18**: Ex 32,4 / **21**: Dtn 8,4 / **22**: Num 21,21–35 / **23**: Dtn 1,10; Jos 12 / **25**: Dtn 6,10f.; 32,15 / **27**: Ri 2,14–19; 3,9 / **28**: Ps 106,43 / **29**: Sach 7,11f.; Lev 18,5 / **30**: Jer 7,25f.; 44,4–6 / **32**: 2 Makk 1,24; Bar 2,11; Dan 9,4 / **37**: Dtn 28,31; Jes 1,7; Klgl 5,4.13–15

VERPFLICHTUNG AUF DIE WEISUNG: 10,1–40

10 1 Wegen alldem schließen wir nun ei-
nen Vertrag und schreiben ihn nieder.
Auf der gesiegelten Urkunde stehen die Na-
men unserer Obersten, Leviten und Priester.
2 Auf der gesiegelten Urkunde stehen: Nehe-
mia Hattirschata, der Sohn Hachaljas, und
Zidkija, 3 Seraja, Asarja, Jirmeja, 4 Paschhur,
Armarja, Malkija, 5 Hattusch, Schebanja, Mal-
luch, 6 Harim, Meremot, Obadja; 7 Daniel,
Ginneton, Baruch, 8 Meschullam, Abija, Mija-
min, 9 Maasja, Bilga und Schemaja; das sind
die Priester.

10 Dann die Leviten: Jeschua, der Sohn Asan-
jas, Binnui, der Nachkomme Henadads, und
Kadmiël, 11 sodann ihre Brüder Schebanja,
Hodija, Kelita, Pelaja, Hanan, 12 Micha, Rehob,
Haschabja, 13 Sakkur, Scherebja, Schebanja,
14 Hodija, Bani und Beninu.

15 Dann folgen die Oberhäupter des Volkes:
Parosch, Pahat-Moab, Elam, Sattu, Bani,
16 Bunni, Asgad, Bebai, 17 Adonija, Bigwai,
Adin, 18 Ater, Hiskija, Asur, 19 Hodija, Ha-
schum, Bezai, 20 Harif, Anatot, Nebai, 21 Mag-
piasch, Meschullam, Hesir, 22 Meschesabel,
Zadok, Jaddua, 23 Pelatja, Hanan, Anaja, 24 Ho-
schea, Hananja, Haschub, 25 Lohesch, Pilha,
Schobek, 26 Rehum, Haschabna, Maaseja,
27 Ahija, Hanan, Anan, 28 Malluch, Harim und
Baana.

29 Die Übrigen vom Volk, von den Priestern
und Leviten, die Torwächter, Sänger und Tem-
peldiener, alle, die sich von den Völkern der
anderen Länder abgesondert und der Weisung
Gottes zugewandt haben, ihre Frauen, Söhne
und Töchter, alle, die das nötige Verständnis
besitzen: 30 Sie schließen sich ihren führenden
Brüdern an; sie verpflichten sich unter Eid und
Schwur, die Weisung Gottes zu befolgen, die
durch Mose, den Diener Gottes, gegeben
wurde, und alle Gebote des HERRN, unseres
Herrn, seine Rechtsentscheide und Gesetze zu
bewahren und zu erfüllen.

31 Wir werden unsere Töchter nicht den
Völkern im Land zu Frauen geben, noch ihre
Töchter für unsere Söhne nehmen. 32 Wenn
die Völker des Landes Waren, besonders Ge-
treide jeder Art, am Sabbat zum Verkauf an-
bieten, werden wir ihnen am Sabbat oder an
einem anderen heiligen Tag nichts abneh-
men. Wir verzichten in jedem siebten Jahr auf
den Ertrag des Bodens und auf jede Schuld-
forderung. 33 Ferner verpflichten wir uns auf
das Gebot, jährlich einen Drittelschekel für
den Dienst im Haus unseres Gottes zu geben,
34 für die Schaubrote, das tägliche Speiseopfer
und das tägliche Brandopfer, für die Opfer an
den Sabbaten, Neumondtagen und Festen,
für die Weiheopfer und die Sündopfer, durch
die man Israel Sühne erwirkt, und für alle Ar-
beiten im Haus unseres Gottes. 35 Die Liefe-
rung des Brennholzes haben wir ausgelost
unter den Priestern, den Leviten und dem
Volk. Jede Familie soll es jährlich zu der für
sie bestimmten Zeit zum Haus unseres Got-
tes bringen. Es soll auf dem Altar des HERRN,
unseres Gottes, brennen, wie es in der Wei-
sung vorgeschrieben ist. 36 Ferner bringen wir
jährlich zum Haus des HERRN die ersten Er-
träge unserer Felder und die ersten Erträge
aller Baumfrüchte, 37 unsere erstgeborenen
Söhne und die ersten Jungen unseres Viehs,
wie es in der Weisung vorgeschrieben ist. Die
ersten Jungen unserer Rinder und Schafe
bringen wir zum Haus unseres Gottes für die
Priester, die im Haus unseres Gottes Dienst
tun. 38 Den Erstanteil von unserem Brotteig,
unsere Abgaben, Früchte aller Bäume sowie
Wein und Öl bringen wir für die Priester in

10,33 Ein Drittelschekel ist eine Silbermünze.

die Kammern des Hauses unseres Gottes.
Den Leviten geben wir den Zehnten vom Er-
trag unseres Bodens. Die Leviten selbst erhe-
ben den Zehnten an allen Orten, wo wir das
Feld bebauen. 39 Wenn die Leviten den Zehn-
ten erheben, soll ein Priester, ein Nachkomme
Aarons, die Leviten begleiten. Die Leviten
bringen dann den Zehnten vom Zehnten zum
Haus unseres Gottes in die Vorratskammern.
– 40 In diese Kammern nämlich bringen die
Israeliten und die Leviten die Abgaben an Ge-
treide, Wein und Öl. Dort sind die Vorrats-
behälter des Heiligtums, der Priester, die
Dienst tun, der Torwächter und Sänger. – So
werden wir das Haus unseres Gottes nicht im
Stich lassen.

29: Esra 6,21; Neh 8,2f. / **31**: Esra 9,1f.; 10,2–11; Ex 34,16; Dtn 7,1–3 / **32**: Jer 17,19–22; Neh 13,15–22; Ex 23,10f.; Dtn 15,1–3 / **33**: Ex 30,13; Mt 17,24 / **35**: 13,31; Lev 6,5 / **36**: Num 18,12–32 / **37**: Ex 13,2.13 / **38**: Num 15,20f.; Dtn 14,22; Num 18,26–32 / **40**: Jer 40,10

BESIEDLUNG JERUSALEMS: 11,1–19

11 1 Die Obersten des Volkes ließen sich in
Jerusalem nieder. Das übrige Volk warf
das Los und veranlasste so jeden Zehnten, sich
in der heiligen Stadt Jerusalem niederzulas-
sen. Neun Zehntel blieben in den Landstädten.
2 Das Volk aber segnete alle Männer, die sich
bereit erklärten, in Jerusalem zu wohnen.

3 Das sind die Oberhäupter der Provinz, die
in Jerusalem und in den Städten Judas wohn-
ten. Alle wohnten in ihren Städten, jeder auf
seinem Besitz: die Israeliten, die Priester, die
Leviten, die Tempeldiener und die Nachkom-
men der Knechte Salomos. 4 In Jerusalem
wohnten Angehörige der Stämme Juda und
Benjamin: von den Angehörigen des Stammes
Juda: Ataja, der Sohn Usijas, des Sohnes
Secharjas, des Sohnes Amarjas, des Sohnes
Schefatjas, des Sohnes Mahalalels, von den
Nachkommen des Perez; 5 ferner Maaseja, der
Sohn Baruchs, des Sohnes Kolhoses, des Soh-
nes Hasajas, des Sohnes Adajas, des Sohnes
Jojaribs, des Sohnes Secharjas, von den Nach-
kommen Schelas. 6 Die Gesamtzahl der Nach-
kommen des Perez, die in Jerusalem wohnten,
betrug 468 kriegstüchtige Männer. 7 Und dies
waren die Angehörigen des Stammes Benja-
min: Sallu, der Sohn Mechullams, des Sohnes
Joëds, des Sohnes Pedajas, des Sohnes Kolajas,
des Sohnes Maasejas, des Sohnes Itiëls, des
Sohnes Jeschajas, 8 und nach ihm Gabbai, Sal-
lai, zusammen 928. 9 Ihr Vorsteher war Joël,
der Sohn Sichris; Juda, der Sohn Senuas, stand
der Stadt als zweiter vor.

10 Von den Priestern: Jedaja, der Sohn Joja-
ribs, Jachin; 11 Seraja, der Sohn Hilkijas, des
Sohnes Meschullams, des Sohnes Zadoks, des
Sohnes Merajots, des Sohnes Ahitubs, der
Fürst des Hauses Gottes; 12 dazu ihre Brüder,
die den Dienst im Tempel versahen, insgesamt
822 Männer; ferner Adaja, der Sohn Jerohams,
des Sohnes Pelaljas, des Sohnes Amzis, des
Sohnes Secharjas, des Sohnes Paschhurs, des
Sohnes Malkijas, 13 und seine Brüder, 242 Fa-
milienoberhäupter; weiter Amaschsai, der
Sohn Asarels, des Sohnes Achsais, des Sohnes
Meschillemots, des Sohnes Immers, 14 und
seine Brüder, 128 kriegstüchtige Männer. Ihr
Vorsteher war Sabdiël, der Sohn Haggedolims.
15 Von den Leviten: Schemaja, der Sohn Ha-
schubs, des Sohnes Asrikams, des Sohnes Ha-
schabjas, des Sohnes Bunnis. 16 Von den Ober-
häuptern der Leviten: Schabbetai und Josabad,
die dem äußeren Dienst des Hauses Gottes
vorstanden. 17 Mattanja, der Sohn Michas, des
Sohnes Sabdis, des Sohnes Asafs, der den Lob-
gesang leitete und beim Gebet das Danklied
anstimmte; Bakbukja als zweiter unter seinen
Brüdern; ferner Abda, der Sohn Schammuas,
des Sohnes Galals, des Sohnes Jedutuns. 18 Ins-
gesamt wohnten 284 Leviten in der Heiligen
Stadt.

19 Dazu die Torwächter: Akkub, Talmon und
ihre Brüder, die an den Toren Wache hielten,
insgesamt 172 Männer.

1: 7,4 / **3–19**: 1 Chr 9,2–18 / **10–11**: 1 Chr 9,10f.

SIEDLUNGEN AUSSERHALB JERUSALEMS: 11,20–36

20 Die übrigen Israeliten, Priester und Leviten
wohnten in den anderen Städten Judas, jeder
auf seinem Besitztum. 21 Die Tempeldiener
wohnten auf dem Ofel. Ziha und Gischpa
standen ihnen vor. 22 Vorsteher der Leviten in
Jerusalem war Usi, der Sohn Banis, des Sohnes
Haschabjas, des Sohnes Mattanjas, des Sohnes
Michas, einer der Nachkommen Asafs, die
nach der Dienstordnung des Hauses Gottes zu
singen hatten. 23 Für sie galt nämlich ein kö-
nigliches Gebot, das bestimmte, was die Sän-
ger an den einzelnen Tagen zu singen hatten.
24 Petachja, der Sohn Meschesabels, einer der
Nachkommen Serachs, des Sohnes Judas,
stand dem König in allem, was das Volk betraf,
zur Seite. 25 In den Gehöften auf ihren Fluren

wohnten Angehörige des Stammes Juda in
Kirjat-Arba und seinen Tochterstädten, in
Dibon und seinen Tochterstädten, in Kabzeel
und den dazugehörenden Gehöften, 26 in
Jeschua, Molada und Bet-Pelet, 27 in Hazar-
Schual sowie in Beerscheba und seinen
Tochterstädten, 28 in Ziklag sowie in Mechona
und seinen Tochterstädten, 29 in En-Rimmon,
Zora, Jarmut, 30 Sanoach, Adullam und den zu
ihnen gehörenden Gehöften, in Lachisch und
seiner Gemarkung sowie in Aseka und seinen
Tochterstädten. Sie siedelten also von Beer-
scheba bis zum Hinnomtal.

31 Angehörige des Stammes Benjamin
wohnten in Geba, Michmas und Aja sowie in
Bet-El und seinen Tochterstädten, 32 ferner in
Anatot, Nob, Ananeja, 33 Hazor, Rama, Gitta-
jim, 34 Hadid, Zeboim, Neballat, 35 Lod und
Ono und im Tal der Werkleute. 36 Von den
Leviten kamen einige Abteilungen Judas zu
Benjamin.

DIE LISTEN VON PRIESTER- UND LEVITENFAMILIEN: 12,1–26

12 1 Folgende Priester und Leviten kamen
herauf, zusammen mit Serubbabel,
dem Sohn Schealtiëls, und Jeschua: Seraja,
Jirmeja, Esra, 2 Amarja, Malluch, Hattusch,
3 Schechanja, Rechum, Meremot, 4 Iddo, Gin-
neton, Abija, 5 Mijamin, Maadja, Bilga, 6 Sche-
maja, Jojarib, Jedaja, 7 Sallu, Amok, Hilkija und
Jedaja. Das waren die Oberhäupter der Priester
und ihre Brüder zur Zeit Jeschuas. 8 Und die
Leviten: Jeschua, Binnui, Kadmiël, Scherebja,
Juda und Mattanja; ihm und seinen Brüdern
oblag der Lobgesang. 9 Ihnen gegenüber stan-
den Bakbukja und Unni und ihre Brüder, so
wie sie für den Dienst eingeteilt waren.

10 Jeschua zeugte Jojakim, Jojakim zeugte
Eljaschib und Eljaschib Jojada; 11 Jojada zeugte
Jonatan und Jonatan zeugte Jaddua.

12 In der Zeit Jojakims waren folgende Pries-
ter die Oberhäupter ihrer Familien: Meraja in
der Familie Seraja, Hananja in der Familie Jir-
meja, 13 Meschullam in der Familie Esra, Jo-
hanan in der Familie Amarja, 14 Jonatan in der
Familie Malluch, Josef in der Familie Scheban-
ja, 15 Adna in der Familie Harim, Helkai in der
Familie Meremot, 16 Secharja in der Familie
Iddo, Meschullam in der Familie Ginneton,
17 Sichri in der Familie Abija, … in der Familie
Minjamin, Piltai in der Familie Maadja,
18 Schammua in der Familie Bilga, Jonatan in
der Familie Schemaja, 19 Mattenai in der Fami-
lie Jojarib, Usi in der Familie Jedaja, 20 Kallai in
der Familie Sallu, Eber in der Familie Amok,
21 Haschabja in der Familie Hilkija, Netanel in
der Familie Jedaja.

22 Die Oberhäupter der Familien der Leviten
in der Zeit Eljaschibs, Jojadas, Johanans und
Jadduas sowie die Priester sind verzeichnet bis
zur Regierung des Persers Darius. 23 Von den
Leviten sind die Oberhäupter der Familien in
der Chronik verzeichnet bis zur Zeit Johanans,
des Sohnes Eljaschibs. 24 Die Oberhäupter der
Leviten waren: Haschabja, Scherebja, Jeschua,
der Sohn des Kadmiël und ihre Brüder, die ih-
nen beim Lob- und Dankgesang gegenüber-
standen, Abteilung für Abteilung, nach dem
Gebot des Gottesmannes David, 25 nämlich
Mattanja, Bakbukja und Obadja. Meschullam,
Talmon und Akkub hielten als Torwächter die
Wache an den Vorratskammern der Tore.
26 Diese lebten zur Zeit Jojakims, des Sohnes
Jeschuas, des Sohnes Jozadaks, und zur Zeit
des Statthalters Nehemia und des Priesters
und Schriftgelehrten Esra.

6.19: 1 Makk 2,1; 1 Chr 9,10

EINWEIHUNG DER MAUER: 12,27–43

27 Bei der Einweihung der Mauer Jerusalems
holte man die Leviten aus allen ihren Wohn-
sitzen nach Jerusalem, um mit frohen Lobge-
sängen und mit der Musik von Zimbeln, Har-
fen und Zithern die Einweihung zu vollziehen.
28 Da fanden sich die Sänger aus dem Umkreis
von Jerusalem ein und aus den Gehöften der
Leute von Netofa, 29 aus Bet-Gilgal und den
Gemarkungen von Geba und Asmawet; die
Sänger hatten sich nämlich rings um Jerusalem
Gehöfte gebaut. 30 Die Priester und Leviten
reinigten sich selbst; sie reinigten auch das
Volk, die Tore und die Mauer.

31 Dann ließ ich die Vorsteher von Juda auf
die Mauer steigen und stellte zwei große Fest-
chöre auf; zunächst Prozessionsreihen nach
rechts oben auf der Mauer dem Aschentor zu.
32 Ihnen folgte Hoschaja mit der einen Hälfte
der Vorsteher von Juda. 33 Dann kamen Asarja,
Esra, Meschullam, 34 Juda, Benjamin, Schema-
ja und Jirmeja; 35 und die Priester mit den
Trompeten: Secharja, der Sohn Jonatans, des
Sohnes Schemajas, des Sohnes Mattanjas, des
Sohnes Michajas, des Sohnes Sakkurs, des

12,17 Der Name des Oberhaupts der Familie Mijamin ist ausgefallen.

Sohnes Asafs, 36 und seine Brüder Schemaja
und Asarel, Milalai, Gilalai, Maai, Netanel und
Juda, Hanani mit den Musikinstrumenten des
Gottesmannes David. Vor ihnen her schritt
Esra, der Schriftgelehrte. 37 Und am Quelltor,
und zwar geradeaus, stiegen sie dann die Stu-
fen zur Davidstadt und den Aufgang zur Mau-
er hinauf und kamen am Palast Davids entlang
zum Wassertor im Osten. 38 Der zweite Fest-
chor ging in Gegenrichtung – ihm folgte ich
mit der andern Hälfte des Volkes –, oben auf
der Mauer am Ofenturm vorbei zur Breiten
Mauer, 39 dann über das Efraimtor, das Jescha-
nator und das Fischtor, am Turm Hananel und
am Turm der Hundert vorbei zum Schaftor; er
machte halt am Wachtor. 40 Dann stellten sich
die beiden Festchöre beim Haus Gottes auf,
auch ich und die Hälfte der Beamten, die bei
mir waren, 41 sowie die Priester Eljakim, Maa-
seja, Minjamin, Michaja, Eljoënai, Secharja
und Hananja mit den Trompeten 42 und Maa-
seja, Schemaja, Eleasar, Usi, Johanan, Malkija,
Elam und Eser. Nun ließen sich die Sänger
hören; ihr Leiter war Jisrachja. 43 An diesem
Tag brachte man große Schlachtopfer dar und
alle freuten sich; denn Gott hatte ihnen eine
große Freude bereitet. Auch die Frauen und
Kinder waren fröhlich und der Jubel in Jerusa-
lem war weithin zu hören.

27: Esra 3,10 / **30**: Esra 6,20 / **31**: 2,13–15 / **36**: 2 Chr 29,25–27 / **43**: Esra 6,17

ORDNUNG DER HEILIGEN ABGABEN: 12,44–47

44 In jener Zeit wurden Männer bestellt zur
Aufsicht über die Kammern, die für die Vor-
räte, Abgaben, Erstlingsfrüchte und Zehnten
bestimmt waren. In diesen Kammern sam-
melte man von den Feldern der einzelnen
Städte die Anteile, die den Priestern und Levi-
ten nach der Weisung zukamen. Denn Juda
hatte Freude an den Priestern und Leviten, die
im Dienst standen. 45 Sie versahen den Dienst
für ihren Gott und vollzogen die Reinigungs-
riten; auch die Sänger und Torwächter taten
Dienst nach dem Gebot Davids und seines
Sohnes Salomo. 46 Denn schon früher, in der
Zeit Davids und Asafs, gab es Vorsteher der
Sänger, die zur Ehre Gottes Lob- und Danklie-
der vortrugen. 47 Zur Zeit Serubbabels und zur
Zeit Nehemias lieferte ganz Israel die Anteile
für die Sänger und Torwächter ab, je nachdem
es der tägliche Bedarf erforderte. Man gab den
Leviten einen heiligen Anteil und die Leviten
gaben davon den Söhnen Aarons einen heili-
gen Anteil.

44: 10,39f.; 13,10–18 / **45**: 1 Chr 16,4f.

AUSSONDERUNG DER FREMDSTÄMMIGEN AUS ISRAEL: 13,1–3

13 1 An jenem Tag las man dem Volk aus
dem Buch des Mose vor; da fand man
die Stelle, an der steht: In die Versammlung
Gottes darf niemals ein Ammoniter oder Mo-
abiter kommen; 2 denn sie sind den Israeliten
einst nicht mit Brot und Wasser entgegenge-
gangen. Moab hat gegen sie Bileam gedungen,
der sie verfluchen sollte. Doch unser Gott ver-
wandelte den Fluch in einen Segen. 3 Als man
diese Weisung gehört hatte, sonderte man aus
Israel alle Mischvölker aus.

1: Dtn 23,4–6

BESEITIGUNG VON MISSSTÄNDEN IM TEMPEL DURCH NEHEMIA: 13,4–14

4 Früher hatte der Priester Eljaschib die Kam-
mern des Hauses unseres Gottes betreut; er
war verwandt mit Tobija 5 und hatte darum für
ihn eine große Kammer einrichten lassen.
Dort bewahrte man früher das Opfermehl und
den Weihrauch auf sowie die Behälter und den
Zehnten von Getreide, Wein und Öl, der den
Leviten, Sängern und Torwächtern nach dem
Gebot zukam, außerdem die Abgaben für die
Priester. 6 Bei alldem war ich aber nicht in Je-
rusalem gewesen; denn im zweiunddreißigs-
ten Jahr des Artaxerxes, des Königs von Babel,
war ich zum König gereist. Nach einiger Zeit
erbat ich aber vom König meine Freistellung
7 und kam wieder nach Jerusalem. Nun be-
merkte ich die Untat, die Eljaschib zugunsten
Tobijas begangen hatte, indem er ihm in den
Vorhöfen des Hauses Gottes eine Kammer
eingerichtet hatte. 8 Das missfiel mir sehr und
ich warf den ganzen Hausrat Tobijas aus der
Kammer hinaus. 9 Dann ließ ich die Kammern
reinigen und brachte die Behälter des Hauses
Gottes, das Opfermehl und den Weihrauch
wieder dorthin.

10 Ich erfuhr auch, dass die Anteile der Levi-
ten nicht abgeliefert wurden; darum waren die
Leviten und die Sänger, die den Dienst zu ver-
sehen hatten, weggegangen, jeder auf seinen
Landbesitz. 11 Da machte ich den Beamten
Vorwürfe und sagte: Warum wird das Haus
Gottes im Stich gelassen? Und ich holte die
Leviten wieder zusammen und stellte sie auf

ihren Posten. 12 Nun brachte ganz Juda wieder
den Zehnten von Getreide, Wein und Öl zu
den Vorratskammern. 13 Zur Aufsicht über die
Vorratskammern bestimmte ich den Priester
Schelemja, den Schreiber Zadok und den Le-
viten Pedaja. Ihnen stellte ich Hanan, den
Sohn Sakkurs, des Sohnes Mattanjas, an die
Seite, denn sie galten als zuverlässig. Ihnen
oblag die Verteilung an ihre Brüder.

14 Denk dafür an mich, mein Gott, und lösch
die guten Taten nicht aus, die ich für das Haus
meines Gottes und seine Ordnung vollbracht
habe!

4: 2,19; 2,44 / **7**: Mt 21,12 / **9**: 12,30 / **10**: 12,47 / **12**: 10,38 / **14**: 5,19

SABBATORDNUNG: 13,15–22

15 Damals sah ich in Juda Leute, die am Sabbat
die Kelter traten. Andere brachten Getreide ein
und luden es auf Esel; auch Wein, Trauben,
Feigen und Lasten aller Art brachten sie am
Sabbattag nach Jerusalem. Ich verwarnte sie,
weil sie an diesem Tag Lebensmittel verkauf-
ten. 16 Die Leute von Tyrus, die in Juda wohn-
ten, brachten Fische und allerlei Waren und
verkauften sie am Sabbat an die Juden, sogar
in Jerusalem. 17 Da machte ich den Vornehmen
von Juda Vorwürfe und sagte zu ihnen: Wie
könnt ihr eine solche Untat begehen und den
Sabbat entweihen? 18 Haben das nicht schon
eure Väter getan? Dafür ließ unser Gott all die-
ses Unheil über uns und diese Stadt kommen.
Wollt ihr neuen Zorn über Israel bringen, in-
dem ihr den Sabbat entweiht? 19 Ich ließ von
da an vor dem Anbruch des Sabbats, wenn es
in den Toren Jerusalems dunkel wurde, die
Tore schließen und befahl, sie erst nach dem
Sabbat wieder zu öffnen. Auch stellte ich eini-
ge meiner Leute an die Tore, damit am Sabbat-
tag keine Lasten hereingebracht wurden.
20 Einmal und ein zweites Mal übernachteten
die Händler und die Verkäufer von allerlei
Waren draußen vor Jerusalem. 21 Da warnte
ich sie und sagte zu ihnen: Wozu übernachtet
ihr gerade vor der Mauer? Wenn ihr es noch
einmal tut, lasse ich euch festnehmen. Von da
an kamen sie nicht mehr am Sabbat. 22 Den
Leviten aber befahl ich, sie sollten sich reinigen
und sich als Wächter an die Tore stellen, damit
man den Sabbattag heilighalte. Auch dafür
denk an mich, mein Gott, und sei mir gnädig
in deiner großen Huld!

15–16: 10,32; Jer 17,19–27 / **22**: 7,1; 12,30

VERBOT DER MISCHEHEN: 13,23–31

23 Damals sah ich auch Juden, die Frauen von
Aschdod, Ammon und Moab geheiratet hat-
ten. 24 Die Hälfte ihrer Kinder redete in der
Sprache von Aschdod oder in der Sprache ei-
nes der anderen Völker, konnten aber nicht
mehr Jüdisch. 25 Ich machte ihnen Vorwürfe
und verfluchte sie. Einige von ihnen schlug ich
und packte sie bei den Haaren. Ich beschwor
sie bei Gott: Ihr dürft eure Töchter nicht ihren
Söhnen geben noch ihre Töchter zu Frauen für
eure Söhne oder für euch selbst nehmen. 26 Hat
sich nicht wegen solcher Frauen Salomo, der
König Israels, versündigt? Unter den vielen
Völkern gab es keinen König wie ihn. Er wur-
de von seinem Gott geliebt; darum hatte ihn
Gott zum König über ganz Israel gemacht.
Aber selbst ihn haben die fremden Frauen zur
Sünde verführt. 27 Und jetzt hört man von
euch, dass ihr genau dieselbe Untat begeht und
unserem Gott die Treue brecht, indem ihr
fremde Frauen heiratet.

28 Einer der Söhne des Hohepriesters Jojada,
des Sohnes Eljaschibs, war der Schwiegersohn
des Horoniters Sanballat; ihn verwies ich aus
meinem Gebiet. 29 Vergiss es ihnen nicht, mein
Gott, dass sie das Priestertum und den Bund
der Priester und Leviten befleckt haben!

30 So habe ich sie von allem gereinigt, was
fremd war, und habe Ordnungen aufgestellt
für die Priester und Leviten, die jedem seinen
Dienst zuteilen. 31 Auch habe ich angeordnet,
wie man an den festgesetzten Zeiten das
Brennholz liefern und die ersten Erträge brin-
gen soll. Denk daran, mein Gott, und halt es
mir zugute!

23: Esra 9,1f. / **25**: 10,31; Dtn 7,3 / **26**: 1 Kön 11,1–8; 10,23; 2 Sam 12,24f. / **28**: Lev 21,14 / **29**: Num 25,12f.; Mal 2,8 / **31**: 10,35; 13,14; 5,19

13,19 Der Sabbat beginnt mit Sonnenuntergang am Vortag.

DAS BUCH TOBIT

Das Buch Tobit trägt den Namen eines Juden, der in Ninive in der Verbannung lebt. Sein Name Tobit ist eine griechische Form des hebräischen Namens „Tobi-ja“ (Der HERR ist gut), von dem sich auch der Name seines Sohnes Tobias ableitet.

Der oder die Verfasser des Buches teilen die Hoffnungen der jüdischen Diaspora auf die Rückkehr nach Israel und die Befreiung Jerusalems.

Zeit und Ort der Abfassung des Buches lassen sich nur unsicher aus seinen Angaben erschließen. Die Zerstörungen Samarias (722 v. Chr.) und Jerusalems (587 v. Chr.) liegen sicherlich schon in ferner Vergangenheit. Das zeigt die Zusammenschau der erwähnten Ereignisse: In seinem 112 Jahre dauernden Leben erfährt Tobit Begebenheiten der Geschichte Israels aus einem Zeitraum von mehr als 300 Jahren: vom Abfall des Stammes Naftali kurz nach Salomos Tod (nach 931 v. Chr.) bis zur Hoffnung auf Jerusalems Wiederaufbau im Exil (nach 586 v. Chr.). In fiktiver Weise konzentriert die Erzählung so die gesammelten Geschichtserfahrungen des Volkes Israel in dem einen Leben Tobits. Auch die geografischen Angaben des Buches sind teilweise problematisch. Ninive lag östlich des Tigris, seine Ausläufer reichten bis zu diesem Fluss. Tobias erreicht den Tigris nach der Erzählung aber nach einer Tagesreise gen Osten in Richtung Medien (6,2). Die medische Stadt Ekbatana liegt nicht in der Ebene (5,6), sondern in den Zagros-Bergen im heutigen Iran; Rages (5,6) hingegen liegt in der Ebene, südöstlich, nahe Teheran (heutiger Name: Rhay).

Mehr als ein Drittel des Buches ist auf Aramäisch in den Qumranhandschriften erhalten und etwa ein Siebtel in Hebräisch. Möglicherweise war es ursprünglich auf Aramäisch verfasst. Die Hauptquellen sind heute aber zwei unterschiedliche griechische Fassungen. Die kürzere Fassung war die Grundlage der ersten Ausgabe der Einheitsübersetzung. Der ältere Text des Buches ist aber wahrscheinlich in der längeren griechischen Fassung überliefert, die in zwei Handschriften erhalten ist. Diese längere griechische Fassung, die weitgehend mit der altlateinischen Übersetzung (Vetus Latina) übereinstimmt, ist die Grundlage der vorliegenden Übersetzung. Die jüngere lateinische Vulgata hat die christliche Lektüre des Buches geprägt. Sie folgt nach Auskunft des Hieronymus keiner der beiden griechischen Textformen, sondern wurde von ihm im Wege der Korrektur der altlateinischen Übersetzung anhand eines aramäischen Originals erstellt.

Das Buch folgt einem klaren Aufbau. Die Reise des Tobias in Begleitung des Engels steht als Hauptteil in der Mitte des Buches (4,1–14,1a). Prolog (1,3–3,17) und Epilog (14,1b–15) erzählen die Erblindung und Heilung seines Vaters Tobit. So wird eine Ringkomposition erkennbar: Tobits Weisheitslehre (4,1–21), sein Lobgesang und sein Testament (13,1–14,15) rahmen die Reise seines Sohnes. Die Hochzeit von Tobias und Sara und ihre Vorbereitungen (7,9b–10,13) stehen eindrucksvoll im Zentrum des Buches.

Der Prolog stellt das unterschiedliche Unglück zweier gerechter Israeliten – eines Mannes, Tobit, und einer Frau, Sara – an verschiedenen Orten der jüdischen Diaspora dar. Tobit erblindet in Ninive, weil er sich nach der Bestattung eines Mannes aus seinem Volk an die Reinheitsvorschriften hält. Sara werden in Ekbatana nacheinander sieben Ehemänner von dem eifersüchtigen Dämon Aschmodai im Brautbett getötet. Beide erbitten von Gott zur gleichen Zeit den Tod. Daraufhin wird der Engel Rafael (d. h. „Gott hat geheilt“) von Gott gesandt, der sich als Asarja (d. h. „Der HERR hilft“) vorstellt. Er ist Bote und Botschaft von Gottes Führung und Heilung. Er begleitet den jungen Tobias, Tobits Sohn und Saras späteren Ehemann. Tobias und Rafaels Reise verbindet die beiden tragischen Schicksale zu einem glücklichen Ausgang.

Das Geschick des alten Tobit erinnert an das Buch Ijob. Wie dessen Rahmenteil ist auch Tobit eine weisheitliche Lehrerzählung. Der erblindete Tobit gibt seinem Sohn in seiner Lebenslehre (4,3–19) eine schöne Zusammenfassung altorientalischer und biblischer Weisheit, die er in seinem Testament wiederholt und bekräftigt (14,3–11). Die Hochzeit von Tobias und Sara und die Heilung seines erblindeten Vaters sind Bilder der Hoffnung in der jüdischen Diaspora. Wie einst Abraham und seiner Frau schenkt Gott in Tobias und Sara der jüdischen Diaspora neue Fruchtbarkeit und Blüte. Die zerstreuten Juden werden heimkehren in das Land, das Gott Abraham gezeigt hat. Das befreite Jerusalem wird zum Licht, das die Blindheit der Heidenvölker erleuchtet. So wie Tobit wieder sieht, werden die Menschen Israels Gott erkennen.

Mehrfach greifen Motive im Neuen Testament die Tobiterzählung auf. Wie Tobit und Hanna in der Verbannung, so warten Simeon und Hanna in der Kindheitserzählung bei Lukas auf die Befreiung Jerusalems (Lk 2,25–38); wie Tobit und Hanna bei der Heimkehr ihres Sohnes, so preisen Simeon und Hanna Gott (Lk 2,25–38), als sie Jesus, den Messias, sehen. Jerusalems Wiederaufbau in Tobits Lobgesang (13,9–18) erfüllt sich am Ende der Offenbarung des Johannes im himmlischen Jerusalem (Offb 21–22).

Die Tobiterzählung veranschaulicht Gottes Barmherzigkeit und die Bedeutung von Gottes Lob. Barmherzigkeit ist die Liebe zum Nächsten in seiner Not. In seiner Barmherzigkeit wendet sich Gott Tobits und Saras Not im rechten Augenblick zu; ihre Bitte um den Tod beantwortet er mit einem geheilten und befreiten Leben: Barmherzigkeit rettet aus dem Tod (4,10 u. 12,9). Durch Werke der Barmherzigkeit (Almosen geben, Tote begraben) kann sich der Mensch mit Gottes Handeln verbinden und an der Befreiung seines Volkes mitwirken. Im Lobpreis kann er Gott den Völkern schon jetzt als den Herrn der Geschichte bezeugen.

ÜBERSCHRIFT: 1,1–2

1 1 Buch der Geschichte Tobits: Tobit war
der Sohn Tobiëls, dessen Vorfahren wa-
ren: Hananiel, Aduël, Gabaël, Rafaël und Ra-
guël. Er stammte aus der Nachkommenschaft
Asiëls aus dem Stamm Naftali. 2 In den Tagen
Salmanassars, des Königs der Assyrer, wurde
Tobit in die Verbannung weggeführt aus Tisbe
– einem Ort südlich von Kedesch-Naftali in
Obergaliläa oberhalb von Asser hinter der
Straße im Westen nördlich von Fogor.

1,1 Tobit ist die griechische Form des Namens Tobija/Tobijahu. Vg gebraucht für Vater und Sohn Tobias.

TOBIT IN NINIVE UND SARA IN MEDIEN: 1,3–3,17

TOBIT IN DER HEIMAT: 1,3–9

3 Ich, Tobit, folgte mit gerechten Taten den
Wegen der Wahrheit alle Tage meines Lebens
und viele Werke der Barmherzigkeit tat ich
meinen Brüdern und meinem Volk, die mit
mir in das Land der Assyrer nach Ninive in
Gefangenschaft gegangen waren. 4 Als ich in
meiner Heimat im Land Israel noch ein junger
Mann war, sagte sich der ganze Stamm meines
Vaters Naftali vom Haus meines Vaters David
los und von Jerusalem, der Stadt, die aus allen
Stämmen Israels zum Opfern auserwählt wor-
den war für alle Stämme Israels. Der Tempel
der Wohnung Gottes war geweiht und in ihr
für alle Generationen auf ewig erbaut worden.
5 Alle meine Brüder und das Haus meines
Stammvaters Naftali opferten auf allen Bergen
Galiläas dem Kalb, das Jerobeam, der König
von Israel, in Dan hatte anfertigen lassen.
6 Ich ging oft als Einziger an den Festtagen
nach Jerusalem, wie es in ganz Israel in ewiger
Anordnung geschrieben steht. Mit den Erst-
lingsfrüchten und den Ersterträgen, dem
Zehnten vom Vieh und der Erstschur der Scha-
fe zog ich nach Jerusalem 7 und pflegte alles den
Priestern, den Söhnen Aarons, für den Altar zu
geben. Den Zehnten von Getreide und Wein,
Öl, Granatäpfeln, Feigen und den übrigen
Früchten aber gab ich den Söhnen Levis, die in
Jerusalem dienten. Den zweiten Zehnten von
sechs Jahren entrichtete ich in Geld. Ich ging
und verwendete ihn jedes Jahr in Jerusalem:

8 Ich gab ihn und brachte ihn den Waisen, Wit-
wen und Fremden, die sich den Israeliten an-
geschlossen hatten. Auch im dritten Jahr gab
ich ihnen den Zehnten. Wir hielten davon
Mahl nach der Vorschrift, die im Gesetz des
Mose gegeben ist, und nach den Unterweisun-
gen, die uns Debora, die Mutter unseres Groß-
vaters Hananael, geboten hatte, weil mein
Vater gestorben war und mich als Waise hin-
terlassen hatte. 9 Als ich das Mannesalter er-
reicht hatte, nahm ich eine Frau aus dem Ge-
schlecht unserer Familie und zeugte mit ihr
einen Sohn und gab ihm den Namen Tobias.

4: 2 Sam 7,13; 1 Kön 8; Dtn 16,1–16 / **5**: 1 Kön 12,20–33 / **7**: Dtn 14,24–26 / **8**: Dtn 14,28–29

TOBIT IN DER VERBANNUNG: 1,10–22

10 Als ich verschleppt worden war und bei den
Assyrern in der Verbannung lebte, kam ich
nach Ninive. Alle meine Verwandten und
Volksgenossen aßen von den Speisen der Hei-
den. 11 Ich aber hütete mich bei meinem Leben
davor, von den Speisen der Heiden zu essen.
12 Mit meiner ganzen Seele gedachte ich mei-
nes Gottes. 13 Und der Höchste gab mir Gunst
und Ansehen vor Salmanassar. Ich kaufte ihm
alles für seinen Bedarf. 14 So pflegte ich nach
Medien zu gehen, um dort für ihn einzukau-
fen, bis er starb. Da hinterlegte ich bei Gabaël,
dem Bruder des Gabrija, im Land Medien Sä-
cke mit zehn Talenten Silbergeld. 15 Als Salma-
nassar gestorben war und sein Sohn Sanherib
an seiner Stelle König wurde, wurden Mediens
Straßen unsicher und ich konnte nicht mehr
nach Medien gehen.

16 In den Tagen Salmanassars tat ich für mei-
ne Volksgenossen viele Werke der Barmher-
zigkeit.

17 Mein Brot gab ich den Hungernden und
Kleider den Nackten; und wann immer ich sah,
dass jemand aus meinem Volk starb und hinter
die Mauer von Ninive geworfen wurde, begrub
ich ihn.

18 Und wenn Sanherib – als er sich zurück-
gezogen hatte und aus Juda geflohen war in
den Tagen des Gerichts, das der König des
Himmels an ihm hielt wegen der Lästerungen,
mit denen er Gott gelästert hatte – wann im-
mer also Sanherib jemanden tötete, begrub ich
ihn. Denn er tötete viele Söhne Israels in sei-
nem Zorn. Ich aber pflegte ihre Leichname zu
entwenden und begrub sie. Sanherib suchte
sie, fand sie aber nicht.

19 Aber jemand aus Ninive ging hin und
machte dem König Anzeige, dass ich sie begra-
be. Da versteckte ich mich. Als ich bemerkte,
dass der König über mich unterrichtet war und
dass ich gesucht wurde, um getötet zu werden,
bekam ich Angst und ergriff die Flucht. 20 Al-
les, was ich besaß, wurde weggenommen.
Nichts wurde mir gelassen, was nicht für den
königlichen Schatz beschlagnahmt wurde,
außer Hanna, meiner Frau, und Tobias, mei-
nem Sohn. 21 Es vergingen aber keine vierzig
Tage, bis Sanherib von seinen beiden Söhnen
getötet wurde. Und sie flohen in das Gebirge
Ararat. Sein Sohn Asarhaddon wurde König
nach ihm. Er setzte Achikar, den Sohn meines
Bruders Hanaël, über den gesamten Reichs-
haushalt und er hatte die Verantwortung über
die gesamte Verwaltung. 22 Damals verwen-
dete sich Achikar für mich und ich kam hinab
nach Ninive. Achikar war nämlich schon zur
Zeit Sanheribs, des Königs der Assyrer, Ober-
mundschenk und Siegelbevollmächtigter, Fi-
nanzverwalter und Oberrechnungsrat und
Asarhaddon hatte ihn an die zweite Stelle sei-
nes Reiches gesetzt. Er war mein Neffe und aus
meiner Verwandtschaft.

10: Ez 4,13–14; Ex 34,15 / **11**: Apg 10,11–14; Gal 2,13 / **17**: Gen 23; 50,26 / **18**: 4,3–4.17; 6,15; 14,2.10

TOBITS ERBLINDUNG: 2,1–10

2 1 Zur Zeit des Königs Asarhaddon kehrte
ich also in mein Haus zurück. So waren
mir meine Frau Hanna und mein Sohn Tobias
wiedergegeben. An unserem Pfingstfest, wel-
ches das heilige Fest der Sieben Wochen ist,
wurde mir ein gutes Mahl bereitet. Und ich
ließ mich nieder, um zu essen. 2 Mir wurde der
Tisch gerichtet und verschiedene Speisen
wurden mir aufgetragen. Da sagte ich zu mei-
nem Sohn Tobias: Kind, geh, und wenn du
unter unseren nach Ninive verschleppten
Brüdern einen Armen findest, der mit ganzem
Herzen des Herrn gedenkt, dann führe ihn
hierher und er soll gemeinsam mit mir spei-
sen. Siehe, ich werde auf dich warten, mein
Kind, bis du kommst. 3 Und Tobias ging, um
einen Armen von unseren Brüdern zu suchen.
Als er zurückkam, sagte er: Vater! Ich sagte zu
ihm: Hier bin ich, Kind. Er erwiderte: Vater,
siehe, einer aus unserem Volk ist ermordet
worden und wurde auf den Marktplatz gewor-
fen. Dort liegt er jetzt erdrosselt. 4 Ich sprang
auf, ließ das Mahl stehen, bevor ich davon ge-

kostet hatte, hob den Leichnam vom Platz auf und legte ihn in eine der Hütten, bis die Sonne untergegangen war, um ihn dann zu begraben. 5 Als ich zurückgekehrt war, badete ich und aß mein Brot in Trauer. 6 Ich gedachte des Prophetenwortes, das Amos über Bethel gesprochen hatte:

Eure Feste werden in Trauer verwandelt werden /
und all eure Lieder in Totenklage.
Da weinte ich.

7 Als die Sonne untergegangen war, ging ich fort, hob ein Grab aus und setzte den Leichnam bei. 8 Meine Nachbarn verlachten mich und sagten: Fürchtet er sich immer noch nicht? Er wurde schon gesucht, um wegen dieser Tat hingerichtet zu werden, und war geflohen. Doch siehe, schon wieder begräbt er die Toten. 9 In derselben Nacht badete ich, ging in meinen Hof hinaus und legte mich an der Hofmauer zum Schlafen nieder; mein Gesicht war unverhüllt wegen der Hitze. 10 Ich wusste aber nicht, dass Spatzen über mir in der Mauer waren. Ihr warmer Kot fiel mir in die Augen und führte zu weißen Flecken. Ich ging zu den Ärzten, um mich behandeln zu lassen, aber je mehr Arzneien sie mir daraufstrichen, desto mehr erblindeten meine Augen an den weißen Flecken, bis sie ganz blind waren. Vier Jahre lang konnte ich meine Augen nicht gebrauchen. Alle meine Brüder waren meinetwegen bekümmert. Achikar sorgte zwei Jahre lang für meinen Unterhalt, bevor er nach Elymaïs ging.

1: Lev 23,15–22; Num 28,26–31; 2 Makk 12,31–32 / **6**: Am 8,10

TOBITS VERHÖHNUNG DURCH SEINE FRAU: 2,11–14

11 In jener Zeit verdiente meine Frau Hanna Geld durch Frauenarbeiten. 12 Sie schickte die Arbeiten ihren Herren und die bezahlten ihr den Lohn. Einmal, an einem siebten Dystros, stellte sie das Webstück fertig und schickte es den Herren und die gaben ihr den ganzen Lohn und schenkten ihr dazu ein Ziegenböcklein für den Herd. 13 Als sie zu mir heimkam, begann das Böcklein zu meckern. Da rief ich sie und sagte: Woher ist dieses Böcklein? Ist es etwa gestohlen? Gib es seinen Herren zurück! Wir haben kein Recht, etwas Gestohlenes zu essen. 14 Sie sagte zu mir: Es wurde mir als Geschenk zum Lohn hinzugegeben. Ich aber glaubte ihr nicht und sagte, sie solle es den Herren zurückgeben und ich wurde rot vor Zorn über sie. Darauf erwiderte sie und sagte zu mir: Und wo sind jetzt deine Werke der Barmherzigkeit? Wo sind deine gerechten Taten? Es ist doch bekannt, was mit dir los ist!

14: Ijob 2,9

TOBITS GEBET: 3,1–6

3 1 Da wurde ich in der Seele tieftraurig, ich seufzte, weinte und begann unter Seufzern zu beten: 2 Gerecht bist du, Herr, und alle deine Werke sind gerecht und alle deine Wege sind Barmherzigkeit und Wahrheit. Du bist der Richter der Welt. 3 Jetzt aber, o Herr, gedenke meiner und schau gnädig auf mich! Bestraf mich nicht für meine Sünden! Durch meine Versehen und die meiner Väter habe ich vor dir gesündigt. 4 Ich war ungehorsam gegen deine Gebote. Du hast uns preisgegeben zum Raub und in Gefangenschaft und Tod, zu Gespött und Gerede und zur Schmach unter allen Völkern, unter die du uns zerstreut hast. 5 Auch jetzt sind deine zahlreichen Urteile wahr, nach meinen Sünden an mir zu handeln. Denn deine Gebote haben wir nicht befolgt und sind nicht in Wahrheit vor dir gewandelt. 6 Jetzt aber, handle an mir nach deinem Wohlgefallen und befiehl, dass mein Geist von mir genommen werde! So kann ich von dieser Erde Abschied nehmen und zu Erde werden. Denn es ist besser für mich, zu sterben als zu leben. Lügnerische Spottreden habe ich gehört, tiefe Trauer erfüllt mich. Herr, befiehl, dass ich entlassen werde aus dieser Not! Entlass mich an den Ort der Ewigkeit! Wende dein Angesicht nicht von mir ab, Herr! Denn es ist besser für mich zu sterben, als viel Not anzusehen in meinem Leben und Spottreden zu hören.

5: Ps 51,6–7 / **6**: Jona 4,8; 1 Kön 19,4; Ijob 7,15ff.

SARAS VERHÖHNUNG DURCH IHRE MAGD: 3,7–9

7 Am selben Tag geschah es Sara, der Tochter Raguëls in Ekbatana in Medien, dass auch sie Spottreden von einer der Mägde ihres Vaters anhören musste. 8 Sie war sieben Männern zur Frau gegeben worden, aber der böse Dämon Aschmodai hatte sie getötet, bevor sie mit ihr zusammengekommen waren, wie es den Ehe-

---

2,12 Dystros ist der Name des fünften Monats im makedonischen Kalender und entspricht ungefähr der Zeit Februar/März.

3,8 Der Name Aschmodai legt Verderben nahe.

frauen vorgeschrieben ist. Die Magd sagte zu
ihr: Du bist es, die deine Männer tötet! Siehe,
schon sieben Männern bist du zur Frau gegeben
worden und nach keinem von ihnen bist du mit
Namen genannt worden. 9 Warum behandelst
du uns hart? Wenn deine Männer gestorben
sind, so geh mit ihnen! Mögen wir in Ewigkeit
weder Sohn noch Tochter von dir sehen!

SARAS GEBET: 3,10–17

10 An jenem Tag wurde Sara in der Seele trau-
rig, sie weinte, ging hinauf in das Obergemach
ihres Vaters und wollte sich erhängen. Aber sie
dachte noch einmal nach und sagte: Niemals
sollen sie meinen Vater verspotten und zu ihm
sagen: Du hattest eine einzige geliebte Tochter
und die hat sich vor Unglück erhängt. Dann
würde ich meinen alten Vater noch vor Trauer
in die Unterwelt bringen. Ich würde mich viel
besser nicht erhängen, sondern den Herrn
bitten, dass ich sterbe. Ich möchte in meinem
Leben keine Spottreden mehr hören. 11 Zur
selben Zeit breitete sie ihre Hände zum Fenster
aus, betete und sagte: Gepriesen bist du, barm-
herziger Gott, und gepriesen ist dein Name in
alle Ewigkeit! Alle deine Werke sollen dich
preisen in Ewigkeit! 12 Jetzt aber habe ich dir
mein Angesicht zugewandt und hebe meine
Augen auf zu dir. 13 Sprich, dass ich von der
Erde Abschied nehmen darf und keine Spott-
reden mehr hören muss! 14 Du, Herr, weißt,
dass ich rein bin von jeder Unreinheit mit ei-
nem Mann 15 und dass ich meinen Namen und
den Namen meines Vaters im Land meiner
Verbannung nicht befleckt habe. Ich bin die
einzige Tochter meines Vaters. Er hat kein an-
deres Kind, das sein Erbe ist, und auch keinen
nahestehenden Bruder oder einen Verwand-
ten, für den ich mich als Ehefrau bewahren
müsste. Sieben sind mir schon umgekommen.
Was soll mir da noch das Leben? Aber wenn
es dir nicht gut scheint, mich sterben zu lassen,
Herr, dann achte jetzt auf meine Schande!

16 Zu diesem Zeitpunkt wurde beider Gebet
vor Gottes Herrlichkeit erhört. 17 Rafaël wurde
gesandt, beide zu heilen: die weißen Flecken
von Tobits Augen abzulösen und Sara, die
Tochter Raguëls, Tobias, dem Sohn Tobits, zur
Frau zu geben und den bösen Dämon Aschmo-
dai von ihr zu lösen.

Denn Tobias kam es zu, sie als seine Frau zu
gewinnen vor allen, die sie heiraten wollten.

Zu derselben Zeit kehrte Tobit vom Hof in
sein Haus zurück und auch Sara, die Tochter
Raguëls, stieg vom Obergemach herab.

DIE REISE DES SOHNES TOBIAS UND SEINE HOCHZEIT MIT SARA: 4–9

TOBITS VERMÄCHTNIS FÜR SEINEN SOHN: 4,1–21

4 1 An jenem Tag erinnerte sich Tobit des
Geldes, das er bei Gabaël in Rages in Me-
dien hinterlegt hatte. 2 Und er sprach in seinem
Herzen: Siehe, ich habe um den Tod gebetet.
Warum rufe ich nicht meinen Sohn Tobias
und unterrichte ihn über dieses Geld, bevor
ich sterbe? 3 Er rief seinen Sohn Tobias. Der
kam zu ihm und er sprach: Setze mich würdig
bei! Ehre deine Mutter und verlass sie nie, so-
lange sie lebt. Tu, was ihr gefällt, und betrübe
in keiner Sache ihr Gemüt!

4 Denk daran, Kind, dass sie während ihrer
Schwangerschaft deinetwegen viele Gefahren
ausgestanden hat! Wenn sie gestorben ist, set-
ze sie neben mir im gleichen Grab bei!

5 Alle deine Tage, Kind, gedenke des Herrn!
Hüte dich, zu sündigen und seine Gebote zu
übertreten! Vollbringe alle Tage deines Lebens
gerechte Taten und wandle nicht auf den We-
gen des Unrechts! 6 Denn wer die Wahrheit
tut, wird mit seinen Werken zu gutem Erfolg
geführt. Tu für alle, die die Gerechtigkeit tun,
7 Almosen aus dem, was du hast! Wende dein
Angesicht von keinem Armen ab, dann wird
sich Gottes Angesicht nicht von dir abwenden!
8 Wie es dir möglich ist: Aus dem Vollen
schöpfend – gib davon Almosen! Wenn dir
wenig möglich ist, fürchte dich nicht, aus dem
Wenigen Almosen zu geben! 9 So sammelst du
dir einen guten Schatz für den Tag der Not.

4,6–19 Dieses Stück ist nur in einer griechischen Hand-
schrift und in der altlateinischen Übersetzung enthalten.

10 Denn Almosen retten aus dem Tod und las-
sen nicht in die Finsternis geraten. 11 Eine gute
Gabe vor dem Höchsten sind Almosen für alle,
die sie geben.

12 Hüte dich, Kind, vor jeder Unzucht! Vor
allem nimm dir eine Frau aus der Nachkom-
menschaft deiner Väter und nimm keine
Fremde zur Frau, die nicht dem Stamm deiner
Väter angehört! Denn wir sind Söhne von Pro-
pheten, wahrhaftig: Söhne von Propheten! Als
Erster war Noach ein Prophet, dann auch Ab-
raham, Isaak und Jakob, unsere Väter von alters
her. Erinnere dich daran, mein Kind, dass sie
alle Frauen aus ihren Brüdern geheiratet ha-
ben, und sie wurden in ihren Kindern geseg-
net. Ihre Nachkommenschaft wird das Land
erben. 13 Also, Kind, liebe deine Brüder und
erhebe dich nicht in deinem Herzen über dei-
ne Brüder und die Söhne und Töchter deines
Volkes, indem du dir aus ihnen eine Frau
nimmst! Denn im Hochmut ist Verderben und
viel Verwirrung und im Müßiggang ist Ver-
armung und viel Mangel. Müßiggang ist die
Mutter des Hungers.

14 Gib jedem Menschen, der bei dir arbeitet,
noch am selben Tag seinen Lohn! Niemandes
Lohn soll über Nacht bei dir bleiben! Auch dein
Lohn wird dann gewiss nicht über Nacht lie-
gen bleiben, wenn du Gott in Wahrheit dienst.
Gib Acht auf dich, Kind, bei allem, was du tust,
und erweise dich wohl erzogen in deinem gan-
zen Verhalten! 15 Was du hasst, das tu nie-
mand anderem an! Auf deinem ganzen Weg
soll Böses nicht mit dir ziehen!

16 Von deinem Brot gib dem Hungernden
und von deinen Kleidern den Nackten! Von
allem, was du im Überfluss hast, gib Almosen,
Kind! Dein Auge blicke nicht neidisch, wenn
du Almosen gibst! 17 Schütte deine Brote auf
das Grab der Gerechten und gib es nicht den
Sündern! 18 Suche bei jedem Verständigen Rat
und verachte keinen nützlichen Rat!

19 Zu jeder Zeit preise Gott und bitte ihn, dass
deine Wege gerade seien und deine Pfade zum
Erfolg führen! Denn kein einziges Volk besitzt
guten Rat, sondern der Herr wird ihnen guten
Rat geben. Wen er will, den erniedrigt der Herr
hinab bis zur tiefsten Unterwelt.

4,13 aus ihnen eine Frau: Gemeint ist eine Frau aus fremden Völkern.

4,15 Vgl. die positive Form der goldenen Regel in der Bergpredigt Jesu (Mt 7,12; Lk 6,31).

4,16–17 Vgl. die Werke der Barmherzigkeit in Mt 25,31–46.

Also, Kind, erinnere dich an diese Weisun-
gen! Mögen sie nicht aus deinem Herzen ge-
löscht werden!

20 Nun also, Kind, lass mich dir mitteilen:
Ich habe zehn Talente Silbergeld bei Gabaël,
dem Sohn des Gabrija, in Rages in Medien
hinterlegt. 21 Fürchte dich nicht, Kind, dass wir
arm geworden sind! Viele Güter hast du, wenn
du Gott fürchtest, vor jeder Sünde fliehst und
vor dem Herrn, deinem Gott, Gutes tust.

3: Ex 20,12; Dtn 5,16 / **6**: Joh 3,21 / **7**: Sir 29,8–12 / **12**: Gen 24,3–4; Gen 28,1–2 / **14**: Dtn 24,15 / **15**: Mt 7,12; Lk 6,31; Sir 31,15 / **16–17**: Mt 25,31–46 / **16**: Mt 25,35–36 / **19**: Dtn 4,6

DER REISEGEFÄHRTE: 5,1–6,1a

5 1 Da antwortete Tobias und sagte zu To-
bit, seinem Vater: Alles, was du mir ge-
boten hast, werde ich tun, Vater. 2 Aber wie
kann ich das Geld von ihm erhalten? Er kennt
mich nicht und ich kenne ihn nicht. Welches
Zeichen gebe ich ihm, an dem er mich erkennt
und mir glaubt, sodass er mir das Geld wieder-
gibt? Außerdem kenne ich die Wege nach
Medien nicht, um dorthin zu reisen.

3 Da antwortete Tobit und sagte Tobias, sei-
nem Sohn: Gabaël hat mir seinen mit eigener
Hand geschriebenen Schuldschein gegeben
und ich habe ihm einen mit eigener Hand ge-
schriebenen Schuldschein gegeben. Ich habe
die Scheine geteilt, sodass jeder von uns eine
Hälfte erhalten hat, und diese habe ich zu dem
Geld gelegt. Siehe, zwanzig Jahre sind es jetzt
her, dass ich dieses Geld hinterlegt habe. Such
dir also einen zuverlässigen Menschen, der
dich begleiten kann, Kind! Wir werden ihm
einen Lohn zahlen für die Zeit, bis du zurück-
kommst. Und hole dieses Geld bei Gabaël!

4 Tobias ging hinaus, um jemanden zu su-
chen, der mit ihm nach Medien reisen könnte
und dem der Weg vertraut war. Er ging also
hinaus und fand Rafaël, den Engel, vor sich
stehen. Er wusste aber nicht, dass es ein Engel
Gottes ist. 5 Er sagte zu ihm: Woher bist du,
junger Mann? Er sagte ihm: Ich bin einer von
den Israeliten, deinen Brüdern. Ich bin gekom-
men, um hier zu arbeiten. Tobias sagte zu ihm:
Kennst du den Weg, auf dem man nach Medi-
en gelangt? 6 Er sagte zu ihm: Gewiss! Ich bin
vielmals dort gewesen und ich bin erfahren
und weiß alle Wege. Ich bin mehrmals nach
Medien gegangen und habe bei Gabaël, unse-
rem Bruder, der in Rages in Medien wohnt,

übernachtet. Zwei volle Tagesreisen ist Ekba-
tana von Rages entfernt; denn es liegt im Berg-
land, Ekbatana hingegen in der Ebene. 7 Tobias
sagte zu ihm: Warte auf mich, junger Mann,
bis ich heimgegangen bin und meinem Vater
Bescheid sage! Ich brauche dich nämlich, dass
du mit mir gehst. Deinen Lohn werde ich dir
geben. 8 Er sagte zu ihm: Gut, ich warte. Nur
mach nicht lang!

9 Tobias ging heim und sagte seinem Vater
Tobit Bescheid. Er sagte ihm: Siehe, ich habe
jemanden aus unseren Brüdern, den Söhnen
Israels, gefunden. Und Tobit sagte ihm: Ruf
mir den Mann, damit ich erfahre, was sein
Geschlecht ist, aus welchem Stamm er
kommt und ob er vertrauenswürdig ist, um
mit dir zu geben, Kind! 10 Und Tobias ging
hinaus, rief ihn und sagte zu ihm: Junger
Mann, mein Vater ruft dich! Und der Engel
trat ein. Tobit grüßte ihn als Erster und der
Engel antwortete ihm: Möge dir viel Freude
zuteilwerden! Tobit antwortete ihm: Welche
Freude bleibt mir noch? Ich kann meine
Augen nicht gebrauchen und das Licht des
Himmels sehe ich nicht, sondern liege in
Finsternis wie die Toten, die das Licht nicht
mehr schauen. Lebend bin ich unter den To-
ten. Ich höre die Stimme von Menschen, aber
ich sehe sie nicht. Da sagte der Engel ihm: Sei
guten Mutes, bei Gott ist die Zeit schon nahe,
dich zu heilen! Nur Mut!

Tobit sagte zu ihm: Tobias, mein Sohn, will
nach Medien gehen. Kannst du mit ihm gehen
und ihn dorthin führen? Ich werde dir deinen
Lohn zahlen, Bruder. Er sagte zu ihm: Ich kann
mit ihm gehen. Ich weiß alle Wege. Ich bin oft
nach Medien gezogen und bin durch alle seine
Ebenen gegangen und die Berge und all seine
Wege kenne ich. 11 Tobit sagte zu ihm: Bruder,
aus welcher Familie bist du und zu welchem
Stamm gehörst du? Teile es mir mit, Bruder!
12 Er sagte: Was kümmert dich mein Stamm?
Tobit sagte ihm: Ich möchte gern der Wahrheit
gemäß wissen, wessen Sohn du bist, Bruder,
und wie du heißt. 13 Er sagte zu ihm: Ich bin
Asarja, der Sohn des großen Hananja von dei-
nen Brüdern.

14 Da sagte Tobit zu ihm: Willkommen und
alles Gute, Bruder! Und nimm es mir nicht
übel, Bruder, dass ich die Wahrheit wissen und
deine Familie kennen wollte. Zum Glück bist
du ein Bruder aus einem guten und edlen Ge-
schlecht. Hananja und Natan, die beiden Söh-
ne des großen Schimi, habe ich gut gekannt:
Sie zogen immer mit mir nach Jerusalem und
beteten dort mit mir an und ließen sich nicht
in die Irre führen. Deine Brüder sind gute
Menschen. Aus einer edlen Wurzel stammst
du, sei willkommen!

15 Dann sagte er zu ihm: Ich gebe dir als Lohn
eine Drachme am Tag und das, was du wie
mein Sohn zum Leben brauchst. Reise also mit
meinem Sohn 16 und ich werde dir noch etwas
auf den Lohn drauflegen! 17 Der Engel sagte
ihm: Ich werde mit ihm gehen. Und fürchte
dich nicht! Wohlbehalten werden wir fortge-
hen und wohlbehalten zu dir zurückkehren,
denn der Weg ist sicher. Da sagte Tobit ihm:
Segen sei mit dir, Bruder! Und er rief seinen
Sohn und sagte zu ihm: Bereite alles für die
Reise, Kind, und zieh mit deinem Bruder fort!
Gott im Himmel möge euch sicher führen und
euch mir sicher und gesund zurückgeben! Und
sein Engel begleite euch zu eurem Schutz,
Kind! Tobias ging hinaus, um sich auf seinen
Weg zu machen. Er küsste seinen Vater und
seine Mutter und Tobit sagte ihm: Gehe wohl-
behalten!
18 Seine Mutter aber begann zu weinen und
sprach zu Tobit: Warum hast du mein Kind
weggeschickt? Ist er nicht der Stab in unserer
Hand und geht vor uns ein und aus? 19 Geld
braucht nicht zu unserem Geld hinzuzukom-
men. Es soll uns das Lösegeld für unser Kind
werden! 20 Was uns vom Herrn zu leben gege-
ben wird, ist genug. 21 Er sagte zu ihr: Mach dir
keine Sorge! Unser Kind bricht wohlbehalten
auf und wird wohlbehalten zu uns zurück-
kommen. Deine Augen werden unseren Sohn
sehen an dem Tag, an dem er wohlbehalten zu
dir zurückkommt. Mach dir keine Sorgen,
fürchte nicht um sie beide, Schwester! 22 Denn
ein guter Engel wird mit ihm gehen. Er wird
gut auf seinem Weg geführt werden und wohl-
behalten heimkehren. 23 (6,1) Da hörte sie auf zu
weinen.

1: Ex 19,8 / **4**: Gen 18,2–22; 19,1.15; Ri 13,6–7.16; Hebr 13,2

DER FISCH: 6,1b–9

6 1 (6,2) Da ging der Knabe hinaus und der
Engel mit ihm, auch der Hund kam mit
ihm hinaus und zog mit ihnen zusammen los.
Die beiden zogen dahin und die erste Nacht
für sie brach an. Sie schlugen am Fluss Tigris
ihr Lager auf. 2 (6,3) Der Knabe stieg hinab, um
seine Füße in den Fluss Tigris zu tauchen. Da

sprang ein großer Fisch aus dem Wasser auf
und wollte den Fuß des Knaben verschlingen,
der aber schrie. 3 (6,4) Der Engel sagte zu dem
Knaben: Packe ihn und bring den Fisch in dei-
ne Gewalt! Da überwältigte der Knabe den
Fisch und zog ihn an Land. 4 (6,5) Der Engel sag-
te ihm: Schneide den Fisch auf, nimm Galle,
Herz und Leber heraus und leg sie für dich zur
Seite. Die Innereien aber wirf weg! Denn seine
Galle, sein Herz und seine Leber sind ein wirk-
sames Heilmittel.

5 (6,6) Der Knabe schnitt den Fisch auf und
hob Galle, Herz und Leber auf. Dann briet er
etwas vom Fisch und aß es und das Übrige
behielt er zum Einsalzen. Dann wanderten
beide gemeinsam weiter, bis sie sich Medien
näherten. 7 Da fragte der Knabe den Engel:
Asarja, mein Bruder, was für ein Heilmittel ist
im Herzen und in der Leber des Fisches und in
der Galle? 8 Er antwortete ihm: Lass das Herz
und die Leber des Fisches vor einem Mann
oder einer Frau, die von einem Dämon oder
einem bösen Geist angefallen werden, in
Rauch aufgehen und jeder Anfall wird ver-
trieben werden. Die Dämonen werden in
Ewigkeit nicht mehr bei ihm bleiben. 9 Mit der
Galle hingegen salbe die Augen eines Men-
schen, in denen weiße Flecken aufgetaucht
sind. Danach hauche auf die weißen Flecken
auf den Augen und sie werden heilen.

HEIRATSPLAN: 6,10–19

10 Als er nach Medien gekommen war und sich
schon Ekbatana näherte, 11 sagte Rafaël zu dem
Knaben: Bruder Tobias! Und er sagte ihm: Ja,
ich höre. Und er sagte ihm: Wir müssen diese
Nacht im Haus Raguëls bleiben. Der Mann ist
ein Verwandter von dir und hat eine Tochter
mit dem Namen Sara. 12 Außer Sara hat er kei-
nen männlichen Nachkommen und keine
Tochter. Du bist ihr nächster Verwandter vor
allen anderen Männern, sodass du sie zum
Erbe erhältst. Es steht dir rechtmäßig zu, das
Vermögen ihres Vaters zu erben. Und das
Mädchen ist klug, mutig und sehr schön und
auch ihr Vater ist edel.

13 Und er sprach weiter: Es ist dein Recht, sie
zur Frau zu nehmen. So höre mich, Bruder:
Lass mich in dieser Nacht mit dem Vater über
das Mädchen sprechen, sodass wir es für dich
als Braut gewinnen! Und wenn wir aus Rages
zurückkehren, werden wir mit ihr Hochzeits-
feier halten. Ich weiß, dass Raguël sie dir nicht
verwehren oder sie mit einem anderen verlo-
ben kann. Darauf wäre nach dem Recht des
Buches Mose die Todesstrafe gesetzt, da er
weiß, dass es dir zukommt, seine Tochter zur
Frau zu nehmen vor jedem anderen Mann. So
höre mich jetzt, Bruder, lass uns diese Nacht
über das Mädchen sprechen und um sie wer-
ben! Und wenn wir aus Rages zurückkehren,
wollen wir sie mitnehmen und sie mit uns zu
dir nach Hause führen. 14 Tobias antwortete
und sagte zu Rafaël: Asarja, mein Bruder, ich
habe gehört, dass sie schon sieben Männern
zur Frau gegeben wurde und dass sie in ihrem
Brautbett in der Nacht starben.

Wenn sie zu ihr hineinkamen, starben sie.
Und ich hörte sagen, dass ein Dämon sie tötet.
15 Jetzt habe ich Angst: Denn der Dämon liebt
sie und tut ihr keinen Schaden an, wer sich ihr
aber nahen will, den tötet er. Ich bin der einzi-
ge Sohn für meinen Vater. Ich will nicht ster-
ben und das Leben meines Vaters und meiner
Mutter aus Schmerz über mich ins Grab brin-
gen. Sie haben keinen anderen Sohn, um sie zu
begraben.

16 Rafaël sprach zu ihm: Erinnerst du dich
nicht an die Weisungen deines Vaters? Er trug
dir auf, eine Frau aus dem Haus deines Vaters
zu nehmen. Höre also, Bruder, mach dir keine
Sorge über diesen Dämon und nimm sie! Ich
weiß, dass sie dir in dieser Nacht zur Frau ge-
geben wird. 17 Wenn du aber das Brautgemach
betrittst, nimm etwas von der Leber des Fi-
sches und sein Herz, leg sie auf die Räucher-
kohle und der Duft wird sich verbreiten. 18 Der
Dämon wird ihn riechen und fliehen und wird
sich in Ewigkeit nicht mehr bei ihr sehen las-
sen. Wenn du aber zu ihr kommst, erhebt euch
beide zuerst, um zu beten. Bittet den Herrn
des Himmels, dass Erbarmen und Rettung
über euch kommen mögen! Fürchte dich
nicht! Denn sie ist dir schon von Ewigkeit her
bestimmt worden: Du wirst sie retten und
mit dir wird sie gehen. Ich bin sicher, dass
du Kinder mit ihr haben wirst. Sie werden dir
wie Brüder sein. Mach dir keine Sorge! 19 Als
Tobias Rafaëls Worte hörte, dass Sara seine
Schwester aus der Nachkommenschaft des
Hauses seines Vaters war, gewann er sie sehr
lieb und sein Herz hängte sich an sie.

13: Dtn 25,5–10; Num 36,5–12 / **15:** 1,17; 4,3–4; 14,2.10 /
18: Sir 38,9–14

ANKUNFT BEI RAGUËL: 7,1–8

7 1 Als er nach Ekbatana kam, sagte Tobias
dem Engel: Asarja, Bruder, führe mich
geradewegs zu unserem Bruder Raguël! Da
führte er ihn zu Raguëls Haus und sie fanden
ihn am Hoftor sitzend. Sie grüßten ihn zuerst
und er antwortete ihnen: Seid vielmals ge-
grüßt, Brüder, tretet gut und wohlbehalten
ein! Und er führte sie in sein Haus. 2 Und er
sagte Edna, seiner Frau: Wie ähnlich sieht
dieser junge Mann doch Tobit, meinem Bru-
der! 3 Da fragte Edna sie: Woher seid ihr,
Brüder? Und sie antworteten ihr: Von den
Söhnen Naftalis, die in Ninive im Exil woh-
nen. 4 Da sagte sie zu ihnen: Kennt ihr Tobit,
unseren Bruder? Sie antworteten ihr: Wir
kennen ihn. 5 Und sie fragte sie: Ist er gesund?
Sie antworteten: Er ist gesund und lebt. Dann
sagte Tobias: Er ist mein Vater. 6 Da sprang
Raguël auf, küsste ihn und weinte. 7 Er sagte
zu ihm: Segen sei mit dir, Kind, du Sohn
dieses guten und edlen Vaters! O schreckli-
ches Unglück, dass ein so gerechter und
barmherziger Mann erblindet ist! Und er fiel
seinem Bruder Tobias um den Hals und
weinte. 8 Auch seine Frau Edna weinte über
Tobit und Sara, ihre Tochter, weinte eben-
falls.

DIE WERBUNG UM SARA: 7,9–17

9 Er schlachtete einen Widder von den Scha-
fen und nahm sie herzlich auf. Und als sie sich
gebadet und die Hände gereinigt und sich zum
Mahl niedergelassen hatten, sagte Tobias zu
Rafaël: Asarja, mein Bruder, sprich bitte zu
Raguël, dass er mir Sara, meine Schwester,
gebe! 10 Raguël aber hörte seine Bitte und sag-
te zum Knaben: Iss und trink und lass es dir
gut gehen in dieser Nacht! Es gibt keinen
Mann außer dir, dem es zusteht, Sara, meine
Tochter, zur Frau zu nehmen, Bruder. Ebenso
habe auch ich kein Recht, sie einem anderen
Mann zu geben außer dir, denn du bist mein
nächster Verwandter. Doch will ich dir ganz
gewiss die Wahrheit sagen, mein Kind. 11 Ich
habe sie sieben Männern von unseren Brüdern
zur Frau gegeben und sie sind alle in der Nacht
gestorben, als sie zu ihr hineinkamen. Jetzt
aber, Kind, iss und trink, der Herr wird es für
euch richten! Da sagte Tobias: Ich will von
jetzt an nichts essen und trinken, bis du mei-
ne Angelegenheit geordnet hast. Und Raguël
sagte ihm: Das will ich tun. Sie sei dir nach
dem Recht des Buches Mose zur Frau gegeben.
Vom Himmel ist entschieden, dass sie dir ge-
hört! Empfange deine Schwester! Von jetzt an
sei du ihr Bruder und sie sei deine Schwester!
Sie ist dir gegeben von heute an und bis in
Ewigkeit! Und der Herr des Himmels geleite
euch wohl in dieser Nacht, Kind. Er erweise
euch Erbarmen und Frieden. 12 Dann rief Ra-
guël Sara, seine Tochter, und sie kam zu ihm.
Er nahm ihre Hand, übergab sie ihm und
sprach: Erwirb sie nach dem Gesetz und dem
Recht, die im Buch des Mose stehen, wonach
sie dir zur Frau zu geben ist. Nimm sie und
führe sie wohlbehalten zu deinem Vater! Der
Gott des Himmels geleite euch in Frieden!
13 Dann rief er ihre Mutter und hieß sie, etwas
zum Schreiben zu bringen, und er setzte die
Heiratsurkunde auf und gab sie ihm zur Frau
nach dem Rechtsspruch des Gesetzes Moses.
14 Danach begannen sie zu essen und zu trin-
ken. 15 Raguël rief Edna, seine Frau, und bat sie:
Schwester, richte die andere Kammer und führ
sie dort hinein! 16 Und sie ging, breitete das
Lager in der Kammer aus, wie er sie gebeten
hatte, führte ihre Tochter dort hinein und
weinte über sie. Aber sie wischte sich die Trä-
nen ab und sagte zu Sara: 17 Sei guten Mutes,
Tochter, der Herr des Himmels gebe dir Freu-
de statt deiner Trauer! Nur Mut, Tochter! Dann
ging sie hinaus.

10: Jes 22,13; 1 Kor 15,32 / **11**: Lev 18,1–30

SARAS BEFREIUNG UND GEBET DES HOCHZEITSPAARES: 8,1–9

8 1 Als sie das Mahl beendet hatten, wollten
sie sich schlafen legen und sie nahmen
den jungen Mann und führten ihn in die Kam-
mer. 2 Tobias entsann sich der Anweisungen
Rafaëls. Er nahm die Leber des Fisches und
sein Herz aus dem Reisesack, den er bei sich
trug, und legte sie auf die Räucherkohle. 3 Da
hielt der Geruch des Fisches den Dämon fern
und er entwich bis hinauf in die Gegenden
Ägyptens und Rafaël ging hin, nahm ihn dort
fest und fesselte ihn sofort.
4 Die Eltern waren hinausgegangen und
hatten die Tür der Kammer geschlossen. Da
erhob sich Tobias vom Lager und sagte zu
Sara: Schwester, steh auf, lass uns beten und
unseren Herrn bitten, er möge Erbarmen und
Rettung über uns walten lassen! 5 Da stand
sie auf und beide begannen zu beten und zu
flehen, dass ihnen Rettung gewährt werde.

Er begann: Gepriesen bist du, Gott unserer
Väter, und gepriesen ist dein Name durch alle
Zeiten des Menschengeschlechts. Der Him-
mel und deine ganze Schöpfung sollen dich
preisen in alle Ewigkeiten! 6 Du hast Adam
geschaffen und schufst ihm eine Hilfe zur
Stütze, Eva, seine Frau. Aus beiden stammt
das Menschengeschlecht. Du sprachst: Es ist
nicht gut, dass der Mensch allein sei, schaffen
wir ihm eine Hilfe, ihm gleich! 7 Und jetzt
nehme ich diese meine Schwester nicht in
Unzucht zur Frau, sondern in wahrer Liebe.
Befiehl, dass wir beide Erbarmen finden und
gemeinsam alt werden! 8 Und sie sprachen
miteinander: Amen, amen.
9 Dann legten sie sich schlafen zur Nacht.
Raguël jedoch stand auf und rief die Knechte
zu sich und sie gingen und hoben ein Grab aus.

3: Mt 12,43; Lk 11,24; Offb 18,2; Lev 16,10 / 6: Gen 2,18

RAGUËLS FREUDE: 8,10–21

10 Denn er dachte: Vielleicht stirbt auch er und
wir werden zum Gelächter und Gespött wer-
den. 11 Als sie das Grab ganz ausgehoben hat-
ten, kam Raguël ins Haus zurück, rief seine
Frau 12 und sagte: Schick eine von den Mägden!
Sie soll in der Kammer schauen, ob er lebt.
Wenn er tot ist, wollen wir ihn begraben, da-
mit niemand etwas erfährt. 13 Man schickte die
Magd, zündete die Lampe an und öffnete die
Tür: Sie trat ein und fand sie schlafend, ge-
meinsam schlummernd. 14 Da ging sie hinaus
und berichtete ihnen: Er lebt und kein Unheil
ist geschehen.
15 Da priesen sie den Gott des Himmels und
sagten: Gepriesen bist du, o Gott, mit jedem
reinen Lobpreis. In alle Ewigkeiten soll man
dich preisen. 16 Gepriesen bist du, da du mich
erfreut hast, und nicht geschehen ist, was ich
vermutet hatte. Vielmehr hast du nach deinem
reichen Erbarmen an uns gehandelt. 17 Geprie-
sen bist du: Du hast dich der beiden einzigen
Kinder erbarmt. Erweise ihnen, mein Gebie-
ter, Erbarmen und Rettung und vollende ihr
Leben mit Freude und Erbarmen! 18 Dann trug
er seinen Knechten auf, das Grab zuzuwerfen,
bevor der Morgen graute.
19 Seine Frau hieß er, reichlich Brot zu ba-
cken. Dann ging er zur Herde, nahm zwei
Ochsen und vier Widder heraus und hieß,
sie zu bereiten. Und man begann mit den
Vorbereitungen. 20 Er rief Tobias und sagte zu
ihm: Vierzehn Tage lang darfst du dich nicht
von hier rühren, du wirst vielmehr hier blei-
ben und wirst bei mir essen und trinken und
die tief betrübte Seele meiner Tochter erfreu-
en. 21 Danach nimm die Hälfte von dem, was
ich besitze, und ziehe wohlbehalten zu dei-
nem Vater zurück! Und die andere Hälfte
wird euer sein, wenn ich und meine Frau
gestorben sind. Hab Mut, Kind, ich bin dein
Vater und Edna ist deine Mutter. Wir sind
jetzt für dich, was wir auch für deine Schwes-
ter sind, von jetzt an und in Ewigkeit. Nur
Mut, Kind!

RAFAËLS FREUNDESDIENST: 9,1–6

9 1 Da rief Tobias Rafaël und bat ihn: 2 Bru-
der Asarja, nimm mit dir vier Knechte
und zwei Kamele und brich nach Rages auf,
geh zu Gabaël und gib ihm den Schuldschein,
besorge das Geld und bring ihn mit dir zur
Hochzeitsfeier! 3 Du weißt ja, dass mein Vater
die Tage zählt, und wenn ich einen Tag länger
verweile, werde ich ihm großen Kummer be-
reiten. Du siehst, was für eine Hochzeitsfeier
Raguël mir versprochen hat, und ich kann sein
Versprechen nicht zurückweisen. [4]
5 Da brach Rafaël auf, zusammen mit den
vier Knechten und den zwei Kamelen, nach
Rages in Medien und kehrte bei Gabaël ein. Er
gab ihm seinen Schuldschein und berichtete
ihm über Tobias, den Sohn Tobits, dass er eine
Frau genommen habe und ihn zur Hochzeit
einlade. Da stand Gabaël auf und zählte ihm
die mit Siegeln versehenen Geldsäcke vor und
sie verstauten sie.
6 Dann standen sie früh gemeinsam auf und
gingen zur Hochzeitsfeier. Sie traten bei Ra-
guël ein und fanden Tobias, der sich zum
Mahl niedergelassen hatte. Er sprang auf und
grüßte Gabaël. Gabaël aber weinte, segnete
ihn und sprach zu ihm: Du guter und edler
Sohn eines guten und edlen Vaters, eines Ge-
rechten und Wohltätigen! Der Herr gebe dir
den Segen des Himmels, auch deiner Frau,
deinem Vater und der Mutter deiner Frau.
Gepriesen sei Gott, dass ich meinen Vetter
Tobit selbst gesehen habe, denn dieser hier
gleicht ihm ganz!

TOBIAS' RÜCKKEHR UND SARAS EMPFANG: 10–12

TOBIT UND HANNA IN SORGE: 10,1–7

10 1 Tag für Tag aber berechnete Tobit, wie
viele Tage lang Tobias reisen und in wie
vielen Tagen er zurückkehren werde. Und als
die Tage abgelaufen waren und sein Sohn noch
nicht wiedergekommen war, 2 dachte er: Wird
er dort vielleicht aufgehalten? Oder ist Gabaël
etwa gestorben und niemand gibt ihm das
Geld? 3 Und er begann, Kummer zu empfin-
den. 4 Hanna, seine Frau, aber sprach: Mein
Kind ist umgekommen. Es ist nicht mehr unter
den Lebenden. Und sie begann, um ihren Sohn
zu weinen und zu klagen. Sie sprach: 5 Wehe
mir, Kind, dass ich dich ziehen ließ, das Licht
meiner Augen!
6 Tobit aber erwiderte ihr: Sei still, mach dir
keine Sorgen, Schwester, es geht ihm gut. Si-
cher wurden sie dort aufgehalten. Der Mann,
der mit ihm gegangen ist, ist vertrauenswür-
dig, einer von unseren Brüdern. Sei nicht be-
kümmert seinetwegen, Schwester, er wird
bald wieder hier sein. 7 Doch sie antwortete:
Sei still und lass mich, täusche mich nicht!
Mein Kind ist tot. Sie sprang auf und ging Tag
für Tag hinaus und suchte mit Blicken den Weg
ab, auf dem ihr Sohn fortgezogen war. Sie ließ
sich von niemand überzeugen. Und wenn die
Sonne untergegangen war, ging sie heim, weh-
klagte und weinte die ganze Nacht lang und
fand keinen Schlaf.

Und als die vierzehn Tage der Hochzeit vo-
rüber waren, die Raguël für seine Tochter aus-
zurichten versprochen hatte, ging Tobias zu
ihm und sagte: Entlasse mich! Ich weiß, dass
mein Vater und meine Mutter nicht mehr glau-
ben, dass sie mich noch wiedersehen. So bitte
ich dich jetzt, Vater: Entlasse mich, dass ich zu
meinem Vater gehe! Ich habe dir ja schon er-
klärt, in welchem Zustand ich ihn verlassen
habe.

7: Gen 30,25

TOBIAS' RÜCKKEHR: 10,8–14

8 Raguël sprach zu Tobias: Bleib, Kind, bleibe
bei mir! Ich will Boten zu deinem Vater Tobit
senden, dass sie ihm von dir Nachricht geben.
9 Tobias aber sagte ihm: Nein. Ich bitte dich,
dass du mich jetzt zu meinem Vater entlässt.
10 Da stand Raguël auf und übergab Tobias
Sara, seine Frau, und die Hälfte all seiner Habe:
Knechte und Mägde, Ochsen und Schafe, Esel
und Kamele, Kleider, Geld und Hausgeräte.
11 Er ließ sie wohlbehalten ziehen und sagte
Tobias zum Abschiedsgruß: Lebe wohl, Kind,
geh, lebe wohl! Der Herr des Himmels möge
euch und deine Frau Sara glücklich geleiten!
Hoffentlich sehe ich noch eure Kinder, bevor
ich sterbe. 12 Zu seiner Tochter Sara sprach er:
Geh zu deinem Schwiegervater, denn von jetzt
an sind sie deine Eltern wie die, die dich ge-
zeugt haben! Geh in Frieden, Tochter, ich
möchte gute Nachrichten von dir hören, so-
lange ich lebe! Und er nahm Abschied und ließ
sie gehen. 13 Edna sprach zu Tobias: Kind und
geliebter Bruder, der Herr möge dich mir wie-
dergeben und möge mich, solange ich lebe,
noch deine Kinder sehen lassen und die Kinder
meiner Tochter Sara, bevor ich sterbe. Vor dem
Angesicht des Herrn übergebe ich dir meine
Tochter in deine Hut. Betrübe sie an keinem
Tag deines Lebens! Kind, geh in Frieden! Von
nun an bin ich deine Mutter und Sara ist deine
Schwester. Mögen wir alle zusammen glück-
lich werden alle Tage unseres Lebens! Und sie
küsste beide und ließ sie wohlbehalten fortge-
hen. 14 Tobias verließ Raguël wohlbehalten
und voll Freude pries er den Herrn des Him-
mels und der Erde, den König des Alls, weil er
seinen Weg zum Erfolg geführt hatte. Raguël
sagte zu ihm: Mögest du das Glück haben, sie
zu ehren alle Tage ihres Lebens.

TOBITS HEILUNG: 11,1–15

11 1 Als sie sich Kaserin näherten, das ge-
genüber von Ninive liegt, 2 sagte Rafaël:
Du weißt, wie wir deinen Vater zurückgelas-
sen haben. 3 Lass uns deiner Frau vorauseilen
und das Haus herrichten, während die ande-
ren nachkommen! 4 Beide eilten gemeinsam
los. Rafaël sagte zu Tobias: Nimm die Galle zur
Hand! Auch der Hund lief mit hinter Rafaël
und Tobias. 5 Hanna aber saß da und suchte mit
den Blicken den Weg ihres Sohnes ab. 6 Da
entdeckte sie von Weitem, wie er kam, und
sagte seinem Vater: Schau, dein Sohn kommt
und der Mann, der mit ihm gegangen ist!
7 Rafaël aber sagte zu Tobias, bevor er zu sei-
nem Vater kam: Ich weiß, dass seine Augen
wieder geöffnet werden. 8 Träufle die Galle
vom Fisch in seine Augen, dass das Heilmittel

einzieht und es die weißen Flecken von den
Augen löst! Dann wird dein Vater die Augen
aufschlagen und das Licht sehen. 9 Da lief Han-
na voraus. Sie fiel ihrem Sohn um den Hals und
sagte ihm: Ich habe dich gesehen, Kind! Jetzt
kann ich sterben. Und sie weinte. 10 Auch Tobit
stand auf. Er stolperte über seine Füße, fand
aber aus dem Hoftor heraus und Tobias ging
auf ihn zu. 11 Die Fischgalle in seiner Hand, blies
er in Tobits Augen, hielt ihn fest und sagte:
Mut, Vater! Er legte das Heilmittel auf und gab
es darauf. 12/13 Dann schälte er mit seinen bei-
den Händen die weißen Flecken aus den Au-
genwinkeln und Tobit fiel ihm um den Hals,
14 er weinte und rief Tobias zu: Ich kann dich
wieder sehen, Kind, du Licht meiner Augen!
Und er sagte: Gepriesen sei Gott! Gepriesen sei
sein gewaltiger Name! Gepriesen seien alle sei-
ne heiligen Engel! Möge sein Name groß sein
über uns! Und gepriesen seien alle Engel in alle
Ewigkeit! 15 Denn er hat mich gezüchtigt, aber
jetzt sehe ich meinen Sohn Tobias wieder. So
trat Tobias fröhlich ein und pries Gott aus vol-
lem Munde. Tobias berichtete seinem Vater,
dass seine Reise gut verlaufen sei und er das
Geld besorgt habe und wie er Sara, die Tochter
Raguëls, zur Frau genommen habe. Sie komme
gerade an und sei nahe beim Tor Ninives.

6: Lk 15,20 / **9:** Lk 2,29–30

SARAS EMPFANG: 11,16–19

16 Da wollte Tobit die Braut seines Sohnes
in Empfang nehmen. Voll Freude und Gott
lobend ging er Sara bis zum Tor von Ninive
entgegen. Die Einwohner Ninives sahen, dass
er ging und mit seiner ganzen Kraft einher-
schritt, ohne von jemandem an der Hand ge-
führt zu werden, und sie staunten.

17 Tobit aber bekannte vor ihnen, dass Gott
sich seiner erbarmt und ihm die Augen geöff-
net habe.

Als sich Tobit Sara, der Frau seines Sohnes
Tobias, näherte, segnete er sie und sagte ihr:
Magst du glücklich zu uns kommen, Tochter!
Gepriesen sei dein Gott, der dich zu uns ge-
führt hat, Tochter. Gesegnet sei dein Vater,
gesegnet sei mein Sohn Tobias und gesegnet
seist du, Tochter. Tritt ein in dein Haus, glück-
lich und voll Lobpreis und Freude! Tritt ein,
Tochter! 18 Dieser Tag war allen Juden in Nini-
ve eine Freude. 19 Und auch seine Vettern Achi-
kar und Nabad besuchten Tobit voll Freude.

18: Ester 8,16–17

RAFAËLS SELBSTOFFENBARUNG: 12,1–22

12 1 Als die Hochzeitsfeierlichkeit an ihr
Ende kam, rief Tobit seinen Sohn To-
bias und sprach zu ihm: Kind, sieh zu, dem
Mann, der mit dir gegangen ist, den Lohn zu
geben und ihm auf den Lohn noch etwas
draufzulegen! 2 Tobias antwortete ihm: Vater,
wie viel Lohn soll ich ihm für seine Dienste
geben? Wenn ich ihm die Hälfte des Vermö-
gens gebe, das er mit mir hergebracht hat,
trage ich keinen Schaden davon. 3 Er hat mich
gesund heimgebracht, meine Frau geheilt,
das Geld mit mir gebracht und dich gesund
gemacht. Wie viel kann ich ihm als Lohn jetzt
geben? 4 Tobit sagte zu ihm: Es ist sein gerech-
ter Lohn, Kind, wenn er die Hälfte von allem
erhält, was er mitgebracht hat. 5 Tobias rief
ihn und sprach: Nimm die Hälfte von allem,
was du mitgebracht hast, als deinen Lohn und
zieh wohlbehalten weiter! 6 Da rief er die
beiden zur Seite und sprach zu ihnen: Preist
Gott und bekennt ihm vor allen Lebenden
das Gute, was er euch getan hat, damit wir
ihn preisen und seinem Namen lobsingen!
Macht allen Menschen ehrend die Worte
Gottes bekannt! 7 Es ist gut, das Geheimnis
eines Königs zu wahren, die Werke Gottes
aber zu offenbaren und ehrend zu bekennen.
Tut das Gute und das Böse wird euch nicht
finden!

8 Besser Gebet zusammen mit Wahrheit und
Almosen zusammen mit Gerechtigkeit als
Reichtum zusammen mit Unrecht. Almosen
geben ist schöner als einen Goldschatz sam-
meln. 9 Almosen retten aus dem Tod, sie rei-
nigen von aller Sünde. Die Almosen geben,
werden mit Leben gesättigt werden. 10 Die
Sünde und Unrecht begehen, sind Feinde ihres
eigenen Lebens. 11 Ich will euch die ganze
Wahrheit sagen und nichts vor euch verber-
gen. Ich sagte euch schon: Es ist gut, das Ge-
heimnis eines Königs zu wahren, die Werke
Gottes aber rühmend zu offenbaren.

12 Nun also: Als ihr gebetet habt, du und
Sara, war ich es, der euer Gebet vor die Herr-
lichkeit des Herrn getragen hat und es dort in
Erinnerung rief, und ebenso als du die Toten
begrubst. 13 Als du nicht zögertest, aufzuste-
hen und dein Mahl stehen zu lassen, und hin-
gegangen bist, um dich um den Leichnam zu
kümmern, 14 bin ich damals zu dir gesandt
worden, um dich zu erproben. Zugleich hat
Gott mich gesandt, dich zu heilen und Sara,

deine Schwiegertochter. 15 Ich bin Rafaël, ei-
ner von den sieben Engeln, die bereitstehen
und hineingehen vor die Herrlichkeit des
Herrn.

16 Da erschraken beide und fielen vor Furcht
auf ihr Angesicht nieder. 17 Er aber sagte ih-
nen: Fürchtet euch nicht, Friede sei mit euch!
Preist Gott alle Zeit! 18 Nicht aus meiner Gna-
de war ich bei euch, als ich bei euch zugegen
war, sondern durch den Willen Gottes. Ihn
preist alle Tage und lobsingt ihm! 19 Ihr saht,
dass ich nie etwas gegessen habe. Eine Er-
scheinung wurde euch zu sehen gegeben.
20 Nun preist den Herrn auf der Erde und be-
kennt Gott! Siehe, ich gehe hinauf zu dem, der
mich gesandt hat. Schreibt all dies auf, was
euch geschehen ist! Und er stieg empor. 21 Da
standen sie auf und konnten ihn nicht mehr
sehen. 22 Da priesen sie Gott mit Lobgesängen
und bekannten ihn für seine Werke; für sol-
che Großtaten, dass ihnen ein Engel Gottes
erschienen war.

1: 4,14 / **9**: 4,10 / **19**: Lk 24,39–43 / **20**: Joh 20,17

TOBITS LOBPREIS UND SEIN TESTAMENT: 13–14

TOBITS LOBGESANG: 13,1–8

13 1 Und Tobit stimmte an:
Gepriesen sei Gott, der in Ewigkeit lebt, und gepriesen sei sein Reich! /
2 Denn er straft und hat Erbarmen. /
Er führt hinab in die tiefste Unterwelt unter der Erde /
und führt empor aus dem großen Verderben. /
Es gibt nichts, was seiner Hand entrinnt. /
3 Ihr Kinder Israels, bezeugt ihn vor den Heiden, /
denn er hat euch unter sie zerstreut /
4 und hat euch dort seine Größe gezeigt. /
Erhebt ihn vor allem, was lebt! /
Denn er ist unser Herr, er unser Gott, /
er unser Vater, er ist Gott in alle Ewigkeit. /
5 Er straft euch für euer Unrecht, /
doch er erbarmt sich über euch alle unter allen Völkern, wohin auch immer ihr unter ihnen zerstreut seid.
6 Wenn ihr euch ihm zuwendet mit eurem ganzen Herzen /
und mit eurer ganzen Seele vor ihm die Wahrheit tut, /
dann wird auch er sich euch zuwenden /
und sein Angesicht vor euch nicht verbergen. /
Jetzt aber betrachtet, was er an euch getan hat, /
und bekennt ihn aus vollem Mund! /
Preist den Herrn der Gerechtigkeit, /
erhebt den König der Ewigkeit! /
Ich will ihn bekennen im Land meiner Verbannung, /
seine Macht und Größe einem sündigen Volk verkünden. /
Kehrt um, ihr Sünder, /
und übt Gerechtigkeit vor ihm, unserm Herrn! /
Wer weiß, ob er euch nicht wieder wohlwill /
und euch Barmherzigkeit erweist! /
7 Ich und meine Seele, wir jubeln freudig dem König des Himmels zu, /
meine Seele wird sich freuen alle Tage meines Lebens. /
8 Preist den Herrn, alle Erwählten, /
und ihr alle, lobt seine Größe! /
Ruft Festtage aus und bekennt ihn!

2: 1 Sam 2,6

JERUSALEMS ERNEUERUNG: 13,9–18

9 Jerusalem, du heilige Stadt! /
Er hat dich gestraft für die Werke deiner Hände. /
10 Bekenne den Herrn in schöner Weise /
und preise den König der Ewigkeit, /
dann wird dir dein Zelt wieder aufgerichtet in Freude. /
Alle Gefangenen in dir wird er erfreuen, /
alle Elenden in dir wird er lieben /
für alle Geschlechter auf ewig. /
11 Ein helles Licht wird leuchten bis an alle Enden der Erde. /

13,6i–10b Dieses Stück ist nur in der altlateinischen Übersetzung enthalten.

Viele Völker werden aus der Ferne zu dir kommen /
und die Bewohner aller Enden der Erde zu deinem heiligen Namen. /
In ihren Händen werden sie ihre Gaben für den König des Himmels tragen. /
Geschlecht für Geschlecht wird in dir Jubel darbringen / und der Name der erwählten Stadt wird bleiben für alle Geschlechter auf ewig. /
12 Verflucht seien alle, die dir harte Worte sagen werden! /
Verflucht werden alle sein, die dich zerstören, deine Mauern niederreißen, /
alle, die deine Türme umstürzen und deine Wohnstätten in Brand setzen! /
Gesegnet aber werden alle sein auf ewig, die dir Ehrfurcht erweisen! /
13 Dann zieh mit Jubel den Söhnen der Gerechten entgegen, /
denn sie werden alle gesammelt und preisen den Herrn der Ewigkeit. /
14 Selig, die dich lieben! /
Selig, die sich über deinen Frieden freuen, /
und selig alle Menschen, die über dich betrübt sind wegen all deiner Plagen! /
Denn sie werden sich in dir freuen /
und all deine Freude schauen auf ewig. /
15 Meine Seele, preise den Herrn, den großen König! /
16 Denn Jerusalem wird erbaut /
und sein Haus für die Stadt in Ewigkeit. /
Selig werde ich sein, /
wenn der Rest meines Geschlechts dann deine Herrlichkeit schaut, /
um den König des Himmels zu preisen. /
Jerusalems Tore werden aus Saphir und Gold erbaut /
und aus Edelstein all deine Mauern. /
Jerusalems Türme werden aus Gold erbaut und aus reinem Gold ihre Zinnen. /
17 Jerusalems Straßen werden mit Rubin und Sufirstein gepflastert. /
18 Jerusalems Tore werden Jubellieder singen, /
alle Häuser der Stadt werden singen: /
Halleluja! Gepriesen sei der Gott Israels! /
Die Gesegneten werden den heiligen Namen preisen auf immer und ewig.

10: Jes 60,1–22; 44,28; Am 9,11 / **11**: Jes 60,3; 2,2–3; 45,14–25; Lk 2,32; Apg 13,47 / **16**: Jes 54,11–12; Offb 21,9–14.18–21

TOBITS TESTAMENT: 14,1–11

14 1 So endeten die Worte von Tobits Bekenntnisgesang.
Er starb in Frieden, hundertzwölf Jahre alt,
und wurde ehrenvoll in Ninive begraben. 2 Er
war zweiundsechzig Jahre alt, als seine Augen blind wurden. Nachdem er wieder sehen konnte, hatte er ein gutes Leben und tat Werke der Barmherzigkeit. Er fuhr fort, Gott zu
loben und Gottes Größe zu bekennen. 3 Als er
zum Sterben kam, rief er seinen Sohn Tobias und gab ihm seine Weisungen: Kind, führe
deine Kinder weg 4 und zieh nach Medien!
Denn ich glaube an Gottes Wort über Ninive, das Nahum gesprochen hat. Alles wird eintreffen und sich erfüllen, was die Propheten Israels, die Gott gesandt hat, gegen Assur und Ninive verkündet haben. Alles wird eintreffen, keines von allen Worten wird hinfällig werden. Alles wird eintreten zu seiner Zeit. In Medien aber wird man sicherer sein als in Assyrien und in Babylon. Denn ich weiß und glaube: Alles, was Gott verheißen hat, wird vollendet und wird Wirklichkeit. Keines seiner Worte wird hinfällig. Unsere Brüder, die im Land Israel wohnen, werden alle zerstreut und aus dem guten Land weg in die Verbannung geführt. Das ganze Land Israel wird menschenleer, Samaria und Jerusalem werden menschenleer, das Haus Gottes wird eine Zeit lang trauern und niedergebrannt sein.
5 Dann wird sich Gott ihrer wieder erbarmen. Er wird sie in das Land Israel zurückbringen. Sie werden das Haus Gottes wieder aufbauen, aber nicht wie das erste, bis die Zeiten der Erfüllung kommen. Dann werden alle aus ihrer Verbannung zurückkehren und Jerusalem in Ehren erbauen. Dann wird Gottes Haus in der Stadt erbaut werden, so wie Israels Pro-
pheten über sie verheißen haben. 6 Alle Völker
auf der ganzen Erde werden sich bekehren und wahrhaft Gott fürchten. Alle werden ihre Götzen verlassen, die sie betrogen und in die Irre
geführt haben. 7 Sie werden den Gott der Ewig-
keit in Gerechtigkeit preisen. An jenen Tagen werden sich alle Israeliten, denen Heil widerfuhr, in Wahrheit an Gott erinnern. Sie werden gesammelt werden und nach Jerusalem kommen und auf ewig sicher im Land Abrahams wohnen und es wird ihnen zu Eigen gegeben werden. Jene, die Gott in Wahrheit lieben, werden sich freuen und jene, die Sünde und Unrecht begehen, werden aus dem

ganzen Land verschwinden. 8/9 Und nun ge-
biete ich euch, Kinder: Dient Gott in Wahrheit
und tut, was ihm wohlgefällig ist! Auch eure
Kinder sollen unterwiesen werden, Gerech-
tigkeit und Barmherzigkeit zu tun und an Gott
zu denken und jederzeit mit all ihrer Kraft in
Wahrheit seinen Namen zu preisen. Also,
Kind, zieh du jetzt aus Ninive fort und bleibe
nicht hier! 10 An dem gleichen Tag, an dem du
deine Mutter neben mir begräbst, an diesem
Tag verweile keine Nacht länger in Ninives
Grenzen! Denn ich sehe, dass lauter Unrecht
und lauter Arglist darin begangen werden, und
sie schämen sich nicht. Sieh, Kind, was Nadab
dem Achikar antat, der ihn aufgezogen hat:
Wurde Achikar nicht lebendig in der Erde be-
graben? Gott aber hat ihm diese Niedertracht
ins Angesicht vergolten: Achikar kam wieder
heraus ans Licht, Nadab aber ging in die ewige
Finsternis ein, weil er versucht hatte, Achikar
zu töten. Weil Achikar Barmherzigkeit übte,
entging er der Schlinge des Todes, die ihm
Nadab gelegt hatte. Nadab aber geriet in die
Todesschlinge und sie wurde ihm zum Ver-
derben. 11 Versteht jetzt also, Kinder, was
Barmherzigkeit tut und was Unrecht tut: Es
tötet. Doch, siehe, meine Seele schwindet.
Und sie legten ihn nieder auf sein Lager und er
verschied. Er wurde ruhmvoll begraben.

3: 4,2–3, Gen 47,29 / **4**: Nah 1,1; 2,8–10.13; 3,18–19 / **5**: Hag 2,9; Sach 14,11–17; Ez 40,1–48,35

NINIVES ENDE: 14,12–15

12 Als seine Mutter gestorben war, setzte sie
Tobias neben seinem Vater bei. Dann zog er
mit seiner Frau fort nach Medien und wohnte
in Ekbatana zusammen mit seinem Schwie-
gervater Raguël. 13 Er sorgte ehrenvoll für sei-
ne Schwiegereltern im Alter. Dann begrub er
sie in Ekbatana in Medien und er erbte das
Haus Raguëls und das seines Vaters Tobit.
14 Tobias starb gerühmt mit einhundertsieb-
zehn Jahren. 15 Bevor er starb, vernahm er noch
den Untergang Ninives. Er sah, wie die Be-
wohner der Stadt, die Mediens König Achikar
gefangen genommen hatte, nach Medien in die
Verbannung geführt wurden. Da pries Tobias
Gott für alles, was er an den Niniviten und den
Assyrern getan hatte. Er freute sich über Nini-
ve, bevor er starb, und pries den Herrn, Gott
von Ewigkeit zu Ewigkeit.

DAS BUCH JUDIT

Das Buch Judit dürfte um 100 v. Chr. entstanden sein und ist uns in griechischer Sprache überliefert. Die Verfasser sind unbekannt, sind aber wohl im Schoß des griechisch sprechenden Judentums anzusiedeln.

Das Buch Judit gliedert sich in zwei große Abschnitte (Jdt 1–7; 8–16). Der mächtige assyrische König Nebukadnezzar strebt nicht nur die politische Herrschaft über die ganze Welt an, sondern fordert auch seine Verehrung als einzigen und wahren Gott (Jdt 1). Diesen Anspruch will er mit militärischen Mitteln durchsetzen, weswegen sein Feldherr Holofernes einen Unterwerfungsfeldzug gegen die Völker im Westen führt, bei dem alle Heiligtümer und Tempel zerstört werden (Jdt 2–3). Als einziges Volk organisiert Israel militärischen wie religiösen Widerstand, um seinem Gott treu bleiben und den Tempel in Jerusalem retten zu können (Jdt 4). Durch lange Belagerung zermürbt und dem Tode nahe, bricht der Widerstandsgeist der belagerten Stadt Betulia zusammen, sodass man die Übergabe der Stadt plant (Jdt 7). Nun erst tritt Judit, eine reiche, gottesfürchtige und schöne Frau, auf, deren Plan zur Rettung Israels aus theologischer Reflexion und flehentlichem Gebet zu Gott erwächst (Jdt 8–9). Ihre Klugheit und ihre Schönheit überwältigen Holofernes, der sie bei einem intimen Fest zu verführen sucht (Jdt 11). Doch sein übermäßiger Alkoholkonsum ermöglicht es Judit, ihn mit seinem eigenen Schwert zu töten (Jdt 12–13) und so das assyrische Heer in die Flucht zu schlagen und Israel zu retten (Jdt 14–15). Die Erzählung schließt mit dem großen Hymnus Judits, in dem sie die Rettung durch Gott feiert (Jdt 16).

Das Buch Judit schildert kein historisches Ereignis. Es ist ein in ein historisches Gewand gehülltes Gleichnis, das alle großen Bedrohungssituationen verdichtet, die das Volk Israel im Laufe seiner Geschichte erlebt hat. In der Erzählung finden sich neben bekannten auch erfundene Namen, Figuren und Orte, die die typische Bedeutung des Erzählten erkennen lassen. Es geht nicht um Geschichte, sondern um die Erfahrung radikaler Daseinsbedrohung für Volk und Religion Israels.

Die Erzählung lässt zugleich die zeitgenössischen Konflikte durchscheinen, in denen die Juden in hellenistischer Zeit verwickelt waren. Judit, die „Jüdin", erscheint dabei als Verkörperung der Treue zu Gott, die sich gerade in der Gefahr beweist. Judit schöpft ihre Kraft aus ihren Glaubensüberzeugungen und ihrem Gebet, die sie zu unerschrockenem Auftreten unter Einsatz ihres Lebens ermutigen. Sie findet ihren Halt in Gott, der auf der Seite der Schwachen und Unterdrückten steht (Jdt 9,11.14) und der gerade keine Gewalt, sondern das Ende der Kriege will (Jdt 9,7; 16,2). So ist die Botschaft der Erzählung, dass entschlossene Initiative Einzelner in Rückbindung und in Vertrauen auf den einen wahren Gott nicht nur zu Rettung der ganzen Gemeinschaft aus der Not und zu einem Leben in Frieden, sondern auch zur Entlarvung falscher Gottheiten führt.

KRIEG ZWISCHEN NEBUKADNEZZAR UND ARPHAXAD: 1,1–6

1 1 Es war im zwölften Jahr der Königsherr-
schaft Nebukadnezzars, der in der großen
Stadt Ninive als König der Assyrer regierte.
Zur gleichen Zeit regierte damals in Ekbatana
Arphaxad als König der Meder. 2 Arphaxad
hatte aus behauenen Steinen von drei Ellen
Breite und sechs Ellen Länge rings um Ekbata-
na Mauern errichten lassen, die siebzig Ellen
hoch und fünfzig Ellen breit waren. 3 Die Tür-
me der Mauern hatte er über den Stadttoren
hundert Ellen hoch aufgeführt; ihre Grundflä-
che war sechzig Ellen breit. 4 Die Stadttore
selber hatte er siebzig Ellen hoch und vierzig
Ellen breit machen lassen, damit die Abteilun-
gen seiner Helden und die Regimenter seiner
Fußtruppen genügend Raum zum Ausrücken
hatten.
5 Zu jener Zeit führte König Nebukadnezzar
Krieg gegen König Arphaxad in der großen
Ebene, das heißt in der Ebene im Gebiet von
Regu. 6 Arphaxad schlossen sich alle Bewoh-
ner des Berglandes an sowie alle, die am Eufrat
und Tigris, am Hydaspes und im Flachland des
Elamiterkönigs Arjoch wohnten; es waren
viele Völker, die zum Aufgebot der Söhne
Cheleüds zusammenströmten.

NEBUKADNEZZARS AUFRUF AN DIE VÖLKER: 1,7–12

7 Der Assyrerkönig Nebukadnezzar schickte
Boten zu allen Bewohnern Persiens und zu
allen, die ihre Wohnsitze im Westen hatten,
nämlich zu den Bewohnern von Kilikien und
von Damaskus, zu allen Bewohnern des Liba-
non, des Antilibanon und der Küstengebiete,
8 zu den Völkerschaften am Karmel und in
Gilead, zu den Bewohnern des oberen Galiläa
und der großen Ebene Jesreel, 9 zu allen, die in
Samaria und in seinen Städten und jenseits des
Jordan wohnten bis nach Jerusalem, Batane,
Chelus, Kadesch und zum Grenzbach Ägyp-
tens, zu den Bewohnern von Tachpanhes und
Ramesse und den Bewohnern des ganzen Lan-
des Goschen, 10 ja, über Zoan und Memfis hi-
naus zu allen Bewohnern Ägyptens bis zu den
Grenzen Äthiopiens.
11 Doch alle Bewohner der ganzen Erde
missachteten den Befehl des Assyrerkönigs
Nebukadnezzar und leisteten ihm keine Hee-
resfolge, denn sie hatten keine Angst vor ihm;
er war in ihren Augen nicht mehr als ein ge-
wöhnlicher Mensch. Darum beschimpften sie
seine Boten und ließen sie mit leeren Händen
wieder abziehen. 12 Da entbrannte Nebukad-
nezzars Zorn über all diese Länder und er
schwor bei seinem Thron und seinem Reich,
an dem ganzen Gebiet von Kilikien, Damas-
kus und Syrien Rache zu nehmen und alle
Bewohner Moabs, die Ammoniter, ganz Judäa
und alle Bewohner Ägyptens bis zum Gebiet
der beiden Meere mit seinem Schwert auszu-
rotten.

SIEG ÜBER ARPHAXAD: 1,13–16

13 Im siebzehnten Jahr seiner Regierung griff
er König Arphaxad mit seinem Heer an und
konnte den Kampf für sich entscheiden; das

gesamte Heer des Arphaxad, seine ganze Rei-
terei und all seine Wagen jagte er in die Flucht.
14 Er eroberte seine Städte und drang bis nach
Ekbatana vor; er besetzte die Türme der Stadt,
ließ ihre Straßen plündern und machte so ihre
Pracht zuschanden. 15 Arphaxad nahm er im
Bergland von Regu gefangen, durchbohrte ihn
mit seinen Speeren und setzte seiner Macht für
immer ein Ende. 16 Darauf kehrte er mit seinem
ganzen Gefolge, einer fast unübersehbaren
Menge von Soldaten, nach Ninive zurück. Im
Hochgefühl seines Erfolges feierte er dort mit
dem Heer ein Freudenfest, das hundertzwan-
zig Tage lang dauerte.

NEBUKADNEZZARS PLAN: 2,1–3

2 1 Im achtzehnten Jahr seiner Regierung
erging am zweiundzwanzigsten Tag des
ersten Monats im Palast Nebukadnezzars, des
Königs der Assyrer, der Befehl, an der ganzen
Erde das Strafgericht zu vollstrecken, das der
König angedroht hatte. 2 Er rief alle seine
Diener und alle seine Großen zusammen und
legte ihnen das Geheimnis seines Ratschlus-
ses dar und machte mit seiner Rede das Maß
alles Bösen auf der Welt voll. 3 Auch seine Be-
rater waren der Meinung, dass alle zu vernich-
ten seien, die dem Wort des Königs nicht ge-
horcht hätten.

1: Jer 32,1–5; Ez 1,3

HOLOFERNES' AUFTRAG: 2,4–13

4 Als Nebukadnezzar, der König der Assyrer,
die Beratung beendet hatte, bestellte er Holo-
fernes zu sich, den Oberbefehlshaber seiner
Truppen, der nach ihm den höchsten Rang
einnahm, und sagte zu ihm:

5 So spricht der Großkönig, der Herr der
ganzen Erde: Du sollst von hier ausziehen und
Männer mit dir nehmen, die auf ihre eigene
Stärke vertrauen: hundertzwanzigtausend
Mann Fußtruppen und ein Aufgebot von
zwölftausend Pferden und Reitern. 6 Du sollst
gegen alle Länder im Westen zu Feld ziehen,
weil sie meinem Wort nicht gehorcht haben.
7 Befiehl ihnen, schon Erde und Wasser bereit-
zuhalten! Denn ich will in meinem Zorn gegen
sie zu Felde ziehen; die ganze Erde werde ich
mit den Füßen meiner Truppen bedecken und
ich werde sie meinen Männern zur Plünde-
rung preisgeben. 8 Ihre Täler sollen sich mit
Verwundeten füllen; jeder Bach und Fluss soll
übervoll werden von Toten. 9 Ihre Gefangenen
will ich bis an die Grenzen der Erde verschlep-
pen. 10 Zieh also aus und erobere mir ihr ganzes
Gebiet! Alle, die sich dir ergeben, sollst du mir
aufbewahren für den Tag ihrer Bestrafung.
11 Alle aber, die Widerstand leisten, sollst du
schonungslos dem Tod und der Plünderung
preisgeben in deinem ganzen Machtbereich.
12 Bei meinem Leben und bei der Macht meines
Königtums – ich habe gesprochen und ich
werde meinen Entschluss ausführen. 13 Du
aber wag es nicht, auch nur einen einzigen Be-
fehl deines Herrn zu übertreten! Erfülle, was
ich dir befohlen habe; führ es unverzüglich
aus!

8: Ez 35,8 / **12:** Ez 20,33

AUFSTELLUNG DES HEERES: 2,14–20

14 Holofernes ging von seinem Herrn weg und
rief alle Befehlshaber, Feldherren und Haupt-
leute der assyrischen Truppen zusammen.
15 Er hob für das Heer die besten Leute aus, wie
ihm sein Herr befohlen hatte: hundertzwan-
zigtausend Mann Fußvolk und zwölftausend
berittene Bogenschützen, 16 und teilte sie in
Kampftruppen ein. 17 Für den Transport der
Kriegsgeräte beschaffte er sich eine gewaltige
Menge von Kamelen, Eseln und Maultieren;
außerdem brachte er eine unübersehbare Her-
de von Schafen, Rindern und Ziegen für ihre
Verpflegung zusammen, 18 dazu reichlich Pro-
viant für alle und sehr viel Gold und Silber aus
dem Palast des Königs.

19 Darauf setzte er sich mit seinem ganzen
Heer in Marsch, um dem König Nebukadnez-
zar voranzuziehen und alle Länder im Westen
mit seinen Wagen, Reitern und Elitetruppen
zu überfluten. 20 Eine Masse von Hilfsvölkern
schloss sich ihnen an, unübersehbar wie ein
Heuschreckenschwarm und wie der Sand der
Erde; man konnte ihre Menge nicht zählen.

20: Ri 7,12; Nah 3,15; Gen 28,14

HOLOFERNES' KRIEGSZUG: 2,21–27

21 Von Ninive zogen sie drei Tagesmärsche
weit bis zur Ebene von Bektilet und schlugen
jenseits von Bektilet in der Nähe des Gebirges,
das im Norden von Ober-Kilikien liegt, ihr
Lager auf. 22 Von dort rückte Holofernes mit
seiner ganzen Streitmacht, seinen Fußtrup-
pen, Reitern und Wagen, gegen das Bergland
vor. 23 Er eroberte Put und Lud und plünderte
die Rassiter und Ismaeliter aus, die am Rand
der Wüste südlich des Cheleerlandes wohn-

ten. 24 Dann überschritt er den Eufrat und zog
durch Mesopotamien; er zerstörte alle befes-
tigten Städte am Fluss Habor bis hin zum
Meer. 25 Er eroberte das Gebiet von Kilikien
und machte alle nieder, die ihm Widerstand
leisteten. So kam er in das Gebiet von Jafet, das
im Süden liegt und Arabien vorgelagert ist.
26 Er kreiste alle Midianiter ein, steckte ihre
Zeltlager in Brand und raubte ihr Vieh. 27 Zur
Zeit der Weizenernte stieg er in die Ebene von
Damaskus hinab, brannte die Felder nieder,
vernichtete die Herden, das Klein- und Groß-
vieh, plünderte die Städte, verheerte die Ebe-
nen und erschlug alle jungen Männer mit
scharfem Schwert.

BESETZUNG DER LÄNDER AN DER MEERESKÜSTE: 2,28–3,8

28 Furcht und Zittern befiel alle Bewohner der
Küstengebiete, in Sidon und Tyrus, in Sur und
Okina sowie alle Einwohner von Jamnia; auch
die Einwohner von Aschdod und Aschkelon
bekamen große Angst vor ihm.
3 1 Sie schickten Boten zu ihm mit einem
Friedensangebot und ließen ihm sagen:
2 Wir, die Sklaven des großen Königs Ne-
bukadnezzar, liegen dir zu Füßen. Tu mit uns,
wie du willst! 3 Unsere Gehöfte, alle unsere
Ortschaften und Weizenfelder, die Herden,
das Klein- und Großvieh in allen Hürden an
unseren Lagerplätzen stehen dir zur Verfü-
gung. Verfahr damit nach deinem Belieben!
4 Auch unsere Städte mit ihren Einwohnern
sind dir untertan. Komm und verfahr mit ih-
nen nach deinem Willen! 5 Mit dieser Bot-
schaft kamen die Männer zu Holofernes und
teilten ihm dies genauso mit.
6 Da stieg er mit seinen Truppen zur Küste
hinab, besetzte die befestigten Städte und hob
dort die tüchtigsten Männer aus zur Verstär-
kung seines Heeres. 7 Die Einwohner der Städ-
te und des Landes empfingen ihn mit Kränzen
und unter Tanz und Paukenschlag. 8 Doch er
ließ alle ihre Kulthöhen zerstören und ihre
Götterhaine umhauen. Ihm war die Macht ge-
geben, alle Götter der Erde zu vernichten. Alle
Völker sollten nur Nebukadnezzar verehren
und alle Stämme und Nationen ihn als Gott
anrufen.

2,28: Ex 15,16

3,7: 1 Makk 10,25–29; 13,36–40; 2 Makk 14,3–10; Ex 15,20f.; Ri 11,34; 1 Sam 18,6f. / **8**: Ex 34,12–14; 2 Kön 18,3f.; 2 Chr 31,1

BEDROHUNG DES VOLKES ISRAEL: 3,9–10

9 So kam er in das Gebiet von Jesreel nahe bei
Dotan, das vor dem großen Gebirgszug von
Judäa liegt. 10 Er schlug zwischen Gabbai und
Skythopolis sein Lager auf und blieb dort einen
Monat, um den ganzen Tross seines Heeres
zusammenzuziehen.

GEFAHR FÜR ISRAEL: 4,1–3

4 1 Die Israeliten, die in Judäa wohnten,
hörten von allem, was Holofernes, der
oberste Feldherr des Assyrerkönigs Nebukad-
nezzar, den Völkern angetan und wie er alle
ihre Heiligtümer geplündert und vernichtet
hatte. 2 Da befiel sie Furcht und Schrecken vor
ihm und sie hatten Angst um Jerusalem und
den Tempel des Herrn, ihres Gottes. 3 Denn
sie waren noch nicht lange aus der Gefangen-
schaft heimgekehrt; erst kürzlich hatte sich
das ganze Volk von Judäa wieder gesammelt
und waren die heiligen Geräte, der Altar und
der Tempel nach der Entweihung neu geweiht
worden.

3: Esra 1–6; Ps 137; Jes 47; Ps 74; 1 Makk 4,36–59; 2 Makk 14,31–36

VORBEREITUNG DES WIDERSTANDES: 4,4–8

4 Sie schickten Boten in das ganze Gebiet
von Samarien und Kona, nach Bet-Horon,
Abel-Majim und Jericho sowie nach Choba,
Hazor und in das Tal von Salim. 5 Sie besetzten
alle hohen Bergkuppen, befestigten die Ort-
schaften und versahen sie mit Lebensmitteln
für den Krieg; denn ihre Felder waren eben
abgeerntet worden. 6 Jojakim, der zu jener Zeit
Hohepriester in Jerusalem war, schrieb an die
Einwohner von Betulia und Betomestajim,
das Jesreel gegenüber vor der Ebene nahe bei
Dotan liegt, 7 sie sollten die Gebirgspässe be-
setzt halten. Durch sie konnte man nach Judäa
vordringen. Es war aber auch leicht, den Vor-
marsch der Heranrückenden dort aufzuhalten;
die Gebirgswege waren nämlich so schmal,
dass jeweils nur zwei Mann nebeneinander
hindurchgehen konnten. 8 Die Israeliten taten,
was ihnen der Hohepriester Jojakim und die
Ältesten des ganzen Volkes Israel in Jerusalem
befohlen hatten.

FLEHEN ZU GOTT UM RETTUNG: 4,9–15

9 Alle Männer Israels aber flehten Gott instän-
dig an und taten Buße unter strengem Fasten.

10 Sie selbst, ihre Frauen, ihre Kinder und ihr
Vieh, aber auch alle Fremden, die bei ihnen
wohnten, die Tagelöhner und Sklaven, legten
Bußgewänder an. 11 Alle Israeliten in Jerusa-
lem, ihre Frauen und Kinder warfen sich vor
dem Tempel nieder, streuten sich vor dem
Herrn Asche auf das Haupt und legten Buß-
gewänder an. 12 Selbst den Altar umhüllten sie
mit einem Bußgewand. Sie schrien alle ein-
mütig in stürmischen Gebeten zu dem Gott
Israels, er möge doch nicht zulassen, dass man
ihre Kinder raube, ihre Frauen als Beute ver-
teile, die Städte ihres Erbbesitzes zerstöre und
das Heiligtum entweihe und verwüste, zum
Gespött für die Völker. 13 Und der Herr hörte
ihr Rufen und sah auf ihre Not. Das Volk fas-
tete mehrere Tage lang in ganz Judäa und in
Jerusalem vor dem Heiligtum des Herrn, des
Allmächtigen. 14 Auch der Hohepriester Joja-
kim mit der ganzen Priesterschaft im Tempel
und den Dienern des Herrn legten Bußgewän-
der an; so brachten sie das tägliche Brandopfer
dar und dazu die gelobten und die freiwilligen
Opfergaben des Volkes. 15 Auf ihren Kopfbund
hatten sie Asche gestreut und sie riefen mit
aller Macht zum Herrn, er möge doch gnädig
auf das ganze Haus Israel herabschauen.

9: Jona 3,7f. / **13**: Ex 2,23–25; 3,7; 4,31; Dtn 26,5–9

KRIEGSRAT BEI HOLOFERNES: 5,1–4

5 1 Holofernes, dem Oberbefehlshaber des
assyrischen Heeres, wurde gemeldet,
dass die Israeliten sich zum Krieg gerüstet, die
Gebirgspässe gesperrt, alle hohen Bergkuppen
befestigt und in der Ebene Hindernisse ange-
legt hatten. 2 Da entbrannte sein Zorn. Er berief
alle Fürsten von Moab, die Heerführer von
Ammon und alle Statthalter der Küstengebie-
te zu sich 3 und sagte zu ihnen: Sagt mir, ihr
Söhne Kanaans, was ist das für ein Volk, das
da im Bergland haust? Wie heißen die Städte,
die es bewohnt? Wie groß ist die Streitmacht
dieser Leute und worin liegt ihre Kraft und
Stärke? Wer gebietet über sie als König und
Anführer ihres Heeres? 4 Und warum haben
sie allein von allen Bewohnern des Westens es
abgelehnt, mir zu huldigen?

REDE DES AMMONITERS ACHIOR: 5,5–21

5 Da antwortete ihm Achior, der Anführer aller
Ammoniter: Möge mein Herr anhören, was
sein Knecht ihm zu sagen hat. Ich will dir die
Wahrheit sagen über dieses Volk, das in dem
Bergland hier in deiner Nähe wohnt; kein fal-
sches Wort soll aus dem Mund deines Knech-
tes kommen. 6 Diese Leute stammen von den
Chaldäern ab. 7 Sie hatten sich zuerst in Meso-
potamien niedergelassen, weil sie den Göttern
ihrer Väter im Land der Chaldäer nicht mehr
dienen wollten. 8 Sie waren nämlich von dem
Glauben ihrer Vorfahren abgewichen und hat-
ten ihre Verehrung dem Gott des Himmels
zugewandt, zu dessen Erkenntnis sie gelangt
waren. Deshalb hatten die Chaldäer sie aus
dem Bereich ihrer Götter vertrieben und sie
waren nach Mesopotamien geflohen, wo sie
sich einige Zeit aufhielten. 9 Doch ihr Gott ge-
bot ihnen, ihren Wohnsitz zu verlassen und
in das Land Kanaan weiterzuziehen. Hier lie-
ßen sie sich nieder und wurden reich an Gold,
Silber und an riesigen Herden. 10 Weil aber eine
Hungersnot über das Land Kanaan herein-
brach, zogen sie nach Ägypten und blieben
dort, solange sie Nahrung fanden. Dort wuch-
sen sie zu einer gewaltigen Menge heran und
ihr Volk war nicht mehr zu zählen. 11 Da schritt
der König von Ägypten gegen sie ein. Er über-
listete sie mit mühseliger Ziegelarbeit. Sie un-
terdrückten sie und machten sie zu Sklaven.
12 Sie aber schrien zu ihrem Gott und dieser
schlug das ganze Land Ägypten mit Plagen,
gegen die es keine Abhilfe gab. Darauf jagten
die Ägypter sie aus ihrem Land fort. 13 Gott
aber trocknete das Rote Meer vor ihnen aus.
14 Er führte sie den Weg zum Sinai und nach
Kadesch-Barnea und sie vertrieben alle Be-
wohner der Wüste. 15 Dann ließen sie sich im
Land der Amoriter nieder und vernichteten
mit ihrem Heer alle Einwohner von Heschbon.
Danach überschritten sie den Jordan, nahmen
das ganze Bergland in Besitz, 16 verjagten die
Kanaaniter, die Perisiter, Jebusiter, Sichemiter
und alle Girgaschiter und ließen sich dort für
lange Zeit nieder. 17 Solange sie sich nicht ge-
gen ihren Gott versündigten, blieb das Glück
ihnen treu; denn ihnen steht ein Gott bei, der
das Unrecht hasst. 18 Als sie aber von dem Weg
abwichen, den er ihnen gewiesen hatte, wur-
den sie in vielen Kriegen mehr und mehr auf-
gerieben und schließlich als Gefangene in ein
fremdes Land verschleppt. Der Tempel ihres
Gottes wurde dem Erdboden gleichgemacht
und ihre Städte fielen ihren Feinden in die
Hand. 19 Jetzt aber haben sie sich wieder ihrem
Gott zugewandt und sind aus den Ländern
heimgekehrt, in die sie verstreut worden wa-

ren. Sie haben Jerusalem, wo ihr Heiligtum
steht, wieder in Besitz genommen und das
verlassene Bergland von Neuem besiedelt.
20 Wenn nun, mein Herr und Gebieter, auf
diesem Volk eine Schuld lastet und sie sich
gegen ihren Gott versündigt haben und wenn
wir uns vergewissert haben, dass dieser Anlass
zum Unheil bei ihnen vorliegt, dann können
wir hinaufziehen und sie vernichtend schla-
gen. 21 Wenn aber keine Gesetzesübertretung
in ihrem Volk ist, dann möge mein Herr wei-
terziehen, damit nicht ihr Herr und Gott ihnen
zum Schutzschild werde und wir zum Spott
der ganzen Welt werden.

6: Gen 11,28.31 / **9**: Gen 12,1 / **10**: Gen 42–47 / **11**: Ex 1,11–14; 5,4–19 / **12**: Ex 7–12 / **13**: Ex 14,14–22; Jos 2,10 / **14**: Dtn 1,2 / **15**: Num 21,21–31; Dtn 2,24–37 / **16**: Jos 11,1–12 / **17f.**: Ri 2,11–15; 2 Kön 17,6–23 / **21**: 2 Kön 19,34; 20,6

FEINDLICHE REAKTION DES HEERES: 5,22–24

22 Diese Rede des Achior rief bei allen Soldaten,
die im Umkreis des Zeltes standen, Empörung
hervor. Die Offiziere des Holofernes sowie alle
Bewohner der Küstengebiete und von Moab
forderten, man solle ihn niederhauen. 23 Wir
fürchten uns nicht vor den Israeliten. Sie sind
doch ein Volk, das weder die Macht noch die
Kraft hat für einen starken Feldzug. 24 Darum,
Gebieter Holofernes, wollen wir hinaufzie-
hen; sie sollen deinem ganzen Heer zum Fraß
dienen.

REDE DES HOLOFERNES AN ACHIOR: 6,1–9

6 1 Als sich der Lärm bei den Männern, die
um den Kriegsrat herumstanden, gelegt
hatte, sagte Holofernes, der Oberbefehlshaber
der assyrischen Streitmacht, in Gegenwart des
ganzen Söldnerheeres zu Achior und zu allen
Moabitern: 2 Wer bist du, Achior, und die Söld-
ner Efraims, dass du dich heute in unserer
Mitte als Prophet aufspielst und erklärst, man
dürfe das Volk Israel nicht bekriegen, weil sein
Gott ihm Schutzschild sei? Wer ist Gott außer
Nebukadnezzar? Er wird seine Kraft aussen-
den und sie vom Erdboden vernichten und ihr
Gott wird sie nicht retten. 3 Wir aber, seine
Knechte, werden sie schlagen wie einen einzi-
gen Mann. Sie werden dem Ansturm unserer
Reiterei nicht widerstehen können; 4 mit ihr
werden wir sie vernichten, sodass die Berge
von ihrem Blut getränkt und die Felder mit
ihren Leichen übersät sein werden. Sie werden
uns nicht standhalten, sondern restlos unter-
gehen. Das sagt der König Nebukadnezzar, der
Herr der ganzen Erde; er hat es so bestimmt
und seine Worte können nicht zurückgenom-
men werden.
5 Aber du, Achior, Söldner aus Ammon, hast
diese Worte an deinem Unglückstag gespro-
chen. Du sollst mir von heute an nicht mehr
unter die Augen treten, bis ich die Rache an
diesem Volk aus Ägypten vollstreckt habe.
6 Wenn ich dann zurückkomme, soll das
Schwert meines Heeres und die Lanze meiner
Gefolgsleute auch deine Rippen durchbohren
und du wirst zusammen mit ihren Toten da-
hinsinken. 7 Meine Diener werden dich auf das
Bergland schaffen und dich in einen der Orte
an den Gebirgspässen bringen. 8 Dort sollst du
gemeinsam mit ihnen umkommen. 9 Wenn du
aber in deinem Herzen die Hoffnung hegst,
dass sie nicht überwältigt werden, dann
brauchst du nicht vor Angst zu zittern. Ich
habe gesprochen und keines meiner Worte
wird unerfüllt bleiben.

2: 2 Kön 18,28–35; Jes 36,14–21; Ps 18–32 / **3**: Jes 31,1–3; Jdt 2,5–13

ACHIORS AUSLIEFERUNG: 6,10–13

10 Darauf befahl Holofernes den Dienern, die
in seinem Zelt bereitstanden, Achior festzu-
nehmen, ihn nach Betulia zu bringen und an
die Israeliten auszuliefern. 11 Seine Diener er-
griffen ihn, führten ihn aus dem Lager in die
Ebene hinaus und brachten ihn in das Berg-
land hinauf. So gelangten sie zu den Quellen
unterhalb von Betulia. 12 Als die Männer in der
Stadt sie erblickten, griffen sie zu den Waffen
und liefen aus der Stadt hinaus auf den Gipfel
des Berges; die mit Schleudern bewaffneten
Männer versperrten den Gegnern den Auf-
stieg, indem sie Steine hinabschleuderten.
13 Die Feinde suchten Deckung im Schutz der
Bergwand; dann fesselten sie Achior, ließen
ihn am Fuß des Abhangs liegen und kehrten
zu ihrem Herrn zurück.

ACHIOR IN BETULIA: 6,14–21

14 Die Israeliten kamen aus ihrer Stadt herunter
zu Achior und banden ihn los; sie führten ihn
nach Betulia und brachten ihn vor die leiten-
den Männer ihrer Stadt. 15 Das waren in jenen
Tagen Usija, der Sohn Michas, aus dem Stamm
Simeon, Kabri, der Sohn Otniëls, und Karmi,
der Sohn Malkiëls. 16 Sie beriefen alle Ältesten
der Stadt zu einer Versammlung; auch alle jun-

gen Männer und die Frauen liefen herbei. Sie
stellten Achior in die Mitte der versammelten
Menge und Usija fragte ihn, was vorgefallen
sei. 17 Achior berichtete ihnen über die Ver-
handlungen im Kriegsrat des Holofernes und
teilte ihnen alles mit, was er im Kreis der as-
syrischen Heerführer gesagt hatte, aber auch,
was Holofernes prahlerisch gegen das Haus
Israel geäußert hatte. 18 Da warf sich das Volk
nieder, betete zu Gott und rief: 19 Herr, Gott
des Himmels, blick herab und sieh ihre Über-
heblichkeit, hab Erbarmen mit unserem gede-
mütigten Volk und schau heute gnädig auf die
Schar derer, die dir geweiht sind! 20 Dann spra-
chen sie Achior Mut zu und lobten ihn sehr.
21 Usija nahm ihn aus der Versammlung mit
nach Hause und gab ein Gastmahl für die Äl-
testen. Während der ganzen Nacht aber riefen
sie den Gott Israels um Hilfe an.

ANFANG DER BELAGERUNG VON BETULIA: 7,1–7

7 1 Am folgenden Tag befahl Holofernes
seinem ganzen Heer und allen seinen
Hilfsvölkern, gegen Betulia vorzurücken, die
Gebirgspässe zu besetzen und den Kampf ge-
gen die Israeliten zu eröffnen. 2 So begann an
jenem Tag der Aufbruch des ganzen Heeres.
Die einsatzfähige Streitmacht zählte zusam-
men hundertsiebzigtausend Mann Fußtrup-
pen und zwölftausend Berittene, nicht einge-
rechnet den Tross und die dazugehörigen
Mannschaften; es war eine gewaltige Menge.
3 Sie schlugen in der Ebene bei Betulia an der
Quelle ihr Lager auf und besetzten ein Gebiet,
das sich in der Breite von Dotan bis Jibleam
und in der Länge von Betulia bis Kyamon ge-
genüber Jesreel erstreckte. 4 Als die Israeliten
ihre große Zahl sahen, waren sie tief bestürzt
und einer sagte zum andern: Diese Leute wer-
den das ganze Land auffressen; weder die ho-
hen Berge noch die Täler und Hügel werden
ihre Last tragen können. 5 Dennoch griffen alle
zu den Waffen; sie zündeten auf ihren
Stadttürmen Feuer an und hielten die ganze
Nacht hindurch Wache. 6 Am nächsten Tag
rückte Holofernes mit seiner ganzen Reiterei
an, vor den Augen der Israeliten in Betulia. 7 Er
ließ die Pässe erkunden, die zu ihrer Stadt hi-
naufführten, spürte ihre Wasserquellen auf
und nahm sie in Besitz. Er stellte dort bewaff-
nete Posten auf und kehrte zu seinem Heer
zurück.

REDE DER HEERFÜHRER VOR HOLOFERNES: 7,8–15

8 Da kamen zu ihm alle Heerführer der Edo-
miter, alle Hauptleute der Moabiter und die
Befehlshaber der Küstengebiete. Sie sagten:
9 Möge doch unser Gebieter einen Rat anhö-
ren, damit deinem Heer kein Schaden ent-
steht. 10 Dieses Volk der Israeliten vertraut
nämlich weniger auf seine Speere als vielmehr
auf die Höhe der Berge, die es bewohnt; denn
es ist gar nicht so leicht, zu den Gipfeln ihrer
Berge vorzudringen. 11 Darum, Gebieter, tritt
gegen sie nicht in einer geordneten Feld-
schlacht an; dann wird kein einziger Mann
von deinen Leuten fallen. 12 Bleib in deinem
Lager und spar jeden Mann deines Heeres! Es
genügt, wenn deine Knechte die Wasserquel-
le in ihren Besitz bringen, die am Fuß des
Berges entspringt. 13 Denn dort holen die Be-
wohner Betulias ihr Wasser. Dann wird der
Durst sie umbringen und sie müssen ihre
Stadt ausliefern. Wir aber wollen mit unseren
Leuten auf die benachbarten Berggipfel stei-
gen und dort Wache stehen, damit niemand
die Stadt verlassen kann. 14 Dann werden sie
mit ihren Frauen und Kindern vor Hunger
verschmachten, und bevor noch das Schwert
über sie kommt, werden sie hingestreckt auf
den Gassen vor ihren Häusern liegen. 15 So
wirst du sie schwer dafür büßen lassen, dass
sie dir Widerstand geleistet haben und dir
nicht mit der Bitte um Frieden entgegenge-
kommen sind.

BETULIAS GROSSE BELAGERUNG: 7,16–18

16 Diese Worte gefielen dem Holofernes und
all seinen Offizieren und er befahl, den Rat zu
befolgen. 17 Darauf machten sich eine Abtei-
lung der Ammoniter und mit ihnen fünftau-
send Assyrer auf den Weg; sie schlugen in der
Ebene ein Lager auf und besetzten die Brun-
nen und Quellen der Israeliten. 18 Die Edomi-
ter und die Ammoniter aber schlugen im
Bergland gegenüber von Dotan ein Lager auf.
Außerdem schickten sie Abteilungen nach
Süden und Osten gegen die Stadt Egrebel, die
in der Nähe von Chus am Bach Mochmur
liegt. Das übrige Heer der Assyrer hatte sein
Lager in der Ebene und bedeckte das ganze
Land; ihre Zelte und ihr Tross bildeten ein
riesiges Heerlager; es war eine gewaltige
Menge.

WASSERMANGEL IN BETULIA: 7,19–22

19 Die Israeliten aber schrien zum Herrn, ihrem
Gott. Sie hatten allen Mut verloren, da sie
ringsum von ihren Feinden eingeschlossen
waren und es kein Entrinnen mehr gab.
20 Nachdem die Belagerung durch das ganze
Heer der Assyrer mit ihrem Fußvolk, ihren
Wagen und Reitern vierunddreißig Tage ge-
dauert hatte, ging in sämtlichen Behältern der
Einwohner von Betulia das Wasser zur Neige.
21 Auch die Zisternen wurden leer. Die Bela-
gerten konnten sich an keinem einzigen Tag
mehr satt trinken, weil sie nur ein bestimmtes
Maß an Wasser zugeteilt bekamen. 22 Ihre Kin-
der verschmachteten; die Frauen und jungen
Männer wurden ohnmächtig vor Durst, sie
fielen auf den Straßen der Stadt und in den
Torwegen um, denn sie hatten keine Kraft
mehr.

21: Ez 4,9–17 / **22**: Klgl 2,11f.

VERZWEIFLUNG DER BEWOHNER VON BETULIA: 7,23–29

23 Da versammelte sich das ganze Volk, die jun-
gen Männer, die Frauen und Kinder, bei Usija
und den leitenden Männern der Stadt, erhoben
ein lautes Geschrei und riefen den Ältesten zu:
24 Gott sei Richter zwischen uns und euch. Ihr
habt ein schweres Unrecht an uns begangen,
weil ihr mit den Assyrern nicht friedlich ver-
handeln wolltet. 25 Jetzt gibt es für uns keine
Rettung mehr; denn Gott hat uns an sie ver-
kauft. Darum müssen wir verdursten und vor
ihren Augen elend zugrunde gehen. 26 Ruft sie
also jetzt herbei und liefert die ganze Stadt den
Soldaten des Holofernes und seinem Heer zur
Plünderung aus! 27 Es ist besser für uns, ihnen
als Beute in die Hände zu fallen. Wenn wir auch
zu Sklaven gemacht werden, so bleiben wir
doch wenigstens am Leben und brauchen nicht
mit eigenen Augen den Tod unserer Säuglinge
und das Dahinsterben unserer Frauen und Kin-
der mit anzusehen. 28 Wir beschwören euch
beim Himmel und bei der Erde, bei unserem
Gott, dem Herrn unserer Väter, der uns für
unsere Sünden und die Vergehen unserer Väter
bestraft, Gott möge nicht am heutigen Tag die-
se Drohung an uns wahr machen. 29 Und in der
Versammlung erhob sich ein allgemeines hef-
tiges Klagen; alle schrien mit lauter Stimme zu
Gott, dem Herrn.

24: 3,1–5 / **25**: Bar 4,5–20; Ex 17,1–4; Num 20,2–5 / **27**: Num 14,1–3

USIJAS ERMUTIGENDE ANTWORT: 7,30–32

30 Doch Usija sagte zu ihnen: Fasst Mut, Brü-
der! Wir wollen noch fünf Tage aushalten. In
dieser Zeit wird der Herr, unser Gott, uns sein
Erbarmen wieder zuwenden; er wird uns nicht
für immer verlassen. 31 Sollten aber diese Tage
vergehen, ohne dass uns geholfen wird, dann
will ich tun, was ihr gefordert habt. 32 Dann
ließ er das Volk auseinandergehen, jeden auf
seinen Posten, und sie begaben sich wieder auf
die Mauern und Türme der Stadt. Die Frauen
und Kinder aber schickte er in ihre Häuser zu-
rück. In der Stadt herrschte tiefe Niederge-
schlagenheit.

30f.: 1 Sam 11,3

HERKUNFT UND LEBEN DER JUDIT: 8,1–8

8 1 Davon hörte in jenen Tagen Judit, die
Tochter Meraris, des Sohnes des Uz, des
Sohnes Josefs, des Sohnes Usiëls, des Sohnes
Hilkijas, des Sohnes Hananjas, des Sohnes
Gideons, des Sohnes Rafains, des Sohnes Ahi-
tubs, des Sohnes Elijas, des Sohnes Hilkijas,
des Sohnes Eliabs, des Sohnes Natanaels, des
Sohnes Schelumiëls, des Sohnes Zurischad-
dais, des Sohnes Simeons, des Sohnes Israels.
2 Ihr Mann Manasse, der aus ihrem Stamm
und ihrer Sippe war, hatte zur Zeit der Gers-
tenernte den Tod gefunden. 3 Als er nämlich
bei den Garbenbindern auf dem Feld stand,
traf ihn ein Hitzschlag; er musste sich zu Bett
legen und starb in seiner Heimatstadt Betulia.
Man begrub ihn bei seinen Vätern auf dem
Feld zwischen Dotan und Jibleam. 4 Nun leb-
te Judit schon drei Jahre und vier Monate als
Witwe in ihrem Haus. 5 Sie hatte für sich auf
dem flachen Dach ihres Hauses ein Zelt auf-
stellen lassen, hatte ein Trauergewand ange-
legt und trug die Kleider einer Witwe. 6 Sie
fastete, seit sie Witwe war, alle Tage, außer
am Sabbat und am Vortag des Sabbats, am
Neumond und am Vortag des Neumonds und
an den Festen und Freudentagen des Hauses
Israel. 7 Sie hatte eine schöne Gestalt und ein
blühendes Aussehen. Ihr Gatte Manasse hat-
te ihr Gold und Silber, Knechte und Mägde,
Vieh und Felder hinterlassen, die sie in ihrem
Besitz hielt. 8 Niemand konnte ihr etwas
Böses nachsagen; denn sie war sehr gottes-
fürchtig.

1: Num 1,6; 2,12 / **5f.**: Gen 38 / **7**: Gen 39,6; 29,17 / **8**: Ps 112

JUDIT UND DIE VERZWEIFLUNG DER BEWOHNER: 8,9–10

9 Judit hörte von den Vorwürfen des Volkes
gegen das Stadtoberhaupt, als es wegen des
Wassermangels den Mut verlor. Ebenso erfuhr
sie, was Usija den Leuten geantwortet hatte
und dass er ihnen unter Eid versprochen hatte,
nach Ablauf von fünf Tagen die Stadt an die
Assyrer auszuliefern. 10 Da ließ sie durch ihre
Dienerin, die ihren ganzen Besitz verwaltete,
die Ältesten ihrer Heimatstadt, Kabri und
Karmi, herbeiholen.

JUDITS GESPRÄCH MIT DEN ÄLTESTEN DER STADT: 8,11–36

11 Als sie zu ihr kamen, sagte sie zu ihnen:
Hört mich an, ihr Vorsteher der Einwohner
von Betulia! Es war nicht recht, was ihr heute
vor dem Volk gesagt habt. Durch diesen Eid,
den ihr geschworen habt, habt ihr Gott und
euch selbst festgelegt; denn ihr habt erklärt,
dass ihr die Stadt unseren Feinden ausliefern
wollt, wenn der Herr euch nicht inzwischen
Hilfe schickt. 12 Wer seid ihr denn, dass ihr am
heutigen Tag Gott auf die Probe stellt und euch
vor allen Leuten an die Stelle Gottes setzt?
13 Ihr wollt den Herrn, den Allmächtigen, auf
die Probe stellen und kommt doch ewig zu
keiner Erkenntnis. 14 Nicht einmal die Tiefe des
Menschenherzens könnt ihr ergründen und
die Gedanken seines Geistes erfassen. Wie
wollt ihr dann Gott erforschen, der das alles
geschaffen hat? Wie wollt ihr seine Gedanken
erkennen und seine Absichten verstehen?
Nein, meine Brüder, reizt den Herrn, unseren
Gott, nicht zum Zorn! 15 Auch wenn er nicht
gewillt ist, uns in diesen fünf Tagen Hilfe zu
schaffen, so hat doch er zu bestimmen, zu wel-
cher Zeit er uns helfen oder uns vor den Augen
unserer Feinde vernichten will. 16 Versucht
nicht, die Entscheidungen des Herrn, unseres
Gottes, zu erzwingen; denn Gott ist nicht wie
ein Mensch, dem man drohen kann, und wie
ein Menschenkind, das man beeinflussen
kann. 17 Darum wollen wir die Rettung von
ihm erwarten und ihn um Hilfe anrufen. Er
wird unser Flehen erhören, wenn es seinem
Willen entspricht. 18 Denn eines gab es bei uns
nicht und gibt es auch heute nicht: Es gibt we-
der einen Stamm noch eine Familie, weder ein
Gebiet noch eine Stadt, die von Menschen ge-
machte Götter anbeten, wie es in früherer Zeit
geschah. 19 Damals wurden unsere Väter dem
Schwert und der Plünderung preisgegeben
und mussten vor den Augen unserer Feinde
schwere Niederlagen erleiden. 20 Wir aber ken-
nen keinen anderen Gott als ihn allein. Daher
dürfen wir hoffen, dass er uns und unser Volk
nicht im Stich lassen wird. 21 Wenn wir näm-
lich überwältigt werden, dann wird auch ganz
Judäa erobert und unser Heiligtum geplündert
werden. Von uns aber wird Gott für die Ent-
weihung des Heiligtums blutige Rechenschaft
fordern. 22 Uns wird er die Ermordung unserer
Brüder, die Entvölkerung des Landes, die Ver-
wüstung unseres Erbbesitzes zur Last legen,
inmitten der Heiden, bei denen wir als Sklaven
dienen und unseren Herren Anlass zu Spott
und Verachtung sein werden. 23 Unsere
Knechtschaft wird dann nicht mehr zum Gu-
ten gewendet werden, sondern der Herr, unser
Gott, wird sie für uns zur Schande werden
lassen. 24 Daher, Brüder, wollen wir jetzt un-
seren Stammesbrüdern beweisen, dass wir für
ihr Leben einstehen und dass das Heiligtum,
der Tempel und der Altar, sich auf uns verlas-
sen können. 25 Bei alldem aber lasst uns dem
Herrn, unserem Gott, danken, dass er uns eben-
so prüft wie schon unsere Väter. 26 Denkt da-
ran, was er mit Abraham machte, wie er Isaak
prüfte und was Jakob im syrischen Mesopota-
mien erlebte, als er die Schafe Labans, des Bru-
ders seiner Mutter, hütete. 27 Denn wie er die-
se Männer im Feuer geläutert hat, um ihr Herz
zu prüfen, so hat er auch mit uns kein Strafge-
richt vor, sondern der Herr züchtigt seine
Freunde, um sie zur Einsicht zu führen.

28 Da sagte Usija zu ihr: Alles, was du gesagt
hast, kam aus einem edlen Herzen und es gibt
niemand, der deinen Worten widersprechen
kann. 29 Deine Weisheit wird ja nicht erst heu-
te offenbar, sondern schon von deiner frühes-
ten Jugend an kennt das ganze Volk deine Ein-
sicht und weiß, wie edel die Gedanken deines
Herzens sind. 30 Aber das Volk leidet furcht-
baren Durst; sie zwangen uns zu tun, was wir
ihnen versprochen haben, und einen Eid auf
uns zu laden, den wir nicht brechen dürfen.
31 Doch bete du jetzt für uns, denn du bist eine
gottesfürchtige Frau! Dann wird der Herr Re-
gen schicken, um unsere Zisternen zu füllen,
und wir brauchen nicht zu verschmachten.

32 Da sagte Judit zu ihnen: Hört mich an! Ich
will eine Tat vollbringen, von der man noch in
fernsten Zeiten den Kindern unseres Volkes
erzählen wird. 33 Ihr werdet diese Nacht am Tor

stehen und ich werde mit meiner Dienerin
hinausgehen. In den Tagen, nach denen ihr
gesagt habt, die Stadt unseren Feinden zu
übergeben, wird sich der Herr durch meine
Hand um Israel kümmern. 34 Ihr aber werdet
nicht nach meinem Vorhaben fragen; denn ich
werde euch nichts mitteilen, bevor das vollen-
det ist, was ich tun will.

35 Da sagten Usija und die Stadtältesten zu
ihr: Geh in Frieden! Gott, der Herr, sei dein
Führer bei dem Strafgericht an unseren Fein-
den. 36 Dann verließen sie das Zelt und kehrten
auf ihre Posten zurück.

12: Ex 17,2.7; Num 14,22 / **16**: Num 23,19; Weish 9,13–17 / **18**: Jes 44,9–20; Jer 10,3 / **20**: Dtn 5,6–10 / **22**: Ps 7,17 / **25f.**: Jer 10,24; Dtn 8,2–16 / **27**: Weish 3,1–10 / **29**: Spr 1,1–7 / **30**: Ex 32,21–24 / **33**: 4,15

JUDITS GEBET: 9,1–14

9 1 Judit warf sich auf ihr Gesicht nieder,
streute sich Asche auf das Haupt und öff-
nete das Bußgewand, das sie trug. Es war ge-
rade die Zeit, zu der man an jenem Abend in
Jerusalem im Haus Gottes das Rauchopfer
darbrachte. Und Judit rief laut zum Herrn; sie
sagte: 2 Herr, du Gott meines Vaters Simeon!
Du hast ihm das Schwert in die Hand gegeben
zur Bestrafung der Fremden, die den Schoß
der Jungfrau lösten, um sie zu beflecken, die
ihre Schenkel entblößten, um sie zu schänden,
und ihren Schoß entweihten zu ihrer Schande.
Du hattest nämlich geboten: Das darf nicht
geschehen. Und dennoch taten sie es. 3 Des-
wegen gabst du ihre Fürsten Mördern preis
und tauchtest zur Vergeltung das Lager, das
ihrer Arglist gedient hatte, in Blut; du er-
schlugst die Knechte samt ihren Herren, ja
auch die Herren auf ihren Thronen. 4 Du gabst
ihre Frauen dem Raub und ihre Töchter der
Gefangenschaft preis und ihren ganzen Besitz
gabst du deinen geliebten Söhnen; denn sie
glühten vor Eifer für dich, hatten Abscheu vor
der Befleckung ihres Blutes und riefen zu dir
um Hilfe. Gott, mein Gott, erhöre auch mich,
die Witwe! 5 Du hast bewirkt, was damals war
und auch was vorher und später geschah. Doch
auch was jetzt geschieht und noch kommen
wird, hast du erdacht und es ist eingetroffen,
was du geplant hast. 6 Deine Beschlüsse stan-
den da und sagten: Hier sind wir! Denn alle
deine Wege sind schon gebahnt und dein Ge-
richt ist eine beschlossene Sache. 7 Sieh doch
auf die Assyrer! Sie verfügen über ein gewal-
tiges Heer, brüsten sich mit ihren Rossen und
Reitern, sind stolz auf die Schlagkraft ihres
Fußvolkes, vertrauen auf ihre Schilde und
Speere, ihre Bogen und Schleudern und wol-
len nicht einsehen, dass du der Herr bist, der
den Kriegen ein Ende setzt. 8 Herr ist dein
Name. Brich ihre Stärke mit deiner Macht und
vernichte ihre Kraft in deinem Zorn! Denn sie
haben beschlossen, dein Heiligtum zu ent-
weihen, das Zelt, in dem dein herrlicher Name
wohnt, zu beflecken und die Hörner deines
Altars mit dem Schwert abzuschlagen. 9 Schau
dir ihren Übermut an und lass deinen Zorn
auf ihr Haupt herabfahren! Schenke mir, der
Witwe, die Kraft zu der Tat, die ich plane.
10 Schlag den Knecht wie den Herrn und den
Herrn wie den Diener durch meine listigen
Worte; brich ihren Trotz durch die Hand einer
Frau! 11 Denn deine Macht stützt sich nicht auf
die große Zahl, deine Herrschaft braucht keine
starken Männer, sondern du bist der Gott der
Schwachen und der Helfer der Geringen; du
bist der Beistand der Armen, der Beschützer
der Verachteten und der Retter der Hoffnungs-
losen. 12 Ja, du Gott meines Vaters und Gott
deines Erbbesitzes Israel, du Herr des Him-
mels und der Erde, Schöpfer der Meere und
König deiner ganzen Schöpfung, erhöre mein
Gebet! 13 Lass meine listigen Worte Wunden
und Striemen schlagen bei denen, die gegen
deinen Bund und dein heiliges Haus, gegen
den Berg Zion und den Wohnsitz deiner
Söhne Böses beschlossen haben! 14 Lass dein
ganzes Volk und alle Stämme erkennen und
wissen, dass du der wahre Gott bist, der Gott
aller Macht und Stärke, und dass es für dein
Volk Israel keinen anderen Beschützer gibt als
dich allein!

1: Ex 30,8; 2 Sam 13,19; Gen 9,21 / **2**: Gen 34; 34,25f. / **4**: Ex 22,21–23 / **5**: Jes 46,9–11 / **6**: Ps 33,9 / **7**: Ps 46,10; Jes 42,13 / **8**: Ps 83,19; Ex 15,3 / **13**: Ex 21,25 / **14**: 2 Kön 19,15–19

JUDITS GANG INS FEINDLICHE LAGER: 10,1–19

10 1 Als sie ihr flehentliches Gebet zu dem
Gott Israels beendet und alles gesagt
hatte, 2 stand sie auf, rief ihre Dienerin und
stieg in das Haus hinab, wo sie sich am Sabbat
und an den Festtagen aufzuhalten pflegte.
3 Dort legte sie das Bußgewand ab, das sie trug,
zog ihre Witwenkleider aus, wusch ihren Kör-
per mit Wasser und salbte sich mit einer wohl-

riechenden Salbe. Hierauf ordnete sie ihre
Haare, legte ein Haarband an und zog die Fest-
kleider an, die sie zu Lebzeiten ihres Gatten
Manasse getragen hatte. 4 Auch zog sie Sanda-
len an, legte ihre Fußspangen, Armbänder,
Fingerringe, Ohrgehänge und all ihren
Schmuck an und machte sich schön, um die
Blicke aller Männer, die sie sähen, auf sich zu
ziehen. 5 Ihrer Dienerin gab sie einen Schlauch
Wein und ein Gefäß mit Öl; sie füllte einen
Sack mit Gerstenmehl, getrockneten Feigen
und reinen Broten, verpackte all diese Dinge
sorgfältig und lud sie ihrer Dienerin auf. 6 Da-
rauf gingen sie zum Stadttor von Betulia hi-
naus. Dort trafen sie Usija sowie Kabri und
Karmi, die Ältesten der Stadt, auf ihrem Pos-
ten. 7 Als sie Judits verwandeltes Aussehen
sahen und die Kleider, die sie angelegt hatte,
kamen sie aus dem Staunen über ihre Schön-
heit nicht mehr heraus und sagten zu ihr: 8 Der
Gott unserer Väter gebe dir Erfolg und lasse
dein Vorhaben gelingen, zum Ruhm Israels
und zur Verherrlichung Jerusalems. 9 Sie aber
neigte sich vor Gott im Gebet und sagte dann
zu ihnen: Gebt Befehl, dass mir das Stadttor
geöffnet wird; ich will hinausgehen und tun,
was ihr mit mir besprochen habt. Da befahlen
sie den jungen Männern, das Tor für sie zu öff-
nen, wie sie es gewünscht hatte. 10 Man öffne-
te das Tor und Judit ging mit ihrer Dienerin
hinaus. Die Männer in der Stadt aber sahen ihr
nach, bis sie den Berg hinabgestiegen und
durch das Tal gegangen war und man sie nicht
mehr sehen konnte.

11 Als sie im Tal weitergingen, begegneten
ihr assyrische Vorposten. 12 Sie hielten sie fest
und fragten: Zu welchem Volk gehörst du?
Woher kommst du und wohin gehst du? Sie
antwortete: Ich gehöre zum Volk der Hebräer
und laufe von ihnen fort, weil sie euch doch
bald zum Fraß vorgeworfen werden. 13 Ich will
zu Holofernes, dem Oberbefehlshaber eures
Heeres, gehen und ihm eine zuverlässige
Nachricht bringen; ich will ihm zeigen, wel-
chen Weg er einschlagen muss, um das ganze
Bergland in seinen Besitz zu bringen, ohne
dass dabei einer von seinen Leuten Leib und
Leben verliert. 14 Als die Männer ihre Worte
hörten und ihr Gesicht betrachteten, dessen
Schönheit sie bezauberte, sagten sie: 15 Du hast
dein Leben gerettet, weil du dich beeilt hast,
von dort oben unserem Herrn entgegenzuge-
hen. Komm jetzt zu seinem Zelt! Einige von
uns werden dich begleiten und dich ihm über-
geben. 16 Hab keine Angst, wenn du vor ihm
stehst! Sag ihm, was du zu sagen hast, dann
wird er dich gnädig behandeln. 17 Darauf wähl-
ten sie von ihren Leuten hundert Männer zum
Geleit für Judit und ihre Dienerin aus; diese
führten sie zum Zelt des Holofernes.

18 Im ganzen Lager entstand eine große Un-
ruhe; denn die Nachricht von Judits Ankunft
hatte sich schon in den Zelten herumgespro-
chen. Die Leute eilten herbei und umringten
sie, als sie vor dem Zelt des Holofernes stand,
bis man sie ihm angemeldet hatte. 19 Sie be-
wunderten ihre Schönheit und bewunderten
die Israeliten ihretwegen. Einer sagte zum
andern: Wer kann dieses Volk verachten, das
solche Frauen in seiner Mitte hat? Es wäre
nicht klug, auch nur einen einzigen Mann von
ihnen übrig zu lassen; wenn man sie laufen
lässt, sind sie imstande, noch die ganze Welt
zu überlisten.

3: Ex 29,4–7 / **4**: Jes 3,16–24

BEGEGNUNG JUDITS MIT HOLOFERNES: 10,20–23

20 Schließlich kamen die Leibwächter des
Holofernes und sein ganzes Gefolge heraus
und führten sie in das Zelt. 21 Holofernes lag
auf seinem Lager unter einem Mückennetz aus
Purpur und Gold, in das Smaragde und ande-
re Edelsteine eingewebt waren. 22 Als man ihm
Judit anmeldete, trat er in den Vorraum des
Zeltes hinaus, wobei ihm silberne Leuchter
vorangetragen wurden. 23 Sobald er und sein
Gefolge Judit erblickten, gerieten sie alle in
Erstaunen über die Schönheit ihres Gesichts.
Sie warf sich vor ihm nieder und huldigte ihm,
doch seine Diener richteten sie wieder auf.

GESPRÄCH VON HOLOFERNES UND JUDIT: 11,1–23

11 1 Holofernes sagte zu ihr: Nur Mut,
Frau, fürchte dich nicht! Ich habe noch
keinem Menschen etwas zuleid getan, der sich
für den Dienst Nebukadnezzars, des Königs
der ganzen Erde, entschieden hat. 2 Ich hätte
auch jetzt gegen dein Volk, das im Bergland
wohnt, nie meinen Speer erhoben, wenn es
mir nicht seine Verachtung gezeigt hätte; das
haben sie sich selbst zu verdanken. 3 Sag mir
jetzt, warum du von ihnen entflohen und zu
uns übergelaufen bist! Es war deine Rettung,
dass du hergekommen bist. Sei unbesorgt,

du wirst heute Nacht und auch weiterhin am
Leben bleiben! 4 Niemand wird dir ein Leid
antun. Im Gegenteil, man wird dich gut be-
handeln, wie es die Diener meines Herrn, des
Königs Nebukadnezzar, gewohnt sind.

5 Judit sagte zu ihm: Nimm die Worte deiner
Sklavin gnädig auf und erlaube deiner Magd,
vor dir zu reden. Ich erzähle meinem Herrn in
dieser Nacht keine Lüge. 6 Wenn du dem Rat
deiner Magd folgst, dann wird Gott dein Un-
ternehmen zu einem guten Ende führen und
mein Herr wird sein Ziel nicht verfehlen.
7 Denn so wahr Nebukadnezzar lebt, der König
der ganzen Erde, und so wahr die Macht des-
sen gilt, der dich aussandte, um alle Welt zur
Ordnung zu rufen: Du machst ihm nicht nur
die Menschen untertan; auch die wilden Tiere,
das Vieh und die Vögel werden dank deiner
Tatkraft unter der Herrschaft Nebukadnezzars
und seines ganzen Hauses leben. 8 Wir haben
nämlich von deiner Weisheit und von den
großartigen Fähigkeiten deines Geistes ge-
hört; aller Welt ist bekannt, dass du allein im
ganzen Reich tüchtig bist, erfolgreich durch
dein Wissen und bewundernswert in der
Kriegführung. 9 Was die Rede betrifft, die
Achior in deinem Kriegsrat gehalten hat, so
sind uns seine Ausführungen zu Ohren ge-
kommen; denn die Männer von Betulia haben
ihn am Leben gelassen und er hat ihnen alles
berichtet, was er bei dir gesprochen hat. 10 Da-
rum sage ich dir, mein Herr und Gebieter, ver-
achte seine Rede nicht, sondern nimm sie dir
zu Herzen! Sie entspricht nämlich der Wahr-
heit: Unser Volk kann tatsächlich nur dann
bestraft werden und das Schwert hat nur dann
Gewalt über sie, wenn sie sich gegen ihren
Gott versündigt haben.

11 Jetzt aber ist es so, dass mein Herr nicht
unverrichteter Dinge wieder abziehen muss.
Der Tod wird über sie kommen; denn eine
Sünde hat von ihnen Besitz ergriffen und sie
werden ihren Gott zum Zorn reizen, sobald
sie das Unerlaubte wirklich tun. 12 Als ihnen
nämlich die Lebensmittel ausgingen und der
Wasservorrat immer knapper wurde, be-
schlossen sie, sich über ihr Vieh herzumachen,
und sie sind gewillt, all das zu verzehren, was
Gott ihnen in seinem Gesetz als Nahrung ver-
boten hat. 13 Auch die Ersterträge des Getreides
und den Zehnten von Wein und Öl, die sie als
Weihegaben für die diensttuenden Priester
unseres Gottes in Jerusalem aufbewahrt ha-
ben, beschlossen sie, restlos zu verzehren;
dabei darf keiner aus dem Volk die Weihega-
ben auch nur mit den Händen anrühren. 14 Sie
haben Boten nach Jerusalem geschickt, weil
die dortige Bevölkerung ebenso gehandelt hat;
nun sollen die Boten ihnen den Schulderlass
des Ältestenrates besorgen. 15 Doch Folgendes
wird geschehen: Sobald ihnen der Schulder-
lass mitgeteilt ist und sie zur Tat schreiten,
werden sie dir noch am gleichen Tag zu ihrem
Verderben ausgeliefert. 16 Daher bin ich, deine
Sklavin, von ihnen weggelaufen, nachdem ich
das alles durchschaut hatte. Ja, Gott hat mich
gesandt, damit ich mit dir die Dinge vollbrin-
ge, über die alle Welt, wenn sie davon erfährt,
in Staunen gerät. 17 Deine Sklavin ist eine got-
tesfürchtige Frau und dient Tag und Nacht
dem Gott des Himmels. Jetzt will ich bei dir
bleiben, mein Herr; doch in der Nacht wird
deine Sklavin in die Schlucht hinausgehen. Ich
will zu Gott beten und er wird mir sagen, wann
sie ihre Sünden begangen haben. 18 Dann will
ich kommen und es dir mitteilen. Du aber
wirst mit deinen Truppen ausziehen und kei-
ner von ihnen wird dir Widerstand leisten.
19 Ich werde dich quer durch Judäa bis nach
Jerusalem führen und dort mitten in der Stadt
deinen Feldherrnstuhl aufrichten. Du wirst
sie wegführen wie Schafe, die keinen Hirten
haben, und kein Hund wird gegen dich bellen.
Das wurde mir kraft meiner Sehergabe offen-
bart und ich bin hergesandt worden, um es dir
kundzutun.

20 Ihre Worte gefielen Holofernes und sei-
nem ganzen Gefolge. Sie staunten über die
Weisheit und sagten: 21 Es gibt von einem Ende
der Erde bis zum andern keine zweite Frau, die
so bezaubernd aussieht und so verständig re-
den kann.

22 Holofernes sagte zu ihr: Dein Gott hat
wohl daran getan, dass er dich aus deinem Volk
hersandte; so wird uns der Sieg zuteil, aber
jene, die meinen Herrn verachtet haben, wird
das Verderben treffen. 23 Wahrhaftig, du bist
wunderschön und verstehst ausgezeichnet zu
reden. Wenn du tust, was du versprochen
hast, dann soll dein Gott auch mein Gott sein;
du sollst im Palast des Königs Nebukadnezzar
wohnen und in aller Welt berühmt sein.

7: Jer 27,6; Dan 2,37f. / **8**: Sir 1,6–8 / **9**: 5,5–21 / **12**: Lev 3,17; 11; 17,14 / **13**: Dtn 14,22 / **19**: Num 27,17 / **23**: Rut 1,16

JUDITS LEBEN IM LAGER DER ASSYRER: 12,1–9

12 1 Dann ließ er sie in den Raum führen,
wo sein silbernes Tafelgerät aufgestellt
war, und befahl, ihr von den feinen Speisen auf
seinem Tisch vorzusetzen und von seinem
Wein zu trinken zu geben. 2 Doch Judit sagte:
Ich werde nichts davon nehmen, damit ich
keinen Anstoß errege. Man soll mir stattdes-
sen von meinem Vorrat zu essen geben, den
ich mitgebracht habe. 3 Da fragte Holofernes:
Wenn aber dein Vorrat erschöpft ist, woher
sollen wir dann solche Nahrungsmittel be-
schaffen? Wir haben ja niemand aus deinem
Volk bei uns. 4 Judit erwiderte: Bei deinem
Leben, mein Herr, noch bevor deine Magd ih-
ren Vorrat aufgebraucht hat, wird der Herr
durch meine Hand vollbringen, was er be-
schlossen hat. 5 Darauf führten die Diener des
Holofernes sie in das Zelt, wo sie bis Mitter-
nacht schlief. Um die Zeit der Morgenwache
stand sie auf, 6 schickte einen Boten zu Holo-
fernes und ließ ihm sagen: Möge mein Herr
Anweisung geben, dass man deine Sklavin
zum Gebet hinausgehen lässt. 7 Da befahl Ho-
lofernes seinen Leibwächtern, sie nicht daran
zu hindern. So verbrachte sie drei Tage im La-
ger und ging jede Nacht in die Schlucht von
Betulia hinaus, um sich im Lager an der Was-
serquelle zu baden. 8 Wenn sie aus dem Bad
herausstieg, flehte sie zu dem Herrn, dem Gott
Israels, er möge ihr Vorhaben gelingen lassen
und ihrem Volk wieder aufhelfen. 9 Dann
kehrte sie im Zustand der Reinheit zurück
und blieb in dem Zelt, bis sie gegen Abend ihr
Essen zu sich nahm.

2: 2 Makk 6,18–7,42; Dan 1,8–17; Tob 1,10f.

JUDIT BEIM GASTMAHL DES HOLOFERNES: 12,10–20

10 Am vierten Tag gab Holofernes ein Gast-
mahl nur für seine Dienerschaft; von den Män-
nern, die sonst um ihn waren, lud er keinen
ein. 11 Dem Eunuchen Bagoas, der sein ganzes
Eigentum zu verwalten hatte, gab er den Auf-
trag: Geh und rede der Hebräerin zu, die deiner
Obhut anvertraut ist, dass sie zu uns kommt
und mit uns isst und trinkt! 12 Es wäre wahr-
haftig eine Schande für uns, wenn wir eine
solche Frau gehen ließen, ohne mit ihr zusam-
men gewesen zu sein. Sie selber würde uns
auslachen, wenn wir sie nicht an uns rissen.
13 Bagoas ging von Holofernes weg, trat bei
Judit ein und sagte: Möge das schöne Mädchen
nicht zögern, zu meinem Herrn zu kommen
und von ihm geehrt zu werden und mit uns
zum Vergnügen Wein zu trinken und heute zu
einer assyrischen Tochter zu werden, die im
Palast Nebukadnezzars bereitstehen. 14 Judit
entgegnete: Wer bin ich, dass ich meinem
Herrn widersprechen dürfte? Ich will unver-
züglich alles tun, was er wünscht; das soll mir
eine Freude sein bis zum Tag meines Todes.

15 Judit stand auf, legte ihr bestes Kleid und
ihren ganzen Schmuck an. Ihre Dienerin eilte
voraus und legte für sie gegenüber von Holo-
fernes die Teppiche auf den Boden, die sie von
Bagoas als Lager für ihre täglichen Mahlzeiten
erhalten hatte. 16 Darauf trat Judit ein und
nahm Platz. Holofernes aber war über sie ganz
außer sich vor Entzücken. Seine Leidenschaft
entbrannte und er war begierig danach, mit
ihr zusammen zu sein. Denn seit er sie gesehen
hatte, lauerte er auf eine günstige Gelegenheit,
um sie zu verführen. 17 Als Holofernes sie
aufforderte: Trink doch und sei vergnügt mit
uns!, 18 erwiderte Judit: Gern will ich trinken,
Herr, denn ich habe in meinem ganzen Leben
noch keine solche Ehre erfahren wie heute.
19 Sie griff zu, aß und trank vor seinen Augen,
was ihre Dienerin zubereitet hatte. 20 Holofer-
nes wurde ihretwegen immer fröhlicher und
trank so viel Wein, wie er noch nie zuvor in
seinem Leben an einem einzigen Tag getrun-
ken hatte.

20: Spr 23,29–32

JUDITS RETTUNGSTAT: 13,1–10

13 1 Als es dann Nacht geworden war, bra-
chen seine Diener eilig auf. Bagoas
schloss von außen das Zelt und trennte so die
Diener von seinem Herrn. Sie suchten ihr
Nachtlager auf, denn sie waren alle von dem
ausgedehnten Mahl ermüdet. 2 Judit allein
blieb in dem Zelt zurück, wo Holofernes, vom
Wein übermannt, vornüber auf sein Lager ge-
sunken war. 3 Judit hatte ihrer Dienerin befoh-
len, draußen vor ihrem Schlafgemach stehen
zu bleiben und wie alle Tage zu warten, bis sie
herauskäme; sie werde nämlich zum Gebet
hinausgehen. Im gleichen Sinne hatte sie auch
mit Bagoas gesprochen. 4 Inzwischen hatte
sich die ganze Gesellschaft entfernt und es
befand sich kein Mensch mehr im Schlafge-
mach des Holofernes. Judit trat an das Lager
des Holofernes und betete still: Herr, du Gott

aller Macht, sieh in dieser Stunde gnädig auf
das, was meine Hände zur Verherrlichung Je-
rusalems tun werden! 5 Jetzt ist der Augenblick
gekommen, dass du dich deines Erbbesitzes
annimmst und dass ich mein Vorhaben aus-
führe, zum Verderben der Feinde, die sich ge-
gen uns erhoben haben. 6 Dann ging sie zum
Bettpfosten am Kopf des Holofernes und
nahm von dort sein Schwert herab. 7 Sie ging
ganz nahe zu seinem Lager hin, ergriff sein
Haar und sagte: Mach mich stark, Herr, du
Gott Israels, am heutigen Tag! 8 Und sie schlug
zweimal mit ihrer ganzen Kraft auf seinen Na-
cken und hieb ihm den Kopf ab. 9 Dann wälzte
sie seinen Rumpf von dem Lager und nahm
das Mückennetz von den Tragstangen herun-
ter. Kurz danach ging sie hinaus und übergab
den Kopf des Holofernes ihrer Dienerin, 10 die
ihn in ihren Verpflegungssack steckte. Sie
machten sich dann beide wie gewöhnlich auf
den Weg, als wollten sie zum Beten gehen. Sie
gingen jedoch, nachdem sie das Lager durch-
quert hatten, um die Schlucht herum, stiegen
den Berg nach Betulia hinauf und gelangten
vor das Stadttor.

8: Ri 4,20–24

JUDITS RÜCKKEHR NACH BETULIA UND JUBEL DES VOLKES: 13,11–17

11 Schon von Weitem rief Judit den Wächtern
am Tor zu: Öffnet, öffnet schnell das Tor! Gott
ist mit uns, ja, unser Gott ist mit uns. Er offen-
bart in Israel seine segensreiche Macht, an un-
seren Feinden aber seine strafende Gewalt.
Das hat er auch heute bewiesen. 12 Als die Män-
ner in der Stadt ihre Stimme hörten, eilten sie
zum Stadttor hinunter und riefen die Ältesten
der Stadt zusammen. 13 Alle liefen herbei, vom
Kleinsten bis zum Größten, denn sie konnten
es nicht fassen, dass Judit zurückgekommen
war. Sie öffneten das Tor und ließen die beiden
Frauen herein. Dann zündeten sie ein Feuer
an, um den Platz zu beleuchten, und umring-
ten sie. 14 Judit aber rief ihnen laut zu: Lobt
Gott, ja, lobt ihn! Lobt Gott! Er hat dem Haus
Israel sein Erbarmen nicht entzogen, sondern
er hat in dieser Nacht unsere Feinde durch
meine Hand vernichtend getroffen. 15 Dann
zog sie den Kopf aus dem Sack und zeigte ihn
den Männern mit den Worten: Seht, das ist der
Kopf des Holofernes, des Oberbefehlshabers
der assyrischen Truppen, und hier ist das Mü-
ckennetz, unter dem er in seinem Rausch lag.
Der Herr hat ihn durch die Hand einer Frau
erschlagen. 16 So wahr der Herr lebt, der mich
auf dem Weg beschützt hat, den ich gegangen
bin: Zwar hat ihn mein Anblick verführt und
in das Verderben gestürzt, aber er hat mich
durch keine Sünde befleckt oder geschändet.
17 Das Volk war zutiefst ergriffen; sie verneig-
ten sich, warfen sich vor Gott nieder und riefen
einmütig: Gepriesen seist du, unser Gott, der
du am heutigen Tag die Feinde deines Volkes
vernichtet hast!

11: 2 Chr 32,1–23

USIJAS LOB FÜR JUDIT: 13,18–20

18 Usija aber sagte: Meine Tochter, du bist von
Gott, dem Allerhöchsten, mehr gesegnet als
alle anderen Frauen auf der Erde. Gepriesen sei
der Herr, unser Gott, der Himmel und Erde
geschaffen hat. Durch seine Hilfe ist es dir ge-
lungen, dem Anführer unserer Feinde den
Kopf abzuschlagen. 19 Die Erinnerung an dein
Vertrauen soll in Ewigkeit nicht aus den Her-
zen der Menschen entschwinden, die sich an
die Macht Gottes erinnern. 20 Gott möge dir
ewigen Ruhm schenken und dich reich mit
seinem Segen belohnen. Denn in der Not un-
seres Volkes hast du dein Leben nicht ge-
schont; nein, du hast entschlossen unseren
Untergang von uns abgewehrt, du bist vor
unserem Gott auf geradem Weg gegangen.
Und alles Volk rief: Amen, amen.

18: Ri 5,24; Gen 14,18–24

JUDITS ANWEISUNGEN: 14,1–5

14 1 Da sagte Judit zu ihnen: Hört mich an,
meine Brüder! Nehmt diesen Kopf und
hängt ihn an der Zinne eurer Stadtmauer auf!
2 Wenn dann der Morgen anbricht und die
Sonne über der Erde aufgeht, greift alle zu den
Waffen und rückt mit allen wehrfähigen Män-
nern zum Stadttor hinaus! Ihr müsst einen
Anführer an ihre Spitze stellen und dann so
tun, als ob ihr hinabsteigen und die assyri-
schen Vorposten in der Ebene angreifen wollt;
in Wirklichkeit aber dürft ihr nicht hinabge-
hen. 3 Dann werden die feindlichen Vorposten
sich kampfbereit machen, in ihr Lager eilen
und die Anführer der assyrischen Truppen
wecken. Wenn sie vor dem Zelt des Holofer-
nes zusammenströmen, ihn aber nicht finden,
werden sie, von Schrecken gepackt, vor euch
flüchten. 4 Ihr aber und die Bewohner des gan-
zen Landes Israel setzt ihnen nach und macht

sie auf der Flucht nieder! 5 Doch zuvor ruft mir
noch den Ammoniter Achior, damit er den
sieht und erkennt, der das Haus Israel verach-
tet und der ihn zum Tod zu uns geschickt hat!
1: 2 Makk 15,35; 1 Makk 7,26–50

ACHIORS BEKEHRUNG: 14,6–10

6 Da rief man Achior aus dem Haus des Usija
herbei. Als er kam und in der Hand eines
Mannes aus der Volksmenge den Kopf des
Holofernes erblickte, fiel er ohnmächtig zu
Boden. 7 Nachdem man ihn wieder aufgerich-
tet hatte, warf er sich Judit zu Füßen, verneig-
te sich vor ihr und sagte: Gepriesen seist du in
allen Zelten Judas und bei allen Völkern. Wer
immer deinen Namen hört, wird vor Schre-
cken erzittern. 8 Doch jetzt erzähl mir, was du
in diesen Tagen getan hast! Judit berichtete
ihm vor dem ganzen Volk alles, was sie getan
hatte, angefangen von dem Tag ihres Weg-
gangs bis zu dem Augenblick ihres jetzigen
Gesprächs. 9 Als sie mit ihrem Bericht fertig
war, brach das Volk in lauten Jubel aus und
erhob in der Stadt ein Freudengeschrei.
10 Achior aber, der begriff, dass der Gott Israels
diese Tat vollbracht hatte, glaubte aus ganzem
Herzen an Gott; er ließ sich beschneiden und
wurde von da an dem Haus Israel zugerechnet
und so ist es bis auf den heutigen Tag geblie-
ben.
7: Ri 5,24 / **10:** Dtn 23,4; Sach 2,15; Neh 13,1–3

VERWIRRUNG DER ASSYRER: 14,11–19

11 Sobald der Morgen anbrach, hängte man den
Kopf des Holofernes an der Mauer auf. Alle
Männer griffen zu den Waffen und zogen in
Scharen zu den Wegen, die in das Gebirge hi-
naufführten. 12 Als die Assyrer sie sahen, mel-
deten sie es ihren Anführern; diese eilten zu
den Feldherren, Obersten und allen Offizie-
ren. 13 Sie trafen sich beim Zelt des Holofernes
und sagten zu dem Verwalter seines gesamten
Eigentums: Weck doch unseren Herrn! Diese
Sklaven wagen es herabzukommen und bieten
uns den Kampf an, um vollends in ihr Verder-
ben zu rennen. 14 Da ging Bagoas hinein und
klatschte vor dem Zeltvorhang; denn er war
der Meinung, Holofernes schlafe mit Judit.
15 Als niemand Gehör gab, schlug er den Vor-
hang zurück und trat in das Schlafgemach ein.
Da fand er Holofernes tot ausgestreckt auf der
Schwelle liegen und sah, dass ihm der Kopf
abgeschlagen worden war. 16 Er stieß einen
lauten Schrei aus und zerriss unter Weinen,
Stöhnen und lautem Klagen seine Kleider.
17 Dann eilte er in das Zelt, wo Judit unterge-
bracht war; als er sie nicht mehr vorfand, stürz-
te er unter die Soldaten hinaus und schrie:
18 Diese Sklaven haben Verrat geübt! Eine ein-
zelne Frau der Hebräer hat Schande über das
ganze Haus des Königs Nebukadnezzar ge-
bracht. Seht her: Holofernes liegt am Boden
und er hat keinen Kopf mehr. 19 Als sie das
hörten, zerrissen die Führer des assyrischen
Heeres ihre Kleider; tiefe Bestürzung ergriff
sie und ihr Klagegeschrei schallte laut durch
das Lager.
15: Ri 4,22

FLUCHT DER ASSYRER: 15,1–7

15 1 Als die Männer in den Zelten hörten,
was geschehen war, packte sie das
Entsetzen. 2 Furcht und Schrecken überfiel sie
und keiner wollte mehr bei dem andern blei-
ben. Sie stoben auseinander und liefen auf al-
len Wegen in der Ebene und im Gebirge davon.
3 Auch die, die auf den Berghöhen rings um
Betulia ihr Lager hatten, wandten sich zur
Flucht. Nun aber machten sich die wehrfähi-
gen Israeliten über sie her. 4 Usija schickte Bo-
ten nach Betomestajim, Bebai, Choba und Kola
sowie in das ganze übrige Land Israel. Sie be-
richteten, was sich zugetragen hatte, und for-
derten die Bevölkerung auf, sich ebenfalls auf
die Feinde zu stürzen und sie zu vernichten.
5 Sobald die Israeliten das hörten, fielen sie
einmütig über die Feinde her, verfolgten sie bis
nach Choba und schlugen sie nieder. Auch die
Bewohner Jerusalems und des ganzen Berg-
landes fanden sich ein; denn man hatte ihnen
gemeldet, was mit dem Heer ihrer Feinde ge-
schehen war. Die Bewohner von Gilead und
Galiläa fielen den Assyrern in die Flanke. Sie
fügten ihnen schwere Verluste zu, bis sie über
das Gebiet von Damaskus hinaus waren. 6 Die
zurückgebliebenen Einwohner von Betulia
machten sich über das Lager der Assyrer her,
plünderten es und verschafften sich großen
Reichtum. 7 Was übrig blieb, nahmen die Isra-
eliten an sich, als sie von der Verfolgung zu-
rückkehrten. Auch die Dörfer und Gehöfte im
Bergland und in der Ebene machten große
Beute; denn es gab davon eine unermessliche
Menge.
2: 2,28

JUBEL ÜBER JUDIT: 15,8–14
8 Der Hohepriester Jojakim und der Ältesten-
rat von Israel, die in Jerusalem wohnten, ka-
men herbei, um die rettende Tat zu sehen, die
der Herr für Israel getan hatte, aber auch um
Judit aufzusuchen und sie zu beglückwün-
schen. 9 Sie traten bei ihr ein, lobten sie wie aus
einem Mund und sagten zu ihr: Du bist der
Ruhm Jerusalems, du bist die große Freude
Israels und der Stolz unseres Volkes. 10 Mit
deiner Hand hast du das alles getan, du hast
segensreiche Taten für Israel vollbracht und
Gott hat daran Gefallen gehabt. Sei gesegnet
vom Herrn, dem Allmächtigen, für ewige
Zeiten! Und alles Volk rief: Amen.
11 Dreißig Tage lang plünderte die Menge das
feindliche Lager. Man schenkte Judit das Zelt
des Holofernes, alle seine silbernen Geräte, die
Ruhebetten, die Gefäße und alle übrigen Ein-
richtungsgegenstände. Sie nahm ihren Anteil
an der Beute und packte ihn auf ihr Maultier;
auch ihre Wagen ließ sie anspannen und ver-
staute die Beute darauf.
12 Alle Frauen in Israel eilten herbei, um Ju-
dit zu sehen, und sangen ihr Lob. Als sie sich
ihr zu Ehren zu einem Festreigen aufstellten,
nahm Judit belaubte Zweige in die Hand und
gab auch den umstehenden Frauen davon.
13 Sie und ihre Begleiterinnen setzten sich
Kränze von Ölzweigen auf und so ging sie vor
dem ganzen Volk her und führte den Festrei-
gen der Frauen an. Ihr folgten alle Männer von
Israel in Waffen und mit Kränzen geschmückt.
Von allen Lippen ertönten Loblieder. 14 Judit
aber stimmte im Beisein von ganz Israel das
folgende Danklied an und alles Volk sang den
Lobpreis mit.

12: Ex 15,20f.; 1 Sam 18,6f.; Jer 31,1–14; 2 Makk 10,5–8

JUDITS LOBGESANG: 16,1–17
16 1 Judit sang: Stimmt ein Lied an für
meinen Gott unter Paukenschall, /
singt für den Herrn unter Zimbelklang! /
Preist ihn und singt sein Lob, / rühmt seinen
Namen und ruft ihn an!
2 Denn der Herr ist ein Gott, / der den Krie-
gen ein Ende setzt; / er führte mich heim in
sein Lager inmitten des Volkes / und rettete
mich aus der Hand der Feinde.
3 Assur kam von den Bergen des Nordens /
mit seiner unzählbaren Streitmacht; / die
Masse der Truppen verstopfte die Täler, / sein
Reiterheer bedeckte die Hügel.
4 Brandschatzen wollten sie mein Gebiet, /
die Jugend morden mit scharfem Schwert, /
den zarten Säugling am Boden zerschmet-
tern, / die Kinder als Beute verschleppen, /
als billigen Raub die Mädchen entführen.
5 Doch der Herr, der Allmächtige, gab sie
preis, / er gab sie der Vernichtung preis /
durch die Hand einer Frau.
6 Ihr Held fiel nicht durch die Kraft junger
Männer, / nicht Söhne von Riesen erschlugen
ihn, / noch traten ihm hohe Recken entge-
gen. / Nein, Judit, Meraris Tochter, / bannte
seine Macht mit dem Reiz ihrer Schönheit.
7 Sie legte ihr Witwengewand ab, / um den
Bedrängten in Israel zu helfen. / Sie salbte ihr
Gesicht mit duftendem Öl,
8 sie schmückte ihre Haare mit einem Dia-
dem / und zog ein Leinenkleid an, um ihn zu
verführen.
9 Ihre Sandalen bezauberten sein Auge. / So
schlug ihre Schönheit sein Herz in Bann. / Das
Schwert traf seinen Nacken mit Wucht.
10 Die Perser erschraken vor ihrer Kühn-
heit, / die Meder erstarrten vor ihrem Mut.
11 Jubel erfüllte mein armes Volk – / sie aber
gerieten in Schrecken. / Die Meinen waren
schwach – / sie aber packte Entsetzen. / Die
einen stimmten den Schlachtruf an – / die an-
deren ergriffen die Flucht.
12 Erbärmliches Volk! Söhne von Mädchen
stachen sie nieder / und wie Überläufer ver-
wundeten sie sie. / Sie gingen zugrunde durch
die Schlachtreihe des Herrn.
13 Ich singe meinem Gott ein neues Lied; /
Herr, du bist groß und voll Herrlichkeit. /
Wunderbar bist du in deiner Stärke, / keiner
kann dich übertreffen.
14 Dienen muss dir deine ganze Schöpfung. /
Denn du hast gesprochen und alles entstand. /
Du sandtest deinen Geist, um den Bau zu voll-
enden. / Kein Mensch kann deinem Wort wi-
derstehen.
15 Meere und Berge erbeben in ihrem
Grund, / vor dir zerschmelzen die Felsen wie
Wachs. / Doch wer dich fürchtet, der erfährt
deine Gnade.
16 Zu gering ist jedes Opfer, um dich zu er-
freuen, / alle Fettstücke sind nichts beim
Opfer für dich. / Wer den Herrn fürchtet, der
ist groß für immer.
17 Doch weh den Völkern, die mein Volk
bekämpfen. / Am Tag des Gerichts straft sie
der allmächtige Herr, / er schickt Feuer und

Würmer in ihr Gebein; / in Ewigkeit sollen sie
heulen vor Schmerz.

1: Ps 150,4; Ex 15; Ri 5 / **2**: Ps 46,10; Ex 15,3; 18,1–12 / **3**: Hos 1,7; Ps 33,16f. / **4**: Klgl 1,18; 2,21 / **6**: 1 Sam 17,51 / **12**: 1 Sam 17,36.45 / **13**: Ps 33,3; 96,1 / **14**: Gen 1,3–25; Ez 36,26f.; Ps 104,30 / **15**: Mi 1,4; Ps 18,8.16 / **16**: Ps 51,18f.; Jes 1,10–17 / **17**: Jes 66,24; Dtn 10,12f.; Ps 112; 2 Makk 9,7–11

DAS SIEGESFEST IN JERUSALEM: 16,18–20

18 Als sie nach Jerusalem gekommen waren,
warfen sie sich vor Gott zum Gebet nieder.
Die Leute reinigten sich und brachten ihre
Brandopfer, ihre freiwilligen Opfer und ihre
sonstigen Gaben dar. 19 Judit stiftete dem
Heiligtum alles, was ihr das Volk aus der Beu-
te des Holofernes überlassen hatte. Auch das
Mückennetz, das sie aus seinem Schlafgemach
mitgenommen hatte, schenkte sie Gott als
Weihegabe. 20 Drei Monate lang feierte das
Volk vor dem Heiligtum in Jerusalem ein
Freudenfest und Judit blieb bei ihnen.

JUDITS LETZTE JAHRE: 16,21–25

21 Nach Ablauf dieser Zeit kehrte jeder in sei-
nen Erbbesitz zurück. Judit ging nach Betulia
und blieb auf ihrem Anwesen. Solange sie leb-
te, war sie im ganzen Land hoch gerühmt.
22 Viele hätten sie gern zur Frau gehabt; aber
seit ihr Gatte Manasse gestorben und seinem
Volk hinzugefügt worden war, wollte sie sich
nicht wieder in ihrem Leben verheiraten. 23 Sie
erlebte ein sehr hohes Alter und wurde im
Haus ihres Mannes hundertfünf Jahre alt. Ihrer
Dienerin schenkte sie die Freiheit. Sie starb in
Betulia und man bestattete sie in der Grabhöh-
le ihres Gatten Manasse. 24 Das Haus Israel
betrauerte sie sieben Tage lang. Vor ihrem Tod
hatte sie noch ihren Besitz an alle Verwandten
ihres Gatten Manasse und an die Angehörigen
ihrer eigenen Familie verteilt. 25 Niemand aber
wagte mehr, die Israeliten zu beunruhigen,
solange Judit lebte, und auch noch lange Zeit
nach ihrem Tod.

DAS BUCH ESTER

Das Esterbuch ist nach der weiblichen Hauptfigur der Erzählung benannt. Ester erscheint darin als eine junge jüdische Frau, die zur persischen Königin aufsteigt und ihr Volk vor einer drohenden Vernichtung rettet.

Die Estererzählung ist in mehreren verschiedenen Versionen überliefert, die auf unterschiedliche Verfasserkreise zurückzuführen sind. Das Esterbuch spielt am persischen Hof, geht aber mit den geschichtlichen Tatsachen recht frei um und macht auch sonst durch seine Erzählweise deutlich, dass kein einmaliges Ereignis berichtet werden soll, sondern Erfahrungen von Judenfeindschaft, aber auch erfolgreicher politischer Widerstand verarbeitet werden. Die ältere hebräische Fassung des Buches ist wohl erst nach der Perserzeit entstanden, vielleicht um 300 v. Chr. Im Christentum las man das Esterbuch in der griechischen und lateinischen Bibel, die drei literarisch verschiedene Textformen enthalten. Diese beruhen auf hebräischen Vorlagen, die in den zwei Jahrhunderten v. Chr. von Juden übersetzt wurden. Sie sind länger als der hebräische Text und betonen ausdrücklicher das Wirken Gottes in der Geschichte. Während Bibelausgaben aus den Kirchen der Reformation zur hebräischen Fassung zurückgekehrt sind, verbindet die katholische Kirche seit Hieronymus die Erweiterungen aus der griechischen Fassung mit dem hebräischen Kerntext. Die sechs großen Erweiterungen sind im Folgenden an der Zählung zu erkennen: Die aus dem Hebräischen übersetzten Abschnitte werden mit Verszahlen bezeichnet, die Abschnitte aus dem Griechischen zusätzlich mit Buchstaben.

Ester erscheint als eine junge jüdische Frau, die in der persischen Residenzstadt Susa als Waise bei ihrem Cousin Mordechai lebt. Sie steigt zur persischen Königin auf, nachdem die amtierende Königin Waschti sich geweigert hatte, auf einem Fest des Königs vor den bereits angetrunkenen Gästen zu erscheinen, und abgesetzt worden war (Kap. 1–2). Als Königin kann Ester ihr Volk vor einer drohenden Vernichtung retten. Der Plan zu diesem Völkermord geht aus von Haman, dem königlichen Großwesir, der mit dem Siegel des Königs ein Vernichtungsdekret erlassen hat (Kap. 3). Ester gelingt es, den König von den verbrecherischen Absichten seines Vertrauten zu überzeugen und Haman auszuschalten (Kap. 4–7). Mit Mordechai verfasst die Königin ein Gegen-Dekret, das den Juden auch militärisches Eingreifen gegen die erlaubt, die den Plan Hamans in die Tat umsetzen wollen. Zur Erinnerung an die Rettung wird das Purimfest eingesetzt (Kap. 8–9). Der Name des Festes bezieht sich auf das Los (pur), mit dem Haman den Tag des Mordens festgelegt hatte.

Die Handlung der Estergeschichte ist in der erweiterten griechischen Fassung gerahmt von einem Traum des Mordechai (vgl. 1,1a–l und 10,3a–k), in dem sich kosmische Katastrophen abspielen und nur mit Gottes Hilfe Rettung kommen kann. Auch für Ester, die sich vor ihrem Gang zum König in einem intensiven Gebet an Gott wendet (vgl. 4,17k–z; voran steht ein Gebet des Mordechai; 4,17a–i), hat das Geschehen übermenschliche Dimensionen. Mit denen, die das jüdische Volk bedrohen, stehen ja zugleich deren Götzen gegen den einen und wahren Gott Israels. Indem Gott sein Volk rettet, erweist sich seine göttliche Macht.

Ein Charakteristikum des hebräischen Esterbuches ist sein „Gottesschweigen": Gott wird nirgends direkt genannt. Gläubige Leser und Leserinnen können Gottes verborgenes Wirken gleichsam hinter den geschilderten Ereignissen erkennen; das Buch führt aber auch vor die Frage, wie von Gottes Gegenwart in einer Zeit extremer Not und Gewalt denn überhaupt zu sprechen sei. Die griechische Fassung des Esterbuches muss von Gott sprechen, weil für sie in der umfassenden Bedrohung des jüdischen Volkes, in der zugleich ein Kampf fremder Götter gegen den Gott Israels stattfindet, Gottes Gottsein auf dem Spiel steht. Diese Version der Estergeschichte bietet aber auch ein detaillierteres Porträt des Judentums als das hebräische Esterbuch. Die Orientierung an den Geboten Gottes wird hier ausdrücklich zum Thema gemacht. Der Judenhass des Haman speist sich aus der Bindung des jüdischen Volkes an die Gebote Gottes, die er als staatssprengend begreift (vgl. 3,13a–g). Das lange Gegenedikt Esters und Mordechais (8,12a–x) betont, dass Juden loyale Staatsbürger sind und sein können, weil die Gesetze ihres Gottes gerecht sind. Man spürt die Auseinandersetzung der jüdischen Verfasser mit dem politisch-religiösen Misstrauen, das ihnen entgegenschlägt, eine Erfahrung, die Juden zu allen Zeiten machen mussten.

Das hebräische Esterbuch ist Teil der jüdischen Bibel, gehört dort zu den sogenannten fünf Festrollen und wird am Purimfest im synagogalen Gottesdienst verlesen. Die karnevalistischen Bräuche dieses Festes bieten einen Rahmen dafür, das in Kap. 9 erzählte Blutbad als übertriebene, surreale Schilderung zu erkennen, die keine Handlungsanweisung sein will.

In der katholischen Tradition ist die Figur der Ester zum Vorbild Mariens geworden, als Fürbitterin vor Gottes Thron, als Streiterin gegen das Böse und als gekrönte Königin. Die Estergeschichte als Ganze wurde dabei allerdings nicht selten als zu jüdisch und deshalb für Christen unergiebig beiseitegelegt. Nach der Shoah könnte gerade das Esterbuch zum Anlass werden, die christliche Geschichte der Judenfeindschaft aufzuarbeiten und mit jüdischen Auslegern und Auslegerinnen gemeinsam den Reichtum einer biblischen Schrift neu zu entdecken.

EIN JÜDISCHER MANN AM PERSISCHEN HOF: 1,1a–r

MORDECHAIS TRAUM: 1,1a–l

1 1(a) Im zweiten Jahr der Regierung des
Großkönigs Artaxerxes, am ersten
Tag des Monats Nisan, hatte Mordechai, der
Sohn Jaïrs, des Sohnes Schimis, des Sohnes
des Kisch, aus dem Stamm Benjamin, einen
Traum. (b) Der Jude Mordechai wohnte in
der Stadt Susa; er war ein angesehener Mann,
der am Hof des Königs diente. (c) Er gehörte
zu den Gefangenen, die der babylonische
König Nebukadnezzar mit Jojachin, dem
König von Juda, aus Jerusalem verschleppt
hatte.

1,1a G liest in allen Teilen des Buches den Namen des Königs als Artaxerxes; H liest Ahaschwerosch, dessen griechische Form sonst Xerxes lautet.

(d) Er hatte folgenden Traum: Es gab Geschrei und Lärm, Donner und Erdbeben und ein Tumult entstand auf der Erde. (e) Plötzlich kamen zwei große Drachen, beide bereit zu kämpfen. Sie brüllten laut (f) und durch ihr Brüllen wurden alle Völker zum Kampf aufgereizt, sodass sie gegen das Volk der Gerechten Krieg führten. (g) Es war ein Tag des Dunkels und der Finsternis; Bedrängnis und Not, Unheil und großer Tumult waren auf der Erde. (h) Das ganze Volk der Gerechten geriet in Bestürzung. Sie fürchteten Unheil und rechneten mit ihrem Untergang. Da schrien sie zu Gott. (i) Aus ihrem Schreien wurde wie aus einer kleinen Quelle ein großer Strom mit viel Wasser. (k) Licht und Sonne schienen wieder; die Niedrigen wurden erhöht und sie vernichteten die Angesehenen.

(l) Als Mordechai diesen Traum gehabt hatte, erwachte er. Den ganzen Tag überlegte er, was Gott wohl beschlossen habe, und versuchte, auf jede nur mögliche Weise den Traum zu verstehen.

1c: 2 Kön 24,8.15 / **1d:** 10,3a–k / **1k:** 8,16

VERSCHWÖRUNG GEGEN DEN KÖNIG: 1,1m–q

(m) Mordechai schlief im Palast in der Nähe der zwei Eunuchen Gabata und Teresch, die den Palast bewachten. (n) Dabei hörte er, was sie miteinander überlegten; er versuchte, über ihre Pläne Genaueres zu erfahren, und entdeckte, dass sie einen Anschlag gegen König Artaxerxes vorbereiteten. Er zeigte sie beim König an (o) und der König verhörte die beiden Eunuchen. Sie gestanden und wurden abgeführt. (p) Zur Erinnerung ließ der König diese Begebenheit aufzeichnen; auch Mordechai machte Aufzeichnungen darüber. (q) Und der König beauftragte Mordechai, im Palast zu dienen, und belohnte ihn für seine Tat mit reichen Geschenken.

1m–p: 2,21–23; 6,2f. / **1p:** 6,1; 10,2 / **1q:** 6,3

DER FEIND DER JUDEN: 1,1r

(r) Aber der Bugäer Haman, der Sohn Hammedatas, ein angesehener Mann beim König, suchte wegen der beiden Eunuchen des Königs Unheil über Mordechai und sein Volk zu bringen.

1r: 3,1f.5f.

EINE JÜDISCHE FRAU ALS PERSISCHE KÖNIGIN: 1,1–2,23

KÖNIGLICHE FESTE ALS MACHTERWEIS: 1,1–9

1 Es war zur Zeit des Artaxerxes, jenes Arta-
xerxes, der von Indien bis Kusch über hundert-
siebenundzwanzig Provinzen herrschte. 2 Da-
mals, als König Artaxerxes in der Burg Susa
den Thron seines Reiches bestiegen hatte, 3 im
dritten Jahr seiner Herrschaft, gab er ein Fest-
mahl für alle seine Fürsten und Beamten. Die
Heeresmacht von Persien und Medien, die
Vornehmen und die Statthalter der Provinzen
waren erschienen 4 und er stellte viele Tage
lang seinen ganzen Reichtum und seine kö-
nigliche Pracht, seine Herrlichkeit und seinen
ungeheuren Prunk zur Schau, hundertachtzig
Tage lang. 5 Am Ende dieser Tage gab der König
allen, die in der Burg Susa waren, vom Größ-
ten bis zum Geringsten, sieben Tage lang im
Hofgarten des Palastes ein Festmahl. 6 Weißes
Leinen, violetter Purpurstoff und andere feine
Gewebe waren mit weißen und roten Schnü-
ren in silbernen Ringen an Alabastersäulen
aufgehängt. Auf dem Mosaikboden aus Ala-
baster, weißem und buntem Marmor und Perl-
muttsteinen standen goldene und silberne
Ruhelager. 7 Man trank aus goldenen Gefäßen,
von denen keines den andern gleich war.
Großzügig ließ der König seinen Wein aus-
schenken. 8 Bei dem Gelage sollte keinerlei
Zwang herrschen. Denn der König hatte sei-
nen Palastbeamten befohlen: Jeder kann tun,
was ihm beliebt.

9 Auch Königin Waschti gab ein Festmahl
für die Frauen, die im Palast des Königs Arta-
xerxes lebten.

WASCHTIS BEFEHLSVERWEIGERUNG: 1,10–22

10 Als der König am siebten Tag vom Wein an-
geheitert war, befahl er Mehuman, Biseta, Har-
bona, Bigta, Abagta, Setar und Karkas, den
sieben Eunuchen, die ihn persönlich bedien-
ten, 11 Königin Waschti im königlichen Dia-
dem vor den König zu bringen, damit das Volk
und die Fürsten ihre Schönheit bewunderten;

denn sie war sehr schön. 12 Aber Waschti, die
Königin, weigerte sich, dem Befehl des Kö-
nigs, den die Eunuchen überbracht hatten, zu
folgen und zu kommen.

Da wurde der König erbost und es packte ihn
großer Zorn. 13 Er besprach sich mit den Wei-
sen, die sich in der Geschichte auskennen;
denn er pflegte seine Angelegenheiten vor den
Kreis der Gesetzes- und Rechtskundigen zu
bringen, 14 die zu ihm Zutritt hatten, nämlich
Karschena, Schetar, Admata, Tarschisch, Me-
res, Marsena, Memuchan, die sieben Fürsten
Persiens und Mediens. Sie hatten freien Zu-
gang zum König und nahmen den ersten Rang
im Königreich ein. 15 Er fragte: Was soll man
nach dem Gesetz mit Waschti, der Königin,
tun, nachdem sie dem Befehl des Königs Ar-
taxerxes, den ihr die Eunuchen überbracht
haben, nicht gefolgt ist?

16 Da sagte Memuchan zum König und zu
den Fürsten: Nicht nur gegen den König, son-
dern auch gegen alle Fürsten und alle Völker,
die in all den Provinzen des Königs Artaxerxes
leben, hat sich Königin Waschti verfehlt.
17 Denn das Verhalten der Königin wird allen
Frauen bekannt werden und sie werden die
Achtung vor ihren Ehemännern verlieren und
sagen: König Artaxerxes befahl der Königin
Waschti, vor ihm zu erscheinen; aber sie kam
nicht. 18 Von heute an werden alle Fürstinnen
Persiens und Mediens, die vom Verhalten der
Königin hören, dies allen Fürsten des Königs
vorhalten und es gibt viel Ärger und Verdruss.
19 Wenn es dem König recht ist, möge ein un-
widerruflicher königlicher Erlass ergehen, der
in den Gesetzen der Perser und Meder aufge-
zeichnet wird: Waschti darf dem König Arta-
xerxes nicht mehr unter die Augen treten. Der
König aber verleihe den Rang der Königin ei-
ner anderen, die würdiger ist als sie. 20 Wenn
die Anordnung, die der König erlässt, in sei-
nem ganzen großen Reich bekannt wird, dann
werden alle Frauen ihren Ehemännern, den
vornehmsten wie den geringsten, die gebüh-
rende Achtung erweisen.

21 Der Vorschlag gefiel dem König und den
Fürsten und der König handelte nach Me-
muchans Worten. 22 Er sandte Schreiben an alle
königlichen Provinzen, an jede Provinz in ihrer
eigenen Schrift und an jedes Volk in seiner
Sprache, dass jeder Mann in seinem Hause
herrsche und in der Sprache seines Volkes rede.

22: 3,12; 8,9

MÄDCHEN FÜR DEN KÖNIG: 2,1–4

2 1 Als sich nach einiger Zeit der Zorn des
Königs Artaxerxes gelegt hatte, erinnerte
er sich wieder an Waschti und an das, was sie
getan und was man über sie beschlossen hatte.
2 Da sagten die Pagen des Königs: Man sollte
für den König junge Mädchen suchen, die sehr
schön sind. 3 Der König soll in jeder Provinz
seines Reiches Männer beauftragen, alle jun-
gen Mädchen, die sehr schön sind, in den Frau-
enpalast auf der Burg Susa zu bringen und dem
königlichen Eunuchen Hegai, dem Aufseher
der Frauen, zu übergeben. Dort sollen sie der
nötigen Schönheitspflege unterzogen werden.
4 Und das Mädchen, das dem König gefällt, soll
anstelle Waschtis Königin werden. Der König
fand den Vorschlag gut und handelte nach
ihm.

MORDECHAI UND ESTER: 2,5–11

5 In der Burg Susa lebte ein Jude namens
Mordechai. Er war der Sohn Jaïrs, des Sohnes
Schimis, des Sohnes des Kisch, aus dem
Stamm Benjamin. 6 Er war mit den Ver-
schleppten aus Jerusalem gekommen, die
zusammen mit dem judäischen König Joja-
chin gefangen genommen worden waren. Es
war die Gefangenschaft unter König Ne-
bukadnezzar von Babylon. 7 Mordechai war
der Vormund von Hadassa, der Tochter seines
Onkels, die auch Ester hieß. Sie hatte keinen
Vater und keine Mutter mehr. Das Mädchen
war von anmutiger Gestalt und war sehr
schön. Nach dem Tod ihres Vaters und ihrer
Mutter hatte Mordechai sie als seine Tochter
angenommen.

8 Als der Befehl und Erlass des Königs be-
kannt wurde, brachte man viele Mädchen zur
Burg Susa und gab sie in die Obhut Hegais.
Auch Ester wurde in den Königspalast geholt
und Hegai, dem Aufseher der Frauen, über-
geben. 9 Das Mädchen fand sein Gefallen und
seine Gunst. Er war sehr darauf bedacht, dass
sie die nötige Pflege und die richtige Kost er-
hielt; außerdem gab er ihr sieben auserlesene
Dienerinnen aus dem Königshaus. Später ließ
er sie mit ihren Dienerinnen in die schönsten
Räume des Frauenpalastes umziehen.

2,5 Mordechai (= dem Gott Marduk gehörig) ist ein baby-
lonischer Name.

2,7 Hadassa (= Myrte) ist der hebräische Name. Der Name
Ester klingt an den der babylonischen Göttin Ischtar oder
an das persische Wort für Stern an.

10 Ester hatte nichts von ihrem Volk und ih-
rer Abstammung erzählt; denn Mordechai
hatte sie angewiesen, nichts davon zu sagen.
11 Jeden Tag ging Mordechai zum Hof des Frau-
enpalastes, um zu erfahren, wie es Ester ging
und was mit ihr geschah.

5–6: 1,1a–c / **7:** 8,1

ESTERS ERHEBUNG ZUR KÖNIGIN: 2,12–20

12 Der Reihe nach wurden alle Mädchen zu
König Artaxerxes geholt. Zuvor waren sie, wie
es für die Frauen Vorschrift war, zwölf Monate
lang gepflegt worden; denn so lange dauerte
ihre Schönheitspflege: sechs Monate Myr-
rhenöl und sechs Monate Balsam und andere
Schönheitsmittel der Frauen. 13 Dann gingen
die Mädchen zum König und alles, was sie sich
aus dem Haus der Frauen wünschten, gab man
ihnen in den Königspalast mit. 14 Am Abend
gingen sie hinein und am Morgen kamen sie
zurück und wurden in den zweiten Frauenpa-
last gebracht und dem königlichen Eunuchen
Schaaschgas anvertraut, dem Aufseher der Ne-
benfrauen. Sie durften nicht mehr zum König
gehen, außer wenn der König Gefallen an ihnen
gefunden hatte und sie ausdrücklich rufen ließ.
15 Eines Tages war Ester, die Tochter Abiha-
jils, des Onkels Mordechais, der sie als seine
Tochter angenommen hatte, an der Reihe,
zum König zu gehen. Sie wollte nichts mitneh-
men, außer was der königliche Eunuch Hegai,
der Aufseher der Frauen, ihr nahelegte. Ester
aber gefiel allen, die sie sahen. 16 Es war im
zehnten Monat, dem Monat Tebet, im siebten
Jahr der Regierung des Königs, als Ester zu
Artaxerxes in den königlichen Palast geholt
wurde. 17 Und der König liebte Ester mehr als
alle Frauen zuvor und sie gewann seine Gunst
und Zuneigung mehr als alle anderen Mäd-
chen. Er setzte ihr das königliche Diadem auf
und machte sie anstelle Waschtis zur Königin.
18 Der König veranstaltete zu Ehren Esters ein
großes Festmahl für alle seine Fürsten und
Diener. Den Provinzen gewährte er einen
Steuererlass und mit königlicher Freigebigkeit
teilte er Geschenke aus.
19 Damals, als man die Mädchen zum zwei-
ten Mal zusammenholte, hatte Mordechai ei-
nen Posten am Tor des königlichen Palastes.
20 Ester aber erzählte nichts von ihrer Abstam-
mung und ihrem Volk, wie Mordechai ihr auf-
getragen hatte. Ester hielt sich an die Worte
Mordechais, wie früher, als sie noch seine Pfle-
getochter war.

14: 4,11

EINE ZWEITE VERSCHWÖRUNG: 2,21–23

21 In jenen Tagen, als Mordechai einen Posten
am Tor des königlichen Palastes hatte, planten
Bigtan und Teresch, zwei unzufriedene König-
liche Eunuchen, die zu den Türhütern gehör-
ten, einen Anschlag auf König Artaxerxes.
22 Mordechai erfuhr davon und berichtete es
Königin Ester. Ester sagte es im Auftrag Mor-
dechais dem König weiter. 23 Die Sache wurde
untersucht und aufgedeckt. Man hängte die
beiden an den Galgen und hielt das Ereignis in
der Chronik fest, die für den König geführt
wurde.

21–23: 1,1m–p / **21:** 6,1f.

HAMANS PLAN ZUR VERNICHTUNG DES JÜDISCHEN VOLKES: 3,1–15

MORDECHAIS BEFEHLSVERWEIGERUNG: 3,1–6

3 1 Nach diesen Ereignissen zeichnete Kö-
nig Artaxerxes den Agagiter Haman, den
Sohn Hammedatas, in besonderer Weise aus
und gab ihm einen höheren Rang als allen an-
deren Fürsten seiner Umgebung. 2 Alle könig-
lichen Diener am Tor des Palastes fielen vor
Haman nieder und huldigten ihm; denn so
hatte es der König ihm zu Ehren befohlen.
Mordechai aber fiel nicht nieder und huldigte
ihm nicht. 3 Da sagten die königlichen Diener
am Tor des Palastes zu Mordechai: Warum
setzt du dich über das Gebot des Königs hin-
weg? 4 Das sagten sie jeden Tag zu ihm, doch
er hörte nicht auf sie. Sie meldeten es Haman,
weil sie sehen wollten, ob Mordechai mit sei-
ner Begründung Erfolg haben werde; er hatte
ihnen nämlich gesagt, er sei Jude. 5 Als Haman
merkte, dass Mordechai nicht vor ihm nieder-

fiel und ihm nicht huldigte, wurde er sehr zor-
nig. 6 Aber es schien ihm nicht genug, nur
Mordechai zu beseitigen. Da man ihm gesagt
hatte, welchem Volk Mordechai angehörte,
wollte Haman alle Juden im Reich des Arta-
xerxes vernichten – das ganze Volk Mor-
dechais.

HAMAN VOR DEM KÖNIG: 3,7–13

7 Im ersten Monat, dem Monat Nisan, im
zwölften Jahr des Königs Artaxerxes, warf
man in Gegenwart Hamans das Pur, das ist das
Los, über die einzelnen Tage und Monate und
es fiel auf den zwölften Monat, den Adar.
8 Darauf sagte Haman zu König Artaxerxes:
Es gibt ein einziges Volk, das über alle Provin-
zen deines Reiches verstreut lebt, aber sich
von den anderen Völkern absondert. Seine
Gesetze sind von denen aller anderen Völker
verschieden; auch die Gesetze des Königs be-
folgen sie nicht. Es ist nicht richtig, dass der
König ihnen das durchgehen lässt. 9 Wenn der
König einverstanden ist, soll ein schriftlicher
Erlass herausgegeben werden, sie auszurot-
ten. Dann kann ich den Schatzmeistern zehn-
tausend Talente Silber übergeben und in die
königlichen Schatzkammern bringen lassen.
10 Da zog der König seinen Siegelring vom
Finger und gab ihn dem Agagiter Haman,
dem Sohn Hammedatas, dem Feind der Ju-
den, 11 und er sagte zu Haman: Das Silber
lasse ich dir; mach mit dem Volk, was dir
richtig erscheint!
12 Am dreizehnten Tag des ersten Monats
wurden die Schreiber des Königs gerufen. Man
schrieb an die Satrapen des Königs, die Statt-
halter der einzelnen Provinzen und die Fürs-
ten aller Völker der einzelnen Provinzen in
ihrer eigenen Schrift und Sprache alles genau-
so, wie es Haman befohlen hatte. Der Erlass
war im Namen des Königs Artaxerxes ge-
schrieben und mit dem Siegelring des Königs
gesiegelt. 13 Durch Eilboten sandte man das
Schreiben an alle königlichen Provinzen mit
dem Befehl: Man solle alle Juden, vom Knaben
bis zum Greis, kleine Kinder und Frauen, an
einem einzigen Tag, dem dreizehnten Tag im
zwölften Monat, dem Monat Adar, ausrotten,
töten und vernichten und ihren Besitz plün-
dern.

7: 9,24 / **8:** Num 23,9; Dtn 4,5–8 / **10:** 8,2; Gen 41,42

VERNICHTUNGSERLASS: 3,13a–g + 3,14–15

(a) Hier ist eine Abschrift des Briefes:
Der Großkönig Artaxerxes schreibt den
Statthaltern der hundertsiebenundzwanzig
Provinzen von Indien bis Kusch und den un-
tergeordneten Behörden: (b) Als Herrscher
über viele Völker und Gebieter über die ganze
Welt habe ich beschlossen – nicht aus überheb-
licher Willkür, sondern in meinem allzeit be-
wiesenen Streben nach Milde und Güte –,
meinen Untertanen in jeder Hinsicht ein ru-
higes Leben zu sichern, die Entwicklung des
Reiches zu fördern, es bis an die Grenzen mit
guten Straßen zu versehen und allen Men-
schen wieder den ersehnten Frieden zu schen-
ken. (c) Als ich meine Ratgeber fragte, wie das
erreicht werden könnte, hat Haman, der sich
bei uns durch seine Besonnenheit hervorgetan
und seine unwandelbare edle Gesinnung und
feste Treue unter Beweis gestellt hat und der
im Reich den zweithöchsten Rang innehat,
(d) uns darauf hingewiesen, dass sich ein be-
stimmtes heimtückisches Volk unter alle Na-
tionen der Erde gemischt habe, das durch seine
Gesetze zu jedem anderen Volk in Gegensatz
stehe. Es missachte ununterbrochen die An-
ordnungen unserer Könige, sodass die Verwal-
tung des ganzen Reiches beeinträchtigt ist,
obwohl sie von uns ausgezeichnet geleitet
wird. (e) So sind wir zu der Ansicht gelangt, dass
dieses Volk als Einziges sich gegen alle Men-
schen ohne Ausnahme feindselig verhält, nach
absonderlichen und befremdlichen Gesetzen
lebt und sich gegen die Interessen unseres Lan-
des stellt und die schlimmsten Verbrechen
begeht, sodass im Reich keine geordneten Ver-
hältnisse eintreten können. (f) Darum ordnen
wir an: Alle, die euch Haman, der Leiter der
Staatskanzlei, unser zweiter Vater, in seinem
Brief näher beschrieben hat, sollen am vier-
zehnten Tag des Monats Adar des laufenden
Jahres samt ihren Frauen und Kindern ohne
Gnade und Erbarmen durch das Schwert ihrer
Feinde radikal ausgerottet werden. (g) So wer-
den diese seit jeher feindseligen Menschen an
einem einzigen Tag eines gewaltsamen Todes
sterben und in die Unterwelt hinabfahren, un-
ser Land aber wird sich in Zukunft einer be-
ständigen und ungestörten Ruhe erfreuen.
14 In jede einzelne Provinz wurde eine Ab-
schrift des Erlasses geschickt und dieser wurde
als Gesetz veröffentlicht, damit alle Völker
für diesen Tag bereit seien. 15 Die Boten ritten

hinaus, durch königlichen Befehl zur Eile ge-
drängt. Während das Gesetz in der Burg Susa
veröffentlicht wurde, saßen der König und
Haman beisammen und tranken; die Stadt
Susa aber war in großer Aufregung.

13f.: Gen 45,8

ESTERS WEG ZUR RETTUNG IHRES VOLKES: 4,1–8,2

ESTERS ENTSCHEIDUNG: 4,1–17

4 1 Als Mordechai von allem, was geschehen
war, erfuhr, zerriss er seine Kleider, hüll-
te sich in Sack und Asche, ging in die Stadt und
erhob ein lautes und bitteres Klagegeschrei.
2 So kam er bis vor das Tor des Königspalastes;
aber es war nicht erlaubt, im Trauergewand
durch das Tor des Palastes zu gehen. 3 Auch in
allen Provinzen herrschte bei den Juden über-
all große Trauer, sobald der Erlass und das Ge-
setz des Königs eintrafen. Man fastete, weinte
und klagte. Viele schliefen in Sack und Asche.

4 Als die Dienerinnen und Eunuchen zu Es-
ter kamen und ihr berichteten, erschrak die
Königin sehr. Sie schickte Mordechai Gewän-
der, damit er sich bekleiden und das Trauerge-
wand ablegen könne. Doch er nahm sie nicht
an. 5 Da rief Ester den königlichen Eunuchen
Hatach, den der König zu ihrem Diener be-
stimmt hatte, und sandte ihn zu Mordechai,
um zu erfahren, was vorgefallen sei und wa-
rum er sich so seltsam verhalte. 6 Hatach ging
zu Mordechai auf den Marktplatz vor das Tor
des Palastes hinaus. 7 Und Mordechai erzählte
ihm alles, was geschehen war, und sagte ihm
sogar, wie viel Silber Haman in die königlichen
Schatzkammern liefern wollte, sobald er die
Juden ausgerottet hätte. 8 Er gab ihm auch eine
Abschrift des Erlasses über die Ausrottung der
Juden, der in Susa veröffentlicht worden war;
ihn sollte Hatach Ester zeigen, ihr alles erzäh-
len und sie dringend bitten, zum König zu
gehen und ihn inständig um Gnade für ihr
Volk anzuflehen. 9 Hatach kam und berichtete
Ester, was Mordechai gesagt hatte.

10 Ester sandte Hatach wieder zu Mordechai
und ließ ihm sagen: 11 Alle Diener des Königs
und alle Einwohner der königlichen Provinzen
wissen, dass für jeden, Mann oder Frau, der
zum König in den inneren Hof geht, ohne ge-
rufen worden zu sein, ein einziges Gesetz gilt:
Man tötet ihn. Nur wenn der König ihm das
goldene Zepter entgegenstreckt, bleibt er am
Leben. Ich bin schon dreißig Tage nicht mehr
zum König gerufen worden. 12 Man teilte Mor-
dechai mit, was Ester gesagt hatte. 13 Mor-
dechai ließ Ester erwidern: Glaub ja nicht, weil
du im Königspalast lebst, könntest du dich als
Einzige von allen Juden retten. 14 Wenn du in
diesen Tagen schweigst, dann wird den Juden
anderswoher Hilfe und Rettung kommen. Du
aber und das Haus deines Vaters werden un-
tergehen. Wer weiß, ob du nicht gerade für
eine Zeit wie diese jetzt Königin geworden
bist?

15 Ester ließ Mordechai antworten: 16 Geh
und ruf alle Juden zusammen, die in Susa le-
ben. Fastet für mich! Esst und trinkt drei Tage
und Nächte lang nichts! Auch ich und meine
Dienerinnen wollen ebenso fasten. Dann will
ich zum König gehen, obwohl es gegen das
Gesetz verstößt. Wenn ich umkomme, kom-
me ich eben um. 17 Mordechai ging weg und tat
alles genauso, wie es Ester ihm befohlen hatte.

11: 5,2; 8,4

MORDECHAIS GEBET: 4,17a–i

(a) Mordechai dachte an alle die Taten des Herrn
und er betete zum Herrn: (b) Herr, Herr, König,
du Herrscher über alles! Deiner Macht ist das
All unterworfen und niemand kann sich dir
widersetzen, wenn du Israel retten willst;
(c) denn du hast Himmel und Erde gemacht und
alles, was wir unter dem Himmel bestaunen.
Du bist der Herr über alles und niemand kann
es wagen, sich dir, dem Herrn, entgegenzu-
stellen. (d) Du kennst alles. Du weißt, Herr,
dass es weder aus Hochmut noch aus Über-
heblichkeit noch aus Ruhmsucht geschah,
wenn ich mich vor dem überheblichen Haman
nicht niedergeworfen habe. Denn ich würde
gern seine Fußsohlen küssen, wenn es für die
Rettung Israels von Nutzen wäre. (e) Ich habe
so gehandelt, weil ich nicht die Ehre eines
Menschen über die Ehre Gottes stellen wollte.
Ich werde mich vor niemand niederwerfen,

außer vor dir, meinem Herrn, und ich handle nicht aus Überheblichkeit so.

(f) Und nun, Herr und Gott, König, Gott Abrahams, verschone dein Volk! Denn sie blicken auf uns und wollen uns ins Verderben stürzen; sie sind darauf aus zu vernichten, was von Anfang an dein Erbbesitz war. (g) Übersieh dein Erbteil nicht, das du dir von den Ägyptern losgekauft hast! (h) Hör auf mein Flehen, hab Erbarmen mit deinem Erbbesitz und verwandle unsere Trauerklage in Festfreude, damit wir am Leben bleiben und deinen Namen preisen, Herr; lass den Mund derer, die dich loben, nicht verstummen! (i) Auch ganz Israel schrie mit aller Kraft; denn der Tod stand ihnen vor Augen.

17b: 2 Chr 20,6f.

ESTERS GEBET: 4,17k–z

(k) Auch die Königin Ester wurde von Todesangst ergriffen und suchte Zuflucht beim Herrn. Sie legte ihre prächtigen Gewänder ab und zog die Kleider der Notzeit und Trauer an. Statt der kostbaren Salben tat sie Asche und Staub auf ihr Haupt, vernachlässigte ihren Körper, und wo sie sonst ihren prunkvollen Schmuck trug, hingen jetzt ihre Haare in Strähnen herab. Und sie betete zum Herrn, dem Gott Israels:

(l) Mein Herr, unser König, du bist der Alleinzige. Hilf mir! Denn ich bin hier einzig und allein und habe keinen Helfer außer dir; die Gefahr steht greifbar vor mir. (m) Von Kindheit an habe ich in meiner Familie und meinem Stamm gehört, dass du, Herr, Israel aus allen Völkern erwählt hast; du hast dir unsere Väter aus allen ihren Vorfahren als deinen ewigen Erbbesitz ausgesucht und hast an ihnen gehandelt, wie du es versprochen hattest. (n) Wir aber haben uns gegen dich verfehlt und du hast uns unseren Feinden ausgeliefert, weil wir ihre Götter verehrt haben. Du bist gerecht, Herr. (o) Jetzt aber ist es unseren Feinden nicht mehr genug, uns grausam zu unterjochen, sondern sie haben ihre Hände zum Schwur auf die Hände ihrer Götterbilder gelegt, dein Versprechen zu vereiteln, deinen Erbbesitz zu vernichten, den Mund derer, die dich loben, verstummen zu lassen und das Licht deines Tempels und das Feuer auf deinem Altar auszulöschen. (p) Stattdessen wollen sie den Heiden den Mund öffnen, damit sie ihre nichtigen Götzen preisen und auf ewige Zeiten einen sterblichen König verherrlichen. (q) Überlass dein Zepter, Herr, nicht den nichtigen Götzen! Man soll nicht höhnisch über unseren Sturz lachen. Lass ihre Pläne sich gegen sie selbst kehren; den aber, der all das gegen uns veranlasst hat, mach zum warnenden Beispiel! (r) Denk an uns, Herr! Offenbare dich in der Zeit unserer Not und gib mir Mut, König der Götter und Herrscher über alle Mächte! (s) Leg mir in Gegenwart des Löwen die passenden Worte in den Mund und stimm sein Herz um, damit er unseren Feind hasst und ihn und seine Gesinnungsgenossen vernichtet! (t) Uns aber rette mit deiner Hand! Hilf mir, denn ich bin allein und habe niemand außer dir, o Herr!

(u) Du kennst alles. Du weißt auch, dass ich den Prunk der Heiden hasse und das Bett eines Unbeschnittenen und Fremden verabscheue. (v) Du weißt, dass ich das Zeichen meiner Würde verabscheue und es an den Tagen meines öffentlichen Auftretens nur unter Zwang auf dem Kopf trage. (w) Ich verabscheue es wie die Tücher zur Zeit meiner Regel und trage es nicht an den Tagen, an denen ich meine Ruhe habe. (x) Deine Magd hat nicht am Tisch Hamans gegessen, ich habe keinem königlichen Gelage durch meine Anwesenheit Glanz verliehen und habe keinen Opferwein getrunken. (y) Seit deine Magd hierherkam, bist du für sie der einzige Grund, sich zu freuen, Herr, du Gott Abrahams. (z) Gott, du hast Macht über alle: Erhöre das Flehen der Verzweifelten und befrei uns aus der Hand der Bösen! Befrei mich von meinen Ängsten!

17m: Dtn 6,20–25; Ps 78,3–7; Dtn 7,6; Ri 2,6; Ps 105,6–15 / **17w:** Lev 15,19

ESTERS GANG ZUM KÖNIG: 5,1–5a

5 1 Am dritten Tag legte Ester ihre königlichen Gewänder an und trat in den inneren Palasthof, der vor dem Haus des Königs lag. Der König saß im Königshaus auf seinem Königsthron, dem Eingang gegenüber. Am dritten Tag, als sie ihr Gebet beendet hatte, legte sie ihr Bußgewand ab und zog ihre Prunkgewänder an. (a) In strahlender Schönheit betete sie zu dem allsehenden Gott und Retter. Dann

---

5,1–2 In diesem Abschnitt sind der Wortlaut des hebräischen und des griechischen Esterbuches ineinandergeschoben. Nach der hebräischen Fassung tritt Ester allein vor den König, bleibt aufrecht stehen und berührt sein Zepter; nach der griechischen Fassung kommt sie mit ihren Dienerinnen und fällt zweimal in Ohnmacht.

nahm sie zwei Dienerinnen mit; auf die eine stützte sie sich nach der Art der vornehmen Frauen, die andere ging hinter ihr und trug ihr die Schleppe. (b) Sie selbst strahlte in blühender Schönheit, ihr Gesicht war bezaubernd und heiter, ihr Herz aber war beklommen vor Furcht. (c) Sie durchschritt alle Türen und blieb vor dem König stehen. Er saß auf seinem königlichen Thron, angetan mit seinen Prunkgewändern voll Gold und Edelsteinen. Der Anblick war Furcht erregend. (d) Als er aufblickte und die Königin in wildem Zorn mit feuerrotem Gesicht ansah, wurde sie bleich, fiel in Ohnmacht und sank auf die Schulter der Dienerin, die vorausging. (e) Da erweichte Gott das Herz des Königs. Besorgt sprang er vom Thron auf und nahm sie in seine Arme, bis sie wieder zu sich kam. Dann redete er ihr mit freundlichen Worten zu und sagte: (f) Was hast du, Ester? Ich bin dein Bruder, sei unbesorgt! Du sollst nicht sterben; denn unser Befehl gilt nur für die anderen. Komm her!

2 Als der König die Königin Ester im Hof stehen sah, fand sie Gnade vor seinen Augen. Der König streckte Ester das goldene Zepter entgegen, das er in der Hand hielt. Ester trat näher und berührte die Spitze des Zepters. Dann nahm er das goldene Zepter, legte es ihr auf den Nacken, küsste sie und sagte: Nun rede mit mir! (a) Da sagte sie zu ihm: Ich sah dich, Herr, wie einen Engel Gottes und mein Herz erschrak aus Furcht vor deinem majestätischen Anblick; denn du bist herrlich, Herr, und dein Gesicht ist voll Wohlwollen. (b) Während sie mit ihm redete, fiel sie wieder in Ohnmacht. Der König war sehr bestürzt und sein ganzes Gefolge suchte ihr Mut zu machen.
3 Der König sagte zu ihr: Was willst du, Königin Ester? Was hast du für einen Wunsch? Auch wenn es die Hälfte meines Reiches wäre, du sollst es erhalten.
4 Ester antwortete: Wenn es dem König gefällt, möge er heute mit Haman zu dem Festmahl kommen, das ich für ihn vorbereitet habe.
5 Der König sagte: Holt in aller Eile Haman her, damit wir Esters Wunsch erfüllen können!

1f.: 4,11 / **3**: 5,6; 7,2; 9,12; Mk 6,23

ESTERS ZWEITE EINLADUNG: 5,5b–8

Und der König kam mit Haman zu dem Festmahl, das Ester vorbereitet hatte.

6 Als sie beim Wein saßen, sagte der König zu Ester: Was hast du für eine Bitte? Sie wird dir erfüllt. Was hast du für einen Wunsch? Selbst wenn es die Hälfte des Reiches wäre, man wird es dir geben.
7 Ester antwortete: Das ist meine Bitte und mein Wunsch:
8 Wenn ich beim König Gnade gefunden habe und es ihm gefällt, mir zu geben, worum ich bitte, und meinen Wunsch zu erfüllen, dann möge der König mit Haman zu dem Festmahl kommen, das ich für sie veranstalte. Morgen will ich dann die Frage des Königs beantworten.

EIN GALGEN FÜR MORDECHAI: 5,9–14

9 Haman ging an diesem Tag fröhlich und gut gelaunt nach Hause. Als Haman aber am Tor des Königspalastes Mordechai sah, der sich nicht erhob und keinerlei Ehrfurcht vor ihm zeigte, geriet Haman in Zorn über Mordechai.
10 Doch er ließ sich nichts anmerken. Er ging nach Hause und rief seine Freunde und seine Frau Seresch zu sich.
11 Und er erzählte ihnen von seinem gewaltigen Reichtum und von seinen vielen Söhnen, von all der Macht, die ihm der König verliehen habe, und wie er ihn hoch über alle anderen Fürsten und königlichen Diener gestellt habe.
12 Haman sagte: Auch Königin Ester hat an dem Festmahl, das sie veranstaltete, nur den König und mich teilnehmen lassen. Und auch morgen bin ich von ihr zusammen mit dem König eingeladen.
13 Aber mein Glück ist noch nicht vollkommen, solange ich den Juden Mordechai am Tor des Palastes sitzen sehe.
14 Da sagten seine Frau Seresch und alle seine Freunde zu ihm: Man könnte doch einen Galgen errichten, fünfzig Ellen hoch. Du aber sag morgen früh dem König, man solle Mordechai daran aufhängen. Dann kannst du mit dem König frohen Herzens zu dem Mahl gehen. Der Vorschlag gefiel Haman sehr und er ließ den Galgen aufstellen.

HAMANS DEMÜTIGUNG: 6,1–14

6 1 In jener Nacht konnte der König nicht einschlafen. Darum ließ er sich das Buch der Denkwürdigkeiten, die Chronik, bringen und man las dem König daraus vor.
2 Da fand man den Bericht, wie Mordechai Bigtan und Teresch anzeigte, die beiden königlichen Eunuchen, die zu den Türhütern gehörten und einen Anschlag auf den König Artaxerxes geplant hatten.
3 Der König fragte: Welche Belohnung und Auszeichnung hat Mordechai dafür erhalten? Die Diener des

Königs, die um ihn waren, antworteten: Er
hat nichts erhalten. 4 Da fragte der König:
Wer steht draußen im Hof? Haman aber war
gerade in den äußeren Hof des Königspalas-
tes gekommen, um dem König zu sagen, man
solle Mordechai an dem Galgen aufhängen,
den er für ihn hatte aufstellen lassen. 5 Die
Diener antworteten dem König: Haman
steht im Hof. Der König sagte: Er soll herein-
kommen.

6 Haman trat ein. Der König fragte ihn: Was
soll mit einem Mann geschehen, den der König
besonders ehren will? Haman dachte: Wen
könnte der König wohl mehr ehren wollen als
mich? 7 Deshalb sagte Haman zum König:
Wenn der König einen Mann besonders ehren
will, 8 lasse er ein königliches Gewand holen,
das sonst der König selbst trägt, und ein Pferd,
auf dem sonst der König reitet und dessen
Kopf königlich geschmückt ist. 9 Das Gewand
und das Pferd soll man einem der vornehms-
ten Fürsten des Königs geben und man soll den
Mann, den der König besonders ehren will,
bekleiden, ihn auf dem Pferd über den Platz
der Stadt führen und vor ihm ausrufen: So
geht es einem Mann, den der König besonders
ehren will. 10 Darauf sagte der König zu Ha-
man: Hol in aller Eile das Gewand und das
Pferd und tu alles, was du gesagt hast, mit dem
Juden Mordechai, der am Tor des Palastes sitzt!
Und lass nichts von dem aus, was du vorge-
schlagen hast!

11 Haman nahm das Gewand und das Pferd,
kleidete Mordechai ein, führte ihn auf dem
Pferd über den Platz der Stadt und rief vor ihm
aus: So geht es einem Mann, den der König
besonders ehren will. 12 Dann kehrte Mor-
dechai zum Tor des Palastes zurück. Haman
aber eilte nach Haus, traurig und mit ver-
hülltem Kopf. 13 Und er erzählte seiner Frau
Seresch und seinen Freunden alles, was ihm
zugestoßen war. Seine weisen Ratgeber und
seine Frau Seresch sagten: Wenn dein Sturz
vor Mordechai schon begonnen hat und er
zum Volk der Juden gehört, wirst du nichts
gegen ihn ausrichten, sondern du wirst gewiss
durch ihn zu Fall kommen.

14 Als sie noch redeten, trafen die königli-
chen Eunuchen ein, um Haman in Eile zu dem
Festmahl zu holen, das Ester vorbereitet hatte.

2: 2,21–23

EIN GALGEN FÜR HAMAN, DEN FEIND
DER JUDEN: 7,1–10

7 1 Der König und Haman kamen zu dem
Festmahl, das Königin Ester gab, 2 und der
König sagte auch am zweiten Tag zu Ester, als
sie beim Wein saßen: Was hast du für eine
Bitte, Königin Ester? Sie wird dir erfüllt. Was
hast du für einen Wunsch? Selbst wenn es die
Hälfte des Reiches wäre – man wird es dir ge-
ben. 3 Königin Ester antwortete: Wenn ich
beim König Wohlwollen gefunden habe und
wenn es ihm gefällt, dann möge mir und mei-
nem Volk das Leben geschenkt werden. Das ist
meine Bitte und mein Wunsch. 4 Denn man
hat mich und mein Volk verkauft, um uns aus-
zurotten, hinzumorden und zu vernichten.
Wenn man uns als Sklaven und Sklavinnen
verkaufen würde, hätte ich nichts gesagt; denn
dann gäbe es keinen Feind, der es wert wäre,
dass man seinetwegen den König belästigt.
5 Da sagte König Artaxerxes zu Königin Ester:
Wer ist der Mann? Wo ist der Mensch, der es
wagt, so etwas zu tun? 6 Ester antwortete: Die-
ser gefährliche Feind ist der verbrecherische
Haman hier.

Da erschrak Haman vor dem König und der
Königin. 7 Der König aber stand auf, verließ
voll Zorn das Trinkgelage und ging in den Gar-
ten des Palastes. Haman trat zu Ester und fleh-
te sie um sein Leben an; denn er sah, dass sein
Untergang beim König besiegelt war. 8 Als der
König aus dem Garten wieder in den Raum
zurückkam, in dem das Trinkgelage stattfand,
hatte sich Haman über das Polster geworfen,
auf dem Ester lag. Der König sagte: Tut man
jetzt sogar hier in meiner Gegenwart der Kö-
nigin Gewalt an? Kaum hatte der König das
gesagt, da verhüllte man schon das Gesicht
Hamans. 9 Harbona, einer der Eunuchen, sag-
te zum König: Vor dem Haus Hamans steht
schon ein fünfzig Ellen hoher Galgen; ihn hat
Haman für Mordechai aufgestellt, der dem
König durch seine Anzeige einen guten Dienst
erwiesen hat. Der König befahl: Hängt ihn
daran auf! 10 Da hängten sie Haman an den
Galgen, den er für Mordechai errichtet hatte,
und der Zorn des Königs legte sich.

2: 5,6

ESTER UND MORDECHAI ANSTELLE
HAMANS: 8,1–2

8 1 Noch am gleichen Tag schenkte König
Artaxerxes der Königin Ester das Haus

des Judenfeindes Haman. Mordechai aber er-
hielt Zutritt zum König; denn Ester hatte dem
König gesagt, wie nahe Mordechai mit ihr ver-
wandt war. 2 Der König zog seinen Siegelring
ab, den er Haman hatte wegnehmen lassen,
und gab ihn Mordechai. Ester machte Mor-
dechai zum Verwalter von Hamans Haus.

GEBANNTE GEFAHR: 8,3–9,32

ESTERS BITTE UM EINEN GEGEN-ERLASS: 8,3–12

3 Ester redete noch einmal mit dem König; sie
fiel ihm weinend zu Füßen und flehte ihn an,
das drohende Unheil, das der Agagiter Haman
gegen die Juden geplant hatte, von ihnen ab-
zuwenden. 4 Der König streckte Ester sein
goldenes Zepter entgegen und Ester stand auf
und trat vor den König. 5 Sie sagte: Wenn es
dem König gefällt und ich sein Wohlwollen
gefunden habe, wenn ihm mein Vorschlag
richtig erscheint und ich seine Gunst genieße,
dann soll durch einen schriftlichen Erlass die
Anordnung rückgängig gemacht werden, die
der Agagiter Haman, der Sohn Hammedatas,
in der Absicht getroffen hat, die Juden in allen
königlichen Provinzen auszurotten. 6 Denn
wie könnte ich das Unglück mit ansehen, das
mein Volk trifft, wie könnte ich den Untergang
meines Stammes mit ansehen? 7 Da sagte Kö-
nig Artaxerxes zu Königin Ester und zu dem
Juden Mordechai: Ich habe Ester das Haus Ha-
mans übergeben, den man am Galgen aufge-
hängt hat, weil er seine Hand gegen die Juden
erhob. 8 Jetzt aber sollt ihr im Namen des Kö-
nigs einen schriftlichen Erlass zugunsten der
Juden herausgeben, wie er euch richtig er-
scheint. Siegelt ihn mit dem königlichen Sie-
gelring; denn ein Schreiben, das im Namen des
Königs verfasst und mit dem königlichen Sie-
gelring gesiegelt ist, kann nicht mehr rückgän-
gig gemacht werden.

9 Da rief man die königlichen Schreiber; es
war der dreiundzwanzigste Tag im dritten Mo-
nat, dem Monat Siwan. Und so, wie es Mor-
dechai befahl, wurde zugunsten der Juden ein
schriftlicher Erlass herausgegeben und an die
Satrapen, Statthalter und Fürsten der hundert-
siebenundzwanzig Provinzen von Indien bis
Kusch geschickt, für jede einzelne Provinz in
ihrer eigenen Schrift und für jedes einzelne
Volk in seiner eigenen Sprache, und an die Ju-
den in ihrer Schrift und ihrer Sprache. 10 Man
verfasste die Schreiben im Namen des Königs
Artaxerxes, siegelte mit dem königlichen Sie-
gelring und verschickte sie mit Eilboten auf
Postpferden, die aus den königlichen Gestüten
stammten. 11 Mit diesem Erlass gestattete der
König den Juden in allen Städten, sich zusam-
menzutun und für ihr Leben einzutreten und
die ganze Heeresmacht von Völkern und Pro-
vinzen auszurotten, zu töten und zu vernich-
ten, die sie samt Kindern und Frauen bedräng-
ten, und ihren Besitz zu plündern; 12 das
sollte in allen Provinzen des Königs Artaxer-
xes an einem einzigen Tag geschehen, am drei-
zehnten Tag im zwölften Monat, dem Monat
Adar.

DER GEGEN-ERLASS: 8,12a–x + 8,13–17

(a) Dies ist eine Abschrift des Briefes:

(b) Der Großkönig Artaxerxes entbietet den
Statthaltern der hundertsiebenundzwanzig
Provinzen von Indien bis Kusch und allen, de-
nen unsere Angelegenheiten am Herzen lie-
gen, seinen Gruß. (c) Viele, die aufgrund der
überreichen Güte ihrer Wohltäter hochgeehrt
waren, waren damit noch nicht zufrieden; sie
versuchten nicht nur, unseren Untertanen zu
schaden, sondern sie konnten auch den Über-
fluss nicht ertragen und planen sogar Anschlä-
ge gegen ihre eigenen Wohltäter. (d) Sie wollen
nicht nur die Dankbarkeit unter den Menschen
beseitigen, sondern sie sind durch die Prahle-
rei derer, die vom Guten nichts wissen wollen,
überheblich geworden und meinen, dem Ge-
richt des alles durchschauenden Gottes, der
das Böse hasst, entfliehen zu können. (e) Schon
viele, die als Herrscher eingesetzt waren, hat
der schlechte Einfluss von Freunden, die mit
den Staatsgeschäften betraut waren, mitschul-
dig am Tod Unschuldiger gemacht und sie in
schreckliches Unglück gestürzt. (f) Das lautere
Wohlwollen der Herrschenden wurde durch

ihre böswilligen und verlogenen Ratschläge
getäuscht. (g) Das ersieht man schon aus den
altüberlieferten Geschichten; noch viel deut-
licher aber wird es, wenn ihr all das untersucht,
was vor euren Augen geschehen ist: Die Nie-
derträchtigkeit derer, die ihr hohes Amt miss-
brauchten, hat zu großem Unrecht geführt.
(h) In Anbetracht der veränderten Lage nehmen
wir uns vor, in Zukunft darauf zu achten,
dass alle Menschen im Reich ungestört und in
Frieden leben können; (i) alles, was uns zur
Kenntnis gebracht wird, werden wir erst nach
genauerem Zusehen entscheiden.

(k) So ging es auch mit dem Mazedonier Ha-
man, dem Sohn Hammedatas. Obwohl er in
Wahrheit kein Perser war und unserer Güte
sehr fern stand, wurde er bei uns gastlich auf-
genommen. (l) Er erfuhr unsere Liebe zu den
Menschen, die wir allen Völkern erweisen, in
so reichem Maß, dass er sogar als unser Vater
ausgerufen wurde und als der zweite Mann
neben dem König bei allen immer höchste Ver-
ehrung genoss. (m) Doch er ertrug seine hohe
Würde nicht, sondern er wollte uns die Herr-
schaft und das Leben rauben. (n) Er versuchte,
Mordechai, unseren Retter und steten Wohl-
täter, und Ester, die untadelige Mitinhaberin
der Königswürde, durch hinterhältige Intrigen
mit ihrem ganzen Volk ins Verderben zu stür-
zen. (o) Auf diese Weise glaubte er, uns aller
Freunde zu berauben und die Herrschaft über
die Perser den Mazedoniern verschaffen zu
können. (p) Wir aber finden, dass die Juden, die
dieser Erzschurke ausrotten wollte, keine Auf-
rührer sind, sondern dass sie als Bürger nach
sehr gerechten Gesetzen leben, (q) als Kinder
des höchsten, größten und lebendigen Gottes,
der unser Reich, wie schon zu Zeiten unserer
Vorfahren, in der schönsten Ordnung erhält.
(r) Es wird daher gut sein, wenn ihr euch nicht
nach den Schreiben richtet, die euch Haman,
der Sohn Hammedatas, geschickt hat. Denn
ihr Verfasser ist mit seiner ganzen Familie vor
den Toren Susas gekreuzigt worden; der über
alles herrschende Gott hat ihm nämlich sehr
bald die wohlverdiente Strafe geschickt.

(s) Ihr sollt überall eine Abschrift dieses Brie-
fes öffentlich aushängen, damit man die Juden
nach ihren eigenen Gesetzen leben lässt. Man
soll ihnen helfen, sich zur gleichen Zeit, die für
ihre Verfolgung festgesetzt war, gegen alle zu
verteidigen, von denen sie angegriffen wer-
den; es ist der dreizehnte Tag im zwölften
Monat, dem Monat Adar. (t) Diesen Tag hat der
alles beherrschende Gott statt zu einem Tag
der Vernichtung für das erwählte Volk zu ei-
nem Tag der Freude gemacht. (u) Daher sollt ihr
neben euren großen Gedenktagen einen wei-
teren besonderen Festtag mit einem großen
Festmahl feiern, damit er von jetzt an uns und
allen uns treu ergebenen Persern Heil bringt;
für die aber, die uns bedrohen, soll er ein
Mahnmal des Untergangs sein. (x) Jede Stadt
und jede Provinz, die nicht danach handelt,
wird ohne Erbarmen durch Feuer und Speer
verwüstet. Kein Mensch wird sie mehr betre-
ten, selbst den Tieren und Vögeln soll sie für
immer verhasst sein.

13 In jeder einzelnen Provinz sollte eine Ab-
schrift des Erlasses als Gesetz für alle Völker
veröffentlicht werden; die Juden sollten bereit
sein, sich an diesem Tag an ihren Feinden zu
rächen. 14 Die Boten ritten auf Postpferden, die
aus den königlichen Gestüten stammten, hi-
naus, durch königlichen Befehl zu großer Eile
gedrängt. Auch in der Burg Susa wurde das
Gesetz veröffentlicht.

15 Als Mordechai den König verließ, trug er
ein königliches Gewand aus violettem Purpur
und weißem Leinen, eine große goldene Kro-
ne und einen Mantel aus kostbarem Leinen
und rotem Purpur und die Stadt Susa war voll
Jubel und Freude. 16 Die Juden waren glück-
lich, sie jauchzten vor Freude und waren wie-
der angesehen. 17 In jeder Provinz und in jeder
Stadt, überall, wo der Erlass des Königs und
sein Befehl bekannt wurde, jauchzten die
Juden vor Freude, sie aßen und tranken und
ließen es sich an diesem Tag gut gehen. In allen
Völkern der Erde wandten sich viele dem Ju-
dentum zu; denn ein Schrecken vor den Juden
hatte sie befallen.

17: Ps 105,38

VON UNTEN NACH OBEN: 9,1

9 1 Am dreizehnten Tag im zwölften Mo-
nat, dem Monat Adar, sollte der Erlass
des Königs und sein Befehl ausgeführt werden.
Es war der Tag, an dem die Gegner der Juden
gehofft hatten, sie zu überwältigen. Doch nun
überwältigten umgekehrt die Juden ihre
Feinde.

SIEGESZUG DER JUDEN: 9,2–10

2 In allen Provinzen des Königs Artaxerxes
taten sich die Juden in den Städten zusammen

und überfielen die, die den Untergang der Ju-
den geplant hatten. Niemand konnte ihnen
standhalten; denn alle Völker hatte Schrecken
vor ihnen befallen; 3 auch alle Fürsten der Pro-
vinzen, die Satrapen, Statthalter und königli-
chen Beamten, waren auf Seiten der Juden;
denn Schrecken vor Mordechai hatte sie befal-
len. 4 Mordechai war nämlich im Königspalast
hoch angesehen und es war in allen Provinzen
bekannt geworden, dass er immer einflussrei-
cher wurde. 5 So erschlugen die Juden alle ihre
Feinde mit dem Schwert, töteten und vernich-
teten sie. Sie machten mit ihren Hassern, was
sie wollten. 6 In der Burg Susa brachten die
Juden fünfhundert Männer um 7 und auch
Parschandata, Dalfon, Aspata, 8 Porata, Adalja,
Aridata, 9 Parmaschta, Arisai, Aridai und
Wajesata, 10 die zehn Söhne des Judenfeindes
Haman, des Sohnes Hammedatas, töteten sie,
aber sie vergriffen sich nicht an ihrem Besitz.

ZWEITER TAG DES BLUTVERGIESSENS: 9,11–15

11 Als man an jenem Tag dem König meldete,
wie viele Menschen in der Burg Susa erschla-
gen worden waren, 12 sagte der König zu Kö-
nigin Ester: In der Burg Susa haben die Juden
fünfhundert Männer, auch die zehn Söhne
Hamans, getötet und vernichtet. Was haben
sie dann wohl in den übrigen königlichen Pro-
vinzen getan? Hast du einen Wunsch? Er wird
dir erfüllt werden. Hast du eine Bitte? Sie soll
erfüllt werden. 13 Ester antwortete: Wenn es
dem König gefällt, soll den Juden in Susa er-
laubt werden, auch morgen nach dem Gesetz
von heute zu handeln. Außerdem soll man die
zehn Söhne Hamans an den Galgen hängen.
14 Der König befahl, es solle so geschehen. Man
gab also in Susa noch einen Erlass heraus und
hängte die zehn Söhne Hamans auf.

15 Auch am vierzehnten Tag des Monats
Adar taten sich die Juden in Susa zusammen
und töteten dort dreihundert Männer; aber an
ihrem Besitz vergriffen sie sich nicht.

RUHE VOR DEN FEINDEN: 9,16–19

16 Die übrigen Juden in den königlichen Pro-
vinzen hatten sich versammelt, um für ihr
Leben einzutreten; sie hatten sich Ruhe vor
ihren Feinden verschafft und fünfundsiebzig-
tausend ihrer Gegner getötet; aber an ihrem
Besitz hatten sie sich nicht vergriffen. 17 Das
war am dreizehnten Tag des Monats Adar ge-
schehen, am vierzehnten Tag des Monats je-
doch war Ruhe. Sie feierten ihn als Festtag mit
Essen und Trinken. 18 Die Juden in Susa aber
versammelten sich am Dreizehnten und Vier-
zehnten des Monats; bei ihnen war am Fünf-
zehnten wieder Ruhe und sie feierten ihn als
Festtag mit Essen und Trinken. 19 Deswegen
begehen die Juden in den unbefestigten Orten
auf dem Land den vierzehnten Tag des Monats
Adar als Festtag, den sie mit Essen und Trinken
feiern und an dem sie sich gegenseitig be-
schenken.

EINSETZUNG DES PURIMFESTES: 9,20–28

20 Mordechai schrieb alles auf, was geschehen
war. Er schickte Schreiben an alle Juden in allen
Provinzen des Königs Artaxerxes nah und fern
21 und machte ihnen zur Pflicht, den vierzehn-
ten und fünfzehnten Tag des Monats Adar in
jedem Jahr als Festtag zu begehen. 22 Sie sollten
es halten entsprechend den Tagen, an denen
die Juden wieder Ruhe hatten vor ihren Fein-
den, und entsprechend dem Monat, in dem
sich ihr Kummer in Freude verwandelte und
ihre Trauer in Glück. Sie sollten sie als Festtage
mit Essen und Trinken begehen und sich ge-
genseitig beschenken und auch den Armen
sollten sie Geschenke geben.

23 So wurde bei den Juden das, was sie da-
mals zum ersten Mal taten und was Mordechai
ihnen vorschrieb, zu einem festen Brauch.
24 Denn der Agagiter Haman, der Sohn Ham-
medatas, der Feind aller Juden, hatte den Plan
gefasst, die Juden auszurotten, und hatte das
Pur, das heißt das Los, geworfen, um sie in
Schrecken zu versetzen und auszurotten.
25 Als sie vor den König getreten war, hatte er
in einem Schreiben angeordnet: Sein böser
Plan gegen die Juden solle auf ihn selbst zu-
rückfallen; man hänge ihn und seine Söhne an
den Galgen. 26 Darum nennt man diese Tage
das Purimfest, nach dem Wort Pur. Wegen all-
dem, was in diesem Schreiben stand und was
sie selbst gesehen und erlebt hatten, 27 mach-
ten es sich die Juden zur Pflicht und erklärten
es zur unwiderruflichen Satzung für sich, für
ihre Nachkommen und für alle, die sich ihnen
anschließen würden, diese beiden Tage all-
jährlich, wie vorgeschrieben, zur festgesetzten
Zeit zu begehen. 28 Diese Tage sollten in Erin-
nerung bleiben und in jeder Generation, in
jeder Familie, in jeder Provinz und in jeder
Stadt begangen werden. Die Juden sollten das

Purimfest nie abschaffen; diese Tage sollten bei ihren Nachkommen nie vergessen werden.

ZWEITES SCHREIBEN ZUM PURIMFEST: 9,29–32

29 Um den Purimerlass mit allem Nachdruck
zu bestätigen, verfassten die Königin Ester,
die Tochter Abihajils, und der Jude Mordechai
ein zweites Schreiben. 30 Sie schickten es mit
Glück- und Segenswünschen an alle Juden in
den hundertsiebenundzwanzig Provinzen des
Reiches des Artaxerxes, 31 um das Datum der
Purimtage festzulegen, wie es der Jude Mordechai und Königin Ester angeordnet und wie sie es selbst sich und ihren Nachkommen zur Pflicht gemacht hatten. Das Schreiben enthielt die Vorschriften für das Fasten und die Wehklage.
klage. 32 Esters Anordnung bestimmte, wie das
Purimfest zu begehen sei, und alles wurde in einer Urkunde aufgezeichnet.

9,31 Bis heute gehört zum jüdischen Purimfest auch das Fasten der Ester.

EIN JÜDISCHER MANN AM PERSISCHEN HOF: 10,1–3 + 10,3a–3l

RÜCKKEHR IN DEN ALLTAG: 10,1–3

10 1 König Artaxerxes verpflichtete das
Land und die Inseln zum Frondienst.
2 Alle großen und eindrucksvollen Taten und
der genaue Bericht über die hohe Stellung Mordechais, die ihm der König verliehen hatte, sind in der Chronik der Könige von Medien
und Persien aufgezeichnet. 3 Denn der Jude
Mordechai war der zweite Mann nach König Artaxerxes, er war bei den Juden hoch angesehen und beliebt bei allen seinen Stammesbrüdern. Er suchte das Wohl seines Volkes und war auf das Wohlergehen all seiner Nachkommen bedacht.

MORDECHAIS TRAUMDEUTUNG: 10,3a–k

(a) Da sagte Mordechai: Durch Gott ist das alles
geschehen. (b) Ich erinnere mich an den Traum,
den ich darüber hatte. Nichts davon ist unerfüllt geblieben. (c) Die kleine Quelle, die zum
großen Strom mit viel Wasser wurde, als das Licht und die Sonne wieder schienen, dieser Strom ist Ester; der König heiratete sie und
machte sie zur Königin. (d) Die beiden Drachen
sind ich und Haman. (e) Die Völker sind die, die
gemeinsam das Andenken an die Juden auslöschen wollten. (f) Mein Volk aber, das sind die
Israeliten; sie haben zu Gott geschrien und sind gerettet worden.

Der HERR hat sein Volk gerettet, der HERR hat uns von allen diesen Leiden erlöst, Gott hat große Zeichen und Wunder getan, wie sie unter den Völkern noch nie geschehen sind. (g)
Deshalb machte er zwei Lose, eines für das Volk
Gottes und eines für alle anderen Völker. (h) Die
beiden Lose fielen auf die Zeit und die Stunde und den Tag, an dem vor den Augen Gottes und mitten unter allen Völkern die Entscheidung
fiel. (i) Gott hat sich an sein Volk, das sein Erbbesitz ist, erinnert und ihm zu seinem Recht
verholfen. (k) Diese Tage im Monat Adar, der
vierzehnte und der fünfzehnte, sollen zu allen Zeiten und in allen Generationen unter den Augen Gottes in seinem Volk Israel mit ausgelassener Freude gemeinsam gefeiert werden.

BEGLAUBIGUNG: 10,3l

(l) Im vierten Jahr der Regierung des Ptolemäus und der Kleopatra überbrachten Dositheus, der, wie er sagte, Priester und Levit war, und sein Sohn Ptolemäus den vorliegenden Purimbericht. Sie sagten, er sei echt; Lysimachus, der Sohn des Ptolemäus, ein Mann aus Jerusalem, habe ihn übersetzt.

DIE BÜCHER DER MAKKABÄER

Die Makkabäerbücher gehörten bei den griechisch sprechenden Juden zur Bibel. Sie wurden aber nie in die hebräische Bibel aufgenommen. Mit anderen jüdischen Schriften in griechischer Sprache, die Teil der griechischen Übersetzung der jüdischen heiligen Schriften (Septuaginta) waren, gehörten sie jedoch früh zur Bibel der Kirchen des Ostens und Westens. Der Name „Makkabäer" (Hammer) ist ein Ehrentitel von Judas, dem Hauptheldender Erzählungen in beiden Büchern. Dieser Ruhmestitel wurde wie ein Familienname auch auf seinen Vater und seine Brüder übertragen.

Die beiden Bücher sind nicht zwei Teile eines Werks, sondern zwei selbstständige, voneinander unabhängige Geschichtswerke.

Das 1. Makkabäerbuch entstand um 100 v. Chr. Die ursprüngliche hebräische Fassung ist verloren. Erhalten ist lediglich die griechische Übertragung, die allen Übersetzungen seit der Antike zugrunde liegt. Ihr Verfasser war ein gesetzestreuer Jude, ein ausgezeichneter Geschichtsschreiber, der Land, Ortschaften und Quellen für seine Darstellung genau kannte. Er berichtet die Geschichte der Religionsverfolgung der Juden von 175–164 v. Chr., in deren Verlauf der Tempel in Jerusalem entweiht und geschändet wurde. Die Ursachen der Verfolgung sieht er zuerst bei den Juden selbst und dann bei König Antiochus IV. Epiphanes, der sich des jüdischen Zwistes aus eigenen Machtinteressen bemächtigte und mit äußerster Härte gegen die Gruppe der gesetzestreuen Juden vorging. Er war Herrscher über das seleukidische Reich, einen der Nachfolgestaaten des Alexanderreiches, zu dem das Land Juda mit seiner Hauptstadt Jerusalem gehörte. Die drei Makkabäer, drei leibliche Brüder, die nacheinander den Verteidigungs- und Befreiungskampf führten, Judas (166–160), Jonatan (160–142) und Simon (142–134), schufen mit Gottes Hilfe einen freien jüdischen Staat, in dem das göttliche Gesetz beobachtet und die Liturgie im Tempel wieder ungehindert gefeiert werden konnte.

Die Bedeutung des 1. Makkabäerbuches liegt in der Schilderung dieser für das Judentum entscheidenden Geschichtsepoche, in der bis heute wichtige Grundlagen für die ganze jüdische Geschichte gelegt wurden. Der Verfasser erzählt diese bewegenden Ereignisse in der Art der älteren biblischen Geschichtsbücher (Samuel; Könige).

Das 2. Makkabäerbuch wurde in griechischer Sprache als gekürzte Ausgabe eines viel umfangreicheren, heute verschollenen geschichtlichen Werkes um das Jahr 100 v. Chr. geschaffen. Es erzählt die Ereignisse der jüdischen Erhebung gegen Antiochus IV. und seinen Nachfolger Antiochus V. zwischen 175–160. Dabei geht es um die Darstellung der ganzen Dramatik, die in den furchtbaren Jahren der Verfolgung und des Krieges lag, und um das Wirken Gottes, das sich darin in Zeichen und Wundern deutlich offenbarte. Wichtig sind dem Verfasser die Wiederherstellung des Tempels und das dabei gestiftete Fest der Tempelweihe, das bis heute gefeierte jüdische Chanukka-Fest. Von sehr hoher Bedeutung sind in diesem Buch eine tiefe Theologie des Martyriums mit der besonders hervorgehobenen sühnenden Fürbitte der Märtyrer für das ganze Volk (2 Makk 6–7), der Glaube an die Auferstehung, das rettende Gebet der Fürbittenden im Himmel und die Darbringung von Gebet und Opfer für Menschen, die in Sünde verstorben sind (2 Makk 12), sowie der Erschaffung aller Dinge aus dem Nicht-Seienden durch Gott.

Die beiden Bücher sind als fast zeitgenössische Zeugnisse wichtig für das Judentum, das sich unter Aufbietung aller Kräfte wehren musste, um seiner Religion treu zu bleiben, und das in dieser aufgewühlten Zeit die staatliche Unabhängigkeit errang. Die Einsetzung des Festes der Chanukka wird in beiden Büchern berichtet.

Für das Neue Testament sind die Makkabäerbücher von Bedeutung, weil sie die Entstehung jener jüdischen Lebens- und Glaubensweisen erzählen, die in den Evangelien und bei Paulus vorausgesetzt sind. Überdies erhellen manche theologische Themen im 2. Makkabäerbuch, insbesondere solche, die sich auf das Martyrium beziehen, den sühnenden Tod Jesu und die spätere Märtyrer- und Heiligenverehrung der Kirche.

DAS ERSTE BUCH DER MAKKABÄER

KULTURKAMPF GEGEN DAS JUDENTUM: 1,1–64

WELTGESCHICHTLICHER RAHMEN: 1,1–10

1 1 Und es geschah: Als der Mazedonier
Alexander, Sohn des Philippus, damals
vom Land der Kittäer ausgezogen war, besieg-
te er Darius, den König der Perser und Meder,
und wurde als erster König von Griechenland
sein Nachfolger.
2 Er führte viele Kriege, eroberte Festungen
und ließ die Könige der Erde erschlagen; 3 er kam
bis an das Ende der Welt, plünderte viele Völker
aus und die ganze Erde lag ihm wehrlos zu Fü-
ßen. Da wurde sein Herz stolz und überheblich.
4 Er stellte ein sehr großes Heer auf, herrschte
über Länder, Völker und Fürsten und machte sie
sich tributpflichtig. 5 Doch dann sank er aufs
Krankenlager und fühlte seinen Tod nahen. 6 Er
rief seine höchsten Offiziere zusammen, die mit
ihm aufgewachsen waren, und verteilte sein
Reich unter sie, während er noch lebte. 7 Zwölf
Jahre hatte Alexander regiert, als er starb.
8 Seine Offiziere übernahmen die Regie-
rung, jeder in seinem Bereich. 9 Nach seinem
Tod setzten sich alle das Königsdiadem auf;
ebenso hielten es ihre Nachkommen lange
Zeit hindurch. Sie brachten großes Unglück
über die Erde. 10 Aus ihnen ging ein sündiger
Spross hervor, Antiochus Epiphanes, der Sohn
des Königs Antiochus. Er war als Geisel in
Rom gewesen und trat im Jahr 137 der griechi-
schen Herrschaft die Regierung an.

10: Dan 7,24f.; 8,23–25; 2 Makk 4,7

1,7 Er starb im Juni 323 v. Chr.

1,10 Die griechische (seleukidische) Zeitrechnung beginnt mit dem Jahr 312 v. Chr. Das 137. Jahr ist also 175 v. Chr.

INNERJÜDISCHE URSACHEN: 1,11–15

11 Zu dieser Zeit traten Verräter am Gesetz in
Israel auf, die viele überredeten und sagten:
Wir wollen einen Bund mit den fremden Völ-
kern schließen, die rings um uns herum leben;
denn seit wir uns von ihnen abgesondert ha-
ben, geht es uns schlecht. 12 Dieser Vorschlag
gefiel ihnen 13 und einige aus dem Volk fanden
sich bereit, zum König zu gehen. Der König
gab ihnen die Vollmacht, nach den Gesetzen
der fremden Völker zu leben. 14 Sie errichteten
in Jerusalem ein Gymnasion, wie es bei den
fremden Völkern Brauch ist, 15 und ließen bei
sich die Beschneidung rückgängig machen. So
fielen sie vom heiligen Bund ab, vermischten
sich mit den fremden Völkern und gaben sich
dazu her, Böses zu tun.

11–15: 2 Makk 4,9–17

ÄUSSERE RELIGIONSPOLITISCHE URSACHEN; ENTWEIHUNG DES TEMPELS: 1,16–40

16 Als Antiochus sah, dass sich seine Herr-
schaft gefestigt hatte, fasste er den Plan, auch
König des Landes Ägypten zu werden und so
über zwei Reiche zu herrschen. 17 Er drang mit
vielen Soldaten in Ägypten ein, mit Streit-
wagen und Kriegselefanten und einer großen
Flotte, 18 und führte Krieg gegen Ptolemäus,
den König von Ägypten. Ptolemäus wurde
von ihm geschlagen und floh, nachdem viele
seiner Leute im Kampf gefallen waren. 19 Die

1,17 Es handelt sich um den ersten Feldzug gegen Ptolemäus Philometor im Jahr 169 v. Chr.

befestigten Städte Ägyptens wurden erobert
und das Land geplündert.
20 Antiochus wandte sich nach seinem Sieg
über Ägypten im Jahr 143 gegen Israel und
rückte mit zahlreichen Truppen hinauf vor
Jerusalem. 21 In seiner Vermessenheit betrat er
sogar das Heiligtum; er raubte den goldenen
Rauchopferaltar, den Leuchter samt allem sei-
nem Zubehör, 22 den Tisch für die Schaubrote,
die Opfer- und Trinkschalen, die goldenen
Rauchfässer, den Vorhang, die Kronen und
den goldenen Schmuck von der Vorderseite
des Tempels, den er ganz abschlagen ließ.
23 Dann nahm er das Silber, das Gold, die kost-
baren Geräte, und was er von den versteckten
Schätzen finden konnte, 24 und ließ alles in sein
Land schleppen. Er richtete ein Blutbad an und
führte ganz vermessene Reden.
25 Da kam große Trauer über das ganze Land
Israel.
26 Die Vornehmen und Alten stöhnten; / die
Mädchen und jungen Männer verloren ihre
Kraft / und die Schönheit der Frauen verfiel.
27 Jeder Bräutigam stimmte die Totenklage
an, / die Braut saß trauernd in ihrem Gemach.
28 Das Land zitterte um seine Bewohner. /
Das ganze Haus Jakob war mit Schande be-
deckt.
29 Zwei Jahre später schickte der König einen
Beamten in die Städte von Juda mit dem Auf-
trag, die Steuern einzutreiben. Er kam mit
zahlreichen Truppen nach Jerusalem. 30 Arg-
listig bot er den Einwohnern zunächst Frieden
an. Als man ihm Glauben schenkte, fiel er
plötzlich über die Stadt her, richtete großen
Schaden in ihr an und brachte viele Israeliten
um. 31 Er ließ die Stadt plündern und in Brand
stecken und die Häuser und Stadtmauern
ringsum niederreißen. 32 Frauen und Kinder
schleppte man in die Sklaverei, das Vieh nahm
man als Beute mit. 33 Um die Davidstadt bau-
ten sie eine große und feste Mauer mit mäch-
tigen Türmen, damit sie ihnen als Burg dienen
konnte. 34 Sie legten eine Besatzung von Sün-
dern hinein, Männer, die sich nicht an das Ge-
setz hielten. Diese setzten sich dort fest, 35 ver-
sahen sich mit Waffen und Nahrungsmitteln
und brachten auch die Beute, die sie in Jerusa-
lem gemacht hatten, dort unter. So wurden sie
zu einer großen Gefahr.
36 Aus dem Hinterhalt bedrohten sie das
Heiligtum; / immer waren sie für Israel ein
arger Feind.
37 Rings um das Heiligtum vergossen sie
unschuldiges Blut / und entweihten das Hei-
ligtum.
38 Jerusalems Einwohner flohen vor ihnen /
und Fremde zogen in die Stadt ein. / Ihren
angestammten Bewohnern wurde die Stadt
fremd und ihre Kinder verließen sie.
39 Ihr Heiligtum verödete wie die Wüste, /
ihre Feste verwandelten sich in Trauer. / Ihre
Sabbate wurden verhöhnt; / statt geehrt zu
sein, war sie verachtet.
40 So groß ihre Herrlichkeit gewesen war, /
so groß war nun ihre Schande. / Von ihrer
Höhe ist sie herabgestürzt, / jetzt liegt sie in
Trauer.

16–24: 2 Makk 5,1–21; Dan 11,25–28 / **29–30**: 2 Makk 5,24–26

VERBOT DER JÜDISCHEN RELIGIONSAUSÜBUNG: 1,41–64

41 Damals schrieb der König seinem ganzen
Reich vor, alle sollten zu einem einzigen Volk
werden 42 und jeder sollte seine Eigenart auf-
geben. Alle Völker fügten sich dem Erlass des
Königs. 43 Auch vielen Männern aus Israel ge-
fiel seine Art des Gottesdienstes; sie opferten
den Götterbildern und entweihten den Sab-
bat. 44 Der König schickte Boten nach Jerusa-
lem und in die Städte von Juda mit der schrift-
lichen Anordnung, man solle eine Lebensform
übernehmen, die dem Land fremd war.
45 Brand-, Schlacht- und Trankopfer im Hei-
ligtum seien einzustellen, Sabbate und Feste
zu entweihen, 46 das Heiligtum und die Hei-
ligen zu schänden. 47 Man solle stattdessen
Altäre, Heiligtümer und Tempel für die frem-
den Götter errichten sowie Schweine und an-
dere unreine Tiere opfern. 48 Ihre Söhne dürf-
ten sie nicht mehr beschneiden, vielmehr
sollten sie sich mit jeder denkbaren Unreinheit
und Entweihung beflecken. 49 So sollte das
Gesetz in Vergessenheit geraten und alle seine
Satzungen sollten hinfällig werden. 50 Wer
aber des Königs Anordnung nicht befolge,
müsse sterben. 51 Ähnliche Anweisungen er-
ließ er für sein ganzes Reich.
Er setzte Beamte ein, die die Durchführung
im ganzen Volk überwachen sollten; auch gab
er den Befehl, der Reihe nach in allen Städten
von Juda einen Opfergottesdienst zu halten.
52 Viele aus dem Volk schlossen sich ihnen
an; sie alle fielen vom Gesetz ab und trieben es
schlimm im Land. 53 Die Israeliten mussten

sich vor ihnen verstecken, wo immer sie Zu-
flucht fanden.
54 Am fünfzehnten Kislew des Jahres 145
ließ der König auf dem Altar den Gräuel der
Verwüstung errichten; auch in den Städten
Judäas ringsum errichtete man Altäre. 55 Vor
den Haustüren und auf den Plätzen brachten
sie Rauchopfer dar. 56 Alle Buchrollen des Ge-
setzes, die man fand, wurden zerrissen und
verbrannt. 57 Wer im Besitz einer Bundesrolle
angetroffen wurde oder zum Gesetz hielt,
wurde aufgrund der königlichen Anordnung
zum Tod verurteilt. 58 Sie ließen Israel ihre
Macht fühlen und gingen mit Gewalt gegen
alle vor, die sie Monat für Monat in den Städten
aufspürten. 59 Am fünfundzwanzigsten dieses
Monats brachten sie auf dem Altar, den sie
über dem Brandopferaltar errichtet hatten, ein
Opfer dar. 60 Frauen, die ihre Kinder hatten
beschneiden lassen, wurden auf Befehl des
Königs hingerichtet; 61 dabei hängte man die
Säuglinge an den Hals ihrer Mütter. Auch ihre
Familien brachte man um samt denen, die die
Beschneidung vorgenommen hatten. 62 Den-
noch blieben viele aus Israel fest und stark; sie
aßen nichts, was unrein war. 63 Lieber wollten
sie sterben, als sich durch die Speisen unrein
machen und den heiligen Bund entweihen.
So starben sie. 64 Ein gewaltiger Zorn lag auf
Israel.

1,54 Gräuel der Verwüstung: Vielleicht ein Altar oder Altaraufsatz, der dem Zeus Olympios geweiht war.

41–64: 2 Makk 6f. / **45–46:** Dan 9,27; 11,31 / **54:** Dan 9,27; 11,31 / **60–61:** 2 Makk 6,10

WIDERSTAND DER JUDEN, MATTATIAS: 2,1–69

VATER UND SÖHNE: 2,1–14

2 1 In jenen Tagen trat ein Priester auf aus
dem Geschlecht des Jojarib namens Mat-
tatias; sein Vater war Johanan, der Sohn Si-
meons. Er stammte aus Jerusalem, hatte sich
aber in Modeïn niedergelassen. 2 Er hatte fünf
Söhne: Johanan mit dem Beinamen Gaddi,
3 Simeon mit dem Beinamen Tassi, 4 Judas mit
dem Beinamen Makkabäer, 5 Eleasar mit dem
Beinamen Awaran und Jonatan mit dem Bei-
namen Apphus.
6 Als er das gotteslästerliche Treiben in Juda
und in Jerusalem sah, sagte er:
7 Ach, warum bin ich geboren, dass ich erle-
ben muss, / wie man mein Volk vernichtet /
und die heilige Stadt zerstört? / Ohnmächtig
musste man zusehen, / wie sie in die Hand
ihrer Feinde geriet, / wie die heilige Stätte
Fremden in die Hand fiel.
8 Ihr Tempel wurde wie ein ehrloser Mann,
9 ihre Kostbarkeiten schleppte man als Beu-
te fort. / Auf ihren Plätzen erschlug man ihre
kleinen Kinder; / ihre jungen Männer fielen
unter dem Schwert des Feindes.
10 Welches Volk hat nicht ein Stück des Rei-
ches erhalten, / hat sich nicht seinen Anteil an
der Beute errafft?
11 Ihren ganzen Schmuck nahm man ihr
weg. / Die Freie wurde zur Sklavin.
12 Seht, unser Heiligtum, / unsere Zierde
und unser Ruhm, liegt verödet; / fremde Völ-
ker haben es entweiht.
13 Wozu leben wir noch?
14 Und Mattatias und seine Söhne zerrissen
ihre Gewänder, zogen Bußkleider an und ga-
ben sich tiefer Trauer hin.

1: 1 Chr 24,7

HEIDNISCHES OPFER IN MODEÏN: 2,15–28

15 Da kamen die Beamten, die vom König den
Auftrag hatten, die Einwohner zum Abfall von
Gott zu zwingen, in die Stadt Modeïn, um die
Opfer durchzuführen. 16 Und viele aus Israel
kamen zu ihnen; auch Mattatias und seine
Söhne versammelten sich dort.
17 Da wandten sich die Leute des Königs an
Mattatias und sagten: Du besitzt in dieser Stadt
Macht, Ansehen und Einfluss und hast die Un-
terstützung deiner Söhne und Verwandten.
18 Tritt also als Erster vor und tu, was der König
angeordnet hat! So haben es alle Völker getan,
auch die Männer in Juda und alle, die in Jerusa-
lem geblieben sind. Dann wirst du mit deinen
Söhnen zu den Freunden des Königs gehören;
auch wird man dich und deine Söhne mit Silber,
Gold und vielen Geschenken ehren.
19 Mattatias aber antwortete mit lauter Stim-
me: Auch wenn alle Völker im Bereich der

Königsherrschaft dem König gehorchen und
jedes von der Religion seiner Väter abfällt und
sich für seine Anordnungen entscheidet –
20 ich, meine Söhne und meine Brüder bleiben
beim Bund unserer Väter. 21 Gott bewahre uns
davor, das Gesetz und seine Vorschriften zu
verlassen. 22 Wir gehorchen den Befehlen des
Königs nicht und wir weichen weder nach
rechts noch nach links von unserer Religion
ab.

23 Kaum hatte er das gesagt, da trat vor aller
Augen ein Jude vor und wollte auf dem Altar
von Modeïn opfern, wie es der König angeord-
net hatte. 24 Als Mattatias das sah, packte ihn
der Eifer; seine Nieren erzitterten und er ließ
seinem gerechten Zorn freien Lauf: Er sprang
vor und erstach den Abtrünnigen über dem
Altar. 25 Zusammen mit ihm erschlug er auch
den königlichen Beamten, der sie zum Opfer
zwingen wollte, und riss den Altar nieder;
26 der Eifer für das Gesetz hatte ihn gepackt
und er tat, was einst Pinhas mit Simri, dem
Sohn des Salu, gemacht hatte. 27 Und Mattati-
as rief mit lauter Stimme in der Stadt: Wer sich
für das Gesetz ereifert und zum Bund steht,
der soll mir folgen. 28 Und er floh mit seinen
Söhnen in die Berge; ihren ganzen Besitz lie-
ßen sie in der Stadt zurück.

17–22: Dan 11,32 / **26**: Num 25,6–15

KRIEG ODER SABBATRUHE? 2,29–41

29 Damals gingen viele, die Recht und Gerech-
tigkeit suchten, in die Wüste hinunter, um
dort zu leben. 30 Ihre Kinder und ihre Frauen
und auch ihr Vieh nahmen sie mit; denn die
ihnen zugefügten Übel waren unerträglich
geworden. 31 Aber man meldete den Beauf-
tragten des Königs und der Besatzung, die in
der Davidstadt von Jerusalem war: Leute, die
des Königs Anordnung missachtet haben, sind
in die Wüste zu den Höhlen hinabgezogen.
32 Da setzten ihnen viele nach; als sie die Juden
eingeholt hatten, stellten sie sich ihnen gegen-
über auf und machten sich zum Kampf bereit.
An jenem Tag war gerade Sabbat. 33 Die Solda-
ten riefen ihnen zu: Jetzt ist noch Zeit. Kommt
heraus und tut, was der König sagt; dann bleibt
ihr am Leben. 34 Sie antworteten: Wir gehen
nicht hinaus und tun nicht, was der König
sagt; wir werden den Sabbat nicht entweihen.
35 Da gingen die Soldaten sofort zum Angriff
über. 36 Die Juden gaben keine Antwort; sie
warfen nicht einmal Steine auf sie, noch ver-
sperrten sie die Eingänge der Höhlen. 37 Denn
sie sagten: Wir wollen lieber alle sterben, als
schuldig werden. Himmel und Erde sind un-
sere Zeugen, dass es Unrecht ist, wenn ihr uns
das Leben nehmt. 38 Da begannen die Soldaten
den Kampf am Sabbat und so starben die Juden
mit ihren Frauen und Kindern, etwa tausend
Menschen, und auch ihr Vieh kam zusammen
mit ihnen um.

39 Als Mattatias und seine Freunde das er-
fuhren, ergriff sie größter Schmerz um die
Toten. 40 Sie sagten zueinander: Wenn wir alle
so handeln, wie unsere Brüder gehandelt ha-
ben, und nicht gegen die fremden Völker für
unser Leben und unsere Gesetze kämpfen,
dann vertilgen sie uns bald von der Erde.
41 Und sie beschlossen noch am gleichen Tag:
Wenn uns jemand am Sabbat angreift, werden
wir gegen ihn kämpfen, damit wir nicht alle
umkommen wie unsere Brüder in den Höhlen.

29: 2 Makk 6,11

ERKÄMPFTE RELIGIONSFREIHEIT: 2,42–48

42 Damals schloss sich ihnen auch die Ge-
meinschaft der Hasidäer an; das waren tapfere
Männer aus Israel, die alle dem Gesetz treu
ergeben waren. 43 Auch alle anderen, die vor
dem Unheil flohen, kamen zu ihnen und ver-
stärkten ihre Reihen. 44 Sie stellten eine Streit-
macht auf

und erschlugen die Sünder in ihrem Zorn, /
die Gesetzlosen in ihrem Grimm.

Wer übrig blieb, musste zu den Nachbarvöl-
kern fliehen, um sein Leben zu retten. 45 Mat-
tatias und seine Anhänger zogen durch das
ganze Land und rissen die Altäre nieder. 46 Alle
unbeschnittenen Kinder, die sie in dem Gebiet
Israels fanden, beschnitten sie gewaltsam.

47 Sie verfolgten die frechen Frevler; / in al-
lem, was sie taten, hatten sie Erfolg.

48 Sie entrissen das Gesetz der Hand der Völ-
ker / und der Könige. / Dem Sünder ließen sie
keine Macht.

MATTATIAS' TESTAMENT UND NACHFOLGE: 2,49–70

49 Da kam für Mattatias die Zeit, dass er sterben
musste. Da sagte er zu seinen Söhnen:

Jetzt sind über uns Frevel und Strafe gekom-
men, / die Zeit des Zusammenbruchs und
lodernder Zorn.

2,42 Hasidäer (hasidim) bedeutet Fromme.

50 Jetzt eifert für das Gesetz, meine Söhne, / setzt euer Leben ein für den Bund unserer Väter!
51 Denkt an die Taten, die unsere Väter zu ihren Zeiten vollbrachten; erwerbt euch großen Ruhm und einen ewigen Namen!
52 Wurde Abraham nicht für treu befunden in der Erprobung / und wurde ihm das nicht als Gerechtigkeit angerechnet?
53 Josef hielt das Gebot, als man ihn bedrängte, / und wurde Herr über Ägypten.
54 Pinhas, unser Vorvater, eiferte für Gottes Sache / und empfing für seinen Eifer den Bund ewigen Priestertums.
55 Weil Josua seinen Auftrag erfüllte, / wurde er Richter in Israel.
56 Kaleb bezeugte vor dem Volk die Wahrheit; / darum bekam er ein Erbteil im Land.
57 David war barmherzig; / darum erhielt er den Königsthron als ewiges Erbe.
58 Elija eiferte für das Gesetz / und wurde für seinen Eifer in den Himmel aufgenommen.
59 Hananja, Asarja und Mischaël hatten Vertrauen; / darum wurden sie aus den Flammen gerettet.
60 Weil Daniel unschuldig war, / wurde er dem Rachen der Löwen entrissen.
61 Überdenkt unsere ganze Vergangenheit: / Keiner, der ihm vertraut, kommt zu Fall.
62 Habt keine Angst vor den Worten eines sündigen Menschen! / Seine Herrlichkeit verfällt der Fäulnis und den Würmern.
63 Heute noch reckt er sich hoch empor, / morgen schon ist er verschwunden; / denn er ist wieder zu Staub geworden / und mit seinen Plänen ist es aus.
64 Meine Söhne, seid mannhaft und seid stark im Gesetz; / denn durch das Gesetz werdet ihr euch Ruhm erwerben.
65 Seht, Simeon, euer Bruder. Ich weiß, dass
er ein kluger Mann ist. Hört immer auf ihn! Er
soll euer Vater sein. 66 Judas, der Makkabäer,
ist seit seiner Jugend ein tapferer Krieger. Er
soll an der Spitze eures Heeres stehen und den
Krieg gegen die Völker führen. 67 Schart alle
um euch, die das Gesetz halten! Nehmt Rache
für euer Volk! 68 Zahlt es den fremden Völkern
heim! Achtet auf das, was das Gesetz befiehlt!
69 Und nachdem er sie gesegnet hatte, wurde
er mit seinen Vätern vereint. 70 Er starb im Jahr
146. Man setzte ihn im Grab seiner Väter in
Modeïn bei und ganz Israel hielt eine große
Totenklage um ihn.

52: Gen 22; 15,6 / **53**: Gen 39,7–15; 41,38–44 / **54**: Num 25,6–13 / **55**: Ex 17,9–13; Num 27,15–23 / **56**: Num 13,30; 14,6f.24; Jos 14,6–14 / **57**: 1 Sam 24; 26; 2 Sam 7 / **58**: 1 Kön 18,40; 19,10; 2 Kön 2,1–13 / **59**: Dan 3 / **60**: Dan 6 / **63**: Ps 37,35f.; 146,3f.

2,62 Gemeint ist Antiochus IV. Epiphanes.

AUFSTAND DER JUDEN: JUDAS (166–160 V. CHR.): 3,1–9,22

PROLOG: PREISLIED AUF JUDAS: 3,1–9

3 1 An seine Stelle trat sein Sohn Judas
mit dem Beinamen der Makkabäer. 2 Alle
seine Brüder unterstützten ihn, wie auch alle, die sich seinem Vater angeschlossen hatten. Freudig kämpften sie den Kampf für Israel.
3 Er machte sein Volk weithin berühmt. / Als Kriegsheld zog er seinen Panzer an, / legte seine Waffen um und führte Krieg; / sein Schwert war der Schutz seines Heeres.
4 Er glich in seinen Taten einem Löwen, / einem jungen Löwen, der sich brüllend auf die Beute stürzt.
5 Er verfolgte die Gesetzlosen und spürte sie auf; / er verbrannte alle, die sein Volk verwirrten.
6 Aus Furcht vor ihm verloren die Gesetzlosen den Mut, / alle Übeltäter vergingen vor Angst. / Seiner Hand gelang die Befreiung.
7 Vielen Königen setzte er arg zu, / doch Jakob erfreute er mit seinen Taten. / Sein Andenken sei ewig gepriesen.
8 Er zog durch die Städte Judäas, / vernichtete die Frevler im Land / und wandte Gottes Zorn von Israel ab.
9 Man sprach von ihm bis ans Ende der Welt; / er sammelte wieder, was verloren war.

1–9: 2 Makk 8,1–7

ERSTE MILITÄRISCHE ERFOLGE
BEI BET-HORON: 3,10–26

10 Da sammelte Apollonius Truppen aus den
fremden Völkern und dazu ein großes Heer
aus Samarien, um gegen Israel Krieg zu führen.
11 Als Judas davon erfuhr, zog er ihm entgegen
und besiegte und tötete ihn. Viele kamen in
diesem Kampf um; die Übrigen flohen. 12 Gro-
ße Beute fiel ihnen zu. Judas nahm das Schwert
des Apollonius an sich; er gebrauchte es in
jedem Kampf, solange er lebte.

13 Seron, der Befehlshaber der Streitkräfte in
Syrien, hörte, dass Judas eine Schar gesammelt
und eine Gemeinschaft von Getreuen um sich
geschart hatte, die mit ihm in den Kampf aus-
zogen. 14 Er sagte: Ich will mir einen Namen
machen und im Reich berühmt werden: Ich
werde Krieg führen gegen Judas und seine Leu-
te, die das Wort des Königs verachten. 15 Ein
großes Heer ruchloser Männer schloss sich
ihm an und zog zu seiner Unterstützung mit
ihm hinauf, um an den Israeliten Rache zu
nehmen. 16 Er kam bis zur Steige von Bet-Ho-
ron. Judas zog ihm mit ganz wenigen Männern
entgegen. 17 Als diese das Heer sahen, das ge-
gen sie ausgerückt war, sagten sie zu Judas:
Wie können wir mit so wenigen Leuten gegen
eine solche Übermacht kämpfen? Außerdem
sind wir ganz erschöpft; denn wir haben heu-
te noch nichts gegessen.

18 Judas antwortete: Es kann leicht sein, dass
viele wenigen in die Hände fallen; für den
Himmel macht es keinen Unterschied, ob er
durch viele oder wenige Rettung bringt.
19 Denn der Sieg im Kampf liegt nicht an der
Größe des Heeres, sondern an der Kraft, die
vom Himmel kommt. 20 Diese Leute da ziehen
voll gottlosem Hochmut gegen uns in den
Kampf, um uns mit unseren Frauen und Kin-
dern auszurotten und als Beute wegzuführen.
21 Wir aber kämpfen für unser Leben und für
unsere Gesetze. 22 Der Himmel wird sie vor
unseren Augen aufreiben. Darum habt keine
Angst vor ihnen! 23 Kaum hatte er das gesagt,
da stürzte er sich überraschend auf die Feinde
und Seron und sein Heer wurden vor seinen
Augen aufgerieben. 24 Sie verfolgten ihn von
der Steige von Bet-Horon bis in die Ebene hi-
nab und es fielen gegen achthundert Mann
von ihnen; die Übrigen flohen ins Land der
Philister.

25 Da begann man, sich vor Judas und seinen
Brüdern zu fürchten, / Schrecken befiel die
Völker ringsum.

26 Und es drang sein Name bis zum König. /
Die ganze Welt erzählte von den Kämpfen des
Judas.

18: 1 Sam 14,6

3,10 Nach Josephus Flavius war Apollonius Gouverneur von Samaria.

GEGENMASSNAHMEN DES SELEUKIDISCHEN
KÖNIGS: 3,27–41

27 Als König Antiochus diese Nachrichten
hörte, ergriff ihn heftiger Zorn. Er schickte
Boten aus und zog alle Streitkräfte seines Rei-
ches zusammen: ein gewaltig großes Heer.
28 Dann öffnete er seine Schatzkammer, gab
seinen Truppen Sold für ein Jahr und befahl
ihnen, sich für jeden Fall bereitzuhalten.
29 Doch merkte er, dass das Geld im Staats-
schatz ausging. Auch kamen nur noch wenig
Steuern aus dem Land ein, weil er Aufruhr und
Unheil über das Land gebracht hatte, als er die
uralten Bräuche aufhob. 30 Er war also besorgt,
dass er, wie es schon einige Male vorgekom-
men war, nicht mehr so aufwendig wie früher
leben und keine Geschenke mehr verteilen
könnte. Er war nämlich bisher besonders frei-
gebig gewesen, mehr als die Könige vor ihm.
31 In seiner tiefen Ratlosigkeit beschloss er,
nach Persien zu ziehen, um in jenen Provinzen
die Steuern einzutreiben und auf diese Weise
viel Geld zusammenzubringen. 32 Als seinen
Statthalter über das Gebiet zwischen dem
Eufrat und der Grenze Ägyptens ließ er Lysias
zurück, einen Mann, der sehr angesehen war
und aus königlicher Familie stammte. 33 Ihm
übertrug er auch bis zu seiner Rückkehr die
Erziehung seines Sohnes Antiochus. 34 Ferner
überließ er ihm die Hälfte der Truppen und die
Kriegselefanten und gab ihm Anweisungen
über alle anstehenden Maßnahmen, auch ge-
gen die Bewohner von Judäa und Jerusalem.
35 Er sagte, er solle ein Heer gegen Israel schi-
cken, um seine Macht zu brechen und um
alles zu vernichten, was von Jerusalem noch
übrig sei, und solle die Erinnerung an die Ju-
den auslöschen. 36 Er solle Menschen aus frem-
den Völkern in ihrem ganzen Gebiet ansiedeln
und das Land an sie verlosen. 37 Die andere
Hälfte der Truppen nahm der König mit sich;
er brach im Jahr 147 von seiner Hauptstadt An-
tiochia auf, überquerte den Eufrat und mar-
schierte in die östlichen Provinzen. 38 Lysias
aber wählte Ptolemäus aus, den Sohn des

Dorymenes, außerdem Nikanor und Gorgias,
tapfere Männer, die zu den Freunden des Kö-
nigs gehörten, 39 und schickte sie mit vierzig-
tausend Mann und siebentausend Reitern auf
den Weg. Sie sollten in das Land Juda einmar-
schieren und es verwüsten, wie es der König
befohlen hatte. 40 Sie brachen also mit ihrer
ganzen Streitmacht auf, zogen bis in die Nähe
von Emmaus und schlugen dort in der Ebene
ihr Heerlager auf.

41 Als die Händler in jener Gegend von ihnen
hörten, kamen sie mit viel Silber und Gold und
mit Fußfesseln zum Lager, um die Israeliten
als Sklaven aufzukaufen. Dem Heer schlossen
sich auch noch Truppen aus Syrien und aus
dem Land der Philister an.

38–45: 2 Makk 8,8–15 / **38**: 2 Makk 4,45; 1 Makk 7,26; 2 Makk 10,14

KRIEGSENTSCHLUSS UND SIEG JUDAS' BEI EMMAUS: 3,42–4,27

42 Als Judas und seine Brüder sahen, dass das
Unheil anschwoll und die feindlichen Trup-
pen schon auf ihrem Gebiet ihr Lager aufschlu-
gen, und als sie erfuhren, welche Befehle der
König gegeben hatte, um das Volk völlig zu
vernichten, 43 sagten sie zueinander: Wir wol-
len die Trümmer unseres Volkes wieder auf-
bauen und für unser Volk und das Heiligtum
kämpfen. 44 Und sie kamen zusammen, um
sich zum Kampf zu rüsten, aber auch, um zu
beten und Erbarmen und Mitleid zu erflehen.

45 Jerusalem war menschenleer wie eine
Wüste, / von den Kindern der Stadt / ging
keines mehr ein oder aus. / Die heilige Stätte
war niedergetreten. / Ausländer hausten in
der Burg, / sie war ein Gasthaus für fremde
Völker. / Die Freude war aus Jakob verschwun-
den, / Flöte und Harfe waren verstummt.

46 Sie versammelten sich also und gingen
nach Mizpa. Das ist ein Ort, der Jerusalem ge-
genüberliegt und an dem die Israeliten früher
eine Gebetsstätte hatten. 47 Sie fasteten an je-
nem Tag, zogen Bußkleider an, streuten sich
Staub auf das Haupt und zerrissen ihre Ge-
wänder. 48 Sie breiteten die Gesetzesrolle aus,
um eine Entscheidung zu erhalten, so wie die
fremden Völker ihre Götterbilder befragen.
49 Auch brachten sie die priesterlichen Gewän-
der, die Erstlingsfrüchte und den Zehnten
herbei, boten die Nasiräer auf, deren Zeit ab-
gelaufen war, 50 und schrien laut zum Himmel:
Was sollen wir mit diesen Dingen und diesen
Menschen tun, wo sollen wir sie hinbringen?
51 Man zertritt und entweiht dein Heiligtum;
deine Priester leben in Trauer und Elend.
52 Sieh her: Man führt gegen uns fremde Völker
zusammen, um uns auszurotten. Du weißt,
was sie mit uns vorhaben. 53 Wie können wir
ihrem Angriff standhalten, wenn du uns nicht
hilfst? 54 Dabei ließen sie die Trompeten blasen
und schrien mit lauter Stimme.

55 Danach setzte Judas Heerführer ein, je-
weils über tausend, hundert, fünfzig und
zehn. 56 Alle, die ein Haus gebaut, eine Frau
geheiratet oder Weinberge angelegt hatten,
und solche, die Angst hatten, ließ er nach Hau-
se zurückkehren, wie es das Gesetz vor-
schreibt. 57 Danach brach das Heer auf und
schlug südlich von Emmaus sein Lager auf.
58 Judas sagte: Legt eure Waffen an und seid
tapfer! Macht euch bereit, morgen früh mit
diesen fremden Völkern zu kämpfen, die man
zusammengeführt hat, um uns und unser Hei-
ligtum zu vernichten! 59 Denn wir wollen lie-
ber im Kampf fallen als zusehen, wie Unglück
über unser Volk und über das Heiligtum
kommt. 60 Doch wie der Himmel will, so soll
es geschehen.

46–60: 2 Makk 8,16–23 / **46**: Ri 20,1–3; 1 Sam 7,5f. / **49**: Dtn 26; Num 6 / **56**: Dtn 20,5–9

4
1 Gorgias aber nahm fünftausend Mann
und tausend ausgewählte Reiter; das
Heer brach in der Nacht auf. 2 Er wollte nämlich
das jüdische Heer überfallen und überra-
schend schlagen; Leute aus der Burg zeigten
ihm den Weg. 3 Doch Judas erfuhr davon und
brach selbst mit seinen Männern auf, um das
Lager der königlichen Streitkräfte vor Emmaus
zu schlagen, 4 solange die Truppen außerhalb
des Lagers zerstreut waren. 5 Gorgias erreichte
noch in der Nacht das Lager der Juden, fand
aber niemand. Daher suchte er sie in den Ber-
gen, denn er dachte: Sie sind vor uns geflohen.

6 Bei Tagesanbruch erschien Judas mit drei-
tausend Mann in der Ebene. Doch sie waren
nicht so ausgerüstet und bewaffnet, wie sie es
wünschten. 7 Als sie das Kriegslager der frem-
den Völker sahen, das stark, fest gebaut und
ringsum von Reiterei umgeben war – lauter
gut ausgebildete Soldaten –, 8 da sagte Judas zu
seinen Männern: Fürchtet euch nicht vor ihrer
Übermacht und habt keine Angst vor ihrem
Ansturm! 9 Denkt daran, wie unsere Väter im
Roten Meer gerettet wurden, als der Pharao sie
mit einem Heer verfolgte! 10 Lasst uns zum

Himmel rufen, dass er uns gewogen sei und
des Bundes mit unseren Vätern gedenke und
dass er dieses Heer heute vor unseren Augen
aufreibe! 11 Dann werden alle Völker erkennen,
dass es einen gibt, der Israel loskauft und ret-
tet.

12 Als die fremden Soldaten aufblickten,
sahen sie die Juden heranrücken. 13 Da kamen
sie aus ihrem Lager heraus, um zu kämpfen;
die Männer des Judas aber bliesen die Trom-
peten. 14 Sie stießen aufeinander und die
fremden Völker wurden aufgerieben und
flohen in die Ebene. 15 Alle, die nicht schnell
genug waren, fielen unter dem Schwert. Die
Juden verfolgten sie bis nach Geser und in
die Ebene von Idumäa, Aschdod und Jamnia,
es fielen ungefähr dreitausend von ihnen.
16 Dann hörte Judas mit seiner Streitmacht
auf, sie zu verfolgen, und kehrte um. 17 Er sag-
te zum Volk: Fallt noch nicht über die Beute
her; denn uns steht noch ein Kampf bevor.
18 Gorgias steht mit seinen Truppen dicht vor
uns in den Bergen. Stellt euch also jetzt gegen
eure Feinde auf und greift sie an; nachher
könnt ihr ungehindert eure Beute holen.
19 Während Judas noch sprach, sah man eine
Abteilung der Feinde hinter dem Berg auftau-
chen. 20 Als sie merkten, dass ihre Leute ge-
schlagen waren und die Juden das Lager an-
gezündet hatten – der weithin sichtbare
Rauch zeigte an, was geschehen war –, 21 be-
kamen sie bei diesem Anblick große Angst.
Als sie außerdem sahen, dass das Heer des
Judas kampfbereit in der Ebene stand, 22 flo-
hen sie alle ins Land der Philister.

23 Jetzt erst machte sich Judas an die Plün-
derung des Lagers. Sie erbeuteten viel Gold
und Silber, violette und rote Purpurstoffe und
andere reiche Schätze. 24 Auf dem Rück-
marsch priesen und lobten sie den Himmel:
Denn er ist gütig, denn seine Huld währt
ewig. 25 So wurde Israel an jenem Tag wunder-
bar gerettet.

26 Die Philister, die sich hatten retten kön-
nen, kamen zu Lysias und meldeten ihm alles,
was sich ereignet hatte. 27 Auf diese Nachricht
hin war er bestürzt und in großer Sorge. Denn
der Feldzug gegen Israel war nicht so verlau-
fen, wie er es gewollt hatte; der Auftrag des
Königs war nicht ausgeführt worden.

1–25: 2 Makk 8,23–29 / **2**: 1,33 / **24**: Ps 118,1 / **26–35**: 2 Makk 11,1–12

NEUER SIEG JUDAS' BEI BET-ZUR: 4,28–35

28 Darum warb er im nächsten Jahr sechzig-
tausend Söldner an, ausgesuchte Männer, dazu
fünftausend Reiter, um wieder gegen die Ju-
den zu Felde zu ziehen. 29 Sie zogen nach Idu-
mäa und schlugen in Bet-Zur ihr Lager auf.
Judas aber kam ihnen mit zehntausend Mann
entgegen.

30 Als Judas das gewaltige Heer erblickte,
sprach er folgendes Gebet: Gepriesen seist du,
Retter Israels. Du hast den Angriff des Riesen
durch die Hand deines Knechts David zurück-
geschlagen; du hast das Kriegslager der Philis-
ter Jonatan, dem Sohn Sauls, und seinem Waf-
fenträger in die Hand gegeben. 31 Gib dieses
Heer in die Hand deines Volkes Israel! Schan-
de sollen sie davontragen mitsamt ihrem Fuß-
volk und ihrer Reiterei. 32 Jag ihnen Angst ein
und lass ihren kühnen Mut schwinden! Ihr
Untergang soll sie erschüttern. 33 Schlag sie
nieder durch das Schwert derer, die dich lie-
ben! Dann werden alle, die deinen Namen
kennen, dein Lob singen.

34 Als nun die Heere aufeinanderstießen,
fielen etwa fünftausend von den Soldaten des
Lysias im Handgemenge. 35 Als Lysias sah,
welche Niederlage sein Heer erlitten hatte und
wie kühn die Leute des Judas waren, bereit,
tapfer zu leben oder zu sterben, kehrte er nach
Antiochia zurück. Dort warb er Söldner an, um
mit noch stärkerer Macht noch einmal gegen
Judäa zu ziehen.

30: 1 Sam 17; 14,1–23

WEIHE DES GESCHÄNDETEN TEMPELS IN JERUSALEM (14. DEZ. 164 V. CHR.), FEST DER EINWEIHUNG (CHANUKKA): 4,36–61

36 Judas und seine Brüder aber sagten: Unsere
Feinde sind nun aufgerieben. Wir wollen nach
Jerusalem hinaufziehen, den Tempel reinigen
und ihn neu weihen. 37 Das ganze Heer ver-
sammelte sich also und zog zum Berg Zion
hinauf. 38 Da sahen sie das Heiligtum verödet
daliegen. Der Altar war entweiht; die Tore
hatte man verbrannt. In den Vorhöfen wuchs
Unkraut wie in einem Wald oder auf einem
Berg und die Nebengebäude waren verfallen.
39 Da zerrissen sie ihre Gewänder, begannen
laut zu klagen und streuten sich Staub auf das
Haupt. 40 Sie warfen sich nieder, mit dem Ge-
sicht zur Erde. Sie bliesen die Signaltrompeten
und schrien zum Himmel. 41 Dann befahl Ju-
das einer Schar seiner Männer, die Besatzung

der Burg zu belagern, bis das Heiligtum gerei-
nigt sei. 42 Er wählte untadelige und gesetzes-
treue Priester aus, 43 die das Heiligtum reinig-
ten und die durch Befleckung entweihten
Steine an einen unreinen Ort trugen. 44 Sie
berieten, was sie mit dem entweihten Brand-
opferaltar tun sollten. 45 Es kam ihnen der gute
Gedanke, ihn niederzureißen; denn er hätte
ihnen Schande gebracht, da die fremden Völ-
ker ihn befleckt hatten. So rissen sie den Altar
nieder 46 und legten die Steine an einen pas-
senden Ort auf dem Tempelberg nieder, bis ein
Prophet komme und entscheide, was damit
geschehen solle. 47 Dann nahmen sie unbehau-
ene Steine, wie es das Gesetz vorschreibt, und
errichteten einen neuen Altar, der genauso
aussah wie der alte. 48 Auch das Heiligtum und
die Innenräume des Tempels bauten sie wieder
auf und reinigten die Vorhöfe. 49 Sie fertigten
neue heilige Geräte an und stellten den Leuch-
ter, den Rauchopferaltar und den Tisch in den
Tempel. 50 Dann brachten sie auf dem Altar ein
Rauchopfer dar, zündeten die Lichter an dem
Leuchter an, sodass der Tempel hell wurde,
51 legten Brote auf den Tisch und hängten den
Vorhang auf. So vollendeten sie alle Arbeiten,
die sie unternommen hatten.

52 Am Fünfundzwanzigsten des neunten
Monats – das ist der Monat Kislew – im Jahr
148 standen sie früh am Morgen auf 53 und
brachten auf dem neuen Brandopferaltar, den
sie errichtet hatten, Opfer dar, so wie sie das
Gesetz vorschreibt. 54 Zur gleichen Zeit und
am selben Tag, an dem ihn die fremden Völker
entweiht hatten, wurde er neu geweiht, unter
Lobliedern und dem Spiel von Zithern und
Leiern und dem Klang der Zimbeln. 55 Das gan-
ze Volk warf sich nieder auf das Gesicht, sie
beteten an und priesen den Himmel, der ihnen
Erfolg geschenkt hatte. 56 Acht Tage lang feier-
ten sie die Altarweihe, brachten mit Freude
Brandopfer dar und schlachteten das Heils-
und Dankopfer. 57 Sie schmückten die Vorder-
seite des Tempels mit goldenen Kränzen und
kleinen Schilden; sie erneuerten die Tore und
auch die Nebengebäude, die sie wieder mit
Türen versahen. 58 Im Volk herrschte sehr gro-
ße Freude; denn die Schande, die ihnen die
fremden Völker zugefügt hatten, war besei-
tigt. 59 Judas fasste mit seinen Brüdern und mit
der ganzen Gemeinde Israels den Beschluss,
Jahr für Jahr zur selben Zeit mit festlichem Ju-
bel die Tage der Altarweihe zu begehen, und
zwar acht Tage lang, vom fünfundzwanzigsten
Kislew an.

60 In jener Zeit errichteten sie rund um den
Zionsberg auch hohe Mauern mit festen Tür-
men, damit die fremden Völker nicht mehr
dieses Gebiet zertreten und entweihen konn-
ten, wie sie es vorher getan hatten. 61 Und Judas
ordnete Truppen ab, um ihn zu bewachen.
Auch Bet-Zur ließ er befestigen und legte eine
Besatzung hinein, um das Volk gegen Idumäa
abzusichern.

36–61: 2 Makk 10,1–8 / **38:** Ps 74,2–7 / **44:** 1,54 / **46:** 14,41 /
47: Ex 20,25 / **49:** Ex 37,10–29

FELDZÜGE ZUM SCHUTZ DER JUDEN IN IDUMÄA, GALILÄA UND GILEAD: 5,1–68

5 1 Als aber die Völker ringsum hörten, dass
die Juden den Altar neu errichtet und das
Heiligtum wieder geweiht hatten, sodass alles
war wie früher, gerieten sie in heftigen Zorn.
2 Sie beschlossen, alle aus dem Stamm Jakobs,
die bei ihnen wohnten, auszurotten, und be-
gannen, im Volk Tod und Verderben zu ver-
breiten.

3 Da griff Judas die Nachkommen Esaus an,
die jenen Teil Idumäas bewohnten, der Akra-
battene heißt; sie hatten nämlich die Grenze
nach Israel abgeriegelt. Er brachte ihnen eine
schwere Niederlage bei, ließ sie seine Macht
fühlen und ihren Besitz plündern. 4 Auch dach-
te er daran, welche Untaten die Beoniter be-
gangen hatten; sie hatten nämlich den Juden
an den Wegen aufgelauert und waren für das
Volk wie ein Netz und eine Falle gewesen. 5 Da-
her schloss er sie jetzt in ihre Fliehtürme ein
und belagerte sie; er weihte sie dem Untergang
und verbrannte die Türme mit allen, die darin
waren. 6 Dann zog er hinüber gegen die Am-
moniter. Er traf auf eine starke Streitmacht mit
vielen Kriegern; ihr Anführer war Timotheus.
7 Judas verwickelte sie in zahlreiche Gefechte
und sie wurden vor ihm aufgerieben und be-
siegt. 8 Er eroberte auch Jaser und seine Tochter-
städte. Dann kehrte er nach Judäa zurück.

9 Da rotteten sich die Völker des Landes Gi-
lead gegen die Israeliten, die in ihrem Gebiet
lebten, zusammen, um sie zu töten. Doch die-
se flüchteten sich in die Festung Datema. 10 Sie
schickten Judas und seinen Brüdern einen
Brief mit folgendem Inhalt: Die Völker rings-
um haben sich gegen uns zusammengerottet,
um uns zu vernichten. 11 Sie stehen bereit, um
zu kommen und die Festung zu erobern, in die

wir geflohen sind. Timotheus führt ihre Streit-
kräfte an. 12 Darum komm her und rette uns
aus ihrer Hand, denn viele von uns sind schon
gefallen! 13 Auch unsere Brüder, die unter den
Leuten von Tubi lebten, hat man umgebracht,
ihre Frauen gefangen genommen, ihre Kinder
und ihren Besitz geraubt. Etwa tausend Män-
ner sind dort umgekommen.

14 Judas und seine Brüder hatten den Brief
noch nicht zu Ende gelesen, da kamen andere
Boten aus Galiläa in zerrissenen Kleidern und
brachten ihnen die Nachricht: 15 Die Einwoh-
ner von Ptolemaïs, Tyrus und Sidon und das
ganze Galiläa der Völker haben sich zusam-
mengetan, um uns auszurotten.

16 Als Judas und das Volk das hörten, berie-
fen sie eine große Versammlung ein, um zu
beraten, was sie für ihre bedrängten Brüder
tun sollten, die von ihnen angegriffen wurden.
17 Judas sagte zu seinem Bruder Simeon: Such
dir geeignete Männer aus, mach dich auf und
befreie deine Brüder in Galiläa; ich und mein
Bruder Jonatan wollen nach Gilead ziehen.
18 Als Anführer des Volkes ließ er Josef, den
Sohn Secharjas, und Asarja mit dem Rest des
Heeres zur Bewachung Judäas zurück.

19 Er gab ihnen den Befehl: Übernehmt die
Führung dieser Leute, aber lasst euch auf kei-
nen Kampf mit fremden Völkern ein, bevor
wir zurückgekehrt sind! 20 Simeon erhielt drei-
tausend Mann zugeteilt, mit denen er nach
Galiläa ziehen sollte, Judas dagegen achttau-
send Mann für Gilead.

21 Simeon zog nach Galiläa. Dort lieferte er
den fremden Völkern zahlreiche Gefechte und
sie wurden vor seinen Augen aufgerieben. 22 Er
verfolgte sie bis zum Tor von Ptolemaïs. Von
den fremden Völkern fielen ungefähr dreitau-
send Mann und Simeon erbeutete, was sie
hatten. 23 Dann führte er die Juden aus Galiläa
und Arbatta mit ihren Frauen und Kindern
und ihrem ganzen Besitz unter großem Jubel
nach Judäa zurück.

24 Judas, der Makkabäer, und sein Bruder
Jonatan hatten indessen den Jordan über-
schritten und waren drei Tagesmärsche durch
die Wüste gezogen. 25 Dort trafen sie auf die
Nabatäer, die ihnen freundlich begegneten
und ihnen alles erzählten, was ihren Brüdern
in Gilead zugestoßen war. 26 Viele von ihnen
würden in Bosora, Bosor, Alema, Kaspin, Ma-
ked und Karnajim festgehalten, lauter großen,
befestigten Städten. 27 Auch in den übrigen
Städten Gileads halte man sie fest und morgen
wolle man sich anschicken, die Festungen zu
belagern und zu erstürmen. Alle sollten an
einem einzigen Tag umgebracht werden.

28 Da kehrte Judas mit seinem Heer über-
raschend um. Er nahm den Weg durch die
Steppe von Bosora, eroberte die Stadt, er-
schlug mit scharfem Schwert die gesamte
männliche Bevölkerung, plünderte die Stadt
völlig aus und brannte sie nieder.

29 Noch in der gleichen Nacht brach er wie-
der auf und sie zogen bis vor die Festung Da-
tema. 30 Als sie gegen Morgen Ausschau hiel-
ten, da sahen sie ein unzählbar großes Heer;
die Soldaten schleppten Sturmleitern und
Belagerungsmaschinen heran, um die Festung
zu erstürmen, und gingen schon zum Angriff
gegen die Juden über. 31 Judas sah, dass der
Kampf begonnen hatte: Der Lärm aus der
Stadt, Trompetengeschmetter und lautes Ge-
schrei drangen bis zum Himmel empor. 32 Da
rief er den Männern in seinem Heer zu: Kämpft
heute für unsere Brüder! 33 Dann griff er die
Feinde mit drei Abteilungen von hinten an;
seine Leute bliesen die Trompeten und beteten
laut. 34 Sobald das Heer des Timotheus merkte,
dass es der Makkabäer war, liefen sie vor ihm
davon. Er brachte ihnen eine schwere Nieder-
lage bei; etwa achttausend Mann von ihnen
fielen an diesem Tag.

35 Danach wandte er sich gegen Alema. Er
griff die Stadt an und eroberte sie, erschlug die
gesamte männliche Bevölkerung, ließ die
Stadt plündern und brannte sie nieder. 36 Von
dort brach er auf und eroberte Kaspin, Maked,
Bosor und die übrigen Städte Gileads.

37 Nach diesen Ereignissen sammelte Timo-
theus ein neues Heer und schlug gegenüber
von Rafon, jenseits der Schlucht, sein Lager
auf. 38 Judas schickte Späher aus, die das Lager
erkunden sollten. Sie meldeten ihm: Alle
Völker, die rings um uns wohnen, sind zu ihm
gestoßen; es ist ein gewaltiges Heer. 39 Auch
arabische Hilfstruppen hat er angeworben. Sie
haben auf der anderen Seite der Schlucht ihr
Lager bezogen und stehen bereit, gegen dich
zum Kampf auszurücken. Da zog Judas ihnen
entgegen. 40 Als Judas und sein Heer sich dem
Bach, der durch die Schlucht führte, näherten,
sagte Timotheus zu seinen Heerführern:
Wenn er zuerst über den Bach zu uns herüber-
kommt, können wir ihm nicht standhalten;
dann wird er uns sicherlich überwältigen.

41 Wenn er aber Angst hat und sein Lager jen-
seits des Baches aufschlägt, dann gehen wir zu
ihm hinüber und werden ihn überwältigen.
42 Als Judas sich dem Gebirgsbach genähert
hatte, ließ er Heeresschreiber in der Schlucht
antreten und gab ihnen den Befehl: Niemand
darf hier Halt machen, sondern alle sollen zum
Kampf vorrücken. 43 Er selbst ging als Erster
hinüber, den Feinden entgegen, und alle seine
Krieger folgten ihm. Und die fremden Völker
wurden vor ihm vernichtend geschlagen; sie
warfen ihre Waffen weg und flüchteten sich
in das Heiligtum von Karnajim. 44 Aber die
Juden eroberten die Stadt und verbrannten das
Heiligtum mit allen, die darin waren. So wur-
de Karnajim besiegt und niemand konnte Ju-
das mehr Widerstand leisten.

45 Nun sammelte Judas alle Israeliten, die in
Gilead lebten, Klein und Groß, mit ihren Frau-
en und Kindern und ihrem Besitz, eine gewal-
tige Menschenmenge, um mit ihnen nach Ju-
däa zu ziehen. 46 Sie kamen bis Efron. Diese
große und stark befestigte Stadt lag auf ihrem
Weg. Man konnte sie weder links noch rechts
umgehen, sondern musste mitten durch sie
hindurchziehen. 47 Aber die Einwohner der
Stadt schlossen vor ihnen die Tore und ver-
sperrten sie mit Steinen. 48 Da schickte Judas
Unterhändler zu ihnen mit dem friedlichen
Vorschlag: Wir wollen durch euer Land zie-
hen, um in unser Land zu kommen. Keiner
wird euch etwas Böses tun; wir wollen nur
durchmarschieren. Aber die Einwohner woll-
ten ihnen die Tore nicht öffnen. 49 Nun ließ
Judas im Heer den Befehl ausrufen, jeder solle
dort Stellung beziehen, wo er gerade sei. 50 Da
stellten sich die Krieger auf und Judas ließ die
Stadt den ganzen Tag und die ganze Nacht hin-
durch angreifen, bis sie in seine Hand fiel. 51 Er
erschlug ihre gesamte männliche Bevölkerung
mit scharfem Schwert, zerstörte die Stadt völ-
lig und ließ sie plündern. Dann marschierte er
über die Leichen der Erschlagenen hinweg
durch die Stadt.

52 Sie überquerten den Jordan in der großen
Ebene gegenüber von Bet-Schean. 53 Judas
sorgte dafür, dass die Nachzügler zusammen-
blieben, und auf dem ganzen Weg sprach er
den Leuten Mut zu, bis sie Judäa erreichten.
54 Dann zogen sie mit Jubel und Freude zum
Berg Zion hinauf und brachten Brandopfer
dar; denn keiner von ihnen war gefallen, alle
waren wohlbehalten heimgekehrt.

55 In den Tagen, in denen Judas und Jonatan
im Land Gilead und sein Bruder Simeon in
Galiläa vor Ptolemaïs waren, 56 hörten die
Heerführer Josef, der Sohn Secharjas, und
Asarja von den kühnen Taten und vom Krieg,
den sie führten. 57 Da sagten sie: Auch wir wol-
len uns einen Namen machen und einen Feld-
zug gegen die fremden Völker ringsum füh-
ren. 58 Sie gaben also den Soldaten, die sie bei
sich hatten, den Befehl, gegen Jamnia zu zie-
hen. 59 Aber Gorgias und seine Männer rückten
ihnen aus der Stadt zum Kampf entgegen.
60 Josef und Asarja wurden geschlagen und bis
an die Grenze von Judäa verfolgt. An jenem
Tag fielen fast zweitausend aus dem Volk Isra-
el. 61 Das Volk hatte eine schwere Niederlage
erlitten, weil sie nicht auf Judas und seine Brü-
der gehört hatten, sondern sich einbildeten,
auch sie könnten durch Tapferkeit glänzen.
62 Doch sie waren nicht aus dem Geschlecht
der Männer, durch deren Hand Israel Rettung
geschenkt wurde.

63 Der große Judas und seine Brüder dagegen
erwarben sich hohen Ruhm bei ganz Israel und
bei allen Völkern, überall, wo ihr Name be-
kannt wurde. 64 Die Leute kamen herbei, um
sie zu beglückwünschen. 65 Judas und seine
Brüder zogen auch zum Kampf gegen die
Nachkommen Esaus im Süden. Er schlug
Hebron und seine Tochterstädte, eroberte ihre
Festungen und brannte ihre Türme ringsum
nieder.

66 Dann zog er gegen das Philisterland. Als
das Heer dabei durch Marescha kam, 67 fielen
an jenem Tag einige Priester im Kampf. Sie
waren schlecht beraten gewesen, in den Krieg
zu ziehen, um Heldentaten zu vollbringen.
68 Dann machte Judas eine Ausweichbewe-
gung und zog nach Aschdod im Land der Phi-
lister. Dort zerstörte er ihre Altäre, verbrannte
ihre Götterbilder, plünderte die Städte und
kehrte dann nach Judäa zurück.

1–2: 12,53 / **3–8:** 2 Makk 10,15–23 / **5:** Jos 6,17 / **6:** Dtn 2,18f. / **8:** Num 21,31f. / **24–54:** 2 Makk 12,10–31 / **33:** 1 Sam 11,11 / **40:** 1 Sam 14,9f. / **45:** Jer 31,8 / **48:** Num 20,14.17f. / **51:** Jos 6,17 / **54:** Jer 31,12 / **56:** 5,18f. / **68:** Dtn 7,5

TOD DES SELEUKIDISCHEN KÖNIGS ANTIOCHUS IV. EPIPHANES: 6,1–17

6 1 König Antiochus durchzog unterdessen
die östlichen Provinzen. Er hörte von
einer Stadt in Persien namens Elymaïs, die
berühmt war wegen ihres Reichtums an Silber

und Gold. 2 Auch gibt es in ihr einen sehr rei-
chen Tempel; der mazedonische König Ale-
xander, der Sohn des Philippus, der als erster
Grieche König geworden war, hatte dort gol-
dene Schilde, Rüstungen und Waffen hinter-
lassen. 3 Antiochus marschierte also hin und
versuchte, die Stadt zu erobern und zu plün-
dern. Doch er blieb ohne Erfolg; denn die Ein-
wohner der Stadt hatten von seinem Plan er-
fahren 4 und leisteten ihm bewaffneten
Widerstand. Er musste fluchtartig abziehen
und machte sich sehr niedergeschlagen auf den
Rückweg nach Babylon.

5 Noch in Persien erreichte ihn ein Bote mit
der Nachricht, dass die Heere, die in Judäa ein-
marschiert waren, geschlagen worden waren.
6 Auch Lysias, der an der Spitze einer starken
Streitmacht in den Kampf gezogen war, habe
gegen die Juden eine schwere Niederlage erlit-
ten. Deren Bewaffnung und Kampfkraft habe
sich durch die große Beute, die sie bei den ge-
schlagenen Armeen machten, verstärkt. 7 Den
Gräuel, den er auf dem Altar in Jerusalem hat-
te aufstellen lassen, hätten sie wieder entfernt
und das Heiligtum wie früher mit hohen Mau-
ern umgeben, ebenso seine Stadt Bet-Zur.

8 Als der König das hörte, erschrak er und
war zutiefst erschüttert. Er musste sich nieder-
legen, da ihn eine Schwäche befiel; so nieder-
geschlagen war er, weil seine Pläne gescheitert
waren. 9 So ging es mehrere Tage. Er bekam
immer neue Anfälle tiefer Schwermut und
rechnete schon damit, dass er sterben müsse.
10 Er rief all seine Freunde zusammen und
sagte zu ihnen: Der Schlaf flieht meine Augen
und mein Mut ist unter den Sorgen zusam-
mengebrochen. 11 Ich habe mich gefragt: Wie
bin ich nur in dieser furchtbaren Bedrängnis
versunken, in der ich mich jetzt befinde? Ich
war während meiner Regierung doch immer
leutselig und beliebt. 12 Jetzt erinnere ich mich
an das Böse, das ich in Jerusalem getan habe.
Ich habe dort alle Geräte aus Silber und Gold
mitgenommen, ja, ich habe den Befehl gege-
ben, die Bewohner von Juda ohne Grund aus-
zurotten. 13 Deswegen ist dieses Unglück über
mich gekommen, das weiß ich jetzt. Und nun
sterbe ich ganz verzweifelt in einem fremden
Land.

14 Er rief Philippus, einen seiner Freunde, zu
sich und setzte ihn über sein ganzes König-
reich. 15 Er überreichte ihm das königliche Di-
adem, sein Gewand und seinen Siegelring und
gab ihm den Auftrag, seinen Sohn Antiochus
anzuleiten und zu erziehen, bis er die Regie-
rung übernehmen könne. 16 Dann starb König
Antiochus dort im Jahr 149.

17 Als Lysias erfuhr, dass der König tot war,
setzte er an seiner Stelle seinen Sohn Antio-
chus ein, dessen Erziehung ihm während sei-
ner Minderjährigkeit oblag, und gab ihm den
Beinamen Eupator.

1–17: 2 Makk 9; 1,11–17 / **7:** 4,45 / **17:** 3,32f.

KRIEG IN JUDA, BELAGERUNG JERUSALEMS UNTER ANTIOCHUS V.: 6,18–54

18 Die Besatzung der Burg in Jerusalem
schloss die Israeliten, die im Tempel waren,
von allen Seiten ein. Sie versuchte unaufhör-
lich, Unheil anzurichten, und die Fremden
hatten an ihnen einen starken Rückhalt. 19 Ju-
das fasste daher den Plan, sie zu vernichten,
und berief alle wehrfähigen Männer zur Bela-
gerung zusammen. 20 Sie kamen und man
begann im Jahr 150 mit der Belagerung; dabei
baute man sogar Wurf- und Belagerungsma-
schinen. 21 Einige von der Besatzung konnten
den Belagerungsring durchbrechen; zu ihnen
stießen mehrere Gottlose aus Israel. 22 Sie be-
gaben sich zum König und sagten: Wie lange
zögerst du, uns unser Recht zu verschaffen
und für unsere Brüder Rache zu nehmen?
23 Wir haben deinem Vater bereitwillig ge-
dient; wir haben so gelebt, wie er es sagte, und
haben seine Anordnungen befolgt. 24 Deswe-
gen legten unsere eigenen Landsleute eine
Belagerung vor die Burg und wurden uns
fremd; ja, sie haben jeden von uns, den sie
fanden, umgebracht und haben unseren Be-
sitz geraubt. 25 Doch nicht allein gegen uns
haben sie die Hand erhoben, sondern auch
gegen alle ihre Nachbarn. 26 Jetzt sind sie vor
die Burg von Jerusalem gezogen, um sie zu
erobern; außerdem haben sie den Tempel und
Bet-Zur befestigt. 27 Wenn du ihnen nicht bald
zuvorkommst, werden sie noch mehr unter-
nehmen und du wirst sie nicht mehr aufhalten
können.

28 Als der König das hörte, wurde er zornig.
Er ließ alle seine Freunde zu sich kommen, die
Anführer des Fußvolks und der Reiterei.
29 Auch aus anderen Reichen und von den In-
seln kamen Söldnertruppen zu ihm. 30 Im
Ganzen bestand sein Heer aus hunderttau-
send Mann Fußvolk, zwanzigtausend Reitern
und zweiunddreißig Kriegselefanten.

31 Sie zogen durch Idumäa und belagerten
Bet-Zur. Der Kampf zog sich lange hin. Sie bauten auch Belagerungsmaschinen; die Belagerten machten jedoch einen Ausfall, ver-
brannten sie und schlugen sich tapfer. 32 Da
zog Judas von der Burg in Jerusalem ab und schlug dem königlichen Heer gegenüber bei
Bet-Sacharja sein Lager auf. 33 Am nächsten
Morgen ließ der König das Heer in aller Frühe aufbrechen und in einem Eilmarsch nach Bet-Sacharja marschieren. Die Truppen schwärmten aus und man stieß in die Trom-
peten. 34 Den Elefanten hielt man den Saft von
Trauben und Maulbeeren vor, um sie zum
Kampf zu reizen. 35 Darauf verteilte man die
Tiere auf die einzelnen Abteilungen. Zu jedem Elefanten stellten sie tausend Mann; diese hatten Kettenpanzer an und auf dem Kopf bronzene Helme. Außerdem waren jedem Tier fünfhundert ausgesuchte Reiter zugeordnet;
36 sie hatten sich schon vorher immer bei den
Tieren aufgehalten und waren ihnen überall gefolgt, wohin sie auch gingen, und entfernten
sich nie von ihnen. 37 Jedes Tier trug einen be-
festigten, gut gesicherten Turm aus Holz, der kunstfertig angeschnallt war, dazu vier Soldaten, die von dem Turm aus kämpften, sowie
seinen indischen Lenker. 38 Die übrige Reiterei
stellte der König außen an die beiden Flügel des Heeres, um die Gegner zu beunruhigen
und die eigenen Reihen zu decken. 39 Als die
Sonne sich in den goldenen und ehernen Schilden brach, da strahlten die Berge wider
und leuchteten auf wie brennende Fackeln.
40 Ein Teil des königlichen Heeres stellte sich
oben auf den Bergen, ein anderer unten in der Ebene auf. Dann begannen sie, sicher und ge-
ordnet vorzurücken. 41 Da zitterten alle, die das
Getöse der Menge hörten und sahen, wie die Massen aufmarschierten und die Waffen aneinanderschlugen; denn es war ein gewaltig großes und starkes Heer.

42 Judas rückte mit seinen Truppen ebenfalls
vor und es kam zum Kampf; dabei fielen vom
Heer des Königs sechshundert Mann. 43 Elea-
sar Awaran sah einen Elefanten, dessen Panzer königlichen Schmuck trug und der alle anderen Tiere überragte. Da er glaubte, darauf säße
der König, 44 gab er sich selbst hin, um sein
Volk zu retten und sich ewigen Ruhm zu er-
werben. 45 Er lief mutig auf ihn zu, mitten in
die Schlachtreihe hinein, teilte nach rechts und links tödliche Hiebe aus und schlug sich
eine Bresche durch die Reihen. 46 So drang er
unter den Elefanten vor und durchbohrte ihn von unten. Der brach zusammen und fiel auf
Eleasar, der auf der Stelle tot war. 47 Als die Ju-
den die Stärke und das Ungestüm der königlichen Truppen sahen, wichen sie ihnen aus.

48 Die Truppen des königlichen Heeres rück-
ten daraufhin nach Jerusalem hinauf, um die Juden dort zum Kampf zu stellen. Der König schlug in Judäa und am Berg Zion ein Lager auf.

49 Mit der Besatzung von Bet-Zur schloss er
Frieden und sie verließ die Stadt. Dort waren nämlich während der Belagerung die Nahrungsmittel ausgegangen; denn man beging
im Land ein Sabbatjahr. 50 Der König ließ Bet-
Zur besetzen und legte eine Garnison hinein, um es zu sichern.

51 Dann belagerte er viele Tage lang den Tem-
pel. Er ließ Wurf- und Belagerungsmaschinen, auch Brand- und Steinschleudern aufstellen, dazu Armbrüste für Pfeile und kleinere
Schleudermaschinen. 52 Aber die Juden bauten
ebenfalls Maschinen gegen ihre Maschinen
und der Kampf zog sich lange hin. 53 Doch die
Vorratsräume waren leer, weil das Jahr ein siebtes Jahr war; zudem hatten die, die man bei den fremden Völkern gerettet und nach Judäa gebracht hatte, den Rest der Vorräte auf-
gebraucht. 54 Die Besatzung litt daher Hunger
und die Truppen liefen auseinander, jeder ging nach Hause; nur wenige Männer blieben beim Tempel zurück.

18–54: 2 Makk 13,1f.9–26 / **18**: 1,33–36 / **49**: Lev 25,2–7

GEWÄHRUNG DER RELIGIONSFREIHEIT FÜR DIE JUDEN: 6,55–63

55 Da hörte Lysias, Philippus, den König An-
tiochus noch zu seinen Lebzeiten zum Erzieher seines Sohnes Antiochus bestimmt hatte,
bis dieser die Regierung antreten könne, 56 sei
aus Persien und Medien zurückgekehrt, zusammen mit den Truppen, die den König begleitet hatten; er versuche, die Regierung an
sich zu bringen. 57 Daher entschloss sich Lysi-
as, möglichst rasch abzuziehen; er sagte zum König, zu den Offizieren und den Soldaten: Unsere Lage wird von Tag zu Tag schwieriger. Es gibt wenig zu essen und der Ort, den wir belagern, ist stark befestigt. Überdies ruht auf
uns die Sorge um das Reich. 58 Reichen wir
darum diesen Leuten die Hand und schließen wir Frieden mit ihnen und ihrem ganzen Volk!
59 Wir wollen ihnen zugestehen, dass sie wie

früher nach ihren Gesetzen leben können.
Denn weil wir ihre Gesetze abschaffen woll-
ten, haben sie sich gegen uns aufgelehnt und
all das getan. 60 Der König und die Heerführer
waren mit diesem Vorschlag einverstanden; er
ließ den Juden Frieden anbieten und sie nah-
men ihn an. 61 Der König und die Heerführer
leisteten ihnen einen Eid; darauf verließen die
Juden die Festung. 62 Aber als der König den
Berg Zion betrat und sah, wie stark der Ort
befestigt war, brach er den Eid, den er ge-
schworen hatte, und gab den Befehl, die Mau-
er ringsum einzureißen. 63 Dann zog er in
Eilmärschen ab und kehrte nach Antiochia
zurück. Er fand die Stadt in der Gewalt des
Philippus, eröffnete den Kampf gegen ihn und
nahm die Stadt mit Gewalt.

55–63: 2 Makk 11,13–15 (38) / **55**: 6,14f.

BLUTIGE INTRIGEN DES JÜDISCHEN PRIESTERS ALKIMUS UM DIE HOHEPRIESTERLICHE WÜRDE: 7,1–25

7 1 Im Jahr 151 floh Demetrius, der Sohn des
Seleukus, aus Rom, landete mit nur we-
nigen Männern in einer Stadt am Meer und rief
sich dort zum König aus. 2 Als er in den Palast
seiner Väter einzog, nahmen die Truppen An-
tiochus und Lysias fest, um sie ihm auszulie-
fern. 3 Das wurde ihm mitgeteilt; er aber sagte:
Ich will ihr Gesicht nicht sehen. 4 Da brachten
die Truppen die beiden um und Demetrius
setzte sich auf den Thron seines Reiches.

5 Alle Gesetzlosen und Frevler aus Israel ka-
men zu ihm. Ihr Anführer war Alkimus, der
Hohepriester werden wollte. 6 Sie verklagten
das Volk beim König und sagten: Judas und
seine Brüder haben alle deine Freunde umge-
bracht und uns aus unserer Heimat vertrieben.
7 Schick darum einen Mann, dem du vertraust,
er soll kommen und sich das ganze Unheil an-
sehen, das sie uns und dem Land des Königs
zugefügt haben. Dann soll er sie und alle, die
sie unterstützen, bestrafen.

8 Der König wählte Bakchides, einen der
Freunde des Königs; er hatte die Regierungs-
gewalt jenseits des Stroms, galt viel im Reich
und war dem König treu ergeben. 9 Mit ihm
schickte er den gottlosen Alkimus, den er in
das Amt des Hohepriesters einsetzte, und gab
ihm den Befehl, an den Israeliten Vergeltung
zu üben.

10 Sie brachen mit einem großen Heer auf
und zogen in das Land Juda. Er schickte Boten
an Judas und seine Brüder und bot ihnen mit
hinterlistigen Worten Frieden. 11 Doch diese
glaubten ihnen nicht; denn sie sahen, dass sie
mit einem großen Heer gekommen waren.

12 Eine Gruppe von Schriftgelehrten ging
indessen gemeinsam zu Alkimus und Bakchi-
des, um eine gerechte Lösung zu suchen. 13 Die
Hasidäer bemühten sich als Erste von den Is-
raeliten bei ihnen um Frieden. 14 Sie sagten sich
nämlich: Ein Priester aus der Familie Aarons
ist zusammen mit den Truppen hergekom-
men; er wird uns nichts Böses tun. 15 Alkimus
unterhielt sich auch friedlich mit ihnen, ja, er
schwor ihnen: Wir werden euch und euren
Freunden kein Leid zufügen. 16 Sie glaubten
ihm; er aber ließ sechzig von ihnen festneh-
men und noch am selben Tag hinrichten,
genau wie geschrieben steht: 17 Die Leichen
deiner Frommen haben sie rings um Jerusalem
zerstreut und ihr Blut haben sie vergossen
und keiner hat sie begraben. 18 Da begann das
ganze Volk, sich vor ihnen zu fürchten und zu
zittern. Man sagte: Bei ihnen gibt es weder
Wahrheit noch Recht; denn sie haben den
Vertrag gebrochen trotz des Eides, den sie ge-
schworen haben.

19 Bakchides marschierte von Jerusalem
nach Bet-Sajit und schlug dort sein Lager auf.
Er ließ viele von den Männern, die zu ihm
übergelaufen waren, festnehmen, dazu auch
einige Männer aus dem Volk, und ließ sie in
der großen Zisterne niedermetzeln. 20 Er über-
gab das Land dem Alkimus und ließ zu seiner
Unterstützung einen Teil der Truppen zurück.
Dann kehrte Bakchides zum König zurück.

21 Alkimus aber kämpfte um das Hohepries-
teramt. 22 Alle Unruhestifter im Volk sammel-
ten sich um ihn; sie rissen die Macht über das
Land Juda an sich und stürzten Israel in tiefes
Unglück. 23 Judas sah all das Unheil, das Alki-
mus und seine Anhänger bei den Israeliten
anrichteten; sie waren schlimmer als die frem-
den Völker. 24 Da brach er auf, zog durch das
Gebiet von ganz Judäa und übte an den Über-
läufern Vergeltung, sodass sie sich nicht mehr
frei im Land bewegen konnten. 25 Alkimus
merkte, dass Judas und seine Leute an Macht
gewannen, und da er einsah, dass er ihnen
nicht gewachsen war, wandte er sich wieder
an den König und brachte schwere Anklagen
gegen sie vor.

1–25: 2 Makk 14,1–10 / **13**: 2,42 / **17**: Ps 79,2f.

FELDZUG UND NIEDERLAGE DES SELEUKIDISCHEN GENERALS NIKANOR BEI GESER: 7,26–49

26 Da schickte der König einen seiner bedeu-
tendsten Anführer, Nikanor, der ein hasser-
füllter Gegner Israels war; er befahl ihm, das
Volk zu vernichten. 27 Nikanor kam mit einem
großen Heer nach Jerusalem. Er schickte Boten
zu Judas und seinen Brüdern und sprach hin-
terlistig von Frieden. Er sagte: 28 Ich will keinen
Krieg mit euch. Darum will ich mich in Beglei-
tung von nur ein paar Leuten in aller Freund-
schaft mit euch treffen, um über den Frieden
zu reden. 29 Er kam auch zu Judas und sie be-
grüßten einander freundschaftlich. Seine Sol-
daten hielten sich indessen bereit, den Judas
zu verschleppen. 30 Judas aber erfuhr, dass er
mit Arglist gekommen war. Da wurde er vor-
sichtig und wollte nicht mehr mit ihm zusam-
menkommen. 31 Nun merkte Nikanor, dass
sein Plan entdeckt worden war, und er zog aus,
um Judas bei Kafar-Salama zum Kampf zu stel-
len. 32 Aber fast fünfhundert von den Leuten
des Nikanor fielen und die anderen flohen in
die Davidstadt.

33 Nach diesen Ereignissen ging Nikanor
zum Berg Zion hinauf. Aus dem Tempelbezirk
kamen ihm Priester und Älteste des Volkes
entgegen, um ihn friedlich zu begrüßen und
ihm das Brandopfer zu zeigen, das man für den
König darbrachte. 34 Er aber verhöhnte und
verspottete sie und machte sie unrein. Er führ-
te vermessene Reden 35 und schwor voller
Zorn: Wenn Judas und sein Heer mir nicht
sofort ausgeliefert werden, dann stecke ich
dieses Haus in Brand, sobald ich heil zurück
bin. Dann ging er wütend weg. 36 Die Priester
gingen hinein, stellten sich vor den Altar und
den Tempel, weinten und sagten: 37 Du hast
dieses Haus erwählt, damit dein Name darü-
ber ausgerufen werde; es sollte für dein Volk
ein Haus des Betens und Flehens sein. 38 Übe
Vergeltung an diesem Menschen und an sei-
nem Heer! Sie sollen unter dem Schwert fal-
len. Denk an ihre Lästerungen und lass sie
keine Ruhe finden!

39 Nikanor verließ Jerusalem und schlug in
Bet-Horon sein Lager auf; dort stieß eine Ab-
teilung Soldaten aus Syrien zu ihm. 40 Judas
dagegen hatte mit dreitausend Mann sein La-
ger bei Hadascha und er betete: 41 Damals, als
die Leute des Königs von Assur über dich ge-
lästert hatten, kam dein Engel und erschlug
hundertfünfundachtzigtausend von ihnen.
42 Zerschlage so heute auch dieses Heer vor
unseren Augen, damit die, welche von ihnen
übrig bleiben, erkennen, dass Nikanor Böses
gegen dein Heiligtum gesprochen hat! Richte
ihn, wie es seine Bosheit verdient!

43 Am Dreizehnten des Monats Adar stießen
die Heere aufeinander und das Heer des Nika-
nor wurde vernichtend geschlagen; er selbst
fiel als Erster im Kampf. 44 Als sein Heer sah,
dass Nikanor gefallen war, warfen sie die Waf-
fen weg und flohen. 45 Die Juden verfolgten sie
einen Tagesmarsch weit, von Hadascha bis
nach Geser, und bliesen mit den Signaltrom-
peten hinter ihnen her. 46 Aus allen umliegen-
den Dörfern Judäas kamen die Männer heraus
und umzingelten die Flüchtenden. Da wand-
ten sich die Feinde gegeneinander und alle
fielen unter dem Schwert; nicht einer von ih-
nen blieb übrig.

47 Die Juden nahmen ihnen ihre Ausrüstun-
gen weg und machten reiche Beute. Dem Ni-
kanor schlugen sie den Kopf ab und ebenso die
rechte Hand, die er so vermessen ausgestreckt
hatte; sie brachten beides nach Jerusalem und
hängten es dort öffentlich auf. 48 Im Volk
herrschte große Freude; sie begingen diesen
Tag als einen großen Freudentag 49 und be-
schlossen, den dreizehnten Adar künftig jedes
Jahr zu feiern. Danach hatte das Land Juda für
kurze Zeit Ruhe.

26–49: 2 Makk 14,11–15,36 / **26**: 3,38 / **36**: Joël 2,17 / **41**:
2 Kön 18,17–35; 19,35

BÜNDNIS DER JUDEN MIT DEN RÖMERN: 8,1–32

8 1 Judas hörte, wie man von den Römern
erzählte, sie seien tüchtige Krieger, erwie-
sen allen, die zu ihnen hielten, Wohlwollen
und schlössen Freundschaft mit jedem, der sie
darum bitte. Sie seien in der Tat kriegstüchtige
Männer. 2 Man berichtete ihm auch von ihren
Feldzügen und von ihren kühnen Unterneh-
mungen gegen die Galater, die sie unterworfen
und tributpflichtig gemacht hatten, 3 ebenso
von ihren Taten in Spanien: Dort hatten sie die
Silber- und Goldbergwerke erobert 4 und
durch ihre Klugheit und Ausdauer das ganze
Land an sich gebracht, obgleich es von ihnen
weit entfernt liegt. Die Könige, die vom Ende
der Welt gegen sie herangezogen waren, hat-
ten sie besiegt und ihnen eine vernichtende
Niederlage beigebracht; die Übrigen mussten

ihnen jährlich Tribut zahlen. 5 Philippus und
Perseus, die Könige der Kittäer, und alle ande-
ren, die sich gegen sie auflehnten, hatten sie
im Krieg vernichtend geschlagen und unter-
worfen. 6 Als Antiochus, der Großkönig von
Asien, mit hundertzwanzig Elefanten, mit
Reiterei, Streitwagen und einem gewaltigen
Heer gegen sie zum Kampf auszog, wurde er
von ihnen vernichtend geschlagen. 7 Sie nah-
men ihn lebendig gefangen und erlegten ihm
und seinen Nachfolgern einen hohen Tribut
auf; er musste Geiseln stellen und Land abtre-
ten. 8 Sie nahmen ihm die Provinzen Indien,
Medien und Lydien ab, einige der besten Län-
der, die er besaß, und schenkten sie dem König
Eumenes. 9 Als die Bewohner von Griechen-
land den Plan fassten, in den Krieg zu ziehen,
um die Römer zu vernichten, 10 wurde diesen
die Sache bekannt. Sie schickten nur einen ein-
zigen Befehlshaber aus, um gegen sie Krieg zu
führen. Von den Griechen wurden viele töd-
lich getroffen und kamen ums Leben. Die Rö-
mer führten ihre Frauen und Kinder gefangen
weg, plünderten ihre Habe und nahmen das
Land in Besitz; sie schleiften ihre Festungen
und machten sich die Griechen untertan bis
auf den heutigen Tag. 11 Auch alle anderen Rei-
che und die Inseln, die sich irgendwann gegen
sie erhoben, hatten sie besiegt und sich unter-
tan gemacht. 12 Ihren Freunden aber und allen,
die sich auf sie verließen, hielten sie die
Freundschaft. Sie unterwarfen die Könige nah
und fern, und wer ihren Namen hörte, fürch-
tete sich vor ihnen. 13 Wem sie aber zur Herr-
schaft verhelfen wollen, der wird König und
ebenso setzen sie ab, wen sie wollen. Auf die-
se Weise stiegen sie hoch empor.

14 Bei alldem setzt sich keiner von ihnen ein
Diadem auf oder legt Purpurgewänder an, um
damit zu prunken. 15 Vielmehr haben sie sich
den Senat geschaffen und jeden Tag halten da
dreihundertundzwanzig Ratsherren darüber
Rat, wie das Volk gut zu regieren sei. 16 Einem
einzigen Mann übertragen sie vertrauensvoll
für ein Jahr die Regierung über sich und die
Herrschaft über ihr ganzes Land. Alle gehor-
chen dem einen, ohne dass es Neid oder Eifer-
sucht unter ihnen gibt.

17 Judas wählte Eupolemus, den Sohn Jo-
hanans und Enkel des Koz, aus, sowie Jason,
den Sohn Eleasars, und sandte sie nach Rom,
um mit den Römern ein Freundschafts- und
Waffenbündnis zu schließen, 18 damit das Joch
von ihnen genommen werde; denn die Römer
sahen ja, wie die Könige der Griechen Israel
in Knechtschaft hielten. 19 Sie reisten also nach
Rom – es war ein sehr weiter Weg –, traten
vor den Senat, nahmen das Wort und sagten:
20 Judas, der Makkabäer, seine Brüder und das
jüdische Volk haben uns zu euch gesandt. Wir
wollen mit euch ein Beistands- und Friedens-
bündnis schließen und als eure Bundesgenos-
sen und Freunde eingeschrieben werden.

21 Der Senat war mit dem Vorschlag einver-
standen. 22 Dies ist eine Abschrift der Urkun-
de, die sie auf Bronzetafeln aufzeichnen und
nach Jerusalem schicken ließen, damit die
Erinnerung an das Friedens- und Beistands-
bündnis dort ständig gegenwärtig bleibe:

23 Den Römern und dem Volk der Juden soll
es zu Wasser und zu Land für immer wohl er-
gehen; Schwert und Feind mögen ihnen fern
bleiben. 24 Wenn Rom oder irgendeinem seiner
Bundesgenossen in seinem ganzen Herr-
schaftsbereich zuerst ein Krieg droht, 25 wird
das Volk der Juden, wie es die Lage erfordert,
bereitwillig militärischen Beistand leisten.
26 Den Kriegführenden brauchen keine Nah-
rungsmittel, keine Waffen, kein Geld und auch
keine Schiffe geliefert zu werden, wenn Rom
es so für richtig hält. Sie werden ihren Ver-
pflichtungen ohne Gegenleistung nachkom-
men. 27 Ebenso werden die Römer, wenn das
Volk der Juden zuerst in einen Krieg verwickelt
wird, bereitwillig Beistand leisten, je nach den
Umständen. 28 Den Bundesgenossen brauchen
keine Nahrungsmittel, Waffen, kein Geld und
auch keine Schiffe geliefert zu werden, wenn
Rom es so für richtig hält; sie werden ihren Ver-
pflichtungen ohne Hinterlist nachkommen.

29 Das ist der Wortlaut des Vertrags, den die
Römer mit der Bürgerschaft der Juden ge-
schlossen haben.

30 Wenn später die beiden Parteien etwas
hinzufügen oder streichen wollen, können sie
es nach ihrem Belieben tun. Die Zusätze oder
Streichungen werden gültig sein.

31 Dem König Demetrius aber haben wir
geschrieben wegen des Unrechts, das er den
Juden zugefügt hat: Warum lastet dein Joch so
schwer auf unseren Freunden und Bundesge-
nossen, den Juden? 32 Wenn sie jetzt noch ein-
mal deinetwegen vorstellig werden, verhelfen
wir ihnen zu ihrem Recht und führen gegen
dich Krieg zu Wasser und zu Land.

17: 12,1f.; 15,15; 2 Makk 4,11

TOD JUDAS' IM KAMPF NÖRDLICH VON JERUSALEM: 9,1–22

9 1 Demetrius erfuhr, dass Nikanor und
sein Heer im Kampf gefallen waren. Da
schickte er Bakchides und Alkimus zum zwei-
ten Mal ins Land Juda und gab ihnen die im
Süden stehende Armee mit. 2 Sie nahmen den
Weg nach Gilgal, schlugen vor Mesalot in der
Gegend von Arbela ihr Lager auf, eroberten die
Stadt und brachten viele Menschen um. 3 Im
ersten Monat des Jahres 152 schlugen sie ihr
Lager bei Jerusalem auf. 4 Von dort zogen sie
mit zwanzigtausend Mann und zweitausend
Reitern nach Berea. 5 Judas aber hatte mit drei-
tausend ausgewählten Männern sein Lager in
Elasa.

6 Als die Juden die Übermacht der feind-
lichen Truppen sahen, bekamen sie große
Angst. Viele liefen aus dem Lager fort, sodass
am Ende nur noch achthundert Mann übrig
waren. 7 Judas sah, dass sich sein Heer auflöste,
während der Kampf unmittelbar bevorstand.
Da verließ ihn der Mut, denn er hatte keine
Zeit mehr, seine Leute wieder zusammenzu-
bringen. 8 Niedergeschlagen sagte er zu denen,
die noch da waren: Auf! Wir wollen gegen
unsere Feinde hinaufziehen. Vielleicht kön-
nen wir doch gegen sie kämpfen. 9 Sie aber
widersprachen ihm und sagten: Es ist unmög-
lich. Wir wollen lieber jetzt unser Leben retten
und dann mit unseren Brüdern zurückkom-
men und gegen sie kämpfen. Wir sind zu we-
nige. 10 Judas antwortete: Auf keinen Fall wer-
de ich vor ihnen fliehen. Wenn unsere Zeit
gekommen ist, dann wollen wir für unsere
Brüder tapfer in den Tod gehen; auf unserer
Ehre soll kein Makel sein.

11 Da rückte das feindliche Heer aus seinem
Lager aus und bezog ihnen gegenüber Stel-
lung; die Reiterei wurde in zwei Gruppen ge-
teilt, die Schleuderer und Bogenschützen gin-
gen vor der Streitmacht her, ebenso alle
kriegserprobten Vorkämpfer. 12 Bakchides war
auf dem rechten Flügel. Die beiden Flügel der
Schlachtreihe näherten sich und man blies die
Trompeten. Auch die Leute des Judas stießen
in die Trompeten. 13 Die Erde bebte vor dem
Getöse, das die Heere machten, und vom Mor-
gen bis zum Abend dauerte der Kampf Mann
gegen Mann. 14 Als Judas bemerkte, dass Bak-
chides mit dem Kern seiner Truppe rechts
stand, scharten sich alle unerschrockenen
Männer um ihn 15 und der rechte Flügel der
Feinde wurde von ihnen vernichtend geschla-
gen; sie verfolgten sie bis zum Gebirge von
Aschdod. 16 Als die Truppen auf dem linken
Flügel sahen, dass der rechte aufgerieben war,
schwenkten sie um und folgten den Spuren
des Judas und seiner Leute. 17 Es entwickelte
sich ein erbitterter Kampf, in dem beide Seiten
schwere Verluste erlitten. 18 Auch Judas fiel;
die Übrigen flohen.

19 Jonatan und Simeon holten ihren Bruder
und bestatteten ihn im Grab seiner Väter in
Modeïn. 20 Ganz Israel beweinte ihn und hielt
um ihn eine große Totenklage ab. Sie trauerten
viele Tage lang und sagten: 21 Ach, der Held ist
gefallen, Israels Retter.

22 Die übrige Geschichte des Judas, seine
anderen Feldzüge und kühnen Unternehmun-
gen, die er durchführte, und seine Größe – all
das ist hier nicht niedergeschrieben; es wäre
zu viel geworden.

21: 2 Sam 1,27

AUSBAU DER JÜDISCHEN FREIHEITEN, DER HOHEPRIESTER JONATAN (160–143 V. CHR.): 9,23–12,53

JONATAN, NACHFOLGER DES JUDAS, KLEINKRIEGE IN JUDA: 9,23–73

23 Nach dem Tod des Judas erhoben die Ab-
trünnigen in allen Teilen Israels wiederum ihr
Haupt und alle Übeltäter wagten sich wieder
ans Licht. 24 In jenen Tagen gab es eine furcht-
bare Hungersnot. Daher lief das Land zu den
Abtrünnigen über. 25 Bakchides wählte die
gottlosen Männer aus und machte sie zu Her-
ren des Landes. 26 Diese spürten die Anhänger
des Judas auf, verhörten sie und brachten sie
zu Bakchides. Er nahm Rache an ihnen und gab
sie der Lächerlichkeit preis. 27 Große Bedräng-
nis herrschte in Israel, wie noch keine ge-
herrscht hatte seit den Tagen, da die Propheten
nicht mehr auftraten.

28 Da sammelten sich alle Freunde des Judas
und sagten zu Jonatan: 29 Seit dein Bruder Ju-
das tot ist, gibt es keinen mehr, der gegen die
Feinde, gegen Bakchides und gegen die Gegner
unseres Volkes in den Krieg zieht, wie er es
getan hat. 30 Darum haben wir dich heute ge-
wählt. So wie er sollst du uns anführen und
leiten in unserem Kampf. 31 Jonatan übernahm
also zu jener Zeit die Führung und trat die
Nachfolge seines Bruders Judas an.

32 Bakchides erfuhr davon und trachtete ihm
nach dem Leben. 33 Als Jonatan und sein Bru-
der Simeon mit ihrer ganzen Gefolgschaft das
hörten, flohen sie in die Wüste von Tekoa und
hielten sich bei der mit Wasser gefüllten Zis-
terne von Asfar auf. 34 Aber Bakchides erfuhr
davon, und zwar am Sabbat; er ging mit all
seinen Leuten auf die andere Seite des Jordan.
35 Er schickte seinen Bruder Johanan an der
Spitze seiner Truppe zu den mit ihm befreun-
deten Nabatäern und ließ sie bitten, ihr zahl-
reiches Gepäck bei ihnen aufbewahren zu
dürfen. 36 Doch die Söhne Jambris aus Medeba
zogen aus, ergriffen Johanan mit allem, was er
bei sich hatte, und nahmen ihn mit.

37 Darauf meldete man Jonatan und seinem
Bruder Simeon: Die Söhne Jambris wollen
eine große Hochzeit veranstalten und die
Braut, die Tochter eines der vornehmsten Her-
ren Kanaans, in einem großen Festzug aus
Nadabat heimführen. 38 Da dachten sie daran,
dass die Söhne Jambris das Blut ihres Bruders
Johanan vergossen hatten; sie zogen hinauf
und versteckten sich im Schutz des Gebirges.
39 Plötzlich sahen sie einen lärmenden Zug mit
viel Gepäck daherziehen. Der Bräutigam, seine
Freunde und seine Brüder kamen ihnen mit
Pauken, Liedern und in starker Bewaffnung
entgegen. 40 Sie fielen aus dem Hinterhalt über
sie her und töteten sie; viele wurden tödlich
getroffen und starben, die Übrigen flohen ins
Gebirge. Ihre ganze Habe nahmen sie als Beu-
te mit.

41 Da wurde die Hochzeit zur Trauerfeier
und der Klang ihrer Lieder zur Totenklage.

42 Auf diese Weise rächten sie das Blut ihres
Bruders; dann kehrten sie in das Dickicht am
Jordan zurück.

43 Als Bakchides davon erfuhr, kam er am
Sabbat mit einem großen Heer zu den Ufern
des Jordan. 44 Jonatan sagte zu seinen Leuten:
Kommt, wir müssen um unser Leben kämp-
fen. Noch nie waren wir in einer solchen Lage.
45 Krieg ist vor und hinter uns, auf beiden Sei-
ten das Wasser des Jordan und Sumpf und
Dickicht. Wir können nicht ausweichen.
46 Darum schreit laut zum Himmel, damit ihr
aus der Hand unserer Feinde gerettet werdet!

47 Darauf begann der Kampf Mann gegen
Mann. Jonatan holte aus, um Bakchides zu er-
schlagen, der aber konnte ihm ausweichen.
48 Dann sprangen Jonatan und seine Leute in
den Jordan und schwammen ans andere Ufer.
Die Feinde aber setzten ihnen nicht über den
Jordan nach. 49 Vom Heer des Bakchides fielen
an jenem Tag ungefähr tausend Mann.

50 Bakchides kehrte nach Jerusalem zurück.
Er legte in Judäa befestigte Städte an: die Fes-
tungen in Jericho, Emmaus, Bet-Horon, Bet-
El, Timna, Faraton und Tefon. Er versah sie mit
hohen Mauern und Toren; an den Toren brach-
te er Querbalken zum Verriegeln an. 51 Dann
legte er Besatzungen hinein, die das Volk Isra-
el im Zaum halten sollten. 52 Auch in den Städ-
ten Bet-Zur und Geser und an der Burg von
Jerusalem ließ er Befestigungsarbeiten aus-
führen und Truppen und Vorräte an Nah-
rungsmitteln hineinbringen. 53 Von den Män-
nern, die eine führende Stellung im Land
innehatten, nahm er die Söhne als Geiseln und
hielt sie in der Burg von Jerusalem gefangen.

54 Im zweiten Monat des Jahres 153 befahl
Alkimus, die Mauer des inneren Tempelvor-
hofs einzureißen. Er ließ mit den Abbruchar-
beiten beginnen, um zu zerstören, was die
Propheten erbaut hatten. 55 Doch gerade zu
dieser Zeit wurde Alkimus vom Schlag getrof-
fen und sein Plan wurde nicht ausgeführt. Er
konnte den Mund nicht mehr öffnen; er war
gelähmt und konnte kein Wort mehr sagen,
nicht einmal mehr sein Testament machen.
56 Aber zu dieser Zeit starb Alkimus unter gro-
ßen Qualen. 57 Als Bakchides sah, dass Alki-
mus tot war, kehrte er zum König zurück und
das Land Juda hatte zwei Jahre lang Ruhe.

58 Danach kamen alle Gesetzlosen zu einer
Beratung zusammen. Sie sagten: Jonatan und
seine Anhänger leben sorglos in ihren Häusern
und fühlen sich sicher. Wenn wir jetzt Bakchi-
des kommen lassen, kann er alle in einer ein-
zigen Nacht festnehmen. 59 Sie gingen also zu
ihm und besprachen sich mit ihm. 60 Bakchi-
des machte sich mit einem großen Heer auf
den Weg. Er schickte heimlich Briefe an alle

9,34 Der Vers ist vermutlich eine versehentliche Doppelschreibung von V. 43.

seine Verbündeten in Judäa mit der Aufforde-
rung, Jonatan und seine Anhänger gefangen
zu nehmen. Aber es gelang ihnen nicht; denn
ihr Vorhaben war bekannt geworden. 61 Statt-
dessen ließ Jonatan von den im Land wohnen-
den Männern, die für den verbrecherischen
Anschlag verantwortlich waren, fünfzig er-
greifen und töten.

62 Dann setzten sich Jonatan und Simeon
mit ihren Anhängern in die Wüste nach
Bet-Basi ab. Jonatan ließ dort alles wieder auf-
bauen, was in Trümmern lag, und befestigte
den Ort. 63 Als Bakchides davon erfuhr, zog er
alle seine Truppen zusammen und erteilte den
Leuten von Judäa entsprechende Anweisun-
gen. 64 Er rückte gegen Bet-Basi vor und schlug
dort sein Lager auf und berannte den Ort viele
Tage lang. Er ließ Belagerungsmaschinen auf-
stellen. 65 Da ließ Jonatan seinen Bruder Si-
meon in der Stadt zurück; er selbst ging mit
einer Handvoll Leute in die Dörfer der Umge-
bung. 66 Dabei schlug er den Odomera und
seine Sippe; auch überfiel er ein Zeltlager des
Stammes Fasiron. Sie begannen zu siegen und
rückten verstärkt wieder hinauf. 67 Simeon
aber machte mit seinen Leuten einen Ausfall
aus der Stadt und steckte die Belagerungsma-
schinen in Brand. 68 Bakchides wurde von ih-
nen angegriffen und geschlagen. Sie brachten
ihn in starke Bedrängnis, weil das von ihm
geplante Unternehmen zu einem völligen
Fehlschlag wurde.

69 Da geriet Bakchides in heftigen Zorn über
die Verräter, die ihm den Rat gegeben hatten,
in das Land zu kommen. Er brachte viele von
ihnen um und beschloss, in sein Land zurück-
zukehren. 70 Sobald Jonatan davon hörte,
schickte er Gesandte zu ihm, um einen Frie-
densvertrag mit ihm abzuschließen und die
Gefangenen freizubekommen. 71 Bakchides
nahm die Vorschläge Jonatans an und schwor
ihm, nie wieder in seinem Leben etwas Böses
gegen ihn zu unternehmen. 72 Auch ließ er die
Gefangenen frei, die er vorher im Land Juda
gemacht hatte. Dann zog er ab und kehrte in
sein Land zurück und kam nie mehr in ihr
Gebiet.

73 Darauf ruhten in Israel die Waffen. Jona-
tan ließ sich in Michmas nieder und begann,
als Richter über das Volk zu herrschen. Die
Frevler in Israel aber rottete er aus.

35: 5,25 / **73:** Ri 2,16

JONATAN, HOHEPRIESTER, SEIN POLITISCHES GESCHICK IN DEN SELEUKIDISCHEN THRONFOLGEWIRREN: 10,1–11,74

10 1 Im Jahr 160 zog Alexander Epiphanes,
der Sohn des Antiochus, gegen Ptole-
maïs und eroberte es. Die Einwohner nahmen
ihn auf und er trat dort die Herrschaft an. 2 Als
König Demetrius das hörte, sammelte er sehr
viele Truppen und zog gegen ihn in den Kampf.

3 An Jonatan schickte Demetrius einen Brief
mit Friedensbeteuerungen und versprach ihm
hohe Würden. 4 Denn er dachte: Wir wollen
schnell mit ihnen Frieden schließen, bevor er
sich mit Alexander gegen uns verbündet.
5 Sonst erinnert er sich nämlich an all das Böse,
das wir ihm, seinen Brüdern und seinem Volk
angetan haben. 6 Er gab Jonatan die Vollmacht,
Truppen auszuheben, Waffen anzuschaffen
und sich Bundesgenosse des Königs zu nen-
nen. Auch versprach er, die in der Burg von
Jerusalem festgehaltenen Geiseln freizulassen.

7 Jonatan kam nach Jerusalem und las den
Brief der ganzen Bevölkerung und der Besat-
zung der Burg laut vor. 8 Als sie hörten, dass er
vom König die Vollmacht erhalten hatte,
Truppen auszuheben, bekamen sie große
Angst. 9 Die Besatzung der Burg lieferte dem
Jonatan die Geiseln aus und er gab sie ihren
Eltern zurück. 10 Jonatan ließ sich in Jerusalem
nieder und begann in der Stadt mit Bauarbei-
ten und Ausbesserungen. 11 Er gab den Hand-
werkern den Auftrag, den Berg Zion und die
Stadtmauern mit Quadersteinen zu befesti-
gen. Das führten sie auch aus.

12 Darauf flohen die Fremden aus den Fes-
tungen, die Bakchides erbaut hatte. 13 Sie
machten sich alle davon und kehrten nach
Hause zurück. 14 Nur in Bet-Zur blieben von
denen, die vom Gesetz und von den Geboten
abgefallen waren, einige zurück; dort fanden
sie nämlich Zuflucht.

15 König Alexander erfuhr, was Demetrius
Jonatan alles zugesichert hatte. Man berichte-
te ihm auch von den Kriegen und den Helden-
taten Jonatans und seiner Brüder und von den
zahlreichen Anstrengungen, die sie auf sich
genommen hatten. 16 Da sagte er: Können wir
noch einmal solch einen Mann finden wie ihn?
Wir wollen ihn jetzt zu unserem Freund und
Verbündeten machen. 17 Er schrieb also einen

10,1 Alexander hieß in Wirklichkeit Balas; er gab sich als Sohn des Epiphanes aus und hatte mit dieser Täuschung Erfolg.

Brief und schickte ihn an Jonatan. Der Brief
hatte folgenden Inhalt: 18 König Alexander
grüßt seinen Bruder Jonatan. 19 Wir haben
über dich gehört, dass du ein starker Held bist;
du bist es wert, unser Freund zu sein. 20 Darum
ernennen wir dich heute zum Hohepriester
über dein Volk; du darfst den Titel Freund des
Königs führen. Halte zu uns und bewahre uns
die Freundschaft! Zugleich übersandte er ihm
den Purpurmantel und einen goldenen Kranz.

21 Im siebten Monat des Jahres 160 legte Jo-
natan am Laubhüttenfest das heilige Gewand
an. Er hob Truppen aus und verschaffte sich
eine Menge Waffen.

22 Als Demetrius davon hörte, traf es ihn
hart. Er sagte: Was haben wir da gemacht!
23 Alexander ist uns zuvorgekommen. Er hat
die Freundschaft der Juden gewonnen, sodass
sie ihn unterstützen. 24 Doch auch ich will ih-
nen schreiben. Ich will ihnen Unterstützung
zusagen und versprechen, sie auszuzeichnen
und zu beschenken. Vielleicht werden sie
mich dann unterstützen.

25 Er schrieb ihnen also folgenden Brief: Kö-
nig Demetrius grüßt das Volk der Juden. 26 Ihr
habt die Verträge, die ihr mit uns geschlossen
habt, gehalten, habt uns die Freundschaft be-
wahrt und euch nicht unseren Feinden ange-
schlossen. Wir haben es vernommen und uns
darüber gefreut. 27 Bleibt uns auch weiterhin
treu! Wir werden euch das Gute vergelten, das
ihr uns erweist. 28 Wir werden euch viele Ver-
pflichtungen erlassen und euch Geschenke
machen. 29 Von heute an erkläre ich euch für
frei und erlasse allen Juden Tribute, Salzsteuer
und Kranzsteuer. 30 Von heute an verzichte ich
für immer auf den dritten Teil der Erträge der
Felder und auf die Hälfte der Erträge der Bäu-
me, die mir zustehen sowohl aus dem Land
Juda als auch aus den drei an Juda angeschlos-
senen Bezirken Samariens und Galiläas, vom
heutigen Tag an und für alle Zeit. 31 Jerusalem
sei heilig und mit seiner Umgebung vom
Zehnten und von Abgaben befreit. 32 Ich ver-
zichte auch auf die Befehlsgewalt über die Burg
von Jerusalem und übergebe sie dem Hohe-
priester. Ich gestatte ihm, selbst die Männer
auszuwählen, die er als Wache in die Burg le-
gen will. 33 In meinem ganzen Reich lasse ich
alle Juden, die als Gefangene aus dem Land
Juda verschleppt worden sind, ohne Lösegeld
frei. Allen sollen die Steuern erlassen sein,
auch die auf Nutztiere stehenden Abgaben.
34 An allen Festen, Sabbaten, Neumonden und
Feiertagen sowie drei Tage vor und nach einem
Fest braucht kein Jude in meinem Reich Steu-
ern oder Schulden zu bezahlen. 35 Niemand
soll einen von ihnen in irgendeiner Sache be-
langen oder belästigen dürfen. 36 Bis zu drei-
ßigtausend Juden sollen in das königliche
Heer aufgenommen werden und den gleichen
Sold erhalten wie alle anderen Soldaten des
Königs. 37 Sie sollen auch in den großen Fes-
tungen des Königs Dienst tun und dürfen Ver-
trauensstellungen im Reich einnehmen. Ihre
Offiziere und Befehlshaber sind aus ihren ei-
genen Reihen zu wählen. Sie dürfen nach ih-
ren eigenen Gesetzen leben, ganz so, wie es
der König im Land Juda angeordnet hat. 38 Die
drei Bezirke, die von der Provinz Samarien
abgetrennt und Judäa angeschlossen worden
sind, sollen unter einer einzigen Verwaltung
zu Judäa gehören und keiner anderen Hoheit
als der des Hohepriesters unterstellt sein.
39 Ptolemaïs und das angrenzende Gebiet ver-
mache ich als Geschenk dem Tempel von Je-
rusalem; daraus soll der nötige Aufwand für
den Tempeldienst bestritten werden.

40 Auf eigene Rechnung will ich aus geeig-
neten Orten jährlich fünfzehntausend Silber-
schekel aufbringen. 41 Alles, was die Behörden
von den in den früheren Jahren üblichen Zu-
wendungen noch nicht bezahlt haben, sollen
sie von nun an für die Arbeiten am Tempel zur
Verfügung stellen. 42 Auch die fünftausend
Silberschekel, die bisher vom Jahresaufkom-
men des Tempels als Steuer erhoben wurden,
werden erlassen und sollen den diensttuenden
Priestern zukommen. 43 Jeder, der sich in das
Heiligtum von Jerusalem flüchtet oder in das
zum Tempel gehörende Gebiet, wird mit sei-
nem ganzen Besitz, den er in meinem Reich
hat, von jeder Schuld dem König gegenüber
und von jeder anderen geschäftlichen Ver-
pflichtung frei sein. 44 Die Kosten für die Ar-
beiten am Heiligtum, sowohl für Neubauten
wie für Ausbesserungen, gehen ebenfalls zu
Lasten des Königs, 45 ebenso gehen die Kosten
für den Bau der Mauern in Jerusalem und für
die Stadtmauern, die es umgeben, auf die
Rechnung des Königs, schließlich auch die
Mauerbauten in Judäa.

46 Als Jonatan und das Volk diese Verspre-
chungen hörten, glaubten sie ihnen nicht und

10,21 Nach der griechisch-seleukidischen Zeitrechnung, d. h. 152 v. Chr.

gingen nicht darauf ein; denn sie dachten an
das große Unheil, das er in Israel angerichtet
und in welche Not er sie gebracht hatte. 47 Sie
hielten zu Alexander, weil er ihnen zuerst
Frieden angeboten hatte, und sie kämpften die
ganze Zeit auf seiner Seite.

48 König Alexander zog große Truppenmas-
sen zusammen und schlug Demetrius gegen-
über sein Lager auf. 49 Die beiden Könige eröff-
neten den Kampf gegeneinander. Das Heer des
Demetrius floh; Alexander setzte ihm nach
und gewann die Oberhand. 50 Er kämpfte hart-
näckig, bis die Sonne unterging. An jenem Tag
fand Demetrius den Tod.

51 Alexander schickte Gesandte zu Ptolemä-
us, dem König von Ägypten, und ließ ihm
Folgendes sagen: 52 Ich bin in mein Reich zu-
rückgekehrt, habe mich auf den Thron meiner
Väter gesetzt und die Herrschaft angetreten.
Ich habe Demetrius besiegt und unser Land in
meine Gewalt gebracht. 53 Ich habe mit ihm
gekämpft; er wurde mit seinem Heer von uns
vernichtend geschlagen. So haben wir uns auf
den Thron seines Reiches gesetzt. 54 Lasst uns
nun miteinander Freundschaft schließen! Gib
mir deine Tochter zur Frau, damit wir uns
durch diese Heirat miteinander verschwägern!
Ich werde dir und ihr Geschenke machen, die
deiner würdig sind.

55 König Ptolemäus antwortete: Welch
glücklicher Tag, an dem du in das Land deiner
Väter zurückgekehrt bist und dich auf den
Thron ihres Reiches gesetzt hast. 56 Ich will auf
deinen Vorschlag eingehen. Doch komm mir
bis Ptolemaïs entgegen, damit wir uns ken-
nenlernen. Dann werde ich mich mit dir ver-
schwägern, wie du gesagt hast.

57 Ptolemäus verließ Ägypten und nahm
seine Tochter Kleopatra mit sich. Im Jahr 162
kam er nach Ptolemaïs. 58 Als König Alexander
mit ihm zusammenkam, gab er ihm seine
Tochter zur Frau. Er veranstaltete in Ptolemaïs
eine glänzende Hochzeit für sie, wie es bei Kö-
nigen üblich ist.

59 König Alexander schrieb an Jonatan, er
möge doch zu ihm kommen und sich mit ihm
treffen. 60 Da begab sich Jonatan mit glänzen-
dem Gefolge nach Ptolemaïs und traf dort die
beiden Könige. Er brachte ihnen und ihren
Freunden Silber, Gold und viele Geschenke
mit. So gewann er sie für sich. 61 Aber ehrlose
Männer aus Israel, Übertreter des Gesetzes,
traten gemeinsam gegen ihn auf und klagten
ihn an. Doch der König schenkte ihnen keine
Beachtung. 62 Vielmehr gab er die Anweisung,
Jonatan anstelle der Gewänder, die er trug, mit
Purpur zu bekleiden. Das geschah 63 und der
König ließ ihn neben sich Platz nehmen. Dann
sagte er zu seinen höchsten Beamten: Nehmt
ihn mit in die Stadt und gebt bekannt, dass
niemand ihn in irgendeiner Sache anklagen
darf; keiner darf ihm aus irgendeinem Grund
Ungelegenheiten bereiten. 64 Als die Ankläger
sahen, dass er öffentlich geehrt wurde und mit
Purpur bekleidet war, machten sie sich alle
davon. 65 Der König ließ Jonatan noch weitere
Ehrungen zukommen: Er ließ ihn in das Ver-
zeichnis seiner ersten Freunde aufnehmen
und ernannte ihn zum Meridarchen und Statt-
halter. 66 Darauf kehrte Jonatan in Frieden und
voll Freude nach Jerusalem zurück.

67 Im Jahr 165 kam Demetrius, der Sohn des
Demetrius, aus Kreta in das Land seiner Väter.
68 Als König Alexander das hörte, war er sehr
bestürzt und kehrte nach Antiochia zurück.
69 Demetrius übertrug Apollonius, dem Statt-
halter von Koilesyrien, die Befehlsgewalt.
Dieser brachte ein großes Heer zusammen
und schlug sein Lager bei Jamnia auf. Von dort
schickte er dem Hohepriester Jonatan diese
Botschaft:

70 Nur du allein stellst dich gegen uns. Dei-
netwegen verlacht und verhöhnt man mich.
Was für eine Macht maßt du dir an über uns in
deinen Bergen? 71 Wenn du dich auf deine
Truppen verlassen kannst, dann komm doch
herunter zu uns in die Ebene; dort wollen wir
unsere Kräfte messen. Denn bei mir befinden
sich die Truppen aus den Städten. 72 Frag doch
nach und erkundige dich, wer ich bin und wer
die Leute sind, die auf meiner Seite stehen!
Man wird dir sagen, dass ihr uns nicht stand-
halten könnt. Schon zweimal wurden deine
Vorfahren in ihrem Land in die Flucht geschla-
gen. 73 In der Ebene wirst du dich auch diesmal
gegen die Reiterei und gegen eine solche
Streitmacht nicht halten können; da gibt es
nämlich keinen Stein und keinen Kiesel und
auch keinen Schlupfwinkel, in den man flie-
hen kann.

74 Als Jonatan die Worte des Apollonius ver-
nahm, war er empört und rückte mit zehntau-
send Mann aus Jerusalem aus. Sein Bruder
Simeon ging zu seiner Unterstützung mit.

10,57f. Kleopatra: Tochter des Ptolemäus VI. Philometor.

75 Vor Jafo schlug er sein Lager auf. Die Ein-
wohner der Stadt verschlossen die Tore vor
ihm; denn Apollonius hatte eine Besatzung
nach Jafo gelegt. Als die Juden aber angriffen,
76 bekamen die Einwohner Angst und überga-
ben die Stadt und Jonatan nahm Jafo in Besitz.
77 Das erfuhr Apollonius, der mit dreitausend
Reitern und einem großen Heer ein Lager be-
zogen hatte. Er zog auf Aschdod zu, als wolle
er durch die Stadt ziehen. Zugleich rückte er
in die Ebene vor, weil er sich auf seine starke
Reiterei verließ. 78 Jonatan aber setzte ihm
nach bis vor Aschdod. Dort gerieten die Heere
aneinander. 79 Apollonius hatte tausend Reiter
in einem Hinterhalt zurückgelassen. 80 Jonatan
bemerkte den Hinterhalt, aber die Reiter um-
zingelten sein Heer und schossen vom frühen
Morgen bis zum Abend mit Pfeilen auf seine
Leute. 81 Aber die Männer hielten stand, wie
Jonatan befohlen hatte, und die Pferde der
Feinde wurden müde. 82 Dann ließ Simeon
seine Streitkräfte ausschwärmen und griff die
feindlichen Fußtruppen an. Da die Reiterei
erschöpft war, wurde das Heer von ihm auf-
gerieben und der Rest floh. 83 Die Reiterei wur-
de über die ganze Ebene hin zersprengt und
floh nach Aschdod; sie gingen in den Tempel
Dagons, ihres Götzenbildes, um sich zu retten.
84 Jonatan steckte Aschdod und die Nachbar-
orte in Brand und plünderte sie; er brannte
auch den Tempel des Dagon nieder mit allen,
die sich dorthin geflüchtet hatten. 85 Es waren
etwa achttausend Mann, die durch das
Schwert oder im Feuer umkamen.

86 Von dort brach Jonatan auf und schlug sein
Lager bei Aschkelon auf. Die Einwohner ka-
men ihm in einem festlichen Zug aus der Stadt
entgegen. 87 Dann kehrten Jonatan und seine
Leute mit großer Beute nach Jerusalem zurück.

88 Als König Alexander davon hörte, erwies
er ihm noch weitere Ehren. 89 Er übersandte
ihm eine goldene Spange, wie man sie Ange-
hörigen der königlichen Familie zu verleihen
pflegt; auch übergab er ihm die Stadt Ekron
mit ihrem ganzen Gebiet zum Besitz.

11: 2 Sam 5,9 / **38**: 10,31; 11,28–34 / **72**: 1 Sam 4,1–11 / **83**: 1 Sam 5,1–5

11 1 Damals zog der König von Ägypten
Truppen zusammen, so zahlreich wie
der Sand am Ufer des Meeres, dazu viele Schif-
fe; denn er wollte mit List die Herrschaft über
das Reich Alexanders gewinnen, um es seinem
Reich anzugliedern. 2 Er rückte in Syrien ein,
aber so, als käme er in friedlicher Absicht. Die
Einwohner der Städte öffneten ihm die Tore
und gingen ihm entgegen. König Alexander
hatte es so angeordnet, weil Ptolemäus sein
Schwiegervater war. 3 Jedes Mal, wenn Ptole-
mäus eine Stadt betreten hatte, ließ er eine
Abteilung seiner Truppen als Besatzung dort.
4 Als er sich Aschdod näherte, zeigte man ihm
den niedergebrannten Tempel Dagons und die
durch das Feuer verwüstete Stadt und Umge-
bung von Aschdod. Dazu häufte man an sei-
nem Weg die Leichen der Erschlagenen und
Verbrannten aus dem Krieg mit Jonatan auf.
5 Man erzählte dem König, was Jonatan getan
hatte, um ihn in ein schlechtes Licht zu setzen,
aber der König schwieg dazu. 6 Jonatan kam
dem König in Jafo mit einem glänzenden Ge-
folge entgegen. Sie begrüßten einander und
blieben die Nacht über dort. 7 Anschließend
begleitete Jonatan den König bis zum Fluss
Eleutherus; dann kehrte er nach Jerusalem
zurück.

8 König Ptolemäus aber brachte alle Küsten-
städte bis nach Seleukia am Meer in seine Ge-
walt; denn er führte gegen Alexander Böses im
Schild. 9 Dem König Demetrius ließ er durch
Gesandte mitteilen: Wir wollen einen Bund
miteinander schließen. Ich will dir meine
Tochter geben, die Alexander jetzt zur Frau
hat. Du sollst im Reich deines Vaters als König
herrschen. 10 Ich bereue, dass ich ihm meine
Tochter gegeben habe; denn er hat versucht,
mich zu ermorden. 11 Ptolemäus aber machte
Alexander deswegen so schlecht, weil er nach
dessen Reich trachtete. 12 Er nahm ihm seine
Tochter weg und gab sie Demetrius zur Frau.
So brach er mit Alexander und es wurde über-
all bekannt, dass sie zu Feinden geworden wa-
ren.

13 Ptolemäus zog in Antiochia ein und setz-
te sich das Diadem von Asien auf; zwei Diade-
me trug er nun: die von Ägypten und die von
Asien. 14 König Alexander war zu dieser Zeit
gerade in Kilikien, weil die Bevölkerung jenes
Gebietes von ihm abzufallen drohte. 15 Sobald
er von den Vorfällen hörte, zog er zum Kampf
gegen Ptolemäus aus. Dieser rückte ihm mit
einem starken Heer entgegen und schlug ihn
in die Flucht. 16 Alexander floh nach Arabien,
weil er glaubte, dort einen Zufluchtsort zu fin-
den; nun stand König Ptolemäus auf der Höhe
seiner Macht. 17 Der Araber Sabdiël ließ Ale-
xander den Kopf abschlagen und an Ptolemäus

schicken. 18 Doch drei Tage später starb auch
König Ptolemäus. Seine Besatzungstruppen
wurden von den Einwohnern der befestigten
Städte niedergemacht. 19 So kam im Jahr 167
Demetrius an die Herrschaft.

20 Zur selben Zeit rief Jonatan die Männer
von Judäa zusammen, um die Burg von Jeru-
salem zu belagern. Sie stellten viele Belage-
rungsmaschinen gegen sie auf. 21 Da gingen
einige Übertreter des Gesetzes, Feinde ihres
eigenen Volkes, zum König und berichteten
ihm, Jonatan belagere die Burg. 22 Als er das
hörte, ergriff ihn der Zorn. Kaum hatte er die
Nachricht erhalten, da begab er sich sofort
nach Ptolemaïs. Er erteilte Jonatan schriftlich
den Befehl, die Belagerung abzubrechen und
sofort zu einer Unterredung zu ihm nach Pto-
lemaïs zu kommen. 23 Als Jonatan die Nach-
richt erhielt, befahl er, die Belagerung fortzu-
setzen; dann wählte er sich einige Begleiter aus
den Ältesten Israels und den Priestern aus und
wagte die Reise. 24 Mit Silber, Gold, Gewän-
dern und mit vielen anderen Geschenken fuhr
er zum König nach Ptolemaïs. Es gelang ihm,
den König umzustimmen. 25 Einige Gesetzlo-
se aus dem Volk brachten zwar Beschuldigun-
gen gegen ihn vor, 26 aber der König verhielt
sich ihm gegenüber wie seine Vorgänger und
erwies ihm Ehre in Gegenwart all seiner
Freunde. 27 Er bestätigte ihn im Hohepriester-
amt und in allen anderen Würden, die man
ihm bis dahin übertragen hatte, und verlieh
ihm den Titel Freund ersten Ranges. 28 Jonatan
bat den König, Judäa, die drei Bezirke und Sa-
marien steuerfrei zu machen, und versprach
ihm dafür dreihundert Talente. 29 Der König
war einverstanden und stellte Jonatan über alle
diese Punkte folgende Urkunde aus:

30 König Demetrius grüßt seinen Bruder Jo-
natan und das Volk der Juden. 31 Wir haben
euretwegen unserem Verwandten Lasthenes
einen Brief geschrieben, dessen Abschrift wir
auch euch, damit ihr Kenntnis davon erhaltet,
zukommen lassen: 32 König Demetrius grüßt
Vater Lasthenes. 33 Das mit uns befreundete
Volk der Juden ist seinen Verpflichtungen uns
gegenüber nachgekommen. Darum haben wir
beschlossen, ihnen ihre Freundschaft zu ver-
gelten. 34 Wir bestätigen ihnen den Besitz von
Judäa und den drei Bezirken Efraim, Lod und
Ramatajim. Diese sind mit allem, was zu ih-
nen gehört, von Samarien abgetrennt und zu
Judäa geschlagen worden. Für alle, die in Jeru-
salem opfern, gelte das als Ersatz für die könig-
lichen Steuern, die der König bei ihnen bisher
jährlich von den Erträgen der Felder und Bäu-
me erhoben hat. 35 Wir überlassen ihnen auch
alle unsere anderen Einkünfte, den Zehnten
und die Steuern, die uns von jetzt an zustehen,
ferner die Abgaben aus den Salzteichen und
die Kränze, auf die wir Anspruch haben.
36 Nichts davon soll je rückgängig gemacht
werden. 37 Lasst euch nun eine Abschrift ma-
chen; sie soll Jonatan übergeben und auf dem
heiligen Berg an einem Ort, der allen zugäng-
lich ist, aufgestellt werden.

38 Als König Demetrius feststellte, dass un-
ter seiner Herrschaft im Land Ruhe herrschte
und dass niemand sich ihm widersetzte,
schickte er alle seine Soldaten nach Hause, au-
ßer den Söldnertruppen, die er bei den Völ-
kern auf den Inseln angeworben hatte. Das
nahmen ihm die Soldaten, die schon unter
seinen Vorgängern gedient hatten, sehr übel.
39 Tryphon, der früher zur Umgebung Alexan-
ders gehört hatte, merkte, wie unzufrieden
alle Soldaten über Demetrius waren. Er reiste
daher zu dem Araber Jamliku, der Antiochus,
den kleinen Sohn Alexanders, aufzog, 40 und
drängte ihn, ihm den Jungen mitzugeben, da-
mit er seinem Vater als König nachfolgen kön-
ne. Er unterrichtete ihn auch über das Vorge-
hen des Demetrius und wie dieser sich die
Feindschaft seiner Truppen zugezogen hatte.
Tryphon blieb längere Zeit dort.

41 Jonatan hatte inzwischen König Demet-
rius gebeten, die Besatzungstruppen aus der
Burg von Jerusalem und aus den anderen Fes-
tungen abzuziehen; sie verhielten sich näm-
lich feindselig gegen Israel. 42 Demetrius ließ
Jonatan sagen: Nicht nur das will ich für dich
und dein Volk tun; ich werde dich und dein
Volk hoch zu Ehren bringen, sobald ich Gele-
genheit dazu habe. 43 Im Augenblick wäre es
aber gut, wenn du mir Männer schicktest, die
mir im Kampf helfen können. Alle meine
Truppen sind nämlich von mir abgefallen.

44 Jonatan sandte ihm dreitausend kampf-
erfahrene Männer nach Antiochia. Als sie beim
König eintrafen, freute er sich sehr über ihre
Ankunft. 45 Da rotteten sich etwa hundert-
zwanzigtausend Einwohner mitten in der
Stadt zusammen, um den König umzubrin-
gen. 46 Der König flüchtete sich in den Palast,
aber die Einwohner besetzten die Durch-
gangsstraßen der Stadt und begannen den

Kampf. 47 Da rief der König die Juden zu Hilfe.
Sie fanden sich sofort vollzählig bei ihm ein,
schwärmten in die Stadt aus und erschlugen
an jenem Tag fast hunderttausend Menschen.
48 Sie steckten auch die Stadt in Brand und
machten große Beute. So retteten sie den Kö-
nig. 49 Als nun die Einwohner bemerkten, dass
die Stadt der Willkür der Juden ausgeliefert
war, verloren sie jeden Mut; sie schrien zum
König und flehten: 50 Schließ Frieden mit uns!
Wenn nur die Juden aufhören, gegen uns und
die Stadt zu kämpfen! 51 Sie warfen die Waffen
weg und schlossen Frieden. Die Juden aber
wurden vom König und von allen seinen Un-
tertanen geehrt. Man sprach von ihnen in sei-
nem ganzen Reich und sie kehrten mit reicher
Beute nach Jerusalem zurück.

52 König Demetrius hatte die Macht wieder
fest in seiner Hand und das Land war ruhig
unter seiner Herrschaft. 53 Da hielt er nichts
von dem, was er versprochen hatte. Er brach
mit Jonatan und vergalt ihm die erwiesene
Freundschaft nicht, sondern setzte ihm hart
zu. 54 Danach kehrte Tryphon mit dem kleinen
Antiochus zurück. Der Knabe trat die Königs-
herrschaft an und setzte sich das Diadem auf.
55 Alle Truppen, die Demetrius davongejagt
hatte, schlossen sich ihm an. Sie kämpften ge-
gen Demetrius und schlugen ihn in die Flucht
und er erlitt eine Niederlage. 56 Tryphon erbeu-
tete die Elefanten und nahm Antiochia ein.

57 Danach schrieb Antiochus der Jüngere an
Jonatan: Ich bestätige dich im Hohepriester-
amt und unterstelle dir die vier Bezirke. Du
darfst auch den Titel Freund des Königs füh-
ren. 58 Und er ließ Jonatan goldenes Tafelgerät
überbringen und gewährte ihm das Vorrecht,
aus goldenen Bechern zu trinken, sich in Pur-
pur zu kleiden und eine goldene Spange zu
tragen. 59 Jonatans Bruder Simeon machte er
zum Befehlshaber über alle Truppen, die zwi-
schen der Tyrischen Steige und der ägypti-
schen Grenze ihren Standort hatten. 60 Darauf
brach Jonatan auf, zog durch das Gebiet jen-
seits des Stroms und wandte sich dann gegen
die Städte. Alle Truppen in Syrien schlossen
sich ihm als Verbündete an. Als er vor Asch-
kelon erschien, bereiteten ihm die Bürger vor
der Stadt einen glänzenden Empfang. 61 Von
dort zog er nach Gaza. Doch die Einwohner
von Gaza schlossen die Tore. Jonatan belager-
te die Stadt, brannte die Häuser in der Umge-
bung nieder und plünderte sie aus. 62 Darauf-
hin baten die Einwohner Gazas Jonatan um
Frieden. Er schloss mit ihnen einen Vertrag,
nahm die Söhne der führenden Familien als
Geiseln und ließ sie nach Jerusalem bringen.
Dann zog er durch das Land bis nach Damas-
kus.

63 Dabei erfuhr Jonatan, dass die Feldherren
des Demetrius mit einem großen Heer nach
Kedesch in Galiläa gezogen seien, um ihn sei-
nes Amtes zu entheben. 64 Daher rückte er
gegen sie vor. Seinen Bruder Simeon aber hat-
te er im Land zurückgelassen. 65 Simeon schlug
sein Lager vor Bet-Zur auf, belagerte die Stadt
lange Zeit und schloss sie ein. 66 Schließlich
baten sie ihn um Frieden. Er ging darauf ein,
vertrieb sie aber von dort, besetzte die Stadt
und legte Truppen hinein.

67 Jonatan bezog mit seinem Heer ein Lager
am See Gennesaret. Morgens brachen sie früh
auf und zogen in die Ebene von Hazor. 68 Dort
stießen sie auf fremde Truppen. Diese hatten
einen Teil ihrer Männer in den Bergen als Hin-
terhalt gegen Jonatan zurückgelassen und grif-
fen ihn nun von vorn an. 69 Dann brachen die
Truppen, die im Hinterhalt lagen, aus ihren
Stellungen hervor und griffen in den Kampf
ein. 70 Da liefen alle Soldaten Jonatans davon.
Keiner blieb zurück, außer den Truppenfüh-
rern Mattatias, dem Sohn Abschaloms, und
Judas, dem Sohn Halfis. 71 Jonatan aber zerriss
sein Gewand, streute sich Staub auf das Haupt
und betete. 72 Dann nahm er den Kampf gegen
die Feinde auf, brachte ihnen eine Niederlage
bei und sie flohen. 73 Als seine Leute, die da-
vongelaufen waren, das sahen, kehrten sie zu
ihm zurück und machten sich mit ihm an die
Verfolgung, bis sie das Lager der Feinde bei
Kedesch erreichten. Dort lagerten sie. 74 An
jenem Tag fielen von den fremden Truppen
etwa dreitausend Mann. Darauf kehrte Jona-
tan nach Jerusalem zurück.

4: 10,84f. / **34**: 10,38

BÜNDNISSE MIT ROM UND SPARTA: 12,1–23

12 1 Als Jonatan sah, dass die Zeit für ihn
günstig war, wählte er einige Männer
aus und sandte sie nach Rom, um den Freund-
schaftsvertrag mit den Römern zu bestätigen
und zu erneuern. 2 Auch nach Sparta und nach
anderen Orten schickte er Briefe gleicher Art.
3 Die Abgesandten reisten nach Rom, traten

11,54 Der kleine Antiochus ist Antiochus VI. Dionysos.

vor den Senat und sagten: Der Hohepriester
Jonatan und das Volk der Juden haben uns ge-
sandt, um die Freundschaft mit ihnen und das
Beistandsbündnis von damals zu erneuern.
4 Man gab ihnen Briefe mit an die Behörden
der Orte unterwegs mit der Anweisung, sie
sicher ins Land Juda weiterzuleiten.

5 Hier ist eine Abschrift des Briefes, den Jo-
natan an die Spartaner schrieb: 6 Der Hohe-
priester Jonatan, der Ältestenrat des Volkes,
die Priester und die weitere Bürgerschaft der
Juden grüßen ihre Brüder, die Spartaner.
7 Schon vor längerer Zeit hat euer König Arëus
an den Hohepriester Onias einen Brief gerich-
tet, in dem steht, dass ihr unsere Brüder seid,
wie aus der Abschrift hervorgeht. 8 Onias
empfing den Abgesandten ehrenvoll und
nahm den Brief entgegen, in dem ausdrücklich
vom Beistands- und Freundschaftsbündnis
die Rede war. 9 So etwas haben wir zwar nicht
nötig; denn unser Trost sind die heiligen Bü-
cher, die wir besitzen. 10 Dennoch wollten wir
diese Botschaft an euch senden und die brü-
derliche Gemeinschaft und Freundschaft mit
euch erneuern, damit wir euch nicht fremd
werden. Viel Zeit ist nämlich verflossen, seit
ihr Gesandte zu uns geschickt hattet. 11 Wir
haben seither an allen Festen und an allen Ta-
gen, die dafür vorgesehen sind, bei unseren
Opfern und Gebeten ständig an euch gedacht.
Denn so gehört es sich und es entspricht ja
auch der Sitte, an die Brüder zu denken. 12 Wir
freuen uns über euren Ruhm. 13 Wir selbst
waren in großer Not und sind in viele Kämpfe
verwickelt worden; denn die Könige ringsum
führten Krieg gegen uns. 14 Dennoch wollten
wir wegen dieser Kriege weder euch noch un-
seren anderen Verbündeten und Freunden zur
Last fallen. 15 Denn wir haben den Himmel
selbst als Helfer und Beistand. Darum sind wir
vor unseren Feinden gerettet worden und un-
sere Feinde liegen gedemütigt am Boden.

16 Jetzt haben wir Numenius, den Sohn des
Antiochus, und Antipater, den Sohn Jasons,
als Gesandte bestimmt und zu den Römern
gesandt, um das alte Freundschafts- und Bei-
standsbündnis mit ihnen zu erneuern. 17 Wir
haben ihnen aufgetragen, auf ihrer Reise auch
euch zu besuchen, euch Grüße zu bestellen
und unseren Brief zu überreichen, in dem wir
euch anbieten, die brüderliche Gemeinschaft
mit uns zu erneuern. 18 Es wäre freundlich von
euch, uns darauf Antwort zu geben.

19 Und hier ist die Abschrift des Briefes, den
die Spartaner an Onias gesandt hatten:
20 Arëus, König der Spartaner, grüßt den
Großpriester Onias. 21 In einer Schrift über die
Spartaner und Juden fand sich die Nachricht,
dass sie Brüder sind und beide von Abraham
abstammen. 22 Da wir dies erfahren haben,
wäre es freundlich von euch, uns zu schreiben,
wie es euch geht. 23 Wir schreiben euch wieder.
Eure Herden und eure Habe gehören uns und
unsere euch. Wir geben den Auftrag, dass man
euch darüber Auskunft gibt.

1–2: 8,17–32 / **7:** 2 Makk 5,9

JONATANS UNTERGANG DURCH VERRAT: 12,24–53

24 Jonatan erfuhr, dass die Feldherren des
Demetrius mit einem noch größeren Heer als
zuvor zurückgekehrt waren, um gegen ihn zu
kämpfen. 25 Er brach von Jerusalem auf und traf
in der Gegend von Hamat auf sie. Er wollte
ihnen nämlich keine Zeit lassen, in sein Land
einzudringen. 26 Späher, die er in ihr Lager
geschickt hatte, meldeten ihm bei ihrer
Rückkehr, dass die Feinde sich zu einem
nächtlichen Überfall vorbereitet hatten. 27 Bei
Sonnenuntergang befahl daher Jonatan seinen
Leuten, wach zu bleiben und die ganze Nacht
kampfbereit unter Waffen zu stehen. Rings
um das Lager stellte er Posten auf. 28 Als die
Gegner merkten, dass Jonatan mit seinen Leu-
ten kampfbereit war, packte sie Furcht und
Schrecken. Sie zündeten in ihrem Lager Wach-
feuer an. 29 Jonatan und seine Leute bemerkten
bis zum Morgen nichts; denn sie sahen die
Feuer brennen. 30 Jonatan nahm zwar die Ver-
folgung auf, konnte die Feinde aber nicht mehr
einholen; denn sie hatten den Fluss Eleutherus
bereits überschritten.

31 Jonatan wandte sich nun gegen die sabadä-
ischen Araber, schlug sie und plünderte sie aus.
32 Dann brach er nach Damaskus auf und zog
durch das ganze dazwischen liegende Gebiet.

33 Auch Simeon war aufgebrochen. Er mar-
schierte auf Aschkelon und auf die Festungen
in jenem Gebiet zu; dann wandte er sich gegen
Jafo und besetzte es. 34 Er hatte nämlich gehört,
dass die Einwohner vorhatten, die Festung
den Leuten des Demetrius zu übergeben. Da-
her legte er eine Besatzung hinein, um die
Stadt zu bewachen.

35 Als Jonatan zurückgekehrt war, ließ er die
Ältesten des Volkes zusammenkommen und

beriet mit ihnen über die Anlage von Festun-
gen in Judäa. 36 Auch sollten die Mauern von
Jerusalem erhöht werden; ferner sei zwischen
der Burg und der Stadt eine hohe Mauer zu
errichten, um die Burg völlig von der Stadt
abzuschneiden, damit sie abgeriegelt werde
und niemand etwas kaufen oder verkaufen
könne. 37 So kam man zum Ausbau der Stadt
zusammen. Ein Teil der Mauer oberhalb des
Tales im Osten war eingestürzt. Man besserte
ein Viertel mit Namen Kafnata wieder aus.
38 Simeon erbaute Hadid in der Schefela, be-
festigte es und versah es mit Toren und Quer-
balken zum Verriegeln.

39 Tryphon strebte nach der Herrschaft über
Asien und wollte sich selbst das Königsdiadem
aufsetzen; deshalb trachtete er König Antio-
chus nach dem Leben. 40 Doch er fürchtete,
dass Jonatan das nicht zulassen und Krieg ge-
gen ihn führen werde. So suchte er nach Mit-
teln und Wegen, ihn in seine Gewalt zu be-
kommen und umzubringen. Darum zog er
nach Bet-Schean.

41 Jonatan rückte ihm mit vierzigtausend
kampferprobten Männern nach Bet-Schean
entgegen. 42 Als Tryphon sah, dass er mit ei-
nem großen Heer anrückte, fürchtete er sich,
etwas gegen ihn zu unternehmen. 43 Er berei-
tete ihm einen glänzenden Empfang, stellte
ihn all seinen Freunden vor, machte ihm Ge-
schenke und befahl seinen Freunden und Sol-
daten: Gehorcht ihm wie mir selbst! 44 Dann
sagte er zu Jonatan: Warum hast du dieses
ganze Heer bemüht? Es droht doch kein Krieg.
45 Lass sie nach Hause gehen, wähl dir einige
Männer als Begleitung aus und geh mit mir
nach Ptolemaïs! Ich werde dir die Stadt und
die übrigen Festungen übergeben und auch
alle anderen Truppen und alle Behörden. Nur
deswegen bin ich gekommen, dann ziehe ich
wieder ab. 46 Jonatan vertraute ihm und tat,
was Tryphon ihm vorgeschlagen hatte. Er
entließ seine Truppen und sie zogen ins Land
Juda ab. 47 Dreitausend Mann behielt er bei
sich, von denen er zweitausend in Galiläa ließ;
nur tausend begleiteten ihn. 48 Sobald Jonatan
Ptolemaïs betreten hatte, schlossen die Ein-
wohner die Tore, nahmen ihn fest und er-
schlugen alle, die mit ihm gekommen waren,
mit dem Schwert. 49 Tryphon entsandte au-
ßerdem Fußvolk und Reiterei nach Galiläa
und in die Große Ebene, um alle Truppen Jo-
natans niederzumachen. 50 Als diese merkten,
dass Jonatan mit seinen Begleitern den Fein-
den in die Hände gefallen und umgekommen
war, machten sie einander Mut und marschier-
ten kampfbereit in bester Ordnung weiter.
51 Als die Verfolger sahen, dass Jonatans Män-
ner um ihr Leben kämpfen würden, kehrten
sie um. 52 Die jüdischen Truppen kamen un-
versehrt im Land Juda an. Sie trauerten um
Jonatan und seine Begleiter und waren voller
Angst; auch ganz Israel war in großer Trauer.

53 Alle Völker ringsum versuchten, Israel zu
vernichten. Denn sie sagten sich: Sie haben
keinen Führer und Helfer mehr. Nun wollen
wir gegen sie kämpfen und die Erinnerung an
sie austilgen.

39: 11,39f. / **53:** 5,1f.

VOLLSTÄNDIGE UNABHÄNGIGKEIT FÜR JUDA: DER HOHEPRIESTER UND FÜRST SIMEON (143–134 V. CHR.): 13,1–16,24

SIMEON, NACHFOLGER JONATANS: 13,1–11

13 1 Simeon erfuhr, dass Tryphon ein gro-
ßes Heer zusammengezogen hatte, um
ins Land Juda einzufallen und es zu vernich-
ten. 2 Auch merkte er, wie das Volk voller
Angst und Furcht war. Darum ging er nach
Jerusalem hinauf und rief das Volk zusammen.
3 Er sprach ihnen Mut zu und sagte: Ihr wisst
selbst, wie ich, meine Brüder und meine Fami-
lie sich für die Gesetze und für das Heiligtum
eingesetzt und welche Kämpfe und Gefahren
wir dafür auf uns genommen haben. 4 Deswe-
gen sind all meine Brüder um Israels willen
umgekommen; ich allein bin übrig geblieben.

5 Ich denke nicht daran, im Augenblick der Not
mein Leben zu schonen. Denn ich bin nicht
mehr wert als meine Brüder. 6 Vielmehr will
ich mein Volk, das Heiligtum, unsere Frauen
und Kinder rächen. Denn alle Völker haben
sich zusammengetan, um uns auszurotten,
weil sie uns hassen. 7 Sobald das Volk seine
Worte hörte, flammte sein Mut auf 8 und es rief
mit lauter Stimme: Sei du unser Führer anstel-
le von Judas und deinem Bruder Jonatan!
9 Nimm unseren Kampf in deine Hand! Alles,
was du befiehlst, wollen wir tun. 10 Simeon rief
alle kampffähigen Männer zusammen, ließ
den Bau der Mauern von Jerusalem so schnell
wie möglich zu Ende führen und sicherte die
Stadt nach allen Seiten. 11 Jonatan, den Sohn
des Abschalom, schickte er mit einem ansehn-
lichen Heer nach Jafo. Dieser vertrieb die Ein-
wohner und blieb in der Stadt.

SIMEONS KRIEGE UND DIPLOMATIE,
ERNENNUNG ZUM HOHEPRIESTER: 13,12–48

12 Tryphon brach mit einem großen Heer von
Ptolemaïs auf, um in das Land Juda einzufal-
len. Jonatan nahm er als Gefangenen mit sich.
13 Simeon schlug sein Lager in Hadid am Rand
der Ebene auf. 14 Da erfuhr Tryphon, Simeon
habe anstelle seines Bruders Jonatan die Füh-
rung übernommen und werde den Kampf
gegen ihn fortsetzen. Er schickte zu ihm Un-
terhändler mit der Botschaft: 15 Wir halten
deinen Bruder Jonatan nur fest, weil er der
königlichen Schatzkammer Geld schuldet für
die Ämter, die er innehat. 16 Schick uns also
hundert Talente Silber und zwei seiner Söhne
als Geiseln, damit er nicht von uns abfällt, so-
bald er wieder frei ist; dann werden wir ihn
freilassen.

17 Simeon merkte wohl, dass ihr Vorschlag
nicht ehrlich gemeint war. Dennoch ließ er das
Geld und die Kinder holen, um sich beim Volk
nicht sehr verhasst zu machen. 18 Sonst hätte
man nämlich gesagt: Jonatan musste sterben,
weil ich das Geld und die Kinder für ihn nicht
ausgeliefert habe. 19 So lieferte er die Kinder
und die hundert Talente aus; aber es zeigte
sich, dass Tryphon ein Lügner war; denn er
ließ Jonatan nicht frei.

20 *Danach* rückte Tryphon heran, um in das
Land einzufallen und es zugrunde zu richten.
Er machte dabei einen Umweg über Adora;
aber Simeon trat ihm mit seinem Heer überall
entgegen, wo er ins Land eindringen wollte.
21 Die Besatzung der Burg von Jerusalem
schickte Boten zu Tryphon, die ihn zur Eile
drängten und ihn aufforderten, von der Wüs-
te her einen Durchbruch zu versuchen und
Nahrungsmittel für sie heranzuschaffen.
22 Daraufhin stellte Tryphon die gesamte Rei-
terei bereit, um durchzubrechen; aber in jener
Nacht fiel sehr viel Schnee und er konnte we-
gen des Schnees nicht durchkommen. Da zog
er ab nach Gilead. 23 In der Nähe von Baskama
ließ er Jonatan umbringen und begraben.
24 Dann zog Tryphon ab und kehrte in sein
Land zurück.

25 Simeon schickte einige Männer, um die
Gebeine seines Bruders Jonatan holen und in
Modeïn, der Stadt seiner Väter, bestatten zu
lassen. 26 Ganz Israel hielt eine große Toten-
klage für ihn ab und trauerte viele Tage um ihn.
27 Simeon ließ ein hohes, weithin sichtbares
Denkmal über dem Grab seines Vaters und
seiner Brüder errichten. Für die Vorder- und
Rückseite verwendete er behauene Steine.
28 Auch ließ er sieben Pyramiden aufstellen,
die einander gegenüberstanden: für den Vater,
die Mutter und die vier Brüder. 29 Um die Py-
ramiden ließ er eine kunstvolle Anlage errich-
ten, umgeben mit hohen Säulen. An den Säu-
len ließ er zum ewigen Gedenken Rüstungen
anbringen und neben den Rüstungen Schiffe
einmeißeln, für alle sichtbar, die auf dem Meer
vorüberfahren. 30 Dieses Grabmal, das er in
Modeïn errichtete, steht noch heute dort.

31 Tryphon ließ den jungen König Antiochus
heimtückisch ermorden, 32 trat seine Nachfol-
ge an und setzte sich das Diadem von Asien
auf. Er richtete im Land großes Unheil an.

33 Simeon baute die Festungen Judäas, um-
gab sie mit hohen Türmen und gewaltigen
Mauern, versah sie mit Toren und Riegeln und
ließ Nahrungsmittel in die Festungen bringen.
34 Und Simeon wählte Männer aus, die er zu
König Demetrius sandte, um einen Steuer-
nachlass für das Land zu erwirken. Denn Try-
phon war nur auf Ausbeutung aus. 35 König
Demetrius antwortete ihm auf dieses Gesuch
mit folgendem Brief:

36 König Demetrius grüßt Simeon, den Ho-
hepriester und Freund der Könige, sowie die
Ältesten und das Volk der Juden. 37 Den golde-
nen Kranz und den Palmzweig, den ihr ge-
sandt habt, haben wir erhalten. Wir sind
bereit, ein für alle Mal Frieden mit euch zu
schließen und die Behörden anzuweisen, euch

Nachlass zu gewähren. 38 Alles, was wir euch
bestätigt haben, bleibt in Kraft; auch die Fes-
tungen, die ihr angelegt habt, dürfen bestehen
bleiben. 39 Wir vergeben euch alle versehent-
lichen Verstöße und Verfehlungen, die ihr bis
auf den heutigen Tag begangen habt, und er-
lassen euch den Kranz, den ihr noch schuldet.
Sollten noch andere Abgaben von Jerusalem
erhoben worden sein, sollen sie künftig weg-
fallen. 40 Wenn ihr Leute habt, die geeignet
sind, in unserer Leibgarde Dienst zu tun, sol-
len sie angenommen werden. Zwischen uns
soll Friede herrschen.

41 Im Jahr 170 wurde das Joch der fremden
Völker von Israel genommen. 42 Das Volk be-
gann, Urkunden und Verträge mit der Formel
einzuleiten: Im Jahr 1 der Regierung Simeons,
des großen Hohepriesters, Befehlshabers und
Führers der Juden.

43 Damals zog Simeon nach Geser, schloss
die Stadt mit seinen Truppen ein, errichtete
einen Belagerungsturm und ließ ihn an die
Stadt heranschieben. Man schlug eine Bresche
in das Bollwerk der Stadtmauer und besetzte
es. 44 Dann sprang die Mannschaft des Belage-
rungsturms in die Stadt hinein. Es entstand
ein großes Durcheinander in der Stadt. 45 Ihre
Bürger stiegen mit Frauen und Kindern auf die
Mauern, zerrissen ihre Gewänder, schrien laut
und baten Simeon, mit ihnen Frieden zu
schließen. 46 Sie sagten: Vergilt uns nicht nach
unserer Schuld, sondern nach deiner Güte!
47 Simeon ließ sich erweichen und stellte den
Kampf ein. Er vertrieb sie jedoch aus der Stadt
und ließ die Häuser, in denen Götterbilder
waren, entsühnen; dann zog er feierlich mit
Lobliedern und Preisgesängen in die Stadt ein.
48 Er entfernte alles Unreine und siedelte ge-
setzestreue Männer an. Dann ließ er die Stadt
noch stärker befestigen und baute auch für sich
einen Wohnsitz in der Stadt.

31: 12,39 / **41:** Jer 30,8 / **13,43–14,3:** 2 Makk 10,32–38

EROBERUNG DER ZITADELLE VON JERUSALEM: 13,49–53

49 Die Besatzung der Burg von Jerusalem war
von jeder Verbindung mit dem Land abge-
schnitten; sie konnten weder etwas kaufen
noch etwas verkaufen und hatten fast nichts
mehr zu essen; eine beträchtliche Anzahl von
ihnen kam durch den Hunger um. 50 Da baten
sie Simeon um Frieden. Er gewährte ihn, ver-
trieb sie aber von dort und entsühnte die Burg
von Befleckungen. 51 Am dreiundzwanzigsten
Tag des zweiten Monats im Jahr 171 zogen die
Israeliten mit Lobgesang und Palmzweigen,
beim Spiel von Leiern, Zimbeln und Saitenins-
trumenten unter Hymnen und Lobliedern
dort ein. Denn ein gefährlicher Feind in Israel
war vernichtet worden. 52 Simeon setzte fest,
dass dieser Tag jährlich feierlich begangen
werden solle. Er ließ die zur Burg hin gelegene
Seite des Tempelbergs noch stärker befestigen
und nahm dort mit seinem Gefolge Wohnung
in der Burg. 53 Als Simeon sah, dass sein Sohn
Johanan zu einem Mann herangewachsen war,
machte er ihn zum Befehlshaber aller Streit-
kräfte und Johanan ließ sich in Geser nieder.

49: 12,36 / **50:** 1,33–36

PREISLIED AUF SIMEON: 14,1–15

14 1 Im Jahr 172 zog König Demetrius seine
Truppen zusammen und brach nach
Medien auf, um Hilfstruppen für den Kampf
gegen Tryphon zu gewinnen. 2 Als Arsakes,
der König von Persien und Medien, erfuhr,
dass Demetrius in sein Gebiet eingedrungen
war, sandte er einen seiner Feldherren mit dem
Auftrag aus, Demetrius lebendig gefangen zu
nehmen. 3 Der Feldherr machte sich auf den
Weg, schlug das Heer des Demetrius, nahm
ihn gefangen und brachte ihn zu Arsakes, der
ihn ins Gefängnis warf.

4 Das Land Juda hatte Ruhe, solange Simeon
lebte. / Er sorgte für das Wohl seines Volkes. /
Sie freuten sich jeden Tag über seine Macht /
und seinen Ruhm.

5 Sein Ruhm wuchs, als er den Hafen von
Jafo gewann; / so öffnete er einen Weg zu den
Inseln des Meeres.

6 Er erweiterte das Gebiet seines Volkes /
und übte die Herrschaft über das Land aus.

7 Viele Gefangene führte er wieder zurück. /
Er eroberte Geser, Bet-Zur und die Burg / und
beseitigte darin alles, was unrein war. / Nie-
mand widersetzte sich ihm.

8 Sie bebauten in Frieden ihr Land; / der Bo-
den gab seinen Ertrag, / die Bäume auf dem
Feld ihre Frucht.

9 Auf den Plätzen saßen die Alten; / alle
sprachen über ihr Glück. / Die jungen Män-
ner / gingen im Schmuck ihres Ansehens und
mit Waffen gegürtet umher.

14,2 Arsakes ist Mitridates I. (171–138 v. Chr.), der Gründer des Partherreiches; er entriss Demetrius Medien und Persien.

10 Er versorgte die Städte mit Nahrung / und
baute sie zu Festungen aus. / Sein Name wur-
de berühmt bis an das Ende der Welt.
11 Er brachte dem Land Frieden, / in Israel
herrschte Jubel und Freude.
12 Jeder saß unter seinem Weinstock und
seinem Feigenbaum / und niemand schreckte
sie auf.
13 Der Feind verschwand aus dem Land; / in
jenen Tagen wurden die Könige besiegt.
14 Er stärkte alle Schwachen seines Volks /
und setzte sich ein für das Gesetz. / Alle Ge-
setzlosen und Bösen rottete er aus.
15 Das Heiligtum baute er prachtvoll aus, /
viele Geräte für den Tempel schaffte er an.

4: Ri 2,18; 3,11 / **6:** Ex 34,24; Jes 54,2f. / **8:** Sach 8,12 / **9:** Sach 8,4f. / **12:** Mi 4,4 / **14:** Ps 72,4

BÜNDNISSE MIT SPARTA UND ROM: 14,16–24

16 Als man in Rom und bis nach Sparta erfuhr,
dass Jonatan tot war, war die Trauer groß. 17 Als
man aber hörte, sein Bruder Simeon habe sei-
ne Nachfolge als Hohepriester angetreten und
das Land mit seinen Städten sei fest in seiner
Hand, 18 schrieben sie ihm auf Bronzetafeln,
um das Freundschafts- und Beistandsbündnis
mit ihm zu erneuern, das sie mit seinen Brü-
dern Judas und Jonatan geschlossen hatten.
19 Diese Botschaft wurde vor der Volksver-
sammlung in Jerusalem verlesen.
20 Hier ist eine Abschrift des Briefes, den die
Spartaner schickten: Die Regierung und die
Stadt der Spartaner grüßen den Großpriester
Simeon, die Ältesten, die Priester und die wei-
tere Bürgerschaft der Juden, ihre Brüder. 21 Die
Gesandten, die ihr zu unserem Volk geschickt
habt, haben uns von eurem Ruhm und eurem
Ansehen berichtet und wir haben uns über
ihren Besuch sehr gefreut. 22 Was sie vor dem
Rat des Volkes gesagt haben, haben wir, wie
folgt, schriftlich festgehalten:
Numenius, der Sohn des Antiochus, und
Antipater, der Sohn Jasons, sind als Gesandte
der Juden zu uns gekommen, um die Freund-
schaft mit uns zu erneuern. 23 Das Volk hat
beschlossen, ihnen einen glänzenden Emp-
fang zu bereiten und die Niederschrift ihrer
Rede im Staatsarchiv zu hinterlegen, damit das
Volk von Sparta sie nicht vergisst. – Eine Ab-
schrift davon schickten sie an den Hohepries-
ter Simeon.
24 Danach sandte Simeon den Numenius mit
einem großen goldenen Schild, der tausend
Minen wog, nach Rom, um das Beistands-
bündnis mit den Römern zu bekräftigen.

18: 8,17–32; 12,3 / **24:** 15,15

VOLLSTÄNDIGE UNABHÄNGIGKEIT, ÜBERTRAGUNG DER HOHEPRIESTER- UND FÜRSTENWÜRDE AUF SIMEON DURCH DIE JÜDISCHE VOLKSVERSAMMLUNG: 14,25–49

25 Als man im Volk davon erfuhr, sagte man:
Wie können wir Simeon und seinen Söhnen
danken? 26 Denn er, seine Brüder und seine
ganze Familie waren uns Halt und Stütze. Er
hat den Kampf gegen Israels Feinde geführt
und sie vertrieben und mit seinen Brüdern
dem Volk die Freiheit errungen. Man schrieb
es auf Bronzetafeln, die man auf dem Berg
Zion an Säulen befestigte. 27 Und dies ist die
Wiedergabe der Inschrift:
Am achtzehnten Tag des Monats Elul im
Jahr 172 – das ist im dritten Jahr der Regierung
des großen Hohepriesters Simeon in Asaramel
– 28 wurde auf der großen Versammlung der
Priester, des Volkes, der Führer des Volkes und
der Ältesten des Landes uns Folgendes be-
kannt gegeben: 29 Als wiederholt im Land
Krieg ausbrach, scheuten Simeon, der Sohn
des Mattatias, aus der Familie Jojaribs, und
seine Brüder keine Gefahr. Sie stellten sich den
Widersachern ihres Volkes entgegen, um ihr
Heiligtum und das Gesetz zu erhalten, und
verschafften ihrem Volk großen Ruhm. 30 Jo-
natan führte sein Volk zusammen; er wurde
ihr Hohepriester, bis er mit seinen Vätern ver-
eint wurde. 31 Als darauf ihre Feinde den Plan
fassten, in das Land einzufallen, um es zu-
grunde zu richten und ihr Heiligtum anzutas-
ten, 32 erhob sich Simeon und kämpfte für sein
Volk. Aus eigenen Mitteln brachte er viel Geld
auf und versorgte die Krieger seines Volkes mit
Waffen und Verpflegung. 33 Er ließ die Städte
Judäas befestigen, besonders Bet-Zur, das an
der Grenze von Judäa liegt; er legte eine jüdi-
sche Besatzung dorthin, wo zuvor ein Waffen-
lager der Feinde gewesen war. 34 Auch die
Städte Jafo am Meer und Geser bei Aschdod
ließ er befestigen. Früher wohnten dort die
Feinde, er aber siedelte Juden an und ließ ihnen
alles zukommen, was sie zu ihrem Unterhalt
brauchten. 35 Als das Volk sah, wie treu Simeon
war und welchen Ruhm er seinem Volk zu

14,27 Asaramel ist hebräisch; es heißt entweder Vorhof des Volkes Gottes oder ist verderbt aus sar-am-el (Fürst des Volkes Gottes).

verschaffen suchte, machten sie ihn zu ihrem
Führer und Hohepriester zum Dank für all die-
se Taten, für die Gerechtigkeit und Treue, die
er seinem Volk bewies, und für sein Bestreben,
auf jede Weise sein Volk groß zu machen. 36 Es
ist ihm zu seiner Zeit gelungen, die fremden
Völker aus dem Land zu vertreiben, vor allem
die, die in der Davidstadt in Jerusalem wohn-
ten und sich eine Burg gebaut hatten, aus der
sie Ausfälle machten, die Umgebung des Tem-
pels entweihten und seiner Heiligkeit großen
Schaden zufügten. 37 Er siedelte in der David-
stadt Juden an und ließ sie befestigen, um Land
und Stadt zu sichern. Auch ließ er die Mauern
von Jerusalem höher machen. 38 Demgemäß
bestätigte ihn König Demetrius im Hohepries-
teramt. 39 Er ernannte ihn zu seinem Freund
und zeichnete ihn durch hohe Ehren aus.
40 Denn er hatte gehört, dass Rom die Juden
Freunde, Verbündete und Brüder genannt und
den Gesandten Simeons einen glänzenden
Empfang bereitet hatte.

41 Darum beschlossen die Juden und ihre
Priester, Simeon solle für immer ihr Anführer
und Hohepriester sein, bis ein wahrer Prophet
auftrete. 42 Auch solle er ihr Befehlshaber sein
und für das Heiligtum Sorge tragen; durch ihn
seien die Beamten zu ernennen für die Arbei-
ten am Tempel, für das Land, das Heer und die
Festungen. 43 Er solle für das Heiligtum Sorge
tragen. Alle hätten ihm zu gehorchen. Jede
Urkunde im Land müsse in seinem Namen
ausgestellt werden. Auch dürfe er sich in Gold
und Purpur kleiden. 44 Keinem aus dem Volk
oder aus der Priesterschaft sei es erlaubt, eine
dieser Bestimmungen außer Kraft zu setzen,
gegen seine Anordnungen zu verstoßen, ohne
seine Erlaubnis im Land eine Versammlung
einzuberufen, Purpur zu tragen oder eine
goldene Spange anzulegen. 45 Jeder, der dem
zuwiderhandle oder sich nicht daran halte,
mache sich strafbar.

46 Das ganze Volk beschloss, Simeon zu er-
mächtigen, nach diesen Bestimmungen zu
handeln. 47 Simeon nahm an; er willigte ein,
Hohepriester, Befehlshaber und Fürst der Ju-
den und ihrer Priester zu sein und in allem den
Vorsitz zu führen. 48 Sie ließen diese Urkunde
auf Bronzetafeln schreiben und im Vorhof
des Tempels für alle sichtbar aufstellen. 49 Eine
Abschrift davon sei in der Schatzkammer für
Simeon und seine Söhne zu hinterlegen.

41: 4,46

DIPLOMATIE MIT DEM SELEUKIDISCHEN KÖNIG UND MIT ROM: 15,1–41

15 1 Antiochus, der Sohn des Königs De-
metrius, schickte von den Inseln ein
Schreiben an Simeon, den Priester und Fürsten
der Juden, und an das ganze Volk. 2 Es hatte
folgenden Inhalt: König Antiochus grüßt Si-
meon, den Großpriester und Fürsten, und das
Volk der Juden. 3 Ein paar Verbrecher haben die
Herrschaft über das Reich unserer Väter an
sich gerissen. Ich will nun das Reich wieder
übernehmen und in ihm die alte Ordnung
wiederherstellen. Ich habe zahlreiche Streit-
kräfte angeworben und Kriegsschiffe ausge-
rüstet 4 und will mit ihnen landen, um alle zur
Rechenschaft zu ziehen, die unser Land zu-
grunde gerichtet und so viele Städte in mei-
nem Reich entvölkert haben.

5 Ich bestätige dir den Erlass aller Steuern,
auf die die Könige vor mir verzichtet haben,
und aller sonstigen Geschenke, die sie dir er-
lassen haben. 6 Hiermit gestatte ich dir, eigene
Münzen für dein Land zu prägen. 7 Jerusalem
und das Heiligtum sollen frei sein. Du darfst
alle Waffen behalten, die du dir beschafft hast,
dazu alle Festungen, die du angelegt hast und
die in deiner Hand sind. 8 Alle Schulden an die
königliche Kasse, auch die künftigen Forde-
rungen der Krone, seien dir von jetzt an für
immer erlassen. 9 Sobald wir die Herrschaft
angetreten haben, werden wir dich, dein Volk
und den Tempel mit hohen Ehren auszeich-
nen, sodass sich euer Ruhm über die ganze
Welt verbreitet.

10 Im Jahr 174 kam Antiochus in das Land
seiner Väter. Alle Truppen schlossen sich ihm
an; nur wenige blieben bei Tryphon. 11 Antio-
chus verfolgte ihn und Tryphon flüchtete nach
Dor am Meer. 12 Denn er hatte gemerkt, dass
sich Unheil über ihm zusammenzog; denn die
Truppen hatten ihn verlassen. 13 Antiochus
belagerte Dor mit hundertzwanzigtausend
Soldaten und achttausend Reitern. 14 Er schloss
die Stadt ein und ließ sie mit den Schiffen vom
Meer her angreifen. So setzte er ihr zu Wasser
und zu Land hart zu und ließ niemand hinein
oder heraus.

15 Zu dieser Zeit kam Numenius mit seinen
Begleitern aus Rom zurück; er hatte Briefe mit
folgendem Inhalt an verschiedene Könige und
Länder bei sich:

15,1 Antiochus: Antiochus VII. Sidetes.

16 Der römische Konsul Lucius grüßt König
Ptolemäus. 17 Die Gesandten der Juden sind als
unsere Freunde und Verbündete zu uns ge-
kommen, um das alte Freundschafts- und
Beistandsbündnis zu erneuern; der Hohe-
priester Simeon und die Bürgerschaft der Ju-
den hatten sie gesandt. 18 Sie brachten auch
einen goldenen Schild im Wert von tausend
Minen mit. 19 Wir haben daher beschlossen,
Könige und Länder schriftlich anzuweisen,
nichts gegen die Juden zu unternehmen, gegen
sie, ihre Städte und ihr Land keinen Krieg zu
führen und ihre Gegner nicht zu unterstützen.
20 Auch beschlossen wir, den Schild von ihnen
anzunehmen. 21 Wenn also irgendwelche Ver-
brecher aus ihrem Land zu euch geflohen sind,
so liefert sie dem Hohepriester Simeon aus,
damit er sie nach dem jüdischen Gesetz bestra-
fen kann. 22 Im gleichen Sinn schrieb Lucius an
die Könige Demetrius, Attalus, Ariarathes
und Arsakes 23 sowie an alle folgenden Länder:
nach Sampsame, Sparta, Delos, Myndos,
Sikyon, Karien, Samos, Pamphylien, Lykien,
Halikarnass, Rhodos, Phaselis, Kos, Side, Ar-
wad, Gortyna, Knidos, Zypern und Kyrene.
24 Eine Abschrift schickten die Römer an den
Hohepriester Simeon.

25 König Antiochus belagerte Dor von der
Vorstadt aus. Er ließ seine Truppen ununter-
brochen gegen die Stadt anrennen, stellte Be-
lagerungsmaschinen auf und hielt Tryphon
eingeschlossen, sodass niemand hinein- oder
herauskonnte. 26 Simeon sandte dem König zu
seiner Unterstützung zweitausend ausgesuch-
te Krieger, dazu Silber und Gold und viel
Kriegsausrüstung. 27 Aber der König wollte es
nicht annehmen; er brach vielmehr mit ihm
und machte alles rückgängig, was er vorher mit
ihm vertraglich vereinbart hatte. 28 Er schickte
einen seiner Freunde namens Athenobius als
Unterhändler zu ihm und ließ ihm sagen: Ihr
habt Jafo, Geser und die Burg von Jerusalem
besetzt, Städte meines Königreiches. 29 Ihr Ge-
biet habt ihr verwüstet und großen Schaden
im Land angerichtet und viele Orte in meinem
Reich habt ihr an euch gerissen. 30 Nun gebt
die Städte wieder heraus, die ihr besetzt habt;
ebenso entrichtet die Steuern für die Orte au-
ßerhalb Judäas, die ihr euch angeeignet habt.
31 Andernfalls gebt als Ersatz fünfhundert Ta-
lente Silber, weitere fünfhundert Talente für
den Schaden, den ihr angerichtet habt, und für
die Steuern der Städte. Sonst kommen wir und
führen Krieg gegen euch. 32 Athenobius, der
Freund des Königs, kam nach Jerusalem. Als
er die Prachtentfaltung Simeons, den Schrank
mit den goldenen und silbernen Geräten und
den großen Hofstaat sah, war er sehr erstaunt.
Er meldete Simeon die Worte des Königs;
33 doch der gab zur Antwort: Wir haben kein
fremdes Land besetzt und uns nichts angeeig-
net, was uns nicht gehörte, sondern wir haben
nur das Erbe unserer Väter zurückgeholt, das
unsere Feinde zu Unrecht vorübergehend an
sich gerissen hatten. 34 Wir nutzen nur die Ge-
legenheit und halten das Erbe unserer Väter
fest. 35 Was aber Jafo und Geser betrifft, auf die
du Anspruch erhebst, so ist zu sagen: Diese
Städte haben unserem Volk und Land großen
Schaden zugefügt. Wir wollen für sie hundert
Talente zahlen.

Athenobius gab ihm keine Antwort, 36 son-
dern ging wütend zum König zurück. Er un-
terrichtete ihn über die Antwort Simeons,
über seine Prachtentfaltung und über alles,
was er gesehen hatte. Da geriet der König in
heftigen Zorn.

37 Tryphon entkam auf einem Schiff nach
Orthosia. 38 Der König ernannte Kendebäus
zum Befehlshaber über die Küste und teilte
ihm Fußtruppen und Reiterei zu. 39 Er gab ihm
den Auftrag, an der Grenze Judäas ein Lager
aufzuschlagen, den Ort Kidron auszubauen
und mit festen Toren zu versehen, um gegen
die Juden Krieg zu führen, während er selbst
die Verfolgung des Tryphon aufnahm. 40 Ken-
debäus zog nach Jamnia und begann, das jüdi-
sche Volk zu reizen, Überfälle auf Judäa zu
machen, Juden gefangen zu nehmen und zu
ermorden. 41 Er baute Kidron aus und legte
Reiter und Fußtruppen hinein. Diese unter-
nahmen Streifzüge auf den Straßen Judäas,
wie ihnen der König befohlen hatte.

15: 14,24 / **32:** 1 Kön 10,4f.

SIEG VON JOHANNES HYRKANUS ÜBER DIE SELEUKIDISCHE ARMEE BEI MODEÏN: 16,1–10

16 1 Da kam Johanan von Geser herauf und
berichtete seinem Vater Simeon von
den Unternehmungen des Kendebäus. 2 Si-
meon rief seine beiden ältesten Söhne, Judas
und Johanan, zu sich und sagte zu ihnen: Ich,
meine Brüder und meine Familie haben von
Jugend an bis auf den heutigen Tag die Kriege

15,16 Lucius Caecilius Metellus Calvus war 142 v. Chr. Konsul.

Israels geführt. Oft gelang es uns, Israel zu ret-
ten. 3 Nun bin ich alt geworden; ihr aber seid
durch göttliche Barmherzigkeit erwachsen
geworden. Tretet an meine und meines Bru-
ders Stelle, zieht aus und kämpft für unser
Volk! Der Himmel möge euch helfen. 4 Er hob
im Land zwanzigtausend kampferprobte
Männer aus, dazu Reiter. Sie zogen gegen Ken-
debäus und blieben über Nacht in Modeïn.
5 Früh am nächsten Morgen rückten sie aus in
die Ebene. Plötzlich trafen sie auf ein großes
Heer, Fußvolk und Reiterei. Es lag aber eine
Schlucht zwischen ihnen. 6 Johanan machte
mit seinen Leuten dem Feind gegenüber
Halt. Als er merkte, dass sie Angst hatten, die
Schlucht zu durchqueren, ging er als Erster
hinüber. Das sahen seine Männer und folgten
ihm auf die andere Seite. 7 Dann zog er das
Heer auseinander und ließ die Reiterei sich
mitten zwischen dem Fußvolk aufstellen; die
Reiterei des Feindes war nämlich sehr stark.
8 Man stieß in die Trompeten und Kendebäus
wurde samt seinem Heer geschlagen und hat-
te viele Gefallene zu beklagen. Der Rest floh
in die Festung. 9 Bei dieser Gelegenheit wurde
Judas, der Bruder des Johanan, verwundet.
Johanan aber nahm die Verfolgung auf, bis er
nach Kidron kam, das Kendebäus ausgebaut
hatte. 10 Da flohen sie weiter in die Türme auf
den Feldern von Aschdod. Johanan ließ die
Stadt in Brand stecken; dabei kamen etwa
zweitausend Feinde um. Johanan aber kehrte
wohlbehalten nach Judäa zurück.

10: 10,84

ERMORDUNG SIMEONS AUF DER BURG VON DOK: 16,11–24

11 Ptolemäus, der Sohn Abubs, war Befehls-
haber in der Ebene von Jericho. Er besaß viel
Silber und Gold; 12 denn er war der Schwieger-
sohn des Hohepriesters. 13 Da wurde er stolz;
er wollte die Herrschaft über das Land an sich
reißen und plante einen heimtückischen An-
schlag, um Simeon und seine Söhne aus dem
Weg zu räumen. 14 Als Simeon die Städte in
jener Gegend besuchte, um dort nach dem
Rechten zu sehen, kam er mit seinen Söhnen
Judas und Mattatias im elften Monat, das ist
der Schebat, des Jahres 177 nach Jericho hinab.
15 Der Sohn Abubs hatte eine kleine Festung
namens Dok erbaut. Dort nahm er sie voll Hin-
terlist auf. Er veranstaltete für sie ein großes
Gelage, hielt aber im Hintergrund einige
Männer versteckt. 16 Als Simeon und seine
Söhne betrunken waren, sprangen Ptolemäus
und seine Leute auf, griffen zu ihren Waffen,
drangen zu Simeon in den Speisesaal ein und
erschlugen ihn und seine beiden Söhne und
einige aus seinem Gefolge. 17 So beging Pto-
lemäus einen gemeinen Verrat und vergalt
Gutes mit Bösem.

18 Ptolemäus berichtete darüber dem König
in einem Brief und bat ihn, ihm Truppen zu
Hilfe zu schicken und ihm das Land und die
Städte zu übergeben. 19 Auch schickte er einige
Männer nach Geser, um Johanan ermorden zu
lassen. Die Hauptleute forderte er schriftlich
auf, zu ihm zu kommen; er wolle ihnen Silber
und Gold und andere Geschenke geben.
20 Wieder andere schickte er aus, damit sie Je-
rusalem und den Tempelberg besetzten.
21 Aber jemand lief voraus und meldete Johan-
an in Geser, sein Vater und seine Brüder seien
tot; er sagte: Er hat bereits Leute ausgeschickt,
um auch dich umbringen zu lassen.

22 Als Johanan das hörte, erschrak er sehr.
Die Männer aber, die kamen, um ihn zu ermor-
den, ließ er ergreifen und niedermachen; denn
er wusste, dass sie ihn umbringen wollten.

23 Die weitere Geschichte Johanans, die
Kriege, die er führte, die Heldentaten, die er
vollbrachte, auch wie er die Mauern bauen ließ
und was er sonst unternahm – 24 all das steht
in der Chronik seines Hohepriestertums ge-
schrieben, von dem Tag an, da er anstelle sei-
nes Vaters Hohepriester wurde.

23: 1 Kön 11,41; 14,29

16,24 1 Makk schließt ab mit dem Beginn der Amtszeit des Hohepriesters Johanan, gewöhnlich Johannes Hyrkanus genannt, des ersten Hasmonäers (134–104 v. Chr.).

DAS ZWEITE BUCH DER MAKKABÄER

ZWEI BRIEFE DER JERUSALEMER JUDEN AN DIE JUDEN IN ÄGYPTEN: 1,1–2,18

ERSTER BRIEF, DAS FEST DER TEMPELWEIHE CHANUKKA: 1,1–9

1 1 Den Brüdern, den Juden in Ägypten,
senden die Brüder, die Juden aus Jerusa-
lem und dem Land Judäa, Grüße und wün-
schen guten Frieden. 2 Gott möge euch Gutes
erweisen und seines Bundes gedenken, den er
mit seinen treuen Dienern Abraham, Isaak
und Jakob geschlossen hat. 3 Er gebe euch allen
ein Herz, das euch fähig macht, ihn zu vereh-
ren und seinen Willen mit großem Herz und
williger Seele zu tun. 4 Er öffne euer Herz für
sein Gesetz und die Gebote und schenke euch
Frieden. 5 Er erhöre eure Bitten, er schenke
euch Versöhnung und er lasse euch in der Zeit
der Not nicht im Stich. 6 So beten wir hier jetzt
für euch.

7 Unter der Regierung des Demetrius, im
Jahr 169, haben wir Juden euch geschrieben
auf dem Höhepunkt der Bedrängnis, die in
diesen Jahren über uns kam, als Jason und
sein Anhang vom heiligen Land und vom
Königreich abfielen, 8 das Eingangstor des
Tempels verbrannten und unschuldiges
Blut vergossen. Wir aber beteten zum Herrn
und wurden erhört. So brachten wir wieder
Opfer und feinstes Mehl dar, zündeten die
Leuchter an und legten die Schaubrote aus.
9 Und nun begeht die Tage des Laubhütten-
festes im Monat Kislew! Geschrieben im Jahr
188.

7: 1 Makk 1,67; 2 Makk 4,7–22 / **8:** 1 Makk 4,38

ZWEITER BRIEF, WUNDER IM ZUSAMMENHANG MIT DEM FEST DER TEMPELWEIHE: 1,10–2,18

10 Wir in Jerusalem und Judäa, der Hohe Rat
und Judas entbieten Aristobul, dem Lehrer des
Königs Ptolemäus, aus dem Geschlecht der
gesalbten Priester, und den Juden in Ägypten
Gruß und Gesundheit. 11 Wir danken Gott von
Herzen, der uns aus großen Gefahren errettet
hat. So sind wir bereit, selbst mit einem König
zu kämpfen. 12 Er selbst nämlich hat die ver-
trieben, die in der Heiligen Stadt gekämpft
haben. 13 Denn als der Fürst mit seiner Streit-
macht, die als unüberwindlich galt, nach Per-
sien zog, wurden sie im Tempel der Nanäa
erschlagen. Die Priester der Nanäa hatten sie
nämlich überlistet. 14 Denn um sich mit der
Göttin zu vermählen, war Antiochus mit sei-
nen Freunden, die ihn begleiteten, zu dem Ort
gekommen; sozusagen als Mitgift wollte er
sich dabei die beträchtlichen Tempelschätze
aneignen. 15 Die Priester der Nanäa legten die-
se auch bereit und Antiochus ging mit einigen
wenigen Männern in den heiligen Bezirk. So-
bald Antiochus aber das Heiligtum betreten
hatte, verschlossen sie es. 16 Sie öffneten die in
der getäfelten Decke verborgene Luke, warfen
Steine herab, zerschmetterten den Fürsten
und zerstückelten ihn. Dann schnitten sie den
Erschlagenen die Köpfe ab und warfen sie de-
nen draußen zu. 17 Für all das sei unser Gott
gepriesen: Er hat die Sünder dem Untergang
preisgegeben.

18 Wir wollen nun am fünfundzwanzigsten
Kislew die Reinigung des Tempels begehen.
Darum hielten wir es für unsere Pflicht, euch
davon zu benachrichtigen, damit auch ihr sie
wie die Tage des Laubhüttenfestes begehen
könnt und wie die Tage des Feuers. Letztere
erinnern an den Tag, an dem Nehemia nach

1,7.9 Das Jahr 169 entspricht dem Jahr 143 v. Chr., das Jahr 188 dem Jahr 124 v. Chr. (vgl. die Anmerkung zu 1 Makk 1,10).

1,9 Mit dem Laubhüttenfest im Monat Kislew (Dezember) ist das Tempelweihfest gemeint.

dem Aufbau von Tempel und Altar erstmals
wieder Opfer darbrachte. 19 Denn als unsere
Väter nach Persien verschleppt wurden, nah-
men die damaligen frommen Priester etwas
von dem Feuer des Altars mit und verbargen
es heimlich in der Höhlung eines wasserlosen
Brunnens. Dort bargen sie es so, dass der Ort
allen unbekannt blieb. 20 Darüber vergingen
viele Jahre. Doch als es Gott gefiel, machte der
König von Persien Nehemia zu seinem Abge-
sandten. Der schickte die Nachkommen jener
Priester, die das Feuer versteckt hatten, um das
Feuer zurückzubringen. 21 Als sie uns erklär-
ten, dass sie kein Feuer gefunden hatten, son-
dern nur dickflüssiges Wasser, befahl er ihnen,
etwas davon zu schöpfen und zu bringen. Das
Opfer wurde hergerichtet. Dann ließ Nehemia
von den Priestern das Brennholz, und was da-
rauf lag, mit diesem zähflüssigen Wasser be-
gießen. 22 So geschah es. Nach einiger Zeit
brach die Sonne hervor, die von Wolken ver-
deckt gewesen war. Da flammte ein großes
Feuer auf und alle staunten. 23 Während das
Opfer verbrannte, beteten die Priester und
alle; Jonatan stimmte an und die Übrigen, da-
runter auch Nehemia, fielen laut ein.

24 Das Gebet aber lautete so: Herr, Herr Gott,
Schöpfer aller Dinge, furchtbarer, starker, ge-
rechter und barmherziger Gott! Du allein bist
König und gütig. 25 Du allein bist der Geber
aller Gaben. Du allein bist gerecht, allmächtig
und ewig. Du rettest Israel aus allem Unheil.
Du hast unsere Väter zu Auserwählten ge-
macht und sie geheiligt. 26 Nimm dieses Opfer
an für dein ganzes Volk Israel! Behüte dein
Erbteil und heilige es! 27 Sammle uns aus der
Zerstreuung, befrei alle, die bei den Völkern
in Knechtschaft leben, schau auf die Verachte-
ten und Verabscheuten! So sollen die Völker
erkennen, dass du unser Gott bist. 28 Strafe die
Unterdrücker und die vermessenen Stolzen!
29 Pflanz dein Volk an deinem heiligen Ort ein!
Denn so hat es Mose zugesagt.

30 Die Priester aber sangen dazu die Lobge-
sänge. 31 Als das Opfer verbrannt war, ließ
Nehemia das übrig gebliebene Wasser auf gro-
ße Steine schütten. 32 Da loderte eine Flamme
auf. Sie verzehrte sich im Schein des Feuers,
das vom Altar her leuchtete. 33 Dieses Ereignis
wurde überall bekannt und man meldete dem
persischen König, an der Stelle, an der die ver-
bannten Priester das Feuer versteckt hätten, sei
das Wasser zum Vorschein gekommen, mit
dem die Leute des Nehemia dann das Opfer
weihten. 34 Nachdem der König die Sache ge-
prüft hatte, ließ er den Ort umfrieden und für
heilig erklären. 35 Auch nahm der König viele
Geschenke und verteilte sie unter die, denen
er wohlgesinnt war. 36 Die Leute um Nehemia
nannten das Wasser Neftar, das heißt über-
setzt: Reinigung. Bei den meisten aber heißt
es Neftai.

12f.: 9,1–29 / **19**: Lev 6,5 / **29**: Dtn 30,3–5

2 1 In den Schriften steht, Jeremia, der Pro-
phet, sei es gewesen, der den Verbannten
befohlen habe, etwas von dem Feuer – wie
schon gesagt – zu nehmen, als sie in die Ver-
bannung geführt wurden. 2 Der Prophet habe
ferner den Verbannten das Gesetz übergeben
und ihnen eingeschärft, die Gebote des Herrn
nicht zu vergessen noch im Herzen irrezu-
werden, wenn sie die goldenen und silbernen
Götterbilder und ihren Prunk sähen. 3 Mit an-
deren Reden solcher Art ermahnte er sie, das
Gesetz nicht aus ihrem Herzen schwinden zu
lassen. 4 In dem Buch stand, dass der Prophet
einen Gottesspruch empfangen habe und da-
raufhin das Zelt und die Lade hinter sich her-
tragen ließ. Er sei hinausgegangen zu dem
Berg, auf den Mose gestiegen war, um das von
Gott verheißene Erbteil zu sehen. 5 Als er da
ankam, fand Jeremia eine Höhle wie ein Haus.
Er trug das Zelt, die Lade und den Rauch-
opferaltar hinein; dann verschloss er die Ein-
gangstür. 6 Einige von seinen Begleitern gin-
gen hin, um sich den Weg zu markieren; aber
sie konnten ihn nicht finden. 7 Als Jeremia
davon erfuhr, schalt er sie und sagte: Die Stel-
le wird unbekannt bleiben, bis Gott das Volk
zusammenführt und Erbarmen gewährt.
8 Dann aber bringt der Herr dies wieder ans
Licht und die Herrlichkeit des Herrn wird er-
scheinen und die Wolke, genauso wie sie sich
in den Tagen des Mose gezeigt hat und wie dies
auch Salomo erbeten hat, dass der Ort hoch-
heilig werden möge.

9 Es wurde ferner berichtet, wie jener in sei-
ner Weisheit ein Opfer bei der Einweihung
und Vollendung des Tempels darbrachte. 10 So
wie auch Mose zum Herrn gebetet hatte – und
dann war Feuer vom Himmel gefallen und
hatte die Opferstücke verzehrt –, so betete
auch Salomo und das Feuer fiel herab und ver-

1,36 Neftar (= Erdöl): andere Lesarten: Naftan, Nafta.
2,1 Diese Schriften sind, ebenso wie die Erinnerungen des Nehemia (V. 13), nicht überliefert.

zehrte die Brandopfer. 11 Und Mose sagte: Weil
man das Sündopfer nicht gegessen hat, wurde
es vom Feuer verzehrt. 12 Ebenso hat auch Sa-
lomo die acht Tage begangen.

13 Das Gleiche wird auch in den Urkunden
und in den Erinnerungen des Nehemia er-
zählt; dort steht auch, wie er eine Bibliothek
gründete und die Bücher über die Könige und
die der Propheten, Davids sowie königliche
Briefe über Weihegaben sammelte. 14 Genauso
hat auch Judas alle Bücher wieder gesammelt,
die wegen des Krieges, den wir führen muss-
ten, zerstreut worden waren. Sie befinden sich
heute bei uns. 15 Wenn ihr also Bedarf danach
habt, so lasst sie durch Boten holen!

2,13 Erinnerungen Nehemias: ein sonst unbekanntes Werk.

16 Wir haben euch geschrieben, weil wir
also nun die Tempelreinigung begehen wol-
len. Ihr werdet gut daran tun, diese Tage
ebenfalls zu begehen. 17 Gott hat sein ganzes
Volk gerettet und allen das Erbe und die Kö-
nigswürde und das Priestertum und die Hei-
ligung verliehen, 18 wie er es durch das Gesetz
verheißen hat. Denn wir hoffen auf Gott,
dass er sich unser bald erbarme und uns von
überall unter dem Himmel an seinen heiligen
Ort zusammenführt. Denn er hat uns aus
großen Übeln gerettet und den heiligen Ort
gereinigt.

2: Bar 6 / **4**: Dtn 34 / **7**: Jer 3,16 / **8**: Ex 24,16; 40,34–38; 1 Kön 8,10f. / **10**: Lev 9,23f.; 2 Chr 7,1 / **11**: Lev 10,16f. / **12**: 1 Kön 8,65f. / **14**: 1 Makk 1,56 / **16**: 1 Makk 4,59 / **17**: Ex 19,5f.

VORREDE DES VERFASSERS: 2,19–32

19 Die Ereignisse um den Makkabäer Judas
und seine Brüder – wie sie den erhabenen Tem-
pel reinigten und den Altar wieder einweih-
ten, 20 ferner die Kriege, die sie gegen Antio-
chus Epiphanes und seinen Sohn Eupator
führten, 21 die himmlischen Erscheinungen
vor den ruhmreichen und tapferen Verteidi-
gern der jüdischen Lebensweise waren Ursa-
che, dass es ihrer kleinen Zahl gelang, das
ganze Land zurückzuerobern, die Massen der
Barbaren zu verjagen, 22 auch das auf der gan-
zen Welt hochberühmte Heiligtum wiederzu-
gewinnen, die Stadt zu befreien, die Gesetze,
die man gerade abschaffen wollte, wieder in
Kraft zu setzen – denn der Herr war ihnen in
aller Güte gnädig –, 23 all das hat Jason aus
Kyrene in fünf Büchern dargelegt. Wir nun
werden versuchen, es hier in einem einzigen
Buch zusammenzufassen. 24 Wir bemerkten
nämlich die Flut der Zahlen und wie schwierig
es wegen der Menge des Stoffes ist, sich in die
geschichtliche Darstellung einzuarbeiten.
25 So dachten wir, solche, die gern lesen, zu
unterhalten, denen, die mit Eifer auswendig
lernen, zu helfen, allen aber, die das Buch auf
irgendeine Weise in die Hand bekommen, zu
nützen. 26 Uns ist es allerdings nicht leicht ge-
fallen, in mühseliger Arbeit diesen Auszug
anzufertigen; es hat vielmehr Schweiß und
durchwachte Nächte gekostet. 27 Wer ein Gast-
mahl bereitet und den Nutzen anderer sucht,
hat es ja auch nicht leicht. Dennoch haben wir
die Mühe gern auf uns genommen, um uns
viele zu Dank zu verpflichten. 28 Die Einzel-
heiten genau zu untersuchen, überließen wir
dem Verfasser. Wir haben uns nur darum be-
müht, entsprechend den Erfordernissen eines
Auszugs vorzugehen. 29 Wenn man ein neues
Haus baut, muss sich der Architekt um den
ganzen Bau kümmern; Dekorateur und Maler
dagegen müssen nur das prüfen, was zur Aus-
schmückung nötig ist. Ähnlich beurteile ich
auch unsere Aufgabe. 30 Sich daranzumachen,
überlieferte Nachrichten eindringlich und kri-
tisch zu beurteilen und bis ins Einzelne genau
zu untersuchen, ist Sache des Geschichts-
schreibers. 31 Wer aber nur nacherzählen will,
darf die Darstellung straffen, auch wenn die
genaue Ausarbeitung nach den Regeln der Ge-
schichtsschreibung dabei zu kurz kommt.

32 Nun aber wollen wir sofort mit unserer
Erzählung beginnen; wir haben uns schon all-
zu lang mit dem Vorwort aufgehalten und es
wäre ja unsinnig, vor der Geschichte viele
Worte zu machen, die Geschichte selbst aber
zu kürzen.

2,23 Der Geschichtsschreiber Jason gehörte wohl der jüdischen Gemeinde in Kyrene an.

GÖTTLICHES GERICHT ÜBER DEN TEMPELSCHÄNDER HELIODOR: 3,1–40

3 1 Die Bewohner der Heiligen Stadt lebten
in tiefem Frieden und hielten die Gesetze
aufs Schönste; denn der Hohepriester Onias
war ein frommer Mann und hasste alles Böse.
2 Es kam sogar vor, dass selbst die Könige den
Ort ehrten und den Tempel durch kostbarste
Weihegaben berühmt machten. 3 So bestritt
auch Seleukus, der König von Asien, aus sei-
nen eigenen Einkünften alle Aufwendungen,
die für den Opferdienst entstanden.

4 Ein gewisser Simeon aus dem Stamm Ben-
jamin war als Tempelvorsteher eingesetzt
worden. Er überwarf sich mit dem Hohepries-
ter wegen der Marktordnung in der Stadt.
5 Weil er sich gegen Onias nicht durchsetzen
konnte, ging er zu Apollonius, dem Sohn des
Tharseas, der damals Befehlshaber in Koilesy-
rien und Phönizien war. 6 Er erzählte ihm, der
Tempelschatz in Jerusalem sei voll von unvor-
stellbaren Reichtümern; unzählbar sei die
Menge des Geldes. Sie stehe in keinem Ver-
hältnis zu dem, was man für die Opfer auf-
wenden müsse, und lasse sich leicht für den
König beschlagnahmen. 7 Als Apollonius mit
dem König zusammentraf, berichtete er, was
man ihm über die Gelder hinterbracht hatte.
Der aber bestimmte seinen Kanzler Heliodor
und sandte ihn mit dem Auftrag, sich die er-
wähnten Gelder ausliefern zu lassen.

8 Heliodor machte sich sofort auf die Reise,
angeblich um die Städte in Koilesyrien und
Phönizien zu besuchen, in Wirklichkeit je-
doch, um das Vorhaben des Königs auszu-
führen. 9 Als er nach Jerusalem kam, wurde er
vom Hohepriester der Stadt freundlich emp-
fangen. Da gab er bekannt, welche Anzeige
gemacht worden sei, und teilte den wahren
Grund seiner Anwesenheit mit. Er fragte, ob
sich die Sache in Wahrheit so verhalte. 10 Der
Hohepriester erklärte ihm, es handle sich um
hinterlegtes Gut von Witwen und Waisen;
11 ein Teil gehöre auch Hyrkanus, dem Sohn
des Tobija, einem Mann von höchstem Anse-
hen, nicht wie der ruchlose Simeon gelogen
hatte. – Alles zusammen belaufe sich nur auf
vierhundert Talente Silber und zweihundert
Talente Gold. 12 Man dürfe aber doch denen
nicht Unrecht tun, die ihr Vertrauen auf die
Heiligkeit des Ortes und auf die Würde und
Unantastbarkeit des auf der ganzen Welt ver-
ehrten Heiligtums gesetzt hätten. 13 Der ande-
re aber erklärte aufgrund der königlichen Be-
fehle, dass dies alles für die königliche
Schatzkammer zu beschlagnahmen sei. 14 Am
festgesetzten Tag schickte er sich an hineinzu-
gehen, um eine Untersuchung der Schätze
anzustellen.

Da geriet die ganze Stadt in nicht geringe
Bestürzung. 15 Die Priester warfen sich in ihren
heiligen Gewändern vor dem Altar nieder und
riefen den Himmel an: Er habe die Hinterle-
gung von Geld durch Gesetze geordnet; so
solle er es jetzt denen, die es hinterlegt hatten,
unversehrt bewahren. 16 Wer aber die Gestalt
des Hohepriesters sah, dem blutete das Herz.
Wie er aussah und wie sein Gesicht sich ver-
färbt hatte, verriet seine innere Qual. 17 Denn
Furcht und Zittern hatten den Mann befallen
und er bebte am ganzen Leib. Allen, die ihn
sahen, wurde der Schmerz seines Herzens of-
fenbar. 18 Die Leute stürzten in Scharen aus den
Häusern heraus zum öffentlichen Gebet, da
dem heiligen Ort Schande drohte. 19 Die Frau-
en zogen Trauerkleider an, die die Brüste frei-
ließen, und drängten sich auf die Straßen. Von
den jungen Mädchen aber, die man sonst ein-
geschlossen hielt, liefen die einen an die Tore,
andere auf die Mauern, einige aber beugten
sich aus den Fenstern heraus. 20 Sie alle streck-
ten die Hände zum Himmel empor in instän-
digem Bittgebet. 21 Es war zum Erbarmen, wie
die Menge sich in heillosem Durcheinander zu
Boden warf und wie der Hohepriester sich in
Erwartung des Kommenden furchtbar ängs-
tigte. 22 So riefen sie den allmächtigen Herrn
an, er möge das anvertraute Gut denen, die es
anvertraut hatten, unversehrt und ganz sicher
bewahren.

23 Heliodor jedoch machte sich daran, seinen
Entschluss auszuführen. 24 Schon stand er mit
der Leibwache an der Schatzkammer. Da ließ
der Herr der Geister und aller Macht eine ge-
waltige Erscheinung sichtbar werden. Alle, die
ihn frech begleitet hatten, erschraken vor Got-
tes Macht; vor Angst verließen sie ihre Kräfte.
25 Denn es erschien ihnen ein Pferd mit einem

3,1 Onias III. ist der Sohn Simeons III., der in Sir 50,1–21 gepriesen wird.

schrecklichen Reiter darauf; das Pferd war mit
prächtigstem Geschirr geschmückt. Es stürm-
te wild auf Heliodor ein und traf ihn mit den
Vorderhufen. Sein Reiter aber erschien in gol-
dener Rüstung. 26 Noch zwei andere junge
Männer erschienen, voll gewaltiger Kraft, in
strahlender Schönheit und herrlich gekleidet.
Sie traten auf Heliodor zu und peitschten von
beiden Seiten auf ihn ein; pausenlos schlugen
sie mit vielen Hieben auf ihn ein. 27 Da stürzte
er zu Boden und es wurde ihm schwarz vor
den Augen. Man hob ihn auf und legte ihn auf
eine Bahre. 28 Eben noch war er mit großem
Gefolge und der ganzen Leibwache in die ge-
nannte Schatzkammer eingetreten; nun trug
man ihn hilflos hinaus. Deutlich hatte man
Gottes Herrschermacht erkannt. 29 So lag er da,
durch Gottes Macht gestürzt, der Sprache be-
raubt, ohne jede Hoffnung auf Rettung. 30 Die
Juden aber priesen den Herrn, der an seinem
Ort so wunderbar seine Herrlichkeit gezeigt
hatte; und das Heiligtum, eben noch voll von
Angst und Verwirrung, war erfüllt von Freude
und Jubel; denn der allmächtige Herr hatte sich
offenbart.

31 Sehr bald aber baten einige Vertraute He-
liodors den Onias, er möge doch den Höchsten
anrufen und so dem das Leben schenken, der
in den letzten Zügen lag. 32 Aus Sorge, der Kö-
nig könne der Meinung verfallen, Heliodor sei
einem hinterhältigen Anschlag der Juden zum
Opfer gefallen, brachte der Hohepriester ein
Opfer dar, damit der Mann wieder gesund
würde. 33 Während der Hohepriester noch mit
dem Versöhnungsopfer beschäftigt war, er-
schienen dem Heliodor dieselben jungen
Männer wie zuvor, in der gleichen Kleidung.
Sie traten zu ihm und sagten: Danke dem Ho-
hepriester Onias vielmals; denn seinetwegen
schenkt der Herr dir gnädig das Leben. 34 Der
Himmel hat dich gezüchtigt. Nun verkünde
du allen die gewaltige Kraft Gottes! Nach die-
sen Worten entschwanden sie.

35 Da ließ Heliodor dem Herrn ein Opfer
darbringen und machte ihm sehr große Gelüb-
de, weil er ihn am Leben gelassen hatte. Er
empfing Onias und zog mit seinen Truppen
zum König zurück. 36 Allen aber bezeugte er
die Werke des größten Gottes, die er mit eige-
nen Augen gesehen hatte. 37 Als aber der König
den Heliodor fragte, wer geeignet sei, noch
einmal nach Jerusalem geschickt zu werden,
sagte er: 38 Wenn du einen Feind oder einen
Hochverräter weißt, dann schick ihn dorthin!
Du wirst ihn mit Geißeln gezüchtigt zurück-
empfangen, wenn er überhaupt am Leben
bleibt; denn an dem Ort wirkt wahrhaftig eine
göttliche Kraft. 39 Denn er, der im Himmel
wohnt, ist selbst der Wächter und Schützer
jenes Ortes; und wer in böser Absicht dorthin
kommt, den richtet er zugrunde.

40 Das waren die Ereignisse um Heliodor
und um die Rettung des Tempels.

INTRIGEN UM DAS HOHEPRIESTERLICHE AMT, EINMISCHUNG DES SELEUKIDISCHEN KÖNIGS: 4,1–5,27

EIN PFLICHTVERGESSENER HOHEPRIESTER, FREUND HELLENISTISCHEN WESENS: 4,1–22

4 1 Der oben genannte Simeon, der den
Tempelschatz und das Vaterland verraten
hatte, verleumdete Onias, er sei es gewesen,
der Heliodor habe schlagen lassen und der das
Unheil ins Werk gesetzt habe. 2 Den Wohltäter
der Stadt, den Beschützer seiner Mitbürger
und Eiferer für die Gesetze, wagte er einen
Hochverräter zu nennen. 3 Die Feindschaft
verschärfte sich derart, dass einer von den Ver-
trauten Simeons mehrere Morde verübte.
4 Onias erkannte, dass der Streit gefährlich
wurde und dass außerdem Apollonius, der
Sohn des Menestheus, Befehlshaber von Koi-
lesyrien und Phönizien, die Bosheit Simeons
noch unterstützte. 5 Darum begab er sich zum
König, nicht um die Mitbürger zu verklagen,
sondern weil er das allgemeine und das beson-
dere Wohl des ganzen Volkes im Auge hatte.
6 Er erkannte nämlich, dass ohne Einschreiten
des Königs der öffentliche Friede nicht wieder-
herzustellen sei; denn Simeon würde nicht
von seiner Raserei ablassen.

7 Seleukus starb und Antiochus mit dem
Beinamen Epiphanes übernahm die Herr-

schaft. Da erschlich sich Jason, der Bruder des
Onias, das Hohepriesteramt. 8 Bei einer Un-
terredung versprach er dem König nämlich
dreihundertsechzig Talente Silber, dazu noch
aus anderen Einkünften achtzig Talente. 9 Au-
ßerdem wolle er sich schriftlich verpflichten,
weitere hundertfünfzig Talente zu zahlen,
wenn er die Vollmacht erhalte, ein Gymnasion
und eine Ephebie zu errichten – denn daran sei
ihm sehr gelegen – sowie den Einwohnern
Jerusalems das antiochenische Bürgerrecht zu
verleihen. 10 Der König war einverstanden.

Sobald Jason das Amt an sich gebracht hatte,
führte er unter seinen Landsleuten die griechi-
sche Lebensart ein. 11 Er schaffte die günstigen
Privilegien ab, die die Juden durch Johanans
Vermittlung vom König erhalten hatten. Die-
ser Johanan war der Vater des Eupolemus, der
als Gesandter nach Rom gegangen war, um
dort ein Freundschaftsbündnis zu schließen.
Jason hob die althergebrachte Verfassung auf
und führte neue, widerrechtliche Gebräuche
ein. 12 Mit Vergnügen ließ er unmittelbar un-
terhalb der Burg ein Gymnasion errichten
und die Söhne der besten Familien brachte er
dazu, den griechischen Hut aufzusetzen. 13 So
kam es zu einer Blüte der griechischen Lebens-
weise. Die fremde Art hatte Zulauf. Schuld
daran war die maßlose Verruchtheit des Frev-
lers Jason, der den Titel eines Hohepriesters
zu Unrecht trug. 14 Schließlich kümmerten
sich die Priester nicht mehr um den Dienst am
Altar; der Tempel galt in ihren Augen nichts
und für die Opfer hatten sie kaum mehr Zeit.
Dafür gingen sie eilig auf den Sportplatz, so-
bald die Aufforderung zum Diskuswerfen
erging, um an dem Spiel, das vom Gesetz ver-
boten war, teilzunehmen. 15 Die Ehren ihres
Vaterlandes achteten sie für nichts, auf griechi-
sche Auszeichnungen dagegen waren sie ganz
versessen. 16 Darum sollten sie auch in große
Not geraten. Gerade die, denen sie alles nach-
machten und denen sie ganz gleich werden
wollten, wurden ihre Feinde und Peiniger.
17 Man kann sich nämlich nicht leichthin über
die göttlichen Gesetze hinwegsetzen. Aber das
wird die Folgezeit deutlich zeigen.

18 Als der König die Wettkämpfe besuchte,
die alle fünf Jahre in Tyrus ausgetragen wer-
den, 19 sandte der nichtswürdige Jason Männer
aus Jerusalem, die das antiochenische Bürger-
recht erworben hatten, als Zuschauer dorthin
und gab ihnen dreihundert Silberdrachmen
mit für das Opfer an Herakles. Doch baten die
Überbringer, das Geld nicht zum Opfer zu
verwenden, weil sich das nicht zieme, sondern
es für eine andere Ausgabe zurückzulegen.
20 Nach der Absicht des Auftraggebers wäre es
also für das Heraklesopfer bestimmt gewesen;
es lag allein an den Überbringern, dass man es
zur Ausrüstung der Galeeren verwendete.

21 Zur Thronbesteigung des Königs Philo-
metor entsandte Antiochus den Apollonius,
den Sohn des Menestheus, nach Ägypten. Da-
bei brachte er in Erfahrung, dass der ägypti-
sche König seiner Politik feindlich gegenüber-
stehe, und sorgte sich um seine Sicherheit. Er
zog deshalb nach Jafo und von dort nach Jeru-
salem. 22 Jason und die Stadt bereiteten ihm
einen großartigen Empfang; unter Fackel-
schein und Freudengeschrei hielt er seinen
Einzug. Dann brachte er seine Truppen wieder
nach Phönizien ins Quartier.

7: 1 Makk 1,10 / **10**: 1 Makk 1,11–15 / **11**: 1 Makk 8,17

KÄUFLICHKEIT DES HOHEPRIESTERAMTES, ERMORDUNG DES RECHTMÄSSIGEN HOHEPRIESTERS: 4,23–50

23 Drei Jahre darauf schickte Jason den Me-
nelaus, den Bruder des vorhin erwähnten
Simeon, zum König; er sollte ihm das Geld
überbringen und schwebende Verhandlungen
über wichtige Staatsgeschäfte zum Abschluss
bringen. 24 Menelaus verschaffte sich jedoch
Empfehlungen an den König, trat als bedeu-
tender Mann auf und schmeichelte ihm, über-
bot Jason um dreihundert Talente Silber und
brachte so das Amt des Hohepriesters an sich.
25 Mit den königlichen Ernennungsurkunden
kam er zurück. Sonst hatte er nichts an sich,
was des hohepriesterlichen Amtes würdig
gewesen wäre. Stattdessen besaß er die Lei-
denschaft eines rohen Tyrannen und die Wut
eines wilden Tieres. 26 Jason, der seinen eige-
nen Bruder hinterlistig verdrängt hatte, wurde
nun selbst durch einen anderen hinterlistig
verdrängt und als Flüchtling ins Ammoniter-
land vertrieben.

27 Menelaus hatte sich zwar der Herrschaft
bemächtigt, machte jedoch keine Anstalten,
das Geld aufzubringen, das er dem König ver-
sprochen hatte, 28 obschon Sostratus, der Be-
fehlshaber der Burg, ihn wiederholt mahnte;
dieser hatte nämlich die Gelder einzutreiben.
Deswegen bestellte der König beide vor sich.
29 Menelaus ließ als Stellvertreter im Hohe-

priesteramt seinen Bruder Lysimachus zurück,
Sostratus aber Krates, den Befehlshaber der
zyprischen Truppen.
30 Während dieser Ereignisse brach in den
Städten Tarsus und Mallus ein Aufstand aus,
weil sie Antiochis, der Nebenfrau des Königs,
als Geschenk gegeben worden waren. 31 In gro-
ßer Eile begab sich der König dorthin, um die
Sache beizulegen, und ließ als seinen Stellver-
treter einen hohen Beamten, Andronikus,
zurück. 32 Da glaubte Menelaus, eine günstige
Gelegenheit gefunden zu haben: Er entwen-
dete aus dem Tempel einige goldene Geräte
und schenkte sie Andronikus; andere hatte er
nach Tyrus und in die benachbarten Städte
verkaufen können. 33 Onias, der davon sichere
Kenntnis erhalten hatte, tadelte ihn scharf; er
hatte sich in einen Asylort bei Daphne, einem
Vorort Antiochias, zurückgezogen. 34 Mene-
laus nahm Andronikus deswegen beiseite und
redete ihm zu, um Onias aus dem Weg zu
schaffen. Andronikus kam zu Onias. Da er sich
zur Hinterlist hatte überreden lassen, erhob er
die rechte Hand zum Schwur, reichte sie dann
Onias und überredete ihn, trotz seines Arg-
wohns die Zufluchtsstätte zu verlassen. Da
ließ ihn Andronikus ohne Rücksicht auf das,
was rechtens ist, auf der Stelle in den Kerker
werfen. 35 Nicht nur die Juden, sondern auch
viele aus anderen Völkern entsetzten sich des-
wegen und waren empört über die ungerech-
te Tötung des Mannes.
36 Als der König aus den Gegenden Kilikiens
zurückkam, traten die Juden der Stadt an ihn
heran. Mit ihnen waren auch die Griechen em-
pört, dass man Onias ohne jeden Grund getö-
tet hatte. 37 Antiochus wurde von Herzen be-
trübt; es ergriff ihn Mitleid und er vergoss
Tränen, weil der Verstorbene ein so besonne-
ner und edler Mann gewesen war. 38 Sein Zorn
entbrannte; er ließ Andronikus sofort den
Purpur abnehmen, die Kleider vom Leib rei-
ßen und ihn so durch die ganze Stadt führen,
bis zu der Stelle, an der er die Freveltat gegen
Onias begangen hatte. Dort ließ er den schänd-
lichen Mörder hinrichten. So hat ihm der Herr
mit der verdienten Strafe vergolten.
39 In der Stadt aber verging sich Lysimachus
mit Wissen des Menelaus mehrmals am Tem-
pelschatz. Als sich das Gerücht davon weit
verbreitete, rottete sich das Volk gegen Lysi-
machus zusammen. Viele goldene Geräte wa-
ren schon verschleppt worden. 40 Als sich die
Volksversammlung erhob und in Zorn und
Wut geriet, bewaffnete Lysimachus fast drei-
tausend Mann und begann, mit ungerechter
Gewalt vorzugehen. Ein gewisser Auranus
führte sie an, dessen Alter und Unverstand
gleich weit fortgeschritten waren. 41 Als die
Leute merkten, dass Lysimachus angreifen
ließ, rafften sie Steine und dicke Hölzer zu-
sammen – ein paar füllten ihre Hände mit der
Asche, die dort lag – und schleuderten alles
durcheinander gegen die Männer des Lysima-
chus. 42 So verwundeten sie viele von ihnen,
einige streckten sie nieder, alle aber jagten sie
in die Flucht. Den Tempelräuber selbst aber
schlugen sie beim Schatzhaus tot.
43 Wegen dieser Sache wurde gegen Mene-
laus ein gerichtliches Verfahren eingeleitet.
44 Als der König nach Tyrus kam, erhoben drei
Männer, die vom Hohen Rat geschickt waren,
vor ihm die Anklage. 45 Menelaus war schon
verloren; da versprach er Ptolemäus, dem
Sohn des Dorymenes, viel Geld, damit er den
König zu seinen Gunsten überrede. 46 Ptole-
mäus nahm also den König in einem Säulen-
gang beiseite, als wollte er ihm Erfrischung
verschaffen, und stimmte ihn um. 47 Darauf
sprach der König den Menelaus, der an dem
ganzen Unheil schuld war, von den Anklage-
punkten frei; die Unglücklichen aber, die,
selbst wenn sie vor Skythen gesprochen hät-
ten, wegen erwiesener Unschuld freigespro-
chen worden wären, verurteilte er zum Tod.
48 Unverzüglich erlitten also diejenigen die
ungerechte Strafe, die doch nur für ihre Stadt,
ihr Volk und die heiligen Geräte eingetreten
waren. 49 Sogar Einwohner von Tyrus entrüs-
teten sich darüber und spendeten großzügig
für ihr Begräbnis.
50 Menelaus aber blieb aufgrund der Habgier
der Mächtigen im Amt. Seine Bosheit nahm
immer mehr zu und er wurde im Rücken sei-
ner Mitbürger zu ihrem Feind.

23: 3,4; 4,1 / **34:** Dan 9,26 / **45:** 8,8; 1 Makk 3,38

BÜRGERKRIEG ZWISCHEN ZWEI HOHEPRIESTERN UND PLÜNDERUNG DES TEMPELS DURCH DEN SELEUKIDISCHEN KÖNIG: 5,1–27

5 1 Um diese Zeit unternahm Antiochus
seinen zweiten Feldzug gegen Ägypten.
2 Da erschienen fast vierzig Tage lang über der
ganzen Stadt Reiter, die durch die Lüfte jagten,
in golddurchwirkten Gewändern und mit

Lanzen gewappnet, in Scharen rückten sie
zum Kampf aus. 3 Und es zuckten Schwerter,
Scharen von Pferden ordneten sich zum
Kampf, Angriffe erfolgten, beide Seiten rann-
ten gegeneinander an, Schilde bewegten sich,
Speere gab es in Menge, Wurfgeschosse flo-
gen, goldener Waffenschmuck blitzte auf und
man sah Rüstungen aller Art. 4 Alle beteten
deshalb, die Erscheinung möge etwas Gutes
bedeuten.

5 Es kam aber das falsche Gerücht auf, An-
tiochus wäre gestorben. Da unternahm Jason
mit nicht weniger als tausend Mann einen
überraschenden Angriff auf die Stadt. Er
drängte die Verteidiger auf der Mauer in die
Enge; als er die Stadt ganz besetzt hatte, flüch-
tete sich Menelaus in die Burg. 6 Jason aber
richtete unter seinen Mitbürgern ein scho-
nungsloses Blutbad an, ohne zu bedenken,
dass Waffenglück über Landsleute das größte
Unglück ist. Er meinte, er hätte über Feinde
und nicht über sein eigenes Volk einen Sieg
davongetragen. 7 Dennoch konnte er die Herr-
schaft nicht an sich reißen. Sein Anschlag
brachte ihm am Schluss nur Schande und er
musste erneut in das Ammoniterland fliehen.

8 Er nahm schließlich ein böses Ende. Aretas,
der Fürst der Araber, ließ ihn gefangen setzen;
er aber entkam und floh von Stadt zu Stadt.
Von allen gehetzt, als Verräter der Gesetze ver-
hasst, verwünscht als Henker des Vaterlandes
und seiner Bürger, verschlug es ihn nach
Ägypten. 9 Und wie er viele Menschen aus ih-
rem Vaterland in die Fremde getrieben hatte,
so kam er selbst in der Fremde um, nämlich bei
den Spartanern, zu denen er übers Meer gefah-
ren war, um bei ihnen Schutz zu finden; die
Spartaner waren ja mit den Juden verwandt.
10 So wie er Massen von Menschen unbegraben
liegen ließ, so trauerte jetzt auch niemand um
ihn; auch er erhielt keinerlei Begräbnis und
kein Grab bei seinen Vätern.

11 Als dem König zu Ohren kam, was gesche-
hen war, nahm er an, Judäa wolle von ihm
abfallen. Wütend wie ein wildes Tier brach er
daher von Ägypten auf und nahm die Stadt
mit Waffengewalt ein. 12 Er befahl seinen Sol-
daten, alle, die ihnen begegneten, rücksichts-
los niederzuhauen und auch die abzuschlach-
ten, die in die Häuser zurückwichen. 13 Sie
richteten unter Jung und Alt ein großes Blut-
bad an; Frauen und Kinder kamen um, junge
Frauen und Kleinkinder wurden niedergemet-
zelt. 14 In nur drei Tagen verlor die Stadt acht-
zigtausend Einwohner; vierzigtausend fanden
im Kampf den Tod, ebenso viele, wie erschla-
gen waren, wurden in die Sklaverei verkauft.

15 Doch das genügte dem König noch nicht;
in seiner Vermessenheit betrat er den heiligs-
ten Tempel der ganzen Erde unter der Führung
des Menelaus, der die Gesetze und sein Vater-
land verraten hatte. 16 Seine blutbefleckten
Hände griffen nach den heiligen Geräten, und
was andere Könige gestiftet hatten, um Glanz
und Ruhm des Ortes zu erhöhen, raffte er mit
unreinen Händen zusammen.

17 In seiner Selbstüberhebung sah Antiochus
nicht, dass der Herr nur für eine kurze Zeit
zornig war, weil die Einwohner der Stadt ge-
sündigt hatten, und deswegen den Ort für
nichts achtete. 18 Hätten sie sich damals nicht
in viele Sünden verstrickt, dann wäre ihm,
sobald er sich vorwagte, seine Anmaßung
durch Peitschenhiebe ausgetrieben worden,
ähnlich wie Heliodor, der von König Seleukus
zur Durchsuchung der Schatzkammer gesandt
worden war. 19 Aber der Herr hat nicht das Volk
wegen des Ortes, sondern den Ort wegen des
Volkes erwählt. 20 Deswegen litt auch der Ort
selbst mit unter den Unglücksschlägen, die das
Volk trafen, wie er später Anteil hatte an sei-
nem Glück. Als der Allherrscher zürnte, lag
der Ort verlassen da; als aber der große Herr
sich wieder versöhnen ließ, wurde er in seiner
ganzen Herrlichkeit wiederhergestellt.

21 Antiochus also ließ tausendachthundert
Talente aus dem Tempel schaffen und zog eilig
ab nach Antiochia. In seiner Vermessenheit
glaubte er, das Land schiffbar und das Meer
gangbar machen zu können, so sehr über-
schätzte er sich selbst. 22 Er ließ Befehlshaber
zurück, die das Volk unterdrücken sollten. In
Jerusalem war es Philippus, seiner Herkunft
nach ein Phrygier, seiner Gesinnung nach
noch barbarischer als der, der ihn eingesetzt
hatte; 23 auf dem Berg Garizim war es Andro-
nikus. Dazu kam Menelaus, der sich seinen
Mitbürgern gegenüber noch herrischer auf-
führte als die anderen; denn er hasste die jüdi-
schen Bürger.

24 Außerdem schickte der König den Anfüh-
rer der Mysier, Apollonius, mit einem Heer
von zweiundzwanzigtausend Mann; er hatte
ihm befohlen, alle wehrfähigen Männer um-
zubringen, die Frauen und Kinder aber in die
Sklaverei zu verkaufen. 25 Als Apollonius in

Jerusalem ankam, spielte er zunächst den
Friedfertigen. Er wartete bis zum heiligen Sab-
battag. Als er nun bemerkte, dass die Juden
sich jeder Arbeit enthielten, gab er seinen Leu-
ten Befehl, zu den Waffen zu greifen. 26 Alle,
die zum festlichen Gottesdienst gegangen
waren, ließ er niederstechen. Dann drangen
sie mit den Waffen in die Stadt ein und streck-
ten eine große Menschenmenge nieder.
27 Judas aber, mit dem Beinamen der Mak-
kabäer, schloss sich mit neun Gefährten zu-
sammen und zog sich in die Berge zurück und
er lebte da wie die wilden Tiere. Sie ernährten
sich die ganze Zeit nur von Pflanzen, um nicht
unrein zu werden.

1: 1 Makk 1,17 / **9:** 1 Makk 12,7 / **11–16:** 1 Makk 1,20–24 / **17:** 6,12–17 / **24–26:** 1 Makk 1,29f. / **27:** 1 Makk 2,28; Hebr 11,38

ZWEI BERICHTE ÜBER VERFOLGUNG UND MARTYRIEN: 6,1–7,42

RELIGIONSVERFOLGUNG DER JUDEN: 6,1–11

6 1 Nicht lange darauf schickte der König
einen alten Athener; der sollte die Juden
zwingen, die Gesetze ihrer Väter aufzugeben
und ihr Leben nicht mehr durch Gottes Geset-
ze lenken zu lassen. 2 Auch sollte er den Tempel
zu Jerusalem schänden und ihn Zeus, dem
Herrscher des Olymp, und den Tempel auf dem
Berg Garizim Zeus, dem Hüter des Gastrechts,
weihen, was mit der gastfreundlichen Art der
Einwohner jenes Ortes in Einklang stand. 3 Der
Ansturm der Bosheit war kaum zu ertragen und
allen ein Grauen. 4 Denn die Heiden erfüllten
das Heiligtum mit wüstem Treiben und mit
Gelagen. Sie gaben sich mit Dirnen ab und lie-
ßen sich in den heiligen Vorhöfen mit Frauen
ein. Auch brachten sie vieles hinein, was nicht
hineingehörte. 5 Auf dem Altar häuften sich die
unerlaubten, vom Gesetz verbotenen Gaben.
6 Man konnte weder den Sabbat halten noch die
alten Feste begehen, ja, man durfte sich über-
haupt nicht mehr als Jude bekennen. 7 Zu ihrer
Erbitterung mussten die Einwohner sich am
monatlich begangenen Geburtstag des Königs
zum Opfermahl führen lassen und am Fest der
Dionysien zwang man sie, zu Ehren des Dio-
nysos mit Efeu bekränzt in der Prozession mit-
zugehen. 8 Auf Befehl des Ptolemäus aber er-
ging ein Erlass an die benachbarten griechischen
Städte, sie sollten mit den Juden ebenso verfah-
ren und Opfermahlzeiten veranstalten. 9 Wer
sich aber nicht entschließen wolle, zur griechi-
schen Lebensweise überzugehen, sei hinzu-
richten.
Da konnte man nun das Elend sehen, das
hereinbrach. 10 Man führte nämlich zwei Frau-
en vor, die ihre Kinder beschnitten hatten.
Darauf hängte man ihnen die Säuglinge an die
Brüste, führte sie öffentlich in der Stadt umher
und stürzte sie dann von der Mauer. 11 Andere
waren in der Nähe zusammengekommen, um
heimlich in Höhlen den Sabbat zu begehen. Sie
wurden an Philippus verraten, und da sie sich
wegen der Würde des heiligen Tages scheuten,
sich zu wehren, wurden sie alle zusammen
verbrannt.

1–11: 1 Makk 1,45–59 / **10:** 1 Makk 1,60 / **11:** 1 Makk 2,29–38

GÖTTLICHER SINN DER VERFOLGUNG: 6,12–17

12 An dieser Stelle möchte ich die Leser des
Buches ermahnen, sich durch die schlimmen
Ereignisse nicht entmutigen zu lassen. Sie
mögen bedenken, dass die Strafen unser Volk
nicht vernichten, sondern erziehen sollen.
13 Denn wenn die Sünder nicht lange geschont,
sondern sofort bestraft werden, ist das ein Zei-
chen großer Güte. 14 Bei den anderen Völkern
wartet der Herr geduldig, bis das Maß ihrer
Sünden voll ist; dann erst schlägt er zu. Mit uns
aber beschloss er, anders zu verfahren, 15 damit
er uns nicht am Ende verurteilen müsse, wenn
wir es mit unseren Sünden bis zum Äußersten
getrieben hätten. 16 Daher entzieht er uns nie
sein Erbarmen, sondern erzieht sein Volk
durch Unglück und lässt es nicht im Stich.
17 Das soll uns zur Beherzigung gesagt sein.
Nach dieser kurzen Abschweifung aber wol-
len wir mit der Erzählung fortfahren.

12–16: 5,17–20; 7,18f.32f.38 / **13:** Weish 11,9f.; 12,2.22

6,8 Des Ptolemäus: G; der Einwohner von Ptolemaïs: Vg.

MARTYRIUM DES GREISEN SCHRIFTGELEHRTEN ELEASAR: 6,18–31

18 Unter den angesehensten Schriftgelehrten
war Eleasar, ein Mann von schon hohem Al-
ter und sehr edlen Gesichtszügen. Man
sperrte ihm den Mund auf und wollte ihn
zwingen, Schweinefleisch zu essen. 19 Er aber
zog den ehrenvollen Tod einem Leben voll
Schande vor, ging freiwillig auf die Folter-
bank zu 20 und spuckte das Fleisch wieder
aus, wie es jemand tun musste, der sich
standhaft wehrte zu essen, was man nicht
essen darf, auch nicht aus Liebe zum Leben.
21 Die Leute, die mit dem gesetzwidrigen Op-
fermahl beauftragt waren und den Mann von
früher her kannten, nahmen ihn heimlich
beiseite und redeten ihm zu, er solle sich
doch Fleisch holen lassen, das er essen dürfe,
und es selbst zubereiten. Dann solle er tun,
als ob er von dem Opferfleisch esse, wie es
der König befohlen habe. 22 Wenn er es so
mache, entgehe er dem Tod; weil sie alte
Freunde seien, würden sie ihn menschlich
behandeln.

23 Er aber fasste einen edlen Entschluss, wie
es sich gehörte für einen Mann, der so alt und
wegen seines Alters angesehen war, in lange
bewährter Würde ergraut, der von Jugend an
aufs Vorbildlichste gelebt und – was noch
wichtiger ist – den heiligen, von Gott gegebe-
nen Gesetzen gehorcht hatte. So erklärte er
ohne Umschweife, man solle ihn ruhig zur
Unterwelt schicken. 24 Wer so alt ist wie ich,
soll sich nicht verstellen. Viele junge Leute
könnten sonst glauben, Eleasar sei mit seinen
neunzig Jahren noch zu der fremden Lebensart
übergegangen. 25 Wenn ich jetzt heuchelte, um
eine geringe, kurze Zeit länger zu leben, leite-
te ich sie irre, brächte meinem Alter aber
Schimpf und Schande. 26 Vielleicht könnte ich
mich für den Augenblick einer Strafe von Men-
schen entziehen; doch nie, weder lebendig
noch tot, werde ich den Händen des Allherr-
schers entfliehen. 27 Darum will ich jetzt wie
ein Mann sterben und mich so meines Alters
würdig zeigen. 28 Der Jugend aber hinterlasse
ich ein edles Beispiel, wie man mutig und in
edler Haltung für die ehrwürdigen und heili-
gen Gesetze eines guten Todes stirbt. Nach
diesen Worten ging er geradewegs zur Folter-
bank.

6,18 Viele Kirchenväter haben Eleasar als einen vorchristlichen Märtyrer gepriesen.

29 Da schlug die Freundlichkeit, die ihm sei-
ne Begleiter eben noch erwiesen hatten, in
Feindschaft um; denn was er gesagt hatte,
hielten sie für Wahnsinn. 30 Als er unter Schlä-
gen in den Tod ging, sagte er stöhnend: Der
Herr weiß in seiner heiligen Erkenntnis, dass
ich dem Tod hätte entrinnen können. Mein
Körper leidet Qualen unter den Schlägen, mei-
ne Seele aber erträgt sie mit Freuden, weil ich
ihn fürchte. 31 Auf solche Weise starb er; durch
seinen Tod hinterließ er nicht nur der Jugend,
sondern den meisten aus dem Volk ein Beispiel
für edle Gesinnung und ein Denkmal der Tu-
gend.

18: 1 Makk 1,62–64; Hebr 11,35; Lev 11,7f.

MARTYRIUM DER SIEBEN BRÜDER MIT IHRER MUTTER, ZEHN WORTE ÜBER DIE BEDEUTUNG DES MARTYRIUMS: 7,1–42

7 1 Ein andermal geschah es, dass man sie-
ben Brüder mit ihrer Mutter festnahm.
Der König wollte sie zwingen, entgegen dem
göttlichen Gesetz Schweinefleisch anzurüh-
ren, und ließ sie darum mit Geißeln und Rie-
men peitschen. 2 Einer von ihnen ergriff für
die andern das Wort und sagte: Was willst du
uns fragen und was willst du von uns lernen?
Eher sterben wir, als dass wir die Gesetze un-
serer Väter übertreten. 3 Da wurde der König
zornig und befahl, Pfannen und Kessel heiß zu
machen. 4 Kaum waren sie heiß geworden, ließ
er ihrem Sprecher die Zunge abschneiden, ihm
nach Skythenart die Kopfhaut abziehen und
Nase, Ohren, Hände und Füße stückweise ab-
hacken. Dabei mussten die anderen Brüder
und die Mutter zuschauen. 5 Den grässlich
Verstümmelten, der noch atmete, ließ er ans
Feuer bringen und rösten. Während sich der
Dunst aus der Pfanne nach allen Seiten ver-
breitete, sprachen sie und ihre Mutter einander
Mut zu, in edler Haltung zu sterben. Sie sag-
ten: 6 Gott, der Herr, sieht und gewiss hat er
Erbarmen mit uns. Denn so hat es Mose klar
gesagt in dem Lied, in dem er öffentlich das
Volk anklagte: Und er wird mit seinen Dienern
Erbarmen haben.

7 Als der Erste der Brüder auf diese Weise
gestorben war, führten sie den Zweiten zur
Folterung. Sie zogen ihm die Kopfhaut samt
den Haaren ab und fragten ihn: Willst du es-
sen, bevor wir Glied für Glied an deinem Kör-
per martern? 8 Er antwortete in seiner Mutter-
sprache: Nein! Deshalb wurde er genauso wie

der Erste gefoltert. 9 Als er in den letzten Zügen
lag, sagte er: Du Unmensch! Du nimmst uns
dieses Leben; aber der König der Welt wird uns
zu einem neuen, ewigen Leben auferstehen
lassen, weil wir für seine Gesetze gestorben
sind.

10 Nach ihm folterten sie den Dritten. Als sie
seine Zunge forderten, streckte er sie sofort
heraus und hielt mutig die Hände hin. 11 Dabei
sagte er gefasst: Vom Himmel habe ich sie be-
kommen und wegen seiner Gesetze achte ich
nicht auf sie. Von ihm hoffe ich sie wiederzu-
erlangen. 12 Sogar der König und seine Leute
staunten über den Mut des jungen Mannes,
dem die Schmerzen nichts bedeuteten.

13 Als er tot war, quälten und misshandelten
sie den Vierten genauso. 14 Dieser sagte, als er
dem Ende nahe war: Gott hat uns die Hoff-
nung gegeben, dass er uns auferstehen lässt.
Darauf warten wir gern, wenn wir von Men-
schenhand sterben. Für dich aber gibt es keine
Auferstehung zum Leben.

15 Anschließend nahmen sie sich den Fünf-
ten vor und misshandelten ihn. 16 Der sah den
König an und sagte: Du bist ein vergänglicher
Mensch und doch hast du die Macht, unter den
Menschen zu tun, was du willst. Aber glaub
nicht, unser Volk sei von Gott verlassen. 17 Du
aber warte nur! Du wirst seine gewaltige Kraft
sehen, wenn er dich und deine Nachkommen
martert.

18 Nach ihm holten sie den Sechsten. Ster-
bend sagte er: Lass dich nicht für nichts täu-
schen! Denn wir sind selbst schuld an unserem
Leid, weil wir gegen unseren Gott gesündigt
haben. Darum konnte so Staunenswertes ge-
schehen. 19 Glaub aber ja nicht, dass du heil
davonkommst; denn du hast es gewagt, mit
Gott zu kämpfen.

20 Über alle Maßen muss man über die Mut-
ter staunen. Sie verdient es, dass man sich an
sie mit Hochachtung erinnert. An einem ein-
zigen Tag sah sie nacheinander ihre sieben
Söhne sterben und ertrug es hochgesinnt in
der Hoffnung auf den Herrn. 21 Voll edler Ge-
sinnung pflanzte sie ihrem weiblichen Den-
ken männlichen Mut ein, redete jedem von
ihnen in ihrer Muttersprache zu und sagte zu
ihnen: 22 Ich weiß nicht, wie ihr in meinem
Schoß entstanden seid, noch habe ich euch
Atem und Leben geschenkt; auch habe ich kei-
nen von euch aus den Grundstoffen zusam-
mengefügt. 23 Nein, der Schöpfer der Welt hat
den werdenden Menschen geformt, als er ent-
stand; er kennt die Entstehung aller Dinge. Er
gibt euch in seinem Erbarmen Atem und Le-
ben wieder, weil ihr jetzt um seiner Gesetze
willen nicht auf euch achtet. 24 Antiochus aber
glaubte, sie verachte ihn, und er hatte den Ver-
dacht, sie wolle ihn beschimpfen.

Nun war nur noch der Jüngste übrig. Auf ihn
redete der König nicht nur mit guten Worten
ein, sondern versprach ihm unter Schwüren,
ihn reich und sehr glücklich zu machen, wenn
er von der Lebensart seiner Väter abfalle; auch
wolle er ihn zu seinem Freund machen und ihn
mit hohen Staatsämtern betrauen. 25 Als der
Junge nicht darauf einging, rief der König die
Mutter und redete ihr zu, sie solle dem Knaben
doch raten, sich zu retten. 26 Erst nach langem
Zureden willigte sie ein, ihren Sohn zu über-
reden. 27 Sie beugte sich zu ihm nieder und, den
grausamen Tyrannen verspottend, sagte sie in
ihrer Muttersprache: Mein Sohn, hab Mitleid
mit mir! Neun Monate habe ich dich in meinem
Leib getragen, ich habe dich drei Jahre gestillt,
dich ernährt, großgezogen und für dich ge-
sorgt, bis du nun so groß geworden bist. 28 Ich
bitte dich, mein Kind, schau dir den Himmel
und die Erde an; sieh alles, was es da gibt, und
erkenne: Gott hat das aus dem Nichts erschaf-
fen und so entstehen auch die Menschen.
29 Hab keine Angst vor diesem Henker, sei dei-
ner Brüder würdig und nimm den Tod an!
Dann werde ich dich zur Zeit des Erbarmens
mit deinen Brüdern wiederbekommen.

30 Kaum hatte sie aufgehört, da sagte der
Junge: Auf wen wartet ihr? Dem Befehl des
Königs gehorche ich nicht; ich höre auf den
Befehl des Gesetzes, das unseren Vätern durch
Mose gegeben wurde. 31 Du aber, der sich alle
Bosheit gegen die Hebräer ausgedacht hat, du
wirst Gottes Händen nicht entkommen.
32 Denn wir leiden nur, weil wir gesündigt
haben. 33 Wenn auch der lebendige Herr eine
kurze Zeit lang zornig auf uns ist, um uns
durch Strafen zu erziehen, so wird er sich doch
mit seinen Dienern wieder versöhnen. 34 Du
Ruchloser aber, du größter Verbrecher der
Menschheit, überheb dich nicht vergeblich im
Übermut ungewisser Hoffnungen, wenn du
deine Hand gegen die Kinder des Himmels
erhebst! 35 Denn noch bist du dem Gericht des
allmächtigen Gottes, der alles sieht, nicht
entronnen. 36 Unsere Brüder sind jetzt nach
kurzem Leiden mit der göttlichen Zusiche-

rung ewigen Lebens für den Bund Gottes gestorben; du jedoch wirst beim Gericht Gottes die gerechte Strafe für deinen Übermut zahlen.
37 Ich gebe wie meine Brüder Leib und Leben hin für die Gesetze unserer Väter und rufe dabei Gott an, dass er seinem Volk bald wieder gnädig sei; du aber sollst unter Qualen und Schlägen bekennen müssen, dass er allein Gott
ist. 38 Bei mir und meinen Brüdern möge der Zorn des Allherrschers aufhören, der sich zu Recht über unser ganzes Volk ergossen hat.
39 Außer sich verfuhr der König mit ihm noch schlimmer als mit den anderen – so sehr hatte ihn der Hohn verletzt.
40 Auch der Jüngste starb also in Reinheit und mit ganzem Vertrauen auf den Herrn.
41 Zuletzt starb nach ihren Söhnen die Mutter.
42 So viel sei über die Opfermähler und die äußerst schlimmen Misshandlungen berichtet.

1: Lev 11,7f. / **6:** Dtn 32,36 / **9:** 7,11.14.23.29.36; 12,43f.; 14,46; Dan 12,2 / **22:** Ijob 10,8–12; Ps 139,13–15 / **28:** Ijob 26,7

7,41 In der christlichen Überlieferung gelten die sieben makkabäischen Brüder als Märtyrer, denen man im Mittelmeerraum viele Kirchen weihte.

RETTUNG DES JÜDISCHEN VOLKES UND DES TEMPELS: 8,1–10,8

SIEG DER JUDEN ÜBER DIE FELDHERREN NIKANOR UND GORGIAS: 8,1–36

8
1 Judas aber, den man auch Makkabäer nennt, und seine Leute schlichen sich heimlich in die Dörfer und riefen ihre Verwandten zu sich; auch gewannen sie die, welche an der jüdischen Lebensweise festhielten, sodass sie etwa sechstausend Mann zusammenbrachten.
2 Sie riefen den Herrn an, er möge auf das von allen geschundene Volk schauen und Mitleid haben mit dem Tempel, den ruchlose Menschen entweiht hatten,
3 er möge sich auch der Stadt erbarmen, die zerstört werde und bald dem Erdboden gleichgemacht sei, und auf das unschuldig vergossene Blut hören, das anklagend zu ihm aufschreie.
4 Er solle daran denken, dass man dem Recht zum Trotz unschuldige Kinder ermordet und seinen Namen gelästert habe, und zeigen, dass er das Böse hasse.
5 Sobald der Makkabäer eine Streitmacht aufgestellt hatte, konnten ihn die Heiden nicht mehr aufhalten; denn der Herr hatte seinem Zorn Erbarmen folgen lassen.
6 Er überfiel unerwartet Städte und Dörfer und steckte sie in Brand. Da er günstige Stellungen bezog, jagte er nicht wenige Feinde in die Flucht.
7 Meist nutzte er die Nächte zu solchen Überfällen und der Ruf seiner Kühnheit verbreitete sich überall.
8 Philippus merkte, dass der Mann rasch an Macht gewann und von Tag zu Tag erfolgreicher wurde; er schrieb daher an Ptolemäus, den Befehlshaber von Koilesyrien und Phönizien, er solle der Sache des Königs zu Hilfe kommen.
9 Dieser wählte sofort Nikanor, den Sohn des Patroklus, der zu den ersten Freunden des Königs gehörte, und ließ ihn an der Spitze eines Heeres von mindestens zwanzigtausend Mann aus aller Herren Länder ausrücken, mit dem Auftrag, die gesamte Bevölkerung Judäas auszurotten. Er gab ihm auch Gorgias mit, einen im Kriegswesen erfahrenen Befehlshaber.
10 Der König musste den Römern noch zweitausend Talente Kriegsschulden zahlen; Nikanor beschloss, diese Summe aus dem Verkauf gefangener Juden aufzubringen.
11 Unverzüglich ließ er durch Boten in den Hafenstädten bekannt geben, man könne zu ihm kommen und jüdische Sklaven kaufen; für ein Talent versprach er neunzig Sklaven zu liefern. Er ahnte nicht, dass ihn bald das gerechte Urteil des Allherrschers ereilen würde.
12 Judas hörte vom Anmarsch Nikanors und gab seinen Leuten bekannt, dass jener mit seinem Heer heranrückte.
13 Die Feiglinge und die, die dem gerechten Urteil Gottes misstrauten, liefen weg und machten sich davon.
14 Die anderen aber verkauften alles, was sie noch hatten; zugleich baten sie den Herrn, sie zu retten; denn der verruchte Nikanor habe sie schon verkauft, bevor er ihnen überhaupt begegnet sei,
15 und wenn er es schon nicht ihret-

wegen tun wolle, dann doch wegen der Bünd-
nisse, die er mit ihren Vätern geschlossen
habe, und weil über ihnen selbst sein heiliger
und herrlicher Name ausgerufen worden sei.

16 Der Makkabäer versammelte seine Leute,
sechstausend an der Zahl. Er redete ihnen zu,
sich von den Feinden nicht aus der Fassung
bringen zu lassen und keine Angst zu haben,
weil die Völker in solchen Massen ohne jeden
Grund gegen sie heranrückten. Sie sollten tap-
fer kämpfen 17 und sich vor Augen halten, mit
welch frechem Übermut man entgegen allem
Recht den heiligen Ort behandelt habe, wie
übel man der Stadt mitgespielt und wie man
sie zugerichtet habe und dass die von den Vor-
fahren ererbte Verfassung aufgelöst worden
sei. 18 Er sagte: Sie verlassen sich auf ihre Rüs-
tung und auf Kühnheit; wir aber verlassen uns
auf den allmächtigen Gott, der unsere Angrei-
fer und die ganze Welt mit einem einzigen
Wink niederwerfen kann. 19 Weiter zählte er
ihnen auf, wie oft Gott ihren Vorfahren gehol-
fen habe, etwa gegen Sanherib, als hundert-
fünfundachtzigtausend Mann untergingen.
20 Er erwähnte auch die Schlacht mit den Ga-
latern in Babylon: Da waren sie, zusammen
mit viertausend Mazedoniern nur achttausend
Mann stark, zum Kampf angetreten, und als
die Mazedonier in eine verzweifelte Lage ge-
rieten, schlugen sie, weil der Himmel ihnen
half, mit sechstausend Mann hundertzwan-
zigtausend vernichtend und machten reiche
Beute.

21 So machte er ihnen Mut, damit sie bereit
wären, für die Gesetze und das Vaterland zu
sterben. Dann teilte er sein Heer in vier Abtei-
lungen ein. 22 An die Spitze der einzelnen
Gruppen stellte er seine Brüder Simeon, Josef
und Jonatan, denen er je fünfzehnhundert
Mann zuwies, 23 und außerdem den Eleasar. Er
selbst las aus dem Heiligen Buch vor und gab
die Losung aus: Mit Gottes Hilfe! Dann trat er
vor die erste Abteilung und griff Nikanor an.

24 Da der Allherrscher mit ihnen kämpfte,
machten sie mehr als neuntausend Feinde nie-
der, verwundeten und verstümmelten den
größten Teil des Heeres Nikanors und zwan-
gen alle Übrigen zur Flucht. 25 Dabei erbeute-
ten sie auch das Geld der Leute, die gekommen
waren, um sie zu kaufen. Sie verfolgten sie
ziemlich lange, kehrten dann aber um, weil die
Zeit knapp wurde. 26 Es war nämlich am Tag
vor dem Sabbat; darum setzten sie ihnen nicht
länger nach. 27 Sie sammelten die Waffen der
Feinde ein und zogen ihnen die Rüstungen
aus. Dann feierten sie den Sabbat; begeistert
priesen sie den Herrn und lobten ihn. Er hatte
sie gerettet, um sie diesen Tag erleben zu las-
sen, an dem er ihnen von Neuem sein Er-
barmen zugewandt hatte.

28 Nach dem Sabbat verteilten sie die Beute.
Zuerst gaben sie davon den Misshandelten
und den Witwen und Waisen; den Rest ver-
teilten sie unter sich selbst und ihre Kinder.
29 Danach hielten sie einen Bittgottesdienst ab
und baten den barmherzigen Herrn, er möge
sich mit seinen Dienern wieder völlig aussöh-
nen.

30 Sie kämpften auch gegen die Truppen des
Timotheus und des Bakchides, töteten von
ihnen über zwanzigtausend Mann und erober-
ten einige hohe Festungen. Die reiche Beute
verteilten sie zu gleichen Teilen unter sich und
unter die Misshandelten, die Waisen und Wit-
wen, dazu noch unter die alten Leute. 31 Sie
sammelten die Waffen der Erschlagenen ein
und bewahrten sie sorgfältig an geeigneten
Orten auf. Die übrige Beute schafften sie nach
Jerusalem.

32 Den Phylarchen, einen ganz ruchlosen
Mann aus der Umgebung des Timotheus, tö-
teten sie; er hatte den Juden viel Leid zugefügt.
33 Bei der Siegesfeier in der Vaterstadt ver-
brannten sie die Männer, die die heiligen Tore
angezündet hatten, sowie den Kallisthenes; er
hatte sich in ein kleines Haus geflüchtet. So
erhielt er den verdienten Lohn für seine Ver-
ruchtheit.

34 Der dreifach verruchte Nikanor aber, der
die tausend Händler mitgebracht hatte, um die
Juden zu verkaufen, 35 wurde von denen, die
er zutiefst verachtet hatte, mit Hilfe des Herrn
gedemütigt. Er musste sein Prachtgewand
ausziehen und sich wie ein entlaufener Sklave
mitten durch das Land allein nach Antiochia
durchschlagen. Er konnte von Glück reden
nach dem Untergang seines Heeres. 36 Er, der
den Tribut für die Römer aus den Gefangenen
Jerusalems aufzubringen gedachte, musste
nun verkünden, dass die Juden einen hätten,
der für sie kämpfe, und dass sie deshalb unver-
wundbar seien; denn sie befolgten seine Ge-
setze.

1–7: 1 Makk 2,42–48 / **1:** 5,27 / **8–36:** 1 Makk 3,38–4,25 / **8:** 5,22; 4,45 / **15:** Jer 14,9 / **19:** 2 Kön 19,35 / **30:** 1 Makk 5,6; 7,8 / **33:** 1,8

QUALVOLLER TOD DES RELIGIONSVERFOLGERS ANTIOCHUS IV. EPIPHANES: 9,1–29

9 1 Etwa zur selben Zeit musste Antiochus
mit Schimpf und Schande aus Persien
abziehen. 2 Er war in die Stadt, die man Per-
sepolis nennt, einmarschiert. Bei dem Ver-
such, den Tempel auszurauben und eine Be-
satzung in die Stadt zu legen, erhob sich die
Bevölkerung in Massen und suchte Zuflucht
bei den Waffen. Die Truppen wurden geschla-
gen und Antiochus von den Einwohnern ver-
jagt; er musste schmählich den Rückzug an-
treten.

3 In der Gegend von Ekbatana erhielt er die
Nachricht von dem, was Nikanor und den
Truppen des Timotheus zugestoßen war. 4 Da
geriet er in heftigen Zorn und glaubte, seine
Wut über die, welche ihn in die Flucht geschla-
gen hatten, an den Juden auslassen zu können.
Darum befahl er dem Wagenlenker, ohne Un-
terbrechung bis zum Ziel durchzufahren. Aber
schon drohte ihm das Gericht des Himmels;
denn in seiner Vermessenheit sagte er: Sobald
ich in Jerusalem bin, mache ich die Stadt zu
einem Friedhof für alle Juden.

5 Doch der Herr, der alles sieht, Israels Gott,
traf ihn, ohne dass es jemand sehen konnte,
mit einem Schlag, für den es keine Heilung
gab. Kaum hatte er zu reden aufgehört, da
spürte er in seinen Eingeweiden einen unstill-
baren Schmerz und heftige innere Qualen.
6 Damit geschah ihm ganz recht, hatte er doch
die Eingeweide anderer durch zahllose ausge-
fallene Foltern gequält. 7 Dennoch blieb sein
Stolz ungebrochen; ja, die Vermessenheit hat-
te ihn ganz und gar in Besitz genommen. Er
schnaubte in glühender Wut gegen die Juden
und befahl dem Wagenlenker, noch schneller
zu fahren. Doch dann geschah es: In voller
Fahrt fiel er aus dem dahinrasenden Wagen
und stürzte so schwer, dass er sich alle Glieder
seines Leibes verrenkte. 8 Eben noch hatte er
in alles menschliche Maß sprengender Selbst-
überschätzung geglaubt, er könne den Wogen
des Meeres gebieten und die Gipfel der Berge
auf einer Waage wiegen. Nun lag er auf der
Erde und man musste ihn auf eine Bahre legen.
So zeigte sich an ihm sichtbar Gottes Macht.
9 Aus den Augen des Verruchten krochen
Würmer; während er noch lebte, verfaulte
sein Fleisch unter Schmerzen und Qualen und
der Verwesungsgeruch, der von ihm ausging,
verpestete das ganze Lager. 10 Kurz zuvor hat-
te er noch geglaubt, er könne nach den Sternen
des Himmels greifen; jetzt konnte ihn nie-
mand mehr geleiten, so unerträglich war der
Gestank.

11 Da endlich begann der Gepeinigte, von
seinem maßlosen Hochmut abzulassen und
unter Gottes Schlägen zur Einsicht zu kom-
men; denn seine Schmerzen wurden mit je-
dem Augenblick schlimmer. 12 Als er seinen
Geruch selbst nicht mehr ertragen konnte,
sagte er: Es ist gerecht, sich Gott zu unterwer-
fen. Die Gedanken eines Sterblichen dürfen
sich nicht über ihn erheben. 13 Der Verbrecher
rief sogar den Herrn an, fand aber bei ihm kein
Erbarmen mehr. Er gelobte, 14 die Heilige
Stadt, die er kurzerhand hatte dem Erdboden
gleichmachen und in einen Friedhof umwan-
deln wollen, in den Rang einer freien Stadt zu
erheben. 15 Hatte er zuerst beschlossen, die
Juden nicht einmal eines Grabes zu würdigen,
sondern sie samt den Säuglingen den Raubvö-
geln und den wilden Tieren zum Fraß vorzu-
werfen, so wollte er sie nun alle den Bürgern
von Athen gleichstellen. 16 Er versprach, den
heiligen Tempel, den er zuvor geplündert hat-
te, mit den schönsten Weihegeschenken zu
schmücken, die heiligen Geräte um ein Viel-
faches zu ersetzen und die nötigen Aufwen-
dungen für die Opfer aus eigenen Mitteln
aufzubringen. 17 Ja, er wollte sogar selbst Jude
werden und überall hingehen, wo Menschen
wohnen, um Gottes Macht zu verkünden.

18 Trotzdem ließen seine Schmerzen nicht
nach; denn das gerechte Gericht Gottes war
über ihn gekommen. Da gab er alle Hoffnung
für sich auf und schrieb den Juden einen Brief,
der eigentlich eine Bittschrift war. Der Brief
hatte diesen Inhalt:

19 Seinen lieben Juden, den Bürgern,
wünscht Antiochus, König und Befehlshaber,
viel Freude, Gesundheit und Wohlergehen.
20 Ich danke Gott sehr, wenn ihr gesund seid
und wenn es auch euren Kindern und eurem
Besitz nach Wunsch ergeht. Dafür setze ich
meine Hoffnung auf den Himmel. 21 Ich erin-
nere mich in Liebe an die Achtung und freund-
liche Hochschätzung, die ihr mir entgegenge-
bracht habt. Bei meiner Rückkehr aus Persien
zog ich mir eine Krankheit zu, die mich sehr

9,9 Aus den Augen, andere Lesart: Aus dem Leib.

9,12 Sich erheben über, andere Textzeugen: wie Gott sein.

belastet. Darum hielt ich es für nötig, für die
gemeinsame Sicherheit aller Bürger zu sorgen.
22 Nicht dass ich mich schon aufgegeben hätte
– ich habe vielmehr gute Hoffnung, von der
Krankheit zu genesen. 23 Aber ich dachte da-
ran, dass schon mein Vater jedes Mal einen
Nachfolger bestimmte, wenn er ins Hochland
zog, um Krieg zu führen. 24 Falls dann etwas
Unvorhergesehenes eintrat oder eine schlech-
te Nachricht umging, wussten die Bewohner
des Reiches, wem die Regierung übertragen
worden war, und sie brauchten sich nicht zu
beunruhigen. 25 Auch sehe ich, wie die Herr-
scher an den Grenzen unseres Königreiches,
unsere Nachbarn, nur auf günstige Gelegen-
heiten lauern und die kommende Entwick-
lung abwarten. Darum habe ich in aller Form
meinen Sohn Antiochus zum König und
Nachfolger bestimmt; ihn habe ich den meis-
ten von euch ja schon oft anvertraut und emp-
fohlen, wenn ich plötzlich in die oberen Sat-
rapien hinaufziehen musste. An ihn habe ich
einen Brief geschrieben, den ich beilege. 26 Ich
bitte euch eindringlich: Denkt daran, wie viel
Gutes ich eurer Gemeinschaft und jedem Ein-
zelnen von euch erwiesen habe, und bewahrt
mir und meinem Sohn euer Wohlwollen!
27 Ich bin überzeugt, dass er meine Politik der
Güte und Freundschaft weiterführen und in
gutem Einvernehmen mit euch bleiben wird.

28 So endete also der Menschenmörder und
Gotteslästerer fern seiner Heimat im Gebirge
auf jämmerlichste Weise, unter entsetzlichs-
ten Schmerzen, ganz wie er sie anderen zuge-
fügt hatte. 29 Sein Jugendfreund Philippus ließ
den Leichnam überführen; dann begab er sich
nach Ägypten zu Ptolemäus Philometor, weil
er dem Sohn des Antiochus nicht traute.

1–29: 1 Makk 6,1–16; 2 Makk 1,11–17 / **5:** Apg 12,20–23 / **8:** Ps 65,7f.; Jes 40,12 / **9:** Apg 12,23; Sir 7,17

REINIGUNG UND WEIHE DES TEMPELS, EINSETZUNG DES WEIHEFESTES CHANUKKA: 10,1–8

10 1 Der Makkabäer aber und seine Leute
konnten unter der Führung des Herrn
das Heiligtum und die Stadt wieder in Besitz
nehmen. 2 Sie rissen die Altäre ein, die die Frem-
den auf dem Tempelplatz errichtet hatten, und
legten die Umfriedungsmauern nieder. 3 Den
Tempel selbst reinigten sie und bauten einen
neuen Altar. Sie schlugen Feuer aus Steinen,
nahmen es und brachten nach zweijähriger Un-
terbrechung wieder Opfer dar. Auch sorgten sie
für Räucherwerk, Leuchter und Schaubrote.

4 Dann warfen sie sich auf die Erde nieder und
flehten zum Herrn, dass sie nie wieder in sol-
ches Unglück gerieten. Für den Fall, dass sie
noch einmal sündigen sollten, wollten sie lieber
von ihm selbst in Güte gezüchtigt werden als
in die Hände gotteslästerlicher und barbarischer
Völker fallen. 5 Es traf sich, dass die Reinigung
des Tempels auf den gleichen Tag fiel, an dem
ihn die Fremden entweiht hatten, nämlich auf
den fünfundzwanzigsten Kislew. 6 Sie feierten
acht Tage lang ein fröhliches Fest nach Art des
Laubhüttenfestes; dabei dachten sie daran, dass
sie noch vor Kurzem das Laubhüttenfest wie
wilde Tiere auf Bergen und in Höhlen verbracht
hatten. 7 Sie nahmen Stäbe, die sie mit Efeu und
Weinlaub umwunden hatten, in die Hand und
schöne Laubzweige – auch Palmzweige – und
ließen Loblieder zu dem hinaufsteigen, der
den Weg zur Reinigung des Ortes bereitet hat-
te, der sein Eigentum ist. 8 Sie setzten durch eine
öffentliche Entschließung und Abstimmung
fest, dass das ganze jüdische Volk jedes Jahr
diese Tage festlich zu begehen habe.

1–8: 1 Makk 4,36–61 / **4:** 2 Sam 24,14; 1 Chr 21,13 / **6:** 5,27

10,1–8 Im Herbst 164 v. Chr. starb Antiochus; im Dezember des gleichen Jahres wurde der Tempel gereinigt.

KRIEGE DES MAKKABÄERS JUDAS UNTER ANTIOCHUS V. EUPATOR: 10,9–13,26

KRIEG IN IDUMÄA: 10,9–23

9 So starb Antiochus, den man Epiphanes
nannte. 10 Jetzt wollen wir noch berichten, was
unter Antiochus Eupator geschah, dem Sohn
dieses ruchlosen Menschen. Dabei fassen wir
kurz zusammen, welches Unheil aus den krie-
gerischen Verwicklungen entstand.

11 Als Eupator seine Herrschaft antrat, er-
nannte er einen Mann namens Lysias zum
Reichsverweser; außerdem machte er ihn zum

obersten Befehlshaber über Koilesyrien und
Phönizien. 12 Ptolemäus, mit dem Zunamen
Makron, hatte als Erster den Juden Gerechtig-
keit widerfahren lassen, weil ihnen so viel
Unrecht geschehen war; er hatte versucht, die
Angelegenheiten mit ihnen friedlich beizu-
legen. 13 Die Freunde des Königs verklagten ihn
deswegen bei Eupator. Schon vorher hatte er
allerorten als Verräter gegolten; denn er hatte
Zypern, das ihm von Philometor anvertraut
worden war, verlassen und war zu Antiochus
Epiphanes übergelaufen. Da er seine ehrenvolle
Stellung nicht mehr in Ehren verwalten konnte,
machte er seinem Leben durch Gift ein Ende.

14 Gorgias wurde Befehlshaber in dieser Ge-
gend; er warb Söldner an und führte Krieg
gegen die Juden, wo er nur konnte. 15 Außer
ihm machten auch die Idumäer, die eine Reihe
gut gelegener Festungen besaßen, den Juden
zu schaffen. Sie hatten Flüchtlinge aus Jerusa-
lem bei sich aufgenommen und begannen,
Krieg zu führen.

16 Die Männer um den Makkabäer hielten
einen Bittgottesdienst ab und baten Gott, ihr
Bundesgenosse zu werden. Dann berannten
sie die Festungen der Idumäer. 17 Sie griffen sie
mit Macht an und eroberten sie, schlugen die
Verteidiger auf den Mauern zurück und mach-
ten jeden nieder, der ihnen in die Hände fiel.
Dabei töteten sie nicht weniger als zwanzig-
tausend Mann. 18 Nicht weniger als neuntau-
send Mann konnten sich in zwei stark befes-
tigte Burgen flüchten, die für eine Belagerung
mit allem aufs Beste ausgerüstet waren. 19 Der
Makkabäer zog ab, da seine Anwesenheit an
einem anderen Ort dringend notwendig war.
Doch ließ er Simeon und Josef zurück, ferner
Zachäus mit seinen Leuten; sie reichten aus,
um die Burgen zu belagern. 20 Simeons Solda-
ten nahmen jedoch aus Habgier Bestechungs-
gelder von einigen Leuten in den Burgen an
und ließen für siebzigtausend Drachmen eini-
ge entweichen. 21 Sobald der Makkabäer davon
erfuhr, rief er die Führer des Volkes zusammen
und erhob Anklage: Man habe die Brüder um
Geld verkauft, da man zu deren Schaden die
Feinde freigelassen habe. 22 Er ließ die Verräter
hinrichten und eroberte die beiden Burgen auf
der Stelle. 23 Mit seinen Waffen hatte er überall
Erfolg und so vernichtete er in den beiden Fes-
tungen über zwanzigtausend Mann.

11: 1 Makk 3,32f.; 6,17 / **12:** 4,45 / **14:** 1 Makk 3,38 / **15:** 1 Makk 5,3 / **18:** 1 Makk 5,4f.

KRIEG IN DER EBENE BEI GESER: 10,24–38

24 Timotheus – derselbe, den die Juden schon
einmal geschlagen hatten – sammelte ein
großes Söldnerheer und brachte auch ziem-
lich viel Reiterei aus der Provinz Asien zusam-
men. Damit rückte er an, um Judäa mit Waf-
fengewalt zu nehmen. 25 Als er schon in der
Nähe war, riefen die Männer des Makkabäers
Gott um Hilfe an, streuten sich Erde auf
das Haupt und gürteten sich mit Sacktuch.
26 Sie warfen sich vor den Stufen des Altars
nieder und baten den, der ihnen wieder gnädig
war, ihrer Feinde Feind zu sein und ihren Wi-
dersachern zu widerstehen, wie das Gesetz
sagt. 27 Nach diesem Gebet nahmen sie ihre
Waffen, verließen die Stadt und rückten
Timotheus ein gutes Stück entgegen. Als sie
sich den Feinden näherten, hielten sie sich zu-
nächst zurück. 28 Sobald aber die Sonne aufging
und es hell wurde, stießen die beiden Heere
aufeinander. Die einen hatten als Bürgschaft
für einen glücklichen Sieg neben ihrer Tapfer-
keit nur die Zuflucht beim Herrn; die anderen
ließen sich im Kampf durch ihre wilde Wut
treiben. 29 Schon war die Schlacht heftig ent-
brannt, da erschienen den Kämpfenden vom
Himmel her fünf herrliche Reiter auf Gold
gezäumten Pferden und stellten sich an die
Spitze der Juden. 30 Zwei von ihnen nahmen
den Makkabäer in ihre Mitte, deckten ihn mit
ihren Rüstungen und schützten ihn vor jeder
Verwundung; auf die Feinde aber schossen sie
Pfeile und Blitze. Dadurch wurden diese ge-
blendet und flohen in heller Verwirrung nach
allen Seiten. 31 So kamen zwanzigtausend-
fünfhundert Mann und sechshundert Reiter
um.

32 Timotheus selbst flüchtete sich mit ande-
ren in eine Festung namens Geser, die sehr
stark befestigt war; ihr Kommandant war Chä-
reas. 33 Die Truppen des Makkabäers belager-
ten vier Tage lang voll Eifer die Festung. 34 Die
Verteidiger, die sich in ihren Befestigungen
sicher fühlten, führten furchtbar gottesläster-
liche Reden und schrien gottlose Worte he-
runter. 35 Am Morgen des fünften Tages pack-
te zwanzig junge Männer aus dem Heer des
Makkabäers der Zorn, als sie die Lästerreden
hörten. Sie stürmten mutig auf die Mauer los
und schlugen in wilder Wut jeden nieder, der
sich ihnen in den Weg stellte. 36 Andere um-
gingen die Stadt und erzwangen sich mit dem-
selben Mut den Zugang zu den Verteidigern;

sie legten Feuer an die Türme und steckten sie
in Brand und verbrannten so die Lästerer bei
lebendigem Leib. Wieder andere brachen die
Tore auf, ließen die übrigen Truppen ein und
eroberten die Stadt im Handstreich. 37 Timo-
theus, der sich in einer Zisterne versteckt hat-
te, stachen sie nieder, ebenso seinen Bruder
Chäreas und den Apollophanes. 38 Darauf prie-
sen sie mit Lob- und Dankliedern den Herrn,
der so Großes für Israel getan und ihnen den
Sieg geschenkt hatte.

24: 1 Makk 5,6f.; 2 Makk 8,30; 12,10.21–25 / **26**: Ex 23,22

KRIEG MIT DEM FELDHERRN LYSIAS: 11,1–12

11 1 Der Reichsverweser Lysias, des Königs
Vormund und Verwandter, war über
diese Ereignisse sehr verärgert. 2 Er zog daher
in kürzester Zeit an die achtzigtausend Mann
zusammen, dazu seine ganze Reiterei, und
marschierte gegen die Juden. Er hatte vor, aus
der Stadt Jerusalem eine griechische Siedlung
zu machen, 3 das Heiligtum ebenso wie die
anderen Kultstätten der Völker zu besteuern
und das Amt des Hohepriesters jedes Jahr für
Geld auszuschreiben. 4 Doch rechnete er über-
haupt nicht mit der Macht Gottes, sondern war
seiner Sache völlig sicher wegen der Zehntau-
senden von Fußtruppen, der Tausenden von
Reitern und wegen seiner achtzig Elefanten.
5 Er drang in Judäa ein, rückte vor die Festung
Bet-Zur, die hundertfünfzig Stadien von Jeru-
salem entfernt liegt, und bestürmte sie.

6 Als die Leute des Makkabäers von der Be-
lagerung der Festung erfuhren, flehten sie mit
dem ganzen Volk unter Klagen und Weinen
den Herrn an, er möge doch einen guten Engel
schicken, um Israel zu retten. 7 Der Makkabäer
griff als Erster nach den Waffen und hielt eine
anfeuernde Rede an die anderen: Sie sollten,
zusammen mit ihm, die Gefahr auf sich neh-
men und ihren Brüdern zu Hilfe eilen. Ge-
schlossen und voll Kampfesmut brachen sie
auf. 8 Sie waren noch in der Nähe von Jerusa-
lem, da erschien an ihrer Spitze ein Reiter in
leuchtend weißem Gewand, der eine goldene
Bewaffnung schwenkte. 9 Gemeinsam priesen
sie alle den barmherzigen Gott und ihr Mut
wurde so groß, dass sie bereit gewesen wären,
nicht nur Menschen, sondern auch die wildes-
ten Tiere und eiserne Mauern zusammenzu-
schlagen. 10 Sie rückten mit ihrem himmli-
schen Bundesgenossen, zum Kampf bereit,
vor; denn der Herr hatte Erbarmen mit ihnen.
11 Sie stürzten sich wie Löwen auf die Feinde
und erschlugen elftausend von ihnen, dazu
sechzehnhundert Reiter. Alle Übrigen jagten
sie in die Flucht; 12 die meisten davon waren
verwundet und konnten nur das nackte Leben
retten. Auch Lysias selbst rettete sich nur
durch schimpfliche Flucht.

1–12: 1 Makk 4,26–35 / **6**: Ex 23,20

FRIEDENSSCHLUSS MIT LYSIAS: 11,13–38

13 Da Lysias jedoch nicht ohne Verstand war
und über die erlittene Niederlage nachdachte,
begriff er, dass die Hebräer unbesiegbar waren,
weil der mächtige Gott auf ihrer Seite kämpf-
te. 14 Darum sandte er Unterhändler, die auf
einen Friedensvertrag drängen und jeder an-
nehmbaren Bedingung zustimmen sollten; er
ließ sagen, er wolle auch dem König sehr zu-
reden, mit ihnen Freundschaft zu schließen.
15 Der Makkabäer ging auf alle Vorschläge des
Lysias ein, weil er auf den Nutzen bedacht war.
Alle Forderungen, die er für die Juden stellte
und dem Lysias schriftlich vorlegte, nahm der
König an.

16 Lysias schrieb an die Juden einen Brief, der
folgenden Inhalt hatte:

Lysias grüßt das jüdische Volk. 17 Eure Ab-
gesandten Johanan und Abschalom haben
euer Antwortschreiben vorgelegt, das unten
beigefügt ist, und mich gebeten, die darin ge-
äußerten Forderungen zu genehmigen. 18 Was
in die Zuständigkeit des Königs fällt, habe ich
ihm dargelegt; er ist auf jede annehmbare Be-
dingung eingegangen. 19 Wenn ihr weiterhin
die Politik der Regierung wohlwollend auf-
nehmt, werde ich mich bemühen, zu eurem
Wohl zu wirken. 20 Was die Einzelheiten be-
trifft, habe ich euren und meinen Unterhänd-
lern aufgetragen, mit euch zu verhandeln.
21 Lebt wohl! Im Jahr 148, am Vierundzwan-
zigsten des Monats Dioskorus.

22 Im Brief des Königs stand dies:

König Antiochus grüßt seinen Bruder Lysi-
as. 23 Nachdem unser Vater zu den Göttern
hinübergegangen ist, wollen wir, dass die Un-
tertanen des Reichs ungestört ihren Beschäf-
tigungen nachgehen können. 24 Andererseits
haben wir erfahren, dass die Juden mit der von
meinem Vater gewünschten Übernahme grie-
chischer Sitten nicht einverstanden sind, es
vielmehr vorziehen, auf ihre eigene Art zu

11,21 Gemeint ist das Frühjahr 164 v. Chr.

leben, und verlangen, dass man ihnen wieder
gestattet, ihren Gesetzen zu folgen. 25 Wir be-
schließen darum, dass auch dieses Volk unge-
stört bleibt, und verfügen, dass man ihnen ihr
Heiligtum zurückgibt und dass sie ihr Leben
so einrichten können, wie es schon zur Zeit
ihrer Vorfahren Brauch war. 26 Du wirst nun
am besten zu ihnen Gesandte schicken und
ihnen die Hand zum Frieden reichen, damit
sie die Grundlinien unserer Politik erkennen,
Vertrauen fassen und ihre Angelegenheiten zu
ihrer Zufriedenheit regeln können.

27 Der Brief des Königs an das Volk lautete so:

König Antiochus grüßt den Rat der Juden
und alle übrigen Juden. 28 Wir hoffen, dass es
euch gut geht; auch wir erfreuen uns guter Ge-
sundheit.

29 Menelaus hat uns wissen lassen, dass ihr
in euer Eigentum zurückkehren wollt. 30 Je-
dem also, der bis zum dreißigsten Tag des Mo-
nats Xanthikus heimkehrt, wird Friede ange-
boten mit der Zusicherung, 31 dass die Juden
ihre gewohnten Speisevorschriften und Ge-
setze befolgen dürfen; keiner von ihnen darf
dabei irgendwie belangt werden für Vergehen,
die er in Unkenntnis der Verhältnisse began-
gen hat. 32 Ich habe Menelaus zu eurer Beruhi-
gung zu euch geschickt.

33 Lebt wohl! Im Jahr 148, am Fünfzehnten
des Monats Xanthikus.

34 Auch die Römer schickten ihnen einen
Brief; er hatte folgenden Inhalt:

Die römischen Gesandten Quintus Mem-
mius und Titus Manius grüßen das Volk der
Juden. 35 Auch wir sind einverstanden mit den
Bedingungen, die Lysias, der Verwandte des
Königs, euch zugestanden hat. 36 Lasst uns die
Vorschläge, die er dem König unterbreiten
will, zukommen, sobald ihr sie geprüft habt,
damit wir eure Sache vortragen können, wie
es für euch am günstigsten ist; wir sind näm-
lich auf dem Weg nach Antiochia. 37 Teilt uns
deswegen auch umgehend durch Boten eure
Meinung darüber mit!

38 Lebt wohl! Im Jahr 148, am Fünfzehnten
des Monats Xanthikus.

13-38: 1 Makk 6,55–63

ANGRIFFE DER STÄDTE JAFO UND JAMNIA AUF JUDAS: 12,1–9

12 1 Nach dem Abschluss dieser Verträge
kehrte Lysias zum König zurück. Die
Juden begannen, wieder ihre Felder zu bestel-
len. 2 Die Befehlshaber in jener Gegend aber,
Timotheus, Apollonius, der Sohn des Gennä-
us, ferner Hieronymus, Demophon und auch
Nikanor, der Statthalter von Zypern, ließen
die Juden nicht in Ruhe und Frieden leben.

3 Die Einwohner von Jafo begingen folgen-
des entsetzliche Verbrechen: Sie luden die Ju-
den, die unter ihnen wohnten, ein, mit ihren
Frauen und Kindern in Schiffe, die sie zur Ver-
fügung stellten, einzusteigen. Sie taten, als ob
sie nichts Böses gegen sie im Schild führten,
4 sondern aufgrund eines öffentlichen Be-
schlusses der Stadt handelten. Die Juden nah-
men das Angebot an, da sie den Frieden woll-
ten und keinen bösen Verdacht hegten. Aber
als sie auf dem offenen Meer waren, wurden
die Boote versenkt; mindestens zweihundert
Menschen ertranken. 5 Als Judas von der
schrecklichen Tat gegen die Angehörigen sei-
nes Volkes erfuhr, gab er seinen Männern Be-
fehle, 6 rief Gott, den gerechten Richter, an
und überfiel die Mörder, die sich mit dem Blut
seiner Brüder befleckt hatten. In der Nacht
zündete er den Hafen an, verbrannte die Schif-
fe und stach alle nieder, die sich dorthin ge-
flüchtet hatten. 7 Die Stadt selbst hatte ihre
Tore verrammelt. So musste er abziehen, aber
er nahm sich vor, wiederzukommen und die
ganze Bürgerschaft von Jafo auszurotten. 8 Als
er erfuhr, dass die Bürger von Jamnia mit den
Juden, die bei ihnen lebten, dasselbe tun woll-
ten, 9 überfiel er auch die Leute von Jamnia bei
Nacht und steckte den Hafen samt der Flotte
in Brand. Der Feuerschein war zweihundert-
vierzig Stadien weit bis nach Jerusalem zu
sehen.

KÄMPFE IN GILEAD BEI KASPIN UND KARNION: 12,10–31

10 Von dort zogen sie weiter gegen Timotheus.
Sie waren gerade neun Stadien weit mar-
schiert, da griffen fünftausend Araber mit
fünfhundert Reitern Judas an. 11 Nach hitzi-
gem Kampf gewannen die Männer des Judas
die Oberhand; denn Gott half ihnen. Die be-
drängten Nomaden baten Judas um Frieden,
versprachen, ihm und seinen Leuten Vieh zu
liefern und ihnen auch sonst gute Dienste zu
erweisen. 12 Da Judas der Ansicht war, ihre
Hilfe könne ihnen tatsächlich bei vielen Ge-
legenheiten von Nutzen sein, war er damit
einverstanden, mit ihnen Frieden zu schlie-
ßen. Die Araber verpflichteten sich durch

Handschlag und zogen sich zu ihren Zelten
zurück.
13 Judas griff auch eine Stadt namens Kaspin
an; sie war ringsum mit Wällen und Mauern
befestigt. Ihre Bevölkerung setzte sich aus
Menschen verschiedenster Völker zusammen.
14 Weil sie sich auf ihre hohen Mauern und auf
ihre Lebensmittelvorräte verließen, wurden
sie immer unverschämter gegen die Leute des
Judas, beschimpften sie, lästerten Gott und
schrien unflätige Worte. 15 Die Männer des
Judas riefen den großen Herrn der Welt an, der
Jericho zur Zeit Josuas ohne Rammböcke und
Belagerungsmaschinen zu Boden geschmet-
tert hatte. Dann stürmten sie mit dem Mut von
Löwen gegen die Mauern an, 16 und weil Gott
es so wollte, konnten sie die Stadt einnehmen.
Sie richteten in ihr ein unbeschreibliches Blut-
bad an, sodass ein zwei Stadien breiter See, der
neben der Stadt lag, von dem Blut, das in ihn
geflossen war, angefüllt zu sein schien.
17 Von dort zogen sie siebenhundertfünfzig
Stadien weiter, bis sie zum Charax gelangten,
wo die sogenannten Tubianer-Juden wohn-
ten. 18 Timotheus trafen sie in der Gegend
nicht an; denn er war, ohne etwas unternom-
men zu haben, von dort abgezogen. Aber er
hatte in einem stark befestigten Ort eine
Garnison zurückgelassen. 19 Dositheus und
Sosipater, zwei Offiziere aus dem Stab des
Makkabäers, rückten aus und töteten die über
zehntausend Mann starke Besatzung, die
Timotheus in der Festung zurückgelassen hat-
te. 20 Dann teilte der Makkabäer sein Heer in
mehrere Gruppen auf, stellte sie gruppenwei-
se auf und zog in Eilmärschen gegen Timo-
theus, der über hundertzwanzigtausend Mann
an Fußtruppen und zweitausendfünfhundert
Reiter verfügte.
21 Als Timotheus vom Anmarsch des Judas
erfuhr, schickte er Frauen, Kinder und den üb-
rigen Tross in eine Stadt namens Karnajim
voraus. Diesen Ort konnte man kaum bela-
gern, da er wegen zahlreicher Engpässe fast
unzugänglich war. 22 Kaum zeigte sich die ers-
te Abteilung des Judas, da gerieten die Feinde
in Furcht und Schrecken, denn der, der alles
überschaut, ließ eine Erscheinung sichtbar
werden. Sie rannten in wilder Flucht davon,
jeder in eine andere Richtung. Dabei fügten sie
vielfach einander selbst Schaden zu, ja, sie
durchbohrten sich gegenseitig mit den Spitzen
ihrer Schwerter. 23 Doch Judas setzte ihnen
stürmisch nach und stach die Verruchten nie-
der und tötete an die dreißigtausend Mann.
24 Timotheus selbst fiel den Leuten des Do-
sitheus und des Sosipater in die Hände. Er
flehte mit schönen Worten, ihn unbehelligt
freizulassen; die Eltern und Brüder sehr vieler
Juden seien in der Gewalt seiner Leute und es
könne sein, dass man auf sie keine Rücksicht
nehme. 25 Mit vielen Worten brachte er sie
dazu, seinen Versprechungen, er werde diese
Menschen unversehrt zurückgeben, zu glau-
ben. Um die Brüder zu retten, ließen sie ihn
laufen.
26 Darauf zog Judas gegen Karnajim und das
Heiligtum der Atargatis und erschlug fünf-
undzwanzigtausend Menschen. 27 Als sie ge-
schlagen und vernichtet waren, rückte Judas
vor das stark befestigte Efron, dessen große
Einwohnerschaft sich aus vielen Völkern zu-
sammensetzte. Junge und kräftige Männer
standen vor den Mauern und wehrten sich
tapfer. In der Stadt selbst war eine große An-
zahl von Wurfmaschinen mit Geschossen
aufgestellt. 28 Da riefen die Juden zum Herrn,
der den Ansturm der Feinde mit Macht zer-
malmt; sie brachten die Stadt in ihre Gewalt
und töteten in ihr etwa fünfundzwanzigtau-
send Menschen.
29 Dann brachen sie auf und zogen in Eilmär-
schen von dort nach Skythopolis, das sechs-
hundert Stadien von Jerusalem entfernt liegt.
30 Die Juden, die dort wohnten, stellten jedoch
den Einwohnern von Skythopolis das Zeugnis
aus, sie seien freundlich zu ihnen und hätten
ihnen in der bösen Zeit ihr Mitgefühl bewie-
sen. 31 Da bedankten sie sich und forderten sie
auf, auch in Zukunft dem jüdischen Volk
wohlgesinnt zu bleiben. Darauf begaben sie
sich nach Jerusalem, da das Wochenfest un-
mittelbar bevorstand.

10–31: 1 Makk 5,24–54 / **15:** Jos 6,20

SCHLACHT BEI MARESCHA, SÜNDOPFER FÜR GEFALLENE JUDEN, DIE GÖTTERBILDER BEI SICH TRUGEN: 12,32–45

32 Nach dem sogenannten Pfingstfest zogen sie
in Eilmärschen gegen Gorgias, den Befehls-
haber der Idumäer. 33 Er rückte mit dreitausend
Fußsoldaten und vierhundert Reitern aus.
34 Als sie zum Kampf antraten, fielen einige
von den Juden. 35 Dositheus, ein Reiter von
den Leuten Bakenors, ein sehr starker Mann,
packte Gorgias fest am Mantel und zog mit

allen Kräften an ihm. Aber als er den Verfluch-
ten lebendig gefangen nehmen wollte, presch-
te ein thrakischer Reiter heran und schlug ihm
den Arm ab. Gorgias konnte sich nach Mare-
scha flüchten. 36 Die Leute Esris kämpften wei-
ter bis zur Erschöpfung. Da rief Judas zum
Herrn, er solle als ihr Bundesgenosse und
Bahnbrecher im Kampf erscheinen. 37 In der
Sprache seiner Väter erhob er das Kriegsge-
schrei und stimmte Preislieder an, drang un-
versehens auf die Leute des Gorgias ein und
fügte ihnen eine Niederlage zu.

38 Daraufhin führte Judas das Heer in die
Stadt Adullam. Als der siebte Tag der Woche
anbrach, reinigten sie sich nach hergebrachter
Weise und begingen dort den Sabbat. 39 Am
nächsten Tag kamen die Leute des Judas, um
die Leichen der Gefallenen zu überführen – es
war inzwischen höchste Zeit geworden – und
sie inmitten ihrer Angehörigen in den Fami-
liengräbern zu bestatten. 40 Da entdeckten sie,
dass alle Toten unter ihren Kleidern Amulette
der Götter von Jamnia trugen, obwohl das den
Juden vom Gesetz her verboten ist. Da wurde
allen klar, dass die Männer deswegen gefallen
waren, 41 und sie priesen nun alle das Wirken
des Herrn, des gerechten Richters, der das
Verborgene ans Licht bringt. 42 Anschließend
hielten sie einen Bittgottesdienst ab und bete-
ten, dass die begangene Sünde wieder völlig
ausgelöscht werde. Der edle Judas aber er-
mahnte die Leute, sich von Sünden rein zu
halten; sie hätten ja mit eigenen Augen gesehen,
welche Folgen das Vergehen der Gefallenen
gehabt habe. 43 Er veranstaltete eine Samm-
lung, an der sich alle beteiligten, und schickte
etwa zweitausend Silberdrachmen nach Jeru-
salem, damit man dort ein Sündopfer darbrin-
ge. Damit handelte er sehr schön und edel;
denn er dachte an die Auferstehung. 44 Denn
hätte er nicht erwartet, dass die Gefallenen
auferstehen werden, wäre es überflüssig und
sinnlos gewesen, für die Toten zu beten.
45 Auch hielt er sich den herrlichen Lohn vor
Augen, der für die hinterlegt ist, die in Fröm-
migkeit entschlafen. Ein heiliger und frommer
Gedanke! Darum ließ er die Toten entsühnen,
damit sie von der Sünde befreit werden.

32: 10,14 / **40**: Dtn 7,25

NIEDERLAGE ANTIOCHUS' V. BEI MODEÏN:
13,1–17

13 1 Im Jahr 149 erfuhren die Leute des Ju-
das, dass Antiochus Eupator mit einem
großen Heer gegen Judäa marschierte. 2 Er
wurde begleitet von dem Reichsverweser Ly-
sias, seinem Vormund. Jeder hatte eine Streit-
macht von hundertzehntausend griechischen
Fußsoldaten, fünftausenddreihundert Rei-
tern, zweiundzwanzig Elefanten und drei-
hundert Sichelwagen. 3 Ihnen schloss sich
auch Menelaus an; er redete heuchlerisch auf
den König ein, nicht um das Vaterland zu ret-
ten, sondern weil er glaubte, er habe Aussicht,
wieder in sein Amt eingesetzt zu werden. 4 Der
höchste König über allen Königen aber ließ
Antiochus zornig werden auf den Verruchten,
und als Lysias andeutete, dieser sei an allem
Unglück schuld, befahl er, ihn nach Beröa zu
schaffen und dort, wie es an dem Ort Brauch
ist, umzubringen. 5 Es gibt dort nämlich einen
fünfzig Ellen hohen Turm, der mit glühender
Asche gefüllt ist. In ihm ist eine drehbare Ma-
schine angebracht, die sich nach allen Seiten
schräg zur Asche neigt. 6 Wer des Tempelrau-
bes schuldig ist oder ein anderes schweres
Verbrechen begangen hat, den stoßen dort alle
in den Tod. 7 Auf diese Weise fand der Geset-
zesbrecher Menelaus den Tod. Nicht einmal
Erde zum Begräbnis wurde ihm zuteil. 8 Damit
geschah ihm nur recht; denn er hatte viele Fre-
vel gegen den Altar begangen, dessen Feuer
und Asche heilig sind. Nun fand er in Asche
den Tod.

9 Der König aber hatte das Herz eines Barba-
ren; er begann, den Juden noch weit Schlim-
meres in Aussicht zu stellen als das, was zur
Zeit seines Vaters geschehen war. 10 Judas hör-
te davon und ließ dem Volk bekannt geben,
man solle Tag und Nacht zum Herrn beten.
Wenn je zu einer Zeit, dann müsse er ihnen
jetzt helfen. Man wolle ihnen das Gesetz, das
Vaterland und den heiligen Tempel rauben.
11 Gerade erst habe das Volk ein wenig aufat-
men können; Gott möge doch nicht zulassen,
dass sie den lästernden Völkern in die Hände
fielen. 12 Drei Tage lang lagen sie ohne Unter-
brechung auf den Knien und flehten unter
Tränen und Fasten gemeinsam den barmher-
zigen Herrn an. Judas sprach ihnen Mut zu;
dann gab er ihnen den Befehl, sich bereitzu-
halten. 13 Auf einer geheimen Sitzung der Äl-
testen ließ er den Beschluss fassen, man solle,

12,45 In diesem Vers steht der einzige alttestamentliche Hinweis auf einen Zwischenzustand, der als Läuterungsort verstanden wird.

bevor das Heer des Königs in Judäa einfallen
und die Stadt in seine Gewalt bringen könne,
ausrücken und die Sache mit Gottes Hilfe ent-
scheiden. 14 Er stellte den Ausgang dem Schöp-
fer der Welt anheim und feuerte seine Männer
an, bis zum Tod tapfer für Gesetze, Heiligtum,
Stadt, Vaterland und Verfassung zu kämpfen.
Dann schlug er bei Modeïn ein Lager auf. 15 Er
gab seinen Truppen als Losung die Worte:
Gottes Sieg. Mit den besten seiner jungen
Krieger, die er eigens ausgewählt hatte, über-
fiel er nachts das Zelt des Königs im Lager,
tötete etwa zweitausend Mann und dazu den
Leitelefanten mitsamt dem Treiber, der in sei-
nem Sitz saß. 16 Als sie schließlich das ganze
Lager in Furcht und Verwirrung gebracht hat-
ten, zogen sie sich siegreich wieder zurück.
17 Bei Tagesanbruch war alles vorbei; der Herr
hatte ihnen mit seiner schützenden Macht
beigestanden.

FRIEDENSSCHLUSS ZWISCHEN JUDAS UND ANTIOCHUS: 13,18–26

18 Nachdem der König diese Kostprobe jüdi-
scher Tapferkeit erhalten hatte, versuchte er,
das Land mit Hilfe von List zu besetzen. 19 Er
rückte gegen die starke jüdische Festung Bet-
Zur vor, wurde aber zurückgeschlagen; dann
stieß er wieder vor und wurde wieder geschla-
gen. 20 Judas ließ die Besatzung mit allem ver-
sorgen, was sie brauchte. 21 Ein jüdischer Sol-
dat namens Rhodokus aber verriet den
Feinden die militärischen Geheimnisse. Er
wurde verhört, festgenommen und eingeker-
kert. 22 Dann verhandelte der König zum zwei-
ten Mal mit der Besatzung von Bet-Zur, schloss
mit ihnen einen Vertrag und zog ab.

23 Dabei stieß er auf das Heer des Judas und
erlitt eine Schlappe. Da erfuhr er, dass Philip-
pus in Antiochia abgefallen sei; er hatte ihn
dort zurückgelassen, um die Regierungsge-
schäfte zu führen. Der König war sehr nieder-
geschlagen. Er sprach freundlich mit den Ju-
den, gab ihnen nach, sicherte ihnen eidlich die
Erfüllung aller gerechten Ansprüche zu, ver-
söhnte sich mit ihnen und brachte ein Opfer
dar, ehrte den Tempel und bewies dem Ort
sein Wohlwollen. 24 Für den Makkabäer gab er
einen Empfang. Als Befehlshaber über das
ganze Gebiet Ptolemaïs bis zu den Gerrenern
ließ er den Hegemonides zurück 25 und begab
sich nach Ptolemaïs. Die Einwohner dieser
Stadt waren nämlich über die Verträge sehr
verärgert; sie hatten sich heftig beschwert und
wollten die Abmachungen rückgängig ma-
chen. 26 Lysias trat auf die Rednerbühne, gab
Rechenschaft, so gut er konnte, überredete,
beschwichtigte, stimmte die Leute um und
brach dann nach Antiochia auf.

So verliefen der Anmarsch und der Abzug des Königs.

1–26: 1 Makk 6,28–63

SIEG ÜBER NIKANOR, FEST DES NIKANORTAGES: 14,1–15,39

INTRIGE DES HOHEPRIESTERS ALKIMUS GEGEN SEIN EIGENES VOLK: 14,1–11

14 1 Drei Jahre später erfuhren die Leute
des Judas, dass Demetrius, der Sohn des
Seleukus, mit starken Truppen und einer Flot-
te im Hafen von Tripolis gelandet sei. 2 Antio-
chus und dessen Vormund Lysias habe er aus
dem Weg räumen lassen und das Land in seine
Gewalt gebracht.

3 Damals lebte ein Mensch namens Alkimus;
er war früher einmal Hohepriester gewesen,
hatte sich aber schon vor der Zeit der Religi-
onsvermischung freiwillig unrein gemacht.
Wie er wohl wusste, hatte er sich dadurch in
eine ausweglose Lage gebracht, sodass er nie
wieder an den heiligen Altar treten konnte.
4 Darum kam er um das Jahr 151 zu König De-
metrius und überreichte ihm einen goldenen
Kranz mit einem Palmzweig, dazu Ölzweige,
wie sie am Heiligtum nach dem Gesetz ge-
bräuchlich sind. An diesem Tag unternahm er
weiter nichts, 5 sondern wählte einen günsti-
gen Zeitpunkt für sein wahnwitziges Vorha-
ben. Als Demetrius ihn vor seinen Rat laden
ließ und ihn fragte, wie die Stimmung unter
den Juden sei und welche Pläne sie hätten, sag-
te er:

6 Es gibt unter den Juden Leute, die sich Ha-
sidäer nennen; sie stehen unter der Führung
des Makkabäers Judas. Sie hetzen zu Krieg und

Aufruhr und lassen das Reich nicht zur Ruhe
kommen. 7 Dadurch wurde mir meine ehren-
volle Stellung geraubt, die mir aufgrund mei-
ner Abstammung zukommt, ich spreche jetzt
vom Amt des Hohepriesters. Nun bin ich hier-
hergekommen, 8 einmal weil ich der könig-
lichen Sache aufrichtig ergeben bin, dann aber
auch aus Sorge für meine Mitbürger. Denn der
Unverstand der eben genannten Leute hat un-
ser ganzes Volk in nicht geringes Elend ge-
stürzt. 9 Wenn du, mein König, dir einen ge-
nauen Überblick über die Lage verschafft hast,
dann sorge für das Land und für unser be-
drängtes Volk; du bist ja gegen jedermann
freundlich und wohlgesinnt. 10 Solange näm-
lich Judas noch lebt, kann es im Reich keinen
Frieden geben.

11 Kaum hatte er das vorgebracht, da hetzten
die anderen Vertrauten des Königs, die den
Bestrebungen des Judas feindlich gegenüber-
standen, Demetrius noch mehr auf.

1–14: 1 Makk 7,1–26

FRIEDENSSCHLUSS ZWISCHEN NIKANOR UND JUDAS: 14,12–25

12 Dieser berief sofort Nikanor, dem er das
Kommando über die Elefanten gegeben hatte,
und setzte ihn zum Befehlshaber über Judäa
ein. Er sandte ihn aus 13 mit dem schriftlichen
Auftrag, Judas zu beseitigen, seine Anhänger
zu zerstreuen, Alkimus aber als Hohepriester
über den allerhöchsten Tempel einzusetzen.
14 Dem Nikanor schlossen sich in Scharen die
Heiden an, die vor Judas aus Judäa geflohen
waren; denn sie glaubten, das Unglück und
Missgeschick der Juden werde ihnen Glück
bringen.

15 Als die Juden vom Anmarsch Nikanors
erfuhren und hörten, dass zusammen mit ihm
die Heiden anrückten, streuten sie sich Erde
auf das Haupt und flehten Gott an, der sein
Volk für ewige Zeiten geschaffen hat und sich
immer sichtbar seines Erbteils annimmt.
16 Auf Beschluss ihres Anführers brachen sie
sofort auf und trafen bei dem Dorf Dessau auf
die Feinde. 17 Simeon, der Bruder des Judas,
war zwar schon mit Nikanor zusammengesto-
ßen und hatte sich langsam zurückziehen
müssen, weil sein Gegner ihn völlig unvermu-
tet überrascht hatte. 18 Aber Nikanor kam zu
Ohren, wie tapfer die Männer des Judas seien
und wie mutig sie für ihr Vaterland kämpften;
darum wich er der Entscheidung in offener
Schlacht aus. 19 Deshalb schickte er Posidoni-
us, Theodotus und Mattatias, um Friedensver-
handlungen aufzunehmen. 20 Nach langen
Überlegungen legte der Anführer den Leuten
seine Ansicht dar. Es zeigte sich, dass man ei-
ner Meinung war, und so billigte man die Ver-
träge. 21 Man setzte einen Tag fest, an dem man
sich unter Ausschluss der Öffentlichkeit an
einem bestimmten Ort treffen wollte. Von
jeder Seite fuhr ein Wagen vor und man stell-
te Sitze auf. 22 Auf Anordnung des Judas hiel-
ten sich Bewaffnete in günstiger Stellung be-
reit, damit die Feinde nicht überraschend
einen Anschlag verüben konnten. Doch die
Unterredung verlief ohne Zwischenfälle.

23 Nikanor hielt sich in Jerusalem auf, ohne
irgendwelchen Anstoß zu erregen; er entließ
die Anhänger, die ihm scharenweise zuge-
strömt waren. 24 Auch hatte er Judas ständig
um sich und war ihm herzlich zugetan. 25 Er
redete ihm zu, er solle heiraten und eine Fami-
lie gründen. So heiratete Judas und es ging ihm
gut und er freute sich seines Lebens.

15–25: 1 Makk 7,27–29 / **16**: 1 Makk 7,31f.

NEUE INTRIGE ALKIMUS' GEGEN JUDAS: 14,26–27

26 Alkimus blieb nicht verborgen, dass die
beiden einander wohlgesinnt waren. Er ver-
schaffte sich die abgeschlossenen Verträge,
begab sich zu Demetrius und hinterbrachte
ihm, Nikanor handle dem Staatswohl zuwi-
der: Er habe Judas, den Feind seines Reiches,
zum Nachfolger bestimmt. 27 Der König war
sehr aufgebracht und gereizt durch die Ver-
leumdungen dieses abgefeimten Schurken. Er
schrieb an Nikanor, dass er die Verträge für
untragbar halte, und befahl ihm, den Makka-
bäer auf der Stelle gefesselt nach Antiochia zu
schaffen.

NIKANORS KRIEGSERÖFFNUNG UND GOTTESLÄSTERUNG: 14,28–36

28 Nikanor geriet beim Empfang dieser Nach-
richt in große Bestürzung. Es war ihm sehr
zuwider, die Vereinbarungen zu brechen;
denn Judas hatte ja kein Unrecht getan. 29 Da
er sich aber dem König nicht widersetzen
konnte, wartete er auf eine günstige Gelegen-
heit, um seinen Auftrag mit Hilfe einer List
ausführen zu können. 30 Doch der Makkabäer
merkte, dass Nikanor ihm gegenüber immer
abweisender wurde und dass seine gewohnte

Freundlichkeit sich abkühlte. Er wusste, dass
diese Schroffheit nichts Gutes bedeuten kön-
ne. Darum rief er eine Anzahl von seinen Leu-
ten zusammen und versteckte sich mit ihnen
vor Nikanor.
31 Als Nikanor dahinterkam, dass ihn der
Mann geschickt überlistet hatte, begab er sich
zum allerhöchsten, heiligen Tempel, gerade
als die Priester die vorgeschriebenen Opfer
darbrachten, und befahl ihnen, den Mann aus-
zuliefern. 32 Als diese unter Eid versicherten,
sie wüssten nicht, wo sich der Gesuchte zur
Zeit aufhalte, 33 erhob er die rechte Hand gegen
den Tempel und schwor: Wenn ihr mir Judas
nicht gefesselt herausgebt, werde ich dieses
Gotteshaus dem Erdboden gleichmachen, den
Altar niederreißen und an seiner Stelle dem
Dionysos einen herrlichen Tempel errichten.
34 Nach diesen Worten ging er weg.
Die Priester erhoben ihre Hände zum
Himmel und riefen zu dem, der immer unser
Volk beschützt. Sie beteten: 35 Herr, du bist auf
nichts angewiesen; dennoch hat es dir gefal-
len, einen Tempel bauen zu lassen, in dem du
unter uns wohnst. 36 Nun, heiliger Herr, von
dem alle Heiligung ausgeht, bewahre dieses
Haus, das vor Kurzem erst entsühnt wurde,
unbefleckt in Ewigkeit!

26–36: 1 Makk 7,30–38

UNERHÖRTE HELDENTAT EINES ÄLTESTEN VON JERUSALEM: 14,37–46

37 Unter den Ältesten der Stadt Jerusalem gab
es einen Mann namens Rasi. Er war seinen
Mitbürgern freundlich zugetan, stand in ho-
hem Ansehen und hieß wegen seiner Güte
Vater der Juden. Dieser Mann wurde bei Nika-
nor angezeigt. 38 Er war nämlich schon in der
Zeit der Religionsverfolgung wegen seines
Judentums vor Gericht gekommen und hatte
sich dafür bis zum Äußersten mit Leib und
Leben eingesetzt. 39 Nikanor beschloss, seine
Abneigung gegen die Juden sichtbar zu bekun-
den, und schickte über fünfhundert Soldaten
aus, um ihn verhaften zu lassen. 40 Er glaubte
nämlich, durch seine Festnahme den Juden
einen schweren Schlag zu versetzen.
41 Schon waren die Truppen dabei, den Turm
einzunehmen; sie versuchten, sich den Ein-
gang durch das Hoftor mit Gewalt zu erzwin-
gen, und riefen nach Feuer, um die Türen in
Brand zu setzen. Rasi war von allen Seiten
umzingelt. Da stürzte er sich in das Schwert;
42 denn er wollte lieber in Ehren sterben als den
Verruchten in die Hände fallen und eine
schimpfliche Behandlung erfahren, die seiner
edlen Herkunft unwürdig war. 43 In der Hast
aber hatte er sich nicht sofort tödlich getroffen;
die Männer stürmten bereits durch die Türen
herein. Da lief er mutig hinauf auf die Mauer
und stürzte sich entschlossen auf die Menge
hinab. 44 Weil diese sofort zurückwich, ent-
stand ein freier Raum und er fiel mitten auf
den leeren Platz. 45 Doch er lebte immer noch;
in höchster Erregung erhob er sich, während
das Blut in Strömen aus seinen schrecklichen
Wunden schoss, lief durch die Menge hin-
durch und stellte sich auf einen steil abfallen-
den Felsen. 46 Fast schon verblutet, riss er sich
die Eingeweide aus dem Leib, packte sie mit
beiden Händen und schleuderte sie auf die
Leute hinunter; dabei rief er den Herrn über
Leben und Atem an, er möge sie ihm wieder-
geben. So starb er.

41: 1 Sam 31,4 / **46:** 7,11.14.23.29.36

GOTTESLÄSTERUNG NIKANORS, HIMMLISCHE FÜRBITTE DES HOHEPRIESTERS ONIAS UND DES PROPHETEN JEREMIA: 15,1–16

15 1 Nikanor erfuhr, dass Judas sich mit
seinen Männern in der Gegend von Sa-
maria aufhielt; da beschloss er, sie ohne jede
Gefahr am Ruhetag anzugreifen. 2 Aber die
Juden, die gezwungen waren, ihn zu begleiten,
sagten: Bring sie doch nicht um, als seist du ein
wildes Tier oder ein Barbar! Halte den Tag in
Ehren, der von dem, der die ganze Welt über-
blickt, in besonderer Weise mit Heiligkeit aus-
gezeichnet wurde! 3 Der dreimal Verfluchte
fragte, ob es im Himmel wirklich einen Herr-
scher gebe, der befohlen habe, den Sabbat zu
begehen. 4 Sie bekannten: Der lebendige Herr
selbst, der Herrscher im Himmel, hat angeord-
net, den siebten Tag einzuhalten. 5 Da erwi-
derte er: Und ich bin der Herrscher auf der
Erde; ich befehle, die Waffen zu ergreifen und
zu tun, was das Staatswohl verlangt. Dennoch
gelang es ihm nicht, seinen verbrecherischen
Plan auszuführen.
6 Nikanor, der in seinem Stolz seinen Kopf
hoch trug, hatte beschlossen, öffentlich ein
Denkmal seines Sieges über die Männer des
Judas zu errichten. 7 Der Makkabäer aber hör-
te nicht auf, sein Vertrauen und all seine Hoff-
nung auf die Hilfe des Herrn zu setzen. 8 Er
ermahnte seine Männer, sich vor den anrü-

ckenden Heiden nicht zu fürchten. Sie sollten
daran denken, wie der Himmel ihnen in der
Vergangenheit geholfen habe; auch jetzt dürf-
ten sie vom Allherrscher den Sieg erwarten.
9 Mit Worten aus dem Gesetz und aus den
Propheten flößte er ihnen Mut ein, erinnerte
sie auch an die Kämpfe, die sie schon bestan-
den hatten, und stärkte so ihren Kampfesmut.
10 Nachdem er ihre Begeisterung geweckt
hatte, spornte er sie noch weiter an, indem er
sie daran erinnerte, wie die Heiden die Verträ-
ge nicht gehalten und ihre Schwüre gebrochen
hatten. 11 So wappnete er jeden von ihnen,
nicht mit der Sicherheit, die Schild und Lanze
verleihen, sondern mit dem Mut, den rechte
Worte entfachen. Auch erzählte er ihnen ei-
nen überaus glaubwürdigen Traum, eine Visi-
on, die alle sehr erfreute. 12 Er hatte Folgendes
gesehen: Ihm war der frühere Hohepriester
Onias erschienen, ein edler und gerechter
Mann, bescheiden im Umgang, von gütigem
Wesen und besonnen im Reden, von Kindheit
an in allem auf Tugend bedacht; dieser breite-
te seine Hände aus und betete für das ganze
jüdische Volk. 13 In gleicher Haltung erschien
dann ein Mann mit grauem Haar, von herrli-
cher Gestalt; der Glanz einer wunderbaren,
überwältigenden Hoheit ging von ihm aus.
14 Onias begann zu reden und sagte: Das ist
der Freund seiner Brüder, der viel für das Volk
und die heilige Stadt betet, Jeremia, der Pro-
phet Gottes. 15 Dann streckte Jeremia die rech-
te Hand aus und übergab ihm ein goldenes
Schwert; dabei sagte er: 16 Nimm das heilige
Schwert, das Gott dir schenkt! Mit ihm wirst
du die Feinde schlagen.

4: Ex 20,8–11; Dtn 5,12–15 / **12**: 3,1

SCHLACHT, NIEDERLAGE UND TOD NIKANORS, EINSETZUNG DES NIKANORTAGES: 15,17–36

17 Die Worte des Judas gaben ihnen Zuver-
sicht; denn sie waren sehr schön und hatten
die Kraft, zur Tapferkeit anzuspornen und die
Jugend mit männlichem Mut zu erfüllen. Man
beschloss, kein Lager zu beziehen, sondern
kühn anzugreifen und mit allem Mut im
Kampf Mann gegen Mann die Entscheidung
herbeizuführen; denn die Stadt, das Heilige
und das Heiligtum seien in Gefahr. 18 Sie
fürchteten weniger um Frauen und Kinder,
um Brüder und Verwandte als um die Heilig-
keit des Tempels. 19 Die in der Stadt Zurück-
gebliebenen waren hauptsächlich in Angst
wegen des Angriffs draußen auf offenem Feld.
20 Alle warteten, dass die Entscheidung falle.
Schon hatten die Feinde sich vereinigt und ihr
Heer rückte geordnet vor; die Elefanten wur-
den aufgestellt, wo es am günstigsten war; die
Reiterei verteilte sich auf die Flügel. 21 Der
Makkabäer sah, wie die Massen der Feinde da-
standen, die verschiedenen Waffengattungen,
die zur Wildheit gereizten Tiere. Da erhob er
seine Hände zum Himmel und rief zum Herrn,
der Wunder vollbringt. Denn er wusste, dass
es nicht auf die Waffen ankommt, sondern
dass denen der Sieg zufällt, die Gott für würdig
erachtet. 22 Dabei sprach er dieses Gebet: Un-
ser Herrscher, du hast zu Hiskija, dem König
von Juda, deinen Engel gesandt und er er-
schlug im Heer Sanheribs hundertfünfund-
achtzigtausend Mann. 23 Herrscher im Him-
mel, sende auch jetzt einen guten Engel vor uns
her, damit er Furcht und Schrecken verbreitet!
24 Vor deinem gewaltigen Arm sollen alle er-
schrecken, die lästernd gegen dein heiliges
Volk heranziehen. So sprach er.
25 Die Truppen Nikanors rückten mit Trom-
petengeschmetter und Kampfliedern vor.
26 Die Leute des Judas dagegen griffen die Fein-
de unter Beten und Flehen an. 27 Mit den Hän-
den kämpften sie, im Herzen beteten sie zu
Gott. Mindestens fünfunddreißigtausend
Mann streckten sie zu Boden, hocherfreut,
dass Gott sich so sichtbar offenbarte. 28 Schon
war der Kampf beendet und sie wollten voller
Freude aufbrechen, da entdeckten sie Nikanor,
der in seiner Rüstung erschlagen dalag. 29 Es
gab ein großes Geschrei und Getümmel und
sie priesen den Herrn in der Sprache ihrer
Väter. 30 Judas, der immer mit Leib und Seele
für seine Mitbürger gestritten hatte, der von
Jugend an seinen Landsleuten herzlich zuge-
tan war, gab den Befehl, ihm den Kopf und
eine Hand mitsamt dem Arm abzuschlagen
und nach Jerusalem zu bringen. 31 Sobald er
dort angekommen war, rief er seine Landsleu-
te zusammen und befahl den Priestern, sich
vor dem Altar aufzustellen; auch schickte er
Boten zu der Besatzung der Burg. 32 Dann zeig-
te er den Kopf des Verbrechers Nikanor und
die Hand des Lästerers, die dieser prahlend
gegen das heilige Haus des Allherrschers aus-
gestreckt hatte. 33 Die Zunge des Frevlers Ni-

15,14 Jeremia ist beispielhaft durch sein Fürbittgebet (vgl. Jer 7,16; 11,14; 14,11; 15,11; 18,20; 37,3; 42,2.12).

kanor ließ er herausschneiden, zerstückeln
und den Vögeln zum Fraß vorwerfen; den
Arm ließ er dem Tempel gegenüber aufhängen
als Zeichen des bestraften Wahnsinns. 34 Alle
priesen den Herrn im Himmel, der seine
Macht so sichtbar gezeigt hatte, und riefen:
Gepriesen sei der, der seinen Ort vor der Ent-
weihung bewahrt hat! 35 Den Kopf Nikanors
hängte Judas an die Burg als ein für alle sicht-
bares und offenkundiges Zeichen der Hilfe des
Herrn. 36 In einer öffentlichen Abstimmung
beschlossen alle einstimmig, diesen Tag nicht
ohne Fest zu belassen, sondern ihm einen
besonderen Rang zu verleihen; es ist der
dreizehnte Tag des zwölften Monats, der auf
Aramäisch Adar heißt, der Tag vor dem Mor-
dechai-Tag.

22: 2 Kön 19,35 / **25–36:** 1 Makk 7,39–49 / **36:** Est 9,19.31; 10,3k

EPILOG: 15,37–39

37 Das waren die Ereignisse, die mit Nikanor
zusammenhingen. Seit jener Zeit blieb die
Stadt im Besitz der Hebräer. Darum höre ich
hier mit der Erzählung auf. 38 Ist sie gut und
geschickt erzählt, habe ich mein Ziel erreicht;
ist sie aber schlecht oder mittelmäßig – ich
habe mein Bestes getan. 39 Es ist gleich schäd-
lich, unvermischten Wein oder pures Wasser
zu trinken. Wein mit Wasser vermischt hin-
gegen schmeckt vorzüglich. Ähnlich hängt es
auch vom Aufbau der Erzählung ab, ob sie die
Ohren dessen erfreut, dem dieses Buch in die
Hände kommt. Damit will ich schließen.

37: 1 Makk 7,27–50

DIE BÜCHER DER LEHRWEISHEIT UND DIE PSALMEN

DAS BUCH IJOB

Der Name „Ijob“ lässt zwei Deutungen zu, die zwei wesentliche Aspekte des Buches hervorheben. Sprachgeschichtlich ist das Wort abzuleiten vom akkadischen ajja-abu, „Wo ist der (mein) Vater?“ Dabei ist „Vater“ auf (einen) Gott zu beziehen. Der Name „Ijob“ würde bedeuten: „Wo ist mein Vater-(Gott)?“ im Sinne von „Wo ist Gott?“ – im Leid. Zugleich klingt im Wort „Ijob“ das hebräische Wort ojeb an. Es bedeutet „Feind“. In Ijob 13,24; 27,7; 33,10 wird offensichtlich gezielt darauf angespielt, wenn Ijob zu Gott sagt: „Warum verbirgst du dein Angesicht und siehst mich an als deinen Feind?“ (vgl. 27,7; 33,10). Im Namen „Ijob“ klingt somit auch das Thema „Feindschaft“ an. Gott scheint Ijobs Feind geworden zu sein. Zugleich wandeln sich die Freunde Ijobs zu seinen Feinden (vgl. 16,20; 19,21f.). Ijob erfährt sich als der von allen Seiten, von Gott und den Menschen, „Angefeindete“ und zugleich wird er selbst zu einem „Anfeinder“ Gottes und seiner Freunde.

Im Allgemeinen wird damit gerechnet, dass das Ijobbuch nicht von einem einzigen Autor verfasst wurde, sondern über einen längeren Zeitraum hin zu der heute vorliegenden Gestalt angewachsen ist. Als Entstehungszeit kommt am ehesten die persisch-hellenistische Zeit in Frage, näherhin der Zeitraum vom ausgehenden 6. bis zum Beginn des 2. Jh.s v. Chr.

Der vorliegenden Übersetzung liegt die hebräische Texttradition (Masoretischer Text) zugrunde. Die Sprache des Dialogteils ist geprägt durch einen reichen Wortschatz und eine Fülle von Bildern und Vergleichen. Sie gehört einem gehobenen dichterischen Sprachstil an. Die griechische Übersetzung („Ijob-Septuaginta“) ist um etwa ein Fünftel kürzer als der hebräische Text. Sie setzt eigene inhaltliche und theologische Akzente. Erwähnenswert ist, dass sie in einem über die hebräische Vorlage hinausgehenden Nachwort davon spricht, dass Ijob „wieder auferstehen wird mit denen, die der Herr auferstehen lässt“. Von Auferstehung und ewigem Leben ist im hebräischen Text jedoch (noch) nicht die Rede.

Das Buch gliedert sich in drei Teile: eine in Prosa gehaltene Rahmenerzählung (1,1–2,10; 42,7–17) und einen in poetischer Rede verfassten Dialogteil. Die Reden Ijobs und seiner drei Freunde lassen sich in drei große Redegänge unterteilen (3–31). Hinzu kommen die Reden eines weiteren Freundes, Elihu (32–37), und die beiden Gottesreden mit zwei Antworten Ijobs (38,1–42,6).

Das Ijobbuch erzählt die Geschichte eines Mannes namens Ijob, der von schwerem Leid getroffen wird: Er verliert seinen Besitz, seine Dienerschaft und seine zehn Kinder (1,13–19). Schließlich wird er selbst mit schwerem Aussatz geschlagen (2,7f.). Den Hintergrund dieser Schicksalsschläge bildet ein Gespräch zwischen Gott und dem Satan (1,6–12; 2,1–6). Ijob nimmt zunächst sein Leid gottergeben an (1,20–22; 2,9f.). Drei seiner Freunde besuchen ihn, um ihn zu trösten: Elifas, Bildad und Zofar (2,11–13). Nach einer Zeit siebentägigen Schweigens bricht es aus Ijob heraus: Er klagt und verflucht den Tag seiner Geburt (3). An dieser Klage entzündet sich eine lange Auseinandersetzung zwischen Ijob und seinen drei Freunden (4–31). Ijob beklagt die Sinnlosigkeit seines Leids. Seine Klage steigert sich zur Anklage Gottes. Die Freunde weisen die Maßlosigkeit seiner Klage zurück. In zunehmendem Maße wendet sich Ijob klagend und anklagend an Gott. Er fordert ihn zu einer Antwort heraus (31,35–40). Bevor Gott antwortet, ergreift ein vierter Freund, von dem der Leser bisher nichts erfahren hatte, das Wort: Elihu (32–37). Er äußert seine Unzufriedenheit mit dem Verlauf des Streitgesprächs und unterbreitet Ijob seinerseits ein theologisch fundiertes Deutungsangebot. Leid – so Elihu – sei vor allem Mahnung, Zurechtweisung und Prüfung Gottes (33,19). Schließlich antwortet in zwei großen Reden Gott, der hier mit seinem geoffenbarten Namen genannt wird (38,1–40,2; 40,6–41,26). In seiner Reaktion auf die Gottesreden erklärt Ijob den Streit für beendet (40,3–5): „Vom Hörensagen nur hatte ich von dir gehört, jetzt aber hat mein Auge dich geschaut“ (42,5). Am Ende tadelt Gott Elifas und seine beiden Gefährten (42,7–9). Ijob wird wiederhergestellt (42,10–17): Er erhält seinen Besitz in doppeltem Maße zurück, bekommt erneut sieben Söhne und drei Töchter und stirbt hochbetagt und lebenssatt.

Das Buch Ijob wirft die Frage auf: Warum trifft schweres Leiden auch schuldlose Menschen? Ijobs Freunde geben unzureichende Antwort. Dass Gott selbst Ijob anspricht, zeigt, dass er Ijobs Frage ernst nimmt. Aus seiner geheimnisvollen Antwort versteht Ijob, dass das Leiden der schuldlosen Menschen im unergründlichen Geheimnis Gottes aufgehoben ist. Im Vertrauen darauf darf Ijob leben. Er bekennt, dass er Gott auf neue Weise erfahren hat (42,5–6).

Gegenüber den Unterstellungen der Freunde hält das Buch unmissverständlich fest: Es gibt das Leiden der Gerechten. Nicht jedes Leid ist Folge einer persönlichen Schuld. Gott bezeichnet Ijob als seinen „Knecht“ (1,8; 2,3; 42,7f.). In gesamtbiblischer Perspektive nimmt Ijob Züge des leidenden Gottesknechtes an (Jes 52,13–53,12). Der Codex Sinaiticus aus dem 4. Jh. n. Chr. setzt in der Anordnung der alttestamentlichen Bücher das Buch Ijob in auffallender Weise an die letzte Stelle. Mit dem nur in der griechischen Übersetzung enthaltenen Hinweis auf die Auferstehung (42,17a G) wird das Buch in dieser Anordnung offensichtlich als eine Überleitung zum Neuen Testament verstanden. In dieser Interpretationslinie stehend, sieht die christliche Tradition im Ijobbuch einen verborgenen Hinweis auf das Leiden Christi. Ijob wird verstanden als eine „figura Christi“.

RAHMENERZÄHLUNG: 1,1–2,10

IJOBS RECHTSCHAFFENHEIT: 1,1–5

1 1 Im Lande Uz lebte ein Mann mit Namen
Ijob. Dieser Mann war untadelig und
rechtschaffen; er fürchtete Gott und mied das
Böse. 2 Sieben Söhne und drei Töchter wur-
den ihm geboren. 3 Er besaß siebentausend
Stück Kleinvieh, dreitausend Kamele, fünf-
hundert Joch Rinder und fünfhundert Eselin-
nen, dazu zahlreiches Gesinde. An Ansehen
übertraf dieser Mann alle Bewohner des Os-
tens. 4 Seine Söhne aber pflegten Gastmähler
zu halten, ein jeder an seinem Tag in seinem
Haus. Sie schickten hin und luden ihre drei
Schwestern ein, mit ihnen zu essen und zu
trinken. 5 Wenn die Tage des Gastmahls vor-
bei waren, schickte Ijob hin und entsühnte
sie. Früh am Morgen stand er auf und brachte
so viele Brandopfer dar, wie er Kinder hatte.
Denn Ijob sagte sich: Vielleicht haben meine
Kinder gesündigt und Gott gesegnet in ihrem
Herzen. So tat Ijob alle Tage.

1: Ez 14,14.20; Gen 22,21; Sir 49,9; Gen 10,23; Jer 25,20

1,1 Ijob bedeutet vielleicht der „Angefeindete“ oder „Wo ist (mein) Vater?“

1,5 Segnen: euphemistisch für lästern (vgl. 1,11; 2,5.9).

ERSTE BEWÄHRUNGSPROBE: VERLUST DES REICHTUMS: 1,6–22

6 Nun geschah es eines Tages, da kamen die
Gottessöhne, um vor den HERRN hinzutre-
ten; unter ihnen kam auch der Satan. 7 Der
HERR sprach zum Satan: Woher kommst du?
Der Satan antwortete dem HERRN und
sprach: Die Erde habe ich durchstreift, hin
und her. 8 Der HERR sprach zum Satan: Hast
du auf meinen Knecht Ijob geachtet? Seines-
gleichen gibt es nicht auf der Erde: ein Mann
untadelig und rechtschaffen, er fürchtet Gott
und meidet das Böse. 9 Der Satan antwortete
dem HERRN und sagte: Geschieht es ohne
Grund, dass Ijob Gott fürchtet? 10 Bist du es
nicht, der ihn, sein Haus und all das Seine
ringsum beschützt? Das Tun seiner Hände
hast du gesegnet; sein Besitz hat sich weit
ausgebreitet im Land. 11 Aber streck nur deine
Hand gegen ihn aus und rühr an all das, was
sein ist; wahrhaftig, er wird dich ins Ange-
sicht segnen.

12 Der HERR sprach zum Satan: Gut, all
sein Besitz ist in deiner Hand, nur gegen ihn
selbst streck deine Hand nicht aus! Darauf
ging der Satan weg vom Angesicht des
HERRN.

13 Nun geschah es eines Tages, dass seine
Söhne und Töchter im Haus ihres erstgebore-
nen Bruders aßen und Wein tranken. 14 Da
kam ein Bote zu Ijob und meldete: Die Rinder
waren beim Pflügen und die Eselinnen weide-
ten daneben. 15 Da fielen Sabäer ein, nahmen
sie weg und erschlugen die Knechte mit schar-
fem Schwert. Ich ganz allein bin entronnen,
um es dir zu berichten. 16 Noch ist dieser am
Reden, da kommt schon ein anderer und sagt:
Feuer Gottes fiel vom Himmel, schlug bren-
nend ein in die Schafe und Knechte und ver-
zehrte sie. Ich ganz allein bin entronnen, um
es dir zu berichten. 17 Noch ist dieser am Re-
den, da kommt schon ein anderer und sagt: Die
Chaldäer stellten drei Rotten auf, fielen über
die Kamele her, nahmen sie weg und erschlu-
gen die Knechte mit scharfem Schwert. Ich
ganz allein bin entronnen, um es dir zu berich-
ten. 18 Noch ist dieser am Reden, da kommt
schon ein anderer und sagt: Deine Söhne und
Töchter aßen und tranken Wein im Haus ihres
erstgeborenen Bruders. 19 Da kam ein gewal-
tiger Wind über die Wüste und packte das
Haus an allen vier Ecken; es stürzte über die
jungen Leute und sie starben. Ich ganz allein
bin entronnen, um es dir zu berichten. 20 Da
stand Ijob auf, zerriss sein Gewand, schor sich
das Haupt, fiel auf die Erde, betete an 21 und
sprach:

Nackt kam ich hervor aus dem Schoß meiner
Mutter; / nackt kehre ich dahin zurück. / Der
HERR hat gegeben, der HERR hat genom-
men; / gelobt sei der Name des HERRN.

22 Bei alldem sündigte Ijob nicht und gab
Gott keinen Anstoß.

6: Sach 3,1f.; 1 Kön 22,19; Jer 23,18.22; Jes 6,1–8 / **20**: Gen 37,34; Jes 22,12 / **21**: Ps 22,10; Jes 44,2; Gen 3,19; Ps 139,13–15; Sir 40,1

ZWEITE BEWÄHRUNGSPROBE: VERLUST DER GESUNDHEIT: 2,1–10

2 1 Nun geschah es eines Tages, da kamen
die Gottessöhne, um vor den HERRN
hinzutreten; unter ihnen kam auch der Satan,
um vor den HERRN hinzutreten. 2 Da sprach
der HERR zum Satan: Woher kommst du? Der
Satan antwortete dem HERRN: Die Erde habe
ich durchstreift, hin und her. 3 Der HERR
sprach zum Satan: Hast du auf meinen Knecht
Ijob geachtet? Seinesgleichen gibt es nicht auf
der Erde: ein Mann untadelig und rechtschaf-
fen; er fürchtet Gott und meidet das Böse.
Noch immer hält er fest an seiner Frömmig-
keit, obwohl du mich gegen ihn aufgereizt
hast, ihn ohne Grund zu verderben. 4 Der Sa-
tan antwortete dem HERRN und sagte: Haut
um Haut! Alles, was der Mensch besitzt, gibt
er hin für sein Leben. 5 Doch streck deine Hand
aus und rühr an sein Gebein und Fleisch;
wahrhaftig, er wird dich ins Angesicht segnen.
6 Da sprach der HERR zum Satan: Gut, er ist in
deiner Hand. Nur schone sein Leben! 7 Der
Satan ging weg vom Angesicht Gottes und
schlug Ijob mit bösartigem Geschwür von der
Fußsohle bis zum Scheitel. 8 Da nahm er sich
eine Tonscherbe, um sich damit zu schaben,
während er mitten in der Asche saß. 9 Seine
Frau sagte zu ihm: Hältst du immer noch fest
an deiner Frömmigkeit? Segne Gott und stirb!
10 Er aber sprach zu ihr: Wie eine Törin redet,
so redest du. Nehmen wir das Gute an von
Gott, sollen wir dann nicht auch das Böse an-
nehmen? Bei alldem sündigte Ijob nicht mit
seinen Lippen.

8: Lev 13,45–46; Lk 17,12

BESUCH DER FREUNDE: 2,11–13

11 Die drei Freunde Ijobs hörten von all dem
Bösen, das über ihn gekommen war. Und sie
kamen, jeder aus seiner Heimat: Elifas aus Te-
man, Bildad aus Schuach und Zofar aus Naa-
ma. Sie vereinbarten hinzugehen, um ihm ihre
Teilnahme zu bezeigen und um ihn zu trösten.

12 Als sie von fern aufblickten, erkannten
sie ihn nicht; sie schrien auf und weinten.
Jeder zerriss sein Gewand; sie streuten Asche
über ihr Haupt gegen den Himmel. 13 Sie sa-
ßen bei ihm auf der Erde sieben Tage und
sieben Nächte und keiner sprach ein Wort zu
ihm. Denn sie sahen, dass der Schmerz sehr
groß war.

11: Bar 3,23; Jer 49,20; Am 1,11f.; Gen 25,2 / **13**: Ps 39,3; Klgl 2,10; Koh 3,7; Gen 50,10–11; 1 Sam 31,13; Sir 22,12

IJOBS KLAGE

LAST DES LEBENS: 3,1–26

3 1 Danach tat Ijob seinen Mund auf und
verfluchte seinen Tag. 2 Ijob ergriff das
Wort und sprach:
3 Ausgelöscht sei der Tag, an dem ich gebo-
ren bin, / die Nacht, die sprach: Ein Knabe ist
empfangen.
4 Jener Tag werde Finsternis, / nie frage Gott
von oben nach ihm, / nicht leuchte über ihm
des Tages Licht.
5 Einfordern sollen ihn Finsternis und To-
desschatten, / Gewölk über ihn sich lagern, /
Verfinsterung am Tag mache ihn schrecklich.
6 Jene Nacht, das Dunkel raffe sie hinweg, /
sie reihe sich nicht in die Tage des Jahres, / sie
gehe nicht ein in die Zahl der Monde.
7 Ja, diese Nacht sei unfruchtbar, / kein Jubel
komme auf in ihr.
8 Verwünschen sollen sie die Verflucher der
Tage, / die es verstehen, den Leviatan zu wecken.
9 Verfinstert seien ihrer Dämmerung Ster-
ne; / sie harre auf Licht, jedoch umsonst; / die
Lider der Morgenröte schaue sie nicht.
10 Denn sie hat die Pforten / an meiner Mut-
ter Leib nicht verschlossen, / nicht das Leid
verborgen vor meinen Augen.
11 Warum starb ich nicht vom Mutterschoß
weg, / kam ich aus dem Mutterleib und ver-
schied nicht gleich?
12 Weshalb nur kamen Knie mir entgegen, /
wozu Brüste, dass ich daran trank?
13 Still läge ich jetzt und könnte rasten, /
entschlafen wäre ich und hätte Ruhe,
14 bei Königen, bei Ratsherren im Land, / die
Grabkammern für sich erbauten,
15 oder bei Fürsten, reich an Gold, / die ihre
Häuser mit Silber gefüllt.
16 Wie die verscharrte Fehlgeburt wäre ich
nicht mehr, / Kindern gleich, die das Licht nie
geschaut.
17 Dort hören Frevler auf zu toben, / dort
ruhen aus, deren Kraft erschöpft ist.
18 Auch Gefangene sind frei von Sorgen, /
hören nicht mehr die Stimme des Treibers.
19 Klein und Groß ist dort beisammen, / der
Sklave ist frei von seinem Herrn.
20 Warum schenkt er dem Elenden Licht /
und Leben denen, die verbittert sind?
21 Sie warten auf den Tod, doch er kommt
nicht, / sie suchen ihn mehr als verborgene
Schätze.
22 Sie würden sich freuen und jubeln, / sie
würden frohlocken, fänden sie ein Grab.
23 Wozu Licht für den Mann auf verborge-
nem Weg, / den Gott von allen Seiten ein-
schließt?
24 Bevor ich noch esse, kommt mir das Seuf-
zen, / wie Wasser strömen meine Klagen hin.
25 Was mich erschreckte, das hat mich getrof-
fen, / wovor mir bangte, das kam über mich.
26 Noch hatte ich nicht Frieden, nicht Rast,
nicht Ruhe, / da kam neues Ungemach heran.

3,5 Verfinsterung am Tag: vermuteter Text; Bitterniss des Tages: H.

3,6 sie reihe sich: vermuteter Text, vgl. S und Vg; sie freue sich: H.

1: Jer 20,14–18 / **11**: 10,18f.; Ps 22,2; 42,10 / **14**: Jes 14,9–11; Ez 32,18–32 / **16**: Ps 58,9; Koh 6,3 / **21**: Sir 41,1–2 / **23**: Klgl 3,2 / **24**: Ps 42,4 / **25**: Spr 10,24

ERSTE REDE DES ELIFAS: 4,1–5,27

VERGELTUNG: 4,1–11

4 1 Da antwortete Elifas von Teman und
sprach:
2 Versucht man ein Wort an dich, ist es dir
lästig? / Doch die Rede aufzuhalten, wer ver-
mag es?
3 Siehe, viele hast du unterwiesen / und er-
schlaffte Hände stark gemacht.
4 Dem Strauchelnden halfen deine Worte
auf, / wankenden Knien gabst du Halt.
5 Nun kommt es über dich, da gibst du auf, /
nun fasst es dich an, da bist du verstört.
6 Ist deine Gottesfurcht nicht deine Zuver-
sicht, / dein lauterer Lebensweg nicht deine
Hoffnung?
7 Bedenk doch! Wer geht ohne Schuld zu-
grunde? / Wo werden Redliche im Stich ge-
lassen?

8 Wohin ich schaue: Wer Unrecht pflügt, /
wer Unheil sät, der erntet es auch.
9 Durch Gottes Atem gehen sie zugrunde, /
sie schwinden hin vor dem Hauch seines Zornes.
10 Des Löwen Brüllen, des Leuen Knurren, /
der Junglöwen Zähne werden enttäuscht.
11 Der Löwe verendet aus Mangel an Beute, /
die Jungen der Löwin zerstreuen sich.

5: Mt 27,42 / **7–11:** Spr 10,2; 12,3 / **7:** Spr 12,21 / **10:** Spr 28,15

EIN TRAUM: 4,12–21

12 Zu mir hat sich ein Wort gestohlen, / mein
Ohr vernahm davon ein Flüstern.
13 Im Grübeln und bei Nachtgesichten, /
wenn tiefer Schlaf die Menschen überfällt,
14 kam Furcht und Zittern über mich / und
ließ erschaudern alle meine Glieder.
15 Ein Geist schwebt an meinem Gesicht vo-
rüber, / die Haare meines Leibes sträuben sich.
16 Er steht, ich kann sein Aussehen nicht er-
kennen, / eine Gestalt nur vor meinen Au-
gen, / ich höre eine Stimme flüstern:
17 Ist wohl ein Mensch vor Gott gerecht, /
ein Mann vor seinem Schöpfer rein?
18 Selbst seinen Dienern traut er nicht, /
zeiht seine Engel noch des Irrtums.
19 Wie erst jene, die in Lehmhäusern woh-
nen, / die auf den Staub gegründet sind; /
leichter als eine Motte zerdrückt man sie.
20 Vom Morgen bis zum Abend werden sie
zerschlagen, / für immer gehen sie zugrunde,
unbeachtet.
21 Wird nicht das Zelt über ihnen abgebro-
chen, / sodass sie sterben ohne Weisheit?

13: 33,15; Gen 2,21; 15,12–16 / **16:** 1 Kön 19,12 / **17:** 9,2; Gen 8,21; 1 Kön 8,46; Spr 20,9; Ps 51,7 / **18:** 15,15 / **19:** Gen 2,7; 3,19 / **21:** Jes 38,12

VERANTWORTLICHKEIT DES MENSCHEN: 5,1–7

5 1 Ruf doch! Ist einer, der dir Antwort
gibt? / An wen von den Heiligen willst
du dich wenden?
2 Den Toren bringt der Ärger um, / Leiden-
schaft tötet den Narren.
3 Wohl sah ich einen Toren Wurzel fassen, /
doch plötzlich musste ich seine Wohnstatt
verwünschen.
4 Weit weg vom Heil sind seine Kinder, /
werden zertreten im Tor, sind ohne Helfer.
5 Seine Ernte verzehrt der Hungernde, /
selbst aus Dornen holt er sie heraus, / Dursti-
ge lechzen nach seinem Gut.
6 Denn nicht aus dem Staub geht Unheil
hervor, / nicht aus dem Ackerboden sprosst
die Mühsal,
7 sondern der Mensch ist zur Mühsal gebo-
ren, / wie Feuerfunken nach oben fliegen.

1: 31,35; Jes 59,1–4; Mi 6,2 / **4:** Ps 109,10 / **7:** Gen 3,17–19

UNTERWERFUNG UNTER GOTT: 5,8–16

8 Ich aber, ich würde Gott befragen / und Gott
meine Sache vorlegen,
9 der Großes und Unergründliches tut, /
Wunder, die niemand zählen kann.
10 Er spendet Regen über die Erde hin / und
sendet Wasser auf die weiten Fluren,
11 um Niedrige zu erhöhen, / damit Trau-
ernde glücklich werden.
12 Er zerbricht die Ränke der Listigen, / da-
mit ihre Hände nichts Rechtes vollbringen.
13 Weise fängt er in ihrer List, / der Plan der
Schlauen überstürzt sich.
14 Am hellen Tag stoßen sie auf Finster-
nis, / am Mittag tappen sie umher wie in der
Nacht.
15 Er aber rettet vor dem Schwert ihres Mun-
des, / aus der Hand des Starken den Armen.
16 So wird dem Geringen Hoffnung zuteil, /
die Bosheit muss ihr Maul verschließen.

8: Ps 34,5; 9,10–11 / **9:** Ps 136,4 / **10:** Ps 65,10–11; 104,13 / **11:** 1 Sam 2,7f.; Lk 1,50–52 / **12–16:** 1 Sam 2,9 / **14:** Joh 12,35 / **16:** Ps 107,42

LEIDENSPÄDAGOGIK GOTTES: 5,17–27

17 Ja, selig der Mensch, den Gott zurecht-
weist. / Die Zucht des Allmächtigen ver-
schmähe nicht!
18 Denn er verwundet und er verbindet, / er
schlägt, doch seine Hände heilen auch.
19 In sechs Drangsalen wird er dich retten, /
in sieben rührt kein Leid dich an.
20 In Hungerzeiten rettet er dich vom Tod, /
im Krieg aus der Gewalt des Schwertes.
21 Du bist geborgen vor der Geißel der Zun-
ge, / brauchst nicht zu bangen, wenn Verwüs-
tung kommt.
22 Über Verwüstung und Hunger kannst du
lachen, / von wilden Tieren hast du nichts zu
fürchten.
23 Mit den Steinen des Feldes bist du verbün-
det, / die Tiere des Feldes werden Frieden mit
dir halten.
24 Du wirst erfahren, dass dein Zelt in Frie-
den bleibt; / prüfst du dein Heim, so fehlt dir
nichts.

25 Du wirst erfahren, dass deine Nachkommen zahlreich sind, / deine Sprösslinge wie das Gras der Erde.

26 Bei voller Kraft steigst du ins Grab, / wie man Garben einbringt zu ihrer Zeit.

27 Siehe, das haben wir erforscht, so ist es. / Wir haben es gehört. Nimm auch du es an!

17: Ps 94,12; Spr 1,2; 13,24; 23,13 / **18:** Dtn 32,39; Spr 3,11–12; Hebr 12,5–6 / **19–23:** Ps 91 / **20:** Ps 33,19 / **21:** Ps 12,3–5 / **23:** Jes 11,6–8; Hos 2,20 / **25:** Dtn 28,4.11

5,27 Wir haben es gehört: vermuteter Text, vgl. G und S; Hör es!: H.

IJOBS GEGENREDE: 6,1–7,21

DAS UNERTRÄGLICHE LOS: 6,1–13

6 1 Da antwortete Ijob und sprach:

2 Ach, würde doch mein Gram gewogen, / legte man auf die Waage auch mein Leid!

3 Denn nun ist es schwerer als der Sand des Meeres, / darum waren meine Worte unbedacht.

4 Die Pfeile des Allmächtigen stecken in mir, / mein Geist hat ihr Gift getrunken, / Gottes Schrecken stellen sich gegen mich.

5 Schreit denn der Wildesel, wenn er Gras hat, / oder brüllt das Rind, wenn es sein Futter hat?

6 Isst man denn ungesalzene Speise? / Wer hat Geschmack an fadem Schleim?

7 Ich sträube mich, daran zu rühren, / das alles ist mir wie verdorbenes Brot.

8 Käme doch, was ich begehre, / und gäbe Gott, was ich erhoffe.

9 Und wollte Gott mich doch zermalmen, / seine Hand erheben, um mich abzuschneiden;

10 das wäre noch ein Trost für mich; / ich hüpfte auf im Leid, mit dem er mich nicht schont. / Denn ich habe die Worte des Heiligen nicht verleugnet.

11 Was ist meine Kraft, dass ich aushalten könnte, / wann kommt mein Ende, dass ich mich gedulde?

12 Ist meine Kraft denn Felsenkraft, / ist mein Fleisch denn aus Erz?

13 Gibt es keine Hilfe mehr für mich, / ist mir jede Rettung entschwunden?

4: Ps 38,3; 88,16

ENTTÄUSCHUNG ÜBER DIE FREUNDE: 6,14–30

14 Des Freundes Liebe gehört dem Verzagten, / auch wenn er den Allmächtigen nicht mehr fürchtet.

15 Meine Brüder sind trügerisch wie ein Bach, / wie Wasserläufe, die verrinnen;

16 trüb sind sie vom Eis, / wenn über ihnen der Schnee schmilzt.

17 Zur Zeit der Hitze versiegen sie; / wenn es heiß wird, verdunsten sie in ihrem Bett.

18 Sie biegen ab von ihrem Weg, / laufen in die Wüste und kommen um.

19 Nach ihnen spähten Karawanen aus Tema, / auf sie hofften Handelszüge aus Saba.

20 Sie wurden zuschanden, weil sie vertrauten, / sie kamen an und waren enttäuscht.

21 So seid ihr jetzt ein Nein geworden: / Ihr schaut das Entsetzliche und schaudert.

22 Habe ich denn gesagt: Gebt mir etwas, / von eurem Vermögen zahlt für mich

23 und rettet mich aus dem Griff des Bedrängers / und kauft mich los aus der Hand der Tyrannen!?

24 Belehrt mich, so werde ich schweigen, / worin ich fehlte, macht mir klar!

25 Wie können redliche Worte kränken, / was kann euer Tadel rügen?

26 Gedenkt ihr, Worte zu tadeln? / Spricht der Verzweifelte in den Wind?

27 Selbst um ein Waisenkind würdet ihr würfeln, / sogar euren Freund verschachern.

28 Habt endlich die Güte, wendet euch mir zu, / ich lüge euch nicht ins Gesicht.

29 Kehrt um, kein Unrecht soll geschehen, / kehrt um, noch bin ich im Recht.

30 Ist denn Unrecht auf meiner Zunge / oder schmeckt mein Gaumen das Schlechte nicht?

14: 15,4 / **15:** Jer 15,18 / **19:** Jes 21,14

NOT DES LEBENS: 7,1–11

7 1 Ist nicht Kriegsdienst des Menschen Leben auf der Erde? / Sind nicht seine Tage die eines Tagelöhners?

6,7 Das alles ist mir wie verdorbenes Brot: vermuteter Text; diese sind wie die Krankheit meines Brotes: H.

6,16 schmilzt, wörtlich: sich verbirgt.

2 Wie ein Knecht ist er, der nach Schatten
lechzt, / wie ein Tagelöhner, der auf seinen
Lohn wartet.
3 So wurden Monde voll Enttäuschung
mein Erbe / und Nächte voller Mühsal teilte
man mir zu.
4 Lege ich mich nieder, sage ich: / Wann darf
ich aufstehn? / Wird es Abend, bin ich gesät-
tigt mit Unrast, bis es dämmert.
5 Mein Leib ist gekleidet in Maden und
Schorf, / meine Haut schrumpft und eitert.
6 Schneller als das Weberschiffchen eilen
meine Tage, / sie gehen zu Ende, ohne Hoff-
nung.
7 Denk daran, dass mein Leben nur ein
Hauch ist! / Nie mehr schaut mein Auge
Glück.
8 Kein Auge gewahrt mich, das nach mir
sieht, / suchen mich deine Augen, dann bin
ich nicht mehr da.
9 Wie die Wolke, die entschwand und da-
hinzog, / so steigt nie mehr auf, wer zur Un-
terwelt hinabstieg.
10 Nie mehr kehrt er zurück in sein Haus, /
nie mehr erblickt ihn sein Ort.
11 So will auch ich meinen Mund nicht zü-
geln, / mit bedrängtem Geist will ich reden, /
mit betrübter Seele will ich klagen.

1: 14,14 / **4:** Koh 2,23; Sir 40,5 / **5:** Mi 3,1–3 / **6:** 9,25; Ps 39,6; Jes 38,12 / **7:** Ps 78,39 / **9:** Weish 2,4

UNBEGREIFLICHE HEIMSUCHUNG: 7,12–21

12 Bin ich das Meer, der Meeresdrache, / dass
du gegen mich eine Wache stellst?
13 Sagte ich: Mein Lager soll mich trösten, /
mein Bett trage das Leid mit mir!,
14 so quältest du mich mit Träumen / und
mit Gesichten jagtest du mich in Angst.
15 Erwürgt zu werden, zöge ich vor, / den
Tod meinem Totengerippe.
16 Ich mag nicht mehr, ich will nicht ewig
leben. / Lass ab von mir, denn nur ein Hauch
sind meine Tage!
17 Was ist der Mensch, dass du groß ihn ach-
test / und deinen Sinn auf ihn richtest,
18 dass du ihn musterst jeden Morgen / und
jeden Augenblick ihn prüfst?
19 Wie lange schon schaust du nicht weg von
mir, / lässt mich nicht los, sodass ich meinen
Speichel schlucke?
20 Habe ich gefehlt? / Was tat ich dir, du
Menschenwächter? / Warum hast du mich zu
deiner Zielscheibe gemacht, / sodass ich mir
selbst zu einer Last geworden bin?
21 Warum nimmst du mein Vergehen nicht
weg, / lässt du meine Schuld nicht nach? /
Nun denn – zum Staub bette ich mich, / und
suchst du mich, dann bin ich nicht mehr
da.

12: 9,13; Ps 74,13 / **15:** Tob 3,6 / **16:** Ps 144,4 / **17–19:** Ps 8,5 / **17:** Ps 144,3 / **18:** Ps 17,3; 139 / **19:** Ps 39,14

ERSTE REDE BILDADS: 8,1–22

GESETZ DER VERGELTUNG: 8,1–7

8 1 Da antwortete Bildad von Schuach und
sprach:
2 Wie lange noch willst du derlei reden? /
Nur heftiger Wind sind die Worte deines
Mundes.
3 Beugt etwa Gott das Recht / oder beugt
der Allmächtige die Gerechtigkeit?
4 Haben deine Kinder gefehlt gegen ihn, /
gab er sie der Gewalt ihres Frevels preis.
5 Wenn du mit Eifer Gott suchst, / an den
Allmächtigen dich flehend wendest,
6 wenn du rein bist und recht, / dann wird
er über dich wachen / und dein Heim wieder-
herstellen, wie es dir zusteht.
7 Und war dein Anfang auch gering, / dein
Ende wird gewaltig groß.

3: 34,10–12; Dtn 32,4 / **4:** 1,13–19

ZEUGNIS DER ERFAHRUNG: 8,8–22

8 Ja, frag nur das frühere Geschlecht / und
merk dir, was die Väter erforschten!
9 Wir sind von gestern nur und wissen
nichts, / wie Schatten sind auf Erden unsre
Tage.
10 Unterweisen sie dich nicht, sprechen sie
nicht zu dir, / geben sie dir nicht Worte aus
ihrem Herzen?
11 Wächst ohne Sumpf das Schilfrohr hoch, /
wird Riedgras ohne Wasser groß?

12 In Blüte und noch nicht gemäht, / ver-
welkt es schon vor allem Gras.
13 So sind die Wege aller, die Gott vergessen, /
so wird die Hoffnung des Ruchlosen zunichte.
14 Ein zartes Gewebe ist seine Zuversicht, /
ein Spinnennetz ist sein Vertrauen.
15 Er verlässt sich auf sein Haus, doch es hält
nicht stand, / er klammert sich daran, doch es
bleibt nicht stehen.
16 In vollem Saft steht er vor der Sonne, /
seine Zweige überwuchern seinen Garten,
17 im Geröll verflechten sich seine Wurzeln, /
zwischen Steinen halten sie sich fest.
18 Tilgt man ihn aus an seiner Stätte, / ver-
leugnet sie ihn: Nie habe ich dich gesehen.
19 Siehe, das ist die Freude seines Weges /
und andere sprossen aus dem Staub.
20 Siehe, Gott verschmäht den Schuldlosen
nicht, / die Hand der Boshaften aber hält er
nicht fest.
21 Mit Lachen wird er deinen Mund noch
füllen, / deine Lippen mit Jubel.
22 Deine Hasser werden sich kleiden in
Schmach, / das Zelt der Frevler besteht nicht
mehr.

8–10: 15,18; Ps 78,3f. / **13**: Spr 10,28 / **22**: Ps 6,11; Spr 14,11

8,17 zwischen Steinen halten sie sich fest, andere Übersetzungsmöglichkeit: ein Haus aus Stein erblickt er.

IJOBS GEGENREDE: 9,1–10,22

GOTTES MACHT UND DIE OHNMACHT DES MENSCHEN: 9,1–35

9 1 Da antwortete Ijob und sprach:
2 Wahrhaftig weiß ich, dass es so ist: /
Wie wäre ein Mensch bei Gott im Recht!
3 Wenn er mit ihm rechten wollte, / nicht
auf eins von tausend könnte er ihm Antwort
geben.
4 Weisen Sinnes und stark an Macht – / wer
böte ihm Trotz und bliebe heil?
5 Er versetzt Berge; sie merken es nicht, /
dass er in seinem Zorn sie umstürzt.
6 Er erschüttert die Erde an ihrem Ort, / so-
dass ihre Säulen erzittern.
7 Er spricht zur Sonne, sodass sie nicht
strahlt, / er versiegelt die Sterne.
8 Er spannt allein den Himmel aus / und
schreitet einher auf den Höhen des Meeres.
9 Er macht das Sternbild des Bären, den Ori-
on, / das Siebengestirn, die Kammern des
Südens.
10 Er macht so Großes, es ist nicht zu erfor-
schen, / Wunderdinge, sie sind nicht zu zäh-
len.
11 Zieht er an mir vorüber, ich sehe ihn
nicht, / fährt er daher, ich bemerke ihn nicht.
12 Rafft er hinweg, wer hält ihn zurück? /
Wer darf zu ihm sagen: Was machst du da?
13 Gott hält seinen Zorn nicht zurück, / un-
ter ihm mussten selbst Rahabs Helfer sich
beugen.
14 Wie sollte denn ich ihm Antwort geben, /
wie meine Worte gegen ihn wählen?
15 Und wäre ich im Recht, ich könnte nicht
antworten, / um Gnade müsste ich bei mei-
nem Richter flehen.
16 Wollte ich rufen, würde er mir Antwort
geben? / Ich glaube nicht, dass er auf meine
Stimme hört.
17 Er, der im Sturm mich niedertritt, / ohne
Grund meine Wunden mehrt,
18 er lässt mich nicht zu Atem kommen, / er
sättigt mich mit Bitternis.
19 Geht es um Kraft, er ist der Starke, / geht
es um Recht, wer lädt mich vor?
20 Wäre ich im Recht, mein eigener Mund
spräche mich schuldig, / wäre ich ohne Tadel,
er machte mich krumm.
21 Schuldlos bin ich, doch achte ich nicht auf
mich, / mein Leben werfe ich hin.
22 Einerlei ist es, so sage ich es denn: /
Schuldlos wie schuldig bringt er um.
23 Wenn die Geißel plötzlich tötet, / spottet
er über der Unschuldigen Angst.
24 Die Erde ist in Frevlerhand gegeben, / das
Gesicht ihrer Richter deckt er zu. / Ist er es
nicht, wer ist es dann?
25 Schneller als ein Läufer eilen meine Ta-
ge, / sie fliehen dahin und schauen kein
Glück.
26 Sie gleiten vorbei wie Kähne aus Schilf, /
dem Adler gleich, der sich auf Beute stürzt.

27 Sage ich: Ich will meine Klage vergessen, /
meine Miene ändern und heiter blicken!,
28 so graut mir vor all meinen Schmerzen. /
Ich weiß, du sprichst mich nicht frei.
29 Ich muss nun einmal schuldig sein, /
wozu mühe ich mich umsonst?
30 Wollte ich auch mit Schnee mich wa-
schen, / meine Hände mit Lauge reinigen,
31 du würdest mich doch in die Grube tau-
chen, / sodass meinen Kleidern vor mir
ekelt.
32 Denn er ist kein Mann wie ich, / dem ich
entgegnen könnte: / Lasst uns zusammen
zum Gericht gehen!
33 Es gibt keinen Schiedsmann zwischen
uns, / der seine Hand auf uns beide legte.
34 Er nehme von mir seine Rute, / sein
Schrecken soll mich nicht mehr ängstigen;
35 dann will ich reden, ohne ihn zu fürch-
ten. / Doch so ist es nicht um mich bestellt.

2: 4,17; Ps 143,2 / **5**: Ps 46,3; Jes 13,13 / **7**: Bar 3,34f. / **9**: Am 5,8 / **10**: 5,9 / **11**: 23,8f. / **12**: Weish 12,12 / **13**: Ps 89,11 / **16**: 5,8; 8,5; 31,35 / **17**: 38,1; 40,6 / **20**: 15,6 / **22**: Koh 9,2 / **24**: 40,6–41,26 / **25**: 7,6; Weish 5,9 / **30**: Ps 51,9; Jes 1,18; Jer 2,22 / **32**: Koh 6,10 / **34**: 13,21

IJOBS KLAGE: 10,1–22

10 1 Zum Ekel ist mein Leben mir gewor-
den, / ich lasse meiner Klage freien
Lauf, / reden will ich in meiner Seele Bitter-
nis.
2 Ich sage zu Gott: Sprich mich nicht schul-
dig, / lass mich wissen, warum du mich be-
fehdest!
3 Was hast du davon, dass du Gewalt ver-
übst, / dass du die Mühsal deiner Hände ver-
wirfst, / doch über dem Plan der Frevler auf-
strahlst?
4 Hast du die Augen eines Sterblichen, /
siehst du, wie Menschen sehen?
5 Sind Menschentage deine Tage gleich /
und deine Jahre wie des Mannes Tage,
6 dass du Schuld an mir suchst, / nach mei-
ner Sünde fahndest,
7 obwohl du weißt, dass ich nicht schuldig
bin / und dass keiner retten kann aus deiner
Hand?
8 Deine Hände haben mich gebildet, mich
gemacht; / dann hast du dich umgedreht und
mich vernichtet.
9 Denk doch daran, wie Ton hast du mich
gemacht / und zu Staub lässt du mich zurück-
kehren.
10 Hast du mich nicht ausgegossen wie
Milch, / wie Käse mich gerinnen lassen?
11 Mit Haut und Fleisch hast du mich um-
kleidet, / mit Knochen und Sehnen mich
durchflochten.
12 Leben und Huld hast du mir verliehen, /
deine Obhut schützte meinen Geist.
13 Doch verbirgst du dies in deinem Her-
zen; / ich weiß, das hattest du im Sinn.
14 Sündige ich, wirst du mich bewachen, /
mich nicht freisprechen von meiner Schuld.
15 Wenn ich schuldig würde, dann wehe
mir! / Aber selbst wenn ich im Recht wäre,
dürfte ich mein Haupt nicht erheben, / bin
gesättigt mit Schmach und geplagt mit Kum-
mer.
16 Erhebe ich es doch, jagst du mich wie ein
Löwe / und erweist dich wieder wunderbar
an mir.
17 Neue Zeugen bietest du gegen mich auf, /
häufst deinen Unwillen auf mich, / immer
neue Heere führst du mir entgegen.
18 Warum ließest du mich aus dem Mutter-
schoß kommen, / warum verschied ich nicht,
ehe mich ein Auge sah?
19 Wie nie gewesen wäre ich dann, / vom
Mutterleib zum Grab getragen.
20 Sind wenig nicht die Tage meines Le-
bens? / Lass ab von mir, damit ich ein wenig
heiter blicken kann,
21 bevor ich fortgehe ohne Wiederkehr / ins
Land der Finsternis und des Todesschattens,
22 ins Land, so dunkel wie die Nacht, / wo
Todesschatten herrscht und keine Ord-
nung, / und wenn es leuchtet, ist es wie die
Nacht.

1: Spr 29,11 / **4**: 1 Sam 16,7 / **7**: 33,9 / **8**: Gen 2,7 / **10**: Ps 139,13.15 / **16**: Jes 38,13 / **18**: 3,11–16; Koh 4,2 / **20**: 7,7; 14,1; Ps 39,14 / **21**: 16,22; Ps 49,20

10,8 dann hast du dich umgedreht: vermuteter Text, vgl. G.

10,15 geplagt mit Kummer: vermuteter Text; sieh mein Elend!: H.

10,20 Tage meines Lebens: vermuteter Text, vgl. G.

ERSTE REDE ZOFARS: 11,1–20

GRÖSSE GOTTES: 11,1–12

11 1 Da antwortete Zofar von Naama und
sprach:
2 Soll dieser Wortschwall ohne Antwort
bleiben / und soll der Maulheld recht behal-
ten?
3 Bringt dein Geschwätz Männer zum
Schweigen, / darfst du spotten, ohne dass ei-
ner dich beschämt?
4 Du sagtest: Rein ist meine Lehre / und lau-
ter war ich stets in deinen Augen.
5 O, dass Gott doch selber spräche, / seine
Lippen öffnete gegen dich.
6 Er würde dich der Weisheit Tiefen lehren, /
dass sie wie Wunder sind für den klugen Ver-
stand. / Du würdest erkennen, dass Gott von
deiner Schuld noch manches übersieht.
7 Die Tiefen Gottes willst du finden, / bis zur
Vollkommenheit des Allmächtigen vordrin-
gen?
8 Höher als der Himmel ist sie, was machst
du da? / Tiefer als die Unterwelt, was kannst
du wissen?
9 Weiter als die Erde ist ihr Maß, / breiter ist
sie als das Meer.
10 Wenn er daherfährt und gefangen nimmt, /
wenn er zusammentreibt, wer hält ihn ab?
11 Denn er kennt die falschen Leute, / sieht
das Unrecht und nimmt es wahr.
12 Kommt denn ein Hohlkopf zur Besin-
nung, / wird ein Wildesel als ein Mensch ge-
boren?

1: 38,1ff. / **6**: 32,13; Sir 4,18; Röm 11,33 / **7**: Ps 139,17 / **8**: Ps 139,8 / **12**: 39,5–8

AUFGABE DES MENSCHEN: 11,13–20

13 Wenn du selbst dein Herz in Ordnung
bringst / und deine Hände zu ihm ausbrei-
test –
14 wenn Unrecht klebt an deiner Hand,
entferne es / und lass nicht Schlechtigkeit in
deinen Zelten wohnen! –,
15 dann kannst du ohne Makel dein Ange-
sicht erheben, / fest stehst du da und brauchst
dich nicht zu fürchten.
16 Dann wirst du auch das Ungemach ver-
gessen, / du denkst daran wie an Wasser, das
vorüberfloss.
17 Heller als der Mittag erhebt sich dann dein
Leben, / die Dunkelheit wird wie der Morgen
sein.
18 Du fühlst dich sicher, weil noch Hoffnung
ist; / du schaust dich um und kannst sicher
schlafen.
19 Du lagerst dich und niemand schreckt
dich auf / und viele mühen sich um deine
Gunst.
20 Doch der Frevler Augen verschmachten, /
jede Zuflucht schwindet ihnen; / ihre Hoff-
nung ist, das Leben auszuhauchen.

13: Ex 9,33; 1 Kön 8,22 / **14**: Jes 1,15–16 / **16**: Ps 58,8 / **17**: 17,12

11,6 Wunder: vermuteter Text; doppelt: H.
11,8 Höher als: vermuteter Text.

IJOBS GEGENREDE: 12,1–14,22

SCHWEIGEN GOTTES: 12,1–6

12 1 Da antwortete Ijob und sprach:
2 Wahrhaftig, ihr seid besondere Leu-
te / und mit euch stirbt die Weisheit aus.
3 Ich habe auch Verstand wie ihr, / ich falle
nicht ab im Vergleich mit euch. / Wer wüsste
wohl dergleichen nicht?
4 Dem eigenen Freund werde ich zum Ge-
spött, / ich, der Gott anruft, dass er mich
hört. / Zum Gespött wird der Gerechte, der
Schuldlose.
5 Dem Unglück Hohn! So denkt, wer ohne
Sorge ist, / wer fest sich weiß, wenn Füße
wanken.
6 In Ruhe sind der Gewaltmenschen Zelte, /
voll Sicherheit sind sie, die Gott erzürnen, /
die wähnen, Gott in ihre Hand zu bringen.

3: 13,2 / **4**: 19,13–22; Ps 31,12; 38,12; 69,9; 88,19 / **5**: 123,4

GOTTES UNBEGREIFLICHES WALTEN: 12,7–25

7 Doch frag nur die Tiere, sie lehren es dich, /
die Vögel des Himmels, sie künden es dir.

8 Oder rede zur Erde, sie wird dich lehren, / die Fische des Meeres erzählen es dir.

9 Wer von ihnen allen wüsste nicht, / dass die Hand des HERRN dies gemacht hat?

10 In seiner Hand ruht die Seele allen Lebens / und jeden Menschenleibes Geist.

11 Darf nicht das Ohr die Worte prüfen, / wie mit dem Gaumen man die Speisen schmeckt?

12 Findet sich bei Greisen wirklich Weisheit / und ist langes Leben schon Einsicht?

13 Bei ihm allein sind Weisheit und Heldenkraft, / bei ihm sind Rat und Einsicht.

14 Wenn er einreißt, baut keiner wieder auf; / wen er einschließt, dem wird nicht mehr geöffnet.

15 Wenn er die Wasser dämmt, versiegen sie, / lässt er sie frei, zerwühlen sie das Land.

16 Bei ihm ist Macht und Klugheit, / sein ist, wer irrt und wer irreführt.

17 Er lässt Ratsherren barfuß gehen, / Richter macht er zu Toren.

18 Fesseln von Königen löst er auf / und bindet einen Schurz um ihre Hüften.

19 Er lässt Priester barfuß gehen, / alte Geschlechter bringt er zu Fall.

20 Das Wort entzieht er den Bewährten, / den Ältesten nimmt er die Urteilskraft.

21 Verachtung gießt er auf die Edlen, / den Starken lockert er den Gurt.

22 Verborgenes enthüllt er aus der Finsternis, / Todesschatten führt er ans Licht.

23 Völker lässt er wachsen und vernichtet sie; / er breitet Völker aus und treibt sie fort.

24 Den Häuptern des Landes nimmt er den Verstand, / lässt sie irren in wegloser Wüste.

25 Sie tappen umher im Finstern ohne Licht, / er lässt sie irren wie Trunkene.

9: Jes 41,20 / **10:** Weish 7,16 / **11:** 34,3 / **12:** 32,6–17 / **13:** Spr 8,14; Dan 2,20 / **14:** Ps 127,1; Jes 22,22 / **19:** Lk 1,52 / **21:** Ps 107,40

LEERES GEREDE DER FREUNDE: 13,1–12

13

1 Seht, all das hat mein Auge gesehen, / mein Ohr gehört und wohl gemerkt.

2 Was ihr wisst, weiß ich auch; / ich falle nicht ab im Vergleich mit euch.

3 Doch ich will zum Allmächtigen reden, / mit Gott zu rechten ist mein Wunsch.

4 Ihr aber seid nur Lügentüncher, / untaugliche Ärzte allesamt.

5 Dass ihr endlich schweigen wolltet; / das würde Weisheit für euch sein.

6 Hört doch meinen Rechtsbeweis, / merkt auf die Streitreden meiner Lippen!

7 Wollt ihr für Gott Verkehrtes reden / und seinetwegen Lügen sprechen?

8 Wollt ihr für ihn Partei ergreifen, / für Gott den Rechtsstreit führen?

9 Ginge es gut, wenn er euch durchforschte, / könnt ihr ihn täuschen, wie man Menschen täuscht?

10 In harte Zucht wird er euch nehmen, / wenn ihr heimlich Partei ergreift.

11 Wird seine Hoheit euch nicht schrecken, / nicht Schrecken vor ihm euch überfallen?

12 Eure Merksätze sind Sprüche aus Staub, / eure Schilde aus Lehm.

2: 12,3 / **5:** Spr 17,27f.; 20,19; Koh 3,7; Sir 20,5–8

VERTEIDIGUNG DER EIGENEN UNSCHULD: 13,13–28

13 Schweigt vor mir, damit ich reden kann! / Dann komme auf mich, was kommen mag.

14 Meinen Leib nehme ich zwischen die Zähne, / in meine Hand lege ich mein Leben.

15 Er mag mich töten, ich harre auf ihn; / doch meine Wege verteidige ich vor ihm.

16 Schon das wird mir zum Heile dienen, / kein Ruchloser kommt ja vor sein Angesicht.

17 Hört nun genau auf meine Rede, / was ich erkläre vor euren Ohren!

18 Seht, ich bringe den Rechtsfall vor; / ich weiß, ich bin im Recht.

19 Wer könnte den Rechtsstreit gegen mich gewinnen? / Dann wollte ich schweigen und sterben.

20 Zwei Dinge nur tu mir nicht an, / dann verberge ich mich nicht vor dir:

21 Zieh deine Hand von mir zurück; / dein Schrecken soll mir keine Angst einjagen.

22 Dann ruf und ich will antworten / oder ich will reden und du erwiderst mir!

23 Wie viel habe ich an Sünden und Vergehen? / Meine Schuld und mein Vergehen sag mir an!

24 Warum verbirgst du dein Angesicht / und siehst mich an als deinen Feind?

25 Verwehtes Laub willst du noch scheuchen, / dürre Spreu noch forttreiben?

26 Denn Bitterkeit verschreibst du mir, / teilst mir die Sünden meiner Jugend zu.

12,18 Fesseln: vermuteter Text; Zucht: H.

13,24 Im hebräischen Wort ojeb (Feind) klingt der Name Ijob an.

27 In den Block legst du meine Füße, / du überwachst auch alle meine Pfade / und zeichnest einen Strich um meiner Füße Sohlen.

28 Er selbst zerfällt wie Verfaultes, / dem Kleide gleich, das die Motte fraß.

15: Ex 30,20; 33,20; Ri 13,22 / **22**: 38,1ff. / **24**: Ps 44,25; 88,15 / **25**: Ps 83,14 / **26**: Ps 25,7 / **27**: 33,11 / **28**: Ps 39,12; Jes 50,9; 51,8

IJOBS HOFFNUNGSLOSIGKEIT: 14,1–22

14 1 Der Mensch, vom Weib geboren, / knapp an Tagen, unruhvoll,

2 er geht wie die Blume auf und welkt, / flieht wie ein Schatten und bleibt nicht bestehen.

3 Doch über ihm hältst du dein Auge offen, / mich aber bringst du ins Gericht mit dir.

4 Kann denn ein Reiner von Unreinem kommen? / Nicht ein Einziger.

5 Wenn seine Tage fest bestimmt sind / und die Zahl seiner Monde bei dir, / wenn du gesetzt hast seine Grenzen, / sodass er sie nicht überschreitet,

6 dann schau weg von ihm! Lass ab, / dass er seines Tags sich freue wie ein Tagelöhner!

7 Denn für den Baum besteht noch Hoffnung: / Ist er gefällt, so treibt er wieder, / sein Sprössling bleibt nicht aus.

8 Wenn in der Erde seine Wurzel altert / und sein Stumpf im Boden stirbt,

9 vom Dunst des Wassers sprosst er wieder / und wie ein Setzling treibt er Zweige.

10 Doch stirbt ein Mann, so bleibt er kraftlos, / verscheidet ein Mensch, wo ist er dann?

11 Die Wasser schwinden aus dem Meer, / der Strom vertrocknet und versiegt.

12 So legt der Mensch sich hin, steht nie mehr auf; / die Himmel werden vergehen, ehe er erwacht, / ehe er aus seinem Schlaf geweckt wird.

13 Dass du mich in der Unterwelt verstecktest, / mich bergen wolltest, bis dein Zorn sich wendet, / eine Frist mir setztest und dann an mich dächtest!

14 Wenn einer stirbt, lebt er dann wieder auf? / Alle Tage meines Kriegsdienstes harrte ich, bis einer käme, um mich abzulösen.

15 Du riefest und ich gäbe dir Antwort, / du sehntest dich nach deiner Hände Werk.

16 Dann würdest du meine Schritte zählen, / auf meinen Fehltritt nicht mehr achten.

17 Versiegelt im Beutel wäre mein Vergehen, / du würdest meinen Frevel übertünchen.

18 Doch auch ein Berg fällt und zergeht, / von seiner Stätte rückt der Fels.

19 Das Wasser zerreibt Steine, / Platzregen spült das Erdreich fort; / so machst du die Hoffnung des Menschen zunichte.

20 Du bezwingst ihn für immer, so geht er dahin, / du entstellst sein Gesicht und schickst ihn fort.

21 Sind seine Kinder in Ehren, er weiß es nicht; / sind sie verachtet, er merkt es nicht.

22 Sein Leib fühlt nur die eigenen Schmerzen, / seine Seele trauert nur um sich selbst.

1: 10,20; Ps 39,5 / **2**: Ps 90,5f.; Koh 6,12 / **3**: Gen 8,21; Spr 20,9; Ps 143,2 / **4**: 4,17; Ps 51,7 / **5**: Ps 39,6; 139,16 / **6**: Ps 39,14 / **7–9**: Jes 11,1 / **7**: 19,10; Jes 6,13 / **10**: Koh 3,21 / **11**: Jes 19,5 / **13**: Jes 26,20 / **14**: 7,1; Ps 88,6 / **16**: 10,6 / **21**: 21,21

ZWEITE REDE DES ELIFAS: 15,1–35

SÜNDIGKEIT ALLER MENSCHEN: 15,1–16

15 1 Da antwortete Elifas von Teman und sprach:

2 Gibt ein Weiser windige Kunde zur Antwort, / füllt er sein Inneres mit Ostwind an,

3 um zurechtzuweisen mit Gerede, das nichts taugt, / mit Worten, in denen kein Nutzen liegt?

4 Du brichst sogar die Gottesfurcht, / zerstörst das Besinnen vor Gott.

5 Denn deine Schuld belehrt deinen Mund, / die Sprache der Listigen hast du gewählt.

6 Dein eigener Mund verurteilt dich, nicht ich, / deine Lippen zeugen gegen dich.

7 Bist du als erster Mensch geboren, / kamst du zur Welt noch vor den Hügeln?

8 Hast du gelauscht im Rate Gottes / und die Weisheit an dich gerissen?

9 Was weißt du, das wir nicht wissen, / was verstehst du, das uns nicht bekannt ist?

10 Auch unter uns sind Alte, sind Ergraute, /
die älter sind an Tagen als dein Vater.

11 Ist zu gering dir Gottes Tröstung, / ein
Wort, das sanft mit dir verfährt?

12 Wie reißt doch dein Herz dich fort, / wie
überheben sich deine Augen,

13 dass gegen Gott deinen Zorn du wendest /
und solche Worte aus deinem Munde stößt?

14 Was ist der Mensch, dass rein er wäre, /
der vom Weib Geborene, dass er im Recht sein
könnte?

15 Sieh doch, selbst seinen Heiligen traut er
nicht / und der Himmel ist nicht rein in seinen
Augen.

16 Geschweige denn ein Unreiner und Ver-
derbter, / ein Mann, der Verkehrtes trinkt wie
Wasser.

7: Sir 49,16; Spr 8,25 / **8**: Jes 40,13; Jer 23,18 / **9**: Röm 11,34 / **10**: 32,7 / **14**: 4,17; 14,1–4 / **16**: 34,7

HOFFNUNGSLOSIGKEIT DES FREVLERS: 15,17–35

17 Verkünden will ich dir, hör mir zu! / Was
ich geschaut, will ich erzählen,

18 was Weise zu berichten wissen, / was ihre
Väter ihnen nicht verhehlten.

19 Ihnen allein war das Land gegeben, / kein
Fremder ging unter ihnen einher.

20 Der Frevler bebt in Ängsten all seine
Tage, / nur wenige Jahre sind dem Tyrannen
bestimmt.

21 In seinen Ohren hallen Schreckensrufe, /
mitten im Frieden kommt der Verwüster über
ihn.

22 Er kann nicht hoffen, der Finsternis zu
entfliehen, / aufgespart ist er für das Schwert.

23 Er irrt umher nach Brot, wo er es finde, /
er weiß, dass ihn ein schwarzer Tag bedroht.

24 Not und Drangsal erschrecken ihn, / sie
packen ihn wie ein kampfbereiter König.

25 Denn gegen Gott erhebt er seine Hand, /
gegen den Allmächtigen erkühnt er sich.

26 Halsstarrig rennt er gegen ihn an / mit den
dicken Buckeln seiner Schilde.

27 Sein Gesicht ist bedeckt mit Fett, / an der
Hüfte hat er Speck angesetzt.

28 Er wohnt in zerstörten Städten, / in Häu-
sern, darin niemand mehr wohnt, / die man
zu Trümmerstätten bestimmt.

29 Er bleibt nicht reich, sein Besitz hat keinen
Bestand; / zur Erde neigt sich seine Ähre nicht.

30 Der Finsternis entrinnt er nicht, / die
Flammenglut dörrt seinen Schößling aus, / er
schwindet dahin beim Hauch seines Mundes.

31 Er baue nicht auf eitlen Trug; / denn sein
Erwerb wird nur Enttäuschung sein.

32 Bevor sein Tag kommt, welkt er hin / und
sein Palmzweig grünt nicht mehr.

33 Er stößt ihn ab wie der Weinstock saure
Trauben, / wie der Ölbaum wirft er seine Blü-
ten fort.

34 Unfruchtbar ist der Ruchlosen Rotte /
und Feuer verzehrt die Zelte der Bestechung.

35 Von Mühsal schwanger, gebären sie nur
Unheil; / Trug ist, was ihr Schoß hervor-
bringt.

18: 8,8–10; Dtn 32,7 / **21**: 18,11 / **25**: Ps 75,6 / **27**: Ps 73,7 / **28**: Jes 13,19–22 / **31**: 20,6f. / **34**: 20,26 / **35**: Jes 59,4; Gal 6,8

IJOBS GEGENREDE: 16,1–17,16

LEIDIGE TRÖSTER: 16,1–5

16 1 Da antwortete Ijob und sprach:
2 Ähnliches habe ich schon viel ge-
hört; / leidige Tröster seid ihr alle.

3 Sind nun zu Ende die windigen Worte /
oder was sonst reizt dich zu antworten?

4 Auch ich könnte reden wie ihr, / wenn ihr an
meiner Stelle wäret, / schöne Worte über euch
machen / und meinen Kopf über euch schütteln.

5 Ich könnte euch stärken mit meinem
Mund, / Trost spenden mit meinen Lippen.

4: 2 Kön 19,21; Ps 22,8; Klgl 2,15; Sir 12,8.16–18

GOTTES UNGERECHTER ANGRIFF: 16,6–17

6 Rede ich, hört doch mein Schmerz nicht
auf; / schweige ich, so weicht er nicht vor
mir.

7 Jetzt aber hat er mich erschöpft. / Den
Kreis meiner Freunde hast du mir zerstört.

8 Du hast mich gepackt. / Mein Verfall er-
hebt sich und tritt als Zeuge gegen mich auf; /
er widerspricht mir ins Gesicht.

9 Sein Zorn zerreißt, befehdet mich, /
knirscht gegen mich mit den Zähnen, / mein
Gegner schärft die Augen gegen mich.

10 Sie sperren ihr Maul gegen mich auf, /
schlagen voll Hohn mir auf die Wangen, /
scharen sich gegen mich zusammen.
11 Gott gibt mich dem Bösen preis, / in die
Hände der Frevler stößt er mich.
12 In Ruhe lebte ich, da hat er mich erschüt-
tert, / mich im Nacken gepackt, mich zer-
schmettert, / mich als Zielscheibe für sich
aufgestellt.
13 Seine Pfeile umschwirren mich, / scho-
nungslos durchbohrt er mir die Nieren, /
schüttet meine Galle zur Erde.
14 Bresche über Bresche bricht er mir, /
stürmt wie ein Krieger gegen mich an.
15 Ein Trauergewand hab ich meiner Haut
genäht, / mein Horn in den Staub gesenkt.
16 Mein Gesicht ist vom Weinen rot / und
Todesschatten liegt auf meinen Wimpern.
17 Doch kein Unrecht klebt an meinen Hän-
den / und mein Gebet ist lauter.

9: 18,4 / **12**: Klgl 3,11; Ps 30,7–8 / **13**: 6,4 / **17**: 33,9

DER ZEUGE IM HIMMEL: 16,18–22

18 O Erde, deck mein Blut nicht zu / und ohne
Ruhstatt sei mein Hilfeschrei!
19 Nun aber, seht, im Himmel ist mein Zeu-
ge, / mein Bürge in den Höhen.
20 Da meine Freunde mich verspotten, /
tränt zu Gott hin mein Auge.
21 Recht schaffe er dem Mann bei Gott / und
zwischen Mensch und Mensch.
22 Denn nur wenige Jahre werden noch kom-
men, / dann muss ich gehen den Weg ohne
Wiederkehr.

18: Gen 4,10; Ps 9,13; Offb 6,10 / **19**: 19,25 / **22**: 10,21

KLAGE DES VERHÖHNTEN: 17,1–10

17 1 Mein Geist ist verwirrt, / meine Tage
sind ausgelöscht, / nur Gräber bleiben
mir.
2 Wahrhaftig, nur Spott begleitet mich. / In
ihren Bitterkeiten verbringt mein Auge die
Nacht.
3 Sei du doch selbst mein Bürge bei dir! /
Wer würde sonst den Handschlag für mich
leisten?
4 Denn ihr Herz hast du der Einsicht ver-
schlossen, / darum lässt du sie nicht trium-
phieren.
5 Zum Teilen lädt einer die Freunde ein, /
doch die Augen seiner Kinder verschmachten.
6 Zum Spott für die Leute stellte er mich hin, /
ich wurde einer, dem man ins Gesicht spuckt.
7 Vor Kummer ist mein Auge matt, / all mei-
ne Glieder sind wie ein Schatten.
8 Darüber entsetzen sich die Redlichen, /
der Unschuldige empört sich über den Ruch-
losen.
9 Doch der Gerechte hält fest an seinem
Weg, / wer reine Hände hat, gewinnt an Kraft.
10 Ihr alle, kehrt um, kommt nur wieder her, /
ich finde doch keinen Weisen unter euch.

1: Ps 143,4 / **6**: 30,9; Mt 26,67; Mk 14,65 / **8**: Jes 52,14.15; 53,3–4

NOT DES VERZWEIFELTEN: 17,11–16

11 Dahin sind meine Tage, / zunichte meine
Pläne, meine Herzenswünsche.
12 Sie machen mir die Nacht zum Tag, / das
Licht nähert sich dem Dunkel.
13 Ich erhoffe nichts mehr. / Die Unterwelt
wird mein Haus, / in der Finsternis breite ich
mein Lager aus.
14 Zur Grube rufe ich: Mein Vater bist du!, /
Meine Mutter, meine Schwester!, zum Wurm.
15 Wo aber ist meine Hoffnung? / Ja, meine
Hoffnung, wer kann sie erblicken?
16 Fährt sie zur Unterwelt mit mir hinab, /
sinken wir vereint in den Staub?

12: 11,17; Joh 8,12 / **13**: Ps 88,19 / **14**: Sir 10,11 / **15**: 19,10

ZWEITE REDE BILDADS: 18,1–21

SELBSTVERTEIDIGUNG BILDADS: 18,1–4

18 1 Da antwortete Bildad von Schuach
und sprach:
2 Wann endlich macht ihr Schluss mit
den Reden? / Nehmt Einsicht an, dann reden
wir.
3 Warum sind wir wie Vieh geachtet, / gel-
ten als unrein in euren Augen?
4 Du zerfleischt dich selbst in deinem Zorn. /
Soll deinetwegen die Erde sich entvölkern, /
der Fels von seiner Stelle rücken?

3: Ps 49,21 / **4**: 14,18; 16,9

SCHICKSAL DES FREVLERS: 18,5–21
5 Ja, der Frevler Licht erlischt, / die Flamme
seines Feuers strahlt nicht auf.
6 Das Licht in seinem Zelte wird finster, /
seine Leuchte über ihm erlischt.
7 Eng werden seine gewaltigen Schritte, /
sein eigener Plan bringt ihn zu Fall.
8 Denn mit seinen Füßen gerät er ins Netz /
und über Flechtwerk schreitet er dahin.
9 Das Klappnetz packt ihn an der Ferse, / die
Schlinge hält ihn fest.
10 Versteckt am Boden liegt sein Fangstrick, /
die Falle für ihn auf dem Pfad.
11 Ringsum ängstigen ihn Schrecken / und
scheuchen ihn auf Schritt und Tritt.
12 Hungrig nach ihm ist sein Unheil, / das
Verderben steht bereit zu seinem Sturz.
13 Es frisst die Glieder seines Leibes, / seine
Glieder frisst des Todes Erstgeborener.
14 Ausgerissen wird er aus seinem Zelt, aus
seiner Zuversicht, / es treibt ihn fort zum
König der Schrecken.
15 Ihm Fremdes wohnt in seinem Zelt, /
Schwefel wird auf seinen Hof gestreut.
16 Von unten her verdorren seine Wurzeln, /
von oben welken seine Zweige.
17 Sein Andenken schwindet von der Erde, /
kein Name bleibt ihm weit und breit.
18 Sie stoßen ihn vom Licht in die Finster-
nis / und jagen ihn vom Erdkreis fort.
19 Kein Spross, kein Stamm bleibt ihm in
seinem Volk, / am Ort seines Aufenthaltes
keiner, der ihn überlebt.
20 Über seinen Tag schaudern die im Wes-
ten, / die im Osten packt das Grauen.
21 Ja, so geht es mit den Wohnungen des
Frevlers, / mit dem Ort des Menschen, der
Gott nicht kennt.

5: 21,17 / **6**: Koh 12,2–6 / **7**: Ps 18,37; Spr 4,12 / **8**: 22,10; Ps 35,7f.; 140,6 / **11**: 15,21 / **14**: Ps 52,7 / **15**: Dtn 29,22; Ps 11,6; Jes 34,9 / **17**: Ps 9,6; 34,17; Spr 10,7 / **19**: Ps 37,28; 109,13

IJOBS GEGENREDE: 19,1–29

ZURÜCKWEISUNG DER SCHMÄHUNG: 19,1–5
19 1 Da antwortete Ijob und sprach:
2 Wie lange noch wollt ihr meine Seele
quälen / und mich mit Worten niedertreten?
3 Zum zehnten Mal schon schmäht ihr mich /
und schämt euch nicht, mich zu beleidigen.
4 Ging ich wirklich unwissend fehl, / mein
Fehltritt weilt doch allein bei mir.
5 Wollt ihr wirklich groß tun gegen mich /
und mir meine Schmach beweisen?

4: Lev 4,2; 5,2; 5,17–18; Num 15,27

GOTTES UNBEGREIFLICHES VERHALTEN: 19,6–12
6 Erkennt doch, dass Gott mich niederdrückt, /
da er sein Netz rings um mich warf.
7 Seht! Schreie ich: Gewalt!, wird mir keine
Antwort, / rufe ich um Hilfe, gibt es kein Recht.
8 Meinen Pfad hat er versperrt; ich kann nicht
weiter, / Finsternis legt er auf meine Wege.
9 Meiner Ehre hat er mich entkleidet, / die
Krone mir vom Haupt genommen.
10 Er brach mich ringsum nieder, ich muss
dahin; / er riss mein Hoffen aus wie einen
Baum.
11 Seinen Zorn ließ er gegen mich entbren-
nen, / gleich seinen Gegnern gelte ich ihm.
12 Vereint rückten seine Scharen an, / bahn-
ten gegen mich ihren Weg, / lagerten sich
rings um mein Zelt.

7: Hab 1,2

ENTFREMDUNG DER VERWANDTEN UND FREUNDE: 19,13–22
13 Meine Brüder hat er von mir entfernt, / mei-
ne Bekannten sind mir entfremdet.
14 Meine Verwandten, Bekannten blieben
aus, / die Gäste meines Hauses haben mich
vergessen.
15 Als Fremder gelte ich meinen Mägden, /
von anderem Stamm bin ich in ihren Augen.
16 Rufe ich meinen Knecht, so antwortet er
nicht; / mit eigenem Mund muss ich ihn an-
flehen.
17 Mein Atem ist meiner Frau zuwider; / die
Söhne meiner Mutter ekelt es vor mir.
18 Selbst Unmündige verachten mich, / ste-
he ich auf, verhöhnen sie mich.
19 Alle meine Gefährten verabscheuen mich, /
die ich liebe, lehnen sich gegen mich auf.

20 An Haut und Fleisch klebt mein Gebein, /
nur die Haut an meinen Zähnen blieb.
21 Erbarmt, erbarmt euch meiner, ihr, meine Freunde! / Denn Gottes Hand hat mich getroffen.
22 Warum verfolgt ihr mich wie Gott, /
warum werdet ihr an meinem Fleisch nicht satt?

13: Ps 31,12; 38,12; 69,9; 88,19 / **19**: Ps 41,10; Sir 6,8 / **20**: 19,26

IJOBS HOFFNUNG UND VERTRAUEN: 19,23–29

23 Würden meine Worte doch geschrieben, /
würden sie doch in ein Buch eingeritzt,
24 mit eisernem Griffel und mit Blei, / für
immer gehauen in den Fels.
25 Doch ich, ich weiß: Mein Erlöser lebt, /
als Letzter erhebt er sich über dem Staub.
26 Ohne meine Haut, die so zerfetzte, / und
ohne mein Fleisch werde ich Gott schauen.
27 Ihn selber werde ich dann für mich schauen; / meine Augen werden ihn sehen, nicht
mehr fremd. / Meine Nieren verzehren sich in
meinem Innern.
28 Wenn ihr sagt: Wie wollen wir ihn verfolgen / und den Grund der Sache an ihm finden!,
29 dann bangt für euch selber vor dem
Schwert; / denn brennender Zorn verdient das
Schwert, / damit ihr wisst: Es gibt ein Gericht.

23–24: Jes 8,16–17; 30,8 / **25**: 16,19; Jes 43,1; 44,6 / **26**: 19,20 / **27**: 42,5; Ex 33,20 / **29**: Ps 58,12; Dtn 19,11–13

19,25 Erlöser, eigentlich Löser: sonst der zum Loskauf und Schutz verpflichtete Verwandte. – als Letzter erhebt er sich über dem Staub, andere Übersetzungsmöglichkeit: zuletzt wird er sich über dem Staub erheben.

ZWEITE REDE ZOFARS: 20,1–29

IJOBS UNBEGRÜNDETER VORWURF: 20,1–3

20 1 Da antwortete Zofar von Naama und
sprach:
2 Darum drängt mich meine Erregung zur
Antwort / und deswegen stürmt es in mir.
3 Schmähende Rüge muss ich hören, / doch
der Geist meiner Einsicht lässt mich entgegnen.

SCHICKSAL DES FREVLERS: 20,4–29

4 Weißt du das nicht von Urzeit her, / seit er
Menschen auf die Erde gesetzt hat:
5 dass kurz nur währt der Frevler Jubel, /
einen Augenblick nur des Ruchlosen Freude?
6 Steigt auch sein Übermut zum Himmel /
und rührt sein Kopf bis ans Gewölk,
7 wie sein Kot vergeht er doch für immer; /
die ihn gesehen haben, werden fragen: Wo ist
er?
8 Wie ein Traum verfliegt er / und ist nicht
mehr zu finden, / wird weggescheucht wie ein
Gesicht der Nacht.
9 Das Auge, das ihn sah, erblickt ihn nicht
wieder, / seine Stätte schaut ihn nie mehr.
10 Seine Söhne müssen die Armen günstig
stimmen, / seine Hände müssen seine Habe
zurückgeben.
11 Strotzen von Jugendkraft auch seine Glieder, / sie betten sich doch mit ihm in den
Staub.
12 Schmeckt süß das Böse in seinem Mund, /
birgt er es unter seiner Zunge,
13 spart er es auf und will nicht von ihm lassen, / hält er es auch tief in seinem Gaumen
fest,
14 in seinem Innern verwandelt sich die
Speise, / sie wird in seinem Leib zu Natterngift.
15 Das Gut, das er verschlungen hat, speit er
aus; / aus seinem Leib treibt Gott es heraus.
16 Das Gift von Nattern saugt er ein, / es tötet ihn der Viper Zunge.
17 Nicht darf er Bäche schauen, / nicht Flüsse, die von Honig und Rahm fließen.
18 Zurückgeben muss er seinen Gewinn, /
genießen darf er ihn nicht, / darf sich nicht
freuen am ertauschten Gut.
19 Denn Arme schlug er nieder, ließ sie liegen, / raubte das Haus, das er nicht gebaut.
20 Denn kein Genug kennt er in seinem
Bauch, / drum entkommt er nicht mit seinen
Schätzen.
21 Nichts entgeht seinem Fraß, / darum hält
sein Glück auch nicht stand.

22 Trotz vollen Überflusses kommt er in
Not, / die ganze Wucht des Elends fällt ihn an.
23 Und so geschieht es: Um des Frevlers
Bauch zu füllen, / lässt Gott auf ihn die Gluten seines Zornes los, / lässt auf ihn regnen seine Schläge.
24 Flieht er vor dem Eisenpanzer, / durchbohrt ihn der Bogen aus Bronze.
25 Er zückte das Schwert und es kam heraus aus seinem Rücken, / ein Blitz aus seiner Galle. / Schrecken gehen über ihn hinweg.
26 Nur finsteres Unheil ist für ihn aufbewahrt, / Feuer, von niemand entfacht, verzehrt ihn, / frisst noch den letzten Mann in seinem Zelt.
27 Der Himmel enthüllt seine Schuld, / die Erde bäumt sich gegen ihn auf.
28 Weggeführt wird der Ertrag seines Hauses, / dahingerafft am Tag seines Zorns.
29 Das ist des Frevlers Anteil von Gott, / das Erbe, das Gott ihm zuspricht.

6: Ps 37,35 / **8**: Ps 73,20 / **12**: Spr 20,17; Sir 40,30 / **16**: Dtn 32,33 / **18**: Ps 109,11 / **19**: Ps 109,16 / **22**: 21,17 / **26**: 15,23; 15,34 / **29**: 17,13

IJOBS GEGENREDE: 21,1–34

BITTE UM GEDULD: 21,1–6

21 1 Da antwortete Ijob und sprach:
2 Hört, hört doch auf mein Wort, / das wäre mir schon Trost von euch.
3 Ertragt mich, sodass ich reden kann. / Habe ich geredet, dann könnt ihr spotten.
4 Richte ich an Menschen meine Klage, / habe ich nicht Grund zur Ungeduld?
5 Wendet euch mir zu und erstarrt / und legt die Hand auf den Mund!
6 Denke ich daran, bin ich erschreckt / und Schauder packt meinen Leib.

4: 6,26 / **5**: 29,9; 40,4

GLÜCK DES FREVLERS: 21,7–21

7 Warum bleiben Frevler am Leben, / werden alt und stark an Kraft?
8 Ihre Nachkommen stehen fest vor ihnen, / ihre Sprösslinge vor ihren Augen.
9 Ihre Häuser sind in Frieden, ohne Schreck, / die Rute Gottes trifft sie nicht.
10 Ihr Stier bespringt und fehlt nicht, / die Kühe kalben und verwerfen nicht.
11 Wie Schafe treiben sie ihre Kinder aus, / ihre Kleinen tanzen und springen.
12 Sie singen zu Pauke und Harfe, / erfreuen sich am Klang der Flöte,
13 sie bringen hin ihre Tage im Glück / und fahren voll Ruhe hinab ins Totenreich.
14 Und doch sagten sie zu Gott: Weiche von uns! / Deine Wege wollen wir nicht kennen.
15 Was ist der Allmächtige, dass wir ihm dienen, / was nützt es uns, wenn wir uns an ihn wenden?
16 Doch in ihrer Hand liegt nicht das Glück, / der Frevler Denkart ist mir fern.
17 Wie oft erlischt der Frevler Lampe, / kommt Unheil über sie, / teilt er Verderben zu in seinem Zorn?
18 Wie oft werden sie wie Stroh vor dem Wind, / wie Spreu, die der Sturm entführt?
19 Spart Gott sein Unheil auf für dessen Kinder? / Ihm selbst vergelte er, dass er es spürt!
20 Mit eigenen Augen soll er sein Unglück schauen, / vom Grimm des Allmächtigen soll er trinken.
21 Denn was kümmert ihn sein Haus, wenn er dahin ist, / wenn abgeschnitten seiner Monde Zahl?

7: Ps 73,3–12; Jer 12,1f. / **12**: Jes 5,12; Am 6,5 / **13**: Ps 73,3 / **14**: 22,17; Ps 95,10 / **15**: Mal 3,14f. / **17**: 18,5 / **18**: Ps 1,4 / **20**: Ps 75,9 / **21**: 14,21f.; Koh 9,5f.

TRÜGERISCHER TROST: 21,22–34

22 Darf man Gott Erkenntnis lehren, / ihn, der die Erhabenen richtet?
23 Der eine stirbt in vollem Glück, / ist ganz in Frieden, sorgenfrei.
24 Seine Schenkel sind voll von Fett, / getränkt mit Mark sind seine Knochen.
25 Der andere stirbt mit bitterer Seele / und hat kein Glück genossen.
26 Zusammen liegen sie im Staub / und Gewürm deckt beide zu.

21,3 könnt ihr: G; kannst du: H.

27 Seht, euer Denken kenne ich wohl, / die
Ränke, die ihr sinnt gegen mich.
28 Ihr sagt: Wo ist das Haus des Edlen / und
wo das Zelt, in dem Frevler wohnen?
29 Habt ihr nie die fahrenden Leute befragt /
und nicht ihre Zeichen genau beachtet?
30 Dass am Unglückstag der Böse verschont
wird, / weggebracht am Tag des Zorns.
31 Wer hält ihm seinen Lebenswandel vor, /
was er getan hat, wer vergilt es ihm?
32 Er aber wird zur Gruft geleitet, / bei seinem Grab hält man die Wacht.
33 Ein Labsal sind für ihn die Schollen des
Schachts, / hinter ihm her zieht alle Welt, /
vor ihm eine Menge ohne Zahl.
34 Wie wollt ihr mich mit Nichtigem trösten? / Eure Antworten bleiben Betrug.

22: Jes 40,13 / **26**: Koh 9,2f. / **29**: Sir 34,9 / **30**: Röm 2,3–6 / **31–34**: Koh 8,10–14

DRITTE REDE DES ELIFAS: 22,1–30

IJOBS ANGEBLICHE FREVELTATEN: 22,1–11

22 1 Da antwortete Elifas von Teman und
sprach:
2 Kann denn der Mensch Gott nützen? /
Nein, sich selber nützt der Kluge.
3 Ist es dem Allmächtigen von Wert, / dass
du gerecht bist, / ist es für ihn Gewinn, wenn
du unsträfliche Wege gehst?
4 Wegen deiner Gottesfurcht sollte er dich
strafen, / vor Gericht mit dir gehen?
5 Ist nicht groß deine Bosheit, / ohne Ende
dein Verschulden?
6 Du pfändest ohne Grund deine Brüder, /
ziehst Nackten ihre Kleider aus.
7 Den Durstigen tränkst du nicht mit Wasser, / dem Hungernden versagst du das Brot.
8 Dem Mann der Faust gehört das Land, / der
Günstling darf darin wohnen.
9 Witwen hast du weggeschickt mit leeren
Händen / der Verwaisten Arme zerschlagen.
10 Deswegen liegen Fallstricke rings um dich
her / und jäher Schrecken ängstigt dich
11 oder Finsternis, worin du nicht siehst, /
und Wasserflut, die dich bedeckt.

3: 35,7; Lk 17,7–10 / **6**: Ex 22,25f.; Dtn 24,10–13 / **7**: Jes 58,7; Ez 18,7; Mt 25,42 / **9**: Ex 22,21f.; Gen 31,42; Mi 2,9; Dtn 24,17–18; Jes 1,17 / **10**: 18,8–11; 19,6 / **11**: Ps 69,2f.

ALLWISSENDER GOTT: 22,12–20

12 Ist Gott nicht wie der Himmel hoch? /
Schau, wie die höchsten Sterne ragen.
13 Und da sagst du: Was weiß denn Gott? /
Richtet er denn durch das dunkle Gewölk?
14 Wolken umhüllen ihn, sodass er nicht
sieht, / am Himmelskreis geht er einher.
15 Willst du dem Pfad der Vorzeit folgen, /
den die Männer des Unheils zogen,
16 die vor der Zeit dahingerafft wurden, /
über deren Grund sich ein Strom ergoss,
17 die zu Gott sagten: Weiche von uns! /
und: Was kann uns der Allmächtige tun?
18 Und doch, er hat ihre Häuser mit Gütern
gefüllt. / Der Plan der Frevler ist mir fern.
19 Die Gerechten werden es sehen und sich
freuen, / der Unschuldige wird sie verspotten:
20 Wahrhaftig, vernichtet sind unsere Gegner, / ihren Rest hat das Feuer verzehrt.

12: Jes 40,26; 55,8–9; Ps 103,11 / **13**: 35,13; Ps 73,11; Jes 29,15 / **14**: Sir 24,5; Jer 23,23f. / **17**: 21,14 / **19**: Ps 58,11

MAHNUNG ZU UMKEHR UND DEMUT: 22,21–30

21 Werde sein Freund und halte Frieden! / Nur
dadurch kommt das Gute dir zu.
22 Nimm doch Weisung an aus seinem
Mund, / leg dir seine Worte ins Herz:
23 Kehrst du zum Allmächtigen um, / so
wirst du aufgerichtet. Hältst Unrecht deinem
Zelt du fern,
24 wirfst in den Staub das Edelgold, / zum
Flussgestein das Feingold,
25 dann wird der Allmächtige dein Edelgold / und erlesenes Silber für dich sein.
26 Dann wirst du am Allmächtigen dich erfreuen / und zu Gott dein Angesicht erheben.
27 Flehst du ihn an, so hört er dich / und du
wirst deine Gelübde erfüllen.
28 Was du beschließt, trifft ein, / Licht
strahlt über deinen Wegen auf.
29 Wer hochmütig redet, den erniedrigt
man, / doch hilft er dem, der die Augen senkt.
30 Er rettet den, der schuldlos ist; / durch
deiner Hände Reinheit wird er gerettet.

24: Mt 13,44; Spr 3,14 / **26**: 27,10 / **29**: Ps 18,28; Jes 2,11–17; Lk 1,52f.; 1 Petr 5,5; Spr 3,34; 29,23; 1 Sam 2,7–8 / **30**: 42,7–8

IJOBS GEGENREDE: 23,1–24,25

RUF NACH GOTT, DEM RICHTER: 23,1–17

23 1 Da antwortete Ijob und sprach:
2 Auch heute ist meine Klage Wider-
spruch; / schwer lastet seine Hand auf mei-
nem Seufzen.
3 Wüsste ich doch, wie ich ihn finden könn-
te, / gelangen könnte zu seiner Stätte.
4 Ich wollte vor ihm den Rechtsfall ausbrei-
ten, / meinen Mund mit Beweisen füllen.
5 Ich möchte wissen, mit welchen Worten
er mir Antwort gibt, / möchte erfahren, was
er mir zu sagen hat.
6 Würde er in der Fülle der Macht mit mir
streiten? / Nein, gerade er wird auf mich ach-
ten!
7 Dort würde ein Redlicher mit ihm rechten /
und ich käme für immer frei von meinem
Richter.
8 Seht, gehe ich nach Osten, so ist er nicht
da, / nach Westen, so bemerke ich ihn nicht,
9 nach Norden, sein Tun erblicke ich nicht; /
biege ich nach Süden, sehe ich ihn nicht.
10 Doch er kennt den Weg, den ich gehe; /
prüfte er mich, ich ginge wie Gold hervor.
11 Mein Fuß hielt fest an seiner Spur, / seinen
Weg hielt ich ein und bog nicht ab.
12 Das Gebot seiner Lippen gab ich nicht
auf; / seines Mundes Worte barg ich in mei-
nem Inneren.
13 Doch er bleibt der Eine, wer stimmt ihn
um? / Wonach seine Seele verlangte, das
machte er.
14 Ja, er vollendet, was er mir bestimmt hat; /
und Ähnliches hat er noch viel im Sinn.
15 Darum erschrecke ich vor seinem Ange-
sicht; / denke ich daran, gerate ich in Angst
vor ihm.
16 Gott macht mein Herz verzagt, / der All-
mächtige versetzt mich in Schrecken.
17 Denn bin ich nicht von Finsternis um-
schlossen, / bedeckt nicht Dunkel mein An-
gesicht?

4: 9,14 / **8:** 9,11; Ps 139,7–10 / **10:** Ps 17,3; 139,1–6; Weish 3,6 / **11:** Ps 17,5 / **13:** Dtn 6,4; Jes 55,10f.; Ps 115,3 / **15:** Ps 119,120

23,2 seine Hand: G und S; meine Hand: H.
23,9 biege ich: vermuteter Text; biegt er: H.
23,12 in meinem Inneren: G und Vg.

ÜBERMUT DER FREVLER UND IHR UNTERGANG: 24,1–25

24 1 Warum hat der Allmächtige keine
Fristen bestimmt? / Warum schauen,
die ihn kennen, seine Gerichtstage nicht?
2 Jene verrücken die Grenzen, / rauben Her-
den und führen sie zur Weide.
3 Den Esel der Waisen treiben sie fort, /
pfänden das Rind der Witwe.
4 Vom Weg drängen sie die Armen, / es ver-
bergen sich alle Gebeugten des Landes.
5 Seht, wie Wildesel in der Steppe / ziehen
sie zu ihrer Arbeit aus;
die Steppe suchen sie nach Nahrung ab, /
nach Brot für sich und ihre Kinder.
6 Auf dem Feld schneiden sie des Nachts, /
halten im Weinberg des Frevlers Nachlese.
7 Nackt verbringen sie die Nacht, ohne Klei-
der, / haben keine Decke in der Kälte.
8 Vom Regen der Berge sind sie durchnässt, /
klammern sich ohne Schutz an den Fels.
9 Von der Mutterbrust reißen sie die Waisen, /
den Säugling des Armen nehmen sie zum Pfand.
10 Nackt müssen sie gehen, ohne Kleid, /
hungernd tragen sie Garben.
11 Zwischen Mauern pressen sie Öl, / treten
die Kelter und müssen doch dürsten.
12 In der Stadt stöhnen Menschen, / die See-
len der Erschlagenen schreien laut. / Doch
Gott nimmt keinen Anstoß.
13 Sie sind die Rebellen gegen das Licht; / sie
nehmen seine Wege nicht wahr, / bleiben
nicht auf seinen Pfaden.
14 Ist kein Licht, erhebt sich der Mörder, /
tötet Elende und Arme; / in der Nacht gleicht
er dem Dieb.
15 Auch des Ehebrechers Auge achtet auf
Dämmerung. / Kein Auge, sagt er, soll mich
erspähen!, / eine Hülle legt er aufs Gesicht.
16 Im Finstern bricht er ein in die Häuser; /
tagsüber verstecken sie sich; / sie wollen
nichts wissen vom Licht.
17 Denn gleich dem Morgen ist für sie der
Todesschatten. / Ja, mit den Schrecken des
Todesschattens ist er wohl vertraut.
18 Leicht ist er auf der Oberfläche des Was-
sers; / verflucht ist ihr Anteil auf Erden; / nicht
wendet er den Weg den Weinbergen zu.

24,14 Ist kein Licht: vermuteter Text; bei Licht: H.

19 Dürre und Hitze raffen das Schneewasser
weg, / die Unterwelt die Sünder.
20 Der Mutterschoß vergisst ihn, / Gewürm
labt sich an ihm;
nie mehr wird an ihn gedacht, / der Frevel
wird gebrochen wie ein Baum.
21 Er tut Böses der Unfruchtbaren, der Kin-
derlosen, / keiner Witwe erweist er Gutes.
22 Die Starken rafft er hinweg in seiner Kraft; /
steht er auf, ist niemand seines Lebens sicher.
23 Er gibt ihm Sicherheit, dass er gestützt
wird; / doch seine Augen überwachen ihren
Weg.
24 Sie kommen hoch für kurze Zeit, dann ist
es aus. / Sie werden umgebogen, alle mit der
Faust gepackt / und wie Ährenspitzen abge-
schnitten.
25 Ist es nicht so? Wer straft mich Lügen /
und bringt meine Rede zum Schweigen?

2: Dtn 5,21; 19,14; 27,17; Ex 20,17; 22,21; 23,6; Dtn 24,17–22; Ez 18,7.12 / **4**: Dtn 15,11 / **7**: Dtn 24,12f. / **12**: Offb 6,10f. / **13**: 38,15; Joh 3,20; Eph 5,8–14 / **14**: Ps 10,8f. / **15**: Spr 7,9f. / **17**: Zef 3,5; Mk 16,2; Lk 24,1; Joh 20,1 / **18**: Jes 18,2

DRITTE REDE BILDADS

SÜNDHAFTIGKEIT ALLER MENSCHEN: 25,1–6

25 1 Da antwortete Bildad von Schuach
und sprach:
2 Herrschaft und Schrecken sind bei ihm, /
der Frieden schafft in seinen Höhen.
3 Kann man seine Scharen zählen / und über
wem erhebt sich nicht sein Licht?
4 Wie wäre ein Mensch gerecht vor Gott, /
wie wäre rein der vom Weib Geborene?
5 Siehe, selbst der Mond glänzt nicht hell, /
die Sterne sind nicht rein in seinen Augen,
6 geschweige denn der Mensch, die Made, /
der Menschensohn, der Wurm.

4: 4,17; 15,14 / **6**: Ps 22,7

IJOBS GEGENREDE: 26,1–28,28

LEERE WORTE OHNE WAHRHEIT: 26,1–4

26 1 Da antwortete Ijob und sprach:
2 Wie hilfst du doch dem Schwachen
auf, / stehst du bei dem kraftlosen Arm!
3 Wie gut rätst du dem, der nicht weise ist, /
tust ihm Wissen in Fülle kund!
4 Wem trägst du die Reden vor / und wessen
Atem geht von dir aus?

2: Ps 89,11; Lk 1,51; Ex 6,6; Dtn 4,34; Jes 62,8 / **3**: Jer 18,18 / **4**: Gen 2,7

GRÖSSE DER ALLMACHT GOTTES: 26,5–14

5 Die Totengeister zittern drunten, / die Was-
ser mit ihren Bewohnern.
6 Nackt liegt die Unterwelt vor ihm, / keine
Hülle deckt den Abgrund.
7 Er spannt über dem Leeren den Norden, /
hängt die Erde auf am Nichts.
8 Er bindet das Wasser in sein Gewölk; /
doch birst darunter die Wolke nicht.
9 Er verschließt den Anblick seines Throns /
und breitet darüber sein Gewölk.
10 Eine Grenze zieht er rund um die Wasser /
bis an den Rand von Licht und Finsternis.
11 Die Säulen des Himmels erzittern, / sie
erschrecken vor seinem Drohen.
12 Durch seine Kraft stellt still er das Meer, /
durch seine Klugheit zerschmettert er Rahab.
13 Durch seinen Hauch wird heiter der Him-
mel, / seine Hand durchbohrt die flüchtige
Schlange.
14 Seht, das sind nur die Säume seines Wal-
tens; / wie ein Flüstern ist das Wort, / das wir
von ihm hören. Doch das Donnern seiner
Macht, / wer kann es begreifen?

5: Jes 14,4–21 / **6**: Ps 139,8.11f.; Spr 15,11 / **7**: Ps 48,3; Jes 14,13 / **10**: Gen 1,7.14 / **12**: 7,12; 9,13; Jes 51,9f. / **13**: Jes 27,1 / **14**: Sir 43,32

UNSCHULDSBETEUERUNG VOR DEN FREUNDEN: 27,1–6

27 1 Dann setzte Ijob seine Rede fort und
sprach:
2 So wahr Gott lebt, der mir mein Recht ent-
zog, / der Allmächtige, der meine Seele quälte:
3 Solange noch Atem in mir ist / und Gottes
Hauch in meiner Nase,
4 soll Unrecht nicht von meinen Lippen
kommen / noch meine Zunge Falsches reden.
5 Fern sei es mir, euch Recht zu geben, / ich
gebe, bis ich sterbe, meine Unschuld nicht preis.
6 An meinem Rechtsein halte ich fest und
lasse es nicht; / mein Herz schilt keinen mei-
ner Tage.

2: 34,5f. / **3**: 33,4; Gen 2,7 / **5**: 33,9

UNTERGANG DER FREVLER: 27,7–23

7 Mein Feind sei wie ein Frevler, / mein Gegner
wie ein Bösewicht.
8 Denn was ist des Ruchlosen Hoffen, /
wenn er dahingeht, / wenn Gott das Leben
von ihm nimmt?
9 Wird Gott sein Schreien hören, / wenn
über ihn die Drangsal kommt?
10 Kann er sich des Allmächtigen erfreuen /
und Gott anrufen zu jeder Zeit?
11 Ich will euch belehren über Gottes Tun, /
nicht verhehlen, was der Allmächtige plant.
12 Seht, ihr habt es alle selbst gesehen. / Wa-
rum führt ihr nichtige Reden?
13 Das ist des Frevlers Anteil bei Gott, / der
Gewalttätigen Erbe, / das sie vom Allmächti-
gen empfangen:
14 Werden zahlreich seine Söhne, / fürs
Schwert sind sie bestimmt; / nie werden seine
Kinder satt an Brot.
15 Was übrig bleibt, wird durch den Tod be-
graben / und seine Witwen weinen nicht.
16 Häuft er auch Silber auf wie Staub / und
beschafft er sich Kleider wie Lehm:
17 Er schafft sie zwar an, / doch anziehen
wird sie der Gerechte, / das Silber wird der
Schuldlose erben.
18 Er baut wie die Motte sein Haus / und wie
die Hütte, die der Wächter aufstellt.
19 Reich legt er sich schlafen, nichts ist ihm
genommen. / Macht er die Augen auf, ist
nichts mehr da.
20 Schrecken holt ihn ein wie eine Wasser-
flut, / der Sturmwind trägt ihn fort bei Nacht.
21 Der Ostwind hebt ihn hoch, er muss da-
hin, / er weht ihn weg von seinem Ort.
22 Er stürzt sich auf ihn schonungslos, / sei-
ner Gewalt will er entfliehen.
23 Man klatscht über ihn in die Hände / und
pfeift ihn aus an seinem Ort.

10: 22,26 / **13**: 20,29 / **15**: Ps 78,64 / **17**: Koh 2,26; Sir 11,18; 14,4 / **18**: 8,14

GOTTESFURCHT ALS WEG ZUR WEISHEIT: 28,1–28

28 1 Wohl gibt es einen Fundort für das
Silber, / eine Stätte für das Gold, wo
man es läutert.
2 Eisen holt man aus der Erde, / aus Gestein
wird Kupfer geschmolzen.
3 Er setzt dem Finstern eine Grenze, / er
forscht hinein bis in das Letzte, bis ins düstere,
dunkle Gestein.
4 Er gräbt einen Stollen, wo niemand wohnt
und an sie denkt; / ohne Halt für den Fuß hän-
gen sie, / fern von Menschen schweben sie.
5 Die Erde, daraus das Brotkorn hervor-
geht, / wird in den Tiefen wie mit Feuer um-
gewühlt.
6 Fundort des Saphirs ist ihr Gestein / und
Goldstaub findet sich darin.
7 Kein Raubvogel kennt den Weg dorthin; /
kein Falkenauge hat ihn je erspäht.
8 Das stolze Wild betritt ihn nicht, / kein
Löwe schreitet über ihn.
9 An harte Kiesel legt er seine Hand, / von
Grund auf wühlt er Berge um.
10 In Felsen haut er Stollen ein / und lauter
Kostbarkeiten erblickt sein Auge.
11 Sickerbäche dämmt er ein, / Verborgenes
bringt er ans Licht.
12 Die Weisheit aber, wo ist sie zu finden /
und wo ist der Ort der Einsicht?
13 Kein Mensch kennt die Schicht, in der sie
liegt; / sie findet sich nicht in der Lebenden Land.
14 Die Urflut sagt: Bei mir ist sie nicht. / Der
Ozean sagt: Bei mir weilt sie nicht.
15 Man kann nicht Feingold für sie geben, /
nicht Silber als Preis für sie wägen.
16 Nicht wiegt sie Gold aus Ofir auf, / kein
kostbarer Karneol, kein Saphir.
17 Gold und Glas stehen ihr nicht gleich, /
kein Tausch für sie ist Goldgerät,
18 nicht zu reden von Korallen und Kristall; /
weit über Perlen geht der Weisheit Besitz.
19 Der Topas von Kusch kommt ihr nicht
gleich / und reinstes Gold wiegt sie nicht auf.
20 Die Weisheit aber, wo kommt sie her /
und wo ist der Ort der Einsicht?

21 Verhüllt ist sie vor aller Lebenden Auge, /
verborgen vor den Vögeln des Himmels.
22 Abgrund und Tod sagen: / Unser Ohr ver-
nahm von ihr nur ein Raunen.
23 Gott ist es, der den Weg zu ihr weiß, / er
ist es, der ihren Ort kennt.
24 Denn er blickt bis hin zu den Enden der
Erde; / was unter dem All des Himmels ist,
sieht er.
25 Als er dem Wind sein Gewicht schuf /
und die Wasser nach Maß bestimmte,
26 als er dem Regen das Gesetz schuf / und
einen Weg dem Donnergewölk,
27 damals hat er sie gesehen und gezählt, /
sie festgestellt und erforscht.
28 Zum Menschen aber sprach er: / Sieh, die
Furcht des Herrn, das ist Weisheit, / das Mei-
den des Bösen ist Einsicht.

12: Sir 1,6; Bar 3,15; Spr 3,13–15 / **13**: Bar 3,29–31 / **15**: Mt 13,44–46; Spr 3,14 / **17**: Weish 7,9 / **20**: Spr 2,10; 8,22–31; 1 Kor 1,24; 2,8; Jak 1,5 / **23**: Spr 2,6; 8,27–30; Bar 3,37 / **25f.**: 36,27–33; Weish 11,20; Jes 40,12–14 / **26**: Ps 135,7 / **27**: Sir 1,8f. / **28**: 1,1; Spr 1,7; 8,13; Sir 1,11.21

IJOBS SCHLUSSREDE: 29,1–31,40

GESEGNETE VERGANGENHEIT: 29,1–25

29 1 Dann setzte Ijob seine Rede fort und
sprach:
2 Dass ich doch wäre / wie in längst vergan-
genen Monden, / wie in den Tagen, da mich
Gott beschirmte,
3 als seine Leuchte über meinem Haupt er-
strahlte, / in seinem Licht ich durch das Dun-
kel ging.
4 So, wie ich in den Tagen meiner Frühzeit
war, / als Gottes Freundschaft über meinem
Zelte stand,
5 als der Allmächtige noch mit mir war, /
meine Kinder mich umgaben,
6 als meine Schritte sich in Milch gebadet, /
Bäche von Öl der Fels mir ergoss.
7 Ging ich durchs Tor zur Stadt hinauf, / ließ
ich auf dem Platz meinen Sitz aufstellen;
8 sahen mich die Jungen, so traten sie scheu
beiseite, / die Alten standen auf und blieben
stehen.
9 Fürsten hielten mit Reden sich zurück /
und legten ihre Hand auf ihren Mund.
10 Der Edlen Stimme blieb stumm, / am
Gaumen klebte ihre Zunge.
11 Hörte mich ein Ohr, pries es mich glück-
lich, / das Auge, das mich sah, stimmte mir
zu.
12 Denn ich rettete den Armen, der schrie, /
die Waise, die ohne Helfer war.
13 Der Segen des Verlorenen kam über mich /
und jubeln ließ ich der Witwe Herz.
14 Ich bekleidete mich mit Gerechtigkeit, /
wie Mantel und Kopfbund umhüllte mich
mein Recht.
15 Auge war ich für den Blinden, / dem Lah-
men wurde ich zum Fuß.
16 Vater war ich für die Armen, / des Unbe-
kannten Rechtsstreit prüfte ich.
17 Ich zerschmetterte des Bösen Kiefer, /
entriss die Beute seinen Zähnen.
18 So dachte ich: Mit meinem Nest werde ich
verscheiden / und gleich dem Phönix meine
Tage mehren.
19 Meine Wurzel reiche bis an das Wasser, /
Tau nächtige auf meinen Zweigen.
20 Neu bleibe mir meine Ehre, / mein Bogen
verjünge sich in meiner Hand.
21 Auf mich hörten sie und warteten, / sie
lauschten schweigend meinem Rat.
22 Nachdem ich gesprochen, ergriff keiner
das Wort, / es träufelte nieder auf sie meine
Rede.
23 Sie harrten auf mich wie auf Regen, /
sperrten den Mund wie nach Spätregen auf.
24 Lächelte ich denen zu, die ohne Vertrau-
en, / sie wiesen das Leuchten meines Gesichts
nicht ab.
25 Ich bestimmte ihr Tun, ich saß als Haupt, /
thronte wie ein König inmitten der Schar, wie
einer, der Trauernde tröstet.

3: Ps 18,29; 23,4 / **5**: Gen 28,20; 31,5; Ps 46,8.12 / **6**: 20,17 / **8**: Lev 19,32 / **9**: 21,5; Weish 8,12 / **12**: 6,14; Ps 72,12f.; Jes 11,4 / **14**: 19,9; Ps 132,9; Jes 59,17 / **16**: Spr 29,7 / **17**: Ps 3,8 / **19**: Ps 1 / **23**: Dtn 32,2 / **24**: Num 6,25; Ps 4,7; Spr 16,15

29,24 Andere Übersetzungsmöglichkeit: Ich lachte über die, die (mir) nicht glaubten, das Leuchten meines Gesichtes trübten sie nicht.

SCHRECKLICHE GEGENWART: 30,1–31

30 1 Jetzt aber lachen über mich, / die jün-
ger sind als ich an Tagen, / deren Väter
ich nicht für wert geachtet, / sie bei den Hun-
den meiner Herde anzustellen.
2 Was sollte mir auch ihrer Hände Kraft? /
Geschwunden war ihre Rüstigkeit
3 durch Mangel und durch harten Hunger; /
Leute, die das dürre Land abnagen, / das Gras
der Wüste und der Wüstenei.
4 Sie pflücken Salzmelde im Gesträuch / und
Ginsterwurzeln sind ihr Brot.
5 Aus der Gemeinschaft wurden sie ver-
jagt; / man schreit ihnen nach wie einem Dieb.
6 Am Hang der Täler müssen sie wohnen, /
in Erdhöhlen und in Felsgeklüft.
7 Zwischen Sträuchern schreien sie kläg-
lich, / drängen sich zusammen unter wildem
Gestrüpp.
8 Gemeine Leute, Leute ohne Namen, / sie
wurden aus dem Land hinausgepeitscht.
9 Jetzt aber bin ich ihr Spottlied, / bin zum
Klatsch für sie geworden.
10 Sie verabscheuen mich, rücken weit von
mir weg, / scheuen sich nicht, mir ins Gesicht
zu spucken.
11 Denn er löste meines Bogens Sehne und
beugte mich nieder, / sie aber ließen die Zügel
vor mir schießen.
12 Zur rechten Seite erhebt sich eine Schar, /
treibt meine Füße weg, / wirft gegen mich ihre
Unheilsdämme auf.
13 Meinen Pfad reißen sie auf, helfen zu mei-
nem Verderben / und niemand wehrt ihnen.
14 Wie durch eine breite Bresche kommen sie
heran, / wälzen sich unter Trümmern heran.
15 Schrecken stürzen auf mich ein, / verjagt
wie vom Wind ist mein Ansehen, / wie eine
Wolke entschwand mein Heil.
16 Und nun zerfließt meine Seele in mir, /
des Elends Tage packen mich an.
17 Des Nachts durchbohrt es mir die Kno-
chen, / mein nagender Schmerz kommt nicht
zur Ruh.
18 Mit Allgewalt packt er mich am Kleid, /
schnürt wie der Gürtel des Rocks mich ein.
19 Er warf mich in den Lehm, / sodass ich
Staub und Asche gleiche.
20 Ich schreie zu dir und du antwortest mir
nicht; / ich stehe da, doch du achtest nicht auf
mich.
21 Du wandelst dich zum grausamen Feind
gegen mich, / mit deiner starken Hand befeh-
dest du mich.
22 Du hebst mich in den Wind, fährst mich
dahin, / lässt mich zergehen im Sturmgebraus.
23 Ja, ich weiß, du führst mich zum Tod, /
zur Sammelstätte aller Lebenden.
24 Doch nicht an Trümmer legt er die
Hand. – / Schreit man nicht um Hilfe beim
Untergang?
25 Weinte ich nicht um den, der harte Tage
hatte, / grämte sich nicht meine Seele über den
Armen?
26 Ja, ich hoffte auf Gutes, doch Böses kam, /
ich harrte auf Licht, doch Finsternis kam.
27 Mein Inneres kocht und kommt nicht zur
Ruhe, / mich haben die Tage des Elends er-
reicht.
28 Trauernd gehe ich einher, ohne wärmende
Sonne, / ich stehe auf in der Versammlung,
schreie laut.
29 Den Schakalen wurde ich zum Bruder, /
den Straußenhennen zum Freund.
30 Meine Haut ist schwarz, / von Fieberglut
brennen meine Knochen.
31 Zur Trauer wurde mein Harfenspiel, /
mein Flötenspiel zum Klagelied.

9: Ps 69,13; Klgl 3,14 / **12**: Ps 109,6 / **19**: Gen 3,19; Koh 12,7 / **21**: 34,6 / **22**: Ps 109,23 / **25**: Röm 12,15 / **29**: 39,13ff.; Jes 13,21–22; 34,13; Jer 50,39 / **30**: Ps 119,83; Klgl 3,4

ERNEUTE UNSCHULDSBETEUERUNG
VOR GOTT: 31,1–34

31 1 Einen Bund schloss ich mit meinen
Augen, / nie eine Jungfrau lüstern an-
zusehen.
2 Was wäre sonst mein Teil von Gott dort
oben, / mein Erbe vom Allmächtigen in der
Höhe?
3 Ist nicht Verderben dem Frevler bestimmt /
und Missgeschick den Übeltätern?
4 Sieht er denn meine Wege nicht, / zählt er
nicht alle meine Schritte?
5 Wenn ich in Falschheit einherging, / wenn
zum Betrug mein Fuß eilte,
6 dann wäge Gott mich auf gerechter Waage, /
so wird er meine Unschuld anerkennen.
7 Wenn mein Schritt vom Wege wich, /
mein Herz meinen Augen folgte, / an meinen
Händen Makel klebte,
8 dann esse ein anderer, was ich säe, / ent-
wurzelt werde, was mir sprosst.

30,13 wehrt ihnen: vermuteter Text; hilft ihnen: H.
30,20 nicht: Vg; nicht in H.

9 Wenn sich mein Herz von einer Frau betö-
ren ließ / und ich an der Tür meines Nachbarn lauerte,
10 dann mahle meine Frau einem andern / und andere sollen sich beugen über sie.
11 Denn das wäre eine Schandtat / und ein Verbrechen, von Richtern zu strafen.
12 Denn das wäre Feuer, das zum Abgrund frisst / und meine ganze Habe entwurzelt.
13 Wenn ich das Recht meines Knechts missachtet / und das meiner Magd im Streit mit mir,
14 was könnte ich tun, wenn Gott sich erhöbe, / was ihm entgegnen, wenn er mich prüfte?
15 Hat nicht er, der mich im Mutterleib gemacht hat, ihn gemacht, / hat nicht Einer uns im Mutterschoß geformt?
16 Wenn ich der Armen Wunsch versagte, / verschmachten ließ der Witwe Augen,
17 wenn ganz allein ich meinen Bissen aß, / das Waisenkind nicht davon aß –
18 von Jugend an hat wie ein Vater er mich großgezogen, / vom Mutterschoß an mich geleitet –,
19 wenn ich den Verlorenen sah ohne Kleid / und ohne Decke den Verarmten,
20 wenn seine Lenden mich nicht segneten, / er nicht von der Schur meiner Lämmer sich wärmte,
21 wenn meine Hand der Waise drohte, / weil ich am Tor Helfer für mich sah,
22 dann falle die Schulter mir vom Nacken, / breche der Arm mir aus dem Gelenk.
23 Ja, Schrecken träfe mich, Gottes Verderben, / vor seiner Hoheit hielte ich nicht stand.
24 Wenn ich auf Gold meine Hoffnung setzte, / zum Feingold sprach: Du meine Zuversicht!,
25 wenn ich mich freute, dass groß mein Vermögen, / dass viel erreicht hat meine Hand,
26 wenn ich die leuchtende Sonne sah, wie sie strahlte, / den Mond, wie er herrlich dahinzog,
27 wenn heimlich sich mein Herz betören ließ / und meine Hand dem Mund zum Kuss sich bot,
28 auch das wäre ein Verbrechen, vom Richter zu strafen, / denn Gott da droben hätte ich verleugnet.
29 Wenn ich am Unglück meines Feinds mich freute / und mich erhob, als das Unheil ihn traf –
30 habe ich doch meinem Mund zu sündigen verboten, / sein Leben mit Fluch zu verwünschen.
31 Wenn meine Zeltgenossen nicht gestanden: / Wer wurde von seinem Fleisch nicht gesättigt?
32 Kein Fremder musste draußen übernachten, / ich hielt meine Tore zur Straße hin offen.
33 Wenn ich nach Menschenart meine Frevel verhehlte, / meine Schuld verbarg in meiner Brust,
34 weil ich die große Menge scheute / und die Verachtung der Sippen mich schreckte, / so schwiege ich still und ginge nicht zur Tür hinaus.

1–34: Ps 26 / **1**: Sir 9,8; Mt 5,27–29 / **4**: Ps 139,2 / **5**: Dtn 25,13–16; Am 8,5 / **7**: Num 15,39 / **9**: Spr 7; Sir 9,8 / **10**: Dtn 28,30 / **11**: Dtn 22,22–24 / **13**: Ex 21,2–6 / **15**: Gen 1,26–27; Spr 17,5 / **16**: 22,9; Tob 4,7–11 / **24–28**: Ps 62,11 / **24**: Ps 49,7; 52,9 / **26**: Dtn 4,19; Jer 8,2; Ez 8,16 / **29**: Spr 24,17f.; 25,21; Mt 5,43–48 / **33**: Ps 32,5

WARTEN AUF GOTTES ANTWORT: 31,35–40

35 Gäbe es doch einen, der mich hört! / Hier ist mein Zeichen! Der Allmächtige antworte mir! / Hier ist das Schriftstück, das mein Gegner geschrieben.
36 Auf meine Schulter wollte ich es heben, / als Kranz es um den Kopf mir winden.
37 Ich täte die Zahl meiner Schritte ihm kund, / ich nahte mich ihm wie ein Fürst.
38 Wenn über mich mein Acker schrie, / seine Furchen miteinander weinten,
39 wenn seinen Ertrag ich verzehrte, ohne zu bezahlen, / das Verlangen seines Herrn ich unerfüllt ließ,
40 sollen Dornen wachsen statt Weizen, / statt Gerste stinkendes Kraut.
Zu Ende sind die Worte Ijobs.

35: Ez 9,6 / **39**: Ex 23,10f.; Lev 25,2–7

ERSTE REDE ELIHUS: 32,1–33,33

EINFÜHRUNG ELIHUS: 32,1–5

32 1 Nun hörten jene drei Männer auf, Ijob
zu entgegnen, weil er gerecht war in
seinen eigenen Augen. 2 Da entbrannte der
Zorn Elihus, des Sohnes Barachels, des Busiters aus dem Geschlecht Ram. Gegen Ijob ent-

brannte sein Zorn, weil er sich für gerechter
hielt als Gott. 3 Auch gegen seine drei Freunde
entbrannte sein Zorn, weil sie keine Antwort
mehr gefunden und Ijob schuldig gesprochen
hatten. 4 Elihu aber hatte Ijob gegenüber mit
Worten gezögert, weil jene älter waren als er.
5 Doch als Elihu sah, dass die drei Männer kei-
ne Antwort mehr wussten, entbrannte sein
Zorn.

ELIHUS SELBSTVORSTELLUNG: 32,6–22

6 Da ergriff Elihu, der Sohn Barachels, der
Busiter, das Wort und sprach:
Noch bin ich jung an Jahren, / doch ihr seid
hochbetagt; / deshalb hielt ich mich zurück
und scheute mich, / euch mein Wissen zu
beweisen.
7 Ich dachte: Mag erst das Alter reden, / der
Jahre Fülle Weisheit künden.
8 Jedoch, es ist der Geist im Menschen, / des
Allmächtigen Hauch, der ihn verständig
macht.
9 Nicht viele sind weise / noch Greise stets
des Rechten kundig.
10 Darum sage ich: Hört mich an! / Beweisen
will auch ich mein Wissen.
11 Seht, gewartet habe ich auf eure Worte, /
gelauscht auf eure klugen Sprüche, / bis ihr die
rechten Worte fändet.
12 Ich bin euch aufmerksam gefolgt, / doch
seht, keiner hat Ijob widerlegt, / keiner von
euch ihm zu entgegnen vermocht.
13 Sagt nicht: Wir haben die Weisheit gefun-
den. / Gott wird ihn vertreiben, nicht ein
Mensch.
14 Nicht gegen mich richten sich seine Re-
den, / nicht mit euren Worten werde ich ihm
entgegnen.
15 Besiegt sind sie, geben keine Antwort
mehr, / die Worte sind ihnen ausgegangen.
16 Soll ich nun warten, wenn sie nicht re-
den, / wenn sie dastehen, nichts mehr zu sa-
gen wissen?
17 So will auch ich nun meinen Teil erwi-
dern, / beweisen will auch ich mein Wissen.
18 Denn angefüllt bin ich mit Worten, / mich
drängt der Geist in meiner Brust.
19 Mein Inneres ist wie Wein, der keine Luft
hat, / wie neue Schläuche muss es bersten.
20 Reden will ich, dann wird mir leichter, /
ich öffne meine Lippen und entgegne.
21 Ich will für niemanden Partei ergreifen /
und keinem Menschen schmeicheln.
22 Denn ich verstehe mich nicht aufs Schmei-
cheln, / sonst raffte mich mein Schöpfer bald
hinweg.

6: Ps 119,100; Jer 1,6 / **7**: 15,10; Sir 25,4–6; 32,7 / **8**: Spr 2,6 / **9**: Weish 4,8 / **13**: 11,6 / **18**: Spr 2,6 / **19**: Jer 20,9; Mt 9,17

ZUSAMMENFASSUNG DER ARGUMENTE IJOBS: 33,1–13

33 1 Du aber, Ijob, hör doch auf meine
Rede, / all meinen Worten leih dein
Ohr!
2 Siehe doch, ich habe meinen Mund ge-
öffnet, / schon spricht am Gaumen meine
Zunge.
3 Aus aufrichtigem Herzen kommen meine
Worte, / lautere Weisheit reden meine Lip-
pen.
4 Gottes Geist hat mich erschaffen, / der
Atem des Allmächtigen mir das Leben gege-
ben.
5 Wenn du kannst, erwidere mir! / Leg es
mir vor und stell dich!
6 Schau, ich bin wie du vor Gott, / auch ich
bin nur aus Lehm geformt.
7 Siehe, Furcht vor mir braucht dich nicht zu
erschrecken, / Druck von mir nicht auf dir
lasten.
8 Jedoch, du sprachst vor meinen Ohren /
und ich vernahm der Worte Laut:
9 Rein bin ich und ohne Sünde, / makellos
und ohne Schuld.
10 Seht, Vorwürfe sucht er gegen mich zu
finden, / er sieht mich an als seinen Feind.
11 Meine Füße legt er in den Block, / er über-
wacht alle meine Pfade.
12 Sieh, da bist du nicht im Recht, sage ich
dir, / denn Gott ist größer als der Mensch.
13 Warum hast du mit ihm gestritten, / dass
er auf deine Worte keine Antwort gibt?

4: Gen 2,7 / **6**: 10,8 / **9**: 10,7; 16,17 / **10**: 13,24; 19,11 / **11**: 13,27

GOTTES VIELFÄLTIGE ZEICHEN: 33,14–33

14 Denn einmal redet Gott / und zweimal, man
achtet nicht darauf.
15 Im Traum, im Nachtgesicht, / wenn tiefer
Schlaf auf die Menschen fällt, / im Schlummer
auf dem Lager,
16 da öffnet er der Menschen Ohr / und
schreckt sie auf durch Warnung,

33,13 auf deine Worte: vermuteter Text; auf seine Worte: H.
33,16 schreckt sie auf durch Warnung: G; und auf Warnungen das Siegel: H.

17 um von seinem Tun den Menschen abzu-
bringen, / den Hochmut aus dem Manne aus-
zutreiben,
18 seine Seele vor dem Grab zu retten, / sein
Leben davor, in den Todesschacht hinabzu-
steigen.
19 Er wird gemahnt durch Schmerz auf sei-
nem Lager / und ständig ist Kampf in seinen
Gliedern.
20 Am Brot verspürt sein Leben Ekel / und
seine Seele an der Lieblingsspeise.
21 Es schwindet sein Fleisch, man sieht es
nicht mehr. / Abgemagert bis auf die Kno-
chen, / die man sonst nicht sieht.
22 Dem Grabe nähert sich seine Seele, / sein
Leben den Todesboten.
23 Wenn dann ein Engel ihm zur Seite steht, /
ein Mittler, einer von den Tausenden, / dem
Menschen zu verkünden, was recht ist,
24 wenn dieser sich seiner erbarmt und
spricht: / Erlös ihn, dass er nicht ins Grab hi-
nabsteige, / Lösegeld habe ich für ihn gefun-
den!,
25 dann blüht sein Fleisch in Jugendfrische, /
zu den Tagen seiner Jugend kehrt er zurück.
26 Betet er zu Gott, so ist er ihm gnädig, / er
darf sein Angesicht schauen in festlichem Ju-
bel. / Dem Menschen gibt er seine Gerechtig-
keit wieder.
27 Er singt bei den Menschen und spricht: /
Gesündigt hatte ich und das Recht verkehrt; /
doch hat er mir nicht mit Gleichem vergolten.
28 Losgekauft hat er meine Seele vor dem
Abstieg ins Grab, / mein Leben darf schauen
das Licht.
29 Sieh, alles das pflegt Gott zu tun, / zwei-
mal, ja dreimal mit dem Menschen,
30 um fernzuhalten seine Seele von dem
Grab, / um ihm zu leuchten mit dem Licht des
Lebens.
31 Merk auf, Ijob, hör mich an, / schweig still,
dass ich rede!
32 Hast Worte du bereit, entgegne mir! /
Sprich nur; denn gern gebe ich dir Recht.
33 Wenn aber nicht, hör du mich an! /
Schweig still, damit ich dich Weisheit lehre!

14: 9,16; 19,7; 30,20 / **15**: 4,12–16; Gen 28,10–22 / **19**: Spr 3,12 / **20**: Ps 107,18 / **21**: 19,20 / **25**: Ps 103,5 / **30**: Ps 56,14

33,17 auszutreiben: vermuteter Text.

ZWEITE REDE ELIHUS: 34,1–37

IJOBS VERWEGENHEIT: 34,1–9

34 1 Dann ergriff Elihu das Wort und
sprach:
2 Ihr Weisen, hört meine Worte, / ihr Kun-
digen, leiht mir Gehör!
3 Denn das Ohr prüft die Worte / und der
Gaumen schmeckt die Speise.
4 Lasst das Recht uns untersuchen, / erken-
nen unter uns, was gut ist!
5 Denn Ijob hat gesagt: Ich bin gerecht, /
doch Gott hat mir mein Recht entzogen.
6 Meinem Recht zuwider soll ich lügen? /
Unheilbar traf mich ohne Schuld der Pfeil.
7 Wo ist ein Mann wie Ijob, / der Lästerung
wie Wasser trinkt,
8 der hingeht, um sich zu Übeltätern zu ge-
sellen, / und mit den Frevlern Umgang pflegt?
9 Denn er hat gesagt: Es nützt dem Menschen
nichts, / dass er in Freundschaft lebt mit Gott.

3: 12,11 / **6**: 9,15 / **7**: 15,16

GERECHTES HANDELN DES ALLMÄCHTIGEN: 34,10–37

10 Darum hört mir zu, ihr Männer mit Ver-
stand! / Fern ist es Gott, Unrecht zu tun, / und
dem Allmächtigen, Frevel zu üben.
11 Nein, was der Mensch tut, das vergilt er
ihm, / nach eines jeden Verhalten lässt er es
ihn treffen.
12 Nein, wahrhaftig, nie tut Gott Unrecht /
und der Allmächtige beugt nicht das Recht.
13 Wer hat ihm die Erde anvertraut / und wer
den ganzen Erdkreis hingestellt?
14 Wenn er seinen Sinn auf ihn richtet, /
seinen Geist und Atem zu sich holt,
15 muss alles Fleisch zusammen sterben, /
der Mensch zum Staub zurückkehren.
16 Hast du Verstand, so höre dies, / lausche
dem Laut meiner Worte!
17 Kann, wer das Recht hasst, Herrschaft
führen? / Und willst du den Gerechten, den
Erhabenen verklagen,

18 ihn, der zum König sagt: Du Nichts-
nutz!, / zu Edelmännern: Bösewicht!,
19 der nicht auf Fürsten Rücksicht nimmt, /
vornehm nicht vor arm begünstigt; / denn alle
sind sie seiner Hände Werk.
20 Sie sterben plötzlich, mitten in der
Nacht; / das Volk gerät in Aufruhr und sie
müssen fort. / Starke müssen weichen, / ohne
dass eine Hand sich rührt.
21 Denn seine Augen schauen auf des Men-
schen Wege, / alle seine Schritte sieht er wohl.
22 Keine Finsternis gibt es, keinen Todesschat-
ten, / wo sich die Übeltäter bergen könnten.
23 Denn dem Menschen setzt er keine Frist, /
zu Gott ins Gericht zu gehen.
24 Gewaltige knickt er ohne Verhör / und
stellt andere an ihren Platz.
25 Wahrhaftig, er kennt ihre Taten, / er
stürzt sie bei Nacht und sie werden zermalmt.
26 Wie Frevler schlägt er sie / an einem Ort,
wo man es sieht,
27 weil sie von ihm wichen, / nicht achteten
auf alle seine Wege.
28 So lässt er des Armen Geschrei zu sich kom-
men, / er hört das Geschrei der Gebeugten.
29 Hält er sich still, wer spricht ihn schul-
dig? / Verbirgt er sein Gesicht, wer nimmt ihn
wahr? / Über Volk und Mensch wacht er zu-
gleich,
30 damit nicht ein ruchloser Mensch König
wird, / dem Volk zur Falle.
31 Denn nicht ist es an Gott, zu sagen: / Ge-
irrt habe ich, ich mache es nicht wieder falsch.
32 Was ich nicht sehe, lehre du mich! / Tat
ich Unrecht, ich will es nicht mehr tun.
33 Soll er nach deinem Sinn vergelten, / weil
du verwirfst? So musst ja du entscheiden,
nicht ich, / und was du weißt, das sage an!
34 Verständige Männer werden zu mir sagen, /
ein jeder Weise, der mich hört:
35 Ohne Wissen redet Ijob, / seinen Worten
fehlt es an Verständnis.
36 Wohlan, weiter werde Ijob geprüft, / weil
er nach der Frevler Art erwidert.
37 Denn Auflehnung fügt er seiner Sünde
noch hinzu, / in unserer Mitte höhnt er laut, /
mehrt seine Worte gegen Gott.

11: Ps 62,13; Spr 24,12; Sir 16,14 / **12**: Gen 18,25 / **14f.**: Ps 104,29f.; Gen 2,7; Koh 3,20; 12,7; Gen 3,19 / **17**: Röm 3,5 / **18**: Jes 40,23f. / **19**: Sir 35,16 / **21**: Jer 32,19; Hebr 4,13 / **22**: Ps 139,12 / **24**: Dan 2,21 / **29**: Weish 12,2 / **36**: 33,14–30

DRITTE REDE ELIHUS: 35,1–16

GOTTES ERHABENHEIT: 35,1–8

35 1 Dann ergriff Elihu das Wort und
sprach:
2 Hältst du es für richtig, / dass du sagst: Ich
bin gerechter als Gott,
3 dass du fragst, was es dir nützt, und sagst: /
Was habe ich davon, dass ich nicht sündige?
4 Ich will mit Worten dir erwidern / und
deinen Freunden auch mit dir.
5 Schau den Himmel an und sieh, / blick zu
den Wolken auf hoch über dir!
6 Wenn du gesündigt hast, was schadest du
ihm, / sind zahlreich deine Frevel, was machst
du mit ihm?
7 Tust du Recht, was gibst du ihm / oder was
empfängt er aus deiner Hand?
8 Einen Mann wie dich trifft dein Frevel, /
dein Gerechtsein nur den Menschen.

3: 7,20 / **5**: Ps 8,4–5; 104,3; Gen 1,1 / **7**: 22,3; Lk 17,10

GOTTES LANGMUT: 35,9–16

9 Sie schreien über der Bedrücker Menge, /
rufen um Hilfe unter dem Arm der Großen.
10 Doch keiner fragt: Wo ist Gott, mein
Schöpfer, / der Loblieder schenkt bei Nacht,
11 der uns mehr lehrt als die Tiere der Erde /
und uns weiser macht als die Vögel des Him-
mels?
12 Dort schreien sie und doch antwortet er
nicht / wegen des Übermuts der Bösen.
13 Wahrhaftig umsonst, Gott hört es nicht /
und der Allmächtige achtet nicht darauf.
14 Gar wenn du sagst, du sähest ihn nicht – /
das Gericht steht bei ihm, du aber harre auf ihn!
15 Jetzt aber, da sein Zorn nicht straft / und
er nicht groß des Frevels achtet,
16 reißt Ijob sinnlos seinen Mund auf, /
macht große Worte im Unverstand.

10: Jer 2,5–8; Ps 30,6; 90,14 / **11**: Ps 147,9; Ijob 38,41; Ps 119,98 / **13**: 22,13

VIERTE REDE ELIHUS: 36,1–37,24

KRANKHEIT UND LEID ALS WEG ZU GOTT: 36,1–21

36 1 Dann fuhr Elihu fort und sprach:
2 Warte ein wenig, ich will es dir
künden, / ich habe für Gott noch mehr zu sagen.
3 Ich trage mein Wissen weit hinaus, / meinem Schöpfer verschaffe ich Recht.
4 Denn wahrhaftig, meine Worte sind kein Trug, / ein Mann vollkommenen Wissens steht vor dir.
5 Sieh, Gott ist gewaltig, er verwirft nicht, / gewaltig ist die Kraft seines Herzens.
6 Den Frevler lässt er nicht am Leben, / doch den Gebeugten schafft er Recht.
7 Er wendet seine Augen nicht von dem Gerechten; / Könige auf dem Thron: / für immer setzt er sie ein, sie werden groß.
8 Doch sind in Fesseln sie geschlagen, / gefangen in des Elends Stricken,
9 so hält er ihnen ihr Tun vor / und ihre Vergehen, weil sie stolz geworden.
10 Er öffnet ihr Ohr zur Warnung, / fordert sie auf, vom Bösen zu lassen.
11 Wenn sie hören und ihm dienen, / vollenden sie im Glück ihre Tage, / in Wonnen ihre Jahre.
12 Hören sie nicht, / so fahren sie zum Todesschacht hinab, / verscheiden im Unverstand.
13 Ruchlos Gesinnte hegen Groll, / schreien nicht um Hilfe, wenn er sie fesselt.
14 Schon in der Jugend muss ihre Seele sterben, / ihr Leben im Alter von Geweihten.
15 Den Geplagten rettet er durch seine Plage / und öffnet durch Bedrängnis sein Ohr.
16 Auch dich hat er aus dem Rachen der Bedrängnis gelockt, / in Weite stehst du, nicht in Enge, / voll ist dein Tisch von fetten Speisen.
17 Das Gericht über den Frevler hat sich an dir erfüllt, / Gericht und Urteil haben zugefasst.
18 Zornglut verführe dich nicht beim Schicksalsschlag / und reiches Lösegeld verleite dich nicht.
19 Wird dein Schreien aus der Not dich führen / und alle Anstrengungen voll Kraft?
20 Sehne nicht die Nacht herbei, / in der Völker hinaufsteigen von ihrer Stätte!
21 Hüte dich und wende dich nicht zum Bösen! / Denn du wirst durch Leid geprüft.

7: Dan 4,14 / **8**: 2 Chr 33,11–13; Ps 107,10

ÜBER GOTTES GRÖSSE: 36,22–37,13

22 Sieh, groß ist Gott in seiner Macht. / Wer ist ein Lehrer wie er?
23 Wer will ihm weisen seinen Weg? / Wer kann ihm sagen: Du tust Unrecht?
24 Denk daran, hoch sein Werk zu preisen, / von dem die Menschen Lieder singen.
25 Alle Welt schaut es, / von ferne nur erblickt es der Mensch.
26 Sieh, Gott ist groß, wir begreifen ihn nicht, / unerforschlich ist die Zahl seiner Jahre.
27 Denn er zieht die Wassertropfen herauf, / als Regen ergießen sie sich aus dem Dunst.
28 Durch ihn rieseln die Wolken, / träufeln nieder auf die vielen Menschen.
29 Wer gar versteht der Wolke Schweben, / den Donnerhall aus seinem Zelt?
30 Sieh, darüber breitet er sein Licht / und deckt des Meeres Wurzeln zu.
31 Denn damit richtet er die Völker, / gibt Speise in reicher Fülle.
32 Mit Licht füllt er beide Hände, / bietet sie auf gegen den, der angreift.
33 Ihn kündigt an sein lauter Schall, / wenn er im Zorn gegen den Frevel eifert.

22: Ps 95,3; Dan 2,47; Jes 28,23–29; Ex 35,34; Jes 50,4; Ps 27,11 / **23**: Jes 40,13; Röm 11,33f. / **26**: Ps 145,3 / **27**: 28,25f. / **29**: Ps 18,10–15 / **31**: Ps 104,13f.

37 1 Darum erbebt mein Herz sehr heftig, /
will mir von seiner Stelle springen.
2 Hört, hört das Toben seiner Stimme, / welch ein Grollen seinem Mund entfährt!
3 Unter dem ganzen Himmel lässt er es los / und sein Licht über die Säume der Erde.
4 Hinter ihm brüllt der Donner drein, / er dröhnt mit erhabener Stimme.
Nicht hält er sie zurück, / wenn sein Donner gehört wird.
5 Gott dröhnt mit seiner Stimme, wunderbar, / tut große Dinge, wir verstehen sie nicht:
6 Dem Schnee befiehlt er: Fall zur Erde!, / dem Regenschwall, seinen mächtigen Güssen.

36,33 vermuteter Text.

7 Er versiegelt die Hand aller Menschen, /
sodass alle Welt sein Tun erkennt.
8 Die Tiere verkriechen sich in ihr Versteck, /
sie lagern in ihren Höhlen.
9 Aus seiner Kammer kommt der Sturm, /
von den Winden des Nordens die Kälte.
10 Durch Gottes Hauch macht er das Eis, /
liegt starr des Wassers Fläche.
11 Auch belädt er das Gewölk mit Nass, /
streut umher die leuchtenden Wolken.
12 Sie ziehen hin und her, wie er sie lenkt, /
um alles, was er ihnen gebietet, / zu wirken
auf dem Kreis der Erde.
13 Sei es als Zuchtrute für seine Erde, / sei es
als Erweis seiner Huld, / so lässt er sie treffen.

2: Ps 29 / **4**: Ps 29,3f. / **5**: 5,9 / **8**: Ps 104,19–23 / **10**: Ps 147,17

ÜBER DIE FURCHT GOTTES: 37,14–24

14 Hör dir dies an, Ijob! Steh still, / um die
Wunder Gottes zu betrachten!
15 Weißt du, wie Gott ihnen Auftrag gibt, /
wie das Licht seiner Wolke aufstrahlt?
16 Weißt du um der Wolke Schweben, / um
die Wunderwerke des Allwissenden?
17 Du, dem die Kleider vor Hitze glühen, /
wenn die Erde unter dem Südwind liegt,
18 wölbst du gleich ihm das Wolkenfirma-
ment, / das fest ist wie ein gegossener Spiegel?
19 Lehre du uns, was wir ihm sagen sollen! /
Nichts können wir vorbringen wegen der
Finsternis.
20 Muss man ihm erst erzählen, wenn ich
rede? / Muss es erst einer sagen, / dass es ihm
mitgeteilt wird?
21 Und nun, wenn man das Licht nicht
sieht, / ist es verdunkelt durch die Wolken, /
ein Wind bläst und fegt sie weg.
22 Vom Norden naht ein goldener Glanz, /
um Gott her ist Furcht erregende Herrlichkeit.
23 Den Allmächtigen ergründen wir nicht, /
er ist erhaben an Macht und Recht, / er ist
reich an Gerechtigkeit; Recht beugt er nicht.
24 Darum sollen die Menschen ihn fürchten. /
Keinen sieht er an, wie weise sie auch sind.

16: Spr 8,28 / **18**: Gen 1,6 / **22**: Ex 24,16

ERSTE REDE DES HERRN: 38,1–40,2

FRAGE UND HERAUSFORDERUNG: 38,1–3

38 1 Da antwortete der HERR dem Ijob aus
dem Wettersturm und sprach:
2 Wer ist es, der den Ratschluss verdunkelt /
mit Gerede ohne Einsicht?
3 Auf, gürte deine Lenden wie ein Mann: /
Ich will dich fragen, du belehre mich!

2: 42,3; Jdt 8,12; Jes 40,13; Ps 33,11; Mi 4,12; Ps 106,13; 107,11

SCHÖPFUNG UND IHRE ORDNUNG: 38,4–38

4 Wo warst du, als ich die Erde gegründet? /
Sag es denn, wenn du Bescheid weißt!
5 Wer setzte ihre Maße? Du weißt es ja. /
Wer hat die Messschnur über sie gespannt?
6 Wohin sind ihre Pfeiler eingesenkt? / Oder
wer hat ihren Eckstein gelegt,
7 als alle Morgensterne jauchzten, / als ju-
belten alle Gottessöhne?
8 Wer verschloss das Meer mit Toren, /
als schäumend es dem Mutterschoß ent-
quoll,
9 als Wolken ich zum Kleid ihm machte, /
ihm zur Windel dunklen Dunst,
10 als ich ihm ausbrach meine Grenze, / ihm
Tor und Riegel setzte
11 und sprach: Bis hierher darfst du und nicht
weiter, / hier muss sich legen deiner Wogen
Stolz?
12 Hast du je in deinem Leben dem Morgen
geboten, / der Morgenröte ihren Ort bestimmt,
13 dass es der Erde Säume fasse / und die
Frevler von ihr abgeschüttelt werden?
14 Sie wandelt sich wie Siegelton, / steht da
wie ein Gewand.
15 Den Frevlern wird ihr Licht entzogen, /
zerschmettert der erhobene Arm.
16 Bist du zu den Quellen des Meeres gekom-
men, / hast du des Urgrunds Tiefe durchwan-
dert?
17 Haben dir sich die Tore des Todes geöff-
net, / hast du die Tore des Todesschattens
geschaut?
18 Hast du der Erde Weiten überblickt? / Sag
es, wenn du das alles weißt!
19 Wo ist der Weg zur Wohnstatt des
Lichts? / Die Finsternis, wo hat sie ihren Ort,

20 dass du sie einführst in ihren Bereich, /
die Pfade zu ihrem Haus kennst?
21 Du weißt es ja; du wurdest damals ja ge-
boren / und deiner Tage Zahl ist groß!
22 Bist du zu den Kammern des Schnees ge-
kommen, / hast du die Kammern des Hagels
gesehen,
23 den ich für Zeiten der Drangsal aufgespart, /
für den Tag des Kampfes und der Schlacht?
24 Wo ist der Weg dorthin, wo das Licht sich
verteilt, / der Ostwind sich über die Erde zer-
streut?
25 Wer grub der Regenflut eine Rinne, / ei-
nen Weg für das Donnergewölk,
26 um Regen zu senden auf unbewohntes
Land, / auf die Steppe, darin niemand wohnt,
27 um zu sättigen die Wildnis und Öde / und
frisches Gras sprossen zu lassen?
28 Hat der Regen einen Vater / oder wer
zeugte die Tropfen des Taus?
29 Aus wessen Schoß ging das Eis hervor, /
des Himmels Reif, wer hat ihn geboren?
30 Wie unter einem Stein verbergen sich die
Wasser / und wird fest die Fläche der Flut.
31 Knüpfst du die Bande des Siebengestirns /
oder löst du des Orions Fesseln?
32 Führst du heraus Sterne des Tierkreises zu
seiner Zeit, / lenkst du die Löwin samt ihren
Jungen?
33 Kennst du die Satzungen des Himmels, /
setzt du auf der Erde seine Herrschaft durch?
34 Erhebst du zu den Wolken deine Stimme, /
dass dich die Woge des Wassers bedeckt?
35 Entsendest du die Blitze, dass sie eilen /
und dir sagen: Wir sind da?
36 Wer verlieh dem Ibis Weisheit / oder wer
gab Einsicht dem Hahn?
37 Wer zählt in Weisheit die Wolken / und
die Schläuche des Himmels, wer schüttet sie
aus,
38 wenn der Erdboden hart wird, als sei er
gegossen, / und Erdschollen zusammenkle-
ben?

4: Jes 40,12 / **5**: Sach 1,16 / **6**: Ps 118,22 / **7**: Ps 19,2; 148,2f.; Bar 3,34 / **8**: 2 Makk 9,8; Ps 33,7 / **11**: Ps 65,8; 104,6–9; Spr 8,29; Ps 104,9 / **12**: Ps 57,9 / **16**: Gen 1,2 / **22**: Ps 147,17; Sir 43,14f. / **23**: Ex 9,18–26 / **25**: Jes 30,30 / **31**: 9,9; Am 5,8 / **35**: Bar 3,35 / **36**: Mk 13,35; 14,30; 14,72–15,1

GOTT ALS HERR DER TIERE: 38,39–39,30

39 Erjagst du Beute für die Löwin, / stillst du
den Hunger der jungen Löwen,
40 wenn sie sich in Höhlen ducken, / im
Dickicht auf der Lauer liegen?
41 Wer bereitet dem Raben seine Nahrung, /
wenn seine Jungen schreien zu Gott und um-
herirren ohne Futter?

39 1 Kennst du der Steinböcke Wurfzeit, /
überwachst du das Werfen der Hir-
sche?
2 Zählst du die Monde, die tragend sie fül-
len, / kennst du die Zeit ihres Wurfs?
3 Sie kauern sich, werfen ihre Jungen, / wer-
den los ihre Wehen.
4 Ihre Jungen erstarken, wachsen im Freien, /
laufen hinaus und kehren nicht zu ihnen zu-
rück.
5 Wer hat den Wildesel freigelassen, / des
wilden Esels Fesseln, wer schloss sie auf?
6 Ich gab ihm zur Behausung die Steppe, /
zu seiner Wohnung die salzige Trift.
7 Er verlacht das Lärmen der Stadt, / hört
nicht des Treibers Geschrei.
8 Die Berge sucht er nach Weide ab, / jegli-
chem Grün spürt er nach.
9 Wird dir der Wildstier dienen wollen, /
bleibt er an deiner Krippe zur Nacht?
10 Hältst du am Seil ihn in der Furche, /
pflügt er die Täler hinter dir her?
11 Traust du ihm, weil er so stark ist? / Über-
lässt du ihm deine Arbeit?
12 Glaubst du ihm, dass er wiederkommt /
und deine Saat auf die Tenne bringt?
13 Fröhlich schlägt die Straußenhenne mit
den Flügeln. / Ist ihre Schwinge so / wie die
des Storches und Falken?
14 Nein, sie gibt der Erde ihre Eier preis, /
lässt sie erwärmen im Sand,
15 vergisst, dass sie ein Fuß zerdrücken, / das
Wild des Feldes sie zertreten kann.
16 Sie behandelt ihre Jungen hart wie Frem-
de; / war umsonst ihre Mühe, es erschreckt sie
nicht.
17 Denn Gott ließ sie Weisheit vergessen, /
gab ihr an Einsicht keinen Teil.
18 Im Augenblick aber, da sie hochschnellt, /
verlacht sie Ross und Reiter.
19 Gabst du dem Ross die Heldenstärke, /
kleidest du mit einer Mähne seinen Hals?
20 Lässt du wie die Heuschrecke es sprin-
gen? / Furchtbar ist sein stolzes Wiehern.
21 Es scharrt im Tal und freut sich seiner
Kraft, / es zieht aus, den Waffen entgegen.
22 Es spottet der Furcht und hat keine Angst /
und kehrt nicht um vor dem Schwert.
23 Über ihm klirrt der Köcher, / blitzen Speer
und Sichelschwert.

24 Mit Donnerbeben wirbelt es den Staub
auf, / steht nicht still beim Klang des Horns.
25 Sooft das Horn ertönt, wiehert es hui /
und wittert den Kampf schon von Weitem, /
der Anführer Lärm und das Geschrei.
26 Kommt es von deiner Einsicht, / dass der
Falke sich aufschwingt / und nach Süden sei-
ne Flügel ausbreitet?
27 Fliegt auf dein Geheiß der Geier empor /
und baut seinen Horst in der Höhe?
28 Auf Felsen wohnt und nächtigt er, / auf
der Felsenzacke und an steiler Wand.
29 Von dort erspäht er die Beute, / seine Au-
gen schauen ins Weite.
30 Nach Blut gieren seine Jungen; / wo Er-
schlagene sind, ist er zur Stelle.

38,39: Ps 104,21f. / **41**: Ps 147,9
39,13–17: Klgl 4,3; Ijob 30,29; Lev 11,16; Dtn 14,15; Jes 13,21–22 / **26**: Jer 8,7 / **30**: Mt 24,28

SCHLUSS DER REDE: 40,1–2

40 1 Da antwortete der HERR dem Ijob
und sprach:
2 Mit dem Allmächtigen will der Tadler
rechten? / Wer Gott anklagt, der antworte
nun!

2: 13,13–27; Jdt 8,12

IJOBS ANTWORT: 40,3–5

3 Da antwortete Ijob dem HERRN und sprach:
4 Siehe, ich bin zu gering. Was kann ich dir
erwidern? / Ich lege meine Hand auf meinen
Mund.
5 Einmal habe ich geredet, doch ich werde
nicht antworten; / ein zweites Mal, doch ich
fahre nicht fort!

4: Ps 65,2 / **5**: Ps 62,12

ZWEITE REDE DES HERRN: 40,6–41,26

EINLEITUNG: 40,6–7

6 Da antwortete der HERR dem Ijob aus dem
Wettersturm und sprach:
7 Auf, gürte deine Lenden wie ein Mann! /
Ich will dich fragen, du belehre mich!

PROBLEM DER GERECHTIGKEIT: 40,8–14

8 Willst du wirklich mein Recht brechen, /
mich schuldig sprechen, damit du Recht be-
hältst?
9 Hast du denn einen Arm wie Gott, /
dröhnst du wie er mit Donnerstimme?
10 Schmücke dich doch mit Hoheit und
Majestät / und kleide dich in Prunk und
Pracht!
11 Lass die Fluten deines Zornes sich ergie-
ßen, / schau an jeden Stolzen, demütige ihn!
12 Schau an jeden Stolzen, zwing ihn nie-
der! / Zertritt die Frevler auf der Stelle!
13 Verbirg sie insgesamt im Staub, / schließ
ihre Gesichter im Verborgenen ein!
14 Dann werde auch ich dich preisen, / weil
deine Rechte den Sieg dir verschaffte.

8: 9,24 / **9**: Ex 6,6; 15,16; Dtn 4,34; Jes 51,9–10 / **13**: Num 16,31–34

GOTTES KAMPF GEGEN DAS BÖSE: 40,15–41,26

15 Sieh doch das Nilpferd, das ich wie dich er-
schuf. / Gras frisst es wie ein Rind.
16 Sieh doch die Kraft in seinen Lenden / und
die Stärke in den Muskeln seines Leibes!
17 Aufgerichtet wie eine Zeder ist sein
Schwanz, / straff sind verflochten seiner
Schenkel Sehnen.
18 Seine Knochen sind Röhren aus Bronze, /
wie Eisenstangen sein Gebein.
19 Es ist der Anfang der Wege Gottes; / der
es gemacht hat, gab ihm sein Schwert.
20 Doch die Berge tragen ihm Futter zu / und
alle Tiere des Feldes spielen dort.
21 Es lagert unter Lotusbüschen, / im Ver-
steck von Schilf und Sumpf.

22 Lotusbüsche spenden ihm Schatten, / die
Pappeln am Fluss umgeben es.
23 Wenn auch der Fluss anschwillt, es zittert
nicht, / es bleibt ruhig, wenn auch die Flut ihm
ins Maul dringt.
24 Kann man an den Augen es fassen, / mit
Haken ihm die Nase durchbohren?
25 Kannst du das Krokodil am Angelhaken
ziehen, / mit der Leine seine Zunge niederdrü-
cken?
26 Legst du ein Binsenseil ihm in die Nase, /
durchbohrst du mit einem Haken seine Backe?
27 Fleht es dich groß um Gnade an? / Richtet
es zärtliche Worte an dich?
28 Schließt es einen Bund mit dir, / dass du
es nehmen kannst zum Knecht für immer?
29 Kannst du mit ihm wie mit einem Vogel
spielen, / bindest du es für deine Mädchen an?
30 Feilschen darum die Jagdgenossen, / ver-
teilen sie es stückweise unter die Händler?
31 Kannst du seine Haut mit Spießen spi-
cken, / mit einer Fischharpune seinen Kopf?
32 Leg nur einmal deine Hand daran! / Denk
an den Kampf! Du tust es nie mehr.
41 1 Sieh, das Hoffen darauf wird ent-
täuscht; / sein bloßer Anblick bringt zu
Fall.
2 So kühn ist keiner, es zu reizen; / wer
könnte mir wohl trotzen?
3 Wer ist mir je entgegengetreten, dass ich
ihm etwas zurückgeben müsste? / Alles unter
dem Himmel ist mein.
4 Ich will nicht schweigen von seinen Glie-
dern, / von seiner Kraft und Größe, von seiner
gefälligen Gestalt.
5 Wer hat die Hülle seines Kleides aufge-
deckt, / wer ist eingedrungen in seinen Dop-
pelpanzer?
6 Wer hat die Tore seines Gesichts geöff-
net? / Rings um seine Zähne lagert Schrecken.
7 Sein schützender Panzer ist sein Stolz, /
verschlossen mit Siegel aus Kieselstein.
8 Einer reiht sich an den andern, / kein Luft-
hauch dringt zwischen ihnen durch.
9 Fest haftet jeder an dem andern, / sie sind
verklammert, lösen sich nicht.
10 Sein Niesen lässt Licht aufleuchten; / sei-
ne Augen sind wie die Lider der Morgenröte.
11 Aus seinem Maul fahren brennende Fa-
ckeln, / feurige Funken schießen hervor.
12 Rauch dampft aus seinen Nüstern / wie
aus kochendem, heißem Topf.
13 Sein Atem entflammt glühende Kohlen, /
eine Flamme schlägt aus seinem Maul hervor.
14 Stärke wohnt in seinem Nacken, / vor ihm
tanzt die bange Furcht.
15 Straff liegt seines Wanstes Fleisch, / wie
angegossen, unbewegt.
16 Sein Herz ist fest wie Stein, / fest wie der
untere Mühlstein.
17 Erhebt es sich, erschrecken selbst die Gött-
lichen; / vor Schrecken wissen sie nicht aus
noch ein.
18 Trifft man es, kein Schwert hält stand, /
nicht Lanze noch Geschoss und Pfeil.
19 Eisen achtet es wie Stroh, / Bronze wie
morsch gewordenes Holz.
20 Kein Bogenpfeil wird es verjagen, / in
Stoppeln verwandeln sich ihm / die Steine der
Schleuder.
21 Wie Stoppeln dünkt ihm die Keule, / es
lacht nur über das Gerassel des Sichelschwerts.
22 Sein Unteres sind Scherbenspitzen; / einen
Dreschschlitten zieht es über den Schlamm.
23 Die Tiefe lässt es brodeln wie den Kessel, /
macht das Meer zu einem Salbentopf.
24 Es hinterlässt eine leuchtende Spur; / man
meint, die Flut sei graues Haar.
25 Auf Erden gibt es seinesgleichen nicht, /
gemacht, um sich nie zu fürchten.
26 Alles Hohe blickt es an, / König ist es über
alle Stolzen.

40,19: Spr 3,19; 8,22 / **25**: Jes 27,1; Ez 32,2 / **26**: Ez 29,4
41,12: Offb 9,17

IJOBS ERKENNTNIS: 42,1–6

42 1 Da antwortete Ijob dem HERRN und
sprach:
2 Ich habe erkannt, dass du alles vermagst. /
Kein Vorhaben ist dir verwehrt.
3 Wer ist es, der ohne Einsicht den Rat ver-
dunkelt? – / Fürwahr, ich habe geredet, ohne
zu verstehen, über Dinge, / die zu wunderbar
für mich und unbegreiflich sind.

4 Hör doch, ich will nun reden, / ich will
dich fragen, du belehre mich!
5 Vom Hörensagen nur hatte ich von dir ge-
hört, / jetzt aber hat mein Auge dich geschaut.
6 Darum widerrufe ich. / Ich bereue in Staub
und Asche.

2: 11,2–12; 26,5–14; 36,22–32 / **4:** 38,3; 40,7 / **5:** 19,26–27; Gen 32,31; Ex 24,10; 33,20–23; Mt 5,8

42,6 ich bereue: andere Übersetzungsmöglichkeit: ich bin getröstet.

RAHMENERZÄHLUNG: 42,7–17

IJOBS RECHTFERTIGUNG DURCH GOTT: 42,7–9

7 Als der HERR diese Worte zu Ijob gespro-
chen hatte, sagte der HERR zu Elifas von Te-
man: Mein Zorn ist entbrannt gegen dich und
deine beiden Freunde, denn ihr habt nicht
recht von mir geredet wie mein Knecht Ijob.
8 So nehmt nun sieben Jungstiere und sieben
Widder, geht hin zu meinem Knecht Ijob und
bringt ein Brandopfer für euch dar! Mein
Knecht Ijob aber soll für euch Fürbitte einle-
gen, denn auf ihn nehme ich Rücksicht, so-
dass ich euch nichts Schlimmes antue, denn
ihr habt nicht recht von mir geredet wie mein
Knecht Ijob. 9 Da gingen Elifas von Teman,
Bildad von Schuach und Zofar von Naama
hin und taten, was der HERR ihnen gesagt
hatte. Und der HERR nahm Rücksicht auf
Ijob.

8: Jak 5,16

IJOBS NEUES GLÜCK: 42,10–17

10 Der HERR wendete das Geschick Ijobs, als
er für seinen Freund Fürbitte einlegte, und
der HERR mehrte den Besitz Ijobs auf das
Doppelte.
11 Da kamen zu ihm alle seine Brüder, alle
seine Schwestern und alle seine früheren Be-
kannten und speisten mit ihm in seinem
Haus. Sie bezeigten ihm ihr Mitleid und trös-
teten ihn wegen all des Unglücks, das der
HERR über ihn gebracht hatte. Ein jeder
schenkte ihm eine Kesita und einen goldenen
Ring.
12 Der HERR aber segnete die spätere Le-
benszeit Ijobs mehr als seine frühere. Er besaß
vierzehntausend Schafe, sechstausend Kame-
le, tausend Joch Rinder und tausend Eselin-
nen. 13 Auch bekam er sieben Söhne und drei
Töchter.
14 Die erste nannte er Jemima, Turteltaube,
die zweite Kezia, Zimtblüte, und die dritte
Keren-Happuch, Schminkhörnchen. 15 Man
fand im ganzen Land keine schöneren Frauen
als die Töchter Ijobs. Ihr Vater gab ihnen Erb-
besitz unter ihren Brüdern. 16 Ijob lebte danach
noch hundertvierzig Jahre und er sah seine
Kinder und Kindeskinder, vier Generationen.
17 Dann starb Ijob, hochbetagt und satt an Le-
benstagen.

10: Jak 5,11 / **11:** Gen 32,31–32; Jes 25,8 / **15:** Ps 144,12 / **16:** Ps 90,10 / **17:** Gen 25,8; Ps 16,8–10; 73,23–24

42,7 von mir geredet: andere Übersetzungsmöglichkeit: zu mir geredet.

42,11 Kesita: ursprünglich altes Metallgewicht unbekannter Schwere, später Zahlungsmittel.

DIE PSALMEN

Das Buch der 150 Psalmen, auch „der Psalter“ genannt, ist das Lebens- und Glaubensbuch des Gottesvolkes, das mitten in Leid und Angst eine umfassende, Hoffnung stiftende Deutung des menschlichen Lebens im Angesicht Gottes geben will. Von der Form her ist es eine über Jahrhunderte hinweg gewachsene Sammlung von Gebeten und Liedern, ein menschlicher Ausdruck der Gotteserfahrung, eine Reaktion auf das Wirken Gottes in der Schöpfung und in der Geschichte Gottes mit seinem erwählten Volk und den Völkern. Alle großen Themen der Bibel sind in ihm versammelt.

Die Psalmen nehmen das Gespräch mit Gott und vor ihm auf. Insofern sie Antwort sind, sind sie zumeist Texte, in denen ein Ich oder ein Wir redet. In den Psalmen spricht häufig das Ich des Beters, das Wir einer Gruppe oder das Wir des gesamten Volkes. In einigen Psalmen redet Gott selbst. Häufig verschmelzen auch die Perspektiven miteinander.

Als Buch der Bibel sind die Psalmen zugleich Wort und Geschenk Gottes an Israel und weisen damit auf den dialogischen Charakter der Offenbarung hin.

Der Psalter enthält Psalmen unterschiedlicher Gattungen: Klagelieder des Einzelnen und des Volkes, Bittpsalmen, Danklieder und Hymnen, Königslieder, Weisheits- und Wallfahrtslieder. Er ist keine Sammlung mit zufällig zustande gekommener Reihenfolge, sondern eine in mehreren Stufen gewachsene und bewusst vorgenommene Zusammenstellung und Komposition.

Die Gliederung des Psalters wird von verschiedenen Merkmalen bestimmt: Durch eine „Unterschrift“ (72,20), durch Überschriften mit Hinweisen zu David als Sänger und Dichter, manchmal in den verschiedenen Situationen seines Lebens, sowie durch Überschriften verschiedener Sängergruppen (die Korachiter und die Asaf-Psalmen) und rahmende liturgische Formeln wie „Halleluja“ und „dankt dem HERRN, denn er ist gut ...“ Durch vier Preisungen (41,14; 72,19; 89,53; 106,48) ist der Psalter in fünf Bücher eingeteilt, was an die fünf Bücher Mose erinnert.

Von überragender Bedeutung für den Psalter ist die Gestalt Davids. Sie wird in vielen Psalmen erwähnt. Fast die Hälfte der Psalmen wird ihm zugeschrieben. In neutestamentlicher Zeit gilt David als prophetisch inspirierter Verfasser des gesamten Psalters.

In jenen Psalmen, die David zugeschrieben sind oder die eine Situation aus seinem Leben in der Überschrift beschreiben, wird er zum beispielhaften Beter. In diesen und vielen anderen Psalmen findet sich eine überraschende Heilswende von der Klage zum Lob. Darin äußert sich Hoffnung und Gewissheit, von Gott erhört und gerettet zu werden. Die Beter des Psalters sind eingeladen, sich diesen Bewegungen der Psalmen mit ihren Lebenserfahrungen und Hoffnungen anzuschließen. Auch in seiner Gesamtheit bildet der Psalter einen kompositionellen Spannungsbogen von zu Anfang überwiegenden Klagen bis hin zum weltumfassenden und ewigen Gotteslob.

In der vorliegenden Übersetzung haben die einzelnen Psalmen charakterisierende Überschriften erhalten, die den spezifischen Inhalt anzeigen: Gebete Einzelner in unterschiedlichen Notlagen sowie weisheitliche, über Lebenserfahrungen des Menschen (Vergänglichkeit, Anfechtung und Geborgenheit in Gott) nachdenkende Psalmen. Durchgehend reden die Psalmen von der Königsherrschaft Gottes, sei es vermittelt durch den irdischen König, sei es durch Gottes Eingreifen in das Leben des Einzelnen und die Geschichte des Volkes Israel. Zum Bild Gottes als König gehört sein Wirken als Schöpfer und Erhalter der Welt, als gerechter Richter und Vollender der Weltgeschichte.

Der Psalter spiegelt auch liturgische Vollzüge am Tempel, dem religiösen Zentrum von Zion als Stadt Gottes. Zugleich ist er laut seiner Einleitung (1) als Lehr- und Lernbuch des Gottesvolkes konzipiert.

Seit der Zeit der Kirchenväter gilt das Buch der Psalmen als Zusammenfassung aller Bücher der Heiligen Schrift, als „kleine Bibel“. Es ist das am meisten zitierte alttestamentliche Buch im Neuen Testament. Im Psalter redet Israel als erwähltes Volk. Die christliche Kirche macht sich seine Texte Tag für Tag zu eigen und erinnert sich dadurch beständig an ihre Verbundenheit mit dem Gottesvolk Israel.

Die Autorität des Psalters hat dazu geführt, dass das Neue Testament kein eigenes poetisches Buch hervorgebracht hat. Jesus selbst hat vielfach auf den Psalter zurückgegriffen. Seine Person als Messias erklärt er mit Ps 110. Als Sterbender betet er nach Matthäus und Markus Ps 22, nach Lukas Ps 31. Das Geschick und die Sendung Jesu Christi als Messias und Sohn Gottes haben Generationen von Christen mit Hilfe des Psalters tiefer verstehen können. Mit Jesus Christus, dem Sohn Davids und Beter der Psalmen, haben sie aus dem Psalter Trost und Hoffnung geschöpft.

Die Autorität des Psalters gilt für die gesamte christliche Liturgie, wie auch die aus ihm übernommenen hebräischen Leitworte „Amen" und „Halleluja" bezeugen.

Für die christliche Bibel spielen der hebräische Urtext und die durch Juden schon in vorchristlicher Zeit durchgeführte Übersetzung ins Griechische (Septuaginta) eine grundlegende Rolle. Beide Fassungen des Psalters kommen auf die Zahl von 150 Psalmen, wenn sie sich auch in der Einteilung des Textes gelegentlich unterscheiden. Weil die Septuaginta Ps 9/10 sowie Ps 114/115 zu je einem Psalm zusammenfasst, Ps 116 und Ps 147 dagegen in je zwei Psalmen unterteilt, hat sie bei den meisten Psalmen gegenüber dem hebräischen Psalter eine niedrigere Zählung. Die lateinische Bibelübersetzung (Vulgata) hat diese Zählung ebenfalls übernommen. Die vorliegende revidierte Einheitsübersetzung legt den hebräischen Urtext zugrunde.

Ein Sternchen * unterteilt jeden Psalmvers nach der Struktur der hebräischen Poesie in zwei Hälften. Längere Halbverse sind durch Schrägstrich weiter unterteilt, gemäß der liturgischen Singweise.

DAS ERSTE BUCH

WEISUNG ZUR WAHL DES RECHTEN WEGES

1 1 Selig der Mann, der nicht nach dem Rat der Frevler geht, /
nicht auf dem Weg der Sünder steht, *
nicht im Kreis der Spötter sitzt,
2 sondern sein Gefallen hat an der Weisung des HERRN, *
bei Tag und bei Nacht über seine Weisung nachsinnt.
3 Er ist wie ein Baum, *
gepflanzt an Bächen voll Wasser,
der zur rechten Zeit seine Frucht bringt *
und dessen Blätter nicht welken.
Alles, was er tut, *
es wird ihm gelingen.
4 Nicht so die Frevler: *
Sie sind wie Spreu, die der Wind verweht.
5 Darum werden die Frevler im Gericht nicht bestehen *
noch die Sünder in der Gemeinde der Gerechten.
6 Denn der HERR kennt den Weg der Gerechten, *
der Weg der Frevler aber verliert sich.

1: 26,4f.; Spr 4,14 / **2:** 112,1; Jos 1,8 / **3:** 92,13; Jer 17,8 / **4:** 35,5; Ijob 21,18 / **6:** 119,1; Spr 10,28

DER HERR UND SEIN GESALBTER

2 1 Warum toben die Völker, *
warum ersinnen die Nationen nichtige Pläne?
2 Die Könige der Erde stehen auf, /
die Großen tun sich zusammen *
gegen den HERRN und seinen Gesalbten:
3 Lasst uns ihre Fesseln zerreißen *
und von uns werfen ihre Stricke!
4 Er, der im Himmel thront, lacht, *
der HERR verspottet sie.
5 Dann spricht er in seinem Zorn zu ihnen, *
in seinem Grimm wird er sie erschrecken:
6 Ich selber habe meinen König eingesetzt *
auf Zion, meinem heiligen Berg.
7 Den Beschluss des HERRN will ich kundtun. /
Er sprach zu mir: Mein Sohn bist du. *
Ich selber habe dich heute gezeugt.
8 Fordere von mir und ich gebe dir die Völker zum Erbe *
und zum Eigentum die Enden der Erde.
9 Du wirst sie zerschlagen mit eisernem Stab, *
wie Krüge aus Ton wirst du sie zertrümmern.
10 Nun denn, ihr Könige, kommt zur Einsicht, *
lasst euch warnen, ihr Richter der Erde!

11 Mit Furcht dient dem HERRN, *
jubelt ihm zu mit Beben,
12 küsst den Sohn, /
damit er nicht zürnt *
und euer Weg sich nicht verliert,
denn wenig nur und sein Zorn ist entbrannt. *
Selig alle, die bei ihm sich bergen!

1: Offb 11,18; Apg 4,25f. / **2**: Offb 19,19 / **4**: 59,9 / **7**: 89,27f.; Apg 13 33; Hebr 1,5; 5,5 / **8–9**: 72,8; Offb 2,26f. / **9**: 110,5f.; Offb 12,5; 19,15

HILFERUF UND ERHÖRUNG IN FEINDESNOT AM MORGEN

3
1 Ein Psalm Davids, als er vor seinem Sohn Abschalom floh.
2 HERR, wie viele sind meine Bedränger; *
viele stehen gegen mich auf.
3 Viele gibt es, die von mir sagen: *
Er findet keine Hilfe bei Gott. [Sela]
4 Du aber, HERR, bist ein Schild für mich, *
du bist meine Ehre und erhebst mein Haupt.
5 Ich habe laut zum HERRN gerufen; *
da gab er mir Antwort von seinem heiligen Berg. [Sela]
6 Ich legte mich nieder und schlief, *
ich erwachte, denn der HERR stützt mich.
7 Viele Tausende von Kriegern fürchte ich nicht, *
die mich ringsum belagern.
8 HERR, steh auf, *
mein Gott, bring mir Hilfe!
Denn all meinen Feinden hast du den Kiefer zerschmettert, *
hast den Frevlern die Zähne zerbrochen.
9 Beim HERRN ist die Hilfe. *
Auf deinem Volk ist dein Segen. [Sela]

1: 2 Sam 15 / **2**: 25,19 / **4**: 7,11; 18,3; 33,20; 84,12; 115,9–11; Gen 15,1; Dtn 33,29; Spr 30,5; Sir 34,16 / **6**: 4,9 / **7**: 27,3 / **9**: Jona 2,10

GOTTES SCHUTZ IN DER NACHT

4
1 Für den Chormeister. Mit Saitenspiel. Ein Psalm Davids.
2 Wenn ich rufe, gib mir Antwort, *
Gott meiner Gerechtigkeit!
Du hast mir weiten Raum geschaffen in meiner Bedrängnis. *
Sei mir gnädig und hör auf mein Flehen!
3 Ihr Mächtigen, wie lange noch schmäht ihr meine Ehre, *
wie lange noch liebt ihr das Nichtige und sucht die Lüge? [Sela]
4 Erkennt, dass der HERR sich seinen Frommen erwählt hat, *
der HERR hört, wenn ich zu ihm rufe.
5 Erschreckt und sündigt nicht! *
Bedenkt es auf eurem Lager und werdet still! [Sela]
6 Bringt Opfer der Gerechtigkeit dar *
und vertraut auf den HERRN!
7 Viele sagen: Wer lässt uns Gutes schauen? *
HERR, lass dein Angesicht über uns leuchten!
8 Du legst mir größere Freude ins Herz, *
als andere haben bei Korn und Wein in Fülle.
9 In Frieden leg ich mich nieder und schlafe; *
denn du allein, HERR, lässt mich sorglos wohnen.

5: Eph 4,26 / **6**: 51,19.21; 1 Petr 2,5 / **7**: 31,17; 44,4; 67,2; 80,4; Num 6,25f. / **9**: 3,6

MORGENGEBET UM BEISTAND

5
1 Für den Chormeister. Zum Flötenspiel. Ein Psalm Davids.
2 Höre, HERR, meine Worte, *
achte auf mein Seufzen!
3 Vernimm mein lautes Schreien, mein König und mein Gott, *
denn zu dir flehe ich.
4 HERR, am Morgen hörst du mein Rufen, *
am Morgen rüst ich das Opfer zu, nach dir halte ich Ausschau.
5 Denn du bist kein Gott, dem das Unrecht gefällt; *
ein Böser darf nicht bei dir weilen.
6 Nicht bestehen die Stolzen vor deinen Augen; *
du hassest alle, die Unrecht tun.
7 Du lässt die Lügner zugrunde gehn, *
Mörder und Betrüger sind dem HERRN ein Gräuel.
8 Ich aber darf dein Haus betreten *
dank deiner großen Güte,
ich werfe mich nieder in Ehrfurcht *
vor deinem heiligen Tempel.
9 HERR, leite mich in deiner Gerechtigkeit, *
meinen Feinden zum Trotz; ebne deinen Weg vor mir!
10 Denn aus ihrem Mund kommt kein wahres Wort, *
ihr Inneres ist voll Verderben.

5,4 Andere Übersetzungsmöglichkeit: am Morgen lege ich dir meinen Rechtsfall vor und schaue aus nach deinem Rechtsentscheid.

5,10 aus ihrem Mund: G; aus seinem Mund: H.

Ihre Kehle ist ein offenes Grab, *
aalglatt ist ihre Zunge.
11 Gott, lass sie dafür büßen; *
sie sollen fallen durch ihre eigenen Ränke.
Verstoße sie wegen ihrer vielen Verbrechen; *
denn sie empörten sich gegen dich.
12 Doch alle sollen sich freuen, *
die auf dich vertrauen, und sollen immerfort jubeln.
Beschütze sie und sie werden jauchzen über dich, *
die deinen Namen lieben.
13 Denn du, HERR, segnest den Gerechten. *
Wie mit einem Schild deckst du ihn mit Gnade.

3: 44,5; 84,4 / **4**: 88,14; Weish 16,28 / **5**: 34,17 / **6–7**: Spr 6,16–19 / **8**: 26,8; 138,2 / **9**: 25,4 / **10**: Röm 3,13

BITTGEBET IN TODESNOT IN DER NACHT

6 1 Für den Chormeister. Mit Saitenspiel nach der Achten. Ein Psalm Davids.
2 HERR, strafe mich nicht in deinem Zorn *
und züchtige mich nicht in deinem Grimm!
3 Sei mir gnädig, HERR, denn ich welke dahin; *
heile mich, HERR, denn meine Glieder erstarren vor Schrecken!
4 Meine Seele ist tief erschrocken. *
Du aber, HERR – wie lange noch?
5 HERR, wende dich mir zu und errette mich, *
um deiner Güte willen bring mir Hilfe!
6 Denn im Tod gibt es kein Gedenken an dich. *
Wer wird dich in der Totenwelt preisen?
7 Ich bin erschöpft vom Seufzen, /
jede Nacht benetze ich weinend mein Bett, *
ich überschwemme mein Lager mit Tränen.
8 Mein Auge ist getrübt vor Kummer, *
ist matt geworden wegen all meiner Gegner.
9 All ihr Übeltäter, weicht zurück von mir, *
denn der HERR hat mein lautes Weinen gehört!
10 Gehört hat der HERR mein Flehen, *
der HERR nimmt mein Beten an.
11 In Scham und tiefen Schrecken geraten all meine Feinde, *
sie müssen sich wenden, werden plötzlich beschämt.

2: 38,2; Jer 10,24 / **3**: Jer 17,14 / **4**: 13,2f.; 42,6 / **6**: 30,10; 88,11–13; 115,17; Sir 17,27; Jes 38,18; Bar 2,17 / **9**: 119,115; Mt 7,23 / **11**: 35,4; 40,15

6,8 matt, wörtlich: alt.

BITTGEBET EINES UNSCHULDIG VERFOLGTEN

7 1 Ein Klagelied Davids, das er dem HERRN sang wegen des Benjaminiters Kusch.
2 HERR, mein Gott, ich flüchte mich zu dir; *
hilf mir vor allen Verfolgern und rette mich,
3 damit niemand wie ein Löwe mein Leben zerreißt, *
mich packt und keiner ist da, der rettet!
4 Wenn ich das getan habe, HERR, mein Gott, *
wenn an meinen Händen Unrecht klebt,
5 wenn ich meinem Freunde Böses tat, *
wenn ich den ausraubte, der mich jetzt grundlos bedrängt,
6 dann soll mich der Feind verfolgen und ergreifen; /
er trete zu Boden mein Leben *
und lege in den Staub meine Ehre. [Sela]
7 HERR, steh auf in deinem Zorn, *
erheb dich gegen die Wut meiner Bedränger!
Wach auf zu mir hin! *
Du hast zum Gericht gerufen.
8 Um dich stehe die Schar der Völker im Kreis, *
über sie kehre zu deinem Thron in der Höhe zurück!
9 Der HERR richtet die Völker. /
Verschaffe mir Recht, HERR, nach meiner Gerechtigkeit, *
nach meiner Unschuld, die mich umgibt!
10 Die Bosheit der Frevler finde ein Ende, /
doch dem Gerechten gib Bestand, *
der du Herzen und Nieren prüfst, gerechter Gott!
11 Mein Schutz ist Sache Gottes, *
er ist Retter derer, die redlichen Herzens sind.
12 Gott ist ein gerechter Richter, *
ein Gott, der an jedem Tag zürnt.
13 Fürwahr, wieder schärft der Frevler sein Schwert, *
spannt seinen Bogen und zielt.
14 Doch gegen sich selbst hat er tödliche Waffen gerichtet, *
bereitet sich glühende Pfeile.
15 Siehe, Unrecht empfängt er; *
er geht schwanger mit Unheil und gebiert Lüge.
16 Ein Loch hat er gegraben und es ausgeschaufelt, *
da fiel er in die Grube, die er selber gemacht hat.
17 Seine Untat kehrt auf sein Haupt zurück *
und auf seinen Scheitel steigt seine Gewalttat herab.

7,11 Schutz, wörtlich: Schild.

18 Ich will dem HERRN danken gemäß seiner
Gerechtigkeit; *
ich will singen und spielen dem Namen des
HERRN, des Höchsten.

3: 17,12 / 4–5: Ijob 31,7–34 / 6: 143,3 / 7: 9,20 / 9: 18,21–27 / 10: 26,2; Jer 11,20; 17,10; 20,12; Offb 2,23 / 11: 3,4 / 13: 11,2 / 14: Jes 50,11 / 15: Ijob 15,35; Jes 59,4 / 16: 9,16; 35,7f.; 57,7; Spr 26,27; Koh 10,8 / 18: 9,12; 18,50; 30,5; 57,8f.; 68,5.33; 71,23; 92,2; 104,33; 135,3; 138,2; 146,2

DIE HERRLICHKEIT DES SCHÖPFERS – DIE WÜRDE DES MENSCHEN

8 1 Für den Chormeister. Nach dem Kelter-
lied. Ein Psalm Davids.
2 HERR, unser Herr, /
wie gewaltig ist dein Name auf der ganzen
Erde, *
der du deine Hoheit gebreitet hast über den
Himmel.
3 Aus dem Mund der Kinder und Säuglinge
hast du ein Bollwerk errichtet /
wegen deiner Gegner, *
um zum Einhalten zu bringen Feind und
Rächer.
4 Seh ich deine Himmel, die Werke deiner
Finger, *
Mond und Sterne, die du befestigt:
5 Was ist der Mensch, dass du seiner
gedenkst, *
des Menschen Kind, dass du dich seiner
annimmst?
6 Du hast ihn nur wenig geringer gemacht
als Gott, *
du hast ihn gekrönt mit Pracht und Herr-
lichkeit.
7 Du hast ihn als Herrscher eingesetzt über
die Werke deiner Hände, *
alles hast du gelegt unter seine Füße:
8 Schafe und Rinder, sie alle *
und auch die wilden Tiere,
9 die Vögel des Himmels und die Fische
im Meer, *
was auf den Pfaden der Meere dahinzieht.
10 HERR, unser Herr, *
wie gewaltig ist dein Name auf der ganzen
Erde!

3: Mt 21,16 / 5–7: Gen 1,26–28; Hebr 2,6–8; 1 Kor 15,27; Eph 1,22 / 5: 144,3

8,2 der du deine Hoheit gebreitet hast: vermuteter Text; der – gib deine Hoheit: H.

8,3 ein Bollwerk: H; Lob: G.

8,6 wenig geringer als Gott: H, L; fast wie Engel: G, Vg.

GOTT, DER RETTER DER ARMEN UND ELENDEN

9 1 Für den Chormeister. Nach der Weise
Stirb für den Sohn! Ein Psalm Davids.
2 Ich will danken, HERR, aus ganzem Herzen, *
erzählen will ich all deine Wunder.
3 Ich will mich an dir freuen und jauchzen, *
deinem Namen, Höchster, will ich singen.
4 Wenn meine Feinde zurückweichen, *
werden sie straucheln und zugrunde gehen
vor deinem Angesicht.
5 Denn du hast mir Recht verschafft und
für mich entschieden, *
dich auf den Thron gesetzt als gerechter
Richter.
6 Du hast Völker bedroht, den Frevler ver-
nichtet, *
ihre Namen gelöscht für immer und ewig.
7 Der Feind ist dahin, zertrümmert für
immer. *
Du hast Städte entvölkert, ihr Andenken
wurde zunichte.
8 Ja, so sind sie, aber der HERR thront auf
ewig, *
zum Gericht hat er seinen Thron aufgestellt.
9 Er selbst wird den Erdkreis richten in
Gerechtigkeit, *
den Nationen das Urteil sprechen, wie es recht
ist.
10 So wird der HERR für den Bedrückten zur
Burg, *
zur Burg für Zeiten der Not.
11 Darum vertrauen dir, die deinen Namen
kennen, *
denn du, HERR, hast keinen, der dich sucht,
je verlassen.
12 Singt dem HERRN, der thront auf dem Zion, *
verkündet unter den Völkern seine Taten!
13 Denn er, der Blutschuld ahndet, hat an sie
gedacht, *
hat den Notschrei der Elenden nicht ver-
gessen.
14 Sei mir gnädig, HERR! Sieh doch mein Elend,
wie sie mich hassen, *
du, der mich emporhebt aus den Pforten des
Todes!
15 Damit ich all dein Lob erzähle in den Toren
der Tochter Zion *
und frohlocke über dein rettendes Handeln.
16 Völker versanken in der Grube, die sie selbst
gegraben, *
im Netz, das sie heimlich gelegt, hat ihr Fuß
sich verfangen.

17 Kundgetan hat sich der HERR: Er hielt
sein Gericht, *
im Werk seiner Hände hat sich der Frevler
verstrickt.
[Zwischenspiel. Sela]
18 Zurückweichen müssen die Frevler zum
Totenreich, *
alle Völker, die Gott vergessen.
19 Denn der Arme ist nicht auf ewig ver-
gessen, *
der Elenden Hoffnung ist nicht für immer
verloren.
20 Steh auf, HERR, nicht soll der Mensch
triumphieren, *
die Völker sollen gerichtet werden vor deinem
Angesicht.
21 Wirf auf sie Schrecken, HERR, *
erkennen sollen die Völker: Sie sind nur
Menschen. [Sela]

10 1 HERR, warum bleibst du so fern, *
verbirgst dich in Zeiten der Not?
2 Voller Hochmut verfolgt der Frevler den
Elenden. *
Sie sollen sich fangen in den Ränken, die sie
selbst ersonnen.
3 Denn der Frevler hat sich gerühmt nach
Herzenslust, *
der Gierige hat gelästert und den HERRN
verachtet.
4 Überheblich sagt der Frevler: *
Gott ahndet nicht. /
Es gibt keinen Gott. So ist sein ganzes Denken.
5 Zu jeder Zeit glücken ihm seine Wege. /
Hoch droben und fern von sich wähnt er deine
Gerichte. *
Alle seine Gegner faucht er an.
6 Er sagt in seinem Herzen: Ich werde niemals
wanken. *
Von Geschlecht zu Geschlecht trifft mich kein
Unglück.
7 Sein Mund ist voll Fluch und Trug und
Gewalttat, *
auf seiner Zunge sind Verderben und Unheil.
8 Er liegt auf der Lauer in den Gehöften /
und will den Schuldlosen heimlich ermorden; *
seine Augen spähen aus nach dem Schwachen.
9 Er lauert im Versteck wie ein Löwe im
Dickicht, /
er lauert darauf, den Elenden zu fangen; *
er fängt den Elenden und zieht ihn in sein
Netz.
10 Er duckt sich und kauert sich nieder, *
seine Übermacht bringt die Schwachen zu
Fall.
11 Er sagt in seinem Herzen: Gott hat ver-
gessen, *
hat sein Angesicht verborgen, niemals sieht er.
12 HERR, steh auf, Gott, erheb deine Hand, *
vergiss die Elenden nicht!
13 Warum darf der Frevler Gott verachten *
und in seinem Herzen sagen: Du ahndest
nicht?
14 Du, ja du, hast Mühsal und Kummer
gesehen! *
Schau hin und nimm es in deine Hand!
Dir überlässt es der Schwache, *
der Waise bist du ein Helfer geworden.
15 Zerbrich den Arm des Frevlers und des
Bösen, /
ahnde seinen Frevel, *
sodass man von ihm nichts mehr findet.
16 Der HERR ist König für immer und ewig, *
verschwunden sind Nationen aus seinem
Land.
17 Die Sehnsucht der Elenden hast du gehört,
HERR, *
du stärkst ihr Herz, dein Ohr nimmt wahr,
18 Recht zu verschaffen der Waise und dem
Bedrückten. *
Kein Mensch mehr verbreite Schrecken
im Land.

9,2: 138,1 / **9**: 96,13 / **12**: 108,4 / **13**: Ijob 34,28 / **14**: 30,4; 49,16; 56,14; 68,21; 71,20; 86,13; 116,8; Weish 16,13; Jona 2,7 / **16**: 7,16 / **20**: 7,7

10,4: 14,1 / **7**: Röm 3,14 / **8**: 11,2 / **9**: 17,12 / **11**: 64,6; 73,11; 94,7; Ijob 22,13f.; Jes 29,15; Ez 8,12; 9,9 / **16**: 24,7–10 / **18**: 68,6; 146,9; Ex 22,21; Dtn 10,18

VERTRAUEN AUF GOTTES GERICHT

11 1 Für den Chormeister. Von David.
Beim HERRN habe ich mich
geborgen. /
Wie könnt ihr mir sagen: *
Vögel, flieht zu eurem Berg!
2 Denn siehe: Die Frevler spannen den
Bogen, /
sie legten ihren Pfeil auf die Sehne, *
um im Dunkel auf die zu schießen, die
redlichen Herzens sind.
3 Wenn die Grundfesten eingerissen
werden, *
was kann ein Gerechter noch tun?

10,6 trifft mich kein Unglück: vermuteter Text, vgl. G; welcher nicht im Unglück: H.

10,10 andere Übersetzungsmöglichkeit des schwierigen hebräischen Textes: Zerschmettert stürzen die Schwachen nieder und fallen in seine Gewalt.

4 Der HERR ist in seinem heiligen Tempel, *
der HERR hat seinen Thron im Himmel.
Seine Augen schauen herab, *
seine Blicke prüfen die Menschen.
5 Der HERR prüft Gerechte und Frevler; *
wer Gewalttat liebt, den hasst seine Seele.
6 Verderben lasse er auf die Frevler regnen, *
Feuer und Schwefel und sengender Wind ist
ihr Anteil.
7 Denn gerecht ist der HERR, /
gerechte Taten liebt er. *
Redliche schauen sein Angesicht.

2: 7,13; 10,8; 37,14.32; 64,4f.; 119,95 / **4:** Hab 2,20 / **6:** 140,11; Gen 19,24; Ijob 18,15

DER HERR STEHT AUF SEITEN DER ARMEN

12 1 Für den Chormeister. Auf der Achten.
Ein Psalm Davids.
2 Hilf doch, HERR, der Fromme ist am Ende, *
ja, verschwunden sind die Treuen unter den
Menschen.
3 Sie reden Lüge, einer zum andern, *
mit glatter Lippe und doppeltem Herzen reden
sie.
4 Der HERR tilge alle glatten Lippen, *
die Zunge, die Vermessenes redet,
5 die da sagten: Mit unserer Zunge sind wir
mächtig, *
unsere Lippen sind mit uns. – Wer ist Herr
über uns?
6 Wegen der Unterdrückung der Schwachen,
wegen des Stöhnens der Armen /
stehe ich jetzt auf, spricht der HERR, *
ich bringe Rettung dem, gegen den man wütet.
7 Die Worte des HERRN sind lautere Worte, /
Silber, geschmolzen im Ofen, *
von Schlacken gereinigt siebenfach.
8 Du, HERR, wirst sie behüten, *
wirst ihn bewahren vor diesem Geschlecht
auf immer,
9 auch wenn ringsum Frevler umhergehn *
und die Gemeinheit groß wird unter den
Menschen.

2: 14,3; Mi 7,2 / **3–5:** 15,2f.; 28,3; 52,4–6; 55,22; 116,11; 120,2f.; Ijob 5,21; Jes 59,3f.; Jer 9,7 / **7:** 18,31; 19,8f.; 119,140; Spr 30,5

KLAGE UND VERTRAUEN IN GROSSER NOT

13 1 Für den Chormeister. Ein Psalm
Davids.
2 Wie lange noch, HERR, vergisst du mich
ganz? *
Wie lange noch verbirgst du dein Angesicht
vor mir?
3 Wie lange noch muss ich Sorgen tragen
in meiner Seele, /
Kummer in meinem Herzen Tag für Tag? *
Wie lange noch darf mein Feind sich über mich
erheben?
4 Blick doch her, gib mir Antwort, HERR, mein
Gott, *
erleuchte meine Augen, damit ich nicht
im Tod entschlafe,
5 damit mein Feind nicht sagen kann: /
Ich habe ihn überwältigt, *
damit meine Gegner nicht jubeln, weil ich
wanke!
6 Ich aber habe auf deine Güte vertraut, *
mein Herz soll über deine Hilfe jubeln.
Singen will ich dem HERRN, *
weil er mir Gutes getan hat.

2: 6,4; 42,10; 89,47; Klgl 5,20; Hab 1,2

DIE TORHEIT DER GOTTESLEUGNER

14 1 Für den Chormeister. Von David.
Der Tor sagt in seinem Herzen: *
Es gibt keinen Gott.
Sie handeln verderbt, handeln abscheulich; *
da ist keiner, der Gutes tut.
2 Der HERR blickt vom Himmel herab auf die
Menschen, /
um zu sehen, ob ein Verständiger da ist, *
einer, der Gott sucht.
3 Sie alle sind abgewichen, alle zusammen sind
verdorben, /
da ist keiner, der Gutes tut, *
auch nicht ein Einziger.
4 Haben denn all die Übeltäter keine Einsicht? /
Sie fressen mein Volk, als äßen sie Brot. *
Den HERRN rufen sie nicht an.
5 Dort trifft sie ein gewaltiger Schrecken, *
denn Gott ist beim Geschlecht der Gerechten.
6 Den Plan für den Armen wollt ihr vereiteln, *
wenn seine Zuflucht der HERR ist?
7 Wer bringt vom Zion her Rettung für Israel? /
Wenn der HERR das Geschick seines Volkes
wendet, *
jubelt Jakob, freut sich Israel.

1–7: Ps 53 / **1–3:** Röm 3,10–12 / **1:** 10,4; Jes 32,6; Mi 7,2 / **2:** 33,13–15 / **3:** 12,2; Gen 6,12 / **4:** Mi 3,3 / **7:** 126,1f.; Jes 35,10

11,6 Verderben, wörtlich: Schlingen. – ihr Anteil, wörtlich: der Anteil ihres Bechers.

12,6 wütet, wörtlich: schnaubt.

12,7 von Schlacken: vermuteter Text; für die Erde: H, vgl. G, Vg.

LEBEN IN GOTTES NÄHE

15 1 Ein Psalm Davids.
HERR, wer darf Gast sein in deinem
Zelt, *
wer darf weilen auf deinem heiligen Berg?
2 Der makellos lebt und das Rechte tut, *
der von Herzen die Wahrheit sagt,
3 der mit seiner Zunge nicht verleumdet hat, /
der seinem Nächsten nichts Böses tat *
und keine Schmach auf seinen Nachbarn
gehäuft hat.
4 Der Verworfene ist in seinen Augen ver-
achtet, /
aber die den HERRN fürchten, hält er in
Ehren. *
Er wird nicht ändern, was er zum eigenen
Schaden geschworen hat.
5 Sein Geld hat er nicht auf Wucher verliehen *
und gegen den Schuldlosen nahm er keine
Bestechung an.
Wer das tut, *
der wird niemals wanken.

2–3: 12,3–5 / **5**: Ex 22,24; 23,8

GOTT, ANTEIL UND LEBEN SEINER GETREUEN

16 1 Ein Lied Davids.
Behüte mich, Gott, denn bei dir habe
ich mich geborgen! /
2 Ich sagte zum HERRN: Mein Herr bist du, *
mein ganzes Glück bist du allein.
3 An den Heiligen, die im Land sind, *
an den Herrlichen habe ich all mein Gefallen:
4 Zahlreich sind die Schmerzen derer, die
einem anderen Gott nacheilen. /
Ich will ihre Trankopfer von Blut nicht
spenden, *
ich nehme ihre Namen nicht auf meine Lippen.
5 Der HERR ist mein Erbanteil, er reicht mir
den Becher, *
du bist es, der mein Los hält.
6 Die Messschnur fiel mir auf liebliches Land. *
Ja, mein Erbe gefällt mir.
7 Ich preise den HERRN, der mir Rat gibt, *
auch in Nächten hat mich mein Innerstes
gemahnt.
8 Ich habe mir den HERRN beständig vor
Augen gestellt, *
weil er zu meiner Rechten ist, wanke ich nicht.
9 Darum freut sich mein Herz und jubelt
meine Ehre, *
auch mein Fleisch wird wohnen in Sicherheit.
10 Denn du überlässt mein Leben nicht der
Totenwelt; *
du lässt deinen Frommen die Grube nicht
schauen.
11 Du lässt mich den Weg des Lebens erken-
nen. /
Freude in Fülle vor deinem Angesicht, *
Wonnen in deiner Rechten für alle Zeit.

2: 73,25 / **5**: 23,5 / **6**: 73,26 / **8–11**: Apg 2,25–28 / **10**: Apg 2,31; 13,35 / **11**: 25,4

16,6 mein Erbe: G, Vg, S; das Erbe: H.

BITTGEBET EINES VERFOLGTEN GERECHTEN

17 1 Ein Bittgebet Davids.
Höre, HERR, die gerechte Sache, /
achte auf mein Flehen, *
vernimm mein Bittgebet von Lippen ohne
Falsch!
2 Von deinem Angesicht ergehe mein Urteil, *
deine Augen schauen, was recht ist.
3 Du hast mein Herz geprüft, bei Nacht
es heimgesucht, /
du hast mich erprobt, nichts vermagst du
zu finden. *
Ich habe mich besonnen, dass mein Mund
sich nicht vergeht.
4 Bei allem, was Menschen tun, /
hielt ich mich an das Wort deiner Lippen. *
Ich habe mich gehütet vor den Pfaden der
Gewalt.
5 Fest blieben meine Schritte auf deinen
Bahnen, *
meine Füße haben nicht gewankt.
6 Ich habe zu dir gerufen, /
denn du, Gott, gibst mir Antwort. *
Wende dein Ohr mir zu, vernimm meine
Rede!
7 Wunderbar erweise deine Huld! *
Du rettest, die sich an deiner Rechten vor
Empörern bergen.
8 Behüte mich wie den Augapfel, den Stern
des Auges, *
birg mich im Schatten deiner Flügel
9 vor den Frevlern, die mich hart bedrängten, *
vor meinen Feinden, die mich wütend um-
ringen!
10 Sie haben ihr hartes Herz verschlossen, *
stolze Worte im Mund geführt.
11 Auf Schritt und Tritt haben sie mich jetzt
umzingelt, *

17,10 ihr hartes Herz, wörtlich: ihr Fett.

17,11 auf Schritt und Tritt: vermuteter Text; unsere Schritte: H.

ihre Augen richten sich darauf, mich zu Boden
zu strecken,
12 so wie der Löwe voll Gier zu zerreißen, *
wie der junge Löwe, der im Hinterhalt lauert.
13 Steh auf, HERR, tritt dem Frevler entgegen! *
Wirf ihn zu Boden, entreiß ihm mein Leben
mit dem Schwert!
14 HERR, rette mich mit deiner Hand vor den
Leuten, *
deren Teil am Leben keine Dauer hat!
Du füllst ihren Leib mit deinen verborgenen
Gütern, /
auch ihre Söhne werden satt *
und lassen das, was übrig ist, ihren Kindern.
15 Ich, in Gerechtigkeit werde ich dein Angesicht schauen, *
mich satt sehen an deiner Gestalt, wenn ich
erwache.

3: 139,1; Ijob 7,18; 23,10 / **4–5:** Ijob 23,11f. / **7–8:** 36,8; 57,2; 61,5; 63,8; 91,4; Ex 37,9; Mt 23,37 / **8:** Dtn 32,10; Sach 2,12 / **12:** 7,3; 10,9; 22,14.22; 35,17; 57,5; 58,7 / **14:** 73,12 / **15:** Num 12,8; Offb 22,4

DANKLIED DES KÖNIGS FÜR HILFE UND SIEG

18 1 Für den Chormeister. Vom Knecht
des HERRN, David, der dem HERRN
die Worte dieses Liedes sagte an dem Tag, als
ihn der HERR aus der Hand all seiner Feinde
und aus der Hand Sauls errettet hatte.
Er sprach:
2 Ich will dich lieben, HERR, meine Stärke, *
3 HERR, du mein Fels und meine Burg und
mein Retter; *
mein Gott, mein Fels, bei dem ich mich berge, /
mein Schild und Horn meines Heils, meine
Zuflucht.
4 Ich rufe: Der HERR sei hoch gelobt! *
und ich werde vor meinen Feinden gerettet.
5 Mich umfingen die Fesseln des Todes *
und die Fluten des Verderbens erschreckten
mich.
6 Mich umstrickten die Fesseln der Unterwelt, *
über mich fielen die Schlingen des Todes.
7 In meiner Not rief ich zum HERRN *
und schrie zu meinem Gott,
er hörte aus seinem Tempel meine Stimme, *
mein Hilfeschrei drang an seine Ohren.
8 Da wankte und schwankte die Erde, /
die Grundfesten der Berge erbebten. *
Sie wankten, denn sein Zorn war entbrannt.
9 Rauch stieg aus seiner Nase auf, /
aus seinem Mund kam verzehrendes Feuer, *
glühende Kohlen sprühten von ihm aus.
10 Er neigte den Himmel und fuhr herab, *
zu seinen Füßen dunkle Wolken.
11 Er fuhr auf dem Kerub und flog daher; *
er schwebte auf den Flügeln des Windes.
12 Er machte Dunkelheit zu seinem Versteck, /
zu seiner Hütte um sich herum, *
dunkle Wasser, dichte Wolken.
13 Aus dem Glanz vor ihm brachen seine
Wolken hervor, *
Hagel und feurige Kohlen.
14 Da ließ der HERR den Donner im Himmel
erdröhnen, /
der Höchste ließ seine Stimme erschallen: *
Hagel und feurige Kohlen.
15 Da schoss er seine Pfeile und streute sie, *
er schleuderte Blitze und jagte sie dahin.
16 Da wurden sichtbar die Tiefen des Wassers, *
die Grundfesten der Erde wurden entblößt
vor deinem Drohen, HERR, *
vor dem Schnauben deines zornigen Atems.
17 Er griff aus der Höhe herab und fasste mich, *
zog mich heraus aus gewaltigen Wassern.
18 Er entriss mich meinem mächtigen Feind *
und meinen Hassern, denn sie waren stärker
als ich.
19 Sie überfielen mich am Tag meines Unheils, *
doch der HERR wurde mir zur Stütze.
20 Er führte mich hinaus ins Weite, *
er befreite mich, denn er hatte an mir Gefallen.
21 Der HERR handelte gut an mir nach meiner
Gerechtigkeit, *
vergalt mir nach der Reinheit meiner Hände.
22 Denn ich hielt mich an die Wege des HERRN *
und fiel nicht ruchlos ab von meinem Gott.
23 Ja, ich habe alle seine Entscheide vor mir, *
weise seine Satzungen nicht von mir ab.
24 Ich war vor ihm ohne Makel, *
ich nahm mich in Acht vor meiner Sünde.
25 Darum hat der HERR mir vergolten nach
meiner Gerechtigkeit, *
nach der Reinheit meiner Hände vor seinen
Augen.
26 Gegen den Treuen zeigst du dich treu, *
lauter handelst du am Lauteren.
27 Gegen den Reinen zeigst du dich rein, *
doch falsch gegen den Falschen.
28 Ja, du rettest das elende Volk, *
doch die Blicke der Stolzen zwingst du nieder.
29 Ja, du lässt meine Leuchte erstrahlen, *
der HERR, mein Gott, macht meine Finsternis
hell.

18,15 er schleuderte: vermuteter Text, vgl. 2 Sam 22,15; viel: H.

30 Ja, mit dir überrenne ich Scharen, *
mit meinem Gott überspringe ich Mauern.
31 Gott, sein Weg ist lauter, /
das Wort des HERRN ist im Feuer geläutert. *
Ein Schild ist er für alle, die sich bei ihm bergen.
32 Denn wer ist Gott außer dem HERRN, *
wer ist ein Fels, wenn nicht unser Gott?
33 Gott hat mich mit Kraft umgürtet *
und vollkommen machte er meinen Weg.
34 Schnell wie Hirschkühe ließ er mich
springen, *
auf Höhen hat er mich hingestellt.
35 Er lehrte meine Hände zu kämpfen, *
meine Arme, den ehernen Bogen zu spannen.
36 Du gabst mir deine Rettung zum Schild, *
deine Rechte stützte mich; /
deine Zuneigung machte mich groß.
37 Du schufst weiten Raum meinen Schritten, *
meine Knöchel wankten nicht.
38 Ich verfolge meine Feinde und hole sie ein, *
ich kehre nicht um, bis sie vernichtet sind.
39 Ich schlage sie nieder; /
sie können nicht mehr aufstehen, *
sie fallen und liegen unter meinen Füßen.
40 Du hast mich zum Kampf mit Kraft um-
gürtet, *
hast in die Knie gezwungen, die gegen mich
aufstehn.
41 Den Nacken meiner Feinde gabst du mir
preis, *
ich konnte die vernichten, die mich hassen.
42 Sie schreien, doch da ist kein Retter, *
zum HERRN, doch er gab keine Antwort.
43 Ich zermalme sie zu Staub vor dem Wind, *
schütte sie auf die Straße wie Unrat.
44 Du rettest mich vor Anfeindungen des
Volks, /
du machst mich zum Haupt über Nationen, *
ein Volk, das ich früher nicht kannte, wird mir
dienen.
45 Sobald ihr Ohr hört, sind sie mir gehorsam, *
mir schmeicheln die Söhne der Fremde.
46 Den Söhnen der Fremde schwindet die
Kraft, *
sie kommen zitternd aus ihren Burgen hervor.
47 Es lebt der HERR, gepriesen sei mein Fels. *
Der Gott meiner Rettung sei hoch erhoben.
48 Gott, der mir Vergeltung verschaffte, *
er unterwarf mir Völker.
49 Du rettest mich vor meinen zornigen
Feinden, /
du erhöhst mich über die, die gegen mich
aufstehen, *
du entreißt mich dem Mann der Gewalt.
50 Darum will ich dir danken, HERR, inmitten
der Nationen, *
ich will deinem Namen singen und spielen.
51 Seinem König verleiht er große Hilfe, /
Huld erweist er seinem Gesalbten, *
David und seinem Stamm auf ewig.

1–51: 2 Sam 22 / **3**: 92,16; 27,5; 31,3; 3,4 / **5–7**: 116,3f. / **5**: 42,8 / **8**: 68,9 / **9**: 97,3; Ex 19,18 / **11**: 99,1; 104,3 / **16**: 77,17; Ex 15,8 / **17**: 32,6; 144,7 / **20**: 31,9 / **28**: Ijob 22,29 / **29**: Ijob 29,3 / **31**: 25,4; 12,7; 3,4; Spr 30,5 / **32**: Jes 44,8; Ps 92,16 / **34**: Hab 3,19; Jes 58,14 / **35**: 144,1 / **37**: Ijob 18,7 / **41**: 21,13 / **44**: 2,8 / **46**: Mi 7,17 / **47**: 92,16 / **48**: 144,2 / **50**: 108,4; 7,18; Röm 15,9 / **51**: 20,7; 89,29f.; 144,10

18,34 auf Höhen, wörtlich: auf meinen Höhen.

LOB AUF GOTTES SCHÖPFUNG UND WEISUNG

19 1 Für den Chormeister. Ein Psalm
Davids.
2 Die Himmel erzählen die Herrlichkeit
Gottes *
und das Firmament kündet das Werk seiner
Hände.
3 Ein Tag sagt es dem andern, *
eine Nacht tut es der andern kund,
4 ohne Rede und ohne Worte, *
ungehört bleibt ihre Stimme.
5 Doch ihre Botschaft geht in die ganze Welt
hinaus, /
ihre Kunde bis zu den Enden der Erde. *
Dort hat er der Sonne ein Zelt gebaut.
6 Sie tritt aus ihrem Gemach hervor wie ein
Bräutigam; *
sie frohlockt wie ein Held, ihre Bahn zu laufen.
7 Am einen Ende des Himmels geht sie auf /
und läuft bis ans andere Ende; *
nichts kann sich vor ihrer Glut verbergen.
8 Die Weisung des HERRN ist vollkommen, *
sie erquickt den Menschen.
Das Zeugnis des HERRN ist verlässlich, *
den Unwissenden macht es weise.
9 Die Befehle des HERRN sind gerade, *
sie erfüllen das Herz mit Freude.
Das Gebot des HERRN ist rein, *
es erleuchtet die Augen.
10 Die Furcht des HERRN ist lauter, *
sie besteht für immer.
Die Urteile des HERRN sind wahrhaftig, *
gerecht sind sie alle.

19,5 Botschaft: G, Vg; Messschnur: H.
19,6 ihre Bahn: G,Vg; die Bahn: H.

11 Sie sind kostbarer als Gold, als Feingold in
Menge. *
Sie sind süßer als Honig, als Honig aus Waben.
12 Auch dein Knecht lässt sich von ihnen
warnen; *
reichen Lohn hat, wer sie beachtet.
13 Versehentliche Fehler, wer nimmt sie wahr? *
Sprich mich frei von verborgenen Sünden!
14 Verschone deinen Knecht auch vor vermes-
senen Menschen; *
sie sollen nicht über mich herrschen!
Dann bin ich vollkommen *
und frei von schwerer Sünde.
15 Die Worte meines Munds mögen dir
gefallen; /
was ich im Herzen erwäge, stehe dir vor
Augen, *
HERR, mein Fels und mein Erlöser.

2: 50,6; Sir 43,1f. / **5**: Röm 10,18 / **8–9**: 12,7 / **11**: 119,72 / **15**: 92,16

BITTE UM GOTTES HILFE FÜR DEN KÖNIG

20 1 Für den Chormeister. Ein Psalm Davids.
2 Der HERR antworte dir am Tag der
Bedrängnis, *
der Name des Gottes Jakobs schütze dich.
3 Er sende dir Hilfe vom Heiligtum *
und vom Zion her stütze er dich.
4 Er gedenke all deiner Gaben *
und dein Brandopfer möge ihm köstlich sein.
[Sela]
5 Er schenke dir, was dein Herz begehrt, *
und er erfülle all dein Planen.
6 Wir wollen jubeln über deine Hilfe /
und im Namen unseres Gottes das Banner
erheben. *
Der HERR erfülle all deine Bitten.
7 Nun hab ich erkannt: Der HERR schafft
Rettung seinem Gesalbten. *
Er antwortet ihm von seinem heiligen
Himmel her /
mit der rettenden Kraft seiner Rechten.
8 Diese setzen auf Wagen, jene auf Rosse, *
wir aber bekennen den Namen des HERRN,
unsres Gottes.
9 Sie sind gestürzt und gefallen; *
wir aber bleiben aufrecht und stehen.
10 Schaff doch Rettung, HERR! *
Der König antworte uns am Tag, da wir rufen.

2: Spr 18,10 / **5**: 21,3; 37,4 / **7**: 18,51 / **8**: 33,16f.; 147,10f.; Dtn 20,1; Jdt 9,7; Spr 21,31; Jes 31,1; Hos 1,7

20,4 möge ihm köstlich sein, wörtlich: er erkläre dein Brandopfer für fett.

DANK FÜR GOTTES HILFE BEIM SIEG DES KÖNIGS

21 1 Für den Chormeister. Ein Psalm
Davids.
2 HERR, an deiner Macht freut sich der König; *
über deine Hilfe, wie jubelt er laut.
3 Du hast ihm den Wunsch seines Herzens
gewährt, *
ihm nicht versagt, was seine Lippen begehr-
ten. [Sela]
4 Ja, du kommst ihm entgegen mit Segen und
Glück, *
du setzt auf sein Haupt eine goldene Krone.
5 Leben erbat er von dir, du gabst es ihm, *
lange Jahre, immer und ewig.
6 Groß ist seine Herrlichkeit durch deine
rettende Tat, *
du legst auf ihn Hoheit und Pracht.
7 Ja, du machst ihn zum Segen für immer; *
du beglückst ihn mit Freude vor deinem
Angesicht.
8 Denn der König vertraut auf den HERRN, *
durch die Huld des Höchsten wird er nicht
wanken.
9 Deine Hand finde all deine Feinde; *
deine Rechte finde, die dich hassen.
10 Du lässt sie glühen wie einen feurigen Ofen, *
sobald dein Angesicht erscheint.
Der HERR verschlingt sie in seinem Zorn *
und es frisst sie das Feuer.
11 Du wirst ihre Brut von der Erde tilgen; *
ihre Nachkommen aus der Mitte der
Menschen.
12 Denn sie hatten Böses gegen dich vor, *
sie haben Ränke ersonnen /
– sie werden nichts vermögen.
13 Denn du schlägst sie in die Flucht, *
wenn du mit deinem Bogen auf ihr Angesicht
zielst.
14 Erhebe dich, HERR, in deiner Macht! *
Deiner Kraft wollen wir singen und spielen.

3: 20,5 / **4**: 132,18 / **5**: 61,7; 1 Kön 3,14 / **7**: Gen 12,2; 48,20; 1 Chr 17,27 / **11**: 109,13

GOTTVERLASSENHEIT UND RETTUNG DES TODGEWEIHTEN ARMEN

22 1 Für den Chormeister. Nach der Weise
Hinde der Morgenröte. Ein Psalm
Davids.
2 Mein Gott, mein Gott, warum hast du mich
verlassen, *
bleibst fern meiner Rettung, den Worten
meines Schreiens?

3 Mein Gott, ich rufe bei Tag, doch du gibst
keine Antwort; *
und bei Nacht, doch ich finde keine Ruhe.
4 Aber du bist heilig, *
du thronst über dem Lobpreis Israels.
5 Dir haben unsere Väter vertraut, *
sie haben vertraut und du hast sie gerettet.
6 Zu dir riefen sie und wurden befreit, *
dir vertrauten sie und wurden nicht zuschan-
den.
7 Ich aber bin ein Wurm und kein Mensch, *
der Leute Spott, vom Volk verachtet.
8 Alle, die mich sehen, verlachen mich, *
verziehen die Lippen, schütteln den Kopf:
9 Wälze die Last auf den HERRN! Er soll ihn
befreien, *
er reiße ihn heraus, wenn er an ihm Gefallen hat!
10 Du bist es, der mich aus dem Schoß meiner
Mutter zog, *
der mich anvertraut der Brust meiner Mutter.
11 Von Geburt an bin ich geworfen auf dich, *
vom Mutterleib an bist du mein Gott.
12 Sei mir nicht fern, denn die Not ist nahe *
und kein Helfer ist da!
13 Viele Stiere haben mich umgeben, *
Büffel von Baschan mich umringt.
14 Aufgesperrt haben sie gegen mich ihren
Rachen, *
wie ein reißender, brüllender Löwe.
15 Hingeschüttet bin ich wie Wasser, *
gelöst haben sich all meine Glieder,
mein Herz ist geworden wie Wachs, *
in meinen Eingeweiden zerflossen.
16 Meine Kraft ist vertrocknet wie eine
Scherbe, /
die Zunge klebt mir am Gaumen, *
du legst mich in den Staub des Todes.
17 Denn Hunde haben mich umlagert, /
eine Rotte von Bösen hat mich umkreist. *
Sie haben mir Hände und Füße durchbohrt.
18 Ich kann all meine Knochen zählen; *
sie gaffen und starren mich an.
19 Sie verteilen unter sich meine Kleider *
und werfen das Los um mein Gewand.
20 Du aber, HERR, halte dich nicht fern! *
Du, meine Stärke, eile mir zu Hilfe!
21 Entreiß mein Leben dem Schwert, *
aus der Gewalt der Hunde mein einziges Gut!
22 Rette mich vor dem Rachen des Löwen *
und vor den Hörnern der Büffel! – /
Du hast mir Antwort gegeben.
23 Ich will deinen Namen meinen Brüdern
verkünden, *
inmitten der Versammlung dich loben.
24 Die ihr den HERRN fürchtet, lobt ihn; /
all ihr Nachkommen Jakobs, rühmt ihn; *
erschauert vor ihm, all ihr Nachkommen
Israels!
25 Denn er hat nicht verachtet, *
nicht verabscheut des Elenden Elend.
Er hat sein Angesicht nicht verborgen vor
ihm; *
er hat gehört, als er zu ihm schrie.
26 Von dir kommt mein Lobpreis in großer
Versammlung, *
ich erfülle mein Gelübde vor denen, die ihn
fürchten.
27 Die Armen sollen essen und sich sättigen; /
den HERRN sollen loben, die ihn suchen. *
Aufleben soll euer Herz für immer.
28 Alle Enden der Erde sollen daran denken /
und sich zum HERRN bekehren: *
Vor dir sollen sich niederwerfen alle Stämme
der Nationen.
29 Denn dem HERRN gehört das Königtum; *
er herrscht über die Nationen.
30 Es aßen und warfen sich nieder alle Mächti-
gen der Erde. *
Alle, die in den Staub gesunken sind, sollen
vor ihm sich beugen.
Und wer sein Leben nicht bewahrt hat, *
31 Nachkommen werden ihm dienen.
Vom Herrn wird man dem Geschlecht erzäh-
len, das kommen wird. /
32 Seine Heilstat verkündet man einem Volk,
das noch geboren wird: *
Ja, er hat es getan.

2: Mt 27,46 / **4**: Jes 6,3 / **5–6**: 25,2f. / **7**: Ijob 25,6; Jes 41,14; 53,3 / **8**: 109,25; Mt 27,39 / **9**: Weish 2,18–20; Mt 27,43 / **10**: Jes 44,2.24 / **11**: 71,6 / **12**: 22,20; 35,22 / **14**: 17,12; 1 Petr 5,8 / **16**: Joh 19,28 / **19**: Mt 27,35; Joh 19,23f. / **20**: 22,12 / **22**: 17,12; 2 Tim 4,17 / **23**: 22,26; 9,15; 26,12; 35,18; Hebr 2,12 / **26**: 66,13 / **27**: 69,33 / **28**: Jes 45,22; Tob 13,13 / **29**: 24,7–10 / **31–32**: 48,14; 71,18; 78,3–6; 102,19; 145,4

DER GUTE HIRTE

23 1 Ein Psalm Davids.
Der HERR ist mein Hirt, *
nichts wird mir fehlen.
2 Er lässt mich lagern auf grünen Auen *
und führt mich zum Ruheplatz am Wasser.
3 Meine Lebenskraft bringt er zurück. /
Er führt mich auf Pfaden der Gerechtigkeit, *
getreu seinem Namen.

22,17 sie haben mir Hände und Füße durchbohrt: G, Vg; wie der Löwe – meine Hände und Füße: H.

4 Auch wenn ich gehe im finsteren Tal, *
ich fürchte kein Unheil;
denn du bist bei mir, *
dein Stock und dein Stab, sie trösten mich.
5 Du deckst mir den Tisch *
vor den Augen meiner Feinde.
Du hast mein Haupt mit Öl gesalbt, *
übervoll ist mein Becher.
6 Ja, Güte und Huld werden mir folgen mein Leben lang /
und heimkehren werde ich ins Haus des HERRN *
für lange Zeiten.

1: 80,2; 95,7; Gen 48,15; Jes 40,11; Ez 34,2; Mi 7,14; Joh 10,11 / **2:** Ez 34,13–15; Offb 7,17 / **3:** 25,4; Spr 4,11 / **4:** Jes 50,10 / **5:** 36,9; 92,11; 16,5 / **6:** 27,4; 42,3; 63,3; 65,5; 84,3–5.11

EINZUG DES BETERS UND DES HERRN IN SEIN HEILIGTUM

24 1 Ein Psalm Davids.
Dem HERRN gehört die Erde und was sie erfüllt, *
der Erdkreis und seine Bewohner.
2 Denn er hat ihn auf Meere gegründet, *
ihn über Strömen befestigt.
3 Wer darf hinaufziehn zum Berg des HERRN, *
wer darf stehn an seiner heiligen Stätte?
4 Der unschuldige Hände hat und ein reines Herz, *
der seine Seele nicht an Nichtiges hängt und keinen trügerischen Eid geschworen hat.
5 Er wird Segen empfangen vom HERRN *
und Gerechtigkeit vom Gott seines Heils.
6 Das ist das Geschlecht, das nach ihm fragt, *
die dein Angesicht suchen, Jakob. [Sela]
7 Ihr Tore, hebt eure Häupter, /
hebt euch, ihr uralten Pforten, *
denn es kommt der König der Herrlichkeit!
8 Wer ist dieser König der Herrlichkeit? /
Der HERR, stark und gewaltig, *
der HERR, im Kampf gewaltig.
9 Ihr Tore, hebt eure Häupter, /
hebt euch, ihr uralten Pforten, *
denn es kommt der König der Herrlichkeit!
10 Wer ist er, dieser König der Herrlichkeit? /
Der HERR der Heerscharen: *
Er ist der König der Herrlichkeit. [Sela]

1: 50,12; 89,12; 95,5; 136,6; Ex 9,29; Dtn 10,14; Jes 42,5; 1 Kor 10,26 / **3–6:** 118,19f. / **6:** 27,8 / **7–10:** 10,16; 22,29; 29,10; 47,8f.; 93,1; 96,10; 97,1; 98,6; 99,1; 145,11; 146,10; Ex 15,18; Jes 52,7

BITTE UM VERGEBUNG UND LEITUNG

25 1 Von David.
Zu dir, HERR, erhebe ich meine Seele, *
2 mein Gott, auf dich vertraue ich.
Lass mich nicht zuschanden werden, *
lass meine Feinde nicht triumphieren!
3 Es wird ja niemand, der auf dich hofft, zuschanden; *
zuschanden wird, wer dir schnöde die Treue bricht.
4 Zeige mir, HERR, deine Wege, *
lehre mich deine Pfade!
5 Führe mich in deiner Treue und lehre mich; /
denn du bist der Gott meines Heils. *
Auf dich hoffe ich den ganzen Tag.
6 Gedenke deines Erbarmens, HERR, /
und der Taten deiner Gnade; *
denn sie bestehen seit Ewigkeit!
7 Gedenke nicht meiner Jugendsünden und meiner Frevel! *
Nach deiner Huld gedenke meiner, HERR,
denn du bist gütig!
8 Der HERR ist gut und redlich, *
darum weist er Sünder auf den rechten Weg.
9 Die Armen leitet er nach seinem Recht, *
die Armen lehrt er seinen Weg.
10 Alle Pfade des HERRN sind Huld und Treue *
denen, die seinen Bund und seine Zeugnisse wahren.
11 Um deines Namens willen, HERR, vergib meine Schuld, *
denn sie ist groß!
12 Wer ist der Mensch, der den HERRN fürchtet? *
Ihm weist er den Weg, den er wählen soll.
13 Dann wird er wohnen im Glück, *
seine Nachkommen werden das Land besitzen.
14 Der Rat des HERRN steht denen offen, die ihn fürchten, *
und sein Bund, um ihnen Erkenntnis zu schenken.
15 Meine Augen schauen stets auf den HERRN; *
denn er befreit meine Füße aus dem Netz.
16 Wende dich mir zu und sei mir gnädig; *
denn ich bin einsam und arm!
17 Ängste haben mein Herz gesprengt, *
führ mich heraus aus meiner Bedrängnis!
18 Sieh meine Armut und Plage an *
und nimm hinweg all meine Sünden!
19 Sieh meine Feinde, wie zahlreich sie sind, *
mit welchem tödlichen Hass sie mich hassen!

20 Erhalte mein Leben und rette mich, /
lass mich nicht zuschanden werden! *
Denn ich habe mich bei dir geborgen.
21 Unschuld und Redlichkeit mögen mich
schützen, *
denn ich hoffe auf dich.
22 Gott, erlöse Israel *
aus all seinen Nöten!

1: 86,4; 143,8 / **3**: Jes 49,23 / **4**: 5,9; 16,11; 27,11; 86,11; 119,30.35; 128,1; 139,24; 143,8; Ijob 21,14 / **7**: Ijob 13,26 / **10**: Tob 3,2 / **12**: 32,8 / **13**: 37,9.29 / **15**: 123,1f.; 141,8f. / **16**: 86,16; 119,132 / **19**: 3,2 / **20**: 86,2 / **22**: 130,8

BITTE EINES UNSCHULDIG VERFOLGTEN

26 1 Von David.
Verschaff mir Recht, HERR; /
denn in Lauterkeit ging ich meinen Weg! *
Dem HERRN habe ich vertraut, ich werde
nicht wanken.
2 Erprobe mich, HERR, und durchforsche
mich, *
prüfe mich auf Herz und Nieren:
3 Denn deine Huld stand mir vor Augen, *
in deiner Wahrheit ging ich meinen Weg.
4 Ich saß nicht bei falschen Leuten, *
mit Heuchlern habe ich keinen Umgang.
5 Verhasst ist mir die Versammlung derer,
die Unrecht tun; *
bei Gottlosen kann ich nicht sitzen.
6 Ich will meine Hände in Unschuld waschen *
und deinen Altar, HERR, will ich umschreiten,
7 um laut das Lob zu verkünden *
und all deine Wunder zu erzählen.
8 HERR, ich liebe die Stätte deines Hauses *
und den Wohnort deiner Herrlichkeit.
9 Raff mich nicht hinweg mit den Sündern, *
mit den Blutmenschen nimm mir nicht das
Leben!
10 An ihren Händen klebt Schandtat, *
ihre Rechte ist voll von Bestechung.
11 Ich aber gehe meinen Weg in Lauterkeit. *
Erlöse mich und sei mir gnädig!
12 Mein Fuß steht auf ebenem Grund. *
Den HERRN will ich in den Versammlungen
preisen.

1: 59,4f. / **2**: 7,10; 17,3; 139,23 / **3**: 119,1; 86,11 / **4–5**: 1,1 / **6**: 73,13; Dtn 21,6f.; Mt 27,24 / **8**: 27,4 / **9**: 28,3 / **10**: Ex 23,8 / **12**: 22,23

LEBEN IN GEMEINSCHAFT MIT GOTT

27 1 Von David.
Der HERR ist mein Licht und mein
Heil: *
Vor wem sollte ich mich fürchten?
Der HERR ist die Zuflucht meines Lebens: *
Vor wem sollte mir bangen?
2 Dringen Böse auf mich ein, *
um mein Fleisch zu verschlingen,
meine Bedränger und Feinde; *
sie sind gestrauchelt und gefallen.
3 Mag ein Heer mich belagern: *
Mein Herz wird nicht verzagen.
Mag Krieg gegen mich toben: *
Ich bleibe dennoch voll Zuversicht.
4 Eines habe ich vom HERRN erfragt, *
dieses erbitte ich:
im Haus des HERRN zu wohnen *
alle Tage meines Lebens;
die Freundlichkeit des HERRN zu schauen *
und nachzusinnen in seinem Tempel.
5 Denn er birgt mich in seiner Hütte am Tag
des Unheils; /
er beschirmt mich im Versteck seines Zeltes, *
er hebt mich empor auf einen Felsen.
6 Nun kann sich mein Haupt erheben *
über die Feinde, die mich umringen.
So will ich Opfer darbringen in seinem Zelt, /
Opfer mit Jubel, *
dem HERRN will ich singen und spielen.
7 Höre, HERR, meine Stimme, wenn ich rufe; *
sei mir gnädig und gib mir Antwort!
8 Mein Herz denkt an dich: /
Suchet mein Angesicht! *
Dein Angesicht, HERR, will ich suchen.
9 Verbirg nicht dein Angesicht vor mir; /
weise deinen Knecht im Zorn nicht ab! *
Du wurdest meine Hilfe.
Verstoß mich nicht, verlass mich nicht, *
du Gott meines Heils!
10 Wenn mich auch Vater und Mutter ver-
lassen, *
der HERR nimmt mich auf.
11 Weise mir, HERR, deinen Weg, *
leite mich auf ebener Bahn wegen meiner
Feinde!
12 Gib mich nicht meinen gierigen Gegnern
preis; *
denn falsche Zeugen standen gegen mich auf
und wüten!
13 Ich aber bin gewiss, zu schauen *
die Güte des HERRN im Land der Lebenden.
14 Hoffe auf den HERRN, /
sei stark und fest sei dein Herz! *
Und hoffe auf den HERRN!

1: 97,11; 56,5; Mi 7,8 / **2**: Ijob 19,22 / **3**: 3,7 / **4**: 23,6 / **5**: 31,21 / **8**: 24,6; 105,4; Dtn 4,29 / **10**: Jes 49,15 / **11**: 25,4 / **12**: 35,11 / **13**: 52,7; 56,14; 116,9; 142,6; Jes 38,11 / **14**: 31,25

HILFERUF IN TODESGEFAHR UND DANK FÜR ERHÖRUNG

28 1 Von David.
Zu dir rufe ich, HERR, *
mein Fels, wende dich nicht schweigend ab
von mir!
Bliebst du vor mir stumm, *
würde ich denen gleich, die zur Grube hinun-
tersteigen.
2 Höre mein lautes Flehen, wenn ich zu dir
schreie, *
wenn ich meine Hände zu deinem Allerhei-
ligsten erhebe!
3 Raff mich nicht weg mit den Übeltätern
und Frevlern, *
die Frieden! sagen zu ihrem Nächsten, /
doch Böses hegen in ihrem Herzen.
4 Vergilt ihnen, wie es ihrem Treiben entspricht *
und ihren bösen Taten!
Vergilt ihnen, wie es das Werk ihrer Hände
verdient! *
Wende ihr Tun auf sie selbst zurück!
5 Denn sie achten nicht auf die Taten des
HERRN *
noch auf das Werk seiner Hände.
Darum reißt er sie nieder *
und baut sie nicht wieder auf.
6 Der HERR sei gepriesen! *
Denn er hat mein lautes Flehen gehört.
7 Der HERR ist meine Kraft und mein Schild, *
auf ihn vertraute mein Herz, so wurde mir
geholfen;
da jubelte mein Herz, *
mit meinem Lied will ich ihm danken.
8 Der HERR ist ihre Kraft, *
er ist Schutz und Heil für seinen Gesalbten.
9 Hilf deinem Volk und segne dein Erbe, *
weide und trage sie in Ewigkeit!

1: 92,16; 143,7 / **2**: 134,2; Dan 6,11 / **3**: 26,9; 62,5; Spr 26,24–28 / **4**: 62,13 / **5**: Jes 5,12f. / **9**: 29,11; Dtn 9,29

LOBPREIS AUF GOTTES HERRLICHKEIT

29 1 Ein Psalm Davids.
Bringt dar dem HERRN, ihr Himm-
lischen, *
bringt dar dem HERRN Ehre und Macht!
2 Bringt dar dem HERRN die Ehre seines
Namens, *
werft euch nieder vor dem HERRN in heiliger
Majestät!
3 Die Stimme des HERRN über den Wassern: *
Der Gott der Ehre hat gedonnert, /
der HERR über gewaltigen Wassern.
4 Die Stimme des HERRN voller Kraft, *
die Stimme des HERRN voll Majestät.
5 Die Stimme des HERRN bricht Zedern, *
der HERR hat zerbrochen die Zedern des
Libanon.
6 Er ließ den Libanon hüpfen wie einen
Jungstier, *
wie einen Wildstier den Sirjon.
7 Die Stimme des HERRN sprüht flammendes
Feuer, /
8 die Stimme des HERRN lässt die Wüste
beben, *
beben lässt der HERR die Wüste von Kadesch.
9 Die Stimme des HERRN lässt Hirschkühe
kreißen, /
sie riss ganze Wälder kahl. *
In seinem Palast ruft alles: Ehre!
10 Der HERR thronte über der Flut, *
der HERR thronte als König in Ewigkeit.
11 Der HERR gebe Macht seinem Volk. *
Der HERR segne sein Volk mit Frieden.

1: 103,20f. / **2**: 96,8f. / **3–4**: Ijob 37,4 / **6**: 114,4; Dtn 3,8f. / **10**: 24,7–10; Bar 3,3 / **11**: 28,9

DANK FÜR RETTUNG VOR DEM TOD

30 1 Ein Psalm. Ein Lied zur Tempelweihe.
Von David.
2 Ich will dich erheben, HERR, /
denn du zogst mich herauf *
und ließest nicht zu, dass meine Feinde sich
über mich freuen.
3 HERR, mein Gott, ich habe zu dir geschrien *
und du heiltest mich.
4 HERR, du hast meine Seele heraufsteigen
lassen aus der Totenwelt, *
hast mich am Leben erhalten, sodass ich nicht
in die Grube hinabstieg.
5 Singt und spielt dem HERRN, ihr seine
Frommen, *
dankt im Gedenken seiner Heiligkeit!
6 Denn sein Zorn dauert nur einen Augen-
blick, *
doch seine Güte ein Leben lang.
Wenn man am Abend auch weint, *
am Morgen herrscht wieder Jubel.
7 Im sicheren Glück dachte ich einst: *
Ich werde niemals wanken.
8 HERR, in deiner Güte hast du meinen Berg
gefestigt. *
Du hast dein Angesicht verborgen. Da bin ich
erschrocken.
9 Zu dir, HERR, will ich rufen *
und zu meinem Herrn um Gnade flehn:

10 Was nützt dir mein Blut, wenn ich zum Grab
hinuntersteige? *
Kann Staub dich preisen, deine Treue verkünden?
11 Höre, HERR, und sei mir gnädig! *
HERR, sei du mein Helfer!
12 Du hast mein Klagen in Tanzen verwandelt, /
mein Trauergewand hast du gelöst *
und mich umgürtet mit Freude,
13 damit man dir Herrlichkeit singt und nicht
verstummt. *
HERR, mein Gott, ich will dir danken in Ewigkeit.

1: Esra 6,16; 1 Makk 4,36–54 / **3**: Ex 15,26 / **4**: 9,14 / **5**: 7,18; 97,12 / **6**: Jes 54,7f. / **10**: 6,6 / **12**: 126; Jes 61,3

GOTT, DIE SICHERE ZUFLUCHT

31 1 Für den Chormeister. Ein Psalm
Davids.
2 HERR, bei dir habe ich mich geborgen. /
Lass mich nicht zuschanden werden in Ewigkeit; *
rette mich in deiner Gerechtigkeit!
3 Neige dein Ohr mir zu, erlöse mich eilends! *
Sei mir ein schützender Fels, /
ein festes Haus, mich zu retten!
4 Denn du bist mein Fels und meine Festung; *
um deines Namens willen wirst du mich
führen und leiten.
5 Du wirst mich befreien /
aus dem Netz, das sie mir heimlich legten; *
denn du bist meine Zuflucht.
6 In deine Hand lege ich voll Vertrauen meinen
Geist; *
du hast mich erlöst, HERR, du Gott der Treue.
7 Verhasst waren mir, die nichtige Götzen
verehren, *
ich setze auf den HERRN mein Vertrauen.
8 Ich will jubeln und deiner Huld mich freuen; *
denn du hast mein Elend angesehn, /
du kanntest die Ängste meiner Seele.
9 Du hast mich nicht preisgegeben der Hand
meines Feindes, *
du stelltest meine Füße in weiten Raum.
10 HERR, sei mir gnädig, denn mir ist angst; *
vor Gram sind mir Auge, Seele und Leib
zerfallen.
11 In Kummer schwand mein Leben dahin, *
meine Jahre vor Seufzen.
Meine Kraft ist ermattet wegen meiner Sünde, *
meine Glieder sind zerfallen.
12 Vor all meinen Bedrängern wurde ich zum
Spott, *
zum Spott sogar für meine Nachbarn.
Meinen Freunden wurde ich zum Schrecken, *
wer mich auf der Straße sieht, der flieht vor mir.
13 Ich bin dem Gedächtnis entschwunden wie
ein Toter, *
bin geworden wie ein zerbrochenes Gefäß.
14 Ich hörte das Zischeln der Menge – Grauen
ringsum. *
Sie taten sich gegen mich zusammen; /
sie sannen darauf, mir das Leben zu rauben.
15 Ich aber, HERR, ich habe dir vertraut, *
ich habe gesagt: Mein Gott bist du.
16 In deiner Hand steht meine Zeit; *
entreiß mich der Hand meiner Feinde und
Verfolger!
17 Lass dein Angesicht leuchten über deinem
Knecht, *
hilf mir in deiner Huld!
18 Lass mich nicht zuschanden werden, HERR, *
denn ich habe zu dir gerufen!
Zuschanden werden sollen die Frevler, *
sie sollen verstummen in der Totenwelt.
19 Jeder Mund, der lügt, soll sich schließen, *
der Mund, der frech gegen den Gerechten
redet, /
hochmütig und verächtlich.
20 Wie groß ist deine Güte, *
die du bewahrt hast für alle, die dich fürchten;
du hast sie denen erwiesen, *
die sich vor den Menschen bei dir bergen.
21 Du verbirgst sie im Schutz deines Angesichts *
vor den Verschwörungen der Leute.
In einer Hütte bewahrst du sie *
vor dem Gezänk der Zungen.
22 Gepriesen sei der HERR, *
denn er hat seine Huld wunderbar an mir
erwiesen /
in einer befestigten Stadt.
23 Ich aber sagte in meiner Angst: *
Ich bin verstoßen aus deinen Augen.
Doch du hast mein lautes Flehen gehört, *
als ich zu dir um Hilfe rief.
24 Liebt den HERRN, all seine Frommen! *
Seine Getreuen behütet der HERR, /
doch reichlich vergilt er dem, der hochmütig
handelt.
25 Euer Herz sei stark und unverzagt, *
ihr alle, die ihr den HERRN erwartet.

2–4: 71,1–3 / **3**: 102,3 / **4**: 92,16; 23,3 / **5**: 25,15; 140,6 / **6**: Lk 23,46; Apg 7,59 / **8**: 9,3 / **9**: 18,20 / **10–11**: 38,11 / **10**: 6,8 / **11**: 6,3 / **12**: 38,12; 41,10; Ijob 19,13–19 / **14**: 41,6; Jer 20,10 / **15**: 140,7 / **16**: 139,16 / **17**: 4,7 / **21**: 27,5; Ijob 5,21 / **23**: Jona 2,5 / **24**: 62,13 / **25**: 27,14

SÜNDENBEKENNTNIS UND VERGEBUNG

32 1 Von David. Ein Weisheitslied.
Selig der, dessen Frevel vergeben *
und dessen Sünde bedeckt ist.
2 Selig der Mensch, dem der HERR die Schuld
nicht zur Last legt *
und in dessen Geist keine Falschheit ist.
3 Solang ich es verschwieg, zerfiel mein
Gebein, *
den ganzen Tag musste ich stöhnen.
4 Denn deine Hand liegt schwer auf mir bei
Tag und bei Nacht; *
meine Lebenskraft war verdorrt wie durch
die Glut des Sommers. [Sela]
5 Da bekannte ich dir meine Sünde *
und verbarg nicht länger meine Schuld vor dir.
Ich sagte: Meine Frevel will ich dem HERRN
bekennen. *
Und du hast die Schuld meiner Sünde ver-
geben. [Sela]
6 Darum soll jeder Fromme zu dir beten; *
solange du dich finden lässt.
Fluten hohe Wasser heran, *
ihn werden sie nicht erreichen.
7 Du bist mein Schutz, du bewahrst mich vor
Not *
und rettest mich und hüllst mich in Jubel.
[Sela]
8 Ich unterweise dich und zeige dir den Weg,
den du gehen sollst. *
Ich will dir raten, über dir wacht mein Auge.
9 Werdet nicht wie Ross und Maultier, *
die ohne Verstand sind.
Mit Zaum und Zügel muss man ihr Ungestüm
bändigen, *
sonst bleiben sie nicht in deiner Nähe.
10 Der Frevler leidet viele Schmerzen, *
doch wer dem HERRN vertraut, den wird er
mit seiner Huld umgeben.
11 Freut euch am HERRN und jauchzt, ihr
Gerechten, *
jubelt alle, ihr Menschen mit redlichem
Herzen!

1-2: Röm 4,7f. / **1:** 65,4; 78,38; 85,3; 103,3; Jes 1,18; 38,17; Jer 31,34; 1 Joh 1,9 / **4** 38,3; 102,5f. / **5:** 38,19 / **6:** 66,12 / **8:** 25,12; 119,1; 33,18 / **11:** 33,1

LOB AUF GOTTES HULD IN SCHÖPFUNG UND GESCHICHTE

33 1 Jubelt im HERRN, ihr Gerechten, *
den Redlichen ziemt der Lobgesang.
2 Preist den HERRN auf der Leier, *
auf der zehnsaitigen Harfe spielt ihm!
3 Singt ihm ein neues Lied, *
spielt kunstvoll mit Jubelschall!
4 Denn das Wort des HERRN ist redlich, *
all sein Tun ist verlässlich.
5 Er liebt Gerechtigkeit und Recht, *
erfüllt von der Huld des HERRN ist die Erde.
6 Durch das Wort des HERRN wurden die
Himmel geschaffen, *
ihr ganzes Heer durch den Hauch seines
Mundes.
7 Er sammelt das Wasser des Meeres und
dämmt es ein, *
legt die Fluten in Kammern.
8 Die ganze Erde fürchte den HERRN; *
vor ihm sollen alle beben, die den Erdkreis
bewohnen.
9 Denn er sprach und es geschah; *
er gebot und da stand es.
10 Der HERR vereitelte den Ratschluss der
Nationen, *
er machte die Pläne der Völker zunichte.
11 Der Ratschluss des HERRN bleibt ewig
bestehen, *
die Pläne seines Herzens durch alle Geschlechter.
12 Selig die Nation, deren Gott der HERR ist, *
das Volk, das er sich zum Erbteil erwählt hat.
13 Der HERR blickt herab vom Himmel, *
er sieht alle Menschen.
14 Von seinem Thronsitz schaut er nieder *
auf alle Bewohner der Erde.
15 Der ihre Herzen gebildet hat, *
er achtet auf all ihre Taten.
16 Dem König hilft nicht seine große Stärke, *
der Held rettet sich nicht durch große Kraft.
17 Trügerische Hilfe ist das Ross, *
es rettet nicht mit seiner großen Stärke.
18 Siehe, das Auge des HERRN ruht auf denen,
die ihn fürchten, *
die seine Huld erwarten,
19 dass er ihre Seele dem Tod entreiße *
und, wenn sie hungern, sie am Leben erhalte.
20 Unsre Seele hofft auf den HERRN; *
er ist unsere Hilfe und unser Schild.
21 Ja, an ihm freut sich unser Herz, *
wir haben vertraut auf seinen heiligen Namen.
22 Lass deine Huld über uns walten, HERR, *
wie wir auf dich hofften!

1: 32,11; 92,2 / **2:** 92,4 / **3:** 40,4; 96,1; 98,1; 144,9 / **5:** 119,64 / **6:** Gen 1,6–8.14–18; Joh 1,3 / **7:** Ijob 38,8–11 / **8:** 67,8 / **9:** 148,5; Gen 1,3–26; Sir 39,16; Jes 48,13 / **10–11:** Spr 19,21 / **11:** Jes 40,8; 46,10 / **12:** 144,15; Ex 19,6; Dtn 7,6 / **15:** 94,9–11 / **16–17:** 20,8; 1 Sam 14,6; 17,45–47 / **18:** 32,8; 34,16; Sir 34,19 / **19:** 37,19; Ijob 5,20 / **20:** 3,4; 115,9–11 / **22:** 90,17

UNTER GOTTES SCHUTZ UND LEITUNG

34 1 Von David. Als er sich vor Abimelech wahnsinnig stellte
und dieser ihn wegtrieb und er ging.
2 Ich will den HERRN allezeit preisen; *
immer sei sein Lob in meinem Mund.
3 Meine Seele rühme sich des HERRN; *
die Armen sollen es hören und sich freuen.
4 Preist mit mir die Größe des HERRN, *
lasst uns gemeinsam seinen Namen erheben!
5 Ich suchte den HERRN und er gab mir Antwort, *
er hat mich all meinen Ängsten entrissen.
6 Die auf ihn blickten, werden strahlen, *
nie soll ihr Angesicht vor Scham erröten.
7 Da rief ein Armer und der HERR erhörte ihn *
und half ihm aus all seinen Nöten.
8 Der Engel des HERRN umschirmt, die ihn fürchten, *
und er befreit sie.
9 Kostet und seht, wie gut der HERR ist! *
Selig der Mensch, der zu ihm sich flüchtet!
10 Fürchtet den HERRN, ihr seine Heiligen; *
denn die ihn fürchten, leiden keinen Mangel.
11 Junglöwen darbten und hungerten; *
aber die den HERRN suchen, leiden keinen Mangel an allem Guten.
12 Kommt, ihr Kinder, hört mir zu! *
Die Furcht des HERRN will ich euch lehren!
13 Wer ist der Mensch, der das Leben liebt, *
der Tage ersehnt, um Gutes zu sehen?
14 Bewahre deine Zunge vor Bösem; *
deine Lippen vor falscher Rede!
15 Meide das Böse und tu das Gute, *
suche Frieden und jage ihm nach!
16 Die Augen des HERRN sind den Gerechten zugewandt, *
seine Ohren ihrem Hilfeschrei.
17 Das Angesicht des HERRN richtet sich gegen die Bösen, *
ihr Andenken von der Erde zu tilgen.
18 Die aufschrien, hat der HERR erhört, *
er hat sie all ihren Nöten entrissen.
19 Nahe ist der HERR den zerbrochenen Herzen *
und dem zerschlagenen Geist bringt er Hilfe.
20 Viel Böses erleidet der Gerechte, *
doch allem wird der HERR ihn entreißen.
21 Er behütet all seine Glieder, *
nicht eins von ihnen wird zerbrochen.
22 Den Frevler wird die Bosheit töten, *
die den Gerechten hassen, werden es büßen.
23 Der HERR erlöst das Leben seiner Knechte, *
niemals müssen büßen, die bei ihm sich bergen.

1: 1 Sam 21,11–16 / **2**: 145,2 / **7**: 91,15 / **8**: 35,5f.; 91,11; Gen 32,2f.; Ex 14,19 / **9**: 1 Petr 2,3 / **11**: Lk 1,53 / **13–17**: 1 Petr 3,10–12 / **15**: 37,27; Spr 3,7; Hebr 12,14 / **16**: 33,18 / **17**: 109,15; Ijob 18,17 / **19**: 51,19; 145,18 / **20**: 2 Kor 1,5

BITTE UM RETTUNG VOR FALSCHEN ANKLÄGERN

35 1 Von David.
Streite, HERR, gegen alle, die gegen mich streiten, *
bekämpfe alle, die mich bekämpfen!
2 Ergreife Schild und Waffen; *
steh auf, um mir zu helfen!
3 Schwing den Speer und die Lanze gegen meine Verfolger! *
Sag zu mir: Ich bin deine Hilfe!
4 In Schmach und Schande sollen fallen, *
die mir nach dem Leben trachten.
Zurückweichen sollen und vor Scham erröten, *
die auf mein Unglück sinnen.
5 Sie sollen werden wie Spreu vor dem Wind; *
der Engel des HERRN stoße sie fort.
6 Ihr Weg soll finster und schlüpfrig sein; *
der Engel des HERRN verfolge sie.
7 Denn grundlos haben sie mir Grube und Netz versteckt, *
grundlos haben sie sie mir gegraben.
8 Unvermutet ereile ihn das Verderben; /
und sein Netz, das er gelegt hat, fange ihn, *
er falle ins Verderben.
9 Meine Seele aber wird jubeln über den HERRN *
und sich über seine Hilfe freuen.
10 Mit all meinen Gliedern will ich sagen: *
HERR, wer ist wie du?
Du entreißt den Schwachen dem, der stärker ist, *
den Schwachen und Armen dem, der ihn ausraubt.
11 Da traten gewalttätige Zeugen auf. *
Sie fragen mich, was ich nicht weiß.
12 Sie vergelten mir Gutes mit Bösem; *
ich bin verlassen und einsam.
13 Ich aber zog ein Bußkleid an, als sie erkrankten, /
und quälte mich ab mit Fasten. *
Nun kehre mein Gebet zurück in meine Brust.

35,12 verlassen und einsam, wörtlich: Kinderlosigkeit für meine Seele.

14 Als wäre es ein Freund oder Bruder, *
so ging ich betrübt umher,
wie man Leid trägt um die Mutter, *
trauernd und tief gebeugt.
15 Doch als ich stürzte, freuten sie sich und
taten sich zusammen. /
Sie taten sich gegen mich zusammen wie
Schläger, die ich nicht kenne. *
Sie zerrissen und gaben keine Ruhe.
16 Als ich hinkte, verhöhnten sie mich als
Krüppel, *
knirschten gegen mich mit den Zähnen.
17 HERR, wie lange noch wirst du das ansehn? /
Rette mein Leben vor ihrer Wut, *
mein einziges Gut vor den Löwen!
18 Ich will dir danken in großer Versamm-
lung, *
vor zahlreichem Volk dich loben.
19 Über mich sollen die sich nicht freuen,
die mich voll Lüge befeinden, *
nicht mit den Augen zwinkern, die mich
grundlos hassen.
20 Denn was sie reden, dient nicht dem
Frieden; *
gegen die Stillen im Land ersinnen sie listige
Pläne.
21 Sie rissen den Mund gegen mich auf und
sagten: *
Ha, dir geschieht recht! Wir haben es
gesehen mit eigenen Augen.
22 Du hast es gesehen, HERR. So schweig
doch nicht! *
HERR, bleib mir nicht fern!
23 Wach auf, tritt ein für mein Recht, *
erwache, mein Gott und mein HERR, um
für mich zu streiten!
24 Verschaffe mir Recht nach deiner Gerech-
tigkeit, HERR, du mein Gott! *
Sie sollen sich über mich nicht freuen.
25 Lass sie nicht sagen in ihrem Herzen: Ha, das
freut uns! *
Sie sollen nicht sagen: Wir haben ihn
verschlungen.
26 In Schmach und Schande sollen alle fallen, *
die sich über mein Unglück freuen,
in Schmach und Schimpf sollen sich kleiden, *
die gegen mich großtun.
27 Es sollen jubeln und sich freuen, *
die wünschen, dass ich im Recht bin.
Sie sollen immer sagen: Groß ist der HERR, *
er hat Gefallen am Heil seines Knechts.

35,16 Als ich … als Krüppel: andere Übersetzung des schwierigen hebräischen Textes: Ruchlos ist ihr Gespött.

28 Meine Zunge soll von deiner Gerechtigkeit
reden, *
alle Tage von deinem Lob.

4: 40,15 / **5**: 1,4; 83,14; 34,8 / **6**: 73,18; Jer 23,12 / **7–8**: 7,16; Ijob 18,8f. / **7**: Jer 18,20 / **10**: 71,19; Ex 15,11 / **11**: 27,12; Mt 26,59f. / **12**: 38,21; 109,5; Jer 18,20 / **13**: 109,4 / **17**: 17,12 / **18**: 22,23 / **19**: 25,19; 69,5; Joh 15,25 / **21**: 40,16; Klgl 2,16 / **22**: 38,22; Hab 1,13; Ps 22,12 / **26**: 40,15 / **27**: 40,17 / **28**: 71,15

GOTT, QUELLE UND LICHT DES LEBENS

36 1 Für den Chormeister. Von David, dem
Knecht des HERRN.
2 Spruch der Sünde zum Frevler inmitten
meines Herzens: *
In seinen Augen gibt es kein Erschrecken vor
Gott.
3 Denn es schmeichelt ihm in seinen Augen, *
sich schuldig zu machen und zu hassen.
4 Die Worte seines Mundes sind Trug und
Unheil. *
Er hat es aufgegeben, weise und gut zu
handeln.
5 Unheil plant er auf seinem Lager, *
er betritt schlimme Wege und scheut nicht das
Böse.
6 HERR, deine Liebe reicht, so weit der Himmel
ist, *
deine Treue bis zu den Wolken.
7 Deine Gerechtigkeit steht wie die Berge
Gottes, /
deine Urteile sind tief wie die Urflut. *
Du rettest Menschen und Tiere, HERR.
8 Wie köstlich ist deine Liebe, Gott! *
Menschen bergen sich im Schatten deiner
Flügel.
9 Sie laben sich am Reichtum deines Hauses; *
du tränkst sie mit dem Strom deiner Wonnen.
10 Denn bei dir ist die Quelle des Lebens, *
in deinem Licht schauen wir das Licht.
11 Erhalte denen, die dich kennen, deine
Liebe *
und deine Gerechtigkeit den Menschen mit
redlichem Herzen!
12 Lass mich nicht kommen unter den Fuß
der Stolzen; *
die Hand der Frevler soll mich nicht ver-
treiben.
13 Die Übeltäter sind dort gefallen, *
sie wurden niedergestoßen und stehen nie
wieder auf.

2: 14,1; Röm 3,18 / **5**: Mi 2,1 / **6**: 57,11; 108,5 / **8**: 17,7f. / **9**: 65,5; 46,5 / **10**: 16,11; 97,11; Jer 2,13; Joh 4,14

LEBENSLEHRE EINES WEISEN

37 1 Von David.
Errege dich nicht über die Bösen, *
ereifere dich nicht über jene, die Schlechtes tun!
2 Denn sie verwelken schnell wie das Gras, *
wie frisches Grün verdorren sie.
3 Vertrau auf den HERRN und tue das Gute, *
wohne im Land und hüte die Treue!
4 Habe deine Lust am HERRN! *
So wird er dir geben, was dein Herz begehrt.
5 Befiehl dem HERRN deinen Weg, *
vertrau ihm – er wird es fügen.
6 Er lässt deine Gerechtigkeit aufgehen wie das Licht, *
dein Recht wie die Helle des Mittags.
7 Sei still vor dem HERRN und harre auf ihn! /
Errege dich nicht über den, dessen Weg Erfolg hat, *
den Mann, der Ränke ausführt!
8 Steh ab vom Zorn und lass den Grimm, *
errege dich nicht, es führt nur zu Bösem!
9 Denn die Bösen werden ausgetilgt, *
die aber auf den HERRN hoffen, sie werden das Land besitzen.
10 Eine Weile noch, dann gibt es keinen Frevler mehr; *
schaust du nach seiner Stätte – ist er nicht mehr da.
11 Doch die Armen werden das Land besitzen, *
ihre Lust haben an der Fülle des Friedens.
12 Der Frevler sinnt auf Ränke gegen den Gerechten, *
knirscht gegen ihn mit seinen Zähnen.
13 Der HERR verlacht ihn, *
denn er hat gesehen: Sein Tag wird kommen.
14 Die Frevler haben das Schwert gezückt
und ihren Bogen gespannt, /
um zu Fall zu bringen den Armen und Elenden, *
hinzuschlachten, die den geraden Weg gehen.
15 Ihr Schwert wird in ihr eigenes Herz dringen, *
ihre Bogen werden zerbrechen.
16 Besser das Wenige, das der Gerechte besitzt, *
als der Überfluss vieler Frevler.
17 Denn die Arme der Frevler werden zerbrochen, *
doch die Gerechten stützt der HERR.
18 Der HERR kennt die Tage der Bewährten, *
ihr Erbe hat ewig Bestand.
19 Sie werden nicht zuschanden in böser Zeit, *
in Tagen des Hungers werden sie satt.
20 Doch die Frevler werden zugrunde gehn, *
mit den Feinden des HERRN,
wie die Pracht der Wiesen schwinden sie dahin, *
im Rauch schwinden sie dahin.
21 Der Frevler borgt und erstattet nicht, *
doch der Gerechte ist gütig und gibt.
22 Denn die von ihm Gesegneten werden das Land besitzen, *
aber die von ihm Verfluchten werden ausgetilgt.
23 Der HERR festigt die Schritte des Menschen, *
an seinem Weg hat er Gefallen.
24 Auch wenn er strauchelt, stürzt er nicht hin, *
denn der HERR stützt seine Hand.
25 Jung war ich, nun bin ich alt, /
nie sah ich einen Gerechten verlassen *
noch seine Nachkommen betteln um Brot.
26 Allzeit ist er gütig und leiht aus, *
seine Nachkommen werden zum Segen.
27 Meide das Böse und tue das Gute, *
so bleibst du wohnen für immer.
28 Denn der HERR liebt das Recht *
und wird seine Frommen nicht verlassen,
auf immer werden sie bewahrt. *
Doch die Nachkommen der Frevler werden ausgetilgt.
29 Die Gerechten werden das Land besitzen *
und darin wohnen für alle Zeiten.
30 Der Mund des Gerechten bewegt Worte der Weisheit *
und seine Zunge redet, was recht ist.
31 Die Weisung seines Gottes ist in seinem Herzen, *
seine Schritte werden nicht wanken.
32 Der Frevler belauert den Gerechten *
und sucht ihn zu töten.
33 Der HERR wird ihn nicht seiner Hand überlassen, *
wird nicht zulassen, dass man ihn vor Gericht verurteilt.
34 Hoffe auf den HERRN *
und bewahre seinen Weg!
Er wird dich erhöhen, das Land zu besitzen. *
Wenn die Frevler ausgetilgt werden, wirst du es sehen.
35 Ich sah einen gewalttätigen Frevler, *
sich spreizend wie ein grüner, verwurzelter Baum.
36 Er verging – siehe: er war nicht mehr da. *
Ich suchte ihn, doch er war nicht zu finden.

37 Achte auf den Lauteren und sieh auf den
Redlichen, *
denn Zukunft hat der Mensch des Friedens.
38 Doch die Abtrünnigen sind allesamt
vernichtet, *
die Zukunft der Frevler ist ausgetilgt.
39 Die Rettung der Gerechten kommt vom
HERRN, *
ihre Zuflucht zur Zeit der Bedrängnis.
40 Der HERR hat ihnen geholfen und sie
gerettet, /
er wird sie vor den Frevlern retten und ihnen
Heil schenken, *
denn sie haben sich bei ihm geborgen.

1: Spr 23,17; 24,19 / **2**: 90,5f. / **4**: 20,5 / **5**: 119,1; 55,23; Spr 3,5; 16,3 / **6**: Ijob 11,17; Spr 4,18 / **8**: Eph 4,26 / **9**: 25,13 / **10**: Ijob 20,8f. / **11**: Mt 5,5 / **13**: 59,9; Ijob 18,20 / **14**: 11,2 / **16**: Spr 15,16; 16,8 / **17**: 10,15 / **19**: 33,19 / **20**: 68,3 / **22**: Spr 2,21f. / **24**: 145,14; Spr 24,16 / **27**: 34,15; Am 5,14 / **29**: 25,13; Jes 60,21 / **30**: Spr 10,31 / **31**: 40,9 / **32**: 11,2 / **35–36**: Ijob 20,6f. / **35**: 92,8 / **39**: 46,2

KLAGE EINES KRANKEN

38

1 Ein Psalm Davids. Zum Weihrauch-
opfer.
2 HERR, strafe mich nicht in deinem Zorn *
und züchtige mich nicht in deinem Grimm!
3 Denn in mich herabgefahren sind deine
Pfeile *
und deine Hand fuhr auf mich nieder.
4 Nichts blieb gesund an meinem Fleisch,
weil du mir grollst; *
weil ich gesündigt, blieb an meinen Gliedern
nichts heil.
5 Denn über den Kopf gewachsen sind mir
meine Sünden, *
sie erdrücken mich wie eine schwere Last.
6 Stinkend und eitrig wurden meine Wunden *
wegen meiner Torheit.
7 Ich habe mich gekrümmt, bin tief gebeugt, *
den ganzen Tag ging ich trauernd einher.
8 Denn meine Lenden waren voller Brand, *
nichts blieb gesund an meinem Fleisch.
9 Kraftlos bin ich geworden, ganz zerschlagen, *
ich schrie in der Qual meines Herzens.
10 HERR, all mein Sehnen liegt offen vor dir, *
mein Seufzen war dir nicht verborgen.
11 Mein Herz pochte heftig, meine Kraft hat
mich verlassen, *
das Licht meiner Augen, auch sie sind
erloschen.
12 Freunde und Gefährten bleiben mir fern
in meinem Unglück *
und meine Nachbarn blieben mir fern.
13 Die mir nach dem Leben trachten, legten mir
Schlingen; /
die mein Unheil suchen, planten Verderben *
und den ganzen Tag haben sie Arglist im Sinn.
14 Ich bin wie ein Tauber, der nicht hört, *
wie ein Stummer, der den Mund nicht auftut.
15 Ich wurde wie einer, der nicht hören kann, *
aus dessen Mund keine Entgegnung kommt.
16 Doch auf dich, HERR, habe ich geharrt; *
du bist es, der mir antwortet, Herr, du mein Gott.
17 Denn ich sagte: Über mich sollen sie sich
nicht freuen, *
die gegen mich groß tun, wenn meine Füße
straucheln.
18 Ja, ich bin dem Fallen nahe, *
immer ist vor mir mein Schmerz.
19 Ja, ich bekenne meine Schuld, *
ich bin wegen meiner Sünde in Angst.
20 Meine Feinde sind voller Leben und Kraft; *
viele hassen und täuschen mich.
21 Sie vergelten mir Gutes mit Bösem, *
sie sind mir feind; denn ich trachte nach
dem Guten.
22 Verlass mich nicht, HERR, /
mein Gott, bleib mir nicht fern! *
23 Eile mir zu Hilfe, HERR, du mein Heil!

2: 6,2 / **3**: 32,4; Ijob 6,4 / **5**: 40,13; Esra 9,6 / **11**: 31,10 / **12**: 31,12 / **13**: 35,20 / **17**: 13,5; 35,19 / **19**: 32,5; 51,5; 2 Sam 12,13; Ijob 31,33; Spr 28,13; Hos 14,3; Jak 5,16 / **21**: 35,12 / **22–23**: 22,12

DIE NOT DES VERGÄNGLICHEN MENSCHEN

39

1 Für den Chormeister. Von Jedutun.
Ein Psalm Davids.
2 Ich sagte: Ich will auf meine Wege achten, *
damit ich nicht sündige mit meiner Zunge.
Ich lege meinem Mund einen Zaum an, *
solange der Frevler vor mir steht.
3 So blieb ich stumm und still; /
ich schwieg, vom Glück verlassen, *
doch mein Schmerz war aufgerührt.
4 Heiß wurde mir das Herz in der Brust, /
bei meinem Grübeln brennt ein Feuer; *
da redete ich mit meiner Zunge.
5 HERR, lass mich erkennen mein Ende und die
Zahl meiner Tage! *
Ich will erkennen, wie vergänglich ich bin!
6 Siehe: Du machtest meine Tage nur eine
Spanne lang, /
meine Lebenszeit ist vor dir wie ein Nichts. *
Nur als Hauch steht jeder Mensch da. [Sela]
7 Nur wie ein Schattenbild wandelt der Mensch
dahin, /

um ein Nichts macht er Lärm. *
Er rafft zusammen und weiß nicht, wer es einheimst.
8 Und nun, HERR, worauf habe ich gehofft? *
Meine Hoffnung, sie gilt dir!
9 Entreiß mich all meinen Sünden! *
Überlass mich nicht dem Spott des Toren!
10 Ich bin verstummt, ich tue den Mund nicht mehr auf. *
Denn so hast du es gefügt.
11 Nimm deine Plage weg von mir! *
Unter der Wucht deiner Hand bin ich vergangen.
12 Du strafst und züchtigst den Mann wegen seiner Schuld, /
der Motte gleich hast du zerstört, was er begehrt, *
ein Hauch nur ist jeder Mensch. [Sela]
13 Hör mein Gebet, HERR, vernimm mein Schreien, *
schweig nicht zu meinen Tränen!
Denn ich bin ein Gast bei dir, *
ein Beisasse wie alle meine Väter.
14 Blick weg von mir, /
sodass ich heiter blicken kann, *
bevor ich dahinfahre und nicht mehr da bin!

5: 90,12 / **6–7**: 90,9f.; 109,23; 144,4; Ijob 7,6f.; 14,2; Jak 4,14 / **7**: 49,18 / **12**: Ijob 13,28 / **13**: 119,19; Lev 25,23; Hebr 11,13; 1 Petr 2,11 / **14**: Ijob 7,19; 10,21; 14,6

DANK, HINGABE UND GOTTVERTRAUEN

40 1 Für den Chormeister. Ein Psalm Davids.
2 Ich hoffte, ja ich hoffte auf den HERRN. *
Da neigte er sich mir zu und hörte mein Schreien.
3 Er zog mich herauf aus der Grube des Grauens, *
aus Schlamm und Morast.
Er stellte meine Füße auf Fels, *
machte fest meine Schritte.
4 Er gab mir ein neues Lied in den Mund, *
einen Lobgesang auf unseren Gott.
Viele sollen es sehen, sich in Ehrfurcht neigen *
und auf den HERRN vertrauen.
5 Selig der Mann, der auf den HERRN sein Vertrauen setzt, *
der sich nicht zu Aufdringlichen wandte und zu in Lüge Verstrickten.
6 Vieles hast du getan, HERR, du mein Gott: /
deine Wunder und deine Pläne für uns. *
Nichts kommt dir gleich.
Wollte ich von ihnen künden und reden, *
es wären mehr, als man zählen kann.
7 An Schlacht- und Speiseopfern hattest du kein Gefallen, /
doch Ohren hast du mir gegraben, *
Brand- und Sündopfer hast du nicht gefordert.
8 Da habe ich gesagt: Siehe, ich komme. *
In der Buchrolle steht es über mich geschrieben.
9 Deinen Willen zu tun, mein Gott, war mein Gefallen *
und deine Weisung ist in meinem Innern.
10 Gerechtigkeit habe ich in großer Versammlung verkündet, *
meine Lippen verschließe ich nicht; HERR, du weißt es.
11 Deine Gerechtigkeit habe ich nicht in meinem Herzen verborgen. /
Ich habe gesprochen von deinem Heil und deiner Treue, *
nicht verschwiegen deine Huld und deine Treue vor großer Versammlung.
12 Du, HERR, wirst dein Erbarmen nicht vor mir verschließen. *
Deine Huld und deine Treue werden mich immer behüten.
13 Denn Leiden ohne Zahl haben mich umfangen, /
meine Sünden haben mich eingeholt *
und ich vermag nicht mehr aufzusehn.
Zahlreicher sind sie als die Haare auf meinem Kopf *
und der Mut hat mich verlassen.
14 Es gefalle dir, HERR, mir zu helfen! *
HERR, eile mir zu helfen!
15 In Schmach und Schande sollen alle fallen, *
die mir nach dem Leben trachten.
Zurückweichen sollen und vor Scham erröten, *
die sich über mein Unglück freun.
16 Wegen ihrer Schmach sollen erschaudern, *
die zu mir sagen: Ha, dir geschieht recht.
17 Frohlocken sollen und deiner sich freuen, *
alle, die dich suchen.
Die dein Heil lieben, sollen immer sagen: *
Groß ist der HERR.
18 Ich aber bin elend und arm. *
Der Herr wird an mich denken.
Meine Hilfe und mein Retter bist du. *
Mein Gott, säume doch nicht!

3: 69,15f. / **4**: 33,3 / **5**: 1,1; Jer 17,7 / **6**: 139,17f. / **7–9**: Hebr 10,5–7 / **7**: 50,7–15; 51,18f.; 69,31f.; 1 Sam 15,22; Jes 1,11; Jer 6,20; Am 5,22 / **9**: 37,31; Joh 4,34 / **10**: 22,23 / **13**: 38,5 / **14–18**: 70 / **14**: 22,12 / **15**: 35,4 / **16**: 35,21 / **17**: 35,27

39,14 Blick weg von mir: vermuteter Text; verkleb (die Augen) weg von mir: H.

GEBET EINES KRANKEN UND VERLASSENEN

41 1 Für den Chormeister. Ein Psalm
Davids.
2 Selig, wer sich des Geringen annimmt; *
zur Zeit des Unheils wird der HERR ihn retten.
3 Der HERR wird ihn behüten *
und am Leben erhalten.
Man preist ihn glücklich im Land. *
Gib ihn nicht preis seinen gierigen Feinden!
4 Der HERR wird ihn auf dem Krankenbett
stärken; *
sein ganzes Lager hast du in seiner Krankheit
gewendet.
5 Ich sagte: HERR, sei mir gnädig! *
Heile mich, denn ich habe gegen dich gesündigt!
6 Meine Feinde reden über mich böse: *
Wann stirbt er endlich und wann vergeht
sein Name?
7 Besucht mich jemand, so kommen seine
Worte aus falschem Herzen. /
Er häuft für sich Unheil an, *
dann geht er hinaus und redet.
8 Gemeinsam tuscheln über mich alle, die mich
hassen, *
und gegen mich sinnen sie Böses.
9 Verderben hat sich über ihn ergossen; *
wer einmal daliegt, der steht nicht mehr auf.
10 Auch mein Freund, dem ich vertraute, *
der mein Brot aß, hat die Ferse gegen mich
erhoben.
11 Du aber, HERR, sei mir gnädig; *
richte mich auf, damit ich ihnen vergelten
kann!
12 Daran habe ich erkannt, dass du an mir
Gefallen hast: *
wenn mein Feind nicht über mich triumphieren kann.
13 Weil ich aufrichtig bin, hieltest du mich fest *
und stelltest mich vor dein Angesicht für
immer.
14 Gepriesen sei der HERR, der Gott Israels, *
von Ewigkeit zu Ewigkeit.
Amen, ja amen.

2: Spr 14,21; Mt 5,7 / **5**: 6,3 / **6**: 22,7f.; 44,14f.; 71,7; 89,51; 102,9; 109,25; 123,3f. / **10**: 31,12; Obd 7; Joh 13,18 / **14**: Neh 9,5

DAS ZWEITE BUCH

SEHNSUCHT NACH DEM LEBENDIGEN GOTT

42 1 Für den Chormeister. Ein Weisheitslied der Korachiter.
2 Wie der Hirsch lechzt nach frischem
Wasser, *
so lechzt meine Seele, nach dir, Gott.
3 Meine Seele dürstet nach Gott, *
nach dem lebendigen Gott.
Wann darf ich kommen *
und erscheinen vor Gottes Angesicht?
4 Meine Tränen sind mir Brot geworden bei Tag
und bei Nacht; *
man sagt zu mir den ganzen Tag: Wo ist dein
Gott?
5 Ich denke daran und schütte vor mir meine
Seele aus: *
Ich will in einer Schar einherziehn.
Ich will in ihr zum Haus Gottes schreiten, /
im Schall von Jubel und Dank *
in festlich wogender Menge.
6 Was bist du bedrückt, meine Seele, *
und was ächzt du in mir?
Harre auf Gott; /
denn ich werde ihm noch danken *
für die Rettung in seinem Angesicht.
7 Bedrückt ist meine Seele in mir, /
darum gedenke ich deiner im Jordanland, *
am Hermon, am Berg Mizar.
8 Flut ruft der Flut zu beim Tosen deiner
stürzenden Wasser, *
all deine Wellen und Wogen zogen über mich hin.
9 Bei Tag entbietet der HERR seine Huld /
und in der Nacht ist sein Lied bei mir, *
ein Gebet zum Gott meines Lebens.
10 Sagen will ich zu Gott, meinem Fels: /
Warum hast du mich vergessen? *
Warum muss ich trauernd einhergehn, von
meinem Feind unterdrückt?
11 Es trifft mich zu Tode in meinen Gebeinen, /
dass meine Bedränger mich verhöhnen, *
da sie den ganzen Tag zu mir sagen: Wo ist dein
Gott?
12 Was bist du bedrückt, meine Seele, *
und was ächzt du in mir?
Harre auf Gott; /
denn ich werde ihm noch danken, *

der Rettung meines Angesichts und meinem
Gott.
43 1 Verschaff mir Recht, Gott, /
und führe meinen Rechtsstreit gegen
ein treuloses Volk! *
Rette mich vor den bösen und tückischen
Menschen!
2 Denn du bist der Gott meiner Zuflucht. /
Warum hast du mich verstoßen? *
Warum muss ich trauernd umhergehn, vom
Feind unterdrückt?
3 Sende dein Licht und deine Wahrheit; *
sie sollen mich leiten;
sie sollen mich bringen zu deinem heiligen
Berg *
und zu deinen Wohnungen.
4 So will ich kommen zu Gottes Altar, /
zum Gott meiner Freude und meines Jubels. *
Ich will dir danken zur Leier, Gott, du mein
Gott.
5 Was bist du bedrückt, meine Seele, *
und was ächzt du in mir?
Harre auf Gott; /
denn ich werde ihm noch danken, *
der Rettung meines Angesichts und meinem
Gott.

42,2–3: 63,2; 84,3; 143,6 / **3**: 27,4 / **4**: 80,6; 102,10; Ijob 3,24 / **5**: 122,1 / **6**: 62,6 / **8**: 18,5; 32,6; Ijob 22,11; Jona 2,4.6 / **10**: 92,16 / **11**: 42,4; 79,10; 115,2; Joël 2,17; Mi 7,10
43,3: 97,11

ANKLAGE GOTTES ANGESICHTS DER LEIDEN DES GOTTESVOLKES

44 1 Für den Chormeister. Ein Weisheits-
lied der Korachiter.
2 Gott, wir hörten es mit eigenen Ohren, *
unsere Väter haben uns erzählt
von dem Werk, das du in ihren Tagen
vollbracht hast, *
in den Tagen der Vorzeit.
3 Mit eigener Hand hast du Völker vertrieben, *
sie aber pflanztest du ein.
Du hast Nationen zerschlagen, *
sie aber sätest du aus.
4 Denn nicht mit ihrem Schwert nahmen
sie das Land in Besitz *
und nicht ihr Arm hat ihnen Rettung
gebracht;
nein, deine Rechte war es, dein Arm und
das Licht deines Angesichts; *
denn du hattest an ihnen Gefallen.
5 Du bist es, mein König, Gott! *
Gebiete rettende Taten für Jakob!
6 Mit dir stoßen wir unsere Bedränger nieder, *
in deinem Namen zertreten wir, die gegen uns
aufstehn.
7 Denn ich vertraue nicht auf meinen Bogen, *
noch wird mein Schwert mir Rettung bringen;
8 nein, du hast uns vor unseren Bedrängern
gerettet; *
du hast mit Schmach bedeckt, die uns hassen.
9 Wir rühmten uns Gottes den ganzen Tag *
und deinem Namen werden wir ewig danken.
[Sela]
10 Doch nun hast du uns verstoßen und mit
Schmach bedeckt, *
du ziehst nicht mehr aus mit unseren Heeren.
11 Du lässt uns vor unsern Bedrängern fliehen *
und die uns hassen, plünderten uns aus.
12 Du gibst uns preis wie Schlachtvieh *
und unter die Völker hast du uns zerstreut.
13 Du verkaufst dein Volk um ein Spottgeld *
und hattest an dem Erlös keinen Gewinn.
14 Du machst uns zum Hohn unseren Nach-
barn, *
zu Spott und Schimpf denen, die rings um uns
wohnen.
15 Du machst uns zum Sprichwort unter den
Völkern, *
die Nationen schütteln den Kopf.
16 Den ganzen Tag steht meine Schande vor
mir, *
Schmach hat mein Gesicht bedeckt
17 wegen der Stimme des lästernden Spötters, *
wegen der rachgierigen Blicke des Feindes.
18 All das ist über uns gekommen /
und doch hatten wir dich nicht vergessen *
und deinen Bund nicht verraten.
19 Unser Herz wich nicht zurück *
und unser Schritt hat deinen Pfad nicht ver-
lassen.
20 Doch du hast uns zerschlagen am Ort der
Schakale *
und uns mit Finsternis bedeckt.
21 Hätten wir den Namen unseres Gottes
vergessen *
und zu einem fremden Gott unsere Hände
erhoben,
22 würde Gott das nicht erforschen? *
Denn er kennt das im Herzen Verborgene.
23 Ja, um deinetwillen wurden wir den ganzen
Tag getötet, *
wir galten als Schafe, zum Schlachten
bestimmt.
24 Wach auf! Warum schläfst du, Herr? *
Erwache, verstoß nicht für immer!

25 Warum verbirgst du dein Angesicht, *
vergisst unser Elend und unsre Bedrückung?
26 Unsere Seele ist in den Staub gebeugt, *
unser Leib klebt am Boden.
27 Steh auf, uns zur Hilfe! *
In deiner Huld erlöse uns!

2: 78,3; Dtn 4,9; 2 Sam 7,22f. / **3**: 78,55; 80,9 / **4**: Dtn 8,17f.; Jos 24,12 / **5**: 5,3 / **6**: 60,14 / **10**: 60,12 / **11**: Dtn 28,25 / **12**: Dtn 28,64 / **13**: Jes 52,3 / **14**: 79,4; 80,7 / **23**: Röm 8,36 / **24**: 74,1; 83,2 / **25**: 89,47; Ijob 13,24 / **26**: 7,6; 119,25

EIN LIED ZUR HOCHZEIT DES KÖNIGS

45 1 Für den Chormeister. Nach der Weise
Lilien. Ein Weisheitslied der Korachi-
ter. Ein Liebeslied.
2 Mein Herz fließt über von einem guten
Wort. /
Ich trage mein Werk dem König vor. *
Meine Zunge gleicht dem Griffel des flinken
Schreibers.
3 Du bist der Schönste von allen Menschen, /
Anmut ist ausgegossen über deine Lippen; *
darum hat Gott dich für immer gesegnet.
4 Gürte, du Held, dein Schwert um die Hüfte! *
O deine Pracht und Hoheit!
5 In deiner Hoheit habe Erfolg, /
kämpfe für die Wahrheit *
und für die gebeugte Gerechtigkeit!
Furcht gebietende Taten *
soll deine Rechte dich lehren.
6 Deine Pfeile sind scharf, /
unter dir fallen Völker; *
ins Herz getroffen sind die Feinde des Königs.
7 Dein Thron, Gott, steht für immer und
ewig; *
ein gerechtes Zepter ist das Zepter deines
Königtums.
8 Du liebst das Recht und hasst das Unrecht, /
darum hat Gott, dein Gott, dich gesalbt mit
dem Öl der Freude *
wie keinen deiner Gefährten.
9 Von Myrrhe, Aloe und Kassia duften alle
deine Gewänder, *
aus Elfenbeinhallen erfreut dich Saitenspiel.
10 Königstöchter in deinem kostbaren
Schmuck, *
die Gemahlin steht zu deiner Rechten im
Glanz von Ofirgold.
11 Höre, Tochter, sieh her und neige dein Ohr, *
vergiss dein Volk und dein Vaterhaus!
12 Der König verlangt nach deiner Schönheit; *
er ist ja dein Herr, wirf dich vor ihm nieder!
13 Auch die Tochter Tyrus kommt mit Gaben. *
Deinem Angesicht schmeicheln die Reichen
des Volks.
14 Alle Herrlichkeit ist drinnen die Tochter
des Königs, *
golddurchwirkt ist ihr Gewand und reich
gemustert.
15 Sie wird in bunt gestickten Kleidern zum
König geleitet, *
Jungfrauen sind ihr Gefolge, /
ihre Freundinnen werden dir zugeführt.
16 Sie werden geleitet mit Freude und Jubel, *
sie kommen in den Palast des Königs.
17 An die Stelle deiner Väter treten einst deine
Söhne; *
über das ganze Land setzt du sie ein als Fürsten.
18 Ich will deinen Namen in Erinnerung rufen
von Geschlecht zu Geschlecht; *
darum werden die Völker dich preisen auf
immer und ewig.

7–8: Hebr 1,8f. / **11**: Gen 12,1 / **15**: Ez 16,10–13 / **17**: 2 Chr 21,3

GOTT, UNSRE BURG

46 1 Für den Chormeister. Von den Kora-
chitern. Nach der Weise Mädchen. Ein
Lied.
2 Gott ist uns Zuflucht und Stärke, *
als mächtig erfahren, als Helfer in allen Nöten.
3 Darum fürchten wir uns nicht, wenn die Erde
auch wankt, *
wenn Berge stürzen in die Tiefe des Meeres;
4 mögen seine Wasser tosen und schäumen *
und vor seinem Ungestüm Berge erzittern.
[Sela]
5 Eines Stromes Arme erfreuen die Gottes-
stadt, *
des Höchsten heilige Wohnung.
6 Gott ist in ihrer Mitte, sie wird nicht
wanken. *
Gott hilft ihr, wenn der Morgen anbricht.
7 Völker tobten, Reiche wankten; *
seine Stimme erscholl, da muss die Erde
schmelzen.
8 Mit uns ist der HERR der Heerscharen, *
der Gott Jakobs ist unsre Burg. [Sela]
9 Kommt und schaut die Taten des HERRN, *
der Schauder erregt auf der Erde.
10 Er setzt den Kriegen ein Ende *
bis an die Grenzen der Erde.
Den Bogen zerbricht er, /
die Lanze zerschlägt er; *
Streitwagen verbrennt er im Feuer.
11 Lasst ab und erkennt, dass ich Gott bin, *
erhaben über die Völker, erhaben auf Erden!

12 Mit uns ist der HERR der Heerscharen, *
der Gott Jakobs ist unsre Burg. [Sela]
2: 37,39; 61,4 / **3**: 75,4; Ijob 9,5f. / **6**: 90,14; 2 Kön 19,35 / **9**: 66,5 / **10**: 76,4; Jes 2,4; Ez 39,9f. / **11**: 83,19

GOTT, DER KÖNIG ALLER VÖLKER

47 1 Für den Chormeister. Ein Psalm der Korachiter.
2 Ihr Völker alle, klatscht in die Hände; *
jauchzt Gott zu mit lautem Jubel!
3 Denn Furcht gebietend ist der HERR,
der Höchste, *
ein großer König über die ganze Erde.
4 Er unterwerfe uns Völker *
und zwinge Nationen unter unsere Füße.
5 Er erwähle für uns unser Erbland, *
den Stolz Jakobs, den er lieb hat. [Sela]
6 Gott stieg empor unter Jubel, *
der HERR beim Schall der Hörner.
7 Singt unserm Gott, ja singt ihm! *
Singt unserm König, singt ihm!
8 Denn König der ganzen Erde ist Gott. *
Singt ihm ein Weisheitslied!
9 Gott wurde König über die Völker, *
Gott hat sich auf seinen heiligen Thron gesetzt.
10 Versammelt sind die Fürsten der Völker *
als Volk des Gottes Abrahams.
Denn Gott gehören die Schilde der Erde; *
er ist hoch erhaben.
3: 95,3 / **4**: 2,8 / **5**: Dtn 32,9 / **6**: 68,19; 98,6 / **8–9**: 24,7–10 / **9**: Jer 10,7 / **10**: 87,4–6

ZION, DIE STADT GOTTES

48 1 Ein Lied. Ein Psalm. Von den Korachitern.
2 Groß ist der HERR und hoch zu loben *
in der Stadt unseres Gottes.
3 Sein heiliger Berg ragt herrlich empor; *
er ist die Freude der ganzen Erde.
Der Berg Zion liegt weit im Norden; *
er ist die Stadt des großen Königs.
4 Gott ist in ihren Palästen, *
als sichere Burg erwiesen.
5 Denn siehe: Könige traten zusammen, *
gemeinsam rückten sie näher.
6 Sie sahen auf, da erstarrten sie; *
sie waren bestürzt und flohen.
7 Dort packte sie Zittern *
wie Wehen eine Gebärende.
8 Mit Sturm aus dem Osten *
zerbrichst du die Schiffe von Tarschisch.
9 Wie wir es gehört, so haben wir es gesehen /
in der Stadt des HERRN der Heerscharen,
der Stadt unsres Gottes. *
Gott macht sie fest auf ewig. [Sela]
10 Wir haben, Gott, deine Huld bedacht *
inmitten deines Tempels.
11 Wie dein Name, Gott, /
so reicht dein Ruhm bis an die Enden der Erde; *
deine Rechte ist voll von Gerechtigkeit.
12 Der Berg Zion freue sich, *
die Töchter Judas sollen über deine Urteile jubeln.
13 Umkreist den Zion, umschreitet ihn, *
zählt seine Türme!
14 Betrachtet seine Wälle, /
geht in seinen Palästen umher, *
damit ihr einem späteren Geschlecht erzählen könnt:
15 Ja, das ist Gott, unser Gott /
für immer und ewig. *
Über das Sterben hinaus wird er selbst uns leiten.
2: 95,3; 96,4; 145,3 / **3**: 50,2; 78,68f.; Jes 14,13; Klgl 2,15 / **4**: 46,6 / **5**: Ri 5,19 / **7**: Ex 15,14 / **8**: Jes 2,16 / **11**: 113,3; Mal 1,11 / **12**: 97,8 / **13**: 122,3; Jes 26,1 / **14**: 22,31f. / **15**: 102,28

VERGÄNGLICHKEIT DES MENSCHEN UND SEINE AUFNAHME BEI GOTT

49 1 Für den Chormeister. Ein Psalm der Korachiter.
2 Hört dies an, ihr Völker alle, *
vernehmt es, alle Bewohner der Welt,
3 ihr Leute aus dem Volk und vom Adel, *
Reiche und Arme zusammen!
4 Mein Mund spreche weise Worte; *
was mein Herz ersinnt, sei voller Einsicht.
5 Ich wende mein Ohr einem Sprichwort zu, *
ich enthülle mein Rätsel beim Leierspiel.
6 Warum soll ich mich in bösen Tagen fürchten, *
wenn mich die Schuld meiner Tritte umgibt?
7 Sie verlassen sich ganz auf ihren Besitz *
und rühmen sich ihres großen Reichtums.
8 Doch kann keiner einen Bruder auslösen, *
an Gott für ihn ein Sühnegeld zahlen
9 – für ihr Leben ist jeder Kaufpreis zu hoch, *
für immer muss man davon abstehn –,
10 dass man auf ewig weiterlebt *
und niemals das Grab schaut.
11 Denn man sieht: Weise sterben; /
gemeinsam gehen Tor und Narr zugrunde *
und lassen andern ihren Reichtum.

47,7 unserm Gott: G; Gott: H.

12 Sie meinen, ihre Häuser bestehen auf ewig, /
ihre Wohnungen von Geschlecht zu
Geschlecht, *
nannten sie auch Länder nach ihrem Namen.
13 Doch der Mensch bleibt nicht in seiner
Pracht; *
er gleicht dem Vieh, das verstummt.
14 So geht es denen, die auf sich selbst ver-
trauen, *
und nach ihnen denen, die sich in großen
Worten gefallen. [Sela]
15 Sie sind in die Unterwelt gesetzt wie Schafe. /
Es weidet sie der Tod. *
Es herrschten über sie Redliche am Morgen.
Und ihr Fels ist da, *
um die Unterwelt schwinden zu lassen von
seiner Wohnung.
16 Doch Gott wird mich auslösen aus der
Gewalt der Unterwelt, *
ja, er nimmt mich auf. [Sela]
17 Lass dich nicht beirren, wenn einer reich
wird *
und die Herrlichkeit seines Hauses sich mehrt;
18 denn im Tod nimmt er das alles nicht mit, *
seine Herrlichkeit steigt nicht mit ihm hinab.
19 Preist er sich im Leben auch glücklich: *
Man lobt dich, weil du es dir wohl sein lässt,
20 so muss er doch zur Schar seiner Väter
hinab, *
die das Licht nicht mehr erblicken.
21 Der Mensch in Pracht, doch ohne Einsicht, *
er gleicht dem Vieh, das verstummt.

2–3: Spr 8,4 / **5**: 78,2 / **7**: 52,9; Ijob 31,24f.; Jer 9,22 / **8–9**: Spr 11,4; Mt 16,26 / **11**: Koh 2,16; Ps 49,18 / **12**: Koh 12,5 / **13**: Koh 3,19 / **15**: 55,16 / **16**: 9,14; 16,10; 73,24; Hos 13,14; Gen 5,24 / **17–18**: Sir 11,18f. / **18**: 49,11; 39,7; Koh 2,18.21f.; 5,14; 6,2; Sir 11,18; Lk 12,20; 1 Tim 6,7 / **20**: Ijob 10,21f.

DER RECHTE GOTTESDIENST

50 1 Ein Psalm Asafs.
Gott, ja Gott, der HERR, hat gespro-
chen, /
er rief die Erde *
vom Aufgang der Sonne bis zu ihrem Unter-
gang.
2 Vom Zion her, der Krone der Schönheit, *
ging Gott auf in strahlendem Glanz.
3 Unser Gott möge kommen und nicht
schweigen; *
Feuer frisst vor ihm her; um ihn stürmt es
gewaltig.
4 Dem Himmel droben und der Erde ruft
er zu, *
um sein Volk zu richten:
5 Versammelt mir all meine Frommen, *
die den Bund mit mir schließen beim Opfer!
6 Da taten die Himmel seine Gerechtigkeit
kund; *
weil Gott selbst der Richter ist. [Sela]
7 Höre, mein Volk, ich rede. /
Israel, ich bin gegen dich Zeuge, *
Gott, dein Gott bin ich.
8 Nicht wegen deiner Opfer rüge ich dich, *
deine Brandopfer sind mir immer vor Augen.
9 Aus deinem Haus nehme ich keinen Stier
an, *
keine Böcke aus deinen Hürden.
10 Denn mir gehört alles Wild des Waldes, *
das Vieh auf den Bergen zu Tausenden.
11 Ich kenne alle Vögel der Berge, *
was sich regt auf dem Feld, ist mein Eigen.
12 Hätte ich Hunger, ich brauchte es dir nicht
zu sagen, *
denn mein ist der Erdkreis und seine ganze
Fülle.
13 Soll ich denn das Fleisch von Stieren essen *
und das Blut von Böcken trinken?
14 Bring Gott ein Opfer des Dankes *
und erfülle dem Höchsten deine Gelübde!
15 Ruf mich am Tage der Not; *
dann rette ich dich und du wirst mich ehren.
16 Zum Frevler aber spricht Gott: /
Was zählst du meine Gebote auf *
und führst meinen Bund in deinem Mund?
17 Dabei war Zucht dir verhasst, *
meine Worte warfst du hinter dich.
18 Sahst du einen Dieb, hattest du an ihm
Gefallen, *
mit Ehebrechern hattest du Gemeinschaft.
19 Dein Mund redete böse Worte *
und mit Betrug verbindet sich deine Zunge.
20 Du setzt dich hin und redest gegen deinen
Bruder, *
auf den Sohn deiner Mutter häufst du
Verleumdung.
21 Das hast du getan und ich soll schweigen? /
Meinst du, ich bin wie du? *
Ich halte es dir vor Augen und rüge dich.
22 Ihr, die ihr Gott vergesst, begreift es doch! *
Sonst zerreiße ich euch und niemand kann
euch retten.

49,12 sie meinen, wörtlich: ihr Inneres: H; ihre Gräber: G, Vg.
49,15 unsichere Übersetzung des schwierigen Textes.

50,11 Vögel der Berge: H; Vögel des Himmels: G.

23 Wer Opfer des Dankes bringt, ehrt mich; *
wer den rechten Weg beachtet, den lasse ich
das Heil Gottes schauen.

1: Dtn 10,17 / **2**: 48,3 / **3**: 97,3f.; Jes 63,19; Dan 7,10 / **4**: Dtn 32,1; Jes 1,2 / **5**: Ex 24,4–11 / **6**: 19,2; 97,6 / **7–15**: 40,7 / **7**: Ex 20,2 / **12**: 24,1 / **14**: 119,108; 66,13; Hebr 13,15 / **15**: 91,15 / **16**: Röm 2,17–24 / **23**: 50,14; 91,16

BITTE UM VERGEBUNG UND NEUSCHAFFUNG

51 1 Für den Chormeister. Ein Psalm
Davids.
2 Als der Prophet Natan zu ihm kam, nachdem
er zu Batseba gegangen war.
3 Gott, sei mir gnädig nach deiner Huld, *
tilge meine Frevel nach deinem reichen
Erbarmen!
4 Wasch meine Schuld von mir ab *
und mach mich rein von meiner Sünde!
5 Denn ich erkenne meine bösen Taten, *
meine Sünde steht mir immer vor Augen.
6 Gegen dich allein habe ich gesündigt, *
ich habe getan, was böse ist in deinen Augen.
So behältst du recht mit deinem Urteils-
spruch, *
lauter stehst du da als Richter.
7 Siehe, in Schuld bin ich geboren *
und in Sünde hat mich meine Mutter empfan-
gen.
8 Siehe, an Treue im Innersten hast du Gefal-
len, *
im Verborgenen lehrst du mich Weisheit.
9 Entsündige mich mit Ysop, dann werde ich
rein; *
wasche mich und ich werde weißer als Schnee!
10 Lass mich Entzücken und Freude hören! *
Jubeln sollen die Glieder, die du zerschlagen
hast.
11 Verbirg dein Angesicht vor meinen Sünden, *
tilge alle Schuld, mit der ich beladen bin!
12 Erschaffe mir, Gott, ein reines Herz *
und einen festen Geist erneuere in meinem
Innern!
13 Verwirf mich nicht vor deinem Angesicht, *
deinen heiligen Geist nimm nicht von mir!
14 Gib mir wieder die Freude deines Heils, *
rüste mich aus mit dem Geist der Großmut!
15 Ich will die Frevler deine Wege lehren *
und die Sünder kehren um zu dir.
16 Befreie mich von Blutschuld, Gott, du
Gott meines Heils, *
dann wird meine Zunge jubeln über deine
Gerechtigkeit!
17 Herr, öffne meine Lippen, *
damit mein Mund dein Lob verkünde!
18 Schlachtopfer willst du nicht, ich würde sie
geben, *
an Brandopfern hast du kein Gefallen.
19 Schlachtopfer für Gott ist ein zerbrochener
Geist, *
ein zerbrochenes und zerschlagenes Herz
wirst du, Gott, nicht verschmähen.
20 Nach deinem Wohlgefallen tu Gutes an
Zion, *
erbaue wieder die Mauern Jerusalems!
21 An Schlachtopfern der Gerechtigkeit, /
an Brandopfern und an Ganzopfern hast du
Gefallen, *
dann wird man auf deinem Altar Stiere opfern.

2: 2 Sam 12 / **3**: Lk 18,13 / **5**: Jes 59,12 / **6**: Röm 3,4 / **7**: Ijob 14,4; Joh 3,6 / **9**: Num 19,18; Jes 1,18 / **10**: 6,3 / **12**: Ez 36,26f. / **13–14**: Röm 8,9.14–16 / **18**: 40,7 / **19**: 34,19; Jes 57,15; 66,2; Dan 3,39 / **20**: 147,2 / **21**: 4,6

DIE ÜBERHEBLICHKEIT DES BÖSEN – DAS VERTRAUEN DES FROMMEN

52 1 Für den Chormeister. Ein Weisheits-
lied Davids.
2 Als der Edomiter Doëg zu Saul kam und ihm
meldete:
David ist in das Haus des Ahimelech gegan-
gen.
3 Was rühmst du dich der Bosheit, du starker
Held? *
Die Güte Gottes währt den ganzen Tag.
4 Du Ränkeschmied, du planst Verderben; *
deine Zunge gleicht einem scharfen Messer.
5 Du liebst das Böse mehr als das Gute *
und Lüge mehr als gerechtes Reden. [Sela]
6 Du liebst lauter verderbliche Worte, *
du tückische Zunge.
7 Darum wird Gott dich verderben für immer, /
dich packen und herausreißen aus deinem
Zelt, *
dich entwurzeln aus dem Land der Lebenden.
[Sela]
8 Gerechte werden es sehen und sich
fürchten, *
über ihn werden sie lachen:
9 Seht, das ist der Mann, der nicht zu Gott
seine Zuflucht nimmt; /
vielmehr auf seinen großen Reichtum ver-
traute, *
Zuflucht nahm zu seinem verderblichen Tun.
10 Ich aber bin wie ein grünender Ölbaum
im Haus Gottes, *

ich vertraue auf die Güte Gottes immer und ewig.
11 Ich danke dir in Ewigkeit, *
denn du hast es vollbracht.
Ich hoffe auf deinen Namen, denn er ist gut, *
im Kreis deiner Frommen.

2: 1 Sam 22,9f. / **4–6**: 12,3–5 / **4**: 59,8 / **5**: Jer 9,4; Joh 3,19f. / **7**: 27,13; Ijob 18,14 / **8**: 58,11; 91,8; Ijob 22,19 / **9**: 49,7 / **10**: 92,13–16 / **11**: 54,8

DIE TORHEIT DES GOTTESLEUGNERS

53 1 Für den Chormeister. Nach der Weise
Krankheit. Ein Weisheitslied Davids.
2 Der Tor sagt in seinem Herzen: /
Es gibt keinen Gott. *
Sie handeln verderbt und tun abscheuliches
Unrecht, *
da ist keiner, der Gutes tut.
3 Gott blickt vom Himmel herab auf die
Menschen, /
um zu sehen, ob ein Verständiger da ist, *
einer, der Gott sucht.
4 Abtrünnig sind sie alle, alle zusammen
verdorben, /
da ist keiner, der Gutes tut, *
auch nicht ein Einziger.
5 Haben denn die Übeltäter keine Einsicht? /
Sie fressen mein Volk, als äßen sie Brot. *
Gott rufen sie nicht an.
6 Dort trifft sie ein gewaltiger Schrecken, /
ohne dass Erschreckendes da ist, *
denn Gott zerstreut die Knochen deines
Bedrängers. *
Du machst sie zuschanden, denn Gott hat sie
verworfen.
7 Wer bringt vom Zion her Rettung für Israel? /
Wenn Gott das Geschick seines Volkes
wendet, *
jubelt Jakob, freut sich Israel.

1–7: Ps 14

HILFERUF EINES BEDRÄNGTEN

54 1 Für den Chormeister. Mit Saitenspiel.
Ein Weisheitslied Davids.
2 Als die Sifiter kamen und Saul meldeten:
David hält sich bei uns verborgen.
3 Gott, durch deinen Namen rette mich, *
verschaff mir Recht mit deiner Kraft!
4 Gott, höre mein Bittgebet, *
vernimm die Worte meines Mundes!
5 Denn fremde Menschen standen auf gegen
mich, /
Gewalttätige trachteten mir nach dem
Leben, *
sie stellten sich Gott nicht vor Augen. [Sela]
6 Siehe, Gott ist mir Helfer, *
der Herr ist unter denen, die mein Leben stützen.
7 Auf meine Gegner falle das Böse zurück. *
In deiner Treue vernichte sie!
8 Bereitwillig will ich dir opfern, *
will deinem Namen danken, HERR, denn er
ist gut.
9 Denn er hat mich herausgerissen aus all
meiner Not, *
mein Auge schaut herab auf meine Feinde.

2: 1 Sam 23,19; 26,1 / **5**: 86,14 / **6**: 118,7 / **7**: 143,12 / **8**: 52,11 / **9**: 59,11; 91,8; 92,12; 112,8; 118,7

KLAGE UND VERTRAUEN EINES ALLEINGELASSENEN

55 1 Für den Chormeister. Mit Saitenspiel.
Ein Weisheitslied Davids.
2 Vernimm, Gott, mein Bittgebet, *
verbirg dich nicht vor meinem Flehen!
3 Achte auf mich und erhöre mich! *
Klagend irre ich umher und bin verstört
4 wegen des Geschreis des Feindes, *
unter dem Druck des Frevlers.
Denn sie überhäufen mich mit Unheil *
und befehden mich voller Grimm.
5 Mir bebt das Herz in der Brust; *
mich überfielen die Schrecken des Todes.
6 Furcht und Zittern erfassten mich; *
ich schauderte vor Entsetzen.
7 Da dachte ich: Hätte ich doch Flügel wie eine
Taube, *
dann flöge ich davon und käme zur Ruhe.
8 Siehe, weit fort möchte ich fliehen, *
die Nacht verbringen in der Wüste. [Sela]
9 An einen sicheren Ort möchte ich eilen *
vor dem Wetter, vor dem tobenden Sturm.
10 Entzweie sie, Herr, verwirr ihre Sprache! *
Denn in der Stadt habe ich Gewalttat und
Hader gesehen.
11 Auf ihren Mauern umschleicht man sie bei
Tag und bei Nacht, *
sie ist voll Unheil und Mühsal.
12 In ihrer Mitte herrscht Verderben, *
Betrug und Unterdrückung weichen nicht
von ihren Märkten.
13 Denn nicht ein Feind beschimpft mich, *
das könnte ich ertragen;
nicht einer, der mich hasst, tritt groß gegen
mich auf, *
vor ihm könnte ich mich verbergen.

55,4 überhäufen mich mit Unheil, wörtlich: sie lassen Unheil auf mich herabfallen.

14 Nein, du bist es, ein Mensch mir gleich, *
mein Freund und mein Vertrauter.
15 Wir haben unsere Vertrautheit genossen, *
wir gingen im Haus Gottes umher in wogen-
der Menge.
16 Der Tod soll sie überfallen, /
lebend sollen sie hinabfahren ins Totenreich! *
Denn Bosheit ist an ihren Orten, in ihrem
Innern.
17 Ich aber, zu Gott will ich rufen *
und der HERR wird mich retten.
18 Am Abend, am Morgen und am Mittag
seufze ich und stöhne, *
da hat er meine Stimme gehört,
19 er hat mich befreit, mein Leben ist in
Sicherheit /
vor denen, die gegen mich kämpfen. *
Denn unter vielen waren manche für mich!
20 Gott hört und beugt die Feinde nieder, *
er, der thront von Urzeit an. [Sela]
Denn sie ändern sich nicht *
und fürchten Gott nicht.
21 Der Feind legte Hand an seine Getreuen, *
seinen Bund hat er entweiht.
22 Glatt wie Butter waren seine Reden, *
doch in seinem Herzen sann er auf Streit,
linder als Öl waren seine Worte *
und waren doch gezückte Schwerter.
23 Wirf deine Sorge auf den HERRN, /
er wird dich erhalten! *
Niemals lässt er den Gerechten wanken.
24 Du aber, Gott, *
du wirst sie hinabstürzen in die tiefste Grube.
Blutgierige Männer und Betrüger /
erreichen nicht die Mitte ihres Lebens. *
Ich aber setze mein Vertrauen auf dich.

8: Jer 9,1 / **10:** Jer 5,1; 6,6; Zef 3,1 / **13–14:** 31,12 / **14:** Jer 9,3.7; Mt 26,21–24 / **16:** 49,15; Num 16,33; Jes 5,14 / **20:** 93,2 / **22:** 57,5; 62,5; 64,4 / **23:** 37,5; 1 Petr 5,7 / **24:** 102,25

VERTRAUENSBEKENNTNIS EINES ANGEFEINDETEN

56 1 Für den Chormeister. Nach der
Weise Stumme Taube der Ferne.
Ein Miktam-Lied Davids. Als die Philister
ihn in Gat ergriffen.
2 Sei mir gnädig, Gott, denn Menschen stellten
mir nach, *
Tag für Tag bedrängen mich meine Feinde.
3 Den ganzen Tag stellten meine Gegner mir
nach, *
ja, es sind viele, die mich voll Hochmut
bekämpften.
4 An dem Tag, da ich mich fürchte, *
setzte ich auf dich mein Vertrauen.
5 Auf Gott, dessen Wort ich lobe, /
auf Gott vertraue ich, ich fürchte mich nicht. *
Was kann ein Fleisch mir antun?
6 Tag für Tag verdrehen sie meine Worte, *
auf mein Verderben geht ihr ganzes Sinnen.
7 Sie lauern und spähen, sie beobachten meine
Schritte, *
denn sie trachteten mir nach dem Leben.
8 Wegen des Unrechts sollen sie Rettung
erfahren? *
Im Zorn, Gott, wirf nieder die Völker!
9 Die Wege meines Elends hast du gezählt. /
In deinem Schlauch sammle meine Tränen! *
Steht nicht alles in deinem Buche?
10 Dann weichen die Feinde zurück, am Tag,
da ich rufe. *
Ich habe erkannt: Mir steht Gott zur Seite.
11 Auf Gott, dessen Wort ich lobe, *
auf den HERRN, dessen Wort ich lobe,
12 auf Gott setzte ich mein Vertrauen,
ich fürchte mich nicht. *
Was kann ein Mensch mir antun?
13 Ich schulde dir, Gott, was ich gelobte, *
Dankopfer will ich dir weihen.
14 Ja, du hast mein Leben dem Tod entrissen. /
Hast du nicht meine Füße vor dem Straucheln
bewahrt? *
So gehe ich meinen Weg vor Gott, /
im Licht des Lebens.

1: 1 Sam 21,11f. / **5:** 27,1; 118,6; Jes 51,12; Mt 10,28; Röm 8,31 / **9:** 2 Kön 20,5 / **10:** 124,1f.; Röm 8,31 / **13:** 66,13 / **14:** 9,14; 116,8f.; Ijob 33,30

GEBORGENHEIT IM SCHUTZE GOTTES

57 1 Für den Chormeister. Nach der Weise
Verdirb nicht! Von David. Ein Miktam-
Lied. Als er vor Saul floh. In der Höhle.
2 Sei mir gnädig, Gott, sei mir gnädig, *
denn ich habe mich bei dir geborgen,
im Schatten deiner Flügel will ich mich
bergen, *
bis das Unheil vorübergeht.
3 Ich rufe zu Gott, dem Höchsten, *
zu Gott, der mir beisteht.
4 Er sende vom Himmel und rette mich, /
es höhnte, der mir nachstellt. [Sela] *
Gott sende seine Huld und seine Treue.

56,3 voll Hochmut, andere Übersetzungsmöglichkeit: Allerhöchster.

56,6 verdrehen, wörtlich: kränken.

5 Ich muss mitten unter Löwen lagern, *
die gierig auf Menschen sind.
Ihre Zähne sind Spieße und Pfeile, *
ein scharfes Schwert ihre Zunge.
6 Erhebe dich über den Himmel, Gott! *
Deine Herrlichkeit sei über der ganzen Erde!
7 Sie haben meinen Schritten ein Netz gelegt, *
gebeugt meine Seele,
sie haben mir eine Grube gegraben, *
doch fielen sie selbst hinein. [Sela]
8 Mein Herz ist bereit, Gott, /
mein Herz ist bereit, *
ich will singen und spielen.
9 Wach auf, meine Herrlichkeit! /
Wacht auf, Harfe und Leier! *
Ich will das Morgenrot wecken.
10 Ich will dich preisen, Herr, unter den
Völkern, *
dir vor den Nationen spielen.
11 Denn deine Liebe reicht, so weit der Himmel
ist, *
deine Treue, so weit die Wolken ziehn.
12 Erhebe dich über den Himmel, Gott! *
Deine Herrlichkeit sei über der ganzen Erde!

1: 1 Sam 22,1; 24,4 / **2**: 17,7f. / **5**: 17,12; 55,22; 59,8 / **7**: 140,6; 7,16 / **8–12**: 108,2–6 / **8**: 7,18 / **9**: Ijob 38,12 / **10**: 7,18; 108,4 / **11**: 36,6

GOTT, DER GERECHTE RICHTER ÜBER DIE FEINDE

58 1 Für den Chormeister. Nach der Weise
Verdirb nicht! Ein Miktam-Lied
Davids.
2 Bringt ihr wirklich in euren Reden das Recht
zum Verstummen? *
Richtet ihr die Menschen in Geradheit?
3 Sogar im Herzen begeht ihr Unrecht. *
Auf Erden bahnt ihr der Gewalttat eurer
Hände den Weg.
4 Vom Mutterschoß an sind die Frevler
treulos, *
vom Mutterleib an irren die Lügner ab.
5 Ihr Gift ist wie das Gift der Schlange, *
wie das Gift der tauben Natter, die ihr Ohr
verschließt,
6 damit sie nicht auf die Stimme des Beschwö-
rers hört, *
der sich auf Zaubersprüche versteht.
7 Gott, zerbrich ihnen die Zähne im Mund! *
HERR, zerschlage das Gebiss der Löwen!
8 Sie sollen vergehen wie verrinnendes
Wasser; *
er legt seine Pfeile auf, sie sind wie kraftlos,
9 wie die Schnecke, die sich auflöst in
Schleim; *
wie eine Fehlgeburt sollen sie die Sonne nicht
schauen.
10 Ehe eure Töpfe das Feuer des Dornstrauchs
spüren, *
wie ein Lebendiger, wie ein Zorniger fege er
ihn hinweg.
11 Wenn er die Vergeltung sieht, freut sich
der Gerechte; *
er badet seine Füße im Blut des Frevlers.
12 Dann sagen die Menschen: /
Der Gerechte erhält seinen Lohn; *
es gibt einen Gott, der auf Erden Gericht hält.

3: Mi 2,1 / **5**: 140,4; Dtn 32,33 / **7**: 3,8; 17,12 / **8**: Ijob 11,16; Weish 16,29; Ps 90,5f. / **9**: Ijob 3,16 / **10**: Ijob 27,21; Nah 1,10 / **11**: 52,8; 68,24 / **12**: Ijob 19,29; Mal 3,18

GOTT ALS SCHUTZBURG DER VERFOLGTEN

59 1 Für den Chormeister. Nach der
Weise Verdirb nicht! Ein Miktam-
Lied Davids. Als Saul hinschickte und man
das Haus bewachte, um ihn zu töten.
2 Entreiß mich meinen Feinden, mein Gott, *
beschütze mich vor meinen Gegnern!
3 Entreiß mich denen, die Unrecht tun, *
vor blutgierigen Männern rette mich!
4 Denn siehe: Sie lauerten mir auf, /
Mächtige greifen mich an. *
An mir, HERR, ist kein Frevel und keine
Sünde.
5 Ich bin ohne Schuld. /
Sie aber stürmen vor und stellen sich auf. *
Wach auf, komm mir entgegen und sieh doch!
6 HERR, du Gott der Heerscharen, Gott Israels, /
wach auf, such heim alle Völker, *
sei keinem gnädig, der treulos Unrecht tut!
[Sela]
7 Am Abend kommen sie wieder, *
sie kläffen wie Hunde, umkreisen die Stadt.
8 Siehe, sie geifern mit ihrem Maul, /
Schwerter sind auf ihren Lippen: *
Wer wird es schon hören?
9 Du aber, HERR, lachst über sie, *
du spottest über alle Völker.
10 Meine Stärke, an dich will ich mich halten, *
denn Gott ist meine schützende Burg.
11 Mein huldreicher Gott kommt mir ent-
gegen; *
Gott lässt mich herabsehen auf meine Gegner.

57,7 (sie haben) gebeugt meine Seele: G; er hat gebeugt meine Seele: H.

12 Töte sie nicht, damit mein Volk nicht
vergisst. /
In deiner Macht zerstreue sie, *
wirf sie nieder, HERR, du unser Schild!
13 Sünde ist in ihrem Mund jedes Wort ihrer
Lippen, /
sie sollen sich in ihrem Hochmut verfangen *
wegen des Fluchs und der Lüge, die sie reden.
14 Vernichte sie im Zorn, vernichte *
und sie sind nicht mehr da!
Sie sollen erkennen, dass Gott in Jakob
Herrscher ist *
und bis an die Enden der Erde. [Sela]
15 Am Abend kommen sie wieder, *
sie kläffen wie Hunde, umkreisen die Stadt,
16 sie streunen umher, gierig nach Fraß, *
werden sie nicht satt, dann knurren sie.
17 Ich aber will deine Stärke besingen, *
über deine Huld jubeln am Morgen,
denn du wurdest mir zur schützenden Burg, *
eine Zuflucht am Tag meiner Bedrängnis.
18 Meine Stärke, dir will ich singen und
spielen, /
denn Gott ist meine schützende Burg, *
er, mein huldreicher Gott.

1: 1 Sam 19,11 / **4–5**: 26,1 / **8**: 52,4; 55,22 / **9**: 2,4; 37,13; Weish 4,18 / **10**: 9,10f. / **11**: 54,9 / **13**: Spr 12,13; 18,7 / **14**: 83,19 / **17**: 90,14

BITTGEBET DES VON GOTT VERSTOSSENEN VOLKES

60 1 Für den Chormeister. Nach der
Weise Lotusblüte. Ein Zeugnis.
Ein Miktam-Lied. Von David. Zum Lehren.
2 Als er mit Aram Naharajim und Aram Zoba
Krieg führte und als Joab zurückkehrte und
Edom im Salztal schlug, zwölftausend Mann.
3 Gott, du hast uns verstoßen, du hast eine
Bresche in uns geschlagen, *
du hast uns gezürnt – wende dich uns wieder
zu!
4 Erschüttert hast du das Land und gespalten. *
Heile seine Risse! Denn es kam ins Wanken.
5 Hartes ließest du schauen dein Volk, *
du hast uns getränkt mit betäubendem Wein.
6 Denen, die dich fürchten, hast du ein
Zeichen aufgestellt, *
zu dem sie fliehen können vor dem Bogen.
[Sela]
7 Damit befreit werden, die dir lieb sind, *
rette mit deiner Rechten und gib uns Antwort!
8 Gott hat in seinem Heiligtum gesprochen: /
Ich will triumphieren, will Sichem verteilen *
und das Tal von Sukkot vermessen.
9 Mein ist Gilead, mein Manasse, /
Efraim der Helm meines Hauptes, *
Juda mein Herrscherstab.
10 Mein Waschbecken ist Moab, /
meinen Schuh werf ich auf Edom, *
Philisterland, juble mir zu!
11 Wer führt mich hin zu der befestigten
Stadt, *
wer wird mich nach Edom geleiten?
12 Bist nicht du es, Gott, der du uns verstoßen
hast *
und nicht ausziehst, Gott, mit unseren
Heeren?
13 Bring uns doch Hilfe gegen den Feind, *
denn die Rettung durch Menschen ist nichtig!
14 Mit Gott werden wir Machtvolles tun. *
Er selbst wird unsere Feinde zertreten.

2: 2 Sam 8,3.13 / **5**: 75,9; Jes 51,17 / **7–14**: 108,7–14 / **9**: Gen 49,10 / **10**: Jes 11,14 / **12**: 44,10 / **14**: 44,6

FÜRBITTE FÜR DEN KÖNIG

61 1 Für den Chormeister. Zum Saitenspiel.
Von David.
2 Höre doch, Gott, meinen Schrei, *
achte doch auf mein Bittgebet!
3 Vom Ende der Erde rufe ich zu dir; /
denn mein Herz ist verzagt. *
Führe mich auf den Felsen, der mir zu hoch ist!
4 Denn du bist meine Zuflucht, *
ein fester Turm gegen die Feinde.
5 In deinem Zelt möchte ich Gast sein auf
ewig, *
mich bergen im Schutz deiner Flügel. [Sela]
6 Denn du, Gott, hast meine Gelübde gehört /
und denen das Erbe gegeben, *
die deinen Namen fürchten.
7 Füge den Tagen des Königs noch viele
hinzu! *
Seine Jahre mögen dauern von Geschlecht
zu Geschlecht.
8 Er throne ewig vor Gottes Angesicht. *
Huld und Treue mögen ihn behüten.
9 Dann will ich allzeit deinem Namen singen
und spielen *
und Tag für Tag meine Gelübde erfüllen.

3: 27,4f. / **4**: 71,3; Spr 18,10 / **5**: 17,7f. / **7**: 21,5; 72,5 / **8**: 89,5.30.34.37 / **9**: 7,18; 66,13

60,6 dem Bogen: G; der Wahrheit: H.

61,8 Huld und Treue mögen ihn behüten, vermuteter Text; Huld und Treue gebiete, sie mögen ihn behüten: H.

VERTRAUEN AUF GOTTES MACHT UND HULD

62 1 Für den Chormeister. Nach Jedutun.
Ein Psalm Davids.
2 Bei Gott allein wird ruhig meine Seele, *
von ihm kommt mir Rettung.
3 Er allein ist mein Fels und meine Rettung, *
meine Burg, ich werde niemals wanken.
4 Wie lange stürmt ihr heran gegen einen
Einzelnen, /
ihr alle, um ihn zu morden, *
wie gegen eine Wand, die sich neigt, eine
Mauer, die einstürzt?
5 Ja, sie planen, ihn von seiner Höhe zu
stürzen; *
Lügen ist ihre Lust.
Mit dem Mund segnen sie, *
in ihrem Inneren aber verfluchen sie. [Sela]
6 Bei Gott allein werde ruhig meine Seele, *
denn von ihm kommt meine Hoffnung.
7 Er allein ist mein Fels und meine Rettung, *
meine Burg, ich werde nicht wanken.
8 Bei Gott ist meine Rettung und meine Ehre, *
mein starker Fels, in Gott ist meine Zuflucht.
9 Vertraut ihm, Volk, zu jeder Zeit! /
Schüttet euer Herz vor ihm aus! *
Denn Gott ist unsere Zuflucht. [Sela]
10 Nur Windhauch sind die Menschen, *
nur Trug die Menschenkinder.
Sie schnellen empor auf der Waage, *
leichter als Windhauch sind sie alle.
11 Vertraut nicht auf Unterdrückung, *
verlasst euch nicht auf Raub!
Wenn der Reichtum wächst, *
verliert nicht euer Herz an ihn!
12 Eines hat Gott gesprochen, *
zweierlei hab ich gehört:
Ja, die Macht ist bei Gott *
13 und bei dir, mein Herr, ist die Huld.
Denn du wirst vergelten *
einem jeden nach seinem Tun.

2: 37,7; Jes 30,15 / **5:** 28,3 / **6:** 42,6; Mi 7,7 / **8:** 3,4; 92,16 / **9:** Jes 26,4 / **10:** 39,6f.; Jes 40,15 / **11:** Mt 19,22; Lk 12,15–21; 1 Tim 6,17 / **12:** Ijob 40,5 / **13:** 28,4; 31,24; 2 Tim 4,14

SEHNSUCHT NACH GOTT

63 1 Ein Psalm Davids. Als er in der
Wüste Juda war.
2 Gott, mein Gott bist du, dich suche ich, *
es dürstet nach dir meine Seele.
Nach dir schmachtet mein Fleisch *
wie dürres, lechzendes Land ohne Wasser.
3 Darum halte ich Ausschau nach dir im
Heiligtum, *
zu sehen deine Macht und Herrlichkeit.
4 Denn deine Huld ist besser als das Leben. *
Meine Lippen werden dich rühmen.
5 So preise ich dich in meinem Leben, *
in deinem Namen erhebe ich meine Hände.
6 Wie an Fett und Mark wird satt meine Seele, *
mein Mund lobt dich mit jubelnden Lippen.
7 Ich gedenke deiner auf meinem Lager *
und sinne über dich nach, wenn ich wache.
8 Ja, du wurdest meine Hilfe, *
ich juble im Schatten deiner Flügel.
9 Meine Seele hängt an dir, *
fest hält mich deine Rechte.
10 Die mir nach dem Leben trachten, um mich
zu vernichten, *
sie müssen hinabfahren in die Tiefen der Erde.
11 Man gibt sie preis der Gewalt des Schwerts, *
sie werden den Schakalen zur Beute.
12 Der König aber freue sich an Gott! /
Wer bei ihm schwört, darf sich rühmen. *
Doch allen Lügnern wird der Mund verschlossen.

1: 1 Sam 23,14 / **2:** 42,2f. / **3:** 26,8 / **6:** 23,5; 43,4 / **7:** 119,148; Jes 26,9 / **8:** 17,7f. / **12:** 21,2; 107,42

BITTE DES GERECHTEN UM SCHUTZ VOR DEN FEINDEN

64 1 Für den Chormeister. Ein Psalm
Davids.
2 Höre, Gott, mein lautes Klagen, *
schütze mein Leben vor dem Schrecken
des Feindes!
3 Verbirg mich vor der Schar der Bösen, *
vor dem Toben derer, die Unrecht tun!
4 Sie schärfen ihre Zunge wie ein Schwert, *
schießen giftige Worte wie Pfeile,
5 um einen Untadeligen von ihrem Versteck
aus zu treffen. *
Sie schießen auf ihn, plötzlich und ohne
Scheu.
6 Sie sind fest entschlossen zum Bösen. /
Sie reden davon, Fallen zu stellen, *
sie sagten: Wer kann uns sehen?
7 Sie planen Bosheit: Wir haben es erreicht! /
Der Plan ist gut geplant! *
Das Innere eines Menschen und sein Herz –
sie sind ein Abgrund!
8 Da trifft sie Gott mit Pfeilen, *
sie werden jählings verwundet.

64,3 Toben, andere Übersetzungsmöglichkeit: Verschwörung.
64,6 uns, vermuteter Text: sie: H.

9 Ihre eigene Zunge bringt sie zu Fall. *
Alle, die es sehen, schütteln den Kopf.
10 Da fürchteten sich alle Menschen, /
sie verkündeten Gottes Taten, *
sie verstanden sein Wirken.
11 Der Gerechte freut sich am HERRN /
und hat sich bei ihm geborgen. *
Alle, die redlichen Herzens sind, werden
sich rühmen.

4: 55,22 / **5**: 11,2 / **6**: Spr 1,11f.; Ps 10,11

LOBPREIS AUF DEN RETTER UND SCHÖPFER

65 1 Für den Chormeister. Ein Psalm
Davids. Ein Lied.
2 Dir ist Schweigen Lobgesang, Gott, auf dem
Zion, *
dir erfüllt man Gelübde.
3 Du erhörst das Bittgebet. *
Alles Fleisch wird zu dir kommen.
4 Sündenlasten, die mir zu schwer sind, *
unsere Frevel, nur du kannst sie sühnen.
5 Selig, den du erwählst und in deine Nähe
holst, *
in deinen Höfen darf er wohnen.
Wir wollen uns sättigen am Gut deines
Hauses, *
am heiligen Gut deines Tempels.
6 Furcht gebietende Taten vollbringst du und
gibst uns Antwort in Gerechtigkeit, *
du Gott unsrer Rettung,
du Zuversicht aller Enden der Erde *
und der fernsten Gestade.
7 Du gründest die Berge in deiner Kraft, *
du gürtest dich mit Stärke.
8 Du stillst das Brausen der Meere, *
das Brausen ihrer Wogen, das Tosen der
Völker.
9 Alle, die an den Enden der Erde wohnen, /
erschauern vor deinen Zeichen; *
das Kommen des Morgens und des Abends
erfüllst du mit Jubel.
10 Du hast für das Land gesorgt, es getränkt, *
es überschüttet mit Reichtum.
Der Bach Gottes ist voller Wasser, /
gedeihen lässt du ihnen das Korn, *
so lässt du das Land gedeihen.
11 Du hast seine Furchen getränkt, seine
Schollen geebnet, *
du machst es weich durch Regen, segnest
seine Gewächse.
12 Du hast das Jahr mit deiner Güte gekrönt, *
von Fett triefen deine Spuren.
13 In der Steppe prangen Auen, *
es gürten sich die Höhen mit Jubel.
14 Die Weiden bekleiden sich mit Herden, /
es hüllen sich die Täler in Korn. *
Sie jauchzen, ja, sie singen.

4: 32,1 / **5**: 23,6; 36,9 / **8**: 89,10; Ijob 38,11; Jes 17,12 / **10–11**: 104,10–15; Joël 2,22–24 / **13**: 96,12

DANK FÜR GOTTES RETTUNGSTATEN

66 1 Für den Chormeister. Ein Lied.
Ein Psalm.
Jauchzt Gott zu, alle Länder der Erde! /
2 Spielt zur Ehre seines Namens! *
Verherrlicht ihn mit Lobpreis!
3 Sagt zu Gott: Wie Ehrfurcht gebietend sind
deine Taten; *
vor deiner gewaltigen Macht müssen die
Feinde sich beugen.
4 Alle Welt bete dich an und singe dein Lob, *
sie lobsinge deinem Namen! [Sela]
5 Kommt und seht die Taten Gottes! *
Ehrfurcht gebietend ist sein Tun an den
Menschen:
6 Er verwandelte das Meer in trockenes Land, /
sie schreiten zu Fuß durch den Strom; *
dort wollen wir uns über ihn freuen.
7 In seiner Kraft ist er Herrscher auf ewig; /
seine Augen prüfen die Völker. *
Die Aufsässigen können sich gegen ihn nicht
erheben. [Sela]
8 Preist unseren Gott, ihr Völker, *
lasst laut sein Lob erschallen!
9 Er erhielt uns am Leben *
und ließ unseren Fuß nicht wanken.
10 Ja, du hast, Gott, uns geprüft *
und uns geläutert, wie man Silber läutert.
11 Du brachtest uns in schwere Bedrängnis *
und legtest uns eine drückende Last auf die
Schulter.
12 Du ließest Menschen über unsere Köpfe
schreiten. /
Wir gingen durch Feuer und Wasser, *
doch du hast uns herausgeführt, hin zur Fülle.
13 Ich komme mit Brandopfern in dein Haus, *
ich erfülle dir meine Gelübde,
14 die meine Lippen versprachen *
und mein Mund in meiner Not gelobte.

64,9 ihre eigene Zunge bringt sie zu Fall: vermuteter Text; sie brachten ihn zu Fall. Gegen sie ist ihre Zunge: H.

65,6 fernste Gestade, vermuteter Text; das Meer der Fernen: H.

66,11 auf die Schulter, wörtlich: um unsere Hüften.

66,12 hin zur Fülle: H, in die Freiheit: G.

15 Fette Schafe bringe ich dir als Brandopfer
dar, /
zusammen mit dem Rauch von Widdern, *
ich bereite dir Rinder und Böcke. [Sela]
16 Alle, die ihr Gott fürchtet, kommt und
hört; *
ich will euch erzählen, was er mir Gutes
getan hat.
17 Mit meinem Mund habe ich zu ihm gerufen, *
da lag das Rühmen mir schon auf der Zunge.
18 Hätte ich Böses im Sinn gehabt, *
dann hätte der Herr mich nicht erhört.
19 Gott aber hat gehört, *
auf mein drängendes Bittgebet geachtet.
20 Gepriesen sei Gott; /
denn er hat mein Bittgebet nicht unter-
bunden *
und mir seine Huld nicht entzogen.

1: 98,4; 100,1 / **5**: 46,9 / **6**: Ex 14,21f.; Jos 3,16f. / **9**: 121,3 / **10**: Jes 48,10; Spr 17,3 / **12**: Jes 43,2 / **13–14**: 22,26; 50,14; 61,9; Jona 2,10 / **18–19**: Spr 28,9; Joh 9,31

GOTTES SEGEN ÜBER ALLE WELT

67 1 Für den Chormeister. Mit Saitenspiel.
Ein Psalm. Ein Lied.
2 Gott sei uns gnädig und segne uns. *
Er lasse sein Angesicht über uns leuchten,
[Sela]
3 damit man auf Erden deinen Weg erkenne, *
deine Rettung unter allen Völkern.
4 Die Völker sollen dir danken, Gott, *
danken sollen dir die Völker alle.
5 Die Nationen sollen sich freuen und jubeln, /
denn du richtest die Völker nach Recht *
und leitest die Nationen auf Erden. [Sela]
6 Die Völker sollen dir danken, Gott, *
danken sollen dir die Völker alle.
7 Die Erde gab ihren Ertrag. *
Gott, unser Gott, er segne uns!
8 Es segne uns Gott! *
Fürchten sollen ihn alle Enden der Erde.

2: 4,7 / **5**: 98,9 / **7**: 85,13

GOTTES SIEGESZUG VOM SINAI ZUM TEMPEL

68 1 Für den Chormeister. Ein Psalm
Davids. Ein Lied.
2 Gott steht auf, seine Feinde zerstieben;
die ihn hassen, fliehen vor seinem Angesicht.
3 Wie Rauch verweht, wehst du sie weg. /
Wie Wachs am Feuer zerfließt, *
so vergehen die Frevler vor Gottes Angesicht.
4 Die Gerechten aber freuen sich, *
sie jubeln vor Gott und jauchzen in Freude.
5 Singt für Gott, spielt seinem Namen! /
Erhebt ihn, der durch die Steppen einherfährt:
HERR ist sein Name, *
und jubelt vor seinem Angesicht!
6 Ein Vater der Waisen, ein Anwalt der
Witwen *
ist Gott in seiner heiligen Wohnung.
7 Gott bringt Verlassene heim, /
führt Gefangene hinaus in das Glück; *
doch Aufsässige müssen wohnen im dürren
Land.
8 Gott, als du deinem Volk voranzogst, *
als du die Wüste durchschrittest, [Sela]
9 da bebte die Erde, *
da ergossen sich die Himmel
vor Gott, dem vom Sinai, *
vor Gott, dem Gott Israels.
10 Gott, du ließest Regen strömen in Fülle *
über dein verschmachtendes Erbland, das du
selbst gegründet.
11 Dein Geschöpf fand dort Wohnung; *
Gott, in deiner Güte versorgst du den Armen.
12 Der Herr entsendet ein Wort; *
groß ist der Siegesbotinnen Schar.
13 Die Könige der Heere fliehen, sie fliehen. *
Die Schöne des Hauses darf die Beute verteilen.
14 Bleibt ihr zurück zwischen den Hürden? /
Die Flügel der Taube sind überzogen mit
Silber, *
ihre Schwingen mit gelbgrünem Feingold.
15 Als der Allmächtige Könige dort zerstreute, *
fiel Schnee auf dem Zalmon.
16 Berg Gottes, Berg von Baschan, *
Berg mit Gipfeln, Berg von Baschan:
17 Warum blickt ihr voll Neid, ihr hohen
Gipfel, /
auf den Berg, den Gott sich zum Wohnsitz
erwählt hat? *
Dort wird der HERR wohnen in Ewigkeit.
18 Die Wagen Gottes sind zahllos, tausendmal
tausend. *
Mit ihnen zieht der Herr vom Sinai zum
Heiligtum.
19 Hinaufgestiegen bist du zur Höhe, *
hast Gefangene mitgeführt,
hast Gaben genommen von Menschen – auch
von Aufsässigen –, *
HERR, Gott, um dort zu wohnen.

66,15 bereite dir: G, bereite: H.
66,17 lag das Rühmen mir schon auf der Zunge, wörtlich: Rühmen war unter meiner Zunge.

20 Gepriesen sei der Herr, Tag für Tag! *
Gott trägt uns, er ist unsere Rettung. [Sela]
21 Gott ist für uns ein Gott, der Rettung bringt,*
und GOTT, der Herr, führt heraus aus dem
Tode.
22 Ja, Gott zerschmettert das Haupt seiner
Feinde, *
den Scheitel dessen, der in Sünde dahinlebt.
23 Der Herr hat gesprochen: Ich bringe vom
Baschan zurück, *
ich bringe zurück aus den Tiefen des Meeres.
24 Dein Fuß wird baden im Blut, *
die Zunge deiner Hunde ihren Anteil bekom-
men an den Feinden.
25 Gott, sie sahen deinen Einzug, *
den Einzug meines Gottes und Königs ins
Heiligtum:
26 voraus die Sänger, die Saitenspieler
danach, *
dazwischen Mädchen mit kleinen Pauken.
27 Versammelt euch und preist Gott, *
den HERRN, von Israels Quelle her!
28 Dort Benjamin, der Jüngste, der sie
anführt, /
die Fürsten von Juda in ihrer Vollmacht, *
die Fürsten von Sebulon, die Fürsten von
Naftali.
29 Aufgeboten hat dein Gott deine Macht. *
Bekräftige, Gott, was du für uns getan hast,
30 von deinem Tempel aus, hoch über
Jerusalem, *
wo dir Könige Tribut entrichten.
31 Drohe dem Untier im Schilf, *
der Rotte der Stiere unter den Kälbern der
Völker!
Tritt sie nieder, die nach Silber gieren! *
Zerstreue die Völker, denen Schlachten
gefallen!
32 Aus Ägypten kommen kostbare Stoffe; *
Kusch hebt eilends zu Gott seine Hände.
33 Ihr Königreiche der Erde, singet für Gott, *
singt und spielt für den Herrn, [Sela]
34 der dahinfährt über den Himmel, den
uralten Himmel, *
der seine Stimme erhebt, seine machtvolle
Stimme!
35 Gebt Gott die Macht! /
Über Israel ragt seine Hoheit, *
seine Macht ragt bis zu den Wolken.
36 Furcht gebietend bist du, Gott, von deinem
Heiligtum aus, /
er ist der Gott Israels, der dem Volke Macht
und Stärke gibt. *
Gott sei gepriesen!

2: Num 10,35; Jes 33,3 / **3**: 92,10 / **5**: 7,18; 18,11; Dtn 33,26; Jes 19,1 / **6**: 10,18 / **7**: 146,7 / **8**: Ex 13,21; Dtn 33,2 / **9**: 18,8; Jes 63,19; Hab 3,6 / **12**: Jes 52,7 / **14**: Ri 5,16.23 / **15**: Ri 9,48 / **17**: 132,13; Ez 43,7 / **18**: 2 Kön 6,17 / **19**: 47,6; Eph 4,8–10 / **20**: 145,2; Jes 46,3f.; 63,9 / **21**: 9,14 / **24**: 58,11; 1 Kön 21,19; 22,38 / **25**: 24,7; 2 Sam 6,13–15 / **26**: 149,3; 2 Sam 6,5 / **28**: Ri 20,43–48; Jes 8,23 / **29**: 80,3 / **31**: Ez 29,2f. / **32**: 72,10; Jes 18,7; 45,14; Apg 8,27 / **33**: 7,18

HILFERUF EINES LEIDENDEN UND ARMEN

69 1 Für den Chormeister. Nach der Weise
Lotusblüten. Von David.
2 Rette mich, Gott, *
denn das Wasser geht mir bis an die Kehle!
3 Ich bin versunken im Schlamm des
Abgrunds *
und habe keinen Halt mehr.
In Wassertiefen bin ich geraten, *
die Flut reißt mich fort.
4 Ich bin erschöpft von meinem Rufen, *
es brennt meine Kehle.
Mir versagen die Augen, *
während ich warte auf meinen Gott.
5 Zahlreicher als auf meinem Kopf die Haare *
sind die, die mich grundlos hassen.
Mächtig sind, die mich verderben, /
meine verlogenen Feinde. *
Was ich nicht geraubt,
das soll ich erstatten.
6 Du, Gott, kennst meine Torheit, *
meine Verfehlungen sind dir nicht verborgen.
7 Nicht sollen zuschanden werden durch
mich, *
die auf dich hoffen, Herr, GOTT der Heer-
scharen,
nicht sollen durch mich beschämt werden, *
die dich suchen, du Gott Israels.
8 Denn deinetwegen erleide ich Hohn *
und Schande bedeckt mein Angesicht.
9 Entfremdet bin ich meinen Brüdern, *
den Söhnen meiner Mutter wurde ich fremd.
10 Denn der Eifer für dein Haus hat mich
verzehrt, *
die Verhöhnungen derer, die dich verhöhnen,
sind auf mich gefallen.
11 Ich habe geweint und gefastet, *
es brachte mir nur Verhöhnung.
12 Ich legte als Gewand ein Bußkleid an, *
ich wurde ihnen zum Spottvers.

68,24 baden: G; zermalmen: H.
68,28 in ihrer Vollmacht: G; in ihrer lärmenden Schar: H.
69,11 ich habe geweint und gefastet, wörtlich: ich weinte beim Fasten meiner Seele.

13 Es reden über mich, die am Stadttor sitzen, *
Spottlieder singen die Zecher beim Wein.
14 Ich aber komme zu dir mit meinem Bitt-
gebet, *
HERR, zur Zeit der Gnade.
Gott, in deiner großen Huld erhöre mich, *
mit deiner rettenden Treue!
15 Entreiß mich dem Sumpf, damit ich nicht
versinke, *
damit ich meinen Hassern entkomme, den
Tiefen des Wassers,
16 damit die Wasserflut mich nicht fortreißt, /
mich nicht verschlingt der Abgrund, *
der Brunnenschacht nicht über mir seinen
Rachen schließt!
17 Erhöre mich, HERR, denn gut ist deine
Huld, *
wende dich mir zu in deinem großen Erbar-
men!
18 Verbirg dein Angesicht nicht vor deinem
Knecht, *
denn mir ist angst, eile, erhöre mich!
19 Sei mir nah und erlöse mich! *
Befreie mich meinen Feinden zum Trotz!
20 Du, ja du kennst meine Verhöhnung, *
alle meine Widersacher sind dir vor Augen.
21 Die Verhöhnung bricht mir das Herz, *
ich bin krank vor Schmach und Schande.
Ich hoffte auf Mitleid, doch vergebens, *
auf Tröster, doch fand ich keinen.
22 Sie gaben mir Gift als Speise, *
für den Durst gaben sie mir Essig zu trinken.
23 Der Opfertisch werde für sie zur Falle, *
für die Tischgenossen zum Fangnetz.
24 Ihre Augen sollen dunkel werden, dass sie
nicht mehr sehen, *
ihre Hüften lass wanken für immer!
25 Gieß über sie deinen Grimm aus, *
dein glühender Zorn soll sie treffen!
26 Ihr Lagerplatz soll veröden, *
in ihren Zelten soll niemand mehr wohnen.
27 Denn sie verfolgen, den du geschlagen hast, *
sie reden vom Schmerz deiner Durchbohrten.
28 Rechne ihnen Schuld über Schuld an, *
damit sie nicht eingehen in dein Heil!
29 Sie seien aus dem Buch des Lebens getilgt *
und nicht bei den Gerechten verzeichnet.
30 Ich aber bin elend und voller Schmerzen, *
doch deine Hilfe, Gott, wird mich erhöhen.
31 Ich will im Lied den Namen Gottes loben, *
ich will ihn mit Dank erheben.
32 Das gefällt dem HERRN mehr als ein
Opferstier, *
mehr als ein Rind mit Hörnern und Klauen.
33 Die Gebeugten haben es gesehen und sie
freuen sich! *
Ihr, die ihr Gott sucht, euer Herz lebe auf!
34 Denn der HERR hört auf die Armen, *
seine Gefangenen verachtet er nicht.
35 Himmel und Erde sollen ihn loben, *
die Meere und alles, was sich in ihnen regt.
36 Denn Gott wird Zion retten, /
wird Judas Städte neu erbauen. *
Man wird dort siedeln und das Land besitzen.
37 Die Nachkommen seiner Knechte werden
es erben, *
die seinen Namen lieben, werden darin
wohnen.

2–3: 42,8 / **3:** 40,3 / **4:** Jes 38,14 / **5:** 35,19; Joh 15,25 / **8:** 44,23; Jer 15,15 / **9:** 31,12 / **10:** 119,139; Joh 2,17; Röm 15,3 / **12:** Klgl 3,14 / **13:** Ijob 30,9 / **14:** 102,14; Jes 49,8 / **15:** 40,3 / **16:** 42,8; Gen 29,3 / **18:** 102,3; 143,7 / **21:** Klgl 1,2 / **22:** Klgl 3,15; Mt 27,34.48 / **23–24:** Röm 11,9f. / **26:** Apg 1,20 / **27:** 71,11; Jes 53,4 / **29:** 139,16; Ex 32,32; Jes 4,3; Dan 7,10 / **32:** 40,7 / **33:** 22,27 / **36:** 51,20; Jes 44,26; Ez 36,10 / **37:** Jes 65,9

BITTE EINES ARMEN

70 1 Für den Chormeister. Von David.
Zum Gedenkopfer.
2 Gott, komm mir zu Hilfe, *
HERR, eile mir zu helfen!
3 In Schande und Schmach sollen fallen, *
die mir nach dem Leben trachten.
Zurückweichen sollen und vor Scham
erröten, *
die sich über mein Unglück freuen.
4 Wegen ihrer Schande sollen sich abwen-
den, *
die da sagen: Ha, dir geschieht recht.
5 Frohlocken sollen und deiner sich freuen *
alle, die dich suchen.
Es sollen immer sagen: Groß ist Gott, *
die dein Heil lieben.
6 Ich aber bin elend und arm. *
Gott, eile zu mir!
Mein Helfer und mein Retter bist du. *
HERR, säume doch nicht!

1–6: 40,14–18

GOTT, DIE ZUFLUCHT BIS INS ALTER

71 1 Bei dir, o HERR, habe ich mich
geborgen, *
lass mich nicht zuschanden werden in Ewig-
keit!

69,15 damit ich ... entkomme, wörtlich: damit ich ... entris-
sen werde.

2 Reiß mich heraus und rette mich in deiner
Gerechtigkeit! *
Neige dein Ohr mir zu und hilf mir!
3 Sei mir ein schützender Fels, *
zu dem ich allzeit kommen darf!
Du hast geboten, mich zu retten, *
denn du bist mein Fels und meine Festung.
4 Mein Gott, rette mich aus der Hand
des Frevlers, *
aus der Faust des Bedrückers und Schurken!
5 Denn du bist meine Hoffnung,*
Herr und GOTT, meine Zuversicht von
Jugend auf.
6 Vom Mutterleib an habe ich mich auf dich
gestützt, /
aus dem Schoß meiner Mutter hast du mich
entbunden, *
dir gilt mein Lobpreis allezeit.
7 Für viele wurde ich wie ein Gezeichneter, *
du aber bist meine starke Zuflucht.
8 Mein Mund ist erfüllt von deinem Lobpreis, *
den ganzen Tag von deinem Glanz.
9 Verwirf mich nicht, wenn ich alt bin, *
verlass mich nicht, wenn meine Kräfte
schwinden!
10 Denn meine Feinde haben gegen mich
geredet, *
die auf mich lauern, haben sich gemeinsam
beraten.
11 Sie sagen: Gott hat ihn verlassen. /
Verfolgt und ergreift ihn! *
Für ihn gibt es keinen Retter.
12 Gott, bleib doch nicht fern von mir! *
Mein Gott, eile mir zu Hilfe!
13 Alle, die mich bekämpfen, *
sollen scheitern und untergehn. /
Über sie komme Schmach und Schande, *
weil sie mein Unglück suchen.
14 Ich aber will allezeit hoffen, *
all deinen Lobpreis noch mehren.
15 Mein Mund soll von deiner Gerechtigkeit
künden, /
den ganzen Tag von deinen rettenden Taten, *
denn ich kann sie nicht zählen.
16 Ich komme wegen der Machttaten GOTTES,
des Herrn, *
an deine Gerechtigkeit allein will ich erinnern.
17 Gott, du hast mich gelehrt von Jugend auf *
und bis heute verkünde ich deine Wunder.
18 Auch wenn ich alt und grau bin, *
Gott, verlass mich nicht,
damit ich von deinem machtvollen Arm der
Nachwelt künde, *
den kommenden Geschlechtern von deiner
Stärke,
19 von deiner Gerechtigkeit, Gott, die bis
zum Himmel reicht! *
Du hast Großes vollbracht. Gott, wer ist wie du?
20 Du ließest mich viel Angst und Not
erfahren, /
du wirst mich neu beleben, *
du führst mich wieder herauf aus den Tiefen
der Erde.
21 Bring mich zu Ehren! *
Du wirst mich wieder trösten.
22 Dann will ich dir danken mit Harfenspiel /
und deine Treue preisen, mein Gott; *
ich will dir auf der Leier spielen, du Heiliger
Israels.
23 Meine Lippen sollen jubeln, /
ja, dir will ich singen und spielen *
und meine Seele, die hast du losgekauft.
24 Auch meine Zunge soll von deiner Gerechtigkeit reden den ganzen Tag, *
denn alle, die mein Unglück suchen, sind vor
Scham errötet und gescheitert.

1–2: 31,2f. / **3**: 92,16 / **4**: 140,2 / **6**: 22,11 / **7**: 31,12; Jes 52,14 / **9**: Jes 46,4 / **11**: 3,3; 22,9; 69,27 / **12**: 22,12 / **13**: 35,4 / **15**: 35,28 / **18**: 22,31f. / **19**: 40,6; 72,18; 86,8 / **20**: 9,14 / **22**: Jes 6,3; 43,3 / **23**: 7,18 / **24**: 40,15

VERMÄCHTNIS DES KÖNIGS FÜR SEINEN NACHFOLGER

72 1 Für Salomo.
Verleih dein Richteramt, o Gott, dem
König, *
dem Königssohn gib dein gerechtes Walten.
2 Er regiere dein Volk in Gerechtigkeit *
und deine Elenden durch rechtes Urteil.
3 Dann tragen die Berge Frieden für das Volk *
und die Hügel Gerechtigkeit.
4 Er schaffe Recht den Elenden des Volks, /
er rette die Kinder der Armen, *
er zermalme die Unterdrücker.
5 Er soll leben, solange die Sonne bleibt *
und der Mond – bis zu den fernsten Geschlechtern.
6 Er ströme wie Regen herab auf die Felder, *
wie Regenschauer, die die Erde benetzen.
7 In seinen Tagen sprosse der Gerechte *
und Fülle des Friedens, bis der Mond nicht
mehr da ist.

71,13 über sie komme, wörtlich: sie sollen sich hüllen in.

72,5 er soll leben, solange ...: G; sie sollen dich fürchten: H.

8 Er herrsche von Meer zu Meer, *
vom Strom bis an die Enden der Erde.
9 Vor seinem Angesicht sollen sich beugen
die Bewohner der Wüste, *
Staub lecken vor ihm seine Feinde.
10 Die Könige von Tarschisch und von den
Inseln bringen Gaben, *
mit Tribut nahen die Könige von Scheba und
Saba.
11 Alle Könige werfen sich vor ihm nieder, *
es dienen ihm alle Völker.
12 Ja, er befreie den Armen, der um Hilfe
schreit, *
den Elenden und den, der keinen Helfer hat.
13 Er habe Mitleid mit dem Geringen und
Armen, *
er rette das Leben der Armen.
14 Aus Unterdrückung und Gewalt erlöse er
ihr Leben, *
kostbar sei ihr Blut in seinen Augen.
15 Er lebe *
und Gold von Saba soll man ihm geben! /
Man soll für ihn allezeit beten, *
jeden Tag für ihn Segen erflehen.
16 Im Land gebe es Korn in Fülle, *
es rausche auf dem Gipfel der Berge.
Wie der Libanon sei seine Frucht, *
sie sollen blühen aus der Stadt wie das Gras
der Erde.
17 Sein Name soll ewig bestehen, *
solange die Sonne bleibt, sprosse sein Name.
Mit ihm wird man sich segnen, *
ihn werden seligpreisen alle Völker.
18 Gepriesen sei der HERR, der Gott Israels! *
Er allein tut Wunder.
19 Gepriesen sei der Name seiner Herrlichkeit
auf ewig! *
Die ganze Erde sei erfüllt von seiner Herrlich-
keit.
Amen, ja amen.
20 Zu Ende sind die Bittgebete Davids, des
Sohnes Isais.

2: 2 Sam 23,3; Spr 31,8f. / **4**: 10,18 / **5**: 61,7; 89,37f. / **8**: Sach 9,10 / **9**: Jes 49,23; Mi 7,17 / **10**: 68,32; 1 Kön 10,1–13; Jes 60,9 / **11**: 2,8; 47,9 / **12–13**: Ijob 29,12 / **14**: 9,13; 116,15 / **15**: 61,7f. / **16**: Jes 27,6; Am 9,13 / **17**: 21,7; Gen 12,3; 22,18 / **18**: 41,14; 136,4 / **19**: Jes 6,3; Num 14,21

DAS DRITTE BUCH

ANFECHTUNG DURCH FREVLER UND ERFAHRUNG DER NÄHE GOTTES

73 1 Ein Psalm Asafs.
Fürwahr, Gott ist gut für Israel, *
für alle, die reinen Herzens sind.
2 Ich aber – fast wären meine Füße gestrau-
chelt, *
beinahe wären ausgeglitten meine Schritte.
3 Denn ich habe mich über die Prahler
ereifert, *
als ich das Wohlergehen der Frevler sah:
4 Sie leiden ja keine Qualen, *
ihr Leib ist gesund und wohlgenährt.
5 Sie kennen nicht die Mühsal der Sterb-
lichen, *
sind nicht geplagt wie andere Menschen.
6 Darum ist Hochmut ihr Halsschmuck, *
wie ein Gewand umhüllt sie Gewalttat.
7 Sie sehen kaum aus den Augen vor Fett, *
ihr Herz läuft über von bösen Plänen.
8 Sie höhnen und reden Böses, *
Unterdrückung reden sie von oben herab.
9 Sie reißen ihr Maul bis zum Himmel auf *
und lassen auf Erden ihrer Zunge freien Lauf.
10 Darum wendet sich das Volk ihnen zu, *
das Wasser ihrer Worte schlürfen sie gierig.
11 Sie sagen: Wie sollte Gott davon wissen? *
Gibt es Wissen beim Höchsten?
12 Siehe, so sind die Frevler: *
Immer im Glück, häufen sie Reichtum auf
Reichtum.
13 Fürwahr, umsonst bewahrte ich lauter mein
Herz *
und wusch meine Hände in Unschuld.
14 Und doch war ich alle Tage geplagt *
und wurde jeden Morgen gezüchtigt.
15 Hätte ich gesagt: Ich will reden wie sie, *
siehe, ich hätte das Geschlecht deiner Kinder
verraten.

73,4 sie leiden … gesund: vermuteter Text; es gibt keine Qualen für ihren Tod, ihr Bauch ist fett: H.

73,10 das Volk ihnen zu, wörtlich: sein Volk hierher. – das Wasser … gierig: vermuteter Text; Wasser in Fülle schlürfen sie: H.

16 Ich dachte nach, um dies zu begreifen, *
Mühsal war es in meinen Augen,
17 bis ich eintrat in Gottes Heiligtum *
und einsah, wie es mit ihnen zu Ende geht.
18 Fürwahr, du stellst sie auf schlüpfrigen
Grund, *
du lässt sie in Täuschungen fallen.
19 Wie werden sie in einem Augenblick zum
Entsetzen, *
werden dahingerafft, nehmen ein Ende mit
Schrecken.
20 Wie einen Traum, nach dem Erwachen,
mein Herr, *
verachtest du ihr Schattengebilde, wenn du
aufstehst.
21 Ja, mein Herz war bitter *
und Schmerz bohrte mir in den Nieren.
22 Ich war ein Tor ohne Einsicht, *
wie Vieh bin ich gewesen bei dir;
23 aber ich bin doch beständig bei dir, *
du hast meine Rechte ergriffen.
24 Du leitest mich nach deinem Ratschluss, *
danach nimmst du mich auf in Herrlichkeit.
25 Wen habe ich im Himmel außer dir? *
Neben dir erfreut mich nichts auf Erden.
26 Mag mein Fleisch und mein Herz vergehen, *
Fels meines Herzens und mein Anteil ist Gott
auf ewig.
27 Denn siehe: Die fern sind von dir, gehen
zugrunde, *
du vernichtest alle, die dich treulos verlassen.
28 Ich aber – Gott nahe zu sein, ist gut für
mich, /
ich habe GOTT, den Herrn, zu meiner Zuflucht
gemacht. *
Ich will erzählen von all deinen Taten.

2: 37,1; Jer 12,1 / **3–12**: Ijob 21,7–13 / **6**: 17,10 / **7**: Ijob 15,27; Jer 5,28 / **11**: 10,11 / **12**: 17,14 / **13**: 26,6; Mal 3,14 / **14**: Ijob 7,18 / **19**: 49,15 / **20**: Ijob 20,8 / **23**: 121,5; Röm 8,35–39 / **24**: 16,10; 49,16 / **26**: 142,6; Num 18,20; Dtn 10,9; Klgl 3,24

VOLKSKLAGE ÜBER DIE VERWÜSTUNG DES HEILIGTUMS

74 1 Ein Weisheitslied Asafs.
Warum, Gott, hast du uns für immer
verstoßen, *
warum raucht dein Zorn gegen die Herde
deiner Weide?
2 Gedenke deiner Gemeinde, die du vorzeiten
erworben, /
die du ausgelöst als Stamm, dir zum Erbe, *
des Bergs Zion, auf dem du Wohnung genommen!
3 Erhebe deine Schritte zu den bleibenden
Trümmern! *
Der Feind hat im Heiligtum alles verwüstet.
4 Deine Widersacher lärmten mitten in der
Stätte deiner Gegenwart, *
ihre Feldzeichen stellten sie als Zeichen auf.
5 Es sah aus, wie wenn man hochschwingt *
die Äxte im Dickicht des Waldes,
6 so zerschlugen sie all das Schnitzwerk *
mit Beil und Hacke.
7 Sie legten an dein Heiligtum Feuer, *
entweihten die Wohnung deines Namens bis
auf den Grund.
8 Sie sagten in ihrem Herzen: Wir schlagen
alles zusammen! *
Sie verbrannten alle Stätten der Gegenwart
Gottes im Land.
9 Zeichen für uns sehen wir nicht, /
es ist kein Prophet mehr da, *
niemand mehr ist bei uns, der weiß, wie lange
noch.
10 Wie lange, Gott, darf der Bedränger noch
schmähen, *
darf der Feind für immer deinen Namen
lästern?
11 Warum ziehst du deine Hand zurück und
deine Rechte? *
Hol sie heraus aus deinem Gewand und mach
ein Ende!
12 Doch Gott ist mein König von alters her, *
Taten der Rettung wirkt er mitten auf der Erde.
13 Du hast mit deiner Macht das Meer zerspalten, *
die Häupter der Drachen über den Wassern
zerschmettert.
14 Du hast die Köpfe des Leviatan zermalmt, *
ihn zum Fraß gegeben den Ungeheuern der
See.
15 Du hast Quellen und Bäche hervorbrechen
lassen, *
du hast Ströme austrocknen lassen, die sonst
nie versiegen.
16 Dein ist der Tag, dein auch die Nacht, *
du hast hingestellt eine Leuchte und die
Sonne.

73,20 verachtest … aufstehst: vermuteter Text; in der Stadt verachtest du ihr Bild: H.

73,25 wen … außer dir: vermuteter Text; wen habe ich im Himmel: H.

74,6 so, wörtlich: und jetzt.

74,14 den Ungeheuern der See: vermuteter Text; dem Volk, den Wüstenbewohnern: H.

17 Du hast festgesetzt alle Grenzen der Erde, *
Sommer und Winter, du hast sie gebildet.
18 Denk daran: Der Feind schmäht den
HERRN, *
ein törichtes Volk lästert deinen Namen.
19 Gib das Leben deiner Taube nicht dem
Raubtier preis, *
das Leben deiner Armen vergiss nicht für
immer!
20 Schau auf den Bund, *
denn die finsteren Plätze des Landes sind
voll mit Auen der Gewalt!
21 Der Bedrückte gehe nicht beschämt
davon, *
der Elende und der Arme lobe deinen Namen.
22 Steh auf, Gott, führe deinen Streit! *
Gedenke, wie die Toren dich den ganzen Tag
verhöhnen!
23 Vergiss nicht das Geschrei deiner Gegner, *
das Toben deiner Widersacher, das ständig
emporsteigt.

1: 77,8; 80,5 / **2**: Ex 15,17; Dtn 7,6; Ps 76,3 / **7**: 2 Kön 25,9; Jes 64,10 / **8**: Klgl 2,9 / **11**: Jes 52,10 / **13**: Ex 14,21f.; Ps 89,11; Jes 51,9f. / **15**: Ex 17,6; Jos 3,16 / **16**: 104,19

GOTT, DER RICHTER ÜBER GERECHTE UND UNGERECHTE

75 1 Für den Chormeister. Nach der Weise
Zerstöre nicht!
Ein Psalm Asafs. Ein Lied.
2 Wir haben dir gedankt, Gott, wir haben
gedankt, *
nahe ist dein Name denen, die von deinen
Wundern erzählten.
3 Ja, zu der Zeit, die ich selbst bestimme, *
richte ich in Geradheit.
4 Mag wanken die Erde mit all ihren Bewohnern, *
ich selber habe ihre Säulen fest gegründet.
[Sela]
5 Ich sagte den Vermessenen: Seid nicht vermessen! *
und den Frevlern: Erhebt das Haupt nicht
im Übermut!
6 Erhebt nicht so hoch euer Haupt! *
Redet nicht mit stolz gerecktem Nacken!
7 Denn weder vom Osten noch vom Westen *
noch von der Wüste kommt Erhöhung.
8 Nein, Gott ist der Richter; *
den einen erniedrigt, den andern erhöht er.
9 Ja, in der Hand des HERRN ist ein Becher, *
gefüllt mit gärendem, gewürztem Wein.
Er schenkt davon ein, bis zur Hefe müssen ihn
schlürfen, *
müssen ihn trinken alle Frevler der Erde.
10 Ich aber werde verkünden auf ewig, *
singen und spielen will ich dem Gott Jakobs.
11 Alle Häupter der Frevler schlage ich ab, *
doch erhöht wird das Haupt des Gerechten.

4: 24,2; 104,5; 1 Sam 2,8 / **5**: 1 Sam 2,3 / **6**: 94,4 / **7**: Jer 3,23; Mt 24,23–28 / **8**: 1 Sam 2,7; Dan 2,21 / **9**: 60,5; Ijob 21,20; Jer 25,15f.; Hab 2,16

DER WELTENRICHTER AUF DEM ZION

76 1 Für den Chormeister. Mit Saitenspiel.
Ein Psalm Asafs. Ein Lied.
2 Gott gab sich zu erkennen in Juda, *
sein Name ist groß in Israel.
3 Sein Zelt erstand in Salem, *
seine Wohnung auf dem Zion.
4 Dort zerbrach er die blitzenden Pfeile des
Bogens, *
Schild und Schwert, die Waffen des Krieges.
[Sela]
5 Von Licht umstrahlt erscheinst du, *
herrlich von den Bergen des Raubes her.
6 Zur Beute wurden die beherzten Krieger, /
sie sanken hin in den Schlaf, *
allen Helden versagten die Hände.
7 Vor deinem Drohen, Gott Jakobs, *
erstarrten Wagen und Rosse.
8 Du, ja Furcht erregend bist du. /
Wer kann bestehen vor deinem Zorn seit
jeher?
9 Vom Himmel her ließest du das Urteil
hören, *
die Erde geriet in Furcht und verstummte,
10 da Gott sich erhob zum Gericht, *
um zu retten alle Gebeugten der Erde. [Sela.]
11 Selbst der Grimm des Menschen muss dir
danken, *
du gürtest dich mit denen, die dem Grimm
entkommen sind.
12 Macht Gelübde und erfüllt sie dem HERRN,
eurem Gott! *
Ihr alle ringsum, bringt Gaben dem, der Furcht
erregt.
13 Er bricht den Hochmut der Fürsten, *
Furcht erregend ist er für die Könige der Erde.

3: 87,2; 132,13 / **4**: 46,10; Jdt 9,7 / **6**: 2 Kön 19,35; Jer 51,39.57 / **8**: Dtn 7,21; Nah 1,6 / **12**: 66,13

75,7 von der Wüste … Erhöhung, andere Übersetzung: von der Wüste der Berge.

76,5 Berge des Raubes: H; ewige Berge: G.

NACHSINNEN ÜBER GOTTES WEG
MIT SEINEM VOLK

77 1 Für den Chormeister. Nach Jedutun.
Ein Psalm Asafs.
2 Ich rufe zu Gott, ich schreie, *
ich rufe zu Gott, dass er mich hört.
3 Am Tag meiner Not suchte ich den Herrn; /
unablässig erhob ich nachts meine Hände, *
meine Seele ließ sich nicht trösten.
4 Denke ich an Gott, muss ich seufzen; *
sinne ich nach, dann will mein Geist verzagen.
[Sela]
5 Offen gehalten hast du die Lider meiner
Augen; *
ich war aufgewühlt und konnte nicht reden.
6 Ich sann nach über die Tage der Vorzeit, *
über längst vergangene Jahre.
7 Ich denke an mein Saitenspiel, /
während der Nacht sinne ich nach in meinem
Herzen, *
es grübelt mein Geist.
8 Wird der Herr denn auf ewig verstoßen *
und niemals mehr erweisen seine Gunst?
9 Hat seine Huld für immer ein Ende? *
Hat aufgehört sein Wort für alle Geschlechter?
10 Hat Gott vergessen, dass er gnädig ist? *
Oder hat er im Zorn sein Erbarmen verschlossen? [Sela]
11 Da sagte ich: Das ist mein Schmerz, *
dass die Rechte des Höchsten so anders
handelt?
12 Ich denke an die Taten des HERRN, *
ja, ich will denken an deine früheren Wunder.
13 Ich erwäge all deine Taten *
und will nachsinnen über dein Tun.
14 Gott, dein Weg ist heilig. *
Welche Gottheit ist groß wie Gott?
15 Du bist die Gottheit, die Wunder tut, *
du hast deine Macht unter den Völkern kundgetan.
16 Du hast mit starkem Arm dein Volk erlöst, *
die Kinder Jakobs und Josefs. [Sela]
17 Die Wasser sahen dich, Gott, /
die Wasser sahen dich und bebten, *
ja, die Urfluten gerieten in Wallung.
18 Die Wolken gossen Wasser aus, /
das Gewölk ließ den Donner dröhnen, *
auch deine Pfeile flogen dahin.
19 Dröhnend rollte dein Donner, /
Blitze erhellten den Erdkreis, *
die Erde bebte und wankte.
20 Durch das Meer ging dein Weg, /
dein Pfad durch gewaltige Wasser; *
doch deine Spuren erkannte man nicht.
21 Du führtest dein Volk wie eine Herde *
durch die Hand von Mose und Aaron.

3: 50,15; 88,2 / **5**: 119,148 / **6**: 143,5 / **8**: 13,2; 74,1; 85,6; 89,47; Klgl 3,31 / **10**: Jes 49,14f. / **11**: Mal 3,6 / **13**: 143,5 / **14**: 18,31f.; 35,10 / **15**: 98,1 / **16**: Neh 1,10 / **17**: 18,16; 114,3; Nah 1,4 / **18–19**: Hab 3,9–11 / **18**: 18,15 / **19**: 68,9; 97,4 / **20–21**: Ex 14,21–31 / **20**: Neh 9,11; Jes 43,16; 51,10 / **21**: 78,52; Jes 63,11–14; Mi 6,4

ERZÄHLUNG UND LEHRE AUS DER
GESCHICHTE ISRAELS

78 1 Ein Weisheitslied Asafs.
Lausche, mein Volk, meiner Weisung! *
Neigt euer Ohr den Worten meines Munds!
2 Ich öffne meinen Mund zu einem Spruch; *
ich will Geheimnisse der Vorzeit verkünden.
3 Was wir hörten und erfuhren, *
was uns die Väter erzählten,
4 das wollen wir ihren Kindern nicht verbergen, *
sondern dem kommenden Geschlecht
erzählen:
die ruhmreichen Taten des HERRN und seine
Stärke, *
die Wunder, die er getan hat.
5 Er richtete ein Zeugnis auf in Jakob, *
Weisung gab er in Israel
und gebot unseren Vätern, *
ihre Kinder das alles zu lehren,
6 damit das kommende Geschlecht davon
erfahre, /
die Kinder, die noch geboren werden; *
sie sollen aufstehen und es ihren Kindern
erzählen,
7 damit sie ihr Vertrauen auf Gott setzen, /
die Taten Gottes nicht vergessen *
und seine Gebote bewahren
8 und nicht werden wie ihre Väter, *
ein Geschlecht voll Trotz und Empörung,
ein Geschlecht, dessen Herz nicht fest war *
und dessen Geist nicht treu zu Gott hielt.
9 Die Söhne Efraims, Kämpfer mit Pfeil und
Bogen, *
wandten den Rücken am Tag der Schlacht;
10 Gottes Bund hielten sie nicht, *
sie weigerten sich, seiner Weisung zu folgen.
11 Sie vergaßen seine Taten, *
die Wunder, die er sie sehen ließ.
12 Vor den Augen ihrer Väter vollbrachte
er Wunder *
im Land Ägypten, im Gefilde von Zoan.

77,3 Hände: G; Hand: H.

13 Er spaltete das Meer und führte sie hindurch, *
er ließ das Wasser feststehen wie einen Damm.
14 Er führte sie bei Tag mit der Wolke *
und die ganze Nacht mit leuchtendem Feuer.
15 Er spaltete Felsen in der Wüste *
und gab dem Volk reichlich zu trinken, wie mit Wassern der Urflut.
16 Er ließ Bäche aus dem Gestein entspringen, *
ließ Wasser fließen gleich Strömen.
17 Doch sie sündigten weiter gegen ihn, *
sie trotzten in der Wüste dem Höchsten.
18 In ihrem Herzen versuchten sie Gott: *
Sie forderten Nahrung für ihr Verlangen.
19 Sie redeten gegen Gott; /
sie fragten: Kann uns denn Gott *
den Tisch decken in der Wüste?
20 Zwar hat er an den Felsen geschlagen, *
sodass Wasser floss und Bäche strömten.
Kann er auch Brot geben *
und Fleisch bereiten seinem Volk?
21 Das hörte der HERR und ergrimmte; /
Feuer flammte auf gegen Jakob, *
Zorn erhob sich gegen Israel,
22 weil sie Gott nicht glaubten *
und nicht auf seine Hilfe vertrauten.
23 Da gebot er den Wolken droben *
und öffnete die Tore des Himmels.
24 Er ließ Manna auf sie regnen als Speise, *
er gab ihnen Korn vom Himmel.
25 Jeder aß vom Brot der Starken; *
er sandte Nahrung, sie zu sättigen.
26 Er ließ den Ostwind losbrechen am Himmel, *
führte in seiner Macht den Südwind herbei.
27 Er ließ Fleisch auf sie regnen wie Staub, *
gefiederte Vögel wie Sand am Meer.
28 Er ließ sie mitten ins Lager fallen, *
rings um ihre Zelte.
29 Sie aßen und wurden reichlich gesättigt; *
er hatte ihnen gebracht, was sie begehrten.
30 Noch aber hatten sie ihre Gier nicht gestillt, *
noch war die Speise in ihrem Mund,
31 da erhob sich gegen sie Gottes Zorn; /
unter ihren Kräftigen schlug er zu *
und streckte die jungen Männer Israels nieder.
32 Doch sie sündigten trotz allem weiter *
und glaubten nicht seinen Wundern.
33 Darum ließ er ihre Tage schwinden wie einen Hauch *
und ihre Jahre in jähem Schrecken.
34 Wenn er dreinschlug, fragten sie nach Gott, *
kehrten um und suchten ihn.
35 Sie dachten daran, dass Gott ihr Fels ist *
und Gott, der Höchste, ihr Erlöser.
36 Doch sie täuschten ihn mit ihrem Mund *
und belogen ihn mit ihrer Zunge.
37 Ihr Herz hielt nicht fest zu ihm, *
sie hielten seinem Bund nicht die Treue.
38 Doch er ist barmherzig, *
vergab die Schuld und vernichtete nicht.
Oftmals ließ er ab von seinem Zorn *
und unterdrückte seinen Groll.
39 Denn er dachte daran, dass sie Fleisch sind, *
nur ein Hauch, der vergeht und nicht wiederkehrt.
40 Wie oft haben sie ihm in der Wüste getrotzt, *
ihn gekränkt in der Steppe!
41 Immer wieder stellten sie ihn auf die Probe, *
sie reizten den Heiligen Israels.
42 Sie dachten nicht mehr an seine Hand, *
an den Tag, als er sie vom Gegner befreite,
43 als er in Ägypten seine Zeichen tat *
und seine Wunder im Gefilde von Zoan.
44 Er verwandelte ihre Flüsse und Bäche in Blut; *
sie konnten daraus nicht mehr trinken.
45 Er schickte einen Schwarm von Fliegen gegen sie, der fraß sie auf, *
ein Heer von Fröschen, das sie vertilgte.
46 Ihre Ernte überließ er den Grillen *
und Heuschrecken den Ertrag ihrer Mühen.
47 Ihre Reben zerschlug er mit Hagel, *
ihre Maulbeerbäume mit Körnern aus Eis.
48 Ihr Vieh überließ er dem Hagel *
und ihre Herden den Seuchen.
49 Er schickte gegen sie die Glut seines Zorns, /
Grimm und Wut und Bedrängnis, *
Boten des Unheils in Scharen.
50 Er ließ seinem Zorn freien Lauf; /
er bewahrte sie nicht vor dem Tod *
und lieferte ihr Leben der Pest aus.
51 Er schlug in Ägypten alle Erstgeburt, *
in den Zelten Hams die Erstlinge ihrer Manneskraft.
52 Dann führte er sein Volk hinaus wie Schafe, *
leitete sie wie eine Herde durch die Wüste.
53 Er führte sie sicher, sie mussten nichts fürchten, *
doch ihre Feinde bedeckte das Meer.
54 Er brachte sie in sein heiliges Gebiet, *
zum Berg, den seine Rechte erworben hat.
55 Er vertrieb die Nationen vor ihnen /
und verteilte ihr Land als Erbe *

und ließ in ihren Zelten die Stämme Israels
wohnen.
56 Doch sie versuchten ihn und trotzten Gott,
dem Höchsten; *
sie hielten sich nicht an seine Zeugnisse.
57 Wie ihre Väter fielen sie treulos von ihm
ab, *
sie wandten sich ab wie ein Bogen, der versagt.
58 Sie erbitterten ihn mit ihrem Kult auf den
Höhen *
und reizten seine Eifersucht mit den Bildern
ihrer Götter.
59 Gott hörte es und er ergrimmte, *
ganz und gar verwarf er Israel.
60 Er gab seine Wohnung auf in Schilo, *
das Zelt, das er aufgerichtet hatte unter den
Menschen.
61 Er gab seine Macht in Gefangenschaft, *
seine Zierde in die Hand des Feindes.
62 Er lieferte sein Volk dem Schwert aus *
und war voll Grimm über sein Eigentum.
63 Die jungen Männer fraß das Feuer; *
den jungen Mädchen sang man kein Brautlied.
64 Die Priester wurden mit dem Schwert
erschlagen; *
die Witwen konnten die Toten nicht bewei-
nen.
65 Da erwachte der Herr wie aus dem Schlaf, *
wie ein Held, der betäubt war vom Wein.
66 Er schlug seine Feinde zurück *
und übergab sie ewiger Schande.
67 Das Zelt Josefs verwarf er, *
dem Stamm Efraim entzog er die Erwählung.
68 Doch den Stamm Juda erwählte er, *
den Berg Zion, den er liebt.
69 Dort baute er sein hoch ragendes Heilig-
tum, *
so fest wie die Erde, die er für immer gegründet
hat.
70 Und er erwählte David, seinen Knecht; *
er holte ihn weg von den Hürden der Schafe,
71 von den Muttertieren nahm er ihn fort, /
damit er Jakob weide, sein Volk, *
und Israel, sein Erbe.
72 Und er weidete sie mit lauterem Herzen *
und führte sie mit klugen Händen.

2: 49,5; Mt 13,35 / **3–6**: 22,31f. / **3**: 44,2 / **5**: 147,19 / **8**: Dtn 32,5f.20 / **12**: Num 13,22 / **13**: Ex 14,21f. / **14**: Ex 13,21 / **15–16**: Ex 17,6; Num 20,11 / **17**: Ez 20,13 / **18**: 106,14; Ex 16,3 / **21**: Num 11,1 / **23**: Mal 3,10 / **24**: Ex 16,4.14f.; Joh 6,31 / **25**: 105,40 / **30**: Num 11,33 / **32**: Num 14,11 / **33**: Num 14,22f. / **34**: Num 21,7; Jes 26,16 / **35**: 92,16 / **36f.**: Jes 29,13 / **37**: 95,10 / **38**: Ex 32,14; Num 14,20; Jes 48,9; Hos 11,8f. / **39**: 103,14–16; Ijob 7,7 / **40**: Dtn 9,22 / **41**: 71,22 / **42**: 106,21 / **43**: 135,9; 78,12 / **44**: Ex 7,17–21 / **45**: Ex 8,17–20 / **46**: Ex 10,4–15 / **47**: Ex 9,18–25 / **48**: Ex 9,3–7 / **50**: Ex 9,8–10 / **51**: 105,36; 135,8; 136,10; Ex 12,29f. / **52**: 77,21 / **53**: Ex 14,19–31 / **54**: 114,2; Ex 15,17 / **55**: 44,3; Jos 24,8–13 / **57**: Hos 7,16 / **58**: Dtn 32,16.21 / **60**: 1 Sam 1,3; Jer 7,12 / **61**: 1 Sam 4,11.22 / **63**: Jer 7,34 / **64**: 1 Sam 4,11; Ijob 27,15 / **66**: 1 Sam 5,6–12 / **68**: 2 Chr 6,6 / **69**: 48,3 / **70–71**: 89,21; 1 Sam 16,11–13; 2 Sam 7,8

VOLKSKLAGE ÜBER DIE ZERSTÖRUNG JERUSALEMS

79 1 Ein Psalm Asafs.
O Gott, Völker sind eingedrungen in
dein Erbe, /
sie haben deinen heiligen Tempel entweiht, *
sie legten Jerusalem in Trümmer.
2 Die Leichen deiner Knechte haben sie zum
Fraß gegeben den Vögeln des Himmels, *
das Fleisch deiner Frommen den Tieren der
Erde.
3 Ihr Blut haben sie wie Wasser vergossen *
rings um Jerusalem und niemand hat sie
begraben.
4 Wir sind zum Hohn geworden unseren
Nachbarn, *
zu Spott und Schimpf denen, die rings um
uns wohnen.
5 Wie lange noch, HERR? /
Willst du für immer zürnen, *
wird brennen wie Feuer dein Eifer?
6 Gieße deinen Zorn aus über die Völker, *
die dich nicht erkennen,
und über die Königreiche, *
die deinen Namen nicht anrufen!
7 Denn sie haben Jakob gefressen *
und seine Wohnstatt verwüstet.
8 Rechne uns die Schuld der Vorfahren nicht
an! /
Mit deinem Erbarmen komm uns eilends
entgegen! *
Denn wir sind sehr erniedrigt.
9 Hilf uns, Gott unsres Heils, *
um der Herrlichkeit deines Namens willen!
Reiß uns heraus und vergib uns die Sünden *
um deines Namens willen!
10 Warum dürfen die Völker sagen:
Wo ist nun ihr Gott? /
Lass kund werden unter den Völkern vor
unsern Augen, *
wie du das vergossene Blut deiner Knechte
vergiltst!
11 Das Stöhnen des Gefangenen komme vor
dein Angesicht! *
Durch deinen mächtigen Arm erhalte die
Kinder des Todes am Leben.

12 Siebenfach vergilt unsern Nachbarn *
den Hohn, mit dem sie dich, mein Herr,
verhöhnen!
13 Wir aber, dein Volk und die Herde deiner
Weide, /
wir wollen dir danken auf ewig, *
von Geschlecht zu Geschlecht dein Lob
verkünden.

1: 2 Kön 25,8–10; Klgl 1,10 / **2–3:** 1 Makk 7,17 / **2:** Jer 7,33 / **3:** Jer 14,16 / **4:** 31,12; Zef 2,8 / **5:** 89,47 / **6–7:** Jer 10,25 / **6:** Sir 36,1–6 Ps 14,4 / **9:** Ez 20,44; 36,22 / **10:** 42,11; Joël 4,21 / **11:** 102,21 / **12:** 137,7–9 / **13:** 95,7

BITTE FÜR ISRAEL, DEN WEINSTOCK GOTTES

80 1 Für den Chormeister. Nach der Weise
Lilien. Ein Zeugnis. Ein Psalm Asafs.
2 Du Hirte Israels, höre, *
der du Josef leitest wie eine Herde!
Der du auf den Kerubim thronst, erscheine *
3 vor Efraim, Benjamin und Manasse!
Wecke deine gewaltige Kraft *
und komm zu unserer Rettung!
4 Gott, stelle uns wieder her! *
Lass dein Angesicht leuchten und wir sind
gerettet!
5 HERR, Gott der Heerscharen, *
wie lange noch raucht dein Zorn trotz des
Bittgebets deines Volks?
6 Du hast sie gespeist mit Tränenbrot, *
sie überreich getränkt mit Tränen.
7 Du machst uns zum Zankapfel unserer
Nachbarn *
und unsere Feinde verspotten uns.
8 Gott der Heerscharen, stelle uns wieder
her! *
Lass dein Angesicht leuchten und wir sind
gerettet!
9 Einen Weinstock hobst du aus in Ägypten, *
du hast Völker vertrieben und ihn ein-
gepflanzt.
10 Du schufst ihm weiten Raum, *
er hat Wurzeln geschlagen und das ganze
Land erfüllt.
11 Sein Schatten bedeckte die Berge, *
seine Zweige die Zedern Gottes.
12 Seine Ranken trieb er bis zum Meer *
und seine Schösslinge bis zum Eufrat!
13 Warum rissest du seine Mauern ein? *
Alle, die des Weges kommen, plündern ihn.
14 Der Eber aus dem Wald wühlt ihn um, *
es fressen ihn ab die Tiere des Feldes.
15 Gott der Heerscharen, kehre doch zurück, /
blicke vom Himmel herab und sieh, *
sorge für diesen Weinstock!
16 Beschütze, was deine Rechte gepflanzt hat, *
und den Sohn, den du dir stark gemacht!
17 Die ihn im Feuer verbrannten wie Kehricht, *
sie sollen vergehen vor deinem drohenden
Angesicht.
18 Deine Hand sei über dem Mann zu deiner
Rechten, *
über dem Menschensohn, den du dir stark
gemacht.
19 Wir werden nicht von dir weichen. *
Belebe uns und wir rufen deinen Namen an.
20 HERR, Gott der Heerscharen, stelle uns
wieder her, *
lass dein Angesicht leuchten und wir sind
gerettet.

2: 23,1; 95,7 / **4:** 85,5; 4,7 / **6:** 42,4 / **7:** 44,14 / **9:** Jer 2,21 / **11–12:** Dtn 11,24 / **13:** 89,41f. / **17:** Ez 15,2–4

GOTTES AUFRUF ZUR TREUE

81 1 Für den Chormeister. Nach dem
Kelterlied. Von Asaf.
2 Jubelt Gott zu, er ist unsere Stärke, *
jauchzt dem Gott Jakobs!
3 Stimmt an den Gesang, schlagt die Pauke, *
die liebliche Leier, dazu die Harfe!
4 Stoßt am Neumond ins Widderhorn, *
am Vollmond, zum Tag unsres Festes!
5 Denn das ist Satzung für Israel, *
Entscheid des Gottes Jakobs.
6 Das hat er als Zeugnis für Josef erlassen, /
als er gegen Ägypten auszog. *
Eine Stimme höre ich, die ich noch nie vernahm:
7 Seine Schulter hab ich von der Bürde befreit, *
seine Hände kamen los vom Lastkorb.
8 Du riefst in der Not und ich riss dich heraus; /
ich habe dich aus dem Versteck des Donners
erhört, *
an den Wassern von Meriba geprüft. [Sela]
9 Höre, mein Volk, ich will dich mahnen! *
Israel, wolltest du doch auf mich hören!
10 Kein fremder Gott soll bei dir sein, *
du sollst dich nicht niederwerfen vor einem
fremden Gott.
11 Ich bin der HERR, dein Gott, /
der dich heraufgeführt hat aus Ägypten. *
Weit öffne deinen Mund! Ich will ihn füllen.
12 Doch mein Volk hat nicht auf meine Stimme
gehört; *

79,12 siebenfach vergilt, wörtlich: gibt zurück siebenfach in den Schoß unserer Nachbarn!

80,7 verspotten uns: G; verspotten sie: H.

Israel hat mich nicht gewollt.
13 Da überließ ich sie ihrem verstockten
Herzen: *
Sollen sie gehen nach ihren eigenen Plänen.
14 Ach, dass mein Volk doch auf mich hörte, *
dass Israel gehen wollte auf meinen Wegen!
15 Wie bald würde ich seine Feinde beugen, *
meine Hand gegen seine Bedränger wenden.
16 Die den HERRN hassen, müssten ihm
schmeicheln. *
Aber ihre Zeit soll zur Ewigkeit werden.
17 Ich würde es nähren mit bestem Weizen, *
dich sättigen mit Honig aus dem Felsen.

4: Lev 23,24; Num 10,10 / **7**: Ex 1,14; 6,6 / **8**: Ex 17,1–7; Num 20,13; Ps 95,8 / **10–11**: Ex 20,2f. / **12**: 95,7 / **13**: Jer 7,24 / **15**: 66,3 / **17**: 147,14; Dtn 32,13

GOTTES GERICHT ÜBER DIE GÖTTER

82 1 Ein Psalm Asafs.
Gott steht auf in der Gottesversamm-
lung, *
inmitten der Götter hält er Gericht.
2 Wie lange noch wollt ihr ungerecht richten *
und die Frevler begünstigen? [Sela]
3 Verhelft zum Recht den Geringen und
Waisen, *
dem Elenden und dem Bedürftigen schafft
Gerechtigkeit!
4 Befreit den Geringen und Armen, *
entreißt sie der Hand der Frevler!
5 Sie erkennen nicht, verstehen nichts, /
sie wandeln umher in Finsternis. *
Alle Grundfesten der Erde wanken.
6 Ich habe gesagt: Ihr seid Götter, *
ihr alle seid Söhne des Höchsten.
7 Doch nun sollt ihr sterben wie Menschen, *
sollt stürzen wie einer der Fürsten.
8 Steh auf, Gott, und richte die Erde! *
Denn alle Nationen werden dein Erbteil sein.

1: 136,2f.; 1 Kön 22,19 / **2**: 58,3 / **3**: Ex 23,6; Dtn 1,17; Jes 1,17 / **6**: Joh 10,34 / **8**: 67,5

HILFERUF GEGEN DIE TODFEINDE ISRAELS UND GOTTES

83 1 Ein Lied. Ein Psalm Asafs.
2 Gott, schweig doch nicht, *
bleib nicht still, Gott, und bleib nicht ruhig!
3 Denn siehe, deine Feinde toben, *
die dich hassen, erheben das Haupt.
4 Gegen dein Volk ersinnen sie einen listigen
Plan *
und halten Rat gegen die, die sich bei dir
bergen.
5 Sie sagen: Auf, wir wollen sie als Volk
vernichten, *
des Namens Israel werde nie mehr gedacht!
6 Ja, sie halten einmütig Rat, *
schließen gegen dich einen Bund:
7 Edoms Zelte und die Ismaeliter, *
Moab und die Hagariter,
8 Gebal, Ammon und Amalek, *
das Philisterland mit den Bewohnern von
Tyrus.
9 Auch Assur schließt sich ihnen an *
und leiht den Arm den Söhnen Lots. [Sela]
10 Mach es mit ihnen wie mit Midian und
Sisera, *
wie mit Jabin am Bach Kischon.
11 Sie wurden bei En-Dor vernichtet, *
wurden zum Dung für den Acker.
12 Behandle ihre Edlen wie Oreb und Seeb *
und wie Sebach und Zalmunna all ihre
Fürsten!
13 Sie haben gesagt: Wir nehmen für uns
in Besitz *
die Gefilde Gottes!
14 Mach sie zu Distelgewirbel, mein Gott, *
zu Spreu vor dem Wind!
15 Wie Feuer, das Wälder verbrennt, *
wie eine Flamme, die Berge versengt,
16 so jage sie davon mit deinem Sturm *
und schrecke sie mit deinem Wetter!
17 Bedecke mit Schmach ihr Gesicht, *
damit sie, HERR, nach deinem Namen fragen.
18 Beschämt und verschreckt sollen sie sein
für immer, *
zuschanden sollen sie werden und zugrunde
gehn.
19 Sie sollen erkennen, dass du allein – HERR
ist dein Name – *
der Höchste bist über der ganzen Erde.

3: 35,20 / **6**: 2,2 / **10**: Ri 7,23–25; Jes 9,3; 10,26; Ri 4,15f. / **12**: Ri 7,25; 8,21 / **14**: 35,5 / **19**: 46,11; 59,14; 100,3; Dtn 4,39; Jes 43,10; Dan 3,45

FREUDE AM HEILIGTUM

84 1 Für den Chormeister. Nach dem
Kelterlied. Ein Psalm der Korachiter.
2 Wie liebenswert ist deine Wohnung, *
du HERR der Heerscharen!
3 Meine Seele verzehrt sich in Sehnsucht *
nach den Höfen des HERRN.

81,17 ich würde: vermuteter Text; und er würde.

83,12 behandle: G; behandle sie: H.

Mein Herz und mein Fleisch, *
sie jubeln dem lebendigen Gott entgegen.
4 Auch der Sperling fand ein Haus /
und die Schwalbe ein Nest, wohin sie ihre
Jungen gelegt hat – *
deine Altäre, HERR der Heerscharen, mein
Gott und mein König.
5 Selig, die wohnen in deinem Haus, *
die dich allezeit loben. [Sela]
6 Selig die Menschen, die Kraft finden in dir, *
die Pilgerwege im Herzen haben.
7 Ziehen sie durch das Tal der Dürre, /
machen sie es zum Quellgrund *
und Frühregen hüllt es in Segen.
8 Sie schreiten dahin mit wachsender Kraft *
und erscheinen vor Gott auf dem Zion.
9 HERR, Gott der Heerscharen, höre mein
Bittgebet, *
vernimm es, Gott Jakobs! [Sela]
10 Gott, sieh her auf unseren Schild, *
schau auf das Angesicht deines Gesalbten!
11 Ja, besser ist ein einziger Tag in deinen Höfen *
als tausend andere.
Lieber an der Schwelle stehen im Haus meines
Gottes *
als wohnen in den Zelten der Frevler.
12 Denn Gott der HERR ist Sonne und Schild. *
Der HERR schenkt Gnade und Herrlichkeit.
Nicht versagt er Gutes denen, die rechtschaffen wandeln. *
13 HERR der Heerscharen, selig der Mensch,
der auf dich sein Vertrauen setzt!

3: 27,4 / **4**: 5,3 / **5**: 23,6 / **10**: 89,19 / **11**: 27,4 / **12**: 3,4

BITTE UM FRIEDEN UND GERECHTIGKEIT

85 1 Für den Chormeister. Ein Psalm der
Korachiter.
2 Du hast wieder Gefallen gefunden, HERR,
an deinem Land, *
du hast Jakobs Unglück gewendet.
3 Du hast deinem Volk die Schuld vergeben, *
all seine Sünden zugedeckt. [Sela]
4 Du hast zurückgezogen deinen ganzen
Grimm, *
du hast dich abgewendet von der Glut deines
Zorns.
5 Wende dich uns zu, du Gott unsres Heils, *
lass von deinem Unmut gegen uns ab!
6 Willst du uns ewig zürnen, *
soll dein Zorn dauern von Geschlecht zu
Geschlecht?
7 Willst du uns nicht wieder beleben, *
dass dein Volk an dir sich freue?
8 Lass uns schauen, HERR, deine Huld *
und schenk uns dein Heil!
9 Ich will hören, was Gott redet: *
Frieden verkündet der HERR
seinem Volk und seinen Frommen, *
sie sollen sich nicht zur Torheit wenden. [Sela]
10 Fürwahr, sein Heil ist denen nahe, die ihn
fürchten, *
seine Herrlichkeit wohne in unserm Land.
11 Es begegnen einander Huld und Treue; *
Gerechtigkeit und Friede küssen sich.
12 Treue sprosst aus der Erde hervor; *
Gerechtigkeit blickt vom Himmel hernieder.
13 Ja, der HERR gibt Gutes *
und unser Land gibt seinen Ertrag.
14 Gerechtigkeit geht vor ihm her *
und bahnt den Weg seiner Schritte.

2: Jer 31,23 / **3**: 32,1 / **5**: 80,4 / **6**: 77,8; 79,5 / **9**: Jer 29,11 / **11**: 61,8; 89,15 / **12**: Jes 45,8 / **13**: 67,7 / **14**: Jes 58,8

HILFERUF EINES ARMEN ZUM BARMHERZIGEN GOTT

86 1 Ein Bittgebet Davids.
Neige dein Ohr, HERR, und gib mir
Antwort, *
denn elend und arm bin ich!
2 Beschütze mich, denn ich bin dir ergeben! *
Rette, du mein Gott, deinen Knecht, der auf
dich vertraut!
3 Mein Herr, sei mir gnädig, *
denn zu dir rufe ich den ganzen Tag!
4 Erfreue die Seele deines Knechts, *
denn zu dir, mein Herr, erhebe ich meine
Seele!
5 Denn du, mein Herr, bist gut und bereit zu
vergeben, *
reich an Liebe für alle, die zu dir rufen.
6 Vernimm, HERR, mein Bittgebet, *
achte auf mein lautes Flehen!
7 Am Tag meiner Bedrängnis ruf ich zu dir, *
denn du gibst mir Antwort.
8 Mein Herr, unter den Göttern ist keiner wie
du *
und nichts gleicht deinen Werken.
9 Alle Völker, die du gemacht hast, werden
kommen /
und sich niederwerfen, mein Herr, vor
deinem Angesicht, *
sie werden deinen Namen ehren.
10 Denn du bist groß und tust Wunder, *
nur du bist Gott, du allein.

84,8 erscheinen, wörtlich: man erscheint.
85,5 lass ab, wörtlich: brich deinen Unmut gegen uns!

11 Lehre mich, HERR, deinen Weg, dass ich ihn
gehe in Treue zu dir, *
richte mein Herz auf das Eine: deinen Namen
zu fürchten!
12 Mein Herr und mein Gott, ich will dir
danken mit ganzem Herzen, *
ich will deinen Namen ehren auf ewig.
13 Denn groß ist über mir deine Liebe, *
du hast mich entrissen der Tiefe der Unter-
welt.
14 Gott, stolze Menschen standen gegen mich
auf, /
eine Rotte von Gewalttätigen trachtete mir
nach dem Leben, *
sie stellten dich nicht vor sich.
15 Du aber, Herr, bist ein barmherziger und
gnädiger Gott, *
langsam zum Zorn und reich an Huld und
Treue.
16 Wende dich mir zu und sei mir gnädig, /
gib deinem Knecht deine Stärke *
und rette den Sohn deiner Magd!
17 Wirke an mir ein Zeichen zum Guten! /
Die mich hassen, sollen es sehn und sich
schämen, *
denn du, HERR, hast mir geholfen und mich
getröstet.

4: 25,1; 143,8 / **7**: 50,15 / **9**: 22,28; Offb 15,4 / **11**: 25,4; 26,3; Joh 14,6 / **13**: 9,14 / **14**: 54,5 / **15**: 116,5 / **16**: 25,16

ZION, MUTTER ALLER VÖLKER

87 1 Ein Psalm der Korachiter. Ein Lied.
Der HERR liebt seine Gründung auf
heiligen Bergen,
2 die Tore Zions mehr als alle Stätten Jakobs.
3 Herrliches sagt man von dir, *
du Stadt unseres Gottes: [Sela]
4 Ich zähle Rahab und Babel zu denen, die
mich erkennen, /
auch das Philisterland, Tyrus und Kusch: *
Diese sind dort geboren.
5 Ja, über Zion wird man sagen: /
Ein jeder ist in ihr geboren. *
Er, der Höchste, gibt ihr Bestand!
6 Der HERR zählt und verzeichnet die
Völker: *
Diese sind dort geboren. [Sela]
7 Und sie werden beim Reigentanz singen: *
All meine Quellen entspringen in dir.

2: 76,3; 78,68 / **4–5**: Jes 19,24f. / **6**: Jes 4,3 / **7**: 149,3; Jes 12,3

KLAGE EINES VEREINSAMTEN IM ANGESICHT DES TODES

88 1 Ein Lied. Ein Psalm der Korachiter.
Für den Chormeister. Nach der Weise
Krankheit zu singen. Ein Weisheitslied
Hemans, des Esrachiters.
2 HERR, du Gott meiner Rettung, *
am Tag und in der Nacht schrei ich vor dir.
3 Lass mein Bittgebet vor dein Angesicht
kommen, *
neige dein Ohr meinem Rufen!
4 Denn mit Leid ist meine Seele gesättigt, *
mein Leben berührt die Totenwelt.
5 Schon zähle ich zu denen, die hinabsteigen
in die Grube, *
bin wie ein Mensch, in dem keine Kraft mehr ist.
6 Ausgestoßen unter den Toten, *
wie Erschlagene, die im Grab liegen,
derer du nicht mehr gedenkst, *
abgeschnitten sind sie von deiner Hand.
7 Du brachtest mich in die unterste Grube, *
in Finsternisse, in Tiefen.
8 Auf mir lastet dein Grimm, *
mit all deinen Wogen drückst du mich
nieder. [Sela]
9 Entfernt hast du von mir meine Vertrauten, *
zum Abscheu machtest du mich ihnen.
Gefangen bin ich und komm nicht heraus. *
10 Mein Auge erlischt vor Elend.
Den ganzen Tag, HERR, ruf ich zu dir, *
ich strecke nach dir meine Hände aus.
11 Wirst du an den Toten Wunder tun, *
werden Schatten aufstehn, um dir zu danken?
[Sela]
12 Erzählt man im Grab von deiner Huld, *
von deiner Treue im Totenreich?
13 Werden deine Wunder in der Finsternis
erkannt, *
deine Gerechtigkeit im Land des Vergessens?
14 Ich aber, HERR, ich schreie zu dir um
Hilfe, *
am Morgen komme zu dir mein Bittgebet.
15 Warum, HERR, verstößt du mich, *
verbirgst vor mir dein Angesicht?
16 Elend bin ich, ein Sterbender von Jugend
an, *
ich trage deine Schrecken und erstarre.
17 Über mich fuhr dahin die Glut deines Zorns, *
deine Schrecken haben mich vernichtet.

88,6 ausgestoßen, andere Übersetzungsmöglichkeit: freigelassen.

88,8 drückst du mich nieder: vermuteter Text; drückst du nieder.

18 Sie umfluten mich den ganzen Tag wie
Wasser, *
sie dringen auf mich ein von allen Seiten.
19 Entfernt hast du von mir Freunde und Nachbarn, *
mein Vertrauter ist nur noch die Finsternis.

2: 77,3 / **3:** 17,6; 119,170 / **4:** Ijob 17,1; 33,22 / **5:** 143,7 / **8:** 42,8 / **9:** 31,12 / **11–13:** 6,6 / **14:** 5,4 / **15:** Ijob 13,24 / **16:** Ijob 6,4; 20,25 / **18:** 42,8 / **19:** 31,12; Ijob 17,13

VERHEISSUNG AN DAVID UND KLAGE ÜBER DIE VERWERFUNG SEINES HAUSES

89 1 Ein Weisheitslied Etans, des Esrachiters.
2 Von der Huld des HERRN will ich ewig
singen, *
von Geschlecht zu Geschlecht mit meinem
Mund deine Treue verkünden.
3 Denn ich bekenne: Auf ewig ist Huld
gegründet, *
im Himmel deine Treue gefestigt.
4 Ich habe einen Bund geschlossen mit meinem
Erwählten *
und David, meinem Knecht, geschworen:
5 Auf ewig gebe ich deinem Haus festen
Bestand *
und von Geschlecht zu Geschlecht gründe ich
deinen Thron. [Sela]
6 Die Himmel preisen deine Wunder, HERR, *
und die Versammlung der Heiligen deine
Treue
7 Denn wer im Gewölk gleicht dem HERRN, *
ist dem HERRN ähnlich unter den Söhnen der
Götter?
8 Gewaltig ist Gott im Rat der Heiligen, *
für alle rings um ihn her ist er groß und furchtbar.
9 HERR, Gott der Heerscharen, wer ist wie
du? *
Mächtig bist du, HERR, und von Treue
umgeben.
10 Du beherrschst den Aufruhr des Meeres; *
wenn seine Wogen toben – du glättest sie.
11 Rahab hast du durchbohrt und zertreten, *
deine Feinde zerstreut mit starkem Arm.
12 Dein ist der Himmel, dein auch die Erde; *
den Erdkreis und was ihn erfüllt hast du
gegründet.
13 Nord und Süd hast du geschaffen, *
Tabor und Hermon jauchzen bei deinem
Namen.

89,3 gefestigt: vermuteter Text; du befestigst deine Treue: H.

14 Dein Arm ist voll Heldenkraft, *
deine Hand ist stark, deine Rechte hoch erhoben.
15 Recht und Gerechtigkeit sind die Stützen
deines Thrones, *
Huld und Treue schreiten dir entgegen.
16 Selig das Volk, das den Jubelruf kennt, *
HERR, sie gehen im Licht deines Angesichts.
17 Sie freuen sich allezeit über deinen Namen *
und sie jubeln über deine Gerechtigkeit.
18 Denn du bist ihre Schönheit und Stärke, *
du erhöhst unsre Kraft in deiner Güte.
19 Ja, dem HERRN gehört unser Schild, *
dem Heiligen Israels unser König.
20 Einst hast du in einer Vision zu deinen
Frommen gesprochen: /
Einem Helden habe ich Hilfe gewährt, *
einen jungen Mann aus dem Volk erhöht.
21 Ich habe David, meinen Knecht, gefunden *
und ihn mit meinem heiligen Öl gesalbt.
22 Fest wird meine Hand ihn halten *
und mein Arm ihn stärken.
23 Kein Feind soll ihn täuschen, *
kein ruchloser Mensch kann ihn bezwingen.
24 Vor ihm will ich seine Feinde zerschmettern *
und alle, die ihn hassen, schlage ich nieder.
25 Meine Treue und meine Huld sind mit ihm *
und in meinem Namen erhebt er sein Haupt.
26 Ich lege seine Hand auf das Meer *
und auf die Ströme seine Rechte.
27 Er wird zu mir rufen: Mein Vater bist du, *
mein Gott, der Fels meiner Rettung.
28 Ja, zum Erstgeborenen mache ich ihn, *
zum Höchsten unter den Königen der Erde.
29 Auf ewig werde ich ihm meine Huld
bewahren, *
mein Bund mit ihm ist verlässlich.
30 Sein Haus lasse ich dauern für immer *
und seinen Thron wie die Tage des Himmels.
31 Wenn seine Söhne meine Weisung verlassen, *
nicht mehr leben nach meiner Ordnung,
32 wenn sie meine Gesetze entweihen, *
meine Gebote nicht mehr halten,
33 dann werde ich ihr Vergehen mit der Rute
strafen *
und ihre Sünde mit Schlägen.
34 Doch ich entziehe ihm nicht meine Huld, *
breche ihm nicht die Treue.

89,17 sie jubeln: vermuteter Text; durch deine Gerechtigkeit sind sie erhoben: H.
89,34 entziehe: vermuteter Text; ich breche ihm nicht: H.

35 Meinen Bund werde ich nicht entweihen; /
was meine Lippen gesprochen haben, *
will ich nicht ändern.
36 Eines habe ich geschworen bei meiner
Heiligkeit, *
niemals werde ich David belügen:
37 Sein Haus soll bleiben auf ewig, *
sein Thron habe Bestand vor mir wie die
Sonne;
38 er soll ewig bestehen wie der Mond, *
der Zeuge über den Wolken ist verlässlich.
[Sela]
39 Du aber hast verstoßen, verworfen, *
mit Zorn überschüttet deinen Gesalbten.
40 Du hast den Bund mit deinem Knecht
zerbrochen, *
seine Krone entweiht, sie zu Boden geworfen.
41 Eingerissen hast du all seine Mauern, *
in Trümmer gelegt seine Burgen.
42 Alle, die des Weges kommen, plünderten
ihn aus. *
Er wurde zum Gespött seiner Nachbarn.
43 Du hast die Hand seiner Bedränger hoch
erhoben, *
hast all seine Feinde erfreut.
44 Du hast die Spitze seines Schwerts umgekehrt, *
hast ihn im Kampf nicht unterstützt.
45 Du hast ein Ende gemacht seinem Glanz *
und seinen Thron zu Boden geworfen.
46 Du hast ihm die Tage der Jugend verkürzt *
und ihn umhüllt mit Schande. [Sela]
47 Wie lange noch, HERR? Verbirgst du dich
ewig? *
Soll dein Zorn wie Feuer brennen?
48 Denk doch: Was ist mein Leben! *
Zu welch nichtigem Leben hast du alle
Menschen erschaffen!
49 Wer ist der Mann, der lebt und den Tod nicht
schaut, *
der sich retten kann vor dem Zugriff der
Totenwelt? [Sela]
50 Wo sind die Taten deiner früheren Huld,
HERR, *
die du David in deiner Treue geschworen hast?
51 HERR, gedenke der Schmach deiner
Knechte, *
im Innern brennt mir der Hohn der Völker.
52 Ja, deine Feinde, HERR, schmähten, *
ja, sie schmähten die Spuren deines Gesalbten.
53 Gepriesen sei der HERR in Ewigkeit. *
Amen, ja amen.

2: Jes 63,7 / **4**: 132,11; 2 Sam 7,8–16 / **5**: Apg 2,30 / **7–9**: 35,10; 136,2f. / **7**: 29,1 / **8**: Ijob 1,6 / **10**: 65,8; Mt 8,26 / **11**: 74,13f.; Ijob 26,12 / **12**: 24,1 / **15**: 97,2; 85,11 / **16**: 47,2 / **19**: 84,10 / **20–21**: 1 Sam 13,14; 16,13 / **21**: 78,70; Apg 13,22 / **22**: Jes 42,1 / **25**: 1 Sam 2,10 / **26**: 72,8 / **27–28**: 2,7; 2 Sam 7,14 / **28**: Kol 1,15.18; Offb 1,5 / **29**: 18,51; Jes 55,3 / **30**: 61,8; 2 Sam 7,16 / **33**: 2 Sam 7,14 / **34**: Jer 31,36f. / **38**: 72,7; Sir 43,6 / **41–42**: 80,13 / **42**: 31,12 / **47–48**: 90,9f. / **47**: 77,8; 79,5 / **51**: 41,6 / **52**: Hebr 11,26

89,51 Hohn: vermuteter Text; in der Brust trage ich alle die vielen Völker: H.

DAS VIERTE BUCH

DER EWIGE GOTT – DER VERGÄNGLICHE MENSCH

90 1 Ein Bittgebet des Mose, des Mannes Gottes.
O Herr, du warst uns Wohnung *
von Geschlecht zu Geschlecht.
2 Ehe geboren wurden die Berge, /
ehe du unter Wehen hervorbrachtest Erde
und Erdkreis, *
bist du Gott von Ewigkeit zu Ewigkeit.
3 Zum Staub zurückkehren lässt du den
Menschen, *
du sprichst: Ihr Menschenkinder, kehrt zurück!
4 Denn tausend Jahre sind in deinen Augen wie
der Tag, der gestern vergangen ist, *
wie eine Wache in der Nacht.
5 Du raffst sie dahin, sie werden wie Schlafende. *
Sie gleichen dem Gras, das am Morgen wächst:
6 Am Morgen blüht es auf und wächst empor, *
am Abend wird es welk und verdorrt.
7 Ja, unter deinem Zorn schwinden wir hin, *
durch deine Zornesglut werden wir starr vor
Schrecken.
8 Unsere Sünden hast du vor dich hingestellt, *
unsere verborgene Schuld in das Licht deines
Angesichts.
9 Ja, unter deinem Grimm gehen all unsere
Tage dahin, *
wir beenden unsere Jahre wie einen Seufzer.

10 Die Zeit unseres Lebens währt siebzig
Jahre, *
wenn es hochkommt, achtzig.
Das Beste daran ist nur Mühsal und Verhängnis, *
schnell geht es vorbei, wir fliegen dahin.
11 Wer erkennt die Macht deines Zorns *
und fürchtet deinen Grimm?
12 Unsere Tage zu zählen, lehre uns! *
Dann gewinnen wir ein weises Herz.
13 Kehre doch um, HERR! – Wie lange noch? *
Um deiner Knechte willen lass es dich reuen!
14 Sättige uns am Morgen mit deiner Huld! *
Dann wollen wir jubeln und uns freuen all
unsre Tage.
15 Erfreue uns so viele Tage, wie du uns gebeugt
hast, *
so viele Jahre, wie wir Unheil sahn.
16 Dein Wirken werde sichtbar an deinen
Knechten *
und deine Pracht an ihren Kindern.
17 Güte und Schönheit des Herrn, unseres
Gottes, sei über uns! /
Lass gedeihen das Werk unserer Hände, *
ja, das Werk unserer Hände lass gedeihn!

3: 146,4 / **4**: 2 Petr 3,8 / **5–6**: 37,2; 58,8; 102,12; 103,15; Ijob 14,2; Jes 40,6f. / **8**: 109,15; Hos 7,2 / **9–10**: 39,6; 89,48 / **10**: Gen 6,3; Sir 18,9 / **12**: 39,5f. / **14**: 46,6; 143,8; Klgl 3,23 / **16**: Jes 5,12

UNTER DEM SCHUTZ DES HÖCHSTEN

91 1 Wer im Schutz des Höchsten wohnt, *
der ruht im Schatten des Allmächtigen.
2 Ich sage zum HERRN: Du meine Zuflucht
und meine Burg, *
mein Gott, auf den ich vertraue.
3 Denn er rettet dich aus der Schlinge des
Jägers *
und aus der Pest des Verderbens.
4 Er beschirmt dich mit seinen Flügeln, /
unter seinen Schwingen findest du Zuflucht, *
Schild und Schutz ist seine Treue.
5 Du brauchst dich vor dem Schrecken der
Nacht nicht zu fürchten, *
noch vor dem Pfeil, der am Tag dahinfliegt,
6 nicht vor der Pest, die im Finstern schleicht, *
vor der Seuche, die wütet am Mittag.
7 Fallen auch tausend an deiner Seite, /
dir zur Rechten zehnmal tausend, *
so wird es dich nicht treffen.
8 Mit deinen Augen wirst du es schauen, *
wirst sehen, wie den Frevlern vergolten wird.
9 Ja, du, HERR, bist meine Zuflucht. *
Den Höchsten hast du zu deinem Schutz
gemacht.
10 Dir begegnet kein Unheil, *
deinem Zelt naht keine Plage.
11 Denn er befiehlt seinen Engeln, *
dich zu behüten auf all deinen Wegen.
12 Sie tragen dich auf Händen, *
damit dein Fuß nicht an einen Stein stößt;
13 du schreitest über Löwen und Nattern, *
trittst auf junge Löwen und Drachen.
14 Weil er an mir hängt, will ich ihn retten. *
Ich will ihn schützen, denn er kennt meinen
Namen.
15 Ruft er zu mir, gebe ich ihm Antwort. /
In der Bedrängnis bin ich bei ihm, *
ich reiße ihn heraus und bring ihn zu Ehren.
16 Ich sättige ihn mit langem Leben, *
mein Heil lass ich ihn schauen.

2: 18,3 / **3**: 124,7 / **4**: 17,7f. / **5**: Spr 3,25 / **6**: Jer 15,8 / **7**: Dtn 7,15 / **8**: 54,9; 62,13 / **10**: Ijob 5,19.24 / **11**: 34,8; Hebr 1,14 / **11–12**: Mt 4,6 / **12**: Spr 3,23 / **13**: Lk 10,19 / **14**: 9,11; 119,132 / **15**: 50,15; Sach 13,9 / **16**: 50,23

DIE TREUE GOTTES GEGENÜBER DEM GERECHTEN

92 1 Ein Psalm. Ein Lied. Für den Tag des
Sabbats.
2 Gut ist es, dem HERRN zu danken, *
deinem Namen, du Höchster, zu singen und
zu spielen,
3 am Morgen deine Huld zu verkünden *
und in den Nächten deine Treue,
4 zur zehnsaitigen Laute und zur Harfe, *
zum Spiel auf der Leier.
5 Denn du, HERR, hast mich durch dein
Wirken froh gemacht, *
über die Werke deiner Hände will ich jubeln.
6 Wie groß sind deine Werke, HERR, *
wie tief deine Gedanken!
7 Ein Mensch ohne Einsicht erkennt das nicht, *
ein Tor kann es nicht verstehen.
8 Wenn auch die Frevler sprießen wie Gras, /
wenn alle, die Unrecht tun, blühen – *
dann nur zur Vernichtung für immer.
9 Aber du bist erhaben, *
o HERR, auf ewig.
10 Doch siehe, HERR, deine Feinde, /
doch siehe, deine Feinde gehen zugrunde, *

90,11 und fürchtet deinen Grimm; wörtlich: und entsprechend der Furcht vor dir deinen Grimm.

91,9 deinem Schutz: G; deiner Wohnung: H.

zerstreut werden alle, die Unrecht tun.
11 Du machtest mich stark wie einen Wildstier, *
mit frischem Öl bin ich überschüttet,
12 mein Auge blickt herab auf meine Verfolger, /
auf jene, die sich gegen mich erheben; *
mein Ohr hört vom Geschick der Bösen.
13 Der Gerechte sprießt wie die Palme, *
er wächst wie die Zeder des Libanon.
14 Gepflanzt im Haus des HERRN, *
sprießen sie in den Höfen unseres Gottes.
15 Sie tragen Frucht noch im Alter *
und bleiben voll Saft und Frische;
16 sie verkünden: Der HERR ist redlich, *
mein Fels! An ihm ist kein Unrecht.

2: 33,1–3 / **6**: 104,24; 139,17f. / **7**: Weish 13,1 / **8**: 37,35f. / **10**: 68,2f.; 125,5 / **11**: 23,5 / **12**: 54,9 / **13**: 1,3 / **14**: 52,10 / **16**: 18,3.47; Gen 49,24; Dtn 32,4.15.18.37

HYMNUS AUF GOTTES KÖNIGTUM

93 1 Der HERR ist König, bekleidet mit Hoheit; *
der HERR hat sich bekleidet und mit Macht umgürtet.
Ja, der Erdkreis ist fest gegründet, *
nie wird er wanken.
2 Dein Thron steht fest von Anbeginn, *
du bist seit Ewigkeit.
3 Fluten erhoben, HERR, /
Fluten erhoben ihr Tosen, *
Fluten erheben ihr Brausen.
4 Mehr als das Tosen vieler Wasser, /
gewaltiger als die Brandung des Meeres *
ist gewaltig der HERR in der Höhe.
5 Deine Gesetze sind fest und verlässlich; /
deinem Haus gebührt Heiligkeit, *
HERR, für alle Zeiten.

1: 24,7–10; 75,4; 104,5 / **2**: 9,8; 90,2 / **3-4**: 29,10 / **5**: 19,8

HILFESCHREI NACH GOTT, DEM ANWALT DER GERECHTEN

94 1 Gott der Vergeltung, HERR, *
du Gott der Vergeltung, erscheine!
2 Erhebe dich, Richter der Erde, *
vergilt den Stolzen ihr Tun!
3 Wie lange noch dürfen die Frevler, HERR, *
wie lange noch dürfen die Frevler frohlocken?
4 Sie geifern und führen freche Reden, *
die Übeltäter brüsten sich alle.
5 HERR, sie zertreten dein Volk, *
sie unterdrücken dein Erbteil.
6 Sie bringen die Witwen und Fremden um *
und morden die Waisen.
7 Sie sagten: Der HERR sieht es nicht, *
der Gott Jakobs merkt es nicht.
8 Begreift doch, ihr Toren im Volk! *
Ihr Unvernünftigen, wann werdet ihr klug?
9 Sollte der nicht hören, der das Ohr gepflanzt hat, *
sollte der nicht sehen, der das Auge geformt hat?
10 Sollte der nicht zurechtweisen, der die Nationen erzieht, *
er, der die Menschen Erkenntnis lehrt?
11 Der HERR kennt die Gedanken der Menschen: *
Sie sind ein Windhauch.
12 Selig der Mann, den du, HERR, erziehst, *
den du mit deiner Weisung belehrst,
13 um ihm Ruhe zu schaffen vor bösen Tagen, *
bis dem Frevler die Grube gegraben ist.
14 Denn der HERR lässt sein Volk nicht im Stich *
und wird sein Erbe nicht verlassen.
15 Nun spricht man wieder Recht nach Gerechtigkeit; *
ihr folgen alle Menschen mit redlichem Herzen.
16 Wer wird sich für mich gegen die Bösen erheben, *
wer tritt gegen die Übeltäter für mich ein?
17 Wäre nicht der HERR meine Hilfe, *
bald würde meine Seele wohnen im Schweigen.
18 Wenn ich sage: Mein Fuß gleitet aus, *
dann stützt mich, HERR, deine Huld.
19 Mehren sich die Sorgen in meinem Innern, *
so erquicken deine Tröstungen meine Seele.
20 Hat sich mit dir der Thron des Verderbens verbündet, *
der Mühsal schafft, gegen das Gesetz?
21 Sie rotten sich zusammen gegen das Leben des Gerechten, *
unschuldiges Blut sprechen sie schuldig.
22 Da wurde mir der HERR zur Schutzburg, *
mein Gott zum Fels meiner Zuflucht.
23 Er vergalt ihnen ihr Unrecht, /
er vernichtet sie wegen ihrer Bosheit, *
vernichten wird sie der HERR, unser Gott.

1: Dtn 32,35; Nah 1,2 / **2**: Jer 51,56; Ps 62,13 / **4**: 75,6 / **6**: Ex 22,21f.; Ez 22,7 / **7**: 10,11 / **8**: Spr 1,22; 8,5 / **9**: 33,15; Ex 4,11; Spr 20,12 / **11**: 1 Kor 3,20 / **12**: 119,71; Ijob 5,17 / **14**: 1 Sam 12,22 / **17**: 115,17 / **18**: 145,14 / **19**: 2 Kor 1,4f. / **22**: 92,16 / **23**: 7,17; Spr 5,22; Ps 62,13

DANK AN DEN SCHÖPFER UND AUFRUF ZUR TREUE

95 1 Kommt, lasst uns jubeln dem HERRN, *
jauchzen dem Fels unsres Heils!
2 Lasst uns mit Dank seinem Angesicht
nahen, *
ihm jauchzen mit Liedern!
3 Denn ein großer Gott ist der HERR, *
ein großer König über allen Göttern.
4 In seiner Hand sind die Tiefen der Erde, *
sein sind die Gipfel der Berge.
5 Sein ist das Meer, das er gemacht hat, *
das trockene Land, das seine Hände gebildet.
6 Kommt, wir wollen uns niederwerfen,
uns vor ihm verneigen, *
lasst uns niederknien vor dem HERRN,
unserem Schöpfer!
7 Denn er ist unser Gott, /
wir sind das Volk seiner Weide, *
die Herde, von seiner Hand geführt.
Würdet ihr doch heute auf seine Stimme
hören! /
8 Verhärtet euer Herz nicht wie in Meriba, *
wie in der Wüste am Tag von Massa!
9 Dort haben eure Väter mich versucht, /
sie stellten mich auf die Probe *
und hatten doch mein Tun gesehen.
10 Vierzig Jahre war mir dieses Geschlecht
zuwider /
und ich sagte: Sie sind ein Volk, dessen Herz
in die Irre geht, *
sie kennen meine Wege nicht.
11 Darum habe ich in meinem Zorn geschwo-
ren: *
Sie sollen nicht eingehen in meine Ruhe.

1: 92,16 / **2:** 100,2 / **3:** 47,3; 48,2; 96,4; 99,2; 113,4; 136,2f.; 145,3; Ijob 36,22 / **5:** 24,1 / **7–11:** Hebr 3,7–11.15; 4,1–10 / **7:** 100,3 / **8:** 81,8 / **9:** Num 14,22; Dtn 6,16 / **10:** Num 14,30.34; Dtn 32,5.20; Ijob 21,14 / **11:** Num 14,22f.; Ps 132,14; Ez 20,15

EIN NEUES LIED AUF DEN KÖNIG UND RICHTER ALLER WELT

96 1 Singt dem HERRN ein neues Lied, /
singt dem HERRN, alle Lande, *
2 singt dem HERRN, preist seinen Namen!
Verkündet sein Heil von Tag zu Tag! /
3 Erzählt bei den Nationen von seiner Herrlich-
keit, *
bei allen Völkern von seinen Wundern!
4 Denn groß ist der HERR und hoch zu loben, *
mehr zu fürchten als alle Götter.
5 Denn alle Götter der Völker sind Nichtse, *
aber der HERR ist es, der den Himmel gemacht
hat.
6 Hoheit und Pracht sind vor seinem Ange-
sicht, *
Macht und Glanz in seinem Heiligtum.
7 Bringt dar dem HERRN, ihr Stämme der
Völker, /
bringt dar dem HERRN Ehre und Macht, *
8 bringt dar dem HERRN die Ehre seines
Namens!
Bringt Gaben und tretet ein in die Höfe seines
Heiligtums! /
9 Werft euch nieder vor dem HERRN in heili-
gem Schmuck! *
Erbebt vor ihm, alle Lande!
10 Verkündet bei den Nationen: Der HERR ist
König! /
Fest ist der Erdkreis gegründet, er wird nicht
wanken. *
Er richtet die Völker so, wie es recht ist.
11 Der Himmel freue sich, die Erde frohlocke, *
es brause das Meer und seine Fülle.
12 Es jauchze die Flur und was auf ihr wächst. *
Jubeln sollen alle Bäume des Waldes
13 vor dem HERRN, denn er kommt, *
denn er kommt, um die Erde zu richten.
Er richtet den Erdkreis in Gerechtigkeit *
und die Völker nach seiner Treue.

1–13: 1 Chr 16,23–33 / **1:** 33,3 / **3:** 108,4 / **4:** 48,2; 95,3 / **7–9:** 29,1f. / **10:** 24,7–10; 75,3f. / **11:** 98,7 / **12:** Jes 55,12 / **13:** 98,9; 9,9; Apg 17,31

AUFRUF ZUR FREUDE AN GOTTES KÖNIGTUM

97 1 Der HERR ist König. Es juble die
Erde! *
Freuen sollen sich die vielen Inseln.
2 Rings um ihn her sind Wolken und
Dunkel, *
Gerechtigkeit und Recht sind die Stützen
seines Thrones.
3 Feuer geht vor ihm her, *
verzehrt seine Gegner ringsum.
4 Seine Blitze erhellen den Erdkreis, *
die Erde sieht es und bebt.
5 Berge schmelzen wie Wachs vor dem
HERRN, *
vor dem Angesicht des HERRN der ganzen Erde.
6 Seine Gerechtigkeit verkünden die
Himmel, *
seine Herrlichkeit schauen alle Völker.

95,10 dies Geschlecht: G; ein Geschlecht: H.

7 Alle, die Bildern dienen, werden zuschanden, /
die sich der Götzen rühmen. *
Vor ihm werfen sich alle Götter nieder.
8 Zion hört es und freut sich, /
Judas Töchter jubeln, *
HERR, über deine Urteile.
9 Denn du, HERR, bist der Höchste über
der ganzen Erde, *
hoch erhaben bist du über alle Götter.
10 Die ihr den HERRN liebt, hasst das Böse! /
Er behütet das Leben seiner Frommen, *
er entreißt sie der Hand der Frevler.
11 Licht wird ausgesät für den Gerechten, *
Freude für die, die geraden Herzens sind.
12 Freut euch am HERRN, ihr Gerechten, *
dankt seinem heiligen Namen!

1: 24,7–10 / **2**: 89,15 / **3**: 18,9 / **4**: 77,19 / **5**: 68,3; Mi 1,4 / **6**: 50,6 / **8**: 48,12 / **9**: 83,19; 95,3; 136,2f. / **10**: 121,7f. / **11**: 27,1; 43,3; 112,4; Spr 13,9; Jes 58,10; Joh 8,12 / **12**: 30,5

EIN NEUES LIED AUF DEN SCHÖPFER UND RICHTER

98 1 Ein Psalm.
Singt dem HERRN ein neues Lied, /
denn er hat wunderbare Taten vollbracht! *
Geholfen hat ihm seine Rechte und sein
heiliger Arm.
2 Der HERR hat sein Heil bekannt gemacht *
und sein gerechtes Wirken enthüllt vor den
Augen der Völker.
3 Er gedachte seiner Huld und seiner Treue
zum Haus Israel. *
Alle Enden der Erde sahen das Heil unsres
Gottes.
4 Jauchzet dem HERRN, alle Lande, *
freut euch, jubelt und singt!
5 Spielt dem HERRN auf der Leier, *
auf der Leier zu lautem Gesang!
6 Mit Trompeten und lautem Widderhorn *
jauchzt vor dem HERRN, dem König!
7 Es brause das Meer und seine Fülle, *
der Erdkreis und seine Bewohner.
8 In die Hände klatschen sollen die Ströme, *
die Berge sollen jubeln im Chor
9 vor dem HERRN, denn er kommt, *
um die Erde zu richten.
Er richtet den Erdkreis in Gerechtigkeit, *
die Völker so, wie es recht ist.

1: 33,3; Jes 59,16; 63,5 / **6**: 24,7–10 / **7**: 96,11 / **8**: 96,12f. / **9**: 96,13; 67,5

DER HEILIGE GOTT AUF DEM ZION

99 1 Der HERR ist König. Es zittern die
Völker. *
Er thront auf den Kerubim. Es wankt die Erde.
2 Groß ist der HERR auf Zion, *
erhaben ist er über alle Völker.
3 Preisen sollen sie deinen großen und Furcht
gebietenden Namen. *
Er ist heilig!
4 Die Macht eines Königs ist das Recht, das er
liebt. /
Du bist es, der die Ordnung gegründet hat. *
Recht und Gerechtigkeit in Jakob hast du
bewirkt.
5 Erhebt den HERRN, unsern Gott, /
werft euch nieder am Schemel seiner Füße! *
Er ist heilig!
6 Mose und Aaron sind unter seinen Priestern, /
Samuel unter denen, die seinen Namen
anrufen. *
Sie riefen zum HERRN und er gab ihnen
Antwort.
7 Aus der Wolkensäule sprach er zu ihnen, *
sie hielten seine Gebote und die Satzung,
die er ihnen gegeben.
8 HERR, unser Gott, du gabst ihnen Antwort. /
Du warst ihnen ein vergebender Gott, *
doch ihre Vergehen hast du vergolten.
9 Erhebt den HERRN, unsern Gott, /
werft euch nieder an seinem heiligen Berg! *
Denn der HERR, unser Gott, ist heilig!

1: 24,7–10; 80,2 / **2**: 48,2; 95,3 / **3**: 111,9 / **5**: 132,7 / **6**: Jer 15,1 / **7**: Ex 33,9; Num 12,5 / **8**: Ex 32,11; 34,7

LOBGESANG DER VÖLKER BEIM EINZUG INS HEILIGTUM

100 1 Ein Psalm. Zum Dankopfer.
Jauchzt dem HERRN, alle Lande! /
2 Dient dem HERRN mit Freude! *
Kommt vor sein Angesicht mit Jubel!
3 Erkennt: Der HERR allein ist Gott. /
Er hat uns gemacht, wir sind sein Eigentum, *
sein Volk und die Herde seiner Weide.
4 Kommt mit Dank durch seine Tore, /
mit Lobgesang in seine Höfe! *
Dankt ihm, preist seinen Namen!
5 Denn der HERR ist gut, /
ewig währt seine Huld *
und von Geschlecht zu Geschlecht seine
Treue.

2: 95,2 / **3**: 83,19; 95,7; Jes 64,7 / **5**: 107,1

100,3 wir sind sein Eigentum: Der hebräische Text lässt auch die Übersetzung zu: und nicht wir.

VORSÄTZE DES KÖNIGS IN DER STADT GOTTES

101 1 Ein Psalm Davids.
Von Huld und Recht will ich singen, *
dir, HERR, will ich spielen.
2 Auf den rechten Weg will ich achten. /
Wann kommst du zu mir? *
Ich lebe mit lauterem Herzen inmitten meines Hauses.
3 Ich setze mir nicht vor Augen, was Verderben bringt. /
Ich hasse es, Unrecht zu tun, *
es soll nicht an mir haften.
4 Falschheit sei meinem Herzen fern, *
ich will Böses nicht kennen.
5 Wer seinen Nächsten heimlich verleumdet, *
den bring ich zum Schweigen.
Wer stolze Augen hat und ein hochmütiges Herz, *
den kann ich nicht ertragen.
6 Meine Augen suchen die Treuen im Land, *
sie sollen bei mir wohnen.
Wer auf dem rechten Wege geht, *
der darf mir dienen.
7 In meinem Haus wohne kein Betrüger, *
kein Lügner kann bestehn vor meinen Augen.
8 Morgen für Morgen bring ich zum Schweigen
alle Frevler des Landes, *
um auszurotten aus der Stadt des HERRN alle,
die Unrecht tun.

1: 7,18 / **2**: 26,11f. / **5**: Spr 21,4 / **6**: Spr 14,35 / **8**: Jer 21,12; Zef 3,5; Spr 20,26

BITTGEBET EINES GEBEUGTEN

102 1 Bittgebet eines Gebeugten, wenn er verzagt *
und vor dem HERRN seine Sorge ausschüttet.
2 HERR, höre mein Bittgebet! *
Mein Schreien dringe zu dir!
3 Verbirg dein Angesicht nicht vor mir! /
Wenn ich in Not bin, wende dein Ohr mir zu! *
Wenn ich dich rufe, eile und erhöre mich!
4 Denn meine Tage sind wie Rauch geschwunden, *
meine Glieder wie von Feuer verbrannt.
5 Versengt wie Gras und verdorrt ist mein Herz, *
sodass ich vergessen habe, mein Brot zu essen.
6 Vor lauter Stöhnen und Schreien *
bin ich nur noch Haut und Knochen.
7 Ich bin wie eine Dohle in der Wüste, *
wie eine Eule in öden Ruinen.
8 Ich liege wach und ich klage *
wie ein einsamer Vogel auf dem Dach.
9 Den ganzen Tag verhöhnten mich meine Feinde; *
die über mich Spott ausgossen, fluchten mit meinem Namen.
10 Denn Staub habe ich gegessen wie Brot, *
mit Tränen habe ich meinen Trank gemischt.
11 Auf mir lasten dein Zorn und dein Grimm, *
denn du hast mich hochgerissen und zu Boden geschleudert.
12 Meine Tage schwinden dahin wie Schatten, *
ich verdorre wie Gras.
13 Du aber, HERR, du thronst für immer und ewig *
und das Gedenken an dich dauert von Geschlecht zu Geschlecht.
14 Du wirst dich erheben, dich über Zion erbarmen, *
denn es ist Zeit, ihm gnädig zu sein, die Stunde ist da.
15 An seinen Steinen hängt das Herz deiner Knechte, *
ob seiner Trümmer tragen sie Leid.
16 Dann fürchten die Völker den Namen des HERRN *
und alle Könige der Erde deine Herrlichkeit.
17 Denn der HERR hat Zion dann wieder aufgebaut, *
er ist erschienen in seiner Herrlichkeit.
18 Er hat sich dem Bittgebet der verlassenen Stadt zugewandt, *
ihre Bittgebete hat er nicht verschmäht.
19 Dies sei aufgeschrieben für das kommende Geschlecht, *
damit den HERRN lobe das Volk, das noch erschaffen wird.
20 Denn herabgeschaut hat der HERR aus heiliger Höhe, *
vom Himmel hat er auf die Erde geblickt,
21 um das Seufzen der Gefangenen zu hören, *
zu befreien, die dem Tod geweiht sind,
22 damit sie den Namen des HERRN auf dem Zion verkünden *
und sein Lob in Jerusalem,
23 wenn sich dort Völker versammeln, *
Königreiche, um den HERRN zu verehren.

102,6 Haut und Knochen, wörtlich: klebt mein Gebein an meinem Fleisch.

102,8 ich klage, wörtlich: ich bin.

102,12 meine Tage schwinden: G; meine Tage sind wie ein gestreckter Schatten: H.

24 Er hat meine Kraft auf dem Weg gebrochen, *
er hat meine Tage verkürzt.
25 Darum sage ich: Mein Gott, raff mich nicht
weg in der Mitte meines Lebens, *
deine Jahre überdauern Geschlecht um
Geschlecht.
26 Vorzeiten hast du der Erde Grund gelegt, *
die Himmel sind das Werk deiner Hände.
27 Sie werden vergehen, du aber bleibst; *
sie alle zerfallen wie ein Gewand;
du wechselst sie wie ein Kleid *
und sie schwinden dahin.
28 Du aber bleibst, der du bist, *
und deine Jahre enden nie.
29 Die Kinder deiner Knechte werden in Sicherheit wohnen, *
ihre Nachkommen bestehen vor deinem
Angesicht.

3: 31,3; 69,18; 143,7 / **4**: 38,8f. / **6**: Ijob 19,20 / **9**: 41,6 / **10**: 42,4 / **12**: 90,9f. / **13**: 145,13; 135,13; Klgl 5,19 / **14**: 69,14 / **17**: 51,20; Jes 60,1 / **19**: 22,31f. / **20**: 11,4; 33,13 / **21**: 79,11 / **23**: Jes 60,3–10; Lk 13,29f. / **24**: 89,46 / **25**: 55,24 / **26–28**: Jes 51,6–8; Hebr 1,10–12 / **28**: Hebr 13,8 / **29**: 69,36f.

LOBLIED AUF DEN BARMHERZIGEN UND GERECHTEN GOTT

103 1 Von David.
Preise den HERRN, meine Seele, *
und alles in mir seinen heiligen Namen!
2 Preise den HERRN, meine Seele, *
und vergiss nicht, was er dir Gutes getan hat!
3 Der dir all deine Schuld vergibt *
und all deine Gebrechen heilt,
4 der dein Leben vor dem Untergang rettet *
und dich mit Huld und Erbarmen krönt,
5 der dich dein Leben lang mit Gaben sättigt, *
wie dem Adler wird dir die Jugend erneuert.
6 Der HERR vollbringt Taten des Heils, *
Recht verschafft er allen Bedrängten.
7 Er hat Mose seine Wege kundgetan, *
den Kindern Israels seine Werke.
8 Der HERR ist barmherzig und gnädig, *
langmütig und reich an Huld.
9 Er wird nicht immer rechten *
und nicht ewig trägt er nach.
10 Er handelt an uns nicht nach unsern
Sünden *
und vergilt uns nicht nach unsrer Schuld.
11 Denn so hoch der Himmel über der Erde ist, *
so mächtig ist seine Huld über denen, die ihn
fürchten.
12 So weit der Aufgang entfernt ist vom Untergang, *
so weit entfernt er von uns unsere Frevel.
13 Wie ein Vater sich seiner Kinder erbarmt, *
so erbarmt sich der HERR über alle, die ihn
fürchten.
14 Denn er weiß, was wir für Gebilde sind, *
er bedenkt, dass wir Staub sind.
15 Wie Gras sind die Tage des Menschen, *
er blüht wie die Blume des Feldes.
16 Fährt der Wind darüber, ist sie dahin; *
der Ort, wo sie stand, weiß nichts mehr von
ihr.
17 Doch die Huld des HERRN währt immer
und ewig /
für alle, die ihn fürchten. *
Seine Gerechtigkeit erfahren noch Kinder und
Enkel, /
18 alle, die seinen Bund bewahren, *
die seiner Befehle gedenken und danach
handeln.
19 Der HERR hat seinen Thron errichtet im
Himmel, *
seine königliche Macht beherrscht das All.
20 Preist den HERRN, ihr seine Engel, /
ihr starken Helden, die sein Wort vollstrecken, *
die auf die Stimme seines Wortes hören!
21 Preist den HERRN, all seine Heerscharen, *
seine Diener, die seinen Willen tun!
22 Preist den HERRN, all seine Werke, /
an jedem Ort seiner Herrschaft! *
Preise den HERRN, meine Seele!

2: Dtn 4,9 / **3**: 32,1; Ex 15,26 / **5**: Ijob 33,25; Jes 40,31 / **6**: 146,7 / **7**: 90,16 / **8**: 116,5 / **9**: Jes 57,16; Jer 3,12 / **11**: 36,6; Jes 55,9 / **13**: 145,9; Jdt 16,15; Lk 15,11–24 / **14**: 146,4 / **15**: 90,5f. / **16**: Ijob 7,10 / **17**: Ex 20,6; Lk 1,50 / **18**: 25,10 / **20–22**: 29,1; 148,2–4 / **22**: 145,10; Dan 3,57

LOBLIED AUF DEN SCHÖPFER

104 1 Preise den HERRN, meine Seele! /
HERR, mein Gott, überaus groß
bist du! *
Du bist mit Hoheit und Pracht bekleidet.
2 Du hüllst dich in Licht wie in einen Mantel, *
du spannst den Himmel aus gleich einem Zelt.
3 Du verankerst die Balken deiner Wohnung
im Wasser. /
Du nimmst dir die Wolken zum Wagen, *
du fährst einher auf den Flügeln des Windes.
4 Du machst die Winde zu deinen Boten, *
zu deinen Dienern Feuer und Flamme.
5 Du hast die Erde auf Pfeiler gegründet, *
in alle Ewigkeit wird sie nicht wanken.

103,5 dein Leben lang: vermuteter Text; deinen Schmuck: H.

6 Einst hat die Urflut sie bedeckt wie ein
Kleid, *
die Wasser standen über den Bergen.
7 Sie wichen vor deinem Drohen zurück, *
sie flohen vor der Stimme deines Donners.
8 Sie stiegen die Berge hinauf, sie flossen hinab
in die Täler *
an den Ort, den du für sie bestimmt hast.
9 Eine Grenze hast du gesetzt, die dürfen sie
nicht überschreiten, *
nie wieder sollen sie die Erde bedecken.
10 Du lässt Quellen sprudeln in Bäche, *
sie eilen zwischen den Bergen dahin.
11 Sie tränken alle Tiere des Feldes, *
die Wildesel stillen ihren Durst.
12 Darüber wohnen die Vögel des Himmels, *
aus den Zweigen erklingt ihr Gesang.
13 Du tränkst die Berge aus deinen Kammern, *
von der Frucht deiner Werke wird die Erde satt.
14 Du lässt Gras wachsen für das Vieh *
und Pflanzen für den Ackerbau des Menschen,
damit er Brot gewinnt von der Erde *
15 und Wein, der das Herz des Menschen
erfreut,
damit er das Angesicht erglänzen lässt mit Öl *
und Brot das Herz des Menschen stärkt.
16 Die Bäume des HERRN trinken sich satt, *
die Zedern des Libanon, die er gepflanzt hat,
17 dort bauen die Vögel ihr Nest, *
auf den Zypressen nistet der Storch.
18 Die hohen Berge gehören dem Steinbock, *
dem Klippdachs bieten die Felsen Zuflucht.
19 Du machst den Mond zum Maß für die
Zeiten, *
die Sonne weiß, wann sie untergeht.
20 Du sendest Finsternis und es wird Nacht, *
dann regen sich alle Tiere des Waldes.
21 Die jungen Löwen brüllen nach Beute, *
sie verlangen von Gott ihre Nahrung.
22 Strahlt die Sonne dann auf, so schleichen
sie heim *
und lagern sich in ihren Verstecken.
23 Nun geht der Mensch hinaus an sein
Tagwerk, *
an seine Arbeit bis zum Abend.
24 Wie zahlreich sind deine Werke, HERR, /
sie alle hast du mit Weisheit gemacht, *
die Erde ist voll von deinen Geschöpfen.
25 Da ist das Meer, so groß und weit, /
darin ein Gewimmel, nicht zu zählen: *
kleine und große Tiere.
26 Dort ziehen die Schiffe dahin, *
der Leviatan, den du geformt, um mit ihm zu
spielen.
27 Auf dich warten sie alle, *
dass du ihnen ihre Speise gibst zur rechten
Zeit.
28 Gibst du ihnen, dann sammeln sie ein, *
öffnest du deine Hand, werden sie gesättigt
mit Gutem.
29 Verbirgst du dein Angesicht, sind sie
verstört, /
nimmst du ihnen den Atem, so schwinden
sie hin *
und kehren zurück zum Staub.
30 Du sendest deinen Geist aus: Sie werden
erschaffen *
und du erneuerst das Angesicht der Erde.
31 Die Herrlichkeit des HERRN währe ewig, *
der HERR freue sich seiner Werke.
32 Er blickt herab auf die Erde und sie erbebt, *
er rührt die Berge an und sie rauchen.
33 Ich will dem HERRN singen in meinem
Leben, *
meinem Gott singen und spielen, solange
ich da bin.
34 Möge ihm mein Dichten gefallen. *
Ich will mich freuen am HERRN.
35 Die Sünder sollen von der Erde verschwinden /
und Frevler sollen nicht mehr da sein. *
Preise den HERRN, meine Seele!
Halleluja!

1: 40,17 / **2**: Ijob 9,8; Jes 40,22; 44,24 / **3**: 18,11; 68,5 / **4**: Hebr 1,7 / **5**: 75,4 / **7–9**: Spr 8,29 / **9**: Ijob 38,8–11; Jer 5,22; Gen 9,11–15 / **10**: 74,15 / **12**: Ez 31,6–9 / **13**: 65,10f.; Ijob 36,31 / **14**: 147,8f. / **15**: Ri 9,13; Koh 10,19; Sir 31,27 / **19**: 74,16; Sir 43,6–8 / **21**: 17,12; Ijob 38,39 / **22**: Ijob 37,8 / **24**: Spr 8,22–31 / **25**: Sir 43,25 / **26**: 107,23 / **27–28**: 145,15f. / **27**: 136,25 / **29**: 30,8; 146,4 / **30**: Gen 2,7 / **32**: 144,5 / **33**: 7,18; 146,2 / **34**: 19,15

DANKLIED FÜR GOTTES HANDELN AN ISRAEL

105 1 Dankt dem HERRN! Ruft seinen
Namen aus! *
Macht unter den Völkern seine Taten bekannt!
2 Singt ihm und spielt ihm, *
sinnt nach über all seine Wunder!
3 Rühmt euch seines heiligen Namens! *
Die den HERRN suchen, sollen sich von Herzen freuen.
4 Fragt nach dem HERRN und seiner Macht, *
sucht sein Angesicht allezeit!
5 Gedenkt der Wunder, die er getan hat, *

104,25 so groß und weit, wörtlich: groß und weit nach beiden Seiten.

seiner Zeichen und der Beschlüsse seines
Munds!
6 Ihr Nachkommen seines Knechts Abraham, *
ihr Kinder Jakobs, die er erwählt hat.
7 Er, der HERR, ist unser Gott. *
Auf der ganzen Erde gelten seine Entscheide.
8 Auf ewig gedachte er seines Bundes, *
des Wortes, das er gebot für tausend
Geschlechter,
9 des Bundes, den er mit Abraham geschlos-
sen, *
seines Eides, den er Isaak geschworen hat.
10 Er bestimmte ihn als Satzung für Jakob, *
als ewigen Bund für Israel.
11 Er sprach: Dir will ich das Land Kanaan
geben, *
als euch zugemessenen Erbteil.
12 Als sie noch gering waren an Zahl, *
nur wenige und nur zu Gast im Land,
13 und noch zogen von Volk zu Volk, *
von einem Reich zu einem anderen Volk,
14 da gestattete er niemand, sie zu bedrücken, *
wies ihretwegen Könige zurecht:
15 Tastet meine Gesalbten nicht an, *
tut meinen Propheten nichts zuleide!
16 Dann aber rief er den Hunger ins Land, *
entzog ihnen allen Vorrat an Brot.
17 Doch hatte er ihnen einen Mann voraus-
gesandt: *
Josef wurde als Sklave verkauft.
18 Man spannte seine Füße in Fesseln *
und zwängte seinen Hals ins Eisen
19 bis zu der Zeit, als sein Wort sich erfüllte *
und der Spruch des HERRN ihm Recht gab.
20 Er sandte einen König, der ließ ihn frei, *
einen Herrscher der Völker, der ließ ihn heraus.
21 Er bestellte ihn zum Herrn über sein Haus, *
zum Herrscher über seinen ganzen Besitz,
22 damit er binde seine Fürsten durch seine
Seele *
und Weisheit lehre seine Ältesten.
23 Und Israel kam nach Ägypten, *
Jakob wurde Gast im Land Hams.
24 Da mehrte Gott sein Volk gewaltig, *
machte es stärker als seine Bedränger.
25 Er wandelte deren Sinn zum Hass gegen
sein Volk, *
sodass sie an seinen Knechten tückisch
handelten.
26 Dann sandte er Mose, seinen Knecht, *
und Aaron, den er sich erwählte.
27 Sie wirkten unter ihnen seine angekündig-
ten Zeichen *
und Wunder im Land Hams.
28 Er sandte Finsternis, da wurde es dunkel, *
damit sie nicht widerspenstig wären gegen
sein Wort.
29 Er verwandelte ihre Gewässer in Blut *
und ließ ihre Fische sterben.
30 Ihr Land wimmelte von Fröschen *
bis hinein in den Palast ihrer Könige.
31 Er sprach, da kamen Schwärme von
Fliegen, *
Stechmücken über das ganze Gebiet.
32 Er schickte ihnen Hagel statt Regen, *
flammendes Feuer auf ihr Land.
33 Er zerschlug ihnen Weinstock und Feigen-
baum *
und knickte in ihrem Gebiet die Bäume um.
34 Er sprach, da kamen Schwärme von Grillen *
und Wanderheuschrecken in gewaltiger Zahl.
35 Sie fraßen alles Grün in ihrem Land, *
sie fraßen die Frucht ihrer Felder.
36 Er schlug alle Erstgeburt in ihrem Land, *
die Erstlinge ihrer Manneskraft.
37 Er führte sein Volk heraus mit Silber und
Gold, *
unter seinen Stämmen war niemand, der
strauchelte.
38 Bei ihrem Auszug freute sich Ägypten, *
denn Schrecken vor ihnen hatte sie alle
befallen.
39 Eine Wolke breitete er aus, um sie zu
decken, *
und Feuer, um die Nacht zu erleuchten.
40 Er forderte Wachteln und ließ sie kommen *
und sättigte sie mit Brot vom Himmel.
41 Er öffnete den Felsen, da sprudelten
Wasser, *
wie ein Strom floss es dahin in der Wüste.
42 Denn er gedachte seines heiligen Wortes *
und seines Knechts Abraham.
43 Er führte sein Volk heraus in Freude, *
seine Erwählten in Jubel.
44 Er gab ihnen die Länder der Völker, *
was die Nationen mühsam erwarben, werden
sie erben,
45 damit sie seine Satzungen bewahren *
und seine Weisungen befolgen.
Halleluja!

105,22 mögliche Übersetzung: damit er binde mit/in/durch seine/r Seele.

1–15: 1 Chr 16,8–22 / **1**: 108,4 / **3**: Dtn 4,29 / **4**: 27,8 / **8**: 111,5; Dtn 7,9 / **9**: Gen 17,1–21; 26,3 / **11**: Gen 12,7; 15,18 / **12**: Dtn 26,5 / **14**: Gen 12,17; 20,3.7 / **16**: Gen 41,54 / **17**: Gen 37,28; 45,5 / **18**: Gen 39,20 / **19–22**: Gen 41,38–45 / **23**: Gen 46,1–7; 47,11 / **24**: Ex 1,7.12 / **25**: Ex 1,9–11.15–22 / **26**: Ex 3,10;

4,14–16 / **28**: Ex 10,21–29 / **29**: Ex 7,14–25 / **30**: Ex 7,26–8,11 / **31**: Ex 8,12–28 / **32-33**: Ex 9,13–35 / **34-35**: Ex 10,1–20 / **36**: 78,51 / **37**: Ex 12,35f. / **38**: Ex 12,33 / **39**: 78,14 / **40**: 78,24; Ex 16,2–36; Weish 16,20 / **41**: 78,15; Ex 17,1–7 / **44-45**: Dtn 4,37–40

SÜNDENBEKENNTNIS ISRAELS ANGESICHTS SEINER GESCHICHTE

106 1 Halleluja!
Dankt dem HERRN, denn er ist
gut, *
denn seine Huld währt ewig.
2 Wer kann die großen Taten des HERRN
erzählen, *
all seinen Ruhm verkünden?
3 Selig, die das Recht bewahren, *
die Gerechtigkeit üben zu jeder Zeit.
4 Gedenke meiner, HERR, in Gnade für dein
Volk, *
such mich heim mit deiner Hilfe,
5 dass ich das Glück deiner Erwählten schaue, /
mich freue an der Freude deines Volkes, *
dass ich zusammen mit deinem Erbe mich
rühme!
6 Wir haben gesündigt mit unseren Vätern, *
wir haben Unrecht getan und gefrevelt.
7 Unsere Väter in Ägypten begriffen deine
Wunder nicht, /
gedachten nicht der vielen Erweise deiner
Huld *
und waren widerspenstig am Meer, am Roten
Meer.
8 Er aber hat sie um seines Namens willen
gerettet, *
um seine Macht zu bekunden.
9 Er drohte dem Roten Meer, da wurde es
trocken, *
er führte sie durch die Fluten wie durch die
Wüste.
10 Er rettete sie aus der Hand derer, die sie
hassten, *
er erlöste sie aus der Hand des Feindes.
11 Ihre Bedränger bedeckte das Wasser, *
nicht einer von ihnen blieb übrig.
12 Da glaubten sie seinen Worten, *
da sangen sie seinen Lobpreis.
13 Doch sie vergaßen schnell seine Taten, *
wollten auf seinen Ratschluss nicht warten.
14 Sie gierten voll Gier in der Wüste, *
sie versuchten Gott in der Öde.
15 Er gab ihnen, was sie verlangten, *
dann aber sandte er ihnen die Schwindsucht.
16 Sie wurden im Lager eifersüchtig auf Mose *
und auf Aaron, den Heiligen des HERRN.
17 Die Erde tat sich auf und verschluckte Datan, *
sie bedeckte die Rotte Abirams.
18 Feuer verbrannte die Rotte, *
Flammen verzehrten die Frevler.
19 Sie machten am Horeb ein Kalb *
und warfen sich nieder vor dem Gussbild.
20 Die Herrlichkeit Gottes tauschten sie ein *
gegen das Abbild eines Stieres, der Gras frisst.
21 Sie vergaßen Gott, ihren Retter, *
der einst in Ägypten Großes vollbrachte,
22 Wunder im Land Hams, *
Furcht erregende Taten am Roten Meer.
23 Da sann er darauf, sie zu vertilgen, *
wäre nicht Mose gewesen, sein Erwählter.
Der trat vor ihn in die Bresche, *
seinen Grimm abzuwenden vom Vernichten.
24 Sie verschmähten das köstliche Land, *
sie glaubten nicht seinem Wort.
25 Sie murrten in ihren Zelten, *
hörten nicht auf die Stimme des HERRN.
26 Da erhob er gegen sie seine Hand, *
um sie niederzustrecken in der Wüste,
27 ihre Nachkommen niederzustrecken durch
die Nationen, *
sie in alle Länder zu zerstreuen.
28 Sie hängten sich an den Baal-Pegor *
und aßen Opfer für Tote.
29 Sie erbitterten Gott mit ihren Taten, *
da brach unter ihnen eine Plage aus.
30 Pinhas trat hin und legte Fürsprache ein, *
da wurde der Plage Einhalt geboten.
31 Das wurde ihm angerechnet als Gerechtig-
keit *
von Geschlecht zu Geschlecht für alle Zeiten.
32 Sie erzürnten Gott an den Wassern von
Meriba, *
ihretwegen erging es Mose übel.
33 Denn sie waren widerspenstig gegen seinen
Geist *
und er redete unbedacht mit seinen Lippen.
34 Sie rotteten die Völker nicht aus, *
wie der HERR es ihnen befohlen.
35 Sie vermischten sich mit den Völkern *
und lernten von ihren Taten.
36 Sie dienten deren Götzen, *
sie wurden ihnen zur Falle.
37 Sie brachten ihre Söhne und Töchter dar *
als Opfer für die Dämonen.
38 Sie vergossen unschuldiges Blut, *
das Blut ihrer Söhne und Töchter,
die sie den Götzen Kanaans opferten. *
So wurde das Land durch Blutschuld geschän-
det.

39 Sie wurden durch ihre Taten unrein *
und brachen mit ihrem Tun die Treue.
40 Der Zorn des HERRN entbrannte gegen sein
Volk, *
Abscheu empfand er gegen sein Erbe.
41 Er gab sie in die Hand der Völker *
und die sie hassten, beherrschten sie.
42 Ihre Feinde bedrängten sie, *
unter ihre Hand mussten sie sich beugen.
43 Viele Male hat er sie befreit, /
sie aber blieben widerspenstig bei ihren
Beschlüssen *
und versanken in ihrer Schuld.
44 Da sah er auf ihre Drangsal, *
als er auf ihr Schreien hörte,
45 er gedachte ihnen zuliebe seines Bundes *
und ließ es sich gereuen gemäß der Fülle seiner
Huld.
46 Er ließ sie Erbarmen finden *
bei allen, deren Gefangene sie waren.
47 Rette uns, HERR, unser Gott, *
und sammle uns aus den Völkern,
damit wir deinem heiligen Namen danken *
und uns in deinem Lobpreis rühmen!
48 Gepriesen sei der HERR, der Gott Israels, /
von Ewigkeit zu Ewigkeit. *
Alles Volk soll sprechen:
Amen. Halleluja!

1: 107,1 / **2**: Joh 21,25 / **3**: Jes 56,1f. / **6**: Lev 26,40; Dan 9,5 / **7**: 78,11–17 / **8**: Ez 39,25 / **9**: Ex 14,21f.; Jes 63,11–14 / **12**: Ex 14,31; 15,1–21 / **14**: 78,18; Num 11,4–6 / **16**: Num 16,1–3 / **17-18**: Num 16,31–35 / **19-20**: Ex 32,1–6 / **20**: Jer 2,11; Röm 1,23 / **21**: 78,42 / **23**: Ex 32,11–14 / **24**: Num 14,2–4 / **26**: Num 14,23.29 / **27**: Lev 26,33; Ez 20,23 / **28**: Num 25,1–3 / **30**: Num 25,7–11 / **31**: Num 25,12f. / **32**: Num 20,2–13 / **34-36**: Dtn 7,1–5; Ri 1,18–2,5 / **36**: Ri 2,11–13 / **37-38**: Lev 18,21 / **38-39**: Num 35,33f. / **40-42**: Ri 2,14f. / **43**: Ri 2,16 / **45**: Lev 26,42 / **46**: Esra 9,9 / **47-48**: 1 Chr 16,35f.

106,43 ihren Beschlüssen: vermuteter Text; ihrem Beschluss: H.

DAS FÜNFTE BUCH

DANKLIED DER ERLÖSTEN

107 1 Dankt dem HERRN, denn er ist gut,
denn seine Huld währt ewig.
2 So sollen sprechen die vom HERRN Erlös-
ten, *
die er erlöst hat aus der Hand des Bedrängers.
3 Er hat sie aus den Ländern gesammelt, /
vom Aufgang und vom Untergang, *
von Norden und vom Meer her.
4 Sie, die umherirrten in der Wüste, im
Ödland, *
und den Weg zur bewohnten Stadt nicht
fanden,
5 die Hunger litten und Durst, *
denen das Leben dahinschwand.
6 Sie schrien zum HERRN in ihrer Bedrängnis *
und er entriss sie ihren Nöten,
7 er führte sie auf geraden Wegen, *
sodass sie zur bewohnten Stadt gelangten.
8 Sie sollen dem HERRN danken für seine
Huld, *
für seine Wundertaten an den Menschen,
9 denn er hat gesättigt die lechzende Kehle *
und die hungernde Kehle hat er gefüllt mit
Gutem.
10 Sie, die saßen in Dunkel und Finsternis, *
gefangen in Elend und Eisen,
11 denn sie hatten sich widersetzt den Worten
Gottes *
und verachtet den Ratschluss des Höchsten,
12 da beugte er ihr Herz durch Mühsal, *
sie stürzten und es gab keinen Helfer.
13 Sie schrien zum HERRN in ihrer Bedräng-
nis *
und er rettete sie aus ihren Nöten,
14 er führte sie heraus aus Dunkel und Finster-
nis *
und ihre Fesseln zerriss er.
15 Sie sollen dem HERRN danken für seine
Huld, *
für seine Wundertaten an den Menschen,
16 denn er hat zerbrochen die Tore aus
Bronze *
und die Riegel aus Eisen hat er zerschlagen.
17 Sie, die töricht waren auf ihrem sündhaften
Wege, *
niedergebeugt von ihren schweren Vergehen,
18 deren Kehle sich ekelte vor jeder Speise, *
die nahe waren den Pforten des Todes.
19 Sie schrien zum HERRN in ihrer Bedräng-
nis *
und er rettete sie aus ihren Nöten,
20 er sandte sein Wort, um sie zu heilen *
und sie zu befreien aus ihren Gruben.

21 Sie sollen dem HERRN danken für seine
Huld, *
für seine Wundertaten an den Menschen,
22 sie sollen ihm Dankopfer weihen, *
mit Jubel seine Taten verkünden.
23 Sie, die mit Schiffen das Meer befuhren, *
Handel trieben auf den großen Wassern,
24 die dort schauten die Werke des HERRN, *
seine Wundertaten in der Tiefe.
25 Er sprach und ließ den Sturmwind
aufstehn, *
der hoch die Wogen türmte,
26 sie stiegen empor zum Himmel, /
in die Urtiefen sanken sie hinab, *
sodass ihre Seele vor Not verzagte,
27 sie wankten und schwankten wie Betrunkene, *
verschlungen war all ihre Weisheit.
28 Sie schrien zum HERRN in ihrer Bedrängnis *
und er führte sie heraus aus ihren Nöten,
29 er machte aus dem Sturm ein Säuseln *
und es schwiegen die Wogen des Meeres.
30 Sie freuten sich, dass die Wogen sich legten, *
und er führte sie zum ersehnten Hafen.
31 Sie sollen dem HERRN danken für seine
Huld, *
für seine Wundertaten an den Menschen,
32 sie sollen ihn rühmen in der Versammlung
des Volkes, *
im Kreis der Alten ihn loben.
33 Er macht Ströme zur dürren Wüste, *
Oasen zum dürstenden Ödland,
34 fruchtbares Land zur salzigen Steppe, *
wegen der Bosheit seiner Bewohner.
35 Er macht Wüste zum Wasserteich, *
verdorrtes Land zu Oasen.
36 Dort ließ er Hungernde wohnen, *
die eine bewohnte Stadt errichteten,
37 die Felder bestellten, Weinberge pflanzten *
und reiche Ernte erzielten.
38 Er segnete sie, sodass sie sich gewaltig
vermehrten, *
und ihr Vieh machte er nicht weniger.
39 Dann aber wurden sie weniger und beugten
sich *
unter der Last von Unheil und Kummer.
40 Er goss Verachtung aus über die Edlen, *
er ließ sie umherirren in wegloser Wüste.
41 Doch den Armen hob er empor aus dem
Elend *
und machte seine Sippen zahlreich wie eine
Herde.
42 Die Redlichen sehn es und freuen sich, *
doch alle Bosheit muss ihren Mund verschließen.
43 Wer ist weise, dass er dies alles beachtet? *
Wer wird die Taten der Huld des HERRN
verstehen?

1: 106,1; 118,1.29; 136,1f.26 / **3**: Jes 43,5f. / **4**: Dtn 8,15 / **5**: Jes 49,10 / **6**: 50,15 / **9**: Jes 55,1; Lk 1,53 / **10**: Ijob 36,8f. / **11**: 106,43; Spr 1,25 / **14**: Jes 42,7.16 / **16**: Jes 45,2 / **18**: Ijob 6,6f.; 33,20 / **20**: Weish 16,12; Mt 8,8 / **23–24**: Sir 43,24f. / **25**: Jona 1,4 / **27**: Spr 23,34 / **28**: Jona 1,14f. / **29**: 65,8; Mt 8,26 / **32**: 22,23 / **33**: Jes 42,15; 50,2 / **34**: Gen 19,24–26; Dtn 29,22; Sir 39,23 / **35**: Jes 41,18 / **36**: Ez 36,35 / **37**: Jes 65,21 / **38**: Dtn 7,13f. / **40**: Ijob 12,21.24 / **41**: 113,7 / **42**: Ijob 22,19; 5,16; Ps 63,12

GOTT, GEBORGENHEIT UND SCHUTZ SEINES VOLKES

108 1 Ein Lied. Ein Psalm Davids.
2 Mein Herz ist bereit, Gott, /
ich will singen und spielen, *
ja, du meine Herrlichkeit.
3 Wacht auf, Harfe und Leier, *
ich will das Morgenrot wecken!
4 Ich will dich preisen, HERR, unter den
Völkern, *
dir vor den Nationen singen und spielen.
5 Denn deine Liebe reicht über den Himmel
hinaus, *
deine Treue, so weit die Wolken ziehen.
6 Erhebe dich über den Himmel, Gott! *
Deine Herrlichkeit sei über der ganzen Erde!
7 Damit befreit werden, die dir lieb sind, *
rette mit deiner Rechten und gib mir Antwort!
8 Gott hat in seinem Heiligtum gesprochen: /
Ich will triumphieren, will Sichem verteilen *
und das Tal von Sukkot vermessen.
9 Mein ist Gilead, mein ist Manasse, /
Efraim ist der Helm meines Hauptes, *
Juda ist mein Herrscherstab.
10 Mein Waschbecken ist Moab, /
meinen Schuh werf ich auf Edom, *
ich triumphiere über das Land der Philister.
11 Wer führt mich hin zu der befestigten Stadt, *
wer wird mich nach Edom geleiten?
12 Wer, wenn nicht du, Gott, der du uns
verstoßen hast *
und nicht auszogst, Gott, mit unseren Heeren?
13 Bring du uns Hilfe gegen den Feind, *
denn die Hilfe von Menschen ist nichtig!
14 Mit Gott werden wir Taten der Macht
vollbringen. *
Er selbst wird unsere Feinde zertreten.

2–6: 57,8–12 / **4**: 9,12; 18,50; 57,10; 96,3; 105,1 / **5**: 36,6 / **7–14**: 60,7–14

BITTE UM HILFE GEGEN ERBARMUNGSLOSE FEINDE

109 1 Für den Chormeister. Ein Psalm Davids.
Gott meines Lobes, schweig doch nicht! *
2 Denn ein Mund voll Frevel, ein Lügenmaul
hat sich gegen mich aufgetan.
Sie reden zu mir mit falscher Zunge, /
3 umgeben mich mit Worten des Hasses *
und bekämpfen mich grundlos.
4 Sie klagen mich an für meine Liebe, *
ich aber bete.
5 Sie vergelten mir Gutes mit Bösem, *
mit Hass meine Liebe:
6 Einen Frevler bestelle gegen ihn als Zeugen, *
ein Ankläger trete zu seiner Rechten.
7 Als Verurteilter gehe er aus dem Gericht
hervor *
und sein Gebet erweise sich als Sünde.
8 Nur gering noch sei die Zahl seiner Tage, *
sein Amt erhalte ein anderer.
9 Zu Waisen sollen werden seine Kinder *
und seine Frau zur Witwe.
10 Unstet sollen seine Kinder umherziehen
und betteln, *
aus den Trümmern des Hauses vertrieben.
11 All seinen Besitz reiße an sich ein Gläubi-
ger, *
Fremde sollen plündern, was er erworben hat.
12 Niemand sei da, der ihm Huld bewahrt, *
keiner, der sich seiner Waisen erbarmt.
13 Seine Nachkommen soll man vernichten, *
im nächsten Geschlecht schon erlösche ihr
Name.
14 Der Schuld seiner Väter werde beim HERRN
gedacht, *
ungetilgt bleibe die Sünde seiner Mutter.
15 Ihre Schuld stehe dem HERRN allzeit vor
Augen, *
ihr Andenken lösche er aus auf Erden.
16 Denn dieser Mensch dachte nie daran, Huld
zu üben; /
er verfolgte den Gebeugten und den Armen *
und wollte den Verzagten töten.
17 Er liebte den Fluch – der komme über ihn; *
er verschmähte den Segen – der bleibe ihm
fern.
18 Er zog den Fluch an wie ein Gewand; /
der dringe in seinen Leib wie Wasser *
und wie Öl in seine Knochen.
19 Er werde für ihn wie das Kleid, in das er sich
hüllt, *
wie der Gürtel, mit dem er sich allzeit um-
gürtet.
20 So treiben es die, die mich anklagen mit
Berufung auf den HERRN, *
die Böses gegen mein Leben reden.
21 Du aber, Gott und HERR, /
handle an mir, wie es deinem Namen
entspricht! *
Ja, gut ist deine Huld, befreie mich!
22 Denn ich bin gebeugt und arm, *
mein Herz ist durchbohrt in meinem Innern.
23 Wie ein flüchtiger Schatten schwinde ich
dahin, *
wie eine Heuschrecke schüttelt man mich ab.
24 Mir wanken die Knie vom Fasten, *
mein Fleisch nimmt ab und wird mager.
25 Ja, ich wurde ihnen zum Spott, *
sie schütteln den Kopf, wenn sie mich sehen.
26 Hilf mir, HERR, mein Gott, *
in deiner Huld errette mich!
27 Sie sollen erkennen, dass dies deine Hand
vollbracht hat, *
dass du, HERR, es getan hast.
28 Mögen sie fluchen – du wirst segnen. /
Sie haben sich erhoben, aber sie werden
zuschanden, *
doch dein Knecht wird sich freuen.
29 Meine Ankläger müssen sich mit Schmach
bekleiden, *
wie in einen Mantel sich in Schande hüllen.
30 Ich will dem HERRN danken mit lauter
Stimme, *
inmitten der Menge will ich ihn loben.
31 Denn er steht zur Rechten des Armen, *
um sein Leben vor bösen Richtern zu retten.

1: 35,22; 83,2 / **2**: 31,19 / **4–5**: Spr 17,13; Ps 35,12f. / **8**: Apg 1,20 / **9**: Ex 22,23; Jer 18,21 / **10**: Ijob 5,4f. / **11**: Ijob 20,18 / **12–13**: Jes 14,21 / **13**: 21,11 / **14**: Ex 20,5 / **15**: 90,8; 34,17 / **18**: Num 5,24 / **23**: 39,6f. / **25**: 41,6 / **27**: 64,10 / **28**: Jes 65,13f.; Lk 6,27f. / **29**: Jer 20,11 / **30**: 22,23

GOTTES EINSETZUNG DES PRIESTERKÖNIGS AUF DEM ZION

110 1 Ein Psalm Davids.
So spricht der HERR zu meinem
Herrn: /
Setze dich zu meiner Rechten *
und ich lege deine Feinde als Schemel unter
deine Füße.
2 Das Zepter deiner Macht streckt der HERR
aus vom Zion her: *
Herrsche inmitten deiner Feinde!

109,4 ich aber bete, wörtlich: ich aber bin Gebet.
109,10 vertrieben: G; und sie suchen: H. – aus den Trümmern des Hauses, wörtlich: aus ihren Trümmern.

3 Dich umgibt Herrschaft am Tag deiner
Macht, /
im Glanz des Heiligtums. *
Ich habe dich aus dem Schoß gezeugt vor dem
Morgenstern.
4 Der HERR hat geschworen und nie wird es
ihn reuen: *
Du bist Priester auf ewig nach der Ordnung
Melchisedeks.
5 Der HERR steht dir zur Rechten; *
er zerschmettert Könige am Tag seines Zorns.
6 Er hält Gericht unter den Völkern, er häuft
die Toten, *
die Häupter zerschmettert er weithin auf
Erden.
7 Er trinkt auf dem Weg aus dem Bach; *
so kann er das Haupt erheben.

1: Mt 22,44; Apg 2,34f.; Hebr 1,13; 8,1; 10,12f.; 12,2 / **3**: 2,7 / **4**: Gen 14,18; Hebr 5,6 / **5–6**: 2,9

GOTT GEDENKT SEINES EWIGEN BUNDES

111
1 Halleluja!
Dem HERRN will ich danken mit
ganzem Herzen *
im Kreis der Redlichen, in der Gemeinde.
2 Groß sind die Werke des HERRN, *
erforschenswert für alle, die sich an ihnen
freuen.
3 Hoheit und Pracht ist sein Walten, *
seine Gerechtigkeit hat Bestand für immer.
4 Ein Gedächtnis seiner Wunder hat er
gestiftet, *
der HERR ist gnädig und barmherzig.
5 Speise gab er denen, die ihn fürchten, *
seines Bundes gedenkt er auf ewig.
6 Die Macht seiner Werke hat er seinem Volk
kundgetan, *
um ihm das Erbe der Völker zu geben.
7 Die Werke seiner Hände sind Treue und
Recht, *
verlässlich sind alle seine Gebote.
8 Sie stehen fest für immer und ewig, *
geschaffen in Treue und Redlichkeit.
9 Erlösung hat er seinem Volk gesandt, /
seinen Bund bestimmt für ewige Zeiten. *
Heilig und Furcht gebietend ist sein Name.
10 Die Furcht des HERRN ist der Anfang
der Weisheit. /
Gute Einsicht ist sie allen, die danach
handeln. *
Sein Lob hat Bestand für immer.

1: 22,23 / **4**: Ex 12,1–28; Ps 116,5 / **5**: 145,15; 105,8 / **9**: 130,8; Jer 32,40 / **10**: Spr 1,7; 9,10

SELIGPREISUNG DES GOTTESFÜRCHTIGEN

112
1 Halleluja!
Selig der Mann, der den HERRN
fürchtet *
und sich herzlich freut an seinen Geboten.
2 Seine Nachkommen werden mächtig im
Land, *
das Geschlecht der Redlichen wird gesegnet.
3 Wohlstand und Reichtum füllen sein Haus, *
seine Gerechtigkeit hat Bestand für immer.
4 Im Finstern erstrahlt er als Licht den
Redlichen: *
Gnädig und barmherzig ist der Gerechte.
5 Glücklich ein Mann, der gnädig ist und leiht
ohne Zinsen, *
der nach dem Recht das Seine ordnet.
6 Niemals gerät er ins Wanken; *
ewig denkt man an den Gerechten.
7 Er fürchtet sich nicht vor böser Kunde, *
sein Herz ist fest, auf den HERRN vertraut er.
8 Sein Herz ist getrost, er fürchtet sich nicht, *
er wird herabschauen auf seine Bedränger.
9 Reichlich gibt er den Armen, /
seine Gerechtigkeit hat Bestand für immer, *
seine Macht steht hoch in Ehren.
10 Der Frevler sieht es voll Unmut, /
er wird mit den Zähnen knirschen und vergehen. *
Die Wünsche der Frevler werden zunichte.

1: 1,1f.; 128,1 / **2**: Spr 20,7 / **3**: 128,2 / **4**: 97,11; 116,5 / **5**: Ijob 29,12f. / **6**: Spr 10,7 / **8**: 54,9 / **9**: Spr 22,9; 2 Kor 9,9

LOBLIED AUF GOTTES HOHEIT UND LIEBE ZU DEN GERINGEN

113
1 Halleluja!
Lobt, ihr Knechte des HERRN, *
lobt den Namen des HERRN!
2 Der Name des HERRN sei gepriesen *
von nun an bis in Ewigkeit.
3 Vom Aufgang der Sonne bis zu ihrem Untergang *
sei gelobt der Name des HERRN.
4 Erhaben ist der HERR über alle Völker, *
über den Himmeln ist seine Herrlichkeit.
5 Wer ist wie der HERR, unser Gott, *
der wohnt in der Höhe,
6 der hinabschaut in die Tiefe, *
auf Himmel und Erde?
7 Den Geringen richtet er auf aus dem Staub, *

110,3 Dich … Morgenstern: G.; Dein Volk ist Bereitschaft am Tag deiner Macht. In der Pracht der Heiligkeit, aus dem Schoß der Morgenröte, für dich ist Tau deine Jugend: H.

aus dem Schmutz erhebt er den Armen,
8 um ihn wohnen zu lassen bei den Fürsten, *
bei den Fürsten seines Volks.
9 Die Kinderlose lässt er wohnen im Haus *
als frohe Mutter von Kindern. Halleluja!

1: 135,1 / **4**: 95,3; 148,13 / **5**: 35,10 / **6–7**: Jes 57,15 / **7–8**: 1 Sam 2,8 / **9**: 1 Sam 2,5; Jes 54,1; Lk 1,57f.

LOBPREIS AUF DEN AUSZUG ISRAELS AUS ÄGYPTEN

114 1 Als Israel aus Ägypten auszog, *
das Haus Jakobs aus dem Volk
mit fremder Sprache,
2 da wurde Juda sein Heiligtum, *
Israel das Gebiet seiner Herrschaft.
3 Das Meer sah es und flüchtete, *
der Jordan wandte sich rückwärts.
4 Die Berge hüpften wie Widder, *
die Hügel wie junge Lämmer.
5 Was ist mit dir, du Meer, dass du flüchtest, *
du Jordan, dass du rückwärts dich wendest,
6 ihr Berge, dass ihr hüpft wie Widder, *
ihr Hügel, wie junge Lämmer?
7 Vor dem Angesicht des Herrn tanze, du Erde, *
vor dem Angesicht des Gottes Jakobs,
8 der den Fels zum Wasserteich wandelt, *
Kieselgestein zu quellendem Wasser.

1: Ex 12,41 / **2**: Ex 19,6; Jer 2,3; Dtn 7,6 / **3**: 66,6 / **4**: 29,6 / **6–7**: 68,9 / **8**: 78,15f.; Jes 48,21

DER GOTT ISRAELS UND DIE GÖTZEN DER VÖLKER

115 1 Nicht uns, HERR, nicht uns, /
nein, deinem Namen gib Herr-
lichkeit, *
wegen deiner Huld, wegen deiner Treue!
2 Warum sollen die Völker sagen: *
Wo ist denn ihr Gott?
3 Unser Gott, er ist im Himmel, *
alles, was ihm gefällt, vollbringt er.
4 Ihre Götzen sind nur Silber und Gold, *
Machwerk von Menschenhand.
5 Sie haben einen Mund und reden nicht, *
sie haben Augen und sehen nicht,
6 sie haben Ohren und hören nicht, *
sie haben eine Nase und riechen nicht;
7 ihre Hände, sie greifen nicht, /
ihre Füße, sie gehen nicht, *
sie bringen keinen Laut hervor aus ihrer Kehle.
8 Ihnen werden gleich, die sie machen, *
alle, die auf sie vertrauen.
9 Israel, vertrau auf den HERRN! *
Er ist ihr Schild und ihre Hilfe.
10 Haus Aaron, vertraut auf den HERRN! *
Er ist ihr Schild und ihre Hilfe.
11 Die ihr den HERRN fürchtet, vertraut auf
den HERRN! *
Er ist ihr Schild und ihre Hilfe.
12 Der HERR hat unser gedacht, er wird
segnen. /
Er wird segnen das Haus Israel. *
Er wird segnen das Haus Aaron.
13 Der HERR wird segnen, die ihn fürchten, *
die Kleinen und die Großen.
14 Der HERR wird euch mehren, *
euch und eure Kinder.
15 Gesegnet seid ihr vom HERRN, *
der Himmel und Erde gemacht hat.
16 Der Himmel ist Himmel des HERRN, *
die Erde aber gab er den Menschen.
17 Nicht die Toten loben den HERRN, *
keiner, der ins Schweigen hinabsteigt.
18 Wir aber preisen den HERRN *
von nun an bis in Ewigkeit.
Halleluja!

1: Ez 36,22f. / **2**: 42,11 / **3**: 135,6; Ijob 23,13; Weish 12,18 / **4–8**: 135,15–18; Dtn 4,28; Weish 15,15; Jes 44,9–11; Bar 6,3.7 / **9–11**: 33,20; 3,4; 118,2–4 / **14**: 127,3; Dtn 1,11 / **15**: 134,3 / **16**: 8,7; Gen 1,28 / **17**: 6,6; 94,17

RETTUNG AUS TODESNOT UND OPFER DES DANKES

116 1 Ich liebe den HERRN; denn er
hört *
meine Stimme, mein Flehen um Gnade.
2 Ja, er hat sein Ohr mir zugeneigt, *
alle meine Tage will ich zu ihm rufen.
3 Mich umfingen Fesseln des Todes, /
Bedrängnisse der Unterwelt haben mich
getroffen, *
Bedrängnis und Kummer treffen mich.
4 Ich rief den Namen des HERRN: *
Ach HERR, rette mein Leben!
5 Gnädig ist der HERR und gerecht, *
unser Gott erbarmt sich.
6 Arglose behütet der HERR. *
Ich war schwach, er hat mich gerettet.
7 Komm wieder zur Ruhe, meine Seele, *
denn der HERR hat dir Gutes erwiesen.
8 Ja, du hast mein Leben dem Tod entrissen, *
mein Auge den Tränen, meinen Fuß dem
Straucheln.

113,8 um ihn wohnen zu lassen: G; um wohnen zu lassen: H.

116,2 alle meine Tage, wörtlich: in meinen Tagen.

9 So gehe ich meinen Weg vor dem HERRN *
im Land der Lebenden.
10 Ich glaube – auch wenn ich sagen muss: *
Ich bin tief erniedrigt!
11 Ich sagte in meiner Bestürzung: *
Alle Menschen sind Lügner.
12 Wie kann ich dem HERRN vergelten *
all das Gute, das er mir erwiesen?
13 Den Becher des Heils will ich erheben. *
Ausrufen will ich den Namen des HERRN.
14 Meine Gelübde will ich dem HERRN erfüllen *
in Gegenwart seines ganzen Volks.
15 Kostbar ist in den Augen des HERRN *
der Tod seiner Frommen.
16 Ach HERR, ich bin doch dein Knecht, /
dein Knecht bin ich, der Sohn deiner Magd! *
Gelöst hast du meine Fesseln.
17 Ich will dir ein Opfer des Dankes bringen, *
ausrufen will ich den Namen des HERRN.
18 Meine Gelübde will ich dem HERRN erfüllen *
in Gegenwart seines ganzen Volks,
19 in den Höfen des Hauses des HERRN, *
in deiner Mitte, Jerusalem.
Halleluja!

3–4: 18,5–7; Jona 2,3 / **5**: 86,15; 103,8; 111,4; 112,4; 145,8; Ex 34,6; Mi 7,18 / **8**: 9,14; 56,14 / **9**: 27,13 / **11**: 12,3; Röm 3,4 / **14**: 66,13 / **15**: 72,14 / **18**: 66,13

AUFRUF AN ALLE VÖLKER ZUM LOB GOTTES

117 1 Lobt den HERRN, alle Völker, *
rühmt ihn, alle Nationen!
2 Denn mächtig waltet über uns seine Huld, *
die Treue des HERRN währt in Ewigkeit.
Halleluja!

1: Röm 15,11

DANKLIED AUF DEN HERRN UND DANKFEST IM TEMPEL

118 1 Dankt dem HERRN, denn er ist gut, *
denn seine Huld währt ewig!
2 So soll Israel sagen: *
Denn seine Huld währt ewig.
3 So soll das Haus Aaron sagen: *
Denn seine Huld währt ewig.
4 So sollen sagen, die den HERRN fürchten: *
Denn seine Huld währt ewig.
5 Aus der Bedrängnis rief ich zum HERRN, *
der HERR antwortete und schuf mir Weite.
6 Der HERR ist für mich, ich fürchte mich nicht. *
Was können Menschen mir antun?
7 Der HERR ist für mich, er ist mein Helfer; *
ich kann herabschauen auf meine Hasser.
8 Besser, sich zu bergen beim HERRN, *
als zu vertrauen auf Menschen.
9 Besser, sich zu bergen beim HERRN, *
als zu vertrauen auf Fürsten.
10 Alle Völker umringten mich, *
ich wehrte sie ab im Namen des HERRN.
11 Sie umringten, ja, sie umringten mich, *
ich wehrte sie ab im Namen des HERRN.
12 Sie umringten mich wie Bienen, /
sie verloschen wie ein Feuer im Dorngestrüpp; *
ich wehrte sie ab im Namen des HERRN.
13 Du stießest mich, /
ja, du stießest mich, dass ich stürzte, *
doch der HERR hat mir geholfen.
14 Meine Stärke und mein Lied ist der HERR; *
er ist für mich zur Rettung geworden.
15 Schall von Jubel und Rettung *
in den Zelten der Gerechten:
Die Rechte des HERRN, Taten der Macht vollbringt sie, /
16 die Rechte des HERRN, sie erhöht, *
die Rechte des HERRN, Taten der Macht vollbringt sie.
17 Ich werde nicht sterben, sondern leben, *
um die Taten des HERRN zu verkünden.
18 Der HERR hat mich gezüchtigt, ja, gezüchtigt, *
doch mich dem Tod nicht übergeben.
19 Öffnet mir die Tore der Gerechtigkeit, *
ich will durch sie hineingehn, um dem HERRN zu danken!
20 Dies ist das Tor zum HERRN, *
Gerechte dürfen hineingehn.
21 Ich will dir danken, dass du mir Antwort gabst, *
du bist mir zur Rettung geworden.
22 Ein Stein, den die Bauleute verwarfen, *
er ist zum Eckstein geworden.
23 Vom HERRN her ist dies gewirkt, *
ein Wunder in unseren Augen.
24 Dies ist der Tag, den der HERR gemacht hat; *
wir wollen jubeln und uns über ihn freuen.
25 Ach, HERR, bring doch Rettung! *
Ach, HERR, gib doch Gelingen!
26 Gesegnet sei, der da kommt im Namen des HERRN! *
Wir segnen euch vom Haus des HERRN her.

118,14 meine Stärke und mein Lied: G; meine Stärke und ein Lied: H.

27 Gott ist der HERR. *
Er ließ Licht für uns leuchten.
Tanzt den Festreigen mit Zweigen *
bis zu den Hörnern des Altars!
28 Mein Gott bist du, dir will ich danken. *
Mein Gott bist du, dich will ich erheben.
29 Dankt dem HERRN, denn er ist gut, *
denn seine Huld währt ewig!

1: 107,1 / **2–4**: 115,9–13; 135,19f. / **6**: 56,5; Hebr 13,6 / **7**: 54,6.9 / **8–9**: 62,6; 146,3; Jer 17,5 / **12**: Dtn 1,44 / **13**: 129,1f. / **14**: Ex 15,2; Jes 12,2 / **17**: 6,6 / **18**: 2 Kor 6,9 / **19–20**: Jes 26,2 / **22–23**: Neh 6,16; Mt 21,42 / **22**: Jes 28,16; Apg 4,11; 1 Petr 2,7 / **26**: Mt 21,9; 23,39 / **29**: 107,1

LEBENSLANGER WANDEL IN DER WEISUNG DES HERRN

119 1 (Alef)
Selig, deren Weg ohne Tadel ist, *
die gehen nach der Weisung des HERRN.
2 Selig, die seine Zeugnisse bewahren, *
ihn suchen mit ganzem Herzen,
3 die kein Unrecht tun *
und auf seinen Wegen gehn.
4 Du hast deine Befehle gegeben, *
damit man sie genau beachtet.
5 Wären doch meine Schritte fest darauf gerichtet, *
deine Gesetze zu beachten.
6 Dann werde ich nicht zuschanden, *
wenn ich auf all deine Gebote schaue.
7 Mit lauterem Herzen will ich dir danken, *
wenn ich deine gerechten Entscheide lerne.
8 Deinen Gesetzen will ich folgen. *
Verlass mich nicht! Niemals!
9 (Bet)
Wie geht ein junger Mann seinen Pfad ohne Tadel? *
Wenn er dein Wort beachtet.
10 Ich suche dich mit ganzem Herzen. *
Lass mich nicht abirren von deinen Geboten!
11 Ich barg deinen Spruch in meinem Herzen, *
damit ich gegen dich nicht sündige.
12 Gepriesen seist du, HERR! *
Lehre mich deine Gesetze!
13 Mit meinen Lippen verkünde ich *
alle Entscheide deines Munds.
14 Am Weg deiner Zeugnisse habe ich Freude, *
wie an jeglichem Reichtum.
15 Ich will nachsinnen über deine Befehle *
und schauen auf deine Pfade.
16 Ich ergötze mich an deinen Gesetzen, *
dein Wort will ich nicht vergessen.
17 (Gimel)
Handle an deinem Knecht, so werde ich leben. *
Ich will dein Wort beachten.
18 Öffne mir die Augen, dass ich schaue *
die Wunder deiner Weisung!
19 Ich bin nur Gast auf Erden. *
Verbirg mir nicht deine Gebote!
20 Meine Seele verzehrt sich vor Verlangen *
nach deinen Entscheiden allezeit.
21 Du drohst den Stolzen. *
Verflucht sei, wer abirrt von deinen Geboten!
22 Nimm von mir Schmach und Verachtung! *
Denn deine Zeugnisse bewahre ich.
23 Sitzen auch Fürsten zusammen und verhandeln gegen mich, *
dein Knecht sinnt nach über deine Gesetze.
24 Deine Zeugnisse sind mein Ergötzen, *
sie sind meine Berater.
25 (Dalet)
Im Staub klebt meine Seele. *
Nach deinem Wort belebe mich!
26 Meine Wege hab ich dir erzählt und du gabst mir Antwort. *
Lehre mich deine Gesetze!
27 Den Weg deiner Befehle lass mich begreifen, *
ich will nachsinnen über deine Wunder!
28 Meine Seele zerfließt vor Kummer. *
Richte mich auf nach deinem Wort!
29 Halte mich fern vom Weg der Lüge, *
begnade mich mit deiner Weisung!
30 Ich wähle den Weg der Treue, *
deine Entscheide stelle ich mir vor Augen.
31 An deinen Zeugnissen halte ich mich fest. *
Lass mich nicht zuschanden werden, HERR!
32 Ich will laufen den Weg deiner Gebote, *
denn mein Herz machst du weit.
33 (He)
Weise mir, HERR, den Weg deiner Gesetze! *
Ich will ihn bewahren bis ans Ende.
34 Gib mir Einsicht, damit ich deine Weisung bewahre, *
ich will sie beachten mit ganzem Herzen!
35 Führe mich auf dem Pfad deiner Gebote, *
denn an ihm hab ich Gefallen!
36 Neige mein Herz zu deinen Zeugnissen *
und nicht zur Habgier!
37 Wende meine Augen davon ab, nach Nichtigem zu schauen, *
auf deinen Wegen belebe mich!
38 Erfülle deinen Spruch an deinem Knecht, *
dass man dich fürchte!
39 Wende ab von mir die Schande, vor der ich erschrecke! *
Denn gut sind deine Entscheide.

40 Siehe, nach deinen Befehlen hab ich Ver-
langen. *
Durch deine Gerechtigkeit belebe mich!
41 (Waw)
Es komme zu mir, HERR, deine Liebe, *
nach deinem Spruch die Rettung durch dich.
42 Ich will Antwort geben dem, der mich
schmäht, *
denn auf dein Wort vertraue ich.
43 Entziehe niemals meinem Mund das Wort
der Treue, *
denn auf deine Entscheide warte ich!
44 Ich will deine Weisung beständig beachten, *
auf immer und ewig.
45 Ich schreite hinaus ins Weite, *
denn deine Befehle suche ich.
46 Ich will von deinen Zeugnissen reden vor
Königen *
und ich werde mich nicht vor ihnen schämen.
47 Ich ergötze mich an deinen Geboten, *
die ich liebe.
48 Ich erhebe meine Hände zu deinen Geboten,
die ich liebe, *
ich will nachsinnen über deine Gesetze.
49 (Sajin)
Gedenke des Wortes an deinen Knecht, *
durch das du mir Hoffnung gabst!
50 Das ist mein Trost in meinem Elend: *
Dein Spruch hat mich belebt.
51 Frech verhöhnten mich die Stolzen, *
ich aber wich nicht ab von deiner Weisung.
52 Ich gedachte deiner Entscheide von Urzeit
an, *
HERR, so fand ich Trost.
53 Zorn packte mich wegen der Frevler, *
die deine Weisung verlassen.
54 Zum Lobgesang wurden mir deine Gesetze *
im Haus, in dem ich fremd war.
55 In der Nacht gedachte ich, HERR, deines
Namens; *
ich will beachten deine Weisung.
56 Dies wurde mir zuteil, *
denn ich bewahrte deine Befehle.
57 (Chet)
Mein Anteil ist es, HERR, das habe ich ver-
sprochen, *
deine Worte zu beachten.
58 Ich warb um deine Gunst mit ganzem
Herzen. *
Begnade mich gemäß deinem Spruch!
59 Ich überdachte meine Wege, *
ich lenkte meine Schritte zu deinen Zeugnis-
sen zurück.
60 Ich eilte und säumte nicht, *
deine Gebote zu beachten.
61 Die Stricke der Frevler umfingen mich, *
doch ich vergaß nicht deine Weisung.
62 In der Mitte der Nacht stehe ich auf, dir zu
danken *
wegen der Entscheide deiner Gerechtigkeit.
63 Verbunden bin ich allen, die dich fürch-
ten, *
die deine Befehle beachten.
64 Von deiner Liebe, HERR, ist erfüllt die Erde. *
Lehre mich deine Gesetze!
65 (Tet)
Gutes hast du deinem Knecht erwiesen, *
o HERR, nach deinem Wort.
66 Gutes zu verstehen und zu erkennen, lehre
mich, *
denn ich glaube deinen Geboten!
67 Ehe ich gedemütigt wurde, ging ich in die
Irre, *
nun aber will ich deinen Spruch beachten.
68 Gut bist du und tust Gutes. *
Lehre mich deine Gesetze!
69 Stolze beschmutzten mich mit Lüge, *
ich aber bewahre mit ganzem Herzen deine
Befehle.
70 Fühllos wie Fett ist ihr Herz, *
ich aber ergötze mich an deiner Weisung.
71 Dass ich gedemütigt wurde, ist für mich
gut, *
damit ich deine Gesetze lerne.
72 Gut ist für mich die Weisung deines
Munds, *
mehr als große Mengen von Gold und Silber.
73 (Jod)
Deine Hände haben mich gemacht und berei-
tet. *
Gib mir Einsicht, damit ich deine Gebote
lerne!
74 Die dich fürchten, werden mich sehen und
sich freuen, *
denn ich warte auf dein Wort.
75 Ich habe erkannt, HERR, dass deine Ent-
scheide gerecht sind *
und dass es Treue ist, wenn du mich beugst.
76 Tröste mich in deiner Liebe, *
nach dem Spruch für deinen Knecht!
77 Dein Erbarmen komme über mich, sodass
ich lebe, *
denn deine Weisung ist mein Ergötzen.

119,66 Gutes zu verstehen und zu erkennen, andere Übersetzungsmöglichkeit: das Gut des Verstehens und des Erkennens.

78 Zuschanden werden sollen die Stolzen,
die mich mit Lüge bedrücken. *
Ich aber, ich sinne nach über deine Befehle.
79 Zuwenden sollen sich zu mir, die dich
fürchten, *
die deine Zeugnisse kennen.
80 Untadelig werde mein Herz durch deine
Gesetze, *
so werde ich nicht zuschanden.
81 (Kaf)
Meine Seele verzehrt sich nach der Rettung
durch dich, *
ich warte auf dein Wort.
82 Meine Augen verzehren sich nach deinem
Spruch, *
sie sagen: Wann wirst du mich trösten?
83 Ich bin wie ein Schlauch, der im Rauch
hängt, *
doch deine Gesetze habe ich nicht vergessen.
84 Wie viele Tage noch bleiben deinem
Knecht? *
Wann vollziehst du das Gericht an meinen
Verfolgern?
85 Stolze graben mir Gruben, *
sie, die nicht leben nach deiner Weisung.
86 Alle deine Gebote sind Treue. *
Mit Lüge verfolgen sie mich. Komm mir zu
Hilfe!
87 Fast hätten sie mich von der Erde getilgt, *
doch ich verlasse nicht deine Befehle.
88 Gemäß deiner Liebe belebe mich, *
ich will beachten das Zeugnis deines Munds.
89 (Lamed)
O HERR, in Ewigkeit *
steht aufrecht dein Wort am Himmel.
90 Von Geschlecht zu Geschlecht währt deine
Treue; *
du hast die Erde gegründet, sie bleibt bestehen.
91 Nach deinen Entscheiden bestehen sie bis
heute, *
denn das All steht dir zu Diensten.
92 Wäre nicht deine Weisung mein Ergötzen, *
ich wäre zugrunde gegangen in meinem Elend.
93 Nie will ich deine Befehle vergessen; *
denn durch sie belebst du mich.
94 Dein bin ich, errette mich! *
Ich suche deine Befehle.
95 Frevler lauern mir auf, um mich zu vernich-
ten, *
doch in deine Zeugnisse habe ich Einsicht.
96 Ich sah, dass alles Vollkommene Grenzen
hat, *
doch dein Gebot ist von unendlicher Weite.
97 (Mem)
Wie sehr liebe ich deine Weisung, *
den ganzen Tag bestimmt sie mein Sinnen.
98 Dein Gebot macht mich weiser als meine
Feinde, *
denn es ist mein auf ewig.
99 Ich wurde klüger als alle meine Lehrer, *
denn deine Zeugnisse bestimmen mein
Sinnen.
100 Mehr Einsicht habe ich gewonnen als
die Alten, *
denn deine Befehle bewahrte ich.
101 Von jedem bösen Pfad hielt ich meine Füße
zurück, *
damit ich dein Wort beachte.
102 Ich wich nicht ab von deinen Entscheiden, *
du selbst hast mich unterwiesen.
103 Wie süß ist dein Spruch meinem Gaumen, *
meinem Mund ist er süßer als Honig.
104 Aus deinen Befehlen gewinne ich Ein-
sicht, *
darum hasse ich alle Pfade der Lüge.
105 (Nun)
Dein Wort ist meinem Fuß eine Leuchte, *
ein Licht für meine Pfade.
106 Ich tat einen Schwur und ich will ihn
halten, *
zu beachten die Entscheide deiner Gerechtig-
keit.
107 Ich bin ganz tief erniedrigt, *
HERR, nach deinem Wort belebe mich!
108 HERR, nimm gnädig an das Lobopfer
meines Munds *
und lehre mich deine Entscheide!
109 Mein Leben ist stets in Gefahr, *
doch deine Weisung habe ich nicht vergessen.
110 Frevler haben mir eine Falle gelegt, *
doch von deinen Befehlen bin ich nicht abgeirrt.
111 Deine Zeugnisse sind auf ewig mein
Erbland, *
denn sie sind das Entzücken meines Herzens.
112 Ich neigte mein Herz deinen Gesetzen zu,
sie zu halten *
auf ewig, bis ans Ende.
113 (Samech)
Zwiespältige Menschen hasse ich, *
doch deine Weisung liebe ich.
114 Du bist mein Schutz und mein Schild, *
ich warte auf dein Wort.
115 Weicht zurück von mir, ihr Bösen! *
Ich will die Gebote meines Gottes bewahren.

119,109 mein Leben … Gefahr, wörtlich: mein Leben halte ich stets in meiner Faust.

116 Stütze mich nach deinem Spruch, dass ich
lebe! *
Lass mich nicht zuschanden werden in meiner
Hoffnung!
117 Halte mich fest, dann werde ich geret-
tet, *
immer will ich schauen auf deine Gesetze.
118 Du verachtest alle, die sich von deinen
Gesetzen entfernen, *
denn ihr trügerisches Tun ist Lüge.
119 Alle Frevler im Land beseitigst du wie
Schlacken, *
darum liebe ich deine Zeugnisse.
120 Der Schrecken vor dir lässt mein Fleisch
erschauern *
und deine Entscheide fürchte ich.
121 (Ajin)
Ich tat Recht und Gerechtigkeit, *
gib mich nicht preis meinen Bedrückern!
122 Tritt ein für das Wohl deines Knechts, *
damit die Stolzen mich nicht unterdrücken!
123 Meine Augen verzehren sich nach der
Rettung durch dich, *
nach dem Spruch deiner Gerechtigkeit.
124 Handle an deinem Knecht nach deiner
Liebe *
und lehre mich deine Gesetze!
125 Dein Knecht bin ich. Gib mir Einsicht, *
damit ich deine Zeugnisse erkenne!
126 HERR, es ist Zeit zu handeln. *
Sie haben deine Weisung gebrochen.
127 Darum liebe ich deine Gebote *
mehr als Rotgold und Weißgold.
128 Darum halte ich alle deine Befehle für
richtig, *
alle Pfade der Lüge hasse ich.
129 (Pe)
Wunderwerke sind deine Zeugnisse, *
darum bewahrt sie meine Seele.
130 Das Aufschließen deiner Worte erleuch-
tet, *
den Unerfahrenen schenkt es Einsicht.
131 Meinen Mund tat ich auf und lechzte, *
nach deinen Geboten habe ich Verlangen.
132 Wende dich mir zu, sei mir gnädig, *
gemäß deinem Entscheid für jene, die deinen
Namen lieben!
133 Festige meine Schritte durch deinen
Spruch! *
Lass kein Unrecht über mich herrschen!
134 Erlöse mich aus der Unterdrückung durch
Menschen *
und ich will deine Befehle beachten.
135 Lass dein Angesicht leuchten über deinem
Knecht *
und lehre mich deine Gesetze!
136 Wasserbäche strömten aus meinen Augen, *
weil man deine Weisung nicht beachtet.
137 (Zade)
Gerecht bist du, HERR, *
und gerade sind deine Entscheide.
138 Du hast deine Zeugnisse gegeben in
Gerechtigkeit *
und in großer Treue.
139 Der Eifer für dich verzehrt mich, *
denn meine Bedränger haben deine Worte
vergessen.
140 Dein Spruch ist rein und lauter *
und dein Knecht hat ihn lieb.
141 Gering bin ich und verachtet, *
doch deine Befehle habe ich nicht vergessen.
142 Deine Gerechtigkeit ist auf ewig Gerechtig-
keit *
und deine Weisung ist Treue.
143 Bedrängnis und Drangsal haben mich
getroffen, *
doch deine Gebote sind mein Ergötzen.
144 Gerechtigkeit sind deine Zeugnisse
auf ewig. *
Gib mir Einsicht, damit ich lebe!
145 (Qof)
Ich rief zu dir mit ganzem Herzen: HERR,
gib mir Antwort! *
Deine Gesetze will ich bewahren.
146 Ich rief zu dir: Errette mich! *
Und ich werde deine Zeugnisse beachten.
147 Schon vor dem Morgengrauen kam ich und
flehte, *
auf deine Worte hab ich gewartet.
148 Den Nachtwachen kamen meine Augen
zuvor, *
um nachzusinnen über deinen Spruch.
149 Meine Stimme höre doch, in deiner Liebe, *
belebe mich, HERR, nach deinen Entscheiden!
150 Nahe gekommen sind heimtückische
Verfolger, *
sie haben sich weit entfernt von deiner
Weisung.
151 Doch du bist nahe, HERR, *
und alle deine Gebote sind Treue.
152 Den Uranfang habe ich erkannt aus deinen
Zeugnissen, *
denn bis in Ewigkeit hast du sie gegründet.
153 (Resch)
Sieh doch mein Elend und befreie mich, *
denn ich habe deine Weisung nicht vergessen!

154 Verschaff mir Recht und löse mich aus, *
nach deinem Spruch belebe mich!
155 Fern ist den Frevlern die Rettung, *
denn sie suchen nicht deine Gesetze.
156 HERR, groß ist dein Erbarmen, *
nach deinen Entscheiden belebe mich!
157 Groß ist die Zahl meiner Verfolger und
Bedränger, *
doch ich bin nicht abgewichen von deinen
Zeugnissen.
158 Ich sah die Treulosen und empfand Ekel, *
weil sie deinen Spruch nicht beachteten.
159 Sieh doch, wie ich deine Befehle liebe. *
HERR, in deiner Liebe belebe mich!
160 Das Wesen deines Wortes ist Treue, *
jeder Entscheid deiner Gerechtigkeit hat
Bestand auf ewig.
161 (Schin)
Fürsten verfolgten mich grundlos, *
doch mein Herz erbebt nur vor deinem Wort.
162 Entzückt bin ich über deinen Spruch *
wie einer, der reiche Beute fand.
163 Ich hasse die Lüge, sie ist mir ein Gräuel, *
doch deine Weisung liebe ich.
164 Siebenmal am Tag singe ich dein Lob *
wegen der Entscheide deiner Gerechtigkeit.
165 Frieden in Fülle empfangen, die deine
Weisung lieben, *
für sie gibt es keinen Anstoß zum Straucheln.
166 HERR, ich hoffe auf die Rettung durch
dich *
und ich erfülle deine Gebote.
167 Meine Seele beachtete deine Zeugnisse, *
ich liebe sie innig.
168 Ich beachtete deine Befehle und deine
Zeugnisse, *
denn alle meine Wege liegen offen vor dir.
169 (Taw)
HERR, mein Schreien dringe vor dein Angesicht. *
Gib mir Einsicht nach deinem Wort!
170 Mein Flehen um Gnade komme vor dein
Angesicht, *
nach deinem Spruch befreie mich!
171 Meine Lippen sollen überströmen von
Lobpreis, *
denn du lehrst mich deine Gesetze.
172 Deinen Spruch soll meine Zunge singen, *
denn alle deine Gebote sind Gerechtigkeit.
173 Deine Hand sei bereit, mir zu helfen; *
denn deine Befehle habe ich erwählt.
174 HERR, ich habe Verlangen nach der Rettung
durch dich *
und deine Weisung ist mein Ergötzen.
175 Meine Seele lebe, sodass sie dich lobe. *
Deine Entscheide sollen mir helfen.
176 Ich bin umhergeirrt wie ein verlorenes
Schaf. /
Suche deinen Knecht! *
Denn nie habe ich deine Gebote vergessen.

1–3: 1,1f.6; 26,3; 32,8; 37,5; 139,3; 142,4; 143,10; Tob 4,19; Spr 4,11 / **19**: 39,13 / **21**: Dtn 27,26; Jer 11,3 / **25**: 44,26 / **29**: 119,104 / **30**: 25,4 / **35**: 25,4 / **46**: Mt 10,18 / **55**: 119,62.148; 63,7 / **62**: 119,55 / **64**: 33,5 / **70**: 17,10 / **71**: 94,12 / **72**: 119,103.127; 19,11 / **73**: Ijob 10,8 / **81**: 130,5 / **82**: 123,2 / **83**: Ijob 30,30 / **89**: Jes 40,8 / **91**: 148,6 / **95**: 11,2 / **97**: 1,2 / **100**: Weish 4,8f. / **101**: Spr 1,15; 4,27 / **103**: 119,72 / **104**: 119,29.128 / **105**: Spr 6,23; Joh 8,12; 2 Petr 1,19 / **108**: 19,15; 50,14.23 / **110**: 140,6 / **113**: 1 Kön 18,21 / **115**: 6,9; 139,19 / **119**: Jes 1,25 / **120**: Ijob 4,14f.; 23,15 / **127**: 119,72 / **128**: 119,104 / **132**: 25,16; 86,16; 91,14 / **134**: 125,3 / **135**: 4,7 / **136**: Esra 9,3f. / **139**: 69,10 / **140**: 12,7 / **148**: 119,55 / **158**: 139,21 / **160**: Joh 17,17 / **166**: Gen 49,18 / **168**: Spr 5,21 / **170**: 88,3; 79,11 / **176**: Jes 53,6; Jer 50,6; Lk 15,4–7

HILFERUF AUS EINER FRIEDLOSEN WELT

120 1 Ein Wallfahrtslied.
Ich rief zum HERRN in meiner
Bedrängnis *
und er hat mich erhört.
2 HERR, rette doch mein Leben vor lügnerischen Lippen *
und vor der falschen Zunge!
3 Was soll er dir geben /
und was dir noch antun, *
du falsche Zunge?
4 Scharfe Pfeile eines Kriegers *
und glühende Kohlen vom Ginsterstrauch.
5 Weh mir, dass ich als Fremder leben muss
in Meschech, *
dass ich wohnen muss bei den Zelten von
Kedar!
6 Ich muss schon allzu lange wohnen *
bei denen, die den Frieden hassen.
7 Ich bin Frieden; *
doch ich brauche nur zu reden, sind sie für
Krieg.

1: Jona 2,3 / **2**: 12,3–5; Sir 51,2 / **4**: 140,11 / **6**: 35,20; 140,3 / **7**: Röm 12,18

DER HÜTER ISRAELS

121 1 Ein Lied für die Wallfahrt.
Ich erhebe meine Augen zu den
Bergen: *
Woher kommt mir Hilfe?
2 Meine Hilfe kommt vom HERRN, *
der Himmel und Erde erschaffen hat.
3 Er lässt deinen Fuß nicht wanken; *
dein Hüter schlummert nicht ein.

4 Siehe, er schlummert nicht ein und schläft
nicht, *
der Hüter Israels.
5 Der HERR ist dein Hüter, *
der HERR gibt dir Schatten zu deiner Rechten.
6 Bei Tag wird dir die Sonne nicht schaden *
noch der Mond in der Nacht.
7 Der HERR behütet dich vor allem Bösen, *
er behütet dein Leben.
8 Der HERR behütet dein Gehen und dein
Kommen *
von nun an bis in Ewigkeit.

2: 124,8 / **3**: 66,9; 1 Sam 2,9 / **4**: 1 Kön 18,27 / **5**: 16,8; 73,23 / **6**: Jes 25,4; 49,10 / **7–8**: Num 6,24–26 / **7**: 97,10 / **8**: Dtn 28,6; Tob 5,17

LIED ZUR WALLFAHRT NACH JERUSALEM

122 1 Ein Wallfahrtslied. Von David.
Ich freute mich, als man mir sagte: *
Zum Haus des HERRN wollen wir gehen.
2 Schon stehen unsere Füße in deinen Toren,
Jerusalem: *
3 Jerusalem, als Stadt erbaut, die fest in sich
gefügt ist.
4 Dorthin zogen die Stämme hinauf, die
Stämme des HERRN, /
wie es Gebot ist für Israel, *
den Namen des HERRN zu preisen.
5 Denn dort standen Throne für das Gericht, *
die Throne des Hauses David.
6 Erbittet Frieden für Jerusalem! *
Geborgen seien, die dich lieben.
7 Friede sei in deinen Mauern, *
Geborgenheit in deinen Häusern!
8 Wegen meiner Brüder und meiner Freunde *
will ich sagen: In dir sei Friede.
9 Wegen des Hauses des HERRN, unseres
Gottes, *
will ich dir Glück erflehen.

1: 42,5; Jes 2,3 / **3**: 48,13f. / **4**: Dtn 16,16 / **5**: Dtn 17,8f.; 1 Kön 7,7; 2 Chr 19,8 / **6**: Tob 13,14 / **9**: 26,8; 128,5

AUFBLICK ZU GOTT

123 1 Ein Wallfahrtslied.
Ich erhebe meine Augen zu dir, *
der du thronst im Himmel.
2 Siehe, wie die Augen der Knechte auf die
Hand ihres Herrn, *
wie die Augen der Magd auf die Hand ihrer
Herrin,
so sind unsere Augen erhoben zum HERRN,
unserem Gott, *
bis er uns gnädig ist.
3 Sei uns gnädig, HERR, sei uns gnädig! *
Denn übersatt sind wir von Verachtung,
4 vom Spott der Selbstsicheren ist übersatt
unsere Seele, *
von der Verachtung durch die Stolzen.

1: 141,8; 1 Kön 8,30 / **2**: 25,15; 119,82 / **3**: 41,6; Neh 3,36

ISRAELS DANK FÜR DIE BEFREIUNG

124 1 Ein Wallfahrtslied. Von David.
Wäre es nicht der HERR gewesen,
der da war für uns, *
– so soll Israel sagen –,
2 wäre es nicht der HERR gewesen, der da
war für uns, *
als sich gegen uns Menschen erhoben,
3 dann hätten sie uns lebendig verschlungen, *
als gegen uns ihr Zorn entbrannte,
4 dann hätten die Wasser uns weggespült, *
hätte sich über uns ein Wildbach ergossen,
5 dann hätten sich über uns ergossen *
die wilden und wogenden Wasser.
6 Der HERR sei gepriesen, *
der uns ihren Zähnen nicht zur Beute gab.
7 Unsre Seele ist wie ein Vogel dem Netz des
Jägers entkommen; *
das Netz ist zerrissen und wir sind frei.
8 Unsere Hilfe ist im Namen des HERRN, *
der Himmel und Erde erschaffen hat.

3: Spr 1,12 / **4**: 42,8 / **7**: Spr 6,5 / **8**: 121,2

GOTT, DER BESCHÜTZER ISRAELS

125 1 Ein Wallfahrtslied.
Die auf den HERRN vertraun, sind
wie der Zionsberg: *
Niemals wankt er, er bleibt in Ewigkeit.
2 Wie Berge Jerusalem rings umgeben, *
so ist der HERR um sein Volk von nun an bis
in Ewigkeit.
3 Nicht soll das Zepter des Frevels lasten *
auf dem Erbland der Gerechten,
damit nicht auch die Gerechten *
ihre Hände ausstrecken nach dem Unrecht.
4 Tu doch Gutes, HERR, den Guten, *
denen, die redlichen Herzens sind!
5 Doch die abbiegen auf ihre krummen Wege, /
die lasse der HERR samt denen, die Unrecht
tun, dahingehn. *
Friede über Israel!

1: Spr 10,30 / **2**: Dtn 32,10; Mt 28,20 / **3**: 119,134 / **4**: 18,26f. / **5**: 92,10

124,8 erschaffen, wörtlich: gemacht.

VON TRÄNEN ZUM JUBEL

126 1 Ein Wallfahrtslied.
Als der HERR das Geschick Zions wendete, *
da waren wir wie Träumende.
2 Da füllte sich unser Mund mit Lachen *
und unsere Zunge mit Jubel.
Da sagte man unter den Völkern: *
Groß hat der HERR an ihnen gehandelt!
3 Ja, groß hat der HERR an uns gehandelt. *
Da waren wir voll Freude.
4 Wende doch, HERR, unser Geschick *
wie die Bäche im Südland!
5 Die mit Tränen säen, *
werden mit Jubel ernten.
6 Sie gehen, ja gehen und weinen *
und tragen zur Aussaat den Samen.
Sie kommen, ja kommen mit Jubel *
und bringen ihre Garben.

1: 14,7 / **2**: Ijob 8,21; Ez 36,36 / **3**: Lk 1,49 / **4**: Dtn 30,3 / **5–6**: Jes 25,8f.; Bar 4,23; Mt 5,4; Joh 16,20; Offb 21,4; Joh 12,24

LIED VOM LEBENSGLÜCK

127 1 Ein Wallfahrtslied. Von Salomo.
Wenn nicht der HERR das Haus baut, *
mühen sich umsonst, die daran bauen.
Wenn nicht der HERR die Stadt behütet, *
wacht umsonst, der sie behütet.
2 Es ist umsonst, dass ihr früh aufsteht und euch spät erst niedersetzt, /
um das Brot der Mühsal zu essen; *
was recht ist, gibt der HERR denen, die er liebt, im Schlaf.
3 Siehe, ein Erbteil vom HERRN sind Söhne, *
ein Lohn ist die Frucht des Leibes.
4 Wie Pfeile in der Hand eines Kriegers, *
so sind Söhne aus den Jahren der Jugend.
5 Selig der Mann, der mit ihnen den Köcher gefüllt hat! /
Sie werden nicht zuschanden, *
wenn sie mit ihren Feinden rechten im Tor.

1–2: Mt 6,25–34 / **1**: Ijob 12,14 / **2**: Spr 3,24–26; 10,22; Sir 11,11 / **3**: 115,14; 128,3; Gen 33,5 / **5**: Ijob 5,4

HAUSSEGEN

128 1 Ein Wallfahrtslied.
Selig jeder, der den HERRN fürchtet, *
der auf seinen Wegen geht!
2 Was deine Hände erarbeitet haben, wirst du genießen; *
selig bist du – es wird dir gut ergehn.
3 Deine Frau ist wie ein fruchtbarer Weinstock *
im Innern deines Hauses.
Wie Schösslinge von Ölbäumen sind deine Kinder *
rings um deinen Tisch herum.
4 Siehe, so wird der Mann gesegnet, *
der den HERRN fürchtet.
5 Es segne dich der HERR vom Zion her. *
Du sollst schauen das Glück Jerusalems alle Tage deines Lebens.
6 Du sollst schauen die Kinder deiner Kinder. *
Friede über Israel!

1: 112,1 / **2**: 112,3 / **3**: 127,3; Ijob 29,5; Ps 144,12 / **5–6**: Gal 6,16 / **5**: 134,3 / **6**: Ijob 42,16

BITTGEBET DES BEDRÄNGTEN ISRAEL

129 1 Ein Wallfahrtslied.
Sie haben mich oft bedrängt von Jugend an, *
– so soll Israel sagen –,
2 sie haben mich oft bedrängt von Jugend an, *
doch sie haben mich nicht bezwungen.
3 Auf meinem Rücken haben Pflüger gepflügt, *
ihre langen Furchen gezogen.
4 Der HERR ist gerecht, *
er hat den Strick der Frevler zerhauen.
5 Es sollen zuschanden werden und rückwärts weichen *
alle, die Zion hassen.
6 Sie sollen werden wie Gras auf den Dächern, *
das verdorrt ist, noch bevor man es ausreißt.
7 Kein Schnitter füllt damit seine Hand, *
kein Ährensammler den Bausch seines Gewandes.
8 Die an ihnen vorübergehen, werden nicht sagen: /
Der Segen des HERRN sei mit euch. *
Wir segnen euch im Namen des HERRN.

8: Rut 2,4

HILFERUF AUS TIEFER NOT

130 1 Ein Wallfahrtslied.
Aus den Tiefen rufe ich, HERR, zu dir:

127,2 denen, die er liebt: G.; dem, den er liebt: H.

128,2 wirst du genießen: G; fürwahr, du wirst es genießen: H. Andere Übersetzungsmöglichkeit: wenn du es genießt, selig bist du.

129,1f. Wörtlich: von meiner Jugend an.

2 Mein Herr, höre doch meine Stimme! *
Lass deine Ohren achten auf mein Flehen
um Gnade.
3 Würdest du, HERR, die Sünden beachten, *
mein Herr, wer könnte bestehn?
4 Doch bei dir ist Vergebung, *
damit man in Ehrfurcht dir dient.
5 Ich hoffe auf den HERRN, es hofft meine
Seele, *
ich warte auf sein Wort.
6 Meine Seele wartet auf meinen Herrn /
mehr als Wächter auf den Morgen, *
ja, mehr als Wächter auf den Morgen.
7 Israel, warte auf den HERRN, /
denn beim HERRN ist die Huld, *
bei ihm ist Erlösung in Fülle.
8 Ja, er wird Israel erlösen *
aus all seinen Sünden.

1: Jona 2,3 / **2**: 5,2f. / **3**: 143,2; Nah 1,6 / **4**: 32,1; Jes 55,7; Mi 7,18 / **5**: 119,81 / **6**: Jes 21,11 / **7–8**: 25,22; Mt 1,21 / **7**: Jes 30,18

GEBORGENHEIT IN GOTT

131 1 Ein Wallfahrtslied. Von David.
HERR, mein Herz überhebt sich
nicht, *
nicht hochmütig blicken meine Augen,
ich gehe nicht um mit großen Dingen, *
mit Dingen, die mir nicht begreiflich sind.
2 Vielmehr habe ich besänftigt, *
habe zur Ruhe gebracht meine Seele.
Wie ein gestilltes Kind bei seiner Mutter, *
wie das gestillte Kind, so ist meine Seele in mir.
3 Israel, warte auf den HERRN *
von nun an bis in Ewigkeit!

1: Sir 3,21; 23,4; 1 Petr 5,5 / **2**: 62,2 / **3**: 130,7

DIE ERWÄHLUNG DAVIDS UND DES ZION

132 1 Ein Wallfahrtslied.
Gedenke, HERR, zugunsten
Davids *
all seiner Mühen, /
2 wie er dem HERRN geschworen, *
gelobt hat dem Starken Jakobs:
3 Nicht will ich das Zelt meines Hauses
betreten *
noch zum Ruhen mein Lager besteigen,
4 nicht Schlaf den Augen gönnen *
noch Schlummer den Lidern,
5 bis ich für den HERRN eine Stätte finde, *
Wohnung für den Starken Jakobs.
6 Siehe, wir hörten von seiner Lade in Efrata, *
fanden sie im Gefilde von Jáar.
7 Lasst uns hingehen zu seiner Wohnung, *
uns niederwerfen am Schemel seiner Füße!
8 Steh auf, HERR, zum Ort deiner Ruhe, *
du und deine machtvolle Lade!
9 Deine Priester sollen sich in Gerechtigkeit
kleiden *
und deine Frommen sollen jubeln.
10 Um Davids willen, deines Knechts, *
weise nicht ab das Angesicht deines Gesalb-
ten!
11 Der HERR hat David Treue geschworen, *
nicht wird er von ihr lassen:
Einen Spross deines Leibes *
will ich setzen auf deinen Thron.
12 Wenn deine Söhne meinen Bund bewah-
ren, *
mein Zeugnis, das ich sie lehre,
dann sollen auch ihre Söhne *
auf deinem Thron sitzen für immer.
13 Denn der HERR hat den Zion erwählt, *
ihn begehrt zu seinem Wohnsitz:
14 Das ist für immer der Ort meiner Ruhe, *
hier will ich wohnen, ich hab ihn begehrt.
15 Zions Nahrung will ich reichlich segnen, *
mit Brot seine Armen sättigen.
16 Seine Priester will ich kleiden in Heil, *
seine Frommen sollen jauchzen und jubeln.
17 Dort bringe ich Davids Macht zum
Sprießen *
und stelle eine Leuchte auf für meinen
Gesalbten.
18 Ich kleide seine Feinde in Schande; *
doch auf ihm wird seine Krone erglänzen.

3–5: 2 Sam 7,1f.; 1 Chr 28,2 / **6**: 1 Sam 7,1; 2 Sam 6,2 / **7**: 99,5 / **8–10**: 2 Chr 6,41f. / **8**: Num 10,35f. / **9**: Ijob 29,14 / **11**: 89,4f. / **13**: 68,17; 76,3; 78,68 / **14**: 1 Kön 8,13 / **16**: 132,9; Jes 61,10 / **17**: 1 Kön 11,36; Lk 1,69

LOB GESCHWISTERLICHER EINTRACHT AUF DEM ZION

133 1 Ein Wallfahrtslied. Von David.
Siehe, wie gut und wie schön ist es, *
wenn Brüder miteinander in Eintracht
wohnen.
2 Es ist wie köstliches Salböl auf dem Haupt, /
das hinabfließt auf den Bart, den Bart des
Aaron, *

132,6 von seiner Lade, wörtlich: von ihr.
132,15 Zions Nahrung, wörtlich: Seine Nahrung.
133,2 auf den Saum seines Gewandes, wörtlich: auf den Mund seiner Gewänder.

das hinabfließt auf den Saum seines
Gewandes.
3 Es ist wie der Tau des Hermon, *
der niederfällt auf die Berge des Zion.
Denn dorthin hat der HERR den Segen
entboten, *
Leben bis in die Ewigkeit.
1: Gen 13,8 / **2**: Ex 29,7; 30,25.30 / **3**: Dtn 28,8

NÄCHTLICHES LOBLIED IM TEMPEL

134 1 Ein Wallfahrtslied.
Wohlan, preist den HERRN, /
all ihr Knechte des HERRN, *
die ihr steht im Haus des HERRN in den
Nächten.
2 Erhebt eure Hände zum Heiligtum *
und preist den HERRN!
3 Es segne dich der HERR vom Zion her, *
er, der Himmel und Erde erschaffen hat.
1: 135,1f. / **2**: 28,2 / **3**: 128,5; 115,15

LOBLIED AUF GOTTES WIRKEN IN SCHÖPFUNG UND GESCHICHTE

135 1 Halleluja!
Lobt den Namen des HERRN, *
lobt ihn, ihr Knechte des HERRN,
2 die ihr steht im Haus des HERRN, *
in den Höfen des Hauses unseres Gottes!
3 Lobt den HERRN, denn der HERR ist gut! *
Singt und spielt seinem Namen, denn er
ist schön!
4 Denn der HERR hat sich Jakob erwählt, *
Israel zu seinem Eigentum.
5 Ja, das habe ich erkannt, groß ist der HERR, *
unser Herr ist größer als alle Götter.
6 Alles, was dem HERRN gefällt, vollbringt er, *
im Himmel und auf Erden, in den Meeren und
in allen Tiefen.
7 Er führt Wolken herauf vom Ende der Erde, /
er lässt es blitzen und regnen, *
den Sturmwind holt er aus seinen Kammern.
8 Er schlug Ägyptens Erstgeburt, *
vom Menschen bis zum Vieh.
9 In deine Mitte, Ägypten, sandte er Zeichen
und Wunder, *
gegen den Pharao und all seine Knechte.
10 Er schlug viele Völker *
und tötete mächtige Könige:
11 Sihon, den König der Amoriter, /
Og, den König von Baschan, *
und alle Königreiche Kanaans.
12 Er gab ihr Land zum Erbe, *
zum Erbe seinem Volke Israel.
13 HERR, dein Name währt ewig, *
HERR, das Gedenken an dich währt von
Geschlecht zu Geschlecht.
14 Denn der HERR schafft Recht seinem Volk; *
er erbarmt sich seiner Knechte.
15 Die Götzen der Völker sind nur Silber und
Gold, *
Machwerk von Menschenhand.
16 Sie haben einen Mund und reden nicht, *
sie haben Augen und sehen nicht,
17 sie haben Ohren und hören nicht, *
auch ist kein Atem in ihrem Mund.
18 Ihnen werden gleich, die sie machen, *
alle, die auf sie vertrauen.
19 Haus Israel, preiset den HERRN! *
Haus Aaron, preiset den HERRN!
20 Haus Levi, preiset den HERRN! *
Die ihr den HERRN fürchtet, preiset den
HERRN!
21 Gepriesen sei der HERR vom Zion her, *
er, der thront in Jerusalem.
Halleluja!
1: 113,1 / **4**: 33,12 / **5**: 95,3; 136,2f. / **6**: 115,3 / **7**: Jer 10,13; Ijob 37,9 / **8**: 78,51 / **9**: 78,42–51 / **10–12**: 136,17–22; Num 2,21–24.33–35 / **12**: Jos 11,23 / **13**: 102,13 / **14**: Dtn 32,36 / **15–18**: 115,4–6.8 / **19–20**: 115,9–11

DANKLITANEI FÜR GOTTES EWIGE HULD SEIT ERSCHAFFUNG DER WELT

136 1 Dankt dem HERRN, denn er ist
gut, *
denn seine Huld währt ewig!
2 Dankt dem Gott der Götter, *
denn seine Huld währt ewig!
3 Dankt dem Herrn der Herren, *
denn seine Huld währt ewig!
4 Ihm, der allein große Wunder tut, *
denn seine Huld währt ewig,
5 der den Himmel gemacht hat in Weisheit, *
denn seine Huld währt ewig,
6 der die Erde gefestigt hat über den Wassern, *
denn seine Huld währt ewig,
7 der die großen Leuchten gemacht hat, *
denn seine Huld währt ewig,
8 die Sonne zur Herrschaft über den Tag, *
denn seine Huld währt ewig,
9 den Mond und die Sterne zur Herrschaft
über die Nacht, *
denn seine Huld währt ewig.
10 Ihm, der die Ägypter schlug in ihrer Erst-
geburt, *
denn seine Huld währt ewig,

11 und der Israel herausführte aus ihrer Mitte, *
denn seine Huld währt ewig,
12 mit starker Hand und ausgestrecktem Arm, *
denn seine Huld währt ewig.
13 Ihm, der das Rote Meer zerschnitt in zwei Teile, *
denn seine Huld währt ewig,
14 und Israel hindurchziehen ließ in seiner Mitte, *
denn seine Huld währt ewig,
15 und den Pharao und sein Heer schüttelte ins Rote Meer, *
denn seine Huld währt ewig.
16 Ihm, der sein Volk durch die Wüste führte, *
denn seine Huld währt ewig.
17 Ihm, der große Könige schlug, *
denn seine Huld währt ewig,
18 und mächtige Könige tötete, *
denn seine Huld währt ewig,
19 Sihon, den König der Amoriter, *
denn seine Huld währt ewig,
20 Og, den König von Baschan, *
denn seine Huld währt ewig,
21 und der ihr Land zum Erbe gab, *
denn seine Huld währt ewig,
22 zum Erbe Israel, seinem Knecht, *
denn seine Huld währt ewig.
23 Der unser gedachte in unserer Erniedrigung, *
denn seine Huld währt ewig,
24 und uns unseren Feinden entriss, *
denn seine Huld währt ewig.
25 Der allem Fleisch Nahrung gibt, *
denn seine Huld währt ewig.
26 Dankt dem Gott des Himmels, *
denn seine Huld währt ewig!

1: 107,1 / **2**: 82,1; 86,8; Dan 2,47 / **4**: 72,18; Ex 15,11 / **5**: Spr 3,19; Jer 10,12 / **6**: 24,2 / **7–9**: Gen 1,14–18; Jer 31,35 / **10**: 78,51 / **11–15**: 78,52f. / **17–22**: 135,10–12 / **21**: 44,3 / **23**: Lk 1,48 / **24**: 106,43f.; Lk 1,71 / **25**: 145,15f.

RÜCKBLICK DER VERBANNTEN AUF IHR HEIMWEH NACH ZION

137 1 An den Strömen von Babel, /
da saßen wir und wir weinten, *
wenn wir Zions gedachten.
2 An die Weiden in seiner Mitte *
hängten wir unsere Leiern.
3 Denn dort verlangten, die uns gefangen hielten, Lieder von uns, /
unsere Peiniger forderten Jubel: *
Singt für uns eines der Lieder Zions!
4 Wie hätten wir singen können die Lieder des HERRN, *
fern, auf fremder Erde?
5 Wenn ich dich je vergesse, Jerusalem, *
dann soll meine rechte Hand mich vergessen.
6 Die Zunge soll mir am Gaumen kleben, *
wenn ich deiner nicht mehr gedenke,
wenn ich Jerusalem nicht mehr erhebe *
zum Gipfel meiner Freude.
7 Gedenke, HERR, den Söhnen Edoms den Tag Jerusalems, *
die sagten: Reißt nieder, bis auf den Grund reißt es nieder!
8 Tochter Babel, du der Verwüstung Geweihte: /
Selig, wer dir vergilt deine Taten, *
die du uns getan hast!
9 Selig, wer ergreift und zerschlägt *
am Felsen deine Nachkommen!

1: Ez 3,15; Klgl 3,48 / **2**: Klgl 5,14 / **5**: Jer 51,50 / **6**: 22,16 / **7**: Klgl 4,21f.; Ez 25,12–14; 35; Obd 8–15 / **8**: Jes 14,22; Jer 50–51 / **9**: Jes 13,16.18; Hos 14,1; Röm 12,19

DANK UND BEKENNTNIS DER MACHT GOTTES

138 1 Von David.
Ich will dir danken mit meinem ganzen Herzen, *
vor Göttern will ich dir singen und spielen.
2 Ich will mich niederwerfen zu deinem heiligen Tempel hin, /
will deinem Namen danken für deine Huld und für deine Treue. *
Denn du hast dein Wort größer gemacht als deinen ganzen Namen.
3 Am Tag, da ich rief, gabst du mir Antwort, *
du weckst Kraft in meiner Seele.
4 Dir, HERR, sollen alle Könige der Erde danken, *
wenn sie die Worte deines Munds hören.
5 Sie sollen singen auf den Wegen des HERRN. *
Die Herrlichkeit des HERRN ist gewaltig.
6 Erhaben ist der HERR, doch er schaut auf den Niedrigen, *
in der Höhe ist er, doch er erkennt von ferne.
7 Muss ich auch gehen inmitten der Drangsal, *
du erhältst mich am Leben trotz der Wut meiner Feinde.
Du streckst deine Hand aus, *
deine Rechte hilft mir.

137,5 mich vergessen: vermuteter Text; vergessen: H.
138,3 du … Kraft, wörtlich: du ermutigst mich, in meiner Seele ist Kraft.

8 Der HERR wird es für mich vollenden. /
HERR, deine Huld währt ewig. *
Lass nicht ab von den Werken deiner Hände!
1: 7,18; 9,2; 111,1 / **2**: 5,8; Dan 6,11 / **4**: 68,33; Jes 2,3 /
6: Jes 57,15; Lk 1,51f. / **7**: 23,4

LEBEN IN GOTTES ALLGEGENWART

139 1 Für den Chormeister. Von David.
Ein Psalm.
HERR, du hast mich erforscht und kennst
mich. /
2 Ob ich sitze oder stehe, du kennst es. *
Du durchschaust meine Gedanken von fern.
3 Ob ich gehe oder ruhe, du hast es gemessen. *
Du bist vertraut mit all meinen Wegen.
4 Ja, noch nicht ist das Wort auf meiner
Zunge, *
siehe, HERR, da hast du es schon völlig
erkannt.
5 Von hinten und von vorn hast du mich
umschlossen, *
hast auf mich deine Hand gelegt.
6 Zu wunderbar ist für mich dieses Wissen, *
zu hoch, ich kann es nicht begreifen.
7 Wohin kann ich gehen vor deinem Geist, *
wohin vor deinem Angesicht fliehen?
8 Wenn ich hinaufstiege zum Himmel –
dort bist du; *
wenn ich mich lagerte in der Unterwelt –
siehe, da bist du.
9 Nähme ich die Flügel des Morgenrots, *
ließe ich mich nieder am Ende des Meeres,
10 auch dort würde deine Hand mich leiten *
und deine Rechte mich ergreifen.
11 Würde ich sagen: Finsternis soll mich
verschlingen *
und das Licht um mich soll Nacht sein!
12 Auch die Finsternis ist nicht finster vor dir, /
die Nacht leuchtet wie der Tag, *
wie das Licht wird die Finsternis.
13 Du selbst hast mein Innerstes geschaffen, *
hast mich gewoben im Schoß meiner Mutter.
14 Ich danke dir, dass ich so staunenswert und
wunderbar gestaltet bin. *
Ich weiß es genau: Wunderbar sind deine
Werke.
15 Dir waren meine Glieder nicht verborgen, /
als ich gemacht wurde im Verborgenen, *
gewirkt in den Tiefen der Erde.
16 Als ich noch gestaltlos war, *
sahen mich bereits deine Augen.
In deinem Buch sind sie alle verzeichnet:
die Tage, *
die schon geformt waren, als noch keiner von
ihnen da war.
17 Wie kostbar sind mir deine Gedanken,
Gott! *
Wie gewaltig ist ihre Summe!
18 Wollte ich sie zählen, sie sind zahlreicher
als der Sand. *
Ich erwache und noch immer bin ich bei dir.
19 Wolltest du, Gott, doch den Frevler töten! *
Ihr blutgierigen Menschen, weicht von mir!
20 Sie nennen dich in böser Absicht, *
deine Feinde missbrauchen deinen Namen.
21 Sollen mir nicht verhasst sein, HERR,
die dich hassen, *
soll ich die nicht verabscheuen, die sich gegen
dich erheben?
22 Ganz und gar sind sie mir verhasst, *
auch mir wurden sie zu Feinden.
23 Erforsche mich, Gott, und erkenne mein
Herz, *
prüfe mich und erkenne meine Gedanken!
24 Sieh doch, ob ich auf dem Weg der Götzen
bin, *
leite mich auf dem Weg der Ewigkeit!
1: 33,15; 44,22; Jer 12,3 / **2**: 2 Kön 19,27; Ijob 31,4 / **5**: Ijob 1,10 / **6**: 92,6; 131,1; Röm 11,33 / **7–10**: Ijob 23,8f.; Sir 16,17f.; Jer 23,23f.; Am 9,2f. / **8**: Ijob 11,8 / **9**: Jona 1,3 / **11–12**: Ijob 26,6; 34,22; Dan 2,22 / **13–15**: Ijob 10,8–11; Weish 7,1f. / **15**: Ijob 1,21 / **16**: 69,29; Ijob 14,5 / **17**: 92,6; Ijob 11,7 / **18**: 40,6; Sir 18,5–7 / **19**: 119,115 / **23**: 17,3; 26,2 / **24**: 25,4

HILFERUF ZU GOTT, DEM ANWALT DES ARMEN

140 1 Für den Chormeister. Ein Psalm
Davids.
2 Rette mich, HERR, vor dem bösen Men-
schen, *
vor dem Mann der Gewalttaten bewahre mich,
3 vor denen, die Böses im Herzen sinnen, *
jeden Tag schüren sie Kriege!
4 Sie schärfen ihre Zunge wie eine Schlange, *
Viperngift ist unter ihren Lippen. [Sela]
5 Behüte mich, HERR, vor den Händen der
Frevler, /
vor dem Mann der Gewalttaten bewahre
mich, *
die darauf sinnen, meine Schritte zum Wan-
ken zu bringen!
6 Hochmütige legten mir heimlich eine Falle
und Schlingen, /
sie spannten ein Netz am Rande des Weges, *
Fanghölzer stellten sie auf für mich. [Sela]
7 Ich sagte zum HERRN: Mein Gott bist du. *
Vernimm, HERR, die Stimme meines Flehens!

8 GOTT und Herr, meine Kraft und meine
Rettung, *
du hast mein Haupt beschirmt am Tag des
Kampfes.
9 Lass nicht zu, HERR, die Gier der Frevler, *
lass ihren Plan nicht gelingen, wenn sie sich
erheben! [Sela]
10 Das Haupt derer, die mich umzingeln, *
sei bedeckt vom Unheil ihrer Lippen.
11 Man häufe auf sie glühende Kohlen. /
Er stürze sie hinab in den Abgrund, *
sie sollen nie wieder aufstehn!
12 Der Verleumder soll nicht bestehn auf der
Erde! *
Den Mann der Gewalttat: Böses treffe ihn
Schlag auf Schlag!
13 Ich weiß, der HERR führt die Sache des
Elenden, *
Recht schafft er den Armen.
14 Ja, die Gerechten werden deinen Namen
preisen, *
die Redlichen werden vor deinem Angesicht
wohnen.

2: 71,4 / **4**: 55,22; 58,5; Röm 3,13 / **6**: 57,7; 141,9; 142,4; Ijob 18,8 / **7**: 31,15 / **10**: 7,17 / **11**: 11,6; 120,4; Num 16,31f. / **13**: 9,19; 34,7 / **14**: 11,7

BITTE UM BEWAHRUNG VOR DEM BÖSEN

141
1 Ein Psalm Davids.
HERR, ich habe dich gerufen,
eile mir zu Hilfe! *
Höre auf meine Stimme, wenn ich zu dir rufe!
2 Mein Bittgebet sei ein Räucheropfer vor
deinem Angesicht, *
ein Abendopfer das Erheben meiner Hände.
3 HERR, stelle eine Wache vor meinen
Mund, *
behüte das Tor meiner Lippen!
4 Neige mein Herz nicht zum bösen Wort, *
damit ich nicht frevlerische Taten verübe
zusammen mit Männern, die Unrecht tun, *
damit ich nicht koste von ihren Genüssen!
5 Schlägt mich ein Gerechter, ist es Liebe, /
weist er mich zurecht, ist es Salböl, das mein
Haupt nicht verweigert. *
Ja, immer noch bete ich für sie trotz ihrer
Bosheit.
6 Sind ihre Richter auf Felsen hinabgestürzt, /
dann werden die Frevler meine Worte
hören, *
denn diese waren freundlich.
7 Wie beim Aufhacken und Pflügen der Erde, *
so sind unsere Knochen hingestreut an den
Rand der Totenwelt.
8 Doch auf dich, GOTT und Herr, richten sich
meine Augen, *
bei dir habe ich mich geborgen, gieße nicht aus
mein Leben!
9 Behüte mich vor dem Zugriff der Falle, die sie
mir stellten, *
und vor dem Fangholz derer, die Unrecht tun!
10 In ihre eigenen Netze werden die Frevler
fallen – /
sie alle miteinander, *
ich aber entkomme.

2: 134,2; Ex 30,7f.; Jdt 9,1; Num 28,4 / **3**: 39,2; Jak 3,5f. / **5**: Spr 9,8; 27,5f. / **8–9**: 25,15 / **9**: 140,6 / **10**: 7,16

HILFERUF IN SCHWERER BEDRÄNGNIS

142
1 Ein Weisheitslied Davids. Als er in
der Höhle war. Ein Bittgebet.
2 Mit lauter Stimme schrei ich zum HERRN, *
laut flehe ich zum HERRN um Gnade.
3 Ich schütte vor ihm meine Klage aus, *
tue vor ihm kund meine Drangsal.
4 Wenn auch in mir mein Lebensgeist
schwindet: *
Meinen Pfad, du kennst ihn.
Auf dem Weg, den ich gehe, *
stellten sie mir eine Falle.
5 Blicke zur Rechten und schaue: *
Niemand ist da, der mich beachtet.
Mir ist jede Zuflucht genommen, *
niemand fragt nach meinem Leben.
6 Zu dir, HERR, habe ich geschrien, /
ich sagte: Du bist meine Zuflucht, *
mein Anteil im Land der Lebenden.
7 Vernimm doch meinen Notschrei, *
denn ich bin tief erniedrigt.
Errette mich vor meinen Verfolgern, *
denn sie sind mir zu mächtig!
8 Führe doch mein Leben heraus aus dem
Kerker, *
damit ich deinen Namen preise!
Um mich werden sich Gerechte scharen, *
denn du tust mir Gutes.

1: 63,1 / **4**: 143,4; 140,6 / **6**: 91,2; 73,26; 27,13 / **8**: 88,9

140,13 der HERR führt die Sache des Elenden, Recht schafft er den Armen, wörtlich: der HERR setzt durch den Rechtsfall des Gebeugten das Recht der Armen.

141,5 Salböl: vermuteter Text; Salböl meines Hauptes: H. – ja, immer noch … Bosheit, wörtlich: ja, noch weiterhin und mein Gebet ist bei ihren Bosheiten/Unglücken.

141,6 sind ihre … meine Worte hören, wörtlich: sind sie hinabgestürzt in die Hand des Felsens ihrer Richter, werden sie meine Worte hören.

BITTGEBET UM KRAFT UND HILFE GEGEN FEINDE

143 1 Ein Psalm Davids.
HERR, höre mein Bittgebet,
vernimm doch mein Flehen, *
in deiner Treue antworte mir, in deiner
Gerechtigkeit!
2 Geh mit deinem Knecht nicht ins Gericht; *
denn keiner, der lebt, ist gerecht vor dir!
3 Ja, der Feind verfolgte mich, /
trat mein Leben zu Boden, *
ließ mich in tiefer Finsternis wohnen wie
längst Verstorbene.
4 Daher schwand mir mein Lebensgeist, *
mein Herz erstarrt in meinem Innern.
5 Ich gedachte der Tage der Vorzeit, /
erwog all deine Taten, *
ich sinne nach über das Werk deiner Hände.
6 Ausgebreitet habe ich meine Hände zu dir, *
wie erschöpftes Land ist vor dir meine Seele.
[Sela]
7 Eile, HERR, gib mir Antwort, *
denn es erlischt mein Lebensgeist!
Verbirg vor mir nicht dein Angesicht, *
sonst gleiche ich denen, die hinabfahren in
die Grube.
8 Lass mich am Morgen deine Huld erfahren, *
denn auf dich vertraute ich!
Lass mich den Weg erkennen, den ich gehen
soll, *
denn zu dir erhob ich meine Seele!
9 Entreiß mich meinen Feinden, HERR, *
zu dir nehme ich meine Zuflucht!
10 Lehre mich tun, was dir gefällt, /
denn du bist mein Gott! *
Dein guter Geist leite mich auf ebenem Land.
11 Um deines Namens willen, HERR, wirst du
mich am Leben erhalten, /
wirst du mich herausführen in deiner
Gerechtigkeit *
aus der Drangsal meiner Seele.
12 In deiner Huld wirst du meine Feinde
vernichten, /
du wirst zugrunde gehen lassen alle Bedränger
meiner Seele, *
weil ich dein Knecht bin.

2: 130,3; Ijob 4,17; 9,2; 25,4; Koh 7,20 / **3**: Klgl 3,6 / **4**: 142,4; Ijob 17,1 / **5**: 77,6–13 / **6**: 42,2 / **7**: 69,18; 102,3; 28,1; 88,5 / **8**: 90,14; 25,1f. / **10**: 119,1 / **12**: 54,7

GEBET EINES KÖNIGS

144 1 Von David.
Gepriesen sei der HERR, mein Fels, /
der meine Hände den Kampf lehrt, *
meine Finger den Krieg!
2 Er, meine Huld und meine Festung, *
meine Burg und mein Retter,
mein Schild, dem ich vertraue, *
der mir mein Volk unterwirft.
3 HERR, was ist der Mensch, dass du ihn wahr-
nimmst, *
des Menschen Kind, dass du es beachtest?
4 Der Mensch gleicht einem Hauch, *
seine Tage sind wie ein flüchtiger Schatten.
5 HERR, neige deinen Himmel und steige
herab, *
rühre die Berge an, dass sie rauchen!
6 Schleudre Blitze und zerstreue sie, *
schieß deine Pfeile ab und erschrecke sie!
7 Streck deine Hände herab aus der Höhe, /
befreie und rette mich *
aus mächtigen Wassern, aus der Hand der
Fremden,
8 deren Mund Trug geredet hat *
und deren Rechte zum Meineid erhoben war!
9 Gott, ein neues Lied will ich dir singen, *
auf der zehnsaitigen Harfe will ich dir spielen,
10 dir, der den Königen Sieg verleiht, *
der David, seinen Knecht, vom Schwert des
Unheils befreit.
11 Befreie und entreiß mich der Hand der
Fremden, /
deren Mund Trug geredet hat *
und deren Rechte zum Meineid erhoben war!
12 Dann sind unsere Söhne wie junge Bäume, *
hoch gewachsen in ihrer Jugend,
unsere Töchter schön gestaltet wie Säulen *
am Bau eines Palastes.
13 Unsere Speicher sind gefüllt, *
überquellend von vielerlei Vorrat.
Unsere Schafe und Ziegen werfen tausend-
fach, *
vieltausendfach auf unseren Fluren.
14 Unsere Kühe sind trächtig. /
Es gibt keinen Schaden und keine Fehlgeburt, *
es erschallt kein Wehgeschrei auf unseren
Plätzen.
15 Selig das Volk, dem es so ergeht, *
selig das Volk, dessen Gott der HERR ist!

1: 18,35; 92,16 / **2**: 3,4; 18,3.48 / **3**: 8,5; Ijob 7,17 / **4**: 39,6f.; 90,9 / **5–7**: 18,10–17 / **5**: 104,32; Jes 63,19 / **9**: 33,3 / **10**: 18,51 / **12**: 128,3; Ijob 42,15 / **13**: 107,37f. / **15**: 33,12

143,9 meine Zuflucht: vermuteter Text; ich habe bedeckt: H.

EWIGER UND UNIVERSALER LOBPREIS DER KÖNIGSHERRSCHAFT GOTTES

145 1 Ein Loblied Davids.
Ich will dich erheben, meinen Gott
und König, *
ich will deinen Namen preisen auf immer und
ewig.
2 Jeden Tag will ich dich preisen *
und deinen Namen loben auf immer und ewig.
3 Groß ist der HERR und hoch zu loben, *
unerforschlich ist seine Größe.
4 Geschlecht um Geschlecht rühme deine
Werke, *
deine machtvollen Taten sollen sie künden.
5 Den herrlichen Glanz deiner Hoheit *
und deine Wundertaten will ich besingen.
6 Von der Macht deiner Furcht erregenden
Taten sollen sie reden, *
von deinen Großtaten will ich erzählen.
7 Sie sollen die Erinnerung an deine große
Güte wecken *
und über deine Gerechtigkeit jubeln.
8 Der HERR ist gnädig und barmherzig, *
langmütig und reich an Huld.
9 Der HERR ist gut zu allen, *
sein Erbarmen waltet über all seinen Werken.
10 Danken sollen dir, HERR, all deine Werke, *
deine Frommen sollen dich preisen.
11 Von der Herrlichkeit deines Königtums
sollen sie reden, *
von deiner Macht sollen sie sprechen,
12 um den Menschen bekannt zu machen seine
machtvollen Taten *
und die glanzvolle Herrlichkeit seines König-
tums.
13 Dein Königtum ist ein Königtum aller
Zeiten, *
von Geschlecht zu Geschlecht währt deine
Herrschaft.
14 Der HERR stützt alle, die fallen, *
er richtet alle auf, die gebeugt sind.
15 Aller Augen warten auf dich *
und du gibst ihnen ihre Speise zur rechten
Zeit.
16 Du tust deine Hand auf *
und sättigst alles, was lebt, mit Wohlgefallen.
17 Gerecht ist der HERR auf all seinen Wegen *
und getreu in all seinen Werken.
18 Nahe ist der HERR allen, die ihn rufen, *
allen, die ihn aufrichtig rufen.
19 Denen, die ihn fürchten, erweist er Wohl-
gefallen, *
ihr Schreien hört er und rettet sie.
20 Der HERR behütet alle, die ihn lieben, *
doch alle Frevler vernichtet er.
21 Das Lob des HERRN spreche mein Mund, /
alles Fleisch preise seinen heiligen Namen *
auf immer und ewig!

2: 34,2; 68,20 / **3**: 95,3 / **4**: 78,4 / **8**: 116,5 / **9**: 103,13; Weish 11,24 / **10**: 103,22 / **11–13**: 24,7–10 / **14**: 94,18; 146,8 / **15–16**: 104,27f.; 136,25 / **16**: Mt 6,25f. / **17**: Dtn 32,4 / **18**: Dtn 4,7; Jes 55,6; 58,9; Jer 29,13 / **19**: 34,18; Spr 10,24; Joh 9,31 / **20**: Ri 5,31 / **21**: Sir 39,35

PREISLIED AUF GOTT, DEN HELFER DER ARMEN

146 1 Halleluja!
Lobe den HERRN, meine Seele! /
2 Ich will den HERRN loben in meinem
Leben, *
meinem Gott singen und spielen, solange
ich da bin.
3 Vertraut nicht auf Fürsten, *
nicht auf den Menschen, durch den es keine
Rettung gibt!
4 Schwindet sein Lebensgeist, kehrt er zurück
zur Erde, *
an jenem Tag sind seine Pläne zunichte.
5 Selig, wer den Gott Jakobs als Hilfe hat, *
wer seine Hoffnung auf den HERRN, seinen
Gott, setzt.
6 Er ist es, der Himmel und Erde erschafft, /
das Meer und alles, was in ihm ist. *
Er hält die Treue auf ewig.
7 Recht schafft er den Unterdrückten, /
Brot gibt er den Hungernden, *
der HERR befreit die Gefangenen.
8 Der HERR öffnet die Augen der Blinden, /
der HERR richtet auf die Gebeugten, *
der HERR liebt die Gerechten.
9 Der HERR beschützt die Fremden, /
er hilft auf den Waisen und Witwen, *
doch den Weg der Frevler krümmt er.
10 Der HERR ist König auf ewig, *
dein Gott, Zion, durch alle Geschlechter.
Halleluja!

2: 7,18; 104,33 / **3**: 118,8f. / **4**: 90,3; 103,14; 104,29; Gen 3,19; Ijob 10,9; Koh 12,7 / **5**: Jer 17,7 / **6**: Apg 4,24; 14,15 / **7**: 103,6; 68,7; Jes 61,1 / **8**: 145,14 / **9**: 10,18 / **10**: 24,7–10

145,13 In G, Vg und Qumran ist zwischen 145,13 und 145,14 (H) eingefügt: Treu ist der Herr in seinen Reden und heilig in all seinen Werken.

146,6 in ihm: vermuteter Text; in ihnen: H.

BEKENNTNIS ZU GOTT, DEM ERHALTER DER WELT UND ISRAELS

147 1 Halleluja!
Ja, gut ist es, unserem Gott zu singen
und zu spielen, *
ja, schön und geziemend ist Lobgesang.
2 Der HERR baut Jerusalem auf, *
er sammelt die Versprengten Israels.
3 Er heilt, die gebrochenen Herzens sind, *
er verbindet ihre Wunden.
4 Er bestimmt die Zahl der Sterne *
und ruft sie alle mit Namen.
5 Groß ist unser Herr und gewaltig an Kraft, *
seine Einsicht ist ohne Grenzen.
6 Der HERR hilft auf den Gebeugten, *
er drückt die Frevler zu Boden.
7 Stimmt dem HERRN ein Danklied an, *
spielt unserem Gott mit der Leier!
8 Er bedeckt den Himmel mit Wolken, /
er spendet der Erde Regen, *
er lässt Gras auf den Bergen sprießen.
9 Er gibt dem Vieh seine Nahrung, *
den jungen Raben, die schreien.
10 Er hat keine Freude an der Stärke des
Rosses, *
er hat keinen Gefallen an der Kraft des Helden.
11 Gefallen hat der HERR an denen, die ihn
fürchten, *
an denen, die auf seine Liebe warten.
12 Jerusalem, rühme den HERRN! *
Lobe deinen Gott, Zion!
13 Denn er hat die Riegel deiner Tore fest-
gemacht, *
die Kinder in deiner Mitte gesegnet.
14 Er verschafft deinen Grenzen Frieden, *
er sättigt dich mit bestem Weizen.
15 Er sendet seinen Spruch zur Erde, *
in Eile läuft sein Wort dahin.
16 Er gibt Schnee wie Wolle, *
Reif streut er aus wie Asche.
17 Eis wirft er herab wie Brocken, *
vor seinem Frost – wer kann da bestehen?
18 Er sendet sein Wort und lässt sie schmel-
zen, *
er lässt seinen Wind wehen – da rieseln die
Wasser.
19 Er verkündet Jakob sein Wort, *
Israel seine Gesetze und seine Entscheide.
20 An keinem anderen Volk hat er so gehan-
delt, *
sie kennen sein Recht nicht.
Halleluja!

1: 92,2 / **2**: 51,20; Jes 11,12; Jer 31,10 / **3**: Ijob 5,18; Jes 61,1; Jer 33,6 / **4**: Jes 40,26; Bar 3,34f. / **5**: 145,3; Jes 40,28 / **6**: 145,14; 75,8; Lk 1,52 / **8**: 104,11–14; Ijob 5,10; Jer 14,22; Joël 2,23 / **9**: Ijob 38,41; Lk 12,24 / **10–11**: 20,8; 1 Sam 16,7 / **12**: Jer 33,10f. / **14**: 81,17 / **15**: 33,9; Weish 18,15 / **15–18**: Ijob 38,20–30 / **17**: Ijob 37,10 / **19–20**: Dtn 4,8 / **19**: 78,5

LOBPREIS AUF DEN HERRN, DEN KÖNIG DES KOSMOS

148 1 Halleluja!
Lobt den HERRN vom Himmel
her, *
lobt ihn in den Höhen:
2 Lobt ihn, all seine Engel, *
lobt ihn, all seine Heerscharen,
3 lobt ihn, Sonne und Mond, *
lobt ihn, all ihr leuchtenden Sterne,
4 lobt ihn, ihr Himmel der Himmel, *
ihr Wasser über dem Himmel!
5 Loben sollen sie den Namen des HERRN; *
denn er gebot und sie waren erschaffen.
6 Er stellte sie hin für immer und ewig, *
ein Gesetz gab er – und nie vergeht es.
7 Lobt den HERRN von der Erde her: *
ihr Ungeheuer des Meeres und alle Tiefen,
8 Feuer und Hagel, Schnee und Nebel, *
du Sturmwind, der sein Wort vollzieht,
9 ihr Berge und all ihr Hügel, *
ihr Fruchtbäume und alle Zedern,
10 ihr Tiere alle, wilde und zahme, *
ihr Kriechtiere und ihr gefiederten Vögel,
11 ihr Könige der Erde und alle Völker, *
ihr Fürsten und alle Richter der Erde,
12 ihr jungen Männer und auch ihr jungen
Frauen, *
ihr Alten mit den Jungen!
13 Loben sollen sie den Namen des HERRN, /
denn sein Name allein ist erhaben, *
seine Hoheit strahlt über Erde und Himmel.
14 Er hat erhöht die Macht seines Volks, /
zum Lob für all seine Frommen, *
für die Kinder Israels, das Volk, das ihm nahe
ist.
Halleluja!

1–4: 103,20–22; Ijob 38,7 / **1**: Lk 2,13f. / **5**: 33,9 / **6**: 119,91; Jer 31,35f. / **9**: Jes 44,23 / **14**: Dtn 4,7

DAS NEUE LIED VON DER KÖNIGSHERRSCHAFT GOTTES DURCH ISRAEL

149 1 Halleluja!
Singt dem HERRN ein neues Lied, *
sein Lob in der Versammlung der Frommen!

147,6 er drückt die Frevler zu Boden, wörtlich: er erniedrigt die Frevler zur Erde.

147,20 sein Recht: vermuteter Text; Rechte: H.

2 Israel soll sich freuen über seinen Schöpfer, *
die Kinder Zions sollen jubeln über ihren
König.
3 Seinen Namen sollen sie loben mit Reigen-
tanz, *
mit Trommel und Leier ihm spielen.
4 Denn der HERR hat an seinem Volk
Gefallen, *
er krönt die Gebeugten mit Rettung.
5 In Herrlichkeit sollen die Frommen froh-
locken, *
sie sollen jauchzen auf ihren Lagern,
6 Hochgesänge auf Gott in ihrer Kehle, *
ein zweischneidiges Schwert in ihren Händen,
7 um unter den Nationen Vergeltung zu üben, *
Strafgericht bei den Völkern,
8 um ihre Könige mit Fesseln zu binden, *
ihre Fürsten mit eisernen Ketten,
9 um Gericht über sie zu halten, wie
geschrieben steht. *
Lichtglanz ist das all seinen Frommen.
Halleluja!

1: 33,3 / **2**: 100,3; 24,7–10 / **3**: 68,26; 81,3 / **4**: Jes 62,4 / **6**: 2 Makk 15,27

DAS GROSSE HALLELUJA

150 1 Halleluja!
Lobt Gott in seinem Heiligtum, *
lobt ihn in seiner mächtigen Feste!
2 Lobt ihn wegen seiner machtvollen Taten, *
lobt ihn nach der Fülle seiner Größe!
3 Lobt ihn mit dem Schall des Widderhorns, *
lobt ihn mit Harfe und Leier!
4 Lobt ihn mit Trommel und Reigentanz, *
lobt ihn mit Saiten und Flöte!
5 Lobt ihn mit tönenden Zimbeln, /
lobt ihn mit schallenden Zimbeln! *
6 Alles, was atmet, lobe den HERRN.
Halleluja!

1: Dan 3,53 / **3–5**: 2 Sam 6,5 / **4**: 149,3 / **6**: Offb 5,13

DAS BUCH DER SPRICHWÖRTER

Das Buch der „Sprichwörter Salomos“ (1,1), auch: „Sprüche Salomos“ genannt, will Weisheit und Erziehung (1,2) für Anfänger (1,4) und Fortgeschrittene (1,5) vermitteln, wie sein Prolog erklärt (1,1–7). Der Text (1,1) schreibt das ganze Buch König Salomo zu, der nach 1 Kön 3,12 von Gott mit unübertrefflicher Weisheit beschenkt wurde und nach 1 Kön 5,12 Sprüche dichtete. Schon im Horizont des Buches (vgl. 30,1; 31,1) bedeutet diese Zuschreibung keine Autorschaft Salomos im modernen Sinn, sondern ist als Autorisierung und Einbindung der Texte in die Überlieferung Israels zu verstehen.

Das Buch ist durch Zwischenüberschriften als Sammlung von Sammlungen gekennzeichnet und in ungleich lange Abschnitte gegliedert (1–9; 10,1–22,16; 22,17–24,22; 24,23–34; 25,1–29,27; 30,1–33 und 31,1–31). Die großen Teile des Buchs (10,1–22,16 und 25–29) werden durch ihre Überschriften als „Sprichwörter Salomos“ gekennzeichnet (10,1; 25,1). Andere Abschnitte sind als „Worte von Weisen“ (22,17–24,22 und 24,23–34) und „Worte Agurs“ (30,1–33) und als Lehre einer nichtisraelitischen Königsmutter für ihren Sohn Lemuël (31,1–31) ausgewiesen. Spr 1–9 und 31,10–31 bilden mit den Gestalten der Frau Weisheit und der tüchtigen Frau einen Rahmen.

Die größtenteils ein- oder zweizeiligen Sprüche der Hauptsammlungen (10,1–22,16; 25–29) sind poetisch geprägt und erinnern vielfach an geläufige Bautypen von Sprichwortweisheit (z. B. „Besser-als“-Sprüche wie 15,17). Gleichwohl ist die Bedeutung der Auswahl und Sammlung, Bearbeitung und Ergänzung mündlich umlaufender Weisheit zu einer schriftlich weiter tradierten Sammlung nicht zu unterschätzen. Spr 25,1 weist auf den Königshof als einen Ort solcher Tätigkeit.

Das Buch enthält eine Fülle von Formen und Gattungen: Zahlensprüche (6,16–19), Lehrreden (1,8–19), Weisheitsgedichte (23,29–35; 27,23–27), ein alphabetisch strukturiertes Gedicht auf die tatkräftige Frau (31,10–31), Rätselreden (30,15–33), auch ein Gebet (30,5–7).

Der Entstehungszeitraum der Texte erstreckt sich von schwer fassbaren frühen Anfängen (vgl. 25,1) über mehrere Jahrhunderte und reicht bis in hellenistische Zeit (4./3. Jh. v. Chr.).

Das Buch der Sprichwörter zeigt weisheitliche Texte als Medium interkulturellen Austausches. So kommt in Spr 31,1 mit der Mutter des Königs Lemuël eine ausländische, „fremde" Frau zu Wort. Spr 22,17–23,11 beruhen auf der ägyptischen Lehre des Amenemope (12. Jh. v. Chr.).

Die Texte haben den Alltag in Familie und Nachbarschaft ebenso im Blick wie die Herausforderungen einer Karriere am Hof (vgl. die Anstandsregeln in 23,1–3). Sie verbinden Einsichten in die menschliche Psyche (z. B. 14,10.30; 17,22) mit Beschreibungen sozialer Verhaltensmuster (z. B. 19,4.6) und – nicht selten humorvollen – Warnungen vor Lethargie (6,6–11; 24,30–34; 26,13–16). In der Fülle der behandelten Themen zielen sie nicht auf situationsunabhängige theoretische Wahrheiten, sondern wollen einerseits traditionelle Lebensklugheit vermitteln und andererseits den Blick schärfen für die vielen Facetten und teilweise paradoxen Elemente der Lebenswirklichkeit. Die Vielfalt der Formen und Aussagen dient der Einübung von Unterscheidungsvermögen und Urteilskraft in einer mehrdeutigen Welt. Grundlegend wollen die Texte den Weg zu einem Leben in Weisheit, Gerechtigkeit und Barmherzigkeit weisen. Als Wurzelgrund eines solchen Lebens erscheint an zentralen Stellen die Orientierung an Gott. Die Sprüche über die Furcht des HERRN (1,7; 9,10; 15,33; 31,30) sind eine spezifische israelitische Ausprägung weisheitlichen Denkens.

In der ersten Sammlung des Buchs (1–9) spricht außer den lehrenden Eltern (1,8–19) auch die personifizierte Weisheit (1,20–33), die sich und ihre Wirksamkeit bei der Schöpfung vorstellt (3,19; 8,1–36) und zum Festmahl einlädt (9,1–6). In ihrer Gestalt begegnet die ordnende und der Welt zugewandte Seite Gottes. Am Verhältnis zu Weisheit und personifizierter Torheit und an der Fähigkeit, beide zu unterscheiden, entscheiden sich Leben und Tod (9,13–18). Hier schließt eine reiche Rezeptions- und Wirkungsgeschichte an (vgl. z. B. Sir 24; Bar 3,9–4,4; Weish 7; 9 sowie Kol 1,15–17; Joh 1,1–18).

Zahlreiche Elemente des Sprichwörterbuchs wurden im Neuen Testament aufgegriffen, z. B. die Feindesliebe (Spr 25,21f. – Röm 12,20) und die gerechte Vergeltung (Spr 11,31 – 1 Petr 4,18). Andere sind als moderne Sprichwörter und Redensarten geläufig („Hochmut kommt vor dem Fall", 16,18; „Wer andern eine Grube gräbt", 26,27).

PROLOG DES BUCHES: 1,1–7

1 1 Sprichwörter Salomos, des Sohnes Davids, des Königs von Israel:
2 um Weisheit und Erziehung kennenzulernen, / um kundige Rede zu verstehen,
3 um Erziehung zur Einsicht zu erlangen: / Gerechtigkeit, Rechtssinn und Redlichkeit,
4 um Unerfahrenen Klugheit zu verleihen, / der Jugend Kenntnis und Umsicht.
5 Der Weise höre und vermehre sein Wissen, / der Verständige lerne kluge Führung,
6 um Sprichwort und Gleichnis zu verstehen, / die Worte von Weisen und ihre Rätsel.
7 Die Furcht des HERRN ist Anfang der Erkenntnis, / nur Toren verachten Weisheit und Erziehung.

1: 10,1; 25,1 / **3**: 2,9 / **7**: 9,10; 31,30; Ps 111,10; Sir 1,14

ERSTE SAMMLUNG: 1,8–9,18

8 Höre, mein Sohn, auf die Mahnung des Vaters / und die Unterweisung deiner Mutter verwirf nicht!
9 Sie sind ein schöner Kranz auf deinem Haupt / und eine Kette für deinen Hals.

10 Mein Sohn, wenn dich Sünder locken, /
dann folg ihnen nicht,
11 wenn sie sagen: / Geh mit uns, / wir wol-
len auf Blut lauern, / dem Arglosen ohne
Grund nachstellen;
12 wie die Unterwelt wollen wir sie lebendig
verschlingen, / Menschen in ihrer Kraft, als
wären sie dem Grab verfallen.
13 Manch kostbares Stück werden wir fin-
den, / mit Beute unsere Häuser füllen.
14 Wirf dein Los in unserm Kreis, / gemein-
sam sei uns der Beutel!
15 Mein Sohn, geh nicht mit ihnen, / halte
deinen Fuß fern von ihrem Pfad!
16 Denn ihre Füße laufen dem Bösen nach, /
sie eilen, Blut zu vergießen.
17 Umsonst wird das Netz ausgespannt / vor
den Augen aller Vögel;
18 sie aber lauern auf ihr eigenes Blut, / sie
stellen ihrem eigenen Leben nach.
19 So sind die Wege all derer, die unrechten
Gewinn machen wollen: / Er nimmt seinen
Besitzern das Leben.
20 Die Weisheit ruft laut auf der Straße, / auf
den Plätzen erhebt sie ihre Stimme.
21 Im größten Lärm ruft sie, / an den Stadt-
toren hält sie ihre Reden:
22 Wie lang noch, ihr Törichten, liebt ihr
Betörung, / gefällt den Zuchtlosen ihr dreistes
Gerede, / hassen die Toren Erkenntnis?
23 Wendet euch meiner Mahnung zu! /
Dann will ich auf euch meinen Geist ausgie-
ßen / und meine Worte euch kundtun.
24 Als ich rief, habt ihr euch geweigert, /
meine drohende Hand hat keiner beachtet;
25 jeden Rat, den ich gab, habt ihr ausge-
schlagen, / meine Mahnung gefiel euch nicht.
26 Darum werde auch ich lachen, wenn euch
Unglück trifft, / werde spotten, wenn Schre-
cken über euch kommt,
27 wenn der Schrecken euch wie ein Unwet-
ter naht / und wie ein Sturm euer Unglück
hereinbricht, / wenn Not und Drangsal euch
überfallen.
28 Dann werden sie nach mir rufen, doch ich
antworte nicht; / sie werden mich suchen,
aber nicht finden.
29 Weil sie die Einsicht hassten / und nicht
die Furcht des HERRN wählten,
30 meinen Rat nicht wollten, / meine ganze
Mahnung missachteten,
31 sollen sie nun essen von der Frucht ihres
Weges / und von ihren Plänen sich sättigen.
32 Denn die Abtrünnigkeit der Törichten ist
ihr Tod, / die Sorglosigkeit der Toren ist ihr
Verderben.
33 Wer aber auf mich hört, wohnt in Sicher-
heit, / ihn stört kein böser Schrecken.

8: 4,1; 6,20; 31,1.26 / **12:** Ps 124,3 / **15:** Ps 1,1 / **16:** Jes 59,7; Röm 3,15 / **20:** 8,1–3; Sir 24 / **24:** Jes 50,2 / **26:** Ps 2,4 / **27:** Jer 23,19 / **33:** Dtn 12,10; Lev 25,18

2

1 Mein Sohn, wenn du meine Worte an-
nimmst / und meine Gebote beherzigst,
2 der Weisheit Gehör schenkst, / dein Herz
der Einsicht zuneigst,
3 wenn du nach Erkenntnis rufst, / mit lau-
ter Stimme um Einsicht bittest,
4 wenn du sie suchst wie Silber, / nach ihr
forschst wie nach Schätzen,
5 dann wirst du die Furcht des HERRN be-
greifen / und Gotteserkenntnis finden.
6 Denn der HERR gibt Weisheit, / aus sei-
nem Mund kommen Erkenntnis und Einsicht.
7 Für die Redlichen hält er Hilfe bereit, / den
Rechtschaffenen ist er ein Schild.
8 Er hütet die Pfade des Rechts / und be-
wacht den Weg seiner Frommen.
9 Dann wirst du Recht und Gerechtigkeit
begreifen, / Redlichkeit und jede gute Bahn;
10 denn Weisheit zieht ein in dein Herz, /
Erkenntnis beglückt deine Seele.
11 Besonnenheit wacht über dir / und Ein-
sicht behütet dich.
12 Sie bewahrt dich vor dem Weg des Bö-
sen, / vor Männern, die Verkehrtes reden,
13 die den rechten Weg verlassen, / um auf
dunklen Pfaden zu gehen,
14 die sich freuen am bösen Tun / und jubeln
über die Verkehrtheit des Schlechten,
15 deren Pfade krumm verlaufen / und deren
Bahnen in die Irre führen.
16 Sie bewahrt dich vor der fremden Frau, /
vor der Fremden, die verführerisch redet,
17 die den Gefährten ihrer Jugend verlässt /
und den Bund ihres Gottes vergisst;
18 ihr Haus sinkt hinunter zur Totenwelt, /
ihre Bahnen führen zu den Totengeistern hinab.
19 Wer zu ihr geht, kehrt nie zurück, / findet
nie wieder die Pfade des Lebens.
20 So kannst du auf dem Weg der Guten ge-
hen, / dich an die Pfade der Gerechten halten;
21 denn die Redlichen werden das Land bewoh-
nen, / wer rechtschaffen ist, wird darin bleiben.
22 Die Frevler aber werden aus dem Land
verstoßen, / die Verräter aus ihm weggerissen.

4: Ijob 28 / **7:** Ps 3,4 / **16:** 6,24–35; 7,5 / **18:** 5,5 / **21:** Ps 37,11; Mt 5,5

3 1 Mein Sohn, vergiss meine Unterwei-
sung nicht, bewahre meine Gebote in
deinem Herzen!
2 Denn sie vermehren die Tage und Jahre
deines Lebens / und bringen dir Wohlergehen.
3 Nie sollen Liebe und Treue dich verlas-
sen; / binde sie dir um den Hals, / schreib sie
auf die Tafel deines Herzens!
4 Dann erlangst du Gunst und Beifall / bei
Gott und den Menschen.
5 Mit ganzem Herzen vertrau auf den
HERRN, / bau nicht auf eigene Klugheit;
6 such ihn zu erkennen auf all deinen We-
gen, / dann ebnet er selbst deine Pfade!
7 Halte dich nicht selbst für weise, / fürchte
den HERRN und meide das Böse!
8 Das ist heilsam für deine Gesundheit / und
erfrischt deine Glieder.
9 Ehre den HERRN mit deinem Vermögen, /
mit dem Besten von dem, was du erntest!
10 Dann füllen sich deine Scheunen im Über-
fluss, / deine Fässer laufen über von Most.
11 Mein Sohn, verachte nicht die Erziehung
des HERRN / und werde seiner Zurechtwei-
sung nicht überdrüssig.
12 Denn wen der HERR liebt, den züchtigt er, /
wie ein Vater seinen Sohn, den er gern hat.
13 Selig der Mensch, der Weisheit gefunden, /
der Mensch, der Einsicht gewonnen hat.
14 Denn sie zu erwerben ist besser als Sil-
ber, / sie zu gewinnen ist besser als Gold.
15 Sie übertrifft die Perlen an Wert, / keine
deiner Kostbarkeiten kommt ihr gleich.
16 Langes Leben birgt sie in ihrer Rechten, /
in ihrer Linken Reichtum und Ehre;
17 ihre Wege sind schöne Wege, / all ihre
Pfade führen zum Glück.
18 Ein Lebensbaum ist sie denen, die nach ihr
greifen, / wer sie festhält, ist glücklich zu preisen.
19 Der HERR hat die Erde mit Weisheit ge-
gründet / und mit Einsicht den Himmel be-
festigt.
20 Durch sein Wissen brechen die tiefen
Quellen hervor / und träufeln die Wolken den
Tau herab.
21 Mein Sohn, lass beides nicht aus den Au-
gen: / Bewahre Umsicht und Besonnenheit!
22 Dann werden sie dir ein Lebensquell, / ein
Schmuck für deinen Hals;
23 dann gehst du sicher deinen Weg / und
stößt mit deinem Fuß nicht an.
24 Gehst du zur Ruhe, so schreckt dich nichts
auf, / legst du dich nieder, erquickt dich dein
Schlaf.
25 Fürchte dich nicht vor jähem Erschre-
cken, / vor dem Verderben, das über die Frevler
kommt!
26 Der HERR wird deine Zuversicht sein, /
er bewahrt deinen Fuß vor der Schlinge.
27 Versag keine Wohltat dem, der sie braucht, /
wenn es in deiner Hand liegt, Gutes zu tun!
28 Wenn du jetzt etwas hast, / sag nicht zu
deinem Nächsten: Geh, komm wieder, / mor-
gen will ich dir etwas geben!
29 Sinne nichts Böses gegen deinen Nächs-
ten, / der friedlich neben dir wohnt!
30 Bring niemand ohne Grund vor Gericht, /
wenn er dir nichts Böses getan hat!
31 Beneide den Gewalttätigen nicht, / wäh-
le keinen seiner Wege;
32 denn ein Gräuel ist dem HERRN der Rän-
keschmied, / die Redlichen sind seine Freunde.
33 Der Fluch des HERRN fällt auf das Haus
des Frevlers, / die Wohnung der Gerechten
segnet er.
34 Die Zuchtlosen verspottet er, / den Ge-
beugten erweist er seine Gunst.
35 Die Weisen erlangen Ehre, / die Toren
aber häufen Schande auf sich.

2: 4,10 / **3**: Dtn 6,8; Ps 85,11 / **4**: 1 Sam 2,26; Lk 2,52 / **7**: Jes 5,21 / **11**: Hebr 12,5–6 / **15**: 8,11; 31,10 / **18**: 11,30; 13,12; 15,4; Gen 2,9 / **19**: Jer 10,12 / **23**: Ps 91,5–12 / **28**: Jak 2,15f.

4 1 Ihr Söhne, hört auf die Mahnung des
Vaters, / merkt auf, damit ihr Einsicht
lernt;
2 denn gute Lehre gebe ich euch. / Lasst nicht
ab von meiner Unterweisung!
3 Als ich noch ein Knabe war bei meinem
Vater, / das zarte und einzige Kind meiner
Mutter,
4 da lehrte er mich und sagte zu mir: / Nimm
dir meine Worte zu Herzen, / bewahre meine
Gebote und du wirst leben.
5 Erwirb dir Weisheit, erwirb dir Einsicht, /
vergiss sie nicht, weich nicht ab von meinen
Worten!
6 Lass nicht von ihr und sie wird dich behü-
ten, / liebe sie und sie wird dich beschützen.
7 Anfang der Weisheit ist: Erwirb dir Weis-
heit, / erwirb dir Einsicht mit deinem ganzen
Vermögen!
8 Halte sie hoch, dann wird sie dich erhö-
hen; / sie bringt dich zu Ehren, wenn du sie
umarmst.

3,8 deine Gesundheit, wörtlich: deinen Nabel.

9 Sie setzt dir einen schönen Kranz auf das
Haupt, / eine prächtige Krone wird sie dir
schenken.
10 Höre, mein Sohn, und nimm meine Wor-
te an, / dann mehren sich die Jahre deines Le-
bens!
11 Den Weg der Weisheit zeige ich dir, / ich
leite dich auf ebener Bahn.
12 Wenn du gehst, ist dein Schritt nicht be-
engt, / wenn du läufst, wirst du nicht strau-
cheln.
13 Halte fest an der Erziehung und lass da-
von nicht ab, / bewahre sie; denn sie ist dein
Leben!
14 Betritt nicht den Pfad der Frevler, / be-
schreite nicht den Weg der Bösen!
15 Meide ihn, geh nicht auf ihm, / kehr dich
von ihm ab und geh vorbei!
16 Denn sie schlafen nicht, ehe sie nicht Bö-
ses getan haben; / der Schlaf flieht sie, wenn
sie nicht straucheln.
17 Sie essen das Brot des Unrechts / und trin-
ken den Wein der Gewalttat.
18 Doch der Pfad der Gerechten ist wie das
Licht am Morgen; / es wird immer heller bis
zum vollen Tag.
19 Der Weg der Frevler ist wie dunkle
Nacht; / sie merken nicht, worüber sie fallen.
20 Mein Sohn, achte auf meine Worte, / nei-
ge dein Ohr meiner Rede zu!
21 Lass sie nicht aus den Augen, / bewahre
sie tief im Herzen!
22 Denn Leben bringen sie dem, der sie fin-
det, / und Gesundheit seinem ganzen Leib.
23 Mehr als alles hüte dein Herz; / denn von
ihm geht das Leben aus.
24 Vermeide alle Falschheit des Mundes /
und Verkehrtheit der Lippen halt von dir fern!
25 Deine Augen sollen geradeaus schauen /
und deine Blicke richte nach vorn!
26 Ebne die Straße für deinen Fuß / und alle
deine Wege seien geordnet.
27 Bieg nicht ab, weder rechts noch links, /
halt deinen Fuß vom Bösen zurück!

5: 23,23 / **27:** Dtn 5,32

5 1 Mein Sohn, merke auf meine Weisheit, /
neige meiner Einsicht dein Ohr zu,
2 damit du Besonnenheit bewahrst / und
deine Lippen auf Klugheit achten!
3 Denn die Lippen der fremden Frau triefen
von Honig, / glatter als Öl ist ihr Gaumen.
4 Doch zuletzt ist sie bitter wie Wermut, /
scharf wie ein zweischneidiges Schwert.
5 Ihre Füße steigen zum Tod hinab, / ihre
Schritte gehen der Unterwelt zu.
6 Den Pfad zum Leben verfehlt sie, / ihre
Wege schwanken und sie merkt es nicht.
7 Nun denn, ihr Söhne, hört auf mich, /
weicht nicht ab von den Worten, die mein
Mund spricht!
8 Halte deinen Weg von ihr fern, / komm
ihrer Haustür nicht nahe!
9 Sonst schenkst du anderen deinen Glanz, /
deine Jahre einem Rücksichtslosen;
10 sonst sättigen sich Fremde an deinem Ver-
mögen, / die Frucht deiner Arbeit kommt in
das Haus eines andern
11 und am Ende wirst du stöhnen, / wenn
dein Leib und dein Fleisch dahinsiechen.
12 Dann wirst du sagen: Ach, ich habe die
Erziehung gehasst, / mein Herz hat die Zu-
rechtweisung verschmäht;
13 ich habe nicht auf die Stimme meiner Er-
zieher gehört, / mein Ohr nicht meinen Leh-
rern zugeneigt.
14 Fast hätte mich alles Unheil getroffen / in
der Versammlung und in der Gemeinde.
15 Trink Wasser aus deiner eigenen Zister-
ne, / Wasser, das aus deinem Brunnen quillt!
16 Sollen deine Quellen auf die Straße flie-
ßen, / auf die freien Plätze deine Bäche?
17 Dir allein sollen sie gehören, / keine Frem-
den sollen teilen mit dir.
18 Dein Brunnen sei gesegnet; / freu dich der
Frau deiner Jugendtage,
19 der lieblichen Hindin, der anmutigen
Gazelle! / Ihre Brüste sollen dich immer be-
rauschen / und ihre Liebe dich allezeit betö-
ren!
20 Warum solltest du dich an einer Fremden
berauschen, / den Busen einer andern umfan-
gen?
21 Denn der Weg eines jeden liegt offen vor
den Augen des HERRN, / er achtet auf alle sei-
ne Pfade.
22 Die eigenen Verfehlungen überwältigen
den Frevler, / die Stricke seiner Sünde halten
ihn fest.
23 Er stirbt aus Mangel an Zucht, / wegen
seiner großen Torheit stürzt er ins Verderben.

3: 7,1–27; Sir 26,9–27 / **5:** 2,18 / **19:** Hld 4,5

6 1 Mein Sohn, hast du deinem Nächsten
Bürgschaft geleistet, / hast du einem
Fremden den Handschlag gegeben,

4,16 nicht straucheln, andere Lesart: nicht straucheln lassen.

2 hast du dich durch deine Worte gebun-
den, / bist du gefangen durch deine Worte,
3 dann tu doch dies, mein Sohn: Reiß dich
los; / denn du bist in die Hand deines Nächsten
geraten. / Geh eilends hin und bestürm deinen
Nächsten!
4 Gönne deinen Augen keinen Schlaf, / kei-
nen Schlummer deinen Wimpern,
5 entreiß dich seiner Hand wie eine Gazel-
le, / wie ein Vogel der Hand des Jägers!
6 Geh zur Ameise, du Fauler, / betrachte ihr
Verhalten und werde weise!
7 Sie hat keinen Anführer, / keinen Aufseher
und Herrscher
8 und doch sorgt sie im Sommer für Futter, /
sammelt sich zur Erntezeit Vorrat.
9 Wie lang, du Fauler, willst du noch dalie-
gen, / wann willst du aufstehen von deinem
Schlaf?
10 Noch ein wenig schlafen, noch ein wenig
schlummern, / noch ein wenig die Arme ver-
schränken, um auszuruhen.
11 Da kommt schnell die Armut über dich, /
die Not wie ein bewaffneter Mann.
12 Ein Nichtsnutz, ja ein Gauner, / wer da-
herkommt mit Lügen im Mund,
13 wer mit den Augen zwinkert, mit den
Füßen deutet, / Zeichen gibt mit den Fin-
gern.
14 Tücke im Herzen, stets voll böser Ränke, /
zettelt er jederzeit Händel an.
15 Darum wird plötzlich das Verderben über
ihn kommen, / im Nu, ohne Rettung, wird er
zerschmettert.
16 Sechs Dinge sind dem HERRN verhasst, /
sieben sind ihm ein Gräuel:
17 Stolze Augen, eine falsche Zunge, / Hän-
de, die unschuldiges Blut vergießen,
18 ein Herz, das finstere Pläne hegt, / Füße,
die schnell dem Bösen nachlaufen,
19 ein falscher Zeuge, der Lügen zuflüstert, /
und wer Streit entfacht unter Brüdern.
20 Achte, mein Sohn, auf das Gebot deines
Vaters, / missachte nicht die Unterweisung
deiner Mutter!
21 Binde sie dir für immer aufs Herz / und
winde sie dir um den Hals!
22 Wenn du gehst, geleitet sie dich, / wenn
du ruhst, behütet sie dich, / beim Erwachen
redet sie mit dir.
23 Denn eine Leuchte ist das Gebot und die
Unterweisung ein Licht, / ein Weg zum Leben
sind die Mahnungen der Erziehung.
24 Sie bewahren dich vor der bösen Frau, /
vor der glatten Zunge der Fremden.
25 Begehre nicht in deinem Herzen ihre
Schönheit, / lass dich nicht fangen durch ihre
Wimpern!
26 Einer Dirne zahlt man bis zu einem Laib
Brot, / die Frau eines andern jagt dir das kost-
bare Leben ab.
27 Trägt man denn Feuer in seinem Gewand, /
ohne dass die Kleider in Brand geraten?
28 Kann man über glühende Kohlen schrei-
ten, / ohne sich die Füße zu verbrennen?
29 So ist es mit dem, der zur Frau seines
Nächsten geht. / Keiner bleibt ungestraft, der
sie berührt.
30 Verachtet man nicht den Dieb, auch wenn
er nur stiehlt, / um sein Verlangen zu stillen,
weil er Hunger hat?
31 Wird er ertappt, so muss er siebenfach
zahlen, / den ganzen Besitz seines Hauses ge-
ben.
32 Wer Ehebruch treibt mit einer Frau, ist
ohne Verstand, / nur wer sich selbst vernich-
ten will, / tut das.
33 Schläge und Schande bringt es ihm ein, /
unaustilgbar ist seine Schmach.
34 Denn Eifersucht bringt den Mann in Wut, /
er kennt keine Schonung am Tag der Rache.
35 Kein Sühnegeld nimmt er an; / magst du
auch Geschenke häufen, er willigt nicht ein.

1: 11,15; 17,18; 20,16; Sir 29,14–20 / **4**: Ps 132,4 / **6**: 30,25 / **10**: 24,33f. / **13**: 10,10 / **19**: 14,5 / **20**: 1,8 / **23**: Ps 119,105

7

1 Mein Sohn, achte auf meine Worte, /
meine Gebote verwahre bei dir!
2 Bewahre meine Gebote, damit du am Le-
ben bleibst, / hüte meine Unterweisung wie
deinen Augapfel!
3 Binde sie dir an die Finger, / schreib sie auf
die Tafel deines Herzens!
4 Sag zur Weisheit: Du bist meine Schwes-
ter! / und nenne die Klugheit deine Freundin!
5 Sie bewahrt dich vor der fremden Frau, /
vor der Fremden, die ihre Worte glatt macht.
6 Vom Fenster meines Hauses, / durch das
Gitter, habe ich ausgeschaut;
7 da sah ich bei den Unerfahrenen, / da be-
merkte ich bei den Burschen / einen jungen
Mann ohne Verstand:
8 Er ging über die Straße nahe ihrer Ecke /
und nahm den Weg zu ihrem Haus,
9 als der Tag sich neigte, in der Abenddäm-
merung, / um die Zeit, da es dunkel wird und
die Nacht kommt.

10 Da! Eine Frau kommt auf ihn zu, / im
Kleid der Dirnen, mit listiger Absicht;
11 voll Leidenschaft ist sie und unbändig, /
ihre Füße blieben nicht mehr im Haus;
12 bald auf den Gassen, bald auf den Plätzen, /
an allen Straßenecken lauert sie.
13 Nun packt sie ihn, küsst ihn, / sagt zu ihm
mit keckem Gesicht:
14 Ich war zu Heilsopfern verpflichtet / und
heute erfüllte ich meine Gelübde.
15 Darum bin ich ausgegangen, dir entge-
gen, / ich habe dich gesucht und gefunden.
16 Ich habe Decken über mein Bett gebrei-
tet, / bunte Tücher aus ägyptischem Leinen;
17 ich habe mein Lager besprengt / mit Myr-
rhe, Aloe und Zimt.
18 Komm, wir wollen bis zum Morgen in Liebe
schwelgen, / wir wollen die Liebeslust kosten.
19 Denn der Mann ist nicht zu Hause, / er ist
auf Reisen, weit fort.
20 Den Geldbeutel hat er mitgenommen, /
erst am Vollmondstag kehrt er heim.
21 So macht sie ihn willig mit viel Überre-
dung, / mit schmeichelnden Lippen verführt
sie ihn.
22 Sofort folgt er ihr, / wie ein Ochse, den
man zum Schlachten führt, / wie ein Hirsch,
den das Fangseil umschlingt,
23 bis ein Pfeil ihm die Leber zerreißt; / wie
ein Vogel, der in das Netz fliegt / und nicht
merkt, dass es um sein Leben geht.
24 Darum, ihr Söhne, hört auf mich, / achtet
auf meine Reden!
25 Dein Herz schweife nicht ab auf ihre
Wege, / verirre dich nicht auf ihre Pfade!
26 Denn zahlreich sind die Erschlagenen, die
sie gefällt hat; / viele sind es, die sie getötet hat;
27 ihr Haus ist ein Weg zur Unterwelt, / er
führt zu den Kammern des Todes.

3: Dtn 6,8 / **5:** 2,16; 6,24 / **11:** 9,13 / **14:** Lev 7,15–17 / **21:** 2,16 / **23:** 1,17 / **27:** 5,5; 9,18

8 1 Ruft nicht die Weisheit, / erhebt nicht
die Klugheit ihre Stimme?
2 Oben auf den Höhen, auf der Straße, / an
der Kreuzung der Wege steht sie;
3 neben den Toren, wo die Stadt beginnt, /
am Zugang zu den Häusern ruft sie laut:
4 Euch, ihr Leute, lade ich ein, / meine Stim-
me ergeht an alle Menschen:
5 Ihr Unerfahrenen, werdet klug, / ihr Tö-
richten, nehmt Vernunft an!
6 Hört her! Aufrichtig rede ich. / Redlichkeit
ist, was meine Lippen öffnet.
7 Die Wahrheit spricht meine Zunge, / Un-
rechtes ist meinen Lippen ein Gräuel.
8 Alle Worte meines Mundes sind gerecht, /
keines von ihnen ist hinterhältig und falsch.
9 Für den Verständigen sind sie alle klar /
und richtig für den, der Erkenntnis fand.
10 Nehmt lieber meine Unterweisung an als
Silber, / lieber Verständnis als erlesenes Gold!
11 Ja, Weisheit übertrifft die Perlen an Wert, /
keine kostbaren Steine kommen ihr gleich.
12 Ich, die Weisheit, verweile bei der Klug-
heit, / ich entdecke umsichtige Erkenntnis.
13 Furcht des HERRN verlangt, Böses zu
hassen. / Hochmut und Hoffart, schlechte
Taten / und einen verlogenen Mund hasse ich.
14 Bei mir ist Rat und Hilfe; / ich bin die Ein-
sicht, bei mir ist Macht.
15 Durch mich regieren die Könige / und
entscheiden die Machthaber, wie es Recht ist;
16 durch mich versehen die Herrscher ihr
Amt, / die Vornehmen und alle Verwalter des
Rechts.
17 Ich liebe alle, die mich lieben, / und wer
mich sucht, der wird mich finden.
18 Reichtum und Ehre sind bei mir, / ange-
sehener Besitz und Gerechtigkeit;
19 meine Frucht ist besser als Gold und Fein-
gold, / mein Nutzen übertrifft wertvolles Silber.
20 Ich gehe auf dem Weg der Gerechtigkeit, /
mitten auf den Pfaden des Rechts,
21 um denen, die mich lieben, Gaben zu ver-
leihen / und ihre Schatzkammern zu füllen.
22 Der HERR hat mich geschaffen als Anfang
seines Weges, / vor seinen Werken in der Ur-
zeit;
23 in frühester Zeit wurde ich gebildet, / am
Anfang, beim Ursprung der Erde.
24 Als die Urmeere noch nicht waren, wurde
ich geboren, / als es die Quellen noch nicht
gab, die wasserreichen.
25 Ehe die Berge eingesenkt wurden, / vor
den Hügeln wurde ich geboren.
26 Noch hatte er die Erde nicht gemacht und
die Fluren / und alle Schollen des Festlands.
27 Als er den Himmel baute, war ich dabei, /
als er den Erdkreis abmaß über den Wassern,
28 als er droben die Wolken befestigte / und
Quellen strömen ließ aus dem Urmeer,

7,22 schwieriger Text. Sofort folgt: H; Betört: G.

8,22 Das hebräische Wort für „schaffen“ ist nicht das nur für Gott verwendete Verb aus Gen 1,1. Das Wort kann hier auch „erwerben“ bedeuten.

29 als er dem Meer sein Gesetz gab / und die
Wasser nicht seinen Befehl übertreten durf-
ten, / als er die Fundamente der Erde abmaß,
30 da war ich als geliebtes Kind bei ihm. / Ich
war seine Freude Tag für Tag / und spielte vor
ihm allezeit.
31 Ich spielte auf seinem Erdenrund / und
meine Freude war es, bei den Menschen zu
sein.
32 Nun, ihr Kinder, hört auf mich! / Selig,
die auf meine Wege achten.
33 Hört die Mahnung und werdet weise, /
lehnt sie nicht ab!
34 Selig der Mensch, der auf mich hört, / der
Tag für Tag an meinen Toren wacht / und mei-
ne Türpfosten hütet.
35 Wer mich findet, findet Leben / und er-
langt das Gefallen des HERRN.
36 Doch wer mich verfehlt, der schadet sich
selbst; / alle, die mich hassen, lieben den Tod.

1: 1,20; Sir 24 / **11**: 3,15 / **16**: Weish 6,20 / **17**: Jes 55,6 / **18**: Weish 8,5 / **22**: Ijob 28,23–27; Weish 6,22; 7,22–8,1 / **35**: 18,22

9 1 Die Weisheit hat ihr Haus gebaut, / ihre
sieben Säulen behauen.
2 Sie hat ihr Vieh geschlachtet, ihren Wein
gemischt / und schon ihren Tisch gedeckt.
3 Sie hat ihre Mägde ausgesandt und lädt
ein / auf der Höhe der Stadtburg:
4 Wer unerfahren ist, kehre hier ein. / Zum
Unwissenden sagt sie:

8,30 geliebtes Kind: schwieriger Text, vgl. G, S, Vg; andere Lesart: als Werkmeisterin (vgl. Weish 7,21; 8,6) oder „beständig".

5 Kommt, esst von meinem Mahl / und
trinkt vom Wein, den ich mischte!
6 Lasst ab von der Torheit, dann bleibt ihr am
Leben / und geht auf dem Weg der Einsicht!
7 Wer den Zuchtlosen tadelt, erntet Schimpf, /
wer den Frevler rügt, erntet Schande.
8 Rüge den Zuchtlosen nicht; sonst hasst er
dich. / Rüge den Weisen, dann liebt er dich.
9 Unterrichte den Weisen, damit er noch
weiser wird; / belehre den Gerechten, damit
er dazulernt!
10 Anfang der Weisheit ist die Furcht des
HERRN, / die Kenntnis des Heiligen ist Ein-
sicht.
11 Ja, durch mich werden deine Tage zahl-
reich, / nehmen die Jahre deines Lebens zu.
12 Bist du weise, so bist du weise zum eige-
nen Nutzen, / bist du aber unbeherrscht, hast
du allein es zu tragen.
13 Frau Torheit ist unruhig, / eine Verführe-
rin, das ist alles, was sie versteht.
14 Sie sitzt vor der Tür ihres Hauses / auf ei-
nem Sessel bei der Stadtburg,
15 um die Vorübergehenden einzuladen, /
die geradeaus ihre Pfade gehen:
16 Wer unerfahren ist, kehre hier ein. / Zum
Unwissenden sagt sie:
17 Süß ist gestohlenes Wasser, / heimlich
entwendetes Brot schmeckt lecker.
18 Und er weiß nicht, dass Totengeister dort
hausen, / dass ihre Gäste in den Tiefen der
Unterwelt sind.

3: 8,1–4; 1,20 / **10**: 1,7 / **13**: 7,11

ZWEITE SAMMLUNG: SPRICHWÖRTER SALOMOS: 10,1–22,16

10 1 Sprichwörter Salomos: / Ein weiser
Sohn macht dem Vater Freude, / ein
dummer Sohn ist der Kummer seiner Mutter.
2 Durch Unrecht erworbene Schätze nützen
nichts, / Gerechtigkeit aber rettet vor dem Tod.
3 Das Verlangen des Gerechten lässt der
HERR nicht ungestillt, / die Gier der Frevler
stößt er zurück.
4 Träge Hand bringt Armut, / fleißige Hand
macht reich.
5 Wer im Sommer sammelt, ist ein kluger
Mensch; / in Schande gerät, wer zur Erntezeit
schläft.
6 Segen kommt auf das Haupt des Gerech-
ten, / im Mund der Frevler versteckt sich Ge-
walttat.
7 Das Andenken des Gerechten ist gesegnet, /
der Name der Frevler vermodert.
8 Verständiger Sinn nimmt die Gebote an, /
wer Törichtes redet, kommt zu Fall.
9 Wer aufrichtig seinen Weg geht, geht si-
cher, / wer krumme Wege geht, wird durch-
schaut.
10 Wer mit den Augen zwinkert, schafft
Leid, / wer Törichtes redet, kommt zu Fall.

11 Der Mund des Gerechten ist ein Lebens-
quell, / im Mund der Frevler versteckt sich
Gewalttat.
12 Hass weckt Streit, / Liebe deckt alle Ver-
gehen zu.
13 Auf den Lippen des Einsichtigen findet
man Weisheit, / auf den Rücken des Unver-
ständigen passt der Stock.
14 Weise verbergen ihr Wissen, / der Mund
des Toren ist drohendes Verderben.
15 Dem Reichen ist Habe seine feste Burg, /
den Armen bringt ihre Armut Verderben.
16 Das Tun des Gerechten führt zum Leben, /
das Einkommen des Frevlers zur Sünde.
17 Den Weg zum Leben geht, wer Unterwei-
sung bewahrt, / wer Warnung missachtet,
geht in die Irre.
18 Wer Hass verbirgt, heuchelt; / wer Ver-
leumdung ausstreut, ist ein Tor.
19 Bei vielem Reden bleibt die Sünde nicht
aus, / wer seine Lippen zügelt, ist klug.
20 Erlesenes Silber ist die Zunge des Gerech-
ten, / das Herz des Frevlers ist wenig wert.
21 Die Lippen des Gerechten leiten viele, /
die Toren sterben an Unverstand.
22 Der Segen des HERRN macht reich, / ei-
gene Mühe tut nichts hinzu.
23 Des Toren Freude ist es, eine Schandtat zu
begehen, / des Verständigen Freude, weise zu
sein.
24 Was der Frevler fürchtet, kommt über
ihn, / was die Gerechten ersehnen, erfüllt sich.
25 Wenn der Sturm daherbraust, ist der
Frevler verloren, / der Gerechte ist fest ge-
gründet für immer.
26 Wie Essig für die Zähne und Rauch für die
Augen / ist der Faule für den, der ihn schickt.
27 Furcht des HERRN mehrt die Tage, / doch
die Jahre der Frevler sind verkürzt.
28 Die Hoffnung der Gerechten wird Freude, /
die Erwartung der Frevler wird zunichte.
29 Der Weg des HERRN ist Zuflucht für die
Rechtschaffenheit, / Verderben aber für Übel-
täter.
30 Der Gerechte wird niemals wanken, /
doch die Frevler bleiben nicht im Land woh-
nen.
31 Der Mund des Gerechten lässt Weisheit
sprießen, / eine Zunge voll Falschheit aber
wird abgeschnitten.
32 Die Lippen des Gerechten achten auf das,
was gefällt, / der Mund der Frevler aber auf
das, was verkehrt ist.

1: 1,1; 15,20; 17,21.25 / **2:** 11,4; Tob 4,10; 12,9 / **10:** 6,13; 16,30 / **11:** 13,14; 14,27; 16,22 / **12:** 1 Petr 4,8 / **13:** 19,29; 26,3 / **15:** 18,11 / **18:** Lev 19,16 / **25:** Mt 7,24–27

11 1 Falsche Waage ist dem HERRN ein
Gräuel, / volles Gewicht findet sein Ge-
fallen.
2 Kommt Hochmut, kommt auch Schande, /
doch bei den Bescheidenen ist die Weisheit.
3 Die Redlichen leitet ihre Lauterkeit, / die
Verräter richtet ihre Falschheit zugrunde.
4 Reichtum hilft nicht am Tag des Zorns, /
Gerechtigkeit aber rettet vor dem Tod.
5 Dem Lauteren ebnet seine Gerechtigkeit
den Weg, / der Frevler aber kommt durch sei-
ne Bosheit zu Fall.
6 Die Redlichen rettet ihre Gerechtigkeit, /
die Verräter schlägt ihre eigene Gier in Fesseln.
7 Beim Tod des Frevlers wird das Hoffen zu-
nichte, / die falsche Erwartung schwindet dahin.
8 Der Gerechte wird aus der Not gerettet, /
an seine Stelle tritt der Frevler.
9 Vom Mund des Ruchlosen droht dem
Nächsten Verderben, / die Gerechten befreien
sich durch ihre Umsicht.
10 Wenn es den Gerechten gut geht, freut
sich die Stadt; / sie jubelt beim Untergang der
Frevler.
11 Eine Stadt kommt hoch durch den Segen
der Redlichen, / durch den Mund der Frevler
wird sie niedergerissen.
12 Wer den Nächsten verächtlich macht, ist
ohne Verstand, / doch ein kluger Mensch
schweigt.
13 Wer als Verleumder umhergeht, gibt Ge-
heimnisse preis, / der Verlässliche behält eine
Sache für sich.
14 Fehlt es an Führung, kommt ein Volk zu
Fall, / Rettung ist dort, wo viele Ratgeber sind.
15 Wer für einen Fremden bürgt, ist übel da-
ran; / wer den Handschlag ablehnt, geht sicher.
16 Eine liebenswerte Frau kommt zu Ehren, /
doch Gewalttäter kommen zu Reichtum.
17 Die Güte eines Menschen kommt ihm
selbst zugute, / der Hartherzige schneidet sich
ins eigene Fleisch.
18 Der Frevler erzielt trügerischen Gewinn, /
wer Gerechtigkeit sät, hat beständigen Ertrag.
19 Wer in der Gerechtigkeit feststeht, erlangt
das Leben, / wer dem Bösen nachjagt, den Tod.
20 Verkehrte Menschen sind dem HERRN
ein Gräuel, / er hat Gefallen an denen, die den
rechten Weg gehen.

11,16 Text in G umfangreicher.

21 Gewiss, der Böse bleibt nicht ungestraft, /
doch die Nachkommen der Gerechten werden
gerettet.
22 Ein goldener Ring im Rüssel eines
Schweins / ist eine Frau, die schön ist, aber
sittenlos.
23 Das Begehren der Gerechten führt zu vol-
lem Glück, / die Hoffnung der Frevler endet
im Zorngericht.
24 Mancher teilt aus und bekommt immer
mehr, / ein anderer kargt übers Maß und wird
doch ärmer.
25 Wer wohltätig ist, wird reich gesättigt, /
wer andere labt, wird selbst gelabt.
26 Wer Getreide zurückhält, den verwün-
schen die Leute, / wer Korn auf den Markt
bringt, auf dessen Haupt kommt Segen.
27 Wer Gutes erstrebt, sucht Wohlgefallen; /
wer nach dem Bösen trachtet, den trifft es
selbst.
28 Wer auf seinen Reichtum vertraut, der
fällt, / die Gerechten aber sprossen wie grünes
Laub.
29 Wer sein Haus verkommen lässt, erntet
Wind / und der Tor wird Sklave des Weisen.
30 Die Frucht des Gerechten ist ein Lebens-
baum / und der Weise gewinnt Lebensfülle.
31 Wird dem Gerechten vergolten auf der
Erde, / dann erst recht dem Frevler und Sün-
der.

1: 20,10.23; 16,11; Lev 19,36 / **2**: 16,18 / **4**: 10,2; Ijob 20,28 /
10: 28,12 / **13**: 20,19; Sir 27,17 / **15**: 6,1–5 / **17**: 9,12 / **19**: 12,28;
21,21; Dtn 16,20 / **21**: 16,5 / **31**: 1 Petr 4,18

12 1 Wer Erziehung liebt, liebt Erkenntnis, /
wer Zurechtweisung hasst, ist dumm.
2 Der Gute findet Gefallen beim HERRN; /
den Heimtückischen aber spricht er schuldig.
3 Durch Unrecht hat kein Mensch Bestand, /
doch die Wurzel der Gerechten wird nicht
wanken.
4 Eine tüchtige Frau ist die Krone ihres Man-
nes, / eine schändliche ist wie Fäulnis in seinen
Knochen.
5 Die Gedanken der Gerechten trachten nach
Recht, / die Pläne der Frevler sind auf Betrug aus.
6 Die Reden der Frevler sind ein Lauern auf
Blut, / die Redlichen rettet ihr Mund.
7 Die Frevler werden gestürzt und sind da-
hin, / das Haus der Gerechten hat Bestand.
8 Nach dem Maß seiner Klugheit wird ein
jeder gelobt, / verkehrter Sinn fällt der Verach-
tung anheim.
9 Besser gering geachtet werden und einen
Knecht haben, / als großtun und kein Brot
haben.
10 Der Gerechte weiß, was sein Vieh
braucht, / doch das Herz der Frevler ist hart.
11 Wer sein Feld bestellt, wird satt von
Brot, / wer nichtigen Dingen nachjagt, ist
ohne Verstand.
12 Der Frevler verfängt sich im Netz des Bö-
sen, / die Gerechten sind fest verwurzelt.
13 Die Schuld der Lippen wird zur Falle für
den Bösen, / der Gerechte entkommt der Be-
drängnis.
14 Von der Frucht seines Mundes wird der
Mensch reichlich gesättigt; / nach dem Tun
seiner Hände wird ihm vergolten.
15 Der Weg des Toren ist gerade in seinen
eigenen Augen, / der Weise aber hört auf Rat.
16 Der Tor zeigt sogleich seinen Ärger, / klug
ist, wer Schimpfworte einsteckt.
17 Wer Wahrheit spricht, sagt aus, was recht
ist, / der falsche Zeuge aber betrügt.
18 Mancher Leute Gerede verletzt wie
Schwertstiche, / die Zunge der Weisen bringt
Heilung.
19 Ein Mund, der die Wahrheit sagt, hat für
immer Bestand, / eine lügnerische Zunge nur
einen Augenblick.
20 Trug ist im Herzen derer, die Böses pla-
nen, / aber bei denen, die zum Frieden raten,
ist Freude.
21 Kein Unheil trifft den Gerechten, / doch
die Frevler erdrückt das Unglück.
22 Lügnerische Lippen sind dem HERRN ein
Gräuel, / doch wer zuverlässig ist in seinem
Tun, der gefällt ihm.
23 Ein kluger Mensch verbirgt sein Wissen, /
das Herz der Toren schreit die Narrheit hi-
naus.
24 Die Hand der Fleißigen erringt die Herr-
schaft, / die lässige Hand muss Frondienste
leisten.
25 Kummer im Herzen bedrückt den Men-
schen, / ein gutes Wort aber heitert ihn auf.
26 Der Gerechte findet seine Weide, / der
Weg der Frevler führt sie in die Irre.
27 Bequemlichkeit erjagt sich kein Wild, /
kostbare Güter erlangt der Fleißige.
28 Der Pfad der Gerechtigkeit führt zum Le-
ben, / der Weg der Abtrünnigen führt zum Tod.

4: 31,10 / **6**: 1,11.18 / **10**: 27,23; Dtn 25,4; Sir 7,22 / **14**: 13,2;
18,20 / **15**: Sir 37,7–14 / **18**: Ps 57,5 / **20**: Mt 5,9

12,28 der Weg der Abtrünnigen führt zum Tod: G; die Rich-
tung dieses Steigs ist Nicht-Tod: H.

13 1 Ein weiser Sohn ist die Frucht der Er-
ziehung des Vaters, / der zuchtlose aber
hört nicht auf Mahnung.
2 Von der Frucht seiner Worte zehrt der
Gute, / aber die Verräter begehren Gewalttat.
3 Wer seine Lippen hütet, bewahrt sein Le-
ben, / wer seinen Mund aufreißt, den trifft
Verderben.
4 Das Verlangen des Faulen regt sich verge-
bens, / das Verlangen der Fleißigen wird be-
friedigt.
5 Verlogene Worte hasst der Gerechte, /
der Frevler handelt schändlich und schimpf-
lich.
6 Gerechtigkeit behütet den Schuldlosen auf
seinem Weg, / den Frevel bringt die Sünde zu
Fall.
7 Mancher stellt sich reich und hat doch
nichts / ein anderer stellt sich arm und hat
großen Besitz.
8 Der Reichtum eines Mannes ist das Löse-
geld für sein Leben, / der Arme jedoch hört
keine Drohung.
9 Das Licht der Gerechten strahlt auf, / die
Lampe der Frevler erlischt.
10 Durch Hochmut entsteht nur Streit, / wer
sich beraten lässt, bei dem ist Weisheit.
11 Nichtiger Reichtum schwindet, / wer
Stück für Stück sammelt, gewinnt mehr.
12 Hingehaltene Hoffnung macht das Herz
krank, / erfülltes Verlangen ist ein Lebens-
baum.
13 Wer das Wort missachtet, erleidet Ver-
lust, / wer Ehrfurcht hat vor dem Gebot,
macht Gewinn.
14 Die Unterweisung des Weisen ist ein Le-
bensquell, / um den Schlingen des Todes zu
entgehen.
15 Rechte Einsicht bringt Gunst, / aber den
Verrätern bringt ihr Verhalten den Untergang.
16 Jeder Kluge handelt mit Überlegung, / der
Tor verbreitet nur Dummheit.
17 Ein gewissenloser Bote stürzt ins Unheil, /
ein zuverlässiger Bote bringt Heilung.
18 Armut und Schande erntet ein Verächter
der Zucht, / doch wer Tadel beherzigt, wird
geehrt.
19 Ein erfüllter Wunsch tut dem Herzen
wohl, / vom Bösen zu lassen ist dem Toren ein
Gräuel.
20 Wer mit Weisen umgeht, wird weise, /
wer mit Toren verkehrt, dem geht es übel.
21 Unglück verfolgt die Sünder, / den Ge-
rechten wird mit Gutem vergolten.
22 Der Gute hinterlässt seinen Enkeln das
Erbe, / der Besitz des Sünders wird für den
Gerechten aufgespart.
23 Der neugepflügte Acker der Armen gibt
reichlich Nahrung, / aber manches wird durch
Unrecht weggenommen.
24 Wer die Rute spart, hasst seinen Sohn, /
wer ihn liebt, nimmt ihn früh in Zucht.
25 Der Gerechte hat zu essen, bis sein Hunger
gestillt ist, / der Bauch der Frevler aber muss
darben.

1: 10,1 / **2**: 12,14 / **4**: 10,4 / **6**: 11,5 / **9**: 20,20; 24,20 / **14**: 14,27 / **22**: Ijob 27,17 / **24**: 19,18; 22,15; 23,13; 29,17 / **25**: 10,3

14 1 Die Weisheit der Frauen hat ihr Haus
gebaut, / die Torheit reißt es nieder mit
eigenen Händen.
2 Wer geradeaus seinen Weg geht, fürchtet
den HERRN, / wer krumme Wege geht, ver-
achtet ihn.
3 Im Mund des Toren sprießt der Hochmut, /
den Weisen behüten seine Lippen.
4 Wo keine Rinder sind, bleibt die Krippe
leer, / reicher Ertrag kommt durch die Kraft
des Stieres.
5 Ein zuverlässiger Zeuge lügt nicht, / aber
ein falscher Zeuge flüstert Lügen zu.
6 Der Zuchtlose sucht Weisheit, doch ver-
gebens, / dem Verständigen fällt die Erkennt-
nis leicht.
7 Geh einem törichten Mann aus dem Weg, /
du erfährst keine verständigen Worte.
8 Die Weisheit des Klugen gibt ihm Einsicht
in seinen Weg, / aber die Dummheit der Toren
führt zu Täuschung.
9 Schuld macht die Toren dreist, / unter
Rechtschaffenen aber herrscht Wohlwollen.
10 Das Herz allein kennt seinen Kummer, /
auch in seine Freude mischt sich kein Fremder.
11 Das Haus der Frevler wird zertrümmert, /
das Zelt der Redlichen gedeiht.
12 Manch einem scheint sein Weg der rech-
te, / aber am Ende sind es Wege des Todes.
13 Auch beim Lachen kann ein Herz leiden, /
das Ende der Freude ist Gram.
14 Der Untreue sättigt sich von seinen We-
gen, / der gute Mensch von dem, was in ihm
ist.
15 Der Unerfahrene traut jedem Wort, / der
Kluge achtet auf seinen Schritt.

13,15 Untergang: vermuteter Text, vgl. G.

16 Der Weise hat Scheu und meidet das
Böse, / der Tor lässt sich gehen und ist sorglos.
17 Der Zornige handelt töricht, / der Ränke-
schmied ist verhasst.
18 Die Unerfahrenen erben Torheit, / die
Klugen krönen sich mit Erkenntnis.
19 Die Bösen müssen sich bücken vor den
Guten / und die Frevler an der Tür des Gerech-
ten.
20 Selbst seinem Nächsten ist der Arme ver-
hasst, / der Reiche aber hat viele Freunde.
21 Wer seinen Nächsten verachtet, sün-
digt; / wohl dem, der Erbarmen hat mit den
Notleidenden.
22 Gehen nicht in die Irre, die Böses pla-
nen? / Aber Liebe und Treue erlangen, die
Gutes planen.
23 Jede Mühe bringt Erfolg, / leeres Ge-
schwätz führt nur zu Mangel.
24 Die Krone der Weisen ist ihr Reichtum, /
die Narrheit der Toren bleibt Narrheit.
25 Ein verlässlicher Zeuge rettet Leben, / wer
Lügen zuflüstert, der täuscht.
26 In der Furcht des HERRN liegt feste Zu-
versicht / und seine Kinder werden eine Zu-
flucht haben.
27 Die Furcht des HERRN ist ein Lebensquell, /
um den Schlingen des Todes zu entgehen.
28 Viel Volk ist der Glanz des Königs, / wenig
Leute sind des Fürsten Untergang.
29 Der Langmütige ist reich an Einsicht, / der
Jähzornige treibt die Torheit auf die Spitze.
30 Ein gelassenes Herz bedeutet Leben für
den Leib, / doch Knochenfraß ist die Leiden-
schaft.
31 Wer den Geringen bedrückt, schmäht
dessen Schöpfer, / ihn ehrt, wer Erbarmen hat
mit dem Bedürftigen.
32 Durch seine Bosheit wird der Frevler ge-
stürzt, / der Gerechte ist selbst in seinem Tod
geborgen.
33 Im Herzen des Verständigen ruht Weis-
heit, / im Innern der Toren ist sie nicht be-
kannt.
34 Gerechtigkeit erhöht ein Volk, / der Völ-
ker Schmach ist die Sünde.
35 Die Gunst des Königs ruht auf dem klugen
Diener, / den schändlichen aber trifft sein
Zorn.

1: 24,3 / **12**: 16,25 / **20**: 19,4 / **21**: Mt 5,7 / **26**: 18,10 / **27**: 13,14 /
31: 17,5

14,33 nicht: G; nicht in H.

15 1 Eine sanfte Antwort dämpft die Erre-
gung, / eine kränkende Rede reizt zum
Zorn.
2 Die Zunge der Weisen tut der Erkenntnis
gut, / der Mund der Narren sprudelt Torheit
hervor.
3 An jedem Ort sind die Augen des HERRN, /
sie wachen über Gute und Böse.
4 Eine sanfte Zunge ist ein Lebensbaum, /
eine falsche Zunge bricht das Herz.
5 Der Tor verschmäht die Unterweisung sei-
nes Vaters, / wer auf Zurechtweisung achtet,
ist klug.
6 Im Haus des Gerechten gibt es reichen Vor-
rat, / was der Frevler erwirbt, wird zerschla-
gen.
7 Die Lippen der Weisen streuen Erkenntnis
aus, / das Herz der Toren ist verkehrt.
8 Das Opfer der Frevler ist dem HERRN ein
Gräuel, / am Gebet der Rechtschaffenen aber
hat er Gefallen.
9 Ein Gräuel ist dem HERRN der Weg des
Frevlers, / wer aber der Gerechtigkeit nach-
jagt, den liebt er.
10 Schlimme Strafe trifft den, der den Pfad
verlässt, / wer Zurechtweisung hasst, muss
sterben.
11 Totenreich und Unterwelt liegen offen vor
dem HERRN, / wie viel mehr die Herzen der
Menschen.
12 Ein Zuchtloser liebt es nicht, dass man ihn
rügt, / zu weisen Menschen begibt er sich
nicht.
13 Ein fröhliches Herz macht das Gesicht
heiter, / Kummer im Herzen bedrückt das Ge-
müt.
14 Das Herz des Verständigen sucht Erkennt-
nis, / der Mund der Toren ergeht sich in Torheit.
15 Der Bedrückte hat lauter böse Tage, / der
Frohgemute hat ständig Feiertag.
16 Besser wenig in der Furcht des HERRN /
als reiche Schätze und keine Ruhe.
17 Besser ein Gericht Gemüse, wo Liebe
herrscht, / als ein gemästeter Ochse und Hass
dabei.
18 Ein hitziger Mensch erregt Zank, / ein
langmütiger besänftigt den Streit.
19 Der Weg des Faulen ist wie ein Dornen-
gestrüpp, / der Pfad der Redlichen aber ist
gebahnt.
20 Ein weiser Sohn macht dem Vater Freu-
de, / nur ein törichter Mensch verachtet seine
Mutter.

21 Torheit macht dem Unverständigen Freu-
de, / der einsichtige Mann geht den geraden Weg.
22 Wo es an Beratung fehlt, da scheitern die
Pläne, / wo viele Ratgeber sind, gibt es Erfolg.
23 Jeden freut es, wenn er Antwort geben
kann, / und wie gut ist doch ein Wort zur rechten Zeit.
24 Einen Lebenspfad zur Höhe gibt es für den
Klugen, / damit er der Totenwelt drunten entgeht.
25 Das Haus der Stolzen reißt der HERR nie-
der, / den Grenzstein der Witwe aber macht er fest.
26 Die Pläne des Bösen sind dem HERRN ein
Gräuel, / aber freundliche Reden sind lauter.
27 Wer unrechten Gewinn macht, zerstört
sein Haus, / wer Bestechung von sich weist, wird lange leben.
28 Der Gerechte überlegt sich im Herzen jede
Antwort, / aber der Mund der Frevler sprudelt Schlechtes hervor.
29 Fern ist der HERR den Frevlern, / doch das
Gebet der Gerechten hört er.
30 Strahlende Augen erfreuen das Herz, /
frohe Kunde labt den Leib.
31 Ein Ohr, das auf heilsame Mahnungen
hört, / hält sich unter den Weisen auf.
32 Wer Zucht abweist, verachtet sich selbst; /
wer aber auf Mahnungen hört, erwirbt Verstand.
33 Die Furcht des HERRN erzieht zur Weis-
heit / und Demut geht der Ehre voran.

8: 21,27 / **16:** 16,8; 17,1 / **19:** 6,6 / **20:** 10,1 / **25:** 22,28; 23,10f.; Dtn 19,14 / **33:** 1,7

16 1 Der Mensch entwirft die Pläne im
Herzen, / doch vom HERRN kommt die Antwort auf der Zunge.
2 Jeder meint, sein Verhalten sei fehlerlos, /
doch der HERR prüft die Geister.
3 Befiehl dem HERRN dein Tun an, / so wer-
den deine Pläne gelingen.
4 Alles hat der HERR für seinen Zweck er-
schaffen, / so auch den Frevler für den Tag des Unheils.
5 Ein Gräuel ist dem HERRN jeder Hochmü-
tige; / er bleibt gewiss nicht ungestraft.
6 Durch Liebe und Treue wird Schuld ge-
sühnt, / durch Furcht des HERRN weicht man dem Bösen aus.
7 Gefallen dem HERRN die Wege eines Men-
schen, / so versöhnt er auch seine Feinde mit ihm.
8 Besser wenig mit Gerechtigkeit / als viel
Besitz mit Unrecht.
9 Des Menschen Herz plant seinen Weg, /
doch der HERR lenkt seinen Schritt.
10 Gottesentscheid kommt von den Lippen
des Königs, / sein Mund verfehlt sich nicht, wenn er ein Urteil fällt.
11 Rechte Waage und Waagschalen sind Sa-
che des HERRN, / sein Werk sind alle Gewichtssteine im Beutel.
12 Frevlerisches Tun ist Königen ein Gräu-
el; / denn ein Thron steht fest durch Gerechtigkeit.
13 Gerechte Lippen gefallen Königen, / wer
aufrichtig redet, den liebt man.
14 Des Königs Grimm gleicht Todesboten; /
aber ein Weiser kann ihn besänftigen.
15 Im leuchtenden Gesicht des Königs liegt
Leben, / sein Wohlwollen gleicht der Regenwolke im Frühjahr.
16 Weisheit erwerben – wie viel besser als
Gold!, / Einsicht erwerben – vortrefflicher als Silber.
17 Böses zu meiden ist der Pfad der Recht-
schaffenen; / wer auf seinen Weg achtet, bewahrt sein Leben.
18 Hoffart kommt vor dem Sturz / und
Hochmut kommt vor dem Fall.
19 Besser bescheiden sein mit Demütigen, /
als Beute teilen mit Stolzen.
20 Wer auf das Wort achtet, findet Glück; /
selig, wer auf den HERRN vertraut.
21 Wer ein weises Herz hat, den nennt man
verständig, / gefällige Rede fördert die Belehrung.
22 Ein Lebensquell ist Verstand für den, der
ihn besitzt, / die Strafe der Toren ist die Torheit selbst.
23 Das Herz des Weisen macht seinen
Mund klug, / es mehrt auf seinen Lippen die Belehrung.
24 Freundliche Worte sind eine Honig-
wabe, / süß für den Gaumen, heilsam für den Leib.
25 Manch einem scheint sein Weg der rech-
te, / aber am Ende sind es Wege des Todes.
26 Der Hunger des Arbeiters arbeitet für
ihn; / denn sein Mund treibt ihn an.
27 Ein Taugenichts gräbt nach Unheil, / auf
seinen Lippen ist es wie sengendes Feuer.
28 Ein tückischer Mensch erregt Streit, / ein
Verleumder entzweit Freunde.

29 Der Gewalttätige verführt seinen Nächs-
ten, / er bringt ihn auf einen Weg, der nicht
gut ist.
30 Wer mit den Augen zwinkert, sinnt auf
Tücke; / wer die Lippen verzieht, hat das Böse
schon vollbracht.
31 Graues Haar ist eine prächtige Krone, / auf
dem Weg der Gerechtigkeit findet man sie.
32 Besser ein Langmütiger als ein Kriegs-
held, / besser, wer sich selbst beherrscht, als
wer eine Stadt erobert.
33 Im Bausch des Gewandes schüttelt man
das Los, / doch jede Entscheidung kommt
vom HERRN.

1: 16,9 / **2**: 21,2 / **3**: Ps 37,5 / **8**: 15,16f. / **9**: 16,1 / **11**: 11,1 / **18**:
11,2 / **25**: 14,12 / **30**: 6,13; 10,10 / **33**: 18,18

17 1 Besser ein trockenes Stück Brot und
Ruhe dabei / als ein Haus voll Braten
und dabei Streit.
2 Ein kluger Knecht wird Herr über einen
missratenen Sohn / und mit den Brüdern teilt
er das Erbe.
3 Der Schmelztiegel ist für Silber da, der
Ofen für Gold, / die Herzen aber prüft der
HERR.
4 Der Übeltäter achtet auf böse Lippen, / der
Lügner horcht hin auf eine verderbte Zunge.
5 Wer den Armen verspottet, schmäht des-
sen Schöpfer, / wer sich über ein Unglück
freut, bleibt nicht ungestraft.
6 Eine Krone der Alten sind Kindeskinder; /
der Kinder Ruhm sind ihre Väter.
7 Dem Toren stehen hochtönende Worte
nicht an, / noch viel weniger dem Edlen die
Sprache der Lüge.
8 Bestechungsgeld ist ein Zauberstein in den
Augen des Gebers; / wohin er sich wendet, hat
er Erfolg.
9 Wer Fehler zudeckt, sucht Freundschaft; /
wer eine Sache weiterträgt, trennt Freunde.
10 Tadel erschüttert einen Verständigen /
mehr als hundert Schläge einen Toren.
11 Der Böse trachtet nach Aufruhr, / aber ein
strenger Gerichtsbote wird gegen ihn ausge-
sandt.
12 Lieber einer Bärin begegnen, der man die
Jungen geraubt hat, / als einem Toren in sei-
nem Unverstand.
13 Vergilt einer Gutes mit Bösem, / weicht
das Unheil nicht von seinem Haus.
14 Der Anfang eines Streits entfesselt eine
Wasserflut, / drum halt ein, ehe der Zank aus-
bricht.
15 Wer Schuldige freispricht und wer Un-
schuldige verurteilt, / beide sind dem HERRN
ein Gräuel.
16 Wozu denn Geld in der Hand des Toren? /
Etwa um Weisheit zu kaufen, da ihm doch der
Verstand fehlt?
17 Der Freund erweist zu jeder Zeit Liebe, /
der Bruder ist für die Not geboren.
18 Ohne Verstand ist, wer Handschlag leis-
tet, / wer Bürgschaft übernimmt für einen
andern.
19 Verbrechen liebt, wer Streit liebt; / wer
seine Tür zu hoch macht, will den Einsturz.
20 Wer ein unaufrichtiges Herz hat, findet
kein Glück, / wer sich beim Reden verstellt,
stürzt ins Unheil.
21 Wer einen Toren zeugt, dem bringt es
Gram; / der Vater eines Narren kann sich nicht
freuen.
22 Ein fröhliches Herz tut der Gesundheit
gut, / ein bedrücktes Gemüt lässt die Glieder
verdorren.
23 Bestechung aus dem Gewandbausch
nimmt der Frevler an, / um die Pfade des
Rechts zu verkehren.
24 Vor dem Blick des Verständigen steht
Weisheit, / doch die Augen des Toren schwei-
fen bis ans Ende der Erde.
25 Ein törichter Sohn bereitet seinem Vater
Verdruss / und Kummer seiner Mutter, die ihn
geboren hat.
26 Schon eine Geldstrafe für den Unschuldi-
gen ist nicht gut, / aber Edle schlagen zu las-
sen, ist gegen das Recht.
27 Wer sich zurückhält beim Reden hat tiefe
Einsicht, / wer kühl überlegt, ist ein verstän-
diger Mann.
28 Auch ein Tor kann als weise gelten, wenn
er schweigt, / als einsichtig, wenn er seine
Lippen verschließt.

1: 15,16f. / **5**: 14,31 / **8**: 18,16; 19,6 / **9**: 10,12 / **15**: Dtn 25,1 /
17: 18,24 / **18**: 6,1–5 / **21**: 10,1 / **22**: 15,13; 18,14 / **23**: 21,14;
Ex 23,8 / **25**: 10,1

18 1 Wer seinem Begehren folgt, sondert
sich ab, / er rennt an gegen alle Klug-
heit.
2 Der Tor hat kein Gefallen an Einsicht, / viel-
mehr daran, sein Herz zur Schau zu stellen.
3 Kommt ein Frevler, kommt Verachtung, /
mit der Schandtat kommt die Schmach.
4 Tiefe Wasser sind die Worte aus dem
Mund eines Menschen, / ein sprudelnder
Bach, eine Quelle der Weisheit.

5 Es ist nicht gut, einen Schuldigen zu begünstigen, / um den Unschuldigen abzuweisen vor Gericht.

6 Die Lippen des Toren beginnen Streit, / sein Mund schreit nach Schlägen.

7 Dem Toren wird sein Mund zum Verderben; / seine Lippen werden ihm selbst zur Falle.

8 Die Worte des Verleumders sind wie Leckerbissen, / sie gleiten hinab in die Kammern des Leibes.

9 Wer lässig ist bei seiner Arbeit, / ist schon ein Bruder dessen, der zerstört.

10 Ein fester Turm ist der Name des HERRN, / dorthin eilt der Gerechte und ist geborgen.

11 Das Vermögen des Reichen ist seine feste Stadt, / wie eine hohe Mauer – in seiner Einbildung.

12 Vor dem Sturz ist das Herz des Menschen überheblich, / aber der Ehre geht Demut voran.

13 Gibt einer Antwort, bevor er gehört hat, / ist es Torheit und Schande für ihn.

14 Der Geist des Menschen kann Krankheit ertragen, / doch einen zerschlagenen Geist, wer richtet ihn auf?

15 Das Herz des Verständigen erwirbt sich Erkenntnis, / das Ohr der Weisen sucht Erkenntnis.

16 Ein Geschenk schafft dem Menschen Raum / und geleitet ihn vor die Großen.

17 Recht bekommt in seinem Streitfall der Erste, / aber dann kommt der andere und geht der Sache nach.

18 Streitigkeiten beendet das Los; / es entscheidet zwischen Mächtigen.

19 Ein getäuschter Bruder ist verschlossener als eine Festung, / Streitigkeiten sind wie der Sperrriegel einer Burg.

20 Von der Frucht seines Mundes wird ein Mensch satt, / vom Ertrag seiner Lippen wird er gesättigt.

21 Tod und Leben stehen in der Macht der Zunge; / wer sie liebt, genießt ihre Frucht.

22 Wer eine Frau gefunden, hat Glück gefunden / und das Gefallen des HERRN erlangt.

23 Flehentlich redet der Arme, / der Reiche aber antwortet mit Härte.

24 Ein Mann mit vielen Bekannten kann scheitern, / ein guter Freund ist anhänglicher als ein Bruder.

8: 26,22 / **10:** 14,26; Ps 61,4 / **11:** 10,15 / **12:** 15,33 / **16:** 17,8 / **20:** 12,14 / **24:** 17,17

19 1 Besser ein Armer, der schuldlos seinen Weg geht, / als einer mit verlogenen Lippen, der ein Tor ist.

2 Schon unvernünftige Begierde ist nicht gut, / und wer hastig rennt, tritt fehl.

3 Die Torheit verdirbt dem Menschen den Weg / und dann grollt sein Herz gegen den HERRN.

4 Besitz vermehrt die Zahl der Freunde, / der Arme aber wird von seinem Freund verlassen.

5 Ein falscher Zeuge bleibt nicht ungestraft, / wer Lügen flüstert, wird nicht entrinnen.

6 Viele umschmeicheln den Vornehmen / und jeder will der Freund eines freigebigen Mannes sein.

7 Vom Armen wollen alle seine Brüder nichts wissen, / erst recht bleiben ihm seine Freunde fern. / Er jagt ihren Worten nach – sie gelten nicht mehr.

8 Wer Verstand erwirbt, liebt sich selbst, / wer Einsicht bewahrt, findet sein Glück.

9 Ein falscher Zeuge bleibt nicht ungestraft, / wer Lügen flüstert, geht zugrunde.

10 Wohlleben steht dem Toren nicht an, / noch weniger einem Knecht, über Fürsten zu herrschen.

11 Einsicht macht den Menschen langmütig, / sein Ruhm ist es, über Verfehlungen hinwegzugehen.

12 Wie das Knurren des Löwen ist der Zorn des Königs, / doch wie Tau auf dem Gras ist seine Gunst.

13 Ein Unglück für den Vater ist ein törichter Sohn / und wie ein ständig tropfendes Dach das Gezänk einer Frau.

14 Haus und Habe sind das Erbe der Väter, / doch eine verständige Frau kommt vom HERRN.

15 Faulheit versenkt in Schlaf, / ein träger Mensch muss hungern.

16 Wer das Gebot bewahrt, bewahrt sein Leben, / wer Gottes Wege verachtet, ist dem Tod verfallen.

17 Wer Erbarmen hat mit dem Elenden, leiht dem HERRN; / er wird ihm seine Wohltat vergelten.

18 Züchtige deinen Sohn, solange noch Hoffnung ist, / doch lass dich nicht hinreißen, ihn zu töten!

19 Der maßlos Jähzornige muss büßen; / denn willst du schlichten, machst du es noch ärger.

20 Hör auf guten Rat und nimm Zucht an, / damit du weise wirst für die Zukunft!

21 Viele Pläne fasst das Herz des Menschen, / doch nur der Ratschluss des HERRN hat Bestand.

22 Der Mensch wünscht sich Güte, / besser ist ein Armer als ein Betrüger.

23 Die Furcht des HERRN führt zum Leben; / gesättigt geht man zur Ruhe, / von keinem Übel heimgesucht.

24 Greift der Faule mit der Hand in die Schüssel, / bringt er sie nicht einmal zum Mund zurück.

25 Schlägst du den Zuchtlosen, so wird der Unerfahrene klug; / weist man den Verständigen zurecht, gewinnt er Einsicht.

26 Wer den Vater misshandelt, die Mutter wegjagt, / ist ein verkommener, schändlicher Sohn.

27 Lass ab, mein Sohn, auf Mahnung zu hören / und doch von den Worten der Erkenntnis abzuirren!

28 Ein nichtsnutziger Zeuge verspottet das Recht, / der Mund der Frevler schlingt Unheil hinunter.

29 Für die Zuchtlosen stehen Strafen bereit / und Schläge für den Rücken der Toren.

3: Sir 15,11–20 / **4**: 14,20 / **5**: 21,28 / **10**: 30,22; Koh 10,6f. / **12**: 16,14 / **13**: 27,15 / **21**: 16,9 / **26**: 30,11; Ex 21,17 / **29**: 10,13

20 1 Ein Zuchtloser ist der Wein, ein Lärmer das Bier; / wer sich hierin verfehlt, wird nie weise.

2 Wie das Knurren des Löwen ist der Grimm des Königs; / wer ihn erzürnt, verwirkt sein Leben.

3 Es ehrt den Menschen, vom Streit abzulassen, / jeder Tor aber bricht los.

4 Der Faule pflügt nicht im Herbst; / sucht er in der Erntezeit, so ist nichts da.

5 Ein tiefes Wasser sind die Pläne im Herzen des Menschen, / doch der Verständige schöpft es herauf.

6 Viele Menschen rühmen sich ihrer Güte, / aber wer findet einen, auf den Verlass ist?

7 Wer als Gerechter unbescholten seinen Weg geht: / Selig die Kinder, die er hinterlässt.

8 Ein König auf dem Richterstuhl / sondert mit seinem Scharfblick alles Böse aus.

9 Wer kann sagen: Ich habe mein Herz geläutert, / rein bin ich von meiner Sünde?

10 Zweierlei Gewicht und zweierlei Maß, / beide sind dem HERRN ein Gräuel.

11 An seinem Treiben lässt schon der Knabe erkennen, / ob sein Tun lauter und redlich sein wird.

12 Das Ohr, das hört, und das Auge, das sieht, / der HERR hat sie beide geschaffen.

13 Liebe nicht den Schlaf, damit du nicht arm wirst; / halte deine Augen offen und du hast Brot genug!

14 Schlecht, schlecht, sagt der Käufer; / geht er aber weg, so rühmt er sich.

15 Gold gibt es und viele Perlen, / ein kostbarer Schmuck aber sind verständige Lippen.

16 Nimm ihm das Kleid, denn er hat für einen andern gebürgt, / fremder Leute wegen pfände bei ihm!

17 Süß schmeckt dem Menschen das Brot der Lüge, / hernach aber füllt sich sein Mund mit Kieseln.

18 Pläne kommen durch Beratung zustande. / Darum führe den Kampf mit Überlegung!

19 Geheimnisse verrät, wer als Verleumder umhergeht. / Darum lass dich nicht ein mit einem Schwätzer!

20 Wer seinem Vater flucht und seiner Mutter, / dessen Lampe erlischt zur Zeit der Finsternis.

21 Ein Besitz, schnell errafft am Anfang, / ist nicht gesegnet an seinem Ende.

22 Sag nicht: Ich will das Böse vergelten. / Vertrau auf den HERRN, er wird dir helfen!

23 Ein Gräuel ist dem HERRN zweierlei Gewicht, / eine falsche Waage ist nicht recht.

24 Der HERR lenkt die Schritte eines jeden. / Wie könnte der Mensch seinen Weg verstehen?

25 Eine Falle ist es, unbedacht zu rufen: Geweiht! / und erst nach dem Gelübde zu überlegen.

26 Ein weiser König sondert die Frevler aus. / Er lässt über sie den Dreschwagen rollen.

27 Der Atem des Menschen ist die Leuchte des HERRN, / sie durchforscht alle Kammern des Leibes.

28 Güte und Treue behüten den König, / er stützt seinen Thron durch Güte.

29 Der Ruhm der Jungen ist ihre Kraft, / die Zier der Alten ihr graues Haar.

30 Blutige Striemen läutern den Bösen / und Schläge die Kammern des Leibes.

1: 23,29–35 / **2**: 16,14 / **10**: 11,1 / **13**: 6,6–11 / **16**: 22,26f. / **19**: 11,13 / **22**: Sir 28,1–6 / **23**: 11,1 / **24**: 16,9 / **25**: Dtn 23,22–24

21 1 Wie ein Wasserbach ist das Herz des Königs in der Hand des HERRN; / er lenkt es, wohin er will.

2 Jeder meint, sein Verhalten sei richtig, / doch der HERR prüft die Herzen.

3 Gerechtigkeit üben und Recht / ist dem HERRN lieber als Schlachtopfer.

4 Hoffart der Augen, Übermut des Herzens – / die Leuchte der Frevler ist Sünde.

5 Die Pläne des Fleißigen bringen Gewinn, / doch der hastige Mensch hat nur Mangel.

6 Schätze erwerben mit verlogener Zunge / ist Jagen nach dem Windhauch und Suchen nach dem Tod.

7 Gewalttat reißt die Frevler hinweg, / denn sie weigern sich, das Rechte zu tun.

8 Der Weg des Unehrlichen ist gewunden, / aber das Tun des Lauteren ist gerade.

9 Besser in einer Ecke des Daches wohnen / als eine zänkische Frau im gemeinsamen Haus.

10 Das Verlangen des Frevlers geht nach dem Bösen, / sein Nächster findet bei ihm kein Erbarmen.

11 Muss der Zuchtlose büßen, so wird der Unerfahrene weise, / belehrt man den Weisen, so nimmt er Einsicht an.

12 Der Gerechte handelt klug am Haus des Frevlers, / wenn er die Frevler ins Unheil stürzt.

13 Wer sein Ohr verschließt vor dem Schreien des Armen, / wird selbst nicht erhört, wenn er um Hilfe ruft.

14 Eine heimliche Gabe besänftigt den Zorn, / ein Geschenk aus dem Gewandbausch den heftigen Grimm.

15 Der Gerechte freut sich, wenn Recht geschieht, / doch den Übeltäter versetzt das in Schrecken.

16 Wer abirrt vom Weg der Einsicht, / wird bald in der Versammlung der Totengeister ruhen.

17 Der Not verfällt, wer Vergnügen liebt, / wer Wein und Salböl liebt, wird nicht reich.

18 Für den Gerechten dient der Frevler als Lösegeld, / anstelle des Redlichen der Treulose.

19 Besser in der Wüste hausen / als Ärger mit einer zänkischen Frau.

20 Ein kostbarer Schatz und Salböl sind in der Wohnung des Weisen, / aber ein törichter Mensch vergeudet es.

21 Wer nach Gerechtigkeit und Güte strebt, / findet Leben, Gerechtigkeit und Ehre.

22 Der Weise ersteigt die Stadt der Mächtigen / und stürzt das Bollwerk, auf das sie vertraut.

23 Wer seinen Mund und seine Zunge behütet, / der behütet sein Leben vor Drangsal.

24 Der Freche und Stolze, einen Zuchtlosen nennt man ihn, / er handelt in maßlosem Übermut.

25 Den Faulen bringt sein Begehren um, / denn zu arbeiten weigern sich seine Hände.

26 Das Begehren der Gier währt den ganzen Tag, / der Gerechte aber gibt, ohne zu geizen.

27 Das Opfer der Frevler ist ein Gräuel, / zumal wenn es in schlechter Absicht dargebracht wird.

28 Ein falscher Zeuge geht zugrunde, / wer aber zu hören versteht, redet, was Bestand hat.

29 Der Frevler zeigt Trotz in seiner Miene, / der Redliche ordnet seine Wege.

30 Keine Weisheit gibt es, keine Einsicht, / keinen Rat gegenüber dem HERRN.

31 Das Ross ist gerüstet für den Tag der Schlacht, / doch der Sieg steht beim HERRN.

2: 16,2 / **3:** Hos 6,6; Ps 51,18; 1 Sam 15,22 / **14:** 17,23 / **27:** 15,8 / **28:** 19,5

22

1 Guter Ruf ist kostbarer als großer Reichtum, / hohes Ansehen besser als Silber und Gold.

2 Reiche und Arme begegnen einander; / der HERR hat sie alle erschaffen.

3 Der Kluge sieht das Unheil und verbirgt sich, / die Unerfahrenen laufen weiter und müssen es büßen.

4 Der Lohn für Demut ist Furcht des HERRN, / Reichtum, Ehre und Leben.

5 Dornen und Schlingen liegen auf dem Weg des Falschen; / wer sein Leben behütet, bleibt ihnen fern.

6 Erzieh den Knaben für seinen Lebensweg, / dann weicht er auch im Alter nicht davon ab.

7 Der Reiche hat die Armen in seiner Gewalt, / der Schuldner ist seines Gläubigers Knecht.

8 Wer Unrecht sät, erntet Unheil, / der Stecken seines Übermuts versagt.

9 Wer ein gütiges Auge hat, wird gesegnet, / weil er den Armen von seinem Brot gibt.

10 Vertreib den Zuchtlosen, so schwindet der Zank, / Streiten und Schimpfen hören auf.

11 Wer die Lauterkeit des Herzens liebt – / wegen seiner gefälligen Rede wird der König sein Freund.

12 Die Augen des HERRN behüten den Einsichtigen, / das Gerede des Verräters bringt er zu Fall.

13 Der Faule sagt: Ein Löwe ist draußen, / mitten auf der Straße käme ich ums Leben.

14 Der Mund fremder Frauen ist eine tiefe Gru-
be; / wen der HERR verdammt, der fällt hinein.
15 Steckt Torheit im Herzen des Knaben, /
die Rute der Zucht vertreibt sie daraus.
16 Wer den Armen bedrückt, macht ihn
reich, / wer dem Reichen gibt, macht ihn arm.

1: Koh 7,1 / **4**: 15,33 / **15**: 23,13

DRITTE SAMMLUNG: WORTE VON WEISEN: 22,17–24,22

17 Neige dein Ohr und höre Worte von Wei-
sen, / richte dein Herz auf meine Erkenntnis!
18 Schön ist es, wenn du sie in deinem Innern
bewahrst; / sie mögen fest auf deinen Lippen
sein.
19 Damit dein Vertrauen auf dem HERRN
steht, / lehre ich dich heute, ja dich.
20 Habe ich nicht dreißig Sätze für dich auf-
geschrieben / als wissenswerte Ratschläge,
21 um dich Wahrheit erkennen zu lassen,
verlässliche Reden, / damit du denen, die dich
senden, verlässliche Worte antworten kannst?
22 Beraube den Schwachen nicht, denn er
ist ja so schwach, / zertritt den Armen nicht
am Tor!
23 Denn der HERR führt den Rechtsstreit für
sie / und raubt denen das Leben, die sie berau-
ben.
24 Befreunde dich nicht mit dem Jähzorni-
gen, / verkehre nicht mit einem Hitzkopf,
25 damit du dich nicht an seine Pfade ge-
wöhnst / und dir eine Schlinge legst für dein
Leben!
26 Sei nicht unter denen, die sich durch
Handschlag verpflichten, / die Bürgschaft
leisten für Schulden;
27 wenn du nicht zahlen kannst – / soll man
dein Bett unter dir wegnehmen?
28 Verschieb nicht die alte Grenze, / die dei-
ne Väter gesetzt haben!
29 Siehst du einen, der gewandt ist in seinem
Beruf: / vor Königen wird er dienen. / Vor
Niedrigen wird er nicht dienen.

22: Ex 23,6–8 / **23**: 23,11 / **27**: 6,1–5; 20,16 / **28**: 23,10

23 1 Wenn du zu Tisch sitzt bei einem
Herrscher, / so achte nur auf das, was
vor dir steht!
2 Setz ein Messer an deine Kehle, / wenn du
ein gieriger Mensch bist!
3 Sei nicht begierig auf seine Leckerbissen; /
sie sind eine trügerische Speise!
4 Müh dich nicht ab, um Reichtum zu erwer-
ben, / aus eigener Einsicht lass ab davon!
5 Betrachtest du ihn nur flüchtig, ist er schon
weg, / denn er wird sich gewiss Flügel machen /
und wie ein Geier zum Himmel fliegen.
6 Iss nicht das Brot des Geizigen, / sei nicht
begierig auf seine Leckerbissen!
7 Denn wie einer, der berechnend ist, so ist
er. / Er sagt zu dir: Iss und trink!, / doch sein
Herz ist dir nicht zugetan.
8 Den Bissen, den du gegessen hast, musst
du erbrechen / und deine freundlichen Worte
hast du vergeudet.
9 Rede nicht vor den Ohren eines Törichten; /
denn er missachtet deine klugen Worte!
10 Verschieb nicht die alte Grenze, / dring
nicht in die Felder der Waisen vor!
11 Denn ihr Anwalt ist mächtig, / er wird
ihre Sache gegen dich führen.
12 Öffne dein Herz für die Unterweisung, /
dein Ohr für verständige Reden!
13 Erspar dem Knaben die Züchtigung
nicht; / wenn du ihn schlägst mit dem Stock,
wird er nicht sterben.
14 Du schlägst ihn mit dem Stock, / be-
wahrst aber sein Leben vor der Unterwelt.
15 Mein Sohn, wenn dein Herz weise ist, /
so freut sich auch mein eigenes Herz.
16 Mein Inneres ist voll Jubel, / wenn deine
Lippen reden, was recht ist.
17 Dein Herz ereifere sich nicht wegen der
Sünder, / sondern eifere stets nach der Furcht
des HERRN!
18 Denn sicher gibt es eine Zukunft, / deine
Hoffnung wird nicht zerschlagen.
19 Höre, mein Sohn, und sei weise, / lenke
dein Herz auf geraden Weg!
20 Gesell dich nicht zu den Weinsäufern, /
zu solchen, die im Fleischgenuss schlemmen;
21 denn Säufer und Schlemmer werden arm, /
Schläfrigkeit kleidet in Lumpen.

22,20 schwieriger Text. Dreißig (Sätze) wird in Anlehnung an die ägyptische Lehre des Amenemope (dort 27,7), mit der in Spr 22,16–23,11 viele Übereinstimmungen bestehen, angenommen.

22 Hör auf deinen Vater, der dich gezeugt hat, /
verachte deine Mutter nicht, wenn sie alt wird!
23 Erwirb dir Wahrheit und verkauf sie nicht
mehr: / Weisheit, Erziehung und Einsicht!
24 Laut jubelt der Vater des Gerechten; / wer
einen weisen Sohn hat, kann sich über ihn
freuen.
25 Deine Eltern mögen sich freuen; / jubeln
möge die Mutter, die dich gebar.
26 Gib mir dein Herz, mein Sohn, / deine
Augen mögen an meinen Wegen Gefallen
finden;
27 denn die Dirne ist eine tiefe Grube, / die
fremde Frau ein enger Brunnen.
28 Ja, wie ein Räuber lauert sie auf / und
mehrt die Verräter unter den Menschen.
29 Wer hat Ach? Wer hat Weh? / Wer Gezänk? Wer Klage? / Wer hat Wunden wegen
nichts? / Wer trübe Augen?
30 Jene, die bis in die Nacht beim Wein sitzen, / die kommen, um den Mischwein zu
probieren.
31 Schau nicht nach dem Wein, wie er rötlich
schimmert, / wie er funkelt im Becher: / Er
trinkt sich so leicht!
32 Zuletzt beißt er wie eine Schlange, / verspritzt Gift gleich einer Viper.
33 Deine Augen sehen seltsame Dinge, /
dein Herz redet wirres Zeug.
34 Du bist wie einer, der auf hoher See
schläft, / der einschläft über dem Steuer des
Schiffes.
35 Man hat mich geschlagen, doch es tat mir
nicht weh, / man hat mich gehauen, aber ich
habe nichts gespürt. / Wann wache ich auf? /
Ich will weitermachen, ihn wieder suchen.

1: Sir 31,12–24 / **10**: 22,28 / **11**: 22,23 / **13**: 22,15; 13,24; 19,18 / **17**: 24,1; Ps 37,1 / **18**: 24,14 / **23**: 4,7 / **24**: 10,1 / **27**: 22,14 / **29**: Sir 31,25–31

24 1 Sei nicht neidisch auf böse Menschen, / such keinen Umgang mit ihnen!
2 Denn ihr Herz sinnt auf Gewalttat, / Unheil reden ihre Lippen.
3 Durch Weisheit wird ein Haus gebaut, /
durch Umsicht gewinnt es Bestand.
4 Durch Klugheit werden die Kammern
gefüllt / mit allerlei wertvollen, köstlichen
Gütern.
5 Ein weiser Mann wirkt mit Macht, / ein
verständiger Mensch entfaltet Kraft.
6 Denn durch Überlegung gewinnst du den
Kampf, / viele Ratgeber verhelfen zum Sieg.
7 Zu hoch hängt dem Toren die Weisheit, /
am Tor tut er den Mund nicht auf.
8 Wer stets darauf aus ist, Böses zu tun, /
den nennt man einen Ränkeschmied.
9 Das Trachten des Toren ist Sünde, / der
Zuchtlose ist den Menschen ein Gräuel.
10 Zeigst du dich lässig am Tag der Bedrängnis, / so wird auch deine Kraft bedrängt.
11 Befrei jene, die man zum Tod schleppt; /
die zur Hinrichtung wanken, rette sie doch!
12 Wenn du sagst: Wir haben davon nichts
gewusst! – / hat er, der die Herzen prüft, keine Kenntnis? / Hat er, der über dich wacht,
kein Wissen? / Er vergilt jedem Menschen
wie sein Tun es verdient.
13 Iss Honig, mein Sohn, denn er ist gut, /
Wabenhonig ist süß für den Gaumen.
14 Wisse: Genauso ist die Weisheit für dich. /
Findest du sie, dann gibt es eine Zukunft, /
deine Hoffnung wird nicht zerschlagen.
15 Belaure nicht frevlerisch die Wohnung
des Gerechten, / zerstöre sein Ruhelager
nicht!
16 Denn siebenmal fällt der Gerechte und
steht wieder auf, / doch die Frevler stürzen
ins Unglück.
17 Freu dich nicht über den Sturz deines
Feindes, / dein Herz juble nicht, wenn er
strauchelt,
18 damit nicht der HERR es sieht und missbilligt / und seinen Zorn von ihm abwendet!
19 Erhitz dich nicht wegen der Übeltäter, /
ereifere dich nicht wegen der Frevler!
20 Denn für den Bösen gibt es keine Zukunft, / die Lampe der Frevler erlischt.
21 Fürchte den HERRN, mein Sohn, und
den König; / lass dich nicht mit denen ein,
die anders denken!
22 Denn plötzlich geht von ihnen Verderben
aus / und unvermutet kommt Unheil von
beiden.

1: 23,17; Ps 37,1 / **6**: 11,14; 20,18 / **13**: 25,27 / **16**: Ps 37,24 / **19**: 23,17 / **21**: 1 Petr 2,17

VIERTE SAMMLUNG: WEITERE WORTE VON WEISEN: 24,23–34

23 Auch folgende Sprüche stammen von Wei-
sen: / Im Gericht auf die Person sehen ist nicht
recht.
24 Wer zum Schuldigen sagt: Unschuldig
bist du!, / den verwünschen die Völker, dem
zürnen die Nationen.
25 Denen aber, die entscheiden, wie es recht
ist, geht es gut; / über sie kommt Segen und
Glück.
26 Einen Kuss auf die Lippen gibt, / wer rich-
tig antwortet.
27 Nimm draußen deine Arbeit auf / und
bestell dein Feld, / danach gründe deinen
Hausstand!
28 Tritt gegen deinen Nächsten nicht grund-
los als Zeuge auf / oder willst du irreführen
mit deinen Lippen?

24,23 auch folgende Sprüche stammen von Weisen, wörtlich: Auch diese (sind) von Weisen.

29 Sag nicht: Wie er mir getan hat, / so will
ich auch ihm tun, / einem jedem will ich ver-
gelten, wie es seine Taten verdienen.
30 Am Acker eines Faulen ging ich vorüber, /
am Weinberg eines unverständigen Men-
schen:
31 Sieh da, er war ganz überwuchert von Dis-
teln, / seine Fläche mit Unkraut bedeckt, /
seine Steinmauer eingerissen.
32 Ich sah es und machte mir meine Gedan-
ken, / ich betrachtete es und zog die Lehre
daraus:
33 Noch ein wenig schlafen, noch ein wenig
schlummern, / noch ein wenig die Arme ver-
schränken, um auszuruhen.
34 Da kommt schnell die Armut über dich, /
die Not wie ein bewaffneter Mann.

23: 28,21 / **28**: Ex 10,16; Dtn 5,20 / **33**: 6,10f.

FÜNFTE SAMMLUNG: WEITERE SPRICHWÖRTER SALOMOS: 25,1–29,27

25 1 Auch das sind Sprichwörter Salomos,
die die Männer Hiskijas, des Königs
von Juda, sammelten.
2 Gottes Ehre ist es, eine Sache zu verhül-
len, / und Ehre der Könige ist es, eine Sache
zu erforschen.
3 Der Himmel so hoch und die Erde so tief /
und das Herz von Königen: sie sind nicht zu
erforschen.
4 Scheidet man die Schlacken vom Silber, /
gelingt dem Feinschmied das Gefäß.
5 Scheidet man den Frevler vom König, /
erlangt dessen Thron Bestand durch Gerech-
tigkeit.
6 Rühme dich nicht vor dem König / und
stell dich nicht an den Platz der Großen;
7 denn besser, man sagt zu dir: Rück hier
herauf, / als dass man dich nach unten setzt
wegen eines Vornehmen. / Was deine Augen
sahen, / 8 bring es nicht übereilt als Streitfall
vor; / denn was willst du später tun, / wenn
dein Nächster dich bloßstellt?
9 Trag deinen Streit mit deinem Nächsten
aus, / doch verrate nicht das Geheimnis eines
andern,
10 sonst wird dich schmähen, wer es hört, /
und dein übler Ruf wird nicht mehr weichen.
11 Wie goldene Äpfel auf silbernen Schalen /
ist ein Wort in vollendeter Form.
12 Wie ein goldener Ring und Schmuck aus
Feingold / ist ein weiser Mahner für ein Ohr,
das zuhört.
13 Wie kühlender Schnee an einem Som-
mertag / ist ein verlässlicher Bote für den, der
ihn sendet; / er erquickt die Seele seines
Herrn.
14 Aufziehende Wolken mit Wind, doch
kein Regen, / so ist ein Mann, der Verspre-
chungen macht und nicht hält.
15 Mit Geduld wird ein Vorgesetzter umge-
stimmt, / sanfte Zunge bricht Knochen.
16 Findest du Honig, iss nur, so viel dir be-
kommt, / sonst wirst du ihn satt und erbrichst
ihn.

17 Mach dich rar im Haus deines Nächsten, /
sonst wird er dich satt und verabscheut dich!
18 Keule und Schwert und scharfer Pfeil: /
das ist einer, der falsch aussagt gegen seinen
Nächsten.
19 Schlechter Zahn und stolpernder Fuß: /
so ist das Vertrauen auf einen Verräter am Tag
der Not.
20 Einer, der seine Kleider ablegt an einem
kalten Tag, / Essig auf Laugensalz: so ist, wer
Lieder singt vor einem missmutigen Herzen.
21 Hat dein Feind Hunger, gib ihm zu essen, /
hat er Durst, gib ihm zu trinken;
22 so sammelst du glühende Kohlen auf sein
Haupt / und der HERR wird es dir vergelten.
23 Der Nordwind bringt Regen, / eine
heimtückische Zunge zornige Gesichter.
24 Besser in einer Ecke des Daches wohnen /
als eine zänkische Frau im gemeinsamen Haus.
25 Kühles Wasser für eine durstige Kehle /
ist eine gute Nachricht aus fernem Land.
26 Ein getrübter Brunnen, ein verschütteter
Quell / ist ein Gerechter, der vor dem Frevler
wankt.
27 Zu viel Honig essen ist nicht gut: / Eben-
so spare mit ehrenden Worten!
28 Eine Stadt mit eingerissener Mauer / ist
ein Mann, der sich nicht beherrscht.

1: 1,1; 10,1 / **2**: 16,10 / **6**: Sir 13,9f.; Lk 14,7–11 / **11**: 15,23 / **21**: Röm 12,20 / **24**: 21,9 / **27**: 24,13

26 1 Wie Schnee im Sommer und Regen
zur Erntezeit, / so unpassend ist Ehre
für einen Toren.
2 Wie der Spatz wegflattert und die Schwal-
be davonfliegt, / so ist ein unverdienter Fluch;
er trifft nicht ein.
3 Dem Pferd die Peitsche, dem Esel den
Zaum, / dem Rücken der Toren den Stock.
4 Antworte dem Toren nicht, wie es seine
Dummheit verdient, / damit nicht auch du
ihm gleich wirst!
5 Antworte dem Toren, wie es seine Dumm-
heit verdient, / damit er sich nicht einbildet,
ein Weiser zu sein!
6 Die Füße haut sich ab, Schaden muss lei-
den, / wer Botschaft sendet durch einen Toren.
7 Schlaff wie die Schenkel des Lahmen / ist
ein Weisheitsspruch im Mund der Toren.
8 Den Stein bindet in der Schleuder fest, /
wer einem Toren Ehre erweist.
9 Ein Dornzweig geriet in die Hand eines
Betrunkenen: / ein Weisheitsspruch in den
Mund der Toren.
10 Ein Schütze, der alle verwundet – / wer
einen Toren anstellt oder einen, der zufällig
des Weges kommt.
11 Wie ein Hund, der zurückkehrt zu dem,
was er erbrochen hat, / so ist ein Tor, der seine
Dummheit wiederholt.
12 Siehst du jemand, der sich selbst für weise
hält – / mehr Hoffnung gibt es für den Toren
als für ihn.
13 Der Faule sagt: Ein Löwe ist auf dem Weg, /
ein Raubtier ist auf den Straßen.
14 Die Tür dreht sich in ihrer Angel / und der
Faule in seinem Bett.
15 Greift der Faule mit der Hand in die Schüs-
sel, / ist er zu träg, sie zum Mund zurückzu-
bringen.
16 Der Faule hält sich selbst für weiser / als
sieben, die angemessen antworten können.
17 Einen vorbeilaufenden Hund packt bei
den Ohren, / wer sich in einen Streit mischt,
der ihn nichts angeht.
18 Wie ein Verrückter, der Brandpfeile
schleudert, / Pfeile und Tod,
19 so ist einer, der seinen Nächsten täuscht /
und dazu sagt: Ich mach doch nur Spaß.
20 Ist kein Holz mehr da, erlischt das Feu-
er; / wo kein Verleumder ist, legt sich der
Streit.
21 Wie Kohlen die Glut und Holz das Feuer, /
so schürt ein zänkischer Mensch den Streit.
22 Die Worte des Verleumders sind wie Le-
ckerbissen, / sie gleiten hinab in die Kammern
des Leibes.
23 Silberglasur auf Tongeschirr – / feurige
Lippen und ein böses Herz.
24 Mit seinen Reden verstellt sich der Ge-
hässige, / doch in seinem Herzen ist er voll
Tücke.
25 Klingt seine Stimme auch freundlich, trau
ihm nicht, / denn sieben Gräuel sind in seinem
Herzen.
26 Hüllt sich sein Hass auch in Heuchelei, /
seine Schlechtigkeit wird bloßgestellt in der
Volksversammlung.
27 Wer eine Grube gräbt, fällt selbst hinein, /
wer einen Stein hochwälzt, auf den rollt er zu-
rück.
28 Eine verlogene Zunge hasst, wen sie zer-
malmt, / ein heuchlerischer Mund verursacht
den Sturz.

3: 10,13 / **11**: 2 Petr 2,22 / **22**: 18,8 / **27**: Ps 7,16; Sir 27,25f.

25,27 Ebenso spare mit ehrenden Worten: G; und Erforschen ihrer Ehre ist Ehre: H.

27 1 Rühme dich nicht des morgigen Tages, / denn du weißt nicht, was der Tag gebiert.
2 Rühmen soll dich ein anderer, nicht dein eigener Mund, / ein Fremder, nicht deine eigenen Lippen.
3 Schwer ist der Stein und eine Last ist der Sand, / doch der Ärger mit einem Toren ist schwerer als beide.
4 Mag der Zorn grausam sein und überschäumend die Wut, / wer aber besteht vor der Eifersucht?
5 Besser offener Tadel / als Liebe, die sich nicht zeigt.
6 Treu gemeint sind die Schläge eines Freundes, / zahlreich die Küsse eines Feindes.
7 Der Satte tritt Honig mit Füßen, / doch dem Hungrigen schmeckt alles Bittere süß.
8 Wie ein Vogel, der aus seinem Nest flüchtet, / so ist ein Mensch, der aus seiner Heimat fliehen muss.
9 Salböl und Räucherwerk erfreuen das Herz – / so auch die Herzlichkeit eines Freundes aus innerer Überzeugung.
10 Deinen Freund und deines Vaters Freund gib nicht auf, / geh nicht in das Haus deines Bruders, wenn du in Not bist! / Besser ein Nachbar in der Nähe / als ein Bruder in der Ferne.
11 Sei weise, mein Sohn, und erfreue mein Herz, / damit ich dem antworten kann, der mich beschimpft!
12 Der Kluge sieht das Unheil und verbirgt sich, / die Unerfahrenen laufen weiter und müssen es büßen.
13 Nimm ihm das Kleid, denn er hat für einen andern gebürgt! / Einer Fremden wegen pfände bei ihm!
14 Wer seinen Nächsten zu laut begrüßt, / dem wird es frühmorgens als Verwünschung ausgelegt.
15 Ein ständig tropfendes Dach in der Regenzeit / und eine zänkische Frau gleichen einander.
16 Wer sie festhält, hält den Wind fest / und seine Hand greift nach Öl.
17 Eisen wird an Eisen geschliffen; / so schleift einer den Charakter des andern.
18 Wer einen Feigenbaum pflegt, wird seine Frucht essen, / wer auf seinen Herrn Acht gibt, wird geehrt.
19 Wie Wasser ein Spiegel ist für das Gesicht, / so ist das Herz des Menschen ein Spiegel für den Menschen.
20 Unterwelt und Totenreich sind unersättlich / und unersättlich sind die Augen des Menschen.
21 Der Schmelztiegel prüft das Silber, der Ofen das Gold, / der Mensch aber wird geprüft im Urteil dessen, der ihn lobt.
22 Zerstampfst du den Toren auch mit dem Stößel, / im Mörser zwischen den Körnern, / seine Torheit weicht nicht von ihm.
23 Kümmere dich um das Aussehen deiner Schafe / und sorge für deine Herden;
24 denn Besitz bleibt nicht für ewig / und eine Krone nicht von Geschlecht zu Geschlecht.
25 Kommt das Gras hervor, erscheint das Grün, / sammelt man die Kräuter auf den Bergen,
26 dann gibt es Lämmer für deine Kleidung, / Böcke als Kaufpreis für Äcker
27 und genug Ziegenmilch für dich als Nahrung, / als Nahrung für dein Haus / und Lebensunterhalt für deine Mägde.

5: Lev 19,17 / **11**: Ps 119,42 / **13**: 20,16 / **15**: 19,13 / **20**: 30,15f. / **23**: 12,10

28 1 Der Frevler flieht, auch wenn ihn keiner verfolgt, / der Gerechte fühlt sich sicher wie ein Löwe.
2 Durch seine Frevel bekommt ein Land viele Herrscher, / durch einen verständigen, einsichtsvollen Mann erhält die Ordnung Bestand.
3 Ein Vornehmer, der die Armen unterdrückt, / ist wie Regen, der alles wegschwemmt und kein Brot bringt.
4 Wer die Unterweisung preisgibt, rühmt den Frevler, / wer die Unterweisung bewahrt, bekämpft ihn.
5 Böse Menschen verstehen nicht, was recht ist, / die aber, die den HERRN suchen, verstehen alles.
6 Besser ein Armer, der schuldlos seinen Weg geht, / als ein Reicher, der krumme Wege geht.
7 Wer sich an die Unterweisung hält, ist ein verständiger Sohn, / wer mit Verschwendern umgeht, macht seinem Vater Schande.
8 Wer sein Vermögen durch Zins und Aufschlag vermehrt, / sammelt für den, der Erbarmen hat mit den Armen.
9 Wendet einer sein Ohr ab, um die Unterweisung nicht zu hören, / dann ist sogar sein Gebet ein Gräuel.
10 Wer Rechtschaffene irreführt auf einen bösen Weg, / der fällt in seine eigene Grube; / die Schuldlosen aber erlangen Gutes.

11 Der Reiche hält sich selbst für klug, / doch ein verständiger Armer durchschaut ihn.
12 Haben Gerechte die Oberhand, gibt es glanzvolle Zeiten, / erheben sich die Frevler, verstecken sich die Menschen.
13 Wer seine Sünden verheimlicht, hat kein Glück, / wer sie bekennt und meidet, findet Erbarmen.
14 Selig der Mensch, der stets Ehrfurcht hat; / wer aber sein Herz verhärtet, fällt ins Unglück.
15 Ein grollender Löwe, ein gieriger Bär – / ein frevelhafter Herrscher über ein schwaches Volk.
16 Mancher Fürst ist klein an Verstand und groß als Unterdrücker; / wer Ausbeutung hasst, hat ein langes Leben.
17 Ein Mensch, auf dem Blutschuld lastet, / ist flüchtig bis zum Grab; man halte ihn nicht.
18 Wer schuldlos seinen Weg geht, dem wird geholfen, / wer krumme Wege geht, kommt auf einmal zu Fall.
19 Wer sein Feld bestellt, wird satt von Brot, / wer nichtigen Dingen nachjagt, wird satt von Armut.
20 Ein ehrlicher Mensch erntet vielfachen Segen, / wer aber hastet, um sich zu bereichern, bleibt nicht ungestraft.
21 Auf die Person sehen ist nicht gut, / für einen Bissen Brot wird mancher zum Verbrecher.
22 Nach Reichtum giert ein neidischer Mensch / und bedenkt nicht, dass Mangel über ihn kommen wird.
23 Wer einen andern zurechtweist, findet schließlich Dank, / mehr als der Schmeichler.
24 Wer Vater oder Mutter beraubt und meint, er tue kein Unrecht, / macht sich zum Genossen des Mörders.
25 Der Habgierige erregt Streit, / wer auf den HERRN vertraut, wird reichlich gelabt.
26 Wer auf seinen eigenen Verstand vertraut, ist ein Tor, / wer in Weisheit seinen Weg geht, wird gerettet.
27 Wer dem Armen gibt, hat keinen Mangel, / wer seine Augen verschließt, wird viel verflucht.
28 Erheben sich die Frevler, dann verbergen sich die Menschen, / gehen sie zugrunde, dann werden die Gerechten zahlreich.

28,8: Ex 22,24 / **12**: 28,28; 29,2 / **13**: Ps 32,2–5 / **17**: Gen 4,12 / **19**: 12,11 / **28**: 28,12

29

1 Wer bei Tadel hartnäckig bleibt, / wird plötzlich zerschmettert und es gibt keine Heilung.
2 Wenn die Gerechten zahlreich werden, freut sich das Volk, / herrscht der Frevler, dann stöhnt das Volk.
3 Wer Weisheit liebt, erfreut seinen Vater; / wer mit Dirnen verkehrt, verschleudert das Vermögen.
4 Ein König richtet das Land auf durch Recht, / wer Abgaben erpresst, zerstört es.
5 Wer seinem Nächsten schmeichelt, / breitet ihm ein Netz vor die Füße.
6 In der Sünde des Bösen liegt eine Falle, / doch der Gerechte jubelt und freut sich.
7 Der Gerechte hat Verständnis für den Rechtsstreit der Armen, / der Frevler aber kennt kein Verständnis.
8 Hetzer bringen eine Stadt in Aufruhr, / Weise beschwichtigen die Erregung.
9 Rechtet ein Weiser mit einem Toren, / tobt dieser und lacht und gibt keine Ruhe.
10 Mörder hassen den Schuldlosen, / Rechtschaffene bemühen sich um sein Leben.
11 Ein Tor lässt seiner ganzen Erregung freien Lauf, / aber ein Weiser hält sie zurück.
12 Achtet ein Herrscher auf Lügen, / werden alle seine Beamten zu Schurken.
13 Der Arme und der Ausbeuter begegnen einander, / der HERR gibt beiden das Augenlicht.
14 Spricht ein König den Geringen zuverlässig Recht, / hat sein Thron für immer Bestand.
15 Rute und Rüge verleihen Weisheit, / ein zügelloser Knabe macht seiner Mutter Schande.
16 Mehren sich Frevler, so mehrt sich die Sünde, / doch die Gerechten erleben ihren Sturz.
17 Züchtige deinen Sohn, so wird er dir Ruhe verschaffen / und deinem Herzen Freude machen.
18 Ohne prophetische Offenbarung verwildert das Volk; / selig ist es, wenn es die Unterweisung bewahrt.
19 Durch Worte wird kein Sklave gebessert, / er versteht sie wohl, aber kehrt sich nicht daran.
20 Siehst du einen, der eilfertig ist im Reden, / mehr Hoffnung gibt es für den Toren als für ihn.
21 Ein Sklave, verwöhnt von Jugend an, / wird am Ende widerspenstig.
22 Ein aufbrausender Mensch erregt Streit, / ein Jähzorniger begeht viele Sünden.
23 Hochmut erniedrigt den Menschen, / doch der Demütige kommt zu Ehren.

29,21 widerspenstig: vermuteter Text, vgl. Vg.

24 Wer mit dem Dieb teilt, hasst sich selbst, /
er hört die Verfluchung, doch er macht keine
Anzeige.
25 Die Angst des Menschen führt ihn in die
Falle; / wer auf den HERRN vertraut, ist gesichert.
26 Viele suchen die Gunst des Herrschers, /
aber das Recht kommt für alle vom HERRN.
27 Der Übeltäter ist den Gerechten ein Gräu-
el. / Der Rechtschaffene ist für den Frevler ein
Gräuel.

2: 28,12.28 / **8**: Sir 28,14 / **13**: 22,2 / **15**: 13,24

SECHSTE SAMMLUNG: WORTE AGURS: 30,1–33

30 1 Worte Agurs, / des Sohnes des Jake
prophetisches Wort;
Spruch des Mannes Laïtiël: / Ich mühte
mich ab mit Gott und bin am Ende.
2 Denn ich bin zu dumm für einen Men-
schen, / ich habe keinen Menschenverstand,
3 ich habe keine Weisheit gelernt / und kei-
ne Kenntnis des Heiligen erlangt.
4 Wer stieg zum Himmel hinauf und kam
wieder herab? / Wer sammelte den Wind in
seine Fäuste? / Wer band das Wasser in ein
Gewand? / Wer setzte fest alle Enden der
Erde? / Wie ist sein Name und wie der Name
seines Sohnes, / wenn du es weißt?
5 Jede Rede Gottes ist im Feuer geläutert; /
ein Schild ist er für alle, die bei ihm sich bergen.
6 Füg seinen Worten nichts hinzu, / sonst
überführt er dich und du stehst als Lügner da.
7 Um zweierlei bitte ich dich, / versag es mir
nicht, bevor ich sterbe:
8 Falschheit und Lügenwort halt fern von
mir; / gib mir weder Armut noch Reichtum, /
nähr mich mit dem Brot, das mir nötig ist,
9 damit ich nicht, satt geworden, dich ver-
leugne / und sage: Wer ist denn der HERR?,
damit ich nicht als Armer zum Dieb werde /
und mich am Namen meines Gottes vergreife.
10 Verleumde nicht den Knecht bei seinem
Herrn, / sonst verflucht er dich und du musst
es büßen.
11 Ein Geschlecht, das seinem Vater flucht /
und seine Mutter nicht segnet;
12 ein Geschlecht, das rein ist in den eigenen
Augen, / doch nicht gewaschen von seinem
Schmutz;
13 ein Geschlecht – wie überheblich sind seine
Augen / und wie hochmütig seine Wimpern;
14 ein Geschlecht, dessen Zähne Schwerter /
und dessen Gebiss Messer sind, / um die Not-
leidenden aus dem Land wegzufressen / und
die Armen weg aus der Menschheit.
15 Der Blutegel hat zwei Töchter: Gib! – Gib!
16 Drei sind es, die nie satt werden, / vier
sagen nie: Genug: / Die Unterwelt und der
unfruchtbare Mutterschoß, / die Erde, die
nicht satt wird an Wasser, / und das Feuer, das
nie sagt: Genug!
17 Ein Auge, das den Vater verspottet / und
die alte Mutter verachtet, / das hacken die Ra-
ben am Bach aus, / die jungen Geier fressen es
auf.
18 Drei Dinge sind mir zu wunderbar, / vier
vermag ich nicht zu fassen:
19 den Weg des Geiers am Himmel, / den
Weg der Schlange über den Felsen, / den Weg
des Schiffes auf hoher See, / den Weg des
Mannes bei der jungen Frau.
20 So benimmt sich die ehebrecherische
Frau: / Sie isst, wischt sich den Mund / und
sagt: Ich habe nichts Böses getan.
21 Unter dreien erzittert das Land, / unter
vieren wird es ihm unerträglich:
22 unter einem Sklaven, wenn er König
wird, / und einem Toren, wenn er satt ist;
23 unter einer Verschmähten, wenn sie ge-
heiratet wird, / und einer Sklavin, wenn sie
ihre Herrin verdrängt.
24 Vier sind die Kleinsten auf Erden / und
sind doch die Allerklügsten:
25 Die Ameisen sind kein starkes Volk / und
besorgen sich doch im Sommer ihr Futter;
26 Klippdachse sind ein Volk ohne Macht /
und doch bauen sie ihre Wohnung im Fels;
27 die Heuschrecken haben keinen König /
und doch schwärmen sie alle geordnet aus;
28 Eidechsen fängst du mit der Hand / und
doch wohnen sie in Königspalästen.
29 Drei sind es, die stolz einherschreiten, /
vier haben einen stolzen Gang:
30 der Löwe, der Held unter den Tieren, / der
vor keinem umkehrt;

31 der Hahn, der einherstolziert, und der
Leitbock / und der König, wenn er vor seinem
Volk auftritt wie ein Gott.
32 Wenn du dich stolz erhoben und dabei
blamiert hast / oder wenn du nachdenkst – so
leg die Hand auf den Mund!

30,31 unsicherer Text.

33 Denn stößt man Milch, so gibt es Butter, /
stößt man die Nase, so gibt es Blut, / stößt man
den Zorn, so gibt es Streit.

3: 9,10 / **4:** Jes 40,12; Ijob 26,8 / **5:** Ps 18,31 / **6:** Dtn 4,2; 13,1 / **11:** 19,26 / **25:** 6,6–8 / **26:** Ps 104,18

SIEBTE SAMMLUNG: WORTE AN LEMUËL: 31,1–31

31 1 Worte an Lemuël, den König, prophe-
tisches Wort. / Mit ihnen hat seine
Mutter ihn erzogen:
2 Was soll ich dir sagen, mein Sohn, was, /
du Sohn meines Schoßes, / was, du Sohn mei-
ner Gelübde?
3 Gib deine Kraft nicht den Frauen hin, /
dein Tun und Treiben nicht denen, die Könige
verderben!
4 Könige sollen sich nicht, Lemuël, / Könige
sollen sich nicht mit Wein betrinken, / Fürs-
ten nicht berauschenden Trank begehren.
5 Er könnte beim Trinken seine Pflicht ver-
gessen / und das Recht aller Notleidenden
verdrehen.
6 Gebt berauschenden Trank dem, der zu-
sammenbricht, / und Wein denen, die im
Herzen verbittert sind!
7 Ein solcher möge trinken und seine Armut
vergessen / und nicht mehr an seine Mühsal
denken.
8 Öffne deinen Mund für den Stummen, /
für das Recht aller Schwachen!
9 Öffne deinen Mund, richte gerecht, / ver-
schaff dem Bedürftigen und Armen Recht!
10 Eine tüchtige Frau, wer findet sie? / Sie
übertrifft alle Perlen an Wert.
11 Das Herz ihres Mannes vertraut auf sie /
und es fehlt ihm nicht an Gewinn.
12 Sie tut ihm Gutes und nichts Böses / alle
Tage ihres Lebens.
13 Sie sorgt für Wolle und Flachs / und arbei-
tet voll Lust mit ihren Händen.
14 Sie gleicht den Schiffen des Kaufmanns: /
Aus der Ferne holt sie ihre Nahrung.
15 Noch bei Nacht steht sie auf, / um ihrem
Haus Speise zu geben / und den Mägden, was
ihnen zusteht.
16 Sie überlegt es und kauft einen Acker, /
vom Ertrag ihrer Hände pflanzt sie einen
Weinberg.
17 Sie gürtet ihre Hüften mit Kraft / und
macht ihre Arme stark.
18 Sie spürt den Erfolg ihrer Arbeit, / auch
des Nachts erlischt ihre Lampe nicht.
19 Nach dem Spinnrocken greift ihre Hand, /
ihre Finger fassen die Spindel.
20 Sie öffnet ihre Hand für den Bedürftigen /
und reicht ihre Hände dem Armen.
21 Ihr bangt nicht für ihr Haus vor dem
Schnee; / denn ihr ganzes Haus ist in prächti-
gem Rot gekleidet.
22 Sie hat sich Decken gefertigt, / Leinen und
Purpur sind ihr Gewand.
23 Ihr Mann ist in den Torhallen geachtet, /
wenn er zu Rat sitzt mit den Ältesten des Lan-
des.
24 Sie webt Tücher und verkauft sie, / Gürtel
liefert sie dem Händler.
25 Kraft und Würde sind ihr Gewand, / sie
spottet der drohenden Zukunft.
26 Sie öffnet ihren Mund in Weisheit / und
Unterweisung in Güte ist auf ihrer Zunge.
27 Sie achtet auf das, was in ihrem Haus vor-
geht, / Brot der Faulheit isst sie nicht.
28 Ihre Kinder stehen auf und preisen sie
glücklich, / auch ihr Mann erhebt sich und
rühmt sie:
29 Viele Frauen erwiesen sich tüchtig, / doch
du übertriffst sie alle.
30 Trügerisch ist Anmut, vergänglich die
Schönheit, / eine Frau, die den HERRN fürch-
tet, sie allein soll man rühmen.
31 Gebt ihr vom Ertrag ihrer Hände, / denn
im Stadttor rühmen sie ihre Werke!

10: 3,15; 8,11 / **30:** 1,7

DAS BUCH KOHELET

Die im deutschsprachigen katholischen Raum übliche Bezeichnung des Buches als „Kohelet“ geht auf die hebräische Tradition zurück. Das Wort „Kohelet“ bezeichnet jene Person, deren Worte das nach ihr benannte Buch enthält (1,1). In der griechischen und lateinischen Bibel trägt es den Namen Ecclesiastes. Die Person ist uns sonst nicht bekannt. Es könnte sogar eine fiktive Gestalt sein – doch das erste Nachwort (12,9–11) spricht eher dagegen. In den Kirchen der Reformation wird das Buch gewöhnlich als „Buch des Predigers (Salomo)“ bezeichnet.

Das Buch Kohelet wurde wahrscheinlich Ende des 3., Anfang des 2. Jh.s v. Chr. geschrieben. Palästina gehörte damals zum Ptolemäerreich. Es war die Zeit noch vor den hellenistischen Religionsverfolgungen und vor der nationalen Erhebung der Makkabäer. Die gebildete Oberschicht von Judäa war wohlhabend und weltoffen. Man versuchte, die Traditionen Israels mit der die Welt beherrschenden griechischen Bildung und Lebensform zu einer neuen Einheit zu verschmelzen. Das Buch Kohelet ist das eindrucksvollste Zeugnis dieses Bemühens. Die Bildungstraditionen Israels, ja des ganzen Orients, besonders auch Ägyptens, sind Kohelet bekannt (zur „Weisheit“ vgl. die Einleitung zu Spr). Sein Denken und Fühlen ist von den Schriftstellern, die man in den griechischen Schulen liest, und von der sogenannten Popularphilosophie bestimmt. Seine Sprache ist ein ganz neuartiges Hebräisch, in dem einerseits die aramäische Alltagssprache, andererseits manches griechische Wort- und Satzmuster durchschlägt. Das Buch lehnt sich nur noch teilweise an die poetische Gestalt der alten Lehrschriften an. Es enthält auch schon viele Merkmale der damals aufkommenden Predigt von Wanderphilosophen („Diatribe“).

Der vorliegenden Übersetzung liegt die hebräische Texttradition (Masoretischer Text) zugrunde. Sie gilt allgemein als die bestbezeugte.

Das Buch entwirft zunächst eine Lehre vom Kosmos (1,4–11). Der herrliche, ewig kreisende Kosmos ist die Bühne, auf der die vergänglichen Menschen kommen und gehen. Sprache, Sinne und Gedächtnis der Menschen können die Fülle der Welt nicht erfassen. Es folgt als grundlegender Teil des Buches die Lehre vom Menschen (1,12–3,15). Kohelet versetzt sich in die höchste menschliche Möglichkeit: Er sieht sich als gebildeten, weltgestaltenden und das Leben voll auskostenden Herrscher und fragt dann nach dem Sinn. Angesichts des sicher kommenden Todes erweist sich selbst dann alles als „Windhauch“. Jeder Augenblick ist von Gott her bestimmt; der Mensch kann ihn weder berechnen noch in den Griff bekommen. Er kann nur in Furcht das, was ihm jeweils gegeben wird, annehmen. Dieses Daseinsverständnis bestätigt sich dann in einem anschließenden Teil, der die Übel der Welt anhand ausgewählter Beispiele aus dem öffentlichen, wirtschaftlichen und familiären Leben kritisiert (3,16–6,10). Im nächsten Teil werden Beispiele traditioneller Spruchweisheit und die weisheitliche Theorie über den Zusammenhang von Tun und Ergehen kritisch überprüft (6,11–9,6). Am Ende steht wieder das Thema Tod. Daran schließt sich die Ethik an, die Weisung für die rechte Lebensführung (9,7–12,7). Sie ist sehr vielfältig, doch ist sie geleitet von der Mahnung, in Gottesfurcht die Gabe des jeweiligen Augenblicks zu ergreifen: jede Freude zu genießen und überall da, wo es sich anbietet, tatkräftig zu handeln. Denn jedes „Jetzt“ ist die dem Menschen gegebene Zeit. Er soll nie vergessen, dass er auf Alter und Tod zugeht. Aus dieser Ethik sind die Anweisungen über das religiöse Verhalten herausgenommen und schon vorher als eine Art Zwischenstück in die Gesellschaftskritik eingesetzt (4,17–5,6). So bilden sie im Gesamtaufbau des Buches eine Art Mitte. Im modernen Denken wird man mit dem Buch Kohelet vor allem die Existenzphilosophie vergleichen können. Doch ist im Buch Kohelet bei aller Neigung zur Erfahrungsweisheit und zur kritischen Auseinandersetzung mit gängigen Meinungen zugleich eine sehr radikale Theorie von der Bindung der Welt an Gott vorausgesetzt. Nach ihr kann nichts, auch nicht das Böseste und Schlimmste, von der Allursächlichkeit Gottes ausgenommen werden. Und von Gott her ist letztlich alles „schön“. Dies sollte man nicht übersehen, wenn man beim Lesen des Buches von Melancholie überwältigt wird und Kohelet gerade deshalb als modern empfinden möchte. Wer

Kohelet als Teil des ganzen Kanons der heiligen Schriften liest, wird das Buch, ohne dabei die Härte seines Fragens und Denkens preiszugeben, mit der Botschaft vom Handeln Gottes in der Geschichte verbinden. Mehr, als man zunächst meinen möchte, greift Kohelet Texte aus älteren Schriften des Alten Testaments anspielend auf und stellt sie in ein neues Licht.

BUCHTITEL: 1,1

1 1 Worte Kohelets, des Davidsohnes,
der König in Jerusalem war.

1: 1,12; Spr 1,1; 1 Kön 8,1

VORSPRUCH: 1,2–3

2 Windhauch, Windhauch, sagte Kohelet, Windhauch, Windhauch, das ist alles Windhauch.
3 Welchen Vorteil hat der Mensch von all seinem Besitz, für den er sich anstrengt unter der Sonne?

2: 12,8; Ijob 7,16; Ps 39,6; 62,10; Röm 8,20; Ps 144,4 / **3**: 2,11.18–22; 3,9; 5,15.17; 9,9; Spr 14,23; Gen 3,17–19; Ijob 7,1–10

WECHSEL, DAUER UND VERGESSEN: 1,4–11

4 Eine Generation geht, eine andere kommt. / Die Erde steht in Ewigkeit.
5 Die Sonne, die aufging und wieder unterging, / atemlos jagt sie zurück an den Ort, wo sie wieder aufgeht.
6 Er weht nach Süden, dreht nach Norden, dreht, dreht, weht, der Wind. / Weil er sich immerzu dreht, kehrt er zurück, der Wind.
7 Alle Flüsse fließen ins Meer, / das Meer wird nicht voll.
Zu dem Ort, wo die Flüsse entspringen, / kehren sie zurück, um wieder zu entspringen.
8 Alle Dinge sind rastlos tätig, / kein Mensch kann alles ausdrücken,
nie wird ein Auge satt, wenn es beobachtet, / nie wird ein Ohr vom Hören voll.
9 Was geschehen ist, wird wieder geschehen, / was getan wurde, wird man wieder tun: / Es gibt nichts Neues unter der Sonne.
10 Zwar gibt es bisweilen ein Ding, von dem es heißt: / Sieh dir das an, das ist etwas Neues – / aber auch das gab es schon in den Zeiten, die vor uns gewesen sind.
11 Nur gibt es keine Erinnerung an die Früheren / und auch an die Späteren, die erst kommen werden,
auch an sie wird es keine Erinnerung geben / bei denen, die noch später kommen werden.

4: Sir 14,18; Ps 39,14 / **5**: 11,7–8; 12,2; Ps 19,6f. / **6**: Joh 3,8; Koh 11,5 / **7**: Ps 24,2; 104,5–9 / **8**: 5,9; 8,17; Spr 27,20; Sir 42,15–25 / **9**: 3,15; 6,10; 4,13–16 / **11**: 2,16; 9,5; Sir 44,1–15

1,8 Alle Dinge sind rastlos tätig, andere Übersetzungsmöglichkeit: Alle Worte sind überanstrengt.

BEDINGTHEIT DES MENSCHEN – UNDURCHSCHAUBARKEIT GOTTES: 1,12–3,15

DREI ÜBERBLICKE: 1,12–2,2

12 Ich, Kohelet, war in Jerusalem König über
Israel. 13 Ich hatte mir vorgenommen, das Wis-
sen daraufhin zu untersuchen und zu erfor-
schen, ob nicht alles, was unter dem Himmel
getan wurde, ein schlechtes Geschäft war, für
das die einzelnen Menschen durch Gottes
Auftrag sich abgemüht haben. 14 Ich beobach-
tete alle Taten, die unter der Sonne getan wur-
den. Das Ergebnis: Das ist alles Windhauch
und Luftgespinst.
15 Was krumm ist, kann man nicht gerade bie-
gen; / was nicht da ist, kann man nicht zählen.
16 Ich überlegte mir Folgendes: Ich habe
mein Wissen immerzu vergrößert, sodass ich
jetzt darin jeden übertreffe, der vor mir über
Jerusalem geherrscht hat. Oft konnte ich Wis-
sen und Können beobachten. 17 So habe ich mir
vorgenommen zu erkennen, was Wissen
wirklich ist, und zu erkennen, was Verblen-
dung und Unwissen wirklich sind. Ich erkann-
te, dass auch dies ein Luftgespinst ist. 18 Denn:
Viel Wissen, viel Ärger, / wer das Können
mehrt, der mehrt die Sorge.

2 1 Ich dachte mir: Auf, versuch es mit der
Freude, genieß das Glück! Das Ergebnis:
Auch das ist Windhauch.
2 Über das Lachen sagte ich: Wie verblen-
det!, / über die Freude: Was bringt sie schon
ein?

1,12: 1 Kön 3; 4,1; 11,42 / **13**: 2,3; 3,10; 8,9.16f.; 5,13 / **14**: 2,11; 4,4 / **15**: 7,13; Spr 27,22 / **16**: 2,9; 1 Kön 5,9f. / **17**: 2,12; 7,25; 8,16f. / **18**: 2,23; 5,16
2,1: 3,12; Weish 2,6 / **2**: Spr 14,13; 17,22

MENSCHLICHES GLÜCK DURCH WELTGESTALTUNG: 2,3–11

3 Ich trieb meine Forschung an mir selbst, in-
dem ich meinen Leib mit Wein lockte, wäh-
rend mein Verstand das Wissen auf die Weide
führte, und indem ich das Unwissen gefangen
nahm. Ich wollte dabei beobachten, wo es viel-
leicht für die einzelnen Menschen möglich ist,
sich unter dem Himmel Glück zu verschaffen
während der wenigen Tage ihres Lebens. 4 Ich
vollbrachte meine großen Taten:
Ich baute mir Häuser, / ich pflanzte mir
Weinberge.
5 Ich legte mir Gärten und Parks an, / darin
pflanzte ich alle Arten von Bäumen.
6 Ich legte mir Wasserbecken an, / um aus
ihnen den sprossenden Baumbestand zu be-
wässern.
7 Ich kaufte Sklaven und Sklavinnen, / ob-
wohl ich schon hausgeborene Sklaven besaß.
Auch Vieh besaß ich in großer Zahl, Rinder,
Schafe, Ziegen, / mehr als alle meine Vorgän-
ger in Jerusalem.
8 Ich häufte mir auch Silber und Gold an /
und, als meinen persönlichen Schatz, Könige /
und ihre Provinzen.
Ich besorgte mir Sänger und Sängerinnen
und die Lust der Männer: Brüste und nochmals
Brüste.
9 Ich war schon groß gewesen, doch ich ge-
wann noch mehr hinzu, sodass ich alle meine
Vorgänger in Jerusalem übertraf. Und noch
mehr: Mein Wissen stand mir zur Verfügung,
10 und was immer meine Augen sich wünsch-
ten, verwehrte ich ihnen nicht. Ich musste
meinem Herzen keine einzige Freude versa-
gen. Denn mein Herz konnte immer durch
meinen ganzen Besitz Freude gewinnen. Und
das war mein Anteil, den ich durch meinen
ganzen Besitz gewinnen konnte. 11 Doch dann
dachte ich nach über alle meine Taten, die, die
meine Hände vollbracht hatten, und über den
Besitz, für den ich mich bei diesem Tun ange-
strengt hatte. Das Ergebnis: Das ist alles
Windhauch und Luftgespinst. Es gibt keinen
Vorteil unter der Sonne.

3: 2,1; Ps 104,15; Sir 31,25–31 / **4**: 1 Kön 7; Hld 8,11 / **5**: Hld 4,13; 2,8ff. / **6**: Neh 2,14 / **7**: 1 Kön 10,5 / **8**: 1 Kön 10,21; 5,1–8 / **9**: 1,16; 1 Kön 10,23; 5,9–14 / **10**: 2,1.24; 3,12.22 / **11**: 1,3.13

BILDUNG UND BESITZ IN IHRER BEDINGTHEIT: 2,12–23

12 Ich dachte nach, indem ich beobachtete, was
Wissen wirklich ist und was Verblendung
und Unwissen wirklich sind. Außerdem: Was
für ein Mann wird auf den König folgen, den
sie einst eingesetzt haben? 13 Ich beobachtete:
Es gibt einen Vorteil, den das Wissen bietet,
aber nicht das Unwissen, wie es einen Vorteil
gibt, den das Licht bietet, aber nicht die Dun-
kelheit:

14 Der Gebildete hat Augen im Kopf, der Un-
gebildete tappt im Dunkeln.
Aber ich erkannte auch: Beide trifft ein und
dasselbe Geschick. 15 Da dachte ich mir: Was
den Ungebildeten trifft, trifft also auch mich.
Warum bin ich dann über die Maßen gebildet?
Und ich überlegte mir, dass auch das Wind-
hauch ist. 16 Denn an den Gebildeten gibt es
ebenso wenig wie an den Ungebildeten eine
Erinnerung, die ewig währt, weil man schon
in den Tagen, die bald kommen, beide verges-
sen wird. Wie ist es möglich, dass der Gebil-
dete ebenso sterben muss wie der Ungebilde-
te? 17 Da verdross mich das Leben. Denn das
Tun, das unter der Sonne getan wurde, lastete
auf mir als etwas Schlimmes. Denn es ist alles
Windhauch und Luftgespinst.

18 Mich verdross auch mein ganzer Besitz,
für den ich mich unter der Sonne anstrenge
und den ich dem Menschen überlassen muss,
der nach mir kommt. 19 Wer weiß, ob er ein
Wissender ist oder ein Unwissender? Jeden-
falls wird er über meinen ganzen Besitz verfü-
gen, für den ich mich unter der Sonne ange-
strengt und mein Wissen eingesetzt habe.
Auch das ist Windhauch.
20 Ich stellte mich um und überließ mich der
Verzweiflung über meinen ganzen Besitz, für
den ich mich unter der Sonne angestrengt hat-
te. 21 Denn es kommt vor, dass ein Mensch,
dessen Besitz durch Wissen, Können und Er-
folg erworben wurde, ihn einem andern, der
sich nicht dafür angestrengt hat, als dessen
Anteil überlassen muss. Auch das ist Wind-
hauch und etwas Schlimmes, das häufig vor-
kommt. 22 Was erhält der Mensch dann durch
seinen ganzen Besitz und durch das Gespinst
seines Geistes, für die er sich unter der Sonne
anstrengt? 23 Alle Tage besteht sein Geschäft
nur aus Sorge und Ärger und selbst in der
Nacht kommt sein Geist nicht zur Ruhe. Auch
das ist Windhauch.

12: 1,17; 7,25; 1 Kön 12,1–19 / **13–17:** Weish 7,1–6 / **13:** 6,8 / **14:** 8,1; 10,2; 3,19 / **15:** 7,16 / **16:** 1,11; 9,5; Weish 2,4; Ps 49,11 / **17:** 5,12; 6,1f. / **18:** Ps 49,17f.; Ijob 31,8 / **19:** Sir 47,23 / **21:** 6,2; Sir 11,18f. / **22:** 1,3 / **23:** Ijob 7,1–4; Sir 40,5; Jes 28,12; Mt 11,28–30

GOTTES HANDELN IN SEINER VOLLKOMMENHEIT UND UNDURCHSCHAUBARKEIT: 2,24–3,15

24 Nicht im Menschen selbst gründet das
Glück, dass er essen und trinken und durch
seinen Besitz das Glück selbst kennenlernen
kann. Ich habe vielmehr beobachtet, dass dies
von Gottes Verfügung abhängt. 25 Denn wer
hat zu essen, wer weiß zu genießen, wenn
nicht ich? 26 Ja, es gibt Menschen, denen Gott
wohl will. Es sind die, denen er Wissen, Kön-
nen und Freude geschenkt hat. Und es gibt
Menschen, deren Leben verfehlt ist. Es sind
diejenigen, die er mit dem Geschäft beauftragt
hat, zu sammeln und zu horten und dann alles
denen zu geben, denen er wohl will. Auch das
ist Windhauch und Luftgespinst.

24: 2,10; Weish 1,16–2,24 / **25:** 9,1 / **26:** 7,26; Ijob 27,16f.

3 1 Alles hat seine Stunde. Für jedes Ge-
schehen unter dem Himmel gibt es eine
bestimmte Zeit:
2 eine Zeit zum Gebären / und eine Zeit zum
Sterben, / eine Zeit zum Pflanzen / und eine
Zeit zum Ausreißen der Pflanzen,
3 eine Zeit zum Töten / und eine Zeit zum
Heilen, / eine Zeit zum Niederreißen / und
eine Zeit zum Bauen,
4 eine Zeit zum Weinen / und eine Zeit zum
Lachen, / eine Zeit für die Klage / und eine
Zeit für den Tanz;
5 eine Zeit zum Steinewerfen / und eine Zeit
zum Steinesammeln, / eine Zeit zum Umar-
men / und eine Zeit, die Umarmung zu lösen,
6 eine Zeit zum Suchen / und eine Zeit zum
Verlieren, / eine Zeit zum Behalten / und eine
Zeit zum Wegwerfen,
7 eine Zeit zum Zerreißen / und eine Zeit
zum Zusammennähen, / eine Zeit zum
Schweigen / und eine Zeit zum Reden,
8 eine Zeit zum Lieben / und eine Zeit zum
Hassen, / eine Zeit für den Krieg / und eine
Zeit für den Frieden.
9 Wenn jemand etwas tut – welchen Vorteil
hat er davon, dass er sich anstrengt? 10 Ich sah
mir das Geschäft an, für das jeder Mensch
durch Gottes Auftrag sich abmüht. 11 Das alles
hat er schön gemacht zu seiner Zeit. Überdies
hat er die Ewigkeit in ihr Herz hineingelegt,
doch ohne dass der Mensch das Tun, das Gott
getan hat, von seinem Anfang bis zu seinem
Ende wiederfinden könnte. 12 Ich hatte er-
kannt: Es gibt kein in allem Tun gründendes
Glück, es sei denn, ein jeder freut sich und so
verschafft er sich Glück, während er noch lebt,
13 wobei zugleich immer, wenn ein Mensch isst
und trinkt und durch seinen ganzen Besitz das
Glück kennenlernt, das ein Geschenk Gottes

3,11 Andere Übersetzungsmöglichkeit: Überdies hat er den Menschen eine Vorstellung von der Ewigkeit eingegeben …

ist. 14 Jetzt erkannte ich: Alles, was Gott tut,
geschieht in Ewigkeit. Man kann nichts hin-
zufügen und nichts abschneiden und Gott hat
bewirkt, dass die Menschen ihn fürchten.
15 Was auch immer geschehen ist, war schon
vorher da, und was geschehen soll, ist schon
geschehen und Gott wird das Verjagte wieder
suchen.

1: 3,17; 8,5f.; 9,11f.; Ps 31,16 / **2**: 7,17; Ijob 5,26; Jes 28,23–29 / **3**: Jer 1,10; Ez 36,36; Am 9,14 / **4**: 12,5; Gen 23,2; Sir 22,11; Est 4,1–4 / **6**: Hld 3,1f.; 5,6; 6,1; Koh 7,28 / **7**: Spr 15,23; Gen 37,29.34 / **8**: 9,1; 2 Sam 13,15 / **9**: 1,3 / **10**: 1,13 / **11**: Ps 139,13–18; Jes 45,7f.; Sir 39,16–34 / **12**: 2,10 / **13**: 2,24f. / **14**: Spr 30,6; Sir 18,6 / **15**: 1,9; Sir 5,3

DIE ÜBEL DER WELT: 3,16–4,16

UNRECHT BEI GERICHT: 3,16–22

16 Noch etwas habe ich beobachtet unter der
Sonne: An der Stätte, wo man Urteil spricht,
geschieht Unrecht; an der Stätte, wo man ge-
rechtes Urteil sprechen sollte, geschieht Un-
recht. 17 Da dachte ich mir: Gott ist es, der den
Unschuldigen wie den Schuldigen verurteilt.
Denn eine bestimmte Zeit für jedes Gesche-
hen und für jedes Tun gibt es dort. 18 Was die
einzelnen Menschen angeht, dachte ich mir,
dass Gott sie herausgegriffen hat und dass sie
selbst erkennen müssen, dass sie eigentlich
Tiere sind. 19 Denn jeder Mensch unterliegt
dem Geschick und auch die Tiere unterliegen
dem Geschick. Sie haben ein und dasselbe Ge-
schick. Wie diese sterben, so sterben jene.
Beide haben ein und denselben Atem. Einen
Vorteil des Menschen gegenüber dem Tier gibt
es da nicht. Denn beide sind Windhauch.
20 Beide gehen an ein und denselben Ort. Bei-
de sind aus Staub entstanden, beide kehren
zum Staub zurück. 21 Wer weiß, ob der Atem
der einzelnen Menschen wirklich nach oben
steigt, während der Atem der Tiere ins Erd-
reich hinabsinkt? 22 So habe ich eingesehen: Es
gibt kein Glück, es sei denn, der Mensch kann
durch sein Tun Freude gewinnen. Das ist sein
Anteil. Denn wer könnte ihn dahin bringen zu
sehen, was nach ihm sein wird?

16–22: 8,12–15 / **16**: 5,7; Jes 5,7; Am 5,7–15 / **17**: 3,1; 11,3; 1 Kön 3,16–21; 8,31f. / **19**: 2,14; Ps 49,13.21 / **20**: 6,6; 12,7; Gen 2,7; 3,19 / **21**: Gen 7,15 / **22**: 2,10; 6,12

AUSBEUTUNG UND KONKURRENZKAMPF: 4,1–6

4 1 Dann wieder habe ich alles beobachtet,
was unter der Sonne getan wird, um
Menschen auszubeuten. Sieh, die Ausgebeu-
teten weinen und niemand tröstet sie; von der
Hand ihrer Ausbeuter geht Gewalt aus und
niemand tröstet sie. 2 Da preise ich immer wie-
der die Toten, die schon gestorben sind, und
nicht die Lebenden, die noch leben müssen.
3 Glücklicher aber als beide preise ich den, der
noch nicht geworden ist, der noch nicht das
schlimme Tun gesehen hat, das unter der Son-
ne getan wurde. 4 Denn ich beobachtete: Jede
Arbeit und jedes erfolgreiche Tun bedeutet
Konkurrenzkampf zwischen den Menschen.
Auch das ist Windhauch und Luftgespinst.
5 Der Ungebildete legt seine Hände in den
Schoß / und verzehrt sein eigenes Fleisch.
6 Besser eine Handvoll und Ruhe / als beide
Hände voll und Arbeit und Luftgespinst.

1: 5,7; Dtn 28,29.33; Am 3,9 / **2**: 7,2; Ijob 3,20–23 / **3**: 6,3–5; Jer 20,18 / **5**: Spr 6,10; 24,33 / **6**: 6,5; Spr 15,16

DER ALLEINSTEHENDE MENSCH: 4,7–12

7 Und wieder habe ich etwas unter der Sonne
beobachtet, das Windhauch ist. 8 Es kommt
vor, dass jemand allein steht und niemanden
bei sich hat. Ja, er besitzt nicht einmal einen
Sohn oder Bruder. Aber sein Besitz ist ohne
Grenzen und überdies kann sein Auge vom
Reichtum nicht genug bekommen. Doch für
wen strenge ich mich dann an und warum
gönne ich mir kein Glück? Auch das ist Wind-
hauch und ein schlechtes Geschäft. 9 Zwei sind
besser als einer allein, falls sie nur reichen Er-
trag aus ihrem Besitz ziehen. 10 Denn wenn sie
hinfallen, richtet einer den anderen auf. Doch
wehe dem, der allein ist, wenn er hinfällt, ohne
dass einer bei ihm ist, der ihn aufrichtet.
11 Außerdem:
Wenn zwei zusammen schlafen, wärmt
einer den andern; / einer allein – wie soll er
warm werden?

12 Und wenn jemand einen Einzelnen auch
überwältigt, / zwei sind ihm gewachsen und
eine dreifache Schnur reißt nicht so schnell.

8: 1,8; 5,9; Spr 27,20 / **10**: Tob 11,10f.; Dan 11,19 / **11**: 1 Kön 1,1–4; Lk 17,34 / **12**: Ijob 14,20; 15,24; Lk 10,30

WANKELMÜTIGE VOLKSGUNST: 4,13–16

13 Besser ein junger Mann, der niedriger Her-
kunft, aber gebildet ist, als ein König, der alt,
aber ungebildet ist – weil er es nicht mehr ver-
stand, auf Ratschläge zu hören. 14 Der junge
Mann wurde aus dem Gefängnis befreit und
wurde König, obwohl er, während der andere
schon regierte, arm zur Welt gekommen war.
15 Ich habe beobachtet, dass alle Lebenden, die
unter der Sonne umherlaufen, sich auf die Sei-
te des nächsten jungen Mannes stellten, der
statt seiner hochkommt. 16 Die Volksmenge
nimmt kein Ende, gleichgültig, wer an ihre Spit-
ze getreten ist. Im Übrigen werden die Späteren
auch mit ihm nicht zufrieden sein. Denn auch
das ist Windhauch und Luftgespinst.

13: Spr 17,2; Ijob 32,9 / **14**: Gen 39–40; 41,39.45 / **15**: 1 Kön 1,45–49 / **16**: 1,9–11

RATSCHLAG FÜR DAS RELIGIÖSE VERHALTEN: 4,17–5,6

HÖREN, OPFERN UND SPRECHEN IM GOTTESDIENST: 4,17–5,2

17 Zügle deinen Schritt, wenn du zum Gottes-
haus gehst!

Tritt ein, um zuzuhören, / und nicht, wie
die Ungebildeten, um Opfer abzugeben!

Sie verstehen nicht einmal, Böses zu tun.

5 1 Sei nicht zu schnell mit dem Mund, ja
selbst innerlich fiebere nicht, vor Gott
das Wort zu ergreifen! Gott ist im Himmel, du
bist auf der Erde, also mach wenig Worte!

2 Im Traum schließt man viele Geschäfte ab,
der Ungebildete macht viele Worte.

4,17 – 5,2: Jak 1,19 / **17**: 1 Sam 15,22; Spr 15,7f.
5,2: 10,14; Spr 10,19

GELÜBDE: 5,3–6

3 Wenn du Gott ein Gelübde machst, / dann
zögere nicht, es zu erfüllen!

Die Ungebildeten gefallen Gott nicht: / Was
du gelobst, erfülle!

4 Es ist besser, wenn du nichts gelobst, / als
wenn du etwas gelobst und nicht erfüllst.

5 Lass nicht zu, dass dein Mund / dein
Fleisch in Sünde stürzt!

Erkläre nie vor dem Boten: / Es war ein Ver-
sehen!

Warum soll Gott zürnen über das, was du
redest, / und vernichten, was deine Hände tun?

6 Vielmehr, wo Träume sich mehren und
Windhauch und viele Worte, / da fürchte du
Gott!

3: Num 30,3; Dtn 23,22 / **5**: Lev 4f.; Num 15,22–31

ÜBER ARMUT UND REICHTUM: 5,7–6,10

BEAMTENHERRSCHAFT: 5,7–8

7 Wenn du beobachtest, dass in der Provinz
die Armen ausgebeutet und Gericht und Ge-
rechtigkeit nicht gewährt werden, dann
wundere dich nicht über solche Vorgänge:

Ein Mächtiger deckt den andern, / hinter
beiden stehen noch Mächtigere 8 und es ist auf
jeden Fall ein Vorteil für das Land, wenn das
bebaute Feld einem König untersteht.

7: 3,16; 4,1; Ex 23,6–9; Am 5,24

NUTZLOSIGKEIT DES REICHTUMS: 5,9–11

9 Wer das Geld liebt, / bekommt vom Geld nie
genug;

wer den Luxus liebt, / hat nie genug Einnah-
men – auch das ist Windhauch.

5,8 Andere Übersetzungsmöglichkeit: wenn ein König sich um das Ackerland kümmert.

10 Mehrt sich das Vermögen, / so mehren
sich auch die, die es verzehren.

Was für ein Erfolg bleibt dem Besitzer? /
Seine Augen dürfen zusehen.

11 Süß ist der Schlaf des Arbeiters, / ob er
wenig oder viel zu essen hat.

Dem Reichen raubt sein voller Bauch / die
Ruhe des Schlafs.

9: 1,8; 4,8; Mt 6,19–34 / **10:** Spr 14,20; 19,4.6; Sir 22,23 / **11:** Sir 31,19f.; 31,1

VERLUST DES REICHTUMS: 5,12–16

12 Es gibt etwas Schlimmes, etwas wie eine
Krankheit, das ich unter der Sonne beobachtet
habe: wenn Reichtum, der für seinen Besitzer
ängstlich gehütet wurde, diesem Schlimmes
brachte. 13 Durch ein schlechtes Geschäft ging
ihm dieser Reichtum verloren. Er hatte einen
Sohn gezeugt, aber jetzt hat er nichts mehr, das
ihm gehört. 14 Wie er aus dem Leib seiner Mut-
ter herausgekommen ist – nackt, wie er kam,
muss er wieder gehen. Von seinem Besitz darf
er überhaupt nichts forttragen, nichts, das er
als ihm gehörig mitnehmen könnte. 15 So ist
auch dies etwas Schlimmes, etwas wie eine
Krankheit. Genau wie er kam, muss er gehen.
Welchen Vorteil bringt es ihm, dass er sich
anstrengt für den Wind? 16 Auch wird er wäh-
rend seines ganzen restlichen Lebens sein Es-
sen im Dunkeln einnehmen; er wird sich häu-
fig ärgern und Krankheit und Unmut werden
ihn plagen.

12: 2,17 / **13:** 11,2; Spr 23,4f.; 27,24 / **14:** Ijob 1,21; Ps 29,17f. / **16:** 2,23

UNVERWERTETER REICHTUM: 5,17–6,2

17 Dies ist etwas, was ich eingesehen habe:
Das vollkommene Glück besteht darin, dass
jemand isst und trinkt und das Glück ken-
nenlernt durch seinen eigenen Besitz, für den
er sich unter der Sonne anstrengt während
der wenigen Tage seines Lebens, die Gott
ihm geschenkt hat. Denn das ist sein Anteil.
18 Außerdem: Immer wenn Gott einem Men-
schen Reichtum und Wohlstand geschenkt
und ihn ermächtigt hat, davon zu essen und
seinen Anteil fortzutragen und durch seinen
Besitz Freude zu gewinnen, besteht das ei-
gentliche Geschenk Gottes darin, 19 dass die-
ser Mensch sich nicht so oft daran erinnern
muss, wie wenige Tage sein Leben zählt, weil
Gott ihm Antwort gibt in der Freude seines
Herzens.

6 1 Doch es gibt etwas Schlimmes, das ich
unter der Sonne beobachtet habe; es las-
tet häufig auf dem Menschen: 2 Gott schenkt
einem Menschen so viel Reichtum, Wohl-
stand und Geltung, dass ihm nichts fehlt von
allem, was er sich wünschen könnte; aber Gott
ermächtigt ihn nicht, davon zu essen, sondern
ein Fremder isst es auf. Das ist Windhauch und
eine schlimme Krankheit.

5,17: 2,10.24 / **18:** 3,13
6,1–9: 2,18–23; **1:** 2,17; 8,6 / **2:** Lk 12,20; Sir 30,19f.

LANGES LEBEN UND REICHTUM OHNE FREUDE: 6,3–5

3 Wenn ein Mann hundert Söhne zeugt und
viele Jahre lebt, sodass seine Lebenszeit wirk-
lich lang ist, wenn er sich selbst aber seines
Vermögens doch nicht bedienen kann, um
sich satt zu essen, auch wenn niemals ein Grab
auf ihn warten würde – ich sage: Eine Fehlge-
burt hat es besser als er. 4 Denn:

Als Windhauch kam sie, ins Dunkel geht
sie, / in Dunkel bleibt ihr Name gehüllt.

5 Sie hat auch die Sonne nicht gesehen und
nicht gekannt. So hat sie Ruhe, er nicht.

3–5: Gen 5,24; 2 Kön 2 / **3:** 4,3; Ijob 3,10–16; Jer 20,17 / **5:** 4,6

LANGES LEBEN IN ARMUT UND OHNE FREUDE: 6,6–10

6 Und wenn er zweimal tausend Jahre lebte,
aber das Glück nicht kennenlernte: Gehen
nicht beide zu ein und demselben Ort? 7 Alles
Arbeiten des Menschen ist für den Schlund des
Totenreichs und dessen Rachen wird niemals
voll. 8 Denn was hat der Gebildete dem Unge-
bildeten voraus, was nutzt es dem Armen,
auch wenn er etwas kann, noch unter den Le-
benden zu weilen?

9 Besser, etwas vor Augen zu haben / als ein
hungriger Rachen.

Aber auch das ist Windhauch und Luftge-
spinst. 10 Was auch immer jemand war, er hat
vorher schon seinen Namen bekommen; es
war erkannt, dass er nur ein Mensch sein wird,
und er kann nicht mit dem streiten, der mäch-
tiger als er ist.

8: Ps 116,8f. / **10:** 1,9; 3,14f.; Gen 1; Am 3,2

5,19 Andere Übersetzungsmöglichkeit: … weil Gott ihn mit der Freude seines Herzens beschäftigt hält.

ALTE SPRUCHWEISHEITEN – KRITISCH ÜBERPRÜFT: 6,11–9,6

EINLEITUNG: 6,11–12

11 Es gibt viele Worte, die nur den Windhauch
vermehren. Was nützt das dem Menschen?
12 Denn: Wer kann erkennen, was für den
Menschen besser ist in seinem Leben, während der wenigen Tage seines Lebens voll Windhauch, die er wie ein Schatten verbringt? Und wer kann dem Menschen verkünden, was nach ihm unter der Sonne geschehen wird?

12: 3,22; 1 Chr 29,15; Ps 39,7; Ijob 14,1

ZUM THEMA: NACHRUHM: 7,1–4

7 1 Besser ein guter Name als Parfüm – und der Tag eines Todes als der Tag einer Geburt;
2 besser der Gang in ein Haus, wo man trauert, / als der Gang in ein Haus, wo man trinkt,
weil dies das Ende eines jeden Menschen ist. / Wer lebt, möge sich das zu Herzen nehmen!
3 Besser sich ärgern als lachen; / denn bei einem vergrämten Gesicht wird das Herz heiter.
4 Das Herz der Gebildeten ist im Haus, wo man trauert, / das Herz der Ungebildeten im Haus, wo man sich freut.

1: Spr 22,1; Ijob 18,17 / **2**: 11,9–12,7; Sir 7,36; Jer 16,5 / **3**: 2,2; 1 Kor 3,10f.

ZUM THEMA: BILDUNG: 7,5–7

5 Besser, die Mahnrede eines Gebildeten anhören, / als dem Gesang der Ungebildeten lauschen;
6 denn wie das Prasseln der Dornen unter dem Kessel, / so ist das Lachen des Ungebildeten. – Aber auch das ist Windhauch, denn:
7 Erpressung verblendet den Gebildeten / und Bestechung verdirbt den Verstand.

5: Spr 13,1; 15,32 / **7**: Ex 23,8; Dtn 16,19; Spr 12,1; 15,27

ZUM THEMA: ZURÜCKHALTUNG UND HÄNGEN AM HERGEBRACHTEN: 7,8–10

8 Besser der Ausgang einer Sache als ihr Anfang, / besser Langmut als Hochmut.
9 Hab keinen Missmut, sodass du dich ärgerst, / denn Ärger steckt in den Ungebildeten. –
10 Doch frag nicht: Wie kommt es, dass die früheren Zeiten besser waren als unsere? Denn deine Frage zeugt nicht von Wissen.

8: Spr 24,20; Ijob 8,7/ **9**: Spr 12,16; 22,24; Ijob 5,2

ZUM THEMA: WISSEN ALS MITTEL ZU LANGEM LEBEN: 7,11–18

11 Wissen ist so viel wert wie Erbbesitz, / es ist von Vorteil für die, welche die Sonne sehen;
12 denn wer sich im Schatten des Wissens birgt, der ist auch im Schatten des Geldes; / und der Vorteil des Könnens: Das Wissen erhält seinen Besitzer am Leben. –
13 Sieh das Tun Gottes! Denn:
Wer kann geradebiegen, was er gekrümmt hat?
14 Am Glückstag erfreue dich deines Glücks
und am Unglückstag sieh ein: Auch diesen hat
Gott geschaffen, genau wie jenen, sodass der
Mensch von dem, was nach ihm kommt, gar
nichts herausfinden kann. 15 In meinen Tagen
voll Windhauch habe ich beides beobachtet:
Es kommt vor, dass ein gesetzestreuer Mensch
trotz seiner Gesetzestreue elend endet, und es
kommt vor, dass einer, der sich nicht um das
Gesetz kümmert, trotz seines bösen Tuns ein
langes Leben hat. 16 Halte dich nicht zu streng
an das Gesetz und sei nicht maßlos im Erwerb
von Wissen! Warum solltest du dich selbst
ruinieren? 17 Entfern dich nicht zu weit vom
Gesetz und verharre nicht im Unwissen: Warum solltest du vor der Zeit sterben? 18 Es ist
am besten, wenn du an dem einen festhältst,
aber auch das andere nicht loslässt. Wer Gott
fürchtet, wird sich in jedem Fall richtig verhalten.

11: Spr 3,14; 16,16 / **12**: Spr 3,1f.13–18 / **13**: 1,15; Jes 40,4; 42,16 / **14**: 3,11; Ijob 2,10 / **15**: 8,14; 9,1f.; Ps 73,12–14; Ijob 21,7 / **16**: 2,15; Lk 18,9–14 / **17**: 3,2; Ps 1; 119; Jes 3,10f. / **18**: Spr 10,27

ZUM THEMA: WISSEN ALS SCHUTZ: 7,19–22

19 Das Wissen ist für den Gebildeten ein stärkerer Schutz / als zehn Machthaber zusammen, / die in der Stadt geherrscht haben. –
20 Doch gibt es auf der Erde keinen einzigen
Menschen, der so gesetzestreu wäre, dass er
stets richtig handelt, ohne je einen Fehler zu
begehen. 21 Hör auch nicht auf all die Worte,
die man so sagt! Denn niemals wirst du einen
Untergebenen über dich schimpfen hören

7,1 In H ein Wortspiel zwischen Name (schem) und Parfüm (schemen tob).

7,6 In H ein Wortspiel: Gesang (schir) – Dornen (sirim) – Kessel (sir) – Ungebildeter (kesil).

22 und doch bist du dir bewusst, dass auch du
sehr oft über andere geschimpft hast.

19: 9,16; Spr 21,22; 24,5 / **20**: 1 Kön 8,46; Ps 14,3; Ijob 15,14–16; 4,17–19; Ps 51,7 / **22**: Mt 7,3

ZUM THEMA: ÜBERLIEFERTES WISSEN UND WISSEN AUS BEOBACHTUNG: 7,23–29

23 Auf allen Wegen habe ich es mit dem Wissen
versucht. Ich habe gesagt: Ich will lernen und
dadurch gebildet werden. Aber das Wissen
blieb für mich in der Ferne.

24 Fern ist alles, was geschehen ist, / und
tief, tief versunken – wer könnte es wiederfinden?

25 So habe ich, genauer: mein Verstand, mich
umgestellt. Ich wollte forschend und suchend
erkennen, was dasjenige Wissen wirklich ist,
das Einzelbeobachtungen zusammenrechnet.
Ferner wollte ich erkennen, ob Gesetzesübertretung mit mangelnder Bildung und Unwissen mit Verblendung zusammenhängt.
26 Immer wieder finde ich die Ansicht, stärker als
der Tod sei die Frau. Denn:

Sie ist ein Ring von Belagerungstürmen / und ihr Herz ist ein Fangnetz, / Fesseln sind ihre Arme.

Wem Gott wohlwill, der kann sich vor ihr retten, / wessen Leben verfehlt ist, wird von ihr eingefangen.

27 Aber sieh dir an, was ich, Beobachtung um
Beobachtung, herausgefunden habe, sagte Kohelet, bis ich schließlich das Rechenergebnis
fand.
28 Was ich immer wieder suchte, aber
nicht bestätigt gefunden habe:

Unter Tausenden habe ich nur einen einzigen Menschen gefunden, / eine Frau habe ich unter ihnen allen nicht gefunden.

29 Sieh nur, was ich gefunden habe:

Gott hat die Menschen recht gemacht, / sie aber haben sich in allen möglichen Berechnungen versucht.

23: Ijob 28; Bar 3,15 / **24**: 1,11; 3,11 / **25**: 1,17 / **26**: Ri 16,4–21; Spr 2,16–19; 5,2–6 / **27**: 1,2; 12,8 / **28**: Hld 3,1f.; 5,6; Sir 6,6 / **29**: Gen 1,26–28.31

ZUM THEMA: GEBILDETE UND KÖNIG: 8,1–4

8
1 Wer ist hier gebildet? Wer versteht es,
ein Wort zu deuten?

Das Wissen eines Menschen macht seine Miene strahlend / und seine strengen Züge lösen sich. –

2 Ich dagegen sage: Achte auf die Befehle des
Königs, und zwar im Hinblick auf den vor Gott
geleisteten Eid!
3 Entferne dich nicht hastig aus
seiner Gegenwart und versteife dich nicht auf
eine Sache, wenn sie schlimm auszugehen
droht! Denn alles, wozu er sich entscheidet,
setzt er auch durch.
4 Hinter dem Wort des
Königs steht nun einmal die Macht. Wer also
kann ihm sagen: Was tust du?

1: 2,14; Spr 16,13f. / **2**: Ex 22,10; 2 Sam 21,7; 1 Kön 2,43 / **3**: 10,4; Spr 20,2 / **4**: Ijob 9,12

ZUM THEMA: SCHICKSAL DES GEBILDETEN GESETZESTREUEN UND DES UNGEBILDETEN GESETZESÜBERTRETERS: 8,5–12

5 Wer auf das Gebot achtet, den trifft nichts
Schlimmes, / der Verstand des Gebildeten
weiß die rechte Zeit. –
6 Allerdings:

Es gibt die rechte Zeit für jedes Geschehen und:

Schlimmes Geschick lastet häufig auf dem Menschen und:

7 Er weiß nicht, was geschehen wird. / Wie
es geschehen wird – wer verkündet es ihm?

8 Es gibt keinen Menschen, der Macht hat
über den Wind, / sodass er den Wind einschließen könnte.

Es gibt keine Macht über den Sterbetag. / Es gibt im Krieg keinen Urlaub. / Selbst ein Gesetzesbruch kann die Gesetzesbrecher nicht retten.

9 All dies habe ich beobachtet und ich achtete auf alles, was unter der Sonne getan wurde:
Es gibt eine Zeit, da der Mensch Macht hat über
einen Menschen, diesem zu schaden.
10 Sodann habe ich beobachtet, wie Menschen, die
das Gesetz übertreten hatten, ein Begräbnis
erhielten, während andere, die recht getan hatten, entfernt von der heiligen Stätte umherirren und in der Stadt der Vergessenheit anheimfallen. Auch das ist Windhauch.

11 Wo keine Strafe verhängt wurde, / ist die
Bosheit schnell am Werk. Deshalb wächst im
Herzen der Menschen die Lust, Böses zu tun.
12 Denn:

Ein Sünder kann hundertmal Böses tun / und dennoch lange leben.

5f.: 3,1 / **5**: Spr 19,16; 28,5 / **6**: 3,1; 6,1 / **7**: 6,12; Jes 41,22f. / **8**: Spr 30,4; Koh 9,12 / **9**: 1,13 / **10**: Ijob 21,27–34; Jes 14,1–21 / **12f.**: Ps 37,17–20; Spr 10,27

WEITERFÜHRUNG: 8,13–15

13 Freilich kenne ich das Wort:

Denen, die Gott fürchten, wird es gut gehen, / weil sie sich vor ihm fürchten;

dem, der das Gesetz übertritt, wird es nicht
gut gehen / und er wird kein langes Leben ha-
ben, gleich dem Schatten, / weil er sich nicht
vor Gott fürchtet. –
14 Doch es gibt etwas, das auf der Erde getan
wurde und Windhauch ist:
Es gibt gesetzestreue Menschen, denen es so
ergeht, / als hätten sie wie Gesetzesbrecher
gehandelt;
und es gibt Gesetzesbrecher, / denen es so
ergeht, / als hätten sie wie Gesetzestreue ge-
handelt.
Ich schloss daraus, dass auch dies Wind-
hauch ist. 15 Da pries ich die Freude; denn es
gibt für den Menschen kein Glück unter der
Sonne, es sei denn, er isst und trinkt und freut
sich. Das soll ihn begleiten bei seiner Arbeit
während der Lebenstage, die Gott ihm unter
der Sonne geschenkt hat.

13: 6,12 / **14:** 7,15; Ps 73,2–12; Jer 12,1 / **15:** 2,10

ZUM THEMA: GRENZEN DER ERKENNTNIS: 8,16–9,6

16 Als ich mir vorgenommen hatte zu erken-
nen, was Wissen wirklich ist, und zu beob-
achten, welches Geschäft eigentlich auf der
Erde getätigt wurde, da sah ich ein, dass der
Mensch, selbst wenn er seinen Augen bei Tag
und Nacht keinen Schlaf gönnt, das Tun Got-
tes in seiner Ganzheit nicht wiederfinden
kann, das Tun, das unter der Sonne getan
wurde. Deshalb strengt der Mensch, danach
suchend, sich an und findet es doch nicht
wieder. Selbst wenn der Gebildete behaup-
tet, er erkenne – er kann es doch nicht wie-
derfinden.
9 1 Denn ich habe über dies alles nachge-
dacht und dies alles überprüft, wobei
sich ergab: Die Gesetzestreuen und Gebilde-
ten mit ihrem Tun stehen unter Gottes Ver-
fügung. Der Mensch erkennt nicht, ob er ge-
liebt ist oder ob er verschmäht ist. So liegt
auch bei ihnen beides offen vor ihnen. 2 Beides
– wie bei allen Menschen. Aber ein und das-
selbe Geschick trifft den Gesetzestreuen und
den Gesetzesbrecher, den Guten, den Reinen
und den Unreinen, den Opfernden und den,
der nicht opfert. Dem Guten ergeht es wie
dem Sünder, dem Schwörenden ebenso wie
dem, der den Schwur scheut. 3 Das ist das
Schlimme an allem, was unter der Sonne ge-
tan wurde, dass alle dann ein und dasselbe
Geschick trifft und dass in den Menschen
überdies die Lust zum Bösen wächst und Ver-
blendung ihren Geist erfasst, während sie
leben und danach, wenn sie zu den Toten
müssen – 4 ja, wer würde da ausgenommen?
Für jeden Lebenden gibt es noch Zuversicht.
Denn:
Ein lebender Hund ist besser als ein toter
Löwe.
5 Ja, die Lebenden erkennen, dass sie sterben
werden; die Toten aber erkennen nichts mehr.
Sie erhalten auch keinen Lohn mehr, denn die
Erinnerung an sie ist in Vergessenheit versun-
ken. 6 Liebe, Hass und Eifersucht gegen sie, all
dies ist längst erloschen. Auf ewig haben sie
keinen Anteil mehr an allem, was unter der
Sonne getan wurde.

8,16f.: Sir 18,5; Hld 3,1; Ps 1,2
9,1: 7,15; 2,24; 3,8; Weish 3,1–3; Ps 32,4; Ijob 12,9 / **2:** 2,14; 3,19; 7,15; Ez 18,5–9 / **3:** 8,11; Gen 2,16f.; 3,22 / **4:** Ps 130,4f. / **5:** 1,11 / **6:** 2,10; Ijob 14,10–21

9,3f. und danach … Zuversicht, andere Lesart: und danach müssen sie zu den Toten. Wer unter die Lebenden eingereiht ist, für den gibt es noch Zuversicht.

RATSCHLÄGE KOHELETS: 9,7–12,8

FREUDE UND KRAFTVOLLES HANDELN: 9,7–10

7 Also: Iss freudig dein Brot und trink vergnügt
deinen Wein; denn das, was du tust, hat Gott
längst so festgelegt, wie es ihm gefiel. 8 Trag
jederzeit frische Kleider und nie fehle duften-
des Öl auf deinem Haupt! 9 Mit einer Frau, die
du liebst, genieß das Leben alle Tage deines
Lebens voll Windhauch, die er dir unter der
Sonne geschenkt hat, alle deine Tage voll
Windhauch! Denn das ist dein Anteil am Le-
ben und an dem Besitz, für den du dich unter
der Sonne anstrengst. 10 Alles, was deine Hand,
solange du Kraft hast, zu tun vorfindet, das tu!
Denn es gibt weder Tun noch Rechnen noch
Können noch Wissen in der Unterwelt, zu der
du unterwegs bist.

7: 2,10; Spr 15,13; 17,22; Ps 104,14f. / **8:** Est 8,15 / **9:** Spr 5,18f.; Hld 5,1; 2 Sam 11,11 / **10:** 1 Sam 10,7

ZUFALL UND ZEIT: 9,11–12

11 Wiederum habe ich unter der Sonne beob-
achtet:

Nicht den Schnellen gehört im Wettlauf der
Sieg, / nicht den Tapferen der Sieg im Kampf, /
auch nicht den Gebildeten die Nahrung, auch
nicht den Klugen der Reichtum, / auch nicht
den Könnern der Beifall, / sondern jeden tref-
fen Zufall und Zeit.

12 Außerdem: Der Mensch kennt seine Zeit
nicht.

Wie Fische, die ins Unglücksnetz geraten
sind, / wie Vögel, die ins Klappnetz geraten
sind, / ebenso verfangen sich die einzelnen
Menschen in ihre Unglückszeit, / wenn sie
plötzlich über sie herabfällt.

11–12: 3,1 / **11:** Spr 16,9; Röm 9,6; 1 Sam 17,33; Am 2,14–16

WISSEN UND MACHT: 9,13–18

13 Auch Folgendes habe ich unter der Sonne
beobachtet, ein Beispiel von Wissen, das ich
für bedeutsam hielt: 14 Es war eine kleine Stadt.
Die hatte nur wenige Einwohner. Ein mächti-
ger König zog gegen sie aus. Er schloss sie ein
und baute gegen sie hohe Belagerungstürme.
15 In der Stadt fand sich ein armer, aber gebil-
deter Mann. Er hätte die Stadt durch sein Wis-
sen retten können, doch kein Mensch dachte
an diesen armen Mann. 16 Da sagte ich:

Wissen ist besser als Macht, / aber das Wis-
sen des Armen gilt nichts / und niemand will
seine Worte hören.

17 Bedächtige Worte von Gebildeten hört
man sich lieber an / als das Geschrei des Herr-
schers der Ungebildeten

18 und Wissen ist besser als Waffen – / aber
ein Einziger, der falsch entscheidet, / kann
viele Werte zerstören.

14: Sir 16,4; 2 Sam 20,15 / **16:** 7,19; Spr 14,20 / **17:** Spr 21,22 / **18:** 4,13–16; 1 Kön 12,1–19; Weish 6,24

DUMMHEIT: 10,1–3

10 1 Sterbende Fliegen – da stinkt und gärt
sogar das duftende Öl für die Schön-
heitspflege; / schwerer als Wissen und Gel-
tung wiegt eine kleine Dummheit.

2 Der Verstand des Gebildeten wählt den
rechten Weg, / der Verstand des Ungebildeten
den linken;

3 doch der Dumme – welchen Weg er auch
einschlägt –, / ihm fehlt der Verstand, / obwohl
er von jedem andern gesagt hat: Er ist dumm.

2: 2,14; Spr 15,7 / **3:** Spr 13,16

GELASSENHEIT: 10,4

4 Wenn der Herrscher gegen dich in Zorn ge-
rät, bewahre die Ruhe; / denn Gelassenheit
bewahrt vor großen Fehlern!

4: 8,2–4; Spr 16,14; 25,15

UNGERECHTE BEHANDLUNG BEI HOF: 10,5–7

5 Es gibt etwas Schlimmes, das ich unter der
Sonne beobachtet habe – solch ein Versehen,
wie es vom Machthaber zu kommen pflegt:

6 Die Dummheit wurde auf höchste Posten
gestellt / und Reiche müssen unten sitzen.

7 Ich habe Sklaven hoch zu Pferd gesehen /
und Fürsten, die wie Sklaven zu Fuß gehen
mussten.

6: Spr 30,22 / **7:** Est 6,8–11

LAUERNDE GEFAHREN: 10,8–9

8 Wer eine Grube gräbt, kann hineinfallen, /
wer eine Mauer einreißt, den kann die Schlan-
ge beißen,

9 wer Steine bricht, kann sich dabei verlet-
zen, / wer Holz spaltet, bringt sich dadurch in
Gefahr.

8: Ps 7,16; 9,16; Sir 27,26

ANWENDUNG DES WISSENS: 10,10–11

10 Wenn die Axt stumpf geworden ist / und
ihr Benutzer hat sie nicht vorher geschlif-
fen, / dann braucht er mehr Kraft – / Wissen
hätte ihm den Vorteil gebracht, dass er sein
Werkzeug vorbereitet hätte.

11 Der Schlangenbeschwörer hat keinen Vor-
teil, / wenn die Schlange beißt, bevor er sie
beschworen hat.

11: Sir 12,13; Jer 8,17; Ps 58,5f.

DER UNGEBILDETE: 10,12–15

12 Worte aus dem Mund des Gebildeten finden
Beifall, / aber die Lippen eines Ungebildeten
verschlingen ihn selbst.

13 Wenn er redet, steht Dummheit am An-
fang, / am Ende schlimme Verblendung.
14 Und der Dumme redet endlos. Dabei kann
doch der Mensch nicht erkennen, was gesche-
hen wird. Und was nach ihm geschieht – wer
verkündet es ihm? 15 Die Arbeit erschöpft die

9,15 Andere Übersetzungsmöglichkeit: Der rettete die Stadt durch sein Wissen. Später aber erinnerte sich kein Mensch mehr an diesen armen Mann.

10,4 bewahre …, andere Übersetzungsmöglichkeit: Gib deine Stellung nicht auf!

Ungebildeten: Keiner hat es verstanden, in die Stadt zu ziehen.

12: Spr 10,32; 15,2 / **13**: Spr 18,7; 14,1.3 / **14**: 5,2; 6,12; Spr 21,23; Jak 1,14

KÖNIGSHOF UND SCHICKSAL DES VOLKS: 10,16–17

16 Weh dir, Land, / dessen König ein Knabe ist / und dessen Fürsten schon früh am Morgen tafeln.

17 Wohl dir, Land, / dessen König von edlem Geschlecht ist

und dessen Fürsten zur richtigen Zeit tafeln, / beherrscht und nicht wie Zecher.

16: Jes 3,4; Spr 31,4–7; 1 Kön 3,7

FAULHEIT: 10,18

18 Ist einer träge, so senkt sich das Gebälk, / lässt er die Hände sinken, so dringt der Regen ins Haus.

18: Spr 6,6–11; 20,4; Sir 22,1f.

GELD: 10,19

19 Man schlemmt und will dabei lachen, / der Wein erfreut die Lebenden, / das Geld macht alles möglich.

19: Ps 104,15; Sir 31,12–32,13

VOM REDEN ÜBER MÄCHTIGE: 10,20

20 Nicht einmal in Gedanken / schimpf auf den König, / nicht einmal im Schlafzimmer schimpf auf einen Reichen;

denn die Vögel des Himmels können dein Wort verbreiten, / alles, was Flügel hat, / könnte die Nachricht weitermelden.

20: 2 Kön 6,12

BERECHENBARKEIT UND UNBERECHENBARKEIT DER ZUKUNFT: 11,1–3

11 1 Leg dein Brot auf die Wasserfläche, / denn noch nach vielen Tagen wirst du es wiederfinden –

2 verteil dein Kapital auf sieben oder gar auf acht; / denn du weißt nicht, welches Unglück über das Land kommt.

3 Wenn die Wolken sich mit Regen füllen, / schütten sie ihn auch über das Land aus;

wenn ein Baum nach Süden oder Norden fällt – / wohin der Baum auch fällt, da bleibt er liegen.

1: Tob 4,8f.; 12,9 / **2**: Sir 14,11–16 / **3**: 3,17; Ijob 14,7

10,16 Knabe, andere Übersetzungsmöglichkeit: Sklave.

TATKRÄFTIGES HANDELN: 11,4–8

4 Wer ständig nach dem Wind schaut, kommt nicht zum Säen, / wer ständig die Wolken beobachtet, kommt nicht zum Ernten.

5 Wie du den Weg des Windes ebenso wenig wie das Werden des Kindes im Leib der Schwangeren erkennen kannst, so kannst du auch das
Tun Gottes nicht erkennen, der alles tut. 6 Am
Morgen beginne zu säen, auch gegen Abend lass deine Hand noch nicht ruhen; denn du kannst nicht im Voraus erkennen, was Erfolg haben wird, das eine oder das andere, oder ob sogar beide zugleich zu guten Ergebnissen führen.

7 Dann wird das Licht süß sein / und den Augen wird es wohl tun, die Sonne zu sehen.

8 Denn selbst wenn ein Mensch viele Jahre zu leben hat, / freue er sich in dieser ganzen Zeit / und er denke zugleich an die dunklen Tage: / Auch sie werden viele sein. / Alles, was kommt, ist Windhauch.

4: Sir 26,20 / **5**: 3,11; 8,17; Ps 139,15 / **7**: 2,13–17; 6,5; Ijob 3,4.20

FREUDE IN DER JUGEND IM BLICK AUF ALTER UND TOD: 11,9–12,7

9 Freu dich, junger Mann, in deiner Jugend, / sei heiteren Herzens in deinen frühen Jahren!

Geh auf den Wegen, die dein Herz dir sagt, / zu dem, was deine Augen vor sich sehen! Und sei dir bewusst, dass Gott über all dies mit dir ins Gericht gehen wird!

10 Halte deinen Sinn von Ärger frei / und schütz deinen Leib vor Krankheit; / denn die Jugend und das dunkle Haar sind Windhauch!

12 1 Denk an deinen Schöpfer in deinen frühen Jahren, / ehe die Tage der Krankheit kommen und die Jahre dich erreichen, / von denen du sagen wirst: Ich mag sie nicht!,

2 ehe Sonne und Licht und Mond und Sterne erlöschen / und auch nach dem Regen wieder Wolken aufziehen:

3 am Tag, da die Wächter des Hauses zittern, / die starken Männer sich krümmen, / die Müllerinnen ihre Arbeit einstellen, weil sie zu wenige sind, / es dunkel wird bei den Frauen, die aus den Fenstern blicken,

4 und das Tor zur Straße verschlossen wird; / wenn das Geräusch der Mühle verstummt, /

11,10 Andere Übersetzungsmöglichkeit: denn die Jugend und die Morgenröte sind …

12,4 Die „Töchter des Liedes“ sind als Töne der Melodie zu verstehen oder als poetische Umschreibung für die Vögel, die verstummen.

steht man auf beim Zwitschern der Vögel, /
doch alle Töchter des Liedes ducken sich;
5 selbst vor der Anhöhe fürchtet man sich
und vor den Schrecken am Weg; / der Mandel-
baum blüht, / die Heuschrecke schleppt sich
dahin, / die Frucht der Kaper platzt, / doch ein
Mensch geht zu seinem ewigen Haus / und die
Klagenden ziehen durch die Straßen –
6 ja, ehe die silberne Schnur zerreißt, die
goldene Schale bricht, / der Krug an der Quel-
le zerschmettert wird, / das Rad zerbrochen
in die Grube fällt,
7 der Staub auf die Erde zurückfällt als das,
was er war, / und der Atem zu Gott zurück-
kehrt, / der ihn gegeben hat.

11,10: 2,23; Sir 30,23f.
12,1: Tob 4,8f.; 12,9; Sir 3,30–4,10; 7,10 / **2**: Sir 14,11–16 / **3**: 3,17; Ijob 14,7 / **5**: 3,11; 8,17; Ps 139,15 / **7**: 2,13–17; 6,3–5; Ijob 3,4.20

RAHMENVERS: 12,8

8 Windhauch, Windhauch, sagte Kohelet, das
ist alles Windhauch.

8: 1,2

ZWEI NACHWORTE VON HERAUSGEBERN: 12,9–14

ERSTES NACHWORT: 12,9–11

9 Kohelet war ein Gelehrter. Außerdem hat er
einfachen Leuten Kenntnisse beigebracht. Er
hörte zu und prüfte, er hat viele Sprichwörter
selbst in Form gebracht. 10 Kohelet hat sich be-
müht, gut formulierte Worte zu entdecken,
und hier sind diese wahren Worte sorgfältig
aufgeschrieben.
11 Worte von Gelehrten sind wie Ochsen-
stecken, / Sprüche aus Sammlungen aber sit-
zen wie eingetriebene Nägel – / sie sind die
Gabe eines einzigen Hirten.

9: 1 Kön 5,12; Spr 1,5; Sir 3,29 / **11**: 1 Sam 13,21; Jer 10,4; Jes 41,7; Ps 23,1

ZWEITES NACHWORT: 12,12–14

12 Im Übrigen, mein Sohn, lass dich warnen!
Es nimmt kein Ende mit dem vielen Bücher-
schreiben und viel Studieren ermüdet den
Leib. 13 Hast du alles gehört, so lautet der
Schluss:

Fürchte Gott und achte auf seine Gebote!
Das allein hat jeder Mensch nötig.

14 Denn Gott wird jedes Tun vor das Gericht
bringen, das über alles Verborgene urteilt, es
sei gut oder böse.

13: 3,14; 5,6; 7,18; Dtn 10,12; Spr 1,7; Sir 1,13.26f.

DAS HOHELIED

Die von Martin Luther stammende Bezeichnung „Das Hohe Lied" geht auf die hebräische Überschrift des Buches zurück. Wörtlich übersetzt lautet sie: „Das Lied der Lieder, das von Salomo" (1,1). Der Ausdruck „Lied der Lieder" ist im Sinne von „das schönste, das höchste Lied" zu verstehen. Die Angabe „das von Salomo (stammt)" ist nicht im Sinne einer modernen Autorenangabe gemeint. In der biblischen Überlieferung gibt es einige Anhaltspunkte, das Werk König Salomo fiktiv zuzuschreiben: 1 Kön 3,1; 5,12; 10,1–10; 11,1–3. In Hld 3,9.11 wird der Geliebte als „König Salomo" bezeichnet.

Für die Abfassungszeit des Hoheliedes kommt am ehesten die persisch-hellenistische Zeit (5.–3. Jh. v. Chr.) in Frage. Dafür sprechen unter anderem sprachliche Eigentümlichkeiten, wie ein persisches (4,13) und ein griechisches (3,9) Fremdwort. Die Datierung schließt jedoch nicht aus, dass einzelne Lieder älter sein und bis in die Königszeit zurückreichen können.

Der Übersetzung liegt der Masoretische Text nach der Ausgabe der BHS zugrunde. Der Text ist gut erhalten.

Ob dem Hohelied ein planvoller Aufbau zugrunde liegt, ist umstritten. Es gibt Versuche, das Buch als eine Liebesgeschichte in Analogie zu einem Drama zu verstehen. Mehrheitlich steht man heute jedoch einem dramatischen Verständnis des Buches zurückhaltend gegenüber. Es überwiegen jene Stimmen, die im Hohelied eine Sammlung von Liebesliedern sehen. Die einzelnen Lieder stehen nicht wahllos nebeneinander, sondern sind durch Motive und Stichworte sowie Sprecherwechsel und Wechsel der Redeformen aufeinander bezogen. Dadurch entstehen einige das Einzellied übergreifende Sinngefüge. Oft werden formal oder inhaltlich ähnliche Szenen einander zugeordnet, sodass sich folgender konzentrischer Aufbau ergibt:

A 1,2–2,7:	Gegenseitige Liebe und Sehnsucht
B 2,8–17:	Einladung des Mannes an die Frau zur Liebe in der freien Natur
C 3,1–5:	Traum der Frau und Zusammensein der Liebenden
D 3,6–5,1:	Hochzeit: „Esst, Freunde, trinkt, berauscht euch an der Liebe!" (5,1)
C' 5,2–7,11:	Traum der Frau, Ausdruck gegenseitiger Bewunderung und Zusammensein der Liebenden
B' 7,12–8,4:	Einladung der Frau an den Mann zur Liebe in der freien Natur
A' 8,5–14:	Gegenseitige Liebe und Sehnsucht: „Stark wie der Tod ist die Liebe" (8,6).

Das Hohelied preist die erotisch-sexuelle Liebe zwischen Mann und Frau als eine Quelle der Lust und der Freude (4,15). Dabei scheint die Frau einen aktiveren Part zu spielen als der Mann. Mit ihrem Ausdruck des Begehrens (1,2–4) setzt sie die Handlung in Gang. Ihr gehören das erste (1,2–4) und das letzte Wort (8,14). In ihrem Mund findet sich die Spitzenaussage von der Liebe als einer dem Tod ebenbürtigen, ja, ihn sogar überwindenden Macht (8,6–7) und sie spricht den Satz von 7,11, der wie eine Umkehrung des Fluches aus Gen 3,16 erscheint, wo von der Herrschaft des Mannes über die Frau als Folge der Sünde die Rede ist.

Die mehrfach begegnende Gartenmetaphorik erinnert an den Paradiesgarten in Gen 2 als Bild für die Frau und für den Ort der Begegnung der Liebenden.

Die im Hohelied gepriesene Liebe wird einerseits in eine königlich-salomonische Lebenswelt gerückt mit ihrem Luxus und ihren vielen Frauen (1,4: „Der König führt mich in seine Gemächer"), auf der anderen Seite aber wird diese Form königlich-salomonischer „Liebe" ironisch-kritisch unterlaufen. Dies wird besonders gegen Ende des Hoheliedes deutlich, wo es heißt: „Salomo besaß einen Weinberg in Baal-Hamon. Den Weinberg übergab er Hütern. Für seine Frucht wird jeder tausend Silberstücke bezahlen. Mein eigener Weinberg liegt vor mir. Die tausend lass ich dir, Salomo, und die zweihundert noch denen, die seine Frucht hüten" (8,11–12). Mit dem Weinberg Salomos ist der königliche Harem gemeint, die Hüter des Weinbergs dürften Haremswächter sein (vgl. Est 2,8). „Baal-Hamon" („Herr des Getümmels") ist ein sprechender

Name, der auf die zahlreichen Frauen und Nebenfrauen Salomos anspielt (vgl. 1 Kön 11,3). Dem Weinberg Salomos stellt der Sprecher seinen Weinberg, seine Geliebte, „die ihm gehört“, entgegen. Gerne will er auf die tausend (Frauen) Salomos verzichten.

Bei der Frage nach der theologischen Bedeutung des Hoheliedes wurde immer wieder mit Verwunderung festgestellt: Wie konnte dieses Buch, in dem das Wort „Gott“ – außer einer möglichen Anspielung auf den Gottes-Namen in 8,6 – kein einziges Mal vorkommt, überhaupt in den Kanon der Heiligen Schrift aufgenommen werden? Die jüdisch-christliche Tradition hat das Problem mit der sogenannten allegorischen Interpretation gelöst. Ihr zufolge spricht das Hohelied zwar von der Liebe zwischen Mann und Frau, es meint jedoch damit etwas anderes (griechisch: allegoria, „das Anderssagen“), nämlich: die Liebe zwischen Gott und seinem Volk, die Liebe zwischen Christus und seiner Kirche (ekklesiologische Deutung), die Begegnung und Vereinigung der Seele mit Gott (mystische Deutung) oder gar die Liebe zwischen Christus und Maria (mariologische Deutung). Im Judentum wird das Hohelied als Festrolle beim jüdischen Pessachfest gelesen, jenem Fest, das die Befreiung Israels aus der Knechtschaft Ägyptens als Ausdruck der Liebe Gottes zu seinem Volk feiert. Die Kirche hat das allegorische Verständnis übernommen und weiterentfaltet. Ansätze dazu finden sich bereits im Neuen Testament (vgl. Hld 1,1–4 mit Mt 26,6–13 par Joh 12,1–11; 12,13f.; 20,1–8). In der Braut des Hoheliedes konnte man sowohl die Kirche als auch die Seele des Einzelnen erkennen. Diese sehnt sich nach der liebenden Begegnung mit ihrem Bräutigam, Christus. Wird das Hohelied im Zusammenhang der Heiligen Schrift gelesen, in dem häufig vom Verhältnis Gottes zu seinem Volk in Begriffen und Bildern von Liebe und Ehe gesprochen wird (vgl. Hos 2; Jer 2; Ez 16; 23), dann legt sich ein allegorisch-typologisches Verständnis durchaus nahe. In diesem Sinn wurde das Hohelied der klassische biblische Text christlicher Braut- und Liebesmystik und zu einem der am häufigsten kommentierten Bücher der Heiligen Schrift über die letzte Etappe des Menschen auf dem Weg zu Gott. In der darstellenden Kunst, in der Dichtung und im Liedgut hat das geistige Verständnis des Hoheliedes vielfältige Spuren hinterlassen. So etwa stammt das „Trahe me post te“ („Zieh mich her hinter dir!“) aus dem Weihnachtslied „In dulci jubilo“ aus Hld 1,4.

BUCHTITEL: 1,1

1 1 Das Hohelied Salomos.
1: 8,11.12; 1 Kön 5,12; Ps 72,1; 127,1

GEGENSEITIGE LIEBE UND SEHNSUCHT: 1,2–2,7
2 Mit Küssen seines Mundes küsse er mich. /
Süßer als Wein ist deine Liebe.
3 Köstlich ist der Duft deiner Salben, / dein
Name hingegossenes Salböl; / darum lieben
dich die jungen Frauen.
4 Zieh mich her hinter dir! Lass uns eilen! /
Der König führt mich in seine Gemächer.
Jauchzen lasst uns, deiner uns freuen, / dei-
ne Liebe höher rühmen als Wein. / Dich liebt
man zu Recht.
5 Schwarz bin ich, doch schön, / ihr Töchter
Jerusalems,
wie die Zelte von Kedar, / wie Salomos Decken.
6 Schaut mich nicht so an, / weil ich so
schwarz bin! / Die Sonne hat mich verbrannt.
Meiner Mutter Söhne waren mir böse, / lie-
ßen mich Weinberge hüten; / meinen eigenen
Weinberg habe ich nicht gehütet.
7 Du, den meine Seele liebt, / sag mir: Wo
weidest du die Herde? / Wo lagerst du am
Mittag?
Wozu soll ich wie eine Verhüllte sein / bei
den Herden deiner Gefährten?
8 Wenn du das nicht weißt, / du schönste
der Frauen,
dann folge den Spuren der Schafe, / dann
weide deine Zicklein dort, / wo die Hirten
lagern!
9 Mit einer Stute an Pharaos Wagen / ver-
gleiche ich dich, meine Freundin.
10 Schön sind deine Wangen zwischen den
Kettchen, / dein Hals in den Perlenschnüren.
11 Machen wir dir noch goldene Kettchen, /
kleine Silberkugeln daran!

12 Bis dorthin, wo der König an seiner Tafel
liegt, / gibt meine Narde ihren Duft.
13 Ein Beutel Myrrhe ist mir mein Gelieb-
ter, / der zwischen meinen Brüsten ruht.
14 Eine Hennablüte ist mein Geliebter mir /
aus den Weinbergen von En-Gedi.
15 Siehe, schön bist du, meine Freundin, /
siehe, du bist schön. / Deine Augen sind Tau-
ben.
16 Schön bist du, mein Geliebter, verlo-
ckend. / Frisches Grün ist unser Lager,
17 Zedern sind die Balken unseres Hauses, /
Zypressen die Wände.

2: 8,1 / **3**: 4,10; Ps 45,8.18; 133,2; Koh 7,1; 9,8 / **4**: 1,12; 3,9.11; 7,6; Ps 45,15–18 / **5**: 2,7; 3,5; 5,8.16; 8,4; Jes 3,16ff.; Jer 6,2 / **6**: 1,14; 2 15; 8,11–14; Jes 5,1–7 / **7**: 3,1–5; Dtn 6,5; 30,6 / **8**: 5,9; 6,1 / **9**: Ex 14,9 / **12**: 1,3 / **13**: Mt 3,17; 12,18; Mk 1,11; 9,7; Lk 3,22 / **15**: 2,2.10.13; 4,6; 5,2; 6,4; Gen 29,17

2 1 Ich bin eine Blume des Scharon, / eine
Lilie der Täler.
2 Wie eine Lilie unter Disteln, / so ist meine
Freundin unter den Töchtern.
3 Wie ein Apfelbaum unter den Bäumen des
Waldes, / so ist mein Geliebter unter den Söh-
nen.
In seinem Schatten begehre ich zu sitzen. /
Wie süß schmeckt seine Frucht meinem Gau-
men!
4 In das Weinhaus hat er mich geführt. / Sein
Zeichen über mir heißt Liebe.
5 Stärkt mich mit Traubenkuchen, / erquickt
mich mit Äpfeln; / denn ich bin krank vor Lie-
be.
6 Seine Linke liegt unter meinem Kopf, /
seine Rechte umfängt mich.
7 Bei den Gazellen und Hinden der Flur /
beschwöre ich euch, Jerusalems Töchter:
Stört die Liebe nicht auf, / weckt sie nicht, /
bis es ihr selbst gefällt!

1: Jes 35,2 / **2**: 2 Kön 14,9 / **3**: Ri 9,15; Hos 14,6–8 / **4**: 1,2; 1,4; 7,10; 8,2 / **5**: Hos 3,1; Hld 5,8; 2 Sam 13 / **6**: 8,3; Spr 5,20 / **7**: 1,5

EINLADUNG DES GELIEBTEN AN DIE GELIEBTE: 2,8–17

8 Horch! Mein Geliebter! / Sieh da, er kommt.
Er springt über die Berge, / hüpft über die
Hügel.
9 Der Gazelle gleicht mein Geliebter, / dem
jungen Hirsch.
Sieh da, / er steht hinter unserer Mauer,
er blickt durch die Fenster, / späht durch die
Gitter.
10 Mein Geliebter hebt an und spricht zu
mir: / Steh auf, meine Freundin, / meine
Schöne, so komm doch!
11 Denn vorbei ist der Winter, / verrauscht
der Regen.
12 Die Blumen erscheinen im Land, / die Zeit
zum Singen ist da.
Die Stimme der Turteltaube / ist zu hören
in unserem Land.
13 Am Feigenbaum reifen die ersten Früch-
te, / die blühenden Reben duften.
Steh auf, meine Freundin, / meine Schöne,
so komm doch!
14 Meine Taube in den Felsklüften, / im Ver-
steck der Klippe,
dein Gesicht lass mich sehen, / deine Stim-
me hören!
Denn süß ist deine Stimme, / lieblich dein
Gesicht.
15 Fangt uns die Füchse, / die kleinen Füchse!
Sie verwüsten die Weinberge, / unsre blü-
henden Weinberge.
16 Mein Geliebter ist mein / und ich bin sein;
er weidet in den Lilien.
17 Wenn der Tag verweht / und die Schatten
fliehen,
wende dich, mein Geliebter, / der Gazelle
gleich
oder dem jungen Hirsch / auf den Betarber-
gen.

8: Jes 52,7 / **14**: 8,4; Gen 12,11; 24,16; 26,7 / **15**: Ri 15,4; Klgl 5,18; Hos 2,14 / **16**: 6,3 / **17**: 4,6; 8,14

TRAUM DER FRAU: 3,1–5

3 1 Des Nachts auf meinem Lager suchte ich
ihn, / den meine Seele liebt. / Ich suchte
ihn und fand ihn nicht.
2 Aufstehen will ich, die Stadt durchstrei-
fen, / die Gassen und Plätze, ihn suchen, den
meine Seele liebt.
Ich suchte ihn und fand ihn nicht.
3 Mich fanden die Wächter / bei ihrer Run-
de durch die Stadt.
Habt ihr ihn gesehen, / den meine Seele
liebt?
4 Kaum war ich an ihnen vorüber, / fand ich
ihn, den meine Seele liebt.
Ich packte ihn, ließ ihn nicht mehr los, / bis
ich ihn ins Haus meiner Mutter brachte, / in
die Kammer derer, die mich geboren hat.

2,17 Betar ist vermutlich ein Ortsname, wahrscheinlich das heutige Battir, etwa 11 km südwestlich von Jerusalem gelegen.

5 Bei den Gazellen und Hinden der Flur / beschwöre ich euch, Jerusalems Töchter:
Stört die Liebe nicht auf, / weckt sie nicht, / bis es ihr selbst gefällt!

1: Spr 7,17; 2 Sam 13,5; Ijob 33,15; Jes 57.2.7.8 / **2**: 5,6; Spr 7 / **3**: 5,7; Jes 62,6 / **4**: 8,2 / **5**: 2,7; 5,8; 8,4

BEGEGNUNG DER LIEBENDEN: 3,6–5,1

6 Wer ist sie, / die heraufsteigt aus der Wüste / in Säulen von Rauch,
umwölkt von Myrrhe und Weihrauch, / von allen Wohlgerüchen des Händlers?
7 Sieh da, Salomos Sänfte!
Sechzig Helden geleiten sie / von Israels Helden,
8 alle vertraut mit dem Schwert, / geschult für den Kampf.
Jeder trägt sein Schwert an der Hüfte / gegen die Schrecken der Nacht.
9 Einen Tragsessel ließ sich König Salomo zimmern / aus Holz vom Libanon.
10 Seine Pfosten hat er aus Silber gemacht, / seine Lehne aus Gold, seinen Sitz aus Purpur, / sein Inneres ausgekleidet mit Liebe von den Töchtern Jerusalems.
11 Kommt heraus und schaut, ihr Töchter Zions, / König Salomo mit der Krone!
Damit hat ihn seine Mutter gekrönt / am Tag seiner Hochzeit, / am Tag seiner Herzensfreude.

6: Hos 13,15; Ex 13,21–22 / **7**: 1,1; 1,5; 3,9.11; 6,8; 8,11.12 / **8**: 1 Makk 9,39 / **9**: 1 Kön 6,31 / **10**: Est 1,6; Jer 10,9; Offb 18,12ff.

4 1 Siehe, schön bist du, meine Freundin, / siehe, du bist schön.
Hinter dem Schleier / deine Augen wie Tauben.
Dein Haar gleicht einer Herde von Ziegen, / die herabzieht von Gileads Bergen.
2 Deine Zähne sind wie eine Herde / frisch geschorener Schafe, / die aus der Schwemme steigen,
die alle Zwillinge haben, der Jungen beraubt ist keines von ihnen.
3 Wie ein purpurrotes Band sind deine Lippen / und dein Mund ist reizend.
Dem Riss eines Granatapfels gleicht deine Wange / hinter deinem Schleier.
4 Wie der Turm Davids ist dein Hals, / in Schichten von Steinen erbaut;
tausend Schilde hängen daran, / lauter Waffen von Helden.
5 Deine Brüste sind wie zwei Kitzlein, / die Zwillinge einer Gazelle, / die unter Lilien weiden.
6 Wenn der Tag verweht und die Schatten fliehen, / will ich zum Myrrhenberg gehen, / zum Weihrauchhügel.
7 Alles an dir ist schön, meine Freundin, / kein Makel haftet dir an.
8 Mit mir vom Libanon, Braut, / mit mir kommst du vom Libanon,
vom Gipfel des Amana steigst du herab, / vom Gipfel des Senir und des Hermon,
von den Lagern der Löwen, / von den Bergen der Panther.
9 Verzaubert hast du mich, / meine Schwester Braut;
verzaubert mit einem Blick deiner Augen, / mit einer Perle deiner Halskette.
10 Wie schön ist deine Liebe, / meine Schwester Braut,
wie viel süßer ist deine Liebe als Wein, / der Duft deiner Salben köstlicher als alle Balsamdüfte.
11 Honigseim tropft von deinen Lippen, Braut, / Honig und Milch sind unter deiner Zunge.
Der Duft deiner Kleider ist wie der Duft des Libanon.
12 Ein verschlossener Garten ist meine Schwester Braut, / ein verschlossener Born, / ein versiegelter Quell.
13 An deinen Wasserrinnen – / ein Granatapfelhain mit köstlichen Früchten, / Hennadolden samt Nardenblüten,
14 Narde, Krokus, Gewürzrohr und Zimt, / alle Weihrauchbäume,
Myrrhe und Aloe, / allerbester Balsam.
15 Die Quelle des Gartens bist du, / ein Brunnen lebendigen Wassers, / das vom Libanon fließt.
16 Nordwind, erwache! Südwind, herbei! / Durchweht meinen Garten, / lasst strömen die Balsamdüfte!
Mein Geliebter komme in seinen Garten / und esse von seinen köstlichen Früchten!

1: 6,5; Gen 31,25; 24,65 / **2**: 6,6 / **3**: 6,7; **3**: Jos 2,18 / **4**: Ez 27,10–11 / **5**: 7,4; Ez 16,7 / **7**: 4,1 / **8**: Jes 49,18; 61,10; Jer 7,34 / **10**: 8,1–2; Tob 7,12.15; Gen 12,13.19 / **11**: Ps 19,11; Ex 3,8; Hos 14,7 / **12**: Gen 2–3 / **15**: Spr 5,16; 23,27 / **16**: Gen 2,7.16.17; 3,1.8

5 1 Ich komme in meinen Garten, meine Schwester Braut, / ich pflücke meine Myrrhe samt meinem Balsam, ich esse meine Wabe samt meinem Honig, / ich trinke meinen Wein samt meiner Milch.
Esst, Freunde, trinkt, / berauscht euch an der Liebe!

5,1: 4,12; Koh 9,7–10

VERPASSTE BEGEGNUNG: 5,2–8

2 Ich schlief, doch mein Herz war wach. /
Horch, mein Geliebter klopft:
Öffne mir, meine Schwester, meine Freun-
din, / meine Taube, meine Makellose,
denn mein Haupt ist voll Tau, / aus meinen
Locken tropft die Nacht!
3 Ich habe mein Kleid schon abgelegt – / soll
ich es wieder anziehen?
Meine Füße habe ich gewaschen – / soll ich
sie wieder beschmutzen?
4 Mein Geliebter streckte die Hand durch die
Luke; / da bebte mein Herz ihm entgegen.
5 Ich stand auf, meinem Geliebten zu öff-
nen. / Da tropften meine Hände von Myrrhe,
meine Finger von ausfließender Myrrhe an den
Griffen des Riegels.
6 Ich öffnete meinem Geliebten: / Doch
mein Geliebter war weg, verschwunden. /
Meine Seele war außer sich, als er zu mir
sprach.
Ich suchte ihn und fand ihn nicht. / Ich rief
ihn und er antwortete mir nicht.
7 Da fanden mich die Wächter bei ihrer Run-
de durch die Stadt; / sie schlugen, sie verletz-
ten mich.
Meinen Mantel entrissen sie mir, / die
Wächter der Mauern.
8 Ich beschwöre euch, Töchter Jerusalems: /
Wenn ihr meinen Geliebten findet, was sollt
ihr ihm sagen? / Dass ich krank bin vor Liebe!

2: Offb 3,20 / **6**: 3,1–2 / **7**: 3,3; 8,9f. / **8**: 1,5; 2,7; 3,5; 5,16; 8,4

GEGENSEITIGE BEWUNDERUNG: 5,9–7,11

9 Was hat dein Geliebter den andern voraus, /
du schönste der Frauen?
Was hat dein Geliebter den andern voraus, /
dass du uns so beschwörst?
10 Mein Geliebter ist weiß und rot, / ausge-
zeichnet vor Tausenden.
11 Sein Haupt ist reines Gold, / seine Locken
sind Rispen, rabenschwarz.
12 Seine Augen sind wie Tauben an Wasser-
bächen, / gebadet in Milch, sitzend am Wasser.
13 Seine Wangen sind wie Balsambeete, /
darin Gewürzkräuter sprießen,
seine Lippen wie Lilien; / sie tropfen von
flüssiger Myrrhe.
14 Seine Hände sind Rollen aus Gold, / mit
Steinen aus Tarschisch besetzt.
Sein Leib ist eine Platte aus Elfenbein, / mit
Saphiren bedeckt.
15 Seine Schenkel sind Säulen aus Marmor, /
auf Sockel von Feingold gestellt.
Seine Gestalt ist wie der Libanon, / erlesen
wie Zedern.
16 Sein Gaumen ist Süße, / alles ist Wonne
an ihm.
Das ist mein Geliebter, / ja, das ist mein
Freund, / ihr Töchter Jerusalems.

9: Gen 1,26–27 / **11**: Dan 2,31–32 / **12**: 1,15; 4,1 / **13**: 2,1f.; 5,5 / **15**: 1 Sam 9,2 / **16**: 5,1

6

1 Wohin ist dein Geliebter gegangen, / du
schönste der Frauen?
Wohin wandte sich dein Geliebter? / Wir
wollen ihn suchen mit dir.
2 Mein Geliebter ging in seinen Garten hi-
nab / zu den Balsambeeten,
um in den Gärten zu weiden, / um Lilien zu
pflücken.
3 Ich gehöre meinem Geliebten / und mein
Geliebter gehört mir, / der unter Lilien weidet.
4 Schön bist du, meine Freundin, wie
Tirza, / lieblich wie Jerusalem, / Furcht erre-
gend wie Heerscharen.
5 Wende deine Augen von mir, / denn sie
verwirren mich.
Dein Haar gleicht einer Herde von Ziegen, /
die herabziehen vom Gilead.
6 Deine Zähne sind wie eine Herde von Mut-
terschafen, / die aus der Schwemme steigen,
die alle Zwillinge haben, / der Jungen be-
raubt ist keines von ihnen.
7 Dem Riss eines Granatapfels gleicht deine
Wange / hinter deinem Schleier.
8 Sechzig Königinnen sind es, / achtzig Ne-
benfrauen / und junge Frauen ohne Zahl,
9 doch einzig ist meine Taube, meine Makel-
lose, / die Einzige ihrer Mutter, / strahlend
rein für jene, die sie gebar.
Töchter sehen sie / und preisen sie glück-
lich, / Königinnen und Nebenfrauen rühmen
sie.
10 Wer ist, die da erscheint wie das Morgen-
rot, / wie der Mond so schön,
strahlend rein wie die Sonne, / Furcht erre-
gend wie Heerscharen?
11 In den Nussgarten stieg ich hinab, / um
nach den Trieben am Bach zu sehen,
um zu sehen, ob der Weinstock treibt, / ob
die Granatbäume blühen.

5,12 sitzend am Wasser, wörtlich: sitzend an Füllung. Mit Füllung ist wahrscheinlich ein volles Wasserbecken gemeint.

6,4 Tirza war eine der alten Königsstädte des Nordreichs Israel.

12 Da entführte mich meine Seele, / ich weiß
nicht wie, / zu den Wagen Amminadibs.

2: 4,12–5,1.13 / **3**: 2,16 / **5**: 4,1 / **6**: 4,2 / **7**: 4,3 / **8**: 3,7; 1 Kön 11,3 / **11**: 6,2; 7,13

7 1 Wende dich, wende dich, Schulammit!
Wende dich, wende dich, / damit wir
dich anschauen!
Was wollt ihr Schulammit anschauen / wie
beim Tanz der beiden Lager?
2 Wie schön sind deine Füße in den Sanda-
len, / du Fürstentochter!
Deiner Hüften Rund ist wie Geschmeide, /
gefertigt von Künstlerhand.
3 Dein Nabel ist eine runde Schale, /
Würzwein mangle ihm nicht.
Dein Leib ist ein Weizenhügel, / mit Lilien
umstellt.
4 Deine Brüste sind wie zwei Kitzlein, /
Zwillinge einer Gazelle.
5 Dein Hals ist wie ein Turm aus Elfenbein. /
Deine Augen sind die Teiche zu Heschbon /
beim Tor von Bat-Rabbim.
Deine Nase ist wie der Libanonturm, / der
gegen Damaskus schaut.
6 Dein Haupt auf dir ist wie der Karmel; /
wie Purpur sind deine Haare; / ein König liegt
in den Locken gefangen.
7 Wie schön bist du und wie reizend, / Liebe,
Tochter aller Wonnen!
8 Wie eine Palme ist dein Wuchs; / deine
Brüste sind wie Trauben.
9 Ich sage: Ersteigen will ich die Palme, / ich
greife nach ihren Rispen.
Wie Trauben am Weinstock seien mir deine
Brüste, / wie Apfelduft sei der Duft deines
Atems
10 und dein Gaumen wie guter Wein, / der
meinem Freund glatt hinuntergeht, / der die
Lippen der Schlafenden netzt.
11 Ich gehöre meinem Geliebten / und ihn
verlangt nach mir.

4: 4,5 / **6**: Ri 16,13f.; Koh 7,26 / **7**: 1,15f. / **8**: Ps 92,13; Sir 24,14 / **10**: 1,2; 1,4; 2,4; 8,2 / **11**: 2,16; 6,3

EINLADUNG DER GELIEBTEN AN DEN GELIEBTEN: 7,12–8,4

12 Komm, mein Geliebter, wandern wir auf das
Feld, / schlafen wir in den Dörfern!
13 Früh wollen wir dann zu den Weinbergen
gehen / und sehen,
ob der Weinstock treibt, ob die Rebenblüte
sich öffnet, / ob die Granatbäume blühen. /
Dort schenke ich dir meine Liebe.
14 Die Liebesäpfel duften; / an unsren Türen
warten alle köstlichen Früchte,
frische und solche vom Vorjahr; / für dich
hab ich sie aufgehoben, mein Geliebter.

8 1 Ach, wärst du doch mein Bruder, / ge-
nährt an den Brüsten meiner Mutter.
Träfe ich dich draußen, / ich würde dich
küssen / und niemand dürfte mich deshalb
verachten.
2 Führen wollte ich dich, / in das Haus mei-
ner Mutter dich bringen, / die mich erzogen hat.
Würzwein gäbe ich dir zu trinken, / von
meinem Granatapfelmost.
3 Seine Linke liegt unter meinem Kopf, /
seine Rechte umfängt mich.
4 Ich beschwöre euch, Jerusalems Töchter: /
Was stört ihr die Liebe auf, / warum weckt ihr
sie, ehe ihr selbst es gefällt?

7,13: 2,13.15; 6,11

8,1: Spr 6,30 / **2**: Ri 4,18f.; Jdt 12,20; Est 7,1ff.; Spr 9,5 / **3**: 2,6 / **4**: 2,7; 3,5; 5,8

GEGENSEITIGE LIEBE UND SEHNSUCHT: 8,5–14

5 Wer ist sie, / die aus der Wüste heraufsteigt, /
auf ihren Geliebten gestützt?
Unter dem Apfelbaum habe ich dich ge-
weckt, / dort, wo deine Mutter dich empfing, /
wo deine Gebärerin in Wehen lag.
6 Leg mich wie ein Siegel auf dein Herz, /
wie ein Siegel auf deinen Arm,
denn stark wie der Tod ist die Liebe, / die
Leidenschaft ist hart wie die Unterwelt!
Ihre Gluten sind Feuergluten, / gewaltige
Flammen.
7 Mächtige Wasser können die Liebe nicht
löschen, / auch Ströme schwemmen sie nicht
hinweg.
Böte einer für die Liebe den ganzen Reich-
tum seines Hauses, / nur verachten würde
man ihn.
8 Wir haben eine kleine Schwester, / noch
ohne Brüste.
Was tun wir mit unsrer Schwester am Tag, /
da jemand um sie wirbt?
9 Ist sie eine Mauer, / bauen wir silberne Zin-
nen auf ihr.

6,12 Amminadib dürfte als sprechender Name zu verstehen sein in der Bedeutung: mein Verwandter ist ein Vornehmer.

8,6 Das hebräische Wort für „gewaltige Flammen“ enthält an seinem Ende das theophore Element „jah“ als Kurzbezeichnung des Gottesnamens JHWH.

Ist sie eine Tür, / versperren wir sie mit einem Zedernbrett.
10 Ich bin eine Mauer / und meine Brüste
sind wie Türme.

Da hab ich in seinen Augen / Frieden gefunden.
11 Salomo besaß einen Weinberg in Baal-Hamon; / den Weinberg übergab er Hütern.

Für seine Frucht wird jeder / tausend Silberstücke bezahlen.
12 Mein eigener Weinberg liegt vor mir. / Die
tausend lass ich dir, Salomo, / und zweihundert noch denen, / die seine Frucht hüten.
13 Die du in den Gärten weilst, / auf deine
Stimme lauschen die Freunde; / lass sie mich hören!
14 Flieh mein Geliebter, / der Gazelle gleich,
dem jungen Hirsch / auf den Balsambergen!

5: 3,6 / **6**: Gen 38,18; Jer 22,24 / **7**: Jes 43,1–2 / **8**: Ez 16,7–14 / **11**: Jes 7,23 / **14**: 2,17

DAS BUCH DER WEISHEIT

„Weisheit Salomos" ist der vorangestellte oder am Schluss angefügte Titel dieses Buches in den griechischen Handschriften des Alten Testaments wie auch in den Handschriften der altlateinischen Übersetzung. Bereits in der frühen Kirche waren Hieronymus und Augustinus überzeugt, dieses ursprünglich griechisch geschriebene Buch habe nicht den geschichtlichen Salomo, König von Juda und Israel, zum Verfasser. Die spätere lateinische Überlieferung bezeichnete deswegen das Buch oft als liber sapientiae, „Buch der Weisheit".

Das ganze Buch ist die Erzählung einer Rede. Der Erzähler, wohl ein Schriftgelehrter, der auch in hellenistischer Rhetorik geschult war, lässt den sprichwörtlich weisen König Salomo die Könige der Welt anreden: „Liebt Gerechtigkeit!" Zu ihr führe die Weisheit hin, die Salomo von Jugend an gesucht und erbetet habe. Sie habe ihn bei seiner betenden Rückschau auf die Geschichte zu den Einsichten in Gottes Wirken geführt, die er im ersten Buchteil mitteilt.

Die ausdrücklich Angesprochenen (Richter, Könige, Herrscher der Erde) verweisen auf den Geltungsbereich der Mahnungen im ersten Buchteil; die tatsächlichen Adressaten jedoch sind Juden griechischer Muttersprache, für die die Bibel eine fraglose Autorität darstellt und die Kenntnisse sowohl der jüdischen Auslegungstraditionen der Bibel als auch der griechischen Literatur und der zeitgenössischen Popularphilosophie, in der die Stoa eine führende Rolle spielte, besitzen. Mittels dieser Rede Salomos wirbt der Verfasser bei seinen Lesern dafür, das eigene jüdische geistige und religiöse Erbe mit Hilfe der in der hellenistisch-römischen Gegenwart verbreiteten Philosophie, Psychologie, Literatur, Naturerkenntnis und Rhetorik neu zu betrachten und sogar tiefer zu verstehen. Die von den nichtjüdischen Zeitgenossen höchstgeschätzten Werte, z. B. Gerechtigkeit, Weisheit, Bildung, Freimut, Recht, Tugend und Freundschaft, hatten ja in der eigenen jüdischen Religion seit je grundlegende Bedeutung.

Als Entstehungsraum kommt von Sprache, Stil und bevorzugten Themen her am ehesten die Großstadt Alexandria in Ägypten mit ihrer zahlenmäßig großen jüdischen Bevölkerung in Betracht. Die Makkabäerzeit und das Entstehen apokalyptischer Literatur (Buch Daniel) liegen schon weit zurück, ebenso die Übersetzungen des Pentateuch, der Prophetenbücher und der meisten übrigen Schriften des Alten Testaments ins Griechische. Die Abfassungszeit dürfte nach der im Jahre 30 v. Chr. erfolgten Machtübernahme (6,3) des Octavianus (Augustus) in Ägypten liegen und vor dem Brief des Kaisers Claudius an die Alexandriner aus dem Jahre 41 n. Chr., der den Bemühungen der Juden um die vollen Bürgerrechte in dieser Stadt ein Ende machte.

Der erste Buchteil (1–6) ist als große Ringkomposition gestaltet: Mahnungen und Warnungen in Kap. 1 und 6 bilden den äußeren Ring. Reden der „Gottlosen“ mit Kommentierungen durch den Sprecher in Kap. 2 (ihre Einstellung und ihre Vorhaben) und Kap. 5 (ihre veränderte Selbstbeurteilung bei der „Zusammenrechnung“ angesichts des ewigen Lebens der „Gerechten“ und des in den Endsieg Gottes einbezogenen Kosmos) stellen einen inneren Ring dar. In der Mitte erwägen Kap. 3 und 4 die Infragestellungen einer „gerechten“, sich vorbehaltlos Gott anvertrauenden Lebensweise (Unterdrückung, Leiden und Entehrung; Kinderlosigkeit; früher Tod). Der Anschein des Endgültigen besteht nur in den Augen der „Gottlosen“. Wer den Tod für die einzig sichere Realität hält, schließt sich von der Wahrnehmung aus, dass trotz und in alldem nur der Leben schaffende und verheißende Gott die auf Dauer machtvolle Wirklichkeit ist.

Der zweite Buchteil (7–10) ist ein kunstvoll gestaltetes Lob auf die Weisheit in drei Abschnitten: Der nunmehr in der Ich-Form Redende wird für den Leser immer deutlicher erkennbar als der weise König, nämlich Salomo, und legt seinen Umgang und seine Erfahrungen mit der Weisheit dar (7–8). Die Salomo-Überlieferungen in 1 Kön und 1 Chr, vielleicht auch das Hohelied, bilden dabei den (unausgedrückt bleibenden) Schrifthintergrund. Auch wenn in 7,22–8,1 von der Weisheit hymnisch wie sonst von Göttern gesprochen wird (was die Weisheit ist, ihre Natur: 7,22f.24; wie sie entstand, ihre Herkunft 7,25f.; ihr Wirken 7,27–8,1), bleibt doch nicht einmal der Schatten einer Frage, ob sie nicht auch etwa eine „Göttin“ sei. Es gibt nur einen Gott und Schöpfer von allem, der auch die Weisheit schenkt, die als sein Geschöpf an seinen Eigenschaften und Titeln teilhat (8,2–9). Zugleich ist dieser erste Abschnitt eine Hinführung zur Mitte des zweiten Buchteils, Salomos Gebet um die Weisheit (9). Der dritte Abschnitt (10), zu dem der Schluss des Gebets in 9,18 schon überleitet, skizziert Erzählungen über Gottes Wirken aus den Büchern Genesis und Exodus in Form einer Beispielreihe für die Rettungs- und Erlösungstaten der Weisheit.

Der dritte Buchteil (11–19) führt die Sprechweise des Gebets durch immer wiederkehrende Gottesanreden weiter und verlässt sie nicht mehr bis zum Ende des Buches. Salomo erzählt, was er betend meditiert und erkannt hat. Dieser Buchteil ist in fünf Abschnitte mit sieben Gegenüberstellungen gegliedert. Zwei Annahmen leiten die Darstellung der Ereignisse beim Auszug aus Ägypten und in der Wüste: Die gleichen Naturkräfte können nach dem Plan Gottes entgegengesetzte Wirkungen haben, indem dieselben Elemente, durch die die Feinde bestraft werden, bei den Gerechten als Wohltat wirken (11,5) und „Wodurch jemand sündigt, dadurch wird er bestraft“ (11,16). An den ersten Abschnitt schließen sich zwei grundsätzliche Darlegungen an: Wozu ist Gottes Strafen gut oder sinnvoll? Diese Frage behandelt die theologische Überlegung I (11,15–12,27): „Über die Milde Gottes“ oder „Über die Liebe Gottes zu seiner Schöpfung, seine Gerechtigkeit und seine Menschenfreundlichkeit“. Auf die Frage, für welche Vergehen Gott strafe, antwortet die Überlegung II (13,1–15,19): „Über die Verweigerung der Anerkennung des wahren Gottes“ oder „Über die ‚Torheit‘ des Götzendienstes“. Der fünfte und letzte Abschnitt mündet in eine Art Zusammenfassung (19,6–21), in der der Sprecher betend auf die Geschichte zurückblickt, in der der Kosmos immer wieder den Befehlen des Schöpfers zur Rettung seiner Söhne und Töchter diente. Deren Feinde aber zogen sich Sehunfähigkeit zu und gerieten in tiefe Finsternis, den Tod.

Innerhalb des Buches begründet der dritte Teil das Werbeziel „Gerechtigkeit“, d. h. eine Lebensgestaltung nach dem Willen Gottes, die von dankbarer Anerkennung des wahren Gottes geprägt ist. Seine die ganze Welt und die Menschheit umfassende Hoffnung drückt der Verfasser aber nicht als Lehre aus, behauptend und „beweisend“, sondern in der Form eines Gott anredenden Gebetes, meditierend und lobpreisend. So gipfelt dieses zur „Gerechtigkeit“ einladende Buch nicht in Lehrsätzen oder Aufforderungen, sondern in betend-dankendem Blick auf die Geschichte als Ermutigung für die Gegenwart.

AUFFORDERUNG ZU EINEM LEBEN IN GERECHTIGKEIT: 1,1–6,21

ERMAHNUNG MIT BEGRÜNDENDEN AUSFÜHRUNGEN: 1,1–15

1 1 Liebt Gerechtigkeit, ihr Richter der
Erde, / denkt gut über den Herrn, / sucht
ihn mit ganzem Herzen!
2 Denn er lässt sich finden von denen, die ihn
nicht versuchen, / und zeigt sich denen, die
ihm nicht misstrauen.
3 Verkehrte Gedanken trennen von Gott; /
wird seine Macht auf die Probe gestellt, dann
überführt sie die Toren.
4 In eine Seele, die Böses wirkt, kehrt die
Weisheit nicht ein / noch wohnt sie in einem
Leib, der sich der Sünde hingibt.
5 Denn der heilige Geist, der Lehrmeister,
flieht vor der Falschheit, / er entfernt sich von
unverständigen Gedanken / und wird ver-
scheucht, wenn Unrecht naht.
6 Die Weisheit ist ein menschenfreundlicher
Geist, / doch lässt sie die Reden des Lästerers
nicht straflos;
denn Gott ist Zeuge seiner heimlichen Ge-
danken, / untrüglich durchschaut er sein Herz
und hört seine Worte.
7 Der Geist des Herrn erfüllt den Erdkreis /
und er, der alles zusammenhält, kennt jede
Stimme.
8 Darum bleibt keiner verborgen, der Un-
rechtes redet, / das Recht überführt ihn und
geht nicht an ihm vorüber.
9 Die Pläne des Gottlosen werden unter-
sucht; / der Herr erfährt von seinen Reden /
und überführt ihn seiner Vergehen.
10 Denn ein eifersüchtiges Ohr hört alles, /
kein Murren bleibt ihm verborgen.
11 Hütet euch also vor unnützem Murren /
und verwehrt eurer Zunge üble Nachrede!
Denn euer heimliches Reden verhallt nicht
ungehört, / ein Mund aber, der verleumdet,
zerstört Leben.
12 Jagt nicht dem Tod nach in den Irrungen
eures Lebens / und zieht nicht durch euer
Handeln das Verderben herbei!
13 Denn Gott hat den Tod nicht gemacht / und
hat keine Freude am Untergang der Lebenden.
14 Zum Dasein hat er alles geschaffen / und
heilbringend sind die Geschöpfe der Welt.
Kein Gift des Verderbens ist in ihnen, / das
Reich der Unterwelt hat keine Macht auf der
Erde; / 15 denn die Gerechtigkeit ist unsterb-
lich.

1: Dtn 4,29 / **2**: Jer 29,13f.; Jes 65,1 / **5**: Ps 51,13 / **6**: 7,23; 1 Sam 16,7; Jer 17,10 / **7**: 8,1; Jer 23,23–24; Ps 139,7 / **11**: Spr 19,5.9 / **13**: 2,23f.; Ez 18,23.32

ÜBERLEGUNGEN DER GOTTLOSEN UND URTEIL DARÜBER: 1,16–2,24

16 Die Gottlosen aber rufen den Tod mit Taten
und Worten herbei / und sehnen sich nach
ihm wie nach einem Freund;
sie schließen einen Bund mit ihm, / weil sie
es verdienen, ihm zu gehören.
2 1 Sie tauschen ihre verkehrten Gedanken
aus und sagen: / Kurz und traurig ist un-
ser Leben;
für das Ende des Menschen gibt es keine
Heilung / und man kennt keinen, der aus der
Unterwelt befreit.
2 Durch Zufall sind wir geworden / und da-
nach werden wir sein, als wären wir nie gewe-
sen.
Rauch ist der Atem in unserer Nase / und
das Denken ein Funke beim Schlag unseres
Herzens;
3 verlöscht er, dann zerfällt der Leib zu
Asche / und der Geist verweht wie dünne
Luft.
4 Unser Name wird mit der Zeit vergessen, /
niemand erinnert sich unserer Werke.
Unser Leben geht vorüber wie die Spur einer
Wolke / und löst sich auf wie ein Nebel, / der
von den Strahlen der Sonne verscheucht / und
von ihrer Wärme zu Boden gedrückt wird.
5 Unsere Zeit geht vorüber wie ein Schat-
ten, / unser Ende wiederholt sich nicht; / es
ist versiegelt und keiner kommt zurück.
6 Auf, lasst uns die Güter des Lebens genie-
ßen / und die Schöpfung auskosten, wie es der
Jugend zusteht!
7 Erlesener Wein und Salböl sollen uns
reichlich fließen, / keine Blume des Frühlings
darf uns entgehen.
8 Bekränzen wir uns mit Rosen, ehe sie ver-
welken. / 9 Keine Wiese bleibe unberührt von
unserem Treiben,
überall wollen wir Zeichen der Fröhlichkeit
zurücklassen; / denn dies ist unser Anteil und
dies das Erbe.

10 Lasst uns den Gerechten unterdrücken, /
der in Armut lebt, die Witwe nicht schonen /
und das graue Haar des betagten Greises nicht
scheuen!
11 Unsere Stärke soll bestimmen, was Ge-
rechtigkeit ist; / denn das Schwache erweist
sich als unnütz.
12 Lasst uns dem Gerechten auflauern! / Er
ist uns unbequem und steht unserem Tun im
Weg.
Er wirft uns Vergehen gegen das Gesetz vor /
und beschuldigt uns des Verrats an unserer
Erziehung.
13 Er rühmt sich, die Erkenntnis Gottes zu
besitzen, / und nennt sich einen Knecht des
Herrn.
14 Er ist unserer Gesinnung ein Vorwurf, /
schon sein Anblick ist uns lästig;
15 denn er führt ein Leben, / das dem der
andern nicht gleicht, / und seine Wege sind
grundverschieden.
16 Als falsche Münze gelten wir ihm; / von
unseren Wegen hält er sich fern wie von Unrat.
Das Ende der Gerechten preist er glücklich /
und prahlt, Gott sei sein Vater.
17 Wir wollen sehen, ob seine Worte wahr
sind, / und prüfen, wie es mit ihm ausgeht.
18 Ist der Gerechte wirklich Sohn Gottes,
dann nimmt sich Gott seiner an / und entreißt
ihn der Hand seiner Gegner.
19 Durch Erniedrigung und Folter wollen wir
ihn prüfen, / um seinen Gleichmut kennen-
zulernen / und seine Widerstandskraft auf die
Probe zu stellen.
20 Zu einem ehrlosen Tod wollen wir ihn
verurteilen; / er behauptet ja, es werde ihm
Hilfe gewährt.
21 So denken sie, aber sie irren sich; / denn
ihre Schlechtigkeit macht sie blind.
22 Sie verstehen von Gottes Geheimnissen
nichts, / sie hoffen nicht auf Lohn für Heilig-
keit / und erwarten keine Auszeichnung für
untadelige Seelen.
23 Denn Gott hat den Menschen zur Unver-
gänglichkeit erschaffen / und ihn zum Bild
seines eigenen Wesens gemacht.
24 Doch durch den Neid des Teufels kam der
Tod in die Welt / und ihn erfahren alle, die
ihm angehören.

1,16: Spr 8,36; Jes 28,15.18
2,1: Ps 30,4 / **2**: Obd 16; Sir 44,9; Gen 2,7 / **4**: Koh 9,5f.; Ijob 7,9; Hos 13,3 / **5**: Ijob 8,9 / **6–8**: Koh 9,7–10 / **9**: Dtn 10,9 / **10**: Jer 7,6; 22,3; Hab 1,4; Sach 7,10 / **18**: Ps 22,9.20 / **23**: Gen 1,26f. / **24**: Gen 3–4

GEGENÜBERSTELLUNGEN: GERECHTE – GOTTLOSE: 3,1–4,20

3
1 Die Seelen der Gerechten aber sind in
Gottes Hand / und keine Folter kann sie
berühren.
2 In den Augen der Toren schienen sie ge-
storben, / ihr Heimgang galt als Unglück,
3 ihr Scheiden von uns als Vernichtung; / sie
aber sind in Frieden.
4 In den Augen der Menschen wurden sie
gestraft; / doch ihre Hoffnung ist voll Un-
sterblichkeit.
5 Ein wenig nur werden sie gezüchtigt; /
doch sie empfangen große Wohltat.
Denn Gott hat sie geprüft / und fand sie
seiner würdig.
6 Wie Gold im Schmelzofen hat er sie er-
probt / und wie ein Ganzopfer sie angenom-
men.
7 Zur Zeit ihrer Heimsuchung werden sie
aufleuchten / wie Funken, die durch ein Stop-
pelfeld sprühen.
8 Sie werden Völker richten / und über Na-
tionen herrschen / und der Herr wird ihr Kö-
nig sein in Ewigkeit.
9 Alle, die auf ihn vertrauen, werden die
Wahrheit erkennen / und die Treuen werden
bei ihm bleiben in Liebe.
Denn Gnade und Erbarmen werden seinen
Heiligen zuteil / und Rettung seinen Erwähl-
ten.
10 Die Gottlosen aber werden für ihre Pläne
bestraft, / sie, die den Gerechten missachtet
haben und vom Herrn abgefallen sind.
11 Unglücklich sind, die Weisheit und Bil-
dung verachten; / leer ist ihre Hoffnung, ver-
geblich sind ihre Mühen / und wertlos ihre
Taten.
12 Ihre Frauen sind unverständig / und ihre
Kinder böse, / fluchbeladen ist ihr Geschlecht.
13 Selig ist die Kinderlose, die ohne Makel
blieb, / und keine sündige Verbindung kann-
te; / sie wird gleich einer Mutter geehrt, wenn
die Seelen ihren Lohn empfangen.
14 Selig ist auch der Kinderlose, der sich nicht
gegen das Gesetz verging / und gegen den
Herrn nichts Böses plante;
besondere Gnade wird seiner Treue zuteil /
und ein gar köstlicher Anteil am Tempel des
Herrn.

2,23 zum Bild seines eigenen Wesens, nach jüngeren Handschriften: als Bild seiner Ewigkeit.

15 Denn ruhmreich ist die Frucht guter Mühe /
und unvergänglich die Wurzel der Klugheit.
16 Doch die Kinder von Ehebrechern ver-
kümmern / und die Nachkommen einer sün-
digen Verbindung schwinden dahin.
17 Auch wenn sie lange leben, gelten sie
nichts / und ehrlos ist am Ende ihr Alter.
18 Sterben sie früh, so haben sie keine Hoff-
nung / und keinen Trost am Tag des Gerichts;
19 denn schlimm ist das Ende einer unge-
rechten Generation.

1: Ps 31,6 / **3**: Jes 57,2 / **5**: Jes 54,7f. / **6**: Ps 66,10–15; Spr 17,3; Sir 2,1–5; Sach 13,9; Mal 3,2f.; Ps 51,18f. / **7**: Obd 18; Mal 3,17–21; Dan 12,3; Mt 13,43 / **8**: Dan 7,18.22; 1 Kor 6,2; Apg 20,4; Ex 15,18 / **9**: Ps 84,12f.; 2 Tim 1,2; Hebr 4,16 / **13**: Jes 54,1 / **14**: Dtn 23,2; Jes 56,3–5 / **18**: Spr 11,7

4 1 Besser ist Kinderlosigkeit mit Tugend;
unsterblich ist ihr Ruhm, / sie steht in
Ehren bei Gott und bei den Menschen.
2 Ist sie zugegen, ahmt man sie nach; / ist sie
entschwunden, sehnt man sie herbei.
In der Ewigkeit triumphiert sie, / ge-
schmückt mit dem Kranz, / Siegerin im Wett-
streit um einen edlen Preis.
3 Doch die große Kinderschar der Gottlosen
bringt keinen Nutzen; / unrechter Nachwuchs
treibt keine Wurzeln in die Tiefe und fasst kei-
nen sicheren Grund.
4 Treiben sie auch eine Zeit lang Zweige, /
werden sie doch, nur unsicher stehend, vom
Wind geschüttelt / und von der Gewalt der
Stürme entwurzelt.
5 Die Äste, die noch schwach sind, werden
geknickt; / ihre Frucht ist unbrauchbar, unreif
und ungenießbar, zu gar nichts geeignet.
6 Denn die Kinder aus ungesetzlicher Ver-
bindung / treten im Gericht als Zeugen auf für
die Schlechtigkeit ihrer Eltern.
7 Der Gerechte aber, kommt auch sein Ende
früh, / geht in Gottes Ruhe ein.
8 Denn ehrenvolles Alter besteht nicht in
einem langen Leben / und wird nicht an der
Zahl der Jahre gemessen.
9 Graues Haar bedeutet für die Menschen Klug-
heit / und Greisenalter ein Leben ohne Tadel.
10 Er gefiel Gott und wurde von ihm geliebt; /
da er mitten unter Sündern lebte, wurde er ent-
rückt.
11 Er wurde hinweggenommen, damit nicht
Schlechtigkeit seine Einsicht verkehrte / und
Arglist seine Seele täuschte.
12 Denn der Reiz des Bösen verdunkelt das
Gute / und der Taumel der Begierde verdirbt
den arglosen Sinn.
13 Früh vollendet, hat er ein langes Leben ge-
habt; / 14 da seine Seele dem Herrn gefiel, /
enteilte sie aus der Mitte des Bösen.
Die Leute sahen es, ohne es zu verstehen; /
sie nahmen es sich nicht zu Herzen,
15 dass Gnade und Erbarmen seinen Aus-
erwählten zuteilwird, / Belohnung seinen
Heiligen.
16 Der Gerechte, der entschlafen ist, verur-
teilt die Gottlosen, die noch leben, / die früh
vollendete Jugend das hohe Alter des Unge-
rechten.
17 Sie sehen das Ende des Weisen, / verstehen
aber nicht, was der Herr mit ihm wollte / und
wozu er ihn in Sicherheit brachte.
18 Sie sehen es und gehen darüber hinweg; /
doch der Herr lacht über sie.
19 Dann werden sie verachtete Leichen
sein, / ewiger Spott bei den Toten.
Denn er stürzt die Verstummten kopfüber /
und reißt sie aus ihren Grundfesten.
Sie werden völlig vernichtet / und erleiden
Qualen; / die Erinnerung an sie verschwindet.
20 Zitternd kommen sie zum Gericht über
ihre Sünden; / ihre Vergehen treten ihnen
entgegen und überführen sie.

1: Sir 16,1–3 / **3**: Sir 23,25; 40,15 / **7**: Sir 6,28 / **10**: Sir 44,16; Hebr 11,5f. / **14**: Jes 57,1 / **18**: Ps 2,4; 37,13; 59,9 / **19**: Jes 14,16–20; Ijob 18,17

UMKEHRUNG DER SICHT DER GOTTLOSEN AM ENDE UND SIEG GOTTES: 5,1–23

5 1 Dann wird der Gerechte voll Zuversicht
dastehen vor denen, die ihn bedrängt /
und seine Mühen verachtet haben.
2 Wenn sie ihn sehen, packt sie entsetzliche
Furcht / und sie geraten außer sich über seine
unerwartete Rettung.
3 Jetzt denken sie anders; / seufzend und voll
Angst sagen sie zueinander:
4 Dieser war es, den wir einst verlachten /
und verhöhnten, wir Toren.
Sein Leben hielten wir für Wahnsinn / und
sein Ende für ehrlos.
5 Wie wurde er zu den Söhnen Gottes ge-
zählt / und hat bei den Heiligen sein Erbteil!
6 Also sind wir vom Weg der Wahrheit ab-
geirrt; / das Licht der Gerechtigkeit strahlte uns
nicht / und die Sonne ging nicht für uns auf.
7 Bis zum Überdruss gingen wir die Pfade
des Unrechts / und des Verderbens
und wanderten durch weglose Wüsten, /
aber den Weg des Herrn erkannten wir nicht.

8 Was nützte uns Überheblichkeit, / was
brachten uns Reichtum und Prahlerei?
9 All das ist vorbei wie ein Schatten, / wie
eine flüchtige Nachricht.
10 Wie ein Schiff, das durch die wogende
Flut fährt: / Ist es hindurchgefahren, ist von ihm keine Spur mehr zu finden, / kein Pfad seines Kiels in den Wogen.
11 Wie wenn ein Vogel durch die Luft fliegt:/
Kein Zeichen findet sich von seiner Bahn,

er peitscht die leichte Luft mit seinem Flügelschlag, / er spaltet sie mit gewaltigem Rauschen

und durchquert sie mit der Bewegung der Schwingen; / doch bleibt keine Spur seines Weges in ihr zurück.

12 Oder wie wenn ein Pfeil auf das Ziel ge-
schossen wird: / Die geteilte Luft strömt sofort wieder zusammen, / sodass man seine Bahn nicht mehr erkennt.
13 So auch wir: Ins Dasein getreten, schwin-
den wir hin, / wir hatten keinerlei Tugend aufzuweisen, / sondern wurden von unserer Schlechtigkeit verschlungen.
14 Ja, die Hoffnung des Gottlosen ist wie
Spreu, die der Wind verweht, / wie Gischt, den der Sturm verjagt,

wie Rauch, den der Wind zerstäubt; / sie schwindet wie die Erinnerung an einen flüchtigen Gast.

15 Die Gerechten aber leben in Ewigkeit, /
der Herr belohnt sie, der Höchste sorgt für sie.
16 Darum werden sie aus der Hand des
Herrn / das Reich der Herrlichkeit empfangen und die Krone der Schönheit.

Denn er wird sie mit seiner Rechten behüten / und mit seinem Arm beschützen.

17 Er rüstet sich mit seinem Eifer / und macht
die Schöpfung zur Waffe, mit der er die Feinde abwehrt.
18 Als Panzer zieht er Gerechtigkeit an / und
als Helm setzt er unbestechliches Gericht auf.
19 Als Schild nimmt er unüberwindliche
Heiligkeit / 20 und grimmigen Zorn schärft er
zum Schwert; / zusammen mit ihm kämpft die ganze Welt gegen die Toren.
21 Treffsicher fahren Blitzespfeile dahin /
und fliegen aus den Wolken wie von einem wohlgerundeten Bogen ins Ziel.
22 Eine Steinschleuder entsendet Hagelkör-
ner, / die voll von göttlichem Zorn sind.

Das Wasser des Meeres wütet gegen sie / und Ströme schlagen hoch über ihnen zusammen.

23 Der Atem des Allmächtigen erhebt sich
gegen sie / und trägt sie wie ein Sturm davon.

So bringt die Gesetzlosigkeit Verheerung über die ganze Erde / und das böse Tun stürzt die Throne der Mächtigen.

1: Lev 26,13; 2 Kor 3,12; 1 Tim 3,13; Hebr 4,16; 10,19 / **4**: Ps 44,14f.; 69,11f. / **5**: 2,18; Kol 1,12 / **6**: Ps 119,30; Tob 1,3; Mal 3,20 / **7**: Ps 95,10 / **10**: Ijob 9,26; Spr 30,19 / **14**: Ps 1,4; Jes 29,5 / **16**: Dan 7,18.22; Jes 62,3; 41,10 / **17**: Jes 42,13; Sir 39,28–31 / **18**: Jes 59,17; 1 Thess 5,8; 2 Kor 6,7 / **21**: Ps 18,14–16; Hab 3,9–14; Sach 9,14 / **22**: Jos 10,11; Ez 13,11.13; Ex 14,27f.; Jes 43,2 / **23**: Sir 10,14; Lk 1,52

ABSCHLIESSENDE MAHNUNG UND VORBLICK AUF DEN ZWEITEN BUCHTEIL: 6,1–21

6 1 Hört also, ihr Könige, und seid verstän-
dig, / lernt, ihr Richter der Enden der Erde!
2 Horcht, ihr Herrscher der Massen, / die ihr
stolz seid auf Völkerscharen!
3 Der Herr hat euch die Gewalt gegeben, /
der Höchste die Herrschaft, / er, der eure Taten prüft und eure Pläne durchforscht.
4 Ihr seid Diener seines Reichs, aber ihr habt
nicht richtig Recht gesprochen, / das Gesetz nicht gewahrt / und den Willen Gottes nicht befolgt.
5 Schnell und furchtbar wird er kommen und
euch bestrafen; / denn über die Großen ergeht ein strenges Gericht.
6 Der Geringste erfährt Nachsicht und Er-
barmen, / doch die Mächtigen werden geprüft mit Macht.
7 Denn der Gebieter über alles scheut nie-
mand / und weicht vor keiner Größe zurück.

Er hat Klein und Groß erschaffen / und trägt gleiche Sorge für alle;

8 den Mächtigen aber droht strenge Unter-
suchung.
9 An euch also, ihr Gewalthaber, richten sich
meine Worte, / damit ihr Weisheit lernt und euch nicht verfehlt.

5,13 Die altlat. Handschriften fügen als V. 14 hinzu: So sprachen in der Unterwelt die, die gesündigt haben. – Entsprechend verschiebt sich in Vg die Verszählung.

5,14 Schaum, Gischt: so nach einigen griech. Handschriften, S und der altlat. Übersetzung. Die Mehrzahl der griech. Handschriften hat wie 16,29 Reif.

6,1 Die altlat. Übersetzung fügt vor V. 1 ein: Besser ist Weisheit als Kraft / und ein kluger Mann (ist besser) als ein starker. Dieser Vers ist in Vg als V. 1 gezählt; entsprechend verschiebt sich in Vg die Verszählung.

10 Wer das Heilige heilig hält, wird gehei-
ligt, / und wer sich darin unterweisen lässt,
findet Rechtfertigung.
11 Verlangt also nach meinen Worten, /
sehnt euch danach und ihr werdet Bildung
erwerben!
12 Strahlend und unvergänglich ist die Weis-
heit; / wer sie liebt, erblickt sie schnell, und
wer sie sucht, findet sie.
13 Denen, die nach ihr verlangen, / kommt
sie zuvor und gibt sich zu erkennen.
14 Wer sie am frühen Morgen sucht, braucht
keine Mühe, / er findet sie vor seiner Türe sitzen.
15 Über sie nachzusinnen, ist vollkommene
Klugheit; / wer ihretwegen wacht, wird
schnell von Sorge frei.
16 Sie geht selbst umher, um die zu suchen,
die ihrer würdig sind; / freundlich erscheint
sie ihnen auf allen Wegen / und kommt ihnen
entgegen bei jedem Gedanken.
17 Ihr wahrhafter Anfang ist Verlangen nach
Bildung; / Bemühen um Bildung aber ist
Liebe.
18 Liebe aber ist Halten ihrer Gesetze, / Be-
achten der Gesetze sichert Unvergänglich-
keit, / 19 Unvergänglichkeit aber bringt in
Gottes Nähe.
20 So führt das Verlangen nach Weisheit zur
Herrschaft hinauf.
21 Ihr Gewalthaber der Völker, wenn ihr Ge-
fallen an Thronen und Zeptern habt, / dann
ehrt die Weisheit, damit ihr ewig herrscht!

1: Ps 2,10 / **3**: 2 Chr 19,6; 1 Chr 28,9; Röm 13,1 / **7**: Dtn 1,17; Ijob 34,19 / **10**: Ps 18,26 / **11**: Ps 2,10 / **12–21**: Spr 8,1–21; Sir 51,13–30 / **14**: Sir 4,12 / **15**: Spr 8,34 / **17**: Spr 8,4–11 / **18**: Dtn 5,10; 10,12f.; 30,16

6,21 Die altlat. Übersetzung fügt als V. 23 hinzu: Liebt das Licht der Weisheit, ihr alle, die ihr den Völkern vorsteht. – Die VV. 22–25 werden in Vg deshalb als VV. 24–27 gezählt.

LOBPREIS DER WEISHEIT: 6,22–11,1

EINLEITUNG DER REDE ÜBER DIE WEISHEIT: 6,22–25

22 Was aber Weisheit ist und wie sie wurde,
will ich verkünden / und euch kein Geheimnis
verbergen.
Ich will ihre Spur vom Anfang der Schöp-
fung an verfolgen, / ihre Kenntnis will ich
offenbar machen / und nicht an der Wahrheit
vorbeigehen.
23 Wer sich vor Neid verzehrt, soll mich
nicht auf meinem Weg begleiten; / denn er hat
mit der Weisheit nichts gemein.
24 Eine große Anzahl von Weisen ist Heil für
die Welt, / ein kluger König ist Wohlstand für
das Volk.
25 Erwerbt also Bildung durch meine Wor-
te; / es wird euch von Nutzen sein.

23: Sir 51,23–30 / **24**: Spr 11,14

HYMNISCHE BESCHREIBUNG DER WEISHEIT UND EINES LEBENS MIT IHR: 7,1–8,21

7 1 Auch ich bin ein sterblicher Mensch wie
alle anderen, / Nachkomme des ersten,
aus Erde gebildeten Menschen.
Im Schoß der Mutter wurde ich zu Fleisch
geformt, / 2 in zehn Monaten in Blut verfes-
tigt / aus dem Samen eines Mannes nach lust-
vollem Beischlaf.
3 Geboren atmete auch ich die gemeinsame
Luft, / ich fiel auf die Erde, die Gleiches von
allen erduldet, / und Weinen war mein erster
Laut wie bei allen.
4 In Windeln und mit Sorgen wurde ich auf-
gezogen; / 5 kein König trat anders ins Dasein.
6 Alle haben den gleichen Eingang zum Le-
ben, / gleich ist auch der Ausgang.
7 Daher betete ich und es wurde mir Klugheit
gegeben; / ich flehte und der Geist der Weis-
heit kam zu mir.
8 Ich zog sie Zeptern und Thronen vor, /
Reichtum achtete ich für nichts im Vergleich
mit ihr.
9 Einen unschätzbaren Edelstein stellte ich
ihr nicht gleich; / denn alles Gold erscheint
neben ihr wie ein wenig Sand / und Silber gilt
ihr gegenüber so viel wie Lehm.
10 Mehr als Gesundheit und Schönheit lieb-
te ich sie / und zog ihren Besitz dem Lichte
vor; / denn niemals erlischt der Glanz, der von
ihr ausstrahlt.
11 Zugleich mit ihr kam alles Gute zu mir, /
unzählbare Reichtümer waren in ihren Händen.

12 Ich freute mich über sie alle, / weil die
Weisheit lehrt, sie richtig zu gebrauchen, /
wusste aber nicht, dass sie auch deren Ursprung ist.
13 Uneigennützig lernte ich und neidlos gebe
ich weiter; / ihren Reichtum verberge ich
nicht bei mir.
14 Ein unerschöpflicher Schatz ist sie für die
Menschen; / die ihn erwerben, erlangen die
Freundschaft Gottes. / Sie sind empfohlen
durch die Gaben der Bildung.
15 Mir aber gewähre Gott, nach meiner Einsicht zu sprechen / und zu denken, wie die
empfangenen Gaben es wert sind;
denn er ist der Führer der Weisheit / und
hält die Weisen auf dem rechten Weg.
16 Wir und unsere Worte sind in seiner
Hand, / auch alle Klugheit und praktische Erfahrung.
17 Er verlieh mir untrügliche Kenntnis der
Dinge, / den Aufbau der Welt und das Wirken
der Elemente zu verstehen,
18 Anfang und Ende und Mitte der Zeiten, /
die Abfolge der Sonnenwenden und den Wandel der Jahreszeiten,
19 den Kreislauf der Jahre und die Stellungen
der Sterne,
20 die Natur der Tiere und die Wildheit der
Raubtiere, / die Gewalt der Geister und die
Gedanken der Menschen, / die Verschiedenheit der Pflanzen und die Kräfte der Wurzeln.
21 Alles Verborgene und alles Offenbare habe
ich erkannt; / denn es lehrte mich die Weisheit, die Werkmeisterin aller Dinge.
22 In ihr ist nämlich ein Geist, vernunftvoll,
heilig, / einzigartig, mannigfaltig, zart, / beweglich, durchdringend, unbefleckt, / klar,
unverletzlich, das Gute liebend, scharf,
23 nicht zu hemmen, wohltätig, menschenfreundlich, / fest, sicher, ohne Sorge,
alles vermögend, alles überschauend / und
alle Geister durchdringend, / die gedankenvollen, reinen und zartesten.
24 Die Weisheit ist beweglicher als alle Bewegung; / in ihrer Reinheit durchdringt und
durchwaltet sie alles.
25 Sie ist ein Hauch der Kraft Gottes / und
reiner Ausfluss der Herrlichkeit des Allherrschers; / darum dringt nichts Verunreinigtes
in sie ein.
26 Sie ist der Widerschein des ewigen
Lichts, / der ungetrübte Spiegel von Gottes
Kraft, / das Bild seiner Güte.
27 Sie ist nur eine und vermag doch alles; /
ohne sich zu ändern, erneuert sie alles.
Von Geschlecht zu Geschlecht tritt sie in
heilige Seelen ein / und schafft Freunde Gottes und Propheten;
28 denn Gott liebt nur den, / der mit der
Weisheit zusammenwohnt.
29 Sie ist schöner als die Sonne / und übertrifft jedes Sternbild. / Sie erweist sich strahlender als das Licht;
30 denn diesem folgt die Nacht, / doch über
die Weisheit siegt keine Schlechtigkeit.

7,1: Gen 2,7 / **8:** Spr 8,11 / **9:** Spr 3,14 / **10:** 1 Kön 3,13 / **11:** Spr 3,16; 8,18 / **16:** Ex 31,3.6 / **17–20:** 1 Kön 5,9–14; Spr 1,1–7 / **25:** Sir 24,3 / **26:** Hebr 1,3; Kol 1,15 / **27:** Ps 104,24.30 / **28:** Sir 4,14

8

1 Sie entfaltet ihre Kraft von einem Ende
zum andern / und durchwaltet voll Güte
das All.
2 Sie habe ich geliebt und gesucht von Jugend
auf, / ich suchte sie als Braut heimzuführen /
und wurde Liebhaber ihrer Schönheit.
3 Im Umgang mit Gott beweist sie ihren
Adel, / der Herr über das All gewann sie lieb.
4 Eingeweiht in das Wissen Gottes, / bestimmte sie seine Werke.
5 Ist Reichtum begehrenswerter Besitz im
Leben, / was ist dann reicher als die Weisheit,
die in allem wirkt?
6 Wenn Klugheit wirksam ist, / wer von allem Seienden ist eine größere Werkmeisterin
als sie?
7 Wenn jemand Gerechtigkeit liebt, / in ihren Mühen findet er die Tugenden.
Denn sie lehrt Maß und Klugheit, / Gerechtigkeit und Tapferkeit. / Nützlicheres als diese
gibt es nicht im Leben der Menschen.
8 Wenn jemand nach reicher Erfahrung
strebt: / Sie kennt das Vergangene und errät
das Kommende,
sie versteht, die Worte schön zu formen und
Rätsel zu lösen; / sie weiß im Voraus Zeichen
und Wunder / und kennt den Ausgang von
Perioden und Zeiten.
9 So beschloss ich, sie als Lebensgefährtin
heimzuführen; / denn ich wusste, dass sie mir
guten Rat gibt / und Ermutigung in Sorge und
Leid.
10 Mit ihr werde ich Ruhm beim Volke haben / und trotz meiner Jugend vom Alter geehrt sein.
11 Ich werde als scharfsinniger Richter gelten / und in den Augen der Mächtigen Staunen
erregen.

12 Schweige ich, so warten sie, spreche ich,
so merken sie auf, / rede ich länger, / so legen
sie die Hand auf den Mund.
13 Mit ihr werde ich Unsterblichkeit erlan-
gen / und ewigen Ruhm bei der Nachwelt
hinterlassen.
14 Völker werde ich regieren / und Nationen
werden mir untertan sein.
15 Schreckliche Tyrannen werden mich
fürchten, wenn sie von mir hören; / in der
Volksversammlung werde ich mich als tüchtig
und im Krieg als tapfer erweisen.
16 Komme ich nach Hause, / dann werde ich
bei ihr ausruhen;
denn der Umgang mit ihr hat nichts Bitteres, /
das Leben mit ihr kennt keinen Schmerz, /
sondern nur Frohsinn und Freude.
17 Als ich dies bei mir überlegte / und in
meinem Herzen erwog, / dass Verwandt-
schaft mit der Weisheit Unsterblichkeit
bringt,
18 die Freundschaft mit ihr reine Freude /
und die Mühen ihrer Hände unerschöpflichen
Reichtum,
dass stete Übung des Umgangs mit ihr Klug-
heit bringt / und das Zwiegespräch mit ihr
Ruhm –, / da ging ich auf die Suche nach ihr,
um sie heimzuführen.
19 Ich war ein begabtes Kind und hatte eine
gute Seele erhalten / 20 oder vielmehr: Gut,
wie ich war, kam ich in einen unverdorbenen
Leib.
21 Ich erkannte aber, dass ich die Weisheit
nur als Geschenk Gottes erhalten könne – /
und schon hier war es die Klugheit, die mich
erkennen ließ, wessen Geschenk sie ist.
Daher wandte ich mich an den Herrn und
flehte zu ihm / und sprach aus meinem ganzen
Herzen:

8,2: Sir 51,13–21 / **8**: Spr 1,6; Sir 42,19; Ex 7,3; Ps 78,43 / **12**: Ijob 29,7–10.21–23 / **14**: Ps 47,4; Spr 8,15f. / **15f.**: Sir 15,5f. / **21**: Dtn 4,29; 6,5

SALOMOS GEBET UM WEISHEIT: 9,1–18

9
1 Gott der Väter und Herr des Erbar-
mens, / du hast das All durch dein Wort
gemacht.
2 Den Menschen hast du durch deine Weis-
heit bereitet, / damit er über deine Geschöpfe
herrscht.
3 Er soll die Welt in Heiligkeit und Gerech-
tigkeit leiten / und Gericht halten in rechter
Gesinnung.
4 Gib mir die Weisheit, die an deiner Seite
thront, / und verstoß mich nicht aus der Schar
deiner Kinder!
5 Ich bin ja dein Knecht, der Sohn deiner
Magd, / ein schwacher Mensch, dessen Leben
nur kurz ist / und zu gering an Einsicht in
Recht und Gesetz.
6 Wäre einer auch vollkommen unter den
Menschen, / er wird kein Ansehen genießen,
wenn ihm deine Weisheit fehlt.
7 Du bist es, der mich zum König deines Vol-
kes / und zum Richter deiner Söhne und
Töchter erwählt hat.
8 Du hast befohlen, einen Tempel auf dei-
nem heiligen Berg zu bauen / und einen Altar
in der Stadt deiner Wohnung, / ein Abbild des
heiligen Zeltes, das du von Anfang an entwor-
fen hast.
9 Mit dir ist die Weisheit, die deine Werke
kennt / und die zugegen war, als du die Welt
erschufst.
Sie weiß, was wohlgefällig ist in deinen
Augen / und was recht ist nach deinen Ge-
boten.
10 Sende sie vom heiligen Himmel / und
schick sie vom Thron deiner Herrlichkeit,
damit sie bei mir sei und alle Mühe mit mir
teile / und ich erkenne, was wohlgefällig ist
bei dir!
11 Denn sie weiß und versteht alles; / sie
wird mich in meinem Tun besonnen leiten /
und mich in ihrem Lichtglanz schützen.
12 Dann wird dir mein Handeln gefallen; /
ich werde dein Volk gerecht richten / und des
Throns meines Vaters würdig sein.
13 Denn welcher Mensch kann Gottes Plan
erkennen / oder wer begreift, was der Herr
will?
14 Unsicher sind die Überlegungen der
Sterblichen / und einfältig unsere Gedan-
ken;
15 denn ein vergänglicher Leib beschwert die
Seele / und das irdische Zelt belastet den um
vieles besorgten Verstand.
16 Wir erraten kaum, was auf der Erde vor-
geht, / und finden nur mit Mühe, was auf der
Hand liegt; / wer ergründet, was im Himmel
ist?
17 Wer hat je deinen Plan erkannt, wenn du
ihm nicht Weisheit gegeben / und deinen hei-
ligen Geist aus der Höhe gesandt hast?

18 [19] So wurden die Pfade der Erdenbewohner gerade gemacht / und die Menschen lernten, was dir gefällt; / durch die Weisheit wurden sie gerettet.

1: Ex 3,13.15; 4,5; 1 Chr 29,18–20; Ex 34,6f.; Gen 1 / **2**: Jes 43,1–7; 45,7; Jer 10,12 / **3**: 1 Kön 3,6.9; 9,4; Lk 1,75 / **4**: 2 Chr 1,10 / **5**: Ps 116,16; Ijob 14,1 / **8**: 1 Kön 5,19; Ex 25,8f.40; Ex 15,17 / **9**: Spr 8,22–31 / **10**: Ps 43,3 / **12**: 1 Kön 3,9 / **13**: Sir 16,20; Röm 11,34 / **17**: Jes 32,15 / **18**: Bar 4,4

DAS RETTENDE WIRKEN DER WEISHEIT VOM ANFANG BIS ZUM EXODUS: 10,1–11,1

10 1 Sie hat den Urvater der Welt / nach seiner Erschaffung behütet, als er noch allein war; / sie hat ihn aus seiner Verfehlung befreit

2 und ihm die Kraft gegeben, über alles zu herrschen.

3 Ein Ungerechter aber, der in seinem Zorn von ihr abfiel, / ging durch seine Leidenschaften zugrunde, die ihn zum Brudermord trieben.

4 Die Weisheit hat die Erde, die seinetwegen überflutet wurde, wieder gerettet / und den Gerechten auf wertlosem Holz durch die Wasser gesteuert.

5 Als die Völker, einmütig in ihrer Schlechtigkeit, verwirrt wurden, / erwählte sie den Gerechten und behütete ihn ohne Tadel vor Gott / und ließ ihn stark bleiben trotz der Liebe zu seinem Kind.

6 Als die Gottlosen zugrunde gingen, rettete sie einen Gerechten, / als er vor dem Feuer floh, das auf die fünf Städte fiel;

7 von ihrer Schlechtigkeit zeugen heute noch / rauchendes Ödland / und Pflanzen, die zur Unzeit Früchte tragen, / und eine Salzsäule ragt als Denkmal einer ungläubigen Seele empor.

8 Jene, die an der Weisheit achtlos vorübergingen, / erlitten nicht nur Schaden, weil sie das Gute nicht erkannten, / sondern sie hinterließen auch den Lebenden ein Mahnmal ihrer Torheit. / So konnte nicht verborgen bleiben, worin sie sich verfehlt hatten.

9 Die Weisheit aber rettete ihre Diener aus jeglicher Mühsal.

10 Einen Gerechten, der vor dem Zorn des Bruders floh, / geleitete sie auf geraden Wegen, / zeigte ihm das Reich Gottes / und gab ihm Kenntnis von Heiligem.

Sie machte ihn reich bei seiner harten Arbeit / und vermehrte den Ertrag seiner Mühen.

11 Sie half ihm gegen die Habsucht seiner Unterdrücker / und verschaffte ihm Wohlstand.

12 Sie beschützte ihn vor seinen Feinden / und gab ihm Sicherheit vor denen, die ihm auflauerten.

In einem harten Kampf verlieh sie ihm den Siegespreis, / damit er erkannte, dass Gottesfurcht stärker als alles andere ist.

13 Einen Gerechten, der verkauft worden war, ließ sie nicht im Stich, / sondern rettete ihn vor der Sünde.

14 Sie stieg mit ihm in die Grube hinab / und verließ ihn während seiner Gefangenschaft nicht, / bis sie ihm das königliche Zepter brachte / und Gewalt über seine Bedrücker.

Sie überführte alle, die ihn beschuldigt hatten, als Lügner / und verlieh ihm ewigen Ruhm.

15 Sie hat ein heiliges Volk, ein untadeliges Geschlecht, / aus einer Nation gerettet, die es unterdrückte.

16 Sie ging in die Seele eines Dieners des Herrn ein / und widerstand schrecklichen Königen durch Zeichen und Wunder.

17 Sie gab den Heiligen den Lohn ihrer Mühen / und geleitete sie auf wunderbarem Weg.

Sie wurde ihnen am Tag zum Schutz / und in der Nacht zum Sternenlicht.

18 Sie ließ sie durch das Rote Meer gehen / und geleitete sie durch gewaltige Wasser.

19 Ihre Feinde aber überflutete sie / und spülte sie aus der Tiefe des Abgrunds empor.

20 Darum plünderten die Gerechten die Gottlosen aus, / sie priesen, Herr, deinen heiligen Namen / und lobten einmütig deine Hand, die für sie kämpfte.

21 Denn die Weisheit hat den Mund der Stummen geöffnet / und die Zungen der Unmündigen beredt gemacht.

11 1 Sie ließ alles gelingen, was sie unter der Führung des heiligen Propheten unternahmen.

10,1-2: Gen 1–3 / **4**: Gen 4–9 / **5**: Gen 11–12; 15; 17; 22 / **6**: Gen 19,23–25; 14,2.8 / **7**: Gen 19,26 / **10**: Gen 27,41–45; Ps 27,11; 23,2 / **11**: Gen 29–31 / **12**: Gen 31,22–54; 32,4–13.25–31; Hos 12,5 / **14**: Gen 37,24; 39,21f.; Dan 3,49; Gen 45,13 / **15**: Ex 1; 2,23–6,1 / **16**: Ex 7–12 / **17**: Ex 12,35f.; 13,17–22 / **18**: Ex 14,30; 15,1–21; Jes 43,16

11,1: Hos 12,14; Lev 26,46; Gal 3,19

9,18 Die Vg zählt mit der altlat. Übersetzung 9,18c als 9,19a und fügt als 9,19b hinzu: alle, die dir, Herr, von Anfang an gefallen haben.

GOTT PREISENDE VERGEGENWÄRTIGUNG DER RETTUNGSGESCHICHTE SEINES VOLKES SEIT DEM EXODUS ALS MOTIVATION FÜR EIN LEBEN IN GERECHTIGKEIT: 11,2–19,22

WASSER ALS STRAFE UND ALS WOHLTAT: 11,2–14

2 Sie zogen durch eine unbewohnte Wüste /
und schlugen in unwegsamen Gegenden ihre
Zelte auf.
3 Sie widerstanden Feinden und wehrten
Gegner ab.
4 Als sie dürsteten und dich anriefen, / wur-
de ihnen Wasser aus schroffem Fels gege-
ben, / ein Heilmittel gegen den Durst aus
hartem Stein.
5 Denn wodurch ihre Feinde bestraft wur-
den, / dadurch empfingen sie Wohltaten in
ihrer Not.
6 Die ständig fließende Quelle / wurde
durch schmutziges Blut getrübt.
7 So wurden jene für den befohlenen Kin-
dermord gestraft. / Diesen aber gabst du wider
Erwarten reichlich Wasser,
8 nachdem du ihnen vorher durch ihren
Durst gezeigt hattest, / wie ihre Gegner von
dir bestraft wurden.
9 Denn als sie geprüft und, wenn auch nur
milde, zurechtgewiesen wurden, / da erkann-
ten sie, wie die Gottlosen im Zorn gerichtet
und gepeinigt worden waren.
10 Sie hast du wie ein mahnender Vater auf
die Probe gestellt, / die Frevler aber wie ein
strenger König untersucht und verurteilt.
11 Alle ohne Ausnahme wurden in gleicher
Weise geplagt;
12 denn zweifaches Leid und Seufzen brach-
te ihnen / die Erinnerung an das Vergangene:
13 Als sie nämlich hörten, dass durch ihre
eigene Bestrafung / jene Wohltaten erhalten
hatten, da spürten sie den Herrn.
14 Den sie einst ausgesetzt und weggewor-
fen, den sie mit Hohn abgewiesen hatten, /
den mussten sie am Ende von allem bestau-
nen, / nachdem sie einen ganz anderen Durst
gelitten hatten als die Gerechten.

3: Ps 118,10–12 / **4**: Ex 17,1–7; Num 20,2–11; Dtn 8,15 / **6**: Ex 7,17f.; Ps 78,44; 105,29 / **7**: Ex 1,15–22; Hebr 11,23 / **10**: Dtn 8,5; Spr 3,11f. / **14**: Ps 42,3; 62,2

STRAFEN UND WOHLTATEN DURCH TIERE UND ZWEI GRUNDSÄTZLICHE ÜBERLEGUNGEN ZU STRAFEN DURCH GOTT: 11,15–16,14

15 Zur Strafe für ihre unverständigen und un-
rechten Gedanken, / von denen irregeführt sie
vernunftlose Kriechtiere und unbedeutendes
Getier verehrten, / sandtest du ihnen eine
Menge vernunftloser Tiere.
16 Sie sollten erkennen: Man wird durch das
bestraft, wodurch man sündigt.
17 Für deine allmächtige Hand, die aus unge-
formtem Stoff die Welt geschaffen hat, / wäre
es keine Schwierigkeit gewesen, / eine Menge
von Bären gegen sie zu senden oder grimmige
Löwen
18 oder unbekannte Tiere voll unerhörter
Wut, / die feuersprühenden Atem hauchen /
oder zischenden Qualm ausstoßen / oder ent-
setzliche Funken aus den Augen sprühen.
19 Nicht nur ihre schädliche Gewalt hätte sie
zermalmen, / schon ihr Furcht erregender
Anblick hätte sie vernichten können.
20 Aber abgesehen davon hätten sie durch
einen einzigen Hauch fallen können, / ver-
folgt von deinem Gericht / und fortgeweht
vom Sturm deiner Macht. / Du aber hast alles
nach Maß, Zahl und Gewicht geordnet.
21 Denn du bist immer imstande, deine gro-
ße Macht zu entfalten. / Wer könnte der Kraft
deines Arms widerstehen?
22 Die ganze Welt ist ja vor dir wie ein Stäub-
chen auf der Waage, / wie ein Tautropfen, der
am Morgen zur Erde fällt.
23 Du hast mit allen Erbarmen, weil du alles
vermagst, / und siehst über die Sünden der
Menschen hinweg, damit sie umkehren.
24 Du liebst alles, was ist, / und verabscheust
nichts von dem, was du gemacht hast; / denn
hättest du etwas gehasst, so hättest du es nicht
geschaffen.
25 Wie könnte etwas ohne deinen Willen
Bestand haben / oder wie könnte etwas erhal-
ten bleiben, das nicht von dir ins Dasein geru-
fen wäre?
26 Du schonst alles, weil es dein Eigentum
ist, Herr, du Freund des Lebens.

15: Ex 7,4f. / **17**: Gen 1,2 / **18**: Ijob 41,10–14 / **20**: Ijob 4,9; Sir 1,9 / **21**: 2 Chr 20,6 / **22**: Jes 40,12–15 / **23**: Ps 145,9 / **26**: Jona 4,11

12 1 Denn in allem ist dein unvergänglicher Geist.

2 Darum bestrafst du die Sünder nur nach und nach; / du mahnst sie und erinnerst sie an ihre Sünden, / damit sie sich von der Schlechtigkeit abwenden und an dich glauben, Herr.

3 Du hast auch die früheren Bewohner deines heiligen Landes gehasst,

4 weil sie abscheuliche Verbrechen verübten, / Zauberkünste und unheilige Riten;

5 sie waren erbarmungslose Kindermörder / und verzehrten beim Kultmahl Menschenfleisch und Menschenblut; / sie waren Teilnehmer an geheimen Kulten

6 und sie waren Eltern, die mit eigener Hand hilflose Wesen töteten / – sie alle wolltest du vernichten durch die Hände unserer Väter;

7 denn das Land, das dir vor allen anderen teuer ist, / sollte eine seiner würdige Bevölkerung von Gotteskindern erhalten.

8 Doch selbst jene hast du geschont, weil sie Menschen waren; / du sandtest deinem Heer Wespen voraus, / um sie nach und nach zu vernichten.

9 Obgleich du die Macht hattest, in einer Schlacht die Gottlosen den Gerechten in die Hand zu geben / oder sie durch entsetzliche Tiere oder ein Wort mit einem Schlag auszurotten,

10 vollzogst du doch erst nach und nach die Strafe und gabst Raum zur Umkehr. / Dabei wusstest du genau, dass ihr Ursprung böse / und ihre Schlechtigkeit angeboren war / und dass sich ihr Denken in Ewigkeit nicht ändern werde;

11 sie waren schon von Anfang an eine verfluchte Nachkommenschaft. / Keine Furcht vor irgendjemand hat dich dazu bestimmt, sie für ihre Sünden ohne Strafe zu lassen.

12 Denn wer darf sagen: Was hast du getan? / Wer vermag sich deinem Urteilsspruch zu widersetzen?

Wer könnte dich anklagen wegen des Untergangs von Völkern, die du selbst geschaffen hast? / Wer wollte vor dich treten als Anwalt ungerechter Menschen?

13 Denn es gibt keinen Gott außer dir, der für alles Sorge trägt; / daher brauchst du nicht zu beweisen, dass du gerecht geurteilt hast.

14 Kein König und kein Herrscher kann dich zur Rede stellen wegen der Menschen, die du gestraft hast.

15 Gerecht, wie du bist, verwaltest du das All gerecht / und hältst es für unvereinbar mit deiner Macht, / den zu verurteilen, der keine Strafe verdient.

16 Deine Stärke ist die Grundlage deiner Gerechtigkeit / und deine Herrschaft über alles lässt dich alles schonen.

17 Stärke beweist du, wenn man an deine unbeschränkte Macht nicht glaubt, / und bei denen, die sie kennen, strafst du die anmaßende Auflehnung.

18 Weil du über Stärke verfügst, richtest du in Milde / und behandelst uns mit großer Schonung; / denn die Macht steht dir zur Verfügung, wann immer du willst.

19 Durch solches Handeln hast du dein Volk gelehrt, / dass der Gerechte menschenfreundlich sein muss,

und hast deinen Söhnen und Töchtern die Hoffnung geschenkt, / dass du den Sündern die Umkehr gewährst.

20 Du hast die Feinde deiner Kinder, auch wenn sie den Tod verdienten, / sehr nachsichtig gestraft

und sie gerettet, indem du ihnen Zeit und Raum gabst, / sich von ihrer Schlechtigkeit abzuwenden.

21 Aber wie viel umsichtiger noch hast du deine Söhne bestraft, / deren Vätern du Gutes verheißen hast, als du mit ihnen unter Eid den Bund schlossest.

22 Während du uns erziehst, geißelst du unsere Feinde zehntausendfach, / damit wir als Richter uns um deine Güte bemühen / und auf Erbarmen hoffen, wenn wir selber vor dem Gericht stehen.

23 Daher hast du jene, die in Torheit und Unrecht dahinlebten, / mit ihren eigenen Gräueln gepeinigt.

24 Allzu weit waren sie in die Irre gegangen, / als sie die allerhässlichsten und verachtetsten Tiere für Götter hielten / und wie unverständige Kinder sich täuschen ließen.

25 Darum hast du ihnen wie unvernünftigen Kindern eine Strafe gesandt, die sie zum Gespött machte.

26 Die sich aber durch eine Strafe, die sie zum Gespött macht, nicht warnen ließen, / die werden eine Strafe erleiden, die der Macht Gottes entspricht.

27 In ihren Leiden wurden sie zornig / über
die Tiere, die sie für Götter hielten und mit
denen sie jetzt gestraft wurden.

So erfuhren sie jenen, von dem sie vorher
nichts wissen wollten, und erkannten ihn als
den wahren Gott; / deshalb war ja auch die
äußerste Strafe über sie gekommen.

1: Ps 104,30 / 6: Jos 11,14.20 / 7: Dtn 11,12; Ps 47,5 / 11: Gen 9,25 / 12: Jes 45,9; Ijob 9,12.19 / 13: Jes 44,6; Sir 36,4 / 15: Ps 9,9; 11,7 / 19: Spr 19,18 G / 21: Gen 15,18; Dtn 7,8 / 22: Spr 3,11f. / 27: Ex 5,2

13

1 Ohne Verstand waren von Natur aus
alle Menschen, denen die Gotteser-
kenntnis fehlte. / Aus den sichtbaren Gütern
vermochten sie nicht den Seienden zu erken-
nen. / Beim Anblick der Werke erkannten sie
den Meister nicht,

2 sondern hielten das Feuer, den Wind, die
flüchtige Luft, den Kreis der Gestirne, die ge-
waltige Flut / oder die Welt beherrschenden
Himmelsleuchten für Götter.

3 Wenn sie diese, entzückt über ihre Schön-
heit, schon für Götter hielten, / dann hätten
sie auch erkennen sollen, wie viel besser ihr
Gebieter ist, / denn der Urheber der Schönheit
hat sie erschaffen.

4 Und wenn sie über ihre Macht und Wirk-
kraft in Staunen gerieten, / dann hätten sie
auch erkennen sollen, wie viel mächtiger jener
ist, der sie geschaffen hat;

5 denn aus der Größe und Schönheit der Ge-
schöpfe / wird in Entsprechung ihr Schöpfer
erschaut.

6 Dennoch trifft sie nur geringer Tadel: /
Vielleicht suchen sie Gott und wollen ihn fin-
den, / gehen aber dabei in die Irre.

7 Sie verweilen bei der Erforschung seiner
Werke / und lassen sich durch den Augen-
schein täuschen; denn schön ist, was sie
schauen.

8 Doch auch sie sind unentschuldbar;

9 wenn sie durch ihren Verstand schon fähig
waren, / die Welt zu erforschen, / warum fan-
den sie dann nicht eher den Gebieter von all-
dem?

10 Unselig aber sind jene, die auf Totes ihre
Hoffnung setzen / und Werke von Menschen-
hand als Götter bezeichnen, / Gold und Silber,
handwerklich Gestaltetes / und Nachbildun-
gen von Lebewesen / oder einen nutzlosen
Stein, ein Werk alter Herkunft.

11 Da sägte ein Holzschnitzer einen geeigneten
Baum ab, / entrindete ihn ringsum geschickt,
bearbeitete ihn sorgfältig / und machte da-
raus ein nützliches Gerät für den täglichen
Gebrauch.

12 Die Abfälle seiner Arbeit verwendete er, /
um sich die Nahrung zu bereiten, und aß sich
satt.

13 Was dann noch übrig blieb und zu nichts
brauchbar war, / ein krummes, knotiges Stück
Holz,
das nahm er, schnitzte daran so eifrig und
fachgemäß, wie man es tut, wenn man am
Abend von der Arbeit abgespannt ist, / form-
te es zum Bild eines Menschen

14 oder machte es einem armseligen Tier ähn-
lich, / beschmierte es mit Mennig und roter
Schminke, / überstrich alle schadhaften Stellen,

15 schuf ihm einen passenden Ort, / stellte
es an der Wand auf und befestigte es mit Eisen.

16 So sorgte er dafür, dass es nicht herunter-
fiel, / wusste er doch, dass es sich nicht helfen
kann; / es ist ja nur ein Bild und braucht Hilfe,

17 aber wenn er um Besitz, Ehe und Kinder
betet, / dann schämt er sich nicht, das Leblose
anzureden. / Um Gesundheit ruft er das
Schwache an,

18 Leben begehrt er vom Toten, / Hilfe er-
fleht er vom ganz Unerfahrenen / und gute
Reise von dem, was nicht einmal den Fuß be-
wegen kann.

19 Für seine Arbeit, für Gewinn und Erfolg
seines Handwerks / bittet er um Kraft von ei-
nem, dessen Hände völlig kraftlos sind.

1: Jes 44,9; Ps 92,7; Röm 1,19f. / 10ff.: Ps 115,4–8; 135,13–18; Jes 44,9–19 / 11: Jes 40,20

14

1 Ein anderer, der sich zu einer Seefahrt
rüstet, auf der er wilde Wogen durch-
queren wird, / ruft ein Holz an, das gebrech-
licher ist als das Schiff, das ihn trägt.

2 Das Fahrzeug hat der Erwerbstrieb erson-
nen, / die Meisterin Weisheit aber hat es ge-
schaffen.

3 Deine Vorsehung, Vater, steuert es; / denn
du hast auch im Meer einen Weg gebahnt /
und in den Wogen einen sicheren Pfad.

4 Damit zeigst du, dass du imstande bist, aus
jeder Lage zu retten, / sodass jemand auch
ohne handwerkliche Fertigkeit ein Schiff be-
steigen kann.

5 Du willst, dass die Werke deiner Weisheit
nicht ungenutzt bleiben. / Darum vertrauen
Menschen ihr Leben sogar einem winzigen

13,1 Der Seiende ist die griechische Deutung des Gottesnamens in Ex 3,14.

Holz an, / und welche die Flut auf einem Floß
durchquerten, wurden gerettet.
6 So hat auch in der Urzeit beim Untergang
der überheblichen Riesen / die Hoffnung der
Welt sich auf ein Floß geflüchtet / und, durch
deine Hand gesteuert, der Welt den Samen
eines neuen Geschlechtes hinterlassen.
7 Denn Segen ruht auf dem Holz, durch das
Gerechtigkeit geschieht.
8 Fluch hingegen trifft das von Händen ge-
formte Holz und seinen Bildner, / ihn, weil er
es bearbeitet hat, jenes, weil es Gott genannt
wurde, obwohl es vergänglich ist.
9 Denn Gott sind in gleicher Weise der Gott-
lose wie seine Gottlosigkeit verhasst;
10 mit dem Bildner wird sein Werk der Stra-
fe verfallen.
11 Darum kommt auch über die Götzenbil-
der der Völker das Gericht, / weil sie in Gottes
Schöpfung zum Gräuel geworden sind, / zu
Fallen für die Seelen der Menschen / und zur
Schlinge für die Füße der Toren.
12 Das Ersinnen von Götzenbildern war An-
fang der Untreue, / ihre Erfindung führte zur
Sittenverderbnis.
13 Weder waren sie von Anfang an da noch
werden sie ewig bleiben.
14 Durch die eitle Ruhmsucht der Menschen
sind sie in die Welt gekommen, / darum ist
ihnen auch ein jähes Ende zugedacht.
15 Bedrückt durch allzu frühe Trauer, ließ ein
Vater / von seinem Kind, das gar schnell hin-
weggerafft wurde, ein Bildnis machen;
so ehrte er einen toten Menschen als Gott /
und führte bei seinen Untergebenen Geheim-
kulte und Riten ein.
16 Im Lauf der Zeit verfestigte sich der gott-
lose Brauch und wurde wie ein Gesetz be-
folgt, / die Standbilder erhielten auf Anord-
nung der Herrscher göttliche Verehrung.
17 Konnten die Menschen einen König nicht
unmittelbar ehren, weil er weit weg wohnte, /
dann bildeten sie das Aussehen des Fernen ab;
sie machten von dem verehrten König ein
Bildnis, das allen sichtbar war, / um dem Ab-
wesenden wie einem Anwesenden mit Eifer
zu huldigen.
18 Der Ehrgeiz des Künstlers führte zur Aus-
breitung der Verehrung / auch bei denen, die
den Geehrten gar nicht kannten.
19 Wohl um dem Herrscher zu gefallen, /
bot er seine ganze Kunst auf, um ihn schöner
darzustellen, als er war.
20 Vom Glanz des Werkes hingerissen, hielt
die Menge / den, der noch kurz zuvor nur als
Mensch geehrt wurde, jetzt für anbetungs-
würdig.
21 Dies ist dem Leben zum Verhängnis ge-
worden: / Die Menschen haben, unter dem
Druck von Unglück oder Herrschermacht, /
Stein und Holz den Namen beigelegt, der mit
niemand geteilt werden kann.
22 Als ob es nicht genug wäre, in der Erkennt-
nis Gottes zu irren, / nennen sie in dem gro-
ßen Krieg, den die Unwissenheit in ihr Leben
bringt, / so große Übel auch noch Frieden.
23 Sie feiern kindermörderische Einwei-
hungsriten oder geheime Kulte / oder wilde
Gelage nach fremdartigen Sitten
24 und halten weder Leben noch Ehen rein, /
sondern einer tötet heimtückisch den andern
oder beleidigt ihn durch Ehebruch.
25 Alles ist ein wirres Gemisch von Blut und
Mord, Diebstahl und Betrug, Verdorbenheit,
Untreue, Aufruhr und Meineid;
26 es herrscht Umkehrung der Werte, un-
dankbare Vergesslichkeit, / Befleckung der See-
len, Vertauschung der Geschlechter, / Zerrüt-
tung der Ehen, Ehebruch und Zügellosigkeit.
27 Die Verehrung der namenlosen Götzen-
bilder / ist aller Übel Anfang, Ursache und
Höhepunkt.
28 Sie rasen im Freudentaumel, weissagen
Lügen, / leben in Ungerechtigkeit oder schwö-
ren leichthin einen Meineid.
29 Im Vertrauen auf leblose Götzen / erwar-
ten sie nicht, dass ihre Meineide ihnen scha-
den könnten.
30 Jedoch für beides wird sie die gerechte
Strafe treffen: / dass sie falsch dachten über
Gott, indem sie Götzenbilder verehrten, / und
dass sie unter Missachtung der Heiligkeit des
Eides hinterlistig und ungerecht schworen.
31 Es ist nie die Macht derer, bei denen sie
schworen, / sondern immer das die Sünder
strafende Recht, / das die Vergehen der Unge-
rechten verfolgt.

2: Ex 31,3; 35,31–33 / **3:** Jes 43,16; Ps 77,20 / **4:** Ps 106,8–10 / **6:** Gen 6–8; Ijob 14,7 / **8:** Dtn 27,15 / **9f.:** Dtn 7,25f. / **11:** Jer 10,15; Jos 23,13; Ps 140,6; 141,9 / **21:** Jes 42,8 / **22:** Hos 4,1f.; Röm 1,24–32 / **27:** Ex 23,13; Jos 23,7

15 1 Du aber, unser Gott, bist gütig und
wahrhaftig, / langmütig und mit Erbar-
men alles regierend.
2 Auch wenn wir sündigen, gehören wir dir,
da wir deine Stärke kennen; / doch wir werden

nicht sündigen, da wir wissen, dass wir dein
Eigentum sind.
3 Denn es ist vollendete Gerechtigkeit, dich
zu kennen; / und um deine Stärke zu wissen
ist die Wurzel der Unsterblichkeit.
4 Die Böses wirkende Erfindung der Men-
schen hat uns nicht verführt, / die unfrucht-
bare Arbeit der Maler, / eine mit bunten Farben
besudelte Gestalt.
5 Ihr Anblick erregt die Sehnsucht der Toren /
und weckt in ihnen das Verlangen nach eines
toten Bildes Gestalt, die nicht atmen kann.
6 Liebhaber des Bösen und solcher Hoffnun-
gen würdig / sind alle, die es anfertigen, die
nach ihm verlangen und die es anbeten.
7 Der Töpfer knetet mühsam den weichen
Ton, / um jedes Gefäß zu unserem Gebrauch
zu formen.
Aus dem gleichen Lehm bildet er solche, /
die sauberen Zwecken dienen,
und solche für das Gegenteil, alle in gleicher
Weise; / über den Gebrauch eines jeden / ent-
scheidet, der den Lehm formt.
8 Aus dem gleichen Lehm formt er in ver-
kehrter Mühe auch einen nichtigen Gott, / er,
der vor Kurzem aus Erde entstand
und bald dorthin zurückkehrt, woher er ge-
nommen ist, / wenn die Leihgabe des Lebens
zurückgefordert wird.
9 Doch es kümmert ihn nicht, dass er ent-
schlafen wird / und nur ein kurzes Leben hat.
Er wetteifert mit Goldschmieden und Sil-
bergießern, er ahmt Kupferschmiede nach /
und sieht seinen Ruhm darin, Nachbildungen
zu formen.
10 Asche ist sein Herz, noch weniger wert als
Erdenstaub seine Hoffnung, / und sein Leben
ist wertloser als Lehm.
11 Denn er erkannte nicht den, der ihn ge-
formt hat, / den, der ihm eine wirkende Seele
eingehaucht / und Lebensgeist eingeblasen hat.
12 Nein, er hält unser Leben für ein Spiel, /
die Lebenszeit für einen einträglichen Jahr-
markt; / er sagt, man müsse aus allem, auch
aus Schlechtem, Gewinn ziehen.
13 Denn er weiß besser als alle, dass er sün-
digt, / wenn er aus dem gleichen Erdenstoff
nicht nur zerbrechliche Gefäße, sondern auch
Götzenbilder fertigt.
14 Ganz unverständig aber und ärmer als ei-
nes Kindes Seele / waren die Feinde, die dein
Volk unterdrückten.
15 Sie hielten alle Götzenbilder der Völker für
Götter, / Götter, die weder ihre Augen gebrau-
chen können, um zu sehen, / noch ihre Nase,
um die Luft einzuatmen, / noch ihre Ohren,
um zu hören, / noch die Finger ihrer Hände,
um zu tasten, / und deren Füße nicht gehen
können.
16 Ein Mensch hat sie gemacht, / einer, dem
der Geist nur geliehen ist, hat sie geformt; /
kein Mensch hat die Kraft, einen Gott zu bil-
den, der auch nur ihm selber ähnlich wäre.
17 Als Sterblicher schafft er mit frevelhaften
Händen nur Totes. / Er ist besser als seine an-
gebeteten Gebilde; / denn er bekam einmal
Leben, diese aber nie.
18 Sie verehren sogar die widerlichsten Tie-
re, / die dümmsten im Vergleich mit den an-
deren,
19 solche, die nicht einmal schön sind, sodass
man sie begehren könnte, soweit das beim
Anblick von Tieren möglich ist, / die zudem
Gottes Lob und seinen Segen verloren haben.

1–2: Ex 34,6–7; Nah 1,3.7; Ps 86,5 / **7**: Gen 2,7; Jer 18,3–6; Röm 9,21 / **8**: Gen 2,7; 3,19; Koh 12,7 / **11**: Gen 2,7 / **14**: Ex 1,13 / **15**: Dtn 4,28; Ps 115,4–7 / **19**: Gen 1,21f.25.28

16

1 Darum wurden sie mit Recht durch
ähnliche Tiere bestraft / und durch eine
Menge von Getier gequält.
2 Während sie auf solche Weise gestraft
wurden, / hast du deinem Volk eine Wohltat
erwiesen / und mit den Wachteln seinem hef-
tigen Verlangen eine fremdartige Nahrung
bereitet.
3 Während jenen in ihrem Hunger / das Ver-
langen nach Speise verging,
wegen der Hässlichkeit der gegen sie ge-
sandten Tiere, / bekamen diese nach nur kur-
zer Entbehrung / sogar eine fremde wohl-
schmeckende Speise.
4 Über jene Unterdrücker sollte unabwend-
barer Hunger kommen, / diesen aber brauch-
te nur gezeigt zu werden, wie ihre Feinde ge-
quält wurden.
5 Auch damals, als die schreckliche Wut wil-
der Tiere über sie hereinbrach / und sie durch
die Bisse tückischer Schlangen umkamen, /
dauerte dein Zorn nicht bis ans Ende.
6 Zur Warnung wurden sie nur kurz in
Schrecken versetzt / und bekamen ein Ret-
tungszeichen, damit sie sich an die Vorschrift
deines Gesetzes erinnerten.
7 Wer sich dorthin wandte, wurde nicht
durch das gerettet, was er anschaute, / son-
dern durch dich, den Retter aller.

8 Dadurch hast du unsere Feinde überzeugt, / dass du es bist, der aus allem Übel rettet.

9 Denn sie wurden durch die Bisse der Heuschrecken und Stechfliegen getötet, / ohne dass es ein Heilmittel für sie gab; / sie verdienten es ja, von solchen Tieren gezüchtigt zu werden.

10 Deine Söhne aber wurden nicht einmal durch die Zähne Gift spritzender Schlangen überwältigt; / denn dein Erbarmen kam ihnen zu Hilfe und heilte sie.

11 Sie wurden gebissen, aber schnell wieder gerettet, / damit sie sich an deine Worte erinnerten;

denn sie sollten nicht in tiefes Vergessen versinken, / sondern sich ungehindert deiner Wohltaten erfreuen.

12 Weder Kraut noch Wundpflaster machte sie gesund, / sondern dein Wort, Herr, das alles heilt.

13 Du hast Gewalt über Leben und Tod; / du führst zu den Toren der Unterwelt hinab und wieder herauf.

14 Ein Mensch kann zwar in seiner Bosheit töten; / doch den entschwundenen Geist holt er nicht zurück / und die hinweggeraffte Seele kann er nicht befreien.

1: Ex 7,27ff.; 8,20; Ps 78,45 / **2**: Ex 16,3.12f.; Num 11,4.18.31f. / **3**: Ps 78,45 / **5–10**: Num 21,4–9; Dtn 32,24; Joh 3,14f. / **6**: Jes 54,7–8 / **7**: Jes 45,21f. / **8**: Gen 48,16; Est 10,3(f) / **9**: Ex 8,12–28; 10,4–19 / **10**: Ps 91,13 / **12**: Ex 15,26; Num 21,8; Ps 103,3; 107,20 / **13**: Dtn 32,39; 1 Sam 2,6

VOM HIMMEL GESANDTES ALS STRAFE ODER ALS WOHLTAT: 16,15–29

15 Unmöglich ist es, deiner Hand zu entfliehen.

16 Denn die Gottlosen, die leugneten, dich zu kennen, / wurden durch die Kraft deines Armes gezüchtigt:

Ungewöhnliche Regengüsse, Hagelschauer und entsetzliche Wolkenbrüche peitschten auf sie nieder / und Feuer verzehrte sie.

17 Das Seltsamste war, dass das Wasser, das sonst alles löscht, / die Kraft des Feuers noch verstärkte; / denn die Natur kämpft für die Gerechten.

18 Das eine Mal wurde die Flamme gezähmt, / damit sie nicht die Tiere verzehrte, die gegen die Gottlosen gesandt waren; / diese sollten sehen und wissen, dass sie von Gottes Gericht verfolgt wurden.

19 Das andere Mal brannte die Flamme mit ungewöhnlicher Kraft mitten im Wasser, / um die Erzeugnisse des schuldbeladenen Landes zu vernichten.

20 Dein Volk dagegen nährtest du mit der Speise der Engel / und unermüdlich gabst du ihnen fertiges Brot vom Himmel, / das jeden Genuss gewährte und jedem Geschmack entsprach.

21 Was du zur Erhaltung des Lebens gewährst, offenbart deine zarte Liebe zu deinen Kindern. / Sie erfüllte das Verlangen eines jeden, der sie genoss, / und verwandelte sich in alles, was einer wollte.

22 Schnee und Eis hielten dem Feuer stand und schmolzen nicht. / Deine Kinder sollten erkennen, dass die Feldfrüchte der Feinde / vom Feuer vernichtet wurden, das im Hagel brannte / und in den Regengüssen blitzte,

23 und dass es umgekehrt sogar seine eigene Kraft vergaß, / damit die Gerechten Nahrung hätten.

24 Denn die Schöpfung, die dir, ihrem Schöpfer, dient, / steigert ihre Kräfte, um die Schuldigen zu bestrafen, / und hält sie zurück, um denen Gutes zu tun, die auf dich vertrauen.

25 Darum diente sie auch damals, als sie sich in alles veränderte, / deinem Geschenk, das alle ernährte, / um den Wunsch der Bittenden zu erfüllen.

26 Deine geliebten Söhne, Herr, sollten daraus lernen: / Nicht die Feldfrüchte ernähren den Menschen, / sondern dein Wort erhält alle, die dir vertrauen.

27 Denn dasselbe, das vom Feuer nicht vernichtet wurde, / schmolz sogleich, wenn es ein flüchtiger Sonnenstrahl erwärmte.

28 So sollte man erkennen, dass man, um dir zu danken, der Sonne zuvorkommen / und sich noch vor dem Aufgang des Lichtes an dich wenden muss.

29 Denn die Hoffnung des Undankbaren schmilzt wie winterlicher Reif / und verrinnt wie unnützes Wasser.

16–19: Ex 9,13–35 / **20**: Dtn 8,3.16; Num 11,7–9; Ex 16,14.31 / **21f.**: Ps 148,8; Num 11,7–8 / **25**: Ps 105,40 / **26**: Dtn 8,3; Mt 4,4; Lk 4,4 / **27**: Ex 16,21 / **28**: Ps 5,4; 57,9–11; 88,14; 90,14; 143,8

NACHT ALS STRAFE ODER ALS WOHLTAT: 17,1–18,4

17 1 Groß und schwierig darzulegen sind deine Gerichtsentscheide; / darum gingen unbelehrbare Seelen in die Irre.

2 Denn als die Gottlosen meinten, das heilige Volk zu unterdrücken, / lagen sie selber da als Gefangene der Finsternis und Gefesselte einer

langen Nacht, / eingeschlossen unter ihren Dächern, Flüchtlinge vor der ewigen Vorsehung.

3 Sie glaubten, mit ihren geheimen Sünden / unter der dunklen Decke der Vergessenheit verborgen zu sein;

da packte sie furchtbares Entsetzen. / Sie wurden durch Trugbilder aufgeschreckt und auseinandergejagt.

4 Auch der geheimste Winkel, in den sie sich flüchteten, konnte sie nicht vor Furcht bewahren; / verwirrendes Getöse umbrauste sie und düstere Gespenster mit finsteren Mienen tauchten auf.

5 Keine Gewalt irgendeines Feuers war stark genug, Licht zu bringen; / nicht einmal die strahlenden Flammen der Sterne / vermochten es, diese todesdunkle Nacht zu erhellen.

6 Es erschien ihnen nur / ein schauriger Feuerherd, der sich von selbst entzündet hatte;

wenn jener Anblick nicht mehr sichtbar war, hielten sie, / außer sich vor Entsetzen, die Dinge, die sie sahen, für noch schlimmer.

7 Da versagten die Gaukeleien der Zauberkunst / und die Überprüfung der prahlerischen Klugheit fiel schmählich aus.

8 Jene, die immer versprachen, Furcht und Verwirrung von der kranken Seele zu bannen, / krankten nun selber an einer lächerlichen Angst.

9 Auch wenn nichts Schreckliches sie ängstigte, / wurden sie durch vorbeiziehendes Getier und zischelnde Schlangen aufgescheucht / und vergingen vor Furcht. / Nicht einmal in die Luft wollten sie blicken, der man doch nirgends entfliehen kann.

10 Denn die Schlechtigkeit bezeugt ihre eigene Unsicherheit, wenn sie verurteilt wird. / Unter dem Druck des Gewissens steigert sie immer noch das Schlimme.

11 Furcht ist ja nichts anderes als Verlassensein von der von der Vernunft angebotenen Hilfe.

12 Je weniger man solche Hilfe erwartet, / für umso schlimmer hält man es, die Ursache der Qual nicht zu kennen.

13 In Wahrheit hatte jene Nacht keine Macht; / aus den Winkeln der machtlosen Totenwelt war sie heraufgestiegen. / Sie aber, die wie sonst schlafen wollten,

14 wurden bald durch Schreckgespenster aufgescheucht, / bald durch Mutlosigkeit gelähmt; / denn plötzliche und unerwartete Furcht hatte sie befallen.

15 So wurde jeder dort, wo er zu Boden sank, / ein Gefangener, der in einen Kerker ohne Eisenfesseln eingeschlossen war.

16 Ob jemand Bauer oder Hirt war / oder allein schwer arbeitete,

alle wurden überrascht und mussten sich dem unentrinnbaren Zwang fügen, / alle wurden durch die gleiche Kette der Finsternis gefesselt.

17 Das Pfeifen des Windes, der wohlklingende Gesang der Vögel ringsum auf weitausladenden Zweigen, / das Strömen gewaltig fließenden Wassers, / das wilde Donnern stürzender Felsen,

18 das Laufen hüpfender Tiere, die man nicht sehen konnte, / das laute Gebrüll wilder Raubtiere, / das aus den Schluchten der Berge zurückgeworfene Echo: / Alles und jedes jagte ihnen lähmende Furcht ein.

19 Die ganze Welt erstrahlte in strahlendem Licht / und war unbehindert beschäftigt mit ihren Werken.

20 Nur über jene breitete sich drückende Nacht aus, / Bild der Finsternis, die sie aufnehmen sollte. Sich selber aber waren sie eine drückendere Last als die Finsternis.

1: Röm 11,33 / **2**: Ex 1,13; 10,21–23; Jes 29,15 / **3**: Ps 53,6 / **7**: Ex 8,14f. / **8**: Ex 9,11 / **9**: Spr 28,1 / **19**: Ex 10,23

18 1 Deinen Heiligen dagegen strahlte hellstes Licht. / Die anderen hörten zwar ihre Stimme, sahen aber keine Gestalt / und priesen sie glücklich, weil sie nicht auch zu leiden hatten.

2 Sie waren ihnen dankbar, dass sie ihnen keinen Schaden zufügten, obwohl sie früher Unrecht erlitten hatten, / und baten um Verzeihung für ihr feindliches Verhalten.

3 Stattdessen gabst du den Deinen eine flammende Feuersäule / als Führerin auf unbekanntem Weg, / als freundliche Sonne, die nicht schadet bei ihrem ehrenvollen Aufenthalt in der Fremde.

4 Jene hingegen hatten es verdient, des Lichtes beraubt und in Finsternis gefangen zu sein, / weil sie einst deine Söhne und Töchter eingeschlossen und gefangen hielten, / durch die das unvergängliche Licht des Gesetzes der Welt gegeben werden sollte.

1: Ex 10,21–23; Dtn 4,12 / **2**: Ex 12,32f.36; Ps 105,38 / **3**: Ex 13,21f.; 40,38; Ps 78,14 / **4**: Jes 51,4; 42,1–7; 49,6; Spr 6,23

17,5 todesdunkle, wörtlich: stygische; die stygische Nacht spielt auf die Styx an, einen Fluss in der Totenwelt nach der griechischen Mythologie, und bedeutet daher todnahe Nacht.

TOD ALS STRAFE UND DIE ERRETTUNG DER GERECHTEN: 18,5–19,22

5 Sie hatten beschlossen, die Kinder der Heiligen zu töten: / Da hast du für das eine ausgesetzte und gerettete Kind / zur Strafe eine Menge ihrer eigenen Kinder weggenommen / und sie alle auf einmal in gewaltiger Wasserflut vernichtet.

6 Jene Nacht wurde unseren Vätern vorher angekündigt; / denn sie sollten sich freuen in sicherem Wissen, welch eidlichen Zusagen sie vertrauten.

7 So erwartete dein Volk / die Rettung der Gerechten und den Untergang der Feinde.

8 Wodurch du die Gegner straftest, / dadurch hast du uns zu dir gerufen und verherrlicht.

9 Denn im Verborgenen opferten die heiligen Kinder der Guten; / sie verpflichteten sich einmütig auf das göttliche Gesetz, / dass die Heiligen in gleicher Weise Güter / wie Gefahren teilen sollten, / und stimmten dabei schon im Voraus die Loblieder der Väter an.

10 Da hallte ihnen das misstönende Geschrei der Feinde entgegen / und die Wehklage um die betrauerten Kinder breitete sich aus.

11 Das gleiche Strafurteil traf Herrn und Knecht; / der Mann aus dem Volk und der König hatten das gleiche Leid zu tragen.

12 Gemeinsam hatten alle durch eine einzige Todesart / unzählige Tote.

Es waren nicht genügend Lebende da, um sie zu begraben; / denn mit einem Schlag war ihre beste Nachkommenschaft vernichtet worden.

13 Bisher waren sie durch die Künste ihrer Zauberer ungläubig geblieben; / jetzt aber bekannten sie beim Untergang der Erstgeborenen: Dieses Volk ist Gottes Sohn.

14 Als tiefes Schweigen das All umfing / und die Nacht in ihrem Lauf bis zur Mitte gelangt war,

15 da sprang dein allmächtiges Wort vom Himmel, vom königlichen Thron herab / als harter Krieger mitten in das Land des Verderbens.

16 Es trug als scharfes Schwert deinen unerbittlichen Befehl, / trat hin und erfüllte alles mit Tod; / es berührte den Himmel und stand auf der Erde.

17 Plötzlich schreckten sie furchtbare Traumgesichte auf / und ungeahnte Ängste überfielen sie.

18 Einer stürzte hier, ein anderer dort halbtot zu Boden / und ließ erkennen, aus welchem Grund er sterben musste.

19 Denn die beunruhigenden Träume hatten es ihnen vorausgesagt; / sie sollten nicht umkommen, ohne zu wissen, warum sie so schlimm litten.

20 Auch die Gerechten berührte eine Erfahrung des Todes: / Eine große Anzahl wurde in der Wüste dahingerafft; / doch der Zorn hielt nicht lange an.

21 Ein Mann ohne Tadel sprang als Vorkämpfer ein, / mit der Waffe seines Dienstes, / mit Gebet und sühnendem Räucheropfer.

Er trat dem Zorn entgegen, machte dem Unheil ein Ende / und zeigte so, dass er dein Diener war.

22 Er besiegte die Menge nicht durch Körperkraft / und nicht durch Waffengewalt, / sondern durch das Wort bezwang er den Strafenden, / indem er an die den Vätern gegebenen Eide und die Bundesschlüsse erinnerte.

23 Denn als die Toten sich schon häuften, / trat er dazwischen und hielt den Zorn auf / und schnitt ihm den Weg zu den Lebenden ab.

24 Auf seinem langen Gewand war die ganze Welt dargestellt / und die Erweise der Herrlichkeit an den Vätern auf Steinen in vier Reihen eingraviert / und deine Größe auf dem Diadem seines Hauptes.

25 Davor wich der Verderber voll Furcht zurück; / es genügte allein schon diese Erfahrung des Zorns.

5: Ex 1,16; 15,10; Ps 78,51–53 / **6**: Ex 12,42; Gen 15,6.13f.; Joh 8,56 / **9**: Ex 12,43–49; 13,1.11–16; 2 Chr 30,21f. / **10**: Ex 11,6; 12,30 / **12**: Num 33,4 / **13**: Ex 7,11–13; 8,3; 4,22f. / **14**: Ex 11,4; 12,29 / **15**: Ex 12,13; 15,3; Jes 55,11; Hebr 4,12 / **16**: 1 Chr 21,16 / **17**: Ijob 4,13f. / **24**: Ex 28; 29,5f.; 39,1–11; Sir 45,11f.

19 1 Über die Gottlosen kam erbarmungsloser Grimm bis zum Ende; / denn Gott kannte ihre Zukunft im Voraus:

2 Sie würden den Abzug gestatten, / sie mit Eile geleiten, / dann aber ihren Sinn ändern und sie verfolgen.

3 Sie waren noch mit der Trauer beschäftigt / und klagten an den Gräbern der Toten, / als sie in ihrer Torheit einen anderen Entschluss fassten / und denen wie Entlaufenen nachsetzten, die sie mit flehentlichem Zureden hinausgetrieben hatten.

4 Das selbst verschuldete Verhängnis trieb sie in diesen Untergang / und ließ sie alles vergessen, was geschehen war; denn sie sollten

über die bisherigen Plagen hinaus die noch ausstehende Strafe voll erleiden.

5 Dein Volk aber sollte die Erfahrung eines unerwarteten Weges machen, / während jene einen ungewöhnlichen Tod fanden.

6 Die ganze Schöpfung wurde in ihrer Eigenart umgestaltet; / sie gehorchte deinen Befehlen, / damit deine Kinder unversehrt bewahrt blieben.

7 Man sah die Wolke, die das Lager überschattete, / trockenes Land tauchte auf, wo zuvor Wasser war;

es zeigte sich ein Weg ohne Hindernisse durch das Rote Meer, / eine grüne Ebene stieg aus der gewaltigen Flut.

8 Von deiner Hand behütet, zogen sie vollzählig hindurch / und sahen staunenswerte Wunder.

9 Sie weideten wie Rosse, / hüpften wie Lämmer / und lobten dich, Herr, ihren Retter.

10 Denn sie gedachten auch dessen, was beim Aufenthalt im fremden Land geschehen war: / wie Mücken nicht von Tieren, sondern von der Erde hervorgebracht wurden / und wie der Fluss nicht Wassertiere, sondern eine Menge Frösche ausspie.

11 Schließlich sahen sie auch Vögel auf eine neue Weise entstehen, / als sie von Gier getrieben üppige Speisen verlangten.

12 Zu ihrem Trost entstiegen nämlich Wachteln dem Meer.

13 Die Strafen kamen über die Sünder / nicht ohne vorhergehende Anzeichen durch gewaltige Blitze.

Mit Recht litten sie für ihre eigenen bösen Taten, / weil sie einen so schlimmen Fremdenhass gezeigt hatten.

14 Während andere die Unbekannten, die zu ihnen kamen, nicht aufnahmen, / machten diese Gäste, die ihre Wohltäter waren, zu Sklaven.

15 Und nicht nur das! Eine weitere Heimsuchung wird sie treffen. / Jene hatten die Fremden feindselig empfangen.

16 Diese aber haben Gästen, die sie festlich aufgenommen hatten / und die schon die gleichen Bürgerrechte genossen, / mit schrecklichem Frondienst Böses getan.

17 Sie wurden mit Blindheit geschlagen / wie jene an der Türe des Gerechten, / als sie von dichter Finsternis umgeben waren / und jeder versuchte, seine Türe zu finden.

18 Die Elemente verändern sich untereinander, / wie auf einer Harfe die Töne die Melodie ändern / und doch in derselben Tonart bleiben. / Dies lässt sich aus der Betrachtung der Geschehnisse deutlich erkennen.

19 Landtiere verwandelten sich in Wassertiere / und schwimmende Tiere stiegen ans Land.

20 Das Feuer bewahrte im Wasser die ihm eigene Kraft / und das Wasser vergaß seine löschende Natur.

21 Die Flammen wiederum verzehrten nicht / das Fleisch der leicht vernichtbaren Lebewesen, die in ihnen umhergingen, / und schmolzen nicht die kristallgleiche, leicht schmelzende Gestalt der himmlischen Nahrung.

22 In allem hast du, Herr, dein Volk groß gemacht und verherrlicht; / du hast es nicht unbeachtet gelassen, sondern bist ihm beigestanden zu jeder Zeit und an jedem Ort.

19,2: Ex 12,31–33; 14,5–9 / **7**: Ex 14,19–22 / **9**: Jes 63,13f.; Ps 114,4.6; Mal 3,20 / **10**: Ex 8,12–14; 7,28 / **11f.**: Num 11,4f.31; Ex 16,13 / **14**: Gen 19,1–11 / **16**: Gen 43,31–34; 47,6; Ex 1,11; 5,23 / **17**: Gen 19,11; Ex 10,21–23; 14,20 / **19**: Ex 7,27–8,10 / **21**: Dan 3,24 / **22**: Sir 45,2f.

19,21 himmlischen Nahrung, wörtlich: ambrosischen. Ambrosia (den Unsterblichen zugehörig) heißt in der griechischen Mythologie die Speise der Götter. Die Bezeichnung des Manna als ambrosische Nahrung ist einmalig in der Heiligen Schrift.

DAS BUCH JESUS SIRACH

Das Buch Jesus Sirach ist nach dem Jerusalemer Gelehrten Ben Sira benannt, der am Ende des 3. bzw. Anfang des 2. Jh.s v. Chr. lebte und vielleicht als Tempelschreiber tätig war. In der hebräischen Handschrift B wird der Name des Autors als Simeon Ben Jeschua Ben Eleasar Ben Sira [alternativ: Simeon, Sohn Jeschuas, Sohn Eleasars, Sohn Siras] (50,27.30) angegeben, wobei Ben Sira auch auf einen Herkunftsort hinweisen könnte. In der griechischen Tradition wird in 50,27 der Name mit „Jesus aus Jerusalem, Sohn des Sirach, des Eleasar" angegeben und die Buchunterschrift nach 51,31 lautet „Weisheit Jesu, des Sohnes Sirachs". Als Buchbezeichnung finden wir auch Siracides und im Lateinischen Liber Ecclesiasticus.

Durch mehrere Andeutungen im Buch wird auf die politisch wie theologisch schwierige Zeit kurz vor dem Auftreten des Seleukidenkönigs Antiochus IV. Epiphanes (175–164 v. Chr.) angespielt. Vor allem die städtische Oberschicht in Judäa sympathisierte aus wirtschaftlichen Gründen zunehmend mit den hellenistischen Machthabern. Die jüdische Religion und traditionelle Werte wurden zugunsten der griechischen Lebensweise verdrängt. Um in dieser Krisenzeit dem Identitätsverlust entgegenzutreten und eine Alternative zum griechischen Gymnasion zu bieten, versammelt der Weisheitslehrer Ben Sira junge Leute um sich in einem „Haus der Bildung" (51,23). Das mag wohl als Beginn der Entwicklung hin zum rabbinischen Lehrhaus gesehen werden.

Bald zwei Jahrtausende war das Werk des Jesus ben Sirach lediglich griechisch, syrisch, lateinisch und in einigen rabbinischen Zitaten greifbar, bis 1896 in einer Ablage der Synagoge von Kairo hebräische Textfragmente aus dem 11./12. Jh. gefunden wurden. Nur ca. 66 % des ursprünglich hebräischen Buchbestandes sind in Kairo (1896), Qumran (1947) und Masada (1964), verteilt auf acht verschiedene Handschriften, wiederentdeckt worden. Zuletzt wurden 2008 und 2011 weitere Manuskriptblätter der Öffentlichkeit zugänglich gemacht.

Ben Siras Enkel hat die Weisheitsschrift seines Großvaters wohl nach 132 v. Chr., z. Zt. des Ptolemaios VIII. Euergetes II. (Mitregent ab 170, Alleinherrscher 145–116 v. Chr.), in Alexandria ins Griechische übertragen und mit einem Prolog versehen. So hat das Buch über die Septuaginta unter der Bezeichnung Weisheit Sirachs in den christlichen Kanon Eingang gefunden. Man unterscheidet allerdings zwischen der ursprünglichen Übersetzung des Enkels (GI) und wenigstens einer jüngeren Textform (GII), die z. T. mit der syrischen Tradition zusammengeht und in der vorliegenden Übersetzung kursiv gesetzt ist. Problematisch erweist sich der Septuagintatext durch eine Blattvertauschung in der Abfolge der Kap. 30,24–37,1, von der alle griechischen Textzeugen abhängig sind. Der Text des Enkels mit den späteren Erweiterungen ist der älteste vollständig erhaltene Textzeuge und somit die Grundlage der vorliegenden Übersetzung ins Deutsche.

Eine Struktur des 51 Kapitel umfassenden Buches lässt sich aufgrund der weisheitlich geprägten Rahmentexte, die zur Ehrfurcht vor Gott auffordern, benennen: 1,1–10 (2,18) – 24,1–22 – 51,13–30. Der erste Buchteil ist der von Gott geschaffenen „Grundlagenweisheit" gewidmet. Die Weisheitssuchenden sollen ihr nacheifern, ja sich ihr hingeben. In einem zweiten Schritt ist von angewandter Weisheit die Rede, die den Weisen zu Erfolg, den Toren zum Scheitern führt. Nach Kap. 24 wird der schriftgelehrte Weise, der an die Offenbarung rückgebunden ist, in seiner Bedeutung für das Volk hervorgehoben.

Auf das Buchganze gesehen werden Themen wie die Familie, der Nächste, der Arzt, der Weise, die Gemeinschaft, Freundschaft, das Borgen, Tischmanieren, Ehre, Opfer, Gesetz, Gebet, die Armen und der Tod behandelt. Zwei größere Blöcke bilden das Lob über die Schöpfung (42,15–43,33) und das sogenannte „Väterlob" als Orientierung an der Geschichte Israels in den Kap. 44–50. Der weisheitsliebende Mensch soll in gefahrvollen Zeiten zum richtigen Lebensentwurf geführt werden. Damit erweist sich Siras religiös-pädagogisch motivierte Zielsetzung für seine Schüler. Er will sowohl für den Einzelnen als auch für die Gesellschaft in allen Lebensbereichen Anleitung geben, ja politische, wirtschaftliche und theologische Orientierung bieten.

Die spätalttestamentliche Schrift des Ben Sira bzw. die griechische Übertragung des Enkels setzt sich auf dem Hintergrund jüdischer Weisheitsliteratur mit den philosophischen und politisch-kulturellen Strömungen ihrer Zeit auseinander. Die Ausfaltung der praktischen Lebenslehren, die Mahnreden, Lehrgedichte, Zahlensprüche, Spruchweisheiten, Hymnen, theologische Abhandlungen, Gebete und historischen Porträts (Kap. 44–50) erfolgen auf hohem sprachlichem Niveau.

Bereits früh setzte man sich mit dieser umfassendsten Weisheitsschrift des Alten Testaments auseinander, da man ihren hohen Bildungswert erkannte. So wurden Siras Sprüche durch die Jahrhunderte in der Kindererziehung verwendet. Wenn auch Martin Luther Ben Sira zu den Apokryphen rechnet, bezeichnet er das Buch doch als „nützlich und lesenswert". Auf diesem Weg fanden so manche Texte Eingang ins Liedgut der christlichen Kirchen (z. B. „Nun danket alle Gott").

PROLOG

Vieles und Großes ist uns durch das Gesetz und die Propheten und die anderen, die ihnen gefolgt sind, gegeben. Dafür ist Israel wegen der Bildung und Weisheit zu loben. Doch nicht allein die, welche zu lesen verstehen, sollen selber sachkundig werden, sondern die Gelehrten sollen auch den Unkundigen nützlich sein in Wort und Schrift.

So widmete sich Jesus, mein Großvater, sorgfältig dem Lesen des Gesetzes wie der Propheten und der anderen, von den Vorfahren überkommenen Schriften. Nachdem er sich darin eine hinreichende Kenntnis erworben hatte, drängte es ihn, auch selbst etwas zu verfassen, was Bildung und Weisheit fördert, damit die Gelehrten, die sich davon haben fesseln lassen, umso mehr beitragen können durch eine gesetzestreue Lebensweise. Ihr seid nun aufgefordert, mit Wohlwollen und Aufmerksamkeit das Lesen zu betreiben und Nachsicht zu üben, wo wir den Anschein erwecken, bei der Übersetzung einigen Formulierungen, um die wir uns mit Hingabe bemüht haben, nicht zu entsprechen. Denn es hat nicht die gleiche Kraft, wenn etwas ursprünglich in Hebräisch ausgedrückt wird oder wenn es in eine fremde Sprache übertragen wurde. Aber nicht nur dies, sondern auch das Gesetz und die Prophetenworte und die übrigen Schriften weisen keinen geringen Unterschied auf, wenn sie in ihren Ursprachen gelesen werden.

Als ich im achtunddreißigsten Jahr des König Euergetes nach Ägypten kam und ich mich dort eine Zeit lang aufhielt, fand ich eine unvergleichlich hohe Bildung vor. So hielt ich es für sehr notwendig, auch selbst Eifer und Hingabe an die Arbeit aufzubieten, um dieses Buch zu übersetzen. Viele schlaflose Nächte und Sachkenntnis bot ich in der Zwischenzeit auf, um das Buch zu vollenden und herauszugeben auch für solche, die in der Fremde Gelehrte sein wollen, um ihre Haltung dafür zu bereiten, gesetzestreu zu leben.

Prolog (Einleitender/erster Teil eines Dramas in griech. Komödie; Erklärung der folgenden Handlung) ist ein anderer Begriff als Vorwort (Einleitung in einem Buch od. wiss. Abhandlung vorangestellte Bemerkungen).

WEISHEIT JESU, DES SOHNES SIRACHS:

DER HERR ALS URSPRUNG DER WEISHEIT: 1,1–10

1 1 Alle Weisheit kommt vom Herrn / und
bei ihm ist sie in Ewigkeit.
2 Den Sand der Meere, die Tropfen des Regens / und die Tage der Ewigkeit – wer wird
sie zählen?
3 Die Höhe des Himmels und die Breite der
Erde, / den Abgrund und die Weisheit – wer
wird sie erforschen?

4 Früher als alles wurde die Weisheit erschaffen / und von Ewigkeit her die verständige Einsicht.

5 *Quelle der Weisheit ist Gottes Wort in den Höhen / und ihre Wege sind ewige Gebote.*

6 Die Wurzel der Weisheit – wem wurde sie enthüllt? / Und ihr kluges Wirken – wer durchschaute es?

7 *Kenntnis der Weisheit – wem wurde sie offenbart? / Und ihre reiche Erfahrung – wer hat sie verstanden?*

8 Nur einer ist weise, höchst Furcht gebietend: / der auf seinem Thron sitzt.

9 Der Herr selbst hat sie erschaffen, / gesehen und gezählt / und sie ausgegossen über all seine Werke,

10 bei allem Fleisch ist sie gemäß seiner Gabe / und er hat sie denen gewährt, die ihn lieben.

Liebe zum Herrn ist ruhmvolle Weisheit; / bei seinem Erscheinen teilt er sie denen zu, denen er sich zu sehen gibt.

1: 1 Kön 3,9.12; Spr 2,6; Weish 7,25 / **5**: Bar 3,15

FURCHT DES HERRN IST WEISHEIT: 1,11–30

11 Die Furcht des Herrn ist Ehre und Ruhm, / Fröhlichkeit und eine Freudenkrone.

12 Die Furcht des Herrn wird das Herz erfreuen / und Frohsinn, Freude und langes Leben geben.

Die Furcht des Herrn ist eine Gabe vom Herrn, / denn sie setzt auf Wege der Liebe.

13 Wer den Herrn fürchtet, dem wird es am Ende gut gehen / und am Tag seines Todes wird er gepriesen.

14 Der Anfang der Weisheit ist es, den Herrn zu fürchten, / und bei den Getreuen wurde sie schon im Mutterleib miterschaffen.

15 Bei den Menschen hat sie sich ein Fundament für die Ewigkeit errichtet / und bei ihren Nachkommen wird sie sich als treu erweisen.

16 Die Fülle der Weisheit ist es, den Herrn zu fürchten, / trunken macht sie mit ihren Früchten:

17 Sie füllt jedes ihrer Häuser mit dem, was sie begehren, / und die Speicher mit ihren Früchten.

18 Die Krone der Weisheit ist die Furcht des Herrn, / sie lässt Frieden, Gesundheit und Heilung sprossen.

Beide sind Geschenke Gottes zum Frieden; / Ruhm breitet sich aus für sie, die ihn lieben.

19 Und er hat sie gesehen und gezählt. / Sie hat Einsicht und verständige Erkenntnis ausgegossen / und die Ehre derer erhöht, die an ihr festhalten.

20 Die Wurzel der Weisheit ist es, den Herrn zu fürchten, / und ihre Zweige sind langes Leben.

21 *Die Furcht des Herrn vertreibt Sünden, / wo sie bleibt, wird sie allen Zorn abwenden.*

22 Ungerechte Wut kann man nicht rechtfertigen, / denn übermäßige Wut bringt zu Fall.

23 Der Geduldige hält aus bis zur rechten Zeit, / doch zuletzt wird ihn Freude beschenken.

24 Bis zur rechten Zeit wird er seine Worte verbergen / und die Lippen vieler werden von seiner Einsicht erzählen.

25 In den Schatzkammern der Weisheit gibt es Sprüche voll Wissen, / doch dem Sünder ist die Gottesfurcht ein Gräuel.

26 Wenn du Weisheit begehrst, halte die Gebote / und der Herr wird sie dir gewähren.

27 Denn Weisheit und Bildung sind die Furcht des Herrn, / an Treue und Bescheidenheit hat Gott Gefallen.

28 Widersetze dich nicht der Furcht des Herrn! / Und tritt nicht an sie heran mit zwiespältigem Herzen!

29 Verstelle dich nicht für das Reden der Menschen / und hab Acht auf deine Lippen!

30 Überhebe dich nicht, damit du nicht fällst / und Schande über dich bringst;

sonst enthüllt der Herr, was du verbirgst, / und bringt dich zu Fall inmitten der Gemeinde, weil du an die Furcht des Herrn herangetreten bist / und dein Herz voll Trug war.

12: Ijob 28,28; Ps 111,10; Spr 1,7; 4,10; 9,10 / **13**: 11,28 / **14**: Spr 1,7; Ps 111,10; Koh 12,13 / **15**: Spr 8,29 / **17**: Spr 8,18f. / **19**: Ijob 28,27; Spr 4,8 / **27**: Spr 15,33 / **30**: Spr 16,18

FURCHT DES HERRN – ERPROBUNG UND BEWÄHRUNG: 2,1–18

2 1 Kind, wenn du herantrittst, um dem Herrn zu dienen, / mach dich bereit für die Erprobung!

2 Richte dein Herz aus und sei standhaft! / Und überstürze nichts zur Zeit der Bedrängnis!

3 Binde dich an den Herrn und lass nicht von ihm, / damit du am Ende erhöht wirst!

4 Nimm alles an, was über dich kommen
mag, / und in den Wechselfällen deiner Er-
niedrigung halt aus!
5 Denn im Feuer wird Gold geprüft / und
die anerkannten Menschen im Schmelzofen
der Erniedrigung. / *In Krankheiten und Ar-
mut setze auf ihn dein Vertrauen!*
6 Vertrau ihm und er wird sich deiner anneh-
men! / Richte deine Wege aus und hoffe auf
ihn!
7 Die ihr den Herrn fürchtet, wartet auf sein
Erbarmen! / Weicht nicht ab, damit ihr nicht
zu Fall kommt!
8 Die ihr den Herrn fürchtet, vertraut
ihm! / Und euer Lohn wird gewiss nicht aus-
bleiben!
9 Die ihr den Herrn fürchtet, hofft auf Gu-
tes, / auf dauernde Freude und Erbarmen, /
denn eine ewige Gabe mit Freude ist sein Lohn!
10 Schaut auf die früheren Generationen und
seht: / Wer hat auf den Herrn vertraut und
wurde zuschanden?
Oder wer verharrte in Furcht vor ihm und
wurde im Stich gelassen? / Oder wer rief ihn
an und er übersah ihn?
11 Denn gnädig und barmherzig ist der
Herr, / er vergibt Sünden und rettet zur Zeit
der Bedrängnis.
12 Wehe den furchtsamen Herzen und den
schlaffen Händen / und dem Sünder, der auf
zwei Wegen geht!
13 Wehe dem schlaffen Herzen, weil es nicht
vertraut, / darum wird es keinen Schutz ha-
ben!
14 Wehe euch, die ihr die Ausdauer verloren
habt! / Was werdet ihr tun, wenn euch der
Herr zur Rechenschaft zieht?
15 Die den Herrn fürchten, sind seinen Wor-
ten nicht ungehorsam, / und die ihn lieben,
halten seine Wege ein.
16 Die den Herrn fürchten, suchen sein
Wohlgefallen, / und die ihn lieben, sind vom
Gesetz erfüllt.
17 Die den Herrn fürchten, machen ihre
Herzen bereit / und demütigen sich vor ihm.
18 Wir wollen in die Hände des Herrn fal-
len / und nicht in die Hände von Menschen.
Denn wie seine Größe, / so auch sein Erbar-
men.

5: Spr 17,3; Weish 3,6; 1 Petr 1,7 / **6**: Spr 3,6 / **8**: 16,14; 51,30 / **10**: Ps 31,2; 37,25; 145,18f. / **14**: 17,24 / **15**: Joh 14,23 / **18**: 2 Sam 24,14

WERTSCHÄTZUNG GEGENÜBER ELTERN: 3,1–16

3 1 Kinder, hört auf mich, euren Vater! /
Handelt so, dass ihr gerettet werdet!
2 Denn der Herr hat dem Vater Ehre ver-
liehen bei den Kindern / und das Recht der
Mutter bei den Söhnen bestätigt.
3 Wer den Vater ehrt, sühnt Sünden, / 4 und
wer seine Mutter ehrt, sammelt Schätze.
5 Wer den Vater ehrt, wird Freude haben an
den Kindern / und am Tag seines Gebets wird
er erhört.
6 Wer den Vater ehrt, wird lange leben, / und
seiner Mutter verschafft Ruhe, wer auf den
Herrn hört.
7 Wer den Herrn fürchtet, ehrt den Vater. /
So wie Herren dient er seinen Eltern.
8 In Tat und Wort ehre deinen Vater, / damit
sein Segen über dich kommt!
9 Denn der Segen des Vaters festigt die Häu-
ser der Kinder, / der Fluch der Mutter aber
entwurzelt die Fundamente.
10 Rühme dich nicht durch Entehrung dei-
nes Vaters, / denn die Entehrung des Vaters
gereicht dir nicht zum Ruhm!
11 Denn der Ruhm eines Menschen kommt
von der Ehre seines Vaters, / aber eine Schan-
de für die Kinder ist eine Mutter mit schlech-
tem Ruf.
12 Kind, nimm dich deines Vaters im Alter
an / und kränke ihn nicht, solange er lebt!
13 Wenn er an Verstand nachlässt, übe Nach-
sicht / und verachte ihn nicht in deiner ganzen
Kraft!
14 Denn die dem Vater erwiesene Liebestat
wird nicht vergessen; / und statt der Sünden
wird sie dir zur Erbauung dienen.
15 Am Tag deiner Bedrängnis wird man sich
deiner erinnern; / wie heiteres Wetter auf Frost
folgt, so werden sich deine Sünden auflösen.
16 Wie ein Gotteslästerer ist, wer den Vater
im Stich lässt, / und ein vom Herrn Verfluch-
ter ist, wer seine Mutter erzürnt.

2: Ex 20,12; Dtn 5,16; Spr 10,1; Eph 6,2f. / **8**: Ex 20,12; Dtn 5,16; Mt 15,4; Mk 7,10; Eph 6,2 / **13**: Spr 23,22 / **16**: Spr 19,26; 30,11.17

BESCHEIDENHEIT, ERKENNTNIS UND WOHLTUN: 3,17–31

17 Kind, bei all deinem Tun bleibe bescheiden /
und du wirst geliebt werden von anerkannten
Menschen!

3,1 Kinder, hört auf mich, euren Vater, andere Textzeugen: auf die Zurechtweisung des Vaters hört, Kinder!

18 Je größer du bist, umso mehr demütige
dich / und du wirst vor dem Herrn Gnade finden!
19 *Viele sind hochgestellt und berühmt, /
aber den Bescheidenen offenbart er seine Ge-
heimnisse.*
20 Denn groß ist die Macht des Herrn, / von
den Demütigen wird er gerühmt.
21 Suche nicht, was für dich zu schwierig
ist, / und erforsche nicht, was deine Kräfte
übersteigt!
22 Was dir geboten worden ist, das überden-
ke, / denn du hast keinen Bedarf an verborge-
nen Dingen!
23 Verwende keine Mühe auf außergewöhn-
liche Dinge, / denn mehr, als Menschen ver-
stehen können, wurde dir gezeigt!
24 Denn ihre Mutmaßungen haben viele ge-
täuscht / und übler Argwohn hat ihr Denken
in die Irre geführt.
25 *Wenn du keinen Augapfel hast, fehlt dir
das Licht, / wenn du keine Erkenntnis hast,
mache keine Ankündigung!*
26 Ein verhärtetes Herz nimmt ein böses
Ende; / wer die Gefahr liebt, kommt in ihr um.
27 Ein verhärtetes Herz wird durch Mühsal
niedergedrückt / und der Sünder häuft Sünde
auf Sünde.
28 Es gibt keine Heilung für das Unglück des
Hochmütigen, / denn eine Pflanze der Bosheit
hat in ihm Wurzel geschlagen.
29 Das Herz eines Verständigen wird einen
Sinnspruch überdenken / und das Ohr des
Zuhörers ist die Sehnsucht des Weisen.
30 Wasser löscht loderndes Feuer / und eine
Liebestat sühnt Sünden.
31 Wer Taten der Güte erwidert, dessen er-
innert man sich in der Zukunft, / im Augen-
blick seines Falls wird er eine Stütze finden.

18: Mt 23,12 / **19**: Mt 11,25f.; 1 Kor 1,26–29 / **29**: Spr 2,2 / **31**: Spr 11,18–20

WOHLTÄTIGKEIT: 4,1–10

4 1 Kind, das Leben des Armen beraube
nicht / und lass die Augen des Bedürfti-
gen nicht warten!
2 Betrübe eine hungernde Seele nicht / und
erzürne einen Mann in seiner Ausweglosigkeit
nicht!
3 Ein erzürntes Herz errege nicht / und ver-
weigere nicht dem Notleidenden eine Gabe!
4 Einen bedrängten Bittsteller weise nicht
ab / und wende dein Gesicht nicht ab vor ei-
nem Armen!
5 Von dem, der bittet, wende das Auge nicht
ab / und gib einem Menschen nicht Anlass,
dich zu verfluchen!
6 Denn wenn er dich verflucht in der Bitter-
nis seiner Seele, / dann wird sein Schöpfer auf
seine Bitte hören.
7 Mach dich beliebt in einer Versammlung /
und vor einem Vornehmen beuge das Haupt!
8 Neige dem Armen dein Ohr zu / und ant-
worte ihm friedfertig mit Bescheidenheit!
9 Entzieh den, dem Unrecht geschieht, der
Hand des Ungerechten / und sei nicht klein-
mütig bei deiner Entscheidung!
10 Sei den Waisen wie ein Vater / und wie
ein Ehemann für ihre Mutter;
dann wirst du sein wie ein Sohn des Höchs-
ten / und er wird dich mehr lieben als deine
Mutter.

1: Tob 4,7–11 / **9**: Spr 17,15; 31,8f. / **10**: Ijob 29,12f.

WEISHEIT – SEGEN UND HERAUSFORDERUNG: 4,11–19

11 Die Weisheit hat ihre Söhne erhöht / und
nimmt sich derer an, die sie suchen.
12 Wer sie liebt, liebt das Leben; / die sie am
Morgen suchen, werden erfüllt mit Freude.
13 Wer sie ergreift, wird Ruhm erben, / und
wo er eintritt, segnet der Herr.
14 Die ihr dienen, dienen dem Heiligen, /
und die sie lieben, liebt der Herr.
15 Wer ihr gehorcht, wird Völker richten, /
und wer auf sie achtet, wird in Sicherheit woh-
nen.
16 Wenn er auf sie vertraut, wird er sie er-
ben / und seine Nachkommen werden an ihr
Anteil haben.
17 Denn auf gewundenen Wegen wird sie
zunächst mit ihm gehen, / Furcht und Bangen
wird sie über ihn bringen
und sie wird ihn erziehen und hart erpro-
ben, / bis sie seiner Seele vertraut; / sie wird
ihn mit ihren Anordnungen auf die Probe stel-
len.
18 Dann wird sie wieder geradewegs zu ihm
zurückkehren und ihn erfreuen / und sie wird
ihm ihre Geheimnisse enthüllen.
19 Wenn er abweicht, wird sie ihn verlas-
sen / und ihn seinem Fall preisgeben.

12: Spr 8,35 / **14**: Weish 7,28 / **17**: 2,1

4,14 dienen dem Heiligen, andere Übersetzungsmöglichkeit: am Heiligtum Dienst tun.

RECHTE UND FALSCHE SCHAM: 4,20–30

20 Achte auf die rechte Zeit und hüte dich vor
dem Bösen / und bereite dir nicht selber
Schande!
21 Denn es gibt eine Scham, die zur Sünde
führt, / und es gibt eine Scham, die Ansehen
und Beliebtheit bringt.
22 Wende dich nicht gegen dich selbst / und
mache keine Wendung, die dich zu Fall bringt!
23 Halt nicht zurück ein Wort zur Zeit, da es
nötig ist, / *und verbirg deine Weisheit nicht
um des guten Eindrucks willen!*
24 Denn in der Rede wird man Weisheit er-
kennen / und Bildung im gesprochenen Wort.
25 Widersprich nicht der Wahrheit / und
über deinen Mangel an Bildung sei beschämt!
26 Schäme dich nicht, deine Sünden zu be-
kennen, / und stelle dich nicht der Strömung
eines Flusses entgegen!
27 Unterwirf dich nicht einem törichten
Menschen / und ergreif nicht Partei für einen
Mächtigen!
28 Bis zum Tod streite für die Wahrheit / und
Gott der Herr wird für dich kämpfen!
29 Sei nicht zu kühn in deiner Sprache, / trä-
ge und schlaff in deinen Taten!
30 Sei nicht wie ein Löwe in deinem Haus /
und sei nicht argwöhnisch gegen deine Diener!

20: Koh 3,1 / **21:** 41,16–42,8 / **26:** 5,7

UMGANG MIT EIGENTUM: 4,31–5,8

31 Deine Hand sei nicht ausgestreckt zum
Nehmen / und beim Geben nicht verschlos-
sen!
5 1 Verlass dich nicht auf deinen Reichtum /
und sag nicht: Mir genügt er!
2 Folge nicht deiner Seele und deiner Kraft, /
um nach den Begierden deines Herzens zu le-
ben!
3 Sag nicht: Wer wird Macht über mich ha-
ben? / Denn der Herr wird gewiss Vergeltung
üben.
4 Sag nicht: Ich habe gesündigt und was ist
mir geschehen? / Denn der Herr ist lang-
mütig.
5 Sei dir der Vergebung nicht zu sicher, /
wenn du Sünde auf Sünde häufst!
6 Sag nicht: Sein Mitleid ist groß, / die Men-
ge meiner Sünden wird er verzeihen.
Denn Erbarmen und Zorn sind bei ihm; /
auf den Sündern ruht sein Grimm.
7 Zögere nicht, dich zum Herrn zu bekeh-
ren, / und verschieb es nicht Tag für Tag!
Denn plötzlich wird der Zorn des Herrn
hervorbrechen / und zur Zeit der Vergeltung
wirst du zugrunde gehen.
8 Verlass dich nicht auf ungerechte Reichtü-
mer, / denn sie werden dir am Tag des Un-
glücks nichts nützen!

5,1: Ps 62,11; Lk 12,19f. / **5:** 7,8 / **8:** Spr 10,2; 11,4.28

VERANTWORTETE REDE: 5,9–6,4

9 Worfle nicht bei jedem Wind / und geh nicht
auf jedem Pfad! / So macht es der doppelzün-
gige Sünder.
10 Sei fest in deiner Überzeugung / und nur
eines sei dein Wort!
11 Sei schnell in deinem Hören / und erhebe
mit Bedacht deine Stimme zur Antwort!
12 Wenn du Einsicht hast, antworte dem
Nächsten, / wenn aber nicht, sei deine Hand
auf deinem Mund!
13 Ehre und Verachtung liegen im Ge-
schwätz; / die Zunge des Menschen bringt ihn
zu Fall.
14 Du sollst nicht Einflüsterer genannt wer-
den / und sei nicht hinterhältig mit deiner Zunge!
Denn den Dieb trifft Schande / und schlim-
mes Urteil den Doppelzüngigen.
15 Im Großen wie im Kleinen verfehle dich
nicht!
6 1 Und statt eines Freundes werde nicht
ein Feind!
Denn ein übler Name wird Schande und
Schmach erben, / so auch der doppelzüngige
Sünder.
2 Überheb dich nicht im Begehren deiner
Seele, / damit deine Kraft nicht geraubt wird
wie die eines Stieres!
3 Deine Blätter wirst du verzehren und deine
Früchte vernichten / und du wirst dich selbst
zurücklassen wie trockenes Holz.
4 Eine böse Seele wird den, dem sie gehört,
zugrunde richten / und ihn zum Gespött der
Feinde machen.

5,9: Rut 3,2 / **11:** Jak 1,19 / **12:** Spr 30,32 / **13:** Spr 30,32

WAHRE UND FALSCHE FREUNDSCHAFT: 6,5–17

5 Eine süße Rede vermehrt Freunde / und eine
redegewandte Zunge vermehrt, was willkom-
men ist.
6 Viele sollen es sein, die dir Frieden wün-
schen, / deine Ratgeber aber – nur einer aus
tausend.

6,2 Kraft: H, Vg; Seele: G.
6,5 Rede, wörtlich: Kehle.

7 Wenn du einen Freund gewinnen willst,
gewinne ihn durch Erprobung / und vertrau
ihm nicht zu schnell!
8 Denn es gibt einen Freund zum für ihn
günstigen Zeitpunkt, / am Tag deiner Not
bleibt er nicht.
9 Es gibt einen Freund, der sich auf Feind-
schaft umstellt, / er wird einen Streit zu deiner
Schande enthüllen
10 und es gibt einen Freund als Tischgenos-
sen, / am Tag deiner Not bleibt er nicht.
11 In deinem Glück wird er sein wie du / und
er wird bei deinen Dienern das wort führen;
12 wenn du gedemütigt wirst, wird er ge-
gen dich sein / und er wird sich vor dir ver-
bergen.
13 Von deinen Feinden halte dich fern, / vor
deinen Freunden nimm dich in Acht!
14 Ein treuer Freund ist ein starker Schutz, /
wer ihn findet, hat einen Schatz gefunden.
15 Für einen treuen Freund gibt es keinen
Gegenwert, / seine Kostbarkeit lässt sich nicht
aufwiegen.
16 Ein treuer Freund ist eine Arznei des Le-
bens / und es werden ihn finden, die den
Herrn fürchten.
17 Wer den Herrn fürchtet, hält aufrechte
Freundschaft, / denn wie er selbst, so ist auch
sein Nächster.

5: Spr 15,4 / **7**: 19,4 / **7ff.**: 12,8f.; 37,1–5 / **10**: 37,4; Spr 19,4

MÜHE UND LOHN DER WEISHEITSSUCHE: 6,18–37

18 Kind, von deiner Jugend an erwähle Bil-
dung! / Bis du graue Haare hast, wirst du
Weisheit finden.
19 Geh auf sie zu wie ein Pflüger und Sä-
mann / und warte auf ihre guten Früchte!
Denn bei der Mühe um sie wirst du kaum
ermüden / und bald wirst du ihre Früchte ver-
kosten.
20 Wie überaus rau ist sie für die Ungebilde-
ten, / ein Mensch ohne Einsicht wird nicht bei
ihr bleiben.
21 Wie ein schwerer Stein wird sie auf ihm
lasten / und er wird nicht zögern, sie abzuwer-
fen.
22 Denn die Weisheit ist wie ihr Name / und
nicht vielen ist sie offenbar.
23 Höre, Kind, und nimm meine Erkenntnis
an / und weise meinen Rat nicht zurück!
24 Füge deine Füße in ihre Fesseln / und dei-
nen Hals unter ihr Halseisen!
25 Beuge deinen Nacken und trage sie / und
sei nicht unwillig über ihre Stricke!
26 Mit deiner ganzen Seele geh auf sie zu /
und mit deiner ganzen Kraft befolge ihre
Wege!
27 Erspüre sie und suche, so wird sie sich dir
zu erkennen geben; / hast du sie ergriffen, lass
sie nicht los!
28 Denn zuletzt wirst du bei ihr Ruhe finden /
und sie wird sich für dich in Freude verwandeln.
29 Die Fußfesseln werden dir zum starken
Schutz / und ihr Halseisen zu einem Ehren-
kleid.
30 Denn goldener Schmuck liegt auf ihr / und
ihre Fesseln sind ein hyazinthfarbenes Gewebe.
31 Als Ehrenkleid wirst du sie anlegen / und
eine Freudenkrone wirst du dir aufsetzen.
32 Wenn du willst, Kind, wirst du gebildet
werden, / und wenn du deine Seele hinein-
gibst, wirst du klug werden.
33 Wenn du es liebst hinzuhören, wirst du
empfangen, / und wenn du dein Ohr hinwen-
dest, wirst du weise werden.
34 Stelle dich in die Schar der Ältesten, / wer
weise ist, dem schließe dich an!
35 Höre gern zu, wenn von Gott gesprochen
wird, / Sprüche voll Einsicht lass dir nicht ent-
gehen!
36 Wenn du einen Verständigen siehst, geh
frühmorgens zu ihm / und dein Fuß trete sei-
ne Türschwelle aus!
37 Sinne nach in den Anordnungen des
Herrn / und bedenke ständig seine Gebote!
Er wird dein Herz festigen / und die Weis-
heit, die du begehrst, wird dir gegeben.

25: 51,26 / **26**: Dtn 6,4ff. / **31**: Spr 4,9; Jes 62,3 / **37**: Ps 1,2

WARNUNG VOR SÜNDEN UND SELBSTÜBERSCHÄTZUNG: 7,1–17

7
1 Tu nichts Böses, so wird auch dich nichts
Böses treffen! / 2 Bleib dem Unrecht fern,
so wird es auch dich meiden!
3 Sohn, säe nicht in Furchen des Unrechts /
und du wirst es nicht siebenfach ernten!
4 Begehre nicht vom Herrn eine hohe Stel-
lung / und auch nicht vom König einen Eh-
rensitz!
5 Halte dich nicht für gerecht vor dem
Herrn / und vor einem König stelle deine
Weisheit nicht zur Schau!
6 Begehr nicht, Richter zu werden, / du
wirst nicht stark genug sein, Ungerechtigkei-
ten zu beseitigen!

Dann brauchst du nicht Scheu zu haben vor
dem Angesicht eines Mächtigen / und wirst
mit deiner Rechtschaffenheit keinen Anstoß
geben.
7 Verfehle dich nicht gegen die Volksmenge
einer Stadt, / unterwirf dich nicht der Masse!
8 Verstrick dich nicht zweimal in eine Sün-
de, / denn schon beim ersten Mal wirst du
nicht ungestraft bleiben!
9 Sag nicht: Auf die Menge meiner Gaben
wird er sehen, / und wenn ich dem höchsten
Gott opfere, wird er es gnädig annehmen!
10 Sei nicht kleinmütig bei deinem Gebet /
und unterlasse es nicht, Liebestaten zu erwei-
sen!
11 Verlache nicht einen Menschen, dessen
Seele verbittert ist, / denn es gibt einen, der
erniedrigt und der erhöht!
12 Ziehe nicht eine Furche der Lüge über dei-
nen Bruder, / auch einem Freund tu Ähnliches
nicht an!
13 Jede Lüge missfalle dir, / denn das Verhar-
ren in ihr führt nicht zum Guten!
14 Schwatze nicht in der Menge der Ältes-
ten / und wiederhole nicht Worte bei deinem
Gebet!
15 Hasse nicht anstrengende Arbeit, / auch
nicht den Ackerbau, der vom Höchsten be-
gründet worden ist!
16 Rechne dich selbst nicht zur Menge der
Sünder! / Bedenke, dass der Zorn nicht säu-
men wird!
17 Demütige dich zutiefst, / denn die Vergel-
tung für einen Gottlosen ist Feuer und Wurm!

3: Spr 22,8; Ijob 4,8 / **5**: Ijob 9,2; Ps 143,2; 1 Kor 4,4; Spr 25,6 / **8**: 5,5f. / **11**: 1 Sam 2,7; Ps 75,8; Lk 1,52 / **14**: 11,8; 32,7ff.; Koh 5,1; Mt 6,7 / **17**: Jes 66,24; Mk 9,48; Jdt 16,17

VERHALTEN IM ENGSTEN PERSÖNLICHEN UMFELD: 7,18–28

18 Tausche keinen Freund für Geld, / schon gar
nicht einen leiblichen Bruder für Gold aus
Ofir!
19 Verachte nicht eine weise und gute Frau, /
denn ihre Liebenswürdigkeit ist mehr wert als
Gold!
20 Behandle einen Sklaven nicht schlecht,
der wirklich arbeitet, / auch nicht einen Lohn-
arbeiter, der sich ganz einsetzt!
21 Einen verständigen Sklaven sollst du lie-
ben. / Verweigere ihm die Freilassung nicht!
22 Hast du Viehbestand? Achte auf ihn, /
und wenn er dir nützlich ist, soll er bei dir ver-
bleiben!
23 Hast du Kinder? Erziehe sie! / Beuge ihren
Nacken von Jugend an!
24 Hast du Töchter? Gib Acht auf ihren Leib! /
Zeig ihnen kein zu freundliches Gesicht!
25 Gib eine Tochter aus dem Haus und du
hast ein großes Werk vollbracht / und gib sie
einem verständigen Mann!
26 Hast du eine Frau, die dir entspricht? Ver-
stoße sie nicht! / Einer Verhassten vertraue
nicht!
27 Mit ganzem Herzen ehre deinen Vater /
und vergiss nicht der Mutter Wehen!
28 Erinnere dich, dass du durch sie geworden
bist! / Wie wirst du ihnen zurückgeben, was
sie dir gegeben haben?

18: Gen 37,26ff.; 1 Kön 10,11 / **20**: Lev 19,13; Dtn 24,14f.; Jak 5,4 / **21**: Ex 21,2; Dtn 15,12–15 / **23**: 30,8–13; Spr 13,24 / **24**: 42,9ff. / **25**: 1 Kor 7,36ff. / **27**: 3,1–16; Ex 20,12; Tob 4,3f.

RELIGIÖSE UND SOZIALE PFLICHTEN: 7,29–36

29 Mit deiner ganzen Seele achte den Herrn! /
Bewundere seine Priester!
30 Mit ganzer Kraft liebe den, der dich ge-
schaffen hat! / Und seine Diener lass nicht im
Stich!
31 Fürchte den Herrn und ehre den Pries-
ter! / Gib ihm den Anteil, wie es dir geboten
ist:
ein Erstlingsopfer, ein Schuldopfer und eine
Gabe von Schulterstücken, / ein Opfer der
Heiligung und ein Erstlingsopfer von Heili-
gem.
32 Auch dem Armen streck deine Hand ent-
gegen, / damit dein Segen vollkommen wer-
de!
33 Die Gunst einer Gabe werde jedem Leben-
den zuteil, / auch einem Toten verweigere
nicht eine Gunst!
34 Entzieh dich nicht den Weinenden, / mit
den Trauernden trauere!
35 Zögere nicht, einen Kranken zu besu-
chen, / denn dafür wirst du geliebt!
36 Bei all deinen Worten bedenke dein Ende /
und du wirst in Ewigkeit nicht sündigen!

29: Dtn 6,4ff. / **31**: Ex 29,27; Lev 7,31–34 / **33**: 2 Sam 21,12ff.; Tob 1,18f. / **34**: Röm 12,15 / **35**: Mt 25,36

7,13 Jede Lüge missfalle dir, wörtlich: Lüge nicht jede Lüge!

7,26 die dir entspricht?, wörtlich: die deiner Seele entspricht?

KLUGHEIT IM UMGANG MIT VERSCHIEDENEN GRUPPEN: 8,1–19

8 1 Kämpfe nicht mit einem Mächtigen, /
damit du nicht in seine Hände fällst!
2 Streite nicht mit einem Reichen, / damit
er dir nicht mit ganzem Gewicht entgegen-
tritt!
Denn viele hat das Gold vernichtet / und
Herzen der Könige verändert.
3 Streite nicht mit einem geschwätzigen
Menschen / und lege nicht Holz auf sein Feu-
er!
4 Scherze nicht mit einem Ungebildeten, /
damit deine Vorfahren nicht entehrt wer-
den!
5 Beschäm nicht einen Menschen, der sich
von der Sünde abwendet! / Denk daran, dass
wir alle in Schuld stehen!
6 Behandle einen Menschen in seinem Alter
nicht verächtlich, / denn auch manche von uns
werden altersschwach!
7 Freu dich nicht über einen Toten, / beden-
ke, dass wir alle sterben!
8 Schätze nicht gering eine Rede von Wei-
sen, / sondern verweile bei ihren Sinnsprü-
chen,
damit du dadurch gebildet wirst und lernst, /
den Großen zu dienen!
9 Verachte nicht eine Rede von Alten! /
Auch sie haben von ihren Vätern gelernt.
Denn von ihnen wirst du Einsicht lernen, /
um zu der Zeit, da es nötig ist, Antwort zu ge-
ben.
10 Entzünde nicht die Kohlen eines Sün-
ders! / Verbrenne dich nicht am Feuer seiner
Flamme!
11 Erhebe dich nicht vor dem Angesicht eines
Hochmütigen, / damit er nicht hinterhältig
auf deine Rede lauert!
12 Borge nicht einem Menschen, der mäch-
tiger ist als du! / Wenn du geborgt hast, sei wie
einer, der schon verloren hat!
13 Bürge nicht über deine Möglichkeiten! /
Wenn du gebürgt hast, betrachte es wie einer,
der zahlen muss!
14 Führe keinen Rechtsstreit mit einem
Richter, / denn sie werden nach seinem An-
sehen für ihn entscheiden!
15 Mit einem Draufgänger mach dich nicht
auf den Weg, / damit er dir nicht zur Last
wird!
Denn er wird nach seinem Willen handeln /
und du wirst durch seine Unvernunft mit ihm
zugrunde gehen.
16 Mit einem Jähzornigen entfache keinen
Streit! / Durchquere mit ihm nicht die Wüste!
Denn in seinen Augen gilt Blut wie nichts, /
und wo keine Hilfe ist, wird er dich nieder-
schlagen.
17 Berate dich nicht mit einem törichten
Menschen, / denn er wird kein Wort ver-
schweigen können!
18 Vor einem Fremden mache nichts Gehei-
mes, / denn du weißt nicht, was dabei heraus-
kommt!
19 Offenbare dein Herz nicht jedem Men-
schen! / Er soll dir keine Gunst erweisen.

1: Koh 10,20 / **2**: 31,6; Dtn 16,19 / **3**: 28,10; Spr 26,20 / **4**: Spr 23,9 / **8**: 6,35 / **12**: 29,1–20; Spr 17,18 / **13**: Spr 6,1–5 / **16**: 28,8; Spr 22,24 / **18**: Spr 25,9f.

KLUGER UMGANG MIT FRAUEN: 9,1–9

9 1 Sei nicht eifersüchtig auf die Frau an
deiner Brust / und gib keine schlechte
Unterweisung gegen dich selbst!
2 Gib deine Seele nicht einer Frau hin, / sonst
tritt sie deine Stärke mit Füßen!
3 Nähere dich nicht einer Frau, die eine He-
täre ist, / damit du nicht in ihre Schlingen
gerätst!
4 Verkehre nicht mit einer Saitenspielerin, /
damit du nicht durch ihre Künste gefangen
wirst!
5 Stelle nicht einer Jungfrau nach, / damit du
nicht ihretwegen der Strafe verfällst!
6 Gib deine Seele nicht Huren hin, / damit
du nicht dein Erbe zugrunde richtest!
7 Schau nicht umher auf den Straßen der
Stadt / und an ihren abgelegenen Orten treib
dich nicht herum!
8 Wende das Auge von einer wohlgeformten
Frau ab / und blick nicht begehrlich auf eine
fremde Schönheit!
Durch die Schönheit einer Frau sind schon
viele verführt worden; / daran entzündet sich
Liebe wie Feuer.
9 Mit einer verheirateten Frau sitz nie zu-
sammen, / auch vermeide Weingelage mit ihr,
damit du ihr nicht deine Seele zuwendest /
und du in deiner Leidenschaft nicht ins Ver-
derben stürzt!

2: 25,21 / **3**: Spr 2,16 / **4**: Spr 6,25 / **5**: Ex 22,15f.; Dtn 22,28f.; Ijob 31,1 / **6**: Spr 5,3–11; 29,3 / **8**: 41,20; Spr 5,3–5

8,15 damit er dir nicht zur Last wird, andere Textzeugen: damit dein Unheil nicht zu schwer wird.

KLUGER UMGANG MIT MÄNNERN: 9,10–18
10 Gib einen alten Freund nicht auf, / denn ein
neuer gleicht ihm nicht:
neuer Wein, neuer Freund; / wenn er alt
geworden ist, wirst du ihn mit Freude trinken.
11 Sei nicht eifersüchtig auf das Ansehen ei-
nes Sünders, / denn du weißt nicht, was sein
Untergang sein wird!
12 Hab kein Gefallen an dem, was dem Gott-
losen gefällt, / bedenke, sie werden bis zum
Hades nicht gerechtfertigt!
13 Halt dich weit entfernt von einem Men-
schen, der Macht hat zu töten, / und du wirst
keine Todesangst zu fürchten haben!
Wenn du aber nahe an ihn herankommst,
mach keinen Fehler, / damit er dir nicht dein
Leben nimmt!
Erkenne, dass du dich inmitten von Fallstri-
cken bewegst / und auf den Zinnen einer Stadt
herumgehst!
14 Nimm Rücksicht auf die Nächsten gemäß
deiner Kraft! / Berate dich mit Weisen!
15 Mit Verständigen soll deine Überlegung
geschehen / und dein ganzes Reden kreise um
das Gesetz des Höchsten!
16 Gerechte Männer seien deine Tischgenos-
sen / und in der Furcht des Herrn bestehe dein
Ruhm!
17 Ein Werk aus Künstlerhand wird gelobt /
und ein Führer des Volkes, der weise ist in
seiner Rede.
18 Gefürchtet ist in seiner Stadt ein Groß-
maul / und der in seiner Rede Unbedachte
wird gehasst.

11: Ps 37,12f. / **13**: Spr 29,5 / **15**: 6,34f. / **16**: 10,22; 25,6 / **17**: 44,4

HERRSCHAFT UND IHRE GRENZEN: 10,1–18
10 1 Ein weiser Richter wird sein Volk er-
ziehen / und die Herrschaft eines Ver-
ständigen wird wohl geordnet sein.
2 Wie der Richter des Volkes, so seine Be-
amten, / und wie das Oberhaupt einer Stadt,
so alle ihre Bewohner.
3 Ein ungebildeter König wird sein Volk zu-
grunde richten, / aber durch den Verstand von
Mächtigen wird eine Stadt bewohnbar.
4 In der Hand des Herrn liegt die Macht über
die Erde, / er wird zur rechten Zeit den geeig-
neten Menschen auf ihr erwecken.
5 In der Hand des Herrn liegt der Erfolg eines
Mannes, / auf den Schriftgelehrten legt er sei-
nen Ruhm.
6 Zürne nicht dem Nächsten wegen irgend-
eines Unrechts! / Vollbringe nie Taten des
Hochmuts!
7 Vor dem Herrn und den Menschen ist
Stolz verhasst, / Unrecht gilt beiden als Ver-
fehlung.
8 Königsherrschaft wechselt von Volk zu
Volk / wegen Ungerechtigkeiten, Überheb-
lichkeiten und Reichtümern;
*denn es gibt nichts Gesetzloseres als den
Geldgierigen, / dieser macht sogar seine eige-
ne Seele käuflich.*
9 Was überhebt sich Erde und Staub? / Noch
während seines Lebens werfe ich seine Einge-
weide heraus.
10 Eine lang andauernde Krankheit verspot-
tet den Arzt: / Heute König und morgen wird
er sterben.
11 Wenn der Mensch stirbt, wird ihm sein
Los zuteil: / Maden, wilde Tiere und Würmer.
12 Des Stolzes Anfang beim Menschen ist es,
sich zu entfernen vom Herrn, / und sein Herz
hat sich von seinem Schöpfer abgewandt.
13 Denn des Stolzes Anfang ist Sünde, / und
wer sich an ihr festhält, wird Gräuel ausgießen.
Deswegen hat der Herr für sie unvorstellba-
re Schläge bereit / und er hat sie am Ende ver-
nichtet:
14 Der Herr hat Throne von Herrschern um-
gestürzt / und hat die Sanftmütigen an ihre
Stelle gesetzt.
15 Wurzeln von Völkern hat der Herr ausge-
rissen / und hat statt ihrer Demütige einge-
pflanzt.
16 Lebensräume der Völker hat der Herr ver-
nichtet, / er hat sie bis zu den Fundamenten
der Erde zerstört.
17 Er hat manche von ihnen weggeführt und
vernichtet, / ihr Andenken hat er von der Erde
ausgelöscht.
18 Stolz ist nicht geschaffen worden für Men-
schen, / aber ebenso wenig wütender Zorn für
die von Frauen Geborenen.

1: Spr 20,8; Weish 6,24 / **2**: Spr 29,12 / **3**: Spr 29,4.8 / **11**: Ijob 17,14 / **13**: Spr 18,12 / **14**: 1 Sam 2,7f.; Ps 37,11; Mt 5,5; Lk 1,52

WAHRE EHRE UND WÜRDE: 10,19–11,9
19 Welche Nachkommen sind geachtet? Die
Nachkommen des Menschen. / Welche
Nachkommen sind geachtet? Die den Herrn
fürchten.
Welche Nachkommen sind verachtet? Die
Nachkommen des Menschen. / Welche Nach-

kommen sind verachtet? Die die Gebote übertreten.
20 Inmitten von Brüdern ist ihr Anführer geehrt / und die den Herrn fürchten in dessen Augen.
21 *Anfang der Annahme ist die Furcht des Herrn, / Anfang der Verstoßung aber sind Verhärtung und Stolz.*
22 Reicher, Angesehener und Armer – / ihr Ruhm ist die Furcht des Herrn.
23 Es ist nicht recht, einen verständigen Armen zu verachten, / und es ist nicht angebracht, einen sündigen Mann zu ehren.
24 Ein Vornehmer, ein Richter und ein Machthaber werden geehrt, / doch keiner von ihnen ist größer als der, der den Herrn fürchtet.
25 Einem weisen Sklaven werden Freie zu Diensten sein / und ein kluger Mann wird nicht murren.
26 Gebärde dich nicht weise bei deiner Arbeit / und rühme dich nicht, auch wenn du in Bedrängnis bist!
27 Besser einer, der arbeitet und an allem Überfluss hat, / als einer, der herumstolziert, sich rühmt und kein Brot zu essen hat.
28 Kind! Bring dich in Bescheidenheit zu Ehren! / Teil dir entsprechend deines Wertes Ehre zu!
29 Wer wird den rechtfertigen, der gegen sich selbst sündigt? / Wer wird den rühmen, der sein eigenes Leben nicht in Ehren hält?
30 Ein Armer wird gerühmt wegen seines Wissens, / ein Reicher wird gerühmt wegen seines Reichtums.
31 Der eine ist in Armut gerühmt worden – um wie viel mehr im Reichtum? / Der andere ist ruhmlos im Reichtum – um wie viel mehr in Armut?

11 1 Die Weisheit eines Demütigen wird sein Haupt erhöhen, / sie wird ihn unter Großen einen Sitz einnehmen lassen.
2 Lobe keinen Mann wegen seiner Schönheit / und verabscheue keinen Menschen wegen seines Aussehens!
3 Klein unter den fliegenden Lebewesen ist die Biene, / doch der Ursprung von Süßem ist ihr Ertrag.
4 Prahle nicht mit dem Tragen von Gewändern! / Und am Ehrentag überhebe dich nicht!
Denn wunderbar sind die Taten des Herrn / und verborgen seine Taten den Menschen.
5 Viele Tyrannen saßen auf dem Boden, / aber der, an den niemand dachte, trug die Krone.
6 Viele Machthaber wurden sehr verächtlich behandelt / und Angesehene wurden in die Hände Fremder ausgeliefert.
7 Bevor du geprüft hast, tadle nicht! / Denk zuerst nach und dann weise zurecht!
8 Vor dem Hören antworte nicht! / Während einer Rede sprich nicht dazwischen!
9 Über eine Sache, von der du keinen Nutzen hast, streite nicht! / Beteilige dich nicht an einer Entscheidung der Sünder!

10,22: Jak 2,1–4 / **25**: Ex 17,3; Num 11,1; 14,27.29; 17,6.20; Joh 6,41.43.61; 1 Kor 10,10 / **26**: Spr 12,9
11,5: 1 Sam 2,8; Ps 105,17–22; Lk 1,52 / **8**: Spr 18,13

DER AUSGANG DES TUNS ALS WERK DES HERRN: 11,10–28

10 Kind, du sollst nicht zu viele Geschäfte betreiben! / Wenn du sie vermehrst, wirst du nicht ungestraft bleiben,
und wenn du sie verfolgst, wirst du nichts erreichen; / du entkommst ihnen nicht, auch wenn du fliehst.
11 Es gibt einen, der sich plagt, müht und hastet, / dennoch bleibt er umso mehr zurück.
12 Es gibt einen Unbeholfenen, der um Beistand bittet, / einen, dem die Kraft fehlt und der überreich an Armut ist,
aber die Augen des Herrn sehen ihn gütig an / und er richtet ihn auf aus seiner Niedrigkeit,
13 er richtet seinen Kopf auf / und viele staunen über ihn.
14 Gutes und Schlechtes, Leben und Tod, / Armut und Reichtum kommen vom Herrn.
15 *Weisheit, Einsicht und Kenntnis des Gesetzes kommen vom Herrn, / Liebe und die Wege guter Taten kommen von ihm.*
16 *Irrtum und Finsternis sind mit Sündern zusammen erschaffen worden, / aber mit denen, die auf Böses stolz sind, wird das Böse alt.*
17 Eine Gabe des Herrn bleibt den Frommen / und sein Wohlgefallen wird in Ewigkeit zum Gelingen führen.
18 Einer ist reich aufgrund seiner Umsicht und seines Geizes / und dies ist Anteil seines Lohnes.
19 Während er sagt: Ich habe Ruhe gefunden, / nun werde ich von meinen Gütern essen,

10,22 Reicher, Angesehener und Armer: G; Neuankömmling, Fremder und Armer: vgl. H.

weiß er nicht, wie viel Zeit noch verstrei-
chen wird, / und er wird sie anderen hinter-
lassen und sterben.
20 Steh zu deiner Verpflichtung und halte
dich an sie / und bei deinem Tun werde alt!
21 Wundere dich nicht über die Taten eines
Sünders! / Vertrau doch dem Herrn und bleib
bei deinem Bemühen!
Denn leicht ist es in den Augen des Herrn, /
einen Armen schnell und unvermutet reich zu
machen.
22 Der Segen des Herrn wird zum Lohn des
Frommen / und in kurzer Zeit blüht sein Se-
gen wieder.
23 Sag nicht: Was ist mein Vorteil / und was
werde ich an guten Dingen von jetzt an haben?
24 Sag nicht: Ich habe genug / und was wird
mir von jetzt an noch schaden?
25 An einem Tag voll guter Dinge vergisst
man Schlechtes, / aber an einem Tag voll
schlechter Dinge wird man sich nicht an das
Gute erinnern.
26 Denn in der Gegenwart des Herrn am Tag
des Endes ist es leicht, / dem Menschen nach
seinen Wegen zu vergelten.
27 Gegenwärtiges Leiden lässt Wohlleben
vergessen / und das Ende des Menschen
macht seine Taten offenbar.
28 Preise niemanden glücklich vor seinem
Ende / und an seinen Kindern wird ein Mann
erkannt!

10: Koh 4,8 / **11**: Ps 127,2 / **12**: Lk 1,48 / **14**: Ijob 2,10; Jes 45,7 / **19**: Koh 4,8; 6,2; Sir 14,15; Lk 12,19f. / **25**: 18,25

VORSICHT IM UMGANG: 11,29–12,18

29 Führ nicht jeden Menschen in dein Haus, /
denn viele Hinterhalte legt ein Hinterlistiger.
30 Wie ein Rebhuhn als Köder im Korb, so
ist das Herz eines Hochmütigen / und wie ein
Späher wartet er auf den Fall.
31 Denn er verkehrt Gutes in Schlechtes und
liegt so im Hinterhalt / und das Vortreffliche
tadelt er.
32 Aus einem Funken Feuer entsteht Koh-
lenglut, / ein sündiger Mensch lauert auf Blut.
33 Hüte dich vor einem Übeltäter, denn er
bringt Böses hervor, / damit er nicht Tadel
über dich bringt in Ewigkeit!
34 Nimm einen Fremden ins Haus und er
wird dich in Unruhe stürzen, / er wird dich
deinen eigenen Leuten entfremden!

12 1 Wenn du Gutes tust, erkenne, wem
du es tust, / und Dankbarkeit wird dei-
ne guten Taten begleiten!
2 Tu dem Frommen Gutes und du wirst Ver-
geltung finden! / Wenn nicht von ihm, so
doch vom Höchsten her.
3 Gutes gibt es nicht für den, der fortgesetzt
Schlechtes tut, / und für den, der keine Wohl-
taten erweist.
4 Gib dem Frommen, aber unterstütze nicht
den Sünder! / 5 Tu Gutes dem Demütigen, aber
gib dem Gottlosen nichts!
Halte die Brote zurück und gib ihm nicht, /
damit er dadurch nicht Macht über dich ge-
winnt!
Denn doppelt wird dich Schlechtes treffen /
für alles Gute, das immer du ihm tust.
6 Denn auch der Höchste hasst die Sün-
der / und die Gottlosen wird er der Strafe aus-
liefern.
*Aber er bewahrt sie bis zum Tag ihrer Be-
strafung.* / 7 Gib dem Guten, aber unterstütze
nicht den Sünder!
8 Der Freund wird im Guten nicht bestraft
werden / und der Feind wird im Bösen nicht
verborgen bleiben.
9 Wenn es einem Mann gut geht, sind seine
Feinde traurig, / und wenn es ihm schlecht
geht, wird sich auch der Freund abwenden.
10 Vertrau niemals deinem Feind, / denn wie
Metall rostet, so zeigt sich seine Bosheit!
11 Auch wenn er gedemütigt worden ist und
gebückt einhergeht, / nimm dich in Acht und
hüte dich vor ihm!
Sei ihm gegenüber wie einer, der einen Spie-
gel geputzt hat, / und du wirst erkennen, dass
das Rosten nicht zu Ende gekommen ist!
12 Stell ihn nicht neben dich selbst, / damit
er dich nicht zugrunde richtet und deinen
Platz einnimmt!
Setz ihn nicht zu deiner Rechten, / damit er
nicht nach deinem Sitz strebt!
Zuletzt wirst du meine Worte begreifen /
und von meinen Reden getroffen sein.
13 Wer hat Mitleid mit einem Schlangenbe-
schwörer, wenn er gebissen wird, / und mit
all denen, die sich wilden Tieren nähern?
14 Er ist wie jemand, der mit einem Sünder
verkehrt / und sich in dessen Sünden ver-
strickt.
15 Eine Stunde wird er mit dir aushalten, /
aber wenn du wankst, hält er sicher nicht
stand.

11,22 Segen: G; Erfolg: Vg.

16 Mit seinen Lippen wird der Feind süß sprechen, / doch in seinem Herzen wird er darauf sinnen, dich in die Grube zu stürzen.

Mit seinen Augen wird der Feind Tränen vergießen, / findet er aber den richtigen Zeitpunkt, wird er nicht satt von Blut.

17 Wenn dich Schlimmes trifft, findest du ihn schon vor dir am Ort / und als Helfer wird er dir ein Bein stellen.

18 Er wird seinen Kopf schütteln und in seine Hände klatschen, / er wird viel zischeln und sein Gesicht verziehen.

12,5: Gal 6,10 / **8**: 6,8–13; 37,1–6; Spr 17,17; 19,4 / **9**: Spr 19,4–7

VORSICHT IM UMGANG MIT REICHEN UND MÄCHTIGEN: 13,1–23

13 1 Wer Pech berührt, wird sich schmutzig machen, / und wer mit einem Hochmütigen Umgang pflegt, wird ihm ähnlich werden.

2 Was dir zu schwer ist, heb nicht hoch! / Mit einem, der stärker und reicher ist als du, pflege keinen Umgang!

Was hat ein Tontopf gemein mit einem Eisenkessel? / Der eine stößt an und der andere geht zu Bruch.

3 Ein Reicher tut Unrecht und droht, / ein Armer hat Unrecht erlitten und er wird zum Bittsteller.

4 Wenn du nützlich bist, wird er sich um dich bemühen, / wenn du schwächer bist, wird er dich im Stich lassen.

5 Wenn du etwas hast, wird er sich mit dir zusammentun / und er wird dich auspressen, aber wird sich nicht anstrengen.

6 Er hatte einen Nutzen von dir und er wird dich täuschen, / er wird dir zulachen und dir Hoffnung geben; / er wird dir schön zureden und sagen: Was fehlt dir?

7 Er wird dich mit seinen Speisen beschämen, / bis er dich ausgepresst hat, zweimal oder dreimal, / und zuletzt wird er dich verspotten.

Danach wird er dich ansehen und dich im Stich lassen, / er wird seinen Kopf schütteln über dich.

8 Gib Acht, lass dich nicht beirren / und lass dich nicht demütigen in deinem Unverstand!

9 Wenn ein Mächtiger nach dir ruft, sei zurückhaltend, / denn umso mehr wird er nach dir rufen!

10 Fall nicht darauf herein, damit du nicht fortgejagt wirst! / Entferne dich aber nicht zu sehr, damit man dich nicht vergisst!

11 Sei nicht darauf aus, von gleich zu gleich mit ihm zu reden, / und trau nicht seinen vielen Worten!

Mit viel Geschwätz wird er dich auf die Probe stellen, / wie einer, der dir zulacht, wird er dich ausforschen.

12 Er, der nicht auf die Worte achtet, ist erbarmungslos / und spart nicht mit schlechter Behandlung und Fesseln.

13 Gib Acht und sei sehr auf der Hut, / denn du führst deinen eigenen Sturz herbei!

14 *Wenn du in deinem Schlaf das hörst, wach auf! / Mit deinem ganzen Leben liebe den Herrn! / Ruf ihn an zu deiner Rettung!*

15 Jedes Lebewesen liebt seinesgleichen, / jeder Mensch seinen Nächsten.

16 Alle Lebewesen versammeln sich entsprechend ihrer Gattung, / auch der Mann wird seinesgleichen anhangen.

17 Was kann ein Wolf mit einem Lamm gemeinsam haben? – / So viel wie ein Sünder mit einem Frommen.

18 Welchen Frieden hat eine Hyäne mit einem Hund? / Welchen Frieden hat ein Reicher mit einem Bedürftigen?

19 Beute der Löwen sind Wildesel in der Wüste, / so sind die Armen die Weideplätze der Reichen.

20 Ein Gräuel für den Hochmütigen ist Demut, / so ist der Arme ein Gräuel für den Reichen.

21 Ein Reicher, der wankt, wird von Freunden gestützt, / ein Demütiger aber, der zu Fall kommt, wird von Freunden verstoßen.

22 Wenn ein Reicher fällt, hat er viele Helfer. / Sprach er Verbotenes, rechtfertigten sie ihn.

Kam ein Demütiger zu Fall, machten sie ihm Vorwürfe. / Sprach er Einsichtiges, gab man ihm doch keinen Raum.

23 Ein Reicher sprach und alle verstummten, / sie erhoben sein Wort bis in die Wolken.

Ein Armer sprach und man sagte: Wer ist denn dieser? / Und wenn er stolpert, stoßen sie ihn noch nieder.

10: 22f. / **15**: Lev 19,18 / **17**: 2 Kor 6,14ff.

GROSSZÜGIGKEIT IM ANGESICHT DER VERGÄNGLICHKEIT: 13,24–14,19

24 Gut ist der Reichtum, an dem keine Sünde ist, / schlecht ist die Armut im Mund des Gottlosen.

25 Das Herz des Menschen verändert sein
Gesicht, / entweder zum Guten oder zum Bö-
sen.
26 Zeichen eines Herzens in Glück ist ein
fröhliches Gesicht; / das Finden von Verglei-
chen bedeutet Anstrengung des Denkens.
14 1 Selig der Mann, der mit seiner Rede
nicht entgleist ist / und der nicht ver-
letzt worden ist durch Schmerz über Sünden.
2 Selig ist, wer sich nicht selbst verurteilt hat /
und der seine Hoffnung nicht verloren hat.
3 Einem geizigen Mann steht Reichtum
nicht wohl an, / wozu Vermögen für einen
neidischen Menschen?
4 Wer gegen sich selbst geizt, sammelt für
andere, / in seinen Gütern werden Fremde
schwelgen.
5 Wer mit sich selbst schlecht umgeht, zu
wem wird er gut sein? / Er wird sich nie an
seinem Wohlstand erfreuen.
6 Keiner ist schlimmer als einer, der sich
selbst nichts gönnt, / und dies ist Vergeltung
für seine Schlechtigkeit.
7 Sogar wenn er etwas Gutes tut, tut er es
aus Versehen / und zuletzt offenbart er seine
Schlechtigkeit.
8 Der ist schlecht, dem der Neid aus den Au-
gen schaut, / der das Gesicht abwendet und
über Menschen hinwegsieht.
9 Das Auge des Habgierigen hat nicht genug
mit nur einem Teil / und schlimmes Unrecht
zehrt die Seele aus.
10 Ein schlimmes Auge missgönnt Brot /
und es herrscht Mangel an seinem Tisch.
11 Kind, wenn du etwas hast, tu dir selbst
Gutes / und bringe würdige Gaben vor den
Herrn!
12 Denk daran, dass der Tod nicht zögert /
und der Pakt mit dem Hades dir nicht gezeigt
wurde!
13 Bevor du stirbst, tu einem Freund Gutes! /
Entsprechend deinem Vermögen teile aus und
gib ihm!
14 Einen schönen Tag lass nicht vorbeige-
hen / und den Anteil an dem, was du Gutes
begehrst, lass nicht vorübergehen!
15 Du wirst die Erträge deiner Anstrengung
wohl nicht einem anderen überlassen / und den
Lohn deiner Mühen beim Teilen des Erbes?
16 Gib, nimm und beschwichtige dich selbst, /
denn im Hades ist kein Genuss zu finden!
17 Alle Lebewesen altern wie ein Kleidungs-
stück, / denn die Bestimmung lautet seit
Ewigkeit: Sterben wirst du.
18 Wie grünendes Blattwerk auf einem dicht
belaubten Baum / – die einen fallen zu Boden,
die anderen wachsen nach –,
so ist es auch mit einer Generation aus
Fleisch und Blut: / Die eine stirbt, die andere
wird gezeugt.
19 Jedes Werk modert und geht zugrunde, /
und wer daran arbeitet, wird mit ihm vergehen.

13,25: Spr 15,13
14,1: 19,15; 25,8; Jak 3,2 / **3**: Mt 6,19ff.; Lk 12,32ff. / **4**: Koh 6,2 / **6**: Spr 11,17 / **11**: Lev 1,10; Num 28,31; Spr 3,9 / **13**: 4,1; Tob 4,7 / **14**: Koh 7,14 / **17**: Ps 103,14ff.; Jes 40,6; Jak 1,10; 1 Petr 1,24 / **18**: Koh 1,4

GLÜCK BEI DER WEISHEITSSUCHE: 14,20–15,10

20 Selig der Mann, der über Weisheit nach-
sinnt / und der in seiner Einsicht überlegt,
21 der in seinem Herzen über ihre Wege
nachsinnt / und über ihre Geheimnisse nach-
denkt.
22 Geh ihr nach wie ein Spurensucher / und
lauere an ihren Wegen!
23 Wer sich durch ihre Fenster hineinbeugt /
und an ihren Türen lauscht,
24 wer in der Nähe ihres Hauses sich nieder-
lässt / und einen Pflock an ihren Mauern be-
festigt,
25 der wird sein Zelt an ihrer Seite aufstellen /
und er wird in einer Wohnung voller Güter
einkehren.
26 Er wird seine Kinder unter ihren Schutz
stellen / und unter ihren Zweigen wird er
übernachten;
27 er wird sich unter ihr vor der Hitze bergen /
und in ihrer Herrlichkeit sich niederlassen.
15 1 Wer den Herrn fürchtet, wird das
tun, / und wer am Gesetz festhält, wird
sie ergreifen.
2 Sie begegnet ihm wie eine Mutter / und
wie eine jungfräuliche Braut nimmt sie ihn auf.
3 Sie nährt ihn mit Brot der Erkenntnis / und
tränkt ihn mit Wasser der Weisheit.
4 Er stützt sich auf sie und wird nicht ge-
beugt, / bei ihr findet er Halt und wird nicht
beschämt.

14,1 Rede, wörtlich: Mund.
14,9 und schlimmes Unrecht zehrt die Seele aus: G; wer seinem Nächsten den Besitz wegnimmt, richtet seinen eigenen Besitz zugrunde: H.
14,25 an ihrer Seite, wörtlich: entlang ihrer Hände.
15,1 – 16,7 Dieser Text ist seit 1958 auch aus einem zweiten hebräischen Fragment (Hs B) bekannt, das dem G-Text nähersteht.

5 Sie erhöht ihn über seine Nächsten / und
inmitten der Versammlung öffnet sie seinen
Mund.
6 Frohsinn und eine Freudenkrone / und
einen ewigen Namen wird er erben.
7 Unverständige Menschen werden sie nicht
erfassen / und sündige Männer werden sie
nicht sehen.
8 Weit entfernt ist sie von Stolz / und lügnerische Männer werden ihrer nicht gedenken.
9 Schlecht klingt ein Loblied im Mund des
Sünders, / da es nicht vom Herrn befohlen
wurde.
10 Denn mit Weisheit wird ein Loblied vorgetragen / und der Herr wird es gelingen lassen.

14,20: Ps 1,2; Spr 8,34
15,2: 51,13–28; Spr 7,4 / **3**: Joh 4,10; 6,31–35 / **6**: 6,29–32

DER FREIE WILLE DES MENSCHEN: 15,11–20

11 Sag nicht: Wegen des Herrn bin ich abtrünnig geworden! / Denn, was er hasst, wird er
nicht tun.
12 Sag nicht: Er hat mich in die Irre geführt! /
Denn er hat keinen Nutzen von einem sündigen Mann.
13 Jeden Gräuel hasst der Herr, / und wer den
Herrn fürchtet, kann den Gräuel nicht lieben.
14 Er selbst hat am Anfang den Menschen
gemacht / und hat ihn der Macht seiner Entscheidung überlassen.
15 Wenn du willst, wirst du die Gebote bewahren / und die Treue, um wohlgefällig zu
handeln.
16 Er hat dir Feuer und Wasser vorgelegt, /
was immer du erstrebst, danach wirst du deine
Hand ausstrecken.
17 Vor den Menschen liegen Leben und
Tod, / was immer ihm gefällt, wird ihm gegeben.
18 Denn groß ist die Weisheit des Herrn, /
stark an Kraft ist er und sieht alles.
19 Seine Augen sind auf denen, die ihn fürchten, / und er kennt jede Tat des Menschen.
20 Keinem befahl er, gottlos zu sein, / und er
erlaubte keinem zu sündigen.

12: Jak 1,13 / **14**: Gen 1,27 / **16**: Dtn 30,15.19 / **17**: Dtn 30,15.19; Jer 21,8 / **19**: Ps 33,18; 34,16; Sir 17,15; Hebr 4,13 / **20**: Ps 5,5–7

KINDER: 16,1–23

16 1 Wünsch dir nicht eine Menge nichtsnutziger Kinder / und freu dich nicht
über gottlose Söhne!
2 Auch wenn sie zahlreich sind, freu dich
nicht an ihnen, / wenn die Furcht des Herrn
nicht mit ihnen ist!
3 Vertrau nicht auf ihr Leben / und achte
nicht auf ihre Menge!
Denn du wirst stöhnen vor Leid zur Unzeit / und plötzlich wirst du ihr Ende erkennen.
Denn besser ist einer als tausend, / besser
kinderlos sterben, als gottlose Kinder haben.
4 Denn durch einen einzigen Verständigen
wird eine Stadt bevölkert, / aber eine Sippe
von Gesetzlosen vereinsamt.
5 Viel von dem hat mein Auge gesehen / und
Wichtigeres als dies hat mein Ohr gehört.
6 In der Versammlung der Sünder wird
Feuer angefacht / und in einem aufsässigen
Volk wurde Zorn angefacht.
7 Er vergab nicht den Riesen der Vorzeit, /
die abtrünnig wurden in ihrer Stärke.
8 Er hat die Umgebung Lots nicht verschont, / die er wegen ihres Hochmuts verabscheut hat.
9 Er hatte kein Mitleid mit einem Volk des
Verderbens, / mit denen, die in ihren Sünden
hinweggerafft wurden.
Dies alles tat er den hartherzigen Fremdvölkern an, / selbst durch die Menge seiner Heiligen war er nicht umzustimmen.
10 Auch die sechshunderttausend Mann
Fußvolk, / die sich in ihrer Hartherzigkeit versammelt hatten,
geißelte der Herr; er hatte Mitleid mit ihnen, schlug sie und heilte sie; / mit Erbarmen und Erziehung hat er sie bewahrt.
11 Wenn einer halsstarrig ist, / wäre es verwunderlich, wenn er nicht bestraft würde.
Denn Erbarmen und Zorn sind bei ihm, / er
ist mächtig im Verzeihen, aber auch im Ausgießen seines Zorns.
12 Sein Erbarmen ist so groß wie seine Zurechtweisung, / einen Mann richtet er nach
seinen Taten.
13 Ein Sünder entkommt nicht mit der Beute, / aber die Standhaftigkeit des Frommen
wird nicht enttäuscht.
14 Für jede Wohltat schafft er Raum, / jeder
empfängt nach seinen Taten.

15,15 Vg liest vor 15: Er fügte seine Gebote und Vorschriften hinzu.

15 *Der Herr hat den Pharao verstockt ge-
macht, dass er ihn nicht erkannte, / damit sein
Wirken unter dem Himmel erkannt wird.*

16 *In der ganzen Schöpfung ist sein Erbar-
men sichtbar, / sein Licht und die Finsternis
hat er Adam zugeteilt.*

17 Sag nicht: Ich werde mich vor dem Herrn
verbergen, / wer wird dort oben meiner ge-
denken?

In einer großen Volksmenge wird man mich
nicht erkennen. / Wer bin ich schon in einer
unermesslichen Schöpfung?

18 Siehe! Der Himmel und der Himmel des
Himmels, / Abgrund und Erde werden bei
seiner Heimsuchung erschüttert werden. /
*Die ganze Welt ist entstanden und entsteht
durch seinen Willen.*

19 Die Berge samt den Fundamenten der
Erde / werden von einem Beben erschüttert,
wenn er sie anblickt.

20 Doch darüber wird das Herz nicht nach-
denken / und wer wird seine Wege beden-
ken?

21 Ein Sturmwind, den ein Mensch nicht
kommen sieht, / und die meisten seiner Wer-
ke sind im Verborgenen.

22 Taten der Gerechtigkeit – wer wird sie be-
kannt machen oder wer wird sie erwarten? /
Denn weit weg ist die Verfügung, / *aber eine
Prüfung aller steht am Ende.*

23 Einer, der wenig Verständnis hat, denkt
solches, / ein unverständiger Mann und einer,
der in die Irre geht, denkt Törichtes.

3: Weish 4,1 / **6**: 21,9 / **7**: Gen 6,4; Weish 14,6; Bar 3,26ff. / **8**: Gen 19 / **9**: Ex 23,23f.27–33; 33,2f.; Dtn 7,1 / **10**: Ex 12,37; Num 11,20f.; 14,12.22f.29f.; Weish 16,11f. / **12**: Ijob 34,11 / **17**: 23,18 / **19**: Ijob 9,5f. / **23**: Ps 14,1

GOTTES ORDNUNG FÜR KOSMOS, MENSCHEN UND ISRAEL: 16,24–17,23

24 Höre auf mich, Kind, und lerne Erkennt-
nis! / Auf meine Worte richte dein Herz aus!

25 Ich werde in Ausgewogenheit Bildung
kundtun / und mit Gründlichkeit werde ich
Erfahrung kundtun.

26 Durch die Entscheidung des Herrn beste-
hen seine Werke von Anbeginn / und von
ihrer Erschaffung an hat er ihre Bereiche zu-
geteilt.

27 Er ordnete ihre Werke auf ewig / und ihre
Herrschaftsbereiche auf Generationen.

Weder hungerten sie noch wurden sie er-
schöpft, / sie ließen nicht ab von ihren Wer-
ken.

28 Keiner verdrängte seinen Nächsten / und
bis in Ewigkeit werden sie seinem Wort nicht
ungehorsam sein.

29 Und danach blickte der Herr auf die Erde /
und er füllte sie an mit seinen Gütern;

30 mit dem Atem aller Lebewesen bedeckte
er ihre Oberfläche / und zu ihr kehren sie wie-
der zurück.

17 1 Der Herr hat aus Erde den Menschen
geschaffen / und zu ihr lässt er ihn wie-
der zurückkehren.

2 Eine Anzahl von Tagen und eine bestimm-
te Zeit hat er ihnen gegeben / und Macht über
das, was auf ihr ist.

3 Ihnen entsprechend hat er sie mit Kraft
bekleidet / und nach seinem Bild hat er sie
gemacht.

4 Er hat die Furcht vor ihm auf alle Lebewe-
sen gelegt / und Macht zu gebieten über wilde
Tiere und Vögel.

5 *Sie erhielten die Möglichkeit zum Ge-
brauch der fünf Werke des Herrn. / Als sechs-
tes aber hat er ihnen Verstand geschenkt und
zugeteilt / und als siebtes das Wort als Deuter
seiner Werke.*

6 Entscheidungsfähigkeit, Sprache und Au-
gen, / Ohren und Herz hat er ihnen gegeben,
um zu denken.

7 Er füllte sie mit Wissen und Einsicht, /
Gutes und Böses hat er ihnen gezeigt.

8 Er hat die Furcht vor ihm in ihre Herzen
gelegt, / um ihnen die Größe seiner Werke zu
zeigen; / *er gewährte ihnen, für alle Zeiten ihn
wegen seiner Wunder zu rühmen.*

9 Und sie werden seinen heiligen Namen
preisen, / 10 damit sie von der Größe seiner
Werke erzählen.

11 Er hat ihnen weitere Erkenntnis ge-
schenkt / und das Gesetz des Lebens gab er
ihnen zum Erbe, / *damit sie verstehen, dass
sie jetzt als Sterbliche da sind.*

16,15f. Die beiden Verse fehlen in fast allen G-Handschriften.

16,27 Von hier ab bis Kap. 31 gibt es nur geringe Fragmente des hebräischen Textes.

16,27 ihre Werke, andere Textzeugen: seine Werke.

17,3 ihnen entsprechend: Alle Textausgaben und Übersetzungen lesen mit Vg: sich (bzw. ihm) entsprechend.

17,8 Er hat die Furcht vor ihm in ihre Herzen gelegt, andere Textzeugen: Er hat sein Auge auf ihre Herzen gerichtet.

12 Einen ewigen Bund hat er mit ihnen ge-
schlossen / und seine Entscheidungen hat er
ihnen gezeigt.
13 Die Größe der Herrlichkeit haben ihre
Augen gesehen / und die Herrlichkeit seiner
Stimme hat ihr Ohr gehört.
14 Er hat ihnen gesagt: Hütet euch vor allem
Unrecht! / Und er gab einem jeden das Gebot
über das Verhältnis zum Nächsten.
15 Ihre Wege liegen vor ihm zu aller Zeit, /
sie sind nicht verborgen vor seinen Augen.
16 *Ihre Wege sind von Jugend an auf Böses
aus, / sie waren nicht stark genug, / ihre Her-
zen aus Stein zu solchen aus Fleisch zu machen.*
17 *Denn bei der Verteilung der Völker auf die
ganze Erde* / hat er für jedes Volk einen Anfüh-
rer eingesetzt; / und der Anteil des Herrn ist
Israel,
18 *den er als Erstgeborenen mit Erziehung
umsorgt, / und er teilt ihm das Licht der Liebe
zu und er verlässt ihn nicht.*
19 Alle ihre Taten stehen vor ihm wie die
Sonne / und seine Augen blicken stets auf ihre
Wege.
20 Ihre Ungerechtigkeiten sind ihm nicht
verborgen geblieben / und alle ihre Sünden
sind vor dem Herrn.
21 *Aber der Herr ist gütig und er kennt sein
Geschöpf. / Weder hat er sie aufgegeben noch
im Stich gelassen, sondern er hat sie verschont.*
22 Die Barmherzigkeit eines jeden ist wie ein
Siegel bei ihm / und er wird die Güte eines
Menschen hüten wie den Augapfel, / *während
er seinen Söhnen und Töchtern Umkehr ge-
währt.*
23 Danach wird er sich erheben und ihnen
vergelten / und er wird ihre Vergeltung auf ihr
Haupt kommen lassen.

16,26: Gen 1,6f. / **29**: Gen 1,20–26 / **30**: Ps 104,25
17,1: 40,11; Gen 2,7; 3,19 / **2**: Gen 1,26ff.; 9,2; Ps 8,5–9; Weish
9,2 / **3**: Gen 1,26ff.; 9,2; Ps 8,5–9 / **7**: 16,24f. / **11**: 45,5 / **12**:
44,18 / **15**: Ps 139,1–12 / **16**: Ez 11,19; 36,26

RUF ZUR UMKEHR – LOBPREIS DES ERBARMENS GOTTES: 17,24–18,14

24 Denen aber, die umkehrten, gewährte er die
Rückkehr / und er ermutigte die, welche die
Geduld verloren hatten.
25 Wende dich zum Herrn und lass ab von
den Sünden! / Bitte vor seinem Angesicht und
vermindere das Ärgernis!

17,24 welche die Geduld verloren hatten, Vg fügt hinzu: und bestimmte für sie das Los der Wahrheit.

26 Kehre zum Höchsten zurück und wende
dich ab vom Unrecht! / *Denn er wird dich den
Weg aus der Dunkelheit in das Licht der Ge-
sundheit führen.* / Und hasse über alle Maßen
Gräuel!
27 Wer wird den Höchsten in der Unterwelt
loben, / anstelle derer, die leben und einstim-
men in das Lob?
28 Das Lob eines Toten, der nicht mehr lebt,
verhallt. / Wer lebt und gesund ist, wird den
Herrn loben.
29 Wie groß ist das Erbarmen des Herrn /
und die Vergebung für die, die sich ihm wieder
zuwenden?
30 Unter den Menschen ist nicht alles mög-
lich, / weil ein Menschenkind nicht unsterb-
lich ist.
31 Was leuchtet heller als die Sonne? Auch
sie verblasst. / Fleisch und Blut werden Böses
in Erwägung ziehen.
32 Er schaut herab auf die Macht der Höhe
des Himmels / und alle Menschen sind Erde
und Staub.
18 1 Der in Ewigkeit lebt, hat alles insge-
samt geschaffen. / 2 Der Herr allein
wird sich als gerecht erweisen. / *Es gibt keinen
anderen außer ihm.*
3 *Er lenkt die Welt mit der Spanne seiner
Hand / und alles gehorcht seinem Willen,
denn er ist König über alles in seiner
Kraft. / Er trennt in allem das Heilige vom
Profanen.*
4 Niemandem gestattet er, seine Werke zu
verkünden. / Wer wird seine Großtaten er-
gründen?
5 Wer wird die Macht seiner Größe ermes-
sen? / Und wer wird noch mehr von seinem
Erbarmen erzählen?
6 Man kann nichts wegnehmen und nichts
hinzufügen; / und die Wunder des Herrn sind
nicht zu ergründen.
7 Sobald der Mensch ans Ziel kommt, steht
er am Anfang, / und wenn er aufhört, dann
weiß er nicht weiter.
8 Was ist ein Mensch und was ist sein Nut-
zen? / Was ist gut an ihm und was ist schlecht
an ihm?
9 Die Zahl der Tage eines Menschen beträgt
höchstens hundert Jahre, / *aber unberechen-
bar ist für einen jeden der Schlaf.*
10 Wie ein Wassertropfen aus dem Meer und
wie ein Sandkorn, / so gleichen wenige Jahre
einem Tag der Ewigkeit.

11 Deswegen war der Herr mit ihnen gedul-
dig / und goss über sie sein Erbarmen aus.
12 Er sah ihren Untergang und erkannte, dass
er schlimm ist, / deswegen vermehrte er seine
Bereitschaft zur Versöhnung.
13 Das Erbarmen eines Menschen gilt seinem
Nächsten, / das Erbarmen des Herrn aber gilt
allen Lebewesen.
Er weist zurecht, erzieht und lehrt / und
führt wie ein Hirt seine Herde zurück.
14 Er zeigt Erbarmen mit denen, die Erzie-
hung annehmen, / und mit denen, die sich um
seine Entscheidungen mühen.

17,27: Ps 6,6; 115,17; Jes 38,18f. / **28**: Bar 2,17f. / **32**: 10,9; 33,10
18,7: Ps 139,18 / **13**: Joh 10,11

DAS GUTE WORT UND HANDELN ZUR RECHTEN ZEIT: 18,15–29

15 Kind, im Guten tadle nicht / und kränke
nicht mit Worten bei jeder Gabe!
16 Wird nicht Tau die Hitze beenden? / So
ist ein Wort besser als eine Gabe.
17 Siehe! Ist ein Wort nicht besser als ein Ge-
schenk? / Beides findet sich bei einem Mann
voll Güte.
18 Ein Tor wird gnadenlos Vorwürfe ma-
chen / und eine Gabe des Neiders bringt die
Augen zum Weinen.
19 Vor dem Reden lerne! / Vor einer Krank-
heit lass dich behandeln!
20 Vor einer Entscheidung prüfe dich selbst! /
Und in der Stunde der Heimsuchung wirst du
Versöhnung finden.
21 Bevor du krank wirst, werde demütig! /
Zur Zeit der Sünden zeige Umkehr!
22 Säume nicht, ein Gelübde rechtzeitig ein-
zulösen! / Und warte nicht bis zum Tod, ge-
rechtfertigt zu werden!
23 Bevor du etwas gelobst, bereite dich vor! /
Und werde nicht wie ein Mensch, der den
Herrn versucht!
24 Denk an den Zorn am Tag des Endes / und
an die Zeit der Vergeltung, wenn er das Ge-
sicht abwendet!
25 Denk an die Zeit des Hungers in der Zeit
der Fülle, / an Armut und Bedürftigkeit in den
Tagen des Reichtums!
26 Vom Morgen bis zum Abend wechselt die
Zeit / und alles eilt dahin in der Gegenwart
des Herrn.
27 Ein weiser Mensch wird in allem bedäch-
tig sein / und in Tagen der Sünden wird er sich
vor einem Vergehen hüten.
28 Jeder Kluge hat Weisheit erkannt, / und
wer sie findet, dem wird Anerkennung zuteil.
29 Die klug reden, sind auch selbst weise gewor-
den / und quellen über vor treffenden Sprüchen.
*Besser ist Vertrauen einem einzigen Herr-
scher gegenüber, / als mit totem Herzen bei
einem Toten ausharren.*

15: 41,22 / **17**: 20,13 / **22**: Num 30,3; Dtn 23,22; Ps 50,14; Spr 20,25; Koh 5,3f. / **24**: 7,16 / **25**: 11,25 / **29**: 24,32f.

GELD, ALKOHOL, FRAUEN UND DIE ZUNGE: 18,30–19,17

Selbstbeherrschung

30 Folge nicht deinen Begierden! / Von deinen
Gelüsten halte Abstand!
31 Wenn du deiner Seele das Begehrte ge-
währst, / macht dich das zum Gespött deiner
Feinde.
32 Freu dich nicht über großen Genuss! /
Verlange nicht nach Umgang mit ihm!
33 Werde nicht arm durch Gelage aus gelie-
henem Geld! / Dann hast du nichts mehr im
Beutel, / *denn du setzt dein eigenes Leben aufs
Spiel.*

19 1 Ein betrunkener Arbeiter wird nicht
reich, / und wer das Wenige gering
schätzt, scheitert bald.
2 Wein und Frauen verführen die Klugen, /
und wer sich mit Huren einlässt, ist waghalsig.
3 Fäulnis und Würmer werden ihn beer-
ben / und eine waghalsige Seele wird hinweg-
gerafft.
4 Wer schnell vertraut, ist leichtfertig im
Herzen, / und wer sündigt, verfehlt sich gegen
sich selbst.
5 Wer sich über Schlechtigkeit freut, wird
verurteilt werden, / *wer aber Vergnügungen
widersteht, krönt sein Leben.*
6 *Wer die Zunge beherrscht, lebt unange-
fochten,* / und wer das Gerede hasst, verrin-
gert das Übel.
7 Wiederhole niemals ein Wort! / Und nie-
mals wird dir etwas fehlen.
8 Rede weder über Freund noch Feind! /
Wenn es für dich keine Sünde ist, enthülle
nichts!
9 Denn er hört dich und hütet sich vor dir /
und zur gegebenen Zeit wird er dich hassen.

18,33 dann hast du nichts mehr im Beutel, andere Übersetzungsmöglichkeit: während du nichts im Beutel hast.
19,5 über Schlechtigkeit, andere Textzeugen: im Herzen.
19,6 wer das Gerede hasst, verringert das Übel; andere Lesart: wer ein Gespräch hasst, dem fehlt es an Verstand.

10 Du hast ein Wort gehört – es sterbe mit
dir! / Sei zuversichtlich! Es wird dich sicher
nicht zerreißen.
11 Vor einem Wort gerät ein Tor in Wehen /
wie eine Gebärende vor einem ungeborenen
Kind.
12 Wie ein Pfeil im Fleisch des Schenkels
steckt, / so ist ein Wort im Bauch des Toren.
13 Stelle den Freund zur Rede! – Vielleicht
hat er nichts getan. / Und wenn er etwas getan
hat, setze er es nicht fort.
14 Stell den Nächsten zur Rede! – Vielleicht
hat er nichts gesagt. / Und falls er etwas gesagt
hat, damit er es nicht ein zweites Mal tut.
15 Stell einen Freund zur Rede! – Denn oft
geschieht Verleumdung. / Und vertrau nicht
jedem Wort!
16 Es geschieht, dass einer ausgleitet, doch
ohne Absicht. / Wer hat mit seiner Zunge
noch nicht gesündigt?
17 Stell den Nächsten zur Rede, bevor du
drohst! / Und gib dem Gesetz des Höchsten
Raum!

18,30: Röm 6,12; 13,14
19,2: Spr 20,1; 23,20f. / **3**: 6,4; 10,11 / **6**: Spr 25,9f. / **7**: 8,18f. / **8**: 22,25f.; 27,16–21 / **13**: Lev 19,17; Mt 18,15; Lk 17,3 / **16**: 14,1; Jak 3,2 / **17**: Lev 19,17

WAHRE UND FALSCHE WEISHEIT: 19,18–30

18 *Furcht des Herrn ist der Anfang der Annah-*
me bei ihm, / Weisheit aber erwirbt sich seine
Liebe.
19 *Kenntnis der Gebote des Herrn ist Erzie-*
hung zum Leben, / die aber tun, was ihm ge-
fällt, ernten vom Baum der Unsterblichkeit.
20 Alle Weisheit ist Furcht des Herrn / und
in jeder Weisheit ist das Tun des Gesetzes
enthalten / *und die Erkenntnis seiner All-*
macht.
21 *Ein Haussklave, der zum Herrn sagt: Wie*
es dir gefällt, so werde ich nicht handeln; /
wenn er so handelt, reizt er den, der ihn er-
nährt, zum Zorn.
22 Kenntnis der Bosheit ist nicht Weisheit /
und ein Rat von Sündern ist nicht Klugheit.
23 Durchtriebenheit – auch diese ist ein
Gräuel / und dumm ist, wem es an Weisheit
mangelt.
24 Besser unterlegen an Einsicht, aber ehr-
fürchtig, / als herausragend an Verstand, aber
ein Übertreter des Gesetzes.
25 Es gibt scharfsinnige Durchtriebenheit –
sie ist ungerecht; / und es gibt einen, der
Wohlwollen missbraucht, um ein Urteil her-
beizuführen; / *und es gibt einen Weisen, der*
Recht spricht im Urteil.
26 Es gibt einen, der böse ist, gebückt in Trau-
er, / und sein Inneres ist voller List.
27 Er neigt das Gesicht und stellt sich taub, /
wenn er nicht erkannt wird, wird er dir zuvor-
kommen.
28 Und wenn er durch mangelnde Kraft ab-
gehalten wird zu sündigen, / wird er doch
Böses tun, wenn er Gelegenheit findet.
29 Am Aussehen wird ein Mann erkannt /
und in persönlicher Begegnung wird ein Ein-
sichtiger erkannt.
30 Die Kleidung eines Mannes und das La-
chen seines Mundes / und der Schritt des
Menschen sagen etwas über ihn aus.

19: Gen 2,9 / **20**: 1,1.12.14; Ijob 28,28; Ps 111,10; Spr 1,7; 9,10

RECHTES REDEN UND SCHWEIGEN: 20,1–26

20 1 Es gibt eine Zurechtweisung, die nicht
zur rechten Zeit kommt, / und es gibt
einen, der schweigt, und der ist klug.
2 Wie gut ist es zurechtzuweisen, statt zu
zürnen, / 3 und wer einen Fehler eingesteht,
wird vor einem Verlust bewahrt.
4 Wie das Verlangen eines Eunuchen, ein
Mädchen zu entjungfern, / so ist es, wenn
einer mit Gewalt Entscheidungen durch-
setzt.
5 Es gibt einen, der schweigt – er wird für
weise gehalten, / und es gibt einen, der wegen
des vielen Redens verhasst ist.
6 Es gibt einen, der schweigt, denn er hat
keine Antwort, / und es gibt einen, der
schweigt, weil er den rechten Zeitpunkt er-
kannt hat.
7 Ein weiser Mensch wird schweigen bis zur
rechten Zeit, / das Großmaul aber und der
Dumme werden die rechte Zeit außer Acht
lassen.
8 Der Schwätzer wird verabscheut, / und
wer sich Macht anmaßt, wird gehasst.
Wie gut ist es, wenn jemand auf Zurecht-
weisung hin umkehrt. / Denn so entkommst
du willentlicher Sünde.
9 Es gibt für einen Mann einen guten Weg
auch in Widrigkeiten / und es gibt Gewinn,
der zum Verlust wird.
10 Es gibt ein Geschenk, das dir nicht nütz-
lich sein wird, / und es gibt ein Geschenk, das
doppelt zu vergelten ist.

11 Es gibt eine Niederlage um der Ehre willen / und es gibt jemanden, der aus der Demütigung das Haupt erhebt.

12 Es gibt einen, der vieles billig einkauft, / und einen, der siebenfach dafür zahlt.

13 Wer in Worten weise ist, macht sich beliebt, / aber Liebenswürdigkeiten von Toren sind vergeudet.

14 Die Gabe eines Toren ist dir nicht nützlich, / *ähnlich die eines Neiders wegen seiner Nötigung;* / denn seine Augen sind statt einem viele.

15 Wenig wird er geben und vieles wird er schmähen, / er wird seinen Mund aufreißen wie ein Marktschreier.

Heute wird er leihen und morgen zurückfordern. / Verhasst ist solch ein Mensch.

16 Ein Tor wird sagen: Ich habe keinen Freund / und es gibt keinen Dank für meine guten Taten. / Die mein Brot essen, sind bösartig mit ihrer Zunge.

17 Wie oft werden ihn viele verspotten? / *Denn er hat das, was er hat, nicht in rechtem Sinn angenommen, / auch das, was er nicht hat, ist ihm gleichgültig.*

18 Besser ein Ausgleiten auf dem Boden als mit der Zunge; / so schnell kommt der Sturz der Bösen.

19 Ein unangenehmer Mensch, eine Geschichte zur falschen Zeit, / im Mund von Ungebildeten findet sie sich ständig.

20 Ein Gleichnis aus dem Mund des Toren wird verworfen, / denn er erzählt es nicht zur rechten Zeit.

21 Es gibt einen, der durch Bedürftigkeit abgehalten wird zu sündigen, / und in seiner Ruhe wird er nicht gequält.

22 Es gibt einen, der sich aus Scham selbst zugrunde richtet, / er wird sich zugrunde richten vor einem Unverständigen.

23 Es gibt einen, der aus Scham einem Freund etwas verspricht, / und damit hat er sich ihn grundlos zum Feind gemacht.

24 Ein schlimmer Schandfleck an einem Menschen ist die Lüge, / im Mund der Ungebildeten findet sie sich ständig.

25 Besser ein Dieb als ein beständiger Lügner, / aber beide werden Vernichtung erben.

26 Das Wesen eines lügnerischen Menschen ist Ehrlosigkeit / und seine Schande bleibt beständig bei ihm.

20,13 Wer in Worten weise ist, macht sich beliebt, andere Textzeugen: Der Weise macht sich mit Wenigem beliebt.

5: 20,1; 37,20; Spr 10,19; 17,28 / **7**: 8,18f.; 21,25f.; Spr 29,11 / **19**: 22,6; Spr 26,7 / **24**: 20,19 / **25**: 5,14

SPRICHWÖRTER: 20,27–32

Sprichwörter

27 Wer in Worten weise ist, wird sich selbst voranbringen / und ein kluger Mensch wird den Großen gefallen.

28 Wer das Land bearbeitet, wird seine Ernte vergrößern, / und wer den Großen gefällt, wird Unrecht ausgleichen.

29 Gastgeschenke und Gaben blenden die Augen der Weisen / und wie ein Maulkorb am Mund verhindern sie Tadel.

30 Verborgene Weisheit und ein unsichtbarer Schatz – / welcher Nutzen liegt in beiden?

31 Besser ein Mensch, der seine Torheit verbirgt, / als ein Mensch, der seine Weisheit verbirgt.

32 *Besser unerschöpfliche Geduld bei der Suche nach dem Herrn / als ein herrenloser Wagenlenker des eigenen Lebens.*

29: Dtn 16,19

SÜNDE FÜHRT ZUM TOD: 21,1–10

21 1 Kind, hast du gesündigt, tu es nicht wieder / und bete wegen deiner früheren Sünden!

2 Wie vor einer Schlange so fliehe vor der Sünde, / denn wenn du nahe kommst, wird sie dich beißen!

Löwenzähne sind ihre Zähne, / sie zerstören das Leben der Menschen.

3 Wie ein zweischneidiges Schwert ist jede Gesetzlosigkeit, / für ihre Wunde gibt es keine Heilung.

4 Gewalttat und Hochmut werden den Reichtum verwüsten, / so wird das Haus des Hochmütigen verwüstet werden.

5 Die Bitte eines Armen dringt vom Mund an seine Ohren / und sein Urteil kommt mit Eile.

6 Wer Zurechtweisung hasst, ist auf der Spur des Sünders, / und wer den Herrn fürchtet, wird sich im Herzen bekehren.

7 Von Weitem wird erkannt, wer mit der Zunge mächtig ist, / der Verständige weiß, wenn er ausgleitet.

8 Wer sein Haus mit fremdem Geld baut, / ist wie einer, der Steine sammelt für seinen Grabhügel.

9 Ein Bündel Flachs ist eine Versammlung von Gesetzlosen, / ihr Ende ist flammendes Feuer.

10 Der Weg der Sünder ist eben gebaut aus
Steinen, / sein Ende ist die Grube des Hades.

10: Mt 7,13f.; 25,41–46; Lk 16,19–31

DER WEISE, DER TOR UND DER FAULE: 21,11–22,2

11 Wer das Gesetz befolgt, beherrscht sein
Denken / und die Vollendung der Furcht des
Herrn ist Weisheit.
12 Der Unkluge lässt sich nicht erziehen; /
es gibt aber eine Klugheit, die Bitterkeit ver-
mehrt.
13 Die Erkenntnis eines Weisen wächst an
wie eine Flut / und sein Rat ist wie eine Quel-
le des Lebens.
14 Das Innere eines Toren ist wie ein zerbro-
chenes Gefäß, / er wird keine Erkenntnis be-
halten können.
15 Wenn ein Verständiger ein weises Wort
hört, / wird er es loben und eines hinzufügen;
wenn ein Lebemann es hört, dann missfällt
es ihm / und er wendet ihm seinen Rücken
zu.
16 Die Erzählung eines Toren ist wie eine Last
auf dem Weg, / doch auf den Lippen eines
Verständigen findet sich Anmut.
17 Der Mund des Vernünftigen ist in der Ver-
sammlung gefragt / und seine Worte wird
man im Herzen bedenken.
18 Wie ein unsichtbares Haus ist Weisheit
für einen Toren / und die Erkenntnis eines
Gedankenlosen ist wie rätselhafte Rede.
19 Wie Fesseln an den Füßen ist Erziehung
für einen Unverständigen / und wie Handfes-
seln an der rechten Hand.
20 Ein Tor erhebt beim Lachen seine Stim-
me, / aber ein kluger Mann wird kaum verhal-
ten lächeln.
21 Wie goldener Schmuck ist für den Ver-
nünftigen Erziehung / und wie ein Armband
am rechten Arm.
22 Der Fuß eines Toren geht schnell in ein
Haus, / aber ein Mensch mit viel Erfahrungen
scheut sich vor einem Blick hinein.
23 Ein Unverständiger blickt verstohlen von
der Tür in ein Haus, / aber ein wohlerzogener
Mann bleibt draußen stehen.
24 Mangelnde Erziehung eines Menschen
zeigt sich im Horchen an der Tür, / aber den
Einsichtigen beschwert die Schande.
25 Die Lippen der Fremden erzählen da-
von, / aber die Worte der Einsichtigen werden
auf die Waage gelegt.
26 Im Mund der Toren ist ihr Herz, / im Her-
zen der Weisen aber ist ihr Mund.
27 Wenn ein Gottloser den Widersacher ver-
flucht, / verflucht er sich selbst.
28 Der Verleumder befleckt sich selbst / und
in der Nachbarschaft wird er gehasst.
22 1 Mit einem schmutzigen Stein ist der
Arbeitsscheue zu vergleichen / und
jeder zischelt wegen seiner Ehrlosigkeit.
2 Mit einem Mistfladen ist ein Arbeitsscheu-
er zu vergleichen, / jeder, der ihn aufhebt, wird
die Hand abschütteln.

21,13: Spr 13,14; 16,22 / **16:** Koh 10,12 / **20:** Koh 7,6 / **22:** Spr 25,17
22,1: 25,22

MISSRATENE KINDER: 22,3–8

3 Die Schande eines Vaters liegt in der Zeugung
eines unerziehbaren Kindes, / eine solche
Tochter aber wird zum Verlust.
4 Eine kluge Tochter wird ihren Mann ge-
winnen, / aber eine, die schamlos ist, verur-
sacht ihrem Erzeuger Kummer.
5 Die Freche beschämt Vater und Ehemann /
und von beiden wird sie verachtet.
6 Musik in der Trauer ist wie eine Erzählung
zur Unzeit, / jedoch sind Schläge und Erzie-
hung zu jeder Zeit Weisheit.
7 *Kinder, die in einem guten Leben ihr Aus-*
kommen haben, / werden die unedle Herkunft
der eigenen Eltern verbergen.
8 *Kinder, die aus Verachtung und mangeln-*
der Erziehung stolz sind, / beschmutzen die
gute Herkunft ihrer eigenen Verwandtschaft.

3: 7,24f.; 16,1–3; 42,9–11; Spr 17,21; 19,13 / **5:** Spr 12,4 / **6:** 30,1; Spr 23,13f.

DER UNBELEHRBARE TOR: 22,9–18

9 Wer einen Toren lehrt, klebt Scherben zu-
sammen, / er weckt einen Schlafenden aus
tiefem Schlaf.
10 Wer einem Toren etwas erzählt, erzählt es
einem Schlaftrunkenen / und am Ende sagt
er: Was ist los?
11 Über einen Toten weine, denn es ist ein
Licht erloschen! / Über einen Toren weine,
sein Verstand ist erloschen!
Weniger weine über einen Toten, denn er ist
zur Ruhe gekommen! / Das Leben eines Toren
aber ist schlimmer als der Tod.
12 Die Trauer um einen Toten dauert sieben
Tage, / aber die um einen Toren und Gottlosen
alle Tage seines Lebens.

13 Mit einem Dummkopf mache nicht viele
Worte / und geh nicht zu einem Unverständigen! / *Denn wer stumpfsinnig ist, der wird all das Deinige gering schätzen.*

Hüte dich vor ihm, damit du keine Mühe hast / und du nicht beschmutzt wirst, wenn er sich schüttelt!

Weiche ihm aus und du wirst Ruhe finden / und keinesfalls wirst du mutlos werden durch seine Einfalt!

14 Was wiegt schwerer als Blei? / Welchen
Namen gibt es für ihn als Tor?
15 Sand, Salz und ein Eisenklumpen / sind
leichter zu tragen als ein unvernünftiger Mensch.

16 Eine hölzerne Verstrebung, die in einem
Bauwerk befestigt wurde, / wird sich bei einem Erdbeben nicht lösen.

So wird ein Herz, gestützt durch wohl durchdachten Rat, / zur rechten Zeit nicht furchtsam sein.

17 Ein Herz, durch Überlegung und Einsicht
gefestigt, / ist wie schöner Verputz auf glatter Mauer.

18 Kleine Steine, die obenauf liegen, / halten
dem Wind nicht stand.

So ist ein furchtsames Herz bei der Überlegung eines Toren: / Vor keinem Schrecken hält es stand.

9: Spr 23,9 / **12**: Gen 50,10 / **14**: 21,16; Spr 27,3

VERRATENE UND TREUE FREUNDSCHAFT: 22,19–26

19 Wer in ein Auge stößt, wird Tränen verur-
sachen, / und wer in ein Herz stößt, bringt Empfindungen zum Vorschein.

20 Wer einen Stein nach Vögeln wirft, ver-
scheucht sie, / und wer einen Freund beleidigt, löst die Freundschaft auf.

21 Wenn du gegen einen Freund das Schwert
ziehst, / gib die Hoffnung nicht auf, denn es gibt einen Ausweg!

22 Wenn du den Mund gegen einen Freund
geöffnet hast, / verzage nicht, denn es gibt eine Aussöhnung,

außer bei Beschimpfung, Hochmut, Geheimnisverrat und hinterhältigem Schlag – / dabei wird jeder Freund entfliehen.

23 Erwirb dir das Vertrauen deines Nächsten
in der Armut, / damit du dich mit ihm an seinen Gütern freust;

bleibe bei ihm in der Zeit der Not, / damit du an seinem Erbe Anteil hast!

Denn man soll nicht immer nur das Äußere verachten / und der Reiche, der keinen Verstand hat, ist nicht zu bewundern.

24 Vor dem Feuer entsteht im Ofen Qualm
und Rauch, / genauso kommt vor dem Blut die Beschimpfung.

25 Ich werde mich nicht schämen, auf einen
Freund achtzugeben, / und ich verberge mich nicht vor seinem Angesicht.

26 Und wenn mir Übles zustößt wegen ihm, /
wird jeder, der es hört, sich vor ihm hüten.

23: 6,7–12; 12,8f. / **25**: 6,12 / **26**: 19,8f.

GEBET UM BEHERRSCHUNG DER ZUNGE UND DES BEGEHRENS: 22,27–23,6

27 Wer wird eine Wache vor meinen Mund ge-
ben / und auf meine Lippen ein wirksames Siegel,

damit ich nicht durch sie zu Fall komme / und meine Zunge mich nicht zugrunde richtet?

23 1 Herr, Vater und Gebieter meines
Lebens! Verlass mich nicht, wenn sie beraten, / und lass nicht zu, dass ich durch sie zu Fall komme!

2 Wer wird für mein Denken Ruten bereit-
halten / und für mein Herz Erziehung zur Weisheit,

damit man meine Unwissenheit nicht schont / und man ihre Sünden nicht zulässt,
3 dass meine unwissentlichen Fehler sich
nicht vermehren / und meine Sünden nicht übermäßig werden

und ich nicht angesichts der Gegner zu Fall komme / und mein Feind sich nicht über mich freue – / *deren Hoffnung auf dein Erbarmen doch fern ist?*

4 Herr, Vater und Gott meines Lebens, /
Hochmut der Augen gib mir nicht / 5 und hal-
te Begierde von mir fern!

6 Verlangen des Bauches und Beischlaf sol-
len mich nicht ergreifen / und einem schamlosen Begehren liefere mich nicht aus!

22,27: Ps 141,3
23,2: Ijob 13,26; 14,16

SCHWÖREN – SÜNDHAFTES REDEN: 23,7–15

Erziehung des Mundes

7 Kinder, hört die Erziehung des Mundes, /
wer sie beachtet, wird sich nicht verfangen!

22,18 kleine Steine, die obenauf liegen, andere Textzeugen: Pfähle, die in die Höhe ragen.

8 Durch seine Lippen wird ein Sünder überführt, / ein Lästermaul und ein Hochmütiger kommen durch sie zu Fall.

9 Gewöhn deinen Mund nicht an einen Schwur / und das Nennen des Heiligen gewöhne dir nicht an!

10 Denn wie ein Sklave, der dauernd verhört wird / und von Striemen nicht verschont bleibt, /

so wird auch der, der immer schwört und den Namen ausspricht, / von Sünde nicht gereinigt werden.

11 Ein Mann, der viel schwört, ist voll von Gesetzlosigkeit, / die Rute wird sich von seinem Haus nicht entfernen. /

Wenn er sich verfehlt, liegt seine Sünde auf ihm, / auch wenn er darüber hinwegsieht, sündigt er doppelt, /

auch wenn er Nichtiges schwört, wird er nicht gerechtfertigt; / denn sein Haus wird erfüllt mit Heimsuchungen.

12 Es gibt ein Reden, das mit dem Tod vergleichbar ist, / möge es sich nicht im Erbe Jakobs finden, /

denn von den Frommen bleibt all das fern / und sie verwickeln sich nicht in Sünden.

13 Gewöhn deinen Mund nicht an gemeine Ungezogenheit; / denn darin liegt sündhaftes Reden!

14 Denk an deinen Vater und deine Mutter, / wenn du inmitten der Großen zu Rat sitzt! /

Vergiss dich nicht vor ihnen! / Sei nicht töricht in deinem Verhalten, /

sonst wirst du wünschen, dass du nie geboren wurdest, / und du wirst den Tag deiner Geburt verfluchen!

15 Ein Mensch, der sich an Schimpfworte gewöhnt hat, / wird sein Leben lang nicht mehr erzogen.

9: 27,14; Ex 20,7; Lev 19,12; Dtn 5,11; Mt 5,33–37 / **11**: Lev 5,4ff. / **14**: 7,27; Ex 20,12; Dtn 5,16

WARNUNG VOR UNZUCHT UND EHEBRUCH: 23,16–28

16 Zwei Lebensweisen vermehren die Sünden / und die dritte wird Zorn verursachen:

Heiße Begierde brennt wie Feuer, / es erlischt nicht, bevor es sich nicht verzehrt hat.

Ein Mensch, der mit dem Fleisch seines Körpers hurt, / hört nicht auf, bis das Feuer verglüht ist.

17 Einem hurenden Menschen schmeckt jedes Brot süß, / er wird nicht müde, bis er stirbt.

18 Ein Mensch, der sich auf seinem Lager verfehlt, / sagt sich: Wer sieht mich?

Dunkelheit umgibt mich und die Hauswände verbergen mich, / keiner sieht mich: Wovor soll ich mich in Acht nehmen? / An meine Sünden wird der Höchste sich nicht erinnern.

19 Die Augen der Menschen sind seine Furcht / und er hat nicht erkannt, dass die Augen des Herrn

zehntausendmal heller sind als die Sonne, / sie überblicken alle Wege der Menschen

und dringen vor in verborgene Bereiche.

20 Noch ehe es erschaffen wurde, war ihm alles bekannt, / ebenso nachdem es vollendet wurde.

21 Dieser wird auf den Plätzen der Stadt bestraft, / und wo er es nicht ahnt, wird er gefasst.

22 So auch eine Frau, die den Mann verlässt / und einen Erben von einem anderen unterschiebt:

23 Denn erstens war sie dem Gesetz des Höchsten ungehorsam / und zweitens hat sie sich gegen ihren Mann vergangen

und drittens wurde durch Hurerei die Ehe gebrochen / und von einem fremden Mann hat sie Kinder untergeschoben.

24 Sie wird der Versammlung vorgeführt / und über ihre Kinder wird Heimsuchung kommen.

25 Ihre Kinder treiben keine Wurzel / und ihre Zweige tragen keine Frucht.

26 Ihr Andenken hinterlässt sie zum Fluch / und ihre Schande wird nicht getilgt.

27 Und die zurückbleiben, werden einsehen, / dass nichts besser ist als die Furcht des Herrn / und nichts süßer, als die Gebote des Herrn zu halten.

28 *Eine große Ehre ist es, Gott nachzufolgen. / Angenommensein von ihm bedeutet langes Leben.*

17: 26,12; Spr 7,5–27; 9,17 / **18**: Jes 29,15 / **19**: Ps 139,1–4.11f. / **21**: Lev 20,10; Dtn 22,21 / **23**: Spr 2,16ff. / **27**: 1,10–18.24; Spr 3,1f.; Koh 12,13

LOB DER WEISHEIT: 24,1–29

Der Weisheit Lobpreis

24 1 Die Weisheit lobt sich selbst / und inmitten ihres Volkes rühmt sie sich.

23,10 den Namen: Gemeint ist der unaussprechliche Name Gottes (JHWH).

2 In der Versammlung des Höchsten öffnet
sie ihren Mund / und in Gegenwart seiner
Macht rühmt sie sich:
3 Ich ging aus dem Mund des Höchsten her-
vor / und wie Nebel umhüllte ich die Erde.
4 Ich schlug in den Höhen mein Zelt auf /
und mein Thron stand auf einer Wolkensäule.
5 Den Kreis des Himmels umschritt ich
allein / und in der Tiefe der Abgründe ging
ich umher.
6 Auf den Wogen des Meeres und auf der
ganzen Erde, / in jedem Volk und in jeder
Nation hatte ich Besitz.
7 Bei all diesen suchte ich Ruhe / und in wes-
sen Erbteil ich verweilen kann.
8 Da gebot mir der Schöpfer des Alls, / der
mich schuf, ließ mein Zelt einen Ruheplatz
finden.
Er sagte: In Jakob schlag dein Zelt auf / und
in Israel sei dein Erbteil!
9 Vor der Ewigkeit, von Anfang an, hat er
mich erschaffen / und bis in Ewigkeit vergehe
ich nicht.
10 Im heiligen Zelt diente ich vor ihm, / so
wurde ich auf dem Zion fest eingesetzt.
11 In der Stadt, die er ebenso geliebt hat, ließ
er mich Ruhe finden, / in Jerusalem ist mein
Machtbereich,
12 ich schlug Wurzeln in einem ruhmreichen
Volk, / im Anteil des Herrn, seines Erbteils.
13 Wie eine Zeder auf dem Libanon wuchs
ich empor / und wie eine Zypresse auf dem
Hermongebirge,
14 wie eine Palme in En-Gedi wuchs ich em-
por / und wie Rosensträucher in Jericho,
wie ein stattlicher Olivenbaum in einer Ebe-
ne, / ich wuchs empor wie eine Platane.
15 Wie Zimtstrauch und duftender Stech-
dorn, / wie erlesene Myrrhe verströmte ich
Wohlgeruch;
wie Galbanum, Onyx und Stakte / und wie
Weihrauchduft im Zelt.
16 Ich breitete wie eine Terebinthe meine
Zweige aus / und meine Zweige sind Zweige
von Herrlichkeit und Anmut.
17 Wie ein Weinstock ließ ich Anmut sprie-
ßen, / meine Blüten sind Frucht von Herrlich-
keit und Reichtum.
18 *Ich bin die Mutter der schönen Liebe und*
der Furcht, / der Erkenntnis und der heiligen
Hoffnung;
doch ich werde mit allen meinen Kindern /
für immer gegeben nach seinem Wort.
19 Kommt zu mir, die ihr mich begehrt, /
und ihr sättigt euch an meinen Früchten!
20 Denn die Erinnerung an mich ist süßer als
Honig / und mein Erbteil besser als eine Ho-
nigwabe.
21 Die mich essen, werden noch hungern, /
die mich trinken, werden noch durstig sein.
22 Wer mir gehorcht, wird nicht beschämt, /
und die sich um mich mühen, werden nicht
sündigen.
23 Dies alles ist das Buch des Bundes des
höchsten Gottes, / das Gesetz, das uns Mose
aufgetragen hat, / Erbteil für die Gemeinden
Jakobs.
24 *Werdet nicht müde, stark zu sein im*
Herrn! / Schließt euch ihm an, damit er euch
stark macht!
Der Herr, der Allherrscher, / allein ist Gott
und es gibt außer ihm keinen Retter.
25 Das Gesetz ist voll von Weisheit wie der
Pischon / und wie der Tigris in den Tagen der
ersten Ähren.
26 Es füllt sich wie der Eufrat mit Ein-
sicht / und wie der Jordan in den Tagen der
Ernte.

24,3 Vg zu Sir 24 enthält eine Reihe von Zusätzen zu G, die hier angemerkt werden, da sie in der kirchlichen Tradition oft begegnen. Vg ergänzt hierzu:
Ich bin aus dem Mund des Höchsten hervorgegangen,
als Erstgeborene vor aller Schöpfung.
Ich bewirkte, dass in den Himmeln unvergängliches Licht aufging.
Und bedeckte wie ein Nebel die ganze Erde.

24,6 hatte ich Besitz, andere Textzeugen in G und Vg: herrschte ich.

24,6 Vg fügt hier hinzu: Ich habe die Herzen aller Vornehmen und Niedrigen kraftvoll unterworfen.

24,15 Aufzählung der aromatischen Bestandteile des Weihrauchs.

24,15 Onyx = aromatische Substanz; Stakte = Myrrhenbalsam.

24,18 doch ich werde allen meinen Kindern / für immer gegeben nach seinem Wort, andere Lesemöglichkeit des schwierigen G-Textes: Ich gebe allen meinen Kindern ewige Güter denen, die von ihm genannt sind; Vg: In mir ist die Gnade/Anmut jeden Weges und der Wahrheit, in mir alle Hoffnung des Lebens und der Tugend.

24,20 Vg fügt hier hinzu: Mein Andenken reicht bis zu den fernsten Geschlechtern.

24,22 Vg fügt hier hinzu: Die mich ans Licht heben, haben ewiges Leben.

24,23f. Vg: Das alles ist das Buch des Lebens,
das Buch des Höchsten und die Erkenntnis der Wahrheit.
Mose befahl das Gesetz mit den Geboten der Gerechtigkeit und das Erbe für das Haus Jakob und das Israel der Verheißung.
Er bestimmte seinem Knecht David, aus ihm einen sehr starken König zu erwecken,
der auf dem Thron der Ehre sitzt für immer.

27 Es strahlt Bildung aus wie Licht, / wie der Gihon in den Tagen der Weinlese.

28 Der Erste kam nicht ans Ende, sie zu erkennen, / ebenso wenig hat der Letzte sie ergründet.

29 Wie das Meer ist ihre Gedankenfülle / und ihr Rat ist abgrundtief.

1: Spr 8; Joh 1,1–14 / **3**: 1,1; Ijob 12,13; Spr 2,6; 8,22–31; Weish 7,24–27 / **4**: Weish 9,4 / **5**: Ijob 9,8 / **9**: Spr 8,22–30 / **15**: Ex 30,22–25 / **19**: Jes 55,1; Joh 6,35 / **20**: Ps 19,10f. / **22**: Mt 11,28ff. / **23**: Ex 24,7; Dtn 33,4; Bar 4,1 / **25**: Gen 2,11–14

WIRKEN DES WEISEN: 24,30–34

30 Ich selbst war wie ein Graben von einem Fluss / und wie ein Wassergraben floss ich in einen Paradiesgarten.

31 Ich habe gesagt: Ich werde meinen Garten bewässern, / ich werde reichlich tränken mein Beet.

Aber siehe! Der Graben wurde mir zum Fluss / und mein Fluss wurde zum Meer.

32 So werde ich weiter Bildung leuchten lassen wie die Morgenröte / und ich werde dies ausstrahlen bis in die Ferne.

33 Lehre werde ich ausgießen wie Prophetenworte / und ich werde sie den fernsten Generationen hinterlassen.

34 Seht! Nicht allein für mich habe ich mich abgemüht, / sondern für alle, die sie suchen.

34: 33,18

BEZIEHUNGEN – ALTER – FURCHT DES HERRN: 25,1–12

25 1 Mit drei Dingen habe ich mich geschmückt / und ich trete in Anmut hin vor den Herrn und vor die Menschen:

Eintracht unter Brüdern, Freundschaft mit den Nächsten / sowie Frau und Mann, die sich in Einklang befinden.

2 Drei Arten von Menschen sind mir verhasst, / ihre Lebensweise verabscheue ich sehr:

den hochmütigen Armen und den betrügerischen Reichen, / den ehebrecherischen Alten ohne Verstand.

3 Hast du in der Jugend nicht gesammelt, / wie kannst du in deinem Alter etwas finden?

4 Wie gut steht den Grauhaarigen ein Urteil an / und den Ältesten, Rat zu wissen.

5 Wie gut steht den Alten Weisheit an / und den Gerühmten Überlegung und Rat.

6 Ein Kranz der Alten ist reiche Erfahrung, / ihr Ruhm ist die Furcht des Herrn.

7 Zu neun Einsichten sprach ich im Herzen: Selig, / die zehnte führe ich im Mund:

ein Mensch, der sich an Kindern erfreut, / einer, der zu Lebzeiten den Sturz der Feinde sieht.

8 Selig, wer mit einer klugen Frau zusammenlebt, / der nicht durch die Zunge zu Fall kommt / und der keinem als Sklave gedient hat, der seiner unwürdig ist.

9 Selig, wer Klugheit findet / und der zu Ohren spricht, die zuhören.

10 Wie groß ist einer, der Weisheit gefunden, / aber er steht nicht über dem, der den Herrn fürchtet.

11 Die Furcht des Herrn übertrifft alles; / wer an ihr festhält – mit wem wird er zu vergleichen sein?

12 *Die Furcht des Herrn ist der Anfang der Liebe zu ihm, / Vertrauen aber ist der Anfang der Bindung an ihn.*

2: 42,8 / **4**: Spr 16,31; Ijob 32,7 / **11**: 40,26f.

BÖSE UND GUTE FRAU: 25,13–26,27

13 Jede Wunde, nur keine Herzenswunde; / jede Bosheit, nur keine Frauenbosheit.

14 Jeder Angriff, nur kein Angriff von Hassenden, / und jede Rache, nur keine Rache von Feinden.

15 Kein Kopf ist schlimmer als der Kopf einer Schlange / und keine Wut geht über die Wut einer Frau.

16 Lieber will ich mit einem Löwen oder Drachen zusammenhausen, / als bei einer bösen Frau wohnen.

17 Die Bosheit einer Frau verändert ihr Aussehen / und verfinstert ihr Gesicht wie das einer Bärin.

18 Inmitten seiner Nächsten wird ihr Mann sich niederlassen / und unwillkürlich seufzt er bitterlich.

24,32 Vg fügt hier hinzu:
Ich werde eindringen in die untersten Teile der Erde
und alle Schlafenden heimsuchen
und die erleuchten, die auf Gott hoffen.

25,1 Mit drei Dingen habe ich mich geschmückt: G; An drei Dingen hat meine Seele Gefallen: Vg, S mit fast allen Übersetzungen.

25,2 wörtlich: Drei Erscheinungen jedoch hasst meine Seele / …

25,14f. Im Zusammenhang ist an die zurückgesetzte Nebenfrau zu denken, obwohl G und S männlich übersetzen (Hasser, Feind). G und S haben in V. 15a das wohl richtige Gift mit Kopf übersetzt, da im Hebräischen beide Wörter gleich aussehen.

25,15 einer Frau, andere Textzeugen: eines Feindes.

19 Klein ist jede Bosheit im Vergleich zur
Bosheit einer Frau; / das Los des Sünders möge
sie treffen.
20 Wie ein sandiger Aufstieg für die Füße
eines älteren Menschen, / so ist eine geschwät-
zige Frau für einen stillen Mann.
21 Fall nicht herein auf die Schönheit einer
Frau / und verzehr dich nicht nach einer Frau!
22 Zorn, Schamlosigkeit und große Schande
bringt es, / wenn eine Frau für ihren Mann
aufkommt.
23 Ein bedrücktes Herz und ein mürrisches
Gesicht / und eine Wunde für das Herz ist eine
böse Frau.
Schlaffe Hände und weiche Knie – / dies ist
eine Frau, die ihren Mann nicht seligpreist.
24 Von einer Frau kommt der Anfang der
Sünde / und durch sie sterben wir alle.
25 Gib dem Wasser keinen Abfluss / und
einer bösen Frau keinen Freiraum!
26 Wenn sie sich nicht von deiner Hand füh-
ren lässt, / trenn sie von deinem Fleisch!

26 1 Selig der Mann einer guten Frau! / Die
Zahl seiner Tage verdoppelt sich.
2 Eine mutige Frau macht ihren Mann froh, /
seine Jahre wird er in Frieden vollenden.
3 Eine gute Frau ist ein guter Anteil, / sie
wird denen gegeben, die den Herrn fürchten.
4 Das Herz des Reichen und des Armen ist
gut gestimmt, / zu jeder Zeit ist das Gesicht
fröhlich.
5 Vor dreierlei nimmt sich mein Herz in
Acht / und wegen des vierten fürchte ich mich:
Verleumdung in der Stadt, Versammlung
der Masse und Lüge; / schlimmer als der Tod
sind sie alle.
6 Leid des Herzens und Trauer ist eine Frau,
die eifersüchtig ist auf eine andere, / aber ein
Peitschenhieb der Zunge ist allen gemeinsam.
7 Ein scheuerndes Ochsenjoch ist eine böse
Frau; / wer sie nimmt, fasst einen Skorpion
an.
8 Großer Zorn ist eine trunksüchtige Frau; /
sie kann ihre Schande nicht verbergen.
9 Eine unzüchtige Frau wird am Augenauf-
schlag erkannt, / an ihren Wimpern erkennt
man sie.
10 Gegen eine starrsinnige Tochter verstärke
die Wache, / damit sie keine Gelegenheit fin-
det, die sie für sich ausnützt.
11 Vor einem unverschämten Blick hüte
dich! / Sei nicht überrascht, wenn er sich an
dir vergeht!
12 Wie ein durstiger Wanderer den Mund
auftut / und vom nächstbesten Wasser
trinkt,
so lässt sie sich vor jedem Pfahl nieder / und
öffnet den Köcher vor dem Pfeil.
13 Die Anmut der Frau entzückt ihren
Mann, / ihr Wissen stärkt seine Glieder.
14 Eine Gabe des Herrn ist eine schweigsa-
me Frau, / unbezahlbar ist eine mit guter
Bildung.
15 Anmut über Anmut ist eine schamhafte
Frau; / nichts kommt einer gleich, die sich
selbst beherrscht.
16 Wie die Sonne aufstrahlt in den Höhen
des Herrn, / so die Schönheit einer guten Frau
als Schmuck ihres Hauses.
17 Wie ein Licht, das auf dem heiligen Leuch-
ter aufstrahlt, / so ist ein schönes Gesicht auf
einer edlen Gestalt.
18 Wie goldene Säulen auf silbernem So-
ckel, / so sind wohlgeformte Beine auf festen
Fersen.
19 *Kind, erhalte die Blüte deiner Jugend ge-*
sund, / gib deine Kraft nicht Fremden hin!
20 *Hast du auf dem ganzen Feld einen*
fruchtbaren Anteil ausgesucht, / säe getrost
deine Saat aus im Vertrauen auf deine vorneh-
me Herkunft!
21 *Dann werden deine Nachkommen dich*
umgeben, / sie werden groß werden im Ver-
trauen auf die vornehme Herkunft.
22 *Eine käufliche Frau wird wie Auswurf*
geachtet, / eine Verheiratete ist für ihre Lieb-
haber ein Turm des Todes.
23 *Eine gottlose Frau wird dem Gesetzlosen*
zuteil, / eine fromme wird dem gegeben, der
den Herrn fürchtet.
24 *Eine schamlose Frau schöpft die Schande*
aus, / eine anständige Tochter hat Scheu auch
vor dem eigenen Mann.
25 *Eine starrsinnige Frau wird wie ein Hund*
geachtet, / eine schamhafte fürchtet den
Herrn.
26 *Eine Frau, die den eigenen Mann ehrt,*
erscheint allen als weise, / eine Frau, die ihn
hochmütig verachtet, wird von allen als gott-
los erkannt.
Eine gute Frau – selig der Mann, / denn die
Zahl seiner Jahre wird sich verdoppeln!
27 *Eine großsprecherische und geschwätzige*
Frau / betrachtet man wie eine Kriegstrompete,

26,18 sind wohlgeformte Beine auf festen Fersen, andere Textzeugen: sind wohlgeformte Füße mit festen Brüsten.

die zur Flucht treibt. / Ein Mensch, dem es so ergeht, verbringt sein Leben in Kriegsunruhen.

25,24: Gen 3,6 / **26:** Gen 2,24
26,1: 25,8; Spr 18,22; 31,10f. / **4:** 13,26 / **10:** 42,11 / **21:** Ps 128,3

WARNUNGEN: VERACHTUNG – GESCHÄFTSPRAKTIKEN – REDEWEISEN: 26,28–27,15

28 Über zwei Dinge ist mein Herz betrübt, /
über das dritte packt mich die Wut:
Ein Krieger, der Mangel leidet, / kluge Männer, wenn sie unredlich behandelt werden;
einer, der von der Gerechtigkeit zur Sünde abweicht, / den bestimmt der Herr für das Schwert.
29 Schwerlich bleibt ein Händler frei von
Schuld; / ein Kaufmann hält sich nicht rein von Sünde.

27 1 Wegen eines Vorteils haben schon
viele gesündigt; / wer ihn zu mehren sucht, schaut nicht genau hin.
2 Zwischen zwei Steine lässt sich ein Pflock
stecken; / so drängt sich zwischen Verkauf und Kauf die Sünde.
3 Hält jemand nicht fest an der Furcht des
Herrn, / stürzt plötzlich und bald sein Haus zusammen.
4 Im Sieb bleibt, wenn man es schüttelt, der
Abfall zurück; / so entdeckt man den Unrat eines Menschen in seinem Denken.
5 Der Brennofen prüft Töpferware / und die
Erprobung des Menschen geschieht in der Auseinandersetzung mit ihm.
6 Den guten Boden eines Baumes bringt sei-
ne Frucht zum Vorschein; / so das Wort die Gedanken des Herzens.
7 Lobe keinen Menschen, ehe du nachge-
dacht hast; / denn das ist die Prüfung für jeden!
8 Strebst du nach Gerechtigkeit, so erlangst
du sie, / wie ein Prachtgewand kannst du sie anziehen.
9 Vögel lassen sich bei ihresgleichen nie-
der; / und Wahrheit kehrt zurück zu denen, die sie üben.
10 Der Löwe lauert auf Beute; / so die Sünde
auf die, die Unrecht tun.
11 Die Rede des Frommen ist allezeit Weis-
heit, / der Tor aber ändert sich wie der Mond.
12 Im Kreis der Unverständigen schau auf die
rechte Zeit, / im Kreis von Verständigen aber verweile!
13 Die Rede der Toren ist ein Abscheu, / ihr
Gelächter ist Lust an der Sünde.
14 Das Gerede dessen, der viel schwört, ist
haarsträubend / und sein Gezänk ist ohrenbetäubend.
15 Das Gezänk der Übermütigen führt zu
Blutvergießen / und ihr Schimpfen ist qualvoll zu hören.

27,1: 7,18; 31,6; Spr 30,8f. / **5:** 1 Petr 1,7 / **6:** Mt 7,20 / **9:** 13,16 / **11:** 5,10 / **14:** 23,9–11

GEHEIMNISVERRAT UND HINTERLIST: 27,16–30

16 Wer Geheimnisse verrät, zerstört das Ver-
trauen, / er findet nie mehr einen Freund, der zu ihm steht.
17 Liebe den Freund und vertraue ihm! /
Hast du seine Geheimnisse verraten, / laufe ihm nicht mehr nach!
18 Denn wie ein Mensch seinen Feind ver-
nichtet hat, / so hast du die Freundschaft des Nächsten vernichtet.
19 Wie du einen Vogel aus deiner Hand hast
fliegen lassen, / so hast du den Nächsten aufgegeben und wirst ihn nie mehr einfangen.
20 Lauf ihm nicht nach, denn er ist schon
weit entfernt, / wie eine Gazelle aus der Schlinge ist er entflohen.
21 Eine Wunde lässt sich verbinden / und für
eine Beleidigung gibt es Versöhnung,
doch wer Geheimnisse verraten hat, hat keine Hoffnung.
22 Wer mit dem Auge zwinkert, plant Bö-
ses, / niemand bringt ihn davon ab.
23 Für deinen Blick wird sein Mund alles ver-
süßen / und er bewundert deine Worte;
nachher aber wird er seinen Mund verziehen / und macht, dass deine Worte Anstoß erregen.
24 Vieles ist mir verhasst, aber nichts ist mit
ihm vergleichbar; / auch der Herr wird ihn hassen.
25 Wer einen Stein in die Höhe wirft, trifft
seinen eigenen Kopf, / und wer hinterlistig schlägt, reißt Wunden auf.
26 Wer eine Grube gräbt, fällt selbst hi-
nein, / wer eine Schlinge legt, verfängt sich in ihr.
27 Wer Böses tut, auf den rollt es zurück /
und er weiß nicht, woher es ihm kommt.
28 Spott und Schimpf treffen den Hochmü-
tigen, / wie ein Löwe lauert die Rache auf ihn.

27,22 niemand bringt ihn davon ab, andere Textzeugen: wer ihn erkennt, hält sich von ihm fern.

29 In der Schlinge werden gefangen, die sich
am Fall der Frommen erfreuen, / der Schmerz
verzehrt sie vor ihrem Tod.
30 Groll und Zorn, auch diese sind Gräuel /
und ein sündiger Mann hält an ihnen fest.

16: 19,7–10; Spr 11,13; 20,19 / **19**: 22,22 / **21**: 22,20 / **22**: Spr 6,12ff. / **23**: Spr 26,24ff. / **24**: Spr 6,16–19 / **25f.**: Ps 7,16f.; Spr 26,27; Koh 10,8

ZORN, STREIT UND VERGEBUNG: 28,1–26

28 1 Wer sich rächt, erfährt Rache vom
Herrn; / seine Sünden behält er gewiss
im Gedächtnis.
2 Vergib deinem Nächsten das Unrecht, /
dann werden dir, wenn du bittest, deine Sünden vergeben!
3 Ein Mensch verharrt gegen einen Menschen
im Zorn, / beim Herrn aber sucht er Heilung?
4 Mit einem Menschen gleich ihm hat er kein
Erbarmen, / aber wegen seiner Sünden bittet
er um Verzeihung?
5 Er selbst – ein Wesen aus Fleisch, verharrt
im Groll. / Wer wird seine Sünden vergeben?
6 Denk an das Ende, lass ab von der Feindschaft, / denk an Untergang und Tod und bleib
den Geboten treu!
7 Denk an die Gebote und grolle dem Nächsten nicht, / denk an den Bund des Höchsten
und übersieh die Fehler!
8 Bleib fern dem Streit und du verringerst
die Sünden; / denn ein wütender Mensch entfacht Streit!
9 Ein sündiger Mensch bringt Freunde
durcheinander / und unter Friedfertige streut
er Verleumdung.
10 Je nach dem Holz des Feuers wird es entbrennen, / je nach Härte des Streites wird er
wachsen.
Je nach der Kraft des Menschen wird seine
Wut sein / und je nach Reichtum steigert er
seinen Zorn.
11 Ein übereilter Zank entzündet Feuer, / ein
übereilter Streit führt zu Blutvergießen.
12 Bläst du den Funken an, flammt er auf; /
spuckst du auf ihn, so erlischt er: / Beides
kommt aus deinem Mund.
13 Verflucht einen Verleumder und einen
Doppelzüngigen, / denn viele Friedfertige haben sie zugrunde gerichtet!
14 Eine dritte Zunge hat viele zum Wanken
gebracht, / hat sie von Volk zu Volk getrieben,
hat befestigte Städte zerstört / und hat Paläste von Großen umgestürzt.
15 Eine dritte Zunge hat mutige Frauen vertrieben / und sie des Ertrags ihrer Mühen beraubt.
16 Wer auf sie achtet, findet keine Ruhe, / er
wird nicht ruhig wohnen.
17 Ein Peitschenhieb verursacht Striemen, /
ein Zungenhieb zerbricht Knochen.
18 Viele sind gefallen durch ein scharfes
Schwert, / noch mehr sind gefallen durch die
Zunge.
19 Selig, wer vor ihr geschützt ist / und ihre
Wut nicht erduldet,
der ihr Joch nicht ziehen muss, / an ihre
Stricke nicht gebunden ist.
20 Denn ihr Joch ist ein eisernes Joch, / ihre
Fesseln sind eherne Fesseln.
21 Der Tod durch sie ist ein schlimmer Tod, /
besser als sie ist der Hades.
22 Keine Macht hat sie über Fromme, / sie
werden nicht versengt durch ihre Flamme.
23 Die den Herrn verlassen, fallen in sie hinein, / sie flammt an ihnen auf und erlischt
nicht mehr.
Sie folgt ihnen nach wie ein Löwe / und zerreißt sie wie ein Panther.
24 Siehe! Umzäune deinen Besitz mit
Dornen, / dein Silber und dein Gold schließ
ein!
25 Auch für deine Worte mach Waage und
Gewicht / und deinem Mund mach Tür und
Riegel!
26 Achte darauf, dass du darin nicht ausgleitest / und nicht zu Fall kommst vor einem, der
darauf lauert.

1: Dtn 32,34f.; Spr 20,22; Röm 12,19 / **2**: Mt 6,14 / **3**: Ps 30,3f. / **6**: 7,36; 38,20 / **9**: Spr 15,18 / **10**: Spr 26,20f. / **11**: 22,24 / **13**: 5,14 / **18**: Spr 18,21; Jak 3,5ff. / **24**: 22,27; Ps 141,3 / **26**: 25,8

BORGEN UND BÜRGEN: 29,1–20

29 1 Wer Erbarmen hat, borgt dem Nächsten, / und wer dessen Hand unterstützt, beachtet die Gebote.
2 Borge dem Nächsten zur Zeit seiner Not, /
doch gib dem Nächsten zur Zeit zurück!
3 Halte dein Wort und sei verlässlich für
ihn / und du bekommst jederzeit, was du
nötig hast!
4 Viele betrachten das Darlehen als Gewinn / und bereiten ihren Helfern Mühe.
5 Bis er etwas bekommt, küsst er dem anderen die Hände / und redet wegen seines
Nachbarn Geldes mit unterwürfiger Stimme.

Den Zeitpunkt der Rückzahlung zögert er
hinaus, / er erwidert Worte der Ablenkung /
und er beklagt den Zeitpunkt.
6 Wenn er zahlungsfähig ist, erhält jener
kaum die Hälfte / und er betrachtet sie wie
einen Gewinn.
Falls aber nicht, hat er jenen um sein Geld
gebracht / und er hat sich ihn leichtfertig zum
Feind gemacht.
Fluchen und Schimpfen zahlt er ihm zu-
rück, / statt mit Ehre zahlt er ihm zurück mit
Schmach.
7 Viele sind nicht aus Bosheit zurückhal-
tend, / sie haben Angst, ohne Grund beraubt
zu werden.
8 Doch hab Geduld mit dem Niedrigen / und
lass ihn nicht auf Wohltat warten!
9 Um des Gebotes willen nimm dich des
Armen an, / lass ihn in seiner Not nicht leer
weggehen!
10 Setz dein Silber ein für den Bruder und
Freund, / lass es nicht rosten unter dem Stein,
bis es vernichtet ist!
11 Leg dir einen Schatz an nach den Geboten
des Höchsten; / der wird dir mehr nützen als
Gold!
12 Verschließ Wohltaten in deinen Vorratskam-
mern, / sie werden dich retten aus allem Unheil!
13 Besser als ein starker Schild und eine
schwere Lanze / werden sie für dich gegen den
Feind streiten.
14 Ein guter Mann bürgt für den Nächsten, /
wer die Scham verloren hat, lässt ihn im Stich.
15 Vergiss nicht die Gefälligkeiten des Bür-
gen, / denn er gab sich selbst für dich hin!
16 Ein Sünder ruiniert die Güter eines Bür-
gen / 17 und einer von undankbarer Gesinnung
lässt seinen Retter im Stich.
18 Eine Bürgschaft hat viele Redliche rui-
niert / und hat sie umhergeworfen wie eine
Welle im Meer;
vermögende Männer hat sie heimatlos ge-
macht / und sie sind bei fremden Völkern
herumgeirrt.
19 Ein Sünder verwickelt sich in Bürgschaft /
und einer, der dem Gewinn nachjagt, verwi-
ckelt sich in Gerichtsverfahren.
20 Steh für den Nächsten ein, so gut du
kannst, / doch sei auf der Hut, dass du nicht
hereinfällst!

1: Dtn 15,7–11; 112,5; Spr 19,17 / **2**: Ex 22,24ff.; Lev 25,36f.; Mt 5,42 / **9**: 4,1–4; Lev 19,9f.; 23,22; Dtn 15,4–6.8 / **11**: Tob 4,7ff. / **12**: 3,30 / **14**: 8,13; Spr 6,1–5 / **18**: Spr 11,15

HEIMAT UND FREMDE: 29,21–28

21 Grundlage des Lebens sind Wasser, Brot und
Kleidung / und ein Haus, um die Nacktheit zu
bedecken.
22 Besser das Leben eines Armen unter
schützendem Dach / als köstliche Leckerbis-
sen unter Fremden!
23 Ob wenig oder viel, sei zufrieden, / dann
hörst du keinen Vorwurf als Zugewander-
ter!
24 Schlimm ist ein Leben von Haus zu
Haus, / und wo du als Zugewanderter wohnst,
tu deinen Mund nicht auf!
25 Du bewirtest und reichst Getränke ohne
Dank, / dazu hörst du noch Bitteres:
26 Komm her, Zugewanderter! Deck den
Tisch! / Wenn du etwas zur Hand hast, gib
mir zu essen!
27 Fort mit dir, Zugewanderter, vor einem
Ehrengast! / Mein Bruder ist als Gast gekom-
men. Ich brauche das Haus.
28 Diese Dinge sind belastend für einen Men-
schen mit Verstand, / die Vorwürfe wegen der
Herkunft aus der Fremde und die Beschimp-
fung als Gläubiger.

21: 39,26 / **22**: 40,29

ERZIEHUNG: 30,1–13

30 Über Kinder
1 Wer seinen Sohn liebt, wird ihm häu-
fig Schläge geben, / damit er am Ende erfreut
wird.
2 Wer seinen Sohn erzieht, wird an ihm Bei-
stand finden / und im Kreis der Bekannten
wird er sich seiner rühmen.
3 Wer seinen Sohn unterweist, weckt den
Neid des Feindes, / im Beisein der Freunde
wird er über ihn frohlocken.
4 Stirbt der Vater, ist es, als wäre er nicht
tot, / denn er hat einen, der ihm ähnlich ist,
zurückgelassen.
5 Während seines Lebens hat er ihn gesehen
und sich gefreut, / an seinem Lebensende war
er nicht betrübt.
6 Gegen Feinde hat er einen Rächer hinter-
lassen / und den Freunden einen, der Dank-
barkeit erweist.
7 Wer den Sohn verwöhnt, verbindet seine
Wunden, / bei jedem Schrei ist sein Innerstes
bestürzt.
8 Ein ungebändigtes Pferd bricht störrisch
aus, / ein nicht gezügelter Sohn bricht über-
raschend aus.

9 Verhätschle ein Kind und es macht dich
fassungslos! / Scherze mit ihm und es betrübt
dich!
10 Lach nicht mit ihm, damit du mit ihm
nicht Kummer erfährst, / denn zuletzt wirst
du schmerzvoll mit deinen Zähnen knirschen!
11 Gib ihm nicht zu viel Macht in der Ju-
gend / *und übersieh nicht seine Fehler!*
12 *Beuge seinen Nacken in der Jugend,* /
schlag ihn aufs Gesäß, solange er noch klein ist,
sonst wird er störrisch und widerspenstig
gegen dich / *und du hast Kummer mit ihm!*
13 Erzieh deinen Sohn und arbeite an ihm, /
damit du dich nicht wegen seines schlechten
Verhaltens ärgerst!

1: Spr 13,24; 23,13f.; 29,15; Hebr 12,7 / **2**: Spr 15,20 / **3**: Spr 23,24f. / **12**: 7,23

ÜBER GESUNDHEIT: 30,14–15

14 Besser arm, gesund und in kräftiger Verfas-
sung / als reich und geschlagen an seinem Leib.
15 Gesundheit und Wohlbefinden sind bes-
ser als alles Gold / und ein kräftiger Leib ist
besser als unermesslicher Reichtum.

ÜBER SPEISEN: 30,16–25

Über Speisen
16 Reichtum ist nicht besser als Gesundheit des
Leibes / und keine Fröhlichkeit geht über die
Freude des Herzens.
17 Besser ist der Tod als ein verbittertes Le-
ben / und besser Ruhe in Ewigkeit als andau-
ernde Krankheit.
18 Köstlichkeiten, ausgebreitet vor einem
verschlossenen Mund, / sind Speisegaben,
aufgestellt auf einem Grab.
19 Was nützt ein Ganzopfer einem Götzen-
bild? / Denn es kann weder essen noch rie-
chen. / So ist der, der vom Herrn verworfen
wird.
20 Einer, der mit den Augen sieht und seufzt /
wie ein Eunuch, der eine Jungfrau umarmt und
seufzt, / *so ist es, wer mit Gewalt Entschei-
dungen durchsetzt.*
21 Gib deine Seele nicht der Trauer hin! /
Quäle dich nicht mit deinem Wünschen!
22 Heiterkeit des Herzens ist Leben für den
Menschen / und Jubel eines Mannes ist langes
Leben.
23 Beschwichtige deine Seele und tröste dein
Herz! / Halte Trauer weit von dir fern!
Denn viele hat die Trauer zugrunde gerich-
tet / und es ist kein Nutzen in ihr.
24 Eifersucht und Wut verkürzen die Tage, /
Sorge macht vorzeitig alt.
25 Ein fröhliches und gut gestimmtes Herz
beim Essen / wird sich um seine Speisen küm-
mern.

17: 41,2 / **18**: Tob 4,17 / **21**: 38,20; Spr 12,25; 15,13; 17,22 / **23**: 38,18f. / **25**: Spr 15,15

REICHTUM: 31,1–11

31 1 Schlaflosigkeit wegen des Reichtums
zehrt am Fleisch, / die Sorge um ihn
raubt den Schlaf.
2 Die Sorge in der Schlaflosigkeit vertreibt
den Schlummer, / schwere Krankheit ver-
scheucht den Schlaf.
3 Ein Reicher hat sich geplagt beim Sammeln
von Vermögen, / beim Ausruhen schwelgt er
in seinem Luxus.
4 Ein Armer hat sich geplagt in der Dürftig-
keit des Lebens, / beim Ausruhen kommt er
in Not.
5 Wer Gold liebt, wird nicht gerechtfertigt, /
und wer dem Gewinn nachjagt, wird durch
ihn verführt.
6 Viele sind um des Goldes willen zu Fall
gekommen, / sie erlebten persönlich ihren
Untergang.
7 Ein Holz, an dem man stolpert, ist das für
die nach Gold Verrückten, / jeder Unverstän-
dige lässt sich damit fangen.
8 Selig der Reiche, der untadelig befunden
wird / und der dem Gold nicht hinterher-
läuft.
9 Wer ist er – wir wollen ihn glücklich prei-
sen? / Denn er hat Wunderbares in seinem
Volk vollbracht.
10 Wer wurde darin geprüft und vollkom-
men befunden? / Es wird ihm zum Ruhm
gereichen.
Wer konnte übertreten und übertrat nicht, /
Böses tun und tat es nicht?
11 Deswegen sind seine Güter sicher / und von
seinen Wohltaten erzählt die Versammlung.

3: 11,18f. / **6**: 8,2 / **8**: 5,1 / **11**: 39,10; 44,15

30,15 Leib: G; Geist: H.

31,1 – 36,13 G hat wohl durch Blattvertauschung 33,16 – 36,13 hinter 30,25 eingereiht; vgl. Anm. zu 33,16–33 und zu 36,16. Vg stimmt in der Kapitelzählung mit H und S überein, hat aber infolge von Doppelübersetzungen und Einschüben eine abweichende Verszählung. Hier wird die Kapitelzählung nach H und Vg, die Verszählung aber nach G beibehalten.

GASTMAHL: 31,12–24
12 Hast du dich an eine große Tafel gesetzt? /
Reiß deinen Rachen nicht auf! / Und sag
nicht: Es steht viel auf ihr!
13 Erinnere dich, dass ein schlechtes Auge
böse ist! / Was ist schlechteres erschaffen worden als ein solches Auge? / Deswegen fließen Tränen von jedem Angesicht.
14 Streck die Hand nicht dorthin aus, wo einer hinblickt, / und stoß nicht mit ihm in der Schüssel zusammen!
15 Überlege die Anliegen des Nächsten, von dir selbst her, / und bedenke jede Handlung!
16 Iss wie ein Mensch, was dir vorgesetzt wird, / und sei nicht gierig, sonst verabscheut man dich!
17 Höre um der Erziehung willen als Erster auf / und sei nicht unersättlich, damit du nicht Anstoß erregst!
18 Auch wenn du inmitten von vielen sitzt, / streck deine Hand nicht als Erster aus!
19 Wie ausreichend ist das Wenige für einen wohlerzogenen Menschen, / auf seinem Bett atmet er nicht schwer.
20 Gesunder Schlaf entsteht bei einem maßvoll gefüllten Bauch; / am Morgen steht er auf und fühlt sich wohl.

Zermürbende Schlaflosigkeit, Brechdurchfall / und Krämpfe begleiten einen unersättlichen Mann.
21 Wenn du den Speisen nicht widerstehen konntest, / steh auf, geh weg, erbrich dich! Dann wirst du Ruhe haben.
22 Höre auf mich, mein Kind, und verachte mich nicht! / Am Ende wirst du meine Worte verstehen.

Bei all deinem Tun sei geschickt / und keine Krankheit wird dich treffen!
23 Wer mit Brot freigiebig ist, den werden die Lippen preisen / und der Ruf seines guten Verhaltens ist glaubwürdig.
24 Wer mit Brot geizt, über den wird eine Stadt murren / und sein schlechter Ruf ist gerechtfertigt.

13: 37,28ff.; Spr 23,1ff. / **16**: Spr 23,1ff. / **17**: 37,29 / **19**: Koh 5,11 / **23**: Spr 22,9 / **24**: Ex 15,24; 16,2.7f.

WEINGELAGE: 31,25–32,13
25 Beim Wein spiele nicht den starken Mann! / Denn viele hat der Wein zugrunde gerichtet.
26 Ein Schmelzofen prüft die Härte des Metalls, / so der Wein die Herzen beim Streit der Hochmütigen.
27 Gleich wie Leben ist Wein für die Menschen, / wenn du ihn maßvoll trinkst.

Was ist das Leben, wenn der Wein fehlt? / Er ist geschaffen zur Heiterkeit des Menschen.
28 Fröhlichkeit des Herzens und Heiterkeit der Seele / bringt der Wein, zur rechten Zeit und maßvoll getrunken.
29 Bitterkeit der Seele ist Wein, der zu viel getrunken wird / in Erregung und bei einer Auseinandersetzung.
30 Trunkenheit vermehrt die Neigung eines Unverständigen bis zur Beleidigung, / beeinträchtigt die Kraft und schlägt Wunden.
31 Beim Weingelage tadle den Nächsten nicht, / verachte ihn nicht wegen seiner Heiterkeit!

Sag zu ihm kein schmähendes Wort / und treib ihn nicht in die Enge mit einer Forderung!

32 1 Wenn sie dir den Vorsitz übertragen haben, überhebe dich nicht! / Sei unter ihnen wie einer von ihnen! / Sorge für sie und dann setz dich hin!
2 Lass dich nieder, wenn du alles Notwendige getan hast, / damit du dich über sie erfreuen kannst / und du wegen des guten Verhaltens einen Kranz erhältst!
3 Rede, alter Mann, denn es steht dir zu / mit genauem Wissen, aber behindere nicht die Musik!
4 Wo es Schönes zu hören gibt, schenke keine Rede aus! / Spiele nicht zur Unzeit den Weisen!
5 Ein Siegel von Rubin auf goldenem Schmuck, / so ist ein Spiel der Musiker beim Weingelage.
6 Ein Siegel von Smaragd in goldener Fassung / ist eine Melodie bei süßem Wein.
7 Rede, junger Mann, wenn es nötig ist, / aber höchstens zweimal, wenn du gefragt wirst!
8 Fasse mit wenigen Worten vieles zusammen! / Sei wie ein Wissender, der zugleich schweigen kann!
9 Im Kreis von Vornehmen versuche nicht so zu sein wie sie! / Wo ein anderer spricht, schwatze nicht viel!

31,20 und fühlt sich wohl, wörtlich: und seine Seele ist bei ihm.

31,27 Er ist geschaffen zur Heiterkeit der Menschen: G; Er ist von Anfang an zur Heiterkeit geschaffen: H, Vg.
32,1 Kap. 32 in G als Kap. 35 gezählt.

10 Vor dem Donner blitzt es / und einem
Bescheidenen geht Liebenswürdigkeit voran.
11 Erhebe dich zur rechten Stunde und sei
nicht der Letzte! / Geh nach Hause und sei
nicht ausgelassen!
12 Dort scherze und handle nach deiner
Stimmung / und sündige nicht mit hochmü-
tiger Rede!
13 Für diese Dinge preise den, der dich ge-
macht hat, / der dich trunken macht mit sei-
nen guten Gaben!

31,25: Spr 20,1 / **27**: Ps 104,14f.; Koh 10,19; 1 Tim 5,23 / **30**: Spr 23,29–35
32,5: 49,1 / **7**: 7,14

DER WEISE UND DAS GESETZ GOTTES: 32,14–33,6

14 Wer den Herrn fürchtet, nimmt Erziehung
an, / und die sich früh zu ihm aufmachen, fin-
den Wohlgefallen.
15 Wer sich um das Gesetz bemüht, wird von
ihm erfüllt, / und wer heuchelt, nimmt an ihm
Anstoß.
16 Die den Herrn fürchten, finden ein rechtes
Urteil / und sie lassen gerechte Taten auf-
leuchten wie ein Licht.
17 Ein sündiger Mensch weicht einer Zu-
rechtweisung aus, / er findet ein Urteil nach
seinem Willen.
18 Ein Mann des Rates übergeht keine Über-
legung, / ein feindseliger und hochmütiger
zeigt keine Furcht.
19 Tu nichts ohne Beratung / und dein Tun
sei ohne Reue!
20 Geh nicht den Weg des Strauchelns / und
stoße nicht an Steine an!
21 Vertrau keinem unvorhersehbaren Weg /
22 und sei auf der Hut vor deinen Kindern!
23 Bei all deinem Tun vertrau dir selber, /
denn auch dies bedeutet Halten der Gebo-
te!
24 Wer dem Gesetz vertraut, beachtet die
Gebote, / und wer dem Herrn vertraut, wird
keinen Mangel leiden.
33 1 Wer den Herrn fürchtet, den wird
kein Unheil treffen, / selbst in einer
Prüfung wird er wieder gerettet.
2 Ein weiser Mann wird das Gesetz nicht
verabscheuen, / wer sich aber damit verstellt,
ist wie ein Schiff bei Sturm.
3 Ein verständiger Mensch wird dem Gesetz
vertrauen / und das Gesetz ist ihm zuverlässig
wie eine Frage nach Dingen, die klar sind.
4 Bereite die Rede vor, so hört man dir auch
zu! / Fasse die Unterweisung kurz und ant-
worte!
5 Ein Wagenrad ist das Innere eines Toren /
und wie eine sich drehende Achse sein Den-
ken,
6 ein Freund, der spottet, ist wie ein brüns-
tiges Pferd, / es wiehert unter jedem Reiter.

32,14: 4,12 / **15**: 2,16; 33,2 / **16**: Ps 37,6 / **17**: 21,6; Spr 12,1 / **19**: 37,16; Tob 4,18 / **24**: Spr 19,16; Ps 22,6
33,1: Ps 91,9f.; Spr 12,21 / **2**: 32,15

UNTERSCHIEDE IN DER ORDNUNG DES SCHÖPFERS: 33,7–15

7 Warum unterscheidet sich ein Tag vom an-
deren, / kommt doch jedes Tageslicht im Jahr
von der Sonne?
8 Durch die Erkenntnis des Herrn wurden
sie getrennt / und er hat die Zeiten und Fest-
tage verschieden gestaltet.
9 Die einen hat er erhöht und geheiligt, / die
anderen hat er festgelegt auf eine Anzahl von
gewöhnlichen Tagen.
10 Alle Menschen kommen vom Erdboden /
und Adam ist aus Erde geschaffen worden.
11 In der Fülle an Wissen hat der Herr sie ge-
trennt / und hat ihre Wege verschieden gestal-
tet.
12 Die einen hat er gesegnet und erhöht, / sie
geheiligt und in seine Nähe gebracht,
die anderen hat er verflucht und erniedrigt /
und sie aus ihrer Stellung gestürzt.
13 Wie der Ton des Töpfers in seiner
Hand / – all seine Wege sind nach seinem
Gefallen –,
so sind die Menschen in der Hand dessen,
der sie gemacht hat, / um ihnen zu vergelten
nach seinem Urteil.
14 Gegenüber dem Bösen das Gute, / gegen-
über dem Tod das Leben, / so ist gegenüber
einem Frommen ein Sünder.
15 So schau auf alle Werke des Höchsten, /
paarweise eines gegenüber dem anderen!

8: Gen 1,14 / **9**: Ex 20,11; Lev 23; Dtn 16,1–15 / **10**: Gen 2,7; Ijob 10,9 / **13**: Weish 15,7; Jer 18,1–6; Röm 9,20–24 / **14f.**: 42,24f.

33,1–16 In G als Kap. 36 gezählt (in H fragmentarisch erhalten).

33,3 dem Gesetz: G; einem Wort: H.

33,13 all seine Wege sind nach seinem Gefallen, andere Textzeugen: um etwas nach seinem Gefallen zu formen.

WORT DES WEISEN: 33,16–19
16 Auch ich war als Letzter aufmerksam, / wie einer, der Nachlese hält nach den Winzern.
17 Mit dem Segen des Herrn bin ich schnell vorangekommen, / wie ein Winzer habe ich die Kelter gefüllt.
18 Seht! Nicht für mich allein habe ich mich geplagt, / sondern für alle, die Bildung suchen.
19 Hört auf mich, ihr Großen des Volkes, / ihr Vorsteher der Versammlung, merkt auf!

18: 24,34 / **19**: Weish 6,1f.

ORDNUNG IM HAUS: 33,20–33
20 Dem Sohn und der Frau, dem Bruder und Freund / gib nicht Macht über dich zu deinen Lebzeiten!
Gib keinem anderen dein Vermögen, / damit du es nicht bereust und um es bitten musst!
21 Solange du noch lebst und Atem in dir ist, / tausche deinen Platz mit keinem anderen!
22 Denn es ist besser, dass deine Kinder dich bitten, / als dass du auf die Hände deiner Söhne schaust.
23 In all deinen Taten zeichne dich aus / und bring keinen Makel auf deine Ehre!
24 Am Tag der Vollendung deiner Lebenszeit, / zur Zeit deines Todes, übergib das Erbe!
25 Futter, Stock und Lasten für einen Esel, / Brot, Zucht und Arbeit für den Sklaven!
26 Lass den Knecht arbeiten und du wirst Ruhe finden! / Lass ihm freie Hand und er wird die Freiheit suchen!
27 Joch und Zügel werden den Nacken beugen, / dem bösen Sklaven gebühren Folter und Pein.
28 Deck ihn mit Arbeit ein, damit er nicht müßig geht, / denn Müßiggang lehrt ihn viel Schlechtes.
29 Bring ihn dazu zu arbeiten, wie es für ihn angemessen ist! / Wenn er nicht gehorcht, leg ihm schwere Fußfesseln an!
30 Sei nicht maßlos gegen irgendein Lebewesen! / Handle nicht ohne überlegtes Urteil!
31 Wenn du einen Sklaven hast, sei er wie du, / denn mit Blut hast du ihn erworben!
32 Wenn du einen Sklaven hast, leite ihn wie einen Bruder, / denn du brauchst ihn wie deine Seele!
33 Wenn du ihn misshandelt hast und er auf und davon gelaufen ist, / auf welchem Weg willst du ihn suchen?

25: Spr 26,3 / **26**: Spr 29,19 / **30**: Spr 12,10 / **31**: 7,21

GEFÄHRLICHE TRÄUME UND EHRFURCHT VOR DEM HERRN: 34,1–20
34
1 Ein unverständiger Mann hat leere und trügerische Hoffnungen / und Träume beflügeln Narren.
2 Wie einer, der einen Schatten greifen will und einem Windhauch nachjagt, / so ist der, der an Träumen festhält.
3 Das eine ist wie das andere: eine Schau von Träumen, / ein Abbild eines Gesichts gegenüber einem Gesicht.
4 Was kann von Unreinem gereinigt werden? / Was kann an einer Lüge wahr sein?
5 Weissagungen, Zeichendeutereien und Träume sind nichtig; / das Herz träumt wie eine, die in Wehen liegt.
6 Wenn sie nicht vom Höchsten zur Heimsuchung geschickt worden sind, / wende ihnen dein Herz nicht zu!
7 Denn Träume haben schon viele in die Irre geführt, / und die auf sie hoffen, sind gestrauchelt.
8 Ohne Lüge geht das Gesetz in Erfüllung; / und Weisheit kommt in einem glaubwürdigen Mund zur Vollendung.
9 Ein Mann, der herumgekommen ist, hat viel kennengelernt / und der Vielerfahrene wird Einsicht weitergeben.
10 Wer nicht auf die Probe gestellt wurde,
weiß wenig. / 11 Wer aber herumgekommen ist, wird an Klugheit dazugewinnen.
12 Vieles habe ich bei meinem Reisen gesehen / und größer als meine Worte ist meine Einsicht.
13 Öfter kam ich in Todesgefahr / und ich wurde deswegen gerettet.
14 Der Geist derer, die den Herrn fürchten,
wird leben, / 15 denn ihre Hoffnung setzten sie auf ihren Retter.
16 Wer den Herrn fürchtet, braucht vor nichts Angst zu haben / und er braucht nicht zu verzagen, denn er ist seine Hoffnung.

33,16–33 In G als 30,25–40 gezählt.

33,21 mit keinem anderen, wörtlich: nicht mit jedem Geschöpf.

33,26 Lass den Knecht arbeiten, andere Textzeugen: Arbeite an der Erziehung.

Kap. 34 in G als Kap. 31 gezählt.

17 Selig, der den Herrn fürchtet. / 18 An wem
hält er sich fest und wer ist seine Stütze?
19 Die Augen des Herrn ruhen auf denen, die
ihn lieben; / er ist ein machtvoller Schutz-
schild, eine starke Stütze,
Schutz vor Hitze und Schatten am Mittag, /
Bewahrung vor dem Straucheln und Hilfe vor
dem Fall;
20 er richtet die Seele auf und die Augen, /
er schenkt Heilung des Lebens und Segen.

4: Ijob 14,4 / **6**: Ijob 33,14–18 / **14**: Ps 23,4; 112,7f.; Spr 3,23–26; 28,1 / **19**: Ps 33,18; 34,16

OPFER, ETHOS UND GEBET: 34,21–35,22

21 Wer ein Opfer von unrechtem Gut dar-
bringt, dessen Gabe ist mit Makel behaftet, /
22 denn Gaben der Gesetzlosen finden kein
Gefallen.
23 An Gaben der Gottlosen hat der Höchste
kein Gefallen, / auch vergibt er nicht Sünden
aufgrund einer Fülle an Opfern.
24 Man opfert den Sohn vor den Augen des
Vaters, / wenn man ein Opfer darbringt vom
Gut der Armen.
25 Kärgliches Brot ist das Leben der Armen, /
wer es ihnen raubt, ist ein Blutsauger.
26 Den Nächsten mordet, wer ihm den Un-
terhalt wegnimmt, / 27 und Blut vergießt, wer
einem Lohnarbeiter den Lohn raubt.
28 Einer baut auf und einer reißt nieder – /
was haben sie mehr davon gehabt als Mü-
he?
29 Einer betet und einer flucht – / auf wessen
Stimme wird der Gebieter hören?
30 Wer ein Tauchbad nach der Berührung mit
einem Toten nimmt und ihn wieder anfasst – /
was hat ihm das Waschen genützt?
31 So ist ein Mensch, der wegen seiner Sün-
den fastet, / zurückkehrt und sie wieder be-
geht.
Wer wird sein Gebet erhören? / Was nützt
es ihm, dass er sich gedemütigt hat?

35 1 Wer das Gesetz hält, bringt viele Ga-
ben dar, / 2 ein Heilsopfer, wer die Ge-
bote hält.
3 Wer Wohlwollen vergilt, der bringt feins-
tes Weizenmehl dar, / 4 und wer ein Almosen
gibt, spendet ein Lobopfer.
5 Abkehr vom Bösen findet das Gefallen des
Herrn: / Als Sühne gilt ihm die Abkehr vom
Unrecht.
6 Erscheine nicht mit leeren Händen vor
dem Angesicht des Herrn, / 7 denn dies alles
geschieht um des Gebots willen!
8 Die Gabe eines Gerechten bereichert den
Altar / und ihr Wohlgeruch steigt auf zum
Höchsten.
9 Das Opfer eines gerechten Mannes wird
angenommen / und die Erinnerung daran
wird nicht vergessen.
10 Mit großzügigem Auge preise den Herrn /
und schmälere nicht die Erstlingsgabe deiner
Hände!
11 Bei jeder Gabe mache ein heiteres Ge-
sicht / und weihe den Zehnt mit Freude!
12 Gib dem Höchsten, wie er dir gegeben
hat, / und gib mit großzügigem Auge nach
dem Ertrag der Hand!
13 Denn der Herr ist einer, der vergilt, / und
er wird dir siebenfach vergelten.
14 Bestich ihn nicht, denn er wird es nicht
annehmen / 15 und vertrau nicht auf ungerech-
te Opfer!
Denn der Herr ist Richter / und es gibt vor
ihm kein Ansehen der Person.
16 Er bevorzugt niemanden gegenüber ei-
nem Armen, / die Bitte eines ungerecht Be-
handelten wird er erhören.
17 Er missachtet nicht den Hilferuf der Wai-
se / und die Witwe, wenn sie ihren Jammer
ausschüttet.
18 Fließen nicht Tränen der Witwe über die
Wangen / 19 und richtet sich der Schrei nicht
gegen den, der sie hinabfließen ließ?
20 Wer Gott wohlgefällig dient, wird ange-
nommen / und seine Bitte dringt bis in die
Wolken.
21 Das Gebet eines Demütigen durchdringt
die Wolken, / und bevor es nicht angekom-
men ist, wird er nicht getröstet / und er lässt
nicht nach, bis der Höchste daraufschaut.
22 Und er wird für die Gerechten entschei-
den und ein Urteil fällen. / Und der Herr wird
gewiss nicht zögern
und nicht langmütig sein gegen die Unbarm-
herzigen, / bis er ihre Hüften zerbrochen hat.

34,21: 35,14f.; Spr 21,27 / **25**: Lev 19,13; Dtn 24,14f.; Tob 4,14 / **27**: 7,20; Lev 19,13; Dtn 24,14f.; Tob 4,14 / **30**: Num 19,11f.; Spr 26,11; 2 Petr 2,22

35,1: 1 Sam 15,22; Ps 51,18f. / **3**: Lev 2,1ff. / **4**: Tob 4,7–11.16; 12,9; Mt 6,4 / **6**: Ex 23,15; 34,20; Dtn 16,16 / **10**: 7,31 / **11**: 2 Kor 9,7 / **13**: Spr 19,17 / **14**: Spr 21,27 / **15**: Dtn 10,17; Röm 2,11; Gal 2,6 / **16**: Lev 19,15 / **17**: Ex 22,21ff. / **21**: 21,5

Kap. 35 In G als Kap. 32 gezählt.

35,19b Nur in Vg.

GERECHTIGKEIT GOTTES: 35,23–26

23 An den Völkern wird er Vergeltung üben, /
bis er die Menge der Gewalttätigen entfernt /
und die Zepter der Ungerechten zerschlagen
hat;
24 bis er dem Menschen nach seinen Taten
vergolten hat / und die Werke der Menschen
nach ihren Absichten;
25 bis er das Urteil über sein Volk gesprochen
hat / und sie mit seinem Erbarmen erfreuen
wird.
26 Köstlich ist das Erbarmen zur Zeit der Be-
drängnis, / wie Regenwolken zur Zeit der
Dürre.

24: Spr 24,12

GEBET UM RETTUNG ISRAELS: 36,1–22

36 1 Hab Erbarmen mit uns, Gebieter, du
Gott aller, / 2 sieh herab und wirf die
Furcht vor dir auf alle Völker!
3 Erheb deine Hand gegen fremde Völker, /
sie sollen deine Macht sehen!
4 Wie du dich vor ihnen als heilig erwiesen
hast an uns, / so erweise dich als groß an ihnen
vor unseren Augen!
5 Sie sollen dich erkennen, wie auch wir er-
kannt haben, / dass es keinen Gott gibt außer
dir, Herr!
6 Erneuere die Zeichen und wirke andere
Wunder! / 7 Zeig die Herrlichkeit deiner Hand
und des rechten Arms!
8 Wecke die Wut und gieß aus den Zorn! /
9 Vertreib den Gegner und vertilge den
Feind!
10 Beschleunige die Zeit und gedenke des
Eides! / Sie sollen deine Großtaten erzählen.
11 Wer entkommt, soll durch Zornesglut
verzehrt werden. / Die deinem Volk Böses
antun, sollen vernichtet werden.
12 Zerschmettere die Häupter der feindli-
chen Herrscher, / die da sagen: Es gibt keinen
außer uns!
13 Sammle alle Stämme Jakobs! / [14] [15] 16 Ver-
teil unter ihnen den Erbbesitz wie am Anfang!
17 Herr, hab Erbarmen mit dem Volk, das bei
deinem Namen gerufen worden ist, / und mit
Israel, das du einem Erstgeborenen gleichge-
macht hast!
18 Habe Mitleid mit der Stadt deines Heilig-
tums, / mit Jerusalem, dem Ort deiner Ruhe!
19 Erfülle Zion mit deinem Lobpreis / und
dein Volk mit deiner Herrlichkeit!
20 Gib Zeugnis für das, was du am Anfang
geschaffen hast, / und erwecke die Prophezei-
ungen wieder, die in deinem Namen ergangen
sind!
21 Gib den Lohn denen, die dich erwarten, /
und deine Propheten sollen sich glaubwürdig
erweisen!
22 Erhöre, Herr, die Bitte deiner Diener /
gemäß dem Segen Aarons über dein Volk!
Alle auf der Erde werden erkennen, / dass
du Herr bist, der Gott der Ewigkeiten.

5: Dtn 4,39; 32,39; 1 Sam 2,2; 2 Sam 7,22; Est 4,17; Joël 2,27; 45,14 / **8**: Ps 79,6 / **16**: Jos 13ff. / **17**: Ex 4,22; Jer 31,9; Weish 18,13 / **18**: 2 Chr 6,41; Ps 132,8.14; Jes 2,1ff.; Mt 4,1–6

KLUGE WAHL VON VERTRAUENSPERSONEN: 36,23–37,26

23 Der Magen verzehrt jede Speise, / aber eine
Speise ist besser als eine andere Speise.
24 Der Gaumen prüft Gerichte vom Wild, /
Gleiches tut ein kluges Herz mit Lügen-
worten.
25 Ein verschlagenes Herz verursacht Leid, /
ein vielerfahrener Mensch vergilt es ihm.
26 Eine Frau nimmt alles, was männlich ist, /
doch eine Tochter ist besser als eine andere
Tochter.
27 Die Schönheit einer Frau macht das Ge-
sicht heiter, / sie übertrifft jedes Verlangen des
Menschen.
28 Wenn sie voll Mitgefühl und Bescheiden-
heit spricht, / ist ihr Mann nicht wie andere
Menschensöhne.
29 Eine Frau zu erwerben, ist der Anfang vom
Besitz, / eine Hilfe, die ihm entspricht, und
eine Säule der Ruhe.
30 Fehlt ein Zaun, wird der Besitz geplün-
dert, / fehlt einem die Frau, wird er herumir-
ren und klagen.
31 Denn wer wird einem flinken Räuber ver-
trauen, / der von Stadt zu Stadt springt?
So ist ein Mensch, der kein Heim hat / und
überall Halt macht, wo er gerade am Abend
ist.

37 1 Jeder Freund wird sagen: Auch ich bin
ein Freund. / Aber mancher Freund ist
nur dem Namen nach ein Freund.

Kap. 36 In G als Kap. 33 gezählt.

36,12 die Häupter der feindlichen Herrscher: G; das Haupt der Fürsten Moabs: H, vgl. Num 24,17.

36,16 In G steht 33,1–15 vor 36,16; darum fehlen jetzt die VV. 14 und 15 (vgl. die Anmerkung zu 31,1–36,13).

36,19 dein Volk mit deiner Herrlichkeit: G; deinen Tempel mit deiner Herrlichkeit: H.

2 Kommt nicht der Schmerz dem Tod nahe, /
wenn ein Gefährte und Freund sich zum Feind
wandelt?
3 Welch schlimmer Gedanke! Wie hast du
dich darin verstrickt, / das trockene Land mit
Verschlagenheit zu bedecken?
4 Ein Gefährte erfreut sich des Freundes in
fröhlicher Stimmung, / aber zur Zeit der Bedrängnis wird er gegen ihn sein.
5 Ein Gefährte müht sich mit dem Freund
um einen vollen Bauch, / doch im Krieg wird
er für sich den Schild ergreifen.
6 Vergiss nicht den Freund in deiner Seele! /
Vergiss ihn nicht in deinem Reichtum!
7 Jeder Berater hebt einen Rat hervor, / aber
mancher erteilt nur für sich selbst Rat.
8 Hüte dich vor dem Ratgeber! / Erkenne
zuerst, was sein Vorteil ist
– denn er wird für sich selbst beraten –, /
damit er nicht über dich das Los wirft
9 und zu dir sagt: Gut ist dein Weg! / Dann
wird er sich vor dich hinstellen, um zu sehen,
was dir geschieht.
10 Berate dich nicht mit einem, der dich
missgünstig ansieht! / Verbirg vor denen, die
auf dich eifersüchtig sind, deinen Plan!
11 Berate dich nicht mit einer Frau über ihre
Rivalin, / mit einem Feigling über den Krieg,
mit einem Kaufmann über ein Tauschgeschäft, / mit einem Käufer über ein Geschäft,
mit einem Neider über Dankbarkeit, / mit einem Erbarmungslosen über Herzensgüte,
mit einem Faulen über irgendeine Arbeit, / mit einem Arbeiter auf Zeit über die Fertigstellung,
mit einem trägen Sklaven über die Menge an Arbeit! / Achte nicht auf diese, wenn du Rat suchst!
12 Doch harre aus bei einem frommen Mann, /
von dem du weißt, dass er die Gebote hält
und in seiner Seele deiner Seele entspricht / und mit dir leidet, wenn du strauchelst!
13 Doch achte auf einen Rat des Herzens, /
denn niemand ist dir treuer als dieses!
14 Denn die Seele eines Mannes regt sich gewöhnlich eher / als sieben Späher auf einem
Wachturm.
15 Wegen alldem bitte den Höchsten, / dass
er in Wahrhaftigkeit deinen Weg lenkt!
16 Der Anfang jeden Werkes ist das Wort /
und vor jedem Tun steht der Rat.
17 Eine Spur der Veränderung zeigt das
Herz; / 18 vier Teile sprossen daraus hervor:
Gutes und Böses, Leben und Tod, / doch
Gewalt über sie hat dauernd die Zunge.
19 Es gibt einen klugen Mann, der für viele
ein Erzieher ist, / aber für die eigene Seele ist
er ungeeignet.
20 Es gibt einen Verhassten, der durch seine
Worte weise erscheint, / dieser wird jeder
Nahrung entbehren.
21 Denn vom Herrn wurde ihm keine Gunst
gewährt, / da ihm jede Weisheit fehlt.
22 Es gibt einen Weisen für seine eigene Seele, / die Früchte seiner Einsicht sind im Mund
verlässlich.
23 Ein weiser Mann wird sein eigenes Volk
erziehen, / die Früchte seiner Einsicht sind
verlässlich.
24 Ein weiser Mann wird erfüllt von Segen /
und alle, die ihn sehen, preisen ihn selig.
25 Das Leben eines Mannes besteht in einer
Anzahl von Tagen, / aber die Tage Israels sind
unzählbar.
26 Der Weise in seinem Volk wird Wertschätzung erben / und sein Name wird leben
in Ewigkeit.

36,27: 26,13–18 / **28**: 28,17 / **29**: Gen 2,18.20–24; Spr 18,22 / **31**: Spr 27,8
37,1: 6,5–17; 12,8f. / **8**: Est 3,7–9; Ps 22,18; Joël 4,3; Obd 1,11; Jona 1,7; Mt 27,35 parr / **16**: 32,19 / **18**: Spr 18,21 / **22**: 15,1ff. / **26**: 39,9; 44,13f.

KRANKHEIT UND ARZT: 37,27–38,15

27 Kind, prüfe dich während deines Lebens! /
Sieh, was schlecht ist für dich und meide es!
28 Denn nicht alles ist für alle zuträglich /
und nicht jeder ist mit allem zufrieden.
29 Giere nicht nach jedem Genuss / und
schwelge nicht in Speisen!
30 Denn im Übermaß der Speisen steckt
Krankheit / und die Unersättlichkeit bringt
Brechdurchfall.
31 Viele sind wegen Unersättlichkeit gestorben, / wer aber Acht gibt, wird sein Leben
verlängern.
38 1 Ehre einen Arzt wegen seiner nützlichen Dienste mit gebührenden Ehren, / denn auch ihn hat der Herr erschaffen!
2 Denn vom Höchsten stammt die Heilung / und vom König erhält er ein Geschenk.
3 Das Wissen des Arztes erhöht sein Haupt /
und bei Großen wird er bewundert.
4 Der Herr hat aus Erde Heilmittel erschaffen, / ein kluger Mann wird sie nicht ablehnen.
5 Ist nicht Wasser durch Holz süß geworden, / um seine Kraft erfahrbar zu machen?

6 Er selbst gab den Menschen Wissen, / um
durch seine Wundertaten gerühmt zu werden.
7 Durch sie hat er geheilt und ihr Leiden weg-
genommen. / 8 Mit diesen wird der Salbenmi-
scher eine Mischung anfertigen.
Seine Werke sind nicht abgeschlossen / und sein Friede liegt auf dem Angesicht der Erde.
9 Kind, in deiner Krankheit sei nicht unachtsam, / sondern bete zum Herrn und er selbst wird dich heilen!
10 Beseitige einen Fehler und bereite die Hände! / Reinige das Herz von allen Sünden!
11 Bring Räucherwerk und ein Gedächtnisopfer aus feinstem Weizenmehl dar! / Mache eine Gabe so reichlich, wie es möglich ist!
12 Gib dem Arzt seinen Platz, denn auch ihn hat der Herr erschaffen! / Er bleibe dir nicht fern, denn er ist notwendig!
13 Zur rechten Zeit liegt in ihren Händen das
Gelingen, / 14 denn auch sie werden zum
Herrn beten,
dass er ihnen Genesung gelingen lasse / und Heilung um des Lebens willen.
15 Wer gegen seinen Schöpfer sündigt, der ihn gemacht hat, / möge in die Hände des Arztes fallen.

37,28: 1 Kor 6,12; 10,23 / **29**: 31,13.16ff.
38,5: Ex 15,25 / **9**: Jes 38,2f. / **11**: Lev 2,1f.

TOD UND TRAUER: 38,16–23

16 Kind, um einen Toten vergieß Tränen / und wie einer, der schreckliches Leid empfindet, beginn mit der Totenklage!
Bahre seinen Leib auf gemäß seiner Entscheidung / und übersieh nicht sein Begräbnis!
17 Mach bitter die Klage und schlag heftig auf die Brust, / halte Trauer, wie er es verdient,
einen Tag oder zwei wegen der Nachrede! / Dann lass dich trösten über die Trauer!
18 Denn aus Trauer entsteht Tod, / Trauer des Herzens wird die Lebenskraft brechen.
19 Im Elend bleibt auch die Trauer / und das Leben eines Armen widerspricht dem Herzen.
20 Gib dein Herz nicht der Trauer hin, / stell sie beiseite, wenn du an die letzten Dinge denkst!
21 Vergiss nicht: Es gibt keine Rückkehr; / ihm wirst du nicht mehr helfen und dir selbst wirst du schaden!
22 Denk an meine Bestimmung! So ist auch die deine: / für mich gestern und für dich heute.
23 Mit der Ruhe des Toten ruhe deine Erinnerung an ihn! / Sei über ihn getröstet beim Erlöschen seines Atems!

16: 22,11 / **18**: Spr 12,25; 15,13; 17,22 / **19**: 30,17 / **20**: 7,36; 18,24; 30,21 / **21**: Weish 2,1 / **22**: Jak 4,13ff.

HANDWERKER UND SCHRIFTGELEHRTER: 38,24–39,11

24 Die Weisheit eines Schriftgelehrten liegt in der guten Zeit der Muße, / und wer wenig Arbeit hat, wird weise werden.
25 Wie wird weise werden, wer den Pflug hält, / wer sich des Treibersteckens rühmt,
der Rinder treibt und sich mit ihrer Arbeit abgibt / und sich mit jungen Stieren unterhält?
26 Sein Herz wird er darauf richten, Furchen zu ziehen, / und seine Wachsamkeit gilt dem Futter für die Kälber.
27 Ebenso jeder Handwerker und Baumeister, / wer immer nachts wie tags beschäftigt ist;
diejenigen, die Gravuren in Siegel einritzen, / oder der dabei verweilt, eine Verzierung zu verändern;
er richtet sein Herz darauf, ein treffendes Bild zu gestalten, / und seine Wachsamkeit gilt der Vollendung des Werks.
28 So auch ein Schmied, der nahe am Amboss sitzt / und auf die Werke aus Eisen achtet.
Der Hauch des Feuers bringt sein Fleisch zum Schmelzen / und mit der Hitze des Schmelzofens kämpft er,
der Klang des Hammers dringt immer wieder ans Ohr / und vor seinen Augen ist das Modell des Werkstücks.
Sein Herz richtet er auf die Vollendung der Werke / und seine Wachsamkeit gilt der Vollendung der Verzierung.
29 So auch der Töpfer, der bei seiner Arbeit sitzt / und mit seinen Füßen die Töpferscheibe dreht,
der ständig in Sorge um seine Werke ist, / und jedes seiner Werke wird gezählt.
30 Mit seinem Arm formt er den Ton / und mit den Füßen nimmt er ihm die Zähigkeit.
Das Herz richtet er darauf, die Glasur zu vollenden, / und seine Wachsamkeit gilt der Reinigung des Brennofens.

38,15 Eine hebräische Lesart lautet: Gegen seinen Schöpfer sündigt, wer hochmütig ist gegen den Arzt.
38,19 widerspricht dem Herzen, andere Textzeugen: ist ein Fluch für das Herz.

31 All diese haben auf ihre Hände vertraut /
und jeder erweist sich als weise in seinem Tun.
32 Ohne sie wird keine Stadt gegründet, / sie
sind nicht Zugewanderte und ziehen nicht
umher.
Doch für den Rat des Volkes werden sie
nicht gesucht / 33 und in der Versammlung
ragen sie nicht hervor,
auf einen Richterstuhl setzen sie sich nicht /
und über die Entscheidung eines Urteils denken sie nicht nach.
Nie tun sie Bildung und Urteil kund / und
bei der Beschäftigung mit Sprüchen sind sie
nicht zu finden.
34 Aber sie festigen das Geschaffene auf
Dauer / und ihr Flehen besteht in der Ausübung des Handwerks.
Anders, wer seine Seele hingibt / und über
das Gesetz des Höchsten nachdenkt:
39 1 Die Weisheit aller Vorfahren erforscht
er / und mit Prophezeiungen beschäftigt er sich.
2 Die Darlegung berühmter Männer bewahrt
er / und in die Wendungen der Sinnsprüche
dringt er ein.
3 Verborgenes in Sprichwörtern erforscht
er / und bei den Rätseln der Sinnsprüche verweilt er.
4 Im Kreis der Großen tut er Dienst / und in
Gegenwart von Fürsten wird er gesehen.
Das Land fremder Völker bereist er, / denn
Gutes und Schlechtes prüft er bei den Menschen.
5 Er richtet sein Herz darauf frühmorgens, /
den Herrn, der ihn gemacht hat, zu suchen, /
und fleht vor dem Höchsten.
Er öffnet seinen Mund zum Gebet / und
fleht für seine Sünden.
6 Wenn der Herr, der Große, es will, / wird
er mit dem Geist der Erkenntnis erfüllt.
Er selbst sprudelt Worte seiner Weisheit
hervor / und im Gebet preist er den Herrn.
7 Er selbst lenkt Rat und Wissen / und denkt
nach über das, was ihm verborgen ist.
8 Er zeigt seine gelehrte Bildung / und rühmt
sich im Gesetz des Bundes mit dem Herrn.
9 Viele loben seine Einsicht; / in Ewigkeit
wird sie nicht ausgelöscht.
Sein Andenken wird nicht schwinden / und
sein Name wird leben von Geschlecht zu Geschlecht.
10 Die Völker werden von seiner Weisheit
erzählen / und die Versammlung wird sein
Lob verkünden.
11 Wenn er lange lebt, hinterlässt er einen
Namen, der mehr ist als tausend andere, / und
wenn er aufhört, wird er noch größer.

38,31: Ex 35,25f.29; 36,1f.
39,2: Spr 1,5f.; Weish 8,8 / **4:** Dtn 30,15; Sir 11,14; 17,7; 39,25.27 / **9:** 37,26; 44,14 / **10:** 44,15

LOB DER GUTEN ORDNUNG DER SCHÖPFUNG: 39,12–35

12 Weiterhin will ich mit Überlegung reden; /
denn wie der Vollmond bin ich erfüllt.
13 Hört mich an, ihr frommen Söhne, und
gedeiht / wie eine Rose, die am Flusslauf
wächst!
14 Verströmt Wohlgeruch wie Weihrauch! /
Treibt Blüten wie eine Lilie!
Verbreitet Wohlgeruch und stimmt ein
Loblied an / und preist den Herrn für all die
Werke!
15 Macht seinen Namen groß, / preist ihn im
Lobgesang!
Mit Liedern auf den Lippen und mit Saitenspiel, / so werdet ihr preisend sprechen:
16 Alle Werke des Herrn sind überaus gut /
und jeder Befehl geschieht zur rechten Zeit.
17 Man kann nicht sagen: Was ist dies? Wozu
ist jenes? / Denn alles wird zur rechten Zeit
gesucht.
Durch sein Wort ist Wasser wie ein Wall
aufgerichtet / und durch die Rede seines Mundes die Wasserspeicher.
18 Durch seinen Befehl geschieht alles, was
ihm gefällt, / und es gibt niemanden, der sein
rettendes Handeln mindert.
19 Die Werke aller Menschen liegen vor ihm, /
nichts ist vor seinen Augen zu verbergen.
20 Von Ewigkeit zu Ewigkeit betrachtet er
sie / und nichts ist vor ihm wunderbar.
21 Man kann nicht sagen: Was ist dies? Wozu
ist jenes? / Denn alles ist für seine Verwendung geschaffen.
22 Sein Segen hat wie ein Fluss alles bedeckt / und wie eine Überschwemmung Trockenes trunken gemacht;
23 so nimmt sein Zorn Völker zum Erbe, /
so wie er Wasser in Salzwasser verwandelt
hat.
24 Seine Wege sind gerade für die Frommen, /
so wie sie für die Gesetzlosen ein Anstoß sind.
25 Gutes ist für die Guten von Anbeginn erschaffen, / so für die Sünder Schlechtes.

39,19 aller Menschen, wörtlich: allen Fleisches.

26 Anfang alles Notwendigen für das Leben
des Menschen sind: / Wasser und Feuer, Eisen
und Salz,
feinstes Weizenmehl, Milch und Honig, /
das Blut der Traube, Olivenöl und Klei-
dung.
27 All dies dient den Frommen zum Guten, /
ebenso wendet es sich den Sündern zum
Schlechten.
28 Es gibt Winde, die für die Vergeltung ge-
schaffen sind, / in ihrer Wut verstärken sie
ihre Schläge.
Zur Zeit der Vollendung werden sie ihre
Kraft ausschütten / und die Wut dessen stil-
len, der sie gemacht hat.
29 Feuer und Hagel, Hunger und Tod, / all
dies ist zur Vergeltung geschaffen:
30 die Zähne der wilden Tiere, Skorpione
und Vipern, / das Schwert, das Vergeltung übt
zur Vernichtung der Gottlosen.
31 An seinem Gebot werden sie sich freuen, /
sie werden bereitstehen auf Erden, wo sie nö-
tig sind, / und zur rechten Zeit werden sie das
Wort nicht übertreten.
32 Deswegen stand es von Anfang an für
mich fest / und ich habe nachgedacht und es
schriftlich niedergelegt:
33 Die Werke des Herrn sind alle gut / und
alles Notwendige wird er zu seiner Stunde ge-
währen.
34 Man kann nicht sagen: Dies ist schlechter
als das. / Denn alles wird zur rechten Zeit ge-
schätzt.
35 Nun singt Loblieder mit ganzem Herzen
und mit eurem Mund / und preist den Namen
des Herrn!

16: Gen 1,31; Koh 3,11 / **19**: 15,19; 42,20; Weish 1,7–10 / **21**: Koh 3,11; Sir 39,34 / **24**: Ps 18,26f. / **26**: 29,21 / **28**: 40,10 / **33**: 39,16; Gen 1,31; Koh 3,11 / **34**: 39,21

ELEND DER MENSCHEN: 40,1–11

40 1 Eine große Mühsal ist für jeden Men-
schen geschaffen worden, / ein schwe-
res Joch für die Söhne Adams,
von dem Tag ihrer Geburt aus dem Mutter-
leib / bis zum Tag der Rückkehr zur Mutter
von allem:
2 ihre Überlegungen, die Furcht des Her-
zens, / der Gedanke an die Zukunft, der To-
destag.
3 Von dem, der auf einem prächtigen Thron
sitzt, / bis zum Gedemütigten am Erdboden
und in Asche,
4 von dem, der Purpur und Krone trägt, / bis
zu dem, der sich ein grobes Tuch umwirft:
5 Wut, Eifersucht, Verwirrung und Unru-
he, / Todesangst, Groll und Streit.
Zur Zeit der Ruhe auf dem Bett / verändert
der nächtliche Schlaf seine Erkenntnis.
6 Kurz wie ein Nichts ist die Ruhe, / da wird
er, im Schlaf wie in der Wache am Tag,
verwirrt durch eine Schau seines Herzens, /
wie einer, der vor dem Krieg geflüchtet ist.
7 Im Augenblick der Rettung wacht er auf /
und wundert sich über unnütze Furcht.
8 Über alle Lebewesen, vom Menschen bis
zum Vieh, / und über Sünder dazu siebenfach,
kommt:
9 Tod, Blut, Zwietracht und Schwert, / Un-
glück, Hunger, Verwüstung und Schläge.
10 Für die Gesetzlosen ist dies alles erschaf-
fen / und ihretwegen kam die Flut.
11 Alles, was von der Erde stammt, kehrt zur
Erde zurück, / und was von den Wassern
stammt, fließt ins Meer zurück.

1: Gen 3,17; Ijob 1,21; 7,1; 14,1f.; Koh 2,23 / **6**: Ijob 7,13ff. / **9**: 39,29f. / **11**: 17,1; 41,10; Gen 2,7; 3,19; Ijob 34,14f.; Ps 104,29f.; 146,4; Koh 12,7

BLEIBENDES: 40,12–17

12 Jede Bestechung und jede Ungerechtigkeit
wird ausgelöscht, / aber Treue wird in Ewig-
keit bestehen.
13 Die Reichtümer der Ungerechten werden
austrocknen wie ein Fluss, / wie lauter Donner
bei Regen verhallt.
14 Wenn er die Hände öffnet, wird man sich
freuen, / aber die übertreten, werden das Ziel
verfehlen.
15 Die Sprösslinge der Gottlosen werden kei-
ne Triebe hervorbringen, / denn sie sind wie
faule Wurzeln auf kantigem Fels;
16 wie Riedgras an jedem Gewässer und am
Ufer eines Flusses / wird man es vor jedem
anderen Futtergras ausreißen.
17 Erweis von Güte ist wie ein Paradies voll
Segnungen / und Almosen hat für die Ewig-
keit Bestand.

14: Dtn 15,7.8.11; Spr 31,20 / **15**: Mt 13,5f.; Mk 4,5f.; Lk 8,6 / **17**: 3,30

40,6 da wird er, im Schlaf wie in der Wache am Tag, andere Textzeugen: da ist er müde im Schlafen wie am Tag.

40,17 Erweis von Güte ist wie ein Paradies voll Segnungen: G; Liebe aber wird in Ewigkeit nicht ausgetilgt: Fragmente aus Masada.

DIE HÖCHSTEN GÜTER UND WERTE IM LEBEN DES MENSCHEN: 40,18–27

18 Das Leben eines Genügsamen und eines Arbeiters ist angenehm, / doch über beiden steht, der einen Schatz findet.

19 Kinder und Städtebau geben einem Namen Bestand, / doch mehr als beide gilt eine untadelige Frau.

20 Wein und Musik erfreuen das Herz, / doch über beiden steht die Liebe zur Weisheit.

21 Flöte und Harfe machen Lieder angenehm, / doch über beiden steht eine angenehme Sprache.

22 Anmut und Schönheit begehrt das Auge, / doch über beiden steht das zarte Grün der Aussaat.

23 Freund und Gefährte begegnen sich zur rechten Zeit, / doch über beiden steht eine Frau mit einem Mann.

24 Brüder und Hilfe sind für die Zeit der Bedrängnis, / doch mehr als beides rettet eine Liebestat.

25 Gold und Silber geben dem Fuß Halt, / doch mehr als beides schätzt man einen Rat.

26 Reichtümer und Kraft erheben das Herz, / doch mehr als beides ist die Furcht des Herrn.

Mit der Furcht des Herrn gibt es keinen Mangel, / mit ihr muss man keine Hilfe suchen.

27 Die Furcht des Herrn ist wie ein Paradies des Segens / und mehr als jeder Ruhm hüllt sie ihn ein.

20: Ps 104,14f. / **22**: Mt 6,28f.

BETTELN: 40,28–30

28 Kind, lebe nicht ein Bettlerleben! / Besser sterben als betteln!

29 Wer auf einen fremden Tisch schaut, / dessen Leben ist nicht als Leben zu rechnen.

Er verunreinigt sich mit fremden Speisen, / aber ein verständiger und gebildeter Mann wird sich in Acht nehmen.

30 Im Mund eines Unverschämten ist das Betteln süß, / aber in seinem Inneren brennt ein Feuer.

30: 29,24–28

40,19 H (Masada) fügt zwei weitere Stichen an: doch mehr als beide, Weisheit zu finden. Viehzucht und Ackerbau lassen den Leib gedeihen.

TOD: 41,1–13

41 1 Oh Tod, wie bitter ist die Erinnerung an dich / für einen Menschen, der in Frieden lebt mit seinem Besitz,

für einen sorglosen und in allem erfolgreichen Mann / und für einen, der noch die Kraft hat, Nahrung zu sich zu nehmen!

2 Oh Tod, wie gut ist deine Bestimmung / für einen Menschen, der bedürftig und kraftlos ist,

für einen uralten Greis und für einen, der sich um alles Sorgen macht, / für einen Ungehorsamen und einen, dessen Geduld am Ende ist.

3 Scheue nicht vor der Bestimmung zum Tod zurück! / Bedenke: Es trifft die vor dir und auch die Letzten nach dir!

4 Dies ist die Bestimmung des Herrn über alles Lebende. / Warum weist du zurück, was dem Höchsten gefällt?

Ob zehn oder hundert oder tausend Jahre, / im Hades gibt es keine Beschwerde über das Leben.

5 Verabscheuungswürdige Kinder sind Kinder von Sündern, / sie leben mit Gottlosen, die kein Bürgerrecht haben.

6 Das Erbe der Kinder von Sündern wird vernichtet, / mit ihren Nachkommen dauert die Schande fort.

7 Kinder tadeln einen gottlosen Vater, / weil sie seinetwegen beschimpft werden.

8 Weh euch, ihr gottlosen Männer, / die ihr das Gesetz des Höchsten verlassen habt!

9 *Denn wenn ihr euch vermehrt, dann zur Vernichtung,* / wenn ihr geboren werdet, werdet ihr zum Fluch geboren, / und wenn ihr sterbt, wird Fluch euer Anteil.

10 Alles, was aus Erde ist, wird zur Erde zurückkehren, / so auch die Gottlosen: von einem Fluch in die Vernichtung.

11 Die Trauer der Menschen gilt ihrem Leib, / aber der Name der Sünder, der nicht gut ist, wird ausgelöscht.

12 Denk an den Namen, denn der wird dir länger bleiben / als tausend große Schätze aus Gold!

13 Die Tage eines guten Lebens sind gezählt, / ein guter Name bleibt in Ewigkeit bestehen.

2: 30,17 / **3**: 14,17ff.; 38,20ff. / **5**: 3,9ff.; Weish 3,16–19 / **6**: 23,25f. / **10**: 40,11; Weish 4,17–20 / **11**: Spr 10,7 / **12**: Spr 22,1; Koh 7,1

FALSCHE UND RECHTE SCHAM: 41,14–42,8

14 Kinder, bewahrt die Erziehung zum Frieden! / Verborgene Weisheit und ein heimlicher Schatz – / was ist der Nutzen von beiden?

15 Besser ist ein Mensch, der seine Dumm-
heit verbirgt, / als ein Mensch, der seine Weis-
heit verbirgt.
16 Daher zeigt Achtung für mein Wort! / Es
ist nicht gut, auf jede Art von Scham zu ach-
ten, / und nicht alles wird bei allen zuverlässig
eingeschätzt.
17 Schämt euch der Unzucht vor Vater und
Mutter / und der Lüge vor einem Fürsten und
vor einem Mächtigen,
18 des Vergehens vor einem Richter und vor
einem Herrscher / und der Gesetzlosigkeit vor
der Versammlung und vor dem Volk, / der
Ungerechtigkeit vor dem Gefährten und
Freund
19 und des Diebstahls an dem Ort, an dem
du wohnst, / schäme dich angesichts der
Wahrheit Gottes und seines Bundes,
vor dem Aufstemmen der Ellbogen über
dem Brot, / der Geringschätzung beim Emp-
fangen und Geben
20 und des Schweigens vor Menschen, die
grüßen, / des Blickes auf eine Hetäre
21 und des Abwendens des Gesichtes von der
Verwandtschaft, / des Wegnehmens eines
Anteils und einer Gabe / und des Schielens auf
eine verheiratete Frau!
22 Schäme dich davor, dich mit der eigenen
Dienerin einzulassen, / und tritt nicht an ihr
Bett!
Schäme dich der Schimpfworte vor Freun-
den / und schimpf nicht, nachdem du etwas
gegeben hast!
42 1 Schäme dich, ein Wort, das du gehört
hast, weiterzugeben / und geheime
Worte zu enthüllen!
Dann wirst du wahre Scham zeigen / und
Gefallen bei allen Menschen finden.
Schäme dich nicht folgender Dinge / und
nimm nicht falsche Rücksicht, um zu sündi-
gen:
2 des Gesetzes des Höchsten und des Bun-
des / und des gerechten Urteils über einen
Gottlosen,
3 der Abrechnung mit einem Partner und mit
Weggefährten, / der Gabe eines Erbes von
Freunden,
4 der Genauigkeit einer Waage und der Ge-
wichte, / des Erwerbs von viel oder wenig,
5 des Gewinns beim Geschäft mit Händ-
lern / und der vielen Mühe der Erziehung der
Kinder / und der blutigen Striemen für einen
bösen Sklaven!
6 Für eine böse Frau ist eine Versiegelung
nützlich, / und wo viele Hände sind, schließ ab!
7 Was immer du übergibst an Zahl und Ge-
wicht, / Geben und Empfangen – schreib alles
auf!
8 Schäme dich nicht der Zurechtweisung
eines Unverständigen und Toren / und eines
Greises, der sich mit jungen Menschen abgibt!
Dann wirst du jemand sein, der wahrhaftig
gebildet ist / und der sich bewährt hat vor allen
Lebenden.

41,16: 4,21 / **21**: 9,8; Mt 5,28 / **22**: 31,31; 18,15
42,4: Spr 11,1 / **5**: 30,1; 33,25–33 / **6**: 26,10ff. / **8**: 25,2

VÄTER UND TÖCHTER: 42,9–14

9 Eine Tochter bedeutet für den Vater insge-
heim Schlaflosigkeit, / die Sorge um sie raubt
den Schlaf:
in ihrer Jugend, dass sie nicht verblüht, /
und im Zusammenleben, dass sie nicht ge-
hasst wird;
10 in ihrer Jungfräulichkeit, dass sie nicht
entehrt wird / und unter der Obhut ihres
Vaters nicht schwanger wird,
bei ihrem Zusammensein mit einem Mann,
dass sie nicht untreu wird, / und im Zusam-
menleben, dass sie nicht unfruchtbar ist.
11 Wache streng über eine starrköpfige Toch-
ter, / damit sie dich nicht zum Gespött der
Feinde macht,
zum Stadtgespräch und zum Getadelten des
Volkes / und sie dich nicht beschämt in einer
großen Menge!
12 Achte bei keinem Menschen auf Schön-
heit / und sitz nicht in der Gesellschaft von
Frauen!
13 Denn aus Kleidern kommt eine Motte he-
raus / und aus einer Frau die Bosheit der Frau.
14 Besser die Bosheit eines Mannes als eine
wohltätige Frau / und eine Frau, die mit Be-
schimpfung andere beschämt.

9: 7,24f.; Dtn 24,1 / **11**: 26,10 / **12**: 9,1–9

LOB GOTTES IN DER SCHÖPFUNG: 42,15–43,33

15 Nun will ich der Werke des Herrn geden-
ken, / und was ich gesehen habe, werde ich
erzählen:
Durch die Worte des Herrn sind seine Wer-
ke / *und durch seinen Segen gab er ihnen ihre
Bestimmung.*
16 Die leuchtende Sonne blickt auf alles her-
nieder / und von der Herrlichkeit des Herrn
ist sein Werk erfüllt.

17 Der Herr gab es selbst den Heiligen nicht, /
all seine Wunder zu erzählen,
der Herr, der Herrscher über das All, hat sie
gegründet, / sodass das All in seiner Herrlich-
keit Bestand hat.
18 Abgrund und Herz hat er durchforscht /
und ihre Absichten hat er durchschaut;
denn der Höchste kennt alles Wissen / und
er blickt auf die Zeichen der Zeiten.
19 Er tut das Vergangene und das Kommen-
de kund / und enthüllt die Spuren des Verbor-
genen.
20 Kein Gedanke entgeht ihm / und kein
einziges Wort bleibt ihm verborgen.
21 Die Großtaten seiner Weisheit hat er ge-
ordnet / wie er ist von Ewigkeit und in Ewig-
keit.
Ihm ist weder etwas hinzugefügt noch weg-
genommen worden / und er hat keines Ratge-
bers bedurft.
22 Wie begehrenswert sind alle seine Wer-
ke, / wie ein Funke sind sie anzusehen.
23 Dies alles lebt und bleibt für die Ewig-
keit, / für jeden Bedarf und alles gehorcht.
24 Alles gibt es paarweise, eines gegenüber
dem anderen, / er hat nichts gemacht, dem
etwas mangelt.
25 Eines bestärkt die Vorzüge des anderen. /
Wer wird sich satt sehen an seiner Herrlich-
keit?

43 1 Der Stolz der Höhe ist ein Firmament
von Reinheit, / die Gestalt des Him-
mels beim Anblick der Herrlichkeit.
2 Die Sonne verkündet durch ihr Erscheinen
beim Aufgang, / ein wunderbares Geschöpf,
ein Werk des Höchsten!
3 Zur Mittagszeit trocknet sie den Boden
aus, / wer wird bestehen vor ihrer Glut?
4 Wer in einen Ofen bläst bei Arbeiten mit
Glut – / dreimal so stark versengt die Sonne
Berge;
sie atmet Feuerdämpfe aus / und blendet mit
gleißenden Strahlen die Augen.
5 Groß ist der Herr, der sie gemacht hat, /
mit seinen Worten beschleunigt er ihren Lauf.
6 Auch der Mond hält sich in allem an seinen
Zeitpunkt, / zur Festsetzung der Zeiten und
als Zeichen auf Dauer.
7 Vom Mond geht das Zeichen für einen Fest-
tag aus, / ein Gestirn, das abnimmt bis zur
Vollendung.
8 Der Name Monat kommt vom Neumond, /
der wunderbar zunimmt beim Wechsel,
ein Geschöpf des Heeres in der Höhe, / das
am Himmelsgewölbe leuchtet.
9 Die Schönheit des Himmels ist der Glanz
der Sterne, / ein strahlender Schmuck in den
Höhen des Herrn.
10 Durch die Worte des Heiligen stehen sie
gemäß ihrer Bestimmung / und sie ermüden
nie bei ihrer Wache.
11 Schau den Regenbogen an und preise den,
der ihn gemacht hat! / Überaus schön ist er in
seinem Glanz.
12 Er zog am Himmel einen Kreis von Herr-
lichkeit, / die Hände des Höchsten haben ihn
ausgespannt.
13 Mit seinem Befehl führt er rasch den
Schnee herbei / und er beschleunigt Blitze,
wie er es bestimmt.
14 Deswegen sind die Schatzkammern geöff-
net / und die Wolken sind ausgeflogen wie
Vögel.
15 In seiner Größe hat er Wolken zusam-
mengeballt / und Hagelsteine aus ihnen ge-
schlagen.
16 Bei seinem Anblick erbeben die Berge, /
durch seinen Willen weht der Südwind.
17 Die Stimme seines Donners versetzt die
Erde in Wehen, / ebenso ein Sturm aus dem
Norden und ein Wirbelwind.
Wie Vögel herabfliegen, so streut er Schnee
aus, / wie eine Heuschrecke, die sich nieder-
lässt, fällt er herab;
18 seine weiße Pracht bewundert das Auge /
und über Schneeschauer staunt das Herz.
19 Er streut Reif wie Salz auf die Erde, / und
wenn er gefroren ist, entstehen Eiszapfen.
20 Ein eisiger Nordwind weht / und Eis ge-
friert auf dem Wasser.
Auf jedem stehenden Gewässer lässt es sich
nieder, / wie mit einem Panzer bekleidet sich
das Wasser.
21 Er verschlingt die Berge, dörrt die Wüste
aus / und versengt das sprossende Grün wie
Feuer.
22 Feuchter Nebel bringt rasch für alles Hei-
lung, / der Tau, der niederfällt, wird nach der
Hitze erfrischen.
23 Nach seinem Plan bändigt er den Abgrund
des Meeres / und pflanzt Inseln hinein.
24 Die das Meer befahren, erzählen von sei-
ner Gefahr / und wir staunen über das, was
unsere Ohren hören.

42,21 wie er ist von Ewigkeit: G; einer ist er von Ewigkeit: H.

25 Dort gibt es unglaubliche und wunderba-
re Werke, / eine Vielfalt von allen Lebewesen, eine Schöpfung von Ungeheuern.
26 Seinetwegen ist sein Bote erfolgreich /
und durch sein Wort ist all das zusammengefügt.
27 Vieles werden wir sagen, aber wir kom-
men nie an ein Ziel / und das Ende der Worte ist: Er ist das All.
28 Wo werden wir die Kraft finden, ihn zu
preisen? / Denn er selbst ist der Große über all seinen Werken.
29 Ehrfurcht gebietend und überaus groß ist
der Herr, / wunderbar ist seine Herrschaft.
30 Die ihr den Herrn lobt, erhöht ihn, / so
viel ihr könnt, denn er wird es noch übertreffen!

Die ihr ihn erhöht, tut es mit vermehrter Kraft! / Werdet nicht müde, denn ihr kommt nie an ein Ziel!
31 Wer hat ihn gesehen und kann von ihm
erzählen? / Wer preist ihn, wie er ist?
32 Viele verborgene Dinge sind größer als
dies, / denn nur wenige seiner Werke haben wir gesehen.
33 Denn alles hat der Herr gemacht / und den
Frommen hat er Weisheit geschenkt.

42,15: Gen 1; Weish 9,1; Joh 1,1f. / **18**: Spr 15,11 / **20**: Ps 139,1–4; Sir 39,19; Weish 1,6–10 / **21**: Jes 40,13f.; Röm 11,34ff. / **24**: 33,14f.; Koh 3,1–8
43,1: Ps 19,2f. / **6**: Gen 1,14–18 / **8**: 43,1 / **9**: Ps 8,4 / **11**: Gen 9,13; Sir 50,7 / **17**: Ps 29,8; Ijob 9,5f. / **19**: Ps 147,16f. / **25**: Ps 104,25–29 / **27**: Weish 1,7; 7,22–8,1 / **28**: Ps 96,4; 145,3 / **32**: 42,22; Ps 106,2

LOBLIED AUF DIE VÄTER: 44,1–51,30

GOTTES HERRLICHKEIT UND WEISHEIT IN DER GESCHICHTE: 44,1–15

44 Der Väter Lobgesang
1 Preisen wir nun die berühmten Män-
ner, / unsere Väter der Abstammung nach.
2 Viel Herrlichkeit hat der Herr geschaffen, /
seine Größe von Ewigkeit her:
3 Herrscher in ihren Königreichen / und
namhafte Männer mit Macht,

Ratgeber mit ihrem Verständnis, / Verkünder mit Prophezeiungen;
4 Anführer des Volkes durch Ratschläge /
und durch das Verständnis für die Bildung des Volkes / – weise Worte sind in ihrer Erziehung;
5 Erfinder musikalischer Weisen / und Ver-
fasser dichterischer Schriften;
6 reiche Männer, ausgestattet mit Kraft, / die
zum Frieden beitragen in ihren Wohngebieten;
7 all diese wurden durch Generationen
hindurch geehrt / und in ihren Tagen wurde ihnen Ruhm zuteil.
8 Manche von ihnen hinterließen einen Na-
men, / sodass man ihr Lob erzählte.
9 An manche aber gibt es keine Erinnerung, /
sie sind ausgelöscht, als ob sie nie existiert hätten.

Sie waren, als wären sie nicht gewesen, / so auch ihre Kinder nach ihnen.
10 Aber diese waren Männer des Erbar-
mens, / deren gerechte Taten nicht vergessen worden sind.
11 Bei ihren Nachkommen hat es Bestand /
und ein gutes Erbe sind ihre Nachfahren.
12 Ihre Nachkommen hielten an den Bundes-
schlüssen fest / und ihre Kinder um ihretwegen.
13 Bis in Ewigkeit haben ihre Nachkommen
Bestand / und ihr Ruhm wird nicht ausgelöscht.
14 Ihre Leiber sind in Frieden bestattet wor-
den / und ihr Name lebt für Generationen.
15 Von ihrer Weisheit werden Völker erzäh-
len / und ihr Lob verkündet die Versammlung.

3: 39,1 / **14**: 37,26; 39,9; 40,19; 41,12f.; 44,8 / **15**: 39,10

HENOCH UND NOACH: 44,16–18

16 Henoch fand Gefallen beim Herrn und wur-
de entrückt; / ein Beispiel der Umkehr für Generationen.
17 Noach wurde untadelig und gerecht befun-
den, / zur Zeit des Zorns war er der Lösepreis;

seinetwegen blieb ein Rest auf Erden übrig, / als die Flut kam.
18 Bünde für die Ewigkeit wurden um seinet-
willen errichtet: / Nie mehr sollen alle Lebewesen durch eine Flut vertilgt werden.

16: Gen 5,18–24; Sir 49,14; Hebr 11,5 / **17**: Gen 6,8–9,29; Hebr 11,7 / **18**: Gen 8,21

ABRAHAM, ISAAK UND JAKOB: 44,19–23

19 Abraham ist der große Vater einer Menge
von Völkern, / kein Makel wurde an seiner
Ehre gefunden;
20 er hielt das Gesetz des Höchsten / und trat
mit ihm in einen Bund;
an seinem Fleisch errichtete er den Bund /
und in der Erprobung wurde er treu befunden.
21 Deshalb sicherte er ihm mit einem Eid
zu, / dass die Völker in seiner Nachkommen-
schaft gesegnet werden,
und ihn zahlreich zu machen wie den Staub
der Erde / und seine Nachkommenschaft zu
erhöhen wie die Sterne
und ihnen ein Erbe zu geben von Meer zu
Meer, / vom Fluss bis ans Ende der Erde.
22 Auch Isaak hat er es so zugesichert / we-
gen seines Vaters Abraham.
Den Segen für alle Menschen und den
Bund / 23 ließ er ruhen auf Jakobs Haupt.
Er hat ihn mit seinen Segnungen aner-
kannt / und gab sie ihm zum Erbe;
er bestimmte seine Anteile / und verteilte
sie unter den zwölf Stämmen.
Von ihm ließ er einen Mann des Erbarmens
ausgehen, / der in den Augen aller Lebenden
Gefallen fand.

19: Gen 12,1–25,10; Gal 3,6; Hebr 11,8–19 / **20**: Gen 15,18; 17,24; 22,1–19 / **21**: Gen 12,3; 13,16; 15,5.18 / **22**: Gen 17,19 / **23**: Gen 27,27ff.; 35,12; Ex 2,1f.

MOSE: 45,1–5

45 1 Er ist geliebt von Gott und den Men-
schen, / Mose, dessen Andenken ge-
priesen wird.
2 Er machte ihn den Heiligen gleich an Herr-
lichkeit / und machte ihn groß, zum Schre-
cken der Feinde.
3 Durch seine Worte beendete er die Zei-
chen; / und verherrlichte ihn vor dem Ange-
sicht der Könige,
er gab ihm Aufträge an sein Volk / und zeig-
te ihm seine Herrlichkeit.
4 Wegen seiner Treue und seiner Beschei-
denheit heiligte er ihn, / er erwählte ihn aus
allen Lebenden.
5 Er ließ ihn seine Stimme hören / und führ-
te ihn ins Dunkel
und gab ihm die Gebote von Angesicht zu
Angesicht, / das Gesetz des Lebens und der
Einsicht,
um Jakob den Bund zu lehren / und Israel
seine Entscheidungen.

1: Ex 11,3; Num 12,7f. / **2**: Ex 4,16; 7,1 / **3**: Ex 3,6.10; 4,17; 6,13; 19,3.7.10 / **4**: Num 12,3 / **5**: Ex 19,16–21; 20,21

AARON: 45,6–22

6 Aaron erhöhte er als Heiligen gleich ihm, /
seinen Bruder aus dem Stamm Levi.
7 Er bestimmte ihn für einen ewigen Bund /
und verlieh ihm das Priestertum für das Volk;
er pries ihn selig in seinem Schmuck / und
umhüllte ihn mit einem Ehrenkleid.
8 Er bekleidete ihn mit vollendeter Pracht /
und festigte ihn mit Zeichen der Kraft, / mit
Beinkleidern, einem langen Obergewand und
dem Efod.
9 Er umgab ihn mit Granatäpfeln, / mit vie-
len goldenen Schellen rundum,
dass sie zu seinen Schritten ertönen, / ein
Klingen hörbar machen im Tempel, / den Söh-
nen seines Volkes zur Erinnerung;
10 mit einem heiligen Gewand in Gold und
Violett / und Purpur – der Arbeit eines Kunst-
stickers –, / mit der Tasche für den Orakel-
spruch, für die Offenbarungen der Wahrheit,
11 mit Gesponnenem aus Scharlach – einer
Künstlerarbeit –, / mit kostbaren Steinen, gra-
viert wie ein Siegel,
eingefasst in Gold – der Arbeit eines Edel-
steinschneiders –, / zur Erinnerung mit ein-
gravierter Schrift / entsprechend der Zahl der
Stämme Israels;
12 eine goldene Krone auf einem Turban, /
der Abdruck eines heiligen Siegels,
eine Prachtentfaltung – ein gewaltiges
Werk –, / für die Augen begehrenswerte
Schmuckstücke.
13 So Schönes hat es vor ihm nicht gegeben, /
niemals hat es jemand von einem anderen Volk
getragen,
ausgenommen nur seine Söhne / und seine
Nachfahren für immer.
14 Seine Opfer werden ganz verbrannt, /
stets zweimal jeden Tag.
15 Mose füllte seine Hände / und salbte ihn
mit heiligem Öl;
dies wurde ihm zu einem ewigen Bund /
und seinen Nachkommen, solange der Him-
mel steht,
um ihm zu dienen und Priester zu sein / und
um sein Volk in seinem Namen zu segnen.

45,8 Efod: Teil des Ornates des Hohepriesters.

45,10 Gemeint ist wohl die Lostasche (Choschen) mit den Orakelsteinen: Urim und Tummim.

16 Er erwählte ihn aus allen Lebenden, / um
dem Herrn ein Ganzopfer darzubringen,
Rauchopfer und Wohlgeruch zum Gedächtnis, / für das Volk zur Versöhnung.
17 Er gab ihm in seinen Geboten / Vollmacht
durch Anordnungen und Recht,
Jakob die Zeugnisse zu lehren / und mit seinem Gesetz Israel zu erleuchten.
18 Aufständische empörten sich gegen ihn /
und eiferten gegen ihn in der Wüste,
die Männer um Datan und Abiram, / mit Wut und Zorn auch die Versammlung um Korach.
19 Der Herr sah es und es gefiel ihm nicht /
und sie wurden vernichtet durch die Wut des Zornes.
Er tat unter ihnen Wunder, / um sie in seiner Feuersbrunst zu verzehren.
20 Er vermehrte die Herrlichkeit Aarons /
und gab ihm das Erbteil:
Erstlingsopfer von Erstlingen teilte er ihm zu, / vor allem bereitete er Brot zur Sättigung;
21 denn sie essen die Opfer des Herrn, / die
er ihm und seiner Nachkommenschaft gegeben hat.
22 Aber vom Land des Volkes wird er nicht
erben, / es gibt keinen Anteil für ihn im Volk; / denn er selbst ist sein Anteil und Erbe.

6: Ex 28f. / **7**: Hebr 7,18–28 / **8**: Ex 28 / **11**: Ex 28,15–39; Lev 8,8 / **12**: Ex 28,36ff. / **13**: Ex 28,1 / **15**: Lev 8f. / **16**: Lev 16 / **18**: Num 16 / **20**: Num 18,11–21; Lev 24,5–9; Dtn 10,9 / **22**: Num 18,20

PINHAS: 45,23–26

23 Pinhas, der Sohn Eleasars, war / der Dritte
in Herrlichkeit,
in seinem Eifer in der Furcht des Herrn, / in der er standhielt beim Abfall des Volkes;
in der Güte seiner Bereitschaft; / er hat für Israel Versöhnung erwirkt.
24 Deswegen wurde für ihn ein Friedens-
bund aufgestellt, / um den Heiligen und seinem Volk vorzustehen,
damit für ihn und seine Nachkommenschaft / das Hohepriestertum ewig bestehen bleibe.
25 Es gab auch einen Bund für David, / dem
Sohn Isais aus dem Stamm Juda,
das Erbe des Königs geht allein vom Sohn auf den Sohn; / ebenso das Erbe Aarons und seiner Nachkommen.
26 Er gebe euch Weisheit in euer Herz, / um
sein Volk in Gerechtigkeit zu richten,
damit ihr Glück nicht schwinde / und ihre Ehre in ihren Nachfahren.

23: Num 25,7–13; Ps 106,30f.; 1 Makk 2,26.54; Ez 13,5; 22,30 / **25**: 2 Sam 7,12–16; 1 Kön 8,25 / **26**: 50,23

JOSUA, KALEB UND DIE RICHTER: 46,1–12

46 1 Stark im Krieg ist Josua, der Sohn
Nuns / und Nachfolger des Mose in Prophezeiungen.
Er wurde seinem Namen entsprechend / groß aufgrund der Rettung seiner Erwählten,
um Vergeltung zu üben an den aufständischen Feinden, / auf dass er Israel zum Erben mache.
2 Wie wurde er gerühmt für das Erheben
seiner Hände / und für das Ausstrecken des Schwertes gegen Städte.
3 Wer vor ihm trat so auf? / Denn er selbst
hat die Kriege des Herrn geführt.
4 Wurde nicht von seiner Hand die Sonne
angehalten / und wurde nicht ein Tag zu zweien?
5 Er rief den Höchsten, den Mächtigen an, /
als ihn die Feinde ringsum bedrängten;
und der große Herr erhörte ihn / mit Hagelkörnern von gewaltiger Kraft.
6 Er schleuderte Krieg auf das fremde Volk, /
im Hinabsteigen vernichtete er die Gegner,
damit die Fremdvölker seine volle Rüstung erkennen, / dass er seinen Krieg vor dem Herrn führt; / denn er ist dem Mächtigen gefolgt.
7 In den Tagen des Mose übte er Barmher-
zigkeit, / er selbst und Kaleb, der Sohn Jefunnes,
um sich der Versammlung entgegenzustellen, / um das Volk von der Sünde abzuhalten / und um das Murren der Bosheit zum Schweigen zu bringen.
8 Und dies sind die beiden, die gerettet
wurden, / von sechshunderttausend des Fußvolkes,
um sie in das Erbe zu führen, / in das Land, in dem Milch und Honig fließen.
9 Der Herr gab Kaleb Kraft. / Bis ins Alter
blieb sie ihm erhalten,

45,20f. vor allem bereitete er Brot, andere Lesemöglichkeit: Brot der Erstlinge bereitete er.

45,22 er selbst: gemeint ist Gott.

45,25 Ähnlich wie 50,22 fügt H hier eine Aufforderung zum Gotteslob an: Nun preist den gütigen Herrn, der euch mit Ehre gekrönt hat.

46,6 dass er seinen Krieg vor dem Herrn führt, andere Textzeugen: dass sie ihren Krieg vor dem Herrn führen.

damit er auf die Höhe des Landes gelangte, / und seine Nachkommenschaft behielt das Erbe.

10 Dadurch sollen alle Söhne Israels sehen, / dass es gut ist, dem Herrn zu folgen.

11 Auch die Richter, jeder mit seinem Namen: / Soweit ihr Herz nicht Unzucht trieb
und soweit sie sich nicht abwandten vom Herrn, / soll ihr Andenken zum Segen sein.

12 Ihre Knochen sollen von ihrer Stätte emporsprossen / und ihr Name werde übertragen / auf ihre gerühmten Söhne.

1: Ex 17,9; Num 27,18; Dtn 34,9; Jos 1,1–4; 8,18f. / **4**: Jos 10,12f. / **5**: Jos 10,11; Sir 46,16 / **7**: Num 13,30; 14,6–10,30 / **8**: Num 14,22–38; Sir 16,10 / **9**: Jos 14,6–15; 15,13 / **11**: Ri 1–16 / **12**: 49,10

SAMUEL: 46,13–20

13 Geliebt von seinem Herrn ist Samuel; / als Prophet des Herrn setzte er das Königtum ein / und salbte Herrscher für sein Volk.

14 Im Gesetz des Herrn richtete er die Versammlung / und der Herr schaute herab auf Jakob.

15 In seinem Glauben erwies er sich als verlässlicher Prophet / und in seinen Worten wurde er als glaubwürdiger Seher erkannt.

16 Er rief den Herrn, den Mächtigen, an, / als seine Feinde ihn ringsum bedrängten / bei der Darbringung eines Milchlammes.

17 Da donnerte der Herr vom Himmel her / und mit großem Widerhall ließ er seine Stimme hören.

18 Er vernichtete die Anführer der Tyrer / und alle Herrscher der Philister.

19 Vor der Zeit seines Entschlafens für die Ewigkeit bezeugte er / in Gegenwart des Herrn und seines Gesalbten:
Von Reichtümern bis Sandalen, / von keinem Lebenden habe ich etwas angenommen. / Und kein Mensch hat ihm etwas vorgeworfen.

20 Nachdem er entschlafen war, prophezeite er noch / und zeigte dem König dessen Ende an.
Aus der Erde erhob er seine Stimme zur Prophezeiung, / um die Gesetzlosigkeit des Volkes zu tilgen.

13: 1 Sam 1,10ff.; 8,4–9; 10,1; 16,13 / **14**: 1 Sam 7,5f. / **15**: 1 Sam 3,19–21 / **16**: 1 Sam 7,9f.; Sir 46,5; 47,5 / **18**: 1 Sam 7,13 / **19**: 1 Sam 12,3 / **20**: 1 Sam 28,6–25

46,10 sehen, andere Lesart: erkennen.

DAVID: 47,1–11

47 1 Nach diesem stand Natan auf, / um in den Tagen Davids zu prophezeien.

2 Wie Fett ausgesondert wird vom Heilsopfer, / so war es David von den Söhnen Israels.

3 Mit Löwen spielte er wie mit jungen Ziegen, / mit Bären wie mit Lämmern der Herden.

4 Hat er nicht in seiner Jugend einen Riesen getötet / und die Schmach des Volkes beseitigt,
indem er die Hand mit der Steinschleuder erhob / und die Prahlerei Goliats zunichtemachte?

5 Denn er hatte den Herrn, den Höchsten, angerufen / und der gab seiner Rechten Kraft,
um einen im Krieg geübten Menschen zu beseitigen, / um die Macht seines Volkes zu erhöhen.

6 So ehrten sie ihn unter Zehntausenden / und lobten ihn mit Preisungen auf den Herrn, / indem sie ihm eine Ehrenkrone brachten.

7 Denn er vernichtete die Feinde ringsum / und erniedrigte die gegnerischen Philister, / bis heute hat er ihre Macht gebrochen.

8 Bei all seinem Tun legte er ein Bekenntnis ab / zum Heiligen, dem Höchsten, mit einem Wort der Verherrlichung;
mit seinem ganzen Herzen sang er ein Loblied / und er liebte den, der ihn gemacht.

9 Er stellte Psalmensänger auf gegenüber dem Opferaltar, / um durch ihren Klang die Lieder zu versüßen, / *und täglich werden sie ihn mit ihren Gesängen loben.*

10 Er verlieh den Festen Glanz / und ordnete die Festzeiten bis zur Vollendung,
durch ihr Lob seines heiligen Namens / und den Widerhall vom frühen Morgen im Heiligtum.

11 Der Herr nahm seine Sünden weg / und erhöhte seine Macht für die Ewigkeit.
Er gab ihm den Bund der Könige / und den Thron der Herrlichkeit in Israel.

1: 2 Sam 7,2ff. / **2**: 1 Sam 16 / **3**: 1 Sam 17,34f. / **4**: 1 Sam 17 / **6**: 1 Sam 18,6ff. / **7**: 2 Sam 5,6–25 / **9**: 1 Chr 15,16–16,43; 25,1–7 / **11**: 2 Sam 12,1–14; 7,12–16

SALOMO: 47,12–25

12 Nach ihm erhob sich ein verständiger Sohn / und seinetwegen wohnte er in weitem Raum.

47,5 die Macht, wörtlich: das Horn.
47,7 Macht, wörtlich: Horn.
47,11 Macht, wörtlich: Horn.

13 Salomo regierte als König in Friedenszeiten; / ihm hat Gott ringsum Ruhe verschafft,

damit er seinem Namen ein Haus baue / und ein Heiligtum für die Ewigkeit bereite.

14 Wie weise warst du in deiner Jugend / und übervoll wie ein Strom von Einsicht.

15 Dein Verstand umfasste die Erde / und du erfülltest sie mit rätselhaften Gleichnissen.

16 Bis zu fernen Inseln gelangte dein Ruf / und du wurdest geliebt in deinem Frieden.

17 In Liedern, Sprichworten, Gleichnissen / und in Deutungen hat man dich vielerorts bewundert.

18 Im Namen des Herrn, des Gottes, / der als Gott Israels ausgerufen wird,

hast du Gold wie Zinn gesammelt / und Silber wie Blei vermehrt.

19 Du hast mit Frauen geschlafen / und hast ihnen Macht über deinen Leib gegeben.

20 Du hast einen Makel auf deine Ehre gebracht / und deine Nachkommenschaft entweiht,

indem du Zorn über deine Kinder heraufbeschworen / und Schmerz verursacht hast durch deine Unvernunft,

21 sodass eine doppelte Herrschaft entstanden ist / und aus Efraim ein ungehorsames Königreich hervorging.

22 Aber der Herr lässt nicht ab von seinem Erbarmen / und keines seiner Worte geht verloren;

die Nachfahren seines Erwählten löscht er nicht aus / und die Nachkommenschaft seines Geliebten nimmt er nicht weg.

Er hat Jakob einen Rest gelassen / und dem David einen Wurzelspross aus ihm selbst.

23 Salomo legte sich bei den Vätern zur Ruhe / und hinterließ nach sich aus seiner Nachkommenschaft

des Volkes Unvernunft und jemand, dem Einsicht mangelt: / Rehabeam, der durch seinen Entschluss das Volk zum Abfall brachte, / und Jerobeam, der Sohn Nebats, der Israel zur Sünde verführte / und Efraim den Weg der Sünde wies.

24 Ihre Sünden sind so zahlreich geworden, / dass man sie aus ihrem Land vertrieb.

25 Sie haben nach jeder Schlechtigkeit getrachtet, / bis Vergeltung über sie gekommen ist.

12: 1 Kön 2,12; 5,5 / **13**: 1 Kön 5,1–5; 6 / **14f.**: 1 Kön 5,9–14 / **16**: 2 Sam 12,24f. / **18**: 1 Kön 10,14–29 / **19**: 1 Kön 11,1–10 / **21**: 1 Kön 11,1–11; 12,16–20 / **22**: 2 Sam 7,15f. / **23**: 1 Kön 11,43; 12,13–33; 13,33f.; 2 Kön 17,6–12 / **24**: 2 Kön 17,21ff.

ELIJA UND ELISCHA: 48,1–16

48 1 Da stand Elija auf, ein Prophet wie Feuer, / sein Wort brannte wie eine Fackel.

2 Er ließ über sie eine Hungersnot hereinbrechen / und verringerte sie mit seinem Eifer;

3 durch das Wort des Herrn verschloss er den Himmel, / ebenso ließ er dreimal Feuer herabfallen.

4 Wie wurdest du verherrlicht, Elija, durch deine Wunder! / Wer wird sich gleich dir rühmen können?

5 Der einen Verstorbenen auferweckt hat vom Tod / und aus dem Hades durch ein Wort des Höchsten;

6 der Könige in die Vernichtung geführt hat / und Berühmte weg von ihrem Lager;

7 der am Sinai eine Zurechtweisung hört / und am Horeb Urteile der Vergeltung;

8 der Könige salbt zur Vergeltung / und ihm nachfolgende Propheten;

9 der mit einem Wirbelsturm aus Feuer hinweggenommen wurde / in einem Wagen mit feurigen Pferden;

10 der aufgeschrieben ist für Zurechtweisungen für künftige Zeiten, / um den Zorn vor dem Ausbruch zu besänftigen,

um das Herz des Vaters dem Sohn zuzuwenden / und um die Stämme Jakobs aufzurichten.

11 Selig, die dich gesehen haben / und die in Liebe entschlafen sind; / denn auch wir werden gewiss leben.

12 Elija – er wurde vom Wirbelsturm verhüllt / und Elischa wurde mit seinem Geist erfüllt;

zu seiner Zeit wurde er von keinem Herrscher ins Wanken gebracht / und niemand hatte Macht über ihn.

13 Kein Wort ging über seine Kraft / und noch im Tod hat sein Leib prophezeit.

14 In seinem Leben hat er Wunder getan / und im Tod waren seine Werke erstaunlich.

15 Bei alledem bekehrte sich das Volk nicht / und sie ließen nicht ab von ihren Sünden,

bis sie fortgeführt wurden von ihrem Land / und zerstreut in alle Welt.

Der kleinste Teil des Volkes wurde zurückgelassen / und ein Herrscher aus dem Haus Davids.

16 Einige von ihnen haben wohlgefällig gehandelt, / andere aber haben die Sünden vermehrt.

1: 1 Kön 17,1 / **3**: 1 Kön 18,38; 2 Kön 1,9–14 / **5**: 1 Kön 17,22ff. / **6**: 1 Kön 21,20–24; 2 Kön 1,17 / **7**: 1 Kön 19,15–18 / **8**: 1 Kön 19,15–19 / **9**: 2 Kön 2,11 / **10**: Mal 3,23f.; Mt 17,10ff. / **12**: 2 Kön 2,9f.; 3,13 / **13**: 2 Kön 13,21 / **15**: 2 Kön 15,29; 18,11

HISKIJA UND JESAJA: 48,17–25

17 Hiskija befestigte seine Stadt / und leitete in ihre Mitte Wasser ein.

Er durchbrach mit Eisen den harten Felsen / und errichtete Brunnen für die Wasser.

18 In seinen Tagen zog Sanherib hinauf / und schickte den Rabschaken und er zog ab;

er erhob seine Hand gegen Zion / und prahlte in seinem Hochmut.

19 Da wurden ihre Herzen und Hände erschüttert / und sie verspürten Wehen wie Gebärende.

20 Sie riefen zum barmherzigen Herrn, / sie streckten die Hände zu ihm aus.

Der Heilige erhörte sie schnell aus dem Himmel / und befreite sie durch Jesajas Hand.

21 Er schlug das Lager der Assyrer / und sein Engel hat sie vertrieben.

22 Denn Hiskija hat das dem Herrn Wohlgefällige getan / und hat festgehalten an den Wegen Davids, seines Vaters,

die der Prophet Jesaja geboten hatte, / der groß und glaubwürdig war durch seine Vision.

23 In seinen Tagen ging die Sonne rückwärts / und verlängerte dem König das Leben.

24 Mit großem Geist schaute er die letzten Dinge / und tröstete die Trauernden in Zion.

25 Bis in Ewigkeit zeigte er die kommenden Dinge / und die verborgenen, bevor sie geschehen sind.

17: 2 Kön 20,20; 2 Chr 32,2ff.30; Jes 22,11 / **18**: 2 Kön 13–19; Jes 36; 2 Chr 32,1–23 / **20**: 2 Kön 19,20 / **21**: 2 Kön 19,35; Jes 37,36 / **23**: 2 Kön 20,4–11; Jes 38,4–8 / **24**: Jes 40,1ff.; 42,9; 46,10; 48,6; 61,2

VON JOSCHIJA BIS NEHEMIA: 49,1–13

49 1 Die Erinnerung an Joschija gleicht einer Mischung aus Räucherwerk, / zubereitet durch die Arbeit eines Salbenmischers;

in aller Munde wird sie süß werden wie Honig / und wie Musik beim Weingelage.

2 Er wurde bei der Umkehr des Volkes richtig geleitet / und beendete die Gräuel der Gesetzlosigkeit.

3 Er richtete sein Herz auf den Herrn aus / und verhalf in den Tagen der Gesetzlosen der Frömmigkeit zum Sieg.

4 Außer David, Hiskija und Joschija / haben alle Verfehlungen begangen,

denn sie haben das Gesetz des Höchsten verlassen, / die Könige von Juda sind verschwunden.

5 Denn sie gaben ihre Macht anderen / und ihre Ehre einem fremden Volk.

6 Sie zündeten die auserwählte Stadt des Heiligtums an / und verwüsteten ihre Straßen

7 wegen des Jeremia; denn sie haben ihm Schlimmes angetan. / Er wurde schon im Mutterleib als Prophet geheiligt,

um zu entwurzeln, Schlimmes zu tun und zu vernichten, / ebenso um aufzubauen und einzupflanzen.

8 Ezechiel – er schaute eine Vision der Herrlichkeit, / die er ihm gezeigt hatte auf dem Thronwagen der Kerubim;

9 denn man erinnerte sich auch der Feinde bei heftigem Regen / und tat denen Gutes, die gerade Wege gehen.

10 Weiters die Gebeine der Zwölf Propheten – / mögen sie emporsprossen von ihrer Stätte;

denn sie haben Jakob ermutigt / und sie befreit durch zuversichtliche Hoffnung.

11 Wie können wir Serubbabel rühmen? / Er war wie ein Siegelring an der rechten Hand,

12 so auch Jeschua, der Sohn des Jozadak, / die in ihren Tagen ein Haus bauten

und dem Herrn den heiligen Tempel aufgerichtet haben, / der zu ewiger Herrlichkeit bestimmt ist.

13 Auch von Nehemia betrifft die Erinnerung vieles: / Er war es, der unsere zusammengestürzten Mauern aufgerichtet,

der Tore und Riegel eingesetzt / und unsere Gebäude wieder aufgebaut hat.

1: 2 Kön 22,1; 2 Chr 34,1 / **2**: 2 Kön 22f. / **6**: 2 Kön 25,8f.; 2 Chr 36,19 / **7**: Jer 1,5.10 / **8**: Ez 1,4–28 / **9**: Ri 5,4; Weish 16,16 / **10**: 46,12 / **11**: Esra 3,2; Hag 1,12; 2,20–23 / **12**: Esra 3,8–6,18 / **13**: Neh 1,1; 2,17–7,1

RÜCKBLICK: HENOCH, JOSEF, ADAM: 49,14–16

14 Niemand wurde auf Erden erschaffen so wie Henoch, / denn er wurde von der Erde hinweggenommen.

15 Und kein Mann war wie Josef, / ein Anführer der Brüder, eine Stütze des Volkes, / auch seine Gebeine haben sie aufbewahrt.

49,5 Macht: wörtlich: Horn.

49,9 G hat aufgrund der ähnlichen Schreibung statt des Namens Ijob in H vielleicht ojeb (Feind) gelesen. H lautet: Auch des Ijob gedachte er.

49,15 war, andere Übersetzungsmöglichkeit: wurde geboren.

16 Sem und Set wurden unter den Menschen
gerühmt / und über allen anderen Lebewesen
in der Schöpfung steht Adam.

14: 44,16; Gen 5,18–24 / **15**: Gen 37–50; Ex 13,19; Jos 24,32 / **16**: Gen 1,27; 4,25f.

DER HOHEPRIESTER SIMON: 50,1–21

50 1 Simon, der Sohn des Onias, war der
Hohepriester, / der während seines
Lebens das Haus wiederhergestellt / und in
seinen Tagen den Tempel befestigt hat.
2 Von ihm wurde das Fundament in doppel-
ter Höhe gelegt, / die hohe Befestigung der
Umfassungsmauer des Heiligtums;
3 in seinen Tagen wurde ein Wasserspeicher
aus dem Fels gehauen, / eine Zisterne im Um-
fang so groß wie das Meer.
4 Er wollte sein Volk vor dem Fall bewah-
ren / und befestigte die Stadt während der
Belagerung.
5 Wie herrlich war er, umgeben vom Volk, /
wenn er heraustrat aus dem Haus des Vor-
hangs;
6 wie der Morgenstern inmitten von Wol-
ken, / wie der volle Mond an seinen Tagen,
7 wie die Sonne, die auf den Tempel des
Höchsten strahlt, / wie ein Regenbogen, der
in den herrlichen Wolken leuchtet,
8 wie eine Rosenblüte in den Tagen des Früh-
lings, / wie Lilien an quellendem Wasser, /
wie ein junger Trieb des Libanon in Sommer-
tagen,
9 wie Feuer und Weihrauch auf der Räucher-
pfanne, / wie ein Gefäß aus Gold gehämmert, /
geschmückt mit allen kostbaren Steinen,
10 wie ein Olivenbaum, der Früchte trägt, /
und wie eine Zypresse, die sich in die Wolken
streckt.
11 Beim Anlegen seines herrlichen Gewan-
des / und bei seinem Ankleiden in vollendeter
Pracht,
beim Hinaufschreiten zum heiligen Altar /
erfüllte er die Mauern des Heiligtums mit
Herrlichkeit.
12 Wenn er die Opferteile aus den Händen
der Priester entgegennahm / und er selbst bei
der Feuerstelle des Altars stand,
rings um ihn ein Kranz von Brüdern, / wie
ein Spross von Zedern auf dem Libanon, /
umringten sie ihn wie Stämme von Palmen;
13 alle Söhne Aarons in ihrer Herrlichkeit, /
ein Opfer für den Herrn in ihren Händen, /
vor der ganzen Versammlung Israels;
14 und während er den Dienst auf den Altä-
ren vollendete, / um für den Höchsten, den
Allherrscher, ein Opfer zu bereiten,
15 streckte er seine Hand nach der Schale
aus / und brachte ein Trankopfer vom Blut des
Weinstocks dar;
er goss es aus an den Fundamenten des Al-
tars, / ein angenehmer Duft für den Höchsten,
den Allherrscher.
16 Dann erhoben die Söhne Aarons laut ihre
Stimme, / sie ließen die getriebenen Trompe-
ten erschallen,
sie ließen einen gewaltigen Klang hören, /
zur Erinnerung vor dem Höchsten.
17 Dann beeilte sich das ganze Volk ge-
meinsam / und sie fielen auf das Gesicht zur
Erde,
um ihren Herrn anzubeten, / den Allherr-
scher, den höchsten Gott.
18 Die Psalmensänger sangen ein Loblied mit
ihrer Stimme, / mit mächtigem Schall erklang
eine süße Melodie;
19 und das Volk richtete Bitten an den Herrn,
den Höchsten, / im Gebet vor dem Barmher-
zigen,
bis die Ordnung des Herrn vollbracht war /
und sie seinen Dienst vollendet hatten.
20 Dann stieg er herab und erhob seine Hän-
de / über die ganze Versammlung der Söhne
Israels,
um den Segen des Herrn von seinen Lippen
zu erteilen / und sich in seinem Namen zu
rühmen.
21 Sie warfen sich zum zweiten Mal in An-
betung nieder, / um den Segen vom Höchsten
zu erlangen.

11: 45,8–13; Ex 28,2–39; 39,1–31 / **15**: Num 15,5; 28,7 / **16**: Num 10,8ff. / **20**: Num 6,23–26

AUFFORDERUNG ZUM LOBPREIS GOTTES: 50,22–24

22 Und nun lobpreist den Gott des Alls, / der
überall große Dinge tut,
der unsere Tage erhöht vom Mutterleib an /
und an uns handelt nach seinem Erbarmen!
23 Er gebe uns Fröhlichkeit des Herzens /
und dass Frieden sei in unseren Tagen, / in
Israel für die Tage der Ewigkeit.
24 Sein Erbarmen möge uns treu bleiben /
und er befreie uns in unseren Tagen!

23: 45,26

ABGRENZUNG GEGEN NACHBARVÖLKER: 50,25–26

25 Über zwei Völker ist meine Seele erzürnt /
und das dritte ist kein Volk:
26 die Bewohner auf dem Berg Samarias und
die Philister / und das törichte Volk, das in
Sichem wohnt.

26: 2 Kön 17,24; Joh 4,9

EPILOG: 50,27–29

27 Bildung des Verstandes und Wissens / hat
er aufgezeichnet in diesem Buch –
Jesus aus Jerusalem, Sohn des Sirach, des
Eleasar, / der Weisheit aus seinem Herzen
hervorströmen ließ.
28 Selig, der bei diesen Dingen verweilt /
und sich dies zu Herzen nimmt und weise
wird.
29 Denn wenn er dies tut, hat er zu allem
Kraft, / weil das Licht des Herrn seine Fährte
ist;
er hat den Frommen Weisheit gegeben. / Gepriesen ist der Herr in Ewigkeit! Amen, amen!

GEBET JESU, SOHN DES SIRACH: 51,1–30

Gebet Jesu, Sohn des Sirach

51 1 Ein Gebet Jesu, Sohn des Sirach. / Ich
will dich preisen, Herr und König,
ich will dich, Gott, meinen Retter, loben, /
ich preise deinen Namen,
2 denn du bist mir Beschützer und Helfer
geworden / und hast meinen Leib aus der Ver-
nichtung befreit,
aus der Schlinge einer verleumderischen
Zunge, / vor Lippen, die Lüge verbreiten, /
und vor meinen Gegnern bist du mir zum Hel-
fer geworden.
3 Du hast mich nach der Fülle deines Erbar-
mens und deines Namens befreit, / von den
Bissen derer, die bereit waren zu verschlin-
gen,
aus der Hand derer, die mir nach dem Leben
trachten, / aus vielen Nöten, denen ich stand-
gehalten habe,
4 aus der erstickenden Feuerglut rundum /
und aus der Mitte des Feuers, das ich nicht an-
gefacht habe,
5 aus der innersten Tiefe des Hades / und
von unreiner Zunge und lügnerischem Wort
6 und von der Verleumdung einer ungerech-
ten Zunge beim König. / Ich war dem Tode
nahe, / mein Leben war dem Hades tief unten
nahe.
7 Sie umringten mich von allen Seiten und
es gab keinen Helfer; / ich schaute aus nach
dem Beistand eines Menschen und es gab kei-
nen.
8 Da gedachte ich deines Erbarmens, Herr, /
und deiner Wohltat von Ewigkeit her,
denn du führst die heraus, die auf dich
warten, / und rettest sie aus der Hand der
Bösen.
9 So sandte ich von der Erde meinen Hilferuf
empor / und betete um Errettung vor dem
Tod.
10 Ich rief den Herrn an, den Vater meines
Herrn, / mich nicht zu verlassen in den Tagen
der Bedrängnis, / zur Zeit der Hilflosigkeit
gegenüber Hochmütigen.
11 Ich will deinen Namen stets loben / und
ich will dir Hymnen singen im Bekenntnis. /
Da wurde meine Bitte erhört;
12 denn du hast mich gerettet vor der Ver-
nichtung / und du ließest mich der schlimmen
Zeit entkommen.
Darum will ich es dir bekennen und dich
loben / und den Namen des Herrn will ich
preisen.

1: Ex 15,2; Ps 138,1 / **2:** Ps 91,3; 120,2 / **4:** Ps 66,12; Ijob 20,26 / **6:** Ps 88,4 / **7:** Ps 22,12; 142,5 / **8:** Ps 25,6 / **10:** Ps 89,27

50,26 Berg Samarias: G; Seir: H, Vg.

50,27 hat er aufgezeichnet, andere Textzeugen: habe ich aufgezeichnet.

51,8 aus der Hand der Bösen, andere Textzeugen: aus der Hand der Feinde bzw. der Völker.

51,12 In H folgt nach V. 12 ein litaneiartiger Psalm von 16 Versen (vgl. Ps 136), der in G, S und Vg fehlt, jedoch in vielen Bibelausgaben enthalten ist: Danket dem Herrn, denn er ist gut, denn seine Huld währt ewig. Danket dem Gott der Lobgesänge, denn seine Huld währt ewig. Danket dem Wächter Israels, denn seine Huld währt ewig. Danket dem Schöpfer des Alls, denn seine Huld währt ewig. Danket dem Erlöser Israels, denn seine Huld währt ewig. Danket dem, der Israels Versprengte sammelt, denn seine Huld währt ewig. Danket dem Erbauer seiner Stadt und seines Heiligtums, denn seine Huld währt ewig. Danket dem, der dem Haus David Macht verlieh, denn seine Huld währt ewig. Danket dem, der Zadoks Söhne zu Priestern erwählt hat, denn seine Huld währt ewig. Danket dem Schild Abrahams, denn seine Huld währt ewig. Danket dem Fels Isaaks, denn seine Huld währt ewig. Danket dem Starken Jakobs, denn seine Huld währt ewig. Danket dem, der Zion erwählt hat, denn seine Huld währt ewig. Danket dem König der höchsten Könige, denn seine Huld währt ewig. Seinem Volk verleiht er Macht – das ist ein Ruhm für all seine Frommen, für Israels Söhne, das Volk, das sich ihm nahen darf. Halleluja!

RÜCKBLICK AUF DIE WEISHEITSSUCHE:
51,13–30
13 Als ich noch jung war, bevor ich auf Wan-
derschaft ging, / habe ich offen in meinem
Beten Weisheit gesucht.
14 Beim Tempel verlangte ich nach ihr / und
bis zuletzt werde ich sie suchen.
15 Wie an der Blüte so an der reifenden Trau-
be / erfreute sich mein Herz an ihr.
Mein Fuß ging den geraden Weg, / von mei-
ner Jugend an spürte ich ihr nach.
16 Ein wenig neigte ich mein Ohr und habe
empfangen / und für mich viel Bildung gefun-
den.
17 Ich bin an ihr gewachsen; / dem, der mir
Weisheit gibt, werde ich die Ehre geben.
18 Ich war darauf bedacht, nach ihr zu han-
deln, / ich eiferte nach dem Guten und werde
nie beschämt.
19 Meine Seele hat mit ihr gerungen / und
das Gesetz sorgfältig ausgeführt.
Ich streckte meine Hände aus in die Höhe /
und bedauerte die Unwissenheit um sie.
20 Ich richtete meine Seele auf sie aus / und
in Reinheit fand ich sie.
Ein verständiges Herz erwarb ich mit ihr
von Anfang an; / deshalb bin ich nie verlassen.
21 Mein Inneres war aufgewühlt, sie auszu-
forschen; / deshalb habe ich einen guten Be-
sitz erworben.
22 Der Herr gab mir eine Zunge zum Lohn /
und mit ihr will ich ihn loben.
23 Kommt her zu mir, ihr Ungebildeten, /
und übernachtet im Haus der Bildung!
24 Warum sagt ihr, dass es euch daran man-
gelt, / und warum dürsten eure Seelen so sehr?
25 Ich habe meinen Mund geöffnet und
gesprochen: / Erwerbt für euch selbst ohne
Silber!
26 Beugt euren Nacken unter das Joch, / eure
Seele soll Bildung annehmen! / Sie ist nahe,
sodass man sie findet.
27 Seht mit euren Augen, dass ich mich ein
wenig mühte / und viel Ruhe für mich gefun-
den habe.
28 Erlangt Bildung durch eine große Menge
Silber / und erwerbt viel Gold durch sie!
29 Freut euch an seinem Erbarmen / und
schämt euch nicht, ihn zu loben!
30 Tut euer Werk vor der Zeit / und er wird
euch den Lohn geben zu seiner Zeit! / Weis-
heit Jesu, des Sohnes Sirachs.

13: 1 Kön 3,2–15; Weish 8,2.12–18; Sir 14,20–27; 15,1–6 / **20:** 15,2; Spr 4,5ff. / **23:** Spr 9,4 / **24:** Am 8,11 / **25:** Spr 4,7; Jes 55,1f. / **26:** Dtn 30,11–14; Sir 6,25; Röm 10,8 / **28:** Spr 16,16; Mt 13,44ff. / **30:** 2,8; Ijob 34,11

51,13–20 Der H-Text von Qumran hat die alphabetische Ordnung der Verse gut bewahrt.
51,19 Ich bedauerte, andere Lesart: Ich erkannte.

DIE BÜCHER DER PROPHETEN

DAS BUCH JESAJA

Der Name Jesaja (hebr. Jeschajahu) bedeutet „der HERR rettet". Dieser Name ist Programm, denn von nichts anderem handelt das Buch Jesaja als vom Rettungswillen und der Rettungsmacht des Gottes Israels durch alle geschichtlichen Tiefen des Gottesvolkes hindurch, angefangen von der Zeit der assyrischen Bedrohung (8.–7. Jh. v. Chr.) über die Babylonische Gefangenschaft (587–539 v. Chr.) bis hin zum schwierigen Wiederaufbau Jerusalems in persischer Zeit (539–333 v. Chr.). Den drei Perioden entsprechen die drei Teile des Buches (Jes 1–39; 40–55; 56–66), wobei aber besonders im ersten Teil auch viele jüngere Stücke zu finden sind (u. a. Jes 24–27).

Über den Propheten selbst, dessen Verkündigung in Jerusalem (etwa 740–701 v. Chr.) den Grundstock des Buches geschaffen hat, ist nur Weniges bekannt. Sein Vater Amoz (1,1; 2,1; 13,1), der nicht mit dem Propheten Amos zu verwechseln ist, soll nach jüdischer Tradition ein Bruder von König Amazja, dem Vater von Usija, gewesen sein, in dessen Todesjahr die Berufungsvision Jesajas fiel. Eine Abstammung aus hohem Hause würde den leichten Zugang des Propheten zum königlichen Hof erklären (vgl. 7; 22,15–25; 36–39). Zwei seiner Söhne tragen symbolische Namen (7,3: Schear-Jaschub = „Ein Rest kehrt um"; 8,1: Maher-Schalal-Hasch-Bas = „Schnelle Beute-Rascher Raub"). Die Mutter des Letzteren, wohl Jesajas Frau, wird als Prophetin vorgestellt, bleibt aber namenlos.

In den Jahren der syrisch-efraimitischen Krise (734–732) plädierte Jesaja für eine besonnene Politik, um Assur keinen Vorwand zur Invasion zu geben. Die sog. Denkschrift (6,1–8,18) ist vor diesem Hintergrund zu verstehen und die Immanuel-Prophetie als Ansage göttlicher Hilfe (7,1ff.) entfaltet hier ihr theologisches Potenzial. Nach dem Tod des Königs Ahas um das Jahr 727 (14,28) stellte sich die Frage, ob sein Sohn Hiskija den prophetischen Mahnungen Jesajas besser Folge leisten würde, als dies sein Vater getan hatte. Die philistäischen Aufstände gegen Assur (713–711), in die sich Hiskija fast verstrickte, hatten auch in Jerusalem Hoffnungen auf ein baldiges Ende der fremdländischen Bedrohung geweckt, die Jesaja jedoch als trügerisch brandmarkte (20,1–6; 22). Der plötzliche Tod Sargons II. im Jahre 705 scheint Hiskija beflügelt zu haben, sich selbst an die Spitze einer anti-assyrischen Allianz zu stellen, die auf die Unterstützung Ägyptens baute. Die Sprüche Jesajas in 28–31 warnen vor den fatalen Folgen einer solchen Politik. Was 36ff. als wundersame Rettung durch den Gott Israels im Jahre 701 präsentiert, war historisch und politisch gesehen eine Katastrophe. Nach dem Parallelbericht in 2 Kön 18 (V. 13–16) zahlte Hiskija einen äußerst hohen Tribut an den König von Assur, von dem sich das Südreich letztlich nie mehr erholen sollte. Nach Hiskija verliert sich die Spur des Propheten Jesaja. Späteren Legenden zufolge soll er unter Manasse (vgl. 2 Kön 21,16), dem Sohn Hiskijas, bei lebendigem Leib zersägt worden sein (vgl. Hebr 11,37).

Die Kapitel 40–55 setzen die geschichtliche Situation des Babylonischen Exils voraus, in dem sich ein bedeutender Teil Jerusalems und Judas seit 597 bzw. 587 v. Chr. befindet. Ein anonymer Prophet oder auch eine Prophetengruppe erhebt sich, um im Auftrag Gottes Trost und Vertrauen in den Rettungswillen und die Rettungsmacht Gottes zu verkünden (40,1–11). Auslösender Moment ist das siegreiche Aufkommen eines neuen Weltherrschers, des Persers Kyrus, der vom Gott Israels berufen wurde (44,28–45,8). Der Gott Israels agiert auf weltpolitischer Ebene, während die Götter der Völker machtlos, ja nichtig sind. So gelingt dem Gottesvolk in dieser Zeit der Durchbruch zum exklusiven Monotheismus.

Eine besondere Rolle spielen die Texte über den Gottesknecht, der einerseits mit Jakob/Israel identifiziert wird (41,8; 44,1–2), andererseits aber auch Aufgaben am Volk zu erfüllen hat und namenlos bleibt (42,1–9; 49,1–9; 50,4–9; 52,13–53,12). Insgesamt zeigen diese Texte: Nur wer sich Gott anvertraut und den Weg in eine neue Zukunft wagt, kann sein Knecht sein. Dieses Glaubenszeugnis führt zusehends in die gesellschaftliche Isolation, die metaphorisch als Tod gedeutet wird. Doch durch eine reiche Nachkommenschaft (53,10) legitimiert Gott Wort und Wirken seines Knechts. Es wundert nicht, dass die neutestamentliche Urgemeinde diese Texte aufnahm und begann, sie auf Jesus, sein Wirken und sein Todesschicksal, zu deuten.

Mit 56–66 ist die Zeit des Wiederaufbaus Jerusalems unter persischer Oberherrschaft erreicht. Jetzt setzen die Knechte, die Nachkommen des treuen Knechtes Jakob, die prophetische Begleitung des Volkes fort. Dabei geraten sie ebenfalls zusehends unter Druck (65–66), denn sie sprechen sich u. a. für die Zulassung von Menschen aus den Völkern zur Kultgemeinde Israels aus (56,1–8) und klagen soziale und kultische Missstände an (57–59). Im Zentrum steht die Verheißung einer vom Gottesglanz erfüllten Stadt, die als Licht für die Völker (lumen gentium) leuchtet (60–62). Aber nur ein von sozialem und kultischem Unrecht gereinigtes Jerusalem kann Zentrum der Völkerwallfahrt sein (vgl. 2,2–4; 66,18–23). Eine gerechte Herrschaft war von den politischen Führern Israels und Judas, einschließlich der davidischen Könige, nicht gewährleistet worden. Daher entwickelte sich die Hoffnung auf einen neuen Spross aus der Wurzel Isais, unter dem endlich Gerechtigkeit und Frieden aufblühen werde (vgl. Kap. 7; 9; 11). Die neutestamentliche Gemeinde sah diesen Immanuel (Gott mit uns) in der Person Jesu von Nazaret verwirklicht. Das Jesajabuch ist somit in einzigartiger Weise prägend für die Passions- und Geburtserzählungen der Evangelien.

Unter den Schriftfunden von Qumran sticht eine vollständig erhaltene Jesaja-Handschrift aus dem 2. Jh. v. Chr. hervor. Sie ist etwa tausend Jahre älter als die meisten zuvor bekannten hebräischen Handschriften des Alten Testaments.

ZION UND JERUSALEM ZWISCHEN GERICHT UND HEIL: 1,1–12,6

BUCHÜBERSCHRIFT: 1,1

1 1 Vision Jesajas, des Sohnes des Amoz, die
er über Juda und Jerusalem geschaut hat,
in den Tagen des Usija, des Jotam, des Ahas,
des Hiskija, der Könige von Juda.

1: Mi 1,1

UNTREUE DES VOLKES: 1,2–4

2 Hört, ihr Himmel, horch auf, Erde! / Denn
der HERR hat gesprochen:
Ich habe Söhne großgezogen und emporgebracht, / doch sie sind mir abtrünnig geworden.
3 Der Ochse kennt seinen Besitzer / und der
Esel die Krippe seines Herrn;
Israel aber hat keine Erkenntnis, / mein Volk hat keine Einsicht.
4 Wehe der sündigen Nation, dem schuldbeladenen Volk, / der Brut von Übeltätern, den Söhnen, die Verderben bringen!
Sie haben den HERRN verlassen, / den Heiligen Israels verschmäht / und ihm den Rücken zugekehrt.

2: 23,4 / **3:** Lk 2,16 / **4:** 30,9

DIE ÜBRIG GELASSENE TOCHTER ZION: 1,5–9

5 Wohin sollt ihr noch geschlagen werden? /
Ihr bleibt ja doch widerspenstig.
Der ganze Kopf ist wund, / das ganze Herz ist krank.
6 Von der Fußsohle bis zum Kopf ist nichts
heil an ihm, / nur Beulen, Striemen und frische Wunden,
sie sind nicht ausgedrückt, nicht verbunden, / nicht mit Öl gelindert.
7 Euer Land ist verwüstet, / eure Städte sind
feuerverbrannt.
Fremde verzehren vor euren Augen den Ertrag eures Ackers; / eine Verwüstung wie bei der Zerstörung durch Fremde.
8 Die Tochter Zion ist übrig gelassen / wie
eine Hütte im Weinberg,
wie ein Schutzdach für die Nacht im Gurkenfeld, / wie eine belagerte Stadt.
9 Hätte der HERR der Heerscharen für uns
nicht einige Entkommene übrig gelassen, / wir wären wie Sodom geworden, / wir glichen Gomorra.

8: 24,20 / **9:** Gen 19,1–29

FALSCHER UND WAHRER GOTTESDIENST: 1,10–17

10 Hört das Wort des HERRN, ihr Wortführer
von Sodom! / Horcht auf die Weisung unseres Gottes, Volk von Gomorra!

11 Was soll ich mit euren vielen Schlachtopfern?, / spricht der HERR.
Die Brandopfer von Widdern / und das Fett von Mastkälbern habe ich satt / und am Blut der Stiere, Lämmer und Böcke habe ich kein Gefallen.
12 Wenn ihr kommt, um vor meinem Angesicht zu erscheinen – / wer hat von euch verlangt, dass ihr meine Vorhöfe zertrampelt?
13 Bringt mir nicht länger nutzlose Gaben, / Räucheropfer, die mir ein Gräuel sind!
Neumond und Sabbat, das Ausrufen von Festversammlungen, / ich ertrage nicht Frevel und Feier.
14 Eure Neumonde und Feste / sind mir in der Seele verhasst,
sie sind mir zur Last geworden, / ich bin es müde, sie zu ertragen.
15 Wenn ihr eure Hände ausbreitet, / verhülle ich meine Augen vor euch.
Wenn ihr auch noch so viel betet, / ich höre es nicht. / Eure Hände sind voller Blut.
16 Wascht euch, reinigt euch! / Schafft mir eure bösen Taten aus den Augen! / Hört auf, Böses zu tun!
17 Lernt, Gutes zu tun! / Sucht das Recht!
Schreitet ein gegen den Unterdrücker! / Verschafft den Waisen Recht, / streitet für die Witwen!

11: Am 5,21–23 / **17**: Am 5,24

STREIT GOTTES MIT SEINEM VOLK: 1,18–20

18 Kommt doch, wir wollen miteinander rechten, / spricht der HERR.
Sind eure Sünden wie Scharlach, / weiß wie Schnee werden sie.
Sind sie rot wie Purpur, / wie Wolle werden sie.
19 Wenn ihr willig seid und hört, / werdet ihr das Beste des Landes essen.
20 Wenn ihr euch aber weigert und auflehnt, / werdet ihr vom Schwert gefressen. / Ja, der Mund des HERRN hat gesprochen.

LÄUTERUNGSGERICHT ÜBER JERUSALEM: 1,21–31

21 Ach, wie ist zur Hure geworden die treue Stadt. / Die voll des Rechts war,
in der Gerechtigkeit die Nacht verbrachte – / und jetzt Mörder!
22 Dein Silber wurde zu Schlacke, / dein Wein ist mit Wasser gepanscht.
23 Deine Fürsten sind Aufrührer / und eine Bande von Dieben,
ein jeder liebt Bestechung / und jagt Geschenken nach.
Dem Waisen verschaffen sie kein Recht / und der Rechtsstreit der Witwe gelangt nicht vor sie.
24 Darum – Spruch Gottes, des HERRN der Heerscharen, / des Starken Israels:
Wehe, ich werde mir Genugtuung verschaffen an meinen Gegnern, / mich rächen an meinen Feinden.
25 Ich will meine Hand gegen dich wenden, / ich schmelze wie mit Lauge deine Schlacken aus / und will all dein Blei entfernen.
26 Ich will dir Richter geben wie am Anfang / und Ratgeber wie zu Beginn.
Danach wird man dich Stadt der Gerechtigkeit nennen, / treue Stätte.
27 Zion wird durch Recht erlöst / und die zu ihr umkehren durch Gerechtigkeit.
28 Doch Abtrünnige und Sünder brechen zusammen. / Die den HERRN verlassen, sind am Ende.
29 Denn sie werden zuschanden wegen der Eichen, / die ihr begehrt habt,
und ihr werdet beschämt / wegen der Gärten, die ihr euch erwählt habt.
30 Ja, ihr werdet wie eine Eiche, deren Blätter verwelken, / und wie ein Garten, der kein Wasser hat.
31 Dann wird der Starke zu Flachs / und sein Tun zum zündenden Funken;
beide verbrennen zusammen / und keiner ist da, der löscht.

22: Ez 22,18 / **25**: Ez 22,18f.; Mal 3,3; Spr 25,4 / **29**: 65,3

VÖLKERWALLFAHRT ZUM ZION: 2,1–5

2 1 Das Wort, das Jesaja, der Sohn des Amoz, über Juda und Jerusalem geschaut hat.
2 Am Ende der Tage wird es geschehen:
Der Berg des Hauses des HERRN / steht fest gegründet als höchster der Berge;
er überragt alle Hügel. / Zu ihm strömen alle Nationen.
3 Viele Völker gehen / und sagen: Auf, wir ziehen hinauf zum Berg des HERRN / und zum Haus des Gottes Jakobs.
Er unterweise uns in seinen Wegen, / auf seinen Pfaden wollen wir gehen.
Denn vom Zion zieht Weisung aus / und das Wort des HERRN von Jerusalem.
4 Er wird Recht schaffen zwischen den Nationen / und viele Völker zurechtweisen.

Dann werden sie ihre Schwerter zu Pflugscharen umschmieden / und ihre Lanzen zu Winzermessern.

Sie erheben nicht das Schwert, Nation gegen Nation, / und sie erlernen nicht mehr den Krieg.

5 Haus Jakob, auf, / wir wollen gehen im Licht des HERRN.

2: Mi 4,1–3 / **3:** 51,4 / **4:** Joël 4,10

DER TAG DES HERRN GEGEN ALLES HOHE: 2,6–22

6 Ja, du hast dein Volk, das Haus Jakob, versto-
ßen; / denn sie wurden angefüllt – von Osten her!

Und Wahrsager wie die Philister! / Und an Kindern der Fremden hatten sie zur Genüge.

7 Sein Land füllte sich mit Silber und Gold, /
kein Ende der Schätze.

Sein Land füllte sich mit Pferden, / kein Ende der Wagen.

8 Sein Land füllte sich mit Götzen. / Vor dem
Werk ihrer Hände werfen sie sich nieder, vor dem, / was ihre Finger gemacht hatten.

9 Der Mensch beugte sich / und der Mann
sank hinunter – / vergib ihnen nicht!

10 Geh hinein in den Felsen, / verbirg dich
im Staub

vor dem Schrecken des HERRN / und vor der Pracht seiner Hoheit!

11 Die hochmütigen Blicke der Menschen
senkten sich / und gebeugt wird sein der Stolz der Männer. / Aber erhaben wird sein der HERR allein an jenem Tag.

12 Denn ein Tag für den HERRN der Heer-
scharen: / über alles Hochfahrende und Stolze / und über alles Aufragende – es wird sich senken –,

13 über alle Zedern des Libanon – / die stol-
zen und die aufragenden, und über alle Terebinthen des Baschan

14 und über alle stolzen Berge und über alle
aufragenden Hügel

15 und über jeden hohen Turm und über jede
feste Mauer

16 und über alle Tarschisch-Schiffe / und
über alle kostbaren Segler;

17 und gebeugt werden wird der Hochmut
der Menschen / und senken wird sich der Stolz der Männer – / aber erhaben wird sein der HERR allein – an jenem Tag.

18 Die Götzen aber schwinden alle dahin.

19 Und sie werden in Felshöhlen und Erdlö-
cher hineingehen / vor dem Schrecken des HERRN

und vor der Pracht seiner Hoheit, / wenn er aufsteht, um die Erde in Angst zu versetzen.

20 An jenem Tag wirft der Mensch seine sil-
bernen und goldenen Götzen, / die er sich gemacht hat, um sich niederzuwerfen, / den Maulwürfen und Fledermäusen hin;

21 und man wird in die Spalten und Höhlen
der Felsen gehen / vor dem Schrecken des HERRN

und vor der Pracht seiner Hoheit, / wenn er aufsteht, um die Erde in Angst zu versetzen.

22 Lasst ab vom Menschen, / in dessen Nase
ein Hauch ist, / denn was gilt er schon?

7: 31,1 / **9:** 2,11.17; 5,15 / **10:** 2,19.21 / **11:** 2.9.17; 5,15 / **13:** Sach 11,2 / **14:** 30,25 / **16:** Ps 48,8 / **17:** 2,9.11; 5,15 / **19:** 2,10 / **21:** 2,10

GERICHT ÜBER DIE AMTSTRÄGER JERUSALEMS: 3,1–15

3 1 Denn siehe, Gott, der HERR der Heer-
scharen, / nimmt von Jerusalem und Juda jede Stütze und Stützung,

jede Unterstützung mit Brot / und jede Unterstützung mit Wasser:

2 den Helden und Krieger, / den Richter und
den Propheten, / den Wahrsager und den Ältesten,

3 den Anführer von Fünfzig, den Angesehe-
nen, den Ratgeber, / den weisen Zauberer und den klugen Beschwörer.

4 Ich mache junge Burschen zu ihren Anfüh-
rern / und Mutwillige sollen über sie herrschen.

5 Dann bedrängt im Volk einer den andern /
und jeder seinen Nächsten.

Die Jungen sind frech zu den Alten, / die Geringen zu den Geehrten.

6 Dann packt einer seinen Bruder im Haus
seines Vaters:

Du hast einen Mantel, / sei unser Wortführer / und dieser Trümmerhaufen sei unter deiner Gewalt!

7 Der aber wird an jenem Tag seine Stimme
erheben: / Ich bin doch kein Wundarzt

und in meinem Haus gibt es kein Brot / und keinen Mantel. Macht mich nicht zum Wortführer des Volkes!

8 Ja, Jerusalem ist gestürzt und Juda gefal-
len; / denn ihre Worte und ihre Taten richte-

2,18 schwinden dahin: Qumran; schwindet dahin: H.

2,20 den Maulwürfen: Qumran; die Wörter ergeben in H keinen Sinn: um Löcher zu graben (?).

ten sich gegen den HERRN, / um den Augen
seiner Herrlichkeit zu trotzen.
9 Der Ausdruck ihrer Gesichter klagte sie
an / und wie Sodom taten sie ihre Sünde kund,
verhehlten sie nicht. / Wehe ihnen, denn sie
erwiesen sich selbst Böses.
10 Sagt: Der Gerechte, ja glücklich ist er; /
denn sie werden die Frucht ihrer Taten essen.
11 Wehe dem Frevler, ihm geht es schlecht; /
denn was er mit seinen Händen vollbracht hat,
wird ihm angetan!
12 Mein Volk – seine Antreiber waren Ausbeuter / und Frauen beherrschten es.

Mein Volk, die, welche dir Schritte vorgaben, leiteten in die Irre / und den Weg deiner Pfade haben sie verwirrt.

13 Der HERR hat sich hingestellt zum Rechts-
streit; / er steht da, die Völker zu richten.
14 Der HERR geht ins Gericht / mit den Ältesten seines Volkes und seinen Anführern:

Ihr, ihr habt den Weinberg verwüstet; / das dem Armen Geraubte ist in euren Häusern.

15 Wie kommt ihr dazu, mein Volk zu zerschlagen? / Ihr zermalmt das Gesicht der Armen – / Spruch des Herrn, des GOTTES der Heerscharen.

1: Lev 26,26 / **4**: Koh 10,16 / **12**: 9,15 / **15**: Am 2,6–8

GERICHT ÜBER DIE TÖCHTER ZIONS: 3,16–4,1

16 Der HERR sprach: Weil die Töchter Zions
hochmütig sind, ihre Hälse recken und mit
verführerischen Blicken daherkommen, im-
merzu trippelnd umherlaufen und mit ihren
Fußspangen klirren, 17 wird der Herr den
Scheitel der Töchter Zions mit Schorf bede-
cken und der HERR wird ihre Schläfen kahl
werden lassen. 18 An jenem Tag wird der Herr
den Schmuck wegnehmen: die Fußspangen,
die kleinen Sonnen und Monde, 19 die Ohrge-
hänge und Armkettchen, die Schleier 20 und
Turbane, die Fußkettchen und die Prachtgür-
tel, die Riechfläschchen und die Amulette,
21 die Fingerringe und Nasenringe, 22 die Fest-
kleider und Umhänge, die Umschlagtücher
und Täschchen 23 und die Spiegel, die feinen
Schleier, die Schals und Kopftücher.
24 So wird es sein: Statt Balsam wird Moder sein, / statt eines Gürtels ein Strick, statt kunstvoller Locken eine Glatze,

statt eines Festkleides ein gegürteter Sack, / Brandmal statt Schönheit.

25 Deine Männer fallen durchs Schwert, / deine jungen Krieger im Kampf.

26 Dann werden ihre Tore klagen und trauern, / vereinsamt sitzt sie am Boden.

4 1 An jenem Tag klammern sich sieben Frauen an einen einzigen Mann und sagen: Wir wollen unser eigenes Brot essen und uns selber kleiden, nur dein Name sei über uns ausgerufen, nimm die Schande von uns!

3,16: 32,9–14

RETTUNG DES HEILIGEN RESTES: 4,2–6

2 An jenem Tag wird der Spross des HERRN zur
Zierde und zur Herrlichkeit sein und die Frucht
des Landes zum Stolz und zum Schmuck für die
Entronnenen Israels. 3 Dann wird der Rest in
Zion, und wer in Jerusalem noch übrig ist, hei-
lig genannt werden, jeder, der zum Leben ein-
geschrieben ist in Jerusalem. 4 Wenn der Herr
den Kot der Töchter Zions abgewaschen und
die Bluttaten Jerusalems aus ihrer Mitte durch
den Sturm des Gerichts und den Sturm der
Verwüstung weggespült hat, 5 dann erschafft
der HERR über der ganzen Stätte des Berges
Zion und über ihren Versammlungen eine
Wolke bei Tag und Rauch und eine strahlende
Feuerflamme bei Nacht. Denn über der ganzen
Herrlichkeit ist eine Decke. 6 Und eine Hütte
wird bei Tag Schatten spenden vor der Hitze
und sie dient als Zuflucht und Versteck vor Un-
wetter und Regen.

5: Ex 13,21f.

LIED VOM WEINBERG: 5,1–7

5 1 Ich will singen von meinem Freund, / das Lied meines Liebsten von seinem Weinberg.

Mein Freund hatte einen Weinberg / auf einer fruchtbaren Höhe.

2 Er grub ihn um und entfernte die Steine / und bepflanzte ihn mit edlen Reben.

Er baute in seiner Mitte einen Turm / und hieb zudem eine Kelter in ihm aus.

Dann hoffte er, / dass der Weinberg Trauben brächte, / doch er brachte nur faule Beeren.

3 Und nun, Bewohner Jerusalems und Männer von Juda, / richtet zwischen mir und meinem Weinberg!

4 Was hätte es für meinen Weinberg noch zu tun gegeben, / das ich ihm nicht getan hätte?

Warum hoffte ich, dass er Trauben brächte? / Und er brachte nur faule Beeren!

5 Jetzt aber will ich euch kundtun, / was ich mit meinem Weinberg mache:

seine Hecke entfernen, / sodass er abgeweidet wird;
einreißen seine Mauer, / sodass er zertrampelt wird.
6 Zu Ödland will ich ihn machen. / Nicht werde er beschnitten, / nicht behackt,
sodass Dornen und Disteln hochkommen. / Und den Wolken gebiete ich, keinen Regen auf ihn fallen zu lassen.
7 Denn der Weinberg des HERRN der Heerscharen / ist das Haus Israel
und die Männer von Juda / sind die Pflanzung seiner Lust.
Er hoffte auf Rechtsspruch – / doch siehe da: Rechtsbruch,
auf Rechtsverleih – / doch siehe da: Hilfegeschrei.

1–7: Mt 21,33–43 / **2**: 27,2–4; Jer 2,21 / **6**: 7,23–25

SECHS WEHERUFE ÜBER DAS SÜNDIGE VOLK: 5,8–24

8 Wehe denen, die Haus an Haus reihen / und Feld an Feld fügen,
bis kein Platz mehr da ist / und ihr allein die Bewohner seid inmitten des Landes.
9 In meinen Ohren schwur der HERR der Heerscharen: / Wahrhaftig, viele Häuser werden veröden.
So groß und schön sie auch sind: / Sie werden unbewohnt sein.
10 Ein Weinberg von zehn Joch bringt nur ein Bat Wein, / ein Hómer Saatgut bringt nur ein Efa Korn.
11 Wehe denen, die früh am Morgen / dem Bier nachjagen
und in der Dämmerung lange aushalten, / wenn der Wein sie erhitzt.
12 Da sind Leier und Harfe, / Trommel und Flöte und Wein bei ihren Trinkgelagen,
aber auf das Tun des HERRN blicken sie nicht / und das Werk seiner Hände haben sie nicht gesehen.
13 Darum geht mein Volk in die Verbannung / wegen fehlender Erkenntnis.
Seine Vornehmen sind Hungerleider / und seine Menge verschmachtet vor Durst.
14 Darum hat die Unterwelt ihren Rachen weit aufgerissen / und maßlos sperrt sie ihr Maul auf,
sodass ihre Pracht und ihre Menge hinabfährt, / ihre lärmende Schar und wer darin jubelt.
15 Der Mensch beugte sich, / der Mann sank hinunter / und die Blicke der Hochmütigen senkten sich.
16 Und der HERR der Heerscharen war hocherhaben / im Gericht
und der heilige Gott / erwies sich als heilig in Gerechtigkeit.
17 Dann weiden dort Lämmer wie auf ihrer Trift, / als durchziehende Gäste fressen sie die Trümmer der Fetten.
18 Wehe denen, die Schuld mit Stricken des Trugs herbeiziehen / und Sünde wie mit Wagenseilen.
19 Sie sagen: Er eile, / er beschleunige sein Werk, damit wir sehen;
es nahe und treffe ein der Ratschluss des Heiligen Israels, / damit wir erkennen.
20 Wehe denen, die das Böse gut und das Gute böse nennen, / die die Finsternis zum Licht und das Licht zur Finsternis machen, / die das Bittere süß und das Süße bitter machen.
21 Wehe denen, die in ihren eigenen Augen weise sind / und sich selbst für klug halten.
22 Wehe denen, die Helden sind / im Weintrinken / und Kraftprotze im Mischen von Rauschtrank,
23 die dem Schuldigen gegen Bestechung Recht zusprechen / und Gerechten die Gerechtigkeit vorenthalten.
24 Darum: Wie des Feuers Zunge Stoppeln frisst / und wie Heu in der Flamme zusammensinkt,
so wird ihre Wurzel wie Moder sein / und ihre Blüte wie Staub auffliegen.
Denn verworfen haben sie die Weisung des HERRN der Heerscharen und das Wort des Heiligen Israels verschmäht.

9: 6,11 / **12**: Ijob 21,12; Am 6,5f. / **14**: Hab 2,5 / **15**: 2,9.11.17 / **21**: Spr 3,7; Röm 12,16 / **23**: Ex 23,7f.; Spr 17,15 / **24**: Joël 2,5; Ijob 18,16

ANKÜNDIGUNG DER ASSYRISCHEN INVASION: 5,25–30

25 Darum ist der Zorn des HERRN gegen sein Volk entbrannt; / er hat seine Hand gegen es ausgestreckt und es geschlagen.
Da erzitterten die Berge / und ihre Leichen lagen wie Unrat inmitten der Gassen.
Bei alldem hat sein Zorn sich nicht abgewandt / und noch bleibt seine Hand ausgestreckt.
26 Er stellt ein Feldzeichen auf / für die Nationen in der Ferne,

er pfeift sie herbei vom Ende der Erde / und
siehe, eilends, schnell kommen sie heran.
27 Kein Müder und kein Strauchelnder ist da-
runter, / keiner, der schlummert und schläft.
Bei keinem löst sich der Gürtel von seinen
Hüften, / noch reißt der Riemen seiner San-
dalen.
28 Seine Pfeile sind scharf, / all seine Bogen
gespannt.
Die Hufe seiner Pferde gleichen dem Kie-
sel / und seine Räder dem Sturm.
29 Sein Gebrüll ist wie das einer Löwin, / wie
das Gebrüll von Junglöwen.
Er faucht und packt die Beute, birgt sie / und
niemand entreißt sie ihm.
30 Und es tobt gegen ihn an jenem Tag / wie
das Toben des Meeres.
Blickt man auf die Erde, / siehe: beengende
Finsternis / und das Licht ist verfinstert durch
Wolkendunkel über ihr.

26: 7,18; Jer 5,15 / **30**: 8,22

BERUFUNG DES PROPHETEN: 6,1–13

6 1 Im Todesjahr des Königs Usija, da sah
ich den Herrn auf einem hohen und er-
habenen Thron sitzen und die Säume seines
Gewandes füllten den Tempel aus. 2 Serafim
standen über ihm. Sechs Flügel hatte jeder: Mit
zwei Flügeln bedeckte er sein Gesicht, mit
zwei bedeckte er seine Füße und mit zwei flog
er. 3 Und einer rief dem anderen zu und sagte:
Heilig, heilig, heilig ist der HERR der Heer-
scharen. / Erfüllt ist die ganze Erde von seiner
Herrlichkeit.
4 Und es erbebten die Türzapfen in den
Schwellen vor der Stimme des Rufenden und
das Haus füllte sich mit Rauch.
5 Da sagte ich: Weh mir, denn ich bin verlo-
ren. Denn ein Mann unreiner Lippen bin ich
und mitten in einem Volk unreiner Lippen
wohne ich, denn den König, den HERRN der
Heerscharen, haben meine Augen gesehen.
6 Da flog einer der Serafim zu mir und in seiner
Hand war eine glühende Kohle, die er mit einer
Zange vom Altar genommen hatte. 7 Er be-
rührte damit meinen Mund und sagte:
Siehe, dies hat deine Lippen berührt, so ist
deine Schuld gewichen / und deine Sünde ge-
sühnt.
8 Da hörte ich die Stimme des Herrn, der
sagte: Wen soll ich senden? Wer wird für uns
gehen? Ich sagte: Hier bin ich, sende mich! 9 Da
sagte er:
Geh und sag diesem Volk: / Hören sollt ihr,
hören, aber nicht verstehen. / Sehen sollt ihr,
sehen, aber nicht erkennen.
10 Verfette das Herz dieses Volkes, / mach
schwer seine Ohren, / verkleb seine Augen,
damit es mit seinen Augen nicht sieht, / mit
seinen Ohren nicht hört,
damit sein Herz nicht zur Einsicht kommt /
und es sich nicht bekehrt und sich so Heilung
verschafft.
11 Da sagte ich: Wie lange, Herr? / Er sagte:
Bis die Städte verödet sind und unbe-
wohnt, / die Häuser menschenleer, / bis das
Ackerland zur Wüste verödet ist.
12 Der HERR wird / die Menschen entfer-
nen, / sodass die Verlassenheit groß ist inmit-
ten des Landes.
13 Bleibt darin noch ein Zehntel, / so soll es
erneut abgeweidet werden,
wie bei einer Eiche oder Terebinthe, / von
denen beim Fällen nur ein Stumpf bleibt. Hei-
liger Same ist sein Stumpf.

9: Mt 13,14f. par; Joh 12,39–41; Apg 28,25–27 / **11**: 5,9

WEISSAGUNG ÜBER DEN IMMANUEL: 7,1–17

7 1 In der Zeit, als Ahas, der Sohn Jotams,
des Sohnes Usijas, König von Juda war,
zogen Rezin, der König von Aram, und Pe-
kach, der Sohn Remaljas, der König von Israel,
gegen Jerusalem hinauf in den Krieg; aber man
konnte den Krieg gegen es nicht führen. 2 Als
dem Haus David gemeldet wurde: Aram hat
sich auf Efraim niedergelassen!, da zitterte sein
Herz und das Herz seines Volkes, wie die Bäu-
me des Waldes im Wind zittern. 3 Der HERR
aber sagte zu Jesaja: Geh hinaus, Ahas entge-
gen, du und dein Sohn Schear-Jaschub, zum
Ende der Wasserleitung des oberen Teiches,
zur Straße am Walkerfeld. 4 Sag zu ihm: Hüte
dich und verhalte dich still! Fürchte dich nicht
und dein Herz sei nicht verzagt wegen dieser
beiden rauchenden Holzscheitstummel, we-
gen des glühenden Zorns Rezins, Arams und
des Sohnes Remaljas! 5 Weil Aram gegen dich
Böses plant, Efraim und der Sohn Remaljas,
indem sie sagen: 6 Wir wollen gegen Juda hi-

6,2 Serafim (= die Brennenden) bilden als himmlische Wesen den Hofstaat Gottes; sie werden als geflügelte Schlangen mit menschlichen Zügen vorgestellt. Mit ihrem Ruf bezeugen sie, dass der HERR der Heerscharen der absolut Heilige ist, der in seiner Herrlichkeit seine Größe und Macht kundtut.

6,5 ich bin verloren, andere Übersetzungsmöglichkeit: ich bin zum Schweigen gebracht.

naufziehen, ihm Furcht einjagen und es uns
gefügig machen; dann wollen wir den Sohn
Tabeals als König in seiner Mitte einsetzen. 7 So
spricht GOTT, der Herr:

Das kommt nicht zustande, / das wird nicht
geschehen.

8 Denn das Haupt von Aram ist Damaskus /
und das Haupt von Damaskus ist Rezin.

Noch fünfundsechzig Jahre, dann wird Ef-
raim zerschlagen, / kein Volk mehr sein.

9 Das Haupt von Efraim ist Samaria / und
das Haupt von Samaria ist der Sohn Remal-
jas. / Glaubt ihr nicht, so bleibt ihr nicht.

10 Der HERR sprach weiter zu Ahas und sag-
te: 11 Erbitte dir ein Zeichen vom HERRN, dei-
nem Gott, tief zur Unterwelt oder hoch nach
oben hin! 12 Ahas antwortete: Ich werde um
nichts bitten und den HERRN nicht versuchen.
13 Da sagte er: Hört doch, Haus Davids! Genügt
es euch nicht, Menschen zu ermüden, dass ihr
auch noch meinen Gott ermüdet? 14 Darum
wird der Herr selbst euch ein Zeichen geben:
Siehe, die Jungfrau hat empfangen, sie gebiert
einen Sohn und wird ihm den Namen Imma-
nuel geben. 15 Er wird Butter und Honig essen
bis zu der Zeit, in der er versteht, das Böse zu
verwerfen und das Gute zu wählen. 16 Denn
noch bevor das Kind versteht, das Böse zu ver-
werfen und das Gute zu wählen, wird das
Land verlassen sein, vor dessen beiden Köni-
gen dich das Grauen packt. 17 Der HERR wird
Tage kommen lassen über dich, über dein Volk
und über das Haus deines Vaters, wie sie nicht
gekommen sind seit dem Tag, an dem Efraim
sich von Juda abwandte – nämlich den König
von Assur!

1: 2 Kön 16,5–9 / **3**: 36,2 / **9**: 28,16; 30,15; 2 Chr 20,20 / **14**: Mt 1,23; Lk 1,31; Mi 5,2 / **16**: 8,4

DIE NOTZEIT DER ÜBRIGGEBLIEBENEN: 7,18–25

18 An jenem Tag wird der HERR den Fliegen
an den Mündungen des Nil in Ägypten pfei-
fen und den Bienen im Land Assur 19 und alle
kommen und lassen sich nieder in den
Schluchten und Felsspalten, in allen Hecken
und Dornensträuchern. 20 An jenem Tag wird
der Herr mit dem jenseits des Eufrat gemie-
teten Messer, mit dem König von Assur, den
Kopf und die Schamhaare kahl scheren; auch
den Bart schneidet er ab. 21 An jenem Tag wird
ein Mann eine junge Kuh und zwei Schafe
halten. 22 Und wegen der vielen Milch, die sie
geben, wird er Butter essen. Denn Butter und
Honig wird jeder essen, der im Land übrig
geblieben ist. 23 An jenem Tag wird jedes
Grundstück, auf dem tausend Weinstöcke im
Wert von tausend Silberstücken stehen, den
Dornen und Disteln gehören. 24 Nur mit Pfeil
und Bogen geht man dorthin; denn das ganze
Land wird Dornen und Disteln sein. 25 Alle
Berge, die mit der Hacke behackt werden –
dorthin geht man nicht mehr, aus Furcht vor
Dornen und Disteln. Es wird zum Tummel-
platz für Ochsen und zum Ort, den Schafe
zertreten.

18: 5,26

GEBURT DES PROPHETENSOHNES ALS ZEICHENHANDLUNG: 8,1–4

8 1 Der HERR sagte zu mir: Nimm dir eine
große Tafel und schreib darauf mit dem
Griffel eines Menschen: Maher-Schalal-
Hasch-Bas – Schnelle Beute-Rascher Raub –.
2 Dann will ich mir zuverlässige Zeugen be-
stellen, den Priester Urija und Secharja, den
Sohn Jeberechjas. 3 Dann nahte ich mich der
Prophetin, sie wurde schwanger und gebar ei-
nen Sohn. Da sagte der HERR zu mir: Gib ihm
den Namen Maher-Schalal-Hasch-Bas! 4 Denn
noch bevor der Knabe Vater und Mutter zu
rufen versteht, wird man den Reichtum von
Damaskus und die Beute von Samaria dem
König von Assur vorantragen.

4: 7,16

GERICHTSWORTE GEGEN DAS VOLK: 8,5–15

5 Der HERR sprach weiter zu mir und sagte:
6 Weil dieses Volk die ruhig fließenden Wasser
von Schiloach verachtet und Freude hat an
Rezin und dem Sohn Remaljas, 7 darum, siehe,
lässt der Herr die gewaltigen und großen Was-
ser des Eufrat, den König von Assur und seine
ganze Macht, über sie emporsteigen. Er wird
über alle seine Kanäle steigen und über all sei-
ne Ufer treten. 8 Er wird über Juda dahinfahren,
es überfluten und überschwemmen, bis zum
Hals wird er reichen. Und seine ausgespannten
Flügel füllen die Breite deines Landes, o Im-
manuel!

9 Tobt, ihr Völker! Ihr werdet doch zer-
schmettert. / Horcht auf, ihr Enden der Erde!

Rüstet nur! Ihr werdet doch zerschmet-
tert. / Rüstet! Ihr werdet zerschmettert.

7,14 Jungfrau: G, vgl. Mt 1,23; das hebräische Wort alma bedeutet eigentlich junge Frau.

10 Macht einen Plan! Er wird vereitelt. / Verabredet eine Sache, sie kommt nicht zustande. / Denn Gott ist mit uns.

11 Denn so sprach der HERR zu mir – wie mit starker Hand – und verbot mir, auf dem Weg dieses Volkes zu gehen:

12 Nennt nicht alles Verschwörung, / was dieses Volk Verschwörung nennt!

Was es fürchtet, sollt ihr nicht fürchten; / wovor es erschrickt, davor sollt ihr nicht erschrecken.

13 Den HERRN der Heerscharen sollt ihr heilig halten; / vor ihm sollt ihr euch fürchten, / vor ihm sollt ihr erschrecken.

14 Er wird zum Heiligtum werden, / zum Stein des Anstoßes und zum Felsen, / an dem man strauchelt, für die beiden Häuser Israels:

zum Netz und zum Fallstrick / für die Bewohner Jerusalems.

15 Viele werden darüber straucheln, / fallen und zerschellen; / sie werden sich verstricken und verfangen.

12: 1 Petr 3,14f. / **14**: Röm 9,32f. / **15**: 28,13

DER PROPHET, SEINE JÜNGER UND KINDER: 8,16–18

16 Rolle das Zeugnis ein, / versiegele die Weisung in meinen Jüngern!

17 Und ich werde auf den HERRN warten, / der sein Angesicht vor dem Haus Jakob verbirgt, / auf ihn werde ich hoffen.

18 Siehe, ich und die Kinder, / die der HERR mir gegeben hat,

sind zu Zeichen und Mahnmalen in Israel geworden, vom HERRN der Heerscharen, / der auf dem Berg Zion wohnt.

18: Hebr 2,13

JÜNGERSCHAFT, NICHT TOTENBEFRAGUNG: 8,19–23

19 Und wenn sie zu euch sagen: Befragt die
Totengeister und Zauberkundigen, die flüs-
tern und murmeln: Soll ein Volk nicht seinen
Gott befragen, zugunsten der Lebenden die
Toten? 20 Weisung und Bezeugung: Wer nicht
diesem Wort entsprechend spricht, für den
gibt es kein Morgenrot. 21 So wird man umher-
ziehen, bedrückt und hungrig. Und wenn man
Hunger leidet, wird man wütend und ver-
wünscht seinen König und seinen Gott. Man
wendet sich nach oben 22 und blickt zur Erde.
Aber siehe: Not und Finsternis, dunkle Be-
drängnis und in Finsternis ist man verstoßen!
23 Doch das Dunkel bleibt nicht dort, wo Be-
drängnis ist.

22: 5,30

GEBURT UND THRONNAMEN DES MESSIANISCHEN HERRSCHERS: 8,23–9,6

Wie er in früherer Zeit das Land Sebulon und das Land Naftali verachtet hat, so hat er später den Weg am Meer zu Ehren gebracht, das Land jenseits des Jordan, das Gebiet der Nationen.

9 1 Das Volk, das in der Finsternis ging, / sah ein helles Licht;

über denen, die im Land des Todesschattens wohnten, / strahlte ein Licht auf.

2 Du mehrtest die Nation, / schenktest ihr große Freude.

Man freute sich vor deinem Angesicht, / wie man sich freut bei der Ernte, / wie man jubelt, wenn Beute verteilt wird.

3 Denn sein drückendes Joch und den Stab auf seiner Schulter, / den Stock seines Antreibers zerbrachst du wie am Tag von Midian.

4 Jeder Stiefel, der dröhnend daherstampft, / jeder Mantel, im Blut gewälzt, / wird verbrannt, wird ein Fraß des Feuers.

5 Denn ein Kind wurde uns geboren, / ein Sohn wurde uns geschenkt.

Die Herrschaft wurde auf seine Schulter gelegt. / Man rief seinen Namen aus: Wunderbarer Ratgeber, Starker Gott, / Vater in Ewigkeit, Fürst des Friedens.

6 Die große Herrschaft / und der Frieden sind ohne Ende auf dem Thron Davids und in seinem Königreich, / es zu festigen und zu stützen durch Recht und Gerechtigkeit, / von jetzt an bis in Ewigkeit.

Der Eifer des HERRN der Heerscharen / wird das vollbringen.

8,23: Mt 4,13–16
9,1: 60,2 / **3**: 10,27; 14,25; Ri 7

GERICHTSANKÜNDIGUNG ÜBER DAS NORDREICH: 9,7–20

7 Ein Wort hat der Herr gegen Jakob gesandt, / es fiel nieder in Israel.

8 Das ganze Volk sollte erkennen, / Efraim und die Bewohner von Samaria, / die in Anmaßung und Größenwahn sagten:

9 Ziegelmauern sind gefallen, / jetzt bauen wir mit Quadersteinen auf;

Maulbeerbäume wurden gefällt, / Zedern lassen wir nachwachsen!

10 Da machte der HERR die Gegner Rezins
gegen es stark / und stachelte seine Feinde an:
11 Aram vom Osten, die Philister vom Wes-
ten / und sie fraßen Israel mit gierigem Maul.
Bei alldem hat sich sein Zorn nicht gewen-
det / und noch ist seine Hand ausgestreckt.
12 Aber das Volk kehrte nicht um zu dem, der
es schlug; / den HERRN der Heerscharen
suchten sie nicht.
13 Da schnitt der HERR Kopf und Schwanz
von Israel ab, / Sprosse und Binse an einem
Tag.
14 Die Ältesten und Angesehenen, sie sind
der Kopf; / der Prophet und Lügenlehrer, er ist
der Schwanz.
15 Die diesem Volk die Schritte vorgaben, /
leiteten in die Irre, / verwirrt waren, die diese
Schritte gingen.
16 Deshalb freut sich der Herr nicht über
seine jungen Männer / und über seine Waisen
und Witwen erbarmt er sich nicht.
Denn ein jeder ist gottlos und tut Böses /
und jeder Mund redet Schändliches.
Bei alldem hat sich sein Zorn nicht gewen-
det / und noch bleibt seine Hand ausgestreckt.
17 Denn der Frevel brannte wie Feuer, / Dor-
nen und Disteln fraß er.
Er entzündete das Dickicht des Waldes /
und es wirbelte in Rauchschwaden auf.
18 Durch den Grimm des HERRN der Heer-
scharen ist das Land versengt; / das Volk wur-
de ein Raub der Flammen. / Keiner verschon-
te den andern:
19 Man schlang zur Rechten und blieb hung-
rig, / man fraß zur Linken und wurde nicht
satt. / Jeder frisst das Fleisch seines eigenen
Armes:
20 Manasse den Efraim und Efraim den Ma-
nasse / und beide zusammen gegen Juda.
Bei alldem hat sich sein Zorn nicht gewen-
det / und noch bleibt seine Hand ausgestreckt.

11: 9,16.20; 5,25 / **13**: 19,15 / **15**: 3,12

SIEBTER WEHERUF: ÜBER DIE
UNGERECHTEN RICHTER: 10,1–4

10 1 Wehe denen, die unheilvolle Gesetze
erlassen / und unerträgliche Vorschrif-
ten machen,
2 um die Schwachen vom Gericht fernzu-
halten / und den Armen meines Volkes das
Recht zu rauben,
damit die Witwen ihre Beute werden / und
sie die Waisen ausplündern!
3 Was wollt ihr tun am Tag der Heimsu-
chung und beim Untergang, / wenn er von
ferne kommt?
Zu wem wollt ihr fliehen, um Hilfe zu fin-
den, / wo euren Reichtum hinterlassen?
4 Wer nicht mit den Gefangenen in die Knie
gegangen ist, / wird fallen mit den Erschlage-
nen.
Bei alldem hat sich sein Zorn nicht gewen-
det / und noch bleibt seine Hand ausge-
streckt.

WEHERUF UND GERICHTSANKÜNDIGUNG
GEGEN DAS STOLZE ASSUR: 10,5–19

5 Wehe Assur, dem Stock meines Zorns! / Der
Knüppel in ihrer Hand, das ist meine Wut.
6 Gegen eine gottlose Nation sende ich ihn /
und gegen das Volk meines Grimms entbiete
ich ihn,
um Beute zu erbeuten und Raub zu rauben, /
um es zu zertreten wie Lehm in den Gassen.
7 Doch Assur stellt es sich nicht so vor, / sein
Herz plant es anders,
es hat nur Vernichtung im Sinn, / die Aus-
rottung nicht weniger Nationen.
8 Denn es sagt: Sind meine Anführer nicht
allesamt Könige? / 9 Ging es nicht Kalne ge-
nauso wie Karkemisch, / Hamat wie Arpad,
Samaria wie Damaskus?
10 Wie meine Hand nach den Königreichen
der Götzen gelangt hat, / deren Götterbilder
die von Jerusalem und Samaria übertrafen,
11 werde ich nicht, wie ich an Samaria und
seinen Götzen getan habe, / ebenso an Jerusa-
lem und seinen Götterbildern tun?
12 Aber wenn der Herr sein ganzes Werk auf
dem Berg Zion und in Jerusalem vollendet hat,
werde ich die Frucht des größenwahnsinnigen
Königs von Assur heimsuchen und den hof-
färtigen Stolz seiner Blicke. 13 Denn er hat
gesagt:
Das habe ich mit der Kraft meiner Hand /
und mit meiner Weisheit getan, / denn ich bin
klug.
Und ich beseitige die Grenzen zwischen den
Völkern, / ihre Schätze plündere ich / und
stoße wie ein Held die Bewohner hinab.
14 Gleich einem Vogelnest hat meine Hand /
nach dem Reichtum der Völker gelangt
und wie man verlassene Eier sammelt, / so
habe ich die ganze Welt eingesammelt.
Da war keiner, der mit den Flügeln schlug, /
keiner, der den Schnabel aufriss und piepste.

15 Prahlt denn die Axt gegenüber dem, der
mit ihr hackt, / oder brüstet die Säge sich vor
dem, der mit ihr sägt?
Das wäre, wie wenn der Stock den Mann schwingt, der ihn hochhebt, / oder wie wenn der Knüppel den hochhebt, der nicht aus Holz ist.
16 Darum schickt Gott, der HERR der Heerscharen, / gegen seine Fetten die Schwindsucht
und statt seiner Pracht wird ein Brand brennen / wie der Brand eines Feuers.
17 Israels Licht wird zum Feuer / und sein Heiliger wird zur Flamme.
Sie brennt und verzehrt seine Dornen und seine Disteln / an einem einzigen Tag.
18 Und die Herrlichkeit seines Waldes und seines Baumgartens / vernichtet er, von der Seele bis zum Fleisch; / es wird sein, wie wenn ein Kranker dahinsiecht.
19 Dann wird der Rest von den Bäumen seines Waldes zu zählen sein; / ein Junge kann sie aufschreiben.

9: 36,18–20; 2 Kön 18,34f. / **15**: Röm 9,20f.

HEILSANKÜNDIGUNG FÜR DEN GERETTETEN REST ISRAELS: 10,20–23

20 An jenem Tag wird der Rest Israels – und wer vom Haus Jakob entronnen ist – sich nicht mehr auf den stützen, der ihn schlägt, sondern er stützt sich in Treue auf den HERRN, den Heiligen Israels.
21 Ein Rest kehrt um zum starken Gott, / der Rest Jakobs.
22 Israel, wenn auch dein Volk so zahlreich ist / wie der Sand am Meer – / nur ein Rest davon kehrt um.
Vernichtung ist beschlossen, / Gerechtigkeit flutet heran.
23 Denn fest beschlossene Vernichtung vollstreckt der Herr, der GOTT der Heerscharen, inmitten der ganzen Erde.

21: Röm 9,27f.

ZIONS UND JERUSALEMS RETTUNG VOR DEM ANSTURM ASSURS: 10,24–34

24 Darum – so spricht der Herr, der GOTT der Heerscharen: Fürchte dich nicht, mein Volk, das auf dem Berg Zion wohnt, vor Assur, das dich mit dem Stock schlägt und das seinen Knüppel gegen dich erhebt nach der Art Ägyp-
tens. 25 Denn nur noch wenig, kurze Zeit, dann
wird die Wut zu Ende sein und mein Zorn
macht sie zunichte. 26 Dann schwingt der
HERR der Heerscharen über ihn die Peitsche, wie er Midian schlug am Rabenfels. Er erhebt seinen Stab über das Meer nach der Art Ägyptens.
27 An jenem Tag weicht seine Last von deiner Schulter, / sein Joch von deinem Hals und weggerissen ist das Joch vom Nacken.
28 Assur zog von Rimmon herauf, / rückte gegen Aja vor,
marschierte durch Migron / und ließ seinen Tross in Michmas zurück.
29 Sie zogen durch die Schlucht: Geba war unser Nachtquartier. / Rama erbebte, Gibea-Saul floh.
30 Lass deine Stimme gellen, Tochter Gallim! / Lausche, Lajescha! Anatot, antworte ihr!
31 Madmena flüchtete, / die Bewohner von Gebim brachten sich in Sicherheit.
32 Heute noch bezieht er Stellung in Nob. / Er schwingt seine Hand gegen den Berg der Tochter Zion, / den Hügel Jerusalems.
33 Siehe, Gott, der HERR der Heerscharen, / schlägt mit schrecklicher Gewalt die Zweige ab.
Die Hochgewachsenen werden gefällt / und die Emporragenden sinken nieder.
34 Er rodet das Dickicht des Waldes mit dem Eisen / und der Libanon fällt durch einen Mächtigen.

26: Ri 7,25; Ex 14,16.26 / **27**: 9,3; 14,25

GEISTBEGABUNG UND HERRSCHAFT DES SPROSSES ISAIS: 11,1–9

11 1 Doch aus dem Baumstumpf Isais wächst ein Reis hervor, / ein junger Trieb aus seinen Wurzeln bringt Frucht.
2 Der Geist des HERRN ruht auf ihm: / der Geist der Weisheit und der Einsicht,
der Geist des Rates und der Stärke, / der Geist der Erkenntnis und der Furcht des HERRN.
3 Und er hat sein Wohlgefallen an der Furcht des HERRN. / Er richtet nicht nach dem Augenschein / und nach dem Hörensagen entscheidet er nicht,
4 sondern er richtet die Geringen in Gerechtigkeit / und entscheidet für die Armen des Landes, wie es recht ist.
Er schlägt das Land / mit dem Stock seines Mundes
und tötet den Frevler / mit dem Hauch seiner Lippen.

5 Gerechtigkeit ist der Gürtel um seine Hüf-
ten / und die Treue der Gürtel um seine Lenden.
6 Der Wolf findet Schutz beim Lamm, / der
Panther liegt beim Böcklein.
Kalb und Löwe weiden zusammen, / ein
kleiner Junge leitet sie.
7 Kuh und Bärin nähren sich zusammen, /
ihre Jungen liegen beieinander. / Der Löwe
frisst Stroh wie das Rind.
8 Der Säugling spielt vor dem Schlupfloch
der Natter / und zur Höhle der Schlange
streckt das Kind seine Hand aus.
9 Man tut nichts Böses / und begeht kein Ver-
brechen / auf meinem ganzen heiligen Berg;
denn das Land ist erfüllt von der Erkenntnis
des HERRN, / so wie die Wasser das Meer be-
decken.

4: Ps 72,4; 2 Thess 2,8 / **6–7:** 65,25 / **9:** Hab 2,14

DIE SAMMLUNG DES RESTS AUS DER ZERSTREUUNG: 11,10–16

10 An jenem Tag wird es der Spross aus der
Wurzel Isais sein, / der dasteht als Feldzeichen
für die Völker;
die Nationen werden nach ihm fragen / und
seine Ruhe wird herrlich sein.
11 An jenem Tag wird der Herr von Neuem
seine Hand erheben, / um den übrig gebliebe-
nen Rest seines Volkes zurückzugewinnen,
von Assur und Ägypten, von Patros und
Kusch, / von Elam, Schinar und Hamat / und
von den Inseln des Meeres.
12 Er wird ein Feldzeichen für die Nationen
aufrichten / und die Versprengten Israels zu-
sammenbringen; / die Zerstreuten Judas wird
er von den vier Enden der Erde sammeln.
13 Dann wird die Eifersucht Efraims weichen /
und die Bedränger Judas werden vernichtet.
Efraim wird nicht mehr auf Juda eifersüchtig
sein / und Juda wird Efraim nicht mehr be-
drängen.
14 Sie werden auf den Berghang der Philister
gen Westen fliegen; / vereint plündern sie die
Söhne des Ostens.
Edom und Moab sind im Einflussbereich
ihrer Hand, / die Söhne Ammons müssen ih-
nen gehorchen.
15 Dann wird der HERR die Meereszunge
Ägyptens austrocknen / und seine Hand ge-
gen den Strom schwingen mit gewaltigem
Sturm.
Er zerschlägt ihn in sieben Bäche / und lässt
ihn mit Sandalen betreten.
16 Es wird eine Straße für den Rest seines
Volkes geben, / der übrig bleibt von Assur,
eine Straße, wie es sie für Israel gab, / als es
aus Ägypten heraufzog.

10: Röm 15,12

DANKLIED DER GERETTETEN VOM ZION AUS: 12,1–6

12 1 An jenem Tag wirst du sagen: / Ich
danke dir, HERR.
Du hast mir gezürnt. / Möge dein Zorn sich
wenden, / auf dass du mich tröstest.
2 Siehe, Gott ist mein Heil; / ich vertraue
und erschrecke nicht.
Denn meine Stärke und mein Lied ist Gott,
der HERR. / Er wurde mir zum Heil.
3 Ihr werdet Wasser freudig schöpfen / aus
den Quellen des Heils.
4 An jenem Tag werdet ihr sagen: / Dankt
dem HERRN! Ruft seinen Namen an!
Macht unter den Völkern seine Taten be-
kannt, / verkündet: Sein Name ist erhaben!
5 Singt dem HERRN, / denn Überragendes
hat er vollbracht; / bekannt gemacht sei dies
auf der ganzen Erde.
6 Jauchzt und jubelt, ihr Bewohner Zions; /
denn groß ist in eurer Mitte der Heilige Israels.

2: Ex 15,2; Ps 118,14

SPRÜCHE UND WEHERUFE ÜBER EINZELNE VÖLKER: 13,1–23,18

SPRUCH ÜBER DIE VERNICHTUNG BABELS: 13,1–22

13 1 Ausspruch über Babel, den Jesaja, der
Sohn des Amoz, geschaut hat:
2 Auf einem kahlen Berg stellt ein Feldzei-
chen auf, / erhebt ihnen die Stimme,
schwingt die Hand, / auf dass sie einziehen
durch die Tore der Edlen!
3 Ich selbst habe meine Geheiligten aufge-
boten, / habe sogar meine Helden zu meinem
Zorngericht gerufen, / die über meine Hoheit
frohlocken.

4 Horch, Getümmel auf den Bergen / gleich
einem zahlreichen Volk.
Horch, Getöse von Königreichen, Nationen
versammeln sich. / Der HERR der Heerscha-
ren mustert ein Kriegsheer.
5 Sie kommen aus einem fernen Land, vom
Ende des Himmels: / der HERR und die Waf-
fen seines Zorns, / um die ganze Erde zu ver-
wüsten.
6 Schreit auf, denn der Tag des HERRN ist
nahe; / er kommt wie eine zerstörende Macht
vom Allmächtigen.
7 Darum erschlaffen alle Hände / und jedes
Menschenherz verzagt.
8 Sie sind bestürzt; sie werden von Krämpfen
und Wehen befallen, / wie eine Gebärende
winden sie sich.
Einer starrt den andern an, / wie Flammen
glühen ihre Gesichter.
9 Siehe, der Tag des HERRN kommt, / voll
Grausamkeit, Grimm und glühendem Zorn,
um die Erde zur Wüste zu machen, / und
ihre Sünder vertilgt er von ihr.
10 Die Sterne und Sternbilder am Himmel /
lassen ihr Licht nicht leuchten.
Die Sonne ist dunkel bei ihrem Aufgang /
und der Mond lässt sein Licht nicht scheinen.
11 Dann werde ich am Erdkreis die Bosheit
heimsuchen / und an den Frevlern ihre Schuld.
Dem Hochmut der Stolzen mache ich ein
Ende / und erniedrige die Hoheit der Tyran-
nen.
12 Die Menschen mache ich seltener als Fein-
gold, / die Menschenkinder rarer als Golderz
aus Ofir.
13 Darum werde ich den Himmel erzittern
lassen / und die Erde wird beben, weg von
ihrem Ort,
wegen des Grimms des HERRN der Heer-
scharen / am Tag seines glühenden Zorns.
14 Wie aufgescheuchte Gazellen, / wie
Schafe, die niemand sammelt,
so wendet sich jeder zu seinem Volk, / so
flieht jeder in sein Land.
15 Jeder, der gefunden wird, wird durch-
bohrt / und jeder, der aufgegriffen wird, fällt
durch das Schwert.
16 Ihre Kleinkinder werden vor ihren Augen
zerschmettert, / ihre Häuser geplündert, ihre
Frauen geschändet.
17 Siehe, ich stachle die Meder gegen sie auf, /
denen das Silber nichts gilt / und das Gold
nichts bedeutet.
18 Und Bogen werden junge Männer nieder-
strecken; / mit der Leibesfrucht haben sie kein
Erbarmen, / mit Kindern hat ihr Auge kein
Mitleid.
19 Und Babel, die Zierde der Königreiche, /
die hochmütige Pracht der Chaldäer,
wird wie Sodom und Gomorra sein, / als
Gott sie zerstörte.
20 Für immer wird sie unbewohnt sein, / bis
zu den fernsten Generationen / wird sie nicht
mehr besiedelt.
Nicht einmal ein Beduine / schlägt dort sein
Zelt auf / und Hirten lassen dort nicht lagern.
21 Aber Wüstentiere werden dort lagern, /
ihre Häuser werden voller Eulen sein,
Strauße wohnen dort / und Bocksgeister
hüpfen dort umher.
22 Hyänen heulen in ihren Palästen / und
Schakale in den Lustschlössern.
Ihre Zeit ist nahegekommen / und ihre Tage
verzögern sich nicht.

1–22: 21,1–10; 47,1–15; Jer 50f.; Offb 17f. / **5**: Jer 50,25 / **6**: Joël 1,15 / **10**: Mt 24,29 / **15–16**: 2 Kön 8,12; Hos 14,1; Ps 137,9 / **19**: Jer 49,18 / **20**: 34,10–15 / **21**: 34,14; Jer 50,39

SPOTTLIED AUF DEN KÖNIG VON BABEL: 14,1–21

14 1 Der HERR wird sich Jakobs erbarmen
und Israel von Neuem erwählen. Er
wird ihnen Ruhe gewähren auf ihrem Boden;
Fremde gesellen sich ihnen bei und schließen
sich dem Haus Jakob an. 2 Völker werden sie
nehmen und sie an ihren Ort bringen und das
Haus Israel wird sie sich als Erbbesitz zu eigen
machen, auf dem Boden des HERRN zu Knech-
ten und Mägden. Sie werden die gefangen hal-
ten, die sie gefangen hielten, und ihre Antrei-
ber niedertreten. 3 Und wenn der HERR dir
Ruhe gewährt von deinem Leiden, von deiner
Unruhe und der harten Knechtschaft, mit der
du geknechtet warst, 4 dann wirst du auf den
König von Babel dieses Spottlied anstimmen
und sagen:
Wie fand der Antreiber ein Ende, / zu Ende
ist der Übermut.
5 Der HERR hat den Stab der Frevler zerbro-
chen, / den Stock der Herrschenden,
6 der Völker schlug im Grimm – / mit Schlä-
gen ohne Unterlass,
der Nationen in seinem Zorn zertrat – / mit
schonungsloser Verfolgung.
7 Die ganze Erde ist zur Ruhe gekommen, /
sie wurde still. Sie brachen in Jubel aus.

8 Auch die Zypressen, die Zedern des Libanon / freuten sich über dich:
Seitdem du daliegst, kommt keiner mehr herauf, / um uns zu fällen.
9 Das Totenreich drunten bebte dir / und deiner Ankunft entgegen.
Deinetwegen weckte es die Totengeister auf, / alle Anführer der Erde;
von ihren Thronen ließ es aufstehen / alle Könige der Nationen.
10 Sie alle antworten und sagen zu dir: / Auch du bist kraftlos geworden wie wir, / uns bist du gleich geworden.
11 Hinabgestürzt zur Unterwelt ist dein Hochmut, / der Klang deiner Harfen.
Unter dir sind Maden ausgebreitet / und Würmer sind deine Decke.
12 Wie bist du vom Himmel gefallen, / Strahlender, du Sohn der Morgenröte.
Wie bist du zu Boden geschmettert, / du Bezwinger der Nationen.
13 Du aber hattest in deinem Herzen gesagt: / Den Himmel will ich ersteigen,
hoch über den Sternen Gottes / meinen Thron aufrichten.
Ich will mich niedersetzen auf dem Versammlungsberg, / im äußersten Norden.
14 Ich will über Wolkenhöhen emporsteigen, / dem Höchsten will ich mich gleichstellen.
15 Doch in die Unterwelt wirst du hinabgestürzt, / in die tiefste Grube.
16 Die dich sehen, starren dich an / und überlegen:
Ist das der Mann, der die Erde erzittern, / Königreiche erbeben ließ?
17 Der die Erde zur Wüste gemacht hat, / ihre Städte zerstörte / und seine Gefangenen nicht nach Hause entließ?
18 Alle Könige der Nationen ruhen in Ehren, / jeder in seinem Haus;
19 du aber bist hingeworfen fern von deinem Grab, / wie ein verachteter Spross,
mit Erschlagenen bedeckt, / vom Schwert Durchbohrten, / die in steinerne Grüfte hinabsteigen / wie ein zertretener Leichnam.
20 Mit ihnen bist du nicht vereint im Grab, / denn du hast dein Land zugrunde gerichtet, / hingemordet dein eigenes Volk;
die Brut von Übeltätern / wird in Ewigkeit nicht mehr genannt werden.
21 Richtet die Schlachtbank her für seine Söhne / wegen der Schuld ihrer Väter,
damit sie nicht aufstehen, um die Welt in Besitz zu nehmen / und die Fläche des Erdkreises mit Städten zu füllen!

1: 61,5 / **11**: Am 5,23 / **13**: Jer 51,53

GOTTESSPRUCH GEGEN BABEL: 14,22–23

22 Ich werde gegen sie aufstehen – Spruch des HERRN der Heerscharen – und werde von Babel Namen und Überrest ausrotten, Nachkommen und Nachfahren – Spruch des HERRN.
23 Ich mache es zum Besitz für die Eulen und zu Wassertümpeln; ich fege es hinweg mit dem Besen der Vernichtung – Spruch des HERRN der Heerscharen.

22: Ijob 18,19 / **23**: 34,11

GOTTESSCHWUR GEGEN ASSUR: 14,24–27

24 Der HERR der Heerscharen hat geschworen: / Wie ich es erdacht habe, so geschieht es; / wie ich es plante, so kommt es zustande:
25 Assur in meinem Land zu zerbrechen – / und auf meinen Bergen will ich es zertreten.
Dann weicht von ihnen sein Joch / und seine Last weicht von ihrer Schulter.
26 Das ist der Plan, der für die ganze Erde beschlossen ist, / das ist die Hand, die über alle Nationen ausgestreckt ist.
27 Denn der HERR der Heerscharen hat es beschlossen. / Wer kann es vereiteln?
Seine Hand ist ausgestreckt. / Wer will sie zurückbiegen?

25: 9,3; 10,27

SPRUCH ÜBER PHILISTÄA: 14,28–32

28 Im Todesjahr des Königs Ahas erging dieser Ausspruch:
29 Freue dich nicht, ganz Philistäa, / weil der Stock zerbrochen ist, der dich schlug;
denn aus der Wurzel der Schlange geht eine Natter hervor / und ihre Frucht ist ein geflügelter Seraf.
30 Dann werden die Schwächsten der Schwachen Weide finden / und die Armen in Sicherheit lagern;
deine Wurzel aber werde ich durch Hunger töten / und man wird deinen Rest umbringen.
31 Heul auf, Tor! Schrei auf, Stadt! / Verzage, ganz Philistäa!
Denn von Norden kommt Rauch / und keiner entfernt sich aus den Reihen seines Heeres.

14,30 die Schwächsten der Schwachen, wörtlich: die Erstgeborenen der Schwachen.

32 Und was antwortet man den Gesandten
einer solchen Nation? / Der HERR hat Zion
gegründet, / in ihr finden die Armen seines
Volkes Zuflucht.
29: 30,6

SPRUCH ÜBER MOAB: 15,1–16,14

15 1 Ausspruch über Moab:
Über Nacht wurde Ar verwüstet, / ging
Moab zugrunde.
Über Nacht wurde Kir verwüstet, / ging
Moab zugrunde.
2 Man ist zum Tempel hinaufgestiegen und
Dibon zu den Kulthöhen, / um zu weinen.
Über Nebo und Medeba heult Moab. / Auf
all seinen Köpfen eine Glatze / und jeder Bart
ist abgeschnitten.
3 Auf seinen Gassen haben sie sich mit Sack-
tuch gegürtet, / auf ihren Dächern und ihren
Plätzen heult ein jeder / und steigt weinend
herab.
4 Heschbon schrie und Elale, / bis nach Jahaz
war ihre Stimme zu hören.
Darum stoßen die Krieger von Moab laute
Schreie aus. / Seine Seele verzagt.
5 Mein Herz schreit auf über Moab; / seine
Flüchtlinge fliehen bis nach Zoar, bis
Eglat-Schelischija.
Die Steige von Luhit steigt man weinend
hinauf. / Auf dem Weg nach Horonajim
schreien sie über den Zusammenbruch.
6 Die Wasser von Nimrim werden zu Wüs-
ten; / verdorrt ist das Gras,
verschwunden das Kraut, / kein Grün ist
mehr da.
7 Darum trägt man, was übrig geblieben
ist, / und ihre Vorräte über den Weidenbach.
8 Das Klagegeschrei durchdringt / das Ge-
biet von Moab:
bis nach Eglajim sein Heulen, / bis Beer-
Elim sein Jammern.
9 Die Wasser von Dibon sind voller Blut. /
Ja, ich verhänge über Dibon noch mehr:
einen Löwen für die Entronnenen Moabs, /
für den Rest von Adama.

16 1 Sendet einen Widder, den Herrscher
des Landes, / von Sela her durch die
Wüste zum Berg der Tochter Zion!
2 Wie flüchtende Vögel, aus dem Nest ver-
scheucht, / so werden die Töchter Moabs an
den Furten des Arnon sein.
3 Schafft Rat, trefft eine Entscheidung! /
Mache deinen Schatten am hohen Mittag wie
die Nacht, / verbirg die Vertriebenen, verrate
den Flüchtling nicht!
4 Meine Vertriebenen, die von Moab, sollen
bei dir Schutz finden. / Sei ihnen ein Versteck
vor dem Verwüster!
Ist der Unterdrücker am Ende, / die Verwüs-
tung vollzogen, / sind aus dem Land ver-
schwunden, die es zertreten,
5 dann wird in Huld ein Thron errichtet; /
darauf sitzt in Treue im Zelt Davids ein Rich-
ter, / der Recht sucht und Gerechtigkeit för-
dert.
6 Wir haben vom Stolz Moabs gehört, / hoch
über die Maßen, von seinem Stolz,
seinem Hochmut, seiner Unbeherrscht-
heit / und seinem unwahren Geschwätz.
7 Darum heult Moab um Moab, / jeder heult.
Den Traubenkuchen von Kir-Heres trauert
ihr nach, / völlig niedergeschlagen.
8 Denn die Pflanzungen von Heschbon sind
verwelkt, / die Weinstöcke von Sibma.
Die Herren der Nationen zerschlugen seine
Reben, / die bis Jaser reichten, bis in die Wüs-
te sich verloren,
seine Ranken breiteten sich aus, / sie zogen
sich hin bis zum Meer.
9 Darum beweine ich die Weinstöcke von
Sibma, / wie Jaser weint;
ich tränke dich mit meinen Tränen, /
Heschbon und Elale,
denn über deinen Sommer und deine Ern-
te / ist Kriegsgeschrei gefallen.
10 Abgeerntet sind Freude und Jubel / aus
dem Obstgarten;
in den Weinbergen jauchzt man nicht, /
frohlockt man nicht.
Der Kelterer tritt keinen Wein mehr in den
Keltern. / Dem Freudengeschrei habe ich ein
Ende gemacht.
11 Darum klagen meine Eingeweide um
Moab wie eine Leier, / mein Inneres um
Kir-Heres.
12 Wenn aber Moab erscheint, / sich abmüht
auf seiner Kulthöhe
und in sein Heiligtum kommt, um zu be-
ten, / dann vermag es nichts.
13 Dies ist das Wort, das der HERR einst über
Moab gesprochen hat.
14 Jetzt aber hat der HERR so gesprochen: In
drei Jahren – wie Söldnerjahren – wird Moabs
Herrlichkeit mit all dem vielen Getöse verach-
tet sein. Und der Rest wird wenig sein, winzig,
machtlos.

15,2: 16,12; Jer 48,37 / 3: Jer 48,38 / 4: Jer 48,34 / 5: Jer 48,4f.
16,1: 2 Kön 3,4 / 4: 29,20 / 5: 9,6; Jer 23,5 / 6: Jer 48,29–39 /
11: Jer 43,36 / 14: 21,16

SPRUCH ÜBER DAMASKUS UND DAS NORDREICH: 17,1–11

17 1 Ausspruch über Damaskus.
Siehe, Damaskus verschwindet, / ist
keine Stadt mehr, / es wird zu einem Haufen
von Trümmern.
2 Die Städte von Aroër sind verlassen; / sie
gehören den Herden.
Sie werden lagern / und keiner schreckt sie.
3 Mit dem Bollwerk von Efraim ist es zu
Ende, / mit dem Königreich von Damaskus.
Dem Rest Arams wird es gehen wie der
Herrlichkeit der Söhne Israels – / Spruch des
HERRN der Heerscharen.
4 An jenem Tag wird die Herrlichkeit Jakobs
armselig sein / und das Fett seines Leibes
schwindet dahin.
5 Dann wird es sein, wie wenn ein Schnitter
Halme packt / und sein Arm Ähren mäht.
Dann wird es sein, wie wenn jemand Ähren
aufliest / in der Ebene Refaim.
6 Es bleibt an ihm eine Nachlese übrig / wie
beim Abschlagen der Oliven:
zwei, drei reife Oliven an den obersten Äs-
ten, / vier, fünf an seinen Zweigen, am Frucht-
baum, / Spruch des HERRN, des Gottes Israels.
7 An jenem Tag wird der Mensch auf den
schauen, der ihn gemacht hat, / und seine Au-
gen werden zum Heiligen Israels blicken.
8 Er schaut nicht mehr auf die Altäre, / das
Machwerk seiner Hände;
und was seine Finger gemacht haben, darauf
blickt er nicht mehr, / auf die Kultpfähle und
die Räucheraltäre.
9 An jenem Tag werden seine Zufluchtsstäd-
te / wie das Zurückgelassene von Wald und
Geäst sein,
das sie zurückließen vor den Söhnen Isra-
els, / und es wird eine Ödnis sein.
10 Denn du hast den Gott deines Heils ver-
gessen / und an den Felsen deiner Zuflucht
nicht gedacht.
Darum pflanze nur liebliche Pflanzungen /
und säe fremde Triebe aus!
11 An dem Tag, an dem du pflanzt, magst du
großziehen; / an dem Morgen, an dem du säst,
magst du sprießen lassen,
doch dahin ist die Ernte am Tag des Siech-
tums / und des unheilbaren Schmerzes.

6: 24,13 / 8: 27,9

WEHERUF ÜBER DIE VÖLKER: 17,12–14

12 Wehe, welch Getöse von zahlreichen Völ-
kern; / wie das Tosen des Meeres, so tosen sie.
Und das Toben der Nationen, / wie das To-
ben gewaltiger Wasser, so toben sie.
13 Nationen toben wie das Toben gewaltiger
Wasser. / Doch er droht ihm, / dann flieht es
in die Ferne;
dahingejagt vom Wind wie Spreu auf den
Bergen, / wie Distelräder vor dem Sturm.
14 Zur Abendzeit, siehe da Schrecken; / ehe
es Morgen wird, sind sie nicht mehr.
Das ist der Anteil derer, die uns plündern, /
das Los derer, die uns berauben.

13: Ps 83,14

WEHERUF ÜBER KUSCH: 18,1–7

18 1 Wehe dem Land der geflügelten
Heuschrecken / jenseits der Flüsse von
Kusch,
2 das Boten auf das Meer entsendet, / in Pa-
pyruskähnen über das Wasser.
Geht, ihr schnellen Boten, / zu einer hoch-
gewachsenen Nation mit glänzender Haut,
zu einem Volk, das weit und breit gefürchtet
ist, / zu einer Nation, die mit Härte nieder-
tritt, / deren Land Flüsse durchschneiden!
3 All ihr Bewohner des Erdkreises, ihr Bürger
der Erde, / wenn man ein Feldzeichen aufstellt
auf den Bergen, seht hin, / wenn man ins Wid-
derhorn bläst, hört her!
4 Denn so hat der HERR zu mir gesprochen: /
Ich will stillhalten und schauen an meinem Ort,
wie Hitze über dem Tageslicht flimmert, /
wie Taugewölk in der Hitze des Sommers ist.
5 Denn noch vor dem Sommer, wenn das
Sprossen zu Ende ist / und die Knospe zur
reifenden Traube wird,
schneidet man die Reben mit Winzermes-
sern ab, / entfernt die Ranken, reißt sie ab.
6 Sie werden allesamt den Raubvögeln der
Berge überlassen / und den Tieren des Landes.
Den Sommer verbringen die Raubvögel da-
rauf, / alle Tiere des Landes den Winter.
7 In jener Zeit werden dem HERRN der Heer-
scharen Geschenke gebracht von einem hoch-
gewachsenen Volk mit glänzender Haut, von
einem Volk, das weit und breit gefürchtet ist,
von einer Nation, die mit Härte niedertritt,
deren Land Flüsse durchschneiden – zum Ort
des Namens des HERRN der Heerscharen, zum
Berg Zion.

1: Dtn 28,42

SPRUCH ÜBER ÄGYPTEN: 19,1–15

19 1 Ausspruch über Ägypten.
Siehe, der HERR reitet auf einer schnel-
len Wolke / und kommt nach Ägypten.
Vor seinem Angesicht erbeben die Götter
Ägyptens, / das Herz Ägyptens verzagt in
seinem Innern.
2 Ich hetze Ägypter gegen Ägypter / und sie
kämpfen gegeneinander:
Bruder gegen Bruder, Nachbar gegen Nach-
bar, / Stadt gegen Stadt, Königreich gegen
Königreich.
3 Der Geist Ägyptens wird in seinem Innern
verstört, / seinen Plan verwirre ich.
Dann befragen sie die Götter und die
Zauberer, / die Totengeister und die Wahr-
sager.
4 Und ich werde die Ägypter in die Hand
eines harten Herrn ausliefern, / ein starker
König wird über sie herrschen – / Spruch Got-
tes, des HERRN der Heerscharen.
5 Das Wasser läuft aus dem Meer aus, / der
Fluss verödet und vertrocknet.
6 Die Kanäle stinken, / seicht und verödet
sind die Nilarme Ägyptens, / Rohr und Schilf
verwelken.
7 Die Binsen am Nil, an der Mündung des
Nil, / die ganze Saat des Nil ist vertrocknet, /
verweht und dahin.
8 Die Fischer klagen und trauern, / alle, die
die Angel im Nil auswerfen.
Die das Fischernetz auf dem Wasser ausle-
gen, / sind bekümmert.
9 Es werden zuschanden, die den Flachs
bearbeiten, / ihn hecheln, und die Weber er-
blassen.
10 Die Seiler sind niedergeschlagen; / alle
Lohnarbeiter sind in der Seele betrübt.
11 Ja, Narren sind die Fürsten von Zoan, / die
weisen Ratgeber des Pharao, der Rat hat sich
als dumm erwiesen.
Wie könnt ihr zum Pharao sagen: / Ein
Sohn der Weisen bin ich, ein Sohn königlicher
Vorfahren?
12 Wo sind denn deine Weisen? / Sie sollen
dir doch kundtun und erkennen, / was der
HERR der Heerscharen beschlossen hat über
Ägypten.
13 Die Fürsten von Zoan sind zu Toren
geworden, / die Fürsten von Memfis haben
sich täuschen lassen. / Die Ecktürme seiner
Stämme haben Ägypten zum Taumeln ge-
bracht.
14 Der HERR hat in seiner Mitte einen Geist
der Verwirrung gemischt, / sodass sie Ägyp-
ten zum Taumeln brachten bei all seinem Un-
ternehmen, / wie das Taumeln eines Volltrun-
kenen in seinem Erbrochenen.
15 Und für Ägypten wird es kein Unterneh-
men mehr geben, / das Kopf oder Schwanz, /
Sprosse oder Schilfhalm unternimmt.

15: 9,13

FÜNF ANKÜNDIGUNGEN ÜBER ÄGYPTEN UND ASSUR: 19,16–25

16 An jenem Tag wird Ägypten wie die Frauen
sein: Es wird zittern und erschrecken vor dem
Schwingen der Hand des HERRN der Heer-
scharen, die er gegen es schwingt. 17 Das Land
Juda wird für Ägypten zur Bestürzung wer-
den. Jeder, den man daran erinnert, erschrickt
vor dem Plan des HERRN der Heerscharen, den
er gegen es plant.
18 An jenem Tag werden fünf Städte im
Land Ägypten sein, die die Sprache Kanaans
sprechen und beim HERRN der Heerscharen
schwören. Eine von ihnen wird Ir-Ha-Cheres
– Sonnenstadt – heißen. 19 An jenem Tag wird
es einen Altar für den HERRN mitten im Land
Ägypten geben und ein Steinmal an seiner
Grenze für den HERRN. 20 Das wird zum Zei-
chen und zum Zeugnis für den HERRN der
Heerscharen in Ägypten sein: Wenn sie vor
den Unterdrückern zum HERRN schreien,
schickt er ihnen einen Retter, der den Streit
führen und sie befreien wird. 21 Der HERR
wird sich den Ägyptern offenbaren und die
Ägypter werden den HERRN erkennen an
jenem Tag; sie werden ihm dienen mit
Schlachtopfern und Speiseopfern, sie wer-
den dem HERRN Gelübde geloben und erfül-
len. 22 Schlagen wird der HERR die Ägypter,
schlagen und heilen. Kehren sie um zum
HERRN, lässt er sich von ihren Bitten bewe-
gen und heilt sie. 23 An jenem Tag wird es eine
Straße von Ägypten nach Assur geben, so-
dass Assur nach Ägypten und Ägypten nach
Assur kommt. Und Ägypten wird Assur die-
nen. 24 An jenem Tag wird Israel neben Ägyp-
ten und Assur der Dritte sein, ein Segen in-
mitten der Erde. 25 Denn der HERR der
Heerscharen hat es gesegnet, indem er
sprach: Gesegnet ist mein Volk, Ägypten,
und das Werk meiner Hände, Assur, und
mein Erbbesitz, Israel!

PROPHETISCHE ZEICHENHANDLUNG FÜR DAS GESCHICK ÄGYPTENS UND KUSCHS: 20,1–6

20 1 In dem Jahr, in dem der Oberbefehls-
haber nach Aschdod kam, als Sargon,
der König von Assur, ihn sandte, kämpfte er
gegen Aschdod und nahm es ein.
2 In jener Zeit hatte der HERR durch Jesaja,
den Sohn des Amoz, gesprochen und gesagt:
Geh, löse das Sacktuch von deinen Hüften und
ziehe deine Sandalen von deinen Füßen aus!
Er hatte so gehandelt. Er war nackt und barfuß
umhergegangen. 3 Da sagte der HERR: Wie
mein Knecht Jesaja drei Jahre lang nackt und
barfuß umherging als Zeichen und Sinnbild
gegen Ägypten und Kusch, 4 so wird der König
von Assur die Gefangenen Ägyptens und die
Verschleppten Kuschs wegtreiben, Junge und
Alte, nackt, barfuß und mit entblößtem Ge-
säß, zur Schande Ägyptens. 5 Dann werden sie
erschrecken und schämen sich Kuschs, ihrer
Zuversicht, und Ägyptens, ihrer Zierde. 6 Und
wer diese Küste bewohnt, wird an jenem Tag
sagen: Siehe, so steht es mit unserer Zuver-
sicht, zu der wir flohen, um Hilfe zu finden
und vor dem König von Assur gerettet zu wer-
den. Wie sollten wir entkommen?

ERNEUTER SPRUCH ÜBER BABEL: 21,1–10

21 1 Ausspruch über die Meerwüste:
Wie Stürme im Negeb dahinfahren, /
so kommt es aus der Wüste, / aus einem
Furcht erregenden Land.
2 Eine harte Vision wurde mir kundgetan: /
Der Betrüger betrügt, der Verwüster verwüs-
tet.
Zieh herauf, Elam! / Medien, beginne mit
der Belagerung! / All ihrem Seufzen mache
ich ein Ende.
3 Darum sind meine Hüften voll Zittern, /
Wehen haben mich ergriffen / wie die Wehen
einer Gebärenden.
Verstört bin ich vom Hören, / entsetzt vom
Sehen.
4 Mein Herz ist verwirrt, ein Schauder hat
mich befallen. / Die Abenddämmerung, mei-
ne Lust, hat er mir zum Schrecken gemacht.
5 Den Tisch bereiten, die Polster ordnen, /
essen und trinken! / Steht auf, ihr Fürsten,
salbt den Schild!
6 Denn so hat der Herr zu mir gesagt: / Geh,
stell einen Späher auf! / Was er sieht, soll er
kundtun.
7 Sieht er Wagen und Pferdegespanne, / ei-
nen Zug von Eseln, einen Zug von Kamelen, /
soll er darauf achten, genau darauf achten.
8 Da rief der Seher: / Auf dem Spähposten,
Herr, stehe ich unablässig am Tag und auf
meinem Wachtposten / stehe ich bereit alle
Nächte.
9 Und siehe, da kam es: ein Zug von Män-
nern, Pferdegespanne. / Da hob er an und sag-
te:
Gefallen, gefallen ist Babel / und all ihre
Götterbilder hat man zu Boden geschmettert.
10 Du, mein gedroschenes Volk / und Sohn
meiner Tenne! Was ich gehört habe vom
HERRN der Heerscharen, / vom Gott Israels,
das habe ich euch kundgetan.

2: 33,1 / **5**: Dan 5 / **9**: Jer 51,8; Offb 14,8; 18,2

SPRUCH ÜBER DUMA: 21,11–12

11 Ausspruch über Duma.
Aus Seïr ruft man mir zu: / Wächter, wie
lang ist noch die Nacht? / Wächter, wie lang
ist noch die Nacht?
12 Der Wächter hat gesagt: / Der Morgen ist
gekommen und doch ist es Nacht. / Wenn ihr
fragen wollt, so fragt! Kommt noch einmal!

SPRUCH ÜBER ARABIEN: 21,13–17

13 Ausspruch in Arabien.
Im Gebüsch, in der Steppe verbringt die
Nacht, / ihr Karawanen der Dedaniter!
14 Bringt dem Durstigen Wasser, / Bewoh-
ner des Landes von Tema! / Kommt dem Flie-
henden entgegen mit Brot für ihn!
15 Denn vor den Schwertern sind sie geflo-
hen, / vor dem gezückten Schwert,
vor dem gespannten Bogen, / vor des Krie-
ges Schwere.
16 Denn so hat der Herr zu mir gesagt: In
noch einem Jahr – wie Söldnerjahre –, dann
wird es aus sein mit der ganzen Macht Kedars.
17 Und der Überrest der Bogenzahl für die
Helden der Söhne Kedars wird gering sein. Ja,
der HERR, der Gott Israels, hat gesprochen.

SPRUCH ÜBER JERUSALEM: 22,1–14

22 1 Ausspruch über das Tal der Vision.
Was ist denn mit dir, / dass du mit
all den Deinen auf die Dächer gestiegen bist?
2 Vom Lärm erfüllte, tobende Stätte, / fröh-
liche Stadt!

21,8 der Seher: Qumran, der Löwe: H.

Deine Durchbohrten sind nicht vom
Schwert durchbohrt / und keine Toten des
Krieges.
3 Alle deine Wortführer sind gemeinsam
geflohen, / ohne einen Bogenschuss wurden
sie gefangen;
alle, die man von dir noch fand, wurden mit-
einander gefangen, / wenn sie auch noch so
weit flohen.
4 Darum habe ich gesagt: Schaut weg von
mir, / ich weine bitterlich!
Bemüht euch nicht, mich zu trösten / über
die Verwüstung der Tochter meines Volkes!
5 Denn der Tag des tobenden Lärms, des Nie-
dertretens und der Verwirrung / gehört Gott,
dem HERRN der Heerscharen, im Tal der Vi-
sion.
Die Mauer bricht / und das Hilfegeschrei
reicht bis zum Berg.
6 Elam hat den Köcher erhoben, / bemannte
Wagen, Reiter / und Kir hat den Schild ent-
hüllt.
7 Deine erlesenen Täler füllten sich mit Wa-
gen, / die Reiter bezogen Stellung zum Tor
hin.
8 So legte er den Schutz Judas bloß. / Und
du blicktest an jenem Tag auf die Waffen im
Waldhaus;
9 und ihr habt gesehen, dass die Risse der
Stadt Davids zahlreich waren, / und habt das
Wasser des unteren Teichs gesammelt.
10 Und habt Jerusalems Häuser gezählt; / ihr
habt die Häuser abgerissen, / um die Mauer zu
verstärken.
11 Ein Sammelbecken habt ihr zwischen den
Mauern angelegt / für das Wasser des alten
Teiches.
Aber ihr habt nicht auf den geblickt, der es
bewirkt, / und auf den, der es von Ferne ge-
staltet, habt ihr nicht geschaut.
12 Und der Herr, der GOTT der Heerscharen,
rief an jenem Tag zum Weinen und zur Klage
auf, / zum Scheren einer Glatze und zum Gür-
ten mit Sacktuch.
13 Doch siehe: Freude und Frohsinn, / Rin-
dertöten und Schafeschlachten, / Fleischessen
und Weintrinken:
Essen und trinken, / denn morgen sterben
wir.
14 Der HERR der Heerscharen offenbart sich
in meinen Ohren: / Diese Schuld wird euch
nicht vergeben, bis ihr sterbt, / spricht der
Herr, der GOTT der Heerscharen.

1: 22,5 / **5**: 22,1 / **11**: 2 Kön 20,20; Sir 48,17 / **13**: 1 Kor 15,32

GERICHTSWORT ÜBER SCHEBNA: 22,15–19

15 So spricht der Herr, der GOTT der Heer-
scharen: Auf, geh zu diesem Verwalter, zu
Schebna, dem Palastvorsteher! 16 Wie kommst
du dazu und wer bist du, dass du dir hier ein
Grab ausgehauen hast? – Einer, der sich hoch
oben sein Grab aushaut, sich im Felsen seine
Wohnung ausmeißelt! – 17 Siehe, der HERR
schleudert dich in hohem Bogen weg, Mann!
– Er wickelt dich fest ein, 18 knäult dich zu ei-
nem Knäuel zusammen – wie einen Ball in ein
nach allen Seiten hin offenes Land. Dort wirst
du sterben und dorthin kommen deine Prunk-
wagen, du Schande im Haus deines Herrn.
19 Ich werde dich von deinem Posten stoßen
und er wird dich aus deiner Stellung reißen.

15: 36,3.11.22

EINSETZUNG ELJAKIMS: 22,20–25

20 An jenem Tag werde ich meinen Knecht El-
jakim, den Sohn Hilkijas, berufen. 21 Ich werde
ihn mit deinem Gewand bekleiden und ihm
deine Schärpe fest umbinden. Deine Herr-
schaft gebe ich in seine Hand und er wird zum
Vater für die Einwohner Jerusalems und für
das Haus Juda. 22 Ich werde ihm den Schlüssel
des Hauses David auf die Schulter legen. Er
wird öffnen und niemand ist da, der schließt;
er wird schließen und niemand ist da, der öff-
net. 23 Ich werde ihn als Pflock an einer festen
Stelle einschlagen und er wird zum Thron der
Ehre für sein Vaterhaus.
24 Dann wird sich an ihn das ganze Gewicht
seines Vaterhauses hängen: die Sprösslinge
und die Schösslinge, alles Kleingeschirr, von
Schalen bis hin zu allen möglichen Krügen.
25 An jenem Tag – Spruch des HERRN der Heer-
scharen – weicht der Pflock, eingeschlagen an
fester Stelle. Er wird herausbrechen, herunter-
fallen und die Last, die an ihm hängt, wird
zerschlagen. Ja, der HERR hat gesprochen.

22: Mt 16,19; Offb 3,7

SPRUCH ÜBER TYRUS UND SIDON: 23,1–18

23 1 Ausspruch über Tyrus.
Heult, ihr Tarschisch-Schiffe, / denn
es ist verwüstet, ohne Hafen, ohne Einfahrt;
aus dem Land der Kittäer / wurde es ihnen
offenbart.

22,11 von Ferne, andere Übersetzungsmöglichkeit: im Voraus.

2 Verstummt, ihr Bewohner der Küste, / du
Kaufmann von Sidon,
der du das Meer durchziehst, / sie haben
dich reich gemacht.
3 Über gewaltige Wasser kam die Saat des
Schihor, die Ernte des Nils, / ihr Ertrag und du
wurdest zum Händler der Nationen.
4 Schäme dich, Sidon, / denn das Meer hat
gesprochen, die Festung am Meer:
Ich lag nicht in Wehen und habe nicht ge-
boren / und ich habe weder junge Männer
großgezogen noch habe ich junge Frauen em-
porgebracht.
5 Sobald die Nachricht die Ägypter er-
reicht, / zittern sie wie bei der Nachricht von
Tyrus.
6 Fahrt nach Tarschisch hinüber; / heult, ihr
Bewohner der Küste!
7 Ist das eure fröhliche Stadt, / deren Ur-
sprung von Urzeit her ist, / deren Füße sie
tragen um in der Ferne zu siedeln?
8 Wer hat das über Tyrus beschlossen, / das
Kronen verschenkt hat,
dessen Händler Fürsten waren, / dessen
Kaufleute zu den Angesehenen der Erde ge-
hörten?
9 Der HERR der Heerscharen hat es be-
schlossen, / die Überheblichkeit aller Zierde
zu entweihen, / alle Angesehenen der Erde
verächtlich zu machen.
10 Überströme dein Land wie der Nil, Toch-
ter Tarschisch, / es gibt keine Hafenmole mehr!
11 Seine Hand hat er ausgestreckt über das
Meer, / er hat die Königreiche erschüttert.
Der HERR hat über Kanaan befohlen, / sei-
ne Festungen zu zerstören.
12 Er sagte: Nie mehr sollst du fröhlich sein, /
du vergewaltigte Jungfrau, Tochter Sidon.
Zu den Kittäern mach dich auf, fahr hinü-
ber, / auch dort findest du keine Ruhe!
13 Siehe, das Land der Chaldäer. Das ist das
Volk, das nicht gewesen ist. Assur hat es für
Wüstentiere gegründet. Sie haben ihre Bela-
gerungstürme errichtet, seine Paläste bloßge-
legt. Er hat es zu einem Trümmerhaufen ge-
macht.
14 Heult, ihr Tarschisch-Schiffe, / denn eure
Festung wurde zerstört!
15 Es wird geschehen an jenem Tag, dass Ty-
rus vergessen bleibt für siebzig Jahre gemäß
den Tagen eines einzelnen Königs. Nach sieb-
zig Jahren wird es Tyrus ergehen gemäß dem
Lied von der Dirne:
16 Nimm die Leier, / durchstreife die Stadt, /
vergessene Hure!
Spiele gut / und singe viel, / damit man sich
an dich erinnert!
17 Am Ende von siebzig Jahren wird es ge-
schehen, dass der HERR Tyrus heimsucht. Sie
wird zu ihrem Dirnenlohn zurückkehren und
Hurerei treiben mit allen Königreichen der
Erde auf der Fläche des Erdbodens. 18 Ihr Ge-
winn und ihr Dirnenlohn wird dem HERRN
als heilige Gabe gehören. Er wird nicht ange-
sammelt und gehortet, sondern wird denen,
die vor dem HERRN wohnen, als Gewinn zu-
gutekommen, um sich satt zu essen und sich
fein zu kleiden.

23,10 Hafenmole, wörtlich: Gürtel.

1: 23,14; 2,16 / **4**: 1,2 / **8**: Offb 18,23 / **14**: 23,1; 2,16 / **17**: Offb 17,2

JESAJA-APOKALYPSE: 24,1–27,13

WELTGERICHT UND GOTTES KÖNIGSHERRSCHAFT AUF DEM ZION: 24,1–23

24 1 Siehe, der HERR verheert und verwüs-
tet die Erde; / er verändert ihr Gesicht /
und zerstreut ihre Bewohner.
2 Dann geht es dem Volk wie dem Priester, /
dem Knecht wie seinem Herrn,
der Magd wie ihrer Herrin, / dem Käufer
wie dem Verkäufer,
dem Gläubiger wie dem Schuldner, / dem,
der ausleiht, wie dem, der von ihm leiht.
3 Verheert wird die Erde, verheert, / geplün-
dert wird sie, geplündert, / denn der HERR hat
dieses Wort gesprochen.
4 Die Erde welkt, sie verwelkt, / die Welt
verkümmert, sie verwelkt; / es verkümmern
die Hohen des Volkes im Lande.
5 Die Erde ist entweiht durch ihre Bewoh-
ner; / denn sie haben die Weisungen übertre-
ten,

das Gesetz verletzt, / den ewigen Bund gebrochen.

6 Darum hat ein Fluch die Erde gefressen, und die auf ihr wohnen, mussten es büßen.

Die Bewohner der Erde nahmen ab, / von Menschen bleibt nur ein geringer Rest.

7 Der Most ist vertrocknet, der Weinstock verkümmert, / es seufzen alle, die freudigen Herzens waren.

8 Zu Ende ist der fröhliche Klang der Pauken, / der Lärm der Ausgelassenen hat aufgehört, / zu Ende ist der fröhliche Klang der Leier.

9 Beim Gesang trinkt man keinen Wein mehr, / bitter schmeckt das Bier denen, die es trinken.

10 Zertrümmert ist die Stadt der Öde, / verschlossen jedes Haus, kein Zugang möglich.

11 Klagegeschrei um den Wein in den Gassen! / Verschwunden ist jede Freude, / vertrieben wurde der Jubel der Erde.

12 Der Rest der Stadt ist Verwüstung; / zu Trümmern geschlagen ist das Tor.

13 Denn so wird es inmitten der Erde sein, mitten unter den Völkern, / wie beim Abschlagen der Oliven, / wie bei der Nachlese, wenn die Ernte vorbei ist.

14 Sie erheben ihre Stimme, sie jubeln, / über die Hoheit des HERRN jauchzen sie vom Meer her.

15 Darum gebt dem HERRN die Ehre im Osten, / die Ehre dem Namen des HERRN, des Gottes Israels, / auf den Inseln des Meeres!

16 Vom Rand der Erde hörten wir Lieder: / Preis dem Gerechten!

Ich aber sagte: / Elend mir, Elend mir, Wehe mir!

Betrüger betrogen, / betrügerisch betrogen die Betrüger.

17 Grauen, Grube und Garn über dich, / Bewohner der Erde.

18 Wer dem Lärm des Grauens entflieht, / fällt in die Grube;

wer aus der Grube heraufkommt, / verfängt sich im Garn,

denn die Schleusen aus der Höhe wurden geöffnet / und die Fundamente der Erde erbebten.

19 Die Erde birst und zerbirst, / die Erde bricht und zerbricht, / die Erde wankt und schwankt.

20 Wie ein Betrunkener taumelt die Erde, / sie schwankt wie ein Schutzdach für die Nacht.

Schwer lastet ihr Vergehen auf ihr, / sie fällt und steht nicht mehr auf.

21 An jenem Tag fordert der HERR Rechenschaft in der Höhe / vom Heer in der Höhe / und auf dem Erdboden von den Königen des Erdbodens.

22 Sie werden gefesselt in einer Grube zusammengetrieben, / eingeschlossen in einem Kerker / und nach vielen Tagen zur Rechenschaft gezogen.

23 Dann wird der weiße Mond sich schämen / und die heiße Sonne zuschanden werden,

denn der HERR der Heerscharen ist König auf dem Berg Zion und in Jerusalem / und seinen Ältesten gegenüber ist Herrlichkeit.

4: 33,9; Jer 12,4; 23,10; Am 1,2 / **5**: Jer 3,2.9 / **13**: 17,6 / **17**: Jer 48,43f. / **20**: 1,8 / **23**: 60,19

DANKLIED ZUM UNTERGANG DER FEINDLICHEN STADT: 25,1–5

25 1 HERR, du bist mein Gott, / ich will dich erheben, deinen Namen preisen,

denn du hast Wunder getan, Pläne von fern her verwirklicht, / zuverlässig und sicher.

2 Du hast die Stadt zu einem Steinhaufen gemacht, / die befestigte Stätte zu einem Trümmerfeld,

den Palast der Fremden, dass er keine Stadt mehr ist, / auf ewig wird er nicht mehr aufgebaut.

3 Darum ehrt dich das starke Volk, / die Stätte gewalttätiger Nationen fürchtet dich.

4 Denn du bist der Schutz für den Schwachen gewesen, / der Schutz für den Armen in seiner Not,

eine Zuflucht vor Unwetter, / ein Schatten vor glühender Hitze. / Denn der Sturm der Gewalttätigen ist wie Unwetter gegen eine Mauer,

5 wie Hitze im Trockenland. / Den Lärm der Fremden trittst du nieder.

Durch den Schatten einer Wolke die Hitze – / er macht schwach den Gesang der Gewalttätigen.

FESTMAHL AUF DEM BERG ZION: 25,6–8

6 Der HERR der Heerscharen wird auf diesem Berg / für alle Völker ein Festmahl geben

mit den feinsten Speisen, / ein Gelage mit erlesenen Weinen,

mit den feinsten, fetten Speisen, / mit erlesenen, reinen Weinen.

24,21 Das Heer in der Höhe sind die Gestirne.

7 Er verschlingt auf diesem Berg die Hülle,
die alle Völker verhüllt, / und die Decke, die
alle Nationen bedeckt.
8 Er hat den Tod für immer verschlungen /
und GOTT, der Herr, wird die Tränen von je-
dem Gesicht abwischen
und die Schande seines Volkes entfernt er
von der ganzen Erde, / denn der HERR hat ge-
sprochen.

8: Hos 13,14; 1 Kor 15,26.54; Offb 7,17

ANKÜNDIGUNG DER ERNIEDRIGUNG MOABS: 25,9–12

9 An jenem Tag wird man sagen: / Siehe, das
ist unser Gott,
auf ihn haben wir gehofft, / dass er uns ret-
tet.
Das ist der HERR, auf ihn haben wir ge-
hofft. / Wir wollen jubeln und uns freuen über
seine rettende Tat.
10 Denn die Hand des HERRN ruht auf die-
sem Berg. / Moab aber wird an seiner Stätte
zerstampft, / wie Stroh in der Jauche
zerstampft wird.
11 Wenn Moab darin auch mit den Händen
rudert / wie der Schwimmer beim Schwim-
men,
so erniedrigt er seinen Hochmut / samt den
Machenschaften seiner Hände.
12 Deine befestigten, hoch aufragenden
Mauern beugt er nieder; / er erniedrigt, stößt
zu Boden, bis in den Staub.

SIEGESLIED DER GERETTETEN: 26,1–6

26 1 An jenem Tag wird dieses Lied im
Land Juda gesungen:
Wir haben eine starke Stadt. / Zum Heil
setzt er Mauern und Wall.
2 Öffnet die Tore, / damit eine gerechte Na-
tion einzieht, / die Treue bewahrt.
3 Festem Sinn gewährst du Frieden, ja Frie-
den, / denn auf dich verlässt er sich.
4 Verlasst euch stets auf den HERRN; / denn
GOTT, der Herr, ist ein ewiger Fels.
5 Denn die Bewohner der Höhe hat er nie-
dergebeugt, / die hoch aufragende Stadt er-
niedrigt;
er hat sie erniedrigt bis zur Erde, / sie bis in
den Staub gestoßen.
6 Füße zertreten sie, die Füße der Armen, /
die Tritte der Schwachen.

2: Ps 118,19f. / 5: 25,12

BITTGEBET DER GERECHTEN: 26,7–19

7 Der Pfad des Gerechten ist Geradheit, /
gerade ist die Bahn des Gerechten, die du eb-
nest.
8 Fürwahr, auf dem Pfad deiner Gerichte,
HERR, / haben wir auf dich gehofft.
Deinen Namen anzurufen und deiner zu
gedenken, / ist der Seele Verlangen.
9 Meine Seele verlangt nach dir in der
Nacht, / auch mein Geist in meinem Innern
ist voll Sehnsucht nach dir.
Denn wann immer deine Gerichte die Erde
treffen, / lernten die Bewohner des Erdkreises
Gerechtigkeit.
10 Wird dem Frevler Gnade gewährt, / so
lernt er keine Gerechtigkeit.
Im Land des Rechts tut er Unrecht / und
sieht nicht die Hoheit des HERRN.
11 HERR, deine Hand ist erhoben / und sie
schauen es nicht.
Doch sie werden schauen / und beschämt
dastehen
vor dem leidenschaftlichen Eifer für das
Volk. / Ja, Feuer wird deine Gegner fressen.
12 HERR, du wirst uns Frieden schaffen; / denn
auch all unsere Taten hast du für uns gemacht.
13 HERR, unser Gott, es beherrschten uns
andere Herren als du. / Allein durch dich brin-
gen wir deinen Namen in Erinnerung.
14 Tote werden nicht lebendig, / Schatten
stehen nicht auf;
denn du hast sie heimgesucht und vernich-
tet, / jede Erinnerung an sie hast du getilgt.
15 Du hast die Nation vermehrt, o HERR, /
du hast die Nation vermehrt,
hast dich verherrlicht, / hast alle Grenzen
des Landes erweitert.
16 HERR, in der Not haben sie nach dir Aus-
schau gehalten; / sie schrien in der Bedrängnis,
als deine Züchtigung sie traf.
17 Wie eine Schwangere, / die kurz davor ist,
zu gebären,
sich windet und schreit in ihren Wehen, /
so waren wir, HERR, vor deinem Angesicht.
18 Wir waren schwanger und lagen in We-
hen, / doch als wir gebaren, war es Wind.
Heil verschaffen wir nicht dem Land / und
Erdenbewohner sind keine geboren.
19 Deine Toten werden leben, / meine Lei-
chen stehen auf. / Wacht auf und jubelt, ihr
Bewohner des Staubes!

26,16 sie schrien in der Bedrängnis: unsichere Übersetzung des schwierigen Textes.

Denn ein Tau von Lichtern / ist dein Tau /
und die Erde gebiert die Schatten.

11: Ex 15,6; Hebr 10,27 / **14**: 26,19 / **19**: 26,14

GERICHT ÜBER ALLE ERDENBEWOHNER: 26,20–27,1

20 Geh, mein Volk, tritt ein in deine Kammern /
und verschließe deine Türen hinter dir!
Verbirg dich für einen kurzen Augenblick, /
bis die Wut vorüber ist.
21 Denn siehe, der HERR zieht aus von seinem Ort, / um die Schuld der Erdenbewohner
an ihnen heimzusuchen.
Dann wird die Erde das Blut in ihr aufdecken / und die Getöteten nicht mehr bedecken.

27 1 An jenem Tag sucht der HERR mit seinem harten, großen, starken Schwert
den Leviatan heim, die flüchtige Schlange, den Leviatan, die gewundene Schlange und er wird
das Ungeheuer töten, das im Meer ist.

27,1: Ijob 26,13; Ps 74,14

LIED VOM NEUEN WEINBERG: 27,2–6

2 An jenem Tag gibt es einen begehrenswerten
Weinberg. / Besingt ihn!
3 Ich, der HERR, bin sein Wächter, / alle Augenblicke bewässere ich ihn.
Damit niemand ihn heimsucht, / bewache ich ihn bei Nacht und bei Tag.
4 Zorn hege ich nicht. / Fände ich Dornen
und Disteln,
würde ich im Kampf gegen sie einschreiten, / ich würde sie allesamt verbrennen!
5 Außer man ergreift meinen Schutz, /
schließt Frieden mit mir, ja Frieden mit mir.
6 In künftigen Tagen schlägt Jakob Wurzel, /
blüht und gedeiht Israel / und der Erdkreis füllt sich mit Früchten.

2-6: 5,1–7

ENTSÜHNUNG JAKOBS: 27,7–9

7 Hat er ihn geschlagen, / wie er seine Schläger schlug,
oder wurde er umgebracht, / wie seine Mörder umgebracht wurden?
8 Du hast ihn aufgescheucht und verjagt /
und so gegen ihn den Rechtsstreit geführt.
Mit seinem schweren Sturm / hat er ihn am Tag des Ostwinds davongetrieben.
9 Darum wird Jakobs Schuld dadurch gesühnt / und seine Sünde beseitigt.
Die ganze Frucht davon ist, dass er alle Altarsteine zerschlagenen Kalksteinen gleichmacht. / Kultpfähle und Rauchopferaltäre stehen nicht mehr.

9: 17,8

ENDE DER EINST BEFESTIGTEN STADT: 27,10–11

10 Ja, die befestigte Stadt liegt einsam da, / eine
entvölkerte Wohnstätte, verlassen wie die Steppe.
Dort weidet der Jungstier, dort legt er sich nieder / und er vertilgt ihre Zweige.
11 Wenn ihre Äste verdorren, werden sie
abgebrochen. / Frauen kommen und machen Feuer damit.
Denn es ist kein einsichtiges Volk; / darum hat sein Schöpfer kein Erbarmen mit ihm, / sein Bildner ist ihm nicht gnädig.

SAMMLUNG DER VERSTREUTEN IN JERUSALEM: 27,12–13

12 An jenem Tag wird der HERR Ähren ausklopfen / vom Eufrat bis zum Strom Ägyptens;
und ihr, ihr werdet aufgelesen werden, / einer nach dem anderen, Söhne Israels!
13 An jenem Tag wird das große Widderhorn
geblasen / und es werden die Verlorenen im Lande Assur / und die im Lande Ägypten Verstreuten kommen;
sie werden niederfallen vor dem HERRN / auf dem heiligen Berg in Jerusalem.

WEHERUFE ÜBER ISRAEL UND JUDA: 28,1–33,24

WEHERUF ÜBER SAMARIA: 28,1–4

28 1 Wehe der stolzen Krone der betrunkenen Efraimiter / und der welkenden
Blüte ihrer prachtvollen Zier,
sie sind auf dem Gipfel über dem fruchtbaren Tal, / vom Wein bezwungen.
2 Siehe, ein Starker und Gewaltiger ist im
Dienst des Herrn. / Wie ein Unwetter mit

Hagelschlag, wie ein Sturm der Verwüs-
tung,
wie ein Unwetter mit mächtigen Wasser-
massen, / so wirft er mit Macht zu Boden.
3 Mit Füßen zertreten wird die stolze Kro-
ne / der betrunkenen Efraimiter.
4 Dann geht es der welkenden Blüte seiner
prachtvollen Zier / auf dem Gipfel über dem
fruchtbaren Tal / wie einer frühreifen Feige
vor der Ernte:
Wer sie erblickt, der verschlingt sie, / kaum
dass er sie in seiner Hand hält.

HEILSORAKEL FÜR DEN REST DES GOTTESVOLKES: 28,5–6

5 An jenem Tag wird der HERR der Heerscha-
ren / zur herrlichen Krone und zum prächti-
gen Kranz für den Rest seines Volkes
6 und zum Geist des Rechts für den, der zu
Gericht sitzt / und zur Heldenkraft für die, die
den Krieg zum Stadttor hinausdrängen.

ANKLAGE GEGEN UNTREUE PRIESTER UND PROPHETEN: 28,7–15

7 Sogar diese schwanken vom Wein / und tau-
meln vom Bier:
Priester und Propheten schwanken vom
Bier, / sind benommen vom Wein.
Sie taumeln vom Bier, / sie schwanken bei
ihren Visionen, / sie torkeln beim Entscheid.
8 Tatsächlich, alle Tische sind voll von Erbro-
chenem, voll von Kot bis auf den letzten Fleck.
9 Wen will er Erkenntnis lehren, wem das
Gehörte verständlich machen?
Gerade von der Milch Entwöhnten, / gera-
de von der Brust Abgesetzten?
10 Ja, zaw lazaw, zaw lazaw, qaw laqaw, qaw
laqaw, / hier ein wenig, dort ein wenig.
11 Ja, mit lallender Lippe und fremder Zun-
ge / wird er zu diesem Volk reden,
12 der zu ihnen gesagt hatte: Dies ist die
Ruhe, / schafft Ruhe dem Müden,
und dies ist der Rastplatz, / aber sie wollten
nicht hören!
13 Und es wird an sie das Wort des HERRN
ergehen: / Zaw lazaw, zaw lazaw, qaw laqaw,
qaw laqaw,
ein wenig hier, / ein wenig dort,
damit sie gehen und rückwärts stolpern, /
zerbrechen, sich verstricken / und gefangen
werden.
14 Darum hört das Wort des HERRN, ihr
Spötter, / ihr Beherrscher dieses Volks in Je-
rusalem.
15 Ihr habt gesagt: Wir haben mit dem Tod
einen Bund geschlossen, / wir haben mit der
Unterwelt einen Vertrag gemacht.
Die Geißel, die überschwemmende Flut, /
wird uns nicht erreichen;
denn wir haben Lüge zu unserer Zuflucht
gemacht / und uns im Trug versteckt.

7: 29,9 / **11:** 33,19; 1 Kor 14,21 / **12:** 30,15; Jer 6,16 / **13:** 8,15 / **15:** Am 9,10

DER GRUNDSTEIN IN ZION – SICHERHEIT IM STURM: 28,16–22

16 Darum – so spricht GOTT, der Herr:
Siehe, ich lege in Zion einen Grundstein, /
einen harten und kostbaren Eckstein,
ein fest gegründetes Fundament: / Wer
glaubt, treibt nicht zur Eile.
17 Und ich mache das Recht zur Richtschnur /
und die Gerechtigkeit zur Waage.
Der Hagel fegt die Zuflucht der Lüge hin-
weg / und die Wasser schwemmen das Ver-
steck fort.
18 Euer Bund mit dem Tod wird ausge-
löscht / und euer Vertrag mit der Unterwelt
hat keinen Bestand.
Die Geißel, die überschwemmende Flut, /
von ihr werdet ihr zermalmt.
19 Sooft sie überschwemmt, ergreift sie
euch, / denn Morgen für Morgen über-
schwemmt sie, / bei Tag und bei Nacht. /
Dann wird nur noch Entsetzen sein, wenn
man das Gehörte begreift.
20 Das Bett ist zu kurz, / man kann sich nicht
ausstrecken,
die Decke ist zu schmal, / man kann sich
nicht einhüllen.
21 Denn der HERR wird aufstehen wie am
Berg Perazim, / wie im Tal bei Gibeon wird er
toben,
um seine Tat zu tun, seine seltsame Tat, /
sein Werk zu verrichten, sein befremdliches
Werk.
22 Darum spottet nicht weiter, / sonst wer-
den eure Fesseln noch stärker.
Denn das Ende für die ganze Erde ist be-
schlossen. / Gehört habe ich es vom Herrn,
dem GOTT der Heerscharen.

28,10.13 zaw lazaw … laqaw, nicht übersetzbares lautmalerisches Wortspiel.

28,14 Beherrscher, andere Übersetzungsmöglichkeit: Sprüchemacher.

28,16 Siehe, ich lege: Qumran; ich bin es, der gelegt hat: H.

GLEICHNIS VOM PLANVOLLEN TUN DES BAUERN: 28,23–29

23 Horcht auf und hört meine Stimme, / gebt
Acht und hört meine Rede!
24 Pflügt denn der Pflüger den ganzen Tag,
um zu säen, / beackert und eggt er den ganzen
Tag sein Land?
25 Ist es nicht so: Wenn er dessen Fläche ge-
ebnet hat, / streut er Schwarzkümmel und
sprengt Kreuzkümmel,
sät Weizen reihenweise, Gerste auf das ab-
gesteckte Stück / und Emmer an seinen Rand?
26 So unterweist ihn, belehrt ihn / zur rech-
ten Ordnung sein Gott.
27 Ja, Schwarzkümmel wird nicht mit dem
Schlitten gedroschen / und das Wagenrad
nicht über Kreuzkümmel gedreht,
sondern Schwarzkümmel wird mit dem
Stab ausgeschlagen / und Kreuzkümmel mit
dem Stock.
28 Wird das Brotkorn zermalmt? / Nein,
nicht immerzu drischt es der Drescher.
Setzt er das Rad seines Wagens in Bewe-
gung, / so zermalmt er es mit seinen Pferden
nicht.
29 Auch dies ist vom HERRN der Heerscha-
ren ausgegangen, / er hat wunderbaren Rat
gegeben, hat groß den Erfolg gemacht.

29: 9,5

WEHERUF ÜBER ARIËL, JERUSALEM: 29,1–8

29 1 Wehe dir, Ariël, Ariël, / du Stadt, wo
David lagerte! / Fügt nur Jahr an Jahr,
die Feste gehen im Kreis!
2 Ich werde Ariël bedrängen, / sodass Trau-
rigkeit und Trauer herrschen. / Dann wirst du
mir wie ein Opferherd sein.
3 Ringsum werde ich gegen dich lagern, /
dich mit einem Wall einschließen / und
Schanzen gegen dich aufrichten.
4 Dann wirst du erniedrigt von der Erde aus
sprechen, / aus dem Staub dringt dumpf deine
Rede.
Deine Stimme wird sein / wie die eines To-
tengeistes aus der Erde / und aus dem Staub
wird deine Rede flüstern.
5 Dann wird der Haufen der Fremden bei dir
wie feiner Staub sein, der Haufen der Unter-
drücker wie dahinfliegende Spreu. Und es
wird sein – plötzlich, ganz plötzlich: 6 Vom
HERRN der Heerscharen wirst du mit Donner
und Getöse und mit lautem Dröhnen heimge-
sucht, mit Wind und Wirbelsturm und mit
Flammen verzehrenden Feuers. 7 Wie ein
Traum, eine nächtliche Vision, wird der Hau-
fen all der Nationen sein, die gegen Ariël
kämpfen mit all ihrem Heer, ihren Schanzen
und ihren Bedrängern. 8 Dann wird es sein, wie
wenn ein Hungriger träumt, dass er isst, aber
aufwacht und sein Magen ist leer; und wie
wenn ein Durstiger träumt, dass er trinkt, aber
aufwacht und siehe: Er ist erschöpft und seine
Kehle ist ausgedörrt. So wird es dem Haufen
all der Nationen gehen, die gegen den Berg
Zion kämpfen.

1: 2 Sam 5,6–8 / **6:** 30,30

VERBLENDUNG GEGENÜBER DEM GESCHRIEBENEN WORT: 29,9–14

9 Starrt einander an und erstarrt, / seid ver-
blendet und erblindet!
Sie sind betrunken, aber nicht vom Wein, /
sie taumeln, aber nicht vom Bier!
10 Denn der HERR hat über euch einen Geist
der Ohnmacht ausgegossen; / er hat eure Au-
gen, die Propheten, verschlossen und eure
Köpfe, die Seher, verhüllt.
11 So wurde für euch die Vision von alledem
wie Worte in einem versiegelten Buch: Gibt
man es einem, der lesen kann, und sagt: Lies
dies doch!, dann wird er sagen: Ich kann nicht,
denn es ist versiegelt. 12 Und gibt man das Buch
einem, der nicht lesen kann, und sagt: Lies dies
doch!, dann wird er sagen: Ich kann nicht le-
sen.
13 Der Herr sagte:
Weil dieses Volk sich mir mit seinem Mund
näherte / und mich mit seinen Lippen ehrte,
sein Herz aber fernhielt von mir und weil
ihre Furcht vor mir / zu einem angelernten
menschlichen Gebot wurde,
14 darum, siehe, will ich weiterhin wunder-
bar an diesem Volk handeln, / wunderbar und
wundersam.
Dann wird die Weisheit seiner Weisen ver-
gehen / und die Klugheit seiner Klugen sich
verbergen.

9: 28,7 / **10:** 19,14 / **14:** 1 Kor 1,19

WEHERUFE GEGEN DIE SELBSTKLUGEN: 29,15–16

15 Wehe denen, die einen Plan tief unten vor
dem HERRN verborgen halten, / damit ihre
Taten in der Dunkelheit bleiben!
Sie sagen: Wer sieht uns / und wer weiß um
uns?

16 Oh, eure Verkehrtheit! / Wird denn der
Töpfer wie Ton geachtet?
Sagt denn das Werk von dem, der es her-
stellt: / Er hat mich nicht gemacht?
Und ein Topf von seinem Töpfer: / Er ver-
steht nichts?

16: 45,9; Jer 18,1–6; Röm 9,20f.

AUFHEBUNG DER VERBLENDUNG UND ENDE DER NOT: 29,17–24

17 Ist es nicht nur noch eine kurze Zeit, / dann
wandelt sich der Libanon in einen Baum-
garten / und der Baumgarten wird als Wald
gelten?
18 Die Tauben werden an jenem Tag die Wor-
te des Buches hören / und aus Dunkel und
Finsternis werden die Augen der Blinden se-
hen.
19 Die Gedemütigten freuen sich wieder am
HERRN / und die Armen unter den Menschen
jubeln über den Heiligen Israels.
20 Denn der Unterdrücker ist nicht mehr
da, / der Spötter ist am Ende, / ausgerottet
sind alle, die auf Böses bedacht sind,
21 die durch ein Wort Menschen zur Sünde
verleiten, / die dem, der im Stadttor entschei-
det, Fallen stellen / und den Gerechten mit
haltlosen Gründen wegdrängen.
22 Darum – so spricht der HERR zum Haus
Jakob, / der HERR, der Abraham losgekauft
hat:
Nun braucht sich Jakob nicht mehr zu schä-
men, / sein Gesicht muss nicht mehr erblei-
chen.
23 Denn wenn er seine Kinder, das Werk
meiner Hände, in seiner Mitte sieht, / werden
sie meinen Namen heilig halten.
Sie werden den Heiligen Jakobs heilig hal-
ten / und den Gott Israels werden sie fürch-
ten.
24 Dann werden, die verwirrten Geistes wa-
ren, Einsicht erkennen, / und die murrten,
nehmen Belehrung an.

17: 32,15 / **20**: 16,4

WEHERUF GEGEN DIE STÖRRISCHEN SÖHNE: 30,1–7

30 1 Wehe den störrischen Söhnen –
Spruch des HERRN –, / die einen Plan
ausführen, der nicht von mir ist,
und ein Trankopfer ausgießen, / aber ohne
meinen Geist, / um Sünde auf Sünde zu häu-
fen!
2 Die sich auf den Weg hinunter nach Ägyp-
ten machen – / meinen Mund hatten sie nicht
befragt –,
um sich zu bergen im Schutz des Pharao und
Zuflucht zu suchen / im Schatten Ägyptens.
3 Doch wird euch der Schutz des Pharao zur
Schande / und die Zuflucht im Schatten
Ägyptens zur Schmach.
4 Wenn auch seine Fürsten in Zoan waren /
und seine Boten Hanes erreichten,
5 so wurde doch jeder zuschanden an dem
Volk, / das ihnen nicht nützt,
das nicht zur Hilfe und nicht zum Nutzen
dient, / sondern nur zur Schande und gar zum
Hohn.
6 Ausspruch über die Tiere des Negeb:
Durch ein Land der Not und der Bedräng-
nis – / Löwin und Löwe kommen daher, /
Giftschlange und fliegender Seraf –
tragen sie auf dem Rücken der Esel / ihren
Reichtum
und auf dem Höcker der Kamele / ihre
Schätze zu einem Volk, das nichts nützt.
7 Ägypten ist nichtig und nutzlos ist, was sie
helfen. / Darum nenne ich das: Rahab sind sie!
Untätigkeit!

1: 31,1; 2 Kön 18,21; Jer 2,18

VERSCHRIFTUNG DER PROPHETIE UND MAHNUNG: 30,8–17

8 Nun komm, schreib es auf eine Tafel bei ih-
nen, / zeichne es in ein Schriftstück auf, /
damit es für einen künftigen Tag Zeuge sei auf
ewig!
9 Denn es ist ein trotziges Volk, verlogene
Söhne, / Söhne, die nicht hören wollten auf
die Weisung des HERRN.
10 Die zu den Sehern sagten: Seht nicht! /
und zu denen, die schauten: Erschaut für uns
nicht, was richtig ist!
Sagt uns Schmeichelndes! / Schaut Täu-
schungen!
11 Weicht ab vom rechten Weg, biegt ab vom
Pfad, / lasst uns in Ruhe mit dem Heiligen Israels!
12 Darum – so spricht der Heilige Israels: /
Weil ihr dieses Wort verworfen,
auf Gewalt und Arglist vertraut / und darauf
euch gestützt habt,
13 darum wird für euch diese Schuld / wie
ein von oben sich öffnender und sich verbrei-
ternder Riss / in einer hoch aufragenden Mau-
er sein, / deren Zusammenbruch plötzlich,
urplötzlich kommt.

14 Er zerbricht sie wie beim Zerbrechen eines
Töpferkruges, / zerschmettert ohne Mitleid,
und unter seinen zerschmetterten Stücken
findet sich keine Scherbe, / um Feuer vom
Herd zu holen / oder Wasser aus der Zisterne
zu schöpfen.
15 Denn so spricht der GOTT, der Herr, der
Heilige Israels:
Durch Umkehr und Ruhe werdet ihr geret-
tet, / im Stillhalten und Vertrauen liegt eure
Kraft.
Doch ihr habt nicht gewollt, / 16 sondern
gesagt:
Nein, auf Pferden wollen wir fliehen. / Da-
rum sollt ihr fliehen.
Ihr habt gesagt: Auf schnellem Pferd wollen
wir reiten. / Darum werden eure Verfolger
schnell sein.
17 Tausende fliehen vor dem Drohen eines
Einzigen, / vor dem Drohen von fünfen ihr
alle,
bis ihr übrig seid, / wie eine Signalstange auf
dem Gipfel des Berges / und wie ein Feldzei-
chen auf dem Hügel.

9: 1,4 / **10**: Am 2,12; 7,12f. / **17**: Dtn 32,30

HEILSWENDE FÜR DAS VOLK AUF DEM ZION: 30,18–26

18 Darum wartet der HERR darauf, / euch gnä-
dig zu sein,
darum erhebt er sich, / um sich eurer zu er-
barmen.
Denn der HERR ist ein Gott des Rechts; /
selig alle, die auf ihn warten.
19 Ja, du Volk auf dem Zion, / das in Jerusa-
lem wohnt, / ganz sicher wirst du nicht mehr
weinen.
Ganz sicher wird er dir gnädig sein auf die
Stimme deines Hilfegeschreis hin; / sobald er
es hört, antwortet er dir.
20 Der Herr wird euch Brot der Not und Was-
ser der Bedrängnis geben / und deine Lehrer
werden sich nicht mehr verbergen,
sondern deine Augen werden stets deine
Lehrer sehen. / 21 Deine Ohren werden ein
Wort hinter dir hören:
Dies ist der Weg, geht ihn, / auch wenn ihr
nach rechts oder links abbiegen wolltet!
22 Dann werdet ihr deine mit Silber überzo-
genen Schnitzbilder / und deine mit Gold
umkleideten Gussbilder verunreinigen.
Du wirst sie wie Unrat wegwerfen. / Hi-
naus!, wirst du dazu sagen.
23 Dann wird er Regen geben deiner Saat, /
die du auf den Acker gesät hast,
und das Brotkorn, der Ertrag des Ackers, /
wird üppig und fett sein. / Deine Herden wer-
den an jenem Tag auf weiten Wiesen weiden.
24 Die Rinder und Esel, die den Acker bear-
beiten, / fressen Futter mit Sauerampfer, / das
man mit Schaufel und Gabel ausstreut.
25 Auf jedem hohen Berg und auf jedem auf-
ragenden Hügel / werden Bäche, Wasserläufe
sein
am Tag des großen Mordens, / wenn Türme
einstürzen.
26 Dann wird das Licht des weißen Mondes
wie das Licht der heißen Sonne und das Licht
der heißen Sonne wird siebenfach hell sein wie
das Licht von sieben Tagen, an dem Tag, an dem
der HERR den Bruch seines Volkes verbindet
und die Wunde seines Schlages heilt.

18: Ps 2,12 / **25**: 2,14

GERICHTSTHEOPHANIE GEGEN ASSUR: 30,27–33

27 Siehe, der Name des HERRN kommt aus
der Ferne, / brennend sein Zorn, / gewaltig an
Wucht.
Seine Lippen sind voller Wut, / seine Zun-
ge ist wie fressendes Feuer,
28 sein Atem wie ein reißender Fluss, / der
bis an den Hals reicht.
Er siebt Nationen im Sieb des Wahns – / er
legt einen Zaum, der in die Irre führt, / an die
Kinnbacken der Völker.
29 Das Lied wird für euch sein wie nachts, /
wenn man sich fürs Fest heiligt,
und die Freude des Herzens, / wie wenn man
unter Flötenspiel einhergeht, / um auf den Berg
des HERRN zu kommen, zum Felsen Israels.
30 Dann lässt der HERR die Pracht seiner
Stimme hören / und er lässt sehen, wie sein
Arm niederfährt
mit grimmigem Zorn und einer Flamme
fressenden Feuers – / Gewitter, Unwetter und
Hagelschlag.
31 Ja, vor der Stimme des HERRN wird Assur
erschrecken; / mit dem Stock schlägt er zu.
32 Und es wird geschehen: Jeder Schlag mit
der Zuchtrute, / die der HERR auf ihn nieder-
fahren lässt,
geschieht mit Pauken und Leiern. / In
Kämpfen mit Schwung des Armes kämpft er
gegen ihn.

30,32 in Kämpfen mit Schwung des Armes: versuchsweise Übersetzung des schwierigen Textes.

33 Ja, längst schon ist eine Brandstätte vorbereitet, / auch für den König ist sie errichtet, / man hat sie tief und weit gemacht;

ihr Scheiterhaufen hat Feuer und Holz in Fülle, / der Atem des HERRN brennt darin wie ein Schwefelstrom.

27: 29,6 / **30:** 30,27; 29,6

WEHERUF GEGEN DIE, DIE SICH AUF ÄGYPTEN STÜTZEN: 31,1–3

31 1 Wehe denen, die nach Ägypten um Hilfe hinabziehen, / sich auf Pferde stützen!

Sie haben auf Wagen vertraut, / weil es viele, und auf Reiter, / weil sie sehr stark waren.

Doch auf den Heiligen Israels haben sie nicht geschaut / und den HERRN haben sie nicht befragt!

2 Er seinerseits ist weise. Er hat Unheil kommen lassen / und seine Worte nicht zurückgenommen.

Er wird sich gegen das Haus der Übeltäter erheben / und gegen die Hilfe derer, die Böses tun.

3 Denn die Ägypter sind Menschen und nicht Gott / und ihre Pferde sind Fleisch und nicht Geist!

Streckt der HERR seine Hand aus, / so strauchelt der Helfer

und es fällt der, dem geholfen wird. / Alle miteinander sind sie am Ende.

1–3: 30,1–7

GOTTES EINTRETEN FÜR ZION UND JERUSALEM: 31,4–9

4 Denn so hat der HERR zu mir gesagt:

Wie der Löwe, der Junglöwe über dem, was er gerissen hat, faucht, / wie er, gegen den die Fülle der Hirten gerufen wird, / sich vor ihrer Stimme nicht duckt,

so steigt der HERR der Heerscharen hinab, / um zu kämpfen auf dem Berg Zion und seiner Anhöhe.

5 Wie Vögel im Flug, / so wird der HERR der Heerscharen Jerusalem schützen: / schützen und er wird befreien, verschonen und er wird retten.

6 Kehrt um zu dem, / von dem die Söhne Israels so tief abgefallen sind!

7 Denn an jenem Tag wird jeder von ihnen seine silbernen und goldenen Götzen verwerfen, / die eure Hände – eine Sünde – für euch gemacht haben.

8 Dann wird Assur fallen durch ein Schwert, aber nicht das eines Mannes, / und das Schwert, nicht das eines Menschen, wird es fressen.

Es wird fliehen vor dem Schwert / und seine jungen Männer werden Fronarbeiter.

9 Sein Fels vergeht vor Grauen / und seine Fürsten schrecken zurück vor dem Feldzeichen, Spruch des HERRN,

der Glut hat in Zion / und einen Ofen in Jerusalem.

7: 2,20

DAS KÜNFTIGE REICH VON GERECHTIGKEIT UND RECHT: 32,1–8

32 1 Siehe: Ein König wird nach Gerechtigkeit regieren / und Fürsten handeln nach Recht.

2 Jeder von ihnen wird wie ein Zufluchtsort vor dem Sturm sein, / wie ein Versteck vor Starkregen,

wie Wasserbäche in dürrer Gegend, / wie der Schatten eines mächtigen Felsens im erschöpften Land.

3 Und die Augen der Sehenden werden nicht mehr verklebt sein / und die Ohren der Hörenden werden aufhorchen.

4 Das Herz der Unbesonnenen wird begreifen, was Erkenntnis ist, / und die Zunge der Stammelnden wird fließend und deutlich reden.

5 Der Dummkopf wird nicht mehr edel genannt / und der Schurke wird nicht mehr für vornehm gehalten.

6 Denn der Dummkopf redet Dummes / und sein Herz tut Unheil,

um Ruchloses zu tun / und Lästerliches über den HERRN zu reden,

er lässt die Kehle des Hungrigen leer ausgehen / und dem Durstigen versagt er den Trank.

7 Der Schurke, seine Waffen sind böse, / er plant Verbrechen,

um die Schwachen durch Lügenworte zu schädigen, / während der Arme von Recht redet.

8 Der Edle aber plant Edles / und tritt für das Edle ein.

1: 11,3–5; Jer 23,5 / **3–5:** 6,9f.

TRAUER DER SELBSTSICHEREN FRAUEN: 32,9–14

9 Ihr sorglosen Frauen, steht auf, hört meine
Stimme, / ihr selbstsicheren Töchter, horcht
auf meine Rede!
10 Über Jahr und Tag werdet ihr zittern, / ihr
Selbstsicheren;
denn die Weinernte ist vernichtet, / es gibt
keine Obsternte mehr.
11 Bebt, ihr Sorglosen, / zittert, ihr Selbst-
sicheren!
Zieht euch aus, entblößt euch / und legt
das Trauerkleid an!
12 An die Brust schlägt man sich und klagt /
wegen der begehrenswerten Felder, / wegen
des fruchtbaren Weinstocks,
13 wegen des Ackerbodens meines Volkes, /
auf dem Dornen und Disteln wachsen,
wegen aller Häuser voll Jubel, / der fröhli-
chen Stadt.
14 Ja, der Palast ist verlassen, / der Lärm der
Stadt ist verstummt.
Burghügel und Wachtturm dienen als Höh-
len bis in Ewigkeit, / ein Jubel für die Wild-
esel, / dort weiden die Herden,

9–14: 3,16–4,1 / **9**: Am 4,1–3; 6,1

WIRKEN DES GEISTES AUS DER HÖHE: 32,15–20

15 bis über uns der Geist aus der Höhe ausge-
gossen wird. / Dann wird die Wüste zum Gar-
ten / und der Garten wird zum Wald.
16 In der Wüste wird wohnen das Recht / und
in dem Garten wird die Gerechtigkeit weilen.
17 Das Werk der Gerechtigkeit wird Friede
sein / und der Ertrag der Gerechtigkeit sind
Ruhe und Sicherheit für immer.
18 Dann wird mein Volk auf der Aue des Frie-
dens weilen, / an sicheren Wohnorten und an
sorgenfreien Ruheplätzen.
19 Aber der Wald wird stürzen in jähem
Sturz, / die Stadt wird versinken in tiefer Senke.
20 Selig, die ihr an jedem Wasser sät, / die
ihr freilasst den Fuß des Ochsen und des Esels!

15: 29,17 / **17**: 30,15 / **18**: 33,20

WEHERUF ÜBER DEN FEIND: 33,1

33 1 Weh dir, der du zerstörst / und selbst
nicht zerstört wurdest!
Wehe dir, der du raubst / und den man nicht
beraubt hat!
Wenn du alles zerstört hast, / wirst du selbst
zerstört.
Wenn du mit dem Rauben zu Ende bist, /
werden sie dich berauben.

1: 21,2

GEBET ZU GOTT AUF DEM ZION: 33,2–6

2 HERR, sei uns gnädig, / auf dich haben wir
gehofft.
Sei ihr strafender Arm an jedem Morgen, /
sei unsere Rettung zur Zeit der Not!
3 Vor dem lauten Getöse sind die Völker ge-
flohen; / wenn du dich erhebst, haben sich die
Nationen zerstreut.
4 Man rafft Beute zusammen, / so wie die
Heuschrecken alles zusammenraffen;
wie die Grashüpfer springen, / so springt
man und raubt.
5 Erhaben ist der HERR, denn er wohnt in der
Höhe; / er hat Zion mit Recht und Gerechtig-
keit erfüllt.
6 Sicher werden deine Zeiten sein: / Fülle an
Heil, Weisheit und Erkenntnis. / Die Furcht
des HERRN – sie ist sein Schatz.

5: 1,21

VERÖDUNG DES LANDES: 33,7–9

7 Siehe, die Bewohner Ariëls schrien nach
draußen, / die Boten des Friedens weinen bit-
terlich.
8 Die Straßen waren verödet, / niemand
mehr betrat den Pfad.
Gebrochen hat man den Bund, / verworfen
Städte, / nicht hat man den Menschen geachtet.
9 Man trauerte, das Land war verdorrt, / der
Libanon stand beschämt da, schwarz verwelkt.
Die Scharon-Ebene ist wie die Araba gewor-
den, / entlaubt sind Baschan und Karmel.

7: 29,1f.; 22,4 / **8**: Ri 5,6 / **9**: 24,4; Am 1,2

GERICHT ÜBER DIE SÜNDER IN ZION: 33,10–16

10 Jetzt stehe ich auf, spricht der HERR, / jetzt
erhebe ich mich, jetzt richte ich mich auf.
11 Ihr geht schwanger mit Heu, / Stroh
bringt ihr zur Welt. / Euer Atem ist Feuer, das
euch frisst.
12 Und Völker werden zu Kalk verbrannt, /
abgehauene Dornen, die im Feuer lodern.
13 Hört, ihr Fernen, was ich getan habe, /
und erkennt, ihr Nahen, meine Kraft!
14 Die Sünder in Zion erschraken, / Zittern
erfasste die Gottlosen.
Wer von uns hält es aus bei dem fressenden
Feuer? / Wer von uns hält es aus neben der
ewigen Glut?

15 Wer in Gerechtigkeit geht und die Wahr-
heit sagt, / wer es ablehnt, Gewinn zu erpres-
sen,
wer sich dagegen wehrt, Bestechung anzu-
nehmen, / wer sein Ohr verstopft, um nichts
von Bluttaten zu hören, / und seine Augen
verschließt, um nichts Böses zu sehen:
16 der wird auf Höhen wohnen, / Felsenbur-
gen sind seine Zuflucht;
sein Brot wird gegeben, / seine Wasserquel-
len sind gesichert.

10: Ps 12,6 / **14:** Dtn 4,24; Hebr 12,29 / **15:** Ps 15; 24,3–5

GOTT ALS KÖNIG IN ZION: 33,17–24

17 Deine Augen werden den König in seiner
Schönheit erblicken, / sie sehen ein fernes Land.
18 Dein Herz denkt an den Schrecken: / Wo
ist der, der zählt,
wo ist der, der abwiegt? / Wo ist der, der die
Türme zählt?
19 Du wirst das freche Volk nicht mehr se-
hen, / das Volk mit der dunklen, unverständ-
lichen Rede, / mit der stammelnden, nicht
verstehbaren Sprache.
20 Schau auf Zion, die Stätte unserer Feste! /
Deine Augen werden Jerusalem sehen, die
sorgenfreie Aue, / das Zelt, das man nicht
abbricht,
dessen Pflöcke man niemals mehr ver-
rückt, / dessen Stricke nicht zerrissen werden.
21 Sondern: Dort ist für uns ein Mächtiger,
der HERR! / Es ist ein Ort mit Flüssen, breiten
Strömen,
kein Ruderboot fährt auf ihnen, / kein
mächtiges Schiff zieht dahin.
22 Ja, der HERR ist unser Richter, / der HERR
unser Gesetzgeber; / der HERR ist unser Kö-
nig, er wird uns retten.
23 Schlaff hingen deine Seile, / sie halten das
Gestell ihrer Signalstange nicht fest, / haben
das Feldzeichen nicht gespannt.
Damals wurde die Beute massenweise auf-
geteilt, / Lahme haben Raub geraubt.
24 Kein Einwohner wird sagen: / Ich bin
krank.
Dem Volk, das darin weilt, / ist die Schuld
vergeben.

20: 32,18

GERICHT ÜBER EDOM – HEIL FÜR ZION: 34,1–35,10

ANKÜNDIGUNG DES GERICHTS ÜBER EDOM:
34,1–17

34 1 Naht euch, Nationen, um zu hören, /
Völker, merkt auf!
Es höre die Erde und alles, was sie erfüllt, /
der Erdkreis und alles, was auf ihm sprosst.
2 Denn der HERR ist zornig über alle Natio-
nen, / ergrimmt über ihr ganzes Heer.
Er hat sie dem Bann bestimmt, / zur
Schlachtung freigegeben.
3 Ihre Erschlagenen werden hingeworfen
und deren Leichname – / ihr Gestank steigt
auf
und die Berge zerfließen von ihrem Blut. /
4 Das ganze Heer des Himmels verfault,
wie eine Buchrolle rollt sich der Himmel
zusammen, / sein ganzes Heer welkt dahin,
wie das Blatt vom Weinstock verwelkt, /
wie welke Früchte vom Feigenbaum.
5 Denn mein Schwert hat sich im Himmel
gelabt. / Siehe, es wird zum Gericht herabstei-
gen auf Edom, / auf das Volk meines Bannes.
6 Ein Schwert hat der HERR, es ist voll Blut,
triefend von Fett,
vom Blut der Lämmer und Böcke, / vom
Nierenfett der Widder.
Denn ein Opferfest hält der HERR in Boz-
ra ab, / ein großes Schlachtfest im Land
Edom.
7 Dann stürzen Wildochsen mit ihnen, /
junge Bullen gemeinsam mit Stieren.
Ihr Land wird sich laben am Blut / und ihr
staubiger Boden wird triefen von Fett.
8 Denn ein Tag der Vergeltung ist es für den
HERRN, / ein Jahr der Wiedergutmachung im
Rechtsstreit um Zion.
9 Edoms Bäche verwandeln sich in Pech /
und sein staubiger Boden zu Schwefel. / Sein
Land wird zu brennendem Pech.
10 Bei Nacht und bei Tag erlischt es nicht, /
auf ewig steigt sein Rauch empor.
Von Geschlecht zu Geschlecht liegt es in
Trümmern, / auf endlose Zeit gibt es keinen,
der es durchzieht.

11 Eule und Igel nehmen es in Besitz, / Ibis und Rabe wohnen darin.
Er spannt darüber die Messschnur der Öde / und das Senkblei der Leere.
12 Seine Edlen – / aber niemand ist da,
der das Königtum ausruft. / Alle seine Fürsten sind ein Nichts.
13 In seinen Palästen steigen Dornen auf, Nesseln und Disteln in seinen Festungen.
Es wird eine Aue für Schakale sein, / eine Wiese für junge Strauße.
14 Wüstentiere treffen auf Hyänen, / Bocksgeister begegnen einander.
Ja, Lilit macht dort Rast / und findet für sich einen Ruheplatz.
15 Dort nistet die Pfeilschlange, / legt Eier, macht einen Spalt und brütet sie aus / in ihrem Schatten.
Ja, dort versammeln sich die Geier, / einer neben dem anderen.
16 Forscht nach im Buch des HERRN / und lest:
Nicht eines von diesen Tieren fehlt, / keines vermisst das andere!
Denn der Mund des HERRN, er hat es befohlen / und sein Geist, er hat sie versammelt.
17 Er selbst hat für sie das Los geworfen / und ihnen mit eigener Hand das Land mit der Messschnur zugeteilt:
Für immer werden sie es besitzen, / von Geschlecht zu Geschlecht darin wohnen.

3: Joël 2,20 / **10–15**: 13,20–22 / **11**: 14,23; Zef 2,14 / **13**: 35,7; Hos 9,6 / **14**: 13,21

VERHEISSUNG DES HEILS FÜR ZION: 35,1–10

35 1 Jubeln werden die Wüste und das trockene Land, jauchzen wird die Steppe / und blühen wie die Lilie.
2 Sie wird prächtig blühen / und sie wird jauchzen, ja jauchzen und frohlocken.
Die Herrlichkeit des Libanon wurde ihr gegeben, / die Pracht des Karmel und der Ebene Scharon.
Sie werden die Herrlichkeit des HERRN sehen, / die Pracht unseres Gottes.
3 Stärkt die schlaffen Hände / und festigt die wankenden Knie!
4 Sagt den Verzagten: / Seid stark, fürchtet euch nicht!
Seht, euer Gott! / Die Rache kommt, die Vergeltung Gottes! / Er selbst kommt und wird euch retten.
5 Dann werden die Augen der Blinden aufgetan / und die Ohren der Tauben werden geöffnet.
6 Dann springt der Lahme wie ein Hirsch / und die Zunge des Stummen frohlockt,
denn in der Wüste sind Wasser hervorgebrochen / und Flüsse in der Steppe.
7 Der glühende Sand wird zum Teich / und das durstige Land zu sprudelnden Wassern.
Auf der Aue, wo sich Schakale lagern, / wird das Gras zu Schilfrohr und Papyrus.
8 Dort wird es eine Straße, den Weg geben; / man nennt ihn den Heiligen Weg.
Kein Unreiner wird auf ihm einherziehen; / er gehört dem, der auf dem Weg geht, / und die Toren werden nicht abirren.
9 Es wird dort keinen Löwen geben, / kein Raubtier zieht auf ihm hinauf,
kein einziges ist dort zu finden, / sondern Erlöste werden ihn gehen.
10 Die vom HERRN Befreiten kehren zurück / und kommen zum Zion mit Frohlocken.
Ewige Freude ist auf ihren Häuptern, / Jubel und Freude stellen sich ein, / Kummer und Seufzen entfliehen.

3: Hebr 12,12 / **10**: 51,11

34,14 Lilit ist der akkadische Name eines weiblichen dämonischen Wesens. Im Hebräischen klingt das Wort layil, Nacht, an.
34,16 der Mund des HERRN: vermuteter Text; sein Mund: Qumran; mein Mund: H, Vg.

ERRETTUNG JERUSALEMS UND DES KÖNIGS: 36,1–39,8

ERSTE GESANDTSCHAFT SANHERIBS: 36,1–22

36 1 Und es geschah im vierzehnten Jahr
des Königs Hiskija, da zog Sanherib,
der König von Assur, gegen alle befestigten
Städte Judas und nahm sie ein. 2 Der König
von Assur sandte den Rabschake mit einer
großen Streitmacht von Lachisch aus nach
Jerusalem gegen König Hiskija. Er stellte sich
an der Wasserleitung des oberen Teiches auf,
der an der Walkerfeldstraße liegt. 3 Der Palastvorsteher Eljakim, der Sohn Hilkijas, der
Staatsschreiber Schebna und der Sprecher des

Königs Joach, der Sohn Asafs, gingen zu ihm
hinaus.
4 Da sagte der Rabschake zu ihnen: Sagt zu
Hiskija: So spricht der Großkönig, der König
von Assur: Was ist das für ein Vertrauen, auf
das du vertraut hast? 5 Du dachtest wohl, blo-
ßes Gerede sei im Krieg schon Rat und Stärke?
Auf wen hast du vertraut, dass du dich gegen
mich aufgelehnt hast? 6 Siehe, du hast vertraut
auf Ägypten, dieses geknickte Schilfrohr, das
jedem, der sich darauf stützt, in die Hand
dringt und sie durchbohrt. Denn so ist der
Pharao, der König von Ägypten, für alle, die
auf ihn vertrauen. 7 Wenn du aber zu mir sagst:
Auf den HERRN, unseren Gott, haben wir ver-
traut. – Ist nicht er es, dessen Kulthöhen und
Altäre Hiskija beseitigt hat? Und er sagte zu
Juda und zu Jerusalem: Nur vor diesem Altar
in Jerusalem dürft ihr euch niederwerfen!
8 Und nun: Geh doch mit meinem Herrn, dem
König von Assur, eine Wette ein! Ich gebe dir
zweitausend Pferde, wenn du die Reiter für sie
stellen kannst. 9 Wie willst du auch nur einen
einzigen Statthalter in die Flucht schlagen,
einen von den geringsten Knechten meines
Herrn? Und du setztest dein Vertrauen auf
Ägypten – auf die Wagen und Reiter. 10 Und
nun, bin ich denn ohne den HERRN gegen die-
ses Land heraufgezogen, um es zu verwüsten?
Der HERR hat zu mir gesagt: Zieh hinauf gegen
dieses Land und verwüste es! 11 Da sagten El-
jakim, Schebna und Joach zu dem Rabschake:
Sprich doch aramäisch mit deinen Knechten,
denn wir verstehen es. Sprich vor den Ohren
des Volkes, das auf der Mauer steht, nicht ju-
däisch mit uns! 12 Doch der Rabschake sagte:
Hat mich mein Herr etwa nur zu deinem
Herrn und zu dir gesandt, um diese Worte zu
sprechen, und nicht vielmehr zu den Män-
nern, die auf der Mauer sitzen, um mit euch
ihren Kot zu essen und ihren Harn zu trinken?
13 Dann stellte sich der Rabschake hin und rief
mit lauter Stimme auf Judäisch: Hört die Wor-
te des Großkönigs, des Königs von Assur! 14 So
spricht der König: Hiskija täusche euch nicht,
denn er kann euch nicht retten. 15 Hiskija soll
euch nicht verleiten, auf den HERRN zu ver-
trauen, indem er sagt: Der HERR wird uns si-
cher retten, diese Stadt wird dem König von
Assur nicht in die Hände fallen. 16 Hört nicht
auf Hiskija! Denn so spricht der König von
Assur: Schließt mit mir Frieden, euch zum
Segen, und kommt zu mir heraus und esst –
jeder von seinem Weinstock und jeder von
seinem Feigenbaum, und trinkt – jeder das
Wasser seiner Zisterne, 17 bis ich komme und
euch in ein Land mitnehme, das eurem Land
gleicht: ein Land von Getreide und Most, ein
Land von Brot und Wein. 18 Hiskija verführe
euch nicht, wenn er sagt: Der HERR wird uns
retten. Hat denn einer von den Göttern der
Nationen sein Land vor dem König von Assur
gerettet? 19 Wo sind die Götter von Hamat und
Arpad? Wo sind die Götter von Sefarwajim?
Haben sie etwa Samaria aus meiner Hand ge-
rettet? 20 Wer von all den Göttern dieser Länder
hat sein Land aus meiner Hand gerettet, sodass
der HERR Jerusalem aus meiner Hand retten
könnte? 21 Da schwiegen sie und antworteten
ihm mit keinem Wort, denn der Befehl des
Königs lautete: Ihr sollt ihm nicht antworten!
22 Da kamen der Palastvorsteher Eljakim, der
Sohn Hilkijas, der Staatsschreiber Schebna und
der Sprecher des Königs, Joach, der Sohn Asafs,
mit zerrissenen Kleidern zu Hiskija und be-
richteten ihm, was der Rabschake gesagt hatte.

1–22: 2 Kön 18,13–37; 2 Chr 32,1–19 / **6**: Ez 29,6f.

REAKTION DES KÖNIGS HISKIJA: 37,1–7

37 1 Als der König Hiskija das hörte, zerriss
er seine Kleider, hüllte sich in Sacktuch
und ging in das Haus des HERRN. 2 Dann sand-
te er den Palastvorsteher Eljakim, den Staats-
schreiber Schebna und die Ältesten der Pries-
ter, in Sacktuch gehüllt, zum Propheten Jesaja,
dem Sohn des Amoz. 3 Sie sagten zu ihm: So
spricht Hiskija: Heute ist ein Tag der Not, der
Strafe und der Schande. Die Kinder sind bis an
die Öffnung des Mutterschoßes gelangt, doch
es fehlt die Kraft zum Gebären. 4 Vielleicht
hört der HERR, dein Gott, die Worte des Rab-
schake, den sein Herr, der König von Assur,
gesandt hat, um den lebendigen Gott zu ver-
höhnen, und bestraft ihn wegen der Worte,
die der HERR, dein Gott, gehört hat. So trag
ein Gebet für den Rest vor, der sich noch findet!
5 Die Knechte des Königs Hiskija kamen zu
Jesaja. 6 Jesaja sagte zu ihnen: So sollt ihr zu
eurem Herrn sagen: So spricht der HERR:
Fürchte dich nicht vor den Worten, die du ge-
hört hast, mit denen die Diener des Königs von
Assur mich geschmäht haben! 7 Siehe, ich lege
einen Geist in ihn, sodass er ein Gerücht hört
und in sein Land zurückkehrt. Dann bringe ich
ihn in seinem Land durch das Schwert zu Fall.

1–7: 2 Kön 19,1–7 / **3**: Hos 13,13

ZWEITE GESANDTSCHAFT SANHERIBS:
37,8–13
8 Der Rabschake trat den Rückweg an und fand
den König von Assur im Kampf gegen die
Stadt Libna, denn er hatte gehört, dieser sei
von Lachisch abgezogen.
9 Sanherib hatte nämlich über Tirhaka, den
König von Kusch, gehört: Er ist ausgezogen,
um gegen dich zu kämpfen. Als er das hörte,
sandte er Boten zu Hiskija, um ihm zu sagen:
10 So sollt ihr zu Hiskija, dem König von Juda,
sagen: Dein Gott täusche dich nicht, auf den
du vertraust, wenn du sagst: Jerusalem wird
nicht in die Hand des Königs von Assur ge-
geben werden. 11 Siehe, du hast doch gehört,
was die Könige von Assur mit allen Ländern
gemacht haben: Sie haben an ihnen den Bann
vollzogen. Und du solltest gerettet wer-
den? 12 Sind denn die Nationen, die von mei-
nen Vätern vernichtet wurden, von ihren
Göttern gerettet worden: Gosan, Haran und
Rezef und die Söhne Edens, die in Telassar
wohnten? 13 Wo ist der König von Hamat, der
König von Arpad, der König der Stadt Sefar-
wajim, wo sind die Könige von Hena und
Awa?

8–13: 2 Kön 19,8–13

GEBET DES KÖNIGS: 37,14–20
14 Hiskija nahm das Schreiben aus der Hand
der Boten in Empfang und las es. Dann ging er
zum Haus des HERRN hinauf und breitete es
vor dem HERRN aus. 15 Dann betete Hiskija
zum HERRN, indem er sprach: 16 HERR der
Heerscharen, Gott Israels, der über den Keru-
bim thront, du allein bist der Gott aller König-
reiche der Erde. Du hast den Himmel und die
Erde gemacht. 17 Neige, HERR, dein Ohr und
höre! Öffne, HERR, deine Augen und sieh!
Höre all die Worte Sanheribs, die er sandte,
um den lebendigen Gott zu verhöhnen! 18 Es
ist wahr, HERR, die Könige von Assur haben
alle Länder und ihr Land verwüstet. 19 Ihre
Götter hat man dem Feuer übergeben, denn
sie waren keine Götter, sondern Werke von
Menschenhand, aus Holz und Stein; darum
konnte man sie vernichten. 20 Nun aber, HERR,
unser Gott, rette uns aus seiner Hand, damit
alle Königreiche der Erde erkennen, dass du
der HERR bist, du allein!

14–20: 2 Kön 19,14–19

VERHEISSUNG DER GÖTTLICHEN HILFE:
37,21–35
21 Da sandte Jesaja, der Sohn des Amoz, zu
Hiskija und ließ ihm sagen: So spricht der
HERR, der Gott Israels: Du hast zu mir wegen
Sanherib, des Königs von Assur, gebetet.
22 Das ist das Wort, das der HERR über ihn ge-
sprochen hat.

Dich hat verachtet, dich hat verspottet / die
Jungfrau, die Tochter Zion.
Hinter dir her schüttelte / die Tochter Jeru-
salem den Kopf.
23 Wen hast du verhöhnt und geschmäht, /
gegen wen die Stimme erhoben
und zu wem deine Augen in die Höhe erho-
ben? / Zum Heiligen Israels!
24 Durch deine Knechte hast du den Herrn
verhöhnt / und gesagt:
Mit meinen zahlreichen Wagen habe ich die
Höhe der Berge erstiegen, / den äußersten
Winkel des Libanon.
Ich fälle seine hohen Zedern, / seine erlese-
nen Zypressen,
ich komme bis zu seiner entlegensten
Höhe, / in das Dickicht seiner Wälder.
25 Ich habe gegraben / und Wasser getrun-
ken;
unter dem Schritt meiner Füße / lasse ich
alle Ströme Ägyptens vertrocknen.
26 Hast du es nicht gehört? / Vor langer Zeit
habe ich es gemacht,
seit den Tagen der Vorzeit habe ich es so ge-
fügt. / Jetzt ließ ich es kommen.
Du bist es, der befestigte Städte zerstört /
und in öde Steinhaufen verwandelt.
27 Ihre Bewohner waren machtlos, / in
Schrecken und Schande gestoßen.
Sie waren Kraut des Feldes / und frisches
Grün,
Gras auf den Dächern und eine Ähre, / be-
vor sie auf dem Halm steht.
28 Ich weiß, ob du sitzt, ob du gehst oder
kommst, / ob du gegen mich tobst.
29 Weil du gegen mich tobst / und weil dei-
ne stolze Sorglosigkeit mir zu Ohren gekom-
men ist,
lege ich meinen Haken in deine Nase / und
mein Zaumzeug an deine Lippen.
Ich lasse dich auf dem Weg zurückkehren, /
auf dem du gekommen bist.
30 Und dies soll für dich das Zeichen sein: In
diesem Jahr isst man, was von selbst nach-
wächst, im nächsten Jahr, was wild wächst; im

dritten Jahr aber sollt ihr wieder säen und ern-
ten, Weinberge bepflanzen und ihre Früchte
essen. 31 Was vom Haus Juda entronnen ist,
der übrig gebliebene Rest, wird wieder Wurzel
treiben nach unten und Frucht tragen nach
oben. 32 Denn von Jerusalem wird ein Rest
ausziehen, vom Berg Zion ziehen die Entron-
nenen hinaus. Der Eifer des HERRN der Heer-
scharen vollbringt das. 33 Darum – so spricht
der HERR über den König von Assur: Er wird
nicht in diese Stadt eindringen; er wird keinen
Pfeil hineinschießen, er wird nicht unter dem
Schutz seines Schildes gegen sie anrennen und
wird keinen Wall gegen sie aufschütten. 34 Auf
dem Weg, auf dem er gekommen ist, wird er
wieder zurückkehren. Aber in diese Stadt wird
er nicht eindringen – Spruch des HERRN. 35 Ich
werde diese Stadt beschützen und retten, um
meinetwillen und um meines Knechtes David
willen.

21–35: 2 Kön 19,20–34 / **27**: Ps 129,6

RETTUNG DER STADT: 37,36–38

36 Da ging der Engel des HERRN hinaus und
erschlug im Lager der Assyrer hundertfünf-
undachtzigtausend Mann. Als man früh am
Morgen aufstand, siehe, sie alle waren Leichen,
Tote. 37 Da brach Sanherib, der König von As-
sur, auf und kehrte in sein Land zurück und
blieb in Ninive. 38 Es geschah, als er sich im
Haus seines Gottes Nisroch niederwarf, da
erschlugen ihn seine Söhne Adrammelech
und Sarezer mit dem Schwert. Sie retteten sich
in das Land Ararat und sein Sohn Asarhaddon
wurde an seiner Stelle König.

36–38: 2 Kön 19,35–37

ERKRANKUNG HISKIJAS: 38,1–8

38 1 In jenen Tagen wurde Hiskija tod-
krank. Da kam der Prophet Jesaja, der
Sohn des Amoz, zu ihm und sagte: So spricht
der HERR: Bestell dein Haus, denn du wirst
sterben und nicht am Leben bleiben! 2 Da dreh-
te sich Hiskija mit dem Gesicht zur Wand und
betete zum HERRN 3 und sagte: Ach HERR,
denk daran, dass ich in Treue und mit unge-
teiltem Herzen vor dir gegangen bin und dass
ich getan habe, was gut ist in deinen Augen.
Und Hiskija weinte laut. 4 Da erging das Wort
des HERRN an Jesaja: 5 Geh und sprich zu His-
kija: So spricht der HERR, der Gott deines Va-
ters David: Ich habe dein Gebet gehört, ich
habe deine Tränen gesehen. Siehe, ich füge
deinen Tagen noch fünfzehn Jahre hinzu.
6 Aus der Faust des Königs von Assur werde
ich dich und diese Stadt retten und ich werde
diese Stadt beschützen. 7 Dies ist für dich das
Zeichen vom HERRN, dass der HERR dieses
Wort, das er gesprochen hat, ausführen wird:
8 Siehe, ich lasse den Schatten, der auf den Stu-
fen des Ahas mit der Sonne bereits hinabge-
stiegen ist, wieder zehn Stufen hinaufsteigen.
Da kehrte die Sonne zehn Stufen zurück, auf
den Stufen, die sie bereits hinabgestiegen war.

1–8: 2 Kön 20,1–6

DANKLIED HISKIJAS: 38,9–20

9 Ein Schriftstück von Hiskija, dem König von
Juda, als er krank war und seine Krankheit
überlebte:

10 Ich sprach: In der Mitte meiner Tage / muss
ich hinab zu den Pforten der Unterwelt, / ich
bin gefangen für den Rest meiner Jahre.

11 Ich sprach: Ich darf den HERRN nicht mehr
schauen / im Land der Lebenden,

keinen Menschen mehr sehen / bei den Be-
wohnern der Erde.

12 Meine Hütte bricht man ab, / man deckt
sie über mir ab wie das Zelt eines Hirten.

Wie ein Weber das Tuch habe ich mein Le-
ben zusammengerollt, / vom Faden schneidet
er mich ab;

vom Tag bis in die Nacht / gibst du mich
preis.

13 Ich schrie bis zum Morgen. / Wie ein
Löwe zerbricht er all meine Knochen.

Vom Tag bis in die Nacht / gibst du mich
preis.

14 Wie ein Mauersegler, wie eine Schwalbe,
so piepse ich, / ich gurre wie eine Taube.

Meine Augen blicken ermattet nach oben: /
Ich bin in Not, Herr. Tritt für mich ein!

15 Was soll ich reden und was wird er zu mir
sagen? / Er selbst hat es doch getan!

Ich irre umher all meine Jahre / wegen der
Bitternis meiner Seele.

16 Herr, dadurch lebt man / und darin liegt
das ganze Leben meines Geistes, / dass du
mich stärkst. Gib mir das Leben!

17 Siehe, zum Heil war mir Bitteres, Bitte-
res. / Du, du aber hast dich nach meiner Seele
gesehnt – weg von der Gruft des Nichts. /
Denn du hast hinter deinen Rücken geworfen
alle meine Sünden.

38,16 Schwieriger Text.

18 Ja, die Unterwelt dankt dir nicht, / der Tod
lobt dich nicht.
Die in die Grube hinabgestiegen sind, / hoffen nicht mehr auf deine Treue.
19 Der Lebende, der Lebende, er ist es, der dir
dankt, / wie ich am heutigen Tag. / Ein Vater lässt die Kinder deine Treue erkennen.
20 Der HERR ist da, um mich zu retten. /
Spielen wir mein Saitenspiel / alle Tage unseres Lebens am Haus des HERRN!

12: 2 Kor 5,1; 2 Petr 1,13f.; Ijob 7,6 / **17**: Ps 103,3f.; Mi 7,19 / **18**: Ps 6,6 / **19**: Dtn 4,9

AUF DEM WEG ZUR HEILUNG: 38,21–22

21 Darauf sagte Jesaja: Man nehme einen Feigenbrei und streiche ihn auf das Geschwür,
damit er am Leben bleibe. 22 Da sagte Hiskija:
Was ist das Zeichen, dass ich zum Haus des HERRN hinaufgehen werde?

21: 2 Kön 20,7f.

GESANDTSCHAFT AUS BABEL UND ZUKÜNFTIGE VERBANNUNG DER KÖNIGSFAMILIE: 39,1–8

39 1 In jener Zeit sandte Merodach-Baladan, der Sohn Baladans, der König von Babel, Briefe und Geschenke an Hiskija. Er hatte gehört, dass dieser krank gewesen und
zu Kräften gekommen war. 2 Hiskija freute sich
darüber und ließ sie sehen sein Schatzhaus, das Silber und das Gold, die Vorräte an Balsam und feinem Öl, sein ganzes Waffenlager und alles, was sich in seinen Schatzkammern befand. Es gab nichts in seinem Haus und in seinem ganzen Herrschaftsbereich, das er sie nicht hätte
sehen lassen. 3 Da kam der Prophet Jesaja zu
König Hiskija und fragte ihn: Was haben diese Männer gesagt? Woher kommen sie zu dir? Hiskija antwortete: Aus einem fernen Land
sind sie zu mir gekommen, aus Babel. 4 Da fragte er: Was haben sie in deinem Haus gesehen? Hiskija antwortete: Sie haben alles gesehen, was in meinem Haus ist. Es gibt nichts in meinen Schatzkammern, das ich sie nicht hätte
sehen lassen. 5 Da sagte Jesaja zu Hiskija: Höre
das Wort des HERRN der Heerscharen: 6 Siehe,
Tage kommen, da wird alles, was in deinem Haus ist, alles, was deine Väter bis zum heutigen Tag angesammelt haben, nach Babel getragen werden. Übrig bleiben wird nichts, hat der
HERR gesprochen. 7 Und von deinen Söhnen,
die von dir abstammen, die du zeugen wirst, wird man einige nehmen und sie werden Eunuchen sein im Palast des Königs von Babel. 8 Da
sagte Hiskija zu Jesaja: Das Wort des HERRN, das du geredet hast, ist gut. Und er sagte: Ja, beständiger Friede wird in meinen Tagen sein.

1–8: 2 Kön 20,12–19

DAS GOTTESVOLK IN BABEL: 40,1–48,19

TROSTAUFRUF UND GOTTES KÖNIGLICHES KOMMEN: 40,1–11

40 1 Tröstet, tröstet mein Volk, / spricht euer Gott.
2 Redet Jerusalem zu Herzen und ruft ihr zu,
dass sie vollendet hat ihren Frondienst, / dass gesühnt ist ihre Schuld,
dass sie empfangen hat aus der Hand des HERRN Doppeltes / für all ihre Sünden!
3 Eine Stimme ruft: / In der Wüste bahnt
den Weg des HERRN,
ebnet in der Steppe eine Straße / für unseren Gott!
4 Jedes Tal soll sich heben, / jeder Berg und
Hügel sich senken.
Was krumm ist, soll gerade werden, / und was hüglig ist, werde eben.
5 Dann offenbart sich die Herrlichkeit des
HERRN, / alles Fleisch wird sie sehen. / Ja, der Mund des HERRN hat gesprochen.
6 Eine Stimme sagt: Rufe! / Und jemand
sagt: Was soll ich rufen?
Alles Fleisch ist wie das Gras / und all seine Treue ist wie die Blume auf dem Feld.
7 Das Gras verdorrt, die Blume verwelkt, /
wenn der Atem des HERRN darüber weht. / Wahrhaftig, Gras ist das Volk.
8 Das Gras verdorrt, die Blume verwelkt, /
doch das Wort unseres Gottes bleibt in Ewigkeit.
9 Steig auf einen hohen Berg, / Zion, du Botin der Freude!

40,1 - 55,13 Vgl. die Einleitung zu Jes.

Erheb deine Stimme mit Macht, / Jerusalem, du Botin der Freude!

Erheb deine Stimme, fürchte dich nicht! / Sag den Städten in Juda: / Siehe, da ist euer Gott.

10 Siehe, GOTT, der Herr, kommt mit
Macht, / er herrscht mit starkem Arm.

Siehe, sein Lohn ist mit ihm / und sein Ertrag geht vor ihm her.

11 Wie ein Hirt weidet er seine Herde, / auf
seinem Arm sammelt er die Lämmer,

an seiner Brust trägt er sie, / die Mutterschafe führt er behutsam.

2: Jer 16,18 / **3:** 62,10; Mt 3,3; Mk 1,3; Lk 3,4–6; Joh 1,23 / **6–7:** Ps 103,15; Jak 1,10; 1 Petr 1,24f. / **8:** Ps 119,89 / **10:** 62,11; Offb 22,12

UNVERGLEICHLICHKEIT DES GOTTES ISRAELS: 40,12–31

12 Wer misst das Meer mit der hohlen Hand? /
Wer kann mit der ausgespannten Hand den Himmel vermessen? / Wer misst den Staub der Erde mit einem Scheffel?

Wer wiegt die Berge mit einer Waage / und mit Gewichten die Hügel?

13 Wer bestimmt den Geist des HERRN? /
Wer kann sein Berater sein und ihn unterrichten?

14 Wen fragt er um Rat / und wer vermittelt
ihm Einsicht?

Wer kann ihn über die Pfade des Rechts belehren? / Wer lehrt ihn das Wissen / und zeigt ihm den Weg der Erkenntnis?

15 Siehe, die Nationen sind wie ein Tropfen
am Eimer, / sie gelten so viel wie ein Stäubchen auf der Waage. / Ganze Inseln wiegen nicht mehr als ein Sandkorn.

16 Der Libanon reicht nicht aus für das Feu-
er, / sein Wild genügt nicht für das Brandopfer.

17 Alle Nationen sind vor Gott wie ein
Nichts, / für ihn sind sie wertlos und nichtig.

18 Mit wem wollt ihr Gott vergleichen / und
welches Bild ihm gegenüberstellen?

19 Der Handwerker gießt ein Götterbild, /
der Goldschmied überzieht es mit Gold / und fertigt silberne Kettchen dazu.

20 Wertvolles Holz als Weihegabe, / Holz,
das nicht fault, / wählt man aus;

einen fähigen Handwerker sucht man sich, / um ein Götterbild aufzustellen, / das nicht wackelt.

40,12 Scheffel: wörtlich: Dreimaß (ein Hohlmaß unbekannter Größe).

21 Wisst ihr nicht, hört ihr nicht? / Wurde
euch nicht kundgetan von Anbeginn?

Habt ihr nicht begriffen / die Fundamente der Erde?

22 Er thront über dem Erdenrund, / dessen
Bewohner sind wie Heuschrecken.

Er breitet wie einen Schleier den Himmel aus / und spannt ihn wie ein Zelt zum Wohnen.

23 Er übergibt die Fürsten dem Nichts, / die
Richter der Erde hat er dem Nichtigen gleichgemacht.

24 Kaum sind sie gepflanzt, kaum sind sie
gesät, / kaum wurzelt ihr Setzling in der Erde,

da bläst er sie an und sie verdorren; / der Sturm trägt sie fort wie Spreu.

25 Mit wem wollt ihr mich vergleichen, /
dass ich ihm gleich wäre, spricht der Heilige.

26 Hebt eure Augen in die Höhe und seht: /
Wer hat diese Gestirne erschaffen?

Der vollzählig herausführt ihr Heer, / er ruft sie alle beim Namen.

Wegen seiner Fülle an Kraft und mächtiger Stärke / fehlt kein einziges.

27 Warum sagst du, Jakob, / warum sprichst
du, Israel:

Verborgen ist mein Weg vor dem HERRN, / meinem Gott entgeht mein Recht?

28 Weißt du es nicht, hörst du es nicht? / Der
HERR ist ein ewiger Gott, / der die Enden der Erde erschuf.

Er wird nicht müde und matt, / unergründlich ist seine Einsicht.

29 Er gibt dem Müden Kraft, / dem Kraftlo-
sen verleiht er große Stärke.

30 Die Jungen werden müde und matt, / jun-
ge Männer stolpern und stürzen.

31 Die aber auf den HERRN hoffen, / emp-
fangen neue Kraft, / wie Adlern wachsen ihnen Flügel.

Sie laufen und werden nicht müde, / sie gehen und werden nicht matt.

13: Jer 23,18; Röm 11,34 / **18:** 40,25; 46,5 / **21:** 40,28 / **25:** 40,18 / **26:** Ps 147,4 / **28:** 40,21 / **31:** Ps 103,5

BERUFUNG DES KYRUS: 41,1–5

41 1 Ihr Inseln, hört schweigend auf
mich, / die Völker sollen neue Kraft empfangen!

Sie sollen herantreten und ihre Sache vorbringen, / gemeinsam wollen wir vor Gericht gehen.

2 Wer hat vom Aufgang der Sonne den er-
weckt, / dem Gerechtigkeit folgt auf seinen
Schritten?
Wer gibt ihm die Nationen preis / und un-
terwirft ihm die Könige?
Sein Schwert macht sie zu Staub, / sein Bo-
gen macht sie zu Spreu, die verweht.
3 Er verfolgt sie, rückt unversehrt vor, / be-
rührt kaum mit den Füßen den Weg.
4 Wer hat das bewirkt und vollbracht? / Er,
der von Anfang an die Generationen ins Da-
sein rief.
Ich, der HERR, bin der Erste / und noch bei
den Letzten bin ich derselbe.
5 Die Inseln sehen es und geraten in Furcht, /
die Enden der Erde erzittern; / sie nähern sich
und kommen herbei.

2: 41,25; 45,13; 46,11 / **4**: 44,6; 48,12; Offb 1,8.17

HERSTELLUNG DES GÖTTERBILDES: 41,6–7

6 Dabei hilft einer dem andern; / er sagt zu
seinem Bruder: Sei stark!
7 So stärkt der Handwerker den Gold-
schmied, / der, der mit dem Hammer glättet,
den Schmied am Amboss.
Er sagt: Die Lötung ist gut! / Dann befestigt
er das Ganze mit Nägeln, / damit es nicht wa-
ckelt.

7: Jer 10,4

ISRAEL-JAKOB, DER KNECHT GOTTES UND NACHKOMME ABRAHAMS: 41,8–16

8 Du aber, Israel, mein Knecht, / Jakob, den ich
erwählt habe, / Nachkomme meines Freundes
Abraham:
9 Ich habe dich von den Enden der Erde er-
griffen, / aus ihrem äußersten Winkel habe
ich dich gerufen.
Ich habe zu dir gesagt: Du bist mein
Knecht, / ich habe dich erwählt und dich nicht
verworfen.
10 Fürchte dich nicht, denn ich bin mit dir; /
hab keine Angst, denn ich bin dein Gott!
Ich habe dich stark gemacht, / ja ich habe dir
geholfen und dich gehalten mit meiner sieg-
reichen Rechten.
11 Siehe, es müssen sich schämen und wer-
den zuschanden alle, / die sich gegen dich
erhitzen.
Die Männer, die mit dir streiten, / werden
wie ein Nichts und vergehen.
12 Du wirst sie suchen, aber nicht mehr fin-
den, / die Männer, die dich befeinden.
Die Männer, die dich bekriegen, / werden
wie ein Nichts und nichtig.
13 Denn ich bin der HERR, dein Gott, / der
deine rechte Hand ergreift
und der zu dir sagt: Fürchte dich nicht, ich
habe dir geholfen.
14 Fürchte dich nicht, du armer Wurm Ja-
kob, / du kleines Israel!
Ich habe dir geholfen – Spruch des HERRN. /
Und dein Erlöser ist der Heilige Israels.
15 Siehe, zu einem Dreschschlitten mache
ich dich, / zu einem neuen Schlitten mit vielen
Schneiden.
Berge wirst du dreschen und sie zermal-
men / und Hügel machst du zu Spreu.
16 Du worfelst sie und es verweht sie der
Wind, / es zerstreut sie der Sturm.
Du aber jubelst über den HERRN, / du
rühmst dich des Heiligen Israels.

8: Jak 2,23 / **10**: 43,5 / **13**: 42,6; 45,1 / **16**: 61,10

VERWANDLUNG DER WÜSTE: 41,17–20

17 Die Elenden und Armen suchen Wasser, /
doch es ist keines da; / ihre Zunge vertrocknet
vor Durst.
Ich, der HERR, will sie erhören, / ich, der
Gott Israels, verlasse sie nicht.
18 Auf den kahlen Hügeln lasse ich Ströme
hervorbrechen / und Quellen inmitten der
Täler.
Ich mache die Wüste zum Wasserteich /
und das ausgetrocknete Land zu sprudelnden
Wassern.
19 In der Wüste pflanze ich Zedern, / Aka-
zien, Ölbäume und Myrten.
In der Steppe setze ich Zypressen, / Plata-
nen und auch Eschen,
20 damit alle sehen und erkennen, / begrei-
fen und verstehen,
dass die Hand des HERRN dies gemacht
hat, / dass der Heilige Israels es erschaffen hat.

18: Ps 114,8 / **19**: 60,13

OHNMACHT DER FREMDEN GÖTTER: 41,21–29

21 Bringt eure Sache vor, spricht der HERR, /
schafft eure Beweise herbei, spricht Jakobs
König!
22 Sie sollen vorbringen und uns kundtun, /
was sich ereignen wird.
Was bedeutet das Vergangene? Teilt es uns
mit, / damit auch wir unseren Sinn darauf
richten und sein Ende erfahren!
Oder lasst uns das Zukünftige hören!

23 Tut kund, was später noch kommt, / damit wir erkennen: Ja, ihr seid Götter!
Ja, tut Gutes und tut Böses, / damit wir alle zusammen schauen und sehen!
24 Siehe, ihr seid nichts, / euer Tun ist ein Nichts; / einen Gräuel wählt, wer immer euch wählt.
25 Ich habe ihn vom Norden erweckt und er kam; / vom Aufgang der Sonne her ruft er meinen Namen an.
Er zertritt Fürsten wie Lehm, / wie ein Töpfer, der den Ton stampft.
26 Wer hat es kundgetan von Anfang an, / sodass wir es wussten?
Wer hat es im Voraus kundgetan, / sodass wir sagen konnten: Es ist richtig?
Niemand hat es kundgetan, / niemand hat es gemeldet, / keiner hörte von euch ein einziges Wort.
27 Ich habe zu Zion als Erster gesagt: Siehe, da sind sie! / und gebe Jerusalem einen Freudenboten.
28 Ich blicke umher, doch niemand ist da / und unter diesen ist kein Ratgeber, / dass ich sie fragen könnte und sie mir Antwort gäben.
29 Siehe, sie alle sind nichts, / ihr Tun ist ein Nichts; / windig und nichtig sind die Bilder der Götter.

23: 44,7 / **25**: 41,2; 45,3 / **27**: 40,9; 52,7

EINFÜHRUNG UND PRÄSENTATION DES KNECHTS ALS BUND UND LICHT: 42,1–9

42 1 Siehe, das ist mein Knecht, den ich stütze; / das ist mein Erwählter, an ihm finde ich Gefallen.
Ich habe meinen Geist auf ihn gelegt, / er bringt den Nationen das Recht.
2 Er schreit nicht und lärmt nicht / und lässt seine Stimme nicht auf der Gasse erschallen.
3 Das geknickte Rohr zerbricht er nicht / und den glimmenden Docht löscht er nicht aus; / ja, er bringt wirklich das Recht.
4 Er verglimmt nicht und wird nicht geknickt, / bis er auf der Erde das Recht begründet hat. / Auf seine Weisung warten die Inseln.
5 So spricht Gott, der HERR, / der den Himmel erschaffen und ausgespannt hat, / der die Erde gemacht hat und alles, was auf ihr wächst,
der dem Volk auf ihr Atem gibt / und Geist allen, die auf ihr gehen.
6 Ich, der HERR, habe dich aus Gerechtigkeit gerufen, / ich fasse dich an der Hand.
Ich schaffe und mache dich zum Bund mit dem Volk, / zum Licht der Nationen,
7 um blinde Augen zu öffnen, / Gefangene aus dem Kerker zu holen
und die im Dunkel sitzen, / aus der Haft.
8 Ich bin der HERR, das ist mein Name; / ich überlasse die Ehre, die mir gebührt, keinem andern, / meinen Ruhm nicht den Götzen.
9 Siehe, das Frühere ist eingetroffen, / Neues kündige ich an.
Noch ehe es zum Vorschein kommt, / mache ich es euch bekannt.

1: 51,4; Mt 12,18–21; 3,17 / **4**: 51,4 / **6**: 41,9; 49,6.8; Lk 2,32 / **8**: 48,11 / **9**: 48,6

DAS NEUE LIED: 42,10–12

10 Singt dem HERRN ein neues Lied, / seinen Ruhm vom Ende der Erde her,
die ihr das Meer befahrt, seine Fülle, / die Inseln und ihre Bewohner!
11 Die Wüste und ihre Städte sollen sich freuen, / die Dörfer, die Kedar bewohnt.
Die Bewohner von Sela sollen singen vor Freude / und jubeln auf den Gipfeln der Berge.
12 Sie sollen dem HERRN die Ehre geben, / sein Lob auf den Inseln verkünden.

10: Ps 33,3

MACHT GOTTES: 42,13–17

13 Der HERR zieht in den Kampf wie ein Held, / er entfacht seine Leidenschaft wie ein Krieger.
Er erhebt den Schlachtruf und schreit, / er zeigt sich als Held gegenüber den Feinden.
14 Ich hatte sehr lange geschwiegen, / ich war still und hielt mich zurück.
Wie eine Gebärende will ich nun schreien, / ich stöhne und ringe um Luft.
15 Die Berge und Hügel dörre ich aus / und lasse ihr Gras völlig vertrocknen.
Flüsse mache ich zu Inseln / und Teiche lege ich trocken.
16 Blinde führe ich auf Wegen, die sie nicht kennen, / auf unbekannten Pfaden lasse ich sie wandern.
Die Finsternis vor ihren Augen mache ich zu Licht; / was krumm ist, mache ich gerade.
Das sind die Taten, die ich vollbringe, / und ich lasse davon nicht mehr ab.
17 Alle müssen weichen und werden beschämt, / die auf Götzenbilder vertrauen,

---

42,11 sollen sich freuen, wörtlich: sollen (ihre Stimme) erheben.

die zu gegossenen Bildern sagen: / Ihr seid unsere Götter.

16: 40,4 / **17**: Ps 97,7

ISRAEL, DER BLINDE UND TAUBE KNECHT GOTTES: 42,18–25

18 Ihr, die ihr taub seid, hört, / ihr Blinden, blickt auf und seht her!
19 Wer ist so blind wie mein Knecht / und so taub wie der Bote, den ich sende?
Wer ist so blind wie der Wiederhergestellte / und so blind wie der Knecht des HERRN?
20 Vieles hast du gesehen, aber es nicht beachtet; / die Ohren sind offen und doch hört er nicht.
21 Dem HERRN hat es um seiner Gerechtigkeit willen gefallen, / die Weisung groß und herrlich zu machen.
22 Doch es ist ein beraubtes, ausgeplündertes Volk, / gefangen in Kerkern, in Gefängnissen verschwunden.
Sie sind zur Beute geworden / und niemand rettet;
zur Plünderung und niemand sagt: / Gib zurück!
23 Wer von euch vernimmt diese Worte, / wer merkt auf und hört künftig darauf?
24 Wer lieferte Jakob der Plünderung aus / und Israel denen, die Beute machen?
War es nicht der HERR, / gegen den sie sündigten?
Sie wollten nicht auf seinen Wegen gehen, / sie hörten nicht auf seine Weisung.
25 Da goss er über sie seinen glühenden Zorn aus / und den Schrecken des Krieges:
Ringsum hat er sie umlodert, / doch sie merkten es nicht;
du hast sie in Brand gesetzt, / doch sie nahmen es sich nicht zu Herzen.

20: 6,9

ERLÖSUNG ISRAELS ALS HEIMKEHR UND SAMMLUNG: 43,1–7

43 1 Jetzt aber – so spricht der HERR, / der dich erschaffen hat, Jakob, / und der dich geformt hat, Israel:
Fürchte dich nicht, denn ich habe dich ausgelöst, / ich habe dich beim Namen gerufen, du gehörst mir!

42,19 Der Wiederhergestellte, hebräisch meschullam, ist ein mehrfach belegter Eigenname. Hier Symbolname für die babylonische Exilsgemeinde.

2 Wenn du durchs Wasser schreitest, bin ich bei dir, / wenn durch Ströme, dann reißen sie dich nicht fort.
Wenn du durchs Feuer gehst, wirst du nicht versengt, / keine Flamme wird dich verbrennen.
3 Denn ich, der HERR, bin dein Gott, / ich, der Heilige Israels, bin dein Retter.
Ich habe Ägypten als Kaufpreis für dich gegeben, / Kusch und Seba an deiner Stelle.
4 Weil du in meinen Augen teuer und wertvoll bist / und weil ich dich liebe,
gebe ich Menschen für dich / und für dein Leben ganze Völker.
5 Fürchte dich nicht, denn ich bin mit dir! / Vom Aufgang der Sonne bringe ich deine Kinder herbei / und vom Untergang her sammle ich dich.
6 Ich sage zum Norden: Gib her! / und zum Süden: Halt nicht zurück!
Führe meine Söhne heim aus der Ferne, / meine Töchter vom Ende der Erde!
7 Denn jeden, der nach meinem Namen benannt ist, / habe ich zu meiner Ehre erschaffen, geformt und gemacht.

5: 41,10 / **7**: Jer 14,9

GOTT, DER EINZIGE RETTER: 43,8–13

8 Bring das Volk heraus, das blind ist, obwohl es Augen hat, / und taub, obwohl es Ohren hat!
9 Alle Völker sind versammelt / und die Nationen sind zusammengekommen.
Wer von ihnen kündigt dies an / und wer kann uns sagen, was früher war?
Sie sollen ihre Zeugen stellen, / damit sie Recht bekommen, / damit man sie hört und sagt: Es ist wahr.
10 Ihr seid meine Zeugen – Spruch des HERRN – / und mein Knecht, den ich erwählt habe,
damit ihr erkennt und mir glaubt / und einseht, dass ich es bin.
Vor mir wurde kein Gott erschaffen / und auch nach mir wird es keinen geben.
11 Ich, ich bin der HERR / und außer mir gibt es keinen Retter.
12 Ich selbst habe es angekündigt und habe gerettet, / ich habe es zu Gehör gebracht.
Kein fremder Gott ist bei euch gewesen. / Ihr seid meine Zeugen – Spruch des HERRN.
Ich allein bin Gott; / 13 auch künftig bin ich es.
Niemand kann mir etwas entreißen. / Ich handle. Wer kann es rückgängig machen?

9: 48,3

WEG DURCH DIE WÜSTE: 43,14–21

14 So spricht der HERR, euer Erlöser, / der Heilige Israels:

Um euretwillen habe ich nach Babel gesandt / und lasse alle Flüchtenden untergehen, / die Chaldäer in ihren festlichen Schiffen.

15 Ich bin der HERR, euer Heiliger, / Israels Schöpfer, euer König.

16 So spricht der HERR, der einen Weg durchs Meer bahnt, / einen Pfad durch gewaltige Wasser,

17 der Wagen und Rosse ausziehen lässt, / zusammen mit einem mächtigen Heer;

doch sie liegen am Boden und stehen nicht mehr auf, / sie sind erloschen und verglüht wie ein Docht.

18 Denkt nicht mehr an das, was früher war; / auf das, was vergangen ist, achtet nicht mehr!

19 Siehe, nun mache ich etwas Neues. / Schon sprießt es, merkt ihr es nicht?

Ja, ich lege einen Weg an durch die Wüste / und Flüsse durchs Ödland.

20 Die wilden Tiere werden mich preisen, / die Schakale und Strauße,

denn ich lasse in der Wüste Wasser fließen / und Flüsse im Ödland, / um mein Volk, mein erwähltes, zu tränken.

21 Das Volk, das ich mir geformt habe, / wird meinen Ruhm verkünden.

18: 65,17 / **19**: Offb 21,5 / **21**: 1 Petr 2,9

ISRAELS SÜNDE UND GOTTES VERGEBUNG: 43,22–28

22 Jakob, du hast mich nicht gerufen, / Israel, du hast dir mit mir keine Mühe gemacht.

23 Du brachtest mir keine Lämmer als Brandopfer dar / und mit Schlachtopfern hast du mich nicht geehrt.

Ich habe dich nicht mit Speiseopfern geknechtet / und habe dir mit Rauchopfern keine Mühe gemacht.

24 Du hast mir für dein Geld kein Gewürzrohr gekauft / und hast mich nicht gelabt mit dem Fett deiner Opfer.

Nein, du hast mich mit deinen Sünden geknechtet, / mir Mühe gemacht mit deinen Vergehen.

25 Ich, ich bin es, der deine Vergehen wegwischt um meinetwillen, / deiner Sünden gedenke ich nicht mehr.

26 Lade mich vor, gehen wir miteinander vor Gericht; / zähl auf, du, damit du Recht bekommst!

27 Schon dein Urahn hat gesündigt; / deine Anführer haben sich gegen mich aufgelehnt.

28 Da entweihte ich die Fürsten des Heiligtums, / gab Jakob dem Bann preis / und Israel den Schmähungen.

25: 44,22

AUSGIESSUNG DES GEISTES: 44,1–5

44 1 Jetzt aber höre, Jakob, mein Knecht, / Israel, den ich erwählt habe.

2 So spricht der HERR, dein Schöpfer, / der dich im Mutterleib geformt hat, der dir hilft:

Fürchte dich nicht, Jakob, mein Knecht, / du, Jeschurun, den ich erwählt habe!

3 Denn ich gieße Wasser auf den dürstenden Boden, / rieselnde Bäche auf das trockene Land.

Ich gieße meinen Geist über deine Nachkommen aus / und meinen Segen über deine Sprösslinge.

4 Dann sprossen sie auf zwischen dem Gras, / wie Weidenbäume an Wassergräben.

5 Der eine sagt: Ich gehöre dem HERRN. / Ein anderer benennt sich mit dem Namen Jakobs.

Einer schreibt auf seine Hand: Für den HERRN. / Ein anderer wird ehrenvoll mit dem Namen Israel benannt.

ZEUGENSCHAFT FÜR DEN EINZIGEN GOTT: 44,6–8

6 So spricht der HERR, Israels König, / sein Erlöser, der HERR der Heerscharen:

Ich bin der Erste, ich bin der Letzte, / außer mir gibt es keinen Gott.

7 Wer ist mir gleich? Er soll sich melden, / er tue es mir kund und lege es mir dar, / als ich ein ewiges Volk einsetzte.

Und das Zukünftige, das kommen wird, / sollen sie ihnen kundtun.

8 Erschreckt nicht und fürchtet euch nicht! / Habe ich es euch nicht schon längst zu Gehör gebracht und verkündet?

Ihr seid meine Zeugen: Gibt es einen Gott außer mir? / Es gibt keinen Fels außer mir, ich kenne keinen.

6: 41,4 / **7**: 41,23

HERSTELLUNG DER GÖTTERBILDER: 44,9–20

9 Nichtig sind alle, / die ein Götterbild formen; / ihre geliebten Götzen nützen nichts.

44,2 Jeschurun: der Redliche, Ehrenname für Israel (vgl. Dtn 32,15; 33,5.26).

Und ihre Zeugen, sie sehen nichts / und
verstehen nichts; darum werden sie beschämt.
10 Wer sich einen Gott macht / und sich ein
Götterbild gießt, / hat keinen Nutzen davon.
11 Siehe, all seine Anhänger, die sich ihm
anschließen, werden beschämt, / die Schmiede sind nichts als Menschen.

Sie sollen sich alle versammeln und vortreten; / dann werden sie alle von Schrecken gepackt und beschämt.
12 Der Schmied macht ein Beil und arbeitet
in der Glut, / formt es mit Hämmern / und bearbeitet es mit kräftigem Arm.

Dabei wird er hungrig und hat keine Kraft mehr. / Trinkt er kein Wasser, so ermattet er.
13 Der Schnitzer spannt die Messschnur, / er
entwirft das Bild mit dem Stift / und schnitzt es mit den Messern;

er umreißt es mit dem Zirkel / und macht die Gestalt eines Mannes,

das prächtige Bild eines Menschen; / in einem Haus soll es wohnen.
14 Man fällt eine Zeder, wählt eine Terebin-
the / oder sonst einen mächtigen Baum,

den man stärker werden ließ / als die übrigen Bäume im Wald.

Oder man pflanzt einen Lorbeerbaum, / den der Regen groß werden lässt.
15 Und es dient dem Menschen zum Hei-
zen; / er nimmt davon und wärmt sich.

Auch schürt man das Feuer und bäckt damit Brot. / Oder man schnitzt daraus einen Gott / und wirft sich nieder vor ihm;

man macht ein Götterbild / und fällt vor ihm auf die Knie.
16 Einen Teil des Holzes verbrennt man im
Feuer, / darüber isst man das Fleisch; / man brät einen Braten und sättigt sich.

Auch wärmt man sich am Feuer und sagt: / Oh, wie ist mir warm! Ich sehe das Feuer.
17 Aus dem Rest des Holzes aber macht man
sich einen Gott, / sein Götterbild, vor das man sich beugt und niederwirft,

zu dem man betet und sagt: / Rette mich, du bist doch mein Gott!
18 Unwissend sind sie und ohne Verstand; /
denn ihre Augen sind verklebt,

sie sehen nichts / und ihr Herz hat keine Einsicht.
19 Sie überlegen nichts, / sie haben keine
Erkenntnis und Einsicht, / sodass sie sich sagen würden:

Den einen Teil habe ich ins Feuer geworfen, / habe Brot in der Glut gebacken / und Fleisch gebraten und es gegessen.

Aus dem Rest des Holzes aber habe ich mir / einen abscheulichen Götzen gemacht / und nun beuge ich mich nieder vor einem Holzklotz.
20 Wer Asche hütet, / den hat sein getäusch-
tes Herz verführt.

Er wird sein Leben nicht retten / und wird nicht sagen: / Ich halte ja nur ein Trugbild in meiner rechten Hand.

12–17: Jer 10,3f.

SÜNDENVERGEBUNG UND GOTTESLOB: 44,21–23

21 Denk daran, Jakob, und du, Israel, / dass du
mein Knecht bist.

Ich habe dich geformt. Du bist mein Knecht; / Israel, du bist mir unvergessen.
22 Ich habe weggewischt deine Vergehen wie
eine Wolke / und deine Sünden wie Nebel. / Kehr um zu mir; denn ich habe dich erlöst.
23 Jauchzt, ihr Himmel, denn der HERR hat
gehandelt; / jubelt, ihr Tiefen der Erde!

Brecht in Jubel aus, ihr Berge, / ihr Wälder mit all euren Bäumen!

Denn der HERR hat Jakob erlöst / und er verherrlicht sich in Israel.

22: 43,25 / **23**: 49,3; 49,13; 55,12; Ps 96,11–13

BERUFUNG UND AUFGABE DES KYRUS: 44,24–45,8

24 So spricht der HERR, dein Erlöser, / der dich
von Mutterleib an geformt hat:

Ich bin der HERR, der alles bewirkt, / der allein den Himmel ausgespannt hat, / der die Erde ausgebreitet hat aus eigener Kraft,
25 der die Zeichendeutungen der Orakel-
priester vereitelt / und die Wahrsager zu Narren macht,

der die Weisen zum Rückzug zwingt / und ihr Wissen als Dummheit entlarvt,
26 der das Wort seines Knechtes erfüllt / und
den Plan seiner Boten vollendet,

der zu Jerusalem sagt: Werde wieder bewohnt! / und zu den Städten Judas: Werdet wieder aufgebaut! / Ich richte ihre Ruinen wieder auf!
27 Der zum tiefen Meer sagt: Trockne aus, /
ich lasse deine Fluten versiegen!,
28 der zu Kyrus sagt: Mein Hirt – / alles, was
ich will, wird er vollenden!,

der zu Jerusalem sagt: Es wird wieder aufgebaut / und der Tempel wird wieder gegründet.

45 1 So spricht der HERR zu seinem Gesalbten, zu Kyrus: / Ich habe ihn an seiner rechten Hand gefasst,
um ihm Nationen zu unterwerfen; Könige entwaffne ich, / um ihm Türen zu öffnen und kein Tor verschlossen zu halten:
2 Ich selbst gehe vor dir her / und ebne Ringmauern ein.
Ich zertrümmere bronzene Tore / und zerschlage eiserne Riegel.
3 Ich gebe dir verborgene Schätze / und Reichtümer, die im Dunkel versteckt sind.
So sollst du erkennen, dass ich der HERR bin, / der dich bei deinem Namen ruft, ich, Israels Gott.
4 Um meines Knechtes Jakob willen, / um Israels, meines Erwählten, willen / habe ich dich bei deinem Namen gerufen;
ich habe dir einen Ehrennamen gegeben, / ohne dass du mich kanntest.
5 Ich bin der HERR und sonst niemand; / außer mir gibt es keinen Gott.
Ich habe dir den Gürtel angelegt, / ohne dass du mich kanntest,
6 damit man vom Aufgang der Sonne bis zu ihrem Untergang erkennt, / dass es außer mir keinen Gott gibt. / Ich bin der HERR und sonst niemand.
7 Der das Licht formt und das Dunkel erschafft, / der das Heil macht und das Unheil erschafft, / ich bin der HERR, der all dies macht.
8 Taut, ihr Himmel, von oben, / ihr Wolken, lasst Gerechtigkeit regnen!
Die Erde tue sich auf und bringe das Heil hervor, / sie lasse Gerechtigkeit sprießen. / Ich, der HERR, erschaffe es.

44,24: 44,2; Ijob 9,8 / **26**: Am 3,7 / **28**: 2 Chr 36,23; Esra 1,1–4
45,3: 41,25 / **6**: 59,19; 45,18 / **7**: Am 3,6

WEHERUFE ÜBER DIE MIT DEM PLAN GOTTES UNZUFRIEDENEN: 45,9–13

9 Wehe dem, der mit seinem Schöpfer rechtet, / eine Scherbe unter irdenen Scherben!
Sagt denn der Ton zu seinem Töpfer: / Was machst du?
und sagt dein Werk: / Er hat kein Geschick?
10 Wehe dem, der zum Vater sagt: Was zeugst du? / und zur Frau: Was gebierst du?
11 So spricht der HERR, / der Heilige Israels und sein Schöpfer:
Über die kommenden Dinge befragt mich, über meine Kinder / und über das Werk meiner Hände gebt mir doch Befehl!
12 Ich habe die Erde gemacht / und die Menschen auf ihr erschaffen.
Ich habe den Himmel ausgespannt mit meinen Händen / und ich befehle seinem ganzen Heer.
13 Ich habe ihn in Gerechtigkeit erweckt / und all seine Wege ebne ich.
Er baut meine Stadt wieder auf, / mein verschlepptes Volk lässt er frei,
aber nicht für Lösegeld oder Geschenke. / Der HERR der Heerscharen hat gesprochen.

9: 29,16; Jer 18,6; Röm 9,20f.

HULDIGUNG DURCH ÄGYPTEN UND KUSCH: 45,14–17

14 So spricht der HERR:
Die Ägypter mit ihren Erträgen, / die Kuschiter mit ihrem Gewinn
und die groß gewachsenen Sebaiter / werden zu dir kommen und dir gehören; / in Fesseln werden sie hinter dir herziehen.
Vor dir werfen sie sich nieder und flehen zu dir: / Nur bei dir ist Gott und sonst gibt es keine Götter.
15 Wahrhaftig, du bist ein verborgener Gott, / Israels Gott, der rettet.
16 Schmach und Schande kommt über sie alle, / die Götzenschmiede geraten in Schande.
17 Israel ist vom HERRN gerettet, / ist auf immer errettet.
Über euch kommt keine Schmach und Schande / für immer und ewig.

16: 41,11

BEKENNTNIS DER VÖLKER ZUM EINZIGEN GOTT: 45,18–25

18 Denn so spricht der HERR, der den Himmel erschafft, / er ist der Gott, der die Erde formt und macht –
er ist es, der ihr Bestand gibt, / er hat sie nicht als Nichtiges erschaffen,
er hat sie zum Wohnen geformt –: / Ich bin der HERR und sonst niemand.
19 Ich habe nicht im Verborgenen geredet, / irgendwo in einem finsteren Land.

45,1 Könige entwaffne ich, wörtlich: ich löse die Hüftgürtel der Könige.
45,2 Ringmauern: H; Berge: Qumran, G.
45,9 kein Geschick, wörtlich: keine Hände.

Ich habe nicht zum Geschlecht Jakobs gesagt: / Sucht mich als Nichtiges!
Ich bin der HERR, der die Wahrheit spricht / und der verkündet, was recht ist.
20 Versammelt euch, kommt alle herbei, /
tretet herzu, die ihr aus den Nationen entronnen seid!
Wer hölzerne Götzen umherträgt, hat keine Erkenntnis, / wer einen Gott anbetet, der niemanden rettet.
21 Macht es bekannt, bringt es vor, / beratet
euch untereinander:
Wer hat das alles seit Langem verkündet / und längst im Voraus angesagt?
War es nicht ich, der HERR? / Es gibt keinen Gott außer mir; / außer mir gibt es keinen gerechten und rettenden Gott.
22 Wendet euch mir zu und lasst euch erret-
ten, / alle Enden der Erde, / denn ich bin Gott und sonst niemand!
23 Ich habe bei mir selbst geschworen: / Aus
meinem Mund ist Gerechtigkeit hervorgegangen, / ein unwiderrufliches Wort:
Vor mir wird jedes Knie sich beugen / und jede Zunge wird schwören:
24 Nur beim HERRN – sagt man von mir –
sind Heilstaten und Stärke. / Beschämt kommen alle zu ihm, die gegen ihn entbrennen.
25 Alle Nachkommen Israels bekommen ihr
Recht / und erlangen Ruhm durch den HERRN.

18: 45,6 / **19**: 48,16 / **23**: Röm 14,11; Phil 2,10f.

OHNMACHT DER GÖTTER BABELS: 46,1–7

46 1 Bel ist zusammengebrochen, / Nebo
krümmt sich.
Ihre Götzenbilder fallen den Tieren und dem Vieh zu. / Was von euch getragen wurde, ist nun aufgeladen als Last dem erschöpften Vieh.
2 Die Tiere krümmten sich und brachen zu-
sammen, / sie konnten die Last nicht retten; / sie mussten selbst mit in die Gefangenschaft ziehen.
3 Hört auf mich, Haus Jakob / und der ganze
Rest des Hauses Israel,
mir aufgeladen vom Mutterleib, / getragen vom Mutterschoß an!
4 Bis ins Alter bin ich derselbe, / bis zum
grauen Haar werde ich schleppen.
Ich habe es getan / und ich werde tragen, / ich werde schleppen und retten.
5 Mit wem wollt ihr mich vergleichen, / ne-
ben wen mich stellen?
Wem wollt ihr mich ähnlich machen, / auf dass wir uns glichen?
6 Man schüttet Gold aus dem Beutel / und
wiegt Silber ab auf der Waage.
Man bezahlt einen Goldschmied, damit er einen Gott daraus macht. / Man beugt sich und wirft sich sogar nieder.
7 Man trägt ihn auf der Schulter / und
schleppt ihn umher;
dann stellt man ihn wieder auf seinen Platz / und dort bleibt er stehen; / er rührt sich nicht von der Stelle.
Ruft man ihn an, so antwortet er nicht; / wenn man in Not ist, kann er nicht helfen.

1: Jer 50,2 / **3–4**: 63,9 / **4**: Ps 71,18 / **5**: 40,18

KYRUS, DAS WERKZEUG GOTTES: 46,8–13

8 Erinnert euch daran und seid stark, / ihr Ab-
trünnigen, nehmt es euch zu Herzen!
9 Erinnert euch an das Frühere aus uralter
Zeit: / Ich bin Gott und sonst niemand, / ich bin Gott und niemand ist wie ich.
10 Der von Anfang an die Zukunft verkün-
det / und von Vorzeit an, was noch nicht geschehen ist,
der sagt: Mein Plan steht fest / und alles, was ich will, führe ich aus.
11 Der vom Aufgang der Sonne einen Raub-
vogel ruft, / aus fernem Land den Mann / für seinen Plan.
Ich habe es gesagt und ich lasse es kommen, / ich habe es gestaltet und ich führe es aus.
12 Hört auf mich, ihr Selbstsicheren, / die ihr
fern seid von der Gerechtigkeit!
13 Ich habe meine Gerechtigkeit nahege-
bracht, / sie ist nicht mehr fern / und meine Rettung verzögert sich nicht.
Ich schaffe Rettung in Zion / und verleihe Israel meine strahlende Pracht.

9: 43,18 / **10**: 41,22f.26; 44,7f.; Ps 115,3

STURZ BABELS: 47,1–15

47 1 Steig herab, Tochter Babel, / Jungfrau,
setz dich in den Staub!
Setz dich auf die Erde, / wo kein Thron ist, Tochter Chaldäas! / Denn nicht mehr wirst du dich Zarte und Verwöhnte nennen lassen.

46,1 Bel (= Baal, Herr), genauer Bel Marduk, der Gott der Stadt Babylon, verkörpert die Schöpfermacht und Weltherrschaft. Nebo (vgl. den Namen Nebukadnezzar), der Gott der Weisheit und der Schreibkunst, hält die Schicksalstafeln in der Hand.

2 Nimm die Mühle und mahle das Mehl! /
Decke auf deinen Schleier,
hebe hoch das Kleid, decke auf die Schenkel, / wate durch Ströme!
3 Deine Scham wird entblößt, / deine
Schande wird sichtbar.
Ich nehme Rache / und treffe auf keinen Menschen.
4 Unser Erlöser: HERR der Heerscharen ist
sein Name, / der Heilige Israels.
5 Setz dich hin und verstumme, / geh ins
Dunkel, Tochter Chaldäas!
Denn nicht mehr wirst du dich nennen lassen / Herrin von Königreichen.
6 Ich war zornig über mein Volk, / ich ent-
weihte mein Erbe / und gab sie in deine Hand.
Doch du hast ihnen kein Erbarmen erwiesen, / du hast den Greisen dein allzu schweres Joch auferlegt.
7 Du dachtest: / Ich bleibe für immer und
ewig die Herrin.
Du hast dir diese Dinge nicht zu Herzen genommen, / hast nie an ihr Ende gedacht.
8 Nun aber höre, du üppige Frau, / die du in
Sicherheit lebst / und in deinem Herzen denkst:
Ich und keine sonst! / Niemals sitze ich da als Witwe, / Kinderlosigkeit kenne ich nicht.
9 Doch beides wird zu dir kommen, / plötz-
lich, an einem Tag:
Kinderlosigkeit und Witwenschaft. / Mit ganzer Wucht kommen sie über dich,
trotz all deiner Zauberei / und trotz der Macht deiner beschwörenden Formeln.
10 Du hast dich auf deine bösen Taten ver-
lassen / und gedacht: Es sieht mich ja keiner.
Deine Weisheit und dein Wissen verleiteten dich, in deinem Herzen zu denken: / Ich und keine sonst!
11 Doch es wird ein Unheil über dich kom-
men, / das du nicht mildern kannst.
Ein Verderben wird dich überfallen, / das du nicht zu bannen vermagst.
Und plötzlich wird dein Untergang kommen, / an den du niemals gedacht hast.
12 Stell dich doch hin / mit deinen beschwö-
renden Formeln
und mit deinen vielen Zaubersprüchen, / mit denen du dich seit deiner Jugend abgemüht hast!
Vielleicht kannst du dir helfen, / vielleicht das Unglück verscheuchen.
13 Du hast dich geplagt / um deine vielen
Berater;
sollen sie doch auftreten und dich retten, / sie, die den Himmel deuten
und die Sterne betrachten, / die dir an jedem Neumond verkünden, was über dich kommt.
14 Siehe, sie sind wie Spreu geworden, / die
das Feuer verbrennt.
Sie können sich nicht retten / vor der Gewalt der Flammen.
Das ist keine Glut, an der man sich wärmt, / kein Feuer, um das man herumsitzt.
15 So ergeht es all deinen Zauberern, / um
die du dich seit deiner Jugend bemüht hast:
Ein jeder taumelt vor sich hin, / es gibt keinen, der dich rettet.

2: Nah 3,5 / **8**: Zef 2,15; Offb 18,7 / **9**: 47,12 / **12**: 47,9; Dan 2,2

RÜCKBLICK AUF DIE ZEIT IM EXIL: 48,1–11

48
1 Hört dies, Haus Jakob, / die sich nach
dem Namen Israels nennen / und aus den Wassern Judas hervorgegangen sind,
die schwören beim Namen des HERRN / und den Gott Israels bekennen, / aber nicht in Wahrheit und Gerechtigkeit!
2 Ja, nach der Heiligen Stadt nennen sie
sich / und stützen sich auf den Gott Israels, / HERR der Heerscharen ist sein Name.
3 Was früher war, hatte ich schon längst im
Voraus verkündet, / es kam aus meinem Mund, ich ließ es hören; / plötzlich habe ich gehandelt und es traf ein.
4 Weil ich wusste, dass du halsstarrig bist, /
dass dein Nacken eiserne Sehnen hat / und deine Stirn aus Bronze ist,
5 hatte ich es dir schon längst im Voraus ver-
kündet; / ich ließ es dich hören, bevor es geschah, damit du nicht sagst:
Mein Götterbild hat das vollbracht, / mein geschnitztes und gegossenes Bild hat es befohlen.
6 Du hast es gehört. Betrachte dies alles! /
Und ihr, wollt ihr nicht verkünden?
Von jetzt an lasse ich dich etwas Neues hören, / etwas Verborgenes, von dem du nichts weißt.
7 Eben erst ist es erschaffen, / nicht schon
vor langer Zeit.
Zuvor hast du nichts erfahren davon, / damit du nicht sagst: / Das habe ich längst schon gewusst.
8 Du hast davon nichts gehört und gewusst, /
dein Ohr war von Anfang an nicht offen.

Denn ich wusste, dass du völlig treulos bist, / man nennt dich abtrünnig vom Mutterleib an.
9 Doch um meines Namens willen / halte ich meinen Zorn lange zurück,
um meines Ruhmes willen halte ich an mich zu deinen Gunsten, / um dich nicht vernichten zu müssen.
10 Siehe, ich habe dich geläutert, doch nicht um Silber: / Ich habe dich erwählt im Schmelzofen des Elends.
11 Nur um meinetwillen handle ich, / denn sonst würde mein Name entweiht; / ich überlasse die Ehre, die mir gebührt, keinem andern.

3: 43,9 / **6:** 42,9 / **10:** Dtn 4,20 / **11:** 42,8

KYRUS, DER BEAUFTRAGTE DES HERRN: 48,12–16

12 Höre auf mich, Jakob, / Israel, mein Berufener: / Ich bin es, ich, der Erste und auch der Letzte.
13 Meine Hand hat die Fundamente der Erde gelegt, / meine Rechte hat den Himmel ausgespannt; / ich rief ihnen zu und schon standen sie alle da.
14 Versammelt euch alle und hört – / wer von ihnen hat so etwas jemals verkündet? –:
Der, den der HERR liebt, wird meinen Willen an Babel vollstrecken / und sein Arm wird es an den Chaldäern bewirken.
15 Ich, ich habe gesprochen und ich habe ihn auch berufen, / ich habe ihn kommen lassen / und er wird seinen Weg erfolgreich beenden.
16 Kommt her zu mir und hört dies: / Ich habe von Anfang an nicht im Verborgenen geredet; / seit das alles geschieht, bin ich dabei. / Und jetzt hat GOTT, der Herr, mich und seinen Geist gesandt.

12: 44,6 / **13:** Ps 33,9 / **16:** 45,19

LEHRE AUS DER VERGANGENHEIT: 48,17–19

17 So spricht der HERR, dein Erlöser, / der Heilige Israels:
Ich bin der HERR, dein Gott, / der dich lehrt, was Nutzen bringt,
und der dich auf den Weg führt, / den du gehen sollst.
18 Hättest du doch auf meine Gebote geachtet! / Dein Heil wäre wie ein Strom / und deine Gerechtigkeit wie die Wogen des Meeres.
19 Deine Nachkommen wären wie der Sand / und die Sprösslinge deines Leibes wie seine Körner. / Ihr Name wäre in meinen Augen nicht getilgt und gelöscht.

18: Dtn 5,29; Ps 81,14–17 / **19:** Gen 22,17

AUSZUG DES GOTTESKNECHTS JAKOB AUS BABEL: 48,20–55,13

AUSZUG AUS BABEL: 48,20–22

20 Zieht aus Babel aus, flieht aus Chaldäa! / Verkündet es jauchzend, lasst dies hören,
tragt es hinaus bis ans Ende der Erde! / Sagt: Der HERR hat seinen Knecht Jakob ausgelöst.
21 Sie litten keinen Durst, als er sie durch die Wüsten führte; / Wasser ließ er für sie aus dem Felsen sprudeln, / er spaltete den Felsen und es strömte das Wasser.
22 Kein Friede den Frevlern!, spricht der HERR.

20: 52,11; Jer 51,6; Offb 18,4 / **21:** Ex 17,6 / **22:** 57,21

BERUFUNG DES GOTTESKNECHTS: 49,1–13

49 1 Hört auf mich, ihr Inseln, / merkt auf, ihr Völker in der Ferne!
Der HERR hat mich schon im Mutterleib berufen; / als ich noch im Schoß meiner Mutter war, hat er meinen Namen genannt.
2 Er machte meinen Mund wie ein scharfes Schwert, / er verbarg mich im Schatten seiner Hand.
Er machte mich zu einem spitzen Pfeil / und steckte mich in seinen Köcher.
3 Er sagte zu mir: Du bist mein Knecht, Israel, / an dem ich meine Herrlichkeit zeigen will.
4 Ich aber sagte: Vergeblich habe ich mich bemüht, / habe meine Kraft für Nichtiges und Windhauch vertan.
Aber mein Recht liegt beim HERRN / und mein Lohn bei meinem Gott.
5 Jetzt aber hat der HERR gesprochen, / der mich schon im Mutterleib zu seinem Knecht geformt hat,

damit ich Jakob zu ihm heimführe / und
Israel bei ihm versammelt werde.
So wurde ich in den Augen des HERRN geehrt / und mein Gott war meine Stärke.
6 Und er sagte:
Es ist zu wenig, dass du mein Knecht bist, /
nur um die Stämme Jakobs wieder aufzurichten / und die Verschonten Israels heimzuführen.
Ich mache dich zum Licht der Nationen; /
damit mein Heil bis an das Ende der Erde reicht.
7 So spricht der HERR, der Erlöser Israels,
sein Heiliger, / zu dem tief verachteten Mann,
dem Abscheu der Nation, / dem Knecht der
Herrschenden:
Könige werden es sehen und sich erheben, /
Fürsten werfen sich nieder,
um des HERRN willen, der treu ist, / um des
Heiligen Israels willen, der dich erwählt hat.
8 So spricht der HERR:
Zur Zeit der Gnade habe ich dich erhört, /
am Tag des Heils habe ich dir geholfen.
Und ich forme dich / und mache dich zum
Bund mit dem Volk,
um das Land aufzurichten / und das verödete Erbe zu verteilen,
9 den Gefangenen zu sagen: Kommt heraus! / und denen, die in der Finsternis sind:
Zeigt euch!
An den Wegen weiden sie, / auf allen kahlen
Hügeln ist ihre Weide.
10 Sie leiden weder Hunger noch Durst, /
Hitze und Sonnenglut treffen sie nicht.
Denn der sich ihrer erbarmt, leitet sie / und
führt sie zu sprudelnden Quellen.
11 Alle meine Berge mache ich zu Wegen /
und meine Straßen werden gebahnt sein.
12 Siehe, sie kommen von fern, / die einen
von Norden und Westen, / andere aus dem
Land der Siniter.
13 Jubelt, ihr Himmel, jauchze, o Erde, / freut
euch, ihr Berge!
Denn der HERR hat sein Volk getröstet /
und erbarmt sich seiner Armen.

2: 51,16; Offb 19,15 / **4:** 1 Kor 15,58 / **6:** 42,6; Apg 13,47 / **8:** 2 Kor 6,2

GOTTES TROST FÜR ZION: 49,14–50,3

14 Doch Zion sagt: Der HERR hat mich verlassen, / Gott hat mich vergessen.
15 Kann denn eine Frau ihr Kindlein vergessen, / ohne Erbarmen sein gegenüber ihrem
leiblichen Sohn?
Und selbst wenn sie ihn vergisst: / Ich vergesse dich nicht.
16 Sieh her: Ich habe dich eingezeichnet in
meine Hände, / deine Mauern sind beständig
vor mir.
17 Deine Erbauer eilen herbei / und die dich
zerstört und verwüstet haben, ziehen davon.
18 Erhebe deine Augen ringsum und schau: /
Alle haben sich versammelt und sind zu dir
gekommen.
So wahr ich lebe – Spruch des HERRN: / Du
wirst sie alle wie einen Schmuck anlegen, / du
wirst dich mit ihnen schmücken wie eine
Braut.
19 Denn dein ödes, verheertes, zerstörtes
Land / wird jetzt zu eng für seine Bewohner, /
weit weg sind alle, die dich verschlingen wollten.
20 Bald wirst du, die du kinderlos warst, /
mit eigenen Ohren hören, wie deine Kinder
sagen:
Mir ist der Platz zu eng, / rück zur Seite, damit ich hier wohnen kann!
21 Dann wirst du dich in deinem Herzen fragen: / Wer hat mir diese geboren?
Ich war doch kinderlos und unfruchtbar, /
war verbannt und verstoßen.
Wer hat mir diese herangezogen? / Ich war
doch allein übrig geblieben. / Wo kommen
sie her?
22 So spricht GOTT, der Herr: / Siehe, ich
erhebe meine Hand zu Nationen; / und für
Völker richte ich mein Feldzeichen auf / und
sie bringen auf den Armen deine Söhne herbei / und tragen deine Töchter auf den Hüften.
23 Könige werden deine Kinder pflegen /
und Fürstinnen ihre Ammen sein.
Mit dem Gesicht zur Erde werfen sie sich
nieder vor dir / und lecken dir den Staub von
den Füßen.
Dann wirst du erkennen, dass ich der HERR
bin / und dass die nicht beschämt werden, die
auf mich hoffen.
24 Wird einem Starken die Beute entrissen /
und kann der Gefangene eines Gerechten entkommen?
25 So spricht der HERR: / Auch einem Starken entreißt man den Gefangenen / und einem Mächtigen entkommt seine Beute.

49,12 Siniter: wahrscheinlich die Einwohner von Syene, heute Assuan in Oberägypten.

49,17 deine Erbauer: Vg, vgl. G; deine Söhne/Kinder: H. Der hebräische Konsonantentext lässt beide Deutungen zu.

Ich selbst will mit deinem Gegner streiten, /
ich selbst will deine Kinder retten.
26 Deinen Unterdrückern gebe ich ihr eige-
nes Fleisch zu essen, / sie sollen sich an ihrem
Blut berauschen wie an Most.
Dann wird alles Fleisch erkennen, / dass ich,
der HERR, dein Retter bin / und ich, der Star-
ke Jakobs, dein Erlöser.
50 1 So spricht der HERR: Wo ist denn die
Scheidungsurkunde, / mit der ich eure
Mutter fortgeschickt hätte?
Wo ist mein Gläubiger, / dem ich euch ver-
kauft hätte?
Siehe, wegen eurer Verschuldungen wurdet
ihr verkauft, / wegen eurer Verfehlungen
wurde eure Mutter fortgeschickt.
2 Warum war niemand da, als ich kam, /
warum gab niemand Antwort, als ich rief?
Ist meine Hand denn zu schwach, um zu
befreien, / fehlt mir die Kraft, um zu retten?
Seht, durch meine Drohung trockne ich das
Meer aus. / Ich mache Flüsse zur Wüste,
sodass ihre Fische verfaulen aus Mangel an
Wasser / und sterben vor Durst.
3 Ich kleide den Himmel in Schwarz / und
bedecke ihn mit einem Trauergewand.

49,15: 1 Kön 3,26; Jer 31,20 / **18**: 60,4 / **20**: 54,1 / **22**: 62,10; 60,4 / **23**: 60,16; Ps 72,9 / **26**: 60,16
50,1: Dtn 24,1 / **2**: 59,1 / **3**: Offb 6,12

DER JÜNGER GOTTES UND SEIN LEIDEN: 50,4–11

4 GOTT, der Herr, gab mir die Zunge von
Schülern, / damit ich verstehe, die Müden zu
stärken durch ein aufmunterndes Wort.
Jeden Morgen weckt er mein Ohr, / damit
ich höre, wie Schüler hören.
5 GOTT, der Herr, hat mir das Ohr geöffnet. /
Ich aber wehrte mich nicht / und wich nicht
zurück.
6 Ich hielt meinen Rücken denen hin, / die
mich schlugen,
und meine Wange denen, / die mir den Bart
ausrissen.
Mein Gesicht verbarg ich nicht / vor Schmä-
hungen und Speichel.
7 Und GOTT, der Herr, wird mir helfen; /
darum werde ich nicht in Schande enden.
Deshalb mache ich mein Gesicht hart wie
einen Kiesel; / ich weiß, dass ich nicht in
Schande gerate.
8 Er, der mich freispricht, ist nahe. / Wer will
mit mir streiten?
Lasst uns zusammen vortreten! / Wer ist mein
Gegner im Rechtsstreit? / Er trete zu mir heran.
9 Siehe, GOTT, der Herr, wird mir helfen. /
Wer kann mich für schuldig erklären?
Siehe, sie alle zerfallen / wie ein Gewand,
das die Motten zerfressen.
10 Wer von euch den HERRN fürchtet, / der
höre auf die Stimme seines Knechtes.
Wer im Dunkel lebt und wem kein Licht
leuchtet, / der vertraue auf den Namen des
HERRN / und verlasse sich auf seinen Gott.
11 Ihr alle aber, die ihr Feuer legt / und Brand-
pfeile entzündet,
lauft in die Glut eures eigenen Feuers / und
in die Brandpfeile, die ihr entflammt habt.
Durch meine Hand kommt das über euch; /
am Ort der Qualen werdet ihr liegen.

6: Mt 26,67f. / **7**: Ez 3,8f. / **9**: 51,8 / **10**: 9,1

GOTTES GERECHTIGKEIT UND HEIL: 51,1–8

51 1 Hört auf mich, die ihr der Gerechtig-
keit nachjagt / und die ihr den HERRN
sucht!
Blickt auf den Felsen, aus dem ihr gehauen
seid, / auf den Brunnenschacht, aus dem ihr
herausgebohrt wurdet!
2 Blickt auf Abraham, euren Vater, / und auf
Sara, die euch gebar!
Er war allein, als ich ihn rief. / Dann habe
ich ihn gesegnet, / sodass er zahlreich wurde.
3 Denn der HERR hat Zion getröstet, / ge-
tröstet all ihre Ruinen.
Er machte ihre Wüste wie Eden / und ihre
Öde wie den Garten des HERRN.
Jubel und Freude findet man in ihr, / Lob-
preis und den Klang von Liedern.
4 Horcht her, mein Volk, / hört auf mich,
meine Nation!
Denn von mir geht Weisung aus / und mein
Recht mache ich zum Licht der Völker.
5 Meine Gerechtigkeit ist nahe, / von mir
kommt Heil.
Meine Arme verschaffen den Völkern
Recht; / auf mich hoffen die Inseln, / sie war-
ten auf meinen Arm.
6 Erhebt eure Augen zum Himmel, / be-
trachtet die Erde hier unten!
Der Himmel zerflattert wie Rauch, / die
Erde zerfällt wie ein Kleid; / ihre Bewohner
sterben wie die Fliegen.
Doch mein Heil bleibt für immer beste-
hen, / meine Gerechtigkeit wird niemals er-
schüttert.

7 Hört auf mich, die ihr die Gerechtigkeit
kennt, / du Volk, das meine Weisung im Herzen trägt!
Fürchtet euch nicht vor der Beschimpfung durch Menschen, / erschreckt nicht vor ihrem Spott!
8 Denn man frisst sie, wie die Motte das
Kleid, / man frisst sie, wie die Schabe die Wolle.
Doch meine Gerechtigkeit bleibt für immer bestehen / und von Generation zu Generation mein Heil.

1: 51,7 / **4**: 2,3; 42,6; 49,6 / **5**: 42,4 / **7**: 51,1; Mt 5,11 / **8**: 50,9

DER STARKE ARM DES HERRN: 51,9–16

9 Wach auf, wach auf, bekleide dich mit
Macht, / Arm des HERRN!
Wach auf wie in den früheren Tagen, / wie bei den Generationen der Vorzeit!
Warst du es nicht, der Rahab zerhieb, / das Ungeheuer durchbohrte?
10 Warst du es nicht, der das Meer austrock-
nen ließ, / die Wasser der großen Flut,
der die Tiefen des Meeres zum Weg gemacht hat, / damit die Erlösten hindurchziehen konnten?
11 Die vom HERRN Befreiten kehren zu-
rück / und kommen voll Jubel nach Zion.
Ewige Freude ruht auf ihren Häuptern. / Jubel und Freude stellen sich ein, / Kummer und Seufzen entfliehen.
12 Ich bin es, ja, ich, der euch tröstet. / Wer
bist du, dass du dich fürchtest vor sterblichen Menschen, / vor Menschen, die dahingegeben sind wie Gras?
13 Du hast den HERRN, deinen Schöpfer,
vergessen, / der den Himmel ausgespannt und die Erde gegründet hat?
Du zitterst dauernd vor der Wut dessen, der dich bedrängt, / der darauf zielt, dich zu vernichten. / Wo ist denn die Wut dessen, der dich bedrängt?
14 Eilends wird der Gefesselte freigelassen; /
er wird nicht im Kerker sterben / und es mangelt ihm nicht mehr an Brot.
15 Ich bin der HERR, dein Gott, / der das
Meer aufwühlt, sodass die Wogen tosen. / HERR der Heerscharen ist sein Name.
16 Ich habe dir meine Worte in den Mund
gelegt, / im Schatten meiner Hand habe ich dich verborgen, als ich den Himmel ausspannte und die Fundamente der Erde legte / und zu Zion sagte: Du bist mein Volk.

9: 52,1; Ijob 26,12f.; Ps 89,11 / **10**: Ex 14,21f. / **11**: 35,10 / **15**: Jer 31,35 / **16**: 59,21; 49,2; Hos 2,25

ZORNBECHER DES HERRN: 51,17–23

17 Raff dich auf, raff dich auf, / steh auf, Jeru-
salem!
Du hast aus dem Becher des Zorns getrunken, / den der HERR in der Hand hielt.
Du hast aus dem betäubenden Becher getrunken / und ihn geleert.
18 Da war von all den Kindern, die sie gebar, /
keines, das sie geführt hat.
Da war von all den Kindern, die sie aufzog, / keines, das sie bei der Hand nahm.
19 Beides hat dich getroffen – / wer klagt um
dich? –:
Verheerung und Zerstörung, Hunger und Schwert. / Wer tröstet dich?
20 An allen Straßenecken lagen deine Kinder
hilflos da, / wie Antilopen im Netz,
überwältigt vom Zorn des HERRN, / vom Schelten deines Gottes.
21 Darum hör doch dies, du Ärmste, / die du
betrunken bist, aber nicht vom Wein:
22 So spricht dein Herr, der HERR, dein
Gott, / der für sein Volk streitet.
Siehe, ich nehme dir den betäubenden Becher aus der Hand, / den Kelch meines Zorns; / du wirst daraus nicht weiter trinken.
23 Ich gebe ihn in die Hand deiner Peiniger, /
die zu dir sagten: Wirf dich nieder, / damit wir über dich hinwegschreiten!
So machtest du deinen Rücken wie einen Boden, / wie eine Straße für die, die über dich schritten.

17: Jer 25,15–19; Ps 60,5; 75,9; Offb 16,19

DAS NEUE HEIL FÜR ZION: 52,1–6

52 1 Wach auf, wach auf, / bekleide dich
mit deiner Macht, Zion!
Bekleide dich mit deinen Prunkgewändern, / Jerusalem, du heilige Stadt! / Denn Unbeschnittene und Unreine werden dich nicht mehr betreten.
2 Schüttle den Staub von dir ab, / steh auf,
setze dich, Jerusalem!
Löse die Fesseln von deinem Hals, / du gefangene Tochter Zion!

51,16 ausspannte: vermuteter Text nach Vers 13 und S; pflanzte: H, vgl. Vg.

51,19 wer tröstet dich: Qumran, G, Vg; Wer? Ich werde dich trösten: H.

3 Denn so spricht der HERR: / Umsonst
wurdet ihr verkauft / und ihr sollt nicht mit
Geld losgekauft werden.
4 Denn so spricht GOTT, der Herr: / Nach
Ägypten zog mein Volk einst hinab, / um dort
in der Fremde zu leben. / Auch Assur hat es
ohne Grund unterdrückt.
5 Aber was erlebe ich jetzt – Spruch des
HERRN –? / Man nahm mein Volk, ohne zu
bezahlen,
und nun prahlen seine Beherrscher – Spruch
des HERRN –; / ständig, jeden Tag wird mein
Name gelästert.
6 Darum soll mein Volk an jenem Tag mei-
nen Namen erkennen / und wissen, dass ich
es bin, der sagt: Ich bin da.

1: 51,9; Offb 21,27 / **3**: 45,13; 1 Petr 1,18 / **5**: Röm 2,24

JUBEL ÜBER DIE RÜCKKEHR DES GÖTTLICHEN KÖNIGS: 52,7–10

7 Wie willkommen sind auf den Bergen / die
Schritte des Freudenboten,
der Frieden ankündigt, / der eine frohe Bot-
schaft bringt und Heil verheißt, / der zu Zion
sagt: Dein Gott ist König.
8 Horch, deine Wächter erheben die Stim-
me, / sie beginnen alle zu jubeln.
Denn sie sehen mit eigenen Augen, / wie
der HERR nach Zion zurückkehrt.
9 Brecht in Jubel aus, jauchzt zusammen, /
ihr Trümmer Jerusalems!
Denn der HERR hat sein Volk getröstet, / er
hat Jerusalem erlöst.
10 Der HERR hat seinen heiligen Arm / vor
den Augen aller Nationen entblößt
und alle Enden der Erde / werden das Heil
unseres Gottes sehen.

8: Num 14,14 / **10**: Ps 98,1–3

AUSZUG AUS BABEL: 52,11–12

11 Fort, fort! Zieht aus von dort! / Fasst nichts
Unreines an!
Zieht aus ihrer Mitte! / Haltet euch rein, /
die ihr die Geräte des HERRN tragt!
12 Doch zieht nicht aus in Hast, / geht nicht
fort in Eile;
denn der HERR geht vor euch her / und er,
Israels Gott, ist eure Nachhut!

11: 48,20; 2 Kor 6,17 / **12**: Ex 12,11; Dtn 16,3; Jes 58,8

LEID UND ERFOLG DES GOTTESKNECHTS: 52,13–53,12

13 Siehe, mein Knecht wird Erfolg haben, / er
wird sich erheben und erhaben und sehr hoch
sein.
14 Wie sich viele über dich entsetzt haben – /
so entstellt sah er aus, nicht mehr wie ein
Mensch, / seine Gestalt war nicht mehr die
eines Menschen –,
15 so wird er viele Nationen entsühnen, /
Könige schließen vor ihm ihren Mund.
Denn was man ihnen noch nie erzählt hat, /
das sehen sie nun;
was sie niemals hörten, / das erfahren sie
jetzt.

53 1 Wer hat geglaubt, was wir gehört ha-
ben? / Der Arm des HERRN – wem
wurde er offenbar?
2 Vor seinen Augen wuchs er auf wie ein jun-
ger Spross, / wie ein Wurzeltrieb aus trocke-
nem Boden.
Er hatte keine schöne und edle Gestalt, /
sodass wir ihn anschauen mochten.
Er sah nicht so aus, / dass wir Gefallen fan-
den an ihm.
3 Er wurde verachtet und von den Menschen
gemieden, / ein Mann voller Schmerzen, / mit
Krankheit vertraut.
Wie einer, vor dem man das Gesicht ver-
hüllt, / war er verachtet; wir schätzten ihn
nicht.
4 Aber er hat unsere Krankheit getragen /
und unsere Schmerzen auf sich geladen.
Wir meinten, er sei von Gott geschlagen, /
von ihm getroffen und gebeugt.
5 Doch er wurde durchbohrt wegen unserer
Vergehen, / wegen unserer Sünden zermalmt.
Zu unserem Heil lag die Züchtigung auf
ihm, / durch seine Wunden sind wir geheilt.
6 Wir hatten uns alle verirrt wie Schafe, /
jeder ging für sich seinen Weg.
Doch der HERR ließ auf ihn treffen / die
Schuld von uns allen.
7 Er wurde bedrängt und misshandelt, / aber
er tat seinen Mund nicht auf.
Wie ein Lamm, das man zum Schlachten
führt, / und wie ein Schaf vor seinen Scherern
verstummt, / so tat auch er seinen Mund nicht
auf.
8 Durch Haft und Gericht wurde er dahin-
gerafft, / doch wen kümmerte sein Geschick?

52,15 entsühnen, wörtlich: besprengen; vgl. zum kultisch-rituellen Hintergrund Lev 8,10–11.30.

Er wurde vom Land der Lebenden abge-
schnitten / und wegen der Vergehen meines
Volkes zu Tode getroffen.
9 Bei den Frevlern gab man ihm sein Grab /
und bei den Reichen seine Ruhestätte,
obwohl er kein Unrecht getan hat / und kein
trügerisches Wort in seinem Mund war.
10 Doch der HERR hat Gefallen an dem von
Krankheit Zermalmten. / Wenn du, Gott, sein
Leben als Schuldopfer einsetzt,
wird er Nachkommen sehen und lange
leben. / Was dem HERRN gefällt, wird durch
seine Hand gelingen.
11 Nachdem er vieles ertrug, erblickt er das
Licht. / Er sättigt sich an Erkenntnis.
Mein Knecht, der gerechte, macht die Vielen
gerecht; / er lädt ihre Schuld auf sich.
12 Deshalb gebe ich ihm Anteil unter den
Großen / und mit Mächtigen teilt er die
Beute,
weil er sein Leben dem Tod preisgab / und
sich unter die Abtrünnigen rechnen ließ.
Er hob die Sünden der Vielen auf / und trat
für die Abtrünnigen ein.

52,14: Weish 5,2 / **15**: Röm 15,21
53,1: Joh 12,38; Röm 10,16 / **2**: 11,1.10 / **4**: Mt 8,17 / **5**: 1 Petr 2,24f. / **6**: 56,11 / **7**: Apg 8,32f.; Offb 5,6.12; 13,8 / **9**: 1 Petr 2,22 / **11**: Dan 12,3; Röm 5,19 / **12**: Röm 4,25; Lk 22,37; Hebr 9,28; Joh 1,29; Röm 5,16; 1 Petr 2,24

REICHE NACHKOMMENSCHAFT UND DAUERHAFTER FRIEDE MIT GOTT: 54,1–10

54 1 Freu dich, du Unfruchtbare, die nie
gebar, / du, die nie in Wehen lag, brich
in Jubel aus und jauchze!
Denn die Einsame hat jetzt viel mehr Kin-
der / als die Vermählte, spricht der HERR.
2 Mach den Raum deines Zeltes weit, /
spann deine Zelttücher aus, ohne zu sparen! /
Mach deine Zeltseile lang und deine Zeltpflö-
cke fest!
3 Denn nach rechts und links breitest du dich
aus. / Deine Nachkommen werden Nationen
beerben / und verödete Städte besiedeln.
4 Fürchte dich nicht, du wirst nicht be-
schämt; / schäme dich nicht, du wirst nicht
enttäuscht!
Denn die Schande in deiner Jugend wirst du
vergessen, / an die Schmach deiner Witwen-
schaft wirst du nicht mehr denken.
5 Denn dein Schöpfer ist dein Gemahl, /
HERR der Heerscharen ist sein Name.
Der Heilige Israels ist dein Erlöser, / Gott
der ganzen Erde wird er genannt.
6 Ja, der HERR hat dich gerufen / als verlas-
sene, bekümmerte Frau.
Kann man denn die Frau seiner Jugend ver-
stoßen?, / spricht dein Gott.
7 Nur für eine kleine Weile habe ich dich
verlassen, / doch mit großem Erbarmen wer-
de ich dich sammeln.
8 Einen Augenblick nur verbarg ich vor dir
mein Gesicht / in aufwallendem Zorn;
aber in ewiger Huld habe ich mich deiner
erbarmt, / spricht dein Erlöser, der HERR.
9 Wie bei der Flut Noachs soll es für mich
sein: / So wie ich damals schwor,
dass die Flut Noachs die Erde nie mehr über-
schwemmen wird, / so schwöre ich jetzt, dir
nie mehr zu zürnen / und dich nie mehr zu
schelten.
10 Mögen auch die Berge weichen / und die
Hügel wanken –
meine Huld wird nicht von dir weichen /
und der Bund meines Friedens nicht wanken, /
spricht der HERR, der Erbarmen hat mit dir.

1: 62,4; Gal 4,27 / **5**: Hos 2,18 / **7**: Ps 30,6 / **8**: 60,10 / **9**: Gen 9,8–17 / **10**: Ez 34,25; 37,26

JERUSALEM ALS ERBANTEIL DER JÜNGER UND KNECHTE GOTTES: 54,11–17

11 Ärmste, vom Sturm Gepeitschte, / die ohne
Trost ist:
Siehe, ich selbst lege dir ein Fundament aus
Malachit / und Grundmauern aus Saphir.
12 Aus Rubinen mache ich deine Zinnen, /
aus Beryll deine Tore / und alle deine Mauern
aus kostbaren Steinen.
13 Alle deine Kinder sind Schüler des HERRN /
und groß ist der Friede deiner Kinder.
14 Du wirst auf Gerechtigkeit gegründet
sein. / Du bist fern von Bedrängnis,
denn du brauchst dich nicht mehr zu fürch-
ten / und bist fern von Schrecken; / er kommt
an dich nicht heran.
15 Siehe, greift dich jemand an, / so geht es
nicht von mir aus; / wer dich angreift, fällt im
Kampf gegen dich.
16 Ich habe den Schmied erschaffen, / der
das Kohlenfeuer entfacht und Waffen her-
stellt, / wie es seinem Handwerk entspricht.
Ich habe auch den, der vernichtet, erschaf-
fen, / damit er zerstört.
17 Keine Waffe wird etwas ausrichten, die
man gegen dich schmiedet; / jede Zunge, die

53,11 Licht: Qumran und G.
54,2 spann … aus: Vg, vgl. G; sie sollen ausspannen: H.

dich vor Gericht verklagt, wirst du schuldig
sprechen.
Das ist das Erbteil der Knechte des HERRN: /
Von mir kommt ihre Gerechtigkeit – Spruch
des HERRN.

11–12: Tob 13,17; Offb 21,18–21 / **13**: Joh 6,45 / **14**: Ps 91,10

DIE KNECHTE GOTTES ALS EMPFÄNGER DER HULDERWEISE GOTTES FÜR DAVID: 55,1–5

55 1 Auf, alle Durstigen, kommt zum Was-
ser! / Die ihr kein Geld habt, kommt,
kauft Getreide und esst, kommt und kauft
ohne Geld / und ohne Bezahlung Wein und
Milch!
2 Warum bezahlt ihr mit Geld, was euch
nicht nährt, / und mit dem Lohn eurer Mü-
hen, / was euch nicht satt macht?
Hört auf mich, dann bekommt ihr das Beste
zu essen / und könnt euch laben an fetten
Speisen!
3 Neigt euer Ohr und kommt zu mir, / hört
und ihr werdet aufleben!
Ich schließe mit euch einen ewigen Bund: /
Die Erweise der Huld für David sind beständig.
4 Siehe, ich habe ihn zum Zeugen für die
Völker gemacht, / zum Fürsten und Gebieter
der Nationen.
5 Siehe, eine Nation, die du nicht kennst,
wirst du rufen / und eine Nation, die dich
nicht kannte, eilt zu dir,
um des HERRN, deines Gottes, des Heiligen
Israels willen, / weil er dich herrlich gemacht
hat.

1: Joh 7,37; Offb 22,17 / **3**: 61,8; 2 Chr 6,42; Apg 13,34

MAHNUNG ZUR GOTTSUCHE: 55,6–7

6 Sucht den HERRN, er lässt sich finden, / ruft
ihn an, er ist nah!
7 Der Frevler soll seinen Weg verlassen, / der
Übeltäter seine Pläne.
Er kehre um zum HERRN, / damit er Erbar-
men hat mit ihm,
und zu unserem Gott; / denn er ist groß im
Verzeihen.

VERTRAUEN AUF DIE WIRKSAMKEIT DES GÖTTLICHEN WORTES: 55,8–11

8 Meine Gedanken sind nicht eure Gedanken /
und eure Wege sind nicht meine Wege – /
Spruch des HERRN.
9 So hoch der Himmel über der Erde ist, / so
hoch erhaben sind meine Wege über eure
Wege / und meine Gedanken über eure Ge-
danken.
10 Denn wie der Regen und der Schnee vom
Himmel fällt / und nicht dorthin zurückkehrt,
ohne die Erde zu tränken und sie zum Kei-
men und Sprossen zu bringen, / dass sie dem
Sämann Samen gibt und Brot zum Essen,
11 so ist es auch mit dem Wort, / das meinen
Mund verlässt:
Es kehrt nicht leer zu mir zurück, / ohne zu
bewirken, was ich will, / und das zu erreichen,
wozu ich es ausgesandt habe.

10: 2 Kor 9,10

DER FREUDIGE AUSZUG AUS BABEL: 55,12–13

12 In Freude werdet ihr ausziehen / und in Frie-
den heimgebracht werden.
Berge und Hügel brechen vor euch in Jubel
aus / und alle Bäume auf dem Feld klatschen
in die Hände.
13 Statt Dornen wachsen Zypressen, / statt
Brennnesseln Myrten.
Das geschieht zum Ruhm des HERRN, /
zum ewigen Zeichen, das niemals getilgt wird.

12: 44,23 / **13**: 56,5

DER NEUE HIMMEL UND DIE NEUE ERDE, ZION UND ALLE NATIONEN: 56,1–66,24

VERHEISSUNG AN DIE FREMDEN UND KINDERLOSEN: 56,1–8

56 1 So spricht der HERR:
Wahrt das Recht und übt Gerech-
tigkeit, / denn bald kommt mein Heil / und
meine Gerechtigkeit wird sich bald offenba-
ren!
2 Selig der Mensch, der dies tut, / und jeder
Einzelne, der daran festhält,
den Sabbat zu halten und ihn nicht zu ent-
weihen / und seine Hand vor jeder bösen Tat
zu bewahren.

56,1 – 66,24 Vgl. die Einleitung zu Jes.

3 Der Fremde, der sich dem HERRN angeschlossen hat, soll nicht sagen: / Sicher wird er mich ausschließen aus seinem Volk.

Der Eunuch soll nicht sagen: / Sieh, ich bin ein dürrer Baum.

4 Denn so spricht der HERR: / Den Eunuchen, die meine Sabbate halten,

die wählen, was mir gefällt / und an meinem Bund festhalten,

5 ihnen gebe ich in meinem Haus / und in meinen Mauern Denkmal und Namen. / Das ist mehr wert als Söhne und Töchter:

Einen ewigen Namen gebe ich einem jeden, / der nicht ausgetilgt wird.

6 Und die Fremden, die sich dem HERRN anschließen, / um ihm zu dienen und den Namen des HERRN zu lieben,

um seine Knechte zu sein, / alle, die den Sabbat halten

und ihn nicht entweihen / und die an meinem Bund festhalten,

7 sie werde ich zu meinem heiligen Berg bringen / und sie erfreuen in meinem Haus des Gebets.

Ihre Brandopfer und Schlachtopfer werden Gefallen auf meinem Altar finden, / denn mein Haus wird ein Haus des Gebetes für alle Völker genannt werden.

8 Spruch GOTTES, des Herrn, / der die Versprengten Israels sammelt:

Noch mehr, als ich schon von ihnen gesammelt habe, / will ich bei ihm sammeln.

2: 58,13 / **5**: 55,13 / **7**: Mk 11,17 / **8**: Ps 147,2

ANKLAGE WEGEN SOZIALER UND KULTISCHER VERGEHEN: 56,9–57,13

9 All ihr Tiere des Feldes, kommt, um zu fressen, / all ihr Tiere im Wald!

10 Seine Wächter sind allesamt blind, / sie merken nichts;

sie sind alle stumme Hunde, / sie können nicht bellen.

Träumend liegen sie da / und haben gern ihre Ruhe.

11 Und diese Hunde sind von mächtiger Gier, kennen keine Sättigung. / Das sind Hirten: Sie verstehen nicht aufzumerken.

Sie alle haben sich ihrem eigenen Weg zugewandt, / jeder ist nur auf seinen Gewinn bedacht.

12 Kommt, ich hole Wein / und wir wollen uns mit Bier betrinken!

Und morgen wird es ebenso sein: / großartig über die Maßen!

57 1 Der Gerechte kommt um / und niemand nimmt es sich zu Herzen.

Die Treuen werden dahingerafft, / ohne dass es jemand beachtet. / Ja, von der Bosheit wird der Gerechte dahingerafft.

2 Er gelangt zum Frieden, / sie ruhen auf ihren Lagern, / ein jeder, der seinen Weg geradeaus geht.

3 Ihr aber, kommt herbei, ihr Kinder der Zauberin, / Nachkommen eines Ehebrechers und einer Dirne!

4 Über wen macht ihr euch lustig, / gegen wen reißt ihr das Maul auf, / wem streckt ihr die Zunge heraus?

Seid ihr nicht selbst Kinder des Vergehens, / eine Lügenbrut?

5 Die ihr euch erregt bei den Eichen, unter jedem grünen Baum,

die ihr Kinder schlachtet in den Bachtälern, / unter den Felsklüften.

6 Bei den glatten Kieseln des Bachtals ist dein Anteil. / Sie, sie sind dein Los,

auch für sie hast du Trankopfer ausgegossen und Speiseopfer dargebracht. / Sollte ich deswegen meinen Entschluss bereuen?

7 Auf einem hohen und erhabenen Berg / hast du dein Lager aufgeschlagen.

Auch dorthin stiegst du hinauf, / um Schlachtopfer darzubringen.

8 Hinter Tür und Pfosten / hast du dein Erinnerungszeichen angebracht.

Ja, von mir hast du dich freigemacht, bist hinaufgestiegen / und hast dir ein breites Lager zurechtgemacht.

Du hast dich mit ihnen verbunden, liebtest ihr Lager, / hast ihre Kraft geschaut.

9 Du bist zum König hinabgezogen mit Öl, / hast deine Salben aufgehäuft.

Du hast deine Boten bis in die Ferne geschickt / und stiegst tief hinab bis in die Unterwelt.

10 Auf deinem langen Weg bist du müde geworden, / hast aber nicht gesagt: Es ist umsonst!

Du hast Leben in deiner Hand gefunden, / darum bist du nicht schwach geworden.

11 Wen hast du gescheut und gefürchtet, / dass du gelogen hast?

An mich hast du nicht gedacht, / es dir nicht zu Herzen genommen.

Ist es nicht so: Ich schweige, und zwar seit Langem, / daher fürchtest du mich nicht?

12 Ich tue deine Gerechtigkeit kund und deine Taten, / sie nützen dir nichts!

13 Wenn du um Hilfe schreist, / dann sollen
dich retten, die bei dir versammelt sind;
aber sie alle trägt der Wind davon, / ein
Hauch nimmt sie fort.
Wer jedoch bei mir Zuflucht sucht, / der
wird das Land erben / und meinen heiligen
Berg besitzen.

56,9: Jer 12,9 / **11:** 53,6
57,1: Mi 7,2 / **13:** 60,21; 65,9

HEIL DEN UNTERDRÜCKTEN, STRAFE DEN FREVLERN: 57,14–21

14 Und er spricht: Bahnt, bahnt, ebnet den
Weg, / räumt die Hindernisse aus dem Weg
meines Volkes!
15 Denn so spricht der Hohe und Erhabene, /
er wohnt in Ewigkeit, sein Name ist Der Heilige:
Als Heiliger wohne ich in der Höhe, / aber
ich bin auch bei dem Zerschlagenen und dem
im Geist Niedrigen,
um den Geist der Niedrigen wieder aufleben
zu lassen / und das Herz der Zerschlagenen
neu zu beleben.
16 Denn nicht auf ewig will ich streiten / und
nicht für immer zürnen.
Sonst würde der Geist vor mir verschmach-
ten / und der Lebensatem, den ich gemacht habe.
17 Über die Schuld seiner Gewinnsucht
zürnte ich, / schlug mein Volk, verbarg mich
und war zornig.
Aber es ging abtrünnig auf dem Weg seines
eigenen Herzens. / 18 Seine Wege habe ich ge-
sehen
und will es heilen und führen, ihm und sei-
nen Trauernden wieder Trost schenken. /
19 Ich erschaffe Frucht der Lippen.
Friede, Friede dem Fernen und dem Nahen,
spricht der HERR, / ich werde ihn heilen.
20 Aber die Frevler sind wie das aufgewühlte
Meer, / das nicht zur Ruhe kommen kann / und
dessen Wasser Schmutz aufwühlt und Schlamm.
21 Kein Friede den Frevlern, / spricht mein
Gott!

14: 40,3; 62,10 / **15:** 66,1f.; Ps 113,5–9; Ps 51,19 / **16:** Ps 103,9; Jer 3,12 / **19:** Eph 2,17 / **20:** Jer 49,23 / **21:** 48,22

GERECHTES FASTEN UND HALTEN DES SABBATS: 58,1–14

58 1 Rufe aus voller Kehle, halte dich nicht
zurück! / Erhebe deine Stimme wie ein
Widderhorn!
Halt meinem Volk seine Vergehen vor / und
dem Haus Jakob seine Sünden!
2 Sie suchen mich Tag für Tag / und haben
daran Gefallen, meine Wege zu erkennen.
Wie eine Nation, die Gerechtigkeit
übt / und vom Recht ihres Gottes nicht ab-
lässt,
so fordern sie von mir gerechte Entscheide /
und haben an Gottes Nähe Gefallen.
3 Warum fasten wir und du siehst es nicht? /
Warum haben wir uns gedemütigt und du
weißt es nicht?
Seht, an euren Fasttagen macht ihr Geschäf-
te / und alle eure Arbeiter treibt ihr an.
4 Seht, ihr fastet und es gibt Streit und Zank /
und ihr schlagt zu mit roher Gewalt.
So wie ihr jetzt fastet, / verschafft ihr eurer
Stimme droben kein Gehör.
5 Ist das ein Fasten, wie ich es wünsche, / ein
Tag, an dem sich der Mensch demütigt:
wenn man den Kopf hängen lässt wie eine
Binse, / wenn man sich mit Sack und Asche
bedeckt?
Nennst du das ein Fasten / und einen Tag,
der dem HERRN gefällt?
6 Ist nicht das ein Fasten, wie ich es wün-
sche: / die Fesseln des Unrechts zu lösen, / die
Stricke des Jochs zu entfernen,
Unterdrückte freizulassen, / jedes Joch zu
zerbrechen?
7 Bedeutet es nicht, dem Hungrigen dein
Brot zu brechen, / obdachlose Arme ins Haus
aufzunehmen,
wenn du einen Nackten siehst, ihn zu be-
kleiden / und dich deiner Verwandtschaft
nicht zu entziehen?
8 Dann wird dein Licht hervorbrechen wie
das Morgenrot / und deine Heilung wird
schnell gedeihen.
Deine Gerechtigkeit geht dir voran, / die
Herrlichkeit des HERRN folgt dir nach.
9 Wenn du dann rufst, / wird der HERR dir
Antwort geben,
und wenn du um Hilfe schreist, wird er sa-
gen: / Hier bin ich.
Wenn du Unterjochung aus deiner Mitte
entfernst, / auf keinen mit dem Finger zeigst
und niemandem übel nachredest,
10 den Hungrigen stärkst / und den Gebeug-
ten satt machst,
dann geht im Dunkel dein Licht auf / und
deine Finsternis wird hell wie der Mittag.
11 Der HERR wird dich immer führen, / auch
im dürren Land macht er dich satt / und stärkt
deine Glieder.

Du gleichst einem bewässerten Garten, /
einer Quelle, deren Wasser nicht trügt.
12 Die Deinen bauen uralte Trümmerstätten
wieder auf, / die Grundmauern vergangener
Generationen stellst du wieder her.
Man nennt dich Maurer, / der Risse schließt, /
der Pfade zum Bleiben wiederherstellt.
13 Wenn du am Sabbat deinen Fuß zurück-
hältst, / deine Geschäfte an meinem heiligen
Tag zu machen,
wenn du den Sabbat eine Wonne nennst, /
heilig für den HERRN, hochgeehrt,
wenn du ihn ehrst, ohne Gänge zu machen /
und ohne dich Geschäften zu widmen und
viele Worte zu machen,
14 dann wirst du am HERRN deine Wonne
haben. / Dann lasse ich dich über die Höhen
der Erde dahinfahren
und das Erbe deines Vaters Jakob genießen. /
Ja, der Mund des HERRN hat gesprochen.

1: Mi 3,8 / **4**: Ex 21,18 / **6**: 61,1 / **7**: Mt 25,35f. / **8**: 52,12 / **9**: 30,19; 65,24 / **11**: Jer 31,12 / **12**: 61,4; Am 9,11 / **14**: Ijob 22,26; Ps 37,4

MAHNUNG GOTTES UND KOLLEKTIVE KLAGE: 59,1–15

59 1 Seht her, die Hand des HERRN ist
nicht zu kurz, / um zu helfen,
sein Ohr ist nicht schwerhörig, / sodass er
nicht hört.
2 Aber eure Vergehen stehen trennend /
zwischen euch und eurem Gott;
eure Sünden haben sein Gesicht vor euch
verdeckt, / sodass er nicht hört.
3 Denn eure Hände sind mit Blut befleckt, /
eure Finger mit Unrecht.
Eure Lippen reden Lüge, / eure Zunge flüs-
tert Bosheit.
4 Keiner bringt gerechte Klagen vor, / keiner
hält ehrlich Gericht.
Man stützt sich auf Nichtiges / und redet
Haltloses;
man geht schwanger mit Unheil / und ge-
biert Verderben.
5 Schlangeneier brüten sie aus / und weben
Spinnengewebe.
Wer von ihren Eiern isst, stirbt; / zerdrückt
man eines, fährt eine Natter heraus.
6 Ihre Fäden taugen nicht zu Gewändern, /
man kann sich nicht bedecken mit dem, was
sie erzeugen.
Ihre Taten sind Taten des Unheils, / Gewalt-
tat ist in ihren Händen.
7 Ihre Füße laufen dem Bösen nach, / schnell
sind sie dabei, / unschuldiges Blut zu vergie-
ßen.
Ihre Gedanken sind Gedanken des Un-
heils, / Scherben und Verderben sind auf ihren
Straßen.
8 Den Weg des Friedens kennen sie nicht, /
auf ihren Spuren gibt es kein Recht.
Sie machen selbst ihre Pfade krumm; / nie-
mand, der darauf geht, lernt Frieden kennen.
9 Darum bleibt das Recht von uns fern, / die
Gerechtigkeit erreicht uns nicht.
Wir hoffen auf Licht, / doch siehe, Finster-
nis;
auf Helligkeit, / doch wir gehen im Dun-
keln.
10 Wir tasten uns wie Blinde an der Wand
entlang, / ja, tasten wie jemand, der keine Au-
gen hat.
Wir stolpern am Mittag wie in der Dämme-
rung, / bei blühender Gesundheit sind wir
Toten gleich.
11 Wir brummen alle wie Bären / und gurren
wie Tauben.
Wir hoffen auf das Recht, doch nichts, / auf
das Heil, doch es ist fern von uns.
12 Denn zahlreich sind unsere Vergehen vor
dir, / unsere Sünden klagen uns an.
Denn unsere Vergehen haften an uns, / un-
ser Verschulden kennen wir:
13 Abtrünnigkeit und Verleugnung des
HERRN, / Abkehr von unserem Gott.
Von Gewalttat reden und Aufruhr, / mit
Worten der Lüge schwanger gehen und sie aus
dem Herzen von sich geben.
14 So wird Recht zurückgedrängt, / Gerech-
tigkeit steht in der Ferne.
Redlichkeit kommt auf dem Marktplatz zu
Fall, / Rechtschaffenheit findet nirgendwo
Einlass.
15 Redlichkeit wird vermisst, / wer das Böse
meidet, wird ausgeraubt.

1: 50,2 / **2**: 1,15 / **4**: Ijob 15,35; Ps 7,15 / **7**: Spr 1,16; Röm 3,15–17 / **10**: Dtn 28,29 / **12**: Jer 14,7

THEOPHANIE GEGEN DIE FREVLER: 59,15–20

Das hat der HERR gesehen / und es war böse
in seinen Augen, denn es gibt kein Recht.
16 Er sah, dass niemand da war, / und war
entsetzt, dass niemand einschritt.
Da half ihm sein eigener Arm, / seine eige-
ne Gerechtigkeit war seine Stütze.

17 Er legte die Gerechtigkeit an wie einen Panzer / und setzte den Helm des Heils auf.

Er legte die Kleider der Vergeltung an / und umhüllte sich mit leidenschaftlichem Eifer wie mit einem Mantel.

18 Gemäß den Taten zahlt er heim; / Zorn seinen Gegnern,

Vergeltung seinen Feinden, / bis zu den Inseln vergilt er und zahlt heim.

19 Dann fürchtet man im Westen den Namen des HERRN / und im Osten seine Herrlichkeit.

Denn er kommt wie ein reißender Strom, / den der Sturm des HERRN treibt.

20 Doch für Zion kommt der Erlöser / und für alle in Jakob,

die umkehren von ihrem Vergehen – / Spruch des HERRN.

16–17: 63,5; Weish 5,16–20 / **18**: 66,6 / **19**: 45,6; Ps 102,16 / **20**: Röm 11,26f.

BUNDESZUSAGE FÜR DIE GEMEINDE AUF DEM ZION: 59,21

21 Das ist der Bund, den ich mit ihnen schließe, spricht der HERR: Mein Geist, der auf dir ruht, und meine Worte, die ich in deinen Mund gelegt habe, sollen nicht weichen aus deinem Mund, aus dem Mund deiner Nachkommen und aus dem Mund der Nachkommen deiner Nachkommen, spricht der HERR, von jetzt an und auf ewig.

21: 51,16; Jer 1,9

ZION ALS LICHT DER VÖLKER: REICHTUM UND FRIEDEN: 60,1–22

60 1 Steh auf, werde licht, denn es kommt dein Licht / und die Herrlichkeit des HERRN geht strahlend auf über dir.

2 Denn siehe, Finsternis bedeckt die Erde / und Dunkel die Völker,

doch über dir geht strahlend der HERR auf, / seine Herrlichkeit erscheint über dir.

3 Nationen wandern zu deinem Licht / und Könige zu deinem strahlenden Glanz.

4 Erhebe deine Augen ringsum und sieh: / Sie alle versammeln sich, kommen zu dir.

Deine Söhne kommen von fern, / deine Töchter werden auf der Hüfte sicher getragen.

5 Da wirst du schauen und strahlen, / dein Herz wird erbeben und sich weiten.

Denn die Fülle des Meeres wendet sich dir zu, / der Reichtum der Nationen kommt zu dir.

6 Eine Menge von Kamelen bedeckt dich, / Hengste aus Midian und Efa.

Aus Saba kommen sie alle, / Gold und Weihrauch bringen sie / und verkünden die Ruhmestaten des HERRN.

7 Alle Schafe von Kedar sammeln sich bei dir, / die Widder von Nebajot sind dir zu Diensten.

Sie steigen zum Wohlgefallen auf meinen Altar; / so verherrliche ich das Haus meiner Herrlichkeit.

8 Wer sind, die heranfliegen wie eine Wolke, / wie Tauben zu ihrem Schlag?

9 Denn auf mich warten die Inseln, / voran die Schiffe von Tarschisch,

um deine Söhne aus der Ferne zu bringen, / ihr Silber und ihr Gold mit ihnen,

zum Ruhm des HERRN, deines Gottes, / des Heiligen Israels, / denn er macht dich herrlich.

10 Fremde bauen deine Mauern, / ihre Könige sind dir zu Diensten.

Denn in meinem Zorn habe ich dich geschlagen, / aber in meinem Wohlwollen habe ich Erbarmen mit dir.

11 Deine Tore bleiben immer geöffnet, / sie werden bei Tag und bei Nacht nicht geschlossen,

damit man den Reichtum der Nationen zu dir bringen kann; / auch ihre Könige werden zu dir geleitet.

12 Denn die Nation und das Königreich, / die dir nicht dienen, gehen zugrunde / und die Nationen werden völlig vernichtet.

13 Die Pracht des Libanon kommt zu dir, / Zypressen, Ulmen und Wacholder allesamt,

um den Ort meines Heiligtums zu schmücken; / den Ort meiner Füße will ich verherrlichen.

14 Gebückt kommen die Söhne deiner Unterdrücker zu dir, / alle, die dich verachtet haben, werfen sich dir zu Füßen.

Man nennt dich Stadt des HERRN / und Zion des Heiligen Israels.

15 Dafür, dass du verlassen bist und verhasst / und niemand hindurchzieht,

mache ich dich zum ewigen Stolz, / zur Freude für alle Generationen.

16 Und du wirst die Milch der Nationen saugen / und an der Brust von Königen trinken.

60,1 – 62,12 Diese Kapitel gehören nach Thema und Gedankenführung zusammen und sind mit Jes 40–55 verwandt.

Du wirst erkennen, / dass ich, der HERR,
dein Retter bin / und dein Erlöser, der Starke
Jakobs.
17 Statt Bronze bringe ich Gold, / statt Eisen
bringe ich Silber, / statt Holz Bronze und statt
Steine Eisen.
Ich setze den Frieden als Aufsicht über dich
ein / und die Gerechtigkeit als deine Obrig-
keit.
18 Man hört nichts mehr von Gewalttat in
deinem Land, / von Scherben und Verderben
in deinem Gebiet.
Deine Mauern nennst du Heil / und deine
Tore Ruhm.
19 Nicht mehr die Sonne wird dein Licht sein,
um am Tage zu leuchten, / noch wird dir der
Mond als heller Schein leuchten,
sondern der HERR wird dir ein ewiges Licht
sein / und dein Gott dein herrlicher Glanz.
20 Deine Sonne geht nicht mehr unter / und
dein Mond nimmt nicht mehr ab;
denn der HERR ist dein ewiges Licht, / zu
Ende sind die Tage deiner Trauer.
21 Dein Volk besteht nur aus Gerechten; / sie
werden für immer das Land besitzen, / Spross
meiner Pflanzung,
Werk meiner Hände / zum herrlichen
Glanz.
22 Der Kleinste wird zu einer Tausend-
schaft, / der Geringste zu einer starken Nation.
Ich, der HERR, / zu seiner Zeit führe ich es
schnell aus.

1: Offb 21,23 / **3:** 2,2–5; Offb 21,24 / **4:** 49,18; 66,12 / **5:** Offb 21,24 / **6:** Ps 72,10; Mt 2,11 / **9:** 55,5 / **10:** 61,5; 54,8 / **11:** Offb 21,25f. / **13:** 41,19 / **14:** Offb 3,9 / **15:** 62,4 / **16:** 49,23.26; 66,11 / **18:** Jer 6,7 / **21:** 57,13; 65,9; Mt 5,5; Jes 61,3

DER GESALBTE DES HERRN UND SEINE SENDUNG: 61,1–11

61 1 Der Geist GOTTES, des Herrn, ruht auf
mir. / Denn der HERR hat mich gesalbt;
er hat mich gesandt, um den Armen frohe
Botschaft zu bringen, / um die zu heilen, die
gebrochenen Herzens sind,
um den Gefangenen Freilassung auszuru-
fen / und den Gefesselten Befreiung,
2 um ein Gnadenjahr des HERRN auszuru-
fen, / einen Tag der Vergeltung für unseren
Gott, / um alle Trauernden zu trösten,
3 den Trauernden Zions Schmuck zu geben /
anstelle von Asche,
Freudenöl statt Trauer, / ein Gewand des
Ruhms statt eines verzagten Geistes.
Man wird sie Eichen der Gerechtigkeit nen-
nen, / Pflanzung des HERRN zum herrlichen
Glanz.
4 Dann bauen sie die uralten Trümmerstät-
ten wieder auf / und richten die Ruinen der
Vorfahren wieder her.
Die verödeten Städte erbauen sie neu, / die
Ruinen vergangener Generationen.
5 Fremde stehen bereit und weiden eure
Herden, / Ausländer sind eure Bauern und
Winzer.
6 Ihr aber werdet Priester des HERRN ge-
nannt, / Diener unseres Gottes sagt man zu
euch.
Den Reichtum der Nationen werdet ihr genie-
ßen / und euch mit ihrer Herrlichkeit brüsten.
7 Anstelle ihrer doppelten Schande und des
Frohlockens / über die ihnen zuteilgewordene
Schmach
werden sie in ihrem Land das Doppelte be-
sitzen, / ewige Freude wird ihnen zuteil.
8 Denn ich, der HERR, liebe das Recht, / ich
hasse Raub und Unrecht.
Ich zahle ihnen den Lohn in Treue aus / und
schließe einen ewigen Bund mit ihnen.
9 Ihre Nachkommen werden unter den Na-
tionen bekannt sein / und ihre Sprösslinge
inmitten der Völker.
Jeder, der sie sieht, wird sie erkennen: / Das
sind die Nachkommen, die der HERR gesegnet
hat.
10 Von Herzen freue ich mich am HERRN. /
Meine Seele jubelt über meinen Gott.
Denn er kleidet mich in Gewänder des
Heils, / er hüllt mich in den Mantel der Ge-
rechtigkeit,
wie ein Bräutigam sich festlich schmückt /
und wie eine Braut ihr Geschmeide anlegt.
11 Denn wie die Erde ihr Gewächs hervor-
bringt / und der Garten seine Saat sprießen
lässt,
so lässt GOTT, der Herr, Gerechtigkeit sprie-
ßen / und Ruhm vor allen Nationen.

1: 58,6; Lk 4,18f.; / **2:** 34,8; 63,4 / **3:** 60,21 / **4:** 58,12 / **5:** 60,10 / **6:** Ex 19,6; 1 Petr 2,5.9; Offb 1,6; 20,6 / **8:** 55,3; Ps 37,28 / **9:** 65,23 / **10:** 41,16; Offb 21,2

GOTT ALS BRÄUTIGAM UND ERLÖSER: 62,1–12

62 1 Um Zions willen werde ich nicht
schweigen, / um Jerusalems willen
nicht still sein,

61,10 sich festlich schmückt: vermuteter Text, vgl. G; Priesterdienst tut: H.

bis hervorbricht wie ein helles Licht seine Gerechtigkeit / und sein Heil wie eine brennende Fackel.

2 Dann sehen die Nationen deine Gerechtigkeit / und alle Könige deine Herrlichkeit.

Man ruft dich mit einem neuen Namen, / den der Mund des HERRN für dich bestimmt.

3 Du wirst zu einer prächtigen Krone / in der Hand des HERRN,

zu einem königlichen Kopfschmuck / in der Hand deines Gottes.

4 Nicht länger nennt man dich Verlassene / und dein Land nicht mehr Verwüstung,

sondern du wirst heißen: Ich habe Gefallen an dir / und dein Land wird Vermählte genannt.

Denn der HERR hat an dir Gefallen / und dein Land wird vermählt.

5 Wie der junge Mann die Jungfrau in Besitz nimmt, / so nehmen deine Söhne dich in Besitz.

Wie der Bräutigam sich freut über die Braut, / so freut sich dein Gott über dich.

6 Auf deine Mauern, Jerusalem, habe ich Wächter gestellt. / Den ganzen Tag und die ganze Nacht, niemals sollen sie schweigen.

Die ihr den HERRN erinnert, / gönnt euch keine Ruhe!

7 Lasst ihm keine Ruhe, / bis er Jerusalem festigt / und bis er es einsetzt als Ruhm auf Erden!

8 Der HERR hat geschworen bei seiner Rechten / und bei seinem starken Arm:

Nie mehr gebe ich dein Korn / deinen Feinden zu essen.

Nie mehr trinken Fremde deinen Wein, / um den du dich so gemüht hast.

9 Die das Korn ernten, sollen es auch essen / und den HERRN preisen.

Die den Wein lesen, sollen ihn auch trinken / in den Vorhöfen meines Heiligtums.

10 Zieht ein, zieht ein durch die Tore, / bahnt dem Volk einen Weg!

Bahnt, ja bahnt die Straße / und räumt die Steine beiseite! / Richtet ein Zeichen auf für die Völker!

11 Siehe, der HERR hat es bekannt gemacht bis ans Ende der Erde. / Sagt der Tochter Zion:

Siehe, deine Rettung kommt. / Siehe, sein Lohn ist mit ihm

und sein Ertrag / geht vor ihm her!

12 Dann wird man sie nennen Heiliges Volk, / Erlöste des HERRN.

Und du wirst genannt werden: / Begehrte, nicht mehr verlassene Stadt.

2: Offb 2,17; 3,12 / **4**: 54,1; 60,15 / **5**: 65,19 / **8–9**: 65,21f. / **10**: 40,3; 57,14; 49,22 / **11**: 40,10; Mt 21,5

GOTT ALS KELTERTRETER AUS EDOM: 63,1–6

63 1 Wer ist es, der aus Edom kommt, / aus Bozra in rot gefärbten Gewändern?

Er schreitet in prächtigen Kleidern, / in seiner gewaltigen Kraft.

Ich bin es, der Gerechtigkeit verkündet, / ich bin stark, um zu retten.

2 Warum ist dein Gewand so rot, / sind deine Kleider wie die eines Mannes, der die Kelter tritt?

3 Ich allein trat die Kelter; / von den Völkern war niemand bei mir.

Da zertrat ich sie voll Zorn, / zerstampfte sie in meiner Wut.

Ihr Saft spritzte auf meine Kleider / und ich befleckte alle meine Gewänder.

4 Denn ein Tag der Vergeltung lag mir im Sinn / und das Jahr meiner Erlösten war gekommen.

5 Ich sah mich um, doch es gab keinen Helfer; / ich war bestürzt, aber es gab keinen, der mich stützte.

Da half mir mein eigener Arm / und meine Wut, sie stützte mich.

6 Da zerstampfte ich Völker in meinem Zorn, / machte sie trunken in meiner Wut / und ließ ihren Saft zur Erde rinnen.

3: Offb 14,20; 19,15.13 / **4**: 34,8; 61,2 / **5**: 59,16

KLAGE DES VOLKES UND ANRUFUNG GOTTES ALS VATER: 63,7–64,11

7 Die Taten der Huld des HERRN will ich preisen, / die Ruhmestaten des HERRN,

gemäß allem, was der HERR uns erwiesen hat, / seine große Güte,

die er dem Haus Israel / nach seiner Barmherzigkeit und seiner großen Huld erwiesen hat.

8 Er sagte: Gewiss, sie sind mein Volk, / Kinder, die nicht treulos handeln. / So wurde er ihnen zum Retter.

9 In all ihrer Bedrängnis war auch er bedrängt / und der Engel seines Angesichts hat sie gerettet.

62,9 Korn und Wein sind aus V. 8 ergänzt.

63,1 er schreitet: vermuteter Text nach Symmachus, Vg; er spreizt sich: H.

In seiner Liebe und seinem Mitleid / hat er selbst sie erlöst.
Er hat sie emporgehoben und sie getragen / in all den Tagen der Vorzeit.
10 Sie aber lehnten sich auf / und betrübten seinen heiligen Geist.
Da wandelte er sich ihnen zum Feind; / er selbst führte Krieg gegen sie.
11 Da dachte man an die Tage der Vorzeit, / an Mose, an sein Volk:
Wo ist der, der sie heraufgeführt hat aus dem Meer, zusammen mit dem Hirten seiner Schafe? / Wo ist der, der seinen heiligen Geist in sein Inneres gelegt hat,
12 der sie an der rechten Seite des Mose gehen ließ / mit prachtvollem Arm,
der die Wasser vor ihnen zerteilte, / um sich einen ewigen Namen zu machen,
13 der sie durch die Fluten gehen ließ wie Pferde durch die Wüste, / ohne dass sie strauchelten?
14 Wie das Vieh, das ins Tal hinabsteigt, / so ließ sie der Geist des HERRN zur Ruhe kommen.
So führtest du dein Volk, / um dir einen prachtvollen Namen zu machen.
15 Blick vom Himmel herab und sieh her / von deiner heiligen, prachtvollen Wohnung!
Wo ist dein leidenschaftlicher Eifer / und deine Macht?
Dein großes Mitgefühl und dein Erbarmen – / sie bleiben mir versagt!
16 Du bist doch unser Vater! / Abraham weiß nichts von uns,
Israel kennt uns nicht. / Du, HERR, bist unser Vater, / Unser Erlöser von jeher ist dein Name.
17 Warum lässt du uns, HERR, von deinen Wegen abirren / und machst unser Herz hart, / sodass wir dich nicht fürchten?
Kehre zurück um deiner Knechte willen, / um der Stämme willen, die dein Erbbesitz sind!
18 Für eine kurze Zeit haben unsere Feinde dein heiliges Volk in Besitz genommen; / dein Heiligtum haben sie zertreten.
19 Wir sind geworden wie die, über die du nie geherrscht hast, / über denen dein Name nie ausgerufen wurde.
Hättest du doch den Himmel zerrissen und wärest herabgestiegen, / sodass die Berge vor dir erzitterten,

64 1 wie Feuer Reisig entzündet, / wie Feuer Wasser zum Sieden bringt,
um deinen Feinden deinen Namen bekannt zu machen, / sodass die Nationen vor dir erbeben.
2 Als du Furcht erregende Dinge tatest, die wir nicht erwarteten, / stiegst du herab; vor dir erzitterten die Berge.
3 Seit Urzeiten hat man nicht vernommen, / hat man nicht gehört;
kein Auge hat je einen Gott außer dir gesehen, / der an dem handelt, der auf ihn harrt.
4 Du kamst dem entgegen, / der freudig Gerechtigkeit übt, / denen, die auf deinen Wegen an dich denken.
Siehe, du warst zornig / und wir sündigten; / bleiben wir künftig auf ihnen, werden wir gerettet werden.
5 Wie ein Unreiner sind wir alle geworden, / unsere ganze Gerechtigkeit ist wie ein beflecktes Kleid.
Wie Laub sind wir alle verwelkt, / unsere Schuld trägt uns fort wie der Wind.
6 Niemand ruft deinen Namen an, / keiner rafft sich dazu auf, festzuhalten an dir.
Denn du hast dein Angesicht vor uns verborgen / und hast uns zergehen lassen in der Gewalt unserer Schuld.
7 Doch nun, HERR, du bist unser Vater. / Wir sind der Ton und du bist unser Töpfer, / wir alle sind das Werk deiner Hände.
8 Zürne nicht allzu sehr, HERR, / denk nicht für immer an die Schuld! / Schau doch her: Wir alle sind dein Volk.
9 Deine heiligen Städte sind zur Wüste geworden, / Zion ist zur Wüste geworden, Jerusalem zur Einöde.
10 Unser heiliges und prachtvolles Haus, / wo unsere Väter dich priesen,
ist ein Raub des Feuers geworden; / alles, was uns begehrenswert war, liegt in Trümmern.
11 Kannst du dich bei alldem zurückhalten, HERR, / kannst du schweigen und uns so sehr erniedrigen?

63,7: Ps 89,2 / **9**: 46,3f. / **11**: Hebr 13,20 / **13**: Ps 106,9 / **15**: 64,11; Dtn 26,15 / **18**: Offb 11,2
64,3: 2 Sam 7,22; 1 Kor 2,9 / **11**: 63,15

EIN STÖRRISCHES VOLK UND KNECHTE DES HERRN: 65,1–16

65 1 Ich wurde gesucht von denen, / die nicht forschten,

ich wurde gefunden von denen, / die mich
nicht suchten.
Ich sagte zu einer Nation, / die mich nicht
anrief: / Hier bin ich, hier bin ich!
2 Den ganzen Tag streckte ich meine Hände
aus / nach einem abtrünnigen Volk,
nach denen, die den Weg gehen, der nicht
gut ist, / hinter ihren eigenen Plänen her,
3 nach dem Volk, / das mich ständig ins An-
gesicht kränkt:
die schlachten in Gärten / und räuchern auf
Ziegelsteinen,
4 die in Grabkammern sitzen / und die
Nächte in Höhlen verbringen,
die Schweinefleisch essen / und unreine
Brühe in ihren Töpfen haben,
5 die sagen: Bleib, wo du bist, komm mir
nicht nahe, / denn sonst mache ich dich heilig.
Diese Leute sind Rauch in meiner Nase, /
ein loderndes Feuer den ganzen Tag.
6 Siehe, es ist aufgeschrieben vor mir, / ich
werde nicht schweigen, / sondern ich vergel-
te, ja ich vergelte ihnen in ihren Schoß hinein:
7 für eure Schuld / und die Schuld eurer Vä-
ter, spricht der HERR.
Denen, die auf den Bergen räucherten / und
mich auf den Hügeln verhöhnten,
messe ich zuerst ihren Lohn zu, / in ihren
Schoß hinein.
8 So spricht der HERR: / Wie wenn sich Saft
in der Traube findet / und man sagt: Verdirb
sie nicht, denn es ist Segen darin,
so will ich um meiner Knechte willen han-
deln, / um nicht das Ganze zu vernichten.
9 Ich lasse aus Jakob Nachkommen hervor-
gehen / und aus Juda einen Erben meiner Ber-
ge.
Meine Erwählten sollen das Land besitzen /
und meine Knechte sollen dort wohnen.
10 Dann wird die Scharonebene zur Schaf-
weide / und das Achortal zum Lagerplatz der
Rinder, / für mein Volk, das mich sucht.
11 Euch aber, die ihr den HERRN verlasst, /
meinen heiligen Berg vergesst,
die ihr dem Glücksgott den Tisch deckt / und
dem Gott des Schicksals den Weinkrug füllt,
12 überantworte ich dem Schwert / und ihr
alle geht zur Schlachtung in die Knie.
Denn ich rief und ihr gabt keine Antwort, /
ich redete und ihr hörtet nicht,
sondern ihr habt getan, was in meinen Au-
gen böse ist / und was mir nicht gefällt, / das
habt ihr euch erwählt.
13 Darum – so spricht GOTT, der Herr: /
Siehe, meine Knechte sollen essen, / aber ihr
werdet hungern.
Siehe, meine Knechte sollen trinken, / aber
ihr werdet dürsten.
Siehe, meine Knechte sollen sich freuen, /
aber ihr werdet beschämt dastehen.
14 Siehe, meine Knechte sollen aus Herzens-
lust frohlocken, / aber ihr werdet schreien vor
Herzeleid und heulen vor Verzweiflung.
15 Ihr werdet euren Namen meinen Auser-
wählten / zum Schwur hergeben müssen:
GOTT, der Herr, wird dich töten! / Seinen
Knechten aber wird er einen anderen Namen
geben.
16 Wer sich segnet im Land, / wird sich seg-
nen im Gott des Amen,
und wer schwört im Land, / wird schwören
beim Gott des Amen.

1–2: Röm 10,20f. / **9**: 57,13; 60,21 / **10**: 33,9; 1 Chr 27,29 / **12**: 34,2; 66,4; Jer 7,13.27

NEUER HIMMEL, NEUE ERDE UND NEUES JERUSALEM: 65,16e–25

Denn vergessen sind die früheren Nöte, / sie
sind vor meinen Augen verborgen.
17 Ja, siehe, ich erschaffe einen neuen Him-
mel / und eine neue Erde.
Man wird nicht mehr an das Frühere den-
ken, / es kommt niemand mehr in den Sinn.
18 Vielmehr jubelt und jauchzt ohne Ende /
über das, was ich erschaffe!
Denn siehe, ich erschaffe Jerusalem zum
Jauchzen / und sein Volk zum Jubel.
19 Ich werde über Jerusalem jubeln / und
frohlocken über mein Volk.
Nicht mehr hört man dort lautes Weinen /
und Klagegeschrei.
20 Es wird dort keinen Säugling mehr ge-
ben, / der nur wenige Tage lebt,
und keinen Greis, / der seine Tage nicht er-
füllt;
wer als Hundertjähriger stirbt, / gilt als jun-
ger Mann, / und wer die hundert Jahre ver-
fehlt, / gilt als verflucht.
21 Sie werden Häuser bauen / und selbst da-
rin wohnen, / sie werden Weinberge pflanzen
und selbst deren Früchte genießen.
22 Sie werden nicht bauen, / damit ein ande-
rer wohnt,
nicht pflanzen, / damit ein anderer isst,
sondern wie die Tage eines Baumes / sind
die Tage meines Volkes

und das Werk ihrer Hände / werden meine Auserwählten selber verbrauchen.
23 Sie mühen sich nicht vergebens / und gebären nicht für den schnellen Tod.
Denn sie sind die Nachkommen der vom HERRN Gesegneten / und ihre Sprösslinge sind mit ihnen.
24 So wird es sein: Ehe sie rufen, antworte ich, / während sie noch reden, höre ich.
25 Wolf und Lamm weiden zusammen / und der Löwe frisst Stroh wie das Rind, / doch der Schlange Nahrung ist der Staub.
Man tut nichts Böses / und begeht kein Verbrechen auf meinem ganzen heiligen Berg, spricht der HERR.

16: 43,18 / **17**: 66,22 / **19**: 62,5; Offb 21,4 / **20**: Sach 8,4 / **21–22**: 62,8f.; Ps 128,2 / **23**: 61,9 / **24**: 58,9 / **25**: 11,6–9; Gen 3,14

GOTTES GEGENWART IN SEINEM TEMPEL: 66,1–6

66 1 So spricht der HERR:
Der Himmel ist mein Thron / und die Erde der Schemel für meine Füße.
Was wäre das für ein Haus, / das ihr mir bauen könntet?
Was wäre das für ein Ort, / der meine Ruhe ist?
2 Dies alles hat meine Hand gemacht / und so ist dies alles geworden – Spruch des HERRN.
Auf den blicke ich: auf den Armen / und auf den, der zerschlagenen Geistes ist / und der zittert vor meinem Wort.
3 Man schlachtet Stiere – und erschlägt Menschen; / man opfert Schafe – und bricht einem Hund das Genick;
man bringt Speiseopfer dar – / und auch Schweineblut;
man spendet Weihrauch – / und preist einen Götzen.
Wie diese Menschen ihre eigenen Wege wählen / und an ihren Scheußlichkeiten Gefallen finden,
4 so wähle ich für sie Strafen aus / und bringe über sie Schrecken.
Denn ich rief und niemand antwortete, / ich redete und sie hörten nicht.
Sie haben getan, was böse ist in meinen Augen, / und was mir nicht gefällt, das haben sie erwählt.
5 Hört das Wort des HERRN, / die ihr zittert vor seinem Wort!
Eure Brüder, die euch hassen, / die euch um meines Namens willen verstoßen,
sie haben gesagt: Der HERR soll doch seine Herrlichkeit zeigen, / damit wir eure Freude sehen. / Aber sie werden beschämt.
6 Tosender Lärm aus der Stadt, / Lärm aus dem Tempel, / Lärm des HERRN: Er vergilt seinen Feinden ihr Tun.

1: Apg 7,49f. / **4**: 65,12 / **6**: 59,18

TRÖSTUNG DURCH GOTT ALS MUTTER: 66,7–17

7 Noch bevor sie ihre Wehen bekommt, / hat sie schon geboren;
noch bevor die Wehen über sie kommen, / hat sie schon einen Knaben zur Welt gebracht.
8 Wer hat so etwas je gehört, / wer hat je dergleichen gesehen?
Wird ein Land an einem einzigen Tag geboren, / kommt eine Nation auf einmal zur Welt?
Doch Zion, kaum in den Wehen, / hat schon ihre Kinder geboren.
9 Sollte ich den Schoß öffnen / und nicht gebären lassen?, spricht der HERR.
Sollte ich, der gebären lässt, / den Schoß verschließen?, spricht dein Gott.
10 Freut euch mit Jerusalem / und jauchzt in ihr alle, die ihr sie liebt!
Jubelt mit ihr, / alle, die ihr um sie trauert,
11 auf dass ihr trinkt und satt werdet an der Brust ihrer Tröstungen, / auf dass ihr schlürft und euch labt an der Brust ihrer Herrlichkeit!
12 Denn so spricht der HERR: / Siehe, wie einen Strom / leite ich den Frieden zu ihr
und die Herrlichkeit der Nationen / wie einen rauschenden Bach, / auf dass ihr trinken könnt;
auf der Hüfte werdet ihr getragen, / auf Knien geschaukelt.
13 Wie einen Mann, den seine Mutter tröstet, / so tröste ich euch; / in Jerusalem findet ihr Trost.
14 Ihr werdet das sehen und euer Herz wird jubeln / und eure Knochen werden sprossen wie frisches Grün.
So offenbart sich die Hand des HERRN an seinen Knechten, / aber er ergrimmt gegen seine Feinde.
15 Denn siehe, der HERR kommt im Feuer heran, / wie der Sturm sind seine Wagen,
um in Glut seinen Zorn auszulassen / und sein Drohen in feurigen Flammen.

16 Denn mit Feuer und seinem Schwert geht
der HERR ins Gericht mit allem Fleisch / und
die vom HERRN Durchbohrten werden zahl-
reich sein.
17 Die sich heiligen und reinigen bei den Gär-
ten / hinter dem einen, der in der Mitte steht,
die Schweinefleisch, Abscheuliches und
Mäuse essen, / alle zusammen nehmen sie ein
Ende – Spruch des HERRN.

7: Offb 12,2.5 / **11**: 60,16; 49,23 / **12**: 30,28; 60,4 / **16**: Jer 25,31 / **17**: 65,3f.; Ez 8,10f.

VEREHRUNG GOTTES DURCH ALLE NATIONEN: 66,18–24

18 Ich kenne ihre Taten und ihre Gedanken
und komme, um alle Nationen und Sprachen
zu versammeln, und sie werden kommen und
meine Herrlichkeit sehen. 19 Ich stelle bei ih-
nen ein Zeichen auf und schicke von ihnen
einige, die entronnen sind, zu den Nationen:
nach Tarschisch, Pul und Lud, die den Bogen
spannen, nach Tubal und Jawan, zu den fer-
nen Inseln, die noch keine Kunde von mir
gehört und meine Herrlichkeit noch nicht
gesehen haben. Sie sollen meine Herrlichkeit
unter den Nationen verkünden. 20 Sie werden
alle eure Brüder aus allen Nationen als Opfer-
gabe für den HERRN herbeibringen auf Ros-
sen und Wagen, in Sänften, auf Maultieren
und Kamelen, zu meinem heiligen Berg nach
Jerusalem, spricht der HERR, so wie die Söh-
ne Israels ihre Opfergabe in reinen Gefäßen
zum Haus des HERRN bringen. 21 Und auch
aus ihnen nehme ich einige zu levitischen
Priestern, spricht der HERR. 22 Denn wie der
neue Himmel und die neue Erde, die ich ma-
che, vor mir stehen – Spruch des HERRN –, so
bleibt eure Nachkommenschaft und euer
Name bestehen. 23 Und es wird geschehen,
dass Neumond für Neumond und Sabbat für
Sabbat alles Fleisch kommt, um sich vor mir
niederzuwerfen, spricht der HERR. 24 Und sie
werden hinausgehen und die Leichen der
Männer sehen, die mir abtrünnig geworden
sind. Denn ihr Wurm stirbt nicht und ihr Feu-
er erlischt nicht und sie werden ein Abscheu
sein für alles Fleisch.

66,18 kenne: ergänzt nach G; ich komme: G und Vg; es kommt: H.

22: 65,17; Offb 21,1 / **23**: Sach 14,16 / **24**: Jdt 16,17; Mk 9,48

DAS BUCH JEREMIA

Das Buch Jeremia ist nach dem gleichnamigen Propheten benannt. Der Name „Jeremia" bedeutet „Der HERR möge aufrichten".

Über die Anfänge des Buches und über den Verfasser gibt das Buch selbst Auskunft. Im Jahr 605 v. Chr. diktiert Jeremia seinem Schreiber Baruch alle Worte, die ihm seit 626 v. Chr. von Gott zur Verkündigung aufgetragen worden waren. Da der König Jojakim die Rolle in Stücke zerschneiden und verbrennen lässt, wird eine zweite Rolle angefertigt. Auf ihr werden viele andere Worte des Propheten hinzugefügt (Jer 36). Die Erzählung bezeugt die Verfasserschaft des Propheten und zugleich die Niederschrift durch einen Schreiber. Damit erklären sich die im Buch enthaltenen Abschnitte, in denen der Prophet von sich in der ersten Person spricht, und jene, in denen über ihn berichtet wird. Allerdings ist es nicht möglich, den Umfang der Rolle zu rekonstruieren.

Das prophetische Wirken Jeremias hat nach 1,2–3 die außerordentlich bewegte Geschichte Jerusalems und Judas in den Jahren 626–586 v. Chr. begleitet. Jeremia ist Zeitzeuge des Niedergangs des judäischen Königtums, des Verlustes der politischen Selbstständigkeit Judas mit der Zerstörung der Hauptstadt Jerusalem und seines Tempels. Das Buch enthält Worte, die diese dramatischen Vorgänge ankündigen und kommentieren. Doch sind darüber hinaus auch Worte enthalten, die über die Katastrophe von 586 v. Chr. hinausgehen und auf ein neues von Gott ermöglichtes Leben Israels in Jerusalem und Juda hinweisen.

Dass dem Buch noch lange Zeit nach 586 v. Chr. Worte hinzugefügt wurden, ergibt sich aus der Analyse der Texte, die weit in die nachexilische Zeit (6. bis 5. Jh.) führt. Dasselbe macht die Geschichte der Handschriften des Textes deutlich. Das Buch ist in der griechischen Bibel um rund ein Sechstel kürzer und zeigt auch eine andere Anordnung. Diese Form ist nach den Funden in Qumran wohl nicht als Kürzung des Übersetzers zu deuten. Vielmehr dürfte in der teilweise durch Qumranfragmente bestätigten Fassung der griechischen Bibel ein Zustand des Buches bezeugt sein, der zeitlich wohl noch vor, zumindest aber gleichzeitig mit dem jetzt vorliegenden hebräischen Text anzusetzen ist. Der ausführlichere hebräische Text ist die Grundlage für die deutsche Übersetzung.

Die Gliederung des Buchs ist von einer Zweiteilung durch das Mittelkapitel (Jer 25) bestimmt. Dort wird einerseits auf die bisherige erfolglose Verkündigung zurückgeblickt (25,3), andererseits eine Vorausschau auf das bevorstehende, in zwei großen Phasen einbrechende Gericht gegeben (25,8–14). Jenes entfaltet sich in der zweiten Buchhälfte; die letzte Stufe bringt den Fall Babels (Jer 50f.), der den Abschluss der Fremdvölkersprüche (ab Jer 46) bildet.

Die Berufung Jeremias (Jer 1,4–19; vgl 1,2–3 mit der Datierung seines Auftretens auf 627–587 v. Chr.) eröffnet das Buch und führt in wichtige Themen ein. Am Ende (Jer 52) steht, aus 2 Kön 24,18–25,30 übernommen, der Untergang Jerusalems mit der Zerstörung des Tempels 587 v. Chr. Dazwischen finden sich einige längere thematische Blöcke: In Jer 2–6 stehen Schuldaufweis (Jer 2) und Gottes Umkehrangebot (Jer 3) gegenüber; in dieser Polarität ist Jeremia zu lesen. Die Kapitel Jer 7–10 zeigen entgegen dem falschen Vertrauen auf den Tempel und auf andere Formen der Frömmigkeit (Jer 7), dass der HERR allein Gott ist und Sicherheit zu geben vermag (10,1–16). Die Anklage des Bundesbruchs in 11,10 prägt das weitere Buch und den Block Jer 11–20, in dem vielfältig zerbrochene Beziehungen im Blick sind; hier finden sich auch die sogenannten „Konfessionen", Klagetexte und Gebete, die ein intensives Ringen mit Gott schildern. Jer 21–24 behandeln überwiegend die Schuld der Verantwortlichen, darunter Könige (vor allem Jer 22) und andere Propheten (23,9–40).

Die zweite Buchhälfte führt anfangs (Jer 26–29) die Konflikte mit anderen Propheten weiter. Doch vollzieht sich in Jer 29 mit dem „Brief" an die 597 v. Chr. nach Babel Exilierten eine Wende zum Heil, die in Jer 30–33 weiter ausgestaltet wird. Sie bildet die innere Mitte des Buches und lässt dessen Zielrichtung erkennen: Gott will alles Unheil und Versagen zu neuem Leben wandeln. Besonders die Trostrolle (Jer 30f.) als „Herz" des Buches bezeugt diesen Vorgang eindrücklich, vor allem im Angebot eines neuen Bundes (31,31–34). Mit solchen Zusagen können auch die Fehler der Vergangenheit genauer und konkret angesehen werden. Die anschließende lange Passage Jer 36–45 beginnt mit dem Verbrennen von Jeremias Rolle durch König Jojakim (Jer 36) als Auftakt zu den auf den Untergang Jerusalems hinführenden Ereignissen. Nach der Ermordung des Statthalters Gedalja drängen viele zur Flucht nach Ägypten, die im Gegensatz zum Auszug von dort steht (Jer 40–44).

In der Kraft und Rhetorik seiner Sprache gehört Jeremia zu den gewaltigen Propheten wie Amos und Micha sowie Hosea, dessen Bild der Ehe für das Verhältnis zwischen Gott und seinem Volk er sich zu eigen macht. Jeremia greift in seinen Texten nicht nur auf diese drei Vorgänger zurück, sondern nimmt prägnante Stellen und Formulierungen aus der Tora, den Geschichtsbüchern sowie anderen Propheten auf, darunter auch Jesaja und Ezechiel. Seine Verarbeitung der Vorlagen geschieht oft in einer Art Mosaik-Technik. Dabei ist der Wunsch erkennbar, eine Synthese zu vermitteln. Mit seinem Anliegen der religiösen Erneuerung zielt Jeremia auf eine persönlich gelebte und verantwortete Frömmigkeit als Antwort auf einen sich unverdient zuwendenden, sogar emotional bewegten Gott (vgl. 9,9; 14,17).

Jeremia ist das längste biblische Buch und jenes, das – nach den Psalmen – die meisten Gebete aufweist. Von Anfang an hat es eine Ausrichtung, die über das Volk Israel hinausgeht (1,5 „Prophet für die Nationen"), sich sogar über alle Völker erstreckt (3,17; 9,25; 25,13.17 u. ö.). Das entspricht dem die ganze Schöpfung erfüllenden Gott (23,24). So ausführlich wie keine andere Schrift der Bibel zeigt Jeremia die „Biografie" eines Propheten und seine Auseinandersetzungen mit anderen Propheten. Das Buch lässt teilhaben an Jeremias äußerem Geschick, den Ereignissen seines Lebens und an seinen inneren Konflikten und Empfindungen. Damit gelingt eine neue Weise der Darstellung eines Propheten.

Wie nirgends sonst in der Bibel wird im Buch Jeremia der Untergang Judas, Jerusalems und des Tempels am Anfang des 6. Jh.s v. Chr. aufgearbeitet. Dies ist zugleich Zeugnis dafür, dass man an Schuld nicht vorbeischauen darf und dass eine Gemeinschaft nur dann tragfähige Grundlagen bekommen kann, wenn sie sich auch mit den Fehlern und Lasten der Vergangenheit beschäftigt. So kann sich, durch Leid und Schmerz hindurch, ein Weg zu neuem Heil öffnen. Im „Trostbuch“ findet sich das Wort vom „neuen Bund“, den Gott mit dem Haus Israel schließen wird (31,31). Dieses ist in den Berichten über die Einsetzung des Herrenmahls nach Lukas und Paulus zum Deutewort geworden (Lk 22,20; 1 Kor 11,25).

DIE GERICHTSWORTE GEGEN JERUSALEM UND JUDA: 1,1–25,14

ÜBERSCHRIFT: 1,1–3

1 1 Die Worte Jeremias, des Sohnes Hilki-
jas, aus der Priesterschaft zu Anatot im
Land Benjamin. 2 An ihn erging das Wort des
HERRN in den Tagen des Königs Joschija von
Juda, des Sohnes Amons, im dreizehnten Jahr
seiner Regierung, 3 ebenso in den Tagen des
Königs Jojakim von Juda, des Sohnes Joschijas,
bis das elfte Jahr des Königs Zidkija von Juda,
des Sohnes Joschijas, zu Ende ging, als im fünf-
ten Monat Jerusalem in die Verbannung ziehen
musste.

BERUFUNG JEREMIAS ZUM PROPHETEN: 1,4–19

4 Das Wort des HERRN erging an mich: 5 Noch
ehe ich dich im Mutterleib formte, habe ich
dich ausersehen, noch ehe du aus dem Mutter-
schoß hervorkamst, habe ich dich geheiligt,
zum Propheten für die Völker habe ich dich
bestimmt. 6 Da sagte ich: Ach, Herr und GOTT,
ich kann doch nicht reden, ich bin ja noch so
jung. 7 Aber der HERR erwiderte mir: Sag
nicht: Ich bin noch so jung. Wohin ich dich
auch sende, dahin sollst du gehen, und was ich
dir auftrage, das sollst du verkünden. 8 Fürch-
te dich nicht vor ihnen; denn ich bin mit dir
um dich zu retten – Spruch des HERRN. 9 Dann
streckte der HERR seine Hand aus, berührte
meinen Mund und sagte zu mir: Hiermit lege
ich meine Worte in deinen Mund. 10 Sieh her!
Am heutigen Tag setze ich dich über Völker
und Reiche; du sollst ausreißen und niederrei-
ßen, vernichten und zerstören, aufbauen und
einpflanzen.
11 Das Wort des HERRN erging an mich:
Was siehst du, Jeremia? Ich antwortete: Ei-
nen Mandelzweig sehe ich. 12 Da sprach der
HERR zu mir: Du hast richtig gesehen; denn
ich wache über mein Wort und führe es aus.
13 Abermals erging an mich das Wort des
HERRN: Was siehst du? Ich antwortete: Ei-
nen dampfenden Kessel sehe ich; sein Rand
neigt sich von Norden her. 14 Da sprach der
HERR zu mir: Von Norden her ergießt sich
das Unheil über alle Bewohner des Landes.
15 Ja, ich rufe alle Stämme der Nordreiche –
Spruch des HERRN –, damit sie kommen und
ihre Richterstühle an den Toreingängen Jeru-
salems aufstellen, gegen all seine Mauern
ringsum und gegen alle Städte von Juda.
16 Dann werde ich mein Urteil über sie spre-
chen für alles Böse, weil sie mich verlassen,
anderen Göttern geopfert und das Werk ihrer
eigenen Hände angebetet haben. 17 Du aber
gürte dich, tritt vor sie hin und verkünde ih-
nen alles, was ich dir auftrage! Erschrick nicht
vor ihnen, sonst setze ich dich vor ihren Au-
gen in Schrecken! 18 Siehe, ich selbst mache
dich heute zur befestigten Stadt, zur eisernen
Säule und zur bronzenen Mauer gegen das
ganze Land, gegen die Könige, Beamten und
Priester von Juda und gegen die Bürger des
Landes. 19 Mögen sie dich bekämpfen, sie wer-
den dich nicht bezwingen; denn ich bin mit
dir, um dich zu retten – Spruch des HERRN.

5: Jes 49,1; Gal 1,15 / **8**: 1,19; 30,11 / **14**: 4,6; 6,1.22; 10,22; 50,41 / **18**: 15,20

GOTTES RECHTSSTREIT MIT DEM TREULOSEN VOLK: 2,1–37

2 1 Das Wort des HERRN erging an mich:
2 Auf! Ruf Jerusalem laut ins Ohr: So
spricht der HERR: Ich gedenke deiner Jugend-
treue, der Liebe deiner Brautzeit, wie du mir
in der Wüste gefolgt bist, im Land ohne Aus-
saat. 3 Heilig war Israel dem HERRN, Erstlings-
frucht seiner Ernte. Wer davon aß, machte sich
schuldig, Unheil kam über ihn – Spruch des
HERRN. 4 Hört das Wort des HERRN, ihr vom
Haus Jakob und all ihr Geschlechter des Hau-
ses Israel! 5 So spricht der HERR: Was fanden
eure Väter Unrechtes an mir, dass sie sich von
mir entfernten, nichtigen Göttern nachliefen
und so selber zunichte wurden? 6 Sie fragten
nicht: Wo ist der HERR, der uns aus dem Land
Ägypten heraufgeführt, der uns in der Wüste
den Weg gewiesen hat, im Land der Steppen
und Schluchten, im dürren und düsteren
Land, im Land, das keiner durchwandert und
niemand bewohnt? 7 Ich brachte euch dann in
das Gartenland, um euch seine Früchte und
Güter genießen zu lassen. Aber kaum seid ihr
dort gewesen, da habt ihr mein Land entweiht
und mein Eigentum zum Abscheu gemacht.
8 Die Priester fragten nicht: Wo ist der HERR?
Die Hüter der Weisung kannten mich nicht,
die Hirten des Volkes wurden mir untreu. Die
Propheten prophezeiten bei Baal und liefen
unnützen Götzen nach. 9 Darum muss ich
euch weiter anklagen – Spruch des HERRN –
und gegen eure Kindeskinder Klage erheben.
10 Geht doch hinüber zu den Inseln der Kittäer
und seht euch um oder schickt nach Kedar,
forscht genau nach und seht zu, ob irgendwo
etwas Ähnliches geschah! 11 Hat je ein Volk
seine Götter gewechselt? Dabei sind es gar kei-
ne Götter. Mein Volk aber hat seinen Ruhm
gegen unnütze Götzen vertauscht. 12 Entsetzt
euch darüber, ihr Himmel, erschaudert gewal-
tig! – Spruch des HERRN. 13 Denn mein Volk
hat doppeltes Unrecht verübt: Mich hat es
verlassen, den Quell des lebendigen Wassers,
um sich Zisternen zu graben, Zisternen mit
Rissen, die das Wasser nicht halten.

14 Ist Israel denn ein Knecht oder ein im Haus
geborener Sklave? Warum wurde es zur Beu-
te? 15 Über ihm brüllten Löwen und ließen ihre
Stimme erschallen. Sie machten sein Land zur
Wüste; seine Städte sind verbrannt und men-
schenleer. 16 Sogar die Leute von Memfis und
Tachpanhes zertrümmern dir den Schädel.
17 Geschieht dir das nicht deshalb, weil du den
HERRN, deinen Gott, in der Zeit verlassen
hast, als er dich geleitete auf dem Weg? 18 Was
nützt dir jetzt der Weg nach Ägypten, um Nil-
wasser zu trinken, und was nützt dir jetzt der
Weg nach Assur, um Eufratwasser zu trinken?
19 Dein böses Tun straft dich, deine Abtrün-
nigkeit züchtigt dich. So erkenne doch und
sieh ein, wie schlimm und bitter es ist, den
HERRN, deinen Gott, zu verlassen und keine
Furcht vor mir zu haben – Spruch des Herrn,
des GOTTES der Heerscharen.

20 Von jeher habe ich dein Joch zerbrochen,
deine Stricke zerrissen. Doch du hast gesagt:
Ich will nicht dienen. Auf jedem hohen Hügel
und unter jedem üppigen Baum hast du dich
als Dirne hingestreckt. 21 Ich aber hatte dich als
Edelrebe gepflanzt, als gutes, edles Gewächs.
Wie hast du dich gewandelt zum Wildling,
zum entarteten Weinstock! 22 Selbst wenn du
dich mit Lauge waschen und noch so viel Seife
verwenden wolltest, deine Schuld bliebe doch
ein Schmutzfleck vor meinen Augen – Spruch
GOTTES, des Herrn. 23 Wie kannst du sagen:
Ich bin nicht unrein geworden, den Baalen bin
ich nicht nachgelaufen? Schau auf dein Treiben
im Tal, erkenne, was du verübt hast! Eine
schnelle Kamelstute bist du, die kreuz und
quer ihre Wege rennt, 24 eine wilde Eselin, die
an die Wüste gewöhnt ist. In ihrer Brunst
schnappt sie nach Luft. Wer vermag ihre Gier
zu hemmen? Jeder, der sie begehrt, findet sie
ohne Mühe zur Zeit ihrer Brunst. 25 Erspare
deinem Fuß das Barfußgehen und deiner Keh-
le den Durst! Du aber sagst: Nein, lass mich!
Denn ich bin verliebt in die Fremden und will
ihnen nachlaufen. 26 Wie ein ertappter Dieb
sich schämt, so müssen sich die Leute vom
Haus Israel schämen, sie selbst, ihre Könige
und Beamten, ihre Priester und Propheten.
27 Sie sagen ja zum Holz: Du bist mein Vater
und zum Stein: Du hast mich geboren. Sie keh-
ren mir den Rücken zu und nicht das Gesicht;
sind sie aber in Not, dann rufen sie: Erheb dich
und hilf uns! 28 Wo sind nun deine Götter, die
du dir gemacht hast? Sie mögen sich erheben,
falls sie dir helfen können, wenn du in Not bist.
Denn so zahlreich wie deine Städte, Juda, sind
auch deine Götter.

29 Warum streitet ihr gegen mich? Ihr alle
seid mir untreu geworden – Spruch des

2,20 habe ich zerbrochen: H; hast du zerbrochen: G.

HERRN. 30 Vergeblich schlug ich eure Söhne;
sie nahmen die Züchtigung nicht an. Euer
Schwert fraß eure Propheten wie ein reißen-
der Löwe. 31 Ihr nun, das gegenwärtige Ge-
schlecht, schaut auf das Wort des HERRN! Bin
ich denn für Israel eine Wüste geworden oder
ein finsteres Land? Warum sagt mein Volk:
Wir wollen frei umherschweifen, wir kom-
men nicht mehr zu dir? 32 Vergisst denn ein
Mädchen seinen Schmuck, eine Braut ihre
Bänder? Mein Volk aber hat mich vergessen
seit ungezählten Tagen. 33 Wie gut findest du
deinen Weg, wenn du Liebe suchst. Sogar an
Verbrechen hast du dein Verhalten gewöhnt.
34 Selbst am Saum deiner Kleider fand sich das
Blut von Armen, von Unschuldigen, die du
nicht etwa beim Einbruch ertappt hast. Ja, es
fand sich sogar noch mehr. 35 Und trotzdem
sagst du: Ich bin unschuldig; sein Zorn hat sich
ja von mir abgewandt. – Aber ich gehe ins Ge-
richt mit dir, weil du sagst: Ich habe mich nicht
versündigt. 36 Wie kannst du nur so leicht be-
reit sein, deinen Weg zu wechseln! Auch von
Ägypten wirst du enttäuscht, wie du von As-
sur enttäuscht worden bist. 37 Auch von dort
wirst du wegziehen, die Hände über dem Kopf.
Denn der HERR verwirft alle, denen du ver-
traust; du hast mit ihnen kein Glück.

2: Hos 2,17 / **13**: 17,13 / **15**: 4,7 / **21**: Jes 5,1–4 / **27**: 7,24; 32,33 / **28**: 11,12f.; Dtn 32,37f.; Ps 3,8

UMKEHR ALS ANGEBOT UND GEBOT / AUFTRAG: 3,1–4,4

3 1 Es heißt: Wenn ein Mann seine Frau
entlässt und wenn sie von ihm weggeht
und die Frau eines andern wird – wendet er
sich dann ihr wieder zu? Würde das Land nicht
völlig entweiht? Du aber hast mit vielen
Freunden gebuhlt und da solltest du zu mir
zurückkehren dürfen? – Spruch des HERRN.
2 Erhebe deine Augen zu den Höhen und sieh!
Wo hast du dich nicht schänden lassen? An
den Wegen hast du auf sie gewartet wie ein
Araber in der Wüste. Mit deiner Unzucht und
Verkommenheit hast du das Land entweiht.
3 Da blieb der Regen aus und auch der Früh-
jahrsregen kam nicht. Doch du hattest das
Stirnmal einer Dirne und wolltest dich nicht
schämen. 4 Hast du mir nicht eben noch zuge-
rufen: Mein Vater! Der Freund meiner Jugend
bist du. 5 Wird er ewig zürnen oder immerfort
nachtragen? Ja, so sagtest du und tatest Böses,
so viel du konntest.
6 Der HERR sprach zu mir zur Zeit des Kö-
nigs Joschija: Hast du gesehen, was Israel, die
Abtrünnige, getan hat? Sie begab sich auf jeden
hohen Berg und unter jeden üppigen Baum
und trieb dort Unzucht. 7 Ich dachte: Nachdem
sie dies alles getan hat, wird sie zu mir zurück-
kehren; aber sie kehrte nicht zurück. Das sah
ihre Schwester Juda, die Treulose. 8 Auch sah
sie, dass ich Israel, die Abtrünnige, wegen ih-
res Ehebruchs entließ und ihr die Scheidungs-
urkunde gab. Aber das schreckte ihre Schwes-
ter Juda, die Treulose, nicht ab; sie ging hin und
trieb ebenfalls Unzucht. 9 Durch ihre lärmen-
de Unzucht hat sie das Land entweiht und mit
Stein und Holz Ehebruch getrieben. 10 Bei
alldem ist auch ihre Schwester Juda, die Treu-
lose, nicht mit ganzem Herzen zu mir zurück-
gekehrt, sondern nur zum Schein – Spruch des
HERRN.

11 Auch sagte der HERR zu mir: Israel, die
Abtrünnige, trifft weniger Schuld als Juda, die
Treulose. 12 Geh hin, ruf diese Worte gegen
Norden und sprich: Kehr um, Israel, du Ab-
trünnige – Spruch des HERRN! Ich schaue dich
nicht mehr finster an; denn ich bin gütig –
Spruch des HERRN –, ich trage nicht ewig
nach. 13 Doch erkenne deine Schuld: Dem
HERRN, deinem Gott, hast du die Treue ge-
brochen und du bist deine Wege zu den frem-
den Göttern gelaufen unter jeden üppigen
Baum, auf meine Stimme aber hast du nicht
gehört – Spruch des HERRN. 14 Kehrt um, ihr
abtrünnigen Söhne – Spruch des HERRN –;
denn ich bin euer Gebieter. Ich hole euch,
einen aus jeder Stadt und zwei aus jeder
Sippe, und bringe euch nach Zion. 15 Ich gebe
euch Hirten nach meinem Herzen; mit Ein-
sicht und Klugheit werden sie euch weiden.
16 Und wenn ihr euch im Land vermehrt und
fruchtbar seid in jenen Tagen – Spruch des
HERRN –, wird man nicht mehr rufen: die
Bundeslade des HERRN! Sie wird niemand in
den Sinn kommen; man denkt nicht mehr an
sie, vermisst sie nicht und sie wird nicht wie-
derhergestellt. 17 In jener Zeit wird man Jeru-
salem Thron des HERRN nennen; dort, beim
Namen des HERRN in Jerusalem, werden sich
alle Völker versammeln und sie werden nicht
mehr der Verstocktheit ihres bösen Herzens
folgen. 18 In jenen Tagen wird das Haus Juda
zum Haus Israel gehen und sie werden vereint
aus dem Nordland in das Land kommen, das
ich euren Vätern zum Erbe gegeben habe.

19 Ich hatte gedacht: / Ja, ich will dich unter
die Söhne aufnehmen
und dir ein liebliches Land geben, / das herr-
lichste Erbteil unter den Völkern.
Ich dachte, du würdest mir zurufen: Mein
Vater! / und dich nicht abwenden von mir.
20 Fürwahr, wie eine Frau gegenüber ihrem
Freund treulos wird, / so seid auch ihr mir
treulos geworden, / Haus Israel – Spruch des
HERRN.
21 Eine Stimme wird gehört auf den Höhen: /
das Weinen und Flehen der Söhne Israels,
weil sie ihren Weg verkehrt, / den HERRN,
ihren Gott, vergessen haben.
22 Kehrt um, ihr abtrünnigen Kinder, / ich
will eure Abtrünnigkeit heilen!
Da sind wir, wir kommen zu dir; / denn du
bist der HERR, unser Gott!
23 Fürwahr, Trug kommt von den Höhen, /
der Lärm auf den Bergen.
Fürwahr, beim HERRN, unserm Gott, / ist
Israels Rettung.
24 Doch das schändliche Treiben fraß seit
unsrer Jugend alles, / was unsere Väter erwar-
ben, / ihre Schafe und Rinder, ihre Söhne und
Töchter.
25 Wir betten uns in unsere Schmach / und
unsere Schande bedeckt uns.
Denn wir haben gesündigt gegen den HERRN,
unsern Gott, / wir selbst und unsere Väter,
von unserer Jugend an bis auf den heutigen
Tag. / Wir haben nicht gehört auf die Stimme
des HERRN, unseres Gottes.
4 1 Wenn du umkehren willst, Israel –
Spruch des HERRN –, / darfst du zu mir
umkehren;
und wenn du deine Gräuel vor meinem An-
gesicht entfernst, / brauchst du nicht zu flie-
hen.
2 Und schwörst du in Wahrheit, Recht und
Gerechtigkeit: / So wahr der HERR lebt!,
dann werden sich Völker mit ihm segnen /
und seiner sich rühmen.
3 Denn so spricht der HERR / zu den Leuten
von Juda und zu Jerusalem:
Nehmt Neuland unter den Pflug / und sät
nicht in die Dornen!
4 Beschneidet euch für den HERRN / und
entfernt die Vorhaut eures Herzens, / ihr Leu-
te von Juda und ihr Einwohner Jerusalems!
Sonst bricht mein Zorn wie Feuer los; / er
brennt und niemand kann löschen – / wegen
der Bosheit eurer Taten.

3,1: Dtn 24,1–4 / **2**: Hos 4,13 / **6**: Ez 23 / **8**: Dtn 24,1–3
4,2: 5,2; 12,16 / **3**: Hos 10,12 / **4**: 21,12; Dtn 10,16

KRIEG IM LAND: 4,5–31

5 Meldet es in Juda, / lasst es hören in Jerusa-
lem und sagt:
Stoßt im Land ins Widderhorn, / ruft aus
voller Kehle und sagt:
Sammelt euch! / Wir wollen ziehen in die
befestigten Städte!
6 Stellt ein Feldzeichen auf: Nach Zion! /
Flüchtet, bleibt nicht stehen!
Denn Unheil bringe ich von Norden / und
großes Verderben.
7 Der Löwe hat sich aus dem Dickicht erho-
ben, / der Völkervernichter ist aufgebrochen;
er hat seinen Ort verlassen, um dein Land
zur Wüste zu machen. / Deine Städte werden
zerstört und niemand wird mehr darin woh-
nen.
8 Darum legt Trauerkleider an, / klagt und
heult:
Nein, der glühende Zorn des HERRN / hat
sich nicht von uns abgewandt.
9 An jenem Tag wird es geschehen – Spruch
des HERRN: / Vergehen wird der Mut des Kö-
nigs / und der Mut der Machthaber.
Die Priester werden starr sein vor Schre-
cken, / die Propheten werden sich entsetzen.
10 Und ich sagte: Ach, Herr und GOTT! /
Wahrhaftig, schwer hast du getäuscht dieses
Volk und Jerusalem.
Du sagtest: Frieden werdet ihr haben! / und
nun geht uns das Schwert an die Kehle.
11 In jener Zeit wird man von diesem Volk /
und von Jerusalem sagen:
Ein Glutwind von den Höhen in der Wüs-
te / ist losgebrochen gegen die Tochter, mein
Volk; / kein Wind zum Worfeln und Reini-
gen;
12 ein Wind, der viel heftiger ist, kommt auf
meinen Befehl. / Jetzt spreche ich selbst das
Urteil über sie.
13 Seht, wie Wettergewölk zieht er herauf, /
seine Wagen gleichen dem Sturm,
seine Rosse sind schneller als Adler. / Weh
uns, wir sind verloren!
14 Wasche dein Herz vom Bösen rein, Jeru-
salem, / damit du gerettet wirst!
Wie lange noch wohnen in dir / deine fre-
velhaften Gedanken?
15 Horcht nur, man meldet aus Dan, / aus
Efraims Bergland kündet man Unheil:

16 Meldet den Nationen: / Siehe! Lasst hören über Jerusalem:

Belagerer kommen aus fernem Land, / sie erheben gegen Judas Städte ihre Stimme.

17 Wie Feldwächter haben sie Juda umstellt; / denn mir hat es getrotzt – Spruch des HERRN.

18 Dein Weg und deine Taten haben dir das eingebracht. / Deine Bosheit ist schuld, dass es so bitter steht, / dass es dich bis ins Herz trifft.

19 O mein Bauch, mein Bauch! / Ich winde mich vor Schmerz.

O meines Herzens Wände! / Mein Herz tobt in mir;

ich kann nicht schweigen. / Denn ich höre Hörnerklang und Kriegsgeschrei;

20 Schlag auf Schlag schreit man, / das ganze Land wird verwüstet.

Plötzlich sind meine Zelte vernichtet, / im Nu sind meine Zeltdecken dahin.

21 Wie lange noch muss ich das Feldzeichen sehen, / die Stimme des Widderhorns hören?

22 Ach, töricht ist mein Volk; / mich kennen sie nicht.

Sie sind unverständige Kinder, / ja, sie sind ohne Einsicht.

Sie wissen, wie man Böses tut, / aber Gutes zu tun verstehen sie nicht.

23 Ich schaute die Erde und siehe: Sie war wüst und wirr. / Ich schaute zum Himmel: Er war ohne sein Licht.

24 Ich schaute die Berge und siehe: Sie wankten / und alle Hügel bebten.

25 Ich schaute und siehe: Kein Mensch war da, / auch alle Vögel des Himmels waren verschwunden.

26 Ich schaute und siehe: Das Gartenland war Wüste / und all seine Städte waren zerstört,

zerstört durch den HERRN, / durch seinen glühenden Zorn.

27 Ja, so spricht der HERR: / Das ganze Land soll zur Öde werden; / doch völlig vernichten will ich es nicht.

28 Deswegen vertrocknet die Erde / und verfinstert sich der Himmel droben,

denn ich habe gesprochen und geplant, / es reut mich nicht / und ich nehme es nicht zurück.

29 Vor dem Lärm der Pferde und Bogenschützen / flieht die ganze Stadt;

sie gehen in Höhlen / und sie steigen die Felsen hinauf.

Verlassen ist jede Stadt, / niemand wohnt mehr darin.

30 Du aber, was tust du, wenn du verwüstet bist? / Wie kannst du in Purpur dich kleiden,

mit Goldschmuck dich zieren, / dir mit Schminke die Augen weiten?

Umsonst machst du dich schön. / Die Liebhaber verschmähen dich; / sie trachten dir nach dem Leben.

31 Ja, ich höre das Schreien wie von einer Frau in Wehen, / Stöhnen wie von einer Erstgebärenden, / das Schreien der Tochter Zion,

die nach Atem ringt und die Hände ausstreckt: / Weh mir, denn mein Leben endet durch Mörder!

5: 8,14 / **23**: Gen 1,2 / **27**: 5,10.18

VERBRECHEN DES VOLKES: 5,1–31

5 1 Zieht durch Jerusalems Straßen, / schaut genau hin und forscht nach,

sucht auf seinen Plätzen, ob ihr einen findet, / ob einer da ist, der Recht übt

und auf Treue bedacht ist: / Dann will ich der Stadt vergeben – Spruch des HERRN!

2 Doch selbst wenn sie sagen: / So wahr der HERR lebt, / schwören sie dennoch einen Meineid.

3 HERR, sind deine Augen nicht auf Treue gerichtet? / Du hast sie geschlagen, / aber es tut ihnen nicht weh;

du hast sie vernichtet, / aber sie haben sich geweigert, Züchtigung anzunehmen.

Sie haben ihre Stirn härter gemacht als Stein, / sie haben sich geweigert umzukehren.

4 Ich aber dachte: Nur die geringen Leute, / nur sie handeln töricht,

weil sie den Weg des HERRN nicht kennen, / das Recht ihres Gottes.

5 Ich will doch lieber zu den Großen gehen / und zu ihnen reden;

denn sie kennen den Weg des HERRN, / das Recht ihres Gottes.

Doch sie haben gemeinsam das Joch zerbrochen, / die Stricke zerrissen.

6 Darum schlägt sie der Löwe des Waldes, / der Steppenwolf überwältigt sie.

Vor ihren Städten lauert der Panther, / alle, die herauskommen, werden zerfleischt.

Denn zahlreich sind ihre Verbrechen, / schwer wiegt ihre Abtrünnigkeit.

7 Weshalb sollte ich dir vergeben? / Deine Söhne haben mich verlassen / und bei Nichtgöttern geschworen.

Ich machte sie satt, doch sie trieben Ehe-
bruch / und waren zu Gast im Dirnenhaus.
8 Hengste sind sie geworden, feist und geil, /
jeder wiehert nach der Frau seines Nächsten.
9 Sollte ich diese nicht heimsuchen – Spruch
des HERRN – / und an einem solchen Volk
keine Vergeltung üben?
10 Steigt auf ihre Rebenhänge und verwüs-
tet sie! / Doch völlig vernichten sollt ihr sie
nicht.
Reißt ihre Reben weg; / denn sie gehören
nicht dem HERRN.
11 Sie sind mir ja gänzlich untreu gewor-
den, / das Haus Israel und das Haus Juda –
Spruch des HERRN.
12 Sie haben den HERRN verleugnet und ge-
sagt: / Es ist nicht so!
Kein Unheil kommt über uns, / weder
Schwert noch Hunger werden wir sehen.
13 Doch die Propheten werden zu Wind /
und das Wort ist nicht mehr bei ihnen. / So
wird es ihnen ergehen.
14 Darum – so spricht der HERR, / der Gott
der Heerscharen:
Weil ihr dieses Wort sagt: / Siehe, darum
mache ich meine Worte / in deinem Mund zu
Feuersglut
und dieses Volk da zum Brennholz, / das
von ihr verzehrt wird.
15 Siehe, ich bringe über euch ein Volk aus
der Ferne, / Haus Israel – Spruch des HERRN.
Ein unüberwindliches Volk ist es, / ein ur-
altes Volk,
ein Volk, dessen Sprache du nicht kennst /
und dessen Rede du nicht verstehst.
16 Sein Köcher ist wie ein offenes Grab, / sie
alle sind Helden.
17 Es frisst deine Ernte und dein Brot, / es
frisst deine Söhne und Töchter,
es frisst deine Schafe und Rinder, / es frisst
deinen Weinstock und Feigenbaum,
es zerschlägt mit dem Schwert / deine be-
festigten Städte, auf die du vertraust.
18 Doch auch in jenen Tagen – Spruch des
HERRN – will ich euch nicht völlig vernichten.
19 Wenn man dann fragt: Weshalb hat der
HERR, unser Gott, uns das alles angetan?, so
sag zu ihnen: Wie ihr mich verlassen und
fremden Göttern in eurem Land gedient habt,
so müsst ihr Fremden dienen in einem Land,
das euch nicht gehört.
20 Verkündet dies im Haus Jakob / und lasst
es hören in Juda:
21 Hört doch dies, du törichtes Volk ohne
Verstand: / Augen haben sie und sehen
nicht; / Ohren haben sie und hören nicht!
22 Fürchtet ihr mich denn nicht – Spruch des
HERRN –, / zittert ihr nicht vor meinem An-
gesicht?
Der ich doch dem Meer die Düne als Grenze
gesetzt habe, / ein ewiges Gesetz, das es nicht
übertreten kann.
Mögen seine Wellen toben, sie richten
nichts aus; / mögen seine Wogen tosen, / sie
können es nicht übertreten.
23 Dieses Volk aber hat ein störrisches, trot-
ziges Herz. / Sie wichen vom Weg ab und gin-
gen davon.
24 Sie sagten nicht in ihrem Herzen: / Lasst
uns den HERRN fürchten, unseren Gott,
der Regen spendet, Frühregen / und Spät-
regen zur rechten Zeit, / der uns die feste Ord-
nung der Erntewochen bewahrt.
25 Eure Frevel haben diese Ordnung ge-
stört, / eure Sünden haben das Gute von euch
ferngehalten.
26 Ja, Frevler gibt es in meinem Volk; / sie
lauern, gebückt wie Vogelsteller,
Fallen stellen sie auf, / Menschen wollen sie
fangen.
27 Wie ein Korb mit Vögeln gefüllt ist, / so
sind ihre Häuser voll Betrug;
dadurch sind sie mächtig und reich gewor-
den, / 28 fett, feist.
Auch sündigen sie durch ruchloses Tun. /
Das Recht pflegen sie nicht,
dem Recht der Waisen verhalfen sie nicht
zum Erfolg / und die Sache der Armen ent-
scheiden sie nicht.
29 Sollte ich sie nicht heimsuchen – Spruch
des HERRN – / und an einem solchen Volk
keine Vergeltung üben?
30 Wüstes, Grässliches geschieht im Land: /
31 Die Propheten weissagen Lüge
und die Priester richten ihre Lehre nach ih-
nen aus; / mein Volk aber liebt es so.
Doch was werdet ihr tun, / wenn es damit
zu Ende geht?

2: 4,2 / **5:** 2,20 / **8:** Ez 22,11 / **9:** 5,29; 9,8 / **10:** 5,18; 4,27 / **15:** 6,22 / **19:** 16,10–13 / **21:** Jes 6,9f. / **28:** Dtn 32,15 / **29:** 5,9

KRIEGSGEFAHR AUS DEM NORDEN: 6,1–30

6 1 Flieht, ihr Leute von Benjamin, / hinaus
aus Jerusalem!
Stoßt in Tekoa ins Widderhorn / und richtet
über Bet-Kerem ein Zeichen auf!

Denn von Norden droht Unheil / und gro-
ßes Verderben.
2 Die Schöne und Verwöhnte, / die Tochter
Zion, ich vernichte sie.
3 Hirten kommen zu ihr mit ihren Herden; /
sie schlagen rings um sie ihre Zelte auf, / jeder
weidet seinen Bereich ab.
4 Verhängt gegen Zion den Krieg! / Auf!
Greifen wir an am Mittag! –
Weh uns: Schon neigt sich der Tag, / die
Abendschatten strecken sich.
5 Auf! Greifen wir an in der Nacht, / zerstö-
ren wir ihre Paläste!
6 Denn so spricht der HERR der Heerscha-
ren:
Fällt ihre Bäume / und werft einen Wall auf
gegen Jerusalem!
Das ist die Stadt, die heimgesucht werden
muss. / Alles in ihr ist Unterdrückung.
7 Wie ein Brunnen sein Wasser sprudeln
lässt, / so lässt sie ihre Schlechtigkeit sprudeln.
Von Gewalttat und Unrecht hört man in
ihr; / ständig sind mir vor Augen Leid und
Misshandlung.
8 Lass dich warnen, Jerusalem, / sonst tren-
ne ich mich von dir,
sonst mache ich dich zur Wüste, / zum Land
ohne Bewohner!
9 So spricht der HERR der Heerscharen:
Genaue Nachlese wie am Weinstock / soll
man halten am Rest Israels.
Leg deine Hand an / wie ein Winzer an die
Reben!
10 Zu wem soll ich reden / und wen ermah-
nen, dass sie hören?
Siehe, ihr Ohr ist unbeschnitten, / sie kön-
nen nichts vernehmen.
Das Wort des HERRN dient ihnen zum
Spott; / es gefällt ihnen nicht.
11 Darum bin ich erfüllt vom Zorn des
HERRN, / bin es müde, ihn länger zurückzu-
halten. –
Gieß ihn aus über das Kind auf der Straße /
und zugleich über die Schar der jungen Män-
ner!
Ja, alle werden gefangen genommen, /
Mann und Frau, Greis und Hochbetagter.
12 Ihre Häuser gehen an andere über, / die
Felder und auch die Frauen.
Denn ich strecke meine Hand aus / gegen
die Bewohner des Landes – Spruch des HERRN.

6,4 Verhängt, wörtlich: heiligt.

13 Sie alle, von ihrem Kleinsten bis zu ihrem
Größten, / sind nur auf Gewinn aus;
vom Propheten bis zum Priester / betrügen
sie alle.
14 Den Schaden meines Volkes möchten sie
leichthin heilen, indem sie sagen: / Frieden!
Frieden! – Aber da ist kein Friede.
15 Schämen müssten sie sich, / weil sie Gräu-
el verübt haben.
Doch sie schämen sich nicht; / Scham ist
ihnen unbekannt.
Deshalb müssen sie mit denen fallen, / die
fallen.
Sobald ich sie heimsuche, / werden sie stür-
zen, spricht der HERR.
16 So spricht der HERR:
Stellt euch an die Wege und haltet Aus-
schau, / fragt nach den Pfaden der Vorzeit,
fragt, wo der Weg zum Guten liegt; / geht
auf ihm, so werdet ihr Ruhe finden für eure
Seele! / Sie aber sagten: Wir gehen nicht.
17 Auch habe ich Wächter für euch aufge-
stellt: / Achtet auf den Schall des Widder-
horns! – / Sie aber sagten: Wir achten nicht
darauf.
18 Darum hört, ihr Völker, und erkenne, /
Versammlung, was mit ihnen geschieht!
19 Höre, Erde! / Siehe, ich bringe Unheil über
dieses Volk / als Frucht seiner Gedanken.
Denn auf meine Worte haben sie nicht ge-
achtet / und meine Weisung haben sie ver-
schmäht.
20 Was soll mir der Weihrauch aus Saba /
und das gute Gewürzrohr aus fernem Land?
Eure Brandopfer gefallen mir nicht, / eure
Schlachtopfer sind mir nicht angenehm.
21 Darum – so spricht der HERR:
Siehe, ich lege diesem Volk Hindernisse in
den Weg, / sodass sie darüber straucheln.
Väter und Söhne zusammen, / einer wie der
andere geht zugrunde.
22 So spricht der HERR:
Siehe, ein Volk zieht vom Nordland heran, /
eine große Nation bricht auf / von den Gren-
zen der Erde.
23 Sie kommen mit Bogen und Sichel-
schwert, / grausam sind sie und ohne Erbarmen.
Ihr Lärm gleicht dem Brausen des Meeres /
und sie reiten auf Rossen,
Krieger, zum Kampf gerüstet / gegen dich,
Tochter Zion.
24 Kaum hörten wir diese Nachricht, / da
erschlafften uns die Hände,

es packte uns die Angst, / das Zittern wie
eine Gebärende.

25 Geht nicht aufs Feld hinaus, / macht euch
nicht auf den Weg; / denn der Feind greift zum
Schwert – Grauen ringsum!

26 Tochter, mein Volk, leg das Trauerkleid
an / und wälz dich im Staub!

Halte Trauer wie um den einzigen Sohn,
bitterste Klage: / Ach, jählings kam über uns
der Verwüster.

27 Zum Prüfer für mein Volk habe ich dich
bestellt, voll Festigkeit; / du sollst sein Verhal-
ten erkennen und prüfen.

28 Sie alle sind schlimme Empörer, / Ver-
leumder sind sie,

Bronze und Eisen sind sie, / alle zusammen
Verbrecher.

29 Der Blasebalg schnaubt, / doch das Blei
bleibt unberührt vom Feuer.

Umsonst hat der Schmelzer geschmolzen; /
die Bösen ließen sich nicht ausscheiden.

30 Verworfenes Silber nennt man sie; / denn
verworfen hat sie der HERR.

1: 4,6 / **13:** 8,10–12 / **19:** Jes 1,2 / **20:** Ps 40,7 / **22:** 50,41–43 /
26: Am 8,10

TEMPELREDE: 7,1–15

7 1 Das Wort, das vom HERRN an Jeremia
erging: 2 Stell dich an das Tor des Hauses
des HERRN! Dort ruf dieses Wort aus und
sprich: Hört das Wort des HERRN, ganz Juda,
alle, die ihr durch diese Tore kommt, um euch
vor dem HERRN niederzuwerfen! 3 So spricht
der HERR der Heerscharen, der Gott Israels:
Bessert euer Verhalten und euer Tun, dann will
ich bei euch wohnen hier an diesem Ort! 4 Ver-
traut nicht auf die trügerischen Worte: Der
Tempel des HERRN, der Tempel des HERRN,
der Tempel des HERRN ist dies! 5 Denn nur
wenn ihr euer Verhalten und euer Tun von
Grund auf bessert, wenn ihr wirklich gerecht
entscheidet im Rechtsstreit, 6 wenn ihr die
Fremden, die Waisen und Witwen nicht un-
terdrückt, unschuldiges Blut an diesem Ort
nicht vergießt und nicht anderen Göttern
nachlauft zu eurem eigenen Schaden, 7 dann
will ich bei euch wohnen hier an diesem Ort,
in dem Land, das ich euren Vätern gegeben
habe von ewig und auf ewig. 8 Freilich, ihr ver-
traut auf die trügerischen Worte, die nichts
nützen. 9 Was noch? Stehlen, morden, die Ehe
brechen, falsch schwören, dem Baal opfern
und anderen Göttern nachlaufen, die ihr nicht
kennt – 10 und ihr kommt und tretet vor mein
Angesicht in diesem Haus, über dem mein
Name ausgerufen ist, und sagt: Wir sind ge-
borgen!, um dann weiter alle jene Gräuel zu
treiben. 11 Ist denn dieses Haus, über dem mein
Name ausgerufen ist, in euren Augen eine
Räuberhöhle geworden? Auch ich, siehe, ich
habe es gesehen – Spruch des HERRN. 12 Ja,
geht doch zu meiner Stätte in Schilo, wo ich
früher meinen Namen wohnen ließ, und seht,
was ich ihr angetan habe wegen des Bösen, das
mein Volk Israel verübt hat! 13 Nun denn, weil
ihr alle diese Taten getan habt – Spruch des
HERRN – und ich zu euch redete, eifrig redete,
ihr aber nicht hörtet, und ich euch rief, ihr aber
nicht antwortetet –, 14 so werde ich mit dem
Haus, über dem mein Name ausgerufen ist
und auf das ihr euch verlasst, und mit der Stät-
te, die ich euch und euren Vätern gegeben
habe, so verfahren, wie ich mit Schilo verfuhr.
15 Und ich werde euch verstoßen von meinem
Angesicht, wie ich alle eure Brüder, alle Nach-
kommen Efraims, verstoßen habe.

1–15: 26,1–19 / **3:** 26,13 / **9:** Hos 4,2 / **11:** Mt 21,13 / **12:** 26,6 /
14: 9,10 / **15:** 2 Kön 17,18.23

GEGEN DIE FREMDGÖTTERVEREHRUNG:
7,16–8,3

16 Du aber, bete nicht für dieses Volk! Fang
nicht an, für sie zu flehen und zu bitten! Drän-
ge mich nicht! Denn ich werde dich nicht er-
hören. 17 Siehst du nicht, was sie in den Städten
Judas und auf den Straßen Jerusalems treiben?
18 Die Kinder sammeln Holz, die Väter zünden
das Feuer an und die Frauen kneten den Teig,
um Opferkuchen für die Himmelskönigin zu
backen. Anderen Göttern spendet man Trank-
opfer, um mir wehzutun. 19 Aber tun sie wirk-
lich mir weh – Spruch des HERRN – und nicht
vielmehr sich selbst, zu ihrer eigenen Schan-
de? 20 Darum – so spricht GOTT, der Herr:
Siehe, mein Zorn und mein Grimm ergießt
sich über diesen Ort, über Menschen und
Vieh, über die Bäume des Feldes und die
Früchte des Ackers; er brennt und wird nicht
erlöschen.

21 So spricht der HERR der Heerscharen, der
Gott Israels: Häuft nur Brandopfer auf Schlacht-
opfer und esst Fleisch! 22 Denn ich habe euren
Vätern am Tag, als ich sie aus dem Land Ägyp-
ten herausführte, nichts gesagt und nichts

6,27 voll Festigkeit, wörtlich: als Festung.

befohlen, was Brandopfer und Schlachtopfer
betrifft. 23 Vielmehr gab ich ihnen folgendes
Gebot: Hört auf meine Stimme, dann will ich
euch Gott sein und ihr sollt mir Volk sein!
Geht in allem den Weg, den ich euch befehle,
damit es euch gut geht! 24 Sie aber hörten nicht
und neigten mir ihr Ohr nicht zu, sondern
folgten den Eingebungen und der Verstockt-
heit ihres bösen Herzens. Sie zeigten mir den
Rücken und nicht das Gesicht. 25 Von dem Tag
an, als eure Väter aus dem Land Ägypten aus-
zogen, bis auf den heutigen Tag sandte ich zu
euch alle meine Knechte, die Propheten, mit
Eifer habe ich sie immer wieder gesandt.
26 Aber sie hörten nicht auf mich und neigten
nicht das Ohr und sie verhärteten ihren Na-
cken, trieben es schlimmer als ihre Väter.
27 Auch wenn du ihnen alle diese Worte sagst,
werden sie nicht auf dich hören. Wenn du sie
rufst, werden sie dir nicht antworten. 28 Sag
ihnen also: Dies ist das Volk, das nicht auf die
Stimme des HERRN, seines Gottes, hörte und
sich nicht erziehen ließ. Die Treue ist zugrun-
de gegangen, aus ihrem Mund verschwunden.

29 Schneide dein Haar ab und wirf es weg,
stimm Klage an auf den Höhen! Denn der
HERR hat das Geschlecht, dem er grollt, ver-
worfen und verstoßen. 30 Ja, die Söhne Judas
taten, was böse ist in meinen Augen – Spruch
des HERRN. Sie haben in dem Haus, über dem
mein Name ausgerufen ist, ihre Scheusale auf-
gestellt, um es zu entweihen. 31 Auch haben
sie die Kulthöhen des Tofet im Tal Ben-Hin-
nom gebaut, um ihre Söhne und ihre Töchter
im Feuer zu verbrennen, was ich nie befohlen
habe und was mir niemals in den Sinn gekom-
men ist. 32 Siehe: Es kommen Tage – Spruch
des HERRN –, da wird man nicht mehr vom
Tofet reden oder vom Tal Ben-Hinnom, son-
dern vom Mordtal und im Tofet wird man Tote
begraben, weil anderswo kein Platz mehr ist.
33 Und die Leichen dieses Volkes werden den
Vögeln des Himmels und den Tieren des Fel-
des zum Fraß dienen und niemand wird sie
verscheuchen. 34 Verstummen lasse ich in den
Städten Judas und auf den Straßen Jerusalems
Jubelruf und Freudenruf, den Ruf des Bräuti-
gams und den Ruf der Braut; denn das Land
wird zur Wüste werden.

8 1 In jener Zeit – Spruch des HERRN – wird
man die Gebeine der Könige von Juda, die
Gebeine seiner Beamten, die Gebeine der
Priester, die Gebeine der Propheten und die
Gebeine der Einwohner Jerusalems aus ihren
Gräbern holen. 2 Man wird sie hinstreuen vor
die Sonne, den Mond und das ganze Himmels-
heer, denen ihre Liebe galt, denen sie dienten
und nachliefen, die sie befragten und vor de-
nen sie sich niederwarfen. Sie werden weder
gesammelt noch bestattet werden. Dünger auf
dem Acker werden sie sein. 3 Besser als das
Leben wäre der Tod auch für den Rest, für alle,
die übrig bleiben von diesem bösen Geschlecht
an allen Orten, überall, wohin immer ich sie
verstoße – Spruch des HERRN der Heerscha-
ren.

7,16: 11,14 / **18**: 19,13; 44,17 / **22**: Am 5,25 / **23**: Lev 26,12 / **25**: 25,4; 44,4 / **30**: 32,34f. / **31**: 19,5–7 / **34**: 16,9; 25,10; 33,11; Bar 2,23
8,1: Bar 2,24 / **2**: Dtn 4,19

ABKEHR UND BESTRAFUNG DES VOLKES: 8,4–23

4 Du sollst zu ihnen sagen: So spricht der
HERR: / Wer hinfällt, steht der nicht wieder
auf?
Wer vom Weg abkommt, / kehrt der nicht
wieder zurück?
5 Warum wendet dieses Volk sich ab, / ver-
harrt Jerusalem in der Abkehr?
Warum halten sie am Irrtum fest, / weigern
sich umzukehren?
6 Ich horche hin und höre: / Schlechtes re-
den sie, / keiner bereut sein böses Tun und
sagt: / Was habe ich getan?
Jeder wendet sich ab und läuft weg, / schnell
wie ein Ross, das im Kampf dahinstürmt.
7 Selbst der Storch am Himmel kennt seine
Zeiten; / Turteltaube, Schwalbe und Drossel
halten die Frist ihrer Rückkehr ein; / mein
Volk aber kennt nicht die Rechtsordnung des
HERRN.
8 Wie könnt ihr sagen: Weise sind wir / und
die Weisung des HERRN ist bei uns?
Fürwahr, siehe: Der Lügengriffel der Schrei-
ber / hat es zur Lüge gemacht.
9 Zuschanden werden die Weisen, / sie sind
bestürzt und werden gefangen.
Siehe, das Wort des HERRN haben sie ver-
worfen / und wessen Weisheit haben sie
noch?
10 Darum gebe ich ihre Frauen an Fremde, /
ihre Felder an Eroberer,

8,5 Warum halten sie am Irrtum fest, weigern sich umzukehren?, andere Übersetzungsmöglichkeit: Sie halten am Irrtum fest, weigern sich umzukehren.

denn vom Kleinsten bis zum Größten sind sie alle nur auf Gewinn aus; / vom Propheten bis zum Priester betrügen sie alle.

11 Den Zusammenbruch der Tochter, meines Volkes, / möchten sie leichthin heilen, indem sie sagen: / Friede, Friede! – Doch da ist kein Friede.

12 Schämen müssten sie sich, weil sie Gräuel verüben. / Doch sie schämen sich nicht; / Scham ist ihnen unbekannt.

Deshalb müssen sie mit denen fallen, / die fallen,

sobald ich sie zur Verantwortung ziehe, / werden sie stürzen, spricht der HERR.

13 Ich will sie ernten und ihnen ein Ende machen – Spruch des HERRN. / Keine Trauben sind am Weinstock,

keine Feigen am Feigenbaum / und das Laub ist verwelkt. / Darum habe ich für sie Verwüster bestellt.

14 Warum sitzen wir da? Sammelt euch! / Hinein in die befestigten Städte!

Dort werden wir umkommen; / denn der HERR, unser Gott, lässt uns umkommen.

Er lässt uns Giftwasser trinken, / weil wir gesündigt haben gegen den HERRN.

15 Wir hofften auf Frieden, / doch es gibt nichts Gutes;

auf die Zeit der Heilung, / doch siehe: Schrecken!

16 Man hört von Dan her das Schnauben seiner Rosse, / vom lauten Wiehern seiner Hengste bebt das ganze Land.

Sie kommen und fressen das Land und seine Fülle, / die Stadt und ihre Bewohner.

17 Denn siehe, ich sende giftige Schlangen unter euch, / gegen die es keine Beschwörung gibt,

sie werden euch beißen – / Spruch des HERRN.

18 Meine einzige Freude ist der Kummer; / mein Herz ist krank.

19 Siehe, die Tochter, mein Volk, / schreit um Hilfe aus einem fernen Land:

Ist denn der HERR nicht in Zion / oder ist sein König nicht dort?

Warum haben sie mir wehgetan / mit ihren Götterbildern, mit den fremden Götzen?

20 Die Ernte ist vorüber, der Sommer ist zu Ende, / wir aber, wir sind nicht gerettet worden.

21 Wegen des Zusammenbruchs der Tochter, meines Volkes, / bin ich zerbrochen, / traurig bin ich, Entsetzen hat mich gepackt.

22 Gibt es denn keinen Balsam in Gilead, / ist dort kein Wundarzt?

Warum schließt sich denn nicht / die Wunde der Tochter, meines Volkes?

23 Ach, wäre mein Haupt doch Wasser, / mein Auge ein Tränenquell:

Tag und Nacht beweinte ich / die Erschlagenen der Tochter, meines Volkes.

14: 4,5 / **22**: 46,11

BOSHEIT DES VOLKES: 9,1–25

9 1 Hätte ich doch eine Herberge in der Wüste! / Dann könnte ich mein Volk verlassen und von ihm weggehen.

Denn sie sind alle Ehebrecher, / eine Rotte von Treulosen.

2 Sie machen ihre Zunge zu einem gespannten Bogen; / Lüge, nicht Wahrhaftigkeit herrscht im Land.

Ja, sie schreiten von Verbrechen zu Verbrechen; / mich aber kennen sie nicht – Spruch des HERRN.

3 Nehmt euch in Acht vor eurem Nächsten, / keiner traue seinem Bruder!

Denn jeder Bruder betrügt / und jeder Nächste verleumdet.

4 Ein jeder täuscht seinen Nächsten, / die Wahrheit reden sie nicht.

Sie haben ihre Zunge gelehrt, Lügen zu reden, / sie handeln verkehrt, zur Umkehr sind sie zu träge.

5 Überall Unterdrückung, nichts als Betrug! / Sie weigern sich, mich zu kennen – / Spruch des HERRN.

6 Darum – so spricht der HERR der Heerscharen: / Siehe, ich werde sie schmelzen und prüfen;

denn wie sollte ich sonst verfahren / mit der Tochter, meinem Volk?

7 Ein tödlicher Pfeil ist ihre Zunge, / Betrug redet sie.

Mit seinem Mund sagt man Friede zum Nächsten, / doch mit seinem Inneren legt man ihm den Hinterhalt.

8,16 Hengste, wörtlich: Starke.

8,18 schwieriger Text, wörtlich: Meine Erheiterung (ist?) über Kummer; über mir ist mein Herz krank.

8,19 mit den fremden Götzen, wörtlich: mit Nichtigkeiten der Fremde.

9,4 zur Umkehr sind sie zu träge: G; sie sind müde geworden (vom) verkehrten Handeln: H.

9,5 überall Unterdrückung, nichts als Betrug: vgl. G; dein Wohnen ist mitten im Betrug: H und Vg.

8 Sollte ich sie dafür nicht heimsuchen –
Spruch des HERRN – / und an einem solchen
Volk nicht Vergeltung üben?
9 Über die Berge hin will ich Weinen und
Klagen erheben, / über die Weideplätze der
Steppe ein Totenlied!
Denn sie sind verwüstet, niemand zieht
hindurch / und sie hören die Stimme der Her-
den nicht mehr.
Von den Vögeln des Himmels bis zum
Vieh / ist alles geflohen, auf und davon.
10 Jerusalem mache ich zum Trümmerhau-
fen, / zur Behausung für Schakale.
Judas Städte mache ich zum Ödland, / das
niemand bewohnt.
11 Wer ist so weise, dass er dies einsieht? Zu
wem hat der Mund des HERRN geredet, dass
er verkünden kann, warum das Land zugrun-
de geht, warum es verwüstet ist gleich der
Wüste, die niemand durchzieht? 12 Der HERR
erwiderte: Weil sie meine Weisung aufgaben,
die ich ihnen vorgelegt habe, nicht auf meine
Stimme hörten und nicht meine Weisung be-
folgten, 13 sondern der Verstocktheit ihres
Herzens folgten und den Baalen nachliefen, an
die ihre Väter sie gewöhnt hatten. 14 Darum –
so spricht der HERR der Heerscharen, der Gott
Israels: Siehe, ich gebe ihnen, diesem Volk,
Wermut zu essen und Giftwasser zu trinken.
15 Ich zerstreue sie unter die Völker, von denen
weder sie noch ihre Väter wussten, und schi-
cke das Schwert hinter ihnen her, bis ich sie
vernichtet habe.
16 So spricht der HERR der Heerscharen:
Begreift es! Ruft die Klagefrauen und sie
sollen kommen! / Schickt nach den weisen
Frauen und sie sollen kommen!
17 Schnell sollen sie kommen / und Klage
über uns anstimmen,
sodass unsre Augen von Tränen fließen /
und unsre Wimpern von Wasser triefen.
18 Da, horch, ein Klagelied ist aus Zion zu
hören: / Ach, wie sind wir misshandelt, / in
große Schande gestürzt!
Wir mussten die Heimat verlassen, / unsre
Wohnungen hat man zerstört.
19 Ja, hört, ihr Frauen, das Wort des
HERRN, / euer Ohr vernehme das Wort sei-
nes Mundes.
Lehrt eure Töchter die Klage, / eine lehre die
andere das Totenlied:
20 Der Tod ist durch unsre Fenster gestie-
gen, / eingedrungen in unsre Paläste.
Er rafft das Kind von der Straße weg, / von
den Plätzen die jungen Männer.
21 Rede! So lautet der Spruch des HERRN:
Die Leichen der Leute / liegen wie Dünger
auf dem Feld,
wie Garben hinter dem Schnitter; / keiner
ist da, der sie sammelt.
22 So spricht der HERR:
Der Weise rühme sich nicht seiner Weis-
heit, / der Starke rühme sich nicht seiner Stär-
ke, / der Reiche rühme sich nicht seines Reich-
tums.
23 Nein, wer sich rühmen will, rühme sich
dessen, / dass er Einsicht hat und mich er-
kennt,
nämlich dass er weiß: Ich, der HERR, bin
es, / der auf der Erde Gnade, Recht und Ge-
rechtigkeit wirkt.
Denn an solchen Menschen habe ich Gefal-
len – / Spruch des HERRN.
24 Fürwahr, es werden Tage kommen –
Spruch des HERRN –, da suche ich alle heim,
die an der Vorhaut beschnitten sind: 25 Ägyp-
ten und Juda und Edom und die Ammoniter
und Moab und alle mit gestutztem Haar, die in
der Wüste wohnen, denn alle Nationen sind
unbeschnitten – und das ganze Haus Israel ist
unbeschnitten am Herzen.

3: 12,6; Ps 41,10; Mi 7,5 / **8**: 5,9.29 / **10**: 26,18 / **14**: 8,14; 23,15 / **15**: 49,37 / **21**: 16,4; 25,33 / **23**: 1 Kor 1,31; 2 Kor 10,17

GOTT UND DIE BILDER FREMDER GÖTTER: 10,1–16

10 1 Hört das Wort, das der HERR zu euch
spricht, ihr vom Haus Israel!
2 So spricht der HERR:
Lernt nicht den Weg der Völker, / erschreckt
nicht vor den Zeichen des Himmels, / wenn
auch die Völker vor ihnen erschrecken!
3 Denn die Gebräuche der Völker sind leerer
Wahn. / Ihre Götzen sind nur Holz,
das man im Wald schlägt, / ein Werk aus
der Hand des Schnitzers, / mit dem Messer
verfertigt.
4 Man verziert es mit Silber und Gold, / mit
Nagel und Hammer macht man es fest, sodass
es nicht wackelt.
5 Sie sind wie Vogelscheuchen im Gurken-
feld. / Sie können nicht reden; / sie müssen
getragen werden, weil sie nicht gehen kön-
nen.

9,11 verwüstet, wörtlich: angezündet.

Fürchtet euch nicht vor ihnen; / denn sie
können weder Schaden zufügen / noch Gutes
bewirken.
6 Niemand, HERR, ist wie du: / Groß bist du
und groß an Kraft ist dein Name.
7 Wer sollte dich nicht fürchten, du König
der Völker? / Ja, das steht dir zu.
Denn unter allen Weisen der Völker / und
in jedem ihrer Reiche ist keiner wie du.
8 Sie alle sind töricht und dumm. / Was die
nichtigen Götzen zu lehren haben – Holz ist
es.
9 Sie sind gehämmertes Silber aus Tarschisch
und Gold aus Ofir, / Arbeit des Schnitzers und
Goldschmieds;
violetter und roter Purpur ist ihr Gewand; /
sie alle sind nur das Werk kunstfertiger Män-
ner.
10 Der HERR aber ist in Wahrheit Gott, /
lebendiger Gott und ewiger König.
Vor seinem Zorn erbebt die Erde, / die Völ-
ker halten seinen Groll nicht aus.
11 Von jenen dagegen sollt ihr sagen: / Die
Götter, die weder Himmel noch Erde erschu-
fen, / sie sollen verschwinden von der Erde
und unter dem Himmel.
12 Er aber hat die Erde erschaffen durch seine
Kraft, / den Erdkreis gegründet durch seine
Weisheit, / durch seine Einsicht den Himmel
ausgespannt.
13 Lässt er seine Stimme ertönen, / dann rau-
schen die Wasser am Himmel.
Wolken führt er herauf vom Rand der
Erde; / Blitze hat er für den Regen gemacht, /
aus seinen Kammern entsendet er den Wind.
14 Töricht ist jeder Mensch, ohne Erkenntnis
ist er, / beschämt ist jeder Goldschmied mit
seinem Götzenbild;
denn sein Gussbild ist Trug, / kein Atem ist
in ihnen.
15 Nichtig sind sie, ein Spottgebilde. / Zur
Zeit ihrer Heimsuchung gehen sie zugrunde.
16 Anders der Gott, der Jakobs Anteil ist. /
Denn er ist der Schöpfer des Alls
und Israel ist der Stamm seines Erbes. /
HERR der Heerscharen ist sein Name.

3: Jes 44,12–17 / **4**: Bar 6 / **12–16**: 51,15–19 / **13**: Ps 135,7 /
14: Jes 45,16

KLAGE ÜBER DAS LAND UND BITTE UM BESTRAFUNG DER FEINDE: 10,17–25

17 Nimm dein Bündel von der Erde auf, / die
du in der Belagerung sitzt!
18 Denn so spricht der HERR:
Siehe, diesmal schleudere ich / die Bewoh-
ner des Landes hinweg
und bringe sie in Bedrängnis, / damit sie
mich finden.
19 Weh mir ob meines Zusammenbruchs! /
Unheilbar ist meine Wunde.
Ich aber hatte gedacht: / Das ist doch nur
eine Krankheit, die ich ertragen kann.
20 Mein Zelt ist verwüstet, / alle meine Zelt-
stricke sind zerrissen.
Meine Kinder gingen von mir fort / und sind
nicht mehr.
Niemand schlägt mein Zelt wieder auf / und
breitet darüber die Zeltdecken aus.
21 Denn töricht waren die Hirten, / den
HERRN suchten sie nicht;
deshalb hatten sie keinen Erfolg / und ihre
ganze Herde wurde zerstreut.
22 Horch, eine Kunde trifft eben ein, / großes
Getöse vom Nordland her:
Judas Städte sollen zum Ödland werden, /
zur Behausung für Schakale.
23 Ich weiß, HERR, dass der Mensch seinen
Weg nicht zu bestimmen vermag, / dass kei-
ner beim Gehen seinen Schritt lenken kann.
24 Züchtige mich, HERR, doch mit Maß, /
nicht in deinem Zorn, / damit du mich nicht
zum Verschwinden bringst!
25 Gieß deinen Zorn aus über die Völker, /
die dich nicht kennen,
und über die Stämme, / die deinen Namen
nicht anrufen!
Denn sie haben Jakob verschlungen und
vernichtet, / seine Wohnstätte verwüstet.

19: 14,17; 30,12 / **22**: 9,10; 26,18 / **24**: 30,11

DER GEBROCHENE BUND: 11,1–17

11 1 Das Wort, das vom HERRN an Jeremia
erging: 2 Hört die Worte dieses Bundes!
Du sollst sie den Leuten von Juda und den Ein-
wohnern Jerusalems verkünden. 3 Du sollst
ihnen sagen: So spricht der HERR, der Gott
Israels: Verflucht der Mensch, der nicht hört
auf die Worte dieses Bundes, 4 die ich euren
Vätern aufgetragen habe am Tag, als ich sie aus
dem Land Ägypten herausführte, aus dem
Schmelzofen des Eisens: Hört auf meine Stim-
me und handelt in allem nach meinen Gebo-
ten; dann werdet ihr mir Volk sein und ich
will euch Gott sein. 5 Nur so kann ich den Eid

11,5 Ja, wörtlich: Amen!

halten, den ich euren Vätern geschworen
habe: ihnen ein Land zu geben, in dem Milch
und Honig fließen, wie ihr es heute habt. Ich
antwortete: Ja, HERR. 6 Darauf sprach der
HERR zu mir: Verkünde alle diese Worte laut
in den Städten Judas und auf den Straßen Je-
rusalems: Hört die Worte dieses Bundes und
handelt danach! 7 Denn ich habe eure Väter
eindringlich ermahnt am Tag, als ich sie aus
dem Land Ägypten heraufführte, und bis zum
heutigen Tag habe ich sie ermahnt: Hört auf
meine Stimme! 8 Sie aber haben nicht gehört
und mir ihr Ohr nicht zugeneigt; ein jeder ging
in der Verstocktheit seines bösen Herzens.
Und ich brachte über sie alle Drohworte dieses
Bundes, den zu halten ich ihnen geboten habe,
den sie aber nicht gehalten haben. 9 Der HERR
sagte zu mir: Es gibt eine Verschwörung unter
den Leuten von Juda und den Einwohnern
Jerusalems. 10 Sie sind zurückgekehrt zu den
Sünden ihrer Vorväter, die sich weigerten,
meinen Worten zu gehorchen. Auch sie sind
fremden Göttern nachgelaufen, um ihnen zu
dienen. Das Haus Israel und das Haus Juda
haben meinen Bund gebrochen, den ich mit
ihren Vätern geschlossen habe.

11 Darum – so spricht der HERR: Siehe, ich
bringe Unheil über sie, dem sie nicht entgehen
können. Schreien sie dann zu mir, so werde ich
nicht auf sie hören. 12 Und die Städte Judas und
die Einwohner Jerusalems werden hingehen
und zu den Göttern schreien, denen sie Räu-
cheropfer darbringen; sie aber werden ihnen
zur Zeit der Not gewiss nicht helfen. 13 Denn
so zahlreich wie deine Städte sind auch deine
Götter, Juda, geworden und so zahlreich wie
die Straßen Jerusalems habt ihr der Schande
Altäre errichtet, Altäre, um dem Baal zu räu-
chern. 14 Du aber bete nicht für dieses Volk!
Erhebe nicht für sie Flehen oder Bitten! Denn
ich höre nicht in der Zeit, wenn sie zu mir ru-
fen wegen ihrer Not.

15 Was hat mein Liebling in meinem Haus
zu suchen, wenn er nur schlimme Pläne aus-
führt? Können Gelübde und Opferfleisch das
Unheil von dir fernhalten? Dann könntest du
jubeln. 16 Einen üppigen Ölbaum von schöner
Gestalt hatte der HERR dich genannt. Wenn
der gewaltige Lärm ertönt, legt er Feuer an ihn,
sodass seine Zweige hässlich werden. 17 Der
HERR der Heerscharen, der dich pflanzte, hat
Unheil über dich verhängt wegen der Bosheit
des Hauses Israel und des Hauses Juda, die sie
getan haben; dem Baal räucherten sie, um
mich zu erzürnen.

4: Lev 26,12; Dtn 26,17f. / **7–8**: 7,25f. / **8**: 18,12; 25,4 / **13**: 2,28 / **14**: 7,16; 14,11

ERSTE KONFESSION DES PROPHETEN JEREMIA: 11,18–12,6

18 Der HERR ließ es mich wissen und so wuss-
te ich es; damals ließest du mich ihr Treiben
durchschauen. 19 Ich aber war wie ein zutrau-
liches Lamm, das zum Schlachten geführt
wird, und ahnte nicht, dass sie gegen mich
Böses planten: Wir wollen den Baum im Saft
verderben; wir wollen ihn ausrotten aus dem
Land der Lebenden, sodass seines Namens
nicht mehr gedacht wird. 20 Aber der HERR der
Heerscharen richtet gerecht, er prüft Nieren
und Herz. Ich werde deine Vergeltung an ih-
nen sehen, denn dir habe ich meine Sache an-
vertraut. 21 Darum – so spricht der HERR gegen
die Leute von Anatot, die mir nach dem Leben
trachten und sagen: Du darfst nicht als Prophet
im Namen des HERRN auftreten, wenn du
nicht durch unsere Hand sterben willst. 22 Da-
rum – so spricht der HERR der Heerscharen:
Seht, ich werde sie heimsuchen. Die jungen
Männer sterben durchs Schwert, ihre Söhne
und Töchter sterben vor Hunger. 23 So wird
den Leuten von Anatot kein Rest mehr blei-
ben, wenn ich Unheil über sie bringe, das Jahr
ihrer Bestrafung.

12 1 Du bleibst im Recht, HERR, auch
wenn ich mit dir streite; / dennoch
muss ich mit dir rechten.

Warum haben die Frevler Erfolg, / weshalb
können alle Abtrünnigen sorglos sein?

2 Du hast sie eingepflanzt und sie schlagen
Wurzel, / sie wachsen heran und bringen auch
Frucht.

Nahe bist du ihrem Mund, / aber fern von
ihrem Inneren.

3 Du jedoch, HERR, kennst und siehst
mich; / du hast mein Herz erprobt, / ob es
bei dir ist.

Raff sie weg wie Schafe zum Schlachten, /
sondere sie aus für den Tag des Mordens!

4 Wie lange noch soll das Land vertrock-
nen, / das Grün auf allen Feldern verdorren?

11,8 Drohworte, wörtlich: Worte.

11,15 sehr schwer verständlicher Text; die Wiedergabe versucht eine Annäherung.

11,19 im Saft: vermuteter Text; in seinem Brot: H, vgl. G, Vg.

Wegen der Bosheit seiner Bewohner
schwinden / Vieh und Vögel dahin, / denn sie
sagen: Er sieht unsre Zukunft nicht. –
5 Wenn schon der Wettlauf mit Fußgängern
dich ermüdet, / wie willst du mit Pferden um
die Wette laufen?
Wenn du nur im friedlichen Land dich si-
cher fühlst, / wie wirst du dich verhalten im
Dickicht des Jordan?
6 Selbst deine Brüder und das Haus deines
Vaters handeln treulos an dir; / auch sie schrei-
en laut hinter dir her.
Trau ihnen nicht, / selbst wenn sie freund-
lich mit dir reden!

11,19: Jes 53,7 / **20:** 20,12; Ps 7,10
12,1: Ps 73,3–12; Ijob 21,7–13 / **6:** 9,3

KLAGE GOTTES ÜBER SEIN LAND UND DIE ANKLAGE DER HIRTEN: 12,7–13

7 Ich verlasse mein Haus, / ich verstoße mein
Erbteil.
Meinen Herzensliebling gebe ich preis / in
die Hand seiner Feinde.
8 Mein Erbteil wandte sich gegen mich / wie
ein Löwe im Wald.
Es erhob gegen mich seine Stimme; / des-
halb bin ich ihm feind.
9 Ist mir mein Erbteil zur Höhle einer Hyäne
geworden, / dass Raubvögel es umlagern?
Auf, sammelt euch, alle Tiere des Feldes, /
kommt zum Fraß!
10 Viele Hirten / haben meinen Weinberg
verwüstet,
mein Feld zertreten, / mein prächtiges Feld
zur öden Wüste gemacht.
11 Man hat es in dürres Ödland verwandelt, /
verwüstet trauert es vor mir.
Das ganze Land ist verödet, / doch keiner
nimmt sich das zu Herzen.
12 Über alle Hügel der Steppe / drangen Ver-
derber ein;
denn ein Schwert frisst für den HERRN von
einem Ende des Landes zum andern Ende des
Landes. / Es gibt keinen Frieden für alles
Fleisch.
13 Sie haben Weizen gesät und Dornen ge-
erntet, / sie haben sich abgemüht, es hat ihnen
nichts genützt.
Werdet beschämt von euren Erträgen / we-
gen des glühenden Zornes des HERRN!

9: Jes 56,9

GERICHT UND HEIL ÜBER DIE NACHBARVÖLKER ISRAELS: 12,14–17

14 So spricht der HERR über alle meine bösen
Nachbarn, die das Erbteil antasten, das ich
meinem Volk Israel zum Erbe gegeben habe:
Siehe, ich reiße sie von ihrem Boden aus; doch
auch das Haus Juda reiße ich aus ihrer Mitte.
15 Und es wird sein: Nachdem ich sie ausgeris-
sen habe, will ich umkehren und mich ihrer
erbarmen und ich werde sie zurückbringen,
einen jeden in sein Erbteil und jeden in seine
Heimat. 16 Und es wird sein: Wenn sie wirklich
die Wege meines Volkes lernen, sodass sie bei
meinem Namen schwören: So wahr der HERR
lebt!, wie sie vorher mein Volk gelehrt hatten,
beim Baal zu schwören, dann sollen sie inmit-
ten meines Volkes wieder aufgebaut werden.
17 Gehorchen sie jedoch nicht, so werde ich
dieses Volk völlig ausreißen und vernichten
– Spruch des HERRN.

16: 4,2

ZEICHEN VOM VERDORBENEN SCHURZ: 13,1–14

13 1 So hat der HERR zu mir gesagt: Geh,
kauf dir einen Schurz aus Leinen und
leg ihn dir um die Hüften, aber tauch ihn nicht
ins Wasser! 2 Da kaufte ich den Schurz nach
dem Wort des HERRN und legte ihn mir um
die Hüften. 3 Nun erging das Wort des HERRN
zum zweiten Mal an mich; er sagte: 4 Nimm
den gekauften Schurz, den du um die Hüften
trägst! Mach dich auf, geh an den Eufrat und
verbirg ihn dort in einer Felsspalte! 5 Ich ging
hin und verbarg ihn am Eufrat, wie mir der
HERR befohlen hatte. 6 Nach längerer Zeit
sprach der HERR zu mir: Mach dich auf, geh an
den Eufrat und hol von dort den Schurz, den
ich dir dort zu verbergen aufgetragen habe! 7 Da
ging ich zum Eufrat, grub und nahm den
Schurz von der Stelle, wo ich ihn verborgen
hatte. Und siehe: Der Schurz war verdorben,
zu nichts mehr zu gebrauchen. 8 Nun erging das
Wort des HERRN an mich: 9 So spricht der
HERR: Ebenso verderbe ich den Hochmut Ju-
das und den großen Hochmut Jerusalems.
10 Dieses böse Volk weigert sich, auf meine
Worte zu hören, es folgt der Verstocktheit sei-
nes Herzens und läuft anderen Göttern nach,
um ihnen zu dienen und sich vor ihnen nie-
derzuwerfen; es soll daher wie dieser Schurz
werden, der zu nichts mehr zu gebrauchen ist.
11 Denn wie sich der Schurz den Hüften des

Mannes anschmiegt, so wollte ich, dass sich
das ganze Haus Israel und das ganze Haus Juda
mir anschmiegen – Spruch des HERRN –, damit
sie mir Volk zum Ruhm, zum Preis und zum
Schmuck seien. Sie aber haben nicht gehört.
12 Du sollst ihnen das folgende Wort ausrich-
ten: So spricht der HERR, der Gott Israels: Je-
den Krug kann man mit Wein füllen. Wenn sie
dir darauf erwidern: Wissen wir nicht selbst,
dass man jeden Krug mit Wein füllen kann?,
13 dann sollst du ihnen antworten: So spricht
der HERR: Siehe, ich fülle alle Bewohner dieses
Landes mit Trunkenheit, die Könige, die auf
Davids Thron sitzen, die Priester, die Prophe-
ten und alle Einwohner Jerusalems. 14 Ich wer-
de sie zerschmettern, einen am andern, die
Väter und die Söhne zusammen – Spruch des
HERRN. Ich habe keine Schonung, kein Mitleid
und kein Erbarmen, wenn ich sie vernichte.

10: 11,8 / **13**: Jes 51,17

WORTE GEGEN JERUSALEM UND JUDA: 13,15–27

15 Hört und merkt auf! / Seid nicht hochmütig;
denn der HERR redet.
16 Erweist dem HERRN, eurem Gott, die
Ehre, / bevor er es dunkel werden lässt, / bevor
eure Füße sich stoßen auf Bergen der Dämme-
rung.
Wartet ihr dann auf das Licht – / er verwan-
delt es in Finsternis / und macht es zur Dun-
kelheit.
17 Wenn ihr aber darauf nicht hört, / so muss
ich im Verborgenen weinen über den Hoch-
mut
und mein Auge muss ohne Unterlass Tränen
vergießen, / da die Herde des HERRN wegge-
führt wird.
18 Sag zum König und zur Herrin: / Setzt
euch tief hinunter,
denn euer Kopfschmuck, / die Krone eures
Ruhms, ist herabgefallen!
19 Die Städte im Negeb sind verschlossen /
und niemand kann sie öffnen. / Weggeführt
wird ganz Juda, vollständig weggeführt.
20 Erhebt eure Augen / und seht, wie sie
kommen vom Norden!
Wo ist die Herde, die dir anvertraut war, /
wo sind die Schafe deines Ruhms?
21 Was wirst du sagen, / wenn man die
Freunde,
die du selbst an dich gewöhnt hast, / als
Herren über dich setzt?
Werden dich nicht Wehen ergreifen / wie
eine gebärende Frau?
22 Wenn du aber fragst in deinem Herzen: /
Warum hat mich das alles getroffen?
Wegen deiner großen Schuld wird dein Ge-
wand aufgehoben / und dein Leib vergewal-
tigt.
23 Kann ein Kuschit seine Hautfarbe / oder
ein Leopard die Flecken seines Fells verän-
dern?
Dann könntet auch ihr, / die ihr ans Böse
gewöhnt seid, Gutes tun.
24 So aber zerstreue ich euch wie Spreu, / die
verfliegt im Wüstenwind.
25 Das ist dein Los, dein Lohn, / von mir dir
zugemessen – Spruch des HERRN –,
weil du mich vergessen / und dich auf Lügen
verlassen hast.
26 Nun hebe auch ich deine Schleppe auf, /
bis über dein Gesicht, / sodass deine Schande
offenbar wird,
27 deine Ehebrüche, dein geiles Wiehern, /
deine schändliche Unzucht.
Auf den Hügeln und auf dem Feld / habe ich
deine Gräuel gesehen.
Weh dir, Jerusalem, / weil du dich nicht
reinigst – / wie lange noch?

17: 14,17 / **22**: Ez 16,37 / **27**: 5,8

ANTWORT GOTTES AUF DIE KLAGE DES VOLKES: 14,1–15,9

14 1 Ein Wort des HERRN, das an Jeremia
erging wegen der großen Dürre:
2 Juda ist ausgedörrt; / seine Tore verfallen,
sie sinken trauernd zu Boden / und Jerusa-
lems Klageschrei steigt empor.
3 Die Vornehmen schicken ihre Diener nach
Wasser; / sie kommen zu den Zisternen, /
finden aber kein Wasser;
sie kehren mit leeren Krügen zurück. / Sie
sind bestürzt und enttäuscht / und verhüllen
ihr Haupt.
4 Um den Ackerboden voller Risse sind die
Bauern besorgt; / denn es fiel kein Regen im
Land.
Sie sind bestürzt / und verhüllen ihr Haupt.
5 Die Hirschkuh gebiert auf dem Feld / und
lässt ihr Junges im Stich, / weil kein Grün
mehr da ist.
6 Die Wildesel stehen auf den kahlen Hö-
hen; / sie schnappen nach Luft wie Schakale.

13,22 dein Leib, wörtlich: deine Fersen.

Ihre Augen erlöschen; / denn nirgends ist
Gras.
7 Wenn unsre Sünden uns anklagen, / hand-
le um deines Namens willen, o HERR!
Ja, groß ist unsere Abtrünnigkeit; / gegen
dich haben wir gesündigt.
8 Du, Israels Hoffnung, / sein Retter zur Zeit
der Not,
warum bist du wie ein Fremder im Land /
und wie ein Wanderer, der nur über Nacht ein-
kehrt?
9 Warum bist du wie ein ratloser Mann, /
wie ein Held, der nicht zu retten vermag?
Du bist doch in unsrer Mitte, HERR, / und
dein Name ist über uns ausgerufen. / Verlass
uns nicht!
10 So spricht der HERR von diesem Volk: Hin
und her zu schweifen, das lieben sie; ihren
Füßen gönnen sie keine Ruhe. Doch der HERR
hat kein Gefallen an ihnen. Jetzt denkt er an
ihre Schuld und sucht ihre Sünden heim.
11 Und der HERR sprach zu mir: Bete nicht um
das Wohlergehen dieses Volkes! 12 Auch wenn
sie fasten, höre ich nicht auf ihr Flehen; wenn
sie Brandopfer und Speiseopfer darbringen,
habe ich kein Gefallen an ihnen. Durch
Schwert, Hunger und Pest mache ich ihnen ein
Ende. 13 Da sagte ich: Ach, Herr und GOTT, die
Propheten sagen doch zu ihnen: Ihr werdet das
Schwert nicht sehen, der Hunger wird nicht
über euch kommen, sondern beständiges Heil
gewähre ich euch an diesem Ort. 14 Aber der
HERR erwiderte mir: Lüge prophezeien die
Propheten in meinem Namen. Ich habe sie
weder gesandt noch beauftragt, ich habe nicht
zu ihnen gesprochen. Erlogene Visionen,
nichtige Wahrsagerei und selbst erdachten
Betrug prophezeien sie euch. 15 Darum spreche
ich, der HERR, so gegen die Propheten, die in
meinem Namen prophezeien, obwohl ich sie
nicht gesandt habe, und die behaupten,
Schwert und Hunger werde es nicht geben in
diesem Land: Durch Schwert und Hunger
werden diese Propheten ihr Ende finden. 16 Die
Leute aber, denen sie prophezeien, werden auf
den Straßen Jerusalems liegen, hingestreckt
durch Hunger und Schwert. Niemand wird sie
begraben, weder die Männer noch die Frauen,
die Söhne oder die Töchter. So gieße ich ihre
eigene Bosheit über sie aus.
17 Du sollst zu ihnen dieses Wort sagen:
Meine Augen fließen über von Tränen / bei
Nacht und bei Tag / und finden keine Ruhe.
Denn einen großen Zusammenbruch / er-
litt die Jungfrau, die Tochter, mein Volk, / eine
unheilbare Wunde.
18 Gehe ich aufs Feld hinaus – / siehe: vom
Schwert Durchbohrte!
Komme ich in die Stadt – / siehe: vom Hun-
ger Gequälte!
Ja, auch Prophet und Priester / ziehen in ein
Land, das sie nicht kennen.
19 Hast du denn Juda ganz verworfen, / wur-
de dir Zion zum Abscheu?
Warum hast du uns so geschlagen, / dass es
für uns keine Heilung mehr gibt?
Wir hofften auf Heil, / doch kommt nichts
Gutes,
auf die Zeit der Heilung, / doch siehe: nur
Schrecken!
20 Wir erkennen, HERR, unser Unrecht, /
die Schuld unsrer Väter: / Ja, wir haben gegen
dich gesündigt.
21 Um deines Namens willen verschmäh
nicht, / verstoß nicht den Thron deiner Herr-
lichkeit! / Gedenke! Brich nicht deinen Bund
mit uns!
22 Gibt es etwa Regenspender / unter den
Götzen der Völker?
Oder ist es der Himmel, der von selbst reg-
nen lässt? / Bist nicht du es, HERR, unser Gott?
Wir setzen unsre Hoffnung auf dich; / denn
du hast dies alles gemacht.
15 1 Doch der HERR sprach zu mir: Selbst
wenn Mose und Samuel vor mein An-
gesicht träten, würde ich mich diesem Volk
nicht mehr zuwenden. Schicke sie weg von
meinem Angesicht, sie sollen gehen! 2 Fragen
sie dich dann: Wohin sollen wir gehen?, so sag
ihnen: So spricht der HERR: Wer dem Tod
verfallen ist, zum Tod! Wer dem Schwert, zum
Schwert! Wer dem Hunger, zum Hunger! Wer
der Gefangenschaft, zur Gefangenschaft!
3 Vier Sippen biete ich gegen sie auf – Spruch
des HERRN: das Schwert zum Morden, die
Hunde zum Fortschleifen, die Vögel des Him-
mels und die Tiere des Feldes zum Fressen und
Vertilgen. 4 Ich mache sie zu einem Bild des
Schreckens für alle Reiche der Erde wegen des
Manasse, des Sohnes Hiskijas, des Königs von
Juda, zur Strafe für das, was er in Jerusalem
verübt hat.
5 Wer wird mit dir, Jerusalem, Mitleid ha-
ben / und wer wird dich bedauern?
Wer wird abweichen von seinem Weg, / um
nach deinem Ergehen zu fragen?

6 Du selbst hast mich verworfen – Spruch
des HERRN –, / du hast mir den Rücken gekehrt.

Deshalb streckte ich meine Hand gegen dich aus / und zerstörte dich; / ich bin des Erbarmens müde geworden.

7 Ich habe sie mit der Schaufel geworfelt / in
den Toren des Landes.

Ich habe mein Volk kinderlos gemacht / und es dem Untergang geweiht – / von ihren Wegen sind sie nicht umgekehrt.

8 Seine Witwen wurden zahlreicher / als der
Sand am Meer;

ich brachte über sie – die Mütter der jungen Männer – / am hellen Mittag den Verwüster,

ließ jählings auf sie fallen / Angst und Schrecken.

9 Die Mutter, die sieben Söhne gebar, / welk-
te dahin, verhauchte ihr Leben.

Ihr sank die Sonne mitten am Tag, / sie fiel in Schande und Schmach.

Und was übrig ist von ihnen, gebe ich dem Schwerte preis / vor den Augen ihrer Feinde – Spruch des HERRN.

14,2: Joël 1,10–12 / **11:** 7,16; 11,14 / **14:** 27,14f.; 29,8f. / **17:** 13,17 / **19:** 8,15
15,2: 43,11 / **3:** Ez 14,21 / **4:** 2 Kön 21,1–16 / **7:** Mt 3,12

ZWEITE KONFESSION DES PROPHETEN JEREMIA: 15,10–21

10 Weh mir, meine Mutter, dass du mich geboren hast, / einen Mann, der mit aller Welt in Zank und Streit liegt.

Ich bin niemands Gläubiger und niemands Schuldner / und doch fluchen mir alle.

11 Der HERR sagte:

Gewiss habe ich dich zum Guten befreit. / Gewiss habe ich zur Zeit des Unheils und zur Zeit der Bedrängnis durch den Feind dich überfallen lassen.

12 Kann man Eisen zertrümmern, / Eisen
aus dem Norden, und Bronze?

13 Dein Vermögen und deine Schätze / gebe
ich zur Plünderung preis,

nicht gegen Bezahlung, sondern wegen all deiner Sünden / und in deinem ganzen Gebiet.

14 Ich mache dich zum Sklaven deiner Fein-
de / in einem Land, das du nicht kennst.

Denn Feuer lodert auf in meinem Zorn, / gegen euch ist es entbrannt.

15 Du weißt es, HERR; denk an mich / und
nimm dich meiner an! / Schaffe mir Vergeltung an meinen Verfolgern!

Raff mich nicht hinweg, / sondern schieb deinen Zorn hinaus! / Erkenne, dass ich deinetwillen Schmach erleide!

16 Fanden sich Worte von dir, / so verschlang
ich sie; / dein Wort wurde mir zum Glück und zur Freude meines Herzens;

denn dein Name ist über mir ausgerufen, / HERR, Gott der Heerscharen.

17 Nie saß ich im Kreis der Lustigen und nicht
war ich fröhlich; / unter der Macht deiner Hand sitze ich einsam; / denn du hast mich mit Groll angefüllt.

18 Warum dauert mein Leiden ewig / und ist
meine Wunde so bösartig, / dass sie nicht heilen will?

Wahrlich, wie ein versiegender Bach bist du mir geworden, / ein unzuverlässiges Wasser.

19 Darum – so spricht der HERR:

Wenn du umkehrst, lasse ich dich umkehren / und wieder vor mir stehen.

Wenn du Edles hervorbringst und nicht Gemeines, / darfst du wieder mein Mund sein.

Jene werden umkehren zu dir, / du aber kehre dich ihnen nicht zu!

20 Dann mache ich dich für dieses Volk / zur
bronzenen, festen Mauer.

Mögen sie dich bekämpfen, / sie werden dich nicht bezwingen;

denn ich bin mit dir, / um dir zu helfen und dich zu retten / – Spruch des HERRN.

21 Ja, ich rette dich aus der Hand der Bösen, /
ich befreie dich aus der Faust der Tyrannen.

10: 20,14 / **17:** 16,8 / **20:** 1,18f.

JEREMIAS EINSAMKEIT ALS ZEICHEN FÜR ISRAEL: 16,1–9

16 1 Das Wort des HERRN erging an mich:
2 Du sollst dir keine Frau nehmen und
weder Söhne noch Töchter haben an diesem
Ort. 3 Denn so spricht der HERR über die Söh-
ne und Töchter, die an diesem Ort geboren
werden, über ihre Mütter, die sie gebären, und
über ihre Väter, die sie zeugen in diesem Land:
4 Eines qualvollen Todes müssen sie sterben;
man wird sie nicht beklagen und nicht begraben; sie werden zum Dünger auf dem Acker. Durch Schwert und Hunger kommen sie um; ihre Leichen werden zum Fraß für die Vögel
des Himmels und die Tiere des Feldes. 5 Ja, so
hat der HERR gesprochen: Betritt kein Trauer-

15,14 ich werde dich zum Sklaven deiner Feinde machen: G; ich werde ziehen lassen deine Feinde: H, vgl. Vg.

haus, geh nicht zur Totenklage und bezeig
niemandem Beileid! Denn ich habe die-
sem Volk mein Heil entzogen – Spruch des
HERRN –, die Güte und das Erbarmen. 6 Groß
und Klein muss sterben in diesem Land; man
wird sie nicht begraben und nicht beklagen.
Niemand ritzt sich ihretwegen wund oder
schert sich kahl. 7 Keinem wird man das Trau-
erbrot brechen, um ihn wegen eines Verstor-
benen zu trösten; man wird ihnen nicht den
Trostbecher zu trinken geben wegen seines
Vaters oder seiner Mutter. 8 Auch ein Haus, in
dem ein Festmahl stattfindet, sollst du nicht
betreten, um mit ihnen zu sitzen, zu essen und
zu trinken. 9 Denn so spricht der HERR der
Heerscharen, der Gott Israels: Siehe, verstum-
men lasse ich an diesem Ort, vor euren Augen
und in euren Tagen, Jubelruf und Freudenruf,
den Ruf des Bräutigams und den Ruf der Braut.

4: 9,21; 25,33 / **6**: 47,5 / **9**: 7,34

BEGRÜNDUNG UND ANKÜNDIGUNG
DES GERICHTS: 16,10–17,4

10 Wenn du nun diesem Volk das alles verkün-
dest und man dich fragt: Warum droht der
HERR uns all dieses schwere Unheil an? Wo-
rin besteht unsre Schuld und worin unsere
Sünde, die wir gegen den HERRN, unsern
Gott, begangen haben?, 11 so antworte ihnen:
Weil eure Väter mich verlassen haben – Spruch
des HERRN – und anderen Göttern nachliefen,
ihnen dienten und sich vor ihnen niederwar-
fen. Mich aber haben sie verlassen und meine
Weisung nicht bewahrt. 12 Ihr selbst aber habt
es noch schlimmer getrieben als eure Väter.
Siehe: Jeder von euch folgt der Verstocktheit
seines bösen Herzens, ohne auf mich zu hören.
13 Darum schleudere ich euch aus diesem Land
hinaus, in das Land, das euch und euren Vätern
unbekannt war. Dort werdet ihr anderen Göt-
tern dienen Tag und Nacht, weil ich euch kei-
ne Gnade schenke. 14 Darum siehe, Tage kom-
men – Spruch des HERRN –, da sagt man nicht
mehr: So wahr der HERR lebt, der die Söhne
Israels aus dem Land Ägypten heraufgeführt
hat!, 15 sondern: So wahr der HERR lebt, der
die Söhne Israels aus dem Nordland und aus
allen Ländern, in die er sie verstoßen hatte, he-
raufgeführt hat. Ich bringe sie zurück in ihr Hei-
matland, das ich ihren Vätern gegeben habe.

16 Siehe, ich sende viele Fischer – Spruch des
HERRN –, die sollen sie fischen und danach
sende ich viele Jäger, die sollen sie erjagen auf
jedem Berg und auf jedem Hügel und in den
Felsenklüften. 17 Denn meine Augen sind über
allen ihren Wegen; sie können sich vor mir
nicht verstecken und ihre Schuld ist vor mei-
nen Augen nicht verborgen. 18 So vergelte ich
zunächst doppelt ihre Schuld und ihre Sünde,
weil sie mein Land entweiht haben; mit dem
Aas ihrer Scheusale und durch ihre Gräuel ha-
ben sie mein Erbteil angefüllt.

19 HERR, meine Kraft und meine Burg, /
meine Zuflucht am Tag der Not!
Zu dir kommen Völker von den Enden der
Erde / und sagen: Nur Trug erbten unsre Vä-
ter, / Wahngebilde, die nichts nützen.
20 Kann ein Mensch sich denn Götter ma-
chen? – / Doch Götter sind es dann nicht!
21 Darum siehe, ich bringe sie zur Erkennt-
nis; / diesmal bringe ich sie zur Erkenntnis
meiner Macht und meiner Stärke
und sie werden erkennen, / dass mein Name
HERR ist.

17 1 Judas Sünde ist aufgeschrieben mit ei-
sernem Griffel, / mit diamantenem
Stift eingegraben
in die Tafel ihres Herzens / und in die Hör-
ner ihrer Altäre.
2 Wie an ihre Kinder denken sie an ihre Al-
täre und an ihre Kultpfähle / bei den üppigen
Bäumen und auf den hohen Hügeln.
3 Meinen Berg im offenen Land, dein Ver-
mögen und alle deine Schätze / gebe ich zur
Plünderung preis,
auch deine Kulthöhen für die Sünde / in
allen deinen Gebieten.
4 Du musst durch dein Verschulden von dei-
nem Erbteil lassen, / das ich dir gegeben habe.
Ich mache dich zum Sklaven deiner Feinde /
in einem Land, das du nicht kennst.
Denn ihr habt das Feuer meines Zorns ent-
zündet, / das für immer lodert.

16,10: 5,19 / **13**: Dtn 28,64
17,3: 15,13 / **4**: 15,14

VOM FALSCHEN UND RECHTEN VERTRAUEN:
17,5–11

5 So spricht der HERR:
Verflucht der Mensch, der auf Menschen
vertraut, / auf schwaches Fleisch sich stützt /
und dessen Herz sich abwendet vom HERRN.
6 Er ist wie ein Strauch in der Steppe, / der
nie Regen kommen sieht;
er wohnt auf heißem Wüstenboden, / im
Salzland, das unbewohnbar ist.

7 Gesegnet der Mensch, der auf den HERRN
vertraut / und dessen Hoffnung der HERR ist.
8 Er ist wie ein Baum, der am Wasser gepflanzt
ist / und zum Bach seine Wurzeln ausstreckt:
Er hat nichts zu fürchten, wenn Hitze
kommt; / seine Blätter bleiben grün;
auch in einem trockenen Jahr ist er ohne
Sorge, / er hört nicht auf, Frucht zu tragen.
9 Arglistig ohnegleichen ist das Herz und
unverbesserlich. / Wer kann es ergründen?
10 Ich, der HERR, erforsche das Herz / und
prüfe die Nieren,
um jedem zu geben nach seinen Wegen, /
entsprechend der Frucht seiner Taten.
11 Wie ein Rebhuhn, das ausbrütet, / was es
nicht gelegt hat,
so ist ein Mensch, / der Reichtum durch
Unrecht erwirbt.
In der Mitte seiner Tage muss er ihn verlassen / und am Ende steht er als Narr da.

8: Ps 1,3 / **10**: Ps 7,10; Röm 2,6

DRITTE KONFESSION DES PROPHETEN JEREMIA: 17,12–18

12 Ein Thron der Herrlichkeit, erhaben von
Anbeginn, / ist die Stätte unsres Heiligtums.
13 Du Hoffnung Israels, HERR! / Alle, die
dich verlassen, werden zuschanden.
Die sich von mir abwenden, / werden in den
Staub geschrieben,
denn sie haben den HERRN verlassen, / den
Quell lebendigen Wassers.
14 Heile mich, HERR, so bin ich geheilt, / hilf
mir, so ist mir geholfen; / ja, mein Lobpreis
bist du.
15 Siehe, jene sagen zu mir: / Wo bleibt denn
das Wort des HERRN? / Soll es doch eintreffen!
16 Ich aber habe mich nicht entzogen, hinter
dir Hirte zu sein, / und habe den Unglückstag
nicht herbeigewünscht.
Du weißt es selbst; / was mir über die Lippen kam, / liegt offen vor dir.
17 Werde nicht zum Schrecken für mich! /
Du bist meine Zuflucht am Tag des Unheils.
18 Meine Verfolger sollen zuschanden werden, / nicht aber ich.
Sie sollen erschrecken, / nicht aber ich.
Bring über sie den Tag des Unheils, / zerbrich sie mit doppeltem Schlag!

12: 3,17 / **13**: 2,13; Joh 8,6 / **15**: Jes 5,19

17,12 andere Übersetzungsmöglichkeit: Du Thron der Herrlichkeit, erhaben von Anbeginn, Stätte unsres Heiligtums.

HEILIGUNG DES SABBATS: 17,19–27

19 So sprach der HERR zu mir: Geh und stell dich
in das Tor der Söhne des Volkes, durch das die
Könige von Juda einziehen und durch das sie
ausziehen und in alle Tore Jerusalems, 20 und
sag zu ihnen: Hört das Wort des HERRN, ihr
Könige von Juda, ganz Juda und alle Einwohner
Jerusalems, die ihr durch diese Tore kommt!
21 So spricht der HERR: Hütet euch um eures
Lebens willen, am Tag des Sabbats eine Last zu
tragen und durch die Tore Jerusalems hereinzubringen! 22 Auch dürft ihr am Tag des Sabbats
keine Last aus euren Häusern hinaustragen und
keinerlei Arbeit verrichten. Vielmehr sollt ihr
den Tag des Sabbats heiligen, wie ich es euren
Vätern geboten habe. 23 Doch sie haben nicht
gehört und ihr Ohr mir nicht zugeneigt, sondern ihren Nacken versteift, um nicht zu hören
und nicht Zucht anzunehmen. 24 Und es wird
sein, wenn ihr bereitwillig auf mich hört –
Spruch des HERRN – und am Tag des Sabbats
keine Last durch die Tore dieser Stadt bringt,
sondern den Tag des Sabbats heiligt und an ihm
keinerlei Arbeit verrichtet, 25 dann werden
durch die Tore dieser Stadt Könige und Fürsten
einziehen, die auf dem Thron Davids sitzen;
mit Wagen und Rossen werden sie fahren, sie
und ihre Fürsten, die Männer von Juda und die
Einwohner Jerusalems, und diese Stadt wird
für immer bewohnt sein. 26 Dann wird man
kommen von den Städten Judas und aus der
Umgebung Jerusalems, vom Land Benjamin,
von der Schefela, vom Gebirge und vom Negeb,
um Brandopfer, Schlachtopfer, Speiseopfer
und Weihrauch zu bringen; auch Dankopfer
bringen sie zum Haus des HERRN. 27 Wenn ihr
aber nicht auf mich hört, den Tag des Sabbats
zu heiligen, keine Last zu tragen und am Tag des
Sabbats durch die Tore Jerusalems zu kommen,
dann lege ich Feuer an seine Tore, das Jerusalems Paläste verzehrt und nicht erlischt.

21: Neh 13,15–22 / **22**: Ex 20,8; Dtn 5,12 / **25**: 22,4

GLEICHNIS VOM TÖPFER: 18,1–17

18 1 Das Wort, das vom HERRN an Jeremia
erging: 2 Mach dich auf und geh zum
Haus des Töpfers hinab! Dort will ich dir meine Worte mitteilen. 3 So ging ich zum Haus des
Töpfers hinab und siehe, er arbeitete gerade
mit der Töpferscheibe. 4 Missriet das Gefäß,
das er aus Ton machte, in der Hand des Töpfers, so machte der Töpfer daraus wieder ein
anderes Gefäß, ganz wie es ihm gefiel. 5 Da

erging an mich das Wort des HERRN: 6 Kann
ich nicht mit euch verfahren wie dieser Töpfer,
Haus Israel? – Spruch des HERRN. Siehe, wie
der Ton in der Hand des Töpfers, so seid ihr in
meiner Hand, Haus Israel. 7 Bald drohe ich ei-
nem Volk oder einem Reich, es auszureißen,
niederzureißen und zu vernichten. 8 Kehrt
aber das Volk, dem ich gedroht habe, um von
seinem bösen Tun, so reut mich das Unheil,
das ich ihm zugedacht habe. 9 Bald sage ich
einem Volk oder einem Reich zu, es aufzubau-
en und einzupflanzen. 10 Tut es aber dann, was
mir missfällt, und hört es nicht auf meine
Stimme, so reut mich das Gute, das ich ihm
zugesagt habe. 11 Und nun sag zu den Leuten
von Juda und zu den Einwohnern Jerusalems:
So spricht der HERR: Siehe, ich bereite Unheil
gegen euch vor und fasse einen Plan gegen
euch. Kehrt doch um, ein jeder von seinem
bösen Weg, und bessert euer Verhalten und
euer Tun! 12 Aber sie werden sagen: Vergebli-
che Mühe! Wir wollen unseren eigenen Plänen
folgen und jeder von uns will nach der Ver-
stocktheit seines bösen Herzens handeln.
13 Deshalb spricht der HERR: Fragt unter den
Völkern, wer je Ähnliches gehört hat! Ganz
Abscheuliches hat die Jungfrau Israel getan.
14 Weicht denn der Schnee des Libanon vom
Felsgestein? Oder versiegen die fremden, kal-
ten Wasserströme? 15 Mein Volk aber hat mich
vergessen; den Nichtsen bringen sie Rauchop-
fer dar. Doch diese lassen sie straucheln auf
ihren Wegen, den altgewohnten Bahnen, so-
dass sie auf ungebahnten Pfaden gehen müs-
sen. 16 Sie machen ihr Land zu einem Ort des
Entsetzens, zum Gespött für immer. Jeder, der
dort vorbeikommt, wird sich entsetzen und
den Kopf schütteln. 17 Wie der Ostwind zer-
streue ich sie vor dem Feind. Ich zeige ihnen
den Rücken und nicht das Gesicht am Tag ih-
res Verderbens.

6: Jes 45,9; Röm 9,21 / **7**: Ez 33,11–20 / **12**: 6,16; 11,8 / **16**: 19,8; 49,17; 50,13

VIERTE KONFESSION DES PROPHETEN JEREMIA: 18,18–23

18 Sie aber sagten: / Kommt, lasst uns gegen
Jeremia Pläne schmieden!

Denn nie wird dem Priester die Weisung ausgehen, / dem Weisen der Rat und dem Propheten das Wort.

Kommt, wir wollen ihn mit Worten schlagen / und auf keines seiner Worte achten.

19 Gib du, HERR, Acht auf mich / und höre
das Gerede meiner Widersacher!

20 Darf man Gutes mit Bösem vergelten? /
Doch sie haben mir eine Grube gegraben.

Gedenke, dass ich vor dir stand, / um Gutes über sie zu reden / und deinen Zorn von ihnen abzuwenden!

21 Darum gib ihre Kinder dem Hunger preis /
und liefere sie der Gewalt des Schwertes aus!

Ihre Frauen sollen kinderlos / und zu Witwen werden,

ihre Männer soll der Tod treffen, / ihre jungen Männer sollen erschlagen werden vom Schwert in der Schlacht.

22 Geschrei soll man hören aus ihren Häu-
sern, / wenn du plötzlich Kriegshorden über
sie kommen lässt.

Denn sie haben mir eine Grube gegraben, um mich zu fangen, / und meinen Füßen haben sie Schlingen gelegt.

23 Du aber, HERR, / du kennst all ihre Mord-
pläne gegen mich.

Gewähre keine Versöhnung für ihre Schuld, / lösch bei dir ihre Sünde nicht aus!

Lass sie zu Fall kommen vor deinem Angesicht, / handle an ihnen zur Zeit deines Zorns!

23: Lk 23,34

ZEICHEN VOM ZERBRECHEN DES KRUGES AM SCHERBENTOR: 19,1–13

19 1 So sprach der HERR: Geh und kauf
einen Krug aus Ton und nimm einige
Älteste des Volkes und Älteste der Priester mit
dir! 2 Dann geh hinaus zum Tal Ben-Hinnom
am Eingang des Scherbentors! Dort verkünde
die Worte, die ich dir sage! 3 Du sollst sagen:
Hört das Wort des HERRN, ihr Könige Judas
und ihr Einwohner Jerusalems! So spricht der
HERR der Heerscharen, der Gott Israels: Siehe,
ich bringe Unheil über diesen Ort, dass jedem,
der davon hört, die Ohren gellen werden.
4 Denn sie haben mich verlassen, diesen Ort
entfremdet und an ihm anderen Göttern
Rauchopfer dargebracht, die ihnen, ihren Vä-
tern und den Königen von Juda früher unbe-
kannt waren. Mit dem Blut Unschuldiger ha-
ben sie diesen Ort angefüllt. 5 Sie haben dem
Baal Kulthöhen gebaut, um ihre Kinder als
Brandopfer für den Baal im Feuer zu verbren-
nen, was ich nie befohlen oder angeordnet
habe und was mir niemals in den Sinn gekom-
men ist. 6 Darum, siehe, Tage kommen –
Spruch des HERRN –, da wird man diesen Ort

nicht mehr Tofet oder Tal Ben-Hinnom nen-
nen, sondern Mordtal. 7 Dann vereitle ich die
Pläne Judas und Jerusalems an diesem Ort. Ich
bringe sie vor den Augen ihrer Feinde durch
das Schwert zu Fall und durch die Hand derer,
die ihnen nach dem Leben trachten. Ich gebe
ihre Leichen den Vögeln des Himmels und
den Tieren des Feldes zum Fraß. 8 Ich mache
diese Stadt zu einem Ort des Entsetzens und
zum Gespött; jeder, der dort vorbeikommt,
wird sich entsetzen und spotten über alle
Schläge, die sie getroffen haben. 9 Ich gebe ih-
nen das Fleisch ihrer Söhne und das Fleisch
ihrer Töchter zu essen; einer wird das Fleisch
des andern verzehren in der Not und Bedräng-
nis, mit der ihre Feinde und alle, die ihnen
nach dem Leben trachten, sie bedrängen. –
10 Dann zerbrich den Krug vor den Augen der
Männer, die mit dir gehen! 11 Sag ihnen: So
spricht der HERR der Heerscharen: Ebenso
zerbreche ich dieses Volk und diese Stadt, wie
man Töpfergeschirr zerbricht, sodass es nicht
wiederhergestellt werden kann. Im Tofet wird
man Tote begraben, weil sonst kein Platz ist
zum Begraben. 12 So werde ich mit diesem Ort
verfahren – Spruch des HERRN – und mit sei-
nen Bewohnern, um diese Stadt dem Tofet
gleichzumachen. 13 Die Häuser Jerusalems
und die Häuser der Könige von Juda sollen
unrein werden wie der Ort des Tofet, alle Häu-
ser, auf deren Dächern man dem ganzen Heer
des Himmels Rauchopfer und anderen Göt-
tern Trankopfer dargebracht hat.

5–6: 7,31–33 / **8**: 18,16 / **9**: Lev 26,29; Dtn 28,53; Bar 2,3 / **11**: 7,32 / **13**: 32,29

AUSEINANDERSETZUNG MIT DEM PRIESTER PASCHHUR: 19,14–20,6

14 Als nun Jeremia vom Tofet zurückkam, wo-
hin der HERR ihn zum Weissagen gesandt
hatte, stellte er sich in den Vorhof beim Haus
des HERRN und sagte zu allem Volk: 15 So
spricht der HERR der Heerscharen, der Gott
Israels: Siehe, ich bringe über diese Stadt und
über alle ihre Tochterstädte all das Unheil, das
ich ihr angedroht habe, weil sie ihren Nacken
versteift haben, um nicht auf meine Worte zu
hören.

20 1 Der Priester Paschhur, der Sohn des
Immer, der Oberaufseher im Haus des
HERRN, hörte, wie Jeremia dies prophezeite.
2 Da ließ Paschhur den Propheten Jeremia
schlagen und in den Block spannen, der im
oberen Benjamintor beim Haus des HERRN
war. 3 Als Paschhur am nächsten Morgen Jere-
mia aus dem Block freiließ, sagte Jeremia zu
ihm: Nicht mehr Paschhur nennt dich der
HERR, sondern: Grauen ringsum. 4 Denn so
spricht der HERR: Siehe, ich mache dich zum
Grauen für dich und für alle deine Freunde. Sie
werden unter dem Schwert ihrer Feinde fallen
und du musst mit eigenen Augen zusehen.
Ganz Juda aber gebe ich in die Hand des Königs
von Babel; er wird sie nach Babel wegführen
und mit dem Schwert erschlagen. 5 Auch allen
Besitz dieser Stadt, den ganzen Ertrag ihrer
Arbeit, alles Kostbare und alle Schätze der Kö-
nige von Juda gebe ich in die Hand ihrer Fein-
de; sie werden alles rauben, wegschleppen und
nach Babel bringen. 6 Du aber, Paschhur, und
alle deine Hausgenossen, ihr werdet in die Ver-
bannung ziehen; nach Babel wirst du kom-
men, dort wirst du sterben und dort begraben
werden, du und alle deine Freunde, denen du
Lügen geweissagt hast.

20,3: 20,10; 6,25; 46,5; 49,29; Ps 31,14

FÜNFTE KONFESSION DES PROPHETEN JEREMIA: 20,7–18

7 Du hast mich betört, o HERR, / und ich ließ
mich betören; / du hast mich gepackt und
überwältigt.

Zum Gespött bin ich geworden den ganzen
Tag, / ein jeder verhöhnt mich.

8 Ja, sooft ich rede, muss ich schreien, / Ge-
walt und Unterdrückung! muss ich rufen.

Denn das Wort des HERRN bringt mir / den
ganzen Tag nur Hohn und Spott.

9 Sagte ich aber: Ich will nicht mehr an ihn
denken / und nicht mehr in seinem Namen
sprechen!,

so brannte in meinem Herzen ein Feuer, /
eingeschlossen in meinen Gebeinen.

Ich mühte mich, es auszuhalten, / ver-
mochte es aber nicht.

10 Ich hörte die Verleumdung der Vielen: /
Grauen ringsum! Zeigt ihn an! / Wir wollen
ihn anzeigen.

Meine nächsten Bekannten / warten alle
darauf, dass ich stürze:

Vielleicht lässt er sich betören, / dass wir ihn
überwältigen und an ihm Rache nehmen kön-
nen.

11 Doch der HERR steht mir bei wie ein ge-
waltiger Held. / Darum straucheln meine
Verfolger und können nicht überwältigen.

Sie werden schmählich zuschanden, da sie
nichts erreichen, / in ewiger, unvergesslicher
Schmach.
12 Aber der HERR der Heerscharen prüft den
Gerechten, / er sieht Nieren und Herz.
Ich werde deine Vergeltung an ihnen se-
hen; / denn dir habe ich meinen Rechtsstreit
anvertraut.
13 Singt dem HERRN, rühmt den HERRN; /
denn er rettet das Leben des Armen aus der
Hand der Übeltäter. –
14 Verflucht der Tag, an dem ich geboren
wurde; / der Tag, an dem meine Mutter mich
gebar, sei nicht gesegnet.
15 Verflucht der Mann, / der meinem Vater
die frohe Kunde brachte:
Ein Kind, ein Knabe ist dir geboren! / und
ihn damit hoch erfreute.
16 Jener Mann gleiche den Städten, / die der
HERR ohne Erbarmen zerstört hat.
Er höre Zetergeschrei am Morgen / und
Schreien am Mittag,
17 weil er mich nicht tötete im Mutterleib. /
So wäre meine Mutter mir zum Grab gewor-
den, / ihr Schoß auf ewig schwanger geblie-
ben.
18 Warum denn kam ich hervor aus dem
Mutterschoß? / Nur, um Mühsal und Kummer
zu erleben / und meine Tage in Schande zu
beenden?

12: 11,20 / **14**: 15,10; Ijob 3,1–12

ANKÜNDIGUNG DER EROBERUNG JERUSALEMS: 21,1–10

21 1 Das Wort, das vom HERRN an Jeremia
erging, als König Zidkija den Paschhur,
den Sohn Malkijas, und den Priester Zefanja,
den Sohn Maasejas, zu ihm sandte mit dem
Auftrag: 2 Befrag doch den HERRN für uns!
Denn Nebukadnezzar, der König von Babel,
führt gegen uns Krieg; vielleicht handelt der
HERR an uns wie bei all seinen früheren Wun-
dern, sodass jener von uns abziehen muss.
3 Jeremia aber antwortete ihnen: Meldet Zid-
kija Folgendes: 4 So spricht der HERR, der Gott
Israels: Siehe, ich drehe in eurer Hand die Waf-
fen um, mit denen ihr vor der Mauer gegen den
König von Babel und die Chaldäer, die euch
belagern, kämpft, und hole sie ins Innere die-
ser Stadt. 5 Ich selbst kämpfe gegen euch mit
hoch erhobener Hand und starkem Arm, mit
Zorn, Grimm und großem Groll. 6 Ich schlage
die Einwohner dieser Stadt, Mensch und Vieh;
an schwerer Pest sollen sie sterben. 7 Und da-
nach – Spruch des HERRN – liefere ich Zidkija,
den König von Juda, seine Diener und das
Volk, das in dieser Stadt der Pest, dem Schwert
und dem Hunger entronnen ist, der Hand Ne-
bukadnezzars, des Königs von Babel, aus, der
Hand ihrer Feinde und der Hand derer, die
ihnen nach dem Leben trachten. Er wird sie
mit scharfem Schwert erschlagen, ohne Mit-
leid, ohne Schonung, ohne Erbarmen.
8 Zu diesem Volk aber sollst du sagen: So
spricht der HERR: Siehe, den Weg des Lebens
und den Weg des Todes lege ich euch vor.
9 Wer in dieser Stadt bleibt, der stirbt durch
Schwert, Hunger und Pest. Wer aber hinaus-
geht und sich den Chaldäern, die euch bela-
gern, ergibt, der wird überleben und sein Le-
ben wie ein Beutestück gewinnen.
10 Denn ich habe mein Angesicht gegen die-
se Stadt gerichtet zum Unheil, nicht zum Heil
– Spruch des HERRN. Der Hand des Königs
von Babel wird sie ausgeliefert und er wird sie
mit Feuer verbrennen.

9: 38,2

GEGEN DIE KÖNIGE VON JUDA: 21,11–22,30

11 An das Haus des Königs von Juda: / Hört das
Wort des HERRN!
12 Haus David! – so spricht der HERR: / Hal-
tet jeden Morgen gerechtes Gericht!
Rettet den Ausgeplünderten / aus der Hand
des Gewalttäters,
damit nicht mein Zorn wie Feuer los-
bricht, / brennt und niemand löschen kann, /
wegen der Bosheit ihrer Taten!
13 Siehe, ich gehe gegen dich vor, du Stadt, /
die im Tal wohnt, / du Fels in der Ebene –
Spruch des HERRN.
Ihr freilich sagt: Wer kann über uns kom-
men / und eindringen in unsere Bauten?
14 Ich suche euch heim gemäß der Frucht
eurer Taten / – Spruch des HERRN.
Ich lege Feuer an den Wald dieser Stadt, /
das ringsum alles verzehrt.
22 1 So hat der HERR gesprochen: Geh hi-
nab in den Palast des Königs von Juda
und rede dort folgende Worte! 2 Du sollst sa-
gen: König von Juda, der du auf dem Thron
Davids sitzt, höre das Wort des HERRN, du
selbst, deine Diener und dein Volk, die durch
diese Tore kommen! 3 So spricht der HERR:

20,12 anvertraut, wörtlich: enthüllt.

Übt Recht und Gerechtigkeit und rettet den
Ausgeplünderten aus der Hand des Gewalttä-
ters! Fremde, Waisen und Witwen bedrängt
und misshandelt nicht; vergießt kein unschul-
diges Blut an diesem Ort! 4 Wenn ihr wirklich
dieses Wort erfüllt, dann werden durch die
Tore dieses Palastes Könige einziehen, die auf
dem Thron Davids sitzen; mit Wagen und
Rossen werden sie fahren, sie selbst, ihre Be-
amten und ihr Volk. 5 Hört ihr aber nicht auf
diese Worte, so schwöre ich bei mir selbst –
Spruch des HERRN: Zum Trümmerhaufen
wird dieser Palast. 6 Ja, so spricht der HERR
gegen den Palast des Königs von Juda: Gilead
warst du mir, der Gipfel des Libanon – für-
wahr, ich mache dich zur Wüste, zu unbe-
wohnten Städten. 7 Ich biete Verwüster gegen
dich auf, die mit ihren Äxten kommen, deine
auserlesenen Zedern umhauen und ins Feuer
werfen. 8 Dann werden viele Völker an dieser
Stadt vorübergehen und einander fragen: Wa-
rum hat der HERR so an dieser großen Stadt
gehandelt? 9 Und sie werden sagen: Weil sie
den Bund mit dem HERRN, ihrem Gott, ver-
lassen, sich vor anderen Göttern niedergewor-
fen und ihnen gedient haben.

10 Weint nicht um den Toten und beklagt ihn
nicht! Weint vielmehr um den, der fortmuss-
te; denn er wird nie wieder zurückkehren und
das Land seiner Geburt sehen! 11 Denn so
spricht der HERR über Schallum, den Sohn
Joschijas, den König von Juda, der seinem Va-
ter Joschija in der Regierung gefolgt war und
wegziehen musste von diesem Ort: Nie mehr
kommt er hierher zurück. 12 An dem Ort, wo-
hin man ihn verschleppt hat, dort wird er ster-
ben und dieses Land nie wiedersehen.

13 Weh dem, der seinen Palast mit Unge-
rechtigkeit baut, / seine Gemächer mit Un-
recht,

der seinen Nächsten ohne Entgelt arbeiten
lässt / und ihm seinen Lohn nicht gibt,

14 der sagt: Ich baue mir einen stattlichen
Palast / und weite Gemächer!

Er setzt ihm hohe Fenster ein, / täfelt ihn mit
Zedernholz / und bemalt ihn mit Mennigrot.

15 Bist du König geworden, / um mit Zedern
zu prunken?

Hat dein Vater nicht auch gegessen und ge-
trunken, / dabei aber Recht und Gerechtigkeit
geübt? / Und es ging ihm gut.

16 Dem Schwachen und Armen verhalf er
zum Recht. / Das war gut. Heißt nicht das,
mich zu erkennen? / – Spruch des HERRN.

17 Doch deine Augen und dein Herz / sind
nur auf deinen Vorteil gerichtet,

darauf, das Blut von Unschuldigen zu ver-
gießen, / und darauf, Bedrückung und Erpres-
sung zu verüben.

18 Darum – so spricht der HERR über Joja-
kim, / den Sohn Joschijas, den König von Juda:

Man wird für ihn nicht die Totenklage hal-
ten: / Ach, mein Bruder! Ach, Schwester!

Man wird für ihn nicht die Totenklage hal-
ten: / Ach, der Herrscher! Ach, seine Majestät!

19 Wie ein Esel begraben wird, wird er be-
graben. / Man schleift ihn weg und wirft ihn
hin, / draußen vor den Toren Jerusalems.

20 Steig auf den Libanon und schrei, / im
Baschan erheb deine Stimme,

schrei vom Abarimgebirge herab, / dass alle
deine Liebhaber zerschmettert sind!

21 Ich habe dir zugeredet, als du dich noch
sicher fühltest; / du aber hast gesagt: Ich höre
nicht.

Das ist dein Weg von Jugend an: / Du hast
auf meine Stimme nicht gehört.

22 All deine Hirten wird der Wind weiden, /
deine Liebhaber müssen fort in die Gefangen-
schaft.

Dann wirst du beschämt und dich schä-
men / wegen all deiner Untaten.

23 Die du auf dem Libanon thronst, / in Ze-
dern nistest,

wie wirst du stöhnen, / wenn Wehen über
dich kommen, / Schmerzen wie die einer Ge-
bärenden.

24 So wahr ich lebe – Spruch des HERRN –,
selbst wenn Konjahu, der Sohn Jojakims und
König von Juda, ein Siegelring an meiner rech-
ten Hand wäre, ich risse dich von dort weg.
25 Ich gebe dich in die Hand derer, die dir nach
dem Leben trachten, in die Hand derer, vor
denen dir graut, in die Hand Nebukadnezzars,
des Königs von Babel, und in die Hand der
Chaldäer. 26 Ich schleudere dich samt deiner
Mutter, die dich gebar, in ein anderes Land, in
dem ihr nicht geboren seid, und dort werdet
ihr sterben. 27 In das Land aber, nach dem sie
sich sehnen, werden sie nicht zurückkeh-
ren. – 28 Ist denn dieser Mann Konjahu ein ver-
achtetes, zerschlagenes Gefäß oder ein Gerät,

22,7 aufbieten, wörtlich: heiligen.

22,24 Konjahu, andere Namensform für den König Jojachin.

das niemand mehr will? Warum wird er fort-
geschleudert – er und seine Nachkommen –
und hingeworfen in ein Land, das sie nicht
kennen? 29 Land, Land, Land, höre das Wort
des HERRN! 30 So spricht der HERR: Schreibt
diesen Mann als kinderlos ein, als Mann, der
in seinem Leben kein Glück hat! Denn keinem
seiner Nachkommen wird es glücken, sich auf
den Thron Davids zu setzen und wieder über
Juda zu herrschen.

21,12: 22,3; 4,4 / **14**: 50,32
22,3: 21,12 / **4**: 17,25 / **13**: Mi 3,10; Lev 19,13 / **17**: 2 Kön 24,1–4 / **18**: 34,5 / **19**: 36,30 / **24**: 2 Kön 24,8–16

VERHEISSUNG DES SPROSSES DAVIDS: 23,1–8

23 1 Weh den Hirten, die die Schafe mei-
ner Weide zugrunde richten und zer-
streuen – Spruch des HERRN. 2 Darum – so
spricht der HERR, der Gott Israels, über die
Hirten, die mein Volk weiden: Ihr habt meine
Schafe zerstreut und sie versprengt und habt
euch nicht um sie gekümmert. Jetzt kümmere
ich mich bei euch um die Bosheit eurer Taten
– Spruch des HERRN. 3 Ich selbst aber sammle
den Rest meiner Schafe aus allen Ländern, wo-
hin ich sie versprengt habe. Ich bringe sie zu-
rück auf ihre Weide und sie werden fruchtbar
sein und sich vermehren. 4 Ich werde für sie
Hirten erwecken, die sie weiden, und sie wer-
den sich nicht mehr fürchten und ängstigen
und nicht mehr verloren gehen – Spruch des
HERRN.
5 Siehe, Tage kommen – Spruch des HERRN –,
da werde ich für David einen gerechten Spross
erwecken. Er wird als König herrschen und
weise handeln und Recht und Gerechtigkeit
üben im Land. 6 In seinen Tagen wird Juda ge-
rettet werden, Israel kann in Sicherheit woh-
nen. Man wird ihm den Namen geben: Der
HERR ist unsere Gerechtigkeit. 7 Darum siehe,
Tage kommen – Spruch des HERRN –, da sagt
man nicht mehr: So wahr der HERR lebt, der
die Söhne Israels aus dem Land Ägypten he-
raufgeführt hat!, 8 sondern: So wahr der HERR
lebt, der die Nachkommen des Hauses Israel
aus dem Nordland und aus allen Ländern, in
die er sie verstoßen hatte, heraufgeführt und
zurückgebracht hat! Dann werden sie auf ih-
rem eigenen Boden wohnen.

1: 10,21 / **4**: 3,15 / **5–6**: 33,15f.; Jes 16,5; 32,1; Sach 3,8 / **7–8**: 16,14f.

GEGEN DIE FALSCHEN PROPHETEN: 23,9–40

9 Über die Propheten: Mir bricht mein Herz
in meinem Inneren, / alle meine Glieder zit-
tern.
Wie ein Betrunkener bin ich, / wie ein
Mann, den der Wein überwältigt hat, / wegen
des HERRN und seiner heiligen Worte:
10 Voll von Ehebrechern ist das Land; / ja,
wegen des Fluches vertrocknet das Land, /
sind die Weideplätze der Steppe verdorrt.
Bosheit ist ihr Ziel, / Unrecht ihre Stärke.
11 Sogar Prophet und Priester sind ruchlose
Frevler, / selbst in meinem Haus stoße ich auf
ihre Bosheit / – Spruch des HERRN.
12 Deshalb wird ihr Weg für sie / wie ein
schlüpfriger Pfad;
sie stürzen in der Finsternis, / sie kommen
darin zu Fall.
Denn Unheil bringe ich über sie, / das Jahr
ihrer Heimsuchung – Spruch des HERRN.
13 Zwar habe ich bei Samarias Propheten /
Anstößiges gesehen:
Sie prophezeiten im Namen des Baal / und
verführten mein Volk Israel.
14 Aber bei den Propheten Jerusalems / sah
ich Grauenhaftes:
Sie brechen die Ehe, gehen mit Lügen um
und bestärken die Bösen, / sodass keiner um-
kehrt von seiner Bosheit.
Für mich sind sie alle wie Sodom / und die
in Jerusalem wohnen, sind für mich wie Go-
morra.
15 Darum – so spricht der HERR der Heer-
scharen gegen die Propheten:
Ich gebe ihnen Wermut zu essen / und Gift-
wasser zu trinken;
denn von den Propheten Jerusalems / ist
Gottlosigkeit ausgegangen ins ganze Land.
16 So spricht der HERR der Heerscharen: /
Hört nicht auf die Worte der Propheten, / die
euch prophezeien!
Sie betören euch nur; sie verkünden Visio-
nen, / die aus dem eigenen Herzen stam-
men, / nicht aus dem Mund des HERRN.
17 Immerzu sagen sie denen, die mich ver-
achten: / Der HERR hat geredet: Das Heil ist
euch sicher!;
und jedem, der der Verstocktheit seines
Herzens folgt, / versprechen sie: Kein Unheil
kommt über euch.
18 Doch wer hat an der Ratsversammlung
des HERRN teilgenommen, / dass er sah und
sein Wort hörte?

Wer achtete auf sein Wort / und hörte es?
19 Siehe, der Sturm des HERRN, sein Grimm,
bricht los. / Ein Wirbelsturm braust hinweg
über die Köpfe der Frevler.
20 Der Zorn des HERRN hört nicht auf, / bis
er die Pläne seines Herzens ausgeführt und
vollbracht hat. / Am Ende der Tage werdet ihr
es ganz begreifen.
21 Ich habe diese Propheten nicht ausge-
sandt, / dennoch laufen sie;
ich habe nicht zu ihnen gesprochen, / den-
noch weissagen sie.
22 Hätten sie an meiner Ratsversammlung
teilgenommen, / so könnten sie meinem Volk
meine Worte verkünden / und es zur Umkehr
bewegen von seinem schlechten Weg / und
von der Bosheit seiner Taten.
23 Bin ich nur ein Gott aus der Nähe – Spruch
des HERRN – / und nicht auch ein Gott aus der
Ferne?
24 Kann sich einer in Schlupfwinkeln verste-
cken, / sodass ich ihn nicht sähe? – Spruch des
HERRN.
Fülle ich nicht / Himmel und Erde aus? –
Spruch des HERRN.
25 Ich habe gehört, was die Propheten reden,
die in meinem Namen Lügen prophezeien und
sprechen: Einen Traum habe ich gehabt, einen
Traum. 26 Wie lange noch? Was haben sie im
Sinn, die Propheten, die Lügen prophezeien
und selbst erdachten Betrug? 27 Wollen sie
meinen Namen bei meinem Volk in Verges-
senheit bringen durch ihre Träume, die sie
einander erzählen, wie ihre Väter meinen Na-
men wegen des Baal vergessen haben? 28 Der
Prophet, der einen Traum hat, erzähle seinen
Traum; wer aber mein Wort hat, der verkünde
mein Wort in Wahrheit! Was hat das Stroh mit
dem Korn zu tun? – Spruch des HERRN. 29 Ist
nicht mein Wort so: wie Feuer – Spruch des
HERRN – und wie ein Hammer, der Felsen
zerschmettert? 30 Darum, siehe, gehe ich gegen
die Propheten vor – Spruch des HERRN –, die
einander meine Worte stehlen. 31 Siehe, ich
gehe gegen die Propheten vor – Spruch des
HERRN –, die ihre Zunge gebrauchen, um
Sprüche zu machen. 32 Siehe, ich gehe gegen
die Propheten der Lügenträume vor – Spruch
des HERRN –; sie erzählen Träume und ver-
führen mein Volk durch ihre Lügen und ihr
freches Geschwätz. Ich aber habe sie weder
gesandt noch beauftragt und sie sind diesem
Volk ganz unnütz – Spruch des HERRN.
33 Fragt dich dieses Volk oder ein Prophet
oder ein Priester: Was ist der Last-Spruch des
HERRN?, so antworte ihnen: Ihr selbst seid die
Last und ich werfe euch ab – Spruch des HERRN.
34 Den Propheten aber, den Priester und das
Volk, jeden, der sagt: Last-Spruch des HERRN,
den suche ich heim samt seinem Haus – Spruch
des HERRN. 35 Vielmehr sollt ihr so zueinander
und untereinander sagen: Was hat der HERR
geantwortet? oder: Was hat der HERR geredet?
36 Aber an den Ausdruck Last-Spruch des
HERRN sollt ihr nicht mehr denken. Denn die
Last ist für jeden sein eigenes Wort, weil ihr die
Worte des lebendigen Gottes, des HERRN der
Heerscharen, unseres Gottes, verdreht habt.
37 So soll man zum Propheten sagen: Was hat
der HERR dir geantwortet? oder: Was hat der
HERR gesagt? 38 Wenn ihr aber Last-Spruch des
HERRN sagt, so sagt der HERR darauf: Weil ihr
dieses Wort Last-Spruch des HERRN gebraucht,
obwohl ich euch verbieten ließ, Last-Spruch
des HERRN zu sagen, 39 darum hebe ich euch
empor und werfe euch ab samt der Stadt, die
ich euch und euren Vätern gegeben habe, weg
von meinem Angesicht. 40 Ich verhänge über
euch ewige Schande und ewige Schmach, die
nie vergessen werden soll.

10: 12,4; Jes 24,6 / **15**: 9,14 / **16**: 14,14 / **18**: Jes 40,13; 1 Kön 22,19–23 / **19–20**: 30,23f. / **40**: 20,11

DIE GUTEN UND DIE SCHLECHTEN FEIGEN: 24,1–10

24 1 Der HERR ließ mich schauen und sie-
he: Zwei Körbe mit Feigen standen vor
dem Tempel des HERRN. Dies geschah, nach-
dem Nebukadnezzar, der König von Babel,
Jojachin, den Sohn Jojakims, den König von
Juda, sowie die Fürsten von Juda samt den
Schmieden und Schlossern aus Jerusalem
weggeführt und sie nach Babel gebracht hatte.
2 In dem einen Korb waren sehr gute Feigen,
wie Frühfeigen, im andern Korb sehr schlech-
te Feigen, so schlecht, dass sie ungenießbar
waren. 3 Der HERR fragte mich: Was siehst du,
Jeremia? Feigen, antwortete ich. Die guten
Feigen sind sehr gut, die schlechten aber sehr
schlecht, so schlecht, dass sie ungenießbar
sind. 4 Nun erging an mich das Wort des
HERRN: 5 So spricht der HERR, der Gott Isra-
els: Wie auf diese guten Feigen, so schaue ich
auf die Verschleppten Judas zum Guten, die

23,33–40 Der Text spielt mit dem Doppelsinn von hebr. massa: Ausspruch, Last.

ich von diesem Ort vertrieben habe ins Land
der Chaldäer. 6 Ich richte meine Augen auf sie
zum Guten und lasse sie in dieses Land heim-
kehren. Ich will sie aufbauen, nicht niederrei-
ßen, einpflanzen, nicht ausreißen. 7 Ich gebe
ihnen ein Herz, damit sie erkennen, dass ich der
HERR bin. Sie werden mein Volk sein und ich
werde ihr Gott sein; denn sie werden mit gan-
zem Herzen zu mir umkehren. 8 Aber wie mit
den schlechten Feigen, die so schlecht sind,
dass sie ungenießbar sind, ja, so spricht der
HERR, so verfahre ich mit Zidkija, dem König
von Juda, mit seinen Fürsten und dem Rest Je-
rusalems, mit denen, die in diesem Land übrig
geblieben sind, und denen, die sich im Land
Ägypten niedergelassen haben. 9 Ich mache sie
zu einem Bild des Schreckens und des Unheils
für alle Reiche der Erde, zum Schimpf und Ge-
spött, zum Hohn und zum Fluch an allen Or-
ten, an die ich sie verstoße. 10 Ich sende unter
sie Schwert, Hunger und Pest, bis sie ganz aus-
gerottet sind vom Ackerboden, den ich ihnen
und ihren Vätern gegeben habe.

1: 2 Kön 24,14–16 / **6:** 1,10; 31,28 / **7:** 31,33; 30,20; Lev 26,12; Dtn 26,17f. / **8:** 29,17f. / **9:** 15,4

SIEBZIGJÄHRIGE HERRSCHAFT BABELS: 25,1–14

25 1 Das Wort, das an Jeremia erging über
das ganze Volk von Juda im vierten Jahr
Jojakims, des Sohnes Joschijas, des Königs von
Juda; es war das erste Jahr Nebukadnezzars,
des Königs von Babel, 2 Der Prophet Jeremia
redete zum ganzen Volk von Juda und zu allen
Bewohnern Jerusalems. Er sagte: 3 Seit dem
dreizehnten Jahr Joschijas, des Sohnes Amons,
des Königs von Juda, bis zum heutigen Tag,
also dreiundzwanzig Jahre lang, ist an mich das
Wort des HERRN ergangen und ich habe zu
euch geredet, unermüdlich geredet. Ihr aber
habt nicht gehört. 4 Der HERR aber hat alle sei-
ne Knechte, die Propheten, zu euch gesandt,
unermüdlich gesandt. Ihr aber habt nicht ge-
hört und euer Ohr nicht geneigt, um zu hören.
5 Er hat gesagt: Kehrt doch um, jeder von seinem
schlechten Weg und der Bosheit eurer Taten;
dann dürft ihr auf dem Ackerboden bleiben,
den der HERR euch und euren Vätern gegeben
hat seit jeher und für immer. 6 Lauft nicht ande-
ren Göttern nach, um ihnen zu dienen und
euch vor ihnen niederzuwerfen, und erzürnt
mich nicht durch das Werk eurer Hände, damit
ich euch nicht Schlimmes antun muss! 7 Aber
ihr habt nicht auf mich gehört – Spruch des
HERRN –, um mich zu erzürnen durch das
Werk eurer Hände, zu eurem eigenen Schaden.
8 Darum – so spricht der HERR der Heerscharen:
Weil ihr nicht auf meine Worte gehört habt,
9 darum sende ich hin und hole alle Stämme des
Nordens herbei – Spruch des HERRN –, auch
Nebukadnezzar, den König von Babel, meinen
Knecht. Ich lasse sie über dieses Land und seine
Bewohner kommen und über alle diese Völker
ringsum. Ich vollziehe an ihnen den Bann und
mache sie zu einem Bild des Entsetzens, zum
Gespött und zu ewigen Trümmern. 10 Ich lasse
bei ihnen aufhören den Jubelruf und den Freu-
denruf, den Ruf des Bräutigams und den Ruf
der Braut, das Geräusch der Handmühle und
das Licht der Lampe. 11 Dieses ganze Land wird
zum Trümmerfeld und zu einem Bild des Ent-
setzens und diese Völker werden dem König
von Babel siebzig Jahre lang dienen. 12 Sind aber
die siebzig Jahre vorüber, dann suche ich den
König von Babel und jenes Volk heim für ihre
Schuld – Spruch des HERRN – und auch das
Land der Chaldäer, indem ich es für immer zur
schaurigen Wüste mache. 13 Ich lasse über jenes
Land all das kommen, was ich ihm angedroht
habe, alles, was in diesem Buch aufgezeichnet
ist, was Jeremia über alle Völker prophezeit hat.
14 Denn auch sie werden mächtigen Völkern
und großen Königen dienen müssen. So ver-
gelte ich ihnen entsprechend ihren Taten und
dem Tun ihrer Hände.

1: 36,1 / **4:** 11,7; 26,5; 44,4 / **10:** 7,34 / **11:** 29,10 / **14:** 27,7

25,9 meinen Knecht: H; nicht in G (ebenso 27,6; 43,10).

BECHER DES ZORNS FÜR DIE VÖLKER: 25,15–38

15 Ja, so hat der HERR, der Gott Israels, zu mir
gesprochen: Nimm diesen Becher voll Zorn-
wein aus meiner Hand und gib ihn allen Völ-
kern zu trinken, zu denen ich dich sende!
16 Trinken sollen sie, taumeln und torkeln vor
dem Schwert, das ich unter sie schicke. 17 Da

nahm ich den Becher aus der Hand des HERRN
und ließ alle Völker trinken, zu denen der
HERR mich sandte: 18 Jerusalem und die Städ-
te Judas – samt seinen Königen und Fürsten –,
um sie zu Trümmerhaufen zu machen, zu ei-
nem Bild des Entsetzens, zum Gespött und
zum Fluch, wie es heute ist, 19 den Pharao, den
König von Ägypten, samt seinen Höflingen
und Fürsten und seinem ganzen Volk, 20 das
gesamte Völkergemisch, alle Könige des Lan-
des Uz, alle Könige des Philisterlandes, Asch-
kelon, Gaza, Ekron und den Rest von Asch-
dod, 21 Edom, Moab und die Ammoniter, 22 alle
Könige von Tyrus, alle Könige von Sidon sowie
die Könige der Inseln jenseits des Meeres,
23 Dedan, Tema, Bus und alle mit gestutztem
Haar, 24 alle Könige Arabiens und alle Könige
des Völkergemisches, die in der Wüste woh-
nen, 25 alle Könige von Simri, von Elam und
Medien, 26 auch alle Könige des Nordens, die
in der Nähe und die in der Ferne, einen nach
dem andern, ja, alle Reiche der Welt, die es auf
der Erde gibt; und zuletzt soll der König von
Scheschach trinken. 27 Sag zu ihnen: So spricht
der HERR der Heerscharen, der Gott Israels:
Trinkt, berauscht euch und speit, stürzt hin
und steht nicht mehr auf vor dem Schwert, das
ich unter euch schicke! 28 Weigern sie sich aber,
den Becher aus deiner Hand anzunehmen und
zu trinken, dann sag zu ihnen: So spricht der
HERR der Heerscharen: Ihr werdet trinken!
29 Denn siehe, bei der Stadt, über der mein
Name ausgerufen ist, beginne ich mit dem Un-
heil und da solltet ihr ungestraft bleiben?
Nein, ihr werdet nicht ungestraft bleiben;
denn ich rufe das Schwert gegen alle Bewoh-
ner der Erde – Spruch des HERRN der Heer-
scharen.

30 Du aber sollst ihnen alle diese Worte pro-
phezeien und zu ihnen sagen:

Der HERR brüllt von der Höhe herab, / aus
seiner heiligen Wohnung lässt er seine Stim-
me erschallen.

Laut brüllt er über seine Flur / und stimmt
wie die Keltertreter ein Jauchzen an / über alle
Bewohner der Erde.

31 Der Schall dringt bis ans Ende der Erde, /
denn der HERR hat einen Rechtsstreit mit den
Völkern;

er hält Gericht über alles Fleisch. / Die
Schuldigen liefert er dem Schwert aus / –
Spruch des HERRN.

32 So spricht der HERR der Heerscharen:

Siehe, Unheil geht aus von Volk zu Volk, /
ein gewaltiger Sturm bricht los / von den
Grenzen der Erde.

33 Und die vom HERRN Erschlagenen wer-
den daliegen an jenem Tag / von einem Ende
der Erde bis zum andern.

Man beklagt sie nicht, / man sammelt sie
nicht und begräbt sie nicht; / sie werden zum
Dünger auf dem Acker.

34 Klagt, ihr Hirten, und schreit; / wälzt
euch im Staub, ihr Herren der Herde!

Denn die Zeit ist gekommen, / dass ihr ge-
schlachtet werdet;

ich zerschmettere euch, dass ihr berstet /
wie ein Prunkgefäß.

35 Es gibt keine Flucht mehr für die Hirten, /
kein Entrinnen für die Herren der Herde.

36 Horcht, wie die Hirten aufschreien / und
die Herren der Herde wehklagen, / weil der
HERR ihre Weide verwüstet.

37 Die friedlichen Auen sind verwüstet /
vom glühenden Zorn des HERRN.

38 Er verlässt sein Versteck wie ein Löwe; / ihr
Land ist zu einem Bild des Entsetzens geworden
durch die Glut des gewalttätigen Schwer-
tes / und durch die Glut seines Zorns.

17: Jes 51,17 / **30**: Ps 29; Joël 4,16; Am 1,2 / **33**: 9,21

25,34 ich zerschmettere euch: vermuteter Text; wörtlich: und euer Zerstreuen.

ERZÄHLUNGEN UND GERICHTSWORTE ÜBER JUDA UND ISRAEL: 26,1–29,32

TEMPELREDE UND GEFANGENNAHME JEREMIAS: 26,1–24

26 1 Im Anfang der Regierung Jojakims,
des Sohnes Joschijas, des Königs von
Juda, erging vom HERRN dieses Wort: 2 So
spricht der HERR: Stell dich in den Vorhof
des Hauses des HERRN und sag zu den Leuten,
die aus allen Städten Judas kommen, um sich

im Haus des HERRN niederzuwerfen, alles, was ich dir ihnen zu verkünden aufgetragen habe; kein Wort sollst du weglassen. 3 Vielleicht hören sie und kehren um, jeder von seinem bösen Weg, sodass mich das Unheil reut, das ich ihnen wegen der Bosheit ihrer Taten zugedacht habe. 4 Sag also zu ihnen: So spricht der HERR: Wenn ihr nicht auf mein Wort hört und meiner Weisung nicht folgt, die ich euch gegeben habe, 5 wenn ihr nicht auf die Worte meiner Knechte, der Propheten, hört, die ich zu euch sende, unermüdlich sende, obwohl ihr nicht hört, 6 dann verfahre ich mit diesem Haus wie mit Schilo und mache diese Stadt zu einem Fluch bei allen Völkern der Erde. 7 Die Priester, die Propheten und das ganze Volk hörten, wie Jeremia diese Worte vor dem Haus des HERRN vortrug. 8 Als Jeremia alles gesagt hatte, was er im Auftrag des HERRN vor dem ganzen Volk zu verkünden hatte, ergriffen ihn die Priester, die Propheten und alles Volk und schrien: Du musst sterben! 9 Warum prophezeist du im Namen des HERRN: Wie Schilo wird es diesem Haus gehen und diese Stadt wird verwüstet und entvölkert werden? Das ganze Volk rottete sich beim Haus des HERRN um Jeremia zusammen. 10 Als die Beamten Judas von diesen Vorgängen hörten, gingen sie vom Königspalast zum Haus des HERRN hinauf und setzten sich am Eingang des Neuen Tempeltors nieder. 11 Die Priester und Propheten sagten zu den Beamten und zum ganzen Volk: Dieser Mann hat den Tod verdient; denn er hat gegen diese Stadt geweissagt, wie ihr mit eigenen Ohren gehört habt. 12 Jeremia aber erwiderte allen Beamten und dem ganzen Volk: Der HERR hat mich gesandt, damit ich als Prophet gegen dieses Haus und diese Stadt alle Worte verkünde, die ihr gehört habt. 13 Nun also, bessert euer Verhalten und euer Tun und hört auf die Stimme des HERRN, eures Gottes, dass sich der HERR des Unheils gereut, das er euch angedroht hat! 14 Siehe, ich selbst bin in eurer Hand; macht mit mir, was ihr für gut und recht haltet! 15 Aber ihr sollt wissen: Wenn ihr mich tötet, bringt ihr unschuldiges Blut über euch, über diese Stadt und ihre Einwohner. Denn der HERR hat mich wirklich zu euch gesandt, damit ich euch alle diese Worte in die Ohren rufe. 16 Da sagten die Beamten und das ganze Volk zu den Priestern und Propheten: Dieser Mann hat den Tod nicht verdient; denn er hat zu uns im Namen des HERRN, unseres Gottes, geredet. 17 Einige von den Ältesten des Landes standen auf und sagten zu der ganzen Volksversammlung: 18 Micha von Moreschet, der zur Zeit Hiskijas, des Königs von Juda, als Prophet wirkte, hat zum ganzen Volk Juda gesagt: So spricht der HERR der Heerscharen: Zion wird umgepflügt zu Ackerland, Jerusalem wird zum Trümmerhaufen, der Tempelberg zu überwucherten Höhen. 19 Haben ihn etwa Hiskija, der König von Juda, und ganz Juda hingerichtet? Hat er nicht Gott gefürchtet und das Angesicht des HERRN besänftigt, sodass den HERRN das Unheil reute, das er ihnen angedroht hatte? Und wir sollten ein so großes Unheil über uns selbst bringen?

20 Damals wirkte noch ein anderer Mann als Prophet im Namen des HERRN, Urija, der Sohn Schemajas, aus Kirjat-Jearim. Er weissagte gegen diese Stadt und dieses Land mit ganz ähnlichen Worten wie Jeremia. 21 Der König Jojakim, alle seine Heerführer und alle Beamten hörten von seinen Reden. Daher suchte der König ihn zu töten. Als Urija davon erfuhr, bekam er Angst, floh und gelangte nach Ägypten. 22 Der König Jojakim aber schickte Leute nach Ägypten, nämlich Elnatan, den Sohn Achbors, mit einigen Männern. 23 Sie holten Urija aus Ägypten und brachten ihn zu König Jojakim; dieser ließ ihn mit dem Schwert erschlagen und seinen Leichnam zu den Gräbern des niedrigen Volkes werfen. 24 Ahikam jedoch, der Sohn Schafans, beschützte Jeremia, sodass man ihn nicht dem Volk auslieferte, das ihn töten wollte.

1–9: 7,1–15 / **5:** 25,4 / **6:** 7,12; 9,10 / **13:** 7,3 / **18:** Mi 3,12

DAS JOCH BABELS: 27,1–22

27 1 Im Anfang der Regierung Jojakims, des Sohnes Joschijas, des Königs von Juda, erging vom HERRN folgendes Wort an Jeremia. 2 So sprach der HERR zu mir: Mach dir Stricke und Jochhölzer und leg sie dir auf den Nacken! 3 Dann schick eine Botschaft an den König von Edom, den König von Moab, den König der Ammoniter, den König von Tyrus und den König von Sidon, durch die Gesandten, die zu Zidkija, dem König von Juda, nach Jerusalem gekommen sind! 4 Gib ihnen folgenden Auftrag an ihre Gebieter: So spricht der HERR der Heerscharen, der Gott Israels: Sagt so zu euren Gebietern: 5 Ich bin es, der die Erde

erschaffen hat samt den Menschen und den
Tieren, die auf der Erde leben, durch meine
gewaltige Kraft und meinen hoch erhobenen
Arm, und ich gebe sie dem, der recht ist in mei-
nen Augen. 6 Jetzt gebe ich alle diese Länder in
die Hand des Königs Nebukadnezzar von Ba-
bel, meines Knechtes; selbst die Tiere des Fel-
des mache ich ihm dienstbar. 7 Alle Völker
sollen ihm dienen, ebenso seinem Sohn und
seinem Enkel, bis auch für sein eigenes Land
die Zeit kommt, dass große Völker und mäch-
tige Könige es knechten. 8 Und es wird sein:
Wenn ein Volk oder Reich ihm, Nebukadnez-
zar, dem König von Babel, nicht dienen und
seinen Nacken nicht unter das Joch des Königs
von Babel beugen will, so werde ich dieses
Volk mit Schwert, Hunger und Pest heimsu-
chen – Spruch des HERRN –, bis ich es aufge-
rieben habe durch seine Hand. 9 Ihr aber, hört
nicht auf eure Propheten, Wahrsager, Träu-
mer, Zeichendeuter und Zauberer, wenn sie zu
euch sagen: Ihr werdet dem König von Babel
nicht untertan sein! 10 Denn Lüge prophezeien
sie euch, damit sie euch vertreiben von eurem
Ackerboden und ich euch verstoße und ihr
zugrunde geht. 11 Das Volk aber, das seinen
Nacken unter das Joch des Königs von Babel
beugt und ihm dient, lasse ich auf seinem
Ackerboden – Spruch des HERRN –; es kann
ihn bebauen und auf ihm wohnen. 12 Auch zu
Zidkija, dem König von Juda, redete ich allen
diesen Worten gemäß: Beugt euren Nacken
unter das Joch des Königs von Babel und dient
ihm und seinem Volk; dann werdet ihr leben!
13 Warum sollt ihr, du und dein Volk, durch
Schwert, Hunger und Pest umkommen, wie
der HERR dem Volk, das dem König von Babel
nicht dienen will, angedroht hat? 14 Hört nicht
auf die Reden der Propheten, die zu euch sa-
gen: Ihr sollt dem König von Babel nicht
dienen! Denn sie prophezeien euch Lüge.
15 Denn ich habe sie nicht gesandt – Spruch des
HERRN –; sie aber prophezeien euch in mei-
nem Namen Lüge, damit ich euch verstoße
und ihr zugrunde geht, ihr und die Propheten,
die euch prophezeien.

16 Zu den Priestern und diesem ganzen Volk
redete ich: So spricht der HERR: Hört nicht auf
die Reden eurer Propheten, die euch prophe-
zeien: Siehe, die Geräte des Hauses des HERRN
werden aus Babel zurückgebracht werden, und
zwar bald. Denn sie prophezeien euch Lüge.
17 Hört nicht auf sie! Dient dem König von Ba-
bel und lebt! Warum soll diese Stadt ein Trüm-
merhaufen werden? 18 Wenn sie Propheten
sind und das Wort des HERRN wirklich bei
ihnen ist, so mögen sie doch den HERRN der
Heerscharen bestürmen, dass die Geräte, die
im Haus des HERRN, im Palast des Königs von
Juda und in Jerusalem verblieben sind, nicht
auch nach Babel kommen. 19 Denn so spricht
der HERR der Heerscharen über die Säulen, das
Eherne Meer, die fahrbaren Gestelle und den
Rest der in dieser Stadt noch verbliebenen Ge-
räte, 20 die Nebukadnezzar, der König von Ba-
bel, nicht mitgenommen hat, als er Jojachin,
den Sohn Jojakims, den König von Juda, aus
Jerusalem nach Babel verschleppte samt allen
Vornehmen Judas und Jerusalems: 21 Ja, so
spricht der HERR der Heerscharen, der Gott
Israels, über die Geräte, die im Haus des
HERRN, im Palast des Königs von Juda und in
Jerusalem noch verblieben sind: 22 Nach Babel
werden sie gebracht und dort bleiben sie bis zu
dem Tag, an dem ich mich ihrer annehme –
Spruch des HERRN – und sie heraufführe und
zurückbringe an diesen Ort.

2: 28,10 / **5**: 32,17 / **9**: 14,13f. / **14**: 14,14; 29,8f. / **19**: 2 Kön 25,13–17 / **22**: Esra 1,7–11

AUSEINANDERSETZUNG MIT HANANJA: 28,1–17

28 1 Im selben Jahr, im Anfang der Regie-
rung Zidkijas, des Königs von Juda, im
fünften Monat des vierten Jahres, sagte der
Prophet Hananja, der Sohn Asurs aus Gibeon,
im Haus des HERRN vor den Augen der Pries-
ter und dem ganzen Volk zu mir: 2 So spricht
der HERR der Heerscharen, der Gott Israels:
Ich zerbreche das Joch des Königs von Babel.
3 Noch zwei Jahre und ich bringe alle Geräte
des Hauses des HERRN, die Nebukadnezzar,
der König von Babel, von diesem Ort wegge-
nommen und nach Babel gebracht hat, wieder
an diesen Ort zurück. 4 Auch Jojachin, den
Sohn Jojakims, den König von Juda, samt allen
Verschleppten aus Juda, die nach Babel kamen,
bringe ich an diesen Ort zurück – Spruch des
HERRN –; denn ich zerbreche das Joch des Kö-
nigs von Babel. 5 Der Prophet Jeremia antwor-
tete dem Propheten Hananja vor den Augen
der Priester und vor den Augen des ganzen
Volkes, die im Haus des HERRN standen. 6 Der
Prophet Jeremia sagte: Ganz recht! Mag der

28,6 ganz recht, wörtlich: Amen.

HERR so tun. Der HERR erfülle deine Worte,
die du verkündet hast, und bringe die Geräte
des Hauses des HERRN und alle Verschleppten
aus Babel zurück an diesen Ort. 7 Doch höre
das Wort, das ich dir und dem ganzen Volk in
die Ohren rufe: 8 Die Propheten, die vor mir
und vor dir seit jeher waren, prophezeiten
Krieg, Unheil und Pest gegen viele Länder und
mächtige Reiche. 9 Der Prophet aber, der Heil
prophezeit – an der Erfüllung des propheti-
schen Wortes erkennt man den Propheten,
den der HERR wirklich gesandt hat. 10 Da nahm
der Prophet Hananja das Jochholz vom Nacken
des Propheten Jeremia und brach es entzwei.
11 Vor den Augen des ganzen Volkes sagte
Hananja: So spricht der HERR: Ebenso zerbre-
che ich binnen zwei Jahren das Joch Nebukad-
nezzars, des Königs von Babel, vom Nacken
aller Völker. Der Prophet Jeremia aber ging
seines Weges.

12 Nachdem nun der Prophet Hananja das
Jochholz vom Nacken des Propheten Jeremia
zerbrochen hatte, erging das Wort des HERRN
an Jeremia: 13 Geh und sag zu Hananja: So
spricht der HERR: Jochstangen aus Holz hast
du zerbrochen, dafür aber musst du nun Joch-
stangen aus Eisen machen. 14 Denn so spricht
der HERR der Heerscharen, der Gott Israels:
Ein eisernes Joch habe ich auf den Nacken aller
dieser Völker gelegt; sie müssen Nebukadnez-
zar, dem König von Babel, dienen. Und sie
werden ihm dienen und auch die Tiere des
Feldes gebe ich ihm. 15 Der Prophet Jeremia
sagte also zum Propheten Hananja: Höre,
Hananja! Der HERR hat dich nicht gesandt. Du
aber hast dieses Volk dazu verführt, auf Lügen
zu vertrauen. 16 Darum – so spricht der HERR:
Siehe, ich schaffe dich vom Erdboden fort.
Noch in diesem Jahr bist du tot; denn du hast
Auflehnung gegen den HERRN gepredigt.
17 Im siebten Monat desselben Jahres starb der
Prophet Hananja.

9: Dtn 18,21f. / **10**: 27,2

BRIEF AN DIE VERBANNTEN: 29,1–23

29 1 Das ist der Wortlaut des Briefes, den
der Prophet Jeremia aus Jerusalem an
den Rest der Ältesten der Verbannten, an die
Priester, die Propheten und das ganze Volk
sandte, das Nebukadnezzar von Jerusalem
nach Babel verschleppt hatte, 2 nachdem der
König Jojachin, die Herrin, die Hofbeamten,
die Fürsten von Juda und Jerusalem sowie die
Schmiede und Schlosser aus Jerusalem fort-
gezogen waren; 3 er schickte den Brief durch
Elasa, den Sohn Schafans, und Gemarja, den
Sohn Hilkijas, die Zidkija, der König von Juda,
nach Babel zu Nebukadnezzar, dem König
von Babel, sandte: 4 So spricht der HERR der
Heerscharen, der Gott Israels, zu allen Ver-
bannten, die ich von Jerusalem nach Babel
weggeführt habe: 5 Baut Häuser und wohnt
darin, pflanzt Gärten und esst ihre Früchte!
6 Nehmt euch Frauen und zeugt Söhne und
Töchter, nehmt für eure Söhne Frauen und
gebt eure Töchter Männern, damit sie Söhne
und Töchter gebären! Ihr sollt euch dort ver-
mehren und nicht vermindern. 7 Suchet das
Wohl der Stadt, in die ich euch weggeführt
habe, und betet für sie zum HERRN; denn in
ihrem Wohl liegt euer Wohl! 8 Denn so spricht
der HERR der Heerscharen, der Gott Israels:
Eure Propheten, die unter euch sind, und eure
Wahrsager sollen euch nicht täuschen. Hört
nicht auf die Träume, die ihr sie träumen lasst!
9 Denn Lüge prophezeien sie euch in meinem
Namen; ich habe sie nicht gesandt – Spruch
des HERRN. 10 Ja, so spricht der HERR: Wenn
siebzig Jahre für Babel vorüber sind, dann
werde ich euch heimsuchen, mein Heilswort
an euch erfüllen, um euch an diesen Ort zu-
rückzuführen. 11 Denn ich, ich kenne die Ge-
danken, die ich für euch denke – Spruch des
HERRN –, Gedanken des Heils und nicht des
Unheils; denn ich will euch eine Zukunft und
eine Hoffnung geben. 12 Ihr werdet mich an-
rufen, ihr werdet kommen und zu mir beten
und ich werde euch erhören. 13 Ihr werdet
mich suchen und ihr werdet mich finden,
wenn ihr nach mir fragt von ganzem Herzen.
14 Und ich lasse mich von euch finden – Spruch
des HERRN – und ich wende euer Geschick
und sammle euch aus allen Völkern und von
allen Orten, wohin ich euch versprengt habe
– Spruch des HERRN. Ich bringe euch an den
Ort zurück, von dem ich euch weggeführt
habe. 15 Zwar werdet ihr sagen: Der HERR hat
für uns Propheten in Babel erweckt. 16 Für-
wahr, so spricht der HERR über den König, der
auf dem Thron Davids sitzt, und über das gan-
ze Volk, das in dieser Stadt wohnt, eure Brü-
der, die noch nicht mit euch in die Verban-
nung fortgezogen sind, 17 so spricht der HERR
der Heerscharen: Siehe, ich schicke unter sie
Schwert, Hunger und Pest und ich behandle
sie wie die verdorbenen Feigen, die vor

Schlechtigkeit ungenießbar sind. 18 Ich verfol-
ge sie mit Schwert, Hunger und Pest und ma-
che sie zu einem Bild des Schreckens für alle
Reiche der Erde, zum Fluch und zum Entset-
zen, zum Hohn und Gespött aller Völker, zu
denen ich sie verstoße, 19 weil sie nicht auf
meine Worte gehört haben – Spruch des
HERRN –, mit denen ich meine Diener, die
Propheten, immer wieder zu ihnen gesandt
habe; ihr aber habt nicht gehört – Spruch des
HERRN. 20 Ihr jedoch, hört das Wort des
HERRN, all ihr Verschleppten, die ich von Je-
rusalem nach Babel geschickt habe! 21 So
spricht der HERR der Heerscharen, der Gott
Israels, über Ahab, den Sohn Kolajas, und über
Zidkija, den Sohn Maasejas, die euch in mei-
nem Namen Lüge weissagen: Siehe, ich liefe-
re sie Nebukadnezzar, dem König von Babel,
aus. Er wird sie vor euren Augen niederhauen
lassen. 22 Dann wird man bei allen Verschlepp-
ten Judas, die in Babel sind, von ihnen das
Fluchwort herleiten: Der HERR mache dich
Zidkija und Ahab gleich, die der König von
Babel im Feuer rösten ließ, 23 weil sie Schänd-
liches in Israel getrieben haben, mit den Frau-
en ihrer Nächsten Ehebruch begangen und in
meinem Namen fälschlich ein Wort verkün-
det haben, das ich ihnen nicht aufgetragen
hatte. Ich aber bin der Wissende und der Zeu-
ge – Spruch des HERRN.

2: 24,1; 2 Kön 24,14f. / **8**: 14,14 / **10**: 25,11–13 / **13–14**: Dtn 4,29 / **17–18**: 24,8–10 / **19**: 25,4

BRIEF SCHEMAJAS AN DIE AUTORITÄTEN IN JERUSALEM: 29,24–32

24 Zu Schemaja aus Nehelam aber sollst du sa-
gen: 25 So spricht der HERR der Heerscharen,
der Gott Israels: Weil du in deinem Namen
Briefe an das ganze Volk in Jerusalem und an
den Priester Zefanja, den Sohn Maasejas, so-
wie an alle Priester geschickt hast: 26 Der HERR
hat dich anstelle des Priesters Jojada zum Pries-
ter bestellt, damit es Aufseher gibt im Haus des
HERRN für jeden verrückten Propheten und
damit du ihn in den Block und ins Halseisen
legst. – 27 Warum bist du also nicht gegen
Jeremia aus Anatot eingeschritten, der sich
bei euch wie ein Prophet gebärdet? 28 Deshalb
hat er auch an uns nach Babel die Botschaft
geschickt: Es wird noch lange dauern; baut
Häuser und wohnt darin, pflanzt Gärten und
genießt ihre Früchte!

29 Der Priester Zefanja aber hatte diesen Brief
dem Propheten Jeremia vorgelesen. 30 Da er-
ging das Wort des HERRN an Jeremia: 31 Schick
eine Botschaft an alle Verschleppten: So
spricht der HERR über Schemaja aus Nehelam:
Weil Schemaja euch prophezeit hat, obwohl
ich ihn nicht gesandt hatte, und weil er euch
dazu verführt hat, auf Lügen zu vertrauen,
32 darum – so spricht der HERR: Siehe, ich su-
che Schemaja aus Nehelam und seine Nach-
kommen heim. Keiner von den Seinen soll
inmitten dieses Volkes wohnen bleiben und
das Glück schauen, das ich meinem Volk be-
reite – Spruch des HERRN –; denn er hat Auf-
lehnung gegen den HERRN gepredigt.

31: 28,15 / **32**: 28,16

TROSTSCHRIFT: 30,1–31,40

EINLEITUNG: 30,1–3

30 1 Das Wort, das vom HERRN an Jeremia
erging: 2 So spricht der HERR, der Gott
Israels: Schreib dir alle Worte, die ich dir ge-
sagt habe, in ein Buch! 3 Denn siehe, Tage kom-
men – Spruch des HERRN –, da wende ich das
Geschick meines Volkes Israel und Juda,
spricht der HERR. Ich führe sie zurück in das
Land, das ich ihren Vätern gegeben habe, und
sie werden es in Besitz nehmen.

3: 29,14

NOT UND RETTUNG JAKOBS: 30,4–11

4 Das sind die Worte, die der HERR über Israel
und Juda gesprochen hat:

5 Ja, so spricht der HERR:

Angstgeschrei vernehmen wir: / Schrecken
und kein Friede.

6 Fragt doch und schaut, / ob je ein Mann
gebären kann!

Warum sehe ich jeden Mann / mit den Hän-
den auf seinen Hüften wie eine Gebärende /
und warum werden alle Gesichter blass?

7 Wehe! Denn groß ist jener Tag, / keiner ist ihm gleich.
Eine Notzeit ist es für Jakob, / doch wird er daraus gerettet.
8 An jenem Tag wird es geschehen / – Spruch des HERRN der Heerscharen –, / da zerbreche ich sein Joch auf deinem Nacken
und zerreiße deine Stricke. / Fremde sollen dich nicht mehr knechten.
9 Vielmehr werden sie dem HERRN, / ihrem Gott, dienen / und David, ihrem König, den ich ihnen erstehen lasse.
10 Du aber, fürchte dich nicht, du, mein Knecht Jakob / – Spruch des HERRN –, / verzage nicht, Israel!
Denn ich bin es, der dich aus fernem Land errette, / deine Kinder aus dem Land ihrer Gefangenschaft.
Jakob wird heimkehren und Ruhe haben; / er wird in Sicherheit leben / und niemand wird ihn erschrecken.
11 Denn ich bin mit dir / – Spruch des HERRN –, / um dich zu retten.
Ja, ich bereite allen Völkern, / unter die ich dich zerstreut habe, ein Ende.
Nur dir mache ich kein Ende. / Ich werde dich züchtigen, wie es recht ist; / ganz ungestraft werde ich dich nicht lassen.

7: Zef 1,14f. / **9**: 23,5 / **10**: 46,27f. / **11**: 1,8.19; 10,24; 46,28

UNHEILBARKEIT UND HEILUNG ZIONS: 30,12–17

12 Ja, so spricht der HERR:
Arg ist dein Schaden, / unheilbar deine Wunde.
13 Niemand richtet dein Recht. / Für das Geschwür gibt es keine Heilung, / keine Genesung gibt es für dich.
14 Alle deine Liebhaber haben dich vergessen, / sie fragen nicht nach dir.
Denn wie ein Feind schlägt, / habe ich dich geschlagen mit harter Züchtigung
wegen deiner vielfachen Schuld / und deiner zahlreichen Sünden.
15 Was schreist du über deinen Schaden / und dein arges Leiden?
Wegen deiner vielfachen Schuld / und deiner zahlreichen Sünden / habe ich dir das getan.
16 Doch alle, die dich fraßen, werden gefressen, / alle deine Bedränger ziehen als Gefangene fort;
wer dich ausplünderte, wird der Plünderung verfallen / und alle, die dich beraubten, gebe ich dem Raub preis.
17 Denn ich lasse dich genesen / und heile dich von deinen Wunden / – Spruch des HERRN –,
weil man dich Verstoßene genannt hat; / Zion ist es, nach der niemand fragt.

12: 10,19; 14,17; 15,18 / **16**: 2,3; 8,16; 50,7 / **17**: 33,6

WIEDERHERSTELLUNG DES VOLKES: 30,18–31,1

18 So spricht der HERR:
Siehe, ich wende das Geschick der Zelte Jakobs, / seiner Wohnstätten erbarme ich mich.
Die Stadt soll auf ihrem Schutthügel aufgebaut werden, / der Palast auf seinem rechten Platz stehen.
19 Lobgesang wird von dort erschallen / und die Stimme von lachenden Menschen.
Ich will ihre Zahl vermehren, / sie sollen nicht weniger werden;
ich will ihnen Ehre verschaffen, / sie sollen nicht gering geachtet werden.
20 Die Söhne Jakobs werden sein wie ehedem, / seine Gemeinde wird vor mir bestehen bleiben,
doch alle seine Unterdrücker / suche ich heim.
21 Sein Machthaber wird ihm selbst entstammen, / sein Herrscher aus seiner Mitte hervorgehen.
Ich gewähre ihm Zutritt, sodass er mir nahen kann; / denn wer sonst dürfte sein Leben wagen, um mir zu nahen? / – Spruch des HERRN.
22 Ihr werdet mein Volk sein / und ich werde euer Gott sein.
23 Siehe, der Sturm des HERRN, sein Grimm, ist losgebrochen. / Ein Wirbelsturm braust hinweg über die Köpfe der Frevler.
24 Der glühende Zorn des HERRN wendet sich nicht, / bis er die Pläne seines Herzens ausgeführt und vollbracht hat. / Am Ende der Tage werdet ihr es erkennen.

31 1 In jener Zeit – Spruch des HERRN – / werde ich der Gott aller Sippen Israels sein / und sie werden mein Volk sein.

30,22: 24,7; Lev 26,12; Dtn 26,17f. / **23**: 23,19f.
31,1: 7,23; 11,4; 24,7; 30,22

30,8 dich: vermuteter Text; ihn: H.

30,19 erschallen, wörtlich: ausgehen.

WIEDERHERSTELLUNG DER JUNGFRAU ISRAEL: 31,2–6
2 So spricht der HERR:
Gnade fand in der Wüste das Volk, / das
dem Schwert entronnen ist; / ich gehe mit, um
Israel zur Ruhe zu führen.
3 Aus der Ferne ist mir der HERR erschie-
nen: / Mit ewiger Liebe habe ich dich geliebt, /
darum habe ich dir die Treue bewahrt.
4 Ich baue dich wieder auf, / du wirst aufge-
baut sein, Jungfrau Israel.
Du wirst dich wieder schmücken mit deinen
Pauken, / wirst ausziehen im Reigen der Fröh-
lichen.
5 Du wirst wieder Weingärten pflanzen / auf
Samarias Bergen.
Die sie pflanzen, / werden sie auch genießen.
6 Denn es kommt der Tag, / da rufen die
Wächter auf Efraims Bergland:
Auf, lasst uns hinaufziehen nach Zion / zum
HERRN, unserem Gott!

HEIMKEHR JAKOBS ZUM ZION: 31,7–14
7 Ja, so spricht der HERR:
Jubelt Jakob voll Freude zu / und jauchzt
über das Haupt der Völker!
Verkündet, lobsingt und sagt: / Rette,
HERR, dein Volk, den Rest Israels!
8 Siehe, ich bringe sie heim aus dem Nord-
land / und sammle sie von den Enden der Erde,
unter ihnen Blinde und Lahme, / Schwan-
gere und Wöchnerinnen; / als große Gemein-
de kehren sie hierher zurück.
9 Weinend kommen sie / und in Erbarmen
geleite ich sie.
Ich führe sie an Wasserbäche, / auf ebenem
Weg, wo sie nicht straucheln.
Denn ich bin Vater für Israel / und Efraim
ist mein Erstgeborener.
10 Hört, ihr Völker, das Wort des HERRN, /
verkündet es auf den Inseln in der Ferne und sagt:
Der Israel zerstreut hat, wird es sammeln /
und hüten wie ein Hirt seine Herde!
11 Denn der HERR hat Jakob losgekauft / und
ihn erlöst aus der Hand des Stärkeren.
12 Sie kommen und jubeln auf Zions Höhe, /
sie strahlen vor Freude über die Wohltaten des
HERRN, / über Korn, Wein und Öl, über Läm-
mer und Rinder.
Sie werden wie ein bewässerter Garten
sein / und nie mehr verschmachten.
13 Dann freut sich die Jungfrau beim Reigen-
tanz, / ebenso Junge und Alte zusammen.
Ich verwandle ihre Trauer in Jubel, / tröste
sie und mache sie froh nach ihrem Kummer.
14 Ich labe die Priester mit Opferfett / und
mein Volk wird satt an meinen Gaben / –
Spruch des HERRN.

9: 50,4

RAHELS KLAGE UND EFRAIMS BEKEHRUNG: 31,15–20
15 So spricht der HERR:
Horch! In Rama ist Wehklage / und bitteres
Weinen zu hören.
Rahel weint um ihre Kinder / und will sich
nicht trösten lassen / wegen ihrer Kinder,
denn sie sind nicht mehr.
16 So spricht der HERR:
Verwehre deiner Stimme das Weinen / und
deinen Augen die Tränen!
Denn es gibt einen Lohn für deine Mühe –
Spruch des HERRN: / Sie werden zurückkeh-
ren aus dem Feindesland.
17 Es gibt eine Hoffnung für deine Zukunft
– Spruch des HERRN: / Die Kinder werden
zurückkehren in ihr Gebiet.
18 Ich höre genau, Efraim klagt: / Du hast
mich gezüchtigt
und ich ließ mich züchtigen / wie ein unge-
zähmter Jungstier.
Führ mich zurück / und ich will umkeh-
ren; / denn du bist der HERR, mein Gott.
19 Ja, nach meiner Umkehr fühle ich Reue; /
nachdem ich zur Einsicht gekommen bin,
schlage ich auf meine Hüfte.
Ich bin beschämt und erröte; / denn ich tra-
ge die Schande meiner Jugend. –
20 Ist mir denn Efraim ein so teurer Sohn /
oder mein Lieblingskind?
Denn sooft ich ihm auch Vorwürfe mache, /
muss ich doch immer wieder an ihn denken.
Deshalb tobt es in meinem Inneren, / ich
muss mich seiner erbarmen – Spruch des
HERRN.

15: Mt 2,18 / **20**: Hos 11,8

AUFFORDERUNG ZUR UMKEHR AN DIE JUNGFRAU ISRAEL: 31,21–22
21 Stell dir Wegweiser auf, setz dir Wegmar-
ken, / achte genau auf die Straße, / auf den
Weg, den du gegangen bist!
Kehr um, Jungfrau Israel, / kehr zurück in
diese deine Städte!
22 Wie lange noch willst du dich sträuben, /
du abtrünnige Tochter?

Denn der HERR erschafft Neues im Land: /
Die Frau wird den Mann umgeben.

WIEDERHERSTELLUNG ISRAELS UND BESCHRÄNKUNG DER SCHULDHAFTUNG: 31,23–30

23 So spricht der HERR der Heerscharen, der
Gott Israels: Man wird im Land Juda und in
seinen Städten, wenn ich ihr Geschick wende,
wieder dieses Wort sprechen: Es segne dich
der HERR, du Aue der Gerechtigkeit, du heili-
ger Berg! 24 Juda und alle seine Städte werden
zusammen dort wohnen, Ackerbauern und
Wanderhirten. 25 Ja, ich labe den Ermatteten
und sättige alle Verschmachtenden. 26 Darum
heißt es: Ich erwachte und schaute auf und
mein Schlaf war mir süß. 27 Siehe, Tage kom-
men – Spruch des HERRN –, da säe ich über das
Haus Israel und das Haus Juda eine Saat von
Menschen und eine Saat von Vieh. 28 Und es
wird sein: Wie ich über sie gewacht habe, um
auszureißen und einzureißen, zu zerstören,
zu vernichten und zu schaden, so werde ich
über sie wachen, um aufzubauen und einzu-
pflanzen – Spruch des HERRN. 29 In jenen Ta-
gen sagt man nicht mehr: Die Väter haben
saure Trauben gegessen und den Söhnen wer-
den die Zähne stumpf. 30 Nein, jeder stirbt für
seine eigene Schuld; jedem Menschen, der die
sauren Trauben isst, werden die Zähne stumpf.

28: 1,10; 24,6 / **29**: Ez 18,2

DER NEUE BUND: 31,31–40

31 Siehe, Tage kommen – Spruch des HERRN –, da
schließe ich mit dem Haus Israel und dem Haus
Juda einen neuen Bund. 32 Er ist nicht wie der
Bund, den ich mit ihren Vätern geschlossen
habe an dem Tag, als ich sie bei der Hand nahm,
um sie aus dem Land Ägypten herauszuführen.
Diesen meinen Bund haben sie gebrochen, ob-
wohl ich ihr Gebieter war – Spruch des HERRN.
33 Sondern so wird der Bund sein, den ich nach
diesen Tagen mit dem Haus Israel schließe –
Spruch des HERRN: Ich habe meine Weisung in
ihre Mitte gegeben und werde sie auf ihr Herz
schreiben. Ich werde ihnen Gott sein und sie
werden mir Volk sein. 34 Keiner wird mehr den
andern belehren, man wird nicht zueinander
sagen: Erkennt den HERRN!, denn sie alle, vom
Kleinsten bis zum Größten, werden mich er-
kennen – Spruch des HERRN. Denn ich vergebe
ihre Schuld, an ihre Sünde denke ich nicht mehr.
35 So spricht der HERR, / der die Sonne be-
stimmt zum Licht am Tag,
die Ordnungen des Mondes und der Ster-
ne / zum Licht in der Nacht,
der das Meer aufwühlt, / dass seine Wogen
brausen / – HERR der Heerscharen ist sein
Name:
36 Nur wenn dieses Gesetz / vor mir ins
Wanken geriete / – Spruch des HERRN –,
nur dann könnten Israels Nachkommen auf-
hören, / für alle Zeit vor meinem Angesicht
ein Volk zu sein.
37 So spricht der HERR:
Nur wenn die Himmel droben abgemes-
sen / und unten die Grundfesten der Erde er-
forscht werden könnten,
dann könnte auch ich die ganze Nachkom-
menschaft Israels verwerfen / für all das, was
sie getan haben / – Spruch des HERRN.
38 Siehe, Tage kommen – Spruch des
HERRN –, da wird die Stadt für den HERRN
wieder aufgebaut, vom Turm Hananels bis
zum Eckturm. 39 Und weiter verläuft die Mess-
schnur geradeaus zum Hügel Gareb und wen-
det sich nach Goa. 40 Das ganze Tal der Leichen
und der Fett-Asche und die ganzen Hänge bis
zum Kidronbach, bis zur Ecke des Rosstors im
Osten werden dem HERRN heilig sein. Sie
werden niemals wieder zerstört und eingeris-
sen werden.

31-34: Hebr 8,8–12 / **33**: 31,1; Hebr 10,16f. / **34**: 33,8; Röm 11,27 / **35**: Gen 1,14–18 / **36**: 33,20.25f.

ERZÄHLUNGEN UND HEILSWORTE: 32,1–35,19

ZEICHEN DES ACKERKAUFS: 32,1–44

32 1 Das Wort, das vom HERRN an Jeremia
erging im zehnten Jahr Zidkijas, des
Königs von Juda – das ist das achtzehnte Jahr
Nebukadnezzars. 2 Damals belagerte das Heer
des Königs von Babel Jerusalem. Der Prophet
Jeremia aber befand sich im Wachhof am Palast
des Königs von Juda in Haft. 3 Dort hatte ihn

Zidkija, der König von Juda, gefangen gesetzt
mit der Begründung: Warum hast du prophe-
zeit: So spricht der HERR: Siehe, ich gebe die-
se Stadt in die Hand des Königs von Babel und
er wird sie erobern. 4 Auch Zidkija, der König
von Juda, wird der Hand der Chaldäer nicht
entrinnen, sondern in die Hand des Königs
von Babel gegeben werden, sodass er von
Mund zu Mund mit ihm reden und ihn Auge
in Auge sehen wird. 5 Er wird Zidkija nach Ba-
bel bringen; dort wird er bleiben, bis ich mich
seiner annehme – Spruch des HERRN. Wenn
ihr mit den Chaldäern Krieg führt, werdet ihr
kein Glück haben. 6 Jeremia sagte: Das Wort
des HERRN erging an mich: 7 Siehe, Hanamel,
der Sohn deines Onkels Schallum, wird zu dir
kommen und sagen: Kauf dir meinen Acker in
Anatot; denn dir steht es nach dem Aus-
lösungsrecht zu, ihn zu kaufen! 8 Und Hana-
mel, der Sohn meines Onkels, kam dem Wort
des HERRN gemäß zu mir in den Wachhof und
sagte zu mir: Kauf doch meinen Acker in Ana-
tot im Land Benjamin; denn du hast das Be-
sitzrecht und die Pflicht der Auslösung. Kauf
ihn dir! Da erkannte ich, dass es das Wort des
HERRN war. 9 So kaufte ich von Hanamel, dem
Sohn meines Onkels, den Acker in Anatot und
wog ihm das Geld ab: siebzehn Silberschekel.
10 Ich schrieb die Kaufurkunde, versiegelte sie,
nahm auch Zeugen hinzu und wog das Silber
auf der Waage ab. 11 Dann nahm ich die Kauf-
urkunde, die versiegelte – mit dem Vertrag
und den Bestimmungen –, sowie eine nicht
versiegelte Urkunde. 12 Ich übergab die Kauf-
urkunde Baruch, dem Sohn Nerijas, des Soh-
nes Machsejas, vor den Augen Hanamels, des
Sohnes meines Onkels, und vor den Augen der
Zeugen, die die Kaufurkunde unterschrieben
hatten, sowie vor den Augen aller Judäer, die
sich im Wachhof aufhielten. 13 Und vor ihren
Augen befahl ich Baruch: 14 So spricht der
HERR der Heerscharen, der Gott Israels:
Nimm diese Urkunden, sowohl die versiegel-
te Kaufurkunde als auch die nicht versiegelte
Urkunde, und leg sie in ein Tongefäß, damit
sie lange Zeit erhalten bleiben! 15 Denn so
spricht der HERR der Heerscharen, der Gott
Israels: Man wird wieder Häuser, Äcker und
Weinberge kaufen in diesem Land.

16 Nachdem ich die Kaufurkunde Baruch,
dem Sohn Nerijas, übergeben hatte, betete ich
zum HERRN: 17 Ach, Herr und GOTT! Siehe,
du hast Himmel und Erde erschaffen durch
deine große Kraft und deinen hoch erhobenen
Arm. Nichts ist dir unmöglich. 18 Du erweist
Tausenden Gnade, doch du vergiltst die Schuld
der Väter an ihren Söhnen, die nach ihnen
kommen – du gewaltiger, starker Gott, dessen
Name HERR der Heerscharen ist! 19 Groß bist
du an Rat und mächtig an Tat; deine Augen
wachen über alle Wege der Menschen, um je-
dem entsprechend seinem Verhalten und der
Frucht seiner Taten zu geben. 20 Du hast an
Israel und an den Menschen Zeichen und
Wunder getan, im Land Ägypten und bis auf
den heutigen Tag. So hast du dir einen Namen
gemacht, wie am heutigen Tag. 21 Du hast dein
Volk Israel unter Zeichen und Wundern, mit
starker Hand, mit hoch erhobenem Arm und
gewaltigem Schreckenstaten aus dem Land
Ägypten herausgeführt. 22 Du hast ihnen die-
ses Land gegeben, wie du ihren Vätern eidlich
zugesichert hattest, es ihnen zu geben, ein
Land, in dem Milch und Honig fließen. 23 Als
sie aber dorthin kamen und es in Besitz nah-
men, hörten sie nicht auf deine Stimme und
folgten deiner Weisung nicht. Nichts von al-
ledem, was du ihnen befohlen hast, haben sie
getan; darum hast du über sie all dies Unheil
gebracht. 24 Siehe: Schon haben sie die Belage-
rungsrampen bis an die Stadt herangebaut, um
sie einzunehmen; durch Schwert, Hunger und
Pest ist die Stadt den Chaldäern preisgegeben,
die gegen sie ankämpfen. Was du angedroht
hast, ist eingetroffen; du siehst es ja selbst.
25 Und du, Herr und GOTT, hast zu mir gesagt:
Kauf dir den Acker für Geld und nimm Zeugen
hinzu, wo doch die Stadt den Chaldäern preis-
gegeben ist!

26 Nun erging das Wort des HERRN an Jere-
mia: 27 Siehe, ich bin der HERR, der Gott allen
Fleisches. Ist mir irgendetwas unmöglich?
28 Darum – so spricht der HERR: Siehe, ich gebe
diese Stadt in die Hand der Chaldäer und in die
Hand Nebukadnezzars, des Königs von Babel,
und er wird sie einnehmen. 29 Die Chaldäer,
die gegen diese Stadt ankämpfen, werden ein-
dringen, die Stadt in Brand stecken und ein-
äschern samt den Häusern, auf deren Dächern
man dem Baal Rauchopfer und fremden Göt-
tern Trankopfer dargebracht hat, um mich zu
erzürnen. 30 Denn die Leute von Israel und die
Leute von Juda haben von Jugend an nur das
getan, was in meinen Augen schlecht ist; ja,

32,24 sind herangebaut, wörtlich: sind gekommen.

die Leute von Israel haben mich durch das Tun
ihrer Hände nur erzürnt – Spruch des HERRN.
31 In der Tat, diese Stadt hat seit ihrer Grün-
dung bis zum heutigen Tag meinen Zorn und
meinen Grimm erregt, sodass ich sie von mei-
nem Angesicht entfernen muss 32 wegen all
des Bösen, das die Söhne Israels und die Söh-
ne Judas verübt haben, um mich zu erzürnen,
sie, ihre Könige, ihre Beamten, ihre Priester
und ihre Propheten, die Leute von Juda und
die Einwohner Jerusalems. 33 Sie haben mir
den Rücken zugewandt und nicht das Gesicht.
Ich habe sie unermüdlich belehrt, aber sie hör-
ten nicht und nahmen keine Zucht an. 34 Viel-
mehr stellten sie in dem Haus, über dem mein
Name ausgerufen ist, ihre Scheusale auf, um
es zu entweihen. 35 Sie errichteten die Kulthö-
hen des Baal im Tal Ben-Hinnom, um ihre
Söhne und Töchter für den Moloch durchs
Feuer gehen zu lassen. Das habe ich ihnen nie
befohlen und niemals ist mir in den Sinn ge-
kommen, solchen Gräuel zu verlangen und
Juda in Sünde zu stürzen.

36 Nun aber – so spricht der HERR, der Gott
Israels, über diese Stadt, von der ihr sagt, sie
sei durch Schwert, Hunger und Pest dem Kö-
nig von Babel preisgegeben: 37 Siehe, ich
sammle sie aus allen Ländern, wohin ich sie in
meinem Zorn und meinem Grimm und in
großem Groll versprengt habe. Ich bringe sie
wieder zurück an diesen Ort und lasse sie in
Sicherheit wohnen. 38 Sie werden mir Volk sein
und ich werde ihnen Gott sein. 39 Ich bringe
sie dazu, nur eines im Herzen zu haben und
nur eines zu tun: mich alle Tage zu fürchten,
zum Heil für sie und ihre Kinder nach ihnen.
40 Ich schließe mit ihnen einen ewigen Bund,
dass ich mich nicht von ihnen abwenden wer-
de, sondern ihnen Gutes erweise. Ich lege ih-
nen die Furcht vor mir ins Herz, damit sie nicht
von mir weichen. 41 Ich werde mich über sie
freuen, wenn ich ihnen Gutes erweise. Ich
pflanze sie ein in diesem Land, in Treue, mit
meinem ganzen Herzen und mit meiner gan-
zen Seele. 42 Denn so spricht der HERR: Wie
ich über dieses Volk all dieses große Unheil
gebracht habe, so bringe ich über sie all das
Gute, das ich ihnen verspreche. 43 Man wird
wieder Felder kaufen in diesem Land, von dem
ihr sagt: Es ist eine Wüste, ohne Mensch und
Vieh, der Hand der Chaldäer preisgegeben.
44 Äcker wird man wieder kaufen für Geld,
Kaufurkunden ausstellen und versiegeln und
Zeugen hinzunehmen im Land Benjamin, in
der Umgebung Jerusalems, in den Städten Ju-
das und in den Städten des Gebirges, in den
Städten der Schefela und in den Städten des
Negeb. Denn ich wende ihr Geschick – Spruch
des HERRN.

2: 2 Kön 25,1f. / **3–4:** 34,2f. / **5:** 52,11 / **17:** 27,5 / **18:** Ex 20,5f.; 34,6f. / **23:** Dan 9,10–13 / **29:** 19,13 / **32–33:** 2,26f. / **34:** 7,30f.; 19,5 / **38:** 31,1.33 / **43:** 33,10; 32,25 / **44:** 29,14; 30,3; 33,7

VERHEISSUNG NEUEN HEILS FÜR JERUSALEM UND JUDA: 33,1–26

33 1 Das Wort des HERRN erging an Jere-
mia zum zweiten Mal, während er noch
im Wachhof eingesperrt war: 2 So spricht der
HERR, der erschafft, der formt, um fest zu
gründen. HERR ist sein Name: 3 Rufe zu mir,
so will ich dir antworten und dir Großes und
Unfassbares mitteilen, das du nicht kennst!
4 Denn so spricht der HERR, der Gott Israels,
über die Häuser dieser Stadt und die Häuser
der Könige Judas, die man eingerissen hat,
wegen der Belagerungsrampen und wegen des
Schwerts, 5 um dort mit den Chaldäern den
Kampf zu führen und die Häuser mit den Lei-
chen derer zu füllen, die ich in meinem Zorn
und meinem Grimm erschlug, weil ich mein
Angesicht vor dieser Stadt wegen all ihrer Bos-
heit verborgen hatte. 6 Siehe, ich bringe ihnen
Genesung und Heilung und ich werde sie hei-
len und ihnen Fülle von Frieden und Treue
gewähren. 7 Ich wende das Geschick Judas und
das Geschick Israels und baue sie auf wie ehe-
dem. 8 Ich reinige sie von all ihrer Schuld, mit
der sie gegen mich gesündigt haben, und ich
vergebe ihnen all ihre Schuld, mit der sie ge-
sündigt und sich gegen mich aufgelehnt ha-
ben. 9 Dann wird Jerusalem für mich ein Name
der Freude sein, Lobpreis und Zier bei allen
Völkern der Erde, wenn sie von all dem Guten
hören, das ich tue; sie werden zittern und be-
ben wegen all des Guten und all des Heils, das
ich ihm erweise. 10 So spricht der HERR: An
diesem Ort, von dem ihr sagt: Verwüstet ist
er, ohne Mensch und Vieh!, in den Städten
Judas und auf den Straßen Jerusalems, die ver-
ödet sind, ohne Menschen, ohne Bewohner
und ohne Vieh, 11 hört man wieder Jubelruf

32,39 ich bringe sie dazu, nur eines im Herzen zu haben und nur eines zu tun, wörtlich: ich gebe ihnen *ein* Herz und *einen* Weg.

33,6 gewähren, wörtlich: enthüllen.

und Freudenruf, den Ruf des Bräutigams und
den Ruf der Braut, den Ruf: Danket dem
HERRN der Heerscharen; denn gut ist der
HERR, denn seine Güte währet ewig! und die
dabei Dankopfer bringen zum Haus des
HERRN, denn ich wende das Geschick des
Landes: Es soll werden wie ehedem, spricht
der HERR.

12 So spricht der HERR der Heerscharen:
An diesem Ort, der verwüstet ist, ohne
Mensch und Vieh, und in allen seinen Städ-
ten wird es wieder eine Weide für Hirten
geben, die ihre Herden lagern lassen. 13 In den
Städten des Gebirges, den Städten der Sche-
fela und den Städten des Negeb, im Land
Benjamin, in der Umgebung Jerusalems und
in den Städten Judas ziehen wieder die Scha-
fe an dem vorbei, der sie mit der Hand zählt,
spricht der HERR.

14 Siehe, Tage kommen – Spruch des
HERRN –, da erfülle ich das Heilswort, das ich
über das Haus Israel und über das Haus Juda
gesprochen habe. 15 In jenen Tagen und zu je-
ner Zeit werde ich für David einen gerechten
Spross aufsprießen lassen. Er wird Recht und
Gerechtigkeit wirken im Land. 16 In jenen Ta-
gen wird Juda gerettet werden, Jerusalem kann
in Sicherheit wohnen. Man wird ihm den Na-
men geben: Der HERR ist unsere Gerechtig-
keit. 17 Denn so spricht der HERR: Nie soll es
David an einem Nachkommen fehlen, der auf
dem Thron des Hauses Israel sitzt. 18 Auch den
levitischen Priestern soll es nie an einem Nach-
kommen vor mir fehlen, der alle Tage Brand-
opfer darbringt, Speiseopfer verbrennt und
Schlachtopfer zurichtet.

19 Das Wort des HERRN erging an Jeremia:
20 So spricht der HERR: Wenn ihr meinen
Bund mit dem Tag und meinen Bund mit der
Nacht brechen könntet, sodass es nicht mehr
Tag und Nacht würde zu ihrer Zeit, 21 dann
könnte auch mein Bund mit meinem Knecht
David gebrochen werden, sodass er keinen
Sohn hätte, der auf seinem Thron König wäre,
und ebenso mein Bund mit den levitischen
Priestern, die mir dienen. 22 So unzählbar das
Heer des Himmels und so unmessbar der Sand
des Meeres ist, so zahlreich mache ich die
Nachkommen meines Knechtes David und die
Leviten, die mir dienen.

23 Das Wort des HERRN erging an Jeremia:
24 Hast du nicht bemerkt, was diese Leute re-
den: Die beiden Stammesverbände, die der
HERR erwählt hatte, hat er verworfen! Sie ver-
achten mein Volk, sodass es in ihren Augen
kein Volk mehr ist. 25 So spricht der HERR: So
gewiss ich meinen Bund mit dem Tag und mit
der Nacht und die Ordnungen von Himmel
und Erde festgesetzt habe, 26 so gewiss werde
ich auch die Nachkommen Jakobs und meines
Knechtes David nicht verwerfen; aus seinen
Nachkommen werde ich die Herrscher über
die Nachkommen Abrahams, Isaaks und Ja-
kobs nehmen. Denn ich werde ihr Geschick
wenden und mich ihrer erbarmen.

1: 32,1f. / **6**: 30,17 / **7**: 32,44 / **8**: 50,20 / **10**: 32,43 / **11**: 7,34; 25,10; Ps 106,1; 107,1 / **15**: 23,5f. / **17**: 1 Kön 2,4 / **20–21**: 31,35f.

ANKÜNDIGUNG DES ENDES ZIDKIJAS: 34,1–7

34 1 Das Wort, das vom HERRN an Jere-
mia erging, als Nebukadnezzar, der
König von Babel, und sein ganzes Heer, alle
Königreiche seines Herrschaftsgebietes und
alle Völkerschaften gegen Jerusalem und alle
seine Städte Krieg führten: 2 So spricht der
HERR, der Gott Israels: Geh, sage zu Zidkija,
dem König von Juda, sag zu ihm: So spricht
der HERR: Siehe, ich gebe diese Stadt in die
Hand des Königs von Babel und er wird sie im
Feuer verbrennen. 3 Auch du wirst seiner
Hand nicht entrinnen, sondern ergriffen und
in seine Hand gegeben werden. Auge in Auge
wirst du den König von Babel sehen und von
Mund zu Mund wird er mit dir reden und nach
Babel wirst du kommen. 4 Doch höre das Wort
des HERRN, Zidkija, König von Juda! So
spricht der HERR über dich: Du brauchst nicht
durch das Schwert zu sterben. 5 In Frieden
kannst du sterben und wie deinen Vätern,
den früheren Königen, die vor dir waren, so
wird man auch dir zu Ehren Totenfeuer an-
zünden und dir die Totenklage halten: Ach,
der Herrscher! Ich, ja ich, habe dieses Wort
geredet – Spruch des HERRN. 6 Der Prophet
Jeremia redete alle diese Worte zu Zidkija,
dem König von Juda, in Jerusalem, 7 als das
Heer des Königs von Babel gegen Jerusalem
und die übrig gebliebenen Städte Judas, näm-
lich Lachisch und Aseka, kämpfte; denn nur
diese waren von den Städten Judas als befes-
tigte Städte übrig geblieben.

2–3: 32,3f. / **5**: 22,18; 2 Chr 16,14

33,16 ihm: vermuteter Text; ihr (d. h. Jerusalem): H, Vg.

GEGEN DEN WIDERRUF DER SKLAVENFREILASSUNG: 34,8–22

8 Das Wort, das vom HERRN an Jeremia erging,
nachdem König Zidkija mit dem ganzen Volk
in Jerusalem einen Bund geschlossen hatte,
um für sie eine Freilassung auszurufen. 9 Es
sollte jeder seinen hebräischen Sklaven und
seine hebräische Sklavin freilassen, damit kei-
ner mehr einen judäischen Bruder oder eine
judäische Schwester versklave. 10 Dem hatten
sich alle Großen gefügt, ebenso das ganze
Volk, das in den Bund eingetreten war, dass
jeder seinen Sklaven und seine Sklavin freilas-
sen und nicht mehr versklaven werde. Sie hat-
ten gehorcht und die Sklaven freigelassen.
11 Danach aber wandten sie sich davon ab und
holten die Sklaven und Sklavinnen, die sie
freigelassen hatten, zurück und machten sie
mit Gewalt wieder zu Sklaven und Sklavin-
nen. 12 Da erging das Wort vom HERRN an
Jeremia: 13 So spricht der HERR, der Gott Isra-
els: Ich habe mit euren Vätern an dem Tag, als
ich sie aus dem Land Ägypten, dem Sklaven-
haus, herausführte, einen Bund geschlossen:
14 Am Ende von sieben Jahren soll jeder von
euch seinen hebräischen Stammesbruder, der
sich ihm verkauft hat, freilassen; sechs Jahre
soll er dein Sklave sein, dann sollst du ihn von
dir freilassen. Aber eure Väter haben mir nicht
gehorcht und ihr Ohr nicht zugeneigt. 15 Da
seid ihr jetzt umgekehrt und habt das getan,
was in meinen Augen recht ist, indem jeder
für seinen Nächsten die Freilassung ausrief.
Vor mir hattet ihr einen Bund geschlossen in
dem Haus, über dem mein Name ausgerufen
ist. 16 Aber ihr habt euch abgewandt und habt
meinen Namen entweiht; denn jeder von euch
hat seinen Sklaven und seine Sklavin zurück-
geholt, die ihr doch völlig freigelassen hattet.
Ihr habt sie mit Gewalt dazu gebracht, wieder
eure Sklaven und Sklavinnen zu sein. 17 Da-
rum – so spricht der HERR: Ihr habt mir nicht
gehorcht, jeder für seinen Stammesbruder und
seinen Nächsten Freilassung auszurufen. –
Siehe, ich rufe euch eine Freilassung aus –
Spruch des HERRN – für Schwert, Pest und
Hunger und ich mache euch zu einem Bild des
Schreckens für alle Reiche der Erde. 18 Ich ma-
che die Männer, die meinen Bund verletzt und
die Worte meines Bundes, den sie vor mir ge-
schlossen hatten, nicht gehalten haben, dem
Kalb gleich, das sie in zwei Hälften zerschnit-
ten haben und zwischen dessen Stücken sie
hindurchgegangen sind. 19 Die Großen Judas
und die Großen Jerusalems, die Höflinge, die
Priester und das ganze Volk des Landes, die
zwischen den Stücken des Kalbes hindurchge-
gangen sind, 20 ich gebe sie in die Hand ihrer
Feinde und in die Hand derer, die ihnen nach
dem Leben trachten. Ihre Leichen sollen den
Vögeln des Himmels und den Tieren des Fel-
des zum Fraß dienen. 21 Auch Zidkija, den
König von Juda, und seine Großen liefere ich
in die Hand ihrer Feinde aus und in die Hand
derer, die ihnen nach dem Leben trachten, so-
wie in die Hand des Heeres des Königs von
Babel, das von euch abgezogen ist. 22 Siehe,
schon gebe ich den Befehl – Spruch des HERRN
– und hole sie zu dieser Stadt zurück und sie
werden gegen sie kämpfen, sie erobern und im
Feuer verbrennen. Die Städte Judas mache ich
zur Wüste, wo niemand mehr wohnt.

14: Ex 21,2; Lev 25,41; Dtn 15,12 / **22**: 37,8f.

VORBILD DER RECHABITER: 35,1–19

35 1 Das Wort, das vom HERRN an Jeremia
erging in den Tagen Jojakims, des Soh-
nes Joschijas, des Königs von Juda: 2 Geh hin
zur Gemeinschaft der Rechabiter, rede mit
ihnen, führ sie zum Haus des HERRN in eine
der Hallen und gib ihnen Wein zu trinken!
3 Da holte ich Jaasanja, den Sohn Jirmejas, des
Sohnes Habazzinjas, samt seinen Brüdern und
allen seinen Söhnen und der ganzen Gemein-
schaft der Rechabiter. 4 Ich führte sie zum
Haus des HERRN in die Halle der Söhne Ha-
nans, des Sohnes Jigdaljas, des Gottesmannes,
die neben der Halle der Großen oberhalb der
Halle des Schwellenwächters Maaseja, des
Sohnes Schallums, gelegen ist. 5 Dann setzte
ich den Leuten von der Gemeinschaft der
Rechabiter gefüllte Weinkrüge und Becher vor
und sagte zu ihnen: Trinkt Wein! 6 Sie aber
entgegneten: Wir trinken keinen Wein; denn
unser Ahnherr Jonadab, der Sohn Rechabs, hat
uns geboten: Ihr sollt niemals Wein trinken,
weder ihr selbst noch eure Söhne. 7 Auch sollt
ihr kein Haus bauen, keine Saat bestellen, kei-
nen Weinberg pflanzen oder besitzen. Viel-
mehr sollt ihr euer Leben lang in Zelten woh-
nen, damit ihr lange lebt auf dem Ackerboden,
auf dem ihr euch aufhaltet. 8 Wir gehorchten
dem Auftrag unseres Ahnherrn Jonadab, des
Sohnes Rechabs, in allem, was er uns gebot.
Wir tranken also zeitlebens keinen Wein, we-
der wir noch unsere Frauen, Söhne und Töch-

ter. 9 Wir bauten uns keine Häuser zum Woh-
nen, wir besaßen keinen Weinberg, keinen
Acker und keine Saat. 10 Wir wohnten in Zel-
ten und gehorsam handelten wir genauso, wie
unser Ahnherr Jonadab es uns geboten hat.
11 Als jedoch Nebukadnezzar, der König von
Babel, gegen das Land heranzog, da sagten wir:
Kommt, wir wollen uns vor dem Heer der
Chaldäer und dem Heer aus Aram nach Jeru-
salem begeben. So ließen wir uns in Jerusalem
nieder. 12 Nun erging das Wort des HERRN an
Jeremia: 13 So spricht der HERR der Heerscha-
ren, der Gott Israels: Geh hin und sag zu den
Leuten von Juda und zu den Einwohnern Je-
rusalems: Wollt ihr nicht Zucht annehmen
und auf meine Worte hören? – Spruch des
HERRN. 14 Die Worte Jonadabs, des Sohnes
Rechabs, der seinen Söhnen das Weintrinken
verboten hat, werden treu erfüllt; sie trinken
keinen Wein bis zum heutigen Tag, weil sie
dem Gebot ihres Ahnherrn gehorchen. Ich
aber habe immer wieder zu euch geredet, doch
ihr habt mir nicht gehorcht. 15 Und immer wie-
der sandte ich zu euch alle meine Knechte, die
Propheten, mit der Mahnung: Kehrt doch um,
jeder von seinem schlechten Weg! Bessert
euer Tun und lauft nicht anderen Göttern
nach, um ihnen zu dienen! Dann dürft ihr in
dem Land bleiben, das ich euch und euren Vä-
tern gegeben habe. Ihr aber habt euer Ohr nicht
geneigt und nicht auf mich gehört. 16 Ja, die
Söhne Jonadabs, des Sohnes Rechabs, haben
das Gebot, das ihnen ihr Ahnherr gegeben hat,
treu erfüllt. Dieses Volk aber hat mir nicht ge-
horcht. 17 Darum – so spricht der HERR, der
Gott der Heerscharen, der Gott Israels: Siehe,
ich bringe über Juda und über alle Einwohner
Jerusalems das ganze Unheil, das ich ihnen
angekündigt habe, weil sie nicht hörten, als ich
zu ihnen redete, und keine Antwort gaben, als
ich sie rief. 18 Zur Gemeinschaft der Rechabiter
aber sagte Jeremia: So spricht der HERR der
Heerscharen, der Gott Israels: Weil ihr dem
Gebot eures Ahnherrn Jonadab gehorcht, alle
seine Gebote bewahrt und nach allen seinen
Anordnungen gehandelt habt, 19 darum – so
spricht der HERR der Heerscharen, der Gott
Israels: Niemals soll es Jonadab, dem Sohne
Rechabs, an einem Nachkommen fehlen, der
in meinem Dienst steht.

6: 2 Kön 10,15 / **15**: 25,4–7

DIE BERICHTE BARUCHS: 36,1–45,5

DIKTAT, VERNICHTUNG UND ERNEUERUNG DER BUCHROLLE: 36,1–32

36 1 Und es geschah im vierten Jahr Joja-
kims, des Sohnes Joschijas, des Königs
von Juda, da erging vom HERRN dieses Wort
an Jeremia: 2 Nimm dir eine Buchrolle und
schreib darauf alle Worte, die ich zu dir über
Israel und Juda und über alle Völker gespro-
chen habe, von dem Tag an, an dem ich zu dir
geredet habe seit den Tagen Joschijas bis zum
heutigen Tag! 3 Vielleicht hört das Haus Juda
all das Unheil, das ich ihnen zu tun gedenke,
sodass sie umkehren von ihrem bösen Weg,
und ich kann ihnen Schuld und Sünde verzei-
hen. 4 Da rief Jeremia Baruch, den Sohn Neri-
jas, und Baruch schrieb nach dem Diktat Jere-
mias alle Worte, die der HERR zu ihm
gesprochen hatte, auf eine Buchrolle. 5 Darauf
befahl Jeremia dem Baruch: Mir ist es ver-
wehrt, in das Haus des HERRN zu gehen. 6 Da-
rum geh du hin und lies am Fasttag aus der
Rolle, die du nach meinem Diktat geschrieben
hast, dem Volk im Haus des HERRN die Wor-
te des HERRN vor! Auch allen Judäern, die aus
ihren Städten herbeiströmen, sollst du sie vor-
lesen. 7 Vielleicht gelangt ihr Flehen um Gnade
vor den HERRN und sie kehren um, jeder von
seinem bösen Weg; denn groß ist der Zorn und
Grimm, den der HERR diesem Volk angekün-
digt hat. 8 Baruch, der Sohn Nerijas, handelte
genau nach dem Auftrag des Propheten Jere-
mia und las im Haus des HERRN die Worte des
HERRN aus dem Buch vor.

9 Und es geschah: Im fünften Jahr Jojakims,
des Sohnes Joschijas, des Königs von Juda,
hatte man im neunten Monat ein Fasten vor
dem HERRN ausgerufen, für alles Volk in Je-
rusalem und alle, die aus den Städten Judas
nach Jerusalem kamen. 10 Nun las Baruch im
Haus des HERRN dem ganzen Volk aus dem

Buch die Worte Jeremias vor, und zwar in der
Halle Gemarjas, des Sohnes des Schreibers
Schafan, im oberen Vorhof am Eingang des
Neuen Tempeltores. 11 Als Micha, der Sohn
Gemarjas, des Sohnes Schafans, alle Worte des
HERRN aus dem Buch vernommen hatte,
12 ging er hinab in den Königspalast zur Halle
des Schreibers. Und siehe, dort saßen alle ho-
hen Beamten zusammen: der Schreiber
Elischama, Delaja, der Sohn Schemajas, Elna-
tan, der Sohn Achbors, Gemarja, der Sohn
Schafans, Zidkija, der Sohn Hananjas, und alle
sonstigen Beamten. 13 Micha teilte ihnen alle
Worte mit, die er gehört hatte, als Baruch dem
Volk aus dem Buch vorlas. 14 Da schickten die
versammelten Beamten Jehudi, den Sohn Ne-
tanjas, des Sohnes Schelemjas, des Sohnes
Kuschis, zu Baruch und ließen ihm sagen:
Nimm die Rolle, aus der du dem Volk vorge-
lesen hast, und komm hierher! Sogleich nahm
Baruch, der Sohn Nerijas, die Rolle in seine
Hand und kam zu ihnen. 15 Sie sagten zu ihm:
Setz dich und lies sie uns vor! Nun las ihnen
Baruch vor. 16 Als sie all die Worte hörten,
schauten sie einander erschrocken an und sag-
ten zu Baruch: Wir müssen unbedingt dem
König alle diese Worte mitteilen. 17 Sie fragten
Baruch: Sag uns doch, wie hast du alle diese
Worte nach seinem Diktat niedergeschrieben?
18 Baruch erwiderte ihnen: Jeremia hat mir alle
diese Worte diktiert und ich habe sie mit Tin-
te in das Buch geschrieben. 19 Darauf sagten
die Beamten zu Baruch: Geh und verbirg dich,
du und auch Jeremia! Niemand soll wissen, wo
ihr seid. 20 Dann begaben sie sich zum König
in den Palasthof, nachdem sie die Rolle in der
Halle des Schreibers Elischama verwahrt hat-
ten, und teilten dem König alle Worte mit.
21 Da sandte der König den Jehudi, um die Rol-
le zu holen, und dieser holte sie aus der Halle
des Schreibers Elischama. Und Jehudi las sie
dem König und allen Beamten vor, die um den
König standen. 22 Der König wohnte im Win-
terhaus, es war ja der neunte Monat, und das
Kohlenbecken vor ihm war angezündet.
23 Und es geschah: Sooft Jehudi drei oder vier
Spalten gelesen hatte, schnitt sie der König mit
dem Schreibermesser ab und warf sie in das
Feuer auf dem Kohlenbecken, bis die ganze
Rolle im Feuer auf dem Kohlenbecken ver-
nichtet war. 24 Weder der König noch alle seine
Diener, die alle diese Worte hörten, erschra-
ken und sie zerrissen auch nicht ihre Kleider.
25 Selbst als Elnatan, Delaja und Gemarja den
König drängten, die Rolle nicht zu verbren-
nen, hörte er nicht auf sie. 26 Vielmehr befahl
der König dem Prinzen Jerachmeël, ferner Se-
raja, dem Sohn Asriëls, und Schelemja, dem
Sohn Abdeëls, den Schreiber Baruch und den
Propheten Jeremia festzunehmen; aber der
HERR hielt sie verborgen.

27 Und das Wort des HERRN erging an Jere-
mia, nachdem der König die Rolle und die
Worte verbrannt hatte, die Baruch nach dem
Diktat Jeremias niedergeschrieben hatte:
28 Nimm dir eine andere Rolle und schreib all
die früheren Worte darauf, die auf der ersten
Rolle standen, die Jojakim, der König von Juda,
verbrannt hat. 29 Über Jojakim aber, den König
von Juda, sollst du sagen: So spricht der HERR:
Du hast diese Rolle verbrannt und gesagt: Wa-
rum hast du darauf geschrieben, der König von
Babel werde bestimmt kommen, dieses Land
verheeren und Mensch und Vieh darin ver-
nichten? 30 Darum – so spricht der HERR über
Jojakim, den König von Juda: Er wird keinen
Nachkommen mehr haben, der auf dem Thron
Davids sitzt, und sein Leichnam soll hinaus-
geworfen werden in die Hitze des Tags und die
Kälte der Nacht. 31 Ich suche ihn, seine Nach-
kommen und seine Diener heim für ihre
Schuld. Ich bringe über sie, über die Einwoh-
ner Jerusalems und die Leute von Juda all das
Unheil, das ich ihnen angekündigt habe. Sie
aber haben nicht gehört. 32 Da nahm Jeremia
eine andere Rolle und übergab sie dem Schrei-
ber Baruch, dem Sohn Nerijas. Dieser schrieb
auf sie nach dem Diktat Jeremias alle Worte
des Buches, das Jojakim, der König von Juda,
im Feuer verbrannt hatte. Ihnen wurden noch
viele ähnliche Worte hinzugefügt.

1: 25,1 / **2**: 25,3 / **3**: 26,3 / **24**: 2 Kön 22,11 / **30**: 22,19

BOTSCHAFT AN KÖNIG ZIDKIJA: 37,1–10

37 1 Anstelle Jojachins, des Sohnes Joja-
kims, wurde Zidkija, der Sohn Joschi-
jas, König. Ihn hatte Nebukadnezzar, der
König von Babel, als König über das Land
Juda eingesetzt. 2 Weder er selbst noch seine
Diener noch das Volk des Landes hörten auf
die Worte des HERRN, die er durch Jeremia
sprach.

3 König Zidkija sandte einmal Juchal, den
Sohn Schelemjas, und den Priester Zefanja,

36,17 nach seinem Diktat, wörtlich: aus seinem Mund, ähnlich V. 27 und 45,1.

den Sohn Maasejas, zum Propheten Jeremia
und ließ ihm sagen: Bete doch für uns zum
HERRN, unserem Gott! 4 Jeremia konnte sich
noch frei unter dem Volk bewegen; man hatte
ihn noch nicht ins Gefängnis geworfen. 5 Aus
Ägypten war damals das Heer des Pharao auf-
gebrochen, und als die Chaldäer, die Jerusalem
belagerten, davon Nachricht erhielten, rück-
ten sie von Jerusalem ab. 6 Nun erging das
Wort des HERRN an den Propheten Jeremia:
7 So spricht der HERR, der Gott Israels: Ant-
wortet dem König von Juda, der euch zu mir
gesandt hat, um mich zu befragen: Siehe, das
Heer des Pharao, das aufgebrochen ist, um
euch Hilfe zu bringen, wird in sein Land Ägyp-
ten zurückkehren. 8 Dann werden die Chaldä-
er zurückkehren, gegen diese Stadt kämpfen,
sie erobern und im Feuer verbrennen. 9 So
spricht der HERR: Täuscht euch nicht selbst
mit dem Gedanken: Sicher werden die Chal-
däer von uns abziehen – denn sie ziehen nicht
ab! 10 Selbst wenn ihr das ganze Heer der Chal-
däer, die gegen euch kämpfen, schlagen könn-
tet und nur einige Schwerverwundete von
ihnen übrig blieben, sie würden, jeder in sei-
nem Zelt, aufstehen und diese Stadt im Feuer
verbrennen.

1: 2 Kön 24,17 / **8–9**: 34,21f.

JEREMIAS GEFANGENNAHME UND SEINE ERSTE HEIMLICHE UNTERREDUNG MIT ZIDKIJA: 37,11–21

11 Und es geschah: Als das Heer der Chaldäer
vor dem Heer des Pharao von Jerusalem abge-
rückt war, 12 verließ Jeremia Jerusalem, um ins
Land Benjamin zu gehen und dort mit seinen
Verwandten ein Erbe zu teilen. 13 Er war bereits
am Benjamintor angelangt. Dort war ein
Wachhabender namens Jirija, der Sohn Sche-
lemjas, des Sohnes Hananjas. Er ergriff den
Propheten Jeremia und sagte: Du willst zu den
Chaldäern überlaufen. 14 Jeremia entgegnete:
Das ist nicht wahr; ich laufe nicht zu den Chal-
däern über. Doch Jirija hörte nicht auf ihn; er
nahm Jeremia fest und brachte ihn vor die Be-
amten. 15 Diese waren über Jeremia zornig,
schlugen ihn und warfen ihn in den Kerker, in
das Haus des Schreibers Jonatan; denn dieses
hatte man zum Gefängnis gemacht. 16 So kam
Jeremia in das Zisternenhaus in die Gewölbe.
Dort saß Jeremia lange Zeit gefangen.

17 Eines Tages sandte König Zidkija hin, um
ihn zu holen. Der König fragte ihn heimlich in
seinem Palast: Gibt es ein Wort vom HERRN?
Jeremia antwortete: Es gibt eines. Und er sag-
te: Du wirst in die Hand des Königs von Babel
ausgeliefert werden. 18 Dann sagte Jeremia
zum König Zidkija: Welches Verbrechen habe
ich an dir, an deinen Dienern und an diesem
Volk begangen, dass ihr mich ins Gefängnis
geworfen habt? 19 Wo sind jetzt eure Prophe-
ten, die euch prophezeit haben: Der König von
Babel wird nicht über euch und dieses Land
kommen? 20 Nun aber höre doch, mein Herr
und König! Möge meine Bitte bei dir Gehör
finden. Lass mich nicht ins Haus des Schrei-
bers zurückbringen, damit ich dort nicht ster-
be! 21 Da gab König Zidkija Befehl und man
verwahrte Jeremia im Wachhof und gab ihm
täglich ein Fladenbrot aus der Bäckergasse, bis
alles Brot in der Stadt zu Ende ging. So blieb
Jeremia im Wachhof.

12: 32,8f. / **17**: 34,21 / **21**: 32,2

JEREMIAS GEFANGENSCHAFT IN DER ZISTERNE: 38,1–6

38 1 Schefatja, der Sohn Mattans, Gedalja,
der Sohn Paschhurs, Juchal, der Sohn
Schelemjas, und Paschhur, der Sohn Malkijas,
hörten die Worte, die Jeremia zum ganzen
Volk redete: 2 So spricht der HERR: Wer in die-
ser Stadt bleibt, der stirbt durch Schwert, Hun-
ger und Pest. Wer aber zu den Chaldäern hi-
nausgeht, der wird überleben; er wird sein
Leben als Beute erhalten und am Leben blei-
ben. 3 So spricht der HERR: Diese Stadt wird
ganz sicher dem Heer des Königs von Babel in
die Hand gegeben werden und er wird sie er-
obern. 4 Darauf sagten die Beamten zum Kö-
nig: Dieser Mann muss getötet werden, denn
er lähmt die Hände der Krieger, die in dieser
Stadt übrig geblieben sind, und die Hände des
ganzen Volkes, wenn er solche Worte zu ihnen
redet. Denn dieser Mann sucht nicht Heil für
dieses Volk, sondern Unheil. 5 Der König Zid-
kija erwiderte: Siehe, er ist in eurer Hand; denn
der König vermag nichts gegen euch. 6 Da er-
griffen sie Jeremia und warfen ihn in die Zis-
terne des Königssohns Malkija, die sich im
Wachhof befand; man ließ ihn an Stricken
hinunter. In der Zisterne war kein Wasser,
sondern nur Schlamm und Jeremia sank in den
Schlamm.

2: 21,9

JEREMIAS RETTUNG DURCH EBED-MELECH UND SEINE ZWEITE HEIMLICHE UNTERREDUNG MIT ZIDKIJA: 38,7–28

7 Der Kuschiter Ebed-Melech, ein Höfling, der
im königlichen Palast bedienstet war, hörte,
dass man Jeremia in die Zisterne geworfen
hatte, während der König sich am Benjamintor
aufhielt. 8 Da verließ Ebed-Melech den Palast
und sagte zum König: 9 Mein Herr und König,
schlecht war alles, was diese Männer dem Pro-
pheten Jeremia angetan haben; sie haben ihn
in die Zisterne geworfen, damit er dort unten
verhungert. Denn es gibt in der Stadt kein Brot
mehr. 10 Da befahl der König dem Kuschiter
Ebed-Melech: Nimm dir von hier dreißig
Männer mit und zieh den Propheten Jeremia
aus der Zisterne herauf, bevor er stirbt. 11 Ebed-
Melech nahm die Männer mit sich und ging
zum Palast, in den Raum unterhalb der Vor-
ratskammer. Dort holte er Stücke von abgeleg-
ten und zerrissenen Kleidern und ließ sie an
Stricken zu Jeremia in die Zisterne hinunter.
12 Dann sagte der Kuschiter Ebed-Melech zu
Jeremia: Leg die Stücke der abgelegten und
zerrissenen Kleider in deine Achselhöhlen
unter die Stricke! Und Jeremia machte es so.
13 Nun zogen sie Jeremia an den Stricken hoch
und brachten ihn aus der Zisterne herauf. Von
da an blieb Jeremia im Wachhof.

14 König Zidkija sandte hin, um den Prophe-
ten Jeremia zu sich an den dritten Eingang
beim Haus des HERRN zu holen. Der König
sagte zu Jeremia: Ich möchte dich nach einem
Gotteswort fragen. Verschweig mir nichts!
15 Jeremia antwortete Zidkija: Wenn ich es dir
verkünde, lässt du mich bestimmt umbringen,
und wenn ich dir einen Rat gebe, hörst du
nicht auf mich. 16 Da schwor König Zidkija
dem Jeremia heimlich und sagte: So wahr der
HERR lebt, der uns dieses Leben gegeben hat,
ich lasse dich nicht umbringen und gebe dich
nicht in die Hand jener Männer, die dir nach
dem Leben trachten. 17 Hierauf sagte Jeremia
zu Zidkija: So spricht der HERR, der Gott der
Heerscharen, der Gott Israels: Wenn du wirk-
lich hinausgehst zu den Heerführern des Kö-
nigs von Babel, dann ist dein Leben gerettet,
diese Stadt wird nicht im Feuer verbrannt und
du bleibst am Leben, du und dein Haus.
18 Gehst du aber nicht hinaus zu den Heerfüh-
rern des Königs von Babel, dann wird diese
Stadt den Chaldäern ausgeliefert. Sie werden
sie im Feuer verbrennen und du selbst wirst
ihrer Hand nicht entrinnen. 19 König Zidkija
entgegnete Jeremia: Ich habe Angst vor den
Judäern, die bereits zu den Chaldäern abgefal-
len sind; man könnte mich ihnen ausliefern
und sie würden mir übel mitspielen. 20 Jeremia
versicherte: Man wird dich nicht ausliefern.
Hör doch auf die Stimme des HERRN, in dem,
was ich zu dir rede, damit es dir gut geht und
dein Leben gerettet ist! 21 Weigerst du dich aber
hinauszugehen, so ist dies das Wort, was der
HERR mich sehen ließ: 22 Siehe, alle Frauen,
die im Palast des Königs von Juda übrig geblie-
ben sind, werden dann zu den Heerführern
des Königs von Babel hinausgeführt und dabei
klagen:

Überlistet, hereingelegt / haben dich deine guten Freunde;
stecken deine Füße im Sumpf, / so machen sich alle davon.

23 Alle deine Frauen und Kinder wird man
zu den Chaldäern hinausführen; auch du wirst
ihrer Hand nicht entrinnen, sondern wirst von
der Hand des Königs von Babel ergriffen wer-
den; diese Stadt aber wirst du im Feuer ver-
brennen. 24 Zidkija sagte zu Jeremia: Niemand
darf von diesen Worten erfahren, sonst musst
du sterben. 25 Wenn aber die Beamten erfah-
ren, dass ich mit dir geredet habe, werden sie
zu dir kommen und dich auffordern: Teil uns
mit, was du zum König gesagt hast! Verheim-
liche uns nichts, sonst töten wir dich! – Und
teil uns auch mit, was der König zu dir gesagt
hat! 26 Dann antworte ihnen: Ich ließ meine
Bitte vor den König gelangen, mich nicht ins
Haus Jonatans zurückbringen zu lassen, weil
ich dort sterben würde. 27 Und tatsächlich ka-
men alle Beamten zu Jeremia und fragten ihn.
Er antwortete ihnen genauso, wie ihm der
König geboten hatte. Da ließen sie von ihm ab;
denn niemand hatte das Gespräch mitgehört.
28 So blieb Jeremia im Wachhof bis zu dem Tag,
an dem Jerusalem erobert wurde. Und dies
geschah, als Jerusalem erobert wurde:

7: 39,15–18 / **23**: 32,4; 34,3 / **28**: 37,21

EROBERUNG JERUSALEMS: 39,1–10

39 1 Im neunten Jahr Zidkijas, des Königs
von Juda, im zehnten Monat, rückte
Nebukadnezzar, der König von Babel, mit sei-
ner ganzen Streitmacht vor Jerusalem und sie
belagerten es. 2 Im elften Jahr Zidkijas, am
neunten Tag des vierten Monats, wurde die
Stadtmauer aufgebrochen. 3 Da zogen alle

Heerführer des Königs von Babel ein und lie-
ßen sich im Mitteltor nieder: Nergal-Sarezer,
der Fürst von Sin-Magir, und Nebuschasban,
der Oberkämmerer, Nergal-Sarezer, der Ober-
hofmeister, und alle übrigen Heerführer des
Königs von Babel.
4 Und es geschah: Als Zidkija, der König von
Juda, und alle Krieger sie sahen, ergriffen sie
die Flucht und verließen bei Nacht die Stadt
auf dem Weg des königlichen Gartens, durch
das Tor zwischen den beiden Mauern, und sie
schlugen die Richtung nach der Araba ein.
5 Aber die chaldäischen Truppen setzten ihnen
nach und holten Zidkija in den Niederungen
von Jericho ein. Sie ergriffen ihn und brachten
ihn hinauf zu Nebukadnezzar, dem König von
Babel, nach Ribla in der Landschaft Hamat und
dieser sprach über ihn das Urteil. 6 Der König
von Babel ließ in Ribla die Söhne Zidkijas vor
dessen Augen niedermachen; auch alle Vor-
nehmen Judas ließ der König von Babel nie-
dermachen. 7 Zidkija ließ er blenden und in
Fesseln legen, um ihn nach Babel zu bringen.
8 Den königlichen Palast und die Häuser des
Volkes verbrannten die Chaldäer im Feuer
und die Mauern Jerusalems rissen sie nieder.
9 Den Rest des Volkes, jene, die übrig geblieben
waren in der Stadt, und die Überläufer, die zu
ihm übergelaufen waren, und den Rest des
Volkes, jene, die übrig geblieben waren, führ-
te Nebusaradan, der Befehlshaber der Leibwa-
che, nach Babel in die Verbannung. 10 Nur von
den armen Leuten, die nichts hatten, ließ Ne-
busaradan, der Befehlshaber der Leibwache,
einen Teil im Land Juda zurück und gab ihnen
an jenem Tag Weinberge und Äcker.

BEFREIUNG JEREMIAS: 39,11–14

11 Nebukadnezzar, der König von Babel, hatte
durch Nebusaradan, den Befehlshaber der
Leibwache, über Jeremia folgenden Befehl ge-
geben: 12 Lass ihn holen, achte auf ihn und füg
ihm kein Leid zu, sondern verfahre mit ihm
so, wie er es dir sagen wird! 13 Da sandten Ne-
busaradan, der Befehlshaber der Leibwache,
Nebuschasban, der Oberkämmerer, und Ner-
gal-Sarezer, der Oberhofmeister, sowie alle
Obersten des Königs von Babel Leute zum
Wachhof, 14 sie also sandten hin, um Jeremia
aus dem Wachhof zu holen, und übergaben
ihn Gedalja, dem Sohn Ahikams, des Sohnes
Schafans, damit er ihn nach Hause entlasse. So
blieb er mitten unter dem Volk.

12: 40,4

VERHEISSUNG DER RETTUNG EBED-MELECHS: 39,15–18

15 Als Jeremia noch im Wachhof gefangen saß,
war an ihn das Wort des HERRN ergangen:
16 Geh und sag zu dem Kuschiter Ebed-Melech:
So spricht der HERR der Heerscharen, der Gott
Israels: Siehe, ich erfülle meine Worte, die ich
über diese Stadt gesprochen habe – zu ihrem
Unheil und nicht zu ihrem Heil; sie werden an
jenem Tag vor deinen Augen eintreffen. 17 Aber
dich werde ich retten an jenem Tag – Spruch
des HERRN – und du wirst nicht in die Hand
der Männer gegeben werden, vor denen du
dich fürchtest. 18 Ja, ich werde dich sicher er-
retten; du wirst nicht unter dem Schwert fal-
len, sondern du wirst dein Leben als Beute
erhalten, weil du auf mich vertraut hast –
Spruch des HERRN.

15: 38,7.13 / **16**: 21,10; 44,11.27 / **18**: 21,9; 38,2; 45,5

GEDALJAS STATTHALTERSCHAFT UND GEDALJAS ERMORDUNG: 40,1–41,10

40 1 Das Wort, das vom HERRN an Jere-
mia erging, nachdem ihn Nebusara-
dan, der Befehlshaber der Leibwache, in Rama
freigelassen hatte. Dieser hatte ihn nämlich
holen lassen, als er, mit Handschellen gefes-
selt, sich mitten unter all den Verbannten Je-
rusalems und Judas befand, die nach Babel in
die Verbannung geführt werden sollten. 2 Der
Befehlshaber der Leibwache holte Jeremia und
sagte zu ihm: Der HERR, dein Gott, hatte die-
sem Ort dieses Unheil angekündigt. 3 Der
HERR hat es so kommen lassen und er hat ge-
handelt, wie er angekündigt hatte, denn ihr
habt gegen den HERRN gesündigt und nicht
auf seine Stimme gehört, sodass euch dies ge-
schehen ist. 4 Nun aber, siehe: Ich löse dir heu-
te die Fesseln an deinen Händen. Wenn es gut
ist in deinen Augen, mit mir nach Babel zu
kommen, so komm und ich will auf dich ach-
ten. Wenn es aber schlecht ist in deinen Au-
gen, mit mir nach Babel zu kommen, so lass
es! Sieh: Das ganze Land liegt vor dir; geh,
wohin zu gehen in deinen Augen gut und recht
ist! 5 Als er aber noch nicht zurückkehren woll-
te, sagte er weiter: Kehre zurück zu Gedalja,
dem Sohn Ahikams, des Sohnes Schafans, den
der König von Babel über die Städte Judas ge-

39,8 Häuser des Volkes: vermuteter Text, vgl. S; Haus des Volkes: H, Vg.

setzt hat! Bleib bei ihm mitten unter dem Volk
oder geh, wohin zu gehen in deinen Augen
recht ist! Der Befehlshaber der Leibwache gab
ihm Reisevorrat sowie ein Geschenk und ent-
ließ ihn. 6 Jeremia ging zu Gedalja, dem Sohn
Ahikams, nach Mizpa und blieb bei ihm mit-
ten unter dem Volk, das im Land übrig geblie-
ben war.

7 Alle Truppenführer, die im Feld waren, sie
und ihre Männer, hörten, dass der König von
Babel Gedalja, den Sohn Ahikams, als Statt-
halter im Land eingesetzt und ihm Männer,
Frauen und Kinder sowie jenen Teil der armen
Bevölkerung unterstellt habe, der nicht nach
Babel geführt worden war. 8 Und es kamen zu
Gedalja nach Mizpa: Jischmael, der Sohn Ne-
tanjas, Johanan und Jonatan, die Söhne Kare-
achs, Seraja, der Sohn Tanhumets, ferner die
Söhne Efais aus Netofa und Jaasanja, der Sohn
des Maachatiters, sie und ihre Männer. 9 Ge-
dalja, der Sohn Ahikams, des Sohnes Schafans,
schwor ihnen und ihren Männern: Fürchtet
euch nicht davor, den Chaldäern untertan zu
sein! Bleibt im Land und dient dem König von
Babel; dann wird es euch gut gehen! 10 Ich aber,
siehe, ich bleibe in Mizpa und vertrete euch vor
den Chaldäern, die zu uns kommen. Ihr aber,
erntet Wein, Obst und Öl, sammelt es in euren
Gefäßen und bleibt in den Ortschaften, die ihr
in Besitz genommen habt! 11 Auch alle Judäer,
die sich in Moab, bei den Ammonitern, in
Edom oder in allen anderen Ländern aufhiel-
ten, hörten, dass der König von Babel Juda eine
Restbevölkerung gelassen und über sie Gedal-
ja, den Sohn Ahikams, des Sohnes Schafans,
als Statthalter eingesetzt habe. 12 Und alle Ju-
däer kehrten aus allen Orten, wohin sie ver-
sprengt waren, zurück und kamen ins Land
Juda zu Gedalja nach Mizpa und sie ernteten
Wein und Obst in großer Menge.

13 Auch Johanan, der Sohn Kareachs, und alle
Truppenführer, die im Feld waren, kamen zu
Gedalja nach Mizpa. 14 Sie fragten ihn: Weißt
du schon, dass Baalis, der König der Ammoni-
ter, Jischmael, den Sohn Netanjas, geschickt
hat, um dich ermorden zu lassen? Aber Gedal-
ja, der Sohn Ahikams, glaubte ihnen nicht.
15 Nun sagte Johanan, der Sohn Kareachs,
heimlich zu Gedalja in Mizpa: Ich will hinge-
hen und Jischmael, den Sohn Netanjas, er-
schlagen, ohne dass jemand davon erfährt.
Warum soll er dich umbringen, sodass alle
Judäer, die sich um dich geschart haben, wie-
der zerstreut werden und der Rest von Juda
zugrunde geht? 16 Doch Gedalja, der Sohn
Ahikams, entgegnete Johanan, dem Sohn Ka-
reachs: Tu das nicht; denn du redest falsch über
Jischmael.

41 1 Und es geschah im siebten Monat, da
kam Jischmael, der Sohn Netanjas, des
Sohnes Elischamas, ein Mann aus königlichem
Geschlecht und einer von den Großen des Kö-
nigs, mit zehn Mann zu Gedalja, dem Sohn
Ahikams, nach Mizpa. Während sie dort zu-
sammen aßen, 2 erhob sich Jischmael, der Sohn
Netanjas, samt den zehn Männern, die bei ihm
waren, und sie erschlugen Gedalja, den Sohn
Ahikams, des Sohnes Schafans, mit dem
Schwert. So tötete er den Mann, den der König
von Babel als Statthalter im Land eingesetzt
hatte. 3 Auch alle Judäer, die bei ihm, bei Ge-
dalja, in Mizpa waren, und die Chaldäer, die
Soldaten, die sich dort befanden, erschlug
Jischmael.

4 Und es geschah: Am zweiten Tag nach Ge-
daljas Ermordung, als es noch niemand wuss-
te, 5 kamen Männer aus Sichem, Schilo und
Samaria, achtzig Mann, mit geschorenen Bär-
ten, zerrissenen Kleidern und Ritzwunden.
Sie trugen in ihren Händen Opfergaben und
Weihrauch, um sie zum Haus des HERRN zu
bringen. 6 Da ging ihnen Jischmael, der Sohn
Netanjas, von Mizpa aus entgegen, wobei er
laut weinte. Als er auf sie traf, sagte er zu ihnen:
Kommt zu Gedalja, dem Sohn Ahikams! 7 Und
es geschah, als sie in die Stadtmitte gekommen
waren, ermordete sie Jischmael, der Sohn Ne-
tanjas, mit Hilfe der Männer, die er bei sich
hatte, und warf sie in die Zisterne. 8 Zehn Män-
ner aber, die sich unter jenen befanden, hatten
zu Jischmael gesagt: Töte uns nicht; denn wir
haben versteckte Vorräte auf dem Feld: Wei-
zen, Gerste, Öl und Honig. Da ließ er ab und
tötete sie nicht inmitten ihrer Stammesbrüder.
9 Die Zisterne aber, in die Jischmael alle Lei-
chen der Männer warf, die er Gedaljas wegen
erschlagen hatte, war jene, die König Asa im
Krieg gegen Bascha, den König von Israel, an-
gelegt hatte. Diese füllte nun Jischmael, der
Sohn Netanjas, mit Erschlagenen. 10 Dann
führte Jischmael den ganzen Rest des Volkes,
der sich in Mizpa befand, gefangen weg: die
Töchter des Königs und das ganze Volk, das
in Mizpa übrig geblieben war und das Nebu-
saradan, der Befehlshaber der Leibwache, Ge-
dalja, dem Sohn Ahikams, unterstellt hatte.

Jischmael, der Sohn Netanjas, führte sie gefan-
gen weg und er selbst zog ab, um über die
Grenze zu den Ammonitern zu gelangen.

40,6: 39,14 / **7–16**: 2 Kön 25,22–24
41,1: 40,8 / **9**: 1 Kön 15,16–24

DIE SAMMLUNG DES RESTLICHEN VOLKES UNTER JOHANAN: 41,11–18

11 Johanan, der Sohn Kareachs, und alle Trup-
penführer, die bei ihm waren, hörten von all
dem Bösen, das Jischmael, der Sohn Netanjas,
verübt hatte. 12 Sie nahmen ihre gesamte
Mannschaft und zogen aus, um gegen Jisch-
mael, den Sohn Netanjas, zu kämpfen. Am
großen Wasser bei Gibeon fanden sie ihn.
13 Und es geschah, als das ganze Volk, das bei
Jischmael war, Johanan, den Sohn Kareachs,
und in seiner Begleitung alle Truppenführer
erblickte, freuten sie sich. 14 Das ganze Volk,
das Jischmael von Mizpa gefangen weggeführt
hatte, wandte sich von ihm ab, kehrte um
und ging zu Johanan, dem Sohn Kareachs.
15 Jischmael aber, der Sohn Netanjas, konnte
mit acht Mann dem Johanan entkommen und
ging zu den Ammonitern.

16 Nun übernahm Johanan, der Sohn Kare-
achs, zusammen mit allen Truppenführern,
die bei ihm waren, den ganzen Rest des Vol-
kes, den er von Jischmael, dem Sohn Netanjas,
aus Mizpa zurückgebracht hatte, nachdem
dieser den Gedalja, den Sohn Ahikams, er-
schlagen hatte: Männer, Krieger, Frauen, Kin-
der und Palastbeamte, die er alle von Gibeon
wegbrachte. 17 Sie zogen ab und machten in der
Herberge des Kimham bei Betlehem Halt, in
der Absicht, nach Ägypten weiterzuziehen,
18 um den Chaldäern zu entkommen; denn sie
fürchteten sich vor ihnen, weil Jischmael, der
Sohn Netanjas, Gedalja, den Sohn Ahikams,
erschlagen hatte, den der König von Babel über
das Land eingesetzt hatte.

JEREMIAS WARNUNG VOR DER AUSWANDERUNG NACH ÄGYPTEN: 42,1–22

42 1 Da kamen alle Truppenführer und
Johanan, der Sohn Kareachs, ferner
Jesanja, der Sohn Hoschajas, sowie das ganze
Volk, Klein und Groß, herbei 2 und sagten zum
Propheten Jeremia: Unser Flehen gelange doch
vor dich: Bete für uns zum HERRN, deinem
Gott, für diesen ganzen Rest; denn von einst
so vielen sind nur wir wenige übrig geblieben,
wie du mit eigenen Augen siehst. 3 Möge der
HERR, dein Gott, uns kundtun, welchen Weg
wir gehen und was wir tun sollen. 4 Der Pro-
phet Jeremia erwiderte ihnen: Ich habe es ge-
hört. Siehe, ich werde gemäß euren Worten
zum HERRN, eurem Gott, beten. Und jedes
Wort, das der HERR euch antwortet, werde ich
euch mitteilen, ohne euch ein Wort vorzuent-
halten. 5 Sie selbst versicherten Jeremia: Der
HERR sei ein wahrer und treuer Zeuge gegen
uns, wenn wir nicht genau nach jedem Wort
handeln, mit dem dich der HERR, dein Gott,
zu uns sendet. 6 Sei es gut oder schlimm, auf
die Stimme des HERRN, unseres Gottes, zu
dem wir dich senden, werden wir hören, da-
mit es uns gut gehe, weil wir auf die Stimme
des HERRN, unseres Gottes, hören.

7 Und es geschah nach zehn Tagen, da erging
das Wort des HERRN an Jeremia. 8 Daraufhin
rief er Johanan, den Sohn Kareachs, und alle
Truppenführer, die bei ihm waren, sowie das
ganze Volk, Klein und Groß, zusammen 9 und
sagte zu ihnen: So spricht der HERR, der Gott
Israels, zu dem ihr mich gesandt habt, damit
euer Flehen vor ihn gelange: 10 Wenn ihr zu-
rückkehrt und in diesem Land bleibt, so werde
ich euch aufbauen und nicht niederreißen,
euch einpflanzen und nicht ausreißen; ja, ich
bereue das Unheil, das ich euch angetan habe.
11 Fürchtet euch nicht vor dem König von Ba-
bel, vor dem ihr Angst habt! Fürchtet euch
nicht vor ihm – Spruch des HERRN –; denn ich
bin mit euch, um euch zu retten und seiner
Hand zu entreißen. 12 Ich bewirke Erbarmen
für euch; er wird sich euer erbarmen und euch
auf euren Ackerboden zurückkehren lassen.
13 Wenn ihr aber sagt: Wir bleiben nicht in
diesem Land! und auf die Stimme des HERRN,
eures Gottes, nicht hört, 14 sondern sagt: Nein!
Ins Land Ägypten wollen wir ziehen, wo wir
weder Krieg sehen noch die Stimme des Wid-
derhorns hören noch nach Brot hungern wer-
den, und dort wollen wir bleiben!, 15 nun, dann
hört das Wort des HERRN, ihr, der Rest Judas:
So spricht der HERR der Heerscharen, der Gott
Israels: Wenn ihr darauf besteht, nach Ägyp-
ten zu gehen und auszieht, um euch dort nie-
derzulassen, 16 dann wird euch das Schwert,
das ihr fürchtet, dort im Land Ägypten errei-
chen und der Hunger, vor dem euch bangt, wird
euch dort in Ägypten verfolgen und ihr werdet
dort umkommen. 17 Ja, alle, die darauf beste-
hen, nach Ägypten zu ziehen, um sich dort
niederzulassen, werden durch Schwert, Hun-

ger und Pest umkommen. Keiner von ihnen
wird entkommen, keiner dem Unheil entrin-
nen, das ich über sie bringe. 18 Denn so spricht
der HERR der Heerscharen, der Gott Israels:
Wie sich mein Zorn und mein Grimm über die
Einwohner Jerusalems ergossen hat, so wird
sich mein Grimm auch über euch ergießen,
wenn ihr nach Ägypten zieht. Ihr werdet zum
Fluch und zu einem Bild des Entsetzens, zur
Verwünschung und zur Schmach werden.
Diesen Ort aber werdet ihr nie wiedersehen.

19 Der HERR hat zu euch gesprochen, Rest
Judas: Zieht nicht nach Ägypten! Ihr sollt ge-
nau wissen: Ich warne euch heute. 20 Denn ihr
habt euch selbst getäuscht, als ihr mich zum
HERRN, eurem Gott, gesandt habt mit den
Worten: Bete für uns zum HERRN, unserem
Gott, und teile uns genau mit, was der HERR,
unser Gott, spricht, und wir werden danach
handeln. 21 Heute nun habe ich es euch mitge-
teilt, aber ihr habt auf die Stimme des HERRN,
eures Gottes, nicht gehört, auf nichts von dem,
womit er mich zu euch gesandt hat. 22 Jetzt aber
sollt ihr wissen: Durch Schwert, Hunger und
Pest werdet ihr umkommen an dem Ort, wo-
hin ihr ziehen wollt, um euch dort niederzu-
lassen.

10: 1,10 / **18**: 25,9

AUSWANDERUNG DES RESTES UND VERSCHLEPPUNG JEREMIAS NACH ÄGYPTEN: 43,1–7

43 1 Und es geschah, als Jeremia dem gan-
zen Volk alle Worte des HERRN, ihres
Gottes, vollständig mitgeteilt hatte, nämlich
all die Worte, mit denen ihn der HERR zu ih-
nen gesandt hatte, 2 da sagte Asarja, der Sohn
Hoschajas, und Johanan, der Sohn Kareachs,
sowie alle vermessenen Männer zu Jeremia:
Was du sagst, ist erlogen. Nicht der HERR, un-
ser Gott, hat dich gesandt mit dem Auftrag:
Ihr sollt nicht nach Ägypten ziehen, um euch
dort niederzulassen. 3 Vielmehr hetzt dich Ba-
ruch, der Sohn Nerijas, gegen uns auf, um uns
den Chaldäern auszuliefern, sodass sie uns
töten oder uns nach Babel in die Verbannung
führen.

4 Johanan, der Sohn Kareachs, alle Truppen-
führer und das ganze Volk hörten also nicht
auf die Stimme des HERRN, im Land Juda zu
bleiben.

5 Johanan, der Sohn Kareachs, und alle Trup-
penführer nahmen den ganzen Rest Judas, der
aus allen Völkern, unter die er versprengt ge-
wesen, zurückgekehrt war, um sich im Land
Juda niederzulassen: 6 Männer, Frauen und
Kinder, die Königstöchter und alle Leute, die
Nebusaradan, der Befehlshaber der Leibwa-
che, bei Gedalja, dem Sohn Ahikams, des Soh-
nes Schafans, gelassen hatte, auch den Prophe-
ten Jeremia und Baruch, den Sohn Nerijas,
7 und sie zogen ins Land Ägypten, weil sie
nicht auf die Stimme des HERRN hörten. Und
sie kamen bis nach Tachpanhes.

ZEICHENHANDLUNG AM HAUS DES PHARAO: 43,8–13

8 In Tachpanhes erging das Wort des HERRN
an Jeremia: 9 Nimm große Steine in die Hand
und vergrab sie vor den Augen judäischer
Männer im Sandboden an der Ziegelterrasse,
die am Eingang zum Haus des Pharao in Tach-
panhes ist! 10 Dann sag zu ihnen: So spricht der
HERR der Heerscharen, der Gott Israels: Siehe,
ich sende hin und hole meinen Knecht Ne-
bukadnezzar, den König von Babel; ich werde
seinen Thron über diesen Steinen, die ich ver-
graben habe, aufstellen und er wird sein
Prunkzelt darüber ausspannen. 11 Er wird kom-
men und das Land Ägypten schlagen; wer für
den Tod bestimmt ist, verfällt dem Tod, wer
für die Gefangenschaft, der Gefangenschaft
und wer für das Schwert, dem Schwert. 12 Ich
werde an die Tempel der Götter Ägyptens Feu-
er legen und die Götter verbrennen oder sie in
die Gefangenschaft führen. Er wird das Land
Ägypten entlausen, wie ein Hirt sein Gewand
entlaust; danach wird er unbehelligt abziehen.
13 Er wird zerbrechen die Obelisken von Helio-
polis in Ägypten und die Tempel der Götter
Ägyptens im Feuer verbrennen.

11: 46,26; 15,2

GEGEN DIE FREMDGÖTTERVEREHRUNG IN ÄGYPTEN: 44,1–30

44 1 Das Wort, das an Jeremia erging für
alle Judäer, die im Land Ägypten
wohnten und sich in Migdol und Tachpanhes,
in Memfis und im Land Patros angesiedelt hat-
ten: 2 So spricht der HERR der Heerscharen,
der Gott Israels: Ihr selbst habt all das Unheil
miterlebt, das ich über Jerusalem und alle

43,10 vgl. 25,9.

43,12 entlausen, andere Übersetzungsmöglichkeit: sich kleiden in.

43,13 Heliopolis, wörtlich: Haus der Sonne.

Städte Judas gebracht habe. Siehe, heute sind
sie Trümmerstätten, die niemand mehr be-
wohnt. 3 Das ist die Folge ihrer bösen Taten;
sie erzürnten mich, indem sie hingingen, um
anderen Göttern, die sie früher nicht kannten,
Räucheropfer darzubringen und ihnen zu die-
nen, sie, ihr und eure Väter. 4 Wohl habe ich
immer wieder all meine Knechte, die Prophe-
ten, zu euch gesandt mit der Mahnung: Verübt
doch nicht einen solchen Gräuel, den ich has-
se! 5 Sie aber haben nicht gehört und mir ihr
Ohr nicht zugeneigt, sodass sie von ihrer Bos-
heit umgekehrt wären und nicht mehr anderen
Göttern Räucheropfer dargebracht hätten.
6 Daher ergoss sich mein Grimm und mein
Zorn und wütete in den Städten Judas und in
den Straßen Jerusalems, sodass sie zur Trüm-
merstätte und Wüste wurden, wie es noch
heute ist. 7 Nun aber spricht so der HERR, der
Gott der Heerscharen, der Gott Israels: Wa-
rum tut ihr euch selbst so großes Unheil an,
dass ihr eure Männer und Frauen, Kinder und
Säuglinge aus Juda ausrottet und keinen Rest
mehr übrig lasst? 8 Denn ihr erzürnt mich
durch die Werke eurer Hände, indem ihr an-
deren Göttern Räucheropfer darbringt im
Land Ägypten, wohin ihr ausgezogen seid, um
euch dort niederzulassen. So rottet ihr euch
selbst aus und werdet zum Fluch und Gespött
bei allen Völkern der Erde. 9 Habt ihr denn die
Bosheiten eurer Väter und die Bosheiten der
Könige von Juda und die Bosheiten seiner
Frauen und eure Bosheiten und die Bosheiten
eurer Frauen vergessen, die sie im Land Juda
und in den Straßen Jerusalems getan haben?
10 Sie sind nicht zerknirscht bis zum heutigen
Tag, fürchten sich nicht und leben nicht nach
meiner Weisung und nach meinen Satzungen,
die ich euch und euren Vätern vorgelegt habe.
11 Darum – so spricht der HERR der Heerscha-
ren, der Gott Israels: Siehe, ich richte mein
Angesicht gegen euch zu eurem Unheil, um
ganz Juda auszurotten. 12 Ich raffe den Rest
Judas hinweg, der darauf bestand, ins Land
Ägypten zu ziehen, um sich dort niederzulas-
sen. Sie alle werden im Land Ägypten umkom-
men; sie werden fallen durch Schwert und
Hunger; Klein und Groß wird umkommen.
Durch Schwert und Hunger werden sie ster-
ben und zum Fluch und zu einem Bild des
Entsetzens werden, zur Verwünschung und
zur Schmach. 13 Wie ich Jerusalem heimge-
sucht habe, so suche ich die im Land Ägypten
Angesiedelten heim mit Schwert, Hunger und
Pest. 14 Vom Rest Judas, der ausgezogen ist, um
sich dort im Land Ägypten niederzulassen,
wird niemand entrinnen oder entkommen,
um ins Land Juda zurückzukehren, obwohl sie
sich danach sehnen, zurückzukehren und dort
wieder zu wohnen. Sie werden nicht zurück-
kehren, nur wenige werden entrinnen.

15 Da antworteten alle Männer, die wussten,
dass ihre Frauen anderen Göttern Räucherop-
fer darbrachten, und alle Frauen, die dabei-
standen, eine große Schar, sowie alle, die im
Land Ägypten und in Patros wohnten, dem
Jeremia: 16 Was das Wort betrifft, das du im
Namen des HERRN zu uns gesprochen hast,
so hören wir nicht auf dich. 17 Vielmehr wer-
den wir jedes Wort ausführen, das aus unse-
rem Mund hervorgegangen ist: Wir werden
der Himmelskönigin Räucheropfer darbrin-
gen und ihr werden wir Trankopfer ausgießen,
wie wir, unsere Väter, unsere Könige und un-
sere Großen in den Städten Judas und in den
Straßen Jerusalems es getan haben. Damals
hatten wir Brot genug; es ging uns gut und
wir haben kein Unheil gesehen. 18 Seit wir
aber aufgehört haben, der Himmelskönigin
Räucheropfer darzubringen und ihr Trankop-
fer auszugießen, fehlt es uns an allem und wir
kommen durch Schwert und Hunger um.
19 Wenn wir der Himmelskönigin Räucher-
opfer darbringen und ihr Trankopfer ausgie-
ßen: Geschieht es denn ohne unsere Männer,
dass wir für sie Opferkuchen mit ihrem Bild
zubereiten und ihr Trankopfer ausgießen?

20 Jeremia entgegnete dem ganzen Volk, den
Männern, den Frauen und allen, die ihm so
geantwortet hatten: 21 Hat nicht das Räuchern,
das ihr in den Städten Judas und auf den Stra-
ßen Jerusalems als Räucheropfer darbrachtet,
ihr und eure Väter, eure Könige und eure Gro-
ßen und die Bürger des Landes – war es nicht
gerade dies, woran der HERR gedacht hat und
das in seinem Herzen aufgestiegen ist?
22 Schließlich konnte es der HERR nicht mehr
aushalten wegen der Bosheit eurer Taten und
wegen der Gräuel, die ihr verübt habt. Deshalb
wurde euer Land zur Öde, zum Entsetzen und
zum Fluch, unbewohnt, wie es heute noch ist.
23 Weil ihr Räucheropfer dargebracht und ge-
gen den HERRN gesündigt habt, weil ihr auf
die Stimme des HERRN nicht gehört und nicht
nach seiner Weisung, seinen Satzungen und
Bundeszeugnissen gelebt habt, darum hat

euch dieses Unheil getroffen, wie es heute ist.
24 Zum ganzen Volk und zu allen Frauen sagte
Jeremia: Hört das Wort des HERRN, ganz Juda,
das im Land Ägypten weilt! 25 So spricht der
HERR der Heerscharen, der Gott Israels: Was
ihr und eure Frauen mit dem Mund gelobt, das
führt ihr mit den Händen aus. Ihr sagt: Unse-
re versprochenen Gelübde werden wir gewis-
senhaft erfüllen und der Himmelskönigin
Räucheropfer darbringen und ihr Trankopfer
ausgießen. Haltet nur eure Gelübde genau, ja,
eure Gelübde erfüllt gewissenhaft! 26 Darum
höre das Wort des HERRN, ganz Juda, das im
Land Ägypten wohnt: Siehe, ich schwöre bei
meinem großen Namen, spricht der HERR:
Nie mehr soll mein Name vom Mund irgend-
eines Judäers genannt werden; keiner soll
mehr im ganzen Land Ägypten sagen: So wahr
GOTT, der Herr, lebt! 27 Siehe, ich wache über
sie – zum Unheil, nicht zum Heil. Alle Judäer
im Land Ägypten werden durch Schwert und
Hunger umkommen, bis sie vernichtet sind.
28 Nur wenige werden dem Schwert entrinnen
und aus dem Land Ägypten ins Land Juda zu-
rückkehren, wenige an Zahl und der ganze
Rest von Juda, der nach dem Land Ägypten ge-
zogen ist, um sich dort niederzulassen, werden
erkennen, wessen Wort sich erfüllt, das meine
oder das ihre. 29 Dies aber soll euch das Zeichen
sein – Spruch des HERRN –, dass ich euch
heimsuche an diesem Ort, damit ihr erkennt,
dass meine Worte über euch bestimmt in Er-
füllung gehen zu eurem Unheil: 30 So spricht
der HERR: Siehe, ich liefere den Pharao Hofra,
den König von Ägypten, in die Hand seiner
Feinde und in die Hand derer aus, die nach
seinem Leben trachten, wie ich Zidkija, den
König von Juda, in die Hand Nebukadnezzars
ausgeliefert habe, des Königs von Babel, seines
Feindes, der nach seinem Leben trachtete.

4: 7,25; 25,4 / **9:** 7,17 / **11:** 44,27; 21,10; 39,16 / **12:** 42,18 / **14:** 42,17 / **17:** 7,18 / **22:** 25,9; 49,13 / **27:** 1,11f.; 43,11 / **30:** Ez 29,19

HEILSWORT AN BARUCH: 45,1–5

45 1 Das Wort, das der Prophet Jeremia zu
Baruch, dem Sohn Nerijas, sagte, als
dieser im vierten Jahr Jojakims, des Sohnes
Joschijas, des Königs von Juda, die Worte nach
dem Diktat Jeremias auf eine Buchrolle
schrieb: 2 So spricht der HERR, der Gott Israels,
über dich, Baruch: 3 Du hast gesagt: Weh mir!
Denn der HERR häuft noch Kummer auf
mein Leid. Ich bin erschöpft vor Stöhnen und
finde keine Ruhe. 4 Sag zu ihm: So spricht der
HERR: Was ich gebaut habe, breche ich nie-
der, und was ich gepflanzt habe, reiße ich aus –
dieses ganze Land. 5 Du aber begehrst Großes
für dich? Begehre es nicht! Denn siehe, ich
bringe Unheil über alles Fleisch – Spruch des
HERRN; dir aber gebe ich dein Leben als Beute
an allen Orten, wohin du auch gehst.

1: 36,4 / **5:** 21,9; 39,18

45,1 nach dem Diktat, wörtlich: aus dem Mund, vgl. 36,17.27.

SPRÜCHE GEGEN DIE VÖLKER: 46,1–49,39

GEGEN ÄGYPTEN: 46,1–26

46 1 Das war das Wort des HERRN, das an
den Propheten Jeremia erging gegen
die Völker:
2 Über Ägypten: Gegen das Heer des Pharao
Necho, des Königs von Ägypten, das bei Kar-
kemisch am Eufratstrom stand und das Ne-
bukadnezzar, der König von Babel, im vierten
Jahr Jojakims, des Sohnes Joschijas, des Königs
von Juda, geschlagen hat.
3 Rüstet Rundschild und Langschild, / rückt
aus zum Kampf!
4 Schirrt die Rosse an, besteigt die Pferde! /
Tretet an im Helm, macht die Speere blank, /
legt die Panzer an!
5 Warum sehe ich: Sie sind bestürzt, / sie
weichen zurück. Ihre Helden sind zersprengt,
sie ergreifen die Flucht / und wenden sich
nicht mehr um – / Grauen ringsum! – Spruch
des HERRN.
6 Der Schnelle kann nicht entfliehen / und
der Held nicht entrinnen.
Im Norden, am Ufer des Eufratstromes, /
stürzen sie hin und fallen.
7 Wer ist es, der anschwoll gleich dem Nil, /
dessen Wasser wie Ströme tosen?
8 Ägypten schwoll an gleich dem Nil, / des-
sen Wasser wie Ströme tosen.

Es sagte: Ich schwelle an, überschwemme
das Land, / vernichte die Städte und ihre Ein-
wohner.

9 Bäumt euch, ihr Rosse, stürmt los, ihr Wa-
gen! / Rückt aus, ihr Helden:

Kusch und Put, ihr Schildbewehrten, / ihr
von Lud, ihr Bogenschützen!

10 Doch jener Tag ist ein Tag der Vergeltung /
für den Herrn, den GOTT der Heerscharen, /
um seinen Gegnern zu vergelten.

Da frisst das Schwert, / wird satt und trun-
ken von ihrem Blut.

Denn ein Schlachtfest hält der Herr, der
GOTT der Heerscharen, / im Land des Nordens
am Eufratstrom.

11 Zieh hinauf nach Gilead und hole Bal-
sam, / Jungfrau, Tochter Ägypten!

Umsonst verbrauchst du viele Arzneien, /
du findest keine Genesung.

12 Von deiner Schande hören die Völker, /
dein Wehgeschrei erfüllt die Erde.

Denn Held an Held ist gestürzt, / miteinan-
der sind beide gefallen.

13 Das Wort, das der HERR zum Propheten
Jeremia sprach, als Nebukadnezzar, der König
von Babel, heranrückte, um das Land Ägypten
zu erobern:

14 Meldet es in Ägypten, verkündet es in
Migdol, / verkündet es in Memfis und Tach-
panhes!

Sagt: Stell dich auf und mach dich bereit; /
denn schon frisst das Schwert rings um dich
her.

15 Warum wurden fortgeschwemmt deine
Starken? – / Keiner hielt stand, weil der HERR
sie stieß.

16 Viele kamen durch ihn zu Fall, / sie stürz-
ten, einer über den anderen.

Da sagten sie: / Auf, wir wollen zurückkeh-
ren zu unsrem Volk,

ins Land unsrer Sippe, / vor dem gewalttä-
tigen Schwert!

17 Sie haben dort dem Pharao, dem König
von Ägypten, den Namen gegeben: / Getöse,
das die Zeit verpasste.

18 So wahr ich lebe – Spruch des Königs, /
HERR der Heerscharen ist sein Name:

Wie der Tabor unter den Bergen / und wie
der Karmel am Meer wird er kommen.

19 Rüste dein Gepäck für die Verbannung, /
du sesshafte Tochter Ägypten!

Denn Memfis wird zur Wüste, / wird nie-
dergebrannt und menschenleer.

20 Eine stattliche Jungkuh ist Ägypten, /
eine Bremse von Norden stürzt sich auf sie.

21 Auch seine Söldnertruppen mitten im
Land / sind wie gemästete Kälber.

Aber auch sie machen kehrt, / sie fliehen
allesamt und halten nicht stand.

Denn der Tag ihres Verderbens kommt über
sie, / die Zeit ihrer Heimsuchung.

22 Ägyptens Stimme gleicht dem Zischen
der Schlange, / denn jene rücken mit Macht
heran,

sie fallen mit Äxten über das Land her / wie
Holzfäller.

23 Sie fällen seinen Wald – Spruch des
HERRN –, / der doch undurchdringlich ist.

Zahlreicher als Heuschrecken sind sie, /
man kann sie nicht zählen.

24 Zuschanden wird die Tochter Ägypten, /
preisgegeben dem Volk aus dem Norden.

25 Der HERR der Heerscharen, der Gott Is-
raels, hat gesprochen: Siehe, ich suche heim
den Amon von No, den Pharao, Ägypten und
seine Götter, seine Könige – den Pharao samt
allen, die sich auf ihn verlassen. 26 Ich gebe sie
in die Hand derer, die nach ihrem Leben
trachten, in die Hand Nebukadnezzars, des
Königs von Babel, und in die Hand seiner
Diener. Aber danach wird das Land wieder
bewohnt sein wie in früheren Zeiten – Spruch
des HERRN.

2: 2 Kön 23,29 / **5**: 20,3 / **9**: Ez 27,10; Nah 3,9 / **11**: 8,22 / **16**: 50,16 / **18**: 48,15 / **25–26**: 43,11–13

GEGEN DIE PHILISTER: 46,27–47,7

27 Du aber, fürchte dich nicht, mein Knecht
Jakob, / verzage nicht, Israel!

Denn siehe: Ich errette dich aus der Ferne, /
deine Nachkommen aus dem Land ihrer Ge-
fangenschaft.

Jakob wird heimkehren und Ruhe haben; /
er wird in Sicherheit leben / und niemand wird
ihn erschrecken.

28 Du aber, fürchte dich nicht, / mein Knecht
Jakob – Spruch des HERRN; / denn ich bin mit
dir.

Ja, ich bereite allen Völkern, / unter die ich
dich vertrieben habe, ein Ende.

Dir aber mache ich kein Ende. / Ich werde
dich züchtigen, wie es recht ist; / ganz unge-
straft werde ich dich nicht lassen.

46,22 Ägyptens Stimme … über das Land, wörtlich: ihre Stimme … über sie.

47 1 Das Wort des HERRN, das an den Propheten Jeremia erging gegen die Philister, bevor der Pharao Gaza eroberte:

2 So spricht der HERR:

Siehe, Wasser steigen von Norden auf / und werden zum flutenden Wildbach.

Sie überfluten das Land und was darin ist, / die Städte und ihre Bewohner.

Da schreien die Menschen, / laut klagen alle Bewohner des Landes

3 vor dem lauten Hufschlag seiner Starken, / vor dem Dröhnen seiner Streitwagen, / vor dem Rasseln seiner Räder.

Väter schauen sich nicht um nach den Söhnen; / denn ihre Hände sind schlaff

4 wegen des Tages, der kommt, / um alle Philister zu vernichten,

um auszurotten den letzten Helfer / für Tyrus und Sidon.

Ja, der HERR vernichtet die Philister, / den Rest von der Insel Kaftor.

5 Kahlgeschoren ist Gaza, / verstummt ist Aschkelon.

Wie lange noch, du Rest der Anakiter, / musst du dich wund ritzen?

6 Wehe! Schwert des HERRN! / Wie lange willst du nicht zur Ruhe kommen?

Fahr zurück in die Scheide, / halt ein und sei still!

7 Wie solltest du zur Ruhe kommen, / da doch der HERR ihm Befehl gab?

Gegen Aschkelon und die Meeresküste, / dorthin hat er es bestellt.

46,27: 30,10 / **28:** 30,11; 4,27; 10,24; 30,11
47,5: 16,6; 48,37

GEGEN MOAB: 48,1–47

48 1 Über Moab: So spricht der HERR der Heerscharen, der Gott Israels:

Wehe über Nebo, denn es wird verwüstet. / Zuschanden, erobert wird Kirjatajim. / Zuschanden wird die Fluchtburg und zerbrochen.

2 Moabs Ruhm ist dahin. / In Heschbon plante man sein Unheil:

Kommt, wir rotten es aus, / sodass es kein Volk mehr ist!

Auch du, Madmen, wirst verstummen; / das Schwert verfolgt dich.

3 Horch! Wehgeschrei aus Horonajim: / Verwüstung und großer Zusammenbruch!

4 Zerstört ist Moab! / So gellt der Schrei bis nach Zoar.

5 Die Steige von Luhit / steigt man bitterlich weinend hinauf.

Ja, am Abstieg von Horonajim / hört man über die Zerstörung entsetzliches Schreien.

6 Flieht, rettet euer Leben / und werdet wie der Wacholder in der Wüste!

7 Weil du auf deine Werke und deine Schätze vertraut hast, / wirst auch du erobert werden.

In die Verbannung muss Kemosch ziehen / samt seinen Priestern und Fürsten.

8 Der Verwüster kommt über jede Stadt, / keine Stadt kann sich retten.

Verheert wird das Tal, verwüstet die Ebene – / wie der HERR gesagt hat.

9 Setzt ein Grabmal für Moab; / denn es verfällt ganz und gar.

Seine Städte werden zur Wüste, / niemand wohnt mehr darin.

10 Verflucht, wer den Auftrag des HERRN lässig betreibt, / ja, verflucht, wer sein Schwert abhält vom Blutvergießen.

11 Ungestört war Moab von seiner Jugend an, / ruhig lag es auf seiner Hefe.

Es wurde nicht umgeschüttet von Gefäß zu Gefäß: / Nie musste es in die Verbannung ziehen.

Darum blieb ihm sein Wohlgeschmack erhalten, / sein Duft veränderte sich nicht.

12 Darum, siehe, Tage kommen – Spruch des HERRN –, / da schicke ich Kellermeister zu ihm;

sie gießen es um, / entleeren seine Gefäße und zerschlagen seine Krüge.

13 Moab wird an Kemosch zuschanden, / wie das Haus Israel zuschanden wurde / an Bet-El, auf das es vertraute.

14 Wie könnt ihr sagen: Helden sind wir, / starke Krieger zum Kampf?

15 Moab ist verwüstet, in seine Städte steigt man hinauf; / da gehen seine besten jungen Männer hinab, um geschlachtet zu werden

– Spruch des Königs, / HERR der Heerscharen ist sein Name.

16 Der Untergang Moabs rückt heran, / schnell eilt sein Unglück herbei.

17 Beklagt es alle, ihr seine Nachbarn, / und alle, die ihr seinen Namen kennt!

Sagt: Ach, zerbrochen ist der starke Stab, / das herrliche Zepter!

18 Steig herab von deiner Würde, / setz dich

47,5 verstummt, andere Übersetzungsmöglichkeit: vernichtet. – Anakiter: G; (Rest) ihres Tales: H.

in den Schmutz, / du thronende Tochter Dibon!

Denn Moabs Verwüster zieht hinauf gegen dich, / zerstört deine Burgen.

19 Stellt euch an den Weg und späht aus, / ihr Einwohner von Aroër!

Fragt den Flüchtling und die fliehende Frau, / sagt: Was ist geschehen?

20 Zuschanden ist Moab, denn es ist zerbrochen. / Jammert laut und schreit! / Meldet am Arnon: Moab ist verwüstet!

21 Ein Gericht kam über das ebene Land, / über Holon, Jahaz und Mefaat,

22 über Dibon, Nebo und Bet-Diblatajim, /
23 über Kirjatajim, Bet-Gamul und Bet-Meon,

24 über Kerijot und Bozra / und über alle Städte des Landes Moab, / die fernen und die nahen.

25 Abgehauen ist Moabs Horn, / zerschmettert sein Arm – Spruch des HERRN.

26 Macht es betrunken; / denn es hat geprahlt gegen den HERRN!

So stürze Moab in sein eigenes Gespei / und werde auch selbst zu Gespött.

27 Ist dir nicht Israel zum Gespött geworden? / Wurde es etwa beim Diebstahl ertappt,

dass du höhnend den Kopf geschüttelt hast, / sooft du von ihm sprachst?

28 Verlasst die Städte, wohnt in den Felsen, / ihr Bewohner von Moab!

Macht es wie die Taube, die nistet / an den Wänden der offenen Schlucht!

29 Wir haben von Moabs Stolz gehört – es ist stolz über die Maßen –,

von seinem Hochmut und seinem Stolz, / von seinem Dünkel und seinem hochfahrenden Sinn.

30 Ich kenne seinen Übermut – Spruch des HERRN –, / sein Geschwätz ist nicht wahr, / sein Tun ist nicht recht.

31 Darum jammere ich laut über Moab, / über ganz Moab schreie ich / und über die Leute von Kir-Heres seufzt man.

32 Mehr als um Jaser weine ich um dich, / Weinstock von Sibma;

bis ans Meer zogen sich deine Ranken hin, / sie reichten bis an das Meer von Jaser.

Über deine Obsternte und deine Weinlese / fiel der Verwüster her.

33 Verschwunden sind Freude und Jubelgeschrei / vom Fruchtland und vom Land Moab.

Den Wein habe ich verschwinden lassen in den Kelterbecken, / niemand tritt mehr die Kelter mit dem Jubelruf Hedad! – / Der Jubel ist kein Jubel mehr.

34 Das Schreien ist laut von Heschbon bis Elale; bis Jahaz erheben sie ihre Stimme, von Zoar bis Horonajim und Eglat-Schelischija; denn selbst die Wasser von Nimrim versiegen.
35 Ich mache in Moab ein Ende damit – Spruch des HERRN –, dass jemand zu einer Kulthöhe hinaufsteigt und seinen Göttern Räucheropfer
darbringt. 36 Darum seufzt mein Herz wie eine Flöte um Moab, ja mein Herz seufzt wie eine Flöte um die Leute von Kir-Heres, weil sie ihre
ganze Habe verloren. 37 Jeder Kopf ist kahlgeschoren und jeder Bart abgeschnitten, an allen Händen sind Ritzwunden und um die Hüften
Trauerkleider. 38 Auf allen Dächern und Plätzen Moabs hört man nichts als Klage. Ja, ich zerschlage Moab wie ein Gefäß, das niemandem
dem mehr gefällt – Spruch des HERRN. 39 Wie
ist es zerbrochen! Sie jammern laut. Wie hat Moab sich schmählich zur Flucht gewandt! So wird Moab zum Gespött und zum Entsetzen für all seine Nachbarn.

40 Denn so spricht der HERR:

Siehe, wie ein Geier schwebt er / und breitet seine Schwingen über Moab aus.

41 Die Städte werden erobert, / die Festungen eingenommen.

Das Herz der Helden Moabs ist an jenem Tag / wie das Herz einer Frau in Wehen.

42 Vernichtet wird Moab, sodass es kein Volk mehr ist; / denn es hat geprahlt gegen den HERRN.

43 Grauen, Grube und Garn über dich, / Bewohner von Moab – Spruch des HERRN.

44 Wer dem Grauen entflieht, fällt in die Grube, / wer aus der Grube heraufsteigt, verfängt sich im Garn,

denn ich bringe über Moab / das Jahr seiner Heimsuchung – Spruch des HERRN.

45 Im Schatten von Heschbon bleiben erschöpft Flüchtlinge stehen,

denn Feuer geht aus von Heschbon, / eine Flamme mitten aus Sihon.

Es verzehrt die Schläfe Moabs, / den Scheitel der lärmenden Schreier.

46 Wehe dir, Moab! – / Verloren ist das Volk des Kemosch.

Denn deine Söhne schleppt man in die Verbannung, / deine Töchter in die Gefangenschaft.

48,28 Wänden der offenen Schlucht, wörtlich: jenseits des Mundes der Grube.

47 Aber am Ende der Tage wende ich Moabs Geschick / – Spruch des HERRN. / Bis hierher geht das Gerichtswort über Moab.

4: Jes 15,5 / 11: Zef 1,12 / 15: 46,18 / 26: 48,42 / 27: 2,26 / 29: Jes 16,6–12 / 34: Jes 15,4 / 37: 16,6; Jes 15,2f. / 40: 49,22 / 42: 48,26 / 43: Jes 24,17f. / 45–46: Num 21,28f. / 47: 49,6.39

GEGEN DIE AMMONITER: 49,1–6

49 1 Über die Ammoniter: So spricht der HERR:

Hat denn Israel keine Söhne / oder besitzt es keinen Erben?

Warum hat Milkom den Stamm Gad beerbt, / warum ließ sich sein Volk in dessen Städten nieder?

2 Darum siehe, Tage kommen – Spruch des HERRN –, / da lasse ich gegen das ammonitische Rabba Kriegsgeschrei hören.

Zum wüsten Trümmerhaufen wird es werden, / seine Tochterstädte brennen im Feuer nieder

und Israel wird die beerben, / die ihm sein Erbteil raubten – spricht der HERR.

3 Jammere laut, Heschbon, denn Ai ist zerstört. / Schreit, ihr Töchter von Rabba!

Legt Trauerkleider an, haltet die Totenklage, / lauft umher in den Mauern!

Denn Milkom muss in die Verbannung gehen / zusammen mit seinen Priestern und Fürsten.

4 Was rühmst du dich deiner Täler, / deines reichlich fließenden Tales, du abtrünnige Tochter,

die auf ihre Schätze vertraut und sagt: / Wer kommt an mich heran?

5 Siehe, ich lasse über dich kommen Schrecken von allen Seiten / – Spruch des Herrn, des GOTTES der Heerscharen.

Ihr werdet vertrieben werden, ein jeder für sich, / und niemand wird die Flüchtlinge sammeln.

6 Aber danach wende ich das Geschick der Ammoniter / – Spruch des HERRN.

6: 48,47

GEGEN EDOM: 49,7–22

7 Über Edom: So spricht der HERR der Heerscharen:

Gibt es keine Weisheit mehr in Teman? / Ging den Klugen der Rat verloren, / ist ihre Weisheit verdorben?

8 Flieht, macht kehrt, / tief unten versteckt euch, Bewohner von Dedan!

Denn ich bringe über Esau Verderben, / die Zeit seiner Heimsuchung.

9 Wenn Winzer zu dir kommen, / lassen sie keine Nachlese übrig.

Wenn Diebe in der Nacht kommen, / zerstören sie nach Lust.

10 Ja, ich selbst entblöße Esau, / decke seine Schlupfwinkel auf, / sodass er sich nicht mehr verbergen kann.

Vernichtet sind seine Nachkommen, / seine Brüder und seine Nachbarn / und er ist nicht mehr.

11 Überlasse mir deine Waisen! Ich selbst erhalte sie am Leben / und deine Witwen können sich verlassen auf mich.

12 Denn so spricht der HERR: Siehe, jene, die nicht verurteilt waren, aus dem Becher zu trinken, müssen daraus trinken und da solltest du verschont bleiben? Du bleibst nicht verschont,
du musst trinken. 13 Denn ich schwöre bei mir
selbst – Spruch des HERRN: Zum Entsetzen, zum Hohn, zur Öde und zum Fluch wird Bozra und alle seine Nachbarstädte werden für immer zu Trümmerhaufen.

14 Ich habe vom HERRN eine Kunde gehört, / ein Bote ist zu den Völkern gesandt:

Schart euch zusammen, rückt aus gegen es, / erhebt euch zum Kampf!

15 Ja, siehe, ich mache dich klein unter den Völkern, / verachtet unter den Menschen.

16 Deine Furcht erregende Macht hat dich betört, / der Hochmut deines Herzens,

weil du in Felsklüften wohnst, / an Bergeshöhen dich festhältst.

Baust du dein Nest auch hoch wie der Geier, / ich stürze dich von dort hinab – Spruch des HERRN.

17 Edom wird zum Entsetzen; / jeder, der daran vorbeikommt, ist entsetzt / und spottet über alle Schläge, die es erlitt.

18 Wie beim Untergang von Sodom und Gomorra / und ihrer Nachbarstädte, spricht der HERR,

wird niemand mehr dort wohnen, / kein Menschenkind wird sich darin aufhalten.

19 Siehe, wie ein Löwe heraufsteigt / aus dem Dickicht des Jordan / zu den immergrünen Auen,

so jage ich sie jählings davon / und setze meinen Erwählten dort ein.

49,1.3 Milkom: G; ihr König: H.

Denn wer ist mir gleich, / wer sucht mich
heim / und wer ist der Hirte, der vor mir be-
steht?
20 Darum hört den Beschluss des HERRN, /
den er gegen Edom gefasst hat,
und die Pläne, die er ersann / gegen Temans
Bewohner:
Wegschleppen wird man die Jüngsten der
Herde, / ihr Weideplatz wird sich über sie ent-
setzen.
21 Von Edoms dröhnendem Fall erbebt die
Erde, / bis zum Roten Meer hört man sein
Schreien.
22 Siehe, wie ein Geier steigt er auf, / schwebt
und breitet seine Schwingen über Bozra aus.
Das Herz der Helden Edoms ist an jenem
Tag / wie das Herz einer Frau in Wehen.

7: Obd 8f. / **9**: Obd 5 / **10**: Obd 6 / **12**: 25,15–17 / **13**: 44,22 / **14–16**: Obd 1–4 / **17**: 19,8; 50,13 / **18**: 50,40; Jes 13,19f. / **22**: 48,40f.

GEGEN DAMASKUS: 49,23–27

23 Über Damaskus: Zuschanden wurden Ha-
mat und Arpad; / weil sie böse Nachricht
hören mussten, verzagen sie.
Sogar im Meer herrscht Besorgnis, / es kann
nicht zur Ruhe kommen.
24 Damaskus wird schwach, es wendet sich
zur Flucht, / Schrecken erfasst es, / Angst und
Wehen ergreifen es wie eine Gebärende.
25 Weshalb ist die ruhmreiche Stadt nicht
verlassen worden, / die Stadt meiner Freude!
26 Darum fallen ihre jungen Männer auf ih-
ren Plätzen, / alle Krieger kommen um an je-
nem Tag / – Spruch des HERRN der Heerscha-
ren.
27 Ich lege Feuer an die Mauer von Damas-
kus / und es verzehrt die Paläste Ben-Hadads.

23: Jes 57,20 / **26**: 50,30 / **27**: 17,27; Am 1,4

GEGEN KEDAR UND DIE REICHE VON HAZOR: 49,28–33

28 Über Kedar und die Reiche von Hazor, die
Nebukadnezzar, der König von Babel, geschla-
gen hat.
So spricht der HERR:
Auf, zieht hinauf gegen Kedar, / vernichtet
die Söhne des Ostens!
29 Man raubt ihre Zelte und ihre Herden, /
ihre Decken und ihr ganzes Gerät;
auch ihre Kamele nimmt man mit / und
man ruft über sie aus: Grauen ringsum!
30 Flieht, macht euch eilends davon, / tief
unten versteckt euch, / ihr Bewohner von Ha-
zor! – Spruch des HERRN.
Denn Nebukadnezzar, der König von Ba-
bel, / hat gegen euch einen Beschluss gefasst /
und einen Plan gegen euch ersonnen.
31 Auf, zieht hinauf gegen das sorglose
Volk, / das in Sicherheit lebt – Spruch des
HERRN –,
das keine Tore und Riegel hat / und für sich
allein wohnt!
32 Ihre Kamele werden erbeutet, / ihre vielen
Herden geraubt.
In alle Winde zerstreue ich sie, / die Leute
mit gestutztem Haar,
von allen Seiten bringe ich ihnen Verder-
ben / – Spruch des HERRN.
33 Hazor wird zur Behausung für die Scha-
kale, / eine Wüste für immer.
Niemand wird mehr dort wohnen, / kein
Menschenkind wird sich darin aufhalten.

29: 6,25; 46,5 / **30**: 49,8.20 / **32**: 25,23 / **33**: 9,10; 49,13.18; 50,3

GEGEN ELAM: 49,34–39

34 Das Wort des HERRN, das an den Propheten
Jeremia erging gegen Elam, zu Beginn der
Regierung Zidkijas, des Königs von Juda:
35 So spricht der HERR der Heerscharen:
Siehe, ich zerbreche den Bogen Elams, / sei-
ne stärkste Waffe.
36 Ich bringe über Elam vier Winde / von
den vier Enden des Himmels.
In alle diese Winde zerstreue ich sie, / so-
dass es kein Volk gibt, / zu dem nicht Ver-
sprengte aus Elam kommen.
37 Ich jage den Elamitern Schrecken ein vor
ihren Feinden, / vor denen, die nach ihrem
Leben trachten.
Unheil lasse ich über sie kommen, / meinen
glühenden Zorn – Spruch des HERRN.
Ich schicke das Schwert hinter ihnen her, /
bis ich sie vernichtet habe.
38 Ich stelle meinen Thron in Elam auf / und
vernichte dort König und Fürsten – / Spruch
des HERRN.
39 Und es wird sein: / Am Ende der Tage
wende ich das Geschick Elams / – Spruch des
HERRN.

35: Jes 22,6 / **37**: 9,15 / **39**: 48,47; 49,6

49,25 weshalb ist, andere Übersetzungsmöglichkeit: wie ist.

SPRÜCHE GEGEN BABEL: 50,1–51,64

ENDE DES EXILS: 50,1–10

50 1 Das Wort, das der HERR gegen Babel,
gegen das Land der Chaldäer, durch
den Propheten Jeremia gesprochen hat.
2 Verkündet unter den Völkern und mel-
det, / errichtet ein Wegzeichen und meldet, /
verheimlicht nichts, sondern sagt:
Erobert ist Babel, zuschanden ist Bel, / zer-
schmettert Merodach,
zuschanden sind seine Götterbilder, / zer-
schmettert seine Götzen.
3 Denn ein Volk aus dem Norden rückt gegen
Babel hinauf; / es macht sein Land zur Wüste.
Niemand mehr wohnt darin, / Mensch und
Vieh ergreifen die Flucht / und laufen davon.
4 In jenen Tagen und zu jener Zeit – Spruch
des HERRN – / kommen die Söhne Israels, sie
gemeinsam mit den Söhnen Judas.
Weinend gehen sie ihren Weg / und suchen
den HERRN, ihren Gott.
5 Nach Zion fragen sie, / dorthin ist ihr Ge-
sicht gerichtet.
Sie kommen und verbünden sich mit dem
HERRN / in einem ewigen Bund, der nicht
vergessen wird.
6 Eine verlorene Herde war mein Volk, / ihre
Hirten führten sie in die Irre, / trieben sie ziel-
los in den Bergen umher.
Von Berg zu Hügel zogen sie weiter / und
vergaßen ihren Lagerplatz.
7 Wer auf sie stieß, fraß sie auf / und ihre
Feinde sagten:
Wir begehen kein Unrecht, / weil sie gegen
den HERRN gesündigt haben, / die Aue der
Gerechtigkeit, die Hoffnung ihrer Väter.
8 Flieht mitten aus Babel und aus dem Land
der Chaldäer! / Zieht aus und seid wie Leit-
böcke vor der Herde!
9 Denn siehe, ich erwecke / und führe gegen
Babel / eine Schar großer Völker vom Nord-
land herauf;
sie greifen es an / und von dort wird es er-
obert.
Ihre Pfeile sind wie ein siegreicher Held, /
der nicht mit leeren Händen zurückkehrt.
10 Plünderung trifft Chaldäa, / alle, die es
plündern, werden satt / – Spruch des HERRN.

2: 4,6; Jes 46,1 / **3:** 49,33; 9,9 / **4:** 31,9 / **5:** 32,40 / **6:** 50,17; 23,1 / **7:** 31,23 / **8:** 51,6; Jes 48,20

50,9 siegreich, wörtlich: kinderlos machend.

ENTSCHEIDUNGSKAMPF UND VÖLLIGE ZERSTÖRUNG BABELS: 50,11–32

11 Ja, freut euch nur, jubelt nur, / die ihr mein
Erbteil geraubt habt!
Ja, hüpft nur wie ein springendes Kalb / und
wiehert wie Hengste!
12 Große Schmach trifft eure Mutter; / sie,
die euch geboren hat, muss sich schämen.
Siehe, sie ist die letzte unter den Völkern: /
Wüste, Dürre und Steppe.
13 Durch den Zorn des HERRN bleibt Babel
unbewohnt / und wird völlig zur Wüste;
jeder, der an Babel vorbeikommt, ist ent-
setzt / und spottet über alle ihre Schläge.
14 Rüstet euch ringsum zum Kampf gegen
Babel, / all ihr Bogenschützen!
Schießt gegen es und spart die Pfeile nicht! /
Denn gegen den HERRN hat es gesündigt.
15 Schreit ihm von allen Seiten / den
Kampfruf entgegen!
Es muss sich ergeben, seine Türme fallen, /
seine Mauern werden niedergerissen.
Ja, das ist die Vergeltung des HERRN. / Voll-
zieht die Vergeltung an Babel! / Was es selber
getan hat, das tut jetzt an ihm!
16 Rottet in Babel den Sämann aus / und den,
der zur Erntezeit mäht!
Vor dem gewalttätigen Schwert / wendet sich
jeder zu seinem Volk, / jeder flieht in sein Land.
17 Ein versprengtes Schaf war Israel, / von
Löwen gehetzt.
Zuerst hat es der König von Assur gefres-
sen, / zuletzt hat ihm Nebukadnezzar, der
König von Babel, die Knochen abgenagt.
18 Darum – so spricht der HERR der Heer-
scharen, der Gott Israels: / Siehe, ich suche
heim den König von Babel und sein Land,
wie ich heimgesucht habe / den König von
Assur.
19 Israel aber bringe ich zurück auf seinen
Weideplatz; / es soll auf dem Karmel und im
Baschan weiden, / im Bergland Efraim und in
Gilead sich sättigen.
20 In jenen Tagen und zu jener Zeit / – Spruch
des HERRN – / wird man nach der Schuld Is-
raels suchen,

50,11f. andere Übersetzungsmöglichkeit: Wenn ihr euch auch freut und jubelt … wenn ihr auch hüpft wie ein springendes Kalb …
50,16 mäht, wörtlich: eine Sichel ergreift.

doch sie ist nicht mehr vorhanden, / nach
den Sünden Judas, / doch man findet sie nicht
mehr.
Denn ich vergebe denen, / die ich übrig lasse.
21 Gegen das Land Meratajim, / zieh gegen
es hinauf / und gegen die Bewohner von Pekod!
Erschlag sie und gib sie dem Bann preis –
Spruch des HERRN –; / tu genau, was ich dir
befehle!
22 Kriegslärm herrscht im Land / und großer
Zusammenbruch.
23 Wie wurde zerschlagen und zerschmettert / der Hammer der ganzen Welt!
Welch ein Bild des Entsetzens ist Babel geworden / unter den Völkern!
24 Ich habe dir eine Falle gestellt / und du bist
auch gefangen worden, doch du hast es nicht
bemerkt.
Du wurdest gefunden und gepackt; / denn
du hattest den HERRN herausgefordert.
25 Der HERR hat seine Rüstkammer geöffnet / und die Waffen seines Zornes hervorgeholt,
denn das ist ein Werk, / das der Herr, der
GOTT der Heerscharen, / im Land der Chaldäer vollbringt.
26 Kommt nach Babel vom Ende der Erde! /
Öffnet seine Speicher,
schüttet alles auf / wie einen Getreidehaufen!
Dann gebt es dem Bann preis; / kein Rest
soll ihm bleiben.
27 Erschlagt all seine Jungstiere, / sie sollen
hinuntergehen zur Schlachtung!
Wehe über sie; denn ihr Tag ist gekommen, / die Zeit ihrer Heimsuchung.
28 Horcht! Flüchtlinge und Entronnene aus
dem Land Babel! / Sie verkünden in Zion die
Vergeltung des HERRN, unseres Gottes, / die
Vergeltung für seinen Tempel.
29 Ruft Schützen auf gegen Babel, / alle Bogenschützen!
Belagert die Stadt ringsum, / lasst keinen
entrinnen!
Vergeltet ihr nach ihrem Tun; / alles, was sie
selber getan hat, / das tut auch an ihr!
Denn gegen den HERRN hat sie frech gehandelt, / gegen den Heiligen Israels.
30 Darum fallen auf ihren Plätzen ihre jungen Männer, / all ihre Krieger kommen um an
jenem Tag / – Spruch des HERRN.
31 Siehe, ich gegen dich, du Freche / – Spruch
des Herrn, des GOTTES der Heerscharen.
Denn dein Tag ist gekommen, / die Zeit deiner Heimsuchung.
32 Die Freche strauchelt und fällt, / niemand
richtet sie auf.
Ich lege Feuer an ihre Städte, / das ringsum
alles frisst.

13: 19,8; 49,17; 51,37 / **15**: 50,28f. / **16**: 46,16 / **20**: 33,8 / **23**: 51,20 / **27**: 50,31 / **28**: 51,11 / **29**: 50,15 / **30**: 49,26 / **31**: 51,25 / **32**: 21,14

BEFREIUNG ISRAELS: 50,33–46

33 So spricht der HERR der Heerscharen:
Unterdrückt sind die Söhne Israels / zusammen mit den Söhnen Judas.
Von allen, die sie in Gefangenschaft führten, / werden sie festgehalten; / man weigert
sich, sie zu entlassen.
34 Doch ihr Erlöser ist stark, / HERR der
Heerscharen ist sein Name.
Er führt ihre Sache mit Kraft, / um der Erde
Ruhe zu schaffen, / Unruhe aber Babels Bewohnern.
35 Das Schwert über die Chaldäer – Spruch
des HERRN – / und über die Bewohner von
Babel, / über seine Fürsten und seine Weisen!
36 Das Schwert über die Wahrsager, / sie
sollen zu Toren werden!
Das Schwert über seine Helden, / sie sollen
zusammenbrechen!
37 Das Schwert über seine Rosse und Wagen
und / über alles Völkergemisch in seiner Mitte, / sie sollen wie Frauen werden!
Das Schwert über seine Schätze, / sie sollen
geraubt werden!
38 Trockenheit über seine Wasser, / sie sollen vertrocknen!
Denn es ist ein Land voll von Götzenbildern / und durch die Schreckbilder werden sie
toll.
39 Darum werden Wüstenhunde und Hyänen dort hausen / und Strauße werden sich
dort niederlassen.
Nie mehr soll es bewohnt sein, / von Geschlecht zu Geschlecht nicht mehr besiedelt
werden.
40 Wie Gott beim Untergang von Sodom
und Gomorra / ihre Nachbarstädte untergehen ließ / – Spruch des HERRN –,

---

50,29 Schützen: vermuteter Text; viele: H.

50,31 du Freche, wörtlich: Frechheit, Vermessenheit (V. 32).

so wird dort niemand mehr wohnen, / kein
Menschenkind wird sich darin aufhalten.
41 Siehe, ein Volk zieht von Norden heran, /
eine große Nation und viele Könige / brechen
auf von den Grenzen der Erde.
42 Bogen und Sichelschwert führen sie; /
grausam sind sie und ohne Erbarmen.
Ihr Lärm gleicht dem Brausen des Meeres /
und sie reiten auf Rossen,
gerüstet wie ein Mann für den Krieg / – gegen dich, Tochter Babel.
43 Sobald der König von Babel die Kunde von
ihnen hört, / da erschlaffen ihm die Hände;
es packt ihn die Angst, / das Zittern, wie
eine Gebärende.
44 Siehe, wie ein Löwe heraufsteigt aus dem
Dickicht des Jordan / zu den immergrünen
Auen,
so jage ich sie jählings davon / und setze
meinen Erwählten dort ein.
Denn wer ist mir gleich, / wer will mich
vorladen / und wer ist der Hirt, der vor mir
besteht?
45 Darum hört den Beschluss des HERRN, /
den er gegen Babel gefasst hat,
und seine Pläne, die er ersann / gegen das
Land der Chaldäer:
Wegschleppen wird man die Jüngsten der
Herde, / ihr Weideplatz wird sich über sie
entsetzen.
46 Vom Ruf „Erobert ist Babel“ erbebt die
Erde, / unter den Völkern hört man sein
Schreien.

39: Jes 13,20 / **40:** 49,18 / **41–43:** 6,22–24 / **44–46:** 4,7; 49,19–21

GOTTES STRAFGERICHT: 51,1–14

51 1 So spricht der HERR:
Siehe, ich erwecke gegen Babel und die
Bewohner Chaldäas / den Geist eines Verwüsters.
2 Ich sende Fremde nach Babel; / sie werden
es wie beim Worfeln aufwirbeln, / wenn sie
es umzingeln am Tag des Unheils.
3 Der Bogenschütze spanne seinen Bogen
gegen den Bogenschützen / und auch gegen
den, der sich erhebt in seinem Brustpanzer.
Schont seine jungen Männer nicht, / vollzieht an seinem ganzen Heer den Bann!
4 Erschlagene liegen herum im Land der
Chaldäer, / Durchbohrte auf seinen Straßen.
5 Denn weder Israel noch Juda sind verwitwet, / nicht verlassen von ihrem Gott, / dem
HERRN der Heerscharen,
obwohl ihr Land voll von Schuld ist / gegen
den Heiligen Israels.
6 Flieht mitten aus Babel! Jeder rette sein
Leben! / Kommt nicht um wegen seiner
Schuld!
Denn es ist die Zeit der Vergeltung für den
HERRN; / was Babel verübt hat, vergilt er ihm.
7 Babel war in der Hand des HERRN / ein
goldener Becher, / der die ganze Erde berauschte.
Von seinem Wein haben die Völker getrunken; / deshalb haben die Völker den Verstand
verloren.
8 Jählings fällt Babel und wird zerschmettert. / Jammert laut darüber!
Holt Balsam für seine Wunde, / vielleicht
ist es zu heilen.
9 Wir wollten Babel Heilung bringen, / aber
es war nicht zu heilen!
Verlasst es! Gehen wir, jeder in sein Land! /
Denn sein Gericht reicht bis zum Himmel hinauf, / ragt bis zu den Wolken empor.
10 Der HERR hat unsere gerechte Sache / ans
Licht gebracht.
Kommt, lasst uns in Zion erzählen, / was
der HERR, unser Gott, getan hat!
11 Schärft die Pfeile, füllt die Köcher! / Der
HERR hat den Geist der Könige von Medien
erweckt;
denn sein Plan richtet sich gegen Babel, / es
zu vernichten.
Ja, das ist die Vergeltung des HERRN, / die
Vergeltung für seinen Tempel.
12 Errichtet ein Feldzeichen gegen Babels
Mauern, / verstärkt die Wache!
Stellt Posten auf, / legt Leute in den Hinterhalt!
Denn der HERR hat seinen Plan gefasst /
und er führt auch aus, / was er den Bewohnern
Babels angekündigt hat.
13 Die du an großen Wassern wohnst, so
reich an Schätzen, / dein Ende ist gekommen,
dein Maß ist voll.
14 Geschworen hat der HERR der Heerscharen bei sich selbst: / Wenn ich dich auch mit
Menschen angefüllt habe wie mit Heuschrecken, / stimmt man doch den Kampfruf gegen
dich an.

2: 15,7 / **5:** Jes 54,4 / **6:** 50,8.15 / **7:** 25,15 / **8:** Jes 21,9 / **11:** Jes 13,17; Jer 50,28 / **12:** 50,2

51,1 Bewohner Chaldäas, wörtlich: Bewohner des Herzens derer, die gegen mich aufstehen.

51,10 ans Licht gebracht, wörtlich: herausgeführt.

GOTT ISRAELS UND SCHÖPFER DER WELT: 51,15–19
15 Er hat die Erde erschaffen durch seine
Kraft, / den Erdkreis gegründet durch seine
Weisheit, / durch seine Einsicht den Himmel
ausgespannt.
16 Lässt er seine Stimme ertönen, / rauschen
die Wasser am Himmel.
Wolken führt er herauf vom Rand der Erde; / er lässt es blitzen und regnen, / aus seinen Kammern entsendet er den Wind.
17 Töricht steht jeder Mensch da, ohne Er-
kenntnis, / beschämt jeder Goldschmied mit
seinem Götzenbild;
denn sein Gussbild ist Trug, / kein Atem ist in ihnen.
18 Nichtig sind sie, ein Spottgebilde. / Zur
Zeit ihrer Heimsuchung gehen sie zugrun-
de.
19 Anders der Gott, der Jakobs Anteil ist. /
Denn er ist der Schöpfer des Alls / und des Stammes, der sein Erbbesitz ist. / HERR der Heerscharen ist sein Name.

15–19: 10,12–16 / **16**: 10,13; Ps 135,7

BABEL ALS HAMMER GOTTES: 51,20–24
20 Ein Hammer warst du mir, Waffe für den
Krieg. / Mit dir zerschlug ich Völker, / mit dir vernichtete ich Königreiche,
21 mit dir zerschlug ich das Ross und seinen
Reiter, / mit dir zerschlug ich den Wagen und seinen Fahrer,
22 mit dir zerschlug ich Mann und Frau, / mit
dir zerschlug ich Greis und Kind, / mit dir zerschlug ich Knabe und Mädchen,
23 mit dir zerschlug ich den Hirten und seine
Herde, / mit dir zerschlug ich den Bauern und sein Gespann, / mit dir zerschlug ich Statthalter und Vorsteher.
24 Aber ich übe Vergeltung an Babel und an
allen Bewohnern Chaldäas / für alles Böse, das sie an Zion vor euren Augen verübten – Spruch des HERRN.

20: 50,23 / **24**: 50,15.29

STRAFE UND ENDGÜLTIGE VERNICHTUNG: 51,25–58
25 Siehe, ich gehe gegen dich vor, / du Berg des
Verderbens, / der die ganze Erde verdarb – Spruch des HERRN.
Ich strecke meine Hand gegen dich aus, / ich wälze dich weg von den Felsen / und mache dich zum ausgebrannten Berg.
26 Man wird von dir keinen Schlussstein /
und keinen Grundstein mehr holen,
denn Wüste bleibst du für immer / – Spruch des HERRN.
27 Errichtet ein Feldzeichen auf der Erde, /
stoßt ins Widderhorn unter den Völkern!
Weiht Nationen gegen sie, / ruft Königreiche herbei gegen sie,
Ararat, Minni und Aschkenas! / Bestimmt einen, der den Krieg gegen sie plant,
lasst Rosse anrücken, / borstigen Heuschrecken gleich!
28 Weiht Nationen gegen sie, / die Könige
von Medien,
seine Statthalter und alle seine Vorsteher / und das ganze Land ihrer Herrschaft!
29 Da bebt und zittert die Erde, / wenn sich
an Babel die Pläne des HERRN erfüllen,
das Land von Babel zur Wüste zu machen, / wo niemand mehr wohnt.
30 Die Helden Babels geben den Kampf auf /
und hocken in ihren Burgen.
Ihre Kraft ist versiegt, / sie sind wie Frauen geworden.
Seine Wohnungen steckt man in Brand, / seine Riegel zerbricht man.
31 Läufer über Läufer stürmt heran, / Bote
über Bote,
um dem König von Babel zu melden, / seine Stadt sei von allen Seiten her eingenommen,
32 die Flussübergänge seien besetzt, / die
Verteidigungsanlagen im Feuer verbrannt, / die Krieger entmutigt.
33 Denn so spricht der HERR der Heerscha-
ren, / der Gott Israels:
Die Tochter Babel gleicht einem Dreschplatz, / wenn er festgestampft wird;
noch eine kurze Zeit, / dann ist für sie die Erntezeit da.
34 Nebukadnezzar, der König von Babel, /
hat mich gefressen und ausgesaugt / und mich dann beiseitegestellt wie ein leeres Gefäß.
Wie ein Ungeheuer hat er mich verschlungen, / hat sich den Bauch gefüllt / mit meinen Köstlichkeiten und mich dann ausgespült.
35 Was ich an Unrecht und Schaden erlitt, /
komme über Babel!, / soll die Bewohnerin Zions sagen.

51,19 anders der Gott, wörtlich: nicht wie diese.

51,27 einen, der den Krieg gegen sie plant, wörtlich: Schreiber.

Mein Blut komme über die Bewohner Chal-
däas!, / soll Jerusalem sagen.
36 Darum – so spricht der HERR:
Siehe, ich führe deinen Rechtsstreit / und
werde dir Vergeltung verschaffen.
Ich lasse sein Meer vertrocknen / und seine
Quelle versiegen.
37 Babel wird ein Trümmerhaufen, / eine
Behausung für die Schakale,
Entsetzen und Spott, / wo niemand mehr
wohnt.
38 Alle zusammen brüllen sie wie Löwen, /
knurren wie junge Löwen.
39 Wenn sie in Gier brennen, bereite ich ihr
Gelage / und mache sie betrunken, dass sie
lustig werden,
in ewigen Schlaf sinken / und nie mehr er-
wachen – Spruch des HERRN.
40 Ich führe sie hinab wie Lämmer zum
Schlachten, / wie Widder und Böcke.
41 Wie ist Scheschach eingenommen und
erobert / der Ruhm der ganzen Erde!
Wie ist Babel zum Entsetzen geworden /
unter den Völkern!
42 Das Meer überflutet Babel, / von seinen
tosenden Wogen wird es bedeckt.
43 Seine Städte werden zur Wüste, / ein
Land der Dürre und Steppe,
wo niemand wohnt / und wo kein Men-
schenkind mehr hindurchzieht.
44 Den Bel von Babel suche ich heim / und ent-
reiße seinem Rachen, was er verschlungen hat.
Die Völker strömen nicht mehr zu ihm. /
Auch die Mauer von Babel ist gefallen. –
45 Zieh weg aus seiner Mitte, mein Volk! /
Jeder rette sein Leben vor dem glühenden Zorn
des HERRN.
46 Euer Herz soll nicht verzagen. / Fürchtet
euch nicht bei dem Gerücht, das man im Land
hört
– man wird im einen Jahr dieses / und im
andern Jahr jenes Gerücht hören –,
und wenn Gewalttat im Land regiert / und
Herrscher gegen Herrscher steht!
47 Darum siehe, es kommen Tage, / da suche
ich die Götzen Babels heim;
sein ganzes Land wird zuschanden / und
alle seine Erschlagenen liegen gefallen in sei-
ner Mitte.
48 Dann jubeln Himmel und Erde / und alles,
was in ihnen ist, über Babel,
wenn von Norden her die Verwüster einfal-
len / – Spruch des HERRN.
49 Auch Babel muss fallen für die Erschlage-
nen Israels, / wie die Erschlagenen der ganzen
Erde für Babel gefallen sind.
50 Ihr, die ihr dem Schwert entronnen seid, /
zieht weg, bleibt nicht stehen!
Denkt in der Ferne an den HERRN / und
Jerusalem steige auf in eurem Herzen!
51 Schämen müssen wir uns; / denn Schmach
mussten wir hören.
Schamröte bedeckt unser Gesicht; / denn
Fremde sind gekommen / über die Heiligtü-
mer des Hauses des HERRN.
52 Darum siehe, es kommen Tage / – Spruch
des HERRN –,
da suche ich seine Götzen heim / und in
seinem ganzen Land röcheln Erschlagene.
53 Auch wenn Babel bis zum Himmel auf-
steigt / und sich in unzugänglicher Höhe ver-
schanzt, / so werden doch auf meinen Wink
die Verwüster über es kommen – Spruch des
HERRN.
54 Horch, Schreien von Babel her / und gro-
ßer Zusammenbruch im Land der Chaldäer!
55 Denn der HERR verwüstet Babel / und
macht seinem lauten Lärmen ein Ende.
Die Wogen der Verwüster brausen wie ge-
waltige Wasser, / es ertönt der Lärm ihrer
Stimme.
56 Ja, der Verwüster kommt über Babel. /
Seine Helden werden gefangen genommen, /
ihre Bogen zerbrochen.
Denn der HERR ist ein Gott der Vergel-
tung; / er vergilt genau.
57 Die Fürsten und Weisen Babels, / seine
Statthalter, seine Vorsteher und seine Kriegs-
helden mache ich betrunken,
in ewigen Schlaf sollen sie sinken / und nie
mehr erwachen – Spruch des Königs, / HERR
der Heerscharen ist sein Name.
58 So spricht der HERR der Heerscharen:
Die breiten Mauern von Babel werden ge-
schleift bis auf den Grund, / seine hohen Tore
werden im Feuer verbrannt.
So mühen sich Völker für nichts, / Nationen
plagen sich ab für das Feuer.

25: 50,31 / **30**: 50,37; Jes 19,16; Nah 3,13 / **37**: 50,13 / **40**: 50,27 / **43**: 2,6 / **53**: Jes 14,13 / **57**: 51,39 / **58**: Hab 2,13

GESCHICHTLICHER NACHTRAG: 51,59–64

59 Das Wort, das der Prophet Jeremia dem
Seraja, dem Sohn Nerijas, des Sohnes Mach-

51,53 auf meinen Wink, wörtlich: von mir.

sejas, befohlen hat, als dieser mit Zidkija, dem
König von Juda, in dessen viertem Regie-
rungsjahr nach Babel reiste. Seraja war Quar-
tiermeister. 60 Jeremia hatte all das Unheil, das
über Babel kommen sollte, auf eine Buchrolle
geschrieben, alle diese Worte, die über Babel
aufgeschrieben sind. 61 Und Jeremia sagte zu
Seraja: Wenn du nach Babel kommst, sieh zu,
dass du alle diese Worte laut vorliest. 62 Dann
sag: HERR, du selbst hast diesem Ort ange-
droht, ihn zu vernichten, sodass niemand
mehr darin wohnt, weder Mensch noch Vieh;
für immer soll er zur Wüste werden. 63 Und es
soll sein: Sobald du diese Buchrolle zu Ende
gelesen hast, binde an sie einen Stein und wirf
sie mitten in den Eufrat! 64 Und sprich dabei:
So soll Babel versinken und nicht wieder hoch-
kommen, wegen des Unheils, das ich über die
Stadt bringe. Ja, Nationen plagen sich ab für
nichts. So weit die Worte Jeremias.

60: 50,1–51,58 / **62**: 51,26

ANHANG: DIE EROBERUNG UND ZERSTÖRUNG JERUSALEMS: 52,1–30

EROBERUNG JERUSALEMS: 52,1–11

52 1 Zidkija war einundzwanzig Jahre alt,
als er König wurde, und regierte elf Jah-
re in Jerusalem. Seine Mutter hieß Hamutal
und war eine Tochter Jirmejas aus Libna. 2 Er
tat, was böse war in den Augen des HERRN,
ganz so, wie es Jojakim getan hatte. 3 Weil der
Zorn des HERRN auf Jerusalem und Juda lag,
verstieß er sie von seinem Angesicht.

Und Zidkija empörte sich gegen den König
von Babel. 4 Und es geschah: Im neunten Re-
gierungsjahr Zidkijas, am zehnten Tag des
zehnten Monats, rückte Nebukadnezzar, der
König von Babel, mit seiner ganzen Streit-
macht vor Jerusalem und sie belagerten es und
errichteten ringsherum einen Belagerungs-
wall. 5 Bis zum elften Jahr des Königs Zidkija
wurde die Stadt belagert. 6 Am neunten Tag
des vierten Monats war in der Stadt die Hun-
gersnot groß geworden und die Bürger des
Landes hatten kein Brot mehr. 7 Da wurde die
Stadtmauer aufgebrochen und alle Krieger er-
griffen die Flucht und verließen die Stadt bei
Nacht auf dem Weg des königlichen Gartens,
durch das Tor zwischen den beiden Mauern,
obwohl die Chaldäer rings um die Stadt lagen,
und sie schlugen die Richtung nach der Araba
ein. 8 Aber die chaldäischen Truppen setzten
dem König nach und holten Zidkija in den
Niederungen von Jericho ein, nachdem alle
seine Truppen ihn verlassen und sich zerstreut
hatten. 9 Sie ergriffen den König und brachten
ihn hinauf nach Ribla in der Landschaft Hamat
zum König von Babel und dieser sprach über
ihn das Urteil. 10 Der König von Babel ließ die
Söhne Zidkijas vor dessen Augen niederma-
chen; auch alle Großen Judas ließ er in Ribla
niedermachen. 11 Zidkija ließ er blenden und
in Fesseln legen. Der König von Babel brachte
ihn nach Babel und hielt ihn in Gewahrsam bis
zu seinem Tod.

1–11: 2 Kön 24,18–25,7

WEGFÜHRUNG IN DIE VERBANNUNG: 52,12–30

12 Am zehnten Tag des fünften Monats –
das ist im neunzehnten Jahr des Königs
Nebukadnezzar, des Königs von Babel – rück-
te Nebusaradan, der Befehlshaber der Leib-
wache, der zum engeren Dienst des Königs
von Babel gehörte, in Jerusalem ein 13 und
steckte das Haus des HERRN und den königlichen Palast in Brand. Alle Häuser Jerusalems,
jedes große Haus verbrannte er im Feuer.
14 Auch alle Mauern ringsum Jerusalem rissen
die chaldäischen Truppen, die dem Befehlsha-
ber der Leibwache unterstanden, nieder. 15 Ei-
nen Teil der Armen des Volkes, jene, die übrig
geblieben waren in der Stadt und die Überläu-
fer, die zum König von Babel übergelaufen
waren, und den Rest der Handwerker führte
Nebusaradan, der Befehlshaber der Leibwa-
che, in die Verbannung. 16 Nur von den armen
Leuten im Land ließ Nebusaradan, der Be-
fehlshaber der Leibwache, einen Teil als Wein-
und Ackerbauern zurück.

17 Die bronzenen Säulen am Haus des
HERRN, die Kesselwagen und das bronzene
Meer beim Haus des HERRN zerschlugen die

Chaldäer und nahmen die gesamte Bronze mit
nach Babel. 18 Auch die Töpfe, Schaufeln, Mes-
ser, Schalen und Becher sowie alle bronzenen
Geräte, die man beim Tempeldienst verwen-
dete, nahmen sie weg. 19 Ebenso nahm der
Befehlshaber der Leibwache die Becken, Koh-
lenpfannen, Schalen, Töpfe, Leuchter, Becher
und Schüsseln weg, die sämtlich aus Gold oder
aus Silber waren, 20 ferner die zwei Säulen, das
eine Meer, die zwölf bronzenen Rinder unter
den Kesselwagen, die König Salomo für das
Haus des HERRN hatte anfertigen lassen – die
Bronze von all diesen Geräten war nicht zu
wiegen. 21 Was die Säulen betrifft, so hatte jede
Säule eine Höhe von achtzehn Ellen und ein
Faden von zwölf Ellen konnte sie umspannen;
sie waren vier Finger dick und innen hohl.
22 Oben hatte sie ein Kapitell aus Bronze. Die
Höhe des einen Kapitells betrug fünf Ellen; das
Kapitell umgaben Flechtwerk und Granatäp-
fel, alles aus Bronze. Ebenso war es bei der
zweiten Säule und den Granatäpfeln. 23 Es wa-
ren sechsundneunzig frei hängende Granatäp-
fel; im Ganzen waren hundert Granatäpfel
rings um das Flechtwerk.

24 Der Befehlshaber der Leibwache nahm
ferner den Oberpriester Seraja, den zweiten
Priester Zefanja und die drei Schwellenwäch-
ter mit. 25 Aus der Stadt nahm er einen Hofbe-
amten, der Befehlshaber der Soldaten war, und
sieben Leute vom persönlichen Dienst des
Königs mit, die sich noch in der Stadt befan-
den, sowie den Schreiber des Heerführers, der
das Volk des Landes zum Kriegsdienst auszu-
heben hatte, schließlich sechzig Mann vom
Volk des Landes, die sich noch in der Stadt
befanden. 26 Nebusaradan, der Befehlshaber
der Leibwache, nahm sie und brachte sie zum
König von Babel nach Ribla. 27 Der König von
Babel ließ sie in Ribla in der Landschaft Hamat
erschlagen und töten. So führte er Juda von
seinem Ackerboden weg in die Verbannung.
28 Das ist die Anzahl der Leute, die Nebukad-
nezzar in die Verbannung führte: in seinem
siebten Regierungsjahr 3 023 Judäer, 29 im acht-
zehnten Jahr Nebukadnezzars 832 Personen
aus Jerusalem; 30 im dreiundzwanzigsten Jahr
Nebukadnezzars führte Nebusaradan, der Be-
fehlshaber der Leibwache, an Judäern 745 Per-
sonen weg; im Ganzen waren es 4 600 Perso-
nen.

12–17: 2 Kön 25,8–21 / **17**: 27,19–22

BEGNADIGUNG JOJACHINS: 52,31–34

31 Im siebenunddreißigsten Jahr nach der
Wegführung Jojachins, des Königs von Juda,
in die Verbannung, am fünfundzwanzigsten
Tag des zwölften Monats, begnadigte Ewil-
Merodach, der König von Babel, im Jahr seines
Regierungsantritts Jojachin, den König von
Juda, und entließ ihn aus dem Gefängnis. 32 Er
redete Gutes mit ihm. Er wies ihm seinen Sitz
zu oberhalb des Sitzes der anderen Könige, die
bei ihm in Babel waren. 33 Jojachin legte seine
Gefängniskleidung ab und er aß sein Brot stän-
dig bei ihm, alle Tage seines Lebens. 34 Sein
Unterhalt – ein ständiger Unterhalt – wurde
ihm vom König von Babel gegeben, Tag für
Tag, bis zum Tag seines Todes, alle Tage seines
Lebens.

31–34: 2 Kön 25,27–30

52,23 frei hängend, wörtlich: zum Wind hin.

DIE KLAGELIEDER

In der jüdischen Tradition wird dieses poetische Buch mit dem Anfangswort der Kap. 1, 2 und 4 „Echa – Wehe“ oder mit „Qinot – Totenklagen“ bezeichnet. Beide Begriffe verweisen darauf, dass es sich um Klagetexte handelt. In der hebräischen Bibel findet sich das Buch im dritten Teil des Kanons, in den „Schriften“, und zählt dort zu den fünf „Festrollen“. In der griechischen Bibel ist das Buch hinter dem Buch Jeremia eingeordnet; darin findet sich eine Einleitung, die es wohl aufgrund von 2 Chr 35,25 dem Propheten Jeremia zuschreibt.

Diese Verfasserangabe ist historisch allerdings nicht zu erweisen.

Alle fünf Kapitel beziehen sich auf die Zerstörung Jerusalems und des Tempels im Jahr 586 v. Chr. und dürften kurz danach verfasst worden sein.

Jedes Kapitel kann als eigenes Lied angesehen werden, wobei Kap. 1, 2 und 4 thematisch enger verzahnt sind. Das 1., 2. und 4. Lied bedienen sich der Gattung der Totenklage, während das 3. Lied als individuelles Klagelied und das 5. Lied als Volksklagelied anzusehen sind.

Die einzelnen Lieder bringen in vielfältiger Weise die Not, das Leid und die Schrecken der Eroberung zur Sprache. Neben der Stimme eines Einzelnen (Kap. 3) und der Stimme des Volkes (Kap. 5) kommt in den Liedern Kap. 1, 2, 4 die weiblich personifizierte Stadt Jerusalem zu Wort, die wie eine Klagefrau der Bevölkerung eine Stimme gibt, in drastischen Bildern das Leid beschreibt und in der Klage die Not vor Gott bringt. Das Bekenntnis der eigenen Schuld und das Vertrauen auf Gott treten in den Liedern gegenüber der Klage zurück. Dort, wo angesichts von unermesslichem Leid theologische Erklärungen versagen, eröffnet die Klage eine erste Möglichkeit der Bewältigung. Sie ist in diesen Liedern gestaltet als spannungsreiche Verbindung des grenzenlosen Schmerzes mit einer festen poetischen Form.

Denn die ersten vier Lieder sind als alphabetische Gedichte verfasst, bei denen jeweils der folgende Vers oder die folgende Strophe mit den nächsten Buchstaben des hebräischen Alphabets beginnt. Im fünften Lied ist dies aufgegeben. Die Anzahl der Verse entspricht der Zahl der Konsonanten im hebräischen Alphabet.

Die Juden lesen die Klagelieder am 9. Aw (Juli/August), an dem der Zerstörungen des Tempels im Jahre 586 v. Chr. durch die Babylonier und des zweiten Tempels im Jahre 70 n. Chr. durch die Römer gedacht wird.

In der christlichen Liturgie haben die Klagelieder ihren Ort in der Karwoche und deuten das Leiden und Sterben Christi.

ERSTES LIED: 1,1–22

1 1 Weh, wie einsam sitzt da / die einst so
volkreiche Stadt!
Einer Witwe wurde gleich / die Große unter
den Völkern.
Die Fürstin über die Länder / ist zur Fron
erniedrigt.
2 Sie weint und weint des Nachts, / Tränen
auf ihren Wangen.
Niemand ist da, sie zu trösten, / unter all
denen, die sie liebten.
Untreu sind all ihre Freunde, / sie sind ihr
zu Feinden geworden.
3 In die Verbannung zog Juda aus Elend / und
harter Knechtschaft.
Nun weilt sie unter den Völkern / und findet
nicht Ruhe.
All ihre Verfolger holten sie ein / mitten in
der Bedrängnis.
4 Die Wege nach Zion trauern, / niemand
pilgert zum Fest, / verödet sind all ihre Tore.
Ihre Priester seufzen, / ihre Jungfrauen sind
voll Gram, / sie selbst trägt Weh und Kummer.
5 Ihre Bedränger sind an der Macht, / ihre
Feinde im Glück.

Denn Trübsal hat der HERR ihr gesandt / wegen ihrer vielen Verfehlungen.
Ihre Kinder zogen fort, / gefangen, vor dem Bedränger.
6 Gewichen ist von der Tochter Zion / all ihre Pracht.
Ihre Fürsten sind wie Hirsche geworden, / die keine Weide finden.
Kraftlos zogen sie dahin / vor ihren Verfolgern.
7 Jerusalem denkt an die Tage / ihres Elends, ihrer Unrast,
an all ihre Kostbarkeiten, / die sie einst besessen,
als ihr Volk in Feindeshand fiel / und niemand da war, ihr zu helfen.
Die Bedränger sahen sie an, / lachten über ihre Vernichtung.
8 Schwer gesündigt hatte Jerusalem, / deshalb ist sie zum Abscheu geworden.
All ihre Verehrer verachten sie, / weil sie ihre Blöße gesehen.
Sie selbst seufzt / und wendet sich ab.
9 Ihre Unreinheit klebt an ihrer Schleppe, / ihr Ende bedachte sie nicht.
Entsetzlich ist sie gesunken, / niemand ist da, sie zu trösten.
Sieh doch mein Elend, o HERR, / denn die Feinde prahlen!
10 Der Bedränger streckte die Hand aus / nach all ihren Schätzen.
Ja, sie sah, wie Völker / in ihr Heiligtum drangen;
ihnen hattest du doch verboten, / sich dir zu nahen in der Gemeinde.
11 All ihre Bewohner seufzen, / verlangen nach Brot.
Sie geben ihre Schätze für Nahrung, / nur um am Leben zu bleiben.
HERR, sieh doch und schau, / wie sehr ich verachtet bin.
12 Ihr alle, die ihr des Weges zieht, / schaut doch und seht,
ob ein Schmerz ist wie mein Schmerz, / den man mir angetan,
mit dem der HERR mich geschlagen hat / am Tag seines glühenden Zornes.
13 Aus der Höhe sandte er Feuer, / in meine Glieder ließ er es fallen.
Er spannte ein Netz meinen Füßen, / rücklings riss er mich nieder.
Er machte mich einsam / und siech für alle Zeit.
14 Schwer ist das Joch meiner Verfehlungen, / von seiner Hand aufgelegt.
Sie stiegen mir über den Hals; / da brach meine Kraft.
Preisgegeben hat mich der Herr / in die Hand derer, denen ich nicht standhalten konnte.
15 Verworfen hat all meine Helden / der Herr in meiner Mitte.
Ein Fest rief er aus gegen mich, / meine jungen Männer zu zerschlagen.
Die Kelter trat der Herr / gegen die Jungfrau, Tochter Juda.
16 Darüber muss ich weinen, / mein Auge, ja, mein Auge fließt von Tränen.
Fern von mir ist ein Tröster, / mein Leben zurückzubringen.
Einsam sind meine Kinder; / denn der Feind ist stark.
17 Zion ringt die Hände, / niemand ist da, sie zu trösten.
Aufgeboten hat der HERR gegen Jakob / seine Nachbarn, ihn zu bedrängen.
Jerusalem ist unter ihnen / zum Schandfleck geworden.
18 Er, der HERR, ist im Recht. / Ich habe seinem Wort getrotzt.
Hört doch, alle ihr Völker, / und seht meinen Schmerz:
Meine Mädchen, meine jungen Männer / zogen in die Gefangenschaft.
19 Ich rief nach denen, die mich liebten; / doch sie betrogen mich.
Meine Priester, meine Ältesten / sind in der Stadt verschmachtet,
als sie Nahrung suchten, / um am Leben zu bleiben.
20 HERR, sieh an, wie mir angst ist! / Mein Inneres glüht;
mir dreht sich das Herz im Leibe, / weil ich mich so heftig widersetzt habe.
Draußen raubte die Kinder das Schwert, / was drinnen ist, gleicht dem Tod.
21 Sie hörten, wie ich stöhne; / ich habe keinen Tröster.
All meine Feinde hörten von meinem Unglück, / freuten sich, dass du es bewirkt hast.
Du brachtest deinen angekündigten Tag. / Ihnen aber wird es ergehen wie mir;
22 all ihre Bosheit komme vor dich. / Tu dann an ihnen,

1,13 Text korr. nach G und 4QLam.

wie du an mir getan / wegen all meiner Verfehlungen!
Denn ich stöhne ohne Ende / und mein Herz ist krank.

1: Jes 50,1 / **2**: Jer 30,14; Jes 51,12 / **3**: Dtn 25,17–19 / **4**: Jes 51,11 / **10**: Ez 44,9 / **13**: Ps 35,7 / **15**: Jes 63,3 / **18**: Jes 45,21 / **19**: Jer 22,22 / **22**: 3,58–66; 4,20f.

ZWEITES LIED: 2,1–22

2 1 Weh, mit seinem Zorn umwölkt / der Herr die Tochter Zion!
Er schleuderte vom Himmel zur Erde / die Pracht Israels.
Nicht dachte er an den Schemel seiner Füße / am Tag seines Zornes.
2 Schonungslos hat der Herr vernichtet / alle Fluren Jakobs,
niedergerissen in seinem Grimm / die Bollwerke der Tochter Juda,
zu Boden gestreckt, entweiht / das Königtum und seine Fürsten.
3 Abgehauen hat er in Zornesglut / jedes Horn in Israel.
Er zog seine Rechte zurück / angesichts des Feindes
und brannte in Jakob wie flammendes Feuer, / ringsum alles verzehrend.
4 Er spannte den Bogen wie ein Feind, / stand da – seine Rechte erhoben wie ein Bedränger.
Er erschlug alles, / was das Auge erfreut.
Im Zelt der Tochter Zion / goss er seinen Zorn aus wie Feuer.
5 Wie ein Feind ist geworden der Herr, / Israel hat er vernichtet.
Vernichtet hat er alle Paläste, / zerstört seine Burgen.
Auf die Tochter Juda hat er gehäuft / Jammer über Jammer.
6 Er zertrat wie einen Garten seine Wohnstatt, / zerstörte seinen Festort.
Vergessen ließ der HERR auf Zion / Festtag und Sabbat.
In glühendem Zorn verwarf er / König und Priester.
7 Seinen Altar hat der Herr verschmäht, / verworfen sein Heiligtum,
ausgeliefert in die Hand des Feindes / die Mauern von Zions Palästen.
Man lärmte im Haus des HERRN / wie an einem Festtag.
8 Zu schleifen plante der HERR / die Mauer der Tochter Zion.
Er spannte die Messschnur und zog nicht zurück / seine Hand vom Vernichten.
Trauern ließ er Wall und Mauer; / miteinander sanken sie nieder.
9 In den Boden sanken ihre Tore, / ihre Riegel hat er zerstört und zerbrochen.
Ihr König und ihre Fürsten sind unter den Völkern, / keine Weisung ist da,
auch ihre Propheten erhalten / keine Vision mehr vom HERRN.
10 Am Boden sitzen, verstummt, / die Ältesten der Tochter Zion,
streuen sich Staub aufs Haupt, / legen Trauerkleider an.
Zu Boden senken den Kopf / die Mädchen von Jerusalem.
11 Meine Augen ermatten vor Tränen, / mein Inneres glüht,
meine Leber ist zu Boden geschüttet / wegen des Zusammenbruches der Tochter, meines Volkes,
da Kind und Säugling verschmachten / auf den Plätzen der Stadt.
12 Sie sagen zu ihren Müttern: / Wo ist Brot und Wein?,
da sie wie tödlich verwundet verschmachten / auf den Plätzen der Stadt,
da ihr Leben ausgeschüttet ist / auf dem Schoß ihrer Mütter.
13 Wie soll ich dir zureden, was dir gleichsetzen, / Tochter Jerusalem?
Womit kann ich dich vergleichen, wie dich trösten, / Jungfrau, Tochter Zion?
Ja, dein Zusammenbruch ist groß wie das Meer, / wer kann dich heilen?
14 Deine Propheten schauten dir / Lug und Trug.

2,11 Im hebr. Denken galt die Leber als besonders empfindliches, die Gefühle anzeigendes Organ.

Deine Schuld haben sie nicht aufgedeckt, /
um dein Schicksal zu wenden.
Sie schauten dir als Prophetenworte / nur
Trug und Verführung.
15 Über dich klatschen in die Hände / alle,
die des Weges ziehen.
Sie pfeifen und schütteln den Kopf / über
die Tochter Jerusalem:
Ist das die Stadt, die man nannte: / Krone
der Schönheit, Entzücken der ganzen Welt?
16 Über dich reißen ihr Maul auf / all deine
Feinde.
Sie pfeifen und fletschen die Zähne, / sie
sprechen: Wir haben sie vernichtet.
Das ist der Tag, auf den wir hofften. / Wir
haben ihn erreicht und gesehen.
17 Getan hat der HERR, was er geplant, / sei-
nen Drohspruch vollzogen,
den er seit alters verkündet hat. / Scho-
nungslos hat er niedergerissen.
Den Feind ließ er über dich jubeln, / richte-
te auf die Macht deiner Bedränger.
18 Ihr Herz schreit laut zum Herrn. / Mauer
der Tochter Zion,
lass fließen wie einen Bach die Tränen / Tag
und Nacht!
Niemals gewähre dir Ruhe, / nie lass deinen
Augapfel rasten!
19 Steh auf, klage bei Nacht, / zu jeder Nacht-
wache Anfang!
Schütte aus wie Wasser dein Herz / vor dem
Angesicht des Herrn!
Erhebe zu ihm die Hände / für deiner Kinder
Leben,
die vor Hunger verschmachten / an den
Ecken aller Straßen!
20 HERR, sieh doch und schau: / Wem hast
du solches getan?
Dürfen Frauen ihre Leibesfrucht essen, / die
sorgsam gehegten Kinder?
Dürfen im Heiligtum des Herrn / Priester
und Prophet erschlagen werden?
21 Am Boden liegen in den Gassen / Kind
und Greis.
Meine Mädchen und jungen Männer / fielen
unter dem Schwert.
Du hast sie erschlagen am Tag deines
Zorns, / schonungslos geschlachtet.
22 Wie zum Festtag hast du von ringsum
gerufen, / wovor mir graut.
Am Zorntag des HERRN gab es keinen, / der
entkam und entrann.
Die ich hegte und großzog, / mein Feind hat
sie vernichtet.

1: Ps 99,5 / **4**: Jer 21,5f. / **6**: Hos 2,13 / **8**: Jes 34,11.17 / **9**: Ez 7,26 / **11**: Ps 22,15 / **13**: Jer 8,21–23 / **14**: Jer 14,14–16 / **15**: Jer 19,8; Ps 48,3 / **20**: 4,10; Jer 19,9; Dtn 28,53–57 / **22**: Jes 49,20f.

DRITTES LIED: 3,1–66

3 1 Ich bin der Mann, der Leid erlebt hat /
durch die Rute seines Grimms.
2 Er hat mich getrieben und gedrängt / in
Finsternis, nicht ins Licht.
3 Täglich von Neuem kehrt er die Hand / nur
gegen mich.
4 Er zehrte aus mein Fleisch und meine
Haut, / zerbrach meine Glieder,
5 umbaute und umschloss mich / mit Gift
und Erschöpfung.
6 Im Finstern ließ er mich wohnen / wie
längst Verstorbene.
7 Er hat mich ummauert, ich kann nicht ent-
rinnen. / Er hat mich in schwere Fesseln ge-
legt.
8 Wenn ich auch schrie und flehte, / er ver-
sperrte den Weg meinem Gebet.
9 Mit Quadern hat er mir die Wege verrie-
gelt, / meine Pfade irregeleitet.
10 Ein lauernder Bär war er mir, / ein Löwe
im Versteck.
11 Er ließ meine Wege sich verstricken, /
machte mich regungslos und einsam.
12 Er spannte den Bogen und stellte mich
hin / als Ziel für den Pfeil.
13 In die Nieren ließ er mir dringen / die Ge-
schosse seines Köchers.
14 Ein Gelächter war ich all meinem Volk, /
ihr Spottlied den ganzen Tag.
15 Er speiste mich mit bitterer Kost / und
tränkte mich mit Wermut.
16 Meine Zähne ließ er auf Kiesel beißen, /
er drückte mich in den Staub.

17 Du hast mich aus dem Frieden hinausgestoßen; / ich habe vergessen, was Glück ist.

18 Ich sprach: Dahin ist mein Glanz / und mein Vertrauen auf den HERRN.

19 An meine Not und Unrast denken / ist Wermut und Gift.

20 Immer denkt meine Seele daran / und ist betrübt in mir.

21 Das will ich mir zu Herzen nehmen, / darauf darf ich harren:

22 Die Huld des HERRN ist nicht erschöpft, / sein Erbarmen ist nicht zu Ende.

23 Neu ist es an jedem Morgen; / groß ist deine Treue.

24 Mein Anteil ist der HERR, sagt meine Seele, / darum harre ich auf ihn.

25 Gut ist der HERR zu dem, der auf ihn hofft, / zur Seele, die ihn sucht.

26 Gut ist es, schweigend zu harren / auf die Hilfe des HERRN.

27 Gut ist es für den Mann, / ein Joch zu tragen in der Jugend.

28 Er sitze einsam und schweige, / wenn der HERR es ihm auflegt.

29 Er beuge in den Staub seinen Mund; / vielleicht ist noch Hoffnung.

30 Er biete die Wange dem, der ihn schlägt, / und lasse sich sättigen mit Schmach.

31 Denn nicht für immer / verwirft der Herr.

32 Hat er betrübt, erbarmt er sich auch wieder / nach seiner großen Huld.

33 Denn nicht freudigen Herzens / plagt und betrübt er die Menschenkinder.

34 Dass man mit Füßen tritt / alle Gefangenen des Landes,

35 dass man das Recht des Mannes beugt / vor dem Antlitz des Höchsten,

36 dass man im Rechtsstreit den Menschen bedrückt, / sollte der Herr das nicht sehen?

37 Wer hat gesprochen und es geschah? / Hat nicht der Herr es geboten?

38 Geht nicht hervor aus des Höchsten Mund / das Gute wie auch das Böse?

39 Wie dürfte denn ein Lebender klagen, / ein Mann über seine Sünden?

40 Prüfen wir unsre Wege, erforschen wir sie / und kehren wir um zum HERRN!

41 Erheben wir unser Herz samt den Händen / zu Gott im Himmel!

42 Wir haben gesündigt und uns widersetzt; / du hast nicht vergeben.

43 Du hast uns in Zorn gehüllt und verfolgt, / getötet und nicht geschont.

44 Du hast dich in Wolken gehüllt, / kein Gebet kann sie durchstoßen.

45 Zu Unrat und Auswurf hast du uns gemacht / inmitten der Völker.

46 Ihren Mund rissen gegen uns auf / all unsre Feinde.

47 Grauen und Grube wurde uns zuteil, / Verwüstung und Verderben.

48 Tränenströme vergießt mein Auge / über den Zusammenbruch der Tochter, meines Volkes.

49 Mein Auge ergießt sich und ruht nicht; / es hört nicht auf,

50 bis der HERR vom Himmel her / sieht und schaut.

51 Mein Auge schmerzt mich / wegen all der Töchter meiner Stadt.

52 Wie auf einen Vogel machten sie Jagd auf mich, / die ohne Grund meine Feinde sind.

53 Sie stürzten in die Grube mein Leben / und warfen Steine auf mich.

54 Das Wasser ging mir über den Kopf; / ich sagte: Ich bin verloren.

55 Da rief ich deinen Namen, HERR, / tief unten aus der Grube.

56 Du hörtest meine Stimme: / Verschließ nicht dein Ohr / vor meinem Seufzen, meinem Schreien!

57 Du warst nahe am Tag, da ich dich rief; / du sagtest: Fürchte dich nicht!

58 Du, Herr, hast meine Sache geführt, / hast mein Leben erlöst.

59 Du, HERR, hast meine Bedrückung gesehen. / Verschaffe mir Recht!

60 Du hast gesehen ihre ganze Rachgier, / all ihr Planen gegen mich.

61 Du hast ihr Schmähen gehört, o HERR, / all ihr Planen gegen mich.

62 Das Denken und Reden meiner Gegner / ist gegen mich den ganzen Tag.

63 Blick auf ihr Sitzen und Stehen! / Ein Spottlied bin ich für sie.

64 Vergilt ihnen, HERR, / nach dem Tun ihrer Hände!

65 Gib ihnen ein verhärtetes Herz! / Dein Fluch über sie!

66 Verfolge sie im Zorn und vernichte sie / unter dem Himmel des HERRN!

2: Ps 23,4 / **6**: Jes 59,9 / **8**: Ps 22,3 / **9**: Ijob 19,8 / **12**: Ijob 16,12f. / **14**: Jer 20,7 / **15**: Jer 9,14; Ijob 9,18 / **20**: Ps 42,6.12; 43,5 / **26**: Ijob 1,22; 2,10 / **28**: 1,1 / **31**: Ps 77,8–10; Jes 54,7 / **32**: Jes 63,7 / **38**: Jes 45,7 / **40**: 3,8f. / **44**: Dtn 4,29–31 / **48**: 2,11; Jer 8,23 / **53**: Ps 88,7 / **54**: Ps 69,2 / **60**: Jer 11,18–20 / **64**: 1,22; 4,20f.

VIERTES LIED: 4,1–22

4 1 Weh, wie glanzlos ist das Gold, / gedun-
kelt das köstliche Feingold,
hingeschüttet die heiligen Steine / an den
Ecken aller Straßen!
2 Die kostbaren Kinder Zions, / aufgewogen
mit reinem Gold,
weh, wie Krüge aus Ton sind sie geachtet, /
wie Werk von Töpferhand.
3 Selbst Schakale reichen die Brust, / säugen
ihre Jungen.
Die Tochter, mein Volk, ist grausam gewor-
den / wie Strauße in der Wüste.
4 Des Säuglings Zunge klebt / an seinem
Gaumen vor Durst.
Kinder betteln um Brot; / keiner bricht es
ihnen.
5 Die einst Leckerbissen schmausten, / ver-
schmachten auf den Straßen.
Die einst auf Purpur lagen, / klammern sich
jetzt an Unrat.
6 Größer ist die Schuld der Tochter, meines
Volkes, / als die Sünde Sodoms,
das plötzlich vernichtet wurde, / ohne dass
eine Hand sich rührte.
7 Ihre Vornehmen waren reiner als Schnee, /
weißer als Milch,
ihr Leib rosiger als Korallen, / saphirgleich
ihre Gestalt.
8 Schwärzer als Ruß sehen sie aus, / man
erkennt sie nicht auf den Straßen.
Ihre Haut schrumpft ihnen am Leib, / tro-
cken wie Holz ist sie geworden.
9 Besser die vom Schwert Getöteten / als die
vom Hunger Getöteten;
sie sind verschmachtet, / vom Missertrag
der Felder getroffen.
10 Die Hände liebender Frauen / kochten die
eigenen Kinder.
Sie dienten ihnen als Speise / beim Zusam-
menbruch der Tochter, meines Volkes.
11 Randvoll gemacht hat der HERR seinen
Grimm, / ausgegossen seinen glühenden
Zorn.
Er entfachte in Zion ein Feuer, / das bis auf
den Grund alles verzehrte.
12 Kein König eines Landes, kein Mensch auf
der Erde / hätte jemals geglaubt,
dass ein Bedränger und Feind / durchschrit-
te die Tore Jerusalems.
13 Wegen der Sünden ihrer Propheten, / we-
gen der Verfehlung ihrer Priester,
die in ihrer Mitte vergossen haben / das Blut
von Gerechten,
14 wanken sie blind durch die Gassen, / be-
sudelt mit Blut,
sodass man nicht berühren mag / ihre Klei-
der.
15 Fort, unrein!, ruft man ihnen zu. / Fort,
fort! Rührt nichts an!
Da fliehen sie, da wanken sie. / Unter den
Völkern sagt man: / Sie dürfen nicht länger
bleiben.
16 Das Angesicht des HERRN hat sie zer-
streut, / er schaut sie nicht mehr an.
Keine Ehrfurcht zollte man den Priestern, /
die Ältesten fanden keine Gnade.
17 Als wir uns noch die Augen nach Hilfe für
uns ausschauten, / war es umsonst.
Auf unserer Warte spähten wir nach einem
Volk, / das dann doch keine Hilfe brachte.
18 Man stellte unseren Schritten nach, / wir
konnten nicht auf die Straßen.
Unser Ende war nah, die Tage voll, / ja, un-
ser Ende kam.
19 Schneller waren unsere Verfolger / als
Adler am Himmel.
Sie jagten uns auf den Bergen, / lauerten uns
auf in der Wüste.
20 Unser Lebensatem, der Gesalbte des
HERRN, / ist gefangen in ihren Gruben.
Wir aber hatten gedacht: / In seinem Schat-
ten werden wir leben unter den Völkern.
21 Juble nur und freue dich, Tochter Edom, /
die du wohnst im Lande Uz.
Auch zu dir wird der Becher kommen, / du
wirst dich betrinken und dich entblößen.
22 Zu Ende ist deine Schuld, Tochter Zion; /
nicht wieder führt er dich in Verbannung.
Deine Schuld sucht er heim, Tochter
Edom, / deckt deine Sünden auf.

3: Ijob 39,13–16 / **6**: Gen 19,24f.; Jer 49,18 / **8**: Jes 66,14 / **10**: 2,20 / **13**: 2,14 / **15**: Jes 52,11 / **20**: 2 Kön 25,27–30 / **21**: Obd; Jer 25,15–29 / **22**: Jes 40,2

FÜNFTES LIED: 5,1–22

5 1 HERR, denk daran, was uns geschehen, /
blick her und sieh unsre Schmach!
2 An Fremde fiel unser Erbe, / unsre Häuser
kamen an Ausländer.
3 Waisen wurden wir, vaterlos, / unsere
Mütter wurden Witwen.
4 Unser Wasser trinken wir für Geld, / unser
Holz müssen wir bezahlen.
5 Wir werden getrieben, das Joch auf dem
Nacken, / wir sind müde, man versagt uns die
Ruhe.
6 Nach Ägypten streckten wir die Hand, /
nach Assur, um uns mit Brot zu sättigen.
7 Unsere Väter haben gesündigt; sie sind
nicht mehr. / Wir müssen ihre Sünden tragen.
8 Sklaven herrschen über uns, / niemand
entreißt uns ihren Händen.
9 Unter Lebensgefahr holen wir unser Brot, /
bedroht vom Schwert der Wüste.
10 Unsere Haut glüht wie ein Ofen / von den
Gluten des Hungers.
11 Frauen schändet man in Zion, / Jungfrau-
en in den Städten von Juda.
12 Fürsten werden von ihrer Hand gehängt, /
den Ältesten nimmt man die Ehre.
13 Junge Männer müssen die Handmühlen
schleppen, / unter der Holzlast brechen Kna-
ben zusammen.
14 Die Alten bleiben fern vom Tor, / die Jun-
gen vom Saitenspiel.
15 Dahin ist unseres Herzens Freude, / in
Trauer gewandelt unser Reigen.
16 Die Krone ist uns vom Haupt gefallen. /
Weh uns, wir haben gesündigt!
17 Darum ist krank unser Herz, / darum sind
trüb unsere Augen
18 über den Zionsberg, der verwüstet liegt; /
Füchse laufen dort umher.
19 Du, HERR, thronst ewig, / dein Thron
besteht von Geschlecht zu Geschlecht.
20 Warum willst du uns für immer verges-
sen, / uns verlassen fürs ganze Leben?
21 Lass du, HERR, uns zurückkehren zu dir, /
dann kehren wir um! / Erneuere unsere Tage
wie in der Urzeit.
22 Oder hast du uns denn ganz verworfen, /
zürnst du uns über alle Maßen?

2: Jer 6,11f. / **6**: Jes 52,4 / **7**: Jer 31,29f.; Neh 9,2 / **15**: Jer 31,13f. / **16**: Jer 13,18 / **17**: Jer 8,18 / **18**: Jes 64,9f. / **20**: Jes 64,11 / **22**: Jes 54,6–8

DAS BUCH BARUCH

Das Buch Baruch, das zu den sieben sog. Deuterokanonischen Schriften gehört, trägt seinen Namen nach seinem (pseudonymen) Verfasser, dem Sekretär des Jeremia (vgl. Jer 32; 36; 43; 45). Entstanden ist es sicher erst mehrere Jahrhunderte nach der Zeit Jeremias. Die Kap. 1–5 dürften aus dem ausgehenden 2. oder auch frühen 1. Jh. v. Chr. stammen. Überliefert ist nur eine griechische Fassung, die aber wahrscheinlich auf eine hebräische Vorlage zurückgeht. Die lateinische Bibeltradition hat den sog. Brief des Jeremia, eine ursprünglich selbstständige Schrift wohl aus der Zeit um ca. 300 v. Chr., mit dem Baruchbuch verbunden. In den katholischen Bibelausgaben wird er als Bar 6 gezählt. Auch diese Schrift ist nur in ihrer griechischen Übersetzung aus dem Hebräischen auf uns gekommen.

Das Buch Baruch ist bestrebt, eine theologische Synthese aus Tora, weisheitlichen Schriften und Propheten zu verfassen, also den gesamten Kanon der jüdischen Heiligen Schriften für seine Zeit zum Leben zu erwecken. Aus der Tora und der deuteronomistischen Theologie speist sich das große Buß- und Bittgebet am Buchanfang (Bar 1,15–3,8), das das Leben in der Diaspora und d. h. fern von Jerusalem mit seinem Tempel als Folge einer Missachtung der Gebote Gottes sieht. Schriften wie das Buch Ijob und die Psalmen sind Quelle der Weisheitstheologie in der Buchmitte (3,9–4,4) und zeigen, dass das Streben nach Weisheit gleichbedeutend ist mit der Annahme der Tora Gottes. Die Rede der Stadtfrau Jerusalem, an die eine prophetische Hoffnungszusage ergeht (4,5–5,9), schöpft aus den Propheten, allen voran Jesaja. Jerusalem wird vorgestellt als Mutter, die ihre im Exil verstreuten Kinder willkommen heißt und von Gott mit königlicher Pracht ausgestattet wird. Zudem wird das Buch zusammengehalten durch einen erzählerischen Bogen, der sich von den Exilierten in Babylonien nach Jerusalem und, vermittelt über den Brief des Jeremia, wieder zu ihnen zurück erstreckt und damit die Bindung der jüdischen Diaspora an das Zentrum des Judentums in Jerusalem unterstreicht.

Der „Brief" in Bar 6 ist in Wirklichkeit eine große Spottrede über den Götterbilderkult in Babylonien. Die dem Propheten Jeremia zugeschriebene Schrift macht die Überzeugung des Judentums der griechischen und römischen Zeit deutlich, dass der eine und wahre Gott sich nicht an ein Kultbild bindet, weil Götterbilder letztlich die Menschen als Schöpfer Gottes erscheinen lassen und damit die Größe des Schöpfergottes verdunkeln. Diese Spur der Bilderkritik ist für jüdische und christliche Gläubige gleichermaßen aktuell.

BRÜCKENSCHLAG ZWISCHEN BABYLONIEN UND JERUSALEM: 1,1–14

BUCHÜBERSCHRIFT: 1,1

1 1 Das ist der Wortlaut des Buches, den
Baruch, der Sohn Nerijas, des Sohnes
Machsejas, des Sohnes Zidkijas, des Sohnes
Hasadjas, des Sohnes Hilkijas, in Babel aufge-
schrieben hat.

1: Jer 32,12; 36,4

BUSSGOTTESDIENST IN DER VERBANNUNG: 1,2–9

2 Es war im fünften Jahr, am siebten Tag des
Monats, zur selben Zeit, als die Chaldäer Jeru-
salem eingenommen und in Brand gesteckt
hatten. 3 Baruch verlas den Wortlaut dieses
Buches in die Ohren König Jojachins von Juda,
des Sohnes Jojakims, und in die Ohren des
ganzen Volkes, das zusammengekommen
war, um die Schrift zu hören. 4 Er las in die
Ohren der königlichen Beamten und Prinzen,
in die Ohren der Ältesten und des ganzen Vol-
kes, vom Kleinsten bis zum Größten, aller, die
in Babel am Fluss Sud angesiedelt waren.

5 Da weinten, fasteten und flehten sie vor
dem Herrn. 6 Dann legten sie Geld zusammen,

so viel ein jeder vermochte, 7 und sandten es
nach Jerusalem an den Priester Jojakim, den
Sohn Hilkijas, des Sohnes Schallums, an die
Priester und an das ganze Volk, das sich mit
ihm in Jerusalem befand. 8 Zur selben Zeit, am
zehnten Siwan, hatte er die Geräte des Hauses
des Herrn, die aus dem Tempel verschleppt
worden waren, geholt, um sie in das Land Juda
zurückzubringen. Es waren jene silbernen Ge-
räte, die König Zidkija von Juda, der Sohn Jo-
schijas, hatte anfertigen lassen, 9 nachdem
Nebukadnezzar, der König von Babel, Jojachin
aus Jerusalem verschleppt und nach Babel ge-
bracht hatte, samt den Beamten, den Gefan-
genen, der Oberschicht und dem Volk des
Landes.

2: 2 Kön 25,8; Jer 39,8f. / **3**: Jer 22,24–30 / **9**: 2 Kön 24,8–17

LITURGIE IN JERUSALEM: 1,10–14

10 Die Spender sagten: Hier senden wir euch
Geld. Kauft dafür Brandopfer, Sündopfer und
Weihrauch und bereitet Speiseopfer; bringt
sie dar auf dem Altar des Herrn, unseres Got-
tes, 11 und betet für das Leben des Königs Ne-
bukadnezzar von Babel und für das Leben
seines Sohnes Belschazzar, dass ihre Tage so
zahlreich seien wie die Tage des Himmels über
der Erde! 12 Uns aber verleihe der Herr Kraft
und lasse unsere Augen leuchten. So werden
wir leben unter dem Schutz des Königs Ne-
bukadnezzar von Babel und unter dem Schutz
seines Sohnes Belschazzar, wir werden ihnen
lange Zeit dienen und Gunst vor ihnen finden.
13 Betet auch für uns zum Herrn, unserem
Gott; denn wir haben gesündigt gegen den
Herrn, unseren Gott, und bis heute haben sich
der Grimm und Zorn des Herrn noch nicht
von uns abgewendet. 14 Lest dann dieses Buch
vor, das wir euch senden; es soll am Tag des
Festes, und zwar an den Versammlungstagen,
im Haus des Herrn vorgetragen werden!

11: Jer 29,7; Dtn 11,21 / **14**: Lev 23,35f.

GEBET DER VERBANNTEN: 1,15–3,8

SCHULDBEKENNTNIS UND
RECHTFERTIGUNG GOTTES: 1,15–2,10

15 Sprecht: Der Herr, unser Gott, ist im Recht;
uns aber treibt es bis heute die Schamröte ins
Gesicht, den Leuten von Juda und den Bewoh-
nern Jerusalems, 16 unseren Königen und Be-
amten, unseren Priestern und Propheten und
unseren Vorfahren; 17 denn wir haben gegen
den Herrn gesündigt 18 und ihm nicht ge-
horcht. Wir haben auf die Stimme des Herrn,
unseres Gottes, nicht gehört und die Gebote
nicht befolgt, die der Herr uns vorgelegt hat.
19 Von dem Tag an, als der Herr unsere Vorfah-
ren aus Ägypten herausführte, bis auf den
heutigen Tag waren wir ungehorsam gegen
den Herrn, unseren Gott. Wir hörten sehr bald
nicht mehr auf seine Stimme. 20 So hefteten
sich an uns das Unheil und der Fluch, den der
Herr durch seinen Diener Mose androhen ließ
am Tag, als er unsere Vorfahren aus Ägypten
herausführte, um uns ein Land zu geben, in
dem Milch und Honig fließen, und so ist es
noch heute. 21 Wir haben nicht auf die Stimme
des Herrn, unseres Gottes, gehört und auf alle
Reden der Propheten, die er zu uns gesandt
hat. 22 Jeder von uns folgte der Neigung seines
bösen Herzens; wir dienten anderen Göttern
und taten, was böse ist in den Augen des
Herrn, unseres Gottes.

2 1 So hat denn der Herr sein Wort in Kraft
gesetzt, das er über uns gesprochen hat,
über unsere Richter, die in Israel Recht spra-
chen, über unsere Könige und Beamten und
über die Leute von Israel und Juda. 2 Unter dem
ganzen Himmel ist noch nie so etwas gesche-
hen, wie der Herr es jetzt in Jerusalem gesche-
hen ließ, ganz wie es im Gesetz des Mose ge-
schrieben steht: 3 dass der eine von uns das
Fleisch des eigenen Sohnes, der andere das
Fleisch der eigenen Tochter essen werde. 4 Der
Herr übergab sie allen Königreichen rings um
uns und machte sie zum Gespött und zum
Fluch bei allen Völkern im Umkreis, unter die
er sie zerstreute. 5 Sie wurden niedergedrückt
und kamen nicht hoch; denn wir haben gegen
den Herrn, unseren Gott, gesündigt und nicht
auf seine Stimme gehört. 6 Der Herr, unser
Gott, ist im Recht; uns aber und unseren Vor-
fahren treibt es bis heute die Schamröte ins
Gesicht. 7 Alles Unheil, das der Herr uns an-

gedroht hat, ist über uns gekommen. 8 Wir
haben den Herrn nicht dadurch besänftigt,
dass jeder sich von den Wünschen seines bö-
sen Herzens abgewandt hätte. 9 Der Herr aber
wachte und brachte das Unheil über uns; denn
der Herr ist gerecht in all seinen Fügungen, die
er über uns verhängt hat. 10 Wir aber hörten
nicht auf seine Stimme und befolgten nicht die
Gebote, die der Herr uns vorgelegt hat.

1,15: Neh 9,32f.; Dan 9,7–11 / **19f.**: Jer 7,25f.; Lev 26,14–39; Dtn 28,15–68 / **21**: Jer 25,4–6
2,3: Lev 26,29; Dtn 28,53–57 / **9**: Jer 1,12; Dan 9,14

ERINNERUNG AN GOTTES BARMHERZIGKEIT: 2,11–35

11 Nun aber, Herr, Gott Israels! Du hast dein
Volk aus Ägypten herausgeführt mit starker
Hand, mit Zeichen und Wundern, mit großer
Macht und erhobenem Arm und hast dir einen
Namen gemacht bis auf den heutigen Tag.
12 Herr, unser Gott, wir haben gesündigt, ge-
frevelt, Unrecht getan trotz all deiner Satzun-
gen. 13 Nun wende sich dein Grimm von uns.
Denn nur wenige von uns sind noch übrig
unter den Völkern, wohin du uns zerstreut
hast. 14 Erhöre, Herr, unser Gebet und unsere
Bitte! Rette uns um deinetwillen! Lass uns
Gnade finden bei denen, die uns aus der Hei-
mat weggeführt haben! 15 So soll die ganze
Welt erkennen, dass du der Herr, unser Gott,
bist. Dein Name ist ja über Israel und seinem
Stamm ausgerufen.

16 Herr, schau herab von deiner heiligen
Wohnung und achte auf uns! Neige, Herr, dein
Ohr und höre! 17 Öffne deine Augen und
schau! Denn nicht die Toten in der Unterwelt,
aus deren Leib der Atem weggenommen ist,
preisen die Ehre und Gerechtigkeit des Herrn,
18 sondern die Menschen, das über die Maßen
mit Kummer beladene Menschenwesen, das
gebeugt und kraftlos einhergeht, die verlö-
schenden Augen, die hungernde Kehle, sie
preisen deine Ehre und Gerechtigkeit, Herr.
19 Denn nicht im Vertrauen auf die gerechten
Taten unserer Vorfahren und unserer Könige
tragen wir dir unsere Bitte um Erbarmen vor,
Herr, unser Gott. 20 Du hast ja deinen Grimm
und Zorn gegen uns gerichtet, wie du durch
deine Diener, die Propheten, gesprochen hast:
21 So spricht der Herr: Beugt euren Nacken und
seid dem König von Babel untertan und bleibt
in dem Land, das ich euren Vorfahren gegeben
habe! 22 Hört ihr aber nicht auf die Weisung
des Herrn, dem König von Babel untertan zu
sein, 23 dann lasse ich in den Städten Judas und
außerhalb von Jerusalem Jubelruf und Freu-
denruf verstummen, den Ruf des Bräutigams
und den Ruf der Braut, und das ganze Land
wird zur menschenleeren Wüste werden.
24 Doch wir hörten nicht auf deine Weisung,
dem König von Babel untertan zu sein. Da hast
du deine Worte in Kraft gesetzt, die du durch
deine Diener, die Propheten, gesprochen hast,
dass man die Gebeine unserer Könige und die
Gebeine unserer Vorfahren aus ihrer Grabstät-
te holen werde. 25 Und wirklich wurden sie
herausgeworfen und liegen in der Hitze des
Tages und in der Kälte der Nacht. Auch waren
sie unter schrecklichen Qualen umgekommen
durch Hunger, Schwert und Ausweisung.
26 Wegen der Verruchtheit des Hauses Israel
und des Hauses Juda hast du das Haus, über
dem dein Name ausgerufen ist, zu dem ge-
macht, was es heute ist.

27 Doch hast du, Herr, unser Gott, an uns
nach deiner ganzen Güte gehandelt und nach
all deinem großen Erbarmen, 28 so wie du
durch deinen Diener Mose gesprochen hast an
dem Tag, als du ihm auftrugst, deine Weisung
für die Israeliten aufzuzeichnen: 29 Hört ihr
nicht auf meine Stimme, dann wird diese un-
zählbar große Volksmenge zu einer kleinen
Minderheit werden unter den Völkern, wohin
ich sie zerstreue. 30 Denn ich weiß, dass sie
nicht auf mich hören werden; sie sind ja ein
halsstarriges Volk. Doch im Land ihrer Ver-
bannung werden sie es sich zu Herzen neh-
men. 31 Sie werden erkennen, dass ich der Herr,
ihr Gott, bin. Dann gebe ich ihnen ein verstän-
diges Herz und Ohren, die hören. 32 Im Land
ihrer Verbannung werden sie mich preisen
und meines Namens gedenken. 33 Sie werden
sich abwenden von ihrer Hartnäckigkeit und
von ihren bösen Taten; denn sie werden sich
erinnern, wie es ihren Vorfahren erging, die
gegen den Herrn gesündigt haben. 34 Dann
werde ich sie in das Land zurückführen, das
ich ihren Vätern Abraham, Isaak und Jakob
unter Eid versprochen habe, und sie werden
seine Besitzer sein. Ich mache sie zahlreich und
sie werden nie mehr vermindert. 35 Dann
schließe ich mit ihnen einen ewigen Bund: Ich
will ihr Gott sein und sie sollen mein Volk
sein; und nie wieder werde ich mein Volk
Israel aus dem Land verstoßen, das ich ihnen
gegeben habe.

15: Jer 7,30; 14,9 / **17**: Ps 6,6; Jes 38,18 / **21**: Jer 27,12 / **23**: Jer 7,34 / **24**: Jer 8,1f. / **29**: Lev 26,14–44 / **31**: Ez 36,26 / **34**: Dtn 30,1–5 / **35**: Jer 31,31–37

BITTGEBET: 3,1–8

3 1 Herr, Allmächtiger, Gott Israels! Eine
Seele in Ängsten, ein Geist voll Kummer
schreit zu dir. 2 Höre, Herr, erbarme dich, da
wir gegen dich gesündigt haben! 3 Du thronst
auf ewig; uns aber droht Vernichtung auf ewig.
4 Herr, Allmächtiger, Gott Israels! Höre doch
das Flehen der Todgeweihten Israels, der
Nachkommen derer, die gegen dich gesündigt
und auf die Stimme des Herrn, ihres Gottes,
nicht gehört haben; so hat sich das Unheil an
uns geheftet. 5 Gedenke nicht mehr der
schlechten Taten unserer Vorfahren, sondern
gedenke jetzt deiner starken Hand und deines
Namens! 6 Du bist ja der Herr, unser Gott, und
wir wollen dich preisen, Herr. 7 Denn dazu
hast du uns die Furcht vor dir ins Herz gelegt,
dass wir deinen Namen anrufen. Auch in unserer Verbannung wollen wir dich preisen.
Wir haben aus unserm Herzen alle Bosheit
unserer Vorfahren entfernt, die gegen dich
gesündigt haben. 8 Siehe, wir sind noch heute
in unserer Verbannung, in die du uns versprengt hast, zum Schimpf, zum Fluchwort
und zur Verwünschung, entsprechend allen
schlechten Taten unserer Vorfahren, die abtrünnig wurden vom Herrn, unserem Gott.

GABE DER GÖTTLICHEN WEISHEIT: 3,9–4,4

RÜCKKEHR ZUR WEISHEIT UND ZUM LEBEN: 3,9–14

9 Höre, Israel, die Gebote des Lebens; / merkt auf, um Einsicht zu erlangen!

10 Warum, Israel, warum lebst du im Gebiet der Feinde, / wirst alt in einem fremden Land,

11 bist unrein geworden, den Toten gleich, / wurdest gezählt zu denen, die in die Unterwelt hinabsteigen?

12 Du hast den Quell der Weisheit verlassen.

13 Wärest du auf Gottes Weg gegangen, / du wohntest in Frieden für immer.

14 Nun lerne, wo die Einsicht ist, / wo Kraft und wo Klugheit,

dann erkennst du zugleich, wo langes Leben und Lebensglück, / wo Licht für die Augen und Frieden zu finden sind!

9: Spr 4,20–22 / **11**: Num 19,11–19

DIE VERBORGENE WEISHEIT: 3,15–28

15 Wer hat je ihren Ort gefunden? / Wer ist zu ihren Schatzkammern vorgedrungen?

16 Wo sind die Gebieter der Völker? / Sie herrschten sogar über die Tiere der Erde

17 und spielten mit den Vögeln des Himmels; / sie häuften Silber

und Gold, worauf die Menschen vertrauen, / und ihr Besitz hatte keine Grenzen.

18 Wo sind sie, die das Silber so kunstvoll schmiedeten, / dass ihre Werke unbegreiflich sind?

19 Verschwunden sind sie, / hinabgestiegen zur Unterwelt; / andere traten an ihre Stelle.

20 Andere erblickten nach ihnen das Licht / und wohnten auf der Erde; / doch auch sie haben den Weg der Erkenntnis nicht erkannt,

21 ihre Pfade nicht verstanden / und ihre Spur nicht aufgenommen. / Auch ihre Nachkommen blieben ihrem Weg fern.

22 Nicht hörte man sie in Kanaan, / nicht erschien sie in Teman.

23 Auch die Nachkommen der Hagar, / die überall auf der Erde nach Einsicht suchen,

die Kaufleute von Merran und Teman, / die Geschichtenerzähler und die Forscher nach Einsicht,

auch sie haben den Weg der Weisheit nicht erkannt / und ihre Pfade nicht entdeckt.

24 Israel, wie groß ist das Haus Gottes, / wie weit das Gebiet seiner Herrschaft!

25 Unendlich groß / und unermesslich hoch.

26 Dort wurden die Riesen geboren, / die berühmten Männer der Urzeit,

hoch an Wuchs / und Meister im Kampf.

27 Und doch hat Gott nicht diese erwählt, / nicht ihnen den Weg der Erkenntnis gezeigt.

28 Sie gingen zugrunde, weil sie ohne Einsicht waren; / ihrer Torheit wegen gingen sie unter.

15: Ijob 28,12.20 / **16**: Jer 27,6 / **17**: Ez 28,4f. / **23**: Gen 16,15 / **26**: Gen 6,4

DIE WEISHEIT BEI GOTT, BEI DEN MENSCHEN UND IN ISRAEL: 3,29–4,4

29 Wer stieg zum Himmel hinauf, holte die
Weisheit / und brachte sie aus den Wolken
herab?
30 Wer fuhr über das Meer und entdeckte
sie / und brachte sie her gegen lauteres Gold?
31 Keiner weiß ihren Weg, / niemand kennt
ihren Pfad.
32 Doch der Allwissende kennt sie; / er hat
sie in seiner Einsicht entdeckt.
Er hat ja die Erde für immer gegründet, / er
hat sie mit vierfüßigen Tieren bevölkert.
33 Er entsendet das Licht und es eilt dahin; /
er ruft es zurück und zitternd gehorcht es ihm.
34 Froh leuchten die Sterne auf ihren Posten.
35 Ruft er sie, so antworten sie: Hier sind
wir. / Sie leuchten mit Freude für ihren Schöpfer.
36 Das ist unser Gott; / kein anderer gilt neben ihm.
37 Er hat den Weg der Erkenntnis ganz erkundet / und hat sie Jakob, seinem Diener,
verliehen, / Israel, seinem Liebling.
38 Dann erschien sie auf der Erde / und lebte
mit den Menschen.

4 1 Sie ist das Buch der Gebote Gottes, / das
Gesetz, das ewig besteht.
Alle, die an ihr festhalten, finden das Leben; / doch alle, die sie verlassen, verfallen
dem Tod.
2 Kehr um, Jakob, ergreif sie! / Geh in ihrem
Glanz den Weg zum Licht!
3 Überlass deinen Ruhm keinem andern /
und deinen Vorzug keinem fremden Volk!
4 Glücklich sind wir, das Volk Israel; / denn
wir wissen, was Gott gefällt.

3,29: Sir 24,4 / **33**: Ijob 38,35 / **38**: Spr 8,31
4,1: Sir 24,23

3,38 Dieser Vers wurde in der Auslegungsgeschichte auf die Menschwerdung Christi bezogen. Deshalb wurde er oft für eine christliche Interpolation in das jüdische Baruchbuch gehalten.

JERUSALEM, MUTTER ISRAELS: 4,5–5,9

RÜCKBLICK UND ZUSPRUCH: 4,5–8

5 Hab Vertrauen, mein Volk, du trägst den
Namen Israel. 6 Ihr wurdet verkauft an die Völker, doch nicht zur Vernichtung. Weil ihr Gott
erzürnt habt, wurdet ihr den Feinden preisgegeben. 7 Denn ihr habt euren Schöpfer zum
Zorn gereizt, da ihr den Dämonen und nicht
Gott Opfer darbrachtet. 8 Euren Ernährer habt
ihr vergessen, den ewigen Gott. Ihr habt auch
Jerusalem betrübt, die euch aufzog.

JERUSALEMS KLAGE UND HOFFNUNG: 4,9–29

9 Denn sie hat mit angesehen, wie Gottes Zorn
über euch hereinbrach; da sprach sie:
Hört, ihr Nachbarinnen Zions! Gott hat große Trauer über mich gebracht.
10 Denn ich musste sehen, dass meine Söhne
und Töchter verschleppt wurden, wie es der
Ewige über sie verhängt hat.
11 Mit Freude habe ich sie großgezogen, / mit
Weinen und Trauerklage musste ich sie ziehen
lassen.
12 Keiner juble, dass ich Witwe bin und von
so vielen verlassen; / der Sünden meiner Kinder wegen bin ich vereinsamt, / denn sie sind
abgewichen vom Gesetz Gottes.
13 Seine Satzungen haben sie nicht anerkannt. / Sie gingen nicht die Wege der Gottesgebote. / Die Pfade der Erziehung in Gerechtigkeit beschritten sie nicht.
14 Kommt, ihr Nachbarstädte Zions! Bedenkt die Gefangenschaft, die der Ewige über
meine Söhne und Töchter verhängt hat!
15 Denn er ließ ein Volk von weit her über sie
kommen, / ein rohes Volk mit fremder Sprache;
es hatte keine Scheu vor Greisen, / kein Mitleid mit Kindern.
16 Es führte die Lieblinge der Witwe weg, /
raubte der Vereinsamten die Töchter.
17 Ich aber, wie könnte ich euch helfen?
18 Nur er, der das Unheil über euch brachte,
kann euch der Hand eurer Feinde entreißen.
19 Geht fort, meine Kinder, geht fort! Ich bleibe
ja einsam zurück. 20 Abgelegt habe ich das Gewand des Friedens, angezogen das Bußkleid
meines Flehens. Zum Ewigen will ich rufen,
solange ich lebe.

21 Habt Vertrauen, meine Kinder, schreit zu
Gott! Er wird euch der Gewalt entreißen, den
Händen der Feinde. 22 Denn ich erhoffe vom
Ewigen eure Rettung; schon wurde mir vom
Heiligen Freude zuteil wegen der Erbarmung,
die bald zu euch kommt vom Ewigen, eurem
Retter. 23 In Trauer und in Tränen ließ ich euch
ziehen, doch wird mir Gott euch wiederschen-
ken zur Freude und zum Jubel für immer.
24 Wie jetzt die Nachbarstädte Zions eure Ge-
fangenschaft vor Augen haben, so werden sie
bald die Rettung sehen, die von eurem Gott
kommt; mit großer Herrlichkeit kommt sie zu
euch und mit dem Glanz des Ewigen.

25 Meine Kinder, ertragt geduldig den Zorn,
der von Gott her über euch kam! Der Feind hat
dich verfolgt, bald aber wirst du seinen Unter-
gang sehen und den Fuß auf seinen Nacken
setzen. 26 Meine zarten Kinder mussten auf
rauen Wegen ziehen. Sie wurden fortge-
schleppt wie eine Herde, von Feinden geraubt.
27 Habt Vertrauen, meine Kinder, schreit zu
Gott! Denn er, der es verhängt hat, wird wieder
an euch denken. 28 Wie euer Sinn auf den Ab-
fall von Gott gerichtet war, so zeigt nun zehn-
fachen Eifer, umzukehren und ihn zu suchen!
29 Er, der über euch das Unheil gebracht hat,
wird mit eurer Rettung euch ewige Freude
bringen.

12: Klgl 1,1f. / **15**: Jer 5,15.17; 6,22f. / **23**: Jer 31,12f. / **24**: Jes 60,1f.

ERMUTIGUNG UND TROST: 4,30–5,9

30 Hab Vertrauen, Jerusalem! Der dir den Na-
men gab, er wird dich trösten. 31 Unglück über
jene, die dir Böses taten und über deinen Sturz
sich freuten! 32 Unglück über die Städte, zu
deren Sklaven deine Kinder wurden! Unglück
über jene Stadt, die deine Nachkommen als
Sklaven aufgenommen hat! 33 Wie sie sich
freute über deinen Sturz, frohlockte über dei-
nen Fall, so wird sie ihre eigene Verwüstung
betrauern müssen.

34 Ich nehme ihr den Jubel der Volksmen-
ge; / ihr Prahlen wandelt sich in Trauerklage.

35 Denn Feuer vom Ewigen wird über sie
kommen für viele Tage / und Dämonen wer-
den dort hausen für lange Zeit.

36 Blick nach Osten, Jerusalem! Schau die
Freude, die von Gott zu dir kommt. 37 Siehe,
deine Nachkommen, die du einst fortziehen
ließest, kehren zurück; sie kommen, vom Auf-
gang der Sonne bis zum Untergang, gesam-
melt durch das Wort des Heiligen; sie freuen
sich über die Herrlichkeit Gottes.

5 1 Leg ab, Jerusalem, das Kleid deiner Trau-
er und deines Elends und bekleide dich
mit dem Schmuck der Herrlichkeit, die Gott
dir für immer verleiht! 2 Leg den Mantel der
göttlichen Gerechtigkeit an; setz dir die Krone
der Herrlichkeit des Ewigen aufs Haupt!
3 Denn Gott will deinen Glanz dem ganzen
Erdkreis unter dem Himmel zeigen. 4 Gott gibt
dir für immer den Namen: Friede der Gerech-
tigkeit und Herrlichkeit der Gottesfurcht.

5 Steh auf, Jerusalem, und steig auf die Höhe!
Schau nach Osten und sieh deine Kinder: Vom
Untergang der Sonne bis zum Aufgang hat das
Wort des Heiligen sie gesammelt. Sie freuen
sich, dass Gott an sie gedacht hat.

6 Denn zu Fuß zogen sie fort von dir, / weg-
getrieben von Feinden;

Gott aber bringt sie heim zu dir, / ehrenvoll
getragen wie in einer königlichen Sänfte.

7 Denn Gott hat befohlen: Senken sollen sich
alle hohen Berge und die ewigen Hügel und
heben sollen sich die Täler zu ebenem Land,
sodass Israel unter der Herrlichkeit Gottes si-
cher dahinziehen kann. 8 Wälder und duften-
de Bäume aller Art spenden Israel Schatten auf
Gottes Geheiß. 9 Denn Gott führt Israel heim
in Freude, im Licht seiner Herrlichkeit; Erbar-
men und Gerechtigkeit kommen von ihm.

4,32: Jes 13,19–22 / **33**: Jer 50,12f.
5,1: Jes 52,1; 61,10 / **6**: Jes 66,20 / **7**: Jes 40,3f. / **8**: Jes 41,19

DER BRIEF DES JEREMIA: 6,1–72

EIN WORT AUS JERUSALEM AN DIE VERBANNTEN:

Abschrift eines Briefes, den Jeremia an jene
gesandt hat, die vom König der Babylonier als
Gefangene nach Babel weggeführt werden
sollten; darin teilte er ihnen mit, was Gott ihm
aufgetragen hatte.

VERSUCHUNG ZUM BILDERKULT: 6,1–6

6 1 Wegen der Sünden, die ihr gegen Gott
begangen habt, werdet ihr von Nebukad-
nezzar, dem König der Babylonier, als Gefan-
gene nach Babel geführt. 2 Seid ihr dann nach
Babel gekommen, so müsst ihr dort viele Jah-
re bleiben, für lange Zeit, bis zu sieben Gene-
rationen; danach führe ich euch von dort in
Frieden wieder heraus. 3 Nun werdet ihr in
Babel Götter aus Silber, Gold und Holz sehen,
die man auf den Schultern trägt und die den
Völkern Furcht einflößen. 4 Hütet euch dann,
euch den Fremden anzugleichen und euch von
Furcht vor diesen Göttern erfassen zu lassen,
5 wenn ihr seht, wie die Menge sich vor und
hinter ihnen niederwirft; sprecht vielmehr in
Gedanken: Dir gebührt Anbetung, Herr!
6 Denn mein Engel ist bei euch; er wird über
euer Leben wachen.

1: Jer 29,1 / **3**: Jer 10,3f. / **6**: Ex 23,21f.

TRÜGERISCHER GLANZ: 6,7–14

7 Ein Handwerker hat ihnen eine glatte Zunge
angefertigt; sie selbst wurden mit Gold und
Silber überzogen; doch sind sie Trug und kön-
nen nicht reden. 8 Wie für ein Mädchen, das
Schmuck liebt, nimmt man Gold und fertigt
Kronen für die Häupter ihrer Götter. 9 Manch-
mal nehmen aber die Priester Gold und Silber
heimlich von ihren Göttern weg und verwen-
den es für sich selber; sie geben davon auch den
Huren in der Kammer. 10 Man schmückt sie
auch, die Götter aus Silber, Gold und Holz, mit
Gewändern wie Menschen. Diese Götter wer-
den aber nicht vor Rost und Fraß gerettet. 11 Sie
sind in Purpurgewänder gehüllt und doch
muss man ihnen den Staub aus dem Gesicht
wischen, der im Tempel aufwirbelt und sich
dick auf sie legt. 12 Sogar ein Zepter trägt ein
solcher Gott, wie jemand, der das Land regiert,
doch niemand töten kann, der sich gegen ihn
verfehlt. 13 Er hat in der Rechten einen Dolch
oder eine Streitaxt, kann aber nicht einmal sich
selbst vor Krieg oder Räubern retten. 14 So zei-
gen sie deutlich, dass sie keine Götter sind.
Fürchtet sie also nicht!

7: Jes 40,19f.; 41,7; 46,6f. / **9**: 6,42f. / **10**: Jer 10,9

LEBLOSE UND NUTZLOSE GÖTTERBILDER: 6,15–22

15 Wie eines Menschen Gefäß, das zerbricht,
unbrauchbar wird, so geht es auch mit ihren
Göttern, die in ihren Tempeln aufgestellt sind:
16 Ihre Augen sind voll vom Staub, den die
Füße der Besucher hineintragen. 17 Und wie
die Höfe rings verschlossen sind, sobald je-
mand, der sich am König vergangen hat, zur
Hinrichtung abgeführt werden soll, so sichern
die Priester deren Tempel mit Türen, Riegeln
und Querbalken, damit sie nicht von Räubern
geplündert werden. 18 Die Priester zünden
Lichter an, mehr sogar als für sich selbst, doch
die Götter können keines davon sehen. 19 Es
geht ihnen wie einem Balken am Tempel: Ihr
Inneres wird, wie man sagt, zerfressen. Sie
aber bemerken nicht die Würmer, die aus der
Erde kommen und sie selbst samt ihren Ge-
wändern aufzehren. 20 Ihre Gesichter sind ge-
schwärzt vom Rauch, der im Tempel aufsteigt.
21 Auf ihrem Körper und auf ihrem Kopf lassen
sich Fledermäuse, Schwalben und andere Vö-
gel nieder, ebenso auch Katzen. 22 Daran er-
kennt ihr, dass sie keine Götter sind. Fürchtet
diese da also nicht!

GÖTTERBILDER, IN DEN SCHMUTZ GEZOGEN: 6,23–28

23 Sie sind mit Gold überzogen, damit sie
schön aussehen; wenn aber niemand den
Schmutz wegputzt, glänzen sie ganz und gar
nicht. Nicht einmal, als sie gegossen wurden,
spürten sie es. 24 Jeden Preis zahlte man für
sie, obwohl sie keinen Lebensatem besitzen.
25 Da sie ihre Füße nicht gebrauchen können,
werden sie auf den Schultern getragen und
zeigen so den Menschen ihren eigenen Un-
wert. Sie beschämen auch ihre Diener; denn
ein solcher Gott muss von ihnen aufgestellt
werden, damit er nicht zu Boden fällt. 26 Stellt
man ihn aufrecht hin, so kann er sich selbst
nicht bewegen; steht er schief, kann er sich
nicht aufrichten. Vielmehr setzt man ihnen
die Gaben vor wie den Toten. 27 Aus ihren
Opfern aber ziehen die Priester Nutzen, in-
dem sie sie verkaufen. Nicht besser handeln
ihre Frauen: Sie pökeln davon ein, aber einem
Armen oder Schwachen geben sie nichts. So-
gar Frauen mit Monatsblutungen und Wöch-
nerinnen berühren ihre Opfer. 28 Daran er-
kennt ihr, dass sie keine Götter sind. Fürchtet
sie also nicht!

25: Jes 46,7; Jer 10,14 / **26**: Weish 13,16 / **28**: Lev 12,4

6,27 Frauen mit Monatsblutung, wörtlich: eine, die abseits sitzt, um niemanden zu berühren.

UNWÜRDIGE KULTE UND OHNMÄCHTIGE BILDER: 6,29–39

29 Wie könnte man sie Götter nennen, da doch
sogar Frauen ihnen Gaben vorsetzen, diesen
Göttern aus Silber, Gold und Holz? 30 In ihren
Tempeln fahren die Priester den Prozessions-
wagen, das Gewand zerrissen, Kopf und Bart
geschoren und das Haupt entblößt. 31 Sie heu-
len und schreien vor ihren Göttern wie andere
beim Totenmahl. 32 Von ihren Gewändern
nehmen die Priester und kleiden damit ihre
Frauen und Kinder.

33 Ob jemand diesen Göttern Böses oder
Gutes antut, sie sind nicht imstande, es zu ver-
gelten. Einen König können sie weder einset-
zen noch absetzen. 34 Ebenso wenig können
sie Reichtum oder auch nur Geld verschaffen.
Hat ihnen jemand ein Gelübde gemacht, er-
füllt es aber nicht, so können sie keine Rechen-
schaft fordern. 35 Sie können keinen Menschen
vom Tod erretten noch einen Schwachen dem
Starken entreißen. 36 Einen Blinden können
sie nicht sehend machen, einen Bedrängten
nicht befreien. 37 Mit der Witwe haben sie kein
Mitleid, dem Waisenkind helfen sie nicht.
38 Den Steinen aus den Bergen gleichen die
hölzernen, mit Gold und Silber überzogenen
Götter. Wer diese da verehrt, wird beschämt.
39 Wie kann einer da glauben oder behaupten,
sie seien Götter?

37: Ps 68,6f.

SELBSTBETRUG IM KULT DER GÖTTER: 6,40–44

40 Ihrer Ehre schaden die Chaldäer sogar selbst.
Sehen sie nämlich einen Stummen, der nicht
sprechen kann, so bringen sie ihn zu Bel und
bitten, dass er die Sprache erhalte, als ob Bel
ihn auch nur wahrnehmen könnte. 41 Und ob-
wohl sie das wissen, bringen sie es doch nicht
über sich, diese Götter da zu verlassen; sie ha-
ben ja keinen Verstand. 42 Die Frauen aber sit-
zen, mit Schnüren umwunden, an den Wegen
und lassen Kleie in Rauch aufgehen. 43 Sobald
nun eine von ihnen von einem Vorübergehen-
den mitgeschleppt worden ist und bei ihm
gelegen hat, schmäht sie ihre Nachbarin, weil
diese nicht gleich ihr für würdig befunden und
ihre Schnur noch nicht zerrissen wurde.
44 Was immer bei diesen Göttern geschieht, ist
Trug. Wie kann einer da glauben oder behaup-
ten, dass diese da Götter seien?

40: Dan 2,2 / **42–43**: Hos 4,13f.

NICHTS ALS WERKE VON MENSCHENHAND: 6,45–51

45 Von Handwerkern und Goldschmieden sind
sie verfertigt. Sie werden nichts anderes, als
was sie nach dem Willen der Künstler werden
sollten. 46 Die sie machen, erreichen selbst kein
hohes Alter; wie sollten da ihre Machwerke
Götter sein? 47 Nein, nur Trug und Schande
hinterlassen sie ihren Nachkommen. 48 Nä-
hern sich nämlich Krieg und Unheil diesen
Göttern da, dann beraten die Priester mitei-
nander, wo sie sich mit ihnen verstecken kön-
nen. 49 Wie sollte man da nicht merken, dass
sie keine Götter sind, da sie sich selbst weder
vor Krieg noch vor Unheil retten können?
50 Sie sind ja nur hölzerne, mit Gold und Silber
überzogene Gebilde; man wird nach alldem
erkennen, dass sie Trug sind. Allen Völkern
und Königen wird es dann offenbar, dass jene
keine Götter sind, sondern Werke von Men-
schenhand und dass ihnen keine göttliche
Wirkkraft innewohnt. 51 Wer sieht da nicht,
dass sie keine Götter sind?

MACHT- UND SCHUTZLOSE GÖTTERBILDER: 6,52–58

52 Sie können weder einen König im Land ein-
setzen noch den Menschen Regen spenden.
53 Sie halten nicht Gericht bei ihnen und be-
freien keinen, dem Unrecht geschah; denn sie
sind machtlos wie die Krähen zwischen Him-
mel und Erde. 54 Ergreift gar Feuer den Tempel
der hölzernen, mit Gold und Silber überzoge-
nen Götter, dann fliehen zwar ihre Priester
und retten sich, sie selbst aber verbrennen
darin wie die Balken. 55 Keinem König und
keinem Feind bieten sie Widerstand. 56 Wie
kann einer da annehmen oder glauben, dass sie
Götter sind? 57 Weder vor Dieben noch vor
Räubern können sie sich retten, diese hölzer-
nen, mit Silber und Gold überzogenen Götter.
Jene sind stärker und nehmen ihnen das Gold
und Silber ringsum ab, samt den Gewändern,
die ihnen umgelegt sind, und machen sich da-
mit fort, ohne dass die Götter auch nur sich
selber helfen könnten. 58 Besser ist darum ein
König, der seine Mannhaftigkeit zeigt, besser
ein nützliches Hausgerät, das der Besitzer
brauchen kann, als solche trügerischen Götter;
besser im Haus eine Tür, die das, was drinnen
ist, schützt, als solche trügerischen Götter;

6,51 nicht: fehlt im griechischen Text, muss aber wohl sinngemäß ergänzt werden.

besser im Königspalast eine hölzerne Säule als
solche trügerischen Götter.

52: Jer 14,22

HIMMLISCHEN KRÄFTEN UNTERLEGEN: 6,59–64

59 Sonne, Mond und Sterne, die bestellt sind,
um als Leuchten zu nützen, gehorchen willig.
60 Ebenso ist auch der Blitz, wenn er aufleuch-
tet, schön anzusehen. Genauso ist es beim
Wind, der über das ganze Land weht. 61 Wenn
den Wolken von Gott befohlen wird, über die
ganze Erde dahinzuziehen, so vollführen sie
den Auftrag. Wird endlich das Feuer von oben
ausgesandt, um Berge und Wälder zu verzeh-
ren, so tut es, was befohlen war. 62 Alldem
kommen aber diese Götter weder an Erschei-
nung gleich noch an Kraft. 63 Daher kann man
weder glauben noch behaupten, dass sie Göt-
ter sind; sie sind ja nicht imstande, Gericht zu
halten oder den Menschen Gutes zu tun. 64 Da
ihr nun wisst, dass sie keine Götter sind, so
fürchtet sie nicht!

59: Gen 1,15–17

HILFLOSE GÖTTERBILDER: 6,65–72

65 Sie können den Königen weder fluchen noch
sie segnen. 66 Sie lassen bei den Völkern keine
Zeichen am Himmel erscheinen. Sie können
nicht strahlen wie die Sonne noch leuchten
wie der Mond. 67 Die Tiere sind besser daran
als jene; denn sie können an einen schützen-
den Ort fliehen und sich selber helfen. 68 So ist
uns auf gar keine Weise sichtbar, dass sie Göt-
ter sind. Darum fürchtet sie nicht!

69 Wie im Gurkenfeld eine Vogelscheuche,
die nichts behütet, so sind ihre hölzernen, mit
Gold und Silber überzogenen Götter. 70 Ebenso
gleichen sie einem Dornbusch im Garten, auf
den sich Vögel jeder Art niederlassen; oder auch
einem Toten, der ins Dunkel geworfen ist, glei-
chen diese hölzernen, mit Gold und Silber
überzogenen Götter. 71 Auch am Purpur und am
Marmor, der an ihnen verrottet, erkennt ihr,
dass sie keine Götter sind. Zuletzt werden sie
selbst zerfressen und zum Gespött im Land.

72 Besser ist also ein gerechter Mensch, der
keine Götterbilder hat; denn er ist sicher vor
dem Gespött.

69: Jer 10,5

DAS BUCH EZECHIEL

Der Name „Ezechiel“ (Luther: „Hesekiel“), vom Hebräischen „Jechäskel“ bzw. vom Griechischen „Jezekiel“ abgeleitet, bedeutet „Gott möge stark / kräftig machen“.

Ezechiel, der Sohn des Priesters Busi (1,3), stammt aus priesterlichen Kreisen Jerusalems. Im Jahre 597 v. Chr. wird er mit König Jojachin und den führenden Schichten des Volkes durch König Nebukadnezzar nach Babylonien verschleppt. Im fünften Jahr nach seiner Verschleppung, im Jahr 593 v. Chr., ergeht an ihn inmitten der Verbannten bei Tel Abib der Ruf zum Propheten. Dieses fünfte Jahr der Verschleppung entspricht dem 30. Jahr aus Ez 1,1, wohl ein Hinweis auf das Alter des Propheten. Da Priester nach Num 4,3.23.30.47 und 1 Chr 23,3 mit 30 Jahren ihren Dienst am Tempel zu beginnen hatten, erinnert das Lebensalter daran, dass das Exil auch die persönliche Karriere Ezechiels durchkreuzt.

Statt den Dienst am Tempel anzutreten, wozu er dank seiner priesterlichen Abstammung bestimmt war, erhält er als Prophet den Auftrag, das Ende und die Zerstörung des Tempels anzusagen. Seine Verkündigung ist als unerbittliche Gerichtsbotschaft zunächst gegen das ganze „Haus Israel“ gerichtet, das polemisch als „Haus der Widerspenstigkeit“ bezeichnet wird, sodann gegen Juda und Jerusalem, gegen die Fürsten (Könige), die Prophetinnen und Propheten sowie gegen die Verschleppten. Die zweite Eroberung Jerusalems 587/6 v. Chr. bedeutet eine Zäsur in seiner Verkündigung, markiert durch die Textabschnitte Ez 24,25–27 und 33,21–22. Nach der Zerstörung der Stadt und dem Untergang des Tempels wirkt Ezechiel als kritischer Begleiter, als Seelsorger und „Wächter“ für die Verschleppten und wird in zunehmendem Maß zum Künder eines neuen Heils, das seinen Ausgang bei Gott nimmt. Aus Ez 24,15–24 geht hervor, dass Ezechiel verheiratet war. Mehrmals kamen Älteste als Repräsentanten des Gottesvolkes bei ihm zusammen (8,1; 14,1; 20,1), um seinen Rat einzuholen. Ez 33,30f. weiß von einem Zusammenlauf des Volkes bei ihm zu berichten. Aus diesen Angaben wird deutlich, dass Ezechiel im Exil als einflussreiche Persönlichkeit galt, der eine außergewöhnliche Autorität zukam.

Das fast durchgehend im Ich-Bericht stilisierte Ezechielbuch (Ausnahmen: 1,3; 24,24) nimmt seinen Anfang mit der mündlichen Verkündigung des Propheten im Kreis der Verbannten. Es ist davon auszugehen, dass Ezechiel seine ursprünglich mündlich vorgetragene Botschaft teilweise selbst niedergeschrieben und bearbeitet hat. Dabei lassen sich in seiner prophetischen Tätigkeit deutlich zwei Phasen voneinander abheben: eine erste bis zur Zerstörung Jerusalems, eine zweite nach dem Niedergang von Tempel und Stadt.

Die schriftstellerische Tätigkeit Ezechiels wurde nach ihm von seinen Schülern – der „Ezechielschule" – aufgegriffen und fortgeführt, die für die Gestalt des vorliegenden Buches verantwortlich sind.

In der Textüberlieferung zeigen sich erhebliche Unterschiede zwischen der hebräischen (H) und der griechischen (G) Texttradition. Sie betreffen sowohl den Text selbst (z. B. 7; 28,11–19; 32,17–32; 36; 40–42) als auch die Anordnung der Textabschnitte (z. B. abweichende Abfolge in Ez 37–39 in H und G). Die vorliegende revidierte Einheitsübersetzung favorisiert die hebräische Textüberlieferung. Auch die lateinische Nova Vulgata folgt vorzugsweise der H-Tradition.

Das Buch Ezechiel ist nach dem dreiteiligen eschatologischen Schema in folgende Großabschnitte gegliedert: Gericht über Israel (1–24); Gericht über die Fremdvölker (25–32); Heil für Israel (33–48). Dieser Aufbau des Buches lässt sich noch weiter untergliedern. Die Gerichtsworte über Israel (1–24) beginnen mit der Berufungsvision (1–3) und anschließenden häuslichen Zeichenhandlungen (4–5). Es folgen Gerichtsworte über die Berge und das Land Israel (6–7), die erste Tempelvision (8–11) und Gerichtsworte über Jerusalem, Israel und verschiedene Stände im Gottesvolk (12–24). Die Drohworte gegen sieben Fremdvölker (25–32) wenden sich zunächst gegen Israels Nachbarvölker (25–28), wobei die Hafenstadt Tyrus (26–28) eine besondere Stellung einnimmt. Der Schwerpunkt der Anklagen gilt der Großmacht Ägypten (39–31). Die Heilsverkündigung (33–48) setzt ein mit der Neuberufung Ezechiels zum „Wächter" für das Volk (33). Gott als der gute Hirte (34) wird das kommende Heil herbeiführen, das die Erneuerung der Lebenswelt (35,1–36,15: die Berge Israels) wie die der Menschen im Gottesvolk mit einschließt (36,16–38). Der Visionsbericht von den Totengebeinen (37,1–4) kündigt die Erneuerung Israels durch einen neuen Exodus aus der Totenwelt des Exils an. Auf die Vision folgen wieder Zeichenhandlungen, die die zukünftige Einheit des Gottesvolkes vorwegnehmend vergegenwärtigen (37,15–28). Das Heilsszenario wird in Ez 38–39 unterbrochen durch einen Völkeransturm aus dem Norden, der eine endzeitliche Bedrohung darstellt. Zur Vision vom neuen Tempel (40–48), der als Ort der Gegenwart Gottes (43) das Land zum Raum des Segens werden lässt, gehören der bekannte Text von der Tempelquelle (47,1–12) und die Neuverteilung des Landes im Sinne einer neuen Landgabe an die zwölf Stämme des Gottesvolkes (47,13–48,29). Das Ezechielbuch endet mit dem neuen Namen, den Jerusalem erhält: „Hier ist der HERR" (48,35).

BERUFUNG EZECHIELS ZUM PROPHETEN: 1,1–3,27

ORT UND ZEIT DER BERUFUNG: 1,1–3

1 1 Es geschah im dreißigsten Jahr, am fünf-
ten Tag des vierten Monats, als ich unter
den Verschleppten am Fluss Kebar lebte, da
öffnete sich der Himmel und ich hatte eine
Vision Gottes. 2 Am fünften Tag des Monats
– es war im fünften Jahr nach der Verschlep-
pung des Königs Jojachin – 3 erging das Wort
des HERRN an Ezechiel, den Sohn Busis, den
Priester, im Land der Chaldäer, am Fluss Kebar.
Dort kam die Hand des HERRN über ihn.

1,1–3 Der Fluss Kebar ist ein Eufratkanal zwischen Babylon und Nippur.

1: 3,11.15.23; 10,15.20.22; 43,3 / 3: 3,22; 8,1; 33,22; 37,1; 40,1

SCHAU DER GÖTTLICHEN HERRLICHKEIT: 1,4–28

4 Ich schaute und siehe: Ein Sturmwind kam
von Norden, eine große Wolke und ein unauf-
hörlich aufflammendes Feuer, umgeben von
einem hellen Schein. Und aus seiner Mitte,
mitten aus dem Feuer, da strahlte es wie glän-
zendes Metall.

5 Aus seiner Mitte erschien eine Gestalt von
vier lebenden Wesen. Und dies war ihr Aus-
sehen: Sie hatten eine Menschengestalt. 6 Vier
Gesichter waren an jedem und vier Flügel hat-
te ein jedes von ihnen. 7 Ihre Beine waren ge-
rade und ihre Füße wie die Hufe eines Jung-
stiers; sie glänzten wie blinkende Bronze.
8 Und Menschenhände hatten sie unter ihren
Flügeln an ihren vier Seiten. Auch ihre Gesich-
ter und ihre Flügel waren an ihren vier Seiten.
9 Ihre Flügel berührten einander. Sie brauchten
sich nicht umzuwenden, wenn sie gingen: Je-
des ging in die Richtung, in die eines seiner
Gesichter wies. 10 Die Gestalt ihrer Gesichter
aber war: ein Menschengesicht, ein Löwenge-
sicht bei allen vier nach rechts, ein Stiergesicht
bei allen vier nach links und ein Adlergesicht
bei allen vier. 11 Ihre Flügel waren von oben
darüber ausgespannt. Mit zwei Flügeln be-
rührten sie einander und mit zwei bedeckten
sie ihren Leib. 12 Jedes lebende Wesen ging in
Richtung eines seiner Gesichter. Sie gingen,
wohin der Geist sie trieb. Sie brauchten sich
nicht umzuwenden, wenn sie gingen.

13 Was die Gestalt der lebenden Wesen an-
geht: Ihr Aussehen war wie glühende Feuer-
kohlen. Was sich inmitten der lebenden We-
sen bewegte, hatte das Aussehen von Fackeln.
Das Feuer gab einen hellen Schein und vom
Feuer ging ein Blitzen aus. 14 Die lebenden We-
sen liefen hin und her, es sah aus wie ein Blitz-
strahl.

15 Ich schaute auf die lebenden Wesen und
siehe: Neben den lebenden Wesen mit ihren
vier Gesichtern war je ein Rad auf dem Boden.
16 Die Räder sahen aus, als seien sie aus Chryso-
lith gemacht. Alle vier Räder hatten die gleiche
Gestalt. Sie waren so gemacht, dass es aussah,
als laufe ein Rad mitten im andern. 17 Sie konn-
ten nach allen vier Seiten laufen und brauchten
sich nicht umzuwenden, wenn sie gingen.
18 Und ihre Felgen waren hoch und Furcht er-
regend; ihre Felgen waren voller Augen, rings-
um bei allen vier Rädern. 19 Gingen die leben-
den Wesen, dann liefen die Räder an ihrer
Seite mit. Hoben sich die lebenden Wesen
vom Boden, dann hoben sich auch die Räder.
20 Sie liefen, wohin der Geist sie trieb. Die Rä-
der hoben sich zugleich mit ihnen; denn der
Geist des lebenden Wesens war in den Rädern.
21 Gingen jene, dann liefen auch diese; blieben
jene stehen, dann standen auch diese still. Ho-
ben sich jene vom Boden, dann hoben sich die
Räder zugleich mit ihnen; denn der Geist des
lebenden Wesens war in den Rädern. 22 Und
die Gestalt über den Häuptern der lebenden
Wesen war wie ein Gewölbe, gleich dem
Furcht erregenden Eiskristall, ausgebreitet
oben über ihren Häuptern. 23 Unter dem Ge-
wölbe waren ihre Flügel gerade ausgestreckt,
einer zum andern hin. Mit zwei Flügeln be-
deckte jedes seinen Leib. 24 Ich hörte das Rau-
schen ihrer Flügel; es war wie das Rauschen
gewaltiger Wassermassen, wie die Stimme
des Allmächtigen, wenn sie gingen; es war ein
tosendes Rauschen gleich dem Lärm eines
Heerlagers. Wenn sie standen, ließen sie ihre
Flügel herabhängen. 25 Und es war ein Rau-
schen oberhalb des Gewölbes, über ihren
Häuptern. Wenn sie standen, ließen sie ihre
Flügel herabhängen.

26 Und oberhalb des Gewölbes über ihren
Häuptern war, dem Aussehen von Lapislazu-
li gleich, die Gestalt eines Thrones. Und über
der Gestalt des Thrones war von oben her eine
Gestalt, die das Aussehen eines Menschen
hatte. 27 Und ich schaute: Es war wie glänzen-
des Metall, es hatte das Aussehen eines Feuer-
kranzes ringsum, es war oberhalb von dem,
was wie seine Hüften aussah. Unterhalb von
dem, was wie seine Hüften aussah, schaute ich
etwas, was das Aussehen von Feuer hatte, und
ein heller Schein war ringsum. 28 Wie das Aus-
sehen des Regenbogens, der sich an einem
Regentag in den Wolken zeigt, so war das Aus-
sehen des strahlenden Glanzes ringsum. Das
war das Aussehen der Gestalt der Herrlichkeit
des HERRN. Und ich schaute und ich fiel nieder
auf mein Angesicht.

1,4–28 Die lebenden Wesen sind mischgestaltig; sie werden in 10,8–17 als Kerubim beschrieben. Die Vision ist in ihren Einzelheiten nicht klar zu deuten.

4–28: 10,1–22 / **4**: Ex 13,21; 19,18; Ijob 40,6 / **5**: 10,15.20; Offb 4,6–8 / **9**: Offb 4,7 / **10**: 10,14; 41,18–19; Offb 4,7 / **11**: Jes 6,2 / **13**: Ex 19,18 / **15–17**: 10,9–13 / **16**: 10,9f.; 28,13; Dan 10,5f. / **18**: 10,12; Offb 4,8 / **19**: 10,16f. / **22**: 10,1; Gen 1,6–8; Ex 24,10; Offb 4,6 / **23**: Jes 6,2 / **24**: 10,5; 43,2; Offb 1,15 / **26–28**: 8,2; Dan 10,5–6 / **26**: 8,2; 10,1; Ex 24,10; Jes 6,1; Dan 7,9; Offb 1,13; 4,2f. / **28**: 8,4; 10,4.18; 43,4; 44,4; Gen 9,13–16

SENDUNG EZECHIELS: 1,28–3,15
Da hörte ich die Stimme eines Redenden.
2 1 Er sagte zu mir: Menschensohn, stell
dich auf deine Füße; ich will mit dir re-
den. 2 Da kam Geist in mich, als er zu mir re-
dete, und er stellte mich auf meine Füße. Und
ich hörte den, der mit mir redete. 3 Er sagte zu
mir: Menschensohn, ich sende dich zu den
Söhnen Israels, zu abtrünnigen Völkern, die
von mir abtrünnig wurden. Sie und ihre Väter
sind von mir abgefallen, bis zum heutigen Tag.
4 Es sind Söhne mit trotzigem Gesicht und
hartem Herzen. Zu ihnen sende ich dich. Du
sollst zu ihnen sagen: So spricht GOTT, der
Herr. 5 Sie aber: Mögen sie hören oder es lassen
– denn sie sind ein Haus der Widerspenstig-
keit –, sie werden erkennen müssen, dass mit-
ten unter ihnen ein Prophet war.

6 Du aber, Menschensohn, fürchte dich nicht
vor ihnen, vor ihren Worten fürchte dich
nicht! Wenn dich auch Disteln und Dornen
umgeben und du auf Skorpionen sitzt, vor ih-
ren Worten fürchte dich nicht und vor ihrem
Blick erschrick nicht; denn sie sind ein Haus
der Widerspenstigkeit! 7 Du sollst ihnen mei-
ne Worte sagen, mögen sie hören oder es las-
sen, denn sie sind widerspenstig.

8 Du aber, Menschensohn, höre, was ich zu
dir sage. Sei nicht widerspenstig wie das Haus
der Widerspenstigkeit! Öffne deinen Mund
und iss, was ich dir gebe! 9 Und ich schaute und
siehe: Eine Hand war ausgestreckt zu mir; und
siehe, in ihr war eine Buchrolle. 10 Er rollte sie
vor mir auf. Sie war innen und außen beschrie-
ben und auf ihr waren Klagen, Seufzer und
Weherufe geschrieben.

3 1 Er sagte zu mir: Menschensohn, iss, was
du vor dir hast! Iss diese Rolle! Dann geh,
rede zum Haus Israel! 2 Ich öffnete meinen
Mund und er ließ mich jene Rolle essen. 3 Er
sagte zu mir: Menschensohn, gib deinem
Bauch zu essen, fülle dein Inneres mit dieser
Rolle, die ich dir gebe! Ich aß sie und sie wurde
in meinem Mund süß wie Honig.

4 Er sagte zu mir: Menschensohn, mach dich
auf, geh zum Haus Israel und sprich mit meinen
Worten zu ihnen! 5 Nicht zu einem Volk mit
fremder Sprache und unverständlicher Rede
wirst du gesandt, sondern zum Haus Israel,
6 auch nicht zu vielen Völkern mit fremder Spra-
che und unverständlicher Rede, deren Worte du
nicht verstehst. Würde ich dich zu ihnen sen-
den, sie würden auf dich hören. 7 Doch das Haus
Israel will nicht auf dich hören, es fehlt ihnen
der Wille, auf mich zu hören; denn jeder vom
Haus Israel hat eine harte Stirn und ein trotziges
Herz. 8 Siehe, hiermit mache ich dein Gesicht
ebenso hart wie ihr Gesicht und deine Stirn
ebenso hart wie ihre Stirn. 9 Wie Diamant, här-
ter als Kieselstein, mache ich deine Stirn. Fürch-
te sie nicht und erschrick nicht vor ihrem Blick;
denn ein Haus der Widerspenstigkeit sind sie!
10 Er sagte zu mir: Menschensohn, nimm alle
meine Worte, die ich dir sage, mit deinem Her-
zen auf und höre mit deinen Ohren! 11 Mach
dich auf, geh zu den Verschleppten, zu den Söh-
nen deines Volkes, sprich zu ihnen und sag zu
ihnen: So spricht GOTT, der Herr – mögen sie
hören oder es lassen.

12 Da hob der Geist mich empor und ich hör-
te hinter mir Lärm, ein gewaltiges Dröhnen,
als sich die Herrlichkeit des HERRN von ihrem
Ort erhob: 13 das Geräusch von den Flügeln
der lebenden Wesen, die einander berührten,
und das Geräusch der Räder neben ihnen, ein
Lärm, gewaltiges Dröhnen. 14 Und als der Geist
mich emporgehoben und weggenommen
hatte, ging ich dahin, bitter in der Zornglut
meines Geistes, und die Hand des HERRN
lag schwer auf mir. 15 So kam ich zu den Ver-
schleppten von Tel-Abib, dorthin, wo sie
wohnten, sie wohnten nämlich am Fluss Ke-
bar. Und ich saß dort sieben Tage lang verstört
mitten unter ihnen.

2,1: Dan 8,17; 10,11 / **2**: 3,24; 37,10.14; Dan 8,18 / **4**: 3,7; Ex 4,21; 7,3 / **5**: 2,7; 3,11.27; 33,33 / **6**: 3,9; Jer 1,8.17 / **9**: Sach 5,2 / **10**: Offb 5,1; 10,2

3,1: Jer 15,16; Offb 10,9 / **3**: Ps 119,103 / **5**: Jes 33,19 / **8–9**: Jes 50,7 / **9**: Jer 1,17f. / **12**: 8,3; 11,1.24; 37,1

EZECHIEL ALS WÄCHTER ISRAELS: 3,16–21
16 Es geschah aber am Ende der sieben Tage, da
erging das Wort des HERRN an mich: 17 Men-
schensohn, ich habe dich dem Haus Israel als
Wächter gegeben. Wenn du ein Wort aus mei-
nem Mund hörst, musst du sie vor mir warnen.
18 Wenn ich zu einem Schuldigen sage: Du musst
sterben! und wenn du ihn nicht warnst und
nicht redest, um den Schuldigen von seinem
schuldhaften Weg abzubringen, damit er am
Leben bleibt, dann wird dieser Schuldige seiner
Sünde wegen sterben; sein Blut aber fordere ich
aus deiner Hand zurück. 19 Du aber, wenn du

2,1 Menschensohn: Im Hebräischen bezeichnet der Ausdruck den einzelnen Menschen; bei Ezechiel ist damit der Prophet in seiner menschlichen Begrenztheit gemeint, anders dagegen in Dan 7.

einen Schuldigen warnst und er sich nicht ab-
wendet von seiner Schuld und seinem schuld-
haften Weg, dann wird dieser seiner Sünde we-
gen sterben; du aber hast dein Leben gerettet.
20 Und wenn ein Gerechter sein rechtschaffenes
Leben aufgibt und Unrecht tut und ich ihn zu
Fall bringe, so wird dieser sterben. Weil du ihn
nicht gewarnt hast, wird er seiner Sünde wegen
sterben und an seine gerechten Taten, die er ge-
tan hat, wird man nicht mehr denken. Sein Blut
aber fordere ich aus deiner Hand zurück. 21 Du
aber, wenn du einen Gerechten davor warnst zu
sündigen und dieser sündigt nicht, dann wird er
am Leben bleiben, weil er gewarnt wurde, du
aber hast dein Leben gerettet.

18: Gen 9,5 / **20:** 18,24; 33,12f.

EZECHIELS VERSTUMMEN: 3,22–27

22 Da kam die Hand des HERRN über mich. Er
sagte zu mir: Steh auf, geh hinaus in die Ebene!
Dort will ich mit dir reden. 23 Ich stand auf und
ging in die Ebene hinaus. Und siehe, dort stand
die Herrlichkeit des HERRN, wie die Herrlich-
keit, die ich am Fluss Kebar geschaut hatte, und
ich fiel nieder auf mein Angesicht. 24 Und es
kam der Geist in mich und er stellte mich auf
meine Füße. Er redete mit mir und sagte zu
mir: Geh, schließ dich in dein Haus ein! 25 Und
du, Menschensohn, siehe, sie werden dir Fes-
seln anlegen und dich mit ihnen binden, so-
dass du nicht mehr hinausgehen kannst unter
sie. 26 Deine Zunge lasse ich dir am Gaumen
kleben. Du wirst verstummen und nicht mehr
ihr Mahner sein können; denn sie sind ein
Haus der Widerspenstigkeit. 27 Wenn ich aber
mit dir rede, öffne ich deinen Mund und du
wirst zu ihnen sagen: So spricht GOTT, der
Herr. Wer hören will, der höre, wer es lassen
will, der lasse es; denn sie sind ein Haus der
Widerspenstigkeit.

22: 1,3; 8,1; 33,22; 37,1; 40,1 / **23:** 1,28 / **24:** 2,2 / **25:** 4,8 / **27:** 24,27; 33,22

DROHSPRÜCHE GEGEN JUDA UND JERUSALEM: 4,1–24,27

ERSTE SYMBOLISCHE HANDLUNG:
BELAGERUNG DER STADT: 4,1–3

4 1 Du, Menschensohn, nimm dir einen
Lehmziegel, leg ihn vor dich hin und rit-
ze eine Stadt darauf ein: Jerusalem! 2 Verhänge
eine Belagerung gegen sie: Bau gegen sie einen
Belagerungswall; schütte gegen sie einen
Damm auf; leg gegen sie ein Truppenlager an
und stell gegen sie ringsum Sturmböcke auf!
3 Du, nimm eine Eisenplatte und stell sie als
eiserne Mauer zwischen dich und die Stadt!
Richte dein Gesicht auf sie: So ist sie unter Be-
lagerung und du belagerst sie. Ein Zeichen ist
dies für das Haus Israel.

2–3: 2 Kön 25,1 / **2:** 17,17; 21,27; 26,8

ZWEITE SYMBOLISCHE HANDLUNG:
BINDUNG EZECHIELS: 4,4–8

4 Du, leg dich auf deine linke Seite und leg die
Schuld des Hauses Israel darauf! Die Zahl der
Tage, die du darauf liegst, trägst du ihre Schuld.
5 Ich aber, ich setze für dich hiermit die Jahre
ihrer Schuld in einer Zahl von Tagen fest: drei-
hundertneunzig Tage. So sollst du die Schuld
des Hauses Israel tragen. 6 Wenn du diese be-
endet hast, leg dich auf die andere, deine rech-
te Seite, und trag vierzig Tage lang die Schuld
des Hauses Juda, einen Tag für jedes Jahr: Ei-
nen Tag für jedes Jahr setze ich für dich fest.
7 Dann sollst du dein Gesicht und deinen ent-
blößten Arm auf die Belagerung Jerusalems
richten und du sollst gegen es weissagen. 8 Sie-
he, ich lege dir Stricke an, sodass du dich nicht
von einer Seite auf die andere drehen kannst,
so lange, bis du die Tage deiner Belagerung
beendet hast.

6: Num 14,33f. / **8:** 3,25

DRITTE SYMBOLISCHE HANDLUNG:
HUNGER IN DER STADT: 4,9–17

9 Du, nimm dir Weizen, Gerste und Bohnen,
Linsen, Hirse und Dinkel; gib sie zusammen
in ein einziges Gefäß und mach dir Brot da-
raus! Die Zahl der Tage, die du auf deiner Sei-
te liegst, dreihundertneunzig Tage lang, sollst
du davon essen. 10 Und dein Essen, das du isst,
soll genau abgewogen sein, zwanzig Schekel

4,10 Zwanzig Schekel sind etwa 230 Gramm. – Ein sechstel Hin ist ca. 1 Liter.

am Tag; davon sollst du von Zeit zu Zeit essen.
11 Auch das Wasser, das du trinkst, soll genau
abgemessen sein: ein sechstel Hin; davon
sollst du von Zeit zu Zeit trinken. 12 Als Gers-
tenfladen sollst du es essen; auf Menschenkot
sollst du es vor ihren Augen backen. 13 Und der
HERR sprach: Ebenso werden die Israeliten ihr
Brot unrein essen unter den Völkern, wohin
ich sie verstoße. 14 Ich aber sagte: Ach, Herr
und GOTT, siehe, ich bin nicht in Unreinheit.
Seit meiner Jugend habe ich noch nie von ei-
nem verendeten oder zerrissenen Tier geges-
sen. Niemals ist verdorbenes Fleisch in meinen
Mund gekommen.

15 Da sagte er zu mir: Siehe, ich erlaube dir,
dein Brot auf Rindermist statt auf Menschen-
kot zu machen. 16 Dann sagte er zu mir: Men-
schensohn, siehe, ich zerbreche den Brotstab
in Jerusalem. Sie werden ihr Brot wiegen und
es mit Sorgen essen; das Wasser werden sie
genau abmessen und mit Schaudern trinken;
17 damit sie Mangel haben an Brot und an Was-
ser und sich entsetzen, einer wie der andere,
und dahinsiechen in ihrer Schuld.

9: Lev 19,19 / **12**: Dtn 23,13–14 / **14**: 44,31; Ex 22,30; Lev 17,15; 22,8; Apg 10,14 / **16**: 12,18f.; Ps 105,16 / **17**: Lev 26,39; Sach 14,12

VIERTE SYMBOLISCHE HANDLUNG: EROBERUNG UND VERWÜSTUNG DER STADT: 5,1–4

5 1 Du, Menschensohn, nimm ein scharfes
Schwert, als Schermesser nimm es her
und führe es über dein Haupt und deinen Bart!
Dann nimm eine Waage und teile die Haare!
2 Ein Drittel verbrenne mitten in der Stadt,
wenn die Tage der Belagerung zu Ende sind!
Ein Drittel nimm und zerhau es mit dem
Schwert rings um die Stadt! Ein Drittel streu
in den Wind! Ich will hinter ihnen das Schwert
zücken. 3 Dann nimm einen kleinen Teil davon
und binde sie in einen Zipfel deines Mantels!
4 Aber auch von diesen nimm noch, wirf sie
mitten ins Feuer und verbrenn sie im Feuer!
Von dort wird Feuer ausgehen auf das ganze
Haus Israel.

1: Lev 21,5; Jes 7,20 / **3**: 6,8; 9,8; 12,16; 14,22 / **4**: 19,14

DEUTUNG DER SYMBOLISCHEN HANDLUNGEN: 5,5–17

5 So spricht GOTT, der Herr: Das ist Jerusalem.
Ich habe es mitten unter die Völker und die
Länder ringsum gesetzt. 6 Aber es war wider-
spenstig gegen meine Rechtsentscheide, fre-
velhaft, mehr als die Völker, und gegen meine
Satzungen, mehr als die Länder ringsum; denn
meine Rechtsentscheide haben sie verachtet
und in meinen Satzungen sind sie nicht gegan-
gen.

7 Darum – so spricht GOTT, der Herr: Weil
ihr noch aufsässiger gewesen seid als die Völ-
ker rings um euch, weil ihr nicht in meinen
Satzungen gegangen seid und meine Rechts-
entscheide nicht befolgt habt, ja, weil ihr nicht
einmal nach den Bräuchen der Völker rings
um euch gehandelt habt, 8 darum – so spricht
GOTT, der Herr: Siehe, ich gehe gegen dich vor,
ja ich. Vor den Augen der Völker werde ich
mitten in dir Gericht halten. 9 Und ich werde
an dir tun, was ich nie getan habe und auch nie
wieder tun werde, wegen all deiner Gräuelta-
ten. 10 Darum werden Väter mitten in dir ihre
Kinder essen und Kinder werden ihre Väter
essen. Ich werde in dir Gericht halten und dei-
nen Rest werde ich ganz und gar in alle Winde
zerstreuen. 11 Darum, so wahr ich lebe – Spruch
GOTTES, des Herrn –, weil du mein Heiligtum
mit all deinen Götzen und mit all deinen Gräu-
eltaten unrein gemacht hast, will ich dich
kahlscheren. Mein Auge wird kein Mitleid
zeigen und ich – ja ich – werde keine Schonung
üben. 12 Ein Drittel von dir wird an der Pest
sterben und am Hunger in deiner Mitte zu-
grunde gehen. Ein Drittel wird rings um dich
her durch das Schwert fallen. Ein Drittel wer-
de ich in alle Winde zerstreuen und ich werde
hinter ihnen das Schwert zücken. 13 So vollen-
det sich mein Zorn und ich stille meinen
Grimm an ihnen und ich komme zur Ruhe.
Wenn ich meinen Zorn an ihnen vollendet
habe, dann erkennen sie, dass ich, der HERR,
in meinem Eifer gesprochen habe.

14 Ich mache dich zum Trümmerhaufen und
zum Gespött bei den Nationen rings um dich
her, vor den Augen eines jeden, der vorübergeht.
15 So wirst du zum Gespött und zum Hohn, zur
Warnung und zum Schreckbild für die Natio-
nen rings um dich her, wenn ich in dir Gericht
halte mit Zorn und Grimm und mit grimmiger
Züchtigung. Ich, der HERR, habe gesprochen.

16 Wenn ich die bösen Pfeile des Hungers
abschicke, die Verderben bringen, schicke ich
sie ab, um euch zu verderben. Um euren Hun-
ger zu vergrößern, zerbreche ich euch den

5,15 wirst du: vermuteter Text, vgl. G, Vg; wird sie: H.

Brotstab. 17 Ich schicke Hungersnot und wilde
Tiere gegen euch, damit sie dir deine Kinder
rauben. Und Pest und Blut werden durch dich
hindurchziehen. Ich bringe das Schwert über
dich. Ich, der HERR, habe gesprochen.

5: 38,12 / **10:** Dtn 28,53–55; Lev 26,29; Jer 19,9 / **11:** 7,4.9; 8,18; 9,5.10; 24,14 / **12:** Offb 6,8; Lev 26,33 / **13:** 7,8; 16,42 / **14–15:** Dtn 28,37; Jer 22,5; 24,9 / **16:** 4,16 / **17:** 14,21

VERWÜSTUNG DER BERGE ISRAELS: 6,1–14

6 1 Das Wort des HERRN erging an mich:
2 Menschensohn, richte dein Gesicht auf
die Berge Israels; sprich als Prophet zu ihnen
3 und sag: Ihr Berge Israels, hört das Wort
GOTTES, des Herrn! So spricht GOTT, der
Herr, zu den Bergen und Hügeln, zu den
Schluchten und Tälern: Siehe, ich selbst werde
das Schwert über euch bringen und eure Kult-
höhen zerstören. 4 Eure Opferaltäre werden
verwüstet und eure Räuchertische zerbro-
chen. Eure Erschlagenen lasse ich hinstürzen
vor euren Götzen. 5 Die Leichen der Israeliten
lege ich ihren Götzen zu Füßen. Eure Gebeine
verstreue ich rings um eure Altäre. 6 Überall,
wo ihr wohnt, werden die Städte verwüstet
und die Kulthöhen veröden, damit eure Altä-
re verwüstet und öde, eure Götzen zerbrochen
und verschwunden, eure Räuchertische zer-
schlagen und eure Machwerke vertilgt sind.
7 Mitten unter euch fallen die Erschlagenen.
Dann werdet ihr erkennen, dass ich der HERR
bin.

8 Und doch lasse ich einen Rest von euch
übrig, die dem Schwert entkommen werden
zu den Völkern, wenn ihr in die Länder zer-
streut seid. 9 Die von euch, die entkommen
sind, werden bei den Völkern, wohin sie weg-
geführt wurden, an mich denken; denn ich
habe ihr treuloses Herz zerbrochen, das von
mir gewichen ist, und ihre Augen, die treulos
nach den Götzen schielten. Dann werden sie
vor sich selbst Abscheu empfinden wegen des
Bösen, das sie begangen haben durch alle ihre
Gräuel, 10 und sie werden erkennen, dass ich
der HERR bin. Ich habe nicht umsonst gedroht,
dieses Unheil über sie zu bringen.

11 So spricht GOTT, der Herr: Klatsche mit
deiner Hand, stampf mit dem Fuß und schreie:
Wehe! wegen all der bösen Gräueltaten des
Hauses Israel, das durch das Schwert, durch
den Hunger und durch die Pest fallen wird.
12 Wer in der Ferne ist, wird durch die Pest
sterben; wer nahe ist, wird durch das Schwert
fallen. Wer übrig und verschont geblieben ist,
wird durch den Hunger sterben. So vollende
ich meinen Zorn an ihnen. 13 Und ihr werdet
erkennen, dass ich der HERR bin: Wenn die
Erschlagenen mitten unter ihren Götzen lie-
gen, rings um ihre Altäre, auf jedem hohen
Hügel, auf allen Bergeshöhen, unter jedem
üppigen Baum und jeder schattigen Eiche, an
der Stätte, wo sie all ihren Götzen den beruhi-
genden Duft ihrer Opfer spendeten. 14 Ich
strecke meine Hand gegen sie aus und mache
das Land zur Wüste und zur Öde, von der
Steppe bis nach Ribla, überall, wo sie wohnen.
Dann werden sie erkennen, dass ich der HERR
bin.

1–7: 36,1–12 / **3:** Lev 26,30f. / **5:** 2 Kön 23,14 / **13:** 20,28.41; 1 Kön 14,23 / **14:** 2 Kön 25,21

DER TAG DES HERRN UND DAS KOMMENDE ENDE: 7,1–27

7 1 Das Wort des HERRN erging an mich:
2 Du, Menschensohn: So spricht GOTT,
der Herr, zum Ackerboden Israels: Ende! Es
kommt das Ende über die vier Ecken der Erde.
3 Jetzt ist das Ende über dir; ich lasse meinen
Grimm gegen dich los, ich spreche dir das Ur-
teil, das deinem Wandel entspricht, und brin-
ge über dich alle deine Gräueltaten. 4 Mein
Auge zeigt kein Mitleid mit dir und ich übe
keine Schonung, sondern deinen Wandel ver-
gelte ich dir und deine Gräueltaten sollen sich
in deiner Mitte auswirken. Dann werdet ihr
erkennen, dass ich der HERR bin.

5 So spricht GOTT, der Herr: Unglück! Nie
da gewesenes Unglück! Siehe, es kommt. 6 Ein
Ende kommt. Es kommt das Ende. Es ist reif
für dich. Siehe, es kommt. 7 Es kommt das Ver-
hängnis zu dir, Bewohner des Landes. Es
kommt die Zeit, der Tag ist nahe: Tumult, kein
Jauchzen mehr auf den Bergen! 8 Bald gieße ich
meinen Zorn über dich aus. Ich vollende mei-
nen Grimm an dir, ich spreche dir das Urteil,
das deinem Wandel entspricht, und bringe
über dich alle deine Gräueltaten. 9 Mein Auge
zeigt kein Mitleid und ich übe keine Schonung,
nach deinem Wandel vergelte ich dir. Deine
Gräueltaten sollen sich in deiner Mitte auswir-
ken. Dann werdet ihr erkennen, dass ich, der
HERR, es bin, der schlägt.

10 Siehe, der Tag! Siehe, er kommt! Das Ver-
hängnis nimmt seinen Lauf. Der Rechtsbruch

6,14 Ribla: vermuteter Text; Dibla: H.

gedeiht, die Anmaßung wächst. 11 Die Gewalt-
tat erhebt sich, wird zu einem Zepter des Bö-
sen. Nichts bleibt von ihnen, nichts von ihrem
Reichtum, nichts von ihrem Lärmen, nichts
von ihrer Pracht. 12 Die Zeit kommt; der Tag
trifft ein. Der Käufer soll sich nicht freuen, der
Verkäufer nicht traurig sein; denn glühender
Zorn trifft ihren ganzen Reichtum. 13 Der Ver-
käufer wird nicht zum Verkaufen zurückkeh-
ren, auch wenn sie am Leben bleiben; denn die
Vision über ihren ganzen Reichtum wird nicht
zurückgenommen. Und weil ein jeder schul-
dig ist, wird keiner sein Leben festhalten kön-
nen. 14 Blast das Horn und bietet alles auf – es
zieht doch keiner in den Kampf; denn mein
glühender Zorn trifft ihren ganzen Reichtum.
15 Draußen das Schwert, drinnen die Pest und
der Hunger. Wer auf dem Feld ist, der stirbt
durch das Schwert. Wer in der Stadt ist, den
fressen Hunger und Pest. 16 Die entrinnen und
davonkommen, hausen im Gebirge wie die
Tauben in den Felsen; sie alle stöhnen, ein je-
der wegen seiner Schuld. 17 Alle Hände sinken
kraftlos herunter und an allen Knien läuft das
Wasser herab. 18 Sie legen Trauergewänder an
und Schauder bedeckt sie. Alle Gesichter sind
voll Scham und alle Köpfe kahl geschoren.

19 Sie werfen ihr Silber auf die Straße und ihr
Gold wird zu Unrat. Ihr Silber und Gold kann
sie nicht retten am Tag des Zornes des HERRN.
Sie werden damit ihre Gier nicht sättigen und
ihren Bauch nicht füllen; denn das war für sie
der Anlass, in Schuld zu fallen. 20 Ihren kost-
baren Schmuck haben sie für ihren Hochmut
missbraucht und daraus ihre abscheulichen
Bilder, ihre Götzen, gemacht. Deshalb mache
ich ihn für sie zu Unrat. 21 Ich gebe ihn den
Fremden zur Beute, die Bösen der Erde sollen
ihn rauben und entweihen. 22 Ich wende mein
Angesicht von ihnen ab und man wird meinen
kostbaren Besitz entweihen. Räuber werden
kommen und ihn entweihen. 23 Sie machen
daraus Ketten; denn das Land ist voll von blu-
tigem Rechtsentscheid und die Stadt ist voll
von Gewalttat. 24 Ich führe die schlimmsten
Völker herbei, damit sie die Häuser in Besitz
nehmen. Ich mache dem Hochmut der Mäch-
tigen ein Ende, ihre Heiligtümer werden ent-
weiht. 25 Angst befällt sie. Sie werden Frieden
suchen, doch es wird keinen geben. 26 Unglück
kommt über Unglück und Schreckensnach-
richt folgt auf Schreckensnachricht. Sie suchen
vergeblich beim Propheten Visionen, dem
Priester geht die Weisung verloren, den Ältes-
ten der Rat. 27 Der König ist voll Trauer, der
Fürst in Entsetzen gehüllt, dem Volk des Lan-
des erlahmen die Hände. Ich will sie behan-
deln, wie es ihrem Wandel entspricht, und
will ihnen das Urteil sprechen, das ihren Ur-
teilen entspricht. Dann werden sie erkennen,
dass ich der HERR bin.

2: Am 8,2; Offb 7,1 / **4**: 5,11; 8,18; 9,10 / **12**: Jes 24,2 / **17**: Jes 13,7 / **18**: 27,31; Am 8,10; Jer 48,37 / **19**: Zef 1,18 / **20**: 16,17; Hos 8,4 / **23**: 8,17; 9,9 / **26**: Jer 18,18

EINGANGSSZENE DER VISION VOM ENTWEIHTEN TEMPEL UND VOM AUSZUG DER HERRLICHKEIT DES HERRN: 8,1–18

8 1 Es geschah im sechsten Jahr, am fünften
Tag des sechsten Monats. Ich saß in mei-
nem Haus und die Ältesten Judas saßen vor
mir. Da fiel auf mich die Hand GOTTES, des
Herrn. 2 Und ich schaute und siehe: Da war
eine Gestalt, die das Aussehen eines Mannes
hatte. Abwärts von dem, was aussah wie seine
Hüfte, war Feuer und von seinen Hüften an
aufwärts sah es aus wie Lichtglanz, wie der
Anblick von glänzendem Metall. 3 Er streckte
etwas aus, das wie eine Hand aussah, und
nahm mich beim Schopf meines Hauptes.
Geist hob mich empor zwischen Erde und
Himmel und brachte mich in einer göttlichen
Vision nach Jerusalem, an den Eingang des
inneren Nordtors, dorthin, wo die Bildsäule
der Eifersucht steht, die des HERRN Eifersucht
erregt. 4 Und siehe: Dort war die Herrlichkeit
des Gottes Israels. Sie sah aus wie das, was ich
in der Ebene geschaut hatte. 5 Er sagte zu mir:
Menschensohn, erhebe doch deine Augen
nordwärts! Ich erhob meine Augen nordwärts
und siehe: Nördlich des Tores war der Altar,
jene Bildsäule der Eifersucht war im Durch-
gang. 6 Er sagte zu mir: Menschensohn, siehst
du, was diese tun? Die großen Gräueltaten, die
das Haus Israel hier begeht, da sie sich von
meinem Heiligtum abwenden? Aber du wirst
noch größere Gräueltaten sehen.

7 Dann brachte er mich zum Eingang des
Vorhofs. Und ich schaute und siehe: Ein Loch
war in der Wand. 8 Er sagte zu mir: Menschen-
sohn, durchbrich die Wand! Ich durchbrach
die Wand und siehe, da war ein einziger Ein-

7,23 Sie machen daraus Ketten: vermuteter Text, vgl. Nova Vulgata; mache die Kette: H, Vg.

8,2 eines Mannes: G und Nova Vulgata; eines Feuers: H.

gang. 9 Und er sagte zu mir: Geh hinein, sieh
dir die schlimmen Gräueltaten an, die sie hier
begehen! 10 Da ging ich hinein und schaute und
siehe: allerlei Bildnis von Gewürm und Vieh,
ein Gräuel und allerlei Götzen des Hauses Is-
rael, eingeritzt in die Wand ringsum überall.
11 Und siebzig Männer von den Ältesten des
Hauses Israel standen davor – auch Jaasanja,
der Sohn Schafans, stand bei ihnen. Jeder hat-
te seine Räucherpfanne in seiner Hand und der
Duft der Weihrauchwolke stieg empor. 12 Er
sagte zu mir: Hast du gesehen, Menschen-
sohn, was die Ältesten des Hauses Israel im
Finstern treiben, jeder in der Kammer seines
Götterbildes? Sie sagen: Der HERR, der uns
sieht, ist nicht da; der HERR hat das Land ver-
lassen. 13 Er sagte zu mir: Du wirst noch wei-
tere, größere Gräuel sehen, die sie begehen.

14 Dann brachte er mich zum Eingang des
Tores am Haus des HERRN, das nach Norden
geht. Und siehe, dort saßen Frauen, die Tam-
mus beweinten. 15 Und er sprach zu mir: Hast
du es gesehen, Menschensohn? Doch du wirst
noch mehr Gräuel sehen, größere als diese.

16 Dann brachte er mich zum Innenhof des
Hauses des HERRN. Am Eingang zum Tempel
des HERRN, zwischen Vorhalle und Altar,
standen etwa fünfundzwanzig Männer, mit
dem Rücken zum Tempel des HERRN, mit
dem Gesicht nach Osten. Sie beteten, nach
Osten gewandt, die Sonne an. 17 Er sagte zu
mir: Hast du es gesehen, Menschensohn? Wa-
ren dem Haus Juda die Gräueltaten, die sie hier
begingen, immer noch nicht genug? Mussten
sie auch noch das Land mit Gewalttat anfüllen,
mussten sie mich immer wieder beleidigen
und sich die Weinranke an die Nase halten?
18 Ich, ja ich werde voll Zorn handeln. Mein
Auge wird kein Mitleid zeigen und ich werde
keine Schonung üben. Selbst wenn sie mir laut
in die Ohren schreien, ich werde sie nicht hö-
ren.

1: 14,1; 20,1 / **2**: 1,26–28; Dan 10,5–6; 12,3 / **3**: 3,12; Dan 14,36 / **4**: 1,28; 3,22f.; 37,1f. / **10**: Dtn 4,16–18 / **11**: Ex 24,1.9; Num 11,16; 2 Kön 22,3 / **12**: 9,9 / **16**: 2 Kön 23,5.11; 2 Chr 29,6; Jer 8,2; Dtn 4,19; 17,3 / **18**: 5,11; Jes 1,15; Jer 11,11; Mi 3,4

ZERSTÖRUNG DER STADT: 9,1–10,7

9 1 Und er schrie mir laut in die Ohren: Das
Strafgericht über die Stadt ist nahe. Jeder
soll sein Werkzeug zum Zertrümmern in sei-
ne Hand nehmen. 2 Und siehe: Da kamen sechs
Männer vom oberen Tor, das nach Norden
gerichtet ist. Jeder hatte sein Werkzeug zum
Zertrümmern in seiner Hand. Einer aus ihrer
Mitte jedoch war gekleidet in ein leinenes Ge-
wand; an seinen Hüften hing Schreibzeug. Sie
kamen herein und stellten sich neben den Al-
tar aus Bronze. 3 Die Herrlichkeit des Gottes
Israels erhob sich vom Kerub, über dem sie
war, hinüber zur Schwelle des Tempels. Er rief
den Mann, der das leinene Gewand trug und
an dessen Hüften das Schreibzeug hing. 4 Der
HERR sagte zu ihm: Geh mitten durch die
Stadt, mitten durch Jerusalem und schreib ein
Taw auf die Stirn der Männer, die seufzen und
stöhnen über all die Gräueltaten, die in ihr be-
gangen werden! 5 Und zu den anderen hörte
ich ihn sagen: Geht hinter ihm her durch die
Stadt und schlagt zu! Eure Augen sollen kein
Mitleid zeigen, gewährt keine Schonung! 6 Alt
und Jung, Mädchen, Kinder und Frauen sollt
ihr erschlagen und umbringen. Doch von de-
nen, die das Taw auf der Stirn haben, dürft ihr
keinen anrühren. Beginnt in meinem Heilig-
tum! Da begannen sie bei den Männern, den
Ältesten, die vor dem Tempel waren. 7 Er sag-
te zu ihnen: Macht den Tempel unrein, füllt
die Höfe mit Erschlagenen! Geht hinaus! Da
gingen sie hinaus und schlugen in der Stadt zu.
8 Und es geschah, während sie zuschlugen, ich
allein aber übrig blieb, da fiel ich nieder auf
mein Gesicht, ich schrie auf und rief: Ach,
Herr und GOTT, willst du denn den gesamten
Rest Israels vernichten, da du deinen Zorn
über Jerusalem ausschüttest? 9 Er sagte zu mir:
Die Schuld des Hauses Israel und die Judas ist
groß, ja über die Maßen groß. Das Land ist er-
füllt von Blutschuld, die Stadt ist voll von Un-
recht. Denn sie haben gesagt: Verlassen hat der
HERR das Land; der HERR, der sieht, ist nicht
da. 10 Ich jedoch: Kein Mitleid kennt mein
Auge und keine Schonung übe ich. Ihren Wan-
del lasse ich auf ihr Haupt zurückfallen. 11 Sie-
he da: Der Mann, der in ein leinenes Gewand
gekleidet war und an dessen Hüften das
Schreibzeug hing, kam zurück und berichtete:
Ich habe getan, wie du mir befohlen hast.

10 1 Und ich sah, siehe da: Oberhalb des
Gewölbes über dem Haupt der Keru-
bim war etwas wie Lapislazuli; etwas, das aus-
sah wie die Gestalt eines Throns, war über
ihnen zu sehen. 2 Er sprach zu dem Mann, der
in ein leinenes Gewand gekleidet war. Er sag-
te: Geh zwischen die Räder unter dem Kerub!
Fülle deine Hände mit den glühenden Kohlen,

die zwischen den Kerubim sind, und streu sie
über die Stadt! Und vor meinen Augen ging er
hinein. 3 Die Kerubim standen rechts vom
Tempel, als der Mann zu ihnen ging, und die
Wolke erfüllte den inneren Vorhof. 4 Die Herr-
lichkeit des HERRN erhob sich vom Kerub
hinüber zur Schwelle des Tempels. Der Tem-
pel wurde von der Wolke erfüllt und der Vor-
hof war erfüllt vom Glanz der Herrlichkeit des
HERRN. 5 Das Rauschen der Flügel der Keru-
bim war bis zum äußeren Vorhof hinaus zu
hören; es war wie die Stimme Gottes, des All-
mächtigen, wenn er spricht. 6 Und es geschah,
als er dem Mann, der in ein leinenes Gewand
gekleidet war, seinen Befehl gab und sprach:
Nimm vom Feuer, das zwischen den Rädern
und zwischen den Kerubim ist!, da ging dieser
und stellte sich neben das Rad. 7 Da streckte
ein Kerub seine Hand mitten aus den Kerubim
hervor zu dem Feuer hin, das zwischen den
Kerubim war, hob daraus Feuerkohlen auf und
legte sie in die Hände des Mannes, der in ein
leinenes Gewand gekleidet war. Der nahm
davon und ging hinaus.

9,2: Offb 1,13 / **3**: 1,28 / **4**: Offb 7,2f.; 9,4 / **6**: Jer 25,29; 1 Petr 4,17 / **8**: 11,13; Am 7,2f. / **9**: 8,12 / **10**: 5,11
10,1: 1,22; Offb 4,3 / **2**: Offb 8,5 / **4**: 1,28; 40,34; 1 Kön 8,10f.; Jes 6,4 / **5**: 43,2; Offb 1,15

AUSZUG DER HERRLICHKEIT AUS DEM TEMPEL: 10,8–22

8 Da war bei den Kerubim etwas zu sehen, das
die Form einer Menschenhand hatte. 9 Und ich
schaute und siehe: Vier Räder waren neben
den Kerubim, ein Rad neben jedem Kerub,
je ein Rad neben je einem Kerub. Die Räder
sahen aus wie glänzender Chrysolithstein.
10 Alle vier sahen gleich aus und es schien so,
als laufe ein Rad mitten im andern. 11 Sie konn-
ten nach allen vier Seiten laufen, und wenn sie
gingen, brauchten sie sich nicht umzuwenden;
denn der Richtung, die das vordere Rad ein-
schlug, folgten die anderen. Sie brauchten sich
nicht umzuwenden, wenn sie gingen. 12 Ihr
ganzer Leib, ihr Rücken, ihre Hände und ihre
Flügel und auch die Räder: Sie waren ringsum
voller Augen bei allen vieren. 13 Die Räder
wurden, wie ich mit eigenen Ohren hörte,
Wirbel genannt. 14 Vier Gesichter hatte jeder
Kerub. Das Gesicht des ersten war ein Kerub-
gesicht und das Gesicht des zweiten ein Men-
schengesicht. Der dritte hatte ein Löwenge-
sicht und der vierte ein Adlergesicht. 15 Und
die Kerubim erhoben sich. Dies war das Lebe-
wesen, das ich am Fluss Kebar gesehen hatte.
16 Wenn die Kerubim gingen, dann liefen die
Räder an ihrer Seite mit. Auch wenn die Ke-
rubim ihre Flügel bewegten, um sich von der
Erde zu erheben, wandten sich die Räder nicht
ab von ihrer Seite. 17 Blieben jene stehen, dann
standen diese still. Hoben sich jene empor,
dann hoben sie sich mit ihnen; denn der Geist
des Lebewesens war in ihnen.

18 Da zog die Herrlichkeit des HERRN aus,
weg von der Schwelle des Tempels und blieb
auf den Kerubim stehen. 19 Die Kerubim hoben
ihre Flügel und sie stiegen vor meinen Augen
von der Erde auf, als sie auszogen, und die Rä-
der liefen an ihrer Seite mit. Und sie stellten
sich an den Eingang des östlichen Tores am
Haus des HERRN. Und die Herrlichkeit des
Gottes Israels war von oben her über ihnen.
20 Dies war das Lebewesen, das ich unterhalb
der Gottheit Israels am Fluss Kebar gesehen
hatte, und ich erkannte, dass es Kerubim wa-
ren. 21 Je vier Gesichter hatte jeder und vier
Flügel ein jeder. Unter ihren Flügeln hatten sie
etwas, das wie Menschenhände aussah. 22 Was
die Gestalt ihrer Gesichter angeht: Es waren
die Gesichter, die ich am Fluss Kebar gesehen
hatte. Ihr Aussehen und sie selbst: Jeder ging
nach der Seite seines Angesichts hin.

8–17: 1,4–28 / **9**: 1,16; 28,13; Dan 10,6 / **12**: Offb 4,8 / **18**: 1,28; 43,8

GEGEN DIE FÜHRENDEN MÄNNER JERUSALEMS: 11,1–13

11 1 Und Geist hob mich empor und brach-
te mich zum östlichen Tor am Haus des
HERRN, das nach Osten weist. Und siehe, am
Eingang des Tores waren fünfundzwanzig
Männer. Ich sah in ihrer Mitte Jaasanja, den
Sohn Asurs, und Pelatja, den Sohn Benajas, die
führenden Männer des Volkes. 2 Er sagte zu
mir: Menschensohn, das sind die Männer, die
Unheil ersinnen und einen bösen Plan fassen
in dieser Stadt. 3 Sie sagen: In nächster Zeit
braucht man keine Häuser zu bauen. Sie ist der
Topf, wir das Fleisch. 4 Darum prophezeie ge-
gen sie, prophezeie, Menschensohn! 5 Da fiel
der Geist des HERRN auf mich und er sagte zu
mir: Sag: So spricht der HERR: Das habt ihr
gesagt, Haus Israel. Ich weiß sehr gut, was
euch in den Sinn gekommen ist. 6 Ihr habt vie-

10,13 Wirbel: Das hebräische Wort galgal kann auch Rad, Räderwerk bedeuten.

le in dieser Stadt erschlagen lassen und ihre
Gassen mit Erschlagenen gefüllt. 7 Darum – so
spricht GOTT, der Herr: Eure Erschlagenen,
die ihr mitten in der Stadt getötet habt, diese
sind das Fleisch und sie ist der Topf. Euch aber
führe ich heraus aus ihrer Mitte. 8 Das Schwert
fürchtet ihr; also bringe ich das Schwert über
euch – Spruch GOTTES, des Herrn. 9 Ich führe
euch heraus aus ihrer Mitte, ich gebe euch in
die Hand von Fremden und vollstrecke an
euch das Urteil. 10 Durch das Schwert werdet
ihr fallen. An Israels Grenze halte ich Gericht
über euch. Dann werdet ihr erkennen, dass ich
der HERR bin. 11 Die Stadt wird für euch nicht
der Topf sein und ihr nicht das Fleisch darin.
An Israels Grenze halte ich Gericht über euch.
12 Dann werdet ihr erkennen, dass ich der
HERR bin, ihr, die ihr meinen Gesetzen nicht
gefolgt seid und nach meinen Rechtsentschei-
den nicht gehandelt habt. Stattdessen habt ihr
nach den Rechtsentscheiden der Völker rings-
um gehandelt.

13 Und es geschah, während ich prophezeite,
da starb Pelatja, der Sohn Benajas. Da fiel ich
nieder auf mein Gesicht, schrie laut auf und
rief: Ach, Herr und GOTT, willst du dem Rest
Israels ein Ende machen?

1: 3,12; 8,3; 10,19; 43,4 / **5:** 24,1–14 / **8:** 5,17; 6,3; 33,2 / **9:** 5,8.10.15; 2 Kön 25,18–21 / **12:** 5,7 / **13:** 9,8

DAS ERNEUERTE GOTTESVOLK: 11,14–21

14 Das Wort des HERRN erging an mich:
15 Menschensohn, deine Brüder, deine Brü-
der, deine Sippenangehörigen und das ganze
Haus Israel, von ihnen sagen die Bewohner
Jerusalems: Sie sind fern vom HERRN; uns ist
das Land zum Besitz gegeben. 16 Darum sag:
So spricht GOTT, der Herr: Gewiss, ich habe
sie weit weg unter die Völker entfernt; gewiss,
ich habe sie in die Länder zerstreut. Doch bin
ich ihnen ein wenig zu einem Heiligtum ge-
worden in den Ländern, wohin sie gekommen
sind.

17 Darum sag: So spricht GOTT, der Herr: Ich
sammle euch aus allen Völkern und ich bringe
euch zusammen aus den Ländern, in die ihr
zerstreut worden seid, und ich gebe euch das
Land Israel. 18 Und sie werden dorthin kom-
men und alle seine Scheusale und alle seine
Gräuel aus dem Land entfernen. 19 Ich gebe
ihnen ein einmütiges Herz und einen neuen
Geist gebe ich in euer Inneres. Ich entferne das
Herz von Stein aus ihrem Fleisch und gebe
ihnen ein Herz von Fleisch, 20 damit sie mei-
nen Satzungen folgen und meine Rechtsent-
scheide bewahren und sie erfüllen. Dann wer-
den sie mir Volk sein und ich werde ihnen Gott
sein. 21 Die aber, deren Herz an ihren Götzen
und an ihren Gräueln hängt – Spruch GOTTES,
des Herrn: Ihr Verhalten lasse ich auf sie selbst
zurückfallen.

16: 6,8–10 / **17:** 20,34; 28,25; 34,13; 36,24; 37,21; 38,8; 39,27; Jer 24,5f.; 29,14 / **19:** 18,31; 36,26; Jer 24,7; 2 Kor 3,3 / **20:** 14,11; 34,24; 36,28; 37,23; Jer 24,7

ABSCHLUSS DER VISION: AUSZUG DER HERRLICHKEIT AUS JERUSALEM: 11,22–25

22 Dann hoben die Kerubim ihre Flügel. Die
Räder bewegten sich zugleich mit den Keru-
bim und die Herrlichkeit des Gottes Israels war
über ihnen. 23 Die Herrlichkeit des HERRN
stieg empor, weg aus der Mitte der Stadt; und
sie blieb stehen auf dem Berg im Osten der
Stadt. 24 Und der Geist hob mich empor und
brachte mich nach Chaldäa zu den Verbann-
ten, in der Vision, im Gottesgeist. Und die
Vision, die ich geschaut hatte, stieg auf, weg
von mir. 25 Und ich sagte den Verbannten alle
Worte des HERRN, die er mich hatte sehen
lassen.

23: 43,3 / **24:** 1,1; 3,12; 8,3; 40,2

ZEICHEN DER VERBANNUNG VON KÖNIG UND VOLK: 12,1–20

12 1 Das Wort des HERRN erging an mich:
2 Menschensohn, du wohnst mitten
im Haus der Widerspenstigkeit, das Augen
hat, um zu sehen, doch sie sehen nicht, das
Ohren hat, um zu hören, doch sie hören
nicht; denn sie sind ein Haus der Wider-
spenstigkeit. 3 Doch du, Menschensohn, pack
dir Gepäck für die Verbannung und geh bei
Tag vor ihren Augen weg, als ob du vor ihren
Augen von deinem Wohnsitz in die Verban-
nung gehen würdest. Vielleicht sehen sie es;
denn sie sind ein Haus der Widerspenstig-
keit. 4 Trag dein Gepäck wie Gepäck für die
Verbannung bei Tag vor ihren Augen hinaus!
Du aber geh am Abend vor ihren Augen hi-
naus wie die Leute, die in die Verbannung
ziehen! 5 Brich dir vor ihren Augen ein Loch
in die Mauer und schaffe das Gepäck durch
sie hinaus! 6 Vor ihren Augen nimm es auf die
Schulter! Schaffe es in der Dunkelheit hinaus!

11,19 einmütiges Herz: H; anderes Herz: G.

Verhülle dein Gesicht, damit du das Land
nicht siehst! Fürwahr: Zum Mahnzeichen
mache ich dich für das Haus Israel. 7 Ich tat so,
wie mir befohlen wurde. Bei Tag trug ich
mein Gepäck wie Gepäck für die Verbannung
hinaus. Am Abend brach ich mit der Hand ein
Loch durch die Mauer; in der Dunkelheit
schaffte ich es hinaus. Dann nahm ich es vor
ihren Augen auf die Schulter.
8 Da erging das Wort des HERRN an mich
am nächsten Morgen: 9 Menschensohn, hat
nicht das Haus Israel, das Haus der Wider-
spenstigkeit, zu dir gesagt: Was machst du da?
10 Sag zu ihnen: So spricht GOTT, der Herr: Der
Fürst, der in Jerusalem wohnt, ist diese Last
und das ganze Haus Israel, das darinnen
wohnt. 11 Sag: Ich bin ein Mahnzeichen für
euch. Wie ich getan habe, so wird ihnen getan;
in die Verbannung, in die Gefangenschaft wer-
den sie ziehen. 12 Und der Fürst, der in ihrer
Mitte ist, wird in der Dunkelheit die Schulter
beladen und hinausgehen. In die Mauer wird
man ein Loch brechen, um ihn durch sie hi-
nauszuschaffen. Er wird sein Gesicht verhül-
len, um mit seinen Augen das Land nicht zu
sehen. 13 Ich werfe mein Netz über ihn, er gerät
in meine Schlingen. Nach Babel führe ich ihn,
ins Land der Chaldäer; doch er wird es nicht
sehen. Dort wird er sterben. 14 Alle, die um ihn
her sind, seine Hilfe, und alle seine Truppen
zerstreue ich in alle Winde und ich zücke das
Schwert hinter ihnen. 15 Dann werden sie er-
kennen, dass ich der HERR bin, wenn ich sie
unter die Völker versprenge und sie in alle
Länder zerstreue. 16 Und ich lasse einige von
ihnen das Schwert, den Hunger und die Pest
überleben, damit sie bei den Völkern, zu denen
sie kommen, von all ihren Gräueltaten erzäh-
len. Dann werden sie erkennen, dass ich der
HERR bin.
17 Das Wort des HERRN erging an mich:
18 Menschensohn, iss dein Brot mit Zittern
und trink dein Wasser mit Angst und Entset-
zen! 19 Dann sag zum Volk des Landes: So
spricht GOTT, der Herr, zu den Bewohnern
Jerusalems über den Ackerboden Israels: Sie
werden ihr Brot mit Angst essen und ihr Was-
ser mit Schaudern trinken; so wird ihr Land
verwüstet sein durch das, wovon es voll ist,
durch die Gewalttat all seiner Bewohner.
20 Die bewohnten Städte sollen verheert und
das Land zur Wüste werden. Dann werdet ihr
erkennen, dass ich der HERR bin.

2: 2,5–7; Jes 6,9; Jer 5,21; Mk 8,18 / **6:** 24,24.27; Jes 8,18; 20,3 / **9:** 17,12; 24,19; 37,18 / **12:** 2 Kön 25,4.7; Jer 39,7; 52,11 / **13:** 17,20; 19,8 / **15:** 20,23; 36,19 / **16:** 6,8 / **19:** 4,16; 19,7 / **20:** 35,15; 36,34

WIDERSTAND GEGEN DAS PROPHETISCHE WORT: 12,21–28

21 Das Wort des HERRN erging an mich:
22 Menschensohn, was habt ihr da für ein
Sprichwort auf dem Ackerboden Israels: Die
Tage ziehen sich hin, doch keine Vision erfüllt
sich? 23 Darum sag zu ihnen: So spricht GOTT,
der Herr: Ich werde diesem Sprichwort ein
Ende bereiten und sie werden es in Israel nicht
mehr gebrauchen. Sag vielmehr zu ihnen: Na-
hegekommen sind die Tage und das, was jede
Vision sagt. 24 Denn eine nichtige Vision und
trügerisches Orakel wird es im Haus Israel
nicht mehr geben. 25 Denn ich, der HERR, rede.
Das Wort, das ich rede, geschieht. Es lässt
nicht mehr lange auf sich warten; denn in eu-
ren Tagen, du Haus der Widerspenstigkeit,
rede ich ein Wort und führe es aus – Spruch
GOTTES, des Herrn.
26 Das Wort des HERRN erging an mich:
27 Menschensohn, siehe, das Haus Israel sagt:
Die Vision, die er schaut, gilt für spätere Tage,
er weissagt für ferne Zeiten. 28 Darum sag
zu ihnen: So spricht GOTT, der Herr: Keines
meiner Worte lässt lange auf sich warten.
Das Wort, das ich rede, geschieht – Spruch
GOTTES, des Herrn.

22: 18,2; 2 Petr 3,1–4 / **23:** Hab 2,3; Offb 22,20

GEGEN FALSCHE PROPHETEN UND PROPHETINNEN: 13,1–23

13 1 Das Wort des HERRN erging an mich:
2 Menschensohn, sprich als Prophet ge-
gen die Propheten Israels, die prophezeien,
und sag zu denen, die aus ihrem eigenen Her-
zen heraus prophezeien: Hört das Wort des
HERRN! 3 So spricht GOTT, der Herr: Weh den
törichten Propheten, die nur ihrem eigenen
Geist folgen und nichts geschaut haben! 4 Wie
Schakale in Ruinen sind deine Propheten, Is-
rael. 5 Ihr seid nicht in die Bresche gesprungen.
Ihr habt keine Mauer für das Haus Israel errich-
tet, damit es im Kampf am Tag des HERRN
standhalten kann. 6 Sie haben nichtige Visio-
nen und falsche Orakel, sie, die da sagen:
Spruch des HERRN – obwohl der HERR sie

12,19 ihr Land: vermuteter Text; sein Land: H.

nicht gesandt hat. Trotzdem warten sie darauf,
dass er das Wort erfüllt. 7 Ist es nicht so, dass
ihr nichtige Visionen geschaut, falsche Orakel
verkündet und dabei gesagt habt: Spruch des
HERRN – obwohl ich gar nicht gesprochen
hatte? 8 Darum – so spricht GOTT, der Herr:
Weil ihr nichtige Worte gemacht habt und
falsche Visionen hattet, siehe, darum gehe ich
gegen euch vor – Spruch GOTTES, des Herrn.
9 Meine Hand wird gegen die Propheten sein,
die nichtige Visionen haben und falsche Ora-
kel verkünden. Sie gehören nicht in die Ge-
meinschaft meines Volkes und sollen nicht im
Verzeichnis des Hauses Israel verzeichnet
sein; sie werden nicht in das Land Israel kom-
men. Dann werdet ihr erkennen, dass ich
GOTT, der Herr, bin. 10 Gerade deshalb, weil
sie mein Volk in die Irre führen und Heil ver-
künden, wo es kein Heil gibt, weil das Volk
eine Mauer aufrichtet und jene sie mit Tünche
bestreichen, 11 deshalb sag denen, die sie mit
Tünche bestreichen: Sie wird einstürzen. Es
kommt ein Wolkenbruch und ihr, ihr Hagel-
steine, sollt herabfallen und ein Sturmwind
bricht los 12 und siehe, schon stürzt die Mauer
ein. Wird man dann nicht zu euch sagen: Wo
ist jetzt die Tünche, die ihr aufgetragen habt?
13 Darum – so spricht GOTT, der Herr: Ich las-
se in meinem Zorn einen Sturmwind losbre-
chen, in meinem Groll wird ein Wolkenbruch
kommen, in meinem Zorn ein verheerender
Hagelschlag. 14 Ich reiße die Mauer ein, die ihr
mit Tünche bestrichen habt, ich lasse sie zu
Boden stürzen und ihr Fundament wird bloß-
gelegt. Und wenn sie einstürzt, werdet ihr
darin umkommen. Dann werdet ihr erkennen,
dass ich der HERR bin. 15 Ich vollende meinen
Zorn an der Mauer und an denen, die sie mit
Tünche bestrichen haben, und ich sage euch:
Die Mauer ist weg und weg sind die, die sie
bestrichen haben, 16 die Propheten Israels, die
über Jerusalem prophezeien und ihm eine
Heilsvision schauen, obwohl es kein Heil gibt
– Spruch GOTTES, des Herrn.

17 Du, Menschensohn, richte dein Gesicht
auf die Töchter deines Volkes, die aus ihrem
eigenen Herzen heraus prophetisch reden!
Sprich als Prophet gegen sie! 18 Sag: So spricht
GOTT, der Herr: Weh den Frauen, die Zauber-
binden für alle Handgelenke nähen und
Schleier für Köpfe jeder Größe anfertigen, um
damit auf Menschenjagd zu gehen! Meint ihr,
ihr könnt in meinem Volk Menschen jagen
und Menschen zu eurem Vorteil Leben zu-
sprechen? 19 Ihr habt mich entweiht bei mei-
nem Volk für ein paar Handvoll Gerste und
für ein paar Bissen Brot: Ihr habt Menschen
den Tod zugesprochen, die nicht sterben soll-
ten, und Menschen das Leben zugesprochen,
die nicht am Leben bleiben sollten; ihr habt
mein Volk belogen, das auf Lügen hört. 20 Da-
rum – so spricht GOTT, der Herr: Siehe, ich
gehe gegen eure Zauberbinden vor, mit denen
ihr die Menschen jagt wie Vögel, ich reiße sie
von euren Armen und lasse die Menschen frei,
die ihr gefangen habt wie Vögel. 21 Ich reiße
eure Schleier herunter und befreie mein Volk
aus eurer Hand. Sie sollen nicht länger zur
Jagdbeute in eurer Hand werden. Dann werdet
ihr erkennen, dass ich der HERR bin. 22 Weil
ihr dem Herzen des Gerechten durch Lüge
Kummer bereitet habt, während ich ihm kein
Leid zufügen wollte, und weil ihr die Hände
des Frevlers stark macht, sodass er nicht um-
kehrt von seinem bösen Weg, um sein Leben
zu retten, 23 darum sollt ihr keine nichtigen
Visionen mehr haben und keine Orakel mehr
verkünden. Ich werde mein Volk aus eurer
Hand befreien. Dann werdet ihr erkennen,
dass ich der HERR bin.

1-16: Jer 23,9–40 / **3**: Jer 14,14; 23,26 / **4**: Klgl 5,18 / **5**: 22,30; Ps 106,23 / **6**: 21,34; 22,28; Jer 23,32 / **7**: Dtn 18,20–22 / **9**: 14,9 / **10**: 22,28; Jer 6,14 / **19**: Num 22,7; 1 Sam 9,7; Mi 3,5 / **21**: 34,10; 37,23 / **22**: Jer 23,14

GEGEN DIE GÖTZENDIENER IM GOTTESVOLK: 14,1–11

14 1 Es kamen Männer von den Ältesten
Israels zu mir und setzten sich vor mir
nieder. 2 Da erging das Wort des HERRN an
mich: 3 Menschensohn, diese Männer haben
ihre Götzen in ihrem Herzen aufsteigen las-
sen, den Stein des Anstoßes für ihre Schuld
haben sie vor sich aufgestellt. Soll ich mich da
von ihnen befragen lassen? 4 Darum sprich mit
ihnen und sag zu ihnen: So spricht GOTT, der
Herr: Jeder Einzelne aus dem Haus Israel, der
seine Götzen in seinem Herzen aufsteigen
lässt und der den Stein des Anstoßes für seine
Schuld vor sich aufstellt und dann zum Pro-
pheten kommt: Ich selbst, der HERR, werde
dem, der mit seinen vielen Götzen zu mir
kommt, antworten, 5 um die vom Haus Israel
am Herzen zu fassen, weil sie alle sich um ih-

13,9 Meine Hand wird gegen die Propheten sein: H; Ich strecke meine Hand aus gegen die Propheten: G.

rer Götzen willen von mir abgewandt haben.
6 Darum sag zum Haus Israel: So spricht GOTT,
der Herr: Kehrt um! Verlasst eure Götzen und
wendet euer Gesicht ab von all euren Gräuel-
taten! 7 Denn jeder Einzelne aus dem Haus
Israel oder aus den in Israel lebenden Fremden,
der sich von mir abwendet, der seine Götzen
in seinem Herzen aufsteigen lässt und den
Stein des Anstoßes für seine Schuld vor sich
aufstellt und dann zum Propheten kommt, um
mich für sich zu befragen: Ich selbst, der HERR,
werde ihm antworten. 8 Ich richte mein Ange-
sicht gegen diesen Mann und mache ihn zum
Zeichen und zum Sprichwort, ich merze ihn
aus der Mitte meines Volkes aus. Dann werdet
ihr erkennen, dass ich der HERR bin. 9 Wenn
der Prophet sich jedoch zum Toren machen
lässt und ein Gotteswort spricht, dann mache
ich selbst, der HERR, diesen Propheten zum
Toren und ich werde meine Hand gegen ihn
ausstrecken und ihn aus der Mitte meines Vol-
kes Israel tilgen. 10 Sie werden ihre Schuld tra-
gen müssen; wie die Schuld dessen, der mich
befragt, so wird die Schuld des Propheten sein,
11 damit die vom Haus Israel nicht mehr von
mir weg in die Irre gehen und sich nicht länger
durch all ihre Frevel unrein machen. Sie wer-
den mir Volk sein und ich werde ihnen Gott
sein – Spruch GOTTES, des Herrn.

1: 8,1; 20,1; 2 Kön 6,32 / **3**: 20,3.31 / **6**: 18,30; 33,11; Jer 3,14 / **9**: 13,9; 1 Kön 22,20–23 / **11**: 11,20; 34,24; 36,28; 37,23; Jer 24,7

DAS UNERBITTLICHE GERICHT GOTTES: 14,12–23

12 Das Wort des HERRN erging an mich:
13 Menschensohn, wenn sich ein Land gegen
mich versündigt und mir die Treue bricht und
wenn ich dann meine Hand gegen es ausstre-
cke, ihm den Brotstab zerbreche, den Hunger
dahinschicke und Mensch und Tier aus ihm
ausmerze 14 und wenn in seiner Mitte diese
drei Männer wären: Noach, Daniel und Ijob,
nur sie würden um ihrer Gerechtigkeit willen
ihr Leben retten – Spruch GOTTES, des Herrn.
15 Oder wenn ich wilde Tiere gegen das Land
loslasse, die es entvölkern, sodass es zur Wüs-
te wird und angesichts der wilden Tiere nie-
mand mehr hindurchzieht, 16 und wenn diese
drei Männer in seiner Mitte wären – so wahr
ich lebe, Spruch GOTTES, des Herrn: weder
Söhne noch Töchter würden sie retten. Nur
sich selbst könnten sie retten, das Land aber
würde zur Wüste werden. 17 Oder wenn ich
das Schwert über dieses Land bringe und sage:
Ein Schwert soll durch das Land fahren, ich
will Mensch und Tier aus ihm ausmerzen!
18 und wenn diese drei Männer in seiner Mitte
wären – so wahr ich lebe, Spruch GOTTES, des
Herrn: weder Söhne noch Töchter könnten sie
retten, sondern nur sich selbst könnten sie
retten. 19 Oder wenn ich die Pest in jenes Land
schicke und meinen Zorn darüber ausschütte
und Blut vergieße, um Mensch und Tier aus-
zumerzen, 20 und wenn Noach, Daniel und
Ijob in seiner Mitte wären – so wahr ich lebe,
Spruch GOTTES, des Herrn: weder Sohn noch
Tochter könnten sie retten. Nur sie würden um
ihrer Gerechtigkeit willen ihr Leben retten.
21 Wahrhaftig, so spricht GOTT, der Herr:
Selbst wenn ich meine vier bösen Strafen,
Schwert, Hunger, wilde Tiere und Pest, über
Jerusalem bringe, um Mensch und Tier aus ihr
auszumerzen, 22 siehe, Entronnene werden in
ihr übrig bleiben, die herausgeführt werden,
Söhne und Töchter. Siehe, sie kommen heraus
zu euch, und wenn ihr ihren Weg und ihre
Taten seht, werdet ihr euch über das Böse hin-
wegtrösten, das ich über Jerusalem kommen
ließ, über alles, was ich über sie kommen ließ.
23 Sie trösten euch, weil ihr ihren Weg und ihre
Taten seht. Dann werdet ihr erkennen, dass ich
all das, was ich der Stadt antat, nicht ohne
Grund getan habe – Spruch GOTTES, des
Herrn.

12–23: 3,17–21; 18,1–32; 33,10–20 / **13**: 4,16; 25,13; 29,8; Jona 3,8 / **15**: Lev 26,22 / **21**: 5,17; 33,27; Lev 26,16–25; Jer 15,3; Offb 6,8

GLEICHNISREDE GEGEN JERUSALEM, DAS UNNÜTZE REBHOLZ: 15,1–8

15 1 Das Wort des HERRN erging an mich:
2 Menschensohn, was hat das Holz des
Weinstocks / allem anderen Holz voraus
und die Weinranke, / die zwischen den
Hölzern des Waldes wächst?
3 Nimmt man von ihm etwa Holz, / um da-
raus etwas anzufertigen?
Oder nimmt man von ihm einen Pflock, /
um allerlei Geräte daran aufzuhängen?
4 Siehe, man wirft es dem Feuer zum Fraß
vor.
Sind dann seine beiden Enden vom Feuer ver-
zehrt / und hat die Glut seine Mitte erfasst, /
ist es dann noch geeignet, um etwas daraus
anzufertigen?

5 Siehe, als es unversehrt war, / konnte man
nichts daraus anfertigen.
Hat das Feuer es aber gefressen und ist es
verglüht, / sollte es da noch für etwas geeignet
sein?
6 Darum – so spricht GOTT, der Herr:
Wie das Holz des Weinstocks unter den
Hölzern des Waldes, / das ich dem Feuer zum
Fraß übergab, so gebe ich auch die Bewohner
Jerusalems preis. 7 Ich richte mein Angesicht
gegen sie.
Dem Feuer sind sie entkommen, / das Feu-
er wird sie verzehren.
Ihr werdet erkennen, dass ich der HERR bin, /
wenn ich mein Angesicht gegen sie wende.
8 Ich mache das Land zur Wüste; / denn sie
haben die Treue gebrochen – /
Spruch GOTTES, des Herrn.
1–8: 19,10–14; Jes 5,1.7 / **4**: 19,12; Joh 15,6 / **8**: 6,14; 29,12;
32,15; 33,28; 25,3.14f.

GLEICHNISREDE GEGEN JERUSALEM,
DIE TREULOSE BRAUT: 16,1–63

16 1 Das Wort des HERRN erging an mich:
2 Menschensohn, mach Jerusalem ihre
Gräueltaten bekannt 3 und sage: So spricht
GOTT, der Herr, zu Jerusalem:
Deiner Herkunft und deiner Geburt nach
bist du aus dem Land der Kanaaniter. Dein
Vater ist ein Amoriter und deine Mutter eine
Hetiterin. 4 Bei deiner Geburt, am Tag, als du
geboren wurdest, wurde deine Nabelschnur
nicht abgeschnitten, du wurdest zur Reini-
gung nicht mit Wasser abgewaschen, nicht
mit Salz eingerieben, nicht in Windeln ge-
wickelt. 5 Kein Auge zeigte dir Mitleid, um
dir eines von diesen Dingen zu tun, um sich
deiner zu erbarmen, sondern du wurdest auf
das freie Feld hingeworfen, weil man dich
verabscheute am Tag, an dem du geboren
wurdest. 6 Da kam ich an dir vorüber und sah
dich in deinem Blut strampeln; und ich sag-
te zu dir in deinem Blut: Bleib am Leben! Ich
sagte zu dir: In deinem Blut, bleib am Leben!
7 Wie eine Blume auf dem Feld ließ ich dich
wachsen. Und du bist herangewachsen, bist
groß geworden und herrlich aufgeblüht: Dei-
ne Brüste wurden fest; dein Haar begann zu
sprießen. Doch du warst nackt und bloß. 8 Da
kam ich an dir vorüber und sah dich und sie-
he, deine Zeit war da, die Zeit der Liebe. Ich
breitete den Saum meines Gewandes über
dich und bedeckte deine Blöße. Ich leistete
dir den Eid und ging mit dir einen Bund ein
– Spruch GOTTES, des Herrn – und du wur-
dest mein. 9 Dann wusch ich dich mit Was-
ser, spülte dein Blut von dir ab und salbte
dich mit Öl. 10 Ich kleidete dich in bunte Ge-
wänder, zog dir Schuhe aus Tahasch-Leder
an, band dir Byssus um und hüllte dich in
Seide. 11 Ich schmückte dich mit Schmuck,
legte dir Spangen an die Arme und eine Ket-
te um den Hals. 12 Ich gab einen Ring an dei-
ne Nase, Ohrringe an deine Ohren und eine
herrliche Krone auf dein Haupt. 13 Mit Gold
und Silber konntest du dich schmücken, aus
Byssus, Seide und buntem Gewebe war dein
Gewand. Feinmehl, Honig und Öl aßest du.
So wurdest du überaus schön, du wurdest
tauglich zu königlicher Herrschaft. 14 Der Ruf
deiner Schönheit drang zu den Völkern hi-
naus, denn sie war vollkommen durch mei-
nen Schmuck, den ich dir anlegte – Spruch
GOTTES, des Herrn.
15 Doch dann hast du dich auf deine Schön-
heit verlassen, du hurtest in deinem Ruhm
und hast mit deiner Hurerei jeden überschüt-
tet, der vorbeiging, ihm wurde sie zuteil. 16 Du
hast von deinen Gewändern genommen und
dir bunte Kulthöhen gemacht und darauf Un-
zucht getrieben – Dinge, die nie vorgekommen
sind und nie mehr geschehen dürfen. 17 Deine
prächtigen Schmuckstücke aus meinem Gold
und Silber, die ich dir geschenkt hatte, hast du
genommen und hast dir daraus männliche Fi-
guren gemacht, um mit ihnen zu huren. 18 Dei-
ne bunten Gewänder hast du genommen und
sie damit bekleidet. Mein Öl und mein Räu-
cherwerk hast du vor sie hingestellt. 19 Mein
Brot, das ich dir gab – Feinmehl, Öl und Honig,
mit denen ich dich nährte –, das hast du ihnen
als beruhigenden Duft dargebracht. Ja, so war
es! – Spruch GOTTES, des Herrn. 20 Du hast
deine Söhne und Töchter, die du mir geboren
hast, genommen und sie ihnen als Schlachtop-
fer zum Essen vorgesetzt. War dir dein un-
züchtiges Treiben noch nicht genug? 21 Muss-
test du auch noch meine Söhne schlachten, um
sie ihnen darzubringen und für sie durch das
Feuer gehen zu lassen? 22 Bei all deinen Gräu-
eltaten und deiner Hurerei hast du der Zeit
deiner Jugend nicht gedacht, in der du nackt
und bloß warst und strampelnd in deinem
Blute lagst.

16,4 zur Reinigung: Das hebr. Wort begegnet nur hier und ist in der Bedeutung nicht ganz klar. Es fehlt in G.

23 Und es geschah nach all deinen schändli-
chen Taten – wehe, weh dir! Spruch GOTTES,
des Herrn –, 24 da hast du dir auf jedem freien
Platz einen Sockel erbaut und dir eine Kulthö-
he errichtet. 25 An jeder Straßenecke hast du
deine Kulthöhe erbaut, du hast deine Schön-
heit abscheulich gemacht, hast deine Beine
gespreizt für jeden, der vorbeiging, und hast
deine Hurerei vermehrt. 26 Du hurtest mit den
Ägyptern, deinen Nachbarn mit dem großen
Glied. Du vermehrtest deine Hurerei, um
mich zu beleidigen. 27 Und siehe, da streckte
ich meine Hand gegen dich aus und nahm dir
deinen Anteil weg. Ich lieferte dich der Gier
deiner Feindinnen aus, den Philisterinnen;
sogar sie schämten sich wegen deines schänd-
lichen Wandels. 28 Dann hurtest du mit den
Assyrern, weil du noch nicht genug hattest.
Du hurtest mit ihnen, doch auch dann hattest
du noch nicht genug. 29 Du hast deine Hurerei
ausgeweitet bis zum Land der Krämer, nach
Chaldäa; doch auch damit hattest du noch
nicht genug. 30 Wie warst du ohne Verstand
– Spruch GOTTES, des Herrn –, weil du all das
getan hast, das Werk einer selbstherrlichen
Hure. 31 Du hast dir an jeder Straßenecke dei-
nen Sockel gebaut und auf jedem freien Platz
deine Kulthöhe errichtet. Du warst keine ge-
wöhnliche Hure; denn du hast es verschmäht,
dich bezahlen zu lassen. 32 Die Ehebrecherin
nimmt sich statt ihres Mannes fremde Männer.
33 Jeder Hure gibt man Lohn; du aber hast all
deinen Liebhabern Geschenke gegeben und sie
bestochen, damit sie von überall zu dir kamen,
um mit dir Hurerei zu treiben. 34 Bei deiner
Hurerei war es umgekehrt wie bei anderen
Frauen: Dir hurte niemand nach; du hast selbst
bezahlt, wurdest aber nicht bezahlt. So hast du
es umgekehrt gemacht wie andere.

35 Darum, du Hure, höre das Wort des
HERRN! 36 So spricht GOTT, der Herr: Weil du
erregt wurdest und deine Blöße aufgedeckt
wurde bei deiner Hurerei mit deinen Liebha-
bern und mit all deinen abscheulichen Götzen,
und um des Blutes deiner Kinder willen, die
du ihnen hingegeben hast, 37 siehe, deshalb
will ich alle deine Liebhaber versammeln, de-
nen du gefallen hast, alle, die du geliebt hast,
und alle, die du verachtet hast. Und wenn ich
sie von allen Seiten gegen dich versammelt
habe, dann enthülle ich ihnen deine Blöße,
damit sie deine Blöße unverhüllt sehen. 38 Ich
spreche dir das Urteil nach den Rechtsent-
scheiden für Ehebrecherinnen und Mörderin-
nen und ich bringe über dich Blutvergießen,
aus Grimm und Eifersucht. 39 Ich gebe dich in
ihre Hand, damit sie deinen Sockel zerstören
und deine Kulthöhen einreißen, damit sie dir
deine Gewänder ausziehen, deine prächtigen
Schmuckstücke wegnehmen und dich nackt
und bloß daliegen lassen. 40 Sie berufen eine
Volksversammlung gegen dich ein, steinigen
dich und hauen dich mit ihren Schwertern in
Stücke. 41 Sie werden deine Häuser mit Feuer
niederbrennen und vor den Augen vieler Frau-
en das Urteil an dir vollstrecken. So mache ich
deiner Hurerei ein Ende. Auch Hurenlohn
wirst du nie mehr bezahlen. 42 Ich werde mei-
nen Zorn an dir stillen und meine Eifersucht
wird von dir ablassen. Ich werde Ruhe haben
und mich nicht mehr ärgern. 43 Weil du der
Tage deiner Jugend nicht gedacht und mich bei
alledem gereizt hast, siehe, darum lasse ich, ja
ich, deinen Wandel auf dich selbst zurückfal-
len – Spruch GOTTES, des Herrn.

Hast du nicht zu all deinen Gräueln auch
noch Schändliches verübt? 44 Siehe, jeder, der
ein Sprichwort auf dich anwenden will, der
sagt: Wie die Mutter, so die Tochter! 45 Du bist
die Tochter deiner Mutter, die vor ihrem Mann
und ihren Söhnen Abscheu empfand. Du bist
die Schwester deiner Schwestern, die vor ih-
ren Männern und Söhnen Abscheu empfan-
den. Eure Mutter war eine Hetiterin und euer
Vater ein Amoriter. 46 Deine ältere Schwester
ist Samaria mit ihren Töchtern, die links von
dir wohnt; deine jüngere Schwester ist Sodom
mit ihren Töchtern, die rechts von dir wohnt.
47 Du bist nicht nur ihrem Wandel gefolgt und
hast nicht nur ihre Gräueltaten begangen. In
nur kurzer Zeit hast du es noch schlimmer ge-
trieben als sie auf allen deinen Wegen. 48 So
wahr ich lebe – Spruch GOTTES, des Herrn:
Deine Schwester Sodom, sie und ihre Töchter
haben es nicht so getrieben, wie du und deine
Töchter es trieben. 49 Siehe, dies war die Schuld
deiner Schwester Sodom: In Hochmut, Über-
fluss an Brot und in sorgloser Ruhe lebte sie
mit ihren Töchtern, ohne die Hand des Elen-
den und Armen zu stärken. 50 Sie wurden
hochmütig und begingen Gräuel vor meinen
Augen. So habe ich sie verstoßen, als ich sie
sah. 51 Samaria hat nicht die Hälfte deiner Sün-
den begangen. Du hast mehr Gräueltaten ver-
übt als sie und du lässt deine Schwestern ge-
recht erscheinen durch all deine Gräueltaten,

die du begangen hast. 52 Du, ja, trag du deine
Schande, die du deinen Schwestern durch
deine Sünden Genugtuung verschaffst! Weil
du abscheulicher als sie gehandelt hast, er-
scheinen sie gerechter als du. Du, ja, schäme
du dich und trag deine Schande, da du deine
Schwestern gerecht erscheinen lässt!

53 Aber ich werde ihr Schicksal wenden, das
Schicksal Sodoms und ihrer Töchter, das
Schicksal Samarias und ihrer Töchter und das
Schicksal deiner Gefangenen in ihrer Mitte,
54 damit du deine Schande tragen kannst und
dich schämen musst über all das, was du getan
und wodurch du sie getröstet hast. 55 Deine
Schwester Sodom und ihre Töchter werden
in ihren früheren Zustand zurückkehren, Sa-
maria und ihre Töchter werden in ihren frü-
heren Zustand zurückkehren. Du aber und
deine Töchter, auch ihr werdet in euren frühe-
ren Zustand zurückkehren. 56 Diente dir nicht
deine Schwester Sodom als abschreckendes
Beispiel in deinem Mund am Tage deines
Hochmuts, 57 bevor deine Bosheit wie jetzt
offenbar wurde? Ein Hohn bist du den Aramä-
erinnen und allen rings um sie her, den Philis-
terinnen, die dich von ringsum verachten.
58 Deine Schandtat und deine Gräueltaten, du
selbst hast sie zu tragen – Spruch des HERRN.

59 Denn so spricht GOTT, der Herr: Ich wer-
de an dir handeln, wie du gehandelt hast; du
hast den Eid missachtet und den Bund gebro-
chen. 60 Ich aber, ich werde meines Bundes mit
dir aus den Tagen deiner Jugend gedenken,
und ich werde einen ewigen Bund für dich
aufrichten. 61 Du wirst deiner Wege gedenken
und dich schämen, wenn du deine Schwestern
aufnimmst, deine älteren mitsamt deinen jün-
geren. Und ich gebe sie dir zu Töchtern, aber
nicht deines Bundes wegen. 62 Ich selbst richte
meinen Bund mit dir auf, damit du erkennst,
dass ich der HERR bin. 63 So sollst du gedenken,
sollst dich schämen und wirst vor Scham den
Mund nicht mehr öffnen können, weil ich dir
Versöhnung gewähre für alles, was du getan
hast – Spruch GOTTES, des Herrn.

1–63: 6,9; 23,1–49; Hos 1–3 / **2**: 20,4; 22,2 / **3**: 16,45 / **8**: Rut 3,9 / **17**: Ex 32,2–4; Hos 2,10; 8,4 / **20**: 20,26; 23,37; 2 Kön 16,3; Jer 7,31; Dtn 12,31 / **24**: Dtn 12,2 / **28**: 23,12 / **38**: Lev 20,10 / **41**: 2 Kön 25,9 / **43**: 9,10 / **45**: 16,3 / **49**: Gen 18,20; 19,24–25 / **51**: Jer 3,11 / **60**: 36,22; 37,26; Lev 26,45; Jer 31,31–34 Hos 2,17 / **61**: 20,43; 36,31 / **63**: 36,31

16,61 wenn du … aufnimmst: H, G, Vg; wenn ich … nehme: S.

GLEICHNISREDE GEGEN DEN DAVIDISCHEN KÖNIG: 17,1–24

17 1 Das Wort des HERRN erging an mich:
2 Menschensohn, trag dem Haus Israel
ein Rätsel vor, erzähl ihm ein Gleichnis! 3 Sag:
So spricht GOTT, der Herr:

Der große Adler mit großen Flügeln, / mit weiter Schwinge,
mit dichtem, buntem Gefieder kam zum Libanon / und nahm den Wipfel der Zeder weg.
4 Ihren obersten Zweig riss er ab. / Ins Land der Krämer brachte er ihn, / in die Stadt der Händler setzte er ihn.
5 Dann nahm er vom Samen des Landes / und gab ihn in ein Saatfeld,
als Schößling an reichliche Wasser, / als Uferpflanze setzte er ihn
6 und er spross / und wurde zum üppigen Weinstock / von niedrigem Wuchs.
Seine Ranken wandten sich ihm zu / und seine Wurzeln blieben ihm untertan.
Und er wurde zum Weinstock, / bildete Triebe, entfaltete Zweige.
7 Doch da war noch ein anderer großer Adler / mit großen Flügeln und reichlich Gefieder.
Und siehe, da drehte dieser Weinstock seine Wurzeln zu ihm hin, / trieb ihm seine Ranken entgegen,
damit er ihm zu trinken gab, / mehr als das Beet, in das er gepflanzt war.
8 Er war doch auf gutes Feld gepflanzt, / an reichliche Wasser,
um Zweige zu treiben und Frucht zu tragen / und ein herrlicher Weinstock zu werden.
9 Sag: So spricht GOTT, der Herr: / Wird das gelingen?
Wird nicht einer seine Wurzeln ausreißen / und seine Frucht verderben,
sodass all seine grünenden Triebe verdorren? / Er wird verdorren.
Man braucht keinen starken Arm und nicht viel Volk, / um ihn aus den Wurzeln zu heben.
10 Siehe, er ist gepflanzt, / doch wird es gelingen?
Wird er nicht völlig verdorren, / wenn der Ostwind ihn trifft?
Auf dem Beet, in dem er spross, / wird er verdorren.

11 Und das Wort des HERRN erging an mich:
12 Sag doch zum Haus der Widerspenstigkeit:

17,7 ein anderer: G; einer: H. – das Beet: G; die Beete, in die: H.

Erkennt ihr denn nicht, was all das bedeutet?
Sag: Siehe, nach Jerusalem kam der König von
Babel; er nahm ihren König und ihre Beamten
gefangen und führte sie mit sich nach Babel.
13 Und er nahm einen aus dem königlichen
Stamm und schloss mit ihm einen Bund und
er ließ ihn schwören. Die Mächtigen des Lan-
des nahm er gefangen, 14 damit das Königtum
niedrig bleibe und sich nicht erhebe, damit es
seinen Bund hielt, sodass es Bestand haben
konnte. 15 Doch er wurde von ihm abtrünnig,
weil er seine Boten nach Ägypten sandte, da-
mit man ihm Pferde und viel Volk gab. Wird
es gelingen? Wird davonkommen, der das
unternimmt? Wenn er den Bund bricht, wird
er davonkommen?

16 So wahr ich lebe – Spruch GOTTES, des
Herrn: Am Ort des Königs, der ihn zum König
gemacht hat, dessen Eid er missachtet und
dessen Bund er gebrochen hat, bei ihm, mitten
in Babel, wird er sterben. 17 Denn der Pharao
wird ihn im Kampf nicht mit großer Streit-
macht und zahlreichem Aufgebot unterstüt-
zen, wenn man einen Damm aufschüttet und
einen Belagerungswall baut, um viele Men-
schenleben auszumerzen. 18 Er hat den Eid
missachtet, da er den Bund brach. Siehe, er hat
seinen Handschlag gegeben und hat doch all
das getan. Er wird nicht davonkommen.

19 Darum – so spricht GOTT, der Herr: So
wahr ich lebe – meinen Eid, den er missachtet,
und meinen Bund, den er gebrochen hat, ich
lasse sie auf sein Haupt zurückfallen. 20 Ich
werfe mein Netz über ihn, er wird gefangen in
meinem Garn. Nach Babel führe ich ihn und
gehe dort mit ihm ins Gericht wegen des Treu-
bruchs, mit dem er mir die Treue gebrochen
hat. 21 Die Flüchtigen aus allen seinen Truppen
fallen unter dem Schwert. Die Übriggebliebe-
nen aber werden in alle Winde zerstreut. Dann
werdet ihr erkennen, dass ich, der HERR, ge-
sprochen habe.

22 So spricht GOTT, der Herr: Ich selbst neh-
me vom hohen Wipfel der Zeder und setze ihn
ein. Einen zarten Zweig aus ihren obersten
Ästen breche ich ab, ich selbst pflanze ihn auf
einen hohen und aufragenden Berg. 23 Auf dem
hohen Berg Israels pflanze ich ihn. Dort treibt
er dann Zweige, er trägt Früchte und wird zur
prächtigen Zeder. Alle Vögel wohnen darin;
alles, was Flügel hat, wohnt im Schatten ihrer
Zweige. 24 Dann werden alle Bäume des Feldes
erkennen, dass ich der HERR bin. Ich mache
den hohen Baum niedrig, den niedrigen Baum
mache ich hoch. Ich lasse den grünenden
Baum verdorren, den verdorrten Baum lasse
ich erblühen. Ich, der HERR, habe gesprochen
und ich führe es aus.

2: 21,5; 24,3 / **6**: 15,2; 19,10 / **10**: 19,12; 27,26; Hos 13,15 / **11–21**: 2 Kön 24,10–20 / **15**: Jes 31,1–3 / **20**: 12,13; 32,3; Hab 1,14 / **21**: 5,2; 36,19 / **22**: 20,40; 34,14; 36,8; Jes 11,1; Jer 23,5; Dan 4,9; Mt 13,32

UMKEHR – WEG IN DIE FREIHEIT: 18,1–32

18 1 Das Wort des HERRN erging an mich:
2 Wie kommt ihr dazu, auf dem Acker-
boden Israels das Sprichwort zu gebrauchen:
Die Väter essen saure Trauben und den Söhnen
werden die Zähne stumpf? 3 So wahr ich lebe
– Spruch GOTTES, des Herrn –, keiner von
euch in Israel soll mehr dieses Sprichwort ge-
brauchen.

4 Siehe, alle Menschenleben gehören mir.
Das Leben des Vaters ebenso wie das Leben des
Sohnes: Sie gehören mir. Der Mensch, der sün-
digt, nur er soll sterben. 5 Wenn jemand ge-
recht ist und nach Recht und Gerechtigkeit
handelt: 6 Er hält keine Opfermahlzeiten auf
den Bergen. Er blickt nicht zu den Götzen des
Hauses Israel auf. Er schändet nicht die Frau
seines Nächsten. Einer Frau tritt er nicht nahe
während ihrer Blutung. 7 Er unterdrückt nie-
manden. Er gibt sein Schuldpfand zurück. Er
begeht keinen Raub. Dem Hungrigen gibt er
sein Brot und den Nackten bedeckt er mit
Kleidung. 8 Er gibt nicht gegen Zins und treibt
keinen Wucher. Er hält seine Hand vom Un-
recht fern. Zwischen allen fällt er einen gerech-
ten Richtspruch. 9 Wenn er also nach meinen
Satzungen geht und meine Rechtsentscheide
bewahrt und sie treu befolgt: Gerecht ist er, er
wird gewiss am Leben bleiben – Spruch GOT-
TES, des Herrn.

10 Zeugt er aber einen Sohn, der gewalttätig
wird, der Blut vergießt und eines von diesen
Dingen verübt, 11 während er selbst all das
nicht getan hat: Wenn dieser sogar auf den
Bergen Opfermahlzeiten hält, die Frau seines
Nächsten schändet, 12 den Elenden und Armen
unterdrückt, Raub begeht, ein Pfand nicht zu-
rückgibt, zu den Götzen aufblickt und Gräuel-
taten verübt, 13 gegen Zins gibt und Wucher
treibt – soll der am Leben bleiben? Er soll nicht
am Leben bleiben. Er hat alle diese Gräueltaten

18,7 Er gibt sein Schuldpfand zurück, wörtlich: sein Pfand, Schuld, gibt er zurück.

verübt. Er hat den Tod verdient. Seine Blutta-
ten werden auf ihm sein.

14 Und siehe, auch er zeugt einen Sohn und
der sieht alle die Sünden, die sein Vater begeht.
Er sieht sie, begeht sie aber nicht. 15 Er hält auf
den Bergen keine Opfermahlzeiten. Er blickt
nicht zu den Götzen des Hauses Israel auf. Er
schändet nicht die Frau seines Nächsten. 16 Er
unterdrückt niemand. Er fordert kein Pfand
und begeht keinen Raub. Dem Hungrigen gibt
er sein Brot, den Nackten bedeckt er mit Klei-
dung. 17 Er hält seine Hand vom Armen fern.
Er nimmt keinen Zins und treibt keinen Wu-
cher. Er befolgt meine Rechtsentscheide und
geht nach meinen Satzungen. Er wird nicht
wegen der Schuld seines Vaters sterben; er
wird gewiss am Leben bleiben.

18 Sein Vater aber, da er Erpressung verübte,
Raub gegen seinen Bruder beging und inmit-
ten seines Volkes tat, was nicht recht ist, siehe,
er musste wegen seiner Schuld sterben.

19 Ihr aber sagt: Warum trägt der Sohn nicht
mit an der Schuld des Vaters? Der Sohn hat
nach Recht und Gerechtigkeit gehandelt. Er
hat alle meine Satzungen bewahrt und sie be-
folgt. Er wird bestimmt am Leben bleiben.
20 Der Mensch, der sündigt, nur er soll sterben.
Ein Sohn soll nicht an der Schuld des Vaters
mittragen und ein Vater soll nicht an der
Schuld des Sohnes mittragen. Die Gerechtig-
keit des Gerechten kommt über ihn selbst und
die Schuld des Schuldigen kommt über ihn
selbst.

21 Wenn der Schuldige sich von allen Sün-
den, die er getan hat, abwendet, alle meine
Satzungen bewahrt und nach Recht und Ge-
rechtigkeit handelt, wird er bestimmt am Le-
ben bleiben, er wird nicht sterben. 22 Keines
seiner Vergehen, die er begangen hat, wird ihm
angerechnet. Wegen seiner Gerechtigkeit, die
er geübt hat, wird er am Leben bleiben. 23 Habe
ich etwa Gefallen am Tod des Schuldigen –
Spruch GOTTES, des Herrn – und nicht viel-
mehr daran, dass er umkehrt von seinen We-
gen und am Leben bleibt?

24 Wenn jedoch ein Gerechter sich abkehrt
von seiner Gerechtigkeit und Unrecht tut, all
die Gräueltat, die auch der Schuldige verübt,
sollte er dann etwa am Leben bleiben? Keine
seiner gerechten Taten wird ihm angerechnet.
Wegen seiner Treulosigkeit, die er verübt, und
wegen der Sünde, die er begangen hat, ihret-
wegen muss er sterben. 25 Ihr aber sagt: Der
Weg des Herrn ist nicht richtig. Hört doch, ihr
vom Haus Israel: Mein Weg soll nicht richtig
sein? Sind es nicht eure Wege, die nicht richtig
sind? 26 Wenn ein Gerechter sich abkehrt von
seiner Gerechtigkeit und Unrecht tut, muss
er dafür sterben. Wegen des Unrechts, das er
getan hat, wird er sterben.

27 Wenn ein Schuldiger von dem Unrecht
umkehrt, das er begangen hat, und nach Recht
und Gerechtigkeit handelt, wird er sein Leben
bewahren. 28 Wenn er alle seine Vergehen, die
er verübt hat, einsieht und umkehrt, wird er
bestimmt am Leben bleiben. Er wird nicht
sterben. 29 Die vom Haus Israel aber sagen: Der
Weg des Herrn ist nicht richtig. Mein Weg soll
nicht richtig sein, ihr vom Haus Israel? Sind es
nicht vielmehr eure Wege, die nicht richtig
sind?

30 Darum will ich euch richten, jeden nach
seinem Weg, ihr vom Haus Israel – Spruch
GOTTES, des Herrn. Kehrt um, kehrt euch ab
von all euren Vergehen! Sie sollen für euch
nicht länger der Anlass sein, in Schuld zu fal-
len. 31 Werft alle Vergehen von euch, die ihr
verübt habt! Schafft euch ein neues Herz und
einen neuen Geist! Warum wollt ihr denn
sterben, ihr vom Haus Israel? 32 Ich habe doch
kein Gefallen am Tod dessen, der sterben muss
– Spruch GOTTES, des Herrn. Kehrt um, damit
ihr am Leben bleibt!

1–32: 3,17–21; 33,10–20 / **2:** Jer 31,29; Klgl 5,7 / **4:** 18,20; Dtn 24,16 / **5–9:** 22,6–12; Lev 19,4–18; Ps 15 / **6:** 22,9; Lev 18,19f. / **7:** Dtn 24,10–13; Jes 58,7 / **13:** 33,4 / **17:** 11,20 / **19:** Ex 20,5 / **20:** 18,4; Dtn 24,16; 2 Kön 14,6 / **22:** 33,16 / **23:** 18,32; 33,11; Hos 11,9; 1 Tim 2,4 / **24:** 3,20; 33,13 / **25:** 33,17 / **30:** 33,20; 7,19; 44,12 / **31:** 11,19; 36,26 / **32:** 33,11

TOTENKLAGE ÜBER DAS DAVIDISCHE KÖNIGTUM: 19,1–14

19 1 Du aber, stimm eine Totenklage an
über die Fürsten von Israel 2 und sag:
Was war doch deine Mutter für eine Löwin /
unter den Löwen!

Bei jungen Löwen hatte sie ihr Lager / und
zog ihren Nachwuchs auf.

3 Eins von ihren Jungen zog sie groß / und
es wurde ein starker Löwe.

Er lernte, Beute zu reißen, / er fraß Men-
schen.

4 Da hörten Völker von ihm. / In ihrer Gru-
be wurde er gefangen.

Sie schleppten ihn an Haken / ins Land
Ägypten.

5 Als sie sah, dass sie vergeblich harrte, / ihre
Hoffnung zunichte war,
nahm sie ein anderes von ihren Jungen /
und machte es zum starken Löwen.
6 Er schritt einher unter den Löwen / und
wurde ein starker Löwe.
Er lernte, Beute zu reißen, / er fraß Men-
schen.
7 Er zerbrach ihre Burgen / und verheerte
ihre Städte;
die Erde, und was sie erfüllt, / entsetzte sich
bei seinem lauten Gebrüll.
8 Da setzte man Völker gegen ihn ein / aus
den Provinzen ringsum.
Sie warfen ihr Netz über ihn; / in ihrer Gru-
be wurde er gefangen.
9 Sie legten ihn mit Haken in das Halseisen /
und brachten ihn zum König von Babel.
Sie brachten ihn in Gewahrsam, / damit
man seine Stimme nicht mehr hörte / auf Is-
raels Bergen.
10 Deine Mutter war einem Weinstock ver-
gleichbar, / der am Wasser gepflanzt ist.
Voll von Früchten und Ranken war er / we-
gen der reichlichen Wasser.
11 Es wuchsen ihm kräftige Zweige, / für
Zepter von Herrschern geeignet;
sein Wuchs war hoch, / bis mitten unter die
Wolken.
Und sichtbar war er wegen seiner Höhe /
und wegen seines dichten Laubes.
12 Doch im Zorn wurde er ausgerissen, /
wurde auf die Erde geworfen.
Der Ostwind ließ seine Früchte verdor-
ren. / Sie wurden abgerissen und verdorrten.
Sein kräftiger Stamm – / Feuer verzehrte
ihn.
13 Nun ist er in die Wüste verpflanzt, / in
trockenes und dürstendes Land.
14 Und Feuer ging aus von den Zweigen am
Stamm, / es fraß seine Früchte.
Kein kräftiger Zweig war mehr an ihm, /
kein Zepter für Herrscher. –
Eine Totenklage ist dies; zur Totenklage ist
es geworden.

2–9: Gen 49,9 / **4**: 2 Kön 23,31–34; Jer 22,11 / **5**: 2 Kön 24,8 / **7**: 2 Kön 24,9 / **8**: 12,13 / **9**: 2 Kön 24,15 / **10–14**: 15,1–8; Jes 5,1–7 / **10**: 15,2; 17,6; Jes 5,1; Ps 1,3 / **12**: Joh 15,6

ISRAELS VERFEHLTE GESCHICHTE UND GOTTES NEUBEGINN: 20,1–44

20 1 Es geschah im siebten Jahr, am zehn-
ten Tag des fünften Monats, da kamen
Männer von den Ältesten Israels, um den
HERRN zu befragen, und sie setzten sich vor
mir nieder. 2 Da erging das Wort des HERRN
an mich: 3 Menschensohn, rede mit den Ältes-
ten Israels und sag zu ihnen: So spricht GOTT,
der Herr: Mich zu befragen seid ihr gekom-
men? So wahr ich lebe, befragen für euch lasse
ich mich nicht – Spruch GOTTES, des Herrn.
4 Musst du nicht Gericht halten über sie, musst
du nicht Gericht halten, Menschensohn?
Mach ihnen die Gräueltaten ihrer Väter be-
kannt 5 und sag zu ihnen:
So spricht GOTT, der Herr: An dem Tag, als
ich Israel erwählt habe, erhob ich meine Hand
den Nachkommen des Hauses Jakob. Ich of-
fenbarte mich ihnen im Lande Ägypten. Ich
erhob ihnen meine Hand zum Schwur und
sprach: Ich bin der HERR, euer Gott. 6 An je-
nem Tag erhob ich ihnen meine Hand zum
Schwur, dass ich sie aus dem Lande Ägypten
herausführe in ein Land, das ich für sie erkun-
dete, in dem Milch und Honig fließen. Ein
Schmuckstück ist es unter allen Ländern. 7 Und
ich sagte zu ihnen: Werft weg, ein jeder, die
Scheusale seiner Augen! Macht euch nicht un-
rein durch die Götzen Ägyptens! Ich bin der
HERR, euer Gott. 8 Sie aber waren widerspens-
tig gegen mich und wollten nicht auf mich
hören. Sie warfen die Scheusale ihrer Augen
nicht weg, kein Einziger, und die Götzen
Ägyptens verließen sie nicht. Da gedachte ich,
meinen Zorn über sie auszugießen und mei-
nen Grimm an ihnen zu vollenden, mitten im
Lande Ägypten. 9 Doch ich handelte um mei-
nes Namens willen, damit er nicht entweiht
werde vor den Augen der Völker, in deren
Mitte sie waren und vor deren Augen ich mich
ihnen offenbart hatte, als ich sie aus dem Lan-
de Ägypten herausführte.
10 Ich führte sie aus dem Lande Ägypten he-
raus und brachte sie in die Wüste. 11 Ich gab
ihnen meine Satzungen und meine Rechtsent-
scheide tat ich ihnen kund, die der Mensch
befolgen muss, damit er durch sie am Leben
bleibt. 12 Auch meine Sabbat-Tage gab ich ih-
nen, damit sie ein Zeichen würden zwischen
mir und ihnen, damit man erkenne, dass ich,
der HERR, sie heilige. 13 Aber die vom Haus
Israel waren widerspenstig gegen mich in der

19,5 ein anderes: G; eines: H, Vg.

19,7 Er zerbrach ihre Burgen: vermuteter Text, vgl. G; er wusste um seine Witwen: H.

19,10 vergleichbar: vermuteter Text; in deinem Blut: H.

Wüste. Sie gingen nicht nach meinen Satzun-
gen und verachteten meine Rechtsentscheide,
die der Mensch befolgen muss, damit er durch
sie am Leben bleibt. Auch meine Sabbat-Tage
entweihten sie völlig. Da gedachte ich, in der
Wüste über sie meinen Zorn auszugießen und
sie zu vernichten. 14 Doch ich handelte um
meines Namens willen, damit er nicht ent-
weiht werde vor den Augen der Völker, vor
deren Augen ich sie herausgeführt hatte.
15 Doch ich, ich erhob ihnen meine Hand in der
Wüste zum Schwur, dass ich sie nicht in das
Land bringe, das ich ihnen gegeben hatte, wo
Milch und Honig fließen. Ein Schmuckstück
ist es unter allen Ländern. 16 Denn sie verach-
teten meine Rechtsentscheide, sie gingen
nicht nach meinen Satzungen und sie ent-
weihten meine Sabbat-Tage, weil ihr Herz
hinter ihren Götzen herging. 17 Aber mein
Auge zeigte Mitleid mit ihnen, sodass ich sie
nicht verdarb: Ich rottete sie nicht völlig aus in
der Wüste.

18 Zu ihren Söhnen sagte ich in der Wüste:
Geht nicht nach den Gesetzen eurer Väter, be-
wahrt ihre Rechtsentscheide nicht und macht
euch nicht unrein an ihren Götzen! 19 Ich bin
der HERR, euer Gott. Geht nach meinen Sat-
zungen, bewahrt meine Rechtsentscheide und
befolgt sie! 20 Heiligt meine Sabbat-Tage; sie
sollen ein Zeichen zwischen mir und euch
sein, damit man erkennt, dass ich, der HERR,
euer Gott bin. 21 Aber die Söhne waren wider-
spenstig gegen mich. Sie gingen nicht nach
meinen Satzungen und sie bewahrten meine
Rechtsentscheide nicht, um sie zu befolgen;
sie muss der Mensch befolgen, damit er durch
sie am Leben bleibt. Meine Sabbat-Tage ent-
weihten sie. Da gedachte ich, in der Wüste
meinen Zorn über sie auszugießen und mei-
nen Grimm an ihnen zu vollenden. 22 Doch ich
zog meine Hand zurück und handelte um mei-
nes Namens willen, damit er nicht entweiht
werde vor den Augen der Völker, vor deren
Augen ich sie herausgeführt hatte. 23 Doch ich,
ich erhob ihnen in der Wüste meine Hand zum
Schwur, dass ich sie unter die Völker zerstreu-
en und sie in die Länder versprengen werde.
24 Denn meine Rechtsentscheide befolgten sie
nicht, meine Satzungen verachteten sie und
meine Sabbat-Tage entweihten sie und ihre
Augen waren hinter den Götzen ihrer Väter
her. 25 Ich, ja ich gab ihnen Gesetze, die nicht
gut waren, und Rechtsentscheide, durch die
sie nicht am Leben blieben. 26 Und ich erklärte
sie für unrein bei ihren Opfergaben, beim Dar-
bringen einer jeden Erstgeburt, um sie mit
Entsetzen zu erfüllen, damit sie erkennen,
dass ich der HERR bin. 27 Darum sprich zum
Haus Israel, Menschensohn, und sag zu ihnen:
So spricht GOTT, der Herr: Eure Väter haben
mich auch dadurch verhöhnt, dass sie mir un-
treu wurden. 28 Als ich sie in das Land brachte,
dessentwegen ich meine Hand erhoben hatte
zum Schwur, es ihnen zu geben, da schauten
sie aus nach jedem hohen Hügel und jedem
dicht belaubten Baum und schlachteten dort
ihre Opfer, brachten dort ihre ärgerlichen Ga-
ben dar, legten dort ihre duftenden Spenden
nieder und gossen dort ihre Trankopfer aus.
29 Da sagte ich zu ihnen: Was ist das schon, die
Höhe, zu der ihr dort kommt? – Deshalb wird
sie bis zum heutigen Tag Kulthöhe genannt.

30 Darum sag zum Haus Israel: So spricht
GOTT, der Herr: Auf dem Weg eurer Väter
macht ihr euch unrein? Und ihr hurt hinter
ihren Götzen her? 31 Wenn ihr eure Gaben
spendet, eure Söhne durch das Feuer dar-
bringt, ihr selbst euch bis zum heutigen Tag
immer wieder unrein macht für all eure Göt-
zen, da soll ich, ja ich mich für euch befragen
lassen, ihr vom Haus Israel? So wahr ich lebe
– Spruch GOTTES, des Herrn –, ich lasse mich
für euch nicht befragen.

32 Was in eurem Geist emporsteigt, niemals
soll geschehen, was ihr da sagt: Wir wollen
wie die Völker sein, wie die Völkerstämme der
Länder, um Holz und Stein zu dienen. 33 So
wahr ich lebe – Spruch GOTTES, des Herrn:
Ich werde mit starker Hand und mit hoch er-
hobenem Arm und mit ausgegossenem Zorn
über euch als König herrschen. 34 Ich werde
euch aus den Völkern herausführen und euch
aus den Ländern sammeln, in die ihr zerstreut
seid, mit starker Hand und mit hoch erhobe-
nem Arm und mit ausgegossenem Zorn. 35 Ich
bringe euch in die Wüste der Völker; dort gehe
ich mit euch von Angesicht zu Angesicht ins
Gericht. 36 Wie ich mit euren Vätern in der
Wüste des Landes Ägypten ins Gericht gegan-
gen bin, so werde ich mit euch ins Gericht
gehen – Spruch GOTTES, des Herrn. 37 Ich las-
se euch unter dem Stab hindurchziehen und

20,15 ihnen (gegeben hatte): ergänzt nach G, Vg, S.

20,37 Und führe euch in die Fessel des Bundes: H, vgl. Vg; ich zähle euch ab: G.

führe euch in die Verpflichtung des Bundes.
38 Die abtrünnig waren und die sich gegen
mich auflehnten sondere ich von euch ab. Ich
führe sie aus dem Land, in dem sie als Fremde
leben, heraus, auf den Ackerboden Israels aber
werden sie nicht kommen; dann werdet ihr
erkennen, dass ich der HERR bin.

39 Ihr aber, Haus Israel – so spricht GOTT, der
Herr –, geht doch, dient, ein jeder seinen Göt-
zen! Und danach, wenn ihr nicht auf mich
hört, könnt ihr auch meinen heiligen Namen
nicht mehr entweihen mit euren Opfergaben
und mit euren Götzen. 40 Ja, auf meinem hei-
ligen Berg, auf dem hohen Berg Israels – Spruch
GOTTES, des Herrn –, dort wird mir das ganze
Haus Israel dienen, sie alle, im Land. Dort wer-
de ich sie gnädig annehmen und dort werde
ich eure Hebeopfer und die Erstlinge eurer
Spenden einfordern, bei all euren heiligen
Darbringungen. 41 Beim beruhigenden Duft
werde ich euch gnädig annehmen, wenn ich
euch aus den Völkern herausführe. Ich werde
euch aus den Ländern sammeln, in die ihr zer-
streut seid, und ich werde mich vor den Augen
der Völker durch euch als heilig erweisen.
42 Ihr sollt erkennen, dass ich der HERR bin,
wenn ich euch auf den Ackerboden Israels
bringe; in das Land, dessentwegen ich meine
Hand zum Schwur erhoben habe, es euren
Vätern zu geben. 43 Dort werdet ihr eurer Wege
und all eurer Taten gedenken, durch die ihr
euch unrein gemacht habt, und es wird euch
ekeln vor euch selbst wegen all der bösen Ta-
ten, die ihr begangen habt. 44 Ihr werdet erken-
nen, dass ich der HERR bin, wenn ich um mei-
nes Namens willen an euch handle und nicht
nach euren bösen Wegen und nach euren ver-
derbten Taten, Haus Israel – Spruch GOTTES,
des Herrn.

1: 8,1; 14,1.3; 2 Kön 6,32 / **3**: 14,3; 20,31 / **4**: 22,2; 23,36; 16,2 / **5**: Dtn 7,6 / **6**: Ex 3,8 / **7**: Jos 24,14.23 / **9**: 20,14; 36,21f. / **10**: Ex 12,37–42 / **11**: 18,9; Lev 18,5 / **12**: Ex 31,13–17 / **13**: 11,21; 18,9.24; 22,8; Ex 14,11; Lev 16,31; Ps 78,17 / **14**: 20,9.22.44; Ex 32,11f. / **15**: Num 14,28–30; Ps 95,11; 106,26 / **21**: Lev 18,5 / **22**: 20,9.14; Num 17,25; Ps 78,38 / **23**: 36,19; Lev 26,33 / **24**: 22,8.26 / **26**: Lev 18,21; Ex 13,2.12 / **28**: 6,13; Dtn 12,2 / **29**: 6,3.6; Lev 26,30 / **32**: Dtn 4,28; 28,64; 1 Sam 8,5 / **33**: Dtn 4,34; Jer 21,5 / **35**: Hos 2,16; Num 14,22–38 / **37**: Lev 27,32; Jer 33,13 / **43**: 36,31f. / **44**: 20,14

DAS KOMMENDE SCHWERT: 21,1–37

21 1 Das Wort des HERRN erging an mich:
2 Menschensohn, richte dein Gesicht
nach Süden, weissage gegen das Südland, tritt
als Prophet auf gegen das Waldgebiet des Süd-
lands 3 und sag zum Wald des Südlands: Höre
das Wort des HERRN: So spricht GOTT, der
Herr: Siehe, ich will Feuer an dich legen, jeden
grünen Baum und jeden dürren Baum in dir
wird es verzehren. Seine lodernde Flamme
wird nicht erlöschen. Alle Gesichter sollen von
ihr versengt werden, vom Süden bis zum Nor-
den. 4 Dann wird alles Fleisch sehen, dass ich,
der HERR, es entfacht habe. Es wird nicht er-
löschen. 5 Da sagte ich: Ach, Herr und GOTT,
sie sagen über mich: Redet er nicht immer nur
in Gleichnissen?

6 Das Wort des HERRN erging an mich:
7 Menschensohn, richte dein Gesicht gegen
Jerusalem, weissage gegen heilige Orte, tritt
als Prophet auf gegen den Ackerboden Israels
8 und sag zum Ackerboden Israels: So spricht
der HERR: Siehe, ich gehe gegen dich vor. Ich
ziehe mein Schwert aus seiner Scheide und
merze bei dir den Gerechten wie den Schuldi-
gen aus. 9 Weil ich bei dir den Gerechten und
den Schuldigen ausmerze, deshalb wird mein
Schwert aus seiner Scheide fahren, gegen alles
Fleisch vom Südland bis zum Norden. 10 Dann
wird alles Fleisch erkennen, dass ich, der
HERR, mein Schwert aus seiner Scheide gezo-
gen habe. Es wird nicht mehr dahin zurück-
kehren. 11 Du aber, Menschensohn, stöhne:
Mit gebrochenen Hüften und in Bitterkeit
stöhne vor ihren Augen. 12 Wenn sie dann zu
dir sagen: Warum stöhnst du?, antworte: Weil
eine Nachricht kommt, bei der jedes Herz ver-
zagt, alle Hände kraftlos heruntersinken, bei
der jeder Atem stockt und an allen Knien das
Wasser herabläuft. Seht, es kommt und ge-
schieht – Spruch GOTTES, des Herrn.

13 Das Wort des HERRN erging an mich:
14 Menschensohn, tritt als Prophet auf und sag:
So spricht Gott: Sag:

Ein Schwert, ein Schwert, / geschärft ist es
und auch poliert.

15 Zum großen Schlachten ist es geschärft; /
um zu einem Blitz zu werden, ist es poliert.

Oder sollen wir uns freuen? / Das Zepter
meines Sohnes verachtet jedes andere Holz!

16 Man gab es zum Polieren, / zum Packen
mit der Faust.

Ein Schwert, es ist geschärft und es ist po-
liert, / um es in des Henkers Hand zu geben.

17 Schrei und heule, Menschensohn! / Denn
es hat sich gegen mein Volk gerichtet,

20,38 werden sie nicht kommen: G, Vg; wird er nicht kommen: H.

gegen alle Fürsten Israels. / Dem Schwert
sind sie verfallen mit meinem Volk.
Darum schlag auf die Hüfte! / 18 Denn die
Probe ist gemacht.
Was aber, wenn selbst das Zepter nicht
mehr ist, / das verachtet hat? – Spruch GOTTES, des Herrn.
19 Du, Menschensohn, tritt als Prophet auf /
und schlag die Hände zusammen!
Verdoppelt wird das Schwert, ja verdreifacht. / Ein Schwert für Erschlagene ist es,
ein Schwert für einen Erschlagenen, / für
den Größten. Es geht im Kreis,
20 damit das Herz verzage / und die Strauchelnden zahlreich werden.
An all ihre Tore / habe ich das Schwert der
Plünderung gebracht.
Ach, zum Blitzen ist es gemacht, / zum
Schlachten poliert.
21 Sammle dich nach rechts, / richte dich
nach links, / wohin deine Schneide gelenkt
wird!
22 Auch ich, ich schlage meine Hände zusammen; / meinen Zorn will ich stillen. – /
Ich, der HERR, habe gesprochen.
23 Das Wort des HERRN erging an mich:
24 Du, Menschensohn, mach dir zwei Wege,
damit das Schwert des Königs von Babel
kommt! Sie sollen beide von einem Land ausgehen. Dann stelle einen Wegweiser auf! Am
Anfang des Weges zur Stadt stell ihn auf! 25 Einen Weg mache, damit das Schwert kommen
kann: nach Rabba zu den Ammonitern und
nach Juda, das sich in Jerusalem verschanzt!
26 Denn der König von Babel steht an der Wegscheide, am Anfang der zwei Wege, um das
Orakel zu befragen: Er schüttelt die Pfeile, befragt die Terafim und beschaut die Leber. 27 In
seiner rechten Hand war das Orakel für Jerusalem – damit er Sturmböcke aufstellt, den
Befehl gibt niederzureißen, in Geschrei ausbricht, die Sturmböcke gegen die Tore aufstellt, einen Damm aufschüttet und Belagerungstürme baut. 28 Doch für sie, in ihren
Augen, ist es wie ein Lügenorakel. Für sie gelten beschworene Eide. Das aber bringt Schuld
in Erinnerung, sie zu packen. 29 Darum – so
spricht GOTT, der Herr: Weil ihr selbst eure
Schuld in Erinnerung bringt – eure Vergehen
liegen offen zutage, eure Sünden sind samt all
euren Untaten ans Licht gekommen –, weil
man sich eurer erinnerte, werdet ihr mit der
Faust gepackt. 30 Und du, erschlagener Frevler,
Fürst von Israel, dessen Tag gekommen ist, die
Zeit der endgültigen Abrechnung! 31 So spricht
GOTT, der Herr:
Weg mit dem Turban, / herunter mit der
Krone!
Nichts soll bleiben, wie es ist. / Hoch das
Niedrige, nieder das Hohe!
32 Umsturz, Umsturz, Umsturz ist es, was
ich wirke. Doch dies geschieht nicht, bis der
kommt, dem der Richtspruch zusteht und
dem ich ihn geben werde.
33 Du aber, Menschensohn, sprich als Prophet und sag: So spricht GOTT, der Herr, über
die Söhne Ammons und ihr Gespött. Du sollst
sagen: Schwert, Schwert, gezückt zum
Schlachten, poliert aufs Äußerste, um wie ein
Blitz einzuschlagen, 34 um dich den todgeweihten Frevlern an den Hals zu legen, während sie für dich nichtige Visionen haben und
dir falsche Orakel verkünden. Jetzt ist ihr Tag
gekommen, die Zeit der endgültigen Abrechnung. 35 Steck es in seine Scheide! / An dem
Ort, wo du erschaffen wurdest, im Land deiner
Herkunft will ich dich richten. 36 Ich gieße
meinen Groll über dich aus, das Feuer meines
Zorns will ich gegen dich entfachen. Ich gebe
dich in die Hand grausamer Menschen, Meister des Verderbens. 37 Dem Feuer sollst du zum
Fraß werden. Mitten im Land soll dein Blut
fließen. An dich wird sich niemand erinnern.
Denn ich, der HERR, habe gesprochen.

3: 17,24; Jes 9,16f.; 10,17–19; Jer 21,14; Ps 83,15; Lk 23,31 / **4**: Jes 40,5 / **12**: 7,17 / **13–22**: 5,1–4 / **13**: Dtn 32,41; Offb 6,4 / **24–25**: 30,24–25 / **31**: 17,24; Jes 40,4; Mt 23,12 / **32**: Gen 49,10 / **33–37**: 25,1–7; Jer 49,1–6 / **34**: 13,6.23; 22,28

GEGEN JERUSALEM – DIE VERDERBTE STADT: 22,1–31

22 1 Das Wort des HERRN erging an mich:
2 Du, Menschensohn, musst du nicht
das Urteil sprechen, musst du nicht das Urteil
sprechen über die Blutstadt, musst du ihr nicht
alle ihre Gräueltaten bekannt machen? 3 Dann
sag: So spricht GOTT, der Herr: Stadt, die in
ihrer Mitte Blut vergießt, sodass ihre Zeit
kommt, und die sich Götzen macht, sodass sie
unrein wird: 4 Durch dein Blut, das du vergossen hast, bist du schuldig geworden und durch
deine Götzen, die du gemacht hast, bist du
unrein geworden. Du hast deine Tage herannahen lassen und bist ans Ende deiner Jahre
gekommen. Deshalb mache ich dich zur

21,26 Terafim: Götterfiguren aus der persönlichen Frömmigkeit.

Schande für die Völker und zum Spott für alle
Länder. 5 Nah und Fern verhöhnt dich; befleckt
ist der Name, groß die Bestürzung. 6 Siehe, die
Fürsten Israels: Ein jeder in dir war auf seine
eigene Macht aus, um Blut zu vergießen. 7 In
dir verachtet man Vater und Mutter. In deiner
Mitte beutet man die Fremden aus. In dir un-
terdrückt man Waisen und Witwen. 8 Was mir
heilig ist, hast du verachtet. Meine Sabbat-Tage
hast du entweiht. 9 In dir gibt es Verleumder,
die Blut vergießen wollen. Man hält bei dir auf
den Bergen Opfermahlzeiten ab. Schandtat
verübt man in deiner Mitte: 10 In dir hat man
die Scham des Vaters entblößt, in dir die miss-
braucht, die verunreinigt ist während ihrer
Regel. 11 Und ein jeder hat Abscheuliches mit
der Frau seines Nächsten getrieben; ein jeder
hat durch Schandtat seine Schwiegertochter
unrein gemacht, ein jeder in dir hat seine
Schwester, die Tochter seines Vaters, miss-
braucht. 12 Bei dir hat man Bestechung ange-
nommen, um Blut zu vergießen. Du hast Zins
und Wucher genommen und deinen Nächsten
hast du durch Erpressung geschädigt. Mich
aber hast du vergessen – Spruch GOTTES, des
Herrn.

13 Siehe, ich schlage meine Hände zusam-
men wegen deines Gewinns, den du gemacht
hast, und wegen deiner Blutschuld, die in dei-
ner Mitte geschehen ist. 14 Wird dein Herz
standhalten können, werden deine Hände
stark bleiben in den Tagen, in denen ich gegen
dich vorgehe? Ich, der HERR, habe gesprochen
und ich führe es aus. 15 Ich werde dich unter
die Völker zerstreuen und dich in alle Länder
vertreiben und mache deiner Unreinheit ein
Ende. 16 Durch dich selbst wirst du entweiht
vor den Augen der Völker und du wirst erken-
nen, dass ich der HERR bin.

17 Das Wort des HERRN erging an mich:
18 Menschensohn, das Haus Israel ist für mich
zu Schlacke geworden. Sie alle – Kupfer und
Zinn und Eisen und Blei mitten im Schmelz-
ofen – sind Schlacke. Silber sind sie gewesen.
19 Darum – so spricht GOTT, der Herr: Weil ihr
alle zu Schlacke geworden seid, darum siehe,
bringe ich euch zusammen in die Mitte Jeru-
salems. 20 Silber, Kupfer, Eisen, Blei und Zinn
werden in den Schmelzofen zusammenge-
bracht, man zündet darunter Feuer an, um zu
schmelzen. So werde ich euch in meinem Zorn
und in meinem Grimm zusammenbringen,
ich werde euch hineinwerfen und zum
Schmelzen bringen. 21 Ich werde euch sam-
meln und das Feuer meines Zorns gegen euch
entfachen und ihr werdet mittendrin schmel-
zen. 22 Wie Silber im Schmelzofen geschmol-
zen wird, so werdet ihr darin zum Schmelzen
gebracht. Dann werdet ihr erkennen, dass ich,
der HERR, meinen Zorn über euch ausgegos-
sen habe.

23 Das Wort des HERRN erging an mich:
24 Menschensohn, sag zu ihm: Du bist ein
Land, nicht gereinigt, nicht beregnet am Tag
des Zorns. 25 Die Verschwörung seiner Pro-
pheten in seiner Mitte ist wie ein brüllender
Löwe, der Beute gerissen hat. Sie haben Men-
schen gefressen, nehmen Schätze und Kost-
barkeiten an sich und Witwen haben sie zahl-
reich gemacht mittendrin. 26 Seine Priester
haben meiner Weisung Gewalt angetan. Sie
haben entweiht, was mir heilig ist. Zwischen
heilig und nicht heilig machten sie keinen Un-
terschied. Sie belehrten niemanden mehr über
unrein und rein und vor meinen Sabbat-Tagen
verschlossen sie die Augen. So wurde ich mit-
ten unter ihnen entweiht. 27 Mitten in ihm
sind seine Beamten wie Wölfe, die Beute rei-
ßen, indem sie Blut vergießen und Menschen-
leben zugrunde richten, damit sie Gewinn
machen. 28 Seine Propheten aber übertünchten
ihnen alles. Sie haben nichtige Visionen, ver-
künden ihnen falsche Orakel und sagen: So
spricht GOTT, der Herr – obwohl der HERR
nicht gesprochen hat. 29 Das Volk des Landes
hat Erpressung verübt und Raub begangen. Sie
haben den Elenden und Armen unterdrückt
und den Fremden erpresst gegen jeden Rechts-
spruch. 30 Da suchte ich unter ihnen einen
Mann, der eine Mauer baut und vor mir für das
Land in die Bresche tritt, damit ich es nicht
vernichten muss; aber ich fand keinen. 31 Ich
schüttete meinen Groll über sie aus. Ich ver-
nichtete sie im Feuer meines Zorns. Ihren Weg
ließ ich auf sie selbst zurückfallen – Spruch
GOTTES, des Herrn.

2: 20,4; 23,36 / **4**: 5,14 / **6**: 18,27; 19,1; Jes 1,23 / **7**: Ex 22,21f.; Lev 19,3; Dtn 27,16 / **8**: Lev 19,30 / **9**: 18,5–9; Lev 19,16; Dtn 12,2f. / **10**: Lev 18,20; 20,10 / **11**: Lev 18,15; 20,12; 18,9; 20,17 / **12**: Ex 22,24; Lev 25,36; Dtn 23,20 / **15**: Lev 26,33 / **18**: Jes 1,22–25; Jer 6,28 / **20**: Mal 3,2f. / **22**: Sach 13,9 / **25**: Zef 3,3f. / **28**: 13,3–10 / **30**: Ps 106,23 / **31**: 9,10; 11,21; 16,43

GLEICHNISREDE GEGEN DIE TREULOSEN SCHWESTERN: 23,1–49

23 1 Das Wort des HERRN erging an mich:
2 Menschensohn! Es waren zwei Frau-

en, Töchter der gleichen Mutter. 3 Sie hurten
in Ägypten, in ihrer Jugend hurten sie; dort
wurden ihre Brüste gedrückt und dort griff
man nach ihren jugendlichen Brüsten. 4 Die
ältere hieß Ohola, ihre Schwester Oholiba. Sie
wurden mein und gebaren Söhne und Töchter.
Der Name Ohola meint Samaria, Oholiba Je-
rusalem.

5 Ohola hurte, obwohl sie mein war. Sie hat-
te Verlangen nach ihren Liebhabern, nach As-
sur, Kriegern, 6 in Purpur gekleidet, Statthalter
und Vorsteher; alle begehrenswerte junge
Männer, Reiter hoch zu Ross. 7 Auf sie richte-
te sie ihre Hurerei. Sie alle gehörten zu den
Tüchtigsten der Söhne Assurs. Mit allen, nach
denen sie Verlangen hatte, mit all ihren Götzen
machte sie sich unrein. 8 Die Hurerei, die sie
von Ägypten her getrieben hatte, gab sie nicht
auf; denn sie lagen bei ihr in ihrer Jugend und
sie waren es, die nach ihren jugendlichen
Brüsten griffen und sie mit ihrer Hurerei über-
schütteten.

9 Darum gab ich sie in die Hand ihrer Lieb-
haber, in die Hand der Söhne Assurs, nach
denen sie Verlangen hatte. 10 Diese entblößten
ihre Scham, nahmen ihre Söhne und ihre
Töchter weg und erschlugen sie selbst mit dem
Schwert. So erhielt sie ihren Ruf unter den
Frauen und man vollstreckte an ihr Strafge-
richte.

11 Das sah ihre Schwester Oholiba; trotzdem
trieb sie es in ihrem Verlangen noch schlimmer
als sie und in ihrer Hurerei noch ärger als ihre
Schwester in ihrer Hurerei. 12 Sie hatte Verlan-
gen nach den Söhnen Assurs, nach Statthal-
tern und Vorstehern, prächtig gekleideten
Kriegern, Reitern hoch zu Ross. Sie alle waren
begehrenswerte junge Männer. 13 Ich sah, dass
sie sich unrein machte. Auf ein und demselben
Weg waren sie beide. 14 Doch sie ging noch
weiter in ihrer Hurerei: Sie sah sich Männer an,
eingeritzt in die Wand, Bilder von Chaldäern,
eingeritzt mit Mennigrot, 15 ihre Hüften mit
einem Schurz umgürtet, auf ihren Häuptern
einen herabhängenden Kopfbund. Sie alle sa-
hen aus wie Vorkämpfer, von Gestalt wie die
Söhne Babels, Chaldäa ist das Land ihrer Her-
kunft. 16 Als ihre Augen sie sahen, hatte sie
Verlangen nach ihnen und sie schickte Boten
zu ihnen nach Chaldäa. 17 Die Söhne Babels
kamen zu ihr zum Liebeslager und machten
sie unrein mit ihrer Hurerei. Als sie aber durch
sie unrein geworden war, wandte sie sich jäh
von ihnen ab. 18 Sie trieb offen ihre Hurerei und
sie entblößte ihre Scham. Da wandte ich mich
jäh von ihr ab, wie ich mich von ihrer Schwes-
ter abgewandt hatte. 19 Sie jedoch steigerte ihre
Hurerei, indem sie der Tage ihrer Jugend ge-
dachte, als sie im Lande Ägypten Hurerei ge-
trieben hatte. 20 Und sie hatte Verlangen nach
ihren Liebhabern, deren Glieder wie die Glie-
der der Esel und deren Erguss wie der Erguss
der Hengste waren. 21 Du suchtest nach der
Schandtat deiner Jugend, da man von Ägypten
her nach deinen Brüsten griff und deine ju-
gendlichen Brüste drückte.

22 Darum, Oholiba – so spricht GOTT, der
Herr –, siehe, ich hetze deine Liebhaber, von
denen du dich jäh abgewandt hast, gegen dich
auf und ich führe sie von ringsum gegen dich
heran: 23 die Söhne Babels und alle Chaldäer,
Pekod, Schoa und Koa, dazu alle Söhne As-
surs, begehrenswerte junge Männer, sie alle
Statthalter und Vorsteher, Vorkämpfer und
Vornehme, sie alle hoch zu Ross. 24 Und sie
fallen über dich her, gerüstet mit Wagen und
Rädern und einem Aufgebot von Völkern.
Langschilde, Rundschilde und Helme richten
sie ringsum gegen dich. Dann lege ich ihnen
die Rechtssache vor, damit sie nach ihrem
Recht über dich richten. 25 Ich bringe meine
Eifersucht über dich, damit sie an dir voll
Grimm handeln: Deine Nase und deine
Ohren werden sie abschneiden. Was von dir
übrig bleibt, fällt unter dem Schwert. Sie sind
es, die deine Söhne und deine Töchter weg-
nehmen. Was dann noch übrig ist von dir,
wird vom Feuer verzehrt. 26 Sie ziehen dir
deine Kleider aus und nehmen dir deine
Schmuckstücke weg. 27 So mache ich deiner
Schandtat bei dir und deiner seit dem Land
Ägypten getriebenen Hurerei ein Ende. Du
sollst nicht mehr zu ihnen aufblicken und nie
mehr an Ägypten denken.

28 Denn – so spricht GOTT, der Herr – siehe,
ich gebe dich in die Hand derer, gegen die du
Hass hegst, in die Hand derer, von denen du
dich jäh abgewandt hast. 29 Sie werden mit
Hass an dir handeln und dir alles nehmen, was
du mühsam erworben hast. Sie werden dich
nackt und bloß zurücklassen und deine hure-
rische Scham wird aufgedeckt, deine Schand-
tat und deine Hurerei. 30 Das tut man dir an,
weil du den Völkern nachgehurt und dich mit

23,23 Pekod, Schoa und Koa sind Völkerschaften im Osten Babyloniens.

ihren Götzen unrein gemacht hast. 31 Auf dem
Weg deiner Schwester bist du gegangen, da-
rum gebe ich dir ihren Becher in deine Hand.

32 So spricht GOTT, der Herr:

Den Becher deiner Schwester wirst du leer
trinken, / den tiefen und weiten.

Zum Gelächter und Gespött wirst du wer-
den: / Viel vermag sie zu fassen.

33 Von Trunkenheit und Qual wirst du voll
sein. / Ein Becher des Grauens und der Ver-
wüstung / ist der Becher deiner Schwester
Samaria.

34 Du wirst ihn leer trinken, ja ausschlür-
fen, / du wirst seine Scherben zerbeißen / und
deine Brüste zerreißen.

Denn ich habe gesprochen – Spruch GOT-
TES, des Herrn.

35 Darum – so spricht GOTT, der Herr: Weil
du mich vergessen und mich hinter deinen
Rücken geworfen hast, trag du jetzt deine
Schandtat und deine Hurerei!

36 Der HERR sagte zu mir: Menschensohn,
musst du nicht über Ohola und Oholiba Ge-
richt halten? Dann lege ihnen ihre Gräueltaten
vor: 37 Denn sie haben die Ehe gebrochen und
an ihren Händen klebt Blut. Mit ihren Götzen
haben sie Ehebruch begangen, sogar ihre Söh-
ne, die sie mir geboren hatten, ließen sie durch
das Feuer gehen, ihnen zum Fraß. 38 Auch dies
taten sie mir an: An jenem Tag haben sie mein
Heiligtum unrein gemacht und meine Sab-
bat-Tage entweiht. 39 An jenem Tag, an dem
sie ihre Söhne den Götzen schlachteten, ka-
men sie in mein Heiligtum, um es zu entwei-
hen. Siehe, so taten sie mitten in meinem
Haus.

40 Ja sogar nach Männern haben sie gesandt,
dass sie von Ferne kämen. Ein Bote war zu ih-
nen gesandt worden. Und siehe, als sie kamen,
hast du ihretwegen gebadet, deine Augen ge-
schminkt und Schmuck angelegt. 41 Du hast
dich auf ein prunkvolles Lager gesetzt; davor
stand ein Tisch bereit, auf den du mein Räu-
cherwerk und mein Öl gestellt hattest. 42 Der
Lärm einer sorglosen Menge war in ihr. Und
zu Männern aus einer Menschenmenge wur-
den Trinker aus der Wüste herbeigeholt. Sie
legten Spangen an ihre Arme und eine herrli-
che Krone auf ihre Häupter. 43 Ich sprach über
sie, die verbraucht ist von Ehebrüchen: Jetzt
hurt man. Es ist Hurerei und sie ist dabei.
44 Und man ging zu ihr, wie man zu einer Hure
geht. So gingen sie zu Ohola und Oholiba, den
Frauen der Schandtat. 45 Doch gerechte Män-
ner, sie werden sie richten nach der Rechtsent-
scheidung für Ehebrecherinnen und nach der
Rechtsentscheidung für die, die Blut vergos-
sen haben. Denn sie haben Ehebruch began-
gen und an ihren Händen klebt Blut.

46 Ja, so spricht GOTT, der Herr: Man berufe
eine Volksversammlung gegen sie ein und
gebe sie der Misshandlung und der Plünde-
rung preis. 47 Die Volksversammlung soll sie
steinigen und mit ihren Schwertern in Stücke
hauen. Ihre Söhne und Töchter soll man töten
und ihre Häuser im Feuer verbrennen. 48 So
mache ich der Schandtat im Land ein Ende,
damit alle Frauen gewarnt sind und nicht
ebenso schändlich handeln wie ihr. 49 Man
wird eure Schandtat über euch bringen und ihr
müsst die Sünden mit euren Götzen tragen.
Dann werdet ihr erkennen, dass ich GOTT, der
Herr, bin.

1–49: 16,1–63; Jer 3,6–13; Hos 1–3 / **3**: 20,7f. / **11**: 16,47 / **14**: 8,10 / **17**: 2 Kön 20,12–19 / **24**: 38,15; 39,2 / **25**: 35,11 / **32**: Jes 51,17; Ps 75,9 / **35**: Jer 2,32 / **36**: 20,4; 22,2 / **38**: 20,13; 22,8.26 / **39**: 44,7 / **45**: Lev 20,10; Dtn 22,21–22 / **47**: Dtn 22,21

GLEICHNIS VOM HEISSEN TOPF: 24,1–14

24 1 Das Wort der HERRN erging an mich
im neunten Jahr, im zehnten Monat,
am Zehnten des Monats: 2 Menschensohn,
schreib dir den Namen dieses Tages auf, genau
den heutigen Tag! Am heutigen Tag hat sich
der König von Babel auf Jerusalem gestürzt.
3 Leg dem widerspenstigen Volk ein Gleichnis
vor und sag zu ihnen: So spricht GOTT, der
Herr:

Stell den Kessel auf, stell ihn auf; / und gieß
auch Wasser hinein!

4 Leg seine Fleischstücke zusammen hi-
nein, / jedes gute Stück, Lende und Schulter!

Mit den besten Knochen fülle ihn auf!

5 Nimm die Besten von der Herde! / Auch
die Knochen leg ringsum unter den Kessel!

Bring ihn zum Sieden! / Auch seine Kno-
chen in seiner Mitte sollen kochen!

6 Darum – so spricht GOTT, der Herr:

Weh der Blutstadt, / dem verrosteten Kes-
sel

und dem Rost, der nicht abgeht! / Stück für
Stück nimm wahllos heraus!

7 Denn ihr Blut war mitten in ihr. / An den
nackten Felsen hat sie es getan,

statt es auf die Erde auszugießen, / um es
mit Staub zu bedecken.

8 Indem ich meinen Zorn aufsteigen lasse, /
um Vergeltung zu üben,
habe ich ihr Blut auf nacktem Felsen vergossen, / damit es nicht bedeckt werde.

9 Darum – so spricht GOTT, der Herr:
Weh der Blutstadt! / Auch ich mache groß
den Holzstoß.

10 Häufe Holz auf, / zünde Feuer an,
koche das Fleisch, / koche die Brühe ein
und die Knochen sollen verbrennen!

11 Dann stelle ihn leer auf seine Kohlen, damit sein Kupfer sich erhitzt und glüht und geschmolzen wird, was an ihm unrein ist, sein Rost verschwindet!

12 Doch umsonst die Mühe: Sein starker
Rost geht nicht von ihm ab, im Feuer bleibt
sein Rost. 13 In deiner Unreinheit besteht die
Schandtat. Weil ich dich rein machen wollte,
du aber nicht rein wurdest, sollst du von deiner
Unreinheit nicht mehr rein werden, bis ich
meinen Zorn an dir gestillt habe. 14 Ich, der
HERR, habe gesprochen. Es kommt und ich
führe es aus. Ich gebe nicht nach. Ich habe kein
Mitleid, es reut mich nicht. Nach deinen Wegen und deinen Taten werden sie dich richten
– Spruch GOTTES, des Herrn.

1: 2 Kön 25,1; Jer 52,5–7 / **3–14**: 11,3–13 / **3**: 17,2 / **6**: 22,2 / **7**: Lev 17,13; Jes 26,21; Ijob 16,18 / **13**: 5,13 / **14**: 5,11

DER TOD DER FRAU – EIN GLEICHNIS FÜR DIE ZERSTÖRUNG DER STADT: 24,15–27

15 Das Wort des HERRN erging an mich:
16 Menschensohn, siehe, ich nehme dir die
Freude deiner Augen durch einen jähen Tod.
Doch du sollst weder klagen noch weinen.
Keine Träne darfst du vergießen. 17 Stöhne,
bleib still! Keine Totentrauer sollst du halten.
Binde deinen Kopfbund um und zieh deine
Schuhe an deine Füße! Verhülle deinen Bart
nicht und iss kein Brot von Menschen!
18 Ich redete am Morgen zum Volk. Meine
Frau starb am Abend, und ich tat am Morgen,
wie mir befohlen war. 19 Da sagte das Volk zu
mir: Willst du uns nicht erklären, was dein
Verhalten für uns zu bedeuten hat?
20 Ich antwortete ihnen: Das Wort des
HERRN ist an mich ergangen. 21 Sag zum Haus
Israel: So spricht GOTT, der Herr: Siehe, ich
werde mein Heiligtum entweihen, euren
Stolz und eure Macht, die Freude eurer Augen
und die Sehnsucht eurer Seele. Eure Söhne
und eure Töchter, die ihr zurückgelassen habt,
werden unter dem Schwert fallen. 22 Dann
werdet ihr handeln, wie ich gehandelt habe:
Ihr werdet den Bart nicht verhüllen und kein
Brot von Menschen essen. 23 Mit eurem Kopfbund auf eurem Haupt und euren Schuhen an
euren Füßen werdet ihr weder klagen noch
weinen, sondern in euren Sünden dahinsiechen und miteinander stöhnen. 24 Ezechiel
wird ein Mahnzeichen für euch sein. Genauso
wie er gehandelt hat, werdet ihr handeln;
wenn das eintrifft, werdet ihr erkennen, dass
ich GOTT, der Herr, bin.
25 Du aber, Menschensohn, ist es nicht so?
An jenem Tag, wenn ich ihnen ihren Zufluchtsort nehme, ihre Wonne und ihre Pracht,
die Freude ihrer Augen und das Verlangen
ihrer Seele, ihre Söhne und ihre Töchter, 26 an
jenem Tag wird zu dir der Flüchtling kommen,
um die Nachricht zu Gehör zu bringen. 27 An
jenem Tag, mit dem Flüchtling, wird sich dein
Mund öffnen. Du wirst reden und nicht mehr
stumm sein. So wirst du zu einem Mahnzeichen für sie und sie werden erkennen, dass ich
der HERR bin.

19: 12,9; 17,12; 37,18 / **23**: 4,17; 33,10; Lev 26,39; Sach 14,12 / **24**: 12,6 / **26**: 33,21 / **27**: 12,6.11; 3,26f.; 33,22

24,14 werden sie dich richten: H; ich werde richten: G, Vg.

DROHSPRÜCHE GEGEN DIE FREMDVÖLKER: 25,1–32,32

GEGEN DIE UNMITTELBAREN NACHBARN AMMON, MOAB, EDOM UND DIE PHILISTER: 25,1–17

25 1 Das Wort des HERRN erging an mich:
2 Menschensohn, richte dein Gesicht
gegen die Ammoniter, sprich als Prophet über
sie 3 und sag zu den Ammonitern: Hört das
Wort GOTTES, des Herrn: So spricht GOTT,
der Herr: Weil du gegen mein Heiligtum Ha!
gesprochen hast, dass es entweiht wurde, und
gegen den Ackerboden Israel, dass er verwüstet wurde, und gegen das Haus Juda, dass es

verschleppt wurde, 4 darum, siehe, gebe ich
dich den Söhnen des Ostens zum Besitz. Sie
werden ihre Zelte bei dir aufschlagen und ihre
Siedlungen bei dir errichten. Sie sind es, die
deine Früchte essen, und sie sind es, die deine
Milch trinken werden. 5 Rabba mache ich zum
Weideplatz für Kamele und die Ammoniter
zum Lager für Schafe. Dann werdet ihr erken-
nen, dass ich der HERR bin.

6 Denn so spricht GOTT, der Herr: Weil du
in die Hände geklatscht und mit dem Fuß ge-
stampft hast, voll höhnischer Schadenfreude
über den Ackerboden Israels, 7 darum, siehe,
strecke ich meine Hand gegen dich aus, ich
überlasse dich den Völkern zur Plünderung,
ich rotte dich aus unter den Nationen und sor-
ge dafür, dass du aus der Zahl der Länder ver-
schwindest; ich vernichte dich. Dann wirst du
erkennen, dass ich der HERR bin.

8 So spricht GOTT, der Herr: Weil Moab und
Seïr sagen: Siehe, dem Haus Juda geht es wie
allen Völkern!, 9 darum, siehe, will ich die
Flanke Moabs öffnen, sodass es bei ihm keine
Stadt mehr gibt von einem Ende zum andern,
nicht mehr Bet-Jeschimot, Baal-Meon und
Kirjatajim, die Zierde des Landes. 10 Zusam-
men mit den Ammonitern gebe ich es den
Söhnen des Ostens zum Besitz, sodass die
Ammoniter unter den Nationen nicht mehr
erwähnt werden 11 und ich an Moab das Urteil
vollstrecke. Dann werden sie erkennen, dass
ich der HERR bin.

12 So spricht GOTT, der Herr: Weil Edom
sich am Haus Juda gerächt hat, weil es Schuld
auf sich geladen und Rache an ihm genommen
hat, 13 darum – so spricht GOTT, der Herr: Ich
strecke meine Hand gegen Edom aus, ich ver-
nichte darin Mensch und Tier und ich mache
es zur Wüste von Teman aus und bis Dedan
sollen sie unter dem Schwert fallen. 14 Ich lege
meine Rache an Edom in die Hand meines
Volkes Israel. Sie werden an Edom meinem
Zorn und meinem Grimm entsprechend han-
deln. Dann werden sie meine Rache kennen-
lernen – Spruch GOTTES, des Herrn.

15 So spricht GOTT, der Herr: Weil die Phi-
lister rachsüchtig gehandelt haben und voll
Verachtung Rache nahmen, um aus uralter
Feindschaft Vernichtung zu bringen, 16 darum
– so spricht GOTT, der Herr: Siehe, ich will
jetzt meine Hand gegen die Philister ausstre-
cken, ich will die Kereter ausrotten und den
Rest an der Küste des Meeres vernichten. 17 Ich
nehme an ihnen gewaltige Rache, mit grim-
migen Strafen. Dann werden sie erkennen,
dass ich der HERR bin, wenn ich mich an ihnen
räche.

1-7: 21,33–37; Am 1,13–15; Jer 49,1–6 / **3**: 26,2; 36,2 / **6**: 6,11; 21,19 / **7**: 6,14; 26,5; 36,4 / **8-11**: Jes 15; Jer 48 / **12-14**: 35,1–15; Jes 34; Jer 49,7–22; Am 1,11f.; Ps 137,7 / **15-17**: Jer 47,1–7; Jes 14,29–32; Am 1,6–8; Zef 2,4–7

GEGEN DIE INSELSTADT TYRUS: 26,1–21

26 1 Es geschah im elften Jahr am ersten
Tag des Monats, da erging das Wort des
HERRN an mich: 2 Menschensohn, weil Tyrus
über Jerusalem sagte: Ha, das Tor zu den Völ-
kern ist zerbrochen; es fällt mir zu. Ich kann
mich mästen; sie ist verwüstet!, 3 darum – so
spricht GOTT, der Herr:

Siehe, jetzt gehe ich gegen dich vor, Tyrus, /
und lasse viele Völker gegen dich anbranden, /
wie das Meer seine Wogen anbranden lässt.
4 Sie zerstören die Mauern von Tyrus / und
seine Türme reißen sie ein.
Sein Erdreich schwemme ich weg, / zum
nackten Felsen mache ich es.
5 Ein Platz zum Trocknen der Netze / wird
es mitten im Meer;
denn ich habe gesprochen – Spruch GOT-
TES, des Herrn. / Es wird eine Beute der Nati-
onen.
6 Seine Töchter auf dem Festland / werden
vom Schwert erschlagen.
Dann wird man erkennen, / dass ich der
HERR bin.
7 Denn so spricht GOTT, der Herr:
Siehe, ich führe Nebukadnezzar, den König
von Babel, / den König der Könige,
von Norden gegen Tyrus heran, / mit Ros-
sen und Wagen und Reitern,
mit einem großen Aufgebot, / einem gewal-
tigen Heer.
8 Deine Töchter auf dem Festland / wird er
mit dem Schwert erschlagen.
Er baut dir gegenüber einen Belagerungs-
wall, / schüttet einen Damm gegen dich auf
und errichtet ein Schilddach. 9 Seinen
Sturmbock setzt er an

25,9 Die hier genannten Städte liegen östlich des Toten Meeres.

25,13 Die Lage von Teman ist nicht mehr zu bestimmen; es lag aber in Edom; Dedan ist ein Gebiet südlich von Edom.

25,16 Die Kereter sind eine Gruppe innerhalb der Philister.

zum Stoß gegen deine Mauern, / deine Türme reißt er mit seinem Brecheisen ein.
10 Ihre Staubwolke wird dich bedecken, / so viele Pferde hat er.
Unter dem Dröhnen der Reiter und Räder und Wagen / erzittern deine Mauern,
wenn er durch deine Tore eindringt, wie man eindringt / in eine Stadt voller Breschen.
11 Mit den Hufen seiner Pferde / zerstampft er all deine Straßen.
Mit dem Schwert erschlägt er dein Volk / und deine mächtigen Säulen stürzt er zu Boden.
12 Sie plündern deinen Besitz / und rauben dir deine Waren.
Deine Mauern reißen sie ein. / Sie zerstören die prächtigen Bauten.
Deine Steine, deine Balken, deinen ganzen Schutt / werfen sie mitten ins Wasser.
13 So mache ich deinen lärmenden Liedern ein Ende, / vom Klang deiner Zithern ist nichts mehr zu hören.
14 Zum nackten Felsen mache ich dich. / Du wirst ein Platz zum Trocknen der Netze.
Man baut dich nie wieder auf; / denn ich, der HERR, habe gesprochen – Spruch GOTTES, des Herrn.
15 So spricht GOTT, der Herr, zu Tyrus: Ist es
nicht so, dass die Inseln erzittern beim Getöse
deines Sturzes, beim Gestöhn der zu Tode Getroffenen, beim mörderischen Blutbad in deiner Mitte?
16 Dann steigen alle Fürsten des
Meeres von ihren Thronen herab, sie legen
ihre Mäntel ab und ziehen ihre bunt gewebten
Kleider aus. Sie hüllen sich in Schrecken und
setzen sich auf den Boden; immer wieder erfasst sie ein Zittern und sie sind entsetzt über
dich.
17 Sie stimmen die Totenklage über dich
an und sagen zu dir:
Ach, wie bist du zerstört, / die bewohnt war vom Meer her,
die ruhmreiche Stadt, / einst eine Macht auf dem Meer,
sie und ihre Bewohner, / die durch alle ihre Bewohner Schrecken verbreitete.
18 Nun aber entsetzen sich die Inseln / am Tag deines Sturzes.
Bestürzt sind die Inseln im Meer / über dein Ende.
19 Denn so spricht GOTT, der Herr: Ich mache dich zur verwüsteten Stadt; dann wirst du
wie die Städte sein, die nicht mehr bewohnt
sind. Die Urflut lasse ich steigen, sodass gewaltige Wassermassen dich zudecken.
20 Ich
stoße dich zu denen hinab, die in die Grube
gesunken sind, zum Volk der Vorzeit. Ich weise dir einen Wohnsitz zu in den Tiefen der
Erde, wie ewige Trümmer, bei denen, die in
die Grube gesunken sind, damit du nicht mehr
bewohnt wirst. Aber im Land der Lebenden
gebe ich eine Zierde.
21 Zu einem Bild des
Schreckens mache ich dich. Du bist nicht mehr
da, und wer dich sucht, wird dich in Ewigkeit
nicht finden – Spruch GOTTES, des Herrn.

2: 25,3; 36,2; Jes 23; Am 1,9f. / **7**: 29,17–21; Jer 27,6; 46,26 / **8**: 4,1–3; 21,27; 2 Kön 25,1 / **13**: Jes 24,8f.; Jer 25,10; Am 5,23; Offb 18,22 / **16**: Jona 3,6 / **17**: Offb 18,9–19 / **18**: Jes 41,5 / **20**: 31,14; 32,18; Jes 14,11.15 / **21**: 27,36; 28,19; Offb 18,21

TOTENKLAGE ÜBER TYRUS, DAS PRÄCHTIGE SCHIFF: 27,1–36

27 1 Das Wort des HERRN erging an mich:
2 Du, Menschensohn, stimm die Totenklage über Tyrus an!
3 Sag zu Tyrus, die da
wohnt am Zugang zum Meer, die Handel treibt
mit den Völkern bis hin zu den vielen Inseln:
So spricht GOTT, der Herr:
Tyrus, du sagst: / Ich bin von vollendeter Schönheit.
4 Im Herzen der Meere liegt dein Gebiet. / Vollendet schön schufen dich deine Erbauer.
5 Aus Zypressen vom Senirgebirge / bauten sie all deine Planken,
eine Zeder vom Libanon nahmen sie, / um auf dir den Mast zu errichten.
6 Deine Ruder machten / sie aus Terebinthen vom Baschan,
dein Deck aus Elfenbein und Eschenholz / von den Inseln der Kittäer.
7 Dein Segel war bunt gewebtes ägyptisches Leinen. / Es sollte dein Erkennungszeichen sein.
Deine Planen waren aus violettem und rotem Purpur / von den Küsten Elischas.
8 Deine Ruderer stammten / aus Sidon und Arwad.
Deine Weisen, Tyrus, waren bei dir. / Sie waren deine Seeleute.
9 Die Ältesten von Gebal und seine Weisen / fuhren auf dir, um deine Risse zu dichten.
Alle Schiffe des Meeres und ihre Schiffsleu-

27,6 Eschenholz: vermuteter Text; ist verschrieben: H. – Die Kittäer sind nach der Stadt Kition in Zypern benannt.
27,7 Die Stadt Elischa lag wohl in Zypern.
27,8 Arwad: nördlich von Tripolis an der syrischen Küste.
27,9 Gebal ist Byblos, nördlich von Beirut.

te / kamen zu dir, um mit dir Handel zu trei-
ben.
10 Paras, Lud und Put / waren in deinem
Heer als deine Krieger.
Schilde und Helme hängten sie auf an dir; /
diese verliehen dir prächtigen Glanz.
11 Die Söhne von Arwad und dein Heer stan-
den ringsum auf deinen Mauern und Gamma-
diter auf deinen Türmen. Ihre Schilde hängten
sie rings an deinen Mauern auf. Sie machten
deine Schönheit vollkommen. 12 Tarschisch
kaufte bei dir wegen der Fülle all deiner Güter;
Silber, Eisen, Zinn und Blei gaben sie für deine
Waren. 13 Jawan, Tubal und Meschech, sie wa-
ren deine Händler. Menschen und Kupfergerä-
te gaben sie für deine Handelswaren. 14 Die von
Bet-Togarma gaben Zugpferde und Reitpferde
und Maultiere für deine Waren. 15 Die Söhne
von Dedan waren deine Händler. Viele Inseln
standen als Kaufleute an deiner Seite; als Abga-
ben brachten sie dir Elfenbein und Ebenholz.
16 Aram kaufte bei dir wegen der Fülle deiner
Erzeugnisse. Karfunkelstein, Purpur, bunte
Stoffe, Byssus, Korallen und Rubine gaben sie
für deine Waren. 17 Juda und das Land Israel, sie
waren deine Händler. Weizen aus Minnit, Pan-
nag, Honig, Öl und Mastix gaben sie für deine
Handelswaren. 18 Damaskus kaufte bei dir we-
gen der Fülle deiner Erzeugnisse, wegen der
Fülle all deiner Güter. Wein aus Helbon und
Wolle aus Zahar, 19 Wein aus Usal gaben sie für
deine Waren. Gehämmertes Eisen, Zimt und
Gewürzrohr gehörte zu deinen Handelswaren.
20 Dedan war dein Händler für Satteldecken.
21 Arabien und alle Fürsten von Kedar, sie wa-
ren Kaufleute an deiner Seite. Sie kauften bei
dir Lämmer, Widder und Böcke. 22 Händler von
Saba und Ragma, sie trieben Handel mit dir. Für
den allerbesten Balsam, für alle Arten von Edel-
steinen und Gold gaben sie deine Waren. 23 Ha-
ran, Kanne und Eden, die Händler von Saba,
Assur, Kilmad trieben Handel mit dir. 24 Sie
waren deine Händler. Prunkgewänder und
Mäntel aus violettem Purpur, bunte Stoffe und
mehrfarbige Tücher, feste gedrehte Seile kauf-
ten sie ein für dich.

27,11 Gammaditer: Bezeichnung für die Bewohner der altorientalischen Stadt Kumidi (Ka-mid el-Lo-z) im Libanon.

27,14 Bet-Togarma lag in Kleinasien.

27,17 Pannag: unbekanntes Wort, vielleicht eine Mehlart oder ein Gebäck.

27,19 Wein: G; Dan und Jawan: H.

27,21–23 Die Namen in VV. 21f. weisen nach Arabien, die von V. 23 wohl nach Mesopotamien.

25 Die Schiffe von Tarschisch dienten dir /
als Karawanen für deine Waren.
So fülltest du dich, / wurdest schwer bela-
den im Herzen der Meere.
26 Über gewaltige Wasser brachten dich /
deine Ruderer.
Da zerbrach dich der Ostwind / im Herzen
der Meere.
27 Dein Reichtum, deine Waren, dein
Handelsgut, / deine Schiffsleute und deine
Seeleute,
die Männer, die deine Risse dichten, / die
deine Waren eintauschen,
alle deine Soldaten auf dir / und in deinem
ganzen Aufgebot, / die in deiner Mitte sind,
sie fallen in das Herz der Meere / am Tag
deines Falles.
28 Beim lauten Geschrei deiner Seeleute /
wogen die Wasserfluten.
29 Alle, die das Ruder führen, / verlassen ihr
Schiff.
Schiffsleute, alle Seeleute des Meeres, / sie
stehen an Land.
30 Über dich lassen sie laut ihre Stimme hö-
ren, / bitterlich schreien sie auf.
Sie streuen sich Staub auf ihr Haupt, / in der
Asche wälzen sie sich.
31 Deinetwegen scheren sie sich eine Glat-
ze, / Trauerkleider legen sie an
und weinen über dich mit verbitterter See-
le, / mit bitterer Klage.
32 In ihrem Jammer stimmen sie über dich /
eine Totenklage an
und halten Klage für dich: / Wer war wie
Tyrus,
ihm vergleichbar, / mitten im Meer?
33 Als deine Waren vom Meer her kamen, /
hast du viele Völker gesättigt.
Die Könige der Erde machtest du reich / mit
deinem gewaltigen Reichtum / und deinen
Handelswaren.
34 Jetzt bist du zerbrochen – weg von den
Meeren – / in den Tiefen des Wassers.
Deine Handelswaren und dein ganzes Auf-
gebot / in deiner Mitte sind gefallen.
35 Alle Bewohner der Küsten / sind entsetzt
über dich;
ihren Königen sträubt sich das Haar. / Ver-
stört sind die Gesichter.
36 Die Kaufleute unter den Völkern / zi-
scheln über dich.

27,34 jetzt: G, Vg; Zeit: H.

Zu einem Bild des Schreckens bist du geworden, / du bist für immer dahin.

1–36: Am 1,9–10; Offb 18,9–24 / **2**: 19,14 / **10**: 30,5; 38,5; Jer 46,9; Gen 10,6.13 / **12**: 38,13; Gen 10,4; Jes 23,1 / **13**: 32,26; 38,2; 39,1; Gen 10,2 / **14**: 38,6 / **15**: 25,13; 38,13; Gen 10,7 / **18**: Hos 12,8 / **19**: Gen 10,27 / **20**: 25,13; 38,13; Gen 10,7 / **21**: Gen 25,13; Jer 49,28 / **22**: 38,13; Gen 10,7; 1 Kön 10,1 / **23**: Gen 11,31; 12,5; Jes 37,12 / **36**: 26,21; 28,19; Jer 18,16; Klgl 2,16

GEGEN DEN FÜRSTEN VON TYRUS: 28,1–10

28 1 Das Wort des HERRN erging an mich:
2 Menschensohn, sag zum Fürsten von
Tyrus: So spricht GOTT, der Herr: Weil sich dein Herz überhoben hat und du sagtest: Ich bin ein Gott, einen Wohnsitz für Götter bewohne ich im Herzen der Meere. Doch du bist ein Mensch und kein Gott, obwohl du dein Herz dem Herzen eines Gottes gleichgestellt hast.
3 Siehe, du bist weiser als Daniel. / Kein Geheimnis war dir zu dunkel.
4 Durch deine Weisheit und Einsicht / schufst du dir Reichtum.
Mit Gold und Silber / fülltest du deine Kammern.
5 Durch deine gewaltige Weisheit, durch deinen Handel / hast du deinen Reichtum vermehrt.
Doch dein Herz hat sich erhoben / wegen all deines Reichtums.
6 Darum – so spricht GOTT, der Herr:
Weil du dein Herz / dem Herzen eines Gottes gleichgemacht hast,
7 darum, siehe, bringe ich Fremde über dich, / tyrannische Nationen.
Sie zücken ihre Schwerter gegen all deine prächtige Weisheit, / entweihen deinen strahlenden Glanz.
8 Sie stoßen dich hinab in das Grab; / wie einer durchbohrt wird und stirbt,
so stirbst du / im Herzen der Meere.
9 Wirst du dann angesichts deiner Mörder noch sagen: / Ich bin ein Gott?
Du bist ein Mensch und kein Gott / in der Hand derer, die dich durchbohren.
10 Wie Unbeschnittene sterben, / so stirbst du durch Fremde;
denn ich habe gesprochen – / Spruch GOTTES, des Herrn.

2: Gen 3,5; Jes 14,13f. / **3**: 14,14.20; Dan 1,17 / **4**: Sach 9,2–3 / **7**: 30,11; 32,12 / **9**: Jes 31,3 / **10**: 31,18; 32,19.28.32

TOTENKLAGE ÜBER DEN KÖNIG VON TYRUS: 28,11–19

11 Das Wort des HERRN erging an mich:
12 Menschensohn, stimm eine Totenklage an über den König von Tyrus und sag zu ihm: So spricht GOTT, der Herr:
Du warst ein vollendet gestaltetes Siegel, / voll Weisheit und vollkommener Schönheit.
13 Im Garten Gottes, in Eden, bist du gewesen. / Allerlei kostbare Steine umgaben dich:
Rubin, Topas, dazu Jaspis, / Chrysolith, Karneol und Onyx, / Saphir, Karfunkelstein und Smaragd.
Aus Gold war alles gemacht, / was an dir erhöht und vertieft war,
all diese Zierden brachte man an, / am Tag, als du erschaffen wurdest.
14 Du, Kerub, mit ausgebreiteten, schützenden Flügeln, / ich hatte dich eingesetzt.
Auf dem heiligen Berg der Götter bist du gewesen. Zwischen den feurigen Steinen gingst du umher.
15 Ohne Tadel warst du auf deinen Wegen / seit dem Tag, an dem du erschaffen wurdest, /
bis Verbrechen an dir gefunden wurde.
16 Durch deinen ausgedehnten Handel / wurde dein Inneres mit Gewalttat erfüllt, /
in Sünde bist du gefallen.
Da habe ich dich entweiht, entfernt vom Berg der Götter, / und dich zugrunde gerichtet, du beschirmender Kerub, / weg aus der Mitte der feurigen Steine.
17 Hochmütig war dein Herz geworden, / weil du so schön warst.
Du hast deine Weisheit vernichtet, / verblendet vom strahlenden Glanz.
Ich stieß dich auf die Erde hinab. / Den Blicken der Könige gab ich dich preis,
damit sie dich alle begaffen.
18 Du hast durch deine gewaltige Schuld, / durch Unrecht bei deinem Handelsgeschäft
deine Heiligtümer entweiht.
So ließ ich mitten aus dir Feuer hervorbrechen. / Das hat dich verzehrt.
Vor den Augen all derer, die dich sahen, / machte ich dich zu Asche auf der Erde.
19 Alle, die dich kennen unter den Völkern, / sind entsetzt über dich.
Zum Schrecken bist du geworden, / du bist für immer dahin.

12: 19,14; 27,2 / **13**: 31,8f.; 36,35; Gen 2,8 / **14**: Gen 3,24; Ex 25,20; Jes 14,13; Ez 10,2 / **16**: 10,2.7 / **17**: Jes 14,12 / **19**: 26,21; 27,36

28,12 Siegel: G, Vg; siegelnd: H.

GEGEN SIDON: 28,20–23

20 Das Wort des HERRN erging an mich:
21 Menschensohn, richte dein Gesicht auf
Sidon, tritt als Prophet gegen es auf 22 und sag:
So spricht GOTT, der Herr:

Siehe, ich gehe gegen dich vor, Sidon, / und
verherrliche mich in deiner Mitte.

Dann werden sie erkennen, / dass ich der
HERR bin,

wenn ich an ihm das Urteil vollstrecke / und
mich an ihm als heilig erweise.

23 Ich schicke ihm Pest und Blut / in seine
Gassen.

Und es fallen in seiner Mitte Erschlagene, /
wenn das Schwert von überallher auf es ein-
schlägt.

Dann werden sie erkennen, / dass ich der
HERR bin.

20–23: 27,8; 32,30; Gen 10,15; Joël 4,4–8

VERHEISSUNG FÜR ISRAEL: 28,24–26

24 Dann droht dem Haus Israel kein stechen-
der Dorn und kein verletzender Stachel mehr
von allen ringsum, die sie verachten. Daran
werden sie erkennen, dass ich GOTT, der Herr,
bin.

25 So spricht GOTT, der Herr: Wenn ich die
vom Haus Israel aus all den Ländern zusam-
menführe, in die sie zerstreut sind, dann er-
weise ich mich an ihnen vor den Augen der
Völker als heilig. Sie werden auf ihrem Acker-
boden wohnen, den ich meinem Knecht Jakob
gegeben habe. 26 Dort werden sie in Sicherheit
leben; sie werden Häuser bauen und Weinber-
ge pflanzen. Sie wohnen in Sicherheit, sobald
ich an all denen, die sie ringsum verachtet ha-
ben, das Urteil vollstrecke. Dann werden sie
erkennen, dass ich, der HERR, ihr Gott bin.

25: 11,17; 20,34.41; 34,13; 36,19.24; 37,21; Gen 28,13 / **26**:
34,27–28; 38,8.11.14; 39,26

ERSTES WORT GEGEN ÄGYPTEN:
GERICHT ÜBER DEN PHARAO, DAS GROSSE
KROKODIL: 29,1–16

29 1 Am zwölften Tag des zehnten Monats
im zehnten Jahr erging das Wort des
HERRN an mich: 2 Menschensohn, richte dein
Gesicht auf den Pharao, den König von Ägyp-
ten, tritt als Prophet auf gegen ihn und gegen
ganz Ägypten, 3 sage und sprich: So spricht
GOTT, der Herr:

Siehe, ich gehe gegen dich vor, Pharao, /
König von Ägypten,

du großes Ungeheuer, das zwischen den
Armen seines Nil liegt,

das sagt: Mir gehört mein Nil, / ich habe
mich selber gemacht.

4 Aber ich schlage dir Haken durch die Kinn-
backen / und lasse die Fische deiner Nilarme
an deinen Schuppen kleben.

Ich ziehe dich herauf aus den Armen deines
Nil / samt all den Fischen deiner Nilarme, die
an deinen Schuppen kleben.

5 Dann werfe ich dich in die Wüste hinaus, /
dich und all die Fische deiner Nilarme.

Aufs trockene Land wirst du fallen. / Du
wirst nicht aufgelesen und nicht eingesam-
melt werden.

Den wilden Tieren und den Vögeln des
Himmels / werfe ich dich vor zum Fraß.

6 Dann werden alle Bewohner Ägyptens
erkennen, / dass ich der HERR bin.

Weil sie eine Stütze aus Schilfrohr / für das
Haus Israel gewesen sind,

7 – nehmen sie dich in die Hand, / dann zer-
brichst du / und durchbohrst ihnen die ganze
Schulter;

stützen sie sich auf dich, / dann zerbrichst
du / und machst allen die Hüften steif –,

8 darum – so spricht GOTT, der Herr: Siehe,
ich bringe das Schwert über dich und rotte
Mensch und Vieh aus dir aus. 9 Das Land Ägyp-
ten wird zu Wüste und Ödland. Dann werden
sie erkennen, dass ich der HERR bin. Weil er
gesagt hat:

Mir gehört der Nil; / ich habe ihn selber ge-
macht.

10 Darum, siehe, ich gehe gegen dich und
deine Nilarme vor. Ich mache das Land Ägyp-
ten zum dürren Ödland, zur Wüste von Mig-
dol bis Syene und bis an die Grenze von Kusch.
11 Weder eines Menschen Fuß noch eines Tie-
res Fuß geht mehr darüber hin. Vierzig Jahre
lang wird es nicht mehr bewohnt sein. 12 Ich
mache das Land Ägypten zur Wüste inmitten
verwüsteter Länder. Seine Städte sollen vierzig
Jahre lang verwüstet daliegen inmitten ver-
ödeter Städte. Ich zerstreue die Ägypter unter
die Nationen und vertreibe sie in die Länder.

13 Denn so spricht GOTT, der Herr: Nach
vierzig Jahren führe ich die Ägypter aus den
Völkern zusammen, unter die sie zerstreut
wurden. 14 Ich wende das Geschick Ägyptens
und bringe sie zurück in das Land Patros, das
Land ihrer Herkunft. Dort werden sie ein ge-
ringes Reich gründen. 15 Es wird geringer sein

als die Königreiche und es wird sich nicht mehr
über die Nationen erheben. Ich mache es ganz
klein, damit es nicht mehr über die Nationen
herrschen kann. 16 Es wird dem Haus Israel
keinen Anlass mehr zum Vertrauen geben. Es
riefe Israels Schuld in Erinnerung, wenn es
sich ihm anschlösse. Sie werden erkennen,
dass ich GOTT, der Herr, bin.

2: Jes 19; Jer 46 / **3**: 32,2; Jes 27,1; Ijob 40,25–41,26 / **4**: 19,4.9; 38,4; Jes 37,29 / **5**: Jer 7,33; 8,2 / **6**: 2 Kön 18,21; Jes 36,6 / **10**: 30,6 / **13**: 11,17; Jes 19,21–25 / **14**: 16,53; 39,25

ZWEITES WORT GEGEN ÄGYPTEN: NEBUKADNEZZARS SIEG: 29,17–21

17 Es geschah im siebenundzwanzigsten Jahr,
im ersten Monat, am Ersten des Monats, da
erging das Wort des HERRN an mich: 18 Men-
schensohn! Nebukadnezzar, der König von
Babel, hat sein Heer gegen Tyrus schwere Ar-
beit verrichten lassen; jeder Kopf wurde kahl
und jede Schulter war zerschunden. Aber Ty-
rus hat ihn und sein Heer nicht belohnt für die
Arbeit, die sie geleistet haben.
19 Darum – so spricht GOTT, der Herr: Siehe,
ich gebe Nebukadnezzar, dem König von Babel,
das Land Ägypten. Er wird seine Schätze weg-
schleppen; er wird alles plündern und reiche
Beute machen. Das wird der Lohn seines Heeres
sein. 20 Als Belohnung für seine Arbeit gebe ich
ihm das Land Ägypten; denn sie haben für mich
gearbeitet – Spruch GOTTES, des Herrn.
21 An jenem Tag werde ich dem Haus Israel
ein Horn sprießen lassen und ich öffne dir den
Mund in ihrer Mitte. Dann werden sie erken-
nen, dass ich der HERR bin.

19: 30,10.24; 32,11f.; Jer 43,11 / **20**: Jer 43,10; 44,30; 46,26 / **21**: 2 Sam 2,1; Ps 132,17

DRITTES WORT GEGEN ÄGYPTEN: DER TAG DES HERRN ÜBER ÄGYPTEN: 30,1–19

30 1 Das Wort des HERRN erging an mich:
2 Menschensohn, tritt als Prophet auf
und sag: So spricht GOTT, der Herr:
Heult: Weh über den Tag!
3 Denn ein Tag ist nahe, / ein Tag des HERRN
ist nahe,
ein Tag des Gewölkes. / Eine Zeit für die
Nationen ist da.
4 Ein Schwert dringt ein in Ägypten. / Ein
Zittern überfällt Kusch, / wenn in Ägypten
die Menschen erschlagen werden und fallen.
Man schleppt seine Schätze hinweg / und
reißt seine Grundmauern nieder.
5 Kusch, Put und Lud, / das ganze Völkerge-
misch,
Kub und die Söhne des verbündeten Lan-
des / fallen mit ihnen durch das Schwert.
6 So spricht der HERR:
Es fallen, die Ägypten stützen, seine herr-
liche Macht sinkt dahin.
Von Migdol bis hin nach Syene fallen sie
unter dem Schwert – Spruch GOTTES, des
Herrn.
7 Verwüstet liegen sie da inmitten verwüs-
teter Länder
und seine Städte inmitten verödeter Städte.
8 Sie werden erkennen, dass ich der HERR
bin,
wenn ich an Ägypten Feuer lege, wenn all
seine Helfer zusammenbrechen.
9 An jenem Tag fahren Boten auf Schiffen
vor mir hinaus, um Kusch aus seiner Ruhe zu
schrecken. Ein Zittern überfällt sie am Tag
Ägyptens. Siehe, es kommt!
10 So spricht GOTT, der Herr: Ich mache der
Pracht Ägyptens ein Ende durch die Hand Ne-
bukadnezzars, des Königs von Babel. 11 Er und
sein Volk mit ihm, die gewalttätigsten unter
den Völkern, werden herbeigeholt, um das
Land zu vernichten. Sie zücken ihre Schwerter
gegen Ägypten und füllen das Land mit Er-
schlagenen. 12 Ich lege die Nilarme trocken,
verkaufe das Land an Verbrecher, ich verwüs-
te das Land und alles darin durch die Hände
von Fremden. Ich, der HERR, habe gespro-
chen.
13 So spricht GOTT, der Herr: Ich will die
Götzen vernichten. Ich führe das Ende der
Götter von Memfis herbei. Der Fürst aus dem
Land Ägypten wird nicht mehr leben. Ich stür-
ze das Land Ägypten in Angst. 14 Patros will
ich verwüsten, an Zoan lege ich Feuer, an No
vollstrecke ich das Urteil. 15 Über Sin, die Fes-
tung Ägyptens, gieße ich meinen Zorn aus
und ich vernichte die Pracht von No. 16 An
Ägypten lege ich Feuer. Sin wird sich in
Krämpfen winden; No wird man erstürmen
und Memfis – Feinde am hellen Tag. 17 Die jun-
gen Männer von On und Pi-Beset fallen unter
dem Schwert und sie selber ziehen in die Ge-
fangenschaft. 18 Es wird der Tag zurückgehal-
ten für Tachpanhes, wenn ich dort die Joch-
stangen Ägyptens zerbreche; dann ist es mit
seiner herrlichen Macht zu Ende. Gewölk wird

30,17 On: G, Vg; Awen (des Unheils): H.

es bedecken und seine Töchter ziehen in die
Gefangenschaft. 19 So vollstrecke ich an Ägyp-
ten das Urteil und sie werden erkennen, dass
ich der HERR bin.

3: 7,7; 12,23; 34,12; Joël 1,15; Am 5,18; Zef 1,14 / **4**: 29,8; Zef 2,12 / **5**: 27,10; 38,5; Jer 25,20; 46,9 / **6**: 29,10; 32,12 / **10**: 29,10.19 / **11**: 28,7; 32,12 / **12**: Jes 19,5 / **14**: 29,14; Jes 19,11; Jer 46,25 / **18**: Jer 43,9

VIERTES WORT GEGEN ÄGYPTEN: DER ZERBROCHENE ARM DES PHARAO: 30,20–26

20 Es geschah im elften Jahr, im ersten Monat,
am siebten Tag des Monats, da erging das Wort
des HERRN an mich: 21 Menschensohn, ich
habe dem Pharao, dem König von Ägypten,
den Arm zerbrochen. Und siehe, man hat ihn
nicht verbunden und nicht geschient und ihm
keine Heilung gegönnt, damit er nicht wieder
zu Kräften kommt und zum Schwert greift.

22 Darum – so spricht GOTT, der Herr: Siehe,
ich gehe gegen den Pharao vor, den König von
Ägypten: Ich zerbreche ihm die Arme, den
gesunden und den zerbrochenen, und schlage
ihm das Schwert aus seiner Hand. 23 Ich zer-
streue die Ägypter unter die Nationen und
vertreibe sie in die Länder. 24 Ich stärke die
Arme des Königs von Babel und gebe ihm
mein Schwert in seine Hand. Dem Pharao aber
zerbreche ich die Arme, sodass er vor ihm
stöhnt wie ein tödlich Verletzter.

25 Ich stärke die Arme des Königs von Babel;
doch die Arme des Pharao sinken kraftlos he-
runter. Wenn ich dem König von Babel mein
Schwert in die Hand gebe und er es gegen das
Land Ägypten ausstreckt, dann werden sie
erkennen, dass ich der HERR bin. 26 Ich zer-
streue die Ägypter unter die Nationen und
vertreibe sie in die Länder. Dann werden sie
erkennen, dass ich der HERR bin.

23–24: 29,19f. / **23**: 29,12; 36,19 / **24**: 21,24–25; 29,19; 32,11 / **26**: 29,12; 36,19

FÜNFTES WORT GEGEN ÄGYPTEN: GLEICHNIS VOM PHARAO, DEM WELTENBAUM: 31,1–18

31 1 Es geschah im elften Jahr, im dritten
Monat, am ersten Tag des Monats, da
erging das Wort des HERRN an mich: 2 Men-
schensohn, sag zum Pharao, dem König von
Ägypten, und zu seinem Gefolge:

Wem warst du in deiner Größe vergleich-
bar?

3 Siehe, Assur: / Eine Zeder auf dem Liba-
non,

prächtig war das Geäst, / reichlich der
Schatten, / hoch der Wuchs

und in die Wolken ragte ihr Wipfel.

4 Wasser machte sie groß. / Die Flut in der
Tiefe ließ sie hoch emporwachsen.

Ihre Ströme flossen rings um den Ort, / wo
sie gepflanzt war,

sie leitete ihre Kanäle / zu allen Bäumen des
Feldes.

5 Darum war sie höher gewachsen / als alle
Bäume des Feldes.

Ihre Zweige wurden sehr zahlreich / und
ihre Äste breiteten sich aus

wegen des Reichtums an Wasser, / als sie
emporwuchs.

6 Alle Vögel des Himmels / hatten ihr Nest
in ihren Zweigen.

Alle wilden Tiere / brachten unter den Äs-
ten ihre Jungen zur Welt.

All die vielen Nationen / wohnten in ihrem
Schatten.

7 Schön war sie in ihrer Größe / mit ihrem
breiten Geäst;

denn ihre Wurzeln / hatten viel Wasser.

8 Keine Zeder im Garten Gottes / war ihr
vergleichbar.

Keine Zypresse hatte Zweige wie sie, / kei-
ne Platane so mächtige Äste wie sie.

Keiner der Bäume im Garten Gottes / glich
ihr in ihrer Schönheit.

9 Ich hatte sie herrlich gemacht / mit ihren
zahlreichen Zweigen.

Voll Eifersucht auf sie waren im Garten Got-
tes / alle Bäume von Eden.

10 Darum – so spricht GOTT, der Herr: Weil
du so hoch emporwuchsest – da sie mit ihrem
Wipfel in die Wolken ragte und ihr Herz we-
gen ihrer Höhe überheblich wurde –, 11 deshalb
gebe ich sie in die Hand des Herrschers der
Nationen. Er handelt, ja behandelt sie nach
ihrer Schlechtigkeit; ich vertreibe sie. 12 Frem-
de, die gewalttätigsten unter den Völkern,
werden sie umhauen und hinwerfen. Ihre
Zweige fallen auf die Berge und in alle Täler,
ihre Äste zerbrechen in allen Schluchten der
Erde. Alle Völker der Erde verlassen den Schat-
ten der Zeder und lassen sie liegen. 13 Auf ihren
gefällten Stamm setzen sich alle Vögel des
Himmels, die wilden Tiere hausen in ihren
Zweigen. 14 Dies, damit keiner der Bäume am
Wasser sich seiner Größe wegen erhebt und

mit seinem Wipfel in die Wolken ragt und
keiner der vom Wasser getränkten Bäume in
seiner Größe gegen sie aufsteht. Denn sie alle
werden dem Tod ausgeliefert und sie müssen
in das Land der Tiefe hinab inmitten der
Menschensöhne, zu denen, die in die Grube
hinabgestiegen sind.
15 So spricht GOTT, der Herr: Am Tag, da die
Zeder in die Unterwelt hinabsteigt, rufe ich
Trauer aus, ich bedecke ihretwegen die Flut; ich
halte ihre Ströme zurück, sodass der Reichtum
an Wasser versiegt. Ihretwegen hülle ich den
Libanon in Trauer und alle Bäume des Feldes
sinken ihretwegen in Ohnmacht. 16 Durch das
Getöse ihres Sturzes lasse ich Völker erzittern,
wenn ich sie in die Unterwelt hinabsteigen las-
se, hinab zu denen, die in die Grube hinabge-
stiegen sind. Dann trösten sich im Land der
Tiefe alle Bäume von Eden, die erlesenen und
besten des Libanon, alle, die Wasser getrunken
haben. 17 Auch sie steigen hinab zusammen mit
ihr in die Unterwelt, hinab zu denen, die vom
Schwert erschlagen wurden, sie und die, die ihr
helfender Arm waren, die in ihrem Schatten
wohnten, mitten unter den Nationen.
18 Wem warst du gleich unter den Bäumen
von Eden an Größe und Pracht? Und doch
wirst du zusammen mit den Bäumen von Eden
in das Land der Tiefe hinuntergebracht. Dort
wirst du mitten unter den Unbeschnittenen
liegen, unter denen, die vom Schwert erschla-
gen wurden. Dies ist der Pharao und sein gan-
zes Gefolge – Spruch GOTTES, des Herrn.

2: 29,2; 32,2 / **3:** 32,22; 17,3; 19,11; Dan 4,7 / **4:** 17,7; 34,29 / **6:** 17,23 / **8–9:** 28,13; 36,35; Gen 2,8 / **10:** Dan 5,20 / **15:** Num 16,33 / **16:** 32,17–32; 28,8; Jes 14,15

SECHSTES WORT GEGEN ÄGYPTEN: TOTENKLAGE ÜBER DEN PHARAO, DAS GEFANGENE KROKODIL: 32,1–16

32 1 Es geschah im zwölften Jahr, im
zwölften Monat, am ersten Tag des Mo-
nats, da erging das Wort des HERRN an mich:
2 Menschensohn, stimm eine Totenklage an
über den Pharao, den König von Ägypten, und
sag zu ihm:
Einem Löwen unter den Nationen bist du
gleich gewesen.
Du jedoch warst wie das Ungeheuer in den
Meeren,
hast deine Flüsse aufgepeitscht, / die Was-
ser mit deinen Füßen verschmutzt / und ihre
Fluten aufgewühlt.
3 So spricht GOTT, der Herr: / Ich spanne
aus über dich mein Netz
durch ein Heer von vielen Völkern, / die
ziehen dich herauf in meinem Schleppnetz.
4 Dann werfe ich dich aufs Land, / schleu-
dere dich aufs freie Feld.
Ich sorge dafür, dass alle Vögel des Himmels
sich auf dir niederlassen, / und ich sättige mit
dir die Tiere der ganzen Erde.
5 Ich lege dein Fleisch auf den Bergen aus /
und fülle die Täler mit deinem Aas.
6 Ich tränke das Land bis hin zu den Bergen /
mit der Flut deines Blutes;
die Schluchten sollen sich damit füllen.
7 Wenn dein Leben erlischt, / will ich den
Himmel bedecken
und seine Sterne verdüstern.
Die Sonne decke ich zu mit Wolken, / der
Mond lässt sein Licht nicht mehr leuchten.
8 Deinetwegen verdunkle ich / alle die
strahlenden Lichter am Himmel
und lege Finsternis über dein Land – /
Spruch GOTTES, des Herrn.
9 Ich versetze das Herz vieler Völker in Kum-
mer, / wenn ich ihnen
und all den Ländern, die du nicht kanntest, /
deinen Zusammenbruch unter den Nationen
melde.
10 Über dich lasse ich viele Völker entsetzt
sein, / ihren Königen sträuben sich deinetwe-
gen die Haare,
wenn ich mein Schwert gegen sie schwinge.
Sie zittern erregt am Tag deines Sturzes, /
jeder hat Angst um sein Leben.
11 Denn so spricht GOTT, der Herr: / Das
Schwert des Königs von Babel kommt über
dich.
12 Durch Schwerter von Kriegern / bringe
ich dein Gefolge zu Fall.
Sie alle sind die gewalttätigsten unter den
Völkern. / Sie verwüsten den Stolz von Ägyp-
ten, all seine Pracht wird zerstört.
13 All sein Vieh lasse ich verschwinden / aus
den großen Gewässern.
Keines Menschen Fuß wird sie mehr trü-
ben / noch werden die Hufe der Tiere sie
trüben.
14 Dann mache ich ihre Gewässer klar / und
ihre Ströme lasse ich dahingleiten wie Öl – /
Spruch GOTTES, des Herrn.
15 Wenn ich das Land Ägypten zum Ödland
mache / und wenn das Land, seiner Fülle be-
raubt, verödet ist,

wenn ich alle seine Bewohner darin erschlage,
dann werden sie erkennen, dass ich der HERR bin.
16 Eine Totenklage ist dies, die Totenklage, sie soll man anstimmen; die Töchter der Nationen sollen die Totenklage anstimmen. Über Ägypten und all seine Pracht sollen sie die Totenklage anstimmen – Spruch GOTTES, des Herrn.

2: 19,14; 29,2–5; 31,2; Ijob 40,25–41,26 / **3**: 12,13; 31,12–16 / **4**: 29,5; 39,4; Jer 7,33; 8,2 / **7**: Jes 13,10; Am 8,9; Mt 24,29; Offb 6,12 / **10**: 26,16; 27,35; Jes 52,14 / **11**: 21,24–25; 29,19; 30,24–25 / **16**: 19,14; 29,2; 31,2

SIEBTES WORT GEGEN ÄGYPTEN: TOTENKLAGE ÜBER DEN PHARAO UND SEIN GEFOLGE: 32,17–32

17 Es geschah im zwölften Jahr, am fünfzehn-
ten Tag des ersten Monats, da erging das Wort
des HERRN an mich: 18 Menschensohn, jamm-
re über die Pracht Ägyptens und geleite sie
hinab in das Land der Tiefe, sie und die Töch-
ter mächtiger Nationen, bring sie zu denen, die
in die Grube hinabgestiegen sind!

19 Wen hast du an Schönheit übertroffen? / Steige hinab und lieg bei den unbeschnittenen Männern!
20 Mitten unter jene, die das Schwert erschlug, / werden sie fallen.
Dem Schwert wurde es übergeben. / Rafft es weg mit all seiner Pracht!
21 Dann sagen die mächtigen Helden mitten aus der Unterwelt / über ihn samt seinen Helfern:
Sie sind hinabgestiegen, liegen da, / die Unbeschnittenen, die vom Schwert Erschlagenen.
22 Dort ist Assur und sein ganzes Heer, / rings um ihn sind ihre Gräber.
Sie alle hat man erschlagen, / sie fielen unter dem Schwert.
23 Im tiefsten Grund einer Grube / gab man ihm sein Grab.
Sein Heer liegt rings um sein Grab. / Sie alle hat man erschlagen,
sie fielen unter dem Schwert, / sie, die einst im Land der Lebenden Schrecken verbreitet haben.
24 Dort liegt Elam und all sein Gefolge / rings um sein Grab.
Sie alle hat man erschlagen, / sie fielen unter dem Schwert,
in das Land der Tiefe sind sie hinabgestiegen, / Unbeschnittene,
sie, die einst im Land der Lebenden / ihren Schrecken verbreitet haben.
Sie aber haben ihre Schande zu tragen / mit denen, die in die Grube hinabgestiegen sind.
25 Mitten unter denen, die man erschlug, / hat man ihm mit seinem ganzen Gefolge ein Lager bereitet.
Rings um ihn her sind seine Gräber, / sie alle sind Unbeschnittene,
die man mit dem Schwert erschlug.
Denn im Land der Lebenden / hatte sich der Schrecken vor ihnen verbreitet,
sie aber haben ihre Schande zu tragen, / mit denen, die in die Grube hinabgestiegen sind.
Mitten unter Erschlagene legte man sie.
26 Dort ist Meschech-Tubal und all sein Gefolge. / Rings um ihn her sind ihre Gräber.
Sie alle sind Unbeschnittene, / mit dem Schwert Erschlagene;
denn sie haben im Land der Lebenden ihren Schrecken verbreitet.
27 Aber sie liegen nicht bei den gefallenen Kriegern aus früheren Zeiten, / die mit ihrer Rüstung in die Unterwelt hinabgestiegen sind,
denen man das Schwert unter den Kopf gelegt hat.
Doch ihre Sünden lasten auf ihren Gebeinen; / denn der Schrecken der Krieger war im Land der Lebenden.
28 Auch du wirst inmitten der Unbeschnittenen zerbrochen / und liegst bei denen, die das Schwert erschlug.
29 Dort liegen Edom, seine Könige / und all seine Fürsten,
die man trotz ihrer Stärke zu denen gelegt hat, / die das Schwert erschlug.
Sie, ja sie liegen da bei den unbeschnittenen Männern, / bei denen, die in die Grube hinabgestiegen sind.
30 Dort sind Fürsten des Nordens, / sie alle und alle Sidonier;
sie stiegen hinab mit denen, die man erschlug.
Trotz ihrer schreckenerregenden Stärke / sind sie zuschanden geworden;
bei den Unbeschnittenen liegen sie, / bei denen, die das Schwert erschlug.
Sie haben ihre Schande zu tragen / mit denen, die in die Grube hinabgestiegen sind.

32,27 aus früheren Zeiten: G; von den Unbeschnittenen: H, Vg.

31 Der Pharao wird sie sehen / und er tröstet
sich über den Verlust seines ganzen Gefolges.
Jetzt sind sie vom Schwert erschlagen, / der
Pharao und seine ganze Streitmacht – / Spruch
GOTTES, des Herrn.
32 Denn ich habe meinen Schrecken verbrei-
tet / im Land der Lebenden.
Doch jetzt liegt der Pharao da / mit seinem
ganzen Gefolge
inmitten der unbeschnittenen Männer, / bei
denen, die das Schwert erschlug – Spruch
GOTTES, des Herrn.

18: 31,14–16; Jes 14,9–11 / **21**: 39,18; Gen 6,4 / **24**: Gen 10,22 / **26**: 27,13; 38,2; 39,1 / **27**: Gen 6,4 / **28**: 28,10; 31,18 / **29**: 25,12–14 / **30**: 28,20–23

HEIL AUS DEM GERICHT: 33,1–37,28

EZECHIEL ALS WÄCHTER – IM DIENST AN DER UMKEHR: 33,1–20

33 1 Das Wort des HERRN erging an mich:
2 Menschensohn, sprich zu den Söhnen
deines Volkes und sag zu ihnen: Wenn ich
über ein Land das Schwert kommen lasse und
das Volk des Landes aus seiner Mitte einen
Mann nimmt und ihn zu seinem Wächter
macht 3 und wenn er das Schwert über das
Land kommen sieht, in das Widderhorn bläst
und das Volk warnt 4 und jemand den Schall
des Widderhorns zwar hört, sich aber nicht
warnen lässt, sodass das Schwert kommt und
ihn dahinrafft, dann wird sein Blut auf seinem
Haupt sein. 5 Er hat den Schall des Widder-
horns zwar gehört, sich aber nicht warnen
lassen; sein Blut wird auf ihm sein. Wenn er
sich jedoch warnen lässt, hat er sein Leben ge-
rettet. 6 Wenn aber der Wächter das Schwert
kommen sieht und nicht in das Widderhorn
bläst und das Volk nicht gewarnt wird und
wenn das Schwert kommt und einen von ih-
nen dahinrafft, dann wird dieser zwar wegen
seiner eigenen Schuld dahingerafft, sein Blut
aber fordere ich aus der Hand des Wächters
zurück.
7 Du aber, Menschensohn, ich habe dich dem
Haus Israel als Wächter gegeben; wenn du ein
Wort aus meinem Mund hörst, musst du sie
vor mir warnen. 8 Wenn ich zum Schuldigen
sage: Schuldiger, du musst sterben! und wenn
du nicht redest, um den Schuldigen vor sei-
nem Weg zu warnen, dann wird dieser Schul-
dige seiner Sünde wegen sterben; sein Blut
aber fordere ich aus deiner Hand zurück. 9 Du
aber, wenn du einen Schuldigen vor seinem
Weg gewarnt hast, damit er umkehrt, und er
sich nicht abkehrt von seinem Weg, dann wird
er seiner Sünde wegen sterben; du aber hast
dein Leben gerettet.
10 Du aber, Menschensohn, sag zum Haus
Israel: So sprecht ihr: Fürwahr, unsere Verge-
hen und unsere Sünden lasten auf uns, in ih-
nen siechen wir dahin. Wie sollen wir da am
Leben bleiben? 11 Sag zu ihnen: So wahr ich
lebe – Spruch GOTTES, des Herrn –, ich habe
kein Gefallen am Tod des Schuldigen, sondern
daran, dass ein Schuldiger sich abkehrt von
seinem Weg und am Leben bleibt. Kehrt
um, kehrt euch ab von euren bösen Wegen!
Warum denn wollt ihr sterben, ihr vom Haus
Israel?
12 Du aber, Menschensohn, sag zu den Söh-
nen deines Volkes: Die Gerechtigkeit des Ge-
rechten wird ihn nicht retten am Tage seines
Vergehens. Und die Schuld des Schuldigen: Er
wird durch sie nicht zu Fall kommen am Tag
seiner Abkehr von seiner Schuld. Der Gerech-
te aber kann trotz seiner Gerechtigkeit nicht
am Leben bleiben, sobald er sündigt. 13 Wenn
ich zu dem Gerechten sage: Er wird gewiss am
Leben bleiben!, er aber im Vertrauen auf seine
Gerechtigkeit Unrecht tut, dann wird ihm sei-
ne ganze Gerechtigkeit nicht angerechnet.
Wegen seines Unrechts, das er getan hat, des-
halb muss er sterben. 14 Wenn ich aber zu dem
Schuldigen sage: Du musst sterben! und er
kehrt sich von seiner Sünde ab und handelt
nach Recht und Gerechtigkeit, 15 gibt der
Schuldige das Pfand zurück, ersetzt er Geraub-
tes, geht er in den Satzungen des Lebens, und
tut er kein Unrecht mehr, dann wird er gewiss
am Leben bleiben und nicht sterben. 16 Keine
seiner Sünden, die er begangen hat, wird ihm
angerechnet. Er hat nach Recht und Gerech-
tigkeit gehandelt, er wird gewiss am Leben

bleiben. 17 Die Söhne deines Volkes aber sagen:
Der Weg des Herrn ist nicht richtig. Dabei sind
sie es, deren Weg nicht richtig ist. 18 Wenn ein
Gerechter sich abkehrt von seiner Gerechtig-
keit und Unrecht tut, muss er dafür sterben.
19 Und wenn ein Schuldiger sich von seiner
Schuld abkehrt und nach Recht und Gerech-
tigkeit handelt, so wird dieser deswegen Leben
haben. 20 Ihr aber sagt: Der Weg des Herrn ist
nicht richtig. Ich werde euch richten, ihr vom
Haus Israel, einen jeden nach seinem Weg.

2–9: 3,17–21 / **3**: 7,14; Jes 18,3; Jer 6,1; Hos 5,8; Am 3,6; Joël 2,1 / **4**: 18,13 / **7–9**: 3,17–21 / **10**: 18,21–32; Lev 26,39 / **11**: 18,23.32; Jes 55,7; Joël 2,12f.; Lk 15,7.10.32 / **12**: 3,20; 18,24–27 / **15**: 18,7; 20,11–13; 18,22; Lev 19,13 / **16**: 18,22 / **17**: 18,25.29 / **20**: 18,30; Jer 17,10

NACHRICHT VON DER EROBERUNG JERUSALEMS: 33,21–22

21 Und es geschah im zwölften Jahr, am fünften
Tag des zehnten Monats nach unserer Ver-
schleppung, da kam ein Entronnener aus Jeru-
salem zu mir und sagte: Die Stadt ist gefallen.
22 Die Hand des HERRN legte sich auf mich am
Abend, bevor der Entronnene eintraf, und ehe
dieser am Morgen zu mir kam, öffnete er mei-
nen Mund. So wurde mein Mund geöffnet und
ich war nicht mehr stumm.

21: 24,26–27; 2 Kön 25,2–4 / **22**: 3,26f.; 24,27

FALSCHE ERWARTUNGEN DER NICHTVERSCHLEPPTEN: 33,23–29

23 Das Wort des HERRN erging an mich:
24 Menschensohn, die Bewohner dieser Rui-
nen auf dem Ackerboden Israels sagen: Einer
nur war Abraham und er nahm das Land in
Besitz; wir aber sind viele. Umso mehr ist das
Land uns zum Besitz gegeben. 25 Deshalb sag
zu ihnen: So spricht GOTT, der Herr: Ihr esst
Fleisch mitsamt dem Blut, ihr blickt zu euren
Götzen auf und vergießt Blut. Und ihr wollt
das Land in Besitz nehmen? 26 Ihr setzt auf euer
Schwert, begeht Gräueltaten und einer schän-
det die Frau des andern. Und ihr wollt das Land
in Besitz nehmen? 27 So sag zu ihnen: So
spricht GOTT, der Herr: So wahr ich lebe, wer
in den Ruinen ist, fällt unter dem Schwert,
wer auf dem freien Feld ist, den werfe ich den
wilden Tieren zum Fraß vor, und wer sich in
den Burgen und Höhlen aufhält, stirbt an der
Pest. 28 Ich mache das Land zur Wüste und
Öde; seine stolze Macht hat ein Ende; die Ber-
ge Israels veröden, sodass niemand mehr
durchreist. 29 Dann werden sie erkennen, dass
ich der HERR bin, wenn ich das Land zur Wüs-
te und Öde mache wegen all der Gräueltaten,
die sie begangen haben.

24: 11,15; Jes 51,2 / **25**: Lev 17,10–14; 1 Sam 14,32–34 / **26**: 11,15; 18,6; Lev 18,20

DIE UNAUFRICHTIGEN HÖRER: 33,30–33

30 Du, Menschensohn, die Söhne deines
Volkes reden über dich an den Mauern und
Toren der Häuser. Einer sagt zum andern,
jeder zu seinem Bruder: Kommt doch und
hört, was für ein Wort vom HERRN ausgeht.
31 Dann kommen sie zu dir wie bei einem
Volksauflauf, setzen sich vor dich hin – mein
Volk! – und hören deine Worte an, aber sie
handeln nicht danach; denn ihr Mund ist
voller Verlangen und so handeln sie auch
und ihr Herz läuft nur ihrem Gewinn hin-
terher. 32 Siehe, du bist für sie wie ein Liebes-
lied, eine wohlklingende Stimme und ein
schönes Harfenspiel. Sie hören deine Worte,
aber sie handeln nicht danach. 33 Wenn es
aber kommt – siehe, es kommt! –, dann wer-
den sie erkennen, dass mitten unter ihnen
ein Prophet war.

31: Jes 29,13; Mt 7,26; Lk 8,21; Jak 1,22–25 / **32**: Lk 7,32 / **33**: 2,5; Dtn 18,21

GOTT, DER GUTE HIRT, UND ISRAEL, DIE HERDE SEINER WEIDE: 34,1–31

34 1 Das Wort des HERRN erging an mich:
2 Menschensohn, sprich als Prophet
gegen die Hirten Israels, sprich als Prophet
und sag zu ihnen, den Hirten: So spricht
GOTT, der Herr: Weh den Hirten Israels, die
sich selbst geweidet haben! Müssen die Hirten
nicht die Schafe weiden? 3 Das Fett verzehrt
ihr und mit der Wolle kleidet ihr euch. Das
Mastvieh schlachtet ihr, die Schafe aber weidet
ihr nicht. 4 Die Schwachen habt ihr nicht ge-
stärkt, das Kranke habt ihr nicht geheilt, das
Verletzte habt ihr nicht verbunden, das Ver-
triebene habt ihr nicht zurückgeholt, das Ver-
lorene habt ihr nicht gesucht; mit Härte habt
ihr sie niedergetreten und mit Gewalt. 5 Und
weil kein Hirt da war, zerstreuten sie sich und
sie wurden zum Fraß für alles Getier des Fel-
des, als sie zerstreut waren. 6 Meine Schafe
irren auf allen Bergen und auf jedem hohen
Hügel umher und über die ganze Erdoberflä-
che sind meine Schafe zerstreut. Doch da ist
keiner, der fragt, und da ist keiner, der auf die
Suche geht.

7 Darum, Hirten, hört das Wort des HERRN:
8 So wahr ich lebe, Spruch GOTTES, des Herrn:
Weil meine Schafe zum Raub und meine
Schafe zum Fraß für alles Getier des Feldes
wurden – denn es war kein Hirt da – und mei-
ne Hirten nicht nach meinen Schafen fragten,
sondern die Hirten sich selbst geweidet und
nicht meine Schafe geweidet haben, 9 darum,
ihr Hirten, hört das Wort des HERRN:
10 So spricht GOTT, der Herr: Siehe, nun gehe
ich gegen die Hirten vor und fordere meine
Schafe aus ihrer Hand zurück. Ich mache dem
Weiden der Schafe ein Ende. Die Hirten sollen
nicht länger sich selbst weiden: Ich rette meine
Schafe aus ihrem Rachen, sie sollen nicht län-
ger ihr Fraß sein. 11 Denn so spricht GOTT, der
Herr: Siehe, ich selbst bin es, ich will nach mei-
nen Schafen fragen und mich um sie kümmern.
12 Wie ein Hirt sich um seine Herde kümmert
an dem Tag, an dem er inmitten seiner Schafe
ist, die sich verirrt haben, so werde ich mich
um meine Schafe kümmern und ich werde sie
retten aus all den Orten, wohin sie sich am Tag
des Gewölks und des Wolkendunkels zerstreut
haben. 13 Ich werde sie aus den Völkern heraus-
führen, ich werde sie aus den Ländern sammeln
und ich werde sie in ihr Land bringen. Ich füh-
re sie in den Bergen Israels auf die Weide, in
den Tälern und an allen bewohnten Orten des
Landes. 14 Auf guter Weide werde ich sie wei-
den und auf den hohen Bergen Israels wird ihr
Weideplatz sein. Dort werden sie auf gutem
Weideplatz lagern, auf den Bergen Israels wer-
den sie auf fetter Weide weiden. 15 Ich, ich sel-
ber werde meine Schafe weiden und ich, ich
selber werde sie ruhen lassen – Spruch GOT-
TES, des Herrn. 16 Das Verlorene werde ich su-
chen, das Vertriebene werde ich zurückbrin-
gen, das Verletzte werde ich verbinden, das
Kranke werde ich kräftigen. Doch das Fette und
Starke werde ich vertilgen. Ich werde es weiden
durch Rechtsentscheid.
17 Ihr aber, meine Herde – so spricht GOTT,
der Herr –, siehe, ich sorge für Recht zwischen
Schaf und Schaf. Ihr Widder und ihr Böcke,
18 ist es euch zu wenig, dass ihr auf der besten
Weide weidet und euer übriges Weideland mit
euren Füßen zertrampelt? Dass ihr das klare
Wasser trinkt und den Rest des Wassers mit
euren Füßen verschmutzt? 19 Meine Schafe
müssen abweiden, was eure Füße zertrampelt
haben, und trinken, was eure Füße ver-
schmutzt haben.
20 Darum – so spricht GOTT, der Herr, zu
ihnen: Siehe, ich selbst bin es, ich sorge für
Recht zwischen fettem Schaf und magerem
Schaf. 21 Weil ihr all die Schwachen mit Seite
und Schulter zur Seite drängt und mit euren
Hörnern wegstoßt, bis ihr sie nach draußen
zerstreut habt, 22 werde ich meinen Schafen zu
Hilfe kommen. Sie sollen nicht länger zum
Raub werden und ich werde für Recht sorgen
zwischen Schaf und Schaf.
23 Ich werde über sie einen einzigen Hirten
einsetzen, der sie weiden wird, meinen
Knecht David. Er ist es, der sie weiden wird.
Er ist es, der für sie Hirt sein wird. 24 Ich selbst,
der HERR, werde für sie Gott sein und mein
Knecht David wird Fürst sein in ihrer Mitte.
Ich, der HERR, ich habe gesprochen. 25 Ich
werde mit ihnen einen Friedensbund schlie-
ßen: Ich gebiete dem bösen Getier im Land
Einhalt. Dann werden sie in der Steppe sicher
wohnen und in den Wäldern schlafen kön-
nen. 26 Ich mache sie und die Umgebung mei-
nes Hügels zum Segen. Ich lasse den Regen
herabkommen zu seiner Zeit, Ströme des
Segens werden es sein. 27 Der Baum des Feldes
wird seine Frucht geben und das Land wird
seinen Ertrag geben. Sie werden auf ihrem
Ackerboden sicher sein. Dann werden sie er-
kennen, dass ich der HERR bin, wenn ich die
Stangen ihres Jochs zerbreche und sie aus der
Hand derer rette, die sie versklaven. 28 Sie wer-
den nicht länger ein Raub für die Völker sein
und das Getier des Landes wird sie nicht fres-
sen. Sie werden in Sicherheit wohnen und da
ist keiner, der Schrecken verbreitet. 29 Ich wer-
de für sie eine ruhmvolle Pflanzung anlegen.
Sie werden im Land nicht mehr vom Hunger
dahingerafft werden und die Schmähung der
Nationen müssen sie nicht mehr ertragen.
30 Sie werden erkennen, dass ich, der HERR,
ihr Gott, mit ihnen bin und dass sie mein Volk
sind, das Haus Israel – Spruch GOTTES, des
Herrn. 31 Ihr seid meine Schafe. Die Schafe
meiner Weide seid ihr, Menschen. Ich bin euer
Gott – Spruch GOTTES, des Herrn.

1-31: Jer 23,1–6; Sach 11,4–17; Joh 10,1–18; 1 Petr 5,2–4 / **2**: Jer 23,1–4; Sach 11,16 / **4**: Sach 11,15f.; Joh 10,11 / **5**: Sach 10,2; Mt 9,36 / **10**: 13,21; Jer 23,2; Sach 10,3 / **11**: Jes 40,11; Mt 18,12–14; Lk 15,4–7; Joh 10,1–5 / **14**: 20,40; 36,8; Ps 23,2 / **17**: Mt 25,32–33 / **23-24**: 37,24; Ps 78,70; Jer 30,9; Hos 3,5; Joh 10,14–16 / **25**: 37,26; Lev 26,6; Hos 2,20 / **26**: Lev 26,4; Ps 84,7 / **27**: 36,30; Lev 25,19; Ps 67,7 / **28**: 25,7; 28,26; Lev 26,6; Jer 30,10 / **29**: 36,30 / **30**: 11,20 / **31**: Ps 95,7; 100,3

DROHSPRUCH GEGEN DIE BERGE VON
SEÏR UND HEIL ÜBER DIE BERGE ISRAELS:
35,1–36,15

35 1 Das Wort des HERRN erging an mich:
2 Menschensohn, richte dein Gesicht
auf das Bergland von Seïr, tritt als Prophet ge-
gen es auf 3 und sag zu ihm: So spricht GOTT,
der Herr:

Siehe, ich gehe gegen dich vor, / Bergland
von Seïr.

Ich strecke meine Hand gegen dich aus / und
mache dich zur Wüste und Öde.

4 Deine Städte lege ich in Trümmer / und du
sollst zur Wüste werden.

Dann wirst du erkennen, / dass ich der
HERR bin.

5 Weil du eine ewige Feindschaft hattest und
die Söhne Israels zur Zeit ihres Unglücks, zur
Zeit der endgültigen Abrechnung, der Gewalt
des Schwertes ausgeliefert hast, 6 darum – so
wahr ich lebe, Spruch GOTTES, des Herrn –
mache ich dich zu Blut und Blut soll dich ver-
folgen. Wahrhaftig, du hast Blut gehasst; da-
rum soll Blut dich verfolgen. 7 Ich mache das
Bergland von Seïr zu Ödland und Wüste und
merze aus ihm aus, was hin- und herzieht.
8 Ich fülle seine Berghänge mit seinen Erschla-
genen; auf deinen Hügeln, in deinen Tälern
und all deinen Schluchten werden vom
Schwert Erschlagene fallen. 9 Zum Ödland für
immer mache ich dich, deine Städte sollen
nicht mehr bewohnt sein. Dann werdet ihr
erkennen, dass ich der HERR bin.

10 Weil du sagst: Die beiden Völker und die
beiden Länder gehören mir; sie sind mein Be-
sitz!, obwohl doch der HERR dort ist, 11 da-
rum – so wahr ich lebe, Spruch GOTTES, des
Herrn – werde ich deinem Zorn und deiner
Leidenschaft entsprechend tun, was du aus
deinem Hass heraus unter ihnen getan hast.
Ich gebe mich unter ihnen zu erkennen, wenn
ich dich richte. 12 Dann wirst du erkennen,
dass ich der HERR bin. Ich habe all dein
Schmähen gehört, als du gegen die Berghän-
ge Israels gesprochen hast: Sie sind völlig
verödet. Sie sind uns zum Fraß gegeben. 13 So
habt ihr mit eurem Maul gegen mich groß
getan und euer Reden war frech gegen mich;
ich habe es selbst gehört.

14 So spricht GOTT, der Herr: Wie doch das
ganze Land sich freut, dass ich dich zur Wüste
mache: 15 So wie du dich freust am Erbbesitz
des Hauses Israel, weil er als Wüste daliegt, so
werde ich an dir handeln; das Bergland von
Seïr und ganz Edom insgesamt werden zur
Wüste werden. Dann werden sie erkennen,
dass ich der HERR bin.

36 1 Du aber, Menschensohn, sprich als
Prophet zu den Bergen Israels und sag:
Ihr Berge Israels, hört das Wort des HERRN!
2 So spricht GOTT, der Herr: Weil der Feind
über euch gesagt hat: Ha, die uralten Höhen
gehören uns als Besitz. 3 Darum tritt als Pro-
phet auf und sag: So spricht GOTT, der Herr:
Weil man euch verödet und von allen Seiten
nach euch geschnappt hat, sodass ihr jetzt Be-
sitz der übrigen Völker seid, weil ihr ins Gere-
de gekommen und zum Gespött der Leute
geworden seid, 4 darum, ihr Berge Israels, hört
das Wort GOTTES, des Herrn: So spricht
GOTT, der Herr, zu den Bergen und Hügeln,
den Schluchten und Tälern, zu den verfallenen
Ruinen und den verlassenen Städten: Weil ihr
von den übrigen Völkern ringsum ausgeplün-
dert und verspottet worden seid, 5 darum – so
spricht GOTT, der Herr: Fürwahr, mit glühen-
der Leidenschaft habe ich über den Rest der
Nationen und über ganz Edom gesprochen.
Voll Freude im Herzen haben sie sich mein
Land angeeignet, mit tiefer Verachtung, damit
sein Weideland zur Beute werde.

6 Darum sprich als Prophet über den Acker-
boden Israels und sag zu den Bergen und Hü-
geln, zu den Schluchten und Tälern: So spricht
GOTT, der Herr: Siehe, in meiner Leidenschaft
und in meinem Grimm habe ich geredet, weil
ihr von den Völkern Schimpf ertragen müsst.
7 Darum – so spricht GOTT, der Herr: Ich, ja ich
erhebe meine Hand: Fürwahr, die Völker rings
um euch werden ihren eigenen Schimpf tra-
gen müssen.

8 Ihr aber, ihr Berge Israels, ihr sollt eure
Zweige treiben und eure Früchte hervorbrin-
gen für mein Volk Israel; denn es wird bald
kommen. 9 Denn seht, ich bin für euch und
wende mich euch zu und dann ackert und sät
man wieder auf euch 10 und ich mache die
Menschen zahlreich auf euch, das ganze Haus
Israel insgesamt. Die Städte werden bewohnt
sein und die Ruinen aufgebaut. 11 Ich mache
Mensch und Vieh zahlreich auf euch und sie
werden sich vermehren und fruchtbar sein. Ich
will dafür sorgen, dass ihr bewohnt seid, wie
in euren früheren Zeiten; ich werde euch mehr
Gutes erweisen als in euren Anfängen. Dann
werdet ihr erkennen, dass ich der HERR bin.

12 Menschen, mein ganzes Volk Israel, lasse ich
auf euch gehen und sie werden dich in Besitz
nehmen; du wirst ihr Erbbesitz sein und ihnen
nie mehr ihre Kinder wegnehmen.
13 So spricht GOTT, der Herr: Weil man zu
euch sagt: Eine Menschenfresserin bist du und
hast deiner eigenen Nation die Kinder wegge-
nommen, 14 darum sollst du keine Menschen
mehr fressen und deiner eigenen Nation nicht
mehr die Kinder wegnehmen – Spruch GOT-
TES, des Herrn. 15 Ich lasse dich den Schimpf
der Nationen nie mehr anhören und den Hohn
der Völker wirst du nie mehr ertragen müssen.
Du wirst deiner eigenen Nation nicht mehr die
Kinder wegnehmen – Spruch GOTTES, des
Herrn.

35,1–15: 25,12–14 / **5:** Ps 137,7 / **6:** Offb 16,6 / **8:** 6,3; 31,17
36,1–12: 6,1–7 / **1:** 6,2 / **2:** 25,3; 26,2 / **5:** 35,15 / **8:** 17,23; 20,40; 34,14 / **10:** Ps 69,36 / **13:** Num 13,32

GOTTES HEILIGER NAME UND DIE SAMMLUNG UND ERNEUERUNG ISRAELS: 36,16–38

16 Das Wort des HERRN erging an mich:
17 Menschensohn, als die vom Haus Israel
in ihrem Land wohnten, machten sie es durch
ihre Wege und ihre Taten unrein. Wie die mo-
natliche Unreinheit der Frau waren ihre Wege
in meinen Augen. 18 Da goss ich meinen Zorn
über sie aus, weil sie Blut vergossen im Land
und es mit ihren Götzen befleckten. 19 Ich zer-
streute sie unter die Nationen; in die Länder
wurden sie vertrieben. Nach ihren Wegen und
nach ihren Taten habe ich sie gerichtet. 20 Als
sie aber zu den Nationen kamen, entweihten
sie überall, wohin sie kamen, meinen heiligen
Namen; denn man sagte von ihnen: Das ist das
Volk des HERRN und doch mussten sie sein
Land verlassen. 21 Da tat mir mein heiliger
Name leid, den das Haus Israel bei den Natio-
nen entweihte, wohin es auch kam.
22 Darum sag zum Haus Israel: So spricht
GOTT, der Herr: Nicht euretwegen handle ich,
Haus Israel, sondern um meines heiligen Na-
mens willen, den ihr bei den Nationen ent-
weiht habt, wohin ihr auch gekommen seid.
23 Meinen großen, bei den Nationen entweih-
ten Namen, den ihr mitten unter ihnen ent-
weiht habt, werde ich wieder heiligen. Und die
Nationen – Spruch GOTTES, des Herrn – wer-
den erkennen, dass ich der HERR bin, wenn
ich mich an euch vor ihren Augen als heilig
erweise. 24 Ich nehme euch heraus aus den Na-
tionen, ich sammle euch aus allen Ländern und
ich bringe euch zu eurem Ackerboden. 25 Ich
gieße reines Wasser über euch aus, dann wer-
det ihr rein. Ich reinige euch von aller Unrein-
heit und von allen euren Götzen. 26 Ich gebe
euch ein neues Herz und einen neuen Geist
gebe ich in euer Inneres. Ich beseitige das Herz
von Stein aus eurem Fleisch und gebe euch ein
Herz von Fleisch. 27 Ich gebe meinen Geist in
euer Inneres und bewirke, dass ihr meinen
Gesetzen folgt und auf meine Rechtsentschei-
de achtet und sie erfüllt. 28 Dann werdet ihr in
dem Land wohnen, das ich euren Vätern gege-
ben habe. Ihr werdet mir Volk sein und ich, ich
werde euch Gott sein.
29 Ich befreie euch von all eurer Unreinheit.
Ich rufe das Getreide und lasse es wachsen. Ich
verhänge über euch keine Hungersnot mehr.
30 Ich vermehre die Frucht des Baumes und den
Ertrag des Feldes, damit ihr unter den Natio-
nen die Schande einer Hungersnot nicht mehr
ertragen müsst. 31 Dann werdet ihr an eure
verkehrten Wege und an eure Taten denken,
die nicht gut waren, und es wird euch ekeln
vor euch selbst wegen eurer Gräueltaten.
32 Nicht euretwegen handle ich so – Spruch
GOTTES, des Herrn –, das soll von euch er-
kannt werden. Schämt euch und vergeht vor
Scham wegen eurer Wege, ihr vom Haus Israel!
33 So spricht GOTT, der Herr: An dem Tag,
da ich euch von all eurer Schuld reinige, mache
ich die Städte bewohnbar und die Ruinen wer-
den aufgebaut. 34 Das verödete Land wird be-
stellt, es liegt nicht mehr öde vor den Augen
all derer, die vorübergehen. 35 Dann wird man
sagen: Dieses verödete Land ist wie der Garten
Eden geworden; die zerstörten, verödeten,
vernichteten Städte sind befestigt. Sie werden
bewohnt. 36 Dann werden die restlichen Nati-
onen rings um euch erkennen, dass ich, der
HERR, das Zerstörte aufgebaut und das Ver-
ödete bepflanzt habe. Ich, der HERR, habe ge-
sprochen und ich führe es aus.
37 So spricht GOTT, der Herr: Ich lasse mich
vom Haus Israel bitten, auch das noch für sie
zu tun: Ich werde sie vermehren wie Schafe,
die Menschen. 38 Wie geweihte Schafe, wie
Schafe an den Festen Jerusalems, so werden
Herden von Menschen die zerstörten Städte
füllen. Dann werden sie erkennen, dass ich der
HERR bin.

17: 18,6; Lev 15,19–27 / **19:** 6,8; 11,16; 12,15; 17,21; 20,23; 22,15 / **20:** 20,39; 43,8; Jes 52,5; Röm 2,24 / **21:** 20,9 / **22:**

16,60–63; Jes 48,11; Ps 79,9; 106,8; 115,1; Jer 14,7 / **23**: Mt
6,9 / **24**: 11,17 / **25**: Ps 51,9; Sach 13,1; Jes 4,4; Jer 33,8; Joh
3,5 / **26**: 11,19f.; 39,29; Jer 24,7; 2 Kor 3,3 / **27**: 11,20; 37,24;
Jer 31,33f.; 1 Joh 3,23–24 / **30**: 34,27.29; Joël 2,19 / **31**: 6,9;
16,61–63; 20,43 / **35**: 28,13; 31,8; Gen 2,8; Jes 51,3 / **36**: Jer
1,10 / **38**: Mi 2,12

VISION VON DER AUFERWECKUNG ISRAELS: 37,1–14

37 1 Die Hand des HERRN legte sich auf
mich und er brachte mich im Geist des
HERRN hinaus und versetzte mich mitten in
die Ebene. Sie war voll von Gebeinen. 2 Er führ-
te mich ringsum an ihnen vorüber und siehe,
es waren sehr viele über die Ebene hin; und
siehe, sie waren ganz ausgetrocknet. 3 Er frag-
te mich: Menschensohn, können diese Gebei-
ne wieder lebendig werden? Ich antwortete:
GOTT und Herr, du weißt es. 4 Da sagte er zu
mir: Sprich als Prophet über diese Gebeine
und sag zu ihnen: Ihr ausgetrockneten Gebei-
ne, hört das Wort des HERRN! 5 So spricht
GOTT, der Herr, zu diesen Gebeinen: Siehe,
ich selbst bringe Geist in euch, dann werdet
ihr lebendig. 6 Ich gebe euch Sehnen, umgebe
euch mit Fleisch und überziehe euch mit Haut;
ich gebe Geist in euch, sodass ihr lebendig
werdet. Dann werdet ihr erkennen, dass ich
der HERR bin. 7 Da sprach ich als Prophet, wie
mir befohlen war; und noch während ich pro-
phetisch redete, war da ein Geräusch: Und
siehe, ein Beben: Die Gebeine rückten zusam-
men, Bein an Bein. 8 Und als ich hinsah, siehe,
da waren Sehnen auf ihnen, Fleisch umgab sie
und Haut überzog sie von oben. Aber es war
kein Geist in ihnen. 9 Da sagte er zu mir: Rede
als Prophet zum Geist, rede prophetisch, Men-
schensohn, sag zum Geist: So spricht GOTT,
der Herr: Geist, komm herbei von den vier
Winden! Hauch diese Erschlagenen an, damit
sie lebendig werden! 10 Da sprach ich als Pro-
phet, wie er mir befohlen hatte, und es kam
der Geist in sie. Sie wurden lebendig und sie
stellten sich auf ihre Füße – ein großes, gewal-
tiges Heer.

11 Er sagte zu mir: Menschensohn, diese Ge-
beine sind das ganze Haus Israel. Siehe, sie
sagen: Ausgetrocknet sind unsere Gebeine,
unsere Hoffnung ist untergegangen, wir sind
abgeschnitten. 12 Deshalb tritt als Prophet auf
und sag zu ihnen: So spricht GOTT, der Herr:
Siehe, ich öffne eure Gräber und hole euch,
mein Volk, aus euren Gräbern herauf. Ich brin-
ge euch zum Ackerboden Israels. 13 Und ihr
werdet erkennen, dass ich der HERR bin, wenn
ich eure Gräber öffne und euch, mein Volk, aus
euren Gräbern heraufhole. 14 Ich gebe meinen
Geist in euch, dann werdet ihr lebendig und
ich versetze euch wieder auf euren Ackerbo-
den. Dann werdet ihr erkennen, dass ich der
HERR bin. Ich habe gesprochen und ich führe
es aus – Spruch des HERRN.

1: 1,3; 3,22 / **3**: Offb 7,13–14 / **5**: Jes 26,19; Gen 2,7 / **7**: 3,12 /
9: Offb 7,1 / **10**: 2,2; Gen 2,7; Ps 104,30; Offb 11,11; 20,4; Röm
8,11 / **11**: Jes 53,8; Klgl 3,54 / **12**: Jes 26,19; Dan 12,2; Mt 27,52 /
14: 2,2; 39,29

SYMBOLISCHE HANDLUNG VON DER ZUKÜNFTIGEN EINHEIT DES GOTTESVOLKES: 37,15–28

15 Das Wort des HERRN erging an mich: 16 Du,
Menschensohn, nimm dir ein Holz und
schreib darauf: Juda und die mit ihm verbün-
deten Israeliten! Dann nimm dir ein anderes
Holz und schreib darauf: Josef, Holz Efraims,
und das ganze mit ihm verbündete Haus Isra-
el! 17 Dann füge sie dir, eins zum anderen, zu
einem einzigen Holz zusammen, sodass sie
eins werden in deiner Hand! 18 Und wenn die
Söhne deines Volkes dich fragen: Willst du
uns nicht erklären, was du da hast?, 19 dann
antworte ihnen: So spricht GOTT, der Herr:
Siehe, ich, ja ich nehme das Holz Josefs, das in
der Hand Efraims ist, und der mit ihm verbün-
deten Stämme Israels und gebe es auf das Holz
Judas. Ich mache sie zu einem einzigen Holz
und sie werden eins in meiner Hand. 20 Die
Hölzer, auf die du geschrieben hast, sollst du
vor ihren Augen in deiner Hand halten.
21 Dann sag zu ihnen: So spricht GOTT, der
Herr: Siehe, ich, ja ich nehme die Söhne Israels
aus den Nationen heraus, wohin sie gegangen
sind; ich sammle sie von allen Seiten und brin-
ge sie auf ihren Ackerboden. 22 Ich mache sie
im Land, auf den Bergen Israels, zu einer ein-
zigen Nation. Und ein einziger König soll Kö-
nig für sie alle sein. Sie werden nicht länger
zwei Nationen sein und sich nie mehr in zwei
Königreiche teilen. 23 Sie werden sich nicht
mehr unrein machen durch ihre Götzen und
Gräuel und durch all ihre Untaten. Ich befreie
sie von aller Sünde, die sie in ihrer Untreue
begangen haben, und ich mache sie rein. Dann
werden sie mir Volk sein und ich, ich werde
ihnen Gott sein. 24 Mein Knecht David wird

37,23 Sünde: G; Wohnorten: H, Vg.

König über sie sein und sie werden alle einen
einzigen Hirten haben. Sie werden meinen
Rechtsentscheiden folgen und auf meine Sat-
zungen achten und nach ihnen handeln. 25 Sie
werden in dem Land wohnen, das ich meinem
Knecht Jakob gegeben habe und in dem eure
Väter gewohnt haben. Sie und ihre Kinder und
Kindeskinder werden auf ewig darin wohnen
und mein Knecht David wird auf ewig ihr Fürst
sein. 26 Ich schließe mit ihnen einen Friedens-
bund; es soll ein ewiger Bund mit ihnen sein.
Ich werde sie aufrichten und zahlreich ma-
chen. Ich werde mitten unter ihnen auf ewig
mein Heiligtum errichten 27 und über ihnen
wird meine Wohnung sein. Ich werde ihnen
Gott sein und sie, sie werden mir Volk sein.
28 Und die Nationen werden erkennen, dass ich
der HERR es bin, der Israel heiligt, wenn mein
Heiligtum auf ewig in ihrer Mitte ist.

16: Sach 11,7 / **19**: Sach 11,7.14 / **21**: 34,13; 36,24 / **22**: 34,23; Jes 11,11.13; Jer 3,18 / **23**: 11,20 / **24**: 34,23; Joh 10,16 / **25**: 28,25f.; Jer 17,25; Joël 4,20 / **26**: 16,60; 34,25; Jes 54,10; Jer 31,31–34 / **27**: 43,7; 11,20; 24,30; Lev 26,11f.; Offb 21,3 / **28**: 36,23

GOTTES KAMPF GEGEN GOG AUS MAGOG: 38,1–39,29

GOGS KRIEGSVORBEREITUNGEN: 38,1–16

38 1 Das Wort des HERRN erging an mich:
2 Menschensohn, richte dein Gesicht
auf Gog im Land Magog, auf den Großfürsten
von Meschech und Tubal, tritt als Prophet ge-
gen ihn auf 3 und sag: So spricht GOTT, der
Herr: Siehe, ich will gegen dich vorgehen,
Gog, du Großfürst von Meschech und Tubal.
4 Ich führe dich und lege dir Haken an deine
Kinnbacken und führe dich und deine ganze
Streitmacht heraus: Pferde und Reiter, alle
prächtig gekleidet, ein großes Heer, mit Lang-
schild und Rundschild. Sie alle haben das
Schwert in der Hand. 5 Paras, Kusch und Put
sind dabei, sie alle mit Schild und Helm, 6 Go-
mer und all seine Truppen, Bet-Togarma, der
äußerste Norden und all seine Truppen. Viele
Völker sind mit dir. 7 Rüste dich, halte dich
bereit, du und dein ganzes Heer, das bei dir
versammelt ist; sei mit ihnen auf dem Posten!
8 Nach langer Zeit wirst du deinen Auftrag er-
halten. Am Ende der Jahre wirst du in ein Land
kommen, das dem Schwert wieder entrissen
ist und aus vielen Völkern auf den Bergen Is-
raels zusammengeführt wurde, die lange ver-
ödet waren. Aus den Völkern wurde es he-
rausgeführt und sie alle wohnen in Sicherheit.
9 Du ziehst herauf, wie ein Unwetter kommst
du; wie eine Wolke bist du, um das ganze Land
zu bedecken – du und all deine Truppen und
viele Völker mit dir.

10 So spricht GOTT, der Herr: An jenem Tag
geschieht es, dass Gedanken in deinem Herzen
aufsteigen und du einen bösen Plan ersinnst.
11 Du sagst: Ich will gegen das ungeschützte
Land hinaufziehen, will über die friedlichen
Menschen kommen, die dort in Sicherheit
wohnen – sie alle wohnen ja ohne Mauern und
sie haben keine Riegel und Tore –, 12 um Beute
zu machen und zu plündern, um deine Hand
gegen diese bewohnten Trümmer und das Volk
zu wenden, das aus den Nationen zusammen-
geführt wurde, das sich wieder Herden und
Besitz erworben hat und jetzt auf dem Nabel
der Erde wohnt. 13 Dann werden dich Saba und
Dedan und die Kaufleute von Tarschisch und
all seine Löwen fragen: Kommst du, um Beute
zu machen? Hast du deine Heere versammelt,
um zu plündern, um Silber und Gold wegzu-
schleppen, Herden und Besitz wegzunehmen
und große Beute zu machen?

14 Darum tritt als Prophet auf, Menschen-
sohn, und sag zu Gog: So spricht GOTT, der
Herr: Ist es nicht so? An jenem Tag, wenn mein
Volk Israel in Sicherheit wohnt, wirst du es
erkennen. 15 Dann kommst du von deinem Ort
heran, aus dem äußersten Norden, du und vie-
le Völker mit dir, alle zu Pferd, ein großes Heer,
eine gewaltige Streitmacht. 16 Du ziehst gegen
mein Volk Israel heran wie eine Wolke, um das
Land zu bedecken. Am Ende der Tage wird es
geschehen: Ich lasse dich über mein Land
kommen, damit die Nationen mich erkennen,
wenn ich mich vor ihren Augen an dir, Gog,
als heilig erweise.

2: 39,1; 27,13; 32,26; Offb 20,8–10 / **3**: 39,1; Gen 10,2 / **4**: 29,4 / **5**: 27,10; 30,5 / **6**: 27,14 / **8**: 11,17; 28,26 / **11**: 28,26; Sach 2,8 / **13**: 25,13 / **16**: 20,41; 36,23; Ex 14,4

DROHSPRUCH GEGEN GOG: 38,17–23

17 So spricht GOTT, der Herr: Bist du der, von
dem ich in früherer Zeit durch meine Knechte
gesprochen habe, durch die Propheten Israels?
Sie weissagten in jenen Tagen und Jahren, dass
ich dich über sie kommen lassen werde. 18 Und
an jenem Tag wird es geschehen, am Tag, da
Gog über das Land Israel kommt – Spruch
GOTTES, des Herrn –, da wird mein grimmiger
Zorn aufsteigen. 19 In meinem leidenschaftli-
chen Eifer, im Feuer meiner Wut, spreche ich:
Fürwahr! An jenem Tag wird es im Land Isra-
el ein gewaltiges Erdbeben geben. 20 Dann er-
beben vor mir die Fische im Meer und der
Vogel am Himmel, das Wild auf dem Feld und
alles Kriechtier, das auf dem Erdboden kriecht,
und jeder Mensch auf dem Erdboden. Es bers-
ten die Berge, die Felswände stürzen ein und
jede Mauer stürzt zu Boden. 21 Dann rufe ich
für alle meine Berge das Schwert herbei – ge-
gen ihn – Spruch GOTTES, des Herrn. Da wird
sich das Schwert des einen gegen den andern
wenden. 22 Ich richte ihn durch Pest und Blut;
ich lasse Wolkenbruch und Hagelschlag, Feuer
und Schwefel herabregnen über ihn und seine
Truppen und über die vielen Völker, die bei
ihm sind. 23 So werde ich mich als groß und
heilig erweisen und mich vor den Augen vieler
Nationen zu erkennen geben. Dann werden sie
erkennen, dass ich der HERR bin.

20: Gen 1,20–26 / **21**: Offb 20,8f. / **22**: 13,11; Offb 20,9f. /
23: 20,41; 36,23; Ex 14,4

GOGS UNTERGANG: 39,1–22

39 1 Du, Menschensohn, tritt als Prophet
gegen Gog auf und sag: So spricht
GOTT, der Herr: Siehe, ich will gegen dich vor-
gehen, Gog, du Großfürst von Meschech und
Tubal. 2 Ich führe dich und locke dich, ich las-
se dich aus dem äußersten Norden heraufzie-
hen und lasse dich über die Berge Israels kom-
men. 3 Dann schlage ich dir deinen Bogen aus
deiner linken Hand und lasse deiner rechten
Hand deine Pfeile entfallen. 4 Im Bergland von
Israel wirst du fallen, du und alle deine Trup-
pen und die Völker, die bei dir sind. Raubvö-
geln aller Art und den wilden Tieren gebe ich
dich zum Fraß. 5 Auf dem freien Feld wirst du
fallen; denn ich habe gesprochen – Spruch
GOTTES, des Herrn.

6 Gegen Magog und die sorglosen Küsten-
bewohner sende ich Feuer. Dann werden sie
erkennen, dass ich der HERR bin. 7 Meinen
heiligen Namen offenbare ich mitten in mei-
nem Volk Israel; ich will meinen heiligen Na-
men nie mehr entweihen. Dann werden die
Nationen erkennen, dass ich der HERR bin,
heilig in Israel. 8 Siehe, es kommt und ge-
schieht – Spruch GOTTES, des Herrn.

Das ist der Tag, von dem ich gesprochen
habe: 9 Die Einwohner der Städte Israels wer-
den hinausgehen; mit den Waffen, mit Lang-
schild und Rundschild, mit Bogen und Pfeilen,
mit Keulen und Lanzen machen sie Feuer und
heizen. Sieben Jahre lang machen sie Feuer
damit. 10 Sie brauchen kein Holz von den Fel-
dern wegzutragen, sie schlagen kein Holz im
Wald, sondern verbrennen die Waffen. Sie
plündern ihre Plünderer und berauben ihre
Räuber – Spruch GOTTES, des Herrn.

11 An jenem Tag wird es geschehen, da gebe
ich Gog einen Platz für sein Grab in Israel: das
Tal der Durchreisenden, östlich vom Meer. Es
versperrt den Durchreisenden den Weg. Dort
wird man Gog und all seine Pracht begraben
und den Ort Tal der Pracht Gogs nennen.
12 Sieben Monate lang wird das Haus Israel sie
begraben, um das Land rein zu machen. 13 Das
ganze Volk des Landes wird sie begraben und
das wird ihm Ansehen verschaffen an dem
Tag, an dem ich mich als herrlich erweise –
Spruch GOTTES, des Herrn. 14 Man wird Män-
ner aussondern, die ständig durch das Land
ziehen und noch die bestatten, die im Land
verstreut liegen geblieben sind, um es rein zu
machen. Und am Ende der sieben Monate sol-
len sie es gründlich durchsuchen. 15 Wenn
diese Männer durch das Land ziehen und einer
von ihnen Menschengebein findet, soll er die
Stelle kennzeichnen, bis die Totengräber es im
Tal der Pracht Gogs begraben. 16 Daher trägt
eine Stadt den Namen Hamona, die Pracht. So
wird man das Land rein machen.

17 Du aber, Menschensohn – so spricht
GOTT, der Herr –, sag zu den Vögeln, zu allem,
was Flügel hat, und zu allen wilden Tieren:
Versammelt euch und kommt her! Von über-
all kommt zu meinem Schlachtopfer zusam-
men, das ich für euch schlachte, ein großes
Schlachtopfer auf den Bergen Israels! Fresst
Fleisch und trinkt Blut! 18 Fleisch von Helden
sollt ihr fressen und das Blut der Fürsten der
Erde trinken. Lauter Widder, Lämmer und Bö-
cke, Stiere und gemästete Rinder aus dem Ba-
schan sind es. 19 Fresst euch satt am Fett und
berauscht euch am Blut meines Schlachtop-

fers, das ich für euch geschlachtet habe! 20 An
meinem Tisch könnt ihr euch sättigen mit
Pferden und Reittieren, mit Helden und Krie-
gern aller Art – Spruch GOTTES, des Herrn.
21 So bringe ich unter die Nationen meine
Herrlichkeit. Alle Völker sehen mein Strafge-
richt, das ich abgehalten habe, und meine Hand,
die ich auf sie gelegt habe. 22 Dann wird das Haus
Israel erkennen, dass ich der HERR, ihr Gott,
bin, von jenem Tag an und auch weiterhin.

1: 32,26; 38,3f. / **7**: 36,22 / **9**: Ps 46,10 / **12**: Num 19,16 / **14**: Num 19,16; Dtn 21,23 / **17**: Jes 56,9; Jer 46,10; Offb 19,17–19 / **20**: Offb 19,21 / **21**: Ex 14,4

WIEDERHERSTELLUNG ISRAELS: 39,23–29

23 Die Nationen werden erkennen, dass das
Haus Israel wegen seiner Schuld verschleppt
wurde. Denn sie sind mir untreu geworden;
darum habe ich mein Angesicht vor ihnen ver-
borgen und sie in die Hand ihrer Feinde gege-
ben, sodass alle unter dem Schwert fielen.
24 Wie ihre Unreinheit und ihre Vergehen es
verdienten, so habe ich sie behandelt und mein
Angesicht vor ihnen verborgen.
25 Darum – so spricht GOTT, der Herr: Jetzt
werde ich das Geschick Jakobs wenden, ich
will Erbarmen haben mit dem ganzen Haus
Israel und will mit leidenschaftlichem Eifer
für meinen heiligen Namen eintreten. 26 Sie
werden ihre Schande tragen und all ihre Un-
treue, in der sie mir untreu waren, wenn sie
in ihrem Land in Sicherheit wohnen, ohne
dass sie jemand aufschreckt. 27 Wenn ich sie
aus den Völkern zurückhole und aus den Län-
dern ihrer Feinde sammle, dann werde ich
mich an ihnen vor den Augen vieler Nationen
als heilig erweisen. 28 Dann werden sie erken-
nen, dass ich, der HERR, ihr Gott bin; denn
nachdem ich sie zu den Nationen weggeführt
hatte, versammle ich sie wieder in ihrem
Land und lasse keinen von ihnen dort zurück.
29 Ich verberge mein Gesicht nicht mehr vor
ihnen; denn ich habe meinen Geist über das
Haus Israel ausgegossen – Spruch GOTTES,
des Herrn.

25: 16,53; 29,14; Dtn 30,3 / **27**: 11,17; 20,41 / **29**: 11,19; 36,26f.; 37,14; Jes 44,3; 54,8; Joël 3,1

VISION VOM NEUEN ISRAEL: 40,1–48,35

DER NEUE TEMPEL: 40,1–42,20

40 1 Im fünfundzwanzigsten Jahr nach
unserer Verschleppung, am Jahresan-
fang, am zehnten Tag des Monats, im vier-
zehnten Jahr nach der Eroberung der Stadt,
genau an diesem Tag legte sich die Hand des
HERRN auf mich und er brachte mich dorthin.
2 In göttlichen Visionen brachte er mich ins
Land Israel und stellte mich auf einen sehr ho-
hen Berg. In südlicher Richtung war auf dem
Berg etwas wie eine Stadt erbaut. 3 Dorthin
brachte er mich. Und siehe, da war ein Mann,
der aussah, als sei er aus Bronze. Er hatte eine
leinene Schnur und die Messlatte in der Hand.
Und er stand im Tor. 4 Der Mann sagte zu mir:
Menschensohn, schau mit deinen Augen und
mit deinen Ohren höre und richte dein Herz
auf alles, was ich dir zeige! Denn du bist hier-
hergebracht worden, damit ich es dir zeige.
Berichte alles, was du siehst, dem Haus Israel!
5 Und siehe, da stand eine Mauer, die den
Tempel ringsum außen umgab. Der Mann hat-
te in der Hand die Messlatte von sechs Ellen,
die je eine gewöhnliche Elle und eine Hand-
breit maßen. Und er maß die Dicke der Mauer
– eine Latte – und die Höhe – eine Latte. 6 Dann
ging er zum Osttor, stieg seine Stufen hinauf
und maß die Schwellen des Tores: Sie waren
eine Latte breit; jede Schwelle war eine Latte
breit. 7 Und die Torkammer: Sie war eine Latte
lang und eine Latte breit. Der Abstand zwi-
schen den Torkammern betrug fünf Ellen. Und
die Schwelle des Tors auf der Tempelseite der
Vorhalle des Tors: eine Latte. 8 Er maß die Vor-
halle des Tors auf der Tempelseite – eine Latte.
9 Dann maß er die Vorhalle des Tors – acht El-
len – sowie dessen Pfeiler – zwei Ellen. Die
Vorhalle des Tors lag auf der Tempelseite des
Tors. 10 Drei Torkammern des Osttors lagen
auf der einen Seite, drei auf der andern; alle
drei hatten jeweils die gleichen Maße und
auch die Pfeiler hüben und drüben hatten die

40,1 – 44,3 Die Beschreibung des Tempels ist knapp und oft nicht klar.

gleichen Maße. 11 Dann maß er die Breite der
Toröffnung – zehn Ellen – und die Länge des
Torgebäudes – dreizehn Ellen. 12 Und vor den
Torkammern war eine Schranke, jeweils eine
Elle hoch. Die Torkammern auf beiden Seiten
maßen jeweils sechs Ellen. 13 Dann maß er die
Breite des Torbaus vom Dachansatz einer Tor-
kammer bis zum Dachansatz der gegenüber-
liegenden Torkammer von Tür zu Tür – fünf-
undzwanzig Ellen. 14 Dann legte er für die
Pfeiler fest – sechzig Ellen. An den Pylon stieß
der Vorhof, rings um das Tor. 15 Von der Vor-
derseite des Toreingangs bis zur Tempelseite
der Vorhalle des Tors innen waren es fünfzig
Ellen. 16 Die Torkammern ringsum hatten ver-
schlossene Fenster, ebenso innen die Pfeiler
und die Vorhalle. Ringsum befanden sich in-
nen Fenster. Die Pfeiler waren mit Palmen
verziert.

17 Dann brachte er mich in den äußeren Vor-
hof. Und siehe, rings um den Vorhof lagen
Räume und davor war ringsum ein Steinpflas-
ter angelegt; dreißig Räume grenzten an das
Pflaster. 18 Das Steinpflaster schloss sich seit-
lich an die Tore an und es war genauso breit
wie der Vorsprung der Tore. Das war das un-
tere Steinpflaster. 19 Dann maß er den Abstand
von der Vorderseite des unteren Tores bis vor
die äußere Vorderseite des inneren Hofes:
hundert Ellen. So im Osten. Und so im Nor-
den: 20 Auch das Nordtor des äußeren Vorhofs
maß er seiner Länge und seiner Breite nach.
21 Es hatte je drei Torkammern auf beiden Sei-
ten. Seine Pfeiler und seine Torkammern hat-
ten die gleichen Maße wie die des ersten Tors.
Im Ganzen war es fünfzig Ellen lang und fünf-
undzwanzig Ellen breit. 22 Seine Fenster, seine
Vorhalle und sein Palmenschmuck hatten die
gleichen Maße wie die des Osttors. Man muss-
te sieben Stufen zu ihm hinaufsteigen, vor
ihnen lag seine Vorhalle. 23 Wie beim Osttor
lag auch dem Nordtor ein Tor gegenüber, das
zum Innenhof führte, und er maß den Ab-
stand von Tor zu Tor – hundert Ellen.

24 Dann führte er mich nach Süden und sie-
he, auch im Süden war ein Tor. Und er maß
seine Pfeiler und seine Vorhalle; sie entspra-
chen den Maßen der anderen. 25 Auch die Fens-
ter des Tors und seiner Vorhalle ringsum ent-
sprachen den anderen Fenstern. Im Ganzen
war es fünfzig Ellen lang und fünfundzwanzig
Ellen breit. 26 Sieben Stufen führten zu ihm
hinauf. Und vor ihnen lag seine Vorhalle. Die
beiden Pfeiler dieses Tors waren hüben und
drüben mit je einer Palme verziert. 27 Auch der
innere Vorhof hatte ein Südtor und er maß den
Abstand von Tor zu Tor im Süden – hundert
Ellen.

28 Dann brachte er mich zum inneren Vorhof
in das Südtor und er maß das Südtor. Es hatte
die gleichen Maße wie die anderen Tore: 29 Sei-
ne Torkammern, seine Pfeiler und seine Vor-
halle hatten die gleichen Maße wie dort. Es
hatte wie seine Vorhalle ringsum Fenster. Im
Ganzen war es fünfzig Ellen lang und fünfund-
zwanzig Ellen breit. 30 Ringsherum waren
Vorhallen, fünfundzwanzig Ellen lang und
fünf Ellen breit. 31 Seine Vorhalle lag auf der
Seite zum äußeren Vorhof. Seine Pfeiler waren
mit Palmen verziert und acht Stufen führten
zu ihm hinauf.

32 Dann brachte er mich zum Innenhof, nach
Osten hin, und maß das Tor ab. Es hatte die
gleichen Maße wie die anderen: 33 Seine Tor-
kammern, seine Pfeiler und seine Vorhalle
hatten die gleichen Maße wie dort. Es hatte
wie seine Vorhalle ringsum Fenster. Sie waren
fünfzig Ellen lang und fünfundzwanzig Ellen
breit. 34 Seine Vorhalle lag zum äußeren Vorhof
hin. Seine beiden Pfeiler waren hüben und
drüben mit je einer Palme verziert und acht
Stufen führten zu ihm hinauf.

35 Dann brachte er mich zum Nordtor und
er maß es. Es waren die gleichen Maße: 36 bei
seinen Torkammern, seinen Pfeilern und bei
seiner Vorhalle. Auch dieses Tor hatte ringsum
Fenster. Sie waren fünfzig Ellen lang und fünf-
undzwanzig Ellen breit. 37 Seine Vorhalle lag
zum äußeren Vorhof hin, seine beiden Pfeiler
waren hüben und drüben mit je einer Palme
verziert und acht Stufen führten zu ihm hi-
nauf.

38 An den Pfeilern der Tore war der Eingang
zu einem besonderen Raum, in dem man das
Brandopfer abspülte. 39 In der Vorhalle des Tors
standen an beiden Seiten je zwei Tische, auf
denen die Brand-, Sünd- und Schuldopfer ge-
schlachtet wurden. 40 An der Seitenwand, au-
ßerhalb, standen beim Aufstieg zum Eingang
des Nordtores je zwei Tische und an der ge-
genüberliegenden Wand der Vorhalle des Tors
ebenfalls je zwei Tische; 41 je vier Tische stan-
den an den beiden Seitenwänden des Tors:
acht Tische, auf denen man schlachtete.

40,37 seine Vorhalle: G; seine Pfeiler: H.

42 Die vier Tische für das Brandopfer waren
aus behauenen Steinen. Sie waren anderthalb
Ellen lang, anderthalb Ellen breit und eine Elle
hoch. Auf sie legte man die Geräte, mit denen
man die Brand- und Schlachtopfer schlachte-
te. 43 Innen im Gebäude hatte man ringsum
handbreite Randleisten angebracht. Und auf
die Tische legte man das Opferfleisch. 44 Und
außerhalb des Innentores lagen Räume für
Sänger im inneren Vorhof; die an der Seiten-
wand des Nordtores öffneten sich nach Süden;
einer war an der Seitenwand des Osttores,
seine Vorderseite öffnete sich nach Norden.
45 Er sagte zu mir: Dieser Raum, der sich nach
Süden öffnet, gehört den Priestern, die beim
Tempeldienst wachen. 46 Der Raum aber, der
sich nach Norden öffnet, gehört den Priestern,
die über den Altardienst wachen; das sind die
Nachkommen Zadoks, die als Einzige von den
Leviten vor den HERRN hintreten dürfen, um
ihm zu dienen.

47 Dann maß er den Hof – ein Quadrat von
hundert Ellen Länge und hundert Ellen Breite.
Vor dem Tempelgebäude stand der Altar.
48 Darauf führte er mich zur Vorhalle des Tem-
pels und maß die Pfeiler der Vorhalle zu beiden
Seiten – je fünf Ellen. Die Breite des Tores be-
trug zu beiden Seiten je drei Ellen. 49 Die Vor-
halle war zwanzig Ellen breit und elf Ellen
lang. Zehn Stufen musste man zu ihr hinauf-
steigen. An den Pfeilern standen außen Säu-
len, je eine auf jeder Seite.

41 1 Dann brachte er mich zur Tempelhal-
le und maß die Pfeiler zu beiden Seiten;
jeder war sechs Ellen breit. So breit war das
Zelt. 2 Die Breite der Türöffnung betrug zehn
Ellen und die der beiden Seitenwände neben
der Türöffnung je fünf Ellen. Darauf maß er
ihre Länge – vierzig Ellen – und ihre Breite –
zwanzig Ellen. 3 Er trat ins Innere und maß den
Pfeiler der Türöffnung – zwei Ellen – und die
Türöffnung – sechs Ellen – sowie die Breite der
Seitenwände neben der Türöffnung – sieben
Ellen. 4 Und er maß seine Länge – zwanzig
Ellen – und seine Breite an der Seite der Tem-
pelhalle – zwanzig Ellen. Und er sagte zu mir:
Das ist das Allerheiligste.

5 Dann maß er die Mauer des Tempelgebäu-
des – sechs Ellen dick – und die Breite des An-
baus rings um das Tempelgebäude herum –
vier Ellen. 6 Und die Nebenräume, Nebenraum
an Nebenraum, waren dreißig in drei Stock-
werken. An der Mauer des Tempelgebäudes
waren ringsum Vorsprünge für die Nebenräu-
me, damit sie als Auflagen dienten; es brauch-
ten also in der Wand des Tempelgebäudes
keine Auflagen zu sein. 7 Durch die Nebenräu-
me ergab sich nach oben hin jeweils eine Ver-
breiterung und ein Umgang, denn der Haus-
umgang umgab das Haus nach oben hin rings
herum. So gab es eine Verbreiterung am Haus
nach oben hin. Vom untersten Stockwerk
konnte man über das mittlere zum oberen hi-
naufsteigen. 8 Und ich sah ein erhöhtes Pflaster
rings um das Tempelgebäude. Die Fundamen-
te der Nebenräume waren eine ganze Messlat-
te dick – sechs Ellen. 9 Die Außenmauer des
Anbaus war fünf Ellen dick und entsprechend
war die freie Stelle an den Nebenräumen, die
zum Tempelgebäude gehörten, 10 und zwi-
schen den Räumen war ein freier Platz von
zwanzig Ellen Breite, der rings um den Tempel
herumlief. 11 Aus dem Anbau führten Türen
auf den freien Platz, eine im Norden und eine
im Süden. Die Mauer des freien Platzes war
ringsum fünf Ellen dick. 12 Vor dem eingefrie-
deten Platz lag auf der Westseite ein Gebäude,
das neunzig Ellen breit und siebzig Ellen lang
war. Die Mauer dieses Gebäudes war ringsum
fünf Ellen dick.

13 Dann maß er das Tempelgebäude – hun-
dert Ellen lang – sowie den eingefriedeten
Platz, das Gebäude und seine Mauern – auch
hundert Ellen lang. 14 Die Breite der Vordersei-
te des Tempels und des eingefriedeten Platzes
betrug im Osten zusammen ebenfalls hundert
Ellen. 15 Und er maß die Breite des Gebäudes,
das vor dem eingefriedeten Platz lag, auf der
Rückseite und die Terrassenbauten auf seinen
beiden Seiten – je hundert Ellen.

Das Innere der Tempelhalle und der Vor-
halle, die aus dem Innenhof in den Tempel
führt, 16 waren getäfelt. Die Rahmen der ver-
schließbaren Fenster und die drei Gesimse,
die von der Schwelle an ringsum liefen, wa-
ren aus Holz; ebenso gab es vom Fußboden
bis zu den Fenstern – die Fenster waren ver-
deckbar – 17 und bis über die Türöffnungen
hinauf eine Holztäfelung. Auf allen Wänden

40,49 zehn: ergänzt nach G.

41,3 Breite der Seitenwände: ergänzt nach G; Breite der Türöffnung: H.

41,6 dreißig in drei: vermuteter Text; dreiunddreißig: H, G, Vg.

41,11 Die Mauer: vermuteter Text; der Platz: H.

41,16 waren getäfelt: G; die Schwellen: H.

ringsum, auch auf den Wänden zum Innen-
raum und nach draußen, war die Täfelung in
Felder eingeteilt, auf denen 18 geschnitzte
Kerubim und Palmen zu sehen waren, je eine
Palme zwischen zwei Kerubim. Jeder Kerub
hatte zwei Gesichter: 19 Ein Menschengesicht
war der Palme von der einen Seite und ein
Löwengesicht war der Palme von der andern
Seite zugewandt. So war das ganze Haus
ringsum ausgestaltet. 20 Vom Fußboden bis
über die Türöffnungen hinauf waren an der
Tempelwand Kerubim und Palmen ange-
bracht. 21 Die Tür der Tempelhalle hatte einen
vierfach gestuften Türrahmen. Vor dem Al-
lerheiligsten war etwas, das aussah wie 22 ein
Altar aus Holz, drei Ellen hoch, zwei Ellen
lang und zwei Ellen breit. Er hatte Ecken. Sein
Sockel und seine Wände waren aus Holz. Und
er sagte zu mir: Das ist der Tisch, der vor dem
HERRN steht. 23 Die Tempelhalle und das Al-
lerheiligste hatten je eine Doppeltür. 24 Die
Türen hatten zwei Türflügel, zwei drehbare
Türflügel, zwei die eine Tür und zwei die an-
dere Tür. 25 An ihnen – den Türen der Tem-
pelhalle – waren Kerubim und Palmen ange-
bracht, wie sie an den Wänden angebracht
waren. Außen, an der Vorderseite der Vorhal-
le, war ein Vordach aus Holz. 26 An den beiden
Seitenwänden der Vorhalle und an den Ne-
benräumen des Tempels und an den Vordä-
chern waren verschließbare Fenster und Pal-
men.

42 1 Dann führte er mich in den nördlichen
Teil des äußeren Vorhofs hinaus und
brachte mich zu dem Bau mit Einzelräumen,
der gegenüber dem eingefriedeten Platz und
dem Gebäude im Norden lag. 2 Seine Längssei-
te maß hundert Ellen beim Eingang im Nor-
den; seine Breite betrug fünfzig Ellen. 3 Gegen-
über den zwanzig, die zum inneren Vorhof
gehörten, und gegenüber dem Steinpflaster,
das zum äußeren Vorhof gehörte, war Terras-
se an Terrasse, in drei Stockwerken. 4 Vor den
Räumen lief ein Gang entlang, zehn Ellen breit
und hundert Ellen lang. Die Eingänge der Räu-
me lagen im Norden. 5 Die oberen Räume des
Baus waren kürzer als die mittleren und die
unteren; denn die Terrassen nahmen ihnen
Platz weg. 6 Denn sie bestanden aus drei Stock-
werken; sie hatten aber keine Säulen wie die
Säulen der Vorhöfe; deswegen wurden sie von
unten nach oben, vom unteren über das mitt-
lere immer kürzer. 7 Außen zog sich an den
Räumen zum Vorhof hin eine Mauer entlang.
An der Vorderseite der Räume war sie fünfzig
Ellen lang; 8 denn die Räume, die zum äußeren
Vorhof gehörten, waren fünfzig Ellen lang.
Und siehe, dem Tempel gegenüberliegend war
sie hundert Ellen lang. 9 Und unterhalb dieser
Räume lag der Zugang im Osten, dort, wo man
vom äußeren Vorhof herkam, 10 an der Breit-
seite der Mauer zum Vorhof.

Im Süden des eingefriedeten Platzes und des
Gebäudes war ebenfalls ein Bau mit Einzelräu-
men 11 und es war ein Weg vor ihnen. Sie hat-
ten dasselbe Aussehen, die gleiche Länge und
Breite, die gleichen Ausgänge, dieselbe Anord-
nung und ebenso viele Türen wie die Räume
im Norden. 12 Und wie die Türen der Räume,
die nach Süden gerichtet waren, war die Tür
am Anfang des Weges: des Weges entlang der
Schutzmauer, des Weges, der nach Osten
führte.

13 Und er sagte zu mir: Die Räume im Nor-
den und die Räume im Süden, die vor dem
umfriedeten Platz liegen, sind heilige Räume.
Dort sollen die Priester, die vor den HERRN
hintreten dürfen, die hochheiligen Gaben ver-
zehren und dort sollen sie die hochheiligen
Gaben, die Speise-, Sünd- und Schuldopfer,
niederlegen; denn der Ort ist heilig. 14 Wenn
die Priester in das Heiligtum gegangen sind,
sollen sie von dort nicht zum äußeren Vorhof
hinausgehen, sondern ihre Gewänder, in de-
nen sie Dienst getan haben, dort ablegen; denn
sie sind heilig. Sie sollen andere Kleider anzie-
hen, dann dürfen sie sich dem Platz nahen, der
für das Volk vorgesehen ist.

15 Als er den inneren Tempelbezirk vermes-
sen hatte, führte er mich zum Osttor hinaus
und vermaß ihn ringsum. 16 Er maß die Ost-
seite – fünfhundert Rohrlängen mit dem
Messrohr, mit dem Messrohr ringsum. 17 Er
maß die Nordseite – fünfhundert Rohrlängen
mit dem Messrohr ringsum. 18 Die Südseite
maß er fünfhundert Rohrlängen mit dem
Messrohr ringsum. 19 Er wandte sich zur West-
seite. Er maß fünfhundert Rohrlängen mit
dem Messrohr. 20 Nach allen vier Windrich-
tungen vermaß er ihn: Er hatte ringsum eine
Mauer, fünfhundert in der Länge und fünfhun-

41,22 und zwei Ellen breit: ergänzt nach G. – sein Sockel: G; seine Länge: H.

42,4 hundert Ellen lang: G, S; ein Weg von einer Elle: H.

42,10 Im Süden: G; im Osten: H.

dert in der Breite; sie sollte das Heilige vom Unheiligen trennen.

40,1: 1,3; 37,1 / **2:** 1,1; 8,3; 11,24; 20,40; Mt 4,8; Offb 21,10 / **3:** 43,6; 47,3; Offb 11,1; 21,15 / **5 - 42,20:** 1 Kön 6–7 / **46:** 43,19; 44,15; 48,11; 1 Chr 5,34–41; 1 Kön 1,8.39
41,22: Ex 25,23–30; 40,22f.
42,14: 44,19

EINZUG DER HERRLICHKEIT DES HERRN IN DEN TEMPEL: 43,1–12

43 1 Dann führte er mich zu einem der
Tore, dem Tor, das im Osten lag. 2 Und
siehe, die Herrlichkeit des Gottes Israels kam
aus dem Osten heran. Ihr Rauschen war wie
das Rauschen gewaltiger Wassermassen und
die Erde leuchtete auf von seiner Herrlichkeit.
3 Wie ein Aufscheinen der Erscheinung war es,
die ich gesehen hatte, wie die Erscheinung, die
ich gesehen hatte – als ich kam, um die Stadt
zu vernichten. – Und die Erscheinungen wa-
ren wie die Erscheinung, die ich am Fluss Ke-
bar gesehen hatte. Da fiel ich nieder auf mein
Gesicht. 4 Und die Herrlichkeit des HERRN zog
in den Tempel ein durch das Tor, das im Osten
lag.
5 Und der Geist hob mich empor und brach-
te mich in den inneren Vorhof. Und siehe, die
Herrlichkeit des HERRN erfüllte den Tempel.
6 Dann hörte ich einen, der vom Tempel her
zu mir redete. Der Mann aber stand neben mir.
7 Er sagte zu mir: Menschensohn, das ist der
Ort, wo mein Thron steht, und der Ort, wo
meine Füße ruhen; hier will ich für immer
mitten unter den Israeliten wohnen. Das Haus
Israel aber soll meinen heiligen Namen nie
mehr beflecken – weder sie noch ihre Könige
– mit ihrer Unzucht und mit den Leichen ihrer
Könige bei ihren Kulthöhen. 8 Sie legten ihre
Schwelle neben meine Schwelle und setzten
ihre Türpfosten neben meine Türpfosten, so-
dass zwischen mir und ihnen nur eine Wand
war. So befleckten sie meinen heiligen Namen
durch die Gräueltaten, die sie begingen, und
ich musste sie in meinem Zorn vernichten.
9 Jetzt aber sollen sie ihre Unzucht und die Lei-
chen ihrer Könige von mir fernhalten, sodass
ich für immer mitten unter ihnen wohnen
kann.
10 Du, Menschensohn, berichte dem Haus
Israel über den Tempel, damit sie sich wegen
ihrer bösen Taten schämen! Sie sollen den Ent-
wurf des Tempels vermessen. 11 Wenn sie sich
all dessen schämen, was sie getan haben, dann
mach ihnen den Plan des Tempels bekannt,
seine Einrichtung, seine Ausgänge und Ein-
gänge und seine ganzen Pläne und alle ihn
betreffenden Sitzungen, seine ganzen Pläne
und alle ihn betreffenden Anweisungen!
Zeichne alles vor ihren Augen auf! Sie sollen
darauf achten, dass sie seinen ganzen Plan aus-
führen und alle ihn betreffenden Satzungen,
und sie befolgen. 12 Das ist die Anweisung für
den Tempelbezirk. Das ganze Gebiet auf dem
Gipfel des Berges ringsum ist hochheiliger
Boden. Siehe, das ist die Anweisung für den
Tempelbezirk.

2: 1,24.28; Offb 1,15; 18,1 / **3:** 8–11; 1,1.3 / **4:** Ex 40,34; 1 Kön 8,10f. / **7:** 37,26f.; Ps 132,7f.; Klgl 2,1

DER ALTAR IM INNENHOF UND DIE ALTARWEIHE: 43,13–27

13 Das waren die Maße des Altars, gemessen in
Ellen, die Elle zu einer gewöhnlichen Elle und
einer Handbreit gerechnet: Dem Graben von
einer Elle entsprach eine Elle Breite. Und ihre
Einfassung an ihrem Rand betrug ringsum
eine Spanne. Und dies ist der Sockel des Altars:
14 Vom Boden des Grabens bis zur unteren
Einfassung waren es zwei Ellen; und die Brei-
te machte eine Elle aus; von dieser kleinen
Einfassung bis zur großen Einfassung waren
es vier Ellen, bei einer Breite von einer Elle.
15 Der Opferherd war vier Ellen hoch und an
dem Opferherd ragten vier Hörner empor.
16 Der Opferherd hatte eine Länge von zwölf
Ellen und eine Breite von zwölf Ellen; er war
quadratisch. 17 Auch die Einfassung war vier-
zehn Ellen lang und vierzehn Ellen breit nach
ihren vier Seiten hin. Rings um sie herum lief
eine Umgrenzung von einer halben Elle. Der
Graben, der sie umgab, maß ringsum eine Elle.
Und seine Stufen waren nach Osten gerichtet.
18 Dann sagte er zu mir: Menschensohn, so
spricht GOTT, der Herr: Das sind die Satzun-
gen für den Altar, für den Tag, an dem er fertig-
gestellt wird, damit man Brandopfer auf ihm
darbringen und Blut auf ihn sprengen kann:
19 Du sollst den levitischen Priestern, den
Nachkommen Zadoks, die vor mich hintreten
dürfen, um mir zu dienen – Spruch GOTTES,
des Herrn –, einen jungen Stier aus der Rin-
derherde zum Sündopfer geben. 20 Dann sollst
du etwas von seinem Blut nehmen und es auf
seine vier Hörner und auf die vier Ecken der
Einfassung sowie ringsum auf die Umgren-

43,3 als ich kam: H; als er kam: Vg.

zung tun. So sollst du ihn entsündigen und
entsühnen. 21 Dann sollst du den Stier des
Sündopfers nehmen und man soll ihn auf dem
vorgesehenen Platz beim Tempel außerhalb
des Heiligtums verbrennen. 22 Am zweiten
Tag sollst du einen Ziegenbock, der ohne Feh-
ler ist, als Sündopfer darbringen und man soll
den Altar damit entsündigen, wie man ihn mit
dem Stier entsündigt hat.

23 Wenn du die Entsündigung vollzogen
hast, sollst du einen jungen Stier aus der Rin-
derherde, der ohne Fehler ist, sowie einen
Widder aus der Schafherde, der ohne Fehler
ist, darbringen. 24 Du sollst beide vor den
HERRN bringen und die Priester sollen sie mit
Salz bestreuen und dem HERRN als Brandop-
fer darbringen. 25 Sieben Tage lang sollst du
täglich einen Bock als Sündopfer darbringen
und man soll einen jungen Stier aus der Rin-
derherde und einen Widder aus der Schafher-
de – Tiere ohne Fehler – darbringen. 26 Sieben
Tage lang soll man den Altar entsühnen, rein
machen und einweihen. 27 Man soll diese Tage
zu Ende führen. Vom achten Tag an sollen dann
die Priester auf dem Altar eure Brandopfer und
eure Heilsopfer darbringen. Dann will ich euch
gnädig sein – Spruch GOTTES, des Herrn.

13–17: Ex 27,1–8; 1 Kön 8,64 / **18**: Ex 29,36f. / **19**: 40,46; 44,15

ANWEISUNGEN FÜR DEN KULT, DIE LEVITEN UND DIE LEVITISCHEN PRIESTER: 44,1–31

44 1 Dann führte er mich zum äußeren
Osttor des Heiligtums zurück. Es war
geschlossen. 2 Da sagte der HERR zu mir: Die-
ses Tor soll geschlossen bleiben, es soll nie
geöffnet werden, niemand darf hindurchge-
hen; denn der HERR, der Gott Israels, ist durch
dieses Tor eingezogen; deshalb bleibt es ge-
schlossen. 3 Nur der Fürst darf, weil er der Fürst
ist, sich dort niedersetzen, um vor den Augen
des HERRN die Opfermahlzeit abzuhalten.
Dabei soll er von der Vorhalle des Tores aus
eintreten und auf dem gleichen Weg wieder
hinausgehen.

4 Dann führte er mich zum Nordtor, zur Vor-
derseite des Tempels. Ich sah und siehe: Die
Herrlichkeit des HERRN erfüllte den Tempel
des HERRN. Und ich fiel nieder auf mein Ge-
sicht. 5 Der HERR sagte zu mir: Menschen-
sohn, richte dein Herz darauf und schau mit
deinen Augen und mit deinen Ohren hör auf
alles, was ich zu dir sage betreffs aller Satzun-
gen und aller Weisungen über den Tempel des
HERRN! Achte an den Eingängen des Heilig-
tums auf alles, was den Ausschluss aus dem
Tempel betrifft!

6 Sag zu dem widerspenstigen Haus Israel:
So spricht GOTT, der Herr: Hört endlich auf
mit all euren Gräueltaten, ihr vom Haus Israel!
7 Fremde, die unbeschnitten sind am Herzen
und unbeschnitten am Körper, sie habt ihr
eintreten lassen, sie waren in meinem Heilig-
tum und haben meinen Tempel entweiht,
wenn ihr mir meine Opferspeise, Fett und
Blut, dargebracht habt. So habt ihr mit all eu-
ren Gräueltaten meinen Bund gebrochen. 8 Ihr
wolltet den Dienst in meinem Heiligtum nicht
verrichten, sondern ihr habt sie an eurer Stel-
le den Dienst in meinem Heiligtum verrichten
lassen.

9 So spricht GOTT, der Herr: Kein Fremder,
der unbeschnitten ist am Herzen und unbe-
schnitten am Körper, darf mein Heiligtum
betreten, keiner von all den Fremden, die bei
den Israeliten leben, 10 sondern nur die Levi-
ten. Doch weil sie mich verlassen haben, als
Israel in die Irre ging, und weil sie statt mir
ihren Götzen gefolgt sind, müssen sie ihre
Schuld tragen: 11 Sie dürfen in meinem Heilig-
tum nur Wächter an den Tempeltoren und
Tempeldiener sein; sie dürfen das Brandopfer
und das Schlachtopfer des Volkes schlachten
und sollen vor den Leuten bereitstehen, um
ihnen zu dienen. 12 Weil sie ihnen bei ihrem
Götzendienst geholfen haben und für das
Haus Israel der Anlass wurden, in Schuld zu
fallen, darum habe ich meine Hand gegen sie
erhoben – Spruch GOTTES, des Herrn –; sie
müssen ihre Schuld tragen. 13 Sie dürfen nicht
mehr vor mich hintreten, um mir als Priester
zu dienen und alle meine heiligen Geräte, das
Hochheilige zu berühren. Sie müssen ihre
Schande und ihre Gräueltaten tragen, die sie
begangen haben. 14 Ich setze sie als Tempeldie-
ner ein, damit sie alles erledigen, was im Tem-
pel zu tun ist.

15 Die levitischen Priester, die Nachkommen
Zadoks, die mir in meinem Heiligtum treu
gedient haben, als die Israeliten mich verlie-
ßen und in die Irre gingen, sie sollen vor mich
hintreten und mir dienen, sie sollen vor mir
stehen, um mir Fett und Blut darzubringen –
Spruch GOTTES, des Herrn. 16 Sie dürfen in
mein Heiligtum kommen und sie dürfen an
meinen Tisch herantreten, um mir zu dienen;
sie sollen meinen Dienst verrichten.

17 Wenn sie durch die Tore des Innenhofs
hineingehen, sollen sie Leinengewänder tra-
gen. Sie dürfen nichts Wollenes tragen, wenn
sie in den Toren des Innenhofs und im Tempel
Dienst tun. 18 Sie sollen einen Kopfbund aus
Leinen auf ihrem Haupt und leinene Hosen an
ihren Hüften tragen; sie sollen sich nicht so
gürten, dass man schwitzt. 19 Wenn sie in den
äußeren Vorhof zum Volk hinausgehen, sollen
sie die Gewänder ausziehen, in denen sie
Dienst tun; sie sollen sie in die heiligen Räume
legen und andere Kleider anziehen, damit sie
das Volk nicht durch ihre Leinengewänder
heilig machen.

20 Sie sollen weder ihren Kopf kahl scheren
noch ihre Haare lang herabhängen lassen, son-
dern sie sollen ihr Haar kurz schneiden. 21 Kein
Priester darf Wein trinken, wenn er den inne-
ren Vorhof betreten muss. 22 Sie dürfen keine
Witwe und keine verstoßene Frau heiraten,
sondern nur Jungfrauen aus der Nachkom-
menschaft des Hauses Israel. Eine Witwe aber,
die mit einem Priester verheiratet war, dürfen
sie zur Frau nehmen.

23 Sie sollen mein Volk über den Unterschied
zwischen heilig und nicht heilig belehren und
ihnen den Unterschied zwischen unrein und
rein deutlich machen. 24 Bei einem Rechts-
streit sind sie die Richter; nach meinen
Rechtsentscheiden sollen sie ihn entscheiden.
An allen meinen Festen sollen sie auf meine
Weisungen und meine Satzungen achten und
sie sollen meine Sabbat-Tage heilig halten.
25 Einem Toten sollen sie sich nicht nähern;
denn sie werden dadurch unrein. Nur beim
Tod von Vater und Mutter, Sohn und Tochter,
Bruder und unverheirateter Schwester dürfen
sie sich unrein machen; 26 wenn ein solcher
dann wieder rein geworden ist, soll er noch
sieben Tage abzählen. 27 An dem Tag, an dem
er wieder in das Heiligtum geht, in den inne-
ren Vorhof, um dort Dienst zu tun, dann soll
er ein Sündopfer für sich darbringen – Spruch
GOTTES, des Herrn.

28 Mit ihrem Erbbesitz verhält es sich so: Ich
bin ihr Erbbesitz. Auch Eigentum sollt ihr ih-
nen in Israel nicht geben: Ich bin ihr Eigentum.
29 Sie dürfen das Speiseopfer, das Sündopfer
und das Schuldopfer essen. Jede Gabe, die man
in Israel Gott weiht, gehört ihnen. 30 Das Bes-
te von allen Erstlingsopfern jeglicher Art, all
eure Hebeopfer jeglicher Art, die ihr entrich-
ten müsst, gehören den Priestern; auch das
Beste von eurem Schrotmehl sollt ihr dem
Priester geben, damit Segen über deinem Hau-
se ruhe. 31 Alles Verendete und Zerrissene, ob
vom Vogel oder vom Tier, dürfen die Priester
nicht essen.

2: 43,4; 46,1; Ps 24,7 / **3:** 46,2.12 / **7:** Jes 52,1; 56,6–7; Jer 9,25 / **15:** 40,46 / **18:** Lev 6,3f.; 16,4 / **19:** 46,20 / **20:** Lev 21,5.10; 19,27 / **21:** Lev 10,9 / **22:** Lev 21,7.13f. / **23:** 22,26; 42,20; Lev 10,10 / **24:** Dtn 17,8f. / **25:** Lev 21,1–4 / **28:** Num 18,20–24; Dtn 18,1f. / **29–30:** Ex 25,2; Num 15,20; Neh 10,38 / **31:** Lev 22,8

AUFTEILUNG DES KERNGEBIETES: 45,1–8

45 1 Wenn ihr das Land durch das Los ver-
teilt, sollt ihr ein Stück von fünfund-
zwanzigtausend Ellen Länge und zwanzigtau-
send Ellen Breite als Hebeopfer für den HERRN
darbringen. Es soll in seinem ganzen Umfang
heilig sein. 2 Davon gehört um den Tempel
herum ein Quadrat von fünfhundert mal fünf-
hundert Ellen dem Heiligtum, dazu ringsum
fünfzig Ellen unbestelltes Land. 3 Von diesem
abgemessenen Stück Land sollt ihr wiederum
ein Stück von fünfundzwanzigtausend Ellen
Länge und zehntausend Ellen Breite abmes-
sen, auf dem das hochheilige Heiligtum ste-
hen soll. 4 Das ist das heilige Gebiet des Landes
und es soll den Priestern gehören, die den
Dienst im Heiligtum verrichten und sich beim
Gottesdienst dem HERRN nähern dürfen. Es
ist der Platz für ihre Häuser, wie der heilige
Bezirk für das Heiligtum. 5 Und fünfundzwan-
zigtausend Ellen Länge und zehntausend Ellen
Breite sollen den Leviten gehören, die den
Tempeldienst verrichten. Es ist ihr Eigentum,
Städte zum Bewohnen.

6 Als Eigentum der Stadt sollt ihr fünftau-
send Ellen Breite und fünfundzwanzigtau-
send Ellen Länge abmessen, genauso lang wie
die heilige Abgabe. Dieses Stück gehört dem
ganzen Haus Israel. 7 Dem Fürsten soll auf
beiden Seiten des heiligen Hebeopfers und des
Eigentums der Stadt, im Westen und Osten,
ein Gebiet gehören, das an das heilige Hebe-
opfer und das Eigentum der Stadt angrenzt
und in der Länge einem der Stammesanteile
von der Westgrenze bis zur Ostgrenze 8 des
Landes entspricht. Es gehört ihm als Eigentum
in Israel. Meine Fürsten werden mein Volk
nicht mehr unterdrücken, sondern das Land
dem Haus Israel und seinen Stämmen über-
lassen.

1–8: 48,8–20

45,1 zwanzigtausend: G; zehntausend: H.

MAHNUNG AN DIE FÜRSTEN: 45,9–17

9 So spricht GOTT, der Herr: Genug, ihr Fürs-
ten Israels! Beseitigt Gewalt und Unter-
drückung! Sorgt für Recht und Gerechtigkeit!
Hört auf, mein Volk von seinem Grund und
Boden zu vertreiben – Spruch GOTTES, des
Herrn. 10 Verwendet richtige Waagen, richti-
ges Efa und richtiges Bat! 11 Das Efa und das
Bat sollen das gleiche Maß haben; das Bat soll
den zehnten Teil eines Hómer fassen und
ebenso das Efa den zehnten Teil eines Hómer;
nach dem Hómer sollen sich die anderen
Maße richten. 12 Ein Schekel soll bei euch
zwanzig Gera entsprechen. Zwanzig Schekel
und fünfundzwanzig Schekel und fünfzehn
Schekel sind für euch eine Mine. 13 Dies sollt
ihr als Hebeopfer erheben: von jedem Hómer
Weizen ein Sechstel Efa und von jedem Hó-
mer Gerste ein Sechstel Efa; 14 und das Gesetz
für das Öl: Das Bat ist das Ölmaß. Ein Zehn-
tel Bat vom Kor, zehn Bat sind ein Hómer, ja
zehn Bat sind ein Hómer; 15 ferner aus jeder
Herde ein Schaf auf je zweihundert Tiere vom
Weideland Israels: für die Speiseopfer, die
Brandopfer und die Heilsopfer, um euch zu
entsühnen – Spruch GOTTES, des Herrn.
16 Das ganze Volk im Land hat dieses Hebe-
opfer an den Fürsten von Israel zu entrichten.
17 Der Fürst aber hat an allen Feiertagen des
Hauses Israel, an den Festen und an den Neu-
mondtagen und Sabbat-Tagen für Brandop-
fer, Speiseopfer und Trankopfer zu sorgen. Er
veranstaltet das Sündopfer, das Speiseopfer,
das Brandopfer und die Heilsopfer, um das
Haus Israel zu entsühnen.

9: Jer 21,11f.; 22,3f.; Mi 3,1–3 / **10–11**: Lev 19,35f.; Dtn 25,13–15 / **17**: Lev 1,3; 2,1; 3,1

DIE GROSSEN FESTE: 45,18–25

18 So spricht GOTT, der Herr: Am ersten Tag
des ersten Monats sollst du einen jungen Stier
aus der Rinderherde nehmen, der ohne Fehler
ist, und das Heiligtum entsündigen. 19 Der
Priester nimmt etwas Blut von dem Sündopfer
und bestreicht damit die Türpfosten des Tem-
pels und die vier Ecken der Einfassung des
Altars und die Türpfosten des Tors zum inne-
ren Vorhof. 20 Dasselbe sollst du am siebten Tag
des Monats tun für die, die sich aus Versehen
oder aus Unwissenheit verfehlt haben. So sollt
ihr den Tempel entsühnen.

21 Am vierzehnten Tag des ersten Monats
sollt ihr das Pessach feiern, ein Fest von sieben
Tagen. Da soll man ungesäuerte Brote essen.
22 Der Fürst soll an diesem Tag für sich und für
das ganze Volk im Land einen Stier zum Sünd-
opfer bereitstellen. 23 An den sieben Festtagen
soll er als Brandopfer für den HERRN sieben
Stiere und sieben Widder, die ohne Fehler
sind, bereitstellen, und zwar an jedem der sie-
ben Tage, dazu täglich einen Ziegenbock als
Sündopfer. 24 Für das Speiseopfer soll er ein Efa
Mehl je Stier und ein Efa Mehl je Widder be-
reitstellen, dazu je Efa Mehl ein Hin Öl.

25 Genau dasselbe soll er sieben Tage lang mit
dem Sündopfer, dem Brandopfer und Speise-
opfer und mit dem Öl an dem Fest machen,
das am fünfzehnten Tag des siebten Monats
beginnt.

20: Lev 5,17f. / **21**: Ex 12,3–15; Lev 23,5 / **22**: Lev 4,22 / **23–24**: Num 28,17–23 / **25**: Num 15,4–12; Lev 23,34; Ex 23,14

OPFER: 46,1–15

46 1 So spricht GOTT, der Herr: Das Osttor
des inneren Vorhofs soll an den sechs
Werktagen geschlossen bleiben, nur am Sab-
bat soll es geöffnet werden und am Neumond-
tag soll es geöffnet werden.

2 Der Fürst soll von außen her durch die Vor-
halle den Torbau betreten und sich an den Tor-
pfosten stellen. Dann sollen die Priester sein
Brandopfer und sein Heilsopfer darbringen, er
aber soll sich an der Schwelle des Tors nieder-
werfen und wieder hinausgehen. Das Tor soll
bis zum Abend nicht geschlossen werden.
3 Die Bürger des Landes sollen sich an den Sab-
bat-Tagen und an den Neumond-Tagen am
Eingang dieses Tors ebenfalls vor dem HERRN
niederwerfen. 4 Das Brandopfer, das der Fürst
dem HERRN darbringen lässt, soll am Sab-
bat-Tag aus sechs fehlerlosen Lämmern und
aus einem fehlerlosen Widder bestehen. 5 Zu
dem Widder gehört ein Speiseopfer von ei-
nem Efa Mehl, zu den Lämmern ein Speiseop-
fer, dessen Menge er selbst bestimmen kann,
dazu ein Hin Öl je Efa Mehl.

6 Am Neumond-Tag sollen es ein junger feh-
lerloser Stier aus der Rinderherde, sechs Läm-
mer und ein Widder sein, die ohne Fehler sind.
7 Zu dem Stier und zu dem Widder soll er je
ein Efa Mehl als Speiseopfer besorgen, außer-
dem zu den Lämmern so viel, wie er gerade zur

45,21 ein Fest von sieben Tagen: G, Vg; das Wochenfest: H.

Verfügung hat, und dazu je Efa Mehl ein Hin
Öl. 8 Wenn der Fürst den Torbau betritt, soll er
ihn durch die Vorhalle betreten und auf dem
gleichen Weg muss er wieder hinausgehen.
9 Wenn aber das Volk des Landes an den Festen
vor den HERRN tritt, dann soll der, der durch
das Nordtor gekommen ist, um sich niederzu-
werfen, durch das Südtor hinausgehen, und
wer durch das Südtor gekommen ist, soll
durch das Nordtor hinausgehen. Niemand soll
durch das Tor wieder hinausgehen, durch das
er gekommen ist, sondern jeder soll durch das
gegenüberliegende Tor hinausgehen. 10 Der
Fürst soll mitten unter ihnen sein; wenn sie
hineingehen, soll auch er hineingehen, und
wenn sie hinausgehen, soll auch er hinausge-
hen.

11 An den Festtagen und an den Feiertagen
gehört zu dem Stier und zu dem Widder das
Speiseopfer von je einem Efa Mehl und zu den
Lämmern ein Speiseopfer, dessen Menge er
selbst bestimmen kann, dazu ein Hin Öl je Efa
Mehl. 12 Wenn der Fürst dem HERRN ein frei-
williges Brandopfer oder ein freiwilliges
Heilsopfer darbringen lassen will, soll man für
ihn das Osttor öffnen. Dann soll er sein Brand-
opfer und sein Heilsopfer genauso darbringen,
wie er es am Sabbat darbringen lässt. Darauf-
hin soll er hinausgehen, und wenn er hinaus-
gegangen ist, soll man das Tor schließen.

13 Täglich sollst du dem HERRN ein einjäh-
riges Lamm, das ohne Fehler ist, als Brandop-
fer darbringen, Morgen für Morgen sollst du
es tun. 14 Dazu sollst du als Speiseopfer jeden
Morgen ein Sechstel Efa Mehl und ein Drittel
Hin Öl herrichten, um das Mehl zu bespren-
gen. Das soll ein Speiseopfer für den HERRN
sein. Eine ewige Satzung sei dies immerdar.
15 Bringt also jeden Morgen das Lamm, das
Speiseopfer und das Öl als das tägliche Brand-
opfer dar!

2: 44,3 / **4-7**: Num 28,9–14 / **9**: Ex 23,14–17 / **13**: Ex 29,38–42; Num 28,3

BESITZ DES FÜRSTEN: 46,16–18

16 So spricht GOTT, der Herr: Wenn der Fürst
einem seiner Söhne etwas von seinem Erb-
besitz schenkt, gehört es seinen Söhnen; es ist
ihr Eigentum und sie können es weiterver-
erben. 17 Wenn er aber etwas von seinem Erb-
besitz einem seiner Diener schenkt, gehört es
diesem nur bis zum nächsten Erlassjahr; dann
fällt es an den Fürsten zurück. Nur seine Söh-
ne dürfen behalten, was er ihnen von seinem
Erbbesitz geschenkt hat. 18 Vom Erbbesitz des
Volkes darf der Fürst nichts nehmen; er darf
sie nicht mit Gewalt von ihrem Eigentum
verdrängen. Wenn er seinen Söhnen etwas
vererben will, muss er es von seinem Eigen-
tum nehmen, damit die Angehörigen meines
Volkes nicht von ihrem Eigentum vertrieben
werden.

46,16 etwas von seinem Erbbesitz: G; seinen Erbbesitz: H.

OPFERKÜCHEN DES TEMPELS: 46,19–24

19 Dann brachte er mich durch den Eingang auf
der Torseite zu den heiligen Priesterräumen im
Norden und siehe, da war ein Ort am äußers-
ten Ende im Westen. 20 Und er sagte zu mir:
Das ist der Ort, an dem die Priester das
Schuldopfer und das Sündopfer kochen und
wo sie das Speiseopfer backen, damit sie es
nicht in den äußeren Vorhof hinausbringen
müssen und dadurch das Volk heiligen.
21 Dann führte er mich in den äußeren Vorhof
hinaus und er ließ mich hinübergehen zu den
vier Ecken des Vorhofs. Und siehe, an jeder
Ecke des Vorhofs war noch ein Hof. 22 An allen
vier Ecken des Vorhofs waren geschlossene
Höfe, vierzig Ellen lang und dreißig Ellen breit.
Dasselbe Maß für die vier. 23 Und rings um sie
lief eine Steinmauer, rings um alle vier, und
unten an den Steinmauern waren ringsum
Kochstellen angelegt. 24 Da sagte er zu mir: Das
sind die Küchen, wo die Tempeldiener das
Schlachtopfer des Volkes kochen.

TEMPELQUELLE: 47,1–12

47 1 Dann führte er mich zum Eingang des
Tempels zurück und siehe, Wasser
strömte unter der Tempelschwelle hervor
nach Osten hin; denn die vordere Seite des
Tempels schaute nach Osten. Das Wasser floss
unterhalb der rechten Seite des Tempels herab,
südlich vom Altar. 2 Dann führte er mich durch
das Nordtor hinaus und ließ mich außen he-
rum zum äußeren Osttor gehen. Und siehe, das
Wasser rieselte an der Südseite hervor. 3 Der
Mann ging nach Osten hinaus, mit der Mess-
schnur in der Hand, maß tausend Ellen ab und
ließ mich durch das Wasser gehen; das Wasser
reichte mir bis an die Knöchel. 4 Dann maß er

46,19 zu den heiligen Priesterräumen: vermuteter Text; zu den heiligen Räumen, zu den Priestern: H, Vg; zum heiligen Raum der Priester: G.

wieder tausend Ellen ab und ließ mich durch
das Wasser gehen; das Wasser reichte mir bis
zu den Knien. Darauf maß er wieder tausend
Ellen ab und ließ mich hindurchgehen; das
Wasser ging mir bis an die Hüften. 5 Und er
maß noch einmal tausend Ellen ab. Da war es
ein Fluss, den ich nicht mehr durchschreiten
konnte; denn das Wasser war tief, ein Wasser,
durch das man schwimmen musste, ein Fluss,
den man nicht mehr durchschreiten konnte.
6 Dann fragte er mich: Hast du es gesehen,
Menschensohn? Darauf führte er mich zurück,
am Ufer des Flusses entlang. 7 Als ich zurück-
ging, siehe, da waren an beiden Ufern des Flus-
ses sehr viele Bäume. 8 Er sagte zu mir: Diese
Wasser fließen hinaus in den östlichen Bezirk,
sie strömen in die Araba hinab und münden in
das Meer. Sobald sie aber in das Meer gelangt
sind, werden die Wasser gesund. 9 Wohin der
Fluss gelangt, da werden alle Lebewesen, alles,
was sich regt, leben können und sehr viele
Fische wird es geben. Weil dieses Wasser dort
hinkommt, werden sie gesund; wohin der
Fluss kommt, dort bleibt alles am Leben. 10 Von
En-Gedi bis En-Eglajim werden Fischer an
ihm stehen und ihre Netze zum Trocknen aus-
breiten. Alle Arten von Fischen wird es geben,
so zahlreich wie die Fische im großen Meer.
11 Seine Lachen und seine Tümpel aber sollen
nicht gesund werden; sie sind für die Salzge-
winnung bestimmt. 12 An beiden Ufern des
Flusses wachsen alle Arten von Obstbäumen.
Ihr Laub wird nicht welken und sie werden
nie ohne Frucht sein. Jeden Monat tragen sie
frische Früchte; denn ihre Wasser kommen
aus dem Heiligtum. Die Früchte werden als
Speise und die Blätter als Heilmittel dienen.

1: Sach 14,8; Joël 4,18; Ps 46,5; Offb 22,1 / **2**: 40,35 / **3**: 40,3 / **12**: Offb 22,2

VERTEILUNG DES LANDES: 47,13–48,29

13 So spricht GOTT, der Herr: Das ist die
Grenze, innerhalb derer ihr das Land als Erb-
besitz an die zwölf Stämme Israels verteilen
sollt. Josef erhält das Doppelte. 14 Ihr sollt es
als Erbbesitz erhalten, ein jeder wie sein Bru-
der; denn ich habe meine Hand erhoben, es
euren Vätern zu geben. Darum soll euch dieses
Land als Erbbesitz zufallen. 15 Das ist die Gren-
ze des Landes im Norden: vom großen Meer
in Richtung Hetlon bis Lebo-Hamat, Zedad,
16 Berota, Sibrajim, das zwischen dem Gebiet
von Damaskus und dem Gebiet von Hamat
liegt, und bis Hazar-Enan am Rand des Hau-
rangebirges. 17 Die Grenze läuft also vom Meer
nach Hazar-Enan, wobei das Gebiet von Da-
maskus und Zafon und ebenso das Gebiet von
Hamat im Norden liegt. Das ist die Nordgren-
ze. 18 Im Osten bildet der Jordan die Grenze
zwischen Hauran und Damaskus und zwi-
schen Gilead und dem Land Israel, bis hinab
zum östlichen Meer und Tamar: Das ist die
Ostgrenze. 19 Die Südgrenze im Negeb: von
Tamar bis zu den Wassern von Meribat-Ka-
desch und dem Bach, der ins große Meer fließt.
Das ist die Südgrenze im Negeb. 20 Im Westen
bildet das große Meer die Grenze bis zur Höhe
von Lebo-Hamat. Das ist die Westgrenze.
21 Dieses Land sollt ihr unter euch nach den
Stämmen Israels aufteilen. 22 Ihr sollt es als
Erbbesitz unter euch und unter die Fremden
verlosen, die in eurer Mitte als Fremde leben
und die in eurer Mitte Söhne und Töchter ge-
zeugt haben. Sie sollen für euch wie einheimi-
sche Israeliten sein und sollen sich mit euch
zusammen ihren Erbbesitz mitten unter den
Stämmen Israels erlosen. 23 In dem Stamm, mit
dem der Fremde als Fremder lebt, sollt ihr ihm
seinen Erbbesitz zuteilen – Spruch GOTTES,
des Herrn.

48 1 Das sind die Namen der Stämme: Im
Norden, entlang dem Weg von Hetlon
nach Lebo-Hamat und nach Hazar-Enan – das
Gebiet von Damaskus liegt dabei nördlich,
seitlich von Hamat – gehört von Osten nach
Westen Dan ein Anteil. 2 Neben dem Gebiet
Dans von Osten nach Westen Ascher – ein
Anteil; 3 neben dem Gebiet Aschers von Osten
nach Westen Naftali – ein Anteil; 4 neben dem
Gebiet Naftalis von Osten nach Westen Ma-
nasse – ein Anteil; 5 neben dem Gebiet Manas-
ses von Osten nach Westen Efraim – ein An-
teil; 6 neben dem Gebiet Efraims von Osten
nach Westen Ruben – ein Anteil; 7 neben dem
Gebiet Rubens von Osten nach Westen Juda
– ein Anteil.

8 Neben dem Gebiet Judas von Osten nach
Westen soll das Hebeopfer sein, das ihr ent-
richten sollt, 25 000 Ellen breit und genauso
lang wie jeder andere Anteil von Osten nach
Westen. In seiner Mitte liegt das Heiligtum.
9 Das Hebeopfer, das ihr dem HERRN als Ab-

47,9 der Fluss: G, Vg; die beiden Flüsse: H.
47,15 Lebo-Hamat: G; Lebo: H.
48,9.13 Breite von 20 000 Ellen: vermuteter Text; Breite von 10 000 Ellen: H.

gabe entrichtet, hat eine Länge von 25 000
Ellen und eine Breite von 20 000 Ellen. 10 Das
heilige Hebeopfer soll, wie folgt, eingeteilt
werden: Den Priestern soll ein Stück gehören,
das im Norden 25 000 Ellen lang ist, im Wes-
ten 10 000 Ellen breit, im Osten 10 000 Ellen
breit und im Süden auch 25 000 Ellen lang. Das
Heiligtum des HERRN soll in seiner Mitte lie-
gen. 11 Den geweihten Priestern aus den Nach-
kommen Zadoks, die meinen Dienst verrich-
tet haben und die nicht abgeirrt sind, als die
Israeliten ebenso in die Irre gingen wie die
Leviten, 12 ihnen soll als Hebeopfer ein Stück
von dem Land gehören, das als Hebeopfer ent-
richtet wurde; es ist hochheilig und liegt neben
dem Gebiet der Leviten. 13 Den Leviten soll wie
den Priestern ein Gebiet von 25 000 Ellen Län-
ge und 10 000 Ellen Breite gehören. Das Gan-
ze hat also eine Länge von 25 000 Ellen und
eine Breite von 20 000 Ellen. 14 Man darf nichts
davon verkaufen oder zum Tausch anbieten
noch darf man dieses beste Stück des Landes
auf andere übertragen; denn es ist dem HERRN
heilig.

15 Die 5 000 Ellen, die längs der 25 000 Ellen
in der Breite noch übrig bleiben, sind nicht
heilig, sondern gehören der Stadt als Wohn-
gebiet und Weidefläche. Die Stadt soll mitten
darin liegen. 16 Ihre Maße sollen im Norden
4500 Ellen und im Süden 4 500 Ellen betra-
gen, ebenso 4 500 Ellen im Osten und 4 500
Ellen im Westen. 17 Die Weidefläche der Stadt
erstreckt sich 250 Ellen nach Norden, 250 Ellen
nach Süden, 250 Ellen nach Osten und 250
Ellen nach Westen. 18 Was dann der Länge
nach noch übrig ist längs des heiligen Hebe-
opfers, sind 10 000 Ellen nach Osten und
10 000 Ellen nach Westen. Es liegt längs der
heiligen Hebeopfer und von seinen Erträgen
sollen sich die Arbeiter der Stadt ernähren.
19 Die Arbeiter der Stadt, die dieses Stück be-
bauen, sollen aus allen Stämmen Israels sein.

20 Das ganze Hebeopfer soll 25 000 mal
25 000 Ellen betragen. Als Quadrat einschließ-
lich des Eigentums der Stadt sollt ihr das hei-
lige Hebeopfer entrichten.

21 Was zu beiden Seiten des heiligen Hebe-
opfers und des Besitzes der Stadt übrig bleibt,
soll dem Fürsten gehören: Von den 25 000
Ellen des Hebeopfers bis zur Ostgrenze und
von den 25 000 Ellen der Westseite bis zur
Westgrenze, entsprechend den Stammesan-
teilen, sollen dem Fürsten gehören. Das heili-
ge Hebeopfer und das Tempelheiligtum liegen
mitten darin. 22 Abgesehen vom Besitz der
Leviten und abgesehen vom Besitz der Stadt,
die mitten in dem Gebiet liegen, das dem Fürs-
ten gehört, soll das Gebiet zwischen der Gren-
ze Judas und der Grenze Benjamins dem Fürs-
ten gehören.

23 Die übrigen Stämme: Von Osten nach
Westen Benjamin – ein Anteil; 24 neben dem
Gebiet Benjamins von Osten nach Westen
Simeon – ein Anteil; 25 neben dem Gebiet Si-
meons von Osten nach Westen Issachar – ein
Anteil; 26 neben dem Gebiet Issachars von Os-
ten nach Westen Sebulon – ein Anteil; 27 neben
dem Gebiet Sebulons von Osten nach Westen
Gad – ein Anteil. 28 Neben dem Gebiet Gads
verläuft im Negeb die Südgrenze; sie führt von
Tamar zu den Quellen von Meribat-Kadesch
und zu dem Bach, der ins große Meer fließt.

29 Das ist das Land, das ihr als Erbbesitz an
die Stämme Israels verlosen sollt, und das sind
ihre Anteile – Spruch GOTTES, des Herrn.

47,15-20: Num 34,1-12 / **19:** Num 20,13; 34,5 / **22:** Ex 12,48; Lev 19,33f.
48,8-20: 45,1-8 / **13:** Lev 25,32-34 / **15:** Offb 21,12-17

TORE UND NAME DER STADT: 48,30-35

30 Das sind die Ausgänge der Stadt: auf der
Nordseite, 4 500 Maß, drei Tore: 31 – die Stadt-
tore aber sind nach den Stämmen Israels be-
nannt –: drei Tore im Norden: das Tor Ruben
ist eines, das Tor Juda ist eines, das Tor Levi ist
eines; 32 auf der Ostseite, 4 500 Maß, drei Tore:
das Tor Josef ist eines, das Tor Benjamin ist
eines, das Tor Dan ist eines; 33 auf der Südseite,
4 500 Maß, drei Tore: das Tor Simeon ist eines,
das Tor Issachar ist eines, das Tor Sebulon ist
eines; 34 die Westseite, 4 500 Maß, drei Tore:
das Tor Gad ist eines, das Tor Ascher ist eines,
das Tor Naftali ist eines. 35 Der Umfang beträgt
18 000. Und der Name der Stadt ist von heute
an: Hier ist der HERR.

31: Offb 21,12-13 / **35:** Offb 3,12; 21,3

DAS BUCH DANIEL

Das Buch Daniel erzählt von einem Prinzen des judäischen Königshauses, der am babylonischen Hof in der Verbannung lebt und für den Dienst des Königs von Babylon bestimmt ist. Seinen Namen hat schon ein altberühmter Weiser getragen, Ez 14,14.20; 28,3. Er bedeutet „Gott hat (mir) Recht verschafft". Daniel ist ein Visionär und ergreift im Buch selbst das Wort. Wegen seiner Gesichte, in denen ihm Gott für andere Menschen verschlossene Geheimnisse offenbart, hat ihn die älteste Kirche als Propheten angesehen. Darum steht sein Buch in der christlichen Bibel unter den Prophetenbüchern. In der jüdischen Bibel findet es sich unter den sog. „Schriftwerken" (Ketuvim), d. h. den Weisheitsbüchern.

Die geschichtlichen Angaben im Buch Daniel enthalten Widersprüche mit dem, was in andern Büchern des AT steht, sodass schon die älteste Leserschaft sogleich erkannte, dass es sich nicht um einen historischen Bericht handeln konnte. Wichtig war vielmehr die Botschaft, die Gott in Visionen und Traumgesichten bekannt gab und die besagte, dass auch die mächtigsten Reiche und Herrscher in ihrer Verblendung durch unermessliche Machtfülle nichts gegen Gott und gegen sein Volk vermochten. Das war eine Offenbarung des Vertrauens in großer Bedrängnis, die wohl aus der Zeit der Religionsverfolgung stammt, die Antiochus IV. Epiphanes 175–164 v. Chr. gegen die Juden entfesselte.

Das Buch besteht aus zwei hebräischen Teilen, die Dan 1–2,4a und 8,1–12,13 umfassen, und einem aramäischen, der dazwischen in Dan 2,4b–7,28 steht. Das Buch wurde zweimal auf Griechisch übersetzt, zuerst in der alten griechischen Bibelübersetzung, der sog. Septuaginta, wohl vor dem Ende des 2. Jh.s v. Chr., und dann vom jüdischen Übersetzer Theodotion, wahrscheinlich im 1. Jh. n. Chr. Die christlichen Kirchen haben in diesem einzigen Fall Theodotions Übersetzung der alten griechischen vorgezogen und so wurde Theodotions Übertragung für die griechisch und lateinisch sprechenden Kirchen zur offiziell gültigen Fassung. In beiden griechischen Übersetzungen gehören ein Gebet Asarjas, 3,24–45, ein Psalm, der oft Lobgesang der drei jungen Männer im Feuerofen genannt wird, 3,51–90, und zwei Erzählungen über Susanna, Dan 13, und den Gott Bel und den Drachen, Dan 14, zum Buch Daniel. Diese Stücke stehen nicht im hebräischen Danielbuch der jüdischen Bibel. Sie beruhen auf hebräischen oder aramäischen Vorlagen.

Die Gestalt Daniels verleiht dem Buch seine Einheit. Dan 1 stellt ihn als hohen Gefangenen am babylonischen Königshof vor, wo er als frommer Jude und überragender prophetischer Weise in Erscheinung tritt. In Dan 2–7 vermag er Träume zu deuten, die sonst niemand versteht und in welchen Gott die Vermessenheit irdischer Mächtiger, die sich selbst vergötzen, als Ohnmacht bloßstellt und die Abfolge der Weltgeschichte mit ihren vier Weltreichen (Babylon, Medien, Persien, Griechenland) als einen Weg offenbart, der zum menschenfreundlichen Reich Gottes führen wird, das der vom Himmel kommende Menschensohn am Ende aufrichten wird. Dan 8–12 berichten Visionen Daniels über die Weltgeschichte, die Geschichte Judas im 3. und 2. Jh. v. Chr. und über das Gericht Gottes nach dem Tod. Die Erzählungen in Dan 13–14 zeigen, wie der junge Daniel (entsprechend seinem Namen) einer jungen, zu Unrecht angeklagten Frau zu Recht und Freispruch verhilft und wie er falsche Götter und ihre Diener entlarvt.

Das Buch Daniel setzt die vergangene und künftige Weltgeschichte ins Verhältnis zu Gott, dem Schöpfer der Welt und der Zeiten. Das ist das Kennzeichen der apokalyptischen Schriften innerhalb und außerhalb der Bibel. So steht Daniel am Anfang der Geschichtstheologie, die nach Gott in der Geschichte fragt. Die Vision vom kommenden Menschensohn, dessen menschliche Herrschaft die brutalen Weltreiche der Geschichte endgültig ablösen wird, spielt im NT in zahlreichen Menschensohn-Worten eine überragende Rolle. Sie bildet auch den Horizont der Reich-Gottes-Worte und der Gerichtsankündigung im NT. Die Kirche der ersten drei Jahrhunderte, selbst schwer verfolgt, hat das Buch Daniel hochgeschätzt: Daniel in der Löwengrube, die Rettung der drei Männer aus dem Feuerofen, die Befreiung Susannas, der Untergang der Verfolgermächte, Gottes Sieg am Ende der Geschichte waren für sie Quellen der Kraft und des Vertrauens und das bleiben sie für die Leserschaft aller Zeiten.

DANIEL UND SEINE FREUNDE AM BABYLONISCHEN HOF: 1,1–21

1 1 Im dritten Jahr der Herrschaft des Königs
Jojakim von Juda zog Nebukadnezzar, der
König von Babel, gegen Jerusalem und bela-
gerte es. 2 Und der Herr gab König Jojakim von
Juda sowie einen Teil der Geräte aus dem Haus
Gottes in Nebukadnezzars Hand. Er ver-
schleppte sie in das Land Schinar, in den Tem-
pel seines Gottes, die Geräte aber brachte er in
das Schatzhaus seines Gottes.
3 Dann befahl der König seinem Oberkäm-
merer Aschpenas, einige junge Israeliten an
den Hof zu bringen, Söhne von königlicher
Abkunft oder wenigstens aus vornehmer Fa-
milie; 4 die Knaben sollten frei von jedem Feh-
ler sein, schön an Gestalt, in aller Weisheit
unterrichtet und reich an Kenntnissen; sie
sollten einsichtig und verständig sein und ge-
eignet, im Palast des Königs Dienst zu tun;
Aschpenas sollte sie auch in Schrift und Spra-
che der Chaldäer unterrichten. 5 Als tägliche
Kost wies ihnen der König Speisen und Wein
von der königlichen Tafel zu. Sie sollten drei
Jahre lang ausgebildet werden und dann in den
Dienst des Königs treten.
6 Unter ihnen waren aus dem Stamm Juda
Daniel, Hananja, Mischaël und Asarja. 7 Der
Oberkämmerer gab ihnen andere Namen: Da-
niel nannte er Beltschazzar, Hananja Schadrach,
Mischaël Meschach und Asarja Abed-Nego.
8 Daniel fasste den Entschluss, sich nicht mit
den Speisen und dem Wein der königlichen
Tafel unrein zu machen, und er bat den Ober-
kämmerer darum, sich nicht unrein machen
zu müssen. 9 Gott ließ ihn beim Oberkämme-
rer Wohlwollen und Nachsicht finden. 10 Der
Oberkämmerer sagte aber zu Daniel: Ich
fürchte meinen Herrn, den König, der eure
Speisen und eure Getränke zugewiesen hat; er
könnte finden, dass ihr schlechter ausseht als
die anderen jungen Leute eures Alters; dann
wäre durch eure Schuld mein Kopf beim König
verwirkt. 11 Da sagte Daniel zu dem Aufseher,
den der Oberkämmerer über Daniel, Hananja,
Mischaël und Asarja eingesetzt hatte: 12 Ver-
such es doch einmal zehn Tage lang mit deinen
Knechten: Man gebe uns Gemüse zu essen und
Wasser zu trinken! 13 Dann vergleiche unser
Aussehen mit dem der Knaben, die von den
Speisen des Königs essen! Je nachdem, was du
dann siehst, verfahr weiter mit deinen Knech-
ten! 14 Der Aufseher nahm ihren Vorschlag an
und versuchte es zehn Tage lang mit ihnen.
15 Am Ende der zehn Tage sahen sie besser und
wohlgenährter aus als all die Knaben, die von
den Speisen des Königs aßen. 16 Da nahm der
Aufseher ihre Speisen und den Wein, den sie
trinken sollten, weg und gab ihnen Gemüse.
17 Und Gott verlieh diesen vier Knaben Wissen
und Einsicht in jede Schrift und Weisheit; Da-
niel verstand sich auf Visionen und Träume
aller Art.
18 Und nach Ablauf der Tage, die der König
bestimmt hatte, um sie vortreten zu lassen, da
ließ sie der Oberkämmerer vor Nebukadnez-
zar treten. 19 Der König unterhielt sich mit
ihnen und fand Daniel, Hananja, Mischaël und
Asarja allen anderen überlegen. Sie traten also
in den Dienst des Königs. 20 Sooft der König in
Fragen, die Weisheit und Einsicht erfordern,
ihren Rat einholte, fand er sie allen Zeichen-
deutern und Wahrsagern in seinem ganzen
Reich zehnmal überlegen. 21 Daniel blieb im
königlichen Dienst bis ins erste Jahr des Kö-
nigs Kyrus.

1–2: 2 Kön 24,1–17; 2 Chr 36,5–7 / **3**: 2 Kön 20,18 / **8**: Lev 11; Ri 13,4.7.14; Est 4,17; Jer 35,6 / **9**: Gen 39,21 / **17**: Gen 41,12

NEBUKADNEZZARS TRAUM VON DEN WELTREICHEN: 2,1–49

2 1 Im zweiten Jahr der Herrschaft Ne-
bukadnezzars hatte dieser einen Traum.
Sein Geist wurde davon so beunruhigt, dass
er nicht mehr schlafen konnte. 2 Da ließ der
König die Zeichendeuter und Wahrsager, die
Beschwörer und Chaldäer zusammenrufen;

sie sollten ihm Aufschluss geben über seinen
Traum. Sie kamen und traten vor den König.
3 Der König sagte zu ihnen: Ich habe einen
Traum geträumt und mein Geist war voller
Unruhe, um den Traum zu verstehen. 4 Die
Chaldäer sagten zu ihm: O König, mögest du
ewig leben. Erzähl deinen Knechten den
Traum, dann geben wir dir die Deutung! 5 Der
König antwortete den Chaldäern: Das ist mein
unwiderruflicher Entschluss: Wenn ihr mir
nicht den Traum und seine Deutung sagen
könnt, dann werdet ihr in Stücke gerissen und
eure Häuser werden in Schutthaufen verwan-
delt. 6 Sagt ihr mir aber den Traum und seine
Deutung, dann empfangt ihr von mir Ge-
schenke, Gaben und hohe Ehrungen. Gebt mir
also den Traum und seine Deutung an! 7 Sie
antworteten zum zweiten Mal: Der König er-
zähle seinen Knechten den Traum, dann geben
wir ihm die Deutung. 8 Da erwiderte der Kö-
nig: Nun bin ich sicher, dass ihr nur Zeit ge-
winnen wollt; denn ihr seht, dass mein Ent-
schluss unwiderruflich ist. 9 Wenn ihr mir den
Traum nicht sagen könnt, gibt es nur ein Urteil
über euch, nämlich: Ihr habt euch verabredet,
mir einen erlogenen und verkehrten Spruch
vorzutragen, in der Hoffnung, dass sich die
Zeiten ändern. Erzählt mir also den Traum;
daran werde ich erkennen, dass ihr ihn auch
deuten könnt! 10 Die Chaldäer hielten dem Kö-
nig entgegen: Es gibt keinen Menschen auf der
Welt, der sagen könnte, was der König ver-
langt. Auch hat noch nie ein König, mag er
noch so groß und mächtig gewesen sein, ein
solches Ansinnen an irgendeinen Zeichendeu-
ter, Wahrsager oder Chaldäer gestellt. 11 Was
der König verlangt, ist zu schwierig. Es gibt
auch sonst niemand, der es dem König sagen
könnte, außer den Göttern; doch diese woh-
nen nicht bei den Sterblichen. 12 Darüber wur-
de der König so wütend und zornig, dass er
befahl, alle Weisen in Babel umzubringen.

13 Als der Befehl erging, die Weisen zu töten,
waren auch Daniel und seine Freunde in Ge-
fahr, getötet zu werden. 14 Aber Daniel, klug
und rechtskundig, wandte sich an Arjoch, den
Obersten der königlichen Leibwache, der
schon unterwegs war, um die Weisen Babels
zu töten. 15 Daniel fragte Arjoch, den Bevoll-
mächtigten des Königs, warum der König ei-
nen so harten Befehl gegeben habe. Da erklär-
te ihm Arjoch die Sache. 16 Daniel ging darauf
zum König und bat ihn, er möge ihm eine Frist
bewilligen, damit er ihm die Deutung des
Traumes geben könne. 17 Dann eilte Daniel
nach Hause, teilte seinen Gefährten Hananja,
Mischaël und Asarja alles mit 18 und sagte, sie
sollten wegen dieses Geheimnisses den Gott
des Himmels um Erbarmen bitten, damit nicht
Daniel und seine Gefährten samt den anderen
Weisen Babels umkämen. 19 Darauf wurde
Daniel das Geheimnis in einer nächtlichen
Vision enthüllt und Daniel pries den Gott des
Himmels. 20 Er betete: Der Name Gottes sei
gepriesen von Ewigkeit zu Ewigkeit. Denn er
hat die Weisheit und die Macht. 21 Er bestimmt
den Wechsel der Zeiten und Fristen; er setzt
Könige ab und setzt Könige ein. Er gibt den
Weisen die Weisheit und den Einsichtigen die
Erkenntnis. 22 Er enthüllt das Tiefe und das
Verborgene; er weiß, was im Dunkeln ist, und
das Licht wohnt bei ihm. 23 Dich, Gott meiner
Väter, preise und rühme ich; denn du hast mir
Weisheit und Macht verliehen und jetzt hast
du mich wissen lassen, was wir von dir erfleht
haben: Du hast uns die Sache des Königs wis-
sen lassen.

24 Darauf ging Daniel zu Arjoch, dem der
König aufgetragen hatte, die Weisen Babels
umzubringen; er trat ein und sagte zu ihm:
Bring die Weisen Babels nicht um! Führe mich
vor den König! Ich werde dem König die Deu-
tung seines Traumes geben. 25 In aller Eile
brachte Arjoch Daniel vor den König und mel-
dete ihm: Ich habe unter den Verschleppten
aus Juda einen Mann gefunden, der dem König
die Deutung geben kann. 26 Darauf sagte der
König zu Daniel, den man auch Beltschazzar
nannte: Bist du wirklich imstande, mir das
Traumgesicht, das ich hatte, und seine Deu-
tung zu sagen? 27 Daniel antwortete dem Kö-
nig: Weise und Wahrsager, Zeichendeuter
und Astrologen vermögen dem König das
Geheimnis, nach dem er fragt, nicht zu ent-
hüllen. 28 Aber es gibt im Himmel einen Gott,
der Geheimnisse offenbart; er ließ den König
Nebukadnezzar wissen, was am Ende der Tage
geschehen wird. Der Traum, den dein Geist auf
deinem Lager hatte, war so:

29 Auf deinem Lager kamen dir, König, Ge-
danken darüber, was dereinst geschehen wer-
de; da ließ er, der die Geheimnisse enthüllt,
dich wissen, was geschehen wird. 30 Dieses
Geheimnis wurde mir enthüllt, nicht durch

2,4 An dieser Stelle wechselt der Text vom Hebräischen zum Aramäischen.

eine Weisheit, die ich vor allen anderen Leben-
den voraus hätte, sondern nur, damit du, Kö-
nig, die Deutung erfährst und die Gedanken
deines Herzens verstehst. 31 Du, König, hattest
eine Vision: Du sahst ein gewaltiges Standbild.
Es war groß und von außergewöhnlichem
Glanz; es stand vor dir und war furchtbar an-
zusehen. 32 An diesem Standbild war das
Haupt aus reinem Gold; Brust und Arme wa-
ren aus Silber, Rumpf und Hüften aus Bronze.
33 Die Beine waren aus Eisen, die Füße aber
zum Teil aus Eisen, zum Teil aus Ton. 34 Du
sahst, wie ohne Zutun von Menschenhand
sich ein Stein von einem Berg löste, gegen die
eisernen und tönernen Füße des Standbildes
schlug und sie zermalmte. 35 Da wurden Eisen
und Ton, Bronze, Silber und Gold mit einem
Mal zu Staub. Sie wurden wie Spreu auf dem
Dreschplatz im Sommer. Der Wind trug sie
fort und keine Spur war mehr von ihnen zu
finden. Der Stein aber, der das Standbild ge-
troffen hatte, wurde zu einem großen Berg
und erfüllte die ganze Erde.

36 Das war der Traum. Nun wollen wir dem
König sagen, was er bedeutet. 37 Du, König,
bist der König der Könige; dir hat der Gott des
Himmels Herrschaft und Macht, Stärke und
Ruhm verliehen. 38 Und in der ganzen be-
wohnten Welt hat er die Menschen, die Tiere
auf dem Feld und die Vögel am Himmel in
deine Hand gegeben; dich hat er zum Herr-
scher über sie alle gemacht: Du bist das golde-
ne Haupt. 39 Nach dir kommt ein anderes
Reich, geringer als deines; dann ein drittes
Reich, von Bronze, das die ganze Erde beherr-
schen wird. 40 Ein viertes endlich wird hart wie
Eisen sein; Eisen zerschlägt und zermalmt ja
alles; und wie Eisen alles zerschmettert, so
wird dieses Reich alle anderen zerschlagen
und zerschmettern. 41 Die Füße und Zehen
waren, wie du gesehen hast, teils aus Töpfer-
ton, teils aus Eisen; das bedeutet: Das Reich
wird geteilt sein; es wird aber etwas von der
Härte des Eisens haben, darum hast du das
Eisen mit Ton vermischt gesehen. 42 Dass aber
die Zehen teils aus Eisen, teils aus Ton waren,
bedeutet: Zum Teil wird das Reich hart sein,
zum Teil brüchig. 43 Wenn du das Eisen mit
Ton vermischt gesehen hast, so heißt das: Sie
werden sich zwar durch Heiraten miteinander
verbinden; doch das eine wird nicht am ande-
ren haften, wie sich Eisen nicht mit Ton ver-
bindet. 44 Zur Zeit jener Könige wird aber der
Gott des Himmels ein Reich errichten, das in
Ewigkeit nicht untergeht; dieses Reich wird er
keinem anderen Volk überlassen. Es wird alle
jene Reiche zermalmen und endgültig ver-
nichten; es selbst aber wird in alle Ewigkeit
bestehen. 45 Du hast ja gesehen, dass ohne Zu-
tun von Menschenhand ein Stein vom Berg
losbrach und Eisen, Bronze und Ton, Silber
und Gold zermalmte. Der große Gott hat den
König wissen lassen, was dereinst geschehen
wird. Der Traum ist sicher und die Deutung
zuverlässig.

46 Da warf sich König Nebukadnezzar auf
sein Gesicht nieder, huldigte Daniel und be-
fahl, man sollte ihm Opfer und Weihrauch
darbringen. 47 Und der König sagte zu Daniel:
Es ist wahr: Euer Gott ist der Gott der Götter
und der Herr der Könige und er kann Geheim-
nisse offenbaren; nur deshalb konntest du
dieses Geheimnis enthüllen. 48 Dann verlieh
der König dem Daniel einen hohen Rang und
gab ihm viele, reiche Geschenke; er machte ihn
zum Gebieter über die ganze Provinz Babel
und zum obersten Präfekten aller Weisen von
Babel. 49 Auf Daniels Bitte betraute der König
Schadrach, Meschach und Abed-Nego mit der
Verwaltung der Provinz Babel; Daniel selbst
aber blieb am königlichen Hof.

1: Gen 40,8.16; 41 / **2:** Gen 41,8 / **20:** Neh 9,5; Ijob 12,13; Spr 2,6 / **22:** Ijob 12,22 / **28:** Gen 41,16 / **29:** Offb 4,1 / **37:** Ez 26,7 / **38:** Jer 27,6; Jdt 11,7 / **40:** 7,7 / **43:** 11,6 / **44:** 7,14.27; Jes 9,6; 1 Kor 15,24 / **47:** Dtn 10,17; Ps 50,1

DIE DREI JUNGEN MÄNNER IM FEUEROFEN: 3,1–97

DIE STANDHAFTIGKEIT DER DREI FREUNDE: 3,1–23

3 1 König Nebukadnezzar ließ ein goldenes
Standbild machen, sechzig Ellen hoch
und sechs Ellen breit, und ließ es in der Ebene
von Dura in der Provinz Babel aufstellen.
2 Dann berief König Nebukadnezzar die Satra-
pen, Präfekten und Statthalter ein, die Räte,

Schatzmeister, Richter und Polizeiobersten
und alle anderen hohen Beamten der Provin-
zen; sie sollten zur Einweihung des Standbil-
des kommen, das König Nebukadnezzar er-
richtet hatte. 3 Da versammelten sich die
Satrapen, Präfekten und Statthalter, die Räte,
Schatzmeister, Richter und Polizeiobersten
und alle anderen hohen Beamten der Provin-
zen zur Einweihung des Standbildes, das Kö-
nig Nebukadnezzar errichtet hatte. Sie stellten
sich vor dem Standbild auf, das König Ne-
bukadnezzar errichtet hatte. 4 Nun verkünde-
te der Herold mit mächtiger Stimme: Ihr Män-
ner aus allen Völkern, Nationen und Sprachen,
hört den Befehl! 5 Sobald ihr den Klang der
Hörner, Pfeifen und Zithern, der Harfen,
Lauten und Sackpfeifen und aller anderen Ins-
trumente hört, sollt ihr niederfallen und das
goldene Standbild verehren, das König Ne-
bukadnezzar errichtet hat. 6 Wer aber nicht
niederfällt und es verehrt, wird noch zur sel-
ben Stunde in den glühenden Feuerofen ge-
worfen. 7 Sobald daher alle Völker den Klang
der Hörner, Pfeifen und Zithern, der Harfen,
Lauten und Sackpfeifen und der anderen Ins-
trumente hörten, fielen alle Völker, Sippen
und Sprachen sogleich nieder und verehrten
das goldene Standbild, das König Nebukad-
nezzar errichtet hatte.

8 Sogleich traten einige Chaldäer auf und
verleumdeten die Judäer. 9 Sie sagten zum Kö-
nig Nebukadnezzar: O König, mögest du ewig
leben. 10 Du, König, hast einen Befehl erlassen:
Jeder soll niederfallen und das goldene Stand-
bild verehren, wenn er den Klang der Hörner,
Pfeifen und Zithern, der Harfen, Lauten und
Sackpfeifen und aller anderen Instrumente
hört. 11 Wer aber nicht niederfällt und verehrt,
wird in den glühenden Feuerofen geworfen.
12 Nun sind da einige Judäer, denen du die Ver-
waltung der Provinz Babel anvertraut hast:
Schadrach, Meschach und Abed-Nego. Diese
Männer, o König, missachten deinen Befehl:
Deinen Göttern dienen sie nicht und das gol-
dene Standbild, das du errichtet hast, verehren
sie nicht. 13 Da befahl Nebukadnezzar voll
Zorn und Wut, Schadrach, Meschach und
Abed-Nego herbeizuholen. Man führte die
Männer also vor den König. 14 Nebukadnezzar
sagte zu ihnen: Ist es wahr, Schadrach, Me-
schach und Abed-Nego: Meinen Göttern dient
ihr nicht und das goldene Standbild, das ich
errichtet habe, verehrt ihr nicht? 15 Nun, wenn
ihr bereit seid, sobald ihr den Klang der Hör-
ner, Pfeifen und Zithern, der Harfen, Lauten
und Sackpfeifen und aller anderen Instrumen-
te hört, sofort niederzufallen und das Stand-
bild zu verehren, das ich habe machen lassen,
ist es gut; verehrt ihr es aber nicht, dann wer-
det ihr noch zur selben Stunde in den glühen-
den Feuerofen geworfen. Wer ist der Gott, der
euch retten könnte aus meiner Hand? 16 Schad-
rach, Meschach und Abed-Nego erwiderten
dem König Nebukadnezzar: Wir haben es
nicht nötig, dir darauf zu antworten: 17 Siehe,
unser Gott, dem wir dienen, er kann uns ret-
ten. Aus dem glühenden Feuerofen und aus
deiner Hand, König, wird er uns retten. 18 Und
wenn nicht, so sei dir, König, kundgetan, dass
wir deinen Göttern nicht dienen und das gol-
dene Standbild, das du errichtet hast, nicht
verehren.

19 Da wurde Nebukadnezzar wütend; sein
Gesicht verzerrte sich vor Zorn über Schad-
rach, Meschach und Abed-Nego. Er ließ den
Ofen siebenmal stärker heizen, als man ihn
gewöhnlich heizte. 20 Dann befahl er, einige
der stärksten Männer aus seinem Heer sollten
Schadrach, Meschach und Abed-Nego fesseln
und in den glühenden Feuerofen werfen. 21 Da
wurden die Männer, wie sie waren – in ihren
Mänteln, Röcken und Mützen und den übri-
gen Kleidungsstücken – gefesselt und in den
glühenden Feuerofen geworfen. 22 Nach dem
strengen Befehl des Königs war aber der Ofen
übermäßig geheizt worden und die heraus-
schlagenden Flammen töteten die Männer, die
Schadrach, Meschach und Abed-Nego hinge-
bracht hatten. 23 Die drei Männer aber, Schad-
rach, Meschach und Abed-Nego, fielen gefes-
selt in den glühenden Feuerofen.

4: Offb 7,9; 13,7 / **6**: Jer 29,21f. / **10**: Offb 13,15 / **15**: Ex 5,2; 2 Kön 18,35; Jes 36,20 / **17**: Dtn 4,20; Ps 66,12; Jes 43,2 / **18**: Ex 20,3–5

ASARJAS GEBET: 3,24–50

24 Doch sie gingen mitten in den Flammen
umher, lobten Gott und priesen den HERRN.
25 Asarja blieb stehen, öffnete den Mund und
sprach mitten im Feuer folgendes Gebet:
26 Gepriesen und gelobt bist du, HERR, Gott
unserer Väter; herrlich ist dein Name in alle
Ewigkeit. 27 Denn du bist gerecht in allem, was

3,24–90 Das Gebet des Asarja (V. 24–50) und der Lobgesang der drei jungen Männer (V. 51–90) sind nur griechisch erhalten; die Übersetzung folgt dem Text des Theodotion.

du getan hast. All deine Taten sind richtig, dei-
ne Wege gerade. Alle deine Urteile sind wahr.
28 Du hast gerechte Strafen verhängt, in allem,
was du über uns gebracht hast und über Jeru-
salem, die heilige Stadt unserer Väter. Ja, nach
Wahrheit und Recht hast du all dies wegen
unserer Sünden herbeigeführt. 29 Denn wir
haben gesündigt und durch Treubruch gefre-
velt und haben in allem gefehlt. 30 Wir haben
deinen Geboten nicht gehorcht, haben weder
beachtet noch getan, was du uns zu unserem
Wohl befohlen hast. 31 Alles, was du uns ge-
schickt hast, alles, was du uns getan hast, das
hast du nach deiner gerechten Entscheidung
getan. 32 Du hast uns der Gewalt gesetzloser
Feinde und gehässiger Verräter preisgegeben
und einem ungerechten König, dem schlimms-
ten König der ganzen Welt. 33 Und jetzt dürfen
wir nicht einmal den Mund auftun. Schande
und Schmach kam über deine Diener und Ver-
ehrer. 34 Um deines Namens willen verwirf uns
nicht für immer; löse deinen Bund nicht auf!
35 Versag uns nicht dein Erbarmen, deinem
Freund Abraham zuliebe, deinem Knecht
Isaak und Israel, deinem Heiligen, 36 denen du
Nachkommen verheißen hast so zahlreich wie
die Sterne am Himmel und wie der Sand am
Ufer des Meeres! 37 Ach, HERR, wir sind gerin-
ger geworden als alle Völker. In aller Welt sind
wir heute wegen unserer Sünden erniedrigt.
38 Wir haben in dieser Zeit weder Vorsteher
noch Propheten und keinen, der uns anführt,
weder Brandopfer noch Schlachtopfer, weder
Speiseopfer noch Räucherwerk, noch einen
Ort, um dir die Erstlingsgaben darzubringen
und um Erbarmen zu finden bei dir. 39 Du aber
nimm uns an! Wir kommen mit zerknirsch-
tem Herzen und demütigem Sinn. 40 Wie
Brandopfer von Widdern und Stieren, wie
Tausende fetter Lämmer, so gelte heute unser
Opfer vor dir und verschaffe uns bei dir Sühne.
Denn wer dir vertraut, wird nicht beschämt.
41 Wir folgen dir jetzt von ganzem Herzen,
fürchten dich und suchen dein Angesicht.
42 Überlass uns nicht der Schande, sondern
handle an uns nach deiner Milde, nach deinem
überreichen Erbarmen!

43 Errette uns, deinen wunderbaren Taten
entsprechend; verschaff deinem Namen
Ruhm, HERR! 44 Doch alle, die deinen Die-
nern Böses tun, sollen beschämt werden. Sie
sollen zuschanden werden und ihre Herr-
schaft verlieren. Ihre Stärke soll zerschlagen
werden. 45 Sie sollen erkennen, dass du allein
der HERR und Gott bist, ruhmreich auf der
ganzen Erde.

46 Die Knechte des Königs, die die drei Män-
ner in den Ofen geworfen hatten, hörten nicht
auf, den Ofen mit Harz und Werg, Pech und
Reisig zu heizen. 47 So schlugen die Flammen
bis zu neunundvierzig Ellen hoch aus dem
Ofen heraus. 48 Sie griffen um sich und ver-
brannten jeden Chaldäer, den sie im Umkreis
des Ofens erfassen konnten. 49 Aber der Engel
des HERRN war zusammen mit Asarja und
seinen Gefährten in den Ofen hinabgestiegen.
Er trieb die Flammen des Feuers aus dem Ofen
hinaus 50 und machte das Innere des Ofens so,
als wehte ein taufrischer Wind. Das Feuer be-
rührte sie gar nicht; es tat ihnen nichts zuleide
und belästigte sie nicht.

26–45: 9,4–19; Esra 9,6–15 / **27**: Neh 9,33 / **29**: Bar 1,17f. / **30**: Neh 1,7 / **31**: Dtn 28,15.48; Lev 26,14.39 / **34**: Ex 32,11–13 / **35**: Jes 41,8 / **36**: Gen 15,5; 22,17 / **37**: Dtn 28,62 / **38**: Hos 3,4; Klgl 2,9; Ps 51,18f. / **39**: Weish 3,6 / **40**: 2 Makk 7,37 / **45**: Ps 83,19

LOBGESANG DER DREI JUNGEN MÄNNER:
3,51–90

51 Da sangen die drei im Ofen wie aus einem
Mund, sie rühmten und priesen Gott mit den
Worten:

52 Gepriesen bist du, HERR, du Gott unserer
Väter, / gelobt und gerühmt in Ewigkeit.

Gepriesen ist dein heiliger, herrlicher Name, /
hochgelobt und verherrlicht in Ewigkeit.

53 Gepriesen bist du im Tempel deiner hei-
ligen Herrlichkeit, / hoch gerühmt und ver-
herrlicht in Ewigkeit.

54 Gepriesen bist du, der in die Tiefen schaut
und auf Kerubim thront, / gelobt und gerühmt
in Ewigkeit.

55 Gepriesen bist du auf dem Thron deiner
Herrschaft, / hoch gerühmt und gefeiert in
Ewigkeit.

56 Gepriesen bist du am Gewölbe des Him-
mels, / gerühmt und verherrlicht in Ewigkeit.

57 Preist den HERRN, all ihr Werke des
HERRN; / lobt und rühmt ihn in Ewigkeit!

58 Preist den HERRN, ihr Himmel; / lobt und
rühmt ihn in Ewigkeit!

59 Preist den HERRN, ihr Engel des HERRN; /
lobt und rühmt ihn in Ewigkeit!

60 Preist den HERRN, all ihr Wasser über dem
Himmel; / lobt und rühmt ihn in Ewigkeit!

61 Preist den HERRN, all ihr Mächte des
HERRN; / lobt und rühmt ihn in Ewigkeit!

62 Preist den HERRN, Sonne und Mond; /
lobt und rühmt ihn in Ewigkeit!
63 Preist den HERRN, ihr Sterne am Him-
mel; / lobt und rühmt ihn in Ewigkeit!
64 Preist den HERRN, aller Regen und Tau; /
lobt und rühmt ihn in Ewigkeit!
65 Preist den HERRN, all ihr Winde; / lobt
und rühmt ihn in Ewigkeit!
66 Preist den HERRN, Feuer und Glut; / lobt
und rühmt ihn in Ewigkeit!
67 Preist den HERRN, Frost und Hitze; / lobt
und rühmt ihn in Ewigkeit!
68 Preist den HERRN, Tau und Schnee; / lobt
und rühmt ihn in Ewigkeit!
69 Preist den HERRN, Eis und Kälte; / lobt
und rühmt ihn in Ewigkeit!
70 Preist den HERRN, Raureif und Schnee; /
lobt und rühmt ihn in Ewigkeit!
71 Preist den HERRN, ihr Nächte und Tage; /
lobt und rühmt ihn in Ewigkeit!
72 Preist den HERRN, Licht und Dunkel; /
lobt und rühmt ihn in Ewigkeit!
73 Preist den HERRN, ihr Blitze und Wol-
ken; / lobt und rühmt ihn in Ewigkeit!
74 Die Erde preise den HERRN; / sie lobe und
rühme ihn in Ewigkeit.
75 Preist den HERRN, ihr Berge und Hügel; /
lobt und rühmt ihn in Ewigkeit!
76 Preist den HERRN, all ihr Gewächse auf
Erden; / lobt und rühmt ihn in Ewigkeit!
77 Preist den HERRN, ihr Quellen; lobt und
rühmt ihn in Ewigkeit!
78 Preist den HERRN, ihr Meere und Flüsse; /
lobt und rühmt ihn in Ewigkeit!
79 Preist den HERRN, ihr Tiere des Meeres /
und alles, was sich regt im Wasser; / lobt und
rühmt ihn in Ewigkeit!
80 Preist den HERRN, all ihr Vögel am Him-
mel; / lobt und rühmt ihn in Ewigkeit!
81 Preist den HERRN, all ihr Tiere, wilde und
zahme; / lobt und rühmt ihn in Ewigkeit!
82 Preist den HERRN, ihr Menschen; / lobt
und rühmt ihn in Ewigkeit!
83 Preist den HERRN, ihr Israeliten; / lobt
und rühmt ihn in Ewigkeit!
84 Preist den HERRN, ihr seine Priester; / lobt
und rühmt ihn in Ewigkeit!
85 Preist den HERRN, ihr seine Knechte; /
lobt und rühmt ihn in Ewigkeit!
86 Preist den HERRN, ihr Geister und Seelen
der Gerechten; / lobt und rühmt ihn in Ewigkeit!
87 Preist den HERRN, ihr Demütigen und
Frommen; / lobt und rühmt ihn in Ewigkeit!
88 Preist den HERRN, Hananja, Asarja und
Mischaël; / lobt und rühmt ihn in Ewig-
keit!

Denn er hat uns der Unterwelt entrissen /
und aus der Gewalt des Todes errettet.

Er hat uns aus dem lodernden Ofen be-
freit, / uns mitten aus dem Feuer erlöst.
89 Dankt dem HERRN, denn er ist gütig; /
denn seine Huld währt ewig!
90 Preist alle den HERRN, ihr seine Vereh-
rer, / preist den Gott der Götter;

singt ihm Lob und Dank; / denn ewig währt
seine Güte!

52: 3,26 / **53**: Ps 150,1 / **54**: Ex 25,18–22 / **57**: Ps 103,22 / **59–90**: Ps 148,2–12 / **83**: Ps 135,19 / **85**: Ps 134,1 / **87**: Zef 2,3 / **89**: Ps 106,1; 136,1 / **90**: Ps 50,1

RETTUNG DER DREI FREUNDE: 3,91–97

91 Da erschrak der König Nebukadnezzar; er
sprang auf und fragte seine Räte: Haben wir
nicht drei Männer gefesselt ins Feuer gewor-
fen? Sie gaben dem König zur Antwort: Ge-
wiss, König! 92 Er erwiderte: Ich sehe aber vier
Männer frei im Feuer umhergehen. Sie sind
unversehrt und der vierte sieht aus wie ein
Göttersohn. 93 Dann ging Nebukadnezzar zu
der Tür des glühenden Ofens und rief: Schad-
rach, Meschach und Abed-Nego, ihr Diener
des höchsten Gottes, steigt heraus, kommt
her! Da kamen Schadrach, Meschach und
Abed-Nego aus dem Feuer heraus. 94 Nun
drängten auch die Satrapen, Präfekten, Statt-
halter und die königlichen Räte herbei. Sie
sahen sich die Männer an und fanden, dass das
Feuer keine Macht über ihren Körper gehabt
hatte. Kein Haar auf ihrem Kopf war versengt.
Ihre Mäntel waren unversehrt und nicht ein-
mal Brandgeruch haftete ihnen an. 95 Da rief
Nebukadnezzar aus: Gepriesen sei der Gott
Schadrachs, Meschachs und Abed-Negos.
Denn er hat seinen Engel gesandt und seine
Diener gerettet. Im Vertrauen auf ihn haben
sie lieber den Befehl des Königs missachtet
und ihr Leben dahingegeben, als dass sie ir-
gendeinen anderen als ihren eigenen Gott
verehrten und anbeteten. 96 Darum ordne ich
an: Jeder, der vom Gott des Schadrach, Me-
schach und Abed-Nego verächtlich spricht,
zu welcher Völkerschaft, Nation oder Sprache
er auch gehört, soll in Stücke gerissen und sein
Haus soll in einen Trümmerhaufen verwan-

3,91 (24) Mit V. 91 setzt wieder der in V. 23 unterbrochene aramäische Text ein.

delt werden. Denn es gibt keinen anderen
Gott, der auf diese Weise retten kann. 97 Da-
rauf sorgte der König dafür, dass es Schadrach,
Meschach und Abed-Nego in der Provinz
Babel gut ging.

92: Jes 43,2 / **95**: 2,47; 6,27 / **96**: 2,5

NEBUKADNEZZARS TRAUM: 3,98–4,34

98 Der König Nebukadnezzar an alle Völker, Na-
tionen und Sprachen auf der ganzen Erde: Frie-
de sei mit euch in Fülle. 99 Es ist mir eine Freude,
die Zeichen und Wunder zu verkünden, die der
höchste Gott an mir getan hat. 100 Wie groß sind
seine Zeichen, wie gewaltig seine Wunder! Sein
Reich ist ein ewiges Reich; seine Herrschaft
überdauert alle Generationen.

4 1 Ich, Nebukadnezzar, lebte ohne Sorge
in meinem Haus und war glücklich in
meinem Palast. 2 Da hatte ich einen Traum, der
mich erschreckte. Was ich auf meinem Lager
sah, was meine Augen da erblickten, versetzte
mich in Angst. 3 Darum ließ ich alle Weisen
Babels zu mir rufen, damit sie mir den Traum
deuteten. 4 Da kamen die Zeichendeuter,
Wahrsager, Chaldäer und Schicksalsdeuter
herbei. Ich erzählte ihnen den Traum; aber sie
konnten ihn mir nicht deuten. 5 Zuletzt er-
schien Daniel vor mir, der nach dem Namen
meines Gottes auch Beltschazzar heißt und in
dem der Geist der heiligen Götter ist. Ihm er-
zählte ich nun den Traum und sagte: 6 Belt-
schazzar, Oberster der Zeichendeuter, von dir
weiß ich, dass der Geist der heiligen Götter in
dir ist und dass dir kein Geheimnis verschlos-
sen bleibt. Hör also, was ich im Traum gesehen
habe, und deute es mir! 7 Was ich auf meinem
Lager vor Augen hatte, war dies: Ein Baum
stand in der Mitte der Erde; er war sehr hoch.
8 Der Baum wuchs zusehends und wurde im-
mer mächtiger; seine Höhe reichte bis an den
Himmel; er war bis ans Ende der ganzen Erde
zu sehen. 9 Er hatte prächtiges Laub und trug
so viele Früchte, dass er Nahrung für alle bot.
Unter ihm fanden die Tiere des Feldes Schat-
ten; die Vögel des Himmels nisteten in seinen
Zweigen; alle Lebewesen ernährten sich von
ihm. 10 Während ich auf meinem Lager noch
das Traumbild sah, stieg ein Wächter, ein Hei-
liger, vom Himmel herab. 11 Er befahl mit
mächtiger Stimme: Fällt den Baum und schlagt
seine Äste ab! Streift sein Laubwerk ab und
zerstreut seine Früchte! Die Tiere sollen aus
seinem Schatten fliehen und die Vögel aus sei-
nen Zweigen. 12 Aber lasst ihm den Wur-
zelstock in der Erde, im Gras des Feldes, mit
einer Fessel aus Eisen und Bronze. Der Tau des
Himmels soll ihn benetzen und mit den Tieren
soll er teilhaben am Gras der Erde. 13 Sein Men-
schenherz sollen sie verwandeln und das Herz
eines Tieres soll ihm gegeben werden und
sieben Zeiten sollen über ihn dahingehen.
14 Dieser Befehl beruht auf einem Beschluss
der Wächter; ein Spruch der Heiligen fordert
es. Die Lebenden sollen erkennen: Über die
Herrschaft bei den Menschen gebietet der
Höchste; er verleiht sie, wem er will, selbst den
Niedrigsten der Menschen kann er dazu er-
heben.

15 Das ist der Traum, den ich, König Ne-
bukadnezzar, gehabt habe. Nun deute ihn,
Beltschazzar! Von allen Weisen meines Rei-
ches konnte ihn mir keiner auslegen; du aber
kannst es, denn in dir ist der Geist der heiligen
Götter.

16 Da war Daniel, der auch Beltschazzar
heißt, eine Zeit lang ganz verstört; denn seine
Gedanken machten ihm Angst. Doch der Kö-
nig sagte: Beltschazzar, lass dich von dem
Traum und seiner Deutung nicht ängstigen!
Beltschazzar erwiderte: Mein Herr, der Traum
gelte deinen Feinden; seine Deutung treffe
deine Widersacher. 17 Du hast einen Baum ge-
sehen; er wuchs zusehends und wurde immer
mächtiger. Seine Höhe reichte bis an den Him-
mel und er war auf der ganzen Erde zu sehen.
18 Er hatte prächtiges Laub und trug so viele
Früchte, dass er Nahrung für alle bot. Unter
ihm fanden die wilden Tiere des Feldes Zu-
flucht und in seinen Zweigen wohnten die
Vögel des Himmels. 19 Das bist du, o König; du
bist groß und mächtig geworden; deine Größe
ist immer mehr gewachsen; sie reicht bis zum

4,1 Im griechischen Danielbuch steht Kap. 5 vor Kap. 4.

Himmel und deine Herrschaft bis ans Ende der
Erde. 20 Dann hat der König gesehen, wie ein
Wächter, ein Heiliger, vom Himmel herab-
stieg und befahl: Fällt den Baum und vernich-
tet ihn! Aber lasst ihm in der Erde, im Gras des
Feldes, den Wurzelstock, mit einer Fessel aus
Eisen und Bronze! Der Tau des Himmels soll
ihn benetzen und mit den Tieren des Feldes
soll sein Anteil sein, bis sieben Zeiten über ihn
dahingegangen sind. 21 Dies ist die Deutung,
o König, und ein Beschluss des Höchsten ist
es, der meinen Herrn, den König, betrifft.
22 Man wird dich aus der Menschheit aussto-
ßen und du musst bei den Tieren des Feldes
leben. Und Grünzeug wie den Stieren werden
sie dir zu fressen geben und mit dem Tau des
Himmels werden sie dich benetzen und sieben
Zeiten werden über dich dahingehen, bis du
erkennst, dass der Höchste über die Herrschaft
bei den Menschen gebietet und sie verleiht,
wem er will. 23 Schließlich hieß es, man solle
den Wurzelstock des Baumes stehen lassen;
das bedeutet: Deine Herrschaft bleibt dir er-
halten, sobald du anerkennst, dass der Him-
mel die Macht hat. 24 Darum, o König, nimm
meinen Rat an: Lösch deine Sünden aus durch
rechtes Tun, tilge deine Vergehen, indem du
Erbarmen hast mit den Armen! Dann mag
dein Glück vielleicht von Dauer sein.

25 All das kam dann über König Nebukad-
nezzar. 26 Als er nämlich zwölf Monate später
auf dem königlichen Palast zu Babel spazieren
ging, 27 sagte der König: Ist das nicht das groß-
artige Babel, das ich durch meine gewaltige
Macht als Königsstadt erbaut habe, zum Ruhm
meiner Herrlichkeit? 28 Noch war das Wort im
Mund des Königs, da fiel eine Stimme vom
Himmel: Dir, König Nebukadnezzar, wird ge-
sagt: Die Herrschaft ist von dir gewichen.
29 Und aus der Menschheit wird man dich aus-
stoßen. Du musst bei den Tieren des Feldes
leben und Grünzeug wie den Stieren werden
sie dir geben und sieben Zeiten werden über
dich dahingehen, bis du erkennst, dass der
Höchste über die Herrschaft bei den Men-
schen gebietet und sie verleiht, wem er will.
30 Noch in derselben Stunde wurde das Wort
an Nebukadnezzar erfüllt: Aus der Gemein-
schaft der Menschen wurde er ausgestoßen
und Grünzeug wie Stiere fraß er und vom Tau
des Himmels wurde sein Leib benetzt, bis sei-
ne Haare so lang wie Adlerfedern waren und
seine Nägel wie Vogelkrallen.

31 Als die Zeit verstrichen war, erhob ich,
Nebukadnezzar, meine Augen zum Himmel
und mein Verstand kehrte zurück. Da pries ich
den Höchsten; ich lobte und verherrlichte den,
der ewig lebt. Ja, seine Herrschaft ist eine ewi-
ge Herrschaft; sein Reich überdauert alle Ge-
nerationen. 32 Alle Bewohner der Erde gelten
vor ihm wie nichts. Er macht mit dem Heer des
Himmels und mit den Bewohnern der Erde,
was er will. Es gibt niemand, der seiner Hand
wehren und zu ihm sagen dürfte: Was tust du
da? 33 Zu derselben Zeit kehrte mein Verstand
zurück und ich erhielt zum Ruhm meines Kö-
nigtums auch meine Herrlichkeit und meinen
königlichen Glanz zurück. Meine Räte und
Großen suchten mich auf; man setzte mich
wieder in meine Herrschaft ein und meine
Macht wurde noch größer. 34 Ich, Nebukad-
nezzar, lobe, preise und rühme nun den König
des Himmels. Denn alle seine Taten sind vor-
trefflich und seine Wege gerecht. Die Men-
schen, die in stolzer Höhe dahinschreiten,
kann er erniedrigen.

3,100: 2,44; 4,31

4,1–5: 2,1–3.10 / **5**: 1,7; 2,28.47; 5,11 / **7**: Ez 31,3–14 / **14**: 2,21; Ijob 36,7–11 / **22**: 3,100 / **24**: Spr 19,17; Sir 3,30f. / **27**: Spr 16,18 / **29**: 5,21 / **31**: 3,100 / **32**: Ijob 9,12; Jes 40,17 / **33**: Lk 1,52; 18,14

BELSCHAZZARS GASTMAHL: 5,1–6,1

5 1 König Belschazzar gab ein großes Gast-
mahl für seine tausend Großen und vor
den Tausend trank er Wein. 2 In seiner Wein-
laune nun ließ Belschazzar die goldenen und
silbernen Gefäße holen, die sein Vater Ne-
bukadnezzar aus dem Tempel in Jerusalem
mitgenommen hatte. Jetzt sollten der König
und seine Großen, seine Frauen und Neben-
frauen daraus trinken. 3 Man holte also die
goldenen Gefäße, die man aus dem Tempel des
Gotteshauses in Jerusalem mitgenommen
hatte, und der König und seine Großen, seine

Frauen und Nebenfrauen tranken daraus. 4 Sie
tranken Wein und lobten die Götter aus Gold
und Silber, aus Bronze, Eisen, Holz und Stein.

5 In derselben Stunde erschienen die Finger
einer Menschenhand und schrieben gegen-
über dem Leuchter auf den Kalk der Wand des
königlichen Palastes. Der König sah den Rü-
cken der Hand, die schrieb. 6 Da erbleichte er
und seine Gedanken erschreckten ihn. Seine
Glieder wurden schwach und ihm schlotter-
ten die Knie. 7 Der König schrie laut, man sol-
le die Wahrsager, Chaldäer und Astrologen
holen. Dann sagte er zu den Weisen von Babel:
Wer diese Schrift lesen und mir deuten kann
– was er auch sei: er soll in Purpur gekleidet
werden, eine goldene Kette um den Hals tra-
gen und als der Dritte in meinem Reich herr-
schen.

8 Da kamen alle Weisen des Königs herbei;
aber sie waren nicht imstande, die Schrift zu
lesen oder dem König zu sagen, was sie bedeu-
tete. 9 Darüber erschrak König Belschazzar
noch mehr und sein Gesicht wurde bleich.
Auch seine Großen gerieten in Angst. 10 Da die
Rufe des Königs und seiner Großen bis zur
Königin drangen, kam sie in den Festsaal und
sagte: O König, mögest du ewig leben. Lass
dich von deinen Gedanken nicht erschrecken;
du brauchst nicht zu erbleichen! 11 In deinem
Reich gibt es einen Mann, in dem der Geist der
heiligen Götter wohnt. Schon zu deines Vaters
Zeiten fand man bei ihm Erleuchtung und Ein-
sicht und Weisheit, wie nur die Götter sie ha-
ben; deshalb hat König Nebukadnezzar, dein
Vater, ihn zum Obersten der Zeichendeuter,
Wahrsager, Chaldäer und Astrologen ernannt,
dein eigener Vater, o König! 12 Bei diesem Da-
niel also, dem der König den Namen Belt-
schazzar gegeben hat, fand man außerge-
wöhnlichen Geist sowie Erkenntnis und
Einsicht und die Gabe, Träume auszulegen,
Rätsel zu erklären und schwierige Fragen zu
lösen. Darum lass jetzt Daniel herrufen; er
wird die Deutung geben!

13 Daniel wurde vor den König gebracht und
der König sagte zu ihm: Du also bist Daniel,
einer von den Verschleppten aus Juda, die
mein Vater, der König, aus Juda hierher ge-
bracht hat. 14 In dir, so habe ich gehört, ist der
Geist der Götter und bei dir fand man Erleuch-
tung und Einsicht und außergewöhnliche
Weisheit. 15 Man hat die Weisen und die
Wahrsager vor mich gebracht, damit sie diese
Schrift lesen und mir deuten. Sie konnten mir
aber nicht sagen, was das Geschriebene bedeu-
tet. 16 Doch du, so habe ich gehört, kannst
Deutungen geben und schwierige Fragen lö-
sen. Wenn du nun die Schrift lesen und mir
deuten kannst, sollst du in Purpur gekleidet
werden, um den Hals eine goldene Kette tra-
gen und als der Dritte in meinem Reich herr-
schen.

17 Daniel gab dem König zur Antwort: Be-
halte deine Gaben oder schenk sie einem an-
dern! Aber die Schrift will ich für den König
lesen und deuten. 18 O König! Der höchste
Gott hat deinem Vater Nebukadnezzar Herr-
schaft und Macht, Herrlichkeit und Majestät
gegeben. 19 Vor der Macht, die ihm verliehen
war, zitterten und bebten alle Völker, Natio-
nen und Sprachen. Er tötete, wen er wollte,
und ließ am Leben, wen er wollte. Er erhöhte,
wen er wollte, und stürzte, wen er wollte.
20 Als aber sein Herz überheblich und sein
Geist hochmütig wurde, stürzte man ihn von
seinem königlichen Thron und er verlor die
Herrscherwürde. 21 Aus der Menschheit wur-
de er ausgestoßen. Sein Herz wurde dem der
Tiere gleichgemacht. Er musste bei den wil-
den Eseln hausen und Grünzeug wie die Stie-
re fraß er und vom Tau des Himmels wurde
sein Leib benetzt, bis er erkannte: Der höchs-
te Gott gebietet über die Herrschaft bei den
Menschen und gibt sie, wem er will. 22 Und
du, Belschazzar, sein Sohn, hast dein Herz
nicht gedemütigt, obwohl du dies alles weißt.
23 Du hast dich gegen den Herrn des Himmels
erhoben und dir die Gefäße aus seinem Tem-
pel herbeischaffen lassen. Du und deine Gro-
ßen, deine Frauen und Nebenfrauen, ihr habt
daraus Wein getrunken. Du hast die Götter
aus Gold und Silber, aus Bronze, Eisen, Holz
und Stein gepriesen, die weder sehen noch
hören können und keinen Verstand haben.
Aber den Gott, der deinen Lebensatem in sei-
ner Hand hat und dem all deine Wege gehö-
ren, den hast du nicht verherrlicht. 24 Darum
hat er diese Hand geschickt und diese Schrift
geschrieben. 25 Das Geschriebene lautet aber:
Mene mene tekel u-parsin. 26 Diese Worte
bedeuten: Mene: Gezählt hat Gott die Tage
deiner Herrschaft und macht ihr ein Ende.
27 Tekel: Gewogen wurdest du auf der Waage

5,26–28 In Daniels Deutung ist mene = gezählt, tekel = gewogen, peres = geteilt; peres, Mehrzahl parsin, erinnert zugleich an Perser.

und zu leicht befunden. 28 Peres: Geteilt wird
dein Reich und den Medern und Persern ge-
geben.

29 Da befahl Belschazzar, Daniel in Purpur
zu kleiden und ihm eine goldene Kette um den
Hals zu legen, und er ließ verkünden, dass Da-
niel als der Dritte im Reich herrschen sollte.

30 Aber noch in derselben Nacht wurde Bel-
schazzar, der König der Chaldäer, getötet

6 1 und der Meder Darius übernahm die
Königsherrschaft im Alter von zweiund-
sechzig Jahren.

2–3: 2 Kön 24,13; 2 Chr 36,7 / **2**: 1,2 / **4**: 2,35; Bar 6,3; Offb
9,20 / **7**: 2,2.6.48; Gen 41,42f.; Est 8,15 / **12**: 1,17 / **18**: 2,37 /
21: 4,13.29 / **23**: Ijob 12,10; 34,21 / **29**: 5,7

DANIEL IN DER LÖWENGRUBE: 6,2–29

2 Darius fand es für gut, über das Reich hun-
dertzwanzig Satrapen einzusetzen, die über
das ganze Reich verteilt sein sollten. 3 Über
diese wieder setzte er drei oberste Beamte, zu
denen auch Daniel gehörte. Ihnen sollten die
Satrapen Rechenschaft ablegen, damit der Kö-
nig keinen Schaden erleide. 4 Daniel nun zeich-
nete sich vor den anderen obersten Beamten
und den Satrapen aus; denn in ihm war ein
außergewöhnlicher Geist. Der König erwog
sogar, ihn zum höchsten Beamten des ganzen
Reiches zu machen. 5 Da suchten die obersten
Beamten und die Satrapen einen Grund, um
Daniel wegen seiner Amtsführung anzukla-
gen. Sie konnten aber keinen Grund zur An-
klage und kein Vergehen finden; denn er war
zuverlässig; keine Nachlässigkeit und kein
Vergehen konnte man ihm nachweisen. 6 Da
sagten jene Männer: Wir werden keinen
Grund finden, um diesen Daniel anzuklagen,
es sei denn, wir finden gegen ihn etwas wegen
des Gesetzes seines Gottes. 7 Dann stürmten
die obersten Beamten und Satrapen zum Kö-
nig hinein und sagten zu ihm: König Darius,
mögest du ewig leben. 8 Alle obersten Beamten
des Reiches, die Präfekten, Satrapen, Räte und
Statthalter raten dem König, ein Dekret zu
erlassen und folgendes Verbot in Kraft zu set-
zen: Jeder, der innerhalb von dreißig Tagen an
irgendeinen Gott oder Menschen außer an
dich, König, eine Bitte richtet, der soll in die
Löwengrube geworfen werden. 9 Erlass dieses
Verbot, o König, und fertige ein Schreiben da-
rüber aus! Es soll nach dem unwandelbaren
Gesetz der Meder und Perser unabänderlich
sein. 10 König Darius unterzeichnete das Ver-
bot.

11 Als Daniel erfuhr, dass das Schreiben un-
terzeichnet war, ging er in sein Haus. In seinem
Obergemach waren die Fenster nach Jerusa-
lem hin offen. Dort kniete er dreimal am Tag
nieder und richtete sein Gebet und seinen
Lobpreis an seinen Gott, ganz so, wie er es ge-
wohnt war. 12 Da stürmten jene Männer hinein
und fanden Daniel, wie er zu seinem Gott be-
tete und flehte. 13 Darauf gingen sie zum König
und erinnerten ihn an sein Verbot; sie sagten:
O König, hast du nicht ein Verbot unterzeich-
net, nach dem jeder, der innerhalb von dreißig
Tagen an irgendeinen Gott oder Menschen
außer an dich, König, eine Bitte richtet, in die
Löwengrube geworfen werden soll? Der Kö-
nig gab zur Antwort: Die Anordnung steht fest
nach dem unwandelbaren Gesetz der Meder
und Perser. 14 Da berichteten sie dem König:
Daniel, einer von den verschleppten Juden,
achtet weder dich, König, noch das Verbot, das
du unterschrieben hast, sondern verrichtet
dreimal am Tag sein Gebet. 15 Als der König das
hörte, missfiel es ihm sehr und er dachte nach,
wie er Daniel retten könne. Bis Sonnenunter-
gang bemühte er sich, ihn freizubekommen.
16 Da stürmten jene Männer zum König hinein
und sagten zu ihm: Bedenke, König, es ist bei
den Medern und Persern Gesetz, dass jedes
Verbot und Dekret, das der König erlässt, un-
abänderlich ist. 17 Darauf befahl der König,
Daniel herzubringen, und man warf ihn zu
den Löwen in die Grube. Der König sagte noch
zu Daniel: Möge dein Gott, dem du so unab-
lässig dienst, dich erretten. 18 Und man nahm
einen großen Stein und wälzte ihn auf die Öff-
nung der Grube. Der König versiegelte ihn mit
seinem Siegel und den Siegeln seiner Großen,
um zu verhindern, dass an der Lage Daniels
etwas verändert würde.

19 Dann ging der König in seinen Palast; fas-
tend verbrachte er die Nacht; er ließ sich keine

Speisen bringen und konnte keinen Schlaf
finden. 20 Früh am Morgen, als es gerade hell
wurde, stand der König auf und ging in Eile zur
Löwengrube. 21 Als er sich der Grube näherte,
rief er mit schmerzlicher Stimme nach Daniel
und fragte: Daniel, du Diener des lebendigen
Gottes! Hat dein Gott, dem du so unablässig
dienst, dich vor den Löwen erretten können?
22 Daniel antwortete ihm: O König, mögest du
ewig leben. 23 Mein Gott hat seinen Engel ge-
sandt und den Rachen der Löwen verschlos-
sen. Sie taten mir nichts zuleide, weil ich vor
ihm als unschuldig befunden wurde, und auch
vor dir, König, habe ich keine Verbrechen be-
gangen. 24 Darüber war der König hoch erfreut
und befahl, Daniel aus der Grube herauszuho-
len. So wurde Daniel aus der Grube herausge-
holt; man fand an ihm nicht die geringste
Verletzung, denn er hatte seinem Gott ver-
traut. 25 Nun aber ließ der König die Männer
herbeiholen, die Daniel verklagt hatten, und
ließ sie mit ihren Kindern und Frauen in die
Löwengrube werfen. Sie waren noch nicht am
Boden der Grube angelangt, da stürzten sich
die Löwen auf sie und zermalmten ihnen alle
Knochen.

26 Daraufhin schrieb König Darius an alle
Völker, Nationen und Sprachen auf der gan-
zen Erde: Friede sei mit euch in Fülle! 27 Hier-
mit ordne ich an: Im ganzen Gebiet meines
Reiches soll man vor dem Gott Daniels zit-
tern und sich vor ihm fürchten. Denn er ist
der lebendige Gott; er bleibt in Ewigkeit. Sein
Reich geht niemals unter; seine Herrschaft
hat kein Ende. 28 Er rettet und befreit; er wirkt
Zeichen und Wunder im Himmel und auf der
Erde; er hat Daniel aus der Gewalt der Löwen
gerettet.

29 Daniel aber ging es gut unter dem König
Darius und auch unter dem Perserkönig Kyrus.

4: 1,19f. / **9:** Est 1,19 / **11:** 1 Kön 8,48f. / **13:** 3,10–12 / **17:** 3,15–18 / **21:** Ps 22,22 / **23:** 3,49.95; Hebr 11,33 / **27:** 3,100 / **29:** 1,21

DANIELS VISION VON DEN VIER TIEREN UND VOM MENSCHENSOHN: 7,1–28

7 1 Im ersten Jahr Belschazzars, des Königs
von Babel, hatte Daniel einen Traum; auf
seinem Lager hatte er eine Vision. Daraufhin
schrieb er den Traum auf. Der Beginn seiner
Worte ist folgender. 2 Daniel sagte: Ich schau-
te in meiner Vision während der Nacht und
siehe: Die vier Winde des Himmels wühlten
das große Meer auf. 3 Dann stiegen aus dem
Meer vier große Tiere herauf; jedes hatte eine
andere Gestalt. 4 Das erste war einem Löwen
ähnlich, hatte jedoch Adlerflügel. Während
ich es betrachtete, wurden ihm die Flügel aus-
gerissen; es wurde vom Boden emporgehoben
und wie ein Mensch auf zwei Füße gestellt
und es wurde ihm ein menschliches Herz ge-
geben. 5 Dann erschien ein zweites Tier; es
glich einem Bären und war nach einer Seite hin
aufgerichtet. Es hielt drei Rippen zwischen
den Zähnen in seinem Maul und man ermun-
terte es: Auf, friss noch viel mehr Fleisch! 6 Da-
nach sah ich ein anderes Tier; es glich einem
Panther, hatte aber auf dem Rücken vier Flügel,
wie die Flügel eines Vogels; auch hatte das Tier
vier Köpfe; ihm wurde die Macht eines Herr-
schers verliehen. 7 Danach sah ich in meinen
nächtlichen Visionen ein viertes Tier; es war
furchtbar und schrecklich anzusehen und sehr
stark; es hatte große Zähne aus Eisen. Es fraß
und zermalmte alles, und was übrig blieb, zer-
trat es mit den Füßen. Von den anderen Tieren
war es völlig verschieden. Auch hatte es zehn
Hörner. 8 Als ich die Hörner betrachtete, da
wuchs zwischen ihnen ein anderes, kleineres
Horn empor und vor ihm wurden drei von den
früheren Hörnern ausgerissen; und an diesem
Horn waren Augen wie Menschenaugen und
ein Maul, das anmaßend redete.

9 Ich sah immer noch hin; da wurden Thro-
ne aufgestellt und ein Hochbetagter nahm
Platz. Sein Gewand war weiß wie Schnee, sein
Haar wie reine Wolle. Feuerflammen waren
sein Thron und dessen Räder waren loderndes
Feuer. 10 Ein Strom von Feuer ging von ihm
aus. Tausendmal Tausende dienten ihm, zehn-
tausendmal Zehntausende standen vor ihm.
Das Gericht nahm Platz und es wurden Bücher
aufgeschlagen. 11 Ich sah immer noch hin, bis
das Tier – wegen der anmaßenden Worte, die

das Horn redete – getötet wurde. Sein Körper
wurde dem Feuer übergeben und vernichtet.
12 Auch den anderen Tieren wurde die Herr-
schaft genommen. Doch ließ man ihnen das
Leben bis zu einer bestimmten Frist. 13 Immer
noch hatte ich die nächtlichen Visionen:

Da kam mit den Wolken des Himmels / ei-
ner wie ein Menschensohn.

Er gelangte bis zu dem Hochbetagten / und
wurde vor ihn geführt.

14 Ihm wurden Herrschaft, / Würde und
Königtum gegeben.

Alle Völker, Nationen und Sprachen / dien-
ten ihm.

Seine Herrschaft ist eine ewige, / unver-
gängliche Herrschaft. / Sein Reich geht nie-
mals unter.

15 Darüber war ich, Daniel, im Geist verstört
und meine Visionen erschreckten mich. 16 Ich
wandte mich an einen der Umstehenden und
bat ihn, mir das alles genau zu erklären. Er deu-
tete mir die Vorgänge und sagte: 17 Diese gro-
ßen Tiere, vier an der Zahl, bedeuten vier Kö-
nige, die sich auf der Erde erheben werden.
18 Das Königtum aber werden die Heiligen des
Höchsten erhalten und sie werden es behalten
für immer und ewig. 19 Dann wollte ich noch
Genaueres über das vierte Tier erfahren, das
Tier, das anders war als alle anderen, ganz
furchtbar anzusehen, mit Zähnen aus Eisen
und mit Klauen aus Bronze, das alles fraß und
zermalmte und was übrig blieb mit den Füßen
zertrat. 20 Auch über die zehn Hörner an sei-
nem Kopf und über das andere Horn, das em-
porgewachsen war und vor dem die drei Hör-
ner abgefallen waren, das Horn, das Augen
und einen Mund hatte, der anmaßend redete,
und das schließlich größer als die anderen zu
sein schien. 21 Ich sah dieses Horn gegen die
Heiligen kämpfen. Es überwältigte sie, 22 bis
der Hochbetagte kam. Da wurde den Heiligen
des Höchsten das Gericht übertragen und es
kam die Zeit, in der die Heiligen das Königtum
erhielten. 23 Er antwortete mir: Das vierte Tier
bedeutet: Ein viertes Reich wird sich auf der
Erde erheben, ganz anders als alle vier anderen
Reiche. Es wird die ganze Erde verschlingen,
sie zertreten und zermalmen. 24 Die zehn Hör-
ner bedeuten: Aus jenem Reich werden sich
zehn Könige erheben; doch nach ihnen erhebt
sich ein anderer. Dieser ist ganz anders als die
früheren. Er wird drei Könige stürzen, 25 er
lästert über den Höchsten und unterdrückt die
Heiligen des Höchsten. Die Festzeiten und das
Gesetz will er ändern. Ihm werden die Heili-
gen für eine Zeit und zwei Zeiten und eine
halbe Zeit ausgeliefert. 26 Dann aber wird man
zu Gericht sitzen. Jenem König wird seine
Macht genommen, um endgültig ausgetilgt
und vernichtet zu werden. 27 Die Herrschaft
und Macht und die Herrlichkeit aller Reiche
unter dem ganzen Himmel werden dem Volk
der Heiligen des Höchsten gegeben. Sein
Reich ist ein ewiges Reich und alle Mächte
werden ihm dienen und gehorchen.

28 Hier endet die Mitteilung. Mich, Daniel,
erschreckten meine Gedanken sehr und ich
erbleichte. Aber ich bewahrte die Mitteilung
in meinem Herzen.

1: 5,1 / **2**: Jes 17,12f. / **3**: Offb 13,1f. / **4**: 4,13 / **6**: Ez 1,6 / **9**: Ez 1,26; Offb 4,2f. / **10**: Ps 69,29; Offb 5,11; 20,12 / **11**: Offb 19,20 / **12**: 2,21 / **13**: Offb 1,13; 14,14; Mt 24,30; 26,64 / **14**: 2,44 / **18**: 4,14 / **21**: Offb 13,7 / **24**: Offb 17,12 / **25**: 11,36; Offb 13,5f. / **28**: 8,18; 10,8

7,28 Hier endet der aramäische Teil des Danielbuches. Die Kapitel 8–12 sind wieder hebräisch abgefasst.

DANIELS VISION VOM WIDDER UND ZIEGENBOCK: 8,1–27

8 1 Im dritten Jahr der Herrschaft des Kö-
nigs Belschazzar hatte ich, Daniel, eine
Vision, nach jener anderen, die ich früher ge-
habt hatte. 2 Ich hatte eine Vision, und wäh-
rend ich sie sah, befand ich mich in der Burg
Susa, die in der Provinz Elam liegt, am Ulai-
Kanal. 3 Ich blickte auf und sah, wie ein Widder
am Kanal stand; er hatte zwei Hörner. Beide
Hörner waren sehr hoch; doch das eine war
noch höher als das andere und das höhere
wuchs ihm zuletzt. 4 Ich sah, wie der Widder
nach Westen, Norden und Süden stieß; kein
Tier hielt ihm stand und es gab keinen, der sich
aus seiner Gewalt retten konnte. Er tat, was er
wollte, und machte sich groß. 5 Dann bemerk-
te ich einen Ziegenbock; er überquerte von

Westen her die ganze Erde, ohne aber den Bo-
den zu berühren; der Bock hatte ein auffallen-
des Horn zwischen den Augen. 6 Er lief zu dem
Widder mit den zwei Hörnern, den ich am
Kanal stehen sah, und rannte mit grimmiger
Kraft auf ihn los. 7 Ich sah, wie er auf den Wid-
der losging und ihm wütend zusetzte. Er stieß
gegen den Widder und brach ihm beide Hörner
ab. Der Widder hatte nicht die Kraft, ihm
standzuhalten. Da warf der Ziegenbock ihn zu
Boden und zertrat ihn; und niemand war da,
um den Widder aus seiner Gewalt zu retten.
8 Der Ziegenbock wurde über die Maßen groß.
Als er aber am stärksten war, brach das große
Horn ab. An seiner Stelle wuchsen ihm vier
auffallende Hörner, und zwar nach den vier
Himmelsrichtungen. 9 Aus einem ging dann
ein anderes Horn hervor. Anfangs klein, wurde
es überaus groß, gegen Süden und gegen Osten
und gegen die Zierde. 10 Und es wuchs bis zum
Himmelsheer und warf einige vom Heer und
von den Sternen zur Erde herab und zertrat sie.
11 Sogar bis zum Fürsten des Himmelsheeres
reckte es sich empor; es entzog ihm das tägliche
Opfer und verwüstet wurde sein Heiligtum.
12 Ein Heer wurde verbrecherisch gegen das
tägliche Opfer eingesetzt. Es warf die Wahrheit
zu Boden, und was es tat, gelang ihm.

13 Da hörte ich einen Heiligen reden und ein
anderer Heiliger fragte den Redenden: Wie
lange gilt die Vision vom täglichen Opfer, wie
lange bleibt der Gräuel der Verwüstung beste-
hen und werden das Heiligtum und der Ort
der Zierde zertreten? 14 Er sagte zu mir: Zwei-
tausenddreihundert Abende und Morgen wird
es dauern; dann erhält das Heiligtum wieder
sein Recht.

15 Während ich, Daniel, noch diese Vision
hatte und sie zu verstehen suchte, da stand vor
mir einer, der aussah wie ein Mann. 16 Und über
dem Ulai-Kanal hörte ich eine Menschenstim-
me, die rief: Gabriel, erkläre ihm die Vision!
17 Da kam er auf mich zu. Als er nähertrat, er-
schrak ich und fiel mit dem Gesicht zu Boden.
Er sagte zu mir: Mensch, versteh: Die Vision
betrifft die Zeit des Endes. 18 Während er mit
mir redete, lag ich ohnmächtig da, mit dem
Gesicht am Boden. Da berührte er mich und
stellte mich wieder auf die Beine. 19 Dann sag-
te er: Siehe, ich kündige dir an, was in der letz-
ten Zeit, der Zeit des Zorns, geschehen wird;
denn die Vision bezieht sich auf die Zeit des
Endes. 20 Der Widder mit den zwei Hörnern,
den du gesehen hast, bedeutet die Könige von
Medien und Persien. 21 Der Ziegenbock ist der
König von Jawan. Das große Horn zwischen
seinen Augen ist der erste König. 22 Das Horn
brach ab und vier andere traten an seine Stelle;
das bedeutet: Aus seinem Volk entstehen vier
Reiche; sie haben aber nicht die gleiche Kraft
wie er. 23 In der letzten Zeit ihrer Herrschaft,
wenn die Frevler ihr Maß vollgemacht haben,
kommt ein König voll Härte und Verschlagen-
heit. 24 Er wird mächtig und stark und richtet
ungeheures Verderben an; alles, was er unter-
nimmt, gelingt ihm. Mächtige Herrscher wird
er vernichten, auch das Volk der Heiligen.
25 Dank seiner Schlauheit gelingt ihm sein Be-
trug. Er wird überheblich und bringt über vie-
le unversehens Verderben. Selbst gegen den
Fürsten der Fürsten steht er auf; doch ohne
Zutun eines Menschen wird er zerschmettert.
26 Die Vision von den Abenden und den Mor-
gen, die dir offenbart wurde, ist wahr; doch du
sollst sie geheim halten; denn sie bezieht sich
auf eine ferne Zeit.

27 Darauf war ich, Daniel, erschöpft und lag
mehrere Tage krank danieder. Dann stand ich
wieder auf und versah meinen Dienst beim
König. Doch die Vision bedrückte mich und
ich verstand sie nicht.

1: 7,1 / **8**: 7,8 / **11**: 9,27; 11,31 / **13**: 12,6f. / **14**: 7,25 / **15**: 9,21 / **16**: Lk 1,19 / **17–18**: 10,15–19 / **18**: Offb 1,17; Ez 2,1f. / **23**: 11,21 / **24**: 7,18 / **26**: 12,4; Offb 22,6

WEISSAGUNG VON DEN SIEBZIG JAHRWOCHEN: 9,1–27

9 1 Im ersten Jahr, nachdem Darius, der
Sohn des Xerxes, aus dem Stamm der
Meder, König über das Reich der Chaldäer ge-
worden war, 2 in diesem ersten Jahr seiner
Herrschaft suchte ich, Daniel, in den Schriften
die Zahl der Jahre zu ergründen, die Jerusalem
nach dem Wort des HERRN an den Propheten
Jeremia verwüstet sein sollte; es waren siebzig

Jahre. 3 Ich richtete mein Gesicht zu Gott, dem
Herrn, um ihn mit Gebet und Flehen, bei Fas-
ten in Sack und Asche, zu bitten. 4 Ich betete
zum HERRN, meinem Gott, bekannte die
Schuld und sagte: Herr, du großer und Furcht
erregender Gott, der den Bund und die Huld
denen bewahrt, die ihn lieben und seine Ge-
bote bewahren. 5 Wir haben gesündigt und
Unrecht getan, wir sind treulos gewesen und
haben uns gegen dich empört; von deinen Ge-
boten und Rechtsentscheiden sind wir abge-
wichen. 6 Wir haben nicht auf deine Diener,
die Propheten, gehört, die in deinem Namen
zu unseren Königen und Vorstehern, zu unse-
ren Vätern und zu allen Bürgern des Landes
geredet haben. 7 Du, Herr, bist im Recht; uns
aber steht bis heute die Schamröte im Gesicht,
den Leuten von Juda, den Einwohnern Jeru-
salems und allen Israeliten, seien sie nah oder
fern in all den Ländern, wohin du sie verstoßen
hast; denn sie haben dir die Treue gebrochen.
8 Ja, HERR, uns steht die Schamröte im Ge-
sicht, unseren Königen, Fürsten und Vätern;
denn wir haben uns gegen dich versündigt.
9 Beim Herrn, unserem Gott, ist das Erbarmen
und die Vergebung, obwohl wir uns gegen ihn
empört haben. 10 Wir haben nicht auf die Stim-
me des HERRN, unseres Gottes, nach seinen
Weisungen zu wandeln, gehört, die er uns
durch seine Diener, die Propheten, gegeben
hat. 11 Ganz Israel hat deine Weisung übertre-
ten, ist davon abgewichen und hat nicht auf
deine Stimme gehört. Darum kamen der Fluch
und die Verwünschung über uns, die in der
Weisung des Mose, des Dieners Gottes, ge-
schrieben stehen; denn wir haben uns gegen
Gott versündigt. 12 Gott machte seine Dro-
hung wahr, die er gegen uns und unsere Herr-
scher, die uns regierten, ausgesprochen hatte:
Er werde schweres Unheil über uns bringen,
wie es unter dem ganzen Himmel nicht ge-
schehen ist wie in Jerusalem. 13 Wie es in der
Weisung des Mose geschrieben steht, ist all
dieses Unheil über uns gekommen. Und doch
haben wir den HERRN, unseren Gott, nicht
besänftigt, indem wir uns von unserem bösen
Tun abwandten und Einsicht suchten in deine
Wahrheit. 14 Der HERR aber wachte über das
Unheil und ließ es über uns kommen. Denn
der HERR, unser Gott, ist gerecht in allem, was
er tut. Wir aber hörten nicht auf seine Stimme.
15 Jetzt aber, Herr, unser Gott, der du dein Volk
mit starker Hand aus Ägypten geführt und dir
damit einen Namen gemacht hast bis auf den
heutigen Tag! Wir haben gesündigt; wir haben
gefrevelt. 16 Herr, gemäß all deinen Heilstaten
möge sich doch dein Zorn und deine Wut ab-
wenden von deiner Stadt Jerusalem, von dei-
nem heiligen Berg. Wegen unserer Sünden
und der bösen Taten unserer Väter sind Jeru-
salem und dein Volk zum Gespött für alle ge-
worden, die rings um uns wohnen. 17 Darum
höre jetzt, unser Gott, das Gebet und Flehen
deines Knechtes: Herr, lass auch um deiner
selbst willen dein Angesicht über deinem Hei-
ligtum leuchten, das verwüstet daliegt! 18 Mein
Gott, neig mir dein Ohr zu und höre mich;
öffne deine Augen und sieh auf die Trümmer,
auf unsere Stadt, über der dein Name ausgeru-
fen ist! Nicht im Vertrauen auf unsere guten
Taten legen wir dir unsere Bitten vor, sondern
im Vertrauen auf dein großes Erbarmen.
19 Herr, höre! Herr, vergib doch! Herr, achte
auf uns und handle! Mein Gott, auch um dei-
ner selbst willen zögere nicht! Dein Name ist
doch über deiner Stadt und deinem Volk aus-
gerufen.

20 Während ich noch redete und betete, mei-
ne Sünden und die Sünden meines Volkes Is-
rael bekannte und meine Bitte für den heiligen
Berg meines Gottes vor den HERRN, meinen
Gott, brachte, 21 während ich also noch mein
Gebet sprach, da kam im Flug der Mann Gab-
riel, den ich früher in der Vision gesehen hatte;
er kam um die Zeit des Abendopfers zu mir,
22 redete mit mir und sagte: Daniel, ich bin
ausgezogen, um dir klare Einsicht zu geben.
23 Schon zu Beginn deines Gebetes erging ein
Gotteswort und ich bin gekommen, um es dir
zu verkünden; denn du bist geliebt. Achte also
auf das Wort und begreife die Vision!

24 Siebzig Wochen sind für dein Volk / und
für deine heilige Stadt bestimmt,

bis der Frevel beendet ist, / bis die Sünde
versiegelt und für die Schuld Versöhnung er-
wirkt ist,

bis ewige Gerechtigkeit gebracht wird, / bis
Visionen und Weissagungen besiegelt wer-
den / und das Allerheiligste gesalbt wird.

25 Nun begreif und versteh: Von der Verkün-
digung des Wortes über die Rückführung des
Volkes und den Wiederaufbau Jerusalems bis
zur Ankunft eines Gesalbten, eines Fürsten,
sind es sieben Wochen; und zweiundsechzig
Wochen lang baut man die Stadt wieder auf
mit ihren Plätzen und Gräben, obwohl es eine

bedrängte Zeit sein wird. 26 Nach den zwei-
undsechzig Wochen wird ein Gesalbter um-
gebracht, aber ohne Richterspruch. Das Volk
eines Fürsten, der kommen wird, bringt Ver-
derben über die Stadt und das Heiligtum. Er
findet sein Ende in der Flut; bis zum Ende wer-
den Krieg und Verwüstung herrschen, wie es
längst beschlossen ist. 27 Vielen macht er den
Bund schwer, eine Woche lang. In der Mitte
dieser Woche setzt er den Schlachtopfern und
Speiseopfern ein Ende. Oben auf dem Heilig-
tum wird ein unheilvoller Gräuel stehen, bis
das Verderben, das beschlossen ist, über den
Verwüster kommt.

1: 6,1 / **2**: Jer 25,11f.; 29,10 / **4–19**: 3,25–45; Neh 1,5–11; 9; Bar 1,15–2,26 / **6**: Jer 7,25f. / **7**: Esra 9,6–8 / **11**: Lev 26,14–39; Dtn 28,15–68 / **14**: Jer 1,12 / **15–16**: Bar 2,11–19 / **15**: Dtn 6,21; Jer 32,20f. / **16**: Ps 103,6 / **18**: 2 Kön 19,16 / **24**: Jes 53,11; 1 Chr 23,13; Ez 45,3; Ex 29,37 / **27**: 11,31; 12,11; Mt 24,15; Jes 10,22f.

LETZTE OFFENBARUNGEN AN DANIEL: 10,1–12,13

10 1 Im dritten Jahr des Königs Kyrus von
Persien empfing Daniel, der auch Belt-
schazzar heißt, eine Offenbarung. Das Wort
ist zuverlässig und kündigt große Not an. Er
suchte das Wort zu verstehen und das Ver-
ständnis wurde ihm in einer Vision gegeben.
2 In jenen Tagen hielt ich, Daniel, drei Wochen
lang Trauer. 3 Nahrung, die mir sonst schmeck-
te, aß ich nicht; Fleisch und Wein kamen nicht
in meinen Mund; auch salbte ich mich nicht,
bis drei volle Wochen vorbei waren. 4 Am vier-
undzwanzigsten Tag des ersten Monats stand
ich am Ufer des großen Flusses, des Tigris. 5 Ich
blickte auf und schaute. Und siehe, da war ein
Mann, der in Leinen gekleidet war und seine
Hüfte war mit einem Gürtel aus feinstem Gold
gegürtet. 6 Sein Körper glich einem Chryso-
lith, sein Gesicht leuchtete wie ein Blitz und
die Augen waren wie brennende Fackeln. Sei-
ne Arme und Beine glänzten wie polierte
Bronze. Seine Worte waren wie das Getöse
einer großen Menschenmenge. 7 Nur ich, Da-
niel, sah diese Erscheinung; die Männer, die
bei mir waren, sahen die Erscheinung nicht;
doch ein großer Schrecken befiel sie, sodass sie
wegliefen und sich versteckten.

8 So blieb ich allein zurück und sah diese ge-
waltige Erscheinung. Meine Kräfte verließen
mich; ich wurde totenbleich und konnte mich
nicht mehr aufrecht halten. 9 Ich hörte den
Schall seiner Worte; beim Schall seiner Worte
fiel ich betäubt zu Boden und blieb, mit dem
Gesicht am Boden, liegen. 10 Doch eine Hand
fasste mich an und half mir auf Knie und Hän-
de. 11 Dann sagte er zu mir: Daniel, du geliebter
Mann, achte auf die Worte, die ich dir zu sagen
habe! Stell dich aufrecht hin; denn ich bin jetzt
zu dir gesandt. Als er so mit mir redete, erhob
ich mich zitternd. 12 Dann sagte er zu mir:
Fürchte dich nicht, Daniel! Schon vom ersten
Tag an, als du dich um Verständnis bemühtest
und dich deswegen vor deinem Gott beugtest,
wurden deine Worte gehört und wegen deiner
Worte bin ich gekommen. 13 Der Fürst des Per-
serreiches hat sich mir einundzwanzig Tage
entgegengestellt, aber Michael, einer der ers-
ten unter den Fürsten, kam mir zu Hilfe und
ich wurde dort bei den Königen von Persien
gelassen. 14 Und jetzt bin ich gekommen, dich
verstehen zu lassen, was deinem Volk am Ende
der Tage widerfahren wird, denn es wird noch
eine Vision geben für jene Tage.

15 Während er das zu mir sagte, blickte ich
zu Boden und blieb stumm. 16 Da berührte eine
Gestalt, die aussah wie ein Mensch, meine
Lippen. Nun konnte ich den Mund wieder öff-
nen und sprechen. Ich sagte zu dem, der vor
mir stand: Mein Herr, als ich die Vision sah,
wand ich mich in Schmerzen und verlor alle
Kraft. 17 Wie kann ich, der Knecht meines
Herrn, mit meinem Herrn reden? Mir fehlt
seitdem jede Kraft, selbst der Atem stockt mir.
18 Da berührte mich die Gestalt, die wie ein
Mensch aussah, von Neuem, stärkte mich
19 und sagte: Fürchte dich nicht, du geliebter
Mann! Friede sei mit dir. Sei stark, ja, sei stark!
Als er so mit mir redete, fühlte ich mich ge-
stärkt und sagte: Nun rede, mein Herr, denn
du hast mich gestärkt! 20 Er sagte: Weißt du,
warum ich zu dir gekommen bin? Ich muss
bald zurückkehren und mit dem Fürsten von
Persien kämpfen. Wenn ich von dort wegge-
gangen bin, dann wird der Fürst von Jawan
kommen. 21 Aber ich will dir mitteilen, was im

Buch der Wahrheit aufgezeichnet ist. Es gibt
aber niemanden, der sich mit mir gegen diese
starkmacht, außer eurem Fürsten Michael.

5: 8,15; Offb 1,13–15; Ez 1,27f. / **9**: 8,18 / **11**: 9,23 / **12**: Esra 8,21 / **13**: Sach 3,1f.; Jud 9; Offb 12,7 / **16**: 7,13; Jes 6,7; Jer 1,9 / **18**: 8,18 / **19**: Offb 1,17

11 1 Im ersten Jahr des Meders Darius stand
ich ihm helfend und schützend zur Sei-
te. 2 Und jetzt will ich dir die Wahrheit mittei-
len: Siehe, noch drei Könige stehen auf in Per-
sien; der vierte aber wird größeren Reichtum
erwerben als alle. Nachdem er reich und mäch-
tig geworden ist, bietet er all seine Macht gegen
das Reich von Jawan auf. 3 Dann wird ein kraft-
voller König kommen; er herrscht mit großer
Macht und tut, was er will. 4 Doch kaum ist er
aufgetreten, da bricht sein Reich auseinander
und teilt sich nach den vier Himmelsrichtun-
gen. Es fällt aber nicht seinen Nachkommen
zu und ist nicht mehr so mächtig wie unter
seiner Herrschaft. Denn sein Reich wird ver-
nichtet; es fällt anderen zu, nicht seinen Erben.
5 Dann erstarkt der König des Südens; aber
einer von seinen Feldherrn wird mächtiger als
er und tritt die Herrschaft an und seine Herr-
schaft wird noch gewaltiger sein. 6 Nach Jahren
schließen sie dann ein Bündnis, und um den
Frieden zu bekräftigen, kommt die Tochter des
Königs des Südens zum König des Nordens.
Doch sie verliert die Macht und auch ihr Kind
bleibt nicht am Leben; zu der Zeit wird sie dem
Untergang preisgegeben, sie, ihre Begleiter,
auch der, der sie gezeugt hat, und der, der sie
zur Frau genommen hat. 7 Aber an seiner Stel-
le tritt ein Spross aus ihren Wurzeln auf; er
zieht gegen das Heer aus, dringt in die Festung
des Königs des Nordens ein und verfährt mit
ihnen, wie es ein Sieger tut. 8 Sogar ihre Götter
nimmt er als Beute nach Ägypten mit, ebenso
ihre Götterbilder und die kostbaren Geräte aus
Silber und Gold. Dann lässt er den König des
Nordens einige Jahre in Ruhe. 9 Darauf zieht
dieser gegen das Reich des Königs des Südens,
muss aber in sein Land zurückkehren.

10 Doch seine Söhne rüsten zum Krieg und
bringen gewaltige Heere zusammen. Einer
kommt; er rückt vor und überflutet alles. Dann
rüstet er nochmals und dringt bis zu seiner
Festung vor. 11 Das erbittert den König des Sü-
dens; er zieht gegen den König des Nordens
aus und kämpft gegen ihn. Dieser hat zwar ein
großes Heer aufgestellt, aber das Heer fällt
dem andern in die Hand 12 und wird aufgerie-
ben. Da wird sein Herz stolz; er wirft Zehn-
tausende zu Boden, aber er bleibt nicht stark.
13 Der König des Nordens stellt nochmals ein
Heer auf, noch größer als das erste, und nach
einigen Jahren zieht er gegen jenen mit einer
großen Streitmacht und einem riesigen Tross
ins Feld. 14 In jener Zeit erheben sich viele ge-
gen den König des Südens; auch gewalttätige
Leute aus deinem Volk stehen auf und so er-
füllt sich eine Vision. Aber sie kommen zu Fall.
15 Da zieht der König des Nordens heran,
schüttet einen Wall auf und erobert eine stark
befestigte Stadt. Die Kräfte des Königs des Sü-
dens halten nicht stand; selbst die Truppe sei-
ner auserlesenen Kämpfer ist nicht stark ge-
nug, um sich zu halten. 16 Jener, der gegen ihn
vorrückt, tut, was er will. Keiner kann ihm
widerstehen; so fasst er Fuß im Land der Zier-
de und seine Hand bringt Vernichtung. 17 Dann
fasst er den Plan, sein ganzes Reich zu unter-
jochen. Er schließt Frieden mit ihm und gibt
ihm eine seiner Töchter zur Frau, um es zu
vernichten. Doch das kommt nicht zustande,
es gelingt ihm nicht. 18 Jetzt wendet er sich ge-
gen die Inseln und erobert viele. Aber ein Feld-
herr macht seiner Schmähung ein Ende und
lässt seine Schmähung auf ihn zurückfallen.
19 Nun wendet er sich den Festungen des eige-
nen Landes zu. Er stolpert jedoch, fällt und ist
nicht mehr zu finden. 20 An seine Stelle tritt
einer, der einen Steuereintreiber durch die
Zierde des Reiches ziehen lässt. Doch wird er
schon nach kurzer Zeit beseitigt, aber nicht
öffentlich und nicht im Kampf.

21 An seine Stelle tritt ein verächtlicher
Mensch. Ihm überträgt man die Würde des
Königtums nicht; er kommt aber unversehens
und reißt die Herrschaft durch List an sich.
22 Ganze Heere werden vor ihm hinwegge-
schwemmt und vernichtet, auch der Fürst des
Bundes. 23 Wer sich mit ihm verbündet, gegen
den handelt er heimtückisch. Er kommt em-
por, und obwohl er nur wenige Anhänger hat,
wird er stark. 24 Unversehens dringt er in die
reichsten Bezirke einer Provinz ein und tut,
was weder seine Väter noch seine Ahnen getan
haben: Er raubt, macht Beute und verteilt den
Besitz an seine Leute. Er denkt Anschläge ge-
gen die Festungen aus, aber das dauert nur eine
bestimmte Zeit. 25 Er bietet seine ganze Kraft
und seinen ganzen Mut auf und zieht mit ei-
nem großen Heer gegen den König des Südens.
Darauf rüstet auch der König des Südens mit

einem großen und sehr starken Heer zum
Krieg; er kann aber nicht standhalten; denn
man plant Anschläge gegen ihn. 26 Die eigenen
Tischgenossen führen seinen Sturz herbei.
Sein Heer wird weggeschwemmt, viele wer-
den erschlagen und fallen. 27 Beide Könige
sinnen auf Böses; sie sitzen am selben Tisch
zusammen und belügen einander. Aber sie
erreichen nichts, denn das Ende steht noch
aus, bis zur bestimmten Zeit. 28 Und der König
des Nordens kehrt zurück in sein Land mit
großem Tross; sein Sinn ist gegen den Heiligen
Bund gerichtet. Er handelt und kehrt in sein
Land zurück. 29 Zu einer bestimmten Zeit fällt
er wieder in den Süden ein. Doch das zweite
Mal geht es nicht wie das erste Mal. 30 Kittäi-
sche Schiffe greifen ihn an und er kehrt einge-
schüchtert um. Nun zürnt er dem Heiligen
Bund und handelt entsprechend. Dann kehrt
er heim und erkennt jene an, die den Heiligen
Bund verlassen. 31 Er stellt Streitkräfte auf, die
das Heiligtum auf der Burg entweihen, das
tägliche Opfer abschaffen und den unheilvol-
len Gräuel aufstellen. 32 Er verführt mit seinen
glatten Worten die Menschen dazu, vom Bund
abzufallen; doch die Schar derer, die ihrem
Gott treu sind, bleibt fest und handelt entspre-
chend. 33 Die Verständigen im Volk bringen
viele zur Einsicht; aber eine Zeit lang zwingt
man sie nieder mit Feuer und Schwert, mit
Haft und Plünderung. 34 Doch während man
sie niederzwingt, erfahren sie eine kleine Hil-
fe; viele schließen sich ihnen an, freilich nur
zum Schein. 35 Aber auch manche von den
Verständigen kommen zu Fall; so sollen sie
geprüft, geläutert und gereinigt werden bis zur
Zeit des Endes; denn es dauert noch eine Wei-
le bis zu der bestimmten Zeit.

36 Der König tut, was er will. Er wird über-
mütig und prahlt gegenüber allen Göttern,
auch gegenüber dem höchsten Gott führt er
ungeheuerliche Reden. Dabei hat er Erfolg, bis
der Zorn zu Ende ist. Denn was beschlossen
ist, muss ausgeführt werden. 37 Er missachtet
sogar die Götter seiner Väter, auch den Lieb-
ling der Frauen achtet er nicht und überhaupt
keinen Gott; er prahlt gegenüber allen. 38 Statt-
dessen verehrt er den Gott der Festungen; ei-
nen Gott, den seine Väter nicht gekannt haben,
verehrt er mit Gold und Silber, mit Edelsteinen
und Kostbarkeiten. 39 Starke Festungen greift
er an mit Hilfe des fremden Gottes. Alle, die
ihn anerkennen, überhäuft er mit Ehren; er
verleiht ihnen die Herrschaft über viele Men-
schen und teilt ihnen als Belohnung Land zu.

40 Zur Zeit des Endes streitet mit ihm der
König des Südens. Da stürmt der König des
Nordens gegen ihn heran mit Wagen und Rei-
tern und mit vielen Schiffen. Er dringt in die
Länder ein, überschwemmt sie und rückt vor.
41 Auch ins Land der Zierde dringt er ein. Vie-
le werden niedergezwungen; nur Edom und
Moab und der Hauptteil der Ammoniter ent-
gehen ihm. 42 Er streckt seine Hand nach den
Ländern aus; auch für Ägypten gibt es keine
Rettung. 43 Er wird Herr über die Schätze von
Gold und Silber und über alle Kostbarkeiten
Ägyptens. Libyer und Kuschiter leisten ihm
Gefolgschaft. 44 Da erschrecken ihn Gerüchte
aus dem Osten und dem Norden. In großem
Zorn zieht er aus, um viele zu vernichten und
auszurotten. 45 Zwischen dem Meer und dem
Berg der heiligen Zierde schlägt er seine
Prunkzelte auf. Dann geht er seinem Ende zu
und niemand ist da, der ihm hilft.

1: 9,1 / **3**: 1 Makk 1,2–6 / **6**: 2,43 / **15**: 8,23–25 / **16**: 8,9 / **17**: 2,43 / **21**: 8,23f. / **31**: 8,11f.; 9,27; 12,11; Mt 24,15 / **33**: 12,3 / **36**: 7,8.25; 2 Thess 2,4; Offb 13,5f. / **41**: 11,16; 8,9

12 1 In jener Zeit tritt Michael auf, der große
Fürst, der für die Söhne deines Volkes
eintritt. Dann kommt eine Zeit der Not, wie
noch keine da war, seit es Völker gibt, bis zu
jener Zeit. Doch zu jener Zeit wird dein Volk
gerettet, jeder, der im Buch verzeichnet ist.
2 Von denen, die im Land des Staubes schlafen,
werden viele erwachen, die einen zum ewigen
Leben, die anderen zur Schmach, zu ewigem
Abscheu. 3 Die Verständigen werden glänzen
wie der Glanz der Himmelsfeste und die Män-
ner, die viele zum rechten Tun geführt haben,
wie die Sterne für immer und ewig. 4 Du, Dani-
el, halte die Worte geheim und versiegle das
Buch bis zur Zeit des Endes! Viele werden nach-
forschen und die Erkenntnis wird groß sein.

5 Als ich, Daniel, aufblickte, standen noch
zwei andere Männer da, der eine diesseits des
Flussufers, der andere jenseits. 6 Einer fragte
den Mann, der in Leinen gekleidet war und
über dem Wasser des Flusses stand: Wie lange
dauert es noch bis zum Ende der unbegreifli-
chen Geschehnisse? 7 Darauf hörte ich den
Mann, der in Leinen gekleidet war und über
dem Wasser des Flusses stand; er erhob seine
rechte und seine linke Hand zum Himmel und
schwor bei dem, der ewig lebt: Es dauert noch
eine Zeit, zwei Zeiten und eine halbe Zeit.

Wenn der am Ende ist, der die Macht des hei-
ligen Volkes zerschlägt, dann wird sich das
alles vollenden. 8 Ich hörte es, verstand es aber
nicht. Darum fragte ich: Mein Herr, was wird
das letzte von alldem sein? 9 Er erwiderte: Geh,
Daniel! Die Worte bleiben verschlossen und
versiegelt bis zur Zeit des Endes. 10 Viele wer-
den geläutert, gereinigt und geprüft. Doch die
ruchlosen Sünder sündigen weiter. Von den
Sündern wird es keiner verstehen; aber die
Verständigen verstehen es. 11 Von der Zeit an,
in der man das tägliche Opfer abschafft und
den unheilvollen Gräuel aufstellt, sind es
zwölfhundertneunzig Tage. 12 Wohl dem, der
aushält und dreizehnhundertfünfunddreißig
Tage erreicht! 13 Du aber geh dem Ende zu! Du
wirst ruhen und auferstehen gemäß deinem
Losanteil am Ende der Tage.

1: 10,13; Offb 12,7; Mt 24,21 / **2**: 2 Makk 7,9; Jes 66,24; Joh 5,29 / **3**: 11,33; Spr 4,18; Mt 13,43 / **4**: 8,26; Offb 10,4 / **6**: Offb 10,5f. / **7**: 7,25 / **10**: 11,35 / **11–12**: 8,14

DREI ERZÄHLUNGEN ÜBER DANIEL: 13,1–14,42

SUSANNA UND DANIEL: 13,1–64

13 1 In Babylon wohnte ein Mann mit Na-
men Jojakim. 2 Er hatte Susanna, die
Tochter Hilkijas, zur Frau; sie war sehr schön
und gottesfürchtig. 3 Und ihre Eltern waren
gerecht und hatten ihre Tochter nach dem Ge-
setz des Mose unterwiesen. 4 Jojakim war sehr
reich; er besaß einen Garten nahe bei seinem
Haus. Die Juden pflegten bei ihm zusammen-
zukommen, weil er der Angesehenste von
allen war. 5 Als Richter amtierten in jenem Jahr
zwei Älteste aus dem Volk, von denen galt,
was der Herr gesagt hat: Ungerechtigkeit ging
von Babylon aus, von den Ältesten, von den
Richtern, die als Leiter des Volkes galten. 6 Sie
hielten sich regelmäßig im Haus Jojakims auf
und alle, die eine Rechtssache hatten, kamen
zu ihnen. 7 Hatten sich nun die Leute um die
Mittagszeit wieder entfernt, dann kam Susan-
na und ging im Garten ihres Mannes spazieren.
8 Die beiden Ältesten sahen sie täglich kom-
men und umhergehen; da regte sich in ihnen
die Begierde nach ihr. 9 Ihre Gedanken gerieten
auf Abwege und sie wandten ihre Augen da-
von ab, zum Himmel zu schauen und an die
gerechten Strafen zu denken. 10 Beide hatten
wegen Susanna Liebeskummer; doch keiner
sagte dem anderen etwas von seinem Schmerz.
11 Denn sie schämten sich darüber, dass sie so
begierig waren, mit ihr zusammen zu sein.
12 Ungeduldig warteten sie jeden Tag darauf,
sie zu sehen. 13 Und sie sagten einer zum an-
dern: Gehen wir nach Hause, es ist Zeit zum
Essen. Sie trennten sich also und gingen weg.
14 Dann aber kehrte jeder um und sie trafen
wieder zusammen. Sie fragten einander nach
der Ursache und gestanden sich ihre Leiden-
schaft. Daraufhin verabredeten sie eine Zeit,
zu der es ihnen möglich sein sollte, Susanna
allein anzutreffen. 15 Während sie auf einen
günstigen Tag warteten, kam Susanna eines
Tages wie gewöhnlich in den Garten, nur von
zwei Mädchen begleitet, und wollte baden;
denn es war heiß. 16 Niemand war dort außer
den beiden Ältesten, die sich versteckt hatten
und ihr auflauerten. 17 Sie sagte zu den Mäd-
chen: Holt mir Öl und Salben und verriegelt
das Gartentor, damit ich baden kann! 18 Die
Mädchen taten, wie ihnen befohlen war. Sie
verriegelten das Tor und verließen den Garten
durch die Seitenpforte, um zu holen, was ih-
nen aufgetragen war. Von den Ältesten be-
merkten sie nichts, denn diese hatten sich
versteckt. 19 Als die Mädchen weg waren, stan-
den die beiden Ältesten auf, liefen zu Susanna
hin 20 und sagten: Das Gartentor ist verschlos-
sen und niemand sieht uns; wir sind voll Be-
gierde nach dir: Sei uns zu Willen und gib dich
uns hin! 21 Weigerst du dich, dann bezeugen
wir gegen dich, dass ein junger Mann bei dir
war und dass du deshalb die Mädchen wegge-
schickt hast. 22 Da seufzte Susanna und sagte:
Ich bin bedrängt von allen Seiten: Wenn ich es
tue, so droht mir der Tod; tue ich es aber nicht,
so werde ich euch nicht entrinnen. 23 Es ist
besser für mich, es nicht zu tun und euch in
die Hände zu fallen, als gegen den HERRN zu

13,1 Mit 12,13 endet das hebräisch-aramäische Danielbuch. In Vg folgen als Kap. 13 und 14 noch drei weitere Erzählungen von Daniel. In G sind diese Erzählungen noch nicht mit dem Danielbuch verbunden. Die Übersetzung folgt Theodotion.

sündigen. 24 Da schrie Susanna mit lauter
Stimme auf. Aber zugleich mit ihr schrien auch
die beiden Ältesten 25 und einer von ihnen lief
zum Gartentor und öffnete es. 26 Als die Leute
im Haus das Geschrei im Garten hörten, eilten
sie durch die Seitentür herbei, um zu sehen,
was ihr zugestoßen sei. 27 Als die Ältesten ihre
Erklärung gaben, schämten sich die Diener
sehr; denn noch nie war so etwas über Susan-
na gesagt worden.

28 Als am nächsten Morgen das Volk bei Jo-
jakim, ihrem Mann, zusammenkam, erschie-
nen auch die beiden Ältesten. Sie kamen mit
der verbrecherischen Absicht, gegen Susanna
die Todesstrafe zu erwirken. Sie sagten vor
dem Volk: 29 Schickt nach Susanna, der Toch-
ter Hilkijas, der Frau Jojakims! Man schickte
nach ihr. 30 Und sie kam, begleitet von ihren
Eltern, ihren Kindern und allen Verwandten.
31 Susanna war aber sehr zart und schön von
Aussehen. 32 Sie war aber verschleiert. Um sich
an ihrer Schönheit zu weiden, befahlen die
Gewissenlosen, sie zu entschleiern. 33 Ihre An-
gehörigen aber und alle, die sie erblickten,
weinten. 34 Die beiden Ältesten aber standen
auf inmitten des Volkes und legten ihre Hände
auf den Kopf Susannas. 35 Sie aber blickte wei-
nend zum Himmel auf; denn ihr Herz vertrau-
te dem HERRN. 36 Die Ältesten sagten: Wäh-
rend wir allein im Garten spazieren gingen,
kam diese Frau mit zwei Mägden herein. Sie
ließ das Gartentor verriegeln und schickte die
Mägde fort. 37 Dann kam ein junger Mann zu
ihr, der sich versteckt hatte, und legte sich zu
ihr. 38 Wir waren gerade in einer abgelegenen
Ecke des Gartens; als wir aber die Sünde sahen,
eilten wir zu ihnen hin 39 und sahen, wie sie
zusammen waren. Den Mann konnten wir
nicht festhalten; denn er war stärker als wir; er
öffnete das Tor und entkam. 40 Aber diese da
hielten wir fest und fragten sie, wer der junge
Mann war. 41 Sie wollte es uns aber nicht ver-
raten. Das alles können wir bezeugen. Die
versammelte Gemeinde glaubte ihnen, weil
sie Älteste des Volkes und Richter waren, und
verurteilte Susanna zum Tod. 42 Susanna aber
schrie auf mit lauter Stimme und sagte: Ewiger
Gott, du kennst auch das Verborgene; du
weißt alles, noch bevor es geschieht. 43 Du
weißt auch, dass sie eine falsche Aussage gegen
mich gemacht haben. Darum muss ich jetzt
sterben, obwohl ich nichts von dem getan
habe, was diese Menschen mir vorwerfen.
44 Der HERR erhörte ihr Rufen. 45 Als man
sie zur Hinrichtung führte, erweckte Gott den
heiligen Geist in einem jungen Mann namens
Daniel. 46 Dieser schrie mit lauter Stimme: Ich
bin unschuldig am Blut dieser Frau. 47 Da
wandten sich alle Leute nach ihm um und frag-
ten ihn: Was soll das heißen, was du da gesagt
hast? 48 Er trat mitten unter sie und sagte: Seid
ihr so töricht, ihr Söhne Israels? Ohne Verhör
und ohne Prüfung der Beweise habt ihr eine
Tochter Israels verurteilt. 49 Kehrt zurück zum
Ort des Gerichts! Denn diese Ältesten haben
eine falsche Aussage gegen Susanna gemacht.
50 Eilig kehrten alle Leute wieder um und die
Ältesten sagten zu Daniel: Setz dich hier mit-
ten unter uns und sag uns, was du zu sagen
hast! Denn dir hat Gott den Vorsitz verliehen.
51 Daniel sagte zu ihnen: Trennt diese beiden
Männer, bringt sie weit auseinander! Ich will
sie verhören. 52 Als man sie voneinander ge-
trennt hatte, rief er den einen von ihnen her
und sagte zu ihm: In Schlechtigkeit bist du alt
geworden; doch jetzt kommt die Strafe für die
Sünden, die du bisher begangen hast. 53 Unge-
rechte Urteile hast du gefällt, Schuldlose ver-
urteilt, aber Schuldige freigesprochen; und
doch hat der HERR gesagt: Einen Schuldlosen
und Gerechten sollst du nicht töten. 54 Wenn
du also diese Frau wirklich gesehen hast, sage:
Unter welchem Baum hast du sie miteinander
verkehren sehen? Er aber sagte: Unter einem
Mastixbaum. 55 Da sagte Daniel: Mit deiner
Lüge hast du dein eigenes Haupt getroffen. Der
Engel Gottes wird dich zerspalten; schon hat
er von Gott den Befehl dazu erhalten. 56 Dann
ließ er ihn wegbringen und befahl, den andern
vorzuführen. Zu ihm sagte er: Du Sohn Kana-
ans, nicht Judas, dich hat die Schönheit ver-
führt, die Leidenschaft hat dein Herz verdor-
ben. 57 So tatet ihr an den Töchtern Israels und
jene verkehrten mit euch, weil sie sich fürch-
teten; aber eine Tochter Judas duldete eure
Gesetzlosigkeit nicht. 58 Nun sag mir: Unter
welchem Baum hast du sie ertappt, während
sie miteinander verkehrten? Er sagte: Unter
einer Eiche. 59 Da sagte Daniel zu ihm: Mit dei-
ner Lüge hast auch du dein eigenes Haupt ge-
troffen. Der Engel Gottes wartet schon mit
dem Schwert in der Hand, um dich mitten
entzweizuhauen. So wird er euch beide ver-
nichten.

60 Da schrie die ganze Gemeinde laut auf und
pries Gott, der alle rettet, die auf ihn hoffen.

61 Dann erhoben sie sich gegen die beiden Äl-
testen, die Daniel durch ihre eigenen Worte
als falsche Zeugen entlarvt hatte. Das Böse, das
sie ihrem Nächsten hatten antun wollen, tat
man 62 nach dem Gesetz des Mose ihnen an:
Man tötete sie. So wurde an jenem Tag un-
schuldiges Blut gerettet. 63 Hilkija und seine
Frau priesen Gott wegen ihrer Tochter Susan-
na, ebenso ihr Mann Jojakim und alle Ver-
wandten, weil sich zeigte, dass sie nichts
Schändliches getan hatte. 64 Daniel aber ge-
wann seit jenem Tag und auch weiterhin beim
Volk großes Ansehen.

5: Jer 23,15; 29,22f. / **15**: Ex 2,5 / **22**: Lev 20,10; Dtn 22,22; Joh 8,4f. / **34**: Num 5,18; Lev 24,14 / **42**: 2,20–22; Hebr 4,13 / **45**: 4,5; 5,14 / **52**: Weish 4,8f. / **53**: Ex 23,7 / **56**: Ez 16,3.44 / **61–62**: Dtn 19,16–21

DANIEL UND DIE PRIESTER DES BEL: 14,1–22

14 1 Der König Astyages ging zu seinen
Vätern heim und sein Reich übernahm
der Perser Kyrus. 2 Daniel war der Vertraute
des Königs, der ihn höher schätzte als alle sei-
ne Freunde. 3 Nun hatten die Babylonier ein
Bild des Gottes Bel. Sie wendeten dafür täglich
zwölf Scheffel Feinmehl auf, dazu vierzig
Schafe und sechs Krüge Wein. 4 Auch der Kö-
nig verehrte es und kam jeden Tag, um vor ihm
niederzufallen. Daniel aber fiel vor seinem
eigenen Gott nieder. Der König sagte zu ihm:
Warum fällst du nicht vor Bel nieder? 5 Er er-
widerte: Weil ich keine Kultbilder verehre, die
von Menschenhand gemacht sind, sondern
den lebendigen Gott, den Schöpfer des Him-
mels und der Erde, der die Herrschaft hat über
alles Fleisch. 6 Der König entgegnete ihm: Du
meinst also, Bel sei kein lebendiger Gott?
Siehst du nicht, welche Mengen er Tag für Tag
isst und trinkt? 7 Da lachte Daniel und sagte:
Lass dich nicht täuschen, König! Dieser Bel ist
innen von Lehm und außen von Bronze; er hat
niemals gegessen oder getrunken. 8 Da wurde
der König zornig; er rief seine Priester herbei
und sagte zu ihnen: Wenn ihr mir nicht sagt,
wer all diese Mengen verzehrt, werdet ihr ster-
ben. 9 Beweist ihr aber, dass Bel das alles ver-
zehrt, dann muss Daniel sterben, weil er über
Bel gelästert hat. Daniel sagte zum König: Es
soll geschehen, was du gesagt hast. 10 Es waren
aber siebzig Belpriester, nicht gerechnet die
Frauen und Kinder. Der König ging nun mit
Daniel in den Tempel Bels. 11 Die Belpriester
sagten: Wir gehen jetzt hinaus. Trag du, Kö-
nig, selbst die Speisen auf, mische den Wein
und stell ihn hin! Verschließ dann die Tür und
versiegle sie mit deinem Ring! 12 Wenn du
morgen früh kommst und findest, dass Bel
nicht alles gegessen hat, dann werden wir ster-
ben oder Daniel, der gegen uns lügt. 13 Sie wa-
ren unbesorgt; denn sie hatten sich zum Op-
fertisch einen verborgenen Zugang gemacht,
durch den sie jeweils hereinkamen, um alles
zu verzehren. 14 Als die Priester hinausgegan-
gen waren, trug der König die Speisen für Bel
auf. Daniel aber ließ durch seine Diener Asche
holen und damit den ganzen Boden des Tem-
pels bestreuen, wobei nur der König zusah.
Dann gingen sie hinaus, verschlossen die Tür,
versiegelten sie mit dem Ring des Königs und
entfernten sich. 15 In der Nacht kamen wie ge-
wöhnlich die Priester mit ihren Frauen und
Kindern; sie aßen alles auf und tranken den
Wein. 16 Früh am Morgen aber ging der König
mit Daniel zum Tempel. 17 Der König fragte:
Sind die Siegel unversehrt, Daniel? Er antwor-
tete: Sie sind unversehrt, mein König. 18 Kaum
war das Portal geöffnet, da blickte der König
auf den Opfertisch und rief laut: Groß bist du,
Bel! Bei dir gibt es nie einen Betrug. 19 Doch
Daniel lachte; er hinderte den König, das In-
nere zu betreten, und sagte: Sieh dir doch den
Fußboden an und prüfe, von wem diese Fuß-
spuren sind! 20 Der König sagte: Ich sehe Fuß-
spuren von Männern, Frauen und Kindern.
21 Und er wurde zornig und ließ die Priester
mit ihren Frauen und Kindern festnehmen. Sie
mussten ihm die geheime Tür zeigen, durch
die sie hereingekommen waren, um das, was
auf dem Tisch stand, zu verzehren. 22 Darauf
ließ sie der König töten. Den Bel aber übergab
er Daniel, der ihn und sein Heiligtum zer-
störte.

1: 6,29 / **5**: Gen 14,19 / **7**: Jes 44,12; Bar 6,50 / **8**: 2,5 / **16**: 6,20 / **22**: 6,25; Jer 51,44

DANIEL UND DER DRACHE: 14,23–42

23 Es gab auch einen großen Drachen, den die
Babylonier verehrten. 24 Der König sagte zu
Daniel: Von diesem Drachen kannst du nicht
sagen, er sei kein lebender Gott. Also falle vor
ihm nieder! 25 Daniel erwiderte: Vor dem
Herrn, meinem Gott, falle ich nieder, denn
dieser ist ein lebender Gott. 26 Du aber, König,
gib mir die Erlaubnis, den Drachen zu töten,
ohne Schwert und Keule! Der König sagte: Ich
gebe sie dir. 27 Da nahm Daniel Pech, Talg und

Haare, schmolz alles zusammen, formte
Kuchen daraus und warf sie dem Drachen ins
Maul. Der Drache fraß sie und zerbarst. Da
sagte Daniel: Seht, was ihr für Götter verehrt!
28 Als die Babylonier davon hörten, waren sie
empört und taten sich gegen den König zu-
sammen. Sie sagten: Der König ist Jude gewor-
den. Den Bel hat er zertrümmert, den Drachen
getötet und die Priester hingeschlachtet. 29 Sie
gingen zum König und verlangten: Liefere uns
Daniel aus! Sonst töten wir dich und deine
Familie. 30 Da sich der König aufs Äußerste
bedroht sah, lieferte er ihnen Daniel not-
gedrungen aus. 31 Sie aber warfen ihn in die
Löwengrube. Dort blieb er sechs Tage lang.
32 In der Grube waren sieben Löwen; man gab
ihnen täglich zwei Menschen und zwei Schafe
zu fressen. Jetzt aber gab man ihnen nichts,
damit sie Daniel fressen sollten.

33 In Judäa lebte damals der Prophet Haba-
kuk. Er hatte sich eine Mahlzeit gekocht und
Brot in einen Napf gebrockt und ging gerade
auf das Feld, um das Essen den Arbeitern zu
bringen. 34 Da sagte der Engel des HERRN zu
Habakuk: Bring das Essen, das du in der Hand
hast, dem Daniel nach Babylon in die Löwen-
grube! 35 Habakuk antwortete: HERR, ich habe
Babylon nie gesehen und die Grube kenne ich
nicht. 36 Da fasste ihn der Engel des HERRN am
Schopf, trug ihn an seinen Haaren fort und
versetzte ihn mit der Gewalt seines Geistes
nach Babylon an den Rand der Grube. 37 Haba-
kuk rief: Daniel, Daniel, nimm das Essen, das
Gott dir geschickt hat! 38 Da sagte Daniel: Gott,
du hast also an mich gedacht; du lässt die nicht
im Stich, die dich lieben. 39 Dann stand Daniel
auf und aß. Habakuk aber versetzte der Engel
Gottes sogleich an seinen früheren Ort zurück.

40 Am siebten Tag kam der König, um Dani-
el zu betrauern. Er trat an die Grube und schau-
te hinein. Da sah er Daniel sitzen 41 und er rief
laut: Groß bist du, HERR, du Gott Daniels.
Außer dir gibt es keinen anderen Gott. 42 Dann
ließ er Daniel herausziehen und statt seiner die
Männer in die Grube werfen, die ihn hatten
vernichten wollen. Und vor seinen Augen
wurden sie sofort aufgefressen.

23: Weish 15,18f.; Röm 1,23 / **31**: 6,17 / **40**: 6,21 / **42**: 6,25

DAS ZWÖLFPROPHETEN-BUCH

Von einem „Zwölfprophetenbuch“ (griech. „Dodekapropheton“) spricht zum ersten Mal das Buch Jesus Sirach (49,10) um ca. 180 v. Chr. Die Zahl Zwölf in diesem Namen nimmt auf die Zahl der Stämme Israels Bezug. Seit Hieronymus wird das Buch als die „Kleinen Propheten“ bezeichnet, womit auf den Umfang der einzelnen Teilschriften, nicht auf deren Bedeutung abgehoben wird. Die Bibelwissenschaft betrachtet das Zwölfprophetenbuch als ein Buch und erhebt die Kompositionsstrukturen und theologischen Themen und Linien, die es durchziehen.

Die genaue Untersuchung lässt aber erkennen, dass das Zwölfprophetenbuch eine Komposition von zwölf einzelnen Schriften darstellt, die nicht nur ihre Eigenheiten (sprachliche Besonderheiten, zeitgeschichtliche Verknüpfungen und theologische Schwerpunktthemen) haben, sondern darüber hinaus auch Merkmale einer je eigenen Entstehungsgeschichte aufweisen. Zudem ist der prophetische Charakter der einzelnen Schriften sehr unterschiedlich. Mehrere Schriften (Joël, Obadja, Jona und Maleachi) geben sich als literarische Werke zu erkennen. Sie sind eher Nachahmungen der ursprünglich mündlich vorgetragenen prophetischen Verkündigung als diese selbst.

Nach einer verschieden langen Selbstständigkeit wurden die Schriften (z. B. anlässlich der Zerstörung Jerusalems im Jahre 587 v. Chr.) zu kleineren Teilsammlungen zusammengestellt, um die Botschaften zu bündeln und ihre Wirkungen zu verstärken. Diese Teilsammlungen durchliefen gemeinsame Redaktionsprozesse, die zu einem System von Stichwort- und Motiv-Verkettungen und schließlich zu einer literarischen Ganzheit führten. Diese wird gegliedert durch ein buchübergreifendes Überschriften- und Datierungsgerüst, das den Zeitraum vom 8. bis 6. (in Einzelfällen bis ins 3.) Jh. v. Chr. umgreift. Durch dieses Gerüst wird besonders der heilsgeschichtliche Bezug der Teilschriften wie des ganzen Buches herausgestellt.

Die Anordnung der Schriften zeigt neben der vordergründigen historischen vor allem eine theologische Systematik. Diese setzt an beim heilsgeschichtlichen Aufweis der umfassenden Liebe Gottes zu seinem Volk (Hosea), die einfließen soll in ein durch Liebe geprägtes soziales Miteinander der Israeliten (Amos, Joël, Micha, Zefanja), um schließlich ein friedliches Zusammenleben der Völker (Sacharja) zu erreichen und dem gelingenden Leben des einzelnen Menschen Struktur zu geben (Maleachi).

In seiner Endgestalt ist das Zwölfprophetenbuch dem Buch Jesaja nachgebildet. Dadurch ist um das ganze prophetische Schrifttum eine Klammer gelegt, die seine universalistische Ausrichtung unterstreicht. Das Zwölfprophetenbuch gibt dem gesamten Alten Testament an der Nahtstelle zum Neuen Testament eine prophetische Zukunftsperspektive. Durch die Schlussstellung von Maleachi mit seinem Rückbezug auf die Verkündigung des Gesetzes am Horeb (Dtn 5) durch Mose und mit der Ankündigung des Kommens des Propheten Elija (Mal 3,22f.) wird auf den Messias (Mt 17,1–9; Mk 9,2–8; Lk 9,28–36) vorausgewiesen. Diese Stellung des Zwölfprophetenbuches entspricht allerdings nicht dem Aufbau antiker Bibeln, sondern ist erst seit dem Konzil von Trient üblich geworden.

DER PROPHET HOSEA

Das Buch Hosea ist nach dem Propheten benannt, der in Hos 1,1–2 namentlich erwähnt wird. Nach Aussage von Hos 1,1 hat dieser in Gottes Auftrag im Nordreich Israel im 8. Jahrhundert v. Chr. gewirkt. Der Name liegt in einer Kurzform vor. Er bedeutet: Der HERR hat gerettet.

Ob alle Aussagen des Buches auf den Propheten oder auf seine frühen Schüler zurückgehen, ist umstritten. Die Buchüberschrift Hos 1,1 sowie das Nachwort in Hos 14,10 scheinen auf jeden Fall von einer späteren Hand zu stammen. Insgesamt spiegeln die Aussagen des Hoseabuches jedoch eine Perspektive wider, die der politischen, religiösen und sozialen Situation des Nordreiches Israel vor dem Untergang Samarias im Jahr 722 entspricht.

Der hebräische Text ist stellenweise sehr schwer zu verstehen. Es handelt sich dabei wohl weniger um wirkliche Textverderbnisse als vielmehr um landschaftlich bedingte sprachliche Abweichungen von dem sonst üblichen poetischen Hebräisch.

Das Buch Hosea gliedert sich in drei große Teile: Kap. 1–3; 4–11; 12–14. Der erste Teil beginnt mit einem Bericht über die Ehe des Propheten und die Geburt seiner Kinder. Ihre Namen sind Unheilsnamen (1). Ein Bericht in der Ichform spricht erneut von einer schwierigen Liebesbeziehung des Propheten (3). Den sehr knappen Erzählungen ist ein großer Redeabschnitt eingefügt. Der Redeteil verdeutlicht den Sinn der Berichte über die Liebe des Propheten: Mit seiner Person stellt er dar, wie Gott in seiner Liebe zu seinem Volk enttäuscht wurde. Gott reagiert mit Strafe für Israel, aber auch mit der Erneuerung seiner Liebe. Die Unheilsnamen der Kinder werden zu Heilsnamen (2,1–3), das Gericht über die untreue Frau Israel wird abgelöst durch eine neue Zuwendung Gottes zu Israel (2,16–25). Der Ich-Bericht weiß von einer Umkehr und Gottsuche der Söhne Israels (3,5).

Die beiden folgenden Teile (4–11 und 12–14) verwenden die Symbolik der Ehe nicht mehr, weisen aber gleichwohl die Folge göttliches Gericht über die Verfehlung Israels und neue Zuwendung zu Israel auf (4,1–10,15 und 11,1–11 bzw. 12,1–14,1 und 14,2–9).

Israel wird vor allem deshalb angeklagt, weil es das Verhältnis zu Gott aufgekündigt hat. Neben der Untreue Gott gegenüber deckt der Prophet aber auch die Sünden gegen die Gerechtigkeit und die sich ausbreitende Gewalt im Volk auf (4,1–2; 7,1–4). Auch die Politik unterliegt der göttlichen Kritik (8,1–4). Weil Israels Taten jede Umkehr zu Gott unmöglich machen (5,4), das Volk von seinen bösen Taten umzingelt ist (7,2), wird Gott sie nicht mehr lieben (9,15). Gott aber ist der Heilige und deshalb vernichtet er Israel nicht ganz (11,9). Er wird Israel im Gegenteil wieder mit Großmut lieben (14,5).

Die Sprache Hoseas ist außerordentlich bildreich. Seine vielen Vergleiche und Bilder sind kühn, bisweilen gewagt (Gott wie „Fäulnis“: 5,12). Kühn ist die Verwendung der Ehe als Bild für das Verhältnis zwischen Gott und Israel. Dieses wird von den Propheten Jeremia und Ezechiel, in geringerem Maße bei Jesaja wieder aufgenommen. Das Bild reicht bis weit ins Neue Testament (Mk 2,19f.; Joh 3,29; Offb 19,7; 21,9). Hosea ist der erste Prophet, der die Zuwendung Gottes zu Israel mit dem Wort „lieben“ kennzeichnet (3,1; 11,1; 14,5). Israel ist Gottes Sohn (11,1). Auch das theologische Thema „Annahme zum Sohn“ hat eine Wirkungsgeschichte bei Jesaja (1,2). Es wird dann im Neuen Testament (vgl. Röm 8,15) breit entfaltet. Hoseas Vorstellung einer wahrhaftigen Gottesverehrung („An Liebe habe ich Gefallen, nicht an Schlachtopfern“: 6,6; vgl. 10,12) wird im Matthäusevangelium zweimal aufgenommen (9,13; 12,7).

BUCHÜBERSCHRIFT: 1,1

1 1 Das Wort des HERRN, das an Hosea, den
Sohn Beeris, erging in den Tagen des Usi-
ja, des Jotam, des Ahas und des Hiskija, der Kö-
nige von Juda, und in den Tagen des Jerobeam,
des Sohnes des Joasch, des Königs von Israel.

DER PROPHET UND SEINE FAMILIE: 1,2–3,5

EHESCHLIESSUNG DES PROPHETEN UND DIE GEBURT VON DREI KINDERN ALS UNHEILSBOTSCHAFT: 1,2–9

2 So begann der HERR durch Hosea zu reden:
Der HERR sagte zu Hosea: Geh, nimm dir eine
unzüchtige Frau und Kinder der Unzucht!
Denn das Land treibt Unzucht und hat den
HERRN verlassen. 3 Da ging er und nahm Go-
mer, die Tochter Diblajims; sie wurde schwan-
ger und gebar ihm einen Sohn. 4 Der HERR
sagte zu ihm: Gib ihm den Namen Jesreel!
Denn es dauert nicht mehr lange, dann werde
ich das Haus Jehu für die Blutschuld von Jes-
reel heimsuchen und dem Königtum des Hau-
ses Israel ein Ende machen. 5 An jenem Tag
werde ich den Bogen Israels in der Ebene Jes-
reel zerbrechen.
6 Sie wurde wieder schwanger und gebar
eine Tochter. Da sagte er zu ihm: Gib ihr den
Namen Lo-Ruhama – Kein Erbarmen –! Denn
kein Erbarmen werde ich mehr mit dem Haus
Israel haben, nein, ich entziehe es ihnen. 7 Mit
dem Haus Juda jedoch werde ich Erbarmen
haben. Ich werde sie retten als der HERR, ihr
Gott – aber nicht werde ich sie retten mit Bo-
gen, Schwert, Krieg, Rossen und Reitern.
8 Sie entwöhnte Lo-Ruhama und wurde
wieder schwanger und gebar einen Sohn. 9 Da
sagte er: Gib ihm den Namen Lo-Ammi –
Nicht-mein-Volk –, denn ihr seid nicht mein
Volk und ich bin nicht der Ich-bin-da für euch.

2: 4,12; 9,1 / **4:** 2 Kön 9,24–27; 10,11; 17,3–6.20–23; Am 7,9.11 / **6:** 2,1.3.6 / **7:** 2 Kön 19,34; Ps 20,8; Spr 21,31; Jes 30,16; Mi 5,9 / **9:** 2,25; Ex 3,14

UMWANDLUNG DER UNHEILSBOTSCHAFT IN EINE HEILSBOTSCHAFT: 2,1–3

2 1 Einst werden die Söhne Israels so zahl-
reich sein / wie der Sand am Meer, / der
nicht zu messen und nicht zu zählen ist.
Und dort, wo man zu ihnen sagt: / Ihr seid
nicht mein Volk,
wird man zu ihnen sagen: / Söhne des le-
bendigen Gottes seid ihr.
2 Die Söhne Judas werden sich gemeinsam
mit den Söhnen Israels versammeln, / für sich
ein einziges Oberhaupt bestimmen / und aus
dem Land heraufziehen.
Ja, groß wird der Tag Jesreels sein.
3 Sagt zu euren Brüdern: Ammi – mein
Volk – / und zu euren Schwestern: Ruhama –
Erbarmen –.

1: Gen 22,17; 32,13; Joh 1,12; Röm 9,26 / **2:** Jes 11,12f.; 49,22f.; 50,4; Ez 37,16–24; Sach 10,6; Jer 3,18 / **3:** 1,6.9

GOTTES PROZESS GEGEN DAS UNTREUE ISRAEL: 2,4–17

4 Verklagt eure Mutter, verklagt sie! / Denn sie
ist nicht meine Frau / und ich bin nicht ihr
Mann.
Sie soll von ihrem Gesicht die Zeichen ihrer
Unzucht beseitigen / und zwischen ihren
Brüsten die Zeichen ihres Ehebruchs.
5 Sonst ziehe ich sie nackt aus / und stelle sie
hin wie am Tag ihrer Geburt,
ich mache sie wie die Wüste / und lasse sie
werden wie verdorrtes Land, / ich lasse sie
sterben vor Durst.
6 Auch mit ihren Kindern habe ich kein Er-
barmen; / denn Kinder der Unzucht sind sie.
7 Ja, ihre Mutter hat Unzucht getrieben; / die
mit ihnen schwanger war, hat Schändliches
getan.
Denn sie hat gesagt: Ich will meinen Lieb-
habern hinterhergehen. / Sie geben mir Brot
und Wasser, / Wolle und Leinen, Öl und Ge-
tränke.
8 Darum versperre ich dir den Weg / mit
Dornengestrüpp
und verbaue ihn mit einer Mauer, / sodass
sie ihre Pfade nicht mehr findet.

1,6 ich entziehe es ihnen: H; andere Übersetzungsmöglichkeit: ich werde ihnen nicht mehr vergeben.

9 Dann wird sie ihren Liebhabern nachrennen, aber sie nicht einholen. / Sie wird sie suchen, aber nicht finden.
Dann wird sie sagen: Ich will gehen / und zu meinem ersten Mann zurückkehren; / denn damals ging es mir besser als jetzt.
10 Aber sie hat nicht erkannt, dass ich es war, / der ihr das Korn und den Most und das Öl gab,
der sie mit Silber überhäufte / und mit Gold, das man dann für den Baal verbrauchte.
11 Darum werde ich mir mein Korn zurückholen / zu seiner Zeit / und meinen Most zu seiner Jahreszeit;
ich werde ihr meine Wolle und mein Leinen entreißen, / die ihre Blöße verhüllen sollten.
12 Dann werde ich ihre Scham / vor den Augen ihrer Liebhaber aufdecken. / Niemand kann sie meiner Hand entreißen.
13 Ich werde all ihrer Freude ein Ende machen: / ihrem Feiertag, ihrem Neumondfest, / ihrem Sabbat, all ihren festlichen Tagen.
14 Und ich werde ihren Weinstock und ihren Feigenbaum verwüsten. / Das, wovon sie gesagt hat: Das ist mein Lohn, / den meine Liebhaber mir gegeben haben,
das alles werde ich zur Wildnis machen; / die Tiere des Feldes fressen es kahl.
15 Ich werde sie heimsuchen wegen der Tage, / an denen sie den Baalen Räucheropfer dargebracht hat;
sie hat ihren Ring und ihren Schmuck angelegt / und ist ihren Liebhabern hinterhergegangen, / mich aber hat sie vergessen – Spruch des HERRN.
16 Darum will ich selbst sie verlocken. / Ich werde sie in die Wüste gehen lassen / und ihr zu Herzen reden.
17 Von dort aus werde ich ihr ihre Weinberge wiedergeben. / Das Achor-Tal werde ich für sie zum Tor der Hoffnung machen.
Dort wird sie mir antworten / wie in den Tagen ihrer Jugend, / wie am Tag, als sie aus dem Land Ägypten heraufzog.

5: Jer 6,8; 9,11; Ez 16,22 / **6**: 1,6 / **7**: 1,2; Jer 2,25; 3,13 / **12**: Ez 16,37; Joh 10,29 / **13**: Jes 1,13f.; Am 5,21–23; 8,10 / **14**: Mi 1,7; Ps 80,13f.; Jes 5,5f. / **15**: 11,2; Ez 23,40–42 / **17**: Jes 65,10; Jer 2,2; Ez 16,43.60

ISRAELS ZUKUNFT: 2,18–25

18 An jenem Tag – Spruch des HERRN – / wirst du zu mir sagen: Mein Mann! / Und du wirst nicht mehr zu mir sagen: Mein Baal.
19 Ich werde die Namen der Baale in ihrem Mund beseitigen, / sodass niemand mehr ihre Namen anruft.
20 Ich schließe zu ihren Gunsten an jenem Tag einen Bund / mit den Tieren des Feldes
und den Vögeln des Himmels / und den Kriechtieren des Erdbodens.
Bogen, Schwert und Krieg werde ich zerbrechen / und aus dem Land verbannen / und sie in Sicherheit schlafen lassen.
21 Ich verlobe dich mir auf ewig; / ich verlobe dich mir
um den Brautpreis von Gerechtigkeit und Recht, / von Liebe und Erbarmen,
22 ich verlobe dich mir / um den Brautpreis der Treue: / Dann wirst du den HERRN erkennen.
23 An jenem Tag – Spruch des HERRN – / will ich antworten:
Ich will dem Himmel antworten / und der Himmel wird der Erde antworten,
24 die Erde wird dem Korn, / dem Wein und dem Öl antworten / und diese werden Jesreel antworten.
25 Ich werde sie für mich im Land aussäen, / mich über Lo-Ruhama – Kein Erbarmen – erbarmen
und zu Lo-Ammi – Nicht-mein-Volk – werde ich sagen: / Du bist mein Volk! / und er wird sagen: Du bist mein Gott!

18: Jes 54,5 / **19**: Sach 13,2 / **20**: Jes 11,6–8; Ez 34,25; Jes 2,4 / **22**: Jer 31,34 / **25**: 1,6.9; Röm 9,25; 1 Petr 2,10

NEUER AUFTRAG DES PROPHETEN: 3,1–5

3 1 Der HERR sagte zu mir: / Geh noch einmal hin und liebe eine Frau, / die von einem anderen geliebt wird und dennoch Ehebruch treibt –
so wie der HERR / die Söhne Israels liebt,
obwohl sie sich anderen Göttern zuwenden / und Opferkuchen aus Rosinen lieben!
2 Da kaufte ich sie für fünfzehn Silberstücke / und anderthalb Hómer Gerste.
3 Ich sagte zu ihr: / Du wirst jetzt viele Tage bei mir bleiben,
ohne Hurerei zu treiben und ohne einem Mann zu gehören. / Und so mache auch ich es mit dir.
4 Denn viele Tage bleiben Israels Söhne / ohne König und ohne Regierende,

---

2,20 zu ihren Gunsten, wörtlich: für sie, d. h. für die Israeliten.
2,25 sie: Gemeint ist die Frau (V. 21–22). Sie symbolisiert die Israeliten, deren Vermehrung hier angekündigt wird.
3,4 Efod … Terafim: wahrscheinlich Gegenstände, die für die Weissagung benutzt wurden.

ohne Schlachtopfer und ohne Steinmal, /
ohne Efod und ohne Terafim.
5 Danach werden die Söhne Israels umkeh-
ren / und den HERRN, ihren Gott, suchen /
und David, ihren König.
Zitternd werden sie zum HERRN kommen /
und seine Güte suchen an einem fernen Tag.

5: Jer 30,9; Ez 34,24

ISRAELS IRRWEGE UND DER HEILIGE GOTT: 4,1–11,11

GOTTES PROZESS GEGEN DIE BEWOHNER DES LANDES: 4,1–3

4 1 Hört das Wort des HERRN, ihr Söhne
Israels! / Denn der HERR verklagt / die
Bewohner des Landes:
Es gibt keine Treue und keine Liebe / und
keine Gotteserkenntnis im Land.
2 Nein, Fluch, Lüge, / Mord, Diebstahl und
Ehebruch machen sich bereit, / Bluttat reiht
sich an Bluttat.
3 Darum soll das Land verdorren, / alle seine
Bewohner sollen verwelken,
samt den Tieren des Feldes / und den Vö-
geln des Himmels; / auch die Fische im Meer
sollen zugrunde gehen.

1: Jes 3,13–15; Mi 6,2 / **2**: Jer 7,9 / **3**: Jer 4,28; Zef 1,3

ANGEKLAGTE PRIESTER: 4,4–10

4 Doch niemand soll verklagen / und niemand
soll andere zur Rechenschaft ziehen! / Ja, dein
Volk ist wie jene, die den Priester verklagen.
5 Am helllichten Tag kommst du zu Fall /
und ebenso wie du stürzt in der Nacht der Pro-
phet. / Auch deine Mutter lasse ich umkom-
men.
6 Mein Volk kommt um, weil ihm die Er-
kenntnis fehlt. / Weil du die Erkenntnis ver-
worfen hast, / darum verwerfe auch ich dich,
sodass du nicht mehr als Priester für mich wir-
ken kannst.
Du hast die Weisung deines Gottes verges-
sen; / darum vergesse auch ich deine Söhne.
7 Je mehr sie wurden, / umso mehr sündig-
ten sie gegen mich. Ihre Ehre werde ich eintau-
schen gegen Schande.
8 Sie ernähren sich von der Sünde meines
Volkes / und sind gierig nach seinen Verbrechen.
9 Darum wird es wie dem Volk so dem Pries-
ter ergehen: / Ihn suche ich heim für sein Ver-
halten, seine Taten vergelte ich ihm.
10 Sie werden essen, doch sie werden nicht
satt, / sie treiben Unzucht, doch sie vermeh-
ren sich nicht.
Ja, sie haben den HERRN verlassen, / um
sich an Unzucht zu halten.

4: Jer 5,4f. / **6**: Mal 2,8 / **7**: Jer 2,11 / **10**: Mi 6,14

RELIGIÖSE VERIRRUNGEN: 4,11–19

11 Wein und Most rauben meinem Volk den
Verstand: / 12 Es befragt sein Holz und sein
Stock soll ihm Auskunft geben.
Ja, der Geist der Unzucht führt es irre. / Un-
zucht haben sie getrieben / und ihren Gott
verlassen.
13 Sie feiern Schlachtopfer auf den Höhen
der Berge, / auf den Hügeln bringen sie Räu-
cheropfer dar,
unter Terebinthen, Storaxbäumen und Ei-
chen – / ihr Schatten ist ja so angenehm.
Darum treiben eure Töchter Unzucht / und
eure Schwiegertöchter Ehebruch.
14 Aber ich suche eure Töchter nicht dafür
heim, / dass sie Unzucht treiben,
und nicht eure Schwiegertöchter dafür, /
dass sie die Ehe brechen;
denn sie selbst / gehen mit den Dirnen bei-
seite,
mit den geweihten Frauen bringen sie
Schlachtopfer dar. / So stürzt das unwissende
Volk ins Verderben.
15 Auch wenn du, Israel, Unzucht treibst, /
so soll sich doch Juda nicht schuldig machen.
Kommt nicht nach Gilgal, / zieht nicht nach
Bet-Awen hinauf! / Schwört nicht: So wahr
der HERR lebt!

4,10 Das Wort Unzucht gehört im hebräischen Text schon zu V. 11. Lässt man den V. 11 mit diesem Wort beginnen, ist wie folgt zu übersetzen: Ja, sie haben es aufgegeben, dem HERRN die Treue zu halten. [11] Unzucht, Wein und Most rauben meinem Volk den Verstand.

4,14 sie selbst: Gemeint sind vielleicht die Priester.

16 Ja, Israel ist störrisch geworden wie eine
störrische Kuh. / Und jetzt sollte der HERR sie
weiden / wie Lämmer auf weiter Flur?
17 Efraim ist mit den Götzen verbündet. Lass
ihn gewähren! / 18 Ist ihre Zecherei zu Ende,
treiben sie Unzucht noch und noch:
Sie entbrennen vor Liebe zu ihr, / deren
Schilde eine Schande sind.
19 Doch ein Sturm rafft sie mit seinen Flü-
geln dahin / und ihre Altäre werden zuschan-
den werden.

12: Jer 2,27; Hos 1,2 / **13**: Dtn 12,2 / **14**: Dtn 23,18f. / **15**: 12,12; Am 4,4; 8,14 / **16**: Jer 31,18 / **17**: 6,4–6 / **18**: Am 2,8; 4,1 / **19**: Jer 4,11–13

UNFÄHIGKEIT ZUR UMKEHR: 5,1–7

5 1 Hört dies, ihr Priester! / Gebt Acht, ihr
vom Haus Israel!
Horcht auf, ihr aus dem Königshaus! / Denn
ihr seid die Hüter des Rechts.
Doch ihr wurdet für das Volk zu einer Falle
in Mizpa, / zu einem Netz, das auf dem Tabor
ausgespannt ist,
2 eine tiefe Grube haben sie in Schittim ausge-
hoben. / Ich aber bin für sie alle eine Züchtigung.
3 Ich kenne Efraim, / Israel kann sich vor mir
nicht verstecken:
Nun, wo du, Efraim, Unzucht getrieben
hast, / hat Israel sich befleckt.
4 Ihre Taten verhindern, / dass sie umkehren
zu ihrem Gott.
Denn ein Geist der Unzucht steckt in ih-
nen, / sodass sie den HERRN nicht erkennen.
5 Sein eigener Hochmut klagt Israel an, /
Israel und Efraim kommen zu Fall durch ihre
Schuld; / zu Fall kommt auch Juda mit ihnen.
6 Mit ihren Schafen und Rindern werden sie
ausziehen, / um den HERRN zu suchen,
doch sie werden ihn nicht finden: / Er hat
sich ihnen entzogen.
7 Sie haben dem HERRN die Treue gebro-
chen, / ja sie haben fremde Kinder geboren. /
Nun werden sie am Neumondfest vertilgt
mitsamt ihrem ererbten Besitz.

4: Jer 13,23 / **6**: Am 5,4; 8,12

POLITISCHE NÖTE, AUFRUF ZUR UMKEHR ZU GOTT UND DESSEN ANTWORT: 5,8–6,6

8 Blast in Gibea das Widderhorn, / in Rama die
Trompete!
Schlagt Lärm in Bet-Awen: / Hinter dir der
Feind, Benjamin!
9 Efraim wird zu einer Wüste werden / am
Tag der Rechenschaft.
Ich mache bei Israels Stämmen bekannt, /
was fest beschlossen ist.
10 Die Regierenden Judas handeln wie Men-
schen, die Grenzsteine versetzen: / Über sie
werde ich wie Wasser meinen Groll ausgie-
ßen.
11 Efraim wird unterdrückt, / das Recht wird
zertreten.
Denn sie waren darauf aus, / dem Unrat
hinterherzugehen.
12 Ich aber bin wie Eiter für Efraim, / wie
Fäulnis für das Haus Juda.
13 Als Efraim seine Krankheit sah / und Juda
sein Geschwür,
da ging Efraim nach Assur / und Juda
schickte zum Großkönig.
Aber der kann euch nicht heilen / und be-
freit euch nicht von eurem Geschwür.
14 Denn ich bin für Efraim wie ein Löwe, /
wie ein junger Löwe für das Haus Juda.
Ich bin es, / der reißt und weggeht;
ich trage fort – / und da ist niemand, der mir
etwas entreißen kann.
15 Ich gehe weg und kehre an meinen Ort
zurück, / bis sie sich schuldig fühlen und mein
Angesicht suchen.
In ihrer Not / werden sie wieder nach mir
Ausschau halten:
6 1 Auf, lasst uns zum HERRN zurückkeh-
ren! / Denn er hat gerissen, er wird uns
auch heilen; / er hat verwundet, er wird uns
auch verbinden.
2 Nach zwei Tagen gibt er uns das Leben zu-
rück, / am dritten Tag richtet er uns wieder
auf / und wir leben vor seinem Angesicht.
3 Lasst uns ihn erkennen, / ja lasst uns nach
der Erkenntnis des HERRN jagen!
Er kommt so sicher wie das Morgenrot; / er
kommt zu uns wie der Regen, / wie der Früh-
jahrsregen, der die Erde tränkt.
4 Was soll ich mit dir tun, Efraim? / Was soll
ich mit dir tun, Juda?
Eure Liebe ist wie eine Wolke am Morgen /
und wie der Tau, der bald vergeht.
5 Darum habe ich durch die Propheten zu-
geschlagen, / habe sie durch die Worte meines

4,18 Sie entbrennen ... sind: Angespielt ist vielleicht auf die leidenschaftliche Verehrung einer Göttin, die mit einem Schild dargestellt wurde.

5,11 Mit Unrat sind Bilder fremder Götter gemeint.

6,5 sie: Gemeint sind nicht die Propheten, sondern bestimmte Israeliten.

Mundes umgebracht. / Dann wird mein Recht hervorbrechen wie das Licht.
6 Denn an Liebe habe ich Gefallen, nicht an Schlachtopfern, / an Gotteserkenntnis mehr als an Brandopfern.

5,8: Jer 4,5; Joël 2,1 / **10**: Dtn 19,14; 27,17 / **12**: Hab 3,16 / **13**: 7,11; 8,9 / **14**: Jes 5,29 / **15**: Dtn 4,29; Jer 29,13; Am 5,4
6,3: Dtn 11,14; Ps 72,6 / **4**: 13,3 / **5**: Jer 1,10 / **6**: 4,1–3; Am 5,21; Mi 6,8; Mt 9,13; 12,7

GEWALT UND VERBRECHEN: 6,7–7,2

7 Sie aber haben wie in Adam den Bund übertreten; / dort haben sie mir die Treue gebrochen.
8 Gilead ist eine Stadt von Übeltätern, / voller Blutspuren.
9 Wie Straßenräuber, die jemandem auflauern, / ist die Rotte von Priestern.
Auf dem Weg nach Sichem morden sie, / ja, sie haben schändliche Taten begangen.
10 Im Haus Israel habe ich grässliche Dinge gesehen; / dort findet man Efraims Unzucht, / dort befleckt sich Israel.
11 Auch dir, Juda, steht die Ernte bevor. / Wenn ich das Geschick meines Volkes wende,
7 1 wenn ich Israel heile, / dann wird die Schuld Efraims aufgedeckt / und die Bosheit Samarias.
Denn was sie tun, ist Betrug: / Der Dieb bricht in die Häuser ein, / draußen plündern die Räuberbanden.
2 Sie aber bedenken nicht, / dass ich all ihr böses Tun im Gedächtnis behalte.
Jetzt umringen ihre Taten sie, / vor meinem Angesicht stehen sie.

6,8: 12,12 / **10**: 5,3
7,2: Ps 90,8

GEWALTSAME ABSETZUNG VON KÖNIGEN: 7,3–7

3 Mit ihrer Bosheit erheitern sie den König, / mit ihren Lügen die Regierenden.
4 Sie alle sind Ehebrecher. / Sie sind wie ein angeheizter Backofen,
dessen Feuer der Bäcker nicht mehr schürt, / wenn er den Teig knetet und ihn aufgehen lässt.
5 Am Tag, an dem die Regierenden / unseren König mit dem Gift des Weins krank machen, / hat dieser den Spöttern die Hand gereicht.
6 Ja, hinterhältig nähern sie sich, / mit einem Herzen, das wie ein Backofen glüht:
Die ganze Nacht über schläft ihr Zorn, / am Morgen aber entbrennt er wie ein loderndes Feuer.
7 Sie alle glühen wie ein Backofen; / sie fressen ihre Richter.
Alle ihre Könige sind gefallen; / doch keiner ist unter ihnen, der zu mir ruft.

VERFEHLTE POLITIK: 7,8–16

8 Efraim – unter die Völker lässt es sich verrühren. / Efraim ist ein Brot, das nicht gewendet worden ist.
9 Fremde haben seine Kraft verzehrt, / ohne dass er es merkt.
Auch wird sein graues Haar sichtbar, / ohne dass er es merkt.
10 Sein eigener Hochmut klagt Israel an; / doch sie kehren nicht um zum HERRN, ihrem Gott, / und suchen ihn trotz alledem nicht.
11 Efraim ist wie eine Taube, / leicht zu verlocken, ohne Verstand.
Sie rufen Ägypten zu Hilfe / und laufen nach Assur.
12 Wenn sie laufen, werfe ich mein Netz über sie; / wie die Vögel des Himmels hole ich sie herunter. / Ich werde sie züchtigen, wie man es ihrer Gemeinde angekündigt hat.
13 Wehe ihnen, denn sie sind vor mir geflohen. / Verderben über sie, denn sie sind mir untreu geworden.
Und da sollte ich sie freikaufen, / ich, über den sie nur Lügen verbreiten?
14 Wenn sie zu mir schreien, / kommt es nicht aus dem Herzen, / ja, sie heulen nicht auf ihren Betten.
Sie ritzen sich wund, um Korn und Wein zu erflehen, / und wenden sich von mir ab.
15 Ich aber bin es, der ihre Arme geübt und gestärkt hat, / doch gegen mich planen sie Böses.
16 Kehren sie um, so doch nicht nach oben zu mir; / sie sind wie ein Bogen, der versagt.
Ihre Regierenden kommen um durch das Schwert / wegen ihrer unverständlichen Rede – / so spottet man über sie – in Ägypten.

10: 5,5 / **12**: Ez 17,20 / **16**: Ps 78,57

BUNDESBRUCH UND SEINE FOLGEN: 8,1–14

8 1 An deinen Mund das Horn! Wie der Geier über dem Haus des HERRN!
Weil sie meinen Bund übertreten haben / und meiner Weisung untreu geworden sind.

2 Sie schreien zwar zu mir: Mein Gott! / Wir, Israel, kennen dich doch.

3 Aber Israel hat das Gute verworfen. / Darum soll der Feind es verfolgen.

4 Sie setzen Könige ein, aber gegen meinen Willen; / sie wählen Regierende aus, doch ich erkenne sie nicht an.

Sie machen sich Götzen aus ihrem Silber und Gold – / damit es vernichtet wird.

5 Samaria, dein Kalb ist verworfen. / Mein Zorn ist entbrannt gegen sie; / wie lange noch sind sie unfähig zur Reinheit?

6 Denn von Israel kommt es: / Ein Handwerker hat es gemacht – / ein Gott ist es nicht.

Ja, zu Splittern soll es werden, / das Kalb von Samaria.

7 Denn Wind säen sie / und ernten Sturm.

Ein Halm ohne Ähren bringt kein Mehl. / Und wenn er es brächte – / verschlingen würden es Fremde.

8 Israel ist schon verschlungen. / Jetzt ist es unter den Völkern / wie ein Ding, an dem niemand Gefallen hat.

9 Denn sie sind nach Assur hinaufgezogen. – / Ein Wildesel bleibt für sich allein; Efraim aber kaufte sich Liebesdienste.

10 Auch wenn sie unter den Völkern noch so werben, / treibe ich sie jetzt zusammen;

schon haben sie angefangen, / unter der Last des Königs der Fürsten Verluste zu erleiden.

11 Efraim hat viele Altäre gebaut, / um zu sündigen, / ja, Altäre zum Sündigen sind sie ihm geworden.

12 Wieder und wieder schreibe ich meine Weisung auf für ihn – / angesehen wird sie wie die eines Fremden.

13 Schlachtopfer, die mir dargebracht werden sollen, / schlachten sie und essen das Fleisch selbst. / Der HERR hat kein Gefallen an ihnen.

Jetzt wird er ihrer Schuld gedenken / und sie heimsuchen wegen ihrer Sünden: / Sie müssen nach Ägypten zurückkehren.

14 Israel hat seinen Schöpfer vergessen / und Paläste gebaut, / Juda hat viele befestigte Städte errichtet.

Doch ich sende Feuer in seine Städte; / es soll seine Prachtbauten verzehren.

1: 5,8 / **4**: 2,10 / **5**: 1 Kön 12,28–30 / **6**: Jes 40,18–20 / **7**: Spr 22,8 / **9**: 5,13; 7,11 / **13**: 6,6; Am 5,22 / **14**: Dtn 32,15.18; Am 2,5

8,10 Verluste zu erleiden, wörtlich: geringer zu werden. Angespielt ist möglicherweise auf territoriale Verluste.

TRAUER ANSTELLE VON FESTEN: 9,1–9

9 1 Israel, freue dich nicht, / juble nicht wie die Völker!

Denn du hast Unzucht getrieben / und deinen Gott verlassen; / auf allen Dreschtennen hast du den Lohn dafür geliebt.

2 Tenne und Kelter werden ihnen die Nahrung verweigern / und der Most wird sie im Stich lassen.

3 Im Land des HERRN dürfen sie nicht mehr wohnen; / Efraim muss nach Ägypten zurückkehren / und in Assur müssen sie unreine Speisen essen.

4 Sie können dem HERRN kein Weinopfer mehr spenden, / ihre Schlachtopfer werden von ihm nicht angenommen:

Wie Brot der Totentrauer sind diese für sie: / Alle, die davon essen, werden unrein.

Ja, ihr Brot reicht nur für den eigenen Hunger, / nichts davon kommt in das Haus des HERRN.

5 Was wollt ihr dann tun am Feiertag, / am Festtag des HERRN?

6 Ja, sie sind weggegangen wegen der Verwüstung; / doch Ägypten wird sie einsammeln, / Memfis sie begraben.

Was sie an Kostbarem mit ihrem Silber erwarben – / das Unkraut wird sich seiner bemächtigen / und Dornen werden in ihren Zelten wachsen.

7 Gekommen sind die Tage der Strafe, / gekommen sind die Tage der Vergeltung; / Israel wird es erleben.

Sie sagen: Der Prophet ist ein Narr, / der Geistesmann ist verrückt.

Zur Fülle deiner Schuld / kommt die Größe der Feindseligkeit hinzu.

8 Der Späher Efraims / ist bei meinem Gott: der Prophet.

Die Falle des Vogelstellers ist auf all seinen Wegen, / Feindseligkeit ist sogar im Haus seines Gottes.

9 Sie haben eine tiefe Grube gegraben / wie in den Tagen von Gibea.

Doch der HERR wird ihrer Schuld gedenken / und sie heimsuchen für ihre Sünden.

3: Ez 4,13 / **4**: Dtn 26,14 / **6**: Jes 34,13 / **7**: Am 3,2 / **9**: 10,9

EFRAIMS VERWERFUNG: 9,10–17

10 Wie man Trauben findet in der Wüste, / so fand ich Israel;

wie die erste Frucht am jungen Feigenbaum, / so sah ich eure Väter.

Sie aber kamen nach Baal-Pegor / und weih-
ten sich der Schande; / da wurden sie so ab-
scheulich wie der, den sie liebten.
11 Efraim – wie ein Vogel / fliegt seine Herr-
lichkeit davon:
Es gibt keine Geburt mehr, / keine Schwan-
gerschaft, keine Empfängnis.
12 Selbst wenn sie ihre Kinder großziehen, /
mache ich sie kinderlos – kein Mensch ist mehr
da.
Ja, weh auch ihnen selbst, / wenn ich mich
von ihnen abwende.
13 Efraim – wie ich es sah, / sollte es eine
Palme werden, gepflanzt in der Oase. / Aber
nun ist Efraim dazu da, seine Kinder dem
Schlächter zuzuführen.
14 Gib ihnen, HERR, was du ihnen geben
willst: / Gib ihnen unfruchtbaren Mutter-
schoß und vertrocknete Brüste!
15 Ihre ganze Bosheit geschah in Gilgal, /
dort habe ich sie hassen gelernt.
Ihrer bösen Taten wegen / vertreibe ich sie
aus meinem Haus.
Nie mehr werde ich sie lieben. / Aufrührer
sind alle ihre Regierenden.
16 Efraim ist zerschlagen, seine Wurzeln
sind verdorrt, / Frucht bringen sie nicht mehr
hervor.
Auch wenn sie gebären, / töte ich das kost-
bare Gut ihres Mutterleibes.
17 Mein Gott wird sie verstoßen, / weil sie
nicht auf ihn hörten; / Umherirrende werden
sie sein unter den Völkern.

10: Dtn 32,10 / **12**: Dtn 28,18; 32,25 / **15**: 4,15; 12,12; Jes 1,23 / **17**: Dtn 28,6f.; Gen 4,14

VERLUST VON KÖNIG UND KULTORTEN: 10,1–8

10 1 Israel war ein üppiger Weinstock, /
der seine Frucht brachte.
Je fruchtbarer er war, / desto zahlreicher
machte man die Altäre.
Je schöner sein Land wurde, / umso schöner
schmückten sie die Steinmale.
2 Ihr Herz ist geteilt, / jetzt müssen sie bü-
ßen:
Er selbst wird ihre Altäre zerbrechen, / ihre
Steinmale verwüsten.
3 Dann werden sie sagen: / Wir haben kei-
nen König mehr;
denn wir haben den HERRN nicht gefürch-
tet. / Aber auch ein König – was könnte er für
uns tun?
4 Sprüche machen, Meineide schwören, /
Bündnisse schließen;
und die Rechtsprechung wuchert / wie das
giftige Unkraut in den Ackerfurchen.
5 Um das Kalb von Bet-Awen / müssen die
Bewohner von Samaria zittern, / ja, es trauert
darum sein Volk,
seine Priester jubeln noch über seine Herr-
lichkeit – / doch sie ist weg von ihm in die
Verbannung gezogen.
6 Auch das Kalb wird nach Assur gebracht /
als Geschenk für den König, der das Gericht
vollziehen wird.
Efraim erntet Schande, / Israel wird zu-
schanden wegen seiner Ratschläge.
7 Vernichtet ist Samaria, / sein König – wie
ein abgebrochener Zweig auf dem Wasser.
8 Verwüstet werden die Kulthöhen von
Awen, / die Sünde Israels:
Dornen und Disteln werden ihre Altäre
überwuchern. / Dann wird man zu den Ber-
gen sagen: Deckt uns zu! / und zu den Hügeln:
Fallt auf uns!

1: Jes 5,1; Jer 2,21; Ez 19,10 / **3**: 3,4 / **4**: Am 6,12 / **5**: 4,15; 8,5 / **8**: 4,13; 9,6; Jes 2,10; Lk 23,30; Offb 6,16

DIE BEVORSTEHENDE NIEDERLAGE: 10,9–15

9 Seit den Tagen von Gibea hast du gesündigt,
Israel. / Sie sind seither nicht anders gewor-
den.
Wird sie nicht wie in Gibea / der Krieg ge-
gen die Kinder des Verbrechens einholen?
10 Ich bin entschlossen, sie zu züchtigen. /
Und Völker werden sich gegen sie versam-
meln, / denn sie sind verstrickt in ihre doppel-
te Schuld.
11 Efraim war ein gelehriges Rind, / willig
zum Dreschen.
Als ich vorbeikam an seinem kräftigen Na-
cken, / spannte ich Efraim ein: Juda sollte pflü-
gen; / Jakob für sich eggen:
12 Sät für euch in Gerechtigkeit, / erntet in
Liebe!
Nehmt Neuland unter den Pflug! / Es ist
Zeit, den HERRN zu suchen;
dann wird er kommen / und Gerechtigkeit
auf euch regnen lassen.
13 Ihr aber habt Frevel eingepflügt; / darum
habt ihr Verbrechen geerntet / und die Frucht
der Lüge gegessen.
Du hast auf deine Wege vertraut / und auf
die Menge deiner Krieger;

14 darum erhebt sich Kriegslärm gegen dein
Volk / und alle deine Festungen werden zer-
stört,
wie Schalman im Krieg Bet-Arbeel zerstör-
te, am Tag der Schlacht, / an dem man die
Mutter niederstreckte / über ihren Kindern.
15 Das also hat euch Bet-El eingebracht / we-
gen der Bosheit eurer Bosheit.
Zur Zeit der Morgenröte / wird der König
von Israel völlig vernichtet.

9: 9,9 / **11:** 4,16 / **12:** Mi 6,8; Jer 4,3

GOTTES VERZICHT AUF DIE PREISGABE ISRAELS: 11,1–11

11 1 Als Israel jung war, gewann ich ihn
lieb, / ich rief meinen Sohn aus Ägyp-
ten.
2 Je mehr man sie rief, / desto mehr liefen sie
vor den Rufen weg:
Den Baalen brachten sie Schlachtopfer
dar, / den Götterbildern Räucheropfer.
3 Ich war es, der Efraim gehen lehrte, / der
sie nahm auf seine Arme.
Sie aber haben nicht erkannt, / dass ich sie
heilen wollte.
4 Mit menschlichen Fesseln zog ich sie, / mit
Banden der Liebe.
Ich war da für sie wie die, / die den Säugling
an ihre Wangen heben. / Ich neigte mich ihm
zu und gab ihm zu essen.
5 Er muss nicht nach Ägypten zurückkeh-
ren, / doch Assur wird sein König sein; / denn
sie haben sich geweigert umzukehren.
6 Das Schwert wird in seinen Städten reih-
um gehen, / seinen Schwätzern ein Ende be-
reiten / und sie wegen ihrer Pläne vernichten.
7 Mein Volk verharrt in der Abkehr; / sie
rufen zu Baal, dem Hohen, / doch der kann sie
nicht hochbringen.
8 Wie könnte ich dich preisgeben, Efraim, /
wie dich ausliefern, Israel?
Wie könnte ich dich preisgeben wie Adma, /
dich behandeln wie Zebojim?
Gegen mich selbst wendet sich mein Herz, /
heftig entbrannt ist mein Mitleid.
9 Ich will meinen glühenden Zorn nicht voll-
strecken / und Efraim nicht noch einmal ver-
nichten.
Denn ich bin Gott, nicht ein Mensch, / der
Heilige in deiner Mitte. / Darum komme ich
nicht in der Hitze des Zorns.
10 Hinter dem HERRN werden sie herge-
hen. / Er brüllt wie ein Löwe, ja, er brüllt
und es kommen die Söhne / vom Meer zit-
ternd herbei.
11 Wie ein Vogel kommen sie zitternd herbei
aus Ägypten, / wie Tauben aus dem Land As-
sur.
Ich lasse sie wieder in ihren Häusern woh-
nen – / Spruch des HERRN.

1: Ex 4,22; Dtn 7,8 / **2:** Jer 9,13f. / **3:** Dtn 1,31 / **5:** 8,13; 9,3 / **8:** Jes 54,8; Jer 31,20 / **9:** Ez 18,23.32; Joël 2,27 / **10:** Jes 31,4

11,4 wie die, die den Säugling an ihre Wangen heben: vermuteter Text; wie die, die das Joch über ihre Kinnbacken hochheben: H, vgl. Vg.

EFRAIMS SCHULD UND DER GOTT DER BEFREIUNG AUS ÄGYPTEN: 12,1–14,9

GOTTES PROZESS GEGEN ISRAEL UND JUDA: 12,1–3

12 1 Mit Lügen hat mich Efraim umzin-
gelt, / mit Betrug das Haus Israel
und Juda ist Gott gegenüber immer noch
unentschlossen / und hält an dem fest, was es
für heilig hält.
2 Efraim weidet den Wind, / läuft dem Ost-
wind nach.
Den ganzen Tag häuft es Lüge auf Lüge, Ge-
walt auf Gewalt. / Man schließt mit Assur ein
Bündnis / und liefert Öl nach Ägypten.
3 Darum verklagt der HERR Juda, / er wird
Jakob für sein Verhalten heimsuchen / und
ihm nach seinen Taten vergelten.

2: 7,11; Jes 31,1f. / **3:** 4,1

ISRAELS VERGANGENHEIT: JAKOB UND MOSE: 12,4–15

4 Schon im Mutterleib hinterging er seinen
Bruder, / und als er ein Mann war, rang er mit
Gott.
5 Er rang mit einem Gottesboten und hielt
stand. / Weinend flehte er ihn um Gnade an.
Er fand ihn in Bet-El / und dort sprach er
mit ihm.

6 Der HERR, der Gott der Heerscharen, /
dessen Name HERR ist, sagte:
7 Du wirst mit Hilfe deines Gottes zurück-
kehren; / bewahre die Liebe und das Recht /
und hoffe immer auf deinen Gott!
8 Der Händler hat eine Waage in der Hand,
mit der er Betrug übt; / er liebt Ausbeutung.
9 Efraim sagt: Ich bin reich geworden / und
habe mir Besitz erworben.
Was mein Vermögen angeht, / wird man an
mir keine Schuld finden, die eine Sünde wäre.
10 Aber ich, der HERR, / bin dein Gott vom
Land Ägypten her,
ich lasse dich wieder in Zelten wohnen / wie
in den Tagen der ersten Begegnung.
11 Ich werde zu den Propheten reden / und
sie viele Visionen sehen lassen / und durch
die Propheten werde ich in Gleichnissen re-
den.
12 Schon in Gilead beging man Verbrechen /
und auch jetzt handeln sie völlig verkehrt.
Sie bringen in Gilgal Stiere als Schlachtopfer
dar; / darum werden auch ihre Altäre wie
Steinhaufen an den Ackerfurchen sein.
13 Jakob floh in die Gegend von Aram; / um
eine Frau diente Israel, / um einer Frau willen
hütete er Schafe.
14 Aber durch einen Propheten führte der
HERR Israel aus Ägypten heraus / und durch
einen Propheten wurde es behütet.
15 Efraim hat Gott bitter gekränkt, / darum
wird sein Herr ihn die Blutschuld büßen las-
sen / und ihm die Beschimpfung vergelten.

4: Gen 25,26; 32,25–30 / **5**: Gen 28,10–19 / **8**: Am 8,5; Mi 6,11 / **9**: Lk 12,19; Offb 3,17 / **10**: 13,4; Ex 20,2 / **11**: 6,5 / **12**: 6,8; 4,15; 9,15 / **13**: Gen 29 / **14**: Ex 3,7–10

ISRAELS ENDE: 13,1–14,1

13 1 Wenn Efraim redete, zitterten alle. /
Er war in Israel mächtig.
Dann aber machte er sich schuldig durch
Baal / und er starb.
2 Nun sündigen sie weiter / und haben sich
ein gegossenes Bild gemacht,
Götterbilder aus ihrem Silber nach ihrem
Geschmack – / alles nur ein Machwerk von
Handwerkern.
Von ihnen sagt man: Menschen, die am
Schlachtopfer teilnehmen, / küssen Kälber.
3 Darum sollen sie werden wie die Wolken
am Morgen / und wie der Tau, der bald vergeht,
wie die Spreu, die aus der Tenne stiebt, / und
wie Rauch, der aus der Luke zieht.
4 Ich aber, ich bin der HERR, dein Gott, /
vom Land Ägypten her;
einen Gott außer mir sollst du nicht ken-
nen. / Es gibt keinen anderen Retter als mich.
5 Ich habe dich in der Wüste erkannt, / im
Land der glühenden Hitze.
6 Je mehr sie weideten, desto mehr wurden
sie satt; / als sie satt waren, wurde ihr Herz
überheblich, / darum vergaßen sie mich.
7 Deshalb wurde ich für sie zu einem Lö-
wen, / wie ein Panther lauere ich am Weg.
8 Ich falle sie an wie eine Bärin, / der man die
Jungen geraubt hat, / und zerreiße ihnen die
Brust über ihrem Herzen.
Dann fresse ich sie wie eine Löwin / und die
wilden Tiere des Feldes zerfleischen sie.
9 Untergehen wirst du, Israel, / weil du ge-
gen mich bist, gegen deine Hilfe.
10 Wo ist denn dein König, der dich retten
könnte, / dich und all deine Städte?
Wo sind deine Richter, von denen du sag-
test: / Gib mir einen König und Regierende!
11 In meinem Zorn gab ich dir einen König, /
in meinem Groll nahm ich ihn weg.
12 Efraims Schuld wird gebündelt ver-
wahrt, / seine Sünden werden gespeichert.
13 Es kommen die Wehen für seine Geburt; /
aber er ist ein törichtes Kind;
denn wenn die Zeit da ist, / kommt er nicht
aus dem Mutterleib heraus.
14 Aus der Gewalt der Unterwelt / sollte ich
sie befreien?
Vom Tod sollte ich sie erlösen? / Tod, wo
sind deine Seuchen?
Unterwelt, wo ist dein Stachel? / Meine Au-
gen kennen kein Mitleid.
15 Auch wenn Efraim im Kreis seiner Brüder
prächtig gedeiht, / es kommt ein Ostwind, ein
Sturm des HERRN;
er steigt aus der Wüste auf / und lässt seinen
Brunnen versiegen / und seine Quelle ver-
trocknen.
Plündern wird er / den Vorrat aller Kostbar-
keiten.
14 1 Samaria muss büßen, / weil es sich
empört hat gegen seinen Gott.
Umkommen werden sie durch das Schwert, /
ihre kleinen Kinder werden zerschmettert, /
ihre schwangeren Frauen aufgeschlitzt.

13,2: 1 Kön 12,28.32 / **3**: 6,4; Jes 17,13; Zef 2,2 / **4**: 12,10; Ex 20,3; Dtn 5,7; Jes 43,11; 45,21 / **6**: Dtn 32,15 / **7**: 5,14 / **8**: 2 Sam 17,8 / **10**: 1 Sam 8,5.19f. / **11**: 10,15; 1 Sam 8,7.22 / **12**: Dtn 32,34f. / **13**: Jes 26,17f.; 37,3 / **14**: 6,2; 1 Kor 15,55 / **15**: 12,2
14,1: 10,14; 2 Kön 15,16

AUFRUF ZUR UMKEHR: 14,2-9

2 Kehr um, Israel, zum HERRN, deinem Gott! /
Denn du bist zu Fall gekommen durch deine
Schuld.
3 Nehmt Worte der Reue mit euch, / kehrt
um zum HERRN und sagt zu ihm:
Nimm alle Schuld hinweg / und nimm an,
was gut ist: / Anstelle von Stieren bringen wir
dir unsere Lippen dar.
4 Assur kann uns nicht retten, / wir wollen
nicht mehr auf Pferden reiten
und zum Machwerk unserer Hände sagen
wir nie mehr: Unser Gott. / Denn nur bei dir
findet ein Waisenkind Erbarmen.
5 Ich will ihre Untreue heilen / und sie aus
freiem Willen wieder lieben. / Denn mein
Zorn hat sich von Israel abgewandt.
6 Ich werde für Israel da sein wie der Tau, /
damit es sprosst wie die Lotosblüte / und sei-
ne Wurzeln schlägt wie der Libanon.
7 Seine Zweige sollen sich ausbreiten, / so-
dass seine Pracht wie die des Ölbaums wird /
und sein Duft wie der des Libanon.
8 Die in seinem Schatten wohnen, / bauen
wieder Getreide an
und sie sprossen wie der Weinstock, / des-
sen Wein so berühmt ist wie der Wein vom
Libanon.
9 Efraim, was habe ich noch mit den Götzen
zu tun? / Ich, ja, ich habe ihm geantwortet und
achte auf ihn:
Ich bin wie der grünende Wacholder, / an
mir findest du reiche Frucht.

2: 5,5 / **4**: 7,11; Jes 31,1 / **6**: Jes 35,1f. / **7**: Ps 52,10 / **9**: 4,17; 2 Kor 6,16

14,3 unsere Lippen: Gemeint sind die Versprechen in V. 4.

NACHWORT: 14,10

10 Wer weise ist, begreife dies alles, / wer klug
ist, erkenne es.
Ja, die Wege des HERRN sind gerade; / die
Gerechten gehen auf ihnen, / die Treulosen
aber kommen auf ihnen zu Fall.

10: Ps 107,43; Dtn 32,4

DER PROPHET JOËL

Von der Person des Propheten Joël ist außer dem Namen seines Vaters nichts Näheres bekannt. Er zeigt sich sehr vertraut mit dem Kult am Tempel, ohne dass er deswegen als sog. Kultprophet gelten müsste. Ort seines Wirkens dürfte Jerusalem gewesen sein. Öfter zitiert er prophetische Vorgänger, sodass die Prophetenschrift – bei aller dichterischen Originalität – auch als literarische Prophetie und als schriftgelehrte Prophetenauslegung in eschatologischer Perspektive verstanden werden kann.

Gute Gründe sprechen für eine Abfassungszeit im frühen 4. Jh. v. Chr. Die Prophetenschrift ist aufgrund ihrer inneren Geschlossenheit und kunstvollen Gestaltung literarisch wohl weitgehend einheitlich; allenfalls über 4,4–8 (in Prosa gehalten) und 4,18–21 (Zusammenfassung der Gottesbotschaft des gesamten Buches) als mögliche nachträgliche Ergänzungen mag man diskutieren. Die hebräische Textgrundlage ist gut und sicher bezeugt; die griechische Übersetzung weist einige ergänzende und interpretierende Veränderungen auf (z. B. 3,1–5).

Die beiden ersten Kapitel spiegeln eine Klage und Bußfeier wider, die durch eine gewaltige Heuschreckenplage, eine große Dürre (Kap. 1) und eine militärische Bedrohung der Stadt Jerusalem und des Tempels / Zion (Kap. 2) veranlasst sind. Kap. 3 und 4 handeln vom zukünftigen Heil für Israel, letztlich sogar für alle Menschen, die sich an Gott orientieren (3,5). Übergreifendes Thema der gesamten Prophetenschrift ist der „Tag des HERRN" (1,15; 2,1.11; 3,4; 4,14), der zunächst als Katastrophe erfahren wird (1,2–2,11), in der verheißenen Abwendung (2,18–27: neuer Segen) aber zu einem Vorausbild der künftigen Heilszeit wird (Kap. 3–4), in der nach dem Gericht über die Völker Juda und Jerusalem einen dauerhaften Frieden erfahren werden.

Von besonderer Bedeutung sind Joëls Verkündigung von der Widerstandskraft des Glaubens, auch in aussichtslosen Situationen die Hoffnung auf die Güte und rettende Nähe Gottes nicht aufzugeben (Kap. 2), und von der Ausgießung des Gottesgeistes über alles Fleisch (Kap. 3), die in der Predigt des Petrus am Pfingstfest als erfüllt für die Glieder des endzeitlichen Gottesvolkes verkündigt wird (Apg 2,17–21).

ÜBERSCHRIFT: 1,1

1 1 Das Wort des HERRN, das an Joël, den
Sohn Petuëls, erging.

KATASTROPHEN, BUSSFEIER UND GÖTTLICHE ZUWENDUNG: 1,2–2,27

HEUSCHRECKENPLAGE UND DÜRRE ALS ANLASS ZU KLAGE UND BUSSE: 1,2–20

2 Hört her, ihr Ältesten, / horcht alle auf, ihr
Bewohner des Landes!
Ist so etwas jemals geschehen / in euren
Tagen oder in den Tagen eurer Väter?
3 Erzählt euren Kindern davon / und eure
Kinder sollen es ihren Kindern erzählen / und
deren Kinder dem folgenden Geschlecht.
4 Was der Grashüpfer übrig ließ, / hat die
Wanderheuschrecke gefressen;
was die Wanderheuschrecke übrig ließ, /
hat die Larve gefressen;
was die Larve übrig ließ, / hat der Nager gefressen.
5 Wacht auf, ihr Betrunkenen, und weint! /
Jammert alle, ihr Zecher! / Euer Mund bekommt keinen Wein mehr zu trinken.
6 Denn ein Volk zog heran gegen mein Land, /
gewaltig groß und nicht zu zählen;
seine Zähne sind Zähne eines Löwen / und
sein Gebiss ist das einer Löwin.
7 Es hat meinen Weinstock verwüstet, /
meinen Feigenbaum völlig verstümmelt.
Abgeschält ließ es ihn liegen, / die Zweige
starren bleich in die Luft.
8 Klagt wie eine Jungfrau im Trauergewand, / die den Bräutigam ihrer Jugend beweint!
9 Aus ist es mit dem Speiseopfer, / mit dem
Trankopfer im Haus des HERRN. / Es trauern
die Priester, die Diener des HERRN.
10 Vernichtet ist das Feld, der Ackerboden
trauert; / denn vernichtet ist das Korn, vertrocknet der Wein, / versiegt das Öl.
11 Die Bauern sind ganz geschlagen, / es jammern die Winzer;
denn Weizen und Gerste, / die Ernte des
Feldes ist verloren.
12 Der Weinstock ist dürr, der Feigenbaum
welk. / Granatbaum, Dattelpalme und Apfelbaum,
alle Bäume auf dem Feld sind verdorrt; / ja,
verdorrt ist die Freude der Menschen.
13 Legt Trauer an und klagt, ihr Priester! /
Jammert, ihr Diener des Altars!
Kommt, verbringt die Nacht im Trauergewand, / ihr Diener meines Gottes!
Denn Speiseopfer und Trankopfer / bleiben
dem Haus eures Gottes versagt.
14 Ordnet ein heiliges Fasten an, / ruft einen
Gottesdienst aus!
Versammelt die Ältesten / und alle Bewohner des Landes
beim Haus des HERRN, eures Gottes, / und
schreit zum HERRN:
15 Weh, was für ein Tag! / Denn der Tag des
HERRN ist nahe; / er kommt mit der Allgewalt
des Allmächtigen.
16 Vor unseren Augen wurde uns die
Nahrung entrissen, / aus dem Haus unseres Gottes sind Freude und Jubel verschwunden.

17 Die Saat liegt vertrocknet unter den Schol-
len; / die Scheunen sind verödet, die Speicher
zerfallen; / denn das Korn ist verdorrt.
18 Wie brüllt das Vieh! / Die Rinderherden
irren umher,
denn sie finden kein Futter; / selbst die
Schafherden leiden Not.
19 Zu dir rufe ich, HERR; / denn Feuer hat
das Gras der Steppe gefressen, / die Flammen
haben alle Bäume auf dem Feld verbrannt.
20 Auch die Tiere auf dem Feld schreien
lechzend zu dir; / denn die Bäche sind ver-
trocknet / und Feuer hat das Gras der Steppe
gefressen.

4: Dtn 28,38; Am 4,9; 7,1f.; Ps 105,34f. / **6**: Offb 9,8 / **7**: Jes 5,1 / **12**: Jes 16,10; Jer 25,10; Am 4,7–9 / **14**: 2,15f. / **15**: Jes 13,6; Ez 30,2f.

TAG DES HERRN: 2,1–11

2 1 Auf dem Zion stoßt in das Horn, /
schlagt Lärm auf meinem heiligen Berg!
Alle Bewohner des Landes sollen zittern; /
denn es kommt der Tag des HERRN,
ja, er ist nahe, 2 ein Tag des Dunkels und der
Finsternis, / ein Tag der Wolken und Wetter.
Wie das Morgenrot, das sich über die Berge
hinbreitet, / kommt ein Volk, zahlreich und
gewaltig groß,
wie es vor ihm noch nie eines gab / und nach
ihm keines mehr geben wird / bis zu den
fernsten Geschlechtern.
3 Vor ihm her fressendes Feuer, / hinter ihm
lodernde Flammen;
vor ihm ist das Land wie der Garten Eden, /
hinter ihm schaurige Wüste – / da gibt es kei-
ne Rettung.
4 Wie Rosse sehen sie aus, / wie Reiter stür-
men sie dahin.
5 Wie rasselnde Streitwagen / springen sie
über die Kuppen der Berge,
wie eine prasselnde Feuerflamme, die die
Stoppeln frisst, / wie ein mächtiges Heer, ge-
rüstet zur Schlacht.
6 Bei ihrem Anblick winden sich Völker, /
alle Gesichter glühen vor Angst.
7 Wie Kämpfer stürmen sie dahin, / wie
Krieger erklettern sie die Mauer.
Jeder verfolgt seinen Weg, / keiner verlässt
seine Bahn.
8 Keiner stößt den andern; / Mann für Mann
ziehen sie ihre Bahn.
Mitten durch die Wurfspeere stürmen sie
vor, / ihre Reihen nehmen kein Ende.
9 Sie überfallen die Stadt, erstürmen die
Mauer, / klettern an den Häusern empor, /
steigen durch die Fenster ein wie ein Dieb.
10 Die Erde zittert vor ihnen, der Himmel
erbebt; / Sonne und Mond verfinstern sich, die
Sterne halten ihr Licht zurück.
11 Und der HERR lässt vor seinem Heer /
seine Stimme erschallen;
ja, überaus zahlreich ist sein Heer, / ja, ge-
waltig groß ist der Vollstrecker seines Befehls.
Ja, groß ist der Tag des HERRN und voll
Schrecken. / Wer kann ihn ertragen?

1: Am 5,18.20; Zef 1,14 / **2**: Zef 1,15 / **3**: 1,19; Gen 2,8 / **4**: Offb 9,7.9 / **6**: Jes 13,8; Nah 2,11 / **10**: 3,4; 4,15f. / **11**: Nah 1,6; Mal 3,2.23

AUFRUF ZU UMKEHR UND BUSSE: 2,12–17

12 Auch jetzt noch – Spruch des HERRN: /
Kehrt um zu mir von ganzem Herzen / mit
Fasten, Weinen und Klagen!
13 Zerreißt eure Herzen, nicht eure Kleider, /
und kehrt um zum HERRN, eurem Gott!
Denn er ist gnädig und barmherzig, / langmü-
tig und reich an Huld / und es reut ihn das Unheil.
14 Wer weiß, vielleicht kehrt er um und es
reut ihn / und er lässt Segen zurück,
sodass ihr Speise- und Trankopfer darbrin-
gen könnt / für den HERRN, euren Gott.
15 Auf dem Zion stoßt in das Horn, / ordnet
ein heiliges Fasten an, / ruft einen Gottes-
dienst aus!
16 Versammelt das Volk, / heiligt die Ge-
meinde!
Versammelt die Alten, / holt die Kinder
zusammen, auch die Säuglinge!
Der Bräutigam verlasse seine Kammer / und
die Braut ihr Gemach.
17 Zwischen Vorhalle und Altar / sollen die
Priester klagen, / die Diener des HERRN sollen
sprechen:
Hab Mitleid, HERR, mit deinem Volk / und
überlass dein Erbe nicht der Schande, / damit
die Völker nicht über uns spotten!
Warum soll man bei den Völkern sagen: /
Wo ist denn ihr Gott?

12: Dtn 4,29 / **13**: Jes 58,5–7; Am 5,14f.; Ex 34,6f. / **14**: Jona 3,9 / **15**: 2,1; 1,14 / **17**: Ex 32,11f.; 1 Makk 7,36–38; Ps 42,4.11; 79,10; Mi 7,10

ERHÖRUNG DURCH GOTT UND SEINE ZUWENDUNG: 2,18–27

18 Da erwachte im HERRN die Leidenschaft für
sein Land / und er hatte Erbarmen mit seinem
Volk.

19 Der HERR antwortete seinem Volk und
sprach: / Seht, ich sende euch Korn, Wein und
Öl, / damit ihr davon satt werdet.
Ich gebe euch nicht mehr der Schande preis / unter den Völkern.
20 Den Feind aus dem Norden / schicke ich
weit von euch weg,
ich treibe ihn in ein dürres, verödetes Land, / seine Vorhut treibe ich zum östlichen Meer / und seine Nachhut zum westlichen Meer.

Dann erhebt sich ein Gestank, / Verwesungsgeruch steigt von ihm auf, / denn er hat sich gebrüstet.
21 Fürchte dich nicht, Ackerboden! / Freu dich
und juble; / denn der HERR hat Großes getan!
22 Fürchtet euch nicht, ihr Tiere auf dem
Feld! / Denn das Gras in der Steppe wird wieder grün,
der Baum trägt seine Frucht, / Feigenbaum und Weinstock bringen ihren Ertrag.
23 Jubelt, ihr Kinder Zions, / und freut euch
über den HERRN, euren Gott!

Denn er gibt euch Nahrung, wie es recht ist. / Er schickt euch den Regen,
Herbstregen und Frühjahrsregen / wie in früherer Zeit.
24 Die Tennen sind voll von Getreide, / die
Keltern fließen über von Wein und Öl.
25 Ich ersetze euch die Ernten, / die von der
Wanderheuschrecke und der Larve, / vom Nager und vom Grashüpfer gefressen wurden,
von meinem großen Heer, / das ich gegen euch sandte.
26 Ihr werdet essen und satt werden / und
den Namen des HERRN, eures Gottes, preisen, / der für euch solche Wunder getan hat. / Mein Volk braucht sich nie mehr zu schämen.
27 Dann werdet ihr erkennen, / dass ich mit-
ten in Israel bin
und dass ich der HERR, euer Gott, bin, / ich und sonst niemand. / Mein Volk braucht sich nie mehr zu schämen.

18: Dtn 4,24 / **19**: Dtn 11,14 / **20**: Jes 34,3; Am 4,10 / **23**: Dtn 11,14 / **25**: 1,4 / **27**: Jes 42,8

2,23 Nahrung: G; Herbstregen: H.

KOMMENDES HEIL: 3,1–4,21

AUSGIESSUNG DES GEISTES: 3,1–5

3 1 Danach aber wird Folgendes geschehen: / Ich werde meinen Geist ausgießen über alles Fleisch.
Eure Söhne und Töchter werden Propheten sein, / eure Alten werden Träume haben / und eure jungen Männer haben Visionen.
2 Auch über Knechte und Mägde / werde ich
meinen Geist ausgießen in jenen Tagen.
3 Ich werde wunderbare Zeichen wirken /
am Himmel und auf der Erde: / Blut und Feuer und Rauchsäulen.
4 Die Sonne wird sich in Finsternis verwan-
deln / und der Mond in Blut,
ehe der Tag des HERRN kommt, / der große und schreckliche Tag.
5 Und es wird geschehen: / Jeder, der den
Namen des HERRN anruft, wird gerettet.
Denn auf dem Berg Zion / und in Jerusalem gibt es Rettung,
wie der HERR gesagt hat, / und wen der HERR ruft, der wird entrinnen.

1: Apg 2,17–21; Num 11,25–30 / **4**: Offb 6,12 / **5**: Röm 10,13; Obd 17; Offb 14,1

GERICHT ÜBER DIE VÖLKER UND HEIL FÜR JUDA: 4,1–17

4 1 Denn seht, in jenen Tagen, in jener Zeit, / wenn ich das Geschick Judas und Jerusalems wende,
2 versammle ich alle Völker / und führe sie
hinab zum Tal Joschafat;
dort streite ich im Gericht mit ihnen / um Israel, mein Volk und meinen Erbbesitz. Denn sie haben es unter die Völker zerstreut / und mein Land aufgeteilt.
3 Sie haben über mein Volk das Los gewor-
fen, / einen Knaben haben sie der Dirne als Lohn gegeben / und Mädchen für Wein verkauft, um zu zechen.
4 Und auch ihr, Tyrus und Sidon, und alle ihr
Gaue der Philister, was wollt ihr von mir?
Wollt ihr mir vergelten, was ich euch angetan
habe? Oder wollt ihr mir selbst etwas antun?
Leicht und schnell lasse ich eure Taten auf euch
selbst zurückfallen. 5 Denn ihr habt mein Sil-
ber und Gold genommen und meine kostbaren
Schätze in eure Paläste gebracht. 6 Ihr habt die
Kinder Judas und Jerusalems an die Jawaniter

verkauft, um sie aus ihrer Heimat zu entfer-
nen. 7 Seht her, ich lasse sie aufbrechen von
dem Ort, wohin ihr sie verkauft habt, und las-
se eure Taten auf euch selbst zurückfallen.
8 Und ich verkaufe eure Söhne und Töchter an
die Kinder Judas und diese verkaufen sie wei-
ter an die Sabäer, ein Volk in weiter Ferne. Ja,
der HERR hat gesprochen.
9 Ruft den Völkern zu: / Ruft einen Krieg aus!
Lasst eure Kämpfer aufbrechen! / Alle Krie-
ger sollen anrücken und heraufziehen.
10 Schmiedet Schwerter aus euren Pflug-
scharen / und Lanzen aus euren Winzermes-
sern! / Der Schwache soll sagen: Ich bin ein
Kämpfer.
11 Eilt alle herbei, / versammelt euch, ihr
Völker ringsum! / Dorthin führe, HERR, dei-
ne Kämpfer hinab!
12 Die Völker sollen aufbrechen und herauf-
ziehen zum Tal Joschafat. / Denn dort will ich
zu Gericht sitzen über alle Völker ringsum.
13 Schwingt die Sichel; / denn die Ernte ist
reif.
Kommt, tretet die Kelter; / denn sie ist voll,
die Tröge fließen über. / Denn ihre Bosheit ist
groß.
14 Getöse und Getümmel herrscht / im Tal
der Entscheidung;
denn der Tag des HERRN ist nahe im Tal der
Entscheidung.
15 Sonne und Mond verfinstern sich, / die
Sterne halten ihr Licht zurück.
16 Der HERR brüllt vom Zion her, / aus
Jerusalem lässt er seine Stimme erschallen, /
sodass Himmel und Erde erbeben.
Doch für sein Volk ist der HERR eine Zu-
flucht, / er ist eine Burg für Israels Söhne.
17 Dann werdet ihr erkennen, / dass ich der
HERR, euer Gott, bin
und dass ich auf dem Zion wohne, / mei-
nem heiligen Berg.
Jerusalem wird heilig sein, / Fremde wer-
den nie mehr hindurchziehen.

1: Jer 29,14; Ez 16,53; Hos 6,11 / **2**: Offb 16,16 / **4**: Am 1,6–10 / **6**: Ez 27,13 / **10**: Jes 2,4; Mi 4,3 / **13**: Jes 17,5; Offb 14,14–20; Jes 63,1–6 / **14**: Jes 17,12; Joël 4,2 / **15**: 2,10 / **16**: Jer 25,30; Am 1,2; Ps 46,2f. / **17**: Ez 38,23

ZUKÜNFTIGE HEILSZEIT: 4,18–21

18 Und es wird geschehen an jenem Tag: Da
triefen die Berge von Wein, / die Hügel fließen
über von Milch / und in allen Bächen Judas
strömt Wasser.
Eine Quelle entspringt im Haus des HERRN /
und tränkt das Schittim-Tal.
19 Ägypten wird zur Wüste, / Edom wird
zur verödeten Steppe,
wegen der Gewalttat an den Kindern Judas, /
in deren Land sie unschuldiges Blut vergossen.
20 Juda aber wird für immer bewohnt sein /
und Jerusalem von Geschlecht zu Geschlecht,
21 ich erkläre ihr Blut für unschuldig, / das
ich vorher nicht für unschuldig erklärte, / und
der HERR wohnt auf dem Zion.

18: Am 9,13; Jes 30,25; Ez 47,1–5 / **20**: Jer 17,25; Ez 37,25

DER PROPHET AMOS

Amos („Er [Gott] hat getragen"), von Haus aus Bauer mit eigener Rinder- und Maulbeerfeigenzucht (1,1; 7,14), stammte aus Tekoa, südlich von Betlehem und gilt als der früheste Vertreter der Schriftprophetie. Er wurde durch göttliche Berufung gegen Ende der Regierungszeit des politisch und wirtschaftlich überaus erfolgreichen Königs Jerobeam II. nach 760 v. Chr. als Prophet ins Nordreich Israel gesandt (3,3–8; 7,15), wo er für kurze Zeit bis zu seiner Ausweisung am Reichsheiligtum von Bet-El wirkte.

Die Worte des Amos wurden von Schülern festgehalten, zusammengestellt und der weiteren Überlieferung mit den jeweiligen aktualisierenden Bearbeitungen – insbesondere durch die deuteronomistischen Theologen des 6. Jahrhunderts v. Chr. – zur Verfügung gestellt. Mit dem Heilsausblick der letzten Verse (9,7–15) ist zugleich die Endgestalt erreicht.

Zwischen der hebräischen Fassung und deren griechischer Übertragung gibt es in 9,12 einen bedeutsamen Unterschied, insofern G eine deutlich universalistischere Perspektive einnimmt. Diese Fassung wird in Apg 15,16–17 zitiert.

Die neun Kapitel lassen einen klaren Aufbau erkennen: Die beiden ersten Kapitel stellen einen Zyklus von Gerichtsreden über die Völker und Israel dar, dann folgen in Kap. 3–6 die konkreten Anklagen und Strafansagen des Propheten gegen führende Kreise des Nordreichs. In Kap. 7–9 treffen wir auf einen Zyklus von fünf Visionen, unterbrochen durch weitere Anklagen, hymnische Elemente und insbesondere den Bericht, in dem von Amos in der dritten Person erzählt wird (7,10–17). Den Abschluss bildet die Heilsverheißung von 9,11–15, die die Wiederaufrichtung der „zerfallenen Hütte Davids" in Aussicht stellt.

Amos klagt Zustände an, die des Gottesvolks unwürdig sind – das Leben der Wohlstandsschicht auf Kosten der sozial Schwachen, rücksichtsloses Gewinnstreben in der Wirtschaft, Rechtsbeugung. Weil die Oberschicht die Menschen in ungesicherten Verhältnissen zu bloßen Objekten ihres Erwerbs-, Macht- und Genusstriebs herabwürdigt und so das „Gottesrecht" bricht, muss Amos das Todesurteil Gottes für das Reich Israel verkünden. Eine auf den Kult beschränkte Verehrung Gottes wird von Amos verworfen (5,21–26). Gott ist nach ihm so sehr ein „Gott für die Menschen", dass selbst die Völkerwelt wegen Unmenschlichkeit und Zertretung der fundamentalen Menschenrechte seinem Strafgericht verfällt (1,3–2,3). Amos kündigt einen „Tag des HERRN" an, der „Finsternis bringen wird und nicht Licht" (5,18–20). Höchstens ein „Rest" wird gerettet werden (5,15).

Im Neuen Testament erfährt die Botschaft des Amos ein Echo vor allem in der Rede des Stephanus in Apg 7,42f. (= Am 5,25–27).

Das Vermächtnis des Amos bleibt ein fundamentales Anliegen auch für das Gottesvolk des Neuen Bundes. Das mitmenschliche Ethos gehört zum Wesen gelebter Offenbarungsreligion.

ÜBERSCHRIFT UND VORSPRUCH: 1,1–2

ÜBERSCHRIFT: 1,1

1 1 Die Worte, die Amos, ein Schafhirte aus Tekoa, über Israel geschaut hat, in den Tagen des Usija, des Königs von Juda, und in den Tagen des Jerobeam, des Sohnes des Joasch, des Königs von Israel, zwei Jahre vor dem Erdbeben.

VORSPRUCH: 1,2

2 Er sprach:
Der HERR brüllt vom Zion her, / aus Jerusalem lässt er seine Stimme erschallen.
Da welken die Auen der Hirten / und der Gipfel des Karmel verdorrt.

VÖLKERSPRUCHZYKLUS: 1,3–2,16

DAMASKUS / ARAM: 1,3–5

3 So spricht der HERR:
Wegen der drei Verbrechen von Damaskus / und wegen der vier nehme ich es nicht zurück:
Weil sie Gilead / mit eisernen Dreschschlitten zermalmten,
4 darum schicke ich Feuer gegen Hasaëls Haus; / es frisst Ben-Hadads Paläste.
5 Ich zerbreche den Riegel von Damaskus, / ich vernichte den Herrscher von Bikat-Awen / und den Zepterträger von Bet-Eden;
das Volk von Aram muss in die Verbannung nach Kir, / spricht der HERR.

3–5: Jes 17,1–3; Jer 49,23–27 / **4**: 2 Kön 10,32 / **5**: 2 Kön 16,9

GAZA / PHILISTER: 1,6–8

6 So spricht der HERR:
Wegen der drei Verbrechen von Gaza / und
wegen der vier nehme ich es nicht zurück:
Weil sie ganze Gebiete entvölkerten, / um
die Verschleppten an Edom auszuliefern,
7 darum schicke ich Feuer in Gazas Mau-
ern; / es frisst seine Paläste.
8 Ich vernichte den Herrscher von Asch-
dod / und den Zepterträger von Aschkelon.
Ich wende meine Hand gegen Ekron / und
der Rest der Philister wird verschwinden, /
spricht GOTT, der Herr.

6: 2 Chr 21,16f.; Zef 2,4–7

TYRUS: 1,9–10

9 So spricht der HERR:
Wegen der drei Verbrechen von Tyrus / und
wegen der vier nehme ich es nicht zurück:
Weil sie Verschleppte scharenweise an
Edom auslieferten / und nicht mehr an den
Bund mit ihren Brüdern dachten,
10 darum schicke ich Feuer in die Mauern von
Tyrus; / es frisst seine Paläste.

9–10: Jes 23; Ez 26–28

EDOM: 1,11–12

11 So spricht der HERR:
Wegen der drei Verbrechen von Edom / und
wegen der vier nehme ich es nicht zurück:
Weil Edom seinen Bruder mit dem Schwert
verfolgte / und jedes Mitleid unterdrückte,
weil es unversöhnlich festhielt an seinem
Zorn / und nie abließ von seinem Groll,
12 darum schicke ich Feuer gegen Teman; /
es frisst Bozras Paläste.

11–12: Jer 49,7–22; Ez 35

AMMON: 1,13–15

13 So spricht der HERR:
Wegen der drei Verbrechen der Ammoni-
ter / und wegen der vier nehme ich es nicht
zurück:
Weil sie in Gilead die Schwangeren auf-
schlitzten, / als sie ihr Gebiet erweitern woll-
ten,
14 darum lege ich Feuer an die Mauern von
Rabba; / es frisst seine Paläste
unter Geschrei am Tag des Krieges, / unter
Getöse am Tag des Sturms.
15 Ihr König muss in die Verbannung, / er
und alle seine Großen, / spricht der HERR.

13–15: Jer 49,1–6 / **13**: 2 Kön 15,16

MOAB: 2,1–3

2 1 So spricht der HERR:
Wegen der drei Verbrechen von Moab /
und wegen der vier nehme ich es nicht zurück:
Weil Moab die Gebeine des Königs von
Edom / zu Kalk verbrannte,
2 darum schicke ich Feuer gegen Moab; / es
frisst die Paläste von Kerijot
und Moab stirbt im Getümmel, / im Ge-
schrei, beim Schall der Hörner.
3 Ich vernichte den Herrscher aus seiner
Mitte / und erschlage zusammen mit ihm alle
seine Großen, / spricht der HERR.

1–3: Jes 15f.; Jer 48

JUDA: 2,4–5

4 So spricht der HERR:
Wegen der drei Verbrechen von Juda / und
wegen der vier nehme ich es nicht zurück:
Weil sie die Weisung des HERRN missach-
teten / und seine Gesetze nicht bewahrten,
weil sie sich irreführen ließen von ihren Lü-
gengöttern, / denen schon ihre Väter gefolgt
sind,
5 darum schicke ich Feuer gegen Juda; / es
frisst Jerusalems Paläste.

4: Jes 5,24 / **5**: Hos 8,14

ISRAEL: 2,6–16

6 So spricht der HERR:
Wegen der drei Verbrechen von Israel / und
wegen der vier nehme ich es nicht zurück:
Weil sie den Unschuldigen für Geld ver-
kaufen / und den Armen wegen eines Paars
Sandalen,
7 weil sie den Kopf des Geringen in den
Staub treten / und das Recht der Schwachen
beugen.
Sohn und Vater gehen zum selben Mädchen, /
um meinen heiligen Namen zu entweihen.
8 Sie strecken sich auf gepfändeten Kleidern
aus / neben jedem Altar,
Wein von Bußgeldern trinken sie / im Haus
ihres Gottes.
9 Dabei bin ich es gewesen, / der vor ihren
Augen den Amoriter vernichtete,
der groß war wie die Zedern / und stark wie
die Terebinthen;
ich habe oben seine Frucht vernichtet / und
unten seine Wurzeln.
10 Ich bin es gewesen, der euch / aus dem
Land Ägypten heraufgeführt
und euch vierzig Jahre lang / durch die

Wüste geleitet hat, / damit ihr das Land des
Amoriters in Besitz nehmen konntet.
11 Ich habe einige eurer Söhne zu Propheten
gemacht / und einige von euren jungen Männern zu Nasiräern.
Ist es nicht so, ihr Söhne Israels? / – Spruch
des HERRN.
12 Ihr aber habt den Nasiräern / Wein zu
trinken gegeben
und den Propheten habt ihr befohlen: / Prophezeit nicht!
13 Seht, ich lasse es unter euch schwanken, /
wie ein Wagen schwankt, der voll ist von Garben.
14 Dann gibt es auch für den Schnellsten keine Flucht mehr, / dem Starken versagt die
Kraft, / auch der Held kann sein Leben nicht
retten.
15 Kein Bogenschütze hält stand, / dem
schnellen Läufer helfen seine Beine nichts /
noch rettet den Reiter sein Pferd.
16 Selbst der Tapferste unter den Kämpfern, / nackt muss er fliehen an jenem Tag /
– Spruch des HERRN.

6: Jes 3,15 / **7**: Dtn 27,20 / **9**: Dtn 7,1; Hos 9,16 / **10**: Dtn 2,7 / **11**: Dtn 18,18 / **12**: 7,12; Jes 30,10 / **13**: Num 16,30–33 / **14–16**: 9,1

WORTE GEGEN ISRAEL: 3,1–6,14

ISRAELS ERWÄHLUNG UND VERANTWORTUNG: 3,1–2

3
1 Hört dieses Wort, das der HERR gesprochen hat / über euch, ihr Söhne Israels,
über den ganzen Stamm, / den ich aus
Ägypten heraufgeführt habe.
2 Nur euch habe ich erkannt / unter allen
Stämmen der Erde;
darum suche ich euch heim / für alle eure
Vergehen.

2: Dtn 7,6

GOTT UND DIE PROPHETEN: 3,3–8

3 Gehen zwei miteinander, / ohne dass sie sich
verabredet haben?
4 Brüllt der Löwe im Wald / und er hat keine
Beute?
Gibt der junge Löwe Laut in seinem Versteck, / ohne dass er einen Fang getan hat?
5 Fällt ein Vogel zur Erde, / wenn niemand
nach ihm geworfen hat?
Springt die Klappfalle vom Boden auf, /
wenn sie nichts gefangen hat?
6 Bläst in der Stadt jemand ins Horn, / ohne
dass das Volk erschrickt?
Geschieht ein Unglück in der Stadt, / ohne
dass der HERR es bewirkt hat?
7 Nichts tut GOTT, der Herr, / ohne dass er
seinen Knechten, den Propheten, / zuvor seinen Ratschluss offenbart hat.
8 Der Löwe brüllt – wer fürchtet sich nicht? /
GOTT, der Herr, hat geredet / – wer wird da
nicht zum Propheten?

6: Joël 2,1

WORTE GEGEN SAMARIA: 3,9–4,3

9 Ruft es aus über den Palästen von Aschdod / und über den Palästen in Ägypten!
Sagt: Versammelt euch auf den Bergen von
Samaria, / seht das wilde Treiben in ihrer Mitte / und die Unterdrückung in ihrem Innern!
10 Sie kennen die Rechtschaffenheit nicht /
– Spruch des HERRN –,
sie häufen Gewalt und Unterdrückung / in
ihren Palästen auf.
11 Darum – so spricht GOTT, der Herr: / Ein
Feind wird das Land umzingeln;
er wird deine Macht niederreißen / und deine Paläste werden geplündert.
12 So spricht der HERR: / Wie ein Hirt aus
dem Rachen des Löwen
nur noch zwei Wadenknochen rettet / oder
den Zipfel eines Ohres,
so werden Israels Söhne gerettet, / die in
Samaria auf ihrem Diwan sitzen / und auf ihren Polstern aus Damast.
13 Hört und bezeugt es dem Haus Jakob / –
Spruch GOTTES, des Herrn, des Gottes der
Heerscharen:
14 Ja, an dem Tag, an dem ich Israel / für seine Verbrechen heimsuche, / werde ich die
Altäre von Bet-El heimsuchen;

die Hörner des Altars werden abgehauen / und fallen zu Boden.

15 Ich zerschlage den Winterpalast und den Sommerpalast, / die Elfenbeinhäuser werden verschwinden

und mit den vielen Häusern ist es zu Ende / – Spruch des HERRN.

4 1 Hört dieses Wort, / ihr Baschankühe auf dem Berg von Samaria,

die ihr die Schwachen ausbeutet / und die Armen zermalmt

und zu euren Männern sagt: / Schafft herbei, wir wollen saufen!

2 Bei seiner Heiligkeit / hat GOTT, der Herr, geschworen:

Seht, Tage kommen über euch, / da holt man euch mit Fleischerhaken weg,

und was dann noch von euch übrig ist, / mit Angelhaken.

3 Ihr müsst durch die Breschen der Mauern hinaus, / eine hinter der andern;

man jagt euch dem Hermon zu / – Spruch des HERRN.

3,9: Zef 3,8 / **12**: 6,4 / **14**: 1 Kön 12,32; 2 Kön 23,15 / **15**: 1 Kön 22,39

WORTE GEGEN DEN KULT: 4,4–13

4 Kommt nach Bet-El und sündigt, / kommt nach Gilgal und sündigt noch mehr!

Bringt jeden Morgen eure Schlachtopfer herbei, / bringt am dritten Tag euren Zehnten!

5 Verbrennt als Dankopfer gesäuertes Brot! / Ruft zu freiwilligen Opfern auf, / verkündet es laut, damit man es hört!

Denn so gefällt es euch, ihr Söhne Israels / – Spruch GOTTES, des Herrn.

6 Ich ließ euch hungern in all euren Städten, / ich gab euch kein Brot mehr in all euren Orten

und dennoch seid ihr nicht umgekehrt zu mir / – Spruch des HERRN.

7 Ich versagte euch den Regen / drei Monate vor der Ernte.

Über der einen Stadt ließ ich es regnen, / über der anderen nicht;

das eine Feld bekam Regen, / das andere nicht, sodass es verdorrte.

8 Zwei, drei Städte taumelten zu der einen; / sie wollten Wasser trinken und blieben doch durstig.

Und dennoch seid ihr nicht umgekehrt zu mir / – Spruch des HERRN.

9 Ich vernichtete euer Getreide durch Rost und Mehltau, / ich verwüstete eure Gärten und Weinberge;

eure Feigenbäume und eure Ölbäume / fraßen die Heuschrecken kahl.

Und dennoch seid ihr nicht umgekehrt zu mir / – Spruch des HERRN.

10 Ich ließ die Pest gegen euch los wie gegen Ägypten, / eure jungen Männer tötete ich mit dem Schwert

und eure Pferde wurden zur Beute; / den Gestank eures Heerlagers ließ ich euch in die Nase steigen.

Und dennoch seid ihr nicht umgekehrt zu mir / – Spruch des HERRN.

11 Ich brachte über euch eine Zerstörung / wie die, die Gott über Sodom und Gomorra verhängte;

ihr wart wie ein Holzscheit, / das man aus dem Feuer herausholt.

Und dennoch seid ihr nicht umgekehrt zu mir / – Spruch des HERRN.

12 Darum will ich dir all das antun, Israel, / und weil ich dir all das antun werde, / mach dich bereit, deinem Gott gegenüberzutreten.

13 Denn siehe, er formt die Berge, / er erschafft den Wind,

er verkündet den Menschen, was er im Sinn hat; / er macht das Morgenrot und die Finsternis,

er schreitet über die Höhen der Erde dahin / – HERR, Gott der Heerscharen, ist sein Name.

4: Hos 4,15; 12,12 / **6**: Lev 26,14–39 / **9**: Hag 2,17; Joël 1,4 / **10**: Ex 9,3 / **11**: Gen 19,24; Sach 3,2

TOTENKLAGE ÜBER ISRAEL: 5,1–17

5 1 Hört dieses Wort, ihr vom Haus Israel, / hört die Totenklage, die ich über euch anstimme:

2 Gefallen ist sie und steht nicht wieder auf, / die Jungfrau Israel;

sie liegt zerschmettert auf ihrem Boden, / niemand richtet sie auf.

3 Denn so spricht GOTT, der Herr: / Die Stadt, die mit tausend auszieht, / behält nur hundert übrig,

und die mit hundert auszieht, / behält nur zehn übrig für das Haus Israel.

4 Ja, so spricht der HERR zum Haus Israel: / Sucht mich, dann werdet ihr leben!

5 Doch sucht nicht Bet-El auf, / geht nicht nach Gilgal, / zieht nicht nach Beerscheba!

Denn Gilgal droht die Verbannung / und
Bet-El der Untergang.
6 Sucht den HERRN, dann werdet ihr le-
ben. / Sonst dringt er in das Haus Josef ein
wie ein Feuer, das frisst, / und niemand
löscht Bet-Els Brand.
7 Weh denen, die das Recht in bitteren Wer-
mut verwandeln / und die Gerechtigkeit zu
Boden schlagen!
8 Er hat das Siebengestirn und den Orion
erschaffen; / er verwandelt die Finsternis in
den hellen Morgen,
er verdunkelt den Tag zur Nacht, / er ruft
das Wasser des Meeres
und gießt es aus über die Erde / – HERR ist
sein Name.
9 Plötzlich wird er den Starken vernichten /
und über die befestigten Städte bricht die Ver-
nichtung herein.
10 Sie hassen den, der im Tor zur Gerechtig-
keit mahnt, / und wer Wahres redet, den ver-
abscheuen sie.
11 Weil ihr vom Hilflosen Pachtgeld an-
nehmt / und sein Getreide mit Steuern belegt,
darum baut ihr Häuser aus behauenen Stei-
nen / – und wohnt nicht darin,
legt ihr euch prächtige Weinberge an / – und
werdet den Wein nicht trinken.
12 Denn ich kenne eure vielen Vergehen /
und eure zahlreichen Sünden.
Ihr bringt den Unschuldigen in Not, / ihr
lasst euch bestechen / und weist den Armen
ab im Tor.
13 Darum schweigt in dieser Zeit, wer klug
ist; / denn es ist eine böse Zeit.
14 Sucht das Gute, nicht das Böse; / dann
werdet ihr leben
und dann wird, wie ihr sagt, / der HERR, der
Gott der Heerscharen, bei euch sein.
15 Hasst das Böse, liebt das Gute / und bringt
im Tor das Recht zur Geltung!
Vielleicht ist der HERR, der Gott der Heer-
scharen, / dem Rest Josefs dann gnädig.
16 Darum – so spricht der HERR, / der Gott
der Heerscharen, mein Herr:
Auf allen Plätzen herrscht Trauer / und auf
allen Gassen schreit man: Wehe! Wehe!
Den Ackerknecht holt man zur Totenklage, /
den Kenner der Totenlieder ruft man zum Klagen.
17 In allen Weinbergen herrscht Trauer; /
denn ich schreite durch deine Mitte, / spricht
der HERR.

5: 4,4; 8,14 / **7**: 6,12 / **8**: Ijob 9,9; Am 9,6 / **11**: Zef 1,13; Dtn 28,39

WORTE GEGEN DEN KULT: 5,18–27

18 Weh denen, die den Tag des HERRN her-
beisehnen! / Was nützt euch denn der Tag des
HERRN? / Finsternis ist er, nicht Licht.
19 Es ist, wie wenn jemand einem Löwen
entflieht / und ihn dann ein Bär überfällt;
kommt er nach Hause / und stützt sich mit
der Hand auf die Mauer, / dann beißt ihn eine
Schlange.
20 Ist nicht der Tag des HERRN Finsternis /
und kein Licht, / Dunkel und ohne Glanz?
21 Ich hasse eure Feste, ich verabscheue sie /
und kann eure Feiern nicht riechen.
22 Wenn ihr mir Brandopfer darbringt, / ich
habe kein Gefallen an euren Gaben / und eure
fetten Heilsopfer will ich nicht sehen.
23 Weg mit dem Lärm deiner Lieder! / Dein
Harfenspiel will ich nicht hören,
24 sondern das Recht ströme wie Wasser, /
die Gerechtigkeit wie ein nie versiegender Bach.
25 Habt ihr mir etwa Schlachtopfer und Ga-
ben dargebracht / während der vierzig Jahre in
der Wüste, ihr vom Haus Israel?
26 Ihr werdet den Sakkut als euren König vor
euch hertragen müssen / und den Kewan, eu-
ren Sterngott, / eure Götter, die ihr euch selber
gemacht habt.
27 Ich will euch in die Gebiete jenseits von
Damaskus verbannen, / spricht der HERR; /
Gott der Heerscharen ist sein Name.

18: Joël 2,11 / **21**: Jes 1,11–14; Hos 8,13 / **25**: Jer 7,22f.; Apg 7,42f. / **27**: 2 Kön 17,6; Am 4,13

WORTE GEGEN DIE HAUPTSTADT: 6,1–14

6 1 Weh den Sorglosen auf dem Zion / und
den Selbstsicheren auf dem Berg von
Samaria,
den Vornehmen des Ersten unter den Völ-
kern, / zu denen das Haus Israel kommt!
2 Zieht hinüber nach Kalne und seht! / Geht
von da nach Hamat-Rabba / und steigt hinun-
ter nach Gat, ins Land der Philister!
Seid ihr besser als diese Reiche? / Ist ihr Ge-
biet größer als euer Gebiet?
3 Ihr, die ihr den Tag des Unheils hinaus-
schieben wollt, / führt die Herrschaft der Ge-
walt herbei.
4 Ihr liegt auf Betten aus Elfenbein / und
faulenzt auf euren Polstern.
Zum Essen holt ihr euch Lämmer aus der
Herde / und Mastkälber aus dem Stall.
5 Ihr grölt zum Klang der Harfe, / ihr wollt
Musikinstrumente erfinden wie David.

6 Ihr trinkt den Wein aus Opferschalen, /
ihr salbt euch mit feinsten Ölen, / aber über
den Untergang Josefs sorgt ihr euch nicht.
7 Darum müssen sie jetzt in die Verbannung,
allen Verbannten voran. / Das Fest der Faulen-
zer ist vorbei.
8 GOTT, der Herr, hat bei sich selbst ge-
schworen / – Spruch des HERRN, des Gottes
der Heerscharen:
Ich verabscheue den Stolz Jakobs / und sei-
ne Paläste hasse ich; / die Stadt und alles, was
in ihr ist, gebe ich preis.
9 Wenn dann in einem einzigen Haus noch
zehn Menschen übrig sind, / müssen auch sie
sterben.
10 Und hebt ein Verwandter oder der Lei-
chenbestatter einen Toten auf, / um die Ge-
beine aus dem Haus zu schaffen,
und fragt er den, / der im hintersten Winkel
des Hauses sitzt:
Ist noch jemand bei dir?, / dann antwortet
dieser: Nein! und sagt: / Still! Sprich ja nicht
den Namen des HERRN aus!
11 Denn siehe, der HERR befiehlt / und man
schlägt das große Haus in Trümmer / und das
kleine in Stücke.
12 Rennen denn Pferde über die Felsen / oder
pflügt man mit Ochsen das Meer?
Ihr aber habt das Recht in Gift verwandelt /
und die Frucht der Gerechtigkeit in bitteren
Wermut.
13 Ihr jubelt über Lo-Dabar / und sagt: Ha-
ben wir nicht aus eigener Kraft / Karnajim
erobert?
14 Fürwahr, seht: Ich werde gegen euch, /
Haus Israel, Spruch des HERRN, des Gottes der
Heerscharen,
ein Volk erstehen lassen, das euch bedrängen
wird / von Lebo-Hamat bis zum Bach der Araba.

1: Lk 6,24 / **3**: 9,10; Ez 12,27 / **5**: Jes 5,12 / **8**: 4,2 / **10**: Hab 2,20; Sach 2,17 / **13**: Dtn 8,17

VISIONSZYKLUS: 7,1–9,6

ERSTE VISION: HEUSCHRECKEN: 7,1–3

7 1 Dies hat GOTT, der Herr, mich sehen
lassen:
Siehe, da war einer, der einen Heuschre-
ckenschwarm formte, als die Spätsaat zu
wachsen begann. Und siehe, die Spätsaat folgt
auf den Schnitt für den König.
2 Sie machten
sich daran, alles Grün im Land zu vertilgen. Da
rief ich: Herr und GOTT, vergib doch! Wie
kann Jakob bestehen? Er ist ja so klein.
3 Da
hatte der HERR Mitleid: Es wird nicht gesche-
hen – sprach der HERR.

1: 4,9; Joël 1,4–7; Dtn 28,38

ZWEITE VISION: FEUERREGEN: 7,4–6

4 Dies hat GOTT, der Herr, mich sehen lassen:
Siehe, da rief jemand einen Angriff mit Feuer
herbei, Herr und GOTT, und es fraß die große
Urflut und wollte das Ackerland verschlingen.
5 Da rief ich: Herr und GOTT, halte doch ein!
Wie kann Jakob bestehen? Er ist ja so klein.
6 Da
hatte der HERR Mitleid: Auch das wird nicht
geschehen – sprach GOTT, der Herr.

4: Joël 1,19f.

DRITTE VISION: DER HERR MIT DEM ZINNSCHWERT: 7,7–9

7 Dies hat er mich sehen lassen: Siehe, der Herr
stand auf einer Mauer aus Zinn und in seiner
Hand war Zinn.
8 Und der HERR fragte mich:
Was siehst du, Amos? Ich antwortete: Zinn.
Da sagte der Herr: Siehe, ich lege Zinn in die
Mitte meines Volkes Israel. Ich gehe nicht noch
einmal an ihm vorüber.
9 Isaaks Kulthöhen
werden verwüstet und Israels Heiligtümer
zerstört; mit dem Schwert erhebe ich mich
gegen das Haus Jerobeam.

AMOS UND AMAZJA: 7,10–17

10 Amazja, der Priester von Bet-El, sandte zu
Jerobeam, dem König von Israel, und ließ ihm
sagen: Mitten im Haus Israel hat sich Amos
gegen dich verschworen; seine Worte sind
unerträglich für das Land.
11 Denn so sagt
Amos: Jerobeam stirbt durch das Schwert und
Israel muss in die Verbannung ziehen, fort von
seinem Boden.
12 Zu Amos aber sagte Amazja:
Seher, geh, flieh ins Land Juda! Iss dort dein

7,7 Zinn war das Grundmaterial für die Waffenherstellung aus Bronze.

Brot und prophezeie dort! 13 In Bet-El darfst du
nicht mehr prophezeien; denn das hier ist das
königliche Heiligtum und der Reichstempel.
14 Amos antwortete Amazja: Ich bin kein
Prophet und kein Prophetenschüler, sondern
ich bin ein Viehhirte und veredle Maulbeerfei-
gen. 15 Aber der HERR hat mich hinter meiner
Herde weggenommen und zu mir gesagt: Geh
und prophezeie meinem Volk Israel! 16 Darum
höre jetzt das Wort des HERRN! Du sagst: Pro-
phezeie nicht gegen Israel und geifere nicht
gegen das Haus Isaak! 17 Darum – so spricht der
HERR: Deine Frau wird zur Hure in der Stadt,
deine Söhne und Töchter fallen unter dem
Schwert, dein Boden wird mit der Messschnur
verteilt, du selbst stirbst auf unreinem Boden
und Israel muss in die Verbannung ziehen, fort
von seinem Boden.

11: 5,27; 6,7; 9,4 / **12**: 1 Sam 9,7 / **13**: 2,12 / **14**: 2 Kön 2,3; Am 1,1; Ps 78,70f. / **16**: 2,12; Mi 2,6 / **17**: 2 Kön 27,2-6

VIERTE VISION: ERNTEKORB: 8,1–3

8 1 Dies hat GOTT, der Herr, mich sehen
lassen: Siehe, ein Korb für die Ernte. 2 Er
fragte: Was siehst du, Amos? Ich antwortete:
Einen Korb für die Ernte.

Da sagte der HERR zu mir: / Gekommen ist
das Ende zu meinem Volk Israel. / Ich gehe
nicht noch einmal an ihm vorüber.

3 Dann heulen die Sängerinnen des Palas-
tes. / An jenem Tag – Spruch GOTTES, des
Herrn – gibt es viele Leichen, überall wirft man
sie hin. Still!

2: Offb 14,15–19

STRAFANKÜNDIGUNG: 8,4–14

4 Hört dieses Wort, die ihr die Armen ver-
folgt / und die Gebeugten im Land unter-
drückt!

5 Ihr sagt: Wann ist das Neumondfest vor-
bei, dass wir Getreide verkaufen, / und der
Sabbat, dass wir den Kornspeicher öffnen kön-
nen?

Wir wollen das Hohlmaß kleiner und das
Silbergewicht größer machen, / wir fälschen
die Waage zum Betrug,

6 um für Geld die Geringen zu kaufen / und
den Armen wegen eines Paars Sandalen. / So-
gar den Abfall des Getreides machen wir zu
Geld.

7 Beim Stolz Jakobs hat der HERR geschwo-
ren: / Keine ihrer Taten werde ich jemals ver-
gessen.

8 Sollte deshalb nicht die Erde beben, / soll-
te nicht alles trauern, was auf ihr wohnt?

Sollte sie sich nicht heben wie der Nil, / auf-
gewühlt sein und sich wieder senken wie der
Strom von Ägypten?

9 An jenem Tag / – Spruch GOTTES, des
Herrn –

lasse ich am Mittag die Sonne untergehen /
und breite am helllichten Tag über die Erde
Finsternis aus.

10 Ich verwandle eure Feste in Trauer / und
all eure Lieder in Totenklage.

Ich lege um alle Hüften das Trauergewand /
und schere jeden Kopf kahl.

Ich bringe Trauer über das Land wie die
Trauer um den Einzigen / und das Ende davon
wird sein wie der bittere Tag.

11 Siehe, es kommen Tage / – Spruch GOT-
TES, des Herrn –,

da schicke ich Hunger ins Land, / nicht
Hunger nach Brot,

nicht Durst nach Wasser, / sondern danach,
die Worte des HERRN zu hören.

12 Dann wanken sie von Meer zu Meer, / von
Norden nach Osten ziehen sie,

um das Wort des HERRN zu suchen; / doch
sie werden es nicht finden.

13 An jenem Tag werden die schönen jungen
Mädchen / und die jungen Männer in Ohn-
macht fallen vor Durst,

14 alle, die bei der Schuld von Samaria schwö-
ren / und sagen: So wahr dein Gott lebt, Dan!

und: So wahr der Weg nach Beerscheba
lebt!, / sie werden zu Boden stürzen und sich
nicht mehr erheben.

4: 2,6–8 / **5**: Dtn 25,13; Mi 6,10f. / **8**: 9,5 / **10**: Hos 2,13; Jes 3,24; Jer 6,26 / **13**: Sach 9,17

FÜNFTE VISION: ZERSCHLAGUNG DES HEILIGTUMS: 9,1–6

9 1 Ich sah den Herrn auf dem Altar stehen.
Er sagte: Zerschlag den Knauf der Säule,
sodass die Schwellen erbeben, und zerschmet-
tere allen den Kopf! Was dann von ihnen noch
übrig ist, töte ich mit dem Schwert. Keiner von
ihnen kann entfliehen, keiner entrinnt, keiner
entkommt.

2 Wenn sie in die Totenwelt einbrechen: /
meine Hand packt sie auch dort.

Und wenn sie zum Himmel aufsteigen: / ich
hole sie von dort herunter.

8,14 Schuld von Samaria: gemeint ist ein Götzenbild.

3 Wenn sie sich auf dem Gipfel des Karmel verstecken: / ich spüre sie dort auf und ergreife sie.

Wenn sie sich vor mir auf dem Grund des Meeres verbergen, / dann gebiete ich dort der Seeschlange, sie zu beißen.

4 Und wenn sie vor ihren Feinden her in die Gefangenschaft ziehen, / dann befehle ich dort dem Schwert, sie zu töten.

Ich habe meine Augen auf sie gerichtet / zum Bösen und nicht zum Guten.

5 Und der HERR, der GOTT der Heerscharen, / er berührt die Erde, sodass sie vergeht / und alle trauern, die auf ihr wohnen,

sodass sie sich hebt wie der Nil / und sich senkt wie der Strom von Ägypten.

6 Er erbaut seine Hallen im Himmel / und gründet sein Gewölbe auf die Erde;

er ruft das Wasser des Meeres und gießt es aus über die Erde / – HERR ist sein Name.

1: 2,14–16 / **2**: Ps 139,7–12; Jer 23,23f. / **5**: 8,8 / **6**: 5,8

HEILSWORTE FÜR ISRAEL: 9,7–15

GERICHT UND ERWÄHLUNG: 9,7–10

7 Seid ihr nicht wie die Kuschiten für mich, ihr Israeliten? / – Spruch des HERRN.

Habe ich Israel nicht heraufgeführt / aus dem Land Ägypten

und ebenso die Philister aus Kaftor / und Aram aus Kir?

8 Siehe, die Augen GOTTES, des Herrn, / sind auf das sündige Königreich gerichtet.

Ich lasse es vom Erdboden verschwinden; / doch ich werde das Haus Jakob nicht völlig vernichten / – Spruch des HERRN.

9 Ja, seht, ich selbst gebe den Befehl, / ich schüttle das Haus Israel unter alle Völker,

wie man Korn in einem Sieb schüttelt, / ohne dass ein Stein zu Boden fällt.

10 Alle Sünder meines Volkes / sollen durch das Schwert umkommen,

alle, die sagen: Das Unheil erreicht uns nicht, / es holt uns nicht ein.

8: 3,12 / **10**: 6,1–6; Jes 28,15

HEILSZUSAGE: 9,11–15

11 An jenem Tag richte ich die zerfallene Hütte Davids wieder auf / und bessere ihre Risse aus,

ich richte ihre Trümmer auf und stelle alles wieder her / wie in den Tagen der Vorzeit,

12 damit sie den Rest von Edom unterwerfen / und alle Völker,

über denen mein Name ausgerufen ist / – Spruch des HERRN, der das ausführt.

13 Seht, es kommen Tage / – Spruch des HERRN –,

da folgt der Pflüger dem Schnitter auf dem Fuß / und der Keltertreter dem Sämann;

da triefen die Berge von Wein / und alle Hügel fließen über.

14 Dann wende ich das Geschick meines Volkes Israel. / Sie bauen die verwüsteten Städte wieder auf und wohnen darin;

sie pflanzen Weinberge und trinken den Wein, / sie legen Gärten an und essen die Früchte.

15 Und ich pflanze sie ein in ihren Boden und nie mehr werden sie ausgerissen aus ihrem Boden, den ich ihnen gegeben habe, spricht der HERR, dein Gott.

11: Apg 15,16f. / **12**: Num 24,18 / **13**: Lev 26,5 / **14**: 5,11

9,12 Die alte griech. Bibel übersetzt diesen Vers wie folgt: sodass die Übriggebliebenen der Menschen und alle Völker, über denen mein Name ausgerufen ist, (sie, nämlich die wieder aufgerichtete Hütte Davids) aufsuchen werden, spricht der HERR, der dies macht. Apg 15,16–17 zitiert Amos 9,12 nach der griech. Fassung.

DER PROPHET OBADJA

Dieser kürzeste Text des Zwölfprophetenbuches besteht nur aus 21 Versen und ist mit „Vision Obadjas“ betitelt. Von den 12 mit dem Namen „Obadja“ (d. h. „Diener des HERRN“) versehenen Personen im Alten Testament steht wohl keiner in erkennbarer Beziehung zu diesem Buch, auch wenn die jüdische Tradition (bSanh 39b) auf den gleichnamigen Diener des israelitischen Königs Ahab (vgl. 1 Kön 18,3–16) verweist. Über den Obadja dieses Buches weiß man nichts; lediglich aus seiner Botschaft ist er als Visionär zu erschließen.

Klärung des Verfassers und Datierung des Buches hängen wesentlich von der Interpretation Edoms ab, dessen Demütigung und Vernichtung angesagt wird. Edom, aufgrund seines Stammvaters Esau das Brudervolk Jakobs (Gen 25,19–34; 27,1–40; 36), siedelt im südlichen Jordanien und im Negev. Obd 11–14 sieht die Hauptschuld dieses Volkes darin, dass es bei der Belagerung Jerusalems durch die Babylonier (587 v. Chr.) den Judäern in den Rücken fiel (Ez 25,12f.; 35,1–15; Joël 4,19). Damit ist für die Entstehung des Buches als terminus a quo die Exilszeit und später anzusetzen. Der terminus ad quem ergibt sich aus der in Obd 6–7 zu erkennenden konkreten Bedrohung Edoms, entweder der Arabien-Feldzug Nabonids (553/552 v. Chr.), der Einfall arabischer Nachbarstämme (Jer 49,10.14) oder die Eroberung durch die „Qedrener“ (Mitte 5. Jh. v. Chr.) oder anschließend durch die Nabatäer. Eine Datierung in frühhellenistische Zeit empfiehlt sich nicht, auch sind national-apokalyptische Züge in dieser auf den Zion zentrierten Heilsprophetie noch nicht zu erkennen.

Selbst die wenigen Verse des Buches sind literarisch uneinheitlich. Der Schlüssel zur Lösung ist in der Scharnier-Funktion von Obd 15 zu finden, dessen erster Halbvers (V. 15a) den zweiten, jüngeren Teil des Buches einleitet, während der zweite Halbvers (V. 15b) den ersten, älteren Teil des Buches abschließt, der zudem in einer literarischen Beziehung zu Jer 49,7–22 steht.

Theologisch brisant ist die Schärfe der gegen Edom gerichteten Gewalt, die keineswegs durch Hinweis auf literarisch eingespielte Formelsprache wegdiskutiert werden darf. Einerseits entspricht sie der Schuld Edoms (Prinzip der Vergeltung), andererseits ist sie zeitbedingter Ausdruck judäischer Heilshoffnung auf Gottes Gerechtigkeit.

ÜBERSCHRIFT: 1

1 1 Vision des Obadja

EDOMS DEMÜTIGUNG: 1–7

So spricht GOTT, der Herr, zu Edom:
Gehört haben wir eine Kunde vom HERRN /
und ein Bote wurde gesandt zu den Völkern.
Steht auf, wir wollen aufstehen zum Krieg gegen es!
2 Siehe, ich mache dich klein unter den Völkern, du wirst tief verachtet sein.
3 Hochmut deines Herzens hat dich betört,
der du wohnst in Felsenklüften; / in der Höhe ist sein Sitz,
der in seinem Herzen spricht: / Wer stürzt mich hinab?
4 Erhebst du dich auch wie der Adler / und baust dein Nest zwischen den Sternen,
ich stürze dich von dort hinab – / Spruch des HERRN.
5 Wenn Diebe zu dir kommen, / wenn Räuber des Nachts,
wie bist du verloren! / Stehlen sie nicht genug?

Wenn Winzer zu dir kommen, / lassen sie
etwa eine Nachlese zurück?
6 Wie werden sie Esau durchsuchen, /
durchstöbern seine Verstecke?
7 Bis zur Grenze treiben sie dich, / alle deine
Bundesgenossen,
sie betrügen dich, sie überwältigen dich, /
die Männer, die mit dir Frieden geschlossen
haben.
Von deinem Brot haben sie gegessen, / die
nun einen Fallstrick unter dir legen.
Keine Einsicht gibt es bei ihm.

1–4: Jer 49,14–16 / **2**: Ez 35,7; Mal 1,2–5 / **5–6**: Jer 49,9f. / **7**: Jer 38,22; Ez 35,9; Ps 41,10

EDOMS VERNICHTUNG: 8–15

8 Siehe, an jenem Tag / – Spruch des HERRN –
vernichte ich die Weisen in Edom / und die
Einsicht im Bergland von Esau.
9 Da brechen deine Helden zusammen, Te-
man, / sodass jeder im Bergland von Esau aus-
gerottet wird.
Wegen des Mordens,
10 wegen der Gewalttat an Jakob, deinem
Bruder, / bedeckt dich die Schande und wirst
du ausgerottet für immer.
11 Am Tag, als du dabei standest, / am Tag,
als Fremde sein Heer abführten
und Ausländer seine Tore betraten / und das
Los über Jerusalem warfen,
da wurdest auch du wie einer von ihnen.
12 Schau nicht zu am Tag deines Bruders, /
am Tag seines Unglücks!
Freue dich nicht über die Söhne Judas / am
Tag ihres Untergangs!
Und reiß deinen Mund nicht auf / am Tag
der Not!
13 Tritt nicht in das Tor meines Volkes / am
Tag des Unglücks!
Sei nicht auch du schadenfroh über sein Un-
heil / am Tag seines Unglücks!
Streck nicht die Hand aus nach seinem Gut /
am Tag seines Unglücks!
14 Stell dich nicht am Engpass auf, / um sei-
ne Flüchtlinge niederzumachen!
Liefere seine Entflohenen nicht aus / am Tag
der Not!
15 Fürwahr! Nahe ist der Tag des HERRN /
über alle Völker.
Wie du getan hast, so wird dir getan wer-
den; / deine Tat wird auf dein Haupt zurück-
kehren.

8: Jes 19,11–15; 29,14; Jer 8,8f.; 49,7; Bar 3,23; Ez 25,13f. / **9**: Jer 49,22; Am 1,11f. / **10**: Joël 4,19; Ps 137,7 / **12–13**: Ez 35,13–15 / **13**: Mi 7,8; Klgl 4,21 / **15**: Spr 26,27; Sir 27,25

TAG DES HERRN UND RETTUNG ISRAELS: 16–21

16 Ja, wie ihr getrunken habt auf meinem hei-
ligen Berg, / so werden alle Völker jetzt unauf-
hörlich trinken:
Sie trinken und schlürfen / und sie werden,
als seien sie niemals gewesen.
17 Auf dem Berg Zion aber / wird es Rettung
geben / und das ist das Heiligtum.
Und das Haus Jakob wird die in Besitz neh-
men, / die es in Besitz genommen haben.
18 Und das Haus Jakob wird zu Feuer / und
das Haus Josef zur Flamme
und das Haus Esau zu Stroh, / das vom
Brand erfasst und verzehrt wird.
Und vom Haus Esau / wird keiner entkom-
men.
Denn der HERR hat gesprochen.
19 Die vom Negeb nehmen in Besitz das
Bergland von Esau und die aus der Schefela das
Land der Philister. Dann nehmen sie Efraims
Flur und die Fluren von Samaria in Besitz und
Benjamin Gilead.
20 Und den Verbannten von Halach, den
Söhnen Israels – ihnen gehört das Land der
Kanaaniter bis nach Sarepta; und den Ver-
bannten Jerusalems – ihnen gehört das Land
bis Sefarad; sie besetzen die Städte des Negeb.

21 Dann ziehen die Befreier auf den Berg Zion, / um Gericht zu halten über das Bergland von Esau.
Dann gehört die Königsherrschaft dem HERRN.

16: Jes 51,17; Klgl 4,21 / **17**: Joël 3,5; 4,17 / **18**: Mal 3,19 / **19**: Jes 11,14; Ez 25,1–9; Am 9,12 / **20**: Jer 13,19; 2 Chr 28,18 / **21**: Mi 4,7; Ps 22,29

DER PROPHET JONA

Das Buch Jona ist – obwohl im Kontext des Zwölfprophetenbuches stehend – keine prophetische Schrift, sondern eine durchgehende Lehrerzählung mit didaktischer Intention, wie der als Frage formulierte Schlussvers anzeigt. Die jüdische Tradition setzt Jona mit dem in 2 Kön 14,25 erwähnten Propheten Jona gleich, identifiziert ihn aber auch mit dem Sohn der Witwe von Sarepta, den Elija von den Toten auferweckte (1 Kön 17).

Trotz klarer Bezugnahme zu Jona ben Amittai aus Gat Hepher in Galiläa ist der Verfasser unbekannt. Die in 2 Kön 14,25 von diesem Jona geäußerten Verheißungen an König Jerobeam II. stehen in keinem Zusammenhang mit dem hier vorliegenden Buch, haben jedoch bewirkt, dass das Jonabuch zu den Propheten des 8. Jahrhunderts gerechnet wird. Die Sprache verrät jedoch, dass es sich um ein recht spätes Buch handelt. Dem steht nicht entgegen, dass der Prophet Jona nach Ninive, der Hauptstadt Assyriens, geschickt wird. Diese Stadt wurde 612 v. Chr. durch die Babylonier zerstört, blieb aber als Typos der feindlichen gottlosen Stadt schlechthin in Erinnerung (Nah 1,1; 2,9; 3,7; Zef 2,13; Judit, Tobit). Das Anliegen des Buchs kommt in besonderer Weise in seiner Anordnung in unmittelbarer Nachbarschaft zum Buch Nahum zum Ausdruck, das ein überaus schreckliches Bild von Ninive zeichnet. Er konnte also auf große Teile des Alten Testamentes zurückgreifen und ist deshalb entweder in der spätpersischen, eher schon frühhellenistischen Zeit, in jedem Falle vor der Abfassung des Sirachbuches (Sir 49,10) anzusetzen.

Wechsel der Gottesnamen, szenische Verschränkung, das „verfrühte" Danklied des Jona im Bauch des Fisches (Jon 2) und die „Nachholung" der Rizinus-Episode (Jon 4,5–9) haben Zweifel an einer einheitlichen Textgestaltung des Buches aufkommen lassen. Berücksichtigt man jedoch die Gattung des Buches als Lehrerzählung (Parabel), dann fügen sich Spannungen im Buch ins Gesamtbild. Besonders durch die „Nachholung" gewinnt die Erzählung an Transparenz und theologischer Tiefe und die abschließende Frage weist das Buch vollends als „didaktische Novelle" aus, der es nicht um eine Darstellung historischer Ereignisse geht als vielmehr um die Explikation eines theologischen Anliegens.

Die in der Gliederung zu beobachtende Vierteilung zeigt die Komplexität des Buches: Zuerst einmal ist eine Zweiteilung der Erzählung (Jona auf der Flucht nach Tarsis [Kap. 1–2] und Jona in Ninive [Kap. 3–4]) wegen der Wiederholung von Jona 1,1–3 in Jona 3,1–3a offensichtlich, wobei beide Teile einen parallelen Geschehensablauf bieten: Auftrag – Aufbruch – Abwendung einer drohenden Gefahr – Aktion eines Tieres (Fisch/Wurm) – Jona im Gespräch mit Gott. Diese Erzählstruktur ist aber einer theologischen Zielführung untergeordnet: Auftrag – Verweigerung – Durchführung (Kap. 1–3) mit abschließender Reflexion (Kap. 4).

Das Buch bildet eine Reflexion über die Reichweite der in der sog. „Gnadenformel" (Ex 34,6; Joël 2,13; Jona 4,2) ausgedrückten Langmut und Barmherzigkeit Gottes. Am Beispiel von Ninive, Inbegriff der Feindschaft und Gottesferne, lotet der Verfasser die denkbar extremste Möglichkeit aus, sodass selbst dem Propheten als professionellem, aber zweifelndem Theologen die Universalität und Unbegreiflichkeit göttlichen Erbarmens vor Augen geführt wird (Jona 4,11).

Die Juden lesen das Buch am Versöhnungstag, weil sie die Bewohner von Ninive und gleicherweise Jona als Beispiele für Bußfertigkeit sehen. Die Fisch-Episode deuten sie als Geschehen von Tod und Auferstehung. Daran knüpft das Neue Testament an, wenn es im „Zeichen des Jona" die typologische Vorabbildung von Tod und Auferstehung Jesu Christi erkennt (Mt 12,38–40). Für Lukas (Lk 11,29f.) ist der Menschensohn den gegenwärtigen Menschen ein Zeichen, wie Jona den Niniviten zum Zeichen wurde.

JONAS BERUFUNG: 1,1–2

1 1 Das Wort des HERRN erging an Jona, den
Sohn Amittais:
2 Mach dich auf den Weg und geh nach Ninive, der großen Stadt, und rufe über sie aus,
dass ihre Schlechtigkeit zu mir heraufgedrungen ist.

1–2: Jona 3,1–2 / **1**: 1 Kön 17,9f.; 2 Kön 14,25 / **2**: Gen 6,5

JONAS FLUCHT: 1,3–16

3 Jona machte sich auf den Weg; doch er wollte nach Tarschisch fliehen, weit weg vom
HERRN. Er ging also nach Jafo hinab und fand dort ein Schiff, das nach Tarschisch fuhr. Er bezahlte das Fahrgeld und ging an Bord, um nach Tarschisch mitzufahren, weit weg vom HERRN.
4 Der HERR aber warf einen großen Wind auf das Meer und es entstand ein gewaltiger Seesturm und das Schiff drohte auseinanderzubrechen.
5 Da gerieten die Seeleute in Furcht und jeder schrie zu seinem Gott um Hilfe. Sie warfen sogar die Ladung ins Meer, damit das Schiff leichter wurde. Jona war in den untersten Raum des Schiffes hinabgestiegen, hatte sich hingelegt und schlief fest.
6 Der Kapitän ging zu ihm und sagte: Wie kannst du schlafen? Steh auf, ruf deinen Gott an; vielleicht denkt dieser Gott an uns, sodass wir nicht untergehen.
7 Dann sagten sie zueinander: Kommt, wir wollen das Los werfen, um zu erfahren, wer an diesem unserem Unheil schuld ist. Sie warfen das Los und es fiel auf Jona.
8 Da fragten sie ihn: Sag uns doch, weshalb dieses Unheil über uns gekommen ist. Was treibst du für ein Gewerbe und woher kommst du, was ist dein Land und aus welchem Volk bist du?
9 Er antwortete ihnen: Ich bin ein Hebräer und verehre den HERRN, den Gott des Himmels, der das Meer und das Festland gemacht hat.
10 Da gerieten die Männer in große Furcht und sagten zu ihm: Was hast du da getan? Denn die Männer erkannten, dass er vor dem HERRN auf der Flucht war, wie er es ihnen mitgeteilt hatte.
11 Und sie sagten zu ihm: Was sollen wir mit dir machen, damit das Meer sich beruhigt und uns verschont? Denn das Meer wurde immer stürmischer.
12 Jona antwortete ihnen: Nehmt mich und werft mich ins Meer, damit das Meer sich beruhigt und euch verschont! Denn ich weiß, dass dieser gewaltige Sturm durch meine Schuld über euch gekommen ist.
13 Die Männer aber ruderten mit aller Kraft, um wieder an Land zu kommen; doch sie richteten nichts aus, denn das Meer stürmte immer heftiger gegen sie an.
14 Da riefen sie zum HERRN: Ach HERR, lass uns nicht untergehen wegen dieses Mannes und rechne uns, was wir jetzt tun, nicht als Vergehen an unschuldigem Blut an! Fürwahr, wie du wolltest, HERR, so hast du gehandelt.
15 Dann nahmen sie Jona und warfen ihn ins Meer und das Meer hörte auf zu toben.
16 Da gerieten die Männer in große Furcht vor dem HERRN und sie schlachteten für den HERRN ein Opfer und machten ihm Gelübde.

3: Jes 23,1–14; Ez 27,25; Ps 139,7f. / **4–16**: Ez 27f. / **4**: Ps 76,7f.; 107,23–31; Mk 4,37.41 / **5–6**: Mt 8,24f.; Apg 27,18 / **7**: 1 Sam 14,40ff. / **9**: Esra 5,11; Jes 37,16 / **10**: Gen 3,13 / **14**: Dtn 21,8; Jer 26,15 / **16**: Mk 4,41

JONAS RETTUNG: 2,1–11

2 1 Der HERR aber schickte einen großen
Fisch, dass er Jona verschlinge. Jona war
drei Tage und drei Nächte im Bauch des Fi-
sches. 2 Da betete Jona zum HERRN, seinem
Gott, aus dem Inneren des Fisches heraus:
3 In meiner Not rief ich zum HERRN / und
er erhörte mich.
Aus dem Leib der Unterwelt schrie ich um
Hilfe / und du hörtest meine Stimme.
4 Du hast mich in die Tiefe geworfen, in das
Herz der Meere; / mich umschlossen die Flu-
ten,
all deine Wellen und Wogen / schlugen
über mir zusammen.
5 Ich sagte: Ich bin verstoßen / aus deiner Nähe.
Wie kann ich jemals wiedersehen / deinen
heiligen Tempel?
6 Das Wasser reichte mir bis an die Kehle, /
die Urflut umschloss mich;
Schilfgras umschlang meinen Kopf. / 7 Bis
zu den Wurzeln der Berge
bin ich hinabgestiegen in das Land, / des-
sen Riegel hinter mir geschlossen waren auf
ewig.
Doch du holtest mich lebendig aus dem
Grab herauf, / HERR, mein Gott.
8 Als meine Seele in mir verzagte, / gedach-
te ich des HERRN
und mein Gebet drang zu dir, / zu deinem
heiligen Tempel.
9 Die nichtige Götzen verehren, / verlassen
den, der ihnen Gutes tut.
10 Ich aber will dir opfern / und laut dein Lob
verkünden.
Was ich gelobt habe, will ich erfüllen. / Vom
HERRN kommt die Rettung.
11 Da befahl der HERR dem Fisch und dieser
spie den Jona an Land.

1: Mt 12,40 / **3**: Ps 18,7; 118,5; 120,1; 130,1; Klgl 3,55 / **4**: Ps 42,8 / **5**: Ps 5,8; 27,4; 31,23 / **6**: Ps 69,2f. / **7**: Ps 9,14; 16,10; 30,4; 40,3 / **8**: Ps 18,7; 20,3 / **9**: Ps 31,7f. / **10**: Ps 22,26; 116,17f. / **11**: Ps 18,17f.

JONAS VERKÜNDIGUNG UND DER GLAUBE DER NINIVITEN: 3,1–10

3 1 Das Wort des HERRN erging zum zwei-
ten Mal an Jona: 2 Mach dich auf den Weg
und geh nach Ninive, der großen Stadt, und
rufe ihr all das zu, was ich dir sagen werde!
3 Jona machte sich auf den Weg und ging
nach Ninive, wie der HERR es ihm befohlen
hatte. Ninive war eine große Stadt vor Gott;
man brauchte drei Tage, um sie zu durchque-
ren.
4 Jona begann, in die Stadt hineinzugehen;
er ging einen Tag lang und rief: Noch vierzig
Tage und Ninive ist zerstört!
5 Und die Leute von Ninive glaubten Gott.
Sie riefen ein Fasten aus und alle, Groß und
Klein, zogen Bußgewänder an. 6 Als die Nach-
richt davon den König von Ninive erreichte,
stand er von seinem Thron auf, legte seinen
Königsmantel ab, hüllte sich in ein Bußge-
wand und setzte sich in die Asche. 7 Er ließ in
Ninive ausrufen: Befehl des Königs und sei-
ner Großen: Alle Menschen und Tiere, Rin-
der, Schafe und Ziegen, sollen nichts essen,
nicht weiden und kein Wasser trinken. 8 Sie
sollen sich in Bußgewänder hüllen, Men-
schen und Tiere. Sie sollen mit aller Kraft zu
Gott rufen und jeder soll umkehren von sei-
nem bösen Weg und von der Gewalt, die an
seinen Händen klebt. 9 Wer weiß, vielleicht
kehrt er um und es reut Gott und er lässt ab
von seinem glühenden Zorn, sodass wir nicht
zugrunde gehen. 10 Und Gott sah ihr Verhal-
ten; er sah, dass sie umkehrten und sich von
ihren bösen Taten abwandten. Da reute Gott
das Unheil, das er ihnen angedroht hatte, und
er tat es nicht.

1–2: Jona 1,1–2 / **5**: 1 Kön 21,9.27; Mt 12,41; Lk 11,30.32 / **6**: Jer 36,24; Ez 26,16 / **7**: Gen 6,7 / **8**: Jer 18,11; Ez 27,30f.; Jdt 4,10 / **9**: Jer 18,8; Joël 2,14; Am 5,15 / **10**: Gen 6,6; Jer 26,3

JONAS GROLL UND GOTTES ERBARMEN: 4,1–11

4 1 Das missfiel Jona ganz und gar und er
wurde zornig. 2 Er betete zum HERRN
und sagte: Ach HERR, habe ich das nicht schon
gesagt, als ich noch daheim war? Eben darum
wollte ich ja nach Tarschisch fliehen; denn ich
wusste, dass du ein gnädiger und barmherzi-
ger Gott bist, langmütig und reich an Huld und
dass deine Drohungen dich reuen. 3 Darum,
HERR, nimm doch nun mein Leben von mir!
Denn es ist besser für mich zu sterben als zu
leben. 4 Da erwiderte der HERR: Ist es recht
von dir, zornig zu sein?
5 Da verließ Jona die Stadt und setzte sich
östlich vor der Stadt nieder. Er machte sich
dort ein Laubdach und setzte sich in seinen
Schatten, um abzuwarten, was mit der Stadt
geschah. 6 Da ließ Gott, der HERR, einen Ri-
zinusstrauch über Jona emporwachsen, der
seinem Kopf Schatten geben und seinen Är-
ger vertreiben sollte. Jona freute sich sehr
über den Rizinusstrauch. 7 Als aber am nächs-
ten Tag die Morgenröte heraufzog, schickte
Gott einen Wurm, der den Rizinusstrauch
annagte, sodass er verdorrte. 8 Und als die
Sonne aufging, schickte Gott einen heißen
Ostwind. Die Sonne stach Jona auf den Kopf,
sodass er fast ohnmächtig wurde. Da wünsch-
te er zu sterben und sagte: Es ist besser für
mich zu sterben als zu leben. 9 Gott aber sag-
te zu Jona: Ist es recht von dir, wegen des Ri-
zinusstrauches zornig zu sein? Er antwortete:
Ja, es ist recht, dass ich zornig bin und mir den
Tod wünsche. 10 Darauf sagte der HERR: Du
hast Mitleid mit einem Rizinusstrauch, für
den du nicht gearbeitet und den du nicht
großgezogen hast. Über Nacht war er da, über
Nacht ist er eingegangen. 11 Soll ich da nicht
Mitleid haben mit Ninive, der großen Stadt,
in der mehr als hundertzwanzigtausend
Menschen leben, die zwischen rechts und
links nicht unterscheiden können – und au-
ßerdem so viel Vieh?

2: Ex 34,6f.; Joël 2,13 / **3:** Num 11,15; 1 Kön 19,4 / **6:** 1 Kön 19,4 / **11:** Dtn 1,39; Ps 36,7

DER PROPHET MICHA

Das 6. Buch des Zwölfprophetenbuches wird dem Propheten Micha von Moreschet (südwestl. von Jerusalem gelegen) zugeschrieben. Sein Name ist eine Kurzform und bedeutet „Wer ist wie der HERR?" – eine Frage, die das Buch im Schlussgebet stellt (7,18). Die Überschrift datiert Micha ins ausgehende 8. Jh. v. Chr. und weist ihn als Zeitgenossen der Propheten Amos, Hosea und Jesaja aus, mit denen seine Botschaft in der Tat viele Gemeinsamkeiten hat. Micha gehörte wohl, wie Amos, der vermögenden Schicht der Landbevölkerung an. Der Prophet Jeremia (26,17–19) erinnert daran, dass Micha unter König Hiskija den Untergang Jerusalems und des Tempels geweissagt hat.

Die Namen der in 1,1 aufgezählten Herrscher deuten auf einen Entstehungszeitraum zwischen 756 und 697 v. Chr., der im Buch bestätigt wird. Das Drohwort gegen Samaria (1,2–7) kann nur vor 722, die Klagen über Juda und Jerusalem müssen um 701 v. Chr. im Zusammenhang mit der Bedrohung der Stadt durch den assyrischen König Sanherib geschrieben sein. Insoweit lassen sich diese Worte auf Micha selbst zurückführen. Der von ihm angekündigte Untergang Jerusalems blieb jedoch aus, sodass die entsprechenden Worte eher auf die Zeit nach 587 v. Chr. verweisen. Es ist also mit einer regen Nachbearbeitung des Buches zu rechnen.

Der Wechsel von Drohreden und Heilsweissagungen erschwert die Frage, welche Texte auf den Propheten selbst zurückgehen. War Micha ein Unheilsprophet oder können ihm auch einige Heilsweissagungen in den Kapiteln 4–7 zugesprochen werden? Die berühmte Ankündigung des Messias (4,14–5,5) ist wohl das Ergebnis einer späteren Bearbeitung. Sie hat die Wiederherstellung Judas nach dem Exil im Blick.

Die Handschriften aus Qumran, Nachal Hever und Wadi Murabba'at zeigen, dass die Überlieferung des vielfach schwer verständlichen hebräischen Texts bereits in der Antike uneinheitlich und fehlerbehaftet war. Dies macht sich in der Übersetzung der griechischen Bibel bemerkbar, die vor allem dort, wo sie Schwierigkeiten mit ihrer Vorlage hat, eigene Akzente setzt.

Charakteristisch für das Buch ist die alternierende Abfolge von Unheils- und Heilsansagen. Dabei ist Gottes „letztes Wort" grundsätzlich ein Heilswort. Es besteht in der Ankündigung der Wiederherstellung Jerusalems. Die ältesten Teile des Buches finden sich wohl in den Drohworten gegen Samaria und Juda (1,2–16), die sich gegen die asozial handelnden Reichen (2,1–11) und gegen die verdorbene politische und geistliche Oberschicht (3,1–12) richten und aus denen sich eine Gerichtsankündigung gegen Volk und Stadt (6,1–16) ergibt. Diesen Drohworten werden jeweils Heilsankündigungen zugeordnet: Rettung des Zion (4,1–13) und der Stadt Jerusalem (7,8–13). Das Schema „Unheil – Heil" wird durch kleinere Einschübe unterbrochen (2,12–13; 4,14–5,4; 5,6–14; 7,1–7; 7,14–20), die als Zwischenreflexionen (Klagen, Gebete, Äußerungen der Zuversicht) von unterschiedlichen Redaktionen geschickt eingefügt worden sind.

In Kontinuität zu den (vielleicht älteren) Propheten Amos, Hosea und Jesaja prangert Micha das unsoziale Verhalten der Führungsschicht an. Er brandmarkt z. T. in drastischen Bildern Egoismus, Ausbeutung des kleinen Mannes und korruptes Rechtswesen nicht nur bei den staatlichen Organen, sondern auch bei den geistlichen Führern, die einer Gesellschaft jede Lebensmöglichkeit nehmen, sodass Gott selbst das Verfahren an sich ziehen muss (6,1–16). Micha macht deutlich, dass soziales Fehlverhalten gegenüber dem Nächsten zugleich eine Störung im Gottesverhältnis bedeutet (6,8).

Angesichts der korrupten Führungsschicht erwartet der Prophet eine exemplarische Heilszeit, die er mit dem Namen Davids verbindet (5,1ff.). Dieses erwartete Heil wird die gesamte Völkerwelt betreffen: Wie das Heil vom Zion ausgeht, so werden sich die Völker in einer entgegengehenden Bewegung dem Zion zuwenden. Angesichts der andauernden Bedrohung Israels durch die Assyrer fasst der Prophet seine Friedenssehnsucht in das Bild vom Umschmieden der Schwerter zu Pflugscharen (4,3; vgl. Jes 2,4).

Der Wechsel von Unheils- und Heilsankündigungen ist theologisch anspruchsvoll und stellt die Frage nach Gott, der hart straft und liebevoll heilt (7,9.18f.). Sein letztes Wort ist immer ein Wort der Liebe, das den, der bereits auf dem Boden liegt, wieder aufstehen lässt (7,8).

ÜBERSCHRIFT: 1,1

1 1 Das Wort des HERRN, das an Micha aus Moreschet erging in den Tagen des Jotam, des Ahas und des Hiskija, der Könige von Juda, / das er schaute über Samaria und Jerusalem.

DROHREDE GEGEN SAMARIA UND JUDA: 1,2–16

DROHREDE: 1,2–7

2 Hört, ihr Völker alle, / merke auf, Erde, und alles, was sie erfüllt:
GOTT, der Herr, tritt als Zeuge gegen euch auf, / der Herr von seinem heiligen Palast aus.
3 Denn siehe: Der HERR geht heraus aus seinem Ort / und steigt herab und schreitet dahin über die Höhen der Erde.
4 Und es zerschmelzen die Berge unter ihm / und die Täler spalten sich

– wie Wachs vor dem Feuer; / wie Wasser, das einen Abhang herabgegossen wird.
5 Das alles geschieht wegen Jakobs Vergehen / und wegen der Sünden des Hauses Israel.
Was ist Jakobs Vergehen? / Ist es nicht Samaria?
Und was ist die Sünde des Hauses Juda? / Ist es nicht Jerusalem?
6 Darum mache ich Samaria zu einem Trümmerhaufen auf dem Feld, / zu einem Acker, auf dem man Reben pflanzt.
Ich stürze seine Steine zu Tal / und lege seine Grundmauern bloß.
7 Alle seine geschnitzten Bilder werden zerschlagen, / alle seine Weihegaben im Feuer verbrannt, / alle seine Götzenbilder verwüste ich.
Denn mit Hurenlohn hat Samaria sie angesammelt / und zu Hurenlohn werden sie wieder.

2: Ps 49,2 / **3**: Jes 26,21; Am 4,13 / **4**: Ps 97,5 / **6**: 3,12

KLAGE DES PROPHETEN: 1,8–9

8 Darüber muss ich klagen und jammern, / barfuß und nackt gehe ich umher;
ich erhebe Klage wie die Schakale, / Trauerklage wie die Strauße.
9 Denn unheilbar ist seine Wunde; / denn sie reicht bis nach Juda,
bis zum Tor meines Volkes, / bis hin nach Jerusalem.

8: 2 Sam 15,30; Jes 20,2

AUFRUF ZUR KLAGE ANGESICHTS DER FEINDE: 1,10–16

10 Meldet es nicht in Gat! Weint nur ja nicht!
In Bet-Leafra / wälzt euch im Staub!
11 Zieht hinaus, / ihr Bewohner von Schafir, in schändlicher Entblößung!
Nicht ziehen hinaus / die Bewohner von Zaanan.
Es klagt Bet-Haezel.
Man nimmt euch jede Stütze weg.
12 Ja, um ihr Wohl bangen / die Bewohner von Marot;
denn vom HERRN kam Unheil herab / auf Jerusalems Tore.
13 Spannt die Pferde vor die Wagen, / ihr Bewohner von Lachisch!
Das war der Anfang der Sünde für die Tochter Zion; / denn in euch finden sich die Vergehen Israels.
14 Darum werdet ihr Abschiedsgaben / an Moreschet-Gat geben.
Die Häuser von Achsib werden zum Trugbach / für Israels Könige.
15 Wieder wird der Eroberer über euch herfallen, / ihr Bewohner von Marescha;
bis nach Adullam bringt man / die Herrlichkeit Israels.
16 Schere dich kahl / wegen der Kinder deiner Wonne!
Mach deine Glatze so kahl wie die des Geiers; / denn sie ziehen in die Verbannung von dir weg.

16: Jer 7,29

DROHREDE GEGEN DIE REICHEN: 2,1–13

WEHERUF GEGEN DIE HABSUCHT: 2,1–11

2 1 Weh denen, die Unheil planen / und böse Taten auf ihren Lagern!
Wenn es Tag wird, führen sie es aus; / denn sie haben die Macht dazu.
2 Sie wollen Felder haben und reißen sie an sich, / sie wollen Häuser haben und bringen sie in ihren Besitz.
Sie wenden Gewalt an gegen den Mann und sein Haus, / gegen den Besitzer und sein Eigentum.
3 Darum – so spricht der HERR:
Seht, ich plane Unheil gegen diese Sippe, aus dem ihr nicht mehr herausziehen könnt / eure Hälse;
und ihr werdet den Kopf nicht mehr so hoch tragen; / denn es wird eine böse Zeit sein.
4 An jenem Tag macht man über euch ein Sprichwort und man wird eine bittere Klage klagen. Man sagt:
Vernichtet sind wir, vernichtet! / Der Anteil meines Volkes wird veräußert.
Ach, wie entzieht man ihn mir! / Treulosen teilt man unsere Felder zu.
5 Darum wird es keinen mehr für dich geben, der die Messschnur auf den Losanteil wirft in

der Versammlung des HERRN.
6 Weissagt nicht!, weissagen sie. / So soll man nicht weissagen:
Diese Schmach wird nicht enden.
7 Darf man das sagen, Haus Jakob?
Hat der Geist des HERRN die Geduld verloren? / Sind das seine Taten?
Tun meine Worte nicht gut dem, / der rechtschaffen wandelt?
8 Gestern noch war es mein Volk, / jetzt steht es da als Feind.
Friedlichen Menschen reißt ihr den Mantel herunter,
arglos Vorübergehende / nehmt ihr gefangen, als wäre Krieg.
9 Die Frauen meines Volkes vertreibt ihr / aus dem Haus, in dem sie glücklich sind,
ihren Kindern nehmt ihr / für immer mein prächtiges Land.
10 Erhebt euch und geht! / Denn dies ist kein Ort der Ruhe.
Wegen der Unreinheit stürzt du ins Verderben; / und dieses Verderben ist schmerzhaft.
11 Wenn doch einer herkommen, / Wind und Trug lügen würde:
Ich weissage dir / Wein und Bier!
Genau das wäre ein Weissager für dieses Volk.

1: Ps 36,5 / **2**: Jes 5,8 / **3**: Am 5,13 / **6**: Jes 30,10 / **8**: Dtn 24,12f. / **11**: Jer 5,31

HOFFNUNG FÜR ISRAEL: 2,12–13

12 Sammeln, ja sammeln werde ich dich, Jakob, insgesamt. / Zusammenbringen, ja zusammenbringen werde ich den Rest von Israel.
Ich führe sie zusammen wie die Schafe im Pferch, / wie die Herde mitten auf der Weide – eine tosende Menschenmenge.
13 Der vor ihnen durchbricht, zieht vor ihnen hinauf, / sie brechen durch, sie durchschreiten das Tor und ziehen durch dasselbe wieder hinaus.
Ihr König schreitet vor ihnen her, / der HERR schreitet an ihrer Spitze.

12: Jer 3,18; Ez 37,15–28; 34,11–16 / **13**: Joh 14,4

DROHREDE GEGEN MACHTHABER: 3,1–12

DROHREDE GEGEN UNGERECHTE HERRSCHER UND RICHTER: 3,1–4

3 1 Ich habe gesagt:
Hört doch, ihr Häupter Jakobs / und ihr Anführer des Hauses Israel!
Ist es nicht eure Pflicht, / das Recht zu kennen?
2 Sie aber hassen das Gute / und lieben das Böse.
Sie ziehen ihnen die Haut ab / und das Fleisch von den Knochen.
3 Sie haben das Fleisch meines Volkes gefressen / und ihnen die Haut abgezogen / und ihre Knochen zerhackt;
sie haben sie zerstückelt wie für den Kochtopf / und wie Fleisch mitten im Kessel.
4 Wenn sie dann zum HERRN schreien, / wird er ihnen nicht antworten.
Er wird sein Angesicht vor ihnen verbergen in jener Zeit, / weil sie so böse gehandelt haben.

1: 3,9 / **2**: Jes 5,20 / **4**: Jer 11,11; Dtn 31,17f.

DROHREDE GEGEN HABGIERIGE PROPHETEN: 3,5–8

5 So spricht der HERR gegen die Propheten: / Sie verführen mein Volk.
Haben sie etwas zu beißen, / dann rufen sie: Friede!
Wer ihnen aber nichts in den Mund steckt, / dem sagen sie den Krieg an.
6 Darum wird es Nacht für euch, ohne Schauung, / und Finsternis für euch, ohne Wahrsager;
die Sonne geht unter über den Propheten / und es verfinstert sich über ihnen der Tag.
7 Die Seher werden zuschanden, / die Wahrsager müssen sich schämen.
Sie müssen alle ihren Bart verhüllen; / denn Gottes Antwort bleibt aus.
8 Ich aber bin voller Kraft, / ich habe den Geist des HERRN, / Recht und Stärke,
Jakob seine Vergehen vorzuhalten / und Israel seine Sünden.

DROHREDE GEGEN BESTECHLICHE
HERRSCHER UND RICHTER: 3,9–12
9 Hört doch dies, ihr Häupter des Hauses
Jakob / und ihr Anführer des Hauses Israel,
die ihr das Recht verabscheut / und alles
krumm macht, was gerade ist!
10 Ihr erbaut Zion mit Blut / und Jerusalem
mit Unrecht.
11 Seine Häupter sprechen Recht gegen Beste-
chung, / ihre Priester lehren gegen Bezahlung.
Ihre Propheten wahrsagen für Geld / und
sie berufen sich auf den HERRN und sagen:
Ist nicht der HERR in unserer Mitte? / Kein
Unheil kann über uns kommen.
12 Darum wird um euretwegen / Zion zum
Acker, den man umpflügt,
Jerusalem wird zu einem Trümmerhaufen, /
der Tempelberg zu überwucherten Höhen.

9: 3,1; Am 5,7 / **10**: Hab 2,12 / **11**: Jes 1,23 / **12**: Jer 26,18; Mi 1,6

HEILSWEISSAGUNGEN: 4,1–5,14

VÖLKERWALLFAHRT ZUM ZION: 4,1–5

4 1 Am Ende der Tage wird es geschehen: /
Der Berg des Hauses des HERRN
steht fest gegründet als höchster der Berge; /
er überragt alle Hügel.
Zu ihm strömen Völker.
2 Viele Nationen gehen und sagen:
Auf, wir ziehen hinauf zum Berg des HERRN /
und zum Haus des Gottes Jakobs.
Er unterweise uns in seinen Wegen, / auf
seinen Pfaden wollen wir gehen.
Denn von Zion zieht Weisung aus / und das
Wort des HERRN von Jerusalem.
3 Er wird Recht schaffen zwischen vielen
Völkern / und mächtige Nationen zurecht-
weisen bis in die Ferne.
Dann werden sie ihre Schwerter zu Pflug-
scharen umschmieden / und ihre Lanzen zu
Winzermessern.
Sie erheben nicht mehr das Schwert, Nation
gegen Nation, / und sie erlernen nicht mehr
den Krieg.
4 Und ein jeder sitzt unter seinem Wein-
stock / und unter seinem Feigenbaum und
niemand schreckt ihn auf.
Ja, der Mund des HERRN der Heerscharen
hat gesprochen.
5 Auch wenn alle Völker ihren Weg gehen, /
ein jedes im Namen seines Gottes,
so gehen wir schon jetzt / im Namen des
HERRN, unseres Gottes, / für immer und
ewig.

1–4: Jes 2,2–4

RETTUNG DES ZION: 4,6–13
6 An jenem Tag – Spruch des HERRN –
will ich versammeln, was hinkt, / und was
versprengt ist, zusammenführen, / die, über
die ich Unheil gebracht habe.
7 Ich mache das Hinkende zum Rest / und
das Erschöpfte zu einem mächtigen Volk.
Und der HERR ist ihr König / auf dem Berg
Zion / von jetzt an auf ewig.
8 Und du, schützender Turm für die Herde, /
Felssporn der Tochter Zion,
zu dir wird sie gelangen und sie kommt
wirklich, / die frühere Herrschaft,
das Königtum zur Tochter Jerusalem.
9 Jetzt aber, warum schreist du so laut?
Ist denn kein König bei dir? / Ist dein Bera-
ter zugrunde gegangen,
dass dich Wehen gepackt haben wie eine
Gebärende?
10 Winde dich und brich in Geschrei aus, /
Tochter Zion, wie eine Gebärende!
Denn jetzt wirst du hinausgehen aus der
Stadt / und auf freiem Feld wohnen.
Du kommst nach Babel. / Dort wirst du ge-
rettet,
dort wird der HERR dich loskaufen / aus der
Hand deiner Feinde.
11 Jetzt versammeln sich gegen dich / viele
Nationen,
die sagen: Sie soll entweiht werden! / Und
unsere Augen sollen herabschauen auf Zion.
12 Aber sie haben nicht erkannt / die Pläne
des HERRN
und seine Absicht nicht verstanden: / dass
er sie gesammelt hat wie Garben auf einer
Tenne.

13 Steh auf und drisch, Tochter Zion! / Denn
ich mache dein Horn zu Eisen
und mache deine Hufe aus Erz / und du
wirst viele Völker zermalmen
und ihren ungerechten Besitz zum Banngut
für den HERRN machen, / für den Herrn der
ganzen Erde ihr Vermögen.

6: Ez 34,12–16; Zef 3,19 / **12**: Jes 55,8f.

ANKÜNDIGUNG DES MESSIAS: 4,14–5,5

14 Jetzt ritze dich wund, Tochter der Trauer! /
Einen Belagerungswall hat man gegen uns errichtet;
sie schlagen mit dem Stock ins Gesicht /
dem Richter Israels.
5 1 Aber du, Betlehem-Efrata, / bist zwar
klein unter den Sippen Judas,
aus dir wird mir einer hervorgehen, / der
über Israel herrschen soll.
Seine Ursprünge liegen in ferner Vorzeit, /
in längst vergangenen Tagen.
2 Darum gibt er sie preis, bis zu der Zeit, / da
die Gebärende geboren hat.
Dann wird der Rest seiner Brüder zurückkehren / zu den Söhnen Israels.
3 Er wird auftreten und ihr Hirt sein in der
Kraft des HERRN, / in der Hoheit des Namens
des HERRN, seines Gottes.
Sie werden in Sicherheit wohnen; denn nun
wird er groß sein / bis an die Grenzen der Erde.
4 Und er wird der Friede sein.
Wenn Assur in unser Land einfällt / und in
unsere Paläste eindringt,
dann stellen wir ihm sieben Hirten entgegen / und acht fürstliche Männer.
5 Sie werden das Land Assur mit dem Schwert
weiden, / Nimrods Land an seinen Zugängen.
Er wird uns vor Assur retten, / wenn es in
unser Land kommt / und in unser Gebiet eindringt.

5,1: Jes 11,1 / **2**: Jes 7,14; 9,5

HEILIGER REST: 5,6–14

6 Und der Rest Jakobs wird sein / inmitten
vieler Völker
wie Tau, der vom HERRN kommt, / wie Regen, der auf die Pflanzen fällt,
der auf niemand angewiesen ist / und auf
keinen Menschen zu warten braucht.
7 Und der Rest Jakobs wird sein unter den
Nationen, / inmitten vieler Völker,
wie ein Löwe unter den Tieren des Waldes, /
wie ein junger Löwe inmitten von Schafherden:
Wenn er vorübergeht, tritt er nieder / und
zerreißt und niemand ist da, der rettet.
8 Du wirst die Hand gegen deine Feinde erheben / und alle deine Gegner werden ausgerottet.
9 An jenem Tag / – Spruch des HERRN –
werde ich deine Pferde in deiner Mitte vernichten / und deine Kriegswagen zerstören.
10 Ich vernichte die Städte in deinem Land /
und reiße alle deine Festungen nieder.
11 Ich vernichte die Zaubermittel in deiner
Hand / und es wird bei dir keine Zeichendeuter mehr geben.
12 Ich vernichte deine Götterbilder / und
deine Steinmale aus deiner Mitte
und du wirst dich nicht mehr niederwerfen / vor dem Werk deiner Hände.
13 Ich reiße aus die Kultpfähle aus deiner
Mitte / und zerstöre deine Städte.
14 Ich übe Vergeltung in Zorn und Grimm /
an den Nationen, die nicht gehört haben.

6: Hos 14,6 / **9**: Sach 9,10 / **13**: Ex 23,24

5,1 Efrata: wird seit Gen 35,19 mit Betlehem identifiziert, aus dem die David-Dynastie hervorgegangen ist. Vgl. 1 Sam 16; 17,12. Vgl. Mt 2,6.

GERICHTSWORTE: 6,1–7,7

STREIT DES HERRN MIT SEINEM VOLK: 6,1–5

6 1 Hört doch, was der HERR sagt:
Auf, tritt an zum Rechtsstreit mit den
Bergen, / die Hügel sollen deine Stimme hören!
2 Hört, ihr Berge, den Rechtsstreit des
HERRN, / und ihr beständigen Fundamente
der Erde!
Denn der HERR hat einen Rechtsstreit mit
seinem Volk, / er geht mit Israel ins Gericht:
3 Mein Volk, was habe ich dir getan / und
womit habe ich dich ermüdet? Antworte mir!
4 Fürwahr, ich habe dich aus dem Land
Ägypten heraufgeführt / und dich freigekauft
aus dem Sklavenhaus.

Ich habe Mose vor dir hergesandt / und Aaron und Mirjam.

5 Mein Volk, denke doch an das, was Balak plante, der König von Moab, / und was ihm Bileam antwortete, der Sohn des Beor,

was zwischen Schittim und Gilgal geschah, / damit du die gerechten Taten des HERRN erkennst!

1: Jes 3,13–15; Hos 4,1–3 / 4: Dtn 5,6; 1 Sam 12,6 / 5: Num 22–24; Mi 7,9

DER ENTSCHEIDENDE RECHTSBESCHEID GOTTES: 6,6–8

6 Womit soll ich vor den HERRN treten, / mich beugen vor dem Gott der Höhe?

Soll ich mit Brandopfern vor ihn treten, / mit einjährigen Kälbern?

7 Hat der HERR Gefallen an Tausenden von Widdern, / an zehntausend Bächen von Öl?

Soll ich meinen Erstgeborenen hingeben für meine Vergehen, / die Frucht meines Leibes für meine Sünde?

8 Es ist dir gesagt worden, Mensch, was gut ist / und was der HERR von dir erwartet:

Nichts anderes als dies: Recht tun, Güte lieben / und achtsam mitgehen mit deinem Gott.

7: Lev 18,21 / 8: Am 5,21–26; Hos 2,21; 6,6

STREIT DES HERRN MIT DER STADT: 6,9–16

9 Die Stimme des HERRN ruft der Stadt zu: / Klug ist es, deinen Namen zu fürchten. – / Höre, du Stammesvolk und wer es befehligt!

10 Kann ich vergessen das Haus des Frevlers, / die frevlerisch erworbenen Schätze / und das geschrumpfte Maß, das verdammte?

11 Soll ich freisprechen bei ungerechter Waage / und bei einem Beutel mit falschen Gewichten?

12 Ja, die Reichen in der Stadt sind voll von Gewalttat / und ihre Bewohner reden Lüge

und ihre Zunge ist trügerisch in ihrem Mund.

13 Deshalb habe ich begonnen, dich zu schlagen, / dich wegen deiner Sünden zu verwüsten.

14 Du wirst essen und nicht satt werden – und dein Kot bleibt in dir.

Du wirst beiseiteschaffen und nichts retten. / Was du rettest, übergebe ich dem Schwert.

15 Du wirst säen und nicht ernten;

du wirst Oliven pressen und dich nicht mit Öl salben; / du wirst Trauben keltern und keinen Wein trinken.

16 Man hat sich nach Omris Satzungen gerichtet / und nach all den bösen Taten des Hauses Ahab; / nach ihren Ratschlägen seid ihr gewandelt.

Darum mache ich dich zur schauerlichen Wüste / und deine Bewohner zum Gespött.

Ihr müsst es ertragen, dass euch die Völker verhöhnen.

10: Am 8,5 / 14: Hos 4,10 / 15: Dtn 28,30–33 / 16: Ez 36,15; Hos 5,9; Zef 2,15

KLAGE DES PROPHETEN: 7,1–7

7 1 Weh mir!

Es geht mir wie nach der Obsternte, / wie bei der Nachlese im Weinberg:

Keine Traube ist da zum Essen, / keine Frühfeige, die mein Herz begehrt.

2 Verschwunden sind die Treuen im Land, / kein Redlicher ist mehr unter den Menschen.

Alle lauern auf Blut, / jeder macht Jagd auf den andern mit dem Netz.

3 Sie tun das Böse und lassen sich's gut gehen: / Der Beamte – er fordert

und der Richter – um Bezahlung. / Und der Große entscheidet nach seiner Habgier.

So verdrehen sie das Recht.

4 Noch der Beste unter ihnen ist wie ein Dornstrauch, / der Redlichste ist schlimmer als Dornengestrüpp.

Der Tag deiner Späher, deine Heimsuchung ist gekommen; / jetzt ergreift sie Bestürzung.

5 Traut dem Nachbarn nicht, / verlasst euch nicht auf den Freund!

Vor ihr, die an deiner Brust liegt, / hüte die Pforten deines Mundes!

6 Denn der Sohn verachtet den Vater, / die Tochter stellt sich gegen die Mutter,

die Schwiegertochter gegen die Schwiegermutter; / jeder hat die eigenen Hausgenossen zum Feind.

7 Ich aber schaue aus nach dem HERRN, / ich warte voll Vertrauen auf den Gott meiner Rettung.

Mein Gott wird mich erhören.

2: Ps 14,1–3; Jer 5,1 / 3: Jer 4,22 / 6: Mt 10,35f.

HEILSWEISSAGUNGEN: 7,8–20

JERUSALEMS ZUVERSICHT: 7,8–10
8 Freu dich nicht über mich, meine Fein-
din! / Zwar liege ich am Boden, doch ich
stehe wieder auf.
Zwar sitze ich in der Finsternis, / aber der
HERR ist mein Licht.
9 Den Zorn des HERRN muss ich tragen, /
denn ich habe gegen ihn gesündigt;
bis er meinen Rechtsstreit vertritt / und mir
Recht verschafft.
Er wird mich hinausführen ins Licht, / ich
werde seine Gerechtigkeit schauen.
10 Meine Feindin wird es sehen / und Scham
wird sie bedecken,
sie, die zu mir spricht: / Wo ist der HERR,
dein Gott?
Meine Augen werden auf sie schauen.
Nun wird sie zertreten, / wie Gassenkot.

8: Joh 8,12 / **9**: Jes 53,11 / **10**: Ps 42,4.11

WIEDERAUFBAU DER STADT: 7,11–13
11 Es kommt der Tag, an dem man deine Mau-
ern wieder aufbaut, / der Tag, an dem deine
Grenzen sich weiten.
12 An jenem Tag wird man zu dir kommen, /
von Assur bis Ägypten
und von Ägypten bis zum Eufrat, / von ei-
nem Meer zum andern und von einem Gebir-
ge zum andern.
13 Die Erde aber wird zur Öde / wegen ihrer
Bewohner als Frucht ihrer Taten.

JERUSALEMS GEBET: 7,14–20
14 Weide dein Volk mit deinem Stab, / die
Herde, die dein Erbbesitz ist,
die einsam im Wald wohnt / mitten im
fruchtbaren Land!
Sie sollen wieder im Baschan und in Gilead
weiden / wie in den Tagen der Vorzeit.
15 Wie in den Tagen, als du aus dem Land
Ägypten auszogst, / lass uns deine Wunder
schauen!
16 Die Nationen werden es sehen und zu-
schanden werden / in ihrer Macht.
Sie werden die Hand auf den Mund legen, /
ihre Ohren werden taub werden.
17 Sie werden Staub lecken wie die Schlan-
ge, / wie die Kriechtiere auf dem Erdboden.
Sie werden zitternd hervorkommen aus ih-
ren Verliesen; / an den HERRN, unseren Gott,
werden sie bebend sich wenden und dich
fürchten.
18 Wer ist Gott wie du, / der Schuld verzeiht
und an der Verfehlung vorübergeht / für den
Rest seines Erbteils!
Nicht hält er auf ewig fest an seinem Zorn, /
denn er hat Wohlgefallen daran, gütig zu sein.
19 Er wird sich unser wieder erbarmen, / er
wird niedertreten unsere Schuld.
Ja, du wirst in die Tiefen des Meeres wer-
fen / alle ihre Sünden.
20 Du wirst Jakob Treue / und Abraham
Liebe erweisen,
wie du unseren Vätern geschworen hast /
in den Tagen der Vorzeit.

14: Ez 34,11–16; Ps 95,7; 23,1f. / **18**: Jer 50,20; Ps 105,8 / **20**: Gen 22,16–18; 28,13–15; Ps 105,8f.; Lk 1,73

DER PROPHET NAHUM

Das Buch Nahum wird auf den gleichnamigen Propheten zurückgeführt. Weder seine Person noch seine Herkunft „der Elqoschiter" (aus der Nähe der assyrischen Hauptstadt Ninive?) sind näher bestimmbar. Seine Name „der Tröster" oder „der HERR tröstet" kennzeichnet das theologische Programm des Buches und ist wohl von dorther bestimmt.

Der überwiegende Teil des Buches geht auf diesen nicht näher bekannten Propheten zurück, der allem Anschein nach in Jerusalem aufgetreten ist. Die Zerstörung Thebens durch Assurbanipal im Jahr 664/663 v. Chr. und die vom Propheten angesagte Zerstörung Ninives 612 v. Chr. bilden den zeitlichen Rahmen für die Entstehung.

Ein späterer Redaktor des Zwölfprophetenbuches hat das „Loblied auf Gott" (1,2–8) vorangestellt und damit von Anfang an unterstrichen, dass der Gott Israels die Heilsgeschichte lenkt. Die Sprache ist an einigen Stellen durch poetische Verdichtung (insbes. 1,10f.) und durch Aufnahme militärischen Fachvokabulars (2,6ff.; 3,8ff.) nur schwer deutbar.

Nach der Überschrift setzt das Buch mit einem Psalm ein, einem Loblied auf Gottes Gerechtigkeit und Macht, der sich letztlich alle Reiche unterzuordnen haben. Dieser zeitlose Psalm schildert Gottes universale Größe und setzt damit ein unübersehbares Vertrauensmotiv an den Anfang des Buches. Im Anschluss daran wird in drei sich steigernden Reden die Zerstörung der assyrischen Hauptstadt angekündigt, die für ihre Hybris und für die gegen Israel ausgeübte unmenschliche Gewalt ihren verdienten Lohn erhält (3,1–19).

Die Gewaltschilderungen und die Darstellung Gottes als eines zürnenden Kriegsherrn sind unter dem Vorzeichen der bereits im Buchanfang zitierten Gnadenformel (vgl. Ex 34,6–7; Mi 7,18–20) zu lesen, die ein Bekenntnis zu Gottes Gerechtigkeit und Langmut setzt. Nahum verkündet einen Gott, dessen Gericht auf der Seite der Menschen steht, die zu Opfern menschenverachtender politischer Gewalt werden, und die Gewalttäter straft.

ÜBERSCHRIFT: 1,1

1 1 Ausspruch über Ninive. / Das Buch der Vision des Nahum aus Elkosch.

1: Jes 13,1

LOBLIED AUF GOTT: 1,2–8

2 Ein eifernder Gott, der Vergeltung übt, ist der HERR. / Vergeltung übt der HERR und ist voll Zorn.

Der HERR übt Rache an seinen Gegnern / und hält fest am Zorn gegen seine Feinde.

3 Der HERR ist langmütig und groß an Kraft; / doch ganz sicher lässt der HERR nicht ungestraft.

In Wirbel und Sturm nimmt er seinen Weg, / die Wolken sind der Staub seiner Füße.

4 Er droht dem Meer und macht es trocken, / alle Flüsse lässt er versiegen.

Verwelkt sind Baschan und Karmel, / die Blüte des Libanon ist verwelkt.

5 Die Berge beben vor ihm / und die Hügel geraten ins Wanken.

Es verödet die Erde vor ihm / der Erdkreis und alle seine Bewohner.

6 Vor seinem Groll – wer kann da bestehen? / Wer hält stand in der Glut seines Zorns?

Sein Grimm greift um sich wie Feuer / und die Felsen bersten vor ihm.
7 Gut ist der HERR, / eine feste Burg am Tag der Not.
Er kennt, die Zuflucht suchen bei ihm.
8 Doch in reißender Flut / macht er seinen Gegnern ein Ende / und Finsternis verfolgt seine Feinde.

2: Ex 20,5–7; Dtn 4,24; 5,9–11; Jes 1,24 / **3**: Ex 34,6f. / **4**: Ex 14f.; Jes 33,9; 50,2; 51,10; Ps 104,6f.; 106,9 / **5**: Jer 4,24; Mi 1,4; Hab 3,6; Ps 68,9; 97,4f. / **6**: Gen 19,24f.; Jes 30,27f.; Jer 23,29; Ps 69,25 / **7**: Jer 33,11; Ps 100,5; Spr 10,29 / **8**: Jes 10,23

TROST UND ZUSPRUCH FÜR JUDA: 1,9–2,1

9 Was plant ihr gegen den HERRN?
Er macht doch ein Ende. / Es soll nicht wieder Not aufkommen.
10 Wie dichtes Dornengestrüpp / und wie wirres Windengerank
werden sie verbrannt, wie dürre Spreu; nichts bleibt übrig.
11 Von dir ist abgezogen der Mann, / der Böses plant gegen den HERRN, / der Widergöttliches im Schild führt.
12 So spricht der HERR: / Auch wenn sie unversehrt sind und zahlreich, / sie werden abgeschnitten, sie gehen unter.
Habe ich dich auch gedemütigt, / ich werde dich nicht weiter demütigen.
13 Ja, jetzt zerbreche ich sein Joch, das auf dir lastet, / und deine Fesseln werde ich zerreißen.
14 Der HERR hat über dich bestimmt: / Von dir soll es keinen Nachkommen mehr geben.
Aus dem Haus deines Gottes will ich ausrotten / Schnitzbild und Gussbild.
Ich schaufle dein Grab; denn du bist verächtlich geworden.
2 1 Seht auf den Bergen die Schritte des Freudenboten! / Er verkündet Frieden!
Juda, feiere deine Feste, / erfülle deine Gelübde!
Denn der Unheilstifter durchstreift dein Land nicht mehr; / er ist völlig vernichtet.

1,9: Gen 8,21; 9,11.15; Hos 7,15 / **10**: Ex 15,7; Jes 34,13; 47,14; Hos 2,8 / **11**: 2 Kön 18,13–19,20; Hos 7,15 / **12**: 1 Kön 11,39; Jes 10,22 / **13**: Jes 9,3; Jer 2,20; 5,5; 28,3; 30,8 / **14**: Jes 14,19–21; Jer 8,1f.
2,1: Jes 40,9; 52,7–10; Jer 6,17

GERICHT ÜBER NINIVE: 2,2–3,19

ERSTE REDE GEGEN NINIVE: 2,2–14

2 Ein Mann zieht hinauf gegen dich, der dich zerschmettern wird.
Halt Wache! / Beobachte die Wege!
Mach deine Hüften stark! / Rüste dich mit Macht und Kraft!
3 Wahrhaftig, der HERR / stellt die Pracht Jakobs wieder her / wie die Pracht Israels;
denn Verwüster haben sie verwüstet / und ihre jungen Reben vernichtet.
4 Rot leuchtet der Schild seiner Helden. / Seine Krieger sind in Scharlach gekleidet.
Wie funkelnder Stahl glänzen die Streitwagen / am Tag, an dem er sie aufbietet, / und die Pferde tänzeln unruhig.
5 Durch die Gassen rasen die Streitwagen, / sie rammen sich gegenseitig auf den Plätzen.
Ihr Anblick gleicht Fackeln, / wie Blitze jagen sie daher.
6 Er denkt an seine Mächtigen; / sie aber straucheln beim Ansturm.
Sie eilen zur Stadtmauer, / wo das Schutzdach bereitsteht.
7 Die Flusstore sind geöffnet, / schon wankt der Palast,
8 er wird zur Schau gestellt. Sie wird entblößt, wird weggeführt; / ihre Mägde jammern wie gurrende Tauben / und schlagen sich an die Brust.

9 Ninive ist wie ein voller Teich, / dessen
Wasser davonfließt.
Bleibt stehen! Bleibt stehen! / Doch keiner
wendet sich um.
10 Plündert das Silber, plündert das Gold! /
Kostbarkeiten ohne Ende!
Welche Pracht aller Art / an bezaubernden
Schätzen!
11 Alles leer, entleert, verheert; / das Herz
verzagt. Es wanken die Knie,
ein Zittern in allen Hüften, / alle Gesichter
glühen rot.
12 Wo ist jetzt das Versteck der Löwen, / der
Futterplatz der jungen Löwen,
wohin der Löwe geht? Dort hält sich die
Löwin auf, / das Löwenjunge und niemand ist
da, der aufschreckt.
13 Reichen Raub machte der Löwe für seine
Jungen. / Er würgte für seine Löwinnen.
Mit Raub füllte er seine Höhlen, / seine Verstecke mit Raubgut.
14 Nun gehe ich gegen dich vor / – Spruch
des HERRN der Heerscharen.
Ich lasse deine Wagen in Rauch aufgehen, /
deine jungen Löwen frisst das Schwert.
Ich mache deinem Rauben auf der Erde ein
Ende, / nie mehr hört man den Ruf deiner Boten.

2: 1,11; Jes 5,26f.; Jer 6,22f. / **3**: Jes 5,1–7; Ps 68,35 / **4**: Jer 6,23; 46,9 / **5**: Ex 14,23ff.; Ez 21,6–22 / **7**: Ex 15,15 / **8**: Jes 38,14; 59,11 / **9**: Jes 22,9.11 / **10**: Ez 7,19–22; Hos 13,15 / **11**: Jes 13,7f.; Jer 30,6; Ez 21,12 / **12**: Ez 19,2–6 / **13**: Jes 5,29; Jer 2,14ff. / **14**: 3,5; Jer 23,30f.; 50,31; 51,25; Ez 5,8

ZWEITE REDE GEGEN NINIVE: 3,1–7

3
1 Weh der Stadt voll Blutschuld; / sie ist
nichts als Lüge.
Voll von Raffgier ist sie, / vom Rauben lässt
sie nicht ab.
2 Knallen von Peitschen / und Gedröhn rasselnder Räder,
durchgehende Pferde / und holpernde
Streitwagen.
3 Hochsteigende Reiter, / flammende
Schwerter, blitzende Lanzen,
eine Menge Erschlagener, / eine Masse von
Toten,
kein Ende der Leichen, / man stolpert über
ihre Leichen.
4 Wegen der zahllosen Hurereien der Hure, /
der Schönen in Anmut, der Meisterin der Zaubereien,
weil sie Völker verkaufte durch ihre Hurereien / und Stämme durch ihre Zaubereien.
5 Siehe, ich gehe gegen dich vor – Spruch des
HERRN der Heerscharen. / Deine Schleppe
hebe ich auf bis über dein Gesicht
und lasse die Völker deine Blöße sehen; /
die Königreiche sehen deine Schande.
6 Mit Kot bewerfe ich dich, / gebe dich der
Verachtung preis / und mache dich zum
Schaustück.
7 Dann wird es geschehen: Wer immer dich
sieht, / schreckt vor dir zurück und sagt:
Verwüstet ist Ninive. / Wer hat Mitleid mit
ihr?
Wo soll ich suchen / einen Tröster für dich?

1: Ez 22,2; 24,6.9; Am 5,1; Zef 3,1f.; Ps 59,13 / **2**: Jer 4,13; Joël 2,4f. / **3**: Jes 5,25; Ez 35,8; Ps 110,6 / **4**: 2 Kön 9,22; Offb 17f. / **6**: Jer 13,22–26; Ez 16,37; Hos 2,4f.; Nah 2,14 / **7**: Jes 51,19; Jer 15,5; Klgl 2,13; Ijob 2,11

DRITTE REDE GEGEN NINIVE: 3,8–19

8 Soll es dir besser ergehen als No-Amon, / das
an Strömen lag, / von Wasser rings umgeben,
dessen Schutzwall ein Meer, / dessen Mauern die Wasser waren?
9 Kusch war mächtig / und Ägypten kannte
keine Grenze.
Put und Libyen / kamen dir zu Hilfe.
10 Doch auch No-Amon musste in die Verbannung, / zog in die Gefangenschaft.
Auch seine Kinder wurden zerschmettert /
an den Ecken aller Gassen
und über seine Vornehmen / warf man das
Los.
Alle seine Großen / wurden in Fesseln gelegt.
11 Auch du wirst betrunken, / wirst ohnmächtig sein.
Auch du wirst Schutz suchen / vor dem
Feind.
12 All deine Festungen sind Bäume / mit
frühen Feigen:
Schüttelt man sie, dann fallen sie / dem, der
sie essen will, in den Mund.
13 Siehe, die Krieger in deiner Mitte / – Weiber sind sie.
Weit stehen deinen Feinden / die Tore deines Landes offen;
Feuer frisst deine Riegel.
14 Schöpf dir Wasser für die Belagerung, /
mach fest deine Festungen!
Tritt in den Lehm, / stampfe den Ton,
halte die Ziegelform fest!
15 Dann wird das Feuer dich fressen, / wird
das Schwert dich vertilgen, / wird dich fressen
wie ein Heuschreckenschwarm.

Werde zahlreich wie die Heuschrecken, /
zahlreich wie die Wanderheuschrecken!
16 Du hast deine Händler zahlreicher ge-
macht / als die Sterne am Himmel. / Die Heu-
schrecken häuten sich und fliegen davon.
17 Deine Höflinge sind wie Wanderheu-
schrecken, / deine Schreiber wie ein Schwarm
von Heuschrecken,
die sich an den Mauern lagern / an einem
kalten Tag.
Geht die Sonne auf, so fliehen sie eilig da-
von. / Man kennt ihren Ort nicht
– wo sind sie hin?
18 Deine Hirten schlummern, / König von
Assur; / deine Mächtigen ruhen.
Dein Volk ist über die Berge zerstreut / und
keiner sammelt es.
19 Keine Linderung gibt es für deinen Zu-
sammenbruch, / unheilbar ist deine Wunde.
Jeder, der hört, was man von dir erzählt, /
klatscht über dich in die Hände.
Denn wen traf nicht deine Schlechtigkeit /
zu jeder Zeit?

8: Jer 46,25 / **9:** Jer 46,9; Ez 30,5 / **10:** Jes 13,16; Hos 14,1; Joël 4,3; Ps 137,9 / **12:** Jer 24,1–10 / **13:** Jer 50,37; 51,30 / **15:** Ex 10,1–20 / **16:** Jer 46,23 / **17:** Spr 30,27 / **18:** 1 Kön 22,17; Ez 34; Sach 11,17; Ps 121,4f. / **19:** Jer 14,17; 30,12f.

DER PROPHET HABAKUK

Habakuk lebte um 600 v. Chr. zur Zeit des Königs Jojakim (609–598 v. Chr.) in Jerusalem. Ein Anhaltspunkt für dieses Datum ist der Sieg der Babylonier in der Schlacht bei Karkemisch 605 v. Chr. (Jer 46,2–12), der einen Feldzug gegen Jerusalem und Juda erwarten ließ. Habakuk deutet diesen Feldzug als Strafgericht im Auftrag Gottes. Habakuk begründet dieses Strafgericht mit den starken sozialen Missständen in Jerusalem. Allerdings war auch die ungeheuere Brutalität der Babylonier bekannt, die Habakuk prophetisch sieht und verurteilt.

Außer seinem Eigennamen, der vielleicht „Basilikum" oder „Gurke" bedeutet, wissen wir vom Propheten Habakuk nichts. Die LXX führt die Erzählung von Bel und dem Drachen (Dan 14,1.33ff.) auf den levitischen Propheten Habakuk, Sohn des Josua, ein Zeitgenosse Daniels im Babylonischen Exil, zurück, jedoch bezeugt diese unhistorische Notiz lediglich die breite Rezeption Habakuks in späterer Zeit.

Seine Vertrautheit mit kultischen, weisheitlichen und mythologischen Motiven lässt an einen Angehörigen der Jerusalemer Oberschicht denken, der das israelitische Erziehungsideal der Gerechtigkeit und damit die gesamte Lebensordnung gefährdet sieht.

Ob Habakuk ein Kultprophet war, der auf seinem „Wachposten" (Hab 2,1) stand, was an die Dienstposition der Priester und Leviten erinnert (vgl. Neh 13,30; 2 Chr 7,6 u. ö.), ist aufgrund seiner harten Botschaft füglich zu bestreiten.

Weite Teile des Buches bis hin zu exilischen Fortschreibungen gehen wohl auf Habakuk selbst zurück und spiegeln eine Entwicklung seiner Gedanken wider. Der Prophet selbst richtet seine Weheworte primär gegen innerjudäische Sozialgewalt (1,2–4.12a.13f.; 2,6–15), die er dann weiter fortschreibt als Weheworte gegen die Brachialgewalt der Babylonier; diese versteht er anfänglich noch als Strafwerkzeug Gottes (1,5–11.12b), leidet dann jedoch zunehmend unter der brutalen Gewalt der Zwingherrn (2,5b.6a.7f.10f.13.16f.).

Unsicher ist, ob auch der Psalm (Hab 3) in diesem Kontext gesehen werden kann. Er vermischt innerhalb einer hymnischen Inklusion Elemente der Theophanie und der individuellen Klage. Vielleicht arbeitete erst eine nachexilische Redaktion den Theophanie-Hymnus als Antwort auf die latente Theophaniefrage des Buches ein: Gott als bleibender Herr der Völker und Geschichte wird sich durchsetzen (3,2–16).

Sowohl die Hebräische Bibel wie auch die Septuaginta und die Texte aus Qumran, Nachal Hever und Wadi Murabba'at bezeugen das Buch, signalisieren aber allenthalben, dass der hebräische Text sehr kompliziert und bereits in der Antike an vielen Stellen nicht mehr in Ordnung war. Der ebenfalls im Buch der Oden enthaltene Psalm Hab 3 scheint schon sehr früh ein liturgisches Eigenleben geführt zu haben, denn bereits in Qumran wurde er nicht mit dem Habakukbuch zusammen überliefert.

Das Buch hat eine deutliche dialogische Struktur: Auf die Überschrift (1,1) folgen eine Klage über die Gewalt (1,2–4; formal erweitert durch ein Erhörungsorakel 1,5–11) und ein Wort des HERRN über die Einsetzung der Chaldäer (= Babylonier) als Gerichtsinstrument gegen Juda (1,12). Auf eine weitere Klage gegen das Unrecht der Unterdrücker (1,13–2,1; mit explizitem Erhörungsorakel 2,2–4) folgen Wehesprüche gegen Asozialität, Gewalt und Götzendienst (2,5–19). Der erste Teil des Buches wird abgeschlossen durch eine theologische Summe.

Den zweiten Teil des Buches bildet ein ausführlicher Theophaniepsalm (3,2–19), der aufgrund seiner eigenen Überschrift möglicherweise einmal ein literarisches Eigenleben geführt hat.

Das Buch ist wesentlich geprägt von einer klaren Stellungnahme des Propheten gegenüber jeder Art von Gewalt. Dabei handelt es sich einmal um eine interne Gewalt, die sich im asozialen Verhalten der Judäer untereinander zeigt (Hab 1,2–4). Doch der Gott Israels als der HERR der Geschichte schickt die Babylonier als Strafwerkzeug. Doch diese entwickeln selbst ein solches Ausmaß an externer Gewalt (Imperialismus, Vergöttlichung der Gewalt), dass der Prophet die Frage nach der Verhältnismäßigkeit stellt und das Miteinander von Gottes Geschichtsmacht und Gerechtigkeit in Frage stellt. Über weite Strecken hat das Buch deshalb Ijob-Qualität und berührt die zentralen Fragen der Theodizee.

Ziel des Buches ist die Gotteserkenntnis, die die Gewalt verdrängt und die Gottesherrschaft an die Stelle der gewaltbestimmten Gesellschaftskonstruktion stellt. Aber dies muss noch offenbar werden. Insofern ist das Buch grundsätzlich offen für eine eschatologische Erwartung (2,3f.). Die frühnachexilische Bearbeitung besingt dann Gottes universale Macht (3).

ÜBERSCHRIFT: 1,1

1 1 Ausspruch, den der Prophet Habakuk
in einer Vision sah.

DIALOG DES PROPHETEN MIT GOTT: 1,2–2,5

WIE LANGE? – DAS ERSTE GEBET DES PROPHETEN: 1,2–4

2 Wie lange, HERR, soll ich noch rufen / und du hörst nicht?
Ich schreie zu dir: Hilfe, Gewalt! / Aber du hilfst nicht.
3 Warum lässt du mich die Macht des Bösen sehen / und siehst der Unterdrückung zu?
Wohin ich blicke, sehe ich Gewalt und Misshandlung, / erhebt sich Zwietracht und Streit.
4 Darum ist die Weisung ohne Kraft / und das Recht setzt sich nicht mehr durch.
Ja, der Frevler umstellt den Gerechten / und so wird das Recht verdreht.

2: Ijob 19,7; Ps 13,2f.; 119,121; Jer 20,8 / 3: Ps 55,10–12; Am 3,9f.

GOTTES ANTWORT: 1,5–11

5 Seht auf die Völker, schaut hin, / staunt und erstarrt! / Denn gewiss vollbringt er in euren Tagen ein Werk / – würde man euch davon erzählen, ihr glaubtet es nicht.
6 Denn seht, ich stachle die Chaldäer auf, / das grausame, ungestüme Volk,
das die Weiten der Erde durchzieht, / um

Wohnplätze zu erobern, die ihm nicht gehören,
7 ein furchtbares und schreckliches Volk, / das
selbst sein Recht und seinen Rang bestimmt.
8 Seine Pferde sind schneller als Panther, /
wilder als die Abendwölfe.
Seine Rosse und Reiter stürmen heran, / sie
kommen aus der Ferne, sie fliegen herbei / wie
ein Geier, der sich auf seinen Fraß stürzt.
9 Sie rücken an, entschlossen zu roher Gewalt, / alle Gesichter vorwärts gerichtet. /
Gefangene raffen sie zusammen wie Sand.
10 Sie machen sich sogar über Könige lustig /
und lachen über mächtige Fürsten;
ja, sie spotten über jede Festung, / sie schütten einen Erdwall auf und nehmen sie ein.
11 Dann ziehen sie weiter, wie der Sturmwind sausen sie dahin. / Und sie haben ihre
Kraft zu ihrem Gott gemacht.

5: Jes 5,12; 53,1; Ps 44,2 / **6**: Dtn 1,8; Jer 5,15; Ez 26,7; Am 6,14 / **7**: Jes 18,2 / **8**: Jer 4,13; Nah 1,5; Zef 3,3 / **11**: Nah 1,3; Offb 18,21

WARUM? – ZWEITES GEBET DES PROPHETEN: 1,12–17

12 Bist du nicht seit Urzeiten, HERR, / mein
heiliger Gott? Gewiss werden wir nicht sterben!
HERR, du hast sie dazu gerufen, an uns das Gericht zu vollziehen: / Du, unser Fels, du hast sie dazu bestimmt, uns zu bestrafen.
13 Deine Augen sind zu rein, um Böses mit
anzusehen, / du kannst der Unterdrückung nicht zusehen.
Warum siehst du also den Treulosen zu und schweigst, / wenn der Ruchlose den Gerechten verschlingt?
14 Warum behandelst du die Menschen wie
die Fische im Meer, / wie das Gewürm, das keinen Herrn hat?
15 Mit der Angel holt er sie alle herauf, / er
schleppt sie weg in seinem Netz
und rafft sie fort in seinem Fischgarn; / er freut sich darüber und jubelt.
16 Deshalb opfert er seinem Netz / und
bringt seinem Fischgarn Rauchopfer dar; denn durch sie hat er reichen Gewinn / und ein üppiges Mahl.
17 Darum zückt er unablässig sein Schwert, /
um ohne Erbarmen die Völker zu morden.

12: Dtn 32,4.18.30f.37; Ps 90,1f.; 93,2; 102,13 / **13**: Gen 21,16; Ps 28,1; 35,22; 39,13; 83,2 / **14**: Spr 30,26f. / **15**: Jes 19,8f.; Ez 29,4 / **16**: Jes 25,6; Hos 11,2 / **17**: Ex 15,9; Ez 28,7; 30,11

GOTTES ANTWORT: 2,1–5

2 1 Ich will auf meinem Wachtturm stehen, / ich stelle mich auf den Wall und spähe aus,
um zu sehen, was er mir sagt / und was ich auf den Vorwurf gegen mich antworten soll.
2 Der HERR gab mir Antwort und sagte: /
Schreib nieder, was du siehst, schreib es deutlich auf die Tafeln, / damit man es mühelos lesen kann!
3 Denn erst zu der bestimmten Zeit trifft ein,
was du siehst; / aber es drängt zum Ende und ist keine Täuschung;
wenn es sich verzögert, so warte darauf; / denn es kommt, es kommt und bleibt nicht aus.
4 Sieh her: Wer nicht rechtschaffen ist,
schwindet dahin, / der Gerechte aber bleibt wegen seiner Treue am Leben.
5 Wahrhaftig, reiche Beute täuscht / den
hochmütigen Helden; / er wird keinen Erfolg haben,
reißt er auch wie die Unterwelt seinen Rachen auf / und ist er auch wie der Tod unersättlich.
Dann werden alle Völker sich gegen ihn versammeln / und alle Nationen sich gegen ihn zusammenrotten.

1: Jes 21,8; Ez 33,7; Ijob 23,4f. / **2**: Jes 8,1; 30,8 / **3**: Jes 46,13; 2 Petr 3,9 / **4**: Jes 7,9; Röm 1,17; Gal 3,11; Hebr 10,38 / **5**: Jes 43,9

2,4 Der Gerechte aber bleibt wegen seiner Treue am Leben: H; G präzisiert die Aussage: Der Gerechte aber wird aus dem Glauben an mich leben, für Paulus Basis der Rechtfertigungslehre; Röm 1,17; Gal 3,11.

WEHERUFE: 2,6–19

ÜBER DEN HABSÜCHTIGEN: 2,6–8

6 Werden sie nicht alle ein Spottlied auf ihn /
und einen Rätselspruch gegen ihn anstimmen? / Ja, sie werden sagen: Weh dem, der zusammenrafft, was nicht ihm gehört, / wie lange noch? – und sich hohe Pfänder geben lässt.

7 Werden nicht plötzlich die aufstehen, die dich beißen, / und die aufwachen, die dich bedrängen? / Dann wirst du zu ihrer Beute!
8 Du hast viele Völker ausgeplündert; / deshalb plündern jetzt die Völker dich aus, die übrig blieben,
wegen der Bluttaten am Menschen und der Gewalttaten an Land, / Stadt und ihren Bewohnern.

6: Jes 5,8. 14,4; Mi 2,4 / 7: Jes 33,1 / 8: Jer 30,16; Zef 1,13

ÜBER DEN AUSBEUTER: 2,9–14

9 Weh dem, der für sein Haus unrechten Gewinn sucht / und sich hoch droben sein Nest baut, / um dem drohenden Unheil zu entgehen!
10 Zur Schande für dein eigenes Haus hast du beschlossen, / viele Völker niederzuschlagen; / damit sündigst du gegen dich selbst.
11 Es schreit der Stein aus der Mauer / und der Sparren gibt ihm Antwort aus dem Gebälk.
12 Weh dem, der eine Stadt mit Bluttat erbaut / und eine Siedlung auf Unrecht gründet!
13 Bewirkt es nicht der HERR der Heerscharen, / dass die Völker sich plagen nur für das Feuer, / Nationen sich abmühen für nichts?
14 Ja, das Land wird erfüllt sein / von der Erkenntnis der Herrlichkeit des HERRN, / so wie das Meer mit Wasser gefüllt ist.

9: Jer 6,13; 8,10; Ez 22,27; Obd 4 / 11: Gen 4,10; Ijob 31,38 / 12: Jer 22,13.17; Mi 3,10 / 13: Jer 51,58 / 14: Jes 11,9

ÜBER DEN GEWALTTÄTIGEN: 2,15–17

15 Weh dem, der seinen Nächsten trinken lässt / aus dem Becher seines Zorns, ja, ihn betrunken macht, / damit man seine Blößen sieht!
16 Du hast dich an Schande gesättigt statt an Ehre; / nun trinke auch du und gerate ins Taumeln!
Der Becher in der Hand des HERRN kommt nun zu dir; / Schmach und Schande bedecken deine Ehre.
17 Denn die Gewalttat am Libanon wird dich bedecken / und die Vernichtung der Tiere wird dich tödlich erschrecken;
wegen der Bluttaten am Menschen und wegen der Gewalttaten an Land, / Stadt und all ihren Bewohnern.

15: Gen 9,21ff.; 2 Sam 11,13; Jer 51,7; Nah 3,5 / 16: Jes 51,17.22; Jer 25,15–28; 51,39.57; Klgl 4,21 / 17: Jes 37,24; Hab 2,8

ÜBER DEN GÖTZENDIENER: 2,18–19

18 Was nützt ein Götterbild, denn ein Bildhauer hat es gemacht, / ein gegossenes Bild und ein Lügenorakel,
dass der Bildhauer auf sein Bild vertraut, / um doch stumme Götzen anzufertigen?
19 Weh dem, der zum Holz sagt: Erwache! / und zum stummen Stein: Wach auf! / Gibt der Götze denn Auskunft?
Gewiss, er ist mit Gold und Silber überzogen, / doch er hat keinen Geist, keinen Atem.

18: Jes 44,9–20; 46,6f.; Jer 10,4ff. / 19: Jes 42,17; 1 Kor 12,1

GOTT ÜBER ALLEM: 2,20

20 Der HERR aber wohnt in seinem heiligen Tempel. / Alle Welt schweige in seiner Gegenwart.

20: Ps 11,4; Sach 2,17; Neh 8,11

HABAKUKS PSALM: 3,1–19

3 1 Gebet des Propheten Habakuk, / nach der Melodie von Schigjonot.
2 HERR, ich höre die Kunde, / ich sehe, HERR, was du früher getan hast.
Lass es in diesen Jahren wieder geschehen, / offenbare es in diesen Jahren!
Auch wenn du zürnst, denk an dein Erbarmen!

3 Gott kommt von Teman her, / der Heilige
kommt vom Gebirge Paran. [Sela]
Seine Hoheit überstrahlt den Himmel, /
sein Ruhm erfüllt die Erde.
4 Und ein Leuchten wie Licht wird sein, /
Strahlen gehen aus von seiner Hand,
in ihnen verbirgt sich seine Macht.
5 Die Seuche zieht vor ihm her, / die Pest
folgt seinen Schritten.
6 Er stellt sich auf und misst die Erde ab. / Er
blickt hin und lässt die Völker erzittern.
Da zerbersten die ewigen Berge, / versinken
die uralten Hügel.
Das sind von jeher seine Wege.
7 Die Zelte Kuschans sehe ich voll Unheil; /
auch in Midian zittern die Zelte.
8 HERR, ist dein Zorn gegen die Flüsse entbrannt, / gegen die Flüsse dein Zorn / und
dein Groll gegen das Meer,
dass du mit deinen Rossen heranstürmst /
und mit deinen siegreichen Wagen?
9 Du hast deinen Bogen aus der Hülle genommen, / gesättigt sind die Pfeile mit Botschaft. [Sela]
Du spaltest die Erde und es brechen Ströme
hervor.
10 Wenn sie dich sehen, erbeben die Berge, /
das Tosen der Wasser rauscht vorüber;
es erhebt die Urflut ihre Stimme, / hoch
oben vergisst die Sonne ihre Strahlen.
11 Der Mond bleibt in der Behausung; / als
Beleuchtung schwirren deine Pfeile, / als heller Schein das Blitzen deiner Lanze.
12 Voll Zorn schreitest du über die Erde, / in
deinem Groll zerstampfst du die Völker.
13 Du ziehst aus, um dein Volk zu retten, /
um deinem Gesalbten zu helfen.
Vom Haus des Ruchlosen schlägst du den
Dachfirst weg / und legst das Fundament frei
bis hinab auf den Felsen. [Sela]
14 Du durchbohrst mit seinen eigenen Pfeilen den Kopf seiner Krieger; / sie stürmten
heran, um mich zu verjagen;
das ist ihr Übermut, / gleichwie der, der darauf aus ist, den Armen zu fressen im Versteck.
15 Du bahnst mit deinen Rossen den Weg
durch das Meer, / durch das gewaltig schäumende Wasser.
16 Ich zitterte am ganzen Leib, als ich es hörte, / ich vernahm den Lärm und ich schrie.
Fäulnis befällt meine Glieder / und es wanken meine Schritte.
Doch in Ruhe erwarte ich den Tag der Not, /
der dem Volk bevorsteht, das über uns herfällt.
17 Zwar blüht der Feigenbaum nicht, / an
den Reben ist nichts zu ernten,
der Ölbaum bringt keinen Ertrag, / die
Kornfelder tragen keine Frucht;
im Pferch sind keine Schafe, / im Stall steht
kein Rind mehr.
18 Ich aber will jubeln über den HERRN / und
mich freuen über Gott, meinen Retter.
19 GOTT, der Herr, ist meine Kraft. /
Er macht meine Füße schnell wie die Füße
der Hirsche / und lässt mich schreiten auf
den Höhen.
Dem Chormeister. Zum Saitenspiel.

1: Ps 7,1 / **2**: Ps 44,2; Sir 5,6 / **3**: Dtn 33,2; Ri 5,4; Ps 8,2; 68,8–10; 148,13 / **4**: 1 Tim 6,16 / **5**: Dtn 32,24f.; Ps 91,6 / **6**: Am 1,2; Mi 1,3 / **7**: Nah 3,9 / **8**: Jes 19,1; 66,15 / **9**: Jes 22,6 / **10**: Ri 5,5; Nah 1,6–8; Ps 77,17f. / **11**: Nah 2,4f.; Ps 77,18 / **12**: Jes 10,6; Mi 4,13 / **14**: Ps 10,9 / **15**: Jes 43,16; Ps 77,17 / **16**: Jes 21,3f.; Zef 1,14–18 / **17**: Jer 5,17; Hos 2,14f. / **18**: Ps 18,47 / **19**: Ps 18,33f.

DER PROPHET ZEFANJA

Mit seinen nur 53 Versen ist das Buch Zefanja gleichwohl ein kleines Kompendium der Prophetie Israels. Es verbindet geschichtlich konkrete Unheilsworte gegen Juda und Jerusalem sowie gegen Völker im Umkreis Judas mit dem Ausblick auf ein endzeitlich „die ganze Erde“ (1,18; 3,8) erfassendes Gottesgericht. Zugleich knüpft das Buch an die Verheißung der heilvollen Zukunft eines geläuterten Israelvolks die einzigartige Hoffnung auf universale Verehrung des einen HERRN durch die geläuterten Völker (3,9–10 und 2,11!). Die Verheißungen setzen bei einem durch das Gericht hindurch von Gott bewahrten armen und geringen Volk an, das als demütiger „Rest Israels“ seine Zuflucht beim Namen des HERRN sucht und findet (3,12, vgl. 2,3!) und so den Namen Zefanja (lat. Sophonias) „DerHERR hat schützend geborgen“ im Buchkontext deutet.

Ungewöhnlich ist die in der Überschrift 1,1 angegebene viergliedrige Genealogie des Propheten. Zefanjas Vater heißt „Kuschi“, was als „Nubier / Äthiopier“ verstanden werden konnte. Daher wohl fügt die Redaktion drei weitere Vorfahren hinzu, deren Namen mit dem Gottesnamen gebildet sind, um so Zefanja und seine Vorfahren als eindeutig dem Volk des HERRN zugehörig zu erweisen. Der Name des Urgroßvaters Hiskija ist kaum auf den gleichnamigen König Judas zu deuten. Als Zeit des prophetischen Auftretens Zefanjas, wohl ausschließlich in Jerusalem, gibt die Überschrift die Epoche des Königs Joschija von Juda (641–609 v. Chr.) an. Näherhin kommt das Jahrzehnt nach 630 v. Chr. in Frage, wesentlich noch vor den 622 v. Chr. einsetzenden kultischen und sozialen Reformen Joschijas. Noch ist der kulturelle und religiöse Einfluss der assyrischen Oberherrschaft Judas in den primären Einzelworten gut erkennbar. Das Zefanjabuch verdankt sich einem mehrschichtigen Prozess der Sammlung, Bearbeitung und Fortschreibung, der über unterschiedliche Redaktionsstufen in exilischer und nachexilischer Zeit insgesamt vom 7. bis ca. ins 3 Jh. v. Chr. reicht. Zu den späteren Teilen gehören die Worte vom universalen Gericht (in 1,2–3.17–18; 3,8) und vom Heil der Völker (3,9–10; 2,11) sowie (noch später) von der Sammlung des zerstreuten Israelvolks (3,18–19.20).

Der Text des Zefanjabuches ist relativ gut überliefert, ausgenommen z. B. 1,14; 2,2.14; 3,18. Das Buch wird thematisch vom angekündigten „Tag des HERRN“ bestimmt. Dieser wandelt sich im Textverlauf vom „Tag“ des Unheils über Juda und Jerusalem, sodann über Völker und Welt, zum „Tag“ der Läuterung und Rettung, der Israel und die Völker in der Verehrung des einen Gottes vereint. Drei Hauptteile lassen sich unterscheiden; sie werden durch universale Gerichtsansagen in 1,18 und 3,8 markiert: 1,2–18 kündigt das Gottesgericht über Juda und Jerusalem an (1,4–16) und weitet es zu einem Weltgericht aus (1,2–3.17–18). 2,1–3,8 setzt mit einer Drohung und Mahnung an das Volk von Juda ein (2,1–3) und begründet diese mit dem kommenden Unheil über Nachbarvölker (2,4–15); in deren Geschick wird die Hauptstadt Jerusalem einbezogen (3,1–8), und zwar im Rahmen eines Völkergerichts, wie 3,8 in seiner überlieferten Form zu verstehen gibt. 3,9–20 zeigt endlich das andere Gesicht des „Tags des HERRN“: Der „Tag“ des Völkergerichts (3,8) wird zum „Tag“ der Läuterung und zur Wende in die heilvolle Zukunft der im Dienst des HERRN vereinten Nationen (3,9–10) wie zur Läuterung und Heilswende für Jerusalem (3,11–13; 3,14–15.16–17) und für das Israel in der Diaspora (3,18–19.20).

Die primären Einzelworte Zefanjas lassen ihre Herkunft aus mündlichem, rhetorisch wirksamem Vortrag noch gut erkennen. Zefanja spricht mit kräftiger Ironie, mit Anspielungen und in drastischer Bildsprache. So kündigt er den „Tag des HERRN“ als Schlachtopferfest und schockierende „Gegenliturgie“ an (1,7), in einer Art „Gegenhymnus“ als düsteren „Tag des Zorns“ gegen das eigene Volk (1,14–16, vgl. Am 5,18–20; Jes 2,12–17). Inhaltlich stellt Zefanjas Prophetie ihre Adressaten, vorab Jerusalems Oberschichtskreise (vgl. 3,1.3–4), mit unerbittlichem Ernst vor die Wirklichkeit des sicheren Gottesgerichts am nahen „Tag des HERRN“. Zefanja brandmarkt den religiösen und sozialen Verfall, wie er in der langen Regierungszeit des Manasse (699–643 v. Chr.) unter assyrischer Oberherrschaft im Südreich Juda eingetreten war. Die Entfremdung vom Gott Israels zeigt sich nicht nur im verfremdeten Gottesdienst, im Baalskult und in assyrisch-aramäischer Gestirnverehrung (1,4–5.6), sondern auch in assyrischer Kleidermode und entsprechenden Praktiken am Königshof, vor allem aber auch im gewalttätigen Gewinnstreben am Hof (1,8–9) wie beim Händlervolk der Neustadt Jerusalems (1,10–11). Die reichen Herren, die „auf ihren Weinhefen eindicken", glauben selbst nur noch an einen unbeweglichen Gott, der in ihre Geschicke nicht eingreift (1,12–13). Nur noch für das einfache Volk von Juda rechnet Zefanja mit der Hoffnung, mitten im Gerichtssturm geborgen zu bleiben (2,1–3).

Wirkungsgeschichtlich ist das Buch Zefanja insbesondere für die Ausbildung einer Theologie der Armen (Option für die Armen) bedeutsam geworden. Mit seiner Sicht des „Tags des HERRN" kommt dem Buch eine beachtliche Rolle in der Entfaltung biblischer Eschatologie zu. Zef 1,15–18 hat den mittelalterlichen Hymnus „Dies irae" entscheidend inspiriert. Die Hoffnung auf eine heilvolle Perspektive für den armen und demütigen „Rest Israels" wie für die Völkerwelt insgesamt schlägt eine Brücke zum Neuen Testament.

ÜBERSCHRIFT: 1,1

1 1 Das Wort des HERRN, das an Zefanja,
den Sohn Kuschis, des Sohnes Gedaljas,
des Sohnes Amarjas, des Sohnes Hiskijas, er-
ging in den Tagen des Joschija, des Sohnes
Amons, des Königs von Juda.

1: Hos 1,1; Joël 1,1; Mi 1,1

TAG DES GERICHTS ÜBER JUDA UND JERUSALEM, AUSGEWEITET ZUM WELTGERICHT: 1,2–18

UNIVERSALES GERICHT UND VERFEHLTER KULT: 1,2–6

2 Ich raffe, ja, raffe alles vom Erdboden weg – /
Spruch des HERRN.
3 Mensch und Vieh raffe ich weg, / die Vögel
des Himmels raffe ich weg
und die Fische im Meer, / nämlich, was die
Frevler zu Fall bringt,
und ich rotte die Menschen auf der Erde
aus – / Spruch des HERRN.
4 Ich strecke meine Hand gegen Juda aus /
und gegen alle Einwohner Jerusalems
und ich rotte von diesem Ort den Rest des
Baalsdienstes aus, / den Namen der Götzen-
priester samt den Priestern,
5 und jene, die sich auf den Dächern nieder-
werfen / vor dem Heer des Himmels,
auch jene, die sich vor dem HERRN nieder-
werfen, die ihm zuschwören, / zugleich aber
bei ihrem Königsgott schwören,
6 und die dem HERRN den Rücken kehren, /
die ihn nicht suchen und nicht nach ihm fragen.

2: Gen 6,7; 7,4 / **3**: Gen 1,20–28; Hos 4,3; Ez 38,20 / **4-5**: 2 Kön 23,4–14; Hos 10,5 / **5**: Dtn 4,19; 2 Kön 21,3–5; Jer 19,13 / **5**: Jer 5,7; 12,16 / **6**: Jes 59,13

SCHLACHTOPFERFEST DES HERRN ALS GERICHT ÜBER JERUSALEMS OBERSCHICHT: 1,7–13

7 Schweigt vor GOTT, dem Herrn! / Denn der
Tag des HERRN ist nahe.
Ja, der HERR hat ein Schlachtopfer vorbe-
reitet, / er hat seine Gäste schon geweiht.
8 Am Tag des Schlachtopfers des HERRN
wird es geschehen:
Da suche ich die Amtsträger heim / und die
Königssöhne
und alle, die fremdländische Kleider tragen;
9 an jenem Tag suche ich jeden heim, / der
über die Schwelle springt,
alle, die das Haus ihres Herrn anfüllen / mit
Gewalt und Betrug.
10 An jenem Tag wird es geschehen – Spruch
des HERRN:

Horch! Vom Fischtor her Geschrei / und aus der Neustadt lautes Jammern / und von den Hügeln her großes Getöse!

11 Jammert, ihr Bewohner der Senke! / Denn das ganze Krämervolk verstummt, / alle mit Silber Beladenen sind ausgerottet.

12 In jener Zeit wird es geschehen:

Ich durchsuche Jerusalem mit der Laterne / und suche die Herren heim,

die dick geworden sind auf ihrer Hefe, / die in ihrem Herzen sagen:

Der HERR wirkt weder Gutes / noch tut er Böses.

13 Darum werden ihre Reichtümer geraubt / und ihre Häuser verwüstet.

Sie werden Häuser bauen, aber nicht darin wohnen; sie werden Weinberge anlegen, aber den Wein nicht trinken.

7: Hab 2,20; Sach 2,17; Jes 34,6; Jer 46,10; Ez 39,17–20; Offb 19,17f. / **12**: Jer 48,11f.; Ps 10,4; Jer 5,12 / **13**: Dtn 28,30.39; Am 5,11

TAG DES HERRN: 1,14–18

14 Nahe ist der gewaltige Tag des HERRN, / er ist nahe, schnell kommt er herbei.

Horch, der Tag des HERRN ist bitter, da schreit sogar der Kriegsheld auf.

15 Ein Tag des Zorns ist jener Tag, / ein Tag der Not und Bedrängnis,

ein Tag des Krachens und Berstens, / ein Tag des Dunkels und der Finsternis,

ein Tag der Wolken und der schwarzen Nacht,

16 ein Tag des Widderhorns und des Geschreis /

gegen die befestigten Städte / und gegen die hohen Zinnen.

17 Da jage ich den Menschen Angst ein, / sodass sie wie blind umherlaufen;

denn sie haben sich gegen den HERRN versündigt.

Ihr Blut wird hingeschüttet wie Schutt / und ihr Lebenssaft wie Kot.

18 Weder ihr Silber noch ihr Gold / kann sie retten.

Am Tag des Zorns des HERRN – und vom Feuer seines leidenschaftlichen Eifers wird die ganze Erde verzehrt.

Denn er bereitet allen Bewohnern der Erde ein Ende, ein schreckliches Ende.

14–18: Am 5,18–20; Jes 2,12–17 / **15**: Dtn 28,53.55.57; Joël 2,1–2 / **16**: Jes 2,15 / **17**: Dtn 28,29; Jer 9,21; 1 Kön 14,10 / **18**: Jes 10,23; Ez 7,19

1,14–18 Dieses Wort hat den hochmittelalterlichen Hymnus Dies irae dies illa inspiriert.

1,14 vermuteter Text; H unsicher: Horch, der Tag des Herrn ist bitter, da schreit sogar der Kriegsheld auf.

1,17 Lebenssaft: H. Unsichere Bedeutung des hebräischen Wortes. Fleisch: G, Körper: Vg.

TAG DES GERICHTS ÜBER DIE VÖLKER UND ÜBER JERUSALEM: 2,1–3,8

MAHNUNG UND MÖGLICHE RETTUNG: 2,1–3

2 1 Sammelt euch, tut euch zusammen, du Volk, das nichts erstrebt,

2 ehe ihr zerstreut werdet / wie zerstiebende Spreu, / ehe der glühende Zorn des HERRN über euch kommt, / ehe über euch der Tag des Zorns des HERRN kommt!

3 Sucht den HERRN, all ihr Gedemütigten im Land, die ihr nach dem Recht des HERRN lebt!

Sucht Gerechtigkeit, / sucht Demut! / Vielleicht bleibt ihr geborgen / am Tag des Zorns des HERRN.

1: Jer 4,5–8; 8,14 / **2**: Hos 13,3; Ps 1,4; Ex 15,7 / **3**: Am 5,4–6.15; Jona 3,9

GERICHT ÜBER DIE NACHBARVÖLKER UND SIEG DES EINZIGEN GOTTES: 2,4–15

4 Ja, Gaza wird verlassen sein / und Aschkelon wird eine Wüste,

am hellen Mittag treibt man Aschdods Einwohner fort / und Ekron ackert man um.

5 Wehe, die ihr das Gebiet am Meer bewohnt, / ihr Volk der Kereter!

Das Wort des HERRN richtet sich gegen euch:

Kanaan, Land der Philister, / ich richte dich zugrunde, / keiner deiner Bewohner bleibt übrig.

2,2 ehe ihr … Spreu: vermuteter Text. – ehe Festgesetztes geboren wird, (schnell) wie Spreu, die in einem Tag verflogen ist: H, vgl. Vg.

6 Du wirst zum Weideland der Hirten / und zu Pferchen für Schafe und Ziegen.

7 Das Gebiet am Meer fällt dem Rest des Hauses Juda zu.

Darauf weiden sie; am Abend lagern sie in Aschkelons Häusern.

Denn der HERR, ihr Gott, kümmert sich um sie und wendet ihr Geschick.

8 Ich habe den Hohn Moabs gehört / und die Schimpfworte der Ammoniter,

die mein Volk verhöhnten / und große Reden führten gegen sein Land.

9 Darum – Spruch des HERRN der Heerscharen, / des Gottes Israels:

So wahr ich lebe: Moab wird wie Sodom werden / und die Ammoniter wie Gomorra,

ein Wucherplatz für Nesseln, eine Salzgrube / und eine Wüste für immer.

Der Rest meines Volkes wird sie ausplündern, / der Überrest meiner Nation wird sie beerben.

10 Das ist die Strafe für ihren Hochmut; denn sie höhnten und führten große Reden gegen das Volk des HERRN der Heerscharen.

11 Furcht erregend tritt der HERR gegen sie auf. Ja, er vernichtet alle Götter der Erde und alle Inseln der Völker werfen sich nieder vor ihm, jedermann an seinem Ort.

12 Auch ihr Kuschiter werdet von meinem Schwert durchbohrt.

13 Er streckt seine Hand auch nach Norden aus / und vernichtet Assur

und Ninive macht er zur Öde, / es verdorrt wie die Wüste.

14 Dort lagern Herden, / allerart Tiere der Weide,

auf den Kapitellen der Säulen / nächtigen Eule und Dohle.

Laut schreit es im Fenster, / ein Rabe krächzt auf der Schwelle. Denn das Zederngetäfel ist weg.

15 Das also ist die fröhliche Stadt, / die in Sicherheit thronte,

die in ihrem Herzen sagte: Ich / und sonst niemand!

Welch eine Wüste ist sie geworden, / ein Lager für die wilden Tiere.

Jeder, der dort vorbeikommt, pfeift / und hebt entsetzt seine Hand.

2,6 vermuteter Text, vgl. G; und der Landstrich am Meer wird zu Auen, zu Wiesen der Hirten …: H, Vg.

2,14 Rabe: G, Vg; Verwüstung: H. – denn das Zederngetäfel ist weg: vermuteter Text; denn er hat bloßgelegt das Zedernwerk: H.

4: Am 1,6–8; Jer 25,20; Sach 9,5–6 / **5:** Ez 25,15–17; Jer 47 / **7:** Jes 11,14; Jer 29,10–14 / **8:** Am 1,13–2,3; Jes 15f.; Jer 48,1–49,6; Ez 25,1–11; 35,12f. / **9:** Gen 19,23–38; Jes 11,14 / **11:** 3,9f.; Ps 95,3; 96,4–10; Mal 1,11; Jes 19,18–25 / **12:** Jes 18,1f.7; Nah 3,8–10 / **13:** Jer 46,6.10 / **14:** Lev 11,13–18; Jes 34,11 / **15:** Jes 47,8.10; Jer 18,16; 19,8; Klgl 2,15f.

WEHE ÜBER JERUSALEM: 3,1–5

3 1 Wehe, trotzige und schmutzige, gewalttätige Stadt!

2 Sie will nicht hören / und nimmt sich keine Warnung zu Herzen.

Sie verlässt sich nicht auf den HERRN / und sucht nicht die Nähe ihres Gottes.

3 Ihre Amtsträger in ihrer Mitte / sind brüllende Löwen.

Ihre Richter sind Abendwölfe, / die morgens Knochen malmen.

4 Ihre Propheten sind Schwätzer, / treulose Männer.

Ihre Priester entweihen das Heilige, / tun der Weisung Gewalt an.

5 Aber der HERR tritt für das Recht ein in ihrer Mitte, / er tut kein Unrecht.

Morgen für Morgen fällt er das Urteil, / es fehlt nie beim Aufgang des Lichts.

Doch der Böse kennt keine Scham.

2: Jer 7,28 / **3–4:** Ez 22,25–28 / **3:** Jer 21,12 / **4:** Jer 6,13; 8,10; 23,11.16 / **5:** Dtn 32,4; Ps 101,8

BESTRAFUNG JERUSALEMS IM VÖLKERGERICHT: 3,6–8

6 Ich habe Völker ausgerottet, / ihre Zinnen liegen zertrümmert am Boden.

Ich habe ihre Straßen entvölkert, / keiner geht dort mehr umher;

ihre Städte sind verwüstet, / ohne Menschen, ohne Bewohner.

7 Ich dachte: Sicher fürchtest du mich jetzt, / nimmst dir die Warnung zu Herzen;

und alles, was ich ihr auftrug, / wird sie immer vor Augen haben. Aber nein, sie begingen immer wieder / all ihre schändlichen Taten.

8 Darum wartet nur – Spruch des HERRN – / auf den Tag, an dem ich auftreten werde als Kläger.

Denn mein Rechtsspruch lautet: Völker will ich versammeln, / Königreiche biete ich auf;

dann schütte ich meinen Groll über sie aus, / die ganze Glut meines Zorns.

Denn vom Feuer meines Eifers wird die ganze Erde verzehrt.

6–7: Dtn 11,1–4; Jer 3,6–8 / **8:** 1,18

3,7 immer vor Augen haben: G und S; ihre Wohnung wird nicht zerstört werden: H, Vg.

TAG DER RETTUNG FÜR DIE VÖLKER UND FÜR JERUSALEM: 3,9–20

LÄUTERUNG DER VÖLKER UND WELTWEITE VEREHRUNG DES HERRN: 3,9–10

9 Ja, dann werde ich die Lippen der Völker ver-
wandeln / in reine Lippen, damit alle den Na-
men des HERRN anrufen, / ihm Schulter an
Schulter dienen.
10 Von jenseits der Ströme von Kusch / brin-
gen mir meine Verehrer dann als Gabe / die
Gemeinde meiner Verstreuten.

9: 2,11; Mal 1,11 / **10:** 2,12; Jes 18,1.7; 66,20

LÄUTERUNG JERUSALEMS UND VERHEISSUNG FÜR EIN ARMES UND DEMÜTIGES VOLK: 3,11–13

11 An jenem Tag
brauchst du dich nicht mehr zu schämen,
wegen all deiner schändlichen Taten, / die du
gegen mich verübt hast.
Ja, dann entferne ich aus deiner Mitte die
überheblichen Prahler
und du wirst nicht mehr hochmütig sein /
auf meinem heiligen Berg.
12 Und ich lasse in deiner Mitte übrig / ein
demütiges und armes Volk. Sie werden Zu-
flucht suchen beim Namen des HERRN
13 als der Rest von Israel.
Sie werden kein Unrecht mehr tun / und
nicht mehr lügen,
in ihrem Mund findet man / keine trügeri-
sche Rede mehr.
Ja, sie gehen friedlich auf die Weide / und
niemand schreckt sie auf, wenn sie ruhen.

11: Jes 29,22; 54,4 / **12:** 2 Kön 25,12; Jes 14,32 / **13:** Ps 15,1–5; 24,3–6; Offb 14,5; Jer 30,10; Ez 34,28; Mi 4,4

AUFRUF ZUR FREUDE UND ERMUTIGUNG AN DIE TOCHTER ZION: 3,14–17

14 Juble, Tochter Zion! / Jauchze, Israel!
Freu dich und frohlocke von ganzem Her-
zen, / Tochter Jerusalem!
15 Der HERR hat das Urteil gegen dich auf-
gehoben / und deine Feinde zur Umkehr ge-
zwungen.
Der König Israels, der HERR, ist in deiner
Mitte; / du hast kein Unheil mehr zu fürchten.
16 An jenem Tag wird man zu Jerusalem sa-
gen:
Fürchte dich nicht, Zion! / Lass die Hände
nicht sinken!
17 Der HERR, dein Gott, ist in deiner Mitte, /
ein Held, der Rettung bringt.
Er freut sich und jubelt über dich, / er
schweigt in seiner Liebe,
er jubelt über dich und frohlockt, / wie man
frohlockt an einem Festtag.

14: Jes 12,6; 54,1; Sach 2,14; 9,9 / **15:** Jes 52,7; 24,23; Mi 4,7 / **16:** Jes 54,4; Jer 30,10 / **17:** Ps 46,6; Jer 14,9; Jes 54,5f.; 62,4f.; 65,19; Jer 32,41

WIEDERHERSTELLUNG UND WELTWEITER RUHM FÜR DAS VOLK DES HERRN: 3,18–20

18 Ich mache deinem Unglück ein Ende, dass
du seinetwegen nicht mehr Schmach tragen
musst.
19 Siehe, in jener Zeit schreite ich ein gegen
alle, die dich unterdrücken.
Ich helfe den Hinkenden und sammle die
Verstreuten. Ich mache ihnen ihre Schmach zu
Ruhm und Ansehen auf der ganzen Erde.
20 In jener Zeit bringe ich euch heim, in jener
Zeit führe ich euch wieder zusammen.
Ja, ich verleihe euch Ansehen und Ruhm bei
allen Völkern der Erde, wenn ich euer Ge-
schick wende; ihr werdet es sehen – spricht der
HERR.

18: Ez 36,15 / **19:** Jer 23,3; Ez 34,16; Mi 4,6f.

3,17 er schweigt: H, Vg; er erneuert: G.

DER PROPHET HAGGAI

Die Bücher Haggai, Sacharja und Maleachi am Ende des Zwölfprophetenbuchs sind insgesamt in nachexilischer Zeit entstanden. Sie schildern die mühevolle Neubegründung der Israelgemeinde in Juda mit ihrem Zentrum im Jerusalemer Tempel im ausgehenden 6. und 5. Jh. v. Chr. Das Buch Haggai trägt (wie Sach) keine Überschrift. So wissen wir nichts von der familiären oder örtlichen Herkunft des Propheten. Mit seinem seltenen Namen Haggai „der am Festtag Geborene“ (lat. Aggaeus) ist er außerhalb des nach ihm benannten Buches noch in Esra 5,1 und 6,14 bezeugt, jeweils zusammen mit Sacharja. Da Sprache und Denkweise Haggais kultisch geprägt sind, könnte er aus einer priesterlichen Familie stammen.

Als Verfasser des textlich sehr gut überlieferten kleinen Buches mit seinen nur zwei Kapiteln kommen Redaktoren in Frage, die offenbar einem Jüngerkreis des Propheten angehören. Sie haben die Reden Haggais aufgezeichnet und in Wortereignisformeln genau datiert (1,1 mit 1,15a; 1,15b–2,1; 2,10.20). Die chronologischen Angaben beziehen sich auf die Regierungszeit des persischen Königs Darius I. (522–486 v. Chr.) und sind Teil eines Datierungssystems, das die Bücher Haggai und Sacharja 1–8 verbindet. Demnach ist Haggai im zweiten Regierungsjahr des Darius, in der zweiten Hälfte des Jahres 520 v. Chr. (vom 29. August bis zum 18. Dezember), in Jerusalem aufgetreten und hat mit glühendem Eifer für den Wiederaufbau des Tempels geworben. Denn im Jahr 520 lag der von den Babyloniern 586 v. Chr. zerstörte Tempel noch immer in Trümmern, obwohl der Perserkönig Kyrus schon 538 die Erlaubnis zur Heimkehr und zum Wiederaufbau des Tempels in Jerusalem gegeben hatte (Esra 6,3–5, vgl. Esra 1,1–4; 2 Chr 36,22f.). Von der Vollendung und Einweihung des Tempels im Jahr 515 v. Chr. verlautet im Buch nichts. So dürfte der Grundbestand des Büchleins wohl noch vor diesem Datum verfasst worden sein.

Das Buch Haggai enthält vier Redegänge des Propheten. Sie markieren die vier Hauptabschnitte des Buches und gehen auf einen viermaligen Empfang von Gottesworten durch den Propheten zurück. Die Abschnitte werden jeweils durch die Datierung des Wortempfangs und dazu durch die Angabe der Adressaten, an die sich die Gottesworte richten, eingeleitet: Der Abschnitt 1,1–15a berichtet im anklagenden Gotteswort von den Widerständen gegen den Wiederaufbau des Tempels im Volk. Das Gotteswort mahnt und gebietet, endlich mit dem Bau zu beginnen. Missernte und Dürre werden im fehlenden Einsatz des Volkes für den Tempelbau begründet (1,1–11). In der redaktionellen Einleitung 1,1 werden der von den Persern als Statthalter eingesetzte Davidide Serubbabel und der Hohepriester Jehoschua als Adressaten des an Haggai ergangenen Gottesworts genannt. Sie und das im Gotteswort primär angesprochene Volk machen sich auf die Rede des Propheten hin unter dem Beistand des HERRN an die Arbeit (1,12–15).

Im Abschnitt 1,15b–2,9 spricht Haggai den über die kümmerlichen Anfänge resignierten Verantwortlichen und dem Volk Mut zu. Das Gotteswort verkündet den mit kosmischen Erschütterungen einhergehenden Anbruch einer ungeahnten Heilszeit, in der die Völker ihre Schätze nach Jerusalem bringen werden, sodass die künftige Herrlichkeit des neuen Tempels jene des alten weit übertreffen wird. Im Abschnitt 2,10–19 fordert das Gotteswort Haggai auf, von Priestern eine Weisung über kultische Reinheit zu erbitten (2,10–14). Die Anfrage versteht sich als prophetische Zeichenhandlung, die deutlich machen soll, dass „dieses Volk“ kultisch „unrein“, d. h. kultunfähig, sei – und dies liege wesentlich an der Vernachlässigung des Tempelbaus (2,14 bezieht sich nicht auf die Samariter). Jedoch wird, so verheißt es der Prophet in 2,15–19, mit der Grundsteinlegung zum Tempel – gemäß 2,18 am 18. Dezember 520 v. Chr. – eine Zeit göttlichen Segens beginnen. Als Abschluss folgt noch am selben Tag die Verheißung in 2,20–23, dass Gott unter kosmischen Zeichen die Macht der Völkerkönige zerschlagen und den Davididen Serubbabel als seinen erwählten „Siegelring“ einsetzen wird.

Das kleine Büchlein unterscheidet sich schon in der Form von der Verkündigung der vorexilischen Propheten. Die Redegänge beziehen die Adressaten und ihre Äußerungen stärker in die Prophetenrede mit ein, verbunden mit einem diskutierenden Redestil, eindringlichen Mahnungen und Aufforderungen. Beherrschend steht der Tempel, nicht als Opferstätte, sondern als heilvolle Wohnstätte Gottes im Blick, an der aller Segen für das Volk liegt. Den Tempel, für dessen Wiedererrichtung sich Haggai leidenschaftlich einsetzte und den er in seinem Wort mit messianischem Glanz ausstattete, hat Jesus „das Haus meines Vaters“ (Joh 2,16) genannt.

AUFRUF ZUM TEMPELBAU UND ARBEITSBEGINN: 1,1–15

1 1 Im zweiten Jahr des Königs Darius erging
am ersten Tag des sechsten Monats das
Wort des HERRN durch den Propheten Haggai
an den Statthalter von Juda, Serubbabel, den
Sohn Schealtiëls, und an den Hohepriester
Jehoschua, den Sohn des Jozadak:
2 So spricht der HERR der Heerscharen: Die-
ses Volk sagt: Noch ist die Zeit nicht gekom-
men, das Haus des HERRN aufzubauen. 3 Da
erging das Wort des HERRN durch den Pro-
pheten Haggai: 4 Ist etwa die Zeit gekom-
men, / dass ihr in euren getäfelten Häusern
wohnt, / während dieses Haus in Trümmern
liegt? 5 Nun aber spricht der HERR der Heer-
scharen: / Überlegt doch, wie es euch geht!
6 Ihr sät viel und erntet wenig; / ihr esst und
werdet nicht satt; / ihr trinkt, aber zum Be-
trinken reicht es euch nicht; / ihr zieht Kleider
an, aber sie halten nicht warm, / und wer et-
was verdient, verdient es für einen löcherigen
Beutel. 7 So spricht der HERR der Heerscharen:
Überlegt also, wie es euch geht! 8 Geht ins Ge-
birge, schafft Holz herbei und baut den Tempel
wieder auf! Das würde mir gefallen und mich
ehren, spricht der HERR. 9 Ihr habt viel erhofft,
doch siehe, es wurde wenig; / und wenn ihr
es nach Hause brachtet, blies ich es weg. / Wa-
rum wohl? – Spruch des HERRN der Heerscha-
ren. / Weil mein Haus in Trümmern liegt, /
während jeder von euch für sein eigenes Haus
rennt. 10 Deshalb hält der Himmel euretwegen
den Tau zurück / und die Erde hält ihren Ertrag
zurück. 11 Ich rief die Dürre über das Land und
über die Berge, über das Getreide, über den
Wein und das Öl, über alles, was der Boden
hervorbringt, über Mensch und Vieh und über
alle Arbeit eurer Hände.
12 Serubbabel, der Sohn Schealtiëls, und der
Hohepriester Jehoschua, der Sohn des Jozadak,
und alle, die vom Volk noch übrig waren, hör-
ten auf die Stimme des HERRN, ihres Gottes,
auf die Worte des Propheten Haggai; denn der
HERR, ihr Gott, hatte ihn gesandt und das Volk
fürchtete sich vor dem HERRN. 13 Darum ver-
kündete Haggai, der Bote des HERRN, dem
Volk im Auftrag des HERRN: Ich bin bei euch
– Spruch des HERRN. 14 Und der HERR weckte
den Geist des Statthalters von Juda, Serubbabel,
des Sohnes Schealtiëls, und den Geist des
Hohepriesters Jehoschua, des Sohnes des Jo-
zadak, und den Geist all derer, die vom Volk
noch übrig waren, sodass sie kamen und die
Arbeit am Tempel ihres Gottes, des HERRN der
Heerscharen, aufnahmen; 15 das war am vier-
undzwanzigsten Tag des sechsten Monats.

1: Sach 1,1.7; 3,1–9; 4,6–10; Esra 5,1f. / **4**: Jer 22,14; 2 Kön 25,8f. / **6**: Dtn 28,38; Hos 4,10; Mi 6,14f. / **10**: Lev 26,19f.; Dtn 11,17 / **11**: Dtn 28,22–24; Hos 4,3; Am 4,7 / **14–15**: Sach 8,9 / **14**: Esra 1,5; Sach 4,6

VON DER FRÜHEREN ZUR KÜNFTIGEN HERRLICHKEIT DES TEMPELS: 1,15–2,9

Im zweiten Jahr des Königs Darius,
2 1 am einundzwanzigsten Tag des siebten
Monats, erging das Wort des HERRN
durch den Propheten Haggai:
2 Sag zu Serubbabel, dem Sohn Schealtiëls,
dem Statthalter von Juda, und zum Hohe-
priester Jehoschua, dem Sohn des Jozadak,
und zu denen, die vom Volk übrig sind: 3 Wer

ist unter euch noch übrig, / der diesen Tempel
in seiner früheren Herrlichkeit gesehen hat? /
Und wie seht ihr ihn jetzt? / Erscheint er euch
nicht wie ein Nichts? 4 Aber nun fasse Mut,
Serubbabel – Spruch des HERRN –, / fasse
Mut, Hohepriester Jehoschua, Sohn des Jo-
zadak, / fass Mut, alles Volk des Landes –
Spruch des HERRN –, / und macht euch an die
Arbeit! Denn ich bin bei euch – / Spruch des
HERRN der Heerscharen, 5 – wie ich im Bund
mit euch bei eurem Auszug aus Ägypten ver-
sprochen habe – und mein Geist bleibt in eu-
rer Mitte. Fürchtet euch nicht! 6 Denn so
spricht der HERR der Heerscharen: Nur noch
kurze Zeit, / dann lasse ich den Himmel und
die Erde, / das Meer und das Festland erbeben
7 und ich lasse alle Völker erzittern. / Dann
strömen die Schätze aller Völker herbei / und
ich erfülle dieses Haus mit Herrlichkeit, /
spricht der HERR der Heerscharen. 8 Mir ge-
hört das Silber und mir das Gold – / Spruch
des HERRN der Heerscharen. 9 Die künftige
Herrlichkeit dieses Hauses wird größer sein
als die frühere, spricht der HERR der Heer-
scharen. / Und an diesem Ort schenke ich
Frieden – Spruch des HERRN der Heerscha-
ren.

3: Esra 3,12; Tob 14,5 / **4**: Sach 8,9; Esra 3,2 / **5**: Sach 4,6; Jes 41,10 / **6**: Hebr 12,26 / **7**: Jes 60, 5–11; Ex 40,34f. / **8**: Jos 6,19.24; 1 Kön 7,51 / **9**: Tob 13,16; 14,5; Num 6,26; Sach 8,12

VON DER UNREINHEIT ZUM NEUEN HEIL: 2,10–19

10 Im zweiten Jahr des Darius erging am vier-
undzwanzigsten Tag des neunten Monats
dieses Wort des HERRN an den Propheten
Haggai:
11 So spricht der HERR der Heerscharen: Er-
bitte von den Priestern eine Weisung in fol-
gender Frage: 12 Wenn jemand heiliges Opfer-
fleisch im Bausch seines Gewandes trägt und
mit seinem Bausch Brot oder etwas Gekochtes
berührt oder Wein oder Öl oder sonst etwas
Essbares, wird dieses dadurch geheiligt? Die
Priester antworteten: Nein. 13 Da fragte Hag-
gai: Wenn jemand, der durch eine Leiche un-
rein geworden ist, das alles berührt, wird es
dann unrein? Die Priester antworteten: Es
wird unrein. 14 Darauf erwiderte Haggai:
Ebenso sind in meinen Augen dieses Volk und
diese Leute – Spruch des HERRN – / und eben-
so alle Arbeit ihrer Hände und was sie dort als
Opfer darbringen: Unrein ist es.
15 Nun aber gebt Acht von heute an und wei-
terhin! / Bevor man am Tempel des HERRN
Stein auf Stein legte, 16 wie ist es euch da er-
gangen? / Kam man zu einem Kornhaufen, der
zwanzig Maß haben sollte, so waren es nur
zehn; / kam man zur Kelter, um fünfzig Maß
zu schöpfen, waren es nur zwanzig. 17 Mit Ge-
treidebrand und Mehltau und Hagel schlug ich
euch, alle Arbeit eurer Hände, und doch wand-
te sich keiner unter euch mir zu – Spruch des
HERRN. 18 Gebt Acht von heute an und wei-
terhin, vom vierundzwanzigsten Tag des
neunten Monats an, dem Tag, an dem der
Grundstein zum Tempel des HERRN gelegt
wurde! Gebt Acht, 19 ob das Saatkorn weiter-
hin im Speicher bleibt und ob Weinstock und
Feigenbaum, Granatbaum und Ölbaum im-
mer noch keine Frucht tragen! Von heute an
spende ich Segen.

13: Num 19,11–22 / **16**: 1,6; Sach 8,10 / **17**: Am 4,6 / **19**: Sach 8,12

VERHEISSUNG AN DEN DAVIDSSOHN SERUBBABEL: 2,20–23

20 Am vierundzwanzigsten Tag des Monats
erging das Wort des HERRN ein zweites Mal
an Haggai:
21 Sag zu Serubbabel, dem Statthalter von
Juda: Ich lasse den Himmel und die Erde erbe-
ben. 22 Ich stürze die Throne der Könige und
zerschlage die Macht der Königreiche der Völ-
ker. Ich stoße die Kriegswagen samt ihren

Fahrern um, die Pferde sinken samt ihren Reitern zu Boden, einer vom Schwert des andern getroffen. 23 An jenem Tag – Spruch des HERRN der Heerscharen – nehme ich dich, mein Knecht Serubbabel, Sohn Schealtiëls, – Spruch des HERRN – und mache dich zu meinem Siegelring; denn ich habe dich erwählt – Spruch des HERRN der Heerscharen.

22: Ex 15,1.21 / **23**: 2 Sam 7,8; Sach 6,12f.; Jer 22,24

DER PROPHET SACHARJA

Der Prophet Sacharja („der HERR hat [gütig] gedacht / ist eingedenk") entstammt wahrscheinlich einer priesterlichen Familie (vgl. Sach 1,1.7; Neh 12,16); er ist nicht identisch mit dem in Mt 23,35 (vgl. 2 Chr 24,20–22) genannten Propheten. Sacharja tritt nach der Datierung in 1,1 erstmals im Oktober / November 520 v. Chr. in Jerusalem auf, kurz vor der Grundsteinlegung zum Tempelbau (am 18. Dezember 520, vgl. Hag 2,18.20), also noch während der Wirksamkeit des Propheten Haggai, mit dem ihn der Eifer für den Wiederaufbau des Tempels verbindet (vgl. Esra 5,1; 6,14). Gemäß 1,7 empfängt Sacharja am 15. Februar 519 v. Chr. eine Reihe von nächtlichen Visionen (1,7–6,8). Es sind ursprünglich sieben Symbolvisionen; als nachträglich eingefügt gilt zumeist die andersartige Vision 3,1–10, die den Propheten an der Entsündigung und Neueinkleidung des Hohepriester Jehoschua teilnehmen lässt. Die letzte Datumsangabe in 7,1 bezieht sich auf den 7. Dezember 518. Sacharja ist demnach von 520 bis 518 in Jerusalem aufgetreten. Ob er die Tempelweihe im Jahre 515 v. Chr. miterlebt hat, wissen wir nicht. Die Datierungen in Sach 1,1.7; 7,1 und die Botschaft vom neuen Tempel und vom geläuterten neuen Jerusalem schließen den Buchteil Sach 1–8 eng an das Buch Haggai an (s. dort).

Das Buch Sacharja zerfällt in zwei deutlich voneinander geschiedene Hälften: Kap. 1–8 und Kap. 9–14. In der ersten Hälfte tritt Sacharja hauptsächlich in Ich-Rede auf oder wird in 3. Person genannt; in Wortereignisformeln wird ein erzählender Zusammenhang hergestellt. Konkrete zeitgeschichtliche Bezüge treten charakteristisch hervor (Tempelbau; Perserkönig Darius, Jehoschua, Serubbabel). Solche Bezüge bleiben in der zweiten Buchhälfte eher im Hintergrund. Die veränderten Zeitumstände zeigen sich vielmehr in der ausdrücklichen Erwähnung der Griechen („Jawan" 9,13). Sacharja wird gar nicht mehr erwähnt. Der Text wendet sich entschieden dem Endgeschehen zu. Die Zukunftsperspektive ist nachdrücklich eschatologisch. Apokalyptische Züge deuten sich an (Zeit der Bedrängnis – Heilszeit, vgl. Sach 14), wenngleich deren Charakteristika wie eine Periodisierung der Zeit und der Stil der Enthüllung fehlen.

Die zweite Buchhälfte wird durch die Zwischenüberschrift „Ausspruch" in 9,1 und 12,1 markiert und nochmals zäsuriert. So entstehen drei Buchteile: 1–8; 9–11; 12–14. Den ersten Buchteil Sach 1–8 gliedern die Überschriften 1,1.7; 7,1 in drei Unterteile: 1,1–6 enthält eine programmatische Umkehrpredigt, die ausdrücklich an „die früheren Propheten" erinnert (V. 4). In 1,7–6,8 folgt der Zyklus von insgesamt acht Visionen, die der Prophet in einer einzigen Nacht empfängt. Die visionären Vorgänge gehen vom himmlischen Bereich aus, zielen aber auf die Wiederherstellung und Neuordnung Jerusalems und des Gottesvolks, mit dem das heilvolle Geschick der Weltvölker eng verknüpft wird (2,15!). Ergänzt wird die Visionenreihe durch den Bericht von einer prophetischen Zeichenhandlung (6,9–15), in der der Hohepriester Jehoschua gekrönt und damit in seinem Amt zu höchster Würde neben dem königlichen davidisch-messianischen „Spross" gelangt. Der Text knüpft an die Rede von den beiden Gesalbten („Ölsöhnen"), einem priesterlichen und einem königlichen Messias, in 4,14 (in der Vision 4,1–14) an. In 7,1–8,23 folgen eine Belehrung über das rechte Fasten (7,1–14), die Mahnungen vorexilischer Propheten aufnimmt (z. B. Hos 6,6; Jes 1,17; Jer 7,5f.) sowie Verheißungsworte für Jerusalem und Juda (8,1–23); in ihnen weitet sich der Geschichtskreis im Motiv von der Völkerwallfahrt nach Jerusalem universal aus (V. 22, vgl. z. B. Jes 2,1–5).

Der zweite Buchteil Sach 9–11 rückt zunächst in 9,1–8 den Herrschaftsanspruch des HERRN auf die Nachbarvölker und den aus ihnen geretteten „Rest" als Teil des Gottesvolks in den Blick. 9,9–10 kündigt den demütigen und gewaltlosen messianischen Friedenskönig und die Beseitigung aller Kriegsmacht an. Ergänzend tritt die andersartige Verheißung 9,11–17 hinzu: Der HERR tritt kriegerisch für die Befreiung Israels ein. Gottes Erbarmen und Treue als wahrer Hirte seiner Herde Israel wird die siegreiche Heimholung aller Verbannten des ehemaligen Nord- und Südreichs in Gang setzen (10,1–11,3). Die Zeichenhandlung in 11,4–17 mit den beiden Hirtenstäben „Freundlichkeit" und „Verbundenheit", die zerbrochen werden, brandmarkt soziale Missstände im Volk, da die führende Schicht, die „Hirten", mitleidlos Schwächere ausnutzt, aber auch die Herde die göttliche Zuwendung nicht achtet. Mit ihrer Kritik steht die anonyme Prophetie ganz in der Tradition der vorexilischen Propheten von Amos bis Zefanja.

Der dritte Buchteil Sach 12–14 kreist thematisch um das Geschick des Gottesvolks mit seinem Zentrum in Jerusalem im Endzeitgeschehen, in das die Völker einbezogen werden. 12,1–13,1 stellt das vor allen äußeren Feinden gerettete und von seinen Sünden gereinigte Jerusalem vor. Zur Quelle der Gnade für das Haus David und Jerusalems Einwohner wird die geheimnisvolle messianische Gestalt dessen, „den sie durchbohrt haben" (12,10–14; 13,1, vgl. Jes 53,5!) und um den große Klage gehalten wird. Im Gottesvolk wird es keine Götzenverehrung und keine Falschpropheten mehr geben (13,2–6). Selbst das im Endzeitgericht übrig gebliebene Drittel des Volks muss noch geläutert werden, dann wird die volle Bundesgemeinschaft des HERRN mit seinem Volk wiederhergestellt sein (13,7–9). Das apokalyptisch gefärbte Schlusskapitel Sach 14 vom Endzeitgeschehen in und um Jerusalem am „Tag des HERRN" malt die in Hag 2,21 angekündigte kosmische Erschütterung weiter aus. Der Völkersturm gegen Jerusalem, von Gott selbst herbeigeführt, von ihm aber auch zum Kampf gegen die Völker umgekehrt, wandelt sich am Ende zur Wallfahrt der Völker zum Zionsberg als dem wahren Zentrum der Welt: Die Völker verehren zusammen mit dem erretteten Israel den HERRN als den einzigen Gott (V. 9) und den König der Welt (V. 16).

Die drei Teile des Sacharjabuches sind aus sukzessiver Fortschreibung und Aktualisierung der jeweils vorliegenden Teile, aber auch unter Einbezug einer Fülle von Motiven und Anspielungen auf ältere prophetische Texte entstanden (vom 5. bis zum 3./2. Jh. v. Chr.). Die Bedeutung der Botschaft des Buches liegt grundlegend in dem Ziel, das Gottesvolk nach den Schicksalsschlägen der Vergangenheit und angesichts einer trostlosen Gegenwart aus der Hoffnungslosigkeit herauszuführen und mit dem Blick auf das Kommen der endzeitlichen Gottesherrschaft zum Einsatz für die Neuordnung des Gottesvolkes zu befähigen. Der Weg zur verheißenen Heilszeit aber führt allein über eine radikale Läuterung und gnadenhafte Entsündigung. An der Hoffnung für Israel mit seinem Zentrum in Jerusalem, dem Ort der Gottesgegenwart, werden auch die fremden Völker teilhaben (vgl. 2,15; 8,20–22.23; 9,7; 14,16).

Die drei Buchteile stellen jeweils unterschiedlich beschriebene messianische Gestalten vor (vgl. 4,14 und 6,12–13; 9,9–10; 12,10). Im Neuen Testament ist das Bild des demütigen Friedenskönigs von Sach 9,9–10 in Mt 21,4f. und Joh 12,14f. auf Jesus bezogen, ebenso das Wort vom „Durchbohrten" Sach 12,10 in Joh 19,37; Offb 1,7. Die dreißig Silberstücke von Sach 11,12f. werden in Mt 27,9f. erwähnt. Zahlreiche Anspielungen in der Offenbarung des Johannes (5,6; 6,2 u. a.) bezeugen die Wertschätzung des Sacharjabuches und seine Deutung auf das in Jesus Christus gekommene Heil in der frühen Christenheit.

ERSTER TEIL: VISIONEN UND WORTE SACHARJAS: 1,1–8,23

AUFRUF ZUR UMKEHR: 1,1–6

1 1 Im zweiten Jahr des Darius erging im
achten Monat das Wort des HERRN an
den Propheten Sacharja, den Sohn Berechjas,
des Sohnes Iddos: 2 Schwer hat der HERR eu-
ren Vätern gezürnt. 3 Deshalb sag zu ihnen:
So spricht der HERR der Heerscharen: Kehrt
um zu mir – Spruch des HERRN der Heerscha-
ren –, / dann kehre ich um zu euch, spricht der
HERR der Heerscharen. 4 Seid nicht wie eure
Väter, denen die früheren Propheten verkün-
deten: So spricht der HERR der Heerscharen:
Kehrt doch um von euren heillosen Wegen
und von euren heillosen Taten! Aber sie hör-
ten nicht und schenkten mir kein Gehör –
Spruch des HERRN. 5 Wo sind nun eure Vä-
ter? / Und die Propheten – leben sie ewig?
6 Meine Worte und meine Gesetze, die ich
meinen Knechten, den Propheten, gebot, ha-
ben sie sich nicht an euren Vätern erfüllt? Da-
rauf kehrten sie um und sagten: Wie der HERR
der Heerscharen geplant hatte, nach unseren
Wegen und unseren Taten an uns zu handeln,
so hat er an uns gehandelt.

1: Esra 5,1; Hag 1,1 / **3**: Mal 3,7; Klgl 5,21; Jak 4,8 / **4**: 7,7.12

ERSTE VISION: DIE AUSGESANDTEN HIMMLISCHEN REITER: 1,7–17

7 Am vierundzwanzigsten Tag des elften Mo-
nats – das ist der Monat Schebat – im zweiten
Jahr des Darius erging das Wort des HERRN
an den Propheten Sacharja, den Sohn Berech-
jas, des Sohnes Iddos. 8 In dieser Nacht hatte
ich eine Vision: Siehe, ein Mann, der auf einem
roten Pferd ritt. Er stand zwischen den Myr-
tenbäumen, die an der Wassertiefe sind, und
hinter ihm waren rotbraune, fuchsrote und
weiße Pferde. 9 Ich fragte: Mein Herr, was be-
deuten diese Pferde? Und der Engel, der mit
mir redete, sprach: Ich will dich sehen lassen,
was sie bedeuten. 10 Da ergriff der Mann, der
zwischen den Myrtenbäumen stand, das Wort
und sagte: Das sind die, welche der HERR ge-
sandt hat, damit sie die Erde durchziehen.
11 Und sie meldeten dem Engel des HERRN, der
zwischen den Myrtenbäumen stand: Wir ha-
ben die Erde durchzogen – und siehe, die gan-
ze Erde ruht und liegt still. 12 Da ergriff der
Engel des HERRN das Wort und sprach: HERR
der Heerscharen, wie lange versagst du noch
Jerusalem und den Städten Judas dein Erbar-
men, denen du nun siebzig Jahre zürnst? 13 Der
HERR antwortete dem Engel, der mit mir re-
dete, in freundlichen Worten, Worten voll
Trost. 14 Da sagte mir der Engel, der mit mir
redete: Verkünde: So spricht der HERR der
Heerscharen: Mit großem Eifer trete ich für
Jerusalem und Zion ein; 15 aber ich bin voll
glühendem Zorn gegen die Völker, die sich in
falscher Sicherheit wiegen; / als ich selbst nur
ein wenig erzürnt war, halfen sie dem Unheil
nach. 16 Darum – so spricht der HERR: Voll
Erbarmen wende ich mich Jerusalem wieder
zu. / Man wird mein Haus dort aufbauen –
Spruch des HERRN der Heerscharen – und die
Richtschnur über Jerusalem spannen. 17 Wei-
ter verkünde: So spricht der HERR der Heer-
scharen: Meine Städte werden wieder überflie-
ßen von Gütern. Der HERR wird Zion wieder
trösten und er wird Jerusalem wieder auser-
wählen.

7: Hag 2,10.18.20 / **8**: 6,1–8 / **10**: Ijob 1,7; 2,2 / **14**: 8,2 / **15**: Zef 3,8 / **16**: 2,5–9; Jer 31,38–40 / **17**: 2,16; Jes 51,3; 52,9

ZWEITE VISION: DIE VIER HÖRNER UND DIE VIER SCHMIEDE: 2,1–4

2 1 Danach erhob ich meine Augen und sah:
Siehe, da waren vier Hörner. 2 Ich fragte
den Engel, der mit mir redete: Was bedeuten
diese? Er antwortete mir: Das sind die Hörner,
die Juda, Israel und Jerusalem zerstreut haben.
3 Darauf ließ mich der HERR vier Schmiede
sehen. 4 Ich fragte: Wozu sind diese gekom-
men? Und er antwortete: Jene sind die Hörner,
die Juda zerstreut haben, sodass kein Mensch
mehr sein Haupt erhob; die Schmiede aber
sind gekommen, um sie zu erschrecken und
die Hörner der Völker niederzuwerfen, die das
Horn gegen Juda erhoben haben, um es zu zer-
streuen.

4: Dan 7,7–8

DRITTE VISION: DER MANN MIT DER MESSSCHNUR: 2,5–9

5 Danach erhob ich meine Augen und sah:
Siehe, da war ein Mann mit einer Messschnur
in der Hand. 6 Ich fragte: Wohin gehst du? Er
antwortete mir: Jerusalem auszumessen, um
zu sehen, wie breit und wie lang es ist. 7 Und
siehe, da trat der Engel, der mit mir redete,

hervor und ein anderer Engel trat auf, ihm ent-
gegen. 8 Er sagte zu ihm: Lauf und sag dem
jungen Mann dort: Jerusalem wird eine offene
Stadt sein wegen der vielen Menschen und
Tiere in seiner Mitte. 9 Ich selbst – Spruch des
HERRN – werde für Jerusalem ringsum eine
Mauer von Feuer sein und zur Herrlichkeit
werden in seiner Mitte.

5: 1,16; Ez 40,3.5; Am 7,7 / **8**: Ez 38,11 / **9**: 9,8; Ex 13,21f.; Jes 4,5; 60,1f.

ERGÄNZENDE HEILSWORTE FÜR ZION: 2,10–17

10 Auf, auf! Flieht aus dem Land des Nordens
– Spruch des HERRN. Denn wie die vier Win-
de des Himmels habe ich euch zerstreut –
Spruch des HERRN. 11 Wehe, Zion, die du bei
der Tochter Babel wohnst, rette dich! 12 Denn
so spricht der HERR der Heerscharen – um der
Ehre willen hat er mich gesandt – gegen die
Völker, die euch ausgeplündert haben: Wer
euch antastet, tastet meinen Augapfel an. 13 Ja,
jetzt hole ich mit meiner Hand zum Schlag
gegen sie aus, sodass sie eine Beute ihrer eige-
nen Knechte werden. Und ihr werdet erken-
nen, dass der HERR der Heerscharen mich
gesandt hat.

14 Juble und freue dich, Tochter Zion; denn
siehe, ich komme und wohne in deiner Mitte
– Spruch des HERRN. 15 An jenem Tag werden
sich viele Völker dem HERRN anschließen und
sie werden mein Volk sein und ich werde in
deiner Mitte wohnen. Dann wirst du erken-
nen, dass der HERR der Heerscharen mich zu
dir gesandt hat. 16 Der HERR aber wird Juda in
Besitz nehmen als sein Anteil im Heiligen
Land. Und er wird Jerusalem wieder auser-
wählen. 17 Alle Welt schweige in der Gegen-
wart des HERRN. Denn er tritt hervor aus sei-
ner heiligen Wohnung.

10: 6,6.8 / **12**: Dtn 32,10 / **16**: 1,17 / **17**: Hab 2,20; Zef 1,7

VIERTE VISION: ENTSÜNDIGUNG DES HOHEPRIESTERS IM LICHT MESSIANISCHER ERWARTUNG: 3,1–10

3 1 Danach ließ er mich den Hohepriester
Jehoschua sehen, der vor dem Engel des
HERRN stand. Der Satan aber stand zu seiner
Rechten, um ihn anzuklagen. 2 Der Engel des
HERRN sagte zum Satan: Der HERR weise
dich in die Schranken, Satan; ja, der HERR,
der Jerusalem auserwählt hat, weise dich in
die Schranken. Ist dieser da nicht ein Holz-
scheit, das man aus dem Feuer gerissen hat?
3 Jehoschua hatte nämlich schmutzige Kleider
an, als er vor dem Engel stand. 4 Dieser wand-
te sich an seine Diener und befahl: Zieht ihm
die schmutzigen Kleider aus! Zu ihm aber
sagte er: Siehe, hiermit nehme ich deine
Schuld von dir. Nun soll man dich mit festli-
chen Gewändern bekleiden. 5 Und ich befahl:
Man soll ihm einen reinen Turban auf sein
Haupt setzen. Da setzten sie ihm den reinen
Turban auf sein Haupt und bekleideten ihn
mit Gewändern und der Engel des HERRN
stand dabei.

6 Der Engel des HERRN versicherte Jeho-
schua: 7 So spricht der HERR der Heerscharen:
Wenn du auf meinen Wegen gehst und wenn
du meine Ordnung einhältst, dann wirst du es
sein, der mein Haus regiert und meine Vorhö-
fe verwaltet, und ich gebe dir Zutritt zu mei-
nen Dienern hier.

8 Höre, Hohepriester Jehoschua: Du und
deine Gefährten, die vor dir sitzen, ihr seid
Männer, die als Wahrzeichen dienen: Denn
siehe, ich will meinen Knecht kommen lassen,
den Spross. 9 Ja, siehe, der Stein, den ich vor
Jehoschua hingelegt habe – auf diesem einen
Stein sind sieben Augen –, siehe, ich ritze in
ihn eine Inschrift ein – Spruch des HERRN der
Heerscharen – und ich tilge die Schuld dieses
Landes an einem einzigen Tag. 10 An jenem Tag
– Spruch des HERRN der Heerscharen – werdet
ihr einander einladen unter Weinstock und
Feigenbaum.

2: Jud 9 / **5**: 6,11 / **7**: Jer 23,18.22; 30,21 / **8**: Jes 8,18; Sach 6,12; Jer 23,5; 33,15 / **9**: 4,10; Ex 28,9–11; Offb 2,17 / **10**: 1 Kön 5,5; Mi 4,4

FÜNFTE VISION: DER LEUCHTER ZWISCHEN DEN BEIDEN ÖLBÄUMEN: 4,1–14

4 1 Danach wandte sich der Engel, der mit
mir redete, um und weckte mich, wie
man jemand aus seinem Schlaf aufweckt, 2 und
sagte zu mir: Was siehst du? Ich antwortete:
Ich habe hingesehen: Sieh da, ein Leuchter,
ganz aus Gold, und darauf eine Schale und auf
ihr sieben Lampen mit je sieben Schnäbeln an
den Lampen, die oben auf dem Leuchter sind;
3 und zwei Ölbäume ragen darüber hinaus, der
eine rechts, der andere links von der Schale.
4 Und ich sprach weiter und fragte den Engel,
der mit mir redete: Was bedeuten diese, mein
Herr? 5 Der Engel, der mit mir redete, antwor-
tete und sagte zu mir: Weißt du nicht, was sie
bedeuten? Ich erwiderte: Nein, mein Herr.

6 Da erwiderte er und sagte zu mir: So lautet
das Wort des HERRN an Serubbabel: Nicht
durch Macht, nicht durch Kraft, allein durch
meinen Geist! – spricht der HERR der Heer-
scharen. 7 Wer bist du, großer Berg? Vor Se-
rubbabel wirst du zur Ebene. Er holt den
Schlussstein hervor und man ruft: Wie schön,
wie schön ist er! 8 Da erging das Wort des
HERRN an mich: 9 Serubbabels Hände haben
den Grund zu diesem Haus gelegt und seine
Hände werden es vollenden. Dann wirst du
erkennen, dass mich der HERR der Heerscha-
ren zu euch gesandt hat. 10 Denn wer gering
dachte von der Zeit der kleinen Anfänge – sie
werden sich freuen, wenn sie den auserlesenen
Stein in Serubbabels Hand sehen. Das sind die
sieben Augen des HERRN, die über die ganze
Erde schweifen. 11 Ich fragte ihn weiter: Was
bedeuten die zwei Ölbäume auf der rechten
und auf der linken Seite des Leuchters? 12 Und
weiter fragte ich ihn: Was bedeuten die beiden
fruchttragenden Zweige der Ölbäume bei den
beiden goldenen Röhren, die das goldene Öl
von ihnen herab ausgießen? 13 Er sagte zu mir:
Weißt du nicht, was sie bedeuten? Ich erwi-
derte: Nein, mein Herr. 14 Er sagte: Das sind
die beiden Gesalbten, die vor dem Herrn der
ganzen Erde stehen.

2: Ex 25,31–40; 37,17–24 / **6–9:** Esra 3,8; Hag 1,14 / **9:** 2,13.15; 6,15 / **10:** 3,9; Hag 2,3–5; 2 Chr 16,9 / **14:** Offb 11,4

SECHSTE VISION: DIE FLIEGENDE SCHRIFTROLLE: 5,1–4

5 1 Wieder erhob ich meine Augen und sah:
Und siehe, eine fliegende Schriftrolle. 2 Er
fragte mich: Was siehst du? Ich antwortete:
Ich sehe eine fliegende Schriftrolle, zwanzig
Ellen lang und zehn Ellen breit. 3 Da sagte er
zu mir: Das ist der Fluch, der über die ganze
Erde ausgeht. Denn jeder, der stiehlt, wie lan-
ge schon bleibt er ungestraft; und jeder, der
schwört, wie lange schon bleibt er ungestraft!
4 Ich habe ihn ausgehen lassen – Spruch des
HERRN der Heerscharen – und er wird ein-
dringen in das Haus des Diebes und in das
Haus dessen, der bei meinem Namen falsch
schwört. Und der Fluch wird im Innern seines
Hauses bleiben und wird es vernichten samt
Holz und Steinen.

4: 8,17; Lev 19,12

SIEBTE VISION: DIE FRAU IM FASS: 5,5–11

5 Der Engel, der mit mir redete, kam hervor
und sagte zu mir: Erhebe deine Augen und
sieh, was da hervorkommt! 6 Ich fragte: Was
ist das? Er antwortete: Was da hervorkommt,
ist ein Fass. Und er fuhr fort: Das ist ihre
Schuld auf der ganzen Erde. 7 Und siehe: Der
Deckel aus Blei hob sich und da saß eine Frau
mitten im Fass. 8 Er sagte: Das ist die Ruchlo-
sigkeit. Darauf stieß er sie in das Fass zurück
und warf die Bleiplatte auf dessen Öffnung.
9 Als ich meine Augen erhob und hinsah, siehe,
da traten zwei Frauen hervor und ein Wind
füllte ihre Flügel – sie hatten nämlich Flügel
wie Storchenflügel – und sie trugen das Fass
zwischen Erde und Himmel fort. 10 Darauf
fragte ich den Engel, der mit mir redete: Wo-
hin bringen sie das Fass? 11 Er antwortete mir:
Ihm soll im Land Schinar ein Tempel gebaut
werden. Ist er errichtet, wird es dort an seinem
Platz aufgestellt werden.

11: Gen 10,10; 11,2; Jes 11,11; Dan 1,2

ACHTE VISION: DIE VIER HIMMLISCHEN STREITWAGEN: 6,1–8

6 1 Wieder erhob ich meine Augen und ich
sah: Siehe da, vier Wagen zogen zwi-
schen zwei Bergen aus, die Berge aber waren
aus Bronze. 2 Am ersten Wagen waren rote
Pferde, am zweiten Wagen schwarze Pferde,
3 am dritten Wagen weiße Pferde und am vier-
ten Wagen gescheckte Pferde, alles starke Tie-
re. 4 Darauf fragte ich den Engel, der mit mir
redete: Was bedeuten diese, mein Herr? 5 Der
Engel gab mir zur Antwort: Das sind die vier
Winde des Himmels, die ausziehen, nachdem
sie vor dem Herrn der ganzen Erde gestanden
haben. 6 Die schwarzen Pferde – der Wagen,
an dem sie sind – ziehen aus in das Land des
Nordens, die weißen sind hinter ihnen herge-
zogen und die gescheckten sind in das Land
des Südens gezogen. 7 Die starken Tiere zogen
aus, begierig, die Erde zu durchstreifen. Da
sagte er: Geht hin, durchstreift die Erde! Und
sie durchstreiften die Erde. 8 Und er rief mir zu
und sprach zu mir: Sieh, jene, die in das Land
des Nordens ziehen, sie bringen meinen Geist
über das Land des Nordens.

2–3: 1,8; Offb 6,2–5

5,6 Fass, wörtlich Efa, ein Hohlmaß für Getreide.

SYMBOLISCHE KRÖNUNG DES HOHEPRIESTERS UND DER KÖNIGLICHE SPROSS: 6,9–15

9 Das Wort des HERRN erging an mich:
10 Nimm von denen, die aus dem Exil heim-
kehren, von Heldai, Tobija und Jedaja, entge-
gen und komm selbst an diesem Tag, komm in
das Haus Joschijas, des Sohnes Zefanjas, die
aus Babel zurückgekommen sind: 11 Nimm
Silber und Gold, mach eine Krone, setze sie
dem Hohepriester Jehoschua, dem Sohn des
Jozadak, aufs Haupt 12 und sag zu ihm: So
spricht der HERR der Heerscharen: Sieh da, ein
Mann, Spross ist sein Name; von dort, wo er
steht, wird es sprossen und er wird den Tempel
des HERRN bauen. 13 Er ist es, der den Tempel
des HERRN bauen wird. Er ist mit Hoheit be-
kleidet und wird auf seinem Thron sitzen und
herrschen. Und auch ein Priester wird auf sei-
nem Thron sein und friedvolles Einverneh-
men wird zwischen ihnen beiden sein. 14 Die
Krone aber soll zur Erinnerung an Heldai, To-
bija, Jedaja und an das Wohlwollen des Sohnes
Zefanjas im Tempel des HERRN bleiben. 15 Aus
der Ferne werden sie kommen und am Tempel
des HERRN bauen. Dann werdet ihr erkennen,
dass mich der HERR der Heerscharen zu euch
gesandt hat. Das wird geschehen, wenn ihr
beharrlich auf die Stimme des HERRN, eures
Gottes, hört.

11: 3,1–10 / **12**: 3,8; Jer 23,5

FASTENFRAGE UND SACHARJAS ANTWORT: 7,1–14

7 1 Im vierten Jahr des Königs Darius erging
das Wort des HERRN an Sacharja, am
vierten Tag des neunten Monats, im Monat
Kislew. 2 Damals schickten Bet-El-Sarezer und
Regem-Melech und seine Leute, um das An-
gesicht des HERRN gnädig zu stimmen, eine
Gesandtschaft 3 mit der Anfrage an die Priester
im Haus des HERRN der Heerscharen und die
Propheten: Soll ich weiterhin im fünften Mo-
nat weinen und enthaltsam sein, wie ich es so
viele Jahre getan habe? 4 Da erging an mich das
Wort des HERRN der Heerscharen: 5 Sag dem
ganzen Volk des Landes und den Priestern:
Wenn ihr im fünften und im siebten Monat
gefastet und Klage abgehalten habt, und das
siebzig Jahre lang – bin etwa ich es, für den ihr
gefastet habt? 6 Und wenn ihr esst und trinkt,
seid denn nicht ihr selbst es, die essen, und ihr
selbst es, die trinken? 7 Sind es nicht die Wor-
te, die der HERR durch die früheren Propheten
verkündete, als Jerusalem bewohnt und sorg-
los war samt den Städten ringsum, als der Ne-
geb und die Schefela noch bewohnt waren?
8 Und das Wort des HERRN erging an Sachar-
ja: 9 So spricht der HERR der Heerscharen:
Haltet gerechtes Gericht, erweist Güte und
Erbarmen, ein jeder gegenüber seinem Bruder;
10 unterdrückt nicht die Witwe und Waise,
den Fremden und Armen und plant in eurem
Herzen nichts Böses gegeneinander! 11 Doch
sie weigerten sich hinzuhören, sie zeigten
störrisch die Schulter und verstopften ihre
Ohren, um nicht zu hören. 12 Sie machten ihr
Herz zu hartem Diamant, um die Weisung
und die Worte nicht hören zu müssen, die der
HERR der Heerscharen gesandt hatte durch
seinen Geist, im Mund der früheren Prophe-
ten. Deshalb kam ein großer Zorn vom HERRN
der Heerscharen 13 und es geschah: Wie er ge-
rufen hatte und sie nicht hörten, so sollten sie
nun rufen und ich wollte nicht hören, spricht
der HERR der Heerscharen, 14 sondern wollte
sie verwehen über alle Nationen hin, die ihnen
unbekannt waren. Nach ihnen aber verödete
das Land, sodass niemand mehr darin hin- und
herzog, und so haben sie ein begehrenswertes
Land zur Wüste gemacht.

9: Mi 6,8; Jes 1,17; Jer 7,5f. / **11**: Jes 6,10; 48,4; Jer 5,3; Neh 9,29

WORTE VON KÜNFTIGER RETTUNG: 8,1–23

8 1 Es erging das Wort des HERRN der Heer-
scharen: 2 So spricht der HERR der Heer-
scharen: Mit großem Eifer trete ich ein für
Zion / und mit großer Zornglut setze ich mich
eifersüchtig für es ein.
3 So spricht der HERR: Ich bin nach Zion
zurückgekehrt / und werde wieder in der Mit-
te Jerusalems wohnen. Dann wird Jerusalem
Stadt der Treue heißen / und der Berg des
HERRN der Heerscharen Heiliger Berg.
4 So spricht der HERR der Heerscharen:
Greise und Greisinnen werden wieder auf den
Plätzen Jerusalems sitzen; / jeder hält wegen
des hohen Alters seinen Stock in der Hand.
5 Und die Plätze der Stadt werden voller Kna-
ben und Mädchen sein, / die auf ihren Plätzen
spielen.
6 So spricht der HERR der Heerscharen:
Wenn das zu wunderbar ist in den Augen des

6,14 das Wohlwollen des Sohnes Zefanjas: H, G; Hen, den Sohn Zefanjas: Vg.

Restes dieses Volkes in jenen Tagen, / muss es
dann auch in meinen Augen zu wunderbar
sein? – Spruch des HERRN der Heerscharen.
7 So spricht der HERR der Heerscharen:
Seht, ich befreie mein Volk aus dem Land des
Sonnenaufgangs und aus dem Land des Son-
nenuntergangs. 8 Ich werde sie heimbringen
und sie werden in der Mitte Jerusalems woh-
nen. / Sie werden mir Volk sein und ich wer-
de ihnen Gott sein in Treue und in Gerechtig-
keit.
9 So spricht der HERR der Heerscharen:
Stark sollen eure Hände sein, die ihr in diesen
Tagen die Worte aus dem Mund der Propheten
hört – so schon am Tag, an dem das Fundament
für das Haus des HERRN der Heerscharen ge-
legt wurde, damit der Tempel gebaut werde.
10 Denn vor diesen Tagen brachte die Arbeit
des Menschen keinen Lohn, / es gab auch kei-
nen Arbeitslohn für das Vieh. Wer ausging und
heimkehrte, / fand keine Sicherheit vor dem
Feind. Alle Menschen ließ ich gegeneinander
los. 11 Jetzt aber bin ich zum Rest dieses Volkes
nicht mehr so wie in den früheren Tagen –
Spruch des HERRN der Heerscharen; 12 viel-
mehr ist das die Saat des Friedens: / Der Wein-
stock gibt seine Frucht, das Land gibt seinen
Ertrag / und der Himmel gibt seinen Tau. Das
alles will ich dem Rest dieses Volkes als Erb-
besitz geben. 13 Und wie ihr ein Fluch unter den
Völkern gewesen seid, / Haus Juda und Haus
Israel, so werde ich euch erretten, / damit ihr
ein Segen seid. Fürchtet euch nicht! / Stark
sollen eure Hände sein! 14 Denn so spricht der
HERR der Heerscharen: Wie ich plante, euch
Böses zu tun, weil eure Väter mich erzürnten,
spricht der HERR der Heerscharen, und es
mich nicht reute, 15 so habe ich umgekehrt in
diesen Tagen geplant, Jerusalem und dem
Haus Juda Gutes zu tun. Fürchtet euch nicht!
16 Das sind die Dinge, die ihr tun sollt: Sagt
untereinander die Wahrheit! / Richtet in eu-
ren Stadttoren der Wahrheit gemäß und mit
Urteilen, die dem Frieden dienen! 17 Plant in
eurem Herzen nichts Böses gegen euren
Nächsten / und liebt keine verlogenen Schwü-
re! / Denn all das ist, was ich hasse – Spruch
des HERRN.
18 Und es erging an mich das Wort des
HERRN der Heerscharen: 19 So spricht der
HERR der Heerscharen: Das Fasten des vier-
ten, das Fasten des fünften, das Fasten des
siebten und das Fasten des zehnten Monats
soll für das Haus Juda zum Jubel und zur Freu-
de und zu frohen Festen werden. Darum liebt
die Treue und den Frieden!
20 So spricht der HERR der Heerscharen: Es
wird noch geschehen, dass Völker herbeikom-
men / und die Einwohner vieler Städte. 21 Die
Einwohner der einen werden zur anderen ge-
hen und sagen: / Wir wollen gehen, um das
Angesicht des HERRN gnädig zu stimmen /
und den HERRN der Heerscharen zu suchen!
– Auch ich will hingehen! 22 Viele Völker und
mächtige Nationen werden kommen, / um in
Jerusalem den HERRN der Heerscharen zu su-
chen / und das Angesicht des HERRN gnädig
zu stimmen. 23 So spricht der HERR der Heer-
scharen: In jenen Tagen werden zehn Männer
aus Nationen aller Sprachen einen Mann aus
Juda an seinem Gewand fassen, ihn festhalten
und sagen: Wir wollen mit euch gehen; denn
wir haben gehört: Gott ist mit euch.

2: 1,14f. / **3:** 1,16; 2,14; Jes 1,21–26; 11,9 / **4–5:** Jes 65,20; Jer 31,13 / **6:** Ps 118,23; Jer 32,27 / **7:** Jes 11,11f.; 27,13 / **8:** Jer 31,33 / **9:** Hag 2,18 / **10:** Hag 1,9–11; 2,15–19 / **13:** Gen 12,2f. / **14–15:** 1,4–6; Jer 32,42 / **16:** 7,9f. / **19:** 7,3–5 / **20–22:** 2,15; Jes 2,2–4; Mi 4,1–4 / **23:** 2,15

ZWEITER TEIL: ISRAEL UNTER DEN VÖLKERN IN VERHEISSUNG UND GERICHT: 9,1–11,17

EIN GERETTETER REST AUS DEN NACHBARVÖLKERN ALS TEIL DES GOTTESVOLKS: 9,1–8

9 1 Ausspruch. Das Wort des HERRN im
Land Hadrach! / Ja, Damaskus ist seine
Ruhestätte! Denn der HERR hat ein Auge auf
die Menschen wie auf alle Stämme Israels,
2 auch Hamat, das daran grenzt, / selbst Tyrus
und Sidon, so klug sie auch sind. 3 Tyrus baute
sich eine Festung, / häufte Silber auf wie
Staub / und Feingold wie Schmutz auf den

9,1 ein Auge auf die Menschen (adam): H (G, Vg). Statt adam (Mensch) lesen viele Aram.

Straßen. 4 Siehe, der Herr wird ihm den Besitz
wegnehmen / und seine Streitmacht auf dem
Meer schlagen; und es selbst wird vom Feuer
verzehrt. 5 Sieht es Aschkelon, so fürchtet es
sich, / und Gaza, so zittert es gewaltig, / auch
Ekron, denn zuschanden geworden ist, wo-
nach es Ausschau hielt. Verschwinden wird
der König aus Gaza / und Aschkelon wird
nicht mehr bewohnt. 6 Ein Mischvolk wird in
Aschdod wohnen. / So werde ich den Stolz
der Philister zerschlagen. 7 Ich werde einem
jeden das Blutige aus seinem Mund nehmen /
und seine Gräuelspeisen aus seinen Zähnen.
So wird auch er zu dem Rest gehören, der un-
serem Gott zu eigen ist. / Er wird wie eine
Sippe in Juda sein / und Ekron wie ein Jebusi-
ter. 8 Ich werde mich zum Schutz für mein
Haus als Wachtposten lagern vor dem, der
angreift und abzieht; und kein Unterdrücker
greift sie mehr an, denn jetzt habe ich mit mei-
nen eigenen Augen hingeschaut.

1: 12,1; Mal 1,1 / **2**: Joël 4,4 / **3**: Ez 28,4f. / **4**: Ez 27,34 / **5**: 10,11; Zef 2,4 / **7**: Gen 9,4; Lev 17,10–14; Jes 65,4 / **8**: 2,9

DER FRIEDENSKÖNIG FÜR ISRAEL UND DIE VÖLKER: 9,9–10

9 Juble laut, Tochter Zion! / Jauchze, Tochter
Jerusalem! Siehe, dein König kommt zu dir. /
Gerecht ist er und Rettung wurde ihm zuteil,
demütig ist er und reitet auf einem Esel, / ja,
auf einem Esel, dem Jungen einer Eselin.
10 Ausmerzen werde ich die Streitwagen aus
Efraim / und die Rosse aus Jerusalem, ausge-
merzt wird der Kriegsbogen. / Er wird den
Nationen Frieden verkünden; und seine Herr-
schaft reicht von Meer zu Meer / und vom
Strom bis an die Enden der Erde.

9: 2,14; Zef 3,14; Mt 21,5 / **10**: Ps 46,10; Mi 5,9; Ps 72,8

BEFREIUNG UND HEILSZEIT FÜR ISRAEL: 9,11–17

11 Auch du – um des Blutes deines Bundes wil-
len / habe ich deine Gefangenen aus dem was-
serlosen Kerkerloch freigelassen. 12 Kehrt zu-
rück zur festen Stadt, / ihr Gefangenen voll
Hoffnung! Ja, heute verkünde ich: / Die dop-
pelte Zahl führe ich zu dir zurück. 13 Denn ich
habe mir Juda schon gespannt, / Efraim auf
den Bogen gelegt. Ich will deine Söhne, Zion,
gegen deine Söhne, Jawan, aufbieten / und
will dich dem Schwert eines Helden gleich-
machen. 14 Der HERR selbst wird über ihnen
erscheinen / und wie der Blitz schießt sein
Pfeil dahin und GOTT, der Herr, bläst ins
Horn / und kommt in den Stürmen des Sü-
dens. 15 Der HERR der Heerscharen beschirmt
sie: / Die Schleudersteine fressen und zermal-
men. Sie trinken und lärmen wie beim Wein /
und sie sind voll wie eine Opferschale, / wie
die Ecken eines Altars. 16 Der HERR, ihr Gott,
wird sie an jenem Tag retten: / sein Volk wie
Schafe / ja, wie Diademsteine, die funkeln
über seinem Erdreich. 17 Ja, wie groß ist sein
Glück und wie herrlich seine Schönheit! /
Korn gibt jungen Männern Kraft und Most
jungen Frauen.

11: Ex 24,8 / **12**: Ps 46 / **14**: Ps 18,15; 144,6 / **15**: Dtn 32,42; Jes 34,5f.; Jer 46,10; Zef 1,7 / **16**: Ps 100,2; Jes 54,12; 62,3 / **17**: Dtn 33,28; Jer 31,12f.

GOTTES ERBARMEN UND SIEGREICHE HEIMHOLUNG ISRAELS: 10,1–11,3

10 1 Bittet den Herrn um Regen / zur Re-
genzeit im Frühjahr! Der HERR lässt
Gewitterwolken entstehen; / und strömen-
den Regen gibt er ihnen, / einem jeden das
Grün auf dem Feld. 2 Doch die Hausgötzen
redeten Falsches; / die Wahrsager schauten
Lüge, sie redeten von nichtigen Träumen, /
spendeten leeren Trost. Darum haben sie weg-
ziehen müssen wie Schafe, / sie leiden, denn
kein Hirte ist da.

3 Gegen die Hirten ist mein Zorn ent-
brannt, / die Leithammel suche ich heim. Ja,
der HERR der Heerscharen hat heimgesucht
seine Herde, das Haus Juda, / und wird es zu
seinem Prachthengst im Kampf machen. 4 Aus
ihm kommt ein Eckstein, aus ihm ein Zelt-
pflock, / aus ihm ein Kriegsbogen; / aus ihm
zieht zugleich jeder Antreiber aus. 5 Sie werden
wie Helden sein, / die im Kampf den Feind in
den Straßenschmutz treten. Sie werden kämp-
fen, denn der HERR ist mit ihnen. / Dann wer-
den alle zuschanden, die auf Pferden reiten.
6 Das Haus Juda will ich stark machen / und
das Haus Josef retten. Ich werde sie zurückfüh-
ren, / denn ich habe Erbarmen mit ihnen. Sie
werden sein, als ob ich sie nicht verstoßen
hätte, denn ich bin der HERR, ihr Gott, und
werde sie erhören. 7 Die von Efraim werden
wie ein Held sein. / Ihr Herz wird sich freuen
wie beim Wein. Ihre Kinder werden es sehen
und sich freuen / und ihr Herz soll jubeln über
den HERRN. 8 Ich werde pfeifen und sie zu-
sammenholen, denn ich habe sie losgekauft. /
Sie werden so zahlreich sein, wie sie zahlreich

waren. 9 Säe ich sie auch unter die Völker aus, /
werden sie doch in der Ferne an mich den-
ken. / Sie werden mit ihren Kindern am Leben
bleiben und heimkehren. 10 Ja, ich werde sie
zurückführen aus Ägypten / und aus Assur
werde ich sie sammeln. Ins Land Gilead und
zum Libanon will ich sie bringen, / doch es
wird für sie nicht ausreichen. 11 Wenn sie in
Bedrängnis durch das Meer ziehen, / wird er
die Wellen im Meer schlagen / und die Tiefen
des Nils werden austrocknen. Dann wird der
Stolz Assurs gestürzt / und das Zepter Ägyp-
tens wird beseitigt. 12 Ich werde sie stark ma-
chen durch den HERRN / und sie werden in
seinem Namen ihren Weg gehen. – Spruch des
HERRN.

11 1 Öffne deine Tore, / Libanon, damit
das Feuer deine Zedern frisst! 2 Heule,
Zypresse! / Denn die Zeder ist gefallen, / ja,
die Mächtigen wurden vernichtet. Heult, ihr
Eichen des Baschan, / denn der undurch-
dringliche Wald ist dahingesunken. 3 Lautes
Geheul der Hirten, / denn ihr prächtiger Be-
sitz ist vernichtet. Lautes Gebrüll der jungen
Löwen, / denn der Stolz des Jordan ist ver-
nichtet.

10,1–2: Jer 5,24; 14,22 / **2:** Mt 9,36 / **4:** Ps 118,22; Jes 28,16; 22,23 / **11:** Ex 14; Jes 11,15; 51,10; Neh 9,11 / **12:** Mi 4,5; Gen 5,24; 6,9; 17,1

11,1: Jes 10,34 / **2:** Jes 2,13; Ez 31 / **3:** Jer 25,34f.

ZEICHENHANDLUNG ALS GERICHT ÜBER HIRTEN UND HERDE ISRAELS: 11,4–17

4 So spricht der HERR, mein Gott: Hüte die
Schafe, die geschlachtet werden sollen! 5 De-
ren Käufer töten sie, ohne es zu büßen, und
deren Verkäufer sagen: Gepriesen sei der
HERR, denn ich bin reich geworden. Ihre Hir-
ten aber haben kein Mitleid mit ihnen.
6 Wahrhaftig, ich habe kein Mitleid mehr mit
den Bewohnern des Landes – Spruch des
HERRN. Siehe, ich lasse jeden Menschen in
die Hand seines Nächsten fallen und in die
Hand seines Königs. Sie werden das Land zer-
schlagen, aber ich werde es nicht aus ihrer
Hand retten. 7 Ich hütete die Schafe, die
geschlachtet werden sollten, für die Schaf-
händler und ich nahm mir zwei Ruten. Die
eine nannte ich Noam – Freundlichkeit –,
die andere nannte ich Hobelim – Verbunden-
heit –. So hütete ich die Schafe. 8 Ich ließ die
drei Hirten in einem einzigen Monat ver-
schwinden.

Dann verlor ich die Geduld mit ihnen und
auch sie wurden meiner überdrüssig. 9 Ich
sagte: Ich will euch nicht mehr hüten. Was
im Sterben liegt, soll sterben; was sich ver-
loren hat, sei verloren; und von den Übrig-
gebliebenen soll einer des andern Fleisch
fressen. 10 Dann nahm ich meine Rute Noam
– Freundlichkeit – und hieb sie in Stücke, um
meinen Bund zu zerbrechen, den ich mit allen
Völkern geschlossen hatte. 11 So wurde er an
diesem Tag zerbrochen. Da erkannten die
Schafhändler, die mich beobachteten, dass
dies ein Wort des HERRN war. 12 Ich sagte zu
ihnen: Wenn es recht ist in euren Augen, so
bringt mir meinen Lohn, wenn aber nicht, so
lasst es! Da wogen sie mir meinen Lohn ab,
dreißig Silberstücke. 13 Da sagte der HERR zu
mir: Wirf ihn dem Schmelzer hin, den wert-
vollen Preis, den ich ihnen wert bin. Und ich
nahm die dreißig Silberstücke und warf sie
im Haus des HERRN dem Schmelzer hin.
14 Danach hieb ich meine zweite Rute, Hobe-
lim – Verbundenheit –, in Stücke, um den
brüderlichen Bund zwischen Juda und Israel
zu zerbrechen.

15 Der HERR sagte zu mir: Nimm dir außer-
dem das Gerät eines törichten Hirten! 16 Denn
siehe, ich lasse einen Hirten im Land auftre-
ten: Das Vermisste sucht er nicht, dem Jun-
gen geht er nicht nach, das Gebrochene heilt
er nicht, das Erschöpfte versorgt er nicht.
Stattdessen isst er das Fleisch der Masttiere
und reißt ihnen die Klauen ab.

17 Wehe dem nichtsnutzigen Hirten, / der
die Schafe im Stich lässt! Das Schwert über
seinen Arm / und über sein rechtes Auge!
Sein Arm soll völlig verdorren, / sein rechtes
Auge soll gänzlich erblinden!

4–17: Jer 50,6f.; Ez 34 / **7:** Ez 34,23; 37,16; Ps 23,4 / **10:** Hos 2,20 / **12:** Ex 21,32; Mt 27,9f. / **15–16:** Jer 23,1–2; Ez 34,2–4 / **16:** Ez 34,16 / **17:** 10,3; Joh 10,12f.

DRITTER TEIL: DAS GOTTESVOLK IM ENDZEITGESCHEHEN: 12,1–14,21

JERUSALEMS RETTUNG UND DIE KLAGE UM DEN DURCHBOHRTEN: 12,1–13,1

12 1 Ausspruch. Das Wort des HERRN
über Israel. Der Spruch des HERRN, der
den Himmel ausgespannt, die Erde gegründet
und den Geist des Menschen in dessen Innern
geformt hat: 2 Seht, ich mache Jerusalem zur
Schale des Taumelns für alle Völker ringsum.
– Und auch gegen Juda wird sie sein bei der
Belagerung Jerusalems. – 3 An jenem Tag wird
es sein, da mache ich Jerusalem für alle Völker
zum Stein, den man hochstemmen will: Jeder,
der ihn hebt, wird schwer zerschunden. – Alle
Völker der Erde werden sich gegen es versam-
meln. 4 An jenem Tag – Spruch des HERRN –
schlage ich jedes Pferd mit Panik und seinen
Reiter mit Wahnsinn. – Über dem Haus Juda
aber halte ich meine Augen offen, während ich
alle Pferde der Völker mit Blindheit schlage.
5 Dann werden die Stammesführer Judas in
ihrem Herzen sagen: Die Einwohner Jerusa-
lems sind für mich Stärke durch den HERRN
der Heerscharen, ihren Gott. 6 An jenem Tag
mache ich Judas Stammesführer gleich einem
Feuerbecken im Holzhaufen und gleich einer
Brandfackel in den Garben. Sie fressen alle
Völker ringsum, zur Rechten und zur Linken.
Jerusalem aber wird weiterhin an seinem Ort
bleiben, in Jerusalem. 7 Dann wird der HERR
zuerst die Zelte Judas retten, damit der Stolz
des Hauses David und der Stolz der Einwohner
Jerusalems nicht zu groß wird gegenüber Juda.
8 An jenem Tag beschirmt der HERR die Ein-
wohner Jerusalems und selbst der von ihnen,
der strauchelt, wird an jenem Tag wie David
sein und das Haus David wie Gott, wie der
Engel des HERRN vor ihnen.

9 An jenem Tag wird es sein, da werde ich
danach trachten, alle Völker zu vernichten, die
gegen Jerusalem anrücken. 10 Doch über das
Haus David und über die Einwohner Jerusa-
lems werde ich einen Geist des Mitleids und
des flehentlichen Bittens ausgießen. Und sie
werden auf mich blicken, auf ihn, den sie
durchbohrt haben. Sie werden um ihn klagen,
wie bei der Klage um den Einzigen; sie werden
bitter um ihn weinen, wie man um den Erstge-
borenen weint. 11 An jenem Tag wird die Klage
in Jerusalem so groß sein wie die Klage um
Hadad-Rimmon in der Ebene von Megiddo.
12 Das Land wird trauern, jede Sippe für sich: die
Sippe des Hauses David für sich und ihre Frau-
en für sich; die Sippe des Hauses Natan für sich
und ihre Frauen für sich; 13 die Sippe des Hauses
Levi für sich und ihre Frauen für sich; die Sippe
des Schimi für sich und ihre Frauen für sich;
14 alle übrig gebliebenen Sippen, jede Sippe für
sich und ihre Frauen für sich.

13 1 An jenem Tag wird für das Haus David
und für die Einwohner Jerusalems eine
Quelle entspringen gegen Sünde und Unrein-
heit.

12,1: 9,1; Mal 1,1 / **2:** Jes 51,17–23; Jer 25,15–29 / **3:** 14,2 / **4:** Dtn 28,28 / **6:** Obd 18 / **10:** Ez 39,29; Joël 3,1; Joh 19,37; Offb 1,7 / **11:** 2 Kön 5,18 / **12:** 2 Sam 5,14 / **13:** Num 3,17–21
13,1: 14,8; Ez 47,1–12

ENDE DER GÖTTER UND FALSCHEN PROPHETEN: 13,2–6

2 An jenem Tag wird es sein – Spruch des HERRN
der Heerscharen –, da werde ich die Namen der
Götzen im Land ausrotten, sodass man sich
nicht mehr an sie erinnert. Aber auch die Pro-
pheten und den Geist der Unreinheit werde ich
aus dem Land vertreiben. 3 Wenn dann noch
einer als Prophet auftritt, werden sein Vater und
seine Mutter, die ihn hervorgebracht haben, zu
ihm sagen: Du sollst nicht am Leben bleiben;
denn du hast im Namen des HERRN Lügneri-
sches geredet. Dann werden sein Vater und sei-
ne Mutter, die ihn hervorgebracht haben, ihn
durchbohren, weil er als Prophet auftrat. 4 An
jenem Tag wird es sein, da werden sich die Pro-
pheten schämen, ein jeder wegen seiner Vision,
die er verkündet hat. Und sie werden den häre-
nen Mantel nicht mehr anziehen, um sich zu
verleugnen. 5 Er wird sagen: Ich bin kein Pro-
phet, ein Mann, der Ackerland bebaut, bin ich;
denn ein Mensch hat mich erworben von Ju-
gend an. 6 Wenn man dann zu ihm sagt: Was
sind denn das für Spuren der Schläge zwischen
deinen Händen?, wird er antworten: Ich wurde
im Haus meiner Freunde geschlagen.

2: Hos 2,19; Mi 5,12; Jer 2,8 / **3:** Dtn 13,6; Jer 5,31 / **4:** 1 Kön 19,13.19 / **5:** Am 7,14

12,10 Und sie werden auf mich blicken: H, G, Vg. Die Übersetzung: Sie werden auf den blicken, den sie durchbohrt haben (vgl. Joh 19,37), verlangt eine Textkorrektur.

LÄUTERUNG DES RESTVOLKS: 13,7–9

7 Schwert, erheb dich gegen meinen Hirten
und gegen den Mann, der mir verbunden ist,
– Spruch des HERRN der Heerscharen. Schlag
den Hirten, dann werden sich die Schafe zer-
streuen! Ich richte meine Hand gegen die Klei-
nen. 8 Im ganzen Land wird es geschehen –
Spruch des HERRN: Zwei Drittel darin werden
vernichtet, sie werden umkommen. Aber ein
Drittel wird darin übrig bleiben. 9 Das Drittel
will ich ins Feuer werfen und ich werde sie
läutern, wie man das Silber läutert, und werde
sie prüfen, wie man das Gold prüft. Ja, es wird
meinen Namen anrufen und ich werde es er-
hören. Ich werde sagen: Mein Volk ist es. Und
das Volk wird sagen: Der HERR ist mein Gott.

7: Mt 26,31 / **9**: Ps 91,15; Jes 58,9

JERUSALEM AM ENDZEITLICHEN TAG DES HERRN, DES UNIVERSALEN KÖNIGS: 14,1–21

14 1 Siehe, es kommt ein Tag für den HERRN,
da verteilt man in deiner Mitte, was man
bei dir erbeutet hat. 2 Da versammle ich alle Völ-
ker zum Krieg gegen Jerusalem. Die Stadt wird
erobert, die Häuser werden geplündert, die
Frauen geschändet. Die Hälfte der Stadt wird in
die Verbannung ziehen; aber der Rest des Volkes
wird nicht aus der Stadt ausgetilgt werden.
3 Doch dann wird der HERR hinausziehen und
gegen diese Völker kämpfen, wie am Tag seines
Kämpfens, am Tag der Schlacht. 4 Seine Füße
werden an jenem Tag auf dem Ölberg stehen,
der im Osten gegenüber von Jerusalem liegt.
Der Ölberg wird sich von seiner Mitte her spal-
ten nach Osten und nach Westen zu einem sehr
großen Tal. Die eine Hälfte des Berges wird nach
Norden weichen und die andere Hälfte nach
Süden. 5 Ihr aber werdet zum Tal meiner Berge
fliehen; denn das Tal der Berge reicht bis zum
Jasol. Ja, ihr werdet fliehen, wie ihr vor dem
Erdbeben geflohen seid in den Tagen Usijas, des
Königs von Juda. Dann wird der HERR, mein
Gott, kommen, alle Heiligen mit dir.

6 An jenem Tag wird es sein, da gibt es kein
Licht mehr, sondern Kostbarkeiten erstarren.
7 Dann wird es einen einzigen Tag geben – er ist
dem HERRN bekannt, weder Tag noch Nacht;
selbst zur Abendzeit wird Licht sein. 8 An je-
nem Tag wird es sein, da wird aus Jerusalem
lebendiges Wasser fließen, eine Hälfte zum
Meer im Osten und eine Hälfte zum Meer im
Westen; im Sommer und im Winter wird es so
sein. 9 Dann wird der HERR König sein über die
ganze Erde. An jenem Tag wird der HERR ein-
zig sein und sein Name einzig. 10 Es wird sich
verwandeln wie in eine Ebene das ganze Land
von Geba bis Rimmon im Süden Jerusalems.
Dieses aber wird hoch emporragen und an sei-
nem Platz bleiben vom Benjamintor bis zum
Ort des früheren Tores, bis zum Ecktor, und
vom Turm Hananel bis zu den Keltern des Kö-
nigs. 11 Man wird darin wohnen. Es wird nie
mehr ein Bann vollzogen werden und Jerusa-
lem wird in Sicherheit wohnen.

12 Dies aber wird der Schlag sein, mit dem der
HERR alle Völker schlägt, die gegen Jerusalem
in den Krieg gezogen sind: Er lässt das Fleisch
eines jeden verfaulen, noch während er auf sei-
nen Füßen steht; und die Augen verfaulen ihm
in ihren Augenhöhlen und die Zunge verfault
ihm in seinem Mund. 13 An jenem Tag wird es
geschehen, da wird die Verwirrung, bewirkt
vom HERRN, groß sein unter ihnen: Sie werden
einander packen, einer die Hand des andern,
und die Hand des einen wird sich gegen die
Hand des andern erheben. 14 Und selbst Juda
wird gegen Jerusalem kämpfen. – Dann wird
der Reichtum aller Völker ringsum zusammen-
gerafft: Gold und Silber und Gewänder in sehr
großer Menge. 15 Und ebenso wie dieser Schlag
wird auch der Schlag sein gegen die Pferde, die
Maultiere, die Kamele und die Esel und alles
Vieh, das in jenen Lagern sein wird.

16 Dann wird es geschehen: Alle, die übrig
bleiben von allen Nationen, die gegen Jerusa-
lem gezogen sind, werden Jahr für Jahr hinauf-
ziehen, um den König, den HERRN der
Heerscharen, anzubeten und das Laubhütten-
fest zu feiern. 17 Und es wird geschehen, wer
nicht nach Jerusalem hinaufzieht von den
Stämmen der Erde, um den König, den HERRN
der Heerscharen, anzubeten – auf sie wird kein
Regen fallen. 18 Wenn der Volksstamm Ägyp-
tens nicht hinaufzieht und nicht kommt und
nicht gegen sie ist, wird sie der Schlag treffen,
mit dem der HERR die Nationen schlägt, die
nicht hinaufziehen, um das Laubhüttenfest zu
feiern. 19 Das wird die Strafe Ägyptens sein
und die Strafe aller Völker, die nicht hinauf-
ziehen, um das Laubhüttenfest zu feiern.

20 An jenem Tag wird auf den Pferdeschellen
stehen: Dem HERRN heilig; und die Kessel im
Haus des HERRN werden wie die Opferscha-
len vor dem Altar gelten. 21 So wird jeder Kes-

14,5 Jasol: G. Azal: H. Vermutlich Name für einen Ort oder ein Tal in der Nähe des Ölbergs.

sel in Jerusalem und Juda dem HERRN der Heerscharen heilig sein und alle, die opfern, werden kommen und welche von ihnen nehmen und darin kochen. Und kein Händler wird an jenem Tag mehr im Haus des HERRN der Heerscharen sein.

1: Jes 2,12; Joël 1,15 / **2**: 12,3; Joël 4,2; Zef 3,8; Lk 19,43 / **3**: Jes 42,13 / **4**: Mi 1,4 / **5**: Am 1,1; Mt 25,31 / **6**: Am 5,18 / **7**: Mk 13,32 / **8**: 13,1; Ez 47,1–12; Joël 4,18 / **9**: Dtn 6,4; Mal 1,14; Offb 11,15 / **10**: Jes 2,2; Jer 31,38; Neh 3,1.15 / **11**: Jer 33,16; Offb 22,3 / **12**: Jes 37,36 / **13**: Ri 7,22; Ez 38,21 / **14**: Ez 39,10 / **16**: 2,15; 8,22; Jes 66,23 / **20-21**: 8,3; Zef 1,11; Mt 21,12

DER PROPHET MALEACHI

Mit der Maleachischrift schließt das Zwölfprophetenbuch und der Kanon der prophetischen Schriften insgesamt. Die redaktionelle Überschrift 1,1 versteht „Maleachi" als Eigennamen der prophetischen Person, von der sie das Maleachibuch herleitet. Der hebräische Name (lat. Malachias) kann Kurzform eines Personennamens mit der Bedeutung „Mein (schützender) Bote / Engel ist der HERR" sein. Jedoch geht ein Teil der antiken Übersetzungen (griech. Septuaginta, aram. Targum) nicht von einem Eigennamen in 1,1 aus. Zudem scheint die Namensform Maleachi, die „mein Bote / Engel" bedeutet, in der Überschrift beziehungsreich im Blick auf das Buch eingesetzt (vgl. „mein Bote", „Bote des Bundes" in 3,1; der Priester als „Bote" Gottes 2,7 wie auch der Prophet in Hag 1,13). Es ist möglich, dass der Redaktor der Überschrift den tatsächlichen Namen des prophetischen Autors der Reden des Buches nicht mehr kannte und dass der Name Maleachi als ein mehrdeutbarer „sprechender" Name in 1,1 eingesetzt wurde.

Über den Verfasser erfahren wir nur das, was sich aus den durchwegs dialogisch angelegten und literarisch gestalteten Redeeinheiten des Buches erschließen lässt. Das auffallende Interesse am rechten Opferkult macht den primären Verfasser noch nicht zum Priester, könnte aber auf seine Herkunft aus einer Priesterfamilie schließen lassen. Als Zeit seines prophetischen Wirkens bzw. der Abfassung der Redeeinheiten kommt am wahrscheinlichsten die erste Hälfte des 5. Jh.s v. Chr. in Frage und näherhin die Zeit gegen Mitte des Jahrhunderts, kurz vor den Reformen des Nehemia in Jerusalem. Darauf deutet die Tatsache hin, dass der Tempel offenbar seit längerer Zeit wieder besteht (1,7–10; 3,8–10), die Erwähnung des Statthalters (der persischen Provinz Jehud / Juda) in 1,8, das Problem der Ehescheidung und Heirat mit ausländischen Frauen (2,10–16) wie zur Zeit Nehemias (Neh 13,23–29) und wirtschaftliche Not, wie sie dann nachdrücklich in Neh 5 zum Vorschein kommt.

Die konkrete Adressierung und Zielsetzung der Reden wie auch rhetorische Effekte sprechen dafür, dass sie in ihrem Grundbestand zumindest primär für den mündlichen Vortrag schriftlich verfasst wurden. Gegen die Ansicht, das Buch sei ein ergänzender Anhang an das Sacharjabuch (bzw. an Sach 1–8) spricht entschieden die singuläre literarische Form wie das inhaltliche Profil des Maleachibuches. Nur dieses Buch besteht durchwegs aus sog. Disputations- oder Diskussionsworten bzw. argumentierenden Gesprächsformen. In allen sechs Redeeinheiten von Mal (1,2–5; 1,6 – 2,9; 2,10–16; 2,17 – 3,5; 3,6 – 12; 3,13 – 21) kommt ein Zitat der Nachfrage der Angesprochenen nach der Motivation der redeeinleitenden Behauptung vor; dieses Nachfragezitat nimmt mögliche Einwände der Adressaten gegen eine Aussage vorweg. Disputationsworte im engeren Sinn liegen in jenen Redeeinheiten vor, in denen ein neuerliches Zitat der Adressaten als ihre These den Verlauf der Rede thematisch bestimmt und zur Widerlegung durch den prophetischen Sprecher führt (1,6 – 2,9; 2,17 – 3,5; 3,13 – 21).

Das Buch setzt mit einem nachdrücklichen Bekenntnis der erwählenden Liebe Gottes zu „Jakob" (Israel) ein; sie wird erläutert durch eine Drohung gegen das „Brudervolk" Edom, das seit exilischer Zeit (6. Jh. v. Chr.) Gebiete im Süden Judas eingenommen hat (1,2–5). Es folgt eine Redeeinheit gegen die Priester (1,6–2,9); sie werden wegen falscher Opfer angeklagt (1,6–14) und mit dem Gericht bedroht, weil sie den Gottesbund mit Levi durch verkehrte Weisung (Tora) zunichtegemacht („verdorben") haben (2,1–9). Eine Anklage- und Mahnrede gegen Männer der Gemeinde (2,10–16) prangert die Treulosigkeit gegeneinander und gegenüber Gott an, die in Mischehen mit Frauen einer fremden Religion zutage tritt, aber auch in der Scheidung von einer israelitischen Frau, da hinter dem Ehebund mit ihr (2,14) der tragende Bund Gottes mit Israel aufscheint (vgl. 2,10). Das folgende Disputationswort (2,17–3,5) begegnet der Frage, wo denn der Gott des Gerichts sei, mit der Ankündigung des Boten als Wegbereiter für den HERRN, der das Strafgericht hält über alle, die sich gegen das mitmenschliche Ethos verfehlen, die Schwächeren im Land ausbeuten und gerade so keine Gottesfurcht zeigen. Die fünfte Redeeinheit (3,6–12) markiert mit dem Aufruf zur Umkehr und einer bedingten Segensverheißung schon einen Abschluss der Maleachi-Reden. Jedoch setzt das letzte Disputationswort 3,13–21, eine etwas spätere Fortschreibung der Grundschrift (1,2–3,12) des Buches, einen besonderen Schlussakkord, da es den „Tag des HERRN" ankündigt, der für die Frevler „wie ein Ofen brennt", für die Gottesfürchtigen aber zum Aufgang der heilenden „Sonne der Gerechtigkeit" (3,20) wird. Dann werden alle Anfechtungen der Gerechten (3,13–15) ein Ende haben. Das Maleachibuch schließt mit einem doppelten Nachtrag (3,22 und 3,23–24). Er mahnt zum treuen Festhalten an der Weisung des Mose (vgl. Jos 1,7!) und kündigt die endzeitliche Sendung des zu Gott entrückten Propheten Elija an. Dieser wird die Generationen versöhnen und so Spaltungen im Gottesvolk überwinden. Dann wird der „Tag des HERRN" zum Tag der Rettung und nicht des Strafgerichts für Israel werden.

Am Ende des Prophetenkanons stehen Mose und Elija, Weisung („Tora") und Prophetie für das, was dem Gottesvolk Orientierung, Leben und Zukunft von Gott her gibt (vgl. Mk 9,4 par. Mt 17,13; Lk 9,30). Mt 11,10 (vgl. Mk 1,2; Lk 7,17) bezieht das in Mal 3,1 angesagte Kommen des „Boten" auf Johannes den Täufer. Die universale „reine Opfergabe" für den HERRN, von der der vieldiskutierte Vers Mal 1,11 spricht, wird seit den Kirchenvätern traditionell häufig als Vorausbild der eucharistischen Gaben in der neutestamentlichen Feier des Herrenmahls gedeutet. Die Metapher von der „Sonne der Gerechtigkeit" in 3,20 wurde wirkungsgeschichtlich sehr bedeutsam. Ihre Deutung auf Jesus Christus war schon in der Alten Kirche weit verbreitet.

ÜBERSCHRIFT: 1,1

1 1 Ausspruch. Wort des HERRN an Israel
durch Maleachi.

GOTTES LIEBE ZU ISRAEL, SEIN ZORN GEGEN EDOM: 1,2–5

2 Ich liebe euch, spricht der HERR. / Doch
ihr sagt: Wodurch zeigt sich, dass du uns
liebst? –
Ist nicht Esau Jakobs Bruder? – Spruch des
HERRN – / und doch gewann ich Jakob lieb,
3 Esau aber hasste ich. / Darum machte ich
seine Berge zur Öde
und überließ sein Erbland / den Schakalen
der Wüste.
4 Wenn Edom sagt: Wir sind zerschmettert, / aber wir bauen die Trümmer wieder auf,
so spricht der HERR der Heerscharen: /
Sie sollen nur aufbauen; ich reiße es wieder
ein.

Man wird sie das Land des Unrechts nennen / und das Volk, das der HERR ewig verdammt.

5 Mit eigenen Augen werdet ihr es sehen und werdet sagen: / Groß ist der HERR, weit über Israels Grenzen hinaus.

1: Sach 12,1 / **2–3**: Gen 25,23; Röm 9,13 / **2**: Dtn 4,37; 7,7f.; Hos 11,1 / **3–4**: Obd; Jer 49,7–22; Ez 25,12–14; 35

GEGEN DIE PRIESTER: 1,6–2,9

ANKLAGE WEGEN WERTLOSER OPFER: 1,6–14

6 Der Sohn ehrt seinen Vater / und der Knecht seinen Herrn.

Wenn ich der Vater bin – / wo bleibt dann die Ehrerbietung?

Wenn ich der Herr bin – / wo bleibt dann die Furcht vor mir?,

spricht der HERR der Heerscharen zu euch, / ihr Priester, die ihr meinen Namen verachtet.

Doch ihr sagt: / Wodurch verachten wir denn deinen Namen?

7 Ihr bringt auf meinem Altar verunreinigte Speise dar. / Ihr sagt: Wodurch haben wir dich mit Unreinem entehrt?

Dadurch, dass ihr sagt: / Der Tisch des HERRN, der kann gering geachtet werden.

8 Wenn ihr ein blindes Tier als Schlachtopfer darbringt, / sei das nicht schlecht!

Und wenn ihr ein lahmes und krankes Tier darbringt, / sei das nicht schlecht!

Biete das einmal deinem Statthalter an! / Ob er wohl Gefallen an dir hat

oder dich freundlich ansieht?, / spricht der HERR der Heerscharen.

9 Und nun versucht, Gott damit zu besänftigen, / dass er uns gnädig sei!

Wenn eure Hände ihm solche Dinge anbieten, / wie kann er euch dann freundlich ansehen?, / spricht der HERR der Heerscharen.

10 Wäre doch jemand bei euch, / der die Torflügel verschließt, / damit ihr kein nutzloses Feuer mehr entfacht auf meinem Altar!

Ich habe kein Gefallen an euch, / spricht der HERR der Heerscharen, / und ich mag kein Opfer aus eurer Hand.

11 Ja, vom Aufgang der Sonne bis zu ihrem Untergang / steht mein Name groß da bei den Völkern

und an jedem Ort wird meinem Namen ein Rauchopfer dargebracht / und eine reine Opfergabe;

ja, mein Name steht groß da bei den Völkern, / spricht der HERR der Heerscharen.

12 Ihr aber entweiht ihn, indem ihr sagt: / Der Tisch des Herrn, der darf verunreinigt / und die Opferspeise für ihn kann gering geachtet werden.

13 Ihr sagt: Siehe, welch eine Mühsal! / und facht das Feuer für ihn an, / spricht der HERR der Heerscharen; und ihr bringt, was geraubt wurde, und die lahmen und kranken Tiere herbei / und bringt sie als Opfer dar.

Soll ich das wohlgefällig annehmen aus eurer Hand?, / spricht der HERR.

14 Verflucht ist der Betrüger, der dem Herrn ein männliches Tier seiner Herde gelobt, / dann aber ein fehlerhaftes Tier schlachtet.

Ja, ein großer König bin ich, / spricht der HERR der Heerscharen, / und mein Name ist bei den Völkern gefürchtet.

6: Ex 20,12; Dtn 5,16; 32,6 / **8**: Lev 22,18–25; Dtn 15,21 / **9**: Num 6,25 / **10**: Jer 6,20; Am 5,21; Ps 40,7 / **11**: Zef 2,11; 3,9–10; Jes 45,6; 59,19 / **12**: Ez 36,20–23 / **13**: Lev 5,21.23 / **14**: Lev 22,19f.; 27,10

DROHUNG WEGEN DES MISSACHTETEN BUNDES MIT LEVI: 2,1–9

2 1 Jetzt gilt dieses Gebot für euch, ihr Priester:

2 Wenn ihr nicht hört / und nicht von Herzen darauf bedacht seid,

meinen Namen in Ehren zu halten / – spricht der HERR der Heerscharen –,

dann schleudere ich meinen Fluch gegen euch / und verfluche den Segen, der auf euch ruht;

ja, ich habe ihn schon verflucht, / weil ihr nicht von Herzen darauf bedacht seid.

3 Siehe, ich schlage euch den Arm ab / und werfe euch Unrat ins Gesicht,

den Unrat eurer Feste, / und man wird euch zu ihm hinausschaffen.

1,12 die Opferspeise für ihn: vermuteter Text; die Opferspeise für ihn, der Ertrag für ihn: H.

4 Dann werdet ihr erkennen, / dass ich dieses Gebot über euch erlassen habe,
damit mein Bund mit Levi / bestehen bleibe,
spricht der HERR der Heerscharen.
5 Mein Bund bedeutete für ihn / Leben und
Heil, beides gab ich ihm, dazu Ehrfurcht:
Er sollte mich fürchten / und vor meinem
Namen erschrecken.
6 Zuverlässige Weisung kam aus seinem
Mund, / nichts Verkehrtes fand sich auf seinen
Lippen,
in Frieden und Aufrichtigkeit ging er mit
mir seinen Weg / und viele hielt er davon ab,
schuldig zu werden.
7 Ja, die Lippen des Priesters bewahren Erkenntnis / und aus seinem Mund erwartet
man Weisung; / denn er ist der Bote des
HERRN der Heerscharen.
8 Ihr aber, ihr seid abgewichen vom Weg, / ihr
habt viele zu Fall gebracht durch eure Weisung;
ihr habt den Bund Levis zunichte gemacht, /
spricht der HERR der Heerscharen.
9 Darum mache ich euch verächtlich / und
erniedrige euch vor dem ganzen Volk,
so wie ihr euch nicht an meine Wege haltet /
und auf die Person seht bei der Weisung.

2: Dtn 28,15; Ps 115,1 / **4**: Num 25,10–13; Dtn 18,1–8; 33,8–11 / **6**: Dtn 21,5; 33,10 / **7**: Hos 4,1–6; Hag 2,11 / **8**: Jer 17,5; Hos 4,4–10; Mt 23,13–15 / **9**: Dtn 16,19

GEGEN TREULOSIGKEIT UND EHESCHEIDUNG: 2,10–16

10 Haben wir nicht alle denselben Vater? / Hat
nicht der eine Gott uns erschaffen?
Warum handeln wir dann treulos, einer gegen den andern, / und entweihen den Bund
unserer Väter?
11 Treulos hat Juda gehandelt / und Gräueltaten sind in Israel und in Jerusalem geschehen:
Denn Juda hat das Heiligtum des HERRN,
das er liebt, entweiht / und die Tochter eines
fremden Gottes zur Frau genommen.
12 Der HERR versage dem, der so handelt, /
einen, der für ihn zeugt und für ihn spricht
in den Zelten Jakobs, / einen, der dem
HERRN der Heerscharen Opfer darbringt.
13 Außerdem tut ihr noch dies: Ihr bedeckt
den Altar des HERRN mit Tränen, / mit Weinen und Klagen,
weil er sich eurem Opfer nicht mehr zuwendet / und es nicht mehr gnädig annimmt aus
eurer Hand.
14 Und wenn ihr fragt: Warum?: / Weil der
HERR Zeuge war zwischen dir und der Frau
deiner Jugend, an der du treulos handelst, /
obwohl sie deine Gefährtin ist, / die Frau, mit
der du einen Bund geschlossen hast.
15 Nicht einer hat doch jemals so gehandelt, / wenn er einen Rest von verständigem
Geist besitzt.
Was begehrt denn dieser Eine? / Er begehrt
Nachkommen von Gott!
Bewahrt euch also euren verständigen
Geist! / Handle nicht treulos an der Frau deiner Jugend!
16 Wenn einer seine Frau aus Abneigung
verstößt, / spricht der HERR, Israels Gott,
dann bedeckt er sein Gewand mit Gewalttat, / spricht der HERR der Heerscharen.
Bewahrt euch also euren verständigen
Geist / und handelt nicht treulos!

10: Jes 63,16; 64,7; Eph 4,4–6; Dtn 4,31 / **11**: Esra 9–10; Neh 13,23–27 / **14**: Tob 7,14 / **15**: Ps 127,3; 128,3

2,12 einen, der für ihn zeugt: vermuteter Text; der ihn schützt: H. Die Bedeutung des hebräischen Wortes ist umstritten.

2,15 Andere Deutung des ersten Teils des Verses: Hat er (Gott) nicht Eines (ein Menschenpaar) geschaffen, nämlich Fleisch, das Lebensgeist besitzt? Was sucht dieses Eine? Nachkommen von Gott! Vgl. Gen 2,24; Mt 5,31f.; 19,5; Eph 5,24–32. – handle nicht: G, Vg; man handle nicht: H.

GERICHT UND LÄUTERUNG: 2,17–3,5

17 Ihr ermüdet den HERRN mit euren Reden /
und ihr fragt: Wodurch ermüden wir ihn?
Dadurch, dass ihr sagt: Jeder, der Böses
tut, / ist gut in den Augen des HERRN,

an solchen Leuten hat er Gefallen. / Oder:
Wo ist denn Gott, der Gericht hält?
3 1 Seht, ich sende meinen Boten; / er soll
den Weg für mich bahnen.
Dann kommt plötzlich zu seinem Tempel /
der Herr, den ihr sucht,
und der Bote des Bundes, den ihr herbei-
wünscht. / Seht, er kommt!, spricht der HERR
der Heerscharen.
2 Doch wer erträgt den Tag, an dem er kommt? /
Wer kann bestehen, wenn er erscheint?
Denn er ist wie das Feuer des Schmelzers /
und wie die Lauge der Walker.
3 Er setzt sich, um das Silber zu schmelzen
und zu reinigen: / Er reinigt die Söhne Levis, /
er läutert sie wie Gold und Silber. Dann wer-
den sie dem HERRN die richtigen Opfer dar-
bringen.
4 Und dem HERRN wird das Opfer Judas und
Jerusalems angenehm sein / wie in den Tagen
der Vorzeit, wie in längst vergangenen Jahren.
5 Ich komme herbei, um euch zu richten; /
schnell trete ich als Zeuge auf gegen die Zau-
berer und die Ehebrecher, / gegen die Meinei-
digen und gegen alle, welche die Taglöhner, /
Witwen und Waisen ausbeuten, den Fremden
im Land ihr Recht verweigern
und mich nicht fürchten, / spricht der HERR
der Heerscharen.

2,17: Jer 12,1; Ps 73,3–12; Ijob 21,7–13
3,1: Ex 23,20; Mt 11,10 / **2**: Joël 2,11; Am 5,18; Zef 1,14 / **3**: Num 8,5–22; Jer 6,29 / **5**: Lev 19,13.26; Dtn 24,14.17

AUFRUF ZUR UMKEHR MIT SEGENSVERHEISSUNG: 3,6–12

6 Nein, ich, der HERR, habe mich nicht geän-
dert / und ihr habt nicht aufgehört, Söhne
Jakobs zu sein.
7 Seit den Tagen eurer Väter seid ihr von mei-
nen Gesetzen abgewichen / und habt auf sie
nicht geachtet.
Kehrt um zu mir, dann kehre ich mich euch
zu, / spricht der HERR der Heerscharen.
Doch ihr sagt: / Worin soll denn unsere
Umkehr bestehen? –
8 Darf der Mensch Gott berauben? / Denn
ihr beraubt mich.
Doch ihr sagt: Wobei berauben wir dich? – /
Bei dem Zehnten und bei der Abgabe!
9 Dem Fluch seid ihr verfallen, / doch ihr
beraubt mich weiter, / ihr, das ganze Volk.
10 Bringt den ganzen Zehnten ins Vorrats-
haus, / damit in meinem Haus Nahrung vor-
handen ist!
Ja, stellt mich auf die Probe damit, / spricht
der HERR der Heerscharen,
ob ich euch dann nicht die Schleusen des
Himmels öffne / und Segen im Übermaß auf
euch herabschütte.
11 Den Fresser wehre ich von euch ab, / da-
mit er euch die Frucht des Ackers nicht vertilgt
und damit euch der Weinstock auf dem Feld
nicht ohne Ertrag bleibt, / spricht der HERR
der Heerscharen.
12 Dann werden alle Völker euch glücklich
preisen; / denn ihr seid ein glückliches Land, /
spricht der HERR der Heerscharen.

6: Num 23,19 / **7**: Sach 1,3; Jak 4,8 / **9**: Dtn 28,15 / **10**: Lev 27,30–33; Num 18,21–32; Dtn 14,22–29; 28,8.12 / **11**: Joël 1,4.6f. / **12**: Jes 61,9

DER TAG DER GÖTTLICHEN GERECHTIGKEIT: 3,13–21

13 Was ihr über mich sagt, ist kühn, / spricht
der HERR.
Doch ihr fragt: Was sagen wir denn über dich?
14 Ihr sagt: Es hat keinen Sinn, Gott zu die-
nen. / Was haben wir davon, wenn wir auf
seine Anordnungen achten
und vor dem HERRN der Heerscharen / in
Trauergewändern umhergehen?
15 Darum preisen wir die Überheblichen
glücklich, denn die Frevler haben Erfolg; / sie
stellen Gott auf die Probe und kommen doch
straflos davon.

16 Darüber redeten die miteinander, die den
HERRN fürchten. / Der HERR horchte auf und
hörte hin.
Und man schrieb vor ihm ein Buch, das alle
in Erinnerung hält, / die den HERRN fürchten
und seinen Namen achten.
17 Sie werden an dem Tag, den ich herbeifüh-
re / – spricht der HERR der Heerscharen –,
mein besonderes Eigentum sein.
Ich werde gut zu ihnen sein, / wie ein Mann
gut ist zu seinem Sohn, der ihm dient.
18 Dann werdet ihr wieder den Unterschied
sehen zwischen dem Gerechten und dem
Frevler, / zwischen dem, der Gott dient, und
dem, der ihm nicht dient.
19 Denn seht, der Tag kommt, er brennt wie
ein Ofen: / Da werden alle Überheblichen und
alle Frevler zu Spreu
und der Tag, der kommt, wird sie verbren-
nen, / spricht der HERR der Heerscharen.
Weder Wurzel noch Zweig wird ihnen dann
bleiben.
20 Für euch aber, die ihr meinen Namen
fürchtet, / wird die Sonne der Gerechtigkeit
aufgehen / und ihre Flügel bringen Heilung.
Ihr werdet hinausgehen und Freudensprün-
ge machen / wie Kälber, die aus dem Stall kom-
men.
21 Und ihr werdet die Ruchlosen zertreten, /
sodass sie unter euren Fußsohlen zu Asche
werden,
an dem Tag, den ich herbeiführe, / spricht
der HERR der Heerscharen.

14: Ijob 21,14f.; Jes 58,3 / **15**: 2,17 / **16**: Ex 32,32; Ps 69,29; Jes 4,3; Dan 7,10; 12,1 / **17**: Ps 103,13 / **19**: Jes 5,24; Joël 2,1–5 / **20**: Jes 58,8; Jer 33,6; Lk 1,78; Joh 8,12 / **21**: Ps 18,43; Mi 7,10

SCHLUSSWORTE – MOSE UND ELIJA: 3,22–24

22 Gedenkt der Weisung meines Knechtes
Mose; / am Horeb habe ich ihm Gesetze und
Rechtsentscheide übergeben, / die für ganz
Israel gelten.
23 Bevor aber der Tag des HERRN kommt, /
der große und furchtbare Tag, / seht, da sende
ich zu euch den Propheten Elija.
24 Er wird das Herz der Väter wieder den
Söhnen zuwenden / und das Herz der Söhne
ihren Vätern,
damit ich nicht komme / und das Land
schlage mit Bann.

22: Dtn 5,1–32; Jos 1,1f.7 / **24**: Sir 48,10f.; Mt 17,10–13; Mk 9,11–13; Lk 1,17; Joh 1,21.25

DAS NEUE TESTAMENT

DIE EVANGELIEN

DIE EVANGELIEN

Das Wort „Evangelium“ stammt aus dem Griechischen (euangelion) und bedeutet „gute Nachricht“, „frohe Botschaft“. Mit diesem Wort benannten die Christen ihre Verkündigung vom endgültigen Heil der Menschen in Jesus Christus. Als Erster verwendete Markus dieses Wort als Überschrift seines Buchs über Jesus Christus (1,1). Damit entstand eine neue Form religiöser Schriften, die Evangelien.

Vier Evangelienbücher fanden Aufnahme in das Neue Testament. Sie bezeugen, jedes auf seine Weise, das eine Evangelium von Jesus Christus. Diese Bücher wurden von der frühen Kirche wahrscheinlich nach der damals angenommenen Abfassungszeit geordnet.

Die Überschriften der kanonischen Evangelien lauten seit dem 2. Jahrhundert: Das Evangelium nach Matthäus, nach Markus, nach Lukas, nach Johannes. Die ersten drei Evangelien sind untereinander nach Inhalt, Aufbau und Sprache eng verknüpft; darum werden sie nach dem griechischen Wort „synopsis“ (Zusammenschau) „synoptische“ Evangelien genannt.

DAS EVANGELIUM NACH MATTHÄUS

Seit der Wende zum 2. Jahrhundert wird das Evangelium dem Apostel Matthäus (Mt 9,9 und 10,3) zugeschrieben, der mit dem Zöllner Levi (Mk 2,14 und Lk 5,27f.) identifiziert wurde. Der Verfasser, dessen Person letztlich als unbekannt gelten muss, verfügt über gute Griechischkenntnisse und über eine sehr gute Kenntnis der jüdischen Bibel und des jüdischen Lebensumfeldes.

Das Evangelium setzt das Markusevangelium voraus und scheint um die Zerstörung Jerusalems (70 n. Chr.) zu wissen. Meist wird dafür auf Mt 22,7; 23,38; 21,41 hingewiesen. In frühchristlichen Schriften, insbesondere der sogenannten „Didache“, und verschiedenen Briefen Apostolischer Väter (verfasst ab 95/100) wird es als Bezugstext herangezogen. Daraus ergibt sich mit einer gewissen Wahrscheinlichkeit, dass es in den Jahren um 80 n. Chr. entstanden sein dürfte. Als Entstehungsort wird das syrisch-galiläische Grenzgebiet angenommen.

Das Matthäusevangelium wurde in griechischer Sprache verfasst. Als Grundlage dienten dem Evangelisten das ebenfalls in griechischer Sprache geschriebene Markusevangelium, andere Überlieferungen, die nur er heranzieht (das sogenannte „Sondergut“), und wahrscheinlich auch eine Sammlung von Worten Jesu, die auch Lukas kennt (sogenannte „Spruch-“ oder „Redequelle“).

Im Aufbau folgt das Matthäusevangelium weitgehend dem Markusevangelium, jedoch in erweiterter und eigens gestalteter Ausarbeitung. Der einführende Teil bereitet das Wirken Jesu vor (1,1–4,11). Es folgt der umfassende Hauptteil des Evangeliums, in dem das Reden und Handeln Jesu entfaltet wird. Der geografische Raum „Galiläa“ bildet dafür den Rahmen (4,12–18,35). Ein kurzer Abschnitt über den Weg Jesu nach Judäa bzw. Jerusalem (19,1–20,34) leitet zu Jesu Schicksal in Jerusalem über. Dieses wird in zwei großen Abschnitten geschildert: Zunächst werden die Konflikte um die Person und das Wirken Jesu und der Blick auf die Endzeit thematisiert (21,1–25,46), bevor schließlich mit der Erzählung vom Leiden, vom

Tod und von der Verkündigung der Auferstehung Jesu (26,1–28,20) das Evangelium über Jesus Christus endet.

Am Beginn (1,1) benennt der Verfasser sein Thema: Er schreibt über „Jesus Christus, den Sohn Davids, den Sohn Abrahams". Sein Anliegen ist es aufzuzeigen, wie sich im Wirken Jesu das Reich Gottes ankündigt. Leitend ist für sein Jesusbild die Überlieferung des Alten Testaments. In Jesus von Nazaret und in seinem Wirken kommt das Wort der Schrift zur Fülle und zur Erfüllung. Dabei ist die Rückbindung der Identität Jesu an Abraham und David maßgebend. Als neuer Mose interpretiert Jesus die Weisung Gottes. Als der geliebte Sohn hat er in seinem Wort und Tun Anteil an der Vollmacht Gottes. Als Auferstandener wird er zur Herrschaft über die gesamte Schöpfung ermächtigt.

Das Matthäusevangelium hat schon die Kirche als Gemeinde der Jünger Jesu im Blick, vgl. die Übertragung der „Schlüsselgewalt" an Petrus (16,13–19); die Regeln für das Leben in der Gemeinde (18). Die hierin zum Ausdruck kommende Abgrenzung gegenüber dem Judentum wird jedoch nicht als Bruch mit diesem, sondern als Kontinuität unter dem Vorzeichen der von Jesus Christus verbürgten Liebe Gottes zu den Menschen in allen Völkern verstanden.

Ein besonderes Merkmal dieses Evangeliums liegt in der Anschaulichkeit der Darstellung. Mit seinen Redekompositionen, mit der großen Zahl der auf die Lebens- und Glaubenspraxis ausgerichteten Gleichnisse Jesu und mit der vielfältigen Erzählung über Jesu vollmächtiges Wirken ist es, gemessen an der Zahl seiner Kapitel, das längste aller vier Evangelien. Die Alte Kirche hat das Matthäusevangelium sehr geschätzt und als Summe der Lehre und des Wirkens Jesu verstanden. So wurde es zu dem Evangelium der Kirche, das bis heute mit seiner klaren und optimistischen Zukunftsperspektive eindrucksvoll und einladend zur Lebensnachfolge in der Gemeinschaft der Christen anspornt.

DIE VORGESCHICHTEN: 1,1–4,11

DER STAMMBAUM JESU: 1,1–17

1 1 Buch des Ursprungs Jesu Christi, des
Sohnes Davids, des Sohnes Abrahams:
2 Abraham zeugte den Isaak, / Isaak zeug-
te den Jakob, / Jakob zeugte den Juda und
seine Brüder.
3 Juda zeugte den Perez und den Serach mit
der Tamar. / Perez zeugte den Hezron, / Hez-
ron zeugte den Aram,
4 Aram zeugte den Amminadab, / Am-
minadab zeugte den Nachschon, / Nach-
schon zeugte den Salmon.
5 Salmon zeugte den Boas mit der Rahab. /
Boas zeugte den Obed mit der Rut. / Obed
zeugte den Isai,
6 Isai zeugte David, den König. / David
zeugte den Salomo mit der Frau des Urija.
7 Salomo zeugte den Rehabeam, / Rehabe-
am zeugte den Abija, / Abija zeugte den Asa,
8 Asa zeugte den Joschafat, / Joschafat
zeugte den Joram, / Joram zeugte den Usija.
9 Usija zeugte den Jotam, / Jotam zeugte
den Ahas, / Ahas zeugte den Hiskija,
10 Hiskija zeugte den Manasse, / Manasse
zeugte den Amos, / Amos zeugte den Joschi-
ja.
11 Joschija zeugte den Jojachin und seine
Brüder; das war zur Zeit der Babylonischen
Gefangenschaft.
12 Nach der Babylonischen Gefangenschaft
zeugte Jojachin den Schealtiël, / Schealtiël
zeugte den Serubbabel,
13 Serubbabel zeugte den Abihud, / Abihud
zeugte den Eljakim, / Eljakim zeugte den
Azor.
14 Azor zeugte den Zadok, / Zadok zeugte
den Achim, / Achim zeugte den Eliud,
15 Eliud zeugte den Eleasar, / Eleasar zeug-
te den Mattan, / Mattan zeugte den Jakob.
16 Jakob zeugte den Josef, den Mann Ma-
rias; / von ihr wurde Jesus geboren, / der der
Christus genannt wird.
17 Im Ganzen sind es also von Abraham bis
David vierzehn Generationen, von David bis
zur Babylonischen Gefangenschaft vierzehn
Generationen und von der Babylonischen

Gefangenschaft bis zu Christus vierzehn Ge-
nerationen.

1–17: Lk 3,23–38 / **2:** Gen 21,2–3; 25,26; 29,32–30,24 / **3:** Gen 38,29–30 / **3–6:** Rut 4,18–22 / **6:** 2 Sam 12,24 / **7–12:** 1 Chr 3,10–19 / **16:** Lk 1,27

ÜBER DIE GEBURT JESU: 1,18–25

18 Mit der Geburt Jesu Christi war es so: Ma-
ria, seine Mutter, war mit Josef verlobt; noch
bevor sie zusammengekommen waren, zeig-
te sich, dass sie ein Kind erwartete – durch
das Wirken des Heiligen Geistes. 19 Josef, ihr
Mann, der gerecht war und sie nicht bloßstel-
len wollte, beschloss, sich in aller Stille von
ihr zu trennen. 20 Während er noch darüber
nachdachte, siehe, da erschien ihm ein Engel
des Herrn im Traum und sagte: Josef, Sohn
Davids, fürchte dich nicht, Maria als deine
Frau zu dir zu nehmen; denn das Kind, das
sie erwartet, ist vom Heiligen Geist. 21 Sie
wird einen Sohn gebären; ihm sollst du den
Namen Jesus geben; denn er wird sein Volk
von seinen Sünden erlösen. 22 Dies alles ist
geschehen, damit sich erfüllte, was der Herr
durch den Propheten gesagt hat:

23 *Siehe: Die Jungfrau wird empfangen /*
und einen Sohn gebären / und sie werden ihm
den Namen Immanuel geben, / das heißt
übersetzt: *Gott mit uns.*

24 Als Josef erwachte, tat er, was der Engel
des Herrn ihm befohlen hatte, und nahm sei-
ne Frau zu sich. 25 Er erkannte sie aber nicht,
bis sie ihren Sohn gebar. Und er gab ihm den
Namen Jesus.

18–20: Lk 1,27.34–35 / **21:** Lk 1,31; 2,21 / **23:** Jes 7,14

DIE HULDIGUNG DER STERNDEUTER: 2,1–12

2 1 Als Jesus zur Zeit des Königs Herodes
in Betlehem in Judäa geboren worden
war, siehe, da kamen Sterndeuter aus dem
Osten nach Jerusalem 2 und fragten: Wo ist
der neugeborene König der Juden? Wir haben
seinen Stern aufgehen sehen und sind ge-
kommen, um ihm zu huldigen. 3 Als König
Herodes das hörte, erschrak er und mit ihm
ganz Jerusalem. 4 Er ließ alle Hohepriester
und Schriftgelehrten des Volkes zusammen-
kommen und erkundigte sich bei ihnen, wo
der Christus geboren werden solle. 5 Sie ant-
worteten ihm: in Betlehem in Judäa; denn so
steht es geschrieben bei dem Propheten:

6 *Du, Betlehem im Gebiet von Juda, / bist*
keineswegs die unbedeutendste / unter den
führenden Städten von Juda; / denn aus dir
wird ein Fürst hervorgehen, / der Hirt meines
Volkes Israel.

7 Danach rief Herodes die Sterndeuter
heimlich zu sich und ließ sich von ihnen ge-
nau sagen, wann der Stern erschienen war.
8 Dann schickte er sie nach Betlehem und
sagte: Geht und forscht sorgfältig nach dem
Kind; und wenn ihr es gefunden habt, berich-
tet mir, damit auch ich hingehe und ihm hul-
dige! 9 Nach diesen Worten des Königs mach-
ten sie sich auf den Weg. Und siehe, der Stern,
den sie hatten aufgehen sehen, zog vor ihnen
her bis zu dem Ort, wo das Kind war; dort
blieb er stehen. 10 Als sie den Stern sahen,
wurden sie von sehr großer Freude erfüllt.
11 Sie gingen in das Haus und sahen das Kind
und Maria, seine Mutter; da fielen sie nieder
und huldigten ihm. Dann holten sie ihre
Schätze hervor und brachten ihm Gold,
Weihrauch und Myrrhe als Gaben dar. 12 Weil
ihnen aber im Traum geboten wurde, nicht
zu Herodes zurückzukehren, zogen sie auf
einem anderen Weg heim in ihr Land.

6: Mi 5,1.3

DIE FLUCHT NACH ÄGYPTEN: 2,13–15

13 Als die Sterndeuter wieder gegangen wa-
ren, siehe, da erschien dem Josef im Traum
ein Engel des Herrn und sagte: Steh auf,
nimm das Kind und seine Mutter und flieh
nach Ägypten; dort bleibe, bis ich dir etwas
anderes auftrage; denn Herodes wird das
Kind suchen, um es zu töten. 14 Da stand Josef
auf und floh in der Nacht mit dem Kind und
dessen Mutter nach Ägypten. 15 Dort blieb er
bis zum Tod des Herodes. Denn es sollte sich
erfüllen, was der Herr durch den Propheten
gesagt hat: *Aus Ägypten habe ich meinen*
Sohn gerufen.

15: Hos 11,1

DER KINDERMORD IN BETLEHEM: 2,16–18

16 Als Herodes merkte, dass ihn die Sterndeu-
ter getäuscht hatten, wurde er sehr zornig und
er sandte aus und ließ in Betlehem und der
ganzen Umgebung alle Knaben bis zum Alter
von zwei Jahren töten, genau der Zeit entspre-
chend, die er von den Sterndeutern erfahren
hatte. 17 Damals erfüllte sich, was durch den
Propheten Jeremia gesagt worden ist:

1,25 Erkennen wird im Alten Orient auch als Umschreibung des ehelichen Verkehrs gebraucht.

18 *Ein Geschrei war in Rama zu hören, /*
lautes Weinen und Klagen: / Rahel weinte um
ihre Kinder / und wollte sich nicht trösten
lassen, / denn sie waren nicht mehr.
18: Jer 31,15

DIE RÜCKKEHR AUS ÄGYPTEN: 2,19–23
19 Als Herodes gestorben war, siehe, da er-
schien dem Josef in Ägypten ein Engel des
Herrn im Traum 20 und sagte: Steh auf, nimm
das Kind und seine Mutter und zieh in das
Land Israel; denn die Leute, die dem Kind
nach dem Leben getrachtet haben, sind tot.
21 Da stand er auf und zog mit dem Kind und
dessen Mutter in das Land Israel. 22 Als er aber
hörte, dass in Judäa Archelaus anstelle seines
Vaters Herodes regierte, fürchtete er sich,
dorthin zu gehen. Und weil er im Traum ei-
nen Befehl erhalten hatte, zog er in das Gebiet
von Galiläa 23 und ließ sich in einer Stadt na-
mens Nazaret nieder. Denn es sollte sich er-
füllen, was durch die Propheten gesagt wor-
den ist: Er wird Nazoräer genannt werden.
23: Ri 13,5.7; Mk 1,24

DAS AUFTRETEN DES TÄUFERS: 3,1–12
3 1 In jenen Tagen trat Johannes der Täufer
auf und verkündete in der Wüste von
Judäa: 2 Kehrt um! Denn das Himmelreich ist
nahe. 3 Er war es, von dem der Prophet Jesaja
gesagt hat:
Stimme eines Rufers in der Wüste: / Berei-
tet den Weg des Herrn! / Macht gerade seine
Straßen!
4 Johannes trug ein Gewand aus Kamelhaa-
ren und einen ledernen Gürtel um seine Hüf-
ten; Heuschrecken und wilder Honig waren
seine Nahrung. 5 Die Leute von Jerusalem
und ganz Judäa und aus der ganzen Jordan-
gegend zogen zu ihm hinaus; 6 sie bekannten
ihre Sünden und ließen sich im Jordan von
ihm taufen. 7 Als Johannes sah, dass viele
Pharisäer und Sadduzäer zur Taufe kamen,
sagte er zu ihnen: Ihr Schlangenbrut, wer hat
euch denn gelehrt, dass ihr dem kommenden
Zorngericht entrinnen könnt? 8 Bringt
Frucht hervor, die eure Umkehr zeigt, 9 und
meint nicht, ihr könntet sagen: Wir haben
Abraham zum Vater. Denn ich sage euch:
Gott kann aus diesen Steinen dem Abraham
Kinder erwecken. 10 Schon ist die Axt an die
Wurzel der Bäume gelegt; jeder Baum, der
keine gute Frucht hervorbringt, wird umge-
hauen und ins Feuer geworfen. 11 Ich taufe
euch mit Wasser zur Umkehr. Der aber, der
nach mir kommt, ist stärker als ich und ich
bin es nicht wert, ihm die Sandalen auszuzie-
hen. Er wird euch mit dem Heiligen Geist
und mit Feuer taufen. 12 Schon hält er die
Schaufel in der Hand; und er wird seine Ten-
ne reinigen und den Weizen in seine Scheu-
ne sammeln; die Spreu aber wird er in nie
erlöschendem Feuer verbrennen.
1–6: Mk 1,2–6; Lk 3,2–6 / **7–10:** Lk 3,7–9 / **11–12:** Mk 1,7f.; Lk 3,15–17
3: Jes 40,3 / **4:** 2 Kön 1,8 / **7:** 12,34; 23,33 / **10:** 7,19 / **11:** Joh 1,15.26f.30–33 / **12:** 13,30

DIE TAUFE JESU: 3,13–17
13 Zu dieser Zeit kam Jesus von Galiläa an den
Jordan zu Johannes, um sich von ihm taufen
zu lassen. 14 Johannes aber wollte es nicht zu-
lassen und sagte zu ihm: Ich müsste von dir
getauft werden und du kommst zu mir? 15 Je-
sus antwortete ihm: Lass es nur zu! Denn so
können wir die Gerechtigkeit ganz erfüllen.
Da gab Johannes nach. 16 Als Jesus getauft
war, stieg er sogleich aus dem Wasser herauf.
Und siehe, da öffnete sich der Himmel und
er sah den Geist Gottes wie eine Taube auf
sich herabkommen. 17 Und siehe, eine Stim-
me aus dem Himmel sprach: Dieser ist mein
geliebter Sohn, an dem ich Wohlgefallen ge-
funden habe.
13–17: Mk 1,9–11; Lk 3,21f.; Joh 1,29–34
17: 17,5; Gen 22,2; Ps 2,7; Jes 42,1

DIE VERSUCHUNG JESU: 4,1–11
4 1 Dann wurde Jesus vom Geist in die
Wüste geführt; dort sollte er vom Teu-
fel versucht werden. 2 Als er vierzig Tage und
vierzig Nächte gefastet hatte, hungerte ihn.
3 Da trat der Versucher an ihn heran und sag-
te: Wenn du Gottes Sohn bist, so befiehl,
dass aus diesen Steinen Brot wird. 4 Er aber
antwortete: In der Schrift heißt es: *Der*
Mensch lebt nicht vom Brot allein, sondern
von jedem Wort, das aus Gottes Mund kommt.
5 Darauf nahm ihn der Teufel mit sich in die
Heilige Stadt, stellte ihn oben auf den Tem-
pel 6 und sagte zu ihm: Wenn du Gottes Sohn
bist, so stürz dich hinab; denn es heißt in der
Schrift:

2,23 Das Prophetenwort steht in dieser Form nicht im Alten Testament; vielleicht liegt eine Anspielung auf Jes 11,1 vor, wo vom Spross (hebräisch: nezer) die Rede ist.

Seinen Engeln befiehlt er um deinetwil-
len, / und: Sie werden dich auf ihren Händen
tragen, / damit dein Fuß nicht an einen Stein
stößt.
7 Jesus antwortete ihm: In der Schrift
heißt es auch: *Du sollst den Herrn, deinen*
Gott, nicht auf die Probe stellen. 8 Wieder
nahm ihn der Teufel mit sich und führte ihn
auf einen sehr hohen Berg; er zeigte ihm alle
Reiche der Welt mit ihrer Pracht 9 und sagte
zu ihm: Das alles will ich dir geben, wenn
du dich vor mir niederwirfst und mich an-
betest. 10 Da sagte Jesus zu ihm: Weg mit
dir, Satan! Denn in der Schrift steht: *Den*
Herrn, deinen Gott, sollst du anbeten und
ihm allein dienen. 11 Darauf ließ der Teufel
von ihm ab und siehe, es kamen Engel und
dienten ihm.

1–11: Mk 1,12f.; Lk 4,1–13
4: Dtn 8,3 / **6**: Ps 91,11f. / **7**: Dtn 6,16 / **10**: Dtn 5,9; 6,13

DAS WIRKEN JESU IN GALILÄA: 4,12–18,35

JESUS – LICHT FÜR DIE MENSCHEN: 4,12–16

12 Als Jesus hörte, dass Johannes ausgeliefert
worden war, kehrte er nach Galiläa zurück. 13 Er
verließ Nazaret, um in Kafarnaum zu wohnen,
das am See liegt, im Gebiet von Sebulon und
Naftali. 14 Denn es sollte sich erfüllen, was
durch den Propheten Jesaja gesagt worden ist:
15 *Das Land Sebulon und das Land Naftali, /*
die Straße am Meer, das Gebiet jenseits des
Jordan, / das heidnische Galiläa:
16 *Das Volk, das im Dunkel saß, / hat ein*
helles Licht gesehen; / denen, die im Schatten-
reich des Todes wohnten, / ist ein Licht er-
schienen.

12: Mk 1,14; Lk 4,14
15–16: Jes 8,23–9,1 / **16**: Lk 1,79

DIE VERKÜNDIGUNG VOM HIMMELREICH
UND DIE ERSTEN JÜNGER: 4,17–22

17 Von da an begann Jesus zu verkünden:
Kehrt um! Denn das Himmelreich ist nahe.
18 Als Jesus am See von Galiläa entlangging,
sah er zwei Brüder, Simon, genannt Petrus,
und seinen Bruder Andreas; sie warfen gera-
de ihr Netz in den See, denn sie waren Fi-
scher. 19 Da sagte er zu ihnen: Kommt her, mir
nach! Ich werde euch zu Menschenfischern
machen. 20 Sofort ließen sie ihre Netze liegen
und folgten ihm nach. 21 Als er weiterging,
sah er zwei andere Brüder, Jakobus, den Sohn
des Zebedäus, und seinen Bruder Johannes;
sie waren mit ihrem Vater Zebedäus im Boot
und richteten ihre Netze her. Er rief sie 22 und
sogleich verließen sie das Boot und ihren Va-
ter und folgten Jesus nach.

17–22: Mk 1,15–20; Lk 5,1–11; Joh 1,35–51
18–22: 9,9

DER ANDRANG DER MENSCHEN: 4,23–25

23 Er zog in ganz Galiläa umher, lehrte in den
Synagogen, verkündete das Evangelium vom
Reich und heilte im Volk alle Krankheiten
und Leiden. 24 Und sein Ruf verbreitete sich
in ganz Syrien. Man brachte alle Kranken mit
den verschiedensten Gebrechen und Leiden
zu ihm, Besessene, Mondsüchtige und Ge-
lähmte, und er heilte sie. 25 Scharen von Men-
schen aus Galiläa, der Dekapolis, aus Jerusa-
lem und Judäa und aus dem Gebiet jenseits
des Jordan folgten ihm nach.

23–25: Mk 3,7–12; Lk 6,17–19
23: 9,35

EINLEITUNG ZUR BERGPREDIGT: 5,1–2

5 1 Als Jesus die vielen Menschen sah, stieg
er auf den Berg. Er setzte sich und seine
Jünger traten zu ihm. 2 Und er öffnete seinen
Mund, er lehrte sie und sprach:

DIE SELIGPREISUNGEN: 5,3–12

3 Selig, die arm sind vor Gott; / denn ihnen
gehört das Himmelreich.
4 Selig die Trauernden; / denn sie werden
getröstet werden.
5 Selig die Sanftmütigen; / denn sie werden
das Land erben.
6 Selig, die hungern und dürsten nach der
Gerechtigkeit; / denn sie werden gesättigt
werden.

4,17 Himmelreich ist gleichbedeutend mit Reich Gottes. Himmel ist eine im Judentum übliche Umschreibung für den Namen Gottes.

7 Selig die Barmherzigen; / denn sie wer-
den Erbarmen finden.
8 Selig, die rein sind im Herzen; / denn sie
werden Gott schauen.
9 Selig, die Frieden stiften; / denn sie wer-
den Kinder Gottes genannt werden.
10 Selig, die verfolgt werden um der Ge-
rechtigkeit willen; / denn ihnen gehört das
Himmelreich.
11 Selig seid ihr, wenn man euch schmäht
und verfolgt und alles Böse über euch redet
um meinetwillen. 12 Freut euch und jubelt:
Denn euer Lohn wird groß sein im Himmel.
So wurden nämlich schon vor euch die Pro-
pheten verfolgt.

3-12: Lk 6,20-26
3: Jes 57,15; 61,1 / **4**: Jes 61,2f.; Sir 48,24 / **5**: Ps 37,11 / **6**: Ps 107,5.8f. / **7**: 18,33; Spr 14,21; Jak 2,13 / **8**: Ps 24,3f.; 73,1; Offb 22,4 / **9**: Spr 10,10 G; Jak 3,18; Hebr 12,14; Hos 2,1 / **10**: 1 Petr 3,14 / **11**: 10,22; Jes 51,7; Apg 5,41; 1 Petr 4,14 / **12**: Off 12,7; Gen 15,1; Jak 5,10f.

DAS DOPPELBILDWORT VOM SALZ UND VOM LICHT: 5,13-16

13 Ihr seid das Salz der Erde. Wenn das Salz sei-
nen Geschmack verliert, womit kann man es
wieder salzig machen? Es taugt zu nichts mehr,
außer weggeworfen und von den Leuten zer-
treten zu werden. 14 Ihr seid das Licht der Welt.
Eine Stadt, die auf einem Berg liegt, kann nicht
verborgen bleiben. 15 Man zündet auch nicht
eine Leuchte an und stellt sie unter den Schef-
fel, sondern auf den Leuchter; dann leuchtet
sie allen im Haus. 16 So soll euer Licht vor den
Menschen leuchten, damit sie eure guten Ta-
ten sehen und euren Vater im Himmel preisen.

13: Mk 9,50; Lk 14,34f.
14-16: Mk 4,21; Lk 8,16; 11,33

ÜBER DIE ERFÜLLUNG DER WEISUNG GOTTES: 5,17-20

17 Denkt nicht, ich sei gekommen, um das
Gesetz und die Propheten aufzuheben! Ich
bin nicht gekommen, um aufzuheben, son-
dern um zu erfüllen. 18 Amen, ich sage euch:
Bis Himmel und Erde vergehen, wird kein
Jota und kein Häkchen des Gesetzes verge-
hen, bevor nicht alles geschehen ist. 19 Wer
auch nur eines von den kleinsten Geboten
aufhebt und die Menschen entsprechend
lehrt, der wird im Himmelreich der Kleinste
sein. Wer sie aber hält und halten lehrt, der
wird groß sein im Himmelreich. 20 Darum
sage ich euch: Wenn eure Gerechtigkeit nicht
weit größer ist als die der Schriftgelehrten
und der Pharisäer, werdet ihr nicht in das
Himmelreich kommen.

17-18: Lk 16,17

DIE NEUEN THESEN: 5,21-48

21 Ihr habt gehört, dass zu den Alten gesagt
worden ist: *Du sollst nicht töten*; wer aber je-
manden tötet, soll dem Gericht verfallen sein.
22 Ich aber sage euch: Jeder, der seinem Bruder
auch nur zürnt, soll dem Gericht verfallen sein;
und wer zu seinem Bruder sagt: Du Dumm-
kopf!, soll dem Spruch des Hohen Rates ver-
fallen sein; wer aber zu ihm sagt: Du Narr!, soll
dem Feuer der Hölle verfallen sein. 23 Wenn du
deine Opfergabe zum Altar bringst und dir
dabei einfällt, dass dein Bruder etwas gegen
dich hat, 24 so lass deine Gabe dort vor dem Al-
tar liegen; geh und versöhne dich zuerst mit
deinem Bruder, dann komm und opfere deine
Gabe! 25 Schließ ohne Zögern Frieden mit dei-
nem Gegner, solange du mit ihm noch auf dem
Weg zum Gericht bist! Sonst wird dich dein
Gegner vor den Richter bringen und der Rich-
ter wird dich dem Gerichtsdiener übergeben
und du wirst ins Gefängnis geworfen. 26 Amen,
ich sage dir: Du kommst von dort nicht heraus,
bis du den letzten Pfennig bezahlt hast.
27 Ihr habt gehört, dass gesagt worden ist:
Du sollst nicht die Ehe brechen. 28 Ich aber
sage euch: Jeder, der eine Frau ansieht, um
sie zu begehren, hat in seinem Herzen schon
Ehebruch mit ihr begangen. 29 Wenn dich
dein rechtes Auge zum Bösen verführt, dann
reiß es aus und wirf es weg! Denn es ist bes-
ser für dich, dass eines deiner Glieder ver-
loren geht, als dass dein ganzer Leib in die
Hölle geworfen wird. 30 Und wenn dich dei-
ne rechte Hand zum Bösen verführt, dann
hau sie ab und wirf sie weg! Denn es ist bes-
ser für dich, dass eines deiner Glieder verlo-
ren geht, als dass dein ganzer Leib in die
Hölle kommt. 31 Ferner ist gesagt worden:
Wer seine Frau aus der Ehe entlässt, muss ihr
eine Scheidungsurkunde geben. 32 Ich aber
sage euch: Wer seine Frau entlässt, obwohl
kein Fall von Unzucht vorliegt, liefert sie
dem Ehebruch aus; und wer eine Frau heira-
tet, die aus der Ehe entlassen worden ist,
begeht Ehebruch.

5,26 Pfennig, wörtlich: Quadrans. Der Quadrans war die kleinste römische Münze und entsprach einem viertel As. Vgl. 10,29.

33 Ihr habt gehört, dass zu den Alten gesagt
worden ist: Du sollst keinen Meineid schwö-
ren, und: Du sollst halten, was du dem Herrn
geschworen hast. 34 Ich aber sage euch:
Schwört überhaupt nicht, weder beim Him-
mel, denn er ist Gottes Thron, 35 noch bei der
Erde, denn sie ist der Schemel seiner Füße,
noch bei Jerusalem, denn es ist die Stadt des
großen Königs! 36 Auch bei deinem Haupt
sollst du nicht schwören; denn du kannst
kein einziges Haar weiß oder schwarz ma-
chen. 37 Eure Rede sei: Ja ja, nein nein; was
darüber hinausgeht, stammt vom Bösen.

38 Ihr habt gehört, dass gesagt worden ist:
Auge für Auge und *Zahn für Zahn*. 39 Ich aber
sage euch: Leistet dem, der euch etwas Böses
antut, keinen Widerstand, sondern wenn
dich einer auf die rechte Wange schlägt, dann
halt ihm auch die andere hin! 40 Und wenn
dich einer vor Gericht bringen will, um dir
das Hemd wegzunehmen, dann lass ihm auch
den Mantel! 41 Und wenn dich einer zwingen
will, eine Meile mit ihm zu gehen, dann geh
zwei mit ihm! 42 Wer dich bittet, dem gib, und
wer von dir borgen will, den weise nicht ab!

43 Ihr habt gehört, dass gesagt worden ist:
Du sollst deinen Nächsten lieben und deinen
Feind hassen. 44 Ich aber sage euch: Liebt eure
Feinde und betet für die, die euch verfolgen,
45 damit ihr Kinder eures Vaters im Himmel
werdet; denn er lässt seine Sonne aufgehen
über Bösen und Guten und er lässt regnen
über Gerechte und Ungerechte. 46 Wenn ihr
nämlich nur die liebt, die euch lieben, wel-
chen Lohn könnt ihr dafür erwarten? Tun das
nicht auch die Zöllner? 47 Und wenn ihr nur
eure Brüder grüßt, was tut ihr damit Beson-
deres? Tun das nicht auch die Heiden? 48 Seid
also vollkommen, wie euer himmlischer Va-
ter vollkommen ist!

25–26: Lk 12,58f. / **32**: 19,9; Mk 10,11f.; Lk 16,18 / **33–37**: Jak 5,12 / **39–42**: Lk 6,29f. / **43–48**: Lk 6,27f.32–36

21: Ex 20,13; Dtn 5,17 / **27**: Ex 20,14; Dtn 5,18 / **31**: Dtn 24,1 / **33**: Lev 19,12; Num 30,9; Dtn 23,22 / **38**: Ex 21,24; Lev 24,20; Dtn 19,21 / **43**: Lev 19,18 / **48**: Lev 19,2

VOM ALMOSEN: 6,1–4

6 1 Hütet euch, eure Gerechtigkeit vor den
Menschen zu tun, um von ihnen gese-
hen zu werden; sonst habt ihr keinen Lohn
von eurem Vater im Himmel zu erwarten.
2 Wenn du Almosen gibst, posaune es nicht
vor dir her, wie es die Heuchler in den Syna-
gogen und auf den Gassen tun, um von den
Leuten gelobt zu werden! Amen, ich sage
euch: Sie haben ihren Lohn bereits erhalten.
3 Wenn du Almosen gibst, soll deine linke
Hand nicht wissen, was deine rechte tut, 4 da-
mit dein Almosen im Verborgenen bleibt;
und dein Vater, der auch das Verborgene
sieht, wird es dir vergelten.

VOM BETEN – DAS VATERUNSER: 6,5–15

5 Wenn ihr betet, macht es nicht wie die
Heuchler! Sie stellen sich beim Gebet gern in
die Synagogen und an die Straßenecken, da-
mit sie von den Leuten gesehen werden.
Amen, ich sage euch: Sie haben ihren Lohn
bereits erhalten. 6 Du aber, wenn du betest,
geh in deine Kammer, schließ die Tür zu;
dann bete zu deinem Vater, der im Verborge-
nen ist! Dein Vater, der auch das Verborgene
sieht, wird es dir vergelten. 7 Wenn ihr betet,
sollt ihr nicht plappern wie die Heiden, die
meinen, sie werden nur erhört, wenn sie vie-
le Worte machen. 8 Macht es nicht wie sie;
denn euer Vater weiß, was ihr braucht, noch
ehe ihr ihn bittet. 9 So sollt ihr beten:

Unser Vater im Himmel, / geheiligt werde
dein Name,

10 dein Reich komme, / dein Wille gesche-
he / wie im Himmel, so auf der Erde.

11 Gib uns heute das Brot, das wir brauchen!

12 Und erlass uns unsere Schulden, / wie
auch wir sie unseren Schuldnern erlassen ha-
ben!

13 Und führe uns nicht in Versuchung, /
sondern rette uns vor dem Bösen!

14 Denn wenn ihr den Menschen ihre Ver-
fehlungen vergebt, dann wird euer himmli-
scher Vater auch euch vergeben. 15 Wenn ihr
aber den Menschen nicht vergebt, dann wird
euch euer Vater eure Verfehlungen auch nicht
vergeben.

9–13: Lk 11,2–4 / **14–15**: Mk 11,25f.

5,43 und deinen Feind hassen: dieser Satzteil steht nicht in Lev 19,18. Wahrscheinlich bezieht sich der Evangelist auf eine zeitgenössische Deutung des Schriftwortes.

6,9 In der Liturgie ist folgende ökumenische Fassung gebräuchlich: Vater unser im Himmel, geheiligt werde dein Name. Dein Reich komme. Dein Wille geschehe, wie im Himmel, so auf Erden. Unser tägliches Brot gib uns heute. Und vergib uns unsere Schuld, wie auch wir vergeben unsern Schuldigern. Und führe uns nicht in Versuchung, sondern erlöse uns von dem Bösen.

6,13 Spätere Textzeugen fügen dem Gebet des Herrn noch einen Lobpreis an, der in Anlehnung an 1 Chr 29,10f. gestaltet ist: Denn dein ist das Reich und die Kraft und die Herrlichkeit in Ewigkeit. Amen.

VOM FASTEN: 6,16–18

16 Wenn ihr fastet, macht kein finsteres Ge-
sicht wie die Heuchler! Sie geben sich ein
trübseliges Aussehen, damit die Leute mer-
ken, dass sie fasten. Amen, ich sage euch: Sie
haben ihren Lohn bereits erhalten. 17 Du aber,
wenn du fastest, salbe dein Haupt und wasche
dein Gesicht, 18 damit die Leute nicht merken,
dass du fastest, sondern nur dein Vater, der im
Verborgenen ist; und dein Vater, der das Ver-
borgene sieht, wird es dir vergelten.

VON DER RECHTEN SORGE: 6,19–34

19 Sammelt euch nicht Schätze hier auf der Erde,
wo Motte und Wurm sie zerstören und wo Die-
be einbrechen und sie stehlen, 20 sondern sam-
melt euch Schätze im Himmel, wo weder Mot-
te noch Wurm sie zerstören und keine Diebe
einbrechen und sie stehlen! 21 Denn wo dein
Schatz ist, da ist auch dein Herz. 22 Die Leuchte
des Leibes ist das Auge. Wenn dein Auge ge-
sund ist, dann wird dein ganzer Leib hell sein.
23 Wenn aber dein Auge krank ist, dann wird
dein ganzer Leib finster sein. Wenn nun das
Licht in dir Finsternis ist, wie groß muss dann
die Finsternis sein! 24 Niemand kann zwei Her-
ren dienen; er wird entweder den einen hassen
und den andern lieben oder er wird zu dem
einen halten und den andern verachten. Ihr
könnt nicht Gott dienen und dem Mammon.
25 Deswegen sage ich euch: Sorgt euch nicht um
euer Leben, was ihr essen oder trinken sollt,
noch um euren Leib, was ihr anziehen sollt! Ist
nicht das Leben mehr als die Nahrung und der
Leib mehr als die Kleidung? 26 Seht euch die
Vögel des Himmels an: Sie säen nicht, sie ern-
ten nicht und sammeln keine Vorräte in Scheu-
nen; euer himmlischer Vater ernährt sie. Seid
ihr nicht viel mehr wert als sie? 27 Wer von euch
kann mit all seiner Sorge sein Leben auch nur
um eine kleine Spanne verlängern? 28 Und was
sorgt ihr euch um eure Kleidung? Lernt von den
Lilien des Feldes, wie sie wachsen: Sie arbeiten
nicht und spinnen nicht. 29 Doch ich sage euch:
Selbst Salomo war in all seiner Pracht nicht ge-
kleidet wie eine von ihnen. 30 Wenn aber Gott
schon das Gras so kleidet, das heute auf dem
Feld steht und morgen in den Ofen geworfen
wird, wie viel mehr dann euch, ihr Kleingläu-
bigen! 31 Macht euch also keine Sorgen und fragt
nicht: Was sollen wir essen? Was sollen wir
trinken? Was sollen wir anziehen? 32 Denn
nach alldem streben die Heiden. Euer himm-
lischer Vater weiß, dass ihr das alles braucht.
33 Sucht aber zuerst sein Reich und seine Ge-
rechtigkeit; dann wird euch alles andere dazu-
gegeben. 34 Sorgt euch also nicht um morgen;
denn der morgige Tag wird für sich selbst sor-
gen. Jeder Tag hat genug an seiner eigenen Plage.

19–21: Lk 12,33f. / **22–23:** Lk 11,34–36 / **24:** Lk 16,13 / **25–33:** Lk 12,22–32
29: 1 Kön 10,4f.

VOM RICHTEN: 7,1–5

7 1 Richtet nicht, damit ihr nicht gerichtet
werdet! 2 Denn wie ihr richtet, so werdet
ihr gerichtet werden und nach dem Maß, mit
dem ihr messt, werdet ihr gemessen werden.
3 Warum siehst du den Splitter im Auge deines
Bruders, aber den Balken in deinem Auge be-
merkst du nicht? 4 Oder wie kannst du zu dei-
nem Bruder sagen: Lass mich den Splitter aus
deinem Auge herausziehen! – und siehe, in
deinem Auge steckt ein Balken! 5 Du Heuch-
ler! Zieh zuerst den Balken aus deinem Auge,
dann kannst du zusehen, den Splitter aus dem
Auge deines Bruders herauszuziehen!

1–2: Mk 4,24; Lk 6,37f. / **3–5:** Lk 6,41f.

VON DER ENTWEIHUNG DES HEILIGEN: 7,6

6 Gebt das Heilige nicht den Hunden und
werft eure Perlen nicht den Schweinen vor,
denn sie könnten sie mit ihren Füßen zertre-
ten und sich umwenden und euch zerreißen!

VOM VERTRAUEN BEIM BETEN: 7,7–11

7 Bittet und es wird euch gegeben; sucht und
ihr werdet finden; klopft an und es wird euch
geöffnet! 8 Denn wer bittet, der empfängt;
wer sucht, der findet; und wer anklopft, dem
wird geöffnet. 9 Oder ist einer unter euch, der
seinem Sohn einen Stein gibt, wenn er um
Brot bittet, 10 oder eine Schlange, wenn er um
einen Fisch bittet? 11 Wenn nun ihr, die ihr
böse seid, euren Kindern gute Gaben zu ge-
ben wisst, wie viel mehr wird euer Vater im
Himmel denen Gutes geben, die ihn bitten.

7–11: Lk 11,9–13
7: 18,19; 21,22; Mk 11,24; Joh 14,13f.; 15,7; 16,24; 1 Joh 5,14f.

ZUSAMMENFASSUNG VON GESETZ UND PROPHETEN: DIE GOLDENE REGEL: 7,12

12 Alles, was ihr wollt, dass euch die Men-
schen tun, das tut auch ihnen! Darin besteht
das Gesetz und die Propheten.

12: Lk 6,31

VON DEN ZWEI WEGEN: 7,13–14

13 Geht durch das enge Tor! Denn weit ist das
Tor und breit der Weg, der ins Verderben
führt, und es sind viele, die auf ihm gehen.
14 Wie eng ist das Tor und wie schmal der
Weg, der zum Leben führt, und es sind we-
nige, die ihn finden.

13: Lk 13,24

VON DEN FALSCHEN PROPHETEN: 7,15–20

15 Hütet euch vor den falschen Propheten; sie
kommen zu euch in Schafskleidern, im Inne-
ren aber sind sie reißende Wölfe. 16 An ihren
Früchten werdet ihr sie erkennen. Erntet man
etwa von Dornen Trauben oder von Disteln
Feigen? 17 Jeder gute Baum bringt gute Früch-
te hervor, ein schlechter Baum aber schlech-
te. 18 Ein guter Baum kann keine schlechten
Früchte hervorbringen und ein schlechter
Baum keine guten. 19 Jeder Baum, der keine
guten Früchte hervorbringt, wird umgehau-
en und ins Feuer geworfen. 20 An ihren Früch-
ten also werdet ihr sie erkennen.

16–20: Lk 6,43f.
15: 1 Joh 4,1 / **16–17**: 12,33 / **19**: 3,10; Lk 3,9 / **20**: 12,33

VOM ERFÜLLEN DES WILLENS DES VATERS: 7,21–23

21 Nicht jeder, der zu mir sagt: Herr! Herr!,
wird in das Himmelreich kommen, sondern
wer den Willen meines Vaters im Himmel
tut. 22 Viele werden an jenem Tag zu mir sa-
gen: Herr, Herr, sind wir nicht in deinem
Namen als Propheten aufgetreten und haben
wir nicht in deinem Namen Dämonen ausge-
trieben und haben wir nicht in deinem Na-
men viele Machttaten gewirkt? 23 Dann wer-
de ich ihnen antworten: Ich kenne euch
nicht. *Weg von mir, ihr Gesetzlosen!*

21: Lk 6,46 / **22–23**: Lk 13,25–27
23: 25,12; Ps 6,9

BILDWORT VOM KLUGEN UND TÖRICHTEN HAUSBAU: 7,24–27

24 Jeder, der diese meine Worte hört und da-
nach handelt, ist wie ein kluger Mann, der
sein Haus auf Fels baute. 25 Als ein Wolken-
bruch kam und die Wassermassen heranflu-
teten, als die Stürme tobten und an dem Haus
rüttelten, da stürzte es nicht ein; denn es war
auf Fels gebaut. 26 Und jeder, der diese meine
Worte hört und nicht danach handelt, ist ein
Tor, der sein Haus auf Sand baute. 27 Als ein
Wolkenbruch kam und die Wassermassen
heranfluteten, als die Stürme tobten und an
dem Haus rüttelten, da stürzte es ein und
wurde völlig zerstört.

24–27: Lk 6,47–49
24: Dtn 4,1

REAKTION AUF DIE REDE JESU: 7,28–29

28 Und es geschah, als Jesus diese Rede been-
det hatte, war die Menge voll Staunen über
seine Lehre; 29 denn er lehrte sie wie einer, der
Vollmacht hat, und nicht wie ihre Schriftge-
lehrten.

28–29: Mk 1,22; Lk 4,32

DIE HEILUNG EINES AUSSÄTZIGEN: 8,1–4

8 1 Als Jesus von dem Berg herabstieg, folg-
ten ihm viele Menschen nach. 2 Und sie-
he, da kam ein Aussätziger, fiel vor ihm nie-
der und sagte: Herr, wenn du willst, kannst
du mich rein machen. 3 Jesus streckte die
Hand aus, berührte ihn und sagte: Ich will –
werde rein! Im gleichen Augenblick wurde
der Aussätzige rein. 4 Jesus aber sagte zu ihm:
Nimm dich in Acht! Erzähl niemandem da-
von, sondern geh, zeig dich dem Priester
und bring das Opfer dar, das Mose angeord-
net hat – ihnen zum Zeugnis!

1–4: Mk 1,40–45; Lk 5,12–14
4: Lev 13,49; 14,2–32

DER HAUPTMANN VON KAFARNAUM: 8,5–13

5 Als er nach Kafarnaum kam, trat ein Haupt-
mann an ihn heran und bat ihn: 6 Herr, mein
Diener liegt gelähmt zu Hause und hat große
Schmerzen. 7 Jesus sagte zu ihm: Ich will
kommen und ihn heilen. 8 Und der Haupt-
mann antwortete: Herr, ich bin es nicht wert,
dass du unter mein Dach einkehrst; aber
sprich nur ein Wort, dann wird mein Diener
gesund! 9 Denn auch ich muss Befehlen ge-
horchen und ich habe selbst Soldaten unter
mir; sage ich nun zu einem: Geh!, so geht er,
und zu einem andern: Komm!, so kommt er,
und zu meinem Diener: Tu das!, so tut er es.
10 Jesus war erstaunt, als er das hörte, und sag-
te zu denen, die ihm nachfolgten: Amen, ich
sage euch: Einen solchen Glauben habe ich in
Israel noch bei niemandem gefunden. 11 Ich
sage euch: Viele werden von Osten und Wes-
ten kommen und mit Abraham, Isaak und

8,7 Andere Übersetzungsmöglichkeit: Soll ich kommen und ihn heilen?

Jakob im Himmelreich zu Tisch sitzen; 12 aber
die Söhne des Reiches werden hinausgewor-
fen in die äußerste Finsternis; dort wird Heu-
len und Zähneknirschen sein. 13 Und zum
Hauptmann sagte Jesus: Geh! Es soll dir ge-
schehen, wie du geglaubt hast. Und in dersel-
ben Stunde wurde sein Diener gesund.

5–10.13: Lk 7,1–10; Joh 4,46–53 / **11–12:** Lk 13,28f.
12: 13,42.50; 22,13; 24,51; 25,30

DIE HEILUNG DER SCHWIEGERMUTTER
DES PETRUS: 8,14–15

14 Jesus ging in das Haus des Petrus und sah
dessen Schwiegermutter mit Fieber danie-
derliegen. 15 Da berührte er ihre Hand und das
Fieber wich von ihr, sie stand auf und diente
ihm.

14–15: Mk 1,29–31; Lk 4,38f.

DIE ERFÜLLUNG DER SCHRIFT IM
VOLLMACHTSHANDELN JESU: 8,16–17

16 Am Abend brachte man viele Besessene zu
ihm. Er trieb mit seinem Wort die Geister aus
und heilte alle Kranken, 17 damit sich erfüllen
sollte, was durch den Propheten Jesaja gesagt
worden ist: *Er hat unsere Leiden auf sich ge-
nommen und unsere Krankheiten getragen.*

16–17: Mk 1,32–34; Lk 4,40f.
17: Jes 53,4

KONSEQUENZ DER NACHFOLGE: 8,18–22

18 Als Jesus die Menge sah, die um ihn war,
befahl er, ans andere Ufer zu fahren. 19 Da kam
ein Schriftgelehrter zu ihm und sagte: Meis-
ter, ich will dir nachfolgen, wohin du auch
gehst. 20 Jesus antwortete ihm: Die Füchse
haben Höhlen und die Vögel des Himmels
Nester; der Menschensohn aber hat keinen
Ort, wo er sein Haupt hinlegen kann. 21 Ein
anderer aber, einer seiner Jünger, sagte zu
ihm: Herr, lass mich zuerst weggehen und
meinen Vater begraben. 22 Jesus erwiderte:
Folge mir nach; lass die Toten ihre Toten be-
graben!

19–22: Lk 9,57–62
22: 4,19.21; 9,9; 19,21; Mk 1,17; 2,14; 10,21; Lk 5,27; 9,23; 18,22; Joh 1,43; 21,19

DER STURM AUF DEM SEE: 8,23–27

23 Er stieg in das Boot und seine Jünger folgten
ihm nach. 24 Und siehe, es erhob sich auf dem
See ein gewaltiger Sturm, sodass das Boot
von den Wellen überflutet wurde. Jesus aber
schlief. 25 Da traten die Jünger zu ihm und
weckten ihn; sie riefen: Herr, rette uns, wir
gehen zugrunde! 26 Er sagte zu ihnen: Warum
habt ihr solche Angst, ihr Kleingläubigen?
Dann stand er auf, drohte den Winden und
dem See und es trat völlige Stille ein. 27 Die
Menschen aber staunten und sagten: Was für
einer ist dieser, dass ihm sogar die Winde und
der See gehorchen?

23–27: Mk 4,35–41; Lk 8,22–25
25: 14,30 / **26:** 14,31f.; Mk 6,51

DIE HEILUNG ZWEIER BESESSENER
VON GADARA: 8,28–34

28 Als Jesus an das andere Ufer kam, in das
Gebiet der Gadarener, liefen ihm aus den
Grabhöhlen zwei Besessene entgegen. Sie
waren so gefährlich, dass niemand auf jenem
Weg entlanggehen konnte. 29 Und siehe, sie
schrien: Was haben wir mit dir zu tun, Sohn
Gottes? Bist du hierhergekommen, um uns
vor der Zeit zu quälen? 30 In einiger Entfer-
nung weidete eine große Schweineherde.
31 Da baten ihn die Dämonen: Wenn du uns
austreibst, dann schick uns in die Schweine-
herde! 32 Und er sagte zu ihnen: Weg mit
euch! Die aber fuhren aus und in die Schwei-
ne hinein. Und siehe, die ganze Herde stürm-
te den Abhang hinab in den See und kam in
den Fluten um. 33 Die Hirten aber flohen,
liefen in die Stadt und erzählten alles, auch
das, was mit den Besessenen geschehen war.
34 Und siehe, die ganze Stadt zog hinaus, um
Jesus zu begegnen; als sie ihn sahen, baten sie
ihn, ihr Gebiet zu verlassen.

28–34: Mk 5,1–17; Lk 8,26–37
29: Ri 11,12; 1 Kön 17,18; 2 Kön 3,13; 2 Chr 35,21; Hos 14,9; Mk 1,24; Lk 4,34; Joh 2,4

DIE HEILUNG EINES GELÄHMTEN: 9,1–8

9 1 Und Jesus stieg ins Boot, fuhr über den
See und kam in seine Stadt. 2 Und siehe,
man brachte einen Gelähmten auf seinem
Bett zu ihm. Als Jesus ihren Glauben sah,
sagte er zu dem Gelähmten: Hab Vertrauen,
mein Sohn, deine Sünden sind dir vergeben!
3 Und siehe, einige Schriftgelehrte dachten:
Er lästert Gott. 4 Jesus wusste, was sie dach-
ten, und sagte: Warum denkt ihr Böses in
euren Herzen? 5 Was ist denn leichter, zu sa-
gen: Deine Sünden sind dir vergeben! oder
zu sagen: Steh auf und geh umher? 6 Damit
ihr aber erkennt, dass der Menschensohn die

Vollmacht hat, auf der Erde Sünden zu ver-
geben. Darauf sagte er zu dem Gelähmten:
Steh auf, nimm dein Bett und geh in dein
Haus! 7 Und der Mann stand auf und ging in
sein Haus. 8 Als die Leute das sahen, erschra-
ken sie und priesen Gott, der solche Voll-
macht den Menschen gegeben hat.

1–8: Mk 2,1–12; Lk 5,17–26
2: Lk 7,48

NACHFOLGE UND MAHL: 9,9–13

9 Als Jesus weiterging, sah er einen Mann na-
mens Matthäus am Zoll sitzen und sagte zu
ihm: Folge mir nach! Und Matthäus stand auf
und folgte ihm nach. 10 Und als Jesus in sei-
nem Haus bei Tisch war, siehe, viele Zöllner
und Sünder kamen und aßen zusammen mit
ihm und seinen Jüngern. 11 Als die Pharisäer
das sahen, sagten sie zu seinen Jüngern: Wie
kann euer Meister zusammen mit Zöllnern
und Sündern essen? 12 Er hörte es und sagte:
Nicht die Gesunden bedürfen des Arztes,
sondern die Kranken. 13 Geht und lernt, was
es heißt: *Barmherzigkeit will ich, nicht Op-
fer*! Denn ich bin nicht gekommen, um Ge-
rechte zu rufen, sondern Sünder.

9–13: Mk 2,13–17; Lk 5,27–32
9: 8,22 / **13:** 12,7; Hos 6,6

FASTEN UND FEIERN: 9,14–17

14 Da kamen die Jünger des Johannes zu ihm
und sagten: Warum fasten deine Jünger
nicht, während wir und die Pharisäer fasten?
15 Jesus antwortete ihnen: Können denn die
Hochzeitsgäste trauern, solange der Bräuti-
gam bei ihnen ist? Es werden aber Tage kom-
men, da wird ihnen der Bräutigam wegge-
nommen sein; dann werden sie fasten.
16 Niemand setzt ein Stück neuen Stoff auf ein
altes Gewand; denn der neue Stoff reißt doch
wieder ab und es entsteht ein noch größerer
Riss. 17 Auch füllt man nicht jungen Wein in
alte Schläuche. Sonst reißen die Schläuche,
der Wein läuft aus und die Schläuche sind
unbrauchbar. Jungen Wein füllt man in neue
Schläuche, dann bleibt beides erhalten.

14–17: Mk 2,18–22; Lk 5,33–38

DIE AUFERWECKUNG DER TOCHTER EINES SYNAGOGENVORSTEHERS UND DIE HEILUNG EINER KRANKEN FRAU: 9,18–26

18 Während Jesus so mit ihnen redete, siehe,
da kam ein Synagogenvorsteher, fiel vor ihm
nieder und sagte: Meine Tochter ist eben ge-
storben; komm doch, leg ihr deine Hand auf
und sie wird leben! 19 Jesus stand auf und
folgte ihm mit seinen Jüngern. 20 Und siehe,
eine Frau, die schon zwölf Jahre an Blutfluss
litt, trat von hinten heran und berührte den
Saum seines Gewandes; 21 denn sie sagte sich:
Wenn ich auch nur sein Gewand berühre,
werde ich geheilt. 22 Jesus wandte sich um,
und als er sie sah, sagte er: Hab keine Angst,
meine Tochter, dein Glaube hat dich gerettet!
Und von dieser Stunde an war die Frau ge-
heilt. 23 Als Jesus in das Haus des Synagogen-
vorstehers kam und die Flötenspieler und die
Menge der klagenden Leute sah, 24 sagte er:
Geht hinaus! Das Mädchen ist nicht gestor-
ben, es schläft nur. Da lachten sie ihn aus.
25 Als man die Leute hinausgeworfen hatte,
trat er ein und fasste das Mädchen an der
Hand; da stand es auf. 26 Und die Kunde davon
verbreitete sich in der ganzen Gegend.

18–26: Mk 5,21–43; Lk 8,40–56
21: 14,36; Mk 6,56 / **22:** Mk 10,52; Lk 7,50; 17,19; 18,42; Apg 14,9 / **25:** Mk 1,31; 9,27

DIE HEILUNG VON ZWEI BLINDEN: 9,27–31

27 Als Jesus weiterging, folgten ihm zwei
Blinde und schrien: Hab Erbarmen mit uns,
Sohn Davids! 28 Nachdem er ins Haus gegan-
gen war, kamen die Blinden zu ihm. Und
Jesus sagte zu ihnen: Glaubt ihr, dass ich dies
tun kann? Sie antworteten: Ja, Herr. 29 Darauf
berührte er ihre Augen und sagte: Wie ihr
geglaubt habt, so soll euch geschehen. 30 Da
wurden ihre Augen geöffnet. Jesus aber wies
sie streng an: Nehmt euch in Acht! Niemand
darf es erfahren. 31 Doch sie gingen weg und
erzählten von ihm in der ganzen Gegend.

27–30: 20,29–34; Mk 10,46–52; Lk 18,35–43
27: 15,22

DIE HEILUNG EINES STUMMEN: 9,32–34

32 Als sie gegangen waren, siehe, da brachte
man einen Stummen zu ihm, der von einem
Dämon besessen war. 33 Er trieb den Dämon
aus und der Stumme konnte reden. Alle Leu-
te staunten und sagten: So etwas ist in Israel
noch nie gesehen worden. 34 Die Pharisäer
aber sagten: Mit Hilfe des Anführers der Dä-
monen treibt er die Dämonen aus.

32–34: Lk 11,14f.
32–34: 12,22–24

ÜBER DIE GROSSE ERNTE UND DIE WENIGEN ARBEITER: 9,35–38

35 Jesus zog durch alle Städte und Dörfer, lehr-
te in ihren Synagogen, verkündete das Evan-
gelium vom Reich und heilte alle Krankhei-
ten und Leiden. 36 Als er die vielen Menschen
sah, hatte er Mitleid mit ihnen; denn sie wa-
ren müde und erschöpft *wie Schafe, die keinen*
Hirten haben. 37 Da sagte er zu seinen Jüngern:
Die Ernte ist groß, aber es gibt nur wenig
Arbeiter. 38 Bittet also den Herrn der Ernte,
Arbeiter für seine Ernte auszusenden!

35: Mk 6,6; Lk 8,1 / **36**: Mk 6,34 / **37–38**: Lk 10,2
35: 4,23 / **36**: 14,14; 15,32; Num 27,17; 1 Kön 22,17; Ez 34,5

DIE WAHL DER ZWÖLF: 10,1–4

10 1 Dann rief er seine zwölf Jünger zu
sich und gab ihnen die Vollmacht, die
unreinen Geister auszutreiben und alle
Krankheiten und Leiden zu heilen. 2 Die Na-
men der zwölf Apostel sind: an erster Stelle
Simon, genannt Petrus, und sein Bruder
Andreas, dann Jakobus, der Sohn des Zebe-
däus, und sein Bruder Johannes, 3 Philippus
und Bartholomäus, Thomas und Matthäus,
der Zöllner, Jakobus, der Sohn des Alphäus,
und Thaddäus, 4 Simon Kananäus und Judas
Iskariot, der ihn ausgeliefert hat.

1–4: Mk 3,13–19; Lk 6,12–16 / **2–4**: Apg 1,13
1: Mk 6,7; Lk 9,1

DIE AUSSENDUNG DER ZWÖLF JÜNGER: 10,5–15

5 Diese Zwölf sandte Jesus aus und gebot ih-
nen: Geht nicht den Weg zu den Heiden und
betretet keine Stadt der Samariter, 6 sondern
geht zu den verlorenen Schafen des Hauses
Israel! 7 Geht und verkündet: Das Himmel-
reich ist nahe! 8 Heilt Kranke, weckt Tote auf,
macht Aussätzige rein, treibt Dämonen aus!
Umsonst habt ihr empfangen, umsonst sollt
ihr geben. 9 Steckt nicht Gold, Silber und
Kupfermünzen in euren Gürtel! 10 Nehmt
keine Vorratstasche mit auf den Weg, kein
zweites Hemd, keine Schuhe, keinen Wan-
derstab; denn wer arbeitet, ist seines Lohnes
wert. 11 Wenn ihr in eine Stadt oder in ein
Dorf kommt, erkundigt euch, wer es wert
ist, euch aufzunehmen; bei ihm bleibt, bis ihr
den Ort wieder verlasst. 12 Wenn ihr in ein
Haus kommt, dann entbietet ihm den Gruß.
13 Wenn das Haus es wert ist, soll euer Friede
bei ihm einkehren. Wenn das Haus es aber
nicht wert ist, dann soll euer Friede zu euch
zurückkehren. 14 Und wenn man euch nicht
aufnimmt und eure Worte nicht hören will,
geht weg aus jenem Haus oder aus jener Stadt
und schüttelt den Staub von euren Füßen!
15 Amen, ich sage euch: Dem Gebiet von So-
dom und Gomorra wird es am Tag des Ge-
richts erträglicher ergehen als dieser Stadt.

5–15: Mk 6,8–11; Lk 9,2–5
10–15: Lk 10,4–12 / **6**: 15,24 / **7**: 4,17 / **10**: 1 Kor 9,6–14; 1 Tim 5,18 / **14**: Apg 13,51 / **15**: 11,24; Gen 19,23–29

GEFÄHRDUNG UND ERMUTIGUNG DER JÜNGER: 10,16–39

16 Siehe, ich sende euch wie Schafe mitten un-
ter die Wölfe; seid daher klug wie die Schlan-
gen und arglos wie die Tauben! 17 Nehmt euch
aber vor den Menschen in Acht! Denn sie wer-
den euch an die Gerichte ausliefern und in
ihren Synagogen auspeitschen. 18 Ihr werdet
um meinetwillen vor Statthalter und Könige
geführt werden, ihnen und den Heiden zum
Zeugnis. 19 Wenn sie euch aber ausliefern,
macht euch keine Sorgen, wie und was ihr re-
den sollt; denn es wird euch in jener Stunde
eingegeben, was ihr sagen sollt. 20 Nicht ihr
werdet dann reden, sondern der Geist eures
Vaters wird durch euch reden. 21 Der Bruder
wird den Bruder dem Tod ausliefern und der
Vater das Kind und Kinder werden sich gegen
die Eltern auflehnen und sie in den Tod schi-
cken. 22 Und ihr werdet um meines Namens
willen von allen gehasst werden; wer aber bis
zum Ende standhaft bleibt, der wird gerettet.
23 Wenn man euch in der einen Stadt verfolgt,
so flieht in eine andere. Denn, amen, ich sage
euch: Ihr werdet nicht zu Ende kommen mit
den Städten Israels, bis der Menschensohn
kommt. 24 Ein Jünger steht nicht über seinem
Meister und ein Sklave nicht über seinem
Herrn. 25 Der Jünger muss sich damit begnü-
gen, dass es ihm geht wie seinem Meister, und
der Sklave, dass es ihm geht wie seinem Herrn.
Wenn man schon den Herrn des Hauses Beel-
zebul nennt, dann erst recht seine Hausgenos-
sen. 26 Darum fürchtet euch nicht vor ihnen!
Denn nichts ist verhüllt, was nicht enthüllt
wird, und nichts ist verborgen, was nicht be-
kannt wird. 27 Was ich euch im Dunkeln sage,
davon redet im Licht, und was man euch ins

10,4 Kananäus ist nicht Eigenname, sondern Beiname im Sinn von der Zelot, der Eiferer.

Ohr flüstert, das verkündet auf den Dächern!
28 Fürchtet euch nicht vor denen, die den Leib
töten, die Seele aber nicht töten können, son-
dern fürchtet euch eher vor dem, der Seele und
Leib in der Hölle verderben kann! 29 Verkauft
man nicht zwei Spatzen für einen Pfennig?
Und doch fällt keiner von ihnen zur Erde ohne
den Willen eures Vaters. 30 Bei euch aber sind
sogar die Haare auf dem Kopf alle gezählt.
31 Fürchtet euch also nicht! Ihr seid mehr wert
als viele Spatzen. 32 Jeder, der sich vor den
Menschen zu mir bekennt, zu dem werde auch
ich mich vor meinem Vater im Himmel beken-
nen. 33 Wer mich aber vor den Menschen ver-
leugnet, den werde auch ich vor meinem Vater
im Himmel verleugnen. 34 Denkt nicht, ich
sei gekommen, um Frieden auf die Erde zu
bringen! Ich bin nicht gekommen, um Frie-
den zu bringen, sondern das Schwert. 35 Denn
ich bin gekommen, um *den Sohn mit seinem
Vater* zu entzweien und *die Tochter mit ihrer
Mutter* und *die Schwiegertochter mit ihrer
Schwiegermutter*; 36 und *die Hausgenossen
eines Menschen werden seine Feinde sein.*
37 Wer Vater oder Mutter mehr liebt als mich,
ist meiner nicht wert, und wer Sohn oder
Tochter mehr liebt als mich, ist meiner nicht
wert. 38 Und wer nicht sein Kreuz auf sich
nimmt und mir nachfolgt, ist meiner nicht
wert. 39 Wer das Leben findet, wird es verlie-
ren; wer aber das Leben um meinetwillen
verliert, wird es finden.

16: Lk 10,3 / **17–22**: 24,9–14; Mk 13,9–13; Lk 21,12–19 / **19–20**: Lk 12,11f. / **26–33**: Lk 12,2–9 / **34–36**: Lk 12,51–53 / **37–38**: Lk 14,26f.

17: Joh 16,1–4a / **21**: 10,35 / **22**: Joh 15,18 / **24**: Lk 6,40; Joh 13,16; 15,20 / **25**: 12,24.27; Mk 3,22; Lk 11,15.18f. / **26**: Mk 4,22; Lk 8,17 / **33**: Mk 8,38; Lk 9,26 / **35–36**: Mi 7,6 / **38–39**: 16,24f.; Mk 8,34f.; Lk 9,23f. / **38**: Lk 14,27 / **39**: Lk 17,33; Joh 12,25

DIE AUFNAHME DER JÜNGER UND DER ABSCHLUSS DER REDE: 10,40–42; 11,1

40 Wer euch aufnimmt, der nimmt mich auf,
und wer mich aufnimmt, nimmt den auf, der
mich gesandt hat. 41 Wer einen Propheten auf-
nimmt, weil es ein Prophet ist, wird den Lohn
eines Propheten erhalten. Wer einen Gerech-
ten aufnimmt, weil es ein Gerechter ist, wird
den Lohn eines Gerechten erhalten. 42 Und
wer einem von diesen Kleinen auch nur einen
Becher frisches Wasser zu trinken gibt, weil
es ein Jünger ist – Amen, ich sage euch: Er
wird gewiss nicht um seinen Lohn kommen.
11 1 Und es geschah, als Jesus die Unter-
weisung der zwölf Jünger beendet hat-
te, zog er weiter, um in den Städten zu lehren
und zu predigen.

42: Mk 9,41
40: Lk 10,16; Joh 13,20

DIE FRAGE DES TÄUFERS UND SEINE BEDEUTUNG: 11,2–19

2 Johannes hörte im Gefängnis von den Taten
des Christus. Da schickte er seine Jünger zu
ihm 3 und ließ ihn fragen: Bist du der, der
kommen soll, oder sollen wir auf einen ande-
ren warten? 4 Jesus antwortete ihnen: Geht
und berichtet Johannes, was ihr hört und
seht: 5 Blinde sehen wieder und Lahme ge-
hen; Aussätzige werden rein und Taube hö-
ren; Tote stehen auf und Armen wird das
Evangelium verkündet. 6 Selig ist, wer an mir
keinen Anstoß nimmt. 7 Als sie gegangen
waren, begann Jesus zu der Menge über Jo-
hannes zu reden: Was habt ihr denn sehen
wollen, als ihr in die Wüste hinausgegangen
seid? Ein Schilfrohr, das im Wind schwankt?
8 Oder was habt ihr sehen wollen, als ihr hi-
nausgegangen seid? Einen Mann in feiner
Kleidung? Siehe, die fein gekleidet sind, fin-
det man in den Palästen der Könige. 9 Oder
wozu seid ihr hinausgegangen? Um einen
Propheten zu sehen? Ja, ich sage euch: sogar
mehr als einen Propheten. 10 Dieser ist es, von
dem geschrieben steht:

*Siehe, ich sende meinen Boten vor dir her, /
der deinen Weg vor dir bahnen wird.*

11 Amen, ich sage euch: Unter den von einer
Frau Geborenen ist kein Größerer aufgetre-
ten als Johannes der Täufer; doch der Kleins-
te im Himmelreich ist größer als er. 12 Seit den
Tagen Johannes' des Täufers bis heute wird
dem Himmelreich Gewalt angetan und Ge-
walttätige reißen es an sich. 13 Denn alle Pro-
pheten und das Gesetz bis zu Johannes haben
prophetisch geredet. 14 Und wenn ihr es an-
nehmen wollt: Er ist Elija, der wiederkom-
men soll. 15 Wer Ohren hat, der höre! 16 Mit
wem soll ich diese Generation vergleichen?
Sie gleicht Kindern, die auf den Marktplätzen
sitzen und anderen zurufen: 17 Wir haben für
euch auf der Flöte gespielt und ihr habt nicht
getanzt; wir haben die Totenklage ange-
stimmt und ihr habt euch nicht an die Brust

10,29 Einen Pfennig, wörtlich: ein As. Das As war die zweitkleinste römische Münze. Vgl. Anm. zu 5,26.

geschlagen. 18 Denn Johannes ist gekommen,
er isst nicht und trinkt nicht und sie sagen: Er
hat einen Dämon. 19 Der Menschensohn ist
gekommen, er isst und trinkt und sie sagen:
Siehe, ein Fresser und Säufer, ein Freund der
Zöllner und Sünder! Und doch hat die Weisheit durch ihre Taten Recht bekommen.

2–19: Lk 7,18–35
2: 14,3 / **5:** Jes 26,19; 29,18; 35,5f.; 61,1 / **10:** Ex 23,20; Mal 3,1; Mk 1,2; Lk 1,76 / **12:** Lk 16,16 / **13:** 1 Petr 1,10 / **15:** 13,9.43; Mk 4,9.23; 7,16; Lk 8,8; 14,35 / **18:** 9,14

DAS WEHE-WORT JESU ÜBER DIE GALILÄISCHEN STÄDTE: 11,20–24

20 Dann begann er den Städten, in denen er
die meisten Machttaten getan hatte, Vorwürfe zu machen, weil sie nicht Buße getan hatten: 21 Weh dir, Chorazin! Weh dir, Betsaida!
Denn wenn in Tyrus und Sidon die Machttaten geschehen wären, die bei euch geschehen
sind – längst schon wären sie in Sack und
Asche umgekehrt. 22 Das sage ich euch: Tyrus
und Sidon wird es am Tag des Gerichts erträglicher ergehen als euch. 23 Und du, Kafarnaum, wirst du etwa bis zum Himmel erhoben werden? Bis zur Unterwelt wirst du
hinabsteigen. Wenn in Sodom die Machttaten geschehen wären, die bei dir geschehen
sind, dann stünde es noch heute. 24 Das sage
ich euch: Dem Gebiet von Sodom wird es am Tag des Gerichts erträglicher ergehen als dir.

20–24: Lk 10,12–15
21: Joël 4,4f.; Est 4,1 / **23:** Jes 14,13.15 / **24:** 10,15

DER LOBPREIS JESU: 11,25–30

25 In jener Zeit sprach Jesus: Ich preise dich,
Vater, Herr des Himmels und der Erde, weil
du das vor den Weisen und Klugen verborgen
und es den Unmündigen offenbart hast. 26 Ja,
Vater, so hat es dir gefallen. 27 Alles ist mir von
meinem Vater übergeben worden; niemand kennt den Sohn, nur der Vater, und niemand kennt den Vater, nur der Sohn und der, dem
es der Sohn offenbaren will. 28 Kommt alle zu
mir, die ihr mühselig und beladen seid! Ich
will euch erquicken. 29 Nehmt mein Joch auf
euch und lernt von mir; denn ich bin gütig und von Herzen demütig; und *ihr werdet Ruhe finden für eure Seele*. 30 Denn mein Joch
ist sanft und meine Last ist leicht.

25–27: Lk 10,21f.
27: 28,18; Joh 3,34; 10,15; 13,3 / **28:** Jer 31,25 / **29:** Jes 28,12; Jer 6,16

SABBAT UND RELIGIÖSES GESETZ: 12,1–8

12 1 In jener Zeit ging Jesus am Sabbat
durch die Kornfelder. Seine Jünger hatten Hunger; sie rissen Ähren ab und aßen
davon. 2 Die Pharisäer sahen es und sagten zu
ihm: Sieh her, deine Jünger tun etwas, das am
Sabbat verboten ist. 3 Da sagte er zu ihnen:
Habt ihr nicht gelesen, was David getan hat, als er und seine Begleiter hungrig waren –
4 wie er in das Haus Gottes ging und wie sie
die Schaubrote aßen, die weder er noch seine Begleiter, sondern nur die Priester essen
durften? 5 Oder habt ihr nicht im Gesetz gelesen, dass am Sabbat die Priester im Tempel den Sabbat entweihen, ohne sich schuldig zu
machen? 6 Ich sage euch: Hier ist Größeres als
der Tempel. 7 Wenn ihr begriffen hättet, was
das heißt: *Barmherzigkeit will ich, nicht Opfer*, dann hättet ihr nicht Unschuldige verurteilt; 8 denn der Menschensohn ist Herr über
den Sabbat.

1–8: Mk 2,23–28; Lk 6,1–5
1: Dtn 23,26 / **3–4:** 1 Sam 21,2–7 / **4:** Lev 24,9 / **7:** 9,13; Hos 6,6

SABBAT, HEILUNG UND TÖTUNGSPLAN: 12,9–14

9 Von dort ging er weiter und kam in ihre Sy-
nagoge. 10 Und siehe, dort saß ein Mann, dessen Hand verdorrt war. Sie fragten ihn: Ist es am Sabbat erlaubt zu heilen? Sie suchten ihn
nämlich anzuklagen. 11 Er aber sprach zu ihnen: Wer von euch, der ein einziges Schaf hat, wird es nicht packen und herausziehen, wenn
es ihm am Sabbat in eine Grube fällt? 12 Wie
viel mehr ist ein Mensch als ein Schaf? Darum
ist es am Sabbat erlaubt, Gutes zu tun. 13 Dann
sagte er zu dem Mann: Streck deine Hand aus!
Er streckte sie aus und die Hand wurde wiederhergestellt – gesund wie die andere. 14 Die
Pharisäer aber gingen hinaus und fassten den Beschluss, Jesus umzubringen.

9–14: Mk 3,1–6; Lk 6,6–11
9–14: Lk 14,1–6 / **10:** Lk 13,14 / **14:** Mk 11,18; Lk 19,47; Joh 5,18

DIE ERFÜLLUNG DER SCHRIFT IM HEILENDEN HANDELN JESU: 12,15–21

15 Als Jesus das erfuhr, ging er von dort weg.
Viele folgten ihm nach und er heilte sie alle.
16 Er gebot ihnen, dass sie ihn nicht bekannt
machen sollten, 17 damit erfüllt werde, was
durch den Propheten Jesaja gesagt worden ist:

18 *Siehe, mein Knecht, den ich erwählt*
habe, / mein Geliebter, an dem ich Gefallen
gefunden habe.
Ich werde meinen Geist auf ihn legen / und
er wird den Völkern das Recht verkünden.
19 *Er wird nicht streiten und nicht schreien /*
und man wird seine Stimme nicht auf den
Straßen hören.
20 *Das geknickte Rohr wird er nicht zerbre-*
chen / und den glimmenden Docht nicht aus-
löschen, / bis er dem Recht zum Sieg verholfen
hat.
21 *Und auf seinen Namen werden die Völker*
ihre Hoffnung setzen.

15–16: Mk 3,7–12; Lk 6,17–19
15–21: 8,16f. / **18–20:** Jes 42,1–4 / **18:** 3,17

VERTEIDIGUNGSREDE JESU: 12,22–37

22 Dann brachte man zu ihm einen Besesse-
nen, der blind und stumm war. Er heilte ihn,
sodass der Stumme wieder reden und sehen
konnte. 23 Die Menge war fassungslos und
sagte: Ist dieser nicht der Sohn Davids? 24 Als
die Pharisäer das hörten, sagten sie: Nur mit
Hilfe von Beelzebul, dem Herrscher der Dä-
monen, treibt er die Dämonen aus. 25 Doch
Jesus wusste, was sie dachten, und sagte zu
ihnen: Jedes Reich, das in sich gespalten ist,
wird veröden und eine Stadt und eine Fami-
lie, die in sich gespalten ist, wird keinen Be-
stand haben. 26 Wenn also der Satan den Sa-
tan austreibt, dann ist Satan in sich selbst
gespalten. Wie kann sein Reich dann Be-
stand haben? 27 Und wenn ich die Dämonen
durch Beelzebul austreibe, durch wen treiben
dann eure Söhne sie aus? Deswegen werden
sie eure Richter sein. 28 Wenn ich aber im
Geist Gottes die Dämonen austreibe, dann
ist das Reich Gottes schon zu euch gekom-
men. 29 Wie kann einer in das Haus des Star-
ken eindringen und ihm den Hausrat rauben,
wenn er nicht zuerst den Starken fesselt? Erst
dann kann er sein Haus plündern. 30 Wer
nicht mit mir ist, der ist gegen mich; wer nicht
mit mir sammelt, der zerstreut. 31 Darum sage
ich euch: Jede Sünde und Lästerung wird den
Menschen vergeben werden, aber die Läste-
rung gegen den Geist wird nicht vergeben
werden. 32 Auch wer ein Wort gegen den
Menschensohn sagt, dem wird vergeben
werden; wer aber etwas gegen den Heiligen
Geist sagt, dem wird nicht vergeben, weder
in dieser noch in der zukünftigen Welt.
33 Entweder: Der Baum ist gut – dann sind
auch seine Früchte gut. Oder: Der Baum ist
schlecht – dann sind auch seine Früchte
schlecht. An der Frucht also erkennt man den
Baum. 34 Ihr Schlangenbrut, wie könnt ihr
Gutes reden, wenn ihr böse seid? Denn wo-
von das Herz überfließt, davon spricht der
Mund. 35 Der gute Mensch bringt aus dem
guten Schatz Gutes hervor und der böse
Mensch bringt aus dem bösen Schatz Böses
hervor. 36 Ich sage euch aber: Über jedes un-
nütze Wort, das die Menschen reden, werden
sie am Tag des Gerichts Rechenschaft ablegen
müssen; 37 denn aufgrund deiner Worte wirst
du freigesprochen und aufgrund deiner
Worte wirst du verurteilt werden.

22–23: Lk 11,14 / **24–30:** Mk 3,22–27; Lk 11,15.17–23 / **31–32:** Mk 3,28–30; Lk 12,10 / **33–35:** Lk 6,43–45
22–24: 9,32–34 / **24:** 10,25 / **33:** 7,17f. / **34:** 3,7

DIE ZEICHENFORDERUNG DER GEGNER JESU: 12,38–42

38 Darauf wandten sich einige Schriftgelehr-
te und Pharisäer an ihn: Meister, wir möchten
von dir ein Zeichen sehen. 39 Er antwortete
ihnen: Diese böse und treulose Generation
fordert ein Zeichen, aber es wird ihr kein Zei-
chen gegeben werden außer das Zeichen des
Propheten Jona. 40 Denn wie *Jona drei Tage*
und drei Nächte im Bauch des Fisches war, so
wird auch der Menschensohn drei Tage und
drei Nächte im Schoß der Erde sein. 41 Die
Männer von Ninive werden beim Gericht mit
dieser Generation auftreten und sie verurtei-
len; denn sie sind auf die Botschaft des Jona
hin umgekehrt. Und siehe, hier ist mehr als
Jona. 42 Die Königin des Südens wird beim
Gericht gegen diese Generation auftreten
und sie verurteilen; denn sie kam vom Ende
der Erde, um die Weisheit Salomos zu hören.
Und siehe, hier ist mehr als Salomo.

38–42: Mk 8,11f.; Lk 11,16.29–32
38–39: 16,1–4; Joh 6,30; 1 Kor 1,22 / **40:** Jona 2,1 / **41:** Jona 3,5 / **42:** 1 Kön 10,1–10

VON DER RÜCKKEHR UNREINER GEISTER: 12,43–45

43 Wenn ein unreiner Geist aus einem Men-
schen ausfährt, durchwandert er wasserlose
Gegenden, um eine Ruhestätte zu suchen,
findet aber keine. 44 Dann sagt er: Ich will in
mein Haus zurückkehren, das ich verlassen
habe. Und er kommt und findet es leer, sauber

und geschmückt. 45 Dann geht er und nimmt
sieben andere Geister mit sich, die noch
schlimmer sind als er selbst. Sie ziehen dort
ein und lassen sich nieder. Und die letzten
Dinge jenes Menschen werden schlimmer
sein als die ersten. Dieser bösen Generation
wird es genauso gehen.

43–45: Lk 11,24–26

ÜBER DIE WAHRE FAMILIE JESU: 12,46–50

46 Als Jesus noch mit den Leuten redete, sie-
he, da standen seine Mutter und seine Brüder
draußen und wollten mit ihm sprechen. 47 Da
sagte jemand zu ihm: Siehe, deine Mutter
und deine Brüder stehen draußen und wollen
mit dir sprechen. 48 Dem, der ihm das gesagt
hatte, erwiderte er: Wer ist meine Mutter und
wer sind meine Brüder? 49 Und er streckte die
Hand über seine Jünger aus und sagte: Siehe,
meine Mutter und meine Brüder. 50 Denn wer
den Willen meines himmlischen Vaters tut,
der ist für mich Bruder und Schwester und
Mutter.

46–50: Mk 3,31–35; Lk 8,19–21

DAS GLEICHNIS VOM SÄMANN: 13,1–9

13 1 An jenem Tag verließ Jesus das Haus
und setzte sich an das Ufer des Sees.
2 Da versammelte sich eine große Menschen-
menge um ihn. Er stieg deshalb in ein Boot
und setzte sich. Und alle Menschen standen
am Ufer. 3 Und er sprach lange zu ihnen in
Gleichnissen. Er sagte: Siehe, ein Sämann
ging hinaus, um zu säen. 4 Als er säte, fiel ein
Teil auf den Weg und die Vögel kamen und
fraßen es. 5 Ein anderer Teil fiel auf felsigen
Boden, wo es nur wenig Erde gab, und ging
sofort auf, weil das Erdreich nicht tief war;
6 als aber die Sonne hochstieg, wurde die Saat
versengt und verdorrte, weil sie keine Wur-
zeln hatte. 7 Wieder ein anderer Teil fiel in die
Dornen und die Dornen wuchsen und er-
stickten die Saat. 8 Ein anderer Teil aber fiel
auf guten Boden und brachte Frucht, teils
hundertfach, teils sechzigfach, teils dreißig-
fach. 9 Wer Ohren hat, der höre!

1–9: Mk 4,1–9; Lk 8,4–8
9: 11,15; 13,43

SINNGEBUNG FÜR DIE GLEICHNISREDE: 13,10–17

10 Da traten die Jünger zu ihm und sagten:
Warum redest du zu ihnen in Gleichnissen?
11 Er antwortete ihnen: Euch ist es gegeben,
die Geheimnisse des Himmelreichs zu ver-
stehen; ihnen aber ist es nicht gegeben.
12 Denn wer hat, dem wird gegeben und er
wird im Überfluss haben; wer aber nicht hat,
dem wird auch noch weggenommen, was er
hat. 13 Deshalb rede ich zu ihnen in Gleich-
nissen, weil sie sehen und doch nicht sehen
und hören und doch nicht hören und nicht
verstehen. 14 An ihnen erfüllt sich das Pro-
phetenwort Jesajas:

*Hören sollt ihr, hören und doch nicht ver-
stehen; / sehen sollt ihr, sehen und doch nicht
einsehen.*

15 *Denn das Herz dieses Volkes ist hart
geworden. / Mit ihren Ohren hören sie
schwer / und ihre Augen verschließen sie, /
damit sie mit ihren Augen nicht sehen / und
mit ihren Ohren nicht hören / und mit ihrem
Herzen / nicht zur Einsicht kommen / und
sich bekehren und ich sie heile.*

16 Eure Augen aber sind selig, weil sie se-
hen, und eure Ohren, weil sie hören. 17 Denn,
amen, ich sage euch: Viele Propheten und
Gerechte haben sich danach gesehnt zu se-
hen, was ihr seht, und haben es nicht gese-
hen, und zu hören, was ihr hört, und haben
es nicht gehört.

10–17: Mk 4,10–12; Lk 8,9f. / **16–17:** Lk 10,23f.
12: 25,29; Mk 4,25; Lk 8,18; 19,26 / **14–15:** Jes 6,9f.; Joh 12,40; Apg 28,26f.

DIE DEUTUNG DES GLEICHNISSES VOM SÄMANN: 13,18–23

18 Ihr also, hört, was das Gleichnis vom Sä-
mann bedeutet. 19 Zu jedem Menschen, der
das Wort vom Reich hört und es nicht ver-
steht, kommt der Böse und nimmt weg, was
diesem Menschen ins Herz gesät wurde; bei
diesem ist der Samen auf den Weg gefallen.
20 Auf felsigen Boden ist der Samen bei dem
gefallen, der das Wort hört und sofort freu-
dig aufnimmt; 21 er hat aber keine Wurzeln,
sondern ist unbeständig; sobald er um des
Wortes willen bedrängt oder verfolgt wird,
kommt er sofort zu Fall. 22 In die Dornen ist
der Samen bei dem gefallen, der das Wort
hört, und die Sorgen dieser Welt und der
trügerische Reichtum ersticken es und es

12,46f. Die Wörter Bruder und Schwester können nach hebräischem, aramäischem und griechischem Sprachgebrauch auch als Kurzbezeichnung für Verwandte im weiteren Sinn dienen.

bleibt ohne Frucht. 23 Auf guten Boden ist
der Samen bei dem gesät, der das Wort hört
und es auch versteht; er bringt Frucht –
hundertfach oder sechzigfach oder dreißig-
fach.

18–23: Mk 4,13–20; Lk 8,11–15

DAS GLEICHNIS VOM UNKRAUT UNTER DEM WEIZEN: 13,24–30

24 Jesus legte ihnen ein anderes Gleichnis vor:
Mit dem Himmelreich ist es wie mit einem
Mann, der guten Samen auf seinen Acker
säte. 25 Während nun die Menschen schlie-
fen, kam sein Feind, säte Unkraut unter den
Weizen und ging weg. 26 Als die Saat aufging
und sich die Ähren bildeten, kam auch das
Unkraut zum Vorschein. 27 Da gingen die
Knechte zu dem Gutsherrn und sagten: Herr,
hast du nicht guten Samen auf deinen Acker
gesät? Woher kommt dann das Unkraut?
28 Er antwortete: Das hat ein Feind getan. Da
sagten die Knechte zu ihm: Sollen wir gehen
und es ausreißen? 29 Er entgegnete: Nein, da-
mit ihr nicht zusammen mit dem Unkraut
den Weizen ausreißt. 30 Lasst beides wachsen
bis zur Ernte und zur Zeit der Ernte werde ich
den Schnittern sagen: Sammelt zuerst das
Unkraut und bindet es in Bündel, um es zu
verbrennen; den Weizen aber bringt in mei-
ne Scheune!

30: 3,12

DAS GLEICHNIS VOM SENFKORN: 13,31–32

31 Er legte ihnen ein weiteres Gleichnis vor
und sagte: Mit dem Himmelreich ist es wie
mit einem Senfkorn, das ein Mann auf seinen
Acker säte. 32 Es ist das kleinste von allen Sa-
menkörnern; sobald es aber hochgewachsen
ist, ist es größer als die anderen Gewächse
und wird zu einem Baum, sodass die Vögel
des Himmels kommen und in seinen Zwei-
gen nisten.

31–32: Mk 4,30–32; Lk 13,18f.; 17,6
32: Dan 4,8f.18

DAS GLEICHNIS VOM SAUERTEIG: 13,33

33 Er sagte ihnen ein weiteres Gleichnis: Mit
dem Himmelreich ist es wie mit dem Sauer-
teig, den eine Frau nahm und unter drei Sea
Mehl verbarg, bis das Ganze durchsäuert war.

33: Lk 13,20f.
33: 1 Kor 5,6; Gal 5,9

DIE ERFÜLLUNG DER SCHRIFT IN DER GLEICHNISVERKÜNDIGUNG JESU: 13,34–35

34 Dies alles sagte Jesus der Menschenmenge
in Gleichnissen und ohne Gleichnisse redete
er nicht zu ihnen, 35 damit sich erfülle, was
durch den Propheten gesagt worden ist:
Ich öffne meinen Mund in Gleichnissen, /
ich spreche aus, was seit der Schöpfung der
Welt *verborgen war.*

34: Mk 4,33f.
35: Ps 78,2

DIE DEUTUNG DES GLEICHNISSES VOM UNKRAUT UNTER DEM WEIZEN: 13,36–43

36 Dann verließ er die Menge und ging in das
Haus. Und seine Jünger kamen zu ihm und
sagten: Erkläre uns das Gleichnis vom Un-
kraut auf dem Acker! 37 Er antwortete: Der
den guten Samen sät, ist der Menschensohn;
38 der Acker ist die Welt; der gute Samen, das
sind die Kinder des Reiches; das Unkraut sind
die Kinder des Bösen; 39 der Feind, der es ge-
sät hat, ist der Teufel; die Ernte ist das Ende
der Welt; die Schnitter sind die Engel. 40 Wie
nun das Unkraut aufgesammelt und im Feu-
er verbrannt wird, so wird es auch bei dem
Ende der Welt sein: 41 Der Menschensohn
wird seine Engel aussenden und sie werden
aus seinem Reich alle zusammenholen, die
andere verführt und Gesetzloses getan ha-
ben, 42 und *werden sie in den Feuerofen wer-
fen.* Dort wird Heulen und Zähneknirschen
sein. 43 Dann werden die Gerechten im Reich
ihres Vaters wie die Sonne leuchten. Wer
Ohren hat, der höre!

40: 3,10; Joh 15,6 / **42**: Dan 3,6; Mt 8,12; 13,50; 22,13; 24,51; 25,30 / **43**: 11,15; 13,9

DIE GLEICHNISSE VOM SCHATZ UND VON DER PERLE: 13,44–46

44 Mit dem Himmelreich ist es wie mit einem
Schatz, der in einem Acker vergraben war.
Ein Mann entdeckte ihn und grub ihn wieder
ein. Und in seiner Freude ging er hin, ver-
kaufte alles, was er besaß, und kaufte den
Acker. 45 Auch ist es mit dem Himmelreich
wie mit einem Kaufmann, der schöne Perlen
suchte. 46 Als er eine besonders wertvolle Per-
le fand, ging er hin, verkaufte alles, was er
besaß, und kaufte sie.

13,33 Das Hohlmaß Sea entspricht etwa 13 Litern.

DAS GLEICHNIS VOM FISCHNETZ: 13,47–50

47 Wiederum ist es mit dem Himmelreich
wie mit einem Netz, das ins Meer ausgewor-
fen wurde und in dem sich Fische aller Art
fingen. 48 Als es voll war, zogen es die Fischer
ans Ufer; sie setzten sich, sammelten die
guten Fische in Körbe, die schlechten aber
warfen sie weg. 49 So wird es auch bei dem
Ende der Welt sein: Die Engel werden kom-
men und die Bösen aus der Mitte der Gerech-
ten aussondern 50 und *sie in den Feuerofen*
werfen. Dort wird Heulen und Zähneknir-
schen sein.

50: Dan 3,6; Mt 8,12; 13,42; 22,13; 24,51; 25,30

DAS BILDWORT VOM HAUSVATER UND DER ABSCHLUSS DER REDE: 13,51–53

51 Habt ihr das alles verstanden? Sie antwor-
teten ihm: Ja. 52 Da sagte er zu ihnen: Deswe-
gen gleicht jeder Schriftgelehrte, der ein Jün-
ger des Himmelreichs geworden ist, einem
Hausherrn, der aus seinem Schatz Neues und
Altes hervorholt. 53 Und es geschah, als Jesus
diese Gleichnisse beendet hatte, zog er wei-
ter.

DIE ABLEHNUNG JESU IN SEINER HEIMAT: 13,54–58

54 Jesus kam in seine Heimatstadt und lehr-
te die Menschen in ihrer Synagoge, sodass
sie außer sich gerieten vor Staunen und sag-
ten: Woher hat er diese Weisheit und die
Machttaten? 55 Ist das nicht der Sohn des
Zimmermanns? Heißt nicht seine Mutter
Maria und sind nicht Jakobus, Josef, Simon
und Judas seine Brüder? 56 Leben nicht auch
alle seine Schwestern unter uns? Woher also
hat er das alles? 57 Und sie nahmen Anstoß
an ihm. Da sagte Jesus zu ihnen: Nirgends
ist ein Prophet ohne Ansehen außer in sei-
ner Heimat und in seiner Familie. 58 Und er
wirkte dort nicht viele Machttaten wegen
ihres Unglaubens.

54–58: Mk 6,1–6a; Lk 4,16–30
54: Joh 7,15 / **55:** Joh 6,42 / **57:** Joh 4,44

DIE MEINUNG DES HERODES ÜBER JESUS: 14,1–2

14 1 Zu dieser Zeit hörte der Tetrarch
Herodes, was man von Jesus erzählte.
2 Er sagte zu seinem Gefolge: Das ist Johannes
der Täufer. Er ist von den Toten auferweckt
worden; deshalb wirken solche Kräfte in ihm.

1–2: Mk 6,14–16; Lk 9,7–9
2: 16,14; Mk 8,28; Lk 9,19

DIE ENTHAUPTUNG DES TÄUFERS: 14,3–12

3 Herodes hatte nämlich Johannes festneh-
men und in Ketten ins Gefängnis werfen
lassen wegen der Herodias, der Frau seines
Bruders Philippus. 4 Denn Johannes hatte zu
ihm gesagt: Es ist dir nicht erlaubt, sie zur
Frau zu haben. 5 Dieser wollte ihn töten las-
sen, fürchtete sich aber vor dem Volk; denn
man hielt Johannes für einen Propheten.
6 Als aber der Geburtstag des Herodes war,
tanzte die Tochter der Herodias vor ihnen.
Und sie gefiel Herodes, 7 sodass er mit einem
Eid zusagte, ihr zu geben, was immer sie sich
wünschte. 8 Sie aber, angestiftet von ihrer
Mutter, sagte: Gib mir hier auf einer Schale
den Kopf Johannes' des Täufers! 9 Und der
König, der traurig wurde wegen der Eide und
wegen der Gäste, befahl, den Kopf zu brin-
gen. 10 Und er schickte und ließ Johannes im
Gefängnis enthaupten. 11 Man brachte seinen
Kopf auf einer Schale und gab ihn dem Mäd-
chen und sie brachte ihn ihrer Mutter. 12 Und
seine Jünger kamen, holten den Leichnam
und begruben ihn. Dann gingen sie und be-
richteten es Jesus.

3–12: Mk 6,17–29; Lk 3,19f.
3–4: Lk 3,19f. / **4:** Lev 18,16; 20,21 / **5:** 21,26

DIE SPEISUNG DER FÜNFTAUSEND: 14,13–21

13 Als Jesus das hörte, zog er sich allein von
dort mit dem Boot in eine einsame Gegend
zurück. Aber die Volksscharen hörten davon
und folgten ihm zu Fuß aus den Städten
nach. 14 Als er ausstieg, sah er die vielen Men-
schen und hatte Mitleid mit ihnen und heil-
te ihre Kranken. 15 Als es Abend wurde, ka-
men die Jünger zu ihm und sagten: Der Ort
ist abgelegen und es ist schon spät geworden.
Schick die Leute weg, damit sie in die Dörfer
gehen und sich etwas zu essen kaufen! 16 Je-
sus aber antwortete: Sie brauchen nicht weg-
zugehen. Gebt ihr ihnen zu essen! 17 Sie sag-
ten zu ihm: Wir haben nur fünf Brote und
zwei Fische hier. 18 Er antwortete: Bringt sie
mir her! 19 Dann ordnete er an, die Leute soll-
ten sich ins Gras setzen. Und er nahm die
fünf Brote und die zwei Fische, blickte zum

14,1 Tetrarch: ursprünglich Regent über ein Viertel eines Landes, später Bezeichnung eines Kleinfürsten.

Himmel auf, sprach den Lobpreis, brach die
Brote und gab sie den Jüngern; die Jünger
aber gaben sie den Leuten 20 und alle aßen
und wurden satt. Und sie sammelten die üb-
rig gebliebenen Brotstücke ein, zwölf Körbe
voll. 21 Es waren etwa fünftausend Männer,
die gegessen hatten, dazu noch Frauen und
Kinder.

13–21: Mk 6,31–44; Lk 9,10–17; Joh 6,1–13
13–21: 15,32–39; Mk 8,1–9 / **14:** 9,36 / **20:** 2 Kön 4,44

DIE OFFENBARUNG DES GOTTESSOHNES AUF DEM WASSER: 14,22–33

22 Gleich darauf drängte er die Jünger, ins
Boot zu steigen und an das andere Ufer vo-
rauszufahren. Inzwischen wollte er die Leu-
te nach Hause schicken. 23 Nachdem er sie
weggeschickt hatte, stieg er auf einen Berg,
um für sich allein zu beten. Als es Abend
wurde, war er allein dort. 24 Das Boot aber
war schon viele Stadien vom Land entfernt
und wurde von den Wellen hin und her ge-
worfen; denn sie hatten Gegenwind. 25 In der
vierten Nachtwache kam er zu ihnen; er ging
auf dem See. 26 Als ihn die Jünger über den
See kommen sahen, erschraken sie, weil sie
meinten, es sei ein Gespenst, und sie schrien
vor Angst. 27 Doch sogleich sprach Jesus zu
ihnen und sagte: Habt Vertrauen, ich bin es;
fürchtet euch nicht! 28 Petrus erwiderte ihm
und sagte: Herr, wenn du es bist, so befiehl,
dass ich auf dem Wasser zu dir komme! 29 Je-
sus sagte: Komm! Da stieg Petrus aus dem
Boot und kam über das Wasser zu Jesus.
30 Als er aber den heftigen Wind bemerkte,
bekam er Angst. Und als er begann unterzu-
gehen, schrie er: Herr, rette mich! 31 Jesus
streckte sofort die Hand aus, ergriff ihn und
sagte zu ihm: Du Kleingläubiger, warum
hast du gezweifelt? 32 Und als sie ins Boot
gestiegen waren, legte sich der Wind. 33 Die
Jünger im Boot aber fielen vor Jesus nieder
und sagten: Wahrhaftig, Gottes Sohn bist
du.

22–33: Mk 6,45–52; Joh 6,15–21
23: Lk 6,12 / **31:** 8,26 / **33:** 16,16; Joh 1,49; 11,27

HEILUNGEN IN GENNESARET: 14,34–36

34 Sie fuhren auf das Ufer zu und kamen nach
Gennesaret. 35 Als die Leute jener Gegend ihn
erkannten, schickten sie in die ganze Umge-
bung. Und man brachte alle Kranken zu ihm
36 und bat ihn, er möge sie wenigstens den
Saum seines Gewandes berühren lassen.
Und alle, die ihn berührten, wurden geheilt.

34–36: Mk 6,53–56
36: 9,21

LEHRGESPRÄCH ÜBER DIE REINHEIT: 15,1–20

15 1 Da kamen von Jerusalem Pharisäer
und Schriftgelehrte zu Jesus und sag-
ten: 2 Warum übertreten deine Jünger die
Überlieferung der Alten? Denn sie waschen
sich nicht ihre Hände, wenn sie essen. 3 Er
entgegnete ihnen: Warum übertretet denn
ihr Gottes Gebot um eurer Überlieferung
willen? 4 Gott hat doch gesagt: *Ehre Vater und
Mutter!* und: *Wer Vater oder Mutter schmäht,
soll mit dem Tod bestraft werden.* 5 Ihr aber
meint: Wer zu Vater oder Mutter sagt: Was
ich dir schulde, sei eine Opfergabe!, 6 der
braucht seinen Vater oder seine Mutter nicht
mehr zu ehren. Damit habt ihr Gottes Wort
um eurer Überlieferung willen außer Kraft
gesetzt. 7 Ihr Heuchler! Treffend hat der Pro-
phet Jesaja über euch gesagt:

8 *Dieses Volk ehrt mich mit den Lippen, /
sein Herz aber ist weit weg von mir.*

9 *Vergeblich verehren sie mich; / was sie
lehren, sind Satzungen von Menschen.*

10 Und er rief die Leute zu sich und sagte:
Hört und begreift: 11 Nicht das, was durch den
Mund in den Menschen hineinkommt,
macht ihn unrein, sondern was aus dem
Mund des Menschen herauskommt, das
macht ihn unrein. 12 Da kamen die Jünger zu
ihm und sagten: Weißt du, dass die Pharisä-
er, die dein Wort gehört haben, empört sind?
13 Er antwortete ihnen: Jede Pflanze, die nicht
mein himmlischer Vater gepflanzt hat, wird
ausgerissen werden. 14 Lasst sie, es sind blin-
de Blindenführer. Und wenn ein Blinder ei-
nen Blinden führt, werden beide in eine Gru-
be fallen. 15 Da sagte Petrus zu ihm: Erkläre
uns dieses Rätselwort! 16 Er antwortete: Be-
greift auch ihr noch nicht? 17 Versteht ihr
nicht, dass alles, was durch den Mund hi-
neinkommt, in den Magen gelangt und dann
wieder ausgeschieden wird? 18 Was aber aus
dem Mund herauskommt, das kommt aus
dem Herzen und das macht den Menschen
unrein. 19 Denn aus dem Herzen kommen
böse Gedanken, Mord, Ehebruch, Unzucht,
Diebstahl, falsche Zeugenaussagen und Läs-
terungen. 20 Das ist es, was den Menschen
unrein macht; aber mit ungewaschenen

Händen essen macht den Menschen nicht
unrein.

1–20: Mk 7,1–23
2: Lk 11,38 / **4:** Ex 20,12; 21,17; Lev 20,9; Dtn 5,16 / **8–9:** Jes 29,13 / **14:** 23,16.24; Lk 6,39 / **19:** Röm 1,29–31; 1 Kor 5,10f.; Gal 5,19–21; Eph 5,3–5; Kol 3,5; 1 Tim 1,9f.; 2 Tim 3,2–4; 1 Petr 4,3

DER GLAUBE DER HEIDNISCHEN FRAU: 15,21–28

21 Jesus ging weg von dort und zog sich in das
Gebiet von Tyrus und Sidon zurück. 22 Und
siehe, eine kanaanäische Frau aus jener Ge-
gend kam zu ihm und rief: Hab Erbarmen mit
mir, Herr, du Sohn Davids! Meine Tochter
wird von einem Dämon gequält. 23 Jesus aber
gab ihr keine Antwort. Da traten seine Jünger
zu ihm und baten: Schick sie fort, denn sie
schreit hinter uns her! 24 Er antwortete: Ich
bin nur zu den verlorenen Schafen des Hau-
ses Israel gesandt. 25 Doch sie kam, fiel vor
ihm nieder und sagte: Herr, hilf mir! 26 Er
erwiderte: Es ist nicht recht, das Brot den
Kindern wegzunehmen und den kleinen
Hunden vorzuwerfen. 27 Da entgegnete sie:
Ja, Herr! Aber selbst die kleinen Hunde essen
von den Brotkrumen, die vom Tisch ihrer
Herren fallen. 28 Darauf antwortete ihr Jesus:
Frau, dein Glaube ist groß. Es soll dir gesche-
hen, wie du willst. Und von dieser Stunde an
war ihre Tochter geheilt.

21–28: Mk 7,24–30
24: 10,6

VIELE HEILUNGEN: 15,29–31

29 Jesus zog von dort weiter und kam an den
See von Galiläa. Er stieg auf einen Berg und
setzte sich. 30 Da kamen viele Menschen zu
ihm und brachten Lahme, Blinde, Krüppel,
Stumme und viele andere Kranke; sie legten
sie ihm zu Füßen und er heilte sie, 31 sodass
die Menschen staunten, als sie sahen, dass
Stumme redeten, Krüppel gesund wurden,
Lahme gehen und Blinde sehen konnten.
Und sie priesen den Gott Israels.

30: 4,24 / **31:** 1 Kön 1,48; Lk 13,13

DIE SPEISUNG DER VIERTAUSEND: 15,32–39

32 Jesus rief seine Jünger zu sich und sagte: Ich
habe Mitleid mit diesen Menschen; sie sind
schon drei Tage bei mir und haben nichts
mehr zu essen. Ich will sie nicht hungrig weg-
schicken, sonst brechen sie auf dem Weg
zusammen. 33 Da sagten die Jünger zu ihm:
Wo sollen wir in dieser Wüste so viel Brot
hernehmen, um so viele Menschen satt zu
machen? 34 Jesus sagte zu ihnen: Wie viele
Brote habt ihr? Sie antworteten: Sieben – und
ein paar Fische. 35 Da forderte er die Leute auf,
sich auf den Boden zu setzen. 36 Und er nahm
die sieben Brote und die Fische, sprach das
Dankgebet, brach sie und gab sie den Jüngern
und die Jünger gaben sie den Menschen.
37 Und alle aßen und wurden satt. Und sie
sammelten die übrig gebliebenen Stücke ein,
sieben Körbe voll. 38 Es waren viertausend
Männer, die gegessen hatten, dazu noch
Frauen und Kinder. 39 Danach schickte er die
Menge nach Hause, stieg ins Boot und fuhr
in die Gegend von Magadan.

32–39: Mk 8,1–10
32–39: 14,13–21; Mk 6,32–44; Lk 9,10–17; Joh 6,1–13

DIE ZEICHENFORDERUNG DER GEGNER JESU: 16,1–4

16 1 Da kamen die Pharisäer und Saddu-
zäer zu Jesus, um ihn zu versuchen.
Sie forderten von ihm, ihnen ein Zeichen
vom Himmel zu zeigen. 2 Er antwortete ih-
nen: Wenn es Abend wird, sagt ihr: Es
kommt schönes Wetter; denn der Himmel
ist feuerrot. 3 Und am Morgen sagt ihr: Heu-
te kommt schlechtes Wetter, denn der Him-
mel ist feuerrot und trübt sich ein. Das Aus-
sehen des Himmels wisst ihr zu beurteilen,
die Zeichen der Zeit aber könnt ihr nicht
beurteilen. 4 Diese böse und treulose Gene-
ration fordert ein Zeichen, aber es wird ihr
kein anderes gegeben werden als das Zei-
chen des Jona. Und er ließ sie stehen und
ging weg.

1–4: Mk 8,11–13
1–4: 12,38–42 / **1:** 19,3; 22,18.35; Lk 11,16; Joh 6,30

DIE BLINDEN JÜNGER: 16,5–12

5 Und die Jünger fuhren an das andere Ufer.
Sie hatten vergessen, Brote mitzunehmen.
6 Jesus sagte zu ihnen: Gebt Acht und hütet
euch vor dem Sauerteig der Pharisäer und
Sadduzäer! 7 Sie aber machten sich unterei-
nander Gedanken und sagten: Wir haben
kein Brot mitgenommen. 8 Als Jesus das
merkte, sagte er: Ihr Kleingläubigen, was
macht ihr euch darüber Gedanken, dass ihr
kein Brot habt? 9 Begreift ihr noch nicht? Er-
innert ihr euch nicht an die fünf Brote für die
Fünftausend und wie viele Körbe ihr einge-

sammelt habt? 10 Auch nicht an die sieben
Brote für die Viertausend und wie viele Kör-
be ihr eingesammelt habt? 11 Warum begreift
ihr denn nicht, dass ich nicht von Brot ge-
sprochen habe, als ich zu euch sagte: Hütet
euch vor dem Sauerteig der Pharisäer und
Sadduzäer? 12 Da verstanden sie, dass er nicht
gemeint hatte, sie sollten sich vor dem Sau-
erteig der Brote hüten, sondern vor der Lehre
der Pharisäer und Sadduzäer.

5–12: Mk 8,14–21
6: Lk 12,1 / **9**: 14,20f. / **10**: 15,37f.

DAS CHRISTUSBEKENNTNIS DES PETRUS UND DIE ZUSAGE JESU: 16,13–20

13 Als Jesus in das Gebiet von Cäsarea Philip-
pi kam, fragte er seine Jünger und sprach: Für
wen halten die Menschen den Menschen-
sohn? 14 Sie sagten: Die einen für Johannes
den Täufer, andere für Elija, wieder andere
für Jeremia oder sonst einen Propheten. 15 Da
sagte er zu ihnen: Ihr aber, für wen haltet ihr
mich? 16 Simon Petrus antwortete und
sprach: Du bist der Christus, der Sohn des
lebendigen Gottes! 17 Jesus antwortete und
sagte zu ihm: Selig bist du, Simon Barjona;
denn nicht Fleisch und Blut haben dir das
offenbart, sondern mein Vater im Himmel.
18 Ich aber sage dir: Du bist Petrus und auf
diesen Felsen werde ich meine Kirche bauen
und die Pforten der Unterwelt werden sie
nicht überwältigen. 19 Ich werde dir die
Schlüssel des Himmelreichs geben; was du
auf Erden binden wirst, das wird im Himmel
gebunden sein, und was du auf Erden lösen
wirst, das wird im Himmel gelöst sein.
20 Dann befahl er den Jüngern, niemandem
zu sagen, dass er der Christus sei.

13–20: Mk 8,27–30; Lk 9,18–21
14: 14,2; Mk 6,14f.; Lk 9,7f. / **16**: 14,33; Joh 1,49; 11,27 / **18**: Joh 1,42 / **19**: 18,18; Joh 20,23

DIE ERSTE ANKÜNDIGUNG VON LEIDEN UND AUFERSTEHUNG JESU: 16,21–23

21 Von da an begann Jesus, seinen Jüngern zu
erklären: Er müsse nach Jerusalem gehen und
von den Ältesten und Hohepriestern und
Schriftgelehrten vieles erleiden, getötet und
am dritten Tag auferweckt werden. 22 Da
nahm ihn Petrus beiseite und begann, ihn
zurechtzuweisen, und sagte: Das soll Gott
verhüten, Herr! Das darf nicht mit dir gesche-
hen! 23 Jesus aber wandte sich um und sagte
zu Petrus: Tritt hinter mich, du Satan! Ein
Ärgernis bist du mir, denn du hast nicht das
im Sinn, was Gott will, sondern was die Men-
schen wollen.

21–23: Mk 8,31–33; Lk 9,22
21: 17,22f.; 20,17–19 / **23**: 4,10

NACHFOLGE UND SELBSTVERLEUGNUNG: 16,24–28

24 Darauf sagte Jesus zu seinen Jüngern:
Wenn einer hinter mir hergehen will, ver-
leugne er sich selbst, nehme sein Kreuz auf
sich und folge mir nach. 25 Denn wer sein Le-
ben retten will, wird es verlieren; wer aber
sein Leben um meinetwillen verliert, wird es
finden. 26 Was nützt es einem Menschen,
wenn er die ganze Welt gewinnt, dabei aber
sein Leben einbüßt? Um welchen Preis kann
ein Mensch sein Leben zurückkaufen? 27 Der
Menschensohn wird mit seinen Engeln in der
Herrlichkeit seines Vaters kommen und dann
wird er jedem nach seinen Taten vergelten.
28 Amen, ich sage euch: Von denen, die hier
stehen, werden einige den Tod nicht schme-
cken, bis sie den Menschensohn in seinem
Reich kommen sehen.

24–28: Mk 8,34–9,1; Lk 9,23–27
24: 10,38; Lk 14,27 / **25**: 10,39; Lk 17,33; Joh 12,25

DIE VERKLÄRUNG JESU: 17,1–9

17 1 Sechs Tage danach nahm Jesus Pet-
rus, Jakobus und dessen Bruder Jo-
hannes beiseite und führte sie auf einen
hohen Berg. 2 Und er wurde vor ihnen ver-
wandelt; sein Gesicht leuchtete wie die Son-
ne und seine Kleider wurden weiß wie das
Licht. 3 Und siehe, es erschienen ihnen Mose
und Elija und redeten mit Jesus. 4 Und Petrus
antwortete und sagte zu Jesus: Herr, es ist
gut, dass wir hier sind. Wenn du willst, wer-
de ich hier drei Hütten bauen, eine für dich,
eine für Mose und eine für Elija. 5 Noch wäh-
rend er redete, siehe, eine leuchtende Wolke
überschattete sie und siehe, eine Stimme
erscholl aus der Wolke: Dieser ist mein ge-
liebter Sohn, an dem ich Wohlgefallen ge-
funden habe; auf ihn sollt ihr hören. 6 Als die
Jünger das hörten, warfen sie sich mit dem
Gesicht zu Boden und fürchteten sich sehr.
7 Da trat Jesus zu ihnen, fasste sie an und
sagte: Steht auf und fürchtet euch nicht!

16,18 Das im Beinamen Petrus enthaltene griechische Wort petra bedeutet Fels.

8 Und als sie aufblickten, sahen sie nieman-
den außer Jesus allein. 9 Während sie den
Berg hinabstiegen, gebot ihnen Jesus: Er-
zählt niemandem von dem, was ihr gesehen
habt, bis der Menschensohn von den Toten
auferweckt ist!

1–9: Mk 9,2–10; Lk 9,28–36
2: 2 Petr 1,16–18 / **5**: 3,17; Dtn 18,15 ; Ps 2,7; Jes 42,1

ÜBER DIE WIEDERKUNFT DES ELIJA: 17,10–13

10 Da fragten ihn die Jünger: Warum sagen
denn die Schriftgelehrten, zuerst müsse Eli-
ja kommen? 11 Er gab zur Antwort: Ja, Elija
kommt und er wird alles wiederherstellen.
12 Ich sage euch aber: Elija ist schon gekom-
men, doch sie haben ihn nicht erkannt, son-
dern mit ihm gemacht, was sie wollten.
Ebenso wird auch der Menschensohn durch
sie leiden müssen. 13 Da verstanden die Jün-
ger, dass er zu ihnen von Johannes dem Täu-
fer sprach.

10–13: Mk 9,11–13
11: Mal 3,23

DIE ERFOLGLOSEN JÜNGER: 17,14–21

14 Als sie zu den Volksscharen zurückkamen,
trat ein Mensch auf ihn zu, fiel vor ihm auf
die Knie 15 und sagte: Herr, hab Erbarmen mit
meinem Sohn! Er ist mondsüchtig und hat
schwer zu leiden. Oft fällt er ins Feuer und
oft ins Wasser. 16 Ich habe ihn schon zu dei-
nen Jüngern gebracht, aber sie konnten ihn
nicht heilen. 17 Da sagte Jesus: O du ungläu-
bige und verkehrte Generation! Wie lange
muss ich noch bei euch sein? Wie lange muss
ich euch noch ertragen? Bringt ihn her zu
mir! 18 Und Jesus drohte ihm und der Dämon
fuhr von ihm aus. Und der Knabe war von
jener Stunde an geheilt. 19 Als die Jünger mit
Jesus allein waren, wandten sie sich an ihn
und fragten: Warum konnten denn wir den
Dämon nicht austreiben? 20 Er antwortete:
Wegen eures Kleinglaubens. Denn, amen,
ich sage euch: Wenn ihr Glauben habt wie ein
Senfkorn, dann werdet ihr zu diesem Berg
sagen: Rück von hier nach dort! und er wird
wegrücken. Nichts wird euch unmöglich
sein. [21]

14–21: Mk 9,14–29; Lk 9,37–42
20: 21,21; Mk 11,23; Lk 17,6

DIE ZWEITE ANKÜNDIGUNG VON LEIDEN UND AUFERSTEHUNG JESU: 17,22–23

22 Als sie in Galiläa zusammen waren, sagte
Jesus zu ihnen: Der Menschensohn wird
in die Hände von Menschen ausgeliefert
werden 23 und sie werden ihn töten; aber am
dritten Tag wird er auferweckt werden. Da
wurden sie sehr traurig.

22–23: Mk 9,30–32; Lk 9,43b–45
22: 16,21; 20,17–19

VON DER FREIHEIT DER SÖHNE UND DER PFLICHT ZUR TEMPELSTEUER: 17,24–27

24 Als Jesus und die Jünger nach Kafarnaum
kamen, traten jene, welche die Doppel-
drachme einzogen, zu Petrus und fragten:
Zahlt euer Meister die Doppeldrachme
nicht? 25 Er antwortete: Doch! Als er dann
ins Haus hineinging, kam ihm Jesus mit der
Frage zuvor: Was meinst du, Simon, von
wem erheben die Könige dieser Welt Zölle
und Steuern? Von ihren eigenen Söhnen
oder von den anderen Leuten? 26 Als Petrus
antwortete: Von den anderen!, sagte Jesus zu
ihm: Also sind die Söhne frei. 27 Damit wir
aber bei ihnen keinen Anstoß erregen, geh
an den See, wirf die Angel aus und den ersten
Fisch, den du heraufholst, nimm, öffne ihm
das Maul und du wirst ein Vierdrachmen-
stück finden. Das gib ihnen als Steuer für
mich und für dich.

24: Ex 30,13

DER RANGSTREIT DER JÜNGER: 18,1–5

18 1 In jener Stunde kamen die Jünger zu
Jesus und fragten: Wer ist denn im
Himmelreich der Größte? 2 Da rief er ein
Kind herbei, stellte es in ihre Mitte 3 und sag-
te: Amen, ich sage euch: Wenn ihr nicht um-
kehrt und werdet wie die Kinder, werdet ihr
nicht in das Himmelreich hineinkommen.
4 Wer sich so klein macht wie dieses Kind, der
ist im Himmelreich der Größte. 5 Und wer ein
solches Kind in meinem Namen aufnimmt,
der nimmt mich auf.

1–5: Mk 9,33–37; Lk 9,46–48
3: 19,14; Mk 10,15; Lk 18,17 / **5**: 10,40–42

17,21 Spätere Textzeugen fügen hier ein: Diese Art aber kann nur durch Gebet und Fasten ausgetrieben werden. Vgl. Mk 9,29.

17,24 Eine griechische Drachme war der Tageslohn eines Arbeiters. Die Doppeldrachme galt zur Zeit Jesu so viel wie der in Ex 30,13–15 geforderte halbe Schekel.

WARNUNG VOR DER VERFÜHRUNG ZUM BÖSEN: 18,6–11

6 Wer einem von diesen Kleinen, die an mich
glauben, Ärgernis gibt, für den wäre es besser, wenn ihm ein Mühlstein um den Hals
gehängt und er in der Tiefe des Meeres versenkt würde. 7 Wehe der Welt wegen der Ärgernisse! Es muss zwar Ärgernisse geben;
doch wehe dem Menschen, durch den das
Ärgernis kommt! 8 Wenn dir deine Hand
oder dein Fuß Ärgernis gibt, dann hau sie ab
und wirf sie weg! Es ist besser für dich, verstümmelt oder lahm in das Leben zu gelangen, als mit zwei Händen und zwei Füßen in
das ewige Feuer geworfen zu werden. 9 Und
wenn dir dein Auge Ärgernis gibt, dann reiß
es aus! Es ist besser für dich, einäugig in das
Leben zu kommen, als mit zwei Augen in das
Feuer der Hölle geworfen zu werden. 10 Hütet
euch davor, einen von diesen Kleinen zu verachten! Denn ich sage euch: Ihre Engel im
Himmel sehen stets das Angesicht meines
himmlischen Vaters. [11]

6–9: Mk 9,42–47; Lk 17,1f.
8–9: 5,29f.

DAS GLEICHNIS VOM VERLORENEN SCHAF: 18,12–14

12 Was meint ihr? Wenn jemand hundert
Schafe hat und eines von ihnen sich verirrt,
lässt er dann nicht die neunundneunzig auf
den Bergen zurück, geht hin und sucht das
verirrte? 13 Und wenn er es findet – Amen, ich
sage euch: Er freut sich über dieses eine mehr
als über die neunundneunzig, die sich nicht
verirrt haben. 14 So will auch euer himmlischer Vater nicht, dass einer von diesen Kleinen verloren geht.

12–14: Lk 15,4–7

DIE BRÜDERLICHE ZURECHTWEISUNG: 18,15–20

15 Wenn dein Bruder gegen dich sündigt,
dann geh und weise ihn unter vier Augen
zurecht! Hört er auf dich, so hast du deinen
Bruder zurückgewonnen. 16 Hört er aber
nicht auf dich, dann nimm einen oder zwei
mit dir, damit *die ganze Sache durch die Aussage von zwei oder drei Zeugen entschieden
werde*. 17 Hört er auch auf sie nicht, dann sag
es der Gemeinde! Hört er aber auch auf die
Gemeinde nicht, dann sei er für dich wie ein
Heide oder ein Zöllner. 18 Amen, ich sage
euch: Alles, was ihr auf Erden binden werdet,
das wird auch im Himmel gebunden sein,
und alles, was ihr auf Erden lösen werdet, das
wird auch im Himmel gelöst sein. 19 Weiter
sage ich euch: Was auch immer zwei von euch
auf Erden einmütig erbitten, werden sie von
meinem himmlischen Vater erhalten.
20 Denn wo zwei oder drei in meinem Namen
versammelt sind, da bin ich mitten unter ihnen.

15: Lk 17,3
15: Lev 19,17 / **16**: Dtn 19,15 / **18**: 16,19; Joh 20,23 / **19**: 7,7; 21,22; Mk 11,24; Joh 14,13f.; 15,7; 16,23f.; 1 Joh 5,14f.

ÜBER DIE PFLICHT ZUR VERGEBUNG: 18,21–35

21 Da trat Petrus zu ihm und fragte: Herr, wie
oft muss ich meinem Bruder vergeben, wenn
er gegen mich sündigt? Bis zu siebenmal?
22 Jesus sagte zu ihm: Ich sage dir nicht: Bis
zu siebenmal, sondern bis zu siebzigmal siebenmal. 23 Mit dem Himmelreich ist es deshalb wie mit einem König, der beschloss, von
seinen Knechten Rechenschaft zu verlangen.
24 Als er nun mit der Abrechnung begann,
brachte man einen zu ihm, der ihm zehntausend Talente schuldig war. 25 Weil er aber das
Geld nicht zurückzahlen konnte, befahl der
Herr, ihn mit Frau und Kindern und allem,
was er besaß, zu verkaufen und so die Schuld
zu begleichen. 26 Da fiel der Knecht vor ihm
auf die Knie und bat: Hab Geduld mit mir! Ich
werde dir alles zurückzahlen. 27 Der Herr des
Knechtes hatte Mitleid, ließ ihn gehen und
schenkte ihm die Schuld. 28 Als nun der
Knecht hinausging, traf er einen Mitknecht,
der ihm hundert Denare schuldig war. Er
packte ihn, würgte ihn und sagte: Bezahl,
was du schuldig bist! 29 Da fiel der Mitknecht
vor ihm nieder und flehte: Hab Geduld mit
mir! Ich werde es dir zurückzahlen. 30 Er aber
wollte nicht, sondern ging weg und ließ ihn
ins Gefängnis werfen, bis er die Schuld bezahlt habe. 31 Als die Mitknechte das sahen,
waren sie sehr betrübt; sie gingen zu ihrem
Herrn und berichteten ihm alles, was geschehen war. 32 Da ließ ihn sein Herr rufen und

18,11 Einige Textzeugen fügen hier ein: Denn der Menschensohn ist gekommen, um zu retten, was verloren ist. Vgl. Lk 19,10.

18,23–25 Das Talent war eine griechische Rechnungseinheit und entsprach sechstausend Drachmen. Vgl. Anm. zu 17,24.

sagte zu ihm: Du elender Knecht! Deine gan-
ze Schuld habe ich dir erlassen, weil du mich
angefleht hast. 33 Hättest nicht auch du mit
deinem Mitknecht Erbarmen haben müssen,
so wie ich mit dir Erbarmen hatte? 34 Und in
seinem Zorn übergab ihn der Herr den Peini-
gern, bis er die ganze Schuld bezahlt habe.
35 Ebenso wird mein himmlischer Vater euch
behandeln, wenn nicht jeder seinem Bruder
von Herzen vergibt.

22: Lk 17,4 / **35:** 6,15

DER WEG JESU NACH JERUSALEM: 19,1–20,34

AUFBRUCH NACH JUDÄA: 19,1–2

19 1 Und es geschah, als Jesus diese Reden
beendet hatte, verließ er Galiläa und
zog in das Gebiet von Judäa jenseits des Jor-
dan. 2 Viele Menschen folgten ihm nach und
er heilte sie dort.

1–2: Mk 10,1

ÜBER DIE EHE, EHESCHEIDUNG UND EHELOSIGKEIT: 19,3–12

3 Da kamen Pharisäer zu ihm, um ihn zu
versuchen, und fragten: Darf man seine
Frau aus jedem beliebigen Grund aus der Ehe
entlassen? 4 Er antwortete: Habt ihr nicht
gelesen, dass der Schöpfer *sie* am Anfang
männlich und weiblich erschaffen hat 5 und
dass er gesagt hat: *Darum wird der Mann
Vater und Mutter verlassen und sich an seine
Frau binden und die zwei werden ein Fleisch
sein*? 6 Sie sind also nicht mehr zwei, son-
dern ein Fleisch. Was aber Gott verbunden
hat, das darf der Mensch nicht trennen. 7 Sie
sagten zu ihm: Wozu hat dann Mose vorge-
schrieben, der Frau eine Scheidungsurkun-
de zu geben und sie aus der Ehe zu entlassen?
8 Er antwortete: Nur weil ihr so hartherzig
seid, hat Mose euch gestattet, eure Frauen
aus der Ehe zu entlassen. Am Anfang war
das nicht so. 9 Ich sage euch: Wer seine Frau
entlässt, obwohl kein Fall von Unzucht vor-
liegt, und eine andere heiratet, der begeht
Ehebruch. 10 Da sagten seine Jünger zu ihm:
Wenn das Verhältnis des Mannes zur Frau
so ist, dann ist es nicht gut zu heiraten. 11 Je-
sus sagte zu ihnen: Nicht alle können dieses
Wort erfassen, sondern nur die, denen es
gegeben ist. 12 Denn manche sind von Ge-
burt an zur Ehe unfähig, manche sind von
den Menschen dazu gemacht und manche
haben sich selbst dazu gemacht – um des
Himmelreiches willen. Wer es erfassen
kann, der erfasse es.

3–9: Mk 10,2–12
3: 16,1; 22,18.35 / **4:** Gen 1,27 / **5:** Gen 2,24 / **7:** 5,31; Dtn 24,1 / **9:** 5,32; Lk 16,18

DIE SEGNUNG DER KINDER: 19,13–15

13 Da brachte man Kinder zu ihm, damit er
ihnen die Hände auflegte und für sie betete.
Die Jünger aber wiesen die Leute zurecht.
14 Doch Jesus sagte: Lasst die Kinder und hin-
dert sie nicht, zu mir zu kommen! Denn Men-
schen wie ihnen gehört das Himmelreich.
15 Dann legte er ihnen die Hände auf und zog
von dort weiter.

13–15: Mk 10,13–16; Lk 18,15–17 / **14:** 18,3

REICHTUM UND NACHFOLGE: 19,16–30

16 Und siehe, da kam ein Mann zu Jesus und
fragte: Meister, was muss ich Gutes tun, um
das ewige Leben zu gewinnen? 17 Er antwor-
tete: Was fragst du mich nach dem Guten?
Nur einer ist der Gute. Wenn du aber in das
Leben eintreten willst, halte die Gebote!
18 Darauf fragte er ihn: Welche? Jesus ant-
wortete: *Du sollst nicht töten, du sollst nicht
die Ehe brechen, du sollst nicht stehlen, du
sollst kein falsches Zeugnis geben;* 19 *ehre
Vater und Mutter!* Und: *Du sollst deinen
Nächsten lieben wie dich selbst!* 20 Der junge
Mann erwiderte ihm: Alle diese Gebote habe
ich befolgt. Was fehlt mir noch? 21 Jesus ant-
wortete ihm: Wenn du vollkommen sein
willst, geh, verkauf deinen Besitz und gib ihn
den Armen; und du wirst einen Schatz im
Himmel haben; und komm, folge mir nach!
22 Als der junge Mann das hörte, ging er trau-
rig weg; denn er hatte ein großes Vermögen.
23 Da sagte Jesus zu seinen Jüngern: Amen,
ich sage euch: Ein Reicher wird schwer in das

Himmelreich kommen. 24 Nochmals sage ich
euch: Leichter geht ein Kamel durch ein Na-
delöhr, als dass ein Reicher in das Reich Got-
tes gelangt. 25 Als die Jünger das hörten, ge-
rieten sie ganz außer sich vor Schrecken und
sagten: Wer kann dann noch gerettet wer-
den? 26 Jesus sah sie an und sagte zu ihnen:
Für Menschen ist das unmöglich, für Gott
aber ist alles möglich. 27 Da antwortete Pet-
rus: Siehe, wir haben alles verlassen und sind
dir nachgefolgt. Was werden wir dafür be-
kommen? 28 Jesus erwiderte ihnen: Amen,
ich sage euch: Wenn die Welt neu geschaffen
wird und der Menschensohn sich auf den
Thron der Herrlichkeit setzt, werdet auch ihr,
die ihr mir nachgefolgt seid, auf zwölf Thro-
nen sitzen und die zwölf Stämme Israels rich-
ten. 29 Und jeder, der um meines Namens
willen Häuser oder Brüder oder Schwestern
oder Vater oder Mutter oder Kinder oder
Äcker verlassen hat, wird dafür das Hundert-
fache erhalten und das ewige Leben erben.
30 Viele Erste werden Letzte sein und Letzte
Erste.

16-30: Mk 10,17–31; Lk 18,18–30
18-19: Ex 20,12–16; Lev 19,18; Dtn 5,16–20 / **21**: 6,20; 8,22 / **26**: Gen 18,14; Ijob 42,2; Lk 1,37 / **28**: 25,31; Lk 22,30; Offb 3,21 / **30**: 20,16; Mk 10,31; Lk 13,30

DAS GLEICHNIS VON DEN ARBEITERN IM WEINBERG: 20,1–16

20 1 Denn mit dem Himmelreich ist es
wie mit einem Gutsbesitzer, der früh
am Morgen hinausging, um Arbeiter für sei-
nen Weinberg anzuwerben. 2 Er einigte sich
mit den Arbeitern auf einen Denar für den
Tag und schickte sie in seinen Weinberg.
3 Um die dritte Stunde ging er wieder hinaus
und sah andere auf dem Markt stehen, die
keine Arbeit hatten. 4 Er sagte zu ihnen: Geht
auch ihr in meinen Weinberg! Ich werde euch
geben, was recht ist. 5 Und sie gingen. Um die
sechste und um die neunte Stunde ging der
Gutsherr wieder hinaus und machte es eben-
so. 6 Als er um die elfte Stunde noch einmal
hinausging, traf er wieder einige, die dort
standen. Er sagte zu ihnen: Was steht ihr hier
den ganzen Tag untätig? 7 Sie antworteten:
Niemand hat uns angeworben. Da sagte er zu
ihnen: Geht auch ihr in meinen Weinberg!
8 Als es nun Abend geworden war, sagte der
Besitzer des Weinbergs zu seinem Verwalter:
Ruf die Arbeiter und zahl ihnen den Lohn
aus, angefangen bei den Letzten, bis hin zu
den Ersten! 9 Da kamen die Männer, die er um
die elfte Stunde angeworben hatte, und jeder
erhielt einen Denar. 10 Als dann die Ersten
kamen, glaubten sie, mehr zu bekommen.
Aber auch sie erhielten einen Denar. 11 Als sie
ihn erhielten, murrten sie über den Guts-
herrn 12 und sagten: Diese Letzten haben nur
eine Stunde gearbeitet und du hast sie uns
gleichgestellt. Wir aber haben die Last des
Tages und die Hitze ertragen. 13 Da erwiderte
er einem von ihnen: Freund, dir geschieht
kein Unrecht. Hast du nicht einen Denar mit
mir vereinbart? 14 Nimm dein Geld und geh!
Ich will dem Letzten ebenso viel geben wie
dir. 15 Darf ich mit dem, was mir gehört, nicht
tun, was ich will? Oder ist dein Auge böse,
weil ich gut bin? 16 So werden die Letzten
Erste sein und die Ersten Letzte.

8: Lev 19,13; Dtn 24,15 / **16**: 19,30; Mk 10,31; Lk 13,30

DIE DRITTE ANKÜNDIGUNG VON LEIDEN UND AUFERSTEHUNG JESU: 20,17–19

17 Als Jesus nach Jerusalem hinaufzog, nahm
er die zwölf Jünger beiseite und sagte unter-
wegs zu ihnen: 18 Siehe, wir gehen nach Jeru-
salem hinauf; und der Menschensohn wird
den Hohepriestern und Schriftgelehrten
ausgeliefert; sie werden ihn zum Tod verur-
teilen 19 und den Heiden ausliefern, damit er
verspottet, gegeißelt und gekreuzigt wird;
und am dritten Tag wird er auferweckt wer-
den.

17-19: Mk 10,32–34; Lk 18,31–34
18: 16,21; 17,22f. / **19**: 27,63; 28,7; Lk 9,22; 24,7.46; Apg 10,40; 1 Kor 15,4

VOM DIENEN UND HERRSCHEN: 20,20–28

20 Damals kam die Frau des Zebedäus mit ih-
ren Söhnen zu Jesus, fiel vor ihm nieder und
bat ihn um etwas. 21 Er fragte sie: Was willst
du? Sie antwortete: Versprich, dass meine
beiden Söhne in deinem Reich rechts und
links neben dir sitzen dürfen! 22 Jesus erwi-
derte: Ihr wisst nicht, um was ihr bittet.
Könnt ihr den Kelch trinken, den ich trinken
werde? Sie sagten zu ihm: Wir können es.
23 Da antwortete er ihnen: Meinen Kelch wer-
det ihr trinken; doch den Platz zu meiner
Rechten und zu meiner Linken habe nicht ich

20,16 Einige Textzeugen fügen am Ende des Verses hinzu: Denn viele sind gerufen, wenige aber auserwählt. Vgl. Mt 22,14.

zu vergeben; dort werden die sitzen, für die
es mein Vater bestimmt hat. 24 Als die zehn
anderen Jünger das hörten, wurden sie sehr
ärgerlich über die beiden Brüder. 25 Da rief
Jesus sie zu sich und sagte: Ihr wisst, dass die
Herrscher ihre Völker unterdrücken und die
Großen ihre Vollmacht gegen sie gebrauchen.
26 Bei euch soll es nicht so sein, sondern wer
bei euch groß sein will, der soll euer Diener
sein, 27 und wer bei euch der Erste sein will,
soll euer Sklave sein. 28 Wie der Menschen-
sohn nicht gekommen ist, um sich dienen zu
lassen, sondern um zu dienen und sein Leben
hinzugeben als Lösegeld für viele.

20–23: Mk 10,35–40 / **24–28:** Mk 10,41–45; Lk 22,24–27
22: 26,39; Joh 18,11 / **26:** 23,11; Mk 9,35; Lk 9,48 / **28:** Mk 10,45; 1 Tim 2,6

DIE HEILUNG VON ZWEI BLINDEN BEI JERICHO: 20,29–34

29 Als sie Jericho verließen, folgte ihm eine
große Zahl von Menschen nach. 30 Und siehe,
an der Straße saßen zwei Blinde, und als sie
hörten, dass Jesus vorbeikam, riefen sie laut:
Hab Erbarmen mit uns, Herr, Sohn Davids!
31 Die Leute aber befahlen ihnen, zu schwei-
gen. Sie aber schrien noch lauter: Hab Erbar-
men mit uns, Herr, Sohn Davids! 32 Jesus
blieb stehen, rief sie zu sich und sagte: Was
wollt ihr, dass ich euch tue? 33 Sie antwor-
teten: Herr, dass unsere Augen geöffnet wer-
den. 34 Da hatte Jesus Mitleid mit ihnen und
berührte ihre Augen. Im gleichen Augenblick
konnten sie sehen und sie folgten ihm nach.

29–34: 9,27–30; Mk 10,46–52; Lk 18,35–43

DAS WIRKEN JESU IN JERUSALEM: 21,1–25,46

DER EINZUG IN JERUSALEM: 21,1–11

21 1 Als sie sich Jerusalem näherten und
nach Betfage am Ölberg kamen,
schickte Jesus zwei Jünger aus 2 und sagte
zu ihnen: Geht in das Dorf, das vor euch
liegt; dort werdet ihr eine Eselin angebun-
den finden und ein Fohlen bei ihr. Bindet
sie los und bringt sie zu mir! 3 Und wenn
euch jemand zur Rede stellt, dann sagt: Der
Herr braucht sie, er lässt sie aber bald zu-
rückbringen. 4 Das ist geschehen, damit
sich erfüllte, was durch den Propheten ge-
sagt worden ist:

5 *Sagt der Tochter Zion: / Siehe, dein König
kommt zu dir. /*
*Er ist sanftmütig / und er reitet auf einer
Eselin / und auf einem Fohlen, / dem Jungen
eines Lasttiers.*

6 Die Jünger gingen und taten, wie Jesus
ihnen aufgetragen hatte. 7 Sie brachten die
Eselin und das Fohlen, legten ihre Kleider auf
sie und er setzte sich darauf. 8 Viele Menschen
breiteten ihre Kleider auf dem Weg aus, an-
dere schnitten Zweige von den Bäumen und
streuten sie auf den Weg. 9 Die Leute aber, die
vor ihm hergingen und die ihm nachfolgten,
riefen:

Hosanna dem Sohn Davids! / *Gesegnet sei
er, der kommt im Namen des Herrn.* / Hosan-
na in der Höhe!

10 Als er in Jerusalem einzog, erbebte die
ganze Stadt und man fragte: Wer ist dieser?
11 Die Leute sagten: Das ist der Prophet Jesus
von Nazaret in Galiläa.

1–11: Mk 11,1–11; Lk 19,28–38; Joh 12,12–14
5: Sach 9,9 / **9:** 23,39; Ps 118,25f.; Lk 13,35

DIE REINIGUNG DES TEMPELS: 21,12–17

12 Jesus ging in den Tempel und trieb alle
Händler und Käufer aus dem Tempel hinaus;
er stieß die Tische der Geldwechsler und die
Stände der Taubenhändler um 13 und sagte zu
ihnen: Es steht geschrieben: *Mein Haus soll
ein Haus des Gebetes genannt werden.* Ihr
aber macht daraus eine *Räuberhöhle.* 14 Im
Tempel kamen Lahme und Blinde zu ihm
und er heilte sie. 15 Als nun die Hohepriester
und die Schriftgelehrten die Wunder sahen,
die er tat, und die Kinder im Tempel rufen
hörten: Hosanna dem Sohn Davids!, da wur-
den sie ärgerlich 16 und sagten zu ihm: Hörst
du, was sie rufen? Jesus antwortete ihnen: Ja.
Habt ihr nie gelesen: *Aus dem Mund der Kin-*

21,9.15 Hosanna bedeutet ursprünglich: Bring doch Hilfe! Später ist das Wort zu einem liturgischen Ruf geworden.

der und Säuglinge schaffst du dir Lob? 17 Und
er ließ sie stehen und ging aus der Stadt hi-
naus nach Betanien; dort übernachtete er.

12–17: Mk 11,15–19; Lk 19,45f.; Joh 2,13–16
13: Jes 56,7; Jer 7,11 / **16**: Ps 8,3

DIE VERFLUCHUNG DES FEIGENBAUMS: 21,18–22

18 Als er am Morgen in die Stadt zurückkehr-
te, hatte er Hunger. 19 Da sah er am Weg einen
Feigenbaum und ging auf ihn zu und fand an
ihm nichts als nur Blätter. Da sagte er zu ihm:
In Ewigkeit soll keine Frucht mehr an dir
wachsen. Und der Feigenbaum verdorrte auf
der Stelle. 20 Als die Jünger das sahen, fragten
sie erstaunt: Wie konnte der Feigenbaum so
plötzlich verdorren? 21 Jesus antwortete ih-
nen: Amen, ich sage euch: Wenn ihr Glauben
habt und nicht zweifelt, dann werdet ihr
nicht nur das vollbringen, was ich mit dem
Feigenbaum getan habe; selbst wenn ihr zu
diesem Berg sagt: Heb dich empor und stürz
dich ins Meer!, wird es geschehen. 22 Und al-
les, was ihr im Gebet erbittet, werdet ihr er-
halten, wenn ihr glaubt.

18–19: Mk 11,12–14 / **20–22**: Mk 11,20–25
22: 7,7; 18,19; Joh 14,13f.; 15,7; 16,24; 1 Joh 5,14f.

DIE FRAGE NACH DER VOLLMACHT JESU: 21,23–27

23 Als er in den Tempel ging und dort lehrte,
kamen die Hohepriester und die Ältesten des
Volkes zu ihm und fragten: In welcher Voll-
macht tust du das und wer hat dir diese Voll-
macht gegeben? 24 Jesus antwortete und
sprach zu ihnen: Auch ich will euch eine Fra-
ge stellen. Wenn ihr mir darauf antwortet,
dann werde ich euch sagen, in welcher Voll-
macht ich das tue. 25 Woher stammte die Tau-
fe des Johannes? Vom Himmel oder von den
Menschen? Da überlegten sie und sagten
zueinander: Wenn wir antworten: Vom
Himmel!, so wird er zu uns sagen: Warum
habt ihr ihm dann nicht geglaubt? 26 Wenn
wir aber antworten: Von den Menschen!,
dann müssen wir uns vor den Leuten fürch-
ten; denn alle halten Johannes für einen Pro-
pheten. 27 Darum antworteten sie Jesus: Wir
wissen es nicht. Da erwiderte er: Dann sage
auch ich euch nicht, in welcher Vollmacht ich
das tue.

23–27: Mk 11,27–33; Lk 20,1–8
26: 14,5

DAS GLEICHNIS VOM WILLIGEN UND VOM UNWILLIGEN SOHN: 21,28–32

28 Was meint ihr? Ein Mann hatte zwei Söh-
ne. Er ging zum ersten und sagte: Mein Kind,
geh und arbeite heute im Weinberg! 29 Er ant-
wortete: Ich will nicht. Später aber reute es
ihn und er ging hinaus. 30 Da wandte er sich
an den zweiten und sagte zu ihm dasselbe.
Dieser antwortete: Ja, Herr – und ging nicht
hin. 31 Wer von den beiden hat den Willen
seines Vaters erfüllt? Sie antworteten: Der
erste. Da sagte Jesus zu ihnen: Amen, ich sage
euch: Die Zöllner und die Dirnen gelangen
eher in das Reich Gottes als ihr. 32 Denn Jo-
hannes ist zu euch gekommen auf dem Weg
der Gerechtigkeit und ihr habt ihm nicht
geglaubt; aber die Zöllner und die Dirnen
haben ihm geglaubt. Ihr habt es gesehen und
doch habt ihr nicht bereut und ihm nicht
geglaubt.

32: Lk 7,29f.

DAS GLEICHNIS VON DEN WINZERN: 21,33–46

33 Hört noch ein anderes Gleichnis: Es war ein
Gutsbesitzer, der legte einen Weinberg an,
zog ringsherum einen Zaun, hob eine Kelter
aus und baute einen Turm. Dann verpachtete
er den Weinberg an Winzer und reiste in ein
anderes Land. 34 Als nun die Erntezeit kam,
schickte er seine Knechte zu den Winzern,
um seine Früchte holen zu lassen. 35 Die Win-
zer aber packten seine Knechte; den einen
prügelten sie, den andern brachten sie um,
wieder einen anderen steinigten sie. 36 Da-
rauf schickte er andere Knechte, mehr als das
erste Mal; mit ihnen machten sie es genauso.
37 Zuletzt sandte er seinen Sohn zu ihnen;
denn er dachte: Vor meinem Sohn werden sie
Achtung haben. 38 Als die Winzer den Sohn
sahen, sagten sie zueinander: Das ist der Erbe.
Auf, wir wollen ihn umbringen, damit wir
sein Erbe in Besitz nehmen. 39 Und sie pack-
ten ihn, warfen ihn aus dem Weinberg hi-
naus und brachten ihn um. 40 Wenn nun der
Herr des Weinbergs kommt: Was wird er mit
jenen Winzern tun? 41 Sie sagten zu ihm: Er
wird diese bösen Menschen vernichten und
den Weinberg an andere Winzer verpachten,
die ihm die Früchte abliefern, wenn es Zeit
dafür ist. 42 Und Jesus sagte zu ihnen: Habt
ihr nie in der Schrift gelesen:

*Der Stein, den die Bauleute verworfen ha-
ben, / er ist zum Eckstein geworden; / vom*

Herrn ist das geschehen / und es ist wunder-
bar in unseren Augen?
43 Darum sage ich euch: Das Reich Gottes
wird euch weggenommen und einem Volk
gegeben werden, das die Früchte des Reiches
Gottes bringt. 44 Und wer auf diesen Stein
fällt, wird zerschellen; auf wen der Stein aber
fällt, den wird er zermalmen. 45 Als die Ho-
hepriester und die Pharisäer seine Gleich-
nisse hörten, merkten sie, dass er von ihnen
sprach. 46 Sie suchten ihn zu ergreifen; aber
sie fürchteten die Menge, weil sie ihn für ei-
nen Propheten hielt.

33–46: Mk 12,1–12; Lk 20,9–19
33: Jes 5,1f. / **35:** 22,6 / **37:** Hebr 1,1f. / **42:** Ps 118,22f. /
43: 8,12 / **46:** 21,11; 26,4f.

DAS GLEICHNIS VOM KÖNIGLICHEN HOCHZEITSMAHL: 22,1–14

22 1 Jesus antwortete und erzählte ihnen
ein anderes Gleichnis: 2 Mit dem Him-
melreich ist es wie mit einem König, der sei-
nem Sohn die Hochzeit ausrichtete. 3 Er
schickte seine Diener, um die eingeladenen
Gäste zur Hochzeit rufen zu lassen. Sie aber
wollten nicht kommen. 4 Da schickte er noch
einmal Diener und trug ihnen auf: Sagt den
Eingeladenen: Siehe, mein Mahl ist fertig,
meine Ochsen und das Mastvieh sind ge-
schlachtet, alles ist bereit. Kommt zur Hoch-
zeit! 5 Sie aber kümmerten sich nicht darum,
sondern der eine ging auf seinen Acker, der
andere in seinen Laden, 6 wieder andere fielen
über seine Diener her, misshandelten sie und
brachten sie um. 7 Da wurde der König zornig;
er schickte sein Heer, ließ die Mörder töten
und ihre Stadt in Schutt und Asche legen.
8 Dann sagte er zu seinen Dienern: Das Hoch-
zeitsmahl ist vorbereitet, aber die Gäste wa-
ren nicht würdig. 9 Geht also an die Kreuzun-
gen der Straßen und ladet alle, die ihr trefft,
zur Hochzeit ein! 10 Die Diener gingen auf die
Straßen hinaus und holten alle zusammen,
die sie trafen, Böse und Gute, und der Festsaal
füllte sich mit Gästen. 11 Als der König ein-
trat, um sich die Gäste anzusehen, bemerkte
er unter ihnen einen Menschen, der kein
Hochzeitsgewand anhatte. 12 Er sagte zu ihm:
Freund, wie bist du hier ohne Hochzeitsge-
wand hereingekommen? Der aber blieb
stumm. 13 Da befahl der König seinen Die-
nern: Bindet ihm Hände und Füße und werft
ihn hinaus in die äußerste Finsternis! Dort
wird Heulen und Zähneknirschen sein.
14 Denn viele sind gerufen, wenige aber aus-
erwählt.

1–10: Lk 14,15–24
6: 21,35 / **13:** 8,12; 13,42.50; 24,51; 25,30; Lk 13,28

DIE FRAGE NACH DER KAISERLICHEN STEUER: 22,15–22

15 Damals kamen die Pharisäer zusammen
und beschlossen, Jesus mit einer Frage eine
Falle zu stellen. 16 Sie veranlassten ihre Jün-
ger, zusammen mit den Anhängern des
Herodes zu ihm zu gehen und zu sagen: Meis-
ter, wir wissen, dass du die Wahrheit sagst
und wahrhaftig den Weg Gottes lehrst und
auf niemanden Rücksicht nimmst, denn du
siehst nicht auf die Person. 17 Sag uns also:
Was meinst du? Ist es erlaubt, dem Kaiser
Steuer zu zahlen, oder nicht? 18 Jesus aber er-
kannte ihre böse Absicht und sagte: Ihr
Heuchler, warum versucht ihr mich? 19 Zeigt
mir die Münze, mit der ihr eure Steuern be-
zahlt! Da hielten sie ihm einen Denar hin.
20 Er fragte sie: Wessen Bild und Aufschrift
ist das? 21 Sie antworteten ihm: Des Kaisers.
Darauf sagte er zu ihnen: So gebt dem Kaiser,
was dem Kaiser gehört, und Gott, was Gott
gehört! 22 Als sie das hörten, staunten sie, lie-
ßen ihn stehen und gingen weg.

15–22: Mk 12,13–17; Lk 20,20–26

DIE FRAGE NACH DER AUFERSTEHUNG DER TOTEN: 22,23–33

23 Am selben Tag kamen zu Jesus einige von
den Sadduzäern, die behaupten, es gebe kei-
ne Auferstehung. Sie fragten ihn: 24 Meister,
Mose hat gesagt: Wenn ein Mann stirbt, ohne
Kinder zu haben, dann soll sein Bruder des-
sen Frau heiraten und seinem Bruder Nach-
kommen verschaffen. 25 Bei uns lebten ein-
mal sieben Brüder. Der erste heiratete und
starb, und weil er keine Nachkommen hatte,
hinterließ er seine Frau seinem Bruder,
26 ebenso der zweite und der dritte und so
weiter bis zum siebten. 27 Als letzte von allen
starb die Frau. 28 Wessen Frau wird sie nun
bei der Auferstehung sein? Alle sieben haben
sie doch zur Frau gehabt. 29 Jesus antwortete
und sprach zu ihnen: Ihr irrt euch; ihr kennt
weder die Schrift noch die Macht Gottes.
30 Denn nach der Auferstehung heiratet man
nicht, noch wird man geheiratet, sondern die
Menschen sind wie Engel im Himmel. 31 Habt

ihr im Übrigen nicht gelesen, was Gott euch
über die Auferstehung der Toten mit den
Worten gesagt hat: 32 *Ich bin der Gott Abra-*
hams, der Gott Isaaks und der Gott Jakobs?
Er ist nicht der Gott von Toten, sondern von
Lebenden. 33 Als das Volk das hörte, geriet es
außer sich vor Staunen über seine Lehre.

23–33: Mk 12,18–27; Lk 20,27–40
23: Apg 23,8 / **24:** Gen 38,8; Dtn 25,5f. / **32:** Ex 3,6 / **33:** 7,28

DIE FRAGE NACH DEM WICHTIGSTEN GEBOT: 22,34–40

34 Als die Pharisäer hörten, dass Jesus die Sad-
duzäer zum Schweigen gebracht hatte, ka-
men sie am selben Ort zusammen. 35 Einer
von ihnen, ein Gesetzeslehrer, wollte ihn
versuchen und fragte ihn: 36 Meister, welches
Gebot im Gesetz ist das wichtigste? 37 Er ant-
wortete ihm: *Du sollst den Herrn, deinen*
Gott, lieben mit ganzem Herzen, mit ganzer
Seele und mit deinem ganzen Denken. 38 Das
ist das wichtigste und erste Gebot. 39 Ebenso
wichtig ist das zweite: *Du sollst deinen*
Nächsten lieben wie dich selbst. 40 An diesen
beiden Geboten hängt das ganze Gesetz und
die Propheten.

34–40: Mk 12,28–34; Lk 10,25–28
35: 16,1; 19,3; 22,18
37: Dtn 6,5 / **39:** 5,43; Lev 19,18; Röm 13,9; Gal 5,14 /
40: 7,12

DIE FRAGE NACH DEM DAVIDSSOHN: 22,41–46

41 Danach fragte Jesus die Pharisäer, die ver-
sammelt waren: 42 Was denkt ihr über den
Christus? Wessen Sohn ist er? Sie antwor-
teten ihm: Der Sohn Davids. 43 Er sagte zu
ihnen: Wie kann ihn dann David im Geist
Herr nennen? Denn er sagt: 44 *Der Herr*
sprach zu meinem Herrn: Setze dich mir zur
Rechten, bis ich dir deine Feinde unter die
Füße lege. 45 Wenn ihn also David Herr
nennt, wie kann er dann sein Sohn sein?
46 Niemand konnte ihm darauf etwas erwi-
dern und von diesem Tag an wagte keiner
mehr, ihm eine Frage zu stellen.

41–45: Mk 12,35–37a; Lk 20,41–44
44: Ps 110,1 / **46:** Mk 12,34; Lk 20,40

DIE WEHE-RUFE GEGEN DIE SCHRIFTGELEHRTEN UND PHARISÄER: 23,1–39

23 1 Darauf sprach Jesus zum Volk und zu
seinen Jüngern 2 und sagte: Auf dem
Stuhl des Mose sitzen die Schriftgelehrten
und die Pharisäer. 3 Tut und befolgt also alles,
was sie euch sagen, aber richtet euch nicht
nach ihren Taten; denn sie reden nur, tun es
aber nicht. 4 Sie schnüren schwere und uner-
trägliche Lasten zusammen und legen sie den
Menschen auf die Schultern, selber aber wol-
len sie keinen Finger rühren, um die Lasten
zu bewegen. 5 Alles, was sie tun, tun sie, um
von den Menschen gesehen zu werden: Sie
machen ihre Gebetsriemen breit und die
Quasten an ihren Gewändern lang, 6 sie lie-
ben den Ehrenplatz bei den Gastmählern und
die Ehrensitze in den Synagogen 7 und wenn
man sie auf den Marktplätzen grüßt und die
Leute sie Rabbi nennen. 8 Ihr aber sollt euch
nicht Rabbi nennen lassen; denn nur einer ist
euer Meister, ihr alle aber seid Brüder. 9 Auch
sollt ihr niemanden auf Erden euren Vater
nennen; denn nur einer ist euer Vater, der im
Himmel. 10 Auch sollt ihr euch nicht Lehrer
nennen lassen; denn nur einer ist euer Lehrer,
Christus. 11 Der Größte von euch soll euer
Diener sein. 12 Denn wer sich selbst erhöht,
wird erniedrigt, und wer sich selbst ernied-
rigt, wird erhöht werden. 13 Weh euch, ihr
Schriftgelehrten und Pharisäer, ihr Heuch-
ler! Ihr verschließt den Menschen das Him-
melreich. Denn ihr selbst geht nicht hinein
und lasst die nicht hinein, die hineingehen
wollen. [14] 15 Weh euch, ihr Schriftgelehrten
und Pharisäer, ihr Heuchler! Ihr zieht über
Land und Meer, um einen einzigen Menschen
für euren Glauben zu gewinnen; und wenn
er gewonnen ist, dann macht ihr ihn zu ei-
nem Sohn der Hölle, doppelt so schlimm wie
ihr selbst. 16 Weh euch, ihr seid blinde Führer!
Ihr sagt: Wenn einer beim Tempel schwört,
gilt es nicht, wenn er aber beim Gold des
Tempels schwört, gilt es. 17 Ihr blinden Nar-
ren! Was ist wichtiger: das Gold oder der
Tempel, der das Gold erst heilig macht?
18 Auch sagt ihr: Wenn einer beim Altar
schwört, gilt es nicht, wenn er aber bei dem
Opfer schwört, das auf dem Altar liegt, gilt
es. 19 Ihr Blinden! Was ist wichtiger: das Op-
fer oder der Altar, der das Opfer erst heilig
macht? 20 Wer beim Altar schwört, der

23,14 Sehr wenige Textzeugen und einige alte Überset-zungen fügen hier ein: Wehe euch, ihr Schriftgelehrten und Pharisäer, ihr Heuchler! Denn ihr fresst die Häuser der Witwen auf und verrichtet in eurer Scheinheiligkeit lange Gebete. Deshalb wird das Urteil, das euch erwartet, umso härter sein.

schwört bei ihm und bei allem, was darauf
liegt. 21 Und wer beim Tempel schwört, der
schwört bei ihm und bei dem, der darin
wohnt. 22 Und wer beim Himmel schwört,
der schwört beim Thron Gottes und bei dem,
der darauf sitzt. 23 Weh euch, ihr Schriftge-
lehrten und Pharisäer, ihr Heuchler! Ihr gebt
den Zehnten von Minze, Dill und Kümmel
und lasst das Wichtigste im Gesetz außer
Acht: Recht, Barmherzigkeit und Treue. Man
muss das eine tun, ohne das andere zu lassen.
24 Blinde Führer seid ihr: Ihr siebt die Mücke
aus und verschluckt das Kamel. 25 Weh euch,
ihr Schriftgelehrten und Pharisäer, ihr
Heuchler! Ihr haltet Becher und Schüsseln
außen sauber, innen aber sind sie voll von
Raffsucht und Gier. 26 Du blinder Pharisäer!
Mach den Becher zuerst innen sauber, dann
ist er auch außen rein. 27 Weh euch, ihr
Schriftgelehrten und Pharisäer, ihr Heuch-
ler! Ihr seid wie getünchte Gräber, die von
außen schön aussehen, innen aber voll sind
von Knochen der Toten und aller Unreinheit.
28 So erscheint auch ihr von außen den Men-
schen gerecht, innen aber seid ihr voll Heu-
chelei und Gesetzlosigkeit. 29 Weh euch, ihr
Schriftgelehrten und Pharisäer, ihr Heuch-
ler! Ihr errichtet den Propheten Grabstätten
und schmückt die Denkmäler der Gerechten
30 und sagt dabei: Wenn wir in den Tagen un-
serer Väter gelebt hätten, wären wir nicht wie
sie am Blut der Propheten schuldig gewor-
den. 31 Damit bestätigt ihr selbst, dass ihr die
Söhne der Prophetenmörder seid. 32 Macht
nur das Maß eurer Väter voll! 33 Ihr Nattern,
ihr Schlangenbrut! Wie wollt ihr dem Straf-
gericht der Hölle entrinnen? 34 Darum siehe,
ich sende Propheten, Weise und Schriftge-
lehrte zu euch; ihr aber werdet einige von
ihnen töten und kreuzigen, andere in euren
Synagogen auspeitschen und von Stadt zu
Stadt verfolgen. 35 So wird all das unschuldi-
ge Blut über euch kommen, das auf Erden
vergossen worden ist, vom Blut Abels, des
Gerechten, bis zum Blut des Zacharias, Bara-
chias' Sohn, den ihr zwischen dem Tempel-
gebäude und dem Altar ermordet habt.
36 Amen, ich sage euch: Das alles wird über
diese Generation kommen. 37 Jerusalem, Je-
rusalem, du tötest die Propheten und stei-
nigst die Boten, die zu dir gesandt sind. Wie
oft wollte ich deine Kinder sammeln, so wie
eine Henne ihre Küken unter ihre Flügel
nimmt; aber ihr habt nicht gewollt. 38 Siehe,
euer Haus wird euch öde gelassen. 39 Und ich
sage euch: Von jetzt an werdet ihr mich nicht
mehr sehen, bis ihr ruft: *Gepriesen sei er, der
kommt im Namen des Herrn!*

1–36: Mk 12,37b–40; Lk 11,39–52; 20,45–47 / **16–22**: 5,34–37 / **37–39**: Lk 13,34f.
3: Mal 2,7f. / **5**: Ex 13,9; Num 15,38f. / **8**: Joh 13,13 / **11**: 20,26f.; Mk 9,35; 10,43; Lk 9,48; 22,26 / **12**: Lk 14,11; 18,14 / **23**: Lev 27,30 / **25**: Mk 7,4 / **27**: Apg 23,3 / **28**: Lk 16,15 / **30**: 5,12; Apg 7,52; 1 Thess 2,15 / **33**: 3,7; 12,34 / **35**: Gen 4,8.10; 2 Chr 24,20–22 / **38**: Jer 12,7; 22,5; Ps 69,26 / **39**: 21,9; Ps 118,26

DIE ANKÜNDIGUNG DER ZERSTÖRUNG DES TEMPELS: 24,1–2

24 1 Als Jesus den Tempel verlassen hatte,
wandten sich seine Jünger an ihn und
wiesen ihn auf die Bauten des Tempels hin.
2 Er antwortete und sagte zu ihnen: Seht ihr
das alles? Amen, ich sage euch: Kein Stein
wird hier auf dem andern bleiben, der nicht
niedergerissen wird.

1–2: Mk 13,1f.; Lk 21,5f.
2: Lk 19,44

DER ANFANG DER ENDZEITLICHEN NOT: 24,3–14

3 Als er auf dem Ölberg saß, wandten sich die
Jünger, die mit ihm allein waren, an ihn und
fragten: Sag uns, wann wird das geschehen
und was ist das Zeichen für deine Ankunft
und das Ende der Welt? 4 Jesus antwortete
und sagte zu ihnen: Gebt Acht, dass euch
niemand irreführt! 5 Denn viele werden un-
ter meinem Namen auftreten und sagen: Ich
bin der Christus! und sie werden viele irre-
führen. 6 Ihr werdet von Kriegen und Kriegs-
gerüchten hören. Gebt Acht, lasst euch nicht
erschrecken! Das muss geschehen. Es ist aber
noch nicht das Ende. 7 Denn Volk wird sich
gegen Volk und Reich gegen Reich erheben
und an vielen Orten wird es Hungersnöte
und Erdbeben geben. 8 Doch das alles ist erst
der Anfang der Wehen. 9 Dann wird man
euch der Not ausliefern und euch töten und
ihr werdet von allen Völkern um meines Na-
mens willen gehasst. 10 Und viele werden zu
Fall kommen und einander ausliefern und
einander hassen. 11 Viele falsche Propheten
werden auftreten und sie werden viele irre-
führen. 12 Und weil die Gesetzlosigkeit über-
handnimmt, wird die Liebe bei vielen erkal-
ten. 13 Wer aber bis zum Ende standhaft
bleibt, der wird gerettet werden. 14 Und dieses

Evangelium vom Reich wird auf der ganzen
Welt verkündet werden – zum Zeugnis für
alle Völker; dann erst kommt das Ende.

3-14: Mk 13,3–13; Lk 21,7–19
9: 10,22; Joh 16,2 / **11**: 24,23 / **14**: 28,19

VOM HÖHEPUNKT DER NOT: 24,15–28

15 Wenn ihr dann am heiligen Ort den *Gräu-
el der Verwüstung* stehen seht, der durch den
Propheten Daniel vorhergesagt worden ist –
der Leser begreife –, 16 dann sollen die Be-
wohner von Judäa in die Berge fliehen; 17 wer
gerade auf dem Dach ist, soll nicht hinabstei-
gen, um etwas aus seinem Haus zu holen,
18 und wer auf dem Feld ist, soll nicht zurück-
kehren, um seinen Mantel zu holen. 19 Weh
aber den Frauen, die in jenen Tagen schwan-
ger sind oder ein Kind stillen! 20 Betet darum,
dass eure Flucht nicht im Winter oder an ei-
nem Sabbat geschieht! 21 Denn es wird dann
eine große Drangsal sein, wie es sie nie gege-
ben hat, vom Anfang der Welt bis heute, und
wie es auch keine mehr geben wird. 22 Und
wenn jene Tage nicht verkürzt würden, dann
würde kein Mensch gerettet; doch um der
Auserwählten willen werden jene Tage ver-
kürzt werden. 23 Wenn dann jemand zu euch
sagt: Seht, hier ist der Christus! oder: Da ist
er!, so glaubt es nicht! 24 Denn es wird man-
cher falsche Christus und mancher falsche
Prophet auftreten und sie werden große Zei-
chen und Wunder wirken, um, wenn mög-
lich, auch die Auserwählten irrezuführen.
25 Siehe, ich habe es euch vorausgesagt.
26 Wenn sie also zu euch sagen: Siehe, er ist
in der Wüste!, so geht nicht hinaus; siehe, er
ist im Innern des Hauses!, so glaubt es nicht.
27 Denn wie der Blitz im Osten aufflammt
und bis zum Westen hin leuchtet, so wird die
Ankunft des Menschensohnes sein. 28 Wo ein
Aas ist, da sammeln sich die Geier.

15-28: Mk 13,14–23; Lk 21,20–24
15: Dan 9,27; 11,31; 12,11; 1 Makk 1,54 / **17**: Lk 17,31 / **21**: Dan 12,1; Joël 2,2 / **26**: Lk 17,23 / **28**: Lk 17,37

DAS KOMMEN DES MENSCHENSOHNES: 24,29–31

29 Sofort nach den Tagen der großen Drangsal
*wird die Sonne verfinstert werden und der
Mond wird nicht mehr scheinen; die Sterne
werden* vom Himmel *fallen* und die Kräfte
des Himmels werden erschüttert werden.
30 Danach wird das Zeichen des Menschen-
sohnes am Himmel erscheinen; dann werden
alle Völker der Erde wehklagen und man wird
*den Menschensohn auf den Wolken des
Himmels kommen* sehen, mit großer Kraft
und Herrlichkeit. 31 Er wird seine Engel unter
lautem Posaunenschall aussenden und sie
werden die von ihm Auserwählten aus allen
vier Windrichtungen zusammenführen,
von einem Ende des Himmels bis zum an-
dern.

29-31: Mk 13,24–27; Lk 21,25–28
29: Jes 13,10; Joël 2,10; Hag 2,6.21; 2 Petr 3,10 / **30**: 26,64; Dan 7,13; Mk 14,62; Offb 1,7

DER NAHE, ABER UNBEKANNTE ZEITPUNKT: 24,32–36

32 Lernt etwas aus dem Vergleich mit dem Fei-
genbaum! Sobald seine Zweige saftig werden
und Blätter treiben, erkennt ihr, dass der
Sommer nahe ist. 33 So erkennt auch ihr, wenn
ihr das alles seht, dass das Ende der Welt nahe
ist. 34 Amen, ich sage euch: Diese Generation
wird nicht vergehen, bis das alles geschieht.
35 Himmel und Erde werden vergehen, aber
meine Worte werden nicht vergehen. 36 Doch
jenen Tag und jene Stunde kennt niemand,
auch nicht die Engel im Himmel, nicht einmal
der Sohn, sondern nur der Vater.

32-36: Mk 13,28–32; Lk 21,29–33

DIE VOLLENDUNG ALS MOMENT DER ENTSCHEIDUNG: 24,37–42

37 Denn wie es in den Tagen des Noach war,
so wird die Ankunft des Menschensohnes
sein. 38 Wie die Menschen in jenen Tagen vor
der Flut aßen und tranken, heirateten und
sich heiraten ließen, bis zu dem Tag, an dem
Noach in die Arche ging, 39 und nichts ahn-
ten, bis die Flut hereinbrach und alle wegraff-
te, so wird auch die Ankunft des Menschen-
sohnes sein. 40 Dann wird von zwei Männern,
die auf dem Feld arbeiten, einer mitgenom-
men und einer zurückgelassen. 41 Und von
zwei Frauen, die an derselben Mühle mahlen,
wird eine mitgenommen und eine zurückge-
lassen. 42 Seid also wachsam! Denn ihr wisst
nicht, an welchem Tag euer Herr kommt.

37-42: Lk 17,26–36
38-39: Gen 7,7–24 / **42**: 25,13; Lk 21,36

24,15 Der bei Dan 9,27; 11,31; 12,11 erwähnte Gräuel der Verwüstung meint wahrscheinlich einen im Tempel aufgestellten Altar oder ein Standbild des griechischen Gottes Zeus.

DAS GLEICHNIS VOM HAUSHERRN ALS MAHNUNG ZUR WACHSAMKEIT: 24,43–44

43 Bedenkt dies: Wenn der Herr des Hauses
wüsste, in welcher Stunde in der Nacht der
Dieb kommt, würde er wach bleiben und
nicht zulassen, dass man in sein Haus ein-
bricht. 44 Darum haltet auch ihr euch bereit!
Denn der Menschensohn kommt zu einer
Stunde, in der ihr es nicht erwartet.

43–44: Lk 12,39f.
43: 1 Thess 5,2; 2 Petr 3,10

DAS GLEICHNIS VOM KLUGEN UND VOM BÖSEN KNECHT: 24,45–51

45 Wer ist denn der treue und kluge Knecht,
den der Herr über sein Gesinde einsetzte,
damit er ihnen zur rechten Zeit die Nahrung
gebe? 46 Selig der Knecht, den der Herr damit
beschäftigt findet, wenn er kommt! 47 Amen,
ich sage euch: Er wird ihn über sein ganzes
Vermögen einsetzen. 48 Wenn aber der
Knecht böse ist und in seinem Herzen sagt:
Mein Herr verspätet sich! 49 und anfängt,
seine Mitknechte zu schlagen, und mit Ze-
chern isst und trinkt, 50 dann wird der Herr
jenes Knechtes an einem Tag kommen, an
dem er es nicht erwartet, und zu einer Stun-
de, die er nicht kennt; 51 und der Herr wird
ihn in Stücke hauen und ihm seinen Platz
unter den Heuchlern zuweisen. Dort wird
Heulen und Zähneknirschen sein.

45–51: Lk 12,42–46
47: 25,21.23 / **51**: 8,12; 13,42.50; 22,13; 25,30; Lk 13,28

DAS GLEICHNIS VON DEN KLUGEN UND DEN TÖRICHTEN JUNGFRAUEN: 25,1–13

25 1 Dann wird es mit dem Himmelreich
sein wie mit zehn Jungfrauen, die ihre
Lampen nahmen und dem Bräutigam entge-
gengingen. 2 Fünf von ihnen waren töricht
und fünf waren klug. 3 Die Törichten nahmen
ihre Lampen mit, aber kein Öl, 4 die Klugen
aber nahmen mit ihren Lampen noch Öl in
Krügen mit. 5 Als nun der Bräutigam lange
nicht kam, wurden sie alle müde und schlie-
fen ein. 6 Mitten in der Nacht aber erscholl der
Ruf: Siehe, der Bräutigam! Geht ihm entge-
gen! 7 Da standen die Jungfrauen alle auf und
machten ihre Lampen zurecht. 8 Die töricht-
ten aber sagten zu den klugen: Gebt uns von
eurem Öl, sonst gehen unsere Lampen aus!
9 Die Klugen erwiderten ihnen: Dann reicht
es nicht für uns und für euch; geht lieber zu
den Händlern und kauft es euch! 10 Während
sie noch unterwegs waren, um es zu kaufen,
kam der Bräutigam. Die Jungfrauen, die be-
reit waren, gingen mit ihm in den Hochzeits-
saal und die Tür wurde zugeschlossen. 11 Spä-
ter kamen auch die anderen Jungfrauen und
riefen: Herr, Herr, mach uns auf! 12 Er aber
antwortete ihnen und sprach: Amen, ich sage
euch: Ich kenne euch nicht. 13 Seid also wach-
sam! Denn ihr wisst weder den Tag noch die
Stunde.

1: Lk 12,35f. / **11–12**: Lk 13,25 / **13**: 24,42.50; Mk 13,35f.

DAS GLEICHNIS VON DEN ANVERTRAUTEN TALENTEN SILBERGELD: 25,14–30

14 Es ist wie mit einem Mann, der auf Reisen
ging. Er rief seine Diener und vertraute ihnen
sein Vermögen an. 15 Dem einen gab er fünf
Talente Silbergeld, einem anderen zwei, wie-
der einem anderen eines, jedem nach seinen
Fähigkeiten. Dann reiste er ab. Sofort 16 ging
der Diener, der die fünf Talente erhalten hat-
te hin, wirtschaftete mit ihnen und gewann
noch fünf weitere dazu. 17 Ebenso gewann
der, der zwei erhalten hatte, noch zwei wei-
tere dazu. 18 Der aber, der das eine Talent er-
halten hatte, ging und grub ein Loch in die
Erde und versteckte das Geld seines Herrn.
19 Nach langer Zeit kehrte der Herr jener Die-
ner zurück und hielt Abrechnung mit ihnen.
20 Da kam der, der die fünf Talente erhalten
hatte, brachte fünf weitere und sagte: Herr,
fünf Talente hast du mir gegeben; sieh her,
ich habe noch fünf dazugewonnen. 21 Sein
Herr sagte zu ihm: Sehr gut, du tüchtiger und
treuer Diener. Über Weniges warst du treu,
über Vieles werde ich dich setzen. Komm,
nimm teil am Freudenfest deines Herrn!
22 Dann kam der Diener, der zwei Talente er-
halten hatte, und sagte: Herr, du hast mir
zwei Talente gegeben; sieh her, ich habe noch
zwei dazugewonnen. 23 Sein Herr sagte zu
ihm: Sehr gut, du tüchtiger und treuer Die-
ner. Über Weniges warst du treu, über Vieles
werde ich dich setzen. Komm, nimm teil am
Freudenfest deines Herrn! 24 Es kam aber
auch der Diener, der das eine Talent erhalten
hatte, und sagte: Herr, ich wusste, dass du ein
strenger Mensch bist; du erntest, wo du nicht
gesät hast, und sammelst, wo du nicht ausge-
streut hast; 25 weil ich Angst hatte, habe ich
dein Geld in der Erde versteckt. Sieh her, hier
hast du das Deine. 26 Sein Herr antwortete

und sprach zu ihm: Du bist ein schlechter
und fauler Diener! Du hast gewusst, dass ich
ernte, wo ich nicht gesät habe, und sammle,
wo ich nicht ausgestreut habe. 27 Du hättest
mein Geld auf die Bank bringen müssen,
dann hätte ich es bei meiner Rückkehr mit
Zinsen zurückerhalten. 28 Nehmt ihm also
das Talent weg und gebt es dem, der die zehn
Talente hat! 29 Denn wer hat, dem wird ge-
geben werden und er wird im Überfluss ha-
ben; wer aber nicht hat, dem wird auch noch
weggenommen, was er hat. 30 Werft den
nichtsnutzigen Diener hinaus in die äußers-
te Finsternis! Dort wird Heulen und Zähne-
knirschen sein.

14–30: Lk 19,11–27
14: Mk 13,34 / **21**: 24,45–47; Lk 12,43f.; 16,10 / **29**: 13,12; Mk 4,25; Lk 8,18 / **30**: 8,12; 13,42.50; 22,13; 24,51; Lk 13,28

DAS GLEICHNIS VOM GERICHT DES MENSCHENSOHNES ÜBER DIE VÖLKER: 25,31–46

31 Wenn der Menschensohn in seiner Herr-
lichkeit kommt und alle Engel mit ihm, dann
wird er sich auf den Thron seiner Herrlichkeit
setzen. 32 Und alle Völker werden vor ihm
versammelt werden und er wird sie vonei-
nander scheiden, wie der Hirt die Schafe von
den Böcken scheidet. 33 Er wird die Schafe zu
seiner Rechten stellen, die Böcke aber zur
Linken. 34 Dann wird der König denen zu sei-
ner Rechten sagen: Kommt her, die ihr von
meinem Vater gesegnet seid, empfangt das
Reich als Erbe, das seit der Erschaffung der
Welt für euch bestimmt ist! 35 Denn ich war
hungrig und ihr habt mir zu essen gegeben;
ich war durstig und ihr habt mir zu trinken
gegeben; ich war fremd und ihr habt mich
aufgenommen; 36 ich war nackt und ihr habt
mir Kleidung gegeben; ich war krank und ihr
habt mich besucht; ich war im Gefängnis und
ihr seid zu mir gekommen. 37 Dann werden
ihm die Gerechten antworten und sagen:
Herr, wann haben wir dich hungrig gesehen
und dir zu essen gegeben oder durstig und dir
zu trinken gegeben? 38 Und wann haben wir
dich fremd gesehen und aufgenommen oder
nackt und dir Kleidung gegeben? 39 Und wann
haben wir dich krank oder im Gefängnis ge-
sehen und sind zu dir gekommen? 40 Darauf
wird der König ihnen antworten: Amen, ich
sage euch: Was ihr für einen meiner gerings-
ten Brüder getan habt, das habt ihr mir getan.
41 Dann wird er zu denen auf der Linken sa-
gen: Geht weg von mir, ihr Verfluchten, in das
ewige Feuer, das für den Teufel und seine
Engel bestimmt ist! 42 Denn ich war hungrig
und ihr habt mir nichts zu essen gegeben; ich
war durstig und ihr habt mir nichts zu trinken
gegeben; 43 ich war fremd und ihr habt mich
nicht aufgenommen; ich war nackt und ihr
habt mir keine Kleidung gegeben; ich war
krank und im Gefängnis und ihr habt mich
nicht besucht. 44 Dann werden auch sie ant-
worten: Herr, wann haben wir dich hungrig
oder durstig oder fremd oder nackt oder
krank oder im Gefängnis gesehen und haben
dir nicht geholfen? 45 Darauf wird er ihnen
antworten: Amen, ich sage euch: Was ihr für
einen dieser Geringsten nicht getan habt, das
habt ihr auch mir nicht getan. 46 Und diese
werden weggehen zur ewigen Strafe, die Ge-
rechten aber zum ewigen Leben.

31: 16,27; 19,28; Dtn 33,2 G; Offb 3,21 / **41**: Offb 20,10 / **46**: Dan 12,2; Joh 5,29

PASSION UND ERWECKUNG JESU: 26,1–28,20

DER TODESBESCHLUSS DES HOHEN RATES: 26,1–5

26 1 Und es geschah, als Jesus alle diese
Reden beendet hatte, sagte er zu seinen
Jüngern: 2 Ihr wisst, dass in zwei Tagen das
Paschafest ist; da wird der Menschensohn
ausgeliefert, um gekreuzigt zu werden. 3 Da
versammelten sich die Hohepriester und die
Ältesten des Volkes im Palast des Hohe-
priesters, der Kajaphas hieß, 4 und beschlos-
sen, Jesus mit List in ihre Gewalt zu bringen
und ihn zu töten. 5 Sie sagten aber: Ja nicht
am Fest, damit kein Aufruhr im Volk ent-
steht.

1–5: Mk 14,1f.; Lk 22,1f.; Joh 11,47–53

26,3 Kajaphas war von 18 bis 37 n. Chr. Hohepriester.

DIE SALBUNG JESU IM HAUS SIMONS DES AUSSÄTZIGEN: 26,6–13

6 Als Jesus in Betanien im Haus Simons des
Aussätzigen war, 7 kam eine Frau mit einem
Alabastergefäß voll kostbarem Salböl zu ihm,
als er bei Tisch war, und goss es über sein
Haupt. 8 Die Jünger wurden unwillig, als sie
das sahen, und sagten: Wozu diese Ver-
schwendung? 9 Man hätte das Öl teuer ver-
kaufen und das Geld den Armen geben kön-
nen. 10 Jesus bemerkte ihren Unwillen und
sagte zu ihnen: Warum lasst ihr die Frau nicht
in Ruhe? Sie hat ein gutes Werk an mir getan.
11 Denn die Armen habt ihr immer bei euch,
mich aber habt ihr nicht immer. 12 Als sie das
Öl über mich goss, hat sie meinen Leib für das
Begräbnis gesalbt. 13 Amen, ich sage euch: Auf
der ganzen Welt, wo dieses Evangelium ver-
kündet wird, wird man auch erzählen, was sie
getan hat, zu ihrem Gedächtnis.

6–13: Mk 14,3–9; Lk 7,36–50; Joh 12,1–8

DIE VEREINBARUNG DES JUDAS MIT DEN HOHEPRIESTERN: 26,14–16

14 Darauf ging einer der Zwölf namens Judas
Iskariot zu den Hohepriestern 15 und sagte:
Was wollt ihr mir geben, wenn ich euch Jesus
ausliefere? Und sie boten ihm dreißig Silber-
stücke. 16 Von da an suchte er nach einer Ge-
legenheit, ihn auszuliefern.

14–16: Mk 14,10f.; Lk 22,3–6
15: Sach 11,12

DIE VORBEREITUNG DES PASCHAMAHLS: 26,17–19

17 Am ersten Tag des Festes der Ungesäuerten
Brote gingen die Jünger zu Jesus und fragten:
Wo sollen wir das Paschamahl für dich vorbe-
reiten? 18 Er antwortete: Geht in die Stadt zu
dem und dem und sagt zu ihm: Der Meister
lässt dir sagen: Meine Zeit ist da; bei dir will ich
mit meinen Jüngern das Paschamahl feiern.
19 Die Jünger taten, wie Jesus ihnen aufgetra-
gen hatte, und bereiteten das Paschamahl vor.

17–19: Mk 14,12–16; Lk 22,7–13
17: Ex 12,14–20

DAS MAHL: 26,20–29

20 Als es Abend wurde, begab er sich mit den
zwölf Jüngern zu Tisch. 21 Und während sie
aßen, sprach er: Amen, ich sage euch: Einer
von euch wird mich ausliefern. 22 Da wurden
sie sehr traurig und einer nach dem andern
fragte ihn: Bin ich es etwa, Herr? 23 Er ant-
wortete: Der die Hand mit mir in die Schüs-
sel eintunkt, wird mich ausliefern. 24 Der
Menschensohn muss zwar seinen Weg ge-
hen, wie die Schrift über ihn sagt. Doch weh
dem Menschen, durch den der Menschen-
sohn ausgeliefert wird! Für ihn wäre es bes-
ser, wenn er nie geboren wäre. 25 Da fragte
Judas, der ihn auslieferte: Bin ich es etwa,
Rabbi? Jesus antwortete: Du sagst es.
26 Während des Mahls nahm Jesus das Brot
und sprach den Lobpreis; dann brach er das
Brot, reichte es den Jüngern und sagte: Nehmt
und esst; das ist mein Leib. 27 Dann nahm er
den Kelch, sprach das Dankgebet, gab ihn den
Jüngern und sagte: Trinkt alle daraus; 28 das
ist mein Blut des Bundes, das für viele vergos-
sen wird zur Vergebung der Sünden. 29 Ich
sage euch: Von jetzt an werde ich nicht mehr
von dieser Frucht des Weinstocks trinken, bis
zu dem Tag, an dem ich mit euch von Neuem
davon trinke im Reich meines Vaters.

20–25: Mk 14,17–21; Lk 22,21–23; Joh 13,2.21–26
26–28: 1 Kor 10,16f.
26–29: Mk 14,22–25; Lk 22,14–20; 1 Kor 11,23f.
28: Ex 24,8 / **29**: Lk 22,18

DIE ANKÜNDIGUNG DER VERLEUGNUNG: 26,30–35

30 Nach dem Lobgesang gingen sie zum Öl-
berg hinaus. 31 Da sagte Jesus zu ihnen: Ihr
alle werdet in dieser Nacht an mir Anstoß
nehmen; denn in der Schrift steht: *Ich werde*
den Hirten erschlagen, dann werden sich die
Schafe der Herde zerstreuen. 32 Aber nach
meiner Auferstehung werde ich euch nach
Galiläa vorausgehen. 33 Petrus erwiderte
ihm: Und wenn alle an dir Anstoß nehmen
– ich werde niemals an dir Anstoß nehmen!
34 Jesus sagte zu ihm: Amen, ich sage dir: In
dieser Nacht, ehe der Hahn kräht, wirst du
mich dreimal verleugnen. 35 Da sagte Petrus
zu ihm: Und wenn ich mit dir sterben müss-
te – ich werde dich nie verleugnen. Das Glei-
che sagten auch alle Jünger.

30–35: Mk 14,26–31 / **33–35**: Lk 22,33f.
31: Sach 13,7; Joh 16,32 / **32**: 28,7.16 / **33–35**: Joh 13,37f. /
34: 26,69–75

DAS GEBET IN GETSEMANI: 26,36–46

36 Darauf kam Jesus mit ihnen zu einem
Grundstück, das man Getsemani nennt, und
sagte zu den Jüngern: Setzt euch hier, wäh-

rend ich dorthin gehe und bete! 37 Und er
nahm Petrus und die beiden Söhne des Ze-
bedäus mit sich. Da ergriff ihn Traurigkeit
und Angst 38 und er sagte zu ihnen: *Meine
Seele ist* zu Tode *betrübt*. Bleibt hier und
wacht mit mir! 39 Und er ging ein Stück wei-
ter, warf sich auf sein Gesicht und betete:
Mein Vater, wenn es möglich ist, gehe dieser
Kelch an mir vorüber. Aber nicht wie ich will,
sondern wie du willst. 40 Und er ging zu den
Jüngern zurück und fand sie schlafend. Da
sagte er zu Petrus: Konntet ihr nicht einmal
eine Stunde mit mir wachen? 41 Wacht und
betet, damit ihr nicht in Versuchung geratet!
Der Geist ist willig, aber das Fleisch ist
schwach. 42 Wieder ging er weg, zum zweiten
Mal, und betete: Mein Vater, wenn dieser
Kelch an mir nicht vorübergehen kann, ohne
dass ich ihn trinke, geschehe dein Wille.
43 Als er zurückkam, fand er sie wieder schla-
fend, denn die Augen waren ihnen zugefal-
len. 44 Und er ließ sie, ging wieder weg und
betete zum dritten Mal mit den gleichen
Worten. 45 Danach kehrte er zu den Jüngern
zurück und sagte zu ihnen: Schlaft ihr immer
noch und ruht euch aus? Siehe, die Stunde ist
gekommen und der Menschensohn wird in
die Hände von Sündern ausgeliefert. 46 Steht
auf, wir wollen gehen! Siehe, der mich aus-
liefert, ist da.

36–46: Mk 14,32–42; Lk 22,39–46
37: Hebr 5,7 / **38**: Ps 42,6.12; 43,5 / **39**: 20,22; Joh 6,38; 18,11; Hebr 10,9 / **45**: Joh 12,23

DIE GEFANGENNAHME JESU: 26,47–56

47 Noch während er redete, siehe, da kam Ju-
das, einer der Zwölf, mit einer großen Schar
von Männern, die mit Schwertern und Knüp-
peln bewaffnet waren; sie waren von den
Hohepriestern und den Ältesten des Volkes
geschickt worden. 48 Der ihn auslieferte, hat-
te mit ihnen ein Zeichen vereinbart und ge-
sagt: Der, den ich küssen werde, der ist es;
nehmt ihn fest! 49 Sogleich ging er auf Jesus
zu und sagte: Sei gegrüßt, Rabbi! Und er
küsste ihn. 50 Jesus erwiderte ihm: Freund,
dazu bist du gekommen? Da gingen sie auf
Jesus zu, ergriffen ihn und nahmen ihn fest.
51 Und siehe, einer von den Begleitern Jesu
streckte die Hand aus, zog sein Schwert,
schlug auf den Diener des Hohepriesters ein
und hieb ihm ein Ohr ab. 52 Da sagte Jesus zu
ihm: Steck dein Schwert in die Scheide; denn
alle, die zum Schwert greifen, werden durch
das Schwert umkommen. 53 Oder glaubst du
nicht, mein Vater würde mir sogleich mehr
als zwölf Legionen Engel schicken, wenn ich
ihn darum bitte? 54 Wie würden dann aber
die Schriften erfüllt, dass es so geschehen
muss? 55 In jener Stunde sagte Jesus zu den
Männern: Wie gegen einen Räuber seid ihr
mit Schwertern und Knüppeln ausgezogen,
um mich festzunehmen. Tag für Tag saß ich
im Tempel und lehrte und ihr habt mich nicht
verhaftet. 56 Das alles aber ist geschehen, da-
mit die Schriften der Propheten in Erfüllung
gehen. Da verließen ihn alle Jünger und
flohen.

47–56: Mk 14,43–52; Lk 22,47–53; Joh 18,3–12
56: 26,31

DAS BEKENNTNIS JESU VOR DEM HOHEN RAT: 26,57–68

57 Nach der Verhaftung führte man Jesus zum
Hohepriester Kajaphas, bei dem sich die
Schriftgelehrten und die Ältesten versam-
melt hatten. 58 Petrus folgte Jesus von Wei-
tem bis zum Hof des Hohepriesters; er ging
in den Hof hinein und setzte sich zu den Die-
nern, um zu sehen, wie alles ausgehen würde.
59 Die Hohepriester und der ganze Hohe Rat
bemühten sich um falsche Zeugenaussagen
gegen Jesus, um ihn zum Tod verurteilen zu
können. 60 Sie fanden aber nichts, obwohl
viele falsche Zeugen auftraten. Zuletzt ka-
men zwei Männer 61 und behaupteten: Er hat
gesagt: Ich kann den Tempel Gottes nieder-
reißen und in drei Tagen wieder aufbauen.
62 Da stand der Hohepriester auf und fragte
Jesus: Willst du nichts sagen zu dem, was
diese Leute gegen dich vorbringen? 63 Jesus
aber schwieg. Darauf sagte der Hohepriester
zu ihm: Ich beschwöre dich bei dem lebendi-
gen Gott, sag uns: Bist du der Christus, der
Sohn Gottes? 64 Jesus antwortete: Du hast es
gesagt. Doch ich erkläre euch: Von nun an
werdet ihr *den Menschensohn* zur Rechten
der Macht sitzen und *auf den Wolken des
Himmels kommen* sehen. 65 Da zerriss der
Hohepriester sein Gewand und rief: Er hat
Gott gelästert! Wozu brauchen wir noch
Zeugen? Jetzt habt ihr die Gotteslästerung
gehört. 66 Was ist eure Meinung? Sie antwor-
teten: Er ist des Todes schuldig. 67 Dann
spuckten sie ihm ins Gesicht und schlugen
ihn. Andere ohrfeigten ihn 68 und riefen:

Christus, du bist doch ein Prophet, sag uns:
Wer hat dich geschlagen?

57–68: Mk 14,53–65; Lk 22,66–71; Joh 18,13–24
61: 27,4c; Joh 2,19 / **63:** 16,16; Joh 10,24 / **64:** 24,30; Dan 7,13; Mk 13,26; Lk 21,27 / **65–66:** Lev 24,16; Joh 19,7

DIE VERLEUGNUNG DES PETRUS: 26,69–75

69 Petrus aber saß draußen im Hof. Da trat
eine Magd zu ihm und sagte: Auch du warst
mit diesem Jesus aus Galiläa zusammen.
70 Doch er leugnete es vor allen und sagte: Ich
weiß nicht, wovon du redest. 71 Und als er
zum Tor hinausgehen wollte, sah ihn eine
andere Magd und sagte zu denen, die dort
standen: Der war mit Jesus dem Nazoräer
zusammen. 72 Wieder leugnete er und
schwor: Ich kenne den Menschen nicht.
73 Wenig später kamen die Leute, die dort
standen, und sagten zu Petrus: Wirklich,
auch du gehörst zu ihnen, deine Mundart ver-
rät dich. 74 Da fing er an zu fluchen und zu
schwören: Ich kenne den Menschen nicht.
Gleich darauf krähte ein Hahn 75 und Petrus
erinnerte sich an das Wort, das Jesus gesagt
hatte: Ehe der Hahn kräht, wirst du mich
dreimal verleugnen. Und er ging hinaus und
weinte bitterlich.

69–75: Mk 14,66–72; Lk 22,54–62; Joh 18,15–18.25–27
72: 10,33 / **75:** 26,34

DIE ÜBERGABE AN PILATUS: 27,1–2

27 1 Als es Morgen wurde, fassten die Ho-
hepriester und die Ältesten des Volkes
gemeinsam den Beschluss, Jesus hinrichten
zu lassen. 2 Sie ließen ihn fesseln und abfüh-
ren und lieferten ihn dem Statthalter Pilatus
aus.

1–2: Mk 15,1; Lk 23,1; Joh 18,28

DAS ENDE DES JUDAS: 27,3–10

3 Als nun Judas, der ihn ausgeliefert hatte,
sah, dass Jesus verurteilt war, reute ihn seine
Tat. Er brachte den Hohepriestern und den
Ältesten die dreißig Silberstücke zurück
4 und sagte: Ich habe gesündigt, ich habe un-
schuldiges Blut ausgeliefert. Sie antworteten:
Was geht das uns an? Das ist deine Sache. 5 Da
warf er die Silberstücke in den Tempel; dann
ging er weg und erhängte sich. 6 Die Hohe-
priester nahmen die Silberstücke und sagten:
Man darf das Geld nicht in den Tempelschatz
tun; denn es klebt Blut daran. 7 Und sie be-
schlossen, von dem Geld den Töpferacker zu
kaufen als Begräbnisplatz für die Fremden.
8 Deshalb heißt dieser Acker bis heute Blut-
acker. 9 So erfüllte sich, was durch den Pro-
pheten Jeremia gesagt worden ist: *Sie nah-
men die dreißig Silberstücke – das ist der
Preis, den er* den Israeliten *wert war* – 10 und
kauften für das Geld den Töpferacker, *wie* mir
der Herr befohlen hatte.

3–5: Apg 1,16–19 / **6:** Dtn 23,19 / **9:** Jer 32,8f.; Sach 11,12f.; Ex 9,12 G

DAS VERHÖR VOR PILATUS: 27,11–26

11 Als Jesus vor dem Statthalter stand, fragte
ihn dieser: Bist du der König der Juden? Jesus
antwortete: Du sagst es. 12 Als aber die Hohe-
priester und die Ältesten ihn anklagten, gab
er keine Antwort. 13 Da sagte Pilatus zu ihm:
Hörst du nicht, was sie dir alles vorwerfen?
14 Er aber antwortete ihm auf keine einzige
Frage, sodass der Statthalter sehr verwun-
dert war. 15 Jeweils zum Fest pflegte der Statt-
halter einen Gefangenen freizulassen, den
das Volk verlangte. 16 Damals war gerade ein
berüchtigter Mann namens Jesus Barabbas
im Gefängnis. 17 Pilatus fragte nun die
Menge, die zusammengekommen war:
Was wollt ihr? Wen soll ich freilassen, Jesus
Barabbas oder Jesus, den man den Christus
nennt? 18 Er wusste nämlich, dass man Jesus
nur aus Neid an ihn ausgeliefert hatte.
19 Während Pilatus auf dem Richterstuhl
saß, sandte seine Frau zu ihm und ließ ihm
sagen: Habe du nichts zu schaffen mit jenem
Gerechten! Ich habe heute seinetwegen im
Traum viel gelitten. 20 Inzwischen überrede-
ten die Hohepriester und die Ältesten die
Menge, die Freilassung des Barabbas zu for-
dern, Jesus aber hinrichten zu lassen. 21 Der
Statthalter fragte sie: Wen von beiden soll
ich freilassen? Sie riefen: Barabbas! 22 Pilatus
sagte zu ihnen: Was soll ich dann mit Jesus
tun, den man den Christus nennt? Da ant-
worteten sie alle: Ans Kreuz mit ihm! 23 Er
erwiderte: Was für ein Verbrechen hat er
denn begangen? Sie aber schrien noch lauter:
Ans Kreuz mit ihm! 24 Als Pilatus sah, dass
er nichts erreichte, sondern dass der Tumult
immer größer wurde, ließ er Wasser brin-

27,9 Das hier dem Propheten Jeremia zugeschriebene Zitat ist eine freie Verbindung von Stellen aus Sacharja, Jeremia und Exodus.

27,11–26 Pontius Pilatus war Statthalter (Präfekt) der römischen Provinz Judäa von 26 bis 36 n. Chr.

gen, wusch sich vor allen Leuten die Hände
und sagte: Ich bin unschuldig am Blut dieses
Menschen. Das ist eure Sache! 25 Da rief das
ganze Volk: Sein Blut – über uns und unsere
Kinder! 26 Darauf ließ er Barabbas frei, Jesus
aber ließ er geißeln und lieferte ihn aus zur
Kreuzigung.

11–26: Mk 15,2–15; Lk 23,2–5.13–25; Joh 18,29–19,1
11: 2,2; 27,29.37; Mk 15,26; Lk 23,37f.; Joh 19,3.19.21 / **14**: Joh 19,9 / **21**: Apg 3,13f. / **23**: Joh 19,14f. / **24**: Ps 26,6; 73,13; 2 Sam 3,28 / **25**: 23,35; Lev 20,9; Jer 26,15; Apg 5,28; 18,6

DIE VERSPOTTUNG JESU DURCH DIE RÖMISCHEN SOLDATEN: 27,27–31a

27 Da nahmen die Soldaten des Statthalters
Jesus, führten ihn in das Prätorium und ver-
sammelten die ganze Kohorte um ihn. 28 Sie
zogen ihn aus und legten ihm einen purpur-
roten Mantel um. 29 Dann flochten sie einen
Kranz aus Dornen; den setzten sie ihm auf
das Haupt und gaben ihm einen Stock in die
rechte Hand. Sie fielen vor ihm auf die Knie
und verhöhnten ihn, indem sie riefen: Sei
gegrüßt, König der Juden! 30 Und sie spuckten
ihn an, nahmen ihm den Stock wieder weg
und schlugen damit auf seinen Kopf. 31 Nach-
dem sie so ihren Spott mit ihm getrieben
hatten, nahmen sie ihm den Mantel ab und
zogen ihm seine eigenen Kleider wieder an.

27–31a: Mk 15,16–20a; Joh 19,2f.
28: Lk 23,11

KREUZWEG UND KREUZIGUNG: 27,31b–44

Dann führten sie Jesus hinaus, um ihn zu
kreuzigen. 32 Auf dem Weg trafen sie einen
Mann aus Kyrene namens Simon; ihn zwan-
gen sie, sein Kreuz zu tragen. 33 So kamen sie
an den Ort, der Golgota genannt wird, das
heißt Schädelhöhe. 34 Und sie gaben ihm
Wein zu trinken, der mit Galle vermischt
war; als er aber davon gekostet hatte, wollte
er ihn nicht trinken. 35 Nachdem sie ihn ge-
kreuzigt hatten, *verteilten sie seine Kleider,
indem sie das Los über sie warfen.* 36 Dann
setzten sie sich nieder und bewachten ihn
dort. 37 Über seinem Kopf hatten sie eine Auf-
schrift angebracht, die seine Schuld angab:
Das ist Jesus, der König der Juden. 38 Zusam-
men mit ihm wurden zwei Räuber gekreu-
zigt, der eine rechts von ihm, der andere
links. 39 Die Leute, die vorbeikamen, ver-
höhnten ihn, schüttelten den Kopf 40 und
riefen: Du willst den Tempel niederreißen
und in drei Tagen wieder aufbauen? Wenn
du Gottes Sohn bist, rette dich selbst und
steig herab vom Kreuz! 41 Ebenso verhöhnten
ihn auch die Hohepriester, die Schriftgelehr-
ten und die Ältesten und sagten: 42 Andere
hat er gerettet, sich selbst kann er nicht ret-
ten. Er ist doch der König von Israel! Er soll
jetzt vom Kreuz herabsteigen, dann werden
wir an ihn glauben. 43 *Er hat auf Gott ver-
traut, der soll ihn jetzt retten, wenn er an ihm
Gefallen hat;* er hat doch gesagt: Ich bin Got-
tes Sohn. 44 Ebenso beschimpften ihn die
beiden Räuber, die mit ihm zusammen ge-
kreuzigt wurden.

31b–44: Mk 15,20b–32; Lk 23,26.33–43; Joh 19,16b–27
34: Ps 69,22 / **35**: Ps 22,19 / **40**: 26,61; Joh 2,19 / **43**: Ps 22,9

DER TOD JESU: 27,45–56

45 Von der sechsten Stunde an war Finsternis
über dem ganzen Land bis zur neunten Stun-
de. 46 Um die neunte Stunde schrie Jesus mit
lauter Stimme: *Eli, Eli, lema sabachtani?*, das
heißt: *Mein Gott, mein Gott, warum hast du
mich verlassen?* 47 Einige von denen, die da-
beistanden und es hörten, sagten: Er ruft nach
Elija. 48 Sogleich lief einer von ihnen hin,
tauchte einen Schwamm in Essig, steckte ihn
auf ein Rohr und gab Jesus zu trinken. 49 Die
anderen aber sagten: Lass, wir wollen sehen,
ob Elija kommt und ihm hilft. 50 Jesus aber
schrie noch einmal mit lauter Stimme. Dann
hauchte er den Geist aus. 51 Und siehe, der Vor-
hang riss im Tempel von oben bis unten ent-
zwei. Die Erde bebte und die Felsen spalteten
sich. 52 Die Gräber öffneten sich und die Leiber
vieler Heiligen, die entschlafen waren, wur-
den auferweckt. 53 Nach der Auferstehung
Jesu verließen sie ihre Gräber, kamen in die
Heilige Stadt und erschienen vielen. 54 Als der
Hauptmann und die Männer, die mit ihm zu-
sammen Jesus bewachten, das Erdbeben be-
merkten und sahen, was geschah, erschraken
sie sehr und sagten: Wahrhaftig, Gottes Sohn
war dieser! 55 Auch viele Frauen waren dort
und sahen von Weitem zu; sie waren Jesus von
Galiläa aus nachgefolgt und hatten ihm ge-
dient. 56 Zu ihnen gehörten Maria aus Magda-
la, Maria, die Mutter des Jakobus und des Josef,
und die Mutter der Söhne des Zebedäus.

45–56: Mk 15,33–41; Lk 23,44–49; Joh 19,28–30
46: Ps 22,2 / **48**: Ps 69,22 / **52–53**: Ez 37,12f. / **54**: 14,33; 16,16 / **55**: Lk 8,1–3

DAS BEGRÄBNIS JESU: 27,57–61

57 Gegen Abend kam ein reicher Mann aus
Arimathäa namens Josef; auch er war ein Jünger Jesu. 58 Er ging zu Pilatus und bat um den
Leichnam Jesu. Da befahl Pilatus, ihm den
Leichnam zu überlassen. 59 Josef nahm den
Leichnam und hüllte ihn in ein reines Leinentuch. 60 Dann legte er ihn in ein neues
Grab, das er für sich selbst in einen Felsen
hatte hauen lassen. Er wälzte einen großen
Stein vor den Eingang des Grabes und ging
weg. 61 Auch Maria aus Magdala und die andere Maria waren dort; sie saßen dem Grab
gegenüber.

57–61: Mk 15,42–47; Lk 23,50–56; Joh 19,38–42

DIE BEWACHUNG DES GRABES: 27,62–66

62 Am nächsten Tag gingen die Hohepriester
und die Pharisäer gemeinsam zu Pilatus; es
war der Tag nach dem Rüsttag. 63 Sie sagten:
Herr, es fiel uns ein, dass dieser Betrüger, als
er noch lebte, behauptet hat: Ich werde nach
drei Tagen auferstehen. 64 Gib also den Befehl, dass das Grab bis zum dritten Tag bewacht wird! Sonst könnten seine Jünger
kommen, ihn stehlen und dem Volk sagen:
Er ist von den Toten auferstanden. Und dieser
letzte Betrug wäre noch schlimmer als alles
zuvor. 65 Pilatus antwortete ihnen: Ihr sollt
eine Wache haben. Geht und sichert das
Grab, so gut ihr könnt! 66 Darauf gingen sie,
um das Grab zu sichern. Sie versiegelten den
Eingang und ließen die Wache dort.

62: Joh 19,42 / **63**: 12,40; 20,19 / **64**: 28,13

DIE FRAUEN AM LEEREN GRAB: 28,1–8

28 1 Nach dem Sabbat, beim Anbruch des
ersten Tages der Woche, kamen Maria
aus Magdala und die andere Maria, um nach
dem Grab zu sehen. 2 Und siehe, es geschah
ein gewaltiges Erdbeben; denn ein Engel des
Herrn kam vom Himmel herab, trat an das
Grab, wälzte den Stein weg und setzte sich
darauf. 3 Sein Aussehen war wie ein Blitz und
sein Gewand weiß wie Schnee. 4 Aus Furcht
vor ihm erbebten die Wächter und waren wie
tot. 5 Der Engel aber sagte zu den Frauen:
Fürchtet euch nicht! Ich weiß, ihr sucht Jesus,
den Gekreuzigten. 6 Er ist nicht hier; denn er
ist auferstanden, wie er gesagt hat. Kommt
her und seht euch den Ort an, wo er lag!
7 Dann geht schnell zu seinen Jüngern und
sagt ihnen: Er ist von den Toten auferstanden
und siehe, er geht euch voraus nach Galiläa,
dort werdet ihr ihn sehen. Siehe, ich habe es
euch gesagt. 8 Sogleich verließen sie das Grab
voll Furcht und großer Freude und sie eilten
zu seinen Jüngern, um ihnen die Botschaft
zu verkünden.

1–8: Mk 16,1–8; Lk 24,1–12; Joh 20,1–13
6: 12,40; 16,21; 17,23; 20,19

DIE ERSCHEINUNG DES AUFERSTANDENEN VOR DEN FRAUEN: 28,9–10

9 Und siehe, Jesus kam ihnen entgegen und
sagte: Seid gegrüßt! Sie gingen auf ihn zu,
warfen sich vor ihm nieder und umfassten
seine Füße. 10 Da sagte Jesus zu ihnen: Fürchtet euch nicht! Geht und sagt meinen Brüdern, sie sollen nach Galiläa gehen und dort
werden sie mich sehen.

9–10: Joh 20,14–18

DER BETRUG DER HOHEPRIESTER: 28,11–15

11 Noch während die Frauen unterwegs waren,
siehe, da kamen einige von den Wächtern in
die Stadt und berichteten den Hohepriestern
alles, was geschehen war. 12 Diese fassten gemeinsam mit den Ältesten den Beschluss, die
Soldaten zu bestechen. Sie gaben ihnen viel
Geld 13 und sagten: Erzählt den Leuten: Seine
Jünger sind bei Nacht gekommen und haben
ihn gestohlen, während wir schliefen. 14 Falls
der Statthalter davon hört, werden wir ihn
beschwichtigen und dafür sorgen, dass ihr
nichts zu befürchten habt. 15 Die Soldaten
nahmen das Geld und machten alles so, wie
man es ihnen gesagt hatte. Und dieses Gerücht verbreitete sich bei den Juden bis heute.

13: 27,64

DER AUFTRAG DES AUFERSTANDENEN: 28,16–20

16 Die elf Jünger gingen nach Galiläa auf den
Berg, den Jesus ihnen genannt hatte. 17 Und
als sie Jesus sahen, fielen sie vor ihm nieder,
einige aber hatten Zweifel. 18 Da trat Jesus auf
sie zu und sagte zu ihnen: Mir ist alle Vollmacht gegeben im Himmel und auf der Erde.
19 Darum geht und macht alle Völker zu meinen Jüngern; tauft sie auf den Namen des
Vaters und des Sohnes und des Heiligen
Geistes 20 und lehrt sie, alles zu befolgen, was
ich euch geboten habe. Und siehe, ich bin mit
euch alle Tage bis zum Ende der Welt.

19: 24,14 / **19–20**: Mk 16,15f. / **20**: 1,23; 24,14

DAS EVANGELIUM NACH MARKUS

Das Markusevangelium ist das erste und älteste der vier Evangelien. Sein Verfasser bleibt im Text ungenannt. Erst die altkirchliche Tradition hat ihm einen Namen gegeben: Markus. Sie greift Elemente der Personallegenden auf, wie sie die Schriften des Neuen Testaments selbst enthalten: Danach war Markus ein hellenistischer Judenchrist (Apg 12,12), der einerseits als Mitarbeiter des Paulus vorgestellt wird (Phlm 23f.; Kol 4,10; 2 Tim 4,11) und andererseits von Petrus als „mein Sohn" bezeichnet wird (1 Petr 5,13). Markus schlägt eine Brücke zwischen Petrus, der aus der jüdischen Heimat Jesu stammt, und Paulus, der das Evangelium in die Heidenwelt getragen hat. Die Intention des Markusevangeliums ist die „Übersetzung" der Jesusbotschaft in den griechisch-römischen Kulturbereich und deren Aktualisierung für eine große gesellschaftliche Umbruchssituation.

Das Evangelium schaut auf die Zerstörung des Tempels in Jerusalem zurück (vgl. Mk 13,1f.). Es dürfte wohl bald nach 70 n. Chr. verfasst worden sein. Es gibt auch die Auffassung, die eine Abfassung des Markusevangeliums vor diesem Datum für möglich hält. Sprachliche Indizien und frühchristliche Zeugnisse geben Hinweise für den Entstehungsort, den die Tradition in der Stadt Rom selbst annahm, wo Markus als Dolmetscher des Petrus die Erzählungen von Jesus kennengelernt und zusammengestellt haben soll. Sicher ist, dass der Verfasser auf Sammlungen von Einzeltexten zurückgriff, die ursprünglich zu katechetischen Zwecken eingesetzt wurden, z. B. Wundergeschichten (4–6), Streitgespräche (2–3), Gleichnisse (4), die Passionserzählungen über Johannes den Täufer und Jesus (6; 14–15), und sie zu einer fortlaufenden Erzählung zusammengestellt hat.

Diese vollzieht sich an fünf Orten. Sie beginnt in der Wüste (1,1–15) und endet im Grab (15,42–16,8) – an Orten des Todes, die zu Orten des Lebens werden. Der Ruf des Boten in der Wüste, den Weg des Herrn zu bereiten, und die Verkündigung des Boten im Grab, dass der Auferstandene den Weg nach Galiläa vorausgegangen ist, sind die Eckpfeiler der Darstellung. Zwischen diesen wird das öffentliche Auftreten Jesu als eine „Karriere nach unten" erzählt: der Beginn in Galiläa (1,16 – 8,26), der Weg nach Jerusalem (8,27–10,52), der Prozess und der Tod am Kreuz (11,1–15,41). Auf die Schilderung des wirkmächtig handelnden Jesus, der Schüler um sich schart, Menschen begeistert und als Wundertäter gefeiert wird, folgt die Beschreibung seines Leidens und der Verlassenheit, der Auslieferung durch einen Jünger (14,10f.44f.), der Verleugnung durch einen anderen (14,66–72) und der Flucht aller übrigen (14,50). Nur einige Frauen, die Jesus von Galiläa aus nachgefolgt waren, „sahen von Weitem zu" (15,40f.). Nicht zufällig spielt auch der Mittelteil des Evangeliums „auf dem Weg" (8,27; 9,33f.; 10,32.52). Hier wird die Nachfolge gelernt. Jesus geht seinen Jüngern voraus und lehrt sie, was es heißt, sein Jünger zu sein, als einer, der sich nicht selbst in den Mittelpunkt stellen, sondern anderen dienen will. Dies sollen sie an seinem Weg nach Jerusalem lernen (vgl. 8,31–38; 9,31–35; 10,42–45). Dafür will er ihnen die Augen öffnen. Symbolkräftig wird deshalb der Mittelteil durch zwei Blindenheilungen gerahmt (8,22–26; 10,46–52), deren zweite dazu führt, dass der geheilte Blinde Jesus „auf seinem Weg" nachfolgt. Das ist es, wofür der Text auch den Lesern die Augen öffnen möchte.

In der Fassung der ältesten Handschriften des Evangeliums bilden die Verkündigung des Engels und die angstvolle Flucht der Frauen vom Grab den Abschluss (16,8). Jüngere Handschriften enthalten darüber hinaus einen summarischen Bericht über die Erscheinungen des auferstandenen Herrn und seinen Sendungsauftrag (16,9–20). Die Botschaft, die von beiden Versionen ausgeht, ist im Letzten dieselbe: Die Leser selbst waren und sind angefragt und herausgefordert, das „Evangelium" von Jesus Christus, dem Sohn Gottes (1,1), in seiner Nachfolge zu leben und es allen in der Welt zu verkünden (16,15).

IN DER WÜSTE: 1,1–13

DAS AUFTRETEN DES TÄUFERS: 1,1–8

1 1 Anfang des Evangeliums von Jesus
Christus, Gottes Sohn. 2 Wie geschrie-
ben steht beim Propheten Jesaja – *Siehe, ich
sende meinen Boten vor dir her, der deinen
Weg bahnen wird.* 3 *Stimme eines Rufers in
der Wüste: Bereitet den Weg des Herrn!
Macht gerade* seine *Straßen!* –, 4 so trat Johan-
nes der Täufer in der Wüste auf und verkün-
dete eine Taufe der Umkehr zur Vergebung
der Sünden. 5 Ganz Judäa und alle Einwohner
Jerusalems zogen zu ihm hinaus; sie bekann-
ten ihre Sünden und ließen sich im Jordan
von ihm taufen. 6 Johannes trug ein Gewand
aus Kamelhaaren und einen ledernen Gürtel
um seine Hüften und er lebte von Heuschre-
cken und wildem Honig. 7 Er verkündete:
Nach mir kommt einer, der ist stärker als ich;
ich bin es nicht wert, mich zu bücken und
ihm die Riemen der Sandalen zu lösen. 8 Ich
habe euch mit Wasser getauft, er aber wird
euch mit dem Heiligen Geist taufen.

1–3: Mt 3,3; Lk 3,4–6; Joh 1,23 / **4–8:** Mt 3,1–6.11; Lk 3,3–6.15f.
1: 15,39 / **2:** Mal 3,1; Ex 23,20 / **3:** Jes 40,3 G / **4:** Apg 13,24;
19,4 / **6:** 2 Kön 1,8

1,1 Gottes Sohn: nicht in einigen alten Textzeugen.

DIE TAUFE JESU: 1,9–11

9 Und es geschah in jenen Tagen, da kam Je-
sus aus Nazaret in Galiläa und ließ sich von
Johannes im Jordan taufen. 10 Und sogleich,
als er aus dem Wasser stieg, sah er, dass der
Himmel aufriss und der Geist wie eine Tau-
be auf ihn herabkam. 11 Und eine Stimme aus
dem Himmel sprach: Du bist mein geliebter
Sohn, an dir habe ich Wohlgefallen gefun-
den.

9–11: Mt 3,13–17; Lk 3,21f.; Joh 1,29–34
11: Gen 22,2; Ps 2,7; Jes 42,1

DIE VERSUCHUNG JESU: 1,12–13

12 Und sogleich trieb der Geist Jesus in die
Wüste. 13 Jesus blieb vierzig Tage in der Wüs-
te und wurde vom Satan in Versuchung
geführt. Er lebte bei den wilden Tieren und
die Engel dienten ihm.

12–13: Mt 4,1f.11; Lk 4,1f.
13: Ps 91,11

1,10 auf ihn, wörtlich: in ihn.

DAS WIRKEN JESU IN GALILÄA: 1,14–8,26

DIE ANSAGE DES EVANGELIUMS: 1,14–15

14 Nachdem Johannes ausgeliefert worden
war, ging Jesus nach Galiläa; er verkündete
das Evangelium Gottes 15 und sprach: Die
Zeit ist erfüllt, das Reich Gottes ist nahe.
Kehrt um und glaubt an das Evangelium!

14–15: Mt 4,12.17; Lk 4,14f.

DIE ERSTEN JÜNGER: 1,16–20

16 Als Jesus am See von Galiläa entlangging,
sah er Simon und Andreas, den Bruder des
Simon, die auf dem See ihre Netze auswar-
fen; sie waren nämlich Fischer. 17 Da sagte er
zu ihnen: Kommt her, mir nach! Ich werde
euch zu Menschenfischern machen. 18 Und
sogleich ließen sie ihre Netze liegen und folg-
ten ihm nach. 19 Als er ein Stück weiterging,
sah er Jakobus, den Sohn des Zebedäus, und
seinen Bruder Johannes; sie waren im Boot
und richteten ihre Netze her. 20 Sogleich rief
er sie und sie ließen ihren Vater Zebedäus mit
seinen Tagelöhnern im Boot zurück und folg-
ten Jesus nach.

16–20: Mt 4,18–22; Lk 5,1–11; Joh 1,35–51
16–20: 1 Kön 19,19–21 / **17:** Jer 16,16

DIE NEUE LEHRE IN DER SYNAGOGE: 1,21–28

21 Sie kamen nach Kafarnaum. Am folgenden
Sabbat ging er in die Synagoge und lehrte.
22 Und die Menschen waren voll Staunen über
seine Lehre; denn er lehrte sie wie einer, der
Vollmacht hat, nicht wie die Schriftgelehr-
ten. 23 In ihrer Synagoge war ein Mensch, der
von einem unreinen Geist besessen war. Der
begann zu schreien: 24 Was haben wir mit dir
zu tun, Jesus von Nazaret? Bist du gekom-

men, um uns ins Verderben zu stürzen? Ich
weiß, wer du bist: der Heilige Gottes. 25 Da
drohte ihm Jesus: Schweig und verlass ihn!
26 Der unreine Geist zerrte den Mann hin und
her und verließ ihn mit lautem Geschrei.
27 Da erschraken alle und einer fragte den
andern: Was ist das? Eine neue Lehre mit
Vollmacht: Sogar die unreinen Geister ge-
horchen seinem Befehl. 28 Und sein Ruf ver-
breitete sich rasch im ganzen Gebiet von
Galiläa.

21–28: Lk 4,31–37
21–22: Mt 7,28f. / **24:** 5,7; 1 Kön 17,18; Mt 8,29; Lk 8,28; Joh 2,4 / **27:** Mt 7,29

DIE HEILUNG DER SCHWIEGERMUTTER DES PETRUS: 1,29–31

29 Sie verließen sogleich die Synagoge und
gingen zusammen mit Jakobus und Johannes
in das Haus des Simon und Andreas. 30 Die
Schwiegermutter des Simon lag mit Fieber
im Bett. Sie sprachen sogleich mit Jesus über
sie 31 und er ging zu ihr, fasste sie an der Hand
und richtete sie auf. Da wich das Fieber von
ihr und sie diente ihnen.

29–31: Mt 8,14f.; Lk 4,38f.

DIE GANZE STADT VOR DER TÜR: 1,32–34

32 Am Abend, als die Sonne untergegangen
war, brachte man alle Kranken und Besesse-
nen zu Jesus. 33 Die ganze Stadt war vor der
Haustür versammelt 34 und er heilte viele, die
an allen möglichen Krankheiten litten, und
trieb viele Dämonen aus. Und er verbot den
Dämonen zu sagen, dass sie wussten, wer er
war.

32–34: Mt 8,16; Lk 4,40f.
32: 16,2

DER RÜCKZUG JESU, DIE SUCHE DER JÜNGER UND DER AUFBRUCH: 1,35–39

35 In aller Frühe, als es noch dunkel war, stand
er auf und ging an einen einsamen Ort, um
zu beten. 36 Simon und seine Begleiter eilten
ihm nach, 37 und als sie ihn fanden, sagten sie
zu ihm: Alle suchen dich. 38 Er antwortete:
Lasst uns anderswohin gehen, in die benach-
barten Dörfer, damit ich auch dort verkünde;
denn dazu bin ich gekommen. 39 Und er zog
durch ganz Galiläa, verkündete in ihren Sy-
nagogen und trieb die Dämonen aus.

35–39: Lk 4,42–44
35: Lk 5,16; 9,18 / **39:** Mt 4,23

DIE HEILUNG EINES AUSSÄTZIGEN: 1,40–45

40 Ein Aussätziger kam zu Jesus und bat ihn
um Hilfe; er fiel vor ihm auf die Knie und sag-
te: Wenn du willst, kannst du mich rein ma-
chen. 41 Jesus hatte Mitleid mit ihm; er streck-
te die Hand aus, berührte ihn und sagte: Ich
will – werde rein! 42 Sogleich verschwand der
Aussatz und der Mann war rein. 43 Jesus
schickte ihn weg, wies ihn streng an 44 und
sagte zu ihm: Sieh, dass du niemandem etwas
sagst, sondern geh, zeig dich dem Priester
und bring für deine Reinigung dar, was Mose
festgesetzt hat – ihnen zum Zeugnis. 45 Der
Mann aber ging weg und verkündete bei jeder
Gelegenheit, was geschehen war; er verbrei-
tete die Geschichte, sodass sich Jesus in kei-
ner Stadt mehr zeigen konnte; er hielt sich
nur noch an einsamen Orten auf. Dennoch
kamen die Leute von überallher zu ihm.

40–45: Mt 8,2–4; Lk 5,12–16
43–44: 5,43 / **44:** Lev 13,49; 14,2–32; Lk 17,14

DIE HEILUNG EINES GELÄHMTEN: 2,1–12

2 1 Als er nach einigen Tagen wieder nach
Kafarnaum hineinging, wurde bekannt,
dass er im Hause war. 2 Und es versammelten
sich so viele Menschen, dass nicht einmal
mehr vor der Tür Platz war; und er verkünde-
te ihnen das Wort. 3 Da brachte man einen
Gelähmten zu ihm, von vier Männern getra-
gen. 4 Weil sie ihn aber wegen der vielen Leu-
te nicht bis zu Jesus bringen konnten, deckten
sie dort, wo Jesus war, das Dach ab, schlugen
die Decke durch und ließen den Gelähmten
auf seiner Liege durch die Öffnung hinab. 5 Als
Jesus ihren Glauben sah, sagte er zu dem Ge-
lähmten: Mein Sohn, deine Sünden sind dir
vergeben! 6 Einige Schriftgelehrte aber, die
dort saßen, dachten in ihrem Herzen: 7 Wie
kann dieser Mensch so reden? Er lästert Gott.
Wer kann Sünden vergeben außer dem einen
Gott? 8 Jesus erkannte sogleich in seinem
Geist, dass sie so bei sich dachten, und sagte
zu ihnen: Was für Gedanken habt ihr in euren
Herzen? 9 Was ist leichter, zu dem Gelähmten
zu sagen: Deine Sünden sind dir vergeben!
oder zu sagen: Steh auf, nimm deine Liege und
geh umher? 10 Damit ihr aber erkennt, dass der
Menschensohn die Vollmacht hat, auf der
Erde Sünden zu vergeben – sagte er zu dem

2,7 Außer dem einen Gott: durch den Anklang an Dtn 6,4 naheliegende Übersetzung; andere Übersetzungsmöglichkeit: außer Gott allein.

Gelähmten: 11 Ich sage dir: Steh auf, nimm
deine Liege und geh nach Hause! 12 Er stand
sofort auf, nahm seine Liege und ging vor aller
Augen weg. Da gerieten alle in Staunen; sie
priesen Gott und sagten: So etwas haben wir
noch nie gesehen.

1–12: Mt 9,1–8; Lk 5,17–26
7: Jes 43,25; Dtn 6,4

NACHFOLGE UND MAHL: 2,13–17

13 Jesus ging wieder hinaus an den See. Da
kamen Scharen von Menschen zu ihm und er
lehrte sie. 14 Als er weiterging, sah er Levi, den
Sohn des Alphäus, am Zoll sitzen und sagte
zu ihm: Folge mir nach! Da stand Levi auf und
folgte ihm nach. 15 Und als Jesus in dessen
Haus zu Tisch war, da waren viele Zöllner
und Sünder zusammen mit ihm und seinen
Jüngern zu Tisch; es waren nämlich viele, die
ihm nachfolgten. 16 Als die Schriftgelehrten
der Pharisäer sahen, dass er mit Zöllnern und
Sündern aß, sagten sie zu seinen Jüngern:
Wie kann er zusammen mit Zöllnern und
Sündern essen? 17 Jesus hörte es und sagte zu
ihnen: Nicht die Gesunden bedürfen des
Arztes, sondern die Kranken. Ich bin nicht
gekommen, um Gerechte zu rufen, sondern
Sünder.

13–17: Mt 9,9–13; Lk 5,27–32
14: Mt 8,22 / **15–16:** Mt 11,19; Lk 7,34; 15,1f.; 19,7 / **17:** Lk 19,10

FASTEN UND FEIERN: 2,18–22

18 Da die Jünger des Johannes und die Phari-
säer zu fasten pflegten, kamen Leute zu Jesus
und sagten: Warum fasten deine Jünger nicht,
während die Jünger des Johannes und die Jün-
ger der Pharisäer fasten? 19 Jesus antwortete
ihnen: Können denn die Hochzeitsgäste fas-
ten, solange der Bräutigam bei ihnen ist? So-
lange der Bräutigam bei ihnen ist, können sie
nicht fasten. 20 Es werden aber Tage kommen,
da wird ihnen der Bräutigam weggenommen
sein; dann werden sie fasten, an jenem Tag.
21 Niemand näht ein Stück neuen Stoff auf ein
altes Gewand; denn der neue Stoff reißt vom
alten Gewand ab und es entsteht ein noch
größerer Riss. 22 Auch füllt niemand jungen
Wein in alte Schläuche. Sonst zerreißt der
Wein die Schläuche; der Wein ist verloren
und die Schläuche sind unbrauchbar. Junger
Wein gehört in neue Schläuche.

18–22: Mt 9,14–17; Lk 5,38f.

SABBAT UND RELIGIÖSES GESETZ: 2,23–28

23 An einem Sabbat ging er durch die Korn-
felder und unterwegs rissen seine Jünger
Ähren ab. 24 Da sagten die Pharisäer zu ihm:
Sieh dir an, was sie tun! Das ist doch am Sab-
bat nicht erlaubt. 25 Er antwortete: Habt ihr
nie gelesen, was David getan hat, als er und
seine Begleiter hungrig waren und nichts zu
essen hatten, 26 wie er zur Zeit des Hohe-
priesters Abjatar in das Haus Gottes ging und
die Schaubrote aß, die außer den Priestern
niemand essen darf, und auch seinen Beglei-
tern davon gab? 27 Und Jesus sagte zu ihnen:
Der Sabbat wurde für den Menschen ge-
macht, nicht der Mensch für den Sabbat.
28 Deshalb ist der Menschensohn Herr auch
über den Sabbat.

23–28: Mt 12,1–8; Lk 6,1–5
23: Dtn 23,26 / **24:** Ex 31,13–17 / **26:** 1 Sam 21,2–7; 22,20; 2 Sam 8,17; Lev 24,5–9

SABBAT, HEILUNG UND TÖTUNGSPLAN: 3,1–6

3 1 Als er wieder in die Synagoge ging, war
dort ein Mann mit einer verdorrten
Hand. 2 Und sie gaben Acht, ob Jesus ihn am
Sabbat heilen werde; sie suchten nämlich ei-
nen Grund zur Anklage gegen ihn. 3 Da sagte
er zu dem Mann mit der verdorrten Hand:
Steh auf und stell dich in die Mitte! 4 Und zu
den anderen sagte er: Was ist am Sabbat er-
laubt – Gutes zu tun oder Böses, ein Leben zu
retten oder es zu vernichten? Sie aber schwie-
gen. 5 Und er sah sie der Reihe nach an, voll
Zorn und Trauer über ihr verstocktes Herz,
und sagte zu dem Mann: Streck deine Hand
aus! Er streckte sie aus und seine Hand wurde
wiederhergestellt. 6 Da gingen die Pharisäer
hinaus und fassten zusammen mit den An-
hängern des Herodes den Beschluss, Jesus
umzubringen.

1–6: Mt 12,9–14; Lk 6,6–11
1–6: Lk 14,1–6 / **4:** 1 Makk 2,41

DER ANDRANG DER MENSCHEN: 3,7–12

7 Jesus zog sich mit seinen Jüngern an den See
zurück. Viele Menschen aus Galiläa aber folg-
ten ihm nach. Auch aus Judäa, 8 aus Jerusalem
und Idumäa, aus dem Gebiet jenseits des Jor-
dan und aus der Gegend von Tyrus und Sidon
kamen Scharen von Menschen zu ihm, als sie

2,26 Der Hohepriester hieß nach 1 Sam 21,2 Ahimelech; nach 1 Sam 22,20 hieß sein Sohn, nach 2 Sam 8,17 sein Vater Abjatar.

hörten, was er tat. 9 Da sagte er zu seinen Jün-
gern, sie sollten ein Boot für ihn bereithalten,
damit er von der Menge nicht erdrückt werde.
10 Denn er heilte viele, sodass alle, die ein Lei-
den hatten, sich an ihn herandrängten, um
ihn zu berühren. 11 Wenn die von unreinen
Geistern Besessenen ihn sahen, fielen sie vor
ihm nieder und schrien: Du bist der Sohn
Gottes! 12 Er aber gebot ihnen, dass sie ihn
nicht bekannt machen sollten.

7–12: Mt 4,23–25; 12,15f.; Lk 6,17–19
11: Mt 8,29; Lk 4,41

DIE WAHL DER ZWÖLF: 3,13–19

13 Jesus stieg auf einen Berg und rief die zu
sich, die er selbst wollte, und sie kamen zu
ihm. 14 Und er setzte zwölf ein, damit sie mit
ihm seien und damit er sie aussende, zu ver-
künden 15 und mit Vollmacht Dämonen aus-
zutreiben. 16 Die Zwölf, die er einsetzte, wa-
ren: Petrus – diesen Beinamen gab er dem
Simon –, 17 Jakobus, der Sohn des Zebedäus,
und Johannes, der Bruder des Jakobus – ihnen
gab er den Beinamen Boanerges, das heißt
Donnersöhne –, 18 dazu Andreas, Philippus,
Bartholomäus, Matthäus, Thomas, Jakobus,
der Sohn des Alphäus, Thaddäus, Simon Ka-
nanäus 19 und Judas Iskariot, der ihn dann
ausgeliefert hat.

13–19: Mt 10,1–4; Lk 6,12–16
16–19: Joh 1,40–44; Apg 1,13

JESUS UND SEINE ANGEHÖRIGEN: 3,20–21

20 Jesus ging in ein Haus und wieder kamen
so viele Menschen zusammen, dass sie nicht
einmal mehr essen konnten. 21 Als seine An-
gehörigen davon hörten, machten sie sich auf
den Weg, um ihn mit Gewalt zurückzuho-
len; denn sie sagten: Er ist von Sinnen.

21: Joh 7,5

VERTEIDIGUNGSREDE JESU: 3,22–30

22 Die Schriftgelehrten, die von Jerusalem
herabgekommen waren, sagten: Er ist von
Beelzebul besessen; mit Hilfe des Herrschers
der Dämonen treibt er die Dämonen aus.
23 Da rief er sie zu sich und belehrte sie in
Gleichnissen: Wie kann der Satan den Satan
austreiben? 24 Wenn ein Reich in sich gespal-
ten ist, kann es keinen Bestand haben.
25 Wenn eine Familie in sich gespalten ist,
kann sie keinen Bestand haben. 26 Und wenn
sich der Satan gegen sich selbst erhebt und
gespalten ist, kann er keinen Bestand haben,
sondern es ist um ihn geschehen. 27 Es kann
aber auch keiner in das Haus des Starken ein-
dringen und ihm den Hausrat rauben, wenn
er nicht zuerst den Starken fesselt; erst dann
kann er sein Haus plündern. 28 Amen, ich sage
euch: Alle Vergehen und Lästerungen wer-
den den Menschen vergeben werden, so viel
sie auch lästern mögen; 29 wer aber den Hei-
ligen Geist lästert, der findet in Ewigkeit kei-
ne Vergebung, sondern seine Sünde wird
ewig an ihm haften. 30 Sie hatten nämlich
gesagt: Er hat einen unreinen Geist.

22–30: Mt 12,24–29.31f.; Lk 11,15–22 / **28–29:** Lk 12,10
22: Mt 9,34; 10,25 / **27:** Jes 49,24 / **30:** Joh 10,20

ÜBER DIE WAHRE FAMILIE JESU: 3,31–35

31 Da kamen seine Mutter und seine Brüder;
sie blieben draußen stehen und ließen ihn
herausrufen. 32 Es saßen viele Leute um ihn
herum und man sagte zu ihm: Siehe, deine
Mutter und deine Brüder stehen draußen und
suchen dich. 33 Er erwiderte: Wer ist meine
Mutter und wer sind meine Brüder? 34 Und er
blickte auf die Menschen, die im Kreis um ihn
herumsaßen, und sagte: Das hier sind meine
Mutter und meine Brüder. 35 Wer den Willen
Gottes tut, der ist für mich Bruder und
Schwester und Mutter.

31–35: Mt 12,46–50; Lk 8,19–21

DAS GLEICHNIS VOM SÄMANN: 4,1–9

4 1 Und wieder begann er, am Ufer des Sees
zu lehren, und sehr viele Menschen ver-
sammelten sich um ihn. Er stieg deshalb in
ein Boot auf dem See und setzte sich; die Leu-
te aber standen am Ufer. 2 Und er sprach lan-
ge zu ihnen und lehrte sie in Gleichnissen.
Bei dieser Belehrung sagte er zu ihnen:
3 Hört! Siehe, ein Sämann ging hinaus, um zu
säen. 4 Als er säte, fiel ein Teil auf den Weg
und die Vögel kamen und fraßen es. 5 Ein an-
derer Teil fiel auf felsigen Boden, wo es nur
wenig Erde gab, und ging sofort auf, weil das
Erdreich nicht tief war; 6 als aber die Sonne
hochstieg, wurde die Saat versengt und ver-
dorrte, weil sie keine Wurzeln hatte. 7 Wie-
der ein anderer Teil fiel in die Dornen und die
Dornen wuchsen und erstickten die Saat und
sie brachte keine Frucht. 8 Ein anderer Teil
schließlich fiel auf guten Boden und brachte

3,32 Brüder, einige Textzeugen: Brüder und deine Schwes-
tern.

Frucht; die Saat ging auf und wuchs empor
und trug dreißigfach, sechzigfach und hun-
dertfach. 9 Und Jesus sprach: Wer Ohren hat
zum Hören, der höre!

1-9: Mt 13,1–9; Lk 8,4–8
7: Jer 4,3 / **8**: Gen 26,12 / **9**: Mt 11,15

DAS GEHEIMNIS DER GOTTESHERRSCHAFT: 4,10–12

10 Als er mit seinen Begleitern und den Zwölf
allein war, fragten sie ihn nach dem Sinn sei-
ner Gleichnisse. 11 Da sagte er zu ihnen: Euch
ist das Geheimnis des Reiches Gottes gege-
ben; für die aber, die draußen sind, geschieht
alles in Gleichnissen; 12 denn *sehen sollen sie,*
sehen, aber nicht erkennen; hören sollen sie,
hören, aber nicht verstehen, damit sie sich
nicht bekehren und ihnen nicht vergeben
wird.

10-12: Mt 13,10–17; Lk 8,9f.
12: Jes 6,9f.; Joh 12,40; Apg 28,26f.

DIE DEUTUNG DES GLEICHNISSES VOM SÄMANN: 4,13–20

13 Und er sagte zu ihnen: Wenn ihr schon die-
ses Gleichnis nicht versteht, wie wollt ihr
dann all die anderen Gleichnisse verstehen?
14 Der Sämann sät das Wort. 15 Auf den Weg
fällt das Wort bei denen, die es zwar hören,
aber sofort kommt der Satan und nimmt das
Wort weg, das in sie gesät wurde. 16 Ähnlich
ist es bei den Menschen, bei denen das Wort
auf felsigen Boden fällt: Sobald sie es hören,
nehmen sie es freudig auf; 17 aber sie haben
keine Wurzeln, sondern sind unbeständig,
und wenn sie dann um des Wortes willen
bedrängt oder verfolgt werden, kommen sie
sofort zu Fall. 18 Bei anderen fällt das Wort in
die Dornen: Sie hören es zwar, 19 aber die Sor-
gen der Welt, der trügerische Reichtum und
die Gier nach all den anderen Dingen machen
sich breit und ersticken es und es bleibt ohne
Frucht. 20 Auf guten Boden ist das Wort bei
denen gesät, die es hören und aufnehmen
und Frucht bringen, dreißigfach, sechzigfach
und hundertfach.

13-20: Mt 13,18–23; Lk 8,11–15
19: 1 Tim 6,9

VOM RECHTEN HÖREN: 4,21–25

21 Er sagte zu ihnen: Zündet man etwa eine
Leuchte an und stellt sie unter den Scheffel
oder unter das Bett? Stellt man sie nicht auf
den Leuchter? 22 Denn es gibt nichts Verbor-
genes, das nicht bekannt werden soll, und
nichts Geheimes, das nicht an den Tag kom-
men soll. 23 Wenn einer Ohren hat zum Hö-
ren, so höre er! 24 Weiter sagte er: Achtet auf
das, was ihr hört! Nach dem Maß, mit dem
ihr messt und zuteilt, wird euch zugeteilt
werden, ja, es wird euch noch mehr gegeben.
25 Denn wer hat, dem wird gegeben; wer aber
nicht hat, dem wird auch noch weggenom-
men, was er hat.

21-25: Lk 8,16–18
21: Mt 5,15; Lk 11,33 / **22**: Mt 10,26; Lk 12,2 / **23**: Mt 11,15 / **24**: Mt 7,2; Lk 6,38 / **25**: Mt 13,12; 25,29; Lk 19,26

DAS GLEICHNIS VOM WACHSEN DER SAAT: 4,26–29

26 Er sagte: Mit dem Reich Gottes ist es so, wie
wenn ein Mann Samen auf seinen Acker sät;
27 dann schläft er und steht wieder auf, es
wird Nacht und wird Tag, der Samen keimt
und wächst und der Mann weiß nicht, wie.
28 Die Erde bringt von selbst ihre Frucht, zu-
erst den Halm, dann die Ähre, dann das vol-
le Korn in der Ähre. 29 Sobald aber die Frucht
reif ist, legt er die Sichel an; denn die Zeit der
Ernte ist da.

29: Joël 4,13

DAS GLEICHNIS VOM SENFKORN: 4,30–32

30 Er sagte: Womit sollen wir das Reich Got-
tes vergleichen, mit welchem Gleichnis sol-
len wir es beschreiben? 31 Es gleicht einem
Senfkorn. Dieses ist das kleinste von allen
Samenkörnern, die man in die Erde sät. 32 Ist
es aber gesät, dann geht es auf und wird grö-
ßer als alle anderen Gewächse und treibt gro-
ße Zweige, sodass in seinem Schatten die
Vögel des Himmels nisten können.

30-32: Mt 13,31f.; Lk 13,18f.
32: Dan 4,8f.18; Ez 17,23

ABSCHLUSSKOMMENTAR: 4,33–34

33 Durch viele solche Gleichnisse verkündete
er ihnen das Wort, so wie sie es aufnehmen
konnten. 34 Er redete nur in Gleichnissen zu
ihnen; seinen Jüngern aber erklärte er alles,
wenn er mit ihnen allein war.

33-34: Mt 13,34

DER STURM AUF DEM SEE: 4,35–41

35 Am Abend dieses Tages sagte er zu ihnen:
Wir wollen ans andere Ufer hinüberfahren.

36 Sie schickten die Leute fort und fuhren mit
ihm in dem Boot, in dem er saß, weg; und
andere Boote begleiteten ihn. 37 Plötzlich er-
hob sich ein heftiger Wirbelsturm und die
Wellen schlugen in das Boot, sodass es sich
mit Wasser zu füllen begann. 38 Er aber lag
hinten im Boot auf einem Kissen und schlief.
Sie weckten ihn und riefen: Meister, küm-
mert es dich nicht, dass wir zugrunde gehen?
39 Da stand er auf, drohte dem Wind und sag-
te zu dem See: Schweig, sei still! Und der
Wind legte sich und es trat völlige Stille ein.
40 Er sagte zu ihnen: Warum habt ihr solche
Angst? Habt ihr noch keinen Glauben? 41 Da
ergriff sie große Furcht und sie sagten zuei-
nander: Wer ist denn dieser, dass ihm sogar
der Wind und das Meer gehorchen?

35–41: Mt 8,18.23–27; Lk 8,22–25
37–38: Jona 1 / **39:** 6,51; Ps 18,16; 89,10; 104,6f.; 106,9

DIE HEILUNG DES BESESSENEN VON GERASA: 5,1–20

5 1 Sie kamen an das andere Ufer des Sees,
in das Gebiet von Gerasa. 2 Als er aus dem
Boot stieg, lief ihm sogleich von den Gräbern
her ein Mensch entgegen, der von einem un-
reinen Geist besessen war. 3 Er hauste in den
Grabstätten. Nicht einmal mit einer Kette
konnte man ihn bändigen. 4 Schon oft hatte
man ihn mit Fußfesseln und Ketten gebun-
den, aber er hatte die Ketten zerrissen und die
Fußfesseln durchgescheuert; niemand
konnte ihn bezwingen. 5 Bei Tag und Nacht
schrie er unaufhörlich in den Grabstätten und
auf den Bergen und schlug sich mit Steinen.
6 Als er Jesus von Weitem sah, lief er zu ihm
hin, warf sich vor ihm nieder 7 und schrie laut:
Was habe ich mit dir zu tun, Jesus, Sohn des
höchsten Gottes? Ich beschwöre dich bei
Gott, quäle mich nicht! 8 Jesus hatte nämlich
zu ihm gesagt: Verlass diesen Menschen, du
unreiner Geist! 9 Jesus fragte ihn: Wie heißt
du? Er antwortete: Mein Name ist Legion;
denn wir sind viele. 10 Und er flehte Jesus an,
sie nicht aus diesem Gebiet fortzuschicken.
11 Nun weidete dort an einem Berghang gerade
eine große Schweineherde. 12 Da baten ihn die
Dämonen: Schick uns in die Schweine! 13 Jesus
erlaubte es ihnen. Darauf verließen die unrei-
nen Geister den Menschen und fuhren in die
Schweine und die Herde stürmte den Abhang
hinab in den See. Es waren etwa zweitausend
Tiere und alle ertranken. 14 Die Hirten flohen
und erzählten es in der Stadt und in den Dör-
fern. Darauf eilten die Leute herbei, um zu
sehen, was geschehen war. 15 Sie kamen zu
Jesus und sahen bei ihm den Mann, der von
der Legion Dämonen besessen gewesen war,
bekleidet und bei Verstand. Da fürchteten
sie sich. 16 Die es gesehen hatten, berichteten
ihnen, wie es mit dem Besessenen und den
Schweinen geschehen war. 17 Darauf baten die
Leute Jesus, ihr Gebiet zu verlassen. 18 Als er
ins Boot stieg, bat ihn der Mann, der zuvor von
den Dämonen besessen war, dass er bei ihm
sein dürfe. 19 Aber Jesus erlaubte es ihm nicht,
sondern sagte: Geh nach Hause und berichte
deiner Familie alles, was der Herr für dich ge-
tan und wie er Erbarmen mit dir gehabt hat!
20 Da ging der Mann weg und verkündete in
der ganzen Dekapolis, was Jesus für ihn getan
hatte, und alle staunten.

1–20: Mt 8,28–34; Lk 8,26–39
3–5: Jes 65,1–7 / **7:** 1,24; 3,11; Lk 4,34; Joh 2,4

DIE AUFERWECKUNG DER TOCHTER EINES SYNAGOGENVORSTEHERS UND DIE HEILUNG EINER KRANKEN FRAU: 5,21–43

21 Jesus fuhr wieder ans andere Ufer hinüber
und eine große Menschenmenge versammel-
te sich um ihn. Während er noch am See war,
22 kam einer der Synagogenvorsteher namens
Jaïrus zu ihm. Als er Jesus sah, fiel er ihm zu
Füßen 23 und flehte ihn um Hilfe an; er sagte:
Meine Tochter liegt im Sterben. Komm und
leg ihr die Hände auf, damit sie geheilt wird
und am Leben bleibt! 24 Da ging Jesus mit ihm.
Viele Menschen folgten ihm und drängten
sich um ihn.

25 Darunter war eine Frau, die schon zwölf
Jahre an Blutfluss litt. 26 Sie war von vielen
Ärzten behandelt worden und hatte dabei
sehr zu leiden; ihr ganzes Vermögen hatte sie
ausgegeben, aber es hatte ihr nichts genutzt,
sondern ihr Zustand war immer schlimmer
geworden. 27 Sie hatte von Jesus gehört. Nun
drängte sie sich in der Menge von hinten he-
ran und berührte sein Gewand. 28 Denn sie
sagte sich: Wenn ich auch nur sein Gewand
berühre, werde ich geheilt. 29 Und sofort ver-

4,40 Habt ihr noch keinen Glauben?, einige Textzeugen: Warum habt ihr keinen Glauben?

5,1 Gerasa, einige Textzeugen: Gadara (vgl. Mt 8,28) oder Gergesa.

5,9 Eine Legion war die größte römische Heereseinheit (etwa 6 000 Soldaten).

siegte die Quelle des Blutes und sie spürte in
ihrem Leib, dass sie von ihrem Leiden geheilt
war. 30 Im selben Augenblick fühlte Jesus,
dass eine Kraft von ihm ausströmte, und er
wandte sich in dem Gedränge um und fragte:
Wer hat mein Gewand berührt? 31 Seine Jün-
ger sagten zu ihm: Du siehst doch, wie sich
die Leute um dich drängen, und da fragst du:
Wer hat mich berührt? 32 Er blickte umher,
um zu sehen, wer es getan hatte. 33 Da kam
die Frau, zitternd vor Furcht, weil sie wusste,
was mit ihr geschehen war; sie fiel vor ihm
nieder und sagte ihm die ganze Wahrheit.
34 Er aber sagte zu ihr: Meine Tochter, dein
Glaube hat dich gerettet. Geh in Frieden! Du
sollst von deinem Leiden geheilt sein.

35 Während Jesus noch redete, kamen Leu-
te, die zum Haus des Synagogenvorstehers
gehörten, und sagten: Deine Tochter ist ge-
storben. Warum bemühst du den Meister
noch länger? 36 Jesus, der diese Worte gehört
hatte, sagte zu dem Synagogenvorsteher:
Fürchte dich nicht! Glaube nur! 37 Und er ließ
keinen mitkommen außer Petrus, Jakobus
und Johannes, den Bruder des Jakobus. 38 Sie
gingen zum Haus des Synagogenvorstehers.
Als Jesus den Tumult sah und wie sie heftig
weinten und klagten, 39 trat er ein und sagte
zu ihnen: Warum schreit und weint ihr? Das
Kind ist nicht gestorben, es schläft nur. 40 Da
lachten sie ihn aus. Er aber warf alle hinaus
und nahm den Vater des Kindes und die Mut-
ter und die, die mit ihm waren, und ging in
den Raum, in dem das Kind lag. 41 Er fasste das
Kind an der Hand und sagte zu ihm: Talita
kum!, das heißt übersetzt: Mädchen, ich sage
dir, steh auf! 42 Sofort stand das Mädchen auf
und ging umher. Es war zwölf Jahre alt. Die
Leute waren ganz fassungslos vor Entsetzen.
43 Doch er schärfte ihnen ein, niemand dürfe
etwas davon erfahren; dann sagte er, man sol-
le dem Mädchen etwas zu essen geben.

21–43: Mt 9,18–26; Lk 8,40–56
25: Lev 15,25 / **28**: 6,56; Mt 14,36 / **34**: 10,52; Lk 7,50; 17,19; 18,42

DIE ABLEHNUNG JESU IN SEINER HEIMAT: 6,1–6a

6 1 Von dort brach Jesus auf und kam in
seine Heimatstadt; seine Jünger folgten
ihm nach. 2 Am Sabbat lehrte er in der Syna-
goge. Und die vielen Menschen, die ihm zu-
hörten, gerieten außer sich vor Staunen und
sagten: Woher hat er das alles? Was ist das für
eine Weisheit, die ihm gegeben ist! Und was
sind das für Machttaten, die durch ihn ge-
schehen! 3 Ist das nicht der Zimmermann, der
Sohn der Maria und der Bruder von Jakobus,
Joses, Judas und Simon? Leben nicht seine
Schwestern hier unter uns? Und sie nahmen
Anstoß an ihm. 4 Da sagte Jesus zu ihnen:
Nirgends ist ein Prophet ohne Ansehen außer
in seiner Heimat, bei seinen Verwandten und
in seiner Familie. 5 Und er konnte dort keine
Machttat tun; nur einigen Kranken legte er
die Hände auf und heilte sie. 6 Und er wun-
derte sich über ihren Unglauben.

1–6a: Mt 13,54–58; Lk 4,16–30
2: Joh 7,15 / **3**: Joh 6,42 / **4**: Joh 4,44

DIE AUSSENDUNG DER ZWÖLF JÜNGER: 6,6b–13

Jesus zog durch die benachbarten Dörfer und
lehrte. 7 Er rief die Zwölf zu sich und sandte
sie aus, jeweils zwei zusammen. Er gab ihnen
Vollmacht über die unreinen Geister 8 und er
gebot ihnen, außer einem Wanderstab nichts
auf den Weg mitzunehmen, kein Brot, keine
Vorratstasche, kein Geld im Gürtel, 9 kein
zweites Hemd und an den Füßen nur Sanda-
len. 10 Und er sagte zu ihnen: Bleibt in dem
Haus, in dem ihr einkehrt, bis ihr den Ort
wieder verlasst! 11 Wenn man euch aber in
einem Ort nicht aufnimmt und euch nicht
hören will, dann geht weiter und schüttelt
den Staub von euren Füßen, ihnen zum
Zeugnis. 12 Und sie zogen aus und verkünde-
ten die Umkehr. 13 Sie trieben viele Dämonen
aus und salbten viele Kranke mit Öl und heil-
ten sie.

6b–13: Mt 9,35; 10,1.5–14; Lk 9,1–6

DIE ENTHAUPTUNG DES TÄUFERS: 6,14–29

14 Der König Herodes hörte von Jesus; denn
sein Name war bekannt geworden und man
sagte: Johannes der Täufer ist von den Toten
auferstanden; deshalb wirken solche Kräfte
in ihm. 15 Andere sagten: Er ist Elija. Wieder
andere: Er ist ein Prophet, wie einer von den
alten Propheten. 16 Als aber Herodes von ihm
hörte, sagte er: Johannes, den ich enthaupten
ließ, ist auferstanden.

17 Herodes hatte nämlich Johannes fest-
nehmen und ins Gefängnis werfen lassen.

6,3 Joses ist eine Nebenform von Josef.

Schuld daran war Herodias, die Frau seines
Bruders Philippus, die er geheiratet hatte.
18 Denn Johannes hatte zu Herodes gesagt: Es
ist dir nicht erlaubt, die Frau deines Bruders
zur Frau zu haben. 19 Herodias verzieh ihm
das nicht und wollte ihn töten lassen. Sie
konnte es aber nicht durchsetzen, 20 denn
Herodes fürchtete sich vor Johannes, weil er
wusste, dass dieser ein gerechter und heiliger
Mann war. Darum schützte er ihn. Wenn er
ihm zuhörte, geriet er in große Verlegenheit
und doch hörte er ihm gern zu. 21 Eines Tages
ergab sich für Herodias eine günstige Gele-
genheit. An seinem Geburtstag lud Herodes
seine Hofbeamten und Offiziere zusammen
mit den vornehmsten Bürgern von Galiläa zu
einem Festmahl ein. 22 Da kam die Tochter
der Herodias und tanzte und sie gefiel dem
Herodes und seinen Gästen so sehr, dass der
König zu dem Mädchen sagte: Verlange von
mir, was du willst; ich werde es dir geben.
23 Er schwor ihr sogar: Was du auch von mir
verlangst, ich will es dir geben, und wenn es
die Hälfte meines Reiches wäre. 24 Sie ging
hinaus und fragte ihre Mutter: Was soll ich
verlangen? Herodias antwortete: Den Kopf
Johannes' des Täufers. 25 Da lief das Mädchen
zum König hinein und verlangte: Ich will,
dass du mir sofort auf einer Schale den Kopf
Johannes' des Täufers bringen lässt. 26 Da
wurde der König sehr traurig, aber wegen der
Eide und der Gäste wollte er ihren Wunsch
nicht ablehnen. 27 Deshalb befahl er einem
Scharfrichter, sofort ins Gefängnis zu gehen
und den Kopf des Täufers herzubringen. Der
Scharfrichter ging und enthauptete Johan-
nes. 28 Dann brachte er den Kopf auf einer
Schale, gab ihn dem Mädchen und das Mäd-
chen gab ihn seiner Mutter. 29 Als die Jünger
des Johannes das hörten, kamen sie, holten
seinen Leichnam und legten ihn in ein Grab.

14–26: Mt 14,1f.; Lk 9,7–9 / **17–29**: Mt 14,3–12; Lk 3,19f.

14–15: Mt 16,14 / **18**: Lev 18,16; 20,21 / **23**: Est 5,3.6; 7,2 / **29**: 14,50; 15,45f.

DIE RÜCKKEHR DER JÜNGER UND DIE SPEISUNG DER FÜNFTAUSEND: 6,30–44

30 Die Apostel versammelten sich wieder bei
Jesus und berichteten ihm alles, was sie getan
und gelehrt hatten. 31 Da sagte er zu ihnen:
Kommt mit an einen einsamen Ort, wo wir
allein sind, und ruht ein wenig aus! Denn sie
fanden nicht einmal Zeit zum Essen, so zahl-
reich waren die Leute, die kamen und gingen.
32 Sie fuhren also mit dem Boot in eine einsa-
me Gegend, um allein zu sein. 33 Aber man
sah sie abfahren und viele erfuhren davon;
sie liefen zu Fuß aus allen Städten dorthin
und kamen noch vor ihnen an. 34 Als er aus-
stieg, sah er die vielen Menschen und hatte
Mitleid mit ihnen; denn sie waren *wie Scha-
fe, die keinen Hirten haben*. Und er lehrte sie
lange.

35 Gegen Abend kamen seine Jünger zu ihm
und sagten: Der Ort ist abgelegen und es ist
schon spät. 36 Schick sie weg, damit sie in die
umliegenden Gehöfte und Dörfer gehen und
sich etwas zu essen kaufen können! 37 Er er-
widerte: Gebt ihr ihnen zu essen! Sie sagten
zu ihm: Sollen wir weggehen, für zweihun-
dert Denare Brot kaufen und es ihnen zu es-
sen geben? 38 Er sagte zu ihnen: Wie viele
Brote habt ihr? Geht und seht nach! Sie sahen
nach und berichteten: Fünf Brote und außer-
dem zwei Fische. 39 Dann befahl er ihnen, sie
sollten sich in Mahlgemeinschaften im grü-
nen Gras lagern. 40 Und sie ließen sich in
Gruppen zu hundert und zu fünfzig nieder.
41 Darauf nahm er die fünf Brote und die zwei
Fische, blickte zum Himmel auf, sprach den
Lobpreis, brach die Brote und gab sie den Jün-
gern, damit sie diese an die Leute austeilten.
Auch die zwei Fische ließ er unter allen ver-
teilen. 42 Und alle aßen und wurden satt.
43 Und sie hoben Brocken auf, zwölf Körbe
voll, und Reste von den Fischen. 44 Es waren
fünftausend Männer, die von den Broten ge-
gessen hatten.

30–31: Lk 9,10; 10,17 / **32–44**: Mt 14,13–21; Lk 9,10–17; Joh 6,1–13

32–44: 8,1–9; 2 Kön 4,42–44; Mt 15,32–39 / **34**: Num 27,17; 1 Kön 22,17; Sir 18,13; Ez 34,5; Mt 9,36 / **40**: Ex 18,25; Num 31,14 / **41**: 8,19

DIE OFFENBARUNG DES GOTTESSOHNES AUF DEM WASSER: 6,45–52

45 Gleich darauf drängte er seine Jünger, ins
Boot zu steigen und ans andere Ufer nach
Betsaida vorauszufahren. Er selbst wollte in-
zwischen die Leute nach Hause schicken.
46 Nachdem er sich von ihnen verabschiedet
hatte, ging er auf einen Berg, um zu beten.
47 Als es Abend wurde, war das Boot mitten
auf dem See, er aber war allein an Land. 48 Und
er sah, wie sie sich beim Rudern abmühten,
denn sie hatten Gegenwind. In der vierten
Nachtwache kam er zu ihnen; er ging auf dem

See, wollte aber an ihnen vorübergehen.
49 Als sie ihn über den See gehen sahen, mein-
ten sie, es sei ein Gespenst, und schrien auf.
50 Alle sahen ihn und erschraken. Doch er
begann mit ihnen zu reden und sagte: Habt
Vertrauen, ich bin es; fürchtet euch nicht!
51 Dann stieg er zu ihnen ins Boot und der
Wind legte sich. Sie aber waren bestürzt und
fassungslos. 52 Denn sie waren nicht zur Ein-
sicht gekommen, als das mit den Broten ge-
schah; ihr Herz war verstockt.

45–52: Mt 14,22–33; Joh 6,16–21
46: Lk 6,12 / **48:** Ijob 9,8; Ex 33,19.22; 1 Kön 19,11 / **50:** Ex 3,14; Jes 43,1–3.10 / **51:** 4,39 / **52:** 8,17

HEILUNGEN IN GENNESARET: 6,53–56

53 Sie fuhren auf das Ufer zu, kamen nach
Gennesaret und legten dort an. 54 Als sie aus
dem Boot stiegen, erkannte man ihn so-
gleich. 55 Die Menschen eilten durch die gan-
ze Gegend und brachten die Kranken auf
Liegen zu ihm, sobald sie hörten, wo er war.
56 Und immer, wenn er in ein Dorf oder eine
Stadt oder zu einem Gehöft kam, trug man
die Kranken auf die Straße hinaus und bat
ihn, er möge sie wenigstens den Saum seines
Gewandes berühren lassen. Und alle, die ihn
berührten, wurden geheilt.

53–56: Mt 14,34–36
55: Mt 4,24 / **56:** 5,28

LEHRGESPRÄCH ÜBER DIE REINHEIT: 7,1–23

7 1 Die Pharisäer und einige Schriftgelehr-
te, die aus Jerusalem gekommen waren,
versammelten sich bei Jesus. 2 Sie sahen, dass
einige seiner Jünger ihr Brot mit unreinen,
das heißt mit ungewaschenen Händen aßen.
3 Die Pharisäer essen nämlich wie alle Juden
nur, wenn sie vorher mit einer Handvoll
Wasser die Hände gewaschen haben; so hal-
ten sie an der Überlieferung der Alten fest.
4 Auch wenn sie vom Markt kommen, essen
sie nicht, ohne sich vorher zu waschen. Noch
viele andere überlieferte Vorschriften halten
sie ein, wie das Abspülen von Bechern, Krü-
gen und Kesseln. 5 Die Pharisäer und die
Schriftgelehrten fragten ihn also: Warum
halten sich deine Jünger nicht an die Überlie-
ferung der Alten, sondern essen ihr Brot mit
unreinen Händen? 6 Er antwortete ihnen:
Der Prophet Jesaja hatte Recht mit dem, was
er über euch Heuchler sagte, wie geschrieben
steht: *Dieses Volk ehrt mich mit den Lippen,*
sein Herz aber ist weit weg von mir. 7 *Vergeb-*
lich verehren sie mich; was sie lehren, sind
Satzungen von Menschen. 8 Ihr gebt Gottes
Gebot preis und haltet euch an die Überlie-
ferung der Menschen. 9 Und weiter sagte Je-
sus: Sehr geschickt setzt ihr Gottes Gebot
außer Kraft, um eure eigene Überlieferung
aufzurichten. 10 Denn Mose hat gesagt: *Ehre*
deinen Vater und deine Mutter! und: *Wer*
Vater oder Mutter schmäht, soll mit dem Tod
bestraft werden. 11 Ihr aber lehrt: Wenn einer
zu seinem Vater oder seiner Mutter sagt:
Korbán – das heißt: Weihgeschenk sei, was
du von mir als Unterstützung erhalten soll-
test –, 12 dann lasst ihr ihn nichts mehr für
Vater oder Mutter tun. 13 So setzt ihr durch
eure eigene Überlieferung Gottes Wort au-
ßer Kraft. Und ähnlich handelt ihr in vielen
Fällen.

14 Dann rief er die Leute wieder zu sich
und sagte: Hört mir alle zu und begreift, was
ich sage! 15 Nichts, was von außen in den
Menschen hineinkommt, kann ihn unrein
machen, sondern was aus dem Menschen
herauskommt, das macht ihn unrein. [16] 17 Er
verließ die Menge und ging in ein Haus. Da
fragten ihn seine Jünger nach dem Sinn die-
ses rätselhaften Wortes.

18 Er antwortete ihnen: Begreift auch ihr
nicht? Versteht ihr nicht, dass das, was von
außen in den Menschen hineinkommt, ihn
nicht unrein machen kann? 19 Denn es ge-
langt ja nicht in sein Herz, sondern in den
Magen und wird wieder ausgeschieden. Da-
mit erklärte Jesus alle Speisen für rein.
20 Weiter sagte er: Was aus dem Menschen
herauskommt, das macht ihn unrein. 21 Denn
von innen, aus dem Herzen der Menschen,
kommen die bösen Gedanken, Unzucht,
Diebstahl, Mord, 22 Ehebruch, Habgier, Bos-
heit, Hinterlist, Ausschweifung, Neid, Läs-
terung, Hochmut und Unvernunft. 23 All
dieses Böse kommt von innen und macht den
Menschen unrein.

1–23: Mt 15,1–20
2: Lk 11,38; Kol 2,21f. / **4:** Mt 23,25 / **6:** Jes 29,13 G / **10:** Ex 20,12; 21,17; Lev 20,9; Dtn 5,16 / **11:** Num 30,3; Dtn 23,22–24

7,9–13 Das Korbán-Gelübde war ein Gelöbnis, durch das ein Gegenstand in den Dienst Gottes, des Tempels oder des Gottesdienstes gestellt und so der Nutznießung durch Menschen entzogen wurde.

7,16 Spätere Textzeugen fügen hier ein: Wenn einer Ohren hat zum Hören, so höre er. Vgl. 4,23.

DER GLAUBE DER HEIDNISCHEN FRAU: 7,24–30

24 Jesus brach auf und zog von dort in das Ge-
biet von Tyrus. Er ging in ein Haus, wollte
aber, dass niemand davon erfuhr; doch es
konnte nicht verborgen bleiben. 25 Eine Frau,
deren Tochter von einem unreinen Geist be-
sessen war, hörte von ihm; sie kam sogleich
herbei und fiel ihm zu Füßen. 26 Die Frau, von
Geburt Syrophönizierin, war eine Heidin.
Sie bat ihn, aus ihrer Tochter den Dämon aus-
zutreiben. 27 Da sagte er zu ihr: Lasst zuerst
die Kinder satt werden; denn es ist nicht
recht, das Brot den Kindern wegzunehmen
und den kleinen Hunden vorzuwerfen. 28 Sie
erwiderte ihm: Herr! Aber auch die kleinen
Hunde unter dem Tisch essen von den Brot-
krumen der Kinder. 29 Er antwortete ihr: Weil
du das gesagt hast, sage ich dir: Geh nach
Hause, der Dämon hat deine Tochter verlas-
sen! 30 Und als sie nach Hause kam, fand sie
das Kind auf dem Bett liegen und sah, dass
der Dämon es verlassen hatte.

24–30: Mt 15,21–31

DIE HEILUNG EINES TAUBSTUMMEN: 7,31–37

31 Jesus verließ das Gebiet von Tyrus wieder
und kam über Sidon an den See von Galiläa,
mitten in das Gebiet der Dekapolis. 32 Da
brachten sie zu ihm einen, der taub war und
stammelte, und baten ihn, er möge ihm die
Hand auflegen. 33 Er nahm ihn beiseite, von
der Menge weg, legte ihm die Finger in die
Ohren und berührte dann die Zunge des
Mannes mit Speichel; 34 danach blickte er
zum Himmel auf, seufzte und sagte zu ihm:
Effata!, das heißt: Öffne dich! 35 Sogleich
öffneten sich seine Ohren, seine Zunge
wurde von ihrer Fessel befreit und er konn-
te richtig reden. 36 Jesus verbot ihnen, je-
mandem davon zu erzählen. Doch je mehr
er es ihnen verbot, desto mehr verkündeten
sie es. 37 Sie staunten über alle Maßen und
sagten: Er hat alles gut gemacht; er macht,
dass die Tauben hören und die Stummen
sprechen.

33: 8,23 / **37:** Gen 1,31; Jes 35,5f.

DIE SPEISUNG DER VIERTAUSEND: 8,1–9

8 1 In jenen Tagen waren wieder einmal
viele Menschen um Jesus versammelt.
Da sie nichts zu essen hatten, rief er die Jün-
ger zu sich und sagte: 2 Ich habe Mitleid mit
diesen Menschen; sie sind schon drei Tage bei
mir und haben nichts mehr zu essen. 3 Wenn
ich sie hungrig nach Hause schicke, werden
sie auf dem Weg zusammenbrechen; denn
einige von ihnen sind von weit her gekom-
men. 4 Seine Jünger antworteten ihm: Woher
könnte jemand diese hier in der Wüste mit
Broten sättigen? 5 Er fragte sie: Wie viele Bro-
te habt ihr? Sie antworteten: Sieben. 6 Da
forderte er die Leute auf, sich auf den Boden
zu setzen. Dann nahm er die sieben Brote,
sprach das Dankgebet, brach die Brote und
gab sie seinen Jüngern zum Verteilen; und die
Jünger teilten sie an die Leute aus. 7 Sie hatten
auch noch ein paar Fische bei sich. Jesus seg-
nete sie und ließ auch sie austeilen. 8 Die Leu-
te aßen und wurden satt. Und sie hoben die
Überreste der Brotstücke auf, sieben Körbe
voll. 9 Es waren etwa viertausend Menschen
beisammen. Danach schickte er sie nach
Hause.

1–9: 6,34–44; Mt 14,13–21; 15,32–38; Lk 9,10–17; Joh 6,1–13 / **2:** Mt 9,36 / **6:** 8,20

DIE ZEICHENFORDERUNG DER GEGNER JESU: 8,10–13

10 Gleich darauf stieg er mit seinen Jüngern
ins Boot und fuhr in das Gebiet von Dalma-
nuta. 11 Da kamen die Pharisäer und began-
nen ein Streitgespräch mit ihm; sie forderten
von ihm ein Zeichen vom Himmel, um ihn
zu versuchen. 12 Da seufzte er im Geist auf
und sagte: Was fordert diese Generation ein
Zeichen? Amen, ich sage euch: Dieser Gene-
ration wird niemals ein Zeichen gegeben
werden. 13 Und er verließ sie, stieg in das Boot
und fuhr ans andere Ufer.

10–13: Mt 15,39–16,4
11: Mt 12,38f.; Lk 11,16.29; Joh 6,30; 1 Kor 1,22 / **12:** Ps 95,10f.; Jer 8,3

DIE BLINDEN JÜNGER: 8,14–21

14 Die Jünger hatten vergessen, Brote mitzu-
nehmen; nur ein einziges hatten sie im Boot
dabei. 15 Und er warnte sie: Gebt Acht, hütet
euch vor dem Sauerteig der Pharisäer und
dem Sauerteig des Herodes! 16 Sie aber mach-
ten sich Gedanken, weil sie keine Brote bei
sich hatten. 17 Als er das merkte, sagte er zu
ihnen: Was macht ihr euch darüber Gedan-
ken, dass ihr keine Brote habt? Begreift und

7,26 Heidin, wörtlich: Griechin.

versteht ihr immer noch nicht? Ist denn euer
Herz verstockt? 18 *Habt ihr* denn *keine Au-*
gen, um zu sehen, und keine Ohren, um zu
hören? Erinnert ihr euch nicht: 19 Als ich die
fünf Brote für die Fünftausend brach, wie
viele Körbe voll Brotstücke habt ihr da auf-
gehoben? Sie antworteten ihm: Zwölf.
20 Und als ich die sieben Brote für die Vier-
tausend brach, wie viele Körbe voll habt ihr
da aufgehoben? Sie antworteten: Sieben.
21 Da sagte er zu ihnen: Versteht ihr immer
noch nicht?

14–21: Mt 16,5–12
15: Lk 12,1 / **17:** 6,52 / **18:** Jer 5,21; Ez 12,2 / **19:** 6,41–44 /
20: 8,6–9

DIE HEILUNG EINES BLINDEN BEI BETSAIDA: 8,22–26

22 Sie kamen nach Betsaida. Da brachte man
einen Blinden zu Jesus und bat ihn, er möge
ihn berühren. 23 Er nahm den Blinden bei der
Hand, führte ihn vor das Dorf hinaus, be-
strich seine Augen mit Speichel, legte ihm die
Hände auf und fragte ihn: Siehst du etwas?
24 Der Mann blickte auf und sagte: Ich sehe
Menschen; denn ich sehe etwas, das wie Bäu-
me aussieht und umhergeht. 25 Da legte er
ihm nochmals die Hände auf die Augen; nun
sah der Mann deutlich. Er war wiederherge-
stellt und konnte alles ganz genau sehen.
26 Jesus schickte ihn nach Hause und sagte:
Geh aber nicht in das Dorf hinein!

23: 7,33; Joh 9,6

DER WEG JESU NACH JERUSALEM: 8,27–10,52

DAS CHRISTUSBEKENNTNIS DES PETRUS UND DIE ERSTE ANKÜNDIGUNG VON LEIDEN UND AUFERSTEHUNG JESU: 8,27–33

27 Jesus ging mit seinen Jüngern in die Dörfer
bei Cäsarea Philippi. Auf dem Weg fragte er
die Jünger: Für wen halten mich die Men-
schen? 28 Sie sagten zu ihm: Einige für Johan-
nes den Täufer, andere für Elija, wieder an-
dere für sonst einen von den Propheten. 29 Da
fragte er sie: Ihr aber, für wen haltet ihr mich?
Simon Petrus antwortete ihm: Du bist der
Christus! 30 Doch er gebot ihnen, niemandem
etwas über ihn zu sagen. 31 Dann begann er,
sie darüber zu belehren: Der Menschensohn
muss vieles erleiden und von den Ältesten,
den Hohepriestern und den Schriftgelehrten
verworfen werden; er muss getötet werden
und nach drei Tagen auferstehen. 32 Und er
redete mit Freimut darüber. Da nahm ihn
Petrus beiseite und begann, ihn zurechtzu-
weisen. 33 Jesus aber wandte sich um, sah
seine Jünger an und wies Petrus mit den Wor-
ten zurecht: Tritt hinter mich, du Satan!
Denn du hast nicht das im Sinn, was Gott
will, sondern was die Menschen wollen.

27–33: Mt 16,13–23; Lk 9,18–22
28: 6,14f. / **29:** Joh 11,27 / **31:** 9,31; 10,32–34

NACHFOLGE UND SELBSTVERLEUGNUNG: 8,34–9,1

34 Er rief die Volksmenge und seine Jünger zu
sich und sagte: Wenn einer hinter mir herge-
hen will, verleugne er sich selbst, nehme sein
Kreuz auf sich und folge mir nach. 35 Denn
wer sein Leben retten will, wird es verlieren;
wer aber sein Leben um meinetwillen und
um des Evangeliums willen verliert, wird es
retten. 36 Was nützt es einem Menschen,
wenn er die ganze Welt gewinnt, dabei aber
sein Leben einbüßt? 37 Um welchen Preis
könnte ein Mensch sein Leben zurückkau-
fen? 38 Denn wer sich vor dieser treulosen
und sündigen Generation meiner und mei-
ner Worte schämt, dessen wird sich auch der
Menschensohn schämen, wenn er mit den
heiligen Engeln in der Herrlichkeit seines
Vaters kommt.

9 1 Und er sagte zu ihnen: Amen, ich sage
euch: Von denen, die hier stehen, wer-
den einige den Tod nicht schmecken, bis sie
gesehen haben, dass das Reich Gottes in
Macht gekommen ist.

8,34–9,1: Mt 16,24–28; Lk 9,23–27
8,34: 14,66–72; Mt 8,22; 10,38; Lk 14,27 / **35:** Mt 10,39;
Lk 17,33; Joh 12,25 / **38:** Mt 10,33
9,1: Mt 10,23; 24,34

DIE VERKLÄRUNG JESU: 9,2–8

2 Sechs Tage danach nahm Jesus Petrus, Ja-
kobus und Johannes beiseite und führte sie
auf einen hohen Berg, aber nur sie allein.
Und er wurde vor ihnen verwandelt; 3 seine
Kleider wurden strahlend weiß, so weiß,
wie sie auf Erden kein Bleicher machen
kann. 4 Da erschien ihnen Elija und mit ihm
Mose und sie redeten mit Jesus. 5 Petrus sag-
te zu Jesus: Rabbi, es ist gut, dass wir hier
sind. Wir wollen drei Hütten bauen, eine für
dich, eine für Mose und eine für Elija. 6 Er
wusste nämlich nicht, was er sagen sollte;
denn sie waren vor Furcht ganz benommen.
7 Da kam eine Wolke und überschattete sie
und es erscholl eine Stimme aus der Wolke:
Dieser ist mein geliebter Sohn; auf ihn sollt
ihr hören. 8 Als sie dann um sich blickten,
sahen sie auf einmal niemanden mehr bei
sich außer Jesus.

2–8: Mt 17,1–9; Lk 9,28–36
2–8: Ex 24; 2 Petr 1,16–18 / **4**: 2 Kön 2,10–12; Mal 3,23f.; Sir 48,10 / **7**: Ps 2,7; Jes 42,1; Dtn 18,15–18; Mt 3,17

ÜBER DIE WIEDERKUNFT DES ELIJA: 9,9–13

9 Während sie den Berg hinabstiegen, gebot
er ihnen, niemandem zu erzählen, was sie
gesehen hatten, bis der Menschensohn von
den Toten auferstanden sei. 10 Dieses Wort
beschäftigte sie und sie fragten einander, was
das sei: von den Toten auferstehen. 11 Da frag-
ten sie ihn: Warum sagen die Schriftgelehr-
ten, zuerst müsse Elija kommen? 12 Er ant-
wortete: Ja, Elija kommt zuerst und stellt alles
wieder her. Aber warum heißt es dann vom
Menschensohn in der Schrift, er werde viel
leiden müssen und verachtet werden? 13 Ich
sage euch: Elija ist schon gekommen, doch sie
haben mit ihm gemacht, was sie wollten, wie
es in der Schrift steht.

9–13: Mt 17,10–13
9: Mt 8,4 / **12**: Ps 22,2–19; Jes 52,13–53,12; Mal 3,23 G / **13**: Mt 11,14

DIE ERFOLGLOSEN JÜNGER: 9,14–29

14 Als sie zu den anderen Jüngern zurückka-
men, sahen sie eine große Menschenmenge
um sie versammelt und Schriftgelehrte, die
mit ihnen stritten. 15 Sobald die Leute Jesus
sahen, liefen sie in großer Erregung auf ihn
zu und begrüßten ihn. 16 Er fragte sie: Wa-
rum streitet ihr mit ihnen? 17 Einer aus der
Menge antwortete ihm: Meister, ich habe
meinen Sohn zu dir gebracht. Er ist von ei-
nem stummen Geist besessen; 18 immer
wenn der Geist ihn überfällt, wirft er ihn zu
Boden und meinem Sohn tritt Schaum vor
den Mund, er knirscht mit den Zähnen und
wird starr. Ich habe schon deine Jünger ge-
beten, den Geist auszutreiben, aber sie hat-
ten nicht die Kraft dazu. 19 Da sagte er zu
ihnen: O du ungläubige Generation! Wie
lange muss ich noch bei euch sein? Wie lan-
ge muss ich euch noch ertragen? Bringt ihn
zu mir! 20 Und man führte ihn herbei. Sobald
der Geist Jesus sah, zerrte er den Jungen hin
und her, sodass er hinfiel und sich mit
Schaum vor dem Mund auf dem Boden wälz-
te. 21 Jesus fragte den Vater: Wie lange hat er
das schon? Der Vater antwortete: Von Kind
auf; 22 oft hat er ihn sogar ins Feuer oder ins
Wasser geworfen, um ihn umzubringen.
Doch wenn du kannst, hilf uns; hab Mitleid
mit uns! 23 Jesus sagte zu ihm: Wenn du
kannst? Alles kann, wer glaubt. 24 Da rief der
Vater des Knaben: Ich glaube; hilf meinem
Unglauben! 25 Als Jesus sah, dass die Leute
zusammenliefen, drohte er dem unreinen
Geist und sagte: Ich befehle dir, du stummer
und tauber Geist: Verlass ihn und kehr nicht
mehr in ihn zurück! 26 Da zerrte der Geist
den Knaben hin und her und verließ ihn mit
lautem Geschrei. Er lag da wie tot, sodass alle
Leute sagten: Er ist gestorben. 27 Jesus aber
fasste ihn an der Hand und richtete ihn auf
und er erhob sich.

28 Jesus trat in das Haus und seine Jünger
fragten ihn, als sie allein waren: Warum
konnten denn wir den Dämon nicht austrei-
ben? 29 Er antwortete ihnen: Diese Art kann
nur durch Gebet ausgetrieben werden.

14–29: Mt 17,14–21; Lk 9,37–43a

DIE ZWEITE ANKÜNDIGUNG VON LEIDEN, TOD UND AUFERSTEHUNG JESU: 9,30–32

30 Sie gingen von dort weg und zogen durch
Galiläa. Er wollte aber nicht, dass jemand da-
von erfuhr; 31 denn er belehrte seine Jünger
und sagte zu ihnen: Der Menschensohn wird
in die Hände von Menschen ausgeliefert und
sie werden ihn töten; doch drei Tage nach
seinem Tod wird er auferstehen. 32 Aber sie

9,14 Als sie ... zurückkamen, sahen sie; einige Textzeugen: Als er ... zurückkam, sah er.

9,29 Durch Gebet; einige Textzeugen: durch Gebet und Fasten. Vgl. Mt 17,21.

verstanden das Wort nicht, fürchteten sich
jedoch, ihn zu fragen.

30–32: Mt 17,22f.; Lk 9,43b–45
30: Lk 17,11 / **31:** 8,31; 10,33

DER RANGSTREIT DER JÜNGER: 9,33–37

33 Sie kamen nach Kafarnaum. Als er dann im
Haus war, fragte er sie: Worüber habt ihr auf
dem Weg gesprochen? 34 Sie schwiegen, denn
sie hatten auf dem Weg miteinander darüber
gesprochen, wer der Größte sei. 35 Da setzte
er sich, rief die Zwölf und sagte zu ihnen: Wer
der Erste sein will, soll der Letzte von allen
und der Diener aller sein. 36 Und er stellte ein
Kind in ihre Mitte, nahm es in seine Arme
und sagte zu ihnen: 37 Wer ein solches Kind
in meinem Namen aufnimmt, der nimmt
mich auf; und wer mich aufnimmt, der
nimmt nicht nur mich auf, sondern den, der
mich gesandt hat.

33–35: Mt 18,1–5; Lk 9,46–48
34: Lk 22,24–26 / **35:** 10,43; Mt 20,26f.; Lk 22,26

DER FREMDE WUNDERTÄTER: 9,38–40

38 Da sagte Johannes zu ihm: Meister, wir ha-
ben gesehen, wie jemand in deinem Namen
Dämonen austrieb; und wir versuchten, ihn
daran zu hindern, weil er uns nicht nachfolgt.
39 Jesus erwiderte: Hindert ihn nicht! Keiner,
der in meinem Namen eine Machttat voll-
bringt, kann so leicht schlecht von mir reden.
40 Denn wer nicht gegen uns ist, der ist für
uns.

38–40: Lk 9,49f.

WARNUNG VOR DER VERFÜHRUNG
ZUM BÖSEN: 9,41–50

41 Wer euch auch nur einen Becher Wasser zu
trinken gibt, weil ihr zu Christus gehört –
Amen, ich sage euch: Er wird gewiss nicht
um seinen Lohn kommen. 42 Wer einem von
diesen Kleinen, die an mich glauben, Ärger-
nis gibt, für den wäre es besser, wenn er mit
einem Mühlstein um den Hals ins Meer ge-
worfen würde. 43 Wenn dir deine Hand Är-
gernis gibt, dann hau sie ab; es ist besser für
dich, verstümmelt in das Leben zu gelangen,
als mit zwei Händen in die Hölle zu kommen,
in das nie erlöschende Feuer. [44] 45 Und wenn
dir dein Fuß Ärgernis gibt, dann hau ihn ab;
es ist besser für dich, lahm in das Leben zu
gelangen, als mit zwei Füßen in die Hölle ge-
worfen zu werden. [46] 47 Und wenn dir dein
Auge Ärgernis gibt, dann reiß es aus; es ist
besser für dich, einäugig in das Reich Gottes
zu kommen, als mit zwei Augen in die Hölle
geworfen zu werden, 48 wo *ihr Wurm nicht*
stirbt und das Feuer nicht erlischt. 49 Denn
jeder wird mit Feuer gesalzen werden. 50 Das
Salz ist etwas Gutes. Wenn das Salz die Kraft
zum Salzen verliert, womit wollt ihr ihm
seine Würze wiedergeben? Habt Salz in euch
und haltet Frieden untereinander!

41–48: Mt 18,6–9; Lk 17,1f. / **50:** Mt 5,13; Lk 14,34f.
43: Mt 5,30 / **47:** Mt 5,29 / **48:** Jes 66,24

AUFBRUCH NACH JUDÄA: 10,1

10 1 Von dort brach Jesus auf und kam
nach Judäa und in das Gebiet jenseits
des Jordan. Wieder versammelten sich viele
Leute bei ihm und er lehrte sie, wie er es ge-
wohnt war.

1: Mt 19,1f.

ÜBER DIE EHE UND EHESCHEIDUNG: 10,2–12

2 Da kamen Pharisäer zu ihm und fragten: Ist
es einem Mann erlaubt, seine Frau aus der Ehe
zu entlassen? Damit wollten sie ihn versu-
chen. 3 Er antwortete ihnen: Was hat euch
Mose vorgeschrieben? 4 Sie sagten: Mose hat
gestattet, eine Scheidungsurkunde auszu-
stellen und die Frau aus der Ehe zu entlassen.
5 Jesus entgegnete ihnen: Nur weil ihr so
hartherzig seid, hat er euch dieses Gebot ge-
geben. 6 Am Anfang der Schöpfung aber hat
Gott *sie männlich und weiblich erschaffen.*
7 *Darum wird der Mann Vater und Mutter*
verlassen 8 *und die zwei werden ein Fleisch*
sein. Sie sind also nicht mehr zwei, sondern
ein Fleisch. 9 Was aber Gott verbunden hat,
das darf der Mensch nicht trennen. 10 Zu Hau-
se befragten ihn die Jünger noch einmal da-
rüber. 11 Er antwortete ihnen: Wer seine Frau
aus der Ehe entlässt und eine andere heiratet,
begeht ihr gegenüber Ehebruch. 12 Und wenn
sie ihren Mann aus der Ehe entlässt und einen
anderen heiratet, begeht sie Ehebruch.

2–9: Mt 19,3–9 / **11:** Mt 5,32; Lk 16,18
4: Dtn 24,1–4; Mt 5,31f. / **6:** Gen 1,27 / **7–8:** Gen 2,24 /
11–12: 1 Kor 7,10f.

9,42 An mich: nicht in einigen alten Textzeugen.

9,44.46 Spätere Textzeugen fügen hier ein: wo ihr Wurm nicht stirbt und das Feuer nicht erlischt. Vgl. 9,48.

10,7 Verlassen, einige alte Textzeugen ergänzen hier: und sich an seine Frau binden. Vgl. Gen 2,24; Mt 19,5.

DIE SEGNUNG DER KINDER: 10,13–16
13 Da brachte man Kinder zu ihm, damit er sie
berühre. Die Jünger aber wiesen die Leute
zurecht. 14 Als Jesus das sah, wurde er unwil-
lig und sagte zu ihnen: Lasst die Kinder zu
mir kommen; hindert sie nicht daran! Denn
solchen wie ihnen gehört das Reich Gottes.
15 Amen, ich sage euch: Wer das Reich Gottes
nicht so annimmt wie ein Kind, der wird
nicht hineinkommen. 16 Und er nahm die
Kinder in seine Arme; dann legte er ihnen die
Hände auf und segnete sie.

13–16: Mt 19,13–15; Lk 18,15–17
15: Mt 18,3

REICHTUM UND NACHFOLGE: 10,17–31
17 Als sich Jesus wieder auf den Weg machte,
lief ein Mann auf ihn zu, fiel vor ihm auf die
Knie und fragte ihn: Guter Meister, was muss
ich tun, um das ewige Leben zu erben? 18 Je-
sus antwortete: Warum nennst du mich gut?
Niemand ist gut außer der eine Gott. 19 Du
kennst doch die Gebote: *Du sollst nicht töten,
du sollst nicht die Ehe brechen, du sollst
nicht stehlen, du sollst nicht falsch aussagen,
du sollst keinen Raub begehen; ehre deinen
Vater und deine Mutter!* 20 Er erwiderte ihm:
Meister, alle diese Gebote habe ich von Ju-
gend an befolgt. 21 Da sah ihn Jesus an, um-
armte ihn und sagte: Eines fehlt dir noch:
Geh, verkaufe, was du hast, gib es den Armen
und du wirst einen Schatz im Himmel haben;
dann komm und folge mir nach! 22 Der Mann
aber war betrübt, als er das hörte, und ging
traurig weg; denn er hatte ein großes Vermö-
gen. 23 Da sah Jesus seine Jünger an und sagte
zu ihnen: Wie schwer ist es für Menschen,
die viel besitzen, in das Reich Gottes zu kom-
men!

24 Die Jünger waren über seine Worte be-
stürzt. Jesus aber sagte noch einmal zu ih-
nen: Meine Kinder, wie schwer ist es, in das
Reich Gottes zu kommen! 25 Leichter geht
ein Kamel durch ein Nadelöhr, als dass ein
Reicher in das Reich Gottes gelangt. 26 Sie
aber gerieten über alle Maßen außer sich vor
Schrecken und sagten zueinander: Wer
kann dann noch gerettet werden? 27 Jesus
sah sie an und sagte: Für Menschen ist das
unmöglich, aber nicht für Gott; denn für
Gott ist alles möglich. 28 Da sagte Petrus zu
ihm: Siehe, wir haben alles verlassen und
sind dir nachgefolgt.

29 Jesus antwortete: Amen, ich sage euch:
Jeder, der um meinetwillen und um des
Evangeliums willen Haus oder Brüder,
Schwestern, Mutter, Vater, Kinder oder
Äcker verlassen hat, 30 wird das Hundertfa-
che dafür empfangen. Jetzt in dieser Zeit wird
er Häuser und Brüder, Schwestern und Müt-
ter, Kinder und Äcker erhalten, wenn auch
unter Verfolgungen, und in der kommenden
Welt das ewige Leben. 31 Viele Erste werden
Letzte sein und die Letzten Erste.

17–31: Mt 19,16–30; Lk 18,18–30
18: Dtn 6,4 / **19:** Ex 20,12–16; Dtn 5,16–20 / **21:** Mt 8,22 /
27: Gen 18,14; Ijob 42,2; Lk 1,37 / **31:** Mt 19,30; 20,16; Lk 13,30

DIE DRITTE ANKÜNDIGUNG VON LEIDEN
UND AUFERSTEHUNG JESU: 10,32–34
32 Während sie auf dem Weg hinauf nach Je-
rusalem waren, ging Jesus voraus. Die Leute
wunderten sich über ihn, die ihm nachfolg-
ten aber hatten Angst. Da versammelte er die
Zwölf wieder um sich und kündigte ihnen
an, was ihm bevorstand. 33 Er sagte: Siehe, wir
gehen nach Jerusalem hinauf; und der Men-
schensohn wird den Hohepriestern und den
Schriftgelehrten ausgeliefert; sie werden ihn
zum Tod verurteilen und den Heiden auslie-
fern; 34 sie werden ihn verspotten, anspu-
cken, geißeln und töten. Und nach drei Tagen
wird er auferstehen.

32–34: Mt 20,17–19; Lk 18,31–34
33–34: 8,31; 9,31 / **34:** 16,6

VOM DIENEN UND HERRSCHEN: 10,35–45
35 Da traten Jakobus und Johannes, die Söhne
des Zebedäus, zu ihm und sagten: Meister,
wir möchten, dass du uns eine Bitte erfüllst.
36 Er antwortete: Was soll ich für euch tun?
37 Sie sagten zu ihm: Lass in deiner Herrlich-
keit einen von uns rechts und den andern
links neben dir sitzen! 38 Jesus erwiderte: Ihr
wisst nicht, um was ihr bittet. Könnt ihr den
Kelch trinken, den ich trinke, oder die Taufe
auf euch nehmen, mit der ich getauft werde?
39 Sie antworteten: Wir können es. Da sagte
Jesus zu ihnen: Ihr werdet den Kelch trinken,
den ich trinke, und die Taufe empfangen, mit
der ich getauft werde. 40 Doch den Platz zu
meiner Rechten und zu meiner Linken habe
nicht ich zu vergeben; dort werden die sitzen,
für die es bestimmt ist. 41 Als die zehn ande-
ren Jünger das hörten, wurden sie sehr ärger-
lich über Jakobus und Johannes. 42 Da rief

Jesus sie zu sich und sagte: Ihr wisst, dass die,
die als Herrscher gelten, ihre Völker unter-
drücken und ihre Großen ihre Macht gegen
sie gebrauchen. 43 Bei euch aber soll es nicht
so sein, sondern wer bei euch groß sein will,
der soll euer Diener sein, 44 und wer bei euch
der Erste sein will, soll der Sklave aller sein.
45 Denn auch der Menschensohn ist nicht ge-
kommen, um sich dienen zu lassen, sondern
um zu dienen und sein Leben hinzugeben als
Lösegeld für viele.

35–40: Mt 20,20–23 / **41–45**: Mt 20,24–28; Lk 22,24–27
38–39: 14,36; Lk 12,50; Ps 75,9; 69,2f.; 2 Sam 22,5 / **43–44**: 9,35; Mt 23,11 / **45**: Jes 53,10–12

DIE HEILUNG EINES BLINDEN BEI JERICHO: 10,46–52

46 Sie kamen nach Jericho. Als er mit seinen
Jüngern und einer großen Menschenmenge
Jericho wieder verließ, saß am Weg ein blin-
der Bettler, Bartimäus, der Sohn des Timäus.
47 Sobald er hörte, dass es Jesus von Nazaret
war, rief er laut: Sohn Davids, Jesus, hab Er-
barmen mit mir! 48 Viele befahlen ihm zu
schweigen. Er aber schrie noch viel lauter:
Sohn Davids, hab Erbarmen mit mir! 49 Jesus
blieb stehen und sagte: Ruft ihn her! Sie rie-
fen den Blinden und sagten zu ihm: Hab nur
Mut, steh auf, er ruft dich. 50 Da warf er seinen
Mantel weg, sprang auf und lief auf Jesus zu.
51 Und Jesus fragte ihn: Was willst du, dass
ich dir tue? Der Blinde antwortete: Rabbuni,
ich möchte sehen können. 52 Da sagte Jesus
zu ihm: Geh! Dein Glaube hat dich gerettet.
Im gleichen Augenblick konnte er sehen und
er folgte Jesus auf seinem Weg nach.

46–52: Mt 20,29–34; Lk 18,35–43
46–52: Mt 9,27–31 / **52**: 5,34; Mt 9,22; Lk 7,50; 8,48; 17,19

10,51 Rabbuni, wörtlich: mein Meister. Vgl. Joh 20,16.

DAS WIRKEN JESU IN JERUSALEM: 11,1–13,37

DER EINZUG IN JERUSALEM: 11,1–11

11 1 Als sie in die Nähe von Jerusalem ka-
men, nach Betfage und Betanien am
Ölberg, schickte er zwei seiner Jünger aus.
2 Er sagte zu ihnen: Geht in das Dorf, das vor
euch liegt; gleich wenn ihr hineinkommt,
werdet ihr ein Fohlen angebunden finden,
auf dem noch nie ein Mensch gesessen hat.
Bindet es los und bringt es her! 3 Und wenn
jemand zu euch sagt: Was tut ihr da?, dann
antwortet: Der Herr braucht es; er lässt es
bald wieder zurückbringen. 4 Da machten sie
sich auf den Weg und fanden außen an einer
Tür an der Straße ein Fohlen angebunden
und sie banden es los. 5 Einige, die dabeistan-
den, sagten zu ihnen: Wie kommt ihr dazu,
das Fohlen loszubinden? 6 Sie gaben ihnen
zur Antwort, was Jesus gesagt hatte, und
man ließ sie gewähren. 7 Sie brachten das
Fohlen zu Jesus, legten ihre Kleider auf das
Tier und er setzte sich darauf. 8 Und viele brei-
teten ihre Kleider auf den Weg aus, andere
aber Büschel, die sie von den Feldern abgeris-
sen hatten. 9 Die Leute, die vor ihm hergingen
und die ihm nachfolgten, riefen: *Hosanna!*
Gesegnet sei er, der kommt im Namen des
Herrn! 10 Gesegnet sei das Reich unseres Va-
ters David, das nun kommt. Hosanna in der
Höhe! 11 Und er zog nach Jerusalem hinein,
in den Tempel; nachdem er sich alles angese-
hen hatte, ging er spät am Abend mit den
Zwölf nach Betanien hinaus.

1–11: Mt 21,1–9; Lk 19,28–38; Joh 12,12–14
7: Sach 9,9 / **9**: Ps 118,25f.; Mt 23,39; Lk 13,35

DIE VERFLUCHUNG DES FEIGENBAUMS: 11,12–14

12 Als sie am nächsten Tag Betanien verlie-
ßen, hatte er Hunger. 13 Da sah er von Weitem
einen Feigenbaum mit Blättern und ging hin,
um nach Früchten zu suchen. Aber er fand
nichts als Blätter; denn es war nicht die Zeit
der Feigenernte. 14 Da sagte er zu ihm: In
Ewigkeit soll niemand mehr eine Frucht von
dir essen. Und seine Jünger hörten es.

12–14: Mt 21,18f.
13–14: Lk 13,6–9

DIE REINIGUNG DES TEMPELS: 11,15–19

15 Dann kamen sie nach Jerusalem. Jesus ging
in den Tempel und begann, die Händler und
Käufer aus dem Tempel hinauszutreiben; er
stieß die Tische der Geldwechsler und die

Stände der Taubenhändler um 16 und ließ
nicht zu, dass jemand irgendetwas durch den
Tempelbezirk trug. 17 Er belehrte sie und sag-
te: Heißt es nicht in der Schrift: *Mein Haus
soll ein Haus des Gebetes für alle Völker ge-
nannt werden*? Ihr aber habt daraus eine
Räuberhöhle gemacht. 18 Die Hohepriester
und die Schriftgelehrten hörten davon und
suchten nach einer Möglichkeit, ihn umzu-
bringen. Denn sie fürchteten ihn, weil das
Volk außer sich war vor Staunen über seine
Lehre. 19 Als es Abend wurde, verließ Jesus
mit seinen Jüngern die Stadt.

15–19: Mt 21,12–17; Lk 19,45–48; Joh 2,13–16
15: Sach 14,21 / **17**: Jes 56,7; Jer 7,11 / **18**: 12,12; 14,1f.

DER VERDORRTE FEIGENBAUM UND DER GLAUBE: 11,20–26

20 Als sie am nächsten Morgen an dem Fei-
genbaum vorbeikamen, sahen sie, dass er bis
zu den Wurzeln verdorrt war. 21 Da erinner-
te sich Petrus und sagte zu Jesus: Rabbi, sieh
doch, der Feigenbaum, den du verflucht hast,
ist verdorrt. 22 Jesus sagte zu ihnen: Habt
Glauben an Gott! 23 Amen, ich sage euch:
Wenn jemand zu diesem Berg sagt: Heb dich
empor und stürz dich ins Meer! und wenn er
in seinem Herzen nicht zweifelt, sondern
glaubt, dass geschieht, was er sagt, dann wird
es geschehen. 24 Darum sage ich euch: Alles,
worum ihr betet und bittet – glaubt nur, dass
ihr es schon erhalten habt, dann wird es euch
zuteil. 25 Und wenn ihr beten wollt und ihr
habt einem anderen etwas vorzuwerfen,
dann vergebt ihm, damit auch euer Vater im
Himmel euch eure Verfehlungen vergibt. [26]

20–25: Mt 21,20–22
23: Mt 17,20; Lk 17,6 / **24**: Mt 7,7 / **25**: Mt 6,14f.; Lk 6,37

DIE FRAGE NACH DER VOLLMACHT JESU: 11,27–33

27 Sie kamen wieder nach Jerusalem. Als er im
Tempel umherging, kamen die Hohepries-
ter, die Schriftgelehrten und die Ältesten zu
ihm 28 und fragten ihn: In welcher Vollmacht
tust du das? Wer hat dir diese Vollmacht ge-
geben, das zu tun? 29 Jesus sagte zu ihnen: Ich
will euch eine Frage stellen. Antwortet mir,
dann werde ich euch sagen, in welcher Voll-
macht ich das tue. 30 Stammte die Taufe des
Johannes vom Himmel oder von den Men-
schen? Antwortet mir! 31 Da überlegten sie
und sagten zueinander: Wenn wir antworten:
Vom Himmel, so wird er sagen: Warum habt
ihr ihm dann nicht geglaubt? 32 Sollen wir also
antworten: Von den Menschen? Sie fürchte-
ten sich aber vor den Leuten; denn alle hielten
Johannes wirklich für einen Propheten. 33 Da-
rum antworteten sie Jesus: Wir wissen es
nicht. Jesus erwiderte: Dann sage auch ich
euch nicht, in welcher Vollmacht ich das tue.

27–33: Mt 21,23–27; Lk 20,1–8

DAS GLEICHNIS VON DEN WINZERN: 12,1–12

12 1 Jesus begann zu ihnen in Gleichnissen
zu reden: Ein Mann legte einen Wein-
berg an, zog ringsherum einen Zaun, hob eine
Kelter aus und baute einen Turm. Dann ver-
pachtete er den Weinberg an Winzer und reis-
te in ein anderes Land. 2 Als nun die Zeit dafür
gekommen war, schickte er einen Knecht zu
den Winzern, um bei ihnen seinen Anteil an
den Früchten des Weinbergs holen zu lassen.
3 Sie aber packten und prügelten ihn und jag-
ten ihn mit leeren Händen fort. 4 Darauf
schickte er einen anderen Knecht zu ihnen;
und ihn schlugen sie auf den Kopf und entehr-
ten ihn. 5 Als er einen dritten schickte, brach-
ten sie ihn um. Ähnlich ging es vielen ande-
ren; die einen wurden geprügelt, die andern
umgebracht. 6 Schließlich blieb ihm nur noch
einer: sein geliebter Sohn. Ihn sandte er als
Letzten zu ihnen, denn er dachte: Vor meinem
Sohn werden sie Achtung haben. 7 Die Winzer
aber sagten zueinander: Das ist der Erbe. Auf,
wir wollen ihn umbringen, dann gehört sein
Erbe uns. 8 Und sie packten ihn und brachten
ihn um und warfen ihn aus dem Weinberg
hinaus. 9 Was wird nun der Besitzer des Wein-
bergs tun? Er wird kommen und die Winzer
vernichten und den Weinberg anderen geben.
10 Habt ihr nicht das Schriftwort gelesen: *Der
Stein, den die Bauleute verworfen haben, er
ist zum Eckstein geworden;* 11 *vom Herrn ist
das geschehen und es ist wunderbar in unse-
ren Augen*? 12 Daraufhin hätten sie Jesus gern
verhaften lassen; aber sie fürchteten die Men-
ge. Denn sie hatten gemerkt, dass er mit die-
sem Gleichnis sie meinte. Da ließen sie ihn
stehen und gingen weg.

1–12: Mt 21,33–46; Lk 20,9–19
1: Jes 5,1f. G / **2–5**: Jer 7,25f. / **6**: 1,11; 9,7 / **10–11**: Ps 118,22f. G / **12**: 11,18; 14,1f.

11,26 Spätere Textzeugen fügen hier ein: Wenn ihr aber nicht vergebt, dann wird euch euer Vater im Himmel eure Verfehlungen auch nicht vergeben. Vgl. Mt 6,15.

DIE FRAGE NACH DER KAISERLICHEN
STEUER: 12,13–17
13 Einige Pharisäer und einige Anhänger des
Herodes wurden zu Jesus geschickt, um ihn
mit einer Frage in eine Falle zu locken. 14 Sie
kamen zu ihm und sagten: Meister, wir wis-
sen, dass du die Wahrheit sagst und auf nie-
manden Rücksicht nimmst; denn du siehst
nicht auf die Person, sondern lehrst wahrhaf-
tig den Weg Gottes. Ist es erlaubt, dem Kaiser
Steuer zu zahlen, oder nicht? Sollen wir sie
zahlen oder nicht zahlen? 15 Er aber durch-
schaute ihre Heuchelei und sagte zu ihnen:
Warum versucht ihr mich? Bringt mir einen
Denar, ich will ihn sehen. 16 Man brachte ihm
einen. Er fragte sie: Wessen Bild und Auf-
schrift ist das? Sie antworteten ihm: Des Kai-
sers. 17 Da sagte Jesus zu ihnen: So gebt dem
Kaiser, was dem Kaiser gehört, und Gott, was
Gott gehört! Und sie waren sehr erstaunt
über ihn.
13-17: Mt 22,15–22; Lk 20,20–26

DIE FRAGE NACH DER AUFERSTEHUNG
DER TOTEN: 12,18–27
18 Von den Sadduzäern, die behaupten, es
gebe keine Auferstehung, kamen einige zu
Jesus und fragten ihn: 19 Meister, Mose hat
uns vorgeschrieben: Wenn ein Mann, der
einen Bruder hat, stirbt und eine Frau hin-
terlässt, aber kein Kind, dann soll sein Bru-
der die Frau nehmen und seinem Bruder
Nachkommen verschaffen. 20 Es lebten ein-
mal sieben Brüder. Der erste nahm sich eine
Frau, und als er starb, hinterließ er keine
Nachkommen. 21 Da nahm sie der zweite;
auch er starb, ohne Nachkommen zu hinter-
lassen, und ebenso der dritte. 22 Keiner der
sieben hatte Nachkommen. Als letzte von
allen starb die Frau. 23 Wessen Frau wird sie
nun bei der Auferstehung sein? Alle sieben
haben sie doch zur Frau gehabt. 24 Jesus
sagte zu ihnen: Ihr irrt euch, ihr kennt we-
der die Schrift noch die Macht Gottes.
25 Wenn nämlich die Menschen von den
Toten auferstehen, heiraten sie nicht,
noch lassen sie sich heiraten, sondern
sind wie Engel im Himmel. 26 Dass aber die
Toten auferstehen, habt ihr das nicht im
Buch des Mose gelesen, in der Geschichte
vom Dornbusch, in der Gott zu Mose
spricht: *Ich bin der Gott Abrahams, der Gott
Isaaks und der Gott Jakobs*? 27 Er ist kein Gott
von Toten, sondern von Lebenden. Ihr irrt
euch sehr.
18-27: Mt 22,23–32; Lk 20,27–38
18: Apg 23,8 / **19:** Dtn 25,5f.; Gen 38,8 / **26:** Ex 3,6

DIE FRAGE NACH DEM WICHTIGSTEN GEBOT:
12,28–34
28 Ein Schriftgelehrter hatte ihrem Streit zu-
gehört; und da er bemerkt hatte, wie treffend
Jesus ihnen antwortete, ging er zu ihm hin
und fragte ihn: Welches Gebot ist das erste
von allen? 29 Jesus antwortete: Das erste ist:
*Höre, Israel, der Herr, unser Gott, ist der ein-
zige Herr.* 30 *Darum sollst du den Herrn, dei-
nen Gott, lieben mit ganzem Herzen und
ganzer Seele, mit deinem ganzen Denken
und mit deiner ganzen Kraft.* 31 Als zweites
kommt hinzu: *Du sollst deinen Nächsten
lieben wie dich selbst.* Kein anderes Gebot ist
größer als diese beiden. 32 Da sagte der
Schriftgelehrte zu ihm: Sehr gut, Meister!
Ganz richtig hast du gesagt: *Er allein ist der
Herr und es gibt keinen anderen außer ihm*
33 und *ihn mit ganzem Herzen, ganzem Ver-
stand und ganzer Kraft zu lieben und den
Nächsten zu lieben wie sich selbst*, ist weit
mehr als alle Brandopfer und anderen Opfer.
34 Jesus sah, dass er mit Verständnis geant-
wortet hatte, und sagte zu ihm: Du bist nicht
fern vom Reich Gottes. Und keiner wagte
mehr, Jesus eine Frage zu stellen.
28-34: Mt 22,34–40; Lk 10,25–28
29-30: Dtn 6,4f. / **31:** Lev 19,18 / **32:** Lk 20,39; Dtn 4,35; 6,4f. / **33:** 1 Sam 15,22; Ps 51,18; Spr 21,3; Hos 6,6 / **34:** Mt 22,46; Lk 20,40

DIE FRAGE NACH DEM DAVIDSSOHN: 12,35–37a
35 Als Jesus im Tempel lehrte, sagte er: Wie
können die Schriftgelehrten behaupten, der
Christus sei der Sohn Davids? 36 Denn David
hat, vom Heiligen Geist erfüllt, selbst gesagt:
*Der Herr sprach zu meinem Herrn: Setze
dich mir zur Rechten, bis ich dir deine Feinde
unter die Füße lege!* 37 David selbst also nennt
ihn Herr. Wie kann er dann sein Sohn sein?
35-37a: Mt 22,41–45; Lk 20,41–44
36: Ps 110,1

POLEMIK GEGEN DIE SCHRIFTGELEHRTEN:
12,37b–40
Es war eine große Menschenmenge versam-
melt und hörte ihm mit Freude zu. 38 Er lehr-
te sie und sagte: Nehmt euch in Acht vor den

Schriftgelehrten! Sie gehen gern in langen
Gewändern umher, lieben es, wenn man sie
auf den Marktplätzen grüßt, 39 und sie wollen
in der Synagoge die Ehrensitze und bei jedem
Festmahl die Ehrenplätze haben. 40 Sie fres-
sen die Häuser der Witwen auf und verrich-
ten in ihrer Scheinheiligkeit lange Gebete.
Umso härter wird das Urteil sein, das sie er-
wartet.

37b–40: Mt 23,1.5–7.14; Lk 20,45–47
38–39: Lk 11,43

DIE VORBILDLICHE WITWE: 12,41–44

41 Als Jesus einmal dem Opferkasten gegen-
übersaß, sah er zu, wie die Leute Geld in den
Kasten warfen. Viele Reiche kamen und ga-
ben viel. 42 Da kam auch eine arme Witwe
und warf zwei kleine Münzen hinein. 43 Er
rief seine Jünger zu sich und sagte: Amen, ich
sage euch: Diese arme Witwe hat mehr in den
Opferkasten hineingeworfen als alle andern.
44 Denn sie alle haben nur etwas von ihrem
Überfluss hineingeworfen; diese Frau aber,
die kaum das Nötigste zum Leben hat, sie hat
alles hergegeben, was sie besaß, ihren ganzen
Lebensunterhalt.

41–44: Lk 21,1–4

DIE ANKÜNDIGUNG DER ZERSTÖRUNG DES TEMPELS: 13,1–2

13 1 Als Jesus den Tempel verließ, sagte
einer von seinen Jüngern zu ihm: Meis-
ter, sieh, was für Steine und was für Bauten!
2 Jesus sagte zu ihm: Siehst du diese großen
Bauten? Kein Stein wird hier auf dem andern
bleiben, der nicht niedergerissen wird.

1–2: Mt 24,1f.; Lk 21,5f.
2: Lk 19,44

DER ANFANG DER ENDZEITLICHEN NOT: 13,3–13

3 Und als er auf dem Ölberg saß, dem Tempel
gegenüber, fragten ihn Petrus, Jakobus, Jo-
hannes und Andreas, die mit ihm allein wa-
ren: 4 Sag uns, wann wird das geschehen und
was ist das Zeichen, dass dies alles sich voll-
enden soll? 5 Jesus sagte zu ihnen: Gebt Acht,
dass euch niemand irreführt! 6 Viele werden
unter meinem Namen auftreten und sagen:
Ich bin es! Und sie werden viele irreführen.
7 Wenn ihr von Kriegen hört und von Kriegs-
gerüchten, lasst euch nicht erschrecken! Das
muss geschehen. Es ist aber noch nicht das
Ende. 8 Denn Volk wird sich gegen Volk und
Reich gegen Reich erheben. Und an vielen
Orten wird es Erdbeben und Hungersnöte
geben. Doch das ist erst der Anfang der We-
hen. 9 Ihr aber, gebt Acht auf euch selbst: Man
wird euch um meinetwillen an die Gerichte
ausliefern, in den Synagogen misshandeln
und vor Statthalter und Könige stellen – ih-
nen zum Zeugnis. 10 Allen Völkern muss zu-
erst das Evangelium verkündet werden.
11 Und wenn man euch abführt und auslie-
fert, macht euch nicht im Voraus Sorgen, was
ihr reden sollt; sondern was euch in jener
Stunde eingegeben wird, das sagt! Denn
nicht ihr werdet dann reden, sondern der
Heilige Geist. 12 Brüder werden einander dem
Tod ausliefern und Väter ihre Kinder und die
Kinder werden sich gegen ihre Eltern aufleh-
nen und sie in den Tod schicken. 13 Und ihr
werdet um meines Namens willen von allen
gehasst werden; wer aber bis zum Ende
standhaft bleibt, der wird gerettet werden.

3–13: Mt 24,3–14; Lk 21,7–19
7: Dan 2,28 G / **8**: Jes 19,2 / **9–13**: Mt 10,17–22; Joh 16,1–4a / **11**: Lk 12,11f. / **12**: Mi 7,6 / **13**: Joh 15,18

VOM HÖHEPUNKT DER NOT: 13,14–23

14 Wenn ihr aber *den Gräuel der Verwüstung*
an dem Ort seht, wo er nicht stehen darf – der
Leser begreife –, dann sollen die Bewohner
von Judäa in die Berge fliehen; 15 wer gerade
auf dem Dach ist, soll nicht hinabsteigen und
hineingehen, um etwas aus seinem Haus zu
holen; 16 und wer auf dem Feld ist, soll nicht
zurückkehren, um seinen Mantel zu holen.
17 Weh aber den Frauen, die in jenen Tagen
schwanger sind oder ein Kind stillen! 18 Betet
darum, dass es nicht im Winter geschieht!
19 Denn jene Tage werden eine Drangsal sein,
wie es sie nie gegeben hat, von Anfang der
Schöpfung, die Gott geschaffen hat, bis heute,
und wie es auch keine mehr geben wird. 20 Und
wenn der Herr die Tage nicht verkürzt hätte,
dann würde kein Mensch gerettet; aber um
seiner Auserwählten willen hat er die Tage
verkürzt. 21 Wenn dann jemand zu euch sagt:
Seht, hier ist der Christus! oder: Seht, dort ist
er!, so glaubt es nicht! 22 Denn es wird mancher
falsche Christus und mancher falsche Prophet
auftreten und sie werden Zeichen und Wun-
der wirken, um, wenn möglich, die Auser-

12,42 Zwei kleine Münzen, wörtlich: zwei Lepta, das ist ein Quadrans. Vgl. Anm. zu Mt 5,26.

wählten irrezuführen. 23 Ihr aber, gebt Acht!
Ich habe euch alles vorausgesagt.

14–23: Mt 24,15–26; Lk 17,23; 21,20–24
14: Dan 9,27; 11,31; 12,11; 1 Makk 1,54.59; 6,7 / **15–16**: Lk 17,31 / **19**: Dan 12,1; Joël 2,2

DAS KOMMEN DES MENSCHENSOHNES: 13,24–27

24 Aber in jenen Tagen, nach jener Drangsal,
wird die Sonne verfinstert werden und der
Mond wird nicht mehr scheinen; 25 *die Sterne*
werden vom Himmel *fallen* und die Kräfte
des Himmels werden erschüttert werden.
26 Dann wird man *den Menschensohn in*
Wolken kommen sehen, mit großer Kraft und
Herrlichkeit. 27 Und er wird die Engel aussen-
den und die von ihm Auserwählten aus allen
vier Windrichtungen zusammenführen,
vom Ende der Erde bis zum Ende des Him-
mels.

24–27: Mt 24,29–31; Lk 21,25–28
24–25: Jes 13,10; 34,4 G; Joël 2,10; Hag 2,6.21; 2 Petr 3,10 / **26**: 14,62; Dan 7,13f.; Mt 26,64; Offb 1,7 / **27**: Sach 2,10 G

DER NAHE, ABER UNBEKANNTE ZEITPUNKT: 13,28–32

28 Lernt etwas aus dem Vergleich mit dem Fei-
genbaum! Sobald seine Zweige saftig werden
und Blätter treiben, erkennt ihr, dass der Som-
mer nahe ist. 29 So erkennt auch ihr, wenn ihr
das geschehen seht, dass er nahe vor der Tür
ist. 30 Amen, ich sage euch: Diese Generation
wird nicht vergehen, bis das alles geschieht.
31 Himmel und Erde werden vergehen, aber
meine Worte werden nicht vergehen. 32 Doch
jenen Tag und jene Stunde kennt niemand,
auch nicht die Engel im Himmel, nicht einmal
der Sohn, sondern nur der Vater.

28–32: Mt 24,32–36; Lk 21,29–33
30: 9,1; Mt 16,28; Lk 9,27 / **31**: Jes 40,8

AUFFORDERUNG ZUR WACHSAMKEIT: 13,33–37

33 Gebt Acht und bleibt wach! Denn ihr wisst
nicht, wann die Zeit da ist. 34 Es ist wie mit
einem Mann, der sein Haus verließ, um auf
Reisen zu gehen: Er übertrug die Vollmacht
seinen Knechten, jedem eine bestimmte
Aufgabe; dem Türhüter befahl er, wachsam
zu sein. 35 Seid also wachsam! Denn ihr wisst
nicht, wann der Hausherr kommt, ob am
Abend oder um Mitternacht, ob beim Hah-
nenschrei oder erst am Morgen. 36 Er soll
euch, wenn er plötzlich kommt, nicht schla-
fend antreffen. 37 Was ich aber euch sage, das
sage ich allen: Seid wachsam!

33–37: Mt 24,42; 25,13–30; Lk 12,39–46

PASSION UND ERWECKUNG JESU: 14,1–16,20

DER TODESBESCHLUSS DER HOHEPRIESTER UND SCHRIFTGELEHRTEN: 14,1f.

14 1 Es war zwei Tage vor dem Pascha und
dem Fest der Ungesäuerten Brote. Die
Hohepriester und die Schriftgelehrten such-
ten nach einer Möglichkeit, Jesus mit List in
ihre Gewalt zu bringen, um ihn zu töten. 2 Sie
sagten aber: Ja nicht am Fest, damit es im Volk
keinen Aufruhr gibt!

1–2: Mt 26,1–5; Lk 22,1f.
1: 11,18; 12,12; Ex 12; 34,18; Lev 23,5–8; Dtn 16,1–8

DIE SALBUNG JESU IM HAUS SIMONS DES AUSSÄTZIGEN: 14,3–9

3 Als Jesus in Betanien im Haus Simons des
Aussätzigen zu Tisch war, kam eine Frau mit
einem Alabastergefäß voll echtem, kostba-
rem Nardenöl, zerbrach es und goss das Öl
über sein Haupt. 4 Einige aber wurden unwil-
lig und sagten zueinander: Wozu diese Ver-
schwendung? 5 Man hätte das Öl um mehr als
dreihundert Denare verkaufen und das Geld
den Armen geben können. Und sie fuhren die
Frau heftig an. 6 Jesus aber sagte: Hört auf!
Warum lasst ihr sie nicht in Ruhe? Sie hat ein
gutes Werk an mir getan. 7 Denn die Armen
habt ihr immer bei euch und ihr könnt ihnen
Gutes tun, sooft ihr wollt; mich aber habt ihr
nicht immer. 8 Sie hat getan, was sie konnte.
Sie hat im Voraus meinen Leib für das Begräb-
nis gesalbt. 9 Amen, ich sage euch: Auf der
ganzen Welt, wo das Evangelium verkündet
wird, wird man auch erzählen, was sie getan
hat, zu ihrem Gedächtnis.

3–9: Mt 26,6–13; Lk 7,36–50; Joh 12,1–8
7: Dtn 15,11

EINER DER ZWÖLF ALS ÜBERLÄUFER: 14,10–11

10 Judas Iskariot, einer der Zwölf, ging zu den
Hohepriestern. Er wollte Jesus an sie auslie-
fern. 11 Als sie das hörten, freuten sie sich und
versprachen, ihm Geld dafür zu geben. Von
da an suchte er nach einer günstigen Gele-
genheit, ihn auszuliefern.

10–11: Mt 26,14–16; Lk 22,3–6

DIE VORBEREITUNG DES PASCHAMAHLS: 14,12–16

12 Am ersten Tag des Festes der Ungesäuerten
Brote, an dem man das Paschalamm zu
schlachten pflegte, sagten die Jünger zu Je-
sus: Wo sollen wir das Paschamahl für dich
vorbereiten? 13 Da schickte er zwei seiner
Jünger voraus und sagte zu ihnen: Geht in die
Stadt; dort wird euch ein Mensch begegnen,
der einen Wasserkrug trägt. Folgt ihm, 14 bis
er in ein Haus hineingeht; dann sagt zu dem
Herrn des Hauses: Der Meister lässt dich fra-
gen: Wo ist der Raum, in dem ich mit meinen
Jüngern das Paschalamm essen kann? 15 Und
der Hausherr wird euch einen großen Raum
im Obergeschoss zeigen, der schon für das
Festmahl hergerichtet und mit Polstern aus-
gestattet ist. Dort bereitet alles für uns vor!
16 Die Jünger machten sich auf den Weg und
kamen in die Stadt. Sie fanden alles so, wie er
es ihnen gesagt hatte, und bereiteten das Pa-
schamahl vor.

12–16: Mt 26,17–19; Lk 22,7–13
12: Ex 12,14–20

DAS MAHL: 14,17–25

17 Als es Abend wurde, kam Jesus mit den
Zwölf. 18 Während sie nun zu Tisch waren
und aßen, sagte Jesus: Amen, ich sage euch:
Einer von euch wird mich ausliefern, einer,
der mit mir isst. 19 Da wurden sie traurig und
einer nach dem andern fragte ihn: Doch nicht
etwa ich? 20 Er sagte zu ihnen: Einer von euch
Zwölf, der mit mir in dieselbe Schüssel ein-
tunkt. 21 Der Menschensohn muss zwar sei-
nen Weg gehen, wie die Schrift über ihn sagt.
Doch weh dem Menschen, durch den der
Menschensohn ausgeliefert wird! Für ihn
wäre es besser, wenn er nie geboren wäre.

22 Während des Mahls nahm er das Brot
und sprach den Lobpreis; dann brach er das
Brot, reichte es ihnen und sagte: Nehmt, das
ist mein Leib. 23 Dann nahm er den Kelch,
sprach das Dankgebet, gab ihn den Jüngern
und sie tranken alle daraus. 24 Und er sagte zu
ihnen: Das ist mein Blut des Bundes, das für
viele vergossen wird. 25 Amen, ich sage euch:
Ich werde nicht mehr von der Frucht des
Weinstocks trinken bis zu dem Tag, an dem
ich von Neuem davon trinke im Reich Gottes.

17–21: Mt 26,20–25; Lk 22,21–23; Joh 13,2.21–26 / **22–25**: Mt 26,26–29; Lk 22,14–20; 1 Kor 11,23–25
18: Ps 41,10 / **24**: Ex 24,8; Jes 53,11f.; Jer 31,31; Hebr 7,22; 9,15

DIE ANKÜNDIGUNG DER VERLEUGNUNG: 14,26–31

26 Nach dem Lobgesang gingen sie zum Öl-
berg hinaus. 27 Da sagte Jesus zu ihnen: Ihr
werdet alle Anstoß nehmen; denn in der
Schrift steht: *Ich werde den Hirten erschla-
gen, dann werden sich die Schafe zerstreuen.*
28 Aber nach meiner Auferstehung werde ich
euch nach Galiläa vorausgehen. 29 Da sagte
Petrus zu ihm: Auch wenn alle Anstoß neh-
men – ich nicht! 30 Jesus sagte ihm: Amen, ich
sage dir: Heute, in dieser Nacht, ehe der Hahn
zweimal kräht, wirst du mich dreimal ver-
leugnen. 31 Petrus aber beteuerte: Und wenn
ich mit dir sterben müsste – ich werde dich
nie verleugnen. Das Gleiche sagten auch alle
anderen.

26–31: Mt 26,30–35
26: Lk 22,39; Joh 18,1 / **27**: Sach 13,7; Joh 16,32 / **29–31**: 14,72; Lk 22,31–34; Joh 13,36–38

DAS GEBET IN GETSEMANI: 14,32–42

32 Sie kamen zu einem Grundstück, das Get-
semani heißt, und er sagte zu seinen Jüngern:
Setzt euch hier, während ich bete! 33 Und er
nahm Petrus, Jakobus und Johannes mit sich.
Da ergriff ihn Furcht und Angst 34 und er sag-
te zu ihnen: *Meine Seele ist* zu Tode *betrübt*.
Bleibt hier und wacht! 35 Und er ging ein
Stück weiter, warf sich auf die Erde nieder
und betete, dass die Stunde, wenn möglich,
an ihm vorübergehe. 36 Er sprach: Abba, Va-
ter, alles ist dir möglich. Nimm diesen Kelch
von mir! Aber nicht, was ich will, sondern
was du willst. 37 Und er ging zurück und fand
sie schlafend. Da sagte er zu Petrus: Simon,
du schläfst? Konntest du nicht einmal eine
Stunde wach bleiben? 38 Wacht und betet,
damit ihr nicht in Versuchung geratet! Der
Geist ist willig, aber das Fleisch ist schwach.

14,36 Abba: im Aramäischen die vertrauliche Anrede des Familienvaters.

39 Und er ging wieder weg und betete mit den
gleichen Worten. 40 Als er zurückkam, fand
er sie wieder schlafend, denn die Augen wa-
ren ihnen zugefallen; und sie wussten nicht,
was sie ihm antworten sollten. 41 Und er kam
zum dritten Mal und sagte zu ihnen: Schlaft
ihr immer noch und ruht euch aus? Es ist ge-
nug. Die Stunde ist gekommen; siehe, jetzt
wird der Menschensohn in die Hände der
Sünder ausgeliefert. 42 Steht auf, wir wollen
gehen! Siehe, der mich ausliefert, ist da.

32–42: Mt 26,36–46; Lk 22,39–46
34: Ps 42,6.12; 43,5; Joh 12,27 / **36**: Jes 51,17.22

DIE GEFANGENNAHME: 14,43–52

43 Noch während er redete, kam Judas, einer
der Zwölf, mit einer Schar von Männern, die
mit Schwertern und Knüppeln bewaffnet
waren; sie waren von den Hohepriestern, den
Schriftgelehrten und den Ältesten geschickt
worden. 44 Der ihn auslieferte, hatte mit ih-
nen ein Zeichen vereinbart und gesagt: Der,
den ich küssen werde, der ist es. Nehmt ihn
fest, führt ihn sicher ab! 45 Und als er kam,
ging er sogleich auf Jesus zu und sagte: Rabbi!
Und er küsste ihn. 46 Da legten sie Hand an
ihn und nahmen ihn fest. 47 Einer von denen,
die dabeistanden, zog das Schwert, schlug auf
den Diener des Hohepriesters ein und hieb
ihm das Ohr ab. 48 Da sagte Jesus zu ihnen:
Wie gegen einen Räuber seid ihr mit Schwer-
tern und Knüppeln ausgezogen, um mich
festzunehmen. 49 Tag für Tag war ich bei euch
im Tempel und lehrte und ihr habt mich nicht
verhaftet; aber so mussten die Schriften er-
füllt werden. 50 Da verließen ihn alle und
flohen. 51 Ein junger Mann aber, der nur mit
einem leinenen Tuch bekleidet war, wollte
ihm nachfolgen. Da packten sie ihn; 52 er aber
ließ das Tuch fallen und lief nackt davon.

43–52: Mt 26,47–56; Lk 22,47–53; Joh 18,3–12
49: 14,27; Lk 19,47; Joh 18,20 / **50**: Joh 16,32

DAS BEKENNTNIS JESU UND DIE VERLEUGNUNG DES PETRUS: 14,53–72

53 Darauf führten sie Jesus zum Hohepriester
und es versammelten sich alle Hohepriester
und Ältesten und Schriftgelehrten. 54 Petrus
aber war Jesus von Weitem bis in den Hof des
Hohepriesters gefolgt; nun saß er dort bei den
Dienern und wärmte sich am Feuer.

55 Die Hohepriester und der ganze Hohe
Rat bemühten sich um Zeugenaussagen ge-
gen Jesus, um ihn zum Tod verurteilen zu
können; sie fanden aber nichts. 56 Viele mach-
ten zwar falsche Aussagen gegen ihn, aber die
Aussagen stimmten nicht überein. 57 Einige
der falschen Zeugen, die gegen ihn auftraten,
behaupteten: 58 Wir haben ihn sagen hören:
Ich werde diesen von Menschenhand ge-
machten Tempel niederreißen und in drei
Tagen einen anderen aufbauen, der nicht von
Menschenhand gemacht ist. 59 Aber auch in
diesem Fall stimmten die Aussagen nicht
überein. 60 Da stand der Hohepriester auf, trat
in die Mitte und fragte Jesus: Willst du denn
nichts sagen zu dem, was diese Leute gegen
dich vorbringen? 61 Er aber schwieg und gab
keine Antwort. Da wandte sich der Hohe-
priester nochmals an ihn und fragte: Bist du
der Christus, der Sohn des Hochgelobten?
62 Jesus sagte: Ich bin es. Und ihr werdet *den
Menschensohn* zur Rechten der Macht sitzen
und *mit den Wolken des Himmels kommen*
sehen. 63 Da zerriss der Hohepriester sein Ge-
wand und rief: Wozu brauchen wir noch
Zeugen? 64 Ihr habt die Gotteslästerung ge-
hört. Was ist eure Meinung? Und sie fällten
einstimmig das Urteil: Er ist des Todes schul-
dig. 65 Und einige spuckten ihn an, verhüllten
sein Gesicht, schlugen ihn und riefen: Zeig,
dass du ein Prophet bist! Auch die Diener
schlugen ihn ins Gesicht.

66 Als Petrus unten im Hof war, kam eine
von den Mägden des Hohepriesters. 67 Sie
sah, wie Petrus sich wärmte, blickte ihn an
und sagte: Auch du warst mit diesem Jesus
aus Nazaret zusammen. 68 Doch er leugnete
und sagte: Ich weiß nicht und verstehe nicht,
wovon du redest. Dann ging er in den Vorhof
hinaus. 69 Als die Magd ihn dort bemerkte,
sagte sie zu denen, die dabeistanden, noch
einmal: Der gehört zu ihnen. 70 Er aber leug-
nete wieder. Wenig später sagten die Leute,
die dort standen, von Neuem zu Petrus: Du
gehörst wirklich zu ihnen; du bist doch auch
ein Galiläer. 71 Da fing er an zu fluchen und zu
schwören: Ich kenne diesen Menschen nicht,
von dem ihr redet. 72 Gleich darauf krähte der
Hahn zum zweiten Mal und Petrus erinnerte
sich an das Wort, das Jesus zu ihm gesagt hat-
te: Ehe der Hahn zweimal kräht, wirst du

14,61f. Der Hochgelobte ist ebenso wie die Macht eine Bezeichnung für Gott.

14,68 Dann ging er in den Vorhof hinaus, spätere Textzeugen ergänzen: Da krähte der Hahn.

mich dreimal verleugnen. Und er begann zu
weinen.

53–65: Mt 26,57–68; Lk 22,54f.66–71; Joh 18,13–24 / **66–72**: Mt 26,69–75; Lk 22,56–62; Joh 18,17.25–27
57: Dtn 17,6 / **58**: 15,29; Joh 2,19; Apg 6,14 / **61**: 8,29; Joh 10,24; Jes 53,7 / **62**: 13,26; Dan 7,13, Ps 110,1; Weish 5,2; Mt 24,30 / **72**: 14,30

DAS VERHÖR VOR PILATUS: 15,1–15

15 1 Gleich in der Frühe fassten die Ho-
hepriester, die Ältesten und die
Schriftgelehrten, also der ganze Hohe Rat,
über Jesus einen Beschluss. Sie ließen ihn
fesseln und abführen und lieferten ihn Pila-
tus aus. 2 Pilatus fragte ihn: Bist du der König
der Juden? Er antwortete ihm: Du sagst es.
3 Die Hohepriester brachten viele Anklagen
gegen ihn vor. 4 Da wandte sich Pilatus wie-
der an ihn und fragte: Willst du denn nichts
dazu sagen? Sieh doch, wie viele Anklagen
sie gegen dich vorbringen. 5 Jesus aber gab
keine Antwort mehr, sodass Pilatus sich
wunderte. 6 Jeweils zum Fest ließ Pilatus ei-
nen Gefangenen frei, den sie sich ausbitten
durften. 7 Damals saß gerade ein Mann na-
mens Barabbas im Gefängnis, zusammen mit
anderen Aufrührern, die bei einem Aufstand
einen Mord begangen hatten. 8 Die Volks-
menge zog zu Pilatus hinauf und verlangte,
ihnen die gleiche Gunst zu gewähren wie
sonst. 9 Pilatus fragte sie: Wollt ihr, dass ich
euch den König der Juden freilasse? 10 Er
merkte nämlich, dass die Hohepriester Jesus
nur aus Neid an ihn ausgeliefert hatten. 11 Die
Hohepriester aber wiegelten die Menge auf,
lieber die Freilassung des Barabbas zu for-
dern. 12 Pilatus wandte sich von Neuem an sie
und fragte: Was soll ich dann mit dem tun,
den ihr den König der Juden nennt? 13 Da
schrien sie: Kreuzige ihn! 14 Pilatus entgeg-
nete: Was hat er denn für ein Verbrechen
begangen? Sie aber schrien noch lauter:
Kreuzige ihn! 15 Darauf ließ Pilatus, um die
Menge zufriedenzustellen, Barabbas frei. Je-
sus lieferte er, nachdem er ihn hatte geißeln
lassen, zur Kreuzigung aus.

1–15: Mt 27,1f.11–26; Lk 22,66; 23,1–4.17–25; Joh 18,29–19,1
5: Jes 53,7 / **9–11**: Apg 3,13f. / **12**: Joh 19,15

DIE VERSPOTTUNG DURCH DIE RÖMISCHEN SOLDATEN: 15,16–20a

16 Die Soldaten führten ihn ab, in den Hof
hinein, der Prätorium heißt, und riefen die
ganze Kohorte zusammen. 17 Dann legten sie
ihm einen Purpurmantel um und flochten
einen Dornenkranz; den setzten sie ihm auf
18 und grüßten ihn: Sei gegrüßt, König der
Juden! 19 Sie schlugen ihm mit einem Stock
auf den Kopf und spuckten ihn an, beugten
die Knie und huldigten ihm. 20 Nachdem sie
so ihren Spott mit ihm getrieben hatten, nah-
men sie ihm den Purpurmantel ab und zogen
ihm seine eigenen Kleider wieder an.

16–20a: Mt 27,27–31a; Joh 19,2f.
17: Lk 23,11

KREUZWEG UND KREUZIGUNG: 15,20b–27

Dann führten sie Jesus hinaus, um ihn zu
kreuzigen. 21 Einen Mann, der gerade vom
Feld kam, Simon von Kyrene, den Vater des
Alexander und des Rufus, zwangen sie, sein
Kreuz zu tragen. 22 Und sie brachten Jesus an
einen Ort namens Golgota, das heißt über-
setzt: Schädelhöhe. 23 Dort reichten sie ihm
Wein, der mit Myrrhe gewürzt war; er aber
nahm ihn nicht. 24 Dann kreuzigten sie ihn.
*Sie verteilten seine Kleider, indem sie das Los
über sie warfen,* wer was bekommen sollte.
25 Es war die dritte Stunde, als sie ihn kreu-
zigten. 26 Und eine Aufschrift gab seine
Schuld an: Der König der Juden. 27 Zusam-
men mit ihm kreuzigten sie zwei Räuber, den
einen rechts von ihm, den andern links. [28]

20b–27: Mt 27,31b–38; Lk 23,26–33; Joh 19,16–24
23: Ps 69,22 / **24**: Ps 22,19 / **27**: 10,37.40

DIE VERSPOTTUNG JESU DURCH DIE SCHAULUSTIGEN: 15,29–32

29 Die Leute, die vorbeikamen, verhöhnten
ihn, schüttelten den Kopf und riefen: Ach, du
willst den Tempel niederreißen und in drei
Tagen wieder aufbauen? 30 Rette dich selbst
und steig herab vom Kreuz! 31 Ebenso ver-
höhnten ihn auch die Hohepriester und die
Schriftgelehrten und sagten untereinander:
Andere hat er gerettet, sich selbst kann er
nicht retten. 32 Der Christus, der König von
Israel! Er soll jetzt vom Kreuz herabsteigen,
damit wir sehen und glauben. Auch die bei-
den Männer, die mit ihm zusammen gekreu-
zigt wurden, beschimpften ihn.

29–32: Mt 27,39–44; Lk 23,35–37
29: 14,58; Ps 22,8; Joh 2,19

15,28 Spätere Textzeugen fügen hier ein: So erfüllte sich das Schriftwort: Er wurde zu den Verbrechern gerechnet. Vgl. Lk 22,37.

DER TOD JESU: 15,33–41

33 Als die sechste Stunde kam, brach eine
Finsternis über das ganze Land herein – bis
zur neunten Stunde. 34 Und in der neunten
Stunde schrie Jesus mit lauter Stimme: *Eloï,*
Eloï, lema sabachtani?, das heißt übersetzt:
Mein Gott, mein Gott, warum hast du mich
verlassen? 35 Einige von denen, die dabei-
standen und es hörten, sagten: Hört, er ruft
nach Elija! 36 Einer lief hin, tauchte einen
Schwamm in Essig, steckte ihn auf ein Rohr
und gab Jesus zu trinken. Dabei sagte er:
Lasst, wir wollen sehen, ob Elija kommt und
ihn herabnimmt. 37 Jesus aber schrie mit lau-
ter Stimme. Dann hauchte er den Geist aus.
38 Da riss der Vorhang im Tempel in zwei Tei-
le von oben bis unten. 39 Als der Hauptmann,
der Jesus gegenüberstand, ihn auf diese Wei-
se sterben sah, sagte er: Wahrhaftig, dieser
Mensch war Gottes Sohn. 40 Auch einige
Frauen sahen von Weitem zu, darunter Maria
aus Magdala, Maria, die Mutter von Jakobus
dem Kleinen und Joses, sowie Salome; 41 sie
waren Jesus schon in Galiläa nachgefolgt und
hatten ihm gedient. Noch viele andere Frau-
en waren dabei, die mit ihm nach Jerusalem
hinaufgezogen waren.

33–41: Mt 27,45–56; Lk 23,44–49; Joh 19,28–30
34: Ps 22,2 / **36**: Ps 69,22

DAS BEGRÄBNIS JESU: 15,42–47

42 Da es Rüsttag war, der Tag vor dem Sabbat,
und es schon Abend wurde, 43 ging Josef von
Arimathäa, ein vornehmes Mitglied des Ho-
hen Rats, der auch auf das Reich Gottes war-
tete, zu Pilatus und wagte es, um den Leich-
nam Jesu zu bitten. 44 Pilatus war überrascht,
als er hörte, dass Jesus schon tot sei. Er ließ
den Hauptmann kommen und fragte ihn, ob
Jesus bereits gestorben sei. 45 Als er es vom
Hauptmann erfahren hatte, überließ er Josef
den Leichnam. 46 Josef kaufte ein Leinentuch,
nahm Jesus vom Kreuz, wickelte ihn in das
Tuch und legte ihn in ein Grab, das in einen
Felsen gehauen war. Dann wälzte er einen
Stein vor den Eingang des Grabes. 47 Maria aus
Magdala aber und Maria, die Mutter des Joses,
beobachteten, wohin er gelegt wurde.

42–47: Mt 27,57–61; Lk 23,50–56; Joh 19,38–42
42: Dtn 21,23

15,40.47 Joses: vgl. Anm. zu 6,3.

DIE FRAUEN AM LEEREN GRAB: 16,1–8

16 1 Als der Sabbat vorüber war, kauften
Maria aus Magdala, Maria, die Mutter
des Jakobus, und Salome wohlriechende Öle,
um damit zum Grab zu gehen und Jesus zu
salben. 2 Am ersten Tag der Woche kamen sie
in aller Frühe zum Grab, als eben die Sonne
aufging. 3 Sie sagten zueinander: Wer könnte
uns den Stein vom Eingang des Grabes weg-
wälzen? 4 Doch als sie hinblickten, sahen sie,
dass der Stein schon weggewälzt war; er war
sehr groß. 5 Sie gingen in das Grab hinein und
sahen auf der rechten Seite einen jungen
Mann sitzen, der mit einem weißen Gewand
bekleidet war; da erschraken sie sehr. 6 Er aber
sagte zu ihnen: Erschreckt nicht! Ihr sucht
Jesus von Nazaret, den Gekreuzigten. Er ist
auferstanden; er ist nicht hier. Seht, da ist die
Stelle, wohin man ihn gelegt hat. 7 Nun aber
geht und sagt seinen Jüngern und dem Pet-
rus: Er geht euch voraus nach Galiläa; dort
werdet ihr ihn sehen, wie er es euch gesagt
hat. 8 Da verließen sie das Grab und flohen;
denn Schrecken und Entsetzen hatte sie ge-
packt. Und sie sagten niemandem etwas da-
von; denn sie fürchteten sich.

1–8: Mt 28,1–8; Lk 24,1–12; Joh 20,1–13
6: 10,34 / **7**: 14,28

DIE ERSCHEINUNGEN DES AUFERSTANDENEN: 16,9–20

9 Als Jesus am frühen Morgen des ersten Wo-
chentages auferstanden war, erschien er zu-
erst Maria aus Magdala, aus der er sieben Dä-
monen ausgetrieben hatte. 10 Sie ging und
berichtete es denen, die mit ihm zusammen-
gewesen waren und die nun klagten und
weinten. 11 Als sie hörten, er lebe und sei von
ihr gesehen worden, glaubten sie es nicht.
12 Darauf erschien er in einer anderen Gestalt
zweien von ihnen, als sie unterwegs waren
und aufs Land gehen wollten. 13 Auch sie gin-
gen und berichteten es den anderen und auch

16,9–20 Dieser Abschnitt findet sich nicht bei den ältesten Textzeugen. Er ist eine im 2. Jh. entstandene Zusammenfassung der in anderen Evangelien stehenden Berichte über die Erscheinungen und Anweisungen des Auferstandenen; er gehört also inhaltlich zur Evangelienüberlieferung. In einer altlateinischen Handschrift findet sich stattdessen folgende Ergänzung: Und sie berichteten alles, was ihnen aufgetragen worden war, dem Kreis um Petrus. Danach sandte Jesus selbst durch sie vom Osten bis in den Westen die heilige und unvergängliche Botschaft vom ewigen Heil. Amen. Bei einigen Textzeugen finden sich auch beide Zusätze.

ihnen glaubte man nicht. 14 Später erschien
Jesus den Elf selbst, als sie bei Tisch waren;
er tadelte ihren Unglauben und ihre Ver-
stocktheit, weil sie denen nicht glaubten, die
ihn nach seiner Auferstehung gesehen hat-
ten. 15 Dann sagte er zu ihnen: Geht hinaus in
die ganze Welt und verkündet das Evangeli-
um der ganzen Schöpfung! 16 Wer glaubt und
sich taufen lässt, wird gerettet; wer aber nicht
glaubt, wird verurteilt werden. 17 Und durch
die, die zum Glauben gekommen sind, wer-
den folgende Zeichen geschehen: In meinem
Namen werden sie Dämonen austreiben; sie
werden in neuen Sprachen reden; 18 wenn sie
Schlangen anfassen oder tödliches Gift trin-
ken, wird es ihnen nicht schaden; und die
Kranken, denen sie die Hände auflegen, wer-
den gesund werden. 19 Nachdem Jesus, der
Herr, dies zu ihnen gesagt hatte, wurde er in
den Himmel aufgenommen und setzte sich
zur Rechten Gottes. 20 Sie aber zogen aus und
verkündeten überall. Der Herr stand ihnen
bei und bekräftigte das Wort durch die Zei-
chen, die es begleiteten.

9: Lk 8,2 / **19**: Apg 1,9–11; 2 Kön 2,3.11; Ps 110,1

DAS EVANGELIUM NACH LUKAS

Der Verfasser des Lukasevangeliums verfügt über eine umfangreiche Bildung sowohl in der jüdischen als auch in der hellenistischen Kultur. Er stellt seinem Werk ein Vorwort voran (1,1–4). Damit folgt er einer Gepflogenheit antiker Fachliteratur und weist sich zugleich als sachkundiger Biograf bzw. Geschichtsschreiber aus. Er erhebt einen doppelten Anspruch: Zum einen will er Geschichte darstellen, indem er alles „von Anfang an" und „der Reihe nach" aufschreibt, die Überlieferung von Augenzeugen nutzt, eigene Nachforschungen anstellt und so seine Glaubwürdigkeit belegt; zum anderen erhebt er einen theologischen Anspruch, indem er die von ihm dargestellte Geschichte Jesu als Neubeginn in der Geschichte Gottes mit seinem Volk Israel und als heilsgeschichtliche Wende in der Weltgeschichte deutet.

Genaueres ist über die Identität des Verfassers nicht bekannt. In der Alten Kirche gab es eine Überlieferung, die den Paulusbegleiter und Arzt Lukas als Autor des Evangeliums betrachtete. Zum ersten Mal ist dies eindeutig bei Irenäus von Lyon um 180 belegt. Zu dieser Annahme führte wahrscheinlich eine spätere Kombination mehrerer Stellen aus den paulinischen Briefen (Kol 4,14; 2 Tim 4,11; Phlm 24).

Theophilus, dem das Werk gewidmet ist (1,3), war vermutlich eine historische Persönlichkeit aus dem Kreis der lukanischen Gemeinde, die Lukas bei der Abfassung und Verbreitung seines Werkes unterstützt hat. Als Adressat des Buchs steht er zugleich stellvertretend für die christlichen Leser, die Lukas vor Augen hat.

Das Lukasevangelium ist ein Werk der dritten christlichen Generation. Für diese sind das Geschehen um Jesus von Nazaret, die Urgemeinde in Jerusalem und die Mission des Paulus schon Geschichte, die sich im Überblick darstellen und in größeren Zusammenhängen verstehen lässt. Lukas greift bereits auf das Markusevangelium zurück und weiß von der Zerstörung Jerusalems im Jahr 70 (13,35; 21,24). Daher ist eine Abfassung in den Jahren 80–90 wahrscheinlich. Ob das Evangelium in Kleinasien, Griechenland oder Rom entstanden ist, lässt sich nicht sicher bestimmen.

Neben dem Markusevangelium konnte sich Lukas wahrscheinlich auf eine Sammlung von Jesusworten stützen, die auch dem Verfasser des Matthäusevangeliums vorlag (die sogenannte „Spruch-" oder „Redequelle"). Darüber hinaus verarbeitete er umfangreiches „Sondergut", zu dem so bedeutende Erzählungen wie das Gleichnis vom verlorenen Sohn (15,11–32) und vom reichen Mann und dem armen Lazarus (16,19–31) gehören.

Am Anfang des Werks setzt Lukas eigene Akzente durch das Vorwort und die ausführliche Geburtsgeschichte (Kap. 1–2). Mit der Verbindung der Geburtsgeschichten von Johannes dem Täufer und von Jesus gelingt ihm eine erzählerische Verschränkung der Zeit Israels mit dem endzeitlichen Heil in Jesus: Die endzeitliche Königsherrschaft Gottes wächst aus der Geschichte Israels hervor, „Gesetz und Propheten" erscheinen in einem neuen Licht (16,16f.). Zum Wesen der neuen Heilszeit gehört es, dass die Heidenvölker in das Heil Israels integriert werden (2,29–32).

Im weiteren Aufbau folgt Lukas dem Vorbild des Markusevangeliums: Im ersten Teil schildert er das Wirken Jesu in Galiläa, im mittleren seinen Weg nach Jerusalem, im Schlussteil die Passion und die nachösterlichen Ereignisse. Anhand des Weges Jesu nach Jerusalem verdeutlicht er die Eigenart des christlichen Lebensweges (9,51–19,27). Die Voraussetzung dieses Lebensweges schafft Gott selbst, indem er den sündigen, verlorenen Menschen bedingungslos annimmt: Im Gleichnis vom verlorenen Sohn (15,11–32) geschieht die Wiederaufnahme ohne Vorleistung; nur die Rückkehr zum Vater ist erforderlich. Die Beziehung des Menschen zu Gott findet im Gebet persönlichen Ausdruck, wobei das Gebet Jesu zum Vater (11,2–4) als zeitloses Vorbild vorgestellt wird.

Die Bewährung der Beziehung zu Gott erfolgt im Zusammenleben der Menschen. Konkrete Barmherzigkeit und Liebestat sind wichtiger als religiöse oder nationale Grenzen, wie das Gleichnis vom barmherzigen Samariter demonstriert (10,25–37). Die soziale Spannung zwischen Reichen und Armen macht Lukas bewusst. Wiederholt warnt er vor den Gefahren des Reichtums, der leicht zum Verfehlen des Lebenssinns führen kann (8,14; 9,25; 12,13–21; 18,24–27). Nachdrücklich stellt er die Vergänglichkeit von Besitz und Vermögen vor Augen (12,16–21), schildert die endzeitliche Umkehrung der ungerechten irdischen Sozialverhältnisse im Jenseits (16,19–31), lenkt den Blick auf Bedürftige und Arme (12,33; 18,22) und fordert einen gerechten Umgang mit dem Besitz (19,8f.). Lukas zeigt den Christen auch, dass sie ihren Weg nicht allein gehen. In der Emmauserzählung (24,13–35) können sie ihren eigenen Lebensweg mit Christus erkennen: Beim Studium der Schrift und im gemeinsam gefeierten Ritus des Brotbrechens findet persönliche Begegnung mit ihm statt (24,32). Christliche Gemeinde erscheint so als lebendige Weggemeinschaft mit dem Auferstandenen, der nicht sichtbar und doch gegenwärtig ist. Die Ostererscheinungen münden in eine Erzählung der Entrückung Jesu in den Himmel (Kap. 24). Hieran konnte Lukas später sein weiterführendes Geschichtswerk, die Apostelgeschichte, nahtlos anschließen.

Eine Reihe von poetischen Texten aus dem Lukasevangelium hat Eingang in die Liturgie der Kirche gefunden: Der Lobpreis Mariens (1,46–55) wurde als Magnifikat zum zentralen Bestandteil der Vesper; als Benediktus bildet der Lobpreis des Zacharias (1,68–79) einen Kerntext der Laudes; das kurze Gloria (2,14) fand verschiedentlich Aufnahme in den Liedschatz der Kirche; und der prophetische Lobpreis des Simeon (2,29–32) ging als Nunc dimittis in das Nachtgebet der Kirche ein.

DAS VORWORT: 1,1–4

1 1 Schon viele haben es unternommen,
eine Erzählung über die Ereignisse abzufassen,
die sich unter uns erfüllt haben.
2 Dabei hielten sie sich an die Überlieferung
derer, die von Anfang an Augenzeugen und
Diener des Wortes waren. 3 Nun habe auch
ich mich entschlossen, nachdem ich allem
von Beginn an sorgfältig nachgegangen bin,

es für dich, hochverehrter Theophilus, der
Reihe nach aufzuschreiben. 4 So kannst du
dich von der Zuverlässigkeit der Lehre über-
zeugen, in der du unterwiesen wurdest.

3: Apg 1,1

DIE GEBURTSGESCHICHTE: 1,5–2,52

DIE ANKÜNDIGUNG DER GEBURT JOHANNES' DES TÄUFERS: 1,5–25

5 Es gab in den Tagen des Herodes, des Königs
von Judäa, einen Priester namens Zacharias,
der zur Abteilung des Abija gehörte. Seine
Frau stammte aus dem Geschlecht Aarons;
ihr Name war Elisabet. 6 Beide lebten gerecht
vor Gott und wandelten untadelig nach allen
Geboten und Vorschriften des Herrn. 7 Sie
hatten keine Kinder, denn Elisabet war un-
fruchtbar und beide waren schon in vorge-
rücktem Alter. 8 Es geschah aber, als seine
Abteilung wieder an der Reihe war und er den
priesterlichen Dienst vor Gott verrichtete,
9 da traf ihn, wie nach der Priesterordnung
üblich, das Los, in den Tempel des Herrn hi-
neinzugehen und das Rauchopfer darzubrin-
gen. 10 Während er nun zur festgelegten Zeit
das Rauchopfer darbrachte, stand das ganze
Volk draußen und betete. 11 Da erschien dem
Zacharias ein Engel des Herrn; er stand auf
der rechten Seite des Rauchopferaltars. 12 Als
Zacharias ihn sah, erschrak er und es befiel
ihn Furcht. 13 Der Engel aber sagte zu ihm:
Fürchte dich nicht, Zacharias! Dein Gebet ist
erhört worden. Deine Frau Elisabet wird dir
einen Sohn gebären; dem sollst du den Na-
men Johannes geben. 14 Du wirst dich freuen
und jubeln und viele werden sich über seine
Geburt freuen. 15 Denn er wird groß sein vor
dem Herrn. *Wein und berauschende Geträn-
ke wird er nicht trinken* und schon vom Mut-
terleib an wird er vom Heiligen Geist erfüllt
sein. 16 Viele Kinder Israels wird er zum
Herrn, ihrem Gott, hinwenden. 17 Er wird
ihm mit dem Geist und mit der Kraft des Eli-
ja vorangehen, um die Herzen der Väter den
Kindern zuzuwenden und die Ungehorsa-
men zu gerechter Gesinnung zu führen und
so das Volk für den Herrn bereit zu machen.
18 Zacharias sagte zu dem Engel: Woran soll
ich das erkennen? Denn ich bin ein alter
Mann und auch meine Frau ist in vorgerück-
tem Alter. 19 Der Engel erwiderte ihm: Ich bin
Gabriel, der vor Gott steht, und ich bin ge-
sandt worden, um mit dir zu reden und dir
diese frohe Botschaft zu bringen. 20 Und sie-
he, du sollst stumm sein und nicht mehr re-
den können bis zu dem Tag, an dem dies ge-
schieht, weil du meinen Worten nicht
geglaubt hast, die in Erfüllung gehen, wenn
die Zeit dafür da ist. 21 Inzwischen wartete
das Volk auf Zacharias und wunderte sich,
dass er so lange im Tempel blieb. 22 Als er
dann herauskam, konnte er nicht mit ihnen
sprechen. Da merkten sie, dass er im Tempel
eine Erscheinung gehabt hatte. Er gab ihnen
nur Zeichen und blieb stumm. 23 Als die Tage
seines Dienstes zu Ende waren, kehrte er
nach Hause zurück. 24 Bald darauf wurde sei-
ne Frau Elisabet schwanger und lebte fünf
Monate lang zurückgezogen. Sie sagte: 25 Der
Herr hat mir geholfen; er hat in diesen Tagen
gnädig auf mich geschaut und mich von der
Schmach befreit, mit der ich unter den Men-
schen beladen war.

5: 1 Chr 24,10 / **9**: Ex 30,7f. / **13**: 1,60; Gen 17,19f. / **15**: 7,33; Num 6,3; Ri 13,4 / **17**: Mal 3,23f.

DIE ANKÜNDIGUNG DER GEBURT JESU: 1,26–38

26 Im sechsten Monat wurde der Engel Gab-
riel von Gott in eine Stadt in Galiläa namens
Nazaret 27 zu einer Jungfrau gesandt. Sie war
mit einem Mann namens Josef verlobt, der
aus dem Haus David stammte. Der Name der
Jungfrau war Maria. 28 Der Engel trat bei ihr
ein und sagte: Sei gegrüßt, du Begnadete, der
Herr ist mit dir. 29 Sie erschrak über die An-
rede und überlegte, was dieser Gruß zu be-
deuten habe. 30 Da sagte der Engel zu ihr:
Fürchte dich nicht, Maria; denn du hast bei
Gott Gnade gefunden. 31 Siehe, du wirst
schwanger werden und einen Sohn wirst du

1,5 Herodes der Große herrschte von 37 bis 4 v. Chr. über weite Teile Palästinas. – Zur Abteilung des Abija vgl. 1 Chr 24,1–19. Jede Priesterabteilung hatte zweimal im Jahr jeweils für eine Woche den Dienst im Jerusalemer Tempel zu versehen.

gebären; dem sollst du den Namen Jesus ge-
ben. 32 Er wird groß sein und Sohn des Höchs-
ten genannt werden. Gott, der Herr, wird
ihm den Thron seines Vaters David geben.
33 Er wird über das Haus Jakob in Ewigkeit
herrschen und seine Herrschaft wird kein
Ende haben. 34 Maria sagte zu dem Engel: Wie
soll das geschehen, da ich keinen Mann er-
kenne? 35 Der Engel antwortete ihr: Heiliger
Geist wird über dich kommen und Kraft des
Höchsten wird dich überschatten. Deshalb
wird auch das Kind heilig und Sohn Gottes
genannt werden. 36 Siehe, auch Elisabet, dei-
ne Verwandte, hat noch in ihrem Alter einen
Sohn empfangen; obwohl sie als unfruchtbar
gilt, ist sie schon im sechsten Monat. 37 Denn
für Gott ist nichts unmöglich. 38 Da sagte
Maria: Siehe, ich bin die Magd des Herrn; mir
geschehe, wie du es gesagt hast. Danach ver-
ließ sie der Engel.

27: Mt 1,16.18 / **31**: Jes 7,14; Gen 17,19; Mt 1,21 / **32–33**: 2 Sam 7,13; Jes 9,6 / **34–35**: Mt 1,18–20 / **37**: 18,27; Gen 18,14; Ijob 42,2; Mt 19,26; Mk 10,27

DIE BEGEGNUNG ZWISCHEN MARIA UND ELISABET: 1,39–56

39 In diesen Tagen machte sich Maria auf den
Weg und eilte in eine Stadt im Bergland von
Judäa. 40 Sie ging in das Haus des Zacharias
und begrüßte Elisabet. 41 Und es geschah, als
Elisabet den Gruß Marias hörte, hüpfte das
Kind in ihrem Leib. Da wurde Elisabet vom
Heiligen Geist erfüllt 42 und rief mit lauter
Stimme: Gesegnet bist du unter den Frauen
und gesegnet ist die Frucht deines Leibes.
43 Wer bin ich, dass die Mutter meines Herrn
zu mir kommt? 44 Denn siehe, in dem Augen-
blick, als ich deinen Gruß hörte, hüpfte das
Kind vor Freude in meinem Leib. 45 Und selig,
die geglaubt hat, dass sich erfüllt, was der
Herr ihr sagen ließ. 46 Da sagte Maria:

Meine Seele preist die Größe des Herrn /
47 und mein Geist jubelt über Gott, meinen
Retter.

48 Denn auf die Niedrigkeit seiner Magd hat
er geschaut. / Siehe, von nun an preisen mich
selig alle Geschlechter.

49 Denn der Mächtige hat Großes an mir
getan / und sein Name ist heilig.

50 Er erbarmt sich von Geschlecht zu Ge-
schlecht / über alle, die ihn fürchten.

51 Er vollbringt mit seinem Arm machtvol-
le Taten: / Er zerstreut, die im Herzen voll
Hochmut sind;

52 er stürzt die Mächtigen vom Thron / und
erhöht die Niedrigen.

53 Die Hungernden beschenkt er mit seinen
Gaben / und lässt die Reichen leer ausgehen.

54 Er nimmt sich seines Knechtes Israel an /
und denkt an sein Erbarmen,

55 das er unsern Vätern verheißen hat, /
Abraham und seinen Nachkommen auf ewig.

56 Und Maria blieb etwa drei Monate bei ihr;
dann kehrte sie nach Hause zurück.

42: Jdt 13,18 / **46–55**: 1 Sam 2,1–10 / **47**: Hab 3,18 / **48**: 1 Sam 1,11; Gen 30,13 / **49**: Dtn 10,21; Ps 111,9 / **50**: Ps 103,13.17 / **51**: Ps 89,11 / **52**: Ez 21,31; Ps 147,6; Ijob 5,11; 12,19 / **53**: Ps 34,11; 107,9 / **54**: Jes 41,8f.; Ps 98,3 / **55**: Mi 7,20; 2 Sam 22,51; Gen 17,7

DIE GEBURT DES TÄUFERS: 1,57–80

57 Für Elisabet aber erfüllte sich die Zeit, dass
sie gebären sollte, und sie brachte einen Sohn
zur Welt. 58 Ihre Nachbarn und Verwandten
hörten, welch großes Erbarmen der Herr ihr
erwiesen hatte, und freuten sich mit ihr. 59 Und
es geschah: Am achten Tag kamen sie zur Be-
schneidung des Kindes und sie wollten ihm
den Namen seines Vaters Zacharias geben.
60 Seine Mutter aber widersprach und sagte:
Nein, sondern er soll Johannes heißen. 61 Sie
antworteten ihr: Es gibt doch niemanden in
deiner Verwandtschaft, der so heißt. 62 Da
fragten sie seinen Vater durch Zeichen, wel-
chen Namen das Kind haben solle. 63 Er ver-
langte ein Schreibtäfelchen und schrieb da-
rauf: Johannes ist sein Name. Und alle staunten.
64 Im gleichen Augenblick konnte er Mund und
Zunge wieder gebrauchen und er redete und
pries Gott. 65 Und alle ihre Nachbarn gerieten
in Furcht und man sprach von all diesen Din-
gen im ganzen Bergland von Judäa. 66 Alle, die
davon hörten, nahmen es sich zu Herzen und
sagten: Was wird wohl aus diesem Kind wer-
den? Denn die Hand des Herrn war mit ihm.

67 Sein Vater Zacharias wurde vom Heili-
gen Geist erfüllt und begann prophetisch zu
reden:

68 Gepriesen sei der Herr, der Gott Israels! /
Denn er hat sein Volk besucht und ihm Erlö-
sung geschaffen;

69 er hat uns einen starken Retter erweckt /
im Hause seines Knechtes David.

70 So hat er verheißen von alters her / durch
den Mund seiner heiligen Propheten.

1,34 erkennen, vgl. Anm. zu Mt 1,25.

71 Er hat uns errettet vor unseren Feinden /
und aus der Hand aller, die uns hassen;
72 er hat das Erbarmen mit den Vätern an
uns vollendet / und an seinen heiligen Bund
gedacht,
73 an den Eid, den er unserm Vater Abraham
geschworen hat;
74 er hat uns geschenkt, dass wir, aus Fein-
deshand befreit, / ihm furchtlos dienen
75 in Heiligkeit und Gerechtigkeit vor sei-
nem Angesicht all unsre Tage.
76 Und du, Kind, wirst Prophet des Höchs-
ten heißen; / denn du wirst dem Herrn vo-
rangehen und ihm den Weg bereiten.
77 Du wirst sein Volk mit der Erfahrung des
Heils beschenken / in der Vergebung seiner
Sünden.
78 Durch die barmherzige Liebe unseres
Gottes / wird uns besuchen das aufstrahlen-
de Licht aus der Höhe,
79 um allen zu leuchten, / die in Finsternis
sitzen und im Schatten des Todes, / und uns-
re Schritte zu lenken auf den Weg des Frie-
dens.
80 Das Kind wuchs heran und wurde stark
im Geist. Und es lebte in der Wüste bis zu
dem Tag, an dem es seinen Auftrag für Israel
erhielt.

59: Gen 17,12 / **60**: 1,13 / **68**: 7,16; 24,21; Ps 41,14; 72,18; 106,48; 111,9 / **69**: 1 Sam 2,10; Ps 18,3; 132,17 / **70**: Röm 1,2; Offb 10,7 / **71**: Ps 106,10 / **72**: Ps 105,8; 106,45; Ex 2,24; Lev 26,42 / **73**: Gen 22,16f.; Jer 11,5; Mi 7,20 / **76**: 7,27; Mt 11,10; Mk 1,2; Mal 3,1; Ex 23,20 / **78**: Jes 60,1f.; Sach 6,12 G; Mal 3,20 / **79**: Jes 9,1; 42,7; Ps 107,10; Mt 4,16; Jes 59,8; Röm 3,17

DIE GEBURT JESU: 2,1–21

2 1 Es geschah aber in jenen Tagen, dass
Kaiser Augustus den Befehl erließ, den
ganzen Erdkreis in Steuerlisten einzutragen.
2 Diese Aufzeichnung war die erste; damals
war Quirinius Statthalter von Syrien. 3 Da
ging jeder in seine Stadt, um sich eintragen
zu lassen. 4 So zog auch Josef von der Stadt
Nazaret in Galiläa hinauf nach Judäa in die
Stadt Davids, die Betlehem heißt; denn er
war aus dem Haus und Geschlecht Davids.
5 Er wollte sich eintragen lassen mit Maria,
seiner Verlobten, die ein Kind erwartete. 6 Es
geschah, als sie dort waren, da erfüllten sich
die Tage, dass sie gebären sollte, 7 und sie ge-
bar ihren Sohn, den Erstgeborenen. Sie wi-
ckelte ihn in Windeln und legte ihn in eine
Krippe, weil in der Herberge kein Platz für sie
war. 8 In dieser Gegend lagerten Hirten auf
freiem Feld und hielten Nachtwache bei ihrer
Herde. 9 Da trat ein Engel des Herrn zu ihnen
und die Herrlichkeit des Herrn umstrahlte
sie und sie fürchteten sich sehr. 10 Der Engel
sagte zu ihnen: Fürchtet euch nicht, denn
siehe, ich verkünde euch eine große Freude,
die dem ganzen Volk zuteilwerden soll:
11 Heute ist euch in der Stadt Davids der Ret-
ter geboren; er ist der Christus, der Herr.
12 Und das soll euch als Zeichen dienen: Ihr
werdet ein Kind finden, das, in Windeln ge-
wickelt, in einer Krippe liegt. 13 Und plötzlich
war bei dem Engel ein großes himmlisches
Heer, das Gott lobte und sprach:
14 Ehre sei Gott in der Höhe / und Friede
auf Erden / den Menschen seines Wohlgefal-
lens.
15 Und es geschah, als die Engel von ihnen in
den Himmel zurückgekehrt waren, sagten die
Hirten zueinander: Lasst uns nach Betlehem
gehen, um das Ereignis zu sehen, das uns der
Herr kundgetan hat! 16 So eilten sie hin und
fanden Maria und Josef und das Kind, das in
der Krippe lag. 17 Als sie es sahen, erzählten sie
von dem Wort, das ihnen über dieses Kind
gesagt worden war. 18 Und alle, die es hörten,
staunten über das, was ihnen von den Hirten
erzählt wurde. 19 Maria aber bewahrte alle die-
se Worte und erwog sie in ihrem Herzen. 20 Die
Hirten kehrten zurück, rühmten Gott und
priesen ihn für alles, was sie gehört und gese-
hen hatten, so wie es ihnen gesagt worden war.
21 Als acht Tage vorüber waren und das Kind
beschnitten werden sollte, gab man ihm den
Namen Jesus, den der Engel genannt hatte,
bevor das Kind im Mutterleib empfangen war.

14: 19,38; Jes 57,19 / **19**: 2,51 / **21**: 1,31; Gen 17,12

DAS ZEUGNIS DES SIMEON UND DER HANNA: 2,22–40

22 Als sich für sie die Tage der vom Gesetz des
Mose vorgeschriebenen Reinigung erfüllt
hatten, brachten sie das Kind nach Jerusalem
hinauf, um es dem Herrn darzustellen, 23 wie
im Gesetz des Herrn geschrieben ist: *Jede
männliche Erstgeburt soll dem Herrn heilig
genannt werden.* 24 Auch wollten sie ihr Op-
fer darbringen, wie es das Gesetz des Herrn
vorschreibt: *ein Paar Turteltauben oder zwei*

1,77 Erfahrung des Heils, wörtlich: Erkenntnis des Heils.
2,1 Augustus regierte als römischer Alleinherrscher (Princeps) von 27 v. Chr. bis 14 n. Chr.

junge Tauben. 25 Und siehe, in Jerusalem leb-
te ein Mann namens Simeon. Dieser Mann
war gerecht und fromm und wartete auf den
Trost Israels und der Heilige Geist ruhte auf
ihm. 26 Vom Heiligen Geist war ihm offenbart
worden, er werde den Tod nicht schauen, ehe
er den Christus des Herrn gesehen habe. 27 Er
wurde vom Geist in den Tempel geführt; und
als die Eltern das Kind Jesus hereinbrachten,
um mit ihm zu tun, was nach dem Gesetz
üblich war, 28 nahm Simeon das Kind in seine
Arme und pries Gott mit den Worten:

29 Nun lässt du, Herr, deinen Knecht, / wie
du gesagt hast, in Frieden scheiden.

30 Denn meine Augen haben das Heil gese-
hen, / 31 das du vor allen Völkern bereitet hast,

32 ein Licht, das die Heiden erleuchtet, /
und Herrlichkeit für dein Volk Israel.

33 Sein Vater und seine Mutter staunten
über die Worte, die über Jesus gesagt wurden.
34 Und Simeon segnete sie und sagte zu Maria,
der Mutter Jesu: Siehe, dieser ist dazu be-
stimmt, dass in Israel viele zu Fall kommen
und aufgerichtet werden, und er wird ein
Zeichen sein, dem widersprochen wird, –
35 und deine Seele wird ein Schwert durch-
dringen. So sollen die Gedanken vieler Her-
zen offenbar werden. 36 Damals lebte auch
Hanna, eine Prophetin, eine Tochter Penuëls,
aus dem Stamm Ascher. Sie war schon hoch-
betagt. Als junges Mädchen hatte sie gehei-
ratet und sieben Jahre mit ihrem Mann ge-
lebt; 37 nun war sie eine Witwe von vierund-
achtzig Jahren. Sie hielt sich ständig im
Tempel auf und diente Gott Tag und Nacht
mit Fasten und Beten. 38 Zu derselben Stunde
trat sie hinzu, pries Gott und sprach über das
Kind zu allen, die auf die Erlösung Jerusalems
warteten. 39 Als seine Eltern alles getan hat-
ten, was das Gesetz des Herrn vorschreibt,
kehrten sie nach Galiläa in ihre Stadt Nazaret
zurück. 40 Das Kind wuchs heran und wurde
stark, erfüllt mit Weisheit und Gottes Gnade
ruhte auf ihm.

22: Lev 12; Num 18,15f. / **23:** Ex 13,2.12 / **24:** Lev 12,8 / **30:** Jes 40,5 G / **31:** Jes 52,10 / **32:** Jes 42,6; 46,13; 49,6 / **34:** Jes 8,14

DER ZWÖLFJÄHRIGE JESUS IM TEMPEL: 2,41–52

41 Die Eltern Jesu gingen jedes Jahr zum Pa-
schafest nach Jerusalem. 42 Als er zwölf Jahre
alt geworden war, zogen sie wieder hinauf, wie
es dem Festbrauch entsprach. 43 Nachdem die
Festtage zu Ende waren, machten sie sich auf
den Heimweg. Der Knabe Jesus aber blieb in
Jerusalem, ohne dass seine Eltern es merkten.
44 Sie meinten, er sei in der Pilgergruppe, und
reisten eine Tagesstrecke weit; dann suchten
sie ihn bei den Verwandten und Bekannten.
45 Als sie ihn nicht fanden, kehrten sie nach
Jerusalem zurück und suchten nach ihm. 46 Da
geschah es, nach drei Tagen fanden sie ihn im
Tempel; er saß mitten unter den Lehrern, hör-
te ihnen zu und stellte Fragen. 47 Alle, die ihn
hörten, waren erstaunt über sein Verständnis
und über seine Antworten. 48 Als seine Eltern
ihn sahen, waren sie voll Staunen und seine
Mutter sagte zu ihm: Kind, warum hast du uns
das angetan? Siehe, dein Vater und ich haben
dich mit Schmerzen gesucht. 49 Da sagte er zu
ihnen: Warum habt ihr mich gesucht? Wuss-
tet ihr nicht, dass ich in dem sein muss, was
meinem Vater gehört? 50 Doch sie verstanden
das Wort nicht, das er zu ihnen gesagt hatte.
51 Dann kehrte er mit ihnen nach Nazaret zu-
rück und war ihnen gehorsam. Seine Mutter
bewahrte all die Worte in ihrem Herzen. 52 Je-
sus aber wuchs heran und seine Weisheit
nahm zu und er fand Gefallen bei Gott und
den Menschen.

41: Ex 23,14–17 / **42–43:** Ex 12,15.18 / **51:** 2,19 / **52:** 1 Sam 2,26

DIE VORBEREITUNG DES WIRKENS JESU: 3,1–4,13

DAS AUFTRETEN DES TÄUFERS: 3,1–20

3
1 Es war im fünfzehnten Jahr der Regie-
rung des Kaisers Tiberius; Pontius

3,1f. Tiberius war römischer Kaiser von 14 bis 37 n. Chr.; zu Pontius Pilatus vgl. Anm. zu Mt 27,11–26. Herodes Antipas war Tetrarch von Galiläa und Peräa von 4 v. Chr. bis 39 n. Chr., Philippus Tetrarch der vorwiegend heidnischen Gebiete Nordtransjordaniens von 4 v. Chr. bis 34 n. Chr. Der Hohepriester Hannas amtierte von 6 bis 15 n. Chr.; seine fünf Söhne erlangten nacheinander, sein Schwiegersohn Kajaphas von 18 bis 37 n. Chr. das Amt des Hohepriesters.

Pilatus war Statthalter von Judäa, Herodes
Tetrarch von Galiläa, sein Bruder Philippus
Tetrarch von Ituräa und der Trachonitis, Ly-
sanias Tetrarch von Abilene; 2 Hohepriester
waren Hannas und Kajaphas. Da erging in der
Wüste das Wort Gottes an Johannes, den
Sohn des Zacharias. 3 Und er zog in die Ge-
gend am Jordan und verkündete dort überall
die Taufe der Umkehr zur Vergebung der
Sünden, 4 wie im Buch der Reden des Prophe-
ten Jesaja geschrieben steht:

Stimme eines Rufers in der Wüste: / Berei-
tet den Weg des Herrn! / Macht gerade seine
Straßen!

5 *Jede Schlucht soll aufgefüllt / und jeder*
Berg und Hügel abgetragen werden.

Was krumm ist, soll gerade, / was uneben
ist, soll zum ebenen Weg werden.

6 *Und alle Menschen werden das Heil Got-*
tes schauen.

7 Da sagte er zu den Volksscharen, die hi-
nauszogen, um sich von ihm taufen zu lassen:
Ihr Schlangenbrut, wer hat euch denn gelehrt,
dass ihr dem kommenden Zorngericht entrin-
nen könnt? 8 Bringt Früchte hervor, die eure
Umkehr zeigen, und fangt nicht an, bei euch
zu sagen: Wir haben Abraham zum Vater!
Denn ich sage euch: Gott kann aus diesen Stei-
nen dem Abraham Kinder erwecken. 9 Schon
ist die Axt an die Wurzel der Bäume gelegt;
jeder Baum, der keine gute Frucht hervor-
bringt, wird umgehauen und ins Feuer gewor-
fen. 10 Da fragten ihn die Scharen: Was sollen
wir also tun? 11 Er antwortete ihnen: Wer zwei
Gewänder hat, der gebe eines davon dem, der
keines hat, und wer zu essen hat, der handle
ebenso! 12 Es kamen auch Zöllner, um sich tau-
fen zu lassen, und fragten ihn: Meister, was
sollen wir tun? 13 Er sagte zu ihnen: Verlangt
nicht mehr, als festgesetzt ist! 14 Auch Solda-
ten fragten ihn: Was sollen denn wir tun? Und
er sagte zu ihnen: Misshandelt niemanden,
erpresst niemanden, begnügt euch mit eurem
Sold! 15 Das Volk war voll Erwartung und alle
überlegten im Herzen, ob Johannes nicht viel-
leicht selbst der Christus sei. 16 Doch Johannes
gab ihnen allen zur Antwort: Ich taufe euch
mit Wasser. Es kommt aber einer, der stärker
ist als ich, und ich bin es nicht wert, ihm die
Riemen der Sandalen zu lösen. Er wird euch
mit dem Heiligen Geist und mit Feuer taufen.
17 Schon hält er die Schaufel in der Hand, um
seine Tenne zu reinigen und den Weizen in
seine Scheune zu sammeln; die Spreu aber
wird er in nie erlöschendem Feuer verbren-
nen. 18 Mit diesen und vielen anderen Worten
ermahnte er das Volk und verkündete die
frohe Botschaft. 19 Johannes tadelte auch den
Tetrarchen Herodes wegen Herodias, der Frau
seines Bruders, und wegen aller Schandtaten,
die er verübt hatte. 20 Herodes fügte zu allem
noch dies hinzu, dass er Johannes ins Gefäng-
nis werfen ließ.

3-17: Mt 3,1–12; Mk 1,2–8 / **19-20**: Mt 14,3f.; Mk 6,17f.
3: Apg 13,24 / **3-4**: Joh 1,19–23 / **4-6**: Jes 40,3–5 G / **9**: Mt 7,19 / **15**: Joh 1,24–28 / **16**: Apg 13,25

DIE TAUFE JESU: 3,21–22

21 Es geschah aber, dass sich zusammen mit
dem ganzen Volk auch Jesus taufen ließ. Und
während er betete, öffnete sich der Himmel
22 und der Heilige Geist kam sichtbar in Ge-
stalt einer Taube auf ihn herab und eine Stim-
me aus dem Himmel sprach: Du bist mein
geliebter Sohn, an dir habe ich Wohlgefallen
gefunden.

21-22: Mt 3,13–17; Mk 1,9–11; Joh 1,29–34 / **22**: Gen 22,2; Ps 2,7; Jes 42,1

DER STAMMBAUM JESU: 3,23–38

23 Jesus war, als er zum ersten Mal öffentlich
auftrat, etwa dreißig Jahre alt. Er galt als Sohn
Josefs. Die Vorfahren Josefs waren: Eli,
24 Mattat, Levi, Melchi, Jannai, Josef, 25 Mat-
titja, Amos, Nahum, Hesli, Naggai, 26 Mahat,
Mattitja, Schimi, Josech, Joda, 27 Johanan,
Resa, Serubbabel, Schealtiël, Neri, 28 Melchi,
Addi, Kosam, Elmadam, Er, 29 Joschua, Elië-
ser, Jorim, Mattat, Levi, 30 Simeon, Juda, Jo-
sef, Jonam, Eljakim, 31 Melea, Menna, Matta-
ta, Natan, David, 32 Isai, Obed, Boas, Salmon,
Nachschon, 33 Amminadab, Admin, Arni,
Hezron, Perez, Juda, 34 Jakob, Isaak, Abra-
ham, Terach, Nahor, 35 Serug, Regu, Peleg,
Eber, Schelach, 36 Kenan, Arpachschad, Sem,
Noach, Lamech, 37 Metuschelach, Henoch,
Jered, Mahalalel, Kenan, 38 Enosch, Set,
Adam; der stammte von Gott.

23-38: Mt 1,1–17
32-33: Rut 4,18–22 / **34-36**: Gen 11,10–26 / **36-38**: Gen 5

DIE VERSUCHUNG JESU: 4,1–13

4 1 Erfüllt vom Heiligen Geist, kehrte Je-
sus vom Jordan zurück. Er wurde vom
Geist in der Wüste umhergeführt, 2 vierzig
Tage lang, und er wurde vom Teufel versucht.

In jenen Tagen aß er nichts; als sie aber vorü-
ber waren, hungerte ihn. 3 Da sagte der Teufel
zu ihm: Wenn du Gottes Sohn bist, so befiehl
diesem Stein, zu Brot zu werden. 4 Jesus ant-
wortete ihm: Es steht geschrieben: *Der
Mensch lebt nicht vom Brot allein.* 5 Da führ-
te ihn der Teufel hinauf und zeigte ihm in
einem Augenblick alle Reiche des Erdkreises.
6 Und er sagte zu ihm: All die Macht und
Herrlichkeit dieser Reiche will ich dir geben;
denn sie sind mir überlassen und ich gebe sie,
wem ich will. 7 Wenn du dich vor mir nieder-
wirfst und mich anbetest, wird dir alles ge-
hören. 8 Jesus antwortete ihm: Es steht ge-
schrieben: *Vor dem Herrn, deinem Gott,
sollst du dich niederwerfen und ihm allein
dienen.* 9 Darauf führte ihn der Teufel nach
Jerusalem, stellte ihn oben auf den Tempel
und sagte zu ihm: Wenn du Gottes Sohn bist,
so stürz dich von hier hinab; 10 denn es steht
geschrieben:

*Seinen Engeln befiehlt er deinetwegen,
dich zu behüten;*

11 und: *Sie werden dich auf ihren Händen
tragen, / damit dein Fuß nicht an einen Stein
stößt.*

12 Da antwortete ihm Jesus: Es ist gesagt:
*Du sollst den Herrn, deinen Gott, nicht auf
die Probe stellen.* 13 Nach diesen Versuchun-
gen ließ der Teufel bis zur bestimmten Zeit
von ihm ab.

1–13: Mt 4,1–11; Mk 1,12f.
4: Dtn 8,3 / **8**: Dtn 5,9; 6,13 / **10**: Ps 91,11f. / **12**: Dtn 6,16

DAS WIRKEN JESU IN GALILÄA: 4,14–9,50

ERSTES AUFTRETEN IN GALILÄA: 4,14–15

14 Jesus kehrte, erfüllt von der Kraft des Geis-
tes, nach Galiläa zurück. Und die Kunde von
ihm verbreitete sich in der ganzen Gegend.
15 Er lehrte in den Synagogen und wurde von
allen gepriesen.

14–15: Mt 4,12.17; Mk 1,14f.
14: 4,37; 5,15

DIE ANTRITTSREDE IN NAZARET: 4,16–30

16 So kam er auch nach Nazaret, wo er aufge-
wachsen war, und ging, wie gewohnt, am
Sabbat in die Synagoge. Als er aufstand, um
vorzulesen, 17 reichte man ihm die Buchrolle
des Propheten Jesaja. Er öffnete sie und fand
die Stelle, wo geschrieben steht:

18 *Der Geist des Herrn ruht auf mir; / denn
er hat mich gesalbt.*

*Er hat mich gesandt, / damit ich den Armen
eine frohe Botschaft bringe;*

*damit ich den Gefangenen die Entlassung
verkünde / und den Blinden das Augenlicht;*

*damit ich die Zerschlagenen in Freiheit set-
ze* 19 *und ein Gnadenjahr des Herrn ausrufe.*

20 Dann schloss er die Buchrolle, gab sie
dem Synagogendiener und setzte sich. Die
Augen aller in der Synagoge waren auf ihn
gerichtet. 21 Da begann er, ihnen darzulegen:
Heute hat sich das Schriftwort, das ihr eben
gehört habt, erfüllt. 22 Alle stimmten ihm zu;
sie staunten über die Worte der Gnade, die
aus seinem Mund hervorgingen, und sagten:
Ist das nicht Josefs Sohn? 23 Da entgegnete er
ihnen: Sicher werdet ihr mir das Sprichwort
vorhalten: Arzt, heile dich selbst! Wenn du
in Kafarnaum so große Dinge getan hast, wie
wir gehört haben, dann tu sie auch hier in
deiner Heimat! 24 Und er setzte hinzu: Amen,
ich sage euch: Kein Prophet wird in seiner
Heimat anerkannt. 25 Wahrhaftig, das sage
ich euch: In Israel gab es viele Witwen in den
Tagen des Elija, als der Himmel für drei Jahre
und sechs Monate verschlossen war und eine
große Hungersnot über das ganze Land kam.
26 Aber zu keiner von ihnen wurde Elija ge-
sandt, nur zu einer Witwe in Sarepta bei Si-
don. 27 Und viele Aussätzige gab es in Israel
zur Zeit des Propheten Elischa. Aber keiner
von ihnen wurde geheilt, nur der Syrer Naa-
man. 28 Als die Leute in der Synagoge das
hörten, gerieten sie alle in Wut. 29 Sie spran-
gen auf und trieben Jesus zur Stadt hinaus;
sie brachten ihn an den Abhang des Berges,
auf dem ihre Stadt erbaut war, und wollten
ihn hinabstürzen. 30 Er aber schritt mitten
durch sie hindurch und ging weg.

16–30: Mt 13,54–58; Mk 6,1–6a
18–19: Jes 61,1f.; 29,18; 58,6 G / **22**: Joh 6,42 / **24**: Joh 4,44 / **25**: 1 Kön 17,1–7; Jak 5,17 / **26**: 1 Kön 17,8–16 / **27**: 2 Kön 5

HEILUNGEN IN KAFARNAUM: 4,31–41
31 Jesus ging hinab nach Kafarnaum, einer
Stadt in Galiläa, und lehrte die Menschen am
Sabbat. 32 Sie waren außer sich vor Staunen
über seine Lehre, denn er redete mit Voll-
macht. 33 In der Synagoge war ein Mensch,
der von einem Dämon, einem unreinen
Geist, besessen war. Der schrie mit lauter
Stimme: 34 He, du, was haben wir mit dir zu
tun, Jesus von Nazaret? Bist du gekommen,
um uns ins Verderben zu stürzen? Ich weiß,
wer du bist: der Heilige Gottes! 35 Da drohte
ihm Jesus: Schweig und verlass ihn! Der Dä-
mon warf den Mann in ihre Mitte und verließ
ihn, ohne ihm zu schaden. 36 Da waren alle
erschrocken und einer fragte den andern:
Was ist das für ein Wort? Mit Vollmacht und
Kraft befiehlt er den unreinen Geistern und
sie fliehen. 37 Und sein Ruf verbreitete sich in
der ganzen Gegend.

38 Jesus stand auf, verließ die Synagoge
und ging in das Haus des Simon. Die Schwie-
germutter des Simon aber hatte hohes Fieber
und sie baten ihn für sie. 39 Er beugte sich
über sie und gebot dem Fieber. Da wich es
von ihr und sie stand sofort auf und diente
ihnen.

40 Als die Sonne unterging, brachten die
Leute ihre Kranken, die alle möglichen Ge-
brechen hatten, zu Jesus. Er legte jedem von
ihnen die Hände auf und heilte sie. 41 Von
vielen fuhren auch Dämonen aus und
schrien: Du bist der Sohn Gottes! Da drohte
er ihnen und ließ sie nicht reden; denn sie
wussten, dass er der Christus war.

31–41: Mt 8,14–16; Mk 1,21–37
32: Mt 7,28f. / **34**: 8,28; Mt 8,29; Mk 5,7 / **37**: 4,14; 5,15 / **41**: Mt 8,29; Mk 3,11

AUFBRUCH ZUR WEITEREN VERKÜNDIGUNG DER GOTTESHERRSCHAFT: 4,42–44
42 Bei Tagesanbruch verließ er die Stadt und
ging an einen einsamen Ort. Aber die Men-
schen suchten ihn; und sie kamen zu ihm hin
und wollten ihn festhalten, damit er nicht
von ihnen wegginge. 43 Er sagte zu ihnen: Ich
muss auch den anderen Städten das Evange-
lium vom Reich Gottes verkünden; denn
dazu bin ich gesandt worden. 44 Und er ver-
kündete in den Synagogen Judäas.

42–44: Mk 1,38f.

DER WUNDERBARE FISCHFANG UND DIE ERSTEN JÜNGER: 5,1–11
5 1 Es geschah aber: Als die Volksmenge
Jesus bedrängte und das Wort Gottes
hören wollte, da stand er am See Gennesaret
2 und sah zwei Boote am See liegen. Die Fi-
scher waren aus ihnen ausgestiegen und wu-
schen ihre Netze. 3 Jesus stieg in eines der
Boote, das dem Simon gehörte, und bat ihn,
ein Stück weit vom Land wegzufahren. Dann
setzte er sich und lehrte das Volk vom Boot
aus. 4 Als er seine Rede beendet hatte, sagte
er zu Simon: Fahr hinaus, wo es tief ist, und
werft eure Netze zum Fang aus! 5 Simon ant-
wortete ihm: Meister, wir haben die ganze
Nacht gearbeitet und nichts gefangen. Doch
auf dein Wort hin werde ich die Netze aus-
werfen. 6 Das taten sie und sie fingen eine
große Menge Fische; ihre Netze aber drohten
zu reißen. 7 Und sie gaben ihren Gefährten
im anderen Boot ein Zeichen, sie sollten
kommen und ihnen helfen. Sie kamen und
füllten beide Boote, sodass sie fast versanken.
8 Als Simon Petrus das sah, fiel er Jesus zu
Füßen und sagte: Geh weg von mir; denn ich
bin ein sündiger Mensch, Herr! 9 Denn Schre-
cken hatte ihn und alle seine Begleiter ergrif-
fen über den Fang der Fische, den sie gemacht
hatten; 10 ebenso auch Jakobus und Johannes,
die Söhne des Zebedäus, die mit Simon zu-
sammenarbeiteten. Da sagte Jesus zu Simon:
Fürchte dich nicht! Von jetzt an wirst du
Menschen fangen. 11 Und sie zogen die Boote
an Land, verließen alles und folgten ihm
nach.

5–11: Joh 21,3–11

DIE HEILUNG EINES AUSSÄTZIGEN: 5,12–16
12 Und es geschah, als sich Jesus in einer der
Städte aufhielt: Siehe, da war ein Mann voller
Aussatz. Als er Jesus sah, warf er sich auf sein
Angesicht und bat ihn: Herr, wenn du willst,
kannst du mich rein machen. 13 Da streckte
Jesus die Hand aus, berührte ihn und sagte:
Ich will – werde rein! Im gleichen Augenblick
wich der Aussatz von ihm. 14 Jesus befahl
ihm: Erzähl niemandem davon, sondern geh,
zeig dich dem Priester und bring das Reini-
gungsopfer dar, wie es Mose angeordnet hat,
zum Zeugnis für sie! 15 Sein Ruf aber verbrei-
tete sich immer mehr und große Volksmen-
gen kamen zusammen, um zu hören und von
ihren Krankheiten geheilt zu werden. 16 Doch

er zog sich an einen einsamen Ort zurück, um
zu beten.

12–16: Mt 8,2–4; Mk 1,40–45
14: 17,14; Lev 13,49; 14,2–32 / **15:** 4,14.37 / **16:** 9,18; Mk 1,35

DIE HEILUNG EINES GELÄHMTEN: 5,17–26

17 Und es geschah eines Tages, als Jesus lehr-
te, saßen Pharisäer und Gesetzeslehrer dabei;
sie waren aus allen Dörfern Galiläas und Ju-
däas und aus Jerusalem gekommen. Und die
Kraft des Herrn war mit ihm, sodass er heilen
konnte. 18 Und siehe, Männer brachten auf
seinem Bett einen Menschen, der gelähmt
war. Sie wollten ihn ins Haus bringen und vor
Jesus hinlegen. 19 Weil es ihnen aber wegen
der Volksmenge nicht möglich war, ihn hi-
neinzubringen, stiegen sie aufs Dach und
ließen ihn durch die Ziegel auf dem Bett hi-
nunter in die Mitte vor Jesus hin. 20 Als er
ihren Glauben sah, sagte er: Mensch, deine
Sünden sind dir vergeben. 21 Und die Schrift-
gelehrten und die Pharisäer fingen an zu
überlegen: Wer ist dieser, der Lästerungen
ausspricht? Wer kann Sünden vergeben au-
ßer Gott allein? 22 Jesus aber erkannte ihre
Gedanken und erwiderte ihnen: Was über-
legt ihr in euren Herzen? 23 Was ist leichter,
zu sagen: Deine Sünden sind dir vergeben!
oder zu sagen: Steh auf und geh umher? 24 Da-
mit ihr aber erkennt, dass der Menschensohn
die Vollmacht hat, auf der Erde Sünden zu
vergeben – sprach er zu dem Gelähmten: Ich
sage dir: Steh auf, nimm dein Bett und geh in
dein Haus! 25 Und sogleich stand er vor ihren
Augen auf, nahm das Bett, auf dem er gelegen
hatte, und ging Gott preisend in sein Haus.
26 Da gerieten alle außer sich; sie priesen Gott
und sagten voller Furcht: Heute haben wir
Unglaubliches gesehen.

17–26: Mt 9,1–8; Mk 2,1–12
21: 7,49

NACHFOLGE UND MAHL: 5,27–32

27 Danach ging Jesus hinaus und sah einen
Zöllner namens Levi am Zoll sitzen und sag-
te zu ihm: Folge mir nach! 28 Da verließ Levi
alles, stand auf und folgte ihm nach. 29 Und
Levi gab für Jesus in seinem Haus ein großes
Gastmahl. Viele Zöllner und andere waren
mit ihnen zu Tisch. 30 Da murrten die Phari-
säer und ihre Schriftgelehrten und sagten zu
seinen Jüngern: Wie könnt ihr zusammen
mit Zöllnern und Sündern essen und trin-
ken? 31 Jesus antwortete ihnen: Nicht die Ge-
sunden bedürfen des Arztes, sondern die
Kranken. 32 Ich bin nicht gekommen, um
Gerechte, sondern Sünder zur Umkehr zu
rufen.

27–32: Mt 9,9–13; Mk 2,13–17
27: Mt 8,22 / **30:** 7,34; 19,7 / **32:** 19,10

FASTEN UND FEIERN: 5,33–39

33 Sie sagten zu ihm: Die Jünger des Johannes
fasten und beten viel, ebenso die der Phari-
säer; deine Jünger aber essen und trinken.
34 Jesus erwiderte ihnen: Könnt ihr denn die
Hochzeitsgäste fasten lassen, solange der
Bräutigam bei ihnen ist? 35 Es werden aber
Tage kommen, da wird ihnen der Bräutigam
weggenommen sein; dann, in jenen Tagen,
werden sie fasten.

36 Er erzählte ihnen aber auch ein Gleich-
nis: Niemand schneidet ein Stück von einem
neuen Gewand ab und setzt es auf ein altes
Gewand. Sonst würde ja das neue Gewand
zerschnitten und zu dem alten würde das
Stück von dem neuen nicht passen. 37 Auch
füllt niemand jungen Wein in alte Schläu-
che. Sonst würde ja der junge Wein die
Schläuche zerreißen; er läuft aus und die
Schläuche sind unbrauchbar. 38 Sondern:
Jungen Wein muss man in neue Schläuche
füllen. 39 Und niemand, der alten Wein
trinkt, will jungen; denn er sagt: Der alte ist
bekömmlich.

33–39: Mt 9,14–17; Mk 2,18–22

SABBAT UND RELIGIÖSES GESETZ: 6,1–5

6 1 Es geschah aber an einem Sabbat, dass
er durch die Kornfelder ging, und seine
Jünger rissen Ähren ab, zerrieben sie mit den
Händen und aßen sie. 2 Da sagten einige Pha-
risäer: Warum tut ihr, was am Sabbat nicht
erlaubt ist? 3 Jesus erwiderte ihnen: Habt ihr
nicht gelesen, was David getan hat, als er und
seine Begleiter hungrig waren – 4 wie er in das
Haus Gottes ging und die Schaubrote nahm,
die allein die Priester essen dürfen, und sie
aß und auch seinen Begleitern davon gab?
5 Und Jesus sagte ihnen: Herr über den Sabbat
ist der Menschensohn.

1–5: Mt 12,1–8; Mk 2,23–28
1: Dtn 23,26 / **3–4:** 1 Sam 21,2–7 / **4:** Lev 24,5–9

SABBAT, HEILUNG UND INTRIGE: 6,6–11

6 Es geschah an einem anderen Sabbat, dass
er in die Synagoge ging und lehrte. Dort war
ein Mann, dessen rechte Hand verdorrt war.
7 Die Schriftgelehrten und die Pharisäer aber
gaben Acht, ob er am Sabbat heilen werde; sie
suchten nämlich einen Grund zur Anklage
gegen ihn. 8 Er aber kannte ihre Gedanken
und sagte zu dem Mann mit der verdorrten
Hand: Steh auf und stell dich in die Mitte! Der
Mann stand auf und stellte sich hin. 9 Dann
sagte Jesus zu ihnen: Ich frage euch: Ist es am
Sabbat erlaubt, Gutes zu tun oder Böses, ein
Leben zu retten oder zugrunde zu richten?
10 Und er sah sie alle der Reihe nach an und
sagte dann zu dem Mann: Streck deine Hand
aus! Er tat es und seine Hand wurde wieder-
hergestellt. 11 Sie aber in ihrem Unverstand
berieten sich untereinander, was sie gegen
Jesus unternehmen könnten.

6-11: Mt 12,9–14; Mk 3,1–6
6-11: 14,1–6

DIE WAHL DER ZWÖLF: 6,12–16

12 Es geschah aber in diesen Tagen, dass er auf
einen Berg ging, um zu beten. Und er ver-
brachte die ganze Nacht im Gebet zu Gott.
13 Als es Tag wurde, rief er seine Jünger zu sich
und wählte aus ihnen zwölf aus; sie nannte
er auch Apostel: 14 Simon, den er auch Petrus
nannte, und dessen Bruder Andreas, Jako-
bus, Johannes, Philippus, Bartholomäus,
15 Matthäus, Thomas, Jakobus, den Sohn des
Alphäus, Simon, genannt der Zelot, 16 Judas,
den Sohn des Jakobus, und Judas Iskariot, der
zum Verräter wurde.

12-16: Mt 10,1–4; Mk 3,13–19
12: Mt 14,23; Mk 6,46 / **14-16:** Joh 1,40–44; Apg 1,13

DER ANDRANG DER MENSCHEN: 6,17–19

17 Jesus stieg mit ihnen den Berg hinab. In der
Ebene blieb er mit einer großen Schar seiner
Jünger stehen und viele Menschen aus ganz
Judäa und Jerusalem und dem Küstengebiet
von Tyrus und Sidon 18 waren gekommen,
um ihn zu hören und von ihren Krankheiten
geheilt zu werden. Und die von unreinen
Geistern Geplagten wurden geheilt. 19 Alle
Leute versuchten, ihn zu berühren; denn es
ging eine Kraft von ihm aus, die alle heilte.

17-19: Mt 4,23–25; 12,15f.; Mk 3,7–12
19: 8,44; Mt 14,36

SELIGPREISUNGEN UND WEHERUFE: 6,20–26

20 Er richtete seine Augen auf seine Jünger
und sagte:
Selig, ihr Armen, denn euch gehört das
Reich Gottes.
21 Selig, die ihr jetzt hungert, denn ihr wer-
det gesättigt werden. / Selig, die ihr jetzt
weint, denn ihr werdet lachen.
22 Selig seid ihr, wenn euch die Menschen
hassen und wenn sie euch ausstoßen und
schmähen und euren Namen in Verruf brin-
gen um des Menschensohnes willen. 23 Freut
euch und jauchzt an jenem Tag; denn siehe,
euer Lohn im Himmel wird groß sein. Denn
ebenso haben es ihre Väter mit den Prophe-
ten gemacht.
24 Doch weh euch, ihr Reichen; denn ihr
habt euren Trost schon empfangen.
25 Weh euch, die ihr jetzt satt seid; denn ihr
werdet hungern. Weh, die ihr jetzt lacht;
denn ihr werdet klagen und weinen.
26 Weh, wenn euch alle Menschen loben.
Denn ebenso haben es ihre Väter mit den fal-
schen Propheten gemacht.

20-26: Mt 5,3–12
20: Jes 61,1; Jak 2,5 / **21:** Offb 7,16f.; Ps 126,5f.; Jes 61,2f. /
22: Mt 10,22; Joh 15,19 / **23:** Apg 5,41; Jak 1,2; 1 Petr 4,13 /
24: 16,25; 19,23; Jak 5,1 / **25:** Jes 65,13; Jak 4,9 / **26:** Jer 5,31

LIEBE ZU DEN FEINDEN UND VERZICHT
AUF VERURTEILUNG: 6,27–38

27 Euch aber, die ihr zuhört, sage ich: Liebt eure
Feinde; tut denen Gutes, die euch hassen!
28 Segnet die, die euch verfluchen; betet für
die, die euch beschimpfen! 29 Dem, der dich
auf die eine Wange schlägt, halt auch die an-
dere hin und dem, der dir den Mantel weg-
nimmt, lass auch das Hemd! 30 Gib jedem, der
dich bittet; und wenn dir jemand das Deine
wegnimmt, verlang es nicht zurück! 31 Und
wie ihr wollt, dass euch die Menschen tun
sollen, das tut auch ihr ihnen! 32 Wenn ihr die
liebt, die euch lieben, welchen Dank erwartet
ihr dafür? Denn auch die Sünder lieben die,
von denen sie geliebt werden. 33 Und wenn ihr
denen Gutes tut, die euch Gutes tun, welchen
Dank erwartet ihr dafür? Das tun auch die
Sünder. 34 Und wenn ihr denen Geld leiht, von
denen ihr es zurückzubekommen hofft, wel-
chen Dank erwartet ihr dafür? Auch die Sün-
der leihen Sündern, um das Gleiche zurück-

6,20–49 Dieser Abschnitt wird als Feldrede bezeichnet (vgl. 5,17) und entspricht der Bergpredigt bei Matthäus (5–7).

zubekommen. 35 Doch ihr sollt eure Feinde
lieben und Gutes tun und leihen, wo ihr
nichts zurückerhoffen könnt. Dann wird euer
Lohn groß sein und ihr werdet Söhne des
Höchsten sein; denn auch er ist gütig gegen
die Undankbaren und Bösen. 36 Seid barmher-
zig, wie auch euer Vater barmherzig ist!
37 Richtet nicht, dann werdet auch ihr nicht
gerichtet werden! Verurteilt nicht, dann wer-
det auch ihr nicht verurteilt werden! Erlasst
einander die Schuld, dann wird auch euch die
Schuld erlassen werden! 38 Gebt, dann wird
auch euch gegeben werden! Ein gutes, volles,
gehäuftes, überfließendes Maß wird man
euch in den Schoß legen; denn nach dem
Maß, mit dem ihr messt, wird auch euch zu-
gemessen werden.

27–38: Mt 5,38–48; 7,1f.
31: Mt 7,12 / **37**: Mt 6,14f.; Mk 11,25 / **38**: Mk 4,24

FALSCHE UND WAHRE FRÖMMIGKEIT: 6,39–46

39 Er sprach aber auch in Gleichnissen zu ih-
nen: Kann etwa ein Blinder einen Blinden
führen? Werden nicht beide in eine Grube
fallen? 40 Ein Jünger steht nicht über dem
Meister; jeder aber, der alles gelernt hat, wird
wie sein Meister sein. 41 Warum siehst du den
Splitter im Auge deines Bruders, aber den
Balken in deinem eigenen Auge bemerkst du
nicht? 42 Wie kannst du zu deinem Bruder
sagen: Bruder, lass mich den Splitter aus dei-
nem Auge herausziehen!, während du selbst
den Balken in deinem Auge nicht siehst? Du
Heuchler! Zieh zuerst den Balken aus deinem
Auge; dann kannst du zusehen, den Splitter
aus dem Auge deines Bruders herauszuzie-
hen.
43 Es gibt keinen guten Baum, der schlech-
te Früchte bringt, noch einen schlechten
Baum, der gute Früchte bringt. 44 Denn jeden
Baum erkennt man an seinen Früchten: Von
den Disteln pflückt man keine Feigen und
vom Dornstrauch erntet man keine Trauben.
45 Der gute Mensch bringt aus dem guten
Schatz seines Herzens das Gute hervor und
der böse Mensch bringt aus dem bösen das
Böse hervor. Denn wovon das Herz über-
fließt, davon spricht sein Mund. 46 Was sagt
ihr zu mir: Herr! Herr! und tut nicht, was ich
sage?

39–46: Mt 7,3–5.16–21; 12,33–35
39: Mt 15,14 / **40**: Mt 10,24f.; Joh 13,16; 15,20

BILDWORT VOM KLUGEN UND TÖRICHTEN HAUSBAU: 6,47–49

47 Ich will euch zeigen, wem ein Mensch
gleicht, der zu mir kommt und meine Worte
hört und danach handelt. 48 Er gleicht einem
Mann, der ein Haus baute und dabei die Erde
tief aushob und das Fundament auf einen
Felsen stellte. Als ein Hochwasser kam und
die Flutwelle gegen jenes Haus prallte, konn-
te sie es nicht erschüttern, weil es gut gebaut
war. 49 Wer aber hört und nicht danach han-
delt, gleicht einem Mann, der ein Haus ohne
Fundament auf die Erde baute. Die Flutwelle
prallte dagegen und sofort stürzte es ein; und
der Einsturz jenes Hauses war gewaltig.

47–49: Mt 7,24–27

DER HAUPTMANN VON KAFARNAUM: 7,1–10

7 1 Nachdem Jesus alle seine Worte dem
Volk zu Gehör gebracht hatte, ging er
nach Kafarnaum. 2 Ein Hauptmann hatte ei-
nen Diener, den er sehr schätzte, der war
krank und lag im Sterben. 3 Als der Haupt-
mann aber von Jesus hörte, schickte er jüdi-
sche Älteste zu ihm mit der Bitte, zu kommen
und seinen Diener zu retten. 4 Sie gingen zu
Jesus und baten ihn inständig. Sie sagten: Er
verdient es, dass du seine Bitte erfüllst; 5 denn
er liebt unser Volk und hat uns die Synagoge
gebaut. 6 Da ging Jesus mit ihnen. Als er nicht
mehr weit von dem Haus entfernt war,
schickte der Hauptmann Freunde und ließ
ihm sagen: Herr, bemüh dich nicht! Denn ich
bin es nicht wert, dass du unter mein Dach
einkehrst. 7 Deshalb habe ich mich selbst
auch nicht für würdig gehalten, zu dir zu
kommen. Aber sprich nur ein Wort, dann
wird mein Diener gesund. 8 Denn auch ich
muss Befehlen gehorchen und ich habe selbst
Soldaten unter mir; sage ich nun zu einem:
Geh!, so geht er, und zu einem andern:
Komm!, so kommt er, und zu meinem Die-
ner: Tu das!, so tut er es. 9 Jesus war erstaunt
über ihn, als er das hörte. Und er wandte sich
um und sagte zu den Leuten, die ihm folgten:
Ich sage euch: Einen solchen Glauben habe
ich in Israel nicht gefunden. 10 Und als jene,
die der Hauptmann geschickt hatte, in das
Haus zurückkehrten, stellten sie fest, dass
der Diener gesund war.

1–10: Mt 8,5–13; Joh 4,46–53

DIE ERWECKUNG EINES JUNGEN MANNES IN NAÏN: 7,11–17

11 Und es geschah danach, dass er in eine Stadt
namens Naïn kam; seine Jünger und eine gro-
ße Volksmenge folgten ihm. 12 Als er in die
Nähe des Stadttors kam, siehe, da trug man
einen Toten heraus. Es war der einzige Sohn
seiner Mutter, einer Witwe. Und viele Leute
aus der Stadt begleiteten sie. 13 Als der Herr
die Frau sah, hatte er Mitleid mit ihr und sag-
te zu ihr: Weine nicht! 14 Und er trat heran
und berührte die Bahre. Die Träger blieben
stehen und er sagte: Jüngling, ich sage dir:
Steh auf! 15 Da setzte sich der Tote auf und
begann zu sprechen und Jesus gab ihn seiner
Mutter zurück. 16 Alle wurden von Furcht
ergriffen; sie priesen Gott und sagten: Ein
großer Prophet ist unter uns erweckt wor-
den: Gott hat sein Volk heimgesucht. 17 Und
diese Kunde über ihn verbreitete sich überall
in Judäa und im ganzen Gebiet ringsum.

15: 1 Kön 17,23 / **16**: 1,68

DIE FRAGE DES TÄUFERS UND SEINE BEDEUTUNG: 7,18–35

18 Johannes erfuhr das alles von seinen Jün-
gern. Da rief Johannes zwei seiner Jünger zu
sich, 19 schickte sie zum Herrn und ließ ihn
fragen: Bist du der, der kommen soll, oder
sollen wir auf einen andern warten? 20 Als die
Männer zu Jesus kamen, sagten sie: Johannes
der Täufer hat uns zu dir geschickt und lässt
dich fragen: Bist du der, der kommen soll,
oder müssen wir auf einen andern warten?
21 Zu jener Stunde heilte Jesus viele Men-
schen von Krankheiten und Leiden und bö-
sen Geistern und schenkte vielen Blinden das
Augenlicht. 22 Er antwortete ihnen: Geht und
berichtet Johannes, was ihr gesehen und ge-
hört habt: Blinde sehen wieder, Lahme gehen
und Aussätzige werden rein; Taube hören,
Tote stehen auf und Armen wird das Evan-
gelium verkündet. 23 Selig ist, wer an mir
keinen Anstoß nimmt.

24 Als die Boten des Johannes weggegangen
waren, begann Jesus zu der Menge über Johan-
nes zu reden: Was habt ihr denn sehen wollen,
als ihr in die Wüste hinausgegangen seid? Ein
Schilfrohr, das im Wind schwankt? 25 Oder
was habt ihr sehen wollen, als ihr hinausge-
gangen seid? Einen Mann in feiner Kleidung?
Siehe, Leute, die sich prächtig kleiden und
üppig leben, findet man in den Palästen der
Könige. 26 Oder wozu seid ihr hinausgegan-
gen? Um einen Propheten zu sehen? Ja, ich
sage euch: Sogar mehr als einen Propheten.
27 Dieser ist es, von dem geschrieben steht:

Siehe, ich sende meinen Boten vor dir her, /
der deinen Weg vor dir bahnen wird.

28 Ich sage euch: Unter den von einer Frau
Geborenen gibt es keinen größeren als Johan-
nes; doch der Kleinste im Reich Gottes ist
größer als er.

29 Das ganze Volk, das Johannes hörte, und
selbst die Zöllner gaben Gott Recht und lie-
ßen sich mit der Taufe des Johannes taufen.
30 Doch die Pharisäer und die Gesetzeslehrer
haben den Willen Gottes für sich selbst ab-
gelehnt und sich von Johannes nicht taufen
lassen. 31 Mit wem soll ich also die Menschen
dieser Generation vergleichen? Wem glei-
chen sie? 32 Sie gleichen Kindern, die auf dem
Marktplatz sitzen und einander zurufen: Wir
haben für euch auf der Flöte gespielt und ihr
habt nicht getanzt; wir haben die Totenklage
angestimmt und ihr habt nicht geweint.
33 Denn Johannes der Täufer ist gekommen,
er isst kein Brot und trinkt keinen Wein und
ihr sagt: Er hat einen Dämon. 34 Der Men-
schensohn ist gekommen, er isst und trinkt
und ihr sagt: Siehe, ein Fresser und Säufer,
ein Freund der Zöllner und Sünder! 35 Und
doch hat die Weisheit durch alle ihre Kinder
Recht bekommen.

18–35: Mt 11,2–19
22: Jes 26,19; 29,18; 35,5f.; 61,1 / **27**: 1,76; Ex 23,20; Mal 3,1; Mk 1,2 / **33**: 1,15 / **34**: 5,30; 15,1f.; 19,7; Mt 9,10f.

DER PHARISÄER UND DIE SÜNDERIN: 7,36–50

36 Einer der Pharisäer hatte ihn zum Essen
eingeladen. Und er ging in das Haus des Pha-
risäers und begab sich zu Tisch. 37 Und siehe,
eine Frau, die in der Stadt lebte, eine Sünde-
rin, erfuhr, dass er im Haus des Pharisäers zu
Tisch war; da kam sie mit einem Alabaster-
gefäß voll wohlriechendem Öl 38 und trat von
hinten an ihn heran zu seinen Füßen. Dabei
weinte sie und begann mit ihren Tränen sei-
ne Füße zu benetzen. Sie trocknete seine
Füße mit den Haaren ihres Hauptes, küsste
sie und salbte sie mit dem Öl. 39 Als der Pha-
risäer, der ihn eingeladen hatte, das sah, sag-
te er zu sich selbst: Wenn dieser wirklich ein
Prophet wäre, müsste er wissen, was das für
eine Frau ist, die ihn berührt: dass sie eine
Sünderin ist. 40 Da antwortete ihm Jesus und

sagte: Simon, ich möchte dir etwas sagen. Er
erwiderte: Sprich, Meister! 41 Ein Geldverlei-
her hatte zwei Schuldner; der eine war ihm
fünfhundert Denare schuldig, der andere
fünfzig. 42 Als sie ihre Schulden nicht bezah-
len konnten, schenkte er sie beiden. Wer von
ihnen wird ihn nun mehr lieben? 43 Simon
antwortete: Ich nehme an, der, dem er mehr
geschenkt hat. Jesus sagte zu ihm: Du hast
recht geurteilt. 44 Dann wandte er sich der
Frau zu und sagte zu Simon: Siehst du diese
Frau? Als ich in dein Haus kam, hast du mir
kein Wasser für die Füße gegeben; sie aber
hat meine Füße mit ihren Tränen benetzt und
sie mit ihren Haaren abgetrocknet. 45 Du hast
mir keinen Kuss gegeben; sie aber hat, seit ich
hier bin, unaufhörlich meine Füße geküsst.
46 Du hast mir nicht das Haupt mit Öl gesalbt;
sie aber hat mit Balsam meine Füße gesalbt.
47 Deshalb sage ich dir: Ihr sind ihre vielen
Sünden vergeben, weil sie viel geliebt hat.
Wem aber nur wenig vergeben wird, der liebt
wenig. 48 Dann sagte er zu ihr: Deine Sünden
sind dir vergeben. 49 Da begannen die anderen
Gäste bei sich selbst zu sagen: Wer ist das,
dass er sogar Sünden vergibt? 50 Er aber sagte
zu der Frau: Dein Glaube hat dich gerettet.
Geh in Frieden!

36–50: Mt 26,6–13; Mk 14,3–9; Joh 12,3–8
49: 5,21 / **50:** 8,48; 18,42; Mt 9,22; Mk 5,34; 10,52

FRAUEN IM GEFOLGE JESU: 8,1–3

8 1 Und es geschah in der folgenden Zeit: Er
wanderte von Stadt zu Stadt und von
Dorf zu Dorf und verkündete das Evangelium
vom Reich Gottes. Die Zwölf begleiteten ihn
2 und auch einige Frauen, die von bösen Geis-
tern und von Krankheiten geheilt worden wa-
ren: Maria, genannt Magdalena, aus der sieben
Dämonen ausgefahren waren, 3 Johanna, die
Frau des Chuzas, eines Beamten des Herodes,
Susanna und viele andere. Sie unterstützten
Jesus und die Jünger mit ihrem Vermögen.

2: 23,49; Mk 16,9 / **3:** 24,10

DAS GLEICHNIS VOM SÄMANN: 8,4–8

4 Als sich aber eine große Volksmenge ver-
sammelte und Menschen aus allen Städten zu
ihm kamen, sprach er in einem Gleichnis:
5 Ein Sämann ging hinaus, um seinen Samen
auszusäen. Als er säte, fiel ein Teil auf den Weg
und wurde zertreten und die Vögel des Him-
mels fraßen es. 6 Ein anderer Teil fiel auf Fel-
sen, und als die Saat aufging, verdorrte sie,
weil es ihr an Feuchtigkeit fehlte. 7 Ein anderer
Teil fiel mitten in die Dornen und die Dornen
wuchsen zusammen mit der Saat hoch und
erstickten sie. 8 Und ein anderer Teil fiel auf
guten Boden, ging auf und brachte hundert-
fach Frucht. Als Jesus das gesagt hatte, rief er:
Wer Ohren hat zum Hören, der höre!

4–8: Mt 13,1–9; Mk 4,1–9
8: Mt 11,15

SINNGEBUNG FÜR DIE GLEICHNISREDE: 8,9–10

9 Seine Jünger fragten ihn, was das Gleichnis
bedeute. 10 Da sagte er: Euch ist es gegeben,
die Geheimnisse des Reiches Gottes zu ver-
stehen. Zu den anderen aber wird in Gleich-
nissen geredet; denn sie sollen sehen und
doch nicht sehen, hören und doch nicht ver-
stehen.

9–10: Mt 13,10–17; Mk 4,10–12
10: Jes 6,9; Joh 12,40; Apg 28,26

DIE DEUTUNG DES GLEICHNISSES
VOM SÄMANN: 8,11–15

11 Das bedeutet das Gleichnis: Der Samen ist
das Wort Gottes. 12 Auf den Weg ist der Sa-
men bei denen gefallen, die das Wort hören;
dann kommt der Teufel und nimmt das Wort
aus ihrem Herzen, damit sie nicht glauben
und nicht gerettet werden. 13 Auf den Felsen
ist der Samen bei denen gefallen, die das Wort
freudig aufnehmen, wenn sie es hören; aber
sie haben keine Wurzeln: Eine Zeit lang
glauben sie, doch in der Zeit der Prüfung
werden sie abtrünnig. 14 Unter die Dornen ist
der Samen bei denen gefallen, die das Wort
hören, dann aber hingehen und in Sorgen,
Reichtum und Genüssen des Lebens ersti-
cken und keine Frucht bringen. 15 Auf guten
Boden ist der Samen bei denen gefallen, die
das Wort mit gutem und aufrichtigem Her-
zen hören, daran festhalten und Frucht brin-
gen in Geduld.

11–15: Mt 13,18–23; Mk 4,13–20

VOM RECHTEN HÖREN: 8,16–18

16 Niemand zündet eine Leuchte an und deckt
sie mit einem Gefäß zu oder stellt sie unter
ein Bett, sondern man stellt sie auf den
Leuchter, damit jene, die eintreten, das Licht
sehen. 17 Denn es gibt nichts Verborgenes, das
nicht offenbar wird, und nichts Geheimes,
das nicht bekannt wird und an den Tag

kommt. 18 Achtet darauf, genau hinzuhören!
Denn wer hat, dem wird gegeben; wer aber
nicht hat, dem wird auch noch weggenom-
men, was er zu haben meint.

16–18: Mk 4,21–25
16: 11,33; Mt 5,15 / **17:** 12,2; Mt 10,26 / **18:** 19,26; Mt 13,12; 25,29

ÜBER DIE WAHRE FAMILIE JESU: 8,19–21

19 Es kamen aber seine Mutter und seine Brü-
der zu ihm; sie konnten jedoch wegen der
vielen Leute nicht zu ihm gelangen. 20 Da
sagte man ihm: Deine Mutter und deine Brü-
der stehen draußen und möchten dich sehen.
21 Er erwiderte ihnen: Meine Mutter und mei-
ne Brüder sind die, die das Wort Gottes hören
und tun.

19–21: Mt 12,46–50; Mk 3,31–35
21: 11,28

DER STURM AUF DEM SEE: 8,22–25

22 Es geschah aber eines Tages: Er stieg mit
seinen Jüngern in ein Boot und sagte zu ih-
nen: Wir wollen ans andere Ufer des Sees
hinüberfahren. Und sie fuhren ab. 23 Wäh-
rend der Fahrt aber schlief er ein. Und ein
Sturmwind fuhr auf den See herab; das Was-
ser schlug in das Boot und sie gerieten in Ge-
fahr. 24 Da traten sie zu ihm und weckten ihn;
sie riefen: Meister, Meister, wir gehen zu-
grunde! Er stand auf, drohte dem Wind und
den Wellen und sie legten sich und es trat
Stille ein. 25 Er aber sagte zu ihnen: Wo ist
euer Glaube? Sie aber fragten einander voll
Schrecken und Staunen: Wer ist denn dieser,
dass er sogar den Winden und dem Wasser
gebietet und sie ihm gehorchen?

22–25: Mt 8,18.23–27; Mk 4,35–41

DIE HEILUNG DES BESESSENEN VON GERASA: 8,26–39

26 Sie fuhren in das Gebiet der Gerasener, das
Galiläa gegenüberliegt. 27 Als Jesus an Land
ging, lief ihm ein Mann aus der Stadt entge-
gen, der von Dämonen besessen war. Schon
seit Langem trug er keine Kleidung mehr und
lebte nicht mehr in einem Haus, sondern in
den Grabhöhlen. 28 Als er Jesus sah, schrie er
auf, fiel vor ihm nieder und rief mit lauter
Stimme: Was habe ich mit dir zu tun, Jesus,
Sohn des höchsten Gottes? Ich bitte dich:
Quäle mich nicht! 29 Jesus hatte nämlich dem
unreinen Geist befohlen, den Mann zu ver-
lassen. Denn schon seit Langem hatte ihn der
Geist in seiner Gewalt; und er war gebunden
mit Ketten und Fußfesseln und wurde gefan-
gen gehalten. Aber immer wieder zerriss er
die Fesseln und wurde von dem Dämon in
menschenleere Gegenden getrieben. 30 Jesus
fragte ihn: Wie heißt du? Er antwortete: Le-
gion. Denn er war von vielen Dämonen be-
sessen. 31 Und die Dämonen baten Jesus, dass
er ihnen nicht befehle, in die Unterwelt hi-
nabzufahren. 32 Nun weidete dort an einem
Berg gerade eine große Schweineherde. Die
Dämonen baten Jesus, ihnen zu erlauben, in
die Schweine hineinzufahren. Er erlaubte es
ihnen. 33 Da verließen die Dämonen den
Menschen und fuhren in die Schweine und
die Herde stürmte den Abhang hinab in den
See und ertrank. 34 Als die Hirten sahen, was
geschehen war, flohen sie und erzählten es in
der Stadt und in den Dörfern. 35 Darauf gin-
gen die Leute hinaus, um zu sehen, was ge-
schehen war. Sie kamen zu Jesus und fanden
den Mann, aus dem die Dämonen ausgefah-
ren waren, bekleidet und bei Verstand zu
Füßen Jesu sitzen. Da fürchteten sie sich.
36 Die gesehen hatten, wie der Besessene ge-
rettet worden war, berichteten es ihnen.
37 Darauf baten alle im Gebiet der Gerasener
Jesus, sie zu verlassen; denn es hatte sie gro-
ße Furcht gepackt. Da stieg Jesus ins Boot und
fuhr zurück. 38 Der Mann, den die Dämonen
verlassen hatten, bat Jesus, bei ihm bleiben
zu dürfen. Doch Jesus schickte ihn weg und
sagte: 39 Kehr in dein Haus zurück und erzähl
alles, was Gott für dich getan hat! Da ging er
weg und verkündete in der ganzen Stadt, was
Jesus für ihn getan hatte.

26–39: Mt 8,28–34; Mk 5,1–20
28: 4,34.41; Mk 1,24; 3,11

DIE AUFERWECKUNG DER TOCHTER EINES SYNAGOGENVORSTEHERS UND DIE HEILUNG EINER KRANKEN FRAU: 8,40–56

40 Als Jesus zurückkam, empfingen ihn viele
Menschen; sie hatten alle schon auf ihn ge-
wartet. 41 Siehe, da kam ein Mann namens
Jaïrus, der Synagogenvorsteher war. Er fiel
Jesus zu Füßen und bat ihn, in sein Haus zu
kommen. 42 Denn er hatte eine einzige Toch-
ter von etwa zwölf Jahren, die lag im Sterben.
Während Jesus auf dem Weg war, drängten

8,30 Legion, vgl. Anm. zu Mk 5,9.

sich die Menschen eng um ihn. 43 Da war eine
Frau, die schon seit zwölf Jahren an Blutfluss
litt, ihren ganzen Lebensunterhalt für Ärzte
aufgewandt hatte und von niemandem ge-
heilt werden konnte. 44 Sie trat von hinten
heran und berührte den Saum seines Gewan-
des. Im gleichen Augenblick kam der Blut-
fluss zum Stillstand. 45 Da fragte Jesus: Wer
hat mich berührt? Als alle es abstritten, sag-
te Petrus: Meister, die Leute zwängen dich
ein und drängen sich um dich. 46 Jesus erwi-
derte: Es hat mich jemand berührt; denn ich
fühlte, wie eine Kraft von mir ausströmte.
47 Als die Frau merkte, dass sie nicht verbor-
gen bleiben konnte, kam sie zitternd herbei,
fiel vor ihm nieder und erzählte vor dem gan-
zen Volk, warum sie ihn berührt hatte und
wie sie sofort geheilt worden war. 48 Da sagte
er zu ihr: Tochter, dein Glaube hat dich geret-
tet. Geh in Frieden! 49 Während Jesus noch
redete, kam einer von den Leuten des Syna-
gogenvorstehers und sagte: Deine Tochter ist
gestorben. Bemüh den Meister nicht länger!
50 Jesus hörte es und sagte darauf zu ihm:
Fürchte dich nicht! Glaube nur, dann wird sie
gerettet werden! 51 Als er in das Haus ging,
ließ er niemanden mit sich hineingehen au-
ßer Petrus, Johannes und Jakobus und den
Vater des Mädchens und die Mutter. 52 Alle
Leute weinten und klagten um sie. Jesus aber
sagte: Weint nicht! Sie ist nicht gestorben, sie
schläft nur. 53 Da lachten sie ihn aus, weil sie
wussten, dass sie tot war. 54 Er aber fasste sie
an der Hand und rief: Mädchen, steh auf!
55 Da kehrte ihr Lebensatem zurück und sie
stand sofort auf. Und er ordnete an, man sol-
le ihr zu essen geben. 56 Ihre Eltern aber waren
fassungslos. Doch Jesus gebot ihnen, nie-
mandem zu erzählen, was geschehen war.

40–56: Mt 9,18–26; Mk 5,21–43
48: 7,50; 17,19; 18,42; Mk 10,52

DIE AUSSENDUNG DER ZWÖLF JÜNGER: 9,1–6

9 1 Dann rief er die Zwölf zu sich und gab
ihnen Kraft und Vollmacht über alle Dä-
monen und um Krankheiten zu heilen. 2 Und
er sandte sie aus, das Reich Gottes zu verkün-
den und die Kranken gesund zu machen. 3 Er
sagte zu ihnen: Nehmt nichts mit auf den
Weg, keinen Wanderstab und keine Vor-
ratstasche, kein Brot, kein Geld und kein
zweites Hemd! 4 Bleibt in dem Haus, in dem
ihr einkehrt, bis ihr den Ort wieder verlasst!
5 Wenn euch aber die Leute nicht aufnehmen,
dann geht weg aus jener Stadt und schüttelt
den Staub von euren Füßen, zum Zeugnis
gegen sie! 6 Die Zwölf machten sich auf den
Weg und wanderten von Dorf zu Dorf. Sie
verkündeten das Evangelium und heilten
überall.

1–6: Mt 10,1.5–14; Mk 6,7–13
1–6: 10,1–12 / **3:** 22,35

DAS URTEIL DES HERODES ÜBER JESUS: 9,7–9

7 Der Tetrarch Herodes hörte von allem, was
geschah, und wusste nicht, was er davon hal-
ten sollte. Denn manche sagten: Johannes ist
von den Toten auferstanden. 8 Andere mein-
ten: Elija ist erschienen. Wieder andere: Ei-
ner der alten Propheten ist auferstanden.
9 Herodes aber sagte: Johannes habe ich ent-
haupten lassen. Wer aber ist dieser, von dem
man mir solche Dinge erzählt? Und er hatte
den Wunsch, ihn zu sehen.

7–9: Mt 14,1f.; Mk 6,14–16
7: 9,19; Mt 16,14 / **9:** 23,8

DIE RÜCKKEHR DER JÜNGER UND DIE SPEISUNG DER FÜNFTAUSEND: 9,10–17

10 Die Apostel kamen zurück und erzählten
Jesus, was sie alles getan hatten. Dann nahm
er sie beiseite und zog sich mit ihnen allein in
eine Stadt zurück, die Betsaida heißt. 11 Aber
die Leute erfuhren davon und folgten ihm. Er
empfing sie freundlich, redete zu ihnen vom
Reich Gottes und machte gesund, die der
Heilung bedurften. 12 Als der Tag zur Neige
ging, kamen die Zwölf und sagten zu ihm:
Schick die Leute weg, damit sie in die umlie-
genden Dörfer und Gehöfte gehen, dort Un-
terkunft finden und etwas zu essen bekom-
men; denn wir sind hier an einem abgelegenen
Ort. 13 Er antwortete ihnen: Gebt ihr ihnen
zu essen! Sie sagten: Wir haben nicht mehr
als fünf Brote und zwei Fische; wir müssten
erst weggehen und für dieses ganze Volk et-
was zu essen kaufen. 14 Es waren nämlich
etwa fünftausend Männer. Er aber sagte zu
seinen Jüngern: Lasst sie sich in Gruppen zu
ungefähr fünfzig lagern! 15 Die Jünger taten
so und veranlassten, dass sich alle lagerten.

9,7 Gemeint ist Herodes Antipas. Vgl. Anm. zu 3,1f.

9,8 Im Judentum gab es zur Zeit Jesu die Vorstellung, der Prophet Elija werde vor dem Ende der Welt wiederkehren und Israel auf die Endzeit vorbereiten (Mal 3,23f.; Sir 48,10).

16 Jesus aber nahm die fünf Brote und die zwei
Fische, blickte zum Himmel auf, sprach den
Lobpreis und brach sie; dann gab er sie den
Jüngern, damit sie diese an die Leute austeil-
ten. 17 Und alle aßen und wurden satt. Als
man die übrig gebliebenen Brotstücke ein-
sammelte, waren es zwölf Körbe voll.

10–17: Mt 14,13–21; Mk 6,30–44; Joh 6,1–13
10–17: Mt 15,32–39; Mk 8,1–9

DAS CHRISTUSBEKENNTNIS DES PETRUS UND DIE ERSTE ANKÜNDIGUNG VON LEIDEN UND AUFERSTEHUNG JESU: 9,18–22

18 Und es geschah: Jesus betete für sich allein
und die Jünger waren bei ihm. Da fragte er sie:
Für wen halten mich die Leute? 19 Sie antwor-
teten: Einige für Johannes den Täufer, andere
für Elija; wieder andere sagen: Einer der alten
Propheten ist auferstanden. 20 Da sagte er zu
ihnen: Ihr aber, für wen haltet ihr mich? Petrus
antwortete: Für den Christus Gottes. 21 Doch
er befahl ihnen und wies sie an, es niemandem
zu sagen. 22 Und er sagte: Der Menschensohn
muss vieles erleiden und von den Ältesten, den
Hohepriestern und den Schriftgelehrten ver-
worfen werden; er muss getötet und am drit-
ten Tage auferweckt werden.

18–22: Mt 16,13–21; Mk 8,27–31
18: 5,16; Mk 1,35 / **19**: 9,7f. / **20**: Joh 6,69; 11,27 / **22**: 9,44; 17,25; 18,31–33; 24,7; Mt 17,22f.; 20,18f.; 26,2; Mk 9,31; 10,32–34

NACHFOLGE UND SELBSTVERLEUGNUNG: 9,23–27

23 Zu allen sagte er: Wenn einer hinter mir
hergehen will, verleugne er sich selbst, neh-
me täglich sein Kreuz auf sich und folge mir
nach. 24 Denn wer sein Leben retten will, wird
es verlieren; wer aber sein Leben um meinet-
willen verliert, der wird es retten. 25 Was
nützt es einem Menschen, wenn er die ganze
Welt gewinnt, dabei aber sich selbst verliert
und Schaden nimmt? 26 Denn wer sich mei-
ner und meiner Worte schämt, dessen wird
sich der Menschensohn schämen, wenn er in
seiner Herrlichkeit kommt und in der des
Vaters und der heiligen Engel. 27 Wahrhaftig,
das sage ich euch: Von denen, die hier stehen,
werden einige den Tod nicht schmecken, bis
sie das Reich Gottes gesehen haben.

23–27: Mt 16,24–28; Mk 8,34–9,1
23: 14,27; Mt 8,22; 10,38 / **24**: 17,33; Mt 10,39; 16,25; Joh 12,25 / **26**: Mt 10,33 / **27**: Mt 10,23; 24,34

DIE VERKLÄRUNG JESU: 9,28–36

28 Es geschah aber: Etwa acht Tage nach diesen
Worten nahm Jesus Petrus, Johannes und Ja-
kobus mit sich und stieg auf einen Berg, um
zu beten. 29 Und während er betete, veränder-
te sich das Aussehen seines Gesichtes und
sein Gewand wurde leuchtend weiß. 30 Und
siehe, es redeten zwei Männer mit ihm. Es
waren Mose und Elija; 31 sie erschienen in
Herrlichkeit und sprachen von seinem Ende,
das er in Jerusalem erfüllen sollte. 32 Petrus
und seine Begleiter aber waren eingeschlafen,
wurden jedoch wach und sahen Jesus in
strahlendem Licht und die zwei Männer, die
bei ihm standen. 33 Und es geschah, als diese
sich von ihm trennen wollten, sagte Petrus zu
Jesus: Meister, es ist gut, dass wir hier sind.
Wir wollen drei Hütten bauen, eine für dich,
eine für Mose und eine für Elija. Er wusste
aber nicht, was er sagte. 34 Während er noch
redete, kam eine Wolke und überschattete sie.
Sie aber fürchteten sich, als sie in die Wolke
hineingerieten. 35 Da erscholl eine Stimme aus
der Wolke: Dieser ist mein auserwählter
Sohn, auf ihn sollt ihr hören. 36 Während die
Stimme erscholl, fanden sie Jesus allein. Und
sie schwiegen und erzählten in jenen Tagen
niemandem von dem, was sie gesehen hatten.

28–36: Mt 17,1–9; Mk 9,2–8
28–36: 2 Petr 1,16–18 / **35**: Ps 2,7; Dtn 18,15; Jes 42,1; Mt 3,17

DIE ERFOLGLOSEN JÜNGER: 9,37–43a

37 Es geschah aber am folgenden Tag: Als sie
vom Berg hinabstiegen, kam ihm eine große
Menschenmenge entgegen. 38 Und siehe, ein
Mann aus der Menge schrie: Meister, ich bit-
te dich, schau auf meinen Sohn! Es ist mein
einziger. 39 Siehe, ein Geist packt ihn, dass er
plötzlich aufschreit, zerrt ihn hin und her
und lässt ihn schäumen und der Geist quält
ihn fast unaufhörlich. 40 Ich habe schon deine
Jünger gebeten, ihn auszutreiben, aber sie
konnten es nicht. 41 Da antwortete Jesus: O
du ungläubige und verkehrte Generation!
Wie lange muss ich noch bei euch sein und
euch ertragen? Bring deinen Sohn her! 42 Als
der Sohn herkam, warf der Dämon ihn zu
Boden und zerrte ihn hin und her. Jesus aber
drohte dem unreinen Geist, heilte den Kna-
ben und gab ihn seinem Vater zurück. 43 Und
alle waren außer sich vor Staunen über die
Größe Gottes.

37–43a: Mt 17,14–18; Mk 9,14–27

DIE ZWEITE ANKÜNDIGUNG VON LEIDEN
UND AUFERSTEHUNG JESU: 9,43b–45
Alle Leute staunten über das, was Jesus tat;
er aber sagte zu seinen Jüngern: 44 Behaltet
diese Worte in euren Ohren: Der Menschen-
sohn wird nämlich in die Hände von Men-
schen ausgeliefert werden. 45 Doch die Jünger
verstanden den Sinn seiner Worte nicht; er
blieb ihnen verborgen, sodass sie ihn nicht
begriffen. Aber sie scheuten sich, Jesus zu
fragen, was er damit sagen wollte.

43b–45: Mt 17,22f.; Mk 9,30–32
44: 9,22; 17,25; 18,32 / **45:** 18,34

DER RANGSTREIT DER JÜNGER: 9,46–48
46 Unter ihnen kam der Gedanke auf, wer von
ihnen der Größte sei. 47 Jesus sah den Gedan-
ken in ihren Herzen. Deshalb nahm er ein
Kind, stellte es neben sich 48 und sagte zu ih-
nen: Wer dieses Kind in meinem Namen auf-
nimmt, der nimmt mich auf; und wer mich
aufnimmt, der nimmt den auf, der mich ge-
sandt hat. Denn wer unter euch allen der
Kleinste ist, der ist groß.

46–48: Mt 18,1–5; Mk 9,33–37
46: 22,24–26

DER FREMDE WUNDERTÄTER: 9,49–50
49 Da sagte Johannes: Meister, wir haben ge-
sehen, wie jemand in deinem Namen Dämo-
nen austrieb, und wir versuchten, ihn daran
zu hindern, weil er nicht mit uns zusammen
nachfolgt. 50 Jesus antwortete ihm: Hindert
ihn nicht! Denn wer nicht gegen euch ist, der
ist für euch.

49–50: Mk 9,38–40

DER WEG JESU NACH JERUSALEM: 9,51–19,27

ABLEHNUNG UND KONSEQUENZ
DER NACHFOLGE: 9,51–62
51 Es geschah aber: Als sich die Tage erfüllten,
dass er hinweggenommen werden sollte,
fasste Jesus den festen Entschluss, nach Jeru-
salem zu gehen. 52 Und er schickte Boten vor
sich her. Diese gingen und kamen in ein Dorf
der Samariter und wollten eine Unterkunft
für ihn besorgen. 53 Aber man nahm ihn nicht
auf, weil er auf dem Weg nach Jerusalem war.
54 Als die Jünger Jakobus und Johannes das
sahen, sagten sie: Herr, sollen wir sagen, dass
Feuer vom Himmel fällt und sie verzehrt?
55 Da wandte er sich um und wies sie zurecht.
56 Und sie gingen in ein anderes Dorf.
57 Als sie auf dem Weg weiterzogen, sagte
ein Mann zu Jesus: Ich will dir nachfolgen,
wohin du auch gehst. 58 Jesus antwortete
ihm: Die Füchse haben Höhlen und die Vögel
des Himmels Nester; der Menschensohn aber
hat keinen Ort, wo er sein Haupt hinlegen
kann. 59 Zu einem anderen sagte er: Folge mir
nach! Der erwiderte: Lass mich zuerst weg-
gehen und meinen Vater begraben! 60 Jesus
sagte zu ihm: Lass die Toten ihre Toten be-
graben; du aber geh und verkünde das Reich
Gottes! 61 Wieder ein anderer sagte: Ich will
dir nachfolgen, Herr. Zuvor aber lass mich
Abschied nehmen von denen, die in meinem
Hause sind. 62 Jesus erwiderte ihm: Keiner,
der die Hand an den Pflug gelegt hat und
nochmals zurückblickt, taugt für das Reich
Gottes.

51: Apg 1,9
57–62: Mt 8,18–22

DIE AUSSENDUNG DER ZWEIUNDSIEBZIG
JÜNGER: 10,1–16
10 1 Danach suchte der Herr zweiund-
siebzig andere aus und sandte sie zu
zweit vor sich her in alle Städte und Ortschaf-
ten, in die er selbst gehen wollte. 2 Er sagte zu
ihnen: Die Ernte ist groß, aber es gibt nur
wenig Arbeiter. Bittet also den Herrn der
Ernte, Arbeiter für seine Ernte auszusenden!
3 Geht! Siehe, ich sende euch wie Schafe mit-
ten unter die Wölfe. 4 Nehmt keinen Geld-
beutel mit, keine Vorratstasche und keine

9,52 Juden und Samariter haben gemeinsame Wurzeln, nahmen aber ab dem 4. Jh. v. Chr. unterschiedliche Entwicklungen. Als heilige Schriften akzeptierten die Samaritaner nur den Pentateuch (die fünf Bücher des Mose). Sie lehnten den Jerusalemer Tempel ab und verehrten JHWH auf dem Garizim; vgl. Anm. zu Joh 4,20.

9,59 Lass mich, zahlreiche Textzeugen: Herr, lass mich.

10,1.17 Zweiundsiebzig, zahlreiche alte Textzeugen: siebzig.

Schuhe! Grüßt niemanden auf dem Weg!
5 Wenn ihr in ein Haus kommt, so sagt als
Erstes: Friede diesem Haus! 6 Und wenn dort
ein Sohn des Friedens wohnt, wird euer Frie-
de auf ihm ruhen; andernfalls wird er zu euch
zurückkehren. 7 Bleibt in diesem Haus, esst
und trinkt, was man euch anbietet; denn wer
arbeitet, ist seines Lohnes wert. Zieht nicht
von einem Haus in ein anderes! 8 Wenn ihr in
eine Stadt kommt und man euch aufnimmt,
so esst, was man euch vorsetzt. 9 Heilt die
Kranken, die dort sind, und sagt ihnen: Das
Reich Gottes ist euch nahe! 10 Wenn ihr aber
in eine Stadt kommt, in der man euch nicht
aufnimmt, dann geht auf die Straße hinaus
und ruft: 11 Selbst den Staub eurer Stadt, der
an unseren Füßen klebt, lassen wir euch zu-
rück; doch das sollt ihr wissen: Das Reich
Gottes ist nahe. 12 Ich sage euch: Sodom wird
es an jenem Tag erträglicher ergehen als die-
ser Stadt. 13 Weh dir, Chorazin! Weh dir,
Betsaida! Denn wenn in Tyrus und Sidon die
Machttaten geschehen wären, die bei euch
geschehen sind – längst schon wären sie in
Sack und Asche umgekehrt. 14 Doch Tyrus
und Sidon wird es beim Gericht erträglicher
ergehen als euch. 15 Und du, Kafarnaum,
wirst du etwa bis zum Himmel erhoben wer-
den? Bis zur Unterwelt wirst du hinabstei-
gen! 16 Wer euch hört, der hört mich, und wer
euch ablehnt, der lehnt mich ab; wer aber
mich ablehnt, der lehnt den ab, der mich ge-
sandt hat.

2: Mt 9,37f. / **12–15**: Mt 11,20–24 / **16**: Mt 10,40
1–12: 9,1–6; Mt 10,7–15; Mk 6,8–11 / **4**: 22,35 / **15**: Jes 14,13.15 / **16**: Joh 13,20

DIE RÜCKKEHR DER ZWEIUNDSIEBZIG JÜNGER UND DER LOBPREIS JESU: 10,17–24

17 Die Zweiundsiebzig kehrten zurück und
sagten voller Freude: Herr, sogar die Dämo-
nen sind uns in deinem Namen untertan.
18 Da sagte er zu ihnen: Ich sah den Satan wie
einen Blitz aus dem Himmel fallen. 19 Siehe,
ich habe euch die Vollmacht gegeben, auf
Schlangen und Skorpione zu treten und über
die ganze Macht des Feindes. Nichts wird
euch schaden können. 20 Doch freut euch
nicht darüber, dass euch die Geister gehor-
chen, sondern freut euch darüber, dass eure
Namen im Himmel verzeichnet sind!
21 In dieser Stunde rief Jesus, vom Heiligen
Geist erfüllt, voll Freude aus: Ich preise dich,
Vater, Herr des Himmels und der Erde, weil
du das vor den Weisen und Klugen verborgen
und es den Unmündigen offenbart hast. Ja,
Vater, so hat es dir gefallen. 22 Alles ist mir
von meinem Vater übergeben worden; nie-
mand erkennt, wer der Sohn ist, nur der Va-
ter, und niemand erkennt, wer der Vater ist,
nur der Sohn und der, dem es der Sohn offen-
baren will.
23 Jesus wandte sich an die Jünger und sag-
te zu ihnen allein: Selig sind die Augen, die
sehen, was ihr seht. 24 Denn ich sage euch:
Viele Propheten und Könige wollten sehen,
was ihr seht, und haben es nicht gesehen, und
wollten hören, was ihr hört, und haben es
nicht gehört.

21–22: Mt 11,25–27 / **23–24**: Mt 13,16f.
19: Ps 91,13 / **21**: Jes 29,14 G / **22**: Joh 10,15 / **24**: 1 Petr 1,10–12

DER BARMHERZIGE SAMARITER ALS BEISPIEL: 10,25–37

25 Und siehe, ein Gesetzeslehrer stand auf,
um Jesus auf die Probe zu stellen, und fragte
ihn: Meister, was muss ich tun, um das ewi-
ge Leben zu erben? 26 Jesus sagte zu ihm: Was
steht im Gesetz geschrieben? Was liest du?
27 Er antwortete: *Du sollst den Herrn, deinen
Gott, lieben mit deinem ganzen Herzen und
deiner ganzen Seele, mit deiner ganzen Kraft
und deinem ganzen Denken, und deinen
Nächsten wie dich selbst.* 28 Jesus sagte zu
ihm: Du hast richtig geantwortet. Handle
danach und du wirst leben! 29 Der Gesetzes-
lehrer wollte sich rechtfertigen und sagte zu
Jesus: Und wer ist mein Nächster? 30 Darauf
antwortete ihm Jesus: Ein Mann ging von
Jerusalem nach Jericho hinab und wurde von
Räubern überfallen. Sie plünderten ihn aus
und schlugen ihn nieder; dann gingen sie
weg und ließen ihn halbtot liegen. 31 Zufällig
kam ein Priester denselben Weg herab; er sah
ihn und ging vorüber. 32 Ebenso kam auch ein
Levit zu der Stelle; er sah ihn und ging vorü-
ber. 33 Ein Samariter aber, der auf der Reise
war, kam zu ihm; er sah ihn und hatte Mit-
leid, 34 ging zu ihm hin, goss Öl und Wein auf
seine Wunden und verband sie. Dann hob er
ihn auf sein eigenes Reittier, brachte ihn zu
einer Herberge und sorgte für ihn. 35 Und am
nächsten Tag holte er zwei Denare hervor, gab
sie dem Wirt und sagte: Sorge für ihn, und
wenn du mehr für ihn brauchst, werde ich es

dir bezahlen, wenn ich wiederkomme. 36 Wer
von diesen dreien meinst du, ist dem der
Nächste geworden, der von den Räubern
überfallen wurde? 37 Der Gesetzeslehrer ant-
wortete: Der barmherzig an ihm gehandelt
hat. Da sagte Jesus zu ihm: Dann geh und
handle du genauso!

25–28: Mt 22,35–40; Mk 12,28–31
25: 18,18 / **27**: Dtn 6,5; Lev 19,18; Mt 5,43; Röm 13,9; Gal 5,14 / **28**: Lev 18,5 / **29**: Lev 19,16–18

MARIA UND MARTA: 10,38–42

38 Als sie weiterzogen, kam er in ein Dorf.
Eine Frau namens Marta nahm ihn gastlich
auf. 39 Sie hatte eine Schwester, die Maria
hieß. Maria setzte sich dem Herrn zu Füßen
und hörte seinen Worten zu. 40 Marta aber
war ganz davon in Anspruch genommen zu
dienen. Sie kam zu ihm und sagte: Herr,
kümmert es dich nicht, dass meine Schwes-
ter die Arbeit mir allein überlässt? Sag ihr
doch, sie soll mir helfen! 41 Der Herr antwor-
tete: Marta, Marta, du machst dir viele Sorgen
und Mühen. 42 Aber nur eines ist notwendig.
Maria hat den guten Teil gewählt, der wird
ihr nicht genommen werden.

DAS VATERUNSER UND DER AUFRUF ZUM BEHARRLICHEN BITTEN: 11,1–13

11 1 Und es geschah: Jesus betete einmal
an einem Ort; als er das Gebet beendet
hatte, sagte einer seiner Jünger zu ihm: Herr,
lehre uns beten, wie auch Johannes seine Jün-
ger beten gelehrt hat! 2 Da sagte er zu ihnen:
Wenn ihr betet, so sprecht:

Vater, geheiligt werde dein Name. / Dein
Reich komme.

3 Gib uns täglich das Brot, das wir brau-
chen!

4 Und erlass uns unsere Sünden; / denn
auch wir erlassen jedem, was er uns schuldig
ist. / Und führe uns nicht in Versuchung!

5 Dann sagte er zu ihnen: Wenn einer von
euch einen Freund hat und um Mitternacht
zu ihm geht und sagt: Freund, leih mir drei
Brote; 6 denn einer meiner Freunde, der auf
Reisen ist, ist zu mir gekommen und ich habe
ihm nichts anzubieten!, 7 wird dann der
Mann drinnen antworten: Lass mich in
Ruhe, die Tür ist schon verschlossen und
meine Kinder schlafen bei mir; ich kann nicht
aufstehen und dir etwas geben? 8 Ich sage
euch: Wenn er schon nicht deswegen auf-
steht und ihm etwas gibt, weil er sein Freund
ist, so wird er doch wegen seiner Zudring-
lichkeit aufstehen und ihm geben, was er
braucht.

9 Darum sage ich euch: Bittet und es wird
euch gegeben; sucht und ihr werdet finden;
klopft an und es wird euch geöffnet. 10 Denn
wer bittet, der empfängt; wer sucht, der fin-
det; und wer anklopft, dem wird geöffnet.
11 Oder welcher Vater unter euch, den der
Sohn um einen Fisch bittet, gibt ihm statt
eines Fisches eine Schlange 12 oder einen
Skorpion, wenn er um ein Ei bittet? 13 Wenn
nun ihr, die ihr böse seid, euren Kindern gute
Gaben zu geben wisst, wie viel mehr wird der
Vater im Himmel den Heiligen Geist denen
geben, die ihn bitten.

1–4: Mt 6,9–13 / **9–13**: Mt 7,7–11
9: Mk 11,24; Joh 14,13f.; 15,7; 16,24

VERTEIDIGUNGSREDE JESU: 11,14–23

14 Jesus trieb einen Dämon aus, der stumm
war. Es geschah aber: Als der Dämon ausge-
fahren war, da konnte der Mann reden. Alle
Leute staunten. 15 Einige von ihnen aber sag-
ten: Mit Hilfe von Beelzebul, dem Herrscher
der Dämonen, treibt er die Dämonen aus.
16 Andere wollten ihn auf die Probe stellen
und forderten von ihm ein Zeichen vom
Himmel. 17 Doch er wusste, was sie dachten,
und sagte zu ihnen: Jedes Reich, das in sich
selbst gespalten ist, wird veröden und ein
Haus ums andere stürzt ein. 18 Wenn also der
Satan in sich selbst gespalten ist, wie kann
sein Reich dann Bestand haben? Ihr sagt
doch, dass ich die Dämonen mit Hilfe von
Beelzebul austreibe. 19 Wenn ich aber die Dä-
monen durch Beelzebul austreibe, durch
wen treiben dann eure Söhne sie aus? Des-
wegen werden sie eure Richter sein. 20 Wenn
ich aber die Dämonen durch den Finger Got-
tes austreibe, dann ist das Reich Gottes
schon zu euch gekommen. 21 Solange ein
bewaffneter starker Mann seinen Hof be-
wacht, ist sein Besitz sicher; 22 wenn ihn aber
ein Stärkerer angreift und besiegt, dann
nimmt ihm der Stärkere seine ganze Rüs-
tung, auf die er sich verlassen hat, und ver-
teilt seine Beute. 23 Wer nicht mit mir ist, der

10,38 Nahm ihn gastlich auf, einige Textzeugen ergänzen: in ihr Haus.

10,41 Mühen, zahlreiche Textzeugen fügen hinzu: Wenig ist notwendig oder nur eines.

ist gegen mich; wer nicht mit mir sammelt,
der zerstreut.

14–23: Mt 12,22–30; Mk 3,22–27
15: Mt 10,25 / **16**: 11,29–32; Mt 12,38; 16,1–4; Mk 8,11f.; Joh 6,30; 1 Kor 1,22 / **20**: 17,21; Ex 8,15; Ps 8,4 / **21**: Jes 49,24

VON DER RÜCKKEHR UNREINER GEISTER: 11,24–26

24 Wenn ein unreiner Geist aus dem Men-
schen ausfährt, durchwandert er wasserlose
Gegenden, um eine Ruhestätte zu suchen,
findet aber keine. Dann sagt er: Ich will in
mein Haus zurückkehren, das ich verlassen
habe. 25 Und er kommt und findet es sauber
und geschmückt. 26 Dann geht er und holt
sieben andere Geister, die noch schlimmer
sind als er selbst. Sie ziehen dort ein und las-
sen sich nieder. Und die letzten Dinge jenes
Menschen werden schlimmer sein als die
ersten.

24–26: Mt 12,43–45

VOM VERSTEHEN DES WORTES GOTTES: 11,27–36

27 Es geschah aber: Als er das sagte, da erhob
eine Frau aus der Menge ihre Stimme und rief
ihm zu: Selig der Schoß, der dich getragen,
und die Brust, die dich gestillt hat! 28 Er aber
erwiderte: Ja, selig sind vielmehr, die das
Wort Gottes hören und es befolgen.

29 Als immer mehr Menschen zusammen-
kamen, begann er zu sprechen: Diese Gene-
ration ist eine böse Generation. Sie fordert ein
Zeichen; aber es wird ihr kein Zeichen gege-
ben werden außer das Zeichen des Jona.
30 Denn wie Jona für die Einwohner von Ni-
nive ein Zeichen war, so wird es auch der
Menschensohn für diese Generation sein.
31 Die Königin des Südens wird beim Gericht
mit den Männern dieser Generation auftre-
ten und sie verurteilen; denn sie kam von den
Enden der Erde, um die Weisheit Salomos zu
hören. Und siehe, hier ist mehr als Salomo.
32 Die Männer von Ninive werden beim Ge-
richt mit dieser Generation auftreten und sie
verurteilen; denn sie sind auf die Botschaft
des Jona hin umgekehrt. Und siehe, hier ist
mehr als Jona.

33 Niemand zündet eine Leuchte an und
stellt sie in einen versteckten Winkel oder
unter einen Scheffel, sondern auf einen
Leuchter, damit alle, die eintreten, das Licht
sehen. 34 Die Leuchte des Leibes ist dein Auge.
Wenn dein Auge gesund ist, dann ist dein
ganzer Leib hell. Wenn es aber krank ist, dann
ist auch dein Leib finster. 35 Achte also darauf,
dass das Licht in dir nicht Finsternis ist!
36 Wenn nun dein ganzer Leib hell ist und
nichts Finsteres in ihm ist, dann wird er ganz
hell sein, wie wenn die Leuchte dich mit ih-
rem Strahl bescheint.

29–32: Mt 12,38–42; Mk 8,11f. / **34–36**: Mt 6,22f.
28: 8,21 / **29**: 11,16; Mt 16,1–14; Joh 6,30 / **31**: 1 Kön 10,1–10 / **32**: Jona 3,5 / **33**: 8,16; Mt 5,15; Mk 4,21

DIE WEHERUFE GEGEN DIE PHARISÄER UND GESETZESLEHRER: 11,37–54

37 Nach dieser Rede lud ein Pharisäer Jesus
ein, bei ihm zu essen. Jesus ging zu ihm und
begab sich zu Tisch. 38 Als der Pharisäer sah,
dass er sich vor dem Essen nicht die Hände
wusch, war er verwundert. 39 Da sagte der
Herr zu ihm: O ihr Pharisäer! Ihr haltet zwar
Becher und Teller außen sauber, innen aber
seid ihr voll Raffsucht und Bosheit. 40 Ihr Un-
verständigen! Hat nicht der, der das Äußere
schuf, auch das Innere geschaffen? 41 Gebt
lieber als Almosen, was ihr habt; und siehe,
alles ist für euch rein. 42 Doch weh euch Pha-
risäern! Ihr gebt den Zehnten von Minze,
Gewürzkraut und allem Gemüse und geht
am Recht und an der Liebe Gottes vorbei.
Man muss das eine tun, ohne das andere zu
unterlassen. 43 Weh euch Pharisäern! Ihr liebt
den Ehrenplatz in den Synagogen und wollt
auf den Straßen und Plätzen gegrüßt werden.
44 Weh euch: Ihr seid wie Gräber, die man
nicht mehr sieht; die Leute gehen darüber,
ohne es zu merken. 45 Darauf erwiderte ihm
ein Gesetzeslehrer: Meister, mit diesen Wor-
ten beleidigst du auch uns. 46 Er antwortete:
Weh auch euch Gesetzeslehrern! Ihr ladet
den Menschen unerträgliche Lasten auf,
selbst aber rührt ihr die Lasten mit keinem
Finger an. 47 Weh euch! Ihr errichtet Denk-
mäler für die Propheten, die von euren Vä-
tern umgebracht wurden. 48 Damit bestätigt
und billigt ihr, was eure Väter getan haben.
Sie haben die Propheten umgebracht, ihr er-
richtet ihnen Bauten. 49 Deshalb hat auch die
Weisheit Gottes gesagt: Ich werde Propheten
und Apostel zu ihnen senden und sie werden
einige von ihnen töten und andere verfolgen,
50 damit das Blut aller Propheten, das seit der
Erschaffung der Welt vergossen worden ist,
von dieser Generation gefordert wird, 51 vom

Blut Abels bis zum Blut des Zacharias, der
zwischen Altar und Tempelhaus umgebracht
wurde. Ja, das sage ich euch: An dieser Gene-
ration wird es gerächt werden. 52 Weh euch
Gesetzeslehrern! Ihr habt den Schlüssel zur
Erkenntnis weggenommen. Ihr selbst seid
nicht hineingegangen und die, die hineinge-
hen wollten, habt ihr daran gehindert. 53 Als
Jesus von dort weggegangen war, begannen
die Schriftgelehrten und die Pharisäer, ihn
mit vielerlei Fragen hartnäckig zu bedrän-
gen; 54 sie lauerten ihm auf, um ihn in seinen
eigenen Worten zu fangen.

37–54: Mt 23,1–36
38: Mt 15,2; Mk 7,2; Kol 2,21f. / **43:** 20,46; Mk 12,38f. / **51:** Gen 4,8.10; 2 Chr 24,20–22

MUT ZUM ÖFFENTLICHEN BEKENNTNIS: 12,1–12

12 1 Unterdessen strömten Tausende von
Menschen zusammen, sodass es ein
gefährliches Gedränge gab. Jesus begann zu
sprechen, vor allem zu seinen Jüngern: Hütet
euch vor dem Sauerteig der Pharisäer, das
heißt vor der Heuchelei! 2 Nichts ist verhüllt,
was nicht enthüllt wird, und nichts ist ver-
borgen, was nicht bekannt wird. 3 Deshalb
wird man alles, was ihr im Dunkeln redet, im
Licht hören, und was ihr einander hinter ver-
schlossenen Türen ins Ohr flüstert, das wird
man auf den Dächern verkünden.
4 Euch aber, meinen Freunden, sage ich:
Fürchtet euch nicht vor denen, die den Leib
töten, danach aber nichts weiter tun können!
5 Ich will euch zeigen, wen ihr fürchten sollt:
Fürchtet euch vor dem, der nicht nur töten
kann, sondern die Macht hat, euch auch noch
in die Hölle zu werfen! Ja, das sage ich euch:
Ihn sollt ihr fürchten. 6 Verkauft man nicht
fünf Spatzen für zwei Pfennige? Und doch ist
nicht einer von ihnen vor Gott vergessen.
7 Bei euch aber sind sogar die Haare auf dem
Kopf alle gezählt. Fürchtet euch nicht! Ihr
seid mehr wert als viele Spatzen. 8 Ich sage
euch aber: Jeder, der sich vor den Menschen
zu mir bekennt, zu dem wird sich auch der
Menschensohn vor den Engeln Gottes be-
kennen. 9 Wer mich aber vor den Menschen
verleugnet, der wird auch vor den Engeln
Gottes verleugnet werden. 10 Jedem, der ein
Wort gegen den Menschensohn sagt, wird
vergeben werden; wer aber den Heiligen
Geist lästert, dem wird nicht vergeben wer-
den. 11 Wenn man euch vor die Gerichte der
Synagogen und vor die Herrscher und Macht-
haber schleppt, dann macht euch keine Sor-
gen, wie ihr euch verteidigen oder was ihr
sagen sollt! 12 Denn der Heilige Geist wird
euch in derselben Stunde lehren, was ihr sa-
gen müsst.

2–12: Mt 10,26–33 / **10:** Mt 12,32; Mk 3,28f. / **11:** Mt 10,19; Mk 13,11
1: Mt 16,6; Mk 8,15 / **2:** Mk 4,22 / **11–12:** 21,12–15

DIE VORLÄUFIGKEIT DES BESITZES: 12,13–21

13 Einer aus der Volksmenge bat Jesus: Meis-
ter, sag meinem Bruder, er soll das Erbe mit
mir teilen! 14 Er erwiderte ihm: Mensch, wer
hat mich zum Richter oder Erbteiler bei euch
eingesetzt? 15 Dann sagte er zu den Leuten:
Gebt Acht, hütet euch vor jeder Art von Hab-
gier! Denn das Leben eines Menschen besteht
nicht darin, dass einer im Überfluss seines
Besitzes lebt. 16 Und er erzählte ihnen folgen-
des Gleichnis: Auf den Feldern eines reichen
Mannes stand eine gute Ernte. 17 Da überleg-
te er bei sich selbst: Was soll ich tun? Ich habe
keinen Platz, wo ich meine Ernte unterbrin-
gen könnte. 18 Schließlich sagte er: So will ich
es machen: Ich werde meine Scheunen abrei-
ßen und größere bauen; dort werde ich mein
ganzes Getreide und meine Vorräte unter-
bringen. 19 Dann werde ich zu meiner Seele
sagen: Seele, nun hast du einen großen Vor-
rat, der für viele Jahre reicht. Ruh dich aus,
iss und trink und freue dich! 20 Da sprach Gott
zu ihm: Du Narr! Noch in dieser Nacht wird
man dein Leben von dir zurückfordern. Wem
wird dann das gehören, was du angehäuft
hast? 21 So geht es einem, der nur für sich
selbst Schätze sammelt, aber bei Gott nicht
reich ist.

14: Ex 2,14

VON DER RECHTEN SORGE: 12,22–34

22 Und er sagte zu seinen Jüngern: Deswegen
sage ich euch: Sorgt euch nicht um euer Le-
ben, was ihr essen sollt, noch um euren Leib,
was ihr anziehen sollt! 23 Denn das Leben ist
mehr als die Nahrung und der Leib mehr als
die Kleidung. 24 Seht auf die Raben: Sie säen
nicht und ernten nicht, sie haben keine Vor-
ratskammer und keine Scheune; und Gott
ernährt sie. Wie viel mehr seid ihr wert als

12,6 Zwei Pfennige, wörtlich: zwei As. Vgl. Anm. zu Mt 10,29.

die Vögel! 25 Wer von euch kann mit all seiner
Sorge sein Leben auch nur um eine kleine
Spanne verlängern? 26 Wenn ihr nicht einmal
etwas so Geringes könnt, warum macht ihr
euch dann Sorgen um das Übrige? 27 Seht
euch die Lilien an, wie sie wachsen: Sie arbei-
ten nicht und spinnen nicht. Doch ich sage
euch: Selbst Salomo war in all seiner Pracht
nicht gekleidet wie eine von ihnen. 28 Wenn
aber Gott schon das Gras so kleidet, das heu-
te auf dem Feld steht und morgen in den Ofen
geworfen wird, wie viel mehr dann euch, ihr
Kleingläubigen! 29 Und darum auch ihr:
Sucht nicht, was ihr essen und was ihr trin-
ken sollt, und ängstigt euch nicht! 30 Denn
nach all dem streben die Heiden in der Welt.
Euer Vater weiß, dass ihr das braucht. 31 Viel-
mehr sucht sein Reich; dann wird euch das
andere dazugegeben.

32 Fürchte dich nicht, du kleine Herde!
Denn euer Vater hat beschlossen, euch das
Reich zu geben.

33 Verkauft euren Besitz und gebt Almosen!
Macht euch Geldbeutel, die nicht alt werden!
Verschafft euch einen Schatz, der nicht ab-
nimmt, im Himmel, wo kein Dieb ihn findet
und keine Motte ihn frisst! 34 Denn wo euer
Schatz ist, da ist auch euer Herz.

22–32: Mt 6,25–33 / **33–34**: Mt 6,19–21
33: 18,22; Mt 19,21

AUFFORDERUNG ZUR WACHSAMKEIT: 12,35–48

35 *Eure Hüften sollen gegürtet sein* und eure
Lampen brennen! 36 Seid wie Menschen, die
auf ihren Herrn warten, der von einer Hoch-
zeit zurückkehrt, damit sie ihm sogleich öff-
nen, wenn er kommt und anklopft! 37 Selig
die Knechte, die der Herr wach findet, wenn
er kommt! Amen, ich sage euch: Er wird sich
gürten, sie am Tisch Platz nehmen lassen und
sie der Reihe nach bedienen. 38 Und kommt
er erst in der zweiten oder dritten Nacht-
wache und findet sie wach – selig sind sie.
39 Bedenkt: Wenn der Herr des Hauses wüss-
te, in welcher Stunde der Dieb kommt, so
würde er verhindern, dass man in sein Haus
einbricht. 40 Haltet auch ihr euch bereit! Denn
der Menschensohn kommt zu einer Stunde,
in der ihr es nicht erwartet. 41 Da sagte Petrus:
Herr, sagst du dieses Gleichnis nur zu uns
oder auch zu allen? 42 Der Herr antwortete:
Wer ist denn der treue und kluge Verwalter,
den der Herr über sein Gesinde einsetzen
wird, damit er ihnen zur rechten Zeit die
Tagesration gibt? 43 Selig der Knecht, den der
Herr damit beschäftigt findet, wenn er
kommt! 44 Wahrhaftig, ich sage euch: Er wird
ihn über sein ganzes Vermögen einsetzen.
45 Wenn aber der Knecht in seinem Herzen
sagt: Mein Herr verspätet sich zu kommen!
und anfängt, die Knechte und Mägde zu
schlagen, auch zu essen und zu trinken und
sich zu berauschen, 46 dann wird der Herr
jenes Knechtes an einem Tag kommen, an
dem er es nicht erwartet, und zu einer Stun-
de, die er nicht kennt; und der Herr wird ihn
in Stücke hauen und ihm seinen Platz unter
den Ungläubigen zuweisen. 47 Der Knecht,
der den Willen seines Herrn kennt, sich aber
nicht darum kümmert und nicht danach
handelt, der wird viele Schläge bekommen.
48 Wer aber, ohne den Willen des Herrn zu
kennen, etwas tut, was Schläge verdient, der
wird wenig Schläge bekommen. Wem viel
gegeben wurde, von dem wird viel zurück-
gefordert werden, und wem man viel anver-
traut hat, von dem wird man umso mehr
verlangen.

35–48: Mt 24,43–51; Mk 13,33–37
35: Mt 25,1 / **39**: 1 Thess 5,2; 2 Petr 3,10 / **44**: Mt 25,21.23

DIE ZEIT DER ENTSCHEIDUNG: 12,49–13,9

49 Ich bin gekommen, um Feuer auf die Erde
zu werfen. Wie froh wäre ich, es würde schon
brennen! 50 Ich muss mit einer Taufe getauft
werden und wie bin ich bedrängt, bis sie voll-
zogen ist. 51 Meint ihr, ich sei gekommen, um
Frieden auf der Erde zu bringen? Nein, sage
ich euch, sondern Spaltung. 52 Denn von nun
an werden fünf Menschen im gleichen Haus
in Zwietracht leben: Drei werden gegen zwei
stehen und zwei gegen drei; 53 der Vater wird
gegen den Sohn stehen und *der Sohn gegen
den Vater*, die Mutter gegen die Tochter und
die Tochter gegen die Mutter, die Schwieger-
mutter gegen ihre Schwiegertochter und
*die Schwiegertochter gegen die Schwieger-
mutter.*

54 Außerdem sagte Jesus zu der Volksmen-
ge: Wenn ihr im Westen eine Wolke aufstei-
gen seht, sagt ihr sofort: Es gibt Regen. Und
so geschieht es. 55 Und wenn der Südwind
weht, sagt ihr: Es wird heiß. Und es ge-
schieht. 56 Ihr Heuchler! Das Aussehen der
Erde und des Himmels wisst ihr zu deuten.
Warum könnt ihr dann diese Zeit der Ent-

scheidung nicht deuten? 57 Warum findet ihr
nicht schon von selbst das rechte Urteil?
58 Denn wenn du mit deinem Gegner zum
Gericht gehst, bemüh dich noch auf dem
Weg, dich mit ihm zu einigen! Sonst wird er
dich vor den Richter schleppen und der Rich-
ter wird dich dem Gerichtsdiener übergeben
und der Gerichtsdiener wird dich ins Ge-
fängnis werfen. 59 Ich sage dir: Du kommst
von dort nicht heraus, bis du auch die letzte
Münze bezahlt hast.

13 1 Zur gleichen Zeit kamen einige Leute
und berichteten Jesus von den Galilä-
ern, deren Blut Pilatus mit dem ihrer Opfer-
tiere vermischt hatte. 2 Und er antwortete
ihnen: Meint ihr, dass diese Galiläer größere
Sünder waren als alle anderen Galiläer, weil
das mit ihnen geschehen ist? 3 Nein, sage ich
euch, vielmehr werdet ihr alle genauso um-
kommen, wenn ihr nicht umkehrt. 4 Oder
jene achtzehn Menschen, die beim Einsturz
des Turms am Schiloach erschlagen wurden
– meint ihr, dass sie größere Schuld auf sich
geladen hatten als alle anderen Einwohner
von Jerusalem? 5 Nein, sage ich euch, viel-
mehr werdet ihr alle ebenso umkommen,
wenn ihr nicht umkehrt. 6 Und er erzählte
ihnen dieses Gleichnis: Ein Mann hatte in
seinem Weinberg einen Feigenbaum ge-
pflanzt; und als er kam und nachsah, ob er
Früchte trug, fand er keine. 7 Da sagte er zu
seinem Winzer: Siehe, jetzt komme ich
schon drei Jahre und sehe nach, ob dieser Fei-
genbaum Früchte trägt, und finde nichts.
Hau ihn um! Was soll er weiter dem Boden
seine Kraft nehmen? 8 Der Winzer erwiderte:
Herr, lass ihn dieses Jahr noch stehen; ich will
den Boden um ihn herum aufgraben und
düngen. 9 Vielleicht trägt er in Zukunft
Früchte; wenn nicht, dann lass ihn umhauen!

12,51–53: Mt 10,34–36 / **12,58–59:** Mt 5,25f.
12,50: Mk 10,38f. / **53:** Mi 7,6 / **55:** Mt 16,2f.
13,6: Mt 21,19

DIE HEILUNG EINER FRAU AM SABBAT: 13,10–17

10 Am Sabbat lehrte Jesus in einer Synagoge.
11 Und siehe, da war eine Frau, die seit acht-
zehn Jahren krank war, weil sie von einem
Geist geplagt wurde; sie war ganz verkrümmt
und konnte nicht mehr aufrecht gehen.
12 Als Jesus sie sah, rief er sie zu sich und sag-
te: Frau, du bist von deinem Leiden erlöst.
13 Und er legte ihr die Hände auf. Im gleichen
Augenblick richtete sie sich auf und pries
Gott. 14 Der Synagogenvorsteher aber war
empört darüber, dass Jesus am Sabbat heilte,
und sagte zu den Leuten: Sechs Tage sind
zum Arbeiten da. Kommt also an diesen Ta-
gen und lasst euch heilen, nicht am Sabbat!
15 Der Herr erwiderte ihm: Ihr Heuchler! Bin-
det nicht jeder von euch am Sabbat seinen
Ochsen oder Esel von der Krippe los und
führt ihn zur Tränke? 16 Diese Frau aber, die
eine Tochter Abrahams ist und die der Satan
schon seit achtzehn Jahren gefesselt hielt,
sollte am Sabbat nicht davon befreit werden
dürfen? 17 Durch diese Worte wurden alle
seine Gegner beschämt; das ganze Volk aber
freute sich über all die großen Taten, die er
vollbrachte.

13: Mt 9,18 / **14:** Ex 20,9f. / **15:** 14,5/ **16:** 3,8; 2 Kor 12,7

DIE GLEICHNISSE VOM SENFKORN UND VOM SAUERTEIG: 13,18–21

18 Er aber sagte: Wem ist das Reich Gottes
ähnlich, womit soll ich es vergleichen? 19 Es
ist wie ein Senfkorn, das ein Mann nahm und
in seinen Garten säte; es wuchs und wurde
zu einem Baum und die Vögel des Himmels
nisteten in seinen Zweigen.
20 Noch einmal sagte er: Womit soll ich das
Reich Gottes vergleichen? 21 Es ist wie der
Sauerteig, den eine Frau nahm und unter drei
Sea Mehl verbarg, bis das Ganze durchsäuert
war.

18–19: Mt 13,31f.; Mk 4,30–32 / **20–21:** Mt 13,33
19: Dan 4,8f.18; Ez 17,23

VON DER ENGEN UND DER VERSCHLOSSENEN TÜR: 13,22–30

22 Auf seinem Weg nach Jerusalem zog er von
Stadt zu Stadt und von Dorf zu Dorf und lehr-
te. 23 Da fragte ihn einer: Herr, sind es nur
wenige, die gerettet werden? Er sagte zu ih-
nen: 24 Bemüht euch mit allen Kräften, durch
die enge Tür zu gelangen; denn viele, sage ich
euch, werden versuchen hineinzukommen,
aber es wird ihnen nicht gelingen. 25 Wenn
der Herr des Hauses aufsteht und die Tür ver-
schließt und ihr draußen steht, an die Tür
klopft und ruft: Herr, mach uns auf!, dann
wird er euch antworten: Ich weiß nicht, wo-
her ihr seid. 26 Dann werdet ihr anfangen zu

12,59 Münze, wörtlich: Lepton. Vgl. Anm. zu Mk 12,42.

sagen: Wir haben doch in deinem Beisein
gegessen und getrunken und du hast auf un-
seren Straßen gelehrt. 27 Er aber wird euch
erwidern: Ich weiß nicht, woher ihr seid.
Weg von mir, ihr habt alle Unrecht getan!
28 Dort wird Heulen und Zähneknirschen
sein, wenn ihr seht, dass Abraham, Isaak und
Jakob und alle Propheten im Reich Gottes
sind, ihr selbst aber ausgeschlossen seid.
29 Und sie werden von Osten und Westen und
von Norden und Süden kommen und im
Reich Gottes zu Tisch sitzen. 30 Und siehe, da
sind Letzte, die werden Erste sein, und da
sind Erste, die werden Letzte sein.

24: Mt 7,13f. / **25**: Mt 25,10–12 / **27**: Ps 6,9 / **28–29**: Mt 8,11f. / **30**: Mt 19,30; 20,16; Mk 10,31

JERUSALEM UND DIE PROPHETEN: 13,31–35

31 Zur selben Stunde kamen einige Pharisäer
und sagten zu ihm: Geh weg, zieh fort von
hier, denn Herodes will dich töten. 32 Er ant-
wortete ihnen: Geht und sagt diesem Fuchs:
Siehe, ich treibe Dämonen aus und vollbrin-
ge Heilungen, heute und morgen, und am
dritten Tag werde ich vollendet. 33 Doch heu-
te und morgen und am folgenden Tag muss
ich weiterwandern; denn ein Prophet darf
nicht außerhalb Jerusalems umkommen.
34 Jerusalem, Jerusalem, du tötest die Prophe-
ten und steinigst die Boten, die zu dir gesandt
sind. Wie oft wollte ich deine Kinder sam-
meln, so wie eine Henne ihre Küken unter
ihre Flügel nimmt; aber ihr habt nicht ge-
wollt. 35 Siehe, euer Haus wird euch selbst
überlassen. Ich sage euch: Ihr werdet mich
nicht mehr sehen, bis die Zeit kommt, in der
ihr ruft: *Gepriesen sei er, der kommt im Na-
men des Herrn!*

34–35: Mt 23,37–39
35: Jer 12,7; 22,5; Ps 69,26; 118,26; Mt 21,9; Mk 11,9

HEILUNG AM SABBAT: 14,1–6

14 1 Und es geschah: Jesus kam an einem
Sabbat in das Haus eines führenden
Pharisäers zum Essen. Da beobachtete man
ihn genau. 2 Und siehe, ein Mann, der an Was-
sersucht litt, stand vor ihm. 3 Jesus wandte
sich an die Gesetzeslehrer und die Pharisäer
und fragte: Ist es am Sabbat erlaubt zu heilen,
oder nicht? 4 Sie schwiegen. Da berührte er
den Mann, heilte ihn und ließ ihn gehen. 5 Zu
ihnen aber sagte er: Wer von euch wird sei-
nen Sohn oder seinen Ochsen, der in den
Brunnen fällt, nicht sofort herausziehen,
auch am Sabbat? 6 Darauf konnten sie ihm
nichts erwidern.

1–6: 6,6–11
5: Mt 12,10–12

DIE RANGORDNUNG IM REICH GOTTES: 14,7–11

7 Als er bemerkte, wie sich die Gäste die Ehren-
plätze aussuchten, erzählte er ihnen ein
Gleichnis. Er sagte zu ihnen: 8 Wenn du von
jemandem zu einer Hochzeit eingeladen bist,
nimm nicht den Ehrenplatz ein! Denn es
könnte ein anderer von ihm eingeladen sein,
der vornehmer ist als du, 9 und dann würde der
Gastgeber, der dich und ihn eingeladen hat,
kommen und zu dir sagen: Mach diesem hier
Platz! Du aber wärst beschämt und müsstest
den untersten Platz einnehmen. 10 Vielmehr,
wenn du eingeladen bist, geh hin und nimm
den untersten Platz ein, damit dein Gastgeber
zu dir kommt und sagt: Mein Freund, rück
weiter hinauf! Das wird für dich eine Ehre sein
vor allen anderen Gästen. 11 Denn wer sich
selbst erhöht, wird erniedrigt, und wer sich
selbst erniedrigt, wird erhöht werden.

11: 18,14; Mt 23,12

VON DEN RECHTEN GÄSTEN: 14,12–14

12 Dann sagte er zu dem Gastgeber: Wenn du
mittags oder abends ein Essen gibst, lade
nicht deine Freunde oder deine Brüder, deine
Verwandten oder reiche Nachbarn ein; sonst
laden auch sie dich wieder ein und dir ist es
vergolten. 13 Nein, wenn du ein Essen gibst,
dann lade Arme, Krüppel, Lahme und Blinde
ein. 14 Du wirst selig sein, denn sie haben
nichts, um es dir zu vergelten; es wird dir
vergolten werden bei der Auferstehung der
Gerechten.

DAS GLEICHNIS VOM FESTMAHL: 14,15–24

15 Als einer der Gäste das hörte, sagte er zu
Jesus: Selig, wer im Reich Gottes am Mahl
teilnehmen darf. 16 Jesus sagte zu ihm: Ein
Mann veranstaltete ein großes Festmahl
und lud viele dazu ein. 17 Zur Stunde des
Festmahls schickte er seinen Diener aus und
ließ denen, die er eingeladen hatte, sagen:
Kommt, alles ist bereit! 18 Aber alle fingen an,
einer nach dem anderen, sich zu entschuldi-
gen. Der erste ließ ihm sagen: Ich habe einen
Acker gekauft und muss dringend gehen und

ihn besichtigen. Bitte, entschuldige mich!
19 Ein anderer sagte: Ich habe fünf Ochsenge-
spanne gekauft und bin auf dem Weg, um sie
zu prüfen. Bitte, entschuldige mich! 20 Wie-
der ein anderer sagte: Ich habe geheiratet und
kann deshalb nicht kommen. 21 Der Diener
kehrte zurück und berichtete dies seinem
Herrn. Da wurde der Hausherr zornig und
sagte zu seinem Diener: Geh schnell hinaus
auf die Straßen und Gassen der Stadt und hol
die Armen und die Krüppel, die Blinden und
die Lahmen hierher! 22 Und der Diener mel-
dete: Herr, dein Auftrag ist ausgeführt; und
es ist immer noch Platz. 23 Da sagte der Herr
zu dem Diener: Geh zu den Wegen und Zäu-
nen und nötige die Leute hereinzukommen,
damit mein Haus voll wird. 24 Denn ich sage
euch: Keiner von denen, die eingeladen wa-
ren, wird an meinem Mahl teilnehmen.

15–24: Mt 22,1–9

DIE FORDERUNGEN DER NACHFOLGE: 14,25–35

25 Viele Menschen begleiteten ihn; da wand-
te er sich an sie und sagte: 26 Wenn jemand zu
mir kommt und nicht Vater und Mutter, Frau
und Kinder, Brüder und Schwestern, ja sogar
sein Leben gering achtet, dann kann er nicht
mein Jünger sein. 27 Wer nicht sein Kreuz
trägt und hinter mir hergeht, der kann nicht
mein Jünger sein.

28 Denn wenn einer von euch einen Turm
bauen will, setzt er sich dann nicht zuerst hin
und berechnet die Kosten, ob seine Mittel für
das ganze Vorhaben ausreichen? 29 Sonst
könnte es geschehen, dass er das Fundament
gelegt hat, dann aber den Bau nicht fertigstel-
len kann. Und alle, die es sehen, würden ihn
verspotten 30 und sagen: Der da hat einen
Bau begonnen und konnte ihn nicht zu Ende
führen. 31 Oder wenn ein König gegen einen
anderen in den Krieg zieht, setzt er sich dann
nicht zuerst hin und überlegt, ob er sich mit
seinen zehntausend Mann dem entgegen-
stellen kann, der mit zwanzigtausend gegen
ihn anrückt? 32 Kann er es nicht, dann schickt
er eine Gesandtschaft, solange der andere
noch weit weg ist, und bittet um Frieden.
33 Ebenso kann keiner von euch mein Jünger
sein, wenn er nicht auf seinen ganzen Besitz
verzichtet.

34 Das Salz ist etwas Gutes. Wenn aber das
Salz seinen Geschmack verliert, womit kann
man ihm die Würze wiedergeben? 35 Es taugt
weder für den Acker noch für den Misthau-
fen, man wirft es weg. Wer Ohren hat zu hö-
ren, der höre!

26–27: Mt 10,37–39 / **34–35:** Mt 5,13; Mk 9,50
27: 9,23; Mt 16,24; Mk 8,34 / **35:** Mt 11,15

DAS DOPPELGLEICHNIS VOM VERLORENEN
SCHAF UND VON DER VERLORENEN
DRACHME: 15,1–10

15 1 Alle Zöllner und Sünder kamen zu
ihm, um ihn zu hören. 2 Die Pharisäer
und die Schriftgelehrten empörten sich da-
rüber und sagten: Dieser nimmt Sünder auf
und isst mit ihnen. 3 Da erzählte er ihnen
dieses Gleichnis und sagte: 4 Wenn einer von
euch hundert Schafe hat und eins davon ver-
liert, lässt er dann nicht die neunundneunzig
in der Wüste zurück und geht dem verlorenen
nach, bis er es findet? 5 Und wenn er es gefun-
den hat, nimmt er es voll Freude auf die Schul-
tern, 6 und wenn er nach Hause kommt, ruft
er die Freunde und Nachbarn zusammen und
sagt zu ihnen: Freut euch mit mir, denn ich
habe mein Schaf wiedergefunden, das ver-
loren war! 7 Ich sage euch: Ebenso wird im
Himmel mehr Freude herrschen über einen
einzigen Sünder, der umkehrt, als über neun-
undneunzig Gerechte, die keine Umkehr nö-
tig haben. 8 Oder wenn eine Frau zehn Drach-
men hat und eine davon verliert, zündet sie
dann nicht eine Lampe an, fegt das Haus und
sucht sorgfältig, bis sie die Drachme findet?
9 Und wenn sie diese gefunden hat, ruft sie
die Freundinnen und Nachbarinnen zusam-
men und sagt: Freut euch mit mir, denn ich
habe die Drachme wiedergefunden, die ich
verloren hatte! 10 Ebenso, sage ich euch,
herrscht bei den Engeln Gottes Freude über
einen einzigen Sünder, der umkehrt.

4–7: Mt 18,12–14
3–7: Joh 10,11–15

DAS GLEICHNIS VOM VERLORENEN SOHN:
15,11–32

11 Weiter sagte Jesus: Ein Mann hatte zwei
Söhne. 12 Der jüngere von ihnen sagte zu sei-
nem Vater: Vater, gib mir das Erbteil, das mir
zusteht! Da teilte der Vater das Vermögen
unter sie auf. 13 Nach wenigen Tagen packte
der jüngere Sohn alles zusammen und zog in
ein fernes Land. Dort führte er ein zügelloses
Leben und verschleuderte sein Vermögen.
14 Als er alles durchgebracht hatte, kam eine

große Hungersnot über jenes Land und er
begann Not zu leiden. 15 Da ging er zu einem
Bürger des Landes und drängte sich ihm auf;
der schickte ihn aufs Feld zum Schweinehü-
ten. 16 Er hätte gern seinen Hunger mit den
Futterschoten gestillt, die die Schweine fra-
ßen; aber niemand gab ihm davon. 17 Da ging
er in sich und sagte: Wie viele Tagelöhner
meines Vaters haben Brot im Überfluss, ich
aber komme hier vor Hunger um. 18 Ich will
aufbrechen und zu meinem Vater gehen und
zu ihm sagen: Vater, ich habe mich gegen den
Himmel und gegen dich versündigt. 19 Ich bin
nicht mehr wert, dein Sohn zu sein; mach
mich zu einem deiner Tagelöhner! 20 Dann
brach er auf und ging zu seinem Vater. Der
Vater sah ihn schon von Weitem kommen
und er hatte Mitleid mit ihm. Er lief dem
Sohn entgegen, fiel ihm um den Hals und
küsste ihn. 21 Da sagte der Sohn zu ihm: Vater,
ich habe mich gegen den Himmel und gegen
dich versündigt; ich bin nicht mehr wert,
dein Sohn zu sein. 22 Der Vater aber sagte zu
seinen Knechten: Holt schnell das beste Ge-
wand und zieht es ihm an, steckt einen Ring
an seine Hand und gebt ihm Sandalen an die
Füße! 23 Bringt das Mastkalb her und schlach-
tet es; wir wollen essen und fröhlich sein.
24 Denn dieser, mein Sohn, war tot und lebt
wieder; er war verloren und ist wiedergefun-
den worden. Und sie begannen, ein Fest zu
feiern. 25 Sein älterer Sohn aber war auf dem
Feld. Als er heimging und in die Nähe des
Hauses kam, hörte er Musik und Tanz. 26 Da
rief er einen der Knechte und fragte, was das
bedeuten solle. 27 Der Knecht antwortete
ihm: Dein Bruder ist gekommen und dein
Vater hat das Mastkalb schlachten lassen,
weil er ihn gesund wiederbekommen hat.
28 Da wurde er zornig und wollte nicht hi-
neingehen. Sein Vater aber kam heraus und
redete ihm gut zu. 29 Doch er erwiderte sei-
nem Vater: Siehe, so viele Jahre schon diene
ich dir und nie habe ich dein Gebot übertre-
ten; mir aber hast du nie einen Ziegenbock
geschenkt, damit ich mit meinen Freunden
ein Fest feiern konnte. 30 Kaum aber ist der
hier gekommen, dein Sohn, der dein Vermö-
gen mit Dirnen durchgebracht hat, da hast du
für ihn das Mastkalb geschlachtet. 31 Der Va-
ter antwortete ihm: Mein Kind, du bist im-
mer bei mir und alles, was mein ist, ist auch
dein. 32 Aber man muss doch ein Fest feiern
und sich freuen; denn dieser, dein Bruder,
war tot und lebt wieder; er war verloren und
ist wiedergefunden worden.

11: Mt 21,28
16: 16,21 / **18:** Ps 51,6 / **24:** Eph 2,1 / **31:** Joh 17,10

15,21 Zu sein, einige Textzeugen fügen hinzu: Mach mich zu einem deiner Tagelöhner! Vgl. 15,19.

DAS GLEICHNIS VOM VERWALTER UND DER UNGERECHTIGKEIT: 16,1–9

16 1 Jesus sprach aber auch zu den Jün-
gern: Ein reicher Mann hatte einen
Verwalter. Diesen beschuldigte man bei ihm,
er verschleudere sein Vermögen. 2 Darauf ließ
er ihn rufen und sagte zu ihm: Was höre ich
über dich? Leg Rechenschaft ab über deine
Verwaltung! Denn du kannst nicht länger
mein Verwalter sein. 3 Da überlegte der Ver-
walter: Was soll ich jetzt tun, da mein Herr
mir die Verwaltung entzieht? Zu schwerer
Arbeit tauge ich nicht und zu betteln schäme
ich mich. 4 Ich weiß, was ich tun werde, damit
mich die Leute in ihre Häuser aufnehmen,
wenn ich als Verwalter abgesetzt bin. 5 Und
er ließ die Schuldner seines Herrn, einen
nach dem anderen, zu sich kommen und frag-
te den ersten: Wie viel bist du meinem Herrn
schuldig? 6 Er antwortete: Hundert Fass Öl.
Da sagte er zu ihm: Nimm deinen Schuld-
schein, setz dich schnell hin und schreib
fünfzig! 7 Dann fragte er einen andern: Wie
viel bist du schuldig? Der antwortete: Hun-
dert Sack Weizen. Da sagte er zu ihm: Nimm
deinen Schuldschein und schreib achtzig!
8 Und der Herr lobte den ungerechten Ver-
walter, weil er klug gehandelt hatte, und sag-
te: Die Kinder dieser Welt sind im Umgang
mit ihresgleichen klüger als die Kinder des
Lichtes.
9 Ich sage euch: Macht euch Freunde mit
dem ungerechten Mammon, damit ihr in die
ewigen Wohnungen aufgenommen werdet,
wenn es zu Ende geht!

1: 12,42 / **8:** Joh 12,36

VOM UMGANG MIT BESITZ: 16,10–13

10 Wer in den kleinsten Dingen zuverlässig
ist, der ist es auch in den großen, und wer bei
den kleinsten Dingen Unrecht tut, der tut es

16,6f. Die Maßangaben Fass und Sack, wörtlich Bat und Kor, lassen sich heute nicht mehr genau bestimmen. Für die Erzählung ist wichtig, dass es sich um große Mengen handelt.

auch bei den großen. 11 Wenn ihr nun im Um-
gang mit dem ungerechten Mammon nicht
zuverlässig gewesen seid, wer wird euch
dann das wahre Gut anvertrauen? 12 Und
wenn ihr im Umgang mit dem fremden Gut
nicht zuverlässig gewesen seid, wer wird
euch dann das Eure geben?

13 Kein Sklave kann zwei Herren dienen; er
wird entweder den einen hassen und den an-
dern lieben oder er wird zu dem einen halten
und den andern verachten. Ihr könnt nicht
Gott dienen und dem Mammon.

13: Mt 6,24
10: 19,17; Mt 25,21

DAS GESETZ IN GOTTES REICH: 16,14–18

14 Das alles hörten auch die Pharisäer, die sehr
am Geld hingen, und sie lachten über ihn.
15 Da sagte er zu ihnen: Ihr stellt euch selbst
vor den Menschen als gerecht hin; aber Gott
kennt eure Herzen. Denn was die Menschen
für großartig halten, das ist vor Gott ein
Gräuel.

16 Das Gesetz und die Propheten reichen bis
zu Johannes. Von da an wird das Evangelium
vom Reich Gottes verkündet und jeder
drängt sich mit Gewalt hinein. 17 Aber eher
werden Himmel und Erde vergehen, als dass
auch nur ein Häkchen im Gesetz wegfällt.

18 Wer seine Frau aus der Ehe entlässt und
eine andere heiratet, begeht Ehebruch; auch
wer eine Frau heiratet, die von ihrem Mann
entlassen worden ist, begeht Ehebruch.

18: Mt 5,32; 19,9; Mk 10,11f.
15: Mt 23,28 / **16**: Mt 11,12f. / **17**: Mt 5,18 / **18**: 1 Kor 7,10f.

DAS BEISPIEL VOM REICHEN MANN UND VOM ARMEN LAZARUS: 16,19–31

19 Es war einmal ein reicher Mann, der sich in
Purpur und feines Leinen kleidete und Tag
für Tag glanzvolle Feste feierte. 20 Vor der Tür
des Reichen aber lag ein armer Mann namens
Lazarus, dessen Leib voller Geschwüre war.
21 Er hätte gern seinen Hunger mit dem ge-
stillt, was vom Tisch des Reichen herunter-
fiel. Stattdessen kamen die Hunde und leck-
ten an seinen Geschwüren. 22 Es geschah
aber: Der Arme starb und wurde von den En-
geln in Abrahams Schoß getragen. Auch der
Reiche starb und wurde begraben. 23 In der
Unterwelt, wo er qualvolle Schmerzen litt,
blickte er auf und sah von Weitem Abraham
und Lazarus in seinem Schoß. 24 Da rief er:
Vater Abraham, hab Erbarmen mit mir und
schick Lazarus; er soll die Spitze seines Fin-
gers ins Wasser tauchen und mir die Zunge
kühlen, denn ich leide große Qual in diesem
Feuer. 25 Abraham erwiderte: Mein Kind, er-
innere dich daran, dass du schon zu Lebzeiten
deine Wohltaten erhalten hast, Lazarus da-
gegen nur Schlechtes. Jetzt wird er hier ge-
tröstet, du aber leidest große Qual. 26 Außer-
dem ist zwischen uns und euch ein tiefer,
unüberwindlicher Abgrund, sodass nie-
mand von hier zu euch oder von dort zu uns
kommen kann, selbst wenn er wollte. 27 Da
sagte der Reiche: Dann bitte ich dich, Vater,
schick ihn in das Haus meines Vaters! 28 Denn
ich habe noch fünf Brüder. Er soll sie warnen,
damit nicht auch sie an diesen Ort der Qual
kommen. 29 Abraham aber sagte: Sie haben
Mose und die Propheten, auf die sollen sie
hören. 30 Er erwiderte: Nein, Vater Abraham,
aber wenn einer von den Toten zu ihnen
kommt, werden sie umkehren. 31 Darauf sag-
te Abraham zu ihm: Wenn sie auf Mose und
die Propheten nicht hören, werden sie sich
auch nicht überzeugen lassen, wenn einer
von den Toten aufersteht.

VOM ZUSAMMENLEBEN IM GLAUBEN: 17,1–10

17 1 Er sagte zu seinen Jüngern: Es ist un-
vermeidlich, dass Ärgernisse kom-
men. Aber wehe dem, durch den sie kommen!
2 Es wäre besser für ihn, man würde ihn mit
einem Mühlstein um den Hals ins Meer wer-
fen, als dass er für einen von diesen Kleinen
zum Ärgernis wird. 3 Seht euch vor! Wenn
dein Bruder sündigt, weise ihn zurecht; und
wenn er umkehrt, vergib ihm! 4 Und wenn er
sich siebenmal am Tag gegen dich versündigt
und siebenmal wieder zu dir kommt und
sagt: Ich will umkehren!, so sollst du ihm
vergeben.

5 Die Apostel baten den Herrn: Stärke un-
seren Glauben! 6 Der Herr erwiderte: Wenn
ihr Glauben hättet wie ein Senfkorn, würdet
ihr zu diesem Maulbeerbaum sagen: Ent-
wurzle dich und verpflanz dich ins Meer! und
er würde euch gehorchen.

7 Wenn einer von euch einen Knecht hat,
der pflügt oder das Vieh hütet, wird er etwa
zu ihm, wenn er vom Feld kommt, sagen:
Komm gleich her und begib dich zu Tisch?
8 Wird er nicht vielmehr zu ihm sagen: Mach
mir etwas zu essen, gürte dich und bediene

mich, bis ich gegessen und getrunken habe;
danach kannst auch du essen und trinken.
9 Bedankt er sich etwa bei dem Knecht, weil
er getan hat, was ihm befohlen wurde? 10 So
soll es auch bei euch sein: Wenn ihr alles ge-
tan habt, was euch befohlen wurde, sollt ihr
sagen: Wir sind unnütze Knechte; wir haben
nur unsere Schuldigkeit getan.

1–2: Mt 18,6f.; Mk 9,42
3: Lev 19,17; Mt 18,15 / **4**: Mt 18,21f. / **6**: Mt 17,20; 21,21; Mk 11,23

DER DANKBARE SAMARITER: 17,11–19

11 Und es geschah auf dem Weg nach Jerusa-
lem: Jesus zog durch das Grenzgebiet von
Samarien und Galiläa. 12 Als er in ein Dorf
hineingehen wollte, kamen ihm zehn Aus-
sätzige entgegen. Sie blieben in der Ferne
stehen 13 und riefen: Jesus, Meister, hab Er-
barmen mit uns! 14 Als er sie sah, sagte er zu
ihnen: Geht, zeigt euch den Priestern! Und
es geschah, während sie hingingen, wurden
sie rein. 15 Einer von ihnen aber kehrte um,
als er sah, dass er geheilt war; und er lobte
Gott mit lauter Stimme. 16 Er warf sich vor
den Füßen Jesu auf das Angesicht und dank-
te ihm. Dieser Mann war ein Samariter. 17 Da
sagte Jesus: Sind nicht zehn rein geworden?
Wo sind die neun? 18 Ist denn keiner umge-
kehrt, um Gott zu ehren, außer diesem Frem-
den? 19 Und er sagte zu ihm: Steh auf und geh!
Dein Glaube hat dich gerettet.

11: Mk 9,30 / **14**: 5,14; Lev 13,49; 14,2–32 / **19**: 7,50; 8,48; 18,42; Mt 9,22; Mk 5,34; 10,52

VOM KOMMEN DES REICHES GOTTES: 17,20–21

20 Als Jesus von den Pharisäern gefragt wur-
de, wann das Reich Gottes komme, antwor-
tete er: Das Reich Gottes kommt nicht so,
dass man es beobachten könnte. 21 Man kann
auch nicht sagen: Seht, hier ist es! oder: Dort
ist es! Denn siehe, das Reich Gottes ist mitten
unter euch.

DAS KOMMEN DES MENSCHENSOHNES: 17,22–37

22 Er sagte zu den Jüngern: Es werden Tage
kommen, in denen ihr euch danach sehnt,
auch nur einen von den Tagen des Menschen-
sohnes zu sehen; doch ihr werdet ihn nicht
sehen. 23 Und man wird zu euch sagen: Siehe,
dort ist er! Siehe, hier ist er! Geht nicht hin
und lauft nicht hinterher! 24 Denn wie der
Blitz von einem Ende des Himmels bis zum
andern leuchtet, so wird der Menschensohn
an seinem Tag erscheinen. 25 Vorher aber
muss er vieles erleiden und von dieser Gene-
ration verworfen werden. 26 Und wie es in
den Tagen des Noach war, so wird es auch in
den Tagen des Menschensohnes sein. 27 Die
Menschen aßen und tranken und heirateten
bis zu dem Tag, an dem Noach in die Arche
ging; dann kam die Flut und vernichtete alle.
28 Und es wird ebenso sein, wie es in den Ta-
gen des Lot war: Sie aßen und tranken, kauf-
ten und verkauften, pflanzten und bauten.
29 Aber an dem Tag, als Lot Sodom verließ,
regnete es Feuer und Schwefel vom Himmel
und vernichtete alle. 30 Ebenso wird es an
dem Tag sein, an dem der Menschensohn of-
fenbar werden wird. 31 Wer an jenem Tag auf
dem Dach ist und seine Sachen im Haus hat,
soll nicht hinabsteigen, um sie zu holen, und
wer auf dem Feld ist, soll sich ebenfalls nicht
zurückwenden. 32 Denkt an die Frau des Lot!
33 Wer sein Leben zu bewahren sucht, wird
es verlieren; wer es dagegen verliert, wird es
erhalten. 34 Ich sage euch: Von zwei Männern,
die in dieser Nacht auf einem Bett liegen,
wird der eine mitgenommen und der andere
zurückgelassen. 35 Von zwei Frauen, die am
selben Ort Getreide mahlen, wird die eine
mitgenommen und die andere zurückgelas-
sen. [36] 37 Und sie antworteten und sprachen:
Wo wird das geschehen, Herr? Er antworte-
te: Wo ein Leichnam ist, da sammeln sich
auch die Geier.

22: 21,7–36 / **23**: Mt 24,23–27; Mk 13,21 / **25**: 9,22.44; 18,32 / **26–27**: Gen 6,11–13; 7,7–23; Mt 24,37–39 / **28**: Gen 18,20 / **29**: Gen 19,15.23f. / **31**: Mt 24,17f.; Mk 13,15f. / **33**: 9,24; Mt 10,39; 16,25; Mk 8,35; Joh 12,25 / **35**: Mt 24,41 / **37**: Mt 24,28

DAS GLEICHNIS VOM RICHTER UND DER WITWE: 18,1–8

18 1 Jesus sagte ihnen durch ein Gleich-
nis, dass sie allezeit beten und darin
nicht nachlassen sollten: 2 In einer Stadt leb-
te ein Richter, der Gott nicht fürchtete und
auf keinen Menschen Rücksicht nahm. 3 In
der gleichen Stadt lebte auch eine Witwe, die
immer wieder zu ihm kam und sagte: Ver-

17,36 Einige spätere Textzeugen fügen hier ein: Von zwei Männern, die auf dem Feld arbeiten, wird einer mitgenommen und der andere wird zurückgelassen. Vgl. Mt 24,40.

schaff mir Recht gegen meinen Widersa-
cher! 4 Und er wollte lange Zeit nicht. Dann
aber sagte er sich: Ich fürchte zwar Gott nicht
und nehme auch auf keinen Menschen Rück-
sicht; 5 weil mich diese Witwe aber nicht in
Ruhe lässt, will ich ihr Recht verschaffen.
Sonst kommt sie am Ende noch und schlägt
mich ins Gesicht. 6 Der Herr aber sprach:
Hört, was der ungerechte Richter sagt! 7 Soll-
te Gott seinen Auserwählten, die Tag und
Nacht zu ihm schreien, nicht zu ihrem Recht
verhelfen, sondern bei ihnen zögern? 8 Ich
sage euch: Er wird ihnen unverzüglich ihr
Recht verschaffen. Wird jedoch der Men-
schensohn, wenn er kommt, den Glauben
auf der Erde finden?

DAS GLEICHNIS VOM PHARISÄER UND VOM ZÖLLNER: 18,9–14

9 Einigen, die von ihrer eigenen Gerechtigkeit
überzeugt waren und die anderen verachte-
ten, erzählte Jesus dieses Gleichnis: 10 Zwei
Männer gingen zum Tempel hinauf, um zu
beten; der eine war ein Pharisäer, der andere
ein Zöllner. 11 Der Pharisäer stellte sich hin
und sprach bei sich dieses Gebet: Gott, ich
danke dir, dass ich nicht wie die anderen Men-
schen bin, die Räuber, Betrüger, Ehebrecher
oder auch wie dieser Zöllner dort. 12 Ich faste
zweimal in der Woche und gebe den zehnten
Teil meines ganzen Einkommens. 13 Der Zöll-
ner aber blieb ganz hinten stehen und wollte
nicht einmal seine Augen zum Himmel erhe-
ben, sondern schlug sich an die Brust und
betete: Gott, sei mir Sünder gnädig! 14 Ich sage
euch: Dieser ging gerechtfertigt nach Hause
hinab, der andere nicht. Denn wer sich selbst
erhöht, wird erniedrigt, wer sich aber selbst
erniedrigt, wird erhöht werden.

13: Ps 51,3 / **14**: 14,11; Mt 23,12

DIE SEGNUNG DER KINDER: 18,15–17

15 Man brachte auch kleine Kinder zu ihm,
damit er sie berühre. Als die Jünger das sahen,
wiesen sie die Leute zurecht. 16 Jesus aber rief
die Kinder zu sich und sagte: Lasst die Kinder
zu mir kommen und hindert sie nicht daran!
Denn solchen wie ihnen gehört das Reich
Gottes. 17 Amen, ich sage euch: Wer das Reich
Gottes nicht so annimmt wie ein Kind, der
wird nicht hineinkommen.

15–17: Mt 19,13–15; Mk 10,13–16
17: Mt 18,3

REICHTUM UND NACHFOLGE: 18,18–30

18 Einer von den führenden Männern fragte
ihn: Guter Meister, was muss ich tun, um das
ewige Leben zu erben? 19 Jesus antwortete ihm:
Warum nennst du mich gut? Niemand ist gut
außer der eine Gott. 20 Du kennst doch die Ge-
bote: *Du sollst nicht die Ehe brechen, du sollst
nicht töten, du sollst nicht stehlen, du sollst
nicht falsch aussagen; ehre deinen Vater und
deine Mutter!* 21 Er erwiderte: Alle diese Ge-
bote habe ich von Jugend an befolgt. 22 Als Jesus
das hörte, sagte er ihm: Eines fehlt dir noch:
Verkauf alles, was du hast, und verteil es an die
Armen und du wirst einen Schatz im Himmel
haben; dann komm und folge mir nach! 23 Der
Mann aber wurde sehr traurig, als er das hörte;
denn er war überaus reich. 24 Jesus sah, dass er
sehr traurig geworden war, und sagte: Wie
schwer ist es für Menschen, die viel besitzen,
in das Reich Gottes zu kommen! 25 Denn leich-
ter geht ein Kamel durch ein Nadelöhr, als dass
ein Reicher in das Reich Gottes gelangt.

26 Die Leute, die das hörten, fragten: Wer
kann dann noch gerettet werden? 27 Er erwi-
derte: Was für Menschen unmöglich ist, ist
für Gott möglich.

28 Da sagte Petrus: Siehe, was wir besaßen,
haben wir verlassen und sind dir nachgefolgt.
29 Jesus antwortete ihnen: Amen, ich sage
euch: Jeder, der um des Reiches Gottes willen
Haus oder Frau, Brüder, Eltern oder Kinder
verlassen hat, 30 erhält dafür schon in dieser
Zeit das Vielfache und in der kommenden
Welt das ewige Leben.

18–30: Mt 19,16–30; Mk 10,17–31
18: 10,25 / **19**: Dtn 6,4 / **20**: Ex 20,12–16; Dtn 5,16–20 / **22**: 12,33; Mt 8,22 / **27**: 1,37; Gen 18,14; Ijob 42,2

DIE DRITTE ANKÜNDIGUNG VON LEIDEN UND AUFERSTEHUNG JESU: 18,31–34

31 Jesus versammelte die Zwölf um sich und
sagte zu ihnen: Siehe, wir gehen nach Jerusa-
lem hinauf; und es wird sich alles erfüllen, was
bei den Propheten über den Menschensohn
geschrieben steht. 32 Denn er wird den Heiden
ausgeliefert, wird verspottet, misshandelt und
angespuckt werden 33 und man wird ihn gei-
ßeln und töten und am dritten Tag wird er auf-
erstehen. 34 Doch die Zwölf verstanden das
alles nicht; der Sinn der Worte war ihnen ver-
schlossen und sie begriffen nicht, was er sagte.

31–34: Mt 20,17–19; Mk 10,32–34
33: 24,6f. / **34**: 9,45

DIE HEILUNG EINES BLINDEN BEI JERICHO:
18,35–43

35 Es geschah aber: Jesus kam in die Nähe von
Jericho, da saß ein Blinder an der Straße und
bettelte. 36 Er hörte, dass viele Menschen vor-
beigingen, und fragte: Was hat das zu bedeu-
ten? 37 Man berichtete ihm: Jesus von Nazaret
geht vorüber. 38 Da rief er: Jesus, Sohn Davids,
hab Erbarmen mit mir! 39 Die Leute, die vo-
rausgingen, befahlen ihm zu schweigen. Er
aber schrie noch viel lauter: Sohn Davids, hab
Erbarmen mit mir! 40 Jesus blieb stehen und
ließ ihn zu sich herführen. Als der Mann vor
ihm stand, fragte ihn Jesus: 41 Was willst du,
dass ich dir tue? Er antwortete: Herr, ich
möchte sehen können. 42 Da sagte Jesus zu
ihm: Sei sehend! Dein Glaube hat dich geret-
tet. 43 Im selben Augenblick konnte er sehen.
Da pries er Gott und folgte Jesus nach. Und
das ganze Volk, das dies gesehen hatte, lobte
Gott.

35-43: Mt 20,29–34; Mk 10,46–52
35-42: Mt 9,27–31 / **42:** 7,50; 8,48; Mt 9,22; Mk 5,34

DER ZÖLLNER ZACHÄUS IN JERICHO: 19,1–10

19 1 Dann kam er nach Jericho und ging
durch die Stadt. 2 Und siehe, da war ein
Mann namens Zachäus; er war der oberste
Zollpächter und war reich. 3 Er suchte Jesus,
um zu sehen, wer er sei, doch er konnte es
nicht wegen der Menschenmenge; denn er
war klein von Gestalt. 4 Darum lief er voraus
und stieg auf einen Maulbeerfeigenbaum, um
Jesus zu sehen, der dort vorbeikommen
musste. 5 Als Jesus an die Stelle kam, schaute
er hinauf und sagte zu ihm: Zachäus, komm
schnell herunter! Denn ich muss heute in
deinem Haus bleiben. 6 Da stieg er schnell
herunter und nahm Jesus freudig bei sich auf.
7 Und alle, die das sahen, empörten sich und
sagten: Er ist bei einem Sünder eingekehrt.
8 Zachäus aber wandte sich an den Herrn und
sagte: Siehe, Herr, die Hälfte meines Vermö-
gens gebe ich den Armen, und wenn ich von
jemandem zu viel gefordert habe, gebe ich
ihm das Vierfache zurück. 9 Da sagte Jesus zu
ihm: Heute ist diesem Haus Heil geschenkt
worden, weil auch dieser Mann ein Sohn Ab-
rahams ist. 10 Denn der Menschensohn ist
gekommen, um zu suchen und zu retten, was
verloren ist.

7: 5,30; 7,34 / **10:** 5,32; Mt 9,13, Mk 2,17

DAS GLEICHNIS VOM ANVERTRAUTEN GELD:
19,11–27

11 Weil Jesus schon nahe bei Jerusalem war,
meinten die Menschen, die von alldem hör-
ten, das Reich Gottes werde sofort erschei-
nen. Daher erzählte er ihnen ein weiteres
Gleichnis. 12 Er sagte: Ein Mann von vor-
nehmer Herkunft wollte in ein fernes Land
reisen, um die Königswürde für sich zu er-
langen und dann zurückzukehren. 13 Er rief
zehn seiner Diener zu sich, verteilte unter
sie zehn Minen und sagte: Macht Geschäfte
damit, bis ich wiederkomme! 14 Seine Bür-
ger jedoch hassten ihn und schickten eine
Gesandtschaft hinter ihm her und ließen
sagen: Wir wollen nicht, dass dieser Mann
über uns König wird. 15 Und es geschah, als
er die Königswürde empfangen hatte und
zurückkehrte, da ließ er die Diener, denen
er das Geld gegeben hatte, zu sich rufen. Er
wollte sehen, welchen Gewinn sie bei ihren
Geschäften erzielt hatten. 16 Der erste kam
und sagte: Herr, deine Mine hat zehn Minen
eingebracht. 17 Da sagte der König zu ihm:
Sehr gut, du bist ein guter Diener. Weil du
im Kleinsten zuverlässig warst, sollst du
Herr über zehn Städte werden. 18 Der zwei-
te kam und sagte: Herr, deine Mine hat fünf
Minen eingebracht. 19 Zu ihm sagte der Kö-
nig: Du sollst über fünf Städte herrschen.
20 Nun kam ein anderer und sagte: Herr,
siehe deine Mine. Ich habe sie in einem
Schweißtuch aufbewahrt; 21 denn ich hatte
Angst vor dir, weil du ein strenger Mann
bist: Du hebst ab, was du nicht eingezahlt
hast, und erntest, was du nicht gesät hast.
22 Der König antwortete: Aus deinem eige-
nen Mund spreche ich dir das Urteil. Du bist
ein schlechter Diener. Du hast gewusst,
dass ich ein strenger Mann bin? Dass ich
abhebe, was ich nicht eingezahlt habe, und
ernte, was ich nicht gesät habe? 23 Warum
hast du dann mein Geld nicht auf die Bank
gebracht? Dann hätte ich es bei der Rück-
kehr mit Zinsen abheben können. 24 Und zu
denen, die dabeistanden, sagte er: Nehmt
ihm die Mine weg und gebt sie dem, der die
zehn Minen hat! 25 Sie sagten zu ihm: Herr,
er hat doch schon zehn. 26 Ich sage euch: Wer
hat, dem wird gegeben werden; wer aber

19,13 Die Mine war eine griechische Rechnungseinheit und entsprach einhundert Drachmen, vgl. Anm. zu Mt 17,24.

nicht hat, dem wird auch noch weggenom-
men, was er hat. 27 Doch meine Feinde, die
nicht wollten, dass ich ihr König werde –
bringt sie her und macht sie vor meinen
Augen nieder!

11–27: Mt 25,14–30
17: 16,10; Mt 24,45–47 / **26:** 8,18; Mt 13,12; Mk 4,25

DAS WIRKEN JESU IN JERUSALEM: 19,28–21,38

DER EINZUG IN JERUSALEM: 19,28–40

28 Nach dieser Rede zog Jesus voran und ging
nach Jerusalem hinauf. 29 Und es geschah: Er
kam in die Nähe von Betfage und Betanien,
an den Berg, der Ölberg heißt, da schickte er
zwei seiner Jünger aus 30 und sagte: Geht in
das Dorf, das vor uns liegt! Wenn ihr hinein-
kommt, werdet ihr dort ein Fohlen angebun-
den finden, auf dem noch nie ein Mensch
gesessen hat. Bindet es los und bringt es her!
31 Und wenn euch jemand fragt: Warum bin-
det ihr es los?, dann antwortet: Der Herr
braucht es. 32 Die Ausgesandten machten sich
auf den Weg und fanden alles so, wie er es
ihnen gesagt hatte. 33 Als sie das Fohlen los-
banden, sagten die Leute, denen es gehörte:
Warum bindet ihr das Fohlen los? 34 Sie ant-
worteten: Weil der Herr es braucht. 35 Dann
führten sie es zu Jesus, legten ihre Kleider auf
das Fohlen und halfen Jesus hinauf. 36 Wäh-
rend er dahinritt, breiteten die Jünger ihre
Kleider auf dem Weg aus. 37 Als er sich schon
dem Abhang des Ölbergs näherte, begann die
Schar der Jünger freudig und mit lauter Stim-
me Gott zu loben wegen all der Machttaten,
die sie gesehen hatten. 38 Sie riefen: *Gesegnet
sei* der König, *der kommt im Namen des
Herrn.* Im Himmel Friede und Ehre in der
Höhe! 39 Da riefen ihm einige Pharisäer aus
der Menge zu: Meister, weise deine Jünger
zurecht! 40 Er erwiderte: Ich sage euch: Wenn
sie schweigen, werden die Steine schreien.

28–40: Mt 21,1–9; Mk 11,1–10; Joh 12,12–14
38: 2,14; Ps 118,26 / **40:** Hab 2,11

DIE ANKÜNDIGUNG DER ZERSTÖRUNG JERUSALEMS: 19,41–44

41 Als er näher kam und die Stadt sah, weinte
er über sie 42 und sagte: Wenn doch auch du
an diesem Tag erkannt hättest, was Frieden
bringt. Jetzt aber ist es vor deinen Augen ver-
borgen. 43 Denn es werden Tage über dich
kommen, in denen deine Feinde rings um
dich einen Wall aufwerfen, dich einschlie-
ßen und von allen Seiten bedrängen. 44 Sie
werden dich und deine Kinder zerschmet-
tern und keinen Stein in dir auf dem andern
lassen, weil du die Zeit deiner Heimsuchung
nicht erkannt hast.

44: 21,6; Ps 137,9; Mt 24,2; Mk 13,2

DIE REINIGUNG DES TEMPELS: 19,45–48

45 Dann ging er in den Tempel und begann,
die Händler hinauszutreiben. 46 Er sagte zu
ihnen: Es steht geschrieben: *Mein Haus soll
ein Haus des Gebetes sein.* Ihr aber habt da-
raus eine *Räuberhöhle* gemacht.
47 Er lehrte täglich im Tempel. Die Hohe-
priester, die Schriftgelehrten und die Ersten
im Volk aber suchten ihn umzubringen. 48 Sie
wussten jedoch nicht, was sie machen soll-
ten, denn das ganze Volk hing an ihm, um ihn
zu hören.

45–46: Mt 21,12f.; Mk 11,15–17; Joh 2,13–16 / **47–48:** Mk 11,18
46: Jes 56,7; Jer 7,11 / **47:** 20,19; 21,37; 22,2; Mt 26,55; Mk 14,49; Joh 18,20

DIE FRAGE NACH DER VOLLMACHT JESU: 20,1–8

20 1 Und es geschah: Eines Tages lehrte
er im Tempel das Volk und verkünde-
te das Evangelium, da kamen die Hohe-
priester und die Schriftgelehrten mit den
Ältesten hinzu 2 und fragten ihn: Sag uns: In
welcher Vollmacht tust du das? Wer hat dir
diese Vollmacht gegeben? 3 Er antwortete
ihnen: Auch ich will euch eine Frage stellen.
Sagt mir: 4 Stammte die Taufe des Johannes
vom Himmel oder von den Menschen? 5 Da
überlegten sie und sagten zueinander: Wenn
wir antworten: Vom Himmel!, so wird er
sagen: Warum habt ihr ihm dann nicht ge-
glaubt? 6 Wenn wir aber antworten: Von den
Menschen!, dann wird das ganze Volk uns

steinigen; denn sie sind überzeugt, dass Jo-
hannes ein Prophet ist. 7 Darum antworteten
sie: Wir wissen nicht, woher. 8 Jesus erwider-
te ihnen: Dann sage auch ich euch nicht, in
welcher Vollmacht ich das tue.

1–8: Mt 21,23–27; Mk 11,27–33
6: 1,76 / **7**: 22,68

DAS GLEICHNIS VON DEN WINZERN: 20,9–19

9 Er erzählte dem Volk dieses Gleichnis: Ein
Mann legte einen Weinberg an, verpachtete
ihn an Winzer und reiste für längere Zeit in
ein anderes Land. 10 Als nun die Zeit dafür
gekommen war, schickte er einen Knecht zu
den Winzern, damit sie ihm seinen Anteil an
der Frucht des Weinbergs geben sollten. Die
Winzer aber prügelten ihn und jagten ihn mit
leeren Händen fort. 11 Darauf schickte er ei-
nen anderen Knecht; auch ihn prügelten und
entehrten sie und jagten ihn mit leeren Hän-
den fort. 12 Er schickte noch einen dritten
Knecht; aber auch ihn schlugen sie blutig und
warfen ihn hinaus. 13 Da sagte der Herr des
Weinbergs: Was soll ich tun? Ich will meinen
geliebten Sohn schicken. Vielleicht werden
sie vor ihm Achtung haben. 14 Als die Winzer
den Sohn sahen, überlegten sie und sagten
zueinander: Das ist der Erbe; wir wollen ihn
umbringen, damit das Erbe uns gehört.
15 Und sie warfen ihn aus dem Weinberg hi-
naus und brachten ihn um. Was wird nun der
Herr des Weinbergs mit ihnen tun? 16 Er wird
kommen und diese Winzer vernichten und
den Weinberg anderen geben. Als sie das hör-
ten, sagten sie: Das darf nicht geschehen!
17 Da sah Jesus sie an und sagte: Was bedeutet
dieses Schriftwort:

*Der Stein, den die Bauleute verworfen ha-
ben, / er ist zum Eckstein geworden*?

18 Jeder, der auf diesen Stein fällt, wird zer-
schellen; auf wen der Stein aber fällt, den wird
er zermalmen. 19 Die Schriftgelehrten und die
Hohepriester hätten gern noch in derselben
Stunde Hand an ihn gelegt; aber sie fürchteten
das Volk. Denn sie hatten gemerkt, dass er sie
mit diesem Gleichnis meinte.

9–19: Mt 21,33–46; Mk 12,1–12
9: Jes 5,1f. G / **13**: 3,22 / **17**: Ps 118,22 / **19**: 19,47f.; 22,2

DIE FRAGE NACH DER KAISERLICHEN STEUER: 20,20–26

20 Daher lauerten sie ihm auf und schickten
Spitzel, die so tun sollten, als wären sie selbst
gerecht, um ihn bei einer Äußerung zu ertap-
pen. Denn sie wollten ihn der Gerichtsbar-
keit des Statthalters übergeben. 21 Und sie
fragten ihn: Meister, wir wissen, dass du
aufrichtig redest und lehrst und nicht auf die
Person siehst, sondern wahrhaftig den Weg
Gottes lehrst. 22 Ist es uns erlaubt, dem Kaiser
Steuer zu zahlen, oder nicht? 23 Er aber durch-
schaute ihre Hinterlist und sagte zu ihnen:
24 Zeigt mir einen Denar! Wessen Bild und
Aufschrift sind darauf? Sie antworteten: Die
des Kaisers. 25 Da sagte er zu ihnen: Dann gebt
dem Kaiser, was dem Kaiser gehört, und
Gott, was Gott gehört! 26 So gelang es ihnen
nicht, ihn bei einer Äußerung vor dem Volk
zu ertappen. Sie waren über seine Antwort
verwundert und schwiegen.

20–26: Mt 22,15–22; Mk 12,13–17
20: 11,54

DIE FRAGE NACH DER AUFERSTEHUNG DER TOTEN: 20,27–40

27 Von den Sadduzäern, die bestreiten, dass
es eine Auferstehung gibt, kamen einige zu
Jesus und fragten ihn: 28 Meister, Mose hat
uns vorgeschrieben: Wenn ein Mann, der
einen Bruder hat, stirbt und eine Frau hinter-
lässt, ohne Kinder zu haben, dann soll sein
Bruder die Frau nehmen und seinem Bruder
Nachkommen verschaffen. 29 Nun lebten
einmal sieben Brüder. Der erste nahm sich
eine Frau, starb aber kinderlos. 30 Da nahm sie
der zweite, 31 danach der dritte und ebenso
die anderen bis zum siebten; sie alle hinter-
ließen keine Kinder, als sie starben. 32 Schließ-
lich starb auch die Frau. 33 Wessen Frau wird
sie nun bei der Auferstehung sein? Alle sie-
ben haben sie doch zur Frau gehabt. 34 Da
sagte Jesus zu ihnen: Die Kinder dieser Welt
heiraten und lassen sich heiraten. 35 Die aber,
die gewürdigt werden, an jener Welt und an
der Auferstehung von den Toten teilzuha-
ben, heiraten nicht, noch lassen sie sich hei-
raten. 36 Denn sie können auch nicht mehr
sterben, weil sie den Engeln gleich und als
Kinder der Auferstehung zu Kindern Gottes
geworden sind. 37 Dass aber die Toten aufer-
stehen, hat schon Mose in der Geschichte
vom Dornbusch angedeutet, in der er *den*

20,24 Dem römischen Denar, der die übliche Währungseinheit für die Steuerzahlung darstellte, waren ein Portrait und eine Aufschrift des regierenden Kaisers aufgeprägt.

Herrn den Gott Abrahams, den Gott Isaaks
und den Gott Jakobs nennt. 38 Er ist doch kein
Gott von Toten, sondern von Lebenden; denn
für ihn leben sie alle. 39 Da sagten einige
Schriftgelehrte: Meister, du hast gut geant-
wortet. 40 Und man wagte nicht mehr, ihn
etwas zu fragen.

27–38: Mt 22,23–33; Mk 12,18–27
27: Apg 23,8 / **28**: Dtn 25,5f.; Gen 38,8 / **37**: Ex 3,6 / **39**: Mk 12,32 / **40**: Mt 22,46; Mk 12,34

DIE FRAGE NACH DEM DAVIDSSOHN: 20,41–44

41 Da fragte er sie: Wie kann man behaupten,
der Christus sei der Sohn Davids? 42 Denn
David selbst sagt im Buch der Psalmen: *Der*
Herr sprach zu meinem Herrn: Setze dich
mir zur Rechten, 43 *bis ich dir deine Feinde als*
Schemel unter die Füße lege! 44 David nennt
ihn also Herr. Wie kann er dann sein Sohn
sein?

41–44: Mt 22,41–45; Mk 12,35–37a
42–43: Ps 110,1

WARNUNG VOR DEN SCHRIFTGELEHRTEN: 20,45–47

45 Jesus sagte vor dem ganzen Volk zu seinen
Jüngern: 46 Hütet euch vor den Schriftgelehr-
ten! Sie gehen gern in langen Gewändern
umher und lieben es, wenn man sie auf den
Marktplätzen grüßt und wenn sie die Ehren-
sitze in den Synagogen und die Ehrenplätze
bei den Festmählern einnehmen. 47 Sie fres-
sen die Häuser der Witwen auf und verrich-
ten in ihrer Scheinheiligkeit lange Gebete.
Umso härter wird das Urteil sein, das sie er-
wartet.

45–47: Mt 23,1.5–7.14; Mk 12,37b–40
46: 11,43; 14,7

DAS OPFER DER WITWE: 21,1–4

21 1 Er blickte auf und sah, wie die Rei-
chen ihre Gaben in den Opferkasten
legten. 2 Er sah aber auch eine arme Witwe,
die dort zwei kleine Münzen hineinwarf. 3 Da
sagte er: Wahrhaftig, ich sage euch: Diese
arme Witwe hat mehr hineingeworfen als
alle anderen. 4 Denn sie alle haben nur etwas
von ihrem Überfluss hineingeworfen; diese
Frau aber, der es am Nötigsten mangelt, hat
ihren ganzen Lebensunterhalt hergegeben.

1–4: Mk 12,41–44

21,2 zwei kleine Münzen, wörtlich: zwei Lepta, das ist ein Quadrans. Vgl. Anm. zu Mt 5,26.

DIE ANKÜNDIGUNG DER ZERSTÖRUNG DES TEMPELS: 21,5–6

5 Als einige darüber sprachen, dass der Tem-
pel mit schön bearbeiteten Steinen und Wei-
hegeschenken geschmückt sei, sagte Jesus:
6 Es werden Tage kommen, an denen von al-
lem, was ihr hier seht, kein Stein auf dem
andern bleibt, der nicht niedergerissen wird.

5–6: Mt 24,1f.; Mk 13,1f.
6: 19,44

DER ANFANG DER ENDZEITLICHEN NOT: 21,7–19

7 Sie fragten ihn: Meister, wann wird das ge-
schehen und was ist das Zeichen, dass dies
geschehen soll? 8 Er antwortete: Gebt Acht,
dass man euch nicht irreführt! Denn viele
werden unter meinem Namen auftreten und
sagen: Ich bin es! und: Die Zeit ist da. – Lauft
ihnen nicht nach! 9 Wenn ihr von Kriegen
und Unruhen hört, lasst euch nicht erschre-
cken! Denn das muss als Erstes geschehen;
aber das Ende kommt noch nicht sofort.
10 Dann sagte er zu ihnen: Volk wird sich
gegen Volk und Reich gegen Reich erheben.
11 Es wird gewaltige Erdbeben und an vielen
Orten Seuchen und Hungersnöte geben;
schreckliche Dinge werden geschehen und
am Himmel wird man gewaltige Zeichen se-
hen.
12 Aber bevor das alles geschieht, wird man
Hand an euch legen und euch verfolgen. Man
wird euch den Synagogen und den Gefäng-
nissen ausliefern, vor Könige und Statthalter
bringen um meines Namens willen. 13 Dann
werdet ihr Zeugnis ablegen können. 14 Nehmt
euch also zu Herzen, nicht schon im Voraus
für eure Verteidigung zu sorgen; 15 denn ich
werde euch die Worte und die Weisheit ein-
geben, sodass alle eure Gegner nicht dagegen
ankommen und nichts dagegen sagen kön-
nen. 16 Sogar eure Eltern und Geschwister,
eure Verwandten und Freunde werden euch
ausliefern und manche von euch wird man
töten. 17 Und ihr werdet um meines Namens
willen von allen gehasst werden. 18 Und doch
wird euch kein Haar gekrümmt werden.
19 Wenn ihr standhaft bleibt, werdet ihr das
Leben gewinnen.

7–19: Mt 24,3–14; Mk 13,3–13
9: Dan 2,28 G / **10**: Jes 19,2 / **12**: Joh 16,1–4a / **12–15**: 12,11f. / **12–17**: Mt 10,17–22 / **18**: Mt 10,30

VOM GERICHT ÜBER JERUSALEM: 21,20–24

20 Wenn ihr aber seht, dass Jerusalem von
Heeren eingeschlossen wird, dann erkennt
ihr, dass seine Verwüstung bevorsteht.
21 Dann sollen die Bewohner von Judäa in die
Berge fliehen; wer in der Stadt ist, soll sie
verlassen, und wer auf dem Land ist, soll
nicht in die Stadt gehen. 22 Denn das sind die
Tage der Vergeltung, damit alles in Erfül-
lung geht, was geschrieben steht. 23 Wehe
den Frauen, die in jenen Tagen schwanger
sind oder ein Kind stillen! Denn große Be-
drängnis wird über das Land hereinbrechen
und Zorn über dieses Volk. 24 Mit scharfem
Schwert wird man sie erschlagen, als Gefan-
gene wird man sie zu allen Völkern schlep-
pen und Jerusalem wird von den Völkern
zertreten werden, bis die Zeiten der Völker
sich erfüllen.

20–24: Mt 24,15–21; Mk 13,14–19
22: Dtn 32,35 / **24**: Sach 12,3 G

DAS KOMMEN DES MENSCHENSOHNES: 21,25–28

25 Es werden Zeichen sichtbar werden an Son-
ne, Mond und Sternen und auf der Erde wer-
den die Völker bestürzt und ratlos sein über
das Toben und Donnern des Meeres. 26 Die
Menschen werden vor Angst vergehen in der
Erwartung der Dinge, die über den Erdkreis
kommen; denn die Kräfte des Himmels wer-
den erschüttert werden. 27 Dann wird man
den Menschensohn in einer Wolke kommen
sehen, mit großer Kraft und Herrlichkeit.
28 Wenn dies beginnt, dann richtet euch auf
und erhebt eure Häupter; denn eure Erlösung
ist nahe.

25–28: Mt 24,29–31; Mk 13,24–27
25: Jes 13,10; 34,4 G; Joël 2,10 / **26**: Hag 2,6.21; 2 Petr 3,10 / **27**: Dan 7,13; Mt 26,64; Mk 14,62; Offb 1,7

MAHNUNGEN IM HINBLICK AUF DAS ENDE: 21,29–36

29 Und er sagte ihnen ein Gleichnis: Seht euch
den Feigenbaum und die anderen Bäume an:
30 Sobald ihr merkt, dass sie Blätter treiben,
erkennt ihr, dass der Sommer nahe ist. 31 So
erkennt auch ihr, wenn ihr das geschehen
seht, dass das Reich Gottes nahe ist. 32 Amen,
ich sage euch: Diese Generation wird nicht
vergehen, bis alles geschieht. 33 Himmel und
Erde werden vergehen, aber meine Worte
werden nicht vergehen.

34 Nehmt euch in Acht, dass Rausch und
Trunkenheit und die Sorgen des Alltags euer
Herz nicht beschweren und dass jener Tag
euch nicht plötzlich überrascht 35 wie eine
Falle; denn er wird über alle Bewohner der
ganzen Erde hereinbrechen. 36 Wacht und
betet allezeit, damit ihr allem, was geschehen
wird, entrinnen und vor den Menschensohn
hintreten könnt!

29–33: Mt 24,32–35; Mk 13,28–31
32: 9,27; Mt 16,28; Mk 9,1 / **36**: Mt 24,42; 25,13; Mk 13,35

DIE LEHRE IM TEMPEL: 21,37–38

37 Die Tage über lehrte Jesus im Tempel; die
Nächte aber verbrachte er draußen bei dem
Berg, der Ölberg heißt. 38 Schon früh am Mor-
gen kam das ganze Volk zu ihm in den Tem-
pel, um ihn zu hören.

37: 19,47; 22,39.53

PASSION UND ERWECKUNG JESU: 22,1–24,53

DIE VEREINBARUNG ZWISCHEN JUDAS UND DEN GEGNERN JESU: 22,1–6

22 1 Das Fest der Ungesäuerten Brote, das
Pascha genannt wird, war nahe. 2 Und
die Hohepriester und die Schriftgelehrten
suchten nach einer Möglichkeit, Jesus zu besei-
tigen; denn sie fürchteten sich vor dem Volk.

3 Da fuhr der Satan in Judas, genannt Iska-
riot, der zu den Zwölf gehörte. 4 Judas ging zu
den Hohepriestern und den Hauptleuten und
beriet mit ihnen, wie er Jesus an sie ausliefern
könnte. 5 Da freuten sie sich und kamen mit
ihm überein, ihm Geld zu geben. 6 Er sagte zu
und suchte nach einer günstigen Gelegen-
heit, ihn an sie auszuliefern, ohne dass das
Volk es merkte.

1–2: Mt 26,1–5; Mk 14,1f. / **3–6**: Mt 26,14–16; Mk 14,10f.
2: 19,47f.; 20,19 / **3**: Joh 13,2.27

DIE VORBEREITUNG DES PASCHAMAHLS: 22,7–13

7 Dann kam der Tag der Ungesäuerten Brote,
an dem das Paschalamm geschlachtet werden
musste. 8 Jesus sandte Petrus und Johannes aus
und sagte: Geht und bereitet das Paschamahl
für uns vor, damit wir es essen können! 9 Sie
fragten ihn: Wo sollen wir es vorbereiten?
10 Er antwortete ihnen: Siehe, wenn ihr in die
Stadt kommt, wird euch ein Mann begegnen,
der einen Wasserkrug trägt. Folgt ihm in das
Haus, in das er hineingeht, 11 und sagt zu dem
Herrn des Hauses: Der Meister lässt dich fra-
gen: Wo ist der Raum, in dem ich mit meinen
Jüngern das Paschalamm essen kann? 12 Und
der Hausherr wird euch einen großen Raum
im Obergeschoss zeigen, der mit Polstern aus-
gestattet ist. Dort bereitet es vor! 13 Sie gingen
und fanden alles so, wie er es ihnen gesagt
hatte, und bereiteten das Paschamahl vor.

7–13: Mt 26,17–19; Mk 14,12–16
7: Ex 12,14–20

DAS MAHL: 22,14–23

14 Als die Stunde gekommen war, legte er sich
mit den Aposteln zu Tisch. 15 Und er sagte zu
ihnen: Mit großer Sehnsucht habe ich danach
verlangt, vor meinem Leiden dieses Pascha-
mahl mit euch zu essen. 16 Denn ich sage euch:
Ich werde es nicht mehr essen, bis es seine
Erfüllung findet im Reich Gottes. 17 Und er
nahm einen Kelch, sprach das Dankgebet und
sagte: Nehmt diesen und teilt ihn untereinan-
der! 18 Denn ich sage euch: Von nun an werde
ich nicht mehr von der Frucht des Weinstocks
trinken, bis das Reich Gottes kommt. 19 Und
er nahm Brot, sprach das Dankgebet, brach es
und reichte es ihnen mit den Worten: Das ist
mein Leib, der für euch hingegeben wird. Tut
dies zu meinem Gedächtnis! 20 Ebenso nahm
er nach dem Mahl den Kelch und sagte: Dieser
Kelch ist der Neue Bund in meinem Blut, das
für euch vergossen wird.

21 Doch siehe, die Hand dessen, der mich
ausliefert, ist mit mir am Tisch. 22 Der Men-
schensohn muss zwar den Weg gehen, der
ihm bestimmt ist. Aber weh dem Menschen,
durch den er ausgeliefert wird! 23 Da fragte
einer den andern, wer von ihnen das wohl sei,
der dies tun werde.

14–23: Mt 26,20–29; Mk 14,17–25 / **19–20**: 1 Kor 11,23–25 /
21–23: Joh 13,2.21–26
20: Ex 24,8; Jer 31,31

VOM DIENEN UND HERRSCHEN: 22,24–30

24 Es entstand unter ihnen ein Streit darüber,
wer von ihnen wohl der Größte sei. 25 Da sag-
te Jesus zu ihnen: Die Könige herrschen über
ihre Völker und die Vollmacht über sie haben,
lassen sich Wohltäter nennen. 26 Bei euch aber
soll es nicht so sein, sondern der Größte unter
euch soll werden wie der Jüngste und der Füh-
rende soll werden wie der Dienende. 27 Denn
wer ist größer: Der bei Tisch sitzt oder der
bedient? Ist es nicht der, der bei Tisch sitzt?
Ich aber bin unter euch wie der, der bedient.

28 Ihr aber habt in meinen Prüfungen bei mir
ausgeharrt. 29 Darum vermache ich euch das
Reich, wie es mein Vater mir vermacht hat:
30 Ihr sollt in meinem Reich an meinem Tisch
essen und trinken und ihr sollt auf Thronen
sitzen und die zwölf Stämme Israels richten.

24–27: Mt 20,24–28; Mk 10,41–45
24–26: 9,46f.; Mt 18,1; Mk 9,33–35 / **26–27**: Joh 13,4f.12–
17 / **30**: Mt 19,28

DIE ANKÜNDIGUNG DER VERLEUGNUNG: 22,31–34

31 Simon, Simon, siehe, der Satan hat ver-
langt, dass er euch wie Weizen sieben darf.
32 Ich aber habe für dich gebetet, dass dein
Glaube nicht erlischt. Und wenn du wieder
umgekehrt bist, dann stärke deine Brüder!
33 Darauf sagte Petrus zu ihm: Herr, ich bin
bereit, mit dir sogar ins Gefängnis und in den
Tod zu gehen. 34 Jesus aber sagte: Ich sage dir,
Petrus, ehe heute der Hahn kräht, wirst du
dreimal leugnen, mich zu kennen.

31–34: Joh 13,36–38
32: Mt 16,18; Joh 21,15–17 / **33–34**: Mt 26,34f.; Mk 14,30f. /
34: 22,61

DIE STUNDE DER NOT: 22,35–38

35 Dann sagte Jesus zu ihnen: Als ich euch
ohne Geldbeutel aussandte, ohne Vor-
ratstasche und ohne Schuhe, habt ihr da etwa
Not gelitten? Sie antworteten: Nein. 36 Da
sagte er zu ihnen: Jetzt aber soll der, der einen
Geldbeutel hat, ihn mitnehmen und ebenso
die Tasche. Wer dies nicht hat, soll seinen
Mantel verkaufen und sich ein Schwert kau-
fen. 37 Denn ich sage euch: An mir muss sich
erfüllen, was geschrieben steht: *Er wurde zu
den Gesetzlosen gerechnet.* Denn alles, was
über mich gesagt ist, geht in Erfüllung. 38 Da
sagten sie: Herr, siehe, hier sind zwei Schwer-
ter. Er erwiderte: Genug davon!

35: 9,2f.; 10,4 / **37**: Jes 53,12

DAS GEBET IN GETSEMANI: 22,39–46
39 Dann verließ Jesus die Stadt und ging, wie
er es gewohnt war, zum Ölberg; seine Jünger
folgten ihm. 40 Als er dort war, sagte er zu ih-
nen: Betet, dass ihr nicht in Versuchung ge-
ratet! 41 Dann entfernte er sich von ihnen
ungefähr einen Steinwurf weit, kniete nieder
und betete: 42 Vater, wenn du willst, nimm
diesen Kelch von mir! Aber nicht mein, son-
dern dein Wille soll geschehen. 43 Da er-
schien ihm ein Engel vom Himmel und
stärkte ihn. 44 Und er betete in seiner Angst
noch inständiger und sein Schweiß war wie
Blut, das auf die Erde tropfte. 45 Nach dem
Gebet stand er auf, ging zu den Jüngern zu-
rück und fand sie schlafend; denn sie waren
vor Kummer erschöpft. 46 Da sagte er zu ih-
nen: Wie könnt ihr schlafen? Steht auf und
betet, damit ihr nicht in Versuchung geratet!

39–46: Mt 26,30.36–46; Mk 14,26.32–42
39: 21,37; Joh 18,1f. / **42**: Mt 6,10; Joh 12,27f.

DIE GEFANGENNAHME JESU UND DIE VERLEUGNUNG DES PETRUS: 22,47–65
47 Noch während er redete, siehe, da kam eine
Schar Männer; und der Judas hieß, einer der
Zwölf, ging ihnen voran. Er näherte sich Je-
sus, um ihn zu küssen. 48 Jesus aber sagte zu
ihm: Judas, mit einem Kuss lieferst du den
Menschensohn aus? 49 Als seine Begleiter
merkten, was bevorstand, fragten sie: Herr,
sollen wir mit dem Schwert dreinschlagen?
50 Und einer von ihnen schlug auf den Diener
des Hohepriesters ein und hieb ihm das rech-
te Ohr ab. 51 Da sagte Jesus: Lasst es! Nicht
weiter! Und er berührte das Ohr und heilte
den Mann. 52 Zu den Hohepriestern aber, den
Hauptleuten der Tempelwache und den Äl-
testen, die vor ihm standen, sagte Jesus: Wie
gegen einen Räuber seid ihr mit Schwertern
und Knüppeln ausgezogen. 53 Tag für Tag war
ich bei euch im Tempel und ihr habt nicht
Hand an mich gelegt. Aber das ist eure Stun-
de und die Macht der Finsternis.

54 Darauf nahmen sie ihn fest, führten ihn
ab und brachten ihn in das Haus des Hohe-
priesters. Petrus folgte von Weitem. 55 Mitten
im Hof hatte man ein Feuer angezündet und
Petrus setzte sich zu den Leuten, die dort bei-
einandersaßen. 56 Eine Magd sah ihn am Feu-
er sitzen, schaute ihn genau an und sagte: Der
war auch mit ihm zusammen. 57 Petrus aber
leugnete es und sagte: Frau, ich kenne ihn
nicht. 58 Kurz danach sah ihn ein anderer und
bemerkte: Du gehörst auch zu ihnen. Petrus
aber sagte: Nein, Mensch, ich nicht! 59 Etwa
eine Stunde später behauptete wieder einer:
Wahrhaftig, der war auch mit ihm zusammen;
er ist doch auch ein Galiläer. 60 Petrus aber er-
widerte: Mensch, ich weiß nicht, wovon du
sprichst. Im gleichen Augenblick, noch wäh-
rend er redete, krähte ein Hahn. 61 Da wandte
sich der Herr um und blickte Petrus an. Und
Petrus erinnerte sich an das Wort, das der Herr
zu ihm gesagt hatte: Ehe heute der Hahn
kräht, wirst du mich dreimal verleugnen.
62 Und er ging hinaus und weinte bitterlich.

63 Die Männer, die Jesus bewachten, trie-
ben ihren Spott mit ihn. Sie schlugen ihn,
64 verhüllten ihm das Gesicht und fragten
ihn: Du bist doch ein Prophet, sag uns: Wer
hat dich geschlagen? 65 Und noch viele ande-
re Lästerungen stießen sie gegen ihn aus.

47–65: Mt 26,47–58.67–75; Mk 14,43–54.65–72; Joh 18,12–18.25–27
53: 19,47; 21,37; Joh 18,20 / **61**: 22,34

JESUS VOR DEM HOHEN RAT: 22,66–71
66 Als es Tag wurde, versammelte sich der
Ältestenrat des Volkes, die Hohepriester
und die Schriftgelehrten und sie ließen Jesus
vor ihren Hohen Rat führen. 67 Sie sagten zu
ihm: Wenn du der Christus bist, dann sag es
uns! Er antwortete ihnen: Wenn ich es euch
sage, glaubt ihr mir ja doch nicht; 68 und wenn
ich euch etwas frage, antwortet ihr nicht.
69 Von nun an wird der Menschensohn zur
Rechten der Macht Gottes sitzen. 70 Da sagten
alle: Du bist also der Sohn Gottes? Er antwor-
tete ihnen: Ihr sagt es – ich bin es. 71 Da riefen
sie: Wozu brauchen wir noch eine Zeugen-
aussage? Wir haben es selbst aus seinem
Mund gehört.

66–71: Mt 26,57.63–65; Mk 14,53.61–64; Joh 18,19–24
67: 9,20; Joh 10,24 / **69**: Dan 7,13; Ps 110,1

JESUS VOR PILATUS UND HERODES: 23,1–25
23 1 Daraufhin erhob sich die ganze Ver-
sammlung und man führte Jesus zu
Pilatus. 2 Dort brachten sie ihre Anklage ge-
gen ihn vor; sie sagten: Wir haben festge-
stellt, dass dieser Mensch unser Volk ver-
führt, es davon abhält, dem Kaiser Steuer zu
zahlen, und behauptet, er sei der Christus

22,43f. Die beiden Verse fehlen bei den ältesten und bedeutendsten Textzeugen.

und König. 3 Pilatus fragte ihn: Bist du der
König der Juden? Er antwortete ihm: Du
sagst es. 4 Da sagte Pilatus zu den Hohepries-
tern und zur Volksmenge: Ich finde keine
Schuld an diesem Menschen. 5 Sie aber blie-
ben hartnäckig und sagten: Er wiegelt das
Volk auf; er verbreitet seine Lehre im ganzen
jüdischen Land, angefangen von Galiläa bis
hierher.

6 Als Pilatus das hörte, fragte er, ob der Mann
ein Galiläer sei. 7 Und als er erfuhr, dass Jesus
aus dem Herrschaftsgebiet des Herodes kom-
me, ließ er ihn zu Herodes bringen, der in je-
nen Tagen ebenfalls in Jerusalem war. 8 Hero-
des freute sich sehr, als er Jesus sah; schon
lange hatte er sich gewünscht, ihn zu sehen,
denn er hatte von ihm gehört. Nun hoffte er,
ein von ihm gewirktes Zeichen zu sehen. 9 Er
stellte ihm viele Fragen, doch Jesus gab ihm
keine Antwort. 10 Die Hohepriester und die
Schriftgelehrten, die dabeistanden, erhoben
schwere Beschuldigungen gegen ihn. 11 Hero-
des und seine Soldaten zeigten ihm offen ihre
Verachtung. Er trieb seinen Spott mit Jesus,
ließ ihm ein Prunkgewand umhängen und
schickte ihn so zu Pilatus zurück. 12 An diesem
Tag wurden Herodes und Pilatus Freunde;
vorher waren sie Feinde gewesen.

13 Pilatus rief die Hohepriester und die an-
deren führenden Männer und das Volk zu-
sammen 14 und sagte zu ihnen: Ihr habt mir
diesen Menschen hergebracht und behaup-
tet, er wiegle das Volk auf. Und siehe, ich
selbst habe ihn in eurer Gegenwart verhört
und habe an diesem Menschen die Schuld,
wegen der ihr ihn anklagt, nicht gefunden,
15 auch Herodes nicht, denn er hat ihn zu uns
zurückgeschickt. Ihr seht also: Er hat nichts
getan, worauf die Todesstrafe steht. 16 Daher
will ich ihn auspeitschen lassen und dann
freilassen. [17] 18 Da schrien sie alle miteinan-
der: Weg mit ihm; lass den Barabbas frei!
19 Dieser Mann war wegen eines Aufruhrs in
der Stadt und wegen Mordes ins Gefängnis
geworfen worden. 20 Pilatus aber redete wie-
der auf sie ein, denn er wollte Jesus freilassen.
21 Doch sie schrien: Kreuzige ihn, kreuzige
ihn! 22 Zum dritten Mal sagte er zu ihnen:
Was für ein Verbrechen hat er denn began-
gen? Ich habe nichts feststellen können, wo-
für er den Tod verdient. Daher will ich ihn
auspeitschen lassen und dann werde ich ihn
freilassen. 23 Sie aber schrien und forderten
immer lauter, er solle Jesus kreuzigen lassen,
und mit ihrem Geschrei setzten sie sich
durch: 24 Da entschied Pilatus, dass ihre For-
derung erfüllt werden solle. 25 Er ließ den
Mann frei, der wegen Aufruhrs und Mordes
im Gefängnis saß und den sie gefordert hat-
ten. Jesus aber lieferte er ihrem Willen aus.

1–25: Mt 27,1f.11–14.20–26; Mk 15,1–5.11–15; Joh 18,28–19,1
8: 9,9 / **11**: Mt 27,28; Mk 15,17 / **18**: Apg 3,13f. / **21**: Joh 19,15

KREUZWEG UND KREUZIGUNG: 23,26–43

26 Als sie Jesus hinausführten, ergriffen sie
Simon, einen Mann aus Kyrene, der gerade
vom Feld kam. Ihm luden sie das Kreuz auf,
damit er es hinter Jesus hertrage. 27 Es folgte
ihm eine große Menge des Volkes, darunter
auch Frauen, die um ihn klagten und wein-
ten. 28 Jesus wandte sich zu ihnen um und
sagte: Töchter Jerusalems, weint nicht über
mich; weint vielmehr über euch und eure
Kinder! 29 Denn siehe, es kommen Tage, da
wird man sagen: Selig die Frauen, die un-
fruchtbar sind, die nicht geboren und nicht
gestillt haben. 30 Dann wird man zu den Ber-
gen sagen: *Fallt auf uns! und zu den Hügeln:*
Deckt uns zu! 31 Denn wenn das mit dem
grünen Holz geschieht, was wird dann erst
mit dem dürren werden?

32 Zusammen mit Jesus wurden auch zwei
Verbrecher zur Hinrichtung geführt. 33 Sie
kamen an den Ort, der Schädelhöhe heißt;
dort kreuzigten sie ihn und die Verbrecher,
den einen rechts von ihm, den andern links.
34 Jesus aber betete: Vater, vergib ihnen, denn
sie wissen nicht, was sie tun! *Um seine Klei-*
der zu verteilen, warfen sie das Los. 35 Das
Volk stand dabei und schaute zu; auch die
führenden Männer verlachten ihn und sag-
ten: Andere hat er gerettet, nun soll er sich
selbst retten, wenn er der Christus Gottes ist,
der Erwählte. 36 Auch die Soldaten verspot-
teten ihn; sie traten vor ihn hin, reichten ihm
Essig 37 und sagten: Wenn du der König der
Juden bist, dann rette dich selbst! 38 Über ihm
war eine Aufschrift angebracht: Das ist der
König der Juden.

23,17 Einige spätere Textzeugen fügen hier ein: Er musste ihnen aber zum Fest einen (Gefangenen) freilassen. Vgl. Mt 27,15; Mk 15,6; Joh 18,39.

23,34 Jesus aber betete: Vater, vergib ihnen, denn sie wissen nicht, was sie tun! In einigen alten Textzeugen steht dieser Satz nicht.

39 Einer der Verbrecher, die neben ihm hin-
gen, verhöhnte ihn: Bist du denn nicht der
Christus? Dann rette dich selbst und auch
uns! 40 Der andere aber wies ihn zurecht und
sagte: Nicht einmal du fürchtest Gott? Dich
hat doch das gleiche Urteil getroffen. 41 Uns
geschieht recht, wir erhalten den Lohn für
unsere Taten; dieser aber hat nichts Unrech-
tes getan. 42 Dann sagte er: Jesus, denk an
mich, wenn du in dein Reich kommst! 43 Je-
sus antwortete ihm: Amen, ich sage dir: Heu-
te noch wirst du mit mir im Paradies sein.

26–43: Mt 27,31b–44; Mk 15,20b–32; Joh 19,16b–27.29
30: Hos 10,8; Offb 6,16 / **34**: Ps 22,19 / **35**: Ps 22,8

DER TOD JESU: 23,44–49

44 Es war schon um die sechste Stunde, als
eine Finsternis über das ganze Land herein-
brach – bis zur neunten Stunde. 45 Die Sonne
verdunkelte sich. Der Vorhang im Tempel
riss mitten entzwei. 46 Und Jesus rief mit lau-
ter Stimme: Vater, *in deine Hände lege ich
meinen Geist*. Mit diesen Worten hauchte er
den Geist aus.

47 Als der Hauptmann sah, was geschehen
war, pries er Gott und sagte: Wirklich, dieser
Mensch war ein Gerechter. 48 Und alle, die zu
diesem Schauspiel herbeigeströmt waren und
sahen, was sich ereignet hatte, schlugen sich
an die Brust und gingen weg. 49 Alle seine Be-
kannten aber standen in einiger Entfernung,
auch die Frauen, die ihm von Galiläa aus nach-
gefolgt waren und die dies mit ansahen.

44–49: Mt 27,45–56; Mk 15,33–41; Joh 19,28–30
46: Ps 31,6 / **49**: 8,2f.; Ps 38,12

DAS BEGRÄBNIS JESU: 23,50–56

50 Und siehe, da war ein Mann mit Namen Jo-
sef, ein Mitglied des Hohen Rats und ein guter
und gerechter Mensch. 51 Dieser hatte ihrem
Beschluss und Vorgehen nicht zugestimmt. Er
war aus Arimathäa, einer jüdischen Stadt, und
wartete auf das Reich Gottes. 52 Er ging zu Pi-
latus und bat um den Leichnam Jesu. 53 Und er
nahm ihn vom Kreuz, hüllte ihn in ein Lei-
nentuch und legte ihn in ein Felsengrab, in
dem noch niemand bestattet worden war.
54 Das war am Rüsttag, kurz bevor der Sabbat
anbrach. 55 Die Frauen in seiner Nachfolge, die
mit Jesus aus Galiläa gekommen waren, sahen
das Grab und wie der Leichnam bestattet wur-
de. 56 Dann kehrten sie heim und bereiteten
wohlriechende Salben und Öle zu. Am Sabbat
aber hielten sie die vom Gebot vorgeschriebe-
ne Ruhe ein.

50–56: Mt 27,57–61; Mk 15,42–47; Joh 19,38–42
54: Dtn 21,23

DIE FRAUEN UND PETRUS AM LEEREN GRAB: 24,1–12

24 1 Am ersten Tag der Woche gingen die
Frauen mit den wohlriechenden Sal-
ben, die sie zubereitet hatten, in aller Frühe
zum Grab. 2 Da sahen sie, dass der Stein vom
Grab weggewälzt war; 3 sie gingen hinein, aber
den Leichnam Jesu, des Herrn, fanden sie
nicht. 4 Und es geschah, während sie darüber
ratlos waren, siehe, da traten zwei Männer in
leuchtenden Gewändern zu ihnen. 5 Die Frau-
en erschraken und blickten zu Boden. Die
Männer aber sagten zu ihnen: Was sucht ihr
den Lebenden bei den Toten? 6 Er ist nicht hier,
sondern er ist auferstanden. Erinnert euch an
das, was er euch gesagt hat, als er noch in Ga-
liläa war: 7 Der Menschensohn muss in die
Hände sündiger Menschen ausgeliefert und
gekreuzigt werden und am dritten Tag aufer-
stehen. 8 Da erinnerten sie sich an seine Wor-
te. 9 Und sie kehrten vom Grab zurück und
berichteten das alles den Elf und allen Übri-
gen. 10 Es waren Maria von Magdala, Johanna
und Maria, die Mutter des Jakobus, und die
übrigen Frauen mit ihnen. Sie erzählten es den
Aposteln. 11 Doch die Apostel hielten diese
Reden für Geschwätz und glaubten ihnen
nicht. 12 Petrus aber stand auf und lief zum
Grab. Er beugte sich vor, sah aber nur die Lei-
nenbinden. Dann ging er nach Hause, voll
Verwunderung über das, was geschehen war.

1–12: Mt 28,1–8; Mk 16,1–8; Joh 20,1–13
7: 9,22.44; 17,25; 18,32f.

DIE ERSCHEINUNG JESU AUF DEM WEG NACH EMMAUS: 24,13–35

13 Und siehe, am gleichen Tag waren zwei von
den Jüngern auf dem Weg in ein Dorf namens
Emmaus, das sechzig Stadien von Jerusalem
entfernt ist. 14 Sie sprachen miteinander über
all das, was sich ereignet hatte. 15 Und es ge-
schah, während sie redeten und ihre Gedan-
ken austauschten, kam Jesus selbst hinzu und
ging mit ihnen. 16 Doch ihre Augen waren
gehalten, sodass sie ihn nicht erkannten. 17 Er

24,13 Das griechische Längenmaß Stadion entspricht 600 Fuß, d. h. je nach dessen regionaler Festsetzung ca. 185 bis 200 Meter.

fragte sie: Was sind das für Dinge, über die ihr
auf eurem Weg miteinander redet? Da blieben
sie traurig stehen 18 und der eine von ihnen – er
hieß Kleopas – antwortete ihm: Bist du so
fremd in Jerusalem, dass du als Einziger nicht
weißt, was in diesen Tagen dort geschehen
ist? 19 Er fragte sie: Was denn? Sie antworteten
ihm: Das mit Jesus aus Nazaret. Er war ein
Prophet, mächtig in Tat und Wort vor Gott
und dem ganzen Volk. 20 Doch unsere Hohe-
priester und Führer haben ihn zum Tod ver-
urteilen und ans Kreuz schlagen lassen. 21 Wir
aber hatten gehofft, dass er der sei, der Israel
erlösen werde. Und dazu ist heute schon der
dritte Tag, seitdem das alles geschehen ist.
22 Doch auch einige Frauen aus unserem Kreis
haben uns in große Aufregung versetzt. Sie
waren in der Frühe beim Grab, 23 fanden aber
seinen Leichnam nicht. Als sie zurückkamen,
erzählten sie, es seien ihnen Engel erschienen
und hätten gesagt, er lebe. 24 Einige von uns
gingen dann zum Grab und fanden alles so,
wie die Frauen gesagt hatten; ihn selbst aber
sahen sie nicht. 25 Da sagte er zu ihnen: Ihr
Unverständigen, deren Herz zu träge ist, um
alles zu glauben, was die Propheten gesagt
haben. 26 Musste nicht der Christus das erlei-
den und so in seine Herrlichkeit gelangen?
27 Und er legte ihnen dar, ausgehend von Mose
und allen Propheten, was in der gesamten
Schrift über ihn geschrieben steht.

28 So erreichten sie das Dorf, zu dem sie un-
terwegs waren. Jesus tat, als wolle er weiterge-
hen, 29 aber sie drängten ihn und sagten: Bleibe
bei uns; denn es wird Abend, der Tag hat sich
schon geneigt! Da ging er mit hinein, um bei
ihnen zu bleiben. 30 Und es geschah, als er mit
ihnen bei Tisch war, nahm er das Brot, sprach
den Lobpreis, brach es und gab es ihnen. 31 Da
wurden ihre Augen aufgetan und sie erkannten
ihn; und er entschwand ihren Blicken. 32 Und
sie sagten zueinander: Brannte nicht unser
Herz in uns, als er unterwegs mit uns redete und
uns den Sinn der Schriften eröffnete?

33 Noch in derselben Stunde brachen sie auf
und kehrten nach Jerusalem zurück und sie
fanden die Elf und die mit ihnen versammelt
waren. 34 Diese sagten: Der Herr ist wirklich
auferstanden und ist dem Simon erschienen.
35 Da erzählten auch sie, was sie unterwegs
erlebt und wie sie ihn erkannt hatten, als er
das Brot brach.

24: Joh 20,3–10 / **34**: 1 Kor 15,4f.

DIE ERSCHEINUNG JESU IN JERUSALEM:
24,36–49

36 Während sie noch darüber redeten, trat er
selbst in ihre Mitte und sagte zu ihnen: Frie-
de sei mit euch! 37 Sie erschraken und hatten
große Angst, denn sie meinten, einen Geist
zu sehen. 38 Da sagte er zu ihnen: Was seid ihr
so bestürzt? Warum lasst ihr in eurem Her-
zen Zweifel aufkommen? 39 Seht meine Hän-
de und meine Füße an: Ich bin es selbst. Fasst
mich doch an und begreift: Kein Geist hat
Fleisch und Knochen, wie ihr es bei mir seht.
40 Bei diesen Worten zeigte er ihnen seine
Hände und Füße. 41 Als sie es aber vor Freude
immer noch nicht glauben konnten und sich
verwunderten, sagte er zu ihnen: Habt ihr
etwas zu essen hier? 42 Sie gaben ihm ein
Stück gebratenen Fisch; 43 er nahm es und aß
es vor ihren Augen.

44 Dann sagte er zu ihnen: Das sind meine
Worte, die ich zu euch gesprochen habe, als
ich noch bei euch war: Alles muss in Erfül-
lung gehen, was im Gesetz des Mose, bei den
Propheten und in den Psalmen über mich
geschrieben steht. 45 Darauf öffnete er ihren
Sinn für das Verständnis der Schriften. 46 Er
sagte zu ihnen: So steht es geschrieben: Der
Christus wird leiden und am dritten Tag von
den Toten auferstehen 47 und in seinem Na-
men wird man allen Völkern Umkehr ver-
künden, damit ihre Sünden vergeben wer-
den. Angefangen in Jerusalem, 48 seid ihr
Zeugen dafür. 49 Und siehe, ich werde die
Verheißung meines Vaters auf euch herab-
senden. Ihr aber bleibt in der Stadt, bis ihr mit
der Kraft aus der Höhe erfüllt werdet!

36–49: Mk 16,14–19; Joh 20,19–23
36: 1 Kor 15,5 / **37**: Mt 14,26 / **41**: Joh 21,5.10 / **42**: Apg 10,41 / **44**: Mt 16,21; Joh 5,39.46 / **45**: Joh 20,9 / **49**: Apg 1,8

DIE ENTRÜCKUNG JESU IN DEN HIMMEL:
24,50–53

50 Dann führte er sie hinaus in die Nähe von
Betanien. Dort erhob er seine Hände und seg-
nete sie. 51 Und es geschah, während er sie
segnete, verließ er sie und wurde zum Him-
mel emporgehoben. 52 Sie aber fielen vor ihm
nieder. Dann kehrten sie in großer Freude
nach Jerusalem zurück. 53 Und sie waren im-
mer im Tempel und priesen Gott.

50–53: Apg 1,9–11

DAS EVANGELIUM NACH JOHANNES

Das letzte der vier Evangelien wird von der altkirchlichen Überlieferung dem Apostel Johannes, dem Sohn des Fischers Zebedäus und Bruder des Jakobus (Mk 1,19f.; 3,17), zugeschrieben. Es hat erst am Ausgang des 1. Jahrhunderts seine jetzige Gestalt erhalten. Manche Anzeichen weisen darauf hin, dass dieses Evangelium einen längeren Entstehungsprozess durchlaufen hat.

Die großen Linien des Aufbaus sind deutlich erkennbar. Die ersten vier Kapitel schildern den Eintritt des göttlichen Wortes in die Welt. Auf den einleitenden Abschnitt (Prolog: 1,1–18), der von Jesu ewigem Sein beim Vater (Präexistenz) zur Menschwerdung (Inkarnation) hinführt, folgt das Zeugnis Johannes' des Täufers und der Bericht über die Berufung der Jünger (1,19–51). Dann beschreibt der Evangelist die Anfänge des Wirkens Jesu. Jesus tritt zunächst im Zentrum des Judentums, in Jerusalem und in Judäa, auf und erweitert dann seine Mission hin nach Samaria und Galiläa. Ein weiterer Hauptabschnitt (Joh 5,1–10,42) berichtet von der Offenbarung Jesu vor seinem Volk. Wichtige Gliederungselemente sind die jüdischen Pilgerfeste, zu denen Jesus dreimal nach Jerusalem hinaufzieht. Zeichenhandlungen und Reden offenbaren Jesus als den, an dem sich die Beziehung des Menschen zu Gott, dem Vater, entscheidet. Die Kapitel 11 und 12 dienen bereits der Überleitung zur Passion. Vor dem letzten Paschafest erweckt Jesus Lazarus vom Tod und kündigt dadurch seine eigene Auferstehung an. Auf seinen Tod verweist auch die Salbung in Betanien. Der Einzug in Jerusalem führt zu einer Begegnung mit Griechen als Vorboten eines über Israel hinausreichenden Heils, zu einem kritischen Rückblick auf die Aufnahme Jesu in seinem Volk und einem letzten Aufruf zum Glauben (Kap. 12). Im Rahmen des Abschiedsmahls mit der Fußwaschung (Kap. 13) dienen die Abschiedsreden im Jüngerkreis (Kap. 14–16) sowie das große Gebet zum Vater (Kap. 17) der Unterweisung der Gemeinde für die Zeit nach Jesu Tod, in der der Erhöhte durch den verheißenen Heiligen Geist in der Gemeinde weiterwirkt. Nach diesem Teil (Kap. 13–17), der in den anderen Evangelien keine direkte Entsprechung hat, folgt der Bericht über Jesu Leiden, Tod und Auferstehung (Kap. 18–20). Kapitel 21 ist eine Hinzufügung der Herausgeber des Evangeliums und kreist um die Gestalt des Lieblingsjüngers als Träger und Garanten der johanneischen Tradition.

Das Werk unterscheidet sich in Aufbau und Inhalt stark von den drei synoptischen Evangelien. Zentrale Texte für die Theologie des Johannesevangeliums (der Prolog, die Abschiedsreden) haben in diesen keine Entsprechung. Aber auch Unterschiede, die Ort und Zeit des Auftretens Jesu betreffen, sind von theologischer Bedeutung. Anders als in den synoptischen Evangelien hält Jesus sich mehrfach und auch gleich zu Beginn seines öffentlichen Wirkens in Jerusalem auf. Paschafeste rahmen sein öffentliches Wirken. Jesus stirbt nicht am Paschatag, sondern am Tag zuvor. Entsprechend ist auch das letzte Mahl kein Paschamahl.

Die zentrale Botschaft dieses Evangeliums ist die Selbstoffenbarung Jesu in Wort und Zeichen, in der er sich als der von Gott gesandte Sohn, als Licht und Leben der Menschen bezeugt. Die ganze Darstellung soll den Glauben begründen, dass Jesus „der Christus ist, der Sohn Gottes“, durch den die Glaubenden ewiges Leben gewinnen (20,31). Dieser Glaube soll furchtlos bekannt werden. Es gilt, die Ehre, die uns von Gott zukommt, höher zu bewerten als die Ehre von Menschen (vgl. Joh 5,41–44; 12,42f.).

DER EINTRITT DES GÖTTLICHEN WORTES IN DIE WELT: 1,1–4,54

DER PROLOG: 1,1–18

1 1 Im Anfang war das Wort und das Wort war bei Gott und das Wort war Gott. 2 Dieses war im Anfang bei Gott. 3 Alles ist durch das Wort geworden und ohne es wurde nichts, was geworden ist. 4 In ihm war Leben und das Leben war das Licht der Menschen. 5 Und das Licht leuchtet in der Finsternis und die Finsternis hat es nicht erfasst.

6 Ein Mensch trat auf, von Gott gesandt; sein Name war Johannes. 7 Er kam als Zeuge, um Zeugnis abzulegen für das Licht, damit alle durch ihn zum Glauben kommen. 8 Er war nicht selbst das Licht, er sollte nur Zeugnis ablegen für das Licht. 9 Das wahre Licht, das jeden Menschen erleuchtet, kam in die Welt. 10 Er war in der Welt und die Welt ist durch ihn geworden, aber die Welt erkannte ihn nicht. 11 Er kam in sein Eigentum, aber die Seinen nahmen ihn nicht auf. 12 Allen aber, die ihn aufnahmen, gab er Macht, Kinder Gottes zu werden, allen, die an seinen Namen glauben, 13 die nicht aus dem Blut, nicht aus dem Willen des Fleisches, nicht aus dem Willen des Mannes, sondern aus Gott geboren sind.

14 Und das Wort ist Fleisch geworden und hat unter uns gewohnt und wir haben seine Herrlichkeit geschaut, die Herrlichkeit des einzigen Sohnes vom Vater, voll Gnade und Wahrheit. 15 Johannes legt Zeugnis für ihn ab und ruft: Dieser war es, über den ich gesagt habe: Er, der nach mir kommt, ist mir voraus, weil er vor mir war. 16 Aus seiner Fülle haben wir alle empfangen, Gnade über Gnade. 17 Denn das Gesetz wurde durch Mose gegeben, die Gnade und die Wahrheit kamen durch Jesus Christus. 18 Niemand hat Gott je gesehen. Der Einzige, der Gott ist und am Herzen des Vaters ruht, er hat Kunde gebracht.

1: Gen 1,1; 1 Joh 1,1 / **3**: 1 Kor 8,6; Kol 1,16f.; Hebr 1,2 / **4**: 5,26; 8,12; 9,5; 12,46 / **6**: Mt 3,1f.; Mk 1,4; Lk 3,2f. / **7**: 1,19.34; 3,26; 5,33 / **12**: 1 Joh 3,1f.; Gal 3,26 / **13**: 3,6; 1 Joh 5,18 / **14**: 1 Joh 1,1–3 / **15**: 1,30; Mt 11,3 / **18**: 6,46; 14,9; Ex 33,18.20; 1 Joh 4,12.20

DAS ZEUGNIS DES TÄUFERS: 1,19–34

19 Und dies ist das Zeugnis des Johannes, als die Juden von Jerusalem aus Priester und Leviten zu ihm sandten mit der Frage: Wer bist du? 20 Er bekannte und leugnete nicht; er bekannte: Ich bin nicht der Christus. 21 Sie fragten ihn: Was dann? Bist du Elija? Und er sagte: Ich bin es nicht. Bist du der Prophet? Er antwortete: Nein. 22 Da sagten sie zu ihm: Wer bist du? Wir müssen denen, die uns gesandt haben, Antwort geben. Was sagst du über dich selbst? 23 Er sagte: Ich bin *die Stimme eines Rufers in der Wüste: Ebnet den Weg für den Herrn!*, wie der Prophet Jesaja gesagt hat. 24 Die Abgesandten gehörten zu den Pharisäern. 25 Sie fragten Johannes und sagten zu ihm: Warum taufst du dann, wenn du nicht der Christus bist, nicht Elija und nicht der Prophet? 26 Johannes antwortete ihnen: Ich taufe mit Wasser. Mitten unter euch steht einer, den ihr nicht kennt, 27 der nach mir kommt; ich bin nicht würdig, ihm die Riemen der Sandalen zu lösen. 28 Dies geschah in Betanien, jenseits des Jordan, wo Johannes taufte.

29 Am Tag darauf sah er Jesus auf sich zukommen und sagte: Seht, das Lamm Gottes, das die Sünde der Welt hinwegnimmt! 30 Er ist es, von dem ich gesagt habe: Nach mir kommt ein Mann, der mir voraus ist, weil er vor mir war. 31 Auch ich kannte ihn nicht; aber ich bin gekommen und taufe mit Wasser, damit er Israel offenbart wird. 32 Und Johannes bezeugte: Ich sah, dass der Geist vom Himmel herabkam wie eine Taube und auf ihm blieb. 33 Auch ich kannte ihn nicht; aber er, der mich gesandt hat, mit Wasser zu taufen, er hat mir gesagt: Auf wen du den Geist herabkommen und auf ihm bleiben siehst, der ist es, der mit dem Heiligen Geist tauft. 34 Und ich habe es gesehen und bezeugt: Dieser ist der Sohn Gottes.

19: 1,7.8.15; 5,31–38; 8,14 / **21**: 6,14; Dtn 18,15.18; Mt 17,10–13 / **23**: Jes 40,3 G; Mt 3,3; Mk 1,3; Lk 3,4 / **24–28**: Mt 3,1–6.11f.; Mk 1,4–8; Lk 3,3–6.15–17 / **28**: 10,40 / **29**: Jes 53,7; 1 Joh 3,5 / **30**: 1,15 / **32–34**: Mt 3,13–17; Mk 1,9–11; Lk 3,21f.

1,3-4 Eine früh belegte andere Satzeinteilung: ... und ohne es wurde nichts. Was geworden ist, in ihm war Leben. Oder: ... und ohne es wurde nichts. Was geworden ist in ihm, war Leben.

1,5b Andere Übersetzungsmöglichkeit: und die Finsternis hat es nicht überwältigt.

1,21 Elija: vgl. Anm. zu Lk 9,8. Der Prophet: Im Anschluss an Dtn 18,15.18 erwartete man für die Endzeit das Auftreten eines dem Mose ähnlichen Propheten.

1,24 Andere Übersetzungsmöglichkeit: Und sie waren von den Pharisäern abgesandt.

DIE BERUFUNG DER ERSTEN JÜNGER: 1,35–51
35 Am Tag darauf stand Johannes wieder dort
und zwei seiner Jünger standen bei ihm.
36 Als Jesus vorüberging, richtete Johannes
seinen Blick auf ihn und sagte: Seht, das
Lamm Gottes! 37 Die beiden Jünger hörten,
was er sagte, und folgten Jesus. 38 Jesus aber
wandte sich um, und als er sah, dass sie ihm
folgten, sagte er zu ihnen: Was sucht ihr? Sie
sagten zu ihm: Rabbi – das heißt übersetzt:
Meister –, wo wohnst du? 39 Er sagte zu
ihnen: Kommt und seht! Da kamen sie mit
und sahen, wo er wohnte, und blieben jenen
Tag bei ihm; es war um die zehnte Stunde.
40 Andreas, der Bruder des Simon Petrus,
war einer der beiden, die das Wort des Jo-
hannes gehört hatten und Jesus gefolgt
waren. 41 Dieser traf zuerst seinen Bruder
Simon und sagte zu ihm: Wir haben den
Messias gefunden – das heißt übersetzt:
Christus. 42 Er führte ihn zu Jesus. Jesus
blickte ihn an und sagte: Du bist Simon, der
Sohn des Johannes, du sollst Kephas heißen,
das bedeutet: Petrus, Fels.

43 Am Tag darauf wollte Jesus nach Galiläa
aufbrechen; da traf er Philippus. Und Jesus
sagte zu ihm: Folge mir nach! 44 Philippus war
aus Betsaida, der Stadt des Andreas und Pet-
rus. 45 Philippus traf Natanaël und sagte zu
ihm: Wir haben den gefunden, über den
Mose im Gesetz und auch die Propheten ge-
schrieben haben: Jesus, den Sohn Josefs, aus
Nazaret. 46 Da sagte Natanaël zu ihm: Kann
aus Nazaret etwas Gutes kommen? Philippus
sagte zu ihm: Komm und sieh! 47 Jesus sah
Natanaël auf sich zukommen und sagte über
ihn: Sieh, ein echter Israelit, an dem kein
Falsch ist. 48 Natanaël sagte zu ihm: Woher
kennst du mich? Jesus antwortete ihm:
Schon bevor dich Philippus rief, habe ich dich
unter dem Feigenbaum gesehen. 49 Natanaël
antwortete ihm: Rabbi, du bist der Sohn Got-
tes, du bist der König von Israel! 50 Jesus ant-
wortete ihm: Du glaubst, weil ich dir sagte,
dass ich dich unter dem Feigenbaum sah; du
wirst noch Größeres als dieses sehen. 51 Und
er sprach zu ihm: Amen, amen, ich sage euch:
Ihr werdet *den Himmel* geöffnet *und die En-
gel Gottes auf- und niedersteigen* sehen über
dem Menschensohn.

36: 1,29 / **40–51:** Mt 4,18–22; Mk 1,16–20; Lk 5,1–11 / **42:** Mt 16,18; Mk 3,16; Lk 6,14 / **43:** 21,19.22; Mt 8,22 / **47:** Ps 32,2 / **49:** Mt 14,33; 16,16 / **51:** Gen 28,12; Mk 14,62

DAS ERSTE ZEICHEN JESU IN KANA
IN GALILÄA: 2,1–12
2 1 Am dritten Tag fand in Kana in Galiläa
eine Hochzeit statt und die Mutter Jesu
war dabei. 2 Auch Jesus und seine Jünger waren
zur Hochzeit eingeladen. 3 Als der Wein aus-
ging, sagte die Mutter Jesu zu ihm: Sie haben
keinen Wein mehr. 4 Jesus erwiderte ihr: Was
willst du von mir, Frau? Meine Stunde ist noch
nicht gekommen. 5 Seine Mutter sagte zu den
Dienern: Was er euch sagt, das tut! 6 Es standen
dort sechs steinerne Wasserkrüge, wie es der
Reinigungssitte der Juden entsprach; jeder
fasste ungefähr hundert Liter. 7 Jesus sagte zu
den Dienern: Füllt die Krüge mit Wasser! Und
sie füllten sie bis zum Rand. 8 Er sagte zu ihnen:
Schöpft jetzt und bringt es dem, der für das
Festmahl verantwortlich ist! Sie brachten es
ihm. 9 Dieser kostete das Wasser, das zu Wein
geworden war. Er wusste nicht, woher der
Wein kam; die Diener aber, die das Wasser
geschöpft hatten, wussten es. Da ließ er den
Bräutigam rufen 10 und sagte zu ihm: Jeder
setzt zuerst den guten Wein vor und erst, wenn
die Gäste zu viel getrunken haben, den weni-
ger guten. Du jedoch hast den guten Wein bis
jetzt aufbewahrt. 11 So tat Jesus sein erstes Zei-
chen, in Kana in Galiläa, und offenbarte seine
Herrlichkeit und seine Jünger glaubten an ihn.
12 Danach zog er mit seiner Mutter, seinen
Brüdern und seinen Jüngern nach Kafarnaum
hinab. Dort blieben sie einige Zeit.

1: 4,46; 19,25f. / **4:** 7,30; 8,20; 13,1; 17,1 / **11:** 1,14; 11,40 / **12:** 7,5–10

DAS ERSTE PASCHAFEST. DIE
TEMPELREINIGUNG: 2,13–25
13 Das Paschafest der Juden war nahe und Je-
sus zog nach Jerusalem hinauf. 14 Im Tempel
fand er die Verkäufer von Rindern, Schafen
und Tauben und die Geldwechsler, die dort
saßen. 15 Er machte eine Geißel aus Stricken
und trieb sie alle aus dem Tempel hinaus samt
den Schafen und Rindern; das Geld der
Wechsler schüttete er aus, ihre Tische stieß
er um 16 und zu den Taubenhändlern sagte er:
Schafft das hier weg, macht das Haus meines
Vaters nicht zu einer Markthalle! 17 Seine Jün-
ger erinnerten sich, dass geschrieben steht:
Der Eifer für dein Haus wird mich verzehren.

2,15 Und trieb sie alle aus dem Tempel hinaus samt den Schafen und Rindern. Andere Übersetzungsmöglichkeit: und trieb alles aus dem Tempel heraus: Schafe und Rinder.

18 Da ergriffen die Juden das Wort und sagten
zu ihm: Welches Zeichen lässt du uns sehen,
dass du dies tun darfst? 19 Jesus antwortete
ihnen: Reißt diesen Tempel nieder und in
drei Tagen werde ich ihn wieder aufrichten.
20 Da sagten die Juden: Sechsundvierzig Jah-
re wurde an diesem Tempel gebaut und du
willst ihn in drei Tagen wieder aufrichten?
21 Er aber meinte den Tempel seines Leibes.
22 Als er von den Toten auferweckt war, erin-
nerten sich seine Jünger, dass er dies gesagt
hatte, und sie glaubten der Schrift und dem
Wort, das Jesus gesprochen hatte.

23 Während er zum Paschafest in Jerusalem
war, kamen viele zum Glauben an seinen Na-
men, da sie die Zeichen sahen, die er tat. 24 Je-
sus selbst aber vertraute sich ihnen nicht an,
denn er kannte sie alle 25 und brauchte von
keinem ein Zeugnis über den Menschen;
denn er wusste, was im Menschen war.

13–16: Mt 21,10–17; Mk 11,15–19; Lk 19,45–48 / **17**: Ps 69,10 / **18** 4,48; 6,30 / **19**: Mt 26,61; 27,40; Mk 14,58; 15,29; Apg 6,14 / **22**: 12,16 / **23**: 6,4; 11,55

DAS GESPRÄCH MIT NIKODEMUS IN JERUSALEM: 3,1–21

3 1 Es war da einer von den Pharisäern na-
mens Nikodemus, ein führender Mann
unter den Juden. 2 Der suchte Jesus bei Nacht
auf und sagte zu ihm: Rabbi, wir wissen, du
bist ein Lehrer, von Gott gekommen; denn
niemand kann die Zeichen tun, die du tust,
wenn nicht Gott mit ihm ist. 3 Jesus antwor-
tete ihm: Amen, amen, ich sage dir: Wenn
jemand nicht von oben geboren wird, kann
er das Reich Gottes nicht sehen. 4 Nikodemus
entgegnete ihm: Wie kann ein Mensch, der
schon alt ist, geboren werden? Kann er etwa
in den Schoß seiner Mutter zurückkehren
und noch einmal geboren werden? 5 Jesus
antwortete: Amen, amen, ich sage dir: Wenn
jemand nicht aus dem Wasser und dem Geist
geboren wird, kann er nicht in das Reich Got-
tes kommen. 6 Was aus dem Fleisch geboren
ist, das ist Fleisch; was aber aus dem Geist
geboren ist, das ist Geist. 7 Wundere dich
nicht, dass ich dir sagte: Ihr müsst von oben
geboren werden. 8 Der Wind weht, wo er
will; du hörst sein Brausen, weißt aber nicht,
woher er kommt und wohin er geht. So ist es
mit jedem, der aus dem Geist geboren ist.
9 Nikodemus erwiderte ihm: Wie kann das
geschehen? 10 Jesus antwortete: Du bist der
Lehrer Israels und verstehst das nicht?
11 Amen, amen, ich sage dir: Was wir wissen,
davon reden wir, und was wir gesehen haben,
das bezeugen wir und doch nehmt ihr unser
Zeugnis nicht an. 12 Wenn ich zu euch über
irdische Dinge gesprochen habe und ihr
nicht glaubt, wie werdet ihr glauben, wenn
ich zu euch über himmlische Dinge spreche?
13 Und niemand ist in den Himmel hinaufge-
stiegen außer dem, der vom Himmel herab-
gestiegen ist: der Menschensohn. 14 Und wie
Mose die Schlange in der Wüste erhöht hat,
so muss der Menschensohn erhöht werden,
15 damit jeder, der glaubt, in ihm ewiges Le-
ben hat. 16 Denn Gott hat die Welt so sehr
geliebt, dass er seinen einzigen Sohn hingab,
damit jeder, der an ihn glaubt, nicht verloren
geht, sondern ewiges Leben hat. 17 Denn Gott
hat seinen Sohn nicht in die Welt gesandt,
damit er die Welt richtet, sondern damit die
Welt durch ihn gerettet wird. 18 Wer an ihn
glaubt, wird nicht gerichtet; wer nicht glaubt,
ist schon gerichtet, weil er nicht an den Na-
men des einzigen Sohnes Gottes geglaubt
hat. 19 Denn darin besteht das Gericht: Das
Licht kam in die Welt, doch die Menschen
liebten die Finsternis mehr als das Licht;
denn ihre Taten waren böse. 20 Jeder, der Bö-
ses tut, hasst das Licht und kommt nicht zum
Licht, damit seine Taten nicht aufgedeckt
werden. 21 Wer aber die Wahrheit tut, kommt
zum Licht, damit offenbar wird, dass seine
Taten in Gott vollbracht sind.

1: 7,50; 19,39 / **3**: 1 Petr 1,3.23 / **5**: Ez 11,19; 36,25–27; Röm 8,9 / **6**: 1,13 / **8**: Koh 11,5 / **11**: 1 Joh 1,2 / **14**: 12,32.34; 19,37; Num 21,8f. / **16**: 1 Joh 4,9f.; Röm 5,8; 8,32 / **17**: 12,47f.

JESUS IN JUDÄA. ERNEUTES ZEUGNIS DES TÄUFERS: 3,22–36

22 Darauf kam Jesus mit seinen Jüngern nach
Judäa. Dort hielt er sich mit ihnen auf und
taufte. 23 Aber auch Johannes taufte damals,
und zwar in Änon bei Salim, weil dort viel
Wasser war; und die Leute kamen und ließen
sich taufen. 24 Johannes war nämlich noch
nicht ins Gefängnis geworfen worden. 25 Da
kam es zwischen den Jüngern des Johannes
und einem Juden zum Streit über die Frage
der Reinigung. 26 Sie kamen zu Johannes und
sagten zu ihm: Rabbi, der Mann, der auf der

3,3.7 von oben: das entsprechende griechische Wort ist doppeldeutig und bedeutet auch: von Neuem. So versteht es Nikodemus.

anderen Seite des Jordan bei dir war und für
den du Zeugnis abgelegt hast, der tauft jetzt
und alle kommen zu ihm. 27 Johannes ant-
wortete: Kein Mensch kann etwas nehmen,
wenn es ihm nicht vom Himmel gegeben ist.
28 Ihr selbst seid meine Zeugen, dass ich ge-
sagt habe: Ich bin nicht der Christus, sondern
nur vor ihm hergesandt. 29 Wer die Braut hat,
ist der Bräutigam; der Freund des Bräutigams
aber, der dabeisteht und ihn hört, ist voller
Freude über die Stimme des Bräutigams. Die-
se Freude hat sich nun bei mir vollendet. 30 Er
muss wachsen, ich aber geringer werden.

31 Er, der von oben kommt, steht über allen;
wer von der Erde stammt, ist irdisch und re-
det irdisch. Er, der aus dem Himmel kommt,
steht über allen. 32 Was er gesehen und gehört
hat, bezeugt er, doch niemand nimmt sein
Zeugnis an. 33 Wer sein Zeugnis annimmt,
hat besiegelt, dass Gott wahrhaftig ist.
34 Denn der, den Gott gesandt hat, spricht die
Worte Gottes; denn ohne Maß gibt er den
Geist. 35 Der Vater liebt den Sohn und hat al-
les in seine Hand gegeben. 36 Wer an den Sohn
glaubt, hat das ewige Leben; wer aber dem
Sohn nicht gehorcht, wird das Leben nicht
sehen, sondern Gottes Zorn bleibt auf ihm.

24: Mt 4,12; 14,3; Mk 1,14; 6,17; Lk 3,20 / **27:** 19,11 / **31:** 3,13; 8,23 / **32:** 3,11 / **36:** Mt 3,7; Lk 3,7; 1 Joh 5,12

JESUS IN SAMARIA: 4,1–42

4 1 Jesus erfuhr, dass die Pharisäer gehört
hatten, er gewinne und taufe mehr Jün-
ger als Johannes – 2 allerdings taufte nicht
Jesus selbst, sondern seine Jünger –; 3 darauf-
hin verließ er Judäa und ging wieder nach
Galiläa. 4 Er musste aber den Weg durch Sa-
marien nehmen. 5 So kam er zu einer Stadt in
Samarien, die Sychar hieß und nahe bei dem
Grundstück lag, das Jakob seinem Sohn Josef
vermacht hatte. 6 Dort befand sich der Jakobs-
brunnen. Jesus war müde von der Reise und
setzte sich daher an den Brunnen; es war um
die sechste Stunde.

7 Da kam eine Frau aus Samarien, um Was-
ser zu schöpfen. Jesus sagte zu ihr: Gib mir zu
trinken! 8 Seine Jünger waren nämlich in die
Stadt gegangen, um etwas zum Essen zu kau-
fen. 9 Die Samariterin sagte zu ihm: Wie
kannst du als Jude mich, eine Samariterin,
um etwas zu trinken bitten? Die Juden ver-
kehren nämlich nicht mit den Samaritern.
10 Jesus antwortete ihr: Wenn du wüsstest,
worin die Gabe Gottes besteht und wer es ist,
der zu dir sagt: Gib mir zu trinken!, dann hät-
test du ihn gebeten und er hätte dir lebendi-
ges Wasser gegeben. 11 Sie sagte zu ihm: Herr,
du hast kein Schöpfgefäß und der Brunnen
ist tief; woher hast du also das lebendige
Wasser? 12 Bist du etwa größer als unser Vater
Jakob, der uns den Brunnen gegeben und
selbst daraus getrunken hat, wie seine Söhne
und seine Herden? 13 Jesus antwortete ihr:
Wer von diesem Wasser trinkt, wird wieder
Durst bekommen; 14 wer aber von dem Was-
ser trinkt, das ich ihm geben werde, wird
niemals mehr Durst haben; vielmehr wird
das Wasser, das ich ihm gebe, in ihm zu einer
Quelle werden, deren Wasser ins ewige Le-
ben fließt. 15 Da sagte die Frau zu ihm: Herr,
gib mir dieses Wasser, damit ich keinen
Durst mehr habe und nicht mehr hierher-
kommen muss, um Wasser zu schöpfen!

16 Er sagte zu ihr: Geh, ruf deinen Mann und
komm wieder her! 17 Die Frau antwortete: Ich
habe keinen Mann. Jesus sagte zu ihr: Du hast
richtig gesagt: Ich habe keinen Mann. 18 Denn
fünf Männer hast du gehabt und der, den du
jetzt hast, ist nicht dein Mann. Damit hast du
die Wahrheit gesagt. 19 Die Frau sagte zu ihm:
Herr, ich sehe, dass du ein Prophet bist. 20 Un-
sere Väter haben auf diesem Berg Gott ange-
betet; ihr aber sagt, in Jerusalem sei die Stätte,
wo man anbeten muss. 21 Jesus sprach zu ihr:
Glaube mir, Frau, die Stunde kommt, zu der
ihr weder auf diesem Berg noch in Jerusalem
den Vater anbeten werdet. 22 Ihr betet an, was
ihr nicht kennt, wir beten an, was wir kennen;
denn das Heil kommt von den Juden. 23 Aber
die Stunde kommt und sie ist schon da, zu der
die wahren Beter den Vater anbeten werden
im Geist und in der Wahrheit; denn so will der
Vater angebetet werden. 24 Gott ist Geist und
alle, die ihn anbeten, müssen im Geist und in
der Wahrheit anbeten. 25 Die Frau sagte zu
ihm: Ich weiß, dass der Messias kommt, der
Christus heißt. Wenn er kommt, wird er uns
alles verkünden. 26 Da sagte Jesus zu ihr: Ich
bin es, der mit dir spricht.

27 Inzwischen waren seine Jünger zurück-
gekommen. Sie wunderten sich, dass er mit
einer Frau sprach, doch keiner sagte: Was
suchst du? oder: Was redest du mit ihr? 28 Die
Frau ließ ihren Wasserkrug stehen, kehrte

4,20 dieser Berg: Gemeint ist der Garizim, auf dem die Samaritaner JHWH verehren (vgl. Dtn 27,4–8).

zurück in die Stadt und sagte zu den Leuten:
29 Kommt her, seht, da ist ein Mensch, der mir
alles gesagt hat, was ich getan habe: Ist er viel-
leicht der Christus? 30 Da gingen sie aus der
Stadt heraus und kamen zu ihm.
31 Währenddessen baten ihn seine Jünger:
Rabbi, iss! 32 Er aber sagte zu ihnen: Ich habe
eine Speise zu essen, die ihr nicht kennt. 33 Da
sagten die Jünger zueinander: Hat ihm jemand
etwas zu essen gebracht? 34 Jesus sprach zu
ihnen: Meine Speise ist es, den Willen dessen
zu tun, der mich gesandt hat, und sein Werk
zu vollenden. 35 Sagt ihr nicht: Noch vier Mo-
nate dauert es bis zur Ernte? Sieh, ich sage
euch: Erhebt eure Augen und seht, dass die
Felder schon weiß sind zur Ernte! 36 Schon
empfängt der Schnitter seinen Lohn und sam-
melt Frucht für das ewige Leben, sodass sich
der Sämann und der Schnitter gemeinsam
freuen. 37 Denn hier hat das Sprichwort recht:
Einer sät und ein anderer erntet. 38 Ich habe
euch gesandt zu ernten, wofür ihr euch nicht
abgemüht habt; andere haben sich abgemüht
und euch ist ihre Mühe zugutegekommen.
39 Aus jener Stadt kamen viele Samariter
zum Glauben an Jesus auf das Wort der Frau
hin, die bezeugt hatte: Er hat mir alles gesagt,
was ich getan habe. 40 Als die Samariter zu ihm
kamen, baten sie ihn, bei ihnen zu bleiben; und
er blieb dort zwei Tage. 41 Und noch viel mehr
Leute kamen zum Glauben an ihn aufgrund
seiner eigenen Worte. 42 Und zu der Frau sagten
sie: Nicht mehr aufgrund deiner Rede glauben
wir, denn wir haben selbst gehört und wissen:
Er ist wirklich der Retter der Welt.

3: Mt 4,12; Mk 1,14; Lk 4,14 / **5:** Gen 33,18f.; 48,22; Jos 24,32 / **8:** Lk 9,52f. / **10:** 7,38 / **14:** Sir 24,21; Ps 36,10; Jes 58,11 / **19:** 9,17 / **22:** 2 Kön 17,29; Jes 2,3 / **25:** Dtn 18,18 / **26:** 9,37 / **34:** 5,30; 17,4; 19,30; Hebr 10,5–9 / **35:** Lk 10,2 / **36:** Ps 126,5f.; Jes 9,2 / **38:** 17,18.20f. / **42:** 1 Joh 4,14

JESUS IN GALILÄA: 4,43–45

43 Nach diesen beiden Tagen ging er von dort
nach Galiläa. 44 Jesus selbst hatte nämlich
bezeugt: Ein Prophet wird in seiner eigenen
Heimat nicht geehrt. 45 Als er nun nach Gali-
läa kam, nahmen ihn die Galiläer auf, weil sie
alles gesehen hatten, was er in Jerusalem auf
dem Fest getan hatte; denn auch sie waren
zum Fest gekommen.

44: Mt 13,57; Mk 6,4; Lk 4,24

DAS ZWEITE ZEICHEN JESU IN KANA IN GALILÄA: 4,46–54

46 Jesus kam wieder nach Kana in Galiläa, wo
er das Wasser in Wein verwandelt hatte. In
Kafarnaum lebte ein königlicher Beamter;
dessen Sohn war krank. 47 Als er hörte, dass
Jesus von Judäa nach Galiläa gekommen war,
suchte er ihn auf und bat ihn, herabzukom-
men und seinen Sohn zu heilen; denn er lag
im Sterben. 48 Da sagte Jesus zu ihm: Wenn
ihr nicht Zeichen und Wunder seht, glaubt
ihr nicht. 49 Der Beamte bat ihn: Herr, komm
herab, ehe mein Kind stirbt! 50 Jesus erwider-
te ihm: Geh, dein Sohn lebt! Der Mann glaub-
te dem Wort, das Jesus zu ihm gesagt hatte,
und machte sich auf den Weg. 51 Noch wäh-
rend er hinabging, kamen ihm seine Diener
entgegen und sagten: Dein Junge lebt. 52 Da
fragte er sie genau nach der Stunde, in der die
Besserung eingetreten war. Sie antworteten:
Gestern in der siebten Stunde ist das Fieber
von ihm gewichen. 53 Da erkannte der Vater,
dass es genau zu der Stunde war, als Jesus zu
ihm gesagt hatte: Dein Sohn lebt. Und er
wurde gläubig mit seinem ganzen Haus. 54 So
tat Jesus sein zweites Zeichen, nachdem er
von Judäa nach Galiläa gekommen war.

46: 2,1–11 / **46–53:** Mt 8,5–13; Lk 7,1–10 / **48:** 2,18; 6,26; 12,37; 20,30 / **50:** 1 Kön 17,23 / **54:** 2,11

DIE SELBSTOFFENBARUNG JESU VOR SEINEM VOLK: 5,1–10,42

DIE HEILUNG EINES GELÄHMTEN AN EINEM FEST IN JERUSALEM: 5,1–47

5 1 Danach war ein Fest der Juden und Je-
sus ging hinauf nach Jerusalem. 2 In Je-
rusalem gibt es beim Schaftor einen Teich, zu
dem fünf Säulenhallen gehören; dieser Teich
heißt auf Hebräisch Betesda. 3 In diesen
Hallen lagen viele Kranke, darunter Blinde,

5,3f. Einige Textzeugen fügen hier ein: die auf die Bewegung des Wassers warteten. Ein Engel des Herrn aber stieg zu bestimmter Zeit in den Teich hinab und brachte das Wasser zum Aufwallen. Wer dann als Erster hineinstieg, wurde gesund, an welcher Krankheit er auch litt.

Lahme und Verkrüppelte. [4] 5 Dort lag auch
ein Mann, der schon achtunddreißig Jahre
krank war. 6 Als Jesus ihn dort liegen sah und
erkannte, dass er schon lange krank war, frag-
te er ihn: Willst du gesund werden? 7 Der
Kranke antwortete ihm: Herr, ich habe kei-
nen Menschen, der mich, sobald das Wasser
aufwallt, in den Teich trägt. Während ich
mich hinschleppe, steigt schon ein anderer
vor mir hinein. 8 Da sagte Jesus zu ihm: Steh
auf, nimm deine Liege und geh! 9 Sofort wur-
de der Mann gesund, nahm seine Liege und
ging.

Dieser Tag war aber ein Sabbat. 10 Da sagten
die Juden zu dem Geheilten: Es ist Sabbat, du
darfst deine Liege nicht tragen. 11 Er erwider-
te ihnen: Der mich gesund gemacht hat, sag-
te zu mir: Nimm deine Liege und geh! 12 Sie
fragten ihn: Wer ist denn der Mensch, der zu
dir gesagt hat: Nimm deine Liege und geh?
13 Der Geheilte wusste aber nicht, wer es war.
Jesus war nämlich weggegangen, weil dort
eine große Menschenmenge zugegen war.
14 Danach traf ihn Jesus im Tempel und sagte
zu ihm: Sieh, du bist gesund geworden; sün-
dige nicht mehr, damit dir nicht noch Schlim-
meres zustößt! 15 Der Mann ging fort und
teilte den Juden mit, dass es Jesus war, der ihn
gesund gemacht hatte. 16 Daraufhin verfolg-
ten die Juden Jesus, weil er das an einem Sab-
bat getan hatte. 17 Jesus aber entgegnete ih-
nen: Mein Vater wirkt bis jetzt und auch ich
wirke. 18 Darum suchten die Juden noch
mehr, ihn zu töten, weil er nicht nur den Sab-
bat brach, sondern auch Gott seinen Vater
nannte und sich damit Gott gleichmachte.

19 Jesus aber sagte zu ihnen: Amen, amen,
ich sage euch: Der Sohn kann nichts von sich
aus tun, sondern nur, wenn er den Vater et-
was tun sieht. Was nämlich der Vater tut, das
tut in gleicher Weise der Sohn. 20 Denn der
Vater liebt den Sohn und zeigt ihm alles, was
er tut, und noch größere Werke wird er ihm
zeigen, sodass ihr staunen werdet. 21 Denn
wie der Vater die Toten auferweckt und le-
bendig macht, so macht auch der Sohn leben-
dig, wen er will. 22 Auch richtet der Vater
niemanden, sondern er hat das Gericht ganz
dem Sohn übertragen, 23 damit alle den Sohn
ehren, wie sie den Vater ehren. Wer den Sohn
nicht ehrt, ehrt auch den Vater nicht, der ihn
gesandt hat. 24 Amen, amen, ich sage euch:
Wer mein Wort hört und dem glaubt, der
mich gesandt hat, hat das ewige Leben; er
kommt nicht ins Gericht, sondern ist aus dem
Tod ins Leben hinübergegangen. 25 Amen,
amen, ich sage euch: Die Stunde kommt und
sie ist schon da, in der die Toten die Stimme
des Sohnes Gottes hören werden; und alle,
die sie hören, werden leben. 26 Denn wie der
Vater das Leben in sich hat, so hat er auch dem
Sohn gegeben, das Leben in sich zu haben.
27 Und er hat ihm Vollmacht gegeben, Gericht
zu halten, weil er der Menschensohn ist.
28 Wundert euch nicht darüber! Die Stunde
kommt, in der alle, die in den Gräbern sind,
seine Stimme hören 29 und herauskommen
werden: Die das Gute getan haben, werden
zum Leben auferstehen, die das Böse getan
haben, werden zum Gericht auferstehen.
30 Von mir selbst aus kann ich nichts tun; ich
richte, wie ich es vom Vater höre, und mein
Gericht ist gerecht, weil ich nicht meinen
Willen suche, sondern den Willen dessen,
der mich gesandt hat.

31 Wenn ich über mich selbst Zeugnis able-
ge, ist mein Zeugnis nicht wahr; 32 ein ande-
rer ist es, der über mich Zeugnis ablegt, und
ich weiß: Das Zeugnis, das er über mich ab-
legt, ist wahr. 33 Ihr habt zu Johannes ge-
schickt und er hat für die Wahrheit Zeugnis
abgelegt. 34 Ich aber nehme von keinem Men-
schen ein Zeugnis an, sondern ich sage dies
nur, damit ihr gerettet werdet. 35 Jener war die
Lampe, die brennt und leuchtet, doch ihr
wolltet euch nur eine Zeit lang an ihrem Licht
erfreuen. 36 Ich aber habe ein gewichtigeres
Zeugnis als das des Johannes: Die Werke, die
mein Vater mir übertragen hat, damit ich sie
zu Ende führe, diese Werke, die ich vollbrin-
ge, legen Zeugnis dafür ab, dass mich der
Vater gesandt hat. 37 Auch der Vater selbst, der
mich gesandt hat, hat über mich Zeugnis ab-
gelegt. Ihr habt weder seine Stimme je gehört
noch seine Gestalt gesehen 38 und auch sein
Wort bleibt nicht in euch, weil ihr dem nicht
glaubt, den er gesandt hat. 39 Ihr erforscht die
Schriften, weil ihr meint, in ihnen das ewige
Leben zu haben; gerade sie legen Zeugnis
über mich ab. 40 Und doch wollt ihr nicht zu
mir kommen, um das Leben zu haben.

41 Ehre von Menschen nehme ich nicht an.
42 Ich habe euch jedoch erkannt, dass ihr die
Liebe zu Gott nicht in euch habt. 43 Ich bin
im Namen meines Vaters gekommen und
ihr nehmt mich nicht an. Wenn aber ein an-

derer in seinem eigenen Namen kommt,
dann werdet ihr ihn annehmen. 44 Wie
könnt ihr zum Glauben kommen, wenn ihr
eure Ehre voneinander annehmt, nicht aber
die Ehre sucht, die von dem einen Gott
kommt? 45 Denkt nicht, dass ich euch beim
Vater anklagen werde; Mose klagt euch an,
auf den ihr eure Hoffnung gesetzt habt.
46 Wenn ihr Mose glauben würdet, müsstet
ihr auch mir glauben; denn über mich hat er
geschrieben. 47 Wenn ihr aber seinen Schrif-
ten nicht glaubt, wie könnt ihr dann meinen
Worten glauben?

5: Dtn 2,14 / **8**: Mt 9,6; Mk 2,11; Lk 5,24 / **9**: 9,14 / **14**: 8,11 / **17**: 9,4 / **18**: 7,1.25; 10,33 / **20**: 3,35; 14,12 / **21**: 1 Sam 2,6; 2 Kön 5,7 / **22**: 5,27 / **24**: 3,18 / **26**: Mt 11,27 / **27**: Dan 7,13f. / **28–29**: Dan 12,2; Mt 16,27 / **30**: 4,34; 6,38 / **31**: 8,13f. / **33**: 1,19–34; 18,37 / **35**: 1,8 / **36**: 10,35f. / **41**: 1 Thess 2,6 / **42–44**: Dtn 6,4f. / **44**: 12,43

DAS PASCHA IN GALILÄA. BROTVERMEHRUNG UND SEEWANDEL: 6,1–21

6 1 Danach ging Jesus an das andere Ufer
des Sees von Galiläa, der auch See von
Tiberias heißt. 2 Eine große Menschenmenge
folgte ihm, weil sie die Zeichen sahen, die er
an den Kranken tat. 3 Jesus stieg auf den Berg
und setzte sich dort mit seinen Jüngern nie-
der. 4 Das Pascha, das Fest der Juden, war
nahe. 5 Als Jesus aufblickte und sah, dass so
viele Menschen zu ihm kamen, fragte er Phi-
lippus: Wo sollen wir Brot kaufen, damit
diese Leute zu essen haben? 6 Das sagte er aber
nur, um ihn auf die Probe zu stellen; denn er
selbst wusste, was er tun wollte. 7 Philippus
antwortete ihm: Brot für zweihundert De-
nare reicht nicht aus, wenn jeder von ihnen
auch nur ein kleines Stück bekommen soll.
8 Einer seiner Jünger, Andreas, der Bruder des
Simon Petrus, sagte zu ihm: 9 Hier ist ein klei-
ner Junge, der hat fünf Gerstenbrote und
zwei Fische; doch was ist das für so viele?
10 Jesus sagte: Lasst die Leute sich setzen! Es
gab dort nämlich viel Gras. Da setzten sie
sich; es waren etwa fünftausend Männer.
11 Dann nahm Jesus die Brote, sprach das
Dankgebet und teilte an die Leute aus, so viel
sie wollten; ebenso machte er es mit den Fi-
schen. 12 Als die Menge satt geworden war,
sagte er zu seinen Jüngern: Sammelt die übrig
gebliebenen Brocken, damit nichts ver-
dirbt! 13 Sie sammelten und füllten zwölf
Körbe mit den Brocken, die von den fünf
Gerstenbroten nach dem Essen übrig waren.
14 Als die Menschen das Zeichen sahen, das
er getan hatte, sagten sie: Das ist wirklich der
Prophet, der in die Welt kommen soll. 15 Da
erkannte Jesus, dass sie kommen würden, um
ihn in ihre Gewalt zu bringen und zum König
zu machen. Daher zog er sich wieder auf den
Berg zurück, er allein.

16 Als es aber Abend geworden war, gingen
seine Jünger zum See hinab, 17 bestiegen ein
Boot und fuhren über den See, auf Kafar-
naum zu. Es war schon dunkel geworden und
Jesus war noch nicht zu ihnen gekommen.
18 Da wurde der See durch einen heftigen
Sturm aufgewühlt. 19 Als sie etwa fünfund-
zwanzig oder dreißig Stadien gefahren wa-
ren, sahen sie, wie Jesus über den See kam
und sich dem Boot näherte; und sie fürchte-
ten sich. 20 Er aber rief ihnen zu: Ich bin es;
fürchtet euch nicht! 21 Sie wollten ihn zu sich
in das Boot nehmen, aber schon war das Boot
am Ufer, das sie erreichen wollten.

1–13: Mt 14,13–21; 15,32–39; Mk 6,32–44; 8,1–10; Lk 9,10–17 / **4**: 2,13; 11,55 / **9**: 2 Kön 4,42f. / **13**: 2 Kön 4,44 / **14**: Dtn 18,15.18 / **16–21**: Mt 14,22–33; Mk 6,45–52

DIE REDE ÜBER DAS HIMMELSBROT IN DER SYNAGOGE VON KAFARNAUM: 6,22–59

22 Am nächsten Tag stand die Menge am an-
deren Ufer des Sees; sie hatten gesehen, dass
nur ein Boot dort gewesen war und dass Je-
sus nicht mit seinen Jüngern ins Boot gestie-
gen war, sondern dass seine Jünger allein
abgefahren waren. 23 Von Tiberias her ka-
men andere Boote in die Nähe des Ortes, wo
sie nach dem Dankgebet des Herrn das Brot
gegessen hatten. 24 Als die Leute sahen, dass
weder Jesus noch seine Jünger dort waren,
stiegen sie in die Boote, fuhren nach Kafar-
naum und suchten Jesus. 25 Als sie ihn am
anderen Ufer des Sees fanden, fragten sie
ihn: Rabbi, wann bist du hierhergekom-
men? 26 Jesus antwortete ihnen: Amen,
amen, ich sage euch: Ihr sucht mich nicht,
weil ihr Zeichen gesehen habt, sondern weil
ihr von den Broten gegessen habt und satt
geworden seid. 27 Müht euch nicht ab für die
Speise, die verdirbt, sondern für die Speise,
die für das ewige Leben bleibt und die der
Menschensohn euch geben wird! Denn ihn
hat Gott, der Vater, mit seinem Siegel be-
glaubigt.

6,14 Vgl. Anm. zu 1,21.

28 Da fragten sie ihn: Was müssen wir tun,
um die Werke Gottes zu vollbringen? 29 Jesus
antwortete ihnen: Das ist das Werk Gottes,
dass ihr an den glaubt, den er gesandt hat.

30 Sie sagten zu ihm: Welches Zeichen tust
du denn, damit wir es sehen und dir glauben?
Was für ein Werk tust du? 31 Unsere Väter
haben das Manna in der Wüste gegessen, wie
es in der Schrift heißt: *Brot vom Himmel gab
er ihnen zu essen.* 32 Jesus sagte zu ihnen:
Amen, amen, ich sage euch: Nicht Mose hat
euch das Brot vom Himmel gegeben, sondern
mein Vater gibt euch das wahre Brot vom
Himmel. 33 Denn das Brot, das Gott gibt,
kommt vom Himmel herab und gibt der Welt
das Leben.

34 Da baten sie ihn: Herr, gib uns immer
dieses Brot! 35 Jesus antwortete ihnen: Ich bin
das Brot des Lebens; wer zu mir kommt, wird
nie mehr hungern, und wer an mich glaubt,
wird nie mehr Durst haben. 36 Aber ich habe
euch gesagt: Ihr habt gesehen und doch
glaubt ihr nicht. 37 Alles, was der Vater mir
gibt, wird zu mir kommen, und wer zu mir
kommt, den werde ich nicht abweisen;
38 denn ich bin nicht vom Himmel herabge-
kommen, um meinen Willen zu tun, son-
dern den Willen dessen, der mich gesandt
hat. 39 Das aber ist der Wille dessen, der mich
gesandt hat, dass ich keinen von denen, die
er mir gegeben hat, zugrunde gehen lasse,
sondern dass ich sie auferwecke am Jüngsten
Tag. 40 Denn das ist der Wille meines Vaters,
dass jeder, der den Sohn sieht und an ihn
glaubt, das ewige Leben hat und dass ich ihn
auferwecke am Jüngsten Tag.

41 Da murrten die Juden gegen ihn, weil er
gesagt hatte: Ich bin das Brot, das vom Him-
mel herabgekommen ist. 42 Und sie sagten:
Ist das nicht Jesus, der Sohn Josefs, dessen
Vater und Mutter wir kennen? Wie kann er
jetzt sagen: Ich bin vom Himmel herabge-
kommen? 43 Jesus sagte zu ihnen: Murrt
nicht! 44 Niemand kann zu mir kommen,
wenn nicht der Vater, der mich gesandt hat,
ihn zieht; und ich werde ihn auferwecken am
Jüngsten Tag. 45 Bei den Propheten steht ge-
schrieben: Und *alle* werden *Schüler Gottes*
sein. Jeder, der auf den Vater hört und seine
Lehre annimmt, wird zu mir kommen.
46 Niemand hat den Vater gesehen außer dem,
der von Gott ist; nur er hat den Vater gesehen.
47 Amen, amen, ich sage euch: Wer glaubt, hat
das ewige Leben. 48 Ich bin das Brot des Le-
bens. 49 Eure Väter haben in der Wüste das
Manna gegessen und sind gestorben. 50 So
aber ist es mit dem Brot, das vom Himmel
herabkommt: Wenn jemand davon isst, wird
er nicht sterben. 51 Ich bin das lebendige Brot,
das vom Himmel herabgekommen ist. Wer
von diesem Brot isst, wird in Ewigkeit leben.
Das Brot, das ich geben werde, ist mein
Fleisch für das Leben der Welt.

52 Da stritten sich die Juden und sagten:
Wie kann er uns sein Fleisch zu essen geben?
53 Jesus sagte zu ihnen: Amen, amen, ich sage
euch: Wenn ihr das Fleisch des Menschen-
sohnes nicht esst und sein Blut nicht trinkt,
habt ihr das Leben nicht in euch. 54 Wer mein
Fleisch isst und mein Blut trinkt, hat das ewi-
ge Leben und ich werde ihn auferwecken am
Jüngsten Tag. 55 Denn mein Fleisch ist wahr-
haft eine Speise und mein Blut ist wahrhaft
ein Trank. 56 Wer mein Fleisch isst und mein
Blut trinkt, der bleibt in mir und ich bleibe in
ihm. 57 Wie mich der lebendige Vater gesandt
hat und wie ich durch den Vater lebe, so wird
jeder, der mich isst, durch mich leben. 58 Dies
ist das Brot, das vom Himmel herabgekom-
men ist. Es ist nicht wie das Brot, das die
Väter gegessen haben, sie sind gestorben.
Wer aber dieses Brot isst, wird leben in Ewig-
keit. 59 Diese Worte sprach Jesus, als er in der
Synagoge von Kafarnaum lehrte.

27: 6,51 / **30**: Mt 16,1–4; Mk 8,11–13; Lk 11,16 / **31**: Ps 78,24; Ex 16,4 / **35**: Sir 24,21 / **37**: 4,34; 5,30; Mt 26,39; Mk 14,36; Lk 22,42 / **42**: Mt 13,54–58; Mk 6,1–6; Lk 4,16–30 / **45**: Jes 54,13; Jer 31,33f. / **46**: 1,18; 14,9 / **51**: 1,14 / **54-55**: Mt 26,26–28; Mk 14,22–24; Lk 22,17–22 / **57**: 5,26

DIE SPALTUNG UNTER DEN JÜNGERN: 6,60–71

60 Viele seiner Jünger, die ihm zuhörten, sag-
ten: Diese Rede ist hart. Wer kann sie hören?
61 Jesus erkannte, dass seine Jünger darüber
murrten, und fragte sie: Daran nehmt ihr
Anstoß? 62 Was werdet ihr sagen, wenn ihr
den Menschensohn aufsteigen seht, dorthin,
wo er vorher war? 63 Der Geist ist es, der le-
bendig macht; das Fleisch nützt nichts. Die
Worte, die ich zu euch gesprochen habe, sind
Geist und sind Leben. 64 Aber es gibt unter
euch einige, die nicht glauben. Jesus wusste
nämlich von Anfang an, welche es waren, die
nicht glaubten, und wer ihn ausliefern wür-

6,33 Kommt vom Himmel herab, andere Übersetzungsmöglichkeit: ist derjenige, der vom Himmel herabkommt.

de. 65 Und er sagte: Deshalb habe ich zu euch
gesagt: Niemand kann zu mir kommen,
wenn es ihm nicht vom Vater gegeben ist.

66 Daraufhin zogen sich viele seiner Jünger
zurück und gingen nicht mehr mit ihm um-
her. 67 Da fragte Jesus die Zwölf: Wollt auch
ihr weggehen? 68 Simon Petrus antwortete
ihm: Herr, zu wem sollen wir gehen? Du hast
Worte des ewigen Lebens. 69 Wir sind zum
Glauben gekommen und haben erkannt: Du
bist der Heilige Gottes. 70 Jesus erwiderte:
Habe ich nicht euch, die Zwölf, erwählt? Und
doch ist einer von euch ein Teufel. 71 Er sprach
von Judas, dem Sohn des Simon Iskariot; denn
dieser sollte ihn ausliefern: einer der Zwölf.

64: 5,38; 10,26 / **68:** Apg 5,20 / **68–69:** Mt 16,16; Mk 8,29; Lk 9,20 / **70–71:** 13,18; Mt 26,14–16; Mk 14,10f.; Lk 22,3–6

JESUS BEIM LAUBHÜTTENFEST IN JERUSALEM: 7,1–36

7 1 Danach zog Jesus in Galiläa umher;
denn er wollte sich nicht in Judäa aufhal-
ten, weil die Juden ihn zu töten suchten. 2 Das
Laubhüttenfest der Juden war nahe. 3 Da sag-
ten seine Brüder zu ihm: Geh von hier fort
und zieh nach Judäa, damit auch deine Jünger
die Taten sehen, die du vollbringst! 4 Denn
niemand wirkt im Verborgenen, wenn er öf-
fentlich bekannt sein möchte. Wenn du dies
tust, offenbare dich der Welt! 5 Auch seine
Brüder glaubten nämlich nicht an ihn. 6 Jesus
sagte zu ihnen: Meine Zeit ist noch nicht ge-
kommen, für euch aber ist immer die rechte
Zeit. 7 Euch kann die Welt nicht hassen, mich
aber hasst sie, weil ich bezeuge, dass ihre Ta-
ten böse sind. 8 Geht ihr nur hinauf zum Fest;
ich gehe nicht zu diesem Fest hinauf, weil
meine Zeit noch nicht erfüllt ist. 9 Das sagte
er zu ihnen und er blieb in Galiläa. 10 Als aber
seine Brüder zum Fest hinaufgegangen wa-
ren, zog auch er hinauf, jedoch nicht öffent-
lich, sondern im Verborgenen. 11 Die Juden
suchten beim Fest nach ihm und sagten: Wo
ist er? 12 Und in der Volksmenge wurde viel
über ihn hin und her geredet. Die einen sag-
ten: Er ist ein guter Mensch. Andere sagten:
Nein, er führt das Volk in die Irre. 13 Aber
niemand redete öffentlich über ihn aus
Furcht vor den Juden.

14 Schon war die Hälfte der Festwoche vo-
rüber, da ging Jesus zum Tempel hinauf und
lehrte. 15 Die Juden wunderten sich und sag-
ten: Wie kann der die Schrift verstehen, ohne
dafür ausgebildet zu sein? 16 Darauf antwor-
tete ihnen Jesus: Meine Lehre stammt nicht
von mir, sondern von dem, der mich gesandt
hat. 17 Wer bereit ist, den Willen Gottes zu
tun, wird erkennen, ob diese Lehre von Gott
stammt oder ob ich von mir aus spreche.
18 Wer von sich aus spricht, sucht seine eigene
Ehre; wer aber die Ehre dessen sucht, der ihn
gesandt hat, der ist wahrhaftig und in ihm ist
keine Ungerechtigkeit. 19 Hat Mose euch
nicht das Gesetz gegeben? Aber keiner von
euch befolgt das Gesetz. Warum sucht ihr
mich zu töten? 20 Die Menge antwortete: Du
bist von einem Dämon besessen. Wer sucht
dich denn zu töten? 21 Jesus entgegnete ih-
nen: Ich habe nur ein einziges Werk voll-
bracht und ihr alle wundert euch darüber.
22 Mose hat euch die Beschneidung gegeben
– sie stammt freilich nicht von Mose, sondern
von den Vätern – und ihr beschneidet einen
Menschen auch am Sabbat. 23 Wenn ein
Mensch am Sabbat die Beschneidung emp-
fangen darf, damit das Gesetz des Mose nicht
missachtet wird, warum zürnt ihr mir, weil
ich am Sabbat einen Menschen als Ganzen
gesund gemacht habe? 24 Urteilt nicht nach
dem Augenschein, sondern urteilt gerecht!

25 Da sagten einige Leute aus Jerusalem: Ist
das nicht der, den sie zu töten suchen? 26 Und
doch redet er in aller Öffentlichkeit und man
lässt ihn gewähren. Sollten die Oberen wirk-
lich erkannt haben, dass er der Christus ist?
27 Aber von dem hier wissen wir, woher er
stammt; wenn jedoch der Christus kommt,
weiß niemand, woher er stammt. 28 Wäh-
rend Jesus im Tempel lehrte, rief er: Ihr kennt
mich und wisst, woher ich bin; aber ich bin
nicht von mir aus gekommen, sondern er, der
mich gesandt hat, ist wahrhaftig. Ihr kennt
ihn nur nicht. 29 Ich kenne ihn, weil ich von
ihm komme und weil er mich gesandt hat.
30 Da suchten sie ihn festzunehmen; doch
keiner legte Hand an ihn, denn seine Stunde
war noch nicht gekommen.

31 Aus der Menge kamen viele Leute zum
Glauben an ihn; sie sagten: Wird der Chris-
tus, wenn er kommt, mehr Zeichen tun, als
dieser getan hat? 32 Die Pharisäer hörten, was
die Leute heimlich über ihn redeten. Da

7,1 Die Juden: der Ausdruck bezieht sich hier wie in 1,19; 2,18; 5,10 u. ö. auf die jüdischen Autoritäten und Gegenspieler Jesu in Jerusalem.

7,3–5 Vgl. Anm. zu Mt 12,46f.

schickten die Hohepriester und die Pharisäer
Gerichtsdiener aus, um ihn festnehmen zu
lassen. 33 Jesus aber sagte: Ich bin nur noch
kurze Zeit bei euch; dann gehe ich fort zu
dem, der mich gesandt hat. 34 Ihr werdet mich
suchen und ihr werdet mich nicht finden;
denn wo ich bin, dorthin könnt ihr nicht ge-
langen. 35 Da sagten die Juden zueinander:
Wohin will er denn gehen, dass wir ihn nicht
finden können? Will er etwa in die Diaspora
der Griechen gehen und die Griechen lehren?
36 Was bedeutet es, wenn er gesagt hat: Ihr
werdet mich suchen, aber nicht finden; denn
wo ich bin, dorthin könnt ihr nicht gelangen?

1: Mt 17,22; Mk 9,30 / **3**: 2,12 / **5**: Mk 3,21 / **6**: 2,4; 7,30; 8,20; Mt 26,18; Lk 4,13; 21,8; Apg 1,7 / **7**: 15,18f. / **12**: 7,47 / **15**: Mt 13,54; Mk 6,2; Lk 4,16–30 / **18**: 8,50 / **20**: Mt 10,25; 12,24; Mk 3,21f.; Lk 11,15 / **21**: 5,8f. / **25**: 5,18 / **27**: 6,42 / **28**: 8,55 / **29**: 6,46 / **33**: 8,21 / **35**: 12,20

DER STREIT IM HOHEN RAT UM JESUS: 7,37–53

37 Am letzten Tag des Festes, dem großen Tag,
stellte sich Jesus hin und rief: Wer Durst hat,
komme zu mir und es trinke, 38 wer an mich
glaubt! Wie die Schrift sagt: Aus seinem In-
neren werden Ströme von lebendigem Was-
ser fließen. 39 Damit meinte er den Geist, den
alle empfangen sollten, die an ihn glauben;
denn der Geist war noch nicht gegeben, weil
Jesus noch nicht verherrlicht war. 40 Einige
aus dem Volk sagten, als sie diese Worte hör-
ten: Dieser ist wahrhaftig der Prophet. 41 An-
dere sagten: Dieser ist der Christus. Wieder
andere sagten: Kommt denn der Christus aus
Galiläa? 42 Sagt nicht die Schrift: Der Chris-
tus kommt aus dem Geschlecht Davids und
aus dem Dorf Betlehem, wo David lebte? 43 So
entstand seinetwegen eine Spaltung in der
Menge. 44 Einige von ihnen wollten ihn fest-
nehmen; doch keiner legte Hand an ihn.

45 Als die Gerichtsdiener zu den Hohe-
priestern und den Pharisäern zurückkamen,
fragten diese: Warum habt ihr ihn nicht her-
gebracht? 46 Die Gerichtsdiener antworteten:
Noch nie hat ein Mensch so gesprochen. 47 Da
entgegneten ihnen die Pharisäer: Habt auch
ihr euch in die Irre führen lassen? 48 Ist etwa
einer von den Oberen oder von den Pharisä-
ern zum Glauben an ihn gekommen? 49 Die-
ses Volk jedoch, das vom Gesetz nichts ver-
steht, verflucht ist es. 50 Nikodemus aber,
einer aus ihren eigenen Reihen, der früher
einmal Jesus aufgesucht hatte, sagte zu ih-
nen: 51 Verurteilt etwa unser Gesetz einen
Menschen, bevor man ihn verhört und fest-
gestellt hat, was er tut? 52 Sie erwiderten ihm:
Bist du vielleicht auch aus Galiläa? Lies doch
nach und siehe, aus Galiläa kommt kein Pro-
phet. 53 Dann gingen alle nach Hause.

38: 1 Kor 10,4 / **40**: Dtn 18,15.18 / **42**: 2 Sam 7,12–16; Mi 5,1; Mt 2,5f.; 22,42; Röm 1,3; 2 Tim 2,8 / **43**: 9,16; 10,19 / **44**: 7,30 / **47**: 7,12 / **50**: 3,1–21; 19,39 / **51**: Dtn 1,16f.; 17,2–5

JESUS UND DIE EHEBRECHERIN: 8,1–11

8 1 Jesus aber ging zum Ölberg. 2 Am frühen
Morgen begab er sich wieder in den Tem-
pel. Alles Volk kam zu ihm. Er setzte sich und
lehrte es. 3 Da brachten die Schriftgelehrten
und die Pharisäer eine Frau, die beim Ehebruch
ertappt worden war. Sie stellten sie in die Mit-
te 4 und sagten zu ihm: Meister, diese Frau
wurde beim Ehebruch auf frischer Tat ertappt.
5 Mose hat uns im Gesetz vorgeschrieben,
solche Frauen zu steinigen. Was sagst du? 6 Mit
diesen Worten wollten sie ihn auf die Probe
stellen, um einen Grund zu haben, ihn anzu-
klagen. Jesus aber bückte sich und schrieb mit
dem Finger auf die Erde. 7 Als sie hartnäckig
weiterfragten, richtete er sich auf und sagte zu
ihnen: Wer von euch ohne Sünde ist, werfe als
Erster einen Stein auf sie. 8 Und er bückte sich
wieder und schrieb auf die Erde. 9 Als sie das
gehört hatten, ging einer nach dem anderen
fort, zuerst die Ältesten. Jesus blieb allein zu-
rück mit der Frau, die noch in der Mitte stand.
10 Er richtete sich auf und sagte zu ihr: Frau, wo
sind sie geblieben? Hat dich keiner verurteilt?
11 Sie antwortete: Keiner, Herr. Da sagte Jesus
zu ihr: Auch ich verurteile dich nicht. Geh und
sündige von jetzt an nicht mehr!

2: Lk 21,38 / **5**: Lev 20,10; Dtn 22,22–24 / **6**: Jer 17,13 / **7**: Dtn 17,7; Mt 7,1; Lk 6,37 / **11**: 5,14

STREITGESPRÄCHE JESU IN JERUSALEM: 8,12–30

12 Als Jesus ein andermal zu ihnen redete,
sagte er: Ich bin das Licht der Welt. Wer mir
nachfolgt, wird nicht in der Finsternis um-
hergehen, sondern wird das Licht des Lebens
haben. 13 Da sagten die Pharisäer zu ihm: Du
legst über dich selbst Zeugnis ab; dein Zeug-
nis ist nicht wahr. 14 Jesus erwiderte ihnen:

7,37f. Andere Übersetzungsmöglichkeit: Wer Durst hat, komme zu mir und trinke. Wer an mich glaubt, von dem sagt die Schrift, dass aus seinem Innern Ströme lebendigen Wassers fließen werden.

7,53–8,11 Diese Verse finden sich bei den besten Textzeugen nicht; einige bieten sie zwischen Lk 21,38 und 22,1.

Auch wenn ich über mich selbst Zeugnis ab-
lege, ist mein Zeugnis wahr. Denn ich weiß,
woher ich gekommen bin und wohin ich
gehe. Ihr aber wisst nicht, woher ich komme
und wohin ich gehe. 15 Ihr urteilt, wie Men-
schen urteilen, ich urteile über niemanden.
16 Wenn ich aber urteile, ist mein Urteil wahr-
haftig; denn ich bin nicht allein, sondern ich
und der Vater, der mich gesandt hat. 17 Und in
eurem Gesetz steht geschrieben: Das Zeug-
nis von zwei Menschen ist wahr. 18 Ich bin es,
der über mich Zeugnis ablegt, und auch der
Vater, der mich gesandt hat, legt über mich
Zeugnis ab. 19 Da fragten sie ihn: Wo ist dein
Vater? Jesus antwortete: Ihr kennt weder
mich noch meinen Vater; würdet ihr mich
kennen, dann würdet ihr auch meinen Vater
kennen. 20 Diese Worte sagte er, als er im
Tempel bei der Schatzkammer lehrte. Aber
niemand nahm ihn fest; denn seine Stunde
war noch nicht gekommen.

21 Ein andermal sagte Jesus zu ihnen: Ich
gehe fort und ihr werdet mich suchen und ihr
werdet in eurer Sünde sterben. Wohin ich
gehe, dorthin könnt ihr nicht gelangen. 22 Da
sagten die Juden: Will er sich etwa umbrin-
gen? Warum sagt er sonst: Wohin ich gehe,
dorthin könnt ihr nicht gelangen? 23 Er sagte
zu ihnen: Ihr stammt von unten, ich stamme
von oben; ihr seid aus dieser Welt, ich bin
nicht aus dieser Welt. 24 Ich habe euch gesagt:
Ihr werdet in euren Sünden sterben; denn
wenn ihr nicht glaubt, dass ich es bin, werdet
ihr in euren Sünden sterben. 25 Da fragten sie
ihn: Wer bist du denn? Jesus antwortete: Wa-
rum rede ich überhaupt noch mit euch? 26 Ich
hätte noch viel über euch zu sagen und viel
zu richten, aber er, der mich gesandt hat, ist
wahrhaftig, und was ich von ihm gehört
habe, das sage ich der Welt. 27 Sie verstanden
nicht, dass er damit den Vater meinte. 28 Da
sagte Jesus zu ihnen: Wenn ihr den Men-
schensohn erhöht habt, dann werdet ihr er-
kennen, dass Ich es bin. Ihr werdet erkennen,
dass ich nichts von mir aus tue, sondern nur
das sage, was mich der Vater gelehrt hat.
29 Und er, der mich gesandt hat, ist bei mir; er
hat mich nicht alleingelassen, weil ich immer
das tue, was ihm gefällt. 30 Als Jesus das sag-
te, kamen viele zum Glauben an ihn.

12: 9,5; 12,46 / **13**: 5,31f. / **15**: 7,24 / **16**: 5,30; 8,29 / **17**: Dtn 17,6; 19,15 / **18**: 5,37 / **19**: 7,28; 14,7; 15,21 / **20**: 2,4; 7,30; 13,1; 17,1 / **21**: 7,33f.; 13,33 / **23**: 3,13.31 / **24**: Jes 43,11; Joh 13,19 / **28**: 3,14; 12,32; 14,24 / **29**: 16,5 / **30**: 10,42; 12,11

JESUS UND ABRAHAM: 8,31–59

31 Da sagte er zu den Juden, die zum Glauben
an ihn gekommen waren: Wenn ihr in mei-
nem Wort bleibt, seid ihr wahrhaft meine
Jünger. 32 Dann werdet ihr die Wahrheit er-
kennen und die Wahrheit wird euch befrei-
en. 33 Sie erwiderten ihm: Wir sind Nach-
kommen Abrahams und sind noch nie
Sklaven gewesen. Wie kannst du sagen: Ihr
werdet frei werden? 34 Jesus antwortete ih-
nen: Amen, amen, ich sage euch: Wer die
Sünde tut, ist Sklave der Sünde. 35 Der Skla-
ve aber bleibt nicht für immer im Haus; nur
der Sohn bleibt für immer. 36 Wenn euch also
der Sohn befreit, dann seid ihr wirklich frei.
37 Ich weiß, dass ihr Nachkommen Abra-
hams seid. Doch ihr sucht mich zu töten,
weil mein Wort in euch keine Aufnahme
findet. 38 Ich sage, was ich beim Vater gese-
hen habe, und ihr tut, was ihr von eurem
Vater gehört habt. 39 Sie antworteten ihm:
Unser Vater ist Abraham. Jesus sagte zu ih-
nen: Wenn ihr Kinder Abrahams wärt, wür-
det ihr die Werke Abrahams tun. 40 Jetzt aber
sucht ihr mich zu töten, einen Menschen,
der euch die Wahrheit verkündet hat, die ich
von Gott gehört habe. So hat Abraham nicht
gehandelt. 41 Ihr vollbringt die Werke eures
Vaters. Sie entgegneten ihm: Wir stammen
nicht aus Unzucht, sondern wir haben nur
den einen Vater: Gott. 42 Jesus sagte zu ih-
nen: Wenn Gott euer Vater wäre, würdet ihr
mich lieben; denn von Gott bin ich ausge-
gangen und gekommen. Ich bin nicht von
mir aus gekommen, sondern er hat mich
gesandt. 43 Warum versteht ihr nicht, was
ich sage? Weil ihr nicht imstande seid, mein
Wort zu hören. 44 Ihr habt den Teufel zum
Vater und ihr wollt das tun, wonach es euren
Vater verlangt. Er war ein Mörder von An-
fang an. Und er steht nicht in der Wahrheit;
denn es ist keine Wahrheit in ihm. Wenn er
lügt, sagt er das, was aus ihm selbst kommt;
denn er ist ein Lügner und ist der Vater der
Lüge. 45 Mir aber glaubt ihr nicht, weil ich die
Wahrheit sage. 46 Wer von euch kann mir
eine Sünde nachweisen? Wenn ich die
Wahrheit sage, warum glaubt ihr mir nicht?
47 Wer aus Gott ist, hört die Worte Gottes;
ihr hört sie deshalb nicht, weil ihr nicht aus
Gott seid.

48 Da antworteten ihm die Juden: Sagen wir
nicht mit Recht: Du bist ein Samariter und

von einem Dämon besessen? 49 Jesus erwi-
derte: Ich bin von keinem Dämon besessen,
sondern ich ehre meinen Vater; ihr aber
schmäht mich. 50 Ich suche nicht meine Ehre;
doch es gibt einen, der sie sucht und der rich-
tet. 51 Amen, amen, ich sage euch: Wenn je-
mand an meinem Wort festhält, wird er auf
ewig den Tod nicht schauen. 52 Da sagten die
Juden zu ihm: Jetzt wissen wir, dass du von
einem Dämon besessen bist. Abraham und
die Propheten sind gestorben, du aber sagst:
Wenn jemand an meinem Wort festhält,
wird er auf ewig den Tod nicht erleiden. 53 Bist
du etwa größer als unser Vater Abraham? Er
ist gestorben und die Propheten sind gestor-
ben. Für wen gibst du dich aus? 54 Jesus ant-
wortete: Wenn ich mich selbst verherrliche,
ist meine Herrlichkeit nichts. Mein Vater ist
es, der mich verherrlicht, er, von dem ihr sagt:
Er ist unser Gott. 55 Doch ihr habt ihn nicht
erkannt. Ich aber kenne ihn, und wenn ich
sagen würde: Ich kenne ihn nicht, so wäre ich
ein Lügner wie ihr. Aber ich kenne ihn und
halte an seinem Wort fest. 56 Euer Vater Ab-
raham jubelte, weil er meinen Tag sehen soll-
te. Er sah ihn und freute sich. 57 Die Juden
entgegneten: Du bist noch keine fünfzig Jah-
re alt und willst Abraham gesehen haben?
58 Jesus erwiderte ihnen: Amen, amen, ich
sage euch: Noch ehe Abraham wurde, bin ich.
59 Da hoben sie Steine auf, um sie auf ihn zu
werfen. Jesus aber verbarg sich und verließ
den Tempel.

31: 14,21–23 / **34:** 1 Joh 3,8 / **37:** Mt 3,9; Lk 3,8 / **41–42:** Dtn 6,4f. / **42:** 1 Joh 5,1 / **44:** 1 Joh 3,8–15 / **46:** 1 Joh 3,5 / **47:** 1 Joh 4,6 / **48:** 7,20; 10,20 / **50:** 7,18 / **53:** 4,12 / **56:** Gen 17,17 / **59:** 10,31.39; 11,8

DIE HEILUNG DES BLINDGEBORENEN: 9,1–41

9 1 Unterwegs sah Jesus einen Mann, der
seit seiner Geburt blind war. 2 Da fragten
ihn seine Jünger: Rabbi, wer hat gesündigt?
Er selbst oder seine Eltern, sodass er blind
geboren wurde? 3 Jesus antwortete: Weder er
noch seine Eltern haben gesündigt, sondern
die Werke Gottes sollen an ihm offenbar
werden. 4 Wir müssen, solange es Tag ist, die
Werke dessen vollbringen, der mich gesandt
hat; es kommt die Nacht, in der niemand
mehr wirken kann. 5 Solange ich in der Welt
bin, bin ich das Licht der Welt. 6 Als er dies
gesagt hatte, spuckte er auf die Erde; dann
machte er mit dem Speichel einen Teig, strich
ihn dem Blinden auf die Augen 7 und sagte zu
ihm: Geh und wasch dich in dem Teich Schi-
loach! Das heißt übersetzt: der Gesandte. Der
Mann ging fort und wusch sich. Und als er
zurückkam, konnte er sehen.

8 Die Nachbarn und jene, die ihn früher als
Bettler gesehen hatten, sagten: Ist das nicht
der Mann, der dasaß und bettelte? 9 Einige
sagten: Er ist es. Andere sagten: Nein, er sieht
ihm nur ähnlich. Er selbst aber sagte: Ich bin
es. 10 Da fragten sie ihn: Wie sind deine Au-
gen geöffnet worden? 11 Er antwortete: Der
Mann, der Jesus heißt, machte einen Teig,
bestrich damit meine Augen und sagte zu
mir: Geh zum Schiloach und wasch dich! Ich
ging hin, wusch mich und konnte sehen.
12 Sie fragten ihn: Wo ist er? Er sagte: Ich weiß
es nicht.

13 Da brachten sie den Mann, der blind ge-
wesen war, zu den Pharisäern. 14 Es war aber
Sabbat an dem Tag, als Jesus den Teig gemacht
und ihm die Augen geöffnet hatte. 15 Auch die
Pharisäer fragten ihn, wie er sehend gewor-
den sei. Er antwortete ihnen: Er legte mir
einen Teig auf die Augen und ich wusch mich
und jetzt sehe ich. 16 Einige der Pharisäer sag-
ten: Dieser Mensch ist nicht von Gott, weil
er den Sabbat nicht hält. Andere aber sagten:
Wie kann ein sündiger Mensch solche Zei-
chen tun? So entstand eine Spaltung unter
ihnen. 17 Da fragten sie den Blinden noch ein-
mal: Was sagst du selbst über ihn? Er hat doch
deine Augen geöffnet. Der Mann sagte: Er ist
ein Prophet.

18 Die Juden aber wollten nicht glauben,
dass er blind gewesen und sehend geworden
war. Daher riefen sie die Eltern des von der
Blindheit Geheilten 19 und fragten sie: Ist das
euer Sohn, von dem ihr sagt, dass er blind
geboren wurde? Wie kommt es, dass er jetzt
sieht? 20 Seine Eltern antworteten: Wir wis-
sen, dass er unser Sohn ist und dass er blind
geboren wurde. 21 Wie es kommt, dass er jetzt
sieht, das wissen wir nicht. Und wer seine
Augen geöffnet hat, das wissen wir auch
nicht. Fragt doch ihn selbst, er ist alt genug
und kann selbst für sich sprechen! 22 Das sag-
ten seine Eltern, weil sie sich vor den Juden
fürchteten; denn die Juden hatten schon be-
schlossen, jeden, der ihn als den Christus
bekenne, aus der Synagoge auszustoßen.
23 Deswegen sagten seine Eltern: Er ist alt ge-
nug, fragt ihn selbst!

24 Da riefen die Pharisäer den Mann, der
blind gewesen war, zum zweiten Mal und
sagten zu ihm: Gib Gott die Ehre! Wir wis-
sen, dass dieser Mensch ein Sünder ist. 25 Er
antwortete: Ob er ein Sünder ist, weiß ich
nicht. Nur das eine weiß ich, dass ich blind
war und jetzt sehe. 26 Sie fragten ihn: Was
hat er mit dir gemacht? Wie hat er deine Au-
gen geöffnet? 27 Er antwortete ihnen: Ich
habe es euch bereits gesagt, aber ihr habt
nicht gehört. Warum wollt ihr es noch ein-
mal hören? Wollt etwa auch ihr seine Jünger
werden? 28 Da beschimpften sie ihn: Du bist
ein Jünger dieses Menschen; wir aber sind
Jünger des Mose. 29 Wir wissen, dass zu
Mose Gott gesprochen hat; aber von dem da
wissen wir nicht, woher er kommt. 30 Der
Mensch antwortete ihnen: Darin liegt ja das
Erstaunliche, dass ihr nicht wisst, woher er
kommt; dabei hat er doch meine Augen ge-
öffnet. 31 Wir wissen, dass Gott Sünder
nicht erhört; wer aber Gott fürchtet und sei-
nen Willen tut, den erhört er. 32 Noch nie hat
man gehört, dass jemand die Augen eines
Blindgeborenen geöffnet hat. 33 Wenn dieser
nicht von Gott wäre, dann hätte er gewiss
nichts ausrichten können. 34 Sie entgegneten
ihm: Du bist ganz und gar in Sünden gebo-
ren und du willst uns belehren? Und sie
stießen ihn hinaus. 35 Jesus hörte, dass sie
ihn hinausgestoßen hatten, und als er ihn
traf, sagte er zu ihm: Glaubst du an den Men-
schensohn?

36 Da antwortete jener und sagte: Wer ist
das, Herr, damit ich an ihn glaube? 37 Jesus
sagte zu ihm: Du hast ihn bereits gesehen; er,
der mit dir redet, ist es. 38 Er aber sagte: Ich
glaube, Herr! Und er warf sich vor ihm nieder.
39 Da sprach Jesus: Um zu richten, bin ich in
diese Welt gekommen: damit die nicht Se-
henden sehen und die Sehenden blind wer-
den. 40 Einige Pharisäer, die bei ihm waren,
hörten dies. Und sie fragten ihn: Sind etwa
auch wir blind? 41 Jesus sagte zu ihnen: Wenn
ihr blind wärt, hättet ihr keine Sünde. Jetzt
aber sagt ihr: Wir sehen. Darum bleibt eure
Sünde.

4–5: 12,35f. / **5**: 8,12 / **7**: 2 Kön 5,10; Jes 8,6; Lk 13,4 / **14**: 5,9 / **16**: 7,43; 10,19 / **22**: 7,13; 12,42; 16,2 / **24**: Jos 7,19; 2 Chr 30,8; Ps 66,2; 68,35; Jes 42,12 / **29**: 5,45f. / **34**: Ps 51,7 / **37**: 4,26 / **39**: 3,19; 5,24 / **41**: 9,2

DER GUTE HIRT: 10,1–21

10 1 Amen, amen, ich sage euch: Wer in
den Schafstall nicht durch die Tür hi-
neingeht, sondern anderswo einsteigt, der ist
ein Dieb und ein Räuber. 2 Wer aber durch die
Tür hineingeht, ist der Hirt der Schafe. 3 Ihm
öffnet der Türhüter und die Schafe hören auf
seine Stimme; er ruft die Schafe, die ihm ge-
hören, einzeln beim Namen und führt sie
hinaus. 4 Wenn er alle seine Schafe hinausge-
trieben hat, geht er ihnen voraus und die
Schafe folgen ihm; denn sie kennen seine
Stimme. 5 Einem Fremden aber werden sie
nicht folgen, sondern sie werden vor ihm flie-
hen, weil sie die Stimme der Fremden nicht
kennen. 6 Dieses Gleichnis erzählte ihnen
Jesus; aber sie verstanden nicht den Sinn des-
sen, was er ihnen gesagt hatte.

7 Weiter sagte Jesus zu ihnen: Amen, amen,
ich sage euch: Ich bin die Tür zu den Schafen.
8 Alle, die vor mir kamen, sind Diebe und
Räuber; aber die Schafe haben nicht auf sie
gehört. 9 Ich bin die Tür; wer durch mich hi-
neingeht, wird gerettet werden; er wird ein-
und ausgehen und Weide finden. 10 Der Dieb
kommt nur, um zu stehlen, zu schlachten
und zu vernichten; ich bin gekommen, damit
sie das Leben haben und es in Fülle haben.

11 Ich bin der gute Hirt. Der gute Hirt gibt
sein Leben hin für die Schafe. 12 Der bezahl-
te Knecht aber, der nicht Hirt ist und dem die
Schafe nicht gehören, sieht den Wolf kom-
men, lässt die Schafe im Stich und flieht; und
der Wolf reißt sie und zerstreut sie. Er flieht,
13 weil er nur ein bezahlter Knecht ist und
ihm an den Schafen nichts liegt. 14 Ich bin der
gute Hirt; ich kenne die Meinen und die Mei-
nen kennen mich, 15 wie mich der Vater kennt
und ich den Vater kenne; und ich gebe mein
Leben hin für die Schafe. 16 Ich habe noch
andere Schafe, die nicht aus diesem Stall
sind; auch sie muss ich führen und sie wer-
den auf meine Stimme hören; dann wird es
nur eine Herde geben und einen Hirten.
17 Deshalb liebt mich der Vater, weil ich mein
Leben hingebe, um es wieder zu nehmen.
18 Niemand entreißt es mir, sondern ich gebe
es von mir aus hin. Ich habe Macht, es hin-
zugeben, und ich habe Macht, es wieder zu
nehmen. Diesen Auftrag habe ich von mei-
nem Vater empfangen.

19 Wegen dieser Worte kam es unter den
Juden erneut zu einer Spaltung. 20 Viele von

ihnen sagten: Er ist von einem Dämon beses-
sen und redet im Wahn. Warum hört ihr ihm
zu? 21 Andere sagten: So redet kein Besesse-
ner. Kann ein Dämon die Augen von Blinden
öffnen?

6: 16,25 / **7:** Ps 118,20 / **8:** Jer 23,1f. / **9:** Jes 49,9f. / **11:** Ez 34,11–22; Mt 18,12–14; Lk 15,3–7 / **14:** 10,4 / **15:** Mt 11,25; Lk 10,22 / **16:** Ez 37,24 / **17:** 3,35 / **18:** 13,3 / **20:** 7,20; 8,48.52; Mk 3,22.30

JESUS BEIM FEST DER TEMPELWEIHE IN JERUSALEM: 10,22–39

22 Um diese Zeit fand in Jerusalem das Tem-
pelweihfest statt. Es war Winter 23 und Jesus
ging im Tempel in der Halle Salomos auf und
ab. 24 Da umringten ihn die Juden und fragten
ihn: Wie lange hältst du uns noch hin? Wenn
du der Christus bist, sag es uns offen! 25 Jesus
antwortete ihnen: Ich habe es euch gesagt,
aber ihr glaubt nicht. Die Werke, die ich im
Namen meines Vaters vollbringe, legen
Zeugnis für mich ab; 26 ihr aber glaubt nicht,
weil ihr nicht zu meinen Schafen gehört.
27 Meine Schafe hören auf meine Stimme; ich
kenne sie und sie folgen mir. 28 Ich gebe ihnen
ewiges Leben. Sie werden niemals zugrunde
gehen und niemand wird sie meiner Hand
entreißen. 29 Mein Vater, der sie mir gab, ist
größer als alle und niemand kann sie der
Hand meines Vaters entreißen. 30 Ich und der
Vater sind eins.

31 Da hoben die Juden wiederum Steine auf,
um ihn zu steinigen. 32 Jesus hielt ihnen ent-
gegen: Viele gute Werke habe ich im Auftrag
des Vaters vor euren Augen getan. Für wel-
ches dieser Werke wollt ihr mich steinigen?
33 Die Juden antworteten ihm: Wir steinigen
dich nicht wegen eines guten Werkes, son-
dern wegen Gotteslästerung; denn du bist
nur ein Mensch und machst dich selbst zu
Gott. 34 Jesus erwiderte ihnen: Steht nicht
geschrieben in eurem Gesetz: *Ich habe ge-*
sagt: Ihr seid Götter? 35 Wenn er jene Men-
schen Götter genannt hat, an die das Wort
Gottes ergangen ist, und wenn die Schrift
nicht aufgehoben werden kann, 36 dürft ihr
dann von dem, den der Vater geheiligt und in
die Welt gesandt hat, sagen: Du lästerst Gott
– weil ich gesagt habe: Ich bin Gottes Sohn?
37 Wenn ich nicht die Werke meines Vaters
vollbringe, dann glaubt mir nicht! 38 Aber
wenn ich sie vollbringe, dann glaubt wenigs-
tens den Werken, wenn ihr mir nicht glaubt!
Dann werdet ihr erkennen und einsehen,
dass in mir der Vater ist und ich im Vater bin.
39 Wieder suchten sie ihn festzunehmen; er
aber entzog sich ihrem Zugriff.

22: 1 Makk 4,59 / **25:** 5,36f. / **27:** 10,3 / **28:** 6,39; 17,12 / **31:** 8,59; 10,39; 11,8 / **34:** Ps 82,6 / **36:** 17,17 / **37:** 5,36; 15,24 / **38:** 14,10f.; 17,21 / **39:** 7,30; 8,59

RÜCKZUG JESU ÜBER DEN JORDAN. RÜCKBLICK AUF DEN TÄUFER: 10,40–42

40 Dann ging Jesus wieder weg auf die andere
Seite des Jordan, an den Ort, wo Johannes
zuerst getauft hatte; und dort blieb er. 41 Vie-
le kamen zu ihm. Sie sagten: Johannes hat
kein Zeichen getan; aber alles, was Johannes
über diesen gesagt hat, erwies sich als wahr.
42 Und viele kamen dort zum Glauben an ihn.

40: 1,28 / **42:** 8,30; 12,11

10,29 Einige Textzeugen: Was mein Vater mir gegeben hat, ist größer als alles und niemand kann es der Hand meines Vaters entreißen.

JESUS AUF DEM WEG IN DIE PASSION: 11,1–12,50

DIE AUFERWECKUNG DES LAZARUS: 11,1–46

11 1 Ein Mann war krank, Lazarus aus Be-
tanien, dem Dorf der Maria und ihrer
Schwester Marta. 2 Maria war jene, die den
Herrn mit Öl gesalbt und seine Füße mit ih-
ren Haaren abgetrocknet hatte; deren Bruder
Lazarus war krank. 3 Daher sandten die
Schwestern Jesus die Nachricht: Herr, sieh:
Der, den du liebst, er ist krank. 4 Als Jesus das
hörte, sagte er: Diese Krankheit führt nicht
zum Tod, sondern dient der Verherrlichung
Gottes. Durch sie soll der Sohn Gottes ver-
herrlicht werden. 5 Jesus liebte aber Marta,
ihre Schwester und Lazarus. 6 Als er hörte,
dass Lazarus krank war, blieb er noch zwei
Tage an dem Ort, wo er sich aufhielt.

7 Danach sagte er zu den Jüngern: Lasst uns
wieder nach Judäa gehen. 8 Die Jünger sagten
zu ihm: Rabbi, eben noch suchten dich die
Juden zu steinigen und du gehst wieder dort-
hin? 9 Jesus antwortete: Hat der Tag nicht
zwölf Stunden? Wenn jemand am Tag um-
hergeht, stößt er nicht an, weil er das Licht
dieser Welt sieht; 10 wenn aber jemand in der
Nacht umhergeht, stößt er an, weil das Licht
nicht in ihm ist. 11 So sprach er. Dann sagte er
zu ihnen: Lazarus, unser Freund, schläft;
aber ich gehe hin, um ihn aufzuwecken. 12 Da
sagten die Jünger zu ihm: Herr, wenn er
schläft, dann wird er gesund werden. 13 Jesus
hatte aber von seinem Tod gesprochen, wäh-
rend sie meinten, er spreche von dem ge-
wöhnlichen Schlaf. 14 Darauf sagte ihnen
Jesus unverhüllt: Lazarus ist gestorben.
15 Und ich freue mich für euch, dass ich nicht
dort war; denn ich will, dass ihr glaubt. Doch
wir wollen zu ihm gehen. 16 Da sagte Thomas,
genannt Didymus, zu den anderen Jüngern:
Lasst uns mit ihm gehen, um mit ihm zu ster-
ben!

17 Als Jesus ankam, fand er Lazarus schon
vier Tage im Grab liegen. 18 Betanien war
nahe bei Jerusalem, etwa fünfzehn Stadien
entfernt. 19 Viele Juden waren zu Marta und
Maria gekommen, um sie wegen ihres Bru-
ders zu trösten. 20 Als Marta hörte, dass Jesus
komme, ging sie ihm entgegen, Maria aber
blieb im Haus sitzen. 21 Marta sagte zu Jesus:
Herr, wärst du hier gewesen, dann wäre
mein Bruder nicht gestorben. 22 Aber auch
jetzt weiß ich: Alles, worum du Gott bittest,
wird Gott dir geben. 23 Jesus sagte zu ihr:
Dein Bruder wird auferstehen. 24 Marta sag-
te zu ihm: Ich weiß, dass er auferstehen wird
bei der Auferstehung am Jüngsten Tag. 25 Je-
sus sagte zu ihr: Ich bin die Auferstehung
und das Leben. Wer an mich glaubt, wird
leben, auch wenn er stirbt, 26 und jeder, der
lebt und an mich glaubt, wird auf ewig nicht
sterben. Glaubst du das? 27 Marta sagte zu
ihm: Ja, Herr, ich glaube, dass du der Chris-
tus bist, der Sohn Gottes, der in die Welt
kommen soll.

28 Nach diesen Worten ging sie weg, rief
heimlich ihre Schwester Maria und sagte zu
ihr: Der Meister ist da und lässt dich rufen.
29 Als Maria das hörte, stand sie sofort auf
und ging zu ihm. 30 Denn Jesus war noch
nicht in das Dorf gekommen; er war noch
dort, wo ihn Marta getroffen hatte. 31 Die
Juden, die bei Maria im Haus waren und sie
trösteten, sahen, dass sie plötzlich aufstand
und hinausging. Da folgten sie ihr, weil sie
meinten, sie gehe zum Grab, um dort zu wei-
nen. 32 Als Maria dorthin kam, wo Jesus war,
und ihn sah, fiel sie ihm zu Füßen und sagte
zu ihm: Herr, wärst du hier gewesen, dann
wäre mein Bruder nicht gestorben. 33 Als
Jesus sah, wie sie weinte und wie auch die
Juden weinten, die mit ihr gekommen wa-
ren, war er im Innersten erregt und erschüt-
tert. 34 Er sagte: Wo habt ihr ihn bestattet?
Sie sagten zu ihm: Herr, komm und sieh!
35 Da weinte Jesus. 36 Die Juden sagten: Seht,
wie lieb er ihn hatte! 37 Einige aber sagten:
Wenn er dem Blinden die Augen geöffnet
hat, hätte er dann nicht auch verhindern
können, dass dieser hier starb? 38 Da wurde
Jesus wiederum innerlich erregt und er ging
zum Grab. Es war eine Höhle, die mit einem
Stein verschlossen war. 39 Jesus sagte:
Nehmt den Stein weg! Marta, die Schwester
des Verstorbenen, sagte zu ihm: Herr, er
riecht aber schon, denn es ist bereits der
vierte Tag. 40 Jesus sagte zu ihr: Habe ich dir
nicht gesagt: Wenn du glaubst, wirst du die
Herrlichkeit Gottes sehen? 41 Da nahmen sie
den Stein weg. Jesus aber erhob seine Augen
und sprach: Vater, ich danke dir, dass du
mich erhört hast. 42 Ich wusste, dass du mich
immer erhörst; aber wegen der Menge, die
um mich herumsteht, habe ich es gesagt,
damit sie glauben, dass du mich gesandt
hast. 43 Nachdem er dies gesagt hatte, rief er
mit lauter Stimme: Lazarus, komm heraus!
44 Da kam der Verstorbene heraus; seine
Füße und Hände waren mit Binden umwi-
ckelt und sein Gesicht war mit einem
Schweißtuch verhüllt. Jesus sagte zu ihnen:
Löst ihm die Binden und lasst ihn wegge-
hen! 45 Viele der Juden, die zu Maria gekom-
men waren und gesehen hatten, was Jesus
getan hatte, kamen zum Glauben an ihn.
46 Aber einige von ihnen gingen zu den Pha-
risäern und sagten ihnen, was er getan hatte.

1: Lk 10,38f. / **2**: 12,1–8 / **4**: 11,40 / **8**: 8,59; 10,31 / **9–10**: 12,35f. / **16**: 12,25f.; 13,36–38; 14,5–8; 20,24–29 / **25**: 5,21.26 / **27**: 6,69; 20,31; Mt 16,16 / **33**: 12,27; 13,21 / **37**: 9,1–12 / **40**: 11,4 / **41**: 12,27f.; 17,1 / **42**: 17,8.21.23.25 / **44**: 19,40; 20,7

11,16 Didymus: Zwilling.

DER TODESBESCHLUSS GEGEN JESUS. DAS LETZTE PASCHAFEST: 11,47–57

47 Da beriefen die Hohepriester und die Pha-
risäer eine Versammlung des Hohen Rates
ein. Sie sagten: Was sollen wir tun? Dieser
Mensch tut viele Zeichen. 48 Wenn wir ihn
gewähren lassen, werden alle an ihn glauben.
Dann werden die Römer kommen und uns
die heilige Stätte und das Volk nehmen. 49 Ei-
ner von ihnen, Kajaphas, der Hohepriester
jenes Jahres, sagte zu ihnen: Ihr versteht
nichts. 50 Ihr bedenkt nicht, dass es besser für
euch ist, wenn ein einziger Mensch für das
Volk stirbt, als wenn das ganze Volk zugrun-
de geht. 51 Das sagte er nicht aus sich selbst;
sondern weil er der Hohepriester jenes Jahres
war, sagte er aus prophetischer Eingebung,
dass Jesus für das Volk sterben werde. 52 Aber
er sollte nicht nur für das Volk sterben, son-
dern auch, um die versprengten Kinder Got-
tes wieder zu sammeln. 53 Von diesem Tag an
waren sie entschlossen, ihn zu töten. 54 Jesus
ging von nun an nicht mehr öffentlich unter
den Juden umher, sondern zog sich von dort
in die Gegend nahe der Wüste zurück, zu ei-
ner Stadt namens Efraim. Dort blieb er mit
seinen Jüngern.

55 Das Paschafest der Juden war nahe und
viele zogen schon vor dem Paschafest aus
dem ganzen Land nach Jerusalem hinauf, um
sich zu heiligen. 56 Sie suchten Jesus und sag-
ten zueinander, während sie im Tempel zu-
sammenstanden: Was meint ihr? Er wird
wohl kaum zum Fest kommen. 57 Die Hohe-
priester und die Pharisäer hatten nämlich
angeordnet, wenn jemand wisse, wo er sich
aufhält, solle er es melden, damit sie ihn fest-
nehmen könnten.

47–53: Mt 26,3–5; Mk 14,1f.; Lk 22,1f. / **50:** 2 Sam 20,14–22; Jona 1,8–15 / **52:** 10,11.15f. / **55:** 2,13; 6,4; 18,28; Num 9,6–13; 2 Chr 30,15–19

DIE SALBUNG JESU IN BETANIEN: 12,1–11

12 1 Sechs Tage vor dem Paschafest kam
Jesus nach Betanien, wo Lazarus war,
den er von den Toten auferweckt hatte. 2 Dort
bereiteten sie ihm ein Mahl; Marta bediente
und Lazarus war unter denen, die mit Jesus bei
Tisch waren. 3 Da nahm Maria ein Pfund ech-
tes, kostbares Nardenöl, salbte Jesus die Füße
und trocknete sie mit ihren Haaren. Das Haus
wurde vom Duft des Öls erfüllt. 4 Doch einer
von seinen Jüngern, Judas Iskariot, der ihn
später auslieferte, sagte: 5 Warum hat man die-
ses Öl nicht für dreihundert Denare verkauft
und den Erlös den Armen gegeben? 6 Das sag-
te er aber nicht, weil er ein Herz für die Armen
gehabt hätte, sondern weil er ein Dieb war; er
hatte nämlich die Kasse und veruntreute die
Einkünfte. 7 Jesus jedoch sagte: Lass sie, damit
sie es für den Tag meines Begräbnisses aufbe-
wahrt! 8 Die Armen habt ihr immer bei euch,
mich aber habt ihr nicht immer.

9 Eine große Menge der Juden hatte erfah-
ren, dass Jesus dort war, und sie kamen, je-
doch nicht nur um Jesu willen, sondern auch
um Lazarus zu sehen, den er von den Toten
auferweckt hatte. 10 Die Hohepriester aber
beschlossen, auch Lazarus zu töten, 11 weil
viele Juden seinetwegen hingingen und an
Jesus glaubten.

1–8: Mt 26,6–13; Mk 14,3–9; Lk 7,36–50 / **6:** 13,29 / **8:** Dtn 15,11

JESU EINZUG IN JERUSALEM: 12,12–19

12 Am Tag darauf hörte die große Volksmen-
ge, die sich zum Fest eingefunden hatte, Jesus
komme nach Jerusalem. 13 Da nahmen sie
Palmzweige, zogen hinaus, um ihn zu emp-
fangen, und riefen: *Hosanna! Gesegnet sei er,*
der kommt im Namen des Herrn, der *König*
Israels! 14 Jesus fand einen jungen Esel und
setzte sich darauf – wie es in der Schrift heißt:
15 *Fürchte dich nicht, Tochter Zion! Siehe,*
dein König kommt; er sitzt auf dem Fohlen
einer Eselin. 16 Das alles verstanden seine Jün-
ger zunächst nicht; als Jesus aber verherrlicht
war, da wurde ihnen bewusst, dass es so über
ihn geschrieben stand und dass man so an
ihm gehandelt hatte. 17 Die Menge, die bei
Jesus gewesen war, als er Lazarus aus dem
Grab rief und von den Toten auferweckte,
legte Zeugnis für ihn ab. 18 Ebendeshalb war
die Menge ihm entgegengezogen, weil sie
gehört hatte, er habe dieses Zeichen getan.
19 Die Pharisäer aber sagten zueinander: Ihr
seht, dass ihr nichts ausrichtet; alle Welt läuft
ihm nach.

12–19: Mt 21,1–9; Mk 11,1–10; Lk 19,28–38 / **13:** Ps 118,25f.; Zef 3,15 G / **15:** Jes 40,9; Sach 9,9 / **16:** 2,21

DIE STUNDE DER ENTSCHEIDUNG: 12,20–36

20 Unter den Pilgern, die beim Fest Gott an-
beten wollten, gab es auch einige Griechen.
21 Diese traten an Philippus heran, der aus
Betsaida in Galiläa stammte, und baten ihn:

Herr, wir möchten Jesus sehen. 22 Philippus
ging und sagte es Andreas; Andreas und Phi-
lippus gingen und sagten es Jesus. 23 Jesus
aber antwortete ihnen: Die Stunde ist ge-
kommen, dass der Menschensohn verherr-
licht wird. 24 Amen, amen, ich sage euch:
Wenn das Weizenkorn nicht in die Erde fällt
und stirbt, bleibt es allein; wenn es aber
stirbt, bringt es reiche Frucht. 25 Wer sein Le-
ben liebt, verliert es; wer aber sein Leben in
dieser Welt gering achtet, wird es bewahren
bis ins ewige Leben. 26 Wenn einer mir dienen
will, folge er mir nach; und wo ich bin, dort
wird auch mein Diener sein. Wenn einer mir
dient, wird der Vater ihn ehren. 27 Jetzt *ist
meine Seele erschüttert*. Was soll ich sagen:
Vater, rette mich aus dieser Stunde? Aber
deshalb bin ich in diese Stunde gekommen.
28 Vater, verherrliche deinen Namen! Da kam
eine Stimme vom Himmel: Ich habe ihn
schon verherrlicht und werde ihn wieder ver-
herrlichen.

29 Die Menge, die dabeistand und das hörte,
sagte: Es hat gedonnert. Andere sagten: Ein
Engel hat zu ihm geredet. 30 Jesus antwortete
und sagte: Nicht mir galt diese Stimme, son-
dern euch. 31 Jetzt wird Gericht gehalten über
diese Welt; jetzt wird der Herrscher dieser
Welt hinausgeworfen werden. 32 Und ich,
wenn ich über die Erde erhöht bin, werde alle
zu mir ziehen. 33 Das sagte er, um anzudeu-
ten, auf welche Weise er sterben werde.

34 Die Menge jedoch hielt ihm entgegen:
Wir haben aus dem Gesetz gehört, dass der
Christus bis in Ewigkeit bleiben wird. Wie
kannst du sagen, der Menschensohn müsse
erhöht werden? Wer ist dieser Menschen-
sohn? 35 Da sagte Jesus zu ihnen: Nur noch
kurze Zeit ist das Licht bei euch. Geht euren
Weg, solange ihr das Licht habt, damit euch
nicht die Finsternis überrascht! Wer in der
Finsternis geht, weiß nicht, wohin er gerät.
36 Solange ihr das Licht bei euch habt, glaubt
an das Licht, damit ihr Söhne des Lichts wer-
det! Dies sagte Jesus. Und er ging fort und
verbarg sich vor ihnen.

20: 7,35 / **21:** 1,44 / **23:** 7,30; 8,20; 13,1; 17,1 / **25:** Mt 10,39; 16,25; Mk 8,35; Lk 9,24; 17,33 / **27:** Ps 6,4f.; Mt 26,36–46; Mk 14,32–42; Lk 22,39–46 / **28:** 17,1 / **31:** 16,11 / **32:** 3,14; 8,28 / **34:** Jes 9,6; Ez 37,25; Ps 89,37; Lk 1,33 / **35:** 9,4f.

RÜCKBLICK AUF DAS WIRKEN JESU
IN ISRAEL: 12,37–43

37 Obwohl Jesus so viele Zeichen vor ihren
Augen getan hatte, glaubten sie nicht an ihn.
38 So sollte sich das Wort erfüllen, das der
Prophet Jesaja gesprochen hat: *Herr, wer hat
unserer Botschaft geglaubt? Und der Arm
des Herrn – wem wurde seine Macht offen-
bar?* 39 Denn sie konnten nicht glauben, weil
Jesaja an einer anderen Stelle gesagt hat: 40 Er
hat *ihre Augen* blind gemacht und ihr *Herz*
hart, *damit sie mit ihren Augen nicht sehen
und mit ihrem Herzen nicht zur Einsicht
kommen, damit sie sich nicht bekehren und
ich sie nicht heile*. 41 Das sagte Jesaja, weil er
Jesu Herrlichkeit gesehen hatte; über ihn
nämlich hat er gesprochen. 42 Dennoch ka-
men sogar von den führenden Männern
viele zum Glauben an ihn; aber wegen der
Pharisäer bekannten sie es nicht offen, um
nicht aus der Synagoge ausgestoßen zu wer-
den. 43 Denn sie liebten die Ehre der Men-
schen mehr als die Ehre Gottes.

38: Jes 53,1 G / **40:** Jes 6,10; Mt 13,13–15; Mk 4,12; Lk 8,10; Apg 28,26 / **41:** Jes 6,1–4 / **42:** 3,1; 7,50f.; 9,22; 16,2; 19,38f. / **43:** 5,44

JESU LETZTER AUFRUF ZUM GLAUBEN:
12,44–50

44 Jesus aber rief aus: Wer an mich glaubt,
glaubt nicht an mich, sondern an den, der
mich gesandt hat, 45 und wer mich sieht, sieht
den, der mich gesandt hat. 46 Ich bin als Licht
in die Welt gekommen, damit jeder, der an
mich glaubt, nicht in der Finsternis bleibt.
47 Wer meine Worte nur hört und sie nicht
befolgt, den richte nicht ich; denn ich bin
nicht gekommen, um die Welt zu richten,
sondern um die Welt zu retten. 48 Wer mich
verachtet und meine Worte nicht annimmt,
der hat schon seinen Richter: Das Wort, das
ich gesprochen habe, wird ihn richten am
Jüngsten Tag. 49 Denn ich habe nicht von mir
aus gesprochen, sondern der Vater, der mich
gesandt hat, hat mir aufgetragen, was ich sa-
gen und reden soll. 50 Und ich weiß, dass sein
Auftrag ewiges Leben ist. Was ich also sage,
sage ich so, wie es mir der Vater gesagt hat.

44–45: 5,36; 6,57; 11,42; 17,8.21.23.25 / **46:** 1,9; 8,12; 9,5 / **47:** 3,17 / **50:** 3,17; 17,3; Dtn 32,47f.

DER ABSCHIED JESU: 13,1–17,26

DIE FUSSWASCHUNG: 13,1–20

13 1 Es war vor dem Paschafest. Jesus wuss-
te, dass seine Stunde gekommen war,
um aus dieser Welt zum Vater hinüberzuge-
hen. Da er die Seinen liebte, die in der Welt
waren, liebte er sie bis zur Vollendung. 2 Es fand
ein Mahl statt und der Teufel hatte Judas, dem
Sohn des Simon Iskariot, schon ins Herz gege-
ben, ihn auszuliefern. 3 Jesus, der wusste, dass
ihm der Vater alles in die Hand gegeben hatte
und dass er von Gott gekommen war und zu
Gott zurückkehrte, 4 stand vom Mahl auf, leg-
te sein Gewand ab und umgürtete sich mit
einem Leinentuch. 5 Dann goss er Wasser in
eine Schüssel und begann, den Jüngern die
Füße zu waschen und mit dem Leinentuch
abzutrocknen, mit dem er umgürtet war. 6 Als
er zu Simon Petrus kam, sagte dieser zu ihm:
Du, Herr, willst mir die Füße waschen? 7 Jesus
sagte zu ihm: Was ich tue, verstehst du jetzt
noch nicht; doch später wirst du es begreifen.
8 Petrus entgegnete ihm: Niemals sollst du mir
die Füße waschen! Jesus erwiderte ihm: Wenn
ich dich nicht wasche, hast du keinen Anteil an
mir. 9 Da sagte Simon Petrus zu ihm: Herr,
dann nicht nur meine Füße, sondern auch die
Hände und das Haupt. 10 Jesus sagte zu ihm:
Wer vom Bad kommt, ist ganz rein und braucht
sich nur noch die Füße zu waschen. Auch ihr
seid rein, aber nicht alle. 11 Er wusste nämlich,
wer ihn ausliefern würde; darum sagte er: Ihr
seid nicht alle rein.

12 Als er ihnen die Füße gewaschen, sein
Gewand wieder angelegt und Platz genom-
men hatte, sagte er zu ihnen: Begreift ihr,
was ich an euch getan habe? 13 Ihr sagt zu mir
Meister und Herr und ihr nennt mich mit
Recht so; denn ich bin es. 14 Wenn nun ich,
der Herr und Meister, euch die Füße gewa-
schen habe, dann müsst auch ihr einander
die Füße waschen. 15 Ich habe euch ein Bei-
spiel gegeben, damit auch ihr so handelt, wie
ich an euch gehandelt habe. 16 Amen, amen,
ich sage euch: Der Sklave ist nicht größer als
sein Herr und der Abgesandte ist nicht grö-
ßer als der, der ihn gesandt hat. 17 Wenn ihr
das wisst – selig seid ihr, wenn ihr danach
handelt. 18 Ich sage das nicht von euch allen.
Ich weiß wohl, welche ich erwählt habe, aber
das Schriftwort muss sich erfüllen: *Der mein
Brot isst*, hat *seine Ferse gegen mich* erhoben.
19 Ich sage es euch schon jetzt, ehe es ge-
schieht, damit ihr, wenn es geschehen ist,
glaubt: Ich bin es. 20 Amen, amen, ich sage
euch: Wer einen aufnimmt, den ich senden
werde, nimmt mich auf; wer aber mich auf-
nimmt, nimmt den auf, der mich gesandt hat.

1: 2,13; 6,4; 11,55 / **2:** Mt 26,14–16; Mk 14,10f.; Lk 22,3–6 / **14:** Mt 20,28; Mk 10,45; Lk 22,26f. / **16:** Mt 10,24; Lk 6,40 / **18:** Ps 41,10; Mt 26,21; Mk 14,18; Lk 22,21 / **20:** Mt 10,40; Lk 10,16

DIE ANKÜNDIGUNG DER AUSLIEFERUNG: 13,21–30

21 Nach diesen Worten wurde Jesus im Geiste
erschüttert und bezeugte: Amen, amen, ich
sage euch: Einer von euch wird mich auslie-
fern. 22 Die Jünger blickten sich ratlos an, weil
sie nicht wussten, wen er meinte. 23 Einer von
den Jüngern lag an der Seite Jesu; es war der,
den Jesus liebte. 24 Simon Petrus nickte ihm zu,
er solle fragen, von wem Jesus spreche. 25 Da
lehnte sich dieser zurück an die Brust Jesu und
fragte ihn: Herr, wer ist es? 26 Jesus antwortete:
Der ist es, dem ich den Bissen Brot, den ich
eintauche, geben werde. Dann tauchte er das
Brot ein, nahm es und gab es Judas, dem Sohn
des Simon Iskariot. 27 Als Judas den Bissen Brot
genommen hatte, fuhr der Satan in ihn. Jesus
sagte zu ihm: Was du tun willst, das tue bald!
28 Aber keiner der Anwesenden verstand, wa-
rum er ihm das sagte. 29 Weil Judas die Kasse
hatte, meinten einige, Jesus wolle ihm sagen:
Kaufe, was wir zum Fest brauchen! oder Jesus
trage ihm auf, den Armen etwas zu geben.
30 Als Judas den Bissen Brot genommen hatte,
ging er sofort hinaus. Es war aber Nacht.

21–30: Mt 26,21–25; Mk 14,18–21; Lk 22,21–23 / **23:** 19,26f.; 20,3–10; 21,7.20–24 / **27:** Lk 22,3 / **29:** 12,4–6

DIE ÜBERLEITUNG ZU DEN ABSCHIEDSREDEN: 13,31–38

31 Als Judas hinausgegangen war, sagte Jesus:
Jetzt ist der Menschensohn verherrlicht und

13,10 Wer vom Bad kommt, ist ganz rein und braucht sich nur noch die Füße zu waschen, wörtlich: Wer gebadet ist, braucht sich nur noch die Füße zu waschen, vielmehr ist er ganz rein. Andere Textzeugen: Wer gebadet ist, braucht sich nicht zu waschen, vielmehr ist er ganz rein.

13,18 Hat seine Ferse gegen mich erhoben: bildlicher Ausdruck für: hat mich hintergangen. Vgl. Ps 41,10.

Gott ist in ihm verherrlicht. 32 Wenn Gott in
ihm verherrlicht ist, wird auch Gott ihn in
sich verherrlichen und er wird ihn bald ver-
herrlichen. 33 Meine Kinder, ich bin nur noch
kurze Zeit bei euch. Ihr werdet mich suchen,
und was ich den Juden gesagt habe, sage ich
jetzt auch euch: Wohin ich gehe, dorthin
könnt ihr nicht gelangen. 34 Ein neues Gebot
gebe ich euch: Liebt einander! Wie ich euch
geliebt habe, so sollt auch ihr einander lieben.
35 Daran werden alle erkennen, dass ihr mei-
ne Jünger seid: wenn ihr einander liebt.

36 Simon Petrus fragte ihn: Herr, wohin
gehst du? Jesus antwortete ihm: Wohin ich
gehe, dorthin kannst du mir jetzt nicht fol-
gen. Du wirst mir aber später folgen. 37 Petrus
sagte zu ihm: Herr, warum kann ich dir jetzt
nicht folgen? Mein Leben will ich für dich
hingeben. 38 Jesus entgegnete: Du willst für
mich dein Leben hingeben? Amen, amen, ich
sage dir: Noch ehe der Hahn kräht, wirst du
mich dreimal verleugnen.

31: 7,39; 12,16.23.28; 17,1.4f. / **33**: 7,33; 8,21 / **34**: 1 Joh 2,7–11; 4,7–21 / **35**: 17,21.23 / **36**: 21,18f. / **37–38**: Mt 26,33–35; Mk 14,29–31; Lk 22,31–34

DIE ERSTE ABSCHIEDSREDE. FORTGANG UND NEUES KOMMEN JESU: 14,1–31

14 1 Euer Herz lasse sich nicht verwirren.
Glaubt an Gott und glaubt an mich!
2 Im Haus meines Vaters gibt es viele Woh-
nungen. Wenn es nicht so wäre, hätte ich
euch dann gesagt: Ich gehe, um einen Platz
für euch vorzubereiten? 3 Wenn ich gegangen
bin und einen Platz für euch vorbereitet habe,
komme ich wieder und werde euch zu mir
holen, damit auch ihr dort seid, wo ich bin.
4 Und wohin ich gehe – den Weg dorthin
kennt ihr. 5 Thomas sagte zu ihm: Herr, wir
wissen nicht, wohin du gehst. Wie können
wir dann den Weg kennen? 6 Jesus sagte zu
ihm: Ich bin der Weg und die Wahrheit und
das Leben; niemand kommt zum Vater außer
durch mich. 7 Wenn ihr mich erkannt habt,
werdet ihr auch meinen Vater erkennen.
Schon jetzt kennt ihr ihn und habt ihn gese-
hen. 8 Philippus sagte zu ihm: Herr, zeig uns
den Vater; das genügt uns. 9 Jesus sagte zu
ihm: Schon so lange bin ich bei euch und du
hast mich nicht erkannt, Philippus? Wer
mich gesehen hat, hat den Vater gesehen. Wie
kannst du sagen: Zeig uns den Vater?
10 Glaubst du nicht, dass ich im Vater bin und
dass der Vater in mir ist? Die Worte, die ich
zu euch sage, habe ich nicht aus mir selbst.
Der Vater, der in mir bleibt, vollbringt seine
Werke. 11 Glaubt mir doch, dass ich im Vater
bin und dass der Vater in mir ist; wenn nicht,
dann glaubt aufgrund eben dieser Werke!
12 Amen, amen, ich sage euch: Wer an mich
glaubt, wird die Werke, die ich vollbringe,
auch vollbringen und er wird noch größere
als diese vollbringen, denn ich gehe zum Va-
ter. 13 Alles, um was ihr in meinem Namen
bitten werdet, werde ich tun, damit der Vater
im Sohn verherrlicht wird. 14 Wenn ihr mich
um etwas in meinem Namen bitten werdet,
werde ich es tun.

15 Wenn ihr mich liebt, werdet ihr meine
Gebote halten. 16 Und ich werde den Vater
bitten und er wird euch einen anderen Bei-
stand geben, der für immer bei euch bleiben
soll, 17 den Geist der Wahrheit, den die Welt
nicht empfangen kann, weil sie ihn nicht
sieht und nicht kennt. Ihr aber kennt ihn, weil
er bei euch bleibt und in euch sein wird. 18 Ich
werde euch nicht als Waisen zurücklassen,
ich komme zu euch. 19 Nur noch kurze Zeit
und die Welt sieht mich nicht mehr; ihr aber
seht mich, weil ich lebe und auch ihr leben
werdet. 20 An jenem Tag werdet ihr erkennen:
Ich bin in meinem Vater, ihr seid in mir und
ich bin in euch. 21 Wer meine Gebote hat und
sie hält, der ist es, der mich liebt; wer mich
aber liebt, wird von meinem Vater geliebt
werden und auch ich werde ihn lieben und
mich ihm offenbaren. 22 Judas – nicht der Is-
kariot – fragte ihn: Herr, wie kommt es, dass
du dich nur uns offenbaren willst und nicht
der Welt? 23 Jesus antwortete ihm: Wenn je-
mand mich liebt, wird er mein Wort halten;
mein Vater wird ihn lieben und wir werden
zu ihm kommen und bei ihm Wohnung
nehmen. 24 Wer mich nicht liebt, hält meine
Worte nicht. Und das Wort, das ihr hört,
stammt nicht von mir, sondern vom Vater,
der mich gesandt hat.

25 Das habe ich zu euch gesagt, während
ich noch bei euch bin. 26 Der Beistand aber,
der Heilige Geist, den der Vater in meinem
Namen senden wird, der wird euch alles
lehren und euch an alles erinnern, was ich
euch gesagt habe. 27 Frieden hinterlasse ich
euch, meinen Frieden gebe ich euch; nicht,
wie die Welt ihn gibt, gebe ich ihn euch.
Euer Herz beunruhige sich nicht und ver-

zage nicht. 28 Ihr habt gehört, dass ich zu
euch sagte: Ich gehe fort und komme wieder
zu euch. Wenn ihr mich liebtet, würdet ihr
euch freuen, dass ich zum Vater gehe; denn
der Vater ist größer als ich. 29 Jetzt schon
habe ich es euch gesagt, bevor es geschieht,
damit ihr, wenn es geschieht, zum Glauben
kommt. 30 Ich werde nicht mehr viel zu euch
sagen; denn es kommt der Herrscher der
Welt. Über mich hat er keine Macht, 31 aber
die Welt soll erkennen, dass ich den Vater
liebe und so handle, wie es mir der Vater
aufgetragen hat. Steht auf, wir wollen von
hier weggehen!

1: Ps 42,6.12; 43,5 / **2**: 12,26; 13,33; 1 Thess 4,16f.; 2 Kor 5,1 / **5**: 11,16; 20,24 / **6**: Mt 11,27; Lk 10,22 / **8**: 1,45–47; 6,5–7; 12,21f. / **9**: 17,21 / **11**: 10,38 / **13–14**: 15,7.16; 16,24.26f.; Mt 7,7–11; Mk 11,24; Lk 11,9–13 / **15**: Ex 20,6; Dtn 5,10; 7,9 / **16**: 14,26; 15,26; 16,7–14 / **17**: 20,22 / **20**: 10,38; 17,23 / **23–24**: 14,2; 1 Joh 3,23f. / **26**: 14,16; 15,26; 16,7–14 / **27**: 14,1; 16,33; 20,19.21 / **28**: 10,29 / **30–31**: 12,31; Mk 14,41f.; Lk 4,6.13; 22,3.31.40.46

DIE ZWEITE ABSCHIEDSREDE. EINHEIT MIT UND IN JESUS. DER HASS DER WELT: 15,1–16,4a

15 1 Ich bin der wahre Weinstock und
mein Vater ist der Winzer. 2 Jede Rebe
an mir, die keine Frucht bringt, schneidet er
ab und jede Rebe, die Frucht bringt, reinigt
er, damit sie mehr Frucht bringt. 3 Ihr seid
schon rein kraft des Wortes, das ich zu euch
gesagt habe. 4 Bleibt in mir und ich bleibe in
euch. Wie die Rebe aus sich keine Frucht
bringen kann, sondern nur, wenn sie am
Weinstock bleibt, so auch ihr, wenn ihr nicht
in mir bleibt. 5 Ich bin der Weinstock, ihr seid
die Reben. Wer in mir bleibt und in wem ich
bleibe, der bringt reiche Frucht; denn ge-
trennt von mir könnt ihr nichts vollbringen.
6 Wer nicht in mir bleibt, wird wie die Rebe
weggeworfen und er verdorrt. Man sammelt
die Reben, wirft sie ins Feuer und sie ver-
brennen. 7 Wenn ihr in mir bleibt und meine
Worte in euch bleiben, dann bittet um alles,
was ihr wollt: Ihr werdet es erhalten. 8 Mein
Vater wird dadurch verherrlicht, dass ihr
reiche Frucht bringt und meine Jünger wer-
det.

9 Wie mich der Vater geliebt hat, so habe
auch ich euch geliebt. Bleibt in meiner Liebe!
10 Wenn ihr meine Gebote haltet, werdet ihr
in meiner Liebe bleiben, so wie ich die Ge-
bote meines Vaters gehalten habe und in
seiner Liebe bleibe. 11 Dies habe ich euch ge-
sagt, damit meine Freude in euch ist und
damit eure Freude vollkommen wird. 12 Das
ist mein Gebot, dass ihr einander liebt, so
wie ich euch geliebt habe. 13 Es gibt keine
größere Liebe, als wenn einer sein Leben für
seine Freunde hingibt. 14 Ihr seid meine
Freunde, wenn ihr tut, was ich euch auftra-
ge. 15 Ich nenne euch nicht mehr Knechte;
denn der Knecht weiß nicht, was sein Herr
tut. Vielmehr habe ich euch Freunde ge-
nannt; denn ich habe euch alles mitgeteilt,
was ich von meinem Vater gehört habe.
16 Nicht ihr habt mich erwählt, sondern ich
habe euch erwählt und dazu bestimmt, dass
ihr euch aufmacht und Frucht bringt und
dass eure Frucht bleibt. Dann wird euch der
Vater alles geben, um was ihr ihn in meinem
Namen bittet. 17 Dies trage ich euch auf, dass
ihr einander liebt.

18 Wenn die Welt euch hasst, dann wisst,
dass sie mich schon vor euch gehasst hat.
19 Wenn ihr von der Welt stammen würdet,
würde die Welt euch als ihr Eigentum lieben.
Aber weil ihr nicht von der Welt stammt,
sondern weil ich euch aus der Welt erwählt
habe, darum hasst euch die Welt. 20 Denkt
an das Wort, das ich euch gesagt habe: Der
Sklave ist nicht größer als sein Herr. Wenn
sie mich verfolgt haben, werden sie auch
euch verfolgen; wenn sie an meinem Wort
festgehalten haben, werden sie auch an eu-
rem Wort festhalten. 21 Doch dies alles wer-
den sie euch um meines Namens willen an-
tun; denn sie kennen den nicht, der mich
gesandt hat. 22 Wenn ich nicht gekommen
wäre und nicht zu ihnen gesprochen hätte,
wären sie ohne Sünde; jetzt aber haben sie
keine Entschuldigung für ihre Sünde. 23 Wer
mich hasst, hasst auch meinen Vater. 24 Wenn
ich bei ihnen nicht die Werke vollbracht hät-
te, die kein anderer vollbracht hat, wären sie
ohne Sünde. Jetzt aber haben sie die Werke
gesehen und doch haben sie mich und mei-
nen Vater gehasst. 25 Aber das Wort sollte
sich erfüllen, das in ihrem Gesetz geschrie-
ben steht: *Ohne Grund haben sie mich ge-
hasst.* 26 Wenn aber der Beistand kommt, den
ich euch vom Vater aus senden werde, der
Geist der Wahrheit, der vom Vater ausgeht,
dann wird er Zeugnis für mich ablegen.
27 Und auch ihr legt Zeugnis ab, weil ihr von
Anfang an bei mir seid.

16 1 Das habe ich euch gesagt, damit ihr
keinen Anstoß nehmt. 2 Sie werden
euch aus der Synagoge ausstoßen, ja es
kommt die Stunde, in der jeder, der euch tö-
tet, meint, Gott einen heiligen Dienst zu leis-
ten. 3 Das werden sie tun, weil sie weder den
Vater noch mich erkannt haben. 4 Ich habe es
euch aber gesagt, damit ihr euch, wenn die
Stunde kommt, daran erinnert, dass ich es
euch gesagt habe.

15,1-2: Jes 5,1; Jer 2,21; Ps 80,9–18; Sir 24,17 / **3:** 13,10 / **6:** Ez 15,2–6 / **7:** 14,13; 15,16; Mt 7,7–11; Mk 11,24; Lk 11,9–13 / **9:** 1 Joh 3,16; 4,7–9.19 / **11:** 16,22–24; 17,13; 1 Joh 1,4 / **12:** 13,34 / **13:** 1 Joh 3,16 / **15:** 17,26 / **16:** 13,18/ **18:** Mt 10,22; Mk 13,13; Lk 21,17 / **19:** Mk 13,27 / **20:** 13,16; Mt 10,24; Lk 6,40 / **24:** 5,36; 9,41; 10,25 / **25:** Ps 35,19; 69,5 / **26:** 14,16.26; 15,7–14 / **27:** Apg 1,8.21f.; 5,32
16,2: 9,22; 12,42; Mt 10,17; Lk 21,12 / **4a:** Lk 22,53

DIE DRITTE ABSCHIEDSREDE. DAS KOMMEN DES GEISTES UND NEUE BEGEGNUNG MIT JESUS: 16,4b–33

Das habe ich euch nicht gleich zu Anfang ge-
sagt; denn ich war ja bei euch. 5 Jetzt aber gehe
ich zu dem, der mich gesandt hat, und keiner
von euch fragt mich: Wohin gehst du? 6 Viel-
mehr hat Trauer euer Herz erfüllt, weil ich
euch das gesagt habe. 7 Doch ich sage euch die
Wahrheit: Es ist gut für euch, dass ich fort-
gehe. Denn wenn ich nicht fortgehe, wird der
Beistand nicht zu euch kommen; gehe ich
aber, so werde ich ihn zu euch senden. 8 Und
wenn er kommt, wird er die Welt der Sünde
überführen und der Gerechtigkeit und des
Gerichts; 9 der Sünde, weil sie nicht an mich
glauben; 10 der Gerechtigkeit, weil ich zum
Vater gehe und ihr mich nicht mehr seht;
11 des Gerichts, weil der Herrscher dieser
Welt gerichtet ist. 12 Noch vieles habe ich
euch zu sagen, aber ihr könnt es jetzt nicht
tragen. 13 Wenn aber jener kommt, der Geist
der Wahrheit, wird er euch in der ganzen
Wahrheit leiten. Denn er wird nicht aus sich
selbst heraus reden, sondern er wird reden,
was er hört, und euch verkünden, was kom-
men wird. 14 Er wird mich verherrlichen;
denn er wird von dem, was mein ist, nehmen
und es euch verkünden. 15 Alles, was der Va-
ter hat, ist mein; darum habe ich gesagt: Er
nimmt von dem, was mein ist, und wird es
euch verkünden.

16 Noch eine kurze Zeit, dann seht ihr mich
nicht mehr, und wieder eine kurze Zeit,
dann werdet ihr mich sehen. 17 Da sagten ei-
nige von seinen Jüngern zueinander: Was
meint er damit, wenn er zu uns sagt: Noch
eine kurze Zeit, dann seht ihr mich nicht
mehr, und wieder eine kurze Zeit, dann wer-
det ihr mich sehen? Und: Ich gehe zum Va-
ter? 18 Sie sagten: Was heißt das, wenn er
sagt: eine kurze Zeit? Wir wissen nicht, wo-
von er redet. 19 Jesus erkannte, dass sie ihn
fragen wollten, und sagte zu ihnen: Ihr
macht euch untereinander Gedanken darü-
ber, dass ich euch gesagt habe: Noch eine
kurze Zeit, dann seht ihr mich nicht mehr,
und wieder eine kurze Zeit, dann werdet ihr
mich sehen. 20 Amen, amen, ich sage euch:
Ihr werdet weinen und klagen, aber die Welt
wird sich freuen; ihr werdet traurig sein,
aber eure Trauer wird sich in Freude verwan-
deln. 21 Wenn die Frau gebären soll, hat sie
Trauer, weil ihre Stunde gekommen ist; aber
wenn sie das Kind geboren hat, denkt sie
nicht mehr an ihre Not über der Freude, dass
ein Mensch zur Welt gekommen ist. 22 So
habt auch ihr jetzt Trauer, aber ich werde
euch wiedersehen; dann wird euer Herz sich
freuen und niemand nimmt euch eure Freu-
de. 23 An jenem Tag werdet ihr mich nichts
mehr fragen. Amen, amen, ich sage euch:
Was ihr den Vater in meinem Namen bitten
werdet, das wird er euch geben. 24 Bis jetzt
habt ihr noch um nichts in meinem Namen
gebeten. Bittet und ihr werdet empfangen,
damit eure Freude vollkommen ist.

25 Dies habe ich in Bildreden zu euch ge-
sagt; es kommt die Stunde, in der ich nicht
mehr in Bildreden zu euch sprechen, sondern
euch offen vom Vater künden werde. 26 An
jenem Tag werdet ihr in meinem Namen
bitten und ich sage euch nicht, dass ich den
Vater für euch bitten werde; 27 denn der Vater
selbst liebt euch, weil ihr mich geliebt und
weil ihr geglaubt habt, dass ich von Gott aus-
gegangen bin. 28 Ich bin vom Vater ausgegan-
gen und in die Welt gekommen; ich verlasse
die Welt wieder und gehe zum Vater. 29 Da
sagten seine Jünger: Siehe, jetzt redest du of-
fen und sprichst nicht mehr in Bildreden.
30 Jetzt wissen wir, dass du alles weißt und
von niemandem gefragt zu werden brauchst.
Darum glauben wir, dass du von Gott ausge-

16,23 Was ihr den Vater in meinem Namen bitten werdet, das wird er euch geben; andere Übersetzungsmöglichkeit: Was ihr den Vater bitten werdet, das wird er euch in meinem Namen geben.

gangen bist. 31 Jesus erwiderte ihnen: Glaubt ihr jetzt? 32 Siehe, die Stunde kommt und sie ist schon da, in der ihr versprengt sein werdet, jeder in sein Haus, und mich alleinlassen werdet. Aber ich bin nicht allein, denn der Vater ist bei mir. 33 Dies habe ich zu euch gesagt, damit ihr in mir Frieden habt. In der Welt seid ihr in Bedrängnis; aber habt Mut: Ich habe die Welt besiegt.

5: 13,36; 14,2f. / **7**: 14,16.26; 15,26 / **9**: 9,41 / **11**: 12,31; 14,30 / **13**: 20,22 / **16**: 13,33 / **22**: 15,11; 17,13 / **23–24**: 14,13; 15,16; Mt 7,7–11; Mk 11,24; Lk 11,9–13 / **25**: 11,14 / **30**: 11,42; 17,8 / **32**: Sach 13,7; Mt 26,31; Mk 14,27 / **33**: 14,27; 20,19.21.26

DAS GEBET DES SCHEIDENDEN JESUS: 17,1–26

17 1 Dies sprach Jesus. Und er erhob seine Augen zum Himmel und sagte: Vater, die Stunde ist gekommen. Verherrliche deinen Sohn, damit der Sohn dich verherrlicht! 2 Denn du hast ihm Macht über alle Menschen gegeben, damit er allen, die du ihm gegeben hast, ewiges Leben schenkt. 3 Das aber ist das ewige Leben: dass sie dich, den einzigen wahren Gott, erkennen und den du gesandt hast, Jesus Christus. 4 Ich habe dich auf der Erde verherrlicht und das Werk zu Ende geführt, das du mir aufgetragen hast. 5 Jetzt verherrliche du mich, Vater, bei dir mit der Herrlichkeit, die ich bei dir hatte, bevor die Welt war!

6 Ich habe deinen Namen den Menschen offenbart, die du mir aus der Welt gegeben hast. Sie gehörten dir und du hast sie mir gegeben und sie haben dein Wort bewahrt. 7 Sie haben jetzt erkannt, dass alles, was du mir gegeben hast, von dir ist. 8 Denn die Worte, die du mir gabst, habe ich ihnen gegeben und sie haben sie angenommen. Sie haben wahrhaftig erkannt, dass ich von dir ausgegangen bin, und sie sind zu dem Glauben gekommen, dass du mich gesandt hast. 9 Für sie bitte ich; nicht für die Welt bitte ich, sondern für alle, die du mir gegeben hast; denn sie gehören dir. 10 Alles, was mein ist, ist dein, und was dein ist, ist mein; in ihnen bin ich verherrlicht. 11 Ich bin nicht mehr in der Welt, aber sie sind in der Welt und ich komme zu dir. Heiliger Vater, bewahre sie in deinem Namen, den du mir gegeben hast, damit sie eins sind wie wir! 12 Solange ich bei ihnen war, bewahrte ich sie in deinem Namen, den du mir gegeben hast. Und ich habe sie behütet und keiner von ihnen ging verloren, außer dem Sohn des Verderbens, damit sich die Schrift erfüllte. 13 Aber jetzt komme ich zu dir und rede dies noch in der Welt, damit sie meine Freude in Fülle in sich haben. 14 Ich habe ihnen dein Wort gegeben und die Welt hat sie gehasst, weil sie nicht von der Welt sind, wie auch ich nicht von der Welt bin. 15 Ich bitte nicht, dass du sie aus der Welt nimmst, sondern dass du sie vor dem Bösen bewahrst. 16 Sie sind nicht von der Welt, wie auch ich nicht von der Welt bin. 17 Heilige sie in der Wahrheit; dein Wort ist Wahrheit. 18 Wie du mich in die Welt gesandt hast, so habe auch ich sie in die Welt gesandt. 19 Und ich heilige mich für sie, damit auch sie in der Wahrheit geheiligt sind. 20 Ich bitte nicht nur für diese hier, sondern auch für alle, die durch ihr Wort an mich glauben. 21 Alle sollen eins sein: Wie du, Vater, in mir bist und ich in dir bin, sollen auch sie in uns sein, damit die Welt glaubt, dass du mich gesandt hast. 22 Und ich habe ihnen die Herrlichkeit gegeben, die du mir gegeben hast, damit sie eins sind, wie wir eins sind, 23 ich in ihnen und du in mir. So sollen sie vollendet sein in der Einheit, damit die Welt erkennt, dass du mich gesandt hast und sie ebenso geliebt hast, wie du mich geliebt hast. 24 Vater, ich will, dass alle, die du mir gegeben hast, dort bei mir sind, wo ich bin. Sie sollen meine Herrlichkeit sehen, die du mir gegeben hast, weil du mich schon geliebt hast vor Grundlegung der Welt. 25 Gerechter Vater, die Welt hat dich nicht erkannt, ich aber habe dich erkannt und sie haben erkannt, dass du mich gesandt hast. 26 Ich habe ihnen deinen Namen kundgetan und werde ihn kundtun, damit die Liebe, mit der du mich geliebt hast, in ihnen ist und ich in ihnen bin.

1: 7,39; 8,54; 11,4; 12,16.23.28; 13,1.31f.; 14,13; 15,8; 16,14 / **2**: 3,15; 5,24; 6,40; 10,10.28 / **3**: 1 Joh 5,20; 1 Kor 8,6 / **4**: 4,34; 19,30 / **5**: 1,1f.; 1 Joh 1,2; Phil 2,6; Hebr 1,3 / **6**: 17,26 / **8**: 5,36; 6,57; 11,42; 17,25 / **12**: 10,28; Ps 41,10 / **13**: 15,11; 16,22 / **14**: 15,19 / **15**: Mt 6,13; 1 Joh 2,13f. / **21**: 10,30; 13,34 / **24**: 12,26; 14,3 / **26**: 15,15

17,12 Der Sohn des Verderbens (2 Thess 2,3) ist Judas Iskariot (13,18.26.29).

DIE STUNDE JESU: LEIDEN, TOD UND AUFERSTEHUNG: 18,1–20,31

DIE VERHAFTUNG JESU: 18,1–11

18 1 Nach diesen Worten ging Jesus mit
seinen Jüngern hinaus, auf die andere
Seite des Baches Kidron. Dort war ein Gar-
ten; in den ging er mit seinen Jüngern hi-
nein. 2 Auch Judas, der ihn auslieferte, kann-
te den Ort, weil Jesus dort oft mit seinen
Jüngern zusammengekommen war. 3 Judas
holte die Soldaten und die Gerichtsdiener
der Hohepriester und der Pharisäer und
kam dorthin mit Fackeln, Laternen und
Waffen. 4 Jesus, der alles wusste, was mit
ihm geschehen sollte, ging hinaus und frag-
te sie: Wen sucht ihr? 5 Sie antworteten ihm:
Jesus von Nazaret. Er sagte zu ihnen: Ich bin
es. Auch Judas, der ihn auslieferte, stand bei
ihnen. 6 Als er zu ihnen sagte: Ich bin es!,
wichen sie zurück und stürzten zu Boden.
7 Er fragte sie noch einmal: Wen sucht ihr?
Sie sagten: Jesus von Nazaret. 8 Jesus ant-
wortete: Ich habe euch gesagt, dass ich es
bin. Wenn ihr also mich sucht, dann lasst
diese gehen! 9 So sollte sich das Wort erfül-
len, das er gesagt hatte: Ich habe keinen von
denen verloren, die du mir gegeben hast.
10 Simon Petrus, der ein Schwert bei sich hat-
te, zog es, traf damit den Diener des Hohe-
priesters und hieb ihm das rechte Ohr ab; der
Diener aber hieß Malchus. 11 Da sagte Jesus
zu Petrus: Steck das Schwert in die Scheide!
Der Kelch, den mir der Vater gegeben hat –
soll ich ihn nicht trinken?

1–2: Mt 26,30.36; Mk 14,26.32; Lk 22,39 / **3–11**: Mt 26,47–56; Mk 14,43–50; Lk 22,47–53 / **9**: 6,39; 10,28; 17,12 / **11**: 12,27; Mt 20,22; 26,39; Mk 10,38

JESUS VOR HANNAS: 18,12–27

12 Die Soldaten, der Hauptmann und die Ge-
richtsdiener der Juden nahmen Jesus fest,
fesselten ihn 13 und führten ihn zuerst zu
Hannas; er war nämlich der Schwiegervater
des Kajaphas, der in jenem Jahr Hohepriester
war. 14 Kajaphas aber war es, der den Juden
den Rat gegeben hatte: Es ist besser, dass ein
einziger Mensch für das Volk stirbt.

15 Simon Petrus und ein anderer Jünger
folgten Jesus. Dieser Jünger war mit dem
Hohepriester bekannt und ging mit Jesus in
den Hof des Hohepriesters. 16 Petrus aber
blieb draußen am Tor stehen. Da kam der an-
dere Jünger, der Bekannte des Hohepriesters,
heraus; er sprach mit der Pförtnerin und
führte Petrus hinein. 17 Da sagte die Pförtne-
rin zu Petrus: Bist nicht auch du einer von den
Jüngern dieses Menschen? Er sagte: Ich bin
es nicht. 18 Die Knechte und die Diener hatten
sich ein Kohlenfeuer angezündet und stan-
den dabei, um sich zu wärmen; denn es war
kalt. Auch Petrus stand bei ihnen und wärm-
te sich.

19 Der Hohepriester befragte Jesus über
seine Jünger und über seine Lehre. 20 Jesus
antwortete ihm: Ich habe offen vor aller
Welt gesprochen. Ich habe immer in der
Synagoge und im Tempel gelehrt, wo alle
Juden zusammenkommen. Nichts habe ich
im Geheimen gesprochen. 21 Warum fragst
du mich? Frag doch die, die gehört haben,
was ich zu ihnen gesagt habe; siehe, sie wis-
sen, was ich geredet habe. 22 Als er dies
sagte, schlug einer von den Dienern, der da-
beistand, Jesus ins Gesicht und sagte: Ant-
wortest du so dem Hohepriester? 23 Jesus
entgegnete ihm: Wenn es nicht recht war,
was ich gesagt habe, dann weise es nach;
wenn es aber recht war, warum schlägst du
mich? 24 Da schickte ihn Hannas gefesselt
zum Hohepriester Kajaphas.

25 Simon Petrus aber stand da und wärmte
sich. Da sagten sie zu ihm: Bist nicht auch du
einer von seinen Jüngern? Er leugnete und
sagte: Ich bin es nicht. 26 Einer von den
Knechten des Hohepriesters, ein Verwandter
dessen, dem Petrus das Ohr abgehauen hatte,
sagte: Habe ich dich nicht im Garten bei ihm
gesehen? 27 Wieder leugnete Petrus und
gleich darauf krähte ein Hahn.

13: Lk 3,2; Apg 4,6 / **14**: 11,50 / **15–27**: Mt 26,58.69–75; Mk 14,54.66–72; Lk 22,54–62 / **19–24**: Mt 26,63–65; Mk 14,61–64; 15,1; Lk 22,66–71

JESUS VOR PILATUS: 18,28–19,16a

28 Von Kajaphas brachten sie Jesus zum Prä-
torium; es war früh am Morgen. Sie selbst
gingen nicht in das Gebäude hinein, um nicht
unrein zu werden, sondern das Paschalamm
essen zu können. 29 Deshalb kam Pilatus zu
ihnen heraus und fragte: Welche Anklage

erhebt ihr gegen diesen Menschen? 30 Sie ant-
worteten ihm: Wenn er kein Übeltäter wäre,
hätten wir ihn dir nicht ausgeliefert. 31 Pilatus
sagte zu ihnen: Nehmt ihr ihn doch und
richtet ihn nach eurem Gesetz! Die Juden
antworteten ihm: Uns ist es nicht gestattet,
jemanden hinzurichten. 32 So sollte sich das
Wort Jesu erfüllen, mit dem er angedeutet
hatte, welchen Tod er sterben werde.

33 Da ging Pilatus wieder in das Prätorium
hinein, ließ Jesus rufen und fragte ihn: Bist
du der König der Juden? 34 Jesus antwortete:
Sagst du das von dir aus oder haben es dir
andere über mich gesagt? 35 Pilatus entgeg-
nete: Bin ich denn ein Jude? Dein Volk und
die Hohepriester haben dich an mich ausge-
liefert. Was hast du getan? 36 Jesus antwor-
tete: Mein Königtum ist nicht von dieser
Welt. Wenn mein Königtum von dieser
Welt wäre, würden meine Leute kämpfen,
damit ich den Juden nicht ausgeliefert wür-
de. Nun aber ist mein Königtum nicht von
hier. 37 Da sagte Pilatus zu ihm: Also bist du
doch ein König? Jesus antwortete: Du sagst
es, ich bin ein König. Ich bin dazu geboren
und dazu in die Welt gekommen, dass ich
für die Wahrheit Zeugnis ablege. Jeder, der
aus der Wahrheit ist, hört auf meine Stim-
me. 38 Pilatus sagte zu ihm: Was ist Wahr-
heit?

Nachdem er das gesagt hatte, ging er wie-
der zu den Juden hinaus und sagte zu ihnen:
Ich finde keine Schuld an ihm. 39 Ihr seid aber
gewohnt, dass ich euch zum Paschafest einen
freilasse. Wollt ihr also, dass ich euch den
König der Juden freilasse? 40 Da schrien sie
wieder: Nicht diesen, sondern Barabbas! Ba-
rabbas aber war ein Räuber.

19 1 Darauf nahm Pilatus Jesus und ließ
ihn geißeln. 2 Die Soldaten flochten
einen Kranz aus Dornen; den setzten sie ihm
auf das Haupt und legten ihm einen purpur-
roten Mantel um. 3 Sie traten an ihn heran
und sagten: Sei gegrüßt, König der Juden!
Und sie schlugen ihm ins Gesicht.

4 Pilatus ging wieder hinaus und sagte zu
ihnen: Seht, ich bringe ihn zu euch heraus;
ihr sollt wissen, dass ich keine Schuld an ihm
finde. 5 Jesus kam heraus; er trug die Dornen-
krone und den purpurroten Mantel. Pilatus
sagte zu ihnen: Seht, der Mensch! 6 Als die
Hohepriester und die Diener ihn sahen,
schrien sie: Kreuzige ihn, kreuzige ihn! Pila-
tus sagte zu ihnen: Nehmt ihr ihn und kreu-
zigt ihn! Denn ich finde keine Schuld an ihm.
7 Die Juden entgegneten ihm: Wir haben ein
Gesetz und nach dem Gesetz muss er ster-
ben, weil er sich zum Sohn Gottes gemacht
hat.

8 Als Pilatus das hörte, fürchtete er sich
noch mehr. 9 Er ging wieder in das Prätorium
hinein und fragte Jesus: Woher bist du? Je-
sus aber gab ihm keine Antwort. 10 Da sagte
Pilatus zu ihm: Du sprichst nicht mit mir?
Weißt du nicht, dass ich Macht habe, dich
freizulassen, und Macht, dich zu kreuzigen?
11 Jesus antwortete ihm: Du hättest keine
Macht über mich, wenn es dir nicht von oben
gegeben wäre; darum hat auch der eine grö-
ßere Sünde, der mich dir ausgeliefert hat.
12 Daraufhin wollte Pilatus ihn freilassen,
aber die Juden schrien: Wenn du diesen frei-
lässt, bist du kein Freund des Kaisers; jeder,
der sich zum König macht, lehnt sich gegen
den Kaiser auf.

13 Auf diese Worte hin ließ Pilatus Jesus
herausführen und er setzte sich auf den
Richterstuhl an dem Platz, der Lithostrotos,
auf Hebräisch Gabbata, heißt. 14 Es war Rüst-
tag des Paschafestes, ungefähr die sechste
Stunde. Pilatus sagte zu den Juden: Seht, euer
König! 15 Sie aber schrien: Hinweg, hinweg,
kreuzige ihn! Pilatus sagte zu ihnen: Euren
König soll ich kreuzigen? Die Hohepriester
antworteten: Wir haben keinen König außer
dem Kaiser. 16 Da lieferte er ihnen Jesus aus,
damit er gekreuzigt würde.

18,28–40: Mt 27,2.11–26; Mk 15,1–15; Lk 23,1–22 / **32**: 3,14; 12,32f. / **33**: 12,13–16; 19,15.19–22 / **37**: 5,33; 3 Joh 3
19,1–7: Mt 27,26–31; Mk 15,15–20 / **7**: 5,18; 10,33–36; Lev 24,16 / **9**: 7,28; 8,42 / **14**: 19,31.42; Mt 26,17; Mk 14,12; Lk 22,7

KREUZIGUNG, TOD UND BEGRÄBNIS JESU: 19,16b–42

Sie übernahmen Jesus. 17 Und er selbst trug
das Kreuz und ging hinaus zur sogenannten
Schädelstätte, die auf Hebräisch Golgota
heißt. 18 Dort kreuzigten sie ihn und mit ihm
zwei andere, auf jeder Seite einen, in der Mit-
te aber Jesus.

19 Pilatus ließ auch eine Tafel anfertigen
und oben am Kreuz befestigen; die Inschrift
lautete: Jesus von Nazaret, der König der Ju-
den. 20 Diese Tafel lasen viele Juden, weil der
Platz, wo Jesus gekreuzigt wurde, nahe bei
der Stadt lag. Die Inschrift war hebräisch,

lateinisch und griechisch abgefasst. 21 Da sag-
ten die Hohepriester der Juden zu Pilatus:
Schreib nicht: Der König der Juden, sondern
dass er gesagt hat: Ich bin der König der Juden.
22 Pilatus antwortete: Was ich geschrieben
habe, habe ich geschrieben.

23 Nachdem die Soldaten Jesus gekreuzigt
hatten, nahmen sie seine Kleider und mach-
ten vier Teile daraus, für jeden Soldaten einen
Teil, und dazu das Untergewand. Das Unter-
gewand war aber ohne Naht von oben ganz
durchgewoben. 24 Da sagten sie zueinander:
Wir wollen es nicht zerteilen, sondern da-
rum losen, wem es gehören soll. So sollte sich
das Schriftwort erfüllen: *Sie verteilten meine
Kleider unter sich und warfen das Los um
mein Gewand.* Dies taten die Soldaten.

25 Bei dem Kreuz Jesu standen seine Mut-
ter und die Schwester seiner Mutter, Maria,
die Frau des Klopas, und Maria von Magda-
la. 26 Als Jesus die Mutter sah und bei ihr
den Jünger, den er liebte, sagte er zur Mut-
ter: Frau, siehe, dein Sohn! 27 Dann sagte er
zu dem Jünger: Siehe, deine Mutter! Und
von jener Stunde an nahm sie der Jünger zu
sich.

28 Danach, da Jesus wusste, dass nun alles
vollbracht war, sagte er, damit sich die Schrift
erfüllte: Mich dürstet. 29 Ein Gefäß voll Essig
stand da. Sie steckten einen Schwamm voll
Essig auf einen Ysopzweig und hielten ihn an
seinen Mund. 30 Als Jesus von dem Essig ge-
nommen hatte, sprach er: Es ist vollbracht!
Und er neigte das Haupt und übergab den
Geist.

31 Weil Rüsttag war und die Körper wäh-
rend des Sabbats nicht am Kreuz bleiben
sollten – dieser Sabbat war nämlich ein gro-
ßer Feiertag –, baten die Juden Pilatus, man
möge ihnen die Beine zerschlagen und sie
dann abnehmen. 32 Also kamen die Soldaten
und zerschlugen dem ersten die Beine, dann
dem andern, der mit ihm gekreuzigt worden
war. 33 Als sie aber zu Jesus kamen und sa-
hen, dass er schon tot war, zerschlugen sie
ihm die Beine nicht, 34 sondern einer der
Soldaten stieß mit der Lanze in seine Seite
und sogleich floss Blut und Wasser heraus.
35 Und der es gesehen hat, hat es bezeugt und
sein Zeugnis ist wahr. Und er weiß, dass er
Wahres sagt, damit auch ihr glaubt. 36 Denn
das ist geschehen, damit sich das Schrift-
wort erfüllte: *Man soll an ihm kein Gebein
zerbrechen.* 37 Und ein anderes Schriftwort
sagt: *Sie werden auf den blicken, den sie
durchbohrt haben.*

38 Josef aus Arimathäa war ein Jünger Jesu,
aber aus Furcht vor den Juden nur im Verbor-
genen. Er bat Pilatus, den Leichnam Jesu ab-
nehmen zu dürfen, und Pilatus erlaubte es.
Also kam er und nahm den Leichnam ab. 39 Es
kam auch Nikodemus, der früher einmal Je-
sus bei Nacht aufgesucht hatte. Er brachte
eine Mischung aus Myrrhe und Aloe, etwa
hundert Pfund. 40 Sie nahmen den Leichnam
Jesu und umwickelten ihn mit Leinenbinden,
zusammen mit den wohlriechenden Salben,
wie es beim jüdischen Begräbnis Sitte ist.
41 An dem Ort, wo man ihn gekreuzigt hatte,
war ein Garten und in dem Garten war ein
neues Grab, in dem noch niemand bestattet
worden war. 42 Wegen des Rüsttages der Ju-
den und weil das Grab in der Nähe lag, setzten
sie Jesus dort bei.

16b–22: Mt 27,31.33.37f.; Mk 15,20.22.26; Lk 23,33.38 / **20**: Hebr 13,12 / **23–24**: Mt 27,35; Mk 15,24; Lk 23,34 / **24**: Ps 22,19 / **25–27**: Mt 27,55f.; Mk 15,40f.; Lk 23,49 / **28–29**: Ps 22,16; 69,22 / **28–30**: Mt 27,48–54; Mk 15,36–39; Lk 23,44–48 / **31**: Ex 12,16; Dtn 21,22f. / **35**: 21,24 / **36**: Ex 12,46; Ps 34,21 / **37**: Sach 12,10 / **38–42**: Mt 27,57–60; Mk 15,42–46; Lk 23,50–54 / **39**: 3,1–12; 7,50f. / **40**: 11,44

DAS LEERE GRAB: 20,1–10

20 1 Am ersten Tag der Woche kam Maria
von Magdala frühmorgens, als es
noch dunkel war, zum Grab und sah, dass der
Stein vom Grab weggenommen war. 2 Da lief
sie schnell zu Simon Petrus und dem anderen
Jünger, den Jesus liebte, und sagte zu ihnen:
Sie haben den Herrn aus dem Grab wegge-
nommen und wir wissen nicht, wohin sie ihn
gelegt haben. 3 Da gingen Petrus und der an-
dere Jünger hinaus und kamen zum Grab;
4 sie liefen beide zusammen, aber weil der
andere Jünger schneller war als Petrus, kam
er als Erster ans Grab. 5 Er beugte sich vor und
sah die Leinenbinden liegen, ging jedoch
nicht hinein. 6 Da kam auch Simon Petrus,
der ihm gefolgt war, und ging in das Grab hi-
nein. Er sah die Leinenbinden liegen 7 und das
Schweißtuch, das auf dem Haupt Jesu gele-
gen hatte; es lag aber nicht bei den Leinenbin-
den, sondern zusammengebunden daneben
an einer besonderen Stelle. 8 Da ging auch der

20,1 Der erste Tag der Woche, d. h. der Tag nach dem Sabbat, wurde als der Tag der Auferstehung Jesu zum christlichen Sonntag.

andere Jünger, der als Erster an das Grab ge-
kommen war, hinein; er sah und glaubte.
9 Denn sie hatten noch nicht die Schrift ver-
standen, dass er von den Toten auferstehen
müsse. 10 Dann kehrten die Jünger wieder
nach Hause zurück.

1-10: Mt 28,1–8; Mk 16,1–8; Lk 24,1–12 / **2**: 13,23; 19,26 / **5-6**: 19,40 / **7**: Ex 34,34f. / **8-9**: 2,22; Ps 16,8–11 / **9**: Lk 24,25–27.44–46; Apg 2,24–31; 13,32–37; 1 Kor 15,4

DIE ERSCHEINUNG JESU VOR MARIA VON MAGDALA: 20,11–18

11 Maria aber stand draußen vor dem Grab
und weinte. Während sie weinte, beugte sie
sich in die Grabkammer hinein. 12 Da sah sie
zwei Engel in weißen Gewändern sitzen, den
einen dort, wo der Kopf, den anderen dort,
wo die Füße des Leichnams Jesu gelegen hat-
ten. 13 Diese sagten zu ihr: Frau, warum
weinst du? Sie antwortete ihnen: Sie haben
meinen Herrn weggenommen und ich weiß
nicht, wohin sie ihn gelegt haben. 14 Als sie
das gesagt hatte, wandte sie sich um und sah
Jesus dastehen, wusste aber nicht, dass es
Jesus war. 15 Jesus sagte zu ihr: Frau, warum
weinst du? Wen suchst du? Sie meinte, es sei
der Gärtner, und sagte zu ihm: Herr, wenn
du ihn weggebracht hast, sag mir, wohin du
ihn gelegt hast! Dann will ich ihn holen. 16 Je-
sus sagte zu ihr: Maria! Da wandte sie sich um
und sagte auf Hebräisch zu ihm: Rabbuni!,
das heißt: Meister. 17 Jesus sagte zu ihr: Halte
mich nicht fest; denn ich bin noch nicht zum
Vater hinaufgegangen. Geh aber zu meinen
Brüdern und sag ihnen: Ich gehe hinauf zu
meinem Vater und eurem Vater, zu meinem
Gott und eurem Gott. 18 Maria von Magdala
kam zu den Jüngern und verkündete ihnen:
Ich habe den Herrn gesehen. Und sie berich-
tete, was er ihr gesagt hatte.

11-18: Mt 28,9f.; Mk 16,9–11 / **16**: Mk 10,51

DIE ERSCHEINUNG JESU VOR ALLEN JÜNGERN AM OSTERABEND: 20,19–23

19 Am Abend dieses ersten Tages der Woche,
als die Jünger aus Furcht vor den Juden bei
verschlossenen Türen beisammen waren,
kam Jesus, trat in ihre Mitte und sagte zu ih-
nen: Friede sei mit euch! 20 Nach diesen Wor-
ten zeigte er ihnen seine Hände und seine
Seite. Da freuten sich die Jünger, als sie den
Herrn sahen. 21 Jesus sagte noch einmal zu
ihnen: Friede sei mit euch! Wie mich der Va-
ter gesandt hat, so sende ich euch. 22 Nachdem
er das gesagt hatte, hauchte er sie an und sag-
te zu ihnen: Empfangt den Heiligen Geist!
23 Denen ihr die Sünden erlasst, denen sind
sie erlassen; denen ihr sie behaltet, sind sie
behalten.

19-23: Mk 16,14–18; Lk 24,36–43 / **19**: 14,27; 16,33 / **22**: 14,17.26; 15,26 / **23**: Mt 16,19; 18,18

EINE WEITERE ERSCHEINUNG JESU UND DER GLAUBE DES THOMAS: 20,24–29

24 Thomas, der Didymus genannt wurde, ei-
ner der Zwölf, war nicht bei ihnen, als Jesus
kam. 25 Die anderen Jünger sagten zu ihm:
Wir haben den Herrn gesehen. Er entgegne-
te ihnen: Wenn ich nicht das Mal der Nägel
an seinen Händen sehe und wenn ich meinen
Finger nicht in das Mal der Nägel und meine
Hand nicht in seine Seite lege, glaube ich
nicht.

26 Acht Tage darauf waren seine Jünger wie-
der drinnen versammelt und Thomas war
dabei. Da kam Jesus bei verschlossenen Tü-
ren, trat in ihre Mitte und sagte: Friede sei mit
euch! 27 Dann sagte er zu Thomas: Streck
deinen Finger hierher aus und sieh meine
Hände! Streck deine Hand aus und leg sie in
meine Seite und sei nicht ungläubig, sondern
gläubig! 28 Thomas antwortete und sagte zu
ihm: Mein Herr und mein Gott! 29 Jesus sag-
te zu ihm: Weil du mich gesehen hast, glaubst
du. Selig sind, die nicht sehen und doch glau-
ben.

24: 11,16; 14,5; 21,2

ERSTER SCHLUSS DES JOHANNESEVANGELIUMS: 20,30–31

30 Noch viele andere Zeichen hat Jesus vor den
Augen seiner Jünger getan, die in diesem
Buch nicht aufgeschrieben sind. 31 Diese aber
sind aufgeschrieben, damit ihr glaubt, dass
Jesus der Christus ist, der Sohn Gottes, und
damit ihr durch den Glauben Leben habt in
seinem Namen.

30-31: 2,11

20,16 Rabbuni, vgl. Anm. zu Mk 10,51.

20,24 Didymus, vgl. Anm. zu 11,16.

DER EPILOG: JESUS, PETRUS UND DER LIEBLINGSJÜNGER: 21,1–25

DIE ERSCHEINUNG JESU AM SEE VON TIBERIAS: 21,1–14

21 1 Danach offenbarte sich Jesus den Jün-
gern noch einmal, am See von Tiberias,
und er offenbarte sich in folgender Weise. 2 Si-
mon Petrus, Thomas, genannt Didymus, Na-
tanaël aus Kana in Galiläa, die Söhne des Ze-
bedäus und zwei andere von seinen Jüngern
waren zusammen. 3 Simon Petrus sagte zu
ihnen: Ich gehe fischen. Sie sagten zu ihm: Wir
kommen auch mit. Sie gingen hinaus und stie-
gen in das Boot. Aber in dieser Nacht fingen sie
nichts. 4 Als es schon Morgen wurde, stand
Jesus am Ufer. Doch die Jünger wussten nicht,
dass es Jesus war. 5 Jesus sagte zu ihnen: Meine
Kinder, habt ihr keinen Fisch zu essen? Sie ant-
worteten ihm: Nein. 6 Er aber sagte zu ihnen:
Werft das Netz auf der rechten Seite des Bootes
aus und ihr werdet etwas finden. Sie warfen
das Netz aus und konnten es nicht wieder ein-
holen, so voller Fische war es. 7 Da sagte der
Jünger, den Jesus liebte, zu Petrus: Es ist der
Herr! Als Simon Petrus hörte, dass es der Herr
sei, gürtete er sich das Obergewand um, weil
er nackt war, und sprang in den See. 8 Dann
kamen die anderen Jünger mit dem Boot – sie
waren nämlich nicht weit vom Land entfernt,
nur etwa zweihundert Ellen – und zogen das
Netz mit den Fischen hinter sich her. 9 Als sie
an Land gingen, sahen sie am Boden ein Koh-
lenfeuer und darauf Fisch und Brot liegen.
10 Jesus sagte zu ihnen: Bringt von den Fischen,
die ihr gerade gefangen habt! 11 Da stieg Simon
Petrus ans Ufer und zog das Netz an Land. Es
war mit hundertdreiundfünfzig großen Fi-
schen gefüllt, und obwohl es so viele waren,
zerriss das Netz nicht. 12 Jesus sagte zu ihnen:
Kommt her und esst! Keiner von den Jüngern
wagte ihn zu befragen: Wer bist du? Denn sie
wussten, dass es der Herr war. 13 Jesus trat he-
ran, nahm das Brot und gab es ihnen, ebenso
den Fisch. 14 Dies war schon das dritte Mal, dass
Jesus sich den Jüngern offenbarte, seit er von
den Toten auferstanden war.

1–14: Mt 4,18–22; Mk 1,16–20; Lk 5,1–11 / **2:** 1,45f.; 11,16; 14,5; 20,24 / **5:** Lk 24,41 / **7:** 13,23; 19,26f.; 20,2 / **14:** 20,19–23.26–29

DER AUFTRAG AN PETRUS UND SEIN RUF IN DIE NACHFOLGE: 21,15–19

15 Als sie gegessen hatten, sagte Jesus zu Si-
mon Petrus: Simon, Sohn des Johannes,
liebst du mich mehr als diese? Er antwortete
ihm: Ja, Herr, du weißt, dass ich dich liebe.
Jesus sagte zu ihm: Weide meine Lämmer!
16 Zum zweiten Mal fragte er ihn: Simon,
Sohn des Johannes, liebst du mich? Er ant-
wortete ihm: Ja, Herr, du weißt, dass ich dich
liebe. Jesus sagte zu ihm: Weide meine Scha-
fe! 17 Zum dritten Mal fragte er ihn: Simon,
Sohn des Johannes, liebst du mich? Da wur-
de Petrus traurig, weil Jesus ihn zum dritten
Mal gefragt hatte: Liebst du mich? Er gab ihm
zur Antwort: Herr, du weißt alles; du weißt,
dass ich dich liebe. Jesus sagte zu ihm: Weide
meine Schafe!

18 Amen, amen, ich sage dir: Als du jünger
warst, hast du dich selbst gegürtet und gingst,
wohin du wolltest. Wenn du aber alt gewor-
den bist, wirst du deine Hände ausstrecken
und ein anderer wird dich gürten und dich
führen, wohin du nicht willst. 19 Das sagte
Jesus, um anzudeuten, durch welchen Tod er
Gott verherrlichen werde. Nach diesen Wor-
ten sagte er zu ihm: Folge mir nach!

15: Mt 16,18; Lk 22,31f.; 1 Petr 5,4 / **17:** 13,36–38; 18,17.25–27 / **19:** 1,43; 12,26; Mt 8,22

DAS SCHICKSAL DES LIEBLINGSJÜNGERS: 21,20–23

20 Petrus wandte sich um und sah den Jünger
folgen, den Jesus liebte und der beim
Abendmahl an seiner Brust gelegen und
ihm gesagt hatte: Herr, wer ist es, der dich
ausliefert? 21 Als Petrus diesen sah, sagte er
zu Jesus: Herr, was wird denn mit ihm?
22 Jesus sagte zu ihm: Wenn ich will, dass er
bleibt, bis ich komme, was geht das dich an?
Du folge mir nach! 23 Da verbreitete sich un-
ter den Brüdern die Meinung: Jener Jünger
stirbt nicht. Doch Jesus hatte ihm nicht ge-
sagt: Er stirbt nicht, sondern: Wenn ich
will, dass er bleibt, bis ich komme, was geht
das dich an?

20: 13,25 / **22:** 21,19

21,1–25 Das vermutlich nachträglich hinzugefügte Kapitel stammt wohl aus dem Schülerkreis des Evangelisten.

ZWEITER SCHLUSS DES JOHANNESEVANGELIUMS: 21,24–25

24 Dies ist der Jünger, der all das bezeugt und
der es aufgeschrieben hat; und wir wissen,
dass sein Zeugnis wahr ist. 25 Es gibt aber
noch vieles andere, was Jesus getan hat. Wenn man alles einzeln aufschreiben wollte, so könnte, wie ich glaube, die ganze Welt die dann geschriebenen Bücher nicht fassen.

DIE APOSTELGESCHICHTE

Die Apostelgeschichte ist der zweite Teil des lukanischen Doppelwerks und setzt das dritte Evangelium fort, auf das sie sich im ersten Vers bezieht. Der altkirchlichen Tradition galt der Paulus-Begleiter Lukas (vgl. Phlm 24; Kol 4,14; 2 Tim 4,11) als ihr Verfasser. Das Buch ist vermutlich um 90 n. Chr. entstanden, als die Kirche begann, sich auf die politische und kulturelle Wirklichkeit des Römischen Reiches einzustellen.

Seit dem 2. Jahrhundert trägt das Werk in den Handschriften den Titel „Taten der Apostel". Sein Inhalt ist die erste Epoche der Kirchengeschichte. In Apg 1,8 wird der Aufbau der Erzählung skizziert, der dem Wachstum der Kirche von Jerusalem bis an die Grenzen der Erde entspricht. Der erste Hauptteil (1,1–8,4) erzählt von der Urgemeinde in Jerusalem, die unter der Leitung der Apostel, namentlich des Petrus und des Johannes, steht. Diese Phase wird als ideale Urzeit beschrieben. Sie endet mit der Steinigung des Stephanus und der anschließenden Verfolgung. Der zweite Hauptteil schildert die allmähliche Ausbreitung des Gottesworts und die Aufnahme der heidnischen „Völker" in das Gottesvolk (8,5–12,24). Der dritte Hauptteil steht ganz im Zeichen des großen Missionswerks des Paulus, das im syrischen Antiochien beginnt, auf Kleinasien und Europa ausgreift und schließlich in Rom endet (12,25–28,31). Hier ist die Gründungsepoche der Kirche an einer Schwelle angelangt und die Erzählung endet offen, indem sie auf die freie Verkündigung des Glaubens hinweist.

Im Stil einer lebendigen Geschichtsschreibung führt das Werk die Anfangszeit der Kirche in bewegten Szenen, eindrücklichen Bildern und großen Reden vor Augen und deutet sie zugleich. Es will deutlich machen, dass das Evangelium auf der Höhe der zeitgenössischen Kultur steht. Schlüsselereignisse sind das Pfingstgeschehen (Kap. 2), die Berufung des Paulus zur Mission unter den Völkern (9,1–22) und das „Apostelkonzil", auf dem die Entscheidung fällt, die Heidenchristen in das Gottesvolk aufzunehmen, ohne dass sie die jüdische Tora-Observanz übernehmen müssen (Kap. 15). Dem Erfolg der christlichen Mission unter den Heiden entspricht die Spaltung innerhalb des alten Gottesvolkes: Die junge Kirche löst sich von jenem Teil Israels, der nicht zu Christus findet (vgl. bereits Lk 2,34). Lukas stellt die Kirchengeschichte in das Licht des Glaubens: Unsichtbar begleitet der auferstandene Christus die Seinen noch immer; die Verkünder des Evangeliums setzen sein Werk fort. Der Heilige Geist lenkt die Wege und Geschicke der Christen. Die Leser der Apostelgeschichte sollen das Wesen ihrer Gemeinschaft im Blick auf die Stiftungsepoche der Kirche wahrnehmen und daraus Selbstbewusstsein und Mut für den eigenen Weg gewinnen.

VORWORT: 1,1–3

1 1 Im ersten Buch, lieber Theophilus,
habe ich über alles berichtet, was Jesus
von Anfang an getan und gelehrt hat, 2 bis zu
dem Tag, an dem er in den Himmel aufge-
nommen wurde. Vorher hat er den Aposteln,
die er sich durch den Heiligen Geist erwählt
hatte, Weisung gegeben. 3 Ihnen hat er nach
seinem Leiden durch viele Beweise gezeigt,
dass er lebt; vierzig Tage hindurch ist er ihnen
erschienen und hat vom Reich Gottes ge-
sprochen.

1: Lk 1,1–4 / **2:** Lk 6,12f.; 24,44–51; Joh 20,22; 1 Tim 3,16 / **3:** 10,41; 13,31

1,1 Im ersten Buch, d. h. im Lukasevangelium.

DIE KIRCHE IN JERUSALEM: 1,4–8,4

WEISUNGEN UND HIMMELFAHRT DES AUFERSTANDENEN: 1,4–12

4 Beim gemeinsamen Mahl gebot er ihnen:
Geht nicht weg von Jerusalem, sondern war-
tet auf die Verheißung des Vaters, die ihr von
mir vernommen habt! 5 Denn Johannes hat
mit Wasser getauft, ihr aber werdet schon in
wenigen Tagen mit dem Heiligen Geist ge-
tauft werden. 6 Als sie nun beisammen wa-
ren, fragten sie ihn: Herr, stellst du in dieser
Zeit das Reich für Israel wieder her? 7 Er sag-
te zu ihnen: Euch steht es nicht zu, Zeiten
und Fristen zu erfahren, die der Vater in sei-
ner Macht festgesetzt hat. 8 Aber ihr werdet
Kraft empfangen, wenn der Heilige Geist auf
euch herabkommen wird; und ihr werdet
meine Zeugen sein in Jerusalem und in ganz
Judäa und Samarien und bis an die Grenzen
der Erde. 9 Als er das gesagt hatte, wurde er
vor ihren Augen emporgehoben und eine
Wolke nahm ihn auf und entzog ihn ihren
Blicken. 10 Während sie unverwandt ihm
nach zum Himmel emporschauten, siehe, da
standen zwei Männer in weißen Gewändern
bei ihnen 11 und sagten: Ihr Männer von Ga-
liläa, was steht ihr da und schaut zum Him-
mel empor? Dieser Jesus, der von euch fort in
den Himmel aufgenommen wurde, wird
ebenso wiederkommen, wie ihr ihn habt
zum Himmel hingehen sehen. 12 Dann kehr-
ten sie von dem Berg, der Ölberg genannt
wird und nur einen Sabbatweg von Jerusalem
entfernt ist, nach Jerusalem zurück.

1,12 Sabbatweg: eine Wegstrecke (ca. 1 000 Meter), die man außerhalb der Stadt gehen durfte, ohne das Gebot der Sabbatruhe zu verletzen.

4: Lk 24,49 / **5:** 11,16; Mt 3,11 / **8:** 2,1–13; 10,39; Mt 28,19; Mk 16,15; Lk 24,47f. / **9:** Mk 16,19; Lk 24,51; 1 Tim 3,16; 1 Petr 3,11 / **11:** Offb 11,7

DIE BETENDE URGEMEINDE: 1,13–14

13 Als sie in die Stadt kamen, gingen sie in das
Obergemach hinauf, wo sie nun ständig blie-
ben: Petrus und Johannes, Jakobus und
Andreas, Philippus und Thomas, Bartho-
lomäus und Matthäus, Jakobus, der Sohn des
Alphäus, und Simon, der Zelot, sowie Judas,
der Sohn des Jakobus. 14 Sie alle verharrten
dort einmütig im Gebet, zusammen mit den
Frauen und Maria, der Mutter Jesu, und sei-
nen Brüdern.

13: Lk 6,14–16 / **14:** Lk 23,49

DIE WAHL DES MATTHIAS ZUM APOSTEL: 1,15–26

15 In diesen Tagen erhob sich Petrus im Kreis
der Brüder – etwa hundertzwanzig waren
zusammengekommen – und sagte: 16 Brü-
der! Es musste sich das Schriftwort erfüllen,
das der Heilige Geist durch den Mund Davids
im Voraus über Judas gesprochen hat. Judas
wurde zum Anführer derer, die Jesus gefan-
gen nahmen. 17 Er wurde zu uns gezählt und
hatte Anteil am gleichen Dienst. 18 Mit dem
Lohn für seine Untat kaufte er sich ein
Grundstück. Dann aber stürzte er vornüber
zu Boden, sein Leib barst auseinander und
alle seine Eingeweide quollen hervor. 19 Das
wurde allen Einwohnern von Jerusalem be-
kannt; deshalb nannten sie jenes Grundstück

1,14 Vgl. Anm. zu Mt 12,46f.

in ihrer Sprache Hakeldamach, das heißt
Blutacker. 20 Denn es steht im Buch der Psal-
men: *Sein Gehöft soll veröden, niemand soll
darin wohnen!* und: *Sein Amt soll ein ande-
rer erhalten!* 21 Es ist also nötig, dass einer von
den Männern, die mit uns die ganze Zeit zu-
sammen waren, als Jesus, der Herr, bei uns ein
und aus ging, 22 angefangen von der Taufe
durch Johannes bis zu dem Tag, an dem er von
uns ging und in den Himmel aufgenommen
wurde – einer von diesen muss nun zusam-
men mit uns Zeuge seiner Auferstehung sein.
23 Und sie stellten zwei Männer auf: Josef, ge-
nannt Barsabbas, mit dem Beinamen Justus,
und Matthias. 24 Dann beteten sie: Du, Herr,
kennst die Herzen aller; zeige, wen von diesen
beiden du erwählt hast, 25 diesen Dienst und
dieses Apostelamt zu übernehmen! Denn
Judas hat es verlassen und ist an den Ort ge-
gangen, der ihm bestimmt war. 26 Sie warfen
das Los über sie; das Los fiel auf Matthias und
er wurde den elf Aposteln zugezählt.

16: Ps 41,10; Lk 22,47 / **18–19**: Mt 27,3–8 / **20**: Ps 69,26; 109,8 / **21–22**: Joh 15,27 / **24**: 15,8 / **26**: 1 Sam 14,41f.; Spr 16,33

DAS PFINGSTEREIGNIS: 2,1–13

2 1 Als der Tag des Pfingstfestes gekom-
men war, waren alle zusammen am sel-
ben Ort. 2 Da kam plötzlich vom Himmel her
ein Brausen, wie wenn ein heftiger Sturm
daherfährt, und erfüllte das ganze Haus, in
dem sie saßen. 3 Und es erschienen ihnen
Zungen wie von Feuer, die sich verteilten; auf
jeden von ihnen ließ sich eine nieder. 4 Und
alle wurden vom Heiligen Geist erfüllt und
begannen, in anderen Sprachen zu reden, wie
es der Geist ihnen eingab.
5 In Jerusalem aber wohnten Juden, from-
me Männer aus allen Völkern unter dem
Himmel. 6 Als sich das Getöse erhob, ström-
te die Menge zusammen und war ganz be-
stürzt; denn jeder hörte sie in seiner Sprache
reden. 7 Sie waren fassungslos vor Staunen
und sagten: Seht! Sind das nicht alles Galilä-
er, die hier reden? 8 Wieso kann sie jeder von
uns in seiner Muttersprache hören: 9 Parther,
Meder und Elamiter, Bewohner von Mesopo-
tamien, Judäa und Kappadokien, von Pontus
und der Provinz Asien, 10 von Phrygien und
Pamphylien, von Ägypten und dem Gebiet
Libyens nach Kyrene hin, auch die Römer, die
sich hier aufhalten, 11 Juden und Proselyten,
Kreter und Araber – wir hören sie in unseren
Sprachen Gottes große Taten verkünden.
12 Alle gerieten außer sich und waren ratlos.
Die einen sagten zueinander: Was hat das zu
bedeuten? 13 Andere aber spotteten: Sie sind
vom süßen Wein betrunken.

1: 1,14; Lev 23,15–21 / **3**: Lk 3,16 / **4**: 4,31; 8,15.17; 10,44; 11,15; 15,8; 19,2.6 / **6**: 10,46; 19,6; Mk 16,17; 1 Kor 12,10.28.30; 14,1–39 / **12**: 1 Kor 14,23

DIE PFINGSTPREDIGT DES PETRUS: 2,14–36

14 Da trat Petrus auf, zusammen mit den Elf;
er erhob seine Stimme und begann zu reden:
Ihr Juden und alle Bewohner von Jerusalem!
Dies sollt ihr wissen, achtet auf meine Worte!
15 Diese Männer sind nicht betrunken, wie
ihr meint; es ist ja erst die dritte Stunde am
Tag; 16 sondern jetzt geschieht, was durch den
Propheten Joël gesagt worden ist:
17 *In den letzten Tagen wird es geschehen, /
so spricht Gott: / Ich werde von meinem Geist
ausgießen / über alles Fleisch. / Eure Söhne
und eure Töchter werden prophetisch reden, /
eure jungen Männer werden Visionen haben /
und eure Alten werden Träume haben.*
18 *Auch über meine Knechte und Mägde /
werde ich von meinem Geist ausgießen / in
jenen Tagen* und sie werden prophetisch re-
den.
19 *Ich werde Wunder erscheinen lassen
droben am Himmel / und* Zeichen unten *auf
der Erde: / Blut und Feuer und qualmenden
Rauch.*
20 *Die Sonne wird sich in Finsternis ver-
wandeln / und der Mond in Blut, / ehe der Tag
des Herrn kommt, / der große und herrliche
Tag.*
21 *Und es wird geschehen: / Jeder, der den
Namen des Herrn anruft, / wird gerettet
werden.*
22 Israeliten, hört diese Worte: Jesus, den
Nazoräer, einen Mann, den Gott vor euch
beglaubigt hat durch Machttaten, Wunder
und Zeichen, die er durch ihn in eurer Mitte
getan hat, wie ihr selbst wisst – 23 ihn, der
nach Gottes beschlossenem Willen und Vo-
rauswissen hingegeben wurde, habt ihr
durch die Hand von Gesetzlosen ans Kreuz
geschlagen und umgebracht. 24 Gott aber hat
ihn von den Wehen des Todes befreit und
auferweckt; denn es war unmöglich, dass er
vom Tod festgehalten wurde. 25 David näm-
lich sagt über ihn:

Ich hatte den Herrn beständig vor Augen. /
Denn er steht mir zur Rechten, dass ich nicht
wanke.
26 *Darum freute sich mein Herz / und froh-*
lockte meine Zunge / und auch mein Leib
wird in Hoffnung wohnen;
27 *denn du gibst meine Seele nicht der Unter-*
welt preis, / noch lässt du deinen Frommen
die Verwesung schauen.
28 *Du hast mir die Wege zum Leben gezeigt, /*
du wirst mich erfüllen mit Freude vor deinem
Angesicht.
29 Brüder, ich darf freimütig zu euch über
den Patriarchen David reden: Er starb und
wurde begraben und sein Grabmal ist bei uns
erhalten bis auf den heutigen Tag. 30 Da er ein
Prophet war und wusste, dass Gott ihm einen
Eid geschworen hatte, einer von seinen
Nachkommen werde auf seinem Thron sit-
zen, 31 sagte er vorausschauend über die Auf-
erstehung des Christus: Er gab ihn nicht der
Unterwelt preis und sein Leib schaute die
Verwesung nicht. 32 Diesen Jesus hat Gott
auferweckt, dafür sind wir alle Zeugen. 33 Zur
Rechten Gottes erhöht, hat er vom Vater den
verheißenen Heiligen Geist empfangen und
ihn ausgegossen, wie ihr seht und hört.
34 Denn nicht David ist zum Himmel aufge-
stiegen; vielmehr sagt er selbst:
Es sprach der Herr zu meinem Herrn: /
Setze dich mir zur Rechten
35 *und ich lege dir deine Feinde / als Schemel*
unter die Füße.
36 Mit Gewissheit erkenne also das ganze
Haus Israel: Gott hat ihn zum Herrn und
Christus gemacht, diesen Jesus, den ihr ge-
kreuzigt habt.

17–21: Joël 3,1–5 / **19**: 5,12 / **21**: Röm 10,13 / **22**: 10,38; Lk 24,19 / **23**: 1 Thess 2,15 / **25–28**: Ps 16,8–11 G / **30**: Ps 132,11; 2 Sam 7,12f. / **31**: 13,35; Ps 16,10 / **34**: Ps 110,1 / **34–35**: Ps 110,1 G

ERSTE BEKEHRUNGEN: 2,37–42

37 Als sie das hörten, traf es sie mitten ins Herz
und sie sagten zu Petrus und den übrigen
Aposteln: Was sollen wir tun, Brüder? 38 Pet-
rus antwortete ihnen: Kehrt um und jeder
von euch lasse sich auf den Namen Jesu
Christi taufen zur Vergebung eurer Sünden;
dann werdet ihr die Gabe des Heiligen Geis-
tes empfangen. 39 Denn euch und euren Kin-
dern gilt die Verheißung und all denen in der
Ferne, die der Herr, unser Gott, herbeirufen
wird. 40 Mit noch vielen anderen Worten be-
schwor und ermahnte er sie: Lasst euch retten
aus diesem verdorbenen Geschlecht! 41 Die
nun, die sein Wort annahmen, ließen sich
taufen. An diesem Tag wurden ihrer Ge-
meinschaft etwa dreitausend Menschen
hinzugefügt. 42 Sie hielten an der Lehre der
Apostel fest und an der Gemeinschaft, am
Brechen des Brotes und an den Gebeten.

37: Lk 3,10 / **38**: Lk 3,3 / **39**: Jes 57,19; Eph 2,17 / **40**: Dtn 32,5; Ps 78,8; Lk 9,41; Phil 2,15

DAS LEBEN DER JUNGEN GEMEINDE: 2,43–47

43 Alle wurden von Furcht ergriffen; und
durch die Apostel geschahen viele Wunder
und Zeichen. 44 Und alle, die glaubten, waren
an demselben Ort und hatten alles gemein-
sam. 45 Sie verkauften Hab und Gut und teil-
ten davon allen zu, jedem so viel, wie er nötig
hatte. 46 Tag für Tag verharrten sie einmütig
im Tempel, brachen in ihren Häusern das
Brot und hielten miteinander Mahl in Freude
und Lauterkeit des Herzens. 47 Sie lobten Gott
und fanden Gunst beim ganzen Volk. Und
der Herr fügte täglich ihrer Gemeinschaft die
hinzu, die gerettet werden sollten.

43: 5,12 / **44**: 4,32–35 / **46**: Lk 24,53

DIE HEILUNG DES GELÄHMTEN IM TEMPEL: 3,1–11

3 1 Petrus und Johannes gingen zur Ge-
betszeit um die neunte Stunde in den
Tempel hinauf. 2 Da wurde ein Mann herbei-
getragen, der von Geburt an gelähmt war.
Man setzte ihn täglich an das Tor des Tempels,
das man die Schöne Pforte nennt; dort sollte
er bei denen, die in den Tempel gingen, um
Almosen betteln. 3 Als er nun Petrus und Jo-
hannes in den Tempel gehen sah, bat er sie um
ein Almosen. 4 Petrus und Johannes blickten
ihn an und Petrus sagte: Sieh uns an! 5 Da
wandte er sich ihnen zu und erwartete, etwas
von ihnen zu bekommen. 6 Petrus aber sagte:
Silber und Gold besitze ich nicht. Doch was
ich habe, das gebe ich dir: Im Namen Jesu
Christi, des Nazoräers, steh auf und geh um-
her! 7 Und er fasste ihn an der rechten Hand
und richtete ihn auf. Sogleich kam Kraft in
seine Füße und Gelenke; 8 er sprang auf,
konnte stehen und ging umher. Dann ging er
mit ihnen in den Tempel, lief und sprang um-
her und lobte Gott. 9 Alle Leute sahen ihn
umhergehen und Gott loben. 10 Sie erkannten

ihn als den, der gewöhnlich an der Schönen
Pforte des Tempels saß und bettelte. Und sie
waren voll Verwunderung und Staunen über
das, was mit ihm geschehen war. 11 Da er sich
Petrus und Johannes anschloss, lief das ganze
Volk bei ihnen in der sogenannten Halle Sa-
lomos zusammen, außer sich vor Staunen.

2–8: 14,8–10 / **11:** 5,12; Joh 10,23

DIE REDE DES PETRUS AUF DEM TEMPELPLATZ: 3,12–26

12 Als Petrus das sah, wandte er sich an das
Volk: Israeliten, was wundert ihr euch darü-
ber? Was starrt ihr uns an, als hätten wir aus
eigener Kraft oder Frömmigkeit bewirkt,
dass dieser gehen kann? 13 *Der Gott Abra-*
hams, Isaaks und Jakobs, der Gott unserer
Väter, hat seinen Knecht Jesus verherrlicht,
den ihr ausgeliefert und vor Pilatus verleug-
net habt, obwohl dieser entschieden hatte,
ihn freizulassen. 14 Ihr aber habt den Heiligen
und Gerechten verleugnet und die Freilas-
sung eines Mörders erbeten. 15 Den Urheber
des Lebens habt ihr getötet, aber Gott hat ihn
von den Toten auferweckt. Dafür sind wir
Zeugen. 16 Und aufgrund des Glaubens an
seinen Namen hat dieser Name den Mann
hier, den ihr seht und kennt, zu Kräften ge-
bracht; der Glaube, der durch ihn kommt, hat
ihm vor euer aller Augen die volle Gesund-
heit geschenkt. 17 Nun, Brüder, ich weiß, ihr
habt aus Unwissenheit gehandelt, ebenso
wie eure Anführer. 18 Gott aber hat auf diese
Weise erfüllt, was er durch den Mund aller
Propheten im Voraus verkündet hat: dass
sein Christus leiden werde. 19 Also kehrt um
und tut Buße, damit eure Sünden getilgt wer-
den 20 und der Herr Zeiten des Aufatmens
kommen lässt und Jesus sendet als den für
euch bestimmten Christus! 21 Ihn muss frei-
lich der Himmel aufnehmen bis zu den Zei-
ten der Wiederherstellung von allem, die
Gott von jeher durch den Mund seiner heili-
gen Propheten verkündet hat. 22 Mose hat
gesagt: *Einen Propheten wie mich wird euch*
der Herr, euer Gott, aus euren Brüdern er-
wecken. Auf ihn sollt ihr hören in allem, was
er zu euch sagt. 23 *Jeder, der auf jenen Prophe-*
ten nicht hört, wird aus dem Volk ausgemerzt
werden. 24 Und auch alle Propheten von Sa-
muel an und alle, die später auftraten, haben
diese Tage angekündet. 25 Ihr seid die Söhne
der Propheten und des Bundes, den Gott mit
euren Vätern geschlossen hat, als er zu Abra-
ham sagte: *Durch deine Nachkommenschaft*
sollen alle Geschlechter der Erde Segen erlan-
gen. 26 Für euch zuerst hat Gott seinen Knecht
erweckt und gesandt, damit er euch segnet
und jeden von seiner Bosheit abbringt.

13: Ex 3,6.15; Jes 52,13; Lk 23,19–25 / **15:** 4,10; 5,31; Hebr 2,10 / **17:** 13,27; Lk 23,34; Joh 16,3; 1 Tim 1,13 / **18:** Lk 18,31 / **19:** 2,38; Lk 3,3 / **20:** Mt 19,28 / **21:** Lk 21,27f. / **22:** 7,37; Dtn 18,15–20; Joh 1,21; 6,14 / **23:** Lev 23,29; Dtn 18,19 / **25:** Gen 12,3; 18,18; 22,18; 28,4; Gal 3,8

PETRUS UND JOHANNES VOR DEM HOHEN RAT: 4,1–22

4 1 Während sie zum Volk redeten, traten
die Priester, der Tempelhauptmann und
die Sadduzäer zu ihnen. 2 Sie waren aufge-
bracht, weil die Apostel das Volk lehrten und
in Jesus die Auferstehung von den Toten ver-
kündeten. 3 Und sie legten Hand an sie und
hielten sie bis zum nächsten Morgen in Haft.
Es war nämlich schon Abend. 4 Viele aber von
denen, die das Wort gehört hatten, wurden
gläubig; und die Zahl der Männer stieg auf
etwa fünftausend.

5 Es geschah: Am anderen Morgen versam-
melten sich ihre Oberen sowie die Ältesten
und die Schriftgelehrten in Jerusalem, 6 dazu
Hannas, der Hohepriester, Kajaphas, Johan-
nes, Alexander und alle, die aus dem Ge-
schlecht der Hohepriester stammten. 7 Sie
stellten die beiden in die Mitte und forschten
sie aus: Mit welcher Kraft oder in wessen Na-
men habt ihr das getan? 8 Da sagte Petrus,
erfüllt vom Heiligen Geist, zu ihnen: Ihr
Führer des Volkes und ihr Ältesten! 9 Wenn
wir heute wegen einer guten Tat an einem
kranken Menschen darüber vernommen
werden, durch wen er geheilt worden ist, 10 so
sollt ihr alle und das ganze Volk Israel wissen:
im Namen Jesu Christi, des Nazoräers, den
ihr gekreuzigt habt und den Gott von den
Toten auferweckt hat. Durch ihn steht dieser
Mann gesund vor euch. 11 Dieser Jesus ist der
Stein, der von euch Bauleuten verworfen
wurde, der aber zum Eckstein geworden ist.
12 Und in keinem anderen ist das Heil zu fin-
den. Denn es ist uns Menschen kein anderer
Name unter dem Himmel gegeben, durch
den wir gerettet werden sollen.

13 Als sie den Freimut des Petrus und des
Johannes sahen und merkten, dass es unge-

4,6 Vgl. Anm. zu Lk 3,1f.

bildete und einfache Leute waren, wunderten
sie sich. Sie erkannten sie als Jünger Jesu, 14 sa-
hen aber auch, dass der Geheilte bei ihnen
stand; so konnten sie nichts dagegen sagen.
15 Sie befahlen ihnen, den Hohen Rat zu ver-
lassen; dann berieten sie miteinander 16 und
sagten: Was sollen wir mit diesen Leuten an-
fangen? Dass ein offenkundiges Zeichen
durch sie geschehen ist, das ist allen Einwoh-
nern von Jerusalem bekannt; wir können es
nicht abstreiten. 17 Damit aber die Sache nicht
weiter im Volk verbreitet wird, wollen wir
ihnen unter Drohungen verbieten, je wieder
in diesem Namen zu irgendeinem Menschen
zu sprechen. 18 Und sie riefen sie herein und
verboten ihnen, jemals wieder im Namen
Jesu zu verkünden und zu lehren. 19 Doch
Petrus und Johannes antworteten ihnen: Ob
es vor Gott recht ist, mehr auf euch zu hören
als auf Gott, das entscheidet selbst. 20 Wir
können unmöglich schweigen über das, was
wir gesehen und gehört haben. 21 Jene aber
drohten ihnen noch mehr und ließen sie dann
gehen; denn sie sahen keine Möglichkeit, sie
zu bestrafen, mit Rücksicht auf das Volk, da
alle Gott wegen des Geschehenen priesen.
22 Denn der Mann, an dem das Zeichen der
Heilung geschah, war über vierzig Jahre alt.

2: 23,8 / **6**: Lk 3,2 / **7**: Lk 20,2 / **11**: Ps 118,22; Lk 20,17; Eph 2,20; 1 Petr 2,4–8 / **12**: Mt 1,21; 1 Kor 3,11 / **17**: 5,28 / **19**: 5,29–32

GEBET DER URGEMEINDE UM FURCHTLOSIGKEIT: 4,23–31

23 Nach ihrer Freilassung gingen sie zu den
Ihren und berichteten alles, was die Hohe-
priester und die Ältesten zu ihnen gesagt
hatten. 24 Als sie das hörten, erhoben sie ein-
mütig ihre Stimme zu Gott und sprachen:
Herr, *du hast den Himmel, die Erde und das*
Meer geschaffen und alles, was sie erfüllt;
25 du hast durch den Mund unseres Vaters
David, deines Knechtes, durch den Heiligen
Geist gesagt:

Warum tobten die Völker, / warum mach-
ten die Nationen nichtige Pläne?
26 *Die Könige der Erde standen auf / und*
die Herrscher haben sich verbündet / gegen
den Herrn und seinen Christus.

27 Wahrhaftig, verbündet haben sich in die-
ser Stadt gegen deinen heiligen Knecht Jesus,
den du gesalbt hast, Herodes und Pontius Pi-
latus mit den Heiden und den Stämmen Isra-
els, 28 um alles auszuführen, was deine Hand
und dein Wille im Voraus bestimmt haben,
dass es geschehe. 29 Doch jetzt, Herr, sieh auf
ihre Drohungen und gib deinen Knechten,
mit allem Freimut dein Wort zu verkünden!
30 Streck deine Hand aus, damit Heilungen
und Zeichen und Wunder geschehen durch
den Namen deines heiligen Knechtes Jesus!
31 Als sie gebetet hatten, bebte der Ort, an dem
sie versammelt waren, und alle wurden mit
dem Heiligen Geist erfüllt und sie verkünde-
ten freimütig das Wort Gottes.

24: Ps 146,6; Ex 20,11; Jes 37,16; 2 Kön 19,15; Neh 9,6 / **25–27**: Ps 2,1f. / **27**: Ps 2,2; Lk 23,12f. / **31**: 2,44

DIE GÜTERGEMEINSCHAFT DER URGEMEINDE: 4,32–37

32 Die Menge derer, die gläubig geworden wa-
ren, war ein Herz und eine Seele. Keiner
nannte etwas von dem, was er hatte, sein Ei-
gentum, sondern sie hatten alles gemeinsam.
33 Mit großer Kraft legten die Apostel Zeug-
nis ab von der Auferstehung Jesu, des Herrn,
und reiche Gnade ruhte auf ihnen allen. 34 Es
gab auch keinen unter ihnen, der Not litt.
Denn alle, die Grundstücke oder Häuser be-
saßen, verkauften ihren Besitz, brachten den
Erlös 35 und legten ihn den Aposteln zu Fü-
ßen. Jedem wurde davon so viel zugeteilt,
wie er nötig hatte. 36 Auch Josef, ein Levit,
gebürtig aus Zypern, der von den Aposteln
Barnabas, das heißt übersetzt: Sohn des Tros-
tes, genannt wurde, 37 verkaufte einen Acker,
der ihm gehörte, brachte das Geld und legte
es den Aposteln zu Füßen.

33: 2,22–24 / **34**: 2,44f.; Lk 12,33 / **36**: 9,27; 11,22.30; 12,25; 13–15; 1 Kor 9,6; Gal 2,1.9.13; Kol 4,10

DER BETRUG DES HANANIAS UND DER SAPHIRA: 5,1–11

5 1 Ein Mann namens Hananias aber und
seine Frau Saphira verkauften zusam-
men ein Grundstück 2 und mit Einverständ-
nis seiner Frau behielt er etwas von dem Erlös
für sich. Er brachte nur einen Teil und legte
ihn den Aposteln zu Füßen. 3 Da sagte Petrus:
Hananias, warum hat der Satan dein Herz
erfüllt, dass du den Heiligen Geist belügst
und von dem Erlös des Grundstücks etwas
für dich behältst? 4 Hätte es nicht dein Eigen-
tum bleiben können und konntest du nicht

4,27 Gemeint ist Herodes Antipas. Vgl. Anm. zu Lk 3,1f.

auch nach dem Verkauf frei über den Erlös
verfügen? Warum hast du in deinem Herzen
beschlossen, so etwas zu tun? Du hast nicht
Menschen belogen, sondern Gott. 5 Als
Hananias diese Worte hörte, stürzte er zu
Boden und starb. Und über alle, die es hörten,
kam große Furcht. 6 Die jungen Männer stan-
den auf, hüllten ihn ein, trugen ihn hinaus
und begruben ihn.
7 Nach etwa drei Stunden kam seine Frau
herein, ohne zu wissen, was geschehen war.
8 Petrus fragte sie: Sag mir, habt ihr das
Grundstück für so viel verkauft? Sie antwor-
tete: Ja, für so viel. 9 Da sagte Petrus zu ihr:
Warum seid ihr übereingekommen, den
Geist des Herrn auf die Probe zu stellen? Sie-
he, die Füße derer, die deinen Mann begraben
haben, stehen vor der Tür; auch dich wird
man hinaustragen. 10 Im selben Augenblick
brach sie vor seinen Füßen zusammen und
starb. Die jungen Männer kamen herein, fan-
den sie tot, trugen sie hinaus und begruben
sie neben ihrem Mann. 11 Da kam große
Furcht über die ganze Gemeinde und über
alle, die davon hörten.

3: Lk 22,3; Joh 13,2

ZEICHEN UND WUNDER DER APOSTEL: 5,12–16

12 Durch die Hände der Apostel geschahen
viele Zeichen und Wunder im Volk. Alle ka-
men einmütig in der Halle Salomos zusam-
men. 13 Von den Übrigen wagte niemand, sich
ihnen anzuschließen; aber das Volk schätzte
sie hoch. 14 Immer mehr wurden im Glauben
zum Herrn geführt, Scharen von Männern
und Frauen. 15 Selbst die Kranken trug man
auf die Straßen hinaus und legte sie auf Bet-
ten und Liegen, damit, wenn Petrus vorüber-
kam, wenigstens sein Schatten auf einen von
ihnen fiel. 16 Auch aus den Städten ringsum
Jerusalem strömten die Leute zusammen
und brachten Kranke und von unreinen Geis-
tern Geplagte mit. Und alle wurden geheilt.

12: 2,43; 3,11; Röm 15,19; 2 Kor 12,12 / **15:** 19,12; Mk 6,56 / **16:** Lk 4,40f.

VERHAFTUNG UND BEFREIUNG DER APOSTEL: 5,17–21a

17 Da erhoben sich voll Eifersucht der Hohe-
priester und alle, die auf seiner Seite standen,
nämlich die Partei der Sadduzäer. 18 Und sie
legten Hand an die Apostel und nahmen sie
in öffentlichen Gewahrsam. 19 Ein Engel des
Herrn aber öffnete nachts die Gefängnistore,
führte sie hinaus und sagte: 20 Geht, tretet im
Tempel auf und verkündet dem Volk alle
Worte dieses Lebens! 21 Sie gehorchten und
gingen bei Tagesanbruch in den Tempel und
lehrten.

17: 4,1–3 / **19:** 12,7–10 / **20:** 13,26

DIE APOSTEL VOR DEM HOHEN RAT: 5,21b–42

Währenddessen kam der Hohepriester mit
seinen Begleitern. Sie riefen den Hohen Rat
und alle Ältesten der Söhne Israels zusam-
men; man schickte Boten zum Gefängnis,
um die Apostel vorführen zu lassen. 22 Die
Diener gingen, fanden sie aber nicht im Ge-
fängnis. Sie kehrten zurück und meldeten:
23 Wir fanden das Gefängnis sorgfältig ver-
schlossen und die Wachen vor den Toren
stehen; als wir aber öffneten, fanden wir nie-
manden darin. 24 Der Tempelhauptmann und
die Hohepriester waren ratlos, als sie das
hörten, und wussten nicht, was nun werden
sollte. 25 Da kam jemand und meldete ihnen:
Siehe, die Männer, die ihr ins Gefängnis ge-
worfen habt, stehen im Tempel und lehren
das Volk. 26 Da ging der Tempelhauptmann
mit seinen Leuten hin und holte sie, aller-
dings nicht mit Gewalt; denn sie fürchteten,
vom Volk gesteinigt zu werden. 27 Man führ-
te sie herbei und stellte sie vor den Hohen Rat.
Der Hohepriester verhörte sie 28 und sagte:
Wir haben euch streng verboten, in diesem
Namen zu lehren; und siehe, ihr habt Jerusa-
lem mit eurer Lehre erfüllt; ihr wollt das Blut
dieses Menschen über uns bringen. 29 Petrus
und die Apostel antworteten: Man muss Gott
mehr gehorchen als den Menschen. 30 Der
Gott unserer Väter hat Jesus auferweckt, den
ihr ans Holz gehängt und ermordet habt.
31 Ihn hat Gott als Anführer und Retter an
seine rechte Seite erhoben, um Israel die Um-
kehr und Vergebung der Sünden zu schen-
ken. 32 Zeugen dieser Ereignisse sind wir und
der Heilige Geist, den Gott allen verliehen
hat, die ihm gehorchen. 33 Als sie das hörten,
gerieten sie in Zorn und beschlossen, sie zu
töten.
34 Da erhob sich im Hohen Rat ein Pharisä-
er namens Gamaliël, ein beim ganzen Volk

5,12 Vgl. Joh 10,23.

5,34 Gamaliël der Ältere war nach 22,3 Lehrer des Paulus.

angesehener Gesetzeslehrer; er befahl, die
Apostel für kurze Zeit hinausführen. 35 Dann
sagte er: Israeliten, überlegt euch gut, was ihr
mit diesen Leuten tun wollt! 36 Vor einiger
Zeit nämlich trat Theudas auf und behaupte-
te, er sei etwas Besonderes. Ihm schlossen
sich etwa vierhundert Männer an. Aber er
wurde getötet und sein ganzer Anhang wur-
de zerstreut und aufgerieben. 37 Nach ihm trat
in den Tagen der Volkszählung Judas, der
Galiläer, auf; er brachte viel Volk hinter sich
und verleitete es zum Aufruhr. Auch er kam
um und alle seine Anhänger wurden zer-
streut. 38 Darum rate ich euch jetzt: Lasst von
diesen Männern ab und gebt sie frei; denn
wenn dieses Vorhaben oder dieses Werk von
Menschen stammt, wird es zerstört werden;
39 stammt es aber von Gott, so könnt ihr sie
nicht vernichten; sonst werdet ihr noch als
Kämpfer gegen Gott dastehen. Sie stimmten
ihm zu, 40 riefen die Apostel herein und lie-
ßen sie auspeitschen; dann verboten sie ih-
nen, im Namen Jesu zu predigen, und ließen
sie frei. 41 Sie aber gingen weg vom Hohen Rat
und freuten sich, dass sie gewürdigt worden
waren, für seinen Namen Schmach zu erlei-
den. 42 Und sie ließen nicht ab, Tag für Tag im
Tempel und in den Häusern zu lehren, und
verkündeten das Evangelium von Jesus, dem
Christus.

26: Lk 20,19 / **28**: 4,18; Mt 27,25 / **29**: 4,19 / **30**: 2,23f.; Dtn 21,22 G / **31**: 2,38 / **32**: Lk 24,48; Joh 15,26f. / **34**: 22,3 / **37**: Lk 2,2 / **40**: 22,19; 4,17 / **41**: Lk 6,22f.; 1 Petr 4,13 / **42**: 2,46; 5,20f.25; 8,35

DIE WAHL DER SIEBEN: 6,1–7

6 1 In diesen Tagen, als die Zahl der Jünger
zunahm, begehrten die Hellenisten ge-
gen die Hebräer auf, weil ihre Witwen bei der
täglichen Versorgung übersehen wurden.
2 Da riefen die Zwölf die ganze Schar der Jün-
ger zusammen und erklärten: Es ist nicht
recht, dass wir das Wort Gottes vernachläs-
sigen und uns dem Dienst an den Tischen
widmen. 3 Brüder, wählt aus eurer Mitte sie-
ben Männer von gutem Ruf und voll Geist
und Weisheit; ihnen werden wir diese Auf-
gabe übertragen. 4 Wir aber wollen beim Ge-
bet und beim Dienst am Wort bleiben. 5 Der
Vorschlag fand den Beifall der ganzen Ge-
meinde und sie wählten Stephanus, einen
Mann, erfüllt vom Glauben und vom Heili-
gen Geist, ferner Philippus und Prochorus,
Nikanor und Timon, Parmenas und Niko-
laus, einen Proselyten aus Antiochia. 6 Sie
ließen sie vor die Apostel hintreten und die-
se legten ihnen unter Gebet die Hände auf.
7 Und das Wort Gottes breitete sich aus und
die Zahl der Jünger in Jerusalem wurde im-
mer größer; auch eine große Anzahl von den
Priestern nahm gehorsam den Glauben an.

1: 4,34f. / **3**: 1 Tim 3,7f. / **6**: 13,3; 14,23; 1 Tim 4,14; 2 Tim 1,6 / **7**: 4,4; 12,24; 19,20

DIE VERHAFTUNG DES STEPHANUS: 6,8–15

8 Stephanus aber, voll Gnade und Kraft, tat
Wunder und große Zeichen unter dem Volk.
9 Doch einige von der sogenannten Synagoge
der Libertiner und Kyrenäer und Alexandri-
ner und Leute aus Kilikien und der Provinz
Asien erhoben sich, um mit Stephanus zu
streiten; 10 aber sie konnten der Weisheit und
dem Geist, mit dem er sprach, nicht wider-
stehen. 11 Da stifteten sie Männer zu der Aus-
sage an: Wir haben gehört, wie er gegen Mose
und Gott lästerte. 12 Sie hetzten das Volk, die
Ältesten und die Schriftgelehrten auf, dran-
gen auf ihn ein, packten ihn und schleppten
ihn vor den Hohen Rat. 13 Und sie brachten
falsche Zeugen bei, die sagten: Dieser Mensch
hört nicht auf, gegen diesen heiligen Ort und
das Gesetz zu reden. 14 Wir haben ihn näm-
lich sagen hören: Dieser Jesus, der Nazoräer,
wird diesen Ort zerstören und die Bräuche
ändern, die uns Mose überliefert hat. 15 Und
als alle, die im Hohen Rat saßen, gespannt
auf ihn blickten, erschien ihnen sein Gesicht
wie das Gesicht eines Engels.

10: Lk 21,15 / **13**: 21,28; Mt 26,59; Mk 14,55 / **14**: Mt 26,61; 27,40; Mk 14,58; 15,29; Joh 2,19

DIE REDE DES STEPHANUS: 7,1–53

7 1 Der Hohepriester aber fragte: Ist das
wahr? 2 Stephanus antwortete: Brüder
und Väter, hört mich an! Der Gott der Herr-
lichkeit erschien unserem Vater Abraham,
als er in Mesopotamien lebte, ehe er sich in
Haran niederließ, 3 und sagte zu ihm: *Zieh
weg aus deinem Land und aus deiner Ver-
wandtschaft und geh in das Land, das ich dir*

6,1–7 Hellenisten, d. h. griechisch sprechende Hebräer, d. h. aramäisch sprechende Judenchristen.

6,5 Einen Proselyten, d. h. einen zum Judentum konvertierten Nichtjuden.

6,9 Libertiner, d. h. jüdische Freigelassene und ihre Nachkommen.

zeigen werde! 4 Da zog er aus dem Land der
Chaldäer fort und ließ sich in Haran nieder.
Von dort ließ Gott ihn nach dem Tod seines
Vaters in dieses Land übersiedeln, in dem ihr
jetzt wohnt. 5 Er hat ihm darin kein Erbteil
gegeben, auch nicht einen Fußbreit, doch hat
er verheißen, *das Land ihm und seinen Nach-*
kommen zum Besitz zu geben, obwohl er
kinderlos war. 6 So sprach Gott: *Seine Nach-*
kommen werden als Fremde in einem Land
wohnen, das ihnen nicht gehört; und man
wird sie zu Sklaven machen und sie vierhun-
dert Jahre lang hart behandeln. 7 *Aber auch*
über das Volk, dem sie als Sklaven dienen,
werde ich Gericht halten, sprach Gott, *und*
danach werden sie ausziehen und mich an
diesem Ort verehren. 8 Und er gab ihm den
Bund der Beschneidung. So zeugte Abraham
den Isaak und beschnitt ihn am achten Tag,
ebenso Isaak den Jakob und Jakob die zwölf
Patriarchen. 9 Die Patriarchen aber waren ei-
fersüchtig auf Josef und verkauften ihn nach
Ägypten; doch Gott war mit ihm. 10 Er rette-
te ihn aus allen seinen Nöten, schenkte ihm
Weisheit und die Gunst des Pharao, des Kö-
nigs von Ägypten, und er bestellte ihn zum
Herrscher über Ägypten und über sein gan-
zes Haus. 11 Es kam aber eine Hungersnot
über ganz Ägypten und Kanaan und das
Elend war groß. Auch unsere Väter hatten
keine Nahrung mehr. 12 Als Jakob hörte, dass
es in Ägypten Getreide gab, schickte er un-
sere Väter ein erstes Mal dorthin. 13 Beim
zweiten Mal gab Josef sich seinen Brüdern zu
erkennen und dem Pharao wurde Josefs Her-
kunft bekannt. 14 Josef aber ließ seinen Vater
Jakob und seine ganze Familie holen: fünf-
undsiebzig Menschen. 15 So zog Jakob nach
Ägypten hinab; und er starb und auch unse-
re Väter starben. 16 Man brachte sie nach
Sichem und bestattete sie in dem Grab, das
Abraham von den Söhnen Hamors in Sichem
für Silbergeld gekauft hatte.

17 Als aber die Zeit der Verheißung heran-
kam, die Gott dem Abraham zugesagt hatte,
vermehrte sich das Volk und breitete sich in
Ägypten aus, 18 bis *ein anderer über Ägypten*
König wurde, der von Josef nichts wusste.
19 Er ging gegen unser Volk heimtückisch vor
und zwang unsere Väter, ihre Kinder auszu-
setzen; sie sollten nicht am Leben bleiben.
20 In dieser Zeit wurde Mose geboren und
Gott hatte Gefallen an ihm. Drei Monate lang
wurde er im Haus seines Vaters aufgezogen;
21 als er aber ausgesetzt wurde, nahm ihn die
Tochter des Pharao auf und erzog ihn als ih-
ren Sohn. 22 Und Mose wurde in aller Weis-
heit der Ägypter ausgebildet und er war
mächtig in Wort und Tat. 23 Als er vierzig
Jahre alt war, reifte in ihm der Gedanke, nach
seinen Brüdern, den Söhnen Israels, zu se-
hen. 24 Und als er sah, wie einem von ihnen
Unrecht geschah, kam er dem Unterdrückten
zu Hilfe und rächte ihn, indem er den Ägyp-
ter erschlug. 25 Er dachte, seine Brüder wür-
den begreifen, dass Gott ihnen durch seine
Hand Rettung bringen wolle; doch sie begrif-
fen es nicht. 26 Am folgenden Tag kam er
dazu, wie sie sich stritten; er versuchte, sie
auszusöhnen und Frieden zu stiften, und
sagte: Männer, ihr seid doch Brüder. Warum
tut ihr einander Unrecht? 27 Der Mann aber,
der seinem Nächsten Unrecht getan hatte,
stieß ihn weg und sagte: *Wer hat dich zum*
Anführer und Schiedsrichter über uns be-
stellt? 28 *Willst du mich etwa umbringen, wie*
du gestern den Ägypter umgebracht hast?
29 Daraufhin floh Mose und hielt sich als
Fremder in Midian auf; dort wurden ihm
zwei Söhne geboren. 30 Als vierzig Jahre ver-
gangen waren, erschien ihm in der Wüste
beim Berg Sinai ein Engel im Feuer eines
brennenden Dornbusches. 31 Als Mose die
Erscheinung sah, wunderte er sich darüber.
Er ging näher hin, um sie genauer zu betrach-
ten. Da ertönte die Stimme des Herrn: 32 *Ich*
bin der Gott deiner Väter, der Gott Abra-
hams, Isaaks und Jakobs. Mose begann zu
zittern und wagte nicht hinzusehen. 33 Da
sagte der Herr zu ihm: *Zieh deine Schuhe aus!*
Denn der Ort, wo du stehst, ist heiliger Bo-
den. 34 *Ich habe das Elend meines Volkes in*
Ägypten gesehen und seine Klage gehört. Ich
bin herabgestiegen, um sie zu retten. Und
jetzt geh, ich sende dich nach Ägypten.
35 Diesen Mose, den sie verleugnet hatten mit
den Worten: *Wer hat dich zum Anführer und*
Schiedsrichter bestellt?, ihn hat Gott als An-
führer und Befreier gesandt durch die Hand
des Engels, der ihm im Dornbusch erschien.
36 Dieser Mose hat sie herausgeführt, indem
er Zeichen und Wunder tat in Ägypten und
im Roten Meer und in der Wüste, vierzig Jah-
re lang. 37 Dies ist der Mose, der zu den Söh-
nen Israels gesagt hat: *Einen Propheten wie*
mich wird Gott euch aus euren Brüdern er-

wecken. 38 Dieser stand bei der Versammlung
des Volkes in der Wüste zwischen dem Engel,
der mit ihm auf dem Berg Sinai redete, und
unseren Vätern. Er hat Worte des Lebens
empfangen, um sie uns zu geben. 39 Aber un-
sere Väter wollten sich ihm nicht unterord-
nen; sie wiesen ihn ab und wandten ihr Herz
nach Ägypten zurück. 40 Sie sagten zu Aaron:
*Mach uns Götter, die vor uns herziehen!
Denn dieser Mose, der uns aus Ägypten he-
rausgeführt hat – wir wissen nicht, was mit
ihm geschehen ist.* 41 Und sie fertigten in je-
nen Tagen das Standbild eines Kalbes an,
brachten dem Götzen ein Opfer dar und freu-
ten sich über das Werk ihrer Hände. 42 Da
wandte sich Gott ab und überließ sie dem
Sternenkult, wie es im Buch der Propheten
heißt: *Habt ihr mir etwa Schlachttiere und
Opfer dargebracht während der vierzig Jah-
re in der Wüste, ihr vom Haus Israel?* 43 *Das
Zelt des Molochs und den Stern des Gottes
Raifan habt ihr herumgetragen, die Bilder,
die ihr gemacht habt, um sie anzubeten. Da-
rum will ich euch in die Gebiete jenseits von
Babylon verbannen.*

44 Unsere Väter hatten in der Wüste das
Bundeszelt. So hat Gott es angeordnet; er hat
dem Mose befohlen, es nach dem Vorbild zu
errichten, das er geschaut hatte. 45 Und unse-
re Väter haben es übernommen und mitge-
bracht, als sie unter Josua das Land der Hei-
denvölker besetzten, die Gott vor den Augen
unserer Väter vertrieb, bis zu den Tagen Da-
vids. 46 Dieser fand Gnade vor Gott und bat
für das Haus Jakob um ein Zeltheiligtum.
47 Salomo aber baute ihm ein Haus. 48 Doch
der Höchste wohnt nicht in dem, was von
Menschenhand gemacht ist, wie der Prophet
sagt: 49 *Der Himmel ist mein Thron und die
Erde der Schemel für meine Füße. Was für
ein Haus könnt ihr mir bauen?, spricht der
Herr. Oder welcher Ort kann mir als Ruhe-
stätte dienen?* 50 *Hat nicht meine Hand dies
alles gemacht?*

51 Ihr Halsstarrigen, unbeschnitten an Her-
zen und Ohren! Immerzu widersetzt ihr
euch dem Heiligen Geist, eure Väter schon
und nun auch ihr. 52 Welchen der Propheten
haben eure Väter nicht verfolgt? Sie haben
die getötet, die die Ankunft des Gerechten
geweissagt haben, dessen Verräter und Mör-
der ihr jetzt geworden seid, 53 ihr, die ihr
durch die Anordnung von Engeln das Gesetz
empfangen, es aber nicht gehalten habt.

2: Gen 11,31; 15,7 / **3**: Gen 12,1 / **5**: Dtn 2,5; Gen 12,7; 13,15; 17,8; 48,4 / **6–7**: Gen 15,13f. / **7**: Ex 3,12 / **8**: Gen 17,10; 21,4 / **9**: Gen 37,11.28; 39,2f. / **10**: Gen 39,21; 41,37–44; Ps 105,21; Weish 10,14 / **11**: Gen 41,54 / **12**: Gen 42,2.5 / **13**: Gen 45,3.16 / **14**: Gen 45,9–11; 46,27; Ex 1,5; Dtn 10,22 / **15**: Gen 46,3f.6; 49,33 / **16**: Gen 23,16f.; 33,19; 50,13 / **17–19**: Ex 1,7–9.22 / **20**: Ex 2,2; Hebr 11,23 / **21**: Ex 2,3.5.10 / **23–24**: Ex 2,11f. / **26**: Ex 2,13 / **27–28**: Ex 2,14 G / **29**: Ex 2,15.22; 18,3f. / **30–34**: Ex 3,2–10 / **35**: Ex 2,14 G / **36**: Ex 7,3.10; 14,21; Num 14,33 / **37**: 3,22; Dtn 18,15; Joh 1,21; 6,14 / **38**: Ex 19,3; 31,18; Gal 3,19; Dtn 9,10; 2 Kor 3,3 / **40**: Ex 32,1 / **41**: Ex 32,4.6 / **42–43**: Am 5,25–27 G / **44**: Ex 25,40 / **45**: Dtn 32,49; Jos 3,14; 18,1 / **46**: 2 Sam 7,2; Ps 132,5 / **47**: 1 Kön 6,1f. / **49**: Jes 66,1f. / **51**: Dtn 9,6 / **52**: 2 Chr 36,16; Mt 5,12; 23,34 / **53**: Dtn 33,2 G; Gal 3,19; Hebr 2,2

DIE STEINIGUNG DES STEPHANUS: 7,54–8,1a

54 Als sie das hörten, waren sie in ihren Her-
zen aufs Äußerste über ihn empört und
knirschten mit den Zähnen gegen ihn. 55 Er
aber, erfüllt vom Heiligen Geist, blickte zum
Himmel empor, sah die Herrlichkeit Gottes
und Jesus zur Rechten Gottes stehen 56 und
rief: Siehe, ich sehe den Himmel offen und
den Menschensohn zur Rechten Gottes ste-
hen. 57 Da erhoben sie ein lautes Geschrei,
hielten sich die Ohren zu, stürmten einmütig
auf ihn los, 58 trieben ihn zur Stadt hinaus
und steinigten ihn. Die Zeugen legten ihre
Kleider zu Füßen eines jungen Mannes nie-
der, der Saulus hieß. 59 So steinigten sie
Stephanus; er aber betete und rief: Herr Jesus,
nimm meinen Geist auf! 60 Dann sank er in
die Knie und schrie laut: Herr, rechne ihnen
diese Sünde nicht an! Nach diesen Worten
starb er.

8 1 Saulus aber war mit seiner Ermordung
einverstanden.

7,54: 5,33 / **56**: Lk 22,69 / **59**: Lk 23,46 / **60**: Lk 23,34
8,1a: 22,20

VERFOLGUNG UND ZERSTREUUNG DER URGEMEINDE: 8,1b–4

An jenem Tag brach eine schwere Verfolgung
über die Kirche in Jerusalem herein. Alle
wurden in die Gegenden von Judäa und Sa-
marien zerstreut, mit Ausnahme der Apos-
tel. 2 Fromme Männer bestatteten Stephanus
und hielten eine große Totenklage für ihn.
3 Saulus aber versuchte, die Kirche zu ver-

7,42 Sternenkult, wörtlich: Kult des Himmelsheeres.

7,58 Saulus ist der hebräische, Paulus der griechisch-römische Name.

nichten; er drang in die Häuser ein, schlepp-
te Männer und Frauen fort und lieferte sie ins
Gefängnis ein. 4 Die Gläubigen, die zerstreut
worden waren, zogen umher und verkünde-
ten das Wort.

3: 9,1; 22,4; 26,10f.; 1 Kor 15,9; Gal 1,13; Phil 3,6 / **4:** 11,19

DIE KIRCHE IN JUDÄA UND SAMARIEN: 8,5–12,24

PHILIPPUS ALS MISSIONAR IN SAMARIA: 8,5–13

5 Philippus aber kam in die Hauptstadt Sama-
riens hinab und verkündete dort Christus.
6 Und die Menge achtete einmütig auf die
Worte des Philippus; sie hörten zu und sahen
die Zeichen, die er tat. 7 Denn aus vielen Be-
sessenen fuhren unter lautem Geschrei die
unreinen Geister aus; auch viele Lahme und
Verkrüppelte wurden geheilt. 8 So herrschte
große Freude in jener Stadt.

9 Ein Mann namens Simon hatte schon län-
ger in der Stadt Zauberei getrieben und das
Volk von Samarien in Staunen versetzt; er
gab sich als etwas Großes aus. 10 Alle achteten
auf ihn, Klein und Groß, und sie sagten: Die-
ser ist die Kraft Gottes, die man die Große
nennt. 11 Sie achteten aber deshalb auf ihn,
weil er sie lange Zeit durch Zaubereien in
Staunen versetzt hatte. 12 Als sie jedoch dem
Philippus Glauben schenkten, der das Evan-
gelium vom Reich Gottes und vom Namen
Jesu Christi verkündete, ließen sie sich tau-
fen, Männer und Frauen. 13 Auch Simon wur-
de gläubig, ließ sich taufen und schloss sich
dem Philippus an; und als er die großen Zei-
chen und Machttaten sah, geriet er außer sich
vor Staunen.

5: 6,5 / **7:** Mk 16,17f. / **12:** 1,3; 19,8; 28,23.31

PETRUS UND JOHANNES IN SAMARIA: 8,14–25

14 Als die Apostel in Jerusalem hörten, dass
Samarien das Wort Gottes angenommen
hatte, schickten sie Petrus und Johannes
dorthin. 15 Diese zogen hinab und beteten für
sie, dass sie den Heiligen Geist empfingen.
16 Denn er war noch auf keinen von ihnen
herabgekommen; sie waren nur getauft auf
den Namen Jesu, des Herrn. 17 Dann legten
sie ihnen die Hände auf und sie empfingen
den Heiligen Geist.

18 Als Simon sah, dass durch die Handauf-
legung der Apostel der Geist verliehen wird,
brachte er ihnen Geld 19 und sagte: Gebt auch
mir diese Vollmacht, damit jeder, dem ich die
Hände auflege, den Heiligen Geist empfängt!
20 Petrus aber sagte zu ihm: Dein Silber fahre
mit dir ins Verderben, wenn du meinst, die
Gabe Gottes lasse sich für Geld kaufen. 21 Du
hast weder einen Anteil daran noch ein Recht
darauf, denn dein Herz ist nicht aufrichtig vor
Gott. 22 Wende dich von deiner Bosheit ab und
bitte den Herrn, dass dir das Ansinnen deines
Herzens vergeben werde! 23 Denn ich sehe
dich voll bitterer Galle und in Unrecht ver-
strickt. 24 Da antwortete Simon: Betet ihr für
mich zum Herrn, damit mich nichts von dem
trifft, was ihr gesagt habt! 25 Nachdem sie so
das Wort des Herrn bezeugt und verkündet
hatten, machten sie sich auf den Weg zurück
nach Jerusalem und verkündeten in vielen
Dörfern der Samariter das Evangelium.

17: 2,4; 4,31; 10,44–47; 15,8f.; 19,2.6 / **21:** Eph 5,5

DIE TAUFE DES ÄTHIOPIERS: 8,26–40

26 Ein Engel des Herrn sagte zu Philippus:
Steh auf und geh nach Süden auf der Straße,
die von Jerusalem nach Gaza hinabführt! Sie
führt durch eine einsame Gegend. 27 Und er
stand auf und ging. Und siehe, da war ein
Äthiopier, ein Kämmerer, Hofbeamter der
Kandake, der Königin der Äthiopier, der über
ihrer ganzen Schatzkammer stand. Dieser
war gekommen, um in Jerusalem anzubeten,
28 und fuhr jetzt heimwärts. Er saß auf seinem
Wagen und las den Propheten Jesaja. 29 Und
der Geist sagte zu Philippus: Geh und folge
diesem Wagen! 30 Philippus lief hin und hör-
te ihn den Propheten Jesaja lesen. Da sagte er:
Verstehst du auch, was du liest? 31 Jener ant-
wortete: Wie könnte ich es, wenn mich nie-
mand anleitet? Und er bat den Philippus,
einzusteigen und neben ihm Platz zu neh-

8,27 Kandake ist der Titel der äthiopischen Königin. – Kämmerer, wörtlich: Eunuch, entweder im gängigen Sinn oder Titel für einen hohen Beamten.

men. 32 Der Abschnitt der Schrift, den er las,
lautete:

*Wie ein Schaf wurde er zum Schlachten ge-
führt; / und wie ein Lamm, das verstummt, /
wenn man es schert, / so tat er seinen Mund
nicht auf.*

33 *In der Erniedrigung wurde seine Verur-
teilung aufgehoben. / Seine Nachkommen,
wer wird von ihnen berichten? / Denn sein
Leben wurde von der Erde fortgenommen.*

34 Der Kämmerer wandte sich an Philippus
und sagte: Ich bitte dich, von wem sagt der
Prophet das? Von sich selbst oder von einem
anderen? 35 Da tat Philippus seinen Mund auf
und ausgehend von diesem Schriftwort ver-
kündete er ihm das Evangelium von Jesus.
36 Als sie nun weiterzogen, kamen sie zu einer
Wasserstelle. Da sagte der Kämmerer: Siehe,
hier ist Wasser. Was steht meiner Taufe noch
im Weg? [37] 38 Er ließ den Wagen halten und
beide, Philippus und der Kämmerer, stiegen
in das Wasser hinab und er taufte ihn. 39 Als
sie aber aus dem Wasser stiegen, entrückte
der Geist des Herrn den Philippus. Der Käm-
merer sah ihn nicht mehr und er zog voll
Freude auf seinem Weg weiter. 40 Den Philip-
pus aber sah man in Aschdod wieder. Und er
wanderte durch alle Städte und verkündete
das Evangelium, bis er nach Cäsarea kam.

31: Joh 16,13 / **32**: Jes 53,7 / **33**: Jes 53,8 G / **35**: 5,42; Lk 24,27 / **36**: 10,47 / **39**: 1 Kön 18,12 / **40**: 21,8

DIE BEKEHRUNG DES SAULUS: 9,1–22

9 1 Saulus wütete noch immer mit Dro-
hung und Mord gegen die Jünger des
Herrn. Er ging zum Hohepriester 2 und erbat
sich von ihm Briefe an die Synagogen in Da-
maskus, um die Anhänger des Weges Jesu,
Männer und Frauen, die er dort finde, zu fes-
seln und nach Jerusalem zu bringen. 3 Unter-
wegs aber, als er sich bereits Damaskus nä-
herte, geschah es, dass ihn plötzlich ein Licht
vom Himmel umstrahlte. 4 Er stürzte zu
Boden und hörte, wie eine Stimme zu ihm
sagte: Saul, Saul, warum verfolgst du mich?
5 Er antwortete: Wer bist du, Herr? Dieser
sagte: Ich bin Jesus, den du verfolgst. 6 Steh
auf und geh in die Stadt; dort wird dir gesagt
werden, was du tun sollst! 7 Die Männer aber,
die mit ihm unterwegs waren, standen
sprachlos da; sie hörten zwar die Stimme,
sahen aber niemanden. 8 Saulus erhob sich
vom Boden. Obwohl seine Augen offen wa-
ren, sah er nichts. Sie nahmen ihn bei der
Hand und führten ihn nach Damaskus hi-
nein. 9 Und er war drei Tage blind und er aß
nicht und trank nicht.

10 In Damaskus lebte ein Jünger namens
Hananias. Zu ihm sagte der Herr in einer Vi-
sion: Hananias! Er antwortete: Siehe, hier bin
ich, Herr. 11 Der Herr sagte zu ihm: Steh auf
und geh zu der Straße, die man Die Gerade
nennt, und frag im Haus des Judas nach ei-
nem Mann namens Saulus aus Tarsus! Denn
siehe, er betet 12 und hat in einer Vision gese-
hen, wie ein Mann namens Hananias herein-
kommt und ihm die Hände auflegt, damit er
wieder sieht. 13 Hananias antwortete: Herr,
ich habe von vielen gehört, wie viel Böses
dieser Mann deinen Heiligen in Jerusalem
angetan hat. 14 Auch hier hat er Vollmacht von
den Hohepriestern, alle zu fesseln, die deinen
Namen anrufen. 15 Der Herr aber sprach zu
ihm: Geh nur! Denn dieser Mann ist mir ein
auserwähltes Werkzeug: Er soll meinen
Namen vor Völker und Könige und die Söhne
Israels tragen. 16 Denn ich werde ihm zeigen,
wie viel er für meinen Namen leiden muss.
17 Da ging Hananias hin und trat in das Haus
ein; er legte ihm die Hände auf und sagte:
Bruder Saul, der Herr hat mich gesandt, Jesus,
der dir auf dem Weg, den du gekommen bist,
erschienen ist; du sollst wieder sehen und mit
dem Heiligen Geist erfüllt werden. 18 Sofort
fiel es wie Schuppen von seinen Augen und
er sah wieder; er stand auf und ließ sich tau-
fen. 19 Und nachdem er etwas gegessen hatte,
kam er wieder zu Kräften.

Einige Tage blieb er bei den Jüngern in Da-
maskus; 20 und sogleich verkündete er Jesus
in den Synagogen: Dieser ist der Sohn Gottes.
21 Alle, die es hörten, waren fassungslos und
sagten: Ist das nicht der Mann, der in Jerusa-
lem alle vernichten wollte, die diesen Namen
anrufen? Und ist er nicht auch hierherge-
kommen, um sie gefesselt vor die Hohepries-
ter zu führen? 22 Saulus aber trat umso kraft-
voller auf und brachte die Juden in Damaskus
in Verwirrung, weil er ihnen darlegte, dass
Jesus der Christus ist.

1–22: 22,4–16; 26,9–20 / **1**: 8,3; 1 Kor 15,9; Gal 1,13 / **2**: 19,9.23; 22,4; 24,14.22 / **3**: 1 Kor 9,1; 15,8; Gal 1,16 /

8,37 Einige Textzeugen fügen hier ein: Da sagte Philippus zu ihm: Wenn du aus ganzem Herzen glaubst, ist es möglich. Er antwortete: Ich glaube, dass Jesus Christus der Sohn Gottes ist.

10: 10,17; 16,9 / **11**: 21,39 / **14**: 1 Kor 1,2; 2 Tim 2,22 / **15**:
22,15; Röm 1,5; Gal 2,9; 1 Kor 1,17 / **16**: Mt 10,22; Lk 21,12f.;
2 Kor 11,23–29 / **20**: Mt 14,33; 16,16; 27,54; Mk 15,39;
Lk 1,32–35; 22,70; Joh 1,49; 11,27 / **22**: 18,28

DIE FLUCHT DES SAULUS AUS DAMASKUS: 9,23–31

23 So verging einige Zeit; da beschlossen die
Juden, ihn zu töten. 24 Doch ihr Plan wurde
dem Saulus bekannt. Sie bewachten sogar Tag
und Nacht die Stadttore, um ihn zu beseiti-
gen. 25 Aber seine Jünger nahmen ihn und
ließen ihn bei Nacht in einem Korb die Stadt-
mauer hinab.

26 Als er nach Jerusalem kam, versuchte er,
sich den Jüngern anzuschließen. Aber alle
fürchteten sich vor ihm, weil sie nicht glaub-
ten, dass er ein Jünger war. 27 Barnabas jedoch
nahm sich seiner an und brachte ihn zu den
Aposteln. Er berichtete ihnen, wie Saulus auf
dem Weg den Herrn gesehen habe und dass
dieser zu ihm gesprochen habe und wie er in
Damaskus freimütig im Namen Jesu aufge-
treten sei. 28 So ging er bei ihnen in Jerusalem
ein und aus, trat freimütig im Namen des
Herrn auf 29 und führte auch Streitgespräche
mit den Hellenisten. Diese aber planten, ihn
zu töten. 30 Als die Brüder das erkannten,
brachten sie ihn nach Cäsarea hinab und
schickten ihn von dort nach Tarsus.

31 Die Kirche in ganz Judäa, Galiläa und
Samarien hatte nun Frieden; sie wurde gefes-
tigt und lebte in der Furcht des Herrn. Und
sie wuchs durch die Hilfe des Heiligen Geis-
tes.

24: 2 Kor 11,32f. / **26**: Gal 1,18 / **27**: 4,36 / **30**: 11,25; Gal 1,21

PETRUS IN LYDDA UND JOPPE: 9,32–43

32 Es geschah: Auf einer Reise zu den einzel-
nen Gemeinden kam Petrus auch zu den Hei-
ligen in Lydda. 33 Dort fand er einen Mann
namens Äneas, der seit acht Jahren lahm und
bettlägerig war. 34 Petrus sagte zu ihm: Äneas,
Jesus Christus heilt dich. Steh auf und richte
dir dein Bett! Sogleich stand er auf. 35 Und alle
Bewohner von Lydda und der Scharon-Ebene
sahen ihn und bekehrten sich zum Herrn.

36 In Joppe lebte eine Jüngerin namens Ta-
bita, das heißt übersetzt: Dorkas – Gazelle –.
Sie tat viele gute Taten und gab reichlich Al-
mosen. 37 Es geschah aber: In jenen Tagen
wurde sie krank und starb. Man wusch sie
und bahrte sie im Obergemach auf. 38 Weil
aber Lydda nahe bei Joppe liegt und die Jünger
hörten, dass Petrus dort war, schickten sie
zwei Männer zu ihm und ließen ihn bitten:
Komm zu uns, zögere nicht! 39 Da stand Pe-
trus auf und ging mit ihnen. Als er ankam,
führten sie ihn in das Obergemach hinauf;
alle Witwen traten zu ihm, sie weinten und
zeigten ihm die Röcke und Mäntel, die Dor-
kas gemacht hatte, als sie noch bei ihnen war.
40 Petrus aber schickte alle hinaus, kniete nie-
der und betete. Dann wandte er sich zu dem
Leichnam und sagte: Tabita, steh auf! Da öff-
nete sie ihre Augen, sah Petrus an und setzte
sich auf. 41 Er gab ihr die Hand und ließ sie
aufstehen; dann rief er die Heiligen und die
Witwen und zeigte ihnen, dass sie wieder
lebte. 42 Das wurde in ganz Joppe bekannt
und viele kamen zum Glauben an den Herrn.
43 Es geschah aber, dass Petrus längere Zeit in
Joppe bei einem gewissen Simon, einem Ger-
ber, blieb.

40: 20,9–12; 2 Kön 4,33–35; Mk 5,40f. / **43**: 10,6

DIE VISION DES HAUPTMANNS KORNELIUS IN CÄSAREA: 10,1–8

10 1 In Cäsarea lebte ein Mann namens
Kornelius, Hauptmann in der soge-
nannten Italischen Kohorte; 2 er lebte mit
seinem ganzen Haus fromm und gottes-
fürchtig, gab dem Volk reichlich Almosen
und betete beständig zu Gott. 3 Er sah um die
neunte Tagesstunde in einer Vision deutlich,
wie ein Engel Gottes bei ihm eintrat und zu
ihm sagte: Kornelius! 4 Kornelius blickte ihn
an und fragte erschrocken: Was ist, Herr? Er
sagte zu ihm: Deine Gebete und Almosen
sind zu Gott gelangt und er hat ihrer gedacht.
5 Schick jetzt einige Männer nach Joppe und
lass einen gewissen Simon herbeiholen, der
den Beinamen Petrus hat. 6 Er ist zu Gast bei
einem Gerber namens Simon, der ein Haus
am Meer hat. 7 Als der Engel, der mit ihm
sprach, weggegangen war, rief Kornelius
zwei seiner Haussklaven und einen frommen
Soldaten von denen, die ihm treu ergeben
waren. 8 Er erzählte ihnen alles und schickte
sie nach Joppe.

6: 9,43

DIE VISION DES PETRUS IN JOPPE: 10,9–23a

9 Am folgenden Tag, als jene unterwegs wa-
ren und sich der Stadt näherten, stieg Petrus
auf das Dach, um zu beten; es war um die
sechste Stunde. 10 Da wurde er hungrig und

wollte essen. Während man etwas zuberei-
tete, kam eine Verzückung über ihn. 11 Er sah
den Himmel offen und eine Art Gefäß
herabkommen, das aussah wie ein großes
Leinentuch, das, an den vier Ecken gehalten,
auf die Erde heruntergelassen wurde. 12 Da-
rin waren alle möglichen Vierfüßler, Kriech-
tiere der Erde und Vögel des Himmels. 13 Und
eine Stimme rief ihm zu: Steh auf, Petrus,
schlachte und iss! 14 Petrus aber antwortete:
Niemals, Herr! Noch nie habe ich etwas Un-
heiliges und Unreines gegessen. 15 Da erging
die Stimme ein zweites Mal an ihn: Was Gott
für rein erklärt hat, nenne du nicht unrein!
16 Das geschah dreimal und sogleich wurde
das Gefäß in den Himmel hinaufgenom-
men.

17 Petrus war noch ratlos und überlegte, was
die Vision, die er gehabt hatte, wohl bedeute-
te; siehe, da standen die von Kornelius gesand-
ten Männer, die sich zum Haus des Simon
durchgefragt hatten, am Tor. 18 Sie riefen und
fragten, ob Simon mit dem Beinamen Petrus
hier zu Gast sei. 19 Während Petrus noch über
die Vision nachdachte, sagte der Geist zu ihm:
Siehe, da sind drei Männer und suchen dich.
20 Steh auf, geh hinunter und zieh ohne Beden-
ken mit ihnen; denn ich habe sie geschickt.
21 Petrus stieg zu den Männern hinab und sag-
te: Siehe, ich bin der, den ihr sucht. Aus wel-
chem Grund seid ihr hier? 22 Sie antworteten:
Der Hauptmann Kornelius, ein gerechter und
gottesfürchtiger Mann, der beim ganzen Volk
der Juden in gutem Ruf steht, hat von einem
heiligen Engel die Weisung erhalten, dich in
sein Haus holen zu lassen und zu hören, was
du ihm zu sagen hast. 23 Da ließ er sie eintreten
und nahm sie gastlich auf.

9–20: 11,5–12 / **14:** Lev 11; Ez 4,14 / **15:** Mk 7,15.18; Röm 14,14; Gal 2,12 / **19:** 13,2; 15,28

DIE TAUFE DES HEIDNISCHEN HAUPTMANNS KORNELIUS: 10,23b–48

Tags darauf machte er sich mit ihnen auf den
Weg und einige Brüder aus Joppe begleiteten
ihn. 24 Am folgenden Tag kamen sie nach Cä-
sarea. Kornelius erwartete sie schon und hat-
te seine Verwandten und seine nächsten
Freunde zusammengerufen. 25 Als nun Pet-
rus ankam, ging ihm Kornelius entgegen und
warf sich ihm ehrfürchtig zu Füßen. 26 Petrus
aber richtete ihn auf und sagte: Steh auf!
Auch ich bin nur ein Mensch. 27 Während er
sich mit ihm unterhielt, ging er hinein und
fand dort viele Menschen versammelt. 28 Da
sagte er zu ihnen: Ihr wisst, dass es einem
Juden nicht erlaubt ist, mit einem Nichtjuden
zu verkehren oder sein Haus zu betreten; mir
aber hat Gott gezeigt, dass man keinen Men-
schen unheilig oder unrein nennen darf.
29 Darum bin ich auch ohne Widerspruch
gekommen, als nach mir geschickt wurde.
Nun frage ich: Warum habt ihr mich holen
lassen?

30 Da sagte Kornelius: Vor vier Tagen um
diese Zeit war ich zum Gebet der neunten
Stunde in meinem Haus; siehe, da stand ein
Mann in einem leuchtenden Gewand vor mir
31 und sagte: Kornelius, dein Gebet wurde
erhört und deiner Almosen wurde vor Gott
gedacht. 32 Schick jemanden nach Joppe und
lass Simon, der den Beinamen Petrus hat,
holen; er ist Gast im Haus des Gerbers Simon
am Meer. 33 Sofort habe ich nach dir geschickt
und es ist gut, dass du gekommen bist. Jetzt
sind wir alle hier vor Gott zugegen, um all das
anzuhören, was dir vom Herrn aufgetragen
worden ist.

34 Da begann Petrus zu reden und sagte:
Wahrhaftig, jetzt begreife ich, dass Gott
nicht auf die Person sieht, 35 sondern dass ihm
in jedem Volk willkommen ist, wer ihn
fürchtet und tut, was recht ist. 36 Er hat das
Wort den Israeliten gesandt, indem er den
Frieden verkündete durch Jesus Christus:
Dieser ist der Herr aller.

37 Ihr wisst, was im ganzen Land der Juden
geschehen ist, angefangen in Galiläa, nach der
Taufe, die Johannes verkündet hat: 38 wie Gott
Jesus von Nazaret gesalbt hat mit dem Heili-
gen Geist und mit Kraft, wie dieser umherzog,
Gutes tat und alle heilte, die in der Gewalt des
Teufels waren; denn Gott war mit ihm. 39 Und
wir sind Zeugen für alles, was er im Land der
Juden und in Jerusalem getan hat. Ihn haben
sie an den Pfahl gehängt und getötet. 40 Gott
aber hat ihn am dritten Tag auferweckt und
hat ihn erscheinen lassen, 41 zwar nicht dem
ganzen Volk, wohl aber den von Gott vorher-
bestimmten Zeugen: uns, die wir mit ihm
nach seiner Auferstehung von den Toten ge-
gessen und getrunken haben. 42 Und er hat uns
geboten, dem Volk zu verkünden und zu be-
zeugen: Dieser ist der von Gott eingesetzte
Richter der Lebenden und der Toten. 43 Von
ihm bezeugen alle Propheten, dass jeder, der

an ihn glaubt, durch seinen Namen die Verge-
bung der Sünden empfängt.
44 Noch während Petrus dies sagte, kam der
Heilige Geist auf alle herab, die das Wort hör-
ten. 45 Die gläubig gewordenen Juden, die mit
Petrus gekommen waren, konnten es nicht
fassen, dass auch auf die Heiden die Gabe des
Heiligen Geistes ausgegossen wurde. 46 Denn
sie hörten sie in Zungen reden und Gott prei-
sen. Petrus aber sagte: 47 Kann jemand denen
das Wasser zur Taufe verweigern, die ebenso
wie wir den Heiligen Geist empfangen ha-
ben? 48 Und er ordnete an, sie im Namen Jesu
Christi zu taufen. Danach baten sie ihn, eini-
ge Tage zu bleiben.

26: 14,15; Offb 19,10 / **28**: 11,3; Gal 2,12 / **34**: Dtn 10,17; Röm 2,11; 1 Petr 1,17 / **35**: Röm 2,14; Joh 9,31; 10,16 / **36**: Jes 52,7; 1 Kor 12,3 / **37**: 13,24; Lk 4,44 / **38**: Jes 7,14; 61,1; Lk 3,22; 4,18f.; Mt 1,23 / **39**: Dtn 21,22; Gal 3,13 / **40–41**: 1,3; Mt 20,19; 1 Kor 15,4–8 / **41**: Lk 24,41–43 / **42**: 17,31; Röm 14,9; 2 Tim 4,1; 1 Petr 4,5 / **43**: 13,38; Jes 33,24; 53,5f.; Jer 31,34; Dan 9,24 / **44**: 2,4 / **46**: 19,6

DIE RECHENSCHAFT DES PETRUS VOR DER GEMEINDE IN JERUSALEM: 11,1–18

11 1 Die Apostel und die Brüder in Judäa
hörten, dass auch die Heiden das Wort
Gottes angenommen hatten. 2 Als nun Petrus
nach Jerusalem hinaufkam, hielten ihm die
gläubig gewordenen Juden vor: 3 Du bist bei
Unbeschnittenen eingekehrt und hast mit
ihnen gegessen. 4 Da begann Petrus, ihnen
der Reihe nach zu berichten: 5 Ich war in der
Stadt Joppe und betete; da hatte ich in einer
Verzückung eine Vision: Eine Art Gefäß, das
aussah wie ein großes Leinentuch, das, an
den vier Ecken gehalten, auf die Erde herun-
tergelassen wurde, senkte sich aus dem Him-
mel und es kam bis zu mir herab. 6 Als ich
genauer hinschaute, sah und betrachtete ich
darin die Vierfüßler der Erde, die wilden Tie-
re, die Kriechtiere und die Vögel des Him-
mels. 7 Ich hörte auch eine Stimme, die zu mir
sagte: Steh auf, Petrus, schlachte und iss! 8 Ich
antwortete: Niemals, Herr! Noch nie ist et-
was Unheiliges oder Unreines in meinen
Mund gekommen. 9 Doch zum zweiten Mal
kam eine Stimme vom Himmel; sie sagte:
Was Gott für rein erklärt hat, nenne du nicht
unrein! 10 Das geschah dreimal, dann wurde
alles wieder in den Himmel hinaufgezogen.
11 Und siehe, gleich darauf standen drei Män-
ner vor dem Haus, in dem wir wohnten; sie
waren aus Cäsarea zu mir geschickt worden.
12 Der Geist aber sagte mir, ich solle ohne Be-
denken mit ihnen gehen. Auch diese sechs
Brüder zogen mit mir und wir kamen in das
Haus jenes Mannes. 13 Er erzählte uns, wie er
in seinem Haus den Engel stehen sah, der zu
ihm sagte: Schick jemanden nach Joppe und
lass Simon, der Petrus genannt wird, holen!
14 Er wird dir Worte sagen, durch die du mit
deinem ganzen Haus gerettet werden wirst.
15 Als ich zu reden begann, kam der Heilige
Geist auf sie herab, wie am Anfang auf uns.
16 Da erinnerte ich mich an das Wort des
Herrn: Johannes hat mit Wasser getauft, ihr
aber werdet mit dem Heiligen Geist getauft
werden. 17 Wenn nun Gott ihnen die gleiche
Gabe verliehen hat wie uns, als wir zum
Glauben an Jesus Christus, den Herrn, ge-
kommen sind: Wer bin ich, dass ich Gott
hindern könnte?
18 Als sie das hörten, beruhigten sie sich,
priesen Gott und sagten: Gott hat also auch
den Heiden die Umkehr zum Leben ge-
schenkt.

3: 10,28; Gal 2,12 / **5–17**: 10,9–48 / **15**: 2,3f. / **16**: 1,5; Lk 3,16 / **18**: 14,27

DIE ENTSTEHUNG EINER CHRISTLICHEN GEMEINDE IN ANTIOCHIA: 11,19–26

19 Bei der Verfolgung, die wegen Stephanus
entstanden war, kamen die Versprengten bis
nach Phönizien, Zypern und Antiochia; doch
verkündeten sie das Wort nur den Juden.
20 Einige aber von ihnen, die aus Zypern und
Kyrene stammten, verkündeten, als sie nach
Antiochia kamen, auch den Griechen das
Evangelium von Jesus, dem Herrn. 21 Die
Hand des Herrn war mit ihnen und viele
wurden gläubig und bekehrten sich zum
Herrn. 22 Die Nachricht davon kam der Ge-
meinde von Jerusalem zu Ohren und sie
schickten Barnabas nach Antiochia. 23 Als er
ankam und die Gnade Gottes sah, freute er
sich und ermahnte alle, dem Herrn treu zu
bleiben, wie sie es sich im Herzen vorgenom-
men hatten. 24 Denn er war ein trefflicher
Mann, erfüllt vom Heiligen Geist und von
Glauben. So wurde für den Herrn viel Volk
hinzugewonnen. 25 Barnabas aber zog nach
Tarsus, um Saulus aufzusuchen. 26 Er fand
ihn und nahm ihn nach Antiochia mit. Dort

11,26 Zum ersten Mal im Neuen Testament begegnet hier die Bezeichnung Christ (Christianoi = Messiasleute). Vgl. 26,28 und 1 Petr 4,16.

wirkten sie miteinander ein volles Jahr in der
Gemeinde und lehrten eine große Zahl von
Menschen. In Antiochia nannte man die Jün-
ger zum ersten Mal Christen.

19: 8,1–4 / **22:** 4,36 / **25:** 9,30 / **26:** 11,30; 12,25; 13,2; 26,28; Gal 2,1.13; 1 Petr 4,16

DIE SPENDE DER GEMEINDE VON ANTIOCHIA FÜR DIE CHRISTEN IN JUDÄA: 11,27–30

27 In jenen Tagen kamen von Jerusalem Pro-
pheten nach Antiochia hinab. 28 Einer von
ihnen namens Agabus trat auf und weissagte
durch den Geist, eine große Hungersnot wer-
de über die ganze Erde kommen. Sie brach
dann unter Claudius aus. 29 Sie beschlossen,
jeder von den Jüngern solle nach seinem Ver-
mögen den Brüdern, die in Judäa wohnen,
etwas zur Unterstützung senden. 30 Das taten
sie auch und schickten ihre Gaben durch
Barnabas und Saulus an die Ältesten.

28: 21,10f / **29:** Röm 15,26–28; 1 Kor 16,1; 2 Kor 8,3f.; 9,2.12; Gal 2,10

DIE HINRICHTUNG DES JAKOBUS UND DIE VERHAFTUNG DES PETRUS: 12,1–5

12 1 Um jene Zeit ließ der König Herodes
einige aus der Gemeinde verhaften
und misshandeln. 2 Jakobus, den Bruder des
Johannes, ließ er mit dem Schwert hinrich-
ten. 3 Als er sah, dass es den Juden gefiel, ließ
er auch Petrus festnehmen. Das geschah in
den Tagen der Ungesäuerten Brote. 4 Er nahm
ihn also fest und warf ihn ins Gefängnis. Die
Bewachung übertrug er vier Abteilungen von
je vier Soldaten. Er beabsichtigte, ihn nach
dem Paschafest dem Volk vorführen zu las-
sen. 5 Petrus wurde also im Gefängnis be-
wacht. Die Gemeinde aber betete inständig
für ihn zu Gott.

2: Mk 1,29 / **5:** Jak 5,16

DIE WUNDERBARE BEFREIUNG DES PETRUS: 12,6–19a

6 In der Nacht, ehe Herodes ihn vorführen
lassen wollte, schlief Petrus, mit zwei Ketten
gefesselt, zwischen zwei Soldaten; vor der
Tür aber bewachten Posten den Kerker. 7 Und
siehe, ein Engel des Herrn trat hinzu und ein
Licht strahlte in dem Raum. Er stieß Petrus
in die Seite, weckte ihn und sagte: Schnell,
steh auf! Da fielen die Ketten von seinen Hän-
den. 8 Der Engel aber sagte zu ihm: Gürte dich
und zieh deine Sandalen an! Er tat es. Und der
Engel sagte zu ihm: Wirf deinen Mantel um
und folge mir! 9 Und Petrus ging hinaus und
folgte ihm, ohne zu wissen, dass es Wirklich-
keit war, was durch den Engel geschah; es
kam ihm vor, als habe er eine Vision. 10 Sie
gingen an der ersten und an der zweiten Wa-
che vorbei und kamen an das eiserne Tor, das
in die Stadt führt; es öffnete sich ihnen von
selbst. Sie traten hinaus und gingen eine Gas-
se weit; und sogleich verließ ihn der Engel.
11 Da kam Petrus zu sich und sagte: Nun
weiß ich wahrhaftig, dass der Herr seinen
Engel gesandt und mich der Hand des Hero-
des entrissen hat und alldem, was das Volk
der Juden erwartet hat. 12 Als er sich darüber
klar geworden war, ging er zum Haus der
Maria, der Mutter des Johannes, mit dem
Beinamen Markus, wo nicht wenige versam-
melt waren und beteten. 13 Als er am Außen-
tor klopfte, kam eine Magd namens Rhode,
um zu hören, wer es sei. 14 Sie erkannte die
Stimme des Petrus, doch vor Freude machte
sie das Tor nicht auf, sondern lief hinein und
berichtete: Petrus steht vor dem Tor. 15 Da
sagten sie zu ihr: Du bist nicht bei Sinnen.
Doch sie bestand darauf, es sei so. Da sagten
sie: Es ist sein Engel. 16 Petrus aber klopfte
noch immer. Als sie öffneten und ihn sahen,
waren sie fassungslos. 17 Er gab ihnen mit der
Hand ein Zeichen zu schweigen und erzählte
ihnen, wie der Herr ihn aus dem Gefängnis
herausgeführt hatte. Er sagte: Berichtet das
dem Jakobus und den Brüdern! Dann verließ
er sie und ging an einen anderen Ort.
18 Als es Tag wurde, herrschte bei den Sol-
daten keine geringe Aufregung darüber, was
wohl mit Petrus geschehen sei. 19 Herodes
aber ließ ihn suchen, und da man ihn nicht
fand, verhörte er die Wachen und befahl, sie
abzuführen.

7: 5,19 / **12:** 12,25; 13,5.13; 15,37; Kol 4,10; 2 Tim 4,11; Phlm 24; 1 Petr 5,13 / **18:** 5,22f.

11,27 Gemeint sind Propheten, die in der frühen Kirche (vgl. 1 Kor 12,28; 14,3–12; Eph 2,20) eine wichtige Rolle spielten.

11,28 Claudius war römischer Kaiser von 41 bis 54 n. Chr.

12,1 Herodes Agrippa I., Enkel von Herodes dem Großen, herrschte als Klientelkönig des Römischen Reiches von 41 bis 44 n. Chr. über ganz Palästina.

12,2 Der Apostel Jakobus der Ältere.

12,17 Jakobus, der Bruder des Herrn (Mk 6,3).

DER TOD DES HERODES AGRIPPA: 12,19b–24
Dann zog Herodes von Judäa nach Cäsarea
hinab und blieb dort. 20 Er war über die Be-
wohner von Tyrus und Sidon sehr aufge-
bracht. Sie kamen gemeinsam zu ihm, gewan-
nen Blastus, den Kämmerer des Königs, für
sich und baten um Frieden, weil sie ihre Nah-
rung aus dem Land des Königs bezogen. 21 Am
festgesetzten Tag nahm Herodes im Königs-
gewand auf der Tribüne Platz und hielt vor
ihnen eine feierliche Ansprache. 22 Das Volk
aber schrie: Die Stimme eines Gottes, nicht
eines Menschen! 23 Im selben Augenblick
schlug ihn ein Engel des Herrn, weil er nicht
Gott die Ehre gegeben hatte. Und von Wür-
mern zerfressen, starb er. 24 Das Wort Gottes
aber wuchs und breitete sich aus.

24: 6,7; 19,20

DIE KIRCHE UNTER DEN VÖLKERN: 12,25–28,31

DIE AUSSENDUNG DES BARNABAS UND DES SAULUS: 12,25–13,3
25 Nachdem Barnabas und Saulus in Jerusa-
lem den Dienst erfüllt hatten, kehrten sie
zurück; Johannes, mit dem Beinamen Mar-
kus, nahmen sie mit.
13 1 In der Gemeinde von Antiochia gab
es Propheten und Lehrer: Barnabas
und Simeon, genannt Niger, Lucius von Ky-
rene, Manaën, ein Jugendgefährte des Tetrar-
chen Herodes, und Saulus. 2 Als sie zu Ehren
des Herrn Gottesdienst feierten und faste-
ten, sprach der Heilige Geist: Wählt mir
Barnabas und Saulus zu dem Werk aus, zu
dem ich sie berufen habe! 3 Da fasteten und
beteten sie, legten ihnen die Hände auf und
ließen sie ziehen.

12,25: 12,12
13,1: Röm 16,21 / **2:** 1 Kor 9,6 / **3:** 6,6; 14,23; 1 Tim 4,14; 2 Tim 1,6

DIE ERSTE MISSIONSREISE: VON ANTIOCHIA ÜBER ZYPERN BIS PERGE: 13,4–13
4 Vom Heiligen Geist ausgesandt, zogen sie
nach Seleukia hinab und segelten von da nach
Zypern. 5 Als sie in Salamis angekommen wa-
ren, verkündeten sie das Wort Gottes in den
Synagogen der Juden. Johannes hatten sie als
Helfer bei sich. 6 Sie durchzogen die ganze In-
sel bis Paphos. Dort trafen sie einen Mann na-
mens Barjesus, einen Zauberer und falschen
Propheten, der Jude war 7 und zum Gefolge des
Prokonsuls Sergius Paulus, eines verständigen
Mannes, gehörte. Dieser ließ Barnabas und
Saulus rufen und wünschte, von ihnen das
Wort Gottes zu hören. 8 Aber Elymas, der
Zauberer – so wird nämlich sein Name über-
setzt –, trat gegen sie auf und suchte den Pro-
konsul vom Glauben abzuhalten. 9 Aber Sau-
lus, der auch Paulus heißt, blickte ihn, vom
Heiligen Geist erfüllt, an 10 und sagte: Du elen-
der und gerissener Betrüger, du Sohn des Teu-
fels, du Feind aller Gerechtigkeit, willst du
nicht endlich aufhören, die geraden Wege des
Herrn zu verdrehen? 11 Und siehe, jetzt kommt
die Hand des Herrn über dich. Du wirst blind
sein und eine Zeit lang die Sonne nicht mehr
sehen. Im selben Augenblick fiel Finsternis
und Dunkel auf ihn, er tappte umher und such-
te jemanden, der ihn an der Hand führte. 12 Als
der Prokonsul sah, was geschehen war, wurde
er gläubig, denn er war voll Staunen über die
Lehre des Herrn. 13 Von Paphos fuhr Paulus
mit seinen Begleitern ab und kam nach Perge
in Pamphylien. Johannes aber trennte sich von
ihnen und kehrte nach Jerusalem zurück.

5: 12,12.25; 15,37 / **10:** 16,17; 18,25f.; 22,4; 24,22 / **12:** Mt 7,28; 2 Joh 9 / **13:** 13,5

DAS WIRKEN DES BARNABAS UND DES PAULUS IN ANTIOCHIA IN PISIDIEN: 13,14–52
14 Sie selbst wanderten von Perge weiter und
kamen nach Antiochia in Pisidien. Dort gin-
gen sie am Sabbat in die Synagoge und setzten
sich. 15 Nach der Lesung aus dem Gesetz und
den Propheten schickten die Synagogenvor-
steher zu ihnen und ließen ihnen sagen: Brü-
der, wenn ihr ein Wort des Zuspruchs für das
Volk habt, so redet!
16 Da stand Paulus auf, gab mit der Hand ein
Zeichen und sagte: Ihr Israeliten und ihr Got-

13,16 Als Gottesfürchtige werden im Unterschied zu den Proselyten Nichtjuden bezeichnet, die sich dem Judentum ohne Konversion angeschlossen haben.

tesfürchtigen, hört! 17 Der Gott dieses Volkes
Israel hat unsere Väter erwählt und das Volk
in der Fremde erhöht, im Land Ägypten; er
hat sie mit hoch erhobenem Arm von dort
herausgeführt 18 und etwa vierzig Jahre durch
die Wüste getragen. 19 Sieben Völker hat er
im Land Kanaan vernichtet und ihr Land ih-
nen zum Besitz gegeben, 20 für etwa vierhun-
dertfünfzig Jahre. Danach hat er ihnen Rich-
ter gegeben bis zum Propheten Samuel.
21 Dann verlangten sie einen König und Gott
gab ihnen Saul, den Sohn des Kisch, einen
Mann aus dem Stamm Benjamin, für vierzig
Jahre. 22 Nachdem er ihn verworfen hatte,
erhob er David zu ihrem König, von dem er
bezeugte: Ich habe David, den Sohn des Isai,
als einen Mann nach meinem Herzen gefun-
den, der alles, was ich will, vollbringen wird.
23 Aus seinem Geschlecht hat Gott dem Volk
Israel, der Verheißung gemäß, Jesus als Ret-
ter geschickt. 24 Vor dessen Auftreten hat
Johannes dem ganzen Volk Israel eine Taufe
der Umkehr verkündet. 25 Als Johannes aber
seinen Lauf vollendet hatte, sagte er: Ich bin
nicht der, für den ihr mich haltet; aber siehe,
nach mir kommt einer, dem die Sandalen von
den Füßen zu lösen ich nicht wert bin.

26 Brüder, ihr Söhne aus Abrahams Ge-
schlecht und ihr Gottesfürchtigen! Uns wur-
de das Wort dieses Heils gesandt. 27 Denn die
Einwohner von Jerusalem und ihre Führer
haben Jesus nicht erkannt, aber sie haben die
Worte der Propheten, die an jedem Sabbat
vorgelesen werden, erfüllt und haben ihn
verurteilt. 28 Obwohl sie nichts fanden, wo-
für er den Tod verdient hätte, forderten sie
von Pilatus seine Hinrichtung. 29 Als sie alles
vollbracht hatten, was in der Schrift über ihn
gesagt ist, nahmen sie ihn vom Kreuzesholz
und legten ihn ins Grab. 30 Gott aber hat ihn
von den Toten auferweckt 31 und er ist viele
Tage hindurch denen erschienen, die mit ihm
zusammen von Galiläa nach Jerusalem hi-
naufgezogen waren und die jetzt vor dem Volk
seine Zeugen sind. 32 So verkünden wir euch
das Evangelium: Gott hat die Verheißung,
die an die Väter ergangen ist, 33 an uns, ihren
Kindern, erfüllt, indem er Jesus auferweckt
hat, wie es im zweiten Psalm heißt: *Mein
Sohn bist du, heute habe ich dich gezeugt.*
34 Dass er ihn aber von den Toten auferweckt
hat, um ihn nicht mehr zur Verwesung zu-
rückkehren zu lassen, hat er so ausgedrückt:
Ich will *euch die Heilsgaben* gewähren, *die
ich David fest zugesagt habe.* 35 Darum sagt
er auch an einer anderen Stelle: *Du lässt dei-
nen Heiligen nicht die Verwesung schauen.*
36 David aber ist, nachdem er seinen Zeitge-
nossen gedient hatte, nach Gottes Willen
entschlafen und mit seinen Vätern vereint
worden. Er hat die Verwesung gesehen; 37 der
aber, den Gott auferweckte, hat die Verwe-
sung nicht gesehen. 38 Ihr sollt also wissen,
meine Brüder: Durch diesen wird euch die
Vergebung der Sünden verkündet und in al-
lem, worin euch das Gesetz des Mose nicht
gerecht machen konnte, 39 wird jeder, der
glaubt, durch ihn gerecht gemacht. 40 Gebt
also Acht, dass nicht eintrifft, was bei den
Propheten gesagt ist: 41 *Schaut hin, ihr Ver-
ächter, staunt und vergeht! Denn ich voll-
bringe in euren Tagen eine Tat – würde man
euch von dieser Tat erzählen, ihr glaubtet es
nicht.*

42 Als sie hinausgingen, bat man sie, am
nächsten Sabbat über diese Worte zu ihnen
zu sprechen. 43 Und als die Versammlung sich
aufgelöst hatte, schlossen sich viele Juden
und fromme Proselyten Paulus und Barnabas
an. Diese redeten ihnen zu und ermahnten
sie, der Gnade Gottes treu zu bleiben.

44 Am folgenden Sabbat versammelte sich
fast die ganze Stadt, um das Wort des Herrn
zu hören. 45 Als die Juden die Scharen sahen,
wurden sie eifersüchtig, widersprachen den
Worten des Paulus und stießen Lästerungen
aus.

46 Paulus und Barnabas aber erklärten frei-
mütig: Euch musste das Wort Gottes zuerst
verkündet werden. Da ihr es aber zurück-
stoßt und euch selbst des ewigen Lebens für
unwürdig erachtet, siehe, so wenden wir uns
jetzt an die Heiden. 47 Denn so hat uns der
Herr aufgetragen:

*Ich habe dich zum Licht für die Völker ge-
macht,*
*bis an das Ende der Erde sollst du das Heil
sein.*

48 Als die Heiden das hörten, freuten sie
sich und priesen das Wort des Herrn; und alle
wurden gläubig, die für das ewige Leben be-
stimmt waren. 49 Das Wort des Herrn aber
verbreitete sich in der ganzen Gegend. 50 Die
Juden jedoch hetzten die vornehmen gottes-
fürchtigen Frauen und die Ersten der Stadt
auf, veranlassten eine Verfolgung gegen Pau-

lus und Barnabas und vertrieben sie aus ih-
rem Gebiet. 51 Diese aber schüttelten gegen
sie den Staub von ihren Füßen und zogen
nach Ikonion. 52 Und die Jünger wurden mit
Freude und Heiligem Geist erfüllt.

14–15: 15,21; Lk 4,16f. / **17**: Ex 6,1.6; Dtn 4,34; 5,15 / **18**: Ex 16,35; Num 14,33f.; Dtn 1,31 / **19**: Dtn 7,1 / **21**: 1 Sam 8,5; 10,21.24 / **22**: Ps 89,21; 1 Sam 13,14; Jes 44,28 / **23**: 2 Sam 7,12; Jes 11,1 / **24**: 10,37; Lk 3,3 / **25**: Lk 3,16 / **27**: 3,17; Lk 4,16–19; 23,34; Joh 16,3; 1 Tim 1,13 / **28**: Lk 23,4.15–25 / **32**: Röm 1,4 / **33**: Ps 2,7 / **34**: Jes 55,3 G/ **35**: 2,27.31; Ps 16,10 / **38**: 10,43; Röm 8,3; Gal 2,16; Hebr 9,9; 10,1–4 / **39**: Röm 10,4 / **41**: Hab 1,5 / **46**: 3,26; 18,6; Mt 10,6; Röm 1,16 / **47**: Jes 42,6; 49,6 / **49**: 2 Thess 3,1 / **50**: 14,5.19; 1 Thess 2,15f.; 2 Tim 3,11 / **51**: Mt 10,14; Lk 9,5

DIE ERSTE MISSIONSREISE: IN IKONION UND LYSTRA: 14,1–20a

14 1 Es geschah: In Ikonion gingen sie
ebenfalls in die Synagoge der Juden
und redeten in dieser Weise und eine große
Zahl von Juden und Griechen wurde gläubig.
2 Die Juden aber, die sich widersetzten, erreg-
ten und erbitterten die Gemüter der Heiden
gegen die Brüder. 3 Längere Zeit nun blieben
sie dort und predigten freimütig im Vertrau-
en auf den Herrn; er legte Zeugnis ab für das
Wort seiner Gnade, indem er durch die Hän-
de der Apostel Zeichen und Wunder gesche-
hen ließ. 4 Doch das Volk in der Stadt spalte-
te sich; die einen hielten zu den Juden, die
andern zu den Aposteln. 5 Als die Apostel
merkten, dass die Heiden und die Juden zu-
sammen mit ihren Führern entschlossen
waren, sie zu misshandeln und zu steinigen,
6 flohen sie in die Städte von Lykaonien, Lys-
tra und Derbe und in deren Umgebung.
7 Auch dort verkündeten sie das Evangelium.

8 In Lystra saß ein Mann, der keine Kraft in
den Füßen hatte, von Geburt an lahm, der
noch nie hatte gehen können. 9 Er hörte, wie
Paulus redete. Dieser blickte ihm fest ins
Auge; und da er sah, dass der Mann den Glau-
ben hatte, geheilt zu werden, 10 sprach er mit
lauter Stimme: Steh auf! Stell dich aufrecht
auf deine Füße! Da sprang der Mann auf und
ging umher. 11 Als die Menge sah, was Paulus
getan hatte, fing sie an zu schreien und rief
auf Lykaonisch: Die Götter sind in Men-
schengestalt zu uns herabgestiegen. 12 Und
sie nannten den Barnabas Zeus, den Paulus
aber Hermes, weil er der Wortführer war.
13 Der Priester des vor der Stadt gelegenen
Tempels des Zeus brachte Stiere und Kränze
an die Tore und wollte zusammen mit der
Volksmenge ein Opfer darbringen. 14 Als die
Apostel Barnabas und Paulus dies hörten,
zerrissen sie ihre Kleider, eilten hinaus unter
das Volk und riefen: 15 Männer, was tut ihr?
Auch wir sind nur schwache Menschen wie
ihr! Wir bringen euch das Evangelium, damit
ihr euch von diesen Nichtsen zu dem leben-
digen Gott bekehrt, *der den Himmel, die Erde
und das Meer geschaffen hat und alles, was
dazugehört.* 16 Er ließ in den vergangenen
Zeiten alle Heidenvölker ihre Wege gehen.
17 Und doch hat er sich nicht unbezeugt ge-
lassen: Er tat Gutes, gab euch vom Himmel
her Regen und fruchtbare Zeiten; mit Nah-
rung und mit Freude erfüllte er euer Herz.
18 Mit diesen Worten konnten sie die Volks-
menge mit Mühe davon abbringen, ihnen zu
opfern.

19 Von Antiochia und Ikonion aber kamen
Juden und überredeten die Volksmenge. Und
sie steinigten den Paulus und schleiften ihn
zur Stadt hinaus, in der Meinung, er sei tot.
20 Als aber die Jünger ihn umringten, stand
er auf und ging in die Stadt.

2: 13,45 / **5**: 13,50 / **6**: Mt 10,23; 2 Tim 3,11 / **8–10**: 3,1–10 / **15**: 10,26; Jak 5,17; Ex 20,11; Ps 146,6; Jes 37,16; Jer 32,17 / **17**: 17,24–28; Röm 1,19f. / **19**: 2 Kor 11,25; 2 Tim 3,11

DIE ERSTE MISSIONSREISE: IN DERBE UND ANTIOCHIA UND DIE RÜCKKEHR NACH SYRIEN: 14,20b–28

Am anderen Tag zog er mit Barnabas nach
Derbe weiter. 21 Als sie dieser Stadt das Evan-
gelium verkündet und viele Jünger gewon-
nen hatten, kehrten sie nach Lystra, Ikonion
und Antiochia zurück. 22 Sie stärkten die
Seelen der Jünger und ermahnten sie, treu am
Glauben festzuhalten; sie sagten: Durch vie-
le Drangsale müssen wir in das Reich Gottes
gelangen. 23 Sie setzten für sie in jeder Ge-
meinde Älteste ein und empfahlen sie unter
Gebet und Fasten dem Herrn, an den sie nun
glaubten. 24 Nachdem sie durch Pisidien ge-
zogen waren, kamen sie nach Pamphylien,
25 verkündeten in Perge das Wort und gingen
dann nach Attalia hinab. 26 Von dort segelten
sie nach Antiochia, wo man sie für das Werk,
das sie nun vollbracht hatten, der Gnade Got-
tes übereignet hatte. 27 Als sie dort angekom-
men waren, riefen sie die Gemeinde zusam-
men und berichteten alles, was Gott mit
ihnen zusammen getan und dass er den Hei-
den die Tür zum Glauben geöffnet hatte.

28 Und sie blieben noch längere Zeit bei den
Jüngern.

22: 11,23; 1 Thess 3,2f. / **23**: 20,28 / **25**: 8,4; 10,36.44; 11,19; 16,6 / **26**: 13,1–3 / **27**: 11,18; 1 Kor 16,9

DIE STREITFRAGE ZWISCHEN JUDEN UND HEIDEN: 15,1–5

15 1 Es kamen einige Leute von Judäa he-
rab und lehrten die Brüder: Wenn ihr
euch nicht nach dem Brauch des Mose be-
schneiden lasst, könnt ihr nicht gerettet wer-
den. 2 Da nun nicht geringer Zwist und Streit
zwischen ihnen und Paulus und Barnabas
entstand, beschloss man, Paulus und Barna-
bas und einige andere von ihnen sollten we-
gen dieser Streitfrage zu den Aposteln und
den Ältesten nach Jerusalem hinaufgehen.
3 Die Gemeinde gab ihnen das Weggeleit.
Dann zogen sie durch Phönizien und Sama-
rien; dabei berichteten sie den Brüdern von
der Bekehrung der Heiden und bereiteten
damit allen Brüdern große Freude. 4 Bei ihrer
Ankunft in Jerusalem wurden sie von der
Gemeinde und von den Aposteln und den
Ältesten empfangen. Sie erzählten alles, was
Gott mit ihnen zusammen getan hatte. 5 Da
erhoben sich einige aus der Partei der Pha-
risäer, die gläubig geworden waren, und
sagten: Man muss sie beschneiden und von
ihnen fordern, am Gesetz des Mose festzu-
halten.

1: 15,24; Gal 1,7; 5,10 / **2**: Gal 2,1f. / **14**: 14,27; 15,28; 21,19

DIE VERSAMMLUNG DER APOSTEL UND DER ÄLTESTEN MIT DER GEMEINDE: 15,6–21

6 Die Apostel und die Ältesten traten zusam-
men, um die Frage zu prüfen. 7 Als ein hefti-
ger Streit entstand, erhob sich Petrus und
sagte zu ihnen: Brüder, wie ihr wisst, hat
Gott schon längst hier bei euch die Entschei-
dung getroffen, dass die Heiden durch mei-
nen Mund das Wort des Evangeliums hören
und zum Glauben gelangen sollen. 8 Und
Gott, der die Herzen kennt, hat dies bestätigt,
indem er ihnen ebenso wie uns den Heiligen
Geist gab. 9 Er machte keinerlei Unterschied
zwischen uns und ihnen; denn er hat ihre
Herzen durch den Glauben gereinigt. 10 Wa-
rum stellt ihr also jetzt Gott auf die Probe und
legt den Jüngern ein Joch auf den Nacken, das
weder unsere Väter noch wir tragen konn-
ten? 11 Wir glauben im Gegenteil, durch die
Gnade Jesu, des Herrn, gerettet zu werden,
auf die gleiche Weise wie jene. 12 Da schwieg
die ganze Versammlung. Und sie hörten
Barnabas und Paulus zu, wie sie erzählten,
welch große Zeichen und Wunder Gott
durch sie unter den Heiden getan hatte.
13 Als sie geendet hatten, nahm Jakobus das
Wort und sagte: Brüder, hört mich an! 14 Si-
mon hat berichtet, dass Gott selbst zuerst
darauf geschaut hat, aus den Heiden ein Volk
für seinen Namen zu gewinnen. 15 Damit
stimmen die Worte der Propheten überein,
die geschrieben haben:
16 Danach werde ich mich umwenden / *und
die zerfallene Hütte Davids wieder aufrich-
ten; / ich werde sie aus ihren Trümmern wie-
der aufrichten / und werde sie wiederherstel-
len,*
17 *damit die übrigen Menschen den Herrn
suchen, / auch alle Völker, / über denen mein
Name ausgerufen ist – / spricht der Herr, der
das ausführt,*
18 was ihm seit Ewigkeit bekannt ist.
19 Darum halte ich es für richtig, den Hei-
den, die sich zu Gott bekehren, keine Lasten
aufzubürden; 20 man weise sie nur an, Verun-
reinigung durch Götzenopferfleisch und
Unzucht zu meiden und weder Ersticktes
noch Blut zu essen. 21 Denn Mose hat seit al-
ten Zeiten in jeder Stadt seine Verkünder, da
er in den Synagogen an jedem Sabbat verlesen
wird.

8: 10,44; 11,15 / **9**: 10,34f. / **10**: Mt 23,4; Gal 3,10; 5,1 / **11**: Gal 2,16; Eph 2,4–10 / **13**: 21,18; Gal 2,9 / **16**: Am 9,11G; Jer 12,15 / **17**: Am 9,12 G / **18**: Jes 45,21 / **20**: 15,29; 21,25; Lev 18,6–18

DIE BESCHLÜSSE DER VERSAMMLUNG: 15,22–29

22 Da beschlossen die Apostel und die Ältes-
ten zusammen mit der ganzen Gemeinde,
Männer aus ihrer Mitte auszuwählen und sie
zusammen mit Paulus und Barnabas nach
Antiochia zu senden, nämlich Judas, genannt
Barsabbas, und Silas, führende Männer unter
den Brüdern. 23 Sie gaben ihnen folgendes
Schreiben mit: Die Apostel und die Ältesten,
eure Brüder, grüßen die Brüder aus dem Hei-
dentum in Antiochia, in Syrien und Kilikien.
24 Wir haben gehört, dass einige von uns,
denen wir keinen Auftrag erteilt haben, euch
mit ihren Reden beunruhigt und eure Gemü-
ter erregt haben. 25 Deshalb haben wir ein-

15,20.29 Diese Anweisung wird Aposteldekret oder Jakobusklauseln genannt.

mütig beschlossen, Männer auszuwählen
und zusammen mit unseren geliebten Brü-
dern Barnabas und Paulus zu euch zu schi-
cken, 26 die beide für den Namen Jesu Christi,
unseres Herrn, ihr Leben eingesetzt haben.
27 Wir haben Judas und Silas abgesandt, die
euch das Gleiche auch mündlich mitteilen
sollen. 28 Denn der Heilige Geist und wir ha-
ben beschlossen, euch keine weitere Last
aufzuerlegen als diese notwendigen Dinge:
29 Götzenopferfleisch, Blut, Ersticktes und
Unzucht zu meiden. Wenn ihr euch davor
hütet, handelt ihr richtig. Lebt wohl!

24: 15,1; Gal 1,7; 5,10 / **28:** Mt 23,4 / **29:** 15,20; 1 Kor 8,1–13; Offb 2,14.20

DIE MITTEILUNG DER BESCHLÜSSE AN DIE GEMEINDE VON ANTIOCHIA: 15,30–35

30 Man verabschiedete die Abgesandten und
sie zogen hinab nach Antiochia, riefen die
Gemeinde zusammen und übergaben ihr den
Brief. 31 Sie lasen ihn und freuten sich über
den Zuspruch. 32 Judas und Silas, selbst Pro-
pheten, sprachen den Brüdern mit vielen
Worten Mut zu und stärkten sie. 33 Nach ei-
niger Zeit wurden sie von den Brüdern in
Frieden wieder zu denen entlassen, die sie
abgesandt hatten. [34] 35 Paulus aber und Bar-
nabas blieben in Antiochia und lehrten und
verkündeten mit vielen anderen das Wort des
Herrn.

32: 11,27; 13,1

DIE TRENNUNG VON PAULUS UND BARNABAS UND BEGINN DER ZWEITEN MISSIONSREISE: 15,36–41

36 Nach einiger Zeit sagte Paulus zu Barnabas:
Wir wollen wieder aufbrechen und sehen,
wie es den Brüdern in all den Städten geht, in
denen wir das Wort des Herrn verkündet ha-
ben. 37 Barnabas wollte auch den Johannes,
genannt Markus, mitnehmen; 38 doch Paulus
bestand darauf, ihn nicht mitzunehmen,
weil er sie in Pamphylien im Stich gelassen
hatte, nicht mit ihnen gezogen war und an
ihrer Arbeit nicht mehr teilgenommen hatte.
39 Es kam zu einer heftigen Auseinanderset-
zung, sodass sie sich voneinander trennten;
Barnabas nahm Markus mit und segelte nach
Zypern. 40 Paulus aber wählte sich Silas und
reiste ab, nachdem die Brüder ihn der Gnade
des Herrn empfohlen hatten. 41 Er zog durch
Syrien und Kilikien und stärkte die Gemein-
den.

37: 12,12.25 / **38:** 13,13 / **41:** 9,30; 11,25; Gal 1,21

PAULUS IN LYKAONIEN WÄHREND DER ZWEITEN MISSIONSREISE: 16,1–5

16 1 Er kam auch nach Derbe und nach
Lystra. Und siehe, dort lebte ein Jünger
namens Timotheus, der Sohn einer gläubig
gewordenen Jüdin und eines Griechen. 2 Er
war Paulus von den Brüdern in Lystra und
Ikonion empfohlen worden. 3 Paulus wollte
ihn als Begleiter mitnehmen und ließ ihn mit
Rücksicht auf die Juden, die in jenen Gegen-
den wohnten, beschneiden; denn alle wuss-
ten, dass sein Vater ein Grieche war. 4 Als sie
nun durch die Städte zogen, überbrachten sie
ihnen die von den Aposteln und den Ältesten
in Jerusalem gefassten Beschlüsse und tru-
gen ihnen auf, sich daran zu halten. 5 So wur-
den die Gemeinden im Glauben gestärkt und
wuchsen von Tag zu Tag.

1: 17,14; Röm 16,21; 1 Kor 4,17; 16,10; 2 Tim 1,5; 3,14; Phil 2,19 / **4:** 15,23–29

DURCH KLEINASIEN BIS TROAS WÄHREND DER ZWEITEN MISSIONSREISE: 16,6–10

6 Weil ihnen aber vom Heiligen Geist ver-
wehrt wurde, das Wort in der Provinz Asien
zu verkünden, reisten sie durch Phrygien und
das galatische Land. 7 Sie zogen an Mysien
entlang und versuchten, Bithynien zu errei-
chen; doch auch das erlaubte ihnen der Geist
Jesu nicht. 8 So durchwanderten sie Mysien
und kamen nach Troas hinab. 9 Dort hatte
Paulus in der Nacht eine Vision. Ein Mazedo-
nier stand da und bat ihn: Komm herüber
nach Mazedonien und hilf uns! 10 Auf diese
Vision hin wollten wir sofort nach Mazedo-
nien abfahren; denn wir kamen zu dem
Schluss, dass uns Gott dazu berufen hatte,
dort das Evangelium zu verkünden.

6: 18,23

DAS WIRKEN DES PAULUS IN PHILIPPI: 16,11–40

11 So brachen wir von Troas auf und fuhren
auf dem kürzesten Weg nach Samothrake
und am folgenden Tag nach Neapolis. 12 Von
dort gingen wir nach Philippi, eine führende
Stadt des Bezirks von Mazedonien, eine Ko-

15,34 Einzelne Textzeugen fügen hier ein: Silas aber beschloss dazubleiben; so reiste Judas allein (nach Jerusalem) ab.

lonie. In dieser Stadt hielten wir uns einige
Tage auf. 13 Am Sabbat gingen wir durch das
Stadttor hinaus an den Fluss, wo wir eine
Gebetsstätte vermuteten. Wir setzten uns
und sprachen zu den Frauen, die sich einge-
funden hatten. 14 Eine Frau namens Lydia,
eine Purpurhändlerin aus der Stadt Thyatira,
hörte zu; sie war eine Gottesfürchtige und
der Herr öffnete ihr das Herz, sodass sie den
Worten des Paulus aufmerksam lauschte.
15 Als sie und alle, die zu ihrem Haus gehör-
ten, getauft waren, bat sie: Wenn ihr wirklich
meint, dass ich zum Glauben an den Herrn
gefunden habe, kommt in mein Haus und
bleibt da. Und sie drängte uns.

16 Als wir einmal auf dem Weg zur Gebets-
stätte waren, begegnete uns eine Magd, die
einen Wahrsagegeist hatte und mit der
Wahrsagerei ihren Herren großen Gewinn
einbrachte. 17 Sie lief Paulus und uns nach und
schrie: Diese Menschen sind Knechte des
höchsten Gottes; sie verkünden euch den
Weg des Heils. 18 Das tat sie viele Tage lang.
Da wurde Paulus ärgerlich, wandte sich um
und sagte zu dem Geist: Ich befehle dir im
Namen Jesu Christi: Fahre aus dieser Frau
aus! Und im gleichen Augenblick fuhr er aus.

19 Als aber ihre Herren sahen, dass sie kei-
nen Gewinn mehr erhoffen konnten, ergrif-
fen sie Paulus und Silas, schleppten sie auf
den Markt vor die Stadtbehörden, 20 führten
sie den obersten Beamten vor und sagten:
Diese Männer bringen Unruhe in unsere
Stadt. Es sind Juden; 21 sie verkünden Sitten
und Bräuche, die wir als Römer weder anneh-
men können noch ausüben dürfen. 22 Da er-
hob sich das Volk gegen sie und die obersten
Beamten ließen ihnen die Kleider vom Leib
reißen und befahlen, sie mit Ruten zu schla-
gen. 23 Sie ließen ihnen viele Schläge geben
und sie ins Gefängnis werfen; dem Gefäng-
niswärter gaben sie Befehl, sie in sicherem
Gewahrsam zu halten. 24 Auf diesen Befehl
hin warf er sie in das innere Gefängnis und
schloss ihre Füße in den Block. 25 Um Mitter-
nacht beteten Paulus und Silas und sangen
Loblieder; und die Gefangenen hörten ihnen
zu. 26 Plötzlich begann ein gewaltiges Erdbe-
ben, sodass die Grundmauern des Gefäng-
nisses wankten. Mit einem Schlag sprangen
die Türen auf und allen fielen die Fesseln ab.
27 Als der Gefängniswärter aufwachte und
die Türen des Gefängnisses offen sah, zog er
sein Schwert, um sich zu töten; denn er
meinte, die Gefangenen seien entflohen.
28 Da rief Paulus laut: Tu dir nichts an! Wir
sind alle noch da. 29 Jener rief nach Licht,
stürzte hinein und fiel Paulus und Silas zit-
ternd zu Füßen. 30 Er führte sie hinaus und
sagte: Ihr Herren, was muss ich tun, um ge-
rettet zu werden? 31 Sie antworteten: Glaube
an Jesus, den Herrn, und du wirst gerettet
werden, du und dein Haus. 32 Und sie verkün-
deten ihm und allen in seinem Haus das Wort
des Herrn. 33 Er nahm sie in jener Nachtstun-
de bei sich auf, wusch ihre Striemen und ließ
sich sogleich mit allen seinen Angehörigen
taufen. 34 Dann führte er sie in sein Haus hi-
nauf, ließ ihnen den Tisch decken und war
mit seinem ganzen Haus voll Freude, weil er
zum Glauben an Gott gekommen war.

35 Als es Tag wurde, schickten die obersten
Beamten die Amtsdiener und ließen sagen:
Lass jene Männer frei! 36 Der Gefängniswär-
ter überbrachte Paulus die Nachricht: Die
obersten Beamten haben hergeschickt und
befohlen, euch freizulassen. Geht also, zieht
in Frieden! 37 Paulus aber sagte zu ihnen: Sie
haben uns ohne Urteil öffentlich auspeit-
schen lassen, obgleich wir römische Bürger
sind, und haben uns ins Gefängnis geworfen.
Und jetzt möchten sie uns heimlich fortschi-
cken? Nein! Sie sollen selbst kommen und
uns hinausführen. 38 Die Amtsdiener melde-
ten es den obersten Beamten. Diese erschra-
ken, als sie hörten, es seien römische Bürger.
39 Und sie kamen, um sie zu beschwichtigen,
führten sie hinaus und baten sie, die Stadt zu
verlassen. 40 Vom Gefängnis aus gingen sie
zu Lydia. Dort sahen sie die Brüder, sprachen
ihnen Mut zu und zogen dann weiter.

17: 18,25f.; 22,4; 24,22; Mk 1,24 / **22–23**: 2 Kor 11,25; Phil 1,30; 1 Thess 2,2 / **30**: 2,37f.; Joh 6,28 / **31**: 11,14; Joh 6,29 / **37**: 22,25.28f.; 23,27

PAULUS IN THESSALONICH UND BERÖA: 17,1–15

17 1 Auf dem Weg über Amphipolis und
Apollonia kamen sie nach Thessalo-
nich. Dort hatten die Juden eine Synagoge.
2 Nach seiner Gewohnheit ging Paulus zu
ihnen und redete an drei Sabbaten zu ihnen,
wobei er von den Schriften ausging. 3 Er leg-
te sie ihnen aus und erklärte, dass der Chris-
tus leiden und von den Toten auferstehen
musste. Und er sagte: Jesus, den ich euch
verkünde, ist dieser Christus. 4 Einige von

ihnen ließen sich überzeugen und schlossen
sich Paulus und Silas an, außerdem eine gro-
ße Schar gottesfürchtiger Griechen, darunter
nicht wenige Frauen aus vornehmen Kreisen.
5 Die Juden wurden eifersüchtig, holten
sich einige nichtsnutzige Männer, die sich auf
dem Markt herumtrieben, wiegelten mit ih-
rer Hilfe das Volk auf und brachten die Stadt
in Aufruhr. Sie zogen zum Haus des Jason
und wollten die beiden vor das Volk führen.
6 Sie fanden sie aber nicht. Daher schleppten
sie den Jason und einige Brüder vor die Stadt-
präfekten und schrien: Diese Leute, die
schon die ganze Welt in Aufruhr gebracht
haben, sind jetzt auch hier 7 und Jason hat sie
aufgenommen. Sie alle verstoßen gegen die
Gesetze des Kaisers; denn sie behaupten, ein
anderer sei König, nämlich Jesus. 8 So brach-
ten sie die Menge und die Stadtpräfekten, die
das hörten, in Erregung. 9 Diese nahmen von
Jason und den anderen eine Bürgschaft und
ließen sie frei.

10 Die Brüder schickten noch in der Nacht
Paulus und Silas weiter nach Beröa. Nach ihrer
Ankunft gingen sie in die Synagoge der Juden.
11 Diese waren vornehmer gesinnt als die in
Thessalonich; mit großer Bereitschaft nah-
men sie das Wort auf und forschten Tag für Tag
in den Schriften nach, ob sich dies wirklich so
verhielte. 12 Viele von ihnen wurden gläubig
und ebenso nicht wenige der vornehmen grie-
chischen Frauen und Männer. 13 Als aber die
Juden von Thessalonich erfuhren, dass Paulus
auch in Beröa das Wort Gottes verkündete,
kamen sie dorthin, um das Volk aufzuwiegeln
und aufzuhetzen. 14 Da schickten die Brüder
Paulus sogleich weg zum Meer hinunter. Silas
und Timotheus aber blieben zurück. 15 Die
Begleiter des Paulus brachten ihn nach Athen.
Mit dem Auftrag an Silas und Timotheus, Pau-
lus möglichst rasch nachzukommen, kehrten
sie zurück.

1: 1 Thess 2,2 / **3**: 26,23; Lk 24,26f.45f. / **5**: Röm 16,21 / **7**: Lk 23,2; Joh 19,12 / **11**: Joh 5,39 / **13**: 1 Thess 2,14–16 / **15**: 1 Thess 3,1f.

PAULUS IN ATHEN: 17,16–34

16 Während Paulus in Athen auf sie wartete,
wurde sein Geist von heftigem Zorn erfasst;
denn er sah die Stadt voll von Götzenbildern.
17 Er redete in der Synagoge mit den Juden und
Gottesfürchtigen und auf dem Markt sprach
er täglich mit denen, die er gerade antraf. 18 Ei-
nige von den epikureischen und stoischen
Philosophen diskutierten mit ihm und man-
che sagten: Was will denn dieser Schwätzer?
Andere aber: Er scheint ein Verkünder frem-
der Gottheiten zu sein. Denn er verkündete
das Evangelium von Jesus und von der Auf-
erstehung. 19 Sie nahmen ihn mit, führten ihn
zum Areopag und fragten: Können wir erfah-
ren, was das für eine neue Lehre ist, die du
vorträgst? 20 Du bringst uns recht befremdli-
che Dinge zu Gehör. Wir wüssten gern, wo-
rum es sich handelt. 21 Alle Athener und die
Fremden dort taten nichts lieber, als die letz-
ten Neuigkeiten zu erzählen oder zu hören.

22 Da stellte sich Paulus in die Mitte des
Areopags und sagte: Männer von Athen,
nach allem, was ich sehe, seid ihr sehr fromm.
23 Denn als ich umherging und mir eure Hei-
ligtümer ansah, fand ich auch einen Altar mit
der Aufschrift: EINEM UNBEKANNTEN
GOTT. Was ihr verehrt, ohne es zu kennen,
das verkünde ich euch. 24 Der Gott, der die
Welt erschaffen hat und alles in ihr, er, der
Herr über Himmel und Erde, wohnt nicht in
Tempeln, die von Menschenhand gemacht
sind. 25 Er lässt sich auch nicht von Men-
schenhänden dienen, als ob er etwas brauche,
er, der allen das Leben, den Atem und alles
gibt. 26 Er hat aus einem einzigen Menschen
das ganze Menschengeschlecht erschaffen,
damit es die ganze Erde bewohne. Er hat für
sie bestimmte Zeiten und die Grenzen ihrer
Wohnsitze festgesetzt. 27 Sie sollten Gott su-
chen, ob sie ihn ertasten und finden könnten;
denn keinem von uns ist er fern. 28 Denn in
ihm leben wir, bewegen wir uns und sind
wir; wie auch einige von euren Dichtern ge-
sagt haben: Wir sind von seinem Geschlecht.
29 Da wir also von Gottes Geschlecht sind,
dürfen wir nicht meinen, das Göttliche sei
wie ein goldenes oder silbernes oder steiner-
nes Gebilde menschlicher Kunst und Erfin-
dung. 30 Gott, der über die Zeiten der Unwis-
senheit hinweggesehen hat, gebietet jetzt
den Menschen, dass überall alle umkehren
sollen. 31 Denn er hat einen Tag festgesetzt,
an dem er den Erdkreis in Gerechtigkeit rich-
ten wird, durch einen Mann, den er dazu be-
stimmt und vor allen Menschen dadurch
ausgewiesen hat, dass er ihn von den Toten
auferweckte.

17,28 Zitat des griechischen Dichters Aratos (3. Jh. v. Chr.).

32 Als sie von der Auferstehung der Toten
hörten, spotteten die einen, andere aber sag-
ten: Darüber wollen wir dich ein andermal
hören. 33 So ging Paulus aus ihrer Mitte weg.
34 Einige Männer aber schlossen sich ihm an
und wurden gläubig, unter ihnen auch Dio-
nysius, der Areopagit, außerdem eine Frau
namens Damaris und noch andere mit ihnen.

18: 1 Kor 1,22 / **24–28:** Röm 1,19f. / **25:** Jes 42,5 / **26:** Dtn 32,8 / **27–28:** Jes 55,6; Jer 23,24; 29,12–14; Weish 13,6; Ps 145,18; Röm 11,36; 1 Kor 8,6; Kol 1,16f. / **31:** 10,42; Ps 9,9; 96,13; 98,9 / **32:** 1 Kor 1,23

PAULUS IN KORINTH: 18,1–17

18 1 Hierauf verließ Paulus Athen und
ging nach Korinth. 2 Dort traf er einen
aus Pontus stammenden Juden namens
Aquila, der vor Kurzem aus Italien gekom-
men war, und dessen Frau Priscilla. Claudius
hatte nämlich angeordnet, dass alle Juden
Rom verlassen müssten. Diesen beiden
schloss er sich an, 3 und da sie das gleiche
Handwerk betrieben, blieb er bei ihnen und
arbeitete dort. Sie waren Zeltmacher von Be-
ruf. 4 An jedem Sabbat redete er in der Syna-
goge und suchte Juden und Griechen zu über-
zeugen. 5 Als aber Silas und Timotheus aus
Mazedonien eingetroffen waren, widmete
sich Paulus ganz dem Wort und bezeugte den
Juden, dass Jesus der Christus sei. 6 Als sie
sich dagegen auflehnten und Lästerungen
ausstießen, schüttelte er seine Kleider aus
und sagte zu ihnen: Euer Blut komme über
euer Haupt! Ich bin daran unschuldig. Von
jetzt an werde ich zu den Heiden gehen.

7 Und er ging von da in das Haus eines ge-
wissen Titius Justus hinüber, eines Gottes-
fürchtigen, dessen Haus an die Synagoge
grenzte. 8 Krispus aber, der Synagogenvorste-
her, kam mit seinem ganzen Haus zum Glau-
ben an den Herrn; und viele Korinther, die
davon hörten, wurden gläubig und ließen
sich taufen. 9 Der Herr aber sagte nachts in
einer Vision zu Paulus: Fürchte dich nicht!
Rede nur, schweige nicht! 10 Denn ich bin mit
dir, niemand wird dir etwas antun. Viel Volk
nämlich gehört mir in dieser Stadt. 11 So blieb
Paulus ein Jahr und sechs Monate und lehrte
bei ihnen das Wort Gottes.

12 Als aber Gallio Prokonsul von Achaia
war, traten die Juden einmütig gegen Paulus
auf, brachten ihn vor den Richterstuhl 13 und
sagten: Dieser verführt die Menschen zu ei-
ner Gottesverehrung, die gegen das Gesetz
verstößt. 14 Als Paulus etwas erwidern woll-
te, sagte Gallio zu den Juden: Läge hier ein
Vergehen oder Verbrechen vor, ihr Juden, so
würde ich eure Klage ordnungsgemäß be-
handeln. 15 Streitet ihr jedoch über Lehre und
Namen und euer Gesetz, dann seht selber zu!
Darüber will ich nicht Richter sein. 16 Und er
wies sie vom Richterstuhl weg. 17 Da ergriffen
alle den Synagogenvorsteher Sosthenes und
verprügelten ihn vor dem Richterstuhl. Gal-
lio aber kümmerte sich nicht darum.

2: 18,26; Röm 16,3; 1 Kor 16,19; 2 Tim 4,19 / **3:** 1 Kor 4,12; 9,12 / **6:** 13,45.51; 28,28; Mt 27,24f. / **8:** 1 Kor 1,14 / **9:** 1 Kor 2,3 / **13:** 6,13; 21,28 / **14–15:** 23,29; 25,18–20; Joh 18,31 / **17:** 1 Kor 1,1

DIE RÜCKKEHR DES PAULUS ÜBER EPHESUS NACH ANTIOCHIA – ENDE DER ZWEITEN MISSIONSREISE: 18,18–22

18 Paulus blieb noch längere Zeit. Dann ver-
abschiedete er sich von den Brüdern und se-
gelte zusammen mit Priscilla und Aquila
nach Syrien ab. In Kenchreä hatte er sich auf-
grund eines Gelübdes den Kopf kahl scheren
lassen. 19 Sie gelangten nach Ephesus. Dort
trennte er sich von den beiden; er selbst ging
in die Synagoge und redete zu den Juden.
20 Sie baten ihn, noch länger zu bleiben; aber
er wollte nicht, 21 sondern verabschiedete
sich und sagte: Ich werde wieder zu euch
kommen, wenn Gott es will. So fuhr er von
Ephesus ab, 22 landete in Cäsarea, zog nach
Jerusalem hinauf, begrüßte dort die Gemein-
de und ging dann nach Antiochia hinab.

18: Röm 16,1 / **21:** Röm 1,10; 15,32; 1 Kor 4,19; Jak 4,15

BEGINN DER DRITTEN MISSIONSREISE: 18,23

23 Nachdem er dort einige Zeit geblieben war,
zog er weiter, durchwanderte zuerst das
galatische Land, dann Phrygien und stärkte
alle Jünger.

23: 16,6

DIE MISSIONSARBEIT DES APOLLOS IN EPHESUS: 18,24–28

24 Ein Jude namens Apollos kam nach Ephe-
sus. Er stammte aus Alexandria, war rede-
kundig und in der Schrift bewandert. 25 Er

18,12 Gallio war 51/52 n. Chr. oder 52/53 n. Chr. Prokonsul von Achaia.

18,18 Eines Gelübdes: das sogenannte Nasiräatsgelübde (vgl. 21,23–26), das auf Num 6,1–21 zurückgeht.

war unterwiesen im Weg des Herrn. Er
sprach mit glühendem Geist und trug die
Lehre von Jesus genau vor; doch kannte er nur
die Taufe des Johannes. 26 Er begann, mit Frei-
mut in der Synagoge zu sprechen. Priscilla
und Aquila hörten ihn, nahmen ihn zu sich
und legten ihm den Weg Gottes noch genau-
er dar. 27 Als er nach Achaia gehen wollte,
schrieben die Brüder den Jüngern und er-
munterten sie, ihn aufzunehmen. Nach sei-
ner Ankunft wurde er den Gläubigen durch
die Gnade eine große Hilfe. 28 Denn mit
Nachdruck widerlegte er die Juden, indem er
öffentlich aus der Schrift nachwies, dass Je-
sus der Christus sei.

24: 1 Kor 1,12; 3,4–6; Tit 3,13 / **25:** 19,3–6; 22,4; 24,22 / **28:** 9,22; 17,3; 18,5

DIE BEGEGNUNG DES PAULUS MIT JOHANNESJÜNGERN: 19,1–7

19 1 Während Apollos sich in Korinth
aufhielt, durchwanderte Paulus das
Hochland und kam nach Ephesus hinab. Er
stieß dort auf einige Jünger 2 und fragte sie:
Habt ihr den Heiligen Geist empfangen, als
ihr gläubig wurdet? Sie antworteten ihm:
Wir haben noch nicht einmal gehört, dass es
einen Heiligen Geist gibt. 3 Da fragte er: Auf
welche Taufe seid ihr denn getauft worden?
Sie antworteten: Auf die Taufe des Johannes.
4 Paulus sagte: Johannes hat mit der Taufe der
Umkehr getauft und das Volk gelehrt, sie
sollten an den glauben, der nach ihm komme:
an Jesus. 5 Als sie das hörten, ließen sie sich
auf den Namen Jesu, des Herrn, taufen. 6 Pau-
lus legte ihnen die Hände auf und der Heilige
Geist kam auf sie herab; sie redeten in Zungen
und weissagten. 7 Es waren im Ganzen unge-
fähr zwölf Männer.

1: 1 Kor 16,8 / **3:** 18,25; Mt 3,11; Mk 1,8; Lk 3,16 / **6:** 8,17; 10,46; 1 Kor 14

DAS WIRKEN DES PAULUS IN EPHESUS: 19,8–10

8 Er ging in die Synagoge und lehrte drei Mo-
nate lang freimütig und suchte sie vom
Reich Gottes zu überzeugen. 9 Da aber eini-
ge verstockt waren, sich widersetzten und
vor allen Leuten den Weg Jesu verspotteten,
trennte er sich mit den Jüngern von ihnen
und unterwies sie täglich im Lehrsaal des
Tyrannus. 10 Das geschah zwei Jahre lang;
auf diese Weise hörten alle Bewohner der
Provinz Asien, Juden wie Griechen, das
Wort des Herrn.

8: 8,12; 28,23.31 / **9:** 9,2; 18,6; Tit 3,10f.; 2 Joh 10

DIE WUNDERTATEN DES PAULUS IN EPHESUS: 19,11–20

11 Auch ungewöhnliche Machttaten tat Gott
durch die Hand des Paulus. 12 Sogar seine
Schweißbinden und Tücher, die er auf der
Haut getragen hatte, nahm man weg und leg-
te sie den Kranken auf; da wichen die Krank-
heiten und die bösen Geister fuhren aus.
13 Auch einige der umherziehenden jüdi-
schen Beschwörer versuchten, den Namen
Jesu, des Herrn, über den von bösen Geistern
Besessenen anzurufen, indem sie sagten: Ich
beschwöre euch bei dem Jesus, den Paulus
verkündet. 14 Das taten sieben Söhne eines
gewissen Skeuas, eines jüdischen Oberpries-
ters. 15 Aber der böse Geist antwortete ihnen:
Jesus kenne ich und auch Paulus ist mir be-
kannt. Doch wer seid ihr? 16 Und der Mensch,
in dem der böse Geist hauste, stürzte sich auf
sie, überwältigte sie und setzte ihnen so zu,
dass sie nackt und zerschunden aus dem Haus
fliehen mussten. 17 Das wurde allen Juden
und Griechen, die in Ephesus wohnten, be-
kannt; alle wurden von Furcht gepackt und
der Name Jesu, des Herrn, wurde hoch ge-
priesen. 18 Viele, die gläubig geworden waren,
kamen und bekannten offen, was sie früher
getan hatten. 19 Und nicht wenige, die Zau-
berei getrieben hatten, brachten ihre Zauber-
bücher herbei und verbrannten sie vor aller
Augen. Man berechnete den Wert der Bücher
auf fünfzigtausend Silberdrachmen. 20 So
wuchs das Wort in der Kraft des Herrn und
wurde stark.

12: 5,15 / **13:** Lk 9,49 / **15:** Mk 1,34; Lk 4,41 / **17:** 2,43 / **18:** 14,1 / **20:** 6,7; 12,24

DER AUFRUHR DER SILBERSCHMIEDE VON EPHESUS: 19,21–20,1

21 Als sich diese Geschehnisse erfüllt hatten,
fasste Paulus im Geist den Beschluss, über
Mazedonien und Achaia nach Jerusalem zu
reisen. Er sagte: Wenn ich dort gewesen bin,
muss ich auch Rom sehen. 22 Er sandte zwei
seiner Helfer, Timotheus und Erastus, nach
Mazedonien voraus und blieb selbst noch
eine Zeit lang in der Provinz Asien.

23 Um jene Zeit aber wurde der Weg Jesu
Anlass zu einem schweren Aufruhr. 24 Denn

ein Silberschmied namens Demetrius, der
silberne Artemistempel herstellte und den
Kunsthandwerkern viel zu verdienen gab,
25 rief diese und die anderen damit beschäf-
tigten Arbeiter zusammen und sagte: Män-
ner, ihr wisst, dass wir unseren Wohlstand
diesem Gewerbe verdanken. 26 Nun seht und
hört ihr, dass dieser Paulus nicht nur in Ephe-
sus, sondern fast in der ganzen Provinz Asien
viele Leute überredet und verführt hat mit
seiner Behauptung, die mit Händen gemach-
ten Götter sind keine Götter. 27 So kommt
nicht nur unser Gewerbe in Verruf, sondern
auch dem Heiligtum der großen Göttin Ar-
temis droht Gefahr, nichts mehr zu gelten, ja
sie selbst, die von der ganzen Provinz Asien
und von der ganzen Welt verehrt wird, wird
ihre Hoheit verlieren. 28 Als sie das hörten,
wurden sie wütend und schrien: Groß ist die
Artemis der Epheser! 29 Die ganze Stadt geriet
in Aufruhr; alles stürmte ins Theater und sie
schleppten die Mazedonier Gaius und Aris-
tarch, Reisegefährten des Paulus, mit sich.
30 Als aber Paulus in die Volksversamm-
lung gehen wollte, hielten ihn die Jünger zu-
rück. 31 Auch einige hohe Beamte der Provinz
Asien, die mit ihm befreundet waren, schick-
ten zu ihm und rieten ihm, nicht ins Theater
zu gehen.
32 Dort schrien die einen dies, die andern
das; denn in der Versammlung herrschte ein
großes Durcheinander und die meisten
wussten gar nicht, weshalb man überhaupt
zusammengekommen war. 33 Die Juden
schickten Alexander nach vorn und aus der
Menge gab man ihm noch Hinweise. Alexan-
der gab mit der Hand ein Zeichen und wollte
vor der Volksversammlung eine Verteidi-
gungsrede halten. 34 Doch als sie merkten,
dass er ein Jude war, schrien sie alle fast zwei
Stunden lang wie aus einem Mund: Groß ist
die Artemis der Epheser! 35 Der Stadtschrei-
ber aber brachte die Menge zur Ruhe und
sagte: Männer von Ephesus! Wer wüsste
nicht, dass die Stadt der Epheser die Tempel-
hüterin der Großen Artemis und ihres vom
Himmel gefallenen Bildes ist? 36 Dies ist un-
bestreitbar; ihr müsst also Ruhe bewahren
und dürft nichts Unüberlegtes tun. 37 Ihr habt
diese Männer hergeschleppt, die weder Tem-
pelräuber noch Lästerer unserer Göttin sind.
38 Wenn also Demetrius und seine Zunftge-
nossen eine Klage gegen irgendjemanden
haben, so gibt es dafür Gerichtstage und Pro-
konsuln; dort mögen sie einander verklagen.
39 Wenn ihr aber noch etwas anderes vorzu-
bringen habt, so kann das in der gesetzmäßi-
gen Volksversammlung geklärt werden.
40 Sonst sind wir in Gefahr, dass man uns
nach dem heutigen Vorfall des Aufruhrs an-
klagt, weil kein Grund vorliegt, mit dem wir
diesen Volksauflauf rechtfertigen könnten.
Nach diesen Worten löste er die Versamm-
lung auf.

20 1 Nachdem der Tumult sich gelegt hat-
te, rief Paulus die Jünger zusammen
und sprach ihnen Mut zu. Dann verabschie-
dete er sich und ging weg, um nach Mazedo-
nien zu reisen.

19,21: 23,11; Röm 1,10.13; 15,23–25; 1 Kor 16,5 / **22**: 16,1; Röm 16,21.23; 2 Tim 4,20 / **23**: 9,2; 2 Kor 1,8 / **26**: 17,29 / **29**: 20,4; 27,2; 1 Kor 15,32; 2 Kor 1,8
20,1: 2 Kor 2,13; 7,5

PAULUS IN MAZEDONIEN UND GRIECHENLAND: 20,2–6

2 Er zog durch die dortigen Gegenden und
sprach oft und eindringlich zu den Jüngern.
Dann begab er sich nach Griechenland; 3 dort
blieb er drei Monate. Als er mit dem Schiff
nach Syrien fahren wollte, planten die Juden
einen Anschlag auf ihn. So entschloss er sich,
den Rückweg über Mazedonien zu nehmen.
4 Dabei begleiteten ihn Sopater, der Sohn des
Pyrrhus, aus Beröa, Aristarch und Secundus
aus Thessalonich, Gaius aus Derbe und
Timotheus sowie Tychikus und Trophimus
aus der Provinz Asien. 5 Diese reisten voraus
und warteten auf uns in Troas. 6 Nach den
Tagen der Ungesäuerten Brote segelten wir
von Philippi ab und kamen in fünf Tagen zu
ihnen nach Troas, wo wir uns sieben Tage
aufhielten.

4: 19,29; 21,29; 27,2; 2 Tim 4,20 / **5**: 16,8 / **6**: 2 Kor 2,12

DER ABSCHIEDSBESUCH DES PAULUS IN TROAS: 20,7–12

7 Als wir am ersten Tag der Woche versam-
melt waren, um das Brot zu brechen, redete
Paulus zu ihnen, denn er wollte am folgenden
Tag abreisen; und er dehnte seine Rede bis
Mitternacht aus. 8 In dem Obergemach, in
dem wir versammelt waren, brannten viele
Lampen. 9 Ein junger Mann namens Euty-
chus saß im offenen Fenster und sank in tie-
fen Schlaf, als Paulus immer länger sprach;

überwältigt vom Schlaf, fiel er aus dem dritten
Stock hinunter; als man ihn aufhob, war er tot.
10 Paulus lief hinab, warf sich über ihn, umfass-
te ihn und sagte: Beunruhigt euch nicht: Er
lebt! 11 Dann stieg er wieder hinauf, brach das
Brot und aß und redete mit ihnen bis zum
Morgengrauen. So verließ er sie. 12 Den jungen
Mann aber führten sie lebend von dort weg
und sie wurden nicht wenig getröstet.

7: 1 Kor 16,2; Offb 1,10 / **10**: 9,40f.; 1 Kön 17,21

VON TROAS NACH MILET: 20,13–16

13 Wir gingen voraus zum Schiff und fuhren
nach Assos, wo wir Paulus an Bord nehmen
sollten; so hatte er es angeordnet, weil er
selbst zu Fuß gehen wollte. 14 Als er in Assos
zu uns stieß, nahmen wir ihn an Bord und
erreichten Mitylene. 15 Von dort segelten wir
am nächsten Tag ab und kamen bis auf die
Höhe von Chios. Am anderen Tag liefen wir
Samos an und landeten am folgenden Tag in
Milet. 16 Paulus hatte sich entschlossen, an
Ephesus vorbeizufahren, um in der Provinz
Asien keine Zeit zu verlieren. Denn er hatte
es eilig, weil er, wenn möglich, am Pfingsttag
in Jerusalem sein wollte.

DIE ABSCHIEDSREDE DES PAULUS IN MILET: 20,17–38

17 Von Milet aus schickte er jemanden nach
Ephesus und ließ die Ältesten der Gemeinde
zu sich rufen. 18 Als sie bei ihm eingetroffen
waren, sagte er: Ihr wisst, wie ich vom ersten
Tag an, seit ich die Provinz Asien betreten
habe, die ganze Zeit in eurer Mitte war 19 und
wie ich dem Herrn in aller Demut diente un-
ter Tränen und vielen Prüfungen, die ich
durch die Nachstellungen der Juden erlitten
habe, 20 wie ich nichts verschwiegen habe von
dem, was heilsam ist. Ich habe es euch ver-
kündet und habe euch gelehrt, öffentlich und
in den Häusern. 21 Ich habe vor Juden und
Griechen Zeugnis abgelegt für die Umkehr
zu Gott und den Glauben an Jesus, unseren
Herrn. 22 Und siehe, nun ziehe ich, gebunden
durch den Geist, nach Jerusalem und ich
weiß nicht, was dort mit mir geschehen wird.
23 Jedoch bezeugt mir der Heilige Geist von
Stadt zu Stadt, dass Fesseln und Drangsale
auf mich warten. 24 Aber ich will mit keinem
Wort mein Leben wichtig nehmen, wenn ich
nur meinen Lauf vollende und den Dienst
erfülle, der mir von Jesus, dem Herrn, über-
tragen wurde: das Evangelium von der Gna-
de Gottes zu bezeugen. 25 Und siehe, ich
weiß, dass ihr mich nicht mehr von Ange-
sicht sehen werdet, ihr alle, zu denen ich ge-
kommen bin und denen ich das Reich ver-
kündet habe. 26 Darum bezeuge ich euch am
heutigen Tag: Ich bin rein vom Blut aller.
27 Denn ich habe mich der Pflicht nicht ent-
zogen, euch den ganzen Ratschluss Gottes zu
verkünden. 28 Gebt Acht auf euch und auf die
ganze Herde, in der euch der Heilige Geist zu
Vorstehern bestellt hat, damit ihr als Hirten
für die Kirche des Herrn sorgt, die er sich
durch sein eigenes Blut erworben hat! 29 Ich
weiß: Nach meinem Weggang werden rei-
ßende Wölfe bei euch eindringen und die
Herde nicht schonen. 30 Und selbst aus eurer
Mitte werden Männer auftreten, die mit ih-
ren falschen Reden die Jünger auf ihre Seite
ziehen. 31 Seid also wachsam und denkt da-
ran, dass ich drei Jahre lang Tag und Nacht
nicht aufgehört habe, unter Tränen jeden
Einzelnen zu ermahnen. 32 Und jetzt vertraue
ich euch Gott und dem Wort seiner Gnade
an, das die Kraft hat, aufzubauen und das
Erbe in der Gemeinschaft der Geheiligten zu
verleihen. 33 Silber oder Gold oder Kleider
habe ich von keinem verlangt; 34 ihr wisst
selbst, dass für meinen Unterhalt und den
meiner Begleiter diese Hände hier gearbeitet
haben. 35 In allem habe ich euch gezeigt, dass
man sich auf diese Weise abmühen und sich
der Schwachen annehmen soll, in Erinne-
rung an die Worte Jesu, des Herrn, der selbst
gesagt hat: Geben ist seliger als nehmen.
36 Nach diesen Worten kniete er nieder und
betete mit ihnen allen. 37 Und alle brachen in
lautes Weinen aus, fielen Paulus um den Hals
und küssten ihn; 38 am meisten schmerzte sie
sein Wort, sie würden ihn nicht mehr von
Angesicht sehen. Dann begleiteten sie ihn
zum Schiff.

21: 13,6–49; 14,1.15; 17,1–4.10–12.16–34; 18,5–11; 19,8–10 / **23**: 9,16; 21,4.11 / **24**: 21,13; 2 Tim 4,7; Lk 4,18–21 / **25**: Lk 9,2; 10,9 / **26**: 18,6 / **28**: 14,23; 1 Kor 12,28; Eph 4,11; Phil 1,1; 1 Tim 3,1f.; 4,14–16; 2 Tim 1,6; Tit 1,5.7; 1 Petr 5,2 / **29**: Mt 7,15; Lk 10,3; Joh 10,12 / **30**: Gal 4,17 / **31**: Mk 13,35.37; 2 Kor 2,4; 11,28; 1 Thess 2,11f. / **32**: 1 Thess 2,13 / **33**: Mt 10,8; 1 Kor 9,12; 1 Sam 12,3 / **34**: 18,3; 1 Kor 4,12; 9,12; 1 Thess 2,9; 2 Thess 3,7–9; Phil 4,9 / **36**: 21,5 / **37**: Röm 16,16; 1 Kor 16,20; 1 Petr 5,14

20,28 Andere Lesart: Kirche Gottes, die er sich durch das Blut seines Eigenen erworben hat.

VON MILET ÜBER CÄSAREA NACH JERUSALEM UND ENDE DER DRITTEN MISSIONSREISE: 21,1–17

21 1 Als die Zeit zur Abfahrt gekommen
war, trennten wir uns von ihnen, fuh-
ren auf dem kürzesten Weg nach Kos, am
anderen Tag nach Rhodos und von dort nach
Patara. 2 Hier fanden wir ein Schiff, das nach
Phönizien fuhr; wir gingen an Bord und fuh-
ren ab. 3 Als wir Zypern sichteten, ließen wir
es zur Linken liegen, segelten nach Syrien
und landeten in Tyrus; hier sollte das Schiff
seine Ladung löschen. 4 Nachdem wir die Jün-
ger ausfindig gemacht hatten, blieben wir
sieben Tage bei ihnen. Auf Eingebung des
Geistes hin warnten sie Paulus davor, nach
Jerusalem zu gehen.

5 Als die Tage um waren, brachen wir zur
Weiterreise auf und sie alle, auch Frauen und
Kinder, begleiteten uns bis vor die Stadt. Am
Strand knieten wir nieder, beteten 6 und nah-
men Abschied voneinander. Dann gingen
wir an Bord; jene aber kehrten nach Hause
zurück.

7 So fuhren wir von Tyrus ab und beende-
ten unsere Seereise in Ptolemaïs. Wir be-
grüßten die Brüder und blieben einen Tag bei
ihnen. 8 Am folgenden Tag zogen wir weiter
und kamen nach Cäsarea. Wir gingen in das
Haus des Evangelisten Philippus, der einer
von den Sieben war, und blieben bei ihm. 9 Er
hatte vier Töchter, prophetisch begabte Jung-
frauen.

10 Wir blieben mehrere Tage. Da kam von
Judäa ein Prophet namens Agabus herab
11 und suchte uns auf. Er nahm den Gürtel des
Paulus, band sich Füße und Hände und sagte:
So spricht der Heilige Geist: Den Mann, dem
dieser Gürtel gehört, werden die Juden in Je-
rusalem ebenso fesseln und den Heiden aus-
liefern. 12 Als wir das hörten, redeten wir ihm
zusammen mit den Einheimischen zu, nicht
nach Jerusalem hinaufzuziehen. 13 Doch Pau-
lus antwortete: Warum weint ihr und macht
mir das Herz schwer? Ich bin nicht nur bereit,
mich fesseln zu lassen, sondern auch, in Je-
rusalem für den Namen Jesu, des Herrn, zu
sterben. 14 Da er sich nicht überreden ließ,
gaben wir nach und sagten: Der Wille des
Herrn geschehe.

15 Nach diesen Tagen bereiteten wir uns zur
Reise vor und zogen hinauf nach Jerusalem.
16 Auch einige Jünger aus Cäsarea begleiteten
uns und brachten uns zu einem gewissen
Mnason aus Zypern, bei dem wir wohnen
sollten; er war ein Jünger aus der Anfangs-
zeit. 17 Als wir nach Jerusalem kamen, wur-
den wir von den Brüdern freudig empfangen.

4: 20,6 / **5:** 20,36 / **8:** 8,40 / **9:** 2,17 / **10:** 11,28 / **11:** Röm 15,31

PAULUS BEI JAKOBUS UND DAS NASIRÄATSGELÜBDE: 21,18–26

18 Am folgenden Tag ging Paulus mit uns zu
Jakobus; auch alle Ältesten fanden sich ein.
19 Er begrüßte sie und berichtete im Einzel-
nen alles, was Gott durch seinen Dienst unter
den Heiden getan hatte. 20 Als sie das hörten,
priesen sie Gott und sagten zu ihm: Du
siehst, Bruder, wie viele Tausende unter den
Juden gläubig geworden sind, und sie alle
sind Eiferer für das Gesetz. 21 Nun hat man
ihnen von dir erzählt: Du lehrst alle unter den
Heiden lebenden Juden, von Mose abzufal-
len, und forderst sie auf, ihre Kinder nicht zu
beschneiden und sich nicht an die Bräuche zu
halten. 22 Was nun? Sicher werden sie hören,
dass du gekommen bist. 23 Tu also, was wir
dir sagen: Bei uns sind vier Männer, die ein
Gelübde auf sich genommen haben. 24 Nimm
sie mit und weihe dich zusammen mit ihnen;
trag die Kosten für sie, damit sie sich das Haar
abscheren lassen können! So wird jeder ein-
sehen, dass an dem, was man von dir erzählt
hat, nichts ist, sondern dass auch du das Ge-
setz genau beachtest. 25 Über die gläubig ge-
wordenen Heiden aber haben wir ja einen
Beschluss gefasst und ihnen geschrieben, sie
sollten sich vor Götzenopferfleisch, Blut, Er-
sticktem und Unzucht hüten.

26 Da nahm Paulus die Männer mit und
weihte sich am nächsten Tag zusammen mit
ihnen, ging dann in den Tempel und meldete
das Ende der Weihetage an, damit für jeden
von ihnen das Opfer dargebracht werde.

18: 15,13; Gal 1,19 / **21:** 18,13; Gal 3,25 / **25:** 15,20.29 / **26:** Num 6,1–21

DIE VERHAFTUNG DES PAULUS: 21,27–22,2a

27 Als die sieben Tage zu Ende gingen, sahen
ihn die Juden aus der Provinz Asien im Tem-
pel. Sie brachten das ganze Volk in Aufruhr,
ergriffen ihn 28 und schrien: Israeliten!

21,28f. Der Zugang von Heiden in die inneren, den Juden vorbehaltenen Vorhöfe des Tempels war bei Todesstrafe verboten.

Kommt zu Hilfe! Das ist der Mensch, der in
aller Welt Lehren verbreitet, die sich gegen
das Volk und das Gesetz und gegen diesen
Ort richten; er hat sogar Griechen in den
Tempel mitgenommen und diesen heiligen
Ort entweiht. 29 Sie hatten nämlich kurz zu-
vor den Epheser Trophimus mit ihm zusam-
men in der Stadt gesehen und meinten, Pau-
lus habe ihn in den Tempel mitgenommen.
30 Da geriet die ganze Stadt in Aufregung und
es gab einen Volksauflauf. Sie ergriffen Pau-
lus und zerrten ihn aus dem Tempel und so-
fort wurden die Tore geschlossen.
31 Schon wollten sie ihn umbringen, da
brachte man dem Obersten der Kohorte die
Meldung hinauf: Ganz Jerusalem ist in Auf-
ruhr! 32 Da nahm er sogleich Soldaten und
Hauptleute hinzu und eilte zu ihnen hinun-
ter. Als sie den Obersten und die Soldaten
sahen, hörten sie auf, Paulus zu schlagen.
33 Der Oberst trat hinzu, ergriff ihn, ließ ihn
mit zwei Ketten fesseln und fragte, wer er sei
und was er getan habe. 34 In der Menge schrien
die einen dies, die andern das. Da er wegen
des Getümmels nichts Sicheres ermitteln
konnte, befahl er, ihn in die Kaserne zu füh-
ren. 35 Als Paulus an die Freitreppe kam,
mussten ihn die Soldaten wegen des An-
sturms der Masse tragen. 36 Denn die Volks-
menge lief hinterher und schrie: Weg mit
ihm!
37 Als man Paulus in die Kaserne bringen
wollte, sagte er zum Obersten: Darf ich ein
Wort mit dir reden? Der antwortete: Du ver-
stehst Griechisch? 38 Dann bist du also nicht
der Ägypter, der vor einiger Zeit einen Auf-
ruhr angezettelt und die viertausend Sikarier
in die Wüste hinausgeführt hat? 39 Paulus
antwortete: Ich bin ein Jude aus Tarsus in Ki-
likien, Bürger einer nicht unbedeutenden
Stadt. Ich bitte dich, gestatte mir, zum Volk
zu sprechen! 40 Als der Oberst es erlaubte,
stellte sich Paulus auf die Freitreppe und gab
dem Volk mit der Hand ein Zeichen. Alles
wurde still und er redete sie in hebräischer
Sprache an:
22 1 Brüder und Väter! Hört jetzt, was ich
euch zu meiner Verteidigung zu sagen
habe. 2 Als sie hörten, dass er in hebräischer
Sprache zu ihnen redete, waren sie noch ru-
higer.

21,38 Sikarier (Dolchmänner) waren jüdische Freiheits-
kämpfer gegen die römische Besatzung im 1. Jh. n. Chr.

21,28: 6,13; 18,13 / **29:** 20,4; 2 Tim 4,20 / **33:** 20,23; 21,11 / **39:** 9,11
22,1: 7,2; 13,26

DIE REDE DES PAULUS IM TEMPELVORHOF:
22,2b–21

Und er sagte: 3 Ich bin ein Jude, geboren in
Tarsus in Kilikien, hier in dieser Stadt erzo-
gen, zu Füßen Gamaliëls genau nach dem
Gesetz der Väter ausgebildet, ein Eiferer für
Gott, wie ihr alle es heute seid. 4 Ich habe die-
sen Weg bis auf den Tod verfolgt, habe Män-
ner und Frauen gefesselt und in die Gefäng-
nisse eingeliefert. 5 Das bezeugen mir der
Hohepriester und der ganze Rat der Ältesten.
Von ihnen erhielt ich auch Briefe an die Brü-
der und begab mich nach Damaskus, um auch
jene, die dort waren, zu fesseln und zur Be-
strafung nach Jerusalem zu bringen. 6 Als ich
nun unterwegs war und mich Damaskus
näherte, da geschah es, dass mich um die Mit-
tagszeit plötzlich vom Himmel her ein helles
Licht umstrahlte. 7 Ich stürzte zu Boden und
hörte eine Stimme zu mir sagen: Saul, Saul,
warum verfolgst du mich? 8 Ich antwortete:
Wer bist du, Herr? Er sagte zu mir: Ich bin
Jesus, der Nazoräer, den du verfolgst. 9 Meine
Begleiter sahen zwar das Licht, die Stimme
dessen aber, der zu mir sprach, hörten sie
nicht. 10 Ich sagte: Herr, was soll ich tun? Der
Herr antwortete: Steh auf und geh nach Da-
maskus, dort wird dir alles gesagt werden,
was dir zu tun bestimmt ist. 11 Da ich aber
vom Glanz jenes Lichtes geblendet war, so-
dass ich nicht mehr sehen konnte, wurde ich
von meinen Begleitern an der Hand geführt
und gelangte so nach Damaskus.
12 Ein gewisser Hananias, ein frommer
Mann nach dem Gesetz, der bei allen Juden
dort in gutem Ruf stand, 13 kam zu mir, trat
vor mich und sagte: Bruder Saul, du sollst wie-
der sehen! Und im gleichen Augenblick konn-
te ich ihn sehen. 14 Er sagte: Der Gott unserer
Väter hat dich dazu erwählt, seinen Willen zu
erkennen, den Gerechten zu sehen und die
Stimme seines Mundes zu hören; 15 denn du
wirst vor allen Menschen sein Zeuge sein für
das, was du gesehen und gehört hast. 16 Was
zögerst du jetzt? Steh auf, lass dich taufen und
deine Sünden abwaschen und rufe seinen
Namen an! 17 Es geschah aber, als ich nach Je-
rusalem zurückgekehrt war und im Tempel
betete, dass ich in eine Verzückung geriet.
18 Und ich sah ihn, wie er zu mir sagte: Beeil

dich, verlasse sofort Jerusalem; denn sie wer-
den dein Zeugnis über mich nicht annehmen.
19 Da sagte ich: Herr, sie wissen doch, dass ich
es war, der jene, die an dich glauben, ins Ge-
fängnis werfen und in den Synagogen aus-
peitschen ließ. 20 Auch als das Blut deines
Zeugen Stephanus vergossen wurde, stand
ich dabei; ich stimmte zu und passte auf die
Kleider derer auf, die ihn umbrachten. 21 Aber
er sagte zu mir: Brich auf, denn ich will dich
in die Ferne zu den Heiden senden!

3–21: 9,1–29; 26,9–23 / **3:** 5,34; 21,39; 2 Kor 11,22; Phil 3,5; Röm 10,2; Gal 1,14 / **4:** 8,3; 9,2; 18,25f.; 19,9.23; 24,14.22 / **5:** 9,1f. / **17** 9,26; Gal 1,18 / **19:** 22,4 / **20:** 7,58; 8,1 / **21:** 9,15; 13,2; 26,16–18; Röm 1,5; Gal 2,7

PAULUS UND DER RÖMISCHE OBERST: 22,22–29

22 Bis zu diesem Wort hörten sie ihm zu, dann
fingen sie an zu schreien: Weg vom Erdboden
mit so einem Menschen! Er darf nicht am Le-
ben bleiben. 23 Sie lärmten, zerrissen ihre
Kleider und warfen Staub in die Luft. 24 Da
befahl der Oberst, ihn in die Kaserne zu füh-
ren, und ordnete an, ihn unter Geißelschlä-
gen zu verhören. Auf diese Weise wollte er
herausfinden, warum sie derart gegen ihn
tobten. 25 Als sie ihn aber für die Geißelung
festbanden, sagte Paulus zu dem Haupt-
mann, der dabeistand: Dürft ihr jemand, der
das römische Bürgerrecht besitzt, geißeln,
noch dazu ohne Verurteilung?

26 Als der Hauptmann das hörte, ging er
zum Obersten, meldete es und sagte: Was
hast du vor? Der Mann ist Römer. 27 Der
Oberst kam zu Paulus und fragte ihn: Sag mir,
bist du wirklich Römer? Er antwortete: Ja.
28 Da antwortete der Oberst: Ich habe für die-
ses Bürgerrecht ein Vermögen gezahlt. Pau-
lus sagte: Ich aber bin als Römer geboren.
29 Sofort ließen die, welche ihn verhören soll-
ten, von ihm ab. Und der Oberst ängstigte
sich, weil er bedachte, dass es ein Römer war
und er ihn hatte fesseln lassen.

22: 1 Kor 4,13 / **25:** 16,37; 23,27 / **29:** 16,38f.

PAULUS VOR DEM HOHEN RAT: 22,30–23,11

30 Weil er genau wissen wollte, was die Juden
ihm vorwarfen, ließ er ihn am nächsten Tag
aus dem Gefängnis holen und befahl, die Ho-
hepriester und der ganze Hohe Rat sollten
sich versammeln. Und er ließ Paulus hinun-
terführen und ihnen gegenüberstellen.

23 1 Paulus schaute mit festem Blick auf
den Hohen Rat und sagte: Brüder! Bis
zum heutigen Tag lebe ich vor Gott mit völlig
reinem Gewissen. 2 Der Hohepriester Hana-
nias aber befahl denen, die bei ihm standen,
ihn auf den Mund zu schlagen. 3 Da sagte Pau-
lus zu ihm: Dich wird Gott schlagen, du
getünchte Wand! Du sitzt hier, um mich
nach dem Gesetz zu richten, und entgegen
dem Gesetz befiehlst du, mich zu schlagen?
4 Die Umstehenden sagten: Du wagst es, den
Hohepriester Gottes zu schmähen? 5 Paulus
antwortete: Ich wusste nicht, Brüder, dass er
der Hohepriester ist. Denn es heißt in der
Schrift: *Einen Fürsten deines Volkes sollst du
nicht verfluchen.* 6 Da Paulus aber wusste,
dass der eine Teil zu den Sadduzäern, der an-
dere zu den Pharisäern gehörte, rief er vor
dem Hohen Rat aus: Brüder, ich bin Pharisä-
er und ein Sohn von Pharisäern; wegen der
Hoffnung und wegen der Auferstehung der
Toten stehe ich vor Gericht.

7 Als er das sagte, brach ein Streit zwischen
den Pharisäern und den Sadduzäern aus und
die Versammlung spaltete sich. 8 Die Saddu-
zäer behaupten nämlich, es gebe weder Auf-
erstehung noch Engel noch Geist, die Phari-
säer dagegen bekennen sich zu alldem. 9 Es
erhob sich ein lautes Geschrei und einige
Schriftgelehrte aus dem Kreis der Pharisäer
standen auf und verfochten ihre Ansicht. Sie
sagten: Wir finden nichts Schlimmes an die-
sem Menschen. Vielleicht hat doch ein Geist
oder ein Engel zu ihm gesprochen. 10 Als aber
der Streit heftig wurde, befürchtete der
Oberst, sie könnten Paulus zerreißen. Daher
ließ er die Wachtruppe herabkommen, ihn
mit Gewalt aus ihrer Mitte herausholen und
in die Kaserne bringen.

11 In der folgenden Nacht aber trat der Herr
zu Paulus und sagte: Hab Mut! Denn so wie
du in Jerusalem meine Sache bezeugt hast,
sollst du auch in Rom Zeugnis ablegen.

23,1: 24,16; 2 Kor 1,12 / **2:** 24,1 / **3:** Mt 23,27; Lev 19,15 / **5:** Ex 22,27 / **6:** 4,2; 22,3; 26,5 / **8:** Lk 20,27; Mt 22,23 / **11:** 18,9; 19,21; 27,24; 28,23.31

DIE VERSCHWÖRUNG DER JUDEN GEGEN PAULUS: 23,12–22

12 Nach Tagesanbruch rotteten sich die Juden
zusammen und verschworen sich, weder zu
essen noch zu trinken, bis sie Paulus getötet
hätten. 13 An dieser Verschwörung waren

mehr als vierzig Männer beteiligt. 14 Sie gin-
gen zu den Hohepriestern und den Ältesten
und sagten: Wir haben mit einem heiligen
Eid geschworen, nichts zu essen, bis wir Pau-
lus getötet haben. 15 Geht also jetzt zusam-
men mit dem Hohen Rat zum Obersten und
bittet ihn, Paulus zu euch herunterzuführen,
da ihr den Fall noch genauer untersuchen
wollt; wir aber halten uns bereit, um ihn,
noch bevor er hierherkommt, umzubringen.

16 Der Sohn der Schwester des Paulus er-
fuhr jedoch von dem Anschlag. Er ging in die
Kaserne und verständigte Paulus. 17 Paulus
ließ einen der Hauptleute rufen und sagte:
Bring diesen jungen Mann zum Obersten,
denn er hat ihm etwas zu melden! 18 Der
nahm ihn mit sich, brachte ihn zum Obersten
und sagte: Der Gefangene Paulus hat mich
gerufen und gebeten, diesen jungen Mann zu
dir zu führen, da er dir etwas mitzuteilen
habe. 19 Der Oberst fasste ihn bei der Hand,
nahm ihn beiseite und fragte: Was hast du
mir zu melden? 20 Er antwortete: Die Juden
haben verabredet, dich zu bitten, du mögest
morgen den Paulus vor den Hohen Rat hi-
nunterführen lassen. Angeblich wollen sie
Genaueres über ihn erfahren. 21 Lass du dich
nicht von ihnen überreden! Denn mehr als
vierzig Männer von ihnen lauern ihm auf. Sie
haben sich geschworen, weder zu essen noch
zu trinken, bis sie ihn umgebracht haben;
schon stehen sie bereit und warten auf deine
Anordnung. 22 Der Oberst befahl dem jungen
Mann: Sag niemandem etwas darüber, dass
du mir das angezeigt hast! Dann ließ er ihn
gehen.

DIE ÜBERFÜHRUNG DES PAULUS NACH CÄSAREA: 23,23–35

23 Er rief zwei von den Hauptleuten und gab
ihnen den Befehl: Haltet von der dritten
Stunde der Nacht an zweihundert Soldaten
zum Marsch nach Cäsarea bereit, außerdem
siebzig Reiter und zweihundert Leichtbe-
waffnete; 24 auch Tragtiere soll man bereit-
stellen, Paulus aufsitzen lassen und sicher
zum Statthalter Felix bringen. 25 Und er
schrieb einen Brief mit folgendem Inhalt:
26 Claudius Lysias entbietet dem erlauchten
Statthalter Felix seinen Gruß! 27 Dieser Mann
wurde von den Juden ergriffen und wäre bei-
nahe von ihnen umgebracht worden. Ich
habe mit der Wachtruppe eingegriffen und
ihn herausgeholt. Ich hatte nämlich erfahren,
dass er Römer ist. 28 Und weil ich ermitteln
wollte, wessen sie ihn beschuldigen, brachte
ich ihn vor ihren Hohen Rat. 29 Ich fand
heraus, dass er wegen Streitfragen über ihr
Gesetz angeschuldigt wird, dass aber keine
Anklage gegen ihn vorliegt, die Tod oder Haft
verdient. 30 Da mir aber angezeigt wurde,
gegen den Mann sei ein Anschlag geplant,
schicke ich ihn sogleich zu dir; auch habe ich
die Kläger angewiesen, ihre Sache gegen ihn
bei dir vorzubringen.

31 Die Soldaten übernahmen Paulus, wie
ihnen befohlen war, und brachten ihn bei
Nacht bis Antipatris. 32 Am nächsten Tag lie-
ßen sie die Reiter mit ihm weiterziehen und
kehrten in die Kaserne zurück. 33 Diese gaben
nach ihrer Ankunft in Cäsarea den Brief beim
Statthalter ab und führten ihm Paulus vor.
34 Er las den Brief und fragte Paulus, aus wel-
cher Provinz er stamme. Als er hörte, er sei
aus Kilikien, 35 sagte er: Ich werde dich ver-
nehmen, sobald deine Ankläger eingetroffen
sind. Dann befahl er, ihn im Prätorium des
Herodes in Gewahrsam zu halten.

27: 21,33; 22,25 / **28**: 22,30 / **29**: 18,14f. / **34**: 22,3 / **35**: 25,16

PAULUS VOR DEM RÖMISCHEN STATTHALTER FELIX: 24,1–26

24 1 Nach fünf Tagen kam der Hohepries-
ter Hananias mit einigen Ältesten und
dem Anwalt Tertullus herab und sie brachten
beim Statthalter ihre Klage gegen Paulus vor.
2 Er wurde herbeigeholt und Tertullus erhob
Anklage mit folgenden Worten: Tiefen Frie-
den genießen wir durch dich und durch dei-
ne Umsicht hat sich für dieses Volk vieles
gebessert. 3 Das erkennen wir immer und
überall mit großer Dankbarkeit an, erlauchter
Felix. 4 Um dich aber nicht länger bemühen
zu müssen, bitte ich dich, uns in deiner Milde
kurz anzuhören. 5 Wir finden nämlich, dieser
Mann ist eine Pest, ein Unruhestifter bei al-
len Juden in der Welt und ein Rädelsführer
der Nazoräersekte. 6 Er hat sogar versucht,
den Tempel zu entweihen. Wir haben ihn
festgenommen. [7] 8 Wenn du ihn verhörst,

23,26 Felix war Statthalter von Judäa bis ca. 58 n. Chr.

24,7 Einige Textzeugen fügen hier ein: und nach unserem Gesetz richten wollen. Aber der Oberst Lysias kam herzu und entriss ihn mit Gewalt unseren Händen und befahl, dass seine Ankläger zu dir kommen sollen.

wirst du selbst alles ermitteln können, wes-
sen wir ihn anklagen. 9 Und die Juden unter-
stützten ihn, indem sie behaupteten, so sei
es.

10 Auf einen Wink des Statthalters erwi-
derte Paulus: Da ich dich seit vielen Jahren als
Richter für dieses Volk kenne, verteidige ich
meine Sache voll Zuversicht. 11 Wie du fest-
stellen kannst, sind erst zwölf Tage vergan-
gen, seit ich nach Jerusalem hinaufgezogen
bin, um Gott anzubeten. 12 Sie haben mich
weder im Tempel noch in den Synagogen
noch anderswo in der Stadt dabei angetrof-
fen, dass ich ein Streitgespräch mit jeman-
dem geführt oder einen Aufruhr im Volk
erregt hätte. 13 Sie können dir auch nichts von
dem beweisen, was sie mir jetzt vorwerfen.
14 Das allerdings bekenne ich dir: Dem Weg
entsprechend, den sie eine Sekte nennen,
diene ich dem Gott meiner Väter. Ich glaube
an alles, was im Gesetz und in den Propheten
steht, 15 und ich habe dieselbe Hoffnung auf
Gott, die auch diese hier haben: dass es eine
Auferstehung der Gerechten und Ungerech-
ten geben wird. 16 Deshalb bemühe ich mich
auch, vor Gott und den Menschen immer ein
untadeliges Gewissen zu haben. 17 Nach meh-
reren Jahren bin ich nun zu meinem Volk
gekommen, um Spenden zu überbringen und
zu opfern. 18 Als ich mich zu diesem Zweck
im Tempel hatte heiligen lassen, fanden mich
– nicht mit einer Volksmenge und nicht bei
einem Tumult – 19 einige Juden aus der Pro-
vinz Asien; sie müssten vor dir erscheinen
und Anklage erheben, wenn sie etwas gegen
mich vorzubringen haben. 20 Oder diese hier
sollen doch selbst sagen, was für ein Verge-
hen sie herausgefunden haben, als ich vor
dem Hohen Rat stand, 21 es sei denn der eine
Satz, den ich, als ich vor ihnen stand, ausge-
rufen habe: Wegen der Auferstehung der
Toten stehe ich heute vor eurem Gericht.

22 Nachdem Felix genauere Kenntnis über
den Weg gewonnen hatte, vertagte er den Fall
mit den Worten: Sobald der Oberst Lysias
herabkommt, werde ich eure Sache entschei-
den. 23 Den Hauptmann wies er an, Paulus
weiter in Gewahrsam zu halten, jedoch in
leichter Haft, und niemanden von den Seinen
daran zu hindern, ihm zu Diensten zu sein.

24 Einige Tage darauf erschien Felix mit sei-
ner Gemahlin Drusilla, einer Jüdin, ließ Pau-
lus holen und hörte ihn an über den Glauben
an Christus Jesus. 25 Als aber die Rede auf
Gerechtigkeit, Enthaltsamkeit und das be-
vorstehende Gericht kam, geriet Felix in
Furcht und unterbrach ihn: Für jetzt kannst
du gehen; wenn ich Zeit finde, werde ich dich
wieder rufen. 26 Dabei hoffte er zugleich, von
Paulus Geld zu erhalten. Deshalb ließ er ihn
auch häufiger kommen und unterhielt sich
mit ihm.

5: 2,22; 17,6 / **11**: 21,17 / **14**: 9,2; 19,9.23 / **15**: Dan 12,2; 2 Makk 7,9; Joh 5,28f. / **16**: 23,1 / **17**: Röm 15,25f.; Gal 2,10 / **18**: 21,27 / **21**: 23,6 / **22**: 23,26 / **23**: 27,3; 28,16

PAULUS VOR DEM STATTHALTER FESTUS – SEINE BERUFUNG AN DEN KAISER: 24,27–25,12

27 Nach zwei Jahren aber wurde Porcius Fes-
tus Nachfolger des Felix; und weil Felix den
Juden einen Gefallen erweisen wollte, ließ er
Paulus in der Haft zurück.

25 1 Als Festus in der Provinz eingetrof-
fen war, zog er drei Tage später von
Cäsarea nach Jerusalem hinauf. 2 Da erstatte-
ten die Hohepriester und die Vornehmsten
der Juden bei ihm Anzeige gegen Paulus. Sie
ersuchten ihn, gegen Paulus vorzugehen,
3 und baten ihn um den Gefallen, Paulus nach
Jerusalem bringen zu lassen. Sie wollten ihn
nämlich unterwegs aus einem Hinterhalt he-
raus ermorden. 4 Festus jedoch antwortete,
Paulus bleibe in Cäsarea in Haft und er selbst
wolle in Kürze abreisen. 5 Die unter euch, die
dafür zuständig sind, sagte er, können mit
hinabkommen, und wenn gegen den Mann
etwas vorliegt, sollen sie gegen ihn Anklage
erheben.

6 Er hielt sich nicht länger als acht oder zehn
Tage bei ihnen auf, dann reiste er nach Cäsa-
rea hinab. Am folgenden Tag setzte er sich auf
den Richterstuhl und ließ Paulus vorführen.
7 Als dieser erschien, umringten ihn die Ju-
den, die von Jerusalem herabgekommen wa-
ren, und brachten viele schwere Beschuldi-
gungen vor, konnten sie aber nicht beweisen.
8 Paulus verteidigte sich: Ich habe mich weder
gegen das Gesetz der Juden noch gegen den
Tempel noch gegen den Kaiser vergangen.
9 Festus jedoch wollte den Juden einen Gefal-
len erweisen und antwortete dem Paulus:
Willst du nach Jerusalem hinaufgehen und
dich dort vor mir wegen dieser Dinge richten
lassen? 10 Paulus sagte: Ich stehe vor dem

24,27 Porcius Festus war ab ca. 59 n. Chr. Statthalter von Judäa. Zu Felix vgl. Anm. zu 23,26.

Richterstuhl des Kaisers und da muss ich ge-
richtet werden. Den Juden habe ich kein Un-
recht getan, wie auch du sehr wohl weißt.
11 Wenn ich wirklich schuldig bin und etwas
getan habe, was des Todes würdig wäre, wei-
gere ich mich nicht zu sterben. Wenn aber
ihre Anklage gegen mich unbegründet ist,
kann mich niemand ihnen ausliefern. Ich
lege Berufung beim Kaiser ein! 12 Da besprach
sich Festus mit seinen Ratgebern und ant-
wortete: An den Kaiser hast du appelliert;
zum Kaiser sollst du gehen.

24,27: 25,9
25,3: 23,15 / **9**: 24,27

DIE REDE DES PAULUS VOR KÖNIG AGRIPPA:
25,13–26,32

13 Einige Tage später trafen König Agrippa
und Berenike in Cäsarea ein, um Festus ihre
Aufwartung zu machen. 14 Sie blieben meh-
rere Tage dort. Da trug Festus dem König den
Fall des Paulus vor und sagte: Von Felix ist ein
Mann als Gefangener zurückgelassen wor-
den, 15 gegen den die Hohepriester und die
Ältesten der Juden, als ich in Jerusalem war,
vorstellig wurden. Sie forderten seine Verur-
teilung, 16 ich aber erwiderte ihnen, es sei bei
den Römern nicht üblich, einen Menschen
auszuliefern, bevor nicht der Angeklagte den
Anklägern gegenübergestellt sei und Gele-
genheit erhalten habe, sich gegen die An-
schuldigungen zu verteidigen. 17 Als sie dann
zusammen hierherkamen, setzte ich mich
ohne jeden Verzug tags darauf auf den
Richterstuhl und ließ den Mann vorführen.
18 Bei der Gegenüberstellung brachten die
Kläger keine Anklage wegen solcher Verbre-
chen vor, die ich vermutet hatte; 19 sie führten
nur einige Streitfragen gegen ihn ins Feld, die
ihre Religion und einen gewissen Jesus be-
treffen, der gestorben ist, von dem Paulus
aber behauptet, er lebe. 20 Da ich mich auf die
Untersuchung dieser Dinge nicht verstand,
fragte ich, ob er nach Jerusalem gehen wolle,
um sich dort deswegen richten zu lassen.
21 Paulus jedoch legte Berufung ein; er wollte
bis zur Entscheidung des Kaisers in Schutz-
haft bleiben. Daher gab ich Befehl, ihn in
Gewahrsam zu halten, bis ich ihn zum Kaiser
schicken kann. 22 Da sagte Agrippa zu Festus:
Ich würde diesen Menschen auch gern selbst
hören. Morgen, antwortete er, sollst du ihn
hören.

23 So kamen am folgenden Tag Agrippa und
Berenike mit großem Gepränge und betraten
die Audienzhalle, zusammen mit den Obers-
ten und den vornehmsten Männern der
Stadt. Auf Befehl des Festus wurde Paulus
vorgeführt 24 und Festus sagte: König Agrip-
pa und all ihr Männer, die ihr hier bei uns
seid! Da seht ihr den Mann, dessentwegen
mich die Menge der Juden in Jerusalem und
auch hier bestürmt hat mit ihrem Geschrei,
er dürfe nicht länger am Leben bleiben. 25 Ich
aber konnte nicht feststellen, dass er etwas
begangen hat, was des Todes würdig ist. Da
er jedoch selbst an die kaiserliche Majestät
appelliert hat, habe ich beschlossen, ihn
dorthin zu schicken. 26 Etwas Genaues über
ihn weiß ich meinem Herrn allerdings nicht
zu schreiben. Darum habe ich ihn euch und
vor allem dir, König Agrippa, vorführen las-
sen, um nach dem Verhör zu wissen, was ich
schreiben kann. 27 Denn es scheint mir un-
sinnig, einen Gefangenen zu schicken, ohne
anzugeben, was man ihm vorwirft.

26 1 Da sagte Agrippa zu Paulus: Du hast
die Erlaubnis, in eigener Sache zu re-
den. Paulus erhob die Hand und sagte zu sei-
ner Verteidigung: 2 Ich schätze mich glück-
lich, König Agrippa, dass ich mich heute vor
dir verteidigen darf wegen all der Dinge, die
mir die Juden vorwerfen, 3 besonders, da du
ein Kenner aller jüdischen Bräuche und
Streitfragen bist. Deshalb bitte ich, mich
großmütig anzuhören.

4 Das Leben, das ich seit meiner Jugend bei
meinem Volk und in Jerusalem geführt habe,
ist allen Juden von Anfang an bekannt. 5 Ich
bin ihnen von früher her bekannt, und wenn
sie wollen, können sie bezeugen, dass ich
nach der strengsten Richtung unserer Reli-
gion gelebt habe, nämlich als Pharisäer. 6 Und
jetzt stehe ich vor Gericht wegen der Hoff-
nung auf die Verheißung, die von Gott an
unsere Väter ergangen ist. 7 Unser Zwölf-
stämmevolk hofft, sie zu erlangen, und des-
halb dient es Gott unablässig bei Tag und
Nacht. Dieser Hoffnung wegen, König, wer-
de ich von den Juden angeklagt. 8 Warum
haltet ihr es für unglaubhaft, dass Gott Tote
auferweckt? 9 Ich selbst meinte, ich müsste

25,13 Herodes Agrippa II., Sohn von Herodes Agrippa I. (vgl. Anm. zu 12,1) und König in Judäa von 50 bis 70 n. Chr., war unverheiratet und lebte mit seiner Schwester Berenike zusammen.

den Namen Jesu, des Nazoräers, heftig be-
kämpfen. 10 Das habe ich in Jerusalem denn
auch getan. Ich ließ mir von den Hohepries-
tern Vollmacht geben und sperrte viele der
Heiligen ins Gefängnis; und wenn sie getötet
werden sollten, stimmte ich zu. 11 Und in al-
len Synagogen habe ich oft versucht, sie
durch Strafen zur Lästerung zu zwingen; in
maßloser Wut habe ich sie sogar bis in Städ-
te außerhalb des Landes verfolgt.

12 So zog ich auch mit der Vollmacht und
Erlaubnis der Hohepriester nach Damaskus.
13 Da sah ich unterwegs, König, mitten am Tag
ein Licht, das mich und meine Begleiter vom
Himmel her umstrahlte, heller als die Sonne.
14 Wir alle stürzten zu Boden und ich hörte
eine Stimme auf Hebräisch zu mir sagen:
Saul, Saul, warum verfolgst du mich? Es wird
dir schwerfallen, gegen den Stachel auszu-
schlagen. 15 Ich antwortete: Wer bist du, Herr?
Der Herr sagte: Ich bin Jesus, den du verfolgst.
16 Steh auf, stell dich auf deine Füße! Denn ich
bin dir erschienen, um dich zum Diener und
Zeugen dessen zu erwählen, was du gesehen
hast und wie ich mich dir noch zeigen werde.
17 Ich will dich aus dem Volk und den Heiden
aussondern, zu denen ich dich sende, 18 um
ihnen die Augen zu öffnen. Denn sie sollen
sich von der Finsternis zum Licht und von der
Macht des Satans zu Gott bekehren und sollen
durch den Glauben an mich die Vergebung der
Sünden empfangen und mit den Geheiligten
am Erbe teilhaben.

19 Daher, König Agrippa, habe ich mich der
himmlischen Erscheinung nicht widersetzt,
20 sondern zuerst denen in Damaskus und in
Jerusalem, dann im ganzen Land Judäa und
bei den Heiden verkündet, sie sollten um-
kehren, sich Gott zuwenden und der Umkehr
entsprechende Taten tun. 21 Aus diesem
Grund haben mich einige Juden im Tempel
ergriffen und versucht, mich umzubringen.
22 Doch ich habe Gottes Hilfe erfahren bis
zum heutigen Tag; so stehe ich da als Zeuge
für Groß und Klein und sage nichts anderes
als das, was nach dem Wort der Propheten
und des Mose geschehen soll: 23 dass der
Christus leiden müsse und dass er, als Erster
von den Toten auferstanden, dem Volk und
den Heiden ein Licht verkünden werde.

24 Als er sich mit diesen Worten verteidig-
te, rief Festus laut: Du bist von Sinnen, Pau-
lus! Das viele Schriftstudium treibt dich zum
Wahnsinn. 25 Paulus erwiderte: Ich bin nicht
von Sinnen, erlauchter Festus; was ich sage,
ist wahr und vernünftig. 26 Der König ver-
steht sich auf diese Dinge; deshalb spreche
ich auch freimütig zu ihm. Ich bin überzeugt,
dass ihm nichts davon entgangen ist; das al-
les hat sich ja nicht in irgendeinem Winkel
zugetragen. 27 König Agrippa, glaubst du den
Propheten? Ich weiß, du glaubst. 28 Darauf
sagte Agrippa zu Paulus: Bald überredest du
mich und machst mich zum Christen. 29 Pau-
lus antwortete: Ich wünschte mir von Gott,
dass bald oder später nicht nur du, sondern
alle, die mich heute hören, das werden, was
ich bin, freilich ohne diese Fesseln.

30 Da erhoben sich der König und der Statt-
halter, auch Berenike und alle, die bei ihnen
saßen. 31 Sie zogen sich zurück, besprachen
sich miteinander und sagten: Dieser Mensch
tut nichts, was Tod oder Haft verdient. 32 Und
Agrippa sagte zu Festus: Dieser Mensch
könnte freigelassen werden, wenn er nicht an
den Kaiser appelliert hätte.

25,19: 18,15f.
26,4: Gal 1,13f.; Phil 3,5f. / **5**: 23,6 / **6**: 28,20 / **9–20**: 9,1–29; 22,3–21 / **16**: Ez 2,1; 2 Kor 12,1; Gal 1,15f. / **18**: Jes 35,5; 42,7.16; 61,1; Kol 1,13 / **21**: 21,30f. / **23**: 17,3; Lk 24,26.44–47; 1 Kor 15,20; Kol 1,18 / **28**: 11,26; 1 Petr 4,16 / **32**: 25,11

DIE ABFAHRT DES GEFANGENEN APOSTELS NACH ROM: 27,1–13

27 1 Als unsere Abfahrt nach Italien fest-
stand, wurden Paulus und einige an-
dere Gefangene einem Hauptmann der kai-
serlichen Kohorte namens Julius übergeben.
2 Wir bestiegen ein Schiff aus Adramyttium,
das die Orte entlang der Küste Kleinasiens
anlaufen sollte, und fuhren ab; bei uns war
Aristarch, der Mazedonier aus Thessalonich.
3 Am anderen Tag liefen wir in Sidon ein und
Julius, der Paulus menschenfreundlich be-
handelte, erlaubte ihm, zu seinen Freunden
zu gehen und sich versorgen zu lassen. 4 Von
dort fuhren wir weiter und umsegelten, weil
wir Gegenwind hatten, Zypern. 5 Wir fuhren
durch das Meer von Kilikien und Pamphylien
und erreichten Myra in Lykien. 6 Dort fand der
Hauptmann ein alexandrinisches Schiff, das
nach Italien fuhr, und er brachte uns an Bord.
7 Viele Tage lang kamen wir nur langsam vor-
wärts und mit Mühe erreichten wir die Höhe
von Knidos. Da uns der Wind nicht heran-
kommen ließ, umsegelten wir Kreta bei Sal-
mone, 8 fuhren unter Mühe an Kreta entlang

und erreichten einen Ort namens Kaloi Lime-
nes, in dessen Nähe die Stadt Lasäa liegt.
9 Da inzwischen längere Zeit vergangen
und die Schifffahrt bereits unsicher geworden
war – sogar das Fasten war schon vorüber –,
warnte Paulus und sagte: 10 Männer, ich sehe,
die Fahrt wird mit Gefahr und großem Scha-
den verbunden sein, nicht nur für die Ladung
und das Schiff, sondern auch für unser Leben.
11 Der Hauptmann aber vertraute dem Steu-
ermann und dem Kapitän mehr als den Wor-
ten des Paulus. 12 Da der Hafen zum Über-
wintern ungeeignet war, beschloss die
Mehrheit weiterzufahren, um nach Möglich-
keit Phönix zu erreichen, einen nach Südwes-
ten und Nordwesten offenen Hafen Kretas;
dort wollten sie überwintern. 13 Als leichter
Südwind aufkam, meinten sie, ihr Vorhaben
sei schon geglückt; sie lichteten den Anker
und fuhren dicht an Kreta entlang.

1: 25,12 / **2**: 19,29; 20,4 / **3**: 24,23; 28,2.16

DER SEESTURM: 27,14–26

14 Doch kurz darauf brach von der Insel her
ein Orkan los, Eurakylon genannt. 15 Das
Schiff wurde mitgerissen, und weil es nicht
mehr gegen den Wind gedreht werden konn-
te, gaben wir auf und ließen uns treiben.
16 Während wir unter einer kleinen Insel na-
mens Kauda hinfuhren, konnten wir das
Beiboot nur mit Mühe in die Gewalt bekom-
men. 17 Sie hoben es hoch, dann sicherten
sie das Schiff, indem sie Taue darum he-
rumspannten. Weil sie fürchteten, in die
Syrte zu geraten, ließen sie den Treibanker
hinab und trieben dahin. 18 Da wir vom
Sturm hart bedrängt wurden, erleichterten
sie am nächsten Tag das Schiff 19 und am drit-
ten Tag warfen sie eigenhändig die Schiffs-
ausrüstung über Bord. 20 Mehrere Tage hin-
durch zeigten sich weder Sonne noch Sterne
und der heftige Sturm hielt an. Schließlich
schwand uns alle Hoffnung auf Rettung.
21 Niemand wollte mehr essen; da trat Pau-
lus in ihre Mitte und sagte: Männer, man
hätte auf mich hören und von Kreta nicht
abfahren sollen, dann wären uns diese Ge-
fahr und dieses Ungemach erspart geblieben.
22 Doch jetzt ermahne ich euch: Verliert nicht
den Mut! Niemand von euch wird sein Leben
verlieren, nur das Schiff wird untergehen.
23 Denn in dieser Nacht ist ein Engel des Got-
tes, dem ich gehöre und dem ich diene, zu mir
gekommen 24 und hat gesagt: Fürchte dich
nicht, Paulus! Du musst vor den Kaiser tre-
ten. Und siehe, Gott hat dir alle geschenkt,
die mit dir fahren. 25 Habt also Mut, Männer!
Denn ich vertraue auf Gott, dass es so kom-
men wird, wie mir gesagt worden ist. 26 Wir
müssen allerdings an einer Insel stranden.

24: 23,11 / **26**: 28,1

DER SCHIFFBRUCH VOR MALTA: 27,27–44

27 Als wir schon die vierzehnte Nacht auf der
Adria trieben, merkten die Matrosen um Mit-
ternacht, dass sich ihnen Land näherte. 28 Sie
warfen das Lot hinab und maßen zwanzig
Faden; kurz danach loteten sie nochmals und
maßen fünfzehn Faden. 29 Aus Furcht, wir
könnten auf Klippen laufen, warfen sie vom
Heck aus vier Anker und wünschten den Tag
herbei. 30 Als aber die Matrosen unter dem
Vorwand, sie wollten vom Bug aus Anker
auswerfen, vom Schiff zu fliehen versuchten
und das Beiboot ins Meer hinunterließen,
31 sagte Paulus zum Hauptmann und zu den
Soldaten: Wenn sie nicht auf dem Schiff blei-
ben, könnt ihr nicht gerettet werden. 32 Da
kappten die Soldaten die Taue des Beibootes
und ließen es forttreiben. 33 Als es nun Tag
werden wollte, ermahnte Paulus alle, etwas
zu essen, und sagte: Heute ist schon der vier-
zehnte Tag, dass ihr ausharrt, ohne auch nur
die geringste Nahrung zu euch zu nehmen.
34 Deshalb ermahne ich euch: Nehmt Nah-
rung zu euch; das ist gut für eure Rettung.
Denn keinem von euch wird auch nur ein
Haar von seinem Kopf verloren gehen.
35 Nach diesen Worten nahm er Brot, dank-
te Gott vor den Augen aller, brach es und be-
gann zu essen. 36 Da fassten alle Mut und
nahmen Nahrung zu sich. 37 Wir waren im
Ganzen zweihundertsechsundsiebzig Men-
schen an Bord. 38 Nachdem sie sich satt geges-
sen hatten, warfen sie das Getreide ins Meer,
um das Schiff zu erleichtern.
39 Als es nun Tag wurde, entdeckten sie
eine Bucht mit flachem Strand; auf ihn woll-
ten sie, wenn möglich, das Schiff auflaufen
lassen; das Land selbst war ihnen unbekannt.
40 Sie machten die Anker los und ließen sie

27,9 das Fasten: jüdische Zeitangabe, gemeint ist das Fasten fünf Tage vor dem Großen Versöhnungstag, am 10. Tischri (September/Oktober).

27,28 Faden, griech. orgya, die Spannweite der ausgestreckten Arme, ca. 1,85 Meter.

im Meer zurück. Zugleich lösten sie die Hal-
tetaue der Steuerruder, hissten das Vorsegel
und hielten mit dem Wind auf den Strand zu.
41 Als sie aber auf eine Sandbank gerieten,
strandeten sie mit dem Schiff; der Bug bohr-
te sich ein und saß unbeweglich fest; das
Heck aber begann in der Brandung zu zerbre-
chen. 42 Da beschlossen die Soldaten, die Ge-
fangenen zu töten, damit keiner schwim-
mend entkommen könne. 43 Der Hauptmann
aber wollte Paulus retten und hinderte sie an
ihrem Vorhaben. Er befahl, dass zuerst alle,
die schwimmen konnten, über Bord sprin-
gen und das Land erreichen sollten, 44 dann
die Übrigen, teils auf Planken, teils auf ande-
ren Schiffstrümmern. So kam es, dass alle
ans Land gerettet wurden.

34: Lk 12,7 / **35**: Joh 6,11; Lk 22,19; 1 Tim 4,4 / **41**: 2 Kor 11,25

DIE ÜBERWINTERUNG AUF MALTA: 28,1–10

28 1 Als wir gerettet waren, erfuhren wir,
dass die Insel Malta heißt. 2 Die Ein-
heimischen erwiesen uns ungewöhnliche
Menschenfreundlichkeit; sie zündeten ein
Feuer an und holten uns alle zu sich, weil es
zu regnen begann und kalt war. 3 Als Paulus
einen Haufen Reisig zusammenraffte und
auf das Feuer legte, fuhr infolge der Hitze
eine Viper heraus und biss sich an seiner
Hand fest. 4 Als die Einheimischen das Tier
an seiner Hand hängen sahen, sagten sie zu-
einander: Dieser Mensch ist gewiss ein Mör-
der; die Rachegöttin lässt ihn nicht leben,
obwohl er dem Meer entkommen ist. 5 Er aber
schüttelte das Tier von sich ab ins Feuer und
erlitt keinen Schaden. 6 Da erwarteten sie,
er werde anschwellen oder plötzlich tot um-
fallen. Als sie aber eine Zeit lang gewartet
hatten und sahen, dass ihm nichts Schlim-
mes geschah, änderten sie ihre Meinung und
sagten, er sei ein Gott.

7 In jener Gegend lagen Landgüter, die dem
Publius, dem Ersten der Insel, gehörten; er
nahm uns auf und bewirtete uns drei Tage
lang freundlich als seine Gäste. 8 Der Vater
des Publius lag gerade mit Fieber und Ruhr
im Bett. Paulus ging zu ihm hinein und bete-
te; dann legte er ihm die Hände auf und heil-
te ihn. 9 Daraufhin kamen auch die anderen
Kranken der Insel herbei und wurden geheilt.
10 Sie erwiesen uns viele Ehren und bei der
Abfahrt gaben sie uns alles mit, was wir
brauchten.

5: Mk 16,18; Lk 10,19 / **6**: 14,11

VON MALTA NACH ROM: 28,11–15

11 Drei Monate später fuhren wir mit einem
alexandrinischen Schiff ab, das auf der Insel
überwintert hatte und die Dioskuren als
Schiffszeichen trug. 12 Wir liefen in Syrakus
ein und blieben drei Tage; 13 von dort fuhren
wir die Küste entlang weiter und erreichten
Rhegion. Nach einem Tag setzte Südwind
ein und so kamen wir in zwei Tagen nach Pu-
teoli. 14 Hier trafen wir Brüder; sie baten uns,
sieben Tage bei ihnen zu bleiben. Und so ka-
men wir nach Rom. 15 Von dort waren uns die
Brüder, die von uns gehört hatten, bis Forum
Appii und Tres Tabernae entgegengekom-
men, um uns zu begrüßen. Als Paulus sie sah,
dankte er Gott und fasste Mut.

ANKUNFT UND WIRKEN DES VÖLKERAPOSTELS IN ROM: 28,16–31

16 Nach unserer Ankunft in Rom erhielt Pau-
lus die Erlaubnis, für sich allein zu wohnen,
zusammen mit dem Soldaten, der ihn be-
wachte.

17 Drei Tage später rief er die führenden
Männer der Juden zusammen. Als sie versam-
melt waren, sagte er zu ihnen: Brüder, obwohl
ich mich nicht gegen das Volk oder die Sitten
der Väter vergangen habe, bin ich von Jerusa-
lem aus als Gefangener den Römern ausgelie-
fert worden. 18 Diese haben mich verhört und
wollten mich freilassen, da nichts Todeswür-
diges gegen mich vorlag. 19 Weil aber die Juden
Einspruch erhoben, war ich gezwungen, Be-
rufung beim Kaiser einzulegen, jedoch nicht,
um mein Volk anzuklagen. 20 Aus diesem
Grund habe ich darum gebeten, euch sehen
und sprechen zu dürfen. Denn um der Hoff-
nung Israels willen trage ich diese Fesseln.
21 Sie antworteten ihm: Wir haben über dich
weder Briefe aus Judäa erhalten noch ist einer
von den Brüdern gekommen, der uns etwas
Belastendes über dich berichtet oder erzählt
hätte. 22 Wir wünschen aber von dir zu hören,
was du denkst; denn von dieser Sekte ist uns

28,7 Dem Ersten der Insel: Titel, der durch Inschriften bestätigt ist.

28,11 Dioskuren: das ägyptische Schiff trägt das Schutzzeichen der göttlichen Zwillinge, die als Retter in Seenot galten und deren Kult in Ägypten besonders verbreitet war.

bekannt, dass sie überall auf Widerspruch
stößt.
23 Sie vereinbarten mit ihm einen be-
stimmten Tag, an dem sie in noch größerer
Zahl zu ihm in die Wohnung kamen. Vom
Morgen bis in den Abend hinein erklärte und
bezeugte er ihnen das Reich Gottes und ver-
suchte, sie vom Gesetz des Mose und von den
Propheten aus für Jesus zu gewinnen. 24 Die
einen ließen sich durch seine Worte überzeu-
gen, die andern blieben ungläubig. 25 Sie wa-
ren uneins untereinander und gingen weg.
Paulus aber sagte noch das eine Wort: Tref-
fend hat der Heilige Geist durch den Prophe-
ten Jesaja zu euren Vätern gesprochen:
26 *Geh zu diesem Volk und sag: / Hören sollt
ihr, hören, aber nicht verstehen; / sehen sollt
ihr, sehen, aber nicht erkennen.*
27 *Denn das Herz dieses Volkes ist hart ge-
worden / und mit ihren Ohren hören sie nur
schwer / und ihre Augen halten sie geschlos-
sen, damit sie mit ihren Augen nicht sehen /
und mit ihren Ohren nicht hören, / damit sie
mit ihrem Herzen nicht zur Einsicht kom-
men, / sich bekehren und ich sie heile.*
28 Darum sollt ihr nun wissen: Den Heiden
ist dieses Heil Gottes gesandt worden. Und
sie werden hören! [29]
30 Er blieb zwei volle Jahre in seiner Miet-
wohnung und empfing alle, die zu ihm ka-
men. 31 Er verkündete das Reich Gottes und
lehrte über Jesus Christus, den Herrn – mit
allem Freimut, ungehindert.

16: 27,3 / **20:** 26,6f. / **23:** 13,16–25; 17,2f.11f.; Lk 24,44; Joh 1,45; 5,45f.; 1 Petr 1,10–12 / **26–27:** Jes 6,9f. G; Mt 13,14; Mk 4,12; Lk 8,10; Joh 12,40 / **28:** 18,6; Ps 67,3; 98,3; Lk 3,6 / **31:** 1,3; 28,23; Röm 1,15

28,29 Einzelne Textzeugen fügen hier ein: Als er das gesagt hatte, gingen die Juden weg und stritten noch lange miteinander.

DIE PAULINISCHEN BRIEFE

DIE PAULINISCHEN BRIEFE

Am Beginn der Briefsammlung des Neuen Testaments stehen 14 Briefe, von denen 13 den Namen des Apostels Paulus im Absender nennen, während einer – der Hebräerbrief – am Schluss lediglich Timotheus erwähnt, einen seiner Mitarbeiter. Die Briefe des Apostels wurden schon früh gesammelt. Ein Hinweis auf eine solche Sammlung findet sich bereits im Neuen Testament (2 Petr 3,15). Einige der Briefe stammen wohl nicht von Paulus, wurden aber unter seinem Namen verbreitet und fanden ebenfalls Aufnahme in die Sammlung. Diese ist in absteigender Reihenfolge nach dem Umfang der Briefe angeordnet; davon weicht nur der Hebräerbrief am Ende der Sammlung aufgrund seines besonderen Charakters ab.

Anhand von inhaltlichen und sprachlich-stilistischen Merkmalen wird seit Langem versucht, die Briefe, die der Apostel selbst verfasst hat, von denen zu unterscheiden, für die dies eher unwahrscheinlich ist. Als authentisch gelten heute die Briefe an die Römer, die Korinther (1. und 2. Brief), die Galater, die Philipper sowie der 1. Brief an die Gemeinde in Thessalonich und der Brief an Philemon. Sie sind die ältesten Texte des Neuen Testaments und entstanden noch vor den Evangelien. Bei den Briefen an die Kolosser, die Epheser, die Gemeinde in Thessalonich (2. Brief), an Timotheus (beide Briefe) und Titus wird die Autorschaft des Apostels meist nicht angenommen, wiewohl diese im Einzelfall, besonders beim Kolosserbrief, auch verteidigt wird. Die paulinische Herkunft des Hebräerbriefs war schon in der Antike umstritten.

In der Briefsammlung unterscheidet man noch die Gruppe der Gefangenschaftsbriefe, die Hinweise darauf enthalten, dass Paulus sich bei deren Abfassung in Haft befand (so die Briefe an die Gemeinden in Philippi und die Hausgemeinde des Philemon, außerdem die Briefe nach Kolossä und Ephesus), und die Briefe an Timotheus und Titus, die Pastoral-(Hirten-) Briefe genannt werden, da sie nicht an Gemeinden, sondern an Gemeindehirten (pastores) gerichtet sind und diesen seelsorglich-kirchliche Anweisungen erteilen.

Gemeinsam ist den paulinischen Briefen folgende Grundstruktur: Zwischen dem Präskript (Absender, Adressaten, Gruß), dem ein sogenanntes Proömium (Dankesworte, Selbstempfehlung des Apostels) folgen kann, und einer abschließenden Paränese (Mahnungen) samt Angaben über Reisepläne des Apostels, an die das Postskript (Grüße verschiedener Art, Segenswunsch des Apostels) anschließt, spannt sich ein Rahmen, in den sich die thematischen Ausführungen (sogenannter Briefkorpus) einfügen.

Die inhaltlichen Schwerpunkte und Anliegen sind – den Adressaten und der Situation entsprechend – vielfältig. Indem sie auf Glaubensfragen antworten, Schwierigkeiten im Gemeindeleben zu lösen suchen, seelsorgliche Anweisungen treffen und die neu bekehrten Christen ermahnen, trösten und stärken, geben diese Schreiben wichtige Einblicke in das Denken des Apostels und seiner Mitarbeiter sowie in das Leben der Gemeinden des paulinischen Missionsgebiets.

DER BRIEF AN DIE RÖMER

Der Römerbrief ist das früheste unmittelbare Zeugnis für die Existenz einer ansehnlichen Schar von Christen in der Stadt Rom. Diese waren inzwischen von den römischen Synagogen getrennt und größtenteils keine Juden mehr (1,13; 11,13). Sie lebten in jeweils selbstständigen Hausgemeinden, von denen die Grußliste am Ende des Briefes wenigstens drei zu erkennen gibt (16,3–5.14f.). Dass Paulus die Adressaten im Präskript (entgegen seiner sonstigen Gewohnheit) nicht als „Kirche Gottes in Rom" anspricht, dürfte mit dem Fehlen übergreifender Gemeindestrukturen zusammenhängen.

Paulus schreibt im Winter 56/57 von Korinth aus an die römischen Christen, kurz bevor er seine Reise nach Jerusalem antritt, bei der er die Kollekte der heidenchristlichen Gemeinden von Makedonien und Griechenland überbringen will (Röm 15,25–30; vgl. Apg 20,3–23,11).

Doch seine Pläne reichen weiter. Nachdem er im Osten kein Arbeitsfeld mehr für sich sieht, will er über Jerusalem nach Rom und dann nach Spanien reisen (15,23f.28), um auch dort – entsprechend seinem Grundsatz, Christus nur da zu verkündigen, wo sein Name noch nicht genannt wurde (15,20) – das Evangelium zu verbreiten. Von den Römern erhofft er sich, dass sie ihn dabei nicht nur geistig unterstützen, sondern ihn auch ausrüsten und ihm kundiges Weggeleit geben (15,24). Die Begründung einer apostolischen Partnerschaft ist ein wichtiges Ziel seines Schreibens.

Mit diesem stellt er sich den Adressaten vor und legt umfassend Rechenschaft über sein Verständnis des Evangeliums ab; zugleich nutzt er die Gelegenheit, sich gegen Missverständnisse seiner Botschaft abzugrenzen. Das Ergebnis ist ein eindrucksvoll strukturierter Brief, den man nicht grundlos das „Testament des Paulus" genannt hat.

Der erste große Hauptteil (1–11) dient der argumentativen Entfaltung der These: Heil für alle – Juden und Heiden (1,16f.). Bevor er das Evangelium Jesu Christi als Botschaft von der den Menschen aus Glauben rettenden Gerechtigkeit Gottes vorstellt (3,21–5,21), deckt Paulus die Heillosigkeit der Welt ohne Evangelium auf (1,18–3,20): Kein Mensch – weder aus der Völkerwelt (1,18–32) noch erst recht aus Israel (2,1–3,20) – soll sich über seine Verlorenheit in Sünde und Tod Illusionen machen. Anschließend (6,1–8,17) wendet er sich gegen das Missverständnis, dass die Überzeugung, Jesus Christus und nicht das Gesetz sei der einzige Heilsweg, zur Abwertung des Gesetzes und in Konsequenz zu einer Entwertung des Ethos führe. Eindringlich erklärt er: Der Mensch wird erst durch die Taufe auf den Tod Jesu zum wahren Gehorsam gegen Gott und zu einem im Geist erfüllten Leben befreit; in Christus ist er befähigt, „die Forderung des Gesetzes" zu „erfüllen" (8,4), die ohne den Geist, der den Menschen erneuert, in ihr Gegenteil verkehrt würde (7,7–23). Die Entfaltung des Evangeliums als Grund der Hoffnung in allem Leiden (8,18–39; vgl. 5,1–11) führt dessen positive Darstellung zu ihrem Höhepunkt. Danach geht Paulus auf den zweiten Vorwurf gegen ihn ein (9–11): Sein Evangelium für die Heiden führe zur Israelvergessenheit. Demgegenüber zeigt er, dass Gottes Verheißung für Israel durch das Nein vieler Juden zum Evangelium nicht hinfällig geworden ist, sondern sich über den Umweg der weltweiten Heidenmission in der Rettung ganz Israels durch den wiederkommenden Messias Jesus bewahrheiten wird.

Der zweite große Hauptteil (12,1–15,13) bietet als Konsequenz aus dem Evangelium Weisungen für das Leben der Gemeinde, zuerst grundsätzliche (12,1–13,14), dann auf die Situation der Christen in Rom bezogene konkrete Weisungen (14,1–15,6). In der Zusammenfassung (15,7–13) rückt Paulus die Mahnung an die Adressaten zu gegenseitigem Respekt in den großen Horizont seines Denkens, das durch den Gedanken der Einheit von Juden und Heiden beseelt ist.

Der Briefschluss enthält die Reisepläne des Paulus, ausführliche Grüße sowie letzte Ermahnungen (15,14–16,24). Ihm ist auch zu entnehmen, dass er seinen Brief einer Botin anvertraut hat, einer nach Rom reisenden Geschäftsfrau mit Namen Phoebe aus Kenchreä, die für die dortige Gemeinde Verantwortung trug und der er wohl auch zutraute, bei Rückfragen der Adressaten etwas zu seinem Schreiben zu sagen. Ein großer Lobpreis (16,25–27) bildet den feierlichen Abschluss.

Der Bedeutung des Römerbriefs als einer umfassenden theologischen Auslegung des Evangeliums entspricht seine programmatische Stellung am Anfang der Sammlung der Paulusbriefe. So schließt er organisch an die letzte Szene der Apostelgeschichte an, die mit der freimütigen Verkündigung des Evangeliums durch Paulus in Rom endet.

Das Schreiben des Apostels lädt dazu ein, nicht nur über das Verhältnis von Israel und der Kirche, sondern auch über das Miteinander der Christen auf dem alle verbindenden Fundament des einen Evangeliums von Jesus Christus nachzudenken.

ANSCHRIFT UND GRUSS: 1,1–7

1 1 Paulus, Knecht Christi Jesu, berufen
zum Apostel, ausgesondert, das Evange-
lium Gottes zu verkünden, 2 das er durch
seine Propheten im Voraus verheißen hat in
heiligen Schriften: 3 das Evangelium von sei-
nem Sohn, der dem Fleisch nach geboren ist
als Nachkomme Davids, 4 der dem Geist der
Heiligkeit nach eingesetzt ist als Sohn Gottes
in Macht seit der Auferstehung von den To-
ten, das Evangelium von Jesus Christus, un-
serem Herrn. 5 Durch ihn haben wir Gnade
und Apostelamt empfangen, um unter allen
Heiden Glaubensgehorsam aufzurichten
um seines Namens willen; 6 unter ihnen lebt
auch ihr, die ihr von Jesus Christus berufen
seid. 7 An alle in Rom, die von Gott geliebt
sind, die berufenen Heiligen: Gnade sei mit
euch und Friede von Gott, unserem Vater,
und dem Herrn Jesus Christus.

1: Jes 49,1; Jer 1,5; Gal 1,15f. / **2:** 2 Tim 3,15 / **3:** 9,5; Jer 23,5; Apg 13,23; 1 Tim 3,16; 2 Tim 2,8; Offb 22,16 / **4:** 2 Sam 7,14; Ps 2,7; Apg 2,30–32.36; 13,33 / **5:** 15,15–19; Apg 9,15; Gal 2,7.9

1,7 Heilige ist eine Anrede für die Mitglieder der christlichen Gemeinde.

DANKSAGUNG UND THEMA DES BRIEFES: 1,8–17

8 Zunächst danke ich meinem Gott durch Je-
sus Christus für euch alle, weil euer Glaube
in der ganzen Welt bekannt gemacht wird.
9 Denn Gott, dem ich mit der Verkündigung
des Evangeliums von seinem Sohn mit gan-
zem Herzen diene, ist mein Zeuge: Unabläs-
sig denke ich an euch 10 in allen meinen Ge-
beten und bitte darum, es möge mir durch
Gottes Willen endlich gelingen, zu euch zu
kommen. 11 Denn ich sehne mich danach,
euch zu sehen; ich möchte euch ein wenig mit
geistlicher Gnadengabe beschenken, damit
ihr gestärkt werdet, 12 oder besser: damit wir,
wenn ich bei euch bin, miteinander Zuspruch
empfangen durch den gemeinsamen Glau-
ben, euren und meinen. 13 Ihr sollt wissen,
Brüder und Schwestern, dass ich mir schon
oft vorgenommen habe, zu euch zu kommen,
aber bis heute daran gehindert wurde; denn
wie bei den anderen Heiden soll meine Arbeit
auch bei euch etwas Frucht bringen. 14 Grie-
chen und Nichtgriechen, Gebildeten und
Ungebildeten bin ich verpflichtet; 15 deshalb
bin ich, soviel an mir liegt, bereit, auch euch
in Rom das Evangelium zu verkünden.
16 Denn ich schäme mich des Evangeliums
nicht: Es ist eine Kraft Gottes zur Rettung für
jeden, der glaubt, zuerst für den Juden, aber
ebenso für den Griechen. 17 Denn in ihm wird
die Gerechtigkeit Gottes offenbart aus Glau-
ben zum Glauben, wie geschrieben steht: *Der
aus Glauben Gerechte wird leben.*

8: 16,19; 1 Thess 1,8 / **9:** 1 Sam 12,5; Phil 1,8 / **10:** 15,23; Apg 19,21 / **11:** 1 Thess 2,17; 3,10 / **13:** 15,22; Phil 1,22 / **15:** Apg 28,30f. / **16:** 2,9f.; 1 Kor 1,18.24; 2,4 / **17:** 3,21f.; Hab 2,4; Gal 3,11; Hebr 10,38

DIE HEILLOSIGKEIT DER WELT OHNE DAS EVANGELIUM: 1,18–3,20

PROPHETISCHE GERICHTSREDE GEGEN DIE MENSCHEN AUS DER VÖLKERWELT: 1,18–32

18 Denn der Zorn Gottes wird vom Himmel
herab offenbart wider alle Gottlosigkeit und
Ungerechtigkeit der Menschen, die die
Wahrheit durch Ungerechtigkeit niederhal-
ten. 19 Denn es ist ihnen offenbar, was man
von Gott erkennen kann; Gott hat es ihnen

offenbart. 20 Seit Erschaffung der Welt wird
nämlich seine unsichtbare Wirklichkeit an
den Werken der Schöpfung mit der Ver-
nunft wahrgenommen, seine ewige Macht
und Gottheit. Daher sind sie unentschuld-
bar. 21 Denn obwohl sie Gott erkannt haben,
haben sie ihn nicht als Gott geehrt und ihm
nicht gedankt, sondern verfielen in ihren
Gedanken der Nichtigkeit und ihr unver-
ständiges Herz wurde verfinstert. 22 Sie be-
haupteten, weise zu sein, und wurden zu
Toren 23 und sie vertauschten die Herrlich-
keit des unvergänglichen Gottes mit Bil-
dern, die einen vergänglichen Menschen
und fliegende, vierfüßige und kriechende
Tiere darstellen. 24 Darum lieferte Gott sie
durch die Begierden ihres Herzens der Un-
reinheit aus, sodass sie ihren Leib durch ihr
eigenes Tun entehrten. 25 Sie vertauschten
die Wahrheit Gottes mit der Lüge, sie bete-
ten das Geschöpf an und verehrten es anstel-
le des Schöpfers – gepriesen ist er in Ewig-
keit. Amen. 26 Darum lieferte Gott sie
entehrenden Leidenschaften aus: Ihre Frau-
en vertauschten den natürlichen Verkehr
mit dem widernatürlichen; 27 ebenso gaben
auch die Männer den natürlichen Verkehr
mit der Frau auf und entbrannten in Begier-
de zueinander; Männer treiben mit Män-
nern Unzucht und erhalten den ihnen ge-
bührenden Lohn für ihre Verirrung. 28 Und
da sie es nicht für wert erachteten, sich ge-
mäß ihrer Erkenntnis an Gott zu halten,
lieferte Gott sie einem haltlosen Denken
aus, sodass sie tun, was sich nicht gehört:
29 Sie sind voll Ungerechtigkeit, Schlechtig-
keit, Habgier und Bosheit, voll Neid, Mord,
Streit, List und Tücke, sie verleumden 30 und
treiben üble Nachrede, sie hassen Gott, sind
überheblich, hochmütig und prahlerisch,
erfinderisch im Bösen und ungehorsam ge-
gen die Eltern, 31 sie sind unverständig und
haltlos, ohne Liebe und Erbarmen. 32 Sie er-
kennen, dass Gottes Rechtsordnung be-
stimmt: Wer so handelt, verdient den Tod.
Trotzdem tun sie es nicht nur selbst, son-
dern stimmen bereitwillig auch denen zu,
die so handeln.

18: 2,5.8f.; Jes 66,15 / **19**: Apg 14,17; 17,24–28 / **20**: Weish 13,1–9; Sir 17,8f. / **21**: Eph 4,17f. / **22**: 1 Kor 1,19–21 / **23**: Ps 106,2c; Dtn 4,16–19; Weish 12,24 / **27**: 1 Kor 6,9; Lev 18,22 / **29**: 1 Kor 5,10f.; Gal 5,19–21; 2 Tim 3,2–5

PROPHETISCHE GERICHTSREDE GEGEN
DIE JUDEN: 2,1–29

2 1 Darum bist du unentschuldbar – wer
du auch bist, o Mensch –, wenn du rich-
test. Denn worin du den andern richtest, da-
rin verurteilst du dich selbst, weil du, der
Richtende, dasselbe tust. 2 Wir wissen aber,
dass Gottes Gericht über alle, die solche Din-
ge tun, der Wahrheit entspricht. 3 Meinst du
etwa, o Mensch, du könntest dem Gericht
Gottes entrinnen, wenn du die richtest, die
solche Dinge tun, und dasselbe tust wie sie?
4 Oder verachtest du den Reichtum seiner
Güte, Geduld und Langmut? Weißt du nicht,
dass Gottes Güte dich zur Umkehr treibt?
5 Weil du aber starrsinnig bist und dein Herz
nicht umkehrt, sammelst du Zorn gegen dich
für den Tag des Zornes, den Tag der Offenba-
rung von Gottes gerechtem Gericht. 6 *Er wird
jedem vergelten, wie es seine Taten verdie-
nen:* 7 Denen, die beharrlich Gutes tun und
Herrlichkeit, Ehre und Unvergänglichkeit
erstreben, gibt er ewiges Leben, 8 denen aber,
die selbstsüchtig sind und nicht der Wahrheit
gehorchen, sondern der Ungerechtigkeit, wi-
derfährt Zorn und Grimm. 9 Not und Be-
drängnis wird das Leben eines jeden Men-
schen treffen, der das Böse tut, zuerst den
Juden, aber ebenso den Griechen; 10 doch
Herrlichkeit, Ehre und Friede werden jedem
zuteil, der das Gute tut, zuerst dem Juden,
aber ebenso dem Griechen; 11 denn es gibt bei
Gott kein Ansehen der Person.

12 Denn die ohne das Gesetz sündigten,
werden auch ohne das Gesetz zugrunde ge-
hen, und die unter dem Gesetz sündigten,
werden durch das Gesetz gerichtet werden.
13 Denn nicht die sind vor Gott gerecht, die das
Gesetz hören, sondern die das Gesetz tun; die
werden für gerecht erklärt werden. 14 Denn
wenn Heiden, die das Gesetz nicht haben, von
Natur aus das tun, was im Gesetz gefordert ist,
so sind sie, die das Gesetz nicht haben, sich
selbst Gesetz. 15 Sie zeigen damit, dass ihnen
die Forderung des Gesetzes ins Herz geschrie-
ben ist; ihr Gewissen legt Zeugnis davon ab,
ihre Gedanken klagen sich gegenseitig an und
verteidigen sich – 16 an jenem Tag, an dem
Gott, wie ich es in meinem Evangelium ver-
künde, das, was im Menschen verborgen ist,
durch Jesus Christus richten wird.

17 Wenn du dich aber Jude nennst, dich auf
das Gesetz verlässt und dich Gottes rühmst,

18 seinen Willen kennst und, belehrt aus dem
Gesetz, zu beurteilen weißt, worauf es an-
kommt; 19 wenn du dir zutraust, Führer zu
sein für Blinde, Licht für die in der Finsternis,
20 Erzieher der Unverständigen, Lehrer der
Unmündigen, da du im Gesetz die Verkörpe-
rung von Erkenntnis und Wahrheit besitzt.
– 21 Du belehrst also andere Menschen, aber
dich selbst belehrst du nicht? Du predigst:
Du sollst nicht stehlen! und du stiehlst? 22 Du
sagst: Du sollst die Ehe nicht brechen! und
brichst sie? Du verabscheust die Götzenbil-
der, begehst aber Tempelraub? 23 Du rühmst
dich des Gesetzes, entehrst aber Gott durch
Übertreten des Gesetzes. 24 *Denn euretwe-
gen wird unter den Heiden der Name Gottes
gelästert,* wie geschrieben steht.

25 Die Beschneidung ist nämlich nützlich,
wenn du das Gesetz befolgst; übertrittst du
jedoch das Gesetz, so bist du trotz deiner Be-
schneidung zum Unbeschnittenen gewor-
den. 26 Wenn aber der Unbeschnittene die
Forderungen des Gesetzes beachtet, wird
dann nicht sein Unbeschnittensein als Be-
schneidung angerechnet werden? 27 Der leib-
lich Unbeschnittene, der das Gesetz erfüllt,
wird dich richten, weil du trotz Buchstabe
und Beschneidung ein Übertreter des Geset-
zes bist. 28 Denn Jude ist nicht, wer es nach
außen hin ist, und Beschneidung ist nicht,
was sichtbar am Fleisch geschieht, 29 sondern
Jude ist, wer es im Verborgenen ist, und Be-
schneidung ist, was am Herzen durch den
Geist, nicht durch den Buchstaben geschieht.
Der Ruhm eines solchen Juden kommt nicht
von Menschen, sondern von Gott.

1: Mt 7,2 / **4**: 9,22f.; Weish 11,23; 15,1–3; 2 Petr 3,9 / **5**: Zef 1,14f.18; Jes 13,9 / **6**: Ps 62,13; Mt 16,27; 2 Kor 5,10 / **10**: 1,16; 3,9 / **11**: Apg 10,34; 1 Petr 1,17 / **12**: 3,19 / **13**: Mt 7,21; Jak 1,22.25 / **14**: Apg 10,34f. / **16**: 1 Kor 4,5; 2 Kor 5,10 / **17**: Jes 48,1f. / **19**: Jes 42,6f.; 49,6 / **21**: Mt 23,3f. / **24**: Jes 52,5 G / **25**: 1 Kor 7,19; Gal 5,2f. / **26**: Gal 5,6 / **28**: 9,6f. / **29**: 7,6; Jer 9,25; Ez 44,7; Dtn 30,6; Phil 3,3

GOTTES TREUE ANGESICHTS DER SÜNDE DER MENSCHEN: 3,1–20

3 1 Was ist nun der Vorzug der Juden, was
der Nutzen der Beschneidung? 2 Er ist
groß in jeder Hinsicht. Vor allem: Ihnen sind
die Worte Gottes anvertraut. 3 Denn was
macht das schon: Wenn einige untreu wur-
den, wird dann etwa ihre Untreue die Treue
Gottes aufheben? 4 Keineswegs! Gott soll
sich vielmehr als wahrhaftig erweisen, jeder
Mensch aber als Lügner, wie geschrieben
steht:

*Damit du recht behältst mit deinen Worten
und den Sieg davonträgst, wenn man mit dir
rechtet.*

5 Wenn aber unsere Ungerechtigkeit die
Gerechtigkeit Gottes bestätigt, was sagen
wir dann? Ist Gott – ich frage sehr menschlich
– nicht ungerecht, wenn er seinen Zorn ver-
hängt? 6 Keineswegs! Denn wie könnte Gott
die Welt sonst richten? 7 Wenn aber die
Wahrhaftigkeit Gottes sich durch meine Un-
wahrhaftigkeit als groß erwiesen hat und so
Gott verherrlicht wird, warum werde ich
dann als Sünder gerichtet? 8 Und gilt am Ende
das, womit man uns verleumdet und was ei-
nige uns in den Mund legen: Lasst uns Böses
tun, damit Gutes entsteht? Diese Leute wer-
den mit Recht verurteilt.

9 Was heißt das nun? Sind wir im Vorteil?
Nicht unbedingt. Denn wir haben vorher die
Anklage erhoben, dass alle, Juden wie Grie-
chen, unter der Herrschaft der Sünde stehen,
10 wie geschrieben steht:

*Es gibt keinen, der gerecht ist, / auch nicht
einen;*

11 *es gibt keinen Verständigen, / keinen, der
Gott sucht.*

12 *Alle sind abtrünnig geworden, / alle mit-
einander taugen nichts.*

*Es gibt keinen, der Gutes tut, / auch nicht
einen Einzigen.*

13 *Ihre Kehle ist ein offenes Grab, / mit ihrer
Zunge betrügen sie; / Schlangengift ist auf
ihren Lippen.*

14 *Ihr Mund ist voll Fluch und Gehässigkeit.*

15 *Schnell sind ihre Füße, Blut zu vergie-
ßen; /* 16 *Verderben und Unheil sind auf ihren
Wegen /* 17 *und den Weg des Friedens kennen
sie nicht.*

18 *Die Gottesfurcht steht ihnen nicht vor
Augen.*

19 Wir wissen aber: Was das Gesetz sagt,
sagt es denen, die unter dem Gesetz leben,
damit jeder Mund gestopft und die ganze
Welt vor Gott schuldig wird. 20 Denn aus
Werken des Gesetzes wird niemand vor ihm
gerecht werden; denn durch das Gesetz
kommt es nur zur Erkenntnis der Sünde.

2: 9,4f. / **3**: 9,6; 11,1.29 / **4**: Ps 51,6 G; 116,11 / **5**: 9,14 / **8**: 6,1.15 / **9**: 1,16; 2,9f.; 11,32 / **10–12**: Koh 7,20; Ps 14,1–3 / **13**: Ps 5,10 G; 140,4 / **14**: Ps 10,7 G / **15–17**: Jes 59,7f.; Spr 1,16 / **18**: Ps 36,2 / **19**: Ps 63,12 / **20**: Ps 143,2; Gal 2,16; 3,21f.

DIE OFFENBARUNG DES HEILS IM EVANGELIUM: 3,21–5,21

DAS KREUZ JESU ALS HEILSORT FÜR ALLE MENSCHEN: 3,21–31

21 Jetzt aber ist unabhängig vom Gesetz die
Gerechtigkeit Gottes offenbart worden, be-
zeugt vom Gesetz und von den Propheten:
22 die Gerechtigkeit Gottes durch Glauben an
Jesus Christus, offenbart für alle, die glauben.
Denn es gibt keinen Unterschied: 23 Alle ha-
ben ja gesündigt und die Herrlichkeit Gottes
verloren. 24 Umsonst werden sie gerecht,
dank seiner Gnade, durch die Erlösung in
Christus Jesus. 25 Ihn hat Gott aufgerichtet
als Sühnemal – wirksam durch Glauben – in
seinem Blut, zum Erweis seiner Gerechtig-
keit durch die Vergebung der Sünden, die
früher, 26 in der Zeit der Geduld Gottes, be-
gangen wurden; ja zum Erweis seiner Ge-
rechtigkeit in der gegenwärtigen Zeit, um zu
zeigen: Er selbst ist gerecht und macht den
gerecht, der aus Glauben an Jesus lebt.

27 Wo bleibt da noch das Rühmen? Es ist
ausgeschlossen. Durch welches Gesetz?
Durch das der Werke? Nein, durch das Ge-
setz des Glaubens. 28 Denn wir sind der Über-
zeugung, dass der Mensch gerecht wird
durch Glauben, unabhängig von Werken des
Gesetzes. 29 Oder ist Gott nur der Gott der
Juden, nicht auch der Heiden? Ja, auch der
Heiden, 30 da doch gilt: Gott ist der Eine. Er
wird aufgrund des Glaubens sowohl die Be-
schnittenen wie die Unbeschnittenen ge-
recht machen. 31 Setzen wir also durch den
Glauben das Gesetz außer Kraft? Im Gegen-
teil, wir richten das Gesetz auf.

21: 1,17 / **22:** Phil 3,9 / **24:** Eph 1,7; 2,8; Kol 1,14 / **25:** 5,9; Lev 16,12–17; Hebr 9,5 / **28:** Gal 2,16; Tit 3,7 / **29:** 10,12 / **30:** 4,11f.; Dtn 6,4 / **31:** 8,4; Mt 5,17

ABRAHAM – VATER ALLER GLAUBENDEN, DER JUDEN WIE AUCH DER HEIDEN: 4,1–25

4 1 Was sollen wir nun von Abraham sa-
gen, was hat er erlangt, unser leiblicher
Stammvater? 2 Wenn Abraham aufgrund
von Werken Gerechtigkeit erlangt hat, dann
hat er zwar Ruhm, aber nicht vor Gott. 3 Denn
was sagt die Schrift? *Abraham glaubte Gott
und das wurde ihm als Gerechtigkeit ange-
rechnet.* 4 Dem, der Werke tut, wird der Lohn
nicht aus Gnade angerechnet, sondern weil
er ihm zusteht. 5 Dem aber, der keine Werke
tut, sondern an den glaubt, der den Gottlosen
gerecht macht, dem wird sein Glaube als Ge-
rechtigkeit angerechnet. 6 So preist auch Da-
vid den Menschen selig, dem Gott Gerech-
tigkeit unabhängig von Werken anrechnet:

7 *Selig sind die, deren Frevel vergeben / und
deren Sünden bedeckt sind.*

8 *Selig ist der Mensch, / dem der Herr die
Sünde nicht anrechnet.*

9 Gilt nun diese Seligpreisung nur den Be-
schnittenen oder auch den Unbeschnitte-
nen? Wir sagen ja: Abraham wurde der Glau-
be als Gerechtigkeit angerechnet. 10 Wie
wurde er aber angerechnet: als er beschnitten
oder als er unbeschnitten war? Nicht als er
beschnitten, sondern als er noch unbeschnit-
ten war. 11 Und das Zeichen der Beschneidung
empfing er zur Besiegelung der Glaubensge-
rechtigkeit, die ihm als Unbeschnittenem
zuteilwurde; also ist er der Vater aller, die als
Unbeschnittene glauben, sodass ihnen die
Gerechtigkeit angerechnet wird, 12 und er ist
der Vater jener Beschnittenen, die nicht nur
beschnitten sind, sondern auch den Spuren
des Glaubens folgen, des Glaubens, den unser
Vater Abraham schon vor seiner Beschnei-
dung hatte.

13 Denn Abraham und seine Nachkommen
erhielten nicht aufgrund des Gesetzes die
Verheißung, Erben der Welt zu sein, sondern
aufgrund der Glaubensgerechtigkeit.
14 Wenn nämlich jene Erben sind, die aus dem
Gesetz leben, dann ist der Glaube entleert
und die Verheißung außer Kraft gesetzt.
15 Denn das Gesetz bewirkt Zorn; wo aber
kein Gesetz ist, da ist auch keine Übertre-
tung. 16 Deshalb gilt: aus Glauben, damit auch
gilt: aus Gnade. Nur so bleibt die Verheißung
für die ganze Nachkommenschaft gültig,
nicht nur für die, welche aus dem Gesetz,
sondern auch für die, welche aus dem Glau-
ben Abrahams leben. Er ist unser aller Vater,
17 wie geschrieben steht: *Ich habe dich zum
Vater vieler Völker bestimmt* – im Angesicht
des Gottes, dem er geglaubt hat, des Gottes,
der die Toten lebendig macht und das, was
nicht ist, ins Dasein ruft. 18 Gegen alle Hoff-
nung hat er voll Hoffnung geglaubt, dass er

3,25 Sühnemal, gemeint ist die Sühneplatte auf der Bundeslade: vgl. Lev 16,13–15; Hebr 9,5.

der Vater vieler Völker werde, nach dem
Wort: *So zahlreich werden deine Nachkom-*
men sein. 19 Ohne im Glauben schwach zu
werden, bedachte er, der fast Hundertjährige,
dass sein Leib und auch Saras Mutterschoß
schon erstorben waren. 20 Er zweifelte aber
nicht im Unglauben an der Verheißung Got-
tes, sondern wurde stark im Glauben, indem
er Gott die Ehre erwies, 21 fest davon über-
zeugt, dass Gott die Macht besitzt, auch zu
tun, was er verheißen hat. 22 Darum wurde
es ihm auch als Gerechtigkeit angerechnet.

23 Doch nicht allein um seinetwillen steht
geschrieben: *Es wurde ihm angerechnet,*
24 sondern auch um unseretwillen, denen es
angerechnet werden soll, uns, die wir an den
glauben, der Jesus, unseren Herrn, von den
Toten auferweckt hat. 25 Wegen unserer Ver-
fehlungen wurde er hingegeben, / wegen
unserer Gerechtmachung wurde er aufer-
weckt.

2: Sir 44,23; Jak 2,21–24 / **3**: Gen 15,6; Gal 3,8; Jak 2,23 / **5**: 5,6 / **7-8**: Ps 32,1f. / **9**: Gen 15,6 / **11**: Gen 17,10f.; Gal 3,7 / **12**: Mt 3,9 / **13**: Gen 22,15–18; Sir 44,19.21 / **15**: 3,20; 5,13; 7,8.10 / **16**: Gal 3,7–9 / **17**: Gen 17,5 G; Hebr 11,19 / **18**: Gen 15,5 G / **19**: Gen 17,17; Hebr 11,11 / **20**: Gen 15,6 / **21**: Gen 18,14; Lk 1,37 / **22-23**: Gen 15,6 / **24**: 10,9 / **25**: Jes 53,5.12

HOFFNUNG AUF DIE VERWIRKLICHUNG DES HEILS: 5,1–11

5 1 Gerecht gemacht also aus Glauben, ha-
ben wir Frieden mit Gott durch Jesus
Christus, unseren Herrn. 2 Durch ihn haben
wir auch im Glauben den Zugang zu der Gna-
de erhalten, in der wir stehen, und rühmen
uns der Hoffnung auf die Herrlichkeit Gottes.
3 Mehr noch, wir rühmen uns ebenso der Be-
drängnisse; denn wir wissen: Bedrängnis
bewirkt Geduld, 4 Geduld aber Bewährung,
Bewährung Hoffnung. 5 Die Hoffnung aber
lässt nicht zugrunde gehen; denn die Liebe
Gottes ist ausgegossen in unsere Herzen
durch den Heiligen Geist, der uns gegeben ist.
6 Denn Christus ist, als wir noch schwach
waren, für die zu dieser Zeit noch Gottlosen
gestorben. 7 Dabei wird nur schwerlich je-
mand für einen Gerechten sterben; vielleicht
wird er jedoch für einen guten Menschen sein
Leben wagen. 8 Gott aber erweist seine Liebe
zu uns darin, dass Christus für uns gestorben
ist, als wir noch Sünder waren. 9 Nachdem wir
jetzt durch sein Blut gerecht gemacht sind,
werden wir durch ihn erst recht vor dem Zorn
gerettet werden. 10 Da wir mit Gott versöhnt
wurden durch den Tod seines Sohnes, als wir
noch Gottes Feinde waren, werden wir erst
recht, nachdem wir versöhnt sind, gerettet
werden durch sein Leben. 11 Mehr noch, eben-
so rühmen wir uns Gottes durch Jesus Chris-
tus, unseren Herrn, durch den wir jetzt schon
die Versöhnung empfangen haben.

2: Eph 3,12 / **3-4**: 1 Petr 1,6f.; 4,13 / **5**: Joël 3,1f.; Apg 2,17; 10,45 / **6**: 1 Petr 3,18 / **8**: Joh 3,16; 1 Joh 4,10 / **10**: 2 Kor 5,18

ADAM UND CHRISTUS ODER VERGEBLICHES UND ERFÜLLTES MENSCHSEIN: 5,12–21

12 Deshalb: Wie durch einen einzigen Men-
schen die Sünde in die Welt kam und durch
die Sünde der Tod und auf diese Weise der
Tod zu allen Menschen gelangte, weil alle
sündigten – 13 Sünde war nämlich schon vor
dem Gesetz in der Welt, aber Sünde wird
nicht angerechnet, wo es kein Gesetz gibt;
14 dennoch herrschte der Tod von Adam bis
Mose auch über die, welche nicht durch
Übertreten eines Gebots gesündigt hatten
wie Adam, der ein Urbild des Kommenden
ist. 15 Doch anders als mit der Übertretung
verhält es sich mit der Gnade; sind durch die
Übertretung des einen die vielen dem Tod
anheimgefallen, so ist erst recht die Gnade
Gottes und die Gabe, die durch die Gnadentat
des einen Menschen Jesus Christus bewirkt
worden ist, den vielen reichlich zuteilgewor-
den. 16 Und anders als mit dem, was durch den
einen Sünder verursacht wurde, verhält es
sich mit dieser Gabe: Denn das Gericht führt
wegen eines Einzigen zur Verurteilung, die
Gnade führt aus vielen Übertretungen zur
Gerechtsprechung. 17 Denn ist durch die
Übertretung des einen der Tod zur Herr-
schaft gekommen, durch diesen einen, so
werden erst recht diejenigen, denen die Gna-
de und die Gabe der Gerechtigkeit reichlich
zuteilwurde, im Leben herrschen durch den
einen, Jesus Christus. 18 Wie es also durch die
Übertretung eines Einzigen für alle Men-
schen zur Verurteilung kam, so kommt es
auch durch die gerechte Tat eines Einzigen
für alle Menschen zur Gerechtsprechung, die
Leben schenkt. 19 Denn wie durch den Unge-
horsam des einen Menschen die vielen zu
Sündern gemacht worden sind, so werden
auch durch den Gehorsam des einen die vie-
len zu Gerechten gemacht werden. 20 Das
Gesetz aber ist dazwischen hineingekom-
men, damit die Übertretung mächtiger wer-

de; wo jedoch die Sünde mächtig wurde, da
ist die Gnade übergroß geworden, 21 damit,
wie die Sünde durch den Tod herrschte, so
auch die Gnade herrsche durch Gerechtigkeit
zum ewigen Leben, durch Jesus Christus,
unseren Herrn.

12: Gen 2,17; 3,1–19; Weish 2,23f. / **13**: 4,15 / **15**: 1 Kor
15,21f. / **19**: Jes 53,11 / **20**: 7,7.13 / **21**: 6,23

ZUM GEHORSAM BEFREIT DURCH DAS EVANGELIUM: 6,1–8,17

ERMÖGLICHUNG EINES NEUEN LEBENS DURCH DIE TAUFE: 6,1–23

6 1 Was sollen wir nun sagen? Sollen wir
an der Sünde festhalten, damit die Gna-
de umso mächtiger werde? 2 Keineswegs!
Wie können wir, die wir für die Sünde tot
sind, noch in ihr leben? 3 Wisst ihr denn
nicht, dass wir, die wir auf Christus Jesus ge-
tauft wurden, auf seinen Tod getauft worden
sind? 4 Wir wurden ja mit ihm begraben
durch die Taufe auf den Tod, damit auch wir,
so wie Christus durch die Herrlichkeit des
Vaters von den Toten auferweckt wurde, in
der Wirklichkeit des neuen Lebens wandeln.
5 Wenn wir nämlich mit der Gestalt seines
Todes verbunden wurden, dann werden wir
es auch mit der seiner Auferstehung sein.
6 Wir wissen doch: Unser alter Mensch wur-
de mitgekreuzigt, damit der von der Sünde
beherrschte Leib vernichtet werde, sodass
wir nicht mehr Sklaven der Sünde sind.
7 Denn wer gestorben ist, der ist frei gewor-
den von der Sünde. 8 Sind wir nun mit Chris-
tus gestorben, so glauben wir, dass wir auch
mit ihm leben werden. 9 Wir wissen, dass
Christus, von den Toten auferweckt, nicht
mehr stirbt; der Tod hat keine Macht mehr
über ihn. 10 Denn durch sein Sterben ist er ein
für alle Mal gestorben für die Sünde, sein Le-
ben aber lebt er für Gott. 11 So begreift auch
ihr euch als Menschen, die für die Sünde tot
sind, aber für Gott leben in Christus Jesus.
12 Daher soll die Sünde nicht mehr in eurem
sterblichen Leib herrschen, sodass ihr seinen
Begierden gehorcht. 13 Stellt eure Glieder
nicht der Sünde zur Verfügung als Waffen
der Ungerechtigkeit, sondern stellt euch Gott
zur Verfügung als Menschen, die aus Toten
zu Lebenden geworden sind, und stellt eure
Glieder als Waffen der Gerechtigkeit in den
Dienst Gottes! 14 Denn die Sünde wird nicht
mehr über euch herrschen; denn ihr steht
nicht unter dem Gesetz, sondern unter der
Gnade.

15 Was heißt das nun? Sollen wir sündigen,
weil wir nicht unter dem Gesetz stehen, son-
dern unter der Gnade? Keineswegs! 16 Wisst
ihr nicht: Wenn ihr euch als Sklaven zum Ge-
horsam verpflichtet, dann seid ihr Sklaven
dessen, dem ihr gehorchen müsst; ihr seid
entweder Sklaven der Sünde, die zum Tod
führt, oder des Gehorsams, der zur Gerech-
tigkeit führt. 17 Gott aber sei Dank; denn ihr
wart Sklaven der Sünde, seid jedoch von Her-
zen der Gestalt der Lehre gehorsam geworden,
an die ihr übergeben wurdet. 18 Ihr wurdet aus
der Macht der Sünde befreit und seid zu Skla-
ven der Gerechtigkeit geworden. 19 Wegen
eures schwachen Fleisches rede ich nach Men-
schenweise: Wie ihr eure Glieder in den
Dienst der Unreinheit und der Gesetzlosig-
keit gestellt habt, sodass ihr gesetzlos wurdet,
so stellt jetzt eure Glieder in den Dienst der
Gerechtigkeit, sodass ihr heilig werdet!
20 Denn als ihr Sklaven der Sünde wart, da
wart ihr der Gerechtigkeit gegenüber frei.
21 Welche Frucht hattet ihr damals? Es waren
Dinge, deren ihr euch jetzt schämt; denn sie
bringen den Tod. 22 Jetzt aber, da ihr aus der
Macht der Sünde befreit und zu Sklaven Got-
tes geworden seid, habt ihr eine Frucht, die zu
eurer Heiligung führt und das ewige Leben
bringt. 23 Denn der Lohn der Sünde ist der Tod,
die Gabe Gottes aber ist das ewige Leben in
Christus Jesus, unserem Herrn.

4: Kol 2,12 / **5**: Phil 3,10f.21; 2 Tim 2,11 / **6**: Gal 5,24; Eph
4,22f. / **8**: 1 Thess 5,10 / **9**: Apg 13,35 / **10**: 1 Petr 3,18 / **12**:
Gen 4,7; Gal 5,16.24 / **13**: 6,19; 12,1 / **16**: 2 Petr 2,19; Joh
8,34–36 / **17**: 7,25; 2 Kor 2,14 / **18**: 1 Petr 2,24 / **21**: 8,6 /
22: 1 Thess 4,7 / **23**: 5,12.21; Jak 1,15

6,3f. Paulus bezieht sich hier auf das alte Christus-
bekenntnis (vgl. 1 Kor 15,3–5): Tod – Begräbnis – Aufer-
weckung

FREIHEIT VOM GESETZ – ERNEUERUNG IM GEIST: 7,1–6

7 1 Wisst ihr denn nicht, Brüder und
Schwestern – ich rede doch zu Leuten,
die das Gesetz kennen –, dass das Gesetz für
einen Menschen nur Geltung hat, solange er
lebt? 2 So ist die Ehefrau durch das Gesetz an
ihren Mann gebunden, solange er lebt; wenn
ihr Mann aber stirbt, ist sie frei von dem Ge-
setz, das die Frau an den Mann bindet. 3 Wenn
sie darum zu Lebzeiten des Mannes einem
anderen gehört, wird sie Ehebrecherin ge-
nannt; ist aber der Mann gestorben, dann ist
sie frei vom Gesetz und wird nicht zur Ehe-
brecherin, wenn sie einem anderen gehört.
4 Ebenso seid auch ihr, meine Brüder und
Schwestern, durch das Sterben Christi tot für
das Gesetz, sodass ihr einem anderen gehört,
dem, der von den Toten auferweckt wurde,
damit wir Gott Frucht bringen. 5 Denn als wir
noch dem Fleisch verfallen waren, wirkten
sich die Leidenschaften der Sünden, die durch
das Gesetz hervorgerufen wurden, so in un-
seren Gliedern aus, dass wir dem Tod Frucht
brachten. 6 Jetzt aber sind wir frei geworden
vom Gesetz, dem gestorben, woran wir ge-
bunden waren, sodass wir in der neuen Wirk-
lichkeit des Geistes dienen, nicht mehr in der
alten Wirklichkeit des Buchstabens.

2: 1 Kor 7,39 / **4**: 6,4 / **5**: 6,21; Gal 5,24 / **6**: 6,7

DAS ALTE LEBEN UNTER DEM GESETZ: 7,7–24

7 Was sollen wir nun sagen? Ist das Gesetz
Sünde? Keineswegs! Jedoch habe ich die Sün-
de nur durch das Gesetz erkannt. Ich hätte ja
von der Begierde nichts gewusst, wenn nicht
das Gesetz gesagt hätte: *Du sollst nicht be-
gehren.* 8 Die Sünde aber ergriff die Gelegen-
heit, die ihr durch das Gebot gegeben war,
und bewirkte in mir alle Begierde, denn ohne
das Gesetz war die Sünde tot. 9 Ich aber lebte
einst ohne das Gesetz; aber als das Gebot
kam, wurde die Sünde lebendig, 10 ich dage-
gen starb und musste erfahren, dass dieses
Gebot, das zum Leben führen sollte, mir den
Tod brachte. 11 Denn nachdem die Sünde die
Gelegenheit ergriffen hatte, die ihr durch das
Gebot gegeben war, täuschte und tötete sie
mich durch das Gebot. 12 Deshalb ist das Ge-
setz heilig und das Gebot ist heilig, gerecht
und gut.

13 Ist dann etwa das Gute mir zum Tod ge-
worden? Keineswegs! Sondern die Sünde
verursachte, damit sie als Sünde offenbar
werde, mir durch das Gute den Tod; denn
durch das Gebot sollte die Sünde sich in ihrem
ganzen Ausmaß als Sünde erweisen. 14 Wir
wissen nämlich, dass das Gesetz selbst vom
Geist bestimmt ist; ich aber bin fleischlich,
das heißt: verkauft unter die Sünde. 15 Denn
was ich bewirke, begreife ich nicht: Ich tue
nicht das, was ich will, sondern das, was ich
hasse. 16 Wenn ich aber das tue, was ich nicht
will, erkenne ich an, dass das Gesetz gut ist.
17 Dann aber bin nicht mehr ich es, der dies
bewirkt, sondern die in mir wohnende Sün-
de. 18 Ich weiß nämlich, dass in mir, das heißt
in meinem Fleisch, nichts Gutes wohnt: Das
Wollen ist bei mir vorhanden, aber ich ver-
mag das Gute nicht zu verwirklichen. 19 Denn
ich tue nicht das Gute, das ich will, sondern
das Böse, das ich nicht will, das vollbringe ich.
20 Wenn ich aber das tue, was ich nicht will,
dann bin nicht mehr ich es, der es bewirkt,
sondern die in mir wohnende Sünde.

21 Ich stoße also auf das Gesetz, dass in mir
das Böse vorhanden ist, obwohl ich das Gute
tun will. 22 Denn in meinem Innern freue ich
mich am Gesetz Gottes, 23 ich sehe aber ein
anderes Gesetz in meinen Gliedern, das mit
dem Gesetz meiner Vernunft im Streit liegt
und mich gefangen hält im Gesetz der Sünde,
das in meinen Gliedern herrscht. 24 Ich elen-
der Mensch! Wer wird mich aus diesem dem
Tod verfallenen Leib erretten?

7: 3,20; 5,13; Ex 20,17; Dtn 5,21 G / **8**: Jak 1,14f. / **9–10**: Gal 3,12 / **13**: 5,20 / **15**: Gal 5,17 / **18**: Gen 6,5 / **19–20**: Gal 2,19f. / **24**: 8,10; 2 Kor 1,10

DAS NEUE LEBEN IM GEIST GOTTES: 7,25–8,11

25 Dank aber sei Gott durch Jesus Christus,
unseren Herrn! Es ergibt sich also, dass ich
mit meiner Vernunft dem Gesetz Gottes die-
ne, mit dem Fleisch aber dem Gesetz der
Sünde.

8 1 Jetzt also gibt es keine Verurteilung
mehr für die, welche in Christus Jesus
sind. 2 Denn das Gesetz des Geistes und des
Lebens in Christus Jesus hat dich frei ge-
macht vom Gesetz der Sünde und des Todes.
3 Denn weil das Gesetz, ohnmächtig durch
das Fleisch, nichts vermochte, sandte Gott
seinen Sohn in der Gestalt des Fleisches, das
unter der Macht der Sünde steht, wegen der
Sünde, um die Sünde im Fleisch zu verurtei-
len; 4 dies tat er, damit die Forderung des Ge-

setzes durch uns erfüllt werde, die wir nicht
nach dem Fleisch, sondern nach dem Geist
leben. 5 Denn diejenigen, die vom Fleisch be-
stimmt sind, trachten nach dem, was dem
Fleisch entspricht, die aber vom Geist be-
stimmt sind, nach dem, was dem Geist ent-
spricht. 6 Denn das Trachten des Fleisches
führt zum Tod, das Trachten des Geistes aber
zu Leben und Frieden. 7 Denn das Trachten
des Fleisches ist Feindschaft gegen Gott; es
unterwirft sich nämlich nicht dem Gesetz
Gottes und kann es auch nicht. 8 Wer aber
vom Fleisch bestimmt ist, kann Gott nicht
gefallen. 9 Ihr aber seid nicht vom Fleisch,
sondern vom Geist bestimmt, da ja der Geist
Gottes in euch wohnt. Wer aber den Geist
Christi nicht hat, der gehört nicht zu ihm.
10 Wenn aber Christus in euch ist, dann ist
zwar der Leib tot aufgrund der Sünde, der
Geist aber ist Leben aufgrund der Gerechtig-
keit. 11 Wenn aber der Geist dessen in euch
wohnt, der Jesus von den Toten auferweckt
hat, dann wird er, der Christus von den Toten
auferweckt hat, auch eure sterblichen Leiber
lebendig machen, durch seinen Geist, der in
euch wohnt.

7,25: 1 Kor 15,57

8,1: 5,18; 10,4 / **2:** 7,14; 2 Kor 3,17 / **3:** 2 Kor 5,21; Gal 4,4f.; Phil 2,7; Hebr 2,17 / **4:** Gal 5,16.25 / **9:** 1 Kor 3,16; 2 Kor 3,17 / **10:** Gal 2,20; Phil 1,21 / **11:** 6,4; 2 Kor 4,14

ERFÜLLTES LEBEN DER SÖHNE UND TÖCHTER GOTTES: 8,12–17

12 Wir sind also nicht dem Fleisch verpflich-
tet, Brüder und Schwestern, sodass wir nach
dem Fleisch leben müssten. 13 Denn wenn ihr
nach dem Fleisch lebt, müsst ihr sterben;
wenn ihr aber durch den Geist die sündigen
Taten des Leibes tötet, werdet ihr leben.
14 Denn die sich vom Geist Gottes leiten las-
sen, sind Kinder Gottes. 15 Denn ihr habt
nicht einen Geist der Knechtschaft empfan-
gen, sodass ihr immer noch Furcht haben
müsstet, sondern ihr habt den Geist der
Kindschaft empfangen, in dem wir rufen:
Abba, Vater! 16 Der Geist selber bezeugt un-
serem Geist, dass wir Kinder Gottes sind.
17 Sind wir aber Kinder, dann auch Erben;
Erben Gottes und Miterben Christi, wenn
wir mit ihm leiden, um mit ihm auch verherr-
licht zu werden.

13: Gal 6,8; Eph 4,22–24 / **14:** Gal 5,18 / **15:** Gal 4,4–6 / **16:** 9,8f.; 1 Joh 3,1 / **17:** Gal 4,7; 2 Tim 2,11f.; Offb 21,7

8,15 Geist der Kindschaft, wörtlich: Geist der Sohnschaft, vgl. Gal 4,5; Abba: vgl. Anm. zu Mk 14,36.

DIE GEWISSHEIT DER HOFFNUNG IN ALLEM LEIDEN: 8,18–39

DAS SEUFZEN DER GANZEN SCHÖPFUNG – ZEICHEN DER HOFFNUNG: 8,18–30

18 Ich bin nämlich überzeugt, dass die Leiden
der gegenwärtigen Zeit nichts bedeuten im
Vergleich zu der Herrlichkeit, die an uns of-
fenbar werden soll. 19 Denn die Schöpfung
wartet sehnsüchtig auf das Offenbarwerden
der Söhne Gottes. 20 Gewiss, die Schöpfung
ist der Nichtigkeit unterworfen, nicht aus
eigenem Willen, sondern durch den, der sie
unterworfen hat, auf Hoffnung hin: 21 Denn
auch sie, die Schöpfung, soll von der Knecht-
schaft der Vergänglichkeit befreit werden zur
Freiheit und Herrlichkeit der Kinder Gottes.
22 Denn wir wissen, dass die gesamte Schöp-
fung bis zum heutigen Tag seufzt und in Ge-
burtswehen liegt. 23 Aber nicht nur das, son-
dern auch wir, obwohl wir als Erstlingsgabe
den Geist haben, auch wir seufzen in unse-
rem Herzen und warten darauf, dass wir mit
der Erlösung unseres Leibes als Söhne offen-
bar werden. 24 Denn auf Hoffnung hin sind
wir gerettet. Hoffnung aber, die man schon
erfüllt sieht, ist keine Hoffnung. Denn wie
kann man auf etwas hoffen, das man sieht?
25 Hoffen wir aber auf das, was wir nicht se-
hen, dann harren wir aus in Geduld. 26 So
nimmt sich auch der Geist unserer Schwach-
heit an. Denn wir wissen nicht, was wir in
rechter Weise beten sollen; der Geist selber
tritt jedoch für uns ein mit unaussprechli-
chen Seufzern. 27 Der die Herzen erforscht,
weiß, was die Absicht des Geistes ist. Denn
er tritt so, wie Gott es will, für die Heiligen
ein. 28 Wir wissen aber, dass denen, die Gott
lieben, alles zum Guten gereicht, denen, die
gemäß seinem Ratschluss berufen sind;
29 denn diejenigen, die er im Voraus erkannt

hat, hat er auch im Voraus dazu bestimmt, an
Wesen und Gestalt seines Sohnes teilzuha-
ben, damit dieser der Erstgeborene unter
vielen Brüdern sei. 30 Die er aber vorausbe-
stimmt hat, die hat er auch berufen, und die
er berufen hat, die hat er auch gerecht ge-
macht; die er aber gerecht gemacht hat, die
hat er auch verherrlicht.

18: 2 Kor 4,17 / **19**: Kol 3,4; 1 Joh 3,2 / **21**: 2 Petr 3,13 / **23**: 3,24; 1 Kor 1,30; 2 Kor 5,2–5 / **24**: 2 Kor 5,7; Hebr 11,1 / **25**: 2 Kor 4,18; Gal 5,5 / **27**: 1 Sam 16,7; Ps 139,1 / **28**: Eph 1,11; 1 Kor 2,9 / **29**: Phil 3,21; Kol 1,18 / **30**: 2 Thess 2,13f.

DER LOBPREIS DER GERECHTFERTIGTEN: 8,31–39

31 Was sollen wir nun dazu sagen? Ist Gott für
uns, wer ist dann gegen uns? 32 Er hat seinen
eigenen Sohn nicht verschont, sondern ihn
für uns alle hingegeben – wie sollte er uns mit
ihm nicht alles schenken? 33 Wer kann die
Auserwählten Gottes anklagen? Gott ist es,
der gerecht macht. 34 Wer kann sie verurtei-
len? Christus Jesus, der gestorben ist, mehr
noch: Der auferweckt worden ist, er sitzt zur
Rechten Gottes und tritt für uns ein. 35 Was
kann uns scheiden von der Liebe Christi? Be-
drängnis oder Not oder Verfolgung, Hunger
oder Kälte, Gefahr oder Schwert? 36 Wie ge-
schrieben steht: *Um deinetwillen sind wir*
den ganzen Tag dem Tod ausgesetzt; wir wer-
den behandelt wie Schafe, die man zum
Schlachten bestimmt hat. 37 Doch in alldem
tragen wir einen glänzenden Sieg davon
durch den, der uns geliebt hat. 38 Denn ich bin
gewiss: Weder Tod noch Leben, weder Engel
noch Mächte, weder Gegenwärtiges noch
Zukünftiges noch Gewalten, 39 weder Höhe
oder Tiefe noch irgendeine andere Kreatur
können uns scheiden von der Liebe Gottes,
die in Christus Jesus ist, unserem Herrn.

32: 4,25; Joh 3,16; Gal 2,20 / **34**: 4,25; Hebr 7,25 / **36**: Ps 44,23 / **37**: 1 Joh 5,4 / **38–39**: Eph 1,20f.; Kol 2,15; 1 Petr 3,22

HEIL FÜR GANZ ISRAEL: 9,1–11,36

TRAUER UM ISRAEL. AUTOBIOGRAFISCHE EINLEITUNG: 9,1–5

9 1 Ich sage in Christus die Wahrheit und
lüge nicht und mein Gewissen bezeugt
es mir im Heiligen Geist: 2 Ich bin voll Trauer,
unablässig leidet mein Herz. 3 Ja, ich wünsch-
te selbst verflucht zu sein, von Christus ge-
trennt, um meiner Brüder willen, die der
Abstammung nach mit mir verbunden sind.
4 Sie sind Israeliten; ihnen gehören die Sohn-
schaft, die Herrlichkeit und die Bundes-
schlüsse; ihnen ist das Gesetz gegeben, der
Gottesdienst und die Verheißungen; 5 ihnen
gehören die Väter und ihnen entstammt der
Christus dem Fleische nach. Gott, der über
allem ist, er sei gepriesen in Ewigkeit. Amen.

4: 3,2; Ex 40,34f.; Eph 2,12 / **5**: 1,3; 11,28; 1 Kor 15,28

ISRAELS VÄTER. DIE GEHEIMNISVOLLEN WEGE DER ERWÄHLUNG GOTTES: 9,6–13

6 Es ist aber keineswegs so, dass Gottes Wort
hinfällig geworden ist. Denn nicht alle, die aus
Israel stammen, sind Israel; 7 auch sind nicht
alle, weil sie Nachkommen Abrahams sind,
deshalb schon seine Kinder, sondern es heißt:
In Isaak wird dir Nachkommenschaft berufen.
8 Das bedeutet: Nicht die Kinder des Fleisches
sind Kinder Gottes, sondern die Kinder der
Verheißung werden als Nachkommen aner-
kannt; 9 denn es ist eine Verheißung, wenn
gesagt wird: *Um diese Zeit werde ich kom-*
men, dann wird Sara einen Sohn haben. 10 So
war es aber nicht nur bei ihr, sondern auch bei
Rebekka, die von einem einzigen Mann emp-
fangen hatte, von unserem Vater Isaak; 11 denn
ihre Kinder waren noch nicht geboren und
hatten weder Gutes noch Böses getan; damit
aber Gottes freie Wahl und Vorherbestim-
mung gültig bleibe, 12 nicht abhängig von
Werken, sondern von ihm, der beruft, wurde
ihr gesagt: *Der Ältere muss dem Jüngeren*
dienen; 13 wie geschrieben steht: *Jakob habe*
ich geliebt, Esau aber gehasst.

6: 3,1–4; 11,29 / **7**: Gen 21,12 G; Mt 3,9 / **8**: Gal 3,7; 4,28 / **9**: Gen 18,10 / **11**: 11,5f. / **12**: Gen 25,23 / **13**: Mal 1,2f.

MOSE UND PHARAO. EIN GESPRÄCH ÜBER GOTT – EIN GOTT DER WILLKÜR?: 9,14–29

14 Was sollen wir nun sagen? Handelt Gott
ungerecht? Keineswegs! 15 Denn zu Mose

sagt er: *Ich schenke Erbarmen, wem ich will,*
und erweise Gnade, wem ich will. 16 Also
kommt es nicht auf das Wollen und Laufen
des Menschen an, sondern auf den sich erbar-
menden Gott. 17 Denn in der Schrift wird
zum Pharao gesagt: *Eben dazu habe ich dich*
bestimmt, dass ich an dir meine Macht zeige
und dass auf der ganzen Erde mein Name
verkündet wird. 18 Er erbarmt sich also, wes-
sen er will, und macht verstockt, wen er will.

19 Nun wirst du einwenden: Wie kann er
dann noch anklagen, wenn niemand seinem
Willen zu widerstehen vermag? 20 O Mensch,
wer bist du denn, dass du mit Gott rechten
willst? *Sagt etwa das Werk zu dem, der es*
geschaffen hat: Warum hast du mich so ge-
macht? 21 Ist nicht vielmehr der Töpfer Herr
über den Ton? Kann er nicht aus derselben
Masse ein Gefäß herstellen zu ehrenhaftem,
ein anderes zu unehrenhaftem Gebrauch?
22 Wie aber, wenn Gott in der Absicht, seinen
Zorn zu zeigen und seine Macht zu erweisen,
die zur Vernichtung bereiteten Gefäße des
Zorns mit großer Langmut ertragen hat,
23 auch um den Reichtum seiner Herrlichkeit
an den Gefäßen des Erbarmens zu erweisen,
die er zuvor zur Herrlichkeit bestimmt hat?
24 Sie hat er auch berufen, das sind wir, nicht
allein aus den Juden, sondern auch aus den
Heiden. 25 So spricht er auch bei Hosea: *Ich*
werde als mein Volk berufen, was nicht mein
Volk war, und als Geliebte jene, die nicht ge-
liebt war. 26 *Und dort, wo ihnen gesagt wurde:*
Ihr seid nicht mein Volk, dort werden sie ge-
rufen werden: Söhne des lebendigen Gottes.
27 Und Jesaja ruft über Israel aus: *Wenn auch*
die Israeliten so zahlreich wären wie der Sand
am Meer – nur der Rest wird gerettet werden.
28 *Denn der Herr wird handeln, indem er sein*
Wort auf der Erde erfüllt und durchsetzt.
29 Ebenso hat Jesaja vorhergesagt: *Hätte nicht*
der Herr Zebaoth uns Nachkommenschaft
übrig gelassen, wir wären wie Sodom gewor-
den, wir wären Gomorra gleich.

15: Ex 33,19 / **16:** Eph 2,8 / **17:** Ex 9,16 / **18:** 11,30–32 / **20:** Jes 29,16; 45,9; Weish 12,12 / **22:** 2,4 / **23:** 8,29 / **24:** 1,16; 3,29 / **25:** Hos 2,25; 1 Petr 2,10 / **26:** Hos 2,1 / **27:** 11,5f.; Jes 10,22f. G; / **29:** Jes 1,9 G

ISRAEL UND DIE HEIDEN AUF DER SUCHE NACH GERECHTIGKEIT: 9,30–33

30 Was sollen wir nun sagen? Heiden, die
nicht der Gerechtigkeit nachjagten, haben
Gerechtigkeit empfangen, die Gerechtigkeit
aber aus Glauben. 31 Israel aber, das dem Ge-
setz der Gerechtigkeit nachjagte, hat das Ge-
setz nicht erreicht. 32 Warum? Weil es ihm
nicht um die Gerechtigkeit aus Glauben, son-
dern um die Gerechtigkeit aus Werken ging.
Sie stießen sich am Stein des Anstoßes, 33 wie
geschrieben steht: *Siehe, ich richte in Zion*
einen Stein auf, an dem man anstößt, einen
Fels, an dem man zu Fall kommt. Und wer an
ihn glaubt, wird nicht zugrunde gehen.

31: 11,7 / **32:** 1 Kor 1,23 / **33:** Jes 8,14; 28,16; 1 Petr 2,6–8

DAS GEBET DES APOSTELS FÜR ISRAEL: 10,1–4

10 1 Brüder und Schwestern, ich wünsche
von ganzem Herzen und bete zu Gott,
dass sie gerettet werden. 2 Denn ich bezeuge
ihnen, dass sie Eifer haben für Gott, aber
ohne Erkenntnis. 3 Denn indem sie die Ge-
rechtigkeit Gottes verkannten und ihre eige-
ne Gerechtigkeit aufzurichten suchten, ha-
ben sie sich der Gerechtigkeit Gottes nicht
unterworfen. 4 Denn Ziel des Gesetzes ist
Christus zur Gerechtigkeit für jeden, der
glaubt.

1: 9,1–3; 11,26f. / **4:** 8,4; Gal 3,24f.

HEILENDE NÄHE CHRISTI IM EVANGELIUM FÜR ALLE, DIE GLAUBEN: 10,5–13

5 Denn Mose schreibt über die Gerechtigkeit
aus dem Gesetz: *Der Mensch, der dieses tut,*
wird darin leben. 6 Die Gerechtigkeit aus dem
Glauben aber spricht: *Sag nicht in deinem*
Herzen: Wer wird in den Himmel hinaufstei-
gen? Das heißt: Christus herabzuholen.
7 Oder: Wer wird in den Abgrund hinabstei-
gen? Das heißt: Christus von den Toten he-
raufzuführen. 8 Sondern was sagt sie? *Nahe*
ist dir das Wort in deinem Mund und in dei-
nem Herzen. Das heißt: das Wort des Glau-
bens, das wir verkünden; 9 denn wenn du mit
deinem Mund bekennst: Herr ist Jesus – und
in deinem Herzen glaubst: Gott hat ihn von
den Toten auferweckt, so wirst du gerettet
werden. 10 Denn mit dem Herzen glaubt man
und das führt zur Gerechtigkeit, mit dem
Mund bekennt man und das führt zur Ret-
tung. 11 Denn die Schrift sagt: *Jeder, der an*
ihn glaubt, wird nicht zugrunde gehen.
12 Denn darin gibt es keinen Unterschied
zwischen Juden und Griechen. Denn alle ha-
ben denselben Herrn; aus seinem Reichtum

beschenkt er alle, die ihn anrufen. 13 Denn
jeder, der den Namen des Herrn anruft, wird
gerettet werden.

5: Lev 18,5; Gal 3,12 / **6**: Dtn 30,12; Ps 107,26; Bar 3,29 / **7**: Ps 107,26 G / **8**: Dtn 30,14 / **9**: 1 Kor 12,3 / **11**: 9,33; Jes 28,16 / **12**: 1,16; Gal 3,28; Kol 3,11 / **13**: Joël 3,5

MÖGLICHE GRÜNDE FÜR DAS NEIN ISRAELS: 10,14–21

14 Wie sollen sie nun den anrufen, an den sie
nicht glauben? Wie sollen sie an den glauben,
von dem sie nichts gehört haben? Wie sollen
sie hören, wenn niemand verkündet? 15 Wie
soll aber jemand verkünden, wenn er nicht
gesandt ist? Wie geschrieben steht: *Wie will-*
kommen sind die Füße der Freudenboten, die
Gutes verkünden! 16 Doch nicht alle sind dem
Evangelium gehorsam geworden. Denn Jesa-
ja sagt: *Herr, wer hat unserer Kunde geglaubt?*
17 So gründet der Glaube in der Botschaft, die
Botschaft aber im Wort Christi. 18 Aber, so
frage ich: Haben sie etwa nicht gehört? Ja
doch: *In die ganze Welt ist ihr Schall gedrun-*
gen und bis an die Enden der Erde ihre Wor-
te. 19 Aber ich frage: Hat etwa Israel nicht ver-
standen? Zunächst antwortet Mose: *Ich will*
euch eifersüchtig machen auf ein Volk, das
kein Volk ist; auf ein unverständiges Volk will
ich euch zornig machen. 20 Aber Jesaja wagt
sogar zu sagen: *Ich ließ mich finden von de-*
nen, die nicht nach mir suchten; ich offen-
barte mich denen, die nicht nach mir fragten.
21 Über Israel aber sagt er: *Den ganzen Tag*
habe ich meine Hände ausgestreckt nach ei-
nem ungehorsamen und widerspenstigen
Volk.

15: Jes 52,7 / **16**: Jes 53,1 / **18**: Ps 19,5 / **19**: Dtn 32,21 G / **20**: Jes 65,1 / **21**: Jes 65,2

DAS NICHT VERSTOSSENE VOLK UND DER ERWÄHLTE REST: 11,1–10

11 1 Ich frage also: Hat Gott sein Volk ver-
stoßen? Keineswegs! Denn auch ich bin
ein Israelit, ein Nachkomme Abrahams, aus
dem Stamm Benjamin. 2 *Gott hat sein Volk*
nicht verstoßen, das er im Voraus erwählt hat.
Oder wisst ihr nicht, was die Schrift von
Elija sagt, wie er vor Gott gegen Israel Klage
führt? 3 Herr, *sie haben deine Propheten ge-*
tötet und deine Altäre zerstört. Ich allein bin
übrig geblieben und nun trachten sie auch
mir nach dem Leben. 4 Aber was sagt ihm der
Gottesspruch? *Ich habe siebentausend Män-*
ner für mich *übrig gelassen, die ihr Knie nicht*
vor Baal gebeugt haben. 5 Ebenso gibt es auch
in der gegenwärtigen Zeit einen Rest, der aus
Gnade erwählt ist – 6 wenn aber aus Gnade,
dann nicht mehr aufgrund von Werken, weil
sonst die Gnade nicht mehr Gnade wäre.
7 Was bedeutet das nun? Was Israel erstrebt,
das hat es nicht erlangt, aber der erwählte Rest
hat es erlangt; die Übrigen aber wurden ver-
stockt, 8 wie geschrieben steht: *Gott gab ihnen*
einen Geist der Betäubung, Augen, die nicht
sehen, und Ohren, die nicht hören, bis zum
heutigen Tag. 9 Und David sagt: *Ihr Opfer-*
tisch werde für sie zur Schlinge und zur Fal-
le, zur Ursache des Sturzes und der Bestra-
fung. 10 *Ihre Augen sollen erblinden, sodass*
sie nicht sehen; ihren Rücken beuge ständig!

1: Phil 3,5; 2 Kor 11,22 / **2**: 1 Sam 12,22; Ps 94,14 / **3**: 1 Kön 19,10.14 / **4**: 1 Kön 19,18 / **6**: 4,4 / **8**: Jes 29,10; Mt 13,13; Apg 28,26f. / **9–10**: Ps 69,23f. G

ISRAEL UND DIE HEIDENCHRISTEN. ZWEI MITEINANDER VERSCHRÄNKTE WEGE: 11,11–15

11 Nun frage ich: Sind sie etwa gestrauchelt,
damit sie zu Fall kommen? Keineswegs! Viel-
mehr kam durch ihren Fehltritt das Heil zu
den Heiden, um sie selbst eifersüchtig zu ma-
chen. 12 Wenn aber ihr Fehltritt Reichtum für
die Welt bedeutet und ihre geringe Zahl
Reichtum für die Heiden, um wie viel mehr
ihre Vollzahl! 13 Euch aber, den Heiden, sage
ich: Gerade als Apostel der Heiden preise ich
meinen Dienst, 14 weil ich hoffe, die Angehö-
rigen meines Volkes eifersüchtig zu machen
und wenigstens einige von ihnen zu retten.
15 Denn wenn schon ihre Zurückweisung für
die Welt Versöhnung bedeutet, was wird
dann ihre Annahme anderes sein als Leben
aus den Toten?

11: 10,19 / **15**: 5,10f.; 2 Kor 5,18f.

GLEICHNISSE: DIE ERSTLINGSGABE VOM TEIG UND DER ÖLBAUM: 11,16–24

16 Ist aber die Erstlingsgabe vom Teig heilig, so
ist es auch der ganze Teig; und ist die Wurzel
heilig, so sind es auch die Zweige. 17 Wenn aber
einige Zweige herausgebrochen wurden, du
aber als Zweig vom wilden Ölbaum mitten
unter ihnen eingepfropft wurdest und damit
Anteil erhieltest an der kraftvollen Wurzel
des edlen Ölbaums, 18 so rühme dich nicht
gegen die anderen Zweige! Wenn du dich aber

rühmst, sollst du wissen: Nicht du trägst die
Wurzel, sondern die Wurzel trägt dich.
19 Nun wirst du sagen: Die Zweige wurden
doch herausgebrochen, damit ich einge-
pfropft werde. 20 Gewiss, wegen des Unglau-
bens wurden sie herausgebrochen. Du aber
stehst durch den Glauben. Sei daher nicht
überheblich, sondern fürchte dich! 21 Hat
nämlich Gott die Zweige, die von Natur zum
edlen Baum gehören, nicht verschont, so
wird er auch dich nicht verschonen. 22 Siehe
nun die Güte Gottes und seine Strenge! Die
Strenge gegen jene, die gefallen sind, Gottes
Güte aber gegen dich, sofern du in seiner
Güte bleibst; sonst wirst auch du herausge-
hauen werden. 23 Ebenso werden auch jene,
wenn sie nicht im Unglauben bleiben, wieder
eingepfropft werden; denn Gott hat die
Macht, sie wieder einzupfropfen. 24 Wenn du
nämlich aus dem von Natur wilden Ölbaum
herausgehauen und gegen die Natur in den
edlen Ölbaum eingepfropft wurdest, dann
werden erst recht sie als die von Natur zuge-
hörigen Zweige ihrem eigenen Ölbaum wie-
der eingepfropft werden.

17: Jer 11,16 / **20**: 1 Kor 10,12 / **22**: Joh 15,2.4

DAS GEHEIMNIS DER ERRETTUNG GANZ ISRAELS: 11,25–32

25 Denn ich will euch, Brüder und Schwes-
tern, nicht in Unkenntnis über dieses Ge-
heimnis lassen, damit ihr euch nicht selbst
für klug haltet: Verstockung liegt auf einem
Teil Israels, bis die Vollzahl der Heiden he-
reingekommen ist, 26 und so wird ganz Israel
gerettet werden, wie geschrieben steht:
Es wird kommen aus Zion der Retter, / er
wird alle Gottlosigkeit von Jakob entfernen.
27 *Und das ist der Bund, den ich für sie ge-*
stiftet habe, / wenn ich ihre Sünden hinweg-
nehme.
28 Vom Evangelium her gesehen sind sie
Feinde, und das um euretwillen; von ihrer
Erwählung her gesehen aber sind sie Gelieb-
te, und das um der Väter willen. 29 Denn un-
widerruflich sind die Gnadengaben und die
Berufung Gottes. 30 Denn wie ihr einst Gott
ungehorsam wart, jetzt aber infolge ihres
Ungehorsams Erbarmen gefunden habt, 31 so
sind auch sie infolge des Erbarmens, das ihr
gefunden habt, ungehorsam geworden, da-
mit jetzt auch sie Erbarmen finden. 32 Denn
Gott hat alle in den Ungehorsam einge-
schlossen, um sich aller zu erbarmen.

25: Lk 21,24 / **26**: Jes 59,20f. G / **27**: Jes 27,9; Jer 31,33f. / **28**: 1 Thess 2,15 / **29**: 9,6; Num 23,19 / **32**: Gal 3,22

HYMNUS AUF DIE UNERGRÜNDLICHKEIT DER WEGE GOTTES: 11,33–36

33 O Tiefe des Reichtums, der Weisheit und
der Erkenntnis Gottes! Wie unergründlich
sind seine Entscheidungen, wie unerforsch-
lich seine Wege! 34 Denn *wer hat die Gedan-*
ken des Herrn erkannt? Oder wer ist sein
Ratgeber gewesen? 35 *Oder wer hat ihm et-*
was gegeben, sodass Gott ihm etwas zurück-
geben müsste? 36 Denn aus ihm und durch
ihn und auf ihn hin ist die ganze Schöpfung.
Ihm sei Ehre in Ewigkeit! Amen.

33: Ps 139,17 / **34**: Jes 40,13; 1 Kor 2,16 / **35**: Jes 40,14 G; Ijob 41,3 / **36**: 1 Kor 8,6

WEISUNGEN FÜR DAS LEBEN DER GEMEINDE: 12,1–15,13

ERNEUERUNG IM DENKEN: 12,1–2

12 1 Ich ermahne euch also, Brüder und
Schwestern, kraft der Barmherzig-
keit Gottes, eure Leiber als lebendiges, heili-
ges und Gott wohlgefälliges Opfer darzu-
bringen – als euren geistigen Gottesdienst.
2 Und gleicht euch nicht dieser Welt an, son-
dern lasst euch verwandeln durch die Erneu-
erung des Denkens, damit ihr prüfen und
erkennen könnt, was der Wille Gottes ist: das
Gute, Wohlgefällige und Vollkommene!

1: 6,13 / **2**: Eph 4,17.22f.; 1 Thess 5,21

DAS GLEICHNIS VOM LEIB UND SEINEN GLIEDERN. MAHNUNG ZUR BESONNENHEIT: 12,3–8

3 Denn aufgrund der Gnade, die mir gegeben
ist, sage ich einem jeden von euch: Strebt

nicht über das hinaus, was euch zukommt,
sondern strebt danach, besonnen zu sein,
jeder nach dem Maß des Glaubens, das Gott
ihm zugeteilt hat! 4 Denn wie wir an dem ei-
nen Leib viele Glieder haben, aber nicht alle
Glieder dieselbe Aufgabe haben, 5 so sind wir,
die vielen, ein Leib in Christus, als Einzelne
aber sind wir Glieder, die zueinander gehö-
ren. 6 Wir haben unterschiedliche Gaben, je
nach der uns verliehenen Gnade. Hat einer
die Gabe prophetischer Rede, dann rede er in
Übereinstimmung mit dem Glauben; 7 hat
einer die Gabe des Dienens, dann diene er.
Wer zum Lehren berufen ist, der lehre; 8 wer
zum Trösten und Ermahnen berufen ist, der
tröste und ermahne. Wer gibt, gebe ohne
Hintergedanken; wer Vorsteher ist, setze
sich eifrig ein; wer Barmherzigkeit übt, der
tue es freudig.

3: 2 Kor 10,13 / **4:** 1 Kor 12,12.27; Eph 1,23 / **6–8:** 1 Kor 12,4.8–11 / **7:** 1 Petr 4,10f.

ETHISCHE UND RELIGIÖSE VERHALTENSREGELN FÜR DEN ALLTAG: 12,9–21

9 Die Liebe sei ohne Heuchelei. Verabscheut
das Böse, haltet fest am Guten! 10 Seid einan-
der in brüderlicher Liebe zugetan, übertrefft
euch in gegenseitiger Achtung! 11 Lasst nicht
nach in eurem Eifer, lasst euch vom Geist
entflammen und dient dem Herrn! 12 Freut
euch in der Hoffnung, seid geduldig in der
Bedrängnis, beharrlich im Gebet! 13 Nehmt
Anteil an den Nöten der Heiligen; gewährt
jederzeit Gastfreundschaft! 14 Segnet eure
Verfolger; segnet sie, verflucht sie nicht!
15 Freut euch mit den Fröhlichen und weint
mit den Weinenden! 16 Seid untereinander
eines Sinnes; strebt nicht hoch hinaus, son-
dern bleibt demütig! Haltet euch nicht selbst
für klug! 17 Vergeltet niemandem Böses mit
Bösem! Seid allen Menschen gegenüber auf
Gutes bedacht! 18 Soweit es euch möglich ist,
haltet mit allen Menschen Frieden! 19 Übt
nicht selbst Vergeltung, Geliebte, sondern
lasst Raum für das Zorngericht Gottes; denn
es steht geschrieben: *Mein ist die Vergeltung,*
ich werde vergelten, spricht der Herr. 20 Viel-
mehr: *Wenn dein Feind Hunger hat, gib ihm*
zu essen, wenn er Durst hat, gib ihm zu trin-
ken; tust du das, dann sammelst du glühende
Kohlen auf sein Haupt. 21 Lass dich nicht vom
Bösen besiegen, sondern besiege das Böse
durch das Gute!

10: Phil 2,3 / **13:** 1 Petr 4,9; Hebr 13,2 / **14:** Lk 6,27f. / **15:** 1 Kor 12,26 / **16:** Spr 3,7; Phil 2,2f. / **17:** 1 Thess 5,15; 1 Petr 3,9 / **18:** Hebr 12,14 / **19:** Dtn 32,35.41 / **20:** Spr 25,21f.; Mt 5,44

WEISUNG ZUM RECHTEN VERHALTEN DEN STAATLICHEN BEHÖRDEN GEGENÜBER: 13,1–7

13 1 Jeder ordne sich den Trägern der staat-
lichen Gewalt unter. Denn es gibt keine
staatliche Gewalt außer von Gott; die jetzt
bestehen, sind von Gott eingesetzt. 2 Wer sich
daher der staatlichen Gewalt widersetzt, stellt
sich gegen die Ordnung Gottes, und wer sich
ihm entgegenstellt, wird dem Gericht verfal-
len. 3 Vor den Trägern der Macht hat sich nicht
die gute, sondern die böse Tat zu fürchten;
willst du also ohne Furcht vor der staatlichen
Gewalt leben, dann tue das Gute, sodass du
ihre Anerkennung findest! 4 Denn sie steht im
Dienst Gottes für dich zum Guten. Wenn du
aber das Böse tust, fürchte dich! Denn nicht
ohne Grund trägt sie das Schwert. Sie steht
nämlich im Dienst Gottes und vollstreckt das
Urteil an dem, der das Böse tut. 5 Deshalb ist
es notwendig, sich unterzuordnen, nicht al-
lein um der Strafe, sondern auch um des Ge-
wissens willen. 6 Das ist auch der Grund, wes-
halb ihr Steuern zahlt; denn in Gottes Auftrag
handeln jene, die Steuern einzuziehen haben.
7 Gebt allen, was ihr ihnen schuldig seid, Steu-
er, wem ihr Steuer schuldet, Zoll, wem ihr Zoll
schuldet, Furcht, wem ihr Furcht schuldet,
Ehre, wem ihr Ehre schuldet!

1: 1 Petr 2,13f.; Tit 3,1 / **5:** 1 Petr 2,19 / **7:** Mt 22,21

DIE LIEBE ALS ERFÜLLUNG DES GESETZES: 13,8–10

8 Niemandem bleibt etwas schuldig, außer der
gegenseitigen Liebe! Wer den andern liebt,
hat das Gesetz erfüllt. 9 Denn die Gebote: *Du*
sollst nicht die Ehe brechen, du sollst nicht
töten, du sollst nicht stehlen, du sollst nicht
begehren! und alle anderen Gebote sind in
dem einen Satz zusammengefasst: *Du sollst*
deinen Nächsten lieben wie dich selbst. 10 Die
Liebe tut dem Nächsten nichts Böses. Also ist
die Liebe die Erfüllung des Gesetzes.

8: 8,4 / **9:** Ex 20,13–17 G; Dtn 5,17–21 G; Lev 19,18; Mt 22,39f.; Gal 5,14

DAS GEBOT DER STUNDE: 13,11–14

11 Und das tut im Wissen um die gegenwär-
tige Zeit: Die Stunde ist gekommen, aufzu-
stehen vom Schlaf. Denn jetzt ist das Heil uns
näher als zu der Zeit, da wir gläubig wurden.

12 Die Nacht ist vorgerückt, der Tag ist nahe.
Darum lasst uns ablegen die Werke der Fins-
ternis und anlegen die Waffen des Lichts!
13 Lasst uns ehrenhaft leben wie am Tag, ohne
maßloses Essen und Trinken, ohne Unzucht
und Ausschweifung, ohne Streit und Eifer-
sucht! 14 Vielmehr zieht den Herrn Jesus
Christus an und sorgt nicht so für euren Leib,
dass die Begierden erwachen.

11: Eph 5,14.16; 1 Thess 5,5f. / **12**: 1 Thess 5,8 / **13**: Lk 21,34; Gal 5,19–21; 1 Petr 4,3 / **14**: Gal 3,27; Eph 4,24

MAHNUNG ZU TOLERANZ UND RESPEKT VOREINANDER: 14,1–12

14 1 Nehmt den an, der im Glauben
schwach ist, ohne mit ihm über ver-
schiedene Auffassungen zu streiten! 2 Der
eine glaubt, alles essen zu dürfen, der Schwa-
che aber isst nur Gemüse. 3 Wer Fleisch isst,
verachte den nicht, der es nicht isst; wer aber
kein Fleisch isst, richte den nicht, der es isst.
Denn Gott hat ihn angenommen. 4 Wer bist
du, dass du den Diener eines anderen rich-
test? Durch seinen eigenen Herrn steht oder
fällt er. Er wird aber stehen; denn der Herr hat
die Macht, ihm Stand zu geben. 5 Der eine
nämlich bevorzugt bestimmte Tage, der an-
dere aber macht keinen Unterschied zwi-
schen den Tagen. Jeder soll von seiner eige-
nen Auffassung überzeugt sein. 6 Wer einen
bestimmten Tag bevorzugt, tut es zur Ehre
des Herrn. Und wer Fleisch isst, tut es zur
Ehre des Herrn; denn er dankt Gott dabei.
Und wer kein Fleisch isst, unterlässt es zur
Ehre des Herrn und auch er dankt Gott.
7 Denn keiner von uns lebt sich selber und
keiner stirbt sich selber: 8 Leben wir, so leben
wir dem Herrn, sterben wir, so sterben wir
dem Herrn. Ob wir leben oder ob wir sterben,
wir gehören dem Herrn. 9 Denn Christus ist
gestorben und lebendig geworden, um Herr
zu sein über Tote und Lebende. 10 Du aber,
was richtest du deinen Bruder? Und du, was
verachtest du deinen Bruder? Wir werden
doch alle vor dem Richterstuhl Gottes ste-
hen. 11 Denn es steht geschrieben: *So wahr
ich lebe, spricht der Herr, vor mir wird jedes
Knie sich beugen und jede Zunge wird Gott
preisen.* 12 Also wird jeder von uns vor Gott
Rechenschaft über sich selbst ablegen.

1-23: 1 Kor 8,1–13 / **1**: 15,1.7 / **2**: 1 Kor 10,25 / **3**: Kol 2,16 / **5**: Gal 4,10 / **6**: 1 Tim 4,4f. / **7**: 2 Kor 5,15 / **8**: 6,11; 1 Thess 5,10 / **10**: Mt 7,1; 2 Kor 5,10 / **11**: Jes 45,23; 49,18; Phil 2,10f.

ERKENNTNIS UND LIEBE. KRITERIEN DES HANDELNS: 14,13–23

13 Daher wollen wir uns nicht mehr gegensei-
tig richten. Achtet vielmehr darauf, dem Bru-
der keinen Anstoß zu geben und ihn nicht zu
Fall zu bringen! 14 Ich weiß und bin im Herrn
Jesus fest davon überzeugt, dass nichts un-
rein ist in sich selbst; unrein ist es nur für den,
der es als unrein betrachtet. 15 Denn wenn
wegen einer Speise, die du isst, dein Bruder
verwirrt und betrübt wird, dann handelst du
nicht mehr der Liebe gemäß. Richte durch
deine Speise nicht die zugrunde, für die
Christus gestorben ist! 16 Es darf doch euer
wahres Gut nicht der Lästerung preisgegeben
werden; 17 denn das Reich Gottes ist nicht
Essen und Trinken, sondern Gerechtigkeit,
Friede und Freude im Heiligen Geist. 18 Denn
wer Christus so dient, ist Gott wohlgefällig
und geachtet bei den Menschen. 19 Lasst uns
also dem nachjagen, was dem Frieden dient
und der gegenseitigen Auferbauung! 20 Reiß
nicht wegen einer Speise das Werk Gottes
nieder! Alle Dinge sind rein; schlecht ist es
jedoch, wenn ein Mensch durch sein Essen
Anstoß erregt. 21 Es ist nicht gut, Fleisch zu
essen oder Wein zu trinken oder sonst etwas
zu tun, wenn dein Bruder daran Anstoß
nimmt. 22 Die Überzeugung, die du selbst
hast, sollst du vor Gott haben. Wohl dem, der
sich nicht zu verurteilen braucht bei dem,
was er für recht hält. 23 Wer aber Zweifel hat,
wenn er etwas isst, der ist gerichtet, weil er
nicht aus der Überzeugung des Glaubens
handelt. Alles, was nicht aus Glauben ge-
schieht, ist Sünde.

14: Mk 7,19; Tit 1,15 / **17**: Mt 6,33 / **19**: 12,18; 15,2 / **23**: 14,14

DIE SCHWÄCHEN DES NÄCHSTEN MITTRAGEN: 15,1–6

15 1 Wir müssen als die Starken die
Schwäche derer tragen, die schwach
sind, und dürfen nicht für uns selbst leben.
2 Jeder von uns soll dem Nächsten zu Gefal-
len leben, zum Guten und zur Auferbauung.
3 Denn auch Christus hat nicht sich selbst zu
Gefallen gelebt; vielmehr steht geschrieben:
*Die Schmähungen derer, die dich schmähen,
sind auf mich gefallen.* 4 Denn alles, was
einst geschrieben worden ist, ist zu unserer
Belehrung geschrieben, damit wir durch
Geduld und durch den Trost der Schriften
Hoffnung haben. 5 Der Gott der Geduld und

des Trostes aber schenke euch, eines Sinnes
untereinander zu sein, Christus Jesus ge-
mäß, 6 damit ihr Gott, den Vater unseres
Herrn Jesus Christus, einmütig und mit ei-
nem Munde preist.

1: 14,1f.; Gal 6,2 / **3**: Ps 69,10 / **4**: 1 Kor 10,11; 2 Tim 3,16 /
5: Phil 2,2; 4,2

GEGENSEITIGE ANNAHME UND GEMEINSAMES
GOTTESLOB: 15,7–13

7 Darum nehmt einander an, wie auch Chris-
tus uns angenommen hat, zur Ehre Gottes!
8 Denn, das sage ich, Christus ist um der
Wahrhaftigkeit Gottes willen Diener der Be-
schnittenen geworden, um die Verheißun-
gen an die Väter zu bestätigen; 9 die Heiden
aber sollen Gott rühmen um seines Erbar-
mens willen, wie geschrieben steht:

*Darum will ich dich bekennen unter den
Heiden / und deinem Namen lobsingen.*

10 An anderer Stelle heißt es:
Ihr Heiden, freut euch mit seinem Volk! /
11 Und es heißt auch:
*Lobt den Herrn, alle Heiden, / preisen sol-
len ihn alle Völker!*
12 Und Jesaja sagt:
*Kommen wird der Spross aus der Wurzel
Isais; /*
*er wird sich erheben, / um über die Heiden
zu herrschen. /*
Auf ihn werden die Heiden hoffen.
13 Der Gott der Hoffnung aber erfülle euch
mit aller Freude und mit allem Frieden im
Glauben, damit ihr reich werdet an Hoffnung
in der Kraft des Heiligen Geistes.

7: 14,1 / **8**: 11,28f. / **9**: Ps 18,50 / **10**: Dtn 32,43 G / **11**: Ps
117,1 / **12**: Jes 11,1.10 G / **13**: 5,1f.

BRIEFSCHLUSS: 15,14–16,24

REISEPLÄNE: 15,14–29

14 Meine Brüder und Schwestern, im Blick
auf euch bin ich fest überzeugt, dass auch ihr
voller Güte seid, erfüllt von aller Erkennt-
nis, und selbst imstande seid, einander zu-
rechtzuweisen. 15 Um euch aber einiges in
Erinnerung zu rufen, habe ich euch einen
teilweise ziemlich kühnen Brief geschrie-
ben. Ich tat es kraft der Gnade, die mir von
Gott gegeben ist, 16 damit ich als Diener
Christi Jesu für die Heiden wirke und das
Evangelium Gottes wie ein Priester verwal-
te; denn die Heiden sollen eine Opfergabe
werden, die Gott wohlgefällig ist, geheiligt
im Heiligen Geist.
17 In Christus Jesus kann ich mich also vor
Gott rühmen. 18 Denn ich würde es nicht wa-
gen, von etwas zu reden, was Christus nicht
durch mich bewirkt hat, um die Heiden zum
Gehorsam zu führen, in Wort und Tat, 19 in
der Kraft von Zeichen und Wundern, in der
Kraft des Geistes Gottes. So habe ich von Je-
rusalem aus in weitem Umkreis bis nach Il-
lyrien überall das Evangelium Christi zur
Erfüllung gebracht. 20 Dabei habe ich meine
Ehre dafür eingesetzt, das Evangelium nicht
dort zu verkünden, wo der Name Christi
schon bekannt gemacht war, um nicht auf
einem fremden Fundament zu bauen; 21 son-
dern wie geschrieben steht:
*Sehen werden die, denen nichts über ihn
verkündet wurde, /*
*und die werden verstehen, die nichts ge-
hört haben.*
22 Das ist es auch, was mich immer wieder
gehindert hat, zu euch zu kommen. 23 Jetzt
aber habe ich in diesen Gegenden kein Ar-
beitsfeld mehr, habe aber seit vielen Jahren
das Verlangen, zu euch zu kommen, 24 wenn
ich einmal nach Spanien reise; denn auf dem
Weg dorthin hoffe ich euch zu sehen und
dann von euch für die Weiterreise ausgerüs-
tet zu werden, nachdem ich mich zuerst ein
wenig an euch erfreut habe. 25 Doch jetzt
gehe ich nach Jerusalem, um den Heiligen
einen Dienst zu erweisen. 26 Denn Mazedo-
nien und Achaia haben beschlossen, eine
Sammlung als Zeichen ihrer Gemeinschaft
für die Armen unter den Heiligen in Jerusa-
lem durchzuführen. 27 Ja, das haben sie be-
schlossen und sie sind auch deren Schuld-
ner. Denn wenn die Heiden an ihren
geistlichen Gütern Anteil erhalten haben, so
sind sie auch verpflichtet, ihnen mit irdi-

schen Gütern zu dienen. 28 Wenn ich das
abgeschlossen und ihnen den Ertrag der
Sammlung versiegelt übergeben habe, will
ich euch besuchen und dann nach Spanien
weiterreisen. 29 Ich weiß aber, wenn ich zu
euch komme, werde ich mit der Fülle des
Segens Christi kommen.

14: Gal 5,22 / **17**: 1 Kor 1,31 / **18**: 2 Kor 3,5 / **19**: 2 Kor 12,12 / **21**: Jes 52,15 / **25**: Apg 19,21; 24,17 / **26**: 2 Kor 9,2.12 / **27**: 1 Kor 9,11

AUFFORDERUNG ZUR FÜRBITTE UND SEGENSWUNSCH FÜR DIE ADRESSATEN: 15,30–33

30 Ich bitte euch aber, Brüder und Schwestern,
bei unserem Herrn Jesus Christus und bei der
Liebe des Geistes: Kämpft mit mir in den Ge-
beten für mich vor Gott, 31 dass ich vor den
Ungehorsamen in Judäa gerettet werde, dass
mein Dienst an Jerusalem von den Heiligen
dankbar aufgenommen wird 32 und dass ich,
wenn es Gottes Wille ist, voll Freude zu euch
kommen kann, um mit euch eine Zeit der
Ruhe zu verbringen!

33 Der Gott des Friedens aber sei mit euch
allen! Amen.

30: Eph 6,18f. / **31**: Apg 21,10f. / **32**: 1,10 / **33**: 16,20; 1 Thess 5,23; 2 Thess 3,16

GRÜSSE UND ERMAHNUNGEN: 16,1–24

16 1 Ich empfehle euch unsere Schwester
Phöbe, die auch Dienerin der Gemein-
de von Kenchreä ist: 2 Nehmt sie im Namen
des Herrn auf, wie es Heilige tun sollen, und
steht ihr in jeder Sache bei, in der sie euch
braucht; denn für viele war sie ein Beistand,
auch für mich selbst.

3 Grüßt Prisca und Aquila, meine Mitarbei-
ter in Christus Jesus, 4 die für mein Leben
ihren eigenen Kopf hingehalten haben; nicht
allein ich, sondern alle Gemeinden der Hei-
den sind ihnen dankbar. 5 Grüßt auch die
Gemeinde, die sich in ihrem Haus versam-
melt! Grüßt meinen lieben Epänetus, der die
Erstlingsgabe der Provinz Asien für Christus
ist! 6 Grüßt Maria, die für euch viel Mühe auf
sich genommen hat! 7 Grüßt Andronikus und
Junia, die zu meinem Volk gehören und mit
mir zusammen im Gefängnis waren; sie ra-
gen heraus unter den Aposteln und haben
sich schon vor mir zu Christus bekannt.
8 Grüßt meinen im Herrn geliebten Amplia-
tus. 9 Grüßt Urbanus, unseren Mitarbeiter in
Christus, und meinen geliebten Stachys!
10 Grüßt Apelles, der sich in Christus be-
währt hat! Grüßt die aus dem Haus des Aris-
tobul! 11 Grüßt Herodion, der zu meinem
Volk gehört! Grüßt die aus dem Haus des
Narzissus, die sich zum Herrn bekennen!
12 Grüßt Tryphäna und Tryphosa, die sich im
Herrn gemüht haben! Grüßt die geliebte Per-
sis; sie hat im Herrn große Mühe auf sich ge-
nommen! 13 Grüßt Rufus, der vom Herrn
auserwählt ist; grüßt seine Mutter, die auch
mir zur Mutter geworden ist! 14 Grüßt Asyn-
kritus, Phlegon, Hermes, Patrobas, Hermas
und die Brüder, die bei ihnen sind! 15 Grüßt
Philologus und Julia, Nereus und seine
Schwester, Olympas und alle Heiligen, die
bei ihnen sind! 16 Grüßt einander mit dem
heiligen Kuss! Es grüßen euch alle Gemein-
den Christi.

17 Ich ermahne euch aber, Brüder und
Schwestern, auf die Acht zu geben, die im
Widerspruch zu der Lehre, die ihr gelernt
habt, Spaltung und Verwirrung verursa-
chen: Haltet euch von ihnen fern! 18 Denn
diese Leute dienen nicht Christus, unserem
Herrn, sondern ihrem Bauch und sie verfüh-
ren durch ihre schönen und gewandten Re-
den das Herz der Arglosen. 19 Doch euer
Gehorsam ist allen bekannt; daher freue ich
mich über euch und wünsche nur, dass ihr
verständig bleibt, offen für das Gute, unzu-
gänglich für das Böse. 20 Der Gott des Frie-
dens aber wird den Satan bald zertreten und
unter eure Füße legen. Die Gnade Jesu, un-
seres Herrn, sei mit euch!

21 Es grüßen euch Timotheus, mein Mitar-
beiter, und Lucius, Jason und Sosipater, die
zu meinem Volk gehören. 22 Ich, Tertius, der
Schreiber dieses Briefes, grüße euch im Na-
men des Herrn. 23 Es grüßt euch Gaius, der
mich und die ganze Gemeinde gastlich auf-
genommen hat. Es grüßt euch der Stadtkäm-
merer Erastus und der Bruder Quartus. 24 Die
Gnade Jesu Christi, unseres Herrn, sei mit
euch allen! Amen.

1: 1 Kor 3,5; 2 Kor 3,6; 6,4 / **3**: Apg 18,2f. / **5**: 1 Kor 16,19; Kol 4,15; Phlm 2 / **16**: 1 Kor 16,20; 2 Kor 13,12; 1 Thess 5,26; 1 Petr 5,14 / **18**: Phil 3,18f.; Kol 2,4 / **19**: 1 Kor 14,20 / **20**: 15,33 / **21**: Apg 16,1

16,1 Dienerin: im Griechischen steht diakonos, vgl. Anm. zu Phil 1,1; außerdem 1 Tim 3,8.11.

ABSCHLIESSENDER LOBPREIS GOTTES: 16,25–27

25 Dem aber, der die Macht hat, euch Kraft zu
geben – / gemäß meinem Evangelium und
der Botschaft von Jesus Christus, / gemäß
der Offenbarung jenes Geheimnisses, / das
seit ewigen Zeiten unausgesprochen war,
26 jetzt aber nach dem Willen des ewigen
Gottes offenbart / und durch prophetische
Schriften kundgemacht wurde, / um alle
Heiden zum Gehorsam des Glaubens zu füh-
ren –, 27 ihm, dem einen, weisen Gott, / sei
Ehre durch Jesus Christus in alle Ewigkeit!
Amen.

25: 1 Kor 2,7; Eph 1,9; Kol 1,26; 2 Tim 1,9f. / **26**: Eph 3,4f.8f.; 1 Petr 1,20 / **27**: 11,36; 1 Tim 1,17

DER 1. BRIEF AN DIE KORINTHER

Diesen Brief verfasste Paulus im Frühjahr 54 oder 55 in Ephesus (16,8). Die Gemeinde in Korinth, der Hauptstadt der römischen Provinz Achaia, an die er sich damit wendet, hatte er 50/51 während eines rund anderthalbjährigen Aufenthaltes selbst gegründet (3,6.10; 4,14f.). Seitdem hatte er die Gemeinde nicht mehr aufgesucht, war mit ihr jedoch in brieflichem Kontakt geblieben (5,9; das hier erwähnte, dem 1. Korintherbrief vorausgehende Schreiben gilt als verloren). Für den darauf folgenden Winter stellt er einen längeren Besuch in Aussicht (16,5–7).

Von den hier erörterten Fragen und Problemen hatte Paulus durch verschiedene Informationsquellen Kenntnis erhalten: zum einen durch die Leute der Chloë (1,11; vgl. 5,1; 11,18), sodann durch einen Brief der Gemeinde, die sich mit Anfragen an ihren Gründer gewandt hatte (7,1; vgl. 8,1; 12,1; vielleicht auch 16,1) sowie schließlich durch Stephanas und seine Begleiter, die ihn in Ephesus besuchten (16,17f.; zu Stephanas vgl. auch 1,16; 16,15f.).

Vor allem das Wirken des hellenistischen Judenchristen Apollos aus Alexandria, der nach Paulus als Verkündiger in Korinth tätig geworden war (3,5–9; vgl. Apg 18,24–19,1), hatte wohl dazu geführt, dass sich innerhalb der Gemeinde konkurrierende Gruppen ausbildeten (1,12) und sie zu spalten drohten. Mit diesem Konflikt setzt sich Paulus in 1,10–4,21 auseinander.

In 5,1–13 (Verhältnis eines Gemeindemitglieds mit seiner Stiefmutter) und 6,12–20 (Umgang von Gemeindemitgliedern mit Prostituierten) bezieht er Stellung zu sexuellem Fehlverhalten; in 6,1–11 äußert er sich kritisch zu Rechtsstreitigkeiten unter Gemeindemitgliedern, die vor heidnischen Gerichten ausgetragen werden; in 7,1–40 widmet er sich Fragen zur Ehe und Ehelosigkeit. Eine Frage, die ihm die korinthische Gemeinde in ihrem Schreiben gestellt hatte, lässt einseitig asketische Tendenzen erkennen (7,1), gegen die Paulus eine differenzierte Argumentation setzt. Er favorisiert zwar eine ehelose Lebensform, aber für ihn muss die Voraussetzung gegeben sein, dass Gott dem Menschen eine Befähigung zu geschlechtlicher Enthaltsamkeit als individuelle Gnadengabe (Charisma) zugeteilt hat (7,7–9). In 8,1–11,1 erörtert Paulus die Fragen, ob es erlaubt sei, Götzenopferfleisch zu verzehren und an Götzenopfermahlzeiten teilzunehmen.

In 11,2–34 äußert er sich zu Fehlentwicklungen im Gottesdienst der Gemeinde. In 11,2–16 tadelt er zunächst, dass Frauen in der korinthischen Gemeinde, sofern sie im Gottesdienst beten und prophetisch reden, dies nicht in der gebotenen schicklichen Form tun, konkret, dass sie durch Ablehnung einer frauentypischen Kopfbedeckung oder Frisur gegen allgemein akzeptierte Konventionen verstoßen. In 11,17–34 wendet Paulus sich dann gegen Missstände bei der Feier des Herrenmahls, die in einer Benachteiligung der ärmeren Gemeindemitglieder bei dem zur Herrenmahlfeier gehörigen gemeinsamen Sättigungsmahl bestehen. In den Kapiteln 12–14 setzt er gegen eine einseitige Hochschätzung bestimmter Geistesgaben ihre Unverfügbarkeit als göttliche Gnadengaben (Charismen) sowie die notwendige Vielfalt dieser Gnadengaben für die Lebensfähigkeit der Gemeinde (12,1–31a). Das sogenannte Hohe Lied der Liebe (13) zeigt dabei auf, dass alle Gnadengaben, die Gott den Gemeindemitgliedern schenkt, erst durch die Liebe ihr Ziel erreichen. In 14,1–25 wird der besondere Stellenwert der prophetischen Rede für den Gemeindeaufbau hervorgehoben.

Im 15. Kapitel setzt sich Paulus schließlich mit der in Teilen der korinthischen Gemeinde vertretenen These auseinander, eine Auferstehung der Toten gebe es nicht (15,12). Dem hält er entgegen, dass das Bekenntnis von Tod und Auferweckung Christi (15,1–11) untrennbar mit dem Glauben an die Auferstehung der Toten verbunden ist (15,12–34). Aus 15,35–58 geht hervor, dass die korinthische Leugnung ihren Grund in der Ablehnung der leiblichen Dimension des Auferweckungsglaubens hat. Diese leibliche Dimension kann freilich nach Überzeugung des Paulus nicht in Frage gestellt werden. Doch stellt er klar, dass Auferweckungsexistenz keine Rückkehr in den vergänglichen Leib dieser Schöpfung bedeutet. Vielmehr ist der Auferweckungsleib ein geistig-geistlicher (pneumatischer) Leib, der sich der endzeitlichen Neuschöpfung verdankt.

Das Schlusskapitel des Briefes enthält Anweisungen zur Teilnahme an der Kollekte für die Jerusalemer Urgemeinde (16,1–4), Mitteilungen über die weiteren Pläne des Apostels einschließlich einer Besuchsankündigung (16,5–12) sowie Schlussmahnungen und Grüße (16,13–24).

Wie kaum ein anderer Text des Neuen Testaments gewährt der 1. Korintherbrief Einblick in das sich entwickelnde Leben einer urchristlichen Gemeinde. Zugleich zeigt er, wie sehr sich Paulus als Gründer dieser Gemeinde weiterhin für sie verantwortlich fühlt (4,14f.) und versucht, die aufgetretenen Probleme und die ihm gestellten Fragen im Licht der Heilsbotschaft von Kreuz und Auferweckung Jesu Christi zu lösen und zu beantworten. Seine theologischen Reflexionen und pastoralen Argumente haben über die Anlässe der korinthischen Situation hinaus bis in die Gegenwart ihre Aktualität nicht verloren.

ANSCHRIFT UND GRUSS: 1,1–3

1 1 Paulus, durch Gottes Willen berufener
Apostel Christi Jesu, und der Bruder
Sosthenes 2 an die Kirche Gottes, die in Ko-
rinth ist – die Geheiligten in Christus Jesus,
die berufenen Heiligen –, mit allen, die den
Namen unseres Herrn Jesus Christus überall
anrufen, bei ihnen und bei uns. 3 Gnade sei
mit euch und Friede von Gott, unserem Va-
ter, und dem Herrn Jesus Christus!

1: 2 Kor 1,1; Röm 1,1 / **2:** 1,30; 6,11; 2 Kor 1,1; Röm 10,12f. / **3:** Röm 1,7

DANK AN GOTT: 1,4–9

4 Ich danke meinem Gott jederzeit euretwe-
gen für die Gnade Gottes, die euch in Chris-
tus Jesus geschenkt wurde, 5 dass ihr an allem
reich geworden seid in ihm, an aller Rede und
aller Erkenntnis. 6 Denn das Zeugnis über
Christus wurde bei euch gefestigt, 7 sodass

euch keine Gnadengabe fehlt, während ihr
auf die Offenbarung unseres Herrn Jesus
Christus wartet. 8 Er wird euch auch festigen
bis ans Ende, sodass ihr schuldlos dasteht am
Tag unseres Herrn Jesus Christus. 9 Treu ist
Gott, durch den ihr berufen worden seid zur
Gemeinschaft mit seinem Sohn Jesus Chris-
tus, unserem Herrn.

5: 2 Kor 8,7 / **7**: Phil 3,20 / **8**: Phil 1,6.10; 1 Thess 3,13 / **9**: 10,13

DIE SPALTUNGEN IN DER GEMEINDE: 1,10–4,21

MAHNUNG ZUR EINHEIT: 1,10–17

10 Ich ermahne euch aber, Brüder und Schwes-
tern, im Namen unseres Herrn Jesus Chris-
tus: Seid alle einmütig und duldet keine
Spaltungen unter euch; seid vielmehr eines
Sinnes und einer Meinung! 11 Es wurde mir
nämlich, meine Brüder und Schwestern, von
den Leuten der Chloë berichtet, dass es Strei-
tigkeiten unter euch gibt. 12 Ich meine damit,
dass jeder von euch etwas anderes sagt: Ich
halte zu Paulus – ich zu Apollos – ich zu
Kephas – ich zu Christus. 13 Ist denn Christus
zerteilt? Wurde etwa Paulus für euch gekreu-
zigt? Oder seid ihr auf den Namen des Paulus
getauft worden? 14 Ich danke Gott, dass ich
niemanden von euch getauft habe, außer
Krispus und Gaius, 15 sodass keiner sagen
kann, ihr seiet auf meinen Namen getauft
worden. 16 Ich habe allerdings auch das Haus
des Stephanas getauft. Ob ich sonst noch je-
manden getauft habe, weiß ich nicht mehr.
17 Denn Christus hat mich nicht gesandt zu
taufen, sondern das Evangelium zu verkün-
den, aber nicht mit gewandten und klugen
Worten, damit das Kreuz Christi nicht um
seine Kraft gebracht wird.

10: 11,18; Röm 15,5 / **12**: 3,3f.; Apg 18,24 / **14**: Apg 18,8; Röm 16,23 / **16**: 16,15.17 / **17**: 2,1.4; Gal 1,15f.; Apg 9,15; 22,18.21; 26,15–18

DER GEKREUZIGTE CHRISTUS ALS WEISHEIT GOTTES: 1,18–25

18 Denn das Wort vom Kreuz ist denen, die
verloren gehen, Torheit; uns aber, die gerettet
werden, ist es Gottes Kraft. 19 In der Schrift
steht nämlich:

*Ich werde die Weisheit der Weisen vernich-
ten / und die Klugheit der Klugen verwerfen.*

20 Wo ist ein Weiser? Wo ein Schriftgelehr-
ter? Wo ein Wortführer in dieser Weltzeit?
Hat Gott nicht die Weisheit der Welt als Tor-
heit entlarvt? 21 Denn da die Welt angesichts
der Weisheit Gottes auf dem Weg ihrer Weis-
heit Gott nicht erkannte, beschloss Gott, alle,
die glauben, durch die Torheit der Verkündi-
gung zu retten. 22 Die Juden fordern Zeichen,
die Griechen suchen Weisheit. 23 Wir dage-
gen verkünden Christus als den Gekreuzig-
ten: für Juden ein Ärgernis, für Heiden eine
Torheit, 24 für die Berufenen aber, Juden wie
Griechen, Christus, Gottes Kraft und Gottes
Weisheit. 25 Denn das Törichte an Gott ist
weiser als die Menschen und das Schwache
an Gott ist stärker als die Menschen.

18: 1,23f.; Röm 1,16 / **19**: Jes 29,14 / **20**: 3,19; Jes 19,12; 44,25 / **22**: Mt 12,38; 16,1; Mk 8,11; Lk 11,16; Joh 2,18; Apg 17,18–21 / **23**: 2,2; Gal 3,1; 6,12.14 / **24**: Kol 2,3

DIE GEMEINDE UND PAULUS ALS SPIEGEL DER WEISHEIT GOTTES: 1,26–2,5

26 Seht doch auf eure Berufung, Brüder und
Schwestern! Da sind nicht viele Weise im
irdischen Sinn, nicht viele Mächtige, nicht
viele Vornehme, 27 sondern das Törichte in
der Welt hat Gott erwählt, um die Weisen
zuschanden zu machen, und das Schwache
in der Welt hat Gott erwählt, um das Starke
zuschanden zu machen. 28 Und das Niedrige
in der Welt und das Verachtete hat Gott er-
wählt: das, was nichts ist, um das, was etwas
ist, zu vernichten, 29 damit kein Mensch sich
rühmen kann vor Gott. 30 Von ihm her seid
ihr in Christus Jesus, den Gott für uns zur
Weisheit gemacht hat, zur Gerechtigkeit,
Heiligung und Erlösung. 31 *Wer sich also rüh-
men will, der rühme sich des Herrn;* so heißt
es schon in der Schrift.

2 1 Auch ich kam nicht zu euch, Brüder
und Schwestern, um glänzende Reden

2,1 Geheimnis Gottes: gemeint ist das Evangelium vom gekreuzigten Christus; einige Textzeugen: Zeugnis Gottes, diese Lesart entstand wohl unter dem Einfluss von 1,6.

oder gelehrte Weisheit vorzutragen, sondern
um euch das Geheimnis Gottes zu verkün-
den. 2 Denn ich hatte mich entschlossen, bei
euch nichts zu wissen außer Jesus Christus,
und zwar als den Gekreuzigten. 3 Zudem kam
ich in Schwäche und in Furcht, zitternd und
bebend zu euch. 4 Meine Botschaft und Ver-
kündigung war nicht Überredung durch ge-
wandte und kluge Worte, sondern war mit
dem Erweis von Geist und Kraft verbunden,
5 damit sich euer Glaube nicht auf Menschen-
weisheit stützte, sondern auf die Kraft Got-
tes.

1,29: Röm 3,27; Eph 2,9 / **30**: 6,11 / **31**: Jer 9,22f.; 2 Kor 10,17
2,1: 1,17 / **2**: Gal 3,1; 6,14 / **3**: 2 Kor 10,10; 11,6; 12,5.9; Gal 4,13f.; Apg 18,9 / **4**: 1 Thess 1,5 / **5**: 1,18.24

PAULUS, VERKÜNDER DER WEISHEIT GOTTES: 2,6–16

6 Und doch verkünden wir Weisheit unter
den Vollkommenen, aber nicht Weisheit die-
ser Welt oder der Machthaber dieser Welt, die
einst entmachtet werden. 7 Vielmehr verkün-
den wir das Geheimnis der verborgenen
Weisheit Gottes, die Gott vor allen Zeiten
vorausbestimmt hat zu unserer Verherrli-
chung. 8 Keiner der Machthaber dieser Welt
hat sie erkannt; denn hätten sie die Weisheit
Gottes erkannt, so hätten sie den Herrn der
Herrlichkeit nicht gekreuzigt. 9 Nein, wir
verkünden, wie es in der Schrift steht, *was
kein Auge gesehen und kein Ohr gehört hat,
was in keines Menschen Herz gedrungen ist,
was Gott denen bereitet hat, die ihn lieben.*

10 Uns aber hat es Gott enthüllt durch den
Geist. Der Geist ergründet nämlich alles,
auch die Tiefen Gottes. 11 Wer von den Men-
schen kennt den Menschen, wenn nicht der
Geist des Menschen, der in ihm ist? So er-
kennt auch keiner Gott – nur der Geist Got-
tes. 12 Wir aber haben nicht den Geist der
Welt empfangen, sondern den Geist, der aus
Gott stammt, damit wir das erkennen, was
uns von Gott geschenkt worden ist. 13 Davon
reden wir auch, nicht mit Worten, wie
menschliche Weisheit sie lehrt, sondern wie
der Geist sie lehrt, indem wir den Geisterfüll-
ten Geistgewirktes deuten. 14 Der irdisch
gesinnte Mensch aber erfasst nicht, was vom
Geist Gottes kommt. Torheit ist es für ihn
und er kann es nicht verstehen, weil es nur
mit Hilfe des Geistes beurteilt werden kann.
15 Der geisterfüllte Mensch aber urteilt über
alles, ihn selbst vermag niemand zu beurtei-
len. 16 Denn *wer begreift den Geist des Herrn?
Wer kann ihn belehren?* Wir aber haben den
Geist Christi.

7: Kol 1,26 / **8**: 1,21 / **9**: Jes 52,15; 64,3 / **10**: Dan 2,22 / **12**: Röm 8,15 / **14**: 1,18.23 / **16**: Jes 40,13 G; Röm 8,9

DIE UNMÜNDIGKEIT DER GEMEINDE: 3,1–4

3 1 Vor euch, Brüder und Schwestern,
konnte ich aber nicht wie vor Geister-
füllten reden; ihr wart noch irdisch einge-
stellt, unmündige Kinder in Christus. 2 Milch
gab ich euch zu trinken statt fester Speise;
denn diese konntet ihr noch nicht vertragen.
Ihr könnt es aber auch jetzt noch nicht; 3 denn
ihr seid immer noch irdisch eingestellt. Oder
seid ihr nicht irdisch eingestellt, handelt ihr
nicht sehr menschlich, wenn Eifersucht und
Streit unter euch herrschen? 4 Denn wenn
einer sagt: Ich halte zu Paulus!, ein anderer:
Ich zu Apollos!, urteilt ihr da nicht zu
menschlich?

2: 1 Petr 2,2 / **3**: 1,11; 11,18; Gal 5,19f. / **4**: 1,12

PAULUS UND APOLLOS ALS MITARBEITER GOTTES BEIM AUFBAU DER GEMEINDE: 3,5–17

5 Was ist denn Apollos? Und was ist Paulus?
Diener, durch die ihr zum Glauben gekom-
men seid, und jeder, wie der Herr es ihm ge-
geben hat: 6 Ich habe gepflanzt, Apollos hat
begossen, Gott aber ließ wachsen. 7 So ist
weder der etwas, der pflanzt, noch der, der
begießt, sondern nur Gott, der wachsen lässt.
8 Wer pflanzt und wer begießt: Beide sind
eins, jeder aber erhält seinen eigenen Lohn
entsprechend seiner Mühe. 9 Denn wir sind
Gottes Mitarbeiter; ihr seid Gottes Acker-
feld, Gottes Bau.

10 Der Gnade Gottes entsprechend, die mir
geschenkt wurde, habe ich wie ein weiser
Baumeister den Grund gelegt; ein anderer
baut darauf weiter. Aber jeder soll darauf ach-
ten, wie er weiterbaut. 11 Denn einen anderen
Grund kann niemand legen als den, der ge-
legt ist: Jesus Christus. 12 Ob aber jemand auf
dem Grund mit Gold, Silber, kostbaren Stei-
nen, mit Holz, Heu oder Stroh weiterbaut:
13 Das Werk eines jeden wird offenbar wer-
den; denn der Tag wird es sichtbar machen,
weil er sich mit Feuer offenbart. Und wie das

2,14 Der irdisch gesinnte Mensch, wörtlich: der psychische Mensch, im Unterschied zum geisterfüllten (wörtlich: pneumatischen) Menschen, 2,15. Vgl. Anm. zu 15,44.

Werk eines jeden beschaffen ist, wird das
Feuer prüfen. 14 Hält das Werk stand, das er
aufgebaut hat, so empfängt er Lohn. 15 Brennt
es nieder, dann muss er den Verlust tragen.
Er selbst aber wird gerettet werden, doch so
wie durch Feuer hindurch.

16 Wisst ihr nicht, dass ihr Gottes Tempel
seid und der Geist Gottes in euch wohnt?

17 Wer den Tempel Gottes zerstört, den
wird Gott zerstören. Denn Gottes Tempel ist
heilig und der seid ihr.

9: Eph 2,20–22 / **10**: Röm 15,20 / **11**: Eph 2,20; 1 Petr 2,4–6; Apg 4,11f. / **13**: 4,5; Mal 3,2f.19; 2 Thess 1,7f. / **16**: 6,19; 2 Kor 6,16; Eph 2,21f.

WEISHEIT DER WELT – TORHEIT VOR GOTT: 3,18–23

18 Keiner täusche sich selbst. Wenn einer un-
ter euch meint, er sei weise in dieser Welt,
dann werde er töricht, um weise zu werden.
19 Denn die Weisheit dieser Welt ist Torheit
vor Gott. In der Schrift steht nämlich: *Er
fängt die Weisen in ihrer eigenen List.* 20 Und
an einer anderen Stelle: *Der Herr kennt die
Gedanken* der Weisen; er weiß, *sie sind nich-
tig.* 21 Daher soll sich niemand eines Men-
schen rühmen. Denn alles gehört euch;
22 Paulus, Apollos, Kephas, Welt, Leben, Tod,
Gegenwart und Zukunft: Alles gehört euch;
23 ihr aber gehört Christus und Christus ge-
hört Gott.

18: 1,18–25; 4,10 / **19**: 1,20; Ijob 5,13; Röm 1,22 / **20**: Ps 94,11; Röm 1,21 / **21**: 1,31; 2 Kor 2,17f. / **22**: 1,12; Röm 8,38

DAS URTEIL DES HERRN: 4,1–5

4 1 So soll man uns betrachten: als Diener
Christi und als Verwalter von Geheim-
nissen Gottes. 2 Von Verwaltern aber verlangt
man, dass sie sich als treu erweisen. 3 Mir
macht es allerdings gar nichts aus, wenn ihr
oder ein menschliches Gericht über mich ur-
teilt; ich urteile auch nicht über mich selbst.
4 Ich bin mir zwar keiner Schuld bewusst,
doch bin ich dadurch noch nicht gerecht ge-
sprochen; der Herr ist es, der über mich ur-
teilt. 5 Richtet also nicht vor der Zeit; wartet,
bis der Herr kommt, der das im Dunkeln
Verborgene ans Licht bringen und die Ab-
sichten der Herzen aufdecken wird! Dann
wird jeder sein Lob von Gott erhalten.

1: 2,1; 3,5; Kol 1,25f. / **2**: Lk 12,42 / **3**: 2 Kor 12,6 / **5**: Röm 2,16; Mt 7,1

SCHWACHHEIT UND ÜBERHEBLICHKEIT: 4,6–13

6 Brüder und Schwestern, ich habe das auf
mich und Apollos bezogen, und zwar euret-
wegen, damit ihr an uns lernt: Nicht über das
hinaus, was in der Schrift steht, dass also
keiner zugunsten des einen und zum Nach-
teil des andern sich wichtig machen darf.
7 Denn wer räumt dir einen Vorrang ein? Und
was hast du, das du nicht empfangen hättest?
Wenn du es aber empfangen hast, warum
rühmst du dich, als hättest du es nicht emp-
fangen? 8 Ihr seid schon satt, ihr seid schon
reich geworden, ohne uns seid ihr zur Herr-
schaft gelangt. Wäret ihr doch nur zur Herr-
schaft gelangt! Dann könnten auch wir mit
euch zusammen herrschen.

9 Ich glaube nämlich, Gott hat uns Apostel
auf den letzten Platz gestellt, wie Todgeweih-
te; denn wir sind zum Schauspiel geworden
für die Welt, für Engel und Menschen. 10 Wir
stehen als Toren da um Christi willen, ihr
dagegen seid kluge Leute in Christus. Wir
sind schwach, ihr seid stark; ihr seid angese-
hen, wir sind verachtet. 11 Bis zur Stunde lei-
den wir Hunger und Durst und Blöße und
werden mit Fäusten geschlagen und sind
heimatlos. 12 Wir mühen uns ab, indem wir
mit eigenen Händen arbeiten; wir werden
beschimpft und segnen; wir werden verfolgt
und halten stand; 13 wir werden geschmäht
und reden gut zu. Wir sind sozusagen der
Unrat der Welt geworden, der Abschaum von
allen bis heute.

6: Röm 12,3 / **9**: 2 Kor 4,8–12; 11,23–33 / **10**: 3,18 / **11**: 2 Kor 11,23–27 / **12**: 9,6–18; 1 Thess 2,9; Apg 18,3; 20,33f. / **13**: Mt 5,44; 1 Petr 3,9

MAHNUNGEN: 4,14–21

14 Nicht um euch zu beschämen, schreibe ich
das, sondern um euch als meine geliebten
Kinder zu ermahnen. 15 Hättet ihr nämlich
auch unzählige Erzieher in Christus, so doch
nicht viele Väter. Denn in Christus Jesus habe
ich euch durch das Evangelium gezeugt.
16 Darum ermahne ich euch: Haltet euch an
mein Vorbild!

17 Deswegen habe ich Timotheus zu euch
geschickt, mein geliebtes und treues Kind im
Herrn. Er wird euch erinnern an meine Wege
in Christus Jesus, wie ich sie überall in jeder
Gemeinde lehre. 18 In der Annahme, dass ich
nicht selber zu euch komme, haben sich eini-

ge wichtig gemacht. 19 Ich werde aber bald zu
euch kommen, wenn der Herr will. Dann
werde ich diese Wichtigtuer nicht auf ihre
Worte prüfen, sondern auf ihre Kraft. 20 Denn
nicht in Worten erweist sich die Herrschaft
Gottes, sondern in der Kraft. 21 Was zieht ihr
vor: Soll ich mit dem Stock zu euch kommen
oder mit Liebe und im Geist der Sanftmut?

14: 1 Thess 2,11f. / **15:** Gal 4,19; Phlm 10 / **16:** 11,1; Phil 4,9 / **17:** 16,10; Apg 16,1; 19,22 / **19:** 16,5–7; 2 Kor 13,1–10 / **20:** 2,4 / **21:** 2 Kor 13,10

DIE GEMEINDE IN DER VERANTWORTUNG FÜR REINHEIT UND HEILIGKEIT: 5,1–6,20

EIN FALL VON BLUTSCHANDE: 5,1–13

5 1 Allgemein hört man von Unzucht un-
ter euch, und zwar von Unzucht, wie sie
nicht einmal unter den Heiden vorkommt,
dass nämlich einer mit der Frau seines Vaters
lebt. 2 Und da macht ihr euch noch wichtig,
statt traurig zu werden und den aus eurer
Mitte zu stoßen, der so etwas getan hat. 3 Was
mich angeht, so habe ich – leiblich zwar ab-
wesend, geistig aber anwesend – mein Urteil
über den, der sich so vergangen hat, schon
jetzt gefällt, als ob ich persönlich anwesend
wäre: 4 Im Namen Jesu, unseres Herrn, wol-
len wir uns versammeln, ihr und mein Geist,
und zusammen mit der Kraft Jesu, unseres
Herrn, 5 diesen Menschen dem Satan überge-
ben zum Verderben seines Fleisches, damit
sein Geist am Tag des Herrn gerettet wird.

6 Zu Unrecht rühmt ihr euch. Wisst ihr
nicht, dass ein wenig Sauerteig den ganzen
Teig durchsäuert? 7 Schafft den alten Sauer-
teig weg, damit ihr neuer Teig seid! Ihr seid ja
schon ungesäuertes Brot; denn als unser Pa-
schalamm ist Christus geopfert worden.
8 Lasst uns also das Fest nicht mit dem alten
Sauerteig feiern, nicht mit dem Sauerteig der
Bosheit und Schlechtigkeit, sondern mit den
ungesäuerten Broten der Aufrichtigkeit und
Wahrheit!

9 Ich habe euch in meinem Brief geschrie-
ben, dass ihr nichts mit Unzüchtigen zu
schaffen haben sollt. 10 Gemeint waren damit
nicht alle Unzüchtigen dieser Welt oder alle
Habgierigen und Räuber und Götzendiener;
sonst müsstet ihr ja aus der Welt auswandern.
11 Nun aber habe ich euch geschrieben: Habt
nichts zu schaffen mit einem, der sich Bruder
nennt und dennoch Unzucht treibt, habgie-
rig ist, Götzen verehrt, lästert, trinkt oder
raubt; mit einem solchen Menschen sollt ihr
auch keine Tischgemeinschaft haben. 12 Was
geht es mich denn an, die Außenstehenden
zu richten? Habt ihr nicht die zu richten, die
zu euch gehören? 13 Die Außenstehenden
wird Gott richten. *Schafft den Übeltäter weg
aus eurer Mitte!*

1: Lev 18,6–8; 20,11; Dtn 27,20 / **3:** Kol 2,5 / **5:** 1,8; 1 Tim 1,20 / **6:** Gal 5,9 / **7:** Ex 12,15.19.21.46; 13,7; Joh 1,29; 19,36; 1 Petr 1,19 / **11:** 6,9f. / **13:** Dtn 17,7; 19,19

RECHTSSTREITIGKEITEN UNTER CHRISTEN VOR HEIDNISCHEN GERICHTEN: 6,1–11

6 1 Wagt es einer von euch, der mit einem
anderen einen Rechtsstreit hat, vor das
Gericht der Ungerechten zu gehen, statt zu
den Heiligen? 2 Wisst ihr denn nicht, dass die
Heiligen die Welt richten werden? Und wenn
durch euch die Welt gerichtet wird, seid ihr
dann nicht zuständig, einen Rechtsstreit
über Kleinigkeiten zu schlichten? 3 Wisst ihr
nicht, dass wir über Engel richten werden?
Also erst recht über Alltägliches. 4 Wie könnt
ihr dann jene, die im Urteil der Gemeinde
nichts gelten, als Richter einsetzen, wenn ihr
einen Rechtsstreit über Alltägliches auszu-
tragen habt? 5 Ich sage das, damit ihr euch
schämt. Gibt es denn unter euch wirklich
keinen, der über die Weisheit verfügt, zwi-
schen Brüdern zu entscheiden? 6 Stattdessen
zieht ein Bruder den andern vor Gericht, und
zwar vor Ungläubige. 7 Ist es nicht überhaupt
schon ein Versagen, dass ihr miteinander
Prozesse führt? Warum leidet ihr nicht lieber
Unrecht? Warum lasst ihr euch nicht lieber
übervorteilen? 8 Nein, ihr selber begeht Un-
recht und übervorteilt, und zwar Brüder.
9 Wisst ihr denn nicht, dass Ungerechte das
Reich Gottes nicht erben werden? Täuscht
euch nicht! Weder Unzüchtige noch Götzen-
diener, weder Ehebrecher noch Lustknaben,

noch Knabenschänder, 10 noch Diebe, noch
Habgierige, keine Trinker, keine Lästerer,
keine Räuber werden das Reich Gottes erben.
11 Und solche gab es unter euch. Aber ihr seid
reingewaschen, seid geheiligt, seid gerecht
geworden im Namen Jesu Christi, des Herrn,
und im Geist unseres Gottes.

2: Mt 19,28; Lk 22,30; Offb 20,4 / **3**: 2 Petr 2,4 / **7**: Mt 5,39f.; 1 Thess 5,15; 1 Petr 3,9 / **9**: 5,9f.; Röm 1,28–31; Gal 5,19–21; Eph 5,5; Offb 21,8; 22,15 / **11**: 1,30; Röm 6,6–11; Tit 3,4–7; 1 Petr 3,21; 1 Joh 2,12; Hebr 9,14; 10,22

UNZUCHT UND CHRISTLICHE FREIHEIT: 6,12–20

12 Alles ist mir erlaubt – aber nicht alles nützt
mir. Alles ist mir erlaubt – aber nichts soll
Macht haben über mich. 13 Die Speisen sind
für den Bauch da und der Bauch für die Spei-
sen; Gott wird beide vernichten. Der Leib ist
aber nicht für die Unzucht da, sondern für
den Herrn und der Herr für den Leib. 14 Gott
hat den Herrn auferweckt; er wird durch sei-
ne Macht auch uns auferwecken. 15 Wisst ihr
nicht, dass eure Leiber Glieder Christi sind?
Darf ich nun die Glieder Christi nehmen und
zu Gliedern einer Dirne machen? Auf keinen
Fall! 16 Oder wisst ihr nicht: Wer sich an eine
Dirne bindet, ist ein Leib mit ihr? Denn es
heißt: *Die zwei werden ein Fleisch sein.*
17 Wer sich dagegen an den Herrn bindet, ist
ein Geist mit ihm. 18 Meidet die Unzucht! Jede
Sünde, die der Mensch tut, bleibt außerhalb
des Leibes. Wer aber Unzucht treibt, versün-
digt sich gegen den eigenen Leib. 19 Oder
wisst ihr nicht, dass euer Leib ein Tempel des
Heiligen Geistes ist, der in euch wohnt und
den ihr von Gott habt? Ihr gehört nicht euch
selbst; 20 denn um einen teuren Preis seid ihr
erkauft worden. Verherrlicht also Gott in eu-
rem Leib!

6,12 Alles ist erlaubt: vermutlich ein Schlagwort, das in der Gemeinde von Korinth zu hören war, vgl. 10,23.

12: 10,23 / **13**: Mk 7,19–23; Mt 15,17–20; 1 Thess 4,3–5 / **14**: 15,20f.; Röm 8,11; 2 Kor 4,14 / **15**: 12,12f.27; Röm 12,5 / **16**: Gen 2,24; Mk 10,6–8; Mt 19,5f.; Eph 5,31 / **19**: 3,16; Röm 8,11.15 / **20**: 7,23; 1 Petr 1,18f.

EHE – EHESCHEIDUNG – EHELOSIGKEIT: 7,1–40

SEXUALITÄT IN DER EHE: 7,1–7

7 1 Nun zu dem aber, was ihr geschrieben
habt: Es ist gut für den Mann, keine Frau
zu berühren. 2 Wegen der Gefahr der Un-
zucht soll aber jeder seine Frau haben und
jede soll ihren Mann haben. 3 Der Mann soll
seine Pflicht gegenüber der Frau erfüllen und
ebenso die Frau gegenüber dem Mann. 4 Die
Frau verfügt nicht über ihren Leib, sondern
der Mann. Ebenso verfügt aber auch der
Mann nicht über seinen Leib, sondern die
Frau. 5 Entzieht euch einander nicht, außer
im gegenseitigen Einverständnis und nur
eine Zeit lang, um für das Gebet frei zu sein!
Dann kommt wieder zusammen, damit euch
der Satan nicht in Versuchung führt, weil ihr
euch nicht enthalten könnt. 6 Das sage ich als
Zugeständnis, nicht als Gebot. 7 Ich wünsch-
te, alle Menschen wären unverheiratet wie
ich. Doch jeder hat seine eigene Gnadengabe
von Gott, der eine so, der andere so.

1: Mt 19,10; 1 Tim 4,3 / **2**: 1 Thess 4,3f. / **7**: 12,4.11; Mt 19,12

TREUE ZUM LEBENSSTAND UND BEDINGUNGEN FÜR EINE VERÄNDERUNG: 7,8–16

8 Den Unverheirateten und den Witwen sage
ich: Es ist gut, wenn sie so bleiben wie ich.
9 Wenn sie aber nicht enthaltsam leben kön-
nen, sollen sie heiraten. Es ist nämlich besser
zu heiraten, als sich in Begierde zu verzehren.
10 Den Verheirateten gebiete nicht ich, son-
dern der Herr: Die Frau soll sich vom Mann
nicht trennen 11 – wenn sie sich aber trennt,
so bleibe sie unverheiratet oder versöhne sich
wieder mit dem Mann – und der Mann darf
die Frau nicht verstoßen.

12 Den Übrigen sage ich, nicht der Herr:
Wenn ein Bruder eine ungläubige Frau hat
und sie willigt ein, weiter mit ihm zusam-
menzuleben, soll er sie nicht verstoßen.
13 Auch wenn eine Frau einen ungläubigen
Mann hat und er willigt ein, mit ihr zusam-
menzuleben, soll sie den Mann nicht versto-
ßen. 14 Denn der ungläubige Mann ist durch
die Frau geheiligt und die ungläubige Frau

ist durch den Bruder geheiligt. Sonst wären
eure Kinder unrein; sie sind aber heilig.
15 Wenn aber der Ungläubige sich trennen
will, soll er es tun. Der Bruder oder die
Schwester ist in solchen Fällen nicht wie ein
Sklave gebunden; zu einem Leben in Frieden
hat Gott euch berufen. 16 Woher weißt du
denn, Frau, ob du den Mann retten kannst?
Oder woher weißt du, Mann, ob du die Frau
retten kannst?

8: 7,39f. / **9:** 1 Tim 5,14 / **10–11:** Mt 5,32; 19,9; Mk 10,11f.; Lk 16,18 / **16:** 1 Petr 3,1f.

LEBENSSTAND UND BERUFUNG: 7,17–24

17 Im Übrigen soll jeder so leben, wie der Herr
es ihm zugemessen, wie Gottes Ruf ihn ge-
troffen hat. Das ist meine Weisung für alle
Gemeinden. 18 Wenn einer als Beschnittener
berufen wurde, soll er beschnitten bleiben.
Wenn einer als Unbeschnittener berufen
wurde, soll er sich nicht beschneiden lassen.
19 Es kommt nicht darauf an, beschnitten
oder unbeschnitten zu sein, sondern darauf,
die Gebote Gottes zu halten. 20 Jeder soll in
dem Stand bleiben, in dem ihn der Ruf Gottes
getroffen hat. 21 Wenn du als Sklave berufen
wurdest, soll dich das nicht bedrücken; aber
wenn du frei werden kannst, mach lieber
Gebrauch davon! 22 Denn wer im Herrn als
Sklave berufen wurde, ist Freigelassener des
Herrn. Ebenso ist einer, der als Freier berufen
wurde, Sklave Christi. 23 Um einen teuren
Preis seid ihr erkauft worden. Macht euch
nicht zu Sklaven von Menschen! 24 Brüder
und Schwestern, jeder soll vor Gott in dem
Stand bleiben, in dem ihn der Ruf Gottes ge-
troffen hat.

17: 4,17; 7,20.24 / **18:** Gal 5,1f. / **19:** Gal 5,6; 6,15; Röm 2,25f. / **21:** Eph 6,5f.; Phlm 16 / **22:** Kol 4,1; Eph 6,9 / **23:** 6,20

EHE UND EHELOSIGKEIT IN DER BALD VERGEHENDEN WELT: 7,25–38

25 Was aber die Unverheirateten betrifft, so
habe ich kein Gebot vom Herrn. Ich gebe
euch nur einen Rat als einer, den der Herr
durch sein Erbarmen vertrauenswürdig ge-
macht hat. 26 Ich meine, es ist gut wegen der
bevorstehenden Not, ja, es ist gut für den
Menschen, so zu sein. 27 Bist du an eine Frau
gebunden, suche dich nicht zu lösen; bist du
ohne Frau, dann suche keine! 28 Heiratest du
aber, so sündigst du nicht; und heiratet eine
Jungfrau, sündigt auch sie nicht. Freilich
werden solche Leute Bedrängnis erfahren in
ihrem irdischen Dasein; ich aber möchte sie
euch ersparen. 29 Denn ich sage euch, Brü-
der: Die Zeit ist kurz. Daher soll, wer eine
Frau hat, sich in Zukunft so verhalten, als
habe er keine, 30 wer weint, als weine er
nicht, wer sich freut, als freue er sich nicht,
wer kauft, als würde er nicht Eigentümer,
31 wer sich die Welt zunutze macht, als nut-
ze er sie nicht; denn die Gestalt dieser Welt
vergeht.

32 Ich wünschte aber, ihr wäret ohne Sor-
gen. Der Unverheiratete sorgt sich um die
Sache des Herrn; er will dem Herrn gefallen.
33 Der Verheiratete sorgt sich um die Dinge
der Welt; er will seiner Frau gefallen. 34 So ist
er geteilt. Die unverheiratete Frau aber und
die Jungfrau sorgen sich um die Sache des
Herrn, um heilig zu sein an Leib und Geist.
Die Verheiratete sorgt sich um die Dinge der
Welt; sie will ihrem Mann gefallen. 35 Dies
sage ich zu eurem Nutzen: nicht um euch eine
Fessel anzulegen, vielmehr, damit ihr euch
in rechter Weise und ungestört immer an den
Herrn haltet.

36 Wer sich gegenüber seiner Verlobten un-
gehörig zu verhalten glaubt, wenn sie heran-
gereift ist und es so geschehen soll, der soll
tun, wozu es ihn drängt, nämlich heiraten,
er sündigt nicht. 37 Wer aber in seinem Her-
zen fest bleibt, weil er sich in der Gewalt hat
und seinem Trieb nicht ausgeliefert ist, wer
also in seinem Herzen entschlossen ist, seine
Verlobte unberührt zu lassen, der handelt
gut. 38 Wer seine Verlobte heiratet, handelt
also gut; doch wer sie nicht heiratet, handelt
besser.

25: 7,7f.; Mt 19,12; 2 Kor 8,10 / **26:** 7,29; 10,11 / **27:** 7,17.20.24 / **29:** 7,26; 1 Petr 4,7 / **33:** Lk 14,20

WIEDERVERHEIRATUNG NACH DEM TOD DES MANNES: 7,39–40

39 Eine Frau ist gebunden, solange ihr Mann
lebt; wenn aber der Mann gestorben ist, ist sie
frei zu heiraten, wen sie will; nur geschehe es
im Herrn. 40 Glücklicher aber ist sie zu prei-
sen, wenn sie nach meinem Rat unverheiratet
bleibt – und ich denke, dass auch ich Gottes
Geist habe.

39: Röm 7,2f. / **40:** 7,7f.25

DIE GEMEINDE UND DER HEIDNISCHE KULT: 8,1–11,1

CHRISTLICHE FREIHEIT UND GÖTZENOPFERFLEISCH: 8,1–13

8 1 Nun zur Frage des Götzenopferflei-
sches. Gewiss, wir alle haben Erkenntnis.
Doch die Erkenntnis macht aufgeblasen, die
Liebe dagegen baut auf. 2 Wenn einer meint,
er sei zur Erkenntnis gelangt, hat er noch nicht
so erkannt, wie man erkennen muss. 3 Wer
aber Gott liebt, der ist von ihm erkannt wor-
den. 4 Was nun das Essen von Götzenopfer-
fleisch angeht, so wissen wir, dass es keine
Götzen gibt in der Welt und keinen Gott außer
dem einen. 5 Und selbst wenn es im Himmel
oder auf der Erde sogenannte Götter gibt – und
solche Götter und Herren gibt es viele –, 6 so
haben doch wir nur einen Gott, den Vater. Von
ihm stammt alles und wir leben auf ihn hin.
Und einer ist der Herr: Jesus Christus. Durch
ihn ist alles und wir sind durch ihn.

7 Aber nicht alle haben die Erkenntnis.
Einige essen, weil sie bisher an die Götzen
gewöhnt waren, das Fleisch noch als Götzen-
opferfleisch und so wird ihr schwaches Ge-
wissen befleckt. 8 Speise aber wird uns Gott
nicht näherbringen. Wenn wir nicht essen,
verlieren wir nichts, und wenn wir essen, ge-
winnen wir nichts. 9 Doch gebt Acht, dass
diese eure Freiheit nicht den Schwachen zum
Anstoß wird! 10 Wenn nämlich einer dich, der
du Erkenntnis hast, im Götzentempel beim
Mahl sieht, wird dann nicht sein Gewissen,
da er schwach ist, verleitet, auch Götzenop-
ferfleisch zu essen? 11 Der Schwache geht an
deiner Erkenntnis zugrunde, er, dein Bruder,
für den Christus gestorben ist. 12 Wenn ihr
euch auf diese Weise gegen eure Brüder ver-
sündigt und ihr schwaches Gewissen ver-
letzt, versündigt ihr euch gegen Christus.
13 Wenn darum eine Speise meinem Bruder
zum Anstoß wird, will ich bis in Ewigkeit
kein Fleisch mehr essen, um meinem Bruder
keinen Anstoß zu geben.

1–13: Röm 14,1–23; Apg 15,19f.28f. / **1**: 13,2.8–13 / **3**: 13,12; Gal 4,9 / **4**: 10,19f. / **6**: Röm 11,36; Kol 1,16f. / **7**: 10,27–29 / **9**: Gal 5,13f.

DAS BEISPIEL DES APOSTELS: 9,1–27

9 1 Bin ich nicht frei? Bin ich nicht ein
Apostel? Habe ich nicht Jesus, unseren
Herrn, gesehen? Seid ihr nicht mein Werk im
Herrn? 2 Wenn ich für andere kein Apostel
bin, bin ich es doch für euch. Ihr seid ja im
Herrn das Siegel meines Apostelamtes. 3 Das
aber ist meine Rechtfertigung vor denen, die
abfällig über mich urteilen: 4 Haben wir nicht
das Recht, zu essen und zu trinken? 5 Haben
wir nicht das Recht, eine Schwester im Glau-
ben als Frau mitzunehmen, wie die übrigen
Apostel und die Brüder des Herrn und wie
Kephas? 6 Haben nur ich und Barnabas kein
Recht, nicht zu arbeiten? 7 Wer leistet denn
Kriegsdienst und bezahlt sich selber den
Sold? Wer pflanzt einen Weinberg und isst
nicht von seinem Ertrag? Oder wer weidet
eine Herde und trinkt nicht von der Milch der
Herde? 8 Sage ich das nur als Mensch? Sagt das
nicht auch das Gesetz? 9 Im Gesetz des Mose
steht doch: *Du sollst dem Ochsen beim Dre-
schen keinen Maulkorb anlegen.* Liegt denn
Gott etwas an den Ochsen? 10 Spricht er nicht
allenthalben unseretwegen? Ja, unseretwe-
gen wurde geschrieben: *Der Pflüger wie der
Drescher sollen ihre Arbeit in der Erwartung
tun, ihren Teil zu erhalten.* 11 Wenn wir für
euch die Geistesgaben gesät haben, ist es
dann zu viel verlangt, wenn wir von euch die
irdischen Gaben ernten? 12 Wenn andere an
dem, was euch gehört, teilhaben dürfen,
dann nicht wir erst recht? Aber wir haben von
diesem Recht keinen Gebrauch gemacht.
Vielmehr ertragen wir alles, um dem Evan-
gelium Christi kein Hindernis in den Weg zu
legen. 13 Wisst ihr nicht, dass alle, die im Hei-
ligtum Dienst tun, vom Heiligtum leben und
dass alle, die am Altar Dienst tun, vom Altar
ihren Anteil erhalten? 14 So hat auch der Herr
denen, die das Evangelium verkünden, gebo-
ten, vom Evangelium zu leben. 15 Ich aber
habe all das nicht in Anspruch genommen.
Ich schreibe dies auch nicht, damit es in mei-
nem Fall so geschieht. Lieber wollte ich ster-
ben, als dass mir jemand diesen Ruhm ent-
reißt. 16 Wenn ich nämlich das Evangelium
verkünde, gebührt mir deswegen kein Ruhm;
denn ein Zwang liegt auf mir. Weh mir, wenn
ich das Evangelium nicht verkünde! 17 Wäre
es mein freier Entschluss, so erhielte ich

9,10 Der Pflüger wie der Drescher sollen ihre Arbeit in der Erwartung tun, ihren Teil zu erhalten: Das Zitat lässt sich nicht identifizieren; vgl. aber Sir 6,19.

Lohn. Wenn es mir aber nicht freisteht, so ist es ein Dienst, der mir anvertraut wurde. 18 Was ist nun mein Lohn? Dass ich unentgeltlich verkünde und so das Evangelium bringe und keinen Gebrauch von meinem Anrecht aus dem Evangelium mache.

19 Obwohl ich also von niemandem abhängig bin, habe ich mich für alle zum Sklaven gemacht, um möglichst viele zu gewinnen. 20 Den Juden bin ich ein Jude geworden, um Juden zu gewinnen; denen, die unter dem Gesetz stehen, bin ich, obgleich ich nicht unter dem Gesetz stehe, einer unter dem Gesetz geworden, um die zu gewinnen, die unter dem Gesetz stehen. 21 Den Gesetzlosen bin ich sozusagen ein Gesetzloser geworden – nicht als ein Gesetzloser vor Gott, sondern gebunden an das Gesetz Christi –, um die Gesetzlosen zu gewinnen. 22 Den Schwachen bin ich ein Schwacher geworden, um die Schwachen zu gewinnen. Allen bin ich alles geworden, um auf jeden Fall einige zu retten. 23 Alles aber tue ich um des Evangeliums willen, um an seiner Verheißung teilzuhaben.

24 Wisst ihr nicht, dass die Läufer im Stadion zwar alle laufen, aber dass nur einer den Siegespreis gewinnt? Lauft so, dass ihr ihn gewinnt! 25 Jeder Wettkämpfer lebt aber völlig enthaltsam; jene tun dies, um einen vergänglichen, wir aber, um einen unvergänglichen Siegeskranz zu gewinnen. 26 Darum laufe ich wie einer, der nicht ziellos läuft, und kämpfe mit der Faust wie einer, der nicht in die Luft schlägt; 27 vielmehr züchtige und unterwerfe ich meinen Leib, damit ich nicht anderen verkünde und selbst verworfen werde.

1: 15,8f.; Gal 5,1.13 / **2**: 4,15 / **3**: 4,3f. / **4**: 9,14 / **5**: Mk 1,30; Mt 8,14; Lk 4,38 / **6**: Gal 2,1.9; Apg 11,30; 12,25; 13,2 / **7**: 2 Thess 3,9; 2 Tim 2,4.6 / **9**: Dtn 25,4; 1 Tim 5,18 / **11**: Röm 15,27 / **12**: 2 Kor 11,7–9; Apg 20,33f. / **13**: Num 18,8.21; Dtn 18,1–8 / **14**: Mt 10,10; Lk 10,7; Gal 6,6 / **19**: 10,33; Mk 9,35; Mt 20,26f. Lk 22,26 / **20**: Apg 16,3; 21,20–26; Gal 4,12 / **21**: Gal 6,2 / **22**: 8,9.13; Röm 15,1; 2 Kor 11,29 / **25**: Phil 3,14; 2 Tim 2,5; 4,7f.; 1 Petr 5,4 / **27**: Röm 13,14

ISRAELS GESCHICHTE ALS WARNUNG: 10,1–13

10 1 Ihr sollt wissen, Brüder und Schwestern, dass unsere Väter alle unter der Wolke waren, alle durch das Meer zogen 2 und alle auf Mose getauft wurden in der Wolke und im Meer. 3 Alle aßen auch die gleiche geistgeschenkte Speise 4 und alle tranken den gleichen geistgeschenkten Trank; denn sie tranken aus dem geistgeschenkten Felsen, der mit ihnen zog. Und dieser Fels war Christus. 5 Gott aber hatte an den meisten von ihnen kein Gefallen; denn er ließ sie in der Wüste umkommen. 6 Das aber geschah als warnendes Beispiel für uns: damit wir uns nicht von der Gier nach dem Bösen beherrschen lassen, wie jene sich von der Gier beherrschen ließen. 7 Werdet nicht Götzendiener wie einige von ihnen; denn es steht in der Schrift: *Das Volk setzte sich zum Essen und Trinken; dann standen sie auf, um sich zu vergnügen.* 8 Lasst uns nicht Unzucht treiben, wie einige von ihnen Unzucht trieben! Damals kamen an einem einzigen Tag dreiundzwanzigtausend Menschen um. 9 Lasst uns auch nicht Christus auf die Probe stellen, wie es einige von ihnen taten, die dann von Schlangen getötet wurden! 10 Murrt auch nicht, wie einige von ihnen murrten; sie wurden vom Verderber umgebracht! 11 Das aber geschah an ihnen, damit es uns als Beispiel dient; uns zur Warnung wurde es aufgeschrieben, uns, die das Ende der Zeiten erreicht hat. 12 Wer also zu stehen meint, der gebe Acht, dass er nicht fällt. 13 Noch ist keine Versuchung über euch gekommen, die den Menschen überfordert. Gott ist treu; er wird nicht zulassen, dass ihr über eure Kraft hinaus versucht werdet. Er wird euch mit der Versuchung auch einen Ausweg schaffen, sodass ihr sie bestehen könnt.

1: Ex 13,21; 14,22; Ps 78,13f. / **3**: Ex 16,4.35; Ps 78,24f. / **4**: Ex 17,6; Num 20,7–11; Ps 78,15f. / **5**: Num 14,11–16.26–30 / **6**: Num 11,4.34 / **7**: Ex 32,6 / **8**: Num 25,1–9 / **9**: Num 21,5f. / **10**: Ex 16,2f.; Num 14,2.36f.; 17,6–14 / **11**: Röm 15,4; 1 Petr 4,7 / **12**: Röm 11,20 / **13**: 1,8f.; 2 Thess 3,3; Jak 1,13f.

UNVEREINBARKEIT VON HERRENMAHL UND GÖTZENOPFERMAHL: 10,14–22

14 Darum, meine Geliebten, meidet den Götzendienst! 15 Ich rede doch zu verständigen Menschen; urteilt selbst über das, was ich sage! 16 Ist der Kelch des Segens, über den wir den Segen sprechen, nicht Teilhabe am Blut Christi? Ist das Brot, das wir brechen, nicht Teilhabe am Leib Christi? 17 Ein Brot ist es. Darum sind wir viele ein Leib; denn wir alle haben teil an dem einen Brot. 18 Schaut auf das irdische Israel: Haben die, welche von den Opfern essen, nicht teil am Altar? 19 Was meine ich damit? Dass Götzenopferfleisch wirklich etwas ist? Oder dass ein Götze wirklich etwas ist? 20 Nein, aber was man dort opfert, opfert man den Dämonen und nicht Gott. Ich

will jedoch nicht, dass ihr Gemeinschaft mit
Dämonen habt. 21 Ihr könnt nicht den Kelch
des Herrn trinken und den Kelch der Dämo-
nen. Ihr könnt nicht teilhaben am Tisch des
Herrn und am Tisch der Dämonen. 22 Oder
wollen wir die Eifersucht des Herrn wecken?
Sind wir stärker als er?

14: 1 Joh 5,21 / **16**: 11,24f. / **17**: 12,12f.27; Röm 12,5; Apg 2,42 / **18**: 9,13; Lev 7,14; Num 18,8.21; Dtn 18,1–8 / **19**: 8,4 / **20**: Ps 106,37 / **21**: Mal 1,7.12; 2 Kor 6,15f. / **22**: Dtn 32,21

RÜCKSICHT AUF DAS GEWISSEN DES ANDEREN BEIM VERZEHR VON GÖTZENOPFERFLEISCH: 10,23–11,1

23 Alles ist erlaubt – aber nicht alles nützt. Al-
les ist erlaubt – aber nicht alles baut auf.
24 Denkt dabei nicht an euch selbst, sondern
an die anderen! 25 Alles, was auf dem
Fleischmarkt verkauft wird, das esst, ohne
aus Gewissensgründen nachzuforschen.
26 Denn *dem Herrn gehört die Erde und was*
sie erfüllt. 27 Wenn ein Ungläubiger euch ein-
lädt und ihr hingehen möchtet, dann esst,
was euch vorgesetzt wird, ohne aus Gewis-
sensgründen nachzuforschen! 28 Wenn euch
aber jemand darauf hinweist: Das ist Opfer-
fleisch!, dann esst nicht davon mit Rücksicht
auf den, der euch aufmerksam gemacht hat,
und auf das Gewissen; 29 ich meine aber nicht
das eigene Gewissen, sondern das des ande-
ren; denn warum soll meine Freiheit vom
Gewissen eines anderen abhängig sein?
30 Wenn ich in Dankbarkeit mitesse, soll ich
dann getadelt werden, dass ich etwas esse,
wofür ich Dank sage? 31 Ob ihr also esst oder
trinkt oder etwas anderes tut: Tut alles zur
Verherrlichung Gottes! 32 Gebt weder Juden
noch Griechen, noch der Kirche Gottes An-
lass zu einem Vorwurf! 33 Auch ich suche
allen in allem entgegenzukommen; ich suche
nicht meinen Nutzen, sondern den Nutzen
aller, damit sie gerettet werden.

11 1 Nehmt mich zum Vorbild, wie ich
Christus zum Vorbild nehme!

10,23: 6,12 / **24**: Röm 15,2; Phil 2,4 / **26**: Ps 24,1 / **28**: 8,7 / **30**: Röm 14,6; 1 Tim 4,3f. / **31**: Kol 3,17 / **32**: Röm 14,13 / **33**: 9,20–22
11,1: 4,16; Phil 3,17; 4,9

10,23 Siehe Anm. zu 6,12.

MISSSTÄNDE BEIM GEMEINDEGOTTESDIENST: 11,2–34

UNSCHICKLICHES AUFTRETEN DER FRAUEN BEIM GOTTESDIENSTLICHEN HANDELN: 11,2–16

2 Ich lobe euch, dass ihr in allem an mich
denkt und an den Überlieferungen festhaltet,
wie ich sie euch übergeben habe. 3 Ihr sollt
aber wissen, dass Christus das Haupt eines
jeden Mannes ist, der Mann aber das Haupt
der Frau und Gott das Haupt Christi. 4 Jeder
Mann, der betet oder prophetisch redet und
dabei sein Haupt bedeckt hat, entehrt sein
Haupt. 5 Jede Frau aber, die betet oder prophe-
tisch redet und dabei ihr Haupt nicht ver-
hüllt, entehrt ihr Haupt. Sie unterscheidet
sich dann in keiner Weise von einer Gescho-
renen. 6 Denn wenn eine Frau sich nicht ver-
hüllt, soll sie sich doch gleich scheren lassen.
Ist es aber für eine Frau eine Schande, sich die
Haare abschneiden oder sich kahl scheren zu
lassen, dann soll sie sich auch verhüllen. 7 Der
Mann darf sein Haupt nicht verhüllen, weil
er Abbild und Abglanz Gottes ist; die Frau
aber ist der Abglanz des Mannes. 8 Denn der
Mann stammt nicht von der Frau, sondern die
Frau vom Mann. 9 Der Mann wurde auch
nicht für die Frau erschaffen, sondern die
Frau für den Mann. 10 Deswegen soll die Frau
Acht haben auf ihr Haupt um der Engel wil-
len. 11 Doch im Herrn gibt es weder die Frau
ohne den Mann noch den Mann ohne die
Frau. 12 Denn wie die Frau vom Mann stammt,
so kommt der Mann durch die Frau zur Welt;
alles aber stammt von Gott.

13 Urteilt selber! Gehört es sich, dass eine
Frau unverhüllt zu Gott betet? 14 Lehrt euch
nicht schon die Natur, dass es für den Mann
eine Schande, 15 für die Frau aber eine Ehre
ist, lange Haare zu tragen? Denn der Frau ist
das Haar als Hülle gegeben. 16 Wenn aber ei-
ner meint, er müsse darüber streiten: Wir
und auch die Gemeinden Gottes kennen ei-
nen solchen Brauch nicht.

2: 2 Thess 2,15 / **3**: 3,23; Gen 3,16; Eph 5,23 / **4**: 14,1–5.29–32 / **7**: Gen 1,27 / **8**: Gen 2,22f.; 1 Tim 2,13 / **9**: Gen 2,18

UNWÜRDIGES VERHALTEN BEI DER FEIER DES HERRENMAHLS: 11,17–34

17 Wenn ich schon Anweisungen gebe: Das
kann ich nicht loben, dass ihr nicht zu eurem
Nutzen, sondern zu eurem Schaden zusam-
menkommt. 18 Zunächst höre ich, dass es
Spaltungen unter euch gibt, wenn ihr als Ge-
meinde zusammenkommt; zum Teil glaube
ich das auch. 19 Denn es muss Parteiungen
geben unter euch, damit die Bewährten unter
euch offenkundig werden. 20 Wenn ihr euch
versammelt, ist das kein Essen des Herren-
mahls; 21 denn jeder nimmt beim Essen sein
eigenes Mahl vorweg und dann hungert der
eine, während der andere betrunken ist.
22 Könnt ihr denn nicht zu Hause essen und
trinken? Oder verachtet ihr die Kirche Got-
tes? Wollt ihr jene demütigen, die nichts ha-
ben? Was soll ich dazu sagen? Soll ich euch
etwa loben? In diesem Fall kann ich euch
nicht loben.

23 Denn ich habe vom Herrn empfangen,
was ich euch dann überliefert habe: Jesus, der
Herr, nahm in der Nacht, in der er ausgeliefert
wurde, Brot, 24 sprach das Dankgebet, brach
das Brot und sagte: Das ist mein Leib für euch.
Tut dies zu meinem Gedächtnis! 25 Ebenso
nahm er nach dem Mahl den Kelch und sagte:
Dieser Kelch ist der Neue Bund in meinem
Blut. Tut dies, sooft ihr daraus trinkt, zu mei-
nem Gedächtnis!

26 Denn sooft ihr von diesem Brot esst und
aus dem Kelch trinkt, verkündet ihr den Tod
des Herrn, bis er kommt. 27 Wer also unwür-
dig von dem Brot isst und aus dem Kelch des
Herrn trinkt, macht sich schuldig am Leib
und am Blut des Herrn. 28 Jeder soll sich selbst
prüfen; erst dann soll er von dem Brot essen
und aus dem Kelch trinken. 29 Denn wer da-
von isst und trinkt, ohne den Leib zu unter-
scheiden, der zieht sich das Gericht zu, indem
er isst und trinkt. 30 Deswegen sind unter
euch viele schwach und krank und nicht we-
nige sind schon entschlafen. 31 Gingen wir
mit uns selbst ins Gericht, dann würden wir
nicht gerichtet. 32 Doch wenn wir jetzt vom
Herrn gerichtet werden, dann ist es eine Zu-
rechtweisung, damit wir nicht zusammen
mit der Welt verdammt werden. 33 Wenn ihr
also zum Mahl zusammenkommt, meine
Brüder und Schwestern, wartet aufeinander!
34 Wer Hunger hat, soll zu Hause essen; sonst
wird euch die Zusammenkunft zum Gericht.
Weitere Anordnungen werde ich treffen,
wenn ich komme.

11,21 Jeder nimmt beim Essen sein eigenes Mahl vorweg, andere Übersetzungsmöglichkeit: jeder nimmt beim Essen sein eigenes Mahl ein, d. h. teilt beim gemeinsam eingenommenen Sättigungsmahl nicht mit den ärmeren Gemeindemitgliedern. Vgl. Anm. zu 11,33.

11,24 Das ist mein Leib für euch, einige Textzeugen: Das ist mein Leib, der für euch hingegeben (oder: gebrochen) wird. Diese erweiterte Fassung entspricht dem späteren liturgischen Gebrauch.

18: 1,10–12; 3,3f. / **22**: Jak 2,5f. / **23–25**: Mk 14,22–24; Mt 26,26–28; Lk 22,19f. / **23**: 15,3 / **25**: Jer 31,31 / **26**: Mk 14,25; Mt 26,29; Lk 22,16–18 / **34**: 16,5–7

11,33 Wartet aufeinander, andere Übersetzungsmöglichkeit: nehmt einander gastlich auf. Vgl. Anm. zu 11,21.

DIE VIELFALT DER GEISTESGABEN: 12,1–14,40

DER EINE GEIST UND DIE VIELEN GABEN: 12,1–11

12 1 Auch über die Gaben des Geistes
möchte ich euch nicht in Unkenntnis
lassen, meine Brüder und Schwestern. 2 Als
ihr noch Heiden wart, zog es euch, wie ihr
wisst, mit unwiderstehlicher Gewalt zu den
stummen Götzen. 3 Darum erkläre ich euch:
Keiner, der aus dem Geist Gottes redet, sagt:
Jesus sei verflucht! Und keiner kann sagen:
Jesus ist der Herr!, wenn er nicht aus dem
Heiligen Geist redet.

4 Es gibt verschiedene Gnadengaben, aber
nur den einen Geist. 5 Es gibt verschiedene
Dienste, aber nur den einen Herrn. 6 Es gibt
verschiedene Kräfte, die wirken, aber nur den
einen Gott: Er bewirkt alles in allen. 7 Jedem
aber wird die Offenbarung des Geistes ge-
schenkt, damit sie anderen nützt. 8 Dem ei-
nen wird vom Geist die Gabe geschenkt,
Weisheit mitzuteilen, dem anderen durch
denselben Geist die Gabe, Erkenntnis zu ver-
mitteln, 9 einem anderen in demselben Geist
Glaubenskraft, einem anderen – immer in

dem einen Geist – die Gabe, Krankheiten zu
heilen, 10 einem anderen Kräfte, Machttaten
zu wirken, einem anderen prophetisches Re-
den, einem anderen die Fähigkeit, die Geister
zu unterscheiden, wieder einem anderen ver-
schiedene Arten von Zungenrede, einem
anderen schließlich die Gabe, sie zu überset-
zen. 11 Das alles bewirkt ein und derselbe
Geist; einem jeden teilt er seine besondere
Gabe zu, wie er will.

1: 14,1 / **2**: Gal 4,8; 1 Thess 1,9 / **3**: Röm 10,9; 1 Joh 4,2f. / **4**: Röm 12,6 / **5–6**: 8,6; Eph 4,4–6 / **7**: 14,26 / **11**: 7,7; Röm 12,3.6; Eph 4,7–12; 1 Petr 4,10

DER EINE LEIB UND DIE VIELEN GLIEDER: 12,12–31a

12 Denn wie der Leib einer ist, doch viele Glie-
der hat, alle Glieder des Leibes aber, obgleich
es viele sind, einen einzigen Leib bilden: So
ist es auch mit Christus. 13 Durch den einen
Geist wurden wir in der Taufe alle in einen
einzigen Leib aufgenommen, Juden und
Griechen, Sklaven und Freie; und alle wur-
den wir mit dem einen Geist getränkt. 14 Auch
der Leib besteht nicht nur aus einem Glied,
sondern aus vielen Gliedern. 15 Wenn der Fuß
sagt: Ich bin keine Hand, ich gehöre nicht
zum Leib!, so gehört er doch zum Leib. 16 Und
wenn das Ohr sagt: Ich bin kein Auge, ich
gehöre nicht zum Leib!, so gehört es doch
zum Leib. 17 Wenn der ganze Leib nur Auge
wäre, wo bliebe dann das Gehör? Wenn er
nur Gehör wäre, wo bliebe dann der Geruchs-
sinn? 18 Nun aber hat Gott jedes einzelne
Glied so in den Leib eingefügt, wie es seiner
Absicht entsprach. 19 Wären alle zusammen
nur ein Glied, wo bliebe dann der Leib? 20 So
aber gibt es viele Glieder und doch nur einen
Leib. 21 Das Auge kann nicht zur Hand sagen:
Ich brauche dich nicht. Der Kopf wiederum
kann nicht zu den Füßen sagen: Ich brauche
euch nicht. 22 Im Gegenteil, gerade die schwä-
cher scheinenden Glieder des Leibes sind
unentbehrlich. 23 Denen, die wir für weniger
edel ansehen, erweisen wir umso mehr Ehre
und unseren weniger anständigen Gliedern
begegnen wir mit umso mehr Anstand,
24 während die anständigen das nicht nötig
haben. Gott aber hat den Leib so zusammen-
gefügt, dass er dem benachteiligten Glied
umso mehr Ehre zukommen ließ, 25 damit im
Leib kein Zwiespalt entstehe, sondern alle
Glieder einträchtig füreinander sorgen.
26 Wenn darum ein Glied leidet, leiden alle
Glieder mit; wenn ein Glied geehrt wird,
freuen sich alle Glieder mit. 27 Ihr aber seid
der Leib Christi und jeder Einzelne ist ein
Glied an ihm.

28 So hat Gott in der Kirche die einen ers-
tens als Apostel eingesetzt, zweitens als
Propheten, drittens als Lehrer; ferner verlieh
er die Kraft, Machttaten zu wirken, sodann
die Gaben, Krankheiten zu heilen, zu helfen,
zu leiten, endlich die verschiedenen Arten
von Zungenrede. 29 Sind etwa alle Apostel,
alle Propheten, alle Lehrer? Haben alle die
Kraft, Machttaten zu wirken? 30 Besitzen alle
die Gabe, Krankheiten zu heilen? Reden alle
in Zungen? Können alle übersetzen? 31 Strebt
aber nach den höheren Gnadengaben!

12: 10,17; 12,27; Röm 12,4f. / **13**: Gal 3,28 / **26**: Röm 12,15 / **27**: 12,12; Röm 12,5; Eph 5,30 / **28**: 12,8–10; Eph 4,11f. / **31a**: 14,1

DER WEG DER LIEBE: 12,31b–13,13

Dazu zeige ich euch einen überragenden
Weg:

13 1 Wenn ich in den Sprachen der Men-
schen und Engel redete, / hätte aber
die Liebe nicht, / wäre ich dröhnendes Erz
oder eine lärmende Pauke.

2 Und wenn ich prophetisch reden könnte /
und alle Geheimnisse wüsste / und alle Er-
kenntnis hätte; / wenn ich alle Glaubens-
kraft besäße / und Berge damit versetzen
könnte, / hätte aber die Liebe nicht, / wäre
ich nichts.

3 Und wenn ich meine ganze Habe ver-
schenkte / und wenn ich meinen Leib opfer-
te, um mich zu rühmen, / hätte aber die Lie-
be nicht, / nützte es mir nichts.

4 Die Liebe ist langmütig, / die Liebe ist
gütig. / Sie ereifert sich nicht, / sie prahlt
nicht, / sie bläht sich nicht auf.

5 Sie handelt nicht ungehörig, / sucht nicht
ihren Vorteil, / lässt sich nicht zum Zorn rei-
zen, / trägt das Böse nicht nach.

6 Sie freut sich nicht über das Unrecht, /
sondern freut sich an der Wahrheit.

7 Sie erträgt alles, / glaubt alles, / hofft al-
les, / hält allem stand.

8 Die Liebe hört niemals auf. / Propheti-
sches Reden hat ein Ende, / Zungenrede ver-
stummt, / Erkenntnis vergeht.

9 Denn Stückwerk ist unser Erkennen, /
Stückwerk unser prophetisches Reden;

10 wenn aber das Vollendete kommt, / ver-
geht alles Stückwerk.

11 Als ich ein Kind war, / redete ich wie ein
Kind, / dachte wie ein Kind / und urteilte
wie ein Kind. Als ich ein Mann wurde, / leg-
te ich ab, was Kind an mir war.

12 Jetzt schauen wir in einen Spiegel / und
sehen nur rätselhafte Umrisse, / dann aber
schauen wir von Angesicht zu Angesicht.
Jetzt ist mein Erkennen Stückwerk, / dann
aber werde ich durch und durch erkennen, /
so wie ich auch durch und durch erkannt wor-
den bin.

13 Für jetzt bleiben Glaube, Hoffnung, Lie-
be, diese drei; / doch am größten unter ihnen
ist die Liebe.

13,1–7: Röm 13,8–10; Gal 5,13f.; Kol 3,14; Mk 12,29–31; Mt 22,37–40; Lk 10,26–28 / **1:** 14,1f. / **2:** Mt 17,20; 21,21; Mk 11,23 / **3:** Mk 10,21; Mt 19,21; Lk 18,22 / **13:** 1 Thess 1,3; 5,8; Kol 1,4f.; Hebr 10,22–24

ÜBER DIE CHARISMEN DER PROPHETIE UND DER ZUNGENREDE: 14,1–25

14 1 Jagt der Liebe nach! Strebt aber auch
nach den Geistesgaben, vor allem nach
der prophetischen Rede! 2 Denn wer in Zun-
gen redet, redet nicht zu Menschen, sondern
zu Gott; keiner versteht ihn: Im Geist redet
er geheimnisvolle Dinge. 3 Wer aber prophe-
tisch redet, redet zu Menschen: Er baut auf,
ermutigt, spendet Trost. 4 Wer in Zungen
redet, erbaut sich selbst; wer aber prophetisch
redet, baut die Gemeinde auf. 5 Ich wünschte,
ihr alle würdet in Zungen reden, weit mehr
aber, ihr würdet prophetisch reden. Der Pro-
phet steht höher als der, der in Zungen redet,
es sei denn, er übersetzt sein Reden, damit
die Gemeinde aufgebaut wird.

6 Was nützt es euch, Brüder und Schwes-
tern, wenn ich zu euch komme und in Zun-
gen rede, euch aber keine Offenbarung, keine
Erkenntnis, keine Prophetie, keine Lehre
bringe? 7 Wenn leblose Musikinstrumente,
eine Flöte oder eine Harfe, nicht deutlich un-
terschiedene Töne hervorbringen, wie soll
man dann erkennen, was auf der Flöte oder
was auf der Harfe gespielt wird? 8 Und wenn
die Trompete unklare Töne hervorbringt,
wer wird dann zu den Waffen greifen? 9 So
ist es auch mit euch, wenn ihr in Zungen re-
det, aber kein verständliches Wort hervor-
bringt. Wer soll dann das Gesprochene ver-
stehen? Ihr redet nur in den Wind.

10 Es gibt wer weiß wie viele Sprachen in
der Welt und nichts ist ohne Sprache. 11 Wenn
ich nun den Sinn der Sprache nicht kenne, bin
ich für den Sprecher ein Fremder, wie der
Sprecher für mich. 12 So ist es auch mit euch.
Da ihr nach Geistesgaben strebt, gebt euch
Mühe, dass ihr damit vor allem zum Aufbau
der Gemeinde beitragt! 13 Deswegen soll ei-
ner, der in Zungen redet, beten, dass er es
auch übersetzen kann. 14 Denn wenn ich in
Zungen bete, betet zwar mein Geist, mein
Verstand aber bleibt unfruchtbar. 15 Was folgt
daraus? Ich will im Geist beten, ich will aber
auch mit dem Verstand beten. Ich will im
Geist lobsingen, ich will aber auch mit dem
Verstand lobsingen. 16 Wenn du nur im Geist
den Lobpreis sprichst und ein Unkundiger
anwesend ist, wie kann er zu deinem Dank-
gebet das Amen sprechen; er versteht ja
nicht, was du sagst. 17 Dein Dankgebet mag
noch so gut sein, aber der andere wird nicht
auferbaut. 18 Ich danke Gott, dass ich mehr als
ihr alle in Zungen rede. 19 Doch vor der Ge-
meinde will ich lieber fünf Worte mit mei-
nem Verstand reden, um auch andere zu un-
terweisen, als zehntausend Worte in Zungen
stammeln.

20 Seid doch nicht Kinder an Einsicht, Brü-
der und Schwestern! Seid unmündig an Bos-
heit, an Einsicht aber seid vollkommen! 21 Im
Gesetz steht: *Durch Leute, die anders und in
anderen Sprachen reden, werde ich zu diesem
Volk sprechen; aber auch so werden sie nicht*
auf mich *hören,* spricht der Herr. 22 So ist
Zungenreden ein Zeichen nicht für die Glau-
benden, sondern für die Ungläubigen, pro-
phetisches Reden aber ein Zeichen nicht für
die Ungläubigen, sondern für die Glauben-
den. 23 Wenn also die ganze Gemeinde sich
versammelt und alle in Zungen reden und es
kommen Unkundige oder Ungläubige he-
rein, werden sie dann nicht sagen: Ihr seid
verrückt? 24 Wenn aber alle prophetisch re-
den und ein Ungläubiger oder Unkundiger
kommt herein, dann wird er von allen über-
führt, von allen geprüft; 25 was in seinem
Herzen verborgen ist, wird aufgedeckt. Und
so wird er niederfallen auf sein Angesicht,
Gott anbeten und bekennen: *Wahrhaftig,
Gott ist bei euch!*

1: 12,10; 14,39 / **5:** Num 11,29 / **16:** 2 Kor 1,20; 1 Chr 16,36; Neh 8,6 / **20:** 3,1–4; Röm 16,19; Eph 4,14 / **21:** Jes 28,11f. / **23:** Apg 2,12f. / **25:** Jes 45,14; Sach 8,23

DIE RECHTE ORDNUNG IM GOTTESDIENST: 14,26–40

26 Was soll also geschehen, Brüder und
Schwestern? Wenn ihr zusammenkommt,
trägt jeder etwas bei: einer einen Psalm, ein
anderer eine Lehre, der dritte eine Offenba-
rung; einer redet in Zungen und ein anderer
übersetzt es. Alles geschehe so, dass es auf-
baut. 27 Wenn man in Zungen reden will, so
sollen es nur zwei tun, höchstens drei, und
zwar einer nach dem anderen; dann soll einer
übersetzen. 28 Wenn aber niemand überset-
zen kann, soll der Zungenredner in der Ge-
meinde schweigen. Er soll es bei sich selber
tun und vor Gott. 29 Auch zwei oder drei Pro-
pheten sollen zu Wort kommen; die anderen
sollen urteilen. 30 Wenn aber noch einem
andern Anwesenden eine Offenbarung zu-
teilwird, soll der erste schweigen; 31 einer
nach dem andern könnt ihr alle prophetisch
reden. So lernen alle etwas und alle werden
ermutigt. 32 Die Äußerung prophetischer
Eingebungen ist nämlich dem Willen der
Propheten unterworfen. 33 Denn Gott ist
nicht ein Gott der Unordnung, sondern ein
Gott des Friedens.

Wie es in allen Gemeinden der Heiligen
üblich ist, 34 sollen die Frauen in den Versamm-
lungen schweigen; es ist ihnen nicht gestattet
zu reden: Sie sollen sich unterordnen, wie
auch das Gesetz sagt. 35 Wenn sie etwas lernen
wollen, dann sollen sie zu Hause ihre Männer
fragen; denn es gehört sich nicht für eine
Frau, in der Versammlung zu reden. 36 Ist
etwa das Gotteswort von euch ausgegangen?
Ist es etwa nur zu euch gekommen?

37 Wenn einer meint, Prophet zu sein oder
geisterfüllt, soll er in dem, was ich euch
schreibe, ein Gebot des Herrn erkennen.
38 Wer das nicht anerkennt, wird nicht aner-
kannt. 39 Strebt also nach dem prophetischen
Reden, meine Brüder und Schwestern, und
verhindert nicht das Reden in Zungen!
40 Doch alles soll in Anstand und Ordnung
geschehen.

26: 12,7–10.28–30; Eph 4,11f. / **29:** 1 Thess 5,19–21 / **33:** 11,16; Röm 15,33 / **34-35:** 11,5; Kol 3,18; Eph 5,22; 1 Tim 2,11f.; Gen 3,16 / **39:** 14,1.5

14,33b–36 Verschiedene Textzeugen stellen VV. 34f. hinter V. 40 (möglicher Hinweis auf spätere Einfügung). Inhaltlich besteht bez. des Redeverbots für Frauen in der gottesdienstlichen Versammlung ein Widerspruch zu 11,4f., jedoch Übereinstimmung mit 1 Tim 2,11f. (vgl. die Einleitung zu den Pastoralbriefen).

DIE AUFERWECKUNG CHRISTI UND DER TOTEN: 15,1–58

DAS BEKENNTNIS ZU TOD UND AUFERWECKUNG CHRISTI: 15,1–11

15 1 Ich erinnere euch, Brüder und
Schwestern, an das Evangelium, das
ich euch verkündet habe. Ihr habt es ange-
nommen; es ist der Grund, auf dem ihr steht.
2 Durch dieses Evangelium werdet ihr geret-
tet werden, wenn ihr festhaltet an dem Wort,
das ich euch verkündet habe, es sei denn, ihr
hättet den Glauben unüberlegt angenommen.

3 Denn vor allem habe ich euch überliefert,
was auch ich empfangen habe:

Christus ist für unsere Sünden gestor-
ben, / gemäß der Schrift,

4 und ist begraben worden. / Er ist am dritten
Tag auferweckt worden, / gemäß der Schrift,

5 und erschien dem Kephas, dann den Zwölf.

6 Danach erschien er mehr als fünfhundert
Brüdern zugleich; die meisten von ihnen sind
noch am Leben, einige sind entschlafen. 7 Da-
nach erschien er dem Jakobus, dann allen
Aposteln. 8 Zuletzt erschien er auch mir,
gleichsam der Missgeburt. 9 Denn ich bin der
Geringste von den Aposteln; ich bin nicht
wert, Apostel genannt zu werden, weil ich
die Kirche Gottes verfolgt habe. 10 Doch
durch Gottes Gnade bin ich, was ich bin, und
sein gnädiges Handeln an mir ist nicht ohne
Wirkung geblieben. Mehr als sie alle habe ich
mich abgemüht – nicht ich, sondern die Gna-
de Gottes zusammen mit mir. 11 Ob nun ich
verkünde oder die anderen: Das ist unsere
Botschaft und das ist der Glaube, den ihr an-
genommen habt.

1: Gal 1,6–9.11 / **3-4:** Röm 4,25; Jes 53,8–12 / **3:** 11,23 / **4:** Hos 6,2 / **5:** Lk 24,34.36 / **8:** 9,1; Gal 1,15f.; Apg 9,3–5; 22,6–8; 26,13–15 / **9:** Gal 1,13; Phil 3,6; Eph 3,8; Apg 8,1–3; 9,1–2; 22,4f.; 26,9–12 / **10:** 3,10; 2 Kor 11,23; 1 Tim 1,14f. / **11:** 3,5

15,1–5 Zitat einer urchristlichen Glaubensformel, die in knapper Form all das enthält, was Paulus in seinen Briefen das Evangelium, die Botschaft vom Heil, nennt.

DIE GEWISSHEIT KÜNFTIGER TOTENAUFERWECKUNG: 15,12–34

12 Wenn aber verkündet wird, dass Christus
von den Toten auferweckt worden ist, wie
können dann einige von euch sagen: Eine
Auferstehung der Toten gibt es nicht?
13 Wenn es keine Auferstehung der Toten
gibt, ist auch Christus nicht auferweckt wor-
den. 14 Ist aber Christus nicht auferweckt wor-
den, dann ist unsere Verkündigung leer, leer
auch euer Glaube. 15 Wir werden dann auch
als falsche Zeugen Gottes entlarvt, weil wir
im Widerspruch zu Gott das Zeugnis abge-
legt haben: Er hat Christus auferweckt. Er hat
ihn eben nicht auferweckt, wenn Tote nicht
auferweckt werden. 16 Denn wenn Tote nicht
auferweckt werden, ist auch Christus nicht
auferweckt worden. 17 Wenn aber Christus
nicht auferweckt worden ist, dann ist euer
Glaube nutzlos und ihr seid immer noch in
euren Sünden; 18 und auch die in Christus
Entschlafenen sind dann verloren. 19 Wenn
wir allein für dieses Leben unsere Hoffnung
auf Christus gesetzt haben, sind wir erbärm-
licher daran als alle anderen Menschen.

20 Nun aber ist Christus von den Toten auf-
erweckt worden als der Erste der Entschlafe-
nen. 21 Da nämlich durch einen Menschen der
Tod gekommen ist, kommt durch einen Men-
schen auch die Auferstehung der Toten.
22 Denn wie in Adam alle sterben, so werden
in Christus alle lebendig gemacht werden.

23 Es gibt aber eine bestimmte Reihenfol-
ge: Erster ist Christus; dann folgen, wenn
Christus kommt, alle, die zu ihm gehören.
24 Danach kommt das Ende, wenn er jede
Macht, Gewalt und Kraft entmachtet hat und
seine Herrschaft Gott, dem Vater, übergibt.
25 Denn er muss herrschen, bis Gott ihm alle
Feinde unter seine Füße gelegt hat. 26 Der
letzte Feind, der entmachtet wird, ist der
Tod. 27 Denn: *Alles hat er seinen Füßen un-
terworfen*. Wenn es aber heißt, alles sei un-
terworfen, ist offenbar der ausgenommen,
der ihm alles unterwirft. 28 Wenn ihm dann
alles unterworfen ist, wird auch er, der Sohn,
sich dem unterwerfen, der ihm alles unter-
worfen hat, damit Gott alles in allem sei.

29 Wie kämen sonst einige dazu, sich für
die Toten taufen zu lassen? Wenn Tote gar
nicht auferweckt werden, warum lässt man
sich dann taufen für sie? 30 Warum setzen
dann auch wir uns stündlich der Gefahr aus?
31 Täglich sehe ich dem Tod ins Auge, so wahr
ihr, Brüder und Schwestern, mein Ruhm
seid, den ich in Christus Jesus, unserem
Herrn, habe. 32 Wenn ich in Ephesus nur nach
Menschenart mit wilden Tieren gekämpft
hätte, was würde es mir nützen? Wenn Tote
nicht auferweckt werden, dann *lasst uns es-
sen und trinken; denn morgen sterben wir.*
33 Lasst euch nicht irreführen! Schlechter
Umgang verdirbt gute Sitten. 34 Werdet
nüchtern, wie es sich gehört, und sündigt
nicht! Einige Leute wissen nichts von Gott;
ich sage das, damit ihr euch schämt.

12: 15,1.4.11 / **18**: 1 Thess 4,14 / **20**: Kol 1,18 / **21–22**: Gen 3,19; Röm 5,12–19 / **23**: 1 Thess 4,15–17 / **25**: Ps 110,1; Mk 12,36; Mt 22,44; Lk 20,42f. / **26**: Jes 25,8; Offb 20,14; 21,4 / **27**: Ps 8,7; Hebr 2,5–9 / **28**: 8,6; Röm 11,36 / **30**: Röm 8,36; Ps 44,23 / **31**: 2 Kor 4,10f. / **32**: Jes 22,13; 2 Kor 1,8f.; Apg 19,29f.; 20,3 / **34**: 6,5; 1 Thess 5,6

DER AUFERWECKUNGSLEIB ALS ENDZEITLICHE NEUSCHÖPFUNG: 15,35–49

35 Nun könnte einer fragen: Wie werden die
Toten auferweckt, was für einen Leib werden
sie haben? 36 Du Tor! Auch das, was du säst,
wird nicht lebendig, wenn es nicht stirbt.
37 Und was du säst, ist noch nicht der Leib, der
entstehen wird; es ist nur ein nacktes Samen-
korn, zum Beispiel ein Weizenkorn oder ein
anderes. 38 Gott gibt ihm den Leib, den er vor-
gesehen hat, und zwar jedem Samen einen
eigenen Leib. 39 Nicht alles Fleisch ist dassel-
be: Das Fleisch der Menschen ist anders als
das des Viehs, das Fleisch der Vögel ist anders
als das der Fische. 40 Auch gibt es Himmels-
körper und irdische Körper. Die Schönheit
der Himmelskörper ist anders als die der ir-
dischen Körper. 41 Der Glanz der Sonne ist
anders als der Glanz des Mondes, anders als
der Glanz der Sterne; denn auch die Gestirne
unterscheiden sich durch ihren Glanz.

42 So ist es auch mit der Auferstehung der
Toten. Was gesät wird, ist verweslich, was
auferweckt wird, unverweslich. 43 Was gesät
wird, ist armselig, was auferweckt wird,
herrlich. Was gesät wird, ist schwach, was
auferweckt wird, ist stark. 44 Gesät wird ein
irdischer Leib, auferweckt ein überirdischer
Leib. Wenn es einen irdischen Leib gibt, gibt

15,33 Schlechter Umgang ...: Geflügeltes Wort, das auf den griechischen Dichter Menander (4./3. Jh. v. Chr.) zurückgeht.

15,44 Ein überirdischer Leib, wörtlich: ein pneumatischer (geistlicher) Leib. Vgl. Anm. zu 2,14.

es auch einen überirdischen. 45 So steht es
auch in der Schrift: Adam, *der* erste *Mensch,*
wurde ein irdisches Lebewesen. Der letzte
Adam wurde lebendig machender Geist.
46 Aber zuerst kommt nicht das Überirdische;
zuerst kommt das Irdische, dann das Überir-
dische. 47 Der erste Mensch stammt von der
Erde und ist Erde; der zweite Mensch stammt
vom Himmel. 48 Wie der von der Erde irdisch
war, so sind es auch seine Nachfahren. Und
wie der vom Himmel himmlisch ist, so sind
es auch seine Nachfahren. 49 Wie wir nach
dem Bild des Irdischen gestaltet wurden, so
werden wir auch nach dem Bild des Himm-
lischen gestaltet werden.

37: Joh 12,24 / **38**: Gen 1,11 / **43**: Phil 3,20f.; Kol 3,4 / **45**: Gen 2,7 / **47**: Gen 2,7 / **49**: Gen 5,3; Röm 8,29; 2 Kor 3,18

DIE ENDZEITLICHE VERWANDLUNG DER LEBENDEN UND TOTEN: 15,50–58

50 Damit will ich sagen, Brüder und Schwes-
tern: Fleisch und Blut können das Reich Got-
tes nicht erben; das Verwesliche erbt nicht
das Unverwesliche.

51 Seht, ich enthülle euch ein Geheimnis:
Wir werden nicht alle entschlafen, aber wir
werden alle verwandelt werden – 52 plötzlich,
in einem Augenblick, beim letzten Posau-
nenschall. Die Posaune wird erschallen, die
Toten werden als Unverwesliche auferweckt,
wir aber werden verwandelt werden. 53 Denn
dieses Verwesliche muss sich mit Unverwes-
lichkeit bekleiden und dieses Sterbliche mit
Unsterblichkeit. 54 Wenn sich aber dieses
Verwesliche mit Unverweslichkeit bekleidet
und dieses Sterbliche mit Unsterblichkeit,
dann erfüllt sich das Wort der Schrift:

Verschlungen ist der Tod vom Sieg.

55 *Tod, wo ist dein Sieg? / Tod, wo ist dein*
Stachel?

56 Der Stachel des Todes aber ist die Sünde,
die Kraft der Sünde ist das Gesetz. 57 Gott aber
sei Dank, der uns den Sieg geschenkt hat
durch unseren Herrn Jesus Christus. 58 Da-
her, meine geliebten Brüder und Schwestern,
seid standhaft und unerschütterlich, seid
stets voll Eifer im Werk des Herrn und denkt
daran, dass im Herrn eure Mühe nicht ver-
geblich ist!

50: Joh 3,5f. / **51–52**: 1 Thess 4,15–17; Mt 24,31 / **53**: 2 Kor 5,4 / **54**: Jes 25,8 / **55**: Hos 13,14 / **56**: Röm 5,12f.; 7,7–9.13 / **57**: Röm 7,25

DER SCHLUSS DES BRIEFES: 16,1–24

DIE SAMMLUNG FÜR JERUSALEM: 16,1–4

16 1 Was die Geldsammlung für die Hei-
ligen angeht, sollt auch ihr euch an das
halten, was ich für die Gemeinden Galatiens
angeordnet habe. 2 Jeder soll immer am ersten
Tag der Woche etwas zurücklegen und so
zusammensparen, was er kann. Dann sind
keine Sammlungen mehr nötig, wenn ich
komme. 3 Nach meiner Ankunft werde ich
eure Vertrauensleute mit Briefen nach Jeru-
salem schicken, damit sie eure Liebesgabe
überbringen. 4 Ist es der Mühe wert, dass ich
selbst hinreise, dann sollen sie mit mir reisen.

1: Apg 11,29; Röm 15,26; 2 Kor 8,3f.6f.; 9,1; Gal 2,10 / **2**: Apg 20,7 / **3**: 2 Kor 8,17–21

DIE PLÄNE DES APOSTELS: 16,5–12

5 Ich werde zu euch kommen, wenn ich durch
Mazedonien gereist bin. In Mazedonien will
ich nämlich nicht bleiben, 6 aber, wenn es
möglich ist, bei euch, vielleicht sogar den
ganzen Winter. Wenn ich dann weiterreise,
könnt ihr mich für die Weiterreise ausrüsten.
7 Ich möchte euch diesmal nicht nur auf der
Durchreise sehen; ich hoffe, einige Zeit bei
euch bleiben zu können, wenn der Herr es
zulässt.

8 In Ephesus will ich bis Pfingsten bleiben.
9 Denn weit und wirksam ist mir hier eine Tür
geöffnet worden; doch auch an Gegnern fehlt
es nicht.

10 Wenn Timotheus kommt, achtet darauf,
dass ihr ihn nicht entmutigt; denn er arbeitet
im Dienst des Herrn wie ich. 11 Keiner soll ihn
gering schätzen. Verabschiedet ihn dann in
Frieden, damit er zu mir zurückkehrt; ich
warte auf ihn mit den Brüdern.

12 Was den Bruder Apollos angeht, so habe
ich ihn dringend gebeten, er möge mit den
Brüdern zu euch reisen, aber er wollte auf kei-

nen Fall jetzt kommen. Er wird aber kommen, wenn er eine günstige Gelegenheit findet.

5: Apg 19,21; 20,2f.; 2 Kor 1,16 / **8**: Apg 19,1 / **9**: Apg 14,27; 19,2–40 / **10**: 4,17; Phil 2,19f. / **11**: 1 Tim 4,12 / **12**: 1,12; 3,5f.

ABSCHLIESSENDE MAHNUNGEN UND GRÜSSE: 16,13–24

13 Seid wachsam, steht fest im Glauben, seid
mutig, seid stark! 14 Alles, was ihr tut, gesche-
he in Liebe.
15 Ich habe noch eine Bitte, Brüder und
Schwestern. Ihr kennt das Haus des Ste-
phanas: Sie sind die erste Frucht Achaias und
haben sich in den Dienst für die Heiligen ge-
stellt. 16 Solchen ordnet euch unter, ebenso
jedem, der mitarbeitet und sich abmüht! 17 Es
freut mich, dass Stephanas, Fortunatus und
Achaikus zu mir gekommen sind; sie sind
mir ein Ersatz für euch, da ihr nicht hier sein
könnt. 18 Sie haben meinen und euren Geist
erquickt. Erweist ihnen Anerkennung!
19 Es grüßen euch die Gemeinden in der
Provinz Asien. Aquila und Prisca und ihre
Hausgemeinde senden euch viele Grüße im
Herrn. 20 Es grüßen euch alle Brüder. Grüßt
einander mit dem heiligen Kuss!
21 Den Gruß schreibe ich, Paulus, eigen-
händig.
22 Wer den Herrn nicht liebt, sei verflucht!
Marána thá – Unser Herr, komm!
23 Die Gnade Jesu, des Herrn, sei mit euch!
24 Meine Liebe ist mit euch allen in Christus
Jesus.

13: 15,58; Eph 6,10; Ps 31,25; Jos 1,7 / **14**: Kol 3,14 / **15**: 1,16 / **18**: 1 Thess 5,12f. / **19**: Röm 16,3–5; Apg 18,2; Offb 1,4.11 / **20**: Röm 16,16; 1 Thess 5,26; 2 Kor 13,12; 1 Petr 5,14 / **21**: Gal 6,11; Phlm 19; Kol 4,18; 2 Thess 3,17 / **22**: 12,3; Gal 1,8f. / **23**: Röm 16,24; 1 Thess 5,28

16,22 Marána thá: Gebetsruf im Gottesdienst der Urgemeinde, die auf die Wiederkunft Christi wartet. Vgl. Offb 22,20.

DER 2. BRIEF AN DIE KORINTHER

Den 2. Brief an die korinthische Gemeinde schrieb Paulus ca. 55 in Makedonien. Nach der Abfassung des 1. Briefs an die Korinther hatte sich sein Verhältnis zur Gemeinde verschlechtert. Gegnerische Missionare traten auf und versuchten, die Gemeinde gegen ihn aufzuwiegeln. Auf entsprechende Nachrichten hin entschied sich Paulus für einen Besuch in Korinth (12,14; 13,1), der zu einer schmerzhaften Konfrontation mit einem Gemeindemitglied führte (2,5; 7,12). Bei dieser Gelegenheit kündigte er einen weiteren, diesmal schonungslosen Besuch an (13,2). Statt erneut zu kommen, schrieb er dann aber von Ephesus aus den sogenannten Tränenbrief (2,1–4; 7,8), der wohl von Titus überbracht wurde.

Nachdem Titus in Richtung Korinth aufgebrochen war, unternahm Paulus eine Missionsreise nach Troas (2,12). Obwohl die Mission dort vielversprechend verlief, reiste er aus Sorge um die korinthische Gemeinde vorzeitig nach Makedonien weiter (2,13). Dort traf er Titus, der gute Nachrichten aus Korinth brachte: Die Gemeinde hatte sich in der Mehrheit auf die Seite des Paulus gestellt und das Mitglied, das gegen ihn aufgetreten war, bestraft (2,6; 7,6f.). Allerdings waren damit noch nicht alle Probleme gelöst. Zum einen gab es offenbar immer noch Vorbehalte gegen Paulus; zum anderen waren seine Gegner nach wie vor aktiv. In dieser Situation schrieb er den 2. Korintherbrief.

Nach der Eröffnung (1,1–11) formuliert Paulus Thema und Anliegen (1,12–14): Es geht um die richtige Beurteilung seiner Tätigkeit durch die Korinther; sie sollen die teilweise erreichte Versöhnung zu einer vollständigen werden lassen. Nach verschiedenen Rückblenden (1,15–2,13) entwirft Paulus ein Bild seines apostolischen Dienstes (2,14–7,4), in dem er einerseits seinen großen Auftrag, andererseits die Niedrigkeit seiner Leidensexistenz sichtbar werden lässt. Dieser Teil schließt mit Aufrufen zur Gemeinschaft (6,11–13; 7,2–4). Nach einem weiteren Rückblick (7,5–16) appelliert er an die Gemeinde, sich an einer Kollekte für Jerusalem zu beteiligen und so die vertiefte Gemeinschaft mit ihrem Apostel zu demonstrieren (8–9). In einem sehr heftigen Schlussteil kämpft Paulus anschließend gegen diejenigen, die diese Gemeinschaft gefährden (10–13).

Der 2. Korintherbrief ist in gewissem Sinn der persönlichste Paulusbrief. Er lässt auch besonders gut erkennen, wie dieser seinen Dienst verstand. Im Gegensatz zu seinen Gegnern, für die das Apostelsein auch von außen, an einem eindrucksvollen Auftreten, erkennbar sein musste, war Paulus überzeugt, dass die Hoheit des Apostelamtes gerade in der – als Christusförmigkeit verstandenen – Niedrigkeit zu finden ist (vgl. 4,7: „Wir haben diesen Schatz in zerbrechlichen Gefäßen").

ANSCHRIFT UND GRUSS: 1,1–2

1 1 Paulus, durch Gottes Willen Apostel
Christi Jesu, und der Bruder Timotheus
an die Kirche Gottes, die in Korinth ist, und
an alle Heiligen in ganz Achaia. 2 Gnade sei
mit euch und Friede von Gott, unserem Va-
ter, und dem Herrn Jesus Christus!

1: 1 Kor 1,1f.

VON LEIDEN UND TROST DES APOSTELS: 1,3–11

3 Gepriesen sei der Gott und Vater unseres
Herrn Jesus Christus, der Vater des Erbarmens
und Gott allen Trostes. 4 Er tröstet uns in all
unserer Not, damit auch wir die Kraft haben,
alle zu trösten, die in Not sind, durch den
Trost, mit dem auch wir von Gott getröstet
werden. 5 Wie uns nämlich die Leiden Christi
überreich zuteilgeworden sind, so wird uns
durch Christus auch überreicher Trost zuteil.
6 Sind wir aber in Not, so ist es zu eurem Trost
und Heil. Werden wir getröstet, so ist es zu
eurem Trost; er wird wirksam durch Geduld
in den gleichen Leiden, die auch wir erleiden.
7 Unsere Hoffnung für euch ist unerschütter-
lich, denn wir wissen, dass ihr nicht nur an
den Leiden teilhabt, sondern auch am Trost.
8 Denn wir wollen euch über die Not nicht
in Unkenntnis lassen, Brüder und Schwes-
tern, die in der Provinz Asien über uns kam
und uns über alles Maß bedrückte; unsere
Kraft war so sehr erschöpft, dass wir am
Leben verzweifelten. 9 Aber was uns betrifft,
hatten wir schon das Todesurteil gespro-
chen, damit wir unser Vertrauen nicht auf
uns selbst setzen, sondern auf Gott, der die
Toten auferweckt. 10 Er hat uns aus dieser
großen Todesnot errettet und wird uns ret-
ten; auf ihm ruht unsere Hoffnung, dass er
uns auch in Zukunft retten wird. 11 Helft
aber auch ihr, indem ihr für uns betet, damit
viele Menschen in unserem Namen Dank
sagen für die Gnade, die uns geschenkt wur-
de!

3: Eph 1,3; 1 Petr 1,3 / **4**: 7,6 / **5**: Phil 3,10f. / **6**: 4,12; Phil 1,29f. / **8**: Apg 19,23; 1 Kor 15,32 / **9**: Röm 4,17 / **11**: 4,15; Röm 15,30

THEMA UND ANLIEGEN DES BRIEFS: 1,12–14

12 Denn das ist unser Ruhm – und dafür
zeugt auch unser Gewissen –, dass wir in der
Welt, vor allem euch gegenüber, in der Auf-
richtigkeit und Lauterkeit, wie Gott sie
schenkt, unser Leben führten, nicht auf-
grund menschlicher Weisheit, sondern auf-
grund göttlicher Gnade. 13 Denn wir schrei-
ben euch nichts anderes, als was ihr lest und
kennt; ich hoffe, ihr werdet noch ganz er-
kennen, 14 wie ihr uns zum Teil schon er-
kannt habt, nämlich dass wir euer Ruhm
sind, so wie ihr unser Ruhm seid, am Tag
unseres Herrn Jesus.

12: 2,17; 10,2; Röm 9,1 / **13:** 10,10 / **14:** 5,12; Phil 2,16

ERSTER RÜCKBLICK: SPANNUNGEN ZWISCHEN APOSTEL UND GEMEINDE: 1,15–2,11

GOTT IST NICHT JA UND NEIN ZUGLEICH: 1,15–2,2

15 In dieser Zuversicht wollte ich zunächst zu
euch kommen, damit ihr ein zweites Mal
Gnade erfahren hättet. 16 Von euch wollte ich
dann nach Mazedonien weiterreisen und von
Mazedonien zu euch zurückkommen, um
von euch für die Reise nach Judäa ausgestat-
tet zu werden. 17 Dies also wollte ich. War ich
dabei etwa leichtsinnig? Oder will ich das,
was ich will, dem Fleische nach, sodass bei
mir zugleich Ja, ja und Nein, nein gilt? 18 Gott
ist treu, er bürgt dafür, dass unser Wort euch
gegenüber nicht Ja und Nein zugleich ist.
19 Denn Gottes Sohn Jesus Christus, der euch
durch uns verkündet wurde – durch mich,
Silvanus und Timotheus –, ist nicht als Ja und
Nein zugleich gekommen; in ihm ist das Ja
verwirklicht. 20 Denn er ist das Ja zu allem,
was Gott verheißen hat. Darum ergeht auch
durch ihn das Amen zu Gottes Lobpreis, ver-
mittelt durch uns. 21 Gott aber ist es, der uns
mit euch auf Christus hin stärkt und der uns
gesalbt hat. 22 Er hat uns auch sein Siegel auf-
gedrückt und als ersten Anteil den Geist in
unsere Herzen gegeben.

23 Ich rufe aber Gott zum Zeugen an bei
meinem Leben, dass ich nur, um euch zu
schonen, nicht mehr nach Korinth gekom-
men bin. 24 Wir sind nicht Herren über euren
Glauben, sondern wir sind Mitarbeiter eurer
Freude; denn im Glauben steht ihr fest.

2 1 Denn ich entschloss mich, nicht noch
einmal zu euch zu kommen und euch zu
betrüben. 2 Wenn ich euch nämlich betrübe,
wer wird mich dann erfreuen? Etwa der, den
ich selbst betrübt habe?

1,16: 1 Kor 16,5f. / **17:** 10,2; Jak 5,12; Mt 5,37 / **18:** 1 Kor 1,9 / **20:** Offb 3,14; 1 Kor 14,16 / **21:** 1 Joh 2,27 / **21–22:** 5,5; Eph 1,13f. / **23:** Röm 1,9 / **24:** 4,5; 1 Petr 5,3
2,1: 12,21; 1 Kor 4,21

MAHNUNG ZUR MILDE: 2,3–11

3 Und eben dies habe ich geschrieben, um nicht
bei meinem Kommen von denen betrübt zu
werden, die mich erfreuen sollten; ich bin si-
cher, dass meine Freude auch die Freude von
euch allen ist. 4 Denn ich schrieb euch aus gro-
ßer Bedrängnis und Herzensnot, unter vielen
Tränen, nicht um euch zu betrüben, nein, um
euch meine übergroße Liebe spüren zu lassen.

5 Wenn aber einer Betrübnis verursacht
hat, hat er nicht mich betrübt, sondern mehr
oder weniger – um nicht zu übertreiben –
euch alle. 6 Die Strafe, die dem Schuldigen
von der Mehrheit auferlegt wurde, soll genü-
gen. 7 Deshalb sollt ihr jetzt lieber verzeihen
und trösten, damit ein solcher nicht von all-
zu großer Traurigkeit überwältigt wird. 8 Da-
rum bitte ich euch, ihm gegenüber Liebe
walten zu lassen. 9 Gerade deswegen habe ich
euch ja auch geschrieben, weil ich wissen
wollte, ob ihr wirklich in allen Stücken ge-
horsam seid. 10 Wem ihr aber verzeiht, dem
verzeihe auch ich. Denn auch ich habe, wenn
hier etwas zu verzeihen war, im Angesicht
Christi um euretwillen verziehen, 11 damit
wir nicht vom Satan überlistet werden; wir
kennen seine Absichten nur zu gut.

3: 13,10 / **4:** 7,8 / **6:** 7,11f.

ZWEITER RÜCKBLICK: DIE SUCHE NACH TITUS: 2,12–13

12 Als ich dann nach Troas kam, um das Evan-
gelium Christi zu verkünden, und mir der
Herr eine Tür öffnete, 13 hatte mein Geist
dennoch keine Ruhe, weil ich meinen Bruder
Titus nicht fand. So nahm ich Abschied von
ihnen und reiste nach Mazedonien.

12: 1 Kor 16,9; Kol 4,3 / **13:** 7,5

DER DIENST DES PAULUS: 2,14–7,4

EINLEITUNG UND THEMA: 2,14–17

14 Dank sei Gott, der uns stets im Triumphzug
Christi mitführt und durch uns den Geruch
seiner Erkenntnis an allen Orten verbreitet!
15 Denn wir sind Christi Wohlgeruch für
Gott unter denen, die gerettet werden, wie
unter denen, die verloren gehen. 16 Den einen
sind wir Todesgeruch, der Tod bringt; den
anderen Lebensgeruch, der Leben bringt.
Wer aber ist dazu fähig? 17 Denn wir sind
nicht wie die vielen anderen, die mit dem
Wort Gottes Geschäfte machen. Wir ver-
künden es aufrichtig, von Gott her und vor
Gott in Christus.

14: 1,3 / **15:** 1 Kor 1,18 / **16:** 4,3 / **17:** 3,5; 4,2; Phil 1,15–17

DER APOSTEL UND SEIN DIENST AN DER GEMEINDE: 3,1–3

3 1 Fangen wir schon wieder an, uns selbst
zu empfehlen? Oder brauchen wir – wie
gewisse Leute – Empfehlungsschreiben an
euch oder von euch? 2 Unser Brief seid ihr;
eingeschrieben in unsere Herzen und von
allen Menschen erkannt und gelesen. 3 Un-
verkennbar seid ihr ein Brief Christi, ausge-
fertigt durch unseren Dienst, geschrieben
nicht mit Tinte, sondern mit dem Geist des
lebendigen Gottes, nicht auf Tafeln aus Stein,
sondern – wie auf Tafeln – in Herzen von
Fleisch.

1: 5,12; 10,12 / **2:** 1 Kor 9,1f. / **3:** Ex 24,12; 31,18; 34,1; Ez 11,19; 36,26; Jer 31,33

DER DIENST DES ALTEN UND DES NEUEN BUNDES: 3,4–4,6

4 Wir haben durch Christus so großes Ver-
trauen zu Gott. 5 Doch sind wir dazu nicht
von uns aus fähig, als ob wir uns selbst etwas
zuschreiben könnten; unsere Befähigung
stammt vielmehr von Gott. 6 Er hat uns fähig
gemacht, Diener des Neuen Bundes zu sein,
nicht des Buchstabens, sondern des Geistes.
Denn der Buchstabe tötet, der Geist aber
macht lebendig. 7 Wenn aber schon der Dienst
des Todes, dessen Buchstaben in Stein ge-
meißelt waren, so herrlich war, dass die Isra-
eliten das Gesicht des Mose nicht anschauen
konnten, weil es eine Herrlichkeit ausstrahl-
te, die doch vergänglich war, 8 wie sollte da
der Dienst des Geistes nicht viel herrlicher
sein? 9 Denn wenn schon der Dienst der Ver-
urteilung herrlich war, so ist der Dienst der
Gerechtigkeit noch viel herrlicher. 10 Eigent-
lich ist das Verherrlichte nämlich in diesem
Fall gar nicht verherrlicht angesichts der
überragenden Herrlichkeit. 11 Wenn nämlich
schon das Vergängliche in Herrlichkeit er-
schien: Die Herrlichkeit des Bleibenden wird
es überstrahlen.

12 Weil wir also eine solche Hoffnung ha-
ben, treten wir mit großem Freimut auf,
13 nicht wie Mose, der über sein Gesicht eine
Hülle legte, damit die Israeliten das Ende des
Vergänglichen nicht sahen. 14 Doch ihr Den-
ken wurde verhärtet. Denn bis zum heutigen
Tag liegt die gleiche Hülle auf dem Alten
Bund, wenn daraus vorgelesen wird; sie wird
nicht aufgedeckt, weil sie in Christus besei-
tigt wird. 15 Bis heute liegt die Hülle auf ihrem
Herzen, wenn Mose vorgelesen wird. 16 So-
bald er aber zum Herrn zurückkehrt, wird die
Hülle entfernt. 17 Der Herr aber ist der Geist;
wo aber der Geist des Herrn ist, da ist Freiheit.
18 Wir alle aber schauen mit enthülltem An-
gesicht die Herrlichkeit des Herrn wie in ei-

3,12–16 Der alttestamentliche Text, Ex 34,29f., spricht von Mose. Paulus überträgt das auf ganz Israel.

nem Spiegel und werden so in sein eigenes
Bild verwandelt, von Herrlichkeit zu Herr-
lichkeit, durch den Geist des Herrn.

4 1 Daher erlahmt unser Eifer nicht in dem
Dienst, der uns durch Gottes Erbarmen
übertragen wurde. 2 Wir haben uns von aller
schimpflichen Arglist losgesagt; wir verhal-
ten uns nicht hinterhältig und verfälschen
das Wort Gottes nicht, sondern machen die
Wahrheit offenbar. So empfehlen wir uns vor
dem Angesicht Gottes jedem menschlichen
Gewissen. 3 Wenn unser Evangelium den-
noch verhüllt ist, ist es nur denen verhüllt,
die verloren gehen; 4 denn der Gott dieser
Weltzeit hat das Denken der Ungläubigen
verblendet. So strahlt ihnen der Glanz des
Evangeliums von der Herrlichkeit Christi,
der Gottes Bild ist, nicht auf. 5 Wir verkünden
nämlich nicht uns selbst, sondern Jesus
Christus als den Herrn, uns aber als eure
Knechte um Jesu willen. 6 Denn Gott, der
sprach: Aus Finsternis soll Licht aufleuch-
ten!, er ist in unseren Herzen aufgeleuchtet,
damit aufstrahlt die Erkenntnis des göttli-
chen Glanzes auf dem Antlitz Christi.

3,5: 2,16 / **6**: Röm 7,6.10–13; 1 Kor 11,25 / **7**: Ex 34,29f. / **10**: Ex 34,29–35 / **13**: Ex 34,33.35 / **14**: Jes 6,10; Röm 10,4; 11,25 / **16**: Ex 34,34 / **17**: Röm 8,2; 1 Kor 6,17 / **18**: 4,4; Röm 8,29; 1 Kor 13,12; Ex 24,17

4,2: 2,17; 12,16; 1 Thess 2,5 / **3**: 1 Kor 1,18 / **4**: 2,15; 3,14f.; Kol 1,15; Hebr 1,3 / **6**: 3,18; Gen 1,3; Jes 9,1; 1 Petr 2,9

DIE LEIDENSGEMEINSCHAFT DES APOSTELS MIT CHRISTUS: 4,7–18

7 Diesen Schatz tragen wir in zerbrechli-
chen Gefäßen; so wird deutlich, dass das
Übermaß der Kraft von Gott und nicht von
uns kommt. 8 Von allen Seiten werden wir
in die Enge getrieben und finden doch noch
Raum; wir wissen weder aus noch ein und
verzweifeln dennoch nicht; 9 wir werden
gehetzt und sind doch nicht verlassen; wir
werden niedergestreckt und doch nicht ver-
nichtet. 10 Immer tragen wir das Todeslei-
den Jesu an unserem Leib, damit auch das
Leben Jesu an unserem Leib sichtbar wird.
11 Denn immer werden wir, obgleich wir
leben, um Jesu willen dem Tod ausgeliefert,
damit auch das Leben Jesu an unserem
sterblichen Fleisch offenbar wird. 12 So er-
weist an uns der Tod, an euch aber das Leben
seine Macht. 13 Doch haben wir den gleichen
Geist des Glaubens, von dem es in der
Schrift heißt: *Ich habe geglaubt, darum habe
ich geredet.* Auch wir glauben und darum
reden wir. 14 Denn wir wissen, dass der, wel-
cher Jesus, den Herrn, auferweckt hat, auch
uns mit Jesus auferwecken und uns zusam-
men mit euch vor sich stellen wird. 15 Alles
tun wir euretwegen, damit immer mehr
Menschen aufgrund der überreich gewor-
denen Gnade den Dank vervielfachen zur
Verherrlichung Gottes.

16 Darum werden wir nicht müde; wenn
auch unser äußerer Mensch aufgerieben
wird, der innere wird Tag für Tag erneuert.
17 Denn die kleine Last unserer gegenwärti-
gen Not schafft uns in maßlosem Übermaß
ein ewiges Gewicht an Herrlichkeit, 18 uns,
die wir nicht auf das Sichtbare, sondern auf
das Unsichtbare blicken; denn das Sichtbare
ist vergänglich, das Unsichtbare ist ewig.

8: 1,8f.; 1 Kor 4,10–13 / **10**: 11,23–25; Röm 6,8 / **11**: Röm 8,36 / **13**: Ps 116,10 G / **14**: Röm 8,11; 1 Kor 6,14 / **15**: 1,11 / **17**: Röm 8,17f.; 1 Petr 1,6f. / **18**: Röm 8,24f.; Hebr 11,1

DIE HOFFNUNG DES APOSTELS: 5,1–10

5 1 Wir wissen: Wenn unser irdisches Zelt
abgebrochen wird, dann haben wir eine
Wohnung von Gott, ein nicht von Men-
schenhand errichtetes ewiges Haus im Him-
mel. 2 Im gegenwärtigen Zustand seufzen wir
und sehnen uns danach, mit dem himmli-
schen Haus überkleidet zu werden. 3 So be-
kleidet, werden wir nicht nackt erscheinen.
4 Solange wir nämlich in diesem Zelt leben,
seufzen wir unter schwerem Druck, weil wir
nicht entkleidet, sondern überkleidet werden
möchten, damit so das Sterbliche vom Leben
verschlungen werde. 5 Gott aber, der uns ge-
rade dazu fähig gemacht hat, er hat uns auch
als ersten Anteil den Geist gegeben. 6 Wir
sind also immer zuversichtlich, auch wenn
wir wissen, dass wir fern vom Herrn in der
Fremde leben, solange wir in diesem Leib zu
Hause sind; 7 denn als Glaubende gehen wir
unseren Weg, nicht als Schauende. 8 Weil wir
aber zuversichtlich sind, ziehen wir es vor,
aus dem Leib auszuwandern und daheim
beim Herrn zu sein. 9 Deswegen suchen wir
unsere Ehre darin, ihm zu gefallen, ob wir
daheim oder in der Fremde sind. 10 Denn wir
alle müssen vor dem Richterstuhl Christi
offenbar werden, damit jeder seinen Lohn

4,4 Der Gott dieser Weltzeit: der Teufel. Vgl. Eph 2,2; Joh 12,31; 14,30; 16,11.

empfängt für das Gute oder Böse, das er im
irdischen Leben getan hat.

1: 2 Petr 1,13f. / **2:** Röm 8,23 / **4:** 1 Kor 15,53 / **5:** 1,22; Eph 1,13f. / **6:** Hebr 13,14 / **7:** Röm 8,24; 1 Petr 1,8 / **8:** Phil 1,23 / **10:** Röm 14,10; 1 Kor 4,5

DER DIENST DER VERSÖHNUNG: 5,11–21

11 So versuchen wir, erfüllt von der Furcht des
Herrn, Menschen zu gewinnen; vor Gott ste-
hen wir offen da. Ich hoffe, dass wir auch vor
eurem Gewissen offen dastehen. 12 Damit
wollen wir uns euch nicht wieder empfehlen,
sondern wir geben euch Gelegenheit, rüh-
mend auf uns hinzuweisen, damit ihr denen
entgegentreten könnt, die sich äußerlich,
nicht im Herzen rühmen. 13 Wenn wir näm-
lich von Sinnen waren, so geschah es für
Gott; wenn wir besonnen sind, geschieht es
für euch. 14 Denn die Liebe Christi drängt
uns, da wir erkannt haben: Einer ist für alle
gestorben, also sind alle gestorben. 15 Er ist
aber für alle gestorben, damit die Lebenden
nicht mehr für sich leben, sondern für den,
der für sie starb und auferweckt wurde.
16 Also kennen wir von jetzt an niemanden
mehr dem Fleische nach; auch wenn wir frü-
her Christus dem Fleische nach gekannt ha-
ben, jetzt kennen wir ihn nicht mehr so.
17 Wenn also jemand in Christus ist, dann ist
er eine neue Schöpfung: Das Alte ist vergan-
gen, siehe, Neues ist geworden. 18 Aber das
alles kommt von Gott, der uns durch Chris-
tus mit sich versöhnt und uns den Dienst der
Versöhnung aufgetragen hat. 19 Ja, Gott war
es, der in Christus die Welt mit sich versöhnt
hat, indem er ihnen ihre Verfehlungen nicht
anrechnete und unter uns das Wort von der
Versöhnung aufgerichtet hat. 20 Wir sind also
Gesandte an Christi statt und Gott ist es, der
durch uns mahnt. Wir bitten an Christi statt:
Lasst euch mit Gott versöhnen! 21 Er hat den,
der keine Sünde kannte, für uns zur Sünde
gemacht, damit wir in ihm Gerechtigkeit
Gottes würden.

12: 3,1f.; 10,12f. / **14–15:** Röm 6,3f.; 7,4; 8,31f.; 14,7–9 / **15:** Gal 2,20 / **17:** Röm 6,4; Gal 6,15; Offb 21,5 / **18:** Röm 5,10 / **19:** Röm 3,24f.; Kol 1,19f. / **20:** Mt 10,40; Lk 10,16 / **21:** 8,9; Röm 8,3f.; Gal 3,13; 1 Petr 2,24

GNADE UND BEWÄHRUNG: 6,1–10

6 1 Als Mitarbeiter Gottes ermahnen wir
euch, dass ihr seine Gnade nicht verge-
bens empfangt. 2 Denn es heißt:

Zur Zeit der Gnade habe ich dich erhört, /
am Tag der Rettung habe ich dir geholfen.

Siehe, jetzt ist sie da, die Zeit der Gnade;
siehe, jetzt ist er da, der Tag der Rettung.
3 Niemandem geben wir auch nur den ge-
ringsten Anstoß, damit unser Dienst nicht
verhöhnt werden kann. 4 In allem empfehlen
wir uns als Gottes Diener: durch große
Standhaftigkeit, in Bedrängnis, in Not, in
Angst, 5 unter Schlägen, in Gefängnissen,
in Zeiten der Unruhe, unter der Last der Ar-
beit, in durchwachten Nächten, durch Fas-
ten, 6 durch lautere Gesinnung, durch Er-
kenntnis, durch Langmut, durch Güte,
durch den Heiligen Geist, durch ungeheu-
chelte Liebe, 7 durch das Wort der Wahrheit,
in der Kraft Gottes, mit den Waffen der Ge-
rechtigkeit in der Rechten und in der Lin-
ken, 8 bei Ehrung und Schmähung, bei übler
Nachrede und bei Lob. Wir gelten als Betrü-
ger und sind doch wahrhaftig; 9 wir werden
verkannt und doch anerkannt; wir sind wie
Sterbende und siehe, wir leben; wir werden
gezüchtigt und doch nicht getötet; 10 uns
wird Leid zugefügt und doch sind wir jeder-
zeit fröhlich; wir sind arm und machen doch
viele reich; wir haben nichts und haben doch
alles.

2: Jes 49,8 / **4–10:** 4,8–10; 11,23–29; 1 Kor 4,11–13 / **6:** Gal 5,22f. / **7:** Röm 13,12 / **9:** Ps 118,17f. / **10:** 8,9; Lk 6,20–22; Phil 4,12f.

WERBUNG UND MAHNUNG: 6,11–7,4

11 Unser Mund hat sich für euch aufgetan,
Korinther, unser Herz ist weit geworden. 12 In
uns ist es nicht zu eng für euch; eng ist es in
eurem Herzen. 13 Macht doch als Antwort
darauf – ich rede wie zu meinen Kindern –
auch euer Herz weit!

14 Beugt euch nicht unter ein fremdes Joch
mit Ungläubigen! Was haben denn Gerech-
tigkeit und Gesetzwidrigkeit miteinander zu
tun? Was haben Licht und Finsternis gemein-
sam? 15 Was für ein Einklang herrscht zwi-
schen Christus und Beliar? Was hat ein Gläu-
biger mit einem Ungläubigen gemeinsam?
16 Wie verträgt sich der Tempel Gottes mit
Götzenbildern? Wir sind doch der Tempel
des lebendigen Gottes; denn Gott hat gespro-
chen:

6,15 Beliar: Bezeichnung für den Teufel.

Ich will unter ihnen wohnen und mit ihnen
gehen. / Ich werde ihr Gott sein / und sie wer-
den mein Volk sein.
17 *Zieht* darum *weg aus ihrer Mitte / und*
sondert euch ab, spricht der Herr, / und fasst
nichts Unreines an! / Dann will ich euch auf-
nehmen
18 *und euer Vater sein und ihr sollt meine*
Söhne und Töchter *sein, spricht der Herr, der*
Herrscher über das All.
7 1 Das sind die Verheißungen, Geliebte,
die wir haben. Reinigen wir uns also von
aller Unreinheit des Leibes und des Geistes
und streben wir in Gottesfurcht nach voll-
kommener Heiligung.
2 Gebt uns doch Raum! Niemanden haben
wir geschädigt, niemanden zugrunde gerich-
tet, niemanden übervorteilt. 3 Ich sage das
nicht, um euch zu verurteilen; denn eben
habe ich gesagt, dass ihr in unserem Herzen
wohnt, verbunden mit uns zum Sterben und
zum Leben. 4 Ich bin ganz offen zu euch; ich
bin sehr stolz auf euch. Trotz all unserer Not
bin ich von Trost erfüllt und ströme über von
Freude.

6,14: Dtn 22,10; Eph 5,7.11 / **15**: 1 Kor 10,21 / **16**: Lev 26,11f.; Jer 31,33; 32,38; Ez 37,2; 1 Kor 3,16 / **17**: Jes 52,11; Jer 51,45; Offb 18,4; Zef 3,20 G / **18**: 2 Sam 7,14
7,1: 1 Joh 3,3 / **2**: 6,13; 12,17 / **3**: 6,11f.

DRITTER RÜCKBLICK: DIE RÜCKKEHR DES TITUS: 7,5–16

5 Als wir nach Mazedonien gekommen wa-
ren, fanden wir in unserer Schwachheit kei-
ne Ruhe. Überall bedrängten uns Schwie-
rigkeiten: von außen Kämpfe, von innen
Ängste. 6 Aber Gott, der die Niedergeschla-
genen tröstet, hat auch uns getröstet, und
zwar durch die Ankunft des Titus – 7 nicht
nur durch seine Ankunft, sondern auch
durch den Trost, den er bei euch erfahren
hatte. Er erzählte uns von eurer Sehnsucht,
eurer Klage, eurem Eifer für mich, sodass
ich mich noch mehr freute. 8 Dass ich euch
aber mit meinem Brief traurig gemacht habe,
tut mir nicht leid. Wenn es mir auch eine
Weile leid tat – ich sehe ja, dass dieser Brief
euch, wenn auch nur für kurze Zeit, traurig
gemacht hat –: 9 jetzt freue ich mich, nicht
weil ihr traurig geworden seid, sondern weil
die Traurigkeit euch zur Sinnesänderung
geführt hat. Denn es war eine gottgewollte
Traurigkeit; so ist euch durch uns kein
Nachteil erwachsen. 10 Die gottgewollte
Traurigkeit verursacht nämlich Sinnesän-
derung zum Heil, die nicht bereut zu werden
braucht; die weltliche Traurigkeit aber führt
zum Tod. 11 Siehe, wie groß war doch der
Eifer, zu dem euch diese gottgewollte Trau-
rigkeit geführt hat, wie aufrichtig eure Ent-
schuldigung, euer Bedauern, eure Furcht,
eure Sehnsucht, wie wirksam eure Anstren-
gung und am Ende die Bestrafung! In jeder
Hinsicht habt ihr gezeigt, dass ihr in dieser
Sache unschuldig seid. 12 Wenn ich euch also
geschrieben habe, so tat ich es nicht, um den
zu treffen, der Unrecht getan hatte, auch
nicht, um dem Recht zu verschaffen, der
Unrecht erlitten hatte, sondern ich tat es,
damit euer Eifer für uns sichtbar werde vor
euch und vor Gott. 13 Deswegen sind wir
jetzt getröstet. Wir wurden aber nicht nur
getröstet, sondern darüber hinaus erfreut
durch die Freude des Titus, dessen Geist
neue Kraft gefunden hat durch euch alle.
14 Wenn ich euch vor ihm gerühmt hatte, so
brauchte ich mich jetzt nicht zu schämen.
Im Gegenteil, wie alles Wahrheit ist, was
wir euch verkündet haben, so erwies sich
unser Lob vor Titus als volle Wahrheit. 15 Er
ist euch von Herzen zugetan, wenn er daran
denkt, wie ihr euch alle gehorsam gezeigt
und ihn mit Furcht und Zittern aufgenom-
men habt. 16 Ich freue mich, dass ich in jeder
Hinsicht auf euch vertrauen kann.

5: 2,13; 4,8 / **6**: 1,3f. / **7**: 1 Thess 3,6f. / **8**: 2,4 / **11**: 2,6f. / **12**: 2,5.9 / **15**: Phil 2,12; 1 Kor 2,3

DIE SAMMLUNG FÜR JERUSALEM: 8,1–9,15

AUFRUF ZUR VOLLENDUNG DER SAMMLUNG: 8,1–15

8 1 Wir berichten euch jetzt, Brüder und
Schwestern, von der Gnade, die Gott den
Gemeinden Mazedoniens erwiesen hat. 2 Wäh-
rend sie durch große Not geprüft wurden, ver-
wandelten sich ihre übergroße Freude und ihre
tiefe Armut in den Reichtum ihrer selbstlosen
Güte. 3 Ich bezeuge, dass sie nach Kräften und
sogar über ihre Kräfte spendeten, ganz von sich
aus. 4 Sie haben uns eindringlich um die Teil-
nahme an diesem Liebeswerk und die Gemein-
schaft des Dienstes für die Heiligen gebeten.
5 Und über unsere Erwartung hinaus haben sie
sich eingesetzt, zunächst für den Herrn, aber
auch für uns, wie es Gottes Wille war.

6 Daraufhin ermutigten wir Titus, dieses
Liebeswerk, das er früher bei euch begonnen
hatte, nun auch zu vollenden. 7 Wie ihr aber an
allem reich seid, an Glauben, Rede und Er-
kenntnis, an jedem Eifer und an der Liebe, die
wir in euch begründet haben, so sollt ihr euch
auch an diesem Liebeswerk mit reichlichen
Spenden beteiligen. 8 Ich meine das nicht als
strenge Weisung, aber ich gebe euch Gelegen-
heit, angesichts des Eifers anderer auch eure
Liebe als echt zu erweisen. 9 Denn ihr kennt die
Gnade unseres Herrn Jesus Christus: Er, der
reich war, wurde euretwegen arm, um euch
durch seine Armut reich zu machen. 10 Ich gebe
euch nur einen Rat, der euch helfen soll; ihr
habt ja schon voriges Jahr angefangen, etwas
zu unternehmen, und zwar aus eigenem Wol-
len. 11 Jetzt sollt ihr das Begonnene zu Ende
führen, damit das Ergebnis dem guten Willen
entspricht – je nach eurem Besitz. 12 Wenn
nämlich der gute Wille da ist, dann ist jeder
willkommen mit dem, was er hat, und man
fragt nicht nach dem, was er nicht hat. 13 Denn
es geht nicht darum, dass ihr in Not geratet,
indem ihr anderen helft; es geht um einen Aus-
gleich. 14 Im Augenblick soll euer Überfluss
ihrem Mangel abhelfen, damit auch ihr Über-
fluss einmal eurem Mangel abhilft. So soll ein
Ausgleich entstehen, 15 wie es in der Schrift
heißt: *Wer viel gesammelt hatte, hatte nicht
zu viel, und wer wenig, hatte nicht zu wenig.*

1: 9,1f.; Röm 15,26 / **2:** 6,10 / **3:** Mk 12,41–44; Apg 11,29 / **6:** 12,18 / **7:** 1 Kor 1,5; 16,1f. / **9:** 5,21; 6,10; Phil 2,6f. / **10:** 9,2 / **15:** Ex 16,18

DIE DURCHFÜHRUNG DER KOLLEKTE: 8,16–9,5

16 Dank sei Gott, der den gleichen Eifer für
euch auch Titus ins Herz gelegt hat! 17 Denn
Titus war mit meinem Vorschlag einverstan-
den und sein Eifer war so groß, dass er aus
eigenem Entschluss gleich zu euch abreiste.
18 Zusammen mit ihm haben wir den Bruder
geschickt, der wegen seiner Verkündigung
des Evangeliums in allen Gemeinden Aner-
kennung findet 19 und außerdem von den
Gemeinden dazu bestimmt wurde, unser
Reisegefährte zu sein, wenn wir diese Gna-
dengabe zur Ehre des Herrn und als Zeichen
unseres guten Willens überbringen. 20 Denn
angesichts der großen Spende, die von uns
überbracht werden soll, möchten wir ver-
meiden, dass man uns verdächtigt. 21 Denn
wir sind auf das Gute bedacht, nicht nur vor
dem Herrn, sondern auch vor den Menschen.
22 Wir haben aber mit den beiden noch einen
weiteren Bruder geschickt, dessen Eifer wir
vielfach und bei vielen Gelegenheiten fest-
stellen konnten und der sich in diesem Fall
noch eifriger zeigt, weil er großes Vertrauen
zu euch hat.

23 Was nun Titus angeht: Er ist mein Ge-
fährte und mein Mitarbeiter, der für euch
tätig ist; unsere anderen Brüder aber sind
Abgesandte der Gemeinden und ein Abglanz
Christi. 24 Legt also ihnen gegenüber und da-
mit vor den Gemeinden das Zeugnis eurer
Liebe ab und zeigt, dass wir euch zu Recht
gerühmt haben!

9 1 Eigentlich ist es unnötig, euch über das
Hilfswerk für die Heiligen zu schreiben.
2 Denn ich kenne euren guten Willen und
rühme euch vor den Mazedoniern, indem ich
ihnen sage: Achaia ist seit einem Jahr gerüs-
tet. Und euer Eifer hat viele andere ange-
spornt. 3 Trotzdem habe ich die Brüder zu
euch geschickt; denn unser Lob für euch
könnte in dieser Hinsicht verfrüht gewesen
sein. Ihr solltet also jetzt wirklich, wie ich
sagte, gerüstet sein. 4 Wenn nämlich Maze-
donier mit mir kämen und euch noch nicht
gerüstet fänden, dann könnte es geschehen,
dass wir uns zu schämen hätten – um nicht
zu sagen, ihr hättet euch in dieser Lage zu
schämen. 5 Ich hielt es also für notwendig,
die Brüder zu bitten, sie möchten zu euch

vorausreisen und eure in Aussicht gestellte
Segensgabe schon jetzt einsammeln, damit
sie dann verfügbar ist, und zwar als Segens-
gabe, nicht als Gabe des Geizes.

8,18: 12,18 / **20:** 12,16–18 / **21:** Spr 3,4 G / **24:** 7,14f.
9,1: 8,4 / **2:** 8,10f. / **3:** 8,22.24 / **5:** 1 Kor 16,2

DER SEGEN DES HILFSWERKS: 9,6–15

6 Denkt daran: Wer kärglich sät, wird auch
kärglich ernten; wer mit Segen sät, wird mit
Segen ernten. 7 Jeder gebe, wie er es sich in
seinem Herzen vorgenommen hat, nicht ver-
drossen und nicht unter Zwang; denn Gott
liebt einen fröhlichen Geber. 8 In seiner Macht
kann Gott alle Gaben über euch ausschütten,
sodass euch allezeit in allem alles Nötige aus-
reichend zur Verfügung steht und ihr noch
genug habt, um allen Gutes zu tun, 9 wie es
in der Schrift heißt:

*Er teilte aus, er gab den Armen; / seine Ge-
rechtigkeit hat Bestand für immer.*

10 Gott, der *Samen* gibt *für die Aussaat und
Brot zur Nahrung,* wird auch euch das Saat-
gut geben und die Saat aufgehen lassen; er
wird die Früchte eurer Gerechtigkeit wach-
sen lassen. 11 In allem werdet ihr reich genug
sein zu jeder selbstlosen Güte; sie wird durch
uns Dank an Gott hervorrufen. 12 Denn die-
ser heilige Dienst füllt nicht nur die leeren
Hände der Heiligen, sondern wird weiter-
wirken als vielfältiger Dank an Gott. 13 Vom
Zeugnis eines solchen Dienstes bewegt, wer-
den sie Gott dafür preisen, dass ihr euch ge-
horsam zum Evangelium Christi bekannt
und dass ihr ihnen und allen selbstlos gehol-
fen habt. 14 In ihrem Gebet für euch werden
sie sich angesichts der übergroßen Gnade, die
Gott euch geschenkt hat, eng mit euch ver-
bunden fühlen. 15 Dank sei Gott für sein un-
fassbares Geschenk!

6: Spr 11,24 / **7:** Spr 22,9 G / **9:** Ps 112,9 / **10:** Jes 55,10; Hos
10,12 G / **11:** 4,15; 8,7 / **12:** 8,14

AUSEINANDERSETZUNG MIT GEGNERN: 10,1–13,10

DIE DURCHSETZUNGSFÄHIGKEIT
DES PAULUS: 10,1–11

10 1 Ich, Paulus, der ja im persönlichen
Umgang mit euch so unterwürfig, aus
der Ferne aber so unerschrocken sein soll, ich
ermahne euch angesichts der Freundlichkeit
und Güte Christi 2 und bitte euch: Zwingt
mich nicht, bei meinem Kommen so uner-
schrocken und fest aufzutreten, wie ich es
gegen gewisse Leute zu tun gedenke, die mei-
nen, wir verhalten uns wie Menschen dieser
Welt! 3 Wir leben zwar in dieser Welt, kämp-
fen aber nicht mit den Waffen dieser Welt.
4 Die Waffen, die wir bei unserem Feldzug
einsetzen, sind nicht irdisch, aber sie haben
durch Gott die Macht, Festungen zu schlei-
fen; mit ihnen reißen wir 5 alle hohen Gedan-
kengebäude nieder, die sich gegen die Er-
kenntnis Gottes auftürmen. Wir nehmen
alles Denken gefangen, sodass es Christus
gehorcht; 6 wir sind entschlossen, alle Unge-
horsamen zu strafen, sobald ihr wirklich ge-
horsam geworden seid.

7 Schaut auf das, was vor Augen liegt! Wenn
jemand überzeugt ist, Christus zu gehören,
dann soll er doch auch bedenken, dass nicht
nur er, sondern auch wir Christus gehören.
8 Und wenn ich etwas mehr auf unsere Voll-
macht poche, werde ich mich nicht zu scheu-
en brauchen. Der Herr hat sie mir allerdings
verliehen, damit ich bei euch aufbaue, nicht
damit ich niederreiße; 9 ich möchte nicht den
Anschein erwecken, als wollte ich euch
durch meine Briefe einschüchtern. 10 Ja, die
Briefe, wird gesagt, die sind wuchtig und voll
Kraft, aber sein persönliches Auftreten ist
matt und seine Worte sind armselig. 11 Wer
so redet, der soll sich merken: Wie wir durch
das geschriebene Wort aus der Ferne wirken,
so können wir auch in eurer Gegenwart tat-
kräftig auftreten.

1: 10,10; 11,6; 1 Kor 2,3 / **2:** 1 Kor 4,21 / **4:** Röm 13,12; Eph
6,11–13 / **5:** Spr 21,22; Jes 2,12–17 / **8:** 12,6; 13,10 / **10:** 10,1;
11,6 / **11:** 13,2

BEACHTUNG DES MASSES: 10,12–18

12 Wir sind allerdings nicht so vermessen,
uns gleichzustellen oder zu vergleichen mit
gewissen Leuten, die sich selbst empfehlen.
In ihrem Unverstand messen sie sich an sich

selbst und vergleichen sich mit sich selbst.
13 Wir dagegen wollen uns nicht maßlos rüh-
men, sondern jenen Maßstab anlegen, den
uns Gott zugeteilt hat, dass wir nämlich bis
zu euch gelangt sind. 14 Wir überschreiten
also nicht unser Maß, wie wir es tun würden,
wenn wir nicht bis zu euch gelangt wären;
denn wir sind wirklich als Erste mit dem
Evangelium Christi bis zu euch gekommen.
15 Wir rühmen uns also nicht maßlos und mit
fremden Leistungen; aber wir haben die
Hoffnung, wenn euer Glaube stärker wird,
vor euren Augen über das uns gesetzte Maß
weit hinauszuwachsen 16 und das Evangeli-
um über eure Grenzen hinauszutragen. Nach
einem fremden Maßstab und auf einem Feld,
das schon bestellt ist, wollen wir keinen
Ruhm ernten. 17 *Wer sich also rühmt, der
rühme sich im Herrn.* 18 Denn nicht, wer sich
selbst empfiehlt, ist anerkannt, sondern der,
den der Herr empfiehlt.

12: 3,1; 5,12 / **13:** Röm 12,3; Gal 2,9 / **15:** Röm 10,17; 15,20 / **17:** Jer 9,23f.; 1 Kor 1,31

KRITIK AN GEMEINDE UND GEGNERN: 11,1–15

11 1 Lasst euch doch ein wenig Unver-
stand von mir gefallen! Aber das tut ihr
ja. 2 Denn ich werbe eifrig um euch mit dem
Eifer Gottes; ich habe euch einem einzigen
Mann verlobt, um euch als reine Jungfrau zu
Christus zu führen. 3 Ich fürchte aber, wie die
Schlange einst durch ihre Falschheit Eva
täuschte, könntet auch ihr in euren Gedan-
ken von der aufrichtigen und reinen Hingabe
an Christus abkommen. 4 Ihr nehmt es ja of-
fenbar hin, wenn irgendeiner daherkommt
und einen anderen Jesus verkündet, als wir
verkündet haben, wenn ihr einen anderen
Geist empfangt, als ihr empfangen habt, oder
ein anderes Evangelium, als ihr angenom-
men habt. 5 Ich denke doch, ich stehe den
Überaposteln keineswegs nach. 6 Im Reden
mag ich ein Stümper sein, aber nicht in der
Erkenntnis; wir haben es euch in jeder Weise
gezeigt. 7 Oder habe ich einen Fehler ge-
macht, als ich, um euch zu erhöhen, mich
selbst erniedrigte und euch das Evangelium
Gottes verkündete, ohne etwas dafür zu neh-
men? 8 Andere Gemeinden habe ich ausge-
plündert und Geld von ihnen genommen,
um euch dienen zu können. 9 Aber als ich zu
euch kam und in Schwierigkeiten geriet, bin
ich niemandem zur Last gefallen; was ich zu
wenig hatte, ergänzten die Brüder, die aus
Mazedonien kamen. Ich habe also darauf
Wert gelegt, euch in keiner Weise zur Last zu
fallen, und werde auch weiterhin darauf
Wert legen. 10 So gewiss die Wahrheit Chris-
ti in mir ist: Diesen Ruhm wird mir im Gebiet
von Achaia niemand nehmen. 11 Warum?
Liebe ich euch etwa nicht? Gott weiß es.
12 Was ich aber tue, werde ich auch in Zukunft
tun: Ich werde denen die Gelegenheit neh-
men, die nur die Gelegenheit suchen, sich
Achtung zu verschaffen, um so dazustehen
wie wir. 13 Denn diese Leute sind Lügen-
apostel, unehrliche Arbeiter; sie tarnen sich
freilich als Apostel Christi. 14 Kein Wunder,
denn auch der Satan tarnt sich als Engel des
Lichts. 15 Es ist also nicht erstaunlich, wenn
sich auch seine Diener als Diener der Gerech-
tigkeit tarnen. Ihr Ende wird ihren Taten
entsprechen.

1: 11,16–18 / **3:** Gen 3,4.13 / **4:** Gal 1,6–9 / **5:** 11,13; 12,11 / **6:** 10,10; 1 Kor 2,1f.13 / **7:** Mt 23,12; 1 Kor 9,12f. / **8:** Phil 4,10.15 / **9:** 12,13; 1 Thess 2,9 / **10:** 1 Kor 9,15 / **12:** 2,17 / **13:** Phil 3,2; Offb 2,2 / **15:** Phil 3,19; 2 Tim 4,14

EINLEITUNG ZUR NARRENREDE: 11,16–21a

16 Noch einmal sage ich: Keiner soll mich für
einen Narren halten. Tut ihr es aber doch,
dann lasst mich auch als Narren gewähren,
damit auch ich ein wenig prahlen kann!
17 Was ich hier sage, sage ich nicht im Sinn des
Herrn, sondern, wenn es schon um das Prah-
len geht, wie ein Narr. 18 Da viele Menschen
im Sinn dieser Welt prahlen, will auch ich
einmal prahlen. 19 Ihr lasst euch die Narren ja
gern gefallen, ihr klugen Leute. 20 Denn ihr
nehmt es hin, wenn euch jemand versklavt,
wenn euch jemand ausbeutet, wenn euch
jemand in seine Gewalt bringt, wenn jemand
anmaßend auftritt, wenn euch jemand ins
Gesicht schlägt. 21 Zu meiner Schande muss
ich gestehen: Dazu bin ich allerdings zu
schwach gewesen.

18: Phil 3,4 / **19:** 1 Kor 4,10

HERKUNFT UND DIENST: 11,21b–33

Wozu aber jemand den Mut aufbringt – ich
rede jetzt als Narr –, dazu bringe auch ich ihn
auf. 22 Sie sind Hebräer – ich auch. Sie sind
Israeliten – ich auch. Sie sind Nachkommen
Abrahams – ich auch. 23 Sie sind Diener Chris-
ti – jetzt rede ich ganz unvernünftig –, ich
noch mehr: Ich ertrug mehr Mühsal, war

häufiger im Gefängnis, wurde mehr geschla-
gen, war oft in Todesgefahr. 24 Fünfmal er-
hielt ich von Juden die vierzig Hiebe weniger
einen; 25 dreimal wurde ich ausgepeitscht,
einmal gesteinigt, dreimal erlitt ich Schiff-
bruch, eine Nacht und einen Tag trieb ich auf
hoher See. 26 Ich war oft auf Reisen, gefährdet
durch Flüsse, gefährdet durch Räuber, ge-
fährdet durch das eigene Volk, gefährdet
durch Heiden, gefährdet in der Stadt, gefähr-
det in der Wüste, gefährdet auf dem Meer,
gefährdet durch falsche Brüder. 27 Ich erdul-
dete Mühsal und Plage, viele durchwachte
Nächte, Hunger und Durst, häufiges Fasten,
Kälte und Nacktheit. 28 Um von allem andern
zu schweigen, dem täglichen Andrang zu mir
und der Sorge für alle Gemeinden: 29 Wer ist
schwach und ich bin nicht schwach? Wer
kommt zu Fall und ich werde nicht von bren-
nender Sorge verzehrt? 30 Wenn schon ge-
prahlt sein muss, will ich mit meiner
Schwachheit prahlen. 31 Gott, der Vater Jesu,
des Herrn, er, der gepriesen ist in Ewigkeit,
weiß, dass ich nicht lüge. 32 In Damaskus ließ
der Statthalter des Königs Aretas die Stadt
der Damaszener bewachen, um mich festzu-
nehmen. 33 Aber durch ein Fenster wurde ich
in einem Korb die Stadtmauer hinuntergelas-
sen und so entkam ich ihm.

22: Apg 22,3; Röm 11,1; Phil 3,5 / **23:** 1 Kor 4,1; 15,10 / **24:** Dtn 25,3 / **25:** Apg 14,19; 16,22; 27,41–43 / **27:** 6,4f.; 1 Kor 4,11; 1 Thess 2,9 / **28:** Apg 20,31 / **29:** 1 Kor 9,22 / **30:** 12,5.9f. / **32–33:** Apg 9,24f.

VISIONEN UND OFFENBARUNGEN: 12,1–10

12 1 Ich muss mich ja rühmen; zwar nützt
es nichts, trotzdem will ich jetzt von
Erscheinungen und Offenbarungen des
Herrn sprechen. 2 Ich kenne einen Menschen
in Christus, der vor vierzehn Jahren bis in den
dritten Himmel entrückt wurde; 3 ich weiß
allerdings nicht, ob es mit dem Leib oder
ohne den Leib geschah, nur Gott weiß es.
4 Und ich weiß, dass dieser Mensch in das
Paradies entrückt wurde; ob es mit dem Leib
oder ohne den Leib geschah, weiß ich nicht,
nur Gott weiß es. Er hörte unsagbare Worte,
die ein Mensch nicht aussprechen darf. 5 Die-
sen Menschen will ich rühmen; meiner selbst
will ich mich nicht rühmen, höchstens mei-
ner Schwachheit. 6 Wenn ich mich dennoch
rühmen wollte, wäre ich zwar kein Narr, son-
dern würde die Wahrheit sagen. Aber ich
verzichte darauf; denn jeder soll mich nur
nach dem beurteilen, was er an mir sieht oder
aus meinem Mund hört. 7 Damit ich mich
wegen der einzigartigen Offenbarungen
nicht überhebe, wurde mir ein Stachel ins
Fleisch gestoßen: ein Bote Satans, der mich
mit Fäusten schlagen soll, damit ich mich
nicht überhebe. 8 Dreimal habe ich den Herrn
angefleht, dass dieser Bote Satans von mir
ablasse. 9 Er aber antwortete mir: Meine Gna-
de genügt dir; denn die Kraft wird in der
Schwachheit vollendet. Viel lieber also will
ich mich meiner Schwachheit rühmen, damit
die Kraft Christi auf mich herabkommt.
10 Deswegen bejahe ich meine Ohnmacht,
alle Misshandlungen und Nöte, Verfolgun-
gen und Ängste, die ich für Christus ertrage;
denn wenn ich schwach bin, dann bin ich
stark.

1: Apg 26,16; Gal 2,2 / **5:** 11,30 / **6:** 10,8; 11,16 / **8:** Mt 26,44 / **9:** Phil 4,13 / **10:** 6,9f.

ABSCHLUSS DER NARRENREDE: 12,11–13

11 Jetzt bin ich wirklich ein Narr geworden;
ihr habt mich dazu gezwungen. Eigentlich
sollte ich von euch empfohlen werden; denn
in nichts bin ich hinter den Überaposteln zu-
rückgeblieben, obgleich ich nichts bin. 12 Das,
woran man den Apostel erkennt, wurde mit
großer Ausdauer unter euch vollbracht: Zei-
chen, Wunder und Machttaten. 13 Worin seid
ihr denn im Vergleich mit den übrigen Ge-
meinden zu kurz gekommen? Höchstens
darin, dass gerade ich euch nicht zur Last ge-
fallen bin. Dann verzeiht mir bitte dieses
Unrecht!

11: 11,1.5.16 / **12:** Apg 5,12; Röm 15,19 / **13:** 11,7–9

DIE UNTERHALTSFRAGE: 12,14–18

14 Siehe, schon zum dritten Mal will ich jetzt
zu euch kommen und ich werde euch nicht
zur Last fallen; ich suche ja nicht euer Geld,
sondern euch. Denn nicht die Kinder sollen
für die Eltern sparen, sondern die Eltern für
die Kinder. 15 Ich aber will sehr gern alles auf-
wenden und mich für euch aufreiben. Wenn
ich euch so sehr liebe, soll ich deswegen we-
niger Liebe empfangen? 16 Nun gut! Eine
schwere Last habe ich euch zwar nicht zuge-
mutet; aber habe ich euch, verschlagen wie

12,7 Paulus spricht wohl von einer Krankheit, die sein Wirken beeinträchtigte. Vgl. Gal 4,13f. Näheres ist darüber nicht bekannt.

ich bin, mit List in mein Netz gelockt? 17 Habe
ich euch vielleicht durch einen, den ich zu
euch sandte, übervorteilt? 18 Ja, ich habe Titus
gebeten, euch zu besuchen, und den Bruder
mit ihm gesandt. Hat Titus euch etwa über-
vorteilt? Sind wir nicht beide im gleichen
Geist aufgetreten? Nicht in den gleichen Spu-
ren?

14: 13,1; Phil 4,17 / **15**: Phil 2,17; 1 Thess 2,8 / **17**: 7,2 / **18**: 8,16–18

MISSSTÄNDE IN DER GEMEINDE: 12,19–21

19 Ihr denkt schon lange, dass wir uns vor
euch nur herausreden wollen. Aber wir reden
in Christus, vor dem Angesicht Gottes. Und
alles, Geliebte, geschieht zu eurer Erbauung.
20 Denn ich fürchte, dass ich euch bei meinem
Kommen nicht so finde, wie ich euch zu fin-
den wünsche, und dass ihr mich so findet,
wie ihr mich nicht zu finden wünscht. Ich
fürchte, dass es zu Streit, Eifersucht, Zornes-
ausbrüchen, Ehrgeiz, Verleumdungen, übler
Nachrede, Überheblichkeit, allgemeiner Ver-
wirrung kommt; 21 dass mein Gott, wenn ich
wiederkomme, mich noch einmal vor euch
demütigt; dass ich Grund haben werde, trau-
rig zu sein über viele, die schon früher Sünder
waren und sich trotz ihrer Unreinheit, Un-
zucht und Ausschweifung noch nicht zur
Umkehr entschlossen haben.

19: 2,17 / **20**: 10,2; Gal 5,19–21 / **21**: 13,2

ANKÜNDIGUNG KRAFTVOLLEN WIRKENS: 13,1–4

13 1 Das ist das dritte Mal, dass ich zu euch
komme. *Durch die Aussage von zwei
oder drei Zeugen wird jede Sache entschie-
den.* 2 Denen, die sich früher verfehlt haben,
und allen Übrigen sage ich jetzt aus der Ferne
dasselbe, was ich schon bei meinem zweiten
Aufenthalt angekündigt habe: Wenn ich
komme, werde ich keine Nachsicht mehr
üben. 3 Denn ihr verlangt einen Beweis dafür,
dass durch mich Christus spricht, der nicht
in seiner Schwachheit, sondern in seiner
Kraft unter euch wirkt. 4 Zwar wurde er in
seiner Schwachheit gekreuzigt, aber er lebt
aus Gottes Kraft. Auch wir sind schwach in
ihm, aber wir werden zusammen mit ihm vor
euren Augen aus Gottes Kraft leben.

1: 12,14; Dtn 19,15; Mt 18,16; 1 Tim 5,19 / **2**: 12,21 / **3**: Röm 15,18f. / **4**: 1 Kor 1,24f.27

MAHNUNG, WARNUNG, GEBET: 13,5–10

5 Fragt euch selbst, ob ihr im Glauben seid,
prüft euch selbst! Erfahrt ihr nicht an euch
selbst, dass Jesus Christus in euch ist? Sonst
hättet ihr ja schon versagt. 6 Ich hoffe aber, ihr
werdet erkennen, dass wir nicht versagt ha-
ben. 7 Doch flehen wir zu Gott, dass ihr nichts
Böses tut, nicht, damit wir bewährt erschei-
nen, sondern nur, damit ihr das Gute tut, wir
aber wie Versager dastehen. 8 Denn wir ver-
mögen nichts gegen die Wahrheit, nur für die
Wahrheit. 9 So ist es uns eine Freude, wenn
wir schwach dastehen, ihr aber euch als stark
erweist. Das ist es, was wir erflehen: eure voll-
ständige Erneuerung. 10 Deswegen schreibe
ich das alles aus der Ferne, um nicht, wenn
ich zu euch komme, Strenge gebrauchen zu
müssen kraft der Vollmacht, die der Herr mir
zum Aufbauen, nicht zum Niederreißen ge-
geben hat.

5: 1 Kor 11,28 / **10**: 2,3; 10,4.8.11

ABSCHLIESSENDE MAHNUNGEN, GRÜSSE UND SEGENSWUNSCH: 13,11–13

11 Im Übrigen, Brüder und Schwestern, freut
euch, kehrt zur Ordnung zurück, lasst euch
ermahnen, seid eines Sinnes, haltet Frieden!
Dann wird der Gott der Liebe und des Frie-
dens mit euch sein. 12 Grüßt einander mit
dem heiligen Kuss! Es grüßen euch alle Hei-
ligen. 13 Die Gnade des Herrn Jesus Christus
und die Liebe Gottes und die Gemeinschaft
des Heiligen Geistes sei mit euch allen!

11: Röm 12,16; 15,5.33; Phil 2,2; 4,4 / **12**: Röm 16,16; 1 Kor 16,20; 1 Thess 5,26 / **13**: Gal 6,18

DER BRIEF AN DIE GALATER

Auf seinen Missionsreisen ist Paulus zweimal in das „galatische Land“ gekommen (Apg 16,6; 18,23; vgl. Gal 4,13). Welche Region damit bezeichnet wird und wo die Gemeinden lagen, an die er sich mit diesem Schreiben wendet, ist Gegenstand vieler Diskussionen. Diese haben ihren Ursprung darin, dass als „Galatia“ sowohl die Landschaft um die Stadt Ankyra im Innern Kleinasiens, wo sich seit dem 3. Jahrhundert v. Chr. keltische Einwanderer niedergelassen hatten, als auch die römische Provinz bezeichnet werden konnte, die weite Gebiete darüber hinaus umfasste.

Der Brief wendet sich – anders als die übrigen authentischen Paulusbriefe – an mehrere Gemeinden. Deren Mitglieder waren Heidenchristen (vgl. 4,8; 5,2; 6,12), die inzwischen von Irrlehrern aufgesucht und beeinflusst wurden. Diese verstanden sich selbst als Judenchristen und verlangten von den Galatern, sich ebenfalls beschneiden zu lassen und das alttestamentliche Gesetz als zum Heil notwendig anzuerkennen (5,1–12; 6,11–16). Auch stellten sie die apostolische Autorität des Paulus in Frage.

Paulus reagierte auf die Nachrichten von dieser Entwicklung mit der Autorität des Apostels, der seine Berufung nicht von Menschen, sondern von Jesus Christus selbst empfangen hat (1,1). Der Ton seiner Ausführungen ist bestimmt (1,6; 6,17), die Anrede streng („Ihr unvernünftigen Galater“, 3,1), das Urteil über die Irrlehrer vernichtend („er sei verflucht“, 1,9). Persönliche Dankes- und Grußworte am Schluss sind diesem Schreiben, das er durch die eigene Schrift beglaubigt (6,11f.), fremd.

Die Entstehung dürfte in das Jahr 55 fallen, als Paulus von Ephesus nach Mazedonien und von dort nach Korinth auf dem Weg war und keine Möglichkeit hatte, der Unruhe in den galatischen Gemeinden durch einen erneuten persönlichen Besuch entgegenzutreten. Die inhaltlichen Ausführungen zeigen eine Nähe zum Römerbrief und geben auch damit ein Indiz für diese zeitliche Einordnung.

Der Aufbau des Galaterbriefs orientiert sich an der Situation der Adressaten und nimmt diese zum Anlass für eine biografisch gestützte theologische Erörterung grundlegender Positionen der christlichen Botschaft. Nach dem Präskript und einem Blick auf den Anlass des Schreibens (1,1–5; 1,6–9) wendet sich Paulus dem Konflikt zu, der die Gemeinden Galatiens in Unruhe versetzt: dem Verhältnis zwischen „Heidenchristen“ und „Judenchristen“, und der Frage, ob alle Christen den jüdischen Zeremonialgesetzen zu unterwerfen sind (1,10–2,21). Er erinnert zunächst an seine eigene Bekehrung und seine Einsetzung zum Apostel der Völker, an seine Unabhängigkeit von den Vertretern der judenchristlichen Mission (1,10–24), an die Anerkennung seiner gesetzesfreien Mission unter den Völkern beim Apostelkonvent in Jerusalem (2,1–10) und an die Auseinandersetzung mit Petrus und Barnabas in Antiochien (2,11–21). Auf dieser Grundlage der eigenen Lebenserfahrung baut seine allgemeine theologische Reflexion über die Gerechtigkeit aus dem Glauben und die Freiheit der Christen auf (3,1–5,12; 5,13–6,10). Von der Verheißung, die dem Urvater Abraham gegeben wurde, spannt er den Bogen zu Christus, in dem diese erfüllt wurde (3,6–18). Das dazwischen „wegen der Übertretungen“ erlassene Gesetz hatte eine wichtige Funktion bis zum Kommen Christi, kann aber danach die an Christus Glaubenden nicht mehr binden, die über alle ethnischen, sozialen und geschlechtlichen Unterschiede hinweg eine universale Gemeinschaft bilden (3,19–4,7). Diese ist – was erneut mit der Erinnerung an Abraham, diesmal an die Geburt seiner Söhne von der Sklavin und der Freien, belegt wird (4,21–31) – nicht auf Knechtschaft, sondern auf die Freiheit gegründet (5,1–12). Diese verwirklicht sich in der Liebe (5,13–25) und stiftet damit das „Gesetz Christi“, auf das Paulus seine Adressaten verpflichtet (5,26–6,10). Nach einem letzten Urteil über diejenigen, die den Gemeinden in Galatien die Beschneidung aufzwingen wollen, und einem stolzen Bekenntnis des Apostels, dass er jetzt die Zeichen Jesu an seinem Leib trägt, findet das Schreiben seinen Abschluss mit einer kurzen Segensformel (6,11–18).

Als historisches Zeugnis gibt der Galaterbrief Einblick in die Entwicklung junger Gemeinden in heidnischer Umgebung und in den Klärungsprozess ihres Verhältnisses zur jüdischen Tradition. Als biografisches Dokument spiegelt er das Selbstverständnis des „Völkerapostels" Paulus. Als theologische Abhandlung bietet er eine eingehende Darlegung des Verhältnisses von Rechtfertigung und Glaube, Freiheit und Liebe und eine Begründung für die alle Grenzen übersteigende Einheit der Kirche.

ANSCHRIFT UND GRUSS: 1,1–5

1 1 Paulus, zum Apostel berufen, nicht von
Menschen oder durch einen Menschen,
sondern durch Jesus Christus und durch
Gott, den Vater, der ihn von den Toten aufer-
weckt hat, 2 und alle Brüder, die bei mir sind,
an die Gemeinden in Galatien: 3 Gnade sei
mit euch und Friede von Gott, unserem Va-
ter, und dem Herrn Jesus Christus, 4 der sich
für unsere Sünden hingegeben hat, um uns
aus der gegenwärtigen bösen Welt zu befrei-
en, nach dem Willen unseres Gottes und
Vaters. 5 Ihm sei Ehre in alle Ewigkeit. Amen.

1: 1,11f.; Röm 1,1 / **4**: 2,20; Eph 5,2; 1 Tim 2,6 / **5**: Röm 16,27; 2 Tim 4,18

DER ANLASS DES BRIEFES: 1,6–9

6 Ich bin erstaunt, dass ihr euch so schnell von
dem abwendet, der euch durch die Gnade
Christi berufen hat, und dass ihr euch einem
anderen Evangelium zuwendet. 7 Es gibt kein
anderes Evangelium, es gibt nur einige Leute,
die euch verwirren und die das Evangelium
Christi verfälschen wollen. 8 Jedoch, auch
wenn wir selbst oder ein Engel vom Himmel
euch ein anderes Evangelium verkündeten
als das, das wir verkündet haben – er sei ver-
flucht. 9 Was ich gesagt habe, das sage ich
noch einmal: Wer euch ein anderes Evange-
lium verkündet im Widerspruch zu dem, das
wir verkündet haben – er sei verflucht.

6–7: 2 Kor 11,4 / **8–9**: 1 Kor 16,22

DER WEG DES PAULINISCHEN EVANGELIUMS: 1,10–2,21

DIE BERUFUNG ZUM APOSTEL: 1,10–24

10 Geht es mir denn um die Zustimmung der
Menschen oder geht es mir um Gott? Suche
ich etwa Menschen zu gefallen? Wollte ich
noch den Menschen gefallen, dann wäre ich
kein Knecht Christi. 11 Ich erkläre euch, Brü-
der und Schwestern: Das Evangelium, das ich
verkündet habe, stammt nicht von Men-
schen; 12 ich habe es ja nicht von einem Men-
schen übernommen oder gelernt, sondern
durch eine Offenbarung Jesu Christi emp-
fangen. 13 Ihr habt doch von meinem frühe-
ren Lebenswandel im Judentum gehört und
wisst, wie maßlos ich die Kirche Gottes ver-
folgte und zu vernichten suchte. 14 Im Juden-
tum machte ich größere Fortschritte als die
meisten Altersgenossen in meinem Volk
und mit dem größten Eifer setzte ich mich
für die Überlieferungen meiner Väter ein.
15 Als es aber Gott gefiel, der mich schon im
Mutterleib auserwählt und durch seine Gna-
de berufen hat, 16 in mir seinen Sohn zu of-
fenbaren, damit ich ihn unter den Völkern
verkünde, da zog ich nicht Fleisch und Blut
zu Rate; 17 ich ging auch nicht sogleich nach
Jerusalem hinauf zu denen, die vor mir Apos-
tel waren, sondern zog nach Arabien und
kehrte dann wieder nach Damaskus zurück.
18 Drei Jahre später ging ich nach Jerusalem
hinauf, um Kephas kennenzulernen, und
blieb fünfzehn Tage bei ihm. 19 Von den an-
deren Aposteln sah ich keinen, nur Jakobus,
den Bruder des Herrn. 20 Was ich euch hier
schreibe – siehe, bei Gott, ich lüge nicht.
21 Danach ging ich in das Gebiet von Syrien
und Kilikien. 22 Den Gemeinden Christi in
Judäa aber blieb ich persönlich unbekannt,
23 sie hörten nur: Er, der uns einst verfolgte,
verkündet jetzt den Glauben, den er früher

1,17 Arabien: Bezeichnung des damaligen Nabatäerreichs, zu dem zeitweise auch Damaskus gehörte.

vernichten wollte. 24 Und sie lobten Gott um
meinetwillen.

10: 1 Thess 2,4 / **11:** 1,1 / **13:** Phil 3,5; Apg 8,3; 9,1 / **15:** Jes 49,1 / **16:** Röm 1,5 / **18:** Apg 9,26f. / **19:** 2,9

DAS APOSTELKONZIL IN JERUSALEM: 2,1–10

2 1 Vierzehn Jahre später ging ich wieder
nach Jerusalem hinauf, zusammen mit
Barnabas; ich nahm auch Titus mit. 2 Ich ging
hinauf aufgrund einer Offenbarung, legte
der Gemeinde und im Besonderen den An-
gesehenen das Evangelium vor, das ich unter
den Völkern verkünde; ich wollte sicher
sein, dass ich nicht ins Leere laufe oder ge-
laufen bin. 3 Doch nicht einmal mein Beglei-
ter Titus, der Grieche ist, wurde gezwungen,
sich beschneiden zu lassen. 4 Denn was die
falschen Brüder betrifft, jene Eindringlinge,
die sich eingeschlichen hatten, um die Frei-
heit, die wir in Christus Jesus haben, auszu-
spähen und uns zu versklaven, 5 so haben wir
uns ihnen keinen Augenblick unterworfen
und ihnen nicht nachgegeben, damit euch
die Wahrheit des Evangeliums erhalten blei-
be. 6 Aber auch von denen, die Ansehen ge-
nießen – was sie früher waren, kümmert
mich nicht, Gott schaut nicht auf die Per-
son –, auch von den Angesehenen wurde mir
nichts auferlegt. 7 Im Gegenteil, sie sahen,
dass mir das Evangelium für die Unbe-
schnittenen anvertraut ist wie dem Petrus
für die Beschnittenen – 8 denn Gott, der
Petrus die Kraft zum Aposteldienst unter
den Beschnittenen gegeben hat, gab sie mir
zum Dienst unter den Völkern – 9 und sie
erkannten die Gnade, die mir verliehen ist.
Deshalb gaben Jakobus, Kephas und Johan-
nes, die als die Säulen Ansehen genießen,
mir und Barnabas die Hand zum Zeichen der
Gemeinschaft: Wir sollten zu den Heiden
gehen, sie zu den Beschnittenen. 10 Nur soll-
ten wir an die Armen denken; und das zu
tun, habe ich mich eifrig bemüht.

1: Apg 15,2 / **2:** Phil 2,16 / **4:** 5,1; 2 Kor 11,13 / **6:** Röm 2,11; Dtn 10,17 / **7:** Röm 1,5 / **10:** Apg 11,29f.; 2 Kor 8,9

2,1–10 Zum Apostelkonzil vgl. Apg 15,1–35.

2,10 Die Kollekte als einmalige Dankesspende der heidenchristlichen Gemeinden spielt bei Paulus eine wichtige Rolle. Vgl. Röm 15,25–28; 1 Kor 16,1f.; 2 Kor 8 und 9.

DER ZWISCHENFALL IN ANTIOCHIA: 2,11–21

11 Als Kephas aber nach Antiochia gekommen
war, habe ich ihm ins Angesicht widerstan-
den, weil er sich ins Unrecht gesetzt hatte.
12 Bevor nämlich einige von Jakobus eintra-
fen, hatte er mit den Heiden zusammen ge-
gessen. Nach ihrer Ankunft aber zog er sich
zurück und sonderte sich ab, weil er die aus
der Beschneidung fürchtete. 13 Und mit ihm
heuchelten die anderen Juden, sodass auch
Barnabas durch ihre Heuchelei mitgerissen
wurde. 14 Als ich aber sah, dass sie nicht ge-
radlinig auf die Wahrheit des Evangeliums
zugingen, sagte ich zu Kephas in Gegenwart
aller: Wenn du als Jude nach Art der Heiden
und nicht nach Art der Juden lebst, wie
kannst du dann die Heiden zwingen, wie Ju-
den zu leben? 15 Wir, die wir von Geburt Ju-
den sind und nicht Sünder aus den Heiden,
16 wissen, dass der Mensch nicht aus Werken
des Gesetzes gerecht wird, sondern aus dem
Glauben an Jesus Christus; so sind auch wir
zum Glauben an Christus Jesus gelangt, da-
mit wir gerecht werden durch den Glauben
an Christus und nicht durch Werke des Ge-
setzes; denn durch Werke des Gesetzes wird
kein Fleisch gerecht. 17 Wenn nun auch wir,
die wir in Christus gerecht zu werden su-
chen, als Sünder erfunden werden, ist dann
Christus etwa Diener der Sünde? Keines-
wegs! 18 Denn wenn ich das, was ich nieder-
gerissen habe, wieder aufbaue, dann stelle
ich mich selbst als Übertreter hin. 19 Denn ich
bin durch das Gesetz dem Gesetz gestorben,
damit ich für Gott lebe. Ich bin mit Christus
gekreuzigt worden. 20 Nicht mehr ich lebe,
sondern Christus lebt in mir. Was ich nun im
Fleische lebe, lebe ich im Glauben an den
Sohn Gottes, der mich geliebt und sich für
mich hingegeben hat. 21 Ich missachte die
Gnade Gottes in keiner Weise; denn käme die
Gerechtigkeit durch das Gesetz, so wäre
Christus vergeblich gestorben.

12: Apg 10,15.28; 11,3 / **14:** 1 Tim 5,20 / **16:** 3,11; Röm 3,20.28; 4,5; 11,6; Ps 143,2 / **19:** Röm 6,14; 7,6; 8,9f.; 2 Kor 3,6; Kol 3,4

2,12 Heiden, d. h. Heidenchristen.

2,13 Juden, d. h. Judenchristen.

DIE WAHRHEIT DES PAULINISCHEN EVANGELIUMS: 3,1–5,12

AUFRUF AN DIE GALATER: 3,1–5

3 1 Ihr unvernünftigen Galater, wer hat
euch verblendet? Ist euch Jesus Christus
nicht deutlich als der Gekreuzigte vor Augen
gestellt worden? 2 Dies eine möchte ich von
euch erfahren: Habt ihr den Geist durch die
Werke des Gesetzes oder durch das Hören
der Glaubensbotschaft empfangen? 3 Seid ihr
so unvernünftig? Im Geist habt ihr angefan-
gen und jetzt wollt ihr im Fleisch enden?
4 Habt ihr denn so Großes vergeblich erfah-
ren? Wenn es denn vergeblich war! 5 Warum
gibt euch denn Gott den Geist und bewirkt
Machttaten unter euch? Aus Werken des Ge-
setzes oder aus dem Hören der Glaubensbot-
schaft?

1: 5,7 / **2:** 2,16

ABRAHAMS GLAUBE UND DIE VERHEISSUNG DES SEGENS: 3,6–18

6 So auch bei Abraham: *Er glaubte Gott und*
das wurde ihm als Gerechtigkeit angerech-
net. 7 Erkennt also: Die aus dem Glauben le-
ben, sind Söhne Abrahams. 8 Und da die
Schrift vorhersah, dass Gott die Völker auf-
grund des Glaubens gerecht macht, hat sie
dem Abraham im Voraus verkündet: *In dir*
sollen alle Völker gesegnet werden. 9 Also
werden sie, die glauben, gesegnet mit dem
glaubenden Abraham. 10 Diejenigen aber, die
aus den Werken des Gesetzes leben, stehen
unter einem Fluch. Denn geschrieben steht:
Verflucht ist jeder, der sich nicht an alles
hält, was das Buch des Gesetzes zu tun vor-
schreibt. 11 Dass aber durch das Gesetz nie-
mand vor Gott gerecht gemacht wird, ist of-
fenkundig; denn: *Der aus Glauben Gerechte*
wird leben. 12 Für das Gesetz aber gilt nicht:
aus Glauben, sondern es gilt: *Wer die Gebote*
erfüllt, wird durch sie leben. 13 Christus hat
uns vom Fluch des Gesetzes freigekauft, in-
dem er für uns zum Fluch geworden ist; denn
es steht geschrieben: *Verflucht ist jeder, der*
am Holz hängt. 14 Jesus Christus hat uns frei-
gekauft, damit den Völkern durch ihn der
Segen Abrahams zuteilwird und wir so durch
den Glauben den verheißenen Geist empfan-
gen.
15 Brüder und Schwestern, ich nehme einen
Vergleich aus dem menschlichen Leben: Nie-
mand setzt das rechtsgültig festgelegte Tes-
tament eines Menschen außer Kraft oder
versieht es mit einem Zusatz. 16 Abraham
wurden die Verheißungen zugesprochen
und seinem Nachkommen. Es heißt nicht:
und den Nachkommen, als wären viele ge-
meint, sondern es wird nur von einem ge-
sprochen: *und deinem Nachkommen;* das
aber ist Christus. 17 Damit sage ich: Das Tes-
tament, dem Gott zuvor Gültigkeit verliehen
hat, wird durch das vierhundertdreißig Jahre
später erlassene Gesetz nicht ungültig, so-
dass die Verheißung aufgehoben wäre.
18 Würde sich das Erbe nämlich aus dem Ge-
setz herleiten, dann eben nicht mehr aus der
Verheißung. Gott hat aber durch die Verhei-
ßung Abraham Gnade erwiesen.

6: Gen 15,6; Röm 4,3; Jak 2,23 / **7:** Röm 4,11f. / **8:** Gen 12,3; 18,18 / **10:** Dtn 27,26; Jak 2,10 / **11:** 2,16; Hab 2,4; Röm 1,17 / **12:** Lev 18,5; Röm 10,5 / **13:** Dtn 21,23; Röm 8,3; 2 Kor 5,21 / **14:** Jes 44,3; Joël 3,1 / **15:** Hebr 9,16 / **16:** Gen 22,17 / **18:** Röm 4,13; 11,6

DIE HEILSGESCHICHTLICHE STELLUNG DES GESETZES: 3,19–4,7

19 Warum gibt es dann das Gesetz? Wegen
der Übertretungen wurde es hinzugefügt,
bis der Nachkomme käme, dem die Verhei-
ßung gilt. Es wurde durch Engel erlassen und
durch einen Mittler bekannt gegeben. 20 Der
Mittler jedoch ist nicht der Mittler eines Ein-
zigen; Gott aber ist der Eine. 21 Steht also das
Gesetz gegen die Verheißungen Gottes? Kei-
neswegs! Wäre ein Gesetz gegeben worden,
das die Kraft hat, lebendig zu machen, dann
käme in der Tat die Gerechtigkeit aus dem
Gesetz; 22 aber die Schrift hat alles unter der
Sünde eingeschlossen, damit die Verheißung
aus dem Glauben an Jesus Christus denen
gegeben wird, die glauben. 23 Ehe der Glaube
kam, waren wir vom Gesetz behütet, ver-
wahrt, bis der Glaube offenbar werden sollte.
24 So ist das Gesetz unser Erzieher auf Chris-
tus hin geworden, damit wir aus dem Glau-
ben gerecht gemacht werden. 25 Nachdem
aber der Glaube gekommen ist, stehen wir
nicht mehr unter dem Erzieher. 26 Denn alle
seid ihr durch den Glauben Söhne Gottes in
Christus Jesus. 27 Denn ihr alle, die ihr auf
Christus getauft seid, habt Christus angezo-
gen. 28 Es gibt nicht mehr Juden und Grie-

chen, nicht Sklaven und Freie, nicht männ-
lich und weiblich; denn ihr alle seid einer in
Christus Jesus. 29 Wenn ihr aber Christus
gehört, dann seid ihr Abrahams Nachkom-
men, Erben gemäß der Verheißung.

4 1 Ich sage aber: Solange der Erbe unmün-
dig ist, unterscheidet er sich in keiner
Hinsicht von einem Sklaven, obwohl er Herr
ist über alles; 2 er steht unter Vormundschaft
und sein Erbe wird verwaltet bis zu der Zeit,
die sein Vater festgesetzt hat. 3 So waren auch
wir, solange wir unmündig waren, Sklaven
der Elementarmächte dieser Welt. 4 Als aber
die Zeit erfüllt war, sandte Gott seinen Sohn,
geboren von einer Frau und dem Gesetz un-
terstellt, 5 damit er die freikaufe, die unter
dem Gesetz stehen, und damit wir die Sohn-
schaft erlangen. 6 Weil ihr aber Söhne seid,
sandte Gott den Geist seines Sohnes in un-
sere Herzen, den Geist, der ruft: Abba, Vater.
7 Daher bist du nicht mehr Sklave, sondern
Sohn; bist du aber Sohn, dann auch Erbe, Erbe
durch Gott.

3,19: Röm 5,20; 7,7.13; Apg 7,38.53 / **21**: Röm 8,2–4 / **22**: Röm 3,9; 11,32 / **24**: Röm 10,4 / **27**: Röm 13,14 / **28**: Röm 10,12; 1 Kor 12,13; Kol 3,11 / **29**: Röm 9,7–9
4,3: Kol 2,20 / **4**: Mk 1,15 / **5**: 3,13 / **6**: 3,26; Röm 8,15f. / **7**: Röm 8,17

WARNUNG VOR RÜCKFALL IN DIE ALTE KNECHTSCHAFT: 4,8–20

8 Doch einst, als ihr Gott noch nicht kanntet,
wart ihr Sklaven der Götter, die in Wirklich-
keit keine sind. 9 Wie aber könnt ihr jetzt, da
ihr Gott erkannt habt, mehr noch von Gott
erkannt worden seid, wieder zu den schwa-
chen und armseligen Elementarmächten
zurückkehren? Warum wollt ihr von Neuem
ihre Sklaven werden? 10 Warum achtet ihr so
ängstlich auf Tage, Monate, bestimmte Zei-
ten und Jahre? 11 Ich fürchte, ich habe mich
vergeblich um euch bemüht.

12 Werdet wie ich, denn auch ich bin wie ihr
geworden, ich bitte euch darum, Brüder und
Schwestern. Kein Unrecht habt ihr mir getan.
13 Ihr wisst aber, dass ich euch in der Schwach-
heit des Fleisches das Evangelium damals
verkündet habe, 14 ihr aber habt auf meine
Schwäche, die für euch eine Versuchung war,
nicht mit Verachtung und Abscheu geant-
wortet, sondern mich wie einen Engel Gottes
aufgenommen, wie Christus Jesus. 15 Wo also
ist eure Seligpreisung? Ich bezeuge euch:
Wäre es möglich gewesen, ihr hättet euch die
Augen ausgerissen, um sie mir zu geben.
16 Bin ich also euer Feind geworden, weil ich
euch die Wahrheit sage? 17 Jene Leute eifern
um euch nicht in guter Absicht; sie wollen
euch abtrünnig machen, damit ihr um sie
eifert. 18 Gut ist es, allezeit um das Gute zu
eifern, und nicht nur, wenn ich bei euch bin,
19 meine Kinder, für die ich von Neuem Ge-
burtswehen erleide, bis Christus in euch Ge-
stalt annimmt. 20 Ich wollte, ich könnte jetzt
bei euch sein und in anderem Ton mit euch
reden; denn ihr macht mich ratlos.

8: 1 Kor 12,2 / **9**: Kol 2,20 / **17**: 1,7; 6,12 / **19**: 1 Kor 4,15

DAS ZEUGNIS DER SCHRIFT: 4,21–31

21 Sagt mir, die ihr euch dem Gesetz unter-
stellen wollt, habt ihr niemals das Gesetz
gehört? 22 Es steht doch geschrieben, dass
Abraham zwei Söhne hatte, einen von der
Sklavin, den andern von der Freien. 23 Der von
der Sklavin wurde gemäß dem Fleisch ge-
zeugt, der von der Freien aufgrund der Ver-
heißung. 24 Das ist bildlich gesprochen: Die-
se Frauen bedeuten zwei Bundesschlüsse.
Der eine stammt vom Berg Sinai und gebiert
zur Sklaverei; das ist Hagar, 25 denn Hagar
steht für den Berg Sinai in Arabien. Ihr ent-
spricht jedoch das jetzige Jerusalem, denn es
dient mit seinen Kindern als Sklaven. 26 Aber
das Jerusalem oben ist frei; und dieses ist uns-
re Mutter. 27 Denn geschrieben steht:

*Freu dich, du Unfruchtbare, die nie gebo-
ren hat, / brich in Jubel aus und jauchze, die
du nie in Wehen lagst! / Denn viele Kinder
hat die Einsame, / mehr als die den Mann hat.*

28 Ihr aber, Brüder und Schwestern, seid
Kinder der Verheißung wie Isaak! 29 Doch wie
damals der Sohn, der gemäß dem Fleisch ge-
zeugt war, den verfolgte, der gemäß dem
Geist gezeugt war, so geschieht es auch jetzt.
30 In der Schrift aber heißt es: *Stoß die Sklavin
und ihren Sohn hinaus! Denn der Sohn der
Sklavin soll nicht Erbe sein zusammen mit
dem Sohn der Freien.* 31 Daraus folgt also,
meine Brüder und Schwestern, dass wir nicht
Kinder der Sklavin sind, sondern Kinder der
Freien.

22: Gen 16,15; 21,2f. / **23**: Röm 4,19f.; 9,7–9 / **24**: Ex 19,20 / **26**: Hebr 12,22; Offb 21,2 / **27**: Jes 54,1 / **30**: Gen 21,10

4,6 Abba, vgl. Anm. zu Mk 14,36.

FREIHEIT ODER KNECHTSCHAFT: 5,1–12
5 1 Zur Freiheit hat uns Christus befreit.
Steht daher fest und lasst euch nicht wie-
der ein Joch der Knechtschaft auflegen! 2 Sie-
he, ich, Paulus, sage euch: Wenn ihr euch
beschneiden lasst, wird Christus euch nichts
nützen. 3 Ich bezeuge wiederum jedem Men-
schen, der sich beschneiden lässt: Er ist ver-
pflichtet, das ganze Gesetz zu halten. 4 Ihr,
die ihr durch das Gesetz gerecht werden
wollt, seid von Christus getrennt; ihr seid aus
der Gnade herausgefallen. 5 Denn wir erwar-
ten im Geist aus dem Glauben die Hoffnung
der Gerechtigkeit. 6 Denn in Christus Jesus
vermag weder die Beschneidung noch die
Unbeschnittenheit etwas, sondern der Glau-
be, der durch die Liebe wirkt. 7 Ihr liefet gut.
Wer hat euch gehindert, weiter der Wahrheit
zu folgen? 8 Was man auch gesagt hat, um
euch zu überreden: Es kommt nicht von dem,
der euch beruft. 9 Ein wenig Sauerteig durch-
säuert den ganzen Teig. 10 Ich vertraue auf
euch im Herrn, dass ihr nicht anders denken
werdet. Wer euch verwirrt, wird das Urteil
zu tragen haben, wer es auch sei. 11 Ich aber,
Brüder und Schwestern, wenn ich noch die
Beschneidung verkündete – warum werde
ich dann verfolgt? Damit wäre ja das Ärger-
nis des Kreuzes beseitigt. 12 Diese Leute, die
Unruhe bei euch stiften, sollen sich doch
gleich entmannen lassen.

1: Joh 8,36 / **3:** Jak 2,10 / **6:** 6,15; 1 Kor 7,19 / **9:** 1 Kor 5,6 / **11:** 6,12.14

DER RECHTE GEBRAUCH DER FREIHEIT: 5,13–6,10

DAS VOM GEIST GELEITETE LEBEN: 5,13–25
13 Denn ihr seid zur Freiheit berufen, Brüder
und Schwestern. Nur nehmt die Freiheit
nicht zum Vorwand für das Fleisch, sondern
dient einander in Liebe! 14 Denn das ganze
Gesetz ist in dem einen Wort erfüllt: Du
sollst deinen Nächsten lieben wie dich selbst!
15 Wenn ihr aber einander beißt und fresst,
dann gebt Acht, dass ihr nicht einer vom an-
deren verschlungen werdet! 16 Ich sage aber:
Wandelt im Geist, dann werdet ihr das Be-
gehren des Fleisches nicht erfüllen! 17 Denn
das Fleisch begehrt gegen den Geist, der Geist
gegen das Fleisch, denn diese sind einander
entgegengesetzt, damit ihr nicht tut, was ihr
wollt. 18 Wenn ihr euch aber vom Geist füh-
ren lasst, dann steht ihr nicht unter dem Ge-
setz.

19 Die Werke des Fleisches sind deutlich er-
kennbar: Unzucht, Unreinheit, Ausschwei-
fung, 20 Götzendienst, Zauberei, Feindschaf-
ten, Streit, Eifersucht, Jähzorn, Eigennutz,
Spaltungen, Parteiungen, 21 Neid, maßloses
Trinken und Essen und Ähnliches mehr. Ich
sage euch voraus, wie ich es früher vorausge-
sagt habe: Wer so etwas tut, wird das Reich
Gottes nicht erben. 22 Die Frucht des Geistes
aber ist Liebe, Freude, Friede, Langmut,
Freundlichkeit, Güte, Treue, 23 Sanftmut und
Enthaltsamkeit; gegen all das ist das Gesetz
nicht. 24 Die zu Christus Jesus gehören, haben
das Fleisch und damit ihre Leidenschaften
und Begierden gekreuzigt. 25 Wenn wir im
Geist leben, lasst uns auch im Geist wandeln!

13: 1 Petr 2,16f. / **14:** Röm 13,9 / **16:** 5,25; Röm 8,5 / **17:** Röm 8,6 / **18:** Röm 8,14 / **20:** 1 Kor 1,10f.; 6,9f.; Offb 22,15; Kol 3,5f. / **22–23:** Eph 5,9; 2 Kor 6,6; 2 Petr 1,6; 1 Tim 1,9 / **24:** Röm 6,6 / **25:** 5,16

DAS GESETZ CHRISTI: 5,26–6,10
26 Lasst uns nicht prahlen, nicht einander he-
rausfordern und einander nicht beneiden!
6 1 Brüder und Schwestern, wenn ein
Mensch sich zu einer Verfehlung hinrei-
ßen lässt, so sollt ihr, die ihr vom Geist erfüllt
seid, ihn im Geist der Sanftmut zurechtwei-
sen. Doch gib Acht, dass du nicht selbst in
Versuchung gerätst! 2 Einer trage des anderen
Last; so werdet ihr das Gesetz Christi erfül-
len. 3 Denn wer sich einbildet, etwas zu sein,
obwohl er nichts ist, betrügt sich selbst. 4 Je-
der prüfe sein eigenes Werk. Dann wird er
sich nur im Blick auf sich selbst rühmen kön-
nen, nicht aber im Vergleich mit anderen.
5 Denn jeder wird seine eigene Bürde zu tra-
gen haben.

6 Wer im Wort des Evangeliums unterwie-
sen wird, lasse den, der ihn unterweist, an

allen Gütern teilhaben. 7 Täuscht euch nicht:
Gott lässt seiner nicht spotten; denn was der
Mensch sät, wird er auch ernten. 8 Denn wer
auf sein eigenes Fleisch sät, wird vom Fleisch
Verderben ernten; wer aber auf den Geist sät,
wird vom Geist ewiges Leben ernten. 9 Lasst
uns nicht müde werden, das Gute zu tun;
denn wenn wir darin nicht nachlassen, wer-
den wir ernten, sobald die Zeit dafür gekom-
men ist. 10 Deshalb lasst uns, solange wir Zeit
haben, allen Menschen Gutes tun, besonders
aber den Glaubensgenossen!

6,1: Jak 5,19; 1 Kor 10,12 / **2:** Kol 3,13 / **5:** Röm 14,12 / **6:** 1 Kor 9,14 / **8:** Röm 8,6.13 / **9:** 2 Thess 3,13

SCHLUSSWORT UND SEGENSWUNSCH: 6,11–18

11 Seht, mit welch großen Buchstaben ich
euch schreibe, mit eigener Hand. 12 Jene Leu-
te, die im Fleisch nach Anerkennung streben,
nötigen euch nur deshalb zur Beschneidung,
damit sie wegen des Kreuzes Christi nicht
verfolgt werden. 13 Denn obwohl sie be-
schnitten sind, halten sie selbst das Gesetz
nicht; dennoch dringen sie auf eure Be-
schneidung, damit sie sich eures Fleisches
rühmen können. 14 Ich aber will mich allein
des Kreuzes Jesu Christi, unseres Herrn, rüh-
men, durch das mir die Welt gekreuzigt ist
und ich der Welt. 15 Denn es gilt weder die
Beschneidung etwas noch das Unbeschnit-
tensein, sondern: neue Schöpfung. 16 Friede
und Erbarmen komme über alle, die diesem
Grundsatz folgen, und über das Israel Gottes.

17 In Zukunft soll mir niemand mehr solche
Schwierigkeiten bereiten. Denn ich trage die
Leidenszeichen Jesu an meinem Leib.

18 Die Gnade Jesu Christi, unseres Herrn,
sei mit eurem Geist, meine Brüder und
Schwestern! Amen.

11: 1 Kor 16,21; Kol 4,18; 2 Thess 3,17 / **14:** 2,19 / **15:** 5,6; 1 Kor 7,19; 2 Kor 5,17 / **17:** 2 Kor 4,10 / **18:** Phil 4,23; Phlm 25

DER BRIEF AN DIE EPHESER

Der Epheserbrief trägt den Charakter eines theologischen Rundschreibens, das sich nicht nur an die Christen in Ephesus, sondern an den ganzen Wirkungskreis des Paulus richtet. Die Ortsangabe „Ephesus" (1,1) fehlt in vielen Handschriften, dürfte aber dennoch ursprünglich sein. Der Brief stammt wohl nicht von Paulus selbst, sondern wurde gegen Ende des 1. Jahrhunderts von einem uns unbekannten Autor aus dem paulinischen Traditionskreis verfasst, der bereits 1 Thess, 1 Kor und Röm gekannt und Kol, vor allem in den Ermahnungen der Kapitel 4–6, literarisch rezipiert hat. Die Vorstellung, dass der Brief (wie der an die Philipper, an die Kolosser und an Philemon) von Paulus aus der Gefangenschaft geschrieben sei, soll den Eindruck der Authentizität stärken.

Ein bestimmter Anlass für die Entstehung ist nicht erkennbar. Die Intention des Schreibens ist die Wahrung des paulinischen Erbes der universalen Christusbotschaft, die sich nun in der *einen* Kirche aus Juden und Heiden darstellt. Daraus resultiert auch das eigentliche Thema des Briefes: die Einheit der Kirche.

Im ersten Teil (1,3–3,21) steht der Gedanke im Mittelpunkt, dass Gott Juden und Heiden in Christus vorzeitlich erwählt (1,3–14) und in der einen Kirche aus Juden und Heiden zusammengeführt hat (2,11–22). Der Apostel Paulus ist von Gott dazu ausersehen, diesen göttlichen Heilsplan der einheitsstiftenden Völkerkirche ins Werk zu setzen (3,1–13). Diese Ausführungen sind in einem feierlich-liturgischen Stil gehalten: Am Beginn steht ein Lobpreis auf Gott, der die Christen schon vor „Grundlegung der Welt“ erwählt hat (1,3–14); das Ende korrespondiert mit diesem Anfang durch eine Fürbitte für die Kirche und einen Lobpreis Gottes (3,14–21).

Auch für den zweiten Teil, in dem ermahnende Aussagen überwiegen, ist der Gedanke der Einheit leitend (4,1–6,20). Die Glaubenden, die in Christus zusammengeführt worden sind, sollen aus dem Glauben an den einen Gott und geleitet durch den einen Geist zu einem Leib zusammenwachsen (4,1–16) und sich auch in praktisch-ethischer Hinsicht von denen abgrenzen, die „in ihrem nichtigen Denken“ (4,17) verfangen sind und Gott nicht kennen. Für die Christen soll das Ethos der Liebe gelten, im Zusammenleben in der Gemeinde (4,17–5,20) ebenso wie in Ehe und Familie (5,21–6,9).

Mit dem Grundthema der Einheit sind bedeutsame Aussagen über das Wesen und die Aufgabe der Kirche verbunden: Sie repräsentiert die Einheit der Menschheit vor Gott und soll diese Einheit in ihrem Lebensvollzug darstellen. Als Gemeinschaft der von Gott Erwählten kommt es ihr zu, zur Erkenntnis des Geheimnisses Gottes zu führen. In der Entfaltung dieser Aspekte enthält der Epheserbrief die bedeutendsten theologischen Aussagen im Neuen Testament über die Kirche.

ANSCHRIFT UND GRUSS: 1,1–2

1 1 Paulus, Apostel Christi Jesu durch den Willen Gottes, an die Heiligen in Ephesus, die Gläubigen in Christus Jesus, 2 Gnade sei mit euch und Friede von Gott, unserem Vater, und dem Herrn Jesus Christus!

1,1 In Ephesus: nicht in allen Textzeugen. Vgl. die Einleitung.

1: Kol 1,1f.

GOTTES HEILSPLAN: 1,3–2,22

LOBLIED AUF DEN HEILSPLAN GOTTES: 1,3–14

3 Gepriesen sei der Gott und Vater unseres Herrn Jesus Christus. / Er hat uns mit allem Segen seines Geistes gesegnet durch unsere Gemeinschaft mit Christus im Himmel.

4 Denn in ihm hat er uns erwählt vor der Grundlegung der Welt, / damit wir heilig und untadelig leben vor ihm.

5 Er hat uns aus Liebe im Voraus dazu bestimmt, / seine Söhne zu werden durch Jesus Christus und zu ihm zu gelangen nach seinem gnädigen Willen,

6 zum Lob seiner herrlichen Gnade. / Er hat sie uns geschenkt in seinem geliebten Sohn.

7 In ihm haben wir die Erlösung durch sein Blut, / die Vergebung der Sünden nach dem Reichtum seiner Gnade.

8 Durch sie hat er uns reich beschenkt, in aller Weisheit und Einsicht,

9 er hat uns das Geheimnis seines Willens kundgetan, / wie er es gnädig im Voraus bestimmt hat in ihm.

10 Er hat beschlossen, die Fülle der Zeiten heraufzuführen, / das All in Christus als dem Haupt zusammenzufassen, was im Himmel und auf Erden ist, in ihm.

11 In ihm sind wir auch als Erben vorherbestimmt / nach dem Plan dessen, der alles so bewirkt, / wie er es in seinem Willen beschließt;

12 wir sind zum Lob seiner Herrlichkeit bestimmt, / die wir schon früher in Christus gehofft haben.

13 In ihm habt auch ihr das Wort der Wahrheit gehört, das Evangelium von eurer Ret-

tung; / in ihm habt ihr das Siegel des verhei-
ßenen Heiligen Geistes empfangen, als ihr
zum Glauben kamt.
14 Der Geist ist der erste Anteil unseres Er-
bes, / hin zur Erlösung, durch die ihr Gottes
Eigentum werdet, / zum Lob seiner Herr-
lichkeit.

3: 2 Kor 1,3; 1 Petr 1,3 / **4:** Kol 1,22 / **5:** Röm 8,29 / **6–7:** 2,7; Kol 1,13f. / **8:** Kol 1,9 / **10:** Kol 1,20 / **11:** 3,11 / **13:** Kol 1,5; Jak 1,18 / **14:** 2 Kor 1,22

GEBET UM ERKENNTNIS GOTTES: 1,15–23

15/16 Darum höre ich nicht auf, für euch zu dan-
ken, wenn ich in meinen Gebeten an euch
denke; denn ich habe von eurem Glauben an
Jesus, den Herrn, und von eurer Liebe zu allen
Heiligen gehört. 17 Der Gott Jesu Christi, un-
seres Herrn, der Vater der Herrlichkeit, gebe
euch den Geist der Weisheit und Offenba-
rung, damit ihr ihn erkennt. 18 Er erleuchte die
Augen eures Herzens, damit ihr versteht, zu
welcher Hoffnung ihr durch ihn berufen seid,
welchen Reichtum die Herrlichkeit seines Er-
bes den Heiligen schenkt 19 und wie überra-
gend groß seine Macht sich an uns, den Gläu-
bigen, erweist durch das Wirken seiner Kraft
und Stärke. 20 Er ließ sie wirksam werden in
Christus, den er von den Toten auferweckt
und im Himmel auf den Platz zu seiner Rech-
ten erhoben hat, 21 hoch über jegliche Hoheit
und Gewalt, Macht und Herrschaft und über
jeden Namen, der nicht nur in dieser Weltzeit,
sondern auch in der künftigen genannt wird.
22 *Alles hat er ihm zu Füßen gelegt* und ihn,
der als Haupt alles überragt, über die Kirche
gesetzt. 23 Sie ist sein Leib, die Fülle dessen,
der das All in allem erfüllt.

15.16: Kol 1,3f.9 / **20:** Ps 110,1 / **21:** Kol 1,16; 2,15; 1 Petr 3,22 / **22:** Ps 8,7 / **23:** Kol 1,18.24

VOM TOD ZUM LEBEN: 2,1–10

2 1 Ihr wart tot infolge eurer Verfehlungen
und Sünden. 2 Ihr wart einst darin gefan-
gen, wie es der Art dieser Welt entspricht, un-
ter der Herrschaft jenes Geistes, der im Bereich
der Lüfte regiert und jetzt noch in den Unge-
horsamen wirksam ist. 3 Unter ihnen haben
auch wir alle einmal unser Leben geführt, als
wir noch von den Begierden unseres Fleisches
beherrscht wurden. Wir folgten dem, was das
Fleisch und der böse Sinn uns eingaben, und
waren von Natur aus Kinder des Zorns wie
auch die anderen. 4/5 Gott aber, der reich ist an
Erbarmen, hat uns, die wir infolge unserer
Sünden tot waren, in seiner großen Liebe, mit
der er uns geliebt hat, zusammen mit Christus
lebendig gemacht. Aus Gnade seid ihr gerettet.
6 Er hat uns mit Christus Jesus auferweckt und
uns zusammen mit ihm einen Platz in den
himmlischen Bereichen gegeben, 7 um in den
kommenden Zeiten den überfließenden
Reichtum seiner Gnade zu zeigen, in Güte an
uns durch Christus Jesus. 8 Denn aus Gnade
seid ihr durch den Glauben gerettet, nicht aus
eigener Kraft – Gott hat es geschenkt –, 9 nicht
aus Werken, damit keiner sich rühmen kann.
10 Denn seine Geschöpfe sind wir, in Christus
Jesus zu guten Werken erschaffen, die Gott für
uns im Voraus bestimmt hat, damit wir mit
ihnen unser Leben gestalten.

1: Kol 2,13 / **6:** Kol 2,12; 3,1 / **7:** 1,7 / **9:** Röm 3,27

VERSÖHNUNG VON JUDEN UND HEIDEN IN CHRISTUS: 2,11–22

11 Erinnert euch also, dass ihr früher von Ge-
burt Heiden wart und von denen, die äußer-
lich beschnitten sind, Unbeschnittene ge-
nannt wurdet. 12 Zu jener Zeit wart ihr von
Christus getrennt, der Gemeinde Israels
fremd und von dem Bund der Verheißung aus-
geschlossen; ihr hattet keine Hoffnung und
lebtet ohne Gott in der Welt. 13 Jetzt aber seid
ihr, die ihr einst in der Ferne wart, in Christus
Jesus, nämlich durch sein Blut, in die Nähe
gekommen. 14 Denn er ist unser Friede. Er ver-
einigte die beiden Teile und riss die trennende
Wand der Feindschaft in seinem Fleisch nie-
der. 15 Er hob das Gesetz mit seinen Geboten
und Forderungen auf, um die zwei in sich zu
einem neuen Menschen zu machen. Er stifte-
te Frieden 16 und versöhnte die beiden durch
das Kreuz mit Gott in einem einzigen Leib. Er
hat in seiner Person die Feindschaft getötet.
17 Er kam und verkündete den Frieden: euch,
den Fernen, und Frieden den Nahen. 18 Denn
durch ihn haben wir beide in dem einen Geist
Zugang zum Vater. 19 Ihr seid also jetzt nicht
mehr Fremde und ohne Bürgerrecht, sondern
Mitbürger der Heiligen und Hausgenossen
Gottes. 20 Ihr seid auf das Fundament der

1,23 Und wird von ihm erfüllt, wörtlich: die Fülle dessen.

2,12 Von dem Bund, wörtlich: von den Bündnissen. Gemeint sind die vor allem den Patriarchen gegebenen Zusicherungen. Vgl. Röm 9,4.

2,14 Die beiden Teile, d. h. Juden und Heiden.

Apostel und Propheten gebaut; der Eckstein
ist Christus Jesus selbst. 21 In ihm wird der
ganze Bau zusammengehalten und wächst zu
einem heiligen Tempel im Herrn. 22 Durch ihn
werdet auch ihr zu einer Wohnung Gottes im
Geist miterbaut.

12: Kol 1,21 / **13**: 2,17 / **14**: Mi 5,4 / **15–16**: Kol 1,20; 2,14 / **17**: 2,13; Jes 57,19 / **20**: 1 Kor 3,11 / **22**: 1 Petr 2,5

DER APOSTEL UND DIE KIRCHE: 3,1–21

PAULUS, VERKÜNDER DES WELTWEITEN EVANGELIUMS: 3,1–13

3 1 Deshalb bin ich, Paulus, der Gefangene
Christi Jesu für euch, die Heiden. 2 Ihr
habt doch gehört, welches Amt die Gnade
Gottes mir für euch verliehen hat. 3 Durch eine
Offenbarung wurde mir das Geheimnis
kundgetan, wie ich es soeben kurz beschrie-
ben habe. 4 Wenn ihr das lest, könnt ihr erken-
nen, welche Einsicht in das Geheimnis Chris-
ti mir gegeben ist. 5 Den Menschen früherer
Generationen wurde es nicht kundgetan, jetzt
aber ist es seinen heiligen Aposteln und Pro-
pheten durch den Geist offenbart worden:
6 dass nämlich die Heiden Miterben sind, zu
demselben Leib gehören und mit teilhaben an
der Verheißung in Christus Jesus durch das
Evangelium. 7 Dessen Diener bin ich gewor-
den dank des Geschenks der Gnade Gottes, die
mir durch das Wirken seiner Macht verliehen
wurde. 8 Mir, dem Geringsten unter allen Hei-
ligen, wurde diese Gnade zuteil: Ich soll den
Heiden mit dem Evangelium den unergründ-
lichen Reichtum Christi verkünden 9 und
enthüllen, was die Verwirklichung des gehei-
men Ratschlusses beinhaltet, der von Ewig-
keit her in Gott, dem Schöpfer des Alls, ver-
borgen war. 10 So soll jetzt den Fürsten und
Gewalten des himmlischen Bereichs durch
die Kirche die vielfältige Weisheit Gottes
kundgetan werden, 11 nach seinem ewigen
Plan, den er durch Christus Jesus, unseren
Herrn, ausgeführt hat. 12 In ihm haben wir den
freien und vertrauensvollen Zugang, den der
Glaube an ihn schenkt. 13 Deshalb bitte ich,
nicht wegen der Leiden zu verzagen, die ich
für euch ertrage, denn sie sind euer Ruhm.

1: 4,1; Phlm 1.9 / **2**: Phil 1,7; Kol 1,25 / **4–5**: Röm 16,25; Kol 1,26 / **7**: Kol 1,25 / **8**: 1 Kor 15,9; Gal 1,16; Röm 16,26 / **9**: Röm 16,25; Kol 1,26 / **11**: 1,11 / **13**: Kol 1,24

FÜRBITTE FÜR DIE AN CHRISTUS GLAUBENDEN: 3,14–21

14 Daher beuge ich meine Knie vor dem Vater,
15 von dem jedes Geschlecht im Himmel und
auf der Erde seinen Namen hat. 16 Er gebe euch
aufgrund des Reichtums seiner Herrlichkeit,
dass ihr in Bezug auf den inneren Menschen
durch seinen Geist an Kraft und Stärke zu-
nehmt. 17 Durch den Glauben wohne Christus
in euren Herzen, in der Liebe verwurzelt und
auf sie gegründet. 18 So sollt ihr mit allen Hei-
ligen dazu fähig sein, die Länge und Breite,
die Höhe und Tiefe zu ermessen 19 und die
Liebe Christi zu erkennen, die alle Erkenntnis
übersteigt. So werdet ihr erfüllt werden in die
ganze Fülle Gottes hinein. 20 Dem aber, der
gemäß der Macht, die in uns wirkt, unendlich
viel mehr tun kann, als wir erbitten oder er-
denken, 21 ihm sei die Herrlichkeit in der Kir-
che und in Christus Jesus bis in alle Genera-
tionen für ewige Zeiten. Amen.

16: Röm 9,23 / **17**: Kol 1,23 / **20–21**: Röm 16,25–27

MAHNUNGEN ZUR CHRISTLICHEN LEBENSGESTALTUNG: 4,1–6,20

AUFRUF ZUR EINHEIT: 4,1–6

4 1 Ich, der Gefangene im Herrn, ermahne
euch, ein Leben zu führen, das des Rufes
würdig ist, der an euch erging. 2 Seid demütig,
friedfertig und geduldig, ertragt einander in
Liebe 3 und bemüht euch, die Einheit des

Geistes zu wahren durch das Band des Frie-
dens! 4 Ein Leib und ein Geist, wie ihr auch
berufen seid zu einer Hoffnung in eurer Be-
rufung: 5 ein Herr, ein Glaube, eine Taufe,
6 ein Gott und Vater aller, der über allem und
durch alles und in allem ist.

1: 3,1; 1 Thess 2,12 / **2**: Kol 3,12 / **3–4**: Kol 3,14 / **4**: Röm 12,5; 1 Kor 12,12f. / **5–6**: 1 Kor 8,6

DIE GNADENGABEN IM DIENST DER EINHEIT DER KIRCHE: 4,7–16

7 Aber jeder von uns empfing die Gnade in
dem Maß, wie Christus sie ihm geschenkt
hat. 8 Deshalb heißt es: *Er stieg hinauf zur
Höhe und erbeutete Gefangene, er gab den
Menschen Geschenke.* 9 Wenn es heißt: *Er
stieg* aber *hinauf*, was bedeutet dies anderes,
als dass er auch zur Erde herabstieg? 10 Der-
selbe, der herabstieg, ist auch hinaufgestie-
gen über alle Himmel, um das All zu erfüllen.
11 Und er setzte die einen als Apostel ein, an-
dere als Propheten, andere als Evangelisten,
andere als Hirten und Lehrer, 12 um die Hei-
ligen für die Erfüllung ihres Dienstes zuzu-
rüsten, für den Aufbau des Leibes Christi,
13 bis wir alle zur Einheit im Glauben und der
Erkenntnis des Sohnes Gottes gelangen, zum
vollkommenen Menschen, zur vollen Größe,
die der Fülle Christi entspricht. 14 Wir sollen
nicht mehr unmündige Kinder sein, ein Spiel
der Wellen, geschaukelt und getrieben von
jedem Widerstreit der Lehrmeinungen, im
Würfelspiel der Menschen, in Verschlagen-
heit, die in die Irre führt. 15 Wir aber wollen,
von der Liebe geleitet, die Wahrheit bezeu-
gen und in allem auf ihn hin wachsen. Er,
Christus, ist das Haupt. 16 Von ihm her wird
der ganze Leib zusammengefügt und gefes-
tigt durch jedes Gelenk. Jedes versorgt ihn
mit der Kraft, die ihm zugemessen ist. So
wächst der Leib und baut sich selbst in Liebe
auf.

8: Ps 68,19 / **10**: Kol 1,20 / **11**: 1 Kor 12,28 / **13**: Kol 1,28 / **14**: 1 Kor 14,20; Jak 1,6 / **16**: Kol 2,19

DER ALTE UND DER NEUE MENSCH: 4,17–24

17 Das also sage ich und beschwöre euch im
Herrn: Lebt nicht mehr wie die Heiden in
ihrem nichtigen Denken! 18 Sie sind verfins-
tert in ihrem Sinn. Sie sind dem Leben Gottes
entfremdet durch die Unwissenheit, in der
sie befangen sind, durch die Verhärtung ihres
Herzens. 19 In ihrer Haltlosigkeit gaben sie
sich der Ausschweifung hin, um jede Art von
Unreinheit in Habgier zu vollführen. 20 Ihr
aber habt Christus nicht so kennengelernt.
21 Ihr habt doch von ihm gehört und seid un-
terrichtet worden, wie es Wahrheit ist in Je-
sus. 22 Legt den alten Menschen des früheren
Lebenswandels ab, der sich in den Begierden
des Trugs zugrunde richtet, 23 und lasst euch
erneuern durch den Geist in eurem Denken!
24 Zieht den neuen Menschen an, der nach
dem Bild Gottes geschaffen ist in wahrer
Gerechtigkeit und Heiligkeit!

18: Kol 1,21 / **22**: Kol 3,9 / **23**: Röm 12,2 / **24**: Gen 1,26; Kol 3,10

MAHNUNGEN ZUM MITEINANDER IM GEIST CHRISTI: 4,25–5,2

25 Legt deshalb die Lüge ab und *redet die
Wahrheit, jeder mit seinem Nächsten;* denn
wir sind als Glieder miteinander verbunden.
26 *Wenn ihr zürnt, sündigt nicht!* Die Sonne
soll über eurem Zorn nicht untergehen.
27 Gebt dem Teufel keinen Raum! 28 Der Dieb
soll nicht mehr stehlen, vielmehr soll er sich
abmühen und mit seinen Händen etwas ver-
dienen, damit er den Notleidenden davon
geben kann. 29 Über eure Lippen komme kein
böses Wort, sondern nur ein gutes, das den,
der es braucht, auferbaut und denen, die es
hören, Nutzen bringt! 30 Betrübt nicht den
Heiligen Geist Gottes, den ihr als Siegel emp-
fangen habt für den Tag der Erlösung! 31 Jede
Art von Bitterkeit und Wut und Zorn und
Geschrei und Lästerung mit allem Bösen ver-
bannt aus eurer Mitte! 32 Seid gütig zueinan-
der, seid barmherzig, vergebt einander, wie
auch Gott euch in Christus vergeben hat.
5 1 Ahmt Gott nach als seine geliebten
Kinder 2 und führt euer Leben in Liebe,
wie auch Christus uns geliebt und sich für
uns hingegeben hat als Gabe und Opfer, das
Gott gefällt!

4,25: Kol 3,9; Sach 8,16 / **26**: Ps 4,5 G / **27**: 6,11 / **31**: Kol 3,8; Jak 3,14 / **32**: Kol 3,12f.
5,2: 5,25; Gal 2,20

AUS DER FINSTERNIS ZUM LICHT: 5,3–20

3 Von Unzucht aber und Unreinheit jeder Art
oder von Habgier soll bei euch, wie es sich für
Heilige gehört, nicht einmal die Rede sein.
4 Auch Sittenlosigkeit und albernes oder

4,11 Evangelisten, d. h. hier missionierende Verkündiger des Evangeliums.

zweideutiges Geschwätz schicken sich nicht
für euch, sondern vielmehr Dankbarkeit.
5 Denn das sollt ihr wissen: Kein unzüchtiger,
schamloser oder habgieriger Mensch – das
heißt kein Götzendiener – erhält ein Erbteil
im Reich Christi und Gottes. 6 Niemand täu-
sche euch mit leeren Worten: All das nämlich
zieht auf die Ungehorsamen den Zorn Gottes
herab. 7 Habt darum mit ihnen nichts gemein!
8 Denn einst wart ihr Finsternis, jetzt aber
seid ihr Licht im Herrn. Lebt als Kinder des
Lichts! 9 Denn das Licht bringt lauter Güte,
Gerechtigkeit und Wahrheit hervor. 10 Prüft,
was dem Herrn gefällt, 11 und habt nichts ge-
mein mit den Werken der Finsternis, die kei-
ne Frucht bringen, deckt sie vielmehr auf!
12 Denn von dem, was sie heimlich tun, auch
nur zu reden, ist schändlich. 13 Alles, was auf-
gedeckt ist, wird vom Licht erleuchtet.
14 Denn alles Erleuchtete ist Licht. Deshalb
heißt es:

Wach auf, du Schläfer, / und steh auf von
den Toten / und Christus wird dein Licht
sein.

15 Achtet also sorgfältig darauf, wie ihr euer
Leben führt, nicht wie Toren, sondern wie
Kluge! 16 Nutzt die Zeit, denn die Tage sind
böse. 17 Darum seid nicht unverständig, son-
dern begreift, was der Wille des Herrn ist!
18 Berauscht euch nicht mit Wein – das macht
zügellos –, sondern lasst euch vom Geist er-
füllen! 19 Lasst in eurer Mitte Psalmen, Hym-
nen und geistliche Lieder erklingen, singt
und jubelt aus vollem Herzen dem Herrn!
20 Sagt Gott, dem Vater, jederzeit Dank für
alles im Namen unseres Herrn Jesus Chris-
tus!

3: Kol 3,5 / **5:** 1 Kor 6,9f. / **6:** Kol 2,8; 3,6 / **8:** Kol 1,12f. / **9:** Gal 5,22 / **10:** 1 Thess 5,21 / **16:** Kol 4,5 / **18:** Spr 23,31 G / **19:** Kol 3,16

CHRISTLICHES LEBEN IN HAUS UND FAMILIE: 5,21–6,9

21 Einer ordne sich dem andern unter in der
gemeinsamen Furcht Christi! 22 Ihr Frauen
euren Männern wie dem Herrn; 23 denn der
Mann ist das Haupt der Frau wie auch Chris-
tus das Haupt der Kirche ist. Er selbst ist der
Retter des Leibes. 24 Wie aber die Kirche sich
Christus unterordnet, so sollen sich auch die
Frauen in allem den Männern unterordnen.
25 Ihr Männer, liebt eure Frauen, wie auch
Christus die Kirche geliebt und sich für sie
hingegeben hat, 26 um sie zu heiligen, da er
sie gereinigt hat durch das Wasserbad im
Wort! 27 So will er die Kirche herrlich vor sich
hinstellen, ohne Flecken oder Falten oder
andere Fehler; heilig soll sie sein und makel-
los. 28 Darum sind die Männer verpflichtet,
ihre Frauen so zu lieben wie ihren eigenen
Leib. Wer seine Frau liebt, liebt sich selbst.
29 Keiner hat je seinen eigenen Leib gehasst,
sondern er nährt und pflegt ihn, wie auch
Christus die Kirche. 30 Denn wir sind Glieder
seines Leibes. 31 *Darum wird der Mann Vater
und Mutter verlassen und sich an seine Frau
binden und die zwei werden ein Fleisch sein.*
32 Dies ist ein tiefes Geheimnis; ich beziehe
es auf Christus und die Kirche. 33 Indessen
sollt auch ihr, jeder Einzelne, seine Frau lie-
ben wie sich selbst, die Frau aber ehre ihren
Mann.

6 1 Ihr Kinder, gehorcht euren Eltern im
Herrn, denn das ist recht! 2 *Ehre deinen
Vater und deine Mutter:* Das ist ein Hauptge-
bot mit einer Verheißung: 3 *damit es dir wohl
ergehe und du lange lebst auf der Erde.* 4 Und
ihr Väter, reizt eure Kinder nicht zum Zorn,
sondern erzieht sie in der Zucht und Weisung
des Herrn! 5 Ihr Sklaven, gehorcht den irdi-
schen Herren mit Furcht und Zittern und mit
aufrichtigem Herzen, als wäre es Christus,
6 nicht in Augendienerei, als wolltet ihr Men-
schen gefallen, sondern erfüllt als Sklaven
Christi von Herzen den Willen Gottes!
7 Dient mit Hingabe, als dientet ihr dem
Herrn und nicht den Menschen! 8 Denn ihr
wisst, dass jeder, der etwas Gutes tut, es vom
Herrn zurückerhalten wird, ob er ein Sklave
ist oder ein Freier. 9 Und ihr Herren, handelt
in gleicher Weise ihnen gegenüber, unter-
lasst das Drohen, denn ihr wisst, dass ihr im
Himmel denselben Herrn habt, und bei ihm
gibt es kein Ansehen der Person!

5,21–6,9: Kol 3,18–4,1 / **5,22:** 1 Petr 3,1 / **23:** 1 Kor 11,3 / **25:** 5,2; 1 Petr 3,7; 1 Tim 2,6 / **30:** Röm 12,5 / **31:** Gen 2,24 G; Mt 19,5
6,2: Ex 20,12 / **3:** Dtn 5,16 / **5:** 1 Tim 6,1f.; Tit 2,9f.; 1 Petr 2,18 / **9:** Apg 10,34

AUFRUF ZUM KAMPF: 6,10–20

10 Schließlich: Werdet stark durch die Kraft
und Macht des Herrn! 11 Zieht an die Waffen-
rüstung Gottes, um den listigen Anschlägen
des Teufels zu widerstehen! 12 Denn wir ha-

5,14 Zitat aus urchristlicher Taufliturgie.

ben nicht gegen Menschen aus Fleisch und
Blut zu kämpfen, sondern gegen Mächte und
Gewalten, gegen die Weltherrscher dieser
Finsternis, gegen die bösen Geister in den
himmlischen Bereichen. 13 Darum legt die
Waffenrüstung Gottes an, damit ihr am Tag
des Unheils widerstehen, alles vollbringen
und standhalten könnt!
14 Steht also da, eure Hüften umgürtet mit
Wahrheit, angetan mit dem Brustpanzer der
Gerechtigkeit, 15 die Füße beschuht mit der
Bereitschaft für das Evangelium des Frie-
dens. 16 Vor allem greift zum Schild des Glau-
bens! Mit ihm könnt ihr alle feurigen Ge-
schosse des Bösen auslöschen. 17 Und nehmt
den Helm des Heils und das Schwert des
Geistes, das ist das Wort Gottes! 18 Hört nicht
auf, zu beten und zu flehen! Betet jederzeit
im Geist; seid wachsam, harrt aus und bittet
für alle Heiligen, 19 auch für mich, dass mir
das rechte Wort gegeben werde, sooft ich
meinen Mund auftue, mit Freimut das Ge-
heimnis des Evangeliums zu verkünden;
20 als dessen Gesandter bin ich in Ketten, da-
mit ich in ihm freimütig zu reden vermag,
wie es meine Pflicht ist.

11: 4,27; 1 Petr 5,8f.; Jak 4,7 / **13**: Weish 5,17–20; Röm 13,12 / **14**: Jes 11,5; 59,17 / **15**: Jes 52,7 / **16**: 1 Thess 5,8 / **18**: Kol 4,2 / **19**: Apg 4,29; 28,31; Kol 4,3 / **20**: Kol 4,4

GRUSS UND SEGENSWUNSCH: 6,21–24

21 Damit auch ihr erfahrt, wie es mir geht und
was ich tue, wird euch Tychikus, der geliebte
Bruder und treue Diener im Herrn, alles be-
richten. 22 Ihn habe ich eigens zu euch ge-
sandt, damit ihr alles über uns erfahrt und er
eure Herzen ermutige. 23 Friede sei mit den
Brüdern, Liebe und Glaube von Gott, dem
Vater, und dem Herrn Jesus Christus. 24 Gna-
de mit allen, die unseren Herrn Jesus Chris-
tus lieben – in Unvergänglichkeit.

21–22: Kol 4,7f.

DER BRIEF AN DIE PHILIPPER

Die Gemeinde von Philippi in Mazedonien, die Paulus bei seiner zweiten Missionsreise um das Jahr 50 gründete, war die erste auf europäischem Boden. Sie wuchs ihm besonders ans Herz. Nur von ihr ließ er sich unterstützen, auch finanziell.

An die Philipper schrieb Paulus um 55 aus dem Gefängnis, wahrscheinlich in Ephesus. Die Auffassung, der Brief sei erst in der römischen Gefangenschaft des Apostels abgefasst worden, ist heute weithin aufgegeben. Zwar erfahren wir aus der Apostelgeschichte nichts über eine Gefangenschaft in Ephesus, aber Andeutungen in anderen Briefen lassen darauf schließen (1 Kor 15,32; vor allem 2 Kor 1,8–10; vgl. auch 2 Kor 11,22–33).

Anlass des Briefs war der Wunsch der Christen in Philippi, von ihrem Apostel, der im Gefängnis saß, Näheres über sein Schicksal zu erfahren, sowie eine Geldspende, die sie ihm durch Epaphroditus überbringen ließen. Auch das Eindringen von Irrlehren bewog zur Abfassung dieses Schreibens.

Nach Dank und Fürbitte (1,3–11) spricht Paulus von seinem Schicksal, das er mit dem Los des Evangeliums verknüpft (1,12–26). In seine Mahnung zur Einheit der Gemeinde integriert er einen hymnischen Text aus der Tradition, der den Weg Christi, des Gottessohnes und erhöhten Herrn, vor Augen stellt, an dem die Gemeinde durch den Glauben Anteil gewonnen hat (1,27–2,18). Sodann spricht er über seine persönlichen Pläne (2,19–30). Im 3. Kapitel nimmt er mit außerordentlich scharfen Worten Stellung gegen christliche Wanderprediger, die Irrlehren verbreiten, und weist auf die Gefahr hin, die dadurch droht. Abschließend wendet er sich an einzelne Gemeindemitglieder, die ihm Sorge bereiten, und bedankt sich für die empfangene Gabe (Kap. 4).

Der besondere Wert des Briefs liegt darin, dass er uns Einblick in das persönliche Wollen und Denken des Menschen und Christen Paulus gibt. Der bekannteste und besonders wichtige Text ist der Christushymnus (2,6–11). Theologisch bedeutsam ist auch die Erwartung des Paulus im Hinblick auf das Ergehen nach dem Tod (1,19–26) und die Gemeinschaft mit Christus (3,7–21).

ANSCHRIFT UND GRUSS: 1,1–2

1 1 Paulus und Timotheus, Knechte Chris-
ti Jesu, an alle Heiligen in Christus Jesus,
die in Philippi sind, mit ihren Vorstehern und
Helfern. 2 Gnade sei mit euch und Friede von
Gott, unserem Vater, und dem Herrn Jesus
Christus!

1,1 Die griechischen Bezeichnungen episkopos (Vorsteher oder Aufseher) und diakonos (Helfer oder Diener) werden später zu den Amtstiteln der Bischöfe und Diakone.

1: 2 Kor 1,1 / **2**: Röm 1,7; 2 Kor 1,2

DER APOSTEL UND SEIN EVANGELIUM: 1,3–26

DANK UND FÜRBITTE: 1,3–11

3 Ich danke meinem Gott jedes Mal, sooft ich
eurer gedenke; 4 immer, wenn ich für euch
alle bete, bete ich mit Freude. 5 Ich danke für
eure Gemeinschaft im Dienst am Evangeli-
um vom ersten Tag an bis jetzt. 6 Ich vertraue
darauf, dass er, der bei euch das gute Werk
begonnen hat, es auch vollenden wird bis
zum Tag Christi Jesu. 7 Es ist nur recht, dass
ich so über euch alle denke, weil ich euch ins
Herz geschlossen habe. Denn ihr alle habt
Anteil an der Gnade, die mir durch meine
Gefangenschaft und die Verteidigung und
Bekräftigung des Evangeliums gewährt ist.
8 Denn Gott ist mein Zeuge, wie ich mich
nach euch allen sehne im Erbarmen Christi
Jesu. 9 Und ich bete darum, dass eure Liebe
immer noch reicher an Einsicht und jedem
Verständnis wird, 10 damit ihr beurteilen
könnt, worauf es ankommt. Dann werdet ihr
rein und ohne Tadel sein für den Tag Christi,
11 erfüllt mit der Frucht der Gerechtigkeit, die
durch Jesus Christus kommt, zur Ehre und
zum Lob Gottes.

8: Röm 1,9–11

PAULUS, VERKÜNDER DER FROHEN BOTSCHAFT: 1,12–26

12 Ich will aber, dass ihr wisst, Brüder und
Schwestern, dass alles, was mir zugestoßen
ist, die Verbreitung des Evangeliums geför-
dert hat. 13 Denn im ganzen Prätorium und
bei allen Übrigen ist offenbar geworden, dass
ich meine Fesseln um Christi willen trage,
14 und die meisten der Brüder sind durch mei-
ne Gefangenschaft zuversichtlich geworden
im Glauben an den Herrn und wagen umso
kühner, das Wort furchtlos zu sagen. 15 Eini-
ge verkünden Christus zwar aus Neid und
Streitsucht, andere aber in guter Absicht.
16 Die einen verkünden Christus aus Liebe,
weil sie wissen, dass ich zur Verteidigung des
Evangeliums bestimmt bin, 17 die andern aus
Streitsucht, nicht in redlicher Gesinnung;
womit sie meinen Fesseln weitere Bedräng-
nis hinzufügen möchten. 18 Aber was liegt
daran? Auf jede Weise, ob vorgetäuscht oder
in Wahrheit, wird Christus verkündet und
darüber freue ich mich.

1,13 Prätorium: Sitz des römischen Statthalters und Ort des Gefängnisses für Paulus.

Doch ich werde mich auch weiterhin freu-
en; 19 denn ich weiß: Das wird zu meiner
Rettung führen durch euer Gebet und durch
die Hilfe des Geistes Jesu Christi. 20 Denn
ich erwarte und hoffe, dass ich in keiner
Hinsicht beschämt werde, dass vielmehr
Christus in aller Öffentlichkeit – wie im-
mer, so auch jetzt – verherrlicht werden wird
in meinem Leibe, ob ich lebe oder sterbe.
21 Denn für mich ist Christus das Leben und
Sterben Gewinn. 22 Wenn ich aber weiter-
leben soll, bedeutet das für mich fruchtbares
Wirken. Was soll ich wählen? Ich weiß es
nicht. 23 Bedrängt werde ich von beiden Sei-
ten: Ich habe das Verlangen, aufzubrechen
und bei Christus zu sein – um wie viel besser
wäre das! 24 Aber euretwegen ist es notwen-
diger, dass ich am Leben bleibe. 25 Im Ver-
trauen darauf weiß ich, dass ich bleiben und
bei euch allen verbleiben werde, um euch im
Glauben zu fördern und zu erfreuen, 26 da-
mit ihr euch in Christus Jesus umso mehr
meiner rühmen könnt, wenn ich wieder zu
euch komme.

13: 4,22 / **18:** 2,17f. / **19:** Ijob 13,16 G; 2 Kor 1,11 / **23:** 2 Kor 5,8

VERSCHIEDENE MAHNUNGEN: 1,27–2,18

AUFRUF ZUR EINTRACHT: 1,27–2,4

27 Vor allem: Lebt als Gemeinde so, wie es dem
Evangelium Christi entspricht! Ob ich kom-
me und euch sehe oder ob ich fern bin, ich
möchte hören, dass ihr in dem einen Geist
feststeht, einmütig für den Glauben an das
Evangelium kämpft 28 und euch in keinem
Fall von euren Gegnern einschüchtern lasst.
Das wird für sie ein Zeichen dafür sein, dass
sie verloren sind und ihr gerettet werdet, ein
Zeichen, das von Gott kommt. 29 Denn euch
wurde die Gnade zuteil, für Christus da zu
sein, also nicht nur an ihn zu glauben, son-
dern auch seinetwegen zu leiden. 30 Denn ihr
habt den gleichen Kampf zu bestehen, den ihr
früher an mir gesehen habt und von dem ihr
auch jetzt hört.

2 1 Wenn es also eine Ermahnung in
Christus gibt, einen Zuspruch aus Lie-
be, eine Gemeinschaft des Geistes, ein Er-
barmen und Mitgefühl, 2 dann macht meine
Freude vollkommen, dass ihr eines Sinnes
seid, einander in Liebe verbunden, einmü-
tig, einträchtig, 3 dass ihr nichts aus Streit-
sucht und nichts aus Prahlerei tut. Sondern
in Demut schätze einer den andern höher
ein als sich selbst. 4 Jeder achte nicht nur auf
das eigene Wohl, sondern auch auf das der
anderen.

2,1: Kol 3,12f. / **3:** Gal 5,26; Röm 12,10 / **4:** 1 Kor 10,24; 13,5

DIE ERNIEDRIGUNG UND ERHÖHUNG CHRISTI: 2,5–11

5 Seid untereinander so gesinnt, wie es dem
Leben in Christus Jesus entspricht:

6 Er war Gott gleich, / hielt aber nicht daran
fest, Gott gleich zu sein,

7 sondern er entäußerte sich / und wurde
wie ein Sklave / und den Menschen gleich. /
Sein Leben war das eines Menschen;

8 er erniedrigte sich / und war gehorsam
bis zum Tod, / bis zum Tod am Kreuz.

9 Darum hat ihn Gott über alle erhöht / und
ihm den Namen verliehen, / der größer ist als
alle Namen,

10 damit alle im Himmel, auf der Erde und
unter der Erde ihr Knie beugen / vor dem
Namen Jesu

11 und jeder Mund bekennt: / Jesus Chris-
tus ist der Herr / zur Ehre Gottes, des Vaters.

5: Joh 13,15 / **6:** Joh 1,1f.; 17,5 / **7:** Jes 53,3.11; 2 Kor 8,9; Hebr 2,14.17 / **8:** Lk 14,11; Hebr 5,8; 12,2 / **9:** Eph 1,20f.; Hebr 1,3f. / **10–11:** Jes 45,23 G; Mt 28,18; Joh 5,22f.; Offb 5,12f. / **11:** Apg 2,36; Röm 10,9; 14,9

DIE SORGE DES APOSTELS UM DAS HEIL DER GEMEINDE: 2,12–18

12 Darum, meine Geliebten, – ihr wart ja im-
mer gehorsam, nicht nur in meiner Gegen-

2,6–11 Zitat eines urchristlichen Hymnus.

2,6f. wörtlich: Er, der in der Gestalt Gottes war, / sah das Gott-gleich-Sein nicht als Raub (oder etwas zu Raubendes) an, / sondern entäußerte sich, / nahm Knechtsgestalt an, / wurde den Menschen gleich / und der Erscheinung nach ganz als Mensch erfunden.

wart, sondern noch viel mehr jetzt in meiner
Abwesenheit –: Wirkt mit Furcht und Zit-
tern euer Heil! 13 Denn Gott ist es, der in euch
das Wollen und das Vollbringen bewirkt zu
seinem Wohlgefallen. 14 Tut alles ohne Mur-
ren und Bedenken, 15 damit ihr rein und ohne
Tadel seid, Kinder Gottes ohne Makel mitten
in einer verkehrten und verwirrten Genera-
tion, unter der ihr als Lichter in der Welt
leuchtet! 16 Haltet fest am Wort des Lebens,
mir zum Ruhm für den Tag Christi, damit ich
nicht vergeblich gelaufen bin oder mich um-
sonst abgemüht habe! 17 Doch wenn auch
mein Leben dargebracht wird zusammen mit
dem Opfer und Gottesdienst eures Glau-
bens, freue ich mich und freue mich mit euch
allen. 18 Ebenso freut auch ihr euch und freut
euch mit mir!

13: 1,6 / **15**: 1,10; Dan 12,3 G; Mt 5,14; Eph 5,8 / **16**: Jes 49,4; 2 Kor 1,14; Gal 2,2; 4,11 / **18**: 3,1; 4,4

DIE PLÄNE DES APOSTELS: 2,19–30

19 Ich hoffe aber in Jesus, dem Herrn, Timo-
theus bald zu euch schicken zu können, da-
mit auch ich ermutigt werde, wenn ich erfah-
re, wie es um euch steht. 20 Denn ich habe
keinen Gleichgesinnten, der so aufrichtig um
eure Sache besorgt ist; 21 denn alle suchen
ihren Vorteil, nicht, was Jesu Christi ist. 22 Ihr
wisst ja, wie er sich bewährt hat: Wie ein
Kind dem Vater – so hat er mit mir zusammen
dem Evangelium gedient. 23 Diesen also hof-
fe ich schicken zu können, sobald ich meine
Lage übersehe. 24 Doch ich habe die Zuver-
sicht im Herrn, dass auch ich bald kommen
kann.

25 Ich hielt es aber für notwendig, Epaphro-
ditus, meinen Bruder, Mitarbeiter und Mit-
streiter, euren Abgesandten und Helfer in
meiner Not, zu euch zu schicken. 26 Denn er
sehnte sich nach euch allen und war beunru-
higt, weil ihr hörtet, dass er krank geworden
sei. 27 Und er war tatsächlich so krank, dass er
dem Tod nahe war. Aber Gott hatte Erbarmen
mit ihm, und nicht nur mit ihm, sondern auch
mit mir, damit ich nicht vom Kummer über-
wältigt würde. 28 Umso mehr beeile ich mich,
ihn zu schicken, damit ihr euch wieder freut,
wenn ihr ihn seht, und auch ich weniger Kum-
mer habe. 29 Nehmt ihn also im Herrn mit aller
Freude auf und haltet Menschen wie ihn in
Ehren, 30 denn wegen des Werkes Christi kam
er dem Tod nahe! Er hat sein Leben aufs Spiel
gesetzt, um zu vollenden, was an eurem
Dienst für mich noch gefehlt hat.

19: 1 Thess 3,2; Apg 16,1 / **24**: 1,25 / **25**: 4,18

DAS LEBEN DES CHRISTEN – DAS VORBILD DES APOSTELS: 3,1–4,9

WARNUNG VOR FALSCHEN LEHRERN: 3,1–6

3 1 Im Übrigen, meine Brüder und
Schwestern, freut euch im Herrn! Euch
dasselbe zu schreiben, wird mir nicht lästig,
euch aber macht es sicher. 2 Gebt Acht auf die
Hunde, gebt Acht auf die üblen Arbeiter,
gebt Acht auf die Verschnittenen! 3 Denn die
Beschnittenen sind wir, die wir im Geist
Gottes dienen und uns in Christus Jesus
rühmen und nicht auf irdische Vorzüge ver-
trauen, 4 obwohl ich mein Vertrauen auch
auf irdische Vorzüge setzen könnte. Wenn
ein anderer meint, er könne auf irdische Vor-
züge vertrauen, so könnte ich es noch mehr.
5 Ich wurde am achten Tag beschnitten, bin
aus Israels Geschlecht, vom Stamm Benja-
min, ein Hebräer von Hebräern, nach dem
Gesetz ein Pharisäer; 6 ich verfolgte voll Ei-
fer die Kirche und war untadelig gemessen

3,2 Die üblen Arbeiter: Gemeint sind vermutlich Irrlehrer. – Die Verschnittenen: Wortspiel, ironische Anspielung auf die Beschneidung (vgl. Gal 5,12).

an der Gerechtigkeit, die im Gesetz gefor-
dert ist.
1: 2,18; 4,4 / 4-6: 2 Kor 11,18.21–23

DER BERUFUNGSWEG DES APOSTELS: 3,7–14

7 Doch was mir ein Gewinn war, das habe ich
um Christi willen für Verlust gehalten. 8 Ja
noch mehr: Ich halte dafür, dass alles Verlust
ist, weil die Erkenntnis Christi Jesu, meines
Herrn, alles überragt. Seinetwegen habe ich
alles aufgegeben und halte es für Unrat, um
Christus zu gewinnen 9 und in ihm erfunden
zu werden. Nicht meine Gerechtigkeit will
ich haben, die aus dem Gesetz hervorgeht,
sondern jene, die durch den Glauben an
Christus kommt, die Gerechtigkeit, die Gott
schenkt aufgrund des Glaubens. 10 Christus
will ich erkennen und die Macht seiner Auf-
erstehung und die Gemeinschaft mit seinen
Leiden, indem ich seinem Tod gleich gestaltet
werde. 11 So hoffe ich, auch zur Auferstehung
von den Toten zu gelangen.

12 Nicht dass ich es schon erreicht hätte oder
dass ich schon vollendet wäre. Aber ich stre-
be danach, es zu ergreifen, weil auch ich von
Christus Jesus ergriffen worden bin. 13 Brü-
der und Schwestern, ich bilde mir nicht ein,
dass ich es schon ergriffen hätte. Eines aber
tue ich: Ich vergesse, was hinter mir liegt,
und strecke mich nach dem aus, was vor mir
ist. 14 Das Ziel vor Augen, jage ich nach dem
Siegespreis: der himmlischen Berufung Got-
tes in Christus Jesus.
9: Gal 2,16.21; Röm 3,21f. / 10: Röm 6,3–5; 8,17; 2 Kor 4,10

HEIMAT IM HIMMEL: 3,15–21

15 Das also wollen wir bedenken, wir Voll-
kommenen. Und wenn ihr anders über etwas
denkt, wird Gott euch auch das offenbaren.
16 Nur müssen wir festhalten, was wir er-
reicht haben. 17 Ahmt auch ihr mich nach,
Brüder und Schwestern, und achtet auf jene,
die nach dem Vorbild leben, das ihr an uns
habt! 18 Denn viele – von denen ich oft zu euch
gesprochen habe, doch jetzt unter Tränen
spreche – leben als Feinde des Kreuzes Chris-
ti. 19 Ihr Ende ist Verderben, ihr Gott der
Bauch und ihre Ehre besteht in ihrer Schan-
de; Irdisches haben sie im Sinn. 20 Denn un-
sere Heimat ist im Himmel. Von dorther er-
warten wir auch Jesus Christus, den Herrn,
als Retter, 21 der unseren armseligen Leib
verwandeln wird in die Gestalt seines ver-
herrlichten Leibes, in der Kraft, mit der er sich
auch alles unterwerfen kann.
17: 4,9; 1 Kor 11,1 / 19: 2 Kor 11,15; Röm 16,18 / 20: Eph 2,6;
Kol 3,1

CHRISTLICHE GRUNDHALTUNGEN: 4,1–9

4 1 Darum, meine geliebten Brüder und
Schwestern, nach denen ich mich sehne,
meine Freude und mein Ehrenkranz, steht fest
im Herrn, Geliebte! 2 Ich ermahne Evodia und
ich ermahne Syntyche, einmütig zu sein im
Herrn. 3 Ja, ich bitte auch dich, treuer Gefähr-
te, nimm dich ihrer an! Sie haben mit mir für
das Evangelium gekämpft, zusammen mit
Klemens und meinen anderen Mitarbeitern.
Ihre Namen stehen im Buch des Lebens.

4 Freut euch im Herrn zu jeder Zeit! Noch
einmal sage ich: Freut euch! 5 Eure Güte werde
allen Menschen bekannt. Der Herr ist nahe.
6 Sorgt euch um nichts, sondern bringt in jeder
Lage betend und flehend eure Bitten mit Dank
vor Gott! 7 Und der Friede Gottes, der alles
Verstehen übersteigt, wird eure Herzen und
eure Gedanken in Christus Jesus bewahren.
8 Im Übrigen, Brüder und Schwestern: Was
immer wahrhaft, edel, recht, was lauter, lie-
benswert, ansprechend ist, was Tugend heißt
und lobenswert ist, darauf seid bedacht! 9 Und
was ihr gelernt und angenommen, gehört und
an mir gesehen habt, das tut! Und der Gott des
Friedens wird mit euch sein.
1: 2,2 / 3: Offb 3,5; 13,8 / 4: 2,18; 3,1; 2 Kor 13,11; 1 Thess 5,16 /
6-7: Mt 6,25–34; 1 Petr 4,7; 5,7 / 9: 1 Thess 5,23; Röm 16,20

3,20 Unsere Heimat: wörtlich: unser Bürgerrecht.
4,3 Treuer Gefährte: Das griechische Wort Syzygos
könnte auch ein Eigenname sein.

DANK DES APOSTELS: 4,10–20

10 Ich habe mich im Herrn besonders gefreut,
dass ihr eure Sorge für mich wieder einmal
entfalten konntet. Ihr hattet schon daran
gedacht, aber es fehlte euch die Gelegenheit

dazu. 11 Ich sage das nicht, weil ich Mangel
leide; denn ich habe gelernt, mich in jeder
Lage zurechtzufinden: 12 Ich weiß Entbeh-
rungen zu ertragen, ich kann im Überfluss
leben. In jedes und alles bin ich eingeweiht:
in Sattsein und Hungern, Überfluss und
Entbehrung. 13 Alles vermag ich durch den,
der mich stärkt. 14 Doch ihr habt recht daran
getan, an meiner Bedrängnis Anteil zu neh-
men. 15 Ihr wisst selbst, ihr Philipper, dass
ich beim Beginn der Verkündigung des
Evangeliums, als ich aus Mazedonien auf-
brach, mit keiner Gemeinde durch Geben
und Nehmen verbunden war außer mit euch
16 und dass ihr mir auch in Thessalonich und
auch sonst das eine und andere Mal etwas
geschickt habt, um mir zu helfen. 17 Es geht
mir nicht um die Gabe, es geht mir um den
Gewinn, der euch mit Zinsen gutgeschrie-
ben wird. 18 Ich habe alles empfangen und
habe Überfluss; ich lebe in Fülle. Mir fehlt
nichts mehr, seit ich von Epaphroditus eure
Gaben erhielt, einen Wohlgeruch, eine an-
genehme Opfergabe, die Gott gefällt. 19 Mein
Gott aber wird euch durch Christus Jesus
alles, was ihr nötig habt, aus dem Reichtum
seiner Herrlichkeit schenken. 20 Unserem
Gott und Vater aber sei die Ehre in alle Ewig-
keit! Amen.

18: 2,25 / **20:** Gal 1,5; Röm 16,27

GRÜSSE UND SEGENSWUNSCH: 4,21–23

21 Grüßt jeden Heiligen in Christus Jesus! Es
grüßen euch die Brüder, die bei mir sind. 22 Es
grüßen euch alle Heiligen, besonders aber die
aus dem Haus des Kaisers. 23 Die Gnade Jesu
Christi, des Herrn, sei mit eurem Geist!

22: 1,13 / **23:** 1 Kor 16,23; Gal 6,18

DER BRIEF AN DIE KOLOSSER

Die Gemeinde in Kolossä (westliches Kleinasien) war nicht von Paulus selbst, sondern in seinem Auftrag von Epaphras gegründet worden (1,7f.); Paulus ist in ihr offenbar nie persönlich aufgetreten (2,1).

Als Absender des Briefs werden zu Beginn Paulus und sein langjähriger Begleiter Timotheus (zu dessen Person vgl. die Einleitung zu 1 Tim) genannt. Die abschließende Grußformel betont die eigenhändige Signierung des Schreibens durch den gefesselten Paulus (4,18; vgl. die Einleitung zu 2 Thess). Damit ordnet sich auch dieses Schreiben in die Reihe der paulinischen „Gefangenschaftsbriefe“ ein (vgl. Eph, Phil, Phlm). Manche Forscher verteidigen eine paulinische Verfasserschaft, etwa auch unter der Annahme einer späteren nachpaulinischen Überarbeitung. Dennoch ist aus inhaltlichen und sprachlich-stilistischen Gründen die Autorschaft des Apostels Paulus weniger wahrscheinlich. Für eine nachpaulinische Verfasserschaft sprechen Vorstellungen wie die kosmische Christusdeutung (1,18.20), die man in den sicher authentischen Paulusbriefen nicht findet. Auch das damit verbundene universale Kirchenverständnis (1,18; 1,23f.) und besonders die hellenistisch beeinflusste Vorstellung von Christus als Haupt des Welt- und Kirchenleibes (1,18) kennen nur der Kolosser- und der Epheserbrief.

Der Anlass des Schreibens ist das Aufkommen von „philosophischen" Irrlehren in Kolossä und Umgebung. Diese relativieren die Einzigkeit Christi, indem sie neben ihm noch andere verehrungswürdige Mächte wie Engel und Gestirne als heilswirksam ansehen und damit den Boden des überlieferten Glaubens verlassen. Demgegenüber betont der Verfasser des Briefs die Einzigkeit des erhöhten Christus.

Dieses Bekenntnis findet nach dem einleitenden Dank und einer Fürbitte für die Gemeinde (1,3–11) Ausdruck in einem Hymnus (1,15–20), der Christus als Bild Gottes und Schöpfungsmittler besingt: In Christus hat alles Bestand (1,17); er ist das Haupt über das All und die Kirche (1,18); durch sein Kreuz hat er die Versöhnung der Mächte des Alls bewirkt (1,20).

Im Blick auf dieses Heilsgeschehen, das der Gemeinde zugute kommt (1,21–23), und auf den für den Christusglauben leidenden Apostel Paulus (1,24–29), zugleich in Erinnerung an die mit der Taufe bereits erwirkte Auferweckung der Glaubenden, warnt der Autor vor den Irrlehrern (2,8–23). Darauf folgen Worte zur existenziellen Ausrichtung auf den erhöhten Christus (3,1–4) und Ermahnungen zu einer entsprechenden Lebensführung in Gemeinde und Haus (3,5–4,1), zum Gebet (4,2–4) sowie zum Umgang mit den Außenstehenden (4,5f.). Eine Reihe von Grußworten und Anweisungen an einzelne Gemeindemitglieder schließen den Brief ab (4,7–18).

Die Bedeutung dieses Briefs liegt vor allem in der Betonung der kosmologisch gedeuteten Einzigkeit Christi (Christus-Hymnus) und der damit verbundenen soteriologischen Sicht der Kirche als Leib Christi.

ANSCHRIFT UND GRUSS: 1,1–2

1 1 Paulus, Apostel Christi Jesu durch den
Willen Gottes, und der Bruder Timo-
theus, 2 an die heiligen und gläubigen Brüder
in Christus, die in Kolossä sind, Gnade sei mit
euch und Friede von Gott, unserm Vater.

1: Eph 1,1; 2 Kor 1,1 / **2**: Röm 1,7

GOTTES HEILSWIRKEN AN DER GEMEINDE: 1,3–23

DANK FÜR DIE GEMEINDE: 1,3–8

3 Wir danken Gott, dem Vater unseres Herrn
Jesus Christus, allezeit, wenn wir für euch
beten. 4 Denn wir haben von eurem Glauben
in Christus Jesus gehört und von der Liebe,
die ihr zu allen Heiligen habt 5 wegen der
Hoffnung, die für euch im Himmel bereit-
liegt. Schon früher habt ihr davon gehört
durch das wahre Wort des Evangeliums, 6 das
bei euch anwesend ist. Wie in der ganzen
Welt, so trägt es auch bei euch Frucht und
wächst seit dem Tag, an dem ihr den Ruf der
göttlichen Gnade vernommen und in Wahr-
heit erkannt habt. 7 So habt ihr es von Epa-
phras, unserm geliebten Mitknecht, gelernt.
Er ist an unserer Stelle ein treuer Diener
Christi 8 und er hat uns auch von der Liebe
berichtet, die der Geist in euch bewirkt hat.

1,7 Epaphras war Mitgefangener des Paulus (wohl in Ephesus) und hatte das Evangelium nach Kolossä gebracht.

3: Eph 1,15f. / **4**: Phlm 5 / **5**: Eph 1,13; Jak 1,18 / **7**: 4,12; Phlm 23

FÜRBITTE FÜR DIE GEMEINDE: 1,9–11

9 Daher hören wir seit dem Tag, an dem wir da-
von erfahren haben, nicht auf, für euch zu beten
und zu bitten, dass ihr mit der Erkenntnis sei-
nes Willens in aller Weisheit und geistlichen
Einsicht erfüllt werdet. 10 Denn ihr sollt ein
Leben führen, das des Herrn würdig ist und in
allem sein Gefallen findet. Ihr sollt Frucht brin-
gen in jeder Art von guten Werken und wach-

sen in der Erkenntnis Gottes. 11 Er gebe euch in
der Macht seiner Herrlichkeit viel Kraft, damit
ihr in allem Geduld und Ausdauer habt.

9: Eph 1,8.15–17

DANK FÜR DIE ERLÖSUNG: 1,12–14

12 Dankt dem Vater mit Freude! Er hat euch
fähig gemacht, Anteil zu haben am Los der
Heiligen, die im Licht sind.
13 Er hat uns der Macht der Finsternis ent-
rissen und aufgenommen in das Reich seines
geliebten Sohnes. 14 Durch ihn haben wir die
Erlösung, die Vergebung der Sünden.

12–13: Eph 5,8 / **13–14**: Eph 1,6f.

CHRISTUS, DER ERSTGEBORENE UND ERLÖSER DES ALLS: 1,15–20

15 Er ist Bild des unsichtbaren Gottes, / der
Erstgeborene der ganzen Schöpfung.
16 Denn in ihm wurde alles erschaffen / im
Himmel und auf Erden, / das Sichtbare und
das Unsichtbare, / Throne und Herrschaf-
ten, Mächte und Gewalten; / alles ist durch
ihn und auf ihn hin erschaffen.
17 Er ist vor aller Schöpfung / und in ihm
hat alles Bestand.
18 Er ist das Haupt, / der Leib aber ist die Kir-
che. / Er ist der Ursprung, / der Erstgeborene
der Toten; / so hat er in allem den Vorrang.
19 Denn Gott wollte mit seiner ganzen
Fülle in ihm wohnen, /
20 um durch ihn alles auf ihn hin zu ver-
söhnen. / Alles im Himmel und auf Erden
wollte er zu Christus führen, / der Frieden
gestiftet hat am Kreuz durch sein Blut.

15: 2 Kor 4,4; 1 Tim 1,17 / **16**: Eph 1,21 / **18**: Eph 1,22f.; 1 Kor 15,20; Hebr 1,6 / **19**: 2,9 / **20**: Eph 1,10

AUFRUF AN DIE GEMEINDE: 1,21–23

21 Auch ihr standet ihm einst fremd und feind-
lich gegenüber; denn euer Sinn trieb euch zu
bösen Taten. 22 Jetzt aber hat er euch durch den
Tod seines sterblichen Leibes versöhnt, um
euch heilig, untadelig und schuldlos vor sich
hintreten zu lassen. 23 Doch müsst ihr im
Glauben bleiben, fest und in ihm verwurzelt,
und ihr dürft euch nicht von der Hoffnung des
Evangeliums, das ihr gehört habt, abbringen
lassen. In der ganzen Schöpfung unter dem
Himmel wurde es verkündet und ich, Paulus,
bin sein Diener geworden.

21: Eph 2,12; 4,18 / **22**: Röm 5,10; Eph 1,4 / **23**: 1 Kor 15,58; Eph 3,17

1,15–20 Zitat eines urchristlichen Hymnus.

APOSTEL UND APOSTOLISCHE ÜBERLIEFERUNG: 1,24–3,4

DIENER DER KIRCHE FÜR ALLE MENSCHEN: 1,24–29

24 Jetzt freue ich mich in den Leiden, die ich
für euch ertrage. Ich ergänze in meinem irdi-
schen Leben, was an den Bedrängnissen
Christi noch fehlt an seinem Leib, der die Kir-
che ist. 25 Ihr Diener bin ich geworden gemäß
dem Heilsplan Gottes, um an euch das Wort
Gottes zu erfüllen. 26 Er ist jenes Geheimnis,
das seit ewigen Zeiten und Generationen ver-
borgen war – jetzt aber seinen Heiligen offen-
bart wurde. 27 Ihnen wollte Gott kundtun,
was der Reichtum der Herrlichkeit dieses
Geheimnisses unter den Völkern ist: Christus
ist unter euch, die Hoffnung auf Herrlichkeit.
28 Ihn verkünden wir; wir ermahnen jeden
Menschen und belehren jeden Menschen in
aller Weisheit, damit wir jeden Menschen
vollkommen darstellen in Christus. 29 Dafür
mühe ich mich und kämpfe ich mit Hilfe sei-
ner Kraft, die machtvoll in mir wirkt.

24: Eph 1,23; 3,13 / **25**: Eph 3,2 / **26**: Röm 16,25f.; Eph 3,5.9 / **28**: Eph 4,13

DER GLAUBE DER GEMEINDE: 2,1–7

2 1 Ich will euch nämlich wissen lassen,
was für einen schweren Kampf ich für
euch und die Gläubigen in Laodizea zu beste-
hen habe, auch für alle anderen, die mich von
Angesicht nie gesehen haben. 2 Dadurch sol-
len sie getröstet werden, verbunden in der
Liebe, um die tiefe und reiche Einsicht zu er-
langen und das Geheimnis Gottes zu erken-
nen, das Christus ist. 3 In ihm sind alle Schät-
ze der Weisheit und Erkenntnis verborgen.
4 Das sage ich, damit euch niemand durch
Überredungskünste täuscht. 5 Denn wenn ich
auch leiblich fern von euch bin, im Geist bin

ich doch bei euch. Mit Freude sehe ich, wie fest
und geordnet euer Glaube an Christus ist. 6 Ihr
habt also Christus Jesus als Herrn angenom-
men. Darum führt auch, wie es ihm ent-
spricht, euren Lebenswandel! 7 Bleibt in ihm
verwurzelt und auf ihn gegründet, gefestigt
durch den Glauben, in dem ihr unterrichtet
wurdet! Seid voller Dankbarkeit!
3: Jes 45,3; 1 Kor 2,7 / **7**: Eph 3,17

WARNUNG VOR IRRLEHRERN: 2,8–23
8 Gebt Acht, dass euch niemand mit seiner
Philosophie und leerem Trug einfängt, die
sich nur auf menschliche Überlieferung stüt-
zen und sich auf die Elementarmächte der
Welt berufen, nicht auf Christus! 9 Denn in
ihm wohnt die ganze Fülle der Gottheit leib-
haftig. 10 Durch ihn seid auch ihr davon er-
füllt; denn er ist das Haupt aller Mächte und
Gewalten. 11 In ihm habt ihr eine Beschnei-
dung empfangen, die man nicht mit Händen
vornimmt, nämlich die Beschneidung, die
Christus gegeben hat. Wer sie empfängt, sagt
sich los von seinem vergänglichen Leib. 12 Mit
Christus wurdet ihr in der Taufe begraben,
mit ihm auch auferweckt, durch den Glauben
an die Kraft Gottes, der ihn von den Toten
auferweckt hat. 13 Ihr wart tot infolge eurer
Sünden und euer Fleisch war unbeschnitten;
Gott aber hat euch mit Christus zusammen
lebendig gemacht und uns alle Sünden ver-
geben. 14 Er hat den Schuldschein, der gegen
uns sprach, durchgestrichen und seine For-
derungen, die uns anklagten, aufgehoben. Er
hat ihn dadurch getilgt, dass er ihn an das
Kreuz geheftet hat. 15 Die Fürsten und Gewal-
ten hat er entwaffnet und öffentlich zur
Schau gestellt; durch Christus hat Gott über
sie triumphiert.
16 Darum soll euch niemand verurteilen
wegen Speise und Trank oder wegen eines
Festes, ob Neumond oder Sabbat. 17 Das alles
ist nur ein Schatten von dem, was kommen
wird, die Wirklichkeit aber ist Christus.
18 Niemand soll euch den Kampfpreis abspre-
chen, der sich gefällt in Unterwürfigkeit und
Verehrung, die er den Engeln erweist, der als
Eingeweihter mit Visionen prahlt und sich
ohne Grund nach weltlicher Art wichtig
macht. 19 Er hält sich nicht an das Haupt, von
dem aus der ganze Leib durch Gelenke und
Bänder versorgt und zusammengehalten wird
und durch Gottes Wirken wächst. 20 Wenn ihr
mit Christus den Elementarmächten der Welt
gestorben seid, warum lasst ihr euch dann, als
würdet ihr noch in der Welt leben, vorschrei-
ben: 21 Berühre das nicht, iss das nicht, fass das
nicht an! 22 Das alles wird verbraucht und da-
durch vernichtet. Menschliche Satzungen
und Lehren sind es. 23 Man sagt zwar, in ihnen
liege Weisheit, es sei freiwillige Frömmigkeit
und Unterwürfigkeit, den Leib nicht zu scho-
nen. Doch das bringt keine Ehre ein, sondern
dient nur zur Befriedigung irdischer Eitelkeit.
8: 2,20; Gal 4,3.9; Eph 5,6 / **9**: 1,19 / **12**: 3,1; Röm 6,4; Eph
2,6 / **13**: Eph 2,1.5 / **14**: Eph 2,15f. / **15**: Eph 1,21 / **17**: Hebr
10,1 / **19**: Eph 4,16 / **20**: 2,8; Gal 4,3.9 / **22**: Jes 29,13 G

AUFERWECKUNG DER GLÄUBIGEN
MIT CHRISTUS: 3,1–4
3 1 Seid ihr nun mit Christus auferweckt,
so strebt nach dem, was oben ist, wo
Christus zur Rechten Gottes sitzt! 2 Richtet
euren Sinn auf das, was oben ist, nicht auf das
Irdische! 3 Denn ihr seid gestorben und euer
Leben ist mit Christus verborgen in Gott.
4 Wenn Christus, unser Leben, offenbar
wird, dann werdet auch ihr mit ihm offenbar
werden in Herrlichkeit.
1: 2,12; Eph 2,6; Ps 110,1

2,8 Philosophie: Als solche bezeichneten die Irrlehrer wohl ihre eigene Lehre. Vgl. Anm. zu 2,16–18.

2,11 Die nicht mit Händen vorgenommene Beschneidung ist ein Bild für die Taufe.

2,16–18 Die Verehrung der Weltelemente und der Gestirne, die Beachtung von asketischen Speisegeboten und ein Engelkult gehörten zu den Forderungen der Irrlehrer. Vgl. Anm. zu 2,8.

WEISUNGEN AN DIE GETAUFTEN: 3,5–4,6

DER ALTE UND DER NEUE MENSCH: 3,5–17
5 Darum tötet, was irdisch an euch ist: Un-
zucht, Unreinheit, Leidenschaft, böse Be-
gierde und die Habsucht, die Götzendienst

ist! 6 All das zieht den Zorn Gottes nach sich.
7 Einst war auch euer Lebenswandel von
solchen Dingen bestimmt, ihr habt darin
gelebt. 8 Jetzt aber sollt auch ihr das alles ab-
legen: Zorn, Wut, Bosheit, Lästerung und
schmutzige Rede, die aus eurem Munde
kommt. 9 Belügt einander nicht; denn ihr
habt den alten Menschen mit seinen Taten
abgelegt 10 und habt den neuen Menschen
angezogen, der nach dem Bild seines Schöp-
fers erneuert wird, um ihn zu erkennen. 11 Da
gibt es dann nicht mehr Griechen und Juden,
Beschnittene und Unbeschnittene, Barba-
ren, Skythen, Sklaven, Freie, sondern Chris-
tus ist alles und in allen. 12 Bekleidet euch
also, als Erwählte Gottes, Heilige und Ge-
liebte, mit innigem Erbarmen, Güte, Demut,
Milde, Geduld! 13 Ertragt einander und ver-
gebt einander, wenn einer dem anderen et-
was vorzuwerfen hat! Wie der Herr euch
vergeben hat, so vergebt auch ihr! 14 Vor al-
lem bekleidet euch mit der Liebe, die das
Band der Vollkommenheit ist! 15 Und der
Friede Christi triumphiere in euren Herzen.
Dazu seid ihr berufen als Glieder des einen
Leibes. Seid dankbar! 16 Das Wort Christi
wohne mit seinem ganzen Reichtum bei
euch. In aller Weisheit belehrt und ermahnt
einander! Singt Gott Psalmen, Hymnen und
geistliche Lieder in Dankbarkeit in euren
Herzen! 17 Alles, was ihr in Wort oder Werk
tut, geschehe im Namen Jesu, des Herrn.
Dankt Gott, dem Vater, durch ihn!

5: Mk 7,22; Röm 1,29f.; Gal 5,19f.; Eph 5,3 / **6**: Eph 5,6 / **8**: Eph 4,31; Jak 1,21 / **9**: Eph 4,22–25 / **10**: Gen 1,26f.; Eph 4,24 / **11**: Gal 3,28 / **12–13**: Eph 4,2.32 / **14**: Eph 4,3 / **15**: Röm 12,5 / **16**: Eph 5,19

CHRISTLICHE HAUSORDNUNG: 3,18–4,1

18 Ihr Frauen, ordnet euch den Männern un-
ter, wie es sich im Herrn geziemt! 19 Ihr Män-
ner, liebt die Frauen und seid nicht erbittert
gegen sie! 20 Ihr Kinder, gehorcht euren Eltern
in allem, denn das ist dem Herrn wohlgefäl-
lig! 21 Ihr Väter, schüchtert eure Kinder nicht
ein, damit sie nicht mutlos werden! 22 Ihr
Sklaven, gehorcht in allem euren irdischen
Herren, nicht in einem augenfälligen Dienst,
um Menschen zu gefallen, sondern in der
Aufrichtigkeit des Herzens! Fürchtet den
Herrn! 23 Tut eure Arbeit gern, als wäre sie für
den Herrn und nicht für Menschen; 24 ihr
wisst, dass ihr vom Herrn das Erbe als Lohn
empfangen werdet. Dient Christus, dem
Herrn! 25 Denn wer Unrecht tut, wird zu-
rückbekommen, was er an Unrecht getan hat,
ohne Ansehen der Person.

4 1 Ihr Herren, gebt den Sklaven, was recht
und billig ist; ihr wisst, dass auch ihr im
Himmel einen Herrn habt.

3,18–4,1: Eph 5,22–6,9; 1 Petr 2,18–3,7 / **25**: Röm 2,11

MAHNUNGEN AN ALLE: 4,2–6

2 Lasst nicht nach im Beten; seid dabei wach-
sam und dankbar! 3 Betet auch für uns, damit
Gott uns eine Tür öffnet für das Wort und
wir vom Geheimnis Christi sprechen kön-
nen, um dessentwillen ich im Gefängnis bin;
4 betet, damit ich es so kundtue, wie davon
zu sprechen meine Pflicht ist! 5 Seid weise im
Umgang mit den Außenstehenden, nutzt die
Zeit! 6 Euer Wort sei immer freundlich, doch
mit Salz gewürzt, denn ihr müsst jedem in
der rechten Weise antworten können.

2–3: Eph 6,18f. / **3**: Apg 14,27 / **5**: Eph 5,16

PERSÖNLICHE MITTEILUNGEN UND GRÜSSE: 4,7–18

7 Was mich betrifft, wird euch Tychikus, der
geliebte Bruder und treue Diener und Mit-
knecht im Herrn, alles berichten. 8 Ihn habe
ich eigens zu euch gesandt, damit ihr alles
über uns erfahrt und er eure Herzen ermuti-
ge. 9 Er kommt mit Onesimus, dem treuen
und geliebten Bruder, der ja einer von euch
ist. Sie werden euch über alles berichten, was
hier vor sich geht.
10 Es grüßt euch Aristarch, mein Mitgefan-
gener, und Markus, der Vetter des Barnabas
– was ihn betrifft, dazu habt ihr schon An-
weisungen erhalten; wenn er zu euch kommt,
nehmt ihn auf! – 11 Auch Jesus, genannt Jus-
tus, grüßt euch. Von den Juden sind sie die
Einzigen, die mit mir für das Reich Gottes

4,9 Onesimus ist der in Phlm 10–12 erwähnte Sklave des Philemon.

arbeiten; durch sie bin ich getröstet worden.
12 Es grüßt euch Epaphras, der Knecht Chris-
ti Jesu, einer von euch. Immer kämpft er für
euch im Gebet, dass ihr vollkommen werdet
und ganz durchdrungen seid vom Willen
Gottes. 13 Ich bezeuge ihm, dass er sich große
Mühe gibt um euch und um die Gläubigen in
Laodizea und Hiërapolis. 14 Es grüßen euch
Lukas, der geliebte Arzt, und Demas. 15 Grüßt
die Brüder in Laodizea, auch Nympha und die
Gemeinde in ihrem Haus! 16 Und wenn der
Brief bei euch vorgelesen worden ist, sorgt
dafür, dass er auch in der Gemeinde von Lao-
dizea vorgelesen wird und dass ihr auch den
aus Laodizea lest! 17 Sagt dem Archippus:
Achte auf den Dienst, den du im Herrn emp-
fangen hast, damit du ihn erfüllst!
18 Den Gruß schreibe ich, Paulus, eigen-
händig. Denkt an meine Fesseln! Die Gnade
sei mit euch!

7–8: Eph 6,21f. / **9**: Phlm 10 / **10**: Phlm 23 / **12**: 1,7; Phlm 23 / **14**: Phlm 24; 2 Tim 4,11 / **17**: Phlm 2 / **18**: 1 Kor 16,21; 2 Thess 3,17

4,16 den aus Laodizea: Dieser Brief ist nicht erhalten.

DER 1. BRIEF AN DIE THESSALONICHER

Paulus gründete die Gemeinde in Thessalonich auf der sogenannten „zweiten Missionsreise" etwa 49/50 (1 Thess 1,9f.; 2,2; vgl. Apg 17,1–9). Er wirkte einige Zeit in der Stadt (1 Thess 2,1–12), bevor er von dort über Athen nach Korinth reiste. Nach seinem Weggang wollte er die Gemeinde zweimal besuchen, wurde aber jedes Mal daran gehindert (2,17f.). Besorgt sandte er von Athen aus seinen Mitarbeiter Timotheus nach Thessalonich (3,1f.), der jedoch mit guten Nachrichten zurückkehrte (3,6): Die dortige Gemeinde hielt an den Anfängen fest. Den 1. Brief an die Thessalonicher verfasste Paulus in Korinth in den Jahren 50/51. Mit ihm liegen uns der älteste Paulusbrief und das älteste christliche Schriftstück überhaupt vor.

Der Aufbau des Briefs folgt einem in der Antike üblichen Schema. Den Rahmen bilden Briefeingang (1,1–10) und Briefschluss (5,23–28). Das Briefkorpus (2,1–5,22) beginnt mit einer einführenden Selbstempfehlung des Paulus (2,1–12). Das erste Briefthema beschäftigt sich mit dem Besuchswunsch des Paulus bei der Gemeinde und der Sendung eines Boten nach Thessalonich (2,13–3,13); die Beziehung des Apostels zur Gemeinde wird gestärkt. Das zweite Briefthema behandelt das Leben der Gemeinde in der Endzeit (4,1–5,11). Das Schreiben schließt mit Mahnungen an die Adressaten (5,12–22).

Der 1. Thessalonicherbrief spricht in die Situation einer noch ganz jungen Gemeinde, die der Selbstvergewisserung bedarf. Dazu entfaltet er eine theologische Konzeption. Ihre Erwählung durch Gott bestimmt das Selbstbild der Gemeinde (1,4; 4,7; 5,9.24); denn sie hat sich von den Göttern der hellenistischen Kultur ab- und dem einen Gott Israels zugewandt, der ihr in Jesus Christus begegnete (1,9f.). Sie lebt in der Zeit kurz vor der Parusie, der Wiederkunft des Herrn. Ihre neue Überzeugung gründet im Evangelium, in dem sie Gottes Wort hören konnte (2,13) und das Paulus und seine Mitarbeiter persönlich glaubwürdig verkündet hatten (2,1–12). Den Apostel und damit den Herrn selbst konnten die Thessalonicher nachahmen, indem sie sein Wort trotz Drangsal annahmen (1,6; 2,13f.; 3,3–5). Im guten Handeln untereinander und gegenüber Außenstehenden verwirklicht die Gemeinde ihre christliche Überzeugung (4,3–12; 5,12–22).

Wichtige Aussagen betreffen die Zukunftshoffnung. In apokalyptischen Mustern entwirft Paulus (4,13–18) eine Vorstellung von der Parusie Christi und der endzeitlichen Totenerweckung; die Hoffnung der Gemeinde fasst er dabei in das Bild der Gemeinschaft mit Christus, die über den Tod hinaus andauert, ja intensiviert wird (4,17). Allen Terminspekulationen über das Ende der Welt erteilt er eine Absage (5,1–11). An deren Stelle soll ein Leben in der Ausrichtung am neuen Glauben, als „Kinder des Lichtes und des Tages" treten (5,5).

ANSCHRIFT UND GRUSS: 1,1

1 1 Paulus, Silvanus und Timotheus an die
Kirche der Thessalonicher, die in Gott,
dem Vater, und in Jesus Christus, dem Herrn,
ist: Gnade sei mit euch und Friede!

1: 2 Thess 1,1f.

DER APOSTEL UND SEINE GEMEINDE: DANKSAGUNG: 1,2–10

2 Wir danken Gott für euch alle, sooft wir in
unseren Gebeten an euch denken; 3 unabläs-
sig erinnern wir uns vor Gott, unserem Vater,
an das Werk eures Glaubens, an die Mühe
eurer Liebe und an die Standhaftigkeit eurer
Hoffnung auf Jesus Christus, unseren Herrn.
4 Wir wissen, von Gott geliebte Brüder und
Schwestern, dass ihr erwählt seid. 5 Denn un-
ser Evangelium kam zu euch nicht im Wort
allein, sondern auch mit Kraft und mit dem
Heiligen Geist und mit voller Gewissheit;
ihr wisst selbst, wie wir bei euch aufgetreten
sind, um euch zu gewinnen. 6 Und ihr seid
unserem Beispiel gefolgt und dem des Herrn;
ihr habt das Wort trotz großer Bedrängnis
mit der Freude aufgenommen, die der Heilige
Geist gibt. 7 So wurdet ihr ein Vorbild für alle
Glaubenden in Mazedonien und in Achaia.
8 Von euch aus ist das Wort des Herrn aber
nicht nur nach Mazedonien und Achaia ge-
drungen, sondern überall ist euer Glaube an
Gott bekannt geworden, sodass wir darüber
nichts zu sagen brauchen. 9 Denn man erzählt
sich überall, welche Aufnahme wir bei euch
gefunden haben und wie ihr euch von den
Götzen zu Gott bekehrt habt, um dem leben-
digen und wahren Gott zu dienen 10 und sei-
nen Sohn vom Himmel her zu erwarten, Je-
sus, den er von den Toten auferweckt hat und
der uns dem kommenden Zorn entreißt.

2: 2 Thess 1,3 / **3**: 2 Thess 1,3f.11 / **4**: 2 Thess 1,11; 2,13 / **6**: 2 Thess 1,4.6f.; 3,7.9 / **7**: Phil 3,17 / **9**: Apg 14,15; 17,4; Joh 17,3 / **10**: 2 Thess 1,7f.; Apg 17,31; Tit 2,13

SELBSTEMPFEHLUNG: 2,1–12

2 1 Ihr wisst selbst, Brüder und Schwes-
tern, dass wir nicht vergebens zu euch
gekommen sind. 2 Wir hatten vorher in Phi-
lippi viel zu leiden und wurden misshandelt,
wie ihr wisst; dennoch haben wir im Ver-
trauen auf unseren Gott das Evangelium
Gottes trotz harter Kämpfe freimütig bei
euch verkündet. 3 Denn wir predigen nicht,
um euch irrezuführen und nicht in unlaute-
rer oder betrügerischer Absicht, 4 sondern

wir tun es, weil Gott uns geprüft und uns das
Evangelium anvertraut hat, nicht also um den
Menschen, sondern um Gott zu gefallen, der
unsere Herzen prüft. 5 Nie haben wir mit un-
seren Worten zu schmeicheln versucht, das
wisst ihr, und nie haben wir aus versteckter
Habgier gehandelt, dafür ist Gott Zeuge.
6 Wir haben auch keine Ehre bei den Men-
schen gesucht, weder bei euch noch bei ande-
ren, 7 obwohl wir als Apostel Christi unser
Ansehen hätten geltend machen können. Im
Gegenteil, wir sind euch freundlich begeg-
net: Wie eine Mutter für ihre Kinder sorgt,
8 so waren wir euch zugetan und wollten euch
nicht nur am Evangelium Gottes teilhaben
lassen, sondern auch an unserem Leben; denn
ihr wart uns sehr lieb geworden. 9 Ihr erinnert
euch, Brüder und Schwestern, wie wir uns
gemüht und geplagt haben. Bei Tag und Nacht
haben wir gearbeitet, um keinem von euch
zur Last zu fallen, und haben euch so das
Evangelium Gottes verkündet. 10 Ihr seid
Zeugen und auch Gott ist Zeuge, wie gottge-
fällig, gerecht und untadelig wir uns euch,
den Glaubenden, gegenüber verhalten haben.
11 Ihr wisst auch, dass wir, wie ein Vater seine
Kinder, jeden Einzelnen von euch 12 ermahnt,
ermutigt und beschworen haben zu leben,
wie es Gottes würdig ist, der euch zu seinem
Reich und zu seiner Herrlichkeit beruft.

2,7 Freundlich, griech. epioi. Mehrere wichtige Textzeugen haben griech. nepioi (kindlich, arglos).

4: Jer 11,20 / **9**: Apg 20,34; 1 Kor 4,12; 9,12–18; 2 Thess 3,8 / **11**: 1 Kor 4,15 / **12**: Eph 4,1; Phil 1,27; 2 Thess 1,5; 1 Petr 5,10

BESUCHSWUNSCH UND BOTENSENDUNG: 2,13–3,13

BEDROHTES GLAUBENSLEBEN: 2,13–16

13 Darum danken wir Gott unablässig dafür,
dass ihr das Wort Gottes, das ihr durch un-
sere Verkündigung empfangen habt, nicht als
Menschenwort, sondern – was es in Wahr-
heit ist – als Gottes Wort angenommen habt;
und jetzt ist es in euch, den Glaubenden,
wirksam. 14 Denn, Brüder und Schwestern,
ihr seid dem Beispiel der Gemeinden Gottes
in Judäa gefolgt, die in Christus Jesus sind.
Ihr habt von euren Mitbürgern das Gleiche
erlitten wie jene von den Juden. 15 Diese ha-
ben Jesus, den Herrn, und die Propheten ge-
tötet; auch uns haben sie verfolgt. Sie miss-
fallen Gott und sind Feinde aller Menschen;
16 sie hindern uns daran, den Heiden das
Evangelium zu verkünden und ihnen so das
Heil zu bringen. Dadurch machen sie unab-
lässig das Maß ihrer Sünden voll. Aber der
ganze Zorn ist schon über sie gekommen.

13: Hebr 4,2; Gal 1,11f.; 2 Thess 2,13f. / **15**: Neh 9,26; 2 Chr 36,15f.; Mt 23,31f.; Apg 2,23; 7,52; Röm 11,28 / **16**: Gen 15,16; Dan 8,23

2,15f. Zum rechten Verständnis ist zu bedenken, dass Paulus hier selbst als Jude spricht, der über die ablehnende Haltung vieler jüdischer Glaubensbrüder verzweifelt ist. Konkrete Erfahrungen der Ablehnung stehen im Hintergrund.

BESUCHSABSICHT UND VERBUNDENHEIT MIT DER GEMEINDE: 2,17–20

17 Für kurze Zeit, Brüder und Schwestern,
sind wir verwaist, weil ihr uns fern seid, den
Augen fern, nicht dem Herzen; deshalb ha-
ben wir uns in großer Sehnsucht umso eifri-
ger bemüht, euch wiederzusehen. 18 Ja, wir
hatten uns fest vorgenommen, zu euch zu
kommen, und das wollte ich, Paulus, schon
einige Male; aber der Satan hat uns daran ge-
hindert. 19 Denn wer ist unsere Hoffnung,
unsere Freude, der Kranz unseres Ruhmes
vor Jesus, unserem Herrn, bei seiner An-
kunft? Nicht etwa auch ihr? 20 Ja, ihr seid un-
sere Ehre und Freude.

SENDUNG UND RÜCKKEHR DES TIMOTHEUS: 3,1–10

3 1 Darum hielten wir es nicht länger aus;
wir beschlossen, allein in Athen zu-
rückzubleiben, 2 und schickten Timotheus,
unseren Bruder und Gottes Mitarbeiter am
Evangelium Christi, um euch zu stärken und
in eurem Glauben aufzurichten, 3 damit kei-
ner wankt in diesen Bedrängnissen. Ihr wisst
selbst: Für sie sind wir bestimmt. 4 Denn als
wir noch bei euch waren, haben wir euch vo-
rausgesagt, dass wir in Bedrängnis geraten
werden; und so ist es, wie ihr wisst, auch ein-

getroffen. 5 Darum ertrug ich es auch nicht
länger; ich schickte Timotheus, um über eu-
ren Glauben Kenntnis zu erhalten, ob nicht
der Versucher euch in Versuchung geführt
hat und unsere Mühe vergeblich war.

6 Inzwischen ist aber Timotheus von euch zu
uns zurückgekommen und hat uns gute Nach-
richt von eurem Glauben und eurer Liebe ge-
bracht, auch dass ihr uns stets in guter Erinne-
rung bewahrt und euch danach sehnt, uns zu
sehen, wie auch wir euch sehen möchten. 7 Da-
rum, Brüder und Schwestern, wurden wir
beim Gedenken an euch in all unserer Not und
Bedrängnis durch euren Glauben getröstet;
8 jetzt leben wir auf, weil ihr fest in der Gemein-
schaft mit dem Herrn steht. 9 Wie können wir
Gott euretwegen genug danken für all die Freu-
de, die uns um euretwillen vor unserem Gott
erfüllt? 10 Bei Tag und Nacht bitten wir instän-
dig darum, euch wiederzusehen und an eurem
Glauben zu ergänzen, was ihm noch fehlt.

1: Apg 17,14f. / **3**: 2 Thess 1,4 / **6**: Apg 18,5 / **8**: 2 Thess 2,15

GEBETSWUNSCH: 3,11–13

11 Gott, unser Vater, und Jesus, unser Herr,
mögen unsere Schritte zu euch lenken.
12 Euch aber lasse der Herr wachsen und reich
werden in der Liebe zueinander und zu allen,
wie auch wir euch lieben, 13 damit eure Her-
zen gestärkt werden und ihr ohne Tadel seid,
geheiligt vor Gott, unserem Vater, bei der
Ankunft Jesu, unseres Herrn, mit allen sei-
nen Heiligen. Amen.

11–13: 2 Thess 2,16f. / **13**: 5,23; 2 Thess 1,7.10

LEBEN IN DER ENDZEIT: 4,1–5,11

LEBENSWANDEL: 4,1–12

4 1 Im Übrigen, Brüder und Schwestern,
bitten und ermahnen wir euch im Na-
men Jesu, des Herrn: Ihr habt von uns ge-
lernt, wie ihr leben müsst, um Gott zu gefal-
len, und ihr lebt auch so; werdet darin noch
vollkommener! 2 Ihr wisst ja, welche Ermah-
nungen wir euch im Auftrag Jesu, des Herrn,
gegeben haben. 3 Das ist es, was Gott will:
eure Heiligung – dass ihr die Unzucht mei-
det, 4 dass jeder von euch lernt, mit seiner
Frau in heiliger und achtungsvoller Weise zu
verkehren, 5 nicht in leidenschaftlicher Be-
gierde wie die Heiden, die Gott nicht kennen,
6 und dass keiner seinen Bruder bei Geschäf-
ten betrügt und übervorteilt, denn all das
rächt der Herr, wie wir euch schon früher
gesagt und bezeugt haben. 7 Denn Gott hat
uns nicht dazu berufen, unrein zu leben, son-
dern heilig zu sein. 8 Wer das verwirft, der
verwirft also nicht Menschen, sondern Gott,
der euch seinen Heiligen Geist schenkt.
9 Über die Bruderliebe brauche ich euch nicht
zu schreiben; Gott selbst hat euch schon ge-
lehrt, einander zu lieben; 10 und danach han-
delt ihr auch an allen, die zu uns gehören in
ganz Mazedonien. Wir ermahnen euch aber,
Brüder und Schwestern, darin noch voll-
kommener zu werden. 11 Setzt eure Ehre da-
rein, ruhig zu leben, euch um die eigenen
Aufgaben zu kümmern und mit euren Hän-
den zu arbeiten, wie wir euch aufgetragen
haben. 12 So sollt ihr vor denen, die nicht zu
euch gehören, ein rechtschaffenes Leben
führen und auf niemanden angewiesen sein.

5: Jer 10,25; Ps 79,6; 2 Thess 1,8 / **6**: Ps 94,1 / **8**: Ez 36,27; 37,14 / **11**: 2 Thess 3,12

DAS SCHICKSAL DER VERSTORBENEN: 4,13–18

13 Brüder und Schwestern, wir wollen euch
über die Entschlafenen nicht in Unkenntnis
lassen, damit ihr nicht trauert wie die ande-
ren, die keine Hoffnung haben. 14 Denn wenn
wir glauben, dass Jesus gestorben und aufer-
standen ist, so wird Gott die Entschlafenen
durch Jesus in die Gemeinschaft mit ihm
führen. 15 Denn dies sagen wir euch nach ei-
nem Wort des Herrn: Wir, die Lebenden, die
noch übrig sind bei der Ankunft des Herrn,
werden den Entschlafenen nichts voraushа-
ben. 16 Denn der Herr selbst wird vom Him-
mel herabkommen, wenn der Befehl ergeht,
der Erzengel ruft und die Posaune Gottes

4,4 Frau: wörtlich „Gefäß“. Weil dieses Wort in übertragener Bedeutung die Ehefrau, aber auch den Leib des Menschen (vgl. 2 Kor 4,7) bezeichnen kann, ist auch die Übersetzung möglich: dass jeder von euch seinen Leib in heiliger und ehrbarer Weise bewahrt.

erschallt. Zuerst werden die in Christus Ver-
storbenen auferstehen; 17 dann werden wir,
die Lebenden, die noch übrig sind, zugleich
mit ihnen auf den Wolken in die Luft ent-
rückt zur Begegnung mit dem Herrn. Dann
werden wir immer beim Herrn sein. 18 Trös-
tet also einander mit diesen Worten!

13–17: 2 Thess 2,1–12 / **14**: 1 Kor 15,3f.20f.; Röm 8,34; 14,9 / **16–17**: 1 Kor 15,22f.51f.; Mt 24,30f.; 26,64

WACHSAMKEIT ANGESICHTS DES KOMMENS CHRISTI: 5,1–11

5 1 Über Zeiten und Stunden, Brüder und
Schwestern, brauche ich euch nicht zu
schreiben. 2 Ihr selbst wisst genau, dass der
Tag des Herrn kommt wie ein Dieb in der
Nacht. 3 Während die Menschen sagen: Frie-
de und Sicherheit!, kommt plötzlich Verder-
ben über sie wie die Wehen über eine schwan-
gere Frau und es gibt kein Entrinnen. 4 Ihr
aber, Brüder und Schwestern, lebt nicht im
Finstern, sodass euch der Tag nicht wie ein
Dieb überraschen kann. 5 Ihr alle seid Söhne
des Lichts und Söhne des Tages. Wir gehören
nicht der Nacht und nicht der Finsternis. 6 Da-
rum wollen wir nicht schlafen wie die ande-
ren, sondern wach und nüchtern sein. 7 Denn
wer schläft, schläft bei Nacht, und wer sich
betrinkt, betrinkt sich bei Nacht. 8 Wir aber,
die dem Tag gehören, wollen nüchtern sein
und uns rüsten mit dem Panzer des Glaubens
und der Liebe und mit dem Helm der Hoff-
nung auf Rettung. 9 Denn Gott hat uns nicht
für das Gericht seines Zorns bestimmt, son-
dern dafür, dass wir durch Jesus Christus,
unseren Herrn, die Rettung erlangen. 10 Er ist
für uns gestorben, damit wir vereint mit ihm
leben, ob wir nun wachen oder schlafen.
11 Darum tröstet einander und einer baue den
andern auf, wie ihr es schon tut!

2: Mt 24,43; Lk 12,39; 2 Petr 3,10; Offb 3,3; 16,15 / **3**: Mt 24,38f.; Lk 21,34f. / **6**: Röm 13,11f. / **8**: Jes 59,17; Weish 5,18f.; Eph 6,14–17 / **9**: 2 Thess 2,14 / **10**: 4,14; Röm 14,8f.

ABSCHLIESSENDE MAHNUNGEN: 5,12–22

12 Wir bitten euch, Brüder und Schwestern:
Erkennt die an, die sich unter euch mühen
und euch vorstehen im Herrn und euch zu-
rechtweisen! 13 Achtet sie äußerst hoch in
Liebe wegen ihres Wirkens! Haltet Frieden
untereinander!
14 Wir ermahnen euch, Brüder und Schwes-
tern: Weist die zurecht, die ein unordentli-
ches Leben führen, ermutigt die Ängstlichen,
nehmt euch der Schwachen an, seid geduldig
mit allen! 15 Seht zu, dass keiner dem andern
Böses mit Bösem vergilt, sondern bemüht
euch immer, einander und allen Gutes zu tun!
16 Freut euch zu jeder Zeit! 17 Betet ohne Un-
terlass! 18 Dankt für alles; denn das ist der Wil-
le Gottes für euch in Christus Jesus. 19 Löscht
den Geist nicht aus! 20 Verachtet prophetisches
Reden nicht! 21 Prüft alles und behaltet das
Gute! 22 Meidet das Böse in jeder Gestalt!

12: Röm 16,6.12; 1 Kor 16,16 / **14**: 2 Thess 3,6 / **15**: Spr 20,22; Röm 12,17; 1 Petr 3,9 / **17**: Lk 18,1; Röm 12,12; Eph 6,18; Kol 4,2 / **21**: 1 Joh 4,1 / **22**: Ijob 1,1.8; 2,3

GRÜSSE UND SEGENSWUNSCH: 5,23–28

23 Er selbst, der Gott des Friedens, heilige
euch ganz und gar und bewahre euren Geist,
eure Seele und euren Leib unversehrt, damit
ihr ohne Tadel seid bei der Ankunft unseres
Herrn Jesus Christus. 24 Gott, der euch be-
ruft, ist treu; er wird es tun.
25 Brüder und Schwestern, betet auch für uns!
26 Grüßt alle Brüder und Schwestern mit
dem heiligen Kuss!
27 Ich beschwöre euch beim Herrn, diesen
Brief allen Brüdern und Schwestern in der
Gemeinde vorzulesen.
28 Die Gnade Jesu Christi, unseres Herrn,
sei mit euch!

23: 2 Thess 3,16 / **24**: 1 Kor 1,9; 2 Thess 3,3 / **25**: 2 Thess 3,1 / **26**: Röm 16,16 / **27**: Kol 4,16 / **28**: 2 Thess 3,18

DER 2. BRIEF AN DIE THESSALONICHER

Der Verfasser des zweiten Thessalonicherbriefs verwendet den ersten als Vorlage und schließt sich ihm sowohl im Aufbau als auch im Wortlaut eng an. Auffällig sind die Hervorhebung der früheren Lehre des Paulus (2,15; 3,6) und die betonte Selbstbeglaubigung am Ende (3,17). Es ist unsicher, ob der Brief von Paulus selbst stammt oder nicht doch eher aus der Hand eines unbekannten Verfassers der zweiten christlichen Generation, der sich ganz bewusst in die Tradition des Paulus stellt und mit dieser auf die Fragen der Zeit Antworten sucht. Der eigenhändige Schlussgruß, mit dem ein Briefautor in der Antike einen Brief, den er diktiert, gelegentlich unterschreibt, stellt dann eine literarische Fiktion dar. Das Schreiben dürfte im fortgeschrittenen 1. Jahrhundert verfasst worden sein. Der Ort der Entstehung ist nicht bekannt.

Der Aufbau des Briefs entspricht dem Schema, bei dem Eingang (1,1–12) und Schluss (3,14–18) den Rahmen bilden. Der thematische Hauptteil (2,1 – 3,13) besteht aus zwei Abschnitten: Nach der Behandlung von Fragen der Parusie, der Wiederkunft des Herrn und ihrer Bedeutung für die Gegenwart (2,1–12) folgen verschiedene Gesichtspunkte, die zum Festhalten am Glauben gemäß der Überlieferung des Paulus ermuntern sollen (2,13 – 3,13).

Der 2. Thessalonicherbrief setzt sich mit Strömungen im paulinisch geprägten Urchristentum auseinander, denen die Gegenwart als Zeit der Vollendung erschien („der Tag des Herrn ist schon da“; 2,2). Eine Verunsicherung war die Folge: Ist die Gegenwart als Zeit der Vollendung oder der Bewährung zu verstehen? Es traten Vernachlässigungen des Alltagslebens auf: Einige in der Gemeinde wollten nicht mehr arbeiten und keine soziale Verantwortung mehr übernehmen (3,6–12).

Der Verfasser des 2. Thessalonicherbriefs will diese Einstellung unter Rückgriff auf den ersten Brief korrigieren, in dem die Vollendung als noch bevorstehend beschrieben und zur Wachsamkeit aufgerufen wird (1 Thess 4,15–17; 5,1–8). Auch die apokalyptische Sprache des 1. Briefs kehrt im 2. Thessalonicherbrief wieder (2,3–12). Dieser will Aufmerksamkeit dafür wecken, wo aktuell die „Gesetzlosigkeit“ herrscht, und die Hoffnung bestärken, dass alle, die jetzt mit Christus leben, nach dieser Zeit der Bedrängnis in die „Königsherrschaft Gottes“ gelangen (1,5–10).

Der Brief zeigt, wie schon innerhalb der neutestamentlichen Schriften Glaubensvorstellungen korrigiert werden. Ähnlich wie in 2 Petr wird zum Festhalten an der endzeitlichen Erwartung Christi gemahnt, doch vor einer schwärmerischen Vorwegnahme der Ankunft Christi gewarnt. Der Brief ruft zur Bewährung in der Nachfolge Christi im Alltag und zu einem besonnenen Wandel in der Welt auf.

ANSCHRIFT UND GRUSS: 1,1–2

1 1 Paulus, Silvanus und Timotheus an die
Kirche der Thessalonicher, die in Gott,
unserem Vater, und in Jesus Christus, dem
Herrn, ist: 2 Gnade sei mit euch und Friede von
Gott, dem Vater, und dem Herrn Jesus Christus!

1: 1 Thess 1,1 / **2:** Röm 1,7

DANKSAGUNG UND FÜRBITTE: 1,3–12

3 Wir müssen Gott euretwegen immer dan-
ken, Brüder und Schwestern, wie es recht ist,
denn euer Glaube wächst kräftig und die ge-
genseitige Liebe nimmt bei einem jeden von
euch allen zu. 4 So können wir in den Ge-
meinden Gottes mit Stolz auf euch hinwei-
sen, weil ihr Standhaftigkeit und Glauben
zeigt in allen euren Verfolgungen und Be-
drängnissen, die ihr aushaltet.
5 Dies ist ein Anzeichen des gerechten Ge-
richtes Gottes; ihr sollt ja des Reiches Gottes
teilhaftig werden, für das ihr leidet. 6 Denn
es ist gerecht von Gott, denen mit Bedrängnis
zu vergelten, die euch bedrängen, 7 euch aber,
den Bedrängten, zusammen mit uns Ruhe zu
schenken, wenn Jesus, der Herr, sich vom
Himmel her offenbart mit seinen mächtigen
Engeln 8 in loderndem Feuer. Dann übt er
Vergeltung an denen, die Gott nicht kennen
und dem Evangelium Jesu, unseres Herrn,
nicht gehorchen. 9 Sie werden mit ewigem
Verderben bestraft. Sie sind fern vom Ange-
sicht des Herrn und seiner Macht und Herr-
lichkeit, 10 wenn er an jenem Tag kommt, um
inmitten seiner Heiligen verherrlicht und
inmitten der Glaubenden bewundert zu wer-
den; auch bei euch hat ja unser Zeugnis Glau-
ben gefunden.
11 Darum beten wir auch immer für euch,
dass unser Gott euch eurer Berufung würdig
mache und in seiner Macht allen Willen zum
Guten und das Werk des Glaubens vollende.
12 So soll der Name Jesu, unseres Herrn, in
euch verherrlicht werden und ihr in ihm,
durch die Gnade unseres Gottes und Jesu
Christi, des Herrn.

3: 1 Thess 1,2f. / **4**: 1 Thess 1,6; Mk 4,17 / **5**: Phil 1,28 / **5–10**: Röm 2,6–11 / **7**: 1 Thess 1,10; 3,13; 4,16 / **8**: Ex 3,2; Jes 66,15; Jer 10,25; Ps 79,6; 1 Thess 4,5 / **9**: Jes 2,10.19.21 / **10**: Ps 68,35; 89,7 / **11**: 1 Thess 1,2f. / **12**: Jes 24,15; Mal 1,11

DIE WIEDERKUNFT CHRISTI UND IHR VERHÄLTNIS ZUR GEGENWART: 2,1–12

2 1 Brüder und Schwestern, wir bitten
euch hinsichtlich der Ankunft Jesu
Christi, unseres Herrn, und unserer Verei-
nigung mit ihm: 2 Lasst euch nicht so schnell
aus der Fassung bringen und in Schrecken
jagen, wenn in einem prophetischen Wort
oder einer Rede oder in einem Brief, wie wir
ihn geschrieben haben sollen, behauptet
wird, der Tag des Herrn sei schon da! 3 Lasst
euch durch niemanden und auf keine Weise
täuschen! Denn zuerst muss der Abfall von
Gott kommen und der Mensch der Gesetz-
widrigkeit offenbar werden, der Sohn des
Verderbens, 4 der Widersacher, der sich über
alles, was Gott oder Heiligtum heißt, so sehr
erhebt, dass er sich sogar in den Tempel Got-
tes setzt und sich als Gott ausgibt. 5 Erinnert
ihr euch nicht, dass ich euch dies schon ge-
sagt habe, als ich bei euch war? 6 Ihr wisst
jetzt auch, was ihn zurückhält, damit er erst
zu seiner Zeit offenbar wird. 7 Denn das Ge-
heimnis der Gesetzwidrigkeit ist schon am
Werk; nur muss erst der beseitigt werden,
der es jetzt noch zurückhält. 8 Dann wird der
gesetzwidrige Mensch offenbar werden. Je-
sus, der Herr, wird ihn durch den Hauch
seines Mundes töten und durch das Erschei-
nen seiner Ankunft vernichten. 9 Der Ge-
setzwidrige aber wird bei seiner Ankunft die
Kraft des Satans haben. Er wird mit großer
Macht auftreten und trügerische Zeichen
und Wunder tun. 10 Er wird jene, die verloren
gehen, mit allen Mitteln der Ungerechtigkeit
täuschen; denn sie haben sich der Liebe zur
Wahrheit verschlossen, durch die sie geret-
tet werden sollten. 11 Darum lässt Gott sie
der Macht des Irrtums verfallen, sodass sie
der Lüge glauben; 12 denn alle müssen gerich-
tet werden, die der Wahrheit nicht geglaubt,
sondern an der Ungerechtigkeit Gefallen
hatten.

1–12: 1 Thess 4,14–17 / **2**: 2,15; 3,17 / **3–4**: Offb 13,1–18; 17,8–14 / **4**: Dan 11,36; Ez 28,2 / **8**: Jes 11,4; Ijob 4,9; Offb 19,15 / **9**: Mt 24,24; Offb 13,13f. / **11**: Röm 1,28; 2 Tim 4,4

FESTHALTEN AM GLAUBEN DES APOSTELS: 2,13–3,13

ERWÄHLUNG UND BERUFUNG: 2,13–14
13 Wir müssen Gott zu jeder Zeit euretwegen
danken, vom Herrn geliebte Brüder und
Schwestern, weil Gott euch als Erstlingsgabe
dazu auserwählt hat, aufgrund der Heiligung
durch den Geist und aufgrund eures Glau-
bens an die Wahrheit gerettet zu werden.
14 Dazu hat er euch durch unser Evangelium
berufen; ihr sollt nämlich die Herrlichkeit
Jesu Christi, unseres Herrn, erlangen.
13: 1 Thess 1,2; 2,13; Dtn 33,12 / **14**: 1 Thess 4,7; 5,9

AUFFORDERUNG ZUM FESTHALTEN AN DER
ÜBERLIEFERUNG: 2,15–17
15 Seid also standhaft, Brüder und Schwes-
tern, und haltet an den Überlieferungen fest,
in denen wir euch unterwiesen haben, sei es
mündlich, sei es durch einen Brief! 16 Jesus
Christus selbst aber, unser Herr, und Gott,
unser Vater, der uns liebt und uns in seiner
Gnade ewigen Trost und sichere Hoffnung
schenkt, 17 ermutige eure Herzen und gebe
euch Kraft zu jedem guten Werk und Wort.
15: 3,6; 1 Thess 3,8; 1 Kor 11,2 / **16–17**: 1 Thess 3,11–13

ABLEHNUNG DURCH MENSCHEN UND
GOTTES TREUE: 3,1–5
3 1 Im Übrigen, Brüder und Schwestern,
betet für uns, damit das Wort des Herrn
sich ausbreitet und verherrlicht wird, ebenso
wie bei euch! 2 Betet auch darum, dass wir vor
den bösen und schlechten Menschen gerettet
werden; denn nicht alle nehmen den Glauben
an. 3 Aber der Herr ist treu; er wird euch Kraft
geben und euch vor dem Bösen bewahren.
4 Wir vertrauen im Herrn auf euch, dass ihr
jetzt und auch in Zukunft tut, was wir anord-
nen. 5 Der Herr richte eure Herzen auf die
Liebe Gottes aus und auf die Geduld Christi.
1: 1 Thess 4,1; 5,25; Kol 4,3 / **3**: 1 Kor 10,13; 1 Thess 5,24

DAS VERHALTEN IM ALLTAG: 3,6–13
6 Im Namen Jesu Christi, des Herrn, gebieten
wir euch, Brüder und Schwestern: Haltet euch
von jenen fern, die ein unordentliches Leben
führen und sich nicht an die Überlieferung
halten, die sie von uns empfangen haben! 7 Ihr
selbst wisst, wie man uns nachahmen soll.
Wir haben bei euch kein unordentliches Le-
ben geführt 8 und bei niemandem unser Brot
umsonst gegessen; wir haben uns gemüht und
geplagt, Tag und Nacht haben wir gearbeitet,
um keinem von euch zur Last zu fallen. 9 Nicht
als hätten wir keinen Anspruch auf Unterhalt;
wir wollten euch aber ein Beispiel geben, da-
mit ihr uns nachahmen könnt. 10 Denn als wir
bei euch waren, haben wir euch geboten: Wer
nicht arbeiten will, soll auch nicht essen.
11 Wir hören aber, dass einige von euch ein
unordentliches Leben führen und alles Mög-
liche treiben, nur nicht arbeiten. 12 Diesen ge-
bieten wir und wir ermahnen sie in Jesus
Christus, dem Herrn, in Ruhe ihrer Arbeit
nachzugehen und ihr eigenes Brot zu essen.
13 Ihr aber, Brüder und Schwestern, werdet
nicht müde, Gutes zu tun!
6: 1 Thess 5,14 / **7**: 1 Kor 11,1; 1 Thess 1,6 / **8**: 1 Kor 4,12; 1 Thess 2,9 / **9**: Mt 10,10; 1 Kor 9,6.14; Phil 3,17; 1 Thess 1,7 / **12**: 1 Thess 4,11

GRUSS UND SEGENSWUNSCH: 3,14–18

14 Wenn jemand auf unsere Mahnung in die-
sem Brief nicht hört, dann merkt ihn euch
und meidet den Umgang mit ihm, damit er
sich schämt; 15 doch seht ihn nicht als Feind
an, sondern weist ihn als euren Bruder zu-
recht!
16 Der Herr des Friedens aber schenke euch
den Frieden zu jeder Zeit und auf jede Weise.
Der Herr sei mit euch allen.
17 Den Gruß schreibe ich, Paulus, eigen-
händig. Das ist mein Zeichen in jedem Brief;
so schreibe ich.
18 Die Gnade Jesu Christi, unseres Herrn,
sei mit euch allen!
14: 1 Kor 5,9.11 / **15**: Mt 18,15–17 / **16**: Röm 15,33; 1 Thess 5,23 / **17**: 1 Kor 16,21 / **18**: 1 Thess 5,28; Röm 16,24

DIE PASTORALBRIEFE

Der 1. und 2. Timotheusbrief und der Titusbrief werden als „Pastoralbriefe" bezeichnet, weil sie nicht an Gemeinden, sondern an namentlich genannte Vorsteher (Hirten) einer Gemeinde gerichtet sind, denen sie eine konkrete Anleitung für ihre Aufgabe geben.

Die in vielerlei Hinsicht bestehenden Unterschiede zwischen den Pastoralbriefen und den anerkannt echten Paulusbriefen deuten darauf hin, dass sie nicht den Apostel Paulus selbst zum Verfasser haben, sondern am Übergang vom 1. zum 2. Jahrhundert, also in der dritten christlichen Generation, entstanden sind. Die Ortsbezeichnungen, insbesondere die Erwähnung von Ephesus (1 Tim 1,3; 2 Tim 1,18; 4,12), verweisen auf Kleinasien als Entstehungsraum.

Stil und Sprache zeigen ein eigenes, von Paulus abweichendes Profil. Alle drei Briefe setzen sich mit „Falschlehrern" auseinander. Im Unterschied zu Paulus steht im Zentrum nicht mehr, dass der Mensch durch den Glauben an Jesus Christus gerecht wird (Gal 2,16). Die Botschaft der Briefe zielt auf die Verteidigung der „gesunden Lehre", ohne dass diese inhaltlich ausführlich konkretisiert würde (vgl. 1 Tim 1,10; 2 Tim 4,3; Tit 2,1). Sie grenzt sich von einer „sogenannten Erkenntnis" (Gnosis; vgl. 1 Tim 6,20) ab, welche die Auslegung des Evangeliums bestimmt. Der Ausblick auf die Wiederkunft Christi rückt in den Hintergrund; dafür wird die Verantwortung der Christen für die Welt stärker betont. Das Wesen der christlichen Gemeinde wird nicht mehr wie bei Paulus mit dem Motiv von dem einen Leib und den vielen Gliedern veranschaulicht (vgl. Röm 12,3–8; 1 Kor 12,12–31a), sondern mit dem Bild vom Haus (vgl. 1 Tim 3,5.15), in welchem der „Hausverwalter", vorzugsweise der Bischof und die Ältesten (vgl. 1 Tim 3,1–7; Tit 1,6–9), über das Leben und den Glauben der Gemeinde bestimmen soll.

Ein zentrales Anliegen der Pastoralbriefe ist das Bekenntnis zum universalen Heilswillen Gottes, „unseres Retters" (vgl. Tit 1,3), der „durch das Erscheinen unseres Retters Christus Jesus" (2 Tim 1,10) offenbart wurde. In der Überzeugung, dass Gott das Heil aller Menschen will (vgl. 1 Tim 2,1–6; 2 Tim 1,9f.; Tit 2,11), zeigt sich die grundlegende Übereinstimmung dieser neutestamentlichen Spätschriften sowohl mit der Christusverkündigung der Evangelien (vgl. Mk 10,45) als auch mit dem Evangelium des Paulus (vgl. Röm 8,31f.).

DER 1. BRIEF AN TIMOTHEUS

Der Adressat dieses Briefs, Timotheus, wird in der Apostelgeschichte als Sohn eines Griechen und einer judenchristlichen Frau vorgestellt (Apg 16,1–3). Von Paulus als „mein geliebtes und treues Kind im Herrn" bezeichnet (1 Kor 4,17), hatte er in dessen Auftrag verschiedene Aufgaben bei der Betreuung der Gemeinden (Thessalonich, Korinth) übernommen. In einigen Briefen des Apostels ist er als Mitabsender genannt (2 Kor 1,1; Phil 1,1; 1 Thess 1,1).

Mit der Wahl dieses engen Paulus-Mitarbeiters als Empfänger werden stellvertretend die Verantwortlichen in den Gemeinden der Zeit der Pastoralbriefe angesprochen. In der Unterscheidung von Episkopos (1 Tim 3,1), Diakon (3,8) und Presbyter (4,14) deutet sich der Gedanke der Bevollmächtigung durch apostolische Nachfolge an.

Nach dem konventionellen Briefeingang mit den Angaben von Absender und Adressat sowie dem Segenswunsch (1,1–2) wird im 1. Kapitel (1,3–20) an den Auftrag erinnert, den Paulus vor seiner Abreise aus Ephesus dem Timotheus übertragen hat, nämlich gegen Falschlehrer in der Gemeinde vorzugehen. Eingeschoben ist (1,12–17) der Dank des Apostels für das ihm von Gott geschenkte Erbarmen, welches zugleich allen Menschen gilt. In den beiden folgenden Kapiteln (2,1–3,16) steht die Ordnung der Gemeinde im Zentrum; den Höhepunkt bildet ein hymnischer Text zur Kirche als „Fundament der Wahrheit“ (3,14–16). Nach erneuten Belehrungen über den Umgang mit falschen asketischen Forderungen (4,1–11) werden sodann (4,12–6,2) Verhaltensmaßregeln für verschiedene Gruppen in der Gemeinde formuliert, wobei die Belehrungen über den Stand und die Aufgaben der Witwen am umfangreichsten sind (5,3–16). Die abschließenden Ermahnungen (6,3–21) gelten wieder dem Auftrag an Timotheus, für die Bewahrung des rechten Glaubens Sorge zu tragen.

Der 1. Timotheusbrief stellt die Aufgaben der für das Leben und den Glauben der Gemeinde verantwortlichen Vorsteher, insbesondere des Episkopos, und die damit verknüpften Verpflichtungen für deren persönlichen Lebenswandel in den Mittelpunkt. Auch die Anweisungen für die Ordnung der Gemeinde, die hier nicht der Adressat ist wie in den Briefen des Apostels, werden der Verantwortung des Gemeindeleiters zugeordnet.

ANSCHRIFT UND GRUSS: 1,1–2

1 1 Paulus, Apostel Christi Jesu gemäß
dem Auftrag Gottes, unseres Retters,
und Christi Jesu, unserer Hoffnung, 2 an
Timotheus, sein rechtmäßiges Kind im
Glauben. Gnade, Erbarmen und Friede von
Gott, dem Vater, und Christus Jesus, unse-
rem Herrn.

1: 2,3; 4,10; Tit 1,3; 2,10; 3,4

DER AUFTRAG AN TIMOTHEUS: 1,3–20

KAMPF GEGEN FALSCHLEHRER: 1,3–7

3 Bei meiner Abreise nach Mazedonien habe
ich dich ermahnt, in Ephesus zu bleiben, da-
mit du bestimmten Leuten verbietest, falsche
Lehren zu verbreiten 4 und sich mit Fabeleien
und endlosen Geschlechterreihen abzuge-
ben, die nur Streitfragen mit sich bringen,
statt dem Heilsplan Gottes zu dienen, der
sich im Glauben verwirklicht. 5 Das Ziel der
Unterweisung ist Liebe aus reinem Herzen,
gutem Gewissen und ungeheucheltem Glau-
ben. 6 Davon sind aber manche abgekommen
und haben sich leerem Geschwätz zuge-
wandt. 7 Sie wollen Gesetzeslehrer sein, ver-
stehen aber nichts von dem, was sie sagen
und worüber sie so sicher urteilen.

3: Apg 20,1 / **4**: 4,7; Tit 1,14 / **5**: Gal 5,14

DAS GESETZ IM LICHT DES EVANGELIUMS: 1,8–11

8 Wir wissen aber: Das Gesetz ist gut, wenn
es jemand im Sinn des Gesetzes anwendet
9 und bedenkt, dass das Gesetz nicht für den
Gerechten bestimmt ist, sondern für Gesetz-
lose und Ungehorsame, für Gottlose und
Sünder, für Menschen ohne Glauben und
Ehrfurcht, für solche, die Vater oder Mutter
töten, für Mörder, 10 Unzüchtige, Knaben-
schänder, Menschenhändler, für Leute, die
lügen und Meineide schwören und all das
tun, was gegen die gesunde Lehre verstößt,
11 gemäß dem Evangelium von der Herrlich-
keit des seligen Gottes, das mir anvertraut ist.

8: Röm 7,12.16 / **10**: 4,6; 6,3

DANK DES PAULUS FÜR DIE IHM GESCHENKTE GNADE: 1,12–17

12 Ich danke dem, der mir Kraft gegeben hat:
Christus Jesus, unserem Herrn. Er hat mich
für treu gehalten und in seinen Dienst ge-
nommen, 13 obwohl ich früher ein Lästerer,
Verfolger und Frevler war. Aber ich habe Er-
barmen gefunden, denn ich wusste in mei-
nem Unglauben nicht, was ich tat. 14 Doch
über alle Maßen groß war die Gnade unseres
Herrn, die mir in Christus Jesus den Glauben

und die Liebe schenkte. 15 Das Wort ist glaub-
würdig und wert, dass man es beherzigt:
Christus Jesus ist in die Welt gekommen, um
die Sünder zu retten. Von ihnen bin ich der
Erste. 16 Aber ich habe gerade darum Erbar-
men gefunden, damit Christus Jesus an mir
als Erstem seine ganze Langmut erweisen
konnte, zum Vorbild für alle, die in Zukunft
an ihn glauben, um das ewige Leben zu erlan-
gen. 17 Dem König der Ewigkeit, dem unver-
gänglichen, unsichtbaren, einzigen Gott, sei
Ehre und Herrlichkeit in alle Ewigkeit.
Amen.

13–14: 1 Kor 15,9f.; Gal 1,13–16 / **15**: Lk 19,10 / **16**: 1 Kor 15,10; Eph 3,7–9. Kol 1,24f. / **17**: Röm 16,27; Offb 4,11; 7,12

MAHNUNG AN DEN APOSTELSCHÜLER: 1,18–20

18 Diese Ermahnung lege ich dir ans Herz,
mein Kind Timotheus, gemäß den propheti-
schen Worten, die über dich gesprochen
wurden; durch diese Worte gestärkt, kämp-
fe den guten Kampf, 19 gläubig und mit rei-
nem Gewissen, das manche missachtet und
so im Glauben Schiffbruch erlitten haben!
20 Zu ihnen gehören Hymenäus und Alexan-
der, die ich dem Satan übergeben habe, damit
sie in Zucht genommen werden und nicht
mehr lästern.

18: 4,14 / **20**: 2 Tim 2,17; 4,14; 1 Kor 5,5

DIE ORDNUNG DER GEMEINDE: 2,1–3,16

DER EINE MITTLER UND DAS HEIL ALLER MENSCHEN: 2,1–7

2 1 Vor allem fordere ich zu Bitten und Ge-
beten, zu Fürbitte und Danksagung auf,
und zwar für alle Menschen, 2 für die Herr-
scher und für alle, die Macht ausüben, damit
wir in aller Frömmigkeit und Rechtschaffen-
heit ungestört und ruhig leben können. 3 Das
ist recht und wohlgefällig vor Gott, unserem
Retter; 4 er will, dass alle Menschen gerettet
werden und zur Erkenntnis der Wahrheit
gelangen.
5 Denn:
Einer ist Gott, / Einer auch Mittler zwi-
schen Gott und den Menschen: / der Mensch
Christus Jesus,
6 der sich als Lösegeld hingegeben hat für
alle, / ein Zeugnis zur vorherbestimmten Zeit,
7 als dessen Verkünder und Apostel ich ein-
gesetzt wurde – ich sage die Wahrheit und
lüge nicht –, als Lehrer der Völker im Glauben
und in der Wahrheit.

3: 1,1; 4,10; Tit 1,3; 2,10; 3,4 / **6**: Mt 20,28; Mk 10,45; Gal 1,4; Tit 2,14 / **7**: Gal 2,7; Eph 3,1; Kol 1,25–29

RECHTES VERHALTEN VON MÄNNERN UND FRAUEN: 2,8–15

8 Ich will, dass die Männer überall beim Gebet
ihre Hände in Reinheit erheben, frei von
Zorn und Streit. 9 Auch sollen die Frauen sich
anständig, bescheiden und zurückhaltend
kleiden; nicht Haartracht, Gold, Perlen oder
kostbare Kleider seien ihr Schmuck, 10 son-
dern gute Werke; so gehört es sich für Frauen,
die gottesfürchtig sein wollen. 11 Eine Frau
soll sich still und in voller Unterordnung be-
lehren lassen. 12 Dass eine Frau lehrt, erlaube
ich nicht, auch nicht, dass sie über ihren
Mann herrscht; sie soll sich still verhalten.
13 Denn zuerst wurde Adam erschaffen, da-
nach Eva. 14 Und nicht Adam wurde verführt,
sondern die Frau ließ sich verführen und
übertrat das Gebot. 15 Sie wird aber dadurch
gerettet werden, dass sie Kinder zur Welt
bringt, wenn diese in Glaube, Liebe und Hei-
ligkeit ein besonnenes Leben führen.

9: 1 Petr 3,1–4 / **11**: 1 Kor 14,33–35 / **13**: Gen 2,7.22 / **14**: Gen 3,13

DER GEMEINDELEITER: 3,1–7

3 1 Das Wort ist glaubwürdig: Wer das
Amt eines Bischofs anstrebt, der strebt
nach einer großen Aufgabe. 2 Deshalb soll der
Bischof untadelig, Mann einer einzigen Frau,
nüchtern, besonnen sein, von würdiger Hal-

2,5 Zitat einer urchristlichen Glaubensformel.

3,1 Die Dienste eines Bischofs (Episkopos, wörtlich: Vorsteher oder Aufseher) sind zur Zeit der Abfassung der Pastoralbriefe noch nicht eindeutig auf bestimmte Funktionen festgelegt. Die Grenzen zu den Aufgaben der Presbyter (5,17; Tit 1,6–9) sind noch fließend.

tung, gastfreundlich, fähig zu lehren; 3 er sei
kein Trinker und kein gewalttätiger Mensch,
sondern rücksichtsvoll; er sei nicht streit-
süchtig und nicht geldgierig. 4 Er muss sei-
nem eigenen Haus gut vorstehen, seine Kinder
in Gehorsam und allem Anstand erziehen.
5 Wenn einer seinem eigenen Haus nicht
vorstehen kann, wie soll der für die Kirche
Gottes sorgen? 6 Er darf kein Neubekehrter
sein, damit er nicht hochmütig wird und dem
Gericht des Teufels verfällt. 7 Er muss aber
auch bei den Außenstehenden einen guten
Ruf haben, damit er nicht in üble Nachrede
kommt und in die Falle des Teufels gerät.

1–7: Tit 1,6–9

DIE DIAKONE: 3,8–13

8 Ebenso müssen Diakone sein: achtbar, nicht
doppelzüngig, nicht dem Wein ergeben und
nicht gewinnsüchtig; 9 sie sollen mit reinem
Gewissen am Geheimnis des Glaubens fest-
halten. 10 Auch sie soll man vorher prüfen,
und nur wenn sie unbescholten sind, sollen
sie ihren Dienst ausüben. 11 Ebenso müssen
Frauen ehrbar sein, nicht verleumderisch,
sondern nüchtern und in allem zuverlässig.
12 Diakone sollen Männer einer einzigen Frau
sein und ihren Kindern und ihrem eigenen
Haus gut vorstehen. 13 Denn wer seinen
Dienst gut versieht, erlangt einen hohen
Rang und große Zuversicht im Glauben an
Christus Jesus.

DIE KIRCHE, SÄULE UND FUNDAMENT DER WAHRHEIT: 3,14–16

14 Ich schreibe dir das in der Hoffnung, schon
bald zu dir zu kommen. 15 Falls ich aber länger
ausbleibe, sollst du wissen, wie man sich im
Haus Gottes verhalten muss, welches die
Kirche des lebendigen Gottes ist, Säule und
Fundament der Wahrheit. 16 Wahrhaftig,
groß ist das Geheimnis unserer Frömmig-
keit:

Er wurde offenbart im Fleisch, / gerechtfertigt durch den Geist,
geschaut von den Engeln, / verkündet unter den Völkern,
geglaubt in der Welt, / aufgenommen in die Herrlichkeit.

3,16 Zitat eines urchristlichen Hymnus.

DIE AUSEINANDERSETZUNG MIT DEN FALSCHEN LEHREN: 4,1–11

ZURÜCKWEISUNG FALSCHER ASKETISCHER FORDERUNGEN: 4,1–5

4 1 Der Geist aber sagt ausdrücklich: In
späteren Zeiten werden manche vom
Glauben abfallen; sie werden sich betrü-
gerischen Geistern und den Lehren von
Dämonen zuwenden, 2 getäuscht von heuch-
lerischen Lügnern, deren Gewissen gebrand-
markt ist. 3 Sie verbieten die Heirat und for-
dern den Verzicht auf bestimmte Speisen, die
Gott doch dazu geschaffen hat, dass die, die
zum Glauben und zur Erkenntnis der Wahr-
heit gelangt sind, sie mit Danksagung zu sich
nehmen. 4 Denn alles, was Gott geschaffen
hat, ist gut und nichts ist verwerflich, wenn
es mit Dank genossen wird; 5 es wird gehei-
ligt durch Gottes Wort und durch das Gebet.

1: 2 Tim 3,1; 2 Petr 3,3; 1 Joh 2,18 / **3**: 1 Kor 7,1; Kol 2,20f. / **4**: Gen 1,31

DER NUTZEN DER FRÖMMIGKEIT: 4,6–11

6 Dies trage den Brüdern vor, dann wirst du
ein guter Diener Christi Jesu sein, erzogen in
den Worten des Glaubens und der guten Leh-
re, der du gefolgt bist. 7 Gottlose Altweiberfa-
beln weise zurück! Übe dich in der Frömmig-
keit! 8 Denn körperliche Übung nützt nur
wenig, die Frömmigkeit aber ist nützlich zu
allem: Ihr ist das gegenwärtige und das zu-
künftige Leben verheißen. 9 Dieses Wort ist
glaubwürdig und wert, dass man es beher-
zigt. 10 Dafür arbeiten und kämpfen wir, denn
wir haben unsere Hoffnung auf den lebendi-
gen Gott gesetzt, den Retter aller Menschen,
besonders der Gläubigen. 11 Das sollst du an-
ordnen und lehren.

6: 1,10; 6,3; 2 Tim 4,3; Tit 1,9 / **7**: 1,4; Tit 1,14 / **10**: 1,1; 2,3; Tit 1,3; 2,10; 3,4

ANWEISUNGEN FÜR DAS GEMEINDELEBEN UND FÜR DIE KIRCHENORDNUNG: 4,12–6,2

MAHNUNGEN ZU VORBILDLICHEM LEBEN: 4,12–16

12 Niemand soll dich wegen deiner Jugend
gering schätzen. Sei vielmehr den Gläubigen
ein Vorbild in deinen Worten, in deinem Le-
benswandel, in der Liebe, im Glauben, in der
Lauterkeit! 13 Lies ihnen eifrig aus der Schrift
vor, ermahne und belehre sie, bis ich komme!
14 Vernachlässige die Gnade nicht, die in dir
ist und die dir verliehen wurde, als dir die
Ältesten aufgrund prophetischer Worte ge-
meinsam die Hände auflegten! 15 Dafür sollst
du sorgen, darin sollst du leben, damit allen
deine Fortschritte offenbar werden. 16 Achte
auf dich selbst und auf die Lehre; halte daran
fest! Wenn du das tust, rettest du dich und
alle, die auf dich hören.

14: 2 Tim 1,6; Apg 14,23

RECHTER UMGANG MIT MENSCHEN VERSCHIEDENEN ALTERS: 5,1–2

5 1 Einen älteren Mann sollst du nicht grob
behandeln, sondern ihm zureden wie
einem Vater. Mit jüngeren Männern rede wie
mit Brüdern, 2 mit älteren Frauen wie mit
Müttern, mit jüngeren wie mit Schwestern,
in aller Zurückhaltung!

1: Tit 2,2 / **2**: Tit 2,3–5

DER STAND DER WITWEN: 5,3–16

3 Ehre die Witwen, wenn sie wirklich Wit-
wen sind! 4 Hat eine Witwe aber Kinder oder
Enkel, dann sollen diese lernen, zuerst denen
im eigenen Haus Ehrfurcht zu erweisen und
dankbar für die älteren Generationen zu sor-
gen; denn das ist wohlgefällig vor Gott. 5 Eine
Frau aber, die wirklich eine Witwe ist und
allein steht, setzt ihre Hoffnung auf Gott und
betet beharrlich und inständig bei Tag und
Nacht. 6 Wenn eine jedoch ein ausschweifen-
des Leben führt, ist sie schon bei Lebzeiten
tot. 7 Das sollst du ihnen einprägen; dann
wird man ihnen nichts vorwerfen können.
8 Wenn aber jemand für seine Angehörigen,
besonders für die eigenen Hausgenossen,
nicht sorgt, der verleugnet damit den Glau-
ben und ist schlimmer als ein Ungläubiger.

9 Eine Frau soll nur dann in die Liste der Wit-
wen aufgenommen werden, wenn sie mindes-
tens sechzig Jahre alt ist, nur einmal verheira-
tet war, 10 wenn bekannt ist, dass sie Gutes
getan hat, wenn sie Kinder aufgezogen hat,
gastfreundlich gewesen ist und den Heiligen
die Füße gewaschen hat, wenn sie denen, die
in Not waren, geholfen hat und überhaupt be-
müht war, Gutes zu tun. 11 Jüngere Witwen
weise ab; denn wenn die Leidenschaft sie
Christus entfremdet, wollen sie heiraten
12 und ziehen sich den Vorwurf zu, ihrem ers-
ten Versprechen, das sie Christus gegeben
haben, untreu geworden zu sein. 13 Zugleich
lernen sie auch untätig zu sein, indem sie von
Haus zu Haus laufen, dabei aber nicht nur un-
tätig, sondern geschwätzig und neugierig sind
und reden, was sich nicht gehört. 14 Deshalb
will ich, dass jüngere Witwen heiraten, Kin-
der zur Welt bringen, den Haushalt versorgen
und dem Gegner keinen Anlass zu übler Nach-
rede geben. 15 Einige haben sich schon abge-
wandt und sind dem Satan gefolgt. 16 Wenn
eine gläubige Frau Witwen in ihrem Haus hat,
soll sie für sie sorgen. Die Gemeinde soll nicht
belastet werden, damit sie sich um die küm-
mern kann, die wirklich Witwen sind.

3: Apg 6,1; 1 Kor 7,8 / **5**: Lk 2,37; 18,7 / **10**: Hebr 13,2

REGELN FÜR PRESBYTER, DEN APOSTELSCHÜLER UND SKLAVEN: 5,17–6,2

17 Älteste, die das Amt des Vorstehers gut ver-
sehen, verdienen doppelte Anerkennung,
besonders solche, die sich mit ganzer Kraft
dem Wort und der Lehre widmen. 18 Denn die
Schrift sagt: *Du sollst dem Ochsen zum Dre-
schen keinen Maulkorb anlegen,* und: Wer
arbeitet, hat ein Recht auf seinen Lohn.

19 Nimm gegen einen Ältesten keine Klage
an, außer *wenn zwei oder drei Zeugen sie be-
kräftigen!* 20 Diejenigen, die sich verfehlen,
weise in Gegenwart aller zurecht, damit auch
die anderen sich fürchten! 21 Ich beschwöre
dich bei Gott, bei Christus Jesus und bei den
auserwählten Engeln: Befolge dies alles ohne
Vorurteil und vermeide jede Bevorzugung!
22 Lege keinem vorschnell die Hände auf und

5,4 Andere Übersetzungsmöglichkeit: Hat eine Witwe aber Kinder oder Enkel, dann sollen sie (die Witwen) erst lernen, im eigenen Haus Frömmigkeit zu üben und den Vorfahren Dank abzustatten; denn das ist wohlgefällig vor Gott.

mach dich nicht mitschuldig an fremden
Sünden; bewahre dich rein!
23 Trink nicht nur Wasser, sondern nimm
auch etwas Wein, mit Rücksicht auf deinen
Magen und deine häufigen Krankheiten!
24 Die Sünden mancher Leute liegen offen
zutage, sie laufen ihnen gleichsam voraus
zum Gericht; bei anderen kommen sie erst
hinterher. 25 Ebenso liegen die guten Werke
offen zutage, und wenn sie noch nicht offen-
kundig sind, können sie doch nicht verbor-
gen bleiben.

6 1 Alle, die das Joch der Sklaverei zu tra-
gen haben, sollen ihren Herren alle Ehre
erweisen, damit der Name Gottes und die
Lehre nicht in Verruf kommen. 2 Diejenigen
aber, die gläubige Herren haben, sollen diese
nicht gering achten, weil sie Brüder sind,
sondern sollen noch eifriger ihren Dienst
verrichten, weil sie Glaubende und Geliebte
sind, die sich bemühen, Gutes zu tun. So
sollst du lehren, dazu sollst du ermahnen.

5,17: 1 Petr 5,1–4 / **18**: Dtn 25,4; Mt 10,10; Lk 10,7; 1 Kor 9,12–14 / **19**: Dtn 19,15; Mt 18,16
6,1: Tit 2,9f.; 1 Petr 2,18

ABSCHLIESSENDE MAHNUNGEN: 6,3–19

WARNUNG VOR IRRLEHRERN UND VOR GELDGIER: 6,3–10

3 Wenn einer etwas anderes lehrt und sich
nicht an die gesunden Worte Jesu Christi,
unseres Herrn, hält und an die Lehre, die un-
serer Frömmigkeit entspricht, 4 der ist ver-
blendet; er versteht nichts, sondern ist krank
vor lauter Auseinandersetzungen und Wort-
gefechten. Diese führen zu Neid, Streit, Ver-
leumdungen, üblen Verdächtigungen 5 und
Gezänk unter den Menschen, deren Denken
verdorben ist; diese Leute sind von der Wahr-
heit abgekommen und meinen, die Fröm-
migkeit sei ein Mittel, um irdischen Gewinn
zu erzielen. 6 Die Frömmigkeit bringt in der
Tat reichen Gewinn, wenn man genügsam
ist. 7 Denn wir haben nichts in die Welt mit-
gebracht und wir können auch nichts aus ihr
mitnehmen. 8 Wenn wir Nahrung und Klei-
dung haben, soll uns das genügen. 9 Die aber
reich sein wollen, geraten in Versuchung und
Verstrickung und in viele sinnlose und
schädliche Begierden, welche die Menschen
ins Verderben und in den Untergang stürzen.
10 Denn die Wurzel aller Übel ist die Hab-
sucht. Nicht wenige, die ihr verfielen, sind
vom Glauben abgeirrt und haben sich viele
Qualen bereitet.

3: 1,10; 4,6; 2 Tim 1,13; 4,3; Tit 1,9; 2,1.10 / **7**: Ijob 1,21; Koh 5,14

MAHNUNGEN AN TIMOTHEUS: 6,11–16

11 Du aber, ein Mann Gottes, flieh vor alldem!
Strebe vielmehr nach Gerechtigkeit, Fröm-
migkeit, Glauben, Liebe, Standhaftigkeit und
Sanftmut! 12 Kämpfe den guten Kampf des
Glaubens, ergreife das ewige Leben, zu dem
du berufen worden bist und für das du vor
vielen Zeugen das gute Bekenntnis abgelegt
hast! 13 Ich gebiete dir bei Gott, von dem alles
Leben kommt, und bei Christus Jesus, der vor
Pontius Pilatus das gute Bekenntnis abgelegt
hat und als Zeuge dafür eingetreten ist: 14 Er-
fülle deinen Auftrag rein und ohne Tadel, bis
zum Erscheinen Jesu Christi, unseres Herrn,
15 das zur vorherbestimmten Zeit herbeifüh-
ren wird

der selige und einzige Herrscher,
der König der Könige und Herr der Herren,
16 der allein die Unsterblichkeit besitzt,
der in unzugänglichem Licht wohnt,
den kein Mensch gesehen hat
noch je zu sehen vermag: Ihm gebührt Ehre
und ewige Macht. Amen.

11: 2 Tim 2,22 / **12**: 2 Tim 4,7 / **16**: Ps 104,2; Ex 33,20

VOM RECHTEN GEBRAUCH DES REICHTUMS: 6,17–19

17 Ermahne die, die in dieser Welt reich sind,
nicht überheblich zu werden und ihre Hoff-
nung nicht auf den unsicheren Reichtum zu
setzen, sondern auf Gott, der uns alles reich-
lich gibt, was wir brauchen! 18 Sie sollen
wohltätig sein, reich werden an guten Wer-
ken, freigebig sein und, was sie haben, mit
anderen teilen. 19 So sammeln sie sich einen
Schatz als sichere Grundlage für die Zukunft,
um das wahre Leben zu erlangen.

19: Mt 6,20; 19,21; Lk 12,33

ABSCHLIESSENDE MAHNUNG UND GRUSS: 6,20–21

20 Timotheus, bewahre, was dir anvertraut
ist! Halte dich fern von dem gottlosen Geschwätz und den Widersprüchen der fälschlich sogenannten Erkenntnis! 21 Einige, die
sich darauf eingelassen haben, sind vom Weg des Glaubens abgekommen. Die Gnade sei mit euch!

DER 2. BRIEF AN TIMOTHEUS

Der 2. Brief an Timotheus, der ebenfalls Paulus als Absender nennt, setzt weiterhin die am Beginn des 1. Briefs (vgl. 1 Tim 1,3) angesprochene Situation in Ephesus voraus. Der Zusammenhang beider Briefe, den auch ihre Abfolge im Neuen Testament dokumentiert, entspricht der Konzeption des Autors.

Der zweite Timotheusbrief ist im Vergleich zum ersten und zum Titusbrief persönlicher gehalten und hat stellenweise den Charakter eines Testaments: Der Apostel befindet sich in Gefangenschaft (vgl. 1,8; 2,9f.) und rechnet mit seinem baldigen Tod (vgl. 4,6–8). Damit wird die Dringlichkeit der dem Timotheus aufgetragenen Weisungen verstärkt. Die Betonung der engen Beziehungen zwischen Absender und Adressat zeigt eine Nähe zur Gattung der in der Antike bekannten Freundschaftsbriefe.

Nach den einleitenden Versen mit der betonten Anrede des Timotheus als „geliebtes Kind" (1,1–2) dankt Paulus für dessen Glauben (1,3–5) und ermahnt ihn, in der Treue für das Evangelium standhaft zu bleiben (1,6–14). Bei der Beschreibung der Aufgaben des Timotheus (2,1–26) geht es zunächst um Bewährung des eigenen Glaubens auch im Leiden und die damit gegebene Verheißung (2,1–7.8–13), anschließend um das rechte Verhalten im Einsatz für die Wahrheit in der Auseinandersetzung mit Falschlehrern (2,14–26). Den Menschen, die sich „in den letzten Tagen" der Wahrheit widersetzen (3,1–9), wird der in Treue zu Paulus stehende Timotheus als Ideal eines Gemeindeleiters vorgestellt (3,10–17). Dessen Verkündigung muss an die Stelle des Paulus treten, der seinen baldigen Tod erwartet (4,1–7). Hier und in dem Auftrag an Timotheus, die Botschaft des Paulus anderen „zuverlässigen Menschen" zur Weiterverkündigung anzuvertrauen (2,2), tritt der im 1. Timotheusbrief angedeutete Gedanke der apostolischen Nachfolge noch klarer hervor.

ANSCHRIFT UND GRUSS: 1,1–2

1 1 Paulus, durch den Willen Gottes Apostel Christi Jesu, gemäß der Verheißung
des Lebens in Christus Jesus, 2 an Timotheus,
sein geliebtes Kind: Gnade, Erbarmen und Friede von Gott, dem Vater, und Christus Jesus, unserem Herrn.

DANK UND ERMUTIGUNG: 1,3–18

DANKSAGUNG AN GOTT: 1,3–5

3 Ich danke Gott, dem ich wie schon meine
Vorfahren mit reinem Gewissen diene. Un-
ablässig denke ich an dich in meinen Gebeten
bei Tag und bei Nacht. 4 Wenn ich mich an
deine Tränen erinnere, habe ich Sehnsucht,
dich zu sehen, um mich wieder von Herzen
freuen zu können; 5 denn ich denke an deinen
aufrichtigen Glauben, der schon in deiner
Großmutter Loïs und in deiner Mutter Euni-
ke lebendig war und der nun, wie ich weiß,
auch in dir lebt.

5: Apg 16,1f.

ERMUTIGUNG ZU FURCHTLOSEM ZEUGNIS: 1,6–14

6 Darum rufe ich dir ins Gedächtnis: Entfache
die Gnade Gottes wieder, die dir durch die
Auflegung meiner Hände zuteilgeworden
ist! 7 Denn Gott hat uns nicht einen Geist der
Verzagtheit gegeben, sondern den Geist der
Kraft, der Liebe und der Besonnenheit.
8 Schäme dich also nicht des Zeugnisses für
unseren Herrn und auch nicht meiner, seines
Gefangenen, sondern leide mit mir für das
Evangelium! Gott gibt dazu die Kraft: 9 Er hat
uns gerettet; mit einem heiligen Ruf hat er
uns gerufen, nicht aufgrund unserer Taten,
sondern aus eigenem Entschluss und aus
Gnade, die uns schon vor ewigen Zeiten in
Christus Jesus geschenkt wurde; 10 jetzt aber
wurde sie durch das Erscheinen unseres Ret-
ters Christus Jesus offenbart. Er hat den Tod
vernichtet und uns das Licht des unvergäng-
lichen Lebens gebracht durch das Evangeli-
um, 11 als dessen Verkünder, Apostel und
Lehrer ich eingesetzt bin. 12 Darum muss ich
auch dies alles erdulden; aber ich schäme
mich nicht, denn ich weiß, wem ich Glauben
geschenkt habe, und ich bin überzeugt, dass
er die Macht hat, das mir anvertraute Gut bis
zu jenem Tag zu bewahren. 13 Als Vorbild ge-
sunder Worte halte fest, was du von mir ge-
hört hast in Glaube und Liebe in Christus
Jesus! 14 Bewahre das dir anvertraute kostba-
re Gut durch die Kraft des Heiligen Geistes,
der in uns wohnt!

6: 1 Tim 4,14; Apg 14,23 / **8:** Röm 1,16 / **9:** Tit 3,5 / **10:** Tit 1,4; 2,13; 3,6; 2 Petr 1,1.11 / **13:** 4,3; 1 Tim 1,10; 4,6; 6,3; Tit 1,9; 2,1.10

GEGNER UND FREUNDE DES PAULUS: 1,15–18

15 Du weißt, dass sich alle in der Provinz Asi-
en von mir abgewendet haben; zu ihnen ge-
hören Phygelus und Hermogenes. 16 Dem
Haus des Onesiphorus schenke der Herr sein
Erbarmen, denn Onesiphorus hat mich oft
getröstet und hat sich meiner Ketten nicht
geschämt; 17 vielmehr hat er, als er nach Rom
kam, unermüdlich nach mir gesucht, bis er
mich fand. 18 Der Herr gebe ihm, dass er beim
Herrn Erbarmen findet an jenem Tag. Seine
treuen Dienste in Ephesus kennst du selbst
am besten.

15: 4,16 / **16:** 4,19

AUFTRAG AN TIMOTHEUS: 2,1–26

WEITERGABE DES GLAUBENS: 2,1–7

2 1 Du also, mein Kind, sei stark in der
Gnade, die dir in Christus Jesus ge-
schenkt ist! 2 Was du vor vielen Zeugen von
mir gehört hast, das vertraue zuverlässigen
Menschen an, die fähig sein werden, auch
andere zu lehren! 3 Leide mit mir als guter
Soldat Christi Jesu! 4 Keiner, der in den Krieg
zieht, lässt sich in Alltagsgeschäfte verwi-
ckeln, denn er will, dass sein Heerführer mit
ihm zufrieden ist. 5 Und wer an einem Wett-
kampf teilnimmt, erhält den Siegeskranz
nicht, wenn er nicht nach den Regeln kämpft.
6 Der Bauer, der die ganze Arbeit tut, soll als
Erster seinen Teil von der Ernte erhalten.
7 Überlege dir, was ich sage! Dann wird der
Herr dir in allem das rechte Verständnis ge-
ben.

6: 1 Kor 9,7.10

VERHEISSUNG FÜR TREUE IM GLAUBEN:
2,8–13
8 Denke an Jesus Christus, auferweckt von
den Toten, aus Davids Geschlecht, gemäß
meinem Evangelium, 9 um dessentwillen ich
leide bis hin zu den Fesseln wie ein Verbre-
cher; aber das Wort Gottes ist nicht gefesselt.
10 Deshalb erdulde ich alles um der Auser-
wählten willen, damit auch sie das Heil in
Christus Jesus erlangen mit ewiger Herrlich-
keit. 11 Das Wort ist glaubwürdig:

Wenn wir nämlich mit Christus gestorben
sind, / werden wir auch mit ihm leben;
12 wenn wir standhaft bleiben, / werden
wir auch mit ihm herrschen;
wenn wir ihn verleugnen, / wird auch er
uns verleugnen.
13 Wenn wir untreu sind, bleibt er doch
treu, / denn er kann sich selbst nicht verleug-
nen.

8: Röm 1,3; 1 Kor 15,4 / **10:** Kol 1,24 / **11:** Röm 6,8 / **12:** Mt 10,33 / **13:** Röm 3,3f.

RECHTES VERHALTEN IM EINSATZ FÜR DEN
GLAUBEN: 2,14–26
14 Rufe ihnen das ins Gedächtnis und be-
schwöre sie bei Gott, sich nicht um Worte zu
streiten; das ist unnütz und führt die Zuhörer
nur ins Verderben. 15 Bemühe dich darum,
dich vor Gott zu bewähren als ein Arbeiter,
der sich nicht zu schämen braucht, der das
Wort der Wahrheit geradeheraus verkündet!
16 Dem gottlosen Geschwätz aber geh aus
dem Weg; denn solche Menschen geraten
immer tiefer in die Gottlosigkeit 17 und ihre
Lehre wird um sich fressen wie ein Krebsge-
schwür. Zu ihnen gehören Hymenäus und
Philetus, 18 die von der Wahrheit abgeirrt
sind, indem sie sagen, die Auferstehung sei
schon geschehen. So zerstören sie bei man-
chen den Glauben. 19 Aber das feste Funda-
ment, das Gott gelegt hat, hat Bestand. Es
trägt als Siegel die Inschrift: *Der Herr kennt
die Seinen,* und: Jeder, *der den Namen des
Herrn nennt, meide das Unrecht.* 20 In einem
großen Haus gibt es nicht nur Gefäße aus
Gold und Silber, sondern auch solche aus
Holz und Ton – die einen für ehrenhaften, die
anderen für unehrenhaften Gebrauch. 21 Wer
sich nun von alldem rein hält, gleicht einem
Gefäß zu ehrenhaftem Gebrauch, geheiligt,
brauchbar für den Hausherrn, zu jedem gu-
ten Werk tauglich.

22 Fliehe vor den Begierden der Jugend;
strebe vielmehr unermüdlich nach Gerech-
tigkeit, Glauben, Liebe und Frieden, zusam-
men mit denen, die den Herrn aus reinem
Herzen anrufen! 23 Lass dich nicht auf törich-
te und unsinnige Auseinandersetzungen
ein; du weißt, dass sie nur Streitereien her-
vorbringen. 24 Ein Knecht des Herrn soll nicht
streiten, sondern zu allen freundlich sein, ein
geschickter und geduldiger Lehrer, 25 der auch
die mit Güte zurechtweist, die sich hartnä-
ckig widersetzen, damit Gott ihnen viel-
leicht Umkehr zur Erkenntnis der Wahrheit
schenkt 26 und sie wieder zur Besinnung
kommen und aus dem Netz des Teufels be-
freit werden, von dem sie gefangen gehalten
werden, seinem Willen unterworfen.

2,11–13 Der Verfasser greift hier auf Traditionsgut zurück.

16: 1 Tim 4,7; Tit 1,14 / **17:** 1 Tim 1,20 / **18:** 1 Kor 15,12 / **19:** Num 16,5; Jes 26,13 / **22:** 1 Tim 6,11

AUFGABEN FÜR GEMEINDELEITER: 3,1–4,8

DIE SITUATION DER MENSCHEN IN DER
ENDZEIT: 3,1–9
3 1 Das aber sollst du wissen: In den letzten
Tagen werden schwere Zeiten anbre-
chen. 2 Die Menschen werden selbstsüchtig
sein, habgierig, prahlerisch, überheblich,
Lästerer, ungehorsam gegen die Eltern, un-
dankbar, gottlos, 3 lieblos, unversöhnlich,
verleumderisch, unbeherrscht, rücksichts-
los, dem Guten abgeneigt, 4 heimtückisch,
verwegen, hochmütig, mehr dem Vergnügen
als Gott zugewandt. 5 Den Schein der Fröm-
migkeit wahren sie, verleugnen aber deren
Kraft. Wende dich von diesen Menschen ab!
6 Zu ihnen gehören nämlich auch die Leute,
die sich in die Häuser einschleichen und dort
gewisse Frauen auf ihre Seite ziehen, die von
Sünden beherrscht und von Begierden aller

1379

Art umgetrieben werden, 7 Fruen, die stän-
dig am Lernen sind und die dch nie zur Er-
kenntnis der Wahrheit ge…gen können.
8 Wie sich Jannes und Jambr… dem Mose
…en sich auch
widersetzt haben, so wider…chen, verdor-
diese Leute der Wahrheit…t im Glauben.
ben im Denken, nicht …lg haben, denn
…fenkundig wer-
9 Doch sie werden w…eschehen ist.
ihr Unverstand wi…2,4; Tit 1,1
den, wie es auch
1: 1 Tim 4,1 / 5: Ti…ILD: 3,10–4,8
…olgt in der Lehre, im
…Glauben, in der Lang-
DER APO…der Ausdauer, 11 in den
10 Du a…Leiden, denen ich in An-
Lebe…nd Lystra ausgesetzt war.
m…gen habe ich erduldet! Und
…Herr mich errettet. 12 Aber
…der Gemeinschaft mit Chris-
…rommes Leben führen wollen,
…olgt werden. 13 Böse Menschen
…hwindler dagegen werden immer
…ehr in das Böse hineingeraten; sie sind be-
trogene Betrüger. 14 Du aber bleibe bei dem,
was du gelernt und wovon du dich überzeugt
hast. Du weißt, von wem du es gelernt hast;
15 denn du kennst von Kindheit an die heili-
gen Schriften, die dich weise machen können
zum Heil durch den Glauben an Christus
Jesus. 16 Jede *Schrift ist*, als von Gott einge-
geben, auch nützlich zur *Belehrung*, zur Wi-
derlegung, zur Besserung, zur *Erziehung* in
der Gerechtigkeit, 17 damit der Mensch *Got-
tes* gerüstet ist, ausgerüstet zu jedem guten
Werk.

4 1 Ich beschwöre dich bei Gott und bei
Christus Jesus, dem kommenden Rich-
ter der Lebenden und der Toten, bei seinem
Erscheinen und bei seinem Reich: 2 Verkün-
de das Wort, tritt auf, ob gelegen oder unge-
legen, überführe, weise zurecht, ermahne, in
aller Geduld und Belehrung! 3 Denn es wird
eine Zeit kommen, in der man die gesunde
Lehre nicht erträgt, sondern sich nach eige-
nen Begierden Lehrer sucht, um sich die Oh-
ren zu kitzeln; 4 und man wird von der Wahr-
heit das Ohr abwenden, sich dagegen
Fabeleien zuwenden. 5 Du aber sei in allem
nüchtern, ertrage das Leiden, verrichte dein
Werk als Verkünder des Evangeliums, erfül-
le treu deinen Dienst! 6 Denn ich werde schon
geopfert und die Zeit meines Aufbruchs ist
nahe. 7 Ich habe den guten Kampf gekämpft,
den Lauf vollendet, die Treue bewahrt.
8 Schon jetzt liegt für mich der Kranz der Ge-
rechtigkeit bereit, den mir der Herr, der ge-
rechte Richter, an jenem Tag geben wird, aber
nicht nur mir, sondern allen, die sein Erschei-
nen ersehnen.

3,8 Die jüdische Überlieferung gibt den namenlosen ägyptischen Zauberern, die nach Ex 7,8–12 Mose und Aaron Widerstand geleistet haben, die Namen Jannes und Jambres.

3,11: Apg 13,50; 14,5.19; 2 Kor 11,22–33; Kol 1,24 / **16**: 2 Petr 1,20

4,1: 1 Tim 5,21; 6,14 / **3**: 1 Tim 1,10; 4,1.6; 6,3; Tit 1,9; 2,1.10 / **4**: 1 Tim 1,4 / **6**: Phil 2,17 / **7**: 1 Tim 6,12; Phil 3,14; 2 Petr 1,14

PERSÖNLICHE MITTEILUNGEN UND AUFTRÄGE: 4,9–18

9 Beeil dich, bald zu mir zu kommen! 10 Denn
Demas hat mich aus Liebe zu dieser Welt ver-
lassen und ist nach Thessalonich gegangen,
Crescens ging nach Galatien, Titus nach Dal-
matien. 11 Lukas ist als Einziger bei mir.
Nimm Markus und bring ihn mit; denn er ist
für mich nützlich zum Dienst. 12 Tychikus
habe ich nach Ephesus geschickt. 13 Wenn du
kommst, bring den Mantel mit, den ich in
Troas bei Karpus gelassen habe, auch die Bü-
cher, vor allem die Pergamente! 14 Alexander,
der Schmied, hat mir viel Böses getan; der
Herr wird ihm vergelten, wie es seine Taten
verdienen. 15 Nimm auch du dich vor ihm in
Acht, denn er hat sich unseren Worten heftig
widersetzt!

16 Bei meiner ersten Verteidigung ist nie-
mand für mich eingetreten; alle haben mich
im Stich gelassen. Möge es ihnen nicht ange-
rechnet werden. 17 Aber der Herr stand mir
zur Seite und gab mir Kraft, damit durch
mich die Verkündigung vollendet wird und

alle Völker sie hören; und so wurde ich dem
Rachen des Löwen entrissen. 18 Der Herr wird
mich allem bösen Treiben entreißen und ret-
ten in sein himmlisches Reich. Ihm sei die
Ehre in alle Ewigkeit. Amen.

12: Eph 6,21 / 14: 1 Tim 1,20; Ps 28,4; 62,13 / 17: Ps 22,22; Dan 6,21.28

GRÜSSE UND SEGENSWUNSCH:

19 Grüße Prisca und Aquila und das Haus des
Onesiphorus! 20 Erastus blieb in Korinth,
Trophimus musste ich krank in Milet zu-
rücklassen. 21 Beeil dich, noch vor dem Win-
ter zu kommen! Es grü…
Pudens, Linus, Claudia un…
22 Der Herr sei mit deinem
de sei mit euch!

DER BRIEF AN TITUS

Den Abschluss der Pastoralbriefe bildet der Brief an Titus. Auch hier sind die dem Adressaten mitgeteilten Weisungen stellvertretend an den Gemeindeleiter gerichtet und durch die Absenderangabe „Paulus, Knecht Gottes und Apostel Jesu Christi“ autorisiert. Der Verfasser ist mit dem der beiden Briefe an Timotheus identisch.

Titus zählt neben Timotheus zu den engsten Mitarbeitern des Apostels Paulus bei seiner Mission. Überraschenderweise wird er in der Apostelgeschichte nicht erwähnt, dafür umso öfter in den Briefen des Paulus: als Mitglied der Vertreter der heidenchristlichen Kirchen beim sogenannten Apostelkonzil (Gal 2,3); sodann als von Paulus beauftragter Organisator der dort für Jerusalem vereinbarten Kollekte bei den Gemeinden in Kleinasien und Griechenland (2 Kor 8,6.16f.23); schließlich als Vermittler in den Auseinandersetzungen zwischen Paulus und der Kirche von Korinth (2 Kor 2,12f.; 7,6f.13–15; 12,18).

Der Brief an Titus nimmt Bezug darauf, dass Paulus ihm bei seiner Abreise von Kreta die Verantwortung für die dortige Kirche übertragen hat (Tit 1,5). Nach dem ausführlichen Eingangsgruß (1,1–4) werden zunächst die Aufgaben aufgezählt, die der Apostelschüler und -nachfolger zu erledigen hat (1,5–6): Einsetzung von Ältesten (1,5–9) und Bekämpfung von Irrlehrern (1,10–16). Nach Unterweisungen zur Belehrung einzelner Gruppen in der Gemeinde (2,1–10) folgen grundsätzliche Aussagen über den Glauben, unter Einbeziehung hymnenartiger Texte: Ein frommes Leben muss der in Jesus Christus offenbarten Gnade Gottes entsprechen (2,11–15); die in der Taufe geschenkte Erneuerung im Heiligen Geist verpflichtet die Christen zu einem entsprechenden Leben im öffentlichen wie im privaten Bereich (3,1–8). Nach einer erneuten Warnung vor Irrlehrern (3,9–11) schließt der Brief mit persönlichen Mitteilungen und Grüßen (3,12–15).

Auch im Titusbrief nimmt die Irrlehrerpolemik einen breiten Raum ein. Doch der Verfasser betont immer wieder, dass der Anspruch der „gesunden Lehre“ nur dort zu Recht besteht, wo das Leben der Christen dem Geschenk der Gnade Gottes und der „Erneuerung im Heiligen Geist“ entspricht.

ANSCHRIFT UND GRUSS: 1,1–4

1 1 Paulus, Knecht Gottes und Apostel Jesu
Christi, gemäß dem Glauben der Auser-
wählten Gottes und der Erkenntnis der
Wahrheit, die der Frömmigkeit entspricht,
2 in der Hoffnung auf das ewige Leben, das
Gott, der nicht lügt, schon vor ewigen Zeiten
verheißen hat. 3 Zur vorherbestimmten Zeit
aber hat er sein Wort offenbart durch die Ver-
kündigung, mit der ich durch den Auftrag
Gottes, unseres Retters, betraut worden bin.
4 An Titus, sein rechtmäßiges Kind, aufgrund
des gemeinsamen Glaubens: Gnade und Frie-
de von Gott, dem Vater, und Christus Jesus,
unserem Retter.

1: 1 Tim 2,4; 2 Tim 3,7 / **3:** 2,10; 1 Tim 1,1; 2,3.6; 4,10; 6,15 / **4:** 2,13; 3,6; 2 Tim 1,10; 2 Petr 1,1.11; 3,18

AUFGABEN DES TITUS AUF KRETA: 1,5–16

EINSETZUNG GEEIGNETER BISCHÖFE UND ÄLTESTER: 1,5–9

5 Ich habe dich in Kreta deswegen zurückge-
lassen, damit du das, was noch zu tun ist, zu
Ende führst und in den einzelnen Städten
Älteste einsetzt, wie ich dir aufgetragen
habe, 6 wenn einer unbescholten und Mann
einer einzigen Frau ist, mit gläubigen Kin-
dern, die nicht unter dem Vorwurf der Lie-
derlichkeit stehen oder ungehorsam sind.
7 Denn der Bischof muss unbescholten sein
als Haushalter Gottes, nicht überheblich und
jähzornig, kein Trinker, nicht gewalttätig,
nicht habgierig, 8 sondern gastfreundlich, das
Gute liebend; besonnen, gerecht, fromm und
beherrscht, 9 einer, der sich an das zuverläs-
sige Wort hält, das der Lehre entspricht, da-
mit er in der Lage ist, in der gesunden Lehre
zu unterweisen und die Widersprechenden
zu überführen.

5: Apg 14,23 / **6–9:** 1 Tim 3,2–4 / **7:** Apg 20,28; 1 Petr 5,2f. / **9:** 2,1.10; 1 Tim 1,10; 4,6; 6,3; 2 Tim 1,13; 4,3

1,7 Vgl. Anm. zu 1 Tim 3,1.

BEKÄMPFUNG VON IRRLEHRERN: 1,10–16

10 Denn es gibt viele Ungehorsame, Schwätzer
und die sich nicht fügen wollen, besonders die
aus der Beschneidung. 11 Ihnen muss man den
Mund stopfen, denn aus übler Gewinnsucht
zerstören sie ganze Familien mit ihren fal-
schen Lehren. 12 Einer von ihnen hat als ihr
eigener Prophet gesagt: Kreter sind immer
Lügner, wilde Tiere, faule Bäuche. 13 Unser
Zeugnis ist wahr. Darum weise sie streng zu-
recht, damit sie im Glauben gesund werden
14 und sich nicht mehr an jüdische Fabeleien
halten und an Gebote von Menschen, die sich
von der Wahrheit abwenden! 15 Für die Reinen
ist alles rein; für die Unreinen und Ungläubi-
gen aber ist nichts rein, sogar ihr Denken und
ihr Gewissen sind unrein. 16 Sie beteuern, Gott
zu kennen, durch ihr Tun aber verleugnen sie
ihn; es sind abscheuliche und ungehorsame
Menschen, zu jeder guten Tat unbrauchbar.

14: 1 Tim 1,4; 4,7; 2 Tim 2,15 / **15:** Mt 15,11; Mk 7,15 / **16:** 2 Tim 3,5

1,12 Zitat eines Hexameters, der dem griechischen Dichterphilosophen Epimenides (6./5. Jh. v. Chr.) zugeschrieben wird.

ANWEISUNGEN UND BELEHRUNGEN ÜBER DEN GLAUBEN: 2,1–3,11

DAS VERHALTEN VERSCHIEDENER GRUPPEN: 2,1–10

2 1 Du aber verkünde, was der gesunden
Lehre entspricht! 2 Die älteren Männer
sollen nüchtern sein, achtbar, besonnen,
gesund im Glauben, in der Liebe, in der
Ausdauer. 3 Ebenso seien die älteren Frauen
würdevoll in ihrem Verhalten, nicht ver-

leumderisch und nicht trunksüchtig; sie
müssen fähig sein, das Gute zu lehren, 4 da-
mit sie die jungen Frauen dazu anhalten kön-
nen, ihre Männer und Kinder zu lieben, 5 be-
sonnen zu sein, ehrbar, häuslich, tüchtig und
ihren Männern gehorsam, damit das Wort
Gottes nicht in Verruf kommt.

6 Ebenso ermahne die jüngeren Männer, in
allen Dingen besonnen zu sein! 7 Gib selbst
ein Beispiel durch gute Taten! Lehre die
Wahrheit unverfälscht und mit Würde, 8 mit
gesunder, unanfechtbarer Rede, damit der
Gegner beschämt werde und nichts Schlech-
tes über uns sagen kann!

9 Die Sklaven sollen ihren Herren gehor-
chen, ihnen in allem gefällig sein, nicht wi-
dersprechen, 10 nichts veruntreuen; sie sollen
zuverlässig und treu sein, damit sie in allem
der Lehre Gottes, unseres Retters, Ehre ma-
chen.

1: 1,9; 2,10; 1 Tim 1,10; 4,6; 6,3; 2 Tim 1,13; 4,3 / **6:** 1 Joh 2,13f. / **9–10:** 1 Tim 6,1f.; 1 Petr 2,18 / **10:** 1,3; 3,4; 1 Tim 1,1; 2,3; 4,10

GOTTES GNADE UND CHRISTLICHES LEBEN: 2,11–15

11 Denn die Gnade Gottes ist erschienen, um
alle Menschen zu retten. 12 Sie erzieht uns
dazu, uns von der Gottlosigkeit und den ir-
dischen Begierden loszusagen und beson-
nen, gerecht und fromm in dieser Welt zu
leben, 13 während wir auf die selige Erfüllung
unserer Hoffnung warten: auf das Erschei-
nen der Herrlichkeit unseres großen Gottes
und Retters Christus Jesus. 14 Er hat sich für
uns hingegeben, damit er uns von aller Un-
gerechtigkeit erlöse und für sich ein auser-
lesenes Volk schaffe, das voll Eifer danach
strebt, das Gute zu tun. 15 So sollst du mit
allem Nachdruck lehren, ermahnen und zu-
rechtweisen. Niemand soll dich gering ach-
ten.

11: 3,4 / **13:** 1,4 / **14:** 1 Tim 2,6; Ez 37,23; Ps 130,8; Ex 19,5; Dtn 14,2

DIE BERUFUNG DER CHRISTEN DURCH DIE TAUFE: 3,1–8

3 1 Erinnere sie daran, sich den Obrig-
keiten und Machthabern unterzuord-
nen und ihnen zu gehorchen und zu jedem
guten Werk bereit zu sein, 2 niemanden zu
schmähen, friedfertig zu sein, gütig und alle
Freundlichkeit allen Menschen gegenüber
zu zeigen! 3 Denn auch wir waren früher un-
verständig und ungehorsam, dem Irrtum
verfallen, Sklaven aller möglichen Begier-
den und Leidenschaften, lebten in Bosheit
und Neid, waren verhasst und hassten ei-
nander. 4 Als aber die Güte und Menschen-
freundlichkeit Gottes, unseres Retters, er-
schien, 5 hat er uns gerettet – nicht aufgrund
von Werken der Gerechtigkeit, die wir voll-
bracht haben, sondern nach seinem Erbar-
men – durch das Bad der Wiedergeburt und
die Erneuerung im Heiligen Geist. 6 Ihn hat
er in reichem Maß über uns ausgegossen
durch Jesus Christus, unseren Retter, 7 da-
mit wir durch seine Gnade gerecht gemacht
werden und das ewige Leben erben, das wir
erhoffen.

8 Dieses Wort ist glaubwürdig und ich will,
dass du nachdrücklich dafür eintrittst, damit
alle, die zum Glauben an Gott gekommen
sind, darauf bedacht sind, sich in guten Wer-
ken hervorzutun. Das ist gut und für die
Menschen nützlich.

1: Röm 13,1–7; 1 Petr 2,13–17 / **4:** 1,3; 2,11 / **5:** Joh 3,3–8; Röm 3,20; Gal 2,16; Eph 2,8f.; 5,26; 2 Tim 1,9 / **6:** 1,4

DER RECHTE UMGANG MIT IRRLEHRERN: 3,9–11

9 Lass dich nicht ein auf törichte Auseinan-
dersetzungen und Erörterungen über Ge-
schlechterreihen, auf Streit und Gezänk über
das Gesetz; sie sind nutzlos und vergeblich.
10 Wenn du einen, der falsche Lehren vertritt,
einmal und ein zweites Mal ermahnt hast, so
meide ihn! 11 Du weißt, ein solcher Mensch
ist auf dem verkehrten Weg; er sündigt und
spricht sich selbst das Urteil.

9: 1 Tim 1,4 / **10:** Mt 18,15–17

2,13 unseres großen Gottes und Retters Christus Jesus: andere Übersetzungsmöglichkeit: des großen Gottes und unseres Retters Christus Jesus. Vgl. 2 Petr 1,1.

PERSÖNLICHE AUFTRÄGE UND GRUSS: 3,12–15

12 Sobald ich Artemas oder Tychikus zu dir
schicke, beeile dich, zu mir nach Nikopolis
zu kommen; denn ich habe mich entschlos-
sen, dort den Winter zu verbringen. 13 Den
gesetzeskundigen Zenas und den Apollos
statte für die Weiterreise gut aus, damit ih-
nen nichts fehlt! 14 Auch unsere Leute sollen
lernen, sich in guten Werken hervorzutun,
wo es nötig ist, damit ihr Leben nicht ohne
Frucht bleibt. 15 Es grüßen dich alle, die bei
mir sind. Grüße alle, die uns durch den Glau-
ben in Liebe verbunden sind! Die Gnade sei
mit euch allen!

12: 2 Tim 4,12

DER BRIEF AN PHILEMON

Der kleine Brief hat einen ganz konkreten Anlass. Der Sklave Onesimus war seinem Herrn Philemon entlaufen, der vermutlich in Kolossä wohnte. Er kam auf seiner Flucht zu Paulus, der im Gefängnis saß, vermutlich in Ephesus. Der Brief wurde um das Jahr 55 geschrieben. Paulus gewann Onesimus für den christlichen Glauben und er war ihm in mancherlei Hinsicht nützlich (vgl. 11.20). Der Apostel schickte ihn zu Philemon zurück, dessen Haus einer christlichen Gemeinde als Versammlungsort diente. Der Brief sollte Philemon bewegen, dem Sklaven Onesimus zu verzeihen und ihn als christlichen Bruder aufzunehmen. Er leistet keinen direkten Beitrag zur Lösung des antiken Sklavenproblems, lässt aber ahnen, dass sich Mahnungen wie die des Paulus an Philemon langfristig auf den Umgang von Christen mit ihren Sklaven auswirken sollten. Als ein sehr persönliches Dokument zeigt der Brief, wie Paulus mit seiner Autorität als Apostel umging.

ANSCHRIFT UND GRUSS: 1–3

1 Paulus, Gefangener Christi Jesu, und Timo-
theus, der Bruder, an Philemon, unseren Ge-
liebten und Mitarbeiter, 2 und Apphia, die
Schwester, und Archippus, unseren Mitstrei-
ter, und die Gemeinde in deinem Haus. 3 Gna-
de sei mit euch und Friede von Gott, unserem
Vater, und dem Herrn Jesus Christus!

2: Kol 4,15.17 / **3:** Röm 1,7

DANKGEBET DES APOSTELS: 4–7

4 Ich danke meinem Gott jedes Mal, wenn ich
bei meinen Gebeten deiner gedenke. 5 Denn
ich höre von deinem Glauben an Jesus, den
Herrn, und von deiner Liebe zu ihm und zu
allen Heiligen. 6 Ich bete, dass unser gemein-
samer Glaube in dir wirkt und du all das Gute
in uns erkennst, das auf Christus gerichtet ist.
7 Denn viel Freude und Trost hatte ich an dei-
ner Liebe, weil durch dich, Bruder, das In-
nerste der Heiligen erquickt worden ist.

FÜRSPRACHE FÜR ONESIMUS: 8–20

8 Obwohl ich durch Christus volle Freiheit
habe, dir zu befehlen, was du tun sollst, 9 zie-
he ich es um der Liebe willen vor, dich zu bit-
ten. Ich, Paulus, ein alter Mann, jetzt auch
Gefangener Christi Jesu, 10 ich bitte dich für
mein Kind Onesimus, dem ich im Gefängnis
zum Vater geworden bin. 11 Einst war er dir
unnütz, jetzt aber ist er dir und mir recht nütz-
lich. 12 Ich schicke ihn zu dir zurück, ihn, das
bedeutet mein Innerstes. 13 Ich wollte ihn bei
mir behalten, damit er mir an deiner Stelle
dient in den Fesseln des Evangeliums. 14 Aber
ohne deine Zustimmung wollte ich nichts
tun. Deine gute Tat soll nicht erzwungen,
sondern freiwillig sein. 15 Denn vielleicht
wurde er deshalb eine Weile von dir getrennt,
damit du ihn für ewig zurückerhältst, 16 nicht
mehr als Sklaven, sondern als weit mehr: als
geliebten Bruder. Das ist er jedenfalls für
mich, um wie viel mehr dann für dich, als
Mensch und auch vor dem Herrn. 17 Wenn du
also mit mir Gemeinschaft hast, nimm ihn auf
wie mich! 18 Wenn er dich aber geschädigt hat
oder dir etwas schuldet, setz das auf meine
Rechnung! 19 Ich, Paulus, schreibe mit eigener
Hand: Ich werde es erstatten – ohne jetzt da-
von zu reden, dass auch du dich selbst mir
schuldest. 20 Ja, Bruder, um des Herrn willen
möchte ich von dir einen Nutzen haben. Er-
quicke mein Innerstes in Christus!

10: Kol 4,9; 1 Kor 4,15/ **16**: 1 Kor 7,22; 1 Tim 6,1f. / **19**: 1 Kor 16,21; Gal 6,11

GRÜSSE UND SEGENSWUNSCH: 21–25

21 Im Vertrauen auf deinen Gehorsam habe
ich dir geschrieben; ich weiß, dass du noch
mehr tun wirst, als ich gesagt habe. 22 Bereite
zugleich eine Unterkunft für mich vor! Denn
ich hoffe, dass ich euch durch eure Gebete
wiedergeschenkt werde. 23 Es grüßen dich
Epaphras, mein Mitgefangener in Christus
Jesus, 24 Markus, Aristarch, Demas und Lu-
kas, meine Mitarbeiter. 25 Die Gnade Jesu
Christi, des Herrn, sei mit eurem Geist!

23-24: Kol 1,7; 4,10–14 / **25**: Gal 6,18

DER BRIEF AN DIE HEBRÄER

Der Hebräerbrief wird im Neuen Testament traditionell unter die Paulusbriefe eingereiht und bildet deren Abschluss. Dies ist auf die Überschrift „An die Hebräer“ zurückzuführen, die freilich nicht vom Verfasser stammt, sondern erst im 2. Jahrhundert hinzugekommen ist und die Schrift nachträglich den Paulusbriefen zugeordnet hat. Allerdings hebt sich der Hebräerbrief in der Form, im Sprachstil und in der Theologie so deutlich von den Paulusbriefen ab, dass man ihn schwerlich Paulus zuordnen kann. Er ist wohl von einem uns unbekannten Autor verfasst worden und hat wegen seiner besonderen Theologie Eingang in den Kanon gefunden.

Der Verfasser, der seinen Namen nicht nennt, tritt dabei ganz hinter dem Schreiben zurück. Dessen gehobener Stil und die markante Struktur weisen auf einen gebildeten Theologen hin, der mit dem hellenistischen Judentum ebenso vertraut war wie mit der Sprache und der Kultur seiner Zeit und der ein sehr gutes Griechisch schreibt. Man kann davon ausgehen, dass er der zweiten oder dritten christlichen Generation angehört und als Lehrer in den Gemeinden tätig war.

Die vom Verfasser vorausgesetzte Gemeindestruktur und Verbindungen zum 1. Klemensbrief (1 Klem 17,1; 36,2–5) deuten auf eine Entstehung gegen Ende des 1. Jahrhunderts hin. Auch die das gesamte Schreiben durchziehende Mahnung zu einem neuen geistlichen Aufbruch legt nahe, den Hebräerbrief nicht der Frühzeit der christlichen Gemeinden zuzuordnen. Der Verfasser hat offensichtlich eine kirchliche Situation vor Augen, in der die Begeisterung des Anfangs schon etwas verblasst ist und der Glaube sich im Alltag und der Normalität des Lebens bewähren muss.

Das Schreiben ist sorgfältig in drei einander zugeordnete Teile gegliedert: Der Eröffnungsteil (1,1–4,13) stellt heraus, dass Gott im Sohn auf neue und endgültige Weise zu den Menschen gesprochen hat und sie diesen Ruf mit ihrem ganzen Leben aufnehmen sollen; der Mittelteil (4,14–10,18) weist auf den Sohn als Hohepriester des Neuen Bundes hin, der in seinem Lebensopfer den Menschen die endgültige Versöhnung mit Gott eröffnet hat; der dritte Teil (10,19–13,17) ruft die Gemeinde auf, zu diesem Geschehen „hinzuzutreten“, sich auf das Opfer Jesu Christi einzulassen und gemäß der Zuwendung Gottes in Jesus Christus neu zu leben. Den Abschluss bilden Segenswünsche, Grüße und die Ankündigung eines Besuches (13,18–25).

Der Verfasser versteht sein Schreiben als eine „Mahnrede“ (13,22), die aufs Ganze des christlichen Bekenntnisses zielt und den Gemeinden vor Augen hält, dass Christsein nicht von Beliebigkeiten, sondern von dem das ganze Leben bestimmenden Bekenntnis zum Heilshandeln Gottes in Jesus Christus bestimmt sein soll. Denn Christen treten mit ihrem Tun nicht vor irdische Instanzen, sondern müssen sich vor dem lebendigen Wort Gottes bewähren, das „wirksam und schärfer als jedes zweischneidige Schwert“ ist (4,12). Der Verfasser sieht diese Bereitschaft, sich ganz in diesen Himmel und Erde umspannenden Gottesdienst einzufügen, bei den Adressaten offenbar nur ansatzweise realisiert. Deshalb ist er bemüht, sie wieder neu auf den Weg zu verpflichten, der von der Orientierung an Jesus bestimmt ist.

Maßgebliche Grundlage ist für den Hebräerbrief das griechische Alte Testament (Septuaginta). Dessen Texte erschließt er mit den Mitteln der in Alexandrien üblichen Auslegung, die weit über ein wörtliches Verständnis hinausgeht, in die Tiefe der Aussagen eindringen will und sie als gegenwärtige Anrede versteht. In diesem Sinn liest er die alttestamentlichen Texte geradezu als unmittelbar der christlichen Gemeinde zugesprochene Aussagen und als Verweise auf Christus und sein Opfer zum Heil der Menschen. Dies macht die Lektüre des Schreibens nicht immer leicht.

Der Hebräerbrief ist vom literarischen Genus her weniger ein Brief als eine Homilie bzw. eine seelsorglich bestimmte Mahnrede, wie sie auch im Synagogengottesdienst üblich war (vgl. Apg 13,15). Der Verfasser bezeichnet seine Ausführungen deshalb auch mehrfach als „Rede“ (vgl. etwa 5,11; 6,9; 9,5; 11,32) und bittet die Leser am Ende in diesem Sinn ausdrücklich (13,22): „Nehmt diese Mahnrede bereitwillig an!“

GOTTES ENDGÜLTIGE REDE IM SOHN: 1,1–4,13

GOTTES REDE IN SEINEM SOHN: 1,1–4

1 1 Vielfältig und auf vielerlei Weise hat Gott
einst zu den Vätern gesprochen durch die
Propheten; 2 am Ende dieser Tage hat er zu uns
gesprochen durch den Sohn, den er zum Erben
von allem eingesetzt, durch den er auch die
Welt erschaffen hat; 3 er ist der Abglanz seiner
Herrlichkeit und das Abbild seines Wesens; er
trägt das All durch sein machtvolles Wort, hat
die Reinigung von den Sünden bewirkt und
sich dann zur Rechten der Majestät in der Höhe
gesetzt; 4 er ist umso viel erhabener geworden
als die Engel, wie der Name, den er geerbt hat,
ihren Namen überragt.

3: 2 Kor 3,18; Kol 1,15.17; Joh 1,3; Ps 110,1 / **4:** Phil 2,9

DIE ERHABENHEIT DES SOHNES ÜBER DIE ENGEL: 1,5–14

5 Denn zu welchem Engel hat er jemals ge-
sagt: *Mein Sohn bist du, / ich habe dich heu-*
te gezeugt, und weiter: *Ich will für ihn Vater*
sein / und er wird für mich Sohn sein?
6 Wenn er aber den Erstgeborenen wieder
in die Welt einführt, sagt er: *Alle Engel Got-*
tes sollen sich vor ihm niederwerfen. 7 Und
von den Engeln sagt er: *Er macht seine Engel*
zu Winden / und seine Diener zu Feuerflam-
men; 8 zum Sohn aber:
Dein Thron, o Gott, steht für immer und
ewig, und: *Das Zepter deiner Herrschaft ist*
ein gerechtes Zepter. 9 *Du liebst das Recht und*
hasst das Unrecht, / darum, o Gott, hat dein
Gott dich gesalbt / mit dem Öl der Freude wie
keinen deiner Gefährten.
10 Und: *Du, Herr, hast vorzeiten der Erde*
Grund gelegt, / die Himmel sind das Werk
deiner Hände. 11 *Sie werden vergehen, du*
aber bleibst; / sie alle veralten wie ein Ge-
wand; 12 *du rollst sie zusammen wie einen*
Mantel / und wie ein Gewand *werden sie*
gewechselt. Du aber bleibst, der du bist, / und
deine Jahre enden nie.
13 Zu welchem Engel hat er jemals gesagt:
Setze dich mir zur Rechten / und ich lege dir
deine Feinde als Schemel unter die Füße?
14 Sind sie nicht alle nur dienende Geister,
ausgesandt, um denen zu helfen, die das Heil
erben sollen?

5: Ps 2,7; 2 Sam 7,14 / **6:** Dtn 32,43 G; Ps 97,7 G / **7:** Ps 104,
4 G / **8-9:** Ps 45,7f. G / **10-12:** Ps 102,26–28 / **13:** Ps 110,1

AUFRUF ZUM AUFMERKSAMEN HÖREN: 2,1–4

2 1 Darum müssen wir umso aufmerk-
samer auf das achten, was wir gehört
haben, damit wir nicht vom rechten Kurs
abgetrieben werden. 2 Denn wenn schon das
durch Engel verkündete Wort verpflichtend
war und jede Übertretung und jeder Unge-
horsam die gerechte Vergeltung fand, 3 wie
sollen dann wir entrinnen, wenn wir uns um
ein so erhabenes Heil nicht kümmern, das
zuerst durch den Herrn verkündet und uns
von denen, die es gehört hatten, bestätigt
wurde? 4 Auch Gott selbst hat dies bezeugt
durch Zeichen und Wunder, durch Machtta-
ten aller Art und Gaben des Heiligen Geistes,
nach seinem Willen.

4: 2 Kor 12,12

DIE ERNIEDRIGUNG DES SOHNES UND UNSER HEIL: 2,5–18

5 Denn nicht Engeln hat er die zukünftige
Welt unterworfen, von der wir reden, 6 viel-
mehr bezeugt an einer Stelle jemand:
Was ist der Mensch, dass du seiner ge-
denkst, / oder des Menschen Sohn, dass du
dich seiner annimmst? 7 *Du hast ihn nur ein*
wenig unter die Engel erniedrigt, / mit Herr-
lichkeit und Ehre hast du ihn gekrönt, 8 *alles*
hast du ihm unter seine Füße gelegt.
Denn indem er ihm alles unterwarf, hat er
nichts ausgenommen, was ihm nicht unter-
worfen wäre. Jetzt aber sehen wir noch nicht,
dass ihm alles unterworfen ist, 9 aber den, der
ein wenig unter die Engel erniedrigt war, Je-
sus, ihn sehen wir um seines Todesleidens
willen mit Herrlichkeit und Ehre gekrönt; es
war nämlich Gottes gnädiger Wille, dass er
für alle den Tod erlitt.
10 Denn es war angemessen, dass Gott, für
den und durch den das All ist und der viele
Söhne zur Herrlichkeit führen wollte, den
Urheber ihres Heils durch Leiden vollendete.
11 Denn er, der heiligt, und sie, die geheiligt
werden, stammen alle aus Einem; darum
schämt er sich nicht, sie Brüder zu nennen
12 und zu sagen:
Ich will deinen Namen meinen Brüdern
verkünden, / inmitten der Gemeinde dich
preisen; 13 und ferner: *Ich will auf ihn mein*
Vertrauen setzen; und: *Siehe, ich und die Kin-*
der, die Gott mir geschenkt hat.
14 Da nun die Kinder von Fleisch und Blut
sind, hat auch er in gleicher Weise daran An-
teil genommen, um durch den Tod den zu
entmachten, der die Gewalt über den Tod hat,
nämlich den Teufel, 15 und um die zu befrei-
en, die durch die Furcht vor dem Tod ihr Le-
ben lang der Knechtschaft verfallen waren.
16 Denn er nimmt sich keineswegs der Engel
an, sondern der Nachkommen Abrahams
nimmt er sich an. 17 Darum musste er in allem
seinen Brüdern gleich sein, um ein barmher-
ziger und treuer Hohepriester vor Gott zu
sein und die Sünden des Volkes zu sühnen.
18 Denn da er gelitten hat und selbst in Versu-
chung geführt wurde, kann er denen helfen,
die in Versuchung geführt werden.

6-8: Ps 8,5–7 G / **8:** 1 Kor 15,27; Eph 1,22 / **10:** Apg 3,15 /
12: Ps 22,23 / **13:** Jes 8,17f. G; 2 Sam 22,3 / **16:** Jes 41,8f. G /
17: Röm 8,3; 1 Joh 2,2 / **18:** 4,15; Mt 4,1–11; Lk 4,1–13

JESU TREUE ALS GABE UND ANSPRUCH: 3,1–6

3 1 Darum, heilige Brüder und Schwes-
tern, die ihr an himmlischer Berufung
teilhabt, richtet euren Sinn auf den Apostel
und Hohepriester unseres Bekenntnisses:
Jesus, 2 der – wie auch Mose in Gottes Haus
– dem treu ist, der ihn eingesetzt hat! 3 Denn
er ist größerer Herrlichkeit gewürdigt wor-
den als Mose, so wie der, der ein Haus erbaut,
größere Ehre hat als das Haus selbst. 4 Denn
jedes Haus wird von jemand erbaut; der aber,
der alles erbaut hat, ist Gott. 5 *Mose war* zwar
*in Gottes ganzem Haus treu als ein Dienen-
der* zum Zeugnis für das, was künftig gesagt
werden sollte. 6 Christus aber ist treu als
Sohn, der über das Haus Gottes gesetzt ist.
Sein Haus sind wir, wenn wir an der Zuver-
sicht und an der Hoffnung festhalten, derer
wir uns rühmen.

2: Num 12,7 G / **5**: Num 12,7 G

DAS WARNENDE BEISPIEL DER WÜSTENGENERATION ISRAELS: 3,7–19

7 Darum beherzigt, was der Heilige Geist
sagt: *Heute, wenn ihr seine Stimme hört, /*
8 *verhärtet nicht eure Herzen wie beim Auf-
ruhr / am Tag der Versuchung in der Wüste!*
9 *Dort haben eure Väter mich versucht, / sie
haben mich auf die Probe gestellt / und hat-
ten doch meine Taten gesehen, /* 10 *vierzig
Jahre lang. Darum war mir diese Generation
zuwider / und ich sagte: Immer geht ihr Herz
in die Irre. / Sie erkannten meine Wege nicht.*
11 *Darum habe ich in meinem Zorn geschwo-
ren: / Sie sollen nicht in das Land meiner
Ruhe kommen.*
12 Gebt Acht, Brüder und Schwestern, dass
keiner von euch ein böses, ungläubiges Herz
hat, dass keiner vom lebendigen Gott abfällt,
13 sondern ermahnt einander jeden Tag, so-
lange es noch heißt: Heute, damit niemand
von euch durch den Betrug der Sünde verhär-
tet wird; 14 denn an Christus haben wir nur
Anteil, wenn wir bis zum Ende an der Zuver-
sicht festhalten, die wir am Anfang hatten.
15 Wenn es heißt: *Heute, wenn ihr seine
Stimme hört, / verhärtet eure Herzen nicht
wie beim Aufruhr* – 16 wer waren denn jene,
die hörten und sich auflehnten? Waren es
nicht alle, die unter Mose aus Ägypten aus-
gezogen waren? 17 Wer war Gott vierzig Jah-
re lang zuwider? Waren es nicht die Sünder,
deren Leichen in der Wüste liegen blieben?
18 Wem aber hat er geschworen, dass sie nicht
eingehen sollten in seine Ruhe, wenn nicht
den Ungehorsamen? 19 Und wir sehen, dass
sie nicht hineinkommen konnten wegen ih-
res Unglaubens.

7–11: Ps 95,7–11 / **15**: Ps 95,7f. / **17**: Num 14,29

AUFBRUCH IM VERTRAUEN AUF DIE VERHEISSUNG: 4,1–11

4 1 Darum lasst uns ernsthaft besorgt sein,
dass keiner von euch zurückbleibt, so-
lange die Verheißung, in seine Ruhe zu kom-
men, noch gilt. 2 Denn auch uns ist das Evan-
gelium verkündet worden wie jenen; doch
hat ihnen das Wort, das sie hörten, nichts
genützt, weil es sich nicht durch den Glauben
mit den Hörern verband.
3 Denn wir, die wir gläubig geworden sind,
kommen in seine Ruhe, wie er gesagt hat:
*Darum habe ich in meinem Zorn geschwo-
ren: / Sie sollen nicht in meine Ruhe kom-
men.* Und doch waren die Werke seit Er-
schaffung der Welt getan, 4 denn vom siebten
Tag heißt es an einer Stelle: *Und Gott ruhte
am siebten Tag von all seinen Werken*; 5 hier
aber heißt es: *Sie sollen nicht in meine Ruhe
kommen.*
6 Da es nun dabei bleibt, dass einige hinein-
kommen, die aber, die früher das Evangelium
empfangen haben, wegen ihres Ungehor-
sams nicht hineingekommen sind, 7 setzt er
aufs Neue einen Tag fest, Heute, indem er
durch David, wie schon gesagt, nach so lan-
ger Zeit spricht: *Heute, wenn ihr seine Stim-
me hört, verhärtet nicht eure Herzen!*
8 Denn hätte schon Josua sie in das Land der
Ruhe geführt, so wäre nicht von einem an-
deren, späteren Tag die Rede. 9 Also verbleibt
dem Volk Gottes noch eine Sabbatruhe.
10 Denn wer in seine Ruhe eingegangen ist,
der ruht auch selbst von seinen Werken aus,
wie Gott von den seinigen.
11 Bemühen wir uns also, in jene Ruhe ein-
zugehen, damit niemand aufgrund des glei-
chen Ungehorsams zu Fall kommt!

1: Ps 95,11 / **3**: Ps 95,11 / **4**: Gen 2,2 G / **5**: Ps 95,11 / **7**: Ps 95,7f. / **10**: Ps 95,11; Gen 2,2 G

DIE MACHT DES WORTES GOTTES: 4,12–13

12 Denn lebendig ist das Wort Gottes, wirk-
sam und schärfer als jedes zweischneidige
Schwert; es dringt durch bis zur Scheidung
von Seele und Geist, von Gelenken und

Mark; es richtet über die Regungen und Ge-
danken des Herzens; 13 vor ihm bleibt kein
Geschöpf verborgen, sondern alles liegt
nackt und bloß vor den Augen dessen, dem
wir Rechenschaft schulden.

12: Weish 18,15f.

DER SOHN ALS HOHEPRIESTER DES NEUEN BUNDES: 4,14–10,18

MAHNUNG ZUM FESTHALTEN AM BEKENNTNIS: 4,14–16

14 Da wir nun einen erhabenen Hohepriester
haben, der die Himmel durchschritten hat,
Jesus, den Sohn Gottes, lasst uns an dem Be-
kenntnis festhalten. 15 Wir haben ja nicht
einen Hohepriester, der nicht mitfühlen
könnte mit unseren Schwächen, sondern ei-
nen, der in allem wie wir versucht worden ist,
aber nicht gesündigt hat. 16 Lasst uns also voll
Zuversicht hinzutreten zum Thron der Gna-
de, damit wir Erbarmen und Gnade finden
und so Hilfe erlangen zur rechten Zeit!

15: Mt 4,1–11 / **16**: 10,22

DER WEG DES SOHNES ALS PRIESTERLICHER HEILSDIENST: 5,1–10

5 1 Denn jeder Hohepriester wird aus den
Menschen genommen und für die Men-
schen eingesetzt zum Dienst vor Gott, um
Gaben und Opfer für die Sünden darzubrin-
gen. 2 Er ist fähig, mit den Unwissenden und
Irrenden mitzufühlen, da er auch selbst behaf-
tet ist mit Schwachheit, 3 und dieser Schwach-
heit wegen muss er wie für das Volk so auch
für sich selbst Sündopfer darbringen. 4 Und
keiner nimmt sich selbst diese Würde, son-
dern er wird von Gott berufen, so wie Aaron.

5 So hat auch Christus sich nicht selbst die
Würde verliehen, Hohepriester zu werden,
sondern der zu ihm gesprochen hat: *Mein Sohn
bist du. / Ich habe dich heute gezeugt,* 6 wie er
auch an anderer Stelle sagt: *Du bist Priester
auf ewig / nach der Ordnung Melchisedeks.*

7 Er hat in den Tagen seines irdischen Le-
bens mit lautem Schreien und unter Tränen
Gebete und Bitten vor den gebracht, der ihn
aus dem Tod retten konnte, und er ist erhört
worden aufgrund seiner Gottesfurcht. 8 Ob-
wohl er der Sohn war, hat er durch das, was er
gelitten hat, den Gehorsam gelernt; 9 zur Voll-
endung gelangt, ist er für alle, die ihm gehor-
chen, der Urheber des ewigen Heils geworden
10 und wurde von Gott angeredet als Hohe-
priester nach der Ordnung Melchisedeks.

3: Lev 9,7 / **5**: Ps 2,7 / **6**: Ps 110,4 / **7**: Mt 26,37f.; Mk 14,33f. / **8**: Phil 2,8 / **9**: Jes 45,17 G / **10**: Ps 110,4

DER ERWACHSENE GLAUBE: 5,11–6,12

11 Darüber hätten wir viel zu sagen; es ist aber
schwer verständlich zu machen, da ihr träge
geworden seid im Hören. 12 Denn obwohl ihr
der Zeit nach schon Lehrer sein müsstet,
braucht ihr von Neuem einen, der euch in den
Anfangsgründen der Worte Gottes unter-
weist; und ihr seid solche geworden, die
Milch nötig haben, nicht feste Speise.

13 Denn jeder, der noch mit Milch genährt
wird, ist unerfahren im richtigen Reden; er ist
ja ein unmündiges Kind; 14 feste Speise aber ist
für Erwachsene, deren Sinne durch Gebrauch
geübt sind, Gut und Böse zu unterscheiden.

6 1 Darum wollen wir beiseitelassen, was
man zuerst von Christus verkünden
muss, und uns dem Vollkommeneren zuwen-
den; wir wollen nicht noch einmal den Grund
legen mit der Abkehr von toten Werken und
dem Glauben an Gott, 2 mit der Lehre über die
Taufen und die Handauflegung, über die Auf-
erstehung der Toten und das ewige Gericht;
3 das wollen wir dann tun, wenn Gott es zulässt.

4 Denn es ist unmöglich, jene, die einmal
erleuchtet worden sind, die von der himmli-
schen Gabe genossen und Anteil am Heiligen
Geist empfangen haben, 5 die das gute Wort
Gottes und die Kräfte der kommenden Welt-
zeit gekostet haben, 6 dann aber abgefallen
sind, erneut zur Umkehr zu bringen; da sie den
Sohn Gottes noch einmal für sich ans Kreuz
schlagen und zum Gespött machen. 7 Wenn
ein Boden den häufig herabströmenden Regen
trinkt und denen, für die er bebaut wird, nütz-

5,13 Im richtigen Reden, wörtlich: in der Rede (Lehre) der Gerechtigkeit.

liche Gewächse hervorbringt, empfängt er
Segen von Gott; 8 trägt er aber Dornen und
Disteln, so ist er nutzlos und vom Fluch be-
droht; am Ende wird er verbrannt.
9 Bei euch aber, Geliebte, sind wir trotz des
Gesagten vom Besseren überzeugt und davon,
dass ihr am Heil teilhabt. 10 Denn Gott ist nicht
so ungerecht, euer Tun zu vergessen und die
Liebe, die ihr seinem Namen bewiesen habt,
indem ihr den Heiligen gedient habt und noch
dient. 11 Wir wünschen aber, dass jeder von
euch im Blick auf den Reichtum unserer Hoff-
nung bis zum Ende den gleichen Eifer zeigt,
12 damit ihr nicht träge werdet, sondern Nach-
ahmer derer seid, die durch Glauben und Ge-
duld Erben der Verheißungen sind.

5,12–14: 1 Kor 3,1–3
6,7: Gen 1,11f. / **8**: Gen 3,17f.

DIE UNWIDERRUFLICHE VERHEISSUNG GOTTES: 6,13–20

13 Denn als Gott dem Abraham die Verheißung
gab, schwor er bei sich selbst, da er bei keinem
Höheren schwören konnte, 14 und sprach: *Für-
wahr, ich will dir Segen schenken in Fülle und
deine Nachkommen überaus zahlreich ma-
chen*. 15 So erlangte Abraham durch seine Aus-
dauer die Verheißung. 16 Menschen nämlich
schwören bei dem Höheren; der Eid dient ih-
nen zur Bekräftigung und schließt jeden wei-
teren Einwand aus; 17 deshalb hat Gott, weil er
den Erben der Verheißung ausdrücklich zeigen
wollte, dass sein Entschluss unabänderlich ist,
sich mit einem Eid verbürgt. 18 So sollten wir
durch zwei unwiderrufliche Taten, bei denen
Gott unmöglich täuschen konnte, einen kräf-
tigen Ansporn haben, wir, die wir unsere Zu-
flucht dazu genommen haben, die dargebotene
Hoffnung zu ergreifen. 19 In ihr haben wir ei-
nen sicheren und festen Anker der Seele, der
hineinreicht in das Innere hinter dem Vorhang;
20 dorthin ist Jesus für uns als Vorläufer hinein-
gegangen, er, der nach der Ordnung Melchise-
deks Hohepriester geworden ist auf ewig.

13–14: Gen 22,16f. / **15**: Röm 4,20 / **19**: Lev 16,2.12 / **20**: Ps 110,4

6,19 Das Innere hinter dem Vorhang: Im Heiligen Zelt wie auch im Tempelgebäude waren das Heilige und das Allerheiligste durch einen Vorhang getrennt. Nur einmal im Jahr, am Versöhnungstag, durfte der Hohepriester mit dem Blut von Opfertieren das Allerheiligste betreten, um den Sühneritus vorzunehmen durch die Besprengung des vergoldeten Deckels der Lade mit Opferblut. Vgl. Hebr 9,1–10; Lev 16.

MELCHISEDEK ALS ABBILD CHRISTI, DES WAHREN HOHEPRIESTERS: 7,1–10

7 1 Dieser *Melchisedek, König von Salem
und Priester des höchsten Gottes; er, der
dem Abraham, als dieser nach der Unterwer-
fung der Könige zurückkam, entgegenging
und ihn segnete* 2 *und welchem Abraham den
Zehnten von allem gab*; er, dessen Name Kö-
nig der Gerechtigkeit bedeutet und der auch
König von Salem ist, das heißt König des Frie-
dens; 3 er, der vaterlos, mutterlos und ohne
Stammbaum ist, ohne Anfang seiner Tage und
ohne Ende seines Lebens, ähnlich geworden
dem Sohn Gottes: Dieser Melchisedek bleibt
Priester für immer. 4 Seht doch, wie groß der
ist, *dem selbst Abraham*, der Patriarch, *den
Zehnten* vom Besten der Beute *gab*! 5 Zwar
haben auch die von den Söhnen Levis, die das
Priesteramt empfangen, den Auftrag, den
Zehnten gemäß dem Gesetz vom Volk, das
heißt von ihren Brüdern, zu erheben, obwohl
auch diese aus der Lende Abrahams hervorge-
gangen sind; 6 jener aber, der seinen Stamm-
baum nicht von ihnen herleitet, hat von Abra-
ham den Zehnten genommen und den Träger
der Verheißungen gesegnet. 7 Zweifellos wird
aber immer das Geringere vom Höheren ge-
segnet. 8 Und hier nehmen den Zehnten sterb-
liche Menschen, dort aber einer, von dem be-
zeugt wird, dass er lebt. 9 Und in Abraham hat
sozusagen auch Levi, der den Zehnten nimmt,
den Zehnten entrichtet; 10 denn er war noch
in der Lende des Stammvaters, als Melchise-
dek ihm entgegenging!

1–2: Gen 14,17–20 / **3**: Ps 110,4 / **4**: Gen 14,20 / **5**: Num 18,21; Gen 35,11 / **10**: Gen 14,17

CHRISTUS, DER VOLLKOMMENE HOHEPRIESTER: 7,11–28

11 Wäre nun die Vollendung durch das leviti-
sche Priestertum gekommen – das Volk hat
ja darüber gesetzliche Bestimmungen erhal-
ten –, warum musste dann noch ein anderer
Priester nach der Ordnung Melchisedeks
eingesetzt und nicht nach der Ordnung Aa-
rons benannt werden? 12 Denn sobald das
Priestertum geändert wird, ändert sich not-
wendig auch das Gesetz. 13 Der nämlich, von
dem das gesagt wird, gehört einem anderen

7,1–28 Melchisedek, vgl. Gen 14, ist aufgrund seines Namens, der Anerkennung durch Abraham, durch seine geheimnisvolle Herkunft und durch sein Opfer – Brot und Wein – Vorbild für Jesus Christus.

Stamm an, von dem keiner jemals am Altar
gedient hat; 14 es ist ja bekannt, dass unser
Herr aus Juda entsprossen ist; und über Pries-
ter aus diesem Stamm hat Mose nichts gesagt.
15 Das ist noch viel offenkundiger, wenn
nach dem Vorbild Melchisedeks ein anderer
Priester eingesetzt wird, 16 der nicht, wie das
Gesetz es fordert, aufgrund leiblicher Ab-
stammung Priester geworden ist, sondern
durch die Kraft unzerstörbaren Lebens.
17 Denn es wird bezeugt: *Du bist Priester
auf ewig / nach der Ordnung Melchisedeks.*
18 Das frühere Gebot wird zwar aufgehoben,
weil es schwach und nutzlos war – 19 denn das
Gesetz hat nicht zur Vollendung geführt –,
eingeführt aber wird eine bessere Hoffnung,
durch die wir Gott nahekommen.
20 Und das geschah nicht ohne Eid. Denn
jene sind ohne Eid Priester geworden 21 dieser
aber durch einen Eid dessen, der zu ihm
sprach: *Der Herr hat geschworen und nie
wird es ihn reuen: / Du bist Priester auf ewig.*
22 So ist auch Jesus zum Bürgen eines besseren
Bundes geworden. 23 Auch folgten dort viele
Priester aufeinander, weil der Tod sie hinder-
te zu bleiben; 24 er aber hat, weil er in Ewigkeit
bleibt, ein unvergängliches Priestertum.
25 Darum kann er auch die, die durch ihn vor
Gott hintreten, für immer retten; denn er lebt
allezeit, um für sie einzutreten.
26 Ein solcher Hohepriester ziemte sich in
der Tat für uns: einer, der heilig ist, frei vom
Bösen, makellos, abgesondert von den Sün-
dern und erhöht über die Himmel; 27 einer, der
es nicht Tag für Tag nötig hat, wie die Hohe-
priester zuerst für die eigenen Sünden Opfer
darzubringen und dann für die des Volkes;
denn das hat er ein für alle Mal getan, als er sich
selbst dargebracht hat. 28 Das Gesetz nämlich
macht Menschen zu Hohepriestern, die der
Schwachheit unterworfen sind; das Wort des
Eides aber, der später als das Gesetz kam, setzt
den Sohn ein, der auf ewig vollendet ist.

11: Ps 110,4 / **17**: Ps 110,4 / **21**: Ps 110,4 / **24**: Ps 110,4 / **27**: Lev 16,6.15 / **28**: Ps 2,7; 110,4

DIE LITURGIE DES NEUEN BUNDES: 8,1–13

8 1 Die Hauptsache bei dem Gesagten aber
ist: Wir haben einen solchen Hohe-
priester, der sich zur Rechten des Thrones der
Majestät im Himmel gesetzt hat, 2 als Diener
des Heiligtums und des wahren Zeltes, das
der Herr selbst aufgeschlagen hat, nicht ein
Mensch. 3 Denn jeder Hohepriester wird ein-
gesetzt, um Gaben und Opfer darzubringen;
deshalb muss auch dieser etwas haben, was
er darbringt.
4 Wäre er nun auf Erden, so wäre er nicht ein-
mal Priester, da es hier schon Priester gibt, die
nach dem Gesetz die Gaben darbringen. 5 Sie
dienen einem Abbild und Schatten der himm-
lischen Dinge, nach der Anweisung, die Mose
erhielt, als er daranging, das Zelt zu errichten:
Sieh zu, heißt es, *dass du alles nach dem Ur-
bild ausführst, das dir auf dem Berg gezeigt
wurde.* 6 Jetzt aber ist ihm ein umso erhabene-
rer Priesterdienst übertragen worden, weil er
auch Mittler eines besseren Bundes ist, der auf
bessere Verheißungen gegründet ist.
7 Wäre nämlich jener erste Bund ohne Ta-
del, so würde man nicht einen zweiten an
seine Stelle zu setzen suchen. 8 Denn er tadelt
sie und sagt: *Siehe, es werden Tage kommen –
spricht der Herr –, da werde ich mit dem
Haus Israel und dem Haus Juda einen neuen
Bund schließen,* 9 *nicht wie der Bund war, den
ich mit ihren Vätern geschlossen habe, am
Tag, da ich sie an der Hand nahm, um sie aus
dem Land Ägypten herauszuführen. Denn
sie sind nicht bei meinem Bund geblieben und
ich habe mich auch nicht mehr um sie geküm-
mert – spricht der Herr.* 10 *Denn das wird der
Bund sein, den ich nach diesen Tagen mit dem
Haus Israel schließe – spricht der Herr: Ich
lege meine Gesetze in ihr Denken hinein und
schreibe sie ihnen in ihr Herz. Ich werde ihr
Gott sein und sie werden mein Volk sein.*
11 *Und keiner wird seinen Mitbürger belehren
und keiner seinem Bruder sagen: Erkenne
den Herrn! Denn sie alle, Klein und Groß,
werden mich kennen.* 12 *Denn ich werde ihr
Unrecht vergeben und an ihre Sünden nicht
mehr denken.* 13 Indem er von einem neuen
Bund spricht, hat er den ersten für veraltet
erklärt. Was aber veraltet und überlebt ist,
das ist dem Untergang nahe.

1: Ps 110,1 / **2**: Num 24,6 G / **5**: Kol 2,17; Ex 25,40 / **8–12**: Jer 31,31–34 G

DER KULT DES ERSTEN BUNDES UND DAS OPFER CHRISTI: 9,1–14

9 1 Der erste Bund hatte zwar gottes-
dienstliche Vorschriften und ein irdi-
sches Heiligtum. 2 Es wurde nämlich ein
erstes Zelt errichtet, in dem sich der Leuchter,
der Tisch und die Schaubrote befanden; die-

ses wird das Heilige genannt. 3 Hinter dem
zweiten Vorhang jedoch war ein Zelt, das
Allerheiligstes genannt wird, 4 mit dem gol-
denen Rauchopferaltar und der ganz mit
Gold überzogenen Bundeslade; darin waren
ein goldener Krug mit dem Manna, der Stab
Aarons, der Triebe angesetzt hatte, und die
Bundestafeln; 5 über ihr waren die Kerubim
der Herrlichkeit, die die Sühneplatte über-
schatteten. Doch es ist nicht möglich, darü-
ber jetzt im Einzelnen zu reden.

6 So also ist das alles geordnet. In das erste
Zelt gehen die Priester das ganze Jahr hinein,
um die heiligen Dienste zu verrichten. 7 In
das zweite Zelt aber geht nur einmal im Jahr
der Hohepriester allein hinein, und zwar mit
dem Blut, das er für sich und für die unwis-
sentlich begangenen Vergehen des Volkes
darbringt. 8 Damit macht der Heilige Geist
deutlich, dass der Weg in das Heiligtum noch
nicht offensteht, solange das erste Zelt noch
Bestand hat. 9 Das ist ein Gleichnis, das auf
die gegenwärtige Zeit hinweist, in der Gaben
und Opfer dargebracht werden, die das Ge-
wissen des Opfernden nicht zur Vollkom-
menheit führen können; 10 es handelt sich
nur um Speisen und Getränke und allerlei
Waschungen, äußerliche Vorschriften, die
bis zu der Zeit einer besseren Ordnung auf-
erlegt worden sind.

11 Christus aber ist gekommen als Hohe-
priester der künftigen Güter durch das größe-
re und vollkommenere Zelt, das nicht von
Menschenhand gemacht, das heißt nicht von
dieser Schöpfung ist. 12 Nicht mit dem Blut von
Böcken und jungen Stieren, sondern mit sei-
nem eigenen Blut ist er ein für alle Mal in das
Heiligtum hineingegangen und so hat er eine
ewige Erlösung bewirkt. 13 Denn wenn schon
das Blut von Böcken und Stieren und die Asche
einer jungen Kuh die Unreinen, die damit be-
sprengt werden, so heiligt, dass sie leiblich
rein werden, 14 um wie viel mehr wird das Blut
Christi, der sich selbst als makelloses Opfer
kraft des ewigen Geistes Gott dargebracht hat,
unser Gewissen von toten Werken reinigen,
damit wir dem lebendigen Gott dienen.

1–2: Ex 25,23.30f. / **3**: Ex 26,33 / **4**: Ex 16,33; Num 17,25 / **5**: Röm 3,25 / **7**: Ex 30,10 / **11**: 4,14 / **13**: Num 19,9.17 / **14**: Röm 3,25

CHRISTUS ALS MITTLER DES NEUEN BUNDES: 9,15–28

15 Und darum ist er der Mittler eines neuen
Bundes; sein Tod hat die Erlösung von den
im ersten Bund begangenen Übertretungen
bewirkt, damit die Berufenen das verheißene
ewige Erbe erhalten. 16 Wo nämlich ein Tes-
tament vorliegt, muss der Tod des Erblassers
nachgewiesen werden; 17 denn ein Testament
wird erst im Todesfall rechtskräftig und gilt
nicht, solange der Erblasser noch lebt.

18 Daher ist auch der erste Bund nicht ohne
Blut in Kraft gesetzt worden. 19 Nachdem
Mose jedes Gebot dem Gesetz gemäß dem
ganzen Volk vorgelesen hatte, nahm er das
Blut der jungen Stiere und der Böcke, dazu
Wasser, rote Wolle und Ysop, besprengte das
Buch selbst und das ganze Volk 20 und sagte:
*Das ist das Blut des Bundes, den Gott geboten
hat für euch.* 21 Dann besprengte er auch das
Zelt und alle gottesdienstlichen Geräte auf
gleiche Weise mit dem Blut. 22 Fast alles wird
nach dem Gesetz mit Blut gereinigt, und
ohne dass Blut vergossen wird, gibt es keine
Vergebung.

23 Durch solche Mittel müssen also die Ab-
bilder der himmlischen Dinge gereinigt wer-
den; die himmlischen Dinge selbst aber er-
fordern wirksamere Opfer. 24 Denn Christus
ist nicht in ein von Menschenhand gemach-
tes Heiligtum hineingegangen, in ein Abbild
des wirklichen, sondern in den Himmel
selbst, um jetzt vor Gottes Angesicht zu er-
scheinen für uns; 25 auch nicht, um sich selbst
viele Male zu opfern, wie der Hohepriester
jedes Jahr mit fremdem Blut in das Heiligtum
hineingeht; 26 sonst hätte er viele Male seit
der Erschaffung der Welt leiden müssen.
Jetzt aber ist er am Ende der Zeiten ein einzi-
ges Mal erschienen, um durch sein Opfer die
Sünde zu tilgen. 27 Und wie es dem Menschen
bestimmt ist, ein einziges Mal zu sterben,
worauf dann das Gericht folgt, 28 so wurde
auch Christus ein einziges Mal geopfert, um
die Sünden vieler hinwegzunehmen; beim
zweiten Mal wird er nicht wegen der Sünde
erscheinen, sondern um die zu retten, die ihn
erwarten.

15: 7,22 / **19–20**: Ex 24,3–8; Lev 14,4; Num 19,6 / **20**: Ex 24,8 / **21**: Lev 8,15.19 / **22**: Lev 17,11 / **28**: Jes 53,12

9,4 Nach Ex 30,6–8 stand der Rauchopferaltar im Heiligen (vgl. Anm. zu 6,19); hier liegt beim Verfasser des Hebräerbriefes ein Missverständnis vor.

9,15f. Für Bund und Testament steht im griechischen Text dasselbe Wort (diatheke).

DAS OPFER JESU CHRISTI ALS ENDGÜLTIGE VERSÖHNUNG MIT GOTT: 10,1–18

10 1 Denn das Gesetz, das nur einen
Schatten der künftigen Güter, nicht
aber die Gestalt der Dinge selbst enthält,
kann durch die immer gleichen, jährlich dar-
gebrachten Opfer niemals diejenigen, die zu
Gott hintreten, für immer zur Vollendung
führen. 2 Denn hätte man nicht aufgehört,
Opfer darzubringen, wenn die Opfernden
kein Sündenbewusstsein mehr gehabt hät-
ten, da sie ja ein für alle Mal gereinigt worden
wären? 3 Aber durch diese Opfer wird alljähr-
lich nur an die Sünden erinnert, 4 denn das
Blut von Stieren und Böcken kann unmög-
lich Sünden wegnehmen. 5 Darum spricht er
bei seinem Eintritt in die Welt: *Schlacht- und
Speiseopfer hast du nicht gefordert, / doch
einen Leib hast du mir bereitet; /* 6 *an Brand-
und Sündopfern hast du kein Gefallen.* 7 *Da
sagte ich: Siehe, ich komme – / so steht es über
mich in der Schriftrolle –, / um deinen Wil-
len, Gott, zu tun.* 8 Zunächst sagt er: *Schlacht-
und Speiseopfer, Brand- und Sündopfer for-
derst du nicht, du hast daran kein Gefallen*,
obgleich sie doch nach dem Gesetz dar-
gebracht werden; 9 dann aber hat er gesagt:
Siehe, ich komme, um deinen Willen zu tun.
Er hebt das Erste auf, um das Zweite in Kraft
zu setzen. 10 Aufgrund dieses Willens sind
wir durch die Hingabe des Leibes Jesu Chris-
ti geheiligt – ein für alle Mal.
11 Und jeder Priester steht Tag für Tag da,
versieht seinen Dienst und bringt viele Male
die gleichen Opfer dar, die doch niemals Sün-
den wegnehmen können. 12 Dieser aber hat
nur ein einziges Opfer für die Sünden darge-
bracht und sich dann für immer zur Rechten
Gottes gesetzt; 13 seitdem wartet er, bis seine
Feinde ihm als Schemel unter die Füße gelegt
werden. 14 Denn durch ein einziges Opfer hat
er die, die geheiligt werden, für immer zur
Vollendung geführt.
15 Das bezeugt uns auch der Heilige Geist;
nachdem er gesagt hat: 16 *Dies ist der Bund,
den ich nach diesen Tagen mit ihnen schlie-
ßen werde – / spricht der Herr: Ich lege mei-
ne Gesetze in ihr Herz / und schreibe sie in ihr
Denken hinein;* 17 *und: An ihre Sünden und
Übertretungen denke ich nicht mehr.* 18 Wo
also die Sünden vergeben sind, da gibt es kein
Opfer für die Sünden mehr.

1: 8,5 / **5–7:** Ps 40,7–9 G / **10:** 2,11; 9,28 / **12–13:** Ps 110,1 / **16–17:** Jer 31,33f. G

DER WEG DES GLAUBENS: 10,19–13,17

DAS UNWANDELBARE BEKENNTNIS: 10,19–25

19 So haben wir die Zuversicht, Brüder und
Schwestern, durch das Blut Jesu in das Hei-
ligtum einzutreten. 20 Er hat uns den neuen
und lebendigen Weg erschlossen durch den
Vorhang hindurch, das heißt durch sein
Fleisch. 21 Und da wir einen Hohepriester
haben, der über das Haus Gottes gestellt ist,
22 lasst uns mit aufrichtigem Herzen und in
voller Gewissheit des Glaubens hinzutreten,
die Herzen durch Besprengung gereinigt
vom schlechten Gewissen und den Leib ge-
waschen mit reinem Wasser! 23 Lasst uns an
dem unwandelbaren Bekenntnis der Hoff-
nung festhalten, denn er, der die Verheißung
gegeben hat, ist treu! 24 Lasst uns aufeinander
achten und uns zur Liebe und zu guten Taten
anspornen! 25 Lasst uns nicht unseren Zu-
sammenkünften fernbleiben, wie es einigen
zur Gewohnheit geworden ist, sondern er-
muntert einander, und das umso mehr, als
ihr seht, dass der Tag naht!

21: 3,6; Sach 6,11f. / **22:** 9,14

WARNUNG VOR DEM ABFALL: 10,26–39

26 Denn wenn wir vorsätzlich sündigen,
nachdem wir die Erkenntnis der Wahrheit
empfangen haben, gibt es für diese Sünden
kein Opfer mehr, 27 sondern nur die schreck-
liche Erwartung des Gerichts und ein wüten-
des Feuer, das die Gegner verzehren wird.
28 Wer das Gesetz des Mose verwirft, muss
ohne Erbarmen *auf die Aussage von zwei
oder drei Zeugen hin sterben.* 29 Meint ihr
nicht, dass eine noch viel härtere Strafe der
verdient, der den Sohn Gottes mit Füßen ge-
treten, das Blut des Bundes, durch das er ge-
heiligt wurde, verachtet und den Geist der

Gnade geschmäht hat? 30 Wir kennen doch
den, der gesagt hat: *Mein ist die Rache, ich
werde vergelten*, und ferner: *Der Herr wird
sein Volk richten.* 31 Es ist furchtbar, in die
Hände des lebendigen Gottes zu fallen.

32 Erinnert euch an die früheren Tage, in
denen ihr als Erleuchtete einen harten Lei-
denskampf auf euch genommen habt, 33 da ihr
durch Beschimpfungen und Bedrängnisse
öffentlich zur Schau gestellt wurdet oder
mitbetroffen gewesen seid vom Geschick
derer, denen es so erging; 34 denn ihr habt mit
den Gefangenen gelitten und auch den Raub
eures Vermögens mit Freuden hingenom-
men, da ihr wusstet, dass ihr einen besseren
und bleibenden Besitz habt. 35 Werft also eure
Zuversicht nicht weg – sie hat großen Lohn!
36 Was ihr braucht, ist Ausdauer, damit ihr
den Willen Gottes erfüllt und die Verhei-
ßung erlangt.

37 Denn *nur noch eine ganz kurze Zeit, /
dann wird der kommen, der kommen soll, /
und er bleibt nicht aus.* 38 *Mein Gerechter aber
wird aus Glauben leben; / doch wenn er zu-
rückweicht, / hat meine Seele kein Gefallen
an ihm.* 39 Wir aber gehören nicht zu denen, die
zurückweichen und verloren gehen, sondern
zu denen, die glauben und das Leben gewinnen.

26: 6,4–8 / **27**: Jes 26,11 / **28**: Dtn 17,6 / **29**: Ex 24,8 / **30**: Dtn 32,35f. / **34**: 13,3 / **37**: Jes 26,20; Hab 2,3 G / **38**: Hab 2,4 G

DAS GLAUBENSZEUGNIS DER VORANGEGANGENEN GENERATIONEN: 11,1–40

11 1 Glaube aber ist: Grundlage dessen,
was man erhofft, ein Zutagetreten von
Tatsachen, die man nicht sieht.

2 Aufgrund dieses Glaubens haben die Al-
ten ein gutes Zeugnis erhalten.

3 Aufgrund des Glaubens erkennen wir,
dass die Welt durch Gottes Wort erschaffen
wurde und so aus Unsichtbarem das Sichtba-
re entstanden ist.

4 Aufgrund des Glaubens brachte Abel
Gott ein besseres Opfer dar als Kain; durch
diesen Glauben erhielt er das Zeugnis, dass
er gerecht war, was Gott durch die Annah-
me seiner Opfergaben bezeugte; und durch
den Glauben redet Abel noch, obwohl er tot
ist.

5 Aufgrund des Glaubens wurde Henoch
entrückt, sodass er den Tod nicht schaute; er
wurde nicht mehr gefunden, weil Gott ihn
entrückt hatte; vor der Entrückung erhielt er
das Zeugnis, dass er Gefallen gefunden habe
bei Gott. 6 Ohne Glauben aber ist es unmög-
lich, Gott zu gefallen; denn wer hinzutreten
will zu Gott, muss glauben, dass er ist und
dass er die, die ihn suchen, belohnen wird.

7 Aufgrund des Glaubens baute Noach, dem
offenbart wurde, was noch nicht sichtbar war,
in frommem Gehorsam eine Arche zur Ret-
tung seines Hauses; durch Glauben sprach er
der Welt das Urteil und wurde Erbe der Ge-
rechtigkeit, die aus dem Glauben kommt.

8 Aufgrund des Glaubens gehorchte Abra-
ham dem Ruf, wegzuziehen in ein Land, das
er zum Erbe erhalten sollte; und er zog weg,
ohne zu wissen, wohin er kommen würde.

9 Aufgrund des Glaubens siedelte er im ver-
heißenen Land wie in der Fremde und wohn-
te mit Isaak und Jakob, den Miterben derselben
Verheißung, in Zelten; 10 denn er erwartete die
Stadt mit den festen Grundmauern, die Gott
selbst geplant und gebaut hat.

11 Aufgrund des Glaubens empfing selbst
Sara, die unfruchtbar war, die Kraft, trotz
ihres Alters noch Mutter zu werden; denn sie
hielt den für treu, der die Verheißung gege-
ben hatte. 12 So stammen denn auch von ei-
nem einzigen Menschen, dessen Kraft bereits
erstorben war, viele ab: zahlreich wie die
Sterne am Himmel und der Sand am Meeres-
strand, den man nicht zählen kann.

13 Im Glauben sind diese alle gestorben und
haben die Verheißungen nicht erlangt, son-
dern sie nur von fern geschaut und gegrüßt
und sie haben bekannt, dass sie Fremde und
Gäste auf Erden sind. 14 Und die, die solches
sagen, geben zu erkennen, dass sie eine Hei-
mat suchen. 15 Hätten sie dabei an die Heimat
gedacht, aus der sie weggezogen waren, so
wäre ihnen Zeit geblieben zurückzukehren;
16 nun aber streben sie nach einer besseren
Heimat, nämlich der himmlischen. Darum
schämt sich Gott ihrer nicht, er schämt sich
nicht, ihr Gott genannt zu werden; denn er
hat ihnen eine Stadt bereitet.

17 Aufgrund des Glaubens hat Abraham
den Isaak hingegeben, als er auf die Probe ge-

11,3 und so aus Unsichtbarem das Sichtbare entstanden ist, andere Übersetzungsmöglichkeit: und dass das Sichtbare nicht aus Erscheinungen entstanden ist.

11,11 vermuteter Text; möglich ist auch: Aufgrund des Glaubens empfing er auch trotz seines Alters zusammen mit Sara die Kraft zur Zeugung; denn er hielt …

stellt wurde; er gab den einzigen Sohn dahin,
er, der die Verheißungen empfangen hatte
18 und zu dem gesagt worden war: *Durch*
Isaak wirst du Nachkommen haben. 19 Er war
überzeugt, dass Gott sogar die Macht hat, von
den Toten zu erwecken; darum erhielt er
Isaak auch zurück. Das ist ein Sinnbild.

20 Aufgrund des Glaubens segnete Isaak
Jakob und Esau im Hinblick auf das Kommende.

21 Aufgrund des Glaubens segnete Jakob
sterbend jeden der Söhne Josefs und *neigte*
sich über das obere Ende seines Stabes.

22 Aufgrund des Glaubens dachte Josef sterbend an den Auszug der Söhne Israels und
gab Weisung wegen seiner Gebeine.

23 Aufgrund des Glaubens wurde Mose
nach seiner Geburt drei Monate lang von seinen Eltern verborgen, weil sie sahen, dass es
ein schönes Kind war, und weil sie sich vor
dem Befehl des Königs nicht fürchteten.

24 Aufgrund des Glaubens weigerte sich
Mose, als er herangewachsen war, für den
Sohn einer Tochter des Pharao gehalten zu
werden; 25 lieber wollte er zusammen mit
dem Volk Gottes Schlimmes erleiden, als
flüchtigen Genuss von der Sünde zu haben;
26 er hielt die Schmach des Christus für einen
größeren Reichtum als die Schätze Ägyptens; denn er richtete seinen Blick auf die
Belohnung.

27 Aufgrund des Glaubens verließ er Ägypten, ohne Furcht vor dem Zorn des Königs;
er hielt standhaft aus, als sähe er den Unsichtbaren.

28 Aufgrund des Glaubens vollzog er das
Pascha und bestrich die Türpfosten mit Blut,
damit der Vernichter ihre Erstgeborenen
nicht anrührte.

29 Aufgrund des Glaubens zogen sie durch
das Rote Meer wie über trockenes Land; als
die Ägypter das Gleiche versuchten, wurden
sie vom Meer verschlungen.

30 Aufgrund des Glaubens geschah es, dass
die Mauern von Jericho einstürzten, nachdem man sieben Tage um sie herumgezogen
war.

31 Aufgrund des Glaubens kam die Dirne
Rahab nicht zusammen mit den Ungehorsamen um; denn sie hatte die Kundschafter in
Frieden aufgenommen.

32 Und was soll ich noch sagen? Die Zeit
würde mir nicht reichen, wollte ich von Gideon erzählen, von Barak, Simson, Jiftach,
David und von Samuel und den Propheten;
33 sie haben aufgrund des Glaubens Königreiche besiegt, Gerechtigkeit geübt, Verheißungen erlangt, Löwen den Rachen gestopft,
34 Feuersglut gelöscht; sie sind der Schärfe des
Schwertes entgangen; sie kamen zu Kraft, als
sie schwach waren; sie wurden stark im
Kampf und haben feindliche Heere in die
Flucht geschlagen. 35 Frauen haben ihre Toten
durch Auferstehung zurückerhalten. Andere
wurden gefoltert, da sie den Loskauf nicht
annahmen, um eine bessere Auferstehung zu
erlangen. 36 Andere haben Spott und Schläge
erduldet, ja sogar Ketten und Kerker. 37 Gesteinigt wurden sie, verbrannt, zersägt, mit
dem Schwert umgebracht; sie zogen in Schafspelzen und Ziegenfellen umher, notleidend,
bedrängt, misshandelt. 38 Sie, deren die Welt
nicht wert war, irrten umher in Wüsten und
Gebirgen, in den Höhlen und Schluchten des
Landes. 39 Doch sie alle, die aufgrund des
Glaubens besonders anerkannt wurden, haben das Verheißene nicht erlangt, 40 weil Gott
für uns etwas Besseres vorgesehen hatte;
denn sie sollten nicht ohne uns vollendet
werden.

4: Gen 4,4 / **5**: Gen 5,24 G / **7**: Gen 6,13–7,1 / **8**: Gen 12,1.4 / **9**: Gen 26,3 / **11**: Gen 17,19; 21,2 / **12**: Gen 15,5; 22,17; Ex 32,13 / **13**: Ps 39,13; 119,19 / **17**: Gen 22,1f. / **18**: Gen 21,12 G / **19**: Gen 22,1–18 / **20**: Gen 27,28f.39f. / **21**: Gen 47,31 G; 48,15f. / **22**: Gen 50,24f. / **23**: Ex 2,2 / **24**: Ex 2,11f. / **26**: 12,2; 13,13; Ps 69,10; 89,51f. / **27**: Ex 2,15 / **28**: Ex 12,11.13.22f. / **29**: Ex 14,21–31 / **30**: Jos 6,1–21 / **31**: Jos 2,11f.; 6,17.22–25 / **32-34**: Ri 4–8; 10–16; 1 Sam 16,11f.; Dan 3,23–25; 6,23 / **35**: 2 Makk 6,18–7,42 / **36**: 2 Chr 36,16; Jer 20 / **37**: 2 Chr 24,21 / **38**: 1 Sam 13,6

DAS BEISPIEL JESU CHRISTI: 12,1–3

12 1 Darum wollen auch wir, die wir eine
solche Wolke von Zeugen um uns haben, alle Last und die Sünde abwerfen, die uns
so leicht umstrickt. Lasst uns mit Ausdauer in
dem Wettkampf laufen, der vor uns liegt,
2 und dabei auf Jesus blicken, den Urheber und
Vollender des Glaubens; er hat angesichts der
vor ihm liegenden Freude das Kreuz auf sich
genommen, ohne auf die Schande zu achten,
und sich zur Rechten von Gottes Thron gesetzt. 3 Richtet also eure Aufmerksamkeit auf

---

11,37 Verbrannt, zahlreiche alte Textzeugen: geprüft (durch Folter?).

11,39 Besonders anerkannt wurden, wörtlich: bezeugt worden sind.

den, der solche Anfeindung von Seiten der
Sünder gegen sich erduldet hat, damit ihr
nicht ermattet und mutlos werdet!

1: 1 Kor 9,24 / **2:** 2,10; Ps 110,1

DIE ZUCHT DES HERRN: 12,4–17

4 Ihr habt im Kampf gegen die Sünde noch
nicht bis aufs Blut Widerstand geleistet 5 und
ihr habt die Mahnung vergessen, die euch als
Söhne anredet: *Mein Sohn, verachte nicht die*
Zucht des Herrn / und verzage nicht, wenn
er dich zurechtweist! 6 *Denn wen der Herr*
liebt, den züchtigt er; / er schlägt mit der Rute
jeden Sohn, den er gern hat.

7 Haltet aus, wenn ihr gezüchtigt werdet!
Gott behandelt euch wie Söhne. Denn wo ist
ein Sohn, den sein Vater nicht züchtigt?
8 Würdet ihr nicht gezüchtigt, wie es doch
bisher allen ergangen ist, dann wäret ihr kei-
ne legitimen Kinder, ihr wäret nicht seine
Söhne. 9 Ferner: An unseren leiblichen Vä-
tern hatten wir harte Erzieher und wir ach-
teten sie. Sollen wir uns dann nicht erst recht
dem Vater der Geister unterwerfen und so
das Leben haben? 10 Jene haben uns für kurze
Zeit nach ihrem Ermessen in Zucht genom-
men; er aber tut es zu unserem Besten, damit
wir Anteil an seiner Heiligkeit gewinnen.

11 Jede Züchtigung scheint zwar für den
Augenblick nicht Freude zu bringen, sondern
Leid; später aber gewährt sie denen, die durch
sie geschult worden sind, Gerechtigkeit als
Frucht des Friedens.

12 Darum macht die erschlafften Hände
und die wankenden Knie wieder stark,
13 schafft ebene Wege für eure Füße, damit
die lahmen Glieder nicht ausgerenkt, son-
dern vielmehr geheilt werden! 14 Trachtet
nach Frieden mit allen und nach der Heili-
gung, ohne die keiner den Herrn sehen wird!
15 Seht zu, dass niemand von der Gnade Got-
tes abkomme, *damit keine bittere Wurzel*
aufsprosst, Schaden stiftet und viele durch
sie verunreinigt werden, 16 dass keiner un-
züchtig ist oder gottlos wie Esau, der für eine
einzige Mahlzeit sein Erstgeburtsrecht ver-
kaufte! 17 Ihr wisst auch, dass er verworfen
wurde, als er später den Segen erben wollte;
denn er fand keinen Raum zur Umkehr, ob-
gleich er unter Tränen danach suchte.

5–6: Spr 3,11f. G / **7:** Spr 3,11 / **9:** Num 16,22; 27,16 / **12:** Jes 35,3; Ijob 4,3f. / **13:** Spr 4,26 G / **14:** Ps 34,15 / **15:** Dtn 29,17 G / **16:** Gen 25,33f. / **17:** Gen 27,30–40

DIE GRÖSSE DER GÖTTLICHEN BERUFUNG:
12,18–29

18 Denn ihr seid nicht zu einem sichtbaren, lo-
dernden Feuer hinzugetreten, zu dunklen
Wolken, zu Finsternis und Sturmwind, 19 zum
Klang der Posaunen und zum Schall der Wor-
te, bei denen die Hörer flehten, diese Stimme
solle nicht weiter zu ihnen reden; 20 denn sie
ertrugen nicht den Befehl: Sogar ein Tier, das
den Berg berührt, soll gesteinigt werden. 21 Ja,
so furchtbar war die Erscheinung, dass Mose
rief: *Ich bin voll Angst* und Schrecken. 22 Ihr
seid vielmehr zum Berg Zion hinzugetreten,
zur Stadt des lebendigen Gottes, dem himm-
lischen Jerusalem, zu Tausenden von Engeln,
zu einer festlichen Versammlung 23 und zur
Gemeinschaft der Erstgeborenen, die im Him-
mel verzeichnet sind, und zu Gott, dem Rich-
ter aller, und zu den Geistern der schon voll-
endeten Gerechten, 24 zum Mittler eines neuen
Bundes, Jesus, und zum Blut der Besprengung,
das mächtiger ruft als das Blut Abels.

25 Gebt Acht, dass ihr den nicht ablehnt, der
redet! Denn wenn schon die nicht entronnen
sind, die ihn abgelehnt haben, als er auf Erden
seine Gebote verkündete, um wie viel mehr
gilt dies für uns, wenn wir uns von dem ab-
wenden, der jetzt vom Himmel her spricht.
26 Seine Stimme hat damals die Erde erschüt-
tert, jetzt aber hat er verheißen: *Noch einmal*
werde ich zum Wanken bringen – nicht nur
die Erde, sondern *auch den Himmel*. 27 Dieses
Noch einmal aber zeigt an: Das, was erschüt-
tert wird, weil es geschaffen ist, soll verwan-
delt werden, damit allein das bleibt, was nicht
erschüttert werden kann. 28 Darum wollen wir
dankbar sein, weil wir ein unerschütterliches
Reich empfangen, und wollen Gott so dienen,
wie es ihm gefällt, in ehrfürchtiger Scheu;
29 denn unser Gott ist *verzehrendes Feuer.*

18–19: Ex 19,16–19; Dtn 4,11 / **19:** Ex 20,19 / **20:** Ex 19,13 / **21:** Dtn 9,19 / **22:** Gal 4,26 / **24:** 9,15; Gen 4,10 / **26:** Hag 2,6 G / **29:** Dtn 4,24; Jes 33,14

AUFRUF ZU CHRISTLICHEM LEBEN: 13,1–6

13 1 Die Bruderliebe soll bleiben. 2 Vergesst
die Gastfreundschaft nicht; denn durch
sie haben einige, ohne es zu ahnen, Engel be-
herbergt! 3 Denkt an die Gefangenen, als wäret
ihr mitgefangen; denkt an die Misshandelten,
denn auch ihr lebt noch in eurem irdischen
Leib! 4 Die Ehe soll von allen in Ehren gehalten
werden und das Ehebett bleibe unbefleckt;

denn Unzüchtige und Ehebrecher wird Gott
richten 5 Euer Lebenswandel sei frei von Hab-
gier; seid zufrieden mit dem, was ihr habt;
denn Gott selbst hat gesagt: *Ich werde dich
keineswegs aufgeben und niemals verlasse ich
dich.* 6 So dürfen wir zuversichtlich sagen: *Der
Herr ist mein Helfer, ich werde mich nicht
fürchten. / Was kann ein Mensch mir antun?*

2: Gen 18,2f.; 19,1–3 / **3**: 10,34 / **4**: 1 Kor 5,11; 7,2–4; Eph 5,5 / **5**: 1 Tim 6,3–10; Dtn 31,6.8; Jos 1,5 / **6**: Ps 118,6 G

DER CHRISTLICHE GOTTESDIENST: 13,7–17

7 Gedenkt eurer Vorsteher, die euch das Wort
Gottes verkündet haben! Betrachtet den Er-
trag ihres Lebenswandels! Ahmt ihren Glau-
ben nach! 8 Jesus Christus ist derselbe gestern
und heute und in Ewigkeit.

9 Lasst euch nicht von vieldeutigen und
fremden Lehren irreführen; denn es ist gut,
dass durch Gnade das Herz gefestigt wird und
nicht durch Speisevorschriften, die denen, die
sich daran hielten, keinen Nutzen brachten.

10 Wir haben einen Altar, von dem zu essen
die Diener des Zeltes keine Erlaubnis haben.
11 Denn die Leiber der Tiere, deren Blut vom
Hohepriester zur Sühnung der Sünde in das
Heiligtum gebracht wird, werden außerhalb
des Lagers verbrannt. 12 Deshalb hat auch Je-
sus, um durch sein eigenes Blut das Volk zu
heiligen, außerhalb des Tores gelitten.

13 Lasst uns also zu ihm vor das Lager hi-
nausziehen und seine Schmach tragen!
14 Denn wir haben hier keine bleibende Stadt,
sondern wir suchen die zukünftige.

15 Durch ihn also lasst uns Gott allezeit
das Opfer des Lobes darbringen, nämlich
die Frucht der Lippen, die seinen Namen
bekennen. 16 Vergesst nicht, Gutes zu tun,
und vernachlässigt nicht die Gemeinschaft;
denn an solchen Opfern hat Gott Gefallen!
17 Gehorcht euren Vorstehern und ordnet
euch ihnen unter, denn sie wachen über
eure Seelen und müssen Rechenschaft da-
rüber ablegen; sie sollen das mit Freude tun,
nicht mit Seufzen, denn das wäre zu eurem
Schaden.

9: 9,10; Kol 2,21; 1 Tim 1,6f.; 4,3; 2 Tim 2,14–16 / **11**: Lev 16,27 / **12**: Mt 27,31b–33; Joh 19,17 / **15**: Ps 50,14.23; Hos 14,3 / **17**: Apg 20,28–31; 1 Kor 16,16; 1 Petr 5,5

13,10 Zelt, im Sinn von Bundeszelt, meint die alte gottesdienstliche Ordnung des Judentums (vgl. Hebr 8,5; 9,2–6.8.21).

GEBETSBITTE UND SEGENSWUNSCH: 13,18–21

18 Betet für uns! Wir sind nämlich über-
zeugt, ein gutes Gewissen zu haben, weil
wir in allem recht zu leben suchen. 19 Ein-
dringlich bitte ich euch, dies zu tun, damit
ich euch möglichst bald zurückgegeben
werde.

20 Der Gott des Friedens aber, der Jesus,
unseren Herrn, den erhabenen Hirten der
Schafe, von den Toten heraufgeführt hat
durch das Blut eines ewigen Bundes, 21 er ma-
che euch tüchtig in allem Guten, damit ihr
seinen Willen tut. Er bewirke in uns, was
ihm gefällt, durch Jesus Christus, dem die
Ehre sei in alle Ewigkeit. Amen.

18: Röm 15,30 / **19**: Apg 12,5–12; Röm 15,30 / **20**: Jes 55,3; 63,11; Sach 9,11; 1 Petr 5,4 / **21**: Röm 16,27

ABSCHLIESSENDE MAHNUNG UND GRÜSSE: 13,22–25

22 Ich bitte euch aber, Brüder und Schwestern,
nehmt dieses Wort der Ermahnung bereit-
willig an; denn ich habe euch ja nur kurz ge-
schrieben. 23 Wisst, dass unser Bruder Timo-
theus freigelassen worden ist; sobald er
kommt, werde ich euch mit ihm zusammen
besuchen.

24 Grüßt alle eure Vorsteher und alle Heili-
gen! Es grüßen euch die Brüder aus Italien.
25 Die Gnade sei mit euch allen!

13,23 Freigelassen worden ist: andere Übersetzungsmöglichkeit: abgereist ist.

DIE KATHOLISCHEN BRIEFE

DIE KATHOLISCHEN BRIEFE

Die sieben Schreiben, die dem Hebräerbrief folgen, werden seit alter Zeit (mit dem griechischen Wort katholikós: allgemein) als „Katholische Briefe“ bezeichnet, weil sie sich – sieht man von 2 Joh und 3 Joh ab – nicht an eine Einzelgemeinde oder Einzelperson richten. Sie weisen vielfach keine strenge Briefform auf, sondern haben eher den Charakter von Lehr- und Mahnschreiben, die zur Treue gegenüber dem in der Taufe angenommenen Glauben aufrufen. Damit leiten sie ihre Autorität nicht in erster Linie von ihrer apostolischen Herkunft, sondern von ihrem unverfälschten Christuszeugnis ab, das sie schon in der Sicht der Alten Kirche von zahlreichen anderen angeblich apostolischen Schriften unterschied. Dennoch setzten sie sich – anders als die Gruppe der Paulusbriefe – bei der Bildung des neutestamentlichen Kanons nur zögernd durch. Erst seit dem Ende des 4. Jahrhunderts gelten alle sieben Briefe als Teil des Neuen Testaments, wobei ihre Reihenfolge in Ost und West bis heute variiert. Zum Ort der einzelnen Katholischen Briefe im Kanon und zu den Fragen der Autorschaft vgl. die einzelnen Einleitungen.

DER BRIEF DES JAKOBUS

Der Jakobusbrief ist der erste der sieben „Katholischen Briefe“. Er wird nach dem Muster des griechischen Briefformulars eröffnet, hat aber keinen förmlichen Briefschluss. In Analogie zu philosophischen Lehrbriefen der Antike kann man ihn als „weisheitlichen Lehrbrief“ bezeichnen.

Nach weithin übereinstimmender Auffassung wurde er weder vom Zebedäussohn Jakobus (Mk 1,19) noch vom „Herrenbruder“ Jakobus (Mk 6,3), sondern von einem uns unbekannten Autor verfasst, der sich dem gesetzestreuen Leiter der Urgemeinde verpflichtet wusste. Als Adressaten kommen am ehesten Kreise der städtischen Mittelschicht in der Gegend des syrischen Antiochia am Orontes in Frage, „Aufsteiger“, die es zu einigem Wohlstand gebracht haben (4,13–17).

Durchgehend in einem ermahnenden Stil verfasst, spricht der Brief vor allem Themen an, die praktische Lebensvollzüge der Adressaten betreffen. Dazu gehören die Bewährung der christlichen Existenz im Angefochtensein (1,2–12; 5,7–20), das nicht zuletzt durch die Spannung von Arm und Reich bedingt ist (1,9–11; 2,1–7; 5,1–6). Bei den wohlhabenden Kreisen, die sich inzwischen im Adressatenkreis gebildet haben, sieht der Verfasser die Gefahr des Gewinnstrebens und des Glaubensverlustes (4,13–17). Aufgrund der zunehmenden sozialen Unterschiede warnt er vor innerchristlicher Eifersucht und Spaltungstendenzen (4,1–12). Von zentraler Bedeutung sind die Fragen nach einer Zuordnung von Glaube und Werk (2,14–26) sowie Glaube und Weisheit (1,5–8; 3,13–18). Zugleich berührt die Spannung von Reden und Tun die christliche Existenz in ihrem Grundverständnis.

Der ermahnende Ton des Briefs zeigt, dass es seinem Verfasser ganz wesentlich um Verhaltensänderung geht. In der Erfahrung von Bedrängnis und Krise will er einerseits die in der Diaspora verstreute Christenheit (1,1) zur Stetigkeit und zum Durchhalten ermutigen. Dies begründet er mit seinem Gottesbild: Gott ist zuverlässig und führt für den Glaubenden alles zum Guten (1,15–18.19–25). Andererseits sieht er die Adressaten in der Gefahr, sich zu sehr der Welt anzupassen (4,13–17).

Dass sich im Adressatenkreis schon kirchliche Funktionen und Dienste wie „Lehrer" (3,1) und „Älteste" (5,14) gebildet haben, deutet auf eine fortgeschrittene Zeit der Abfassung des Briefs hin (80–90 n. Chr.). Auch das Thema „Rechtfertigung aus dem Zusammenwirken von Glaube und Werk" (2,21–26) ist kaum ohne die Theologie des Paulus denkbar (vgl. Röm 3,28). Bedeutsam ist ferner die Erwähnung der Krankensalbung (5,14; vgl. Mk 6,13).

ANSCHRIFT UND GRUSS: 1,1

1 1 Jakobus, Knecht Gottes und des Herrn
Jesus Christus, grüßt die zwölf Stämme
in der Diaspora.

1: 1 Petr 1,1

DIE VIELGESTALTIGKEIT DER VERSUCHUNGEN: 1,2–18

2 Nehmt es voll Freude auf, meine Brüder und
Schwestern, wenn ihr in mancherlei Versu-
chungen geratet! 3 Ihr wisst, dass die Prüfung
eures Glaubens Geduld bewirkt. 4 Die Ge-
duld aber soll zu einem vollkommenen Werk
führen, damit ihr vollkommen und untadelig
seid und es euch an nichts fehlt. 5 Fehlt es aber
einem von euch an Weisheit, dann soll er sie
von Gott erbitten; Gott wird sie ihm geben,
denn er gibt allen gern und macht nieman-
dem einen Vorwurf. 6 Wer bittet, soll aber im
Glauben bitten und nicht zweifeln; denn wer
zweifelt, gleicht einer Meereswoge, die vom
Wind hin und her getrieben wird. 7 Ein sol-
cher Mensch bilde sich nicht ein, dass er vom
Herrn etwas erhalten wird: 8 Er ist ein Mann
mit zwei Seelen, unbeständig auf all seinen
Wegen.

9 Der Bruder, der in niederem Stand lebt,
rühme sich seiner hohen Würde, 10 der Rei-
che aber seiner Niedrigkeit; denn er wird da-
hinschwinden wie die Blume im Gras.
11 Denn die Sonne geht auf mit ihrer Hitze
und versengt das Gras; die Blume verwelkt
und ihre Pracht vergeht. So wird auch der
Reiche vergehen in allem, was er unter-
nimmt.

12 Selig der Mann, der in der Versuchung
standhält. Denn wenn er sich bewährt, wird
er den Kranz des Lebens erhalten, der denen
verheißen ist, die Gott lieben. 13 Keiner, der
in Versuchung gerät, soll sagen: Ich werde
von Gott in Versuchung geführt. Denn Gott
lässt sich nicht zum Bösen versuchen, er
führt aber auch selbst niemanden in Versu-
chung. 14 Vielmehr wird jeder von seiner ei-
genen Begierde in Versuchung geführt, die
ihn lockt und fängt. 15 Wenn die Begierde
dann schwanger geworden ist, bringt sie die
Sünde zur Welt; ist die Sünde reif geworden,
bringt sie den Tod hervor.

16 Lasst euch nicht irreführen, meine ge-
liebten Brüder und Schwestern: 17 Jede gute
Gabe und jedes vollkommene Geschenk
kommt von oben herab, vom Vater der Ge-
stirne, bei dem es keine Veränderung oder
Verfinsterung gibt. 18 Aus freiem Willen hat
er uns durch das Wort der Wahrheit geboren,
damit wir eine Erstlingsfrucht seiner Schöp-
fung seien.

2–3: 1 Petr 1,6f. / **3:** Röm 5,3f. / **5:** Mt 7,7 / **6:** Eph 4,14 / **10:** Jes 40,6f.; 1 Petr 1,24 / **12:** 1 Petr 5,4; Offb 2,10; 2 Tim 4,8 / **13:** Sir 15,11f. / **16:** 1 Kor 15,33 / **18:** Kol 1,5; Eph 1,13; 1 Petr 1,23; Offb 14,4

1,17 Gestirne, wörtlich: Lichter.

LEBEN AUS GOTTES WORT UND WEISUNG: 1,19–5,20

GOTTES WORT HÖREN UND TUN: 1,19–27

19 Wisset, meine geliebten Brüder und
Schwestern: Jeder Mensch sei schnell zum
Hören, langsam zum Reden, langsam zum
Zorn; 20 denn der Zorn eines Mannes schafft
keine Gerechtigkeit vor Gott. 21 Darum legt
alles Schmutzige und die viele Bosheit ab und
nehmt in Sanftmut das Wort an, das in euch
eingepflanzt worden ist und die Macht hat,
euch zu retten!

22 Werdet aber Täter des Wortes und nicht
nur Hörer, sonst betrügt ihr euch selbst!
23 Wer nur Hörer des Wortes ist und nicht
danach handelt, gleicht einem Menschen, der
sein eigenes Gesicht im Spiegel betrachtet:
24 Er betrachtet sich, geht weg und schon hat
er vergessen, wie er aussah. 25 Wer sich aber
in das vollkommene Gesetz der Freiheit ver-
tieft und an ihm festhält, wer es nicht nur
hört und es wieder vergisst, sondern zum
Täter des Werkes geworden ist, wird selig
sein in seinem Tun.

26 Wenn einer meint, er diene Gott, aber
seine Zunge nicht im Zaum hält, sondern
sein Herz betrügt, dessen Gottesdienst ist
wertlos. 27 Ein reiner und makelloser Gottes-
dienst ist es vor Gott, dem Vater: für Waisen
und Witwen in ihrer Not zu sorgen und sich
unbefleckt von der Welt zu bewahren.

19: Sir 5,11; Koh 5,1 / **21**: Kol 3,8; 1 Petr 2,1 / **25**: Röm 8,2

VERHALTEN GEGENÜBER REICHEN UND ARMEN: 2,1–13

2 1 Meine Brüder und Schwestern, haltet
den Glauben an unseren Herrn Jesus
Christus, den Herrn der Herrlichkeit, frei
von jedem Ansehen der Person! 2 Wenn in
eure Versammlung ein Mann mit goldenen
Ringen und prächtiger Kleidung kommt und
zugleich kommt ein Armer in schmutziger
Kleidung 3 und ihr blickt auf den Mann in der
prächtigen Kleidung und sagt: Setz du dich
hier auf den guten Platz! und zu dem Armen
sagt ihr: Du stell dich oder setz dich dort zu
meinen Füßen! – 4 macht ihr dann nicht un-
tereinander Unterschiede und seid Richter
mit bösen Gedanken? 5 Hört, meine geliebten
Brüder und Schwestern! Hat nicht Gott die
Armen in der Welt zu Reichen im Glauben
und Erben des Reiches erwählt, das er denen
verheißen hat, die ihn lieben? 6 Ihr aber habt
den Armen entehrt. Sind es nicht die Rei-
chen, die euch unterdrücken und euch vor die
Gerichte schleppen? 7 Sind nicht sie es, die
den guten Namen lästern, der über euch aus-
gerufen worden ist? 8 Wenn ihr jedoch das
königliche Gesetz gemäß der Schrift erfüllt:
*Du sollst deinen Nächsten lieben wie dich
selbst!*, dann handelt ihr recht. 9 Wenn ihr
aber nach dem Ansehen der Person handelt,
begeht ihr eine Sünde und werdet vom Ge-
setz überführt, dass ihr es übertreten habt.
10 Denn wer das ganze Gesetz hält, aber gegen
ein einziges Gebot verstößt, der hat sich ge-
gen alle verfehlt. 11 Denn der gesagt hat: *Du
sollst nicht die Ehe brechen!*, hat auch gesagt:
Du sollst nicht töten! Wenn du nun nicht die
Ehe brichst, aber tötest, bist du ein Übertreter
des Gesetzes geworden. 12 Darum redet und
handelt wie solche, die nach dem Gesetz der
Freiheit gerichtet werden! 13 Denn das Ge-
richt ist erbarmungslos gegen den, der nicht
mit Erbarmen gehandelt hat. Erbarmen tri-
umphiert über das Gericht.

1: Lev 19,15 / **5**: Mt 5,3; 1 Kor 1,26–28 / **6**: 1 Kor 11,22 / **8**: Lev 19,18 / **10**: Mt 5,19 / **11**: Ex 20,13f.; Dtn 5,17f. / **13**: Tob 4,10f.

GLAUBE UND TAT: 2,14–26

14 Was nützt es, meine Brüder und Schwes-
tern, wenn einer sagt, er habe Glauben, aber es
fehlen die Werke? Kann etwa der Glaube ihn
retten? 15 Wenn ein Bruder oder eine Schwes-
ter ohne Kleidung sind und ohne das tägliche
Brot 16 und einer von euch zu ihnen sagt: Geht
in Frieden, wärmt und sättigt euch!, ihr gebt
ihnen aber nicht, was sie zum Leben brauchen
– was nützt das? 17 So ist auch der Glaube für
sich allein tot, wenn er nicht Werke vorzuwei-
sen hat. 18 Aber es könnte einer sagen: Du hast
Glauben und ich kann Werke vorweisen; zei-
ge mir deinen Glauben ohne die Werke und
ich zeige dir aus meinen Werken den Glauben.
19 Du glaubst: Es gibt nur einen Gott. Damit
hast du Recht; das glauben auch die Dämonen
und sie zittern. 20 Willst du also einsehen, du
törichter Mensch, dass der Glaube ohne Wer-
ke nutzlos ist? 21 Abraham, unser Vater, wurde
er nicht aus den Werken als gerecht anerkannt,

2,7 den guten Namen: Gemeint ist die Anrufung des Namens Jesu bei der Taufe. Vgl. Mt 28,19; Apg 2,38 u. a.

als er seinen Sohn Isaak auf den Opferaltar
legte? 22 Du siehst, dass der Glaube mit seinen
Werken zusammenwirkte und dass der Glau-
be aus den Werken zur Vollendung kam. 23 So
hat sich das Wort der Schrift erfüllt: *Abraham
glaubte Gott und das wurde ihm als Gerech-
tigkeit angerechnet* und er wurde Freund
Gottes genannt. 24 Ihr seht, dass der Mensch
aus Werken gerechtfertigt wird und nicht aus
Glauben allein. 25 Wurde nicht ebenso auch die
Dirne Rahab durch ihre Werke als gerecht an-
erkannt, weil sie die Boten bei sich aufnahm
und dann auf einem anderen Weg entkommen
ließ? 26 Denn wie der Körper ohne den Geist
tot ist, so ist auch der Glaube ohne Werke tot.

19: Dtn 6,4 / **21:** Röm 4,1–25; Gen 22,9; Sir 44,19f. / **23:** Gen 15,6; Jes 41,8; Röm 4,3 / **25:** Jos 6,17; Hebr 11,31

DIE MACHT DER ZUNGE: 3,1–12

3 1 Nicht viele von euch sollen Lehrer wer-
den, meine Brüder und Schwestern. Ihr
wisst, dass wir im Gericht strenger beurteilt
werden. 2 Denn wir alle verfehlen uns in vielen
Dingen. Wer sich in seinen Worten nicht ver-
fehlt, ist ein vollkommener Mann und kann
auch seinen Körper völlig im Zaum halten.
3 Wenn wir den Pferden den Zaum anlegen,
damit sie uns gehorchen, lenken wir damit das
ganze Tier. 4 Siehe, auch die Schiffe: Sie sind
groß und werden von starken Winden getrie-
ben und doch lenkt sie der Steuermann mit
einem sehr kleinen Steuer, wohin er will. 5 So
ist auch die Zunge nur ein kleines Körperglied
und rühmt sich großer Dinge. Und siehe, wie
klein kann ein Feuer sein, das einen großen
Wald in Brand steckt. 6 Auch die Zunge ist ein
Feuer, eine Welt voll Ungerechtigkeit. Die
Zunge ist es, die den ganzen Menschen ver-
dirbt und das Rad des Lebens in Brand setzt;
sie selbst aber wird von der Hölle in Brand
gesetzt. 7 Denn jede Art von Tieren, auf dem
Land und in der Luft, was am Boden kriecht
und was im Meer schwimmt, lässt sich zäh-
men und ist vom Menschen auch gezähmt
worden; 8 doch die Zunge kann kein Mensch
zähmen, dieses ruhelose Übel, voll von tödli-
chem Gift. 9 Mit ihr preisen wir den Herrn und
Vater und mit ihr verfluchen wir die Men-
schen, die nach dem Bilde Gottes geschaffen
sind. 10 Aus ein und demselben Mund kom-
men Segen und Fluch. Meine Brüder und
Schwestern, so darf es nicht sein. 11 Lässt etwa
eine Quelle aus derselben Öffnung süßes und
bitteres Wasser hervorsprudeln? 12 Kann
denn, meine Brüder und Schwestern, ein Fei-
genbaum Oliven tragen oder ein Weinstock
Feigen? So kann auch eine salzige Quelle kein
Süßwasser hervorbringen.

2: Sir 19,16 / **6:** Spr 13,3; 18,21 / **9:** Gen 1,26f. / **12:** Mt 7,16

DIE WEISHEIT VON OBEN: 3,13–18

13 Wer von euch ist weise und verständig? Er
soll in weiser Bescheidenheit die Taten eines
rechtschaffenen Lebens vorweisen. 14 Wenn
ihr aber bittere Eifersucht und Streitsucht in
eurem Herzen tragt, dann prahlt nicht und
verfälscht nicht die Wahrheit! 15 Das ist nicht
die Weisheit, die von oben kommt, sondern
eine irdische, weltliche, teuflische Weisheit.
16 Wo nämlich Eifersucht und Streit herr-
schen, da gibt es Unordnung und böse Taten
jeder Art. 17 Doch die Weisheit von oben ist
erstens heilig, sodann friedfertig, freundlich,
gehorsam, reich an Erbarmen und guten
Früchten, sie ist unparteiisch, sie heuchelt
nicht. 18 Die Frucht der Gerechtigkeit wird in
Frieden für die gesät, die Frieden schaffen.

13: Sir 1,27 / **14:** 1 Kor 3,3; Eph 4,31 / **15:** 1 Kor 2,14; Jud 19 / **17:** 1,5.17 / **18:** Jes 32,17

WARNUNG VOR ZWIETRACHT UND VOR FREUNDSCHAFT MIT DER WELT: 4,1–12

4 1 Woher kommen Kriege bei euch, wo-
her Streitigkeiten? Etwa nicht von den
Leidenschaften, die in euren Gliedern strei-
ten? 2 Ihr begehrt und erhaltet doch nichts.
Ihr mordet und seid eifersüchtig und könnt
dennoch nichts erreichen. Ihr streitet und
führt Krieg. Ihr erhaltet nichts, weil ihr nicht
bittet. 3 Ihr bittet und empfangt doch nichts,
weil ihr in böser Absicht bittet, um es in eu-
ren Leidenschaften zu verschwenden. 4 Ihr
Ehebrecher, wisst ihr nicht, dass Freund-
schaft mit der Welt Feindschaft mit Gott ist?
Wer also ein Freund der Welt sein will, der
wird zum Feind Gottes. 5 Oder meint ihr, die
Schrift sage ohne Grund: Eifersüchtig ver-
langt er nach dem Geist, den er in uns woh-
nen ließ? 6 Doch er gibt noch größere Gnade;
darum heißt es auch: *Gott tritt den Stolzen
entgegen, den Demütigen aber schenkt er
Gnade.* 7 Ordnet euch also Gott unter, leistet
dem Teufel Widerstand und er wird vor euch
fliehen. 8 Naht euch Gott, dann wird er sich

4,5 Dieses Schriftzitat ist nicht zu identifizieren.

euch nahen! Reinigt die Hände, ihr Sünder,
läutert eure Herzen, ihr Menschen mit zwei
Seelen! 9 Klagt, trauert und weint! Euer La-
chen verwandle sich in Trauer und eure Freu-
de in Betrübnis. 10 Demütigt euch vor dem
Herrn und er wird euch erhöhen!
11 Verleumdet einander nicht, Brüder und
Schwestern! Wer seinen Bruder oder seine
Schwester verleumdet oder verurteilt, ver-
leumdet das Gesetz und verurteilt das Ge-
setz; wenn du aber das Gesetz verurteilst,
handelst du nicht nach dem Gesetz, sondern
bist sein Richter. 12 Nur einer ist der Gesetz-
geber und Richter: er, der die Macht hat, zu
retten und zu verderben. Wer aber bist du,
dass du über deinen Nächsten richtest?

4: 1 Joh 2,15 / **6**: Spr 3,34 G; 1 Petr 5,5 / **7**: Eph 6,11; 1 Petr 5,8f. / **9**: Lk 6,25 / **10**: 1 Petr 5,6 / **11**: 1 Petr 2,1 / **12**: Röm 14,4; Sir 5,3

WARNUNG VOR SELBSTSICHERHEIT: 4,13–17

13 Ihr aber, die ihr sagt: Heute oder morgen
werden wir in diese oder jene Stadt reisen,
dort werden wir ein Jahr bleiben, Handel trei-
ben und Gewinne machen – 14 ihr wisst doch
nicht, was morgen mit eurem Leben sein
wird. Rauch seid ihr, den man eine Weile
sieht; dann verschwindet er. 15 Ihr solltet lie-
ber sagen: Wenn der Herr will, werden wir
noch leben und dies oder jenes tun. 16 Nun
aber rühmt ihr euch voll Übermut. Solches
Rühmen ist schlecht. 17 Wer also das Gute tun
kann und es nicht tut, der sündigt.

17: Lk 12,47

WARNUNG AN DIE HARTHERZIGEN REICHEN: 5,1–6

5 1 Ihr aber, ihr Reichen, weint nur und
klagt über das Elend, das über euch kom-
men wird! 2 Euer Reichtum verfault und eure
Kleider sind von Motten zerfressen, 3 euer
Gold und Silber verrostet. Ihr Rost wird als
Zeuge gegen euch auftreten und euer Fleisch
fressen wie Feuer. Noch in den letzten Tagen
habt ihr Schätze gesammelt. 4 Siehe, der Lohn
der Arbeiter, die eure Felder abgemäht haben,
der Lohn, den ihr ihnen vorenthalten habt,
schreit zum Himmel; die Klagerufe derer, die
eure Ernte eingebracht haben, sind *bis zu den*
Ohren des Herrn Zebaoth gedrungen. 5 Ihr
habt auf Erden geschwelgt und geprasst und
noch *am Schlachttag* habt ihr eure Herzen
gemästet. 6 Verurteilt und umgebracht habt
ihr den Gerechten, er aber leistete euch kei-
nen Widerstand.

2: Mt 6,19 / **4**: Jes 5,9; Jer 12,3 / **5**: Lk 16,19.25

MAHNUNG ZUR GEDULD: 5,7–11

7 Darum, Brüder und Schwestern, haltet ge-
duldig aus bis zur Ankunft des Herrn! Siehe,
auch der Bauer wartet auf die kostbare Frucht
der Erde, er wartet geduldig auf sie, bis Früh-
regen oder Spätregen fällt. 8 Ebenso geduldig
sollt auch ihr sein; macht eure Herzen stark,
denn die Ankunft des Herrn steht nahe be-
vor. 9 Klagt nicht übereinander, Brüder und
Schwestern, damit ihr nicht gerichtet wer-
det! Seht, der Richter steht schon vor der Tür.
10 Brüder und Schwestern, im Leiden und in
der Geduld nehmt euch die Propheten zum
Vorbild, die im Namen des Herrn gesprochen
haben! 11 Siehe, wir preisen selig, die geduldig
alles ertragen haben. Ihr habt von der Aus-
dauer des Ijob gehört und das Ende gesehen,
das der Herr herbeigeführt hat. Denn der
Herr ist voll Erbarmen und Mitleid.

9: Mt 7,1f.; Mk 13,29 / **11**: 1,12; Ijob 42,10–17; Ps 103,8; 116,5

VERBOT DES SCHWÖRENS: 5,12

12 Vor allem aber, meine Brüder und Schwes-
tern, schwört nicht, weder beim Himmel
noch bei der Erde noch irgendeinen anderen
Eid! Euer Ja soll ein Ja sein und euer Nein ein
Nein, damit ihr nicht dem Gericht verfallt.

12: Mt 5,34–37

VON DER MACHT DES GEBETES: 5,13–18

13 Ist einer von euch bedrückt? Dann soll er
beten. Ist jemand guten Mutes? Dann soll er
ein Loblied singen. 14 Ist einer unter euch
krank, dann rufe er die Ältesten der Gemein-
de zu sich; sie sollen Gebete über ihn spre-
chen und ihn im Namen des Herrn mit Öl
salben. 15 Das gläubige Gebet wird den Kran-
ken retten und der Herr wird ihn aufrichten;
und wenn er Sünden begangen hat, werden
sie ihm vergeben. 16 Darum bekennt einander
eure Sünden und betet füreinander, damit ihr
geheilt werdet! Viel vermag das inständige
Gebet eines Gerechten. 17 Elija war ein
Mensch wie wir; er betete inständig, es solle
nicht regnen, und es regnete drei Jahre und
sechs Monate nicht auf der Erde. 18 Und wie-
derum betete er; da gab der Himmel Regen
und die Erde brachte ihre Früchte hervor.

17: 1 Kön 17–18; Lk 4,25

VERANTWORTUNG FÜR DEN VERIRRTEN BRUDER: 5,19–20

19 Meine Brüder und Schwestern, wenn einer
unter euch von der Wahrheit abirrt und je-
mand ihn zur Umkehr bewegt, 20 dann soll er
wissen: Wer einen Sünder, der auf einem
Irrweg ist, zur Umkehr bewegt, rettet ihn vor
dem Tod und deckt viele Sünden zu.

20: Spr 10,12; 1 Petr 4,8

DER 1. BRIEF DES PETRUS

Nach altkirchlicher Überlieferung wurde der 1. Petrusbrief kurz vor dem Tod des Apostels (64 oder 67) in Rom unter Kaiser Nero geschrieben. Der Verfasser, der sich als „Apostel Jesu Christi“ (1,1) und „Zeuge der Leiden Christi“ (5,1) vorstellt, tritt als „Mitältester“ auf, der die Gemeinden in mehreren Provinzen Kleinasiens und ihre „Ältesten“ zur Vorbildlichkeit in Glaube und Leben ermahnt. Dass der Apostel Petrus selbst oder der am Schluss erwähnte Silvanus als sein Sekretär der Verfasser dieses Schreibens war, wird heute aus mehrfachen Gründen – nicht zuletzt wegen des guten griechischen Stils und der vielen Gemeinsamkeiten mit den Paulusbriefen – nicht angenommen. Als Entstehungsort ist – u. a. wegen der Berührungen mit dem 1. Klemensbrief und der Chiffre „Babylon“ (5,13) – die Stadt Rom wahrscheinlich. Der Missionserfolg und die kirchengeschichtlichen Verhältnisse, die sich in dem Brief spiegeln, deuten auf eine Abfassung am Anfang der 90er-Jahre hin.

Die ausführliche Anrede (1,1f.) sowie die Grüße und Segenswünsche am Ende (5,12–14) rahmen ein Briefkorpus, das die Adressaten in ihrer Situation der Diaspora zu einem christlichen Leben und zur „Hoffnung im Leiden“ anleitet und ermutigt. Es wird eröffnet mit einem Lobpreis Gottes für das durch Christus geschenkte Heil (1,3–12). Hieran schließen sich Maßgaben für einen unterscheidend christlichen Lebenswandel (1,13–2,3) des zur Kirche auferbauten heiligen, priesterlichen Volkes Gottes an (2,4–10). Es folgen Anweisungen für das Verhältnis zur nichtchristlichen Mitwelt und zur staatlichen Ordnung (2,11–17), für einzelne Gruppen im Haus (2,18–3,7; vgl. Kol 3,18–4,1; Eph 5,21–6,9) sowie Mahnungen an alle zu Rücksicht, Besonnenheit, Gastfreundschaft und Liebe untereinander (3,8–12; vgl. 4,7–11). Mehrmals wird die Lebenssituation der Adressaten in sozialer Missachtung und Bedrohung angesprochen und als „Leiden“ in Christus (3,13–4,6; 4,12–19) gedeutet. Der erneute Aufruf, dieses im Vertrauen auf Gott zu ertragen und durch Wort und Tat im Alltag der Welt (5,8–11) Zeugnis zu geben von der für Christen bezeichnenden Hoffnung (3,15), bildet den Abschluss.

Der 1. Petrusbrief ist charakteristisch für den Realismus, mit dem das frühe Christentum in Treue zum Evangelium auf die brennende Frage nach dem Verhältnis zwischen hellenistisch-römischer Kultur und Evangelium reagierte. Folgenreich war in Theologie- und Kirchengeschichte die Charakterisierung des Heilsstands der Christen als „heiliges, priesterliches Volk“ (2,5.9), die aus Ex 19,5f. zitiert wird. Sie wurde zur Grundlage für die Lehre des gemeinsamen Priestertums der Gläubigen, die vom Zweiten Vatikanischen Konzil betont worden ist. Das in 3,19 zum ersten Mal anklingende Motiv vom Abstieg Christi in das Reich des Todes ging in das Glaubensbekenntnis ein.

ANSCHRIFT UND GRUSS: 1,1–2

1 1 Petrus, Apostel Jesu Christi, den er-
wählten Fremden in der Diaspora in
Pontus, Galatien, Kappadokien, der Provinz
Asia und Bithynien, 2 von Gott, dem Vater,
von jeher ausersehen und durch den Geist
geheiligt, um gehorsam zu sein und be-
sprengt zu werden mit dem Blut Jesu Christi.
Gnade sei mit euch und Friede in Fülle!

1: 1,17; Jak 1,1; Lev 25,23; Hebr 11,9; 2 Kor 5,6f. / **2:** 1 Thess 1,1; 2 Thess 2,13; Hebr 12,24

NEUGEBURT IN CHRISTUS UND BERUFUNG ZUM GOTTESVOLK: 1,3–2,10

LOBPREIS FÜR GOTTES ERBARMEN UND KRAFT: 1,3–9

3 Gepriesen sei der Gott und Vater unseres
Herrn Jesus Christus: Er hat uns in seinem
großen Erbarmen neu gezeugt zu einer leben-
digen Hoffnung durch die Auferstehung Jesu
Christi von den Toten, 4 zu einem unzerstör-
baren, makellosen und unvergänglichen
Erbe, das im Himmel für euch aufbewahrt
ist.

5 Gottes Kraft behütet euch durch den
Glauben, damit ihr die Rettung erlangt, die
am Ende der Zeit offenbart werden soll.
6 Deshalb seid ihr voll Freude, wenn es für
kurze Zeit jetzt sein muss, dass ihr durch
mancherlei Prüfungen betrübt werdet. 7 Da-
durch soll sich eure Standfestigkeit im Glau-
ben, die kostbarer ist als Gold, das im Feuer
geprüft wurde und doch vergänglich ist, he-
rausstellen – zu Lob, Herrlichkeit und Ehre
bei der Offenbarung Jesu Christi.

8 Ihn habt ihr nicht gesehen und dennoch
liebt ihr ihn; ihr seht ihn auch jetzt nicht; aber
ihr glaubt an ihn und jubelt in unaussprech-
licher und von Herrlichkeit erfüllter Freude,
9 da ihr das Ziel eures Glaubens empfangen
werdet: eure Rettung.

3: 1,23; 2 Kor 1,3; Eph 1,3; Joh 3,3 / **4:** 3,7.9; Röm 8,17 / **6:** 4,12f.; Jak 1,2 / **7:** Weish 3,6; Sir 2,5; Jak 1,3

ZEIT DER ERFÜLLUNG: 1,10–12

10 Nach dieser Rettung haben die Propheten
gesucht und geforscht und sie haben über die
Gnade geweissagt, die für euch bestimmt ist.
11 Sie haben nachgeforscht, auf welche Zeit
und welche Umstände der in ihnen wirkende
Geist Christi hindeute, der die Leiden Chris-
ti und die darauf folgende Herrlichkeit im
Voraus bezeugte. 12 Ihnen wurde offenbart,
dass sie damit nicht sich selbst, sondern euch
dienten; und jetzt ist euch dies alles von de-
nen verkündet worden, die euch in der Kraft
des vom Himmel gesandten Heiligen Geistes
das Evangelium gebracht haben. Das alles zu
sehen ist sogar das Verlangen der Engel.

11: Dan 9,2.23–27; 12,6–13 / **12:** Mt 13,17; Lk 10,24

NEUER LEBENSWANDEL: 1,13–2,3

13 Deshalb umgürtet euch und macht euch
bereit! Seid nüchtern und setzt eure Hoff-
nung ganz auf die Gnade, die euch bei der
Offenbarung Jesu Christi geschenkt wird!
14 Als Kinder des Gehorsams gebt euch nicht
den Begierden hin, wie früher in eurer Un-
wissenheit! 15 Wie er, der euch berufen hat,
heilig ist, so soll auch eure ganze Lebensfüh-
rung heilig sein. 16 Denn es steht geschrieben:
Seid heilig, weil ich heilig bin!

17 Und wenn ihr den als Vater anruft, der
jeden ohne Ansehen der Person nach seinem
Tun beurteilt, dann führt auch, solange ihr
in der Fremde seid, ein Leben in Gottes-
furcht! 18 Ihr wisst, dass ihr aus eurer nichti-
gen, von den Vätern ererbten Lebensweise
nicht um einen vergänglichen Preis losge-
kauft wurdet, nicht um Silber oder Gold,
19 sondern mit dem kostbaren Blut Christi,
des Lammes ohne Fehl und Makel. 20 Er war
schon vor Grundlegung der Welt dazu aus-
ersehen und euretwegen ist er am Ende der
Zeiten erschienen. 21 Durch ihn seid ihr zum
Glauben an Gott gekommen, der ihn von den

1,13 umgürtet euch und macht euch bereit, wörtlich: umgürtet die Lenden eures Geistes.

Toten auferweckt und ihm die Herrlichkeit
gegeben hat, sodass ihr an Gott glauben und
auf ihn hoffen könnt.
22 Der Wahrheit gehorsam, habt ihr euer
Herz rein gemacht für eine aufrichtige ge-
schwisterliche Liebe; darum hört nicht auf,
einander von Herzen zu lieben. 23 Ihr seid neu
gezeugt worden, nicht aus vergänglichem,
sondern aus unvergänglichem Samen: aus
Gottes Wort, das lebt und das bleibt. 24 Denn:

Alles Sterbliche ist wie Gras
und all seine Schönheit ist wie die Blume im
Gras.
Das Gras verdorrt und die Blume verwelkt;
25 *doch das Wort des Herrn bleibt in Ewig-*
keit.

Dies aber ist das Wort, das euch als frohe
Botschaft verkündet worden ist.

2 1 Legt also alle Bosheit ab, alle Falschheit
und Heuchelei, allen Neid und alle Ver-
leumdung! 2 Verlangt wie neugeborene Kin-
der nach der unverfälschten, geistigen Milch,
damit ihr durch sie heranwachst und Ret-
tung erlangt! 3 Denn *ihr habt gekostet, wie*
gütig der Herr ist.

1,13: 5,8; Eph 6,14 / **15**: Mt 5,48; Eph 5,1f. / **16**: Lev 11,44f.; 19,2 / **17**: Gal 4,6; Lk 11,2 / **18**: Jes 52,3; 1 Kor 6,20 / **19**: Jes 53,7; Hebr 7,26; Joh 1,36; Offb 5,6.9 / **22**: 2,17; 3,8 / **23**: Jak 1,18 / **24–25**: Jes 40,6–8
2,1: Eph 4,22–24; Kol 3,9f. / **3**: Ps 34,9 G

1,22 Von Herzen, einige Textzeugen: mit reinem Herzen.

EINE KÖNIGLICHE PRIESTERSCHAFT: 2,4–10
4 Kommt zu ihm, dem lebendigen Stein, der
von den Menschen verworfen, aber von Gott
auserwählt und geehrt worden ist! 5 Lasst
euch als lebendige Steine zu einem geistigen
Haus aufbauen, zu einer heiligen Priester-
schaft, um durch Jesus Christus geistige Op-
fer darzubringen, die Gott gefallen! 6 Denn
es heißt in der Schrift:

Siehe, ich lege in Zion einen auserwählten
Stein,
einen Eckstein, den ich in Ehren halte;
wer an ihn glaubt, der geht nicht zugrunde.

7 Euch, die ihr glaubt, gilt diese Ehre. Für
jene aber, die nicht glauben, ist dieser *Stein,*
den die Bauleute verworfen haben, zum Eck-
stein geworden, 8 *zum Stein, an den man an-*
stößt, und zum Felsen, an dem man zu Fall
kommt. Sie stoßen sich an ihm, weil sie dem
Wort nicht gehorchen; doch dazu sind sie be-
stimmt. 9 Ihr aber seid *ein auserwähltes Ge-*
schlecht, eine königliche Priesterschaft, ein
heiliger Stamm, ein Volk, das sein besonderes
Eigentum wurde, damit ihr die großen Taten
dessen *verkündet*, der euch aus der Finsternis
in sein wunderbares Licht gerufen hat. 10 Einst
wart ihr *kein Volk*, jetzt aber seid ihr *Gottes*
Volk; einst gab es für euch *kein Erbarmen*,
jetzt aber habt ihr *Erbarmen gefunden.*

4: Jes 28,16 / **5**: Röm 12,1 / **6**: Jes 28,16 G / **7–8**: Ps 118,22 G; Jes 8,14; Mt 21,42 / **9**: Jes 43,20; Ex 19,6; Offb 1,6; 5,10 / **10**: Hos 1,6.9; 2,25

CHRISTLICHES LEBEN IN DIESER WELT: 2,11–5,11

ORDNUNG UND FREIHEIT: 2,11–17
11 Geliebte, da ihr Fremde und Gäste seid in
dieser Welt, ermahne ich euch: Gebt den ir-
dischen Begierden nicht nach, die gegen die
Seele kämpfen! 12 Führt unter den Heiden ein
rechtschaffenes Leben, damit sie, die euch
jetzt als Übeltäter verleumden, durch eure
guten Taten, die sie sehen, Gott verherrlichen
am Tag der Heimsuchung! 13 Unterwerft
euch um des Herrn willen jeder menschli-
chen Ordnung: dem Kaiser, weil er über allen
steht, 14 den Statthaltern, weil sie von ihm
entsandt sind, um die zu bestrafen, die Böses
tun, und die auszuzeichnen, die Gutes tun!
15 Denn es ist der Wille Gottes, dass ihr durch
eure guten Taten die Unwissenheit unver-
ständiger Menschen zum Schweigen bringt.
16 Handelt als Freie, ohne die Freiheit als
Deckmantel der Bosheit zu benutzen, son-
dern als Knechte Gottes! 17 Erweist allen
Menschen Ehre, liebt die Brüder und Schwes-
tern, fürchtet Gott und ehrt den Kaiser!

11: Ps 39,13; 119,19 / **12**: Jes 10,3 G / **13–17**: Röm 13,1–7 / **17**: Spr 24,21

CHRISTUSNACHFOLGE AM BEISPIEL
DER HAUSSKLAVEN: 2,18–25
18 Ihr Sklaven, ordnet euch in aller Ehrfurcht
euren Herren unter, nicht nur den guten und
freundlichen, sondern auch den launenhaf-

ten! 19 Denn es ist eine Gnade, wenn jemand
deswegen Kränkungen erträgt und zu Un-
recht leidet, weil er sich in seinem Gewissen
nach Gott richtet. 20 Ist es vielleicht etwas
Besonderes, wenn ihr wegen einer Verfeh-
lung Schläge erduldet? Wenn ihr aber recht
handelt und trotzdem Leiden erduldet, das
ist eine Gnade in den Augen Gottes.
21 Dazu seid ihr berufen worden;
denn auch Christus hat für euch gelitten
und euch ein Beispiel gegeben,
damit ihr seinen Spuren folgt.
22 *Er hat keine Sünde begangen und in sei-*
nem Mund war keine Falschheit.
23 Als er geschmäht wurde, schmähte er
nicht;
als er litt, drohte er nicht, sondern überließ
seine Sache dem gerechten Richter.
24 *Er hat unsere Sünden* mit seinem eigenen
Leib auf das Holz des Kreuzes *getragen*,
damit wir tot sind für die Sünden und leben
für die Gerechtigkeit.
Durch seine Wunden seid ihr geheilt.
25 Denn ihr hattet euch verirrt wie Schafe,
jetzt aber habt ihr euch hingewandt zum Hir-
ten und Hüter eurer Seelen.

18–25: Kol 3,22–24; Eph 6,5–8 / **22**: Jes 53,9 / **24**: Jes 53,5 / **25**: Jes 53,6; Ez 34,5

CHRISTUSNACHFOLGE IN DER EHE: 3,1–7

3 1 Ebenso sollt ihr Frauen euch euren
Männern unterordnen, damit auch sie,
falls sie dem Wort nicht gehorchen, durch das
Leben ihrer Frauen ohne ein Wort gewonnen
werden, 2 wenn sie sehen, wie ihr in Gottes-
furcht ein reines Leben führt. 3 Nicht auf äu-
ßeren Schmuck sollt ihr Wert legen, auf
Haartracht, Goldschmuck und prächtige
Kleider, 4 sondern was im Herzen verborgen
ist, das sei euer unvergänglicher Schmuck:
ein sanftes und ruhiges Wesen. Das ist wert-
voll in Gottes Augen. 5 So haben sich einst
auch die heiligen Frauen geschmückt, die
ihre Hoffnung auf Gott setzten: Sie ordneten
sich ihren Männern unter. 6 Sara gehorchte
Abraham und nannte ihn Herr. Ihre Kinder
seid ihr geworden, wenn ihr recht handelt
und euch vor keiner Einschüchterung fürch-
tet.
7 Ebenso sollt ihr Männer im Umgang mit
den Frauen rücksichtsvoll sein, denn sie
sind der schwächere Teil; ehrt sie, denn auch
sie sind Erben der Gnade des Lebens. So
wird euren Gebeten nichts mehr im Weg
stehen.

1–7: Tit 2,2–5 / **6**: 2,20; 3,17; Gen 18,12 G; Spr 3,25 / **7**: Eph 5,25.28

MAHNUNGEN AN ALLE CHRISTEN: 3,8–12

8 Endlich aber: Seid alle eines Sinnes, voll
Mitgefühl und Liebe zueinander, seid barm-
herzig und demütig! 9 Vergeltet Böses nicht
mit Bösem oder Schmähung mit Schmä-
hung! Im Gegenteil: Segnet, denn dazu seid
ihr berufen worden, dass ihr Segen erbt. 10 Es
heißt nämlich:
Wer das Leben liebt
und gute Tage zu sehen wünscht,
der bewahre seine Zunge vor Bösem
und seine Lippen vor falscher Rede.
11 *Er meide das Böse und tue das Gute;*
er suche Frieden und jage ihm nach.
12 *Denn die Augen des Herrn blicken auf*
die Gerechten
und seine Ohren hören ihr Flehen;
das Antlitz des Herrn aber richtet sich ge-
gen die Bösen.

8: Eph 4,1–3; Kol 3,12–15 / **9**: Röm 12,14.17; 1 Thess 5,15 / **10–12**: Ps 34,13–17

LEIDEN UND HOFFNUNG: 3,13–17

13 Und wer wird euch Böses zufügen, wenn
ihr euch voll Eifer um das Gute bemüht?
14 Aber auch wenn ihr um der Gerechtigkeit
willen leidet, seid ihr seligzupreisen. *Fürch-*
tet euch nicht vor ihnen und lasst euch nicht
erschrecken, 15 *heiligt* vielmehr in eurem
Herzen Christus, *den Herrn!* Seid stets be-
reit, jedem Rede und Antwort zu stehen, der
von euch Rechenschaft fordert über die Hoff-
nung, die euch erfüllt; 16 antwortet aber be-
scheiden und ehrfürchtig, denn ihr habt ein
reines Gewissen, damit jene, die euren recht-
schaffenen Lebenswandel in Christus in
schlechten Ruf bringen, wegen ihrer Ver-
leumdungen beschämt werden. 17 Denn es ist
besser, für gute Taten zu leiden, wenn es Got-
tes Wille ist, als für böse.

14: Mt 5,11f.; Jes 8,12 / **15**: Jes 8,13 / **16**: Apg 23,1; 1 Tim 1,5.19

2,22–25 Zitat eines urchristlichen Bekenntnisses, das Formulierungen aus Jes 53 aufnimmt.

3,15 Christus, den Herrn, mehrere Textzeugen: Gott, den Herrn.

CHRISTI LEIDEN – LEIDEN DER CHRISTEN: 3,18–4,6

18 Denn auch Christus ist der Sünden wegen
ein einziges Mal gestorben, ein Gerechter für
Ungerechte, damit er euch zu Gott hinführe,
nachdem er dem Fleisch nach zwar getötet,
aber dem Geist nach lebendig gemacht wur-
de. 19 In ihm ist er auch zu den Geistern ge-
gangen, die im Gefängnis waren, und hat
ihnen gepredigt. 20 Diese waren einst unge-
horsam, als Gott in den Tagen Noachs gedul-
dig wartete, während die Arche gebaut wur-
de; in ihr wurden nur wenige, nämlich acht
Menschen, durch das Wasser gerettet. 21 Dem
entspricht die Taufe, die jetzt euch rettet. Sie
dient nicht dazu, den Körper von Schmutz zu
reinigen, sondern sie ist eine Bitte an Gott um
ein reines Gewissen aufgrund der Aufer-
stehung Jesu Christi, 22 der in den Himmel
gegangen ist; dort ist er zur Rechten Gottes
und Engel, Gewalten und Mächte sind ihm
unterworfen.
4 1 Da Christus im Fleisch gelitten hat,
wappnet auch ihr euch mit diesem Ge-
danken, denn wer im Fleisch gelitten hat, für
den hat die Sünde ein Ende. 2 Darum richtet
euch, solange ihr noch auf Erden lebt, nicht
mehr nach den menschlichen Begierden, son-
dern nach dem Willen Gottes! 3 Denn lange
genug habt ihr in der vergangenen Zeit getan,
was die Heiden wollen, und habt ein aus-
schweifendes Leben voller Begierden geführt,
habt getrunken, geprasst, gezecht und frevel-
haften Götzenkult getrieben. 4 Darüber sind
sie empört und sie lästern, weil ihr euch nicht
mehr mittreiben lasst im Strom der Leiden-
schaften. 5 Aber sie werden vor dem Rechen-
schaft ablegen müssen, der schon bereitsteht,
um die Lebenden und die Toten zu richten.
6 Denn auch Toten ist das Evangelium dazu
verkündet worden, dass sie zwar wie Men-
schen gerichtet werden im Fleisch, aber wie
Gott das Leben haben im Geist.

3,18: 2,21–25 / **19**: Hebr 12,23 / **20**: Gen 7,7.17f.; Weish 10,4 / **22**: Eph 1,20f.; Apg 7,55f.
4,1: Gal 5,24 / **3**: Mk 7,21f.; Röm 13,13; 2 Kor 12,20f.; Gal 5,19–21; Tit 3,3; 1 Kor 6,9f. / **5**: Apg 10,42; 2 Tim 4,1

KENNZEICHEN CHRISTLICHEN HANDELNS: 4,7–11

7 Das Ende aller Dinge ist nahe. Seid also be-
sonnen und nüchtern und betet! 8 Vor allem
haltet beharrlich fest an der Liebe zueinan-
der; denn *die Liebe deckt* viele *Sünden zu.*
9 Seid untereinander gastfreundlich, ohne zu
murren! 10 Dient einander als gute Verwalter
der vielfältigen Gnade Gottes, jeder mit der
Gabe, die er empfangen hat! 11 Wer redet, der
rede mit den Worten, die Gott ihm gibt; wer
dient, der diene aus der Kraft, die Gott ver-
leiht. So wird in allem Gott verherrlicht
durch Jesus Christus. Sein ist die Herrlichkeit
und die Macht in alle Ewigkeit. Amen.

7: 1,13; Röm 13,11f.; 1 Tim 3,2; Tit 2,2 / **8**: Spr 10,12; Jak 5,20 / **9**: Tit 1,8; Röm 12,13; Hebr 13,2 / **11**: 1 Kor 14,2–19; Röm 12,6–8.11; Offb 1,6

LEIDEN IN FREUDE UND HOFFNUNG: 4,12–19

12 Geliebte, lasst euch durch die Feuersglut,
die zu eurer Prüfung über euch gekommen
ist, nicht verwirren, als ob euch etwas Unge-
wöhnliches zustoße! 13 Stattdessen freut
euch, dass ihr Anteil an den Leiden Christi
habt; denn so könnt ihr auch bei der Offen-
barung seiner Herrlichkeit voll Freude ju-
beln. 14 Wenn ihr wegen des Namens Christi
beschimpft werdet, seid ihr seligzupreisen;
denn der Geist der Herrlichkeit, *der Geist*
Gottes, ruht auf euch. 15 Wenn einer von euch
leiden muss, soll es nicht deswegen sein, weil
er ein Mörder oder ein Dieb ist, weil er Böses
tut oder sich in fremde Angelegenheiten ein-
mischt. 16 Wenn er aber leidet, weil er Christ
ist, dann soll er sich nicht schämen, sondern
Gott darin verherrlichen. 17 Denn jetzt ist die
Zeit, in der das Gericht beim Haus Gottes
beginnt; wenn es aber bei uns anfängt, wie
wird dann das Ende derer sein, die dem Evan-
gelium Gottes nicht gehorchen? 18 Und *wenn*
der Gerechte kaum gerettet wird, wo wird
man dann die Frevler und Sünder finden?
19 Darum sollen alle, die nach dem Willen
Gottes leiden müssen, Gutes tun und da-
durch ihr Leben dem treuen Schöpfer anbe-
fehlen.

13: 1,11; 5,1; Röm 8,17; 2 Kor 4,17 / **14**: Apg 5,41; Ps 89,51f.; Jes 11,2 / **16**: Mk 8,38; 2 Tim 1,8.16; 2,15 / **18**: Spr 11,31; Mk 13,19f. / **19**: 2,15.20; 5,7; Ps 31,6 G

HIRTEN UND HERDE: 5,1–7

5 1 Eure Ältesten ermahne ich, als Mitäl-
tester und Zeuge der Leiden Christi, der
auch an der Herrlichkeit teilhaben soll, die

3,18 Der Sünden, mehrere Textzeugen: unserer Sünden.

4,16 Vgl. Anm. zu Apg 11,26.

sich offenbaren wird: 2 Weidet die euch an-
vertraute Herde Gottes, nicht gezwungen,
sondern freiwillig, wie Gott es will; auch
nicht aus Gewinnsucht, sondern mit Hinga-
be; 3 seid nicht Beherrscher der Gemeinden,
sondern Vorbilder für die Herde! 4 Wenn
dann der oberste Hirt erscheint, werdet ihr
den nie verwelkenden Kranz der Herrlichkeit
empfangen. 5 Sodann, ihr Jüngeren: Ordnet
euch den Ältesten unter! Alle aber begegnet
einander in Demut! Denn *Gott tritt Stolzen
entgegen, Demütigen aber schenkt er seine
Gnade.*

6 Beugt euch also in Demut unter die mäch-
tige Hand Gottes, damit er euch erhöht, wenn
die Zeit gekommen ist! 7 Werft alle eure Sorge
auf ihn, denn er kümmert sich um euch!

2: 1 Tim 3,3.8; Tit 1,7 / **3**: Phil 3,17; Tit 2,7 / **5**: Spr 3,34 G; Jak 4,6 / **7**: Ps 54,23 G; Weish 12,13

5,6 Zeit, einige Textzeugen: Zeit der Heimsuchung. Vgl. 2,12.

ZUVERSICHT TROTZ BEDRÄNGNIS: 5,8–11

8 Seid nüchtern, seid wachsam! Euer Wider-
sacher, der Teufel, geht wie ein brüllender
Löwe umher und sucht, wen er verschlin-
gen kann. 9 Leistet ihm Widerstand in der
Kraft des Glaubens! Wisst, dass eure Brüder
und Schwestern in der Welt die gleichen
Leiden ertragen. 10 Der Gott aller Gnade
aber, der euch in Christus zu seiner ewigen
Herrlichkeit berufen hat, wird euch, die ihr
kurze Zeit leiden müsst, wieder aufrichten,
stärken, kräftigen und auf festen Grund
stellen. 11 Sein ist die Macht in Ewigkeit.
Amen.

8: 1,13; 4,7; Ps 22,14 G / **11**: 4,11

5,10 Der euch, einige Textzeugen: der uns – in Christus, einige Textzeugen: in Christus Jesus – und auf festen Grund stellen: nicht in allen Textzeugen.

5,11 Die Macht, mehrere Textzeugen: die Herrlichkeit und die Macht.

GRÜSSE UND SEGENSWUNSCH: 5,12–14

12 Durch Silvanus, den ich für einen treuen
Bruder halte, habe ich euch kurz geschrieben:
Ich habe euch ermahnt und habe bezeugt,
dass dies die wahre Gnade Gottes ist, in der
ihr stehen sollt. 13 Es grüßt euch die mitaus-
erwählte Gemeinde in Babylon und Markus,
mein Sohn. 14 Grüßt einander mit dem Kuss
der Liebe! Friede sei mit euch allen, die ihr in
Christus seid!

5,13 Die mitauserwählte Gemeinde, wörtlich: die Mitauserwählte – Babylon: d. h. das heidnische Rom. Vgl. Offb 14,8; 16,19; 17,5; 18,2.10.21.

12: 2,19f.; Apg 15,22; 16,19; 17,4; 18,5; 2 Kor 1,19; 1 Thess 1,1; 2 Thess 1,1 / **13**: Offb 17,5; 18,10; Apg 12,12.25; Kol 4,10; 2 Tim 4,11; Phlm 24 / **14**: Röm 1,7; 2,10; 15,33; 2 Thess 3,16

DER 2. BRIEF DES PETRUS

Der 2. Petrusbrief richtet sich ausdrücklich an die Adressaten des ersten (vgl. 3,1). Bei ihnen werden Briefe des Paulus als bekannt vorausgesetzt (3,15f.), weshalb sie im paulinischen Missionsgebiet Kleinasien zu suchen sind. Im zweiten Kapitel lehnt sich das Schreiben an Ausführungen des Judasbriefs an.

Auch der 2. Petrusbrief ist nach dem Tod des Apostels entstanden. Seine Abfassungszeit dürfte um 120 anzusetzen sein. Er kann als das jüngste Dokument des Neuen Testaments gelten.

Das Schreiben ist in Form eines Briefs abgefasst; auch einige persönliche Äußerungen entsprechen dem Briefcharakter. Jedoch fehlt ein Briefschluss: Das Ende bildet ein Lobpreis auf Christus (3,18; vgl. 1 Petr 4,11).

Nach Inhalt und Form will der Brief als Testament des Apostels verstanden sein (1,12–15). Er soll die Leser im Glauben und in der Hoffnung stärken und sie vor falschen Lehrern warnen, die über den Glauben an die Wiederkunft des Herrn spotten (3,4) und seine göttliche Herrlichkeit leugnen (2,1.10). Entsprechend ist ihre Lebensweise (vgl. Kap. 2). Das Schreiben verteidigt demgegenüber nachdrücklich die Erwartung der Wiederkunft Christi und erinnert an die Herrlichkeit Jesu, die bei der Verklärung sichtbar wurde (1,16–18). Wichtig sind die Aussagen über die heiligen Schriften und ihre richtige Auslegung (1,19–21).

ANSCHRIFT UND GRUSS: 1,1–2

1 1 Simon Petrus, Knecht und Apostel Jesu Christi, an jene, die durch die Gerechtigkeit unseres Gottes und Retters Jesus Christus den gleichen kostbaren Glauben erlangt haben wie wir.
2 Gnade sei mit euch und Friede in Fülle durch die Erkenntnis Gottes und Jesu, unseres Herrn!

1,1 Unseres Gottes und Retters Jesus Christus: andere Übersetzungsmöglichkeit: unseres Gottes und des Retters Jesus Christus. Vgl. Tit 2,13.

1: 1 Petr 1,1; Apg 15,14 / **2:** Jud 2; Kol 1,9f.

VERPFLICHTUNG AUF EINE CHRISTLICHE LEBENSFÜHRUNG: 1,3–11

3 Alles, was für unser Leben und unsere Frömmigkeit gut ist, hat seine göttliche Macht uns geschenkt; sie hat uns den erkennen lassen, der uns durch seine Herrlichkeit und Kraft berufen hat.
4 Durch sie sind uns die kostbaren und überaus großen Verheißungen geschenkt, damit ihr durch diese Anteil an der göttlichen Natur erhaltet und dem Verderben entflieht, das durch die Begierde in der Welt herrscht.
5 Darum setzt allen Eifer daran, mit eurem Glauben die Tugend zu verbinden, mit der Tugend die Erkenntnis,
6 mit der Erkenntnis die Selbstbeherrschung, mit der Selbstbeherrschung die Ausdauer, mit der Ausdauer die Frömmigkeit,
7 mit der Frömmigkeit die Brüderlichkeit und mit der Brüderlichkeit die Liebe!
8 Wenn dies nämlich bei euch vorhanden ist und wächst, dann nimmt es euch die Trägheit und Unfruchtbarkeit für die Erkenntnis unseres Herrn Jesus Christus.
9 Wem dies nämlich fehlt, der ist blind und

kurzsichtig; er hat vergessen, dass er gerei-
nigt worden ist von seinen früheren Sün-
den. 10 Deshalb, Brüder und Schwestern,
bemüht euch noch mehr darum, dass eure
Berufung und Erwählung Bestand hat!
Wenn ihr das tut, werdet ihr niemals schei-
tern. 11 So wird euch in reichem Maß ge-
währt, in das ewige Reich unseres Herrn
und Retters Jesus Christus einzutreten.

3: Eph 1,3; 1 Petr 2,9; 5,10 / **4**: Eph 1,18f. / **5**: Gal 5,6.22 / **7**: 1 Thess 4,9; 1 Joh 3,17f. / **9**: Dtn 28,28f.; Eph 5,26; 1 Joh 2,9–11 / **11**: 2 Tim 4,18; Tit 2,13

VERTEIDIGUNG DES CHRISTLICHEN GLAUBENS: 1,12–3,13

DAS ZEUGNIS DER PROPHETEN UND APOSTEL: 1,12–21

12 Darum will ich euch immer daran erin-
nern, auch wenn ihr es schon wisst und in der
Wahrheit gefestigt seid, die jetzt gegenwär-
tig ist. 13 Ich halte es nämlich für richtig, euch
daran zu erinnern, solange ich noch in die-
sem Zelt lebe, und euch dadurch wach zu
halten; 14 denn ich weiß, dass mein Zelt bald
abgebrochen wird, wie mir auch unser Herr
Jesus Christus offenbart hat. 15 Ich will aber
dafür sorgen, dass ihr euch auch nach mei-
nem Tod jederzeit daran erinnern könnt.
16 Denn wir sind nicht klug ausgedachten
Geschichten gefolgt, als wir euch die macht-
volle Ankunft unseres Herrn Jesus Christus
kundtaten, sondern wir waren Augenzeugen
seiner Macht und Größe. 17 Denn er hat von
Gott, dem Vater, Ehre und Herrlichkeit emp-
fangen, als eine Stimme von erhabener Herr-
lichkeit an ihn erging: Das ist mein geliebter
Sohn, an dem ich Wohlgefallen gefunden
habe. 18 Diese Stimme, die vom Himmel kam,
haben wir gehört, als wir mit ihm auf dem
heiligen Berg waren. 19 Dadurch ist das Wort
der Propheten für uns noch sicherer gewor-
den und ihr tut gut daran, es zu beachten, wie
ein Licht, das an einem finsteren Ort scheint,
bis der Tag anbricht und der Morgenstern
aufgeht in eurem Herzen. 20 Bedenkt dabei
vor allem dies: Keine Prophetie der Schrift
wird durch eigenmächtige Auslegung wirk-
sam; 21 denn niemals wurde eine Prophetie
durch den Willen eines Menschen hervor-
gebracht, sondern vom Heiligen Geist getrie-
ben haben Menschen im Auftrag Gottes ge-
redet.

12: Röm 15,15; Jud 5 / **13**: 2 Kor 5,1; 2 Tim 4,5 / **14**: Joh 21,18 / **17**: Mt 3,17; 17,2.5; Mk 1,11; 9,7; Lk 3,22; 9,35 / **19**: Lk 1,78 / **20–21**: 2 Tim 3,16; 1 Petr 1,11

DIE VORWÜRFE GEGEN DIE IRRLEHRER: 2,1–22

2 1 Es gab aber auch falsche Propheten im
Volk, wie es auch unter euch falsche
Lehrer geben wird. Sie werden Verderben
bringende Irrlehren einschleusen und den
Herrn, der sie freigekauft hat, verleugnen.
Doch dadurch bringen sie über sich selbst
rasches Verderben. 2 Und ihren Ausschwei-
fungen werden sich viele anschließen und
ihretwegen wird der Weg der Wahrheit in
Verruf kommen. 3 In ihrer Habgier werden
sie euch mit erdichteten Worten zu kaufen
versuchen; aber das Gericht über sie bereitet
sich schon seit Langem vor und das Verder-
ben, das ihnen droht, schläft nicht. 4 Gott hat
auch die Engel, die gesündigt haben, nicht
verschont, sondern sie mit Ketten in der Fins-
ternis der Unterwelt verwahrt und sie als
Gefangene dem Gericht übergeben. 5 Er hat
auch die Welt am Anfang nicht verschont,
sondern mit sieben anderen Noach, den Kün-
der der Gerechtigkeit, bewahrt, als er die Flut
über die Welt der Gottlosen brachte. 6 Auch
die Städte Sodom und Gomorra hat er einge-
äschert und zum Untergang verurteilt, als ein
Beispiel für die Gottlosen in späteren Zeiten.
7 Den gerechten Lot aber, der unter dem aus-
schweifenden Lebenswandel der Frevler litt,
hat er gerettet; 8 denn dieser Gerechte, der
mitten unter ihnen wohnte, musste Tag für
Tag ihr gesetzwidriges Tun sehen und hören
und das quälte diesen Gerechten. 9 Der Herr
kann die Frommen aus der Versuchung ret-
ten; die Ungerechten aber kann er für den Tag
des Gerichts aufsparen, um sie zu bestrafen,
10 besonders jene, die sich von der schmutzi-
gen Begierde ihres Körpers beherrschen las-

2,10 Die überirdischen Mächte, wörtlich: die Herrlichkeiten. Vgl. Jud 8.

sen und die Macht des Herrn verachten. Die-
se frechen und anmaßenden Menschen
schrecken nicht davor zurück, die überirdi-
schen Mächte zu lästern, 11 während Engel,
die ihnen an Stärke und Macht überlegen
sind, beim Herrn nicht über sie urteilen und
lästern. 12 Diese Menschen aber sind wie un-
vernünftige Tiere, die von Natur aus dazu
geboren sind, gefangen zu werden und um-
zukommen. Sie lästern über Dinge, die sie
nicht verstehen. In ihrer Verderbtheit wer-
den auch sie verderben 13 und als Lohn für ihr
Unrecht werden sie Unrecht erleiden. Sie
halten es für ein Vergnügen, bei Tag ein üp-
piges Leben zu führen; Schandflecke und
Makel sind sie, die in ihren Betrügereien
schwelgen, wenn sie zusammen mit euch
prassen. 14 Sie haben nur Augen für die Ehe-
brecherin und sind unersättlich in der Sün-
de. Sie ködern ungefestigte Seelen; ihr Herz
ist in der Habgier geübt, sie sind Kinder des
Fluches. 15 Sie haben den geraden Weg ver-
lassen und sind in die Irre gegangen. Sie folg-
ten dem Weg Bileams, des Sohnes Bosors,
der den Lohn der Ungerechtigkeit liebte,
16 aber er wurde wegen seines eigenen Ver-
gehens zurechtgewiesen: Ein stummes Last-
tier redete mit menschlicher Stimme und
verhinderte das wahnwitzige Vorhaben des
Propheten. 17 Diese Menschen sind Quellen
ohne Wasser, sie sind Wolken, die der Sturm
vor sich herjagt; für sie ist die dunkelste
Finsternis bestimmt. 18 Sie führen geschwol-
lene und nichtssagende Reden; in ihren
fleischlichen Begierden ködern sie durch
Ausschweifungen die Menschen, die sich
wirklich von denen getrennt haben, die im
Irrtum leben. 19 Freiheit versprechen sie ih-
nen und sind doch selbst Sklaven des Verder-
bens; denn wem jemand unterliegt, dessen
Sklave ist er. 20 Denn wenn sie den Schand-
taten der Welt durch die Erkenntnis des
Herrn und Retters Jesus Christus entkom-
men sind, in diese sich aber wieder verstri-
cken und ihnen unterliegen, dann steht es
mit ihnen am Ende schlimmer als vorher.
21 Denn es wäre besser für sie, den Weg der
Gerechtigkeit nicht erkannt zu haben, als
ihn erkannt zu haben und sich danach wie-
der von dem heiligen Gebot abzuwenden,
das ihnen überliefert worden ist. 22 Auf sie
trifft das wahre Sprichwort zu: *Der Hund*
kehrt zurück zu dem, was er erbrochen hat,
und: Die gewaschene Sau wälzt sich wieder
im Dreck.

1: Mt 24,24; 1 Tim 4,1; Phil 3,19f. / **2:** Jes 52,5; Weish 5,6; Röm 2,24 / **4:** Jud 6; 1 Petr 3,19f.; Gen 6,1–4 / **5:** 1 Petr 3,20 / **6:** Gen 19,24f.; Jud 7 / **11:** Jud 9f. / **14:** Mt 5,28 / **15:** Num 31,16; Dtn 23,5; Neh 13,2 / **16:** Num 22,28f. / **17:** Jud 12f.16 / **19:** Röm 8,21 / **20:** Mt 12,45 / **21:** Mt 21,31 / **22:** Spr 26,11; Mt 7,6

2,22 Die Herkunft des zweiten Sprichwortes ist unbekannt.

DIE WIEDERKUNFT CHRISTI: 3,1–13

3 1 Das ist schon der zweite Brief, Gelieb-
te, den ich euch schreibe. In beiden will
ich eure klare Einsicht wachrufen und euch
erinnern: 2 Denkt an die Worte, die von den
heiligen Propheten im Voraus gesprochen
worden sind, und an das Gebot des Herrn
und Retters, das eure Apostel euch überlie-
fert haben! 3 Dies sollt ihr vor allem wissen:
In den letzten Tagen werden Spötter kom-
men, die ihren Spott treiben, ihren eigenen
Begierden nachgehen 4 und sagen: Wo bleibt
seine verheißene Ankunft? Denn seit die
Väter entschlafen sind, bleibt alles wie von
Anfang der Schöpfung an. 5 Wer das behaup-
tet, übersieht, dass es einst die Himmel gab
und eine Erde, die aus dem Wasser entstand
und durch das Wasser Bestand hatte auf das
Wort Gottes hin. 6 Durch dieses wurde die
damalige Welt vom Wasser überflutet und
ging zugrunde. 7 Die jetzigen Himmel aber
und die Erde sind durch dasselbe Wort für
das Feuer aufgespart worden. Sie werden be-
wahrt für den Tag des Gerichts und des Ver-
derbens der gottlosen Menschen. 8 Dies eine
aber, Geliebte, soll euch nicht verborgen
bleiben, dass beim Herrn ein Tag wie tausend
Jahre und tausend Jahre wie ein Tag sind.
9 Der Herr der Verheißung zögert nicht, wie
einige meinen, die von Verzögerung reden,
sondern er ist geduldig mit euch, weil er
nicht will, dass jemand zugrunde geht, son-
dern dass alle zur Umkehr gelangen. 10 Der
Tag des Herrn wird aber kommen wie ein
Dieb. Dann werden die Himmel mit Gepras-
sel vergehen, die Elemente sich in Feuer auf-
lösen und die Erde und die Werke auf ihr
wird man nicht mehr finden. 11 Wenn sich
das alles in dieser Weise auflöst: Wie heilig
und fromm müsst ihr dann leben, 12 die An-
kunft des Tages Gottes erwarten und be-
schleunigen! An jenem Tag werden die Him-
mel in Flammen aufgehen und die Elemente

im Feuer zerschmelzen. 13 Wir erwarten
gemäß seiner Verheißung *einen neuen Him-
mel und eine neue Erde*, in denen die Gerech-
tigkeit wohnt.

1: 1,13 / **2:** Jud 17 / **3:** 2 Tim 3,1; Jud 18 / **4:** Jer 17,15; Ez 12,22; Mt 24;48 / **5:** Gen 1,2.6.9 / **6:** Gen 7,10–24 / **8:** Ps 90,4 / **9:** 1 Tim 2,4 / **10:** Mt 24,43; 1 Thess 5,2; Kol 2,20 / **13:** Jes 65,17; 66,22; Offb 21,1

SCHLUSSMAHNUNG: 3,14–18

DAS ZEUGNIS DER PAULUSBRIEFE: 3,14–16

14 Deswegen, Geliebte, die ihr dies erwartet,
bemüht euch darum, von ihm ohne Makel
und Fehler in Frieden angetroffen zu werden!
15 Und die Geduld unseres Herrn betrachtet
als eure Rettung. Das hat euch auch unser
geliebter Bruder Paulus mit der ihm ge-
schenkten Weisheit geschrieben; 16 es steht
in allen seinen Briefen, in denen er davon
spricht. In ihnen ist einiges schwer zu verste-
hen und die Unwissenden, die noch nicht
gefestigt sind, werden diese Stellen ebenso
verdrehen wie die übrigen Schriften zu ih-
rem eigenen Verderben.

15: Röm 2,4; 1 Kor 3,10; Gal 2,9 / **16:** 2 Kor 4,3; 10,10

WUNSCH UND LOBPREIS: 3,17–18

17 Ihr aber, Geliebte, da ihr dies im Voraus
wisst, gebt Acht, dass ihr nicht von dem Irr-
tum der Frevler mitgerissen werdet und eure
eigene Standfestigkeit verliert! 18 Wachset in
der Gnade und Erkenntnis unseres Herrn
und Retters Jesus Christus! Ihm gebührt die
Herrlichkeit, jetzt und bis zum Tag der Ewig-
keit. Amen.

17: 2,18 / **18:** Phil 3,8; Röm 16,27

3,16 Die Briefe des Paulus werden hier schon als Autorität in Anspruch genommen.

DER 1. BRIEF DES JOHANNES

Der Verfasser rechnet sich zu einer Gruppe christlicher Lehrer, die im Kampf gegen Irrlehrer das „von Anfang an“ Verkündete in Erinnerung halten wollen. Der Brief, der gegen Ende des 1. Jahrhunderts verfasst sein dürfte, wendet sich wahrscheinlich an einen örtlich begrenzten Kreis christlicher Gemeinden. Nach Stil und Gedankengut ist er dem Johannesevangelium nah verwandt.

Das Schreiben ist kunstvoll gegliedert und hat folgenden Aufbau: Vorrede (1,1–4); Gemeinschaft mit Gott durch ein Leben im Licht, das heißt durch Einhalten der Gebote, Abwehr der „Antichriste“ und Festhalten am wahren Bekenntnis zu Christus (1,5–2,27); Gotteskindschaft und Erfüllung der Gerechtigkeit in tätiger Liebe sowie Unterscheidung der Geister in rechtem Glauben (2,28–4,6); Gemeinschaft mit Gott in der Liebe und darin Sieg über die Welt und ewiges Leben (4,7–5,13); Abschluss: Sünde und ewiges Leben (5,14–21).

Der 1. Johannesbrief bezeugt, dass der wahre Glaube am Halten des Liebesgebots (3,11) und an der Orientierung an Jesu Beispiel (2,6: „einen Lebenswandel führen, wie er ihn geführt hat“, auch 3,3.7) erkennbar wird. Die praktizierte Bruderliebe (2,9f.; 4,19–21) wird so zum Kriterium, mit dessen Hilfe sich Irrtum und Wahrheit scheiden lassen. Für die Frömmigkeitsgeschichte ist die Unterscheidung von Sünden, die zum Tod führen bzw. nicht zum Tod führen (5,16f.), von Bedeutung.

VORREDE: DAS WORT DES LEBENS: 1,1–4

1 1 Was von Anfang an war, was wir ge-
hört, was wir mit unseren Augen gese-
hen, was wir geschaut und was unsere Hände
angefasst haben vom Wort des Lebens – 2 das
Leben ist erschienen und wir haben gesehen
und bezeugen und verkünden euch das ewi-
ge Leben, das beim Vater war und uns er-
schienen ist –, 3 was wir gesehen und gehört
haben, das verkünden wir auch euch, damit
auch ihr Gemeinschaft mit uns habt. Wir
aber haben Gemeinschaft mit dem Vater und
mit seinem Sohn Jesus Christus. 4 Dies
schreiben wir, damit unsere Freude vollkom-
men ist.

1: Joh 1,1–5.14 / **3**: 1,7; Joh 17,20f.; 1 Kor 1,9 / **4**: Joh 15,11; 16,20.22.24; 17,13; 2 Joh 12

1,1–4 Was von Anfang an war: Vgl. den Anfang des Johannesevangeliums.

1,4 Unsere Freude, einige Textzeugen: eure Freude.

GEMEINSCHAFT MIT GOTT DURCH WANDEL IM LICHT: 1,5–2,27

BRUCH MIT DER SÜNDE, WANDEL IM LICHT: 1,5–2,2

5 Das ist die Botschaft, die wir von ihm gehört
haben und euch verkünden: Gott ist Licht
und keine Finsternis ist in ihm. 6 Wenn wir
sagen, dass wir Gemeinschaft mit ihm haben
und doch in der Finsternis wandeln, lügen
wir und tun nicht die Wahrheit. 7 Wenn wir
im Licht wandeln, wie er im Licht ist, haben
wir Gemeinschaft miteinander und das Blut
seines Sohnes Jesus reinigt uns von aller Sün-
de. 8 Wenn wir sagen, dass wir keine Sünde
haben, führen wir uns selbst in die Irre und
die Wahrheit ist nicht in uns. 9 Wenn wir un-
sere Sünden bekennen, ist er treu und ge-
recht; er vergibt uns die Sünden und reinigt
uns von allem Unrecht. 10 Wenn wir sagen,
dass wir nicht gesündigt haben, machen wir
ihn zum Lügner und sein Wort ist nicht in
uns.
2 1 Meine Kinder, ich schreibe euch dies,
damit ihr nicht sündigt. Wenn aber ei-
ner sündigt, haben wir einen Beistand beim
Vater: Jesus Christus, den Gerechten. 2 Er ist
die Sühne für unsere Sünden, aber nicht nur
für unsere Sünden, sondern auch für die der
ganzen Welt.

1,5: 3,11; Dan 2,22; Joh 8,12; Jak 1,17 / **6**: 2,4.11; Joh 3,20f. / **7**: Joh 8,12; Hebr 9,14.22 / **9**: Ex 34,6f.; Dtn 32,4; 1 Kor 10,13 / **10**: Spr 28,13
2,1: Joh 14,16f.; 15,26; 17,12; Röm 8,34; Hebr 7,25 / **2**: 4,10

WAHRE GOTTESERKENNTNIS: 2,3–5

3 Und daran erkennen wir, dass wir ihn er-
kannt haben: wenn wir seine Gebote halten.
4 Wer sagt: Ich habe ihn erkannt!, aber seine
Gebote nicht hält, ist ein Lügner und in dem
ist die Wahrheit nicht. 5 Wer sich aber an sein
Wort hält, in dem ist die Gottesliebe wahr-
haft vollendet; daran erkennen wir, dass wir
in ihm sind.

4: 1,6 / **5**: 5,3; Joh 14,21.23

DAS NEUE GEBOT: 2,6–11

6 Wer sagt, dass er in ihm bleibt, muss auch
einen Lebenswandel führen, wie er ihn ge-
führt hat. 7 Geliebte, ich schreibe euch kein
neues Gebot, sondern ein altes Gebot, das ihr
von Anfang an hattet. Das alte Gebot ist das
Wort, das ihr gehört habt. 8 Wiederum
schreibe ich euch ein neues Gebot, was wahr
ist in ihm und in euch, weil die Finsternis
vergeht und das wahre Licht schon leuchtet.
9 Wer sagt, er sei im Licht, aber seinen Bruder
hasst, ist noch in der Finsternis. 10 Wer seinen
Bruder liebt, bleibt im Licht und in ihm gibt
es keinen Anstoß. 11 Wer aber seinen Bruder
hasst, ist in der Finsternis und wandelt in der
Finsternis und weiß nicht, wohin er geht;
denn die Finsternis hat seine Augen blind
gemacht.

6: Joh 13,14f. / **7**: 2 Joh 5 / **8**: Joh 13,34 / **8–11**: Röm 13,12f. / **9**: 4,20 / **10**: Joh 11,9 / **11**: Joh 11,10; 12,35

BRUCH MIT DER WELT, RECHTER GLAUBE: 2,12–27

12 Ich schreibe euch, ihr Kinder: Euch sind die
Sünden vergeben um seines Namens willen.
13 Ich schreibe euch, ihr Väter: Ihr habt den
erkannt, der von Anfang an ist. Ich schreibe
euch, ihr jungen Männer: Ihr habt den Bösen
besiegt. 14 Ich habe euch geschrieben, ihr Kin-
der: Ihr habt den Vater erkannt. Ich habe euch
geschrieben, ihr Väter: Ihr habt den erkannt,
der von Anfang an ist. Ich habe euch geschrie-
ben, ihr jungen Männer: Ihr seid stark und
das Wort Gottes bleibt in euch und ihr habt
den Bösen besiegt.

15 Liebt nicht die Welt und was in der Welt
ist! Wer die Welt liebt, in dem ist die Liebe
des Vaters nicht. 16 Denn alles, was in der
Welt ist, die Begierde des Fleisches, die Be-
gierde der Augen und das Prahlen mit dem
Besitz, ist nicht vom Vater, sondern von der
Welt. 17 Die Welt vergeht und ihre Begierde;
wer den Willen Gottes tut, bleibt in Ewigkeit.

18 Meine Kinder, die letzte Stunde ist da. Ihr
habt gehört, dass der Antichrist kommt, und
jetzt sind viele Antichriste aufgetreten. Da-
ran erkennen wir, dass die letzte Stunde da
ist. 19 Sie sind aus unserer Mitte gekommen,
aber sie haben nicht zu uns gehört; denn
wenn sie zu uns gehörten, wären sie bei uns
geblieben. Es sollte aber offenbar werden,
dass sie alle nicht zu uns gehören. 20 Ihr habt
die Salbung von dem, der heilig ist, und ihr
alle wisst es. 21 Ich schreibe euch nicht, weil
ihr die Wahrheit nicht kennt, sondern weil
ihr sie kennt und weil keine Lüge von der
Wahrheit stammt. 22 Wer ist der Lügner,
wenn nicht der, der leugnet, dass Jesus der
Christus ist? Das ist der Antichrist, der den
Vater und den Sohn leugnet. 23 Jeder, der den
Sohn leugnet, hat auch den Vater nicht; wer
den Sohn bekennt, hat auch den Vater. 24 Für
euch gilt: Was ihr von Anfang an gehört habt,
soll in euch bleiben; wenn in euch bleibt, was
ihr von Anfang an gehört habt, dann werdet
auch ihr im Sohn und im Vater bleiben. 25 Und
das ist die Verheißung, die er uns verheißen
hat: das ewige Leben. 26 Dies habe ich euch
über die geschrieben, die euch in die Irre füh-
ren. 27 Was euch betrifft, so bleibt die Sal-
bung, die ihr von ihm empfangen habt, in
euch und ihr braucht euch von niemandem
belehren zu lassen; wie euch vielmehr seine
Salbung über alles belehrt, so ist es auch wahr
und keine Lüge. Und wie er euch belehrt hat,
so bleibt ihr in ihm.

12: 1 Kor 6,11 / **14**: Eph 6,10 / **15**: Joh 5,42 / **16**: Spr 27,20 / **18**: 2 Thess 2,3f.; 1 Tim 4,1 / **20**: 2,27; 2 Kor 1,21 / **22–23**: 2,18; 4,3; 2 Joh 7 / **23**: 4,15; Joh 5,23; 12,44f.; 14,6f. / **25**: Joh 5,24; 6,40; 17,2 / **27**: 2,20; Joh 14,26; 16,13

GOTTESKINDSCHAFT IM TUN DER GERECHTIGKEIT: 2,28–4,6

BRUCH MIT DER SÜNDE, TUN DER GERECHTIGKEIT: 2,28–3,10

28 Und jetzt, meine Kinder, bleibt in ihm, da-
mit wir, wenn er erscheint, Zuversicht haben
und bei seinem Kommen von ihm nicht be-
schämt werden! 29 Wenn ihr wisst, dass er
gerecht ist, erkennt auch, dass jeder, der die
Gerechtigkeit tut, von Gott stammt!

3 1 Seht, welche Liebe uns der Vater ge-
schenkt hat: Wir heißen Kinder Gottes
und wir sind es. Deshalb erkennt die Welt
uns nicht, weil sie ihn nicht erkannt hat. 2 Ge-
liebte, jetzt sind wir Kinder Gottes. Doch ist
noch nicht offenbar geworden, was wir sein
werden. Wir wissen, dass wir ihm ähnlich
sein werden, wenn er offenbar wird; denn
wir werden ihn sehen, wie er ist. 3 Jeder, der
diese Hoffnung auf ihn setzt, heiligt sich, so
wie er heilig ist. 4 Jeder, der die Sünde tut,
handelt gesetzwidrig; denn Sünde ist Ge-
setzwidrigkeit. 5 Ihr wisst, dass er erschienen
ist, um die Sünden wegzunehmen, und in
ihm ist keine Sünde. 6 Jeder, der in ihm bleibt,
sündigt nicht. Jeder, der sündigt, hat ihn
nicht gesehen und ihn nicht erkannt. 7 Meine
Kinder, lasst euch von niemandem in die Irre
führen! Wer die Gerechtigkeit tut, ist ge-
recht, wie er gerecht ist. 8 Wer die Sünde tut,
stammt vom Teufel; denn der Teufel sündigt
von Anfang an. Der Sohn Gottes aber ist er-
schienen, um die Werke des Teufels zu zer-
stören. 9 Jeder, der von Gott stammt, tut kei-
ne Sünde, weil Gottes Same in ihm bleibt,
und er kann nicht sündigen, weil er von Gott

stammt. 10 Daran kann man die Kinder Got-
tes und die Kinder des Teufels erkennen: Je-
der, der die Gerechtigkeit nicht tut und sei-
nen Bruder nicht liebt, ist nicht aus Gott.

3,1: Joh 1,12f.; Röm 8,14–17; Eph 1,5 / **2**: Kol 3,4; 1 Kor 13,12 / **3**: 2 Kor 7,1 / **5**: Joh 1,29; Hebr 7,26 / **8**: 3,12; Gen 3,15; Joh 8,34.44

AUFRUF ZUR BRUDERLIEBE: 3,11–24

11 Denn das ist die Botschaft, die ihr von An-
fang an gehört habt: Wir sollen einander lie-
ben 12 und nicht wie Kain handeln, der von
dem Bösen stammte und seinen Bruder er-
schlug. Warum hat er ihn erschlagen? Weil
seine Taten böse waren, die Taten seines Bru-
ders aber gerecht. 13 Wundert euch nicht,
Brüder und Schwestern, wenn die Welt euch
hasst! 14 Wir wissen, dass wir aus dem Tod in
das Leben hinübergegangen sind, weil wir
die Brüder lieben. Wer nicht liebt, bleibt im
Tod. 15 Jeder, der seinen Bruder hasst, ist ein
Menschenmörder und ihr wisst: Kein Men-
schenmörder hat ewiges Leben, das in ihm
bleibt. 16 Daran haben wir die Liebe erkannt,
dass er sein Leben für uns hingegeben hat. So
müssen auch wir für die Brüder das Leben
hingeben. 17 Wenn jemand die Güter dieser
Welt hat und sein Herz vor dem Bruder ver-
schließt, den er in Not sieht, wie kann die
Liebe Gottes in ihm bleiben? 18 Meine Kinder,
wir wollen nicht mit Wort und Zunge lieben,
sondern in Tat und Wahrheit. 19 Und daran
werden wir erkennen, dass wir aus der Wahr-
heit sind. Und wir werden vor ihm unser
Herz überzeugen, 20 dass, wenn unser Herz
uns verurteilt, Gott größer ist als unser Herz
und alles weiß. 21 Geliebte, wenn das Herz
uns aber nicht verurteilt, haben wir gegen-
über Gott Zuversicht; 22 und alles, was wir
erbitten, empfangen wir von ihm, weil wir
seine Gebote halten und tun, was ihm gefällt.
23 Und das ist sein Gebot: Wir sollen an den
Namen seines Sohnes Jesus Christus glauben
und einander lieben gemäß dem Gebot, das
er uns gegeben hat. 24 Wer seine Gebote hält,
bleibt in Gott und Gott in ihm. Und daran
erkennen wir, dass er in uns bleibt: an dem
Geist, den er uns gegeben hat.

11: 1,5; 2,7; Joh 13,34 / **12**: Gen 4,8 / **13**: Joh 15,18–21 / **14**: Joh 5,24; 11,26 / **15**: Mt 5,21–26; Joh 8,44 / **16**: Joh 13,1; 15,12f. / **17**: 4,20; Dtn 15,7; Jak 2,15f. / **18**: Jak 1,25; 2,12.15–17 / **22**: Joh 14,13f.; 15,7; 16,23–26 / **23**: Joh 13,34; 15,12.17 / **24**: Joh 14,21–23; Röm 8,9

BRUCH MIT DER WELT, RECHTER GLAUBE: 4,1–6

4 1 Geliebte, traut nicht jedem Geist, son-
dern prüft die Geister, ob sie aus Gott
sind; denn viele falsche Propheten sind in die
Welt hinausgezogen. 2 Daran erkennt ihr den
Geist Gottes: Jeder Geist, der Jesus Christus
bekennt als im Fleisch gekommen, ist aus
Gott 3 und jeder Geist, der Jesus nicht bekennt,
ist nicht aus Gott. Das ist der Geist des Anti-
christs, über den ihr gehört habt, dass er
kommt. Jetzt ist er schon in der Welt. 4 Ihr aber,
meine Kinder, seid aus Gott und habt die fal-
schen Propheten besiegt; denn Er, der in euch
ist, ist größer als jener, der in der Welt ist. 5 Sie
sind aus der Welt; deshalb sprechen sie, wie
die Welt spricht, und die Welt hört auf sie.
6 Wir aber sind aus Gott. Wer Gott erkennt,
hört auf uns; wer nicht aus Gott ist, hört nicht
auf uns. Daran erkennen wir den Geist der
Wahrheit und den Geist des Irrtums.

1: 1 Kor 12,10; 1 Thess 5,21 / **2–3**: 1 Kor 12,3 / **3**: 2,18.22; 2 Joh 7 / **6**: Joh 8,47; 14,17; 15,26; 16,13

GEMEINSCHAFT MIT GOTT IN DER LIEBE: 4,7–5,13

DIE VOLLENDUNG DES GLAUBENS IN DER LIEBE: 4,7–16a

7 Geliebte, wir wollen einander lieben; denn
die Liebe ist aus Gott und jeder, der liebt,
stammt von Gott und erkennt Gott. 8 Wer
nicht liebt, hat Gott nicht erkannt; denn Gott
ist Liebe. 9 Darin offenbarte sich die Liebe
Gottes unter uns, dass Gott seinen einzigen
Sohn in die Welt gesandt hat, damit wir
durch ihn leben. 10 Darin besteht die Liebe:
Nicht dass wir Gott geliebt haben, sondern
dass er uns geliebt und seinen Sohn als Süh-
ne für unsere Sünden gesandt hat. 11 Geliebte,
wenn Gott uns so geliebt hat, müssen auch
wir einander lieben. 12 Niemand hat Gott je
geschaut; wenn wir einander lieben, bleibt

Gott in uns und seine Liebe ist in uns vollen-
det.
13 Daran erkennen wir, dass wir in ihm blei-
ben und er in uns bleibt: Er hat uns von sei-
nem Geist gegeben. 14 Wir haben geschaut
und bezeugen, dass der Vater den Sohn ge-
sandt hat als Retter der Welt. 15 Wer bekennt,
dass Jesus der Sohn Gottes ist, in dem bleibt
Gott und er bleibt in Gott. 16 Wir haben die
Liebe, die Gott zu uns hat, erkannt und gläu-
big angenommen.

7–8: 4,16 / **9**: Joh 3,16; Röm 3,25; 5,8 / **12**: Joh 1,18; 5,37; 6,46 / **14**: Joh 4,42 / **16**: 3,24; 4,8

FURCHT UND LIEBE: 4,16b–21

Gott ist Liebe, und wer in der Liebe bleibt,
bleibt in Gott und Gott bleibt in ihm.
17 Darin ist unter uns die Liebe vollendet,
dass wir am Tag des Gerichts Zuversicht ha-
ben. Denn wie er, so sind auch wir in dieser
Welt. 18 Furcht gibt es in der Liebe nicht, son-
dern die vollkommene Liebe vertreibt die
Furcht. Denn die Furcht rechnet mit Strafe,
wer sich aber fürchtet, ist nicht vollendet in
der Liebe.
19 Wir wollen lieben, weil er uns zuerst ge-
liebt hat. 20 Wenn jemand sagt: Ich liebe
Gott!, aber seinen Bruder hasst, ist er ein Lüg-
ner. Denn wer seinen Bruder nicht liebt, den
er sieht, kann Gott nicht lieben, den er nicht
sieht. 21 Und dieses Gebot haben wir von ihm:
Wer Gott liebt, soll auch seinen Bruder lie-
ben.

17–18: Röm 8,15 / **19**: 4,9f. / **21**: Mt 22,37–40; Joh 14,15.21; 15,17

DER GLAUBE ALS SIEG ÜBER DIE WELT: 5,1–13

5 1 Jeder, der glaubt, dass Jesus der Christus
ist, ist aus Gott gezeugt und jeder, der
den Vater liebt, liebt auch den, der aus ihm
gezeugt ist. 2 Daran erkennen wir, dass wir
die Kinder Gottes lieben: wenn wir Gott lie-
ben und seine Gebote erfüllen. 3 Denn darin
besteht die Liebe zu Gott, dass wir seine Ge-
bote halten; und seine Gebote sind nicht
schwer. 4 Denn alles, was aus Gott gezeugt
ist, besiegt die Welt. Und das ist der Sieg, der
die Welt besiegt hat: unser Glaube.
5 Wer sonst besiegt die Welt, außer dem,
der glaubt, dass Jesus der Sohn Gottes ist?
6 Dieser ist es, der durch Wasser und Blut ge-
kommen ist: Jesus Christus. Er ist nicht nur
im Wasser gekommen, sondern im Wasser
und im Blut. Und der Geist ist es, der Zeugnis
ablegt; denn der Geist ist die Wahrheit.
7 Denn drei sind es, die Zeugnis ablegen: 8 der
Geist, das Wasser und das Blut; und diese
drei sind eins. 9 Wenn wir von Menschen ein
Zeugnis annehmen, so ist das Zeugnis Got-
tes größer; denn das ist das Zeugnis Gottes:
Er hat Zeugnis abgelegt von seinem Sohn.
10 Wer an den Sohn Gottes glaubt, trägt das
Zeugnis in sich. Wer Gott nicht glaubt, hat
ihn zum Lügner gemacht, weil er nicht an das
Zeugnis geglaubt hat, das Gott von seinem
Sohn abgelegt hat. 11 Und darin besteht das
Zeugnis, dass Gott uns ewiges Leben gege-
ben hat; und dieses Leben ist in seinem Sohn.
12 Wer den Sohn hat, hat das Leben; wer den
Sohn Gottes nicht hat, hat das Leben nicht.
13 Dies habe ich euch geschrieben, damit ihr
wisst, dass ihr ewiges Leben habt, denn ihr
glaubt an den Namen des Sohnes Gottes.

1: 4,15; Joh 1,12; 3,3 / **4**: 2,14 / **6**: Joh 14,17; 15,26; 16,13 / **9**: Joh 5,22.36f. / **10**: Joh 8,44 / **11**: Joh 1,4; 5,21.24.26 / **13**: Joh 20,31

5,7f. Späte Textzeugen fügen nach die Zeugnis ablegen ein: im Himmel: der Vater, das Wort und der Heilige Geist und diese drei sind eins. Und drei sind es, die Zeugnis geben auf Erden. Dieser Einschub wird als Comma Johanneum bezeichnet.

ABSCHLIESSENDE MAHNUNGEN: 5,14–21

14 Und dies ist die Zuversicht, die wir zu ihm
haben, dass er uns hört, wenn wir etwas er-
bitten, das seinem Willen entspricht.
15 Wenn wir wissen, dass er uns bei allem
hört, was wir erbitten, dann wissen wir auch,
dass er unsere Bitten schon erfüllt hat.
16 Wenn einer seinen Bruder eine Sünde
begehen sieht, die nicht zum Tod führt, soll
er für ihn bitten und wird ihm so Leben
schenken, allen, deren Sünde nicht zum Tod
führt. Denn es gibt Sünde, die zum Tod führt.
Von ihr spreche ich nicht, wenn ich sage, dass

er bitten soll. 17 Jedes Unrecht ist Sünde; aber
es gibt Sünde, die nicht zum Tod führt.
18 Wir wissen: Jeder, der von Gott stammt,
sündigt nicht, sondern wer aus Gott gezeugt
ist, hütet sich und der Böse tastet ihn nicht
an. 19 Wir wissen: Wir sind aus Gott, aber die
ganze Welt steht unter der Macht des Bösen.
20 Wir wissen aber: Der Sohn Gottes ist gekommen und er hat uns Einsicht geschenkt, damit wir den Wahren erkennen. Und wir sind in diesem Wahren, in seinem Sohn Jesus Christus. Er ist der wahre Gott und ewiges Leben.
21 Meine Kinder, hütet euch vor den
Götzen!

14: Joh 14,13f. / **16**: Joh 15,22–24; Mt 12,31; Hebr 6,4–6 / **17**: 3,4 / **18**: 3,6.9; Joh 1,13; 17,15 / **19**: Joh 8,47; 12,31; 14,30 / **20**: Joh 17,3; 20,28

DER 2. BRIEF DES JOHANNES

Der Verfasser des 2. Johannesbriefs stellt sich als „der Alte“ oder „der Älteste“ (1,1) vor und weist damit auf seine Autorität hin. Durch diese eigentümliche Bezeichnung des Absenders ist der 2. mit dem 3. Johannesbrief verbunden; beide sind wohl demselben Verfasser zuzuweisen. Über dessen Person wissen wir nichts Sicheres.

Der Brief, der sich an eine nicht näher bezeichnete Gemeinde richtet, ist um das Ende des 1. Jahrhunderts zu datieren.

In der Anlage entspricht er antiken Briefen, die gewöhnlich den Umfang eines Papyrusblattes hatten (vgl. 3 Joh). Nach dem einleitenden Gruß (1–3) mahnt der Verfasser zu christlicher Lebensführung in der Wahrheit, d. h. entsprechend dem Liebesgebot (4–6), warnt vor Irrlehrern und gibt die Anweisung, ihnen keine Aufnahme und Gemeinschaft zu gewähren (7–11). Dann kündigt er seinen baldigen Besuch an und schließt mit Grüßen der Gemeinde, in der er sich befindet (12f.).

Der Brief gibt Einblick in christliches Denken um das Jahr 100 und zeigt, wie sich die Kirche damals gegen umherziehende Irrlehrer verteidigte. Die Betonung des Liebesgebots hindert nicht, eine scharfe Trennungslinie gegen die „Verführer“ zu ziehen.

Nach Stil und Inhalt steht das Schreiben dem 1. Johannesbrief nahe (Betonung des Liebesgebots, Abweisung von Irrlehren über Christus).

ANSCHRIFT UND GRUSS: 1–3

1 Der Älteste an die auserwählte Herrin und an ihre Kinder, die ich in Wahrheit liebe; aber nicht nur ich, sondern auch alle, die die Wahrheit erkannt haben, lieben sie
2 aufgrund der Wahrheit, die in uns bleibt und die mit uns sein wird in Ewigkeit.
3 Gnade wird mit uns sein, Erbarmen und Friede von Gott, dem Vater, und von Jesus Christus, dem Sohn des Vaters, in Wahrheit und Liebe.

1: 1 Petr 5,1; 3 Joh 1 / **2**: Joh 14,17 / **3**: 1 Tim 1,2; 2 Tim 1,2

LEBEN IN DER WAHRHEIT: 4–6

4 Ich habe mich sehr gefreut, unter deinen Kin-
dern solche zu finden, die in der Wahrheit
wandeln, gemäß dem Gebot, das wir vom
Vater empfangen haben. 5 Und jetzt bitte ich
dich, Herrin, nicht als wollte ich dir ein neues
Gebot schreiben, sondern nur das, das wir von
Anfang an hatten: dass wir einander lieben
sollen. 6 Denn darin besteht die Liebe, dass wir
nach seinen Geboten wandeln. Und darin be-
steht das Gebot, das ihr von Anfang an gehört
habt: dass ihr in der Wahrheit wandelt.

4: 3 Joh 3 / **5**: 1 Joh 2,7f. / **6**: Joh 14,21; 1 Joh 5,3

VERHARREN IN DER LEHRE UND ABWEISUNG VON IRRLEHRERN: 7–11

7 Denn viele Verführer sind in die Welt hi-
nausgegangen, die nicht den im Fleisch ge-
kommenen Jesus Christus bekennen. Das ist
der Verführer und der Antichrist. 8 Achtet auf
euch, damit ihr nicht preisgebt, was wir er-
arbeitet haben, sondern damit ihr den vollen
Lohn empfangt! 9 Jeder, der darüber hinaus-
geht und nicht in der Lehre Christi bleibt, hat
Gott nicht. Wer aber in der Lehre bleibt, hat
den Vater und den Sohn. 10 Wenn jemand zu
euch kommt und nicht diese Lehre mitbringt,
dann nehmt ihn nicht in euer Haus auf, son-
dern verweigert ihm den Gruß! 11 Denn wer
ihm den Gruß bietet, macht sich mitschuldig
an seinen bösen Taten.

7: 1 Joh 4,2f.6 / **9**: 1 Joh 2,23f. / **10**: 3 Joh 9f.

GRÜSSE UND SEGENSWUNSCH: 12–13

12 Vieles hätte ich euch noch zu schreiben; ich
will es aber nicht mit Papier und Tinte tun,
sondern hoffe, selbst zu euch zu kommen
und persönlich mit euch zu sprechen, damit
unsere Freude vollkommen wird. 13 Es grü-
ßen dich die Kinder deiner auserwählten
Schwester.

12: 3 Joh 13f. / **13**: 1

13 Kinder der auserwählten Schwester: d. h. die Mitglieder der Gemeinde, in der sich der Verfasser aufhält.

DER 3. BRIEF DES JOHANNES

Der 3. Johannesbrief stammt von dem „Alten“ oder „Ältesten“ (1), der auch den 2. Johannesbrief verfasst hat. Er ist an einen sonst unbekannten Gaius gerichtet, der einem dem Absender verbundenen Freundeskreis angehört (vgl. 15). Von Irrlehrern ist hier keine Rede. Die Gemeinde, in der sich Gaius befindet, dürfte deshalb kaum dieselbe sein wie jene, an die sich der 2. Johannesbrief wendet.

Da er denselben Verfasser hat wie der 2. Johannesbrief, ist auch für diesen Brief das Ende des 1. Jahrhunderts als Entstehungszeit anzunehmen.

Drei Anliegen kommen darin zur Sprache: die Unterstützung von Wandermissionaren nach dem Beispiel des Gaius (5–8); die Zurückweisung eines herrschsüchtigen Gemeindeleiters namens Diotrephes, der die Bemühungen des Briefschreibers hindert und Christen aus der Gemeinde ausschließt (9–11); eine Empfehlung für einen gewissen Demetrius (12). Der Briefschluss (13–15) gleicht dem des 2. Johannesbriefs.

Der 3. Johannesbrief ist wertvoll für die Kenntnis damaliger Gemeindeverhältnisse: Noch gibt es keine feste kirchliche Verfassung, aber lebendige Gemeindezellen, Wandermissionare und den Einfluss eines über die Ortsgemeinden hinaus wirkenden Mannes.

Wie im 2. Johannesbrief wird im dritten die Zusammengehörigkeit von Wahrheit und Liebe betont, die hier in der gewährten Gastfreundschaft konkret wird.

ANSCHRIFT UND GRUSS: 1–4

1 Der Älteste an den geliebten Gaius, den ich
in Wahrheit liebe. 2 Geliebter, ich wünsche
dir in jeder Hinsicht Wohlergehen und Gesundheit, so wie es deiner Seele wohlergeht.
3 Denn ich habe mich sehr gefreut, als Brüder
kamen, die für deine Treue zur Wahrheit
Zeugnis ablegten und berichteten, wie du in
der Wahrheit wandelst. 4 Ich habe keine größere Freude, als zu hören, dass meine Kinder
in der Wahrheit wandeln.

1 Der Älteste ist derselbe Verfasser wie der in 2 Joh 1 genannte. Gaius ist wahrscheinlich ein führendes Gemeindemitglied.

1: 2 Joh 1 / **3**: 2 Joh 4

DIE GASTFREUNDSCHAFT DES GAIUS: 5–8

5 Geliebter, du handelst treu in allem, was du
an den Brüdern tust, und sogar an fremden.
6 Sie haben vor der Gemeinde für deine Liebe
Zeugnis abgelegt. Du wirst gut daran tun,
wenn du sie für ihre Reise so ausrüstest, wie
es Gottes würdig ist. 7 Denn für seinen Namen sind sie ausgezogen und haben von den
Heiden nichts angenommen. 8 Darum sind
wir verpflichtet, solche Männer aufzunehmen, damit auch wir zu Mitarbeitern für die
Wahrheit werden.

5 Fremde Brüder: offenbar durchreisende Prediger (Missionare).

6: 12; Tit 3,13 / **8**: 1 Kor 3,9

DAS VERSAGEN DES DIOTREPHES: 9–11

9 Ich habe der Gemeinde geschrieben. Aber
Diotrephes, der unter ihnen der Erste sein
will, nimmt uns nicht auf. 10 Deshalb werde
ich, wenn ich komme, an sein Tun und Trei-
ben erinnern. Mit bösen Worten verleumdet
er uns und gibt sich damit noch nicht zufrie-
den; sondern er selbst nimmt die Brüder
nicht auf und hindert alle daran, die es tun
wollen, und schließt diese aus der Gemeinde
aus. 11 Geliebter, ahme nicht das Böse nach,
sondern das Gute! Wer das Gute tut, ist aus
Gott; wer aber das Böse tut, hat Gott nicht
gesehen.

9f. Über den Gemeindevorsteher Diotrephes ist sonst nichts bekannt.

10: 2 Joh 10 / **11**: 1 Joh 2,3; 3,6.10

EMPFEHLUNG DES DEMETRIUS UND GRÜSSE: 12–15

12 Für Demetrius legen alle und die Wahrheit
selbst Zeugnis ab; auch wir legen Zeugnis ab
und du weißt, dass unser Zeugnis wahr ist.
13 Vieles hätte ich dir noch zu schreiben; ich
will aber nicht mit Tinte und Feder schreiben.
14 Ich hoffe, dich bald zu sehen; dann werden
wir persönlich miteinander sprechen. 15 Frie-
de sei mit dir! Es grüßen dich die Freunde.
Grüße die Freunde, jeden Einzelnen!

12: Joh 19,35; 21,24 / **13–14**: 2 Joh 12

DER BRIEF DES JUDAS

Der Verfasser stellt sich als „Judas, Knecht Jesu Christi, Bruder des Jakobus“ (1) vor. Er beruft sich auf Jakobus, weil dieser eine bei den Empfängern des Briefs angesehene Persönlichkeit ist. Mit Judas kann also nur der „Bruder des Herrn“ gemeint sein, der Mt 13,55 und Mk 6,3 neben Jakobus und weiteren Brüdern Jesu genannt wird.

Der Judasbrief ist sicher vor dem 2. Petrusbrief geschrieben, da dieser ihn im 2. Kapitel benutzt. Er will vor Irrlehrern warnen, die den Glauben gefährden und die Gemeinde spalten. Den falschen Lehrern wird Gottlosigkeit, ausschweifendes Leben, Leugnung der alleinigen Herrschaft Christi und Missachtung der Engel vorgeworfen (3f.8–16.19). Diese Angaben reichen nicht aus, um auf eine bestimmte Irrlehre zu schließen.

Der Aufbau des Briefs ist einfach. Im ersten Teil (3–16) droht Judas den falschen Lehrern das Gericht Gottes an. Er verweist auf warnende Beispiele im Alten Testament und beruft sich auch auf außerbiblische jüdische Überlieferungen: „Buch des Henoch“ (7.14); „Himmelfahrt des Mose“ (9). Der zweite Teil (17–23) wendet sich an die treu gebliebenen Christen. Sie sollen festhalten am Glauben und am Gebet, an der Liebe und an der Hoffnung und sie sollen sich der Brüder annehmen, die in Gefahr sind.

ANSCHRIFT UND GRUSS: 1–2

1 Judas, Knecht Jesu Christi, Bruder des Jako-
bus, an die Berufenen, die in Gott, dem Vater,
geliebt und für Jesus Christus bewahrt sind.
2 Erbarmen, Friede und Liebe seien mit euch
in Fülle!

1: Jak 1,1 / **2**: 2 Petr 1,2

WARNUNG VOR IRRLEHRERN: 3–16

ZWECK UND ANLASS DES SCHREIBENS: 3–4

3 Geliebte, da es mich sehr drängte, euch
über unsere gemeinsame Rettung zu schrei-
ben, hielt ich es für notwendig, euch mit
diesem Brief zu ermahnen: Kämpft für den
Glauben, der den Heiligen ein für alle Mal
übergeben ist! 4 Denn es haben sich einige
Leute eingeschlichen, die schon seit Langem
für das Gericht vorgemerkt sind: Gottlose,
die unseres Gottes Gnade mit einem zügel-
losen Leben vertauschen und die Jesus
Christus, unseren einzigen Herrscher und
Herrn, verleugnen.

3: 2 Petr 1,13.15; 2,1–22; 1 Tim 1,18 / **4**: Gal 2,4; 2 Petr 2,1

WARNUNG VOR GOTTES GERICHT: 5–7

5 Zwar wisst ihr alles ein für alle Mal; aber ich
will euch dennoch daran erinnern, dass Je-
sus, nachdem er das Volk aus Ägypten geret-
tet hatte, später die vernichtete, die nicht
glaubten. 6 Die Engel, die ihren hohen Rang
nicht bewahrt und ihren eigenen Wohnsitz
verlassen haben, hat er mit ewigen Fesseln in
der Finsternis eingeschlossen, um sie am
großen Tag zu richten. 7 Auch Sodom und
Gomorra und ihre Nachbarstädte sind ein
Beispiel: In ähnlicher Weise wie diese trie-
ben sie Unzucht und liefen anderem Fleisch
nach; daher erleiden sie die Strafe ewigen
Feuers.

5: 1 Kor 10,4; 2 Petr 1,12 / **6**: Gen 6,1–4 / **7**: Gen 19,4–11.23–25

DER WEG DER IRRLEHRER: 8–16

8 Genauso beflecken auch diese Träumer das
Fleisch, sie erkennen die Macht des Herrn
nicht an und lästern die überirdischen
Mächte. 9 Als der Erzengel Michael mit dem
Teufel rechtete und über den Leichnam des
Mose stritt, wagte er es nicht, ein lästerndes
Urteil zu fällen, sondern sagte: *Der Herr
weise dich in die Schranken.* 10 Diese jedoch
lästern, was sie nicht kennen; was sie aber
wie die unvernünftigen Tiere von Natur aus
verstehen, daran gehen sie zugrunde.
11 Wehe ihnen! Sie sind den Weg Kains ge-
gangen, gegen Lohn sind sie dem Irrtum
Bileams verfallen, der Aufruhr Korachs hat
sie ins Verderben gestürzt. 12 Diese sind die
Schandflecken bei euren Liebesmählern:
Ohne Scheu prassen sie mit euch und wei-
den nur sich selbst. Wasserlose Wolken sind
sie, von den Winden dahingetrieben; Bäu-
me, die im Herbst keine Frucht tragen, zwei-
mal abgestorben und entwurzelt; 13 wilde
Meereswogen, die ihre eigene Schande wie
Schaum aufspritzen lassen; umherirrende
Sterne, denen auf ewig die dunkelste Fins-
ternis bestimmt ist. 14 Auch ihnen gilt, was
schon Henoch, der siebte nach Adam, ge-
weissagt hat: Siehe, der Herr kommt mit
seinen heiligen Zehntausenden, 15 um über
alle Gericht zu halten und jede Seele wegen
all ihrer gottlosen Taten zu überführen, die
sie verübt haben, und wegen all der frechen
Reden, die die gottlosen Sünder gegen ihn
geführt haben. 16 Sie sind Nörgler, unzufrie-
den mit ihrem Geschick; sie lassen sich von
ihren Begierden leiten; sie nehmen große
Worte in den Mund und schmeicheln aus
Eigennutz.

8: 2 Petr 2,10 / **9**: Sach 3,2 / **11**: Gen 4,3–8; Num 16; 22–24 / **12**: 1 Kor 11,20–22

---

8 Die überirdischen Mächte, wörtlich: die Herrlichkeiten. Vgl. 2 Petr 2,10.

9 Der Verfasser bezieht sich hier auf eine außerbiblische jüdische Überlieferung, die er möglicherweise in der Schrift über die Himmelfahrt des Mose vorgefunden hat; von dieser Schrift sind nur noch Teile erhalten.

ABGRENZUNG VON DEN IRRLEHRERN: 17–23

17 Ihr aber, Geliebte, gedenkt der Worte, die
von den Aposteln Jesu Christi, unseres
Herrn, im Voraus verkündet worden sind,
18 als sie euch sagten: Am Ende der Zeit wird
es Spötter geben, die sich von ihren gottlo-
sen Begierden leiten lassen. 19 Diese sind es,
die Spaltungen verursachen, irdisch ge-
sinnte Menschen, die den Geist nicht besit-
zen.
20 Ihr aber, Geliebte, baut weiter auf eurem
hochheiligen Glauben auf, betet im Heiligen
Geist, 21 bewahrt euch in der Liebe Gottes
und wartet auf das Erbarmen Jesu Christi,
unseres Herrn, zum ewigen Leben! 22 Er-
barmt euch derer, die zweifeln; 23 andere ret-
tet, entreißt sie dem Feuer! Wieder anderer
erbarmt euch in Furcht; hasst sogar das vom
Fleisch befleckte Gewand!

17–18: 2 Petr 3,2f./ **23**: Sach 3,4; Offb 3,4

LOBPREIS: 24–25

24 Dem einen Gott aber, der die Macht hat,
euch vor jedem Fehltritt zu bewahren und
euch untadelig und voll Jubel vor seine Herr-
lichkeit treten zu lassen, 25 ihm, der uns durch
Jesus Christus, unseren Herrn, rettet, ge-
bührt die Herrlichkeit, Hoheit, Macht und
Gewalt vor aller Zeit und jetzt und für alle
Zeiten. Amen.

DIE OFFENBARUNG DES JOHANNES

Der Name „Offenbarung des Johannes“ lehnt sich an die Einleitung des Buchs an: „Offenbarung Jesu Christi“. Von ihr wird gesagt (1,1), dass sie Johannes durch die Sendung eines Engels kundgetan worden sei. Der erhöhte Christus spricht zu seinen Gemeinden, vermittelt durch seinen Engel und seine Zeugen. Die Besonderheit des Buchs kommt auch darin zum Ausdruck, dass Johannes diese Offenbarung in Bildern und Visionen sieht und hört, dass er vom Geist ergriffen und aufgefordert wird, das Geschaute aufzuschreiben (1,11). Die Bilder, die dabei verwendet werden, stammen aus jüdischer Tradition, aus den Büchern der Propheten und Psalmen, besonders Ezechiel und Daniel. Die Offenbarung des Johannes fügt sich so in die zeitgenössische Literatur der Apokalyptik ein, benutzt deren Vorstellungen und Ziele, hebt sich von ihr aber dadurch ab, dass sie die traditionellen Bilder mit dem christlichen Bekenntnis von Jesus, dem Gekreuzigten, Erhöhten und zur Parusie Wiederkehrenden, verbindet.

Der Verfasser stellt sich selbst mit Namen als „Johannes, euer Bruder" vor (1,9). Er versteht sich als Prophet unter Propheten, die er seine Brüder nennt (22,9), und bezeichnet sein Buch als „Prophetie". Er muss ein Mann von hohem Ansehen in der römischen Provinz Asia, deren Hauptstadt Ephesus war, gewesen sein. Zur Zeit der Abfassung des Buchs befindet er sich auf der Insel Patmos „um des Wortes Gottes und des Zeugnisses für Jesus willen" (1,9). Seit geraumer Zeit hat sich die Auffassung allgemein durchgesetzt, dass er nicht mit dem Apostel Johannes gleichgesetzt werden kann; eine Auffassung, die lange Zeit bestand, aber auch schon in der Alten Kirche in Frage gestellt wurde.

Als Abfassungszeit des Werks gilt die Regierungszeit des Kaisers Domitian (81–96), eher die Neunzigerjahre. Hierauf weist die im Text vorausgesetzte bedrängte Lage der Kirche hin. Domitian förderte den Kaiserkult und ließ für ihn – gerade auch in der Provinz Asia – Tempel errichten. Die im 13. Kapitel verarbeitete Sage von der Wiederkehr des Kaisers Nero könnte ebenfalls auf Domitian verweisen, der „zweiter Nero" (Juvenal 4,38) genannt wurde.

Die Eröffnung weist das Werk als Brief aus. Die Adressaten sind die in den Sendschreiben (1,9–3,22) genannten sieben asiatischen Gemeinden. Ihre Reihenfolge ergibt sich aus dem Rundweg, an dem sie lagen, sodass der Überbringer geradezu eine Straßenanweisung erhielt. Die Siebenzahl hat als Zahl der Fülle symbolische Bedeutung. Sie gibt zu verstehen, dass das Buch über die konkreten Gemeinden hinaus an die ganze Kirche gerichtet ist.

Der Aufbau des Buchs erschließt sich in der Abfolge, wie sie 1,19 bietet: „Schreib auf, was du gesehen hast (1,9–20: die Erscheinung des erhöhten Christus), was ist (Kap. 2 und 3: die Sendschreiben) und was danach geschehen wird" (Kap. 4–22). Für die Gliederung ist weiter die Zahl Sieben maßgebend: Nach den sieben Sendschreiben folgen die Visionen der sieben Siegel, der sieben Posaunen und der sieben Schalen. Zum Inhalt: Nach dem kurzen Vorwort kommt das Briefpräskript mit Absender, Adressat und Gruß (1,4–8). In einer Vision beauftragt Christus den Seher Johannes, die Offenbarung weiterzugeben (1,9–20). Die sieben Sendschreiben (Kap. 2 und 3) verstärken den Briefcharakter. In ihnen gibt Johannes kund, dass er über den Zustand der Gemeinden gut unterrichtet ist. Er lobt sie, tadelt sie, spornt sie an. In den Kapiteln 4–22 folgt eine visionäre Beschreibung der Zeit zwischen der Auferstehung Christi und dem Ende der Welt. Die Zeit vor dem Ende ist gemäß den Vorstellungen in der apokalyptischen Literatur eine Periode der Bosheit, Schrecknisse und Plagen. Der große Widersacher der Kirche ist Satan, der das Imperium Romanum benutzt, um seine böse Herrschaft auszuüben (das Tier aus dem Meer, 13,1; die Hure Babylon, Kap. 17). Den Sieg aber trägt Christus davon, was in zahlreichen ermutigenden Bildern beschrieben wird: der siegreiche Reiter auf weißem Pferd (6,2); die 144 000 und die unermesslich große Schar der Erlösten (Kap. 7); die himmlische Frau, von der Sonne bekleidet, deren neugeborenes Kind der Bedrohung durch Satan entrissen wird; der Sieg Michaels über den Drachen (Kap. 12); nochmals die 144 000, die um Christus, das Lamm, versammelt sind (14,1–5); der Untergang Babylons (Kap. 18); das Tausendjährige Reich (Kap. 20). Am Schluss stehen der neue Himmel und die neue Erde und das himmlische Jerusalem (Kap. 21f.). Die Schilderungen werden immer wieder von Preis- und Dankliedern durchbrochen (4,8.11; 5,9–13; 7,12; 11,15.17f.; 12,10–12; 15,3f.; 16,5f.; 19,1–8).

Die Offenbarung des Johannes ist weniger ein Trostbuch für eine verfolgte Gemeinde in schwerer Zeit als vielmehr eine starke Aufforderung, Christus und dem Glauben an ihn die Treue zu bewahren. Die Gemeinde soll sich davon nicht abbringen lassen, auch nicht durch Stimmen aus den eigenen Reihen. In diesem Sinn behält das Werk seine Gültigkeit.

Der Text der Offenbarung des Johannes fehlt in zahlreichen griechischen Handschriften. Das hängt damit zusammen, dass sich das Buch von Beginn an zwar in der lateinischen Kirche eines großen Ansehens erfreuen konnte, in der griechischen und syrischen aber stark vernachlässigt wurde.

VORWORT: 1,1–3

1 1 Offenbarung Jesu Christi, die Gott ihm
gegeben hat, damit er seinen Knechten
zeigt, was bald geschehen muss; und er hat es
durch seinen Engel, den er sandte, seinem
Knecht Johannes gezeigt. 2 Dieser hat das
Wort Gottes und das Zeugnis Jesu Christi
bezeugt: alles, was er geschaut hat. 3 Selig,
wer die Worte der Prophetie vorliest, und
jene, die sie hören und das halten, was in ihr
geschrieben ist; denn die Zeit ist nahe.

1: Dan 2,28f.; Am 3,7 / **3:** 14,13; 16,15; 19,9; 20,6; 22,7.14

BRIEFLICHE EINLEITUNG: 1,4–8

4 Johannes an die sieben Gemeinden in der
Provinz Asien: Gnade sei mit euch und Frie-
de von Ihm, der ist und der war und der
kommt, und von den sieben Geistern vor
seinem Thron 5 und von Jesus Christus; er ist
der treue Zeuge, der Erstgeborene der Toten,
der Herrscher über die Könige der Erde. Ihm,
der uns liebt und uns von unseren Sünden
erlöst hat durch sein Blut, 6 der uns zu einem
Königreich gemacht hat und zu Priestern vor
Gott, seinem Vater: Ihm sei die Herrlichkeit
und die Macht in alle Ewigkeit. Amen.

7 *Siehe, er kommt mit den Wolken* und jedes
Auge wird ihn *sehen*, auch alle, *die ihn durch-
bohrt haben; und alle Völker der Erde werden
seinetwegen jammern und klagen*. Ja, Amen.
8 Ich bin das Alpha und das Omega, spricht
Gott, der Herr, der ist und der war und der
kommt, der Herrscher über die ganze Schöp-
fung.

4: 1 Kor 16,19; Ex 3,14 G; Jes 11,2f. / **5:** Ps 89,28.38; 130,8; Kol 1,18 / **6:** 5,10; Ex 19,6; Jes 61,6 / **7:** Dan 7,13; Sach 12,10; Mt 24,30 / **8:** 21,6; 22,13; Ex 3,14 G

DIE BEAUFTRAGUNG DES JOHANNES: 1,9–20

9 Ich, Johannes, euer Bruder und Gefährte in
der Bedrängnis, in der Königsherrschaft und
im standhaften Ausharren in Jesus, war auf
der Insel, die Patmos heißt, um des Wortes
Gottes willen und des Zeugnisses für Jesus.

10 Am Tag des Herrn wurde ich vom Geist
ergriffen und hörte hinter mir eine Stimme,
laut wie eine Posaune. 11 Sie sprach: Schreib
das, was du siehst, in ein Buch und schick es
an die sieben Gemeinden: nach Ephesus,
nach Smyrna, nach Pergamon, nach Thyatira,
nach Sardes, nach Philadelphia und nach
Laodizea!

12 Da wandte ich mich um, weil ich die
Stimme erblicken wollte, die zu mir sprach.
Als ich mich umwandte, sah ich sieben gol-
dene Leuchter 13 und mitten unter den Leuch-
tern einen gleich einem Menschensohn; er
war bekleidet mit einem Gewand bis auf die
Füße und um die Brust trug er einen Gürtel
aus Gold.

14 Sein Haupt und seine Haare waren weiß
wie weiße Wolle, wie Schnee, und seine Au-
gen wie Feuerflammen; 15 seine Beine glänz-
ten wie Golderz, das im Schmelzofen glüht,
und seine Stimme war wie das Rauschen von
Wassermassen.

16 In seiner Rechten hielt er sieben Sterne
und aus seinem Mund kam ein scharfes,
zweischneidiges Schwert und sein Gesicht
leuchtete wie die machtvoll strahlende Son-
ne.

17 Als ich ihn sah, fiel ich wie tot vor seinen
Füßen nieder. Er aber legte seine rechte Hand
auf mich und sagte: Fürchte dich nicht! Ich
bin der Erste und der Letzte 18 und der Leben-

dige. Ich war tot, doch siehe, ich lebe in alle
Ewigkeit und ich habe die Schlüssel zum Tod
und zur Unterwelt.
19 Schreib auf, was du gesehen hast: was ist
und was danach geschehen wird. 20 Das Ge-
heimnis der sieben Sterne, die du auf meiner
rechten Hand gesehen hast, und der sieben
goldenen Leuchter ist: Die sieben Sterne sind
die Engel der sieben Gemeinden und die sie-
ben Leuchter sind die sieben Gemeinden.

10: Apg 20,7; 1 Kor 16,2 / **11:** 2,1–7.8–11.12–17.18–29; 3,1–6.7–13.14–22; 1 Kor 16,19 / **12:** Sach 4,2 / **13:** Dan 7,13; 10,5; Ez 9,2.11 G / **14:** Dan 7,9; 10,6 / **15:** Ez 1,24; 43,2 / **16:** 2,1; Ri 5,31 / **17:** 2,8; 22,13; Dan 8,18; Jes 44,2.6 / **18:** Hos 13,14 / **19:** Dan 2,29

DIE SIEBEN BRIEFE: 2,1–3,22

AN DIE GEMEINDE IN EPHESUS: 2,1–7

2 1 An den Engel der Gemeinde in Ephesus
schreibe: So spricht Er, der die sieben
Sterne in seiner Rechten hält und mitten un-
ter den sieben goldenen Leuchtern einher-
geht:
2 Ich kenne deine Taten und deine Mühe
und deine Geduld und weiß, dass du die Bö-
sen nicht ertragen kannst. Du hast die auf die
Probe gestellt, die sich Apostel nennen und
es nicht sind, und hast sie als Lügner befun-
den.
3 Du legst Geduld an den Tag und hast um
meines Namens willen Schweres ertragen
und bist nicht müde geworden.
4 Aber ich habe gegen dich: Du hast deine
erste Liebe verlassen.
5 Bedenke, aus welcher Höhe du gefallen
bist! Kehr zurück zu deinen ersten Taten!
Wenn du nicht umkehrst, werde ich zu dir
kommen und deinen Leuchter von seiner
Stelle wegrücken. 6 Doch für dich spricht: Du
verabscheust das Treiben der Nikolaiten, das
auch ich verabscheue. 7 Wer Ohren hat, der
höre, was der Geist den Gemeinden sagt: Wer
siegt, dem werde ich zu essen geben vom
Baum des Lebens, der im Paradies Gottes
steht.

1: 1,16 / **2:** 2 Kor 11,13 / **4:** 1 Tim 5,12 / **6:** Ps 139,21 / **7:** 2,11.17 29; 3,6.13.22; 22,2.14.19; Mt 11,15; Gen 2,9; Ez 31,8

AN DIE GEMEINDE IN SMYRNA: 2,8–11

8 An den Engel der Gemeinde in Smyrna
schreibe: So spricht Er, der Erste und der
Letzte, der tot war und wieder lebendig wur-
de:
9 Ich kenne deine Bedrängnis und deine
Armut; und doch bist du reich. Und ich ken-
ne die Lästerung von denen, die sagen, sie
seien Juden; sie sind es aber nicht, sondern
sind eine Synagoge des Satans.
10 Fürchte dich nicht vor dem, was du noch
erleiden musst! Siehe, der Teufel wird einige
von euch ins Gefängnis werfen, um euch auf
die Probe zu stellen, und ihr werdet in Be-
drängnis sein, zehn Tage lang. Sei treu bis in
den Tod; dann werde ich dir den Kranz des
Lebens geben.
11 Wer Ohren hat, der höre, was der Geist
den Gemeinden sagt: Wer siegt, dem kann
der zweite Tod nichts anhaben.

8: 1,17f.; Jes 44,6 / **10:** Dan 1,12.14; Jak 1,12 / **11:** 2,7

AN DIE GEMEINDE IN PERGAMON: 2,12–17

12 An den Engel der Gemeinde in Pergamon
schreibe: So spricht Er, der das scharfe, zwei-
schneidige Schwert trägt:
13 Ich weiß, wo du wohnst: dort, wo der
Thron des Satans steht. Und doch hältst du
an meinem Namen fest und hast den Glauben
an mich nicht verleugnet, auch nicht in den
Tagen, als Antipas, mein treuer Zeuge, bei
euch getötet wurde, dort, wo der Satan
wohnt.
14 Aber etwas habe ich gegen dich: Bei dir
gibt es Leute, die an der Lehre Bileams fest-
halten, der Balak lehrte, den Söhnen Israels
eine Falle zu stellen, sodass sie Götzenopfer-
fleisch aßen und Unzucht trieben.

2,6 Nikolaiten: die vom Verfasser verurteilte Lehre der Nikolaiten betrifft wohl vor allem das Essen von Opferfleisch, das als unbedeutendes Zugeständnis an die pagane Umwelt gewertet wurde. Vgl. 2,14.

2,14 Der heidnische Seher Bileam (Num 25,1–6; 31,16) galt als erstes Beispiel eines Irrlehrers. – Lehre Bileams: gemeint ist die Lehre der Nikolaiten.

15 So gibt es auch bei dir Leute, die in glei-
cher Weise an der Lehre der Nikolaiten fest-
halten.
16 Kehr also um! Sonst komme ich bald und
werde sie mit dem Schwert in meinem Mund
bekämpfen.
17 Wer Ohren hat, der höre, was der Geist
den Gemeinden sagt: Wer siegt, dem werde
ich von dem verborgenen Manna geben. Ich
werde ihm einen weißen Stein geben und auf
dem Stein steht ein neuer Name geschrieben,
den nur der kennt, der ihn empfängt.

14: Num 25,1f. G; 31,16 / **17**: 2,7; Ps 78,24; Jes 62,2

AN DIE GEMEINDE IN THYATIRA: 2,18–29

18 An den Engel der Gemeinde in Thyatira
schreibe: So spricht der Sohn Gottes, der Au-
gen hat wie Feuerflammen und Beine wie
Golderz:
19 Ich kenne deine Taten, deine Liebe und
deinen Glauben, dein Dienen und deine Ge-
duld und ich weiß, dass du in letzter Zeit
mehr getan hast als am Anfang.
20 Aber ich habe gegen dich, dass du Isebel,
eine Frau, gewähren lässt; sie gibt sich als
Prophetin aus und lehrt meine Knechte und
verführt sie, Unzucht zu treiben und Göt-
zenopferfleisch zu essen.
21 Ich habe ihr Zeit gelassen umzukehren;
sie aber will nicht umkehren und von ihrer
Unzucht ablassen.
22 Siehe, ich werfe sie auf das Krankenbett
und alle, die mit ihr Ehebruch treiben, bringe
ich in große Bedrängnis, wenn sie sich nicht
abkehren vom Treiben dieser Frau.
23 Ihre Kinder werde ich töten, der Tod wird
sie treffen und alle Gemeinden werden er-
kennen, dass ich es bin, der Herz und Nieren
prüft, und ich werde jedem von euch vergel-
ten gemäß seinen Taten.
24 Aber euch Übrigen in Thyatira, denen,
die dieser Lehre nicht folgen und die Tiefen
des Satans, wie sie es nennen, nicht erkannt
haben, euch sage ich:
Ich lege euch keine andere Last auf. 25 Aber
was ihr habt, das haltet fest, bis ich komme!
26 Wer siegt und bis zum Ende an den Wer-
ken festhält, die ich gebiete, dem werde ich
Macht über die Völker geben. 27 *Er wird sie
weiden mit eisernem Zepter und sie zerschla-
gen wie Tongeschirr*; 28 wie auch ich solche
Macht von meinem Vater empfangen habe,
und ich werde ihm den Morgenstern geben.
29 Wer Ohren hat, der höre, was der Geist
den Gemeinden sagt.

18: Dan 10,5f. / **20**: 2 Kön 9,22; Num 25,1f. G; 31,16/ **23**: Ps 7,10; 62,13; Jer 11,20; Spr 24,12 / **26–27**: Ps 2,8f. G / **29**: 2,7

AN DIE GEMEINDE IN SARDES: 3,1–6

3 1 An den Engel der Gemeinde in Sardes
schreibe: So spricht Er, der die sieben
Geister Gottes und die sieben Sterne hat: Ich
kenne deine Taten. Dem Namen nach lebst du,
aber du bist tot. 2 Werde wach und stärke, was
noch übrig ist, was schon im Sterben lag! Denn
ich habe nicht gefunden, dass deine Taten in
den Augen meines Gottes vollkommen sind.
3 Denk also daran, wie du die Lehre emp-
fangen und gehört hast! Halte daran fest und
kehr um! Wenn du aber nicht aufwachst,
werde ich kommen wie ein Dieb und du wirst
bestimmt nicht wissen, zu welcher Stunde
ich zu dir komme.
4 Du hast aber einige Leute in Sardes, die
ihre Kleider nicht befleckt haben; sie werden
mit mir in weißen Gewändern gehen, denn
sie sind es wert.
5 Wer siegt, wird ebenso mit weißen Gewän-
dern bekleidet werden. Nie werde ich seinen
Namen aus dem Buch des Lebens streichen,
sondern ich werde seinen Namen bekennen vor
meinem Vater und vor seinen Engeln.
6 Wer Ohren hat, der höre, was der Geist
den Gemeinden sagt.

5: 13,8; 17,8; 20,12.15; 21,27; Ex 32,32f.; Ps 69,29; Dan 12,1 / **6**: 2,7

AN DIE GEMEINDE IN PHILADELPHIA: 3,7–13

7 An den Engel der Gemeinde in Philadel-
phia schreibe: So spricht der Heilige, der
Wahrhaftige,
der den Schlüssel Davids hat, / der öffnet
und niemand wird schließen, / der schließt
und niemand wird öffnen:
8 Ich kenne deine Taten, siehe, ich habe vor
dir eine Tür geöffnet, die niemand mehr
schließen kann. Du hast nur geringe Kraft
und dennoch hast du an meinem Wort festge-
halten und meinen Namen nicht verleugnet.
9 Siehe, ich will veranlassen, dass solche
aus der Synagoge des Satans, die sich als Ju-
den ausgeben, es aber nicht sind, sondern
lügen – siehe, ich werde sie dazu bringen, dass
sie kommen und sich dir zu Füßen werfen
und erkennen, dass ich dir meine Liebe zuge-
wandt habe.

10 Du hast mein Gebot bewahrt, standhaft
zu bleiben; daher werde auch ich dich bewah-
ren vor der Stunde der Versuchung, die über
die ganze Erde kommen soll, um die Bewoh-
ner der Erde auf die Probe zu stellen.
11 Ich komme bald. Halte fest, was du hast,
damit kein anderer deinen Kranz bekommt!
12 Wer siegt, den werde ich zu einer Säule
im Tempel meines Gottes machen und er
wird nicht mehr hinausgehen. Und ich werde
auf ihn den Namen meines Gottes schreiben
und den Namen der Stadt meines Gottes,
des neuen Jerusalem, das aus dem Himmel
herabkommt von meinem Gott, und auch
meinen neuen Namen.
13 Wer Ohren hat, der höre, was der Geist
den Gemeinden sagt.

7: Jes 22,22 / **9:** 2,9; Jes 43,4; 60,14 / **12:** Ez 48,35; Jes 62,2 / **13:** 2,7

AN DIE GEMEINDE IN LAODIZEA: 3,14–22

14 An den Engel der Gemeinde in Laodizea
schreibe: So spricht Er, der Amen heißt, der
treue und zuverlässige Zeuge, der Anfang der
Schöpfung Gottes:
15 Ich kenne deine Taten. Du bist weder kalt
noch heiß. Wärest du doch kalt oder heiß!
16 Daher, weil du lau bist, weder heiß noch
kalt, will ich dich aus meinem Mund aus-
speien.
17 Du behauptest: Ich bin reich und wohl-
habend und nichts fehlt mir. Du weißt aber
nicht, dass gerade du elend und erbärmlich
bist, arm, blind und nackt.
18 Darum rate ich dir: Kaufe von mir Gold,
das im Feuer geläutert ist, damit du reich
wirst; und kaufe von mir weiße Kleider, da-
mit du dich bekleidest und die Schande dei-
ner Blöße nicht aufgedeckt wird; und kaufe
Salbe, um deine Augen zu salben, damit du
sehen kannst!
19 Wen ich liebe, den weise ich zurecht und
nehme ihn in Zucht. Mach also Ernst und
kehr um!
20 Siehe, ich stehe vor der Tür und klopfe
an. Wenn einer meine Stimme hört und die
Tür öffnet, bei dem werde ich eintreten und
Mahl mit ihm halten und er mit mir.
21 Wer siegt, der darf mit mir auf meinem
Thron sitzen, so wie auch ich gesiegt habe
und mich mit meinem Vater auf seinen Thron
gesetzt habe.
22 Wer Ohren hat, der höre, was der Geist
den Gemeinden sagt.

14: Ps 89,38; Spr 8,22 G; 14,5 / **17:** Hos 12,9 / **19:** Spr 3,12 / **20:** Hld 5,2 / **21:** Mt 19,28; 25,31; Lk 22,30; 1 Kor 4,8 / **22:** 2,7

DIE ERÖFFNENDE HIMMELSVISION: 4,1–5,14

DIE HULDIGUNG VOR DEM THRON GOTTES: 4,1–11

4 1 Danach sah ich und siehe, eine Tür war
geöffnet am Himmel; und die erste
Stimme, die ich gleich einer Posaune mit mir
reden gehört hatte, sagte: Komm herauf und
ich werde dir zeigen, was dann geschehen
muss. 2 Sogleich wurde ich vom Geist ergrif-
fen. Und siehe, ein Thron stand im Himmel;
auf dem Thron saß einer, 3 der wie ein Jaspis
und ein Karneol aussah. Und über dem Thron
wölbte sich ein Regenbogen, der wie ein
Smaragd aussah.
4 Und rings um den Thron standen vier-
undzwanzig Throne und auf den Thronen
saßen vierundzwanzig Älteste, in weiße Ge-
wänder gekleidet und mit goldenen Kränzen
auf dem Haupt.
5 Von dem Thron gingen Blitze, Stimmen
und Donner aus. Und sieben lodernde Fa-
ckeln brannten vor dem Thron; das sind die
sieben Geister Gottes.
6 Und vor dem Thron war etwas wie ein glä-
sernes Meer, gleich Kristall. Und in der Mitte
des Thrones und rings um den Thron waren
vier Lebewesen voller Augen, vorn und hinten.
7 Das erste Lebewesen glich einem Löwen,
das zweite einem Stier, das dritte sah aus wie
ein Mensch, das vierte glich einem fliegenden
Adler.
8 Und jedes der vier Lebewesen hatte sechs
Flügel, außen und innen voller Augen. Sie
ruhen nicht, bei Tag und Nacht, und rufen:
Heilig, heilig, heilig / ist der Herr, der Gott,
der Herrscher über die ganze Schöpfung; /
er war und er ist und er kommt.

9 Und wenn die Lebewesen dem, der auf
dem Thron sitzt und in alle Ewigkeit lebt,
Herrlichkeit und Ehre und Dank erweisen,
10 dann werfen sich die vierundzwanzig Äl-
testen vor dem, der auf dem Thron sitzt, nie-
der und beten ihn an, der in alle Ewigkeit lebt.
Und sie legen ihre goldenen Kränze vor sei-
nem Thron nieder und sprechen:
11 Würdig bist du, Herr, unser Gott, / Herr-
lichkeit zu empfangen und Ehre und Macht.
Denn du bist es, der die Welt erschaffen hat, /
durch deinen Willen war sie und wurde sie
erschaffen.

1: Ex 19,16.24; Dan 2,29 / **2–3**: Jes 6,1; Ez 1,26–28 / **5**: Ex 19,16 G; Sach 4,2; Ez 1,13 / **6**: Ez 1,5.18.22 / **7**: Ez 1,10 / **8**: Jes 6,2; Ez 1,18 G; Jes 6,2f.; Ex 3,14 G / **9**: Jes 6,1; Dan 6,27; 12,7 / **11**: 1 Chr 29,11

DAS VERSIEGELTE BUCH UND DAS LAMM: 5,1–14

5 1 Und ich sah auf der rechten Hand des-
sen, der auf dem Thron saß, eine Buchrol-
le; sie war innen und auf der Rückseite be-
schrieben und mit sieben Siegeln versiegelt.
2 Und ich sah: Ein gewaltiger Engel rief mit
lauter Stimme: Wer ist würdig, die Buchrol-
le zu öffnen und ihre Siegel zu lösen? 3 Aber
niemand im Himmel, auf der Erde und unter
der Erde konnte das Buch öffnen und hinein-
sehen. 4 Da weinte ich sehr, weil niemand für
würdig befunden wurde, das Buch zu öffnen
und hineinzusehen.
5 Da sagte einer von den Ältesten zu mir:
Weine nicht! Siehe, gesiegt hat der Löwe aus
dem Stamm Juda, der Spross aus der Wurzel
Davids; er kann das Buch und seine sieben
Siegel öffnen.
6 Und ich sah: Zwischen dem Thron und den
vier Lebewesen und mitten unter den Ältes-
ten stand ein Lamm; es sah aus wie geschlach-
tet und hatte sieben Hörner und sieben Au-
gen; die Augen sind die sieben Geister Gottes,
die über die ganze Erde ausgesandt sind.
7 Das Lamm trat heran und empfing das
Buch aus der rechten Hand dessen, der auf
dem Thron saß.
8 Als es das Buch empfangen hatte, fielen
die vier Lebewesen und die vierundzwanzig
Ältesten vor dem Lamm nieder; alle trugen
Harfen und goldene Schalen voll von Räu-
cherwerk; das sind die Gebete der Heiligen.
9 Und sie sangen ein neues Lied und sprachen:
Würdig bist du, / das Buch zu nehmen und
seine Siegel zu öffnen;
denn du wurdest geschlachtet / und hast
mit deinem Blut / Menschen für Gott erwor-
ben / aus allen Stämmen und Sprachen, / aus
allen Nationen und Völkern
10 und du hast sie für unsern Gott / zu ei-
nem Königreich und zu Priestern gemacht; /
und sie werden auf der Erde herrschen.
11 Ich sah und ich hörte die Stimme von vielen
Engeln rings um den Thron und um die Lebe-
wesen und die Ältesten; die Zahl der Engel war
zehntausend mal zehntausend und tausend
mal tausend. 12 Sie riefen mit lauter Stimme:
Würdig ist das Lamm, das geschlachtet ist, /
Macht zu empfangen, Reichtum und Weis-
heit, / Kraft und Ehre, Lob und Herrlichkeit.
13 Und alle Geschöpfe im Himmel und auf
der Erde, unter der Erde und auf dem Meer,
alles, was darin ist, hörte ich sprechen:
Ihm, der auf dem Thron sitzt, und dem
Lamm / gebühren Lob und Ehre und Herr-
lichkeit und Kraft in alle Ewigkeit.
14 Und die vier Lebewesen sprachen: Amen.
Und die vierundzwanzig Ältesten fielen nie-
der und beteten an.

1: Jes 6,1; 29,11; Ez 2,9f. / **3**: Ex 20,4; Dtn 5,8 / **5**: Gen 49,9; Jes 11,10 / **6**: Jes 53,7; Sach 4,10 / **7**: Jes 6,1 / **8**: Ps 141,2 / **9**: Ps 33,3 / **10**: 1,6; Ex 19,6; Jes 61,6 / **11**: Dan 7,10 / **12**: Jes 53,7 / **13**: Jes 6,1

DIE SIEBEN SIEGEL UND DIE SIEBEN POSAUNEN: 6,1–11,19

DIE ERSTEN SECHS SIEGEL: 6,1–17

6 1 Dann sah ich: Das Lamm öffnete das
erste der sieben Siegel; und ich hörte das
erste der vier Lebewesen wie mit Donner-
stimme rufen: Komm! 2 Da sah ich und siehe,
ein weißes Pferd; und der auf ihm saß, hatte
einen Bogen. Ein Kranz wurde ihm gegeben
und als Sieger zog er aus, um zu siegen.
3 Als das Lamm das zweite Siegel öffnete,
hörte ich das zweite Lebewesen rufen:

6,1–8 Die vier Reiter (vgl. Sach 1,7–15; 6,1–8) sind bildhafte Hinweise auf die sogenannten Messianischen Wehen: Völkerkrieg, Bürgerkrieg, Teuerung und Hungersnot, Pest und Massensterben.

Komm! 4 Da erschien ein anderes Pferd; das
war feuerrot. Und der auf ihm saß, wurde
ermächtigt, der Erde den Frieden zu nehmen,
damit die Menschen sich gegenseitig ab-
schlachteten. Und es wurde ihm ein großes
Schwert gegeben.

5 Als das Lamm das dritte Siegel öffnete,
hörte ich das dritte Lebewesen rufen: Komm!
Da sah ich und siehe, ein schwarzes Pferd;
und der auf ihm saß, hielt in der Hand eine
Waage. 6 Inmitten der vier Lebewesen hörte
ich etwas wie eine Stimme sagen: Ein Maß
Weizen für einen Denar und drei Maß Gers-
te für einen Denar. Aber dem Öl und dem
Wein füge keinen Schaden zu!

7 Als das Lamm das vierte Siegel öffnete,
hörte ich die Stimme des vierten Lebewesens
rufen: Komm! 8 Da sah ich und siehe, ein fah-
les Pferd; und der auf ihm saß, heißt der Tod;
und die Unterwelt zog hinter ihm her. Und
ihnen wurde die Macht gegeben über ein
Viertel der Erde, Macht, zu töten durch
Schwert, Hunger und Tod und durch die Tie-
re der Erde.

9 Als das Lamm das fünfte Siegel öffnete,
sah ich unter dem Altar die Seelen aller, die
hingeschlachtet worden waren wegen des
Wortes Gottes und wegen des Zeugnisses,
das sie abgelegt hatten. 10 Sie riefen mit lauter
Stimme und sagten: Wie lange zögerst du
noch, Herr, du Heiliger und Wahrhaftiger,
Gericht zu halten und unser Blut an den Be-
wohnern der Erde zu rächen? 11 Da wurde
jedem von ihnen ein weißes Gewand gege-
ben; und ihnen wurde gesagt, sie sollten noch
kurze Zeit ruhen, bis die volle Zahl erreicht
sei durch den Tod ihrer Mitknechte und Brü-
der, die noch getötet werden müssten wie sie.

12 Und ich sah: Das Lamm öffnete das
sechste Siegel. Da entstand ein gewaltiges
Beben. Die Sonne wurde schwarz wie ein
Trauergewand und der ganze Mond wurde
wie Blut.

13 Die Sterne des Himmels fielen herab auf
die Erde, wie ein Feigenbaum seine Früchte
abwirft, wenn ein heftiger Sturm ihn schüt-
telt. 14 Der Himmel verschwand wie eine
Buchrolle, die man zusammenrollt, und alle
Berge und Inseln wurden von ihrer Stelle
weggerückt. 15 Und die Könige der Erde, die
Großen und die Heerführer, die Reichen und
die Mächtigen, alle Sklaven und alle Freien
verbargen sich in den Höhlen und Felsen der
Berge. 16 *Sie sagten zu den Bergen und Felsen:*
Fallt auf uns und verbergt uns vor dem Blick
dessen, der auf dem Thron sitzt, und vor dem
Zorn des Lammes; 17 denn der große Tag ihres
Zorns ist gekommen. Wer kann da bestehen?

2: Sach 1,8; 6,3.6 / **4**: Sach 1,8; 6,2 / **5**: Sach 6,2.6 / **8**: Hos 13,14; Jer 14,12; 15,3; Ez 5,12.17; 14,21 / **10**: Sach 1,12; Ps 79,5; Dtn 32,43; 2 Kön 9,7 / **12**: Jes 13,10; 50,3 G; Ez 32,8; Joël 3,4 / **13–14**: Jes 34,4 G / **15**: Ps 2,2; Jes 2,10.19; 24,21 / **16**: Hos 10,8; Jes 6,1; Lk 23,30 / **17**: Joël 2,11; Nah 1,6; Mal 3,2; Röm 2,5

DIE BEZEICHNUNG DER KNECHTE GOTTES: 7,1–17

7 1 Danach sah ich: Vier Engel standen an
den vier Ecken der Erde. Sie hielten die
vier Winde der Erde fest, damit der Wind
weder über das Land noch über das Meer
wehte, noch gegen irgendeinen Baum. 2 Dann
sah ich vom Aufgang der Sonne her einen
anderen Engel emporsteigen; er hatte das
Siegel des lebendigen Gottes und rief den vier
Engeln, denen die Macht gegeben war, dem
Land und dem Meer Schaden zuzufügen, mit
lauter Stimme zu 3 und sprach: Fügt dem
Land, dem Meer und den Bäumen keinen
Schaden zu, bis wir den Knechten unseres
Gottes das Siegel auf die Stirn gedrückt ha-
ben!

4 Und ich erfuhr die Zahl derer, die mit dem
Siegel gekennzeichnet waren. Es waren hun-
dertvierundvierzigtausend aus allen Stäm-
men der Söhne Israels, die das Siegel trugen:

5 Aus dem Stamm Juda trugen zwölftau-
send das Siegel,
aus dem Stamm Ruben zwölftausend,
aus dem Stamm Gad zwölftausend,
6 aus dem Stamm Ascher zwölftausend,
aus dem Stamm Naftali zwölftausend,
aus dem Stamm Manasse zwölftausend,
7 aus dem Stamm Simeon zwölftausend,
aus dem Stamm Levi zwölftausend,
aus dem Stamm Issachar zwölftausend,
8 aus dem Stamm Sebulon zwölftausend,
aus dem Stamm Josef zwölftausend,
aus dem Stamm Benjamin trugen zwölf-
tausend das Siegel.

9 Danach sah ich und siehe, eine große
Schar aus allen Nationen und Stämmen,
Völkern und Sprachen; niemand konnte sie
zählen. Sie standen vor dem Thron und vor
dem Lamm, gekleidet in weiße Gewänder,
und trugen Palmzweige in den Händen. 10 Sie
riefen mit lauter Stimme und sprachen: Die

Rettung kommt von unserem Gott, der auf
dem Thron sitzt, und von dem Lamm.
11 Und alle Engel standen rings um den
Thron, um die Ältesten und die vier Lebewe-
sen. Sie warfen sich vor dem Thron auf ihr
Angesicht nieder, beteten Gott an 12 und
sprachen:
Amen, Lob und Herrlichkeit, Weisheit und
Dank, Ehre und Macht und Stärke unserem
Gott in alle Ewigkeit. Amen.
13 Da nahm einer der Ältesten das Wort
und sagte zu mir: Wer sind diese, die weiße
Gewänder tragen, und woher sind sie ge-
kommen? 14 Ich erwiderte ihm: Mein Herr,
du weißt das. Und er sagte zu mir: Dies sind
jene, die aus der großen Bedrängnis kom-
men; sie haben ihre Gewänder gewaschen
und im Blut des Lammes weiß gemacht.
15 Deshalb stehen sie vor dem Thron Gottes
und dienen ihm bei Tag und Nacht in seinem
Tempel; und der, der auf dem Thron sitzt,
wird sein Zelt über ihnen aufschlagen. 16 *Sie
werden keinen Hunger und keinen Durst
mehr leiden und weder Sonnenglut noch
irgendeine sengende Hitze wird auf ihnen
lasten.* 17 Denn das Lamm in der Mitte vor
dem Thron wird sie weiden und zu den
Quellen führen, aus denen das Wasser des
Lebens strömt, *und Gott wird alle Tränen
von ihren Augen abwischen.*

1: Ez 7,2; 37,9 / **3**: Ez 9,4.6 / **10**: Jes 6,1 / **14**: Ez 37,3; Dan 12,1; Gen 49,11 / **15**: Jes 6,1 / **16**: Jes 49,10 / **17**: Ez 34,23; Ps 23,2; Jes 25,8

DAS SIEBTE SIEGEL UND DER ENGEL MIT DER RÄUCHERPFANNE: 8,1–5

8 1 Als das Lamm das siebte Siegel öffnete,
trat im Himmel Stille ein, etwa eine hal-
be Stunde lang.
2 Und ich sah: Sieben Engel standen vor
Gott; ihnen wurden sieben Posaunen gege-
ben.
3 Und ein anderer Engel kam und trat mit
einer goldenen Räucherpfanne an den Altar;
ihm wurde viel Räucherwerk gegeben, damit
er es mit den Gebeten aller Heiligen auf dem
goldenen Altar vor dem Thron darbringe.
4 Aus der Hand des Engels stieg der Weih-
rauch mit den Gebeten der Heiligen zu Gott
empor.
5 Dann nahm der Engel die Räucherpfanne,
füllte sie mit glühenden Kohlen, die er vom
Altar nahm, und warf sie auf die Erde; da be-
gann es zu donnern und zu dröhnen, zu blit-
zen und zu beben.

2: Tob 12,15; Jos 6,4.6 / **3-4**: Ps 141,2 / **5**: Lev 16,12; Ex 19,16 G; Ez 10,2

DIE ERSTEN VIER POSAUNEN: 8,6–13

6 Dann machten sich die sieben Engel bereit,
die sieben Posaunen zu blasen.
7 Der erste Engel blies seine Posaune. Da
fielen Hagel und Feuer, die mit Blut ver-
mischt waren, auf das Land. Es verbrannte
ein Drittel des Landes, ein Drittel der Bäume
und alles grüne Gras.
8 Der zweite Engel blies seine Posaune. Da
wurde etwas, das einem großen brennenden
Berg glich, ins Meer geworfen. Ein Drittel des
Meeres wurde zu Blut. 9 Und ein Drittel der
Geschöpfe, die im Meer leben, kam um und
ein Drittel der Schiffe wurde vernichtet.
10 Der dritte Engel blies seine Posaune. Da
fiel ein großer Stern vom Himmel; er loderte
wie eine Fackel und fiel auf ein Drittel der
Flüsse und auf die Wasserquellen. 11 Der
Name des Sterns ist Absinth – Wermut –. Ein
Drittel des Wassers wurde Absinth und vie-
le Menschen starben durch das Wasser, weil
es bitter geworden war.
12 Der vierte Engel blies seine Posaune. Da
wurden ein Drittel der Sonne und ein Drittel
des Mondes und ein Drittel der Sterne getrof-
fen, sodass sie ein Drittel ihrer Leuchtkraft
verloren und der Tag um ein Drittel dunkler
wurde und ebenso die Nacht.
13 Und ich sah und hörte: Ein Adler flog hoch
am Himmel und rief mit lauter Stimme:
Wehe! Wehe! Wehe den Bewohnern der Erde!
Noch drei Engel werden ihre Posaunen blasen.

7: Ex 9,23–25; Ez 38,22; Joël 3,3 / **8**: Jer 51,25 G; Ex 7,20f. / **10**: Jes 14,12 / **11**: Jer 9,14; 23,15

DIE FÜNFTE POSAUNE: 9,1–12

9 1 Der fünfte Engel blies seine Posaune.
Da sah ich einen Stern, der vom Himmel
auf die Erde gefallen war; ihm wurde der
Schlüssel zu dem Schacht gegeben, der in den
Abgrund führt. 2 Und er öffnete den Schacht
des Abgrunds. Da stieg Rauch aus dem
Schacht auf, wie aus einem großen Ofen, und
Sonne und Luft wurden verfinstert durch
den Rauch aus dem Schacht.
3 Aus dem Rauch kamen Heuschrecken
über die Erde und ihnen wurde Kraft gege-
ben, wie sie Skorpione auf der Erde haben.

4 Es wurde ihnen gesagt, sie sollten dem Gras
auf der Erde, allen grünen Pflanzen und allen
Bäumen keinen Schaden zufügen, sondern
nur den Menschen, die das Siegel Gottes
nicht auf der Stirn haben. 5 Es wurde ihnen
befohlen, die Menschen nicht zu töten, son-
dern nur zu quälen, fünf Monate lang. Und
der Schmerz, den sie zufügen, ist so stark, wie
wenn ein Skorpion einen Menschen sticht.

6 In jenen Tagen werden die Menschen den
Tod suchen, aber nicht finden; sie werden
sterben wollen, aber der Tod wird vor ihnen
fliehen. 7 Und die Heuschrecken sehen aus
wie Rosse, die zur Schlacht gerüstet sind; auf
ihren Köpfen tragen sie etwas, das gold-
schimmernden Kränzen gleicht, und ihre
Gesichter sind wie Gesichter von Menschen,
8 ihr Haar ist wie Frauenhaar, ihr Gebiss wie
ein Löwengebiss, 9 ihre Brust wie ein eiserner
Panzer; und das Rauschen ihrer Flügel ist wie
das Dröhnen von Wagen, von vielen Pferden,
die sich in die Schlacht stürzen. 10 Sie haben
Schwänze und Stacheln wie Skorpione und
in ihren Schwänzen ist die Kraft, mit der sie
den Menschen schaden, fünf Monate lang.
11 Sie haben als König über sich den Engel des
Abgrunds; er heißt auf Hebräisch Abaddon,
auf Griechisch Apollyon.

12 Das erste Wehe ist vorüber. Siehe, noch
zweimal wird das Wehe kommen.

1: 12,4; Mt 24,29; Mk 13,25 / **2**: Ex 19,18; Gen 19,28; Joël 2,10 / **3**: Ex 10,12 / **4**: Ex 10,15; Ez 9,4 / **6**: Ijob 3,21 / **7**: Joël 2,4f. / **8**: Joël 1,6 / **9**: Joël 2,5

DIE SECHSTE POSAUNE: 9,13–21

13 Der sechste Engel blies seine Posaune: Da
hörte ich eine Stimme, die von den vier Hör-
nern des goldenen Altars her kam, der vor
Gott steht. 14 Die Stimme sagte zu dem sechs-
ten Engel, der die Posaune hält: Binde die vier
Engel los, die am großen Strom, am Eufrat,
gefesselt sind! 15 Da wurden die vier Engel
losgebunden, die auf Stunde und Tag, auf
Monat und Jahr bereitstanden, um ein Drittel
der Menschheit zu töten.

16 Und die Zahl der Reiter dieses Heeres
war vieltausend mal tausend; diese Zahl hör-
te ich.

17 Und so sah ich in der Vision die Pferde
und die auf ihnen saßen:

Sie trugen feuerrote, rauchblaue und
schwefelgelbe Panzer. Die Köpfe der Pferde
glichen Löwenköpfen und aus ihren Mäulern
schlug Feuer, Rauch und Schwefel. 18 Ein
Drittel der Menschen wurde durch diese drei
Plagen getötet, durch Feuer, Rauch und
Schwefel, die aus ihren Mäulern hervorka-
men. 19 Denn die tödliche Macht der Pferde
war in ihren Mäulern und in ihren Schwän-
zen. Ihre Schwänze glichen Schlangen, die
Köpfe haben, mit denen sie Schaden zufügen
können.

20 Aber die übrigen Menschen, die nicht
durch diese Plagen umgekommen waren,
wandten sich nicht ab von den Machwerken
ihrer Hände: Sie hörten nicht auf, sich nie-
derzuwerfen vor ihren Dämonen, vor ihren
Götzen aus Gold, Silber, Erz, Stein und Holz,
den Götzen, die weder sehen noch hören,
noch gehen können. 21 Sie ließen nicht ab von
Mord und Zauberei, von Unzucht und Dieb-
stahl.

14: Gen 15,18 / **17**: Dan 8,1f. / **20**: Jes 2,8.20; 17,8; Ps 106,37; 115,4–7; 135,15–17; Dan 5,4.23

DER ENGEL UND DER SIEBENFACHE DONNER: 10,1–7

10 1 Und ich sah: Ein anderer gewaltiger
Engel kam aus dem Himmel herab; er
war von einer Wolke umhüllt und der Regen-
bogen stand über seinem Haupt. Sein Gesicht
war wie die Sonne und seine Beine waren
wie Feuersäulen. 2 In der Hand hielt er ein
geöffnetes kleines Buch. Er setzte seinen
rechten Fuß auf das Meer, den linken auf das
Land 3 und rief laut, so wie ein Löwe brüllt.
Nachdem er gerufen hatte, erhoben die sie-
ben Donner ihre Stimme. 4 Als die sieben
Donner gesprochen hatten, wollte ich es auf-
schreiben. Da hörte ich eine Stimme vom
Himmel her rufen: Versiegle, was die sieben
Donner gesprochen haben; schreib es nicht
auf!

5 Und der Engel, den ich auf dem Meer und
auf dem Land stehen sah, erhob seine rechte
Hand zum Himmel. 6 Er schwor bei dem, der
in alle Ewigkeit lebt, der den Himmel er-
schaffen hat und was darin ist, die Erde und
was darauf ist, und das Meer und was darin
ist: Es wird keine Zeit mehr bleiben, 7 son-
dern in den Tagen, wenn der siebte Engel

9,11 Die Namen Abaddon und Apollyon bedeuten beide Verderber.

9,16 Vieltausend mal tausend, wörtlich: eine Doppelmyriade von Myriaden. Eine Myriade entspricht 10 000; der Plural bezeichnet eine unermesslich große Zahl.

seine Stimme erhebt und seine Posaune bläst,
wird auch das Geheimnis Gottes vollendet
sein; so hatte er es seinen Knechten, den Pro-
pheten, verkündet.

3: Am 3,8 / **4**: Dan 12,4.9 / **5-6**: Dan 12,7; Gen 14,19.22; Neh 9,6 / **7**: Dan 12,7; Am 3,6

DER ENGEL UND DAS KLEINE BUCH: 10,8–11

8 Und die Stimme aus dem Himmel, die ich
gehört hatte, sprach noch einmal zu mir und
sagte: Geh, nimm das Buch, das der Engel,
der auf dem Meer und auf dem Land steht,
geöffnet in der Hand hält! 9 Und ich ging zu
dem Engel und bat ihn, mir das kleine Buch
zu geben. Er sagte zu mir: Nimm und iss es!
In deinem Magen wird es bitter sein, in dei-
nem Mund aber süß wie Honig. 10 Da nahm
ich das kleine Buch aus der Hand des Engels
und aß es. In meinem Mund war es süß wie
Honig. Als ich es aber gegessen hatte, wurde
mein Magen bitter. 11 Und sie sagten zu mir:
Du musst noch einmal weissagen über viele
Völker und Nationen mit ihren Sprachen und
Königen.

9: Ez 2,8; 3,1–3 / **11**: Jer 1,10; Dan 3,4; 7,14

DIE VERMESSUNG DES TEMPELS: 11,1–2

11 1 Dann wurde mir ein Messstab gege-
ben, der aussah wie ein Stock, und mir
wurde gesagt: Geh, miss den Tempel Gottes
und den Altar und zähle alle, die dort anbe-
ten! 2 Den Hof, der außerhalb des Tempels
liegt, lass aus und miss ihn nicht; denn er ist
den Heiden überlassen. Sie werden die heili-
ge Stadt zertreten, zweiundvierzig Monate
lang.

1: Ez 40,3 / **2**: Sach 12,3 G; Jes 63,18

DAS ZEUGNIS DER BEIDEN PROPHETEN: 11,3–14

3 Und ich will meinen zwei Zeugen auftra-
gen, im Bußgewand aufzutreten und pro-
phetisch zu reden, zwölfhundertsechzig
Tage lang. 4 Sie sind die zwei Ölbäume und
die zwei Leuchter, die vor dem Herrn der
Erde stehen. 5 Wenn ihnen jemand Schaden
zufügen will, schlägt Feuer aus ihrem Mund
und verzehrt ihre Feinde; so muss jeder ster-
ben, der ihnen schaden will. 6 Sie haben
Macht, den Himmel zu verschließen, damit
kein Regen fällt in den Tagen ihres Wirkens
als Propheten. Sie haben auch Macht, das
Wasser in Blut zu verwandeln und die Erde
zu schlagen mit allen möglichen Plagen, so-
oft sie wollen.
7 Wenn sie ihren Auftrag als Zeugen erfüllt
haben, wird das Tier, das aus dem Abgrund
heraufsteigt, Krieg mit ihnen führen, sie be-
siegen und töten. 8 Und ihre Leichen bleiben
auf der Straße der großen Stadt liegen. Diese
Stadt heißt, geistlich verstanden: Sodom und
Ägypten; dort wurde auch ihr Herr gekreu-
zigt. 9 Menschen aus allen Völkern und Stäm-
men, Sprachen und Nationen werden ihre
Leichen dort sehen, dreieinhalb Tage lang; sie
werden nicht zulassen, dass die Leichen in
einem Grab bestattet werden. 10 Und die Be-
wohner der Erde freuen sich darüber, be-
glückwünschen sich und schicken sich ge-
genseitig Geschenke; denn die beiden
Propheten hatten die Bewohner der Erde
gequält.
11 Aber nach den dreieinhalb Tagen *kam*
von Gott her *wieder Lebensgeist in sie und*
sie stellten sich wieder auf ihre Füße. Da
überfiel alle, die sie sahen, große Angst.
12 Und sie hörten eine laute Stimme vom
Himmel her, die ihnen zurief: Kommt he-
rauf! Vor den Augen ihrer Feinde stiegen sie
in der Wolke zum Himmel hinauf. 13 In die-
ser Stunde entstand ein gewaltiges Erdbe-
ben. Ein Zehntel der Stadt stürzte ein und
siebentausend Menschen kamen durch das
Erdbeben um. Die Überlebenden wurden
vom Entsetzen gepackt und gaben dem Gott
des Himmels die Ehre. 14 Das zweite Wehe
ist vorüber; siehe, das dritte Wehe kommt
bald.

4: Sach 4,3.11–14 / **5**: 2 Kön 1,10; 2 Sam 22,9 / **6**: 1 Kön 17,1; Ex 7,17; 1 Sam 4,8 / **7**: Dan 7,3.7.21 / **11**: Ez 37,5.10; Gen 15,12; Ex 15,16 / **12**: Ex 19,24; 2 Kön 2,11 / **13**: Ez 38,19f.

DIE SIEBTE POSAUNE: 11,15–19

15 Der siebte Engel blies seine Posaune. Da
ertönten laute Stimmen im Himmel, die
riefen:

Nun gehört die Königsherrschaft über die
Welt / unserem Herrn und seinem Christus; /
und sie werden herrschen in alle Ewigkeit.

16 Und die vierundzwanzig Ältesten, die
vor Gott auf ihren Thronen sitzen, warfen
sich auf ihr Angesicht nieder, beteten Gott an
17 und sprachen:

Wir danken dir, Herr und Gott, / du Herr-
scher über die ganze Schöpfung, / der du bist
und der du warst;

denn du nahmst deine große Macht in An-
spruch / und tratest die Herrschaft an.
18 Die Völker gerieten in Zorn. / Da kam
dein Zorn: die Zeit, die Toten zu richten,
die Zeit, deine Knechte zu belohnen, / die
Propheten und die Heiligen
und alle, die deinen Namen fürchten, / die
Kleinen und die Großen, / die Zeit, alle zu
verderben, die die Erde verderben.

19 Der Tempel Gottes im Himmel wurde
geöffnet und in seinem Tempel wurde die
Lade seines Bundes sichtbar: Da begann es zu
blitzen, zu dröhnen und zu donnern, es gab
ein Beben und schweren Hagel.

15: Ps 2,2; Dan 7,14.27; Sach 14,9 / **17**: Ex 3,14 G; Ps 99,1 / **18**: Ps 2,1.5; 115,13 / **19**: 1 Kön 8,1.6; Ex 9,24; 19,16 G

DER KAMPF SATANS GEGEN DAS VOLK GOTTES: 12,1–14,5

DIE FRAU UND DER DRACHE: 12,1–6

12 1 Dann erschien ein großes Zeichen am
Himmel: eine Frau, mit der Sonne be-
kleidet; der Mond war unter ihren Füßen und
ein Kranz von zwölf Sternen auf ihrem
Haupt. 2 Sie war schwanger und schrie vor
Schmerz in ihren Geburtswehen.
3 Ein anderes Zeichen erschien am Himmel
und siehe, ein Drache, groß und feuerrot, mit
sieben Köpfen und zehn Hörnern und mit
sieben Diademen auf seinen Köpfen. 4 Sein
Schwanz fegte ein Drittel der Sterne vom
Himmel und warf sie auf die Erde herab.
Der Drache stand vor der Frau, die gebären
sollte; er wollte ihr Kind verschlingen, sobald
es geboren war. 5 Und sie gebar ein Kind, ei-
nen Sohn, der alle Völker mit eisernem Zep-
ter weiden wird. Und ihr Kind wurde zu Gott
und zu seinem Thron entrückt. 6 Die Frau
aber floh in die Wüste, wo Gott ihr einen Zu-
fluchtsort geschaffen hatte; dort wird man
sie mit Nahrung versorgen, zwölfhundert-
sechzig Tage lang.

2: Jes 26,17; 66,7; Mi 4,10 / **3**: Dan 7,7 / **4**: 9,1; Dan 8,10; Mi 5,2 / **5**: Jes 66,7; Ps 2,9 G

DER STURZ DES DRACHENS: 12,7–12

7 Da entbrannte im Himmel ein Kampf; Mi-
chael und seine Engel erhoben sich, um mit
dem Drachen zu kämpfen. Der Drache und
seine Engel kämpften, 8 aber sie hielten nicht
stand und sie verloren ihren Platz im Him-
mel. 9 Er wurde gestürzt, der große Drache,
die alte Schlange, die Teufel oder Satan heißt
und die ganze Welt verführt; der Drache
wurde auf die Erde gestürzt und mit ihm
wurden seine Engel hinabgeworfen. 10 Da
hörte ich eine laute Stimme im Himmel ru-
fen:
Jetzt ist er da, der rettende Sieg, / die Macht
und die Königsherrschaft unseres Gottes /
und die Vollmacht seines Gesalbten;
denn gestürzt wurde der Ankläger unserer
Brüder, / der sie bei Tag und bei Nacht / vor
unserem Gott verklagte.
11 Sie haben ihn besiegt durch das Blut des
Lammes / und durch ihr Wort und ihr Zeug-
nis.
Sie hielten ihr Leben nicht fest, / bis hinein
in den Tod.
12 Darum jubelt, ihr Himmel / und alle, die
darin wohnen.
Weh aber euch, Land und Meer! / Denn der
Teufel ist zu euch hinabgekommen;
seine Wut ist groß, / weil er weiß, dass ihm
nur noch eine kurze Frist bleibt.

7: Dan 10,13.20f. / **8**: Dan 2,35 / **9**: Gen 3,1.14; Sach 3,1; Ijob 1,6 / **12**: Jes 44,23

DER KAMPF DES DRACHENS GEGEN DIE FRAU: 12,13–18

13 Als der Drache erkannte, dass er auf die
Erde gestürzt war, verfolgte er die Frau, die
den Sohn geboren hatte. 14 Aber der Frau wur-
den die beiden Flügel des großen Adlers ge-
geben, damit sie in die Wüste an ihren Ort
fliegen konnte. Dort wird sie eine Zeit und
zwei Zeiten und eine halbe Zeit lang ernährt,
fern vom Angesicht der Schlange. 15 Die
Schlange spie einen Strom von Wasser aus
ihrem Rachen hinter der Frau her, damit sie
von den Fluten fortgerissen werde. 16 Aber die
Erde kam der Frau zu Hilfe; sie öffnete ihren
Mund und verschlang den Strom, den der

Drache aus seinem Rachen gespien hatte.
17 Da geriet der Drache in Zorn über die Frau
und er ging fort, um Krieg zu führen mit ih-
ren übrigen Nachkommen, die die Gebote
Gottes bewahren und an dem Zeugnis für
Jesus festhalten.
18 Und der Drache trat an den Strand des
Meeres.

14: Ex 19,4; Ez 17,3.7; Dan 7,25; 12,7 / **17:** Gen 3,15

DAS TIER AUS DEM MEER: 13,1–10

13 1 Und ich sah: Ein Tier stieg aus dem
Meer, mit zehn Hörnern und sieben
Köpfen. Auf seinen Hörnern trug es zehn
Diademe und auf seinen Köpfen Namen, die
eine Gotteslästerung waren. 2 Das Tier, das
ich sah, glich einem Panther; seine Füße wa-
ren wie die Tatzen eines Bären und sein Maul
wie das Maul eines Löwen. Und der Drache
hatte ihm seine Gewalt übergeben, seinen
Thron und seine große Macht. 3 Einer seiner
Köpfe sah aus wie tödlich verwundet; aber
die tödliche Wunde wurde geheilt. Und die
ganze Erde sah dem Tier staunend nach. 4 Die
Menschen warfen sich vor dem Drachen nie-
der, weil er seine Macht dem Tier gegeben
hatte; und sie beteten das Tier an und sagten:
Wer ist dem Tier gleich und wer kann den
Kampf mit ihm aufnehmen?
5 Und es wurde ermächtigt, mit seinem
Maul anmaßende Worte und Lästerungen
auszusprechen; es wurde ihm Macht gege-
ben, dies zweiundvierzig Monate zu tun.
6 Das Tier öffnete sein Maul, um Gott und
seinen Namen zu lästern, seine Wohnung
und alle, die im Himmel wohnen. 7 Und es
wurde ihm erlaubt, mit den Heiligen zu
kämpfen und sie zu besiegen. Es wurde ihm
auch Macht gegeben über alle Stämme, Völ-
ker, Sprachen und Nationen. 8 Alle Bewohner
der Erde fallen nieder vor ihm: alle, deren
Name nicht seit der Erschaffung der Welt
geschrieben steht im Lebensbuch des Lam-
mes, das geschlachtet wurde.
9 Wer Ohren hat, der höre! 10 Wer zur Ge-
fangenschaft bestimmt ist, geht in die Gefan-
genschaft. Wer mit dem Schwert getötet
werden soll, wird mit dem Schwert getötet.
Hier muss sich die Standhaftigkeit und die
Glaubenstreue der Heiligen bewähren.

1: Dan 7,3.7 / **2:** Dan 7,4–6 / **4:** Ex 15,11 / **5:** Dan 7,8.25 / **7:** Dan 7,21 / **8:** 3,5; Dan 12,1; Ps 69,29; Jes 53,7 / **10:** Jer 15,2; 43,11

DAS TIER VOM LAND: 13,11–18

11 Und ich sah: Ein anderes Tier stieg aus der
Erde herauf. Es hatte zwei Hörner wie ein
Lamm und redete wie ein Drache. 12 Die gan-
ze Macht des ersten Tieres übte es vor dessen
Augen aus. Es brachte die Erde und ihre Be-
wohner dazu, das erste Tier anzubeten, des-
sen tödliche Wunde geheilt war. 13 Es tat
große Zeichen; sogar Feuer ließ es vor den
Augen der Menschen vom Himmel auf die
Erde fallen. 14 Es verwirrte die Bewohner der
Erde durch die Zeichen, die vor den Augen
des Tieres zu tun ihm gegeben war; es befahl
den Bewohnern der Erde, ein Standbild zu
errichten zu Ehren des Tieres, das die
Schwertwunde trug und doch wieder zum
Leben kam. 15 Es wurde ihm Macht gegeben,
dem Standbild des Tieres Lebensgeist zu ver-
leihen, sodass es auch sprechen konnte und
bewirkte, dass alle getötet wurden, die das
Standbild des Tieres nicht anbeteten. 16 Die
Kleinen und die Großen, die Reichen und die
Armen, die Freien und die Sklaven, alle
zwang es, auf ihrer rechten Hand oder ihrer
Stirn ein Kennzeichen anbringen zu lassen.
17 Kaufen oder verkaufen konnte nur, wer das
Kennzeichen trug: den Namen des Tieres
oder die Zahl seines Namens. 18 Hier ist die
Weisheit. Wer Verstand hat, berechne den
Zahlenwert des Tieres. Denn es ist die Zahl
eines Menschennamens; seine Zahl ist sechs-
hundertsechsundsechzig.

11: Dan 8,3 / **15:** Dan 3,5f.

DAS LAMM UND SEIN GEFOLGE: 14,1–5

14 1 Und ich sah und siehe, das Lamm
stand auf dem Berg Zion und bei ihm
waren hundertvierundvierzigtausend; auf
ihrer Stirn trugen sie seinen Namen und den
Namen seines Vaters geschrieben. 2 Dann
hörte ich eine Stimme vom Himmel her, die
dem Rauschen von Wassermassen und dem
Rollen eines gewaltigen Donners glich. Die
Stimme, die ich hörte, war wie der Klang der
Harfe, die ein Harfenspieler schlägt. 3 Und sie
sangen ein neues Lied vor dem Thron und vor
den vier Lebewesen und vor den Ältesten.
Aber niemand konnte das Lied lernen außer

13,18 Im Griechischen und Hebräischen dienen die Buchstaben auch als Ziffern. Man kann also den Zahlenwert der Buchstaben eines Namens zusammenzählen. Auf wen sich der Zahlenwert 666 bezieht, ist nicht sicher; möglicherweise auf Kaiser Nero.

den hundertvierundvierzigtausend, die von
der Erde weg freigekauft sind. 4 Sie sind es, die
sich nicht mit Frauen befleckt haben; denn sie
sind jungfräulich. Sie folgen dem Lamm, wohin es geht. Sie allein unter allen Menschen sind freigekauft als Erstlingsgabe für Gott und das Lamm.
5 Denn in ihrem Mund fand sich keinerlei Lüge. Sie sind ohne Makel.

1: Ez 9,4 / **2:** Ez 1,24; 43,2 / **3:** Ps 33,3; Jes 42,10 / **5:** Jes 53,9; Zef 3,13

DAS GERICHT: 14,6–20,15

DIE ANKÜNDIGUNG DES GERICHTS: 14,6–13

6 Dann sah ich: Ein anderer Engel flog hoch am Himmel. Er hatte den Bewohnern der Erde ein ewiges Evangelium zu verkünden, allen Nationen, Stämmen, Sprachen und
Völkern. 7 Er rief mit lauter Stimme: Fürchtet Gott und erweist ihm die Ehre! Denn die Stunde seines Gerichts ist gekommen. Betet ihn an, der den Himmel und die Erde, das Meer und die Wasserquellen geschaffen hat!
8 Ein anderer Engel, ein zweiter, folgte und rief: Gefallen, gefallen ist Babylon, die Große, die alle Völker betrunken gemacht hat mit dem Zornwein ihrer Hurerei.
9 Ein anderer Engel, ein dritter, folgte ihnen und rief mit lauter Stimme: Wer das Tier und sein Standbild anbetet und wer das Kennzeichen auf seiner Stirn oder seiner Hand an-
nimmt, 10 der muss den Wein des Zornes Gottes trinken, der unverdünnt im Becher seines Zorns gemischt ist. Und er wird mit Feuer und Schwefel gequält vor den Augen
der heiligen Engel und des Lammes. 11 Der Rauch von ihrer Peinigung steigt auf in alle Ewigkeit und alle, die das Tier und sein Standbild anbeten und die seinen Namen als Kennzeichen annehmen, werden bei Tag und
Nacht keine Ruhe haben. 12 Hier muss sich die Standhaftigkeit der Heiligen bewähren, die an den Geboten Gottes und an der Treue zu
Jesus festhalten. 13 Und ich hörte eine Stimme vom Himmel her rufen: Schreibe: Selig die Toten, die im Herrn sterben, von jetzt an; ja, spricht der Geist, sie sollen ausruhen von ihren Mühen; denn ihre Taten folgen ihnen nach.

7: Ex 20,11 / **8:** Jes 21,9; Dan 4,27; Jer 51,7f. / **10:** Jes 51,17.22; Ps 75,9G; Jer 25,15; Gen 19,24 / **11:** Jes 34,10 / **13:** 1,3

DIE STUNDE DER ERNTE: 14,14–20

14 Dann sah ich und siehe, eine weiße Wolke. Auf der Wolke thronte einer, der wie ein Menschensohn aussah. Er trug einen goldenen Kranz auf dem Haupt und eine scharfe
Sichel in der Hand. 15 Und ein anderer Engel kam aus dem Tempel und rief dem, der auf der Wolke saß, mit lauter Stimme zu: Schick deine Sichel aus und ernte! Denn die Zeit zu ernten ist gekommen: Die Frucht der Erde ist
reif geworden. 16 Und der auf der Wolke saß, schleuderte seine Sichel über die Erde und die Erde wurde abgeerntet.
17 Und ein anderer Engel trat aus dem himmlischen Tempel. Auch er hatte eine
scharfe Sichel. 18 Vom Altar her kam noch ein anderer Engel, der die Macht über das Feuer hatte. Dem, der die scharfe Sichel trug, rief er mit lauter Stimme zu: Schick deine scharfe Sichel aus und ernte die Trauben vom Weinstock der Erde! Seine Beeren sind reif gewor-
den. 19 Da schleuderte der Engel seine Sichel auf die Erde, erntete den Weinstock der Erde ab und warf die Trauben in die große Kelter
des Zornes Gottes. 20 Die Kelter wurde draußen vor der Stadt getreten und Blut strömte aus der Kelter; es stieg an, bis an die Zügel der Pferde, eintausendsechshundert Stadien weit.

14: Dan 7,13 / **15:** Joël 4,13 / **18:** Joël 4,13 / **20:** Joël 4,13; Jes 63,3

DIE ANKÜNDIGUNG DER SIEBEN LETZTEN PLAGEN: 15,1–8

15 1 Dann sah ich ein anderes Zeichen am Himmel, groß und wunderbar. Ich sah sieben Engel mit sieben Plagen, den sieben letzten; denn in ihnen erreicht der Zorn

---

14,8 Babylon: Vgl. Anm. zu 1 Petr 5,13.

14,20 eintausendsechshundert: Diese Zahl entspricht einem Vielfachen (4 mal 4 mal 100) der Zahl vier, der symbolischen Zahl der Erde. – Stadion: Vgl. zu Lk 24,13.

Gottes sein Ende. 2 Dann sah ich etwas, das
einem gläsernen Meer glich und mit Feuer
durchsetzt war. Und die Sieger über das Tier,
über sein Standbild und über die Zahl seines
Namens standen auf dem gläsernen Meer
und trugen die Harfen Gottes. 3 Sie sangen
das Lied des Mose, des Knechtes Gottes, und
das Lied zu Ehren des Lammes und spra-
chen:

*Groß und wunderbar sind deine Taten, /
Herr und Gott, du Herrscher über die ganze
Schöpfung.*

*Gerecht und zuverlässig sind deine Wege, /
du König der Völker.*

4 *Wer wird dich nicht fürchten, Herr, / wer
wird deinen Namen nicht preisen?*

Denn du allein bist heilig: / *Alle Völker
kommen und beten dich an*; / denn offenbar
geworden sind deine gerechten Taten.

5 Danach sah ich: Es öffnete sich der Tem-
pel, das Zelt des Zeugnisses im Himmel.
6 Und die sieben Engel mit den sieben Plagen
traten heraus; sie waren in reines, glänzendes
Leinen gekleidet und trugen um ihre Brust
einen Gürtel aus Gold. 7 Und eines der vier
Lebewesen reichte den sieben Engeln sieben
goldene Schalen; sie waren gefüllt mit dem
Zorn des Gottes, der in alle Ewigkeit lebt.
8 Und der Tempel füllte sich mit dem Rauch
der Herrlichkeit und Macht Gottes. Niemand
konnte den Tempel betreten, bis die sieben
Plagen aus der Hand der sieben Engel zu ih-
rem Ende gekommen waren.

1: Lev 26,21 G / **3**: Ex 14,31; 15,1.11; Ps 92,5f.; 111,2; 139,14; Dtn 32,4 / **4**: Ps 86,9; 99,3; 145,1; Jes 2,2; Jer 16,19 / **5**: Ex 40,34 G / **6**: Lev 26,21 G; Dan 10,5; Ez 9,2.11 G / **8**: Ex 40,34f.; 1 Kön 8,10; Jes 6,4; Lev 26,21

DIE SIEBEN ENGEL MIT DEN SCHALEN DES ZORNES: 16,1–21

16 1 Dann hörte ich, wie eine laute Stim-
me aus dem Tempel den sieben Engeln
zurief: Geht und gießt die sieben Schalen mit
dem Zorn Gottes über die Erde!

2 Der erste ging und goss seine Schale über
das Land. Da bildete sich ein böses und
schlimmes Geschwür an den Menschen, die
das Kennzeichen des Tieres trugen und sein
Standbild anbeteten.

3 Der zweite Engel goss seine Schale über
das Meer. Da wurde es zu Blut, das aussah wie
das Blut eines Toten; und alle Lebewesen im
Meer starben.

4 Der dritte goss seine Schale über die Flüsse
und Wasserquellen. Da wurde alles zu Blut.
5 Und ich hörte den Engel, der die Macht über
das Wasser hat, sagen: Gerecht bist du, der du
bist und der du warst, du Heiliger; denn damit
hast du ein gerechtes Urteil gefällt. 6 Sie haben
das Blut von Heiligen und Propheten vergos-
sen; deshalb hast du ihnen Blut zu trinken ge-
geben, so haben sie es verdient. 7 Und ich hörte
eine Stimme vom Altar her sagen: Ja, Herr, Gott
und Herrscher über die ganze Schöpfung.
Wahr und gerecht sind deine Gerichtsurteile.

8 Der vierte Engel goss seine Schale über die
Sonne. Da wurde ihr Macht gegeben, mit ih-
rem Feuer die Menschen zu verbrennen. 9 Und
die Menschen verbrannten in der großen Hit-
ze. Dennoch lästerten sie den Namen Gottes,
der die Macht über diese Plagen hat. Sie bekehr-
ten sich nicht dazu, ihm die Ehre zu geben.

10 Der fünfte Engel goss seine Schale über
den Thron des Tieres. Da kam Finsternis über
das Reich des Tieres und die Menschen zer-
bissen sich vor Angst und Schmerz die Zun-
ge. 11 Dennoch lästerten sie den Gott des
Himmels wegen ihrer Schmerzen und ihrer
Geschwüre; und sie ließen nicht ab von ih-
rem Treiben.

12 Der sechste Engel goss seine Schale über
den großen Strom, den Eufrat. Da trocknete
sein Wasser aus, sodass den Königen vom
Aufgang der Sonne der Weg offen stand.
13 Dann sah ich aus dem Maul des Drachen
und aus dem Maul des Tieres und aus dem
Maul des falschen Propheten drei unreine
Geister hervorkommen, die wie Frösche aus-
sahen. 14 Es sind Dämonengeister, die Wun-
derzeichen tun; sie schwärmten aus zu den
Königen der ganzen Erde, um sie zusammen-
zuholen für den Krieg am großen Tag Gottes,
des Herrschers über die ganze Schöpfung.

15 Siehe, ich komme wie ein Dieb. Selig, wer
wach bleibt und sein Gewand anbehält, da-
mit er nicht nackt gehen muss und man seine
Blöße nicht sieht!

16 Die Geister führten die Könige an dem
Ort zusammen, der auf Hebräisch Harma-
gedon heißt.

15,3 König der Völker, einige Textzeugen: König aller Zeiten.

16,16 Harmagedon: keine geografische Bezeichnung, sondern ein apokalyptischer Symbol- und Geheimname, der durch Verknüpfung von hebräisch har (Berg) mit dem Ortsnamen Megiddo (Sach 12,11) gebildet ist.

17 Und der siebte Engel goss seine Schale
über die Luft. Da kam eine laute Stimme aus
dem Tempel, die vom Thron her rief: Es ist
geschehen. 18 Und es folgten Blitze, Stimmen
und Donner; es entstand ein gewaltiges Erd-
beben, wie noch keines gewesen war, seit-
dem es Menschen auf der Erde gibt. So gewal-
tig war dieses Beben. 19 Die große Stadt brach
in drei Teile auseinander und die Städte der
Völker stürzten ein. Gott hatte sich an Baby-
lon, die Große, erinnert und reichte ihr den
Becher mit dem Wein seines rächenden Zor-
nes.

20 Alle Inseln verschwanden und es gab
keine Berge mehr. 21 Und gewaltige Hagel-
brocken, zentnerschwer, stürzten vom
Himmel auf die Menschen herab. Dennoch
lästerten die Menschen Gott wegen dieser
Hagelplage; denn die Plage war über die
Maßen groß.

1: Jes 66,6; Zef 3,8 / **2**: Dtn 28,35; Ex 9,9f. / **3**: Ex 7,17f. / **4**: Ex 7,19–21 / **5**: Ps 119,137; Ex 3,14 G; Dtn 32,4 G / **6**: Ps 79,3; Jes 49,26 G / **7**: Ps 19,10 / **10**: Ex 10,21f. / **12**: Gen 15,18; Dtn 1,7; Jer 50,38; Jes 41,2.25 / **13**: Ex 8,3 / **15**: 1,3; Mt 24,37–44; Lk 12,35–40 / **17**: Jes 66,6 / **18**: Ex 19,16; Dan 12,1 / **19**: Dan 4,27; Jes 51,17.22; Jer 25,15 / **21**: Ex 9,22–26

DIE GROSSE STADT BABYLON UND IHR FALL: 17,1–18,8

17 1 Dann kam einer der sieben Engel, wel-
che die sieben Schalen trugen, und
sprach mit mir. Er sagte: Komm, ich zeige dir
das Strafgericht über die große Hure, die an
den vielen Gewässern sitzt. 2 Denn mit ihr
haben die Könige der Erde Unzucht getrieben
und vom Wein ihrer Hurerei wurden die
Bewohner der Erde betrunken.

3 Im Geist entrückte der Engel mich in die
Wüste. Dort sah ich eine Frau auf einem schar-
lachroten Tier sitzen, das über und über mit
gotteslästerlichen Namen beschrieben war
und sieben Köpfe und zehn Hörner hatte. 4 Die
Frau war in Purpur und Scharlach gekleidet
und mit Gold, Edelsteinen und Perlen ge-
schmückt. Sie hielt einen goldenen Becher in
der Hand, der mit dem abscheulichen Schmutz
ihrer Hurerei gefüllt war. 5 Auf ihrer Stirn
stand ein Name, ein geheimnisvoller Name:
Babylon, die Große, die Mutter der Huren und
aller Abscheulichkeiten der Erde. 6 Und ich
sah, dass die Frau trunken war vom Blut der
Heiligen und vom Blut der Zeugen Jesu.

Beim Anblick der Frau ergriff mich großes
Erstaunen. 7 Der Engel aber sagte zu mir: Wa-
rum bist du erstaunt? Ich will dir das Ge-
heimnis der Frau enthüllen und das Geheim-
nis des Tieres, das sie trägt, mit den sieben
Köpfen und zehn Hörnern.

8 Das Tier, das du gesehen hast, war einmal
und ist jetzt nicht; es wird aber aus dem Ab-
grund heraufsteigen und dann ins Verderben
gehen. Staunen werden die Bewohner der
Erde, deren Namen seit der Erschaffung der
Welt nicht im Buch des Lebens verzeichnet
sind, wenn sie das Tier erblicken; denn es war
einmal und ist jetzt nicht, wird aber wieder
da sein. 9 Hier braucht es Verstand und Weis-
heit.

Die sieben Köpfe bedeuten sieben Berge,
auf denen die Frau sitzt. Sie bedeuten auch
sieben Könige. 10 Fünf sind bereits gefallen.
Einer ist jetzt da, einer ist noch nicht gekom-
men; wenn er dann kommt, darf er nur kurze
Zeit bleiben. 11 Das Tier aber, das war und jetzt
nicht ist, bedeutet einen achten König und ist
doch einer von den sieben und wird ins Ver-
derben gehen. 12 Die zehn Hörner, die du ge-
sehen hast, bedeuten zehn Könige, die noch
nicht zur Herrschaft gekommen sind; sie
werden aber königliche Macht für eine einzi-
ge Stunde erhalten, zusammen mit dem Tier.
13 Sie sind eines Sinnes und übertragen ihre
Macht und Gewalt dem Tier. 14 Sie werden
mit dem Lamm Krieg führen, aber das Lamm
wird sie besiegen. Denn es ist der Herr der
Herren und der König der Könige. Bei ihm
sind die Berufenen, Auserwählten und Treu-
en.

15 Und er sagte zu mir: Du hast die Gewäs-
ser gesehen, an denen die Hure sitzt; sie be-
deuten Völker und Menschenmassen, Nati-
onen und Sprachen. 16 Du hast die zehn
Hörner und das Tier gesehen; sie werden die
Hure hassen, ihr alles wegnehmen, bis sie
nackt ist, werden ihr Fleisch fressen und sie
im Feuer verbrennen. 17 Denn Gott lenkt ihr
Herz so, dass sie seinen Plan ausführen: Sie
sollen einmütig handeln und ihre Herrschaft
dem Tier übertragen, bis die Worte Gottes
erfüllt sind. 18 Die Frau aber, die du gesehen
hast, ist die große Stadt, der die Herrschaft
gehört über die Könige der Erde.

18 1 Danach sah ich einen anderen Engel
aus dem Himmel herabsteigen; er hat-
te große Macht und die Erde leuchtete auf von
seiner Herrlichkeit. 2 Und er rief mit gewal-
tiger Stimme und sprach:

Gefallen, gefallen ist Babylon, die Große!
Zur Wohnung von Dämonen ist sie geworden,
zur Behausung aller unreinen Geister und zum
Schlupfwinkel aller unreinen und abscheuli-
chen Vögel. 3 Denn vom Zornwein ihrer Un-
zucht haben alle Völker getrunken und die
Könige der Erde haben mit ihr Unzucht getrie-
ben. Durch die Fülle ihres Wohlstands sind die
Kaufleute der Erde reich geworden.

4 Dann hörte ich eine andere Stimme vom
Himmel her rufen:

Verlass die Stadt, mein Volk, damit du
nicht mitschuldig wirst an ihren Sünden und
von ihren Plagen mitgetroffen wirst! 5 Denn
ihre Sünden haben sich bis zum Himmel
aufgetürmt und Gott hat ihre Schandtaten
nicht vergessen. 6 Zahlt ihr mit gleicher Mün-
ze heim, gebt ihr doppelt zurück, was sie ge-
tan hat! Mischt ihr den Becher, den sie ge-
mischt hat, doppelt so stark! 7 Im gleichen
Maß, wie sie in Prunk und Luxus lebte, lasst
sie Qual und Trauer erfahren! Sie dachte bei
sich: Ich throne als Königin, ich bin keine
Witwe und werde keine Trauer kennen.
8 Deshalb werden an einem einzigen Tag die
Plagen über sie kommen, die für sie bestimmt
sind: Tod, Trauer und Hunger. Und sie wird
im Feuer verbrennen; denn stark ist der Herr,
der Gott, der sie gerichtet hat.

17,1: Jer 51,13 / **2**: Jes 23,17; Jer 25,15f. / **3**: Dan 7,7 / **4**: Jer 51,7 / **5**: Dan 4,27 / **8**: 3,5; Dan 7,3; 12,1; Ex 32,32f.; Ps 69,29 / **12**: Dan 7,24 / **14**: Dtn 10,17; Dan 2,47; 1 Tim 6,15 / **15**: Jer 51,13; Dan 3,4 / **18**: Ps 2,2

18,1: Ez 43,2 / **2**: Jes 13,21; 21,9; Dan 4,27; 34,11; Jer 50,39 / **3**: Jer 51,7; Jes 23,17; Ez 27,33 / **4**: Jes 48,20; 52,11; Jer 51,45; 2 Kor 6,17 / **5**: Jer 51,9 / **6**: Jer 50,15.29; Ps 137,8 / **7**: Jes 47,7f. / **8**: Jes 47,9; Jer 50,34

KLAGE ÜBER DEN UNTERGANG BABYLONS: 18,9–24

9 Die Könige der Erde, die mit ihr gehurt und
in Luxus gelebt haben, werden über sie wei-
nen und klagen, wenn sie den Rauch der
brennenden Stadt sehen. 10 Sie bleiben in der
Ferne stehen aus Angst vor ihrer Qual und
sagen:

Wehe! Wehe, du große Stadt Babylon, du
mächtige Stadt! In einer einzigen Stunde ist
das Gericht über dich gekommen.

11 Auch die Kaufleute der Erde weinen und
klagen um sie, weil niemand mehr ihre Ware
kauft: 12 Gold und Silber, Edelsteine und Per-
len, feines Leinen, Purpur, Seide und Schar-
lach, wohlriechende Hölzer aller Art und alle
möglichen Geräte aus Elfenbein, kostbarem
Edelholz, Bronze, Eisen und Marmor; 13 auch
Zimt und Balsam, Räucherwerk, Salböl und
Weihrauch, Wein und Öl, feinstes Mehl und
Weizen, Rinder und Schafe, Pferde und Wa-
gen und sogar Menschen mit Leib und Seele.

14 Auch die Früchte, nach denen dein Herz
begehrte, sind dir genommen. Und alles, was
prächtig und glänzend war, hast du verloren;
nie mehr wird man es finden. 15 Die Kaufleu-
te, die durch den Handel mit dieser Stadt
reich geworden sind, werden aus Angst vor
ihrer Qual in der Ferne stehen und sie wer-
den weinen und klagen 16 und sie werden
sagen:

Wehe! Wehe, du große Stadt, bekleidet mit
feinem Leinen, mit Purpur und Scharlach,
geschmückt mit Gold, Edelsteinen und Perle!
17 In einer einzigen Stunde ist dieser ganze
Reichtum dahin.

Alle Kapitäne und Schiffsreisenden, die
Matrosen und alle, die ihren Unterhalt auf
See verdienen, machten schon in der Ferne
Halt, 18 als sie den Rauch der brennenden
Stadt sahen, und sie riefen:

Wer konnte sich mit der großen Stadt mes-
sen?

19 Und sie streuten sich Staub auf den Kopf,
sie schrien, weinten und klagten; sie sagten:

Wehe! Wehe, du große Stadt, die mit ihren
Schätzen alle reich gemacht hat, die Schiffe
auf dem Meer haben! In einer einzigen Stun-
de ist sie verwüstet worden.

20 Freu dich über ihren Untergang, du Him-
mel – und auch ihr, Heilige, Apostel und Pro-
pheten, freut euch! Denn den Urteilsspruch
zu euren Gunsten hat Gott an ihr vollstreckt.

21 Dann hob ein gewaltiger Engel einen
Stein auf, so groß wie ein Mühlstein; er warf
ihn ins Meer und rief:

So wird Babylon, die große Stadt, mit
Wucht hinabgeworfen werden und man
wird sie nicht mehr finden. 22 Die Musik von
Harfenspielern und Sängern, von Flöten-
spielern und Trompetern hört man nicht
mehr in dir. Einen kundigen Handwerker
gibt es nicht mehr in dir. Das Geräusch des
Mühlsteins hört man nicht mehr in dir. 23 Das
Licht der Lampe scheint nicht mehr in dir. Die
Stimme von Braut und Bräutigam hört man
nicht mehr in dir. Deine Kaufleute waren die
Großen der Erde, deine Zauberei verführte
alle Völker. 24 Aber in ihr ist das Blut von Pro-

pheten und Heiligen gefunden worden und
von allen, die auf der Erde hingeschlachtet
worden sind.

9: Ez 27 31–33; Jes 23,17 / 10: Dan 4,27; Ez 26,17 / 11: Ez 27,31.36 / 12–13: Ez 27,12–22 / 15: Ez 27,31.36 / 17–19: Ez 27,27–34 / 19: Ez 26,19 / 20: Jes 44,23; Dtn 32,43 G / 21: Jer 51,63f.; Dan 4,27; Ez 26,21 / 22: Jes 24,8; Ez 26,13; Jer 25,10 / 23: Jer 7,34; 16,9; Jes 23,8; 47,9; Nah 3,4 / 24: Jer 51,49

JUBEL IM HIMMEL: 19,1–10

19 1 Danach hörte ich etwas wie den lau-
ten Ruf einer großen Schar im Him-
mel, sie sprachen:
Halleluja! / Das Heil und die Herrlichkeit
und die Macht ist bei unserm Gott.
2 Seine Urteile sind wahr und gerecht. / Er
hat die große Hure gerichtet, / die mit ihrer
Unzucht die Erde verdorben hat.
Er hat Rache genommen für das Blut seiner
Knechte, / das an ihren Händen klebte.
3 Noch einmal riefen sie:
Halleluja! / Der Rauch der Stadt steigt auf
in alle Ewigkeit.
4 Und die vierundzwanzig Ältesten und
die vier Lebewesen fielen nieder vor Gott, der
auf dem Thron sitzt, beteten ihn an und rie-
fen:
Amen, halleluja!
5 Und eine Stimme kam vom Thron her; sie
sagte
Preist unsern Gott, all seine Knechte / und
alle, die ihn fürchten, Kleine und Große!
6 Da hörte ich etwas wie den Ruf einer gro-
ßen Schar und wie das Rauschen gewaltiger
Wassermassen und wie das Rollen mächtiger
Donner; die Worte waren:
Halleluja! / Denn König geworden ist der
Herr, unser Gott, / der Herrscher über die
ganze Schöpfung.
7 Wir wollen uns freuen und jubeln / und
ihm die Ehre erweisen.
Denn gekommen ist die Hochzeit des Lam-
mes / und seine Frau hat sich bereit gemacht.
8 Sie durfte sich kleiden in strahlend reines
Leinen. / Das Leinen bedeutet die gerechten
Taten der Heiligen.
9 Jemand sagte zu mir: Schreib auf: Selig,
wer zum Hochzeitsmahl des Lammes einge-
laden ist! Dann sagte er zu mir: Das sind zu-
verlässige Worte Gottes. 10 Und ich fiel ihm
zu Füßen, um ihn anzubeten. Er aber sagte
zu mir: Tu das nicht! Ich bin ein Mitknecht
wie du und deine Brüder, die das Zeugnis Jesu
festhalten. Gott bete an! Das Zeugnis Jesu ist
der Geist prophetischer Rede.

2: Ps 19,10; 2 Kön 9,7 / 3: Jes 34,10 / 4: Jes 6,1; Ps 106,48 / 5: Ps 115,13; 134,1 / 6: Ez 1,24; 43,2; Ps 93,1; Dan 7,14 / 7: Ps 118,24 / 8: Jes 61,10; Ps 45,14f. / 9: 1,3 / 10: 22,9

SIEG ÜBER DAS TIER UND SEINEN PROPHETEN: 19,11–21

11 Dann sah ich den Himmel offen und siehe,
da war ein weißes Pferd und der, der auf ihm
saß, heißt: Der Treue und Wahrhaftige; ge-
recht richtet er und führt er Krieg. 12 Seine
Augen waren wie Feuerflammen und auf
dem Haupt trug er viele Diademe; und auf
ihm stand ein Name geschrieben, den er al-
lein kennt. 13 Bekleidet war er mit einem blut-
getränkten Gewand; und sein Name heißt:
Das Wort Gottes. 14 Die Heere des Himmels
folgten ihm auf weißen Pferden; sie waren in
reines, weißes Leinen gekleidet. 15 Aus sei-
nem Mund kam ein scharfes Schwert; mit
ihm wird er die Völker schlagen. Und *er wei-
det sie mit eisernem Zepter* und er tritt die
Kelter des Weines, des rächenden Zornes
Gottes, des Herrschers über die ganze Schöp-
fung. 16 Auf seinem Gewand und auf seiner
Hüfte trägt er den Namen geschrieben: König
der Könige und Herr der Herren.
17 Dann sah ich einen Engel, der in der Son-
ne stand. Er rief mit lauter Stimme allen Vö-
geln zu, die hoch am Himmel flogen: Kommt
her! Versammelt euch zum großen Mahl Got-
tes! 18 Fresst Fleisch von Königen, von Heer-
führern und von Helden, Fleisch von Pferden
und ihren Reitern, Fleisch von allen, von Frei-
en und Sklaven, von Großen und Kleinen!
19 Dann sah ich das Tier und die Könige der
Erde und ihre Heere versammelt, um mit
dem, der auf dem Pferd saß, und seinem Heer
Krieg zu führen. 20 Aber das Tier wurde ge-
packt und mit ihm der falsche Prophet; er
hatte vor seinen Augen Zeichen getan und
dadurch alle verführt, die das Kennzeichen
des Tieres angenommen und sein Standbild
angebetet hatten. Bei lebendigem Leib wur-
den beide in den See von brennendem Schwe-
fel geworfen. 21 Die Übrigen wurden getötet
mit dem Schwert, das aus dem Mund des
Reiters kam; und alle Vögel fraßen sich satt
an ihrem Fleisch.

11: Ez 1,1; Ps 96,13 / 12: Dan 10,6 / 13: Jes 63,1f. / 15: Jes 11,4; 49,2; 63,3; Ps 2,9 G / 17–18: Ez 39,4.17–20 / 19: Ps 2,2 / 20: Dan 7,11; Jes 30,33 / 21: Ez 39,17.20

DAS TAUSENDJÄHRIGE REICH: 20,1–6

20 1 Dann sah ich einen Engel vom Him-
mel herabsteigen; auf seiner Hand
trug er den Schlüssel zum Abgrund und eine
schwere Kette. 2 Er überwältigte den Dra-
chen, die alte Schlange – das ist der Teufel
oder der Satan –, und er fesselte ihn für tau-
send Jahre. 3 Er warf ihn in den Abgrund,
verschloss diesen und drückte ein Siegel da-
rauf, damit der Drache die Völker nicht mehr
verführen konnte, bis die tausend Jahre voll-
endet sind. Danach muss er für kurze Zeit
freigelassen werden.
4 Dann sah ich Throne; und denen, die da-
rauf Platz nahmen, wurde das Gericht über-
tragen. Ich sah die Seelen aller, die enthauptet
worden waren um des Zeugnisses für Jesus
und des Wortes Gottes willen. Sie hatten das
Tier und sein Standbild nicht angebetet und
sie hatten das Kennzeichen nicht auf ihrer
Stirn und auf ihrer Hand anbringen lassen.
Sie gelangten zum Leben und zur Herrschaft
mit Christus für tausend Jahre. 5 Die übrigen
Toten kamen nicht zum Leben, bis die tau-
send Jahre vollendet waren. Das ist die erste
Auferstehung. 6 Selig und heilig, wer an der
ersten Auferstehung teilhat! Über solche hat
der zweite Tod keine Gewalt. Sie werden
Priester Gottes und Christi sein und tausend
Jahre mit ihm herrschen.

2: Gen 3,1; Sach 3,1; Ijob 1,6 / **3**: Jes 24,21f. / **4**: Dan 7,9.22; 1 Kor 6,2 / **6**: 1,3; Jes 61,6

DER ENDGÜLTIGE SIEG ÜBER DEN SATAN: 20,7–10

7 Wenn die tausend Jahre vollendet sind, wird
der Satan aus seinem Gefängnis freigelassen
werden. 8 Er wird ausziehen, um die Völker
an den vier Ecken der Erde, den Gog und den
Magog, zu verführen und sie zusammenzu-
holen für den Kampf; sie sind so zahlreich
wie die Sandkörner am Meer. 9 Sie schwärm-
ten aus über die weite Erde und umzingelten
das Lager der Heiligen und Gottes geliebte
Stadt. Aber *Feuer fiel vom Himmel und ver-
zehrte sie.* 10 Und der Teufel, ihr Verführer,
wurde in den See von brennendem Schwefel
geworfen, wo auch das Tier und der falsche
Prophet sind. Tag und Nacht werden sie ge-
quält, in alle Ewigkeit.

8: Jes 11,12; Ez 7,2; 38,2.6 / **9**: Hab 1,6 G; Ps 87,2; 2 Kön 1,10; Ez 39,6 / **10**: Ez 38,22

DAS GERICHT ÜBER ALLE TOTEN: 20,11–15

11 Dann sah ich einen großen weißen Thron
und den, der auf ihm saß; vor seinem Anblick
flohen Erde und Himmel und es gab keinen
Platz mehr für sie. 12 Ich sah die Toten vor dem
Thron stehen, die Großen und die Kleinen.
Und Bücher wurden aufgeschlagen; und ein
anderes Buch, das Buch des Lebens, wurde
geöffnet. Die Toten wurden gerichtet, nach
dem, was in den Büchern aufgeschrieben war,
nach ihren Taten. 13 Und das Meer gab die To-
ten heraus, die in ihm waren; und der Tod und
die Unterwelt gaben ihre Toten heraus, die in
ihnen waren. Sie wurden gerichtet, jeder nach
seinen Taten. 14 Der Tod und die Unterwelt
aber wurden in den Feuersee geworfen. Das
ist der zweite Tod: der Feuersee. 15 Wer nicht
im Buch des Lebens verzeichnet war, wurde
in den Feuersee geworfen.

11: Jes 6,1; Ps 114,3.7; Dan 2,35 / **12**: 3,5; Dan 7,10; Ps 28,4; 69,29 / **13**: Hos 13,14; Ps 28,4; Sir 16,12 / **14**: Hos 13,14; Jes 25,8 G; 1 Kor 15,26 / **15**: 3,5; Ex 32,32f.; Dan 12,1; Ps 69,29

DIE NEUE WELT GOTTES: 21,1–22,5

DAS WOHNEN GOTTES UNTER DEN MENSCHEN: 21,1–8

21 1 Dann sah ich einen neuen Himmel
und eine neue Erde; denn der erste
Himmel und die erste Erde sind vergangen,
auch das Meer ist nicht mehr. 2 Ich sah die
heilige Stadt, das neue Jerusalem, von Gott
her aus dem Himmel herabkommen; sie war
bereit wie eine Braut, die sich für ihren Mann
geschmückt hat. 3 Da hörte ich eine laute
Stimme vom Thron her rufen: Seht, die
Wohnung Gottes unter den Menschen! Er
wird in ihrer Mitte wohnen und sie werden
sein Volk sein; und er, Gott, wird bei ihnen

21,3 Sein Volk, einige Textzeugen: seine Völker.

sein. 4 *Er wird alle Tränen von ihren Augen
abwischen*: Der Tod wird nicht mehr sein,
keine Trauer, keine Klage, keine Mühsal.
Denn was früher war, ist vergangen.

5 Er, der auf dem Thron saß, sprach: Seht,
ich mache alles neu. Und er sagte: Schreib es
auf, denn diese Worte sind zuverlässig und
wahr! 6 Er sagte zu mir: Sie sind geschehen.
Ich bin das Alpha und das Omega, der Anfang
und das Ende. Wer durstig ist, den werde ich
unentgeltlich aus der Quelle trinken lassen,
aus der das Wasser des Lebens strömt. 7 Wer
siegt, wird dies als Anteil erhalten: *Ich werde
sein Gott sein und er wird mein Sohn sein.*
8 Aber die Feiglinge und Treulosen, die Befleckten, die Mörder und Unzüchtigen, die
Zauberer, Götzendiener und alle Lügner – ihr
Los wird der See von brennendem Schwefel
sein. Dies ist der zweite Tod.

1: Jes 65,17; 66,22 / **2**: Jes 52,1; 61,10; Gal 4,26; Hebr 12,22 / **3**: Lev 26,11f.; Ez 37,27; Sach 2,14; Jes 8,18 / **4**: Jes 25,8; 35,10; 65,17; 1 Kor 15,26 / **5**: Jes 6,1; 43,19 G; 2 Kor 5,17 / **6**: Jes 55,1; Sach 14,8 / **7**: Röm 8,17; 2 Sam 7,14 / **8**: 22,15; Ez 38,22

DAS NEUE JERUSALEM: 21,9–22,5

9 Und es kam einer von den sieben Engeln,
welche die sieben Schalen voll mit den sieben
letzten Plagen getragen hatten. Er sagte zu
mir: Komm, ich will dir die Braut zeigen, die
Frau des Lammes. 10 Da entrückte er mich im
Geist auf einen großen, hohen Berg und zeigte mir die heilige Stadt Jerusalem, wie sie von
Gott her aus dem Himmel herabkam, 11 erfüllt von der Herrlichkeit Gottes. Sie glänzte
wie ein kostbarer Edelstein, wie ein kristallklarer Jaspis. 12 Die Stadt hat eine große und
hohe Mauer mit zwölf Toren und zwölf Engeln darauf. Auf die Tore sind Namen geschrieben: die Namen der zwölf Stämme der
Söhne Israels. 13 Im Osten hat die Stadt drei
Tore und im Norden drei Tore und im Süden
drei Tore und im Westen drei Tore. 14 Die
Mauer der Stadt hat zwölf Grundsteine; auf
ihnen stehen die zwölf Namen der zwölf
Apostel des Lammes.

15 Und der Engel, der zu mir sprach, hatte
einen goldenen Messstab, um die Stadt,
ihre Tore und ihre Mauer zu messen. 16 Die
Stadt war viereckig angelegt und ebenso
lang wie breit. Er maß die Stadt mit dem
Messstab; ihre Länge, Breite und Höhe sind
gleich: zwölftausend Stadien. 17 Und er maß
ihre Mauer; sie ist hundertvierundvierzig
Ellen hoch nach Menschenmaß, das der
Engel benutzt hatte. 18 Ihre Mauer ist aus
Jaspis gebaut und die Stadt ist aus reinem
Gold, wie aus reinem Glas. 19 Die Grundsteine der Stadtmauer sind mit edlen Steinen aller Art geschmückt; der erste Grundstein ist ein Jaspis, der zweite ein Saphir,
der dritte ein Chalzedon, der vierte ein
Smaragd, 20 der fünfte ein Sardonyx, der
sechste ein Sardion, der siebte ein Chrysolith, der achte ein Beryll, der neunte ein
Topas, der zehnte ein Chrysopras, der elfte
ein Hyazinth, der zwölfte ein Amethyst.
21 Die zwölf Tore sind zwölf Perlen; jedes
der Tore besteht aus einer einzigen Perle.
Die Straße der Stadt ist aus reinem Gold,
wie aus klarem Glas.

22 Einen Tempel sah ich nicht in der Stadt.
Denn der Herr, ihr Gott, der Herrscher über
die ganze Schöpfung, ist ihr Tempel, er und
das Lamm. 23 Die Stadt braucht weder Sonne
noch Mond, die ihr leuchten. Denn die Herrlichkeit Gottes erleuchtet sie und ihre Leuchte ist das Lamm. 24 Die Völker werden in diesem Licht einhergehen und die Könige der
Erde werden ihre Pracht in die Stadt bringen.
25 Ihre Tore werden den ganzen Tag nicht geschlossen – Nacht wird es dort nicht mehr
geben. 26 Und man wird die Pracht und die
Kostbarkeiten der Völker in die Stadt bringen. 27 Aber nichts Unreines wird hineinkommen, keiner, der Gräuel verübt und lügt.
Nur die im Lebensbuch des Lammes eingetragen sind, werden eingelassen.

22 1 Und er zeigte mir einen Strom, das
Wasser des Lebens, klar wie Kristall;
er geht vom Thron Gottes und des Lammes
aus. 2 Zwischen der Straße der Stadt und dem
Strom, hüben und drüben, steht ein Baum
des Lebens. Zwölfmal trägt er Früchte, jeden
Monat gibt er seine Frucht; und die Blätter
des Baumes dienen zur Heilung der Völker.
3 Es wird nichts mehr geben, was der Fluch
Gottes trifft. Der Thron Gottes und des Lammes wird in der Stadt stehen und seine
Knechte werden ihm dienen. 4 Sie werden
sein Angesicht schauen und sein Name ist
auf ihre Stirn geschrieben. 5 Es wird keine
Nacht mehr geben und sie brauchen weder
das Licht einer Lampe noch das Licht der Sonne. Denn der Herr, ihr Gott, wird über ihnen
leuchten und sie werden herrschen in alle
Ewigkeit.

21,9: Lev 26,21 G / **10**: Ez 40,2; Jes 52,1 / **11**: Jes 60,1f. / **12**: Ez 48,31–34; Ex 28,21 / **13**: Ez 48,31–34 / **15**: Ez 40,3.5 / **16**: Ez 43,16 / **17**: Ez 40,5 / **18–21**: Jes 54,11f. / **19–20**: Ez 28,13 G; Tob 13,17 / **23**: Jes 60,1.19 / **24**: Jes 60,3.5; Ps 72,10 / **25**: Jes 60,11; Sach 14,7 / **26**: Jes 60,11; Ps 72,10 / **27**: 3,5; Jes 4,3; 52,1; Dan 12,1; Ps 69,29
22,1: Gen 2,10; Sach 14,8 / **2**: Ez 47,12; Gen 2,9 / **3**: Sach 14,11 / **4**: Ps 17,15 / **5**: Jes 60,19; Dan 7,18.27

ZEUGNIS UND MAHNUNG DES SEHERS: 22,6–21

6 Und der Engel sagte zu mir: Diese Worte
sind zuverlässig und wahr. Gott, der Herr
über den Geist der Propheten, hat seinen En-
gel gesandt, um seinen Knechten zu zeigen,
was bald geschehen muss.
7 Siehe, ich komme bald. Selig, wer an den
prophetischen Worten dieses Buches fest-
hält!
8 Ich, Johannes, habe dies gehört und gese-
hen. Und als ich es hörte und sah, fiel ich dem
Engel, der mir dies gezeigt hatte, zu Füßen,
um ihn anzubeten. 9 Da sagte er zu mir: Tu
das nicht! Ich bin nur ein Mitknecht wie du
und deine Brüder, die Propheten, und wie
alle, die sich an die Worte dieses Buches hal-
ten. Gott bete an!
10 Und er sagte zu mir: Versiegle dieses
Buch mit seinen prophetischen Worten
nicht! Denn die Zeit ist nahe. 11 Wer Unrecht
tut, tue weiter Unrecht, der Unreine bleibe
unrein, der Gerechte handle weiter gerecht
und der Heilige strebe weiter nach Heiligkeit.
12 Siehe, ich komme bald und mit mir brin-
ge ich den Lohn und ich werde jedem geben,
was seinem Werk entspricht. 13 Ich bin das
Alpha und das Omega, der Erste und der
Letzte, der Anfang und das Ende. 14 Selig, die
ihre Gewänder waschen: Sie haben Anteil am
Baum des Lebens und sie werden durch die
Tore in die Stadt eintreten können. 15 Drau-
ßen bleiben die Hunde und die Zauberer, die
Unzüchtigen und die Mörder, die Götzen-
diener und jeder, der die Lüge liebt und tut.
16 Ich, Jesus, habe meinen Engel gesandt als
Zeugen für das, was die Gemeinden betrifft.
Ich bin die Wurzel und der Stamm Davids,
der strahlende Morgenstern.
17 Der Geist und die Braut aber sagen:
Komm! Wer hört, der rufe: Komm! Wer
durstig ist, der komme! Wer will, empfange
unentgeltlich das Wasser des Lebens!
18 Ich bezeuge jedem, der die prophetischen
Worte dieses Buches hört: Wer etwas hinzu-
fügt, dem wird Gott die Plagen zufügen, von
denen in diesem Buch geschrieben steht.
19 Und wer etwas wegnimmt von den prophe-
tischen Worten dieses Buches, dem wird
Gott seinen Anteil am Baum des Lebens und
an der heiligen Stadt wegnehmen, von denen
in diesem Buch geschrieben steht.
20 Er, der dies bezeugt, spricht: Ja, ich kom-
me bald. –
Amen. Komm, Herr Jesus!
21 Die Gnade des Herrn Jesus sei mit allen!

6: Dan 2,28 / **7**: 1,3; 22,12.20; Sach 2,14 / **9**: 19,10 / **10**: Dan 12,4.9 / **11**: Dan 12,10 / **12**: Sach 2,14; Jes 40,10 G; Ps 28,4 / **13**: 1,17; Jes 44,6 / **14**: 1,3; Gen 2,9; 3,22 / **15**: 21,8; Mt 15,19 / **16**: Jes 11,1.10; Num 24,17 / **17**: Jes 55,1; Sach 14,8 / **18**: Dtn 4,2; 13,1; 29,20 / **19**: Dtn 4,2; Gen 2,9; 3,22 / **20**: 3,11; 22,7.12; 1 Kor 16,22 / **21**: Hebr 13,25

ANHANG

BEARBEITET VON JÜRGEN WERLITZ (TEXT)
KRISTER KOWALSKI / WOLFGANG ZWICKEL (KARTEN)

I. DIE EINHEITSÜBERSETZUNG DER HEILIGEN SCHRIFT UND IHRE REVISION – EIN EINFÜHRENDER ÜBERBLICK

Eine Übersetzung der Heiligen Schrift, die einheitlich im ganzen deutschen Sprachgebiet Verwendung findet, im Gottesdienst, im Schulunterricht, in wissenschaftlichen Arbeiten, bei Bibelkreisen, zuhause – seit Langem eine Selbstverständlichkeit. Noch am Vorabend des Zweiten Vatikanischen Konzils in Angriff genommen, war es nicht zuletzt die sukzessive Etablierung der Volkssprache in der Liturgie der Kirche, die aus dem Wünschenswerten eine schlichte Notwendigkeit werden ließ.

Ziel des länderübergreifenden Projekts war es von Anfang an, die Heilige Schrift in einer zuverlässigen, dabei zeitgemäßen Übersetzung zu bieten, mit einer Sprache, die ebenso angemessen wie allgemein verständlich ist. Dasselbe Bestreben ist es auch, das den Anstoß für die hier vorliegende Revision der seit Jahrzehnten bewährten Übersetzung gegeben hat.

Nachfolgender Überblick informiert über Anliegen und Entstehung der Einheitsübersetzung einerseits und die Aufgaben und Ansätze der Revision andererseits. Er will einen ersten, allgemeinverständlichen Einblick in die Besonderheiten dieser Übersetzung und die durch die Revision vorgenommenen Neuerungen geben. Spezielle Informationen zur Textgrundlage der Übersetzung und zu den Grundlagen der Revision finden sich im Abschnitt II. dieses Anhangs sowie im separat publizierten detaillierten Arbeitsbericht: *Die Revision der Einheitsübersetzung der Heiligen Schrift 2005–2014. Eine Rechenschaft*, hrsg. von Joachim Wanke (Stuttgart: Katholische Bibelanstalt, 2017).

1. Die Einheitsübersetzung der Heiligen Schrift

Im Jahr 1960 hatte der Beirat der Deutschen Bischofskonferenz für das Katholische Bibelwerk die Schaffung einer einheitlichen katholischen Übersetzung der Heiligen Schrift angeregt. Bereits 1961, also noch vor Konzilsbeginn, begannen im Auftrag der deutschen Bischöfe entsprechende Vorbereitungen. Eine ökumenische Ausrichtung war – anders als der Name Einheitsübersetzung, der auf den einheitlichen Text für alle Bereiche des kirchlichen Lebens bezogen ist, vermuten lässt – zunächst nicht im Blick, wurde später aber für das Neue Testament und die Psalmen verwirklicht.

Das Zweite Vatikanische Konzil (1962–1965) bestätigte das Vorhaben in ganz fundamentaler Weise: Die Kirchenversammlung forderte eine biblische Erneuerung von Seelsorge und Liturgie und ermöglichte den Gebrauch der Volkssprachen in der Liturgie. Weil es dazu aber getreuer und einsatzfähiger Übersetzungen bedurfte, entschlossen sich am Ende alle Bischöfe des deutschen Sprachgebiets zur Beteiligung an dem Projekt.

Eine erste Textfassung für das Neue Testament wurde im Jahr 1972 probeweise der Öffentlichkeit vorgestellt, das Alte Testament folgte im Jahr 1974. Anhand zahlreicher Rückmeldungen wurde die Übersetzung in den Jahren 1976 bis 1978 nochmals überarbeitet. Dieses Textergebnis wurde schließlich 1978 durch die Deutsche Bischofskonferenz approbiert. Es folgte die Zustimmung der Österreichischen Bischofskonferenz und der Schweizer Bischofskonferenz sowie der (Erz-)Bischöfe von Straßburg, Luxemburg, Bozen-Brixen und Lüttich, sodass die Einheitsübersetzung in nun verbindlicher Fassung 1979 erscheinen konnte. Sie wurde damit zugleich die offizielle Bibelausgabe der katholischen Kirche im deutschen Sprachgebiet.

2. Die Revision der Einheitsübersetzung

Knapp drei Jahrzehnte Gebrauch in Liturgie, Verkündigung, Katechese und persönlicher Lesung brachten sowohl Stärken als auch Schwächen der Einheitsübersetzung zum Vorschein. Daher verständigten sich im Jahr

2003 die Bischofskonferenzen Deutschlands, Österreichs und der Schweiz, die Erzbischöfe von Luxemburg und Vaduz sowie die Bischöfe von Straßburg, Lüttich und Bozen-Brixen darauf, die Einheitsübersetzung der Heiligen Schrift einer Revision zu unterziehen.

Wie und nach welchen Maßstäben sollte die Überarbeitung vonstattengehen?

Fest stand, dass sich die bisherige Einheitsübersetzung insgesamt bewährt hatte und keinesfalls einer Neuübersetzung weichen musste. Die Revision sollte daher moderat erfolgen und den Textbestand mit seinem längst vertraut gewordenen Grundton so weit wie möglich bewahren. Eine Reihe von Punkten galt es zu berücksichtigen.

Als Erstes: Da die einzelnen Bücher der Heiligen Schrift aus ganz unterschiedlichen Zeiten stammen und uns durch Abschriften in ganz unterschiedlicher Erhaltung und Qualität überliefert sind, ist es eine wichtige Aufgabe der biblischen Wissenschaften, zur Sicherung der originalen Textgrundlage diese sogenannten Textzeugen auszuwerten. Selbst wenn es dabei meist um philologische Nuancen geht, kann eine seriöse Bibelübersetzung und konnte daher auch die Revision nicht davon absehen, mit der zuletzt gesicherten Originaltextgrundlage zu arbeiten.

Sodann: In die Übersetzung so komplexer Texte wie der Hl. Schrift schleichen sich immer auch Fehler ein oder bestimmte Wiedergaben erweisen sich mit dem Abstand einiger Jahre, stilistisch oder von der Wortwahl her, als doch zu zeitgebunden. Beides – Fehlerhaftes und Überlebtes – hatte daher die Revision zu beseitigen.

Außerdem hatte sich die bisherige Einheitsübersetzung verschiedentlich dazu entschlossen, erläuternde Zusätze in die Übersetzung aufzunehmen, die über den Originaltext hinausgehen, aber das unmittelbare Verständnis erleichtern sollten. Mit derselben Zielsetzung wurden damals auch manche Ausdrucksweisen und Sprachbilder des Originaltextes gekürzt oder ganz ausgelassen, weil sie heutigen Menschen nicht zugänglich seien. Demgegenüber ging die Revision davon aus, dass solche biblischen Redeweisen manchmal wohl ungewohnt sein mögen, oft aber dennoch eingängig sind und auch verstanden werden. Sollte dies einmal nicht der Fall sein, darf der Leser der Übersetzung dennoch die volle und ausschließliche Wiedergabe des biblischen Originals erwarten, hier und da erläutert durch eine vom Fließtext klar abgegrenzte Anmerkung.

Und nicht zuletzt galt es auch, Einleitungen, Gliederung und Zwischenüberschriften, Anmerkungen und parallele Vergleichsstellen zu überprüfen und ggf. zu überarbeiten.

Mit diesen Zielsetzungen begannen im Jahr 2006 die Revisionsarbeiten an der Einheitsübersetzung. Die in Teilen ökumenische Zusammenarbeit, die bislang eine Besonderheit der Einheitsübersetzung darstellte, konnte dabei für die Revision selbst nicht realisiert werden. Die konkrete Arbeit vollzog sich nach folgendem Vorgehen: Zunächst bereiteten die Einzelbearbeiter ihre Revision vor und legten die Ergebnisse dem sogenannten Leitungsgremium vor, einem ebenfalls aus Bibelwissenschaftlern – Professoren wie Bischöfen – bestehenden Kreis. Das Leitungsgremium prüfte nun die eingesandte Arbeit und gab bei weiterem Klärungsbedarf umgekehrt Vorschläge an die Revisoren zurück. Darauf konnten diese sich ihrerseits zur Stellungnahme des Leitungsgremiums verhalten, sie ggf. auch ablehnen. Diese Rückmeldungen wurden dann im Leitungsgremium erneut besprochen und beantwortet. Um manche Lösungen musste länger gerungen werden, in den meisten Fällen erreichte der Austausch rasch und einvernehmlich sein Ziel.

Nach allen Textarbeiten und nach Abschluss der kirchlichen Prüf- und Genehmigungsverfahren konnte im Jahr 2016 die revidierte Einheitsübersetzung der Heiligen Schrift der Öffentlichkeit übergeben werden.

3. Die der Revision zugrunde liegenden Bibeltexte

Kein Buch der Weltgeschichte ist über Jahrhunderte und Jahrtausende hin so reich belegt und weit verbreitet wie die Bibel – von Abschrift zu Abschrift und, viel später erst, von Druck zu Druck. Für eine adäquate Übersetzung der Heiligen Schrift ist es daher ganz entscheidend, auf die besten und sichersten Textzeugen der jeweiligen biblischen Schriften zurückgreifen zu können. Dass dies möglich ist, dafür sorgen wissenschaftliche, sogenannte textkritische Ausgaben.

Für das Alte Testament stellt sich die Situation etwas komplexer dar als für das Neue, da nicht alle Bücher des Alten Testaments in der hebräischen Bibel vorhanden sind. Das frühe Christentum benutzte nämlich die im Diasporajudentum zwischen dem 3. Jahrhundert und der Mitte des 2. Jahrhunderts v. Chr. entstandene griechische Übersetzung der hebräischen Bibel, die sogenannte Septuaginta. Der weitaus größte Teil der Bücher des Alten Testamentes geht aber auf die hebräische Bibel zurück, die im Judentum „Tanach“ oder „Tenach“ genannt wird. „Tanach“ ist ein Kunstwort, gebildet aus den hebräischen Anfangsbuchstaben von „Tora“ („Weisung“, d.h. die fünf Mose-Bücher), „Nebi'im“ („Propheten“) und „Ketubim“ („Schriften“). Oft wird es nur durch diese Buchstaben (TNK) oder mit Großschreibung (TaNaK) als Kunstwort geschrieben.

Als sehr zuverlässige Textbasis des Tanach gilt der sogenannte Masoretische Text, eine von jüdischen Gelehrten, den sogenannten Masoreten, zwischen dem 6. und 10. Jahrhundert n. Chr. kritisch erarbeitete hebräische Fassung. Dieser Text, der in den Ausgaben der *Biblia Hebraica Stuttgartensia* und (teilweise) in der *Biblia Hebraica Quinta* vorliegt, bildet die wichtigste Grundlage der Revisionsarbeit der Einheitsübersetzung für die hebräischen und aramäischen Texte des Alten Testaments. Bei schwierigen Stellen, die aufgrund fehlerhafter Schreibung unklar bleiben, wurden Lesarten bevorzugt, die in alten Handschriften bezeugt sind, Konjekturen, also Rekonstruktionen einer vermuteten ursprünglicheren Lesart, sollten vermieden werden. Als neues textkritisches Hilfsmittel wurden die Ergebnisse des *Hebrew Old Testament Text Project* herangezogen.

Nur für die im Tanach nicht enthaltenen Bücher des Alten Testaments wurden die griechischen Textfassungen der Septuaginta zugrunde gelegt. Dabei dienten als Grundlagen die Ausgaben der Göttinger Septuaginta (LXX), soweit sie vorlagen: *Septuaginta Vetus Testamentum Graecum*, bisher 23 Bde. (Göttingen: Vandenhoeck & Ruprecht, 1939ff.), sonst die Handausgabe von Alfred Rahlfs, *Septuaginta Id est Vetus Testamentum graece iuxta LXX interpretes* (Stuttgart: Privilegierte Württembergische Bibelanstalt, 1935, seither mehrere unveränderte Neudrucke). Auf die gründliche Textarbeit zur Septuaginta, die durch die wissenschaftliche Übersetzung dieses Textes – *Septuaginta deutsch. Das griechische Alte Testament in deutscher Übersetzung,* hrsg. von Wolfgang Kraus und Martin Karrer (Stuttgart: Deutsche Bibelgesellschaft, 2009) – vorgelegt wurde, konnte zurückgegriffen werden. Textkritischen Besonderheiten bei den Büchern *Jesus Sirach*, *Tobit* und *Ester* begegnete man durch eine abgewogene Berücksichtigung der verschiedensprachigen Textüberlieferungen.

Weitere Einzelheiten hierzu sowie zu den Textgrundlagen der Revision der Einheitsübersetzung finden sich im nachfolgenden Abschnitt II.

4. Grundlinien und Schlaglichter der Revision

A) DIE SPRACHE

Sprache verändert sich und kein Text ist ganz frei von den Moden seiner Zeit. Das gilt von der Einheitsübersetzung, die aus den 60er- und 70er-Jahren des 20. Jahrhunderts stammt, und auch die hier vorliegende revidierte Fassung wird mit Gewissheit solche Moden, wenn sie einmal überlebt sind, offenlegen. Manches, was die Sprache einer Zeit ausmacht, behält seine Berechtigung darüber hinaus. Anderes, allzu Zeitbedingtes wirkt hingegen nur noch störend. Wo sich daher bestimmte Wendungen der bisherigen Einheitsübersetzung nicht mehr halten ließen, wurden sie gegenwärtigem Sprachgebrauch und Sprachempfinden angeglichen. Die angestrebte Sprachebene blieb dagegen weiterhin die gehobene Gegenwartssprache.

Die Revision hat außerdem versucht, manche biblische Wendung, die die Einheitsübersetzung getilgt hatte, wörtlich wiederzugeben, z. B. „siehe“. Das Fremde, das der Bibel und namentlich biblischem Stil anhaftet, ist oft kein Hindernis für das Verständnis der Schrift für heutige Menschen und erinnert wie ein Signal Hörer und Leser daran, dass sie sich auf den Weg machen müssen, um sich dem Wort der Heiligen Schrift zu öffnen.

Außerdem musste an Stellen, wo eine Maskulinform Menschen beiderlei Geschlechts bezeichnet, eine sachgemäße Wiedergabe gefunden werden. In besonderer Weise fällt dies bei der griechischen Anrede *adelphoi* („Brüder") in den Apostelbriefen ins Gewicht. Daher übersetzt die Revision, wo Männer und Frauen gleichermaßen Ziel der direkten Anrede sind, *adelphoi* sinngerecht mit „Brüder und Schwestern". An den anderen Stellen blieb es aus Gründen des Textflusses bei der einfachen Wiedergabe mit „Brüder".

Die Sprachgestalt der revidierten Einheitsübersetzung zeichnet sich nicht zuletzt auch durch die Wiedergewinnung zwischenzeitlich verlorener Metaphern aus. So hieß es bisher z. B. „Macht", „Herrschaft", „Gewalt" usw., wo im Ausgangstext einfach von „Hand" die Rede ist. Solche direkten Wiedergaben sind zwar unmittelbar verständlich, bringen häufig aber auch einen Verlust der Sinnfülle mit sich. Paraphrasierende Wiedergaben und erklärende Hinzufügungen sind im Zuge der Revision daher ebenfalls durch getreue Wiedergaben ersetzt worden.

B) GOTTESNAMEN, EIGENNAMEN VON PERSONEN UND ÖRTLICHKEITEN

Den persönlichen Namen Gottes gibt die hebräische Bibel mit den vier Konsonanten JHWH, dem sog. Tetragramm, wieder. Die Vokalisation ist nicht überliefert und somit auch nicht der tatsächliche Wortklang. Da nach jüdischer Tradition der Name Gottes nicht ausgesprochen werden darf, wurde beim Lesen von Schriftstellen, in denen das Tetragramm begegnet, ein Ersatzwort verwendet: zumeist *Adonaj* („Herr", „mein Herr"), in den griechischen Büchern *Kyrios* („Herr") und das aramäische *Shema* („Name"). Auch die Revision der Einheitsübersetzung gibt das Tetragramm mit „HERR" wieder, dargestellt in Kapitälchen. Wo der Titel *Adonaj* neben dem göttlichen Eigennamen JHWH steht, wird dieser durch den Titel „Gott" ersetzt, der dann in Kapitälchen steht und so klarstellt, dass im hebräischen Wortlaut diesem Wort GOTT der göttliche Eigenname JHWH entspricht. Der Versuch einer Ausformulierung, wie ihn die bisherige Einheitsübersetzung unternommen hatte, wurde fallen gelassen.

Mit dieser Regelung für den Gottesnamen folgt die Revision also wieder jener Tradition, die auf die alte jüdische Ausspracheregel aus vorchristlicher Zeit zurückgeht und welche die Kirche – aufgrund der Wiedergabe durch *Kyrios* („Herr") in der Septuaginta – von Anfang an übernommen hatte.

Persönliche und topografische Eigennamen, deren Bedeutung für das Verständnis einer Erzählung eine Rolle spielt, wie etwa bei „Ismael" (Gen 16,1), werden doppelt wiedergegeben, d. h. zuerst im Wortlaut, dann in Parenthese mit der deutschen Übersetzung: „Ismael – Gott hört –". Die typografische Darstellung in Parenthese unterstützt ein angemessenes Lesen und Vortragen und ermöglicht die eindeutige Unterscheidung zu Übersetzungen von Orts- und Personennamen, die der biblische Originaltext selbst bietet und die daher gerade keine eigene Kenntlichmachung erfahren.

Wie schon bisher folgt aus ökumenischer Rücksicht auch die Revision der Einheitsübersetzung bei der Aussprache und Umschrift biblischer Personen- und Ortsnamen dem Ökumenischen Verzeichnis der biblischen Eigennamen nach den Loccumer Richtlinien, die herausgegeben wurden von den katholischen Bischöfen Deutschlands, dem Rat der Evangelischen Kirche in Deutschland und der Deutschen Bibelgesellschaft-Evangelisches Bibelwerk (Stuttgart: Deutsche Bibelgesellschaft – Katholische Bibelanstalt, 2. Aufl. 1981).

C) GLEICHES WORT, GLEICHE ÜBERSETZUNG – DIE FRAGE DER KONKORDANZ

Häufig verwendete biblische Begriffe hat die Revision, nach Möglichkeit und unter Berücksichtigung der wechselnden Kontexte, auch tatsächlich gleichlautend („konkordant") übersetzt. Konkordante Übersetzung bedeutet mehr als nur philologische Genauigkeit. Innerbiblische Bezüge sowie literarische Besonderheiten und Verwandtschaften zwischen den Büchern und Abschnitten werden auf diese Weise auch für die Leser der Zielsprache einer Übersetzung sichtbar gemacht. Denn diese Bezüge in Wortwahl und Ausdrucksweise stellen oft beabsichtigte Verbindungen mit andern Stellen her. Durch Wiederholungen, Anspielungen und Anklänge entstehen mannigfaltige Beziehungen, die reichen Gewinn für das Verständnis bringen.

D) EINLEITUNGEN IN DIE BIBLISCHEN BÜCHER UND ANMERKUNGEN

Auch die revidierte Einheitsübersetzung bietet wieder zu jedem biblischen Buch eine kurze Einleitung. Diese wurden von den jeweiligen Revisorinnen und Revisoren neu verfasst. Die Einleitungen folgen demselben Aufbau: 1. Name des Buches und ggf. des Verfassers; 2. Abfassungszeit und geschichtliche Umstände; 3. Gliederung und Inhalt in Hauptpunkten, ferner dichterische Gestalt und literarische Qualität; 4. Wirkungsgeschichte, Bedeutung für die Liturgie der Kirche, Theologie, Frömmigkeit, Kunst.

Die schon bisher knapp gehaltenen Anmerkungen der Einheitsübersetzung wurden nochmals reduziert. Sie enthalten nur wirklich unerlässliche Erläuterungen zur Textgrundlage oder zu Formulierungen, die ohne Anmerkung unverständlich bleiben müssten.

E) GLIEDERUNGEN, ÜBERSCHRIFTEN, GESTALTUNGSFRAGEN

Im Gegensatz zur Einheitsübersetzung von 1979 bietet die revidierte Fassung nur noch zwei Ebenen von Gliederungen. Die Einteilung des biblischen Textes in Abschnitte folgt in der Revision meistens der bisherigen Lösung.

Was die Überschriften der einzelnen Abschnitte betrifft, so gehören sie in aller Regel nicht zum biblischen Textbestand – wo dies dennoch ausnahmsweise der Fall ist, ist die im Originaltext enthaltene Überschrift durch die Einbettung in den Fließtext eindeutig als biblischer Bestand erkennbar. Überschriften besitzen eine wichtige steuernde Funktion für das Leseverständnis und die Interpretation der Perikopen.

Dichterische Abschnitte (Lieder, Spruchdichtung) stellt die revidierte Einheitsübersetzung in Versform dar. Strophen werden in den hebräischen und griechischen Handschriften nicht abgegrenzt. Sie ergeben sich manchmal aus dem Wortlaut selbst (Kehrreime, Stichworte, z. B. im Hohelied). Entsprechende Hinweise geben manchmal auch die Perikopenzeichen des hebräischen Textes oder der griechischen Handschriften; sie werden in der Ausgabe der Revision sparsam gebraucht.

Was die Satzzeichen betrifft, so werden die modernen Frage-, Ausrufe-, Anführungs- und Schlusszeichen, Gedankenstriche, Kommata und Semikola verwendet. Solche Elemente sind Verständnishilfen – sie kommen in den hebräischen und griechischen Handschriften, die andere gliedernde Signale verwenden, in dieser Form nicht vor. Die Satzzeichen implizieren eine bestimmte Interpretation, die sich sehr oft aus dem Sinnzusammenhang und den Signalen der Urtexte ergeben, manchmal aber auch moderne Interpretationsstützen sind, die nichts Verpflichtendes haben.

Auf Klammern schließlich, die in der Einheitsübersetzung von 1979 verwendet worden sind, hat die Revision vollständig verzichtet.

5. Mitwirkende an der Einheitsübersetzung und ihrer Revision

A) DIE ARBEIT AN DER EINHEITSÜBERSETZUNG 1962–1979

Die Übersetzer des Alten Testaments: Heinrich Arenhoevel, Hermann Bückers, Alfons Deißler, Hermann Eising, Heinrich Groß, Ernst Haag, Vinzenz Hamp, Walter Kornfeld, Norbert Lohfink, Martin Rehm, Wolfgang Richter, Josef Scharbert, Johannes Schildenberger, Othmar Schilling, Rudolf Schmid, Heinrich Schneider, Josef Schreiner, Claus Westermann, Joseph Ziegler.

Die Mitarbeiter an der Übersetzung des Alten Testaments: Wilfried Barner, Eleonore Beck, Peter Bläser, Wolfgang Beilner, Richard Beron, Heinrich Böll, Uwe Förster, Joachim Goth, Odo Haggenmüller, Eberhard Haßler, Rudoll Henz, Hans Hilger, Alfons Kirchgässner, Otto Knoch, Emil Lengeling, Leopold Lentner, Gabriele Miller, Georg Molin, Otto Nüßler, Franz Planatscher, Josef Plöger, Christa Reinig, Theodor Schlatter, Egidius Schmalzriedt, Eugen Sitarz, Joseph Sulzbacher, Fridolin Stier, Gerhard Striebeck, Franz Josef Zinniker.

Die Übersetzer und die Mitarbeiter an der Übersetzung der Psalmen: Johannes Aengenvoort, Wilfried Barner, Richard Beron,

Uwe Förster, Klaus Fricke, Herbert Goltzen, Heinrich Groß, Wilhelm Gundert, Odo Haggenmüller, Vinzenz Hamp, Rudolf Henz, Otto Knoch, Otto Nüßler, Franz Planatscher, Christa Reinig, Heinrich Rohr, Josef Scharbert, Fritz Schieri, Egidius Schmalzriedt, Eugen Sitarz, Oskar Söhngen, Fritz Tschirch, Eberhard Weismann, Claus Westermann.

Die Beauftragten für die Endbearbeitung des Alten Testaments: Weihbischof Josef Plöger, Weihbischof Klaus Dick, Bischof Reinhard Lettmann, Weihbischof Manfred Müller, Heinrich Groß, Ernst Haag, Odo Haggenmüller, Otto Knoch, Josef Scharbert, Josef Schreiner, Eugen Sitarz.

Die Übersetzer des Neuen Testaments: Gerhard Barth, Peter Bläser, Josef Blinzler, Otto Böcher, Kapistran Bott, Christoph Burchard, Josef Dillersberger, Martin Fischer, Joachim Gnilka, Erich Grässer, Wilhelm Gundert, Klaus Haacker, Odo Haggenmüller, Ferdinand Hahn, Hellmut Haug, Rudolf Kassühlke, Otto Knoch, Heinz-Wolfgang Kuhn, Josef Kürzinger, Johann Michl, Franz Mußner, Engelbert Neuhäusler, Henning Paulsen, Wilhelm Pesch, Josef Pfammatter, Joseph Reuss, Eugen Ruckstuhl, Karl Theodor Schäfer, Theodor Schlatter, Heinrich Schlier, Josef Schmid, Rudolf Schnackenburg, Benedikt Schwank, Josef Sint, Gerhard Striebeck, Anton Vögtle, Karl Wennemer, Franz Zehrer, Heinrich Zimmermann.

Die Mitarbeiter an der Übersetzung des Neuen Testaments: Wilfried Barner, Eleonore Beck, Wolfgang Beilner, Richard Beron, Uwe Förster, Joachim Goth, Odo Haggenmüller, Eberhard Haßler, Rudolf Henz, Hans Hilger, Alfons Kirchgässner, Otto Knoch, Joseph Kopperschmidt, Emil Lengeling, Leopold Lentner, Johann Michl, Gabriele Miller, Engelbert Neuhäusler, Otto Nüßler, Franz Planatscher, Egidius Schmalzriedt, Eugen Sitarz, Oskar Söhngen, Joseph Sulzbacher, Gerhard Striebeck, Johannes Wagner, Karl Wennemer, Franz Josef Zinniker.

Die Beauftragten für die Endbearbeitung des Neuen Testaments: Bischof Eduard Schick, Landesbischof Eduard Lohse, Erzbischof Johannes Joachim Degenhardt, Oberkirchenrat Wilhelm Gundert, Bischof Reinhard Lettmann, Weihbischof Hubert Luthe, Weihbischof Manfred Müller, Weihbischof Alois Stöger, Weihbischof Ernst Tewes, Gerhard Barth, Otto Böcher, Christoph Burchard, Martin Fischer, Joachim Gnilka, Erich Grässer, Klaus Haacker, Odo Haggenmüller, Ferdinand Hahn, Hellmut Haug, Otto Knoch, Heinz-Wolfgang Kuhn, Egidius Schmalzriedt, Eugen Sitarz, Karl Wennemer.

Geschäftsführung: Otto Knoch

B) DIE ARBEIT AN DER REVISION 2006–2016

Leitungsgremium für die Revision der Einheitsübersetzung der Heiligen Schrift:

Bischof Wilhelm Egger (Vorsitzender bis 2008), Bischof Joachim Wanke (Vorsitzender ab 2008), Erzbischof Alois Kothgasser, Weihbischof Martin Gächter, Joachim Gnilka, Hans-Winfried Jüngling, Johannes Marböck, Rudolf Pesch, Adrian Schenker, Franz Zeilinger, Erich Zenger.

Die Revisoren der Übersetzung des Alten Testaments: Egbert Ballhorn, Norbert Clemens Baumgart, Ulrich Berges, Dieter Böhler, Eberhard Bons, Georg Braulik, Ulrich Dahmen, Christoph Dohmen, Renate Egger-Wenzel, Helmut Engel, Heinz-Josef Fabry, Georg Fischer, Irmtraud Fischer, Christian Frevel, Manfred Görg, Walter Groß, Maria Häusl, Georg Hentschel, Thomas Hieke, Frank-Lothar Hossfeld, Hubert Irsigler, Andreas Michel, Tobias Nicklas, Herbert Niehr, Barbara Schmitz, Ludger Schwienhorst-Schönberger, Ruth Scoralick, Franz Sedlmeier, Claudia Sticher, Marie-Theres Wacker, Ansgar Wucherpfennig, Erich Zenger.

Die Revisoren der Übersetzung des Neuen Testaments: Knut Backhaus, Johannes Beutler, Martin Ebner, Marlis Gielen, Josef Hainz, Bernhard Heininger, Rudolf Hoppe, Hans-Josef Klauck, Walter Kirchschläger, Claus-Peter März, Lorenz Oberlinner, Ferdinand Prostmeier, Thomas Schmeller, Stefan Schreiber, Thomas Söding, Michael Theobald.

Arbeitsstelle Bücher der Kirche: Johanna Erzberger, Gertrud Etscheid, Christian Haneder, Rainer Ilgner, Ute Mangold, Frank Ronge, Claudia Sticher.

II. DIE TEXTGRUNDLAGEN DER EINHEITSÜBERSETZUNG UND IHRER REVISION

1. Die bei der Übersetzung benutzten Textfassungen

A) DER HEBRÄISCHE TEXT DES ALTEN TESTAMENTS

Der EÜ liegt für die hebräisch überlieferten Schriften der hebräische Text des Tanach (TNK) zugrunde. Er besteht in einer masoretischen Textform und geht in seiner heutigen Fassung im Wesentlichen auf die sorgfältige Arbeit jüd. Gelehrter, der sog. Masoreten, zurück. Diese sicherten zwischen dem 6. und 10. Jh. n. Chr. durch paratextliche Elemente die Endgestalt des Textes der im TNK enthaltenen Schriften. Um 100 n. Chr. lag der von ihnen verwendete, sog. prämasoretische Konsonantentext vor, der schon um 100 v. Chr. verbreitet war.

Da die hebr. Schrift wie die Schriften vieler altorientalischer Sprachen eine Konsonantenschrift ist und Vokale nur in bestimmten Fällen kennzeichnet, schufen die Masoreten zwischen 600 und 900 n. Chr. unterschiedliche Vokalisierungssysteme des Konsonantentextes, die in Strichen und Punkten oberhalb und unterhalb der Konsonanten bestehen, und ermöglichten so eine standardisierte Aussprache des Textes. Diesen „vokalisierten" oder „punktierten" und mit editorischen Markierungen und Kommentar versehenen Text nennt man einen masoretischen Text.

Die wissenschaftliche Forschung der Textüberlieferungen und neuere Funde von vormasoretischen Handschriften, bes. in Qumran, haben zur kritischen Sichtung und Verbesserung dieses Textes beigetragen.

B) ARAMÄISCHE TEILE DES ALTEN TESTAMENTS

Das Aramäische ist eine mit dem Hebräischen eng verwandte nordwest-semitische Sprache. Seit der Zeit der Perserherrschaft (ab 538 v. Chr.) verdrängte das Reichsaramäische als Verkehrssprache im Perserreich allmählich das Hebräische als gesprochene Sprache in der Provinz Juda und in der Zeit Jesu sprach die Bevölkerung von Palästina Aramäisch. Im TNK sind folgende Texte auf Aramäisch abgefasst: Gen 31,47*; Esra 4,8 – 6,18; 7,12–26; Jer 10,11; Dan 2,4 – 7,28.

C) DER GRIECHISCHE TEXT DES ALTEN TESTAMENTS

Die gesamte hebr. Bibel wurde für die Griechisch sprechenden Juden Ägyptens und des Mittelmeerraumes zwischen ca. 250 v. Chr. und 100 n. Chr. von unbekannten Juden v. a. in Alexandria, der Hauptstadt des Ptolemäerreiches, aber teilweise auch in Palästina, ins Griechische übersetzt und fand so im Gottesdienst der jüd. Diasporagemeinden hellenistischer und röm. Zeit Verwendung. Diese Übersetzung soll nach der Überlieferung in siebzig Tagen von siebzig (exakt 72) Männern angefertigt worden sein und erhielt deshalb den Namen „(die Übersetzung der) Siebzig" oder einfach *„Septuaginta"* (LXX). Ursprünglich bezieht sich diese Bezeichnung lediglich auf die Übersetzung der Tora.

Im apokryphen Aristeasbrief wird dazu eine Legende erzählt. Demnach wurde die Übersetzung der Tora im Auftrag des Ptolemaios II. Philadelphos von 72 Schriftgelehrten aus Palästina in Alexandria gemeinsam erarbeitet.

Die spätere Tradition hat den Begriff Septuaginta auf die griech. Übersetzung der gesamten Bibel Israels übertragen und dabei die Legende des Aristeasbriefes weiter, auch wunderbar, ausgestaltet. So wurde aus dem Einheitstext der Tora im Aristeasbrief eine Übersetzung, in der die 70 Männer unabhängig voneinander die gesamte Bibel Israels übersetzten und am Ende feststellten, dass jeder ein und denselben Wortlaut erzielt hatte.

Doch bei der LXX handelt es sich nicht um eine prophetische Neuoffenbarung Gottes in griech. Sprache, sondern um sukzessive Übersetzungen der Bücher von unterschiedlicher Qualität über einen beträchtlichen Zeitraum. Die LXX enthält Bücher, die im TNK nicht zu finden sind, darunter die sog. deuterokanonischen Bücher (Tob, Jdt, 1/2 Makk, Weish, Sir, Bar), die ebenfalls zum chr. AT gehören und z. T. auf Griechisch abgefasst sind. Außerdem gibt es in der LXX gegenüber der hebr. Bibel teilweise beträchtliche Unterschiede in der Textüberlieferung, etwa in der Anordnung von Texten in Büchern (z. B. im Jeremiabuch) und Erweiterungen, wie sie für Est und Dan in die EÜ Aufnahme finden.

Im 2. Jh. n. Chr. entstanden weitere griech. Übersetzungen und Revisionen der LXX im Judentum, v. a. die des Aquila, des Symmachus und des Theodotion, die bereits Origenes um 200 n. Chr. bei seinen textkritischen Arbeiten rezipiert und in der Hexapla, seiner sechsspaltigen Bibelausgabe, aufgeführt hat. Diese werden auch in der EÜ berücksichtigt.

D) DER GRIECHISCHE TEXT DES NEUEN TESTAMENTS

Die Schriften des NT wurden auf Griechisch verfasst und von Anfang an sehr oft abgeschrieben. Kein Buch der Alten Welt ist durch antike Handschriften so gut bezeugt wie das NT oder die Bibel als Ganzes. Während für zahlreiche klassische Werke der griech. Philosophie mitunter nur ein, zwei alte Handschriften zur Verfügung stehen, haben die griech. Handschriften des NT schon die Zahl von 5800 überschritten (wobei auch die Zahl der Fragmente darunter hoch ist) – und es werden durch immer wieder neue Textfunde, v. a. Papyri, beständig mehr.

Der Handschriftenbestand ist von großer Vielfalt in Zustand, Beschreibmaterial und Verwendungszweck. Es werden verschiedene Texttraditionen unterschieden und auch einzelne Handschriften haben häufig ihre Besonderheiten. Abgesehen von Fehlern, wie sie sich bei der Erstellung von Handschriften durch Abschrift oder Diktat ergeben, sind auch absichtliche Veränderungen stilistischer und inhaltlicher Art vielfach nachweisbar. Die Zahl der Varianten, der Textunterschiede im ntl. Handschriftenbefund, geht in die Hunderttausende, wobei die Sinnvarianten auf relativ wenige Fälle begrenzt sind.

Anders als im AT, wo mit dem Codex Leningradensis die Handschrift eines masoretischen Textes der hebr. Standardausgabe zugrunde gelegt wird, wurde im NT ein Text, wie er im 2. Jh. n. Chr. bestanden haben könnte, wissenschaftlich rekonstruiert.

Die EÜ setzt die Ergebnisse der wissenschaftlichen Erforschung des Textes voraus und weist dort, wo wichtige, voneinander abweichende Textzeugnisse vorliegen, auf diese hin. Da die Textausgaben des NT nach dem Aufkommen des Buchdrucks in Verse eingeteilt wurden, der damalige griech. Text aber wissenschaftlich noch nicht voll gesichert war, finden sich in dieser Übersetzung auch Hinweise auf Verse, die nicht zum Urtext gehörten und daher lediglich in den Fußnoten abgedruckt werden (s. z. B. Mt 17,21; 18,11 oder auch 1 Joh 5,7f., das sog. Comma Johanneum).

E) DIE LATEINISCHEN ÜBERSETZUNGEN DER GESAMTEN CHRISTLICHEN BIBEL

Lateinische Übersetzungen der chr. Bibel entstanden wohl erstmals gegen 200 n. Chr. in Nordafrika und Südfrankreich („Afra"), später in Italien („Itala"). Sie werden *Vetus Latina* („die alte Lateinische") genannt. Es handelt sich dabei um Tochterübersetzungen der LXX, was bedeutet, dass sie nicht aus dem hebr. Urtext, sondern aus der griech. Bibel übersetzt sind. Die Texte dieser Übersetzungen sind heute nur noch z. T. erhalten, v. a. für das NT gibt es etliche Handschriften, für das AT ist man für die Rekonstruktion des Textes neben einzelnen Büchern, die in der Vulgata Aufnahme fanden, fast ausschließlich auf Bibelzitate von Kirchenvätern angewiesen.

Von Papst Damasus I. (366–384) wurde *Hieronymus*, der bedeutendste Bibelgelehrte seiner Zeit im Westen der Kirche, im Jahre 382 beauftragt, die lateinische Übersetzung der Heiligen Schrift anhand der LXX und des griech. NT zu revidieren. Offenbar gab es zu diesem Zeitpunkt einen erheblichen Wildwuchs in den lateinischen Versionen. Hieronymus selbst übertreibt zwar, als er einmal schreibt, es gäbe fast so viele Übersetzungen wie Handschriften, aber macht damit doch die Situation anschaulich. Für die Westkirche musste zum damaligen Zeitpunkt ein Einheitstext ein bedeutendes Desiderat gewesen sein.

Für das NT legte Hieronymus im Jahre 384 eine Revision der Evv. vor. Ob er weitere ntl. Bücher revidiert hat, ist nicht sicher, denn in der Folge hat er seinen Arbeitsschwerpunkt deutlich auf das AT gelegt. Eine wirkliche

Revision anhand der LXX erfolgte mit seinem Psalterium Romanum. Ein weiterer Psalter, das Psalterium Gallicanum, wurde von ihm anhand der Hexapla des Origenes erstellt. Nach einiger Zeit entschied sich Hieronymus jedoch, die im TNK auf Hebräisch überlieferten Schriften aus der Ursprache neu ins Lateinische zu übersetzen. Der Rückgriff auf die hebr. Texte führte zu einer Kontroverse des Hieronymus mit Augustinus. Dieser plädierte gegen jenen für die Verwendung der LXX als prophetische Neuoffenbarung für die Christen.

So setzte sich die Übersetzung des Hieronymus erst im Laufe von Jahrhunderten durch. Begünstigt durch die Trennung von Ost- und Westkirche und den Niedergang der griech. Sprache in der Kirche des Westens, gewann sie ab dem 9. Jh. (Revision des Alkuin) bes. deutlich ansteigende Bedeutung in Gottesdienst und Theologie der katholischen Kirche und avancierte so zur *Vulgata* (Vg), also zur „allgemein verbreiteten" Bibelübersetzung. Im Jahre 1546 wurde ihr Status auf dem Konzil von Trient noch erhöht. Gegen die Reformatoren, die neben dem Schriftprinzip im Anschluss an die Humanisten die Übersetzung der Bibel aus den Originalsprachen propagierten und realisierten, erklärte das Konzil die „altehrwürdige allgemeine (lateinische) Übersetzung, die durch so lange Jahrhunderte im Gebrauch der Kirche erprobt ist", als „authentisch", d. h. für den kirchlichen Gebrauch, also auch für den dogmatischen Beweis, maßgebend.

Die Wertschätzung der Vg in der Kirche ist bis heute ungebrochen. So wurde im Anschluss an das Zweite Vatikanische Konzil und im Auftrag der katholischen Kirche eine *Nova Vulgata* geschaffen, welche die Vg des AT und NT anhand des hebr. und griech. Grundtextes überprüfte und auch stilistisch überarbeitete. Papst Johannes Paul II. hat sie am 15. April 1979 veröffentlicht und bestimmt, die Neue Vg solle überall dort verwendet werden, wo die Kirche biblische Texte in lateinischer Sprache gebraucht (z. B. röm. Liturgie).

Demgegenüber ist es in Theologie, Lehramt wie auch Liturgie allgemein üblich geworden, auf die hebr. und griech. Texte der Bibel zurückzugreifen, wie dies auch in der EÜ geschieht.

F) ANDERE ALTE TEXTFASSUNGEN UND ÜBERSETZUNGEN

Für das Bemühen, eine zuverlässige Fassung des hebr. bzw. griech. Textes der chr. Bibel festzustellen, sind außerdem folgende alte Texte und Übersetzungen von Bedeutung: für das AT der Samaritanische Pentateuch, der in althebr. Schrift überliefert ist, und die aram. Übersetzungen (Targume), die ursprünglich auf mündliche Stegreifübersetzungen zurückgehen. Beide sind Übersetzungen aus der Originalsprache. Gleiches gilt für die Peschitta (S), die „einfache" Bibelübersetzung ins Syrische, die auch die Übersetzung des NT aus dem Griechischen (im sog. Koine-Text) enthält. Darüber hinaus sind weitere Übersetzungen u. a. ins Koptische, Äthiopische, Armenische und Gotische bezeugt, die in der Regel aus dem Griechischen erfolgten und für das AT zumeist Tochterübersetzungen der LXX darstellen. Schließlich gibt es auch ausschließlich ntl. Übersetzungen, wie z. B. die Evangelienharmonie Tatians, das sog. Diatesseron aus dem 2 Jh., das ursprünglich wohl auf Syrisch verfasst wurde, und die Vetus Syra, die älteste syrische Übersetzung des NT.

2. Grundlagen der vorliegenden Revision

A) ALTES TESTAMENT

Die Revision der EÜ im AT wurde für die protokanonischen, in der hebr. Bibel überlieferten Schriften auf der Grundlage des hebr. und aram.-masoretischen Textes des sog. Codex Leningradensis, einer vollständigen masoretischen Textausgabe aus dem Jahr 1008, vorgenommen, für die deuterokanonischen, im griech. AT überlieferten Bücher auf der Grundlage der Septuaginta (LXX). Dabei wurden jeweils die aktuellen Standardausgaben der Texte (Biblia Hebraica Stuttgartensia, Biblia Hebraica Quinta, Göttinger Septuaginta) verwendet. Bei der Textrekonstruktion wurde entsprechend dem aktuellen Forschungsstand in Sachen Textgeschichte und Textkritik große Zurückhaltung geübt. Veränderungen der Textvorlagen erfolgten nur bei Vorliegen entsprechender Lesarten in antiken Handschriften und ausreichender Evidenz. Freie Konjekturen, Textänderungen ohne Anhalt in der antiken Handschriftenüberlieferung wurden vermieden.

Einige der deuterokanonischen Bücher wurden ursprünglich auf Hebräisch abgefasst, kamen aber über die griech. Übersetzung in das AT. Wo es hebr. Handschriften dieser Bücher gibt, war eine Entscheidung dahingehend zu treffen, inwieweit diese berücksichtigt werden sollten.

1. Die EÜ hatte für das Buch Jesus Sirach (Sir) einen Mischtext geboten, der aus hebr. Fragmenten und den Übersetzungen ins Griechische, Lateinische und Syrische erstellt worden war. Im Zuge der Revision hat man sich dagegen konsequent am Text der griech. Übersetzung orientiert.

2. Beim Buch Tobit (Tob) folgt die Revision nun der Langversion, wie sie im Codex Sinaiticus und der Vetus Latina überliefert ist, und nicht mehr, wie bei der Erstellung der EÜ, dem mehrheitlichen Kurztext.

3. Für das Buch Ester (Est) liegt in der Septuaginta ein gegenüber dem hebr. Text um mehrere Partien erweiterte Textform vor. Der EÜ folgend, wurde Est auf der Grundlage des hebr. Textes redigiert, die zusätzlichen Passagen, die im Text mit Kleinbuchstaben markiert werden, nach der griech. Textgrundlage. Es handelt sich bei den Überhängen im Esterbuch der griech. Tradition um Est 1,1(a) – (r); 3,13(a) – (g); 4,17(a) – (z); 5,1(a) – (f). 2(a) – (b); 8,12(a) – (x); 10,3(a) – (l).

4. Auch für das Danielbuch (Dan) wurde das Vorgehen bei der Erstellung der EÜ beibehalten und dieses auf der hebr. Grundlage, bei den griech. Zusätzen (Dan 3,24–45.51–90; 13; 14) (ausnahmsweise) auf der der Übersetzung des Theodotion revidiert.

B) NEUES TESTAMENT

Grundlage für die Revision der EÜ im NT ist der griech. Text in der Standardausgabe, dem Nestle-Aland, Novum Testamentum Graece, in der 27. und 28. Auflage. Obwohl diese anders als im AT nicht den Text einer Handschrift zugrunde legt, sondern eine wissenschaftliche Edition ist, wurde auch hier textkritisch sehr restriktiv gearbeitet und dem Text des Nestle-Aland praktisch immer gefolgt.

III. MASSE, GEWICHTE UND MÜNZEN

Maße und Gewichte sind in biblischen Zeiten bis in die hellenistische Zeit hinein keine allgemein normierten und stabilen Werte. Sie basieren häufig auf Größen, die vorgegeben oder durch Erfahrung gewonnen sind. So werden kleine Längenmaße wie Elle oder Fuß nach Körperteilen des erwachsenen Menschen benannt, Flächen nach der Menge des dafür benötigten Saatgutes oder nach der durchschnittlichen Arbeitsleistung wie beim Tagwerk. Die im Folgenden angegebenen Werte sind angesichts der unterschiedlichen verwendeten Systeme in der Antike, insbesondere für die frühe Zeit, als ungefähre Relationen zu verstehen.

1. Maße

A) LÄNGENMASSE

Elle: Die Elle ist das Grundmaß, das in der Bibel quantitativ deutlich dominiert. Zwei Arten waren gebräuchlich, die *gewöhnliche*, die ca. 45/46 cm beträgt, und die *königliche*, die aus Ägypten stammt und die gewöhnliche um eine Handbreit übertrifft. Sie ist also mit ca. 53 cm anzusetzen. Die königliche Elle ist wahrscheinlich gemeint, wo in 2 Chr 3,3 von der „Elle nach dem früheren Maß“ die Rede ist.

Fuß: Der Fuß ist ebenfalls ein Grundmaß. Der röm. Fuß ist mit ca. 29,6 cm anzusetzen, für den griech. Fuß gibt es unterschiedliche Maße, z. B. den gemeingriech. Fuß mit 31,6 cm oder den kyrenaischen Fuß mit 30,86 cm. In der Bibel kommt dieses Längenmaß nicht vor. In Dtn 2,5 und – darauf bezogen – in Apg 7,5 ist vom Fußbreit die Rede. Damit ist in Dtn (H) die Fläche, die ein Fuß bedeckt, in der Apg (G) aber ein „Schritt" gemeint, eine Längeneinheit, die als röm. gradus 2 ½ röm. Fuß, rund 74,9 cm, bemisst.

Spanne: Die Spanne entspricht einer halben Elle, beträgt also ca. 23 cm.

Handbreit: Die Handbreit entspricht einem Drittel der Spanne, beträgt also ca. 7,5 cm.

Finger: Der Finger dürfte knapp 2 cm betragen und entspräche damit einem Viertel der Handbreit.

Messlatte: Ob die Messlatte, auch Latte und Rute, überhaupt ein Maß ist, ist nicht sicher. In Ez 40,5–8 ist von einer Messung die Rede, bei der eine Messlatte/Latte verwendet wird, die 6 Ellen, „die je eine gewöhnliche Elle und eine Handbreit maßen", lang war (vgl. Ez 41,8). Diese hat demnach eine Länge von 6 königlichen Ellen, was ca. 3,20 m entsprechen dürfte.

Faden: Der Faden ist als Längenmaß in Apg 27,28 genannt. Er entspricht wahrscheinlich dem Klafter, der Spanne zwischen den ausgestreckten Armen eines erwachsenen Mannes bis zu den Fingerspitzen. Diese wurde bereits in der griech. Antike mit 6 Fuß (ca. 1,80 m) bemessen. Da in Apg 27,28 offenkundig ein nautischer Begriff vorliegt, der nicht in gleicher Weise festgelegt ist, bleibt die Länge etwas unklar (1,60–1,90 m).

B) WEGMASSE

Stadion: bezeichnet die Länge eines Stadions, ausgelegt am antiken olympischen Stadion von Athen, das idealiter 185,22 m lang sein müsste, jedoch tatsächlich eine Länge von „nur" 184,96 m oder weniger aufweist. 600 kyrenaische Fuß und 625 röm. Fuß ergeben jeweils ein Stadion. In der Bibel wird die Maßeinheit Stadion mehrfach in 2 Makk, im NT in Mt 14,24; Lk 24,13; Joh 6,19; 11,18; Offb 14,20; 21,16 verwendet. In Offb 21,16 ist die Größe des himmlischen Jerusalems mit 12.000 Stadien Länge, Breite und Höhe angegeben, was phänomenalen 2222,64 km an jeder Seite entspricht.

Meile: Die Länge der Meile (s. Mt 5,41) errechnet sich aus dem Stadion: 8 Stadien ergeben eine Meile, die also idealerweise 1,48176 km beträgt.

Sabbatweg: (Apg 1,12) Eine Wegstrecke, die man am Sabbat gehen durfte, ohne das Ruhegebot zu verletzen. Im nachbiblischen Judentum beträgt die maximal erlaubte Weglänge 2000 Ellen, also unter 1000 m, wobei besondere Bestimmungen für die Erfüllung von Geboten (z. B. zum Synagogenbesuch) Überschreitungen möglich machen (sog. Eruw-Klausel).

Der *Tagesmarsch* kann nicht wirklich als Maßangabe verstanden werden – am ehesten noch in Num 11,31. Wenn von ihm die Rede ist (z. B. Gen 30,36; 1 Makk 7,45), dann ist an die Wegstrecke gedacht, die ein Einzelner, das Volk Israel beim Auszug aus Ägypten oder ein Heeresverband an einem Tag zurücklegen will oder zurückgelegt hat, ohne dass sich ein exaktes Maß nahelegen würde. Als Wert werden zwar vielfach 40 km für einen Tagesmarsch angegeben, aber da man – je nach Gepäck und den am Marsch Beteiligten – weniger, aber auch wesentlich mehr Wegstrecke an einem Tag zurücklegen kann, könnten dafür genauso gut 20 bis 60 km stehen. Ebenso wenig metrologisch sind die Angaben „Bogenschuss" und „Steinwurf".

C) FLÄCHENMASSE

In der Regel werden Flächen (wie auch Quader) durch Angabe von Länge und Breite angegeben. Darüber hinaus gibt es aber auch ein paar wenige Maßbegriffe:

Joch: bezeichnet die Ackerfläche, die mit einem Joch Rindern an einem Tag gepflügt werden kann (Jes 5,10). Für die Bibel wird als Wert 2000 qm angenommen, das röm. Joch lag bei 2523 qm. Einmalig kommt in Lev 27,16 *Hómer* als Umrechnungsgröße für eine Fläche vor.

D) HOHLMASSE

für Trockenes (Getreide, Mehl etc.) im AT

Bezeichnung	Maß	Alternativ	Umrechnung	Bibl. Referenz
Hómer	220 l	400 l	10 Efa	Lev 27,16; Num 11,32
Letech	*110 l*	*200 l*	*1/2 Hómer, 5 Efa*	*Hos 3,2*
Efa	22 l	40 l	1/10 Hómer, 3 Sea	Ex 16,36; Ez 45,11
Sea, Scheffel	7,3 l	13,3 lw	1/3 Efa, 6 Kab	2 Kön 7,1
Gomer, Issaron (Zehntel)	2,2 l	4 l	1/10 Efa	Ex 16,36; 20,40
Kab	1,2 l	2,2 l	1/6 Sea	2 Kön 6,25

für Flüssiges im AT

Bezeichnung	Maß	Alternativ	Umrechnung	Bibl. Referenz
Kor	220 l	400 l	10 Bat	1 Kön 5,2.25
Bat	22 l	40 l	1/10 Kor, 6 Hin	1 Kön 7,26.38; 2 Chr 2,9
Hin	7,3 l	6,6 l	1/6 Bat, 12 Log	Ex 29,40; 30,24
Log	0,6 l	0,55 l	1/12 Hin	Lev 14,10.12

im NT

Bezeichnung	Maß	Alternativ	Umrechnung	Bibl. Referenz
Sack (Kor)	ca. 360 l			Lk 16,7
Metretes	*38,38 l*	*39,29 l*		*Joh 2,6*
Fass (Bat)	36 l		1/10 Kor	Lk 16,6
Sea	12 l	8,733 l		Mt 13,33; Lk 13,21
Maß	1,228 l	1,08 l		Offb 6,6
Krug	0,4094 l	0,5458 l		Mk 7,4

2. Gewichte und Münzen

Geldwirtschaft ist zwar bereits ein antikes Phänomen, hat aber erst spät und sukzessive im Israel atl. Zeit Einzug gehalten und sich dann in röm. Zeit voll durchgesetzt. Bis in die Zeit des Babylonischen Exils herrschte Tausch- und Naturalwirtschaft (z. B. Gen 23,16; 33,19; 2 Kön 5,24f.) vor, wobei – ein Zwischenschritt zur Geldwirtschaft – auch Edelmetalle zur Bezahlung von Waren abgewogen wurden (vgl. Schekel, hebr. „Gewicht“). Verschiedene Formen solcher Edelmetallwährung wie Ringe und Barren waren gebräuchlich, das bevorzugte Edelmetall Silber wurde mit der Zeit zur Bez. für „Geld“ (z. B. Dtn 23,20). In der Perserzeit wurden Münzen, also bereits abgewogene und geprägte Edelmetallstücke mit verbürgtem Gewicht/Wert, als Zahlungsmittel üblich. Die Münzprägung war hoheitliche Angelegenheit und Königen, Provinzfürsten und Statthaltern, in bestimmten Fallen auch Städten, vorbehalten. Über die Jahrhunderte hinweg wechselten nicht nur die Motive, die auf Münzen geprägt wurden, sondern auch die Währungen. In der Bibel werden nicht nur unterschiedliche Währungen genannt, sondern auch schon Geldwechsler bezeugt, solche nämlich, die im Tempel Geld in die für die Tempelsteuer legitime Währung wechselten (Mt 11,12; Mk 11,15; Joh 2,14).

A) GEWICHTE

Bezeichnung	Gewicht	NT	Umrechnung	Bibl. Referenz
Talent, Zentner	34,272 kg	41,126 kg	60 Minen	Ex 25,39; 38,25f.
Mine, Pfund	ca. 570 g	327,45 g	1/60 Talent, 50 Schekel	1 Kön 10,17; Esra 2,69
Schekel, Lot	11,424 g		1/50 Mine, 2 Halbschekel, 20 Gera	Gen 24,22; Ex 38,25
Pim	7,17 g		2/3 Schekel	1 Sam 13,21
Halbschekel (Beka)	5,721 g		1/2 Schekel	Ex 38,26
Viertelschekel (Reba)			1/4 Schekel	1 Sam 9,8
Gera, Obolus	0,57 g		1/10 Halbschekel	Ex 30,13; Lev 27,25
Kesita	unbestimmt			Gen 33,19; Jos 24,32; Ijob 42,11

Ein anderes (mesopotamisches) System setzt die Grundeinheit Schekel in Relation auf Mine und Talent im Hexagesimalsystem an. Der Schekel ist auch hier die Grundeinheit, aber 60 Schekel ergeben 1 Mine, 60 Minen 1 Talent.

Im NT sind an Gewichten nur Talent (Offb 16,21, übersetzt mit „zentnerschwer") und Pfund (Joh 12,3) benannt. Es ist anzunehmen, dass hier die röm. Gewichtseinheiten vorausgesetzt sind.

B) GELD UND MÜNZEN

Die ersten Münzen, die in der Bibel Erwähnung finden, stammen aus Persien. Es handelt sich um die Golddarike (1 Chr 29,7; Esra 8,27), die unter griech. Einfluss auch als Golddrachme auftaucht (Neh 7,69–71; Tob 5,15; 2 Makk 10,20). Die in der EÜ für Esra 2,69 angegebene „Golddarike" heißt nach H ebenfalls „Golddrachme". Die Golddarike, die ca. 8,4 g wog und ursprünglich den König beim Bogenschießen auf der Vorderseite abbildete, hat ihren Namen von Darius, wobei unklar bleibt, von welchem der gleichnamigen Perserkönige sie eingeführt wurde. Sie entspricht im Wert der griech. Doppeldrachme in Gold. Von der Silberdrachme ist in 2 Makk 4,19; 12,43 (vgl. Apg 19,19) die Rede. Bei einem damals gängigen Verhältnis des Goldes zum Silber von 10 zu 1 hatten 20 Silberdrachmen den Wert einer Golddarike.

Während die Goldmünzenprägung den Großkönigen vorbehalten war, konnten Silbermünzen auch in Provinzen in Umlauf gebracht werden. Im Juda der Perserzeit war der Schekel die gängige Münze. Unter griech. Herrschaft erlosch das Münzrecht für Juda. Erst unter den Makkabäern ist es wieder in Kraft getreten, möglicherweise aber nur für Bronzemünzen (1 Makk 15,6). In der Bibel kommen diese nicht vor, aber sie sind archäologisch häufig bezeugt und dürften im Alltag im Palästina der Zeitenwende eine überragende Rolle gespielt haben. Die Münzen mit den in der jüd. Tradition belegten Namen Hadris, Hanzin, Shamin und Prutot wurden in Samaria geprägt. Die Währung kann vom niedrigsten Wert, der Prutah, her bestimmt werden: Hadris = 8 P., Hanzin = 4 P., Shamin = 2 P.

Besondere Bedeutung erhielt in dieser Zeit der tyrische Silberschekel in Jerusalem. Er war das einzige zugelassene Zahlungsmittel im Tempel zu Jerusalem. Ab der zweiten Hälfte des 2. Jh.s wurde diese Münze nach Einstellung der Produktion mit dem Beginn der griech. Herrschaft wieder hergestellt und aufgrund ihres hohen Silbergehaltes den vergleichbaren röm. und griech. Münzen, die damals in der Qualität nachließen, vorgezogen.

Im NT sind unterschiedliche Währungen bezeugt, neben griech. und röm. Münzen eben auch solche aus Tyros. Die großen Beträge wie Talent und Mine gab es selbstverständlich nicht als Münze, dennoch waren sie in die griech. Währung einbezogen.

Griechisches Währungssystem:

Münze	**Übersetzung**	**Wert**	**Bibl. Referenz**
(Talent)	Talent	60 Minen	Mt 18,24; 25,14–30
(Mine)	Mine	50 Doppeldrachmen	Lk 19,11–27
Didrachme	Doppeldrachme	2 Drachmen	Mt 17,24
Drachme	Drachme	6 Oboloi	Lk 15,8
Obolos		2 Hemioboloi	(Ex 30,19 G)
Hemiobolos		4 Chalkoi	
Chalkos	Kupfermünze, Geld	3 Leptoi	Mt 10,9; Mk 6,8
Lepton	(kleine) Münze		(Mk 12,42); Lk 12,59; 21,2

Darüber hinaus sind Dekadrachmen (10 Drachmen), Tetradrachmen (4 Drachmen) und Hemidrachmen (Halbdrachmen) bezeugt. Der *Stater* ist als Wert nicht festgelegt, sondern bezeichnet den doppelten Wert einer Münze oder Recheneinheit. Das dahinter stehende Bild ist das einer Waage, auf der eine Münze mit einer solchen desselben Wertes aufgewogen wird. In der Regel wird die so bezeichnete Münze als Stater der Drachme, also als Didrachme, angeführt, in Mt 17,27 ist aber der Stater der Didrachme, also die Tetradrachme, gemeint.

Römische Münzen (in Auswahl):

Münze	**NT G**	**Übersetzung**	**Wert**	**Bibl. Referenz**
Aureus (Golddenar)			25 Silberdenare	(vgl. Mt 10,9)
(Silber-)Denar	denárion	Denar	4 Sesterzen	Mt 20,2.9f.
Sesterz			4 Asse	
(Kupfer-)Ass	assários	Pfennig	2 Semis	Mt 10,29
Quadrans	kodrántes	Pfennig, kleine Münze		Mt 5,26; Mk 12,42

Aus der Zeit der jüd. Aufstände sind jüd. Schekel, Drachmen und Bronzemünzen erhalten, die teilweise durch entsprechende Aufschriften der Propaganda gegen Rom dienen. Dieses Mittel setzten auch die Römer nach der Niederschlagung des Bar-Kochba-Aufstandes ein. Es sind Münzen erhalten, die mit der Aufschrift „Iudaea capta" den Sieg der Römer dokumentieren.

UMRECHNUNG DER MÜNZEN

Angesichts der unterschiedlichen Währungen, die gleichzeitig in Palästina im Umlauf waren, war auch im Alltag Umrechnung unabdingbar. Sie gestaltete sich erst dann einfach, als unter Kaiser Nero der Wert der griech. Drachme mit dem des damals auslaufenden röm. Denars gleichgestellt wurde. Bis dahin galt: 1 Drachme = 3/4 Denar.

Der halbe Schekel, das Zahlungsmittel für die Tempelsteuer, entsprach der griech. Doppeldrachme (s. Anm. zu Mt 17,24), eine Mine also 50 Schekeln, das griech. Talent 3000 Schekeln. Setzt man Drachme und Denar gleich, ist der röm. Goldaureus 6,25 Schekel entsprechend. Die in der Perserzeit umlaufende Darike war, wie bereits erwähnt, 20 Schekeln gleichgesetzt.

IV. KALENDER UND FESTTAGE

1. Kalender

Israel und das Judentum verwenden wie fast alle altorientalischen Völker (mit Ausnahme von Ägypten) einen am Mond orientierten Kalender. Das reguläre Jahr hat zwölf Monate. Deren Namen wurden seit dem Exil dem babylonischen Kalender entnommen, es haben sich aber auch Spuren eines älteren, kanaan. Kalenders und einige ältere Monatsnamen im AT erhalten.

Monatsnamen im Alten Testament:

Monatsnamen	Ältere Bezeichn.	Monat	Bibl. Referenz
Nisan	Abib (Ex 13,4 u. ö.)	März/April	Neh 2,1; Est 1,1; 3,7
Ijar	Siw (1 Kön 6,1.37)	April/Mai	
Siwan		Mai/Juni	Est 8,9; Bar 1,9
Tammus		Juni/Juli	
Ab		Juli/August	
Elul		August/September	Neh 6,15; 1 Makk 14,27
Tischri	Etamin (1 Kön 8,2)	September/Oktober	
(Mar-)Cheschwan	Bul (1 Kön 6,38)	Oktober/November	
Kislew		November/Dezember	Neh 1,1; 1 Makk 1,54 u. ö.
Tebet		Dezember/Januar	Est 2,16
Schebat		Januar/Februar	1 Makk 16,14; Sach 1,7
Adar		Februar/März	Esra 6,15; Est 3,7 u. ö.

A) ZEITEINTEILUNG

Die Monate beginnen mit dem Neumond (Num 28,14; Am 8,5), der wie der Vollmond auch (Ps 81,4) kultische Bedeutung hatte. Unabhängig vom Mond ist die Siebentagewoche, die spätestens in der Zeit des Babylonischen Exils in Israel eingeführt wurde und einen 6+1-Tage-Rhythmus bildet, der den Mondzyklen nicht konvergiert. Der kalendarische Tag beginnt nach Sonnenuntergang, also am Abend, und endet am Folgetag der bei uns üblichen kalendarischen Tageinteilung (s. Gen 1,5). Daneben hat auch der Sonnentag Bedeutung, der von Sonnenaufgang bis -untergang reicht. Dessen ältere Aufgliederung besteht lediglich in Morgen, Mittag und Abend. Im NT ist eine Zeiteinteilung in 12 gleich lange Stunden bezeugt (Joh 11,9), die Stunde selbst schwankte im Umfang je nach Jahreszeit. Geht man idealiter von einem Tag mit zwölf Stunden Sonne aus (von 6 bis 18 Uhr), sind die ntl. Angaben vereinfacht wie folgt zu veranschaulichen:

Stunde	Zeit (bei 12 Stunden Sonnenscheindauer)	Bibl. Referenz
(Morgen)		Mt 20,1
3.	8–9 Uhr	Mt 20,3; Mk 15,25; Apg 2,15
6.	11–12 Uhr	Mt 27,45; Mk 15,33; Lk 23,44; Joh 4,6; 19,14; Apg 10,9
7.	12–13 Uhr	Joh 4,52
9.	14–15 Uhr	Mt 20,5; 27,45f.; Lk 23,44; Mk 15,33f.; Apg 3,1; 10,30
10.	15–16 Uhr	Joh 10,39
11.	16–17 Uhr	Mt 20,6.9
(Abend)		Mt 20,8

Auch die Nachtstunden (vgl. dazu Mt 24,43) wurden in dieser Weise strukturiert (s. Apg 23,23: 3. Stunde der Nacht). Die röm. Nachteinteilung gliederte die Nacht in vier Nachtwachen. Im Alten Israel war entsprechend der Einteilung des Tages in Morgen, Mittag und Abend auch die Nacht nur in drei Nachtwachen aufgeteilt, die erste oder Abend-, mittlere Nacht- und die Morgenwache.

	Nachtwache	Bibl. Referenz
AT	(erste)	
	mittlere	Ri 7,19
	Morgenwache	Ex 14,24; 1 Sam 11,11; Jdt 12,5
NT	Abend	Mk 13,35
	zweite, Mitternacht	Mk 13,35; Lk 12,38
	dritte, Hahnenschrei	Mk 13,35 (vgl. Joh 13,38); Lk 12,38
	vierte, Morgen	Mt 13,35; 14,25; Mk 6,48

B) JAHRESANFANG

Der Jahresbeginn ist ursprünglich nicht einheitlich geregelt. Das kultische Jahr beginnt in Israel mit dem Frühlingsmonat Nisan, in dem laut Tradition Israel aus Ägypten ausgezogen ist. Das wirtschaftliche Jahr beginnt dagegen im Herbst mit dem Monat Tischri. Dieser Unterschied ist im Judentum schon lange behoben. Heute wird Rosch-ha-schana, das Neujahrsfest, von den Juden am 1. Tischri gefeiert.

C) DER LUNISOLARE KALENDER

Das Mondjahr von 12 Monaten, also Mondzyklen, besteht entsprechend dem synodischen Mondmonat, der bei Schwankungen im Schnitt rund 29,53 Tage dauert, aus 354 oder 355 Tagen (12 Mondmonate ergeben rund 354,367 Tage). Da Israel im Laufe eines Jahres einige Feste feierte, die jahreszeitlich gebunden, also vom Sonnenjahr abhängig sind, musste die Differenz zum Sonnenkalender ausgeglichen werden, um zu verhindern, dass zum Beispiel ein Erntefest über die Jahre hinweg immer weiter nach vorne wandert und so die Jahreszeiten durchschreitet. Anders als im Islam mit seinem strikten Mondkalender wurde in Israel und im Judentum ein solcher Ausgleich zwischen Sonnen- und Mondjahr hergestellt. Ausgehend von der Tatsache, dass die Dauer von 19 Sonnenjahren und 235 Mondmonaten fast identisch ist, wurde der jüd. Kalender in Anlehnung an den babylonischen Kalender so aufgebaut, dass in einem Zeitraum von 19 Jahren 12 Jahre mit 12 und 7 mit 13 Mondmonaten angesetzt wurden. Schaltjahre sind das 3., 6., 8., 11., 14., 17. und 19. Jahr einer jeden Periode. Der in den Schaltjahren zusätzliche Monat ist der Adar. Der eingeschobene Schaltmonat beträgt 30 statt der sonst für den Adar üblichen 29 Tage.

2. Zeitrechnung

Für die Angabe von Jahreszahlen fehlt im AT selbst eine entsprechende Fixzahl, wie sie im Imperium Romanum mit dem traditionellen Datum der Gründung der Stadt im Jahre 753 v. Chr. und im Christentum seit dem 6. Jh. mit dem Geburtsdatum Jesu gegeben ist. So datierte man Jahre lange Zeit nach wichtigen Ereignissen, v. a. nach den Regierungsjahren von Königen. In den Königsbüchern liegen Synchronismen vor, die nach diesem Prinzip funktionieren: Die Thronbesteigung eines Königs des Südreichs wird nach den Regierungsjahren des damals amtierenden Königs des Nordreichs und umgekehrt angegeben. Chronologische Schwierigkeiten ergeben sich hier in Bezug auf das Datum der Thronbesteigung, da dieses Jahr in den seltensten Fällen mit dem Anfang des Kalenderjahres übereinstimmt. Wenn man mit dem Regierungsantritt nicht ein neues Jahr beginnen lässt, wie dies mitunter in Ägypten geschehen sein soll, ist das erste Regierungsjahr entweder unvollständig (vordatierende Zählweise) oder das Jahr, in das der Regierungsantritt fällt, wird als Anfang der Regierung (z. B. Jer 26,1), gleichsam als Jahr 0, nicht mitgezählt und das erste Regierungsjahr beginnt mit dem „1.1." des auf den Regierungsantritt folgenden Jahres (nachdatierende Zählweise).

Erst in der hellenistischen Epoche gibt es in Israel über einen längeren Zeitraum eine fixe Jahreszahl. Diese besteht im Beginn der Seleukidenherrschaft, der auf das Jahr 312 als Jahr 1 festgelegt wurde. Wenn in 1 Makk 1,10 davon die Rede ist, dass Antiochus Epiphanes im Jahr 137 der griech. Herrschaft die Regierung antrat, dann ist dieser Regierungsantritt auf das Jahr 175 (= 312–137) angesetzt.

Aber mit dem Ende der Seleukidenherrschaft ist auch dieses Datum langsam, wenngleich zählebiger als zu erwarten, wieder entschwunden und man kehrte zur älteren Gepflogenheit der Datierung nach Regierungsjahren zurück. Dies lässt sich auch an Lk 3,1 ablesen, wo der Beginn des Auftretens des Täufers mit dem 15. Jahr der Regierung des röm. Kaisers Tiberius angegeben wird. Eine regelrecht neue Zeitrechnung „nach der Befreiung/Erlösung" wurde schließlich während des 2. jüd. Aufstands unter Bar Kochba etabliert. Sie blieb ein kurzes Intermezzo.

Eine besondere Zeitrechnung hat sich in der biblischen Nachgeschichte gebildet. Im Judentum wird das jeweilige Jahr vom Datum der Schöpfung her angegeben. Dass dies möglich wurde, verdankt sich natürlich dem Pentateuch und den darauf folgenden Geschichtswerken, die zumindest bis zum Ende von 2 Kön von einer durchlaufenden Chronologie zusammengehalten werden. Von der Schöpfung über die Urmenschen und Erzeltern, den Exodus und die Landnahme bis zum Babylonischen Exil liegen chronologische, wenngleich in vielen Fällen ungesicherte bzw. historisch irrelevante Daten vor, sodass man tatsächlich – wenngleich mit durchaus unterschiedlichen Ergebnissen – das Jahr der Weltschöpfung bestimmen kann. In chr. Zeitrechnung liegt dieses unter der Voraussetzung, dass das Babylonische Exil im fortgeschrittenen 6. Jh. beendet wurde, zwischen 4500 und 4000 v. Chr. Im Judentum selbst ist unter Berücksichtigung der biblischen Chronologie, aber dennoch einigermaßen fiktiv, das Datum der Erschaffung der Welt auf den 6. Oktober 3761 v. Chr. festgelegt worden. Dies geschah im Seder Olam Rabba („der großen Weltordnung"), einem Werk, das Jose ben Halafta (um 160 n. Chr.) zugeschrieben wird. Sein vergleichsweise geringer Wert hängt v. a. mit der Tatsache zusammen, dass die Perserzeit hier auf 34 Jahre zusammengedampft ist.

3. Biblische Feste und Festzeiten

Die biblischen Feste im Allgemeinen haben sich aus drei Grundmotiven entwickelt, nämlich aus der Erinnerung an bedeutsame Ereignisse,

1. im Naturkreislauf (z. B. Ernte, Schafschur),
2. im Familienleben (z. B. Entwöhnung des Kindes, Hochzeit) und
3. in der Geschichte des Volkes und der Glaubensgemeinschaft.

Insbesondere Feste im Jahresverlauf wurden mit der Zeit vielfach durch heilsgeschichtliche Festinhalte aufgeladen und überlagert.

Fest	Datum (im Judentum)	Festinhalt	Bibl. Referenz
Sabbat	7. Tag der Woche	Ruhe, Schöpfung	Ex 20,8f.; Lev 23,3; Mk 1,21–28; Apg 13,14
Neumond	1. Tag des Monats	Monatsbeginn	Num 28,14; Jes 66,23; Ez 45,17; Hos 2,13; Am 8,5
(Neujahrsfest)	1. Tischri	Jahresbeginn	(vgl. Lev 23,23–25)

Fest	Datum (im Judentum)	Festinhalt	Bibl. Referenz
Pessach	14./15. (–21.) Nisan	Nomadenfest Gerstenernte, Herausführung aus Ägypten	Ex 12,21–27; 12,43 – 13,16; Num 9,1–14; Jos 5,10–12; 2 Chr 30,1–27; 35,1–19; Esra 6,19–22
= Pascha			Mt 26,2.17–19; Lk 2,41; 22,15; Joh 2,13
Fest der Ungesäuerten Brote, Mazzotfest	(in Pessach integriert)	erste Gerstenernte	Ex 12,17–20; Mt 26,17; Mk 14,12; Lk 22,1.7; Apg 12,3
Wochenfest (Schawuot) = Pfingstfest	6./7. Siwan	Weizenernte	Ex 34,22; Num 28,26; Dtn 16,9–12; Tob 2,1 Tob 2,1; 2 Makk 12,32; Apg 2,1
Versöhnungstag (Jom Kippur)	10. Tischri	Sündenvergebung Reinigung des Heiligtums	Lev 16,1–34
Laubhüttenfest (Sukkot)	15./16. (–22.) Tischri	Ernte Wüstenwanderung	Dtn 16,13–15; Neh 8,13–18; Joh 7,2
Tempelweihfest (Chanukka)	25. Kislew (–3. Cheschwan)	Wiedereinweihung des Tempels	1 Makk 4,36–59; Joh 10,22
Purimfest	14./15. Adar	Errettung Israels durch Ester und Mordechai	Est 9,26.28

V. NAMEN UND BEGRIFFE

Das vorliegende Register stellt in Bezug auf die präsentierten Stichwörter und die darin aufgeführten biblischen Stellen eine Auswahl dar. Die Auswahl der Stichwörter orientiert sich am ursprünglichen Namen- und Begriffsregister der EÜ. Zusätzliche Einträge wurden v. a. Christoph Dohmen (Hrsg.), Das große Sachbuch zur Welt und Umwelt der Bibel, Stuttgart 2005 entnommen. Dieses Werk wurde auch den kurzen Erklärungen zu den Stichworten zugrunde gelegt, darüber hinaus wurden neben weiterer Standardliteratur Franz Kogler (Hrsg.), Herders Neues Bibellexikon, Freiburg 2009 sowie die Lexika des Stuttgarter Alten Testaments und Neuen Testaments jeweils durchgängig berücksichtigt.

Aaron Bruder des Mose und erster Priester Israels – Ex 4,14–12,50; 16,2–10; 17,10.12; 24,1–14; 28,1–30,30; 32,1–6.21–25; 39,1.27.41; Lev 2,3.10; 6,1–11,1; 13,1f.; 16,1–25; 22,2.18; Num 1,3.17.44; 3,1–10.38–51; 6,23; 8,1–22; 12,1–11; 14,1–26; 16,1–20,29; 26,59–64; 33,1.38f.; Dtn 9,20; 10,6; 32,50; Jos 24,5; 1 Sam 12,6.8; 1 Chr 5,29; Ps 77,21; Sir 45,6.17.20; Mi 6,4; Lk 1,5; Apg 7,40; Hebr 5,4; 7,11; 9,4.

Abba aram. Anrede Gottes als Vater in Judentum und Christentum – Mk 14,36; Röm 8,15; Gal 4,6; vgl. „Vater" in Jes 64,7.

Abel (hebr. „Hauch") zweiter Sohn von Adam und Eva und Bruder des Kain – Gen 4,2–11.25; Mt 23,35; Lk 11,51; Hebr 11,4; 12,24.

Abendmahl letztes Mahl Jesu, auch Herrenmahl – Mt 26,20–29; Mk 14,17–25; Lk 22,14–23: Joh 13,2.4; 1 Kor 11,23–29; vgl. Joh 21,20; Apg 1,4; → Brotbrechen.

Abendopfer – Ex 29,39–42; Num 28,1–8; Esra 9,4f.; Ps 141,2; Dan 9,21.

Aberglaube Fehlformen des Glaubens und der religiösen Praxis wie Astrologie, Hellseherei, (Toten-)Beschwörung, Schicksals- und Zeichendeutung, Wahrsagerei und Zauberei – z. B. Lev 19,31; Dtn 18,9–22; 2 Kön 21,6; Jes 19,3; Jer 27,9; → Totenbeschwörung; Zauberei.

Abgrund Ort der Toten – Ijob 26,6; 28,22; Ps 69,3.16; 140,11; Sir 1,3; 16,18; 24,5; 42,18; Lk 16,26; Röm 10,7; Offb 9,1f.11; 11,7; 17,8; 20,1.3; → Hölle; Unterwelt.

Abib Monatsname des Auszugs aus Ägypten nach einem älteren Kalender – s. Anh. IV. 1.

Abigajil (hebr. „der Vater freut sich") eine der Frauen Davids – 1 Sam 25,2–44; 27,3; 30,5; 2 Sam 2,2; 3,3; 1 Chr 2,16f.; 3,1.

Abihu (hebr. „mein Vater ist er") Sohn Aarons – Ex 6,23; 24,1.9; 28,1; Lev 10,1; Num 3,2.4; 26,60f.; 1 Chr 5,29; 24,1f.

Abija (hebr. „mein Vater ist der HERR") 1) König von Juda – 1 Kön 14,31; 15,1–8; 1 Chr 3,10; 2 Chr 11,20.22; 12,16; 13,1–23; Mt 1,7. 2) Priester um das Ende des Babylonischen Exils – 1 Chr 24,10; Neh 12,4.17; Lk 1,5; s. Anm. zu Lk 1,5.

Abimelech (hebr. „mein Vater ist König") 1) König von Gerar – Gen 20,1–18; 21,22–34; 26,1–17.26; 2) Sohn Gideons/Jerubbaals und König von Sichem – Ri 8,31; 9,1–57; 10,1; 2 Sam 11,21.

Abinadab (hebr. „mein Vater war freigiebig") Mann, in dessen Haus zeitweilig die Bundeslade untergebracht war – 1 Sam 7,1; 2 Sam 6,3f.; 1 Chr 13,7.

Abiram → Korach

Abischag Schunemiterin am Hof Davids – 1 Kön 1,3.15; 2,17.21f.

Abischai Sohn der Zeruja und Bruder Joabs, Begleiter Davids – 1 Sam 26,6–9; 2 Sam 2,18.24; 10,10; 16,9.11; 18,2.5.12; 20,6.10; 21,17; 23,18; 1 Chr 2,16; 11,20; 18,12; 19,11.15.

Abjatar (hebr. „Vater ist reich") Priester aus Nob am Hofe Davids – 1 Sam 22,20–22; 23,6.9; 30,7; 2 Sam 8,17; 15,24–36; 20,25; 1 Kön 1,7.19.25.42; 2,22.26f.; 4,4; 1 Chr 15,11; 18,16; 24,6; 27,34; Mk 2,26 mit Anm.

Abner (hebr. „Vater ist Licht") oberster Heerführer unter Saul – 1 Sam 14,50f.; 17,55–57; 26,14f.; 2 Sam 2,8.12–31; 3,6–4,1.12; 1 Kön 2,5.32; 1 Chr 8,33; 9,39; 26,28; 27,21.

Abraham bis Gen 17,5 **Abram** (hebr. „Vater ist erhaben") Erzvater Israels – Gen 11,26–25,12; Jos 24,2f.; 1 Chr 1,27–34; 2 Chr 20,7; Neh 9,7; Tob 14,7; Jdt 8,26; 1 Makk 2,52; 2 Makk 1,2; Ps 105,6.9.42; Weish 10,5; Sir 44,19–22; Jes 41,8; 51,2; 63,16; Ez 33,24;

Dan 3,35; Mi 7,20; Mt 1,1f.17; 3,9; Lk 1,55; 13,16; 16,19–31; 19,9; Joh 8,31–59; Apg 3,25; Röm 4,1–25; 9,7; 11,1; 2 Kor 11,22; Gal 3,6–29; 4,22; Hebr 2,16; 6,13–15; 7,1–10; 11,8–19; Jak 2,21.23; 1 Petr 3,6.

Abschalom (hebr. „Vater ist Friede“) dritter Sohn Davids – 2 Sam 3,3; 13,1–19,11; 20,6; 1 Kön 1,6; 2,7.28; 15,2.10; 1 Chr 3,2; 11,20f.; Ps 3,1.

Abscheu, verabscheuen, abscheulich Abneigung, Ekel 1) von Gott – Lev 26,30.44; Ps 22,25; 106,40; Weish 11,24; Sir 16,8; Jer 14,19; Am 5,21; 6,8; 2) im kultischen Bereich → Götzen; unreine Tiere; s. auch Jdt 9,4; Weish 12,4; Jes 66,17; Jer 18,13; 3) Tun der (gottlosen) Menschen –Ps 14,1; 53,2; vgl. Sir 25,2; 27,13; Tit 1,16.

Achaia röm. Provinz in Mittel- und Südgriechenland – Apg 18,12.27; 19,21; Röm 15,26; 1 Kor 16,15; 2 Kor 1,1; 9,2; 11,10; 1 Thess 1,7f.

Achan ein Judäer, der sich bei der Eroberung Jerichos am Banngut vergriff – Jos 7,1–26; 22,20; 1 Chr 2,7.

Achior (hebr. „mein Bruder ist Licht“) ein Anführer der Ammoniter – Jdt 5,5.22; 6,1–21; 11,9; 14,5–10.

Achisch König von Gat – 1 Sam 21,11–15; 27,1–28,2; 29,1–11; 1 Kön 2,39f.

Achortal „Unglückstal“, Ort der Steinigung Achans, nordwestlich von Jericho gelegen – Jos 7,24.26; 15,7; Jes 65,10; Hos 2,17.

Adam (hebr. „Erdling, Mensch“) als Name des ersten Menschen verstanden und unübersetzt – Gen 4,25; 5,1–5; 1 Chr 1,1; Tob 8,6; Sir 16,16; 33,10; 49,16; Lk 3,38; Röm 5,14; 1 Kor 15,22.45; 1 Tim 2,13f.; Jud 14.

Adar Monat im biblisch-jüd. Kalender – s. Anh. IV. 1.

Adler – Dtn 28,49; 32,11; 2 Sam 1,23; Ijob 9,26; Ps 103,5; Jes 40,31; Jer 4,13; Klgl 4,19; Ez 17,3.7; Obd 4; Offb 4,7; 8,13; 12,14; bei den atl. Belegen ist wahrscheinlich der Gänsegeier gemeint.

Adma und Zebojim Nachbarstädte von Sodom und Gomorra – Gen 10,19; 14,2.8; Dtn 29,22; Hos 11,8; → Sodom und Gomorra.

Adonija (hebr. „Herr ist der HERR“) vierter Sohn Davids – 2 Sam 3,4; 1 Kön 1,5–2,28; 1 Chr 3,2.

Agrippa → Herodes 3) und 4)

Ägypten, Ägypter Land am Nil, seine Bewohner – Gen 10,6.13 (als Sohn Hams); 12,10–13,1; 39,1–50,26; Ex 1,1–14,31; 20,2; 22,20; Lev 11,45; 1 Kön 5,10; 2 Kön 18,21–24; Tob 8,3; Jdt 5,10–12; Ps 68,32; 80,9; 105,23–38; Jes 7,18; 11,15f.; 19,1–20,6; 31,1–3; 36,6.9; 43,3; Jer 46,1–26; Ez 29,1–32,32; Hos 9,3.6; 11,1; Am 8,8; Mt 2,13–23; Apg 7,9–40; 21,38; Hebr 8,9; 11,26f.; Jud 5; Offb 11,8.

Ahab (hebr. „Bruder des Vaters“) Sohn Omris, König von Israel – 1 Kön 16,28–33; 17,1; 18,1–46; 19,1; 20,2–22,41; 2 Kön 1,1; 3,5; 9,7–9; 10,10f.17f.; 21,3.13; 2 Chr 18,1–3.19; 22,3–8; Mi 6,16.

Ahas (hebr., Kurzform von Ahasja) König von Juda – 2 Kön 15,38–17,1; 20,11; 23,12; 1 Chr 3,13; 2 Chr 27,9; 28,1–27; 29,19; Jes 1,1; 7,1–17; 14,28; 38,8; Hos 1,1; Mi 1,1; Mt 1,9.

Ahasja (hebr. „Der HERR hat ergriffen“) 1) Sohn Ahabs, König von Israel – 1 Kön 22,40.50.52–54; 2 Kön 1,1–18; 2 Chr 20,35.37; 2) Sohn Jorams, König von Juda – 2 Kön 8,24–29; 9,16–29; 12,19; 1 Chr 3,11; 2 Chr 22,1–9.

Ahija (hebr. „mein Bruder ist der HERR“) Prophet aus Schilo in der Zeit Jerobeams I. von Israel – 1 Kön 11,29–39; 12,15; 14,1–18; 15,29; 2 Chr 9,29; 10,15.

Ahimelech (hebr. „mein Bruder ist König“) Oberpriester in Nob zur Zeit Davids – 1 Sam 21,1–10; 22,9–16; 1 Chr 24,3.6.31; Ps 52,1.

Ai (hebr. „Trümmerstätte“) Siedlung südöstlich von Bet-El – Gen 12,8; 13,3; Jos 7,2–5; 8,1–29; 9,3; 10,1f.; 12,9; Esra 2,28; Neh 7,32.

Ajalon amoritische Stadt in Kanaan – Jos 10,12; 19,42; 21,24; Ri 1,35; 1 Sam 14,31; 1 Chr 6,54; 8,13; 2 Chr 11,10; 28,18.

Alexander der Große Begründer des hellenistischen Weltreichs – 1 Makk 1,1.7; 6,2.

Allerheiligstes innerster Raum im Offenbarungszelt und Tempel – Ex 26,33f.; Num 4,19; 1 Kön 6,16; 8,6; 1 Chr 6,34; Ps 28,2; Ez 41,4.21.23; Dan 9,24; Hebr 9,3.

Almosen Werke der Barmherzigkeit und Gerechtigkeit – Tob 4,7–11; 12,8f.; Sir 35,4; Mt 6,1–4; Lk 11,41; 12,33; Apg 3,2f.; 9,36; 10,2.4.31.

Aloe/Aloebäume wohlriechendes Harz/die dieses produzierenden Bäume – Num 24,6; Ps 45,9; Spr 7,17; Hld 4,14; Joh 19,39.

Alpha und Omega der Erste und der Letzte (des griech. Alphabets), Bez. Gottes und Christi – Offb 1,8; 21,6; 22,13.

Alphäus Vater des Jakobus A. – Mt 10,3; Mk 3,18; Lk 6,15; Apg 1,13.

Altar religiöse Schlachtstätte – Gen 8,20; 22,9; 35,1–7; Ex 20,24–26; 27,1–7; 29,12–44; Lev 8,11.15f.30; Num 23,1f.; Dtn 12,27; 16,1; Jos 8,30f.; 1 Sam 14,35; 1 Kön 1,50; 2 Kön 16,10–15; 2 Chr 7,9; Esra 3,2f.; 1 Makk 1,59; 2,23–25; 4,47; 2 Makk 1,18; Ez 43,13–27; Mal 1,7; 2,13; Mt 5,23f.; 23,18–20.35; Lk 11,51; 1 Kor 9,13; 10,18; Hebr 7,13; 13,10; Jak 2,21; Offb 6,9; 8,3.5 → Rauchopferaltar.

Altarhörner bedeutsame Ausläufer an den Ecken eines Altars – Ex 27,2; 29,12; 30,2f.10; 37,25f.; 38,2; Lev 4,7–34; 8,15; 9,9; 16,18; 1 Kön 1,50f.; 2,28; Jdt 9,8; Ps 118,27; Jer 17,1; Ez 43,15.20; Am 3,14; Offb 9,13; s. Anm. zu Lev 4,7.

Alte, Alter – Gen 15,15; 18,11–13; 48,10; Lev 19,32; Dtn 32,7; 1 Kön 12,6.8; Ijob 8,8f.; 15,10; 32,7–9; Ps 37,25; 71,9; 92,15; Spr 20,29; 23,22; Koh 12,1; Weish 4,8f.; Sir 3,12f.; 8,6; 25,4–6; Jes 46,4; 65,20; Joël 3,1; Sach 8,4; Mt 5,21; 15,2; Lk 1,18; Joh 3,4; 21,18; Apg 2,17; Röm 9,12; Hebr 11,2.11.

Älteste Mitglieder von Leitungsgremien auf unterschiedlichen Ebenen 1) Israels/Judas – Ex 3,16; 24,1; Num 11,16; Dtn 21,2; Jos 24,1.31; 1 Sam 4,3; 2 Sam 5,3; 1 Kön 8,1; 20,7f.; 2 Kön 23,1; Jes 3,2; Klgl 1,19; 2) der Juden – Esra 5,5.9; 10,8; Mt 16,21; 21,23; 26,3.47.57; 27,1.3.12.20.41; 28,12; Lk 7,3; 22,52; Joh 8,9; Apg 4,5.8.23; 22,5; 3) Presbyter im Christentum – Apg 14,23; 15,22f.; 16,4; 1 Tim 4,14; 5,17; Tit 1,5f.; Jak 5,14; 1 Petr 5,1–5; 2 Joh 1; 3 Joh 1; 4) im Himmel – Offb 4,4.10; 5,5–14; 7,11–13; 11,16; 14,3; 19,4.

Amalek, Amalekiter Nomadenstamm im Negeb und südlich davon – Gen 14,7; 36,12.16; Ex 17,8–16; Num 13,29; 14,25; 24,20; Dtn 25,17–19; Ri 3,13; 5,14; 7,12; 10,12; 1 Sam 15,2–20; 28,18; 30,13–19; 2 Sam 1,1.8.13; 1 Chr 1,36; 4,43; 18,11; Ps 83,8.

Amazja (hebr. „Der HERR ist stark") Sohn des Joasch, König von Juda – 2 Kön 12,22; 13,12; 14,1–22; 15,3; 1 Chr 3,12; 2 Chr 24,27–25,28; 26,1–4.

Amen (hebr. „so ist/sei es!") Bestätigungsfloskel – Num 5,22; Dtn 27,15–26; 1 Chr 16,36; Neh 5,13; Tob 8,8; Jdt 13,20; Ps 41,14; 89,53; Sir 50,29; Jes 65,16; Mt 6,2; 16,28; Mk 3,28; 10,15; Lk 4,24; Joh 1,51; 3,3.5; 5,19; Röm 1,25; 9,5; 1 Kor 14,16; 2 Kor 1,20; Gal 1,5; Eph 3,21; Phil 4,20; 1 Thess 3,13; 1 Tim 1,17; 2 Tim 4,18; Hebr 13,21; 1 Petr 4,11; 2 Petr 3,18; Jud 25; Offb 3,14; 22,20.

Amminadab Vorfahre Davids – Rut 4,19f.; 1 Chr 2,10; Mt 1,4; Lk 3,33.

Ammon, Ammoniter östlich des Jordans ansässiger aram. Volksstamm – Gen 19,38; Num 21,24; Dtn 2,19–21; 23,4; Jos 13,25; Ri 3,13; 10,6–12,3; 1 Sam 11; 2 Sam 10,1–14; 1 Kön 11,5.7; 2 Kön 24,2; Esra 9,1; Neh 3,35; 13,1; Jdt 1,12; 1 Makk 5,6; Jes 11,14; Jer 49,1–6; Ez 25,1–11; Dan 11,41; Am 1,13–15; Zef 2,8–10.

Amnon (hebr. „zuverlässig") Erstgeborener Davids – 2 Sam 3,1; 2 Sam 13,1–39; 1 Chr 3,1.

Amon (hebr. „zuverlässig") König von Juda – 2 Kön 21,18–26; 1 Chr 3,14; 2 Chr 33,20–25.

Amoriter semitische Bevölkerung von Syrien-Palästina – Gen 10,16; Ex 3,8; Num 21,31f.; Dtn 1,20; 20,17; Jos 3,10; 7,7; Ri 1,34–36; 3,5; 11,21–23; 1 Sam 7,14; 1 Kön 21,26; 2 Kön 21,11; Esra 9,1; Neh 9,8; Jdt 5,15; Ez 16,3.45; Am 2,9f.

Amram Vater des Mose – Ex 6,18.20; Num 3,19; 26,58f.; 1 Chr 5,28f.; 6,3; 23,12f.

Amt Stellung und Funktion einer Person, die verliehen werden – Gen 40,13; 41,13; Jos 20,6; Est 8,12(g); 1 Makk 7,9; 11,63; 2 Makk 4,10.24f.50; 11,3; 14,7; Ps 109,8; Spr 8,16; Apg 1,20; Eph 3,2; 1 Tim 3,1; 5,17.

Anakiter, Anak Volksgruppe um Hebron, von den Israeliten als Riesen vorgestellt – Num 13,22.28.33; Dtn 1,28; 2,10f.21; 9,2; Jos 11,21f.; 14,12.15; 15,13f.; 21,11; Ri 1,20; Jer 47,5.

Anatot Ort im Stammesgebiet Benjamin – Jos 21,18; 1 Kön 2,26; 1 Chr 6,45; Esra 2,23; Neh 7,27; Jes 10,30; Jer 1,1; 32,7–9.

Andreas einer der ersten Jünger Jesu und der „Zwölf", Bruder des Simon Petrus – Mt 4,18; 10,2; Mk 1,29; 13,3; Joh 1,40.44; 6,8; 12,22; Apg 1,13.

Angesicht Gottes anthropomorpher Begriff, mit dem u. a. Zuwendung und Abwendung Gottes zum Ausdruck gebracht werden – Gen 4,14; 32,31; Ex 33,11.14; Num 6,25f.; Dtn 5,4; 31,17f.; Ri 6,22; 2 Kön 17,18.20; 24,3; 2 Chr 30,9; Tob 3,6; Ijob 23,15; Ps 4,7; 27,8f.; 89,16; Sir 35,6; Jes 8,17; 63,9; Jer 7,15; Klgl 4,16; Ez 15,7; Dan 3,41; Hos 5,15; Mi 3,4; Sach 7,2; Mt 18,10; Lk 1,75; Apg 2,28; Röm 4,17; 1 Kor 13,12; 2 Kor 4,2; Hebr 9,24; 1 Petr 3,12; Offb 22,4.

Artaxerxes König der Perser – Esra 4,7f.; 6,14; 7,1–21; 8,1; Neh 1,1; 2,1; 5,14; 13,6; wahrscheinlich sind Artaxerxes I. (Neh 1–13) und II. (Esra 7) gemeint, → Xerxes.

Asa Sohn Abijas, König von Juda – 1 Kön 15,8–33; 22,43.47; 1 Chr 3,10; 2 Chr 13,23–16,14; 17,1f.; 20,32; 21,12; Jer 41,9; Mt 1,7f.

Asarhaddon (akkad. *Aššur-achu-iddina*, „Assur hat einen Bruder gegeben") Sohn Sanheribs, König von Assur – 2 Kön 19,37; Esra 4,2; Tob 1,21f.; 2,1; Jes 37,38.

Asarja (hebr. „der HERR hat geholfen") 1) König von Juda → Usija; 2) einer der Gefährten Daniels – 1 Makk 2,59; Dan 1,6f.11.19; 2,17; 3,24–50.88; 3) Deckname des Erzengels Rafaël – Tob 5,13; 6,7.14; 7,1.9; 9,2.

Aschdod eine der fünf Philisterstädte, in der Küstenebene Südpalästinas gelegen – Jos 11,22; 13,3; 15,46f.; 1 Sam 5,1–7; 6,17; 2 Chr 26,6; Neh 4,1; 13,23f.; Jdt 2,28; 1 Makk 4,15; 5,68; 9,15 u. ö.; Jes 20,1; Jer 25,20; Am 1,8; 3,9; Zef 2,4; Sach 9,6; Apg 8,40.

Ascher (hebr. „Glück") Sohn Jakobs und Name eines israelitischen Stammes – Gen 30,13; 49,20; Ex 1,4; Num 1,40f.; 26,46; Dtn 33,24; Jos 17,7.10f.; 19,24–31; Ri 1,31f.; 5,17; 6,35; 7,23; 2 Sam 2,9; 1 Kön 4,16; 1 Chr 2,2; 7,30.40; 12,37; 2 Chr 30,11; Ez 48,2f.34; Lk 2,36; Offb 7,6.

Aschera phönizisch-kanaan. Vegetationsgöttin, auch ein Kultgegenstand – Ri 6,25–32; 1 Kön 15,13; 18,19; 2 Kön 23,4.7; 2 Chr 15,16; → Kultpfahl.

Aschkelon südpalästinische Hafenstadt und eine der fünf Philisterstädte – Jos 13,3; Ri 1,18; 14,19; 1 Sam 6,17; 2 Sam 1,20; Jdt 2,28; 1 Makk 10,86; 11,60; 12,33; Jer 25,20; 47,5.7; Am 1,8; Zef 2,4.7; Sach 9,5.

Asien 1) AT Reich der Seleukiden – 1 Makk 8,6; 11,13; 12,39; 13,32; 2 Makk 10,24; 2) NT röm. Provinz Asia Proconsularis – Apg 2,9; 6,9; 16,6; 19,10.22–31; 20,16.18; Röm 16,5; 1 Kor 16,19; 2 Kor 1,8; 2 Tim 1,15; 1 Petr 1,1; Offb 1,4.

Askese → Enthaltung

Assur/Assyrer Stadt und Staat im nördlichen Mesopotamien/Bürger von A. – Gen 2,14; 10,11.22 (Sohn Sems wie 1 Chr 1,17); 25,18; Num 24,22.24; 2 Kön 15,19f.29; 16,7–18; 17,3–27; 18,7–19,37; 23,29; 1 Chr 5,6.26; Esra 4,2; 6,22; Neh 9,32; Tob 1,2f.10; 14,4.15; Jdt 1,1; 7,17f.20.24; 14,12; 15,5f.; 16,3; 1 Makk 7,41; Ps 83,9; Sir 48,21; Jes 7,17f.10,5–19; 10,24–34; 11,11.16; 14,24–27; 19,23–25; 30,27–33; 36,1–38,6; 52,4; Jer 2,18.36; 50,17f.; Klgl 5,6; Ez 16,28; 23,7.9; 27,23; Hos 5,13; 7,11; 8,9; 9,3; 14,4; Mi 5,4f.; 7,12; Nah 3,18; Zef 2,13; Sach 10,10f.

Assyrische Gefangenschaft – Tob 1,2; 2 Kön 18,11.

Astarte westsemitische Fruchtbarkeits-, Liebes- und Kriegsgöttin – Ri 2,13; 10,6; 1 Sam 7,3f.; 12,10; 31,10; 1 Kön 11,5.33, 2 Kön 23,13.

Asyl(stadt) – Num 35,6–34; Dtn 4,41–43; 19,1–13; Jos 20,1–9; 1 Chr 6,42.52; 2 Makk 4,33.

Atalja (hebr. „erhaben ist der HERR") Tochter oder Enkelin Omris, Königin von Juda – 2 Kön 8,26; 11,1–20; 2 Chr 22,2.10–12; 23,12f.21; 24,7.

Athen, Athener – 2 Makk 6,1; 9,15; Apg 17,15–18,1; 1 Thess 3,1.

Auferstehung Auferweckung 1) der und von Toten – 1 Kön 17,17–24; 2 Kön 4,18–37; 13,21; 2 Makk 7,9–23; 12,43f.; Ijob 14,12; 19,25f.; Ps 49,16; 73,23–26; Spr 4,23; Koh 3,21; 12,7; Weish 3,4; 16,13; Sir 46,12; 48,5.11; Jes 26,19; Ez 37,1–14; Dan 12,2f.13; (Jona 2,7); Mt 9,18–26; 10,8; 11,5; 14,2; 22,23–33; 27,52; Mk 5,21–43; 6,14.16; 9,10; 12,18–27; Lk 7,11–17.22; 8,40–56; 9,7f.19; 14,14; 16,31; 20,27–40; Joh 5,21.25–29; 6,39f.44.54; 11,1–46; 12,1.9.17; Apg 4,2.17; 8,11; 9,36–42; 17,18.32; 20,9–12; 23,6.8; 24,15.21; 26,8; Röm 6,5; 8,11; 1 Kor 6,14; 15,12–58; 2 Kor 1,9; 4,14; Eph 2,6; Phil 3,11; Kol 2,12; 3,1; 1 Thess 4,13–18; 2 Tim 2,18; Hebr 6,2; 11,19.35; Offb 20,5f.; 2) Jesu – Mt 16,21; 17,9.23; 20,19; 26,32; 27,53.63f.; 28,6f.; Mk 8,31; 9,9.31; 10,34; 14,28; 16,6.9.14; Lk 9,22; 18,33; 24,6f.34.46; Joh 2,22; 20,9; 21,14; Apg 1,22; 2,24–32; 3,15; 4,10.33; 5,30; 10,40f.; 13,30–37; 17,3.31; 26,23; Röm 1,4; 4,24f.; 6,4f.9; 7,4; 8,11.34; 10,9; 1 Kor 6,14; 15,4.12–28; 2 Kor 4,14; 5,15; Gal 1,1; Eph 1,20; Phil 3,10; Kol 2,12; 1 Thess 1,10; 4,14; 2 Tim 2,8; 1 Petr 1,3.21; 3,21.

Ausländer, Ausländerinnen – Dtn 14,21; 15,3; 17,15; 23,21; 29,21; 2 Sam 15,19; 1 Kön 11,1.8; 1 Makk 3,45; Jes 61,5; Klgl 5,2; Obd 11; → Beisasse; Fremder.

Aussatz biblischer Begriff für unterschiedliche Hautkrankheiten – Ex 4,6; Lev 13,1–14,57; 22,4; Num 5,2; 12,10–16; Dtn 24,8f.; 2 Sam 3,29; 2 Kön 5,1–27; 7,3.8; 15,5; 2 Chr

26,19–23; Mt 8,1–4; 10,8; 11,5; 26,6–13; Mk 14,3; Lk 4,27; 17,11–19.

Baal (hebr. „Herr, Besitzer") altorientalischer Wetter- und Vegetationsgott – Ri 2,11.13; 3,7; 6,25–32; 10,6.10; 1 Sam 7,4; 12,10; 1 Kön 16,31f.; 18,18–40; 19,18; 22,54; 2 Kön 10,18–28; 11,18; 17,16; 21,3; 23,4f.; 2 Chr 23,17; Jer 2,8.23; 7,9; 9,13; 11,13.17; 12,16; 19,5; 23,13; Hos 2,10.18f.; Zef 1,4; Röm 11,4; bei den diversen Doppelnamen mit vorangestelltem Baal wie Baal-Pegor handelt es sich um Lokalgottheiten.

Baalzebub (hebr. „Herr der Fliegen") – s. Anm. zu 2 Kön 1,2 → Beelzebul.

Babel Metropole am Eufrat und Hauptstadt des babylonischen Reiches – Gen 10,10; 11,1–9; 2 Kön 17,24; 20,12–21; 24,1–25,30; Esra 2,1; 5,12–14; Neh 7,6; Ps 137,1.8; Jes 13,1–14,23; 21,1–10; 43,14; 47,1–15; 48,14.20; Jer 20,4–6; 27,1–22; 34,1–3; 39,1–40,7; 50,1–52,34; Bar 1,1; 6,1–13; Ez 12,13; 21,24.26; Dan 4,26f.; Mi 4,10; Sach 6,10; auch „Babylon" – Tob 14,4; Est 1,1b; 2,6; 1 Makk 6,4; 2 Makk 8,20; Dan 13,1; 14,34–36; Apg 7,43; 1 Petr 5,13; Offb 14,8; 17,5; 18,2.10.21.

Babylonische Gefangenschaft Babylon. Exil – Mt 1,11f.17; vgl. auch 2 Kön 24,14–16; 25,11; Jer 52,28–30.

Balak König von Moab – Num 22,1–24,25; Jos 24,9; Ri 11,25; Mi 6,5; Offb 2,14.

Balsam wohlriechendes Öl – Ex 25,6; 30,23; 1 Kön 10,2.25; 2 Kön 20,13; 1 Chr 9,29f.; Est 2,12, Hld 4,14; 5,1; Jes 3,24; Jer 8,22; 46,11; 51,8; Ez 27,22; Lk 7,46; Offb 18,13.

Bann Untergangsweihe in göttlichem Auftrag oder für Gott – Ex 22,19; Num 21,1–3; Dtn 2,34; 13,13–19; 20,17; Jos 2,10; 6,17–21; 7,1–26; 8,26; 10,1.28.35–40; 22,20; Ri 1,17; 21,11; 1 Sam 15,1–26; 1 Kön 20,42; 2 Kön 19,11; 1 Chr 4,41; 2 Chr 20,23; 32,14; Jes 34,2; 37,11; Jer 25,9; 50,21.26; 51,3; Sach 14,11 (!); Mal 3,24.

Barabbas auch Jesus B., ein Gefangener, der anstelle von Jesus freigegeben wurde – Mt 27,16f.20f.26; Joh 18,40.

Barak ein Heerführer der Stämme Israels – Ri 4,6–5,15; Hebr 11,32.

Barbar Ausländer aus griech. Sicht – 2 Makk 2,21; 5,22; 10,4; 13,9; 15,2; Kol 3,11; im Griech. auch für die „Nichtgriechen" in Röm 1,14, für den „Fremden" in 1 Kor 14,11 und die „Einheimischen" in Apg 28,2.4.

Barmherzigkeit, barmherzig 1) von Gott – Ex 33,19; 34,6; Dtn 4,31; 2 Sam 24,14; 1 Chr 21,13; 2 Chr 30,9; Neh 9,17.31; Tob 3,2.11; 13,6; 1 Makk 16,3; 2 Makk 1,24; 8,29; 11,9; 13,12; Ps 78,38; 86,15; 103,8; 111,4; 112,4; 145,8; Sir 2,11; 46,7; 48,20; 50,19; Jes 63,7; Joël 2,13; Jona 4,2; Lk 1,78; 6,36; Röm 12,1; Hebr 2,17 (Christus); 2) vom Menschen – Tob 1,3.16; 2,14; 7,7; 14,2.8–11; 1 Makk 2,57; Sir 17,22; Mt 5,7; 9,13; 12,7; 23,23; Lk 6,36; 10,25–37; Röm 12,8; Eph 4,32; 1 Petr 3,8.

Barnabas Missionar der Heidenchristen und Begleiter des Paulus – Apg 4,36; 9,27; 11,22.25.30; 12,25–13,3.7.14–52; 14,12.14.20; 15,2.12.22.25.35–39; 1 Kor 9,6; Gal 2,1.9.13; Kol 4,10.

Bartholomäus einer der „Zwölf" – Mt 10,3; Apg 1,13.

Baruch (hebr. „gesegnet") Schreiber des Propheten Jeremia – Jer 32,12–16; 36,1–45,5; Bar.

Bascha König von Israel – 1 Kön 15,16–22.27f.32; 15,33–16,11–13; 21,22; 2 Kön 9,9; Jer 41,9.

Baschan fruchtbare Hochebene im Ostjordanland – Num 21,33; Dtn 3,1–14; Jos 13,30; 17,1; 22,7; 2 Kön 10,33; 1 Chr 5,11f.; Ps 22,13; 68,16.23; Jes 2,13; 33,9; Jer 22,20; 50,19; Ez 27,6; 39,18; Am 4,1; Mi 7,14; Nah 1,4; Sach 11,2.

Bat Hohlmaß – s. Anh. III. 1. D).

Batseba Frau Urijas, des Hetiters, dann Davids und Mutter Salomos – 2 Sam 11,1–12,27; 1 Kön 1,11–2,25; 1 Chr 3,5; Ps 51,2; vgl. Mt 1,6.

Baum 1) der Erkenntnis – Gen 2,9.17; 2) des Lebens – Gen 2,9; 3,22.24; Offb 2,7; 22,2.14.19; vgl. Sir 19,19 („Baum der Unsterblichkeit").

Becher 1) Trinkgefäß – Gen 40,11; 44,2.12; 2 Sam 12,3; 1 Chr 28,17; 1 Makk 11,58; Ps 23,5; Spr 23,31; Jer 16,7; Mt 10,42; 23,25f.; Mk 7,4; 2) Kultisches Gefäß – Dtn 18,10; 2 Kön 25,14; Esra 1,10; Jer 52,18f.; 3) von Gott zugeteiltes Geschick – Ps 16,5; 75,9; 116,13; Jes 51,17; Jer 25,15.17.28; 51,7; Klgl 4,21; Ez 23,31–33; Hab 2,15f.; Offb 14,10; 17,4; → Kelch.

Beelzebul (kanaan. „Fürst Baal") – 2 Kön 1,2f.6.16: Mt 10,25; 12,24.27; Mk 3,22; Lk 11,15.18f.

Beerscheba (hebr. „Siebenbrunn" oder „Schwurbrunnen") Ort im Negeb – Gen 21,14.31–33; 22,19; 26,23.33; 28,10; 46,1.5; Jos 15,28; Ri 20,1; 1 Sam 3,20; 2 Sam 3,10; 1 Kön 5,5; 2 Kön 12,2; 1 Chr 4,28; 2 Chr 19,4; Neh 11,27.30; Am 5,5; 8,14.

Begehren, Begierde 1) Wunsch, Verlangen, auch Gutdünken – Gen 2,9; 3,6; Ex 20,17f.; 1 Sam 2,16; 2 Sam 19,39; 1 Kön 10,13; 2 Chr 9,12; Ijob 6,8; Ps 20,5; 37,4; 78,29; 132,13f.; Spr 11,23; 19,2; 21,25f.; 31,4; Weish 4,12; 15,19; Sir 1,17; 5,2; 7,4.6; 18,30f.; 23,5f.16; 40,22; 45,12; Jes 1,29; 32,12; 62,12; 64,10; Jer 45,5; Ez 23,6.12.23; Mi 7,1; Sach 6,7; Mal 2,15; Röm 1,24; 6,12; 13,14; Gal 5,24; Eph 2,3; 4,22; Kol 3,5; 1 Tim 6,9; 2 Tim 2,22; 3,6; 4,3; Tit 2,12; 3,3; Jak 1,14f.; 4,2; 1 Petr 1,14; 2,11; 4,2f.; 2 Petr 1,4; 2,10.18; 3,3; 1 Joh 2,16f.; Jud 16.18; Offb 18,14; 2) nach dem anderen Geschlecht – Ex 20,18; Dtn 5,21; Jdt 12,16; Spr 6,25; Hld 2,3; Sir 9,8; Dan 13,8.11.20; Mt 5,28; Röm 1,27 (des Mannes nach einem Mann); 7,7f.; 13,9; 1 Kor 7,9; 1 Thess 4,5; vgl. Gen 3,16.

Beisasse ein Fremder, der im Lande wohnt und arbeitet – Gen 23,4; Ex 12,45; Lev 22,10; 25,6 u. ö.; 47; Num 35,15; 1 Chr 29,15; Ps 39,13; s. auch Anm. zu Lev 22,10.

Beistand (griech. *parákletos*) von Jesus im johanneischen Schrifttum in Aussicht gestellter Helfer für die Jünger – Joh 14,16f.26; 15,26; 16,7; 1 Joh 2,1.

Bekehrung Hinwendung zu Gott, zum Glauben – 2 Chr 15,4; Tob 14,6; Ps 22,28; Sir 5,7; 21,6; Jes 6,10; Mt 13,15; Joh 12,40; Apg 9,35; 14,15; 15,3.19; 26,18; 28,27; 1 Thess 1,9; 1 Tim 3,6.

Bekenntnis 1) des Glaubens – Dtn 26,5–10; Tob 12,6f.20; 13,3–10; 14,2; Ps 20,8; Sir 51,12; Jes 48,1; Mt 10,32; 16,16f.; Mk 15,39; Lk 12,8f.; Joh 1,20f.34; 9,22; 12,42; Röm 10,9f.; Phil 2,11; 1 Tim 6,12; Hebr 3,1; 4,14; 10,23; 1 Joh 2,23; 4,2f.15; Offb 3,5; → Glaube; 2) der Sünden, Schuldeingeständnis – Ex 9,27; Lev 5,5; 16,21; 26,40; Num 5,7; Jos 7,19–21; 1 Sam 15,24; Esra 10,1; Neh 1,6; 9,2f.; Ps 32,5; 38,19; Spr 28,13; Sir 4,26; Dan 3,25–45; 9,4.20; Mt 3,6; Mk 1,5; Lk 15,21; 23,41; Apg 19,18; Jak 5,16; 1 Joh 1,9.

Bel (hebr. „Herr"), Bez. für Marduk, den Hauptgott der Babylonier – Jes 46,1; Jer 50,2; 51,44; Bar 6,40; Dan 14,3–28.

Belschazzar Sohn des letzten babylonischen Königs Nabonid – Bar 1,11f.; Dan 5,1–6,1.

Beltschazzar babylonischer Name Daniels – Dan 1,7; 2,26; 4,5f.15f.; 5,12; 10,1.

Benaja Oberster der Leibwache unter David und Salomo – 2 Sam 8,18; 20,23; 23,20–23; 1 Kön 1,8–44; 2,25–46; 4,4; 1 Chr 11,22–25; 18,17; 27,5f.

Ben-Hadad (hebr. „Sohn des Hadad") Name von Königen des Aramäerreiches von Damasus – I. Sohn des Tabrimmon – 1 Kön 15,18.20; 2 Chr 16,2.4; II. – 1 Kön 20,1–34; 2 Kön 6,24; 8,7.9; III. Sohn von Hasaël – 2 Kön 13,3.24f.

Ben-Hinnom → Hinnomtal

Benjamin/Benjaminiter jüngster Sohn Jakobs und Stamm Israels/seine Angehörigen – Gen 35,18.24; 42,4.36; 43,14–16.29.34; 44,12; 45,14.22; 46,19.21; 49,27; Ex 1,3; Num 1,11.36f.; 13,9; 26,38.41; 34,21; Dtn 33,12; Jos 18,11–28; Ri 1,21; 5,14; 19,14–21,23; 1 Sam 9,16.21; 10,20f.; 2 Sam 2,9; 1 Kön 12,21; 1 Chr 2,2; 2 Chr 11,1; Esra 1,5; 10,9; Neh 11,4; Est 1,1; 2 Makk 3,4; Ps 7,1; 68,28; 80,3; Jer 1,1; 17,26; Ez 48,22–24.32; Hos 5,8; Obd 19; Apg 13,21; Röm 11,1; Phil 3,5; Offb 7,8.

Berenike Herodianerin, Tochter Agrippas I. und Schwester Agrippas II. – Apg 25,13.23; 26,30.

Berufung – Ruf Gottes – 1) von Israel → Erwählung; 2) von Führungsgestalten und Propheten – Gen 12,1–3; Ex 3,1–17; Num 27,12–23; Ri 6,11–24; 1 Sam 3,1–4,1a; 1 Kön 19,19–21; Jes 6,1–13; 22,20; 41,1–5; 44,24–45,8; 48,15; 49,1–13; Jer 1,4–19; Ez 1,1–3,27; 3) von Jüngern bzw. Christen – Mt 4,18–22; Mk 1,16–20; Lk 5,1–11; Joh 1,35–51; Röm 1,1.6f.; 8,30; 9,24f.; 11,29; 12,7f.; 1 Kor 1,1.26; 7,17–24; Gal 5,13; Eph 4,4; Phil 3,14; Kol 3,15; 2 Thess 1,11; 2,13f.; 1 Tim 6,12; Hebr 3,1; 5,4; 2 Petr 1,10.

Beschneidung Bundeszeichen Israels – Gen 17,10–14.23–27; 34,14–24; Ex 4,24–26; 12,44.48; Lev 12,3; Dtn 10,16; 30,6; Jos 5,2–8; 1 Makk 1,60f.; Jer 4,4; 9,24f.; Lk 1,59; 2,21; Joh 7,22f.; Apg 7,8; 15,1.5; 16,3; 21,21; Röm 2,25–29; 3,1; 4,9–12; 1 Kor 7,18f.; Gal 2,3; 5,1–12; 6,12–15; Eph 2,11; Phil 3,2–5; Kol 2,11–13; 3,11; Tit 1,10.

Beschwörung in der Bibel abgelehnter Versuch, sich durch bestimmte rituelle Praktiken des Göttlichen zu bemächtigen

1) (Gebets-)Beschwörung Dtn 18,11; Ps 58,6; Jes 3,3; 47,9.12; Dan 2,2; Apg 19,13; 2) von Toten → Totenbeschwörung; 3) Schlangenbeschwörung Koh 10,11; Sir 12,13; Jer 8,17.

Besessener Mensch, von dem ein (böser) Dämon Besitz ergriffen hat – Mt 4,24; 8,16.28.33; 9,32–34; 12,22; Mk 1,21–28; 3,11f.22–30; 5,1–20; 7,24–30; 9,17–27; Lk 4,33–37; 8,26–39; Joh 7,20; 8,48–52; 10,20f.; Apg 8,7; 19,13; → Dämon.

Betanien Ort bei Jerusalem – Mt 21,17; 26,6; Mk 11,1.11f.; Lk 24,50; Joh 11,1.18; 12,1.

Bet-El (hebr. „Haus Gottes") Ort und Kultstätte im Nordreich Israel – Gen 12,8; 28,19; 35,1–15; Jos 7,2; 18,13.22; Ri 1,22f.; 20,18; 1 Sam 7,16; 10,3; 1 Kön 12,29; 13,1–34; 2 Kön 2,2f.; 23,15–20; 1 Chr 7,28; 2 Chr 13,19; Esra 2,28; Neh 7,32; 11,31; 1 Makk 9,50; Jer 48,13; Hos 10,15; 12,5; Am 3,14; 4,4; 5,5f.; 7,10.13; Sach 7,2.

Betfage Ort am Ölberg/Jerusalem – Mt 21,1.

Betlehem Ort in Juda – Gen 35,19; Ri 17,7–9; 19,1f.; Rut 1,1f.19; 2,4; 4,11; 1 Sam 16,4; 17,12; 2 Sam 2,32; 23,14–16; 1 Chr 2,51; 11,16–18; 2 Chr 11,6; Esra 2,21; Neh 7,26; Jer 41,17; Mi 5,1; Mt 2,1–8.16; Lk 2,4.15; Joh 7,42; → Efrata.

Betsaida Ort am See Gennesaret – Mt 11,21; Mk 6,45; 8,22; Lk 9,10; Joh 1,44; 12,21.

Bet-Schean Stadt in der Jesreel-Ebene, Teil der Dekapolis – Jos 17,11.16; Ri 1,27; 1 Sam 31,10.12; 2 Sam 21,12; 1 Kön 4,12; 1 Chr 7,29; 1 Makk 5,52; 12,40f.; → Skythopolis.

Bet-Schemech (hebr. „Haus der Sonne") Ort westlich von Jerusalem – Jos 15,10; 21,16; 1 Sam 6,9–20; 1 Kön 4,9; 2 Kön 14,11.13; 1 Chr 6,44; 2 Chr 25,21.23; 28,18.

Betuël Vater Rebekkas, der Frau Isaaks – Gen 22,22f.; 24,15.24.47.50; 25,20; 28,2.5.

Bild → Götterbild; Mensch als Bild Gottes

Bileam ein Seher, der seine Fähigkeiten zugunsten Moabs gegen das durch die Wüste wandernde Israel einsetzen sollte – Num 22,5–24,25; 31,8.16; Dtn 23,5f.; Jos 13,22; 24,9f.; Neh 13,2; Mi 6,5; 2 Petr 2,15; Jud 11; Offb 2,14.

Bilha Magd Rahels und Nebenfrau Jakobs – Gen 29,29; 30,1–8; 35,22.25; 37,2; 46,25; 1 Chr 7,13.

Bischof (griech. *epískopos*) wörtl. „Aufseher" – Apg 20,28; 1 Tim 3,1f.; Tit 1,7; der griech. Begriff wird jetzt in Phil 1,1 mit „Vorsteher" (s. Anm.) und in 1 Petr 2,25 mit „Hüter" übersetzt; s. auch Anm. zu 1 Tim 3,1.

Blindheit, blind 1) Sehbehinderung – Gen 19,11; Ex 4,11; Lev 19,14; Dtn 27,18; 2 Sam 5,6.8; Tob 2,10; 14,2; Ijob 29,15; Ps 146,8; Jes 29,18; 35,5; Mt 9,27–31; 11,5; 12,22; 15,14; 20,29–34; Mk 8,22–26; 10,46–52; Lk 4,18; 14,13.21; Joh 9,1–41; 2) metaphorisch für fehlende Einsicht, Wahrnehmungs- und Urteilsfähigkeit u. Ä. – Ex 23,8; Jes 42,7.16.18f.; Mt 23,16f.24.26; Röm 2,19; 2 Petr 1,9; Offb 3,17.

Blut 1) „Lebenssaft" – Gen 9,4; Lev 17,11.14; Dtn 12,23 Zef 1,17; 2) Verbot des Genusses – Gen 9,4; Lev 3,17; 17,10–14; Dtn 12,16; Apg 15,20; 3) Opferblut – Ex 12,22; 24,5–8; Lev 16,1–28; Jes 1,11; Hebr 9,7.12f.18–22; 4) Blut Jesu Christi – Mt 26,28; Joh 6,53–56; 19,34; Apg 20,28; Röm 3,25f.; 1 Kor 10,16; Eph 2,13; Kol 1,20; Hebr 9,12–14; 10,19; 12,24; 13,12.20; 1 Petr 1,2.19; 1 Joh 1,7; 5,6.8; Offb 1,5; 7,14; 12,11; 5) „Blut des Bundes" – Ex 24,8; Sach 9,11; Mt 26,28; Mk 14,24; Hebr 9,20; 10,29; 13,20; vgl. Lk 22,20; 1 Kor 11,25; → Fleisch 5); Schwein.

Blutrache – Gen 34,1–31; Num 35,12.19–28; Dtn 19,6.12; Jos 20,1–9; 2 Sam 3,27; 14,11; s. auch Anm. zu Gen 34,1–31.

Boas Verwandter Noomis und Ehemann Ruts – Rut 2,1–23; 3,2–18; 4,1–21; 1 Chr 2,11f.; Mt 1,5; Lk 3,32.

böse, Bosheit – Gen 2,9.17; 3,5.22; 8,21; 44,4; Dtn 1,35.39; 9,18; 1 Sam 12,20; 25,21.39; 1 Kön 14,9; 2 Kön 3,2; 14,24; 15,9.18.24.28; 17,2.13; 23,32.37; 24,9.19; 2 Chr 33,2.6.9.22; 36,5.9.12; Ijob 1,1; 28,28; Ps 97,10; 141,4; Spr 3,7; 8,13; Sir 11,16; Jes 1,4; Am 5,15; Mt 5,29f.37.39; 6,13; 12,35.39.45; 13,49f.; 16,4; Mk 7,21–23; Lk 6,45; 11,13.29; Joh 3,19f.; 5,29; Apg 9,13; Röm 2,9; 7,19–21; 12,9.17–21; 16,19; 1 Kor 10,6; Gal 1,4; Kol 1,21; 1 Thess 5,22; 2 Thess 3,2; 2 Tim 3,13; 4,18; Hebr 3,12; 5,14; Jak 3,8; 1 Petr 3,9; 2 Joh 11; 3 Joh 10.

Bote Gottes → Engel

Brandopfer – Gen 8,20; 22,1–13; Ex 20,24; 29,18.42; Lev 1,1–17; Num 28,1–30,1; Jos 8,31; Ri 11,31; 1 Sam 6,14f.; 15,22; 1 Kön 8,64; 2 Kön 16,15; 2 Chr 29,24–35; Esra 3,2–6; Neh 10,34; Ijob 42,8; Ps 40,7; 50,8; 51,18.21; Jes 1,11; Jer 6,20; 7,21f.; Ez 46,13–15; Hos 6,6; Am 5,22; Mi 6,6f.; Mk 12,33; s. Anm. zu Lev 1,1–17.

Braut 1) eine verlobte Frau – Tob 6,13; 11,16; 1 Makk 1,27; 9,37; Hld 4,8–12; 5,1; Jes 49,18; Jer 7,34; 25,10; Bar 2,23; Joël 2,16; Joh 3,29; Offb 18,23; 2) Bild für das Gottesvolk – Jes 61,10; 62,5; Jer 2,32; Ez 16,1–63; 3) die personifizierte Weisheit – Weish 8,2; 15,2; 4) das himmlische Jerusalem – Offb 21,2.9; 22,17.

Brot – Gen 3,19; 14,18; Ex 16,4; 23,25; Lev 26,5; Dtn 8,3; Neh 9,15; Ps 105,40; Koh 9,7; 11,1; Weish 16,20; Mt 4,3f.; 6,11; 7,9; 14,17.19f.; 15,26.33–37; 16,5–12; 26,26 par.; Mk 6,8.37–44; Lk 7,33; 24,35; Joh 6,5–13.22–59; 13,18.26–30; 21,9; 11,23–28; Jak 2,15; → Brotbrechen; Brot vom Himmel, Schaubrote; ungesäuertes Brot.

Brotbrechen chr. Feier des Herrenmahls – Apg 2,42.46; 20,7.11; 1 Kor 10,16–21; vgl. dazu Lk 24,30; Joh 21,13; → Abendmahl.

Brüder Jesu – Mt 12,46–50; 13,55; 28,10; Joh 2,12; 7,3.5.10; 20,17; Apg 1,14; 1 Kor 9,5.

Bul Monat nach einem älteren Kalender – s. Anh. IV. 1.

Bund Vertrag, Beziehung 1) mit Noach – Gen 6,18; 9,9–17; Sir 44,18; 2) mit Abraham (Isaak und Jakob) – Gen 15,18–21; 17,1–27; Ex 2,24; 6,4f.; Lev 26,42; Dtn 4,31; 2 Kön 13,23; Apg 3,25; 7,8; 3) mit Mose bzw. Israel – Ex 19,5–8; 24,7f.; 34,10.27f.; Lev 26,9.44f.; Dtn 4,13f.23; 5,2; 29,9–20.24; 31,26; 2 Kön 23,3; Neh 1,5; Spr 2,17; Lk 1,72; Gal 4,24; 4) mit David – 2 Sam 23,5; Ps 89,4.29; Sir 45,25; Jer 33,20–22; 5) Alter, erster B. – 2 Kor 3,14; Hebr 8,7; 9,1.15–18; 6) Neuer B. – Jer 31,31–34; Mt 26,28; Mk 14,24; Lk 22,20; Röm 11,27; 1 Kor 11,25; 2 Kor 3,6; Hebr 7,22; 8,6–13; 9,15; 10,16.29; 12,24; 13,20; vgl. Eph 2,11.

Bundesbruch – Ex 32,1–29; Lev 26,15; Dtn 4,23; 31,16; 1 Kön 19,10.14; 2 Kön 17,15; 18,12; Jes 24,5; 33,8; Jer 11,9–13; 31,32; Hos 6,7; 8,1.

Bundeslade ein altisraelitischer Kultgegenstand – Ex 25,10–16.21f.; 40,20f.; Lev 16,2; Num 10,33–36; 14,44; Dtn 10,1–5; Jos 3,1–17; 6,4.6–9.11–13; Ri 20,27; 1 Sam 3,3; 4,1–7,1.2; 2 Sam 6,1–19; 11,11; 15,24f.; 1 Kön 3,15; 8,1–9; 1 Chr 6,16; 28,2.18; 2 Chr 1,4; 35,3; 2 Makk 2,4f.; Ps 132,6.8; Spr 8,4; Jer 3,16; Hebr 9,4; Offb 11,19.

Bundeszeugnis Urkunde des Bundes – Ex 16,34; 30,6.26.36; 31,18; 32,15; 40,20f.; Lev 16,13; 24,3; Num 9,15; 18,2; Jos 4,16; 1 Kön 2,3; 2 Kön 11,12; 1 Chr 29,19; 2 Chr 23,21; 34,31; Neh 9,34; Jer 44,23.

Buße, büßen – Ex 21,22; Dtn 22,19; 1 Kön 1,21; 20,39; 2 Kön 10,24; 23,33; 2 Chr 36,3; Esra 9,5; 10,19; Jdt 7,15; Ps 5,11; 34,22f.; Spr 19,19; 21,11; 22,3; 27,12; 30,10; Jes 24,6; Hos 10,2; 12,15; 14,1; Am 2,8; Sach 11,5; Mt 11,20; 16,26; Mk 8,36; Apg 3,19, → Reue; Umkehr.

Bußgewand, -kleid – 1 Kön 21,27; 2 Kön 6,30; Neh 9,1; Jdt 4,9–14; 9,1; 10,3; Est 5,1; 1 Makk 2,14; 3,47; Ps 35,13; 69,12; Bar 4,20; Jona 3,5–8; Offb 11,3;

Byblos → Gebal/Gebaliter

Cäsarea am Meer Hafenstadt südlich des Karmel – Apg 8,40; 9,30; 10,1.24; 11,11; 12,19; 18,22; 21,8.16; 23,23.33; 25,1.4.6.13.

Chaldäer/Chaldäa ostaram. Stämme, in der Bibel deckungsgleich mit Babylonier gebraucht (Chaldäa steht also auch für Babylon) – Gen 11,28.31; 15,7; 2 Kön 24,2; 25,24–26; 2 Chr 36,17.19; Esra 5,12; Neh 9,7; Jdt 5,6–8; Ijob 1,17; Jes 13,19; 23,13; 43,14; 48,14.20; Jer 21,4; 24,5; 32,4f.; Bar 1,2; Ez 1,3; 12,13; 23,14–16.23; Dan 1,4; 2,4f.; Hab 1,6; Apg 7,4.

Christen Anhänger der Jesus-Bewegung – Apg 11,26; 26,28; 1 Petr 4,16; s. Anm. zu Apg 11,26.

Christus, der (griech. *christós*), „der Gesalbte" – Mt 1,16f.; 2,4; 11,2; 16,16 20; 22,41; 24,5.23; 26,63; Mk 12,35; 14,61; 15,32; Lk 2,11.26; 3,15; 4,41; 23,2.35.39; 24,26.46; Joh 1,20.25.41; 3,28; 4,25.29; 7,26f.31.41f.; 10,24; 11,27; 20,31; Apg 2,31; 9,22; 17,3; 18,5; Röm 9,5; 1 Kor 1,23; Hebr 11,26; 1 Joh 2,22; 5,1; → Jesus Christus; Messias; Salbung 3).

Dagon Hauptgott der Philister, ein Wetter- und Fruchtbarkeitsgott – Ri 16,23; 1 Sam 5,2–7; 1 Chr 10,10; 1 Makk 10,83f.11,4.

Damaskus Hauptstadt des syrischen Aramäerstaates – Gen 14,15; 2 Sam 8,5f.; 1 Kön 11,24; 19,15; 20,34; 2 Kön 8,7–9; 16,9–12; 1 Chr 18,5f.; 2 Chr 28,5.23; Jdt 2,27; 1 Makk 11,62; Hld 7,5; Jes 7,8; 8,4; 17,1–11; Jer 49,23–27; Ez 47,16–18; Am 1,3–5; Sach 9,1; Apg 9,1–22.27; 22,5–11; 2 Kor 11,32; Gal 1,17.

Dämon böser Geist – Tob 3,8.17; 6,8.14–17; 8,3; Ps 106,37; Bar 4,7.35; Mt 7,22; 8,31f.; 9,32–34; 10,8; 11,18; 12,24.27f.; 15,22;

17,18f.; Mk 1,34.39; 3,15; 5,1–20; 6,13; 7,26–30; 9,38; 16,9.17; Lk 4,33–35.41; 8,26–39; 10,17; 11,14–23; 13,32; Joh 7,20; 8,48f.52; 10,20f.; 1 Kor 10,20f.; 1 Tim 4,1; Jak 2,19; Offb 9,20; 16,14; 18,2.

Dan 1) nördlichste Stadt Israels – Gen 14,14; Dtn 34,1; Jos 19,47; Ri 18,29; 20,1; 1 Sam 3,20; 2 Sam 3,10; 24,6; 1 Kön 5,5; 12,29f.; 1 Chr 21,2; 2 Chr 30,5; Tob 1,5; Jer 8,16; Am 8,14; 2) D., Daniter fünfter Sohn Jakobs und nach ihm benannter Stamm Israels/seine Angehörigen – Gen 30,6; 35,25; 49,16f.; Ex 1,4; 31,6; 35,34; 38,23; Lev 24,11; Num 1,39; Dtn 33,22; Jos 19,40–48; Ri 13,2; 18,1–31; 1 Chr 2,2; 12,36; Ez 48,1f.

Daniel Prophet und Protagonist im Danielbuch – 1 Makk 2,60; Dan; Mt 24,15; → Beltschazzar.

Dank, danken – Dtn 32,6; 1 Chr 16,8–36; Neh 12,24; Ps 9,2f.; 18,50; 28,7; 35,18; 42,5f.; 50,14.23; 52,11; 67,4; 69,31; 92,2; 100,4; 105,1; 106,1; 107,8; 118,28f.; 136,1–3; 139,14; 145,10; Jes 12,1–6; Jer 33,11; Mt 15,36; 26,27; Lk 6,32–34; 18,11; Joh 11,41; Apg 27,35; Röm 1,8.21; 7,25; 14,6; 1 Kor 11,24; 15,57; 2 Kor 1,11; 2,14; 8,16; 9,15; Eph 1,16; 5,20; Phil 1,3; Kol 1,12; 3,15–17; 1 Thess 1,2; 3,9; 1 Tim 1,12; 2 Tim 1,3; Phlm 4; Offb 4,9.

Dankopfer – Lev 7,12–15; 22,29; 2 Chr 29,31; 33,16; 1 Makk 4,56; Ps 56,13; 100,1; 107,22; Jer 17,26; 33,11; Am 4,5.

Darius I. persischer Großkönig – Esra 4,5.24; 5,5–7; 6,1–15; Hag 1,1.15; 2,10; Sach 1,1.7; 7,1.

Datan → Korach

David König von Israel – Rut 4,17.22; 1 Sam 16,12–1 Kön 2,12; 2,24.26.33.44f.; 1 Chr 10,1–29,30; Ps 78,70; 89,4.21.36.50; 122,5; 132,1.10f.17; 144,10; Sir 47,1–11; Jes 9,6; 29,1; 37,35; 55,3; Jer 13,13; 17,25; 22,2.4.30; 23,5; 30,9; 33,15.17.21f.; Ez 34,23f.; 37,24f.; Hos 3,5; Am 6,5; 9,11; Mt 1,6.17; 12,3; 22,43.45; Mk 2,25; 11,10; 12,36f.; Lk 1,27.32.69; 2,4.11; 3,31; 6,3; 20,42.44; Joh 7,42; Apg 1,16; 2,25.29.34; 4,25; 7,45; 13,22.34.36; 15,16; Röm 4,6; 11,9; 2 Tim 2,8; Hebr 4,7; 11,32; Offb 3,7; 5,5; 22,16.

Davidssohn bzw. Sohn Davids – 2 Sam 7,12–16; 1 Chr 17,10–14; Mt 1,1.20; 9,27; 12,23; 15,22; 20,30f.; 21,9.15; 22,41–46; Röm 1,3.

Debora Prophetin und Richterin in Israel – Ri 4,4–16; 5,1.7.12.15.

Dedan, Dedaniter Landschaft und nomadisches Volk, vermutlich südlich von Edom – Gen 10,7; 25,3; 1 Chr 1,9.32; Jes 21,13; Jer 25,23; 49,8; Ez 25,13; 27,15.20; 38,13.

Dekalog (griech. „Zehnwort“) die Zehn Gebote – Ex 20,1–17; Dtn 5,6–21; vgl. u. a. Jer 7,9; Hos 4,2; Mt 19,18f.; Mk 10,19; Lk 18,20; Röm 13,9; Jak 2,11; zum Begriff „Zehn Worte“ s. Ex 34,28; Dtn 4,13; 10,4.

Dekapolis Verband von zehn Städten östlich des Sees Gennesaret – Mt 4,25; Mk 5,20; 7,31.

Demas Mitarbeiter des Paulus – Kol 4,14; 2 Tim 4,10 (?); Phlm 24.

Demut – Num 12,3; 1 Sam 2,7; Ijob 5,11; Ps 147,6; Spr 15,33; Sir 1,27; Ez 17,24; Zef 2,3: Mt 11,29; 18,4; 23,12; Lk 1,48.52; 14,11; 18,14; Apg 20,19; Röm 12,16; 2 Kor 10,1; 11,7; 12,21; Eph 4,2; Phil 2,3.8; Kol 2,18.23; 3,12; Jak 1,9f.; 4,6.10; 1 Petr 3,8.

Denar röm. Münze – s. Anh. III. 2. B).

Derbe Stadt in Lykaonien/Kleinasien – Apg 14,6.20; 16,1; 20,4.

Diakon (griech. „Diener“) Inhaber einer frühchr. Gemeindefunktion – 1 Tim 3,8.12; vgl. „Diener“ in Mt 20,26; 22,13; 23,11; Mk 9,35; 10,43; Joh 2,5; 12,26; Röm 13,4 („Dienst“); 15,8; 16,1; 1 Kor 3,5; 2 Kor 3,6; 6,4; 11,15.23; Gal 2,17; Eph 3,7; 6,21; Phil 1,1 („Helfer“); Kol 1,7.23.25; 1 Tim 4,6; s. auch Anm. zu Phil 1,1.

Diaspora (griech. „Zerstreuung“) – Joh 7,35; Jak 1,1; 1 Petr 1,1.

Didymus (griech. „Zwilling“) Beiname des Thomas, einer der Zwölf – Joh 11,16; 20,24; 21,2.

Dieb, Diebstahl, stehlen – Gen 30,33; Ex 20,15; Lev 19,11; Dtn 5,19; Jos 7,11; Tob 2,13; Ijob 4,12; Ps 50,18; Spr 6,30; Weish 14,25; Sir 5,14; Jes 1,23; Jer 7,9; 23,30; Bar 6,57; Hos 4,2; 7,1; Joël 2,9; Obd 5; Sach 5,3f.; Mt 6,19f.; 15,19; 19,18; 24,43; 27,64; Mk 7,21; 10,19; Lk 12,39; 18,20; Joh 10,1.10; 12,6; Röm 2,21; 1 Kor 6,10; Eph 4,28; 1 Thess 5,2.4; 1 Petr 4,15; 2 Petr 3,10; Offb 3,3; 16,15.

Dienst, dienen – Gen 15,13f.; 25,23; Dtn 6,13; 17,12; Jos 9,22–27; 24,14f.; Ri 2,7; 1 Sam 7,3; 1 Kön 5,27; Mt 4,10f.; 6,24; 15,9; 20,28; Mk 1,13.31; 15,41; Lk 1,8.74; 2,37; 4,8; 10,40; 12,37; 15,29; 17,8; 22,26f.; Joh 12,2.26; Apg 6,2; 20,19; Röm 7,6.25; 9,12; 12,7.11; 14,18; 16,18; 1 Kor 12,5; 16,15; 2 Kor 3,7–9; 4,1; 5,18; 6,3; 9,12f.; Gal 5,13; Eph 6,7; Phil 2,22; Kol 3,24; 1 Thess 1,9; 1 Tim 1,12; 6,2; 2 Tim 1,18; 4,5.11; Phlm 13; Hebr 1,14; 6,10; 1 Petr 1,12; 4,10f.; Offb 2,19.

Dina Tochter Jakobs und Leas – Gen 30,21; 34,1–29; 46,15.

Dirne Prostituierte – Gen 34,31; 38,15.21f.; Lev 21,7.9.14; Jos 2,1; 6,17.22.25; Ri 11,1; 16,1; 1 Kön 3,16; 22,38; 2 Makk 6,4; Spr 6,26; 7,10; 23,27; 29,3; Jes 23,15; 57,3; Jer 2,20; 3,3; Hos 4,14; Joël 4,3; Mt 21,31f.; Lk 15,30; 1 Kor 6,15f.; Hebr 11,31; Jak 2,25; → Hure.

Dor Stadt und Kleinkönigtum am Mittelmeer – Jos 11,2; 12,23; Ri 1,27; 1 Kön 4,11; 1 Chr 7,29; 1 Makk 15,11.13.25.

Dornbusch Strauch, Gewächs mit Dornen – Ex 3,2–4; 33,16; Bar 6,70; Mk 12,26; Apg 7,30.35.

Dornenkrone auch Dornenkranz – Mt 27,29; Mk 15,17; Joh 19,2.5.

Dotan Ort nördlich von Samaria – Gen 37,17; 2 Kön 6,13; Ri 3,9, 4,6; 7,3.18; 8,3.

Drache Fabeltier und mythisches Ungeheuer – Est 1,1(e); 10,3(d); Ijob 7,12; Ps 74,13; 91,13; Sir 25,16; Dan 14,23–42; Offb 12,3–18; 13,2.4.11; 16,13; 20,2f.; → Leviatan.

Drachme griech. Geldmünze – s. Anh. III. 2. B).

Dürre extreme Form der periodisch auftretenden Trockenzeit – Dtn 29,18; Ijob 24,19; Ps 84,7; Sir 35,26; Jer 14,1; 50,12; 51,43; Hag 1,11; vgl. u. a. 1 Kön 17,1–18,46; Joël 1,1–20.

Durst, dürsten – Ex 17,3; Dtn 28,48; Ri 4,19; Rut 2,9; 2 Sam 17,29; 1 Chr 11,17; 2 Chr 32,11; Neh 9,15; Jdt 7,13; Ijob 5,5; Ps 42,3; 63,2; 69,22; 104,11; 107,5; 143,6; Spr 25,21; Weish 11,4; Sir 24,21; Jes 5,13; 29,8; 49,10; 55,1; 65,13; Jer 2,25; Klgl 4,4; Hos 2,5; Am 8,11; Mt 5,6; 25,35; Joh 4,13–15; 7,37; 19,28; Röm 12,20; 1 Kor 4,11; 2 Kor 11,27; Offb 7,16; 21,6; 22,17.

Ebal Berg nördlich von Sichem – Dtn 11,29; 27,4.13; Jos 8,30.33; vgl. Anm. zu Dtn 27,4.

Ebenbild → Mensch als Bild Gottes

Eckstein Grund- oder Abschlussstein beim Hausbau; im NT auf Christus bezogen – Ijob 38,6; Ps 118,22; Jes 28,16; Sach 10,4; Mt 21,42; Apg 4,11; Eph 2,20; 1 Petr 2,6f.

Eden eine fruchtbare Landschaft, auch Bez. für den Paradiesgarten – Gen 2,8–15; 3,23f.; 4,16; Jes 51,3; Ez 28,13; 31,9–18; 36,35; Joël 2,3; vgl. Garten des HERRN in Gen 13,10; Jes 51,3; Ez 31,8f.

Edom/Edomiter/Edomiterinnen südliches Nachbarvolk Israels/seine Angehörigen – Gen 32,4; 36,1–43; Num 29,8; 33,37; 2 Sam 8,13f.; 1 Kön 11,14–17; 2 Kön 8,20–22; 14,7; Ps 60,10f.; 137,7; Jes 34,1–17; 63,1–6; Jer 49,7–22; Ez 25,12–14; 35,15; Joël 4,19; Am 1,11f.; Obd 1–15; → Esau; Idumäa.

Efa 1) Sohn Midians ein arabischer Stamm – Gen 25,4; 1 Chr 1,33; Jes 60,6; 2) ein Hohlmaß für Trockenes – s. Anh. III. 1. D).

Efod Bez. unterschiedlicher im Kult verwendeter Gegenstände, u. a. eines Kleidungsstücks des Hohepriesters – Ex 25,7; 28,4–28; Ri 8,27; 18,14–20; 1 Sam 2,18; 2 Sam 6,14; Sir 45,8; Hos 3,4; vgl. Anm. zu Ex 25,7.

Efraim/Efraimiter mittelpalästinische Region und Stammesgebiet, israelitischer Stamm und dessen Angehörige, Sohn des Josef, der dem Stamm den Namen gegeben hat – Gen 41,52; 46,20; 48,1–22; 50,23; Num 26,35; Dtn 33,17; 34,2; Jos 14,4; 16,4–10; 19,50; 21,20; Ri 1,29; 5,14; 7,24–8,3; 12,1–6; 2 Sam 2,9; Ps 78,67; Jes 7,2–9; 11,13; Jer 31,9.20; Ez 37,16.19; Hos 4,17; 5,1–15; 6,4; 7,1.8–12; 11,1–9; 13,1f.12.

Efrata/Efraimiter wahrscheinlich kleine Ansiedlung bei Betlehem und deren Bewohner; Herkunftsort der Familie Davids – Jos 15,59; Rut 4,11; 1 Sam 17,12.

Ehe, Ehefrau, -mann – Gen 2,24; 3,16; 24,58; 29,18–30; Ex 21,10.22; Lev 21,7; Dtn 21,10–17; 24,5; Ri 8,31; 11,2; Rut 1,4.11–13; 1 Sam 18,23–25; 2 Sam 11,27; 1 Kön 11,3; Tob 3,8.15; 7,9–17; 8,4–9; Est 1,17.20; 128,3f.; Spr 5,15–20; 12,4; 31,10f.; Weish 13,17; Sir 4,10; 22,5; Mal 2,11; Mt 1,16.19; 19,12; Mk 10,7–9; 12,25; Lk 2,36; Joh 4,16–18; Apg 5,9f.; Röm 7,2f.; 1 Kor 7,1–40; 11,3; Eph 5,21–33; Kol 3,18f.; 1 Tim 3,2; Tit 1,6; Hebr 13,4; 1 Petr 3,1–7; → Ehebruch; Ehescheidung.

Ehebruch, Ehe brechen, Ehebrecher/innen – Ex 20,14; Lev 20,10; Dtn 5,18; 22,22; Ijob 24,15; Ps 50,18; Spr 6,32; 23,27; Weish 14,24.26; Sir 23,23; 25,2; Jes 57,3; Jer 3,8f.; 7,9; 23,14; 29,23; Ez 16,32; 23,37; Hos 2,4; 3,1; 4,2.13f.; Mal 3,5; Mt 5,27–32; 15,19; 19,9.18; Mk 7,22; Lk 18,11.20; Joh 8,3f.; Röm 2,22; 7,3; 13,9; 1 Kor 6,9; Hebr 13,4; Jak 2,11; 2 Petr 2,14; Offb 2,22.

Ehescheidung Entlassung der Frau – Dtn 21,14; 22,19.29; 1 Chr 8,8; Jer 3,1; Mt 5,31f.; 19,3.8f.; Mk 10,2.4.11f.; Lk 16,18.

Ehre – Ex 20,12; 2 Sam 6,22; 1 Kön 3,13; Spr 4,8; Sir 10,24; Jes 29,13; Joh 5,23; 12,26; Röm 1,21; 13,7; Offb 5,12f.

alle Menschen beinhaltet – Mt 13,39f.49; 24,1–36 (vgl. Mk 13,3–37; Lk 21,7–36); 28,20; vgl. die „letzten Tage" in Apg 2,17; 2 Tim 3,1; Jak 5,3; 2 Petr 3,3.

En-Dor Ort in Galiläa – Jos 17,11; 1 Sam 28,7; Ps 83,11.

En-Gedi besiedelte Oase am Toten Meer – Jos 15,62; 1 Sam 24,1f.; 2 Chr 20,2; Hld 1,14; Sir 24,14; Ez 47,10.

Engel Bote, Gesandter Gottes – Gen 16,7–13; 21,17; 22,11–18; 48,16; Ex 3,2; 14,19; Num 22,22–35; Ri 2,1–4; 6,11–21; 13,3–20; 2 Sam 24,16f.; 1 Kön 19,5.7; 2 Kön 1,3.15; 19,35; Tob 5,4; 12,5–21; Ps 34,8; 35,5f.; 91,11; Dan 3,49; 14,34–39; Hos 12,5; Sach 1,11f.; 3,1–6; Mt 1,20.24; 2,13.19; 4,6.11; 13,39.41.49; 16,27.; 18,10; 22,30; 24,31.36; 25,31.41; 26,53; 28,2.5; Mk 1,13; 12,25; 13,27.32; Lk 1,11–38; 2,9–21; 4,10; 12,8f.; 15,10; 16,22; 20,36; 22,43; 24,23; Joh 1,51; 5,3f. Anm.; 12,29; 20,12; Apg 5,19; 6,15; 7,30–38.53; 8,26; 10,3.7.22; 11,13; 12,7–23; 23,8f.; 27,23; Röm 8,38; 1 Kor 4,9; 6,3; 11,10; 13,1; 2 Kor 11,14; Gal 1,8; 3,19; 4,14; Kol 2,18; 2 Thess 1,7; 1 Tim 3,16; 5,21; Hebr 1,4–2,18; 12,22; 13,2; 1 Petr 1,12; 3,22; 2 Petr 2,4.11; Jud 6; Offb 1,1.20; 8,1–5; 10,1–11; 16,1–21; → Gottessöhne; → Gabriel; Michael; Rafaël.

Enosch Sohn Sets – Gen 4,26; 5,6f.9–11; 1 Chr 1,1; Lk 3,38.

Enthaltsamkeit, Enthaltung Askese, die teilweise vorübergehend durch Fasten, Verzicht auf Besitz, Verbot von Arbeit und sexueller Enthaltsamkeit praktiziert wurde – Lev 16,29.31; 23,27.29.32; Num 29,7; 30,2–16; Sach 7,3; Apg 24,25; 1 Kor 7,5.9; 9,25; Gal 5,23.

Entrückung in den Himmel – Weish 4,10; Sir 44,16; 2 Kor 12,2–4; 1 Thess 4,17; Hebr 11,5; Offb 12,5; vgl. Gen 5,24; 2 Kön 2,1–18; Sir 48,9; 49,14; Lk 24,50–53.

Ephesus Hafenstadt an der Westküste Kleinasiens und Hauptstadt der röm. Provinz Asia – Apg 18,19–21; 19,1–35; 1 Kor 16,8; Eph 1,1; 1 Tim 1,3; 2 Tim 1,18; Offb 2,1; → Eph.

Erbarmen 1) Gottes – Dtn 13,18; 30,3; 2 Kön 13,23; 2 Chr 33,13; Esra 9,8; Neh 9,19; Tob 8,16f.; Jdt 13,14; Est 4,17(h); 2 Makk 7,6; Ps 77,10; 79,8; 102,14; 103,13; 145,9; Weish 3,9; Sir 51,3; Jes 14,1; 49,10.13; 54,7f.10; 60,10; Jer 12,15; 15,6; 31,20; Klgl 3,32; Ez 39,25; Hos 1,6f.; 2,6.25; Mi 7,19; Sach 1,12; Mk 5,19; Lk 1,50.54.58.72; Röm 9,15f.18; 11,30–32; 1 Kor 7,25; 2 Kor 4,1; Eph 2,4/5; Phil 2,27; 1 Tim 1,2; 2 Tim 1,16; Tit 3,5; Hebr 4,16; Jak 5,11; 1 Petr 1,3; 2 Joh 3; Jud 2; 2) Jesu – Mt 9,27; 17,15; 20,30f.; Lk 17,13; 3) des Menschen – Gen 42,21; 43,14; 2 Chr 30,9; Ijob 19,21; Ps 103,13; Jes 49,15; Mt 18,33; Lk 16,24; Kol 3,12; → Barmherzigkeit, Gnade.

Erbteil unveräußerlicher Landbesitz einer israelitischen Familie– Gen 48,6; Num 18,20–26; Dtn 32,9; Jos 13,14; Est 4,17(g); 1 Makk 2,56; 2 Makk 1,26; Ps 33,12; 82,8; 105,11; 127,3; Weish 5,5; Sir 24,7–23; Jes 54,17; Jer 3,19; 12,7–15; 16,18; 50,11; Dan 12,13; Mi 7,18; Lk 15,12; Apg 7,5; Eph 5,5.

Erdbeben, Beben – Ex 19,18; Ri 5,4; 1 Sam 14,15; 2 Sam 22,8; 1 Kön 19,11f.; Est 1,1d; 1 Makk 9,13; Ps 18,8; 68,9; 104,32; Sir 16,19; Jes 13,19; Jer 4,24; 33,9; 51,29; Ez 37,7; Am 1,1; Nah 1,5; Sach 14,5; Mt 24,7; 27,54; 28,2; Apg 16,26; Offb 6,12; 11,13.19; 18,22.

Erhebungsopfer – Ex 29,24–27; Lev 7,30.34; 8,27.29 u. ö.; Num 6,20; 8,11–15 u. ö.

Erhöhung 1) Selbsterhöhung – Mt 23,12; Lk 14,11; 18,14; 2) durch Gott – 1 Sam 2,1–10; Est 1,1(k); Ijob 5,11; Ps 18,49; 37,34; 75,7f.; 89,18.20; 118,16; Sir 7,11; Lk 1,52; Jak 4,10; 1 Petr 5,6; 3) Jesu – Joh 3,14; 8,28; 12,32.34; Apg 2,32; Phil 2,9; Hebr 7,26.

Erlösung 1) er-/auslösen – Gen 48,16; Ex 6,6; 15,13; Dtn 26,6–8; Neh 1,10; Est 10,3(f); Ijob 33,24; Ps 25,22; 26,11; 31,3.6; 34,23; 44,27; 69,19; 72,14; 107,2; 111,9; 119,134; 130,7f.; Jes 1,27; 44,22f.; 45,17; 52,9; 63,4; Jer 31,11; Klgl 3,58; Dan 3,88; Hos 13,14; Mt 1,21; 6,9 Anm.; Lk 1,68; 2,38; 13,12; 21,28; 24,21; Röm 3,24; 8,23; 1 Kor 1,30; 2 Kor 1,10; Eph 1,7.14; 4,30; Kol 1,14; Tit 2,14; Hebr 9,12.15; Offb 1,5; 2) der Erlöser – Ijob 19,25; Ps 19,15; 78,35; Sir 51,12 Anm.; Jes 41,14; 43,14; 44,6.24; 47,4 u. ö.; Jer 50,34; 3) freikaufen – Dtn 7,8; 9,26 u. ö.; 2 Sam 7,23; 1 Chr 17,21; Hos 7,13; Mi 6,4; Gal 3,13f.; 4,5; 2 Petr 2,1; Offb 14,3f.; vgl. Hebr 11,35; → Lösegeld; Retten.

Erntefeste → Laubhüttenfest, Pessach; Wochenfest

Erster und Letzter Prädikation Gottes als Schöpfer und Herr der Geschichte – Jes 44,6; 48,12; Offb 1,17; 2,8; 22,13; vgl. Jes 41,4; → Alpha und Omega.

Erstgeborener, Erstgeburt – Gen 25,27–34; 27,1–40; 43,33; 49,4 (mit Anm.); Ex 11,5;

12,12.29; 13,2.11–16; 22,28; Lev 27,26f.; Num 3,12f.40–44; Dtn 21,15–17; Jos 6,26; 1 Chr 5,1f.; Neh 10,36f.; Ijob 18,13; Ps 78,51; 89,28; Weish 18,13; Sir 17,18; 36,17; Jer 31,9; Ez 20,26; Mi 6,7; Sach 12,10; Lk 2,7.23; Röm 8,29; Kol 1,15.18; Hebr 1,6; 11,28; 12,16.23; Offb 1,5.

Erstlinge Erstlingsfrüchte, -gaben, -opfer – Gen 4,4; Ex 13,12f.; 23,19; 34,19–26; Lev 2,12; 23,17; Num 15,20; 18,12f.; 28,26; Dtn 15,19f.; 2 Sam 1,21; 2 Kön 4,42; Neh 12,44; Tob 1,6; 1 Makk 3,49; Ps 78,51; Sir 7,31; Jer 2,3; Ez 44,30; Dan 3,38; Röm 8,23; 11,16; 16,5; 2 Thess 2,13; Jak 1,18; Offb 14,4.

Erwählung – Gen 18,19; Ex 19,5; Num 16,5.7; 17,20; Dtn 4,37; 7,6–8; 12,5.11; 14,23; 26,2; Ri 5,8; 1 Sam 2,28; 8,18; 1 Kön 3,8; 8,16; 11,29–39; 2 Kön 23,27; Ps 32,12; 78,67–70; 132,13; Jes 14,1; 41,8f.; 42,1; 44,1f.; 48,10; 65,9; Jer 33,24; Ez 20,5; Hos 11,1; 13,5; Am 3,2; 9,7; Hag 2,23; Sach 1,16; Mt 12,18; 22,14; 24,22; Mk 13,27; Lk 9,35; 18,7; 23,35; Joh 6,70; 13,18; 15,16.19; Apg 1,2.24; 9,15; 13,17; 22,14; 26,16; Röm 8,28–30.33; 9,6–29; 11,1–32; 1 Kor 1,26–31; Gal 2,15; Eph 1,3–14; 2,8–10; Kol 3,12; 1 Thess 1,4; 2 Thess 2,13f.; Tit 1,1–3; 2 Petr 1,10; → Gnade.

Esau Erstgeborener Isaaks und Bruder Jakobs – Gen 25,25–34; 26,34; 27,1–42; 28,5–9; 32,4–20; 33,1–16; 35,1.29; 36,1–43; Dtn 2,4f.; Jos 24,4; 1 Chr 1,34f.; 1 Makk 5,3; Jer 49,8–10; Obd 6–9.18–21; Mal 1,2f.; Röm 9,13; Hebr 11,20; 12,16; → Edom; Idumäa.

Eschbaal – 1 Chr 8,33.39; → Ischbaal.

Esel, Eselin – Gen 49,11; Ex 20,17; 34,20; Num 22,21–33; Dtn 5,14; Ri 15,15f.; 1 Sam 9,3–10,16; 16,20; 2 Sam 16,1f.; 1 Kön 13,27f.; 2 Kön 6,25; 2 Chr 28,15; Jes 1,3; Jer 2,24; Dan 5,21; Sach 9,9; Mt 21,1–7; Lk 13,15; Joh 12,14f.

Esra Schriftgelehrter und Abgesandter des persischen Königs in Jerusalem – Esra; Neh 8,1–18; 12,26.36; → die Einführung in die Bücher Esra und Nehemia.

Essig saurer Wein – Ps 69,22; Spr 10,26; 25,20; Mt 27,48; Mk 15,36; Lk 23,36; Joh 19,29f.

Etanim Monat nach einem älteren Kalender – s. Anh. IV. 1.

Eucharistie (griech. „Danksagung“) → Abendmahl.

Eufrat Strom in Vorderasien – Gen 2,14; 15,18; 31,21; Dtn 1,7; Jos 1,4; 2 Sam 8,3; 1 Kön 5,1; 2 Kön 23,29; 2 Chr 9,26; Jdt 2,24; 1 Makk 3,32.37; Ps 80,12; Sir 24,26; Jes 7,20; 8,7; Jer 2,18; 13,3–7; 51,63; Mi 7,12; Sach 9,10; Offb 9,14; 16,12; vgl. Anm. zu Ex 23,31.

Eva „Mutter der Lebendigen“, erste Frau – Gen 3,20; 4,1; Tob 8,6; 2 Kor 11,3; 1 Tim 2,13.

Evangelium (griech. „frohe Botschaft, gute Nachricht“) 1) Reich-Gottes-Botschaft Jesu – Mt 4,23; 9,35; 11,5; 24,14; 26,13; Mk 1,1.14f.; 8,35; 10,29; 13,10; 14,9; Lk 4,43; 7,22; 8,1; 9,6; 16,16; 20,1; 2) Botschaft der Christen – Mk 1,1; 16,15; Apg 5,42; 8,35; 14,15; 15,7; 17,18; 20,24; Röm 1,1–4.15–17; 2,16; 11,28; 15,16; 16,25; 1 Kor 1,17; 4,15; 9,12–18; 15,1f.; 2 Kor 2,12; 4,3; 8,18; 9,13; 10,16; 11,4; Gal 1,6–9; 2,2; 4,13; Eph 1,13; 3,6; 6,15; Phil 1,5.27; 2,22; 4,15; Kol 1,5.23; 1 Thess 1,5; 2,2; 3,2; 2 Thess 1,8; 2,14; 1 Tim 1,11; 2 Tim 1,10; 2,8; 4,5; Phlm 13; Hebr 4,6; 1 Petr 1,12; 4,6; Offb 14,6;

Ewiges Leben – 2 Makk 7,9.36; Sir 24,22 Anm.; Mt 19,16.29; 25,46; Joh 3,15f.36; 4,14.36; 5,24.39; 6,27.40.47.54.68; 10,28; 12,25.50; 17,2f.; Apg 13,46.48; Röm 2,7; 5,21; 6,22f.; Gal 6,8; 1 Tim 1,16; 6,12; Tit 1,2; 3,7; 1 Joh 1,2; 2,25; 3,15; 5,11.13.20; Jud 21; vgl. Weish 3,1–9.

Exil → Babylonische Gefangenschaft

Faden Längenmaß – s. Anh. III. 1. A).

Familie – Gen 8,19; 42,19.33; 45,18; Ex 1,1; 12,3; Lev 21,1; 25,47; Num 15,14; Dtn 11,6; 12,7; 15,16.20; 25,5; Jos 7,18; 22,14; Ri 6,27; 16,31; 1 Sam 17,25; 27,3; 2 Sam 2,3; 3,29; 6,20; 16,2; 1 Kön 21,24; 2 Kön 8,1; 1 Chr 5,7; 2 Chr 21,13; Esra 2,59; Neh 1,6; 12,12–23; Tob 1,9; 5,11; Jdt 16,24; Est 4,17(m); 8,12(r); 9,28; 1 Makk 1,61; 13,3; 2 Makk 4,12; 14,25; Dan 1,3; 14,29; Mt 12,25; 13,57; Mk 3,25; 5,19; 6,4; Apg 7,14; 1 Tim 3,12; Tit 1,11; → Haus; Sippe.

Fass Hohlmaß – s. Anh. III. 1. D).

Fasten – Ri 20,26; 1 Sam 7,6; 31,13; 2 Sam 1,12; 12,16.21–23; 1 Kön 21,9.12.27; 1 Chr 10,12; 2 Chr 20,3; Esra 8,21.23; Neh 1,4; 9,1; Jdt 4,9.13; 8,6; Est 4,3.16; 9,31; 1 Makk 3,47; 2 Makk 13,12; Ps 35,13; 69,11; 109,24; Sir 34,31; Jes 58,3–6; Jer 14,12; 36,9; Bar 1,5; Dan 6,19; 9,3; Joël 1,14; 2,12.15; Jona 3,5; Sach 7,5; 8,19; Mt 4,2; 6,16–18; 9,14f.; Lk 2,37; 18,12; Apg 13,2f.; 14,23; 27,9; 2 Kor 6,5; 11,27.

12,14; 1 Kor 12,3; 16,22; Gal 1,8f.; 3,10.13; Hebr 6,8; Jak 3,9f.; 2 Petr 2,14; Offb 22,3; vgl. „verwünschen" z. B. Gen 12,3; Num 23,8; Ijob 31,30; Spr 11,26.

Flut Wassermassen, auch Wasserflut – Ex 15,5.8; Jos 3,16; 4,7; Ijob 22,11; 27,20; 38,25.30; 40,23; 41,24; Ps 18,5; 69,3.16; 93,3; Spr 17,14; Weish 5,10; 13,2; 18,5; 19,7; Sir 21,13; Jes 28,15.18; 44,27; Ez 27,28; 32,2; Dan 9,26; Jona 2,4; Nah 1,8; Mt 8,32; Lk 6,48f.; Offb 12,15; → Sintflut, Urflut.

Frau – Gen 2,22–3,21; 4,1; 6,2; Ex 1,19; 20,17; Lev 12,1–8; Num 5,3; Dtn 5,21; 22,13–23,1; 1 Kön 11,1–4; Esra 9,2; Tob 4,12f.; Est 1,9; 1 Makk 1,26; 3,56; 2 Makk 3,19; Ijob 31,9f.; 42,15; Ps 128,3; Spr 2,16; 5,18–20; 12,4; 31,10–31; Koh 7,26–28; 9,9; Hld; Weish 3,12; Sir 9,1–9; 25,13–26,27; Jes 3,16–4,1; 49,15; Jer 3,1; Klgl 2,20; Bar 6,27–29; Ez 18,6; Dan 11,6; Hos 1,2f.; Am 4,1–3; Mi 2,9; Sach 5,5–11; Mal 2,11; Mt 5,27–32; 9,20–22; 15,21–28; 22,24–28; 27,55f.; 28,1–11; Mk 5,25–34; 16,1–11; Lk 7,36–50; 8,43–48; 11,27; 13,10–17; 15,8–10; Joh 2,4; 4,7–42; 8,3–11; 16,21; 19,25–27; Apg 1,14; 13,50; Röm 1,26f.; 7,2f.; 1 Kor 7,1–40; 11,2–16; 14,33–36; Gal 4,4.21–31; Eph 5,21–33; 1 Thess 4,4; 1 Tim 2,9–15; 3,11; Tit 2,3–5; Offb 12,1–6.13–17; 17,1–18.

Freiheit, Freilassung – Gen 43,14; Ex 8,27; 21,1–6.26f.; Dtn 15,12–18; Ps 146,7; Sir 7,21; 15,14–20; Jes 61,1; Jer 34,8–17; Sach 9,11; Mt 17,26; Lk 1,74; 4,18; Joh 8,32–36; Röm 6,7.15–23; 7,1–6; 8,1f.19–21; 1 Kor 7,20–22; 8,9; 10,29; 2 Kor 3,17; Gal 2,4; 3,28; 4,21–31; 5,1.13; Kol 3,11; Jak 1,25; 2,12; 1 Petr 2,16; 2 Petr 2,19; → Erlösung; Sklave.

Fremder – Gen 12,10; 15,13; 17,8; 47,4; Ex 12,43; 20,10; 22,20; 23,9; Lev 16,29; 18,26; 19,10.33f.; Num 9,14; Dtn 1,16; 5,14f.; 10,18f.; 23,4–9; Jos 8,33–35; Ri 17,7–9; 19,12; Rut 1,1; 2,10; 2 Sam 4,3; 1 Kön 3,18; 8,41–43; 1 Chr 22,2; 2 Chr 2,16f.; 6,32f.; Esra 10,2f.; Neh 13,23–31; Tob 4,12; Jdt 4,10; Est 4,17(u); 1 Makk 2,7; 2 Makk 10,5; Ijob 15,19; 39,16; Ps 18,45f.; 146,9; Spr 5,10; Koh 6,2; Weish 19,15; Sir 8,18; 36,3; Jes 1,7; 2,6; 56,3; Jer 2,25; 8,10; Klgl 5,2; Bar 6,4; Ez 7,21; 20,38; 44,9; Hos 7,9; Joël 4,17; Obd 11; Sach 7,10; Mal 3,5; Mt 25,35.38.43f.; 27,7; Lk 17,18; Joh 10,5; Apg 7,6.29; 17,21; 1 Kor 14,11; Eph 2,19; Hebr 11,13; 1 Petr 1,1; 2,11; 3 Joh 5.

Freude – Dtn 12,7; 28,63; 1 Sam 2,1; 18,6f.; 2 Sam 6,12; 1 Kön 1,40; 8,66; 1 Chr 12,41; 2 Chr 30,26; Neh 8,10; 12,43; Tob 10,14; 11,16–19; Est 8,15–17; Ps 4,8; 30,12; 32,11; 43,4; 67,4; 100,2; 137,6; Spr 15,23; 21,15; Koh 9,7; 11,9f.; Sir 15,6; 30,16; 51,29; Jes 35,1–10; 49,13; 51,11; 66,10; Jer 31,13; 33,9; Joël 2,23; Hab 3,18; Mt 2,10; 5,12; 13,20.44; 25,21.23; 28,8; Mk 12,37; Lk 1,14.44; 2,10; 10,17.20; 15,6f.9f.; 19,6; 24,41.52; Joh 3,29; 15,11; 16,20–24; 17,13; Apg 2,28; 8,8; 13,52; Röm 12,12.15; 14,17; 15,13; 2 Kor 2,3; Gal 5,22; Phil 1,4.25; 2,2.29; 4,4; 1 Thess 1,6; 2,19f.; Hebr 10,34; 13,17; Jak 1,2; 4,9; 1 Petr 1,8; 4,13; 1 Joh 1,4; 3 Joh 4; Offb 18,20.

Friede, Frieden 1) Gottes – Lev 26,6; Num 6,26; 25,12; Ri 6,24; Tob 7,11f.; 13,14; 2 Makk 1,4; Ps 29,11; 85,9; 119,165; 147,14; Sir 1,18; 38,7; Jes 26,12; 54,10; 57,19; 60,17; 66,12; Jer 33,6; Hag 2,9; Lk 2,14.29; Apg 10,36; Röm 15,13.33; 16,20; 1 Kor 14,33; 2 Kor 13,11; Phil 4,7.9; 1 Thess 5,23; 2 Thess 3,16; Hebr 13,20; vgl. den Frieden des Heilsherrschers in Jes 9,5f.; Mi 5,4; Sach 9,10 und den Jesu Christi in Joh 14,27; Eph 2,14–17; Kol 1,20; 3,15; 2) in der Welt – Gen 15,15; Jos 9,15; 2 Sam 17,3; 1 Kön 5,4; 2 Kön 20,19; 22,20; 1 Chr 22,9; 2 Chr 18,16; Est 8,12(h); 1 Makk 14,8.11; 2 Makk 4,6; Ijob 5,23f.; Ps 34,15; 122,6–8; Spr 12,20; Koh 3,8; Hld 8,10; Weish 14,22; Sir 13,18; Jes 32,17; 52,7; Jer 8,11; Bar 3,13f.; Ez 7,25; Mi 3,5; Nah 2,1; Mal 2,6; Mt 5,9.25; 10,13.34; Mk 9,50; Lk 1,79; 10,5f.; 12,51; 14,32; 19,38.42; Joh 16,33; Apg 7,26; 9,31; 24,2; Röm 2,10; 3,17; 5,1; 8,6; 12,18; 14,17.19; 1 Kor 7,15; 2 Kor 13,11; Gal 5,22; 6,16; Eph 4,3; 6,15.23; 1 Thess 5,3.13; 2 Tim 2,22; Hebr 7,2; 11,31; 12,11.14; Jak 3,18; 1 Petr 3,11; 2 Petr 3,14; Offb 6,4.

Friedensgruß, -wunsch (2 Sam 18,28; 1 Chr 18,10) 1) „Friede sei mit ..." – Gen 43,23; Ri 6,23; 19,20; 1 Sam 25,6; Tob 12,17; Ps 122,7; Dan 3,98; 6,26; 10,19; Lk 24,36; Joh 20,19.21.26; Eph 6,23; 1 Petr 5,14; 3 Joh 15; vgl. die Grußformeln am Anfang der ntl. Briefe und der Offb; 2) „Geh/t in Frieden" – Ex 4,18; 1 Sam 1,17; 20,42; 25,35; 2 Sam 15,9; 2 Kön 5,19; Tob 10,12f.; Jdt 8,35; Mk 5,34; Lk 7,50; 8,48; Jak 2,16; vgl. Apg 16,36.

Frohe Botschaft (2 Kön 7,9; Jes 52,7; 61,1; Lk 1,19; 3,18; 4,18; 1 Petr 1,25) → Evangelium.

Fronarbeit, -dienst Zwangsarbeit für einen Grundbesitzer oder König – Ex 2,11; 5,4f.;

6,6f.; Dtn 20,11; 26,6; Jos 16,10; 17,13; Ri 1,28–35; 2 Sam 20,24; 1 Kön 4,6; 5,27f.; 9,15.21; 11,28; 12,18; 2 Chr 8,8; Neh 5,18; Est 10,1; Spr 12,24; Weish 19,16; Jes 31,8; 40,2; Klgl 1,1.

Fruchtbarkeitskulte in Israel verpönte, da v. a. mit kanaan. Gottheiten verbundene Praktiken – s. z. B. Dtn 12,2; 1 Kön 14,23f.; 2 Kön 16,4; 17,9–12; 2 Chr 28,3f.; Jer 2,20; 3,6.13; 7,18; 17,2; 44,19; Ez 6,13; Hos 4,13; → Aschera; Astarte; Baal; Kultpfahl.

Fürbitte – Num 11,2; Ijob 42,8.10; 1 Tim 2,1; vgl. Ex 32,11–13.30–34,3; Num 12,13; Dtn 9,20–29; 2 Makk 12,42–45; Ps 35,13; 106,23; Jer 18,20.

Furcht → Gottesfurcht; Angst

Fuß Längenmaß – s. Anh. III. 1. A).

Fußwaschung – Gen 18,4; 19,2; 24,32; 43,24; Ex 30,19.21; 40,31; Ri 19,21; 1 Sam 25,41; 2 Sam 11,8; Hld 5,3; Lk 7,44; Joh 13,1–20; 1 Tim 5,10.

Gabriel Engel – Dan 8,16; 9,21; Lk 1,19.26.

Gad 1) G./Gaditer Siebter Sohn Jakobs und Stamm Israels/dessen Angehörige – Gen 30,9–11; 35,26; 46,16; 49,19; Num 26,15–18; 32,1–36; Dtn 33,20f.; Jos 13,24–28; 2 Kön 10,33; 1 Chr 5,18.26; Offb 7,5; 2) Prophet – 1 Sam 22,5; 2 Sam 24,11–14.18f.; 1 Chr 29,29; 2 Chr 29,25.

Galatien/Galater Landschaft und Provinz in Kleinasien/deren Bewohner – 1 Makk 8,2.20; 1 Kor 16,1; Gal 1,2; 3,1; 2 Tim 4,10; 1 Petr 1,1; vgl. Apg 16,6; 18,23; s. Gal.

Galiläa/Galiläer Gebiet im Norden Palästinas, westlich des Sees Gennesaret/dessen Bewohner – Jos 12,23; 20,7; 21,32; 1 Kön 9,11; 2 Kön 15,29; 1 Chr 6,61; Tob 1,2.5; Jdt 1,8; 15,5; 1 Makk 5,14–23.55; 10,30; 12,47–49; Mt 2,22; 3,13; 4,12.15.23.25; 17,22; 19,1; 26,32; 27,55; 28,7–16; Lk 1,26; 2,4.39; 4,31; 23,5f.; Joh 7,1.52; Apg 9,31.

Galle Lebersekret oder bittere Pflanze, als Medikament verwendet – Tob 6,4–9; 11,4.8.11; Ijob 16,13; 20,25; Mt 27,34; Apg 8,23.

Ganzopfer (lat. *holocaustum*) – Lev 6,16; Dtn 13,17; 33;10; 1 Sam 7,9; Ps 51,21; Weish 3,6; Sir 30,19; 45,16; → Brandopfer.

Garizim Bergmassiv südlich von Sichem – Dtn 11,29; 27,12; Jos 8,33; Ri 9,7; 2 Makk 5,23; 6,2; s. auch Anm. zu Ex 15,17 und Dtn 27,4.

Garten auch Baum-, Gemüse-, Hof-, Königs-, Nuss-, Obst-, Öl-, Weingarten – Gen 2,8–15; 3,1–24; Num 24,6; Dtn 11,10; Ri 15,5; 1 Kön 21,2; 2 Kön 5,26; 21,18; 25,4; Neh 3,15; Est 1,5; Ijob 8,16; Koh 2,5; Hld 4,12–16; 5,1; 6,11; Jes 1,29f.; 29,17; 32,15f.; 58,11; 66,17; Jer 2,7; 29,5.28; 31,5.12; Klgl 2,6; Bar 6,70; Dan 13,4–38; Am 4,9; 9,14; Lk 13,19; Joh 18,1.26; 19,41; → Eden; Getsemani; Paradies.

Gat (hebr. „Kelter") eine der fünf Philisterstädte im Küstengebiet von Kanaan – Jos 11,22; 13,3; 1 Sam 5,8f.; 17,4.21,11; 27,2–4.11; 2 Sam 15,18f.; 1 Kön 2,39–41; 2 Kön 12,18; 1 Chr 7,21; 20,5–8; 2 Chr 11,8; 26,6; Ps 56,1; Am 6,2; Mi 1,10.

Gaza eine der fünf Philisterstädte im Küstengebiet von Kanaan – Gen 10,19; Dtn 2,23; Jos 10,41; 15,47; Ri 1,18; 16,1f.21; 1 Sam 6,17; 1 Kön 5,4; 2 Kön 18,8; 1 Makk 11,61f.; Jer 25,20; Am 1,6f.; Zef 2,4; 9,5; Apg 8,26.

Gebal/Gebaliter biblischer Name für Byblos/seine Bewohner – 1 Kön 5,32; Ps 83,8; Ez 27,9.

Gebet, beten – Gen 25,21; 1 Sam 1,10–17.26f.; 2 Chr 30,27; 33,18f.; Neh 11,17; Tob 12,8; Jdt 4,9–15; Ps 4,2; 6,10; 35,13; 42,9; 65,3; 69,14; Spr 15,8.29; Jes 1,15; 38,5; 56,7; Jer 7,16; 14,11; Mt 5,44; 9,38; 21,13.22; 24,20; Mk 9,29; 11,17.24f.; 12,40; 13,18; Lk 1,13; 5,33; 10,2; 11,1–13; 18,1.9–14; 20,47; 22,40.45f.; Joh 14,13; 15,7.16; 16,24; Apg 1,14.2,42; 3,1; 6,4.6; 7,59; 8,15.22.24; 9,11.40; 10,2.4.9.30f.; 11,5; 12,12; 13,3; 14,23; 16,25; 20,36; 21,5; 22,17; 28,8; Röm 1,10; 8,26; 10,1; 12,12; 15,30; 1 Kor 7,5; 11,4f.13; 14,13.15; 2 Kor 1,11; 9,14; 13,7.9; Eph 1,15/16; 6,18; Phil 1,4.9.19; Kol 4,2; 1 Thess 3,10; 5,17.25; 1 Tim 2,1.8; 4,5; 5,5; 2 Tim 1,3; Phlm 4.6.22; Hebr 5,7; 13,18; Jak 5,13–18; 1 Petr 3,7.12; 4,7; 1 Joh 5,16; Jud 20; Offb 5,8; 8,3f.

Gebete (im Wortlaut) – Ex 32,11–13; Num 14,13–19; 1 Sam 2,1–10; 2 Sam 7,18–29; 22,1–51; 1 Kön 8,22–53; 2 Kön 19,14–19; 1 Chr 17,16–27; 29,10–19; 2 Chr 6,12–42; Esra 9,5–15; Neh 1,5–11; 9,5–37; Tob 3,1–6.10–17; 13,1–8; Jdt 9,1–14; Est 4,17(k–z); 1 Makk 4,30–33; 2 Makk 1,24–29; 15,22–24; Weish 9,1–18; Sir 36,1–22; 51,1–12; Jes 38,9–20; Jer 14,7–9; 15,10–18; 17,14–18; 18,19–23; 20,7–18; Dan 3,26–45.51–90; 9,4–19; Mt 6,5–13; Lk 1,46–55.68–79; 2,29–32; 11,2–4; Joh 17,1–26; Apg 4,23–31.

Gebetsrichtung Ausrichtung des Beters nach Jerusalem – 1 Kön 8,44.48; Dan 6,11; im Tempelbereich nach dem Allerheiligsten, s. Ps 28,2.

Gebote Vorschriften oder Forderungen Gottes im Rahmen des Bundes mit Israel 1) Gebots- und Gesetzessammlungen – Ex 20,1–17; 20,22–23,33; 34,10–27; Lev 17,1–26,46; Dtn 5,6–21; 12,1–26,19; 2) Gebotsauslegung Jesu – Mt 5,17–48; 3) Doppelgebot – Mt 22,34–40; Mk 12,28–34; Lk 10,25–28; vgl. Dtn 6,4f.; 30,6; Mt 5,43 sowie Lev 19,18; Mt 19,19: Röm 13,8–10: Gal 5,14; 4) Das neue Gebot Jesu – Joh 13,31–35; 15,12–17; 1 Joh 2,7–11; 3,23f.; 2 Joh 5f.; → Opferbestimmungen; Reinheitsvorschriften.

Gedächtnisanteil bei Speiseopfern, die Gott dargebracht werden – Lev 2,2.9.16; 5,12; 6,8; 24,7; Num 5,26; s. Anm. zu Lev 2,2.

Gedalja Statthalter Judas in der Exilszeit – 2 Kön 25,22–25; Jer 39,14; 40,5–41,18; 43,6.

Geduld, gedulden, geduldig – Num 21,4; Neh 9,30; 2 Makk 6,14; Ijob 6,11; Spr 25,15; Sir 1,23; 17,24; 20,32; Bar 4,25; Mi 2,7; Sach 11,8; Mt 18,26.29; Lk 8,15; Röm 2,4; 3,26; 5,3f.; 15,4f.; 2 Kor 1,6; Eph 4,2; Kol 1,11; 3,12; 1 Thess 5,14; 2 Thess 3,5; 2 Tim 2,24; Hebr 6,12; Jak 1,3f.; 5,7–11; 1 Petr 3,20; 2 Petr 3,9.15; Offb 2,2f.

Gehorsam, gehorchen – Gen 49,10; Ex 15,26; Jos 1,18; 22,2; Ri 2,17; 3,4; 1 Sam 15,1.22; 1 Kön 6,12; 20,8.36; 2 Kön 10,6; 1 Chr 29,23; Neh 9,29; 2 Makk 6,23; Ps 18,45; Weish 19,6; Sir 4,15; 18,3; Jes 11,14; Jer 11,10; 12,17; 35,8–18; Bar 3,33; 6,59; Dan 3,30; 7,27; Mt 8,27; Mk 1,27; 4,41; Lk 2,51; 8,25; 10,20; 17,6; Joh 3,36; Apg 6,7; Röm 1,5; 5,19; 6,12.16f.; 10,16; 15,18; 16,19.26; 2 Kor 2,9; 7,15; 9,13; 10,5f.; Eph 6,1.5; Phil 2,8.12; Kol 3,20.22; 2 Thess 1,8; 1 Tim 3,4; Tit 3,1; Phlm 21; Hebr 5,8f.; 11,7f.; 13,17; 1 Petr 1,2.14.22; 3,6; s. auch „hören auf" z. B. in Gen 22,18; 28,7; Ex 19,5; Dtn 4,30; 11,13.26–28; 30,1–3; Jos 1,17; 24,24; Ijob 36,11; Ps 103,20; Jer 7,23; 17,23; Mi 5,14; 2 Thess 3,14.

Geist 1) Gottes des HERRN/Herrn, des Vaters – Gen 1,2; 6,3; Ex 31,3; Num 11,29; 24,2; Ri 3,10 u. ö.; 1 Sam 10,6.10 u. ö.; 2 Sam 23,2; 1 Kön 18,12; 22,24; 2 Kön 2,16; 2 Chr 15,1; 20,14; 24,20; Neh 9,30; Jdt 8,14; 16,14; Ijob 33,4; Ps 104,30; Weish 1,7; Jes 11,2; 40,13; 42,1; 44,3; 59,21; 61,1; Ez 11,5; 36,27; 39,29; Joël 3,1f.; Mi 2,7; 3,8; Hag 2,5; Sach 4,6; 7,12; Mt 3,16; 10,20; 12,18.28; Apg 5,9; 8,39; Röm 7,25–8,11.14; 15,19; 1 Kor 2,11.14.16; 3,16; 7,40; 12,3; 2 Kor 3,17f.; Eph 1,3; 3,16; 4,30; 1 Petr 4,14; 1 Joh 4,2; 2) Heiliger G. – Ps 51,13; Weish 1,5; 9,17; Jes 63,10f.; Dan 13,45; Mt 1,18.20; 3,11; 12,31f.; 28,19; Mk 1,8; 12,36; 13,11; Lk 1,15.35.41.67; 2,25f.; 3,16.22; 4,1; 10,21; 11,13; 12,10.12; Joh 1,33; 14,26; 20,22; Apg 1,8; 2,4; 5,32; 6,5; 7,51; 8,15; 9,17; 10,44; 13,2; 15,28; 16,6; 19,2; 20,28; Röm 5,5; 14,17; 15,13; 1 Kor 6,19; 12,3; 2 Kor 6,6; 13,13; Eph 1,13; 4,30; 1 Thess 1,5f.; 4,8; 2 Tim 1,14; Hebr 2,4; 6,4; 10,15; 1 Petr 1,12; 2 Petr 1,21; Jud 20.

Geld → Münzen

Gelübde, geloben – Gen 28,20–22; Lev 27,2–15; Num 6,1–21; 30,2–17; Dtn 12,6; 23,19.22–24; Ri 11,30–39; 1 Sam 1,11; 2 Sam 15,7f.; 2 Makk 3,35; 9,13f.; Ijob 22,27; Ps 22,26; 50,14; 56,13; 61,6.9; 65,2; 116,14; 132,2; Spr 20,25; Koh 5,3f.; Sir 18,22f.; Jes 19,21; Jer 44,25; Jona 1,16; 2,10; Nah 2,1; Mal 1,14; Apg 18,18; 21,23; → Nasiräer.

Gemeinde → Kirche

Gemeinschaft → Familie; Sippe; Kirche

Gennesaret See in Galiläa – 1 Makk 11,67; Mt 14,34; Mk 6,53; Lk 5,1; → Kinneret, See von Galiläa/Tiberias.

Gera Gewicht – s. Anh. III. 2. A).

Gerar Stadt im Süden Kanaans – Gen 10,19; 20,1f.; 26,1.6.17.20.26; 2 Chr 14,12f.

Gerasa/Gerasener hellenistische Stadt im Ostjordanland/deren Bewohner – Mk 5,1; Lk 8,26.37.

Gerechter vor Gott untadeliger Mensch – Gen 7,1; 18,23–32; Num 23,10; Tob 4,17; Est 1,1(f. h); Ijob 12,4; 22,19; Ps 1,5f.; 5,13; 11,3.5; 34,13; 92,13; 118,15.20; 146,8; Spr 2,20; 3,33; 4,18; Weish 2,10–18; 3,1; 5,15; 10,1–11,1; Sir 35,8; Jes 5,23; 24,16; 26,7; 57,1; 60,21; Jer 20,12; Klgl 4,13; Ez 3,20f.; 13,22; 18,20.24; Dan 3,86; 13,53; Hos 14,10; Hab 1,13; Mal 3,18; Mt 5,45; 9,13; 10,41; 13,17.43; 23,35; 25,37; 27,19; Lk 14,14; 15,7; 23,47; Apg 3,14; 7,52; 24,15; Röm 1,17; 5,7.19; Gal 3,11; 1 Tim 1,9; Hebr 10,38; 12,23; Jak 5,6.16; 1 Petr 3,12.18; 4,18; 2 Petr 2,8; 1 Joh 2,1; Offb 22,11.

Gerechtigkeit Gottes – Dtn 10,17f.; 32,4; 2 Chr 12,6; Esra 9,15; Neh 9,8.33; Tob 3,2; 13,6; Est 4,17(n); 2 Makk 1,24f.; Ijob 8,3; 37,23; Ps 5,9; 7,10.12.18; 9,5.9; 40,10f.;

85,11; 119,137–144; Weish 5,18; 12,15f.; Jes 42,6; 45,21; 51,8; Jer 23,6; 33,16; Bar 2,17; Dan 3,27f.; Hos 10,12; Mi 7,9; Sach 8,8; Mt 6,33; Joh 5,30; 17,25; Apg 17,31; Röm 1,17; 3,5.21f.; 10,3; 2 Kor 5,21; 2 Thess 1,6; Hebr 2,2; 1 Petr 2,23; 2 Petr 1,1; Offb 15,3; 16,5.7; 19,2.

Gerechtmachung, Rechtfertigung – Gen 15,6; 1 Makk 2,52; Ijob 33,26; 36,6; Weish 6,10; Sir 9,12; 18,22; Lk 18,14; Apg 13,38f.; Röm 1,17; 2,13; 3,20.21–30; 4,2–25; 5,1.9.16.18; 8,30.33; 10,4; 1 Kor 4,4; 6,11; Gal 2,16.21; 3,8.11.24; 5,4; Eph 2,8f.; 1 Tim 3,16; Tit 3,7; Hebr 11,4.7; Jak 2,21.24.

Gericht 1) Gottes (Christi, selten auch des Teufels) – Gen 15,14; Ex 12,12; Jos 9,20; 1 Sam 2,10; 1 Chr 27,24; 2 Chr 19,10; 24,18; Tob 1,18; Jdt 9,6; 16,17; Est 8,12(d); 2 Makk 7,35f.; 9,4.18; Ijob 14,3; 22,4; 34,23; Ps 1,5 (?); 7,7; 9,8.17; 58,12; 75,3; 76,10; 82,1; 110,6; 119,84; 143,2; 149,9; Spr 11,23; Koh 11,9; 12,14; Weish 3,18; 4,20; 5,18; 6,5; 16,18; Jes 3,14; 13,3; 26,8f.; 34,5; 66,16; Jer 2,35; 25,31; 51,9; Ez 5,8; 9,1; 11,10f.; 17,20; 20,35f.; 39,21; Dan 7,10; Hos 10,6; Joël 4,2.12; Mi 6,2; Hab 1,12; Mal 2,17; Mt 3,7; 7,1f.; 10,15; 11,22.24; 12,36.41f.; 23,33; Joh 3,18f.; 5,22.24.27.29f.; 12,31; 16,8.11; Apg 7,7; Apg 24,25; Röm 2,2–5; 5,16; 12,19; 13,2; 1 Kor 11,29–34; 1 Thess 5,9; 2 Thess 1,5; 1 Tim 3,6; 5,24; Hebr 6,2; 9,27; 10,27; Jak 2,12f.; 3,1; 5,12; 1 Petr 4,17; 2 Petr 2,3f.9; 3,7; 1 Joh 4,17; Jud 4.6.15; Offb 6,10; 14,7; 20,4; 17,1; 18,8.10; 19,2; 20,4; → Ende der Welt; Tag des HERRN; 2) Organ/Ort der Rechtsprechung in Israel – Num 35,12; Dtn 1,17; 19,16; 25,1; 1 Sam 12,7; 2 Sam 15,2.6; 2 Chr 19,6.8; 20,12; Esra 7,26; 2 Makk 14,38; Ps 1,5 (?); 37,33; 122,5; Spr 3,30; 18,5; 24,23; Koh 5,7; Weish 9,3; Sir 29,19; Jes 10,2; 28,6; 41,1; 43,26; 53,8; 54,17; 59,4; Jer 21,12; Ez 20,4; 23,36; Dan 13,49; Obd 21; Sach 7,9; Mt 5,21f.25.40; 7,1f.; 10,17; Apg 23,6; 24,21; 26,6; 1 Kor 4,3; 6,1.6; Jak 2,6; → Recht; Richter; Stadttor.

Gerschom Sohn des Mose und der Zippora – Ex 2,22; 18,3; Ri 18,30; 1 Chr 23,15f.; 26,24.

Gesalbter → Christus; Salbung 3)

Geschlechtsregister →Stammbaum

Geser kanaan. Stadt nordwestlich von Jerusalem – Jos 10,33; 12,12; 16,3.10; Ri 1,29; 2 Sam 5,25; 1 Kön 9,15–17; 1 Chr 6,52; 1 Makk 9,52; 13,43.53; 16,21; 2 Makk 10,32.

Gesetz 1) rechtliche Bestimmung – Gen 47,26; Ex 12,24; 15,25f.; 30,21; Lev 6,11; 10,11; 26,46; Num 18,8; 30,17; Dtn 4,1.8.40; 6,1; 7,11; 17,19; 26,16f.; 33,2; Jos 24,25; 1 Sam 30,25; 1 Kön 3,14; 8,58; 9,4; 2 Kön 17,15.37; 1 Chr 16,17; 22,13; Esra 7,25; Neh 9,13f.; 10,30; Tob 7,12; Est 1,15; 4,11; 1 Makk 13,3; 2 Makk 3,1; 6,1; 7,1; Ps 89,32; 119,1–176; 147,19; Weish 18,9; Sir 17,11–14; 46,14; Jes 10,1; 24,5; Jer 5,22; Ez 11,12; 20,18; 36,27; Am 2,4; Sach 1,6; Mal 3,7.22; Hebr 7,5.12.16; 8,10; 2) Tora des Mose/Pentateuch – Tob 1,8; 7,13; 1 Makk 1,11.56f.; 2 Makk 1,4; Bar 2,2; 4,1.12; Dan 6,6; 13,3.62; Mt 5,17f.; 7,12; 11,13; 12,5; 22,36.40; 23,23; Lk 2,22–24.27.39; 24,44; Joh 1,17.45; 7,19.23.49.51; 8,5.17; 10,34; 12,34; 15,25; 18,31; 19,7; Apg 6,13; 7,53; 13,15; 15,5; 21,20; 22,3; 24,14; 28,23; Röm 2,12–29; 3,19–31; 4,13–16; 5,13.20; 6,14f.; 7,1–25; 8,2–7; 9,31; 10,4f.; 13,8.10; 1 Kor 9,8f.20f.; 15,56; Gal 2,16–21; 3,2–25; 4,4f.21; 5,3f.14.18.23; 6,2.13; Eph 2,15; Phil 3,5f.9; 1 Tim 1,8f.; Tit 3,9; Hebr 7,19.28; 10,1.28; Jak 1,25; 2,8–12; 4,11f.; → Weisung.

Gesetzestafeln „Tafeln des Bundes" – Ex 31,18; 32,15f.19; 34,1.4.28f.; Dtn 9,9–11.15.17; 10,2–5; 1 Kön 8,9.21; 2 Chr 5,10; 6,11; 2 Kor 3,3.

Gewissen – Jos 14,7; 1 Sam 24,6; 25,31; 2 Sam 24,10; Weish 17,10; Apg 23,1; 24,16; Röm 2,15; 9,1; 13,5; 1 Kor 8,7.10.12; 10,25–29; 14,24; 2 Kor 1,12; 4,2; 5,11; 1 Tim 1,5.19; 3,9; 4,2; 2 Tim 1,3; Tit 1,15; Hebr 9,9.14; 10,22; 13,18; 1 Petr 2,19; 3,16.21.

Gibea Ort in Benjamin, 5 km nördlich von Jerusalem gelegen – Jos 18,28; Ri 19,12–20,43; 1 Sam 10,10.26; 22,6; 23,19; 26,1; 2 Sam 23,29; 1 Chr 11,31; 12,3; 2 Chr 13,2; Hos 5,8.

Gibeon/Gibeoniter Ort auf einer Anhöhe, 10 km nordwestlich von Jerusalem gelegen/dessen Bewohner – Jos 9,3.17; 10,1–15; 11,19; 21,17; 2 Sam 2,12–16; 20,8; 21,1–4.9; 1 Kön 3,4f.; 1 Chr 16,39; 21,29; 2 Chr 1,3.5.13; Neh 3,7; Jer 28,1; 41,12.16.

Gideon Richter in Israel – Ri 6,11–8,35; Hebr 11,32; → Jerubbaal.

Gier – Ex 15,9; Num 11,4; Ps 10,3; 17,12; 78,30; 106,14; 140,9; Spr 10,3; 11,6; 21,26; Weish 19,11; Sir 37,29; Jes 56,11; Jer 2,24; 51,39; Ez 7,19; 16,27; Mt 23,25; Mk 4,19; 1 Kor 10,6; → Begehren; Habgier.

2 Makk 1,25; 3,22 u. ö.; Ijob 5,17; 6,4 u. ö.; Ps 68,15; 91,1; Weish 5,23; 11,17; Sir 18,5f.; Jes 13,6; Jer 32,27; Bar 3,1.4; Ez 1,24; 10,5; Joël 1,15; vgl. Dtn 32,39; 1 Sam 2,6; Ijob 1,21; 2,10; Jes 45,7; 3) der Eine und Einzige – Dtn 4,39; 6,4; 32,39; 1 Sam 2,2; 1 Kön 8,60; 2 Kön 19,15–19; Est 4,17(l); Ps 83,19; 100,3; Sir 18,2; Jes 43,10–12; 44,6.8; 45,5–22; 46,8; Dan 3,45; Mk 12,29–33; Joh 17,3; Röm 3,30; 1 Kor 8,4–6; Eph 4,6; 1 Tim 1,17; 2,5; Jud 24; 4) der Ewige – Gen 21,33; Ex 15,18; Dtn 32,40; 33,27; Tob 13,1–13; 14,7; 2 Makk 1,25; Ps 90,2; 93,2; Sir 18,1; 39,20; 42,21; Jes 40,28; Bar 4,10–5,2; Dan 6,27; 13,42; Röm 1,23; 16,26; 1 Tim 1,17; 6,16; Hebr 1,10–12; Offb 1,17; 4,9f.; 10,6; 15,7; 5) der Heilige – Ex 15,11; Lev 11,44f.; 19,2; 20,7.26; Jos 24,19; 1 Sam 2,2; Ps 22,4; 89,36; 99,3.5.9; 111,9; Jes 5,16; 6,3; 40,25; Ez 20,41; 36,23; 38,16.23; Am 4,2; Mt 6,9; Lk 1,49; Joh 17,11; Hebr 12,10; 1 Petr 1,15f.; 1 Joh 3,3; Offb 3,7; 4,8; 6,10; 15,4; 16,5; → Heiliger Israels; 6) der Höchste – Gen 14,18–22; Num 24,16; Dtn 32,8; 2 Sam 22,14; Tob 1,13; 4,10; 2 Makk 3,31; Ps 7,18; 9,3; 18,14 u. ö.; Weish 5,15; 6,3; Sir 4,10; 7,9 u. ö.; Jes 14,14; Klgl 3,35; Dan 3,93; 4,21 u. ö.; Mk 5,7; Lk 1,35.76; 8,28; Apg 7,47; 16,17; Hebr 7,1; 7) der Unsichtbare – Röm 1,20; (2 Kor 4,18); Kol 1,15f.; 1 Tim 1,17; Hebr 11,27; 8) der Verborgene – Ps 30,8; Jes 45,15; Mt 6,6.18; 9) die Wahrheit – 1 Kön 18,21.24.37; 2 Chr 15,3; 33,13; Tob 3,2; Jdt 9,14; Ps 26,3; 43,3; Weish 12,27; Sir 41,19; Joh 1,14.17; 14,6 (Jesus); 15,26; 17,3; Röm 1,25; 2 Kor 11,10 („Christi"); 1 Thess 1,9; 1 Joh 5,20; → Barmherzigkeit 1); Friede 1); Gerechtigkeit Gottes; Gott der Vater; Gott des Lebens; Hirt; König; Liebe 1); Rache; Richter; Schild; Schöpfung.

Gott der Vater 1) V. Israels – Dtn 32,6; Tob 13,4; Ps 68,6 („der Waisen"); 103,13; Weish (2,16;) 10,1 („Urvater der Welt"); 11,10; 14,3; Jes 63,16; 64,7; Jer 3,4.19; 31,9; Mal 1,6; 2,10; 2) V. Jesu – Mt 7,21; 10,32f.; 11,27; 12,50; 15,13; 16,17.27 par.; 18,10.19.35; 20,23; 26,29.39–53; Mk 14,36; Lk 2,49; 10,22; 22,29; 24,49; 25,34; Joh 2,16; 5,17–43; 6,32.40; 8,19.49.54; 10,18–37; 14,2–23; 15,1–24; 20,17; Röm 15,6; 2 Kor 1,3; 11,31; Eph 1,3; 3,14; Kol 1,3; 1 Petr 1,3; 1 Joh 2,22–24; Offb 1,6; 2,28; 3,5.21; 14,1; 3) V. der Jünger, Christen bzw. aller – Mt 5,16.45.48; 6,1.5–15.26.32; 7,11; 10,20.29; 13,43; 18,14; 23,9; Mk 11,25.26 Anm.; Lk 6,36; 12,30.32; Joh 20,17; Röm 1,7; 8,15; 1 Kor 1,3; 8,6; 2 Kor 1,2; 6,18; Gal 1,3f.; Eph 1,2; 2,18; 3,14f.; 4,6; Phil 1,2; 4,20; Kol 1,2.12; 1 Thess 1,3; 3,11.13; 2 Thess 1,1; 2,16; Phlm 3; 1 Joh 3,1; Jak 1,27; 3,9; 1 Petr 1,2.17; → Abba; Vater Unser.

Gott des Lebens lebendiger und lebendig machender Gott – Gen 16,14; Num 16,22; 27,16; Dtn 5,26; 30,20; Jos 3,10; 1 Sam 17,26; 2 Kön 19,4; Est 8,12(q); 2 Makk 7,33; 15,4; Ps 42,3; 84,3; Jes 37,4; Jer 2,13; 10,10; 17,13; 23,36; Dan 6,21.27; 14,5; Hos 2,1; Mt 16,16; 22,32; 26,63; Joh 5,21.26; 6,57.63; 14,6 (Jesus); Apg 14,15; Röm 4,17; 8,11; 9,26; 1 Kor 15,22.45 (Jesus); 2 Kor 3,3; 6,16; Eph 2,4/5; Kol 2,13; 1 Thess 1,9; 1 Tim 3,15; 4,10; Hebr 3,12; 9,14; 10,31; 12,22; Offb 7,2.

Götterbild materielle Darstellung einer Gottheit, aufgrund des Bilderverbots (Ex 20,4, Dtn 5,8) von vorneherein ein Götzenbild – Gen 31,19.34f.; Lev 19,4; Num 33,52; Dtn 7,5.25; Ri 3,19.26; 1 Sam 19,13.16; 2 Sam 5,21; 2 Chr 33,7; Est 4,17(o); 1 Makk 1,43; 3,48; 5,68; 13,47; 2 Makk 2,2; Ps 78,58; Jes 10,10f.; 21,9; 30,22; 40,18–20; 44,9–20; 48,5; Jer 8,19; 50,2; Bar 6,1–72; Ez 8,12; Dan 11,8; Hos 11,2; 13,2; Mi 5,12; Hab 2,18; → Götze, Götzenbild.

Gottesdienst, Gottesverehrung 1) Anbetung – 1 Sam 1,3.19; 2 Kön 17,36; Sir 50,17; Dan 3,95; Sach 14,16f.; Mt 4,10; Joh 4,20–24; 12,20; Apg 8,27; 24,11; 1 Kor 14,25; Offb 4,10; 5,14; 7,11; 11,1.16; 14,7; 15,4; 19,4.10; 22,8f.; 2) Gott dienen, Gd. feiern – 2 Sam 15,8; Esra 6,18; 2 Makk 5,26; 8,29; 10,16; 12,42; Ez 45,4; Joël 1,14; 2,15; Sach 14,16; Apg 13,2; 24,14; 26,7; Röm 9,4; 12,1; Phil 2,17; 3,3; Hebr 9,14; 12,28; Jak 1,26f.; 3) Gott verehren – Dtn 12,4; 2 Kön 17,41; Esra 5,11; Jdt 5,8; 2 Makk 1,3; Ps 102,23; Dan 3,95; Jona 1,9; Mt 15,8f.; Apg 7,7; 17,23; 18,13; 4) sich niederwerfen vor Gott (Proskynese) – Gen 22,5; 24,26f.; Ex 24,1; 2 Sam 12,20; 1 Chr 16,29; 2 Chr 32,12; Ps 5,8; 95,6; 96,9; 99,5; Jes 27,13; Jer 7,2; Joh 9,38; Offb 4,10; 5,14; 7,11; 11,16; 19,4; → Gebet; Opfer.

Gottesfurcht – Gen 20,11; 22,12; 42,18; Ex 1,21; 3,6; Lev 19,14.32; Dtn 6,2; Jos 4,24; 1 Sam 12,14; 2 Sam 23,3; 1 Kön 8,40; 2 Kön 17,36; 1 Chr 16,25; 2 Chr 19,7; Neh 1,11; Tob 14,6; Jdt 16,15f.; 2 Makk 6,30; Ijob 1,1; 4,6; 28,28; Ps 19,10; 66,16; 112,1; 135,20; Spr 1,7;

8,13; 10,27; Koh 3,14; 12,13; Weish 10,12; Sir 1,11–2,18; Jes 8,13; Lk 1,12; 2,9f.; Joh 9,31; Apg 9,31; Röm 3,18; 2 Kor 5,11; 7,1; Phil 2,12; Hebr 5,7; 1 Petr 1,17; 3,2; Offb 15,4; 19,5.

gottesfürchtig – Ex 18,21; 1 Kön 18,3; 2 Kön 4,1; Neh 7,2; Jdt 8,8.31; 11,17; Dan 13,2; Apg 10,2.22; 13,16.26.50; 16,14; 17,4.16; 18,7; 1 Tim 2,10; s. auch Anm. zu Apg 13,16.

Gottesknecht, besonderer in den sog. Gottesknechtsliedern in Jes 40–55; Jes 42,1–4; 49,1–6; 50,4–9; 52,13–53,12.

Gottesmann – Jos 14,6; Ri 13,6.8; 1 Sam 2,27; 9,6–10; 1 Kön 13,1–34; 20,28; 2 Kön 4,7–8,11; 13,19; 23,16f.; 2 Chr 25,7–9; Esra 3,2; Neh 12,24.36; Jer 35,4.

Gottesname → Anh. I. 4. B).

Gottesreich → Reich Gottes

Gottessöhne – Gen 6,1–4; Dtn 32,8; Ijob 1,6; 2,1; 38,7; s. auch „Göttersohn" in Dan 3,92 und „Söhne der Götter" in Ps 89,7; → Engel.

Göttin – 1 Kön 11,5.33; 2 Kön 23,13; 2 Makk 1,14; Apg 19,27.37; 28,4; → Aschera, Astarte.

Götzen, Götzenbilder, -diener – Lev 26,1.30; Dtn 29,16; 1 Sam 15,23; 1 Kön 11,5.7; 2 Kön 17,12; 23,13; 1 Chr 10,9; 2 Chr 15,8; Tob 14,6; Est 4,17(p. q); 1 Makk 10,83; Ps 31,7; 115,4; Weish 14,11f.27–30; Sir 30,19; Jes 2,8.18.20; 42,8; 45,20; 46,1; Jer 2,8.11; Ez 8,10; 36,25; 44,12; Hos 8,4; Jona 2,9; Mi 1,7; Hab 2,18f.; Sach 13,2; Apg 7,41; 17,16; Röm 2,22; 1 Kor 5,10f.; 6,9; 8,4; 10,7.14.19; 12,2; 2 Kor 6,16; Gal 5,20; Eph 5,5; Kol 3,5; 1 Thess 1,9; 1 Joh 5,21; Offb 9,20; 21,8, 22,15; → Götterbild.

Götzenopferfleisch – Apg 15,20.29; 21,25; 1 Kor 8,1–13; 10,14–22; Offb 2,14.20.

Grab – Gen 50,5f.; 1 Sam 10,2; 2 Sam 21,14; 2 Kön 13,21; 23,16–18; Jes 65,4; Jer 8,1; Mt 23,27.29; 27,52f.; 57–66; 28,1–8; Mk 5,3.5; 6,29; 15,46; 16,1–8; Lk 11,44.23,53.55; 24,1–12.22.24; Joh 5,28; 11,17.31.38; 12,17; 19,41f.; 20,1–11; Apg 2,29; 7,16; 13,29; Offb 11,9.

Gräuel – Lev 11,20; Dtn 7,25f.; 2 Kön 21,2; 1 Makk 1,54; Jer 7,10; Dan 9,27; 11,31; 12,11; Mt 24,15; Mk 13,14; Lk 16,15; Offb 21,27

Griechenland, Griechen im NT vielfach deckungsgleich mit Nichtjuden – 1 Makk 1,1; 6,2; 8,9f.18; 2 Makk 4,36; Joh 7,35; 12,20; Apg 11,20; 18,4; 20,2.21; Röm 1,14.16; 2,9f.3,9; 1 Kor 1,22–24; 10,32; 12,13; Gal 3,28; Kol 3,11; → Jawan.

Griechisch → Anh. II. 1. C) u. D).

Gute Nachricht – 2 Sam 18,20.25–27.31; 1 Kön 1,42; Tob 10,12; Spr 25,25; 1 Thess 3,6 → Evangelium.

Gütergemeinschaft – Apg 2,44f.; 4,32–37; vgl. Mt 19,21; Lk 12,33f.; 18,22; Apg 5,1–11.

Habakuk judäischer Prophet – Dan 14,33–39; Hab.

Habgier, Gewinn-, Habsucht – Dtn 7,25; Jos 7,21; 2 Makk 4,50; 10,20; Ps 119,36; Spr 28,25; Weish 10,11; Sir 14,9; Jes 5,8; 57,17; Mi 3,5–8; 7,3; Mk 7,22; Lk 12,15; Röm 1,29; 1 Kor 5,10f.; 6,10; Eph 4,19; 5,3–5; Kol 3,5; 1 Thess 2,5; 1 Tim 3,8; 6,10; 2 Tim 3,2; Tit 1,7.11; Hebr 13,5; 1 Petr 5,2; 2 Petr 2,3.14; → Begehren.

Hadad-Eser Sohn Rehobs, König von Zoba – 2 Sam 8,3–12; 10,16–19; 1 Kön 11,23; 1 Chr 18,3–10; 19,16.19.

Hagar ägypt. Sklavin Saras – Gen 16,1–16; 21,9–21; 25,12; Bar 3,23; Gal 4,24f.

Haggai Prophet im Jerusalem der frühnachexilischen Zeit – Esra 5,1; 6.14; Hag.

Halleluja (hebr. „preist den HERRN!") eine liturgische Formel – Tob 13,18; Ps 104,35; 105,46; 106,1.48 u. ö.; Sir 51,12 Anm.; Offb 19,1.3.6.

Halle Salomos Säulenhalle im Herodianischen Tempel – Joh 10,23; Apg 3,11; 5,12.

Ham 1) Sohn Noachs – Gen 5,32; 6,10; 7,13; 9,18.22; 10,1.6.20; 1 Chr 1,4.8; 2) Land – Ps 78,51; 105,23.27; 106,22.

Haman Gegner der Juden in der Estererzählung – s. Est.

Hamat syrischer Stadtstaat, westlich des Orontes gelegen – 2 Sam 8,9; 2 Kön 17,24.30; 18,34; 19,13; 23,33; 25,21; 1 Chr 18,3.9; 1 Makk 12,25; Jes 10,9; 11,11; 36,19; 37,13; Jer 39,5; 49,23; 52,9.27; Ez 47,16f.; 48,1.

Hananias griech. Form des Namens Hananja 1) Mitglied der Urgemeinde, der aufgrund eines Vergehens gegen die Gütergemeinschaft der Urgemeinde den Tod findet – Apg 5,1–5; 2) Judenchrist in Damaskus – Apg 9,10–17; 22,12–16.

Handauflegung – Gen 48,14; Num 8,10; 27,23; Dtn 34,9; Mt 19,13.15; Mk 5,23; 6,5; 8,23.25; 16,18; Lk 4,40; 13,13; Apg 6,6; 8,17–19; 9,12.17; 28,8; 1 Tim 4,14; 5,22; Hebr 6,2.

Handbreit Längenmaß – s. Anh. III. 1. A).

Hanna (hebr. „Gnade") 1) Mutter Samuels – 1 Sam 1,1–2,11.21; 2) Frau des Tobit – Tob 1,20; 2,1.11; 10,4; 11,5.9.

Hannas (griech. Kurzform von Hananja) Hohepriester am Anfang des 1. Jh.s – Lk 3,2; Joh 18,13–24; Apg 4,6; s. auch Anm. zu Lk 3,1f.

Haran 1) Stadt in Nordostsyrien – Gen 11,31f.; 12,4f.; 27,43; 28,10; 29,4; 2 Kön 19,12; Ez 27,23; Apg 7,2.4; 2) Bruder Abrahams – Gen 11,26–29.31.

Harfe Saiteninstrument – 1 Sam 10,5; 2 Sam 6,5; 1 Chr 13,8; 16,5; 2 Chr 5,12; 29,25; Neh 12,27; 1 Makk 3,45; Ijob 21,12; Ps 33,2; 71,22; 108,3; 150,3; Weish 19,18; Sir 40,21; Jes 5,12; Ez 33,32; Dan 3,5; Am 5,23; 1 Kor 14,7; Offb 5,8.

Hasaël König von Aram – 1 Kön 19,15.17; 2 Kön 8,7–15; 10,32; 12,18f.; 13,22–25; Am 1,4.

Hasidäer (griech. Übertragung für hebr. „Fromme") – 1 Makk 2,42; 7,13; 2 Makk 14,6.

Hasmonäer Herrschergeschlecht der Makkabäer → Makkabäer

Hattirschata Beiname oder Titel des Nehemia, wahrscheinlich „Statthalter" – Neh 7,65.69; 8,9; 10,2; s. Anm. zu Esra 2,63.

Hauptmann im NT Anführer einer röm. Centurie oder Kohorte – Mt 8,5–13 par.; 27,54; Mk 15,39.44f.; Lk 23,47; Joh 18,12; Apg 10,1.22; 22,25f. u. ö.

Haus 1) Gebäude – Gen 12,17; 19,10f.; 33,17; Ex 20,17; Lev 14,33–55; Num 22,18; Dtn 6,9; 8,12; 19,1; 22,8; 28,30; Jos 2,1; Ri 9,5; 1 Sam 1,19; 2 Sam 7,2; 1 Kön 9,10.24; 2 Kön 4,21; 6,32; Esra 6,11; Neh 5,11; Ps 49,12; Spr 1,13; Sir 11,29; Jes 5,8f.; Jer 17,22; Klgl 5,2; Ez 11,3; Hos 7,1; Joël 2,9; Am 5,11; Hag 1,4; Sach 6,10; Mt 2,11; 5,15; 7,24–27; Mk 3,20; Lk 15,25; Apg 2,46; 2 Tim 2,20; 2) Familie, Geschlecht, Volk – Gen 7,1; 46,27; Ex 2,1; 16,31; 19,3; Lev 10,6; Jos 24,15; Ri 1,22; Rut 4,11f.; 1 Sam 25,28; 2 Sam 7,11–29; 1 Kön 12,16; 2 Kön 9,8f.; Esra 2,36; Ps 89,5; Jes 5,7; Jer 9,24; Bar 2,26; Hos 1,4; Am 1,4; Mi 3,9; Sach 12,4; Mt 15,24; Lk 1,33; Apg 2,36; 7,42.46; Hebr 8,8–10; 3) H. Gottes Tempel – Ex 23,19; 34,26; Jos 6,24; 1 Sam 1,7.24; 2 Sam 7,5–7; 1 Kön 5,17–9,8; 2 Kön 25,9; Esra 1,2–7; Neh 6,10; Ps 23,6; 92,14; 122,1; Jes 2,2f.; 56,7; 66,20; Jer 7,11; 12,7; Klgl 2,7; Bar 1,14; Ez 8,14; Hos 8,1; Joël 1,9; Mi 4,1f.; Hag 1,2.9; Sach 1,16; 3,7; 11,13; 14,20f.; Mt 21,13; Mk 2,26; Lk 19,46; 1 Tim 3,15; Hebr 3,6; 10,21; 1 Petr 4,17; vgl. Gen 28,17; → Tempel.

Hazor kanaan. Stadt nördlich des Sees Gennesaret – Jos 11,10; Ri 4,2.17; 1 Kön 9,15; 2 Kön 15,29; Jdt 4,4; 1 Makk 11,67.

Hebeopfer – Ex 29,27f.; Lev 7,14; 10,14f.; 22,12; Num 5,9; 6,20; 15,19–21; 18,24–29; 31,41; Dtn 12,6; Ez 20,40; 44,30; 45,1; 48,8–21; s. Anm. zu Lev 7,14.

Hebräer, Hebräerin Bez. der Israeliten in Abgrenzung zu anderen Völkern – Gen 14,13; 39,14.17; 40,15; 41,12; 43,32; Ex 1,15–22; 2,6–13; 3,18; 21,2; Dtn 15,12; 1 Sam 4,6; 13,3; 14,11; 29,3; Jdt 10,12; 12,11; 14,18; 2 Makk 7,31; 11,13; 15,37; Jer 34,9; Jona 1,9; Apg 6,1; 2 Kor 11,22; Phil 3,5.

Hebron kanaan. Stadt, südlich von Jerusalem gelegen – Gen 13,18; 23,2.19; 35,27; 37,14; Num 13,22; Jos 11,21; 20,7; 21,11; Ri 1,10.20; 1 Sam 30,31; 2 Sam 2,1–5,5; 2 Chr 11,10; 1 Makk 5,65; → Kirjat-Arba.

Heer des Himmels, Himmelsheer die Gestirne als Mächte – Dtn 4,19; 17,3; 1 Kön 22,19; 2 Kön 17,16; 21,3.5; 23,4f.; 2 Chr 18,18; 33,3.5; Neh 9,6; Jes 34,4; Jer 8,2; 19,13; 33,22; Dan 4,32; 8,10f.; Zef 1,5.

Heiden Völker, Menschen anderer Religionen, auch verwendet für Heidenchristen – Tob 1,10f.; 13,3; Jdt 8,22; Est 4,17(p. u); 2 Makk 6,4; 8,5; 15,8.10; Mt 5,47; 6,7.32; 10,5.18; 18,17; 20,19; Mk 7,26; 10,33; Lk 2,32; 12,30; 18,32; Apg 4,27; 10,45; 11,1.18; 13,46; 14,5.27; 15,3–23; 18,6; 21,25; 22,21; 28,28; Röm 2,14; 3,29; 9,24.30; 11,11–13.25; 15,9–12.16; 1 Kor 1,23; 5,1; 12,2; 2 Kor 11,26; Gal 2,9.12.14f.; Eph 2,11; 3,1.6.8; 4,17; 1 Thess 2,16; 4,5; 1 Tim 3,16; 1 Petr 2,12; 4,3; 3 Joh 7; Offb 11,2.

Heil die Wirkung des erlösenden und rettenden Eingreifens Gottes und Christi – 1 Sam 2,1; 2 Sam 23,5; 1 Kön 2,33; 1 Chr 12,19; 16,23.35; 2 Chr 6,41; Tob 14,7; Est 8,12(u); Ijob 5,4; 30,15; Ps 18,3; 24,5; 27,1; 40,11.17; 50,23; 91,16; 95,1; 96,2; 98,2f.; 116,13; 132,16; Weish 6,24; Jes 17,10; 33,6; 45,7f.; 49,6.8; 51,5f.; 52,7.10; 53,5; 56,1; 61,10; Jer 14,13; 33,9; 44,27; Ez 13,10.16; Mal 2,5; Lk 1,77; 2,30; 3,6; 19,9; Joh 4,22; Apg 4,12; 16,17; 28,28; Röm 11,11; 13,11; 2 Kor 1,6; 7,10; Eph 6,17; Phil 2,12; 1 Thess 2,16; 2 Tim 3,15; Hebr 1,14; 2,3; 5,9; 6,9; Offb 19,1.

Jonatan; Kajaphas; Pinhas 1) sowie Priester.

Hoher Rat (griech. *synédrion*) oberstes Gremium der Jerusalemer Kultgemeinde – 2 Makk 1,10; 4,44; Mt 5,22; 26,59; Mk 14,55; 15,1.43; Lk 22,66; 23,50; Joh 11,47; Apg 4,15; 5,21 u. ö.; 6,12.15; 22,30; 23,1 u. ö.; 24,20.

Hölle – Mt 5,22.29f.; 10,28; 18,9; 23,15.33; Mk 9,43–48; Lk 12,5; Jak 3,6; → Gehenna; Unterwelt.

Holofernes assyr. Heerführer – s. Jdt

Hómer Hohlmaß – s. Anh. III. 1. D).

Honig 1) Grundnahrungmittel exklusiver Süßstoff (da Zucker in Palästina noch nicht eingeführt war) und Handelsware – Gen 43,11; Ex 16,31 („Honigkuchen"); Lev 2,11; Dtn 8,8; Ri 14,8f.; 1 Sam 14,25–29; 2 Sam 17,29; 1 Kön 14,3; 2 Kön 18,32; 2 Chr 31,5; Ijob 20,17; Ps 81,17; Spr 24,13; 25,16.27; 27,7; Sir 39,26; Jes 7,15.22; Jer 41,8; Ez 16,13.19; 27,17; Mt 3,4; Mk 1,6; 2) Metapher für Lieblichkeit – Ri 14,18; Ps 19,12; 119,103; Spr 5,3; 16,24; Hld 4,11; 5,1; Sir 24,20; 49,1; Ez 3,3; Offb 10,9; zur Wendung „Land, in dem Milch und Honig fließen" → Milch.

Horeb alternativer Name für den Berg Sinai – Ex 3,1; 17,6; Dtn 1,2.6.19; Ps 106,19; Sir 48,7.

Horn 1) von Tieren (Bock, Widder und Stier) und Symbol der Kraft und Macht in Vergleichen – Gen 22,13; Num 23,22; 24,8; Dtn 33,17; Ps 18,3; 22,22; 69,32; Ez 34,21; 2) Chiffre für Herrschergestalten – Jer 48,25; Klgl 2,3; Ez 29,21; Dan 7,7–11.20–24; 8,3–9.20–22; Mi 4,13; Sach 2,1–4; Offb 5,6; 12,3; 13,1.11; 17,3–16; 3) Musik- und Signalinstrument (Jobel/Schofar= Widderhorn, s. Anm. zu Lev 25,8–12) – Ex 19,13.16.19; 20,18; Lev 25,9; Jos 6,4–20; Ri 3,27; 7,8–22; 1 Sam 13,3; 2 Sam 2,28; 6,15; 1 Kön 1,34; 1 Chr 25,5; 2 Chr 15,14; Neh 4,14; Ijob 39,24f.; Ps 47,6; 98,6; 150,3; Jes 18,3; 27,9; 58,1; Jer 4,5; 42,14; 51,27; Ez 7,14; 33,3–6; Dan 3,5; Hos 5,8; Joël 2,1; Am 2,2; 3,6; Zef 1,16; Sach 9,14; → Altarhörner.

Hosanna (hebr. „Rette doch!") urspr. ein Bittruf an Gott/König, in den Evv. ein Jubelruf – Mt 21,9.15; Mk 11,9f.; Joh 12,13; s. auch Anm. zu Mt 21,9.15.

Hoschea letzter König des Nordreichs – 2 Kön 15,30; 17,1–6; 18,1.9f.

Huld → Gnade

Hulda Prophetin in Jerusalem – 1 Kön 22,14–20; 2 Chr 34,22–28.

Hungersnot – Gen 12,10; 26,1; 41,27–36.54.56; 42,5; 47,4.13; Rut 1,1; 2 Sam 21,1; 24,13; 1 Kön 8,37; 18,2; 2 Kön 4,38; 6,25; 25,3; 1 Chr 21,12; Jdt 5,10; 1 Makk 9,24; Sir 48,2; Jer 52,6; Ez 5,17; 36,29f.; Mt 24,7; Lk 4,25; 15,14; Apg 7,11; 11,28.

Hure, huren – Lev 17,7; 19,29; 20,5f.; Num 14,33; Sir 9,6; 23,23; Jes 1,21; 23,16f.; Bar 6,9; Ez 16,15–41; 23,7–44; Hos 3,3; Am 7,17; Mi 1,7; Nah 3,4; Offb 14,8; 17,1–5.15f.; 19,2; → Dirne.

Idumäa/Idumäer griech. für Edom/Edomiter – 1 Makk 4,15.29.61; 5,3; 6,31; 2 Makk 10,15f.; 12,32; Mk 3,8.

Ikonion Hauptstadt von Lykaonien/Kleinasien – Apg 13,51; 14,1.19.21; 16,2; 2 Tim 3,11.

Immanuel (hebr. „Gott mit uns") – Jes 7,14; 8,8; Mt 1,23.

Isaak (hebr. „Er lacht") Sohn Abrahams und Saras – Gen 21,1–12; 22,1–19; 24,62–67; 25,19–26; 26,1–28,8; 31,42.53; 35,27–29; 46,1; 48,15f.; 49,31; 50,24; Ex 2,24; 3,6; 1 Kön 18,36; Mt 1,2; 8,11; 22,32; Lk 13,28; Apg 3,13; 7,8.32; Röm 9,7.10; Gal 4,28; Hebr 11,17–20; Jak 2,21; s. auch Anm. zu Sir 51,12.

Isai Vater Davids – Rut 4,17.22; 1 Sam 16,1–22; 17,12f.; 22,7–9; 25,10; 1 Chr 2,12f.; Jes 11,1.10; Mt 1,5f.; Lk 3,32; Apg 13,22; Röm 15,12.

Ischbaal Sohn Sauls – 2 Sam 2,8–15; 3,7–15; 4,1–12.

Isebel 1) Gattin Ahabs von Israel – 1 Kön 16,31; 18,4.13.19; 19,1f.; 21,5–25; 2 Kön 9,7.10.22.30–37; 2) eine falsche Prophetin – Offb 2,20.

Ismael/Ismaeliter Sohn Abrahams und Hagars, Stammvater der Ismaeliter/dieselben – Gen 16,11–16; 17,20; 21,9–21; 25,12–18; 37,25–28; Ri 8,24; 1 Chr 1,28–31; Jdt 2,23; Ps 83,7.

Israel/Israelit/Israelitin (hebr. „Gottesstreiter") 1) neuer Name Jakobs – Gen 32,29; 35,10.21f.; 37,3.13; 2) Söhne Jakobs/Israels – Gen 42,5; 45,21; 46,5.8; 49,2; 50,25; Ex 1,1.7; 13,19; 28,9.21.29; 39,6; 14; 1 Chr 2,1; 3) Nordreich – 2 Sam 20,1f.; 1 Kön 11,37; 12,19f.; 14,16; 15,25.33f.; 19,10; 2 Kön 17,7–18; Jer 3,11f.; Ez 37,19; Am 4,12; 5,2; 4) Gesamtvolk – Gen 32,33; Ex 4,22; Lev 24,10;

Gal 1,17f.; 2,1–10; 4,25; 3) himmlisches Jerusalem – Gal 4,26; Hebr 12,22; Offb 3,12; 21,2.10.

Jesaja Prophet in Juda/Jerusalem – 2 Kön 19,2–20,19; 2 Chr 26,22; 32,20.32; Sir 48,20–25; Jes; Mt 3,3; 4,14; 8,17; 12,17; 13,14; 15,7; Mk 1,2; 7,6; Lk 3,4; 4,17; Joh 1,23; 12,38f.41; Apg 8,28.30; 28,25; Röm 9,27.29; 10,16.20; 15,12.

Jeschua Sohn Jozadaks, erster Hohepriester nach dem Exil – Esra 2,2; 3,2–9; 4,3; 5,2; Neh 7,7; Sir 49,12; auch als Jehoschua überliefert – Hag 1,1.12.14; 2,2–4; Sach 3,1–10.

Jeschurun Ehrenname für Israel – Dtn 32,15; 33,5.26; Jes 44,2; s. Anm. zu Jes 44,2.

Jesreel Ebene zwischen Galiläa und Samaria und gleichnamiger Ort in der Ebene – Jos 17,16; 19,18; Ri 6,33; 1 Sam 25,43; 29,1.11; 2 Sam 2,2.9; 3,2; 4,4; 1 Kön 4,12; 18,45f.; 21,1–23; 2 Kön 8,29; 9,10.15–25.30–37; 10,6–11; 1 Chr 3,1; 2 Chr 22,6; Jdt 1,8; 3,9; 4,6; 7,3; Hos 1,4f.; 2,2.24.

Jesus Christus griech. Form des Namens Josua 1) Person und Leben Name – Mt 1,21.25; Lk 1,31; 2,21; Geburt – Mt 1,1–25; 2,1–12; Lk 1,26–38; 2,1–12; (frühe) Kindheit – Mt 2,13–15.19–23; Lk 2,22–40.41–52; Taufe – Mt 3,13–17; Mk 1,9–11; Lk 3,21f.; (vgl. Joh 1,29–34); Versuchung – Mt 4,1–11; Mk 1,12f.; Lk 4,1–13; Wirken in Galiläa –Mt 4,12–18,35; Mk 1,14–8,26; Lk 4,14–9,50; Joh 2,1–12; 4,43–54; 6,1–7,9; Verklärung – Mt 17,1–9; Mk 9,2–8; Lk 9,28–36; Weg nach Jerusalem – Mt 19,1–20,34; Mk 8,27–10,52; Lk 9,51–19,27; Joh 2,13; 5,1; 7,10; Wirken in Jerusalem – Mt 21,1–25,46; Mk 11,1–13,37; Lk 19,28–21,38; Joh 2,13–3,21; 5,1–47; 7,11–17,26; Leiden und Sterben – Mt 26,1–27,66; Mk 14,1–15,47; Lk 22,1–23,56; Joh 18,1–19,42; Auferstehung und Erscheinungen – Mt 28,1–20; Mk 16,1–20; Lk 24,1–53; Joh 20,1–21,23; Apg 1,4–9; Himmelfahrt – Lk 24,51; Apg 1,9–11; 2) Titel der Sohn – Mt 11,27; 24,36; 28,19; Joh 3,35f.; 5,19–23; 6,40; 8,35f.; 14,13; 17,1; Gott – Joh 1,1.18; 20,28; Tit 2,13; 2 Petr 1,1; 1 Joh 5,20; Heiland → Retter; der Heilige Gottes – Mk 1,24; Lk 4,34; Joh 6,69; Herr – Mk 16,19; Lk 2,11; 24,3.34; Joh 20,28; 21,7.12; Apg 1,21; 4,33; 7,59; 8,16; 11,17.20; 16,31; 19,13.17; 20,21; 21,13; 28,31; öfters in den Briefen, u. a. Röm 16,20; 1 Kor 11,23; 2 Kor 4,14; Phil 2,11; Kol 3,17; 1 Thess 4,1; 2 Thess 1,8; 1 Tim 6,3; 2 Petr 1,2; Jud 17; Menschensohn – Mt 8,20 (?); 9,6; 10,23; 11,19; 12,8.32.40; 13,37.41; 16,13.27f.; 17,9.12.22; 18,11; 19,28; 20,18.28; 24,27.30.37.39.44; 25,31; 26,2.24.45.64; Mk 14,21.41; Lk 6,22; 17,22.24 26; 18,8; 19,10; 22,48; 24,7; Joh 3,13f.; 6,53; 8,28; 9,35; 12,34; 13,31; Apg 7,56; vgl. Ijob 25,6; Ps 80,18; Ez 2,1.3.6 u. ö.; Dan 7,13; Offb 1,13; 14,14; Messias → Christus; Sohn Gottes – Mt 2,15; 3,17; 4,3.6; 8,29; 14,33; 16,16; 17,5; 26,63; 27,40.43.54; Mk 3,11; Lk 1,35; Joh 1,14.34.49; 3,16.18; 5,25; 10,36; 11,27; 19,7; 20,31; Apg 8,37 Anm.; 9,20; 13,33; Röm 1,3f.; 5,10; 8,3; 2 Kor 1,19; Gal 1,16; 2,20; 4,4; Eph 4,13; Hebr 1,5; 4,14; 5,5; 6,6; 7,3; 10,29; 2 Petr 1,17; 1 Joh 1,3.7; 3,8.23; 4,9f.15; 5,5.9–13.20; 2 Joh 3; Offb 2,18.

Jiftach Richter aus Gilead – Ri 11,1–12,7; 1 Sam 12,11; Hebr 11,32.

Jitro Schwiegervater des Mose – Ex 3,1; 4,18; 18,1–12; → Reguël.

Joab oberster Befehlshaber des Heeres Israels unter David – 2 Sam 2,12–32; 3,22–32; 8,16; 10,7–14; 11,1–25; 12,26f.; 14,1–33; 17,25–19,9; 20,2–23; 24,1–9; 1 Kön 1,5–2,34; 11,15f.21; 1 Chr 2,16; 11,6f.; 26,28; Ps 60,2.

Joahas 1) König von Israel – 2 Kön 10,35; 13,1–9.22.25; 2) König von Juda – 2 Kön 23,30.31–34; 2 Chr 36,1–4; auch unter dem Namen Schallum bezeugt Jer 22,10–12; 1 Chr 3,15.

Joasch (hebr. „Der HERR hat gegeben") 1) Vater Gideons – Ri 6,11.30f.; 8,32; 2) König von Juda – 2 Kön 11,2f.; 12,1–22; 13,1.10; 14,3; 1 Chr 3,11; 22,11f.; 23,20; 24,1–27; 3) König von Israel – 2 Kön 13,9.10–25; 14,1.8–17; 2 Chr 25,17–23.25; Hos 1,1; Am 1,1.

Jobeljahr großes Erlassjahr nach sieben Sabbatjahren oder Jahrwochen, also alle 50 Jahre – Lev 25,8–55; 27,17–24; Num 36,4; vgl. Anm. zu Lev 25,8–12.

Joch, -hölzer, -stangen 1) konkret – Num 19,2; Dtn 21,3; 1 Sam 6,7; 1 Kön 19,21; Ijob 1,3; 42,12; Jer 27,2; 28,10–13; 2) Bild für Unterdrückung – Gen 27,40; Lev 26,13; Num 25,3; Dtn 28,48; 1 Kön 12,4–14; 2 Chr 10,4–14; 1 Makk 8,18; 13,41; Sir 28,19f.; 33,27; 51,26; Jes 9,3; 10,27; 14,25; 47,6; 58,6; Jer 2,20; 5,5; 27,8–12; 28,2.11–14; 30,8; Klgl 1,14; 3,27; 5,5; Ez 30,18; 34,27; Hos 11,4 Anm.; Nah 1,13; Mt 11,29f.; Apg 15,10; 2 Kor 6,14; Gal 5,1; 1 Tim 6,1; 3) Flächenmaß – Jes 5,10 → Anh. III. 1. C).

Johanan Sohn Kareachs – 2 Kön 25,23f.; Jer 40,7f.13–16; 41,11–18; 42,1.8; 43,1–7.

Johannes 1) der Täufer – Mt 3,1–1–17; 4,12; 9,14; 11,2–19; 14,1–12; 16,14; 17,13; 21,25f.32; Mk 2,18; Lk 1,13.57–66; 3,1–20; 9,7–9; 11,1; 16,16; Joh 1,6.15.19–40; 3,22–30; 4,1; 5,33.36; 10,40f.; Apg 1,5.22; 10,37; 13,24f.; 18,25; → Taufe 1); 2) Apostel – Mt 4,21; 10,2; 17,1; 26,37; Mk 5,37; 9,38; 10,35.41; 13,3; 14,33; Lk 22,8; Apg 1,13; 3,1–11; 4,13.19; 8,14; 12,2; Gal 2,9; vgl. den Lieblingsjünger in Joh 13,23–25; 19,26f.; 20,3–10; 21,7.20–25; 3) Vater des Petrus – Mt 16,17; Joh 1,42; 21,15–17; 4) Autor der Offenbarung – Offb 1,1.4.9; 22,8.

Johannes Hyrkanus biblisch Johanan, Sohn des Simon Makkabäus – 1 Makk 13,53; 16,1–24.

Johannes Markus Begleiter des Paulus – Apg 12,12.25; 13,5.13; 15,37.39; Kol 4,10; 2 Tim 4,11; Phlm 24; 1 Petr 5,13.

Jojachin König von Juda – 2 Kön 24,6.8–17; 25,27; 1 Chr 3,16f.; 36,8–10; Est 1,1(c); 2,6; Jer 24,1; 27,20; 28,4; 29,2; 37,1; 52,31–34; Bar 1,3.9; Ez 1,2; Mt 1,11f.; → Konjahu.

Jojada Priester in Jerusalem – 2 Kön 11,4–12,17; 2 Chr 22,11–24,22.

Jojakim (hebr. „Der HERR richte auf") 1) König von Juda, urspr. Eljakim – 2 Kön 23,34–24,6.19; 1 Chr 3,15f.; 2 Chr 36,4–8; Jer 1,3; 22,18.24; 24,1; 26,21–23; 27,20; 28,4; 36,28–32; 46,2; 52,2; Dan 1,1f.; 2) Hohepriester – Jdt 4,6–8.14; 15,8; 3) Gatte der Susanna – Dan 13,1–64.

Jona Prophet aus Gat-Hefer – 2 Kön 14,25; Jon; Mt 12,39–41; 16,4; Lk 11,29–32.

Jonatan (hebr. „Der HERR hat gegeben") 1) Sohn Sauls – 1 Sam 13,2–14,49; 18,1.3; 19,1–21,1; 23,16.18; 31,2; 2 Sam 1,4–27; 4,4; 9,1–7; 21,7–14; 1 Chr 8,33f.; 9,39f.; 10,2; 1 Makk 4,30; 2) Sohn des Mattatias Hohepriester – 1 Makk 2,5; 5,17.24.55; 9,19–13,30; 14,16.18.30; 2 Makk 1,23; 8,22.

Joppe griech. Name der Stadt Jafo – Apg 9,36–43; 10,5.8.23.32; 11,5.13; → Jafo.

Joram 1) Sohn Joschafats König von Juda – 1 Kön 22,51; 2 Kön 1,17; 8,16–24; 12,19; 1 Chr 3,11; 2 Chr 21,1–20; Mt 1,8; 2) Sohn Ahabs König von Israel – 2 Kön 1,17; 3,1–3.6.8; 8,16.25.28f.; 9,14–24.29; 2 Chr 22,5–7.

Jordan Hauptfluss Palästinas – Gen 13,10f.; 32,11; 50,10f.; Num 13,29; 32,5; 34,15; Dtn 1,1.5; 4,21f.; 9,1; 27,2; Jos 1,2; 3,1–17; 4,1–5,1; Ri 5,17; 1 Sam 31,7; 2 Sam 2,29; 1 Kön 2,8; 7,46; 17,3; 2 Kön 2,6f.; 5,10.14; 1 Chr 6,63; Jdt 1,9; 5,15; 1 Makk 5,24; Ps 42,7; 114,3.5; Sir 24,26; Jes 8,23; Jer 12,5; Ez 47,18; Sach 11,3; Mt 3,5f.13; 4,15.25; 19,1; Lk 4,1; Joh 1,28; 3,26; 10,40.

Joschafat König von Juda – 1 Kön 15,24; 22,1–32.41–51.52; 2 Kön 3,1.7–14; 8,16; 12,19; 1 Chr 3,10; 2 Chr 17,1–20,37; 21,1f.12; Mt 1,8.

Joschija König von Juda – 1 Kön 13,2; 2 Kön 21,24.26; 22,1–23,30.34; 1 Chr 3,14f.; 2 Chr 33,25; 34,1–35,27; 36,1; Sir 49,1–4; Jer 1,2; 3,6; 22,11; 25,3; 36,2; Zef 1,1; Mt 1,10f.

Josef 1) Sohn Jakobs, Stamm Israels – Gen 30,24f.; 33,2.7; 35,24; 37,2–36; 39,1–50,26; Ex 1,5f.8; Dtn 27,12; 33,13–17; Jos 24,32; Ps 80,1; Sir 49,15; Ez 37,16.19; Am 5,6.15; Obd 18; Joh 4,5; Apg 7,9–14.18; Hebr 11,21f.; Offb 7,8; 2) aus Nazaret – Mt 1,16–25; 2,13–15.19–23; Lk 1,27; 2,4.16; 3,23; 4,22; Joh 1,45; 6,42; 3) aus Arimathäa – Mt 27,57–60; Mk 15,43–46; Lk 23,50–53; Joh 19,38–42.

Josua Nachfolger des Mose und Führer Israels bei der Landnahme – Ex 17,8–16; 24,13; 32,17; 33,11; Num 11,28; 13,16; 14,6; 27,12–23; 32,28; 34,17; Dtn 1,38; 3,21.28; 31,1–8.23; 34,9; Jos; Ri 1,1; 2,6–10.21.23; 1 Kön 16,34; 1 Chr 7,27; Neh 8,17; 1 Makk 2,55; 2 Makk 12,15; Sir 46,1–8; Apg 7,45; Hebr 4,8.

Jotam (hebr. „Der HERR hat sich redlich gezeigt") 1) Sohn Jerubbaals/Gideons – Ri 9,5–21.57; 2) König von Juda – 2 Kön 15,5.7.30.32–38; 1 Chr 3,12; 5,17; 2 Chr 26,21.23; 27,1–9; Jes 1,1; 7,1; Hos 1,1; Mi 1,1; Mt 1,9.

Jubeljahr → Jobeljahr

Juda Sohn Jakobs, Stamm Israels und Südreich – Gen 29,35; 35,23; 37,26f.; 38,1–30; 43,3–10; 44,14–34; 46,12.28; 49,8–12; Num 26,19–22; Dtn 33,7; Jos 15,1–63; Ri 1,1–20; 2 Sam 2,1–11; 1 Kön 12,20; 2 Kön 21,11f.; 23,26f.; 24,2f.20; 25,21f.; Esra 2,2f.; Neh 5,14; Ps 69,36; 76,2; 78,68; Sir 45,25; Jes 7,17; 11,12f.; 40,9; 44,26; Jer 7,2; 20,4; Ez 37,16.19; Hos 6,11; Mi 5,1; Sach 1,12; 11,14; Mt 1,2f.; Lk 3,33; Hebr 7,14; Offb 5,5.

Judäa hellenistisch-röm. Bez. für das Gebiet um Jerusalem, häufig für das Südreich/die Provinz Juda oder für ganz Palästina gebraucht – Jud 1,12; 3,9; 4,1 u. ö.; 1 Makk 1,54; 3,8.34 u. ö.; 2 Makk 1,1.10; 5,11 u. ö.; Dan 14,33; Mt 2,1.5.22; 3,1; 4,25; 19,1; 24,16; Mk

1,5; Lk 1,65; 2,4; 3,1; 4,44; 5,17; 7,17; Joh 3,22; 4,3.47.54; 7,1.3; 11,7; Apg 1,8; 8,1; 9,31; 10,37; 11,1.29; 12,19; 15,1; 21,10; 26,20; 28,21; Röm 15,31; 2 Kor 1,16; Gal 1,22; 1 Thess 2,14.

Judas 1) der Makkabäer – 1 Makk 2,4.66; 3,1–9,22; 2 Makk 2,19; 5,27; 8,1–10,8; 10,9–13,26; 14,10–15,36; 2) Thaddäus – Mt 10,3; Mk 3,18; Lk 6,16; Apg 1,13; 3) Iskariot, Jünger Jesu – Mt 10,4; 26,14.25.47; 27,3–5; Mk 14,10f.; Lk 22,3; Joh 6,71; 12,4; 13,2.26–30; Apg 1,16–18.25; 4) Bruder Jesu – Mt 13,55; Mk 6,3; Jud 1; 5) Sohn des Jakobus – Lk 6,16; Joh 14,22; Apg 1,13; 6) Barsabbas – Apg 15,22.27.32.

Juden Bez. für die Bewohner im Umkreis Jerusalems und der Provinz Juda sowie die Mitglieder der Jerusalemer Kultgemeinde 1) AT – s. Esra, Neh, Est, 1/2 Makk sowie Tob 11,18; Dan 6,14; 13,4; 2) NT (insbesondere in Joh eine literarische Figur) – Mt 2,2; 27,11.29.37; 28,15; Mk 7,3; 15,9.12; Lk 23,37; Joh 1,19; 2,6.13; 4,9.22; 7,13; 8,31–59; 18,35; Apg 2,5.11; 9,22f.; 10,28.45; 11,2.19; 13,14–51; 14,1–7; 17,5; 18,2–5; 21,11.20.27–30; 24,24 (Jüdin); Röm 1,16; 2,9f.17.28f.; 3,1 9.29; 9,24; 10,12; 1 Kor 1,22–24; 9,20; 10,32; 12,13; 2 Kor 11,24; Gal 2,13–15; 3,28; Kol 3,11; 4,11; 1 Thess 2,14; Offb 2,9; 3,9.

Jünger Schüler, Anhänger 1) Jesu – Mt 5,1; 8,25; 9,14; 10,1.24f.; 12,1f.49; 13,10.52; 14,15; 15,2; 16,13.20f.; 26,56; 27,57.64; 28,19; Mk 8,10; 16,7; Lk 8,3; 11,1; 14,26f.33; Joh 2,11f.; 4,1f.; 6, 66; 8,31; 13,35; 18,15–19; 19,26f.; 21,23f.; Apg 6,1f.; 9,36 (Jüngerin); 11,26; → Apostel; Menschenfischer; 2) Jesajas – Jes 8,16; 3) Johannes' des Täufers – Mt 11,2; 14,12; Mk 2,18; 6,29; Lk 5,33; 7,18; 11,1; Joh 1,35.37; 3,25; 4) des Mose – Joh 9,28; 5) der Pharisäer – Mt 22,16.

Jungfrau – Gen 24,16; Ex 22,16; Lev 21,13f.; Ri 11,37f.; 2 Sam 13,18; Jdt 9,2, Ijob 31,1; Ps 45,15; Sir 9,5; Jes 7,14; 62,5; Jer 31,13; Klgl 1,4; 5,11; Ez 44,22; Joël 1,8; Mt 1,23; 25,1–13; Lk 1,27; Apg 21,9; 1 Kor 7,28.34.

Jüngster Tag – Joh 6,39f.44.54; 11,24; 12,48; → Ende der Welt; Tag des HERRN.

Justus (lat. „der Gerechte") Beiname von drei verschiedenen Personen aus der Zeit der frühen Kirche – Apg 1,23 (Josef, genannt Barsabbas); 18,7 (Titius); Kol 4,11 (Jesus).

Kab Hohlmaß – s. Anh. III. 1. D).

Kadesch wichtiger Ort der Wüstenwanderung Israels in der Wüste Sinai – Gen 14,7; 16,14; 20,1; Num 13,26; 20,1.14.16.22; 27,14; 33,36f.; Dtn 1,46; 32,51; Ri 11,16f.; Jdt 1,9; Ps 29,8; auch K.-Barnea – Num 32,8; 34,4; Dtn 1,2.19; 2,14; 9,23; Jos 10,41; 14,6f.; 15,3.

Kafarnaum Ortschaft am Nordufer des Sees Gennesaret, Zentrum der jesuanischen Wirksamkeit in Galiläa – Mt 4,13; 8,5; 11,23; 17,24; Mk 1,21; 2,1; 9,33; Lk 4,23.31; 7,1; 10,15; Joh 2,12; 4,46; 6,17.24.59.

Kaftor Herkunftsort der Philister, wahrscheinlich Kreta – Dtn 2,23; Jer 47,4; Am 9,7.

Kain Erstgeborener Adams und Evas – Gen 4,1–25; Num 24,21; Hebr 11,4; 1 Joh 3,12; Jud 11; vgl. die Anspielung auf Kain in Weish 10,3.

Kaiser von „Cäsar", röm. Herrschertitel – Mt 22,15–22; Lk 3,1; 23,2; Joh 19,12; Apg 17,7; 25,10–12.21.25; 26,32; Phil 4,22; 1 Petr 2,17.

Kajaphas Hohepriester in der Zeit Jesu – Mt 26,3.57.62–66; Lk 3,2; Joh 11,49–51; 18,13f. 24.28; Apg 4,6.

Kaleb einer der Kundschafter bei der Landnahme – Num 13,6.30; 14,6.24.30.38; Dtn 1,36; Jos 14,6.13f.; 15,13–18; Ri 1,12–15; 1 Sam 30,14; 1 Chr 2,9.18f.; 1 Makk 2,56; Sir 46,7.9.

Kampfwagen → Streitwagen

Kana Ort in Galiläa – Joh 2,1.11; 4,46; 21,2.

Kanaan 1) Sohn Hams und Enkel Noachs – Gen 9,18.22.25–27; 10,6.15; 1 Chr 1,8.13; Dan 13,56; 2) Name des Westjordanlands – Gen 11,31; 12,5–7; 13,12; 16,3; 17,8 u. ö.; Ex 6,4; 15,15; 16,35; Lev 14,34; 18,3; 25,38; Num 13,2.17; 32,30.32; Dtn 32,49; Jos 5,12; 21,2; 22,9–11; 24,3; Ri 3,1; 21,12; 1 Chr 16,18; Jdt 5,9f.; Ps 105,11; 135,11; Jes 19,18; 23,11; Bar 3,22; Zef 2,5; Apg 7,11; 13,19.

Kanaaniter/Kanaaniterinnen Bewohner/innen von Kanaan – Gen 10,18f.; 12,6; 13,7; 15,21; 24,3.37; Ex 3,8.17; 6,15; 13,5.11; 23,23.28; Num 13,29; 14,25.43.45; 21,1 („Kanaanäer").3; Dtn 1,7; 7,1; 11,30; 20,17; Jos 3,10; 5,1; 7,9; 9,1; 11,3; 24,11; Ri 1,1–10.27–33; 3,3.5; 2 Sam 24,7; 1 Kön 9,16; 1 Chr 2,3; Esra 9,1; Neh 9,8.24; Jdt 5,16; Ez 16,3; Obd 20; Mt 15,22 („kanaanäische Frau").

Karawane – Gen 37,25; Ijob 6,19; Jes 21,13; Ez 27,25.

Karmel 1) Bergrücken zwischen Jesreelebene und Mittelmeer – 1 Kön 18,19f.42; 2 Kön 2,25; 4,25; Jdt 1,8; Hld 7,6; Jes 33,9; 35,2; Jer 46,18; 50,19; Am 1,2; 9,3; Nah 1,4; 2) Stadt in Juda – Jos 15,55; 1 Sam 15,12; 25,2; 27,3; 30,29; 2 Sam 23,35; 1 Chr 11,37.

Kebar Seitenkanal des Eufrat – Ez 1,1.3; 3,15.23; 10,15.20.22; 43,3.

Kedar Sohn Ismaels, arabischer Nomadenstamm – Gen 25,13; 1 Chr 1,29; Ps 120,5; Hld 1,5; Jes 21,16f.; 42,11; 60,7; Jer 2,10; 49,28; Ez 27,21.

Kedesch Ortschaft nördlich des Sees Gennesaret – Jos 12,22; 19,37; 20,7; 21,32; Ri 4,9–11; 2 Kön 15,29; 1 Chr 6,61; 1 Makk 11,63.73.

Kedesch-Naftali Ortschaft, vielleicht mit Kedesch identisch – Ri 4,6; Tob 1,2.

Kedor-Laomer König von Elam – Gen 14,1–9.17.

Kehat, Kehatiter Sohn Levis/Angehörige einer Levitenklasse – Gen 46,11; Ex 6,16.18; Num 3,14–4,49; 7,9; 10,21; 16,1; 26,57f.; Jos 21,4f.10.20.26; 1 Chr 5,27–6,66; 9,32; 15,5; 23,6.12; 2 Chr 20,19; 29,12; 34,12.

Kelch Trinkgefäß, auch symbolisch verwendet für das von Gott bestimmte Geschick – Jes 51,22; Mt 20,22f.; 26,27.39.42; Joh 18,11; 1 Kor 10,16.21; 11,25–28; → Becher.

Kemosch ein Gott der Moabiter – Ri 11,24; 1 Kön 11,7.33; 2 Kön 23,13; Jer 48,7.13.46.

Kenan ein Nachfahre Adams – Gen 5,9f.12–14; 1 Chr 1,2; Lk 3,36f.

Keniter nomadischer Volksstamm im Süden Palästinas, dessen Name von Kain abgeleitet ist – Gen 15,19; Num 24,21; Ri 4,11.17; 5,24; 1 Sam 15,6; 27,10; 30,29; 1 Chr 2,55.

Kephas (aram. „Fels") Beiname des Simon – Joh 1,42; 1 Kor 1,12; 3,22; 9,5; 15,5; Gal 1,18; 2,9.11.14; → Petrus.

Kereter 1) südliches Nachbarvolk der Philister – 1 Sam 30,14; Ez 25,16; Zef 2,5; 2) in Verbindung mit „Peleter" Söldnertruppe unter David und Salomo – 2 Sam 8,18; 15,18; 20,7.23; 1 Kön 1,38.44; 1 Chr 18,17.

Kerub, Kerubim 1) mythisches Mischwesen – Gen 3,24; Ps 18,11; Ez 9,3; 10,1–22; 28,14.16; 2) (plastische) Darstellungen desselben – Ex 25,18–22; 1 Kön 6,23–28; 8,6f.; 2 Chr 3,10–14; Ez 41,18; Hebr 9,5; 3) auf denen der HERR thront – 1 Sam 4,4; 2 Sam 6,2; 2 Kön 19,15; Ps 80,2; 99,1; Jes 37,16; Dan 3,54; vgl. Sir 49,8.

Kesita Gewicht – s. Anh. III. 2. A).

Kidron Tal am östlichen Stadtrand von Jerusalem – 2 Sam 15,23; 1 Kön 2,37; 15,13; 2 Kön 23,4.6.12; 2 Chr 29,16; 30,14; 1 Makk 15,39.41; 16,9.

Kinder – Gen 3,16; 33,5; Ex 20,5; Dtn 6,7; Ri 11,34; Ps 8,5; 103,13; 128,3.6; Spr 14,26; 20,7; 31,28; Koh 11,5; Weish 8,19; Sir 3,1–5; 7,23; 16,1–4; 30,9; Jes 9,5; 54,1; Jer 7,18; 31,15; Mt 2,16–18; 10,42; 18,2–6; 19,13–15; 21,15f.; Mk 7,27f.; Lk 7,32–35; 11,11–13; 16,8; 19,44; 23,28; Joh 8,39; 16,21; Apg 2,39; 13,33; Röm 9,7; 1 Kor 3,1; 7,14; 13,11; 14,20; 2 Kor 12,14; Gal 4,19.25–31; Eph 4,14; 5,1.8; 6,1–4; Phil 2,22; Kol 3,20f.; 1 Tim 2,15; 3,4.12; 2 Tim 3,15; Hebr 2,13f.; 12,8; 1 Petr 1,14; 2,2; 2 Petr 2,14; 3 Joh 4; Offb 12,5.

Kinder Gottes – Dtn 14,1; Est 8,12(q), Ps 73,15; Weish 12,7; Mt 5,9.45; Lk 20,36; Joh 1,12; 11,52; Röm 8,12–17.21; 9,8; Phil 2,15; 1 Joh 3,1f.10; 5,2.

Kinderlosigkeit – Gen 15,2; 25,21; Ex 23,26; Lev 20,20f.; 1 Sam 15,33; Ijob 24,21; Ps 113,9; Weish 3,13f.; 4,1; Sir 16,3; Jes 47,8f.; 49,20f.; Jer 15,7; 18,21; 22,30; Hos 9,12; Lk 20,29; Apg 7,5; vgl. 2 Sam 6,23; → Unfruchtbarkeit.

Kinderopfer → Moloch

Kinneret Ortschaft am See Gennesaret, die diesem seinen Namen gegeben hat; der See von K. – Num 34,11; Dtn 3,17; Jos 11,2; 12,3; 13,27; 19,35; 1 Kön 15,20; → Gennesaret, See von Galiläa/Tiberias.

Kirche (griech. *ekklesía*) Gemeinde – Mt 16,18; Apg 8,1.3; 9,31; 20,28; 1 Kor 1,2; 10,32; 11,22; 12,28; 15,9; 2 Kor 1,1; Gal 1,13; Eph 1,22; 3,10.21; 5,23–32; Phil 3,6; Kol 1,18.24; 1 Thess 1,1; 2 Thess 1,1; 1 Tim 3,5.15; → Leib 3).

Kirjat-Arba alter Name von Hebron – Gen 23,2; 35,7; Jos 14,15; 15,13.54; 20,7; Ri 1,10; Neh 11,25.

Kirjat-Jearim Stadt im judäischen Bergland, westlich von Jerusalem – Jos 9,17; 15,9.60; 18,14f.; Ri 18,12; 1 Sam 6,21; 7,1f.; 1 Chr (2,50–53); 13,5f.; 2 Chr 1,4; Esra 2,25; Neh 7,29; Jer 26,20.

Kisch (akkad. „Geschenk") Vater Sauls – 1 Sam 9,1–3; 10,11.21; 14,51; 2 Sam 21,14; 1 Chr 8,29–33; 9,35–39; 12,1; 26,28; Apg 13,21.

Kischon Bach, der vom Karmel bis zum Mittelmeer fließt – Ri 4,7.13; 5,21; 1 Kön 18,40; Ps 83,10.

Laban (hebr. „weiß") Onkel Jakobs und Bruder Rebekkas – Gen 24,29–31; 25,20; 27,43; 28,5; 29,5–32,5; 46,18.25; Jdt 8,26.

Lachisch Ortschaft, ca. 50 km südwestlich von Jerusalem gelegen – Jos 10,31–35; 15,39; 2 Kön 14,19; 18,14.17; 19,8; 2 Chr 11,9; Neh 11,30; Jes 36,2; 37,8; Jer 34,7; Mi 1,13.

Lamech Vater des Noach – Gen 5,25f.28–31; 1 Chr 2,3; Lk 3,36.

Lamm – 1) Tier/Opfertier – Gen 22,7f.; Ex 29,38–41; Lev 23,18–20; Num 6,12.14; 7,15–88; Dtn 7,13; 1 Sam 7,9; 15,9; 2 Sam 12,1–6; 2 Kön 3,4; 1 Chr 29,21; Esra 6,9.18; Ijob 31,20; Ps 114,4.6; Spr 27,26; Weish 19,9; Sir 13,17; Jes 1,11; 53,7; 65,25; Jer 11,19; 31,12; Ez 27,21; 46,4–7; Dan 3,40; Hos 4,16; Am 6,4; Joh 21,15; Apg 8,32; 1 Petr 1,19; Offb 5,6–8,1; 12,11; 13,8; 17,14; 19,7.9; 22,1.3; 2) Pascha- bzw. Pessachlamm – Ex 12,3–11; 2 Chr 30,17; 35,7; Esra 6,20; Mk 14,12; Lk 22,7f.; Joh 18,28; 1 Kor 5,7; 3) Lamm Gottes – Joh 1,29.36.

Lampe – Ex 25,37; Lev 24,2–4; Num 4,9; 8,2f.; 1 Sam 3,3; 1 Kön 7,49; 1 Chr 28,15; 2 Chr 4,20f.; Tob 8,13; Ijob 21,17; Spr 13,9; 31,18; Sir 26,17; Jer 25,10; Sach 4,2; Mt 25,1.3f.7f.; Lk 11,36; 12,35; 15,8; Joh 5,35; Apg 20,8; Offb 18,23; 22,5.

Landnahme Israels – Num 20,14–34,29; Jos 2,1–19,51; Ri 1,1–2,5.

Laodizea Laodikia, Handelsstadt in Phrygien – Kol 2,1; 4,13.15f.; Offb 1,11; 3,14.

Latte – s. Anh. III. 1. A).

Laubhüttenfest biblisch-jüd. Erntedankfest – Lev 23,34; Dtn 16,13–15; 2 Chr 8,13; Esra 3,4; Neh 8,13–18; 1 Makk 10,21; 2 Makk 10,6; Sach 14,16.18f.; Joh 7,2; auch einfach das „Fest" genannt, z. B. 1 Kön 8,65; 2 Chr 7,8.

Läufer Boten der königlichen Leibwache – 1 Sam 22,17; 1 Kön 14,27f.; 2 Kön 10,25; 11,4.6.11.19; 2 Chr 12,10f.; Ijob 9,25; Jer 51,31.

Lauterkeit, lauter, läutern Reinheit – 2 Sam 22,26.31; Jdt 8,27; Est 8,12(f); Ijob 16,17; 33,3; Ps 12,7; 19,10; 26,1; 37,37; 66,10; 78,72; 119,140; Spr 11,3.5; 15,26; 20,9.11.30; 30,5; Jes 48,10; Dan 11,35; 12,10; Sach 13,9; Mal 3,3; Apg 2,46; 2 Kor 1,12; 6,6; Phil 4,8; 1 Tim 4,12; Jak 4,8; vgl. Jes 1,21–31; → Reinheit.

Lazarus griech. Übertragung von hebr. *Eleasar*, „Gott hat geholfen", Bruder Marias und Martas aus Betanien – Joh 11,1–44; 12,1f. 9f.17.

Lea erste Frau Jakobs – Gen 29,16–30,21; 31,4.14.33; 33,1f.7; 34,1; 35,23; 49,31; Rut 4,11.

Leben, lebendig – Gen 1,20; 2,7; 3,20.22; 9,4f.; Ex 21,23; Lev 17,11.14; Dtn 6,2; 30,15; 1 Sam 25,29; 1 Kön 3,14; 19,3f.; Ps 91,16; Spr 4,22f.; 8,35; Jes 53,12; Hos 6,2; Mal 2,5; Mt 6,25; 7,14; 10,39; 20,28; Mk 3,4; Lk 8,14; 21,19; Joh 1,4; 6,33; 10,11.15.12,25; 13,37f.; 14,6; 15,13; Apg 3,15; 7,38; 15,26; 1 Thess 2,8; 1 Joh 3,16; Offb 12,11; → ewiges Leben; Gott des Lebens.

Legion größte röm. Heereseinheit mit ca. 6000 Fußsoldaten – Mt 26,53; Mk 5,9.15; Lk 8,30.

Lehrer – 2 Makk 1,10; Ijob 36,22; Ps 119,99; Spr 5,13; Jes 30,20; Mt 23,10; Lk 2,46; Joh 3,2.10; Apg 13,1; Röm 2,20; 1 Kor 12,28f.; Eph 4,11; 1 Tim 2,7; 2 Tim 1,11; 2,24; 4,3; Hebr 5,12; Jak 3,1; → Meister; Rabbi.

Leib 1) Körper, Mensch – Gen 25,23; 38,27; 47,18; Ex 22,26; Dtn 8,4; Ri 3,21f.; 8,7; Rut 1,11; 1 Kön 21,27; 2 Kön 4,34; 8,12; Jdt 10,13; 2 Makk 3,17; 7,27; 15,30; Ijob 3,10; 13,14; 21,6; Ps 17,14; 44,26; 132,11; Spr 4,22; 16,24; Koh 2,3; 11,10; Hld 5,14; Weish 1,4; 8,19; 9,15; Sir 7,24; 41,11; 44,14; 51,2; Jes 17,4; 48,19; Jer 13,22; Klgl 1,20; Bar 2,17; Ez 1,11; 10,12; Dan 4,30; Jona 2,3; Hab 3,16; Mt 5,29f.; 6,22f.25; 10,28; 27,52; Mk 5,29; Lk 1,41.44; 11,34–36; 12,4; 16,20; Apg 1,18; 2,26; 16,22; Röm 1,24; 7,24; 13,14; 1 Kor 6,13–20; 7,34; 13,3; 15,35–38.44; 2 Kor 4,10; 7,1; 12,2–4; Gal 6,17; Eph 5,28f.; Phil 1,20; Kol 2,11; 1 Thess 5,23; Hebr 10,22; Offb 18,13; 19,20; → Mensch; 2) L. Christi – Mt 26,12.26; Mk 14,8.22; Lk 22,19; Joh 2,21; Apg 2,31; 1 Kor 11,24.27.29; 12,13.27; Phil 3,21; Kol 1,22; Hebr 10,5.10; 1 Petr 2,24; → Abendmahl; 3) Kirche als L. Christi – Röm 12,4f.; 1 Kor 6,15; 10,16f.; 12,12–27; Eph 1,23; 2,16; 3,6; 4,4.12.16; 5,23.30; Kol 1,18.24; 2,19; 3,15.

Leibesfrucht – Gen 30,2; Dtn 7,13; 28,4.11. 18.53; 30,9; Ps 127,3; Jes 13,18; Klgl 2,20; Mi 6,7; Lk 1,42; vgl. Koh 11,5.

Leid, Leiden, leiden 1) Gebrechen, Krankheit, Not, Trauer – Gen 16,11; 44,29; Ex 3,7; Lev 15,33; Num 5,2; Dtn 15,11; 28,48; 2 Sam 3,29; 2 Kön 1,2; 7,12; 8,12; 2 Chr 6,29; Neh 9,15; Jdt 8,30; Est 10,3(f); 1 Makk 7,15; 2 Makk 6,30; 7,32; Ijob 6,2; Ps 34,20; 35,14; 88,4; Spr 14,13; Weish 4,19;

Lod israelitische Stadt im Küstengebiet des Mittelmeers – 1 Chr 8,12; Esra 2,33; Neh 7,37; 11,35; 1 Makk 11,34; → Lydda.

Log Hohlmaß – s. Anh. III. 1. D).

Logos (griech. „Wort, Rede") christologischer Hoheitstitel – s. Joh 1,1–18.

Lo-Ruhama (hebr. „kein Erbarmen") Tochter Hoseas mit symbolischem Namen – Hos 1,6.8; 2,25.

Los 1) Mittel, um Entscheidungen herbeizuführen – Lev 16,8–10; Num 26,55f.; Jos 14,2; 21,4–10; 1 Sam 10,20f.; 1 Chr 25,8–31; Neh 11,1; Est 3,7; 9,24; 10,3(g–h); Ps 22,19; Spr 1,14; 16,33; Sir 37,8; Jes 34,17; Ez 45,1; Joël 4,3; Obd 11; Jona 1,7; Nah 3,10; Mt 27,35; Lk 1,9; Apg 1,26; 2) Schicksal, Geschick – Num 11,1; Ps 16,5; Sir 10,11; 25,19; Jes 17,14; 57,6; Jer 13,25; Kol 1,12; Offb 21,8.

Lösegeld – Ex 21,30; Num 3,49; 51 („Geld der Auslösung"); Tob 5,19; 1 Makk 10,33; Ijob 33,24; 36,18; Spr 13,8; 21,18; Jes 45,13; Mt 20,28; Mk 10,45; 1 Tim 2,6.

Löser ein Verwandter, der veräußerten Grundbesitz eines Israeliten/einer Israelitin zurückkauft – Lev 25,25f.; Num 5,8; Rut 2,20; 3,9.12; 4,1–14; s. Anm. zu Lev 25,25.

Lot Neffe Abrahams – Gen 11,27.31; 12,4f.; 13,1–18; 14,12.16; 19,1–38; Dtn 2,9.19; Ps 83,9; Sir 16,8; Lk 17,28f.32; 2 Petr 2,7.

Löwe 1) Raubtier – Ri 14,5–9.18; 1 Kön 13,24–28; Ps 91,13; 104,21; Jes 11,6f.; Jer 12,8; Dan 6,17–28; Am 3,4.8.12; 2) Symbol für Stärke, Gewalt und Mut – 2 Sam 1,23; 17,10; 1 Chr 12,9; 1 Makk 3,4; 2 Makk 11,11; 12,15; Spr 28,1; Sir 4,30; 28,23; Jes 5,29; 3) besondere Vergleiche Gott – Ijob 10,16; Jes 31,4; 38,13; Jer 25,38; 49,19; 50,44; Klgl 3,10; Hos 5,14; 11,10; 13,7; Herrscher/ihre Nachkommen – Est 4,17(s); Spr 19,12; 20,2; 28,15; Jer 2,15; 4,7; Ez 19,1–9; 32,2; 38,13; Nah 2,12–14; Zef 3,3; Sach 11,3; Hebr 11,33; Offb 5,5; Israel/bestimmte Söhne Israels – Gen 49,9; Num 23,24; 24,9; Dtn 33,20.22; Mi 5,7; Verfolger (des Beters) – Ps 7,3; 10,9; 22,14.22; 57,5.

Lüge, lügen, Lügner – Num 23,19; 1 Sam 15,29; 1 Kön 13,18; Tob 3,6; 1 Makk 13,19; Ijob 13,4.7; 24,25; Ps 4,3; 5,7; 58,4; 116,11; Spr 6,12; 12,22; Weish 14,28; Sir 20,24–26; Jes 9,14; 28,15.17; 57,4; Jer 5,31; 9,2; 23,14; 43,2; Klgl 2,14; Ez 13,19; Dan 13,55; Hos 4,2; Mi 2,11; Nah 3,1; Hab 2,18; Zef 3,13; Sach 10,2; Joh 8,44.55; Apg 5,3f.; Röm 1,25; 9,1; 2 Kor 11,13.31; Gal 1,20; Eph 4,25; Kol 3,9; 2 Thess 2,11; 1 Tim 4,2; Tit 1,12; 1 Joh 1,6.10; 2,21f.27; Offb 3,9; 21,8.

Lukas Begleiter des Paulus, in der Tradition der Verfasser von Lk und Apg – Kol 4,14; 2 Tim 4,11; Phlm 24; s. auch Lk Einl.

Lydda röm. Name der Stadt Lod – Apg 9,32–35.38; → Lod.

Lysias 1) Statthalter und General unter Antiochus IV. und V. – 1 Makk 3,32.38; 4,26.34f.; 6,6.17.55.57; 7,2; 2 Makk 10,11; 11,1–12.13–38; 12,1; 13,2.4.26; 14,2; 2) Claudius L. Befehlshaber einer röm. Kohorte in Jerusalem – Apg 23,26; 24,22; s. auch Anm. zu Apg 24,7.

Lystra Stadt in Lykaonien/Kleinasien – Apg 14,6–21; 16,1f.; 2 Tim 3,11.

Machla eine der Töchter Zelofhads – Num 26,33; 27,1–11; 36,11; Jos 17,3.

Machpela Grundstück bei Mamre – Gen 23,9.17.19; 25,9; 49,30; 50,13.

Magdala Fischerstadt in Galiläa, die nur im Zusammenhang der Maria aus Magdala erwähnt wird → Maria 2).

Magdalena/Magdalene → Maria 2)

Magier → Sterndeuter

Magog personifizierter Landname, Land und mythischer Feind Israels – Gen 10,2; 1 Chr 1,5; Ez 38,2; 39,6; Offb 20,8.

Mahanajim (hebr. „Doppellager" oder „zwei Lager") Ortschaft im Ostjordanland südlich des Jabbok – Gen 32,3; Jos 13,26.30; 21,38; 2 Sam 2,8.12.29; 17,24.27; 19,33; 1 Kön 2,8; 4,14; 1 Chr 6,65; 11,46.

Makkabäer von Makkabäus, der griech. Übertragung von hebr. „Hammer", urspr. Beiname des Judas, Herrschergeschlecht in Israel, auch Hasmonäer genannt → Judas 1) der Makkabäer; s. auch 1/2 Makk Einl.

Mammon Bez. für unredlich erworbenen Gewinn – Mt 6,24; Lk 16,9.11.13.

Mamre Heiligtum in der Nähe von Hebron – Gen 13,18; 14,13.24; 18,1; 23,17.19; 25,9; 35,27; 49,30; 50,13.

Manasse (hebr. „der vergessen lässt") 1) M./Manassiter Sohn Josefs und ein Stamm Israels/seine Angehörigen – Gen 41,51; 48,1–20; Num 26,28–34; 32,33.39–42; Dtn 33,17; Jos 13,7f.29–31; 14,4; 16,4–17,17; 21,6; Ri 1,27; 6,15.35; 11,29; 1 Chr 5,23.26; Jes 9,20; Offb 7,6; 2) König von Juda – 2 Kön 20,21;

21,1–18.20; 23,12.26; 24,3f.; 1 Chr 3,13; 2 Chr 32,33; 33,1–20.22f.; Jer 15,4; Mt 1,10; 3) Gatte Judits – Jdt 8,2.7; 10,3; 16,22–24.

Mann → Ehemann

Manna von Gott gewährte Nahrung Israels in der Wüste – Ex 15,22–16,36; Num 11,4–35; Dtn 8,3; Ps 78,24; Joh 6,31.49; Hebr 9,4; Offb 2,17; vgl. Ps 105,40; 1 Kor 10,3.

Mantel – Ex 22,25f.; Dtn 24,13; 1 Sam 28,14; 1 Kön 19,13.19; 2 Kön 1,8; 2,14; Esra 9,3; Ps 104,2; Hld 5,7; Jes 9,4; Bar 5,2; Ez 26,16; Dan 3,21.94; Sach 13,4; Mt 5,40; 24,18; 27,28.31; Mk 10,50; Lk 22,36; Joh 19,2.5; Apg 9,39; 12,8; 2 Tim 4,13; Hebr 1,12.

Marduk → Bel

Maria 1) Mutter Jesu – Mt 1,16–2,21; 12,46f.; 13,55; Lk 1,27–2,51; Joh 2,1–12; 19,25–27; Apg 1,14. 2) Magdalena bzw. aus Magdala – Mt 27,56.61; 28,1; Mk 16,19; Lk 8,2; Joh 19,25; 20,1f.11–18; 3) Schwester der Marta – Lk 10,39.42; Joh 11,1–12,3; 4) Mutter Jakobus des Kleinen und Josefs – Mt 27,56.61; 28,1.

Markus → Johannes Markus

Marta Schwester des Lazarus und der Maria – Lk 10,38–42; Joh 11,1–32.39; 12,2.

Massa (hebr. „Prüfung") ein Ort bei der Wüstenwanderung → Meriba 1).

Maß Hohlmaß – s. Anh. III. 1. D).

Maße und Gewichte – s. Anh. III.

Mattatias Vater des Judas und der weiteren Makkabäer – 1 Makk 2,1–49; 14,29.

Matthäus Zöllner, einer der Zwölf – Mt 9,9; 10,3; Mk 3,18; Lk 6,15; Apg 1,13.

Mazedonien/Mazedonier Region und Reich in Nordgriechenland, später röm. Provinz/ihre Bewohner – Est 8,12(k. o); 1 Makk 1,1; 2 Makk 8,20; Apg 16,9f.12; 18,5; 20,1.3; Röm 15,26; 1 Kor 16,5; 2 Kor 2,13; 7,5; Phil 4,15; 1 Thess 1,7f.; 4,10; 1 Tim 1,3.

Meder/Medien iranische Volksstämme und Reich mit Hauptstadt Ekbatana – 2 Kön 17,6; 18,11; Esra 6,2; Tob 3,7; 4,1.20; 5,10; 6,6; 14,4.12; Jdt 1,1; Est 1,3.14.18f.; 10,2; 1 Makk 6,56; Jes 13,17; 21,2; Jer 25,25; 51,11.28; Dan 5,28; 6,1.9.13.16; 8,20; 9,1; 11,1; Apg 2,9; vgl. Madai in Gen 10,2; 1 Chr 1,5.

Meer der Araba das Tote Meer– Dtn 3,17; 4,49; Jos 3,16; 12,3; 2 Kön 14,25.

Meer, das große Bez. für das Mittelmeer – Num 34,6f.; Jos 1,4; 9,1; 15,12.47; 23,4; Ez 47,10.15.19; Dan 7,2.

Megiddo bedeutende Stadt am südwestlichen Rand der Jesreelebene – Jos 12,21; 17,11; Ri 1,27; 5,19; 1 Kön 4,12; 9,15; 2 Kön 9,27; 23,29f.; 1 Chr 7,29; 2 Chr 35,22; Sach 12,11.

Meile Wegmaß – s. Anh. III. 1. B).

Meister als Anrede Jesu – Mt 8,19; 9,11; 12,38; 17,24; 19,16; 22,16.24.36; 26,18; Mk 4,38; 5,35; 9,17.38; 10,20.35; 12,32; 13,1; Lk 5,5; 7,40; 8,24.45.49; 9,33.38.49; 10,25; 11,45; 12,13; 17,13; 19,39; 20,39; 21,7; Joh 1,38; 8,4; 11,28; 13,13f.; 20,16; → Rabbi, Rabbuni.

Melchisedek König von Salem und Priester – Gen 14,18–20; Ps 110,4; Hebr 5,6.10; 6,20; 7,1–17; s. auch Anm. zu Hebr 7,1–28.

Menahem König von Israel – 2 Kön 15,14.16.17–22.23.

Mensch – Gen 1,26–31; 2,7.15; 3,1–24; 6,3.5; Ijob 4,17–21; Ps 8,5–9; 104,23.27–30; Sir 10,19; Mi 6,8; Mt 4,4; 12,12.35; 16,26; 19,6; Mk 2,27; Lk 12,15; Joh 2,25; 3,4.27; 19,5; Apg 10,28; Röm 3,28; 5,12; 6,6; 9,20; 1 Kor 2,11; 15,21f.45–49; 2 Kor 4,16; 12,3/4; Eph 2,15; 1 Tim 2,5; 6,16; 2 Tim 3,17; Hebr 2,6–8; Jak 1,19f.; 2,24; 2 Petr 1,21.

Mensch als Bild Gottes – Gen 1,26f.; 9,6; Eph 4,24; Kol 3,10; vgl. Gen 5,1–3; Ps 8,5–9.

Menschenfischer Bez. der Jünger durch Jesus – Mt 4,19; Mk 1,17; vgl. Lk 5,10.

Menschensohn → Jesus Christus 2)

Meriba (hebr. „Streit") Name zweier Quellen bei der Wüstenwanderung 1) Massa und M. am Horeb/Sinai – Ex 17,7; Dtn 33,8; Ps 95,8; 2) bei Kadesch – Num 20,13.24; Ps 81,8; 106,32; vgl. Meribat-Kadesch in Ez 47,19; 48,28.

Mesopotamien Landschaft zwischen Eufrat und Tigris – Gen 24,10; Dtn 23,5; Ri 3,8; 1 Chr 19,6; Jdt 2,24; 5,7f.; 8,26; Apg 2,9; 7,2.

Messias eschatologischer Heilsherrscher – Mt 26,68; Joh 1,41; 4,25; vgl. Ps 2; 8; 110; Jes 7,14f.; 9,1–6; 11,1–5; Mi 5,1–4; → Christus; Jesus Christus 2); Salbung 3).

Messlatte – s. Anh. III. 1. A).

Metuschelach traditionell Metusalem, einer der Urmenschen, der das höchste Lebensalter eines Menschen in der Bibel erreichte – Gen 5,21f.25–27; 1 Chr 1,3; Lk 3,37.

Micha (Kurzform von Michael oder Michajehu) 1) ein Efraimiter – Ri 17,1–18,31; 2) Sohn Jimlas, ein Prophet – 1 Kön 22,8–28; 2 Chr 18,7–27; 3) Prophet aus Moreschet – Jer 26,18; Mi.

Michael (hebr. „Wer ist wie Gott?") Engelsfürst – Dan 10,13.21; Jud 9; Offb 12,7.

Michal Tochter Sauls und Frau Davids – 1 Sam 14,49; 18,20.27f.; 19,11–13.17; 25,44; 2 Sam 3,13f.; 6,16.20–23; 21,8; 1 Chr 15,29.

Midian/Midianiter ein auf Abraham zurückgeführter nomadischer Stämmeverband – Gen 25,2; 37,28.36; Ex 2,15f.; 3,1; Num 22,4.7; 25,6; 31,1–10; Jos 13,21; Ri 6,1–8,28; 1 Kön 11,18; 1 Chr 1,32f.46; Jdt 2,26; Ps 83,10; Jes 9,3; 10,26; 60,6; Hab 3,7; Apg 7,29.

Milet Stadt an der Westküste Kleinasiens – Apg 20,15.17; 2 Tim 4,20.

Milkom Hauptgott der Ammoniter – 1 Kön 11,5.7.33; 2 Kön 23,13; Jer 49,1.3.

Millo Bauwerk zur Befestigung in Jerusalem – 2 Sam 5,9; 1 Kön 9,15.24; 11,27; 2 Kön 12,21; 1 Chr 11,8; 2 Chr 32,5.

Mine Gewicht und Geldwert – s. Anh. III. 2. A) u. B).

Mirjam Schwester des Mose, Prophetin – Ex 15,20f.; Num 12,1–16; 20,1; 26,59; Dtn 24,9; 1 Chr 5,29; Mi 6,4.

Mitleid 1) Gottes – Gen 19,16; Ex 22,26; Dtn 32,36; Ri 2,18; 2 Chr 36,15; 1 Makk 3,44; 2 Makk 8,2; Sir 5,6; 16,9f.; Jes 63,9; Ez 5,11; 20,17; Hos 11,8; 13,14; Joël 2,17; Am 7,3.6; Jona 4,11; Sach 11,6; Jak 5,11; 2) Jesu – Mt 9,36; 14,14; 15,32; 20,34; Mk 1,41; 6,34; 8,2; 9,22; Lk 7,13; 10,33; 3) von Menschen – Ex 2,6; Dtn 7,16; 28,50; 1 Sam 23,21; 2 Sam 12,6; 1 Kön 8,50; 2 Makk 4,37; 7,27; Ijob 42,11; Ps 72,13; Sir 12,13; Jes 13,18; Jer 21,7; Bar 6,37; Ez 9,5; Am 1,11; Jona 4,10; Sach 11,5; 12,10; Mt 18,27; Lk 15,20.

Mizpa 1) Stadt im Stammgebiet Benjamin – Ri 20,1–3; 21,1.5.8; 1 Sam 7,5–16; 10,17; 1 Kön 15,22; 2 Kön 25,23–25; 2 Chr 16,6; Neh 3,7.15.19; 1 Makk 3,46; Jer 40,6–41,16; Hos 5,1; 2) Ortschaft in Gilead – Gen 31,49; Ri 10,17; 11,11.29.34.

Moab/Moabiter/Moabiterin Hochland östlich des Toten Meeres und Volk/dessen Bewohner/Glieder – Gen 19,37; Ex 15,15; Num 21,29; 22,1–24,25; Dtn 2,11.29; 23,4f.; Jos 13,32; 24,9; Ri 3,12–17; Rut 1,1–6; 2,2; 4,10; 1 Sam 12,9; 14,47; 22,3f.; 2 Sam 8,2.12; 1 Kön 11,7; 2 Kön 1,1; 3,4–27; 24,2; 1 Chr 4,22; 2 Chr 20,1; Esra 9,1; Neh 13,1f.; Jdt 1,12; Ps 60,10; 83,7; 108,10; Sir 36,12 Anm.; Jes 15,1–16,14; 25,10f.; Jer 25,21; 48,1–47; Ez 25,8–11; Dan 11,41; Am 2,1–3; Mi 6,5; Zef 2,8f.

Modeïn Ort in Palästina, etwa 30 km nordwestlich von Jerusalem gelegen – 1 Makk 2,1.15.23.70; 9,19; 13,25.30; 16,4; 2 Makk 13,14.

Moloch ammonitischer bzw. phönizischer Gott, dem Kinderopfer gebracht wurden – Lev 18,21; 20,2–5; 2 Kön 23,10; Jer 32,35; Apg 7,43.

Mordechai Verwandter Esters – s. Est.

Mord Totschlag, töten – Gen 4,8–16; Ex 20,13; 21,12; Num 35,16–19.30f.; Dtn 5,17; 21,1–9; 27,24f.; Sir 34,26; Jer 7,9; Hos 4,2; Mt 22,7; 23,31.35: Mk 7,21; 15,7; Joh 8,44; Apg 3,14; 5,30; 7,52; 8,1; 9,1; 28,4; Röm 1,29; 1 Tim 1,9; Jak 4,2; 1 Petr 4,15; 1 Joh 3,12.15; Offb 9,21; 21,8; 22,15.

Mose – Ex 2,10–Dtn 34,12; Jos 1,1–18; Ps 77,21; 103,7; 106,23; Sir 24,23; 45,1–5.15; Jes 63,11f.; Jer 15,1; Bar 2,2; Mi 6,4; Mal 3,22; Mt 17,3f.; 23,2; Mk 1,44; 7,10; Lk 16,29; 24,27; Joh 1,17; 3,14; 5,45f.; 6,32; 9,28f.; Apg 6,11; 7,20–44; 13,38; 15,21; 26,22; Röm 5,14; 10,5; 1 Kor 9,9; 10,2; 2 Kor 3,7.13.15; 2 Tim 3,8; Hebr 3,2–5; 9,19; 11,23f.; Jud 9; Offb 15,3; zum Namen des Mose s. Anm. zu Ex 2,10.

Münzen Geldstücke – s. Anh. III. 2. B).

Mutter – Gen 2,24; 3,20; 24,60; Ex 2,8; 20,12; Dtn 5,16;1 Sam 20,30; Tob 4,3; 2 Makk 7,1–42; Ijob 1,21; Ps 113,9; Spr 10,1; 29,15; Weish 3,13; Sir 15,2; 24,18; Jes 66,13; Jer 15,10; Ez 19,10; Mt 10,35–37; 12,46–50; 14,3–12; 15,4–6; 19,5.19.29; Mk 7,10–12; 10,7; Lk 7,12; 12,53; 14,26; Joh 19,27; Röm 16,13; Gal 4,26; Eph 5,31; 6,2; 1 Thess 2,7; 1 Tim 1,9; 5,2; Hebr 11,11; Offb 17,5; → Eltern; zur Mutter Jesu → Maria 1).

Myrrhe aromatisches Harz – Ex 30,23; Est 2,12; Ps 45,9; Spr 7,17; Hld 1,13; 3,6; 4,6.14; 5,1.5.13; Sir 24,15; Mt 2,11; Mk 15,23; Joh 19,39.

Naaman aram. Feldherr – 2 Kön 5,1–27; Lk 4,27.

Nabal Mann der Abigajil – 1 Sam 25,2–42; 27,3; 30,5; 2 Sam 2,2; 3.3.

Nabot Weingutbesitzer aus Jesreel – 1 Kön 21,1–24; 2 Kön 9,21.25f.

Nächstenliebe → Liebe

Nächster – Ex 20,16f.; Lev 19,13–18; Dtn 5,20f.; 1 Kön 8,31; Ps 15,3; 101,5; Spr 3,28f.; 11,9.12; 24,28; 29,5; Sir 6,17; 9,14; 13,15; 22,23; 34,26; Jer 9,7; 22,13; 34,15; Ez 22,11f.; Dan 13,61; Hab 2,15; Sach 8,17; 11,6; Mt 5,43; 19,19; 22,34–40; Mk 12,28–34; Lk 10,25–37; Röm 13,8–10; 15,2; Gal 5,14; Eph 4,25; Jak 2,8; 4,12.

13,47–50; Lk 5,2–6; Joh 21,6–11; 2 Kor 12,16; 2 Tim 2,26.

Neujahr Jahresanfang – Ez 40,1; 45,18. N. wurde wahrscheinlich mit einem Fest begangen, vgl. Lev 23,23–25; Num 10,10; 29,1–6; Neh 8,1–12; Ps 81,4.

Neumond(-fest) Monatsbeginn – Num 28,11–15; 1 Sam 20,5.18.24.27.34; 2 Kön 4,23; 1 Chr 23,31; Esra 3,5; Jdt 8,6; 1 Makk 10,34; Ps 81,4; Sir 43,8; Jes 1,13f.; Ez 46,1–6; Hos 2,13; Am 8,5; Kol 2,16.

Nieren – Ex 29,13; Lev 3,4; 1 Makk 2,24; Ijob 16,13; 19,27; Ps 7,10; 26,2; 73,21; Jer 11,20; 17,10; 20,12; Klgl 3,13; Offb 2,23.

Nikanor (griech. „Sieger") syrischer Befehlshaber in Jerusalem – 1 Makk 3,38; 7,26–49; 9,1; 2 Makk 8,9–36; 9,3; 14,12–25.26f.28–26; 7f.30f.37.39; 15,1.6.25.28.32f.37.

Nikodemus führender Mann unter den Juden in Jerusalem – Joh 3,1–21; 7,50; 19,39.

Nil Hauptstrom Ägyptens – Gen 41,1–3; Ex 1,22; 2,3–5; 7,14–25; Jes 7,18; 19,6–8; Jer 2,18; 46,7f.; Ez 29,3–5; Am 8,8; 9,5; Sach 10,11.

Nimrod Urenkel Noachs – Gen 10,8f.; 1 Chr 1,10; Mi 5,5.

Ninive assyr. Metropole und zeitweise Hauptstadt des assyr. Reichs – Gen 10,11f.; 2 Kön 19,36; Tob 1,10.17; 11,1.16; 14,2.4.15; Jdt 1,1; Jona 1,2; 3,1–10; 4,11; Nah 1,1; 2,9; 3,7; Zef 2,13; Mt 12,41; Lk 11,30.

Nisan jüd. Monat – s. Anh. IV. 1.

Noach Urmensch zur Zeit der Sintflut – Gen 5,29–32; 6,8–10,1; Sir 44,17f.; Jes 54,9; Mt 24,37f.; Lk 3,36; Hebr 11,7; 1 Petr 3,20; 2 Petr 2,5.

Nob Priesterstadt in der Nähe Jerusalems – 1 Sam 21,2; 22,9.11.19; 2 Sam 21,16; Neh 11,32; Jes 10,32.

Noomi Schwiegermutter der Rut – s. Rut.

Not – Gen 35,18; Ex 8,11; Dtn 4,30; Ri 2,15; Neh 9,37; Tob 3,6; Jdt 4,13; Est 1,1(g); Ps 9,10; 10,1; 25,22; 34,18; 46,2; 50,15; 77,3; 107,6–28; Spr 11,8; 14,21; Sir 22,23; Jes 38,14; 65,16; Jer 14,8; 16,19; Dan 12,1; Joël 1,18; Obd 12.14; Jona 2,3; Nah 1,7; Zef 1,15; Mt 24,9; Lk 15,14; 22,35; Joh 16,21; Apg 4,34; Röm 8,35; 12,13; 1 Kor 7,26; 2 Kor 6,4; 12,10; 1 Thess 3,7; Jak 1,27; 1 Joh 3,17.

Obed (hebr. „Diener") 1) Großvater Davids – Rut 4,17–22; Mt 1,5f.; Lk 3,32; 2) Obed-Edom aus Gat – 2 Sam 6,10–12; 1 Chr 15,18–24.

Obergemach Raum auf dem Dach eines Hauses – Ri 3,20–25; 1 Kön 17,19; 2 Kön 23,12; Tob 3,10; Dan 6,11; Apg 1,13; 9,37.39; 20,8; vgl. Mk 14,15.

Ofel eine befestigte Anhöhe in Jerusalem – 2 Chr 27,3; 33,14; Neh 3,26f.; 11,21.

Offenbarung, offenbaren – Gen 35,7; Ex 29,42f.; Dtn 29,28; 1 Sam 3,7.21; 2 Sam 7,17.21.27; Tob 12,7; Jdt 11,19; 13,11; Est 4,17(r); 2 Makk 3,30; Spr 29,18; Sir 3,19; 45,10; Jes 19,21; 22,14; 40,5; 53,1; 56,1; 66,14; Ez 20,5; 39,7; Dan 2,28; 8,26; 10,1; Am 3,7; Hab 3,2; Mt 11,25.27; 16,17; Lk 2,26.35; 17,30; Joh 1,31; 2,11; 3,21; 7,4; 9,3; 14,21f.; 17,6; 21,1.14; Röm 1,17–19; 2,5; 3,21f.; 8,18f.; 16,25f.; 1 Kor 1,7; 3,13; 12,7; 14,30; 2 Kor 4,2.11; 5,10; 12,1.7; Gal 1,12.16; 2,2; 3,23; Eph 1,17; 3,3.5; Phil 1,13; 3,15; Kol 3,4; 2 Thess 2,3; 1 Tim 3,16; 2 Tim 1,10; 1 Petr 1,5.12f.; 4,13; 5,1; Offb 1,1; → Prophet.

Offenbarungszelt Zelt der Begegnung, Stiftshütte, Wüstenheiligtum – Ex 27,21; 28,43; 29,42; 30,16; 31,7; 33,7; 40,1.6f.12.22–35; Lev 1,1.3; 8,3f.9,23; 16,16f.; Num 2,2; 6,10; 12,4; 14,10; 19,4; 31,54; Dtn 31,14; Jos 18,1; 19,51; 1 Sam 2,22; 1 Kön 8,4; 1 Chr 6,17; 2 Chr 1,3; vgl. „Zelt des Herrn" (1 Kön 2,28–30), „Zeltwohnung" (2 Sam 7,6); → Wohnstätte.

Ofir sagenhaftes Goldland in Südarabien oder Afrika – 1 Kön 9,28; 10,11; 22,49; 2 Chr 8,18; 9,10; Tob 13,17; Ijob 28,16; Sir 7,18; Jes 13,12; Jer 10,9; vgl. Ofirgold in 1 Chr 29,4; Ps 45,10.

Og König von Baschan – Num 21,33.35; 32,33; Dtn 1,4; 3,1–13; 29,6; Jos 2,10; 12,4; 13,12.30f.; 1 Kön 4,19; Neh 9,22; Ps 135,11; 136,20.

Ohola und Oholiba symbolische Frauennamen für Samaria und Jerusalem – Ez 23,1–49.

Ohr Organ des Hörens, der Zuwendung und der Offenbarung – Ex 21,6; 29,20; 32,2; Lev 14,14; Num 11,18; 14,28; Dtn 1,45; 29,3; 1 Sam 3,11; 2 Sam 7,22; 1 Kön 3,9; 2 Kön 19,16; Neh 1,6; Ijob 28,22; 33,16; Ps 34,16; 40,7; 44,2; 94,9; 115,6; 116,2; 130,2; Spr 4,20; 20,12; 23,12; Weish 1,10; Sir 17,13; 51,16; Jes 5,9; 6,10; 11,3; 35,5; 50,4f.; Jer 6,10; Mt 11,15; 13,13–17; 26,51; Mk 7,16 Anm. 32–37; Lk 9,44; 12,3; Apg 7,57; 28,27; Röm

11,8; 1 Kor 2,9; 12,16; 2 Tim 4,3f.; Jak 5,4; 1 Petr 3,12; Offb 2,7; 13,9.

Öl, Olivenöl – Gen 28,18; Ex 27,20; 30,24; Lev 2,1–7; Num 4,16; Dtn 7,13; 28,40; 1 Sam 16,1; 2 Sam 14,2; 1 Kön 5,25; 17,12; 2 Kön 4,1–7; 9,6; Jdt 16,7; Ijob 24,11; Ps 23,5; 45,8; 104,15; Spr 5,3; Koh 9,8; Sir 39,26; Jes 1,6; Jer 40,10; Ez 16,9–19; Dan 13,17; Hos 2,10; Joël 1,10; Mi 6,7; Hag 2,12; Sach 4,12; Mt 25,1–13; Mk 6,13; 14,3–5; 16,1; Lk 7,46; 10,34; Joh 11,2; Hebr 1,9; Jak 5,14; Offb 6,6.

Ölbaum – Ex 23,11; Dtn 24,20; Ri 9,8f.; Ijob 15,33; Ps 52,10; 128,3; Jes 41,19; Jer 11,16; Hab 3,17; Hag 2,19; Sach 4,3; Röm 11,17.24; Offb 11,4.

Ölberg Berg östlich von Jerusalem – 2 Sam 15,30; Sach 14,4; Mt 21,1; 24,3; 26,30; Mk 11,1; 13,3; Lk 19,37; 21,37; Joh 8,1; Apg 1,12.

Omri König von Israel, Begründer einer bedeutenden Dynastie – 1 Kön 16,16–28; Mi 6,16.

On ägypt. Stadt, griech. *Heliopolis* – Gen 41,45.50; 46,20; Ez 30,17; → Heliopolis.

Onan Sohn Judas und zweiter Ehemann Tamars – Gen 38,4.8–10; 46,12; Num 26,19; 1 Chr 2,3.

Onesimus ein von Paulus zum Christentum bekehrter Sklave – Kol 4,9; Phlm 10; s. Phlm Einl.

Onesiphorus Christ in Kleinasien – 2 Tim 1,16–18; 4,19.

Onias I. Hohepriester – 1 Makk 12,7f.19f.; II. Vater des Hohepriesters Simon – Sir 50,1; III. Hohepriester – 2 Makk 3,1–35; 4,1–7.32–38; 15,12.14.

Opfer – Gen 4,3f.; Ex 23,18f.; 29,38–46; Lev 8,1–10.20; 21,1–22,33; 23,1–44; Dtn 12,13–28; 17,1; Jos 8,30–33; 1 Sam 1,21; 13,9f.; 15,21f.; 1 Kön 12,27; 18,38; Ps 4,6; 50,7–15; 51,18–21; Jes 66,3.20; Ez 46,1–15; Am 4,5; Mal 1,10–14; 3,3f.; Mt 5,23f.; 9,13; 12,7; 23,18f.; Mk 12,33; Lk 2,24; Apg 7,41f.; 14,13; Röm 12,1; 15,16; 1 Kor 5,7; 10,18–20; 13,3; Eph 5,2; Phil 2,17; 4,18; Hebr 5,1; 7,27; 9,1–28; 10,1–18; 13,15f.; 1 Petr 2,5; → Opferbestimmungen; zu den einzelnen Opferarten s. jeweils dort.

Opferbestimmungen – Lev 1,1–7,38; 17,1–16; 22,1–33; Num 15,1–29; 28,1–30,1.

Opferfleisch – Ex 29,14; Lev 6,15–21; Num 18,18; Dtn 12,13–28; Ri 6,19–21; 1 Sam 2,13–15; 2 Makk 6,21; Jer 11,15; Ez 40,43; Hos 8,13; Hag 2,12; 1 Kor 10,28; → Götzenopferfleisch.

Orakel, Losorakel Gottesspruch im Kontext magischer Praktiken, die bis auf das Losorakel in Israel verboten sind – Num 23,7.18; 24,3.20–23; 27,21; Dtn 18,10; 1 Sam 28,6; Sir 45,10; Ez 12,24; 13,6f.; 21,26–28; 22,28; Hab 2,18; → Urim und Tummim.

Orpa Schwägerin Ruts – Rut 1,4.9.14.

Otniël ein Richter aus Juda – Jos 15,17; Ri 1,13; 3,9–11; 1 Chr 4,13; 27,15.

Paddan-Aram wahrscheinlich eine nordmesopotamische Gegend – Gen 25,20; 28,1–7; 31,18; 33,18; 35,9.26; 46,15; 48,7.

Palme Dattelpalme – Ex 15,27; Num 33,9; 1 Kön 6,29.32.35; 1 Kön 7,36; 2 Chr 3,5; Neh 8,15; Ps 92,13; Hld 7,8f.; Sir 24,14; 50,12; Ez 40,16.26.31.34.37; 41,18–20.25f.; Hos 9,13; Joël 1,12.

Palmwedel, -zweig – Lev 23,40; 1 Makk 13,37.51; 2 Makk 10,7; 14,4; Ijob 15,32; Joh 12,13; Offb 7,9.

Pamphylien Gebiet im Süden Kleinasiens an der Mittelmeerküste – 1 Makk 15,23; Apg 2,10; 13,13; 14,24; 15,38; 27,5.

Paradies(garten) urspr. persisch für den umfriedeten königlichen Palast-, Ziergarten und Wildpark – Sir 24,30f.; 40,17.27; Lk 23,43; 2 Kor 12,3/4; Offb 2,7; → Eden.

Paraklet → Beistand

Paran Wüstengebiet auf der Sinaihalbinsel – Gen 21,21; Num 10,12; 12,16; 13,3.

Parusie → Ankunft Christi

Pascha(-fest) griech. für hebr. *Pessach* (s. dort) – Mt 26,2; Mk 14,1; Lk 2,41; 22,1; Joh 2,13.23; 6,4; 11,55; 12,1; 13,1; 18,39; 19,14; Apg 12,4; Hebr 11,28.

Paschalamm – Mk 14,12.14; Lk 22,7.11; Joh 18,28; 1 Kor 5,7; → Pessachlamm.

Patros/Patrositer Bez. für Oberägypten und seine Bevölkerung – Gen 10,14; 1 Chr 1,12; Jes 11,11; Jer 44,1.15; Ez 29,14; 30,14.

Pauke, Trommel Schlaginstrument, mit dem sowohl bei profanen als auch bei religiösen Festen musiziert wurde – Gen 31,27; Ex 15,20; Ri 11,34; 1 Sam 10,5; 18,6; 2 Sam 6,5; 1 Chr 13,8; Jdt 3,7; 16,1; 1 Makk 9,39; Ijob 21,12; Ps 68,26; 81,3; 149,3; 150,4; Jes 5,12; 24,8; 30,32; Jer 31,4; 1 Kor 13,1.

Paulus röm. Name des Völkerapostels Paulus/Saulus – Apg 13,1–28,31; Röm 1,1; 1 Kor

1,1.12f.; 3,4f.22; 16,21; 2 Kor 1,1; 10,1; Gal 1,1; 5,2; Eph 1,1; 3,1; Phil 1,1; Kol 1,1.23; 4,18; 1 Thess 1,1; 2,18; 2 Thess 1,1; 3,17; 1 Tim 1,1; 2 Tim 1,1; Tit 1,1; Phm 1.9.19; 2 Petr 3,15.

Pegor Berg im Ostjordanland, kurz auch für den Baal-Pegor, die Gottheit, die dort verehrt wurde – Num 23,28; 25,18; Num 31,16; Jos 22,17; „Baal-Pegor": Num 25,1–5; Dtn 4,3; Ps 106,28; Hos 9,10; s. auch „Bet-Pegor" in Dtn 3,29 (mit Anm.); 4,46; 34,6; Jos 13,20.

Pekach (hebr. Kurzform von Pekachja) König von Israel – 2 Kön 15,25.27–31.32.37; 16,1.5; 2 Chr 28,5; Jes 7,1.

Pekachja (hebr. „Der HERR öffnet") König von Israel – 2 Kön 15,22.23–26.

Peleter → Kereter

Penuel auch Peniel (hebr. „Gesicht Gottes"), Ort am Jabbok – Gen 32,31f.; Ri 8,8f.17; 1 Kön 12,25.

Perez (hebr. „Durchbruch") Sohn Judas von Tamar – Gen 38,29; 46,12; Num 26,20; Rut 4,12.18; 1 Chr 2,4f.; 4,1; 27,3; Neh 11,4.6; Mt 1,3; Lk 3,33.

Perge Stadt in Pamphylien/Kleinasien – Apg 13,13f.; 14,25.

Perisiter Glieder eines vor Israel im Gelobten Land ansässigen Volkes – Gen 13,7; 34,30; Ex 3,8; 23,23; Dtn 7,1; 3,10; 17,15; Ri 1,4f.; 3,5; 1 Kön 9,20; 2 Chr 8,7; Esra 9,1; Neh 9,8; Jdt 5,16.

Perle – Ijob 28,18; Spr 3,15; 20,15; Hld 4,9; Mt 7,6; 13,45f.; 1 Tim 2,9; Offb 17,4; 18,16.

Perser/Persien – 2 Chr 36,20–23; Esra 1,1f.; 4,3.24; 7,1; 9,9; Neh 12,22; Jdt 1,7; 16,10; Est 1,3; 8,12(k. o. u); 10,2; 1 Makk 1,1; 3,31; 14,2; 2 Makk 1,19f.; 9,1; Dan 5,28; 6,9.29; 10,13; 14,1.

Pessach Hauptfest Israels und des Judentums zur Erinnerung an den Exodus – Ex 12,11.21.43.48; 34,25; Lev 23,5; Num 9,1–14; 28,16; 33,3; Dtn 16,1.5; Jos 5,10f.; 2 Kön 23,21–23; 2 Chr 30,1–27; 35,1–19; Esra 6,19–22; Ez 45,21; → Pascha.

Pessachlamm, -opfer, -tier – Ex 12,27; Dtn 16,2.6; 2 Chr 30,17; 35,7–9; Esra 6,20; → Paschalamm.

Petrus griech. Beiname des Simon – Mt 4,18; 10,2; 14,28f.; 15,15; 16,13–20.22f.; 17,1.4.24.26; 19,27; 26,30–35.37.40.58.69–75; Mk 5,37; 11,21; 13,3; 16,7; Lk 5,8; 8,45; 12,41; 22,8; 24,12; Joh 1,40–44; 6,68; 13,6–9.24.36f.; 18,10f.15–18.25–27; 20,2–6; 21,2f.7.11.15.17.20–23; Apg 1,13.15; 2,14–4,22; 5,3.8f.15.29; 8,14–25; 9,32–43; 10,5–23.25–46; 11,1–18; 12,1–19; 15,7; Gal 2,7f.; 1 Petr 1,1; 2 Petr 1,1; → Kephas; Simon.

Pfennig Wiedergabe des Ass und des Quadrans, zweier röm. Geldmünzen – s. Anh. III. 2. B).

Pfingstfest (griech. „Fest des 50. Tages" → Wochenfest) Fest der Sendung des Heiligen Geistes – Apg 2,1–13; 20,16; 1 Kor 16,8.

Pflug, pflügen – Gen 45,6; Ex 34,21; Dtn 22,10; Ri 14,18; 1 Sam 8,12; 13,20f.; 1 Kön 19,19; Ijob 1,14; 4,8; 39,10; Ps 129,3; 141,7; Spr 13,23; 20,4; Sir 6,19; 38,25; Jes 2,4; 28,24; Jer 4,3; 26,18; Hos 10,11–13; Joël 4,10; Am 6,12; 9,13; Mi 3,12; 4,3; Lk 9,62; 17,7; 1 Kor 9,10.

Pharao (ägypt. „Großes Haus") Titel des Königs von Ägypten – Gen 12,15–20; 40,1–41,55; 47,1–26; 50,4–7; Ex 1,8–22; 5,1–14,31; 15,19; Dtn 6,21f.; 7,8.18; 34,11; 1 Sam 6,6; 1 Kön 3,1; 9,16; 11,18–22; 2 Kön 17,7; 18,21; Neh 9,10; 1 Makk 4,9; Ps 135,9; 136,15; Sir 16,15; Jes 30,2f.; Jer 25,19; 46,17.25; 47,1; Ez 17,17; 29,1–32,32; Apg 7,10; Röm 9,17; namentlich als Pharaonen benannte Könige Ägyptens → Hofra; Necho; Schischak; So.

Pharisäer religiöse Laiengruppierung im Judentum – Mt 3,7; 5,20; 9,11.14.34; 12,2; 14.24.38; 15,1.12; 16,1.6.11f.; 19,3; 21,45; 22,15.34.41; 23,2.13.15.23.25–27.29; 27,62; Mk 7,3; 8,11; Lk 6,7; 7,30.36f.39; 11,37–39; 14,1.3; 15,2; 16,14; 17,20; 18,10f.; Joh 1,24; 3,1; 4,1; 7,32.45.47f.; 8,3.13; 9,13–16.24.40; 11,46f.57; 12,19.42; 18,3; Apg 5,34; 15,5; 23,6–9; 26,5; Phil 3,5.

Philadelphia Stadt in Lydien – Offb 1,11; 3,7–13.

Philippi Stadt in Mazedonien – Apg 16,12; 20,6; Phil 1,1; 1 Thess 2,2.

Philippus (griech. „Pferdefreund" 1) einer der Zwölf – Mt 10,3; Joh 1,43–48; 6,5–7; 12,21f.; 14,8f.; Apg 1,13; 2) einer der „Sieben", früchchristlicher Missionar – Apg 6,5; 8,5–13.26–40; 21,8.

Philister Seevolk, das sich um 1200 v. Chr. an der Küste des Mittelmeeres in Kanaan ansiedelte – Gen 10,14; Jos 13,2f.; Ri 10,6–16; 13,1–16,30; 1 Sam 4,1–6,21; 7,2–17; 13,3–14,52; 27,1–31,11; 2 Sam 5,17–25; 21,15–19; 23,9–16; 2 Kön 18,8; 2 Chr 26,6f.; 28,18; 1 Makk 3,41; 5,68; Ps 56,1; 60,10; Sir 50,26;

Jes 14,28–32; Jer 47,1–7; Ez 25,15f.; Am 1,6–8; 9,7; Zef 2,5; Sach 9,6.

Philometor Beiname von Ptolemäus VI. – 2 Makk 4,21; 9,29; 10,13; → Ptolemäer 1).

Phönizien Gebiet an der Küste im Norden Kanaans – 2 Makk 3,5.8; 4,4.22; 8,8; 10,11; Apg 11,19; 15,3; 21,2; → Gebal; Sidon; Tyrus.

Phrygien/Phrygier Gebiet in Kleinasien/ seine Bewohner – 2 Makk 5,22; Apg 2,10; 16,6; 18,23.

Pilatus, Pontius röm. Prokurator/Präfekt in Palästina – Mt 27,2.11–26.58.62.65; Mk 15,43f.; Lk 3,1; 13,1; 23,12; Joh 18,28–19,16.19–22.31.38; Apg 3,13; 4,27; 13,28; 1 Tim 6,13.

Pim Gewicht – s. Anh. III.2. A).

Pinhas (ägypt., „Dunkelhäutiger") 1) Sohn Eleasars und Enkel Aarons – Ex 6,25; Num 25,6–18; 31,6; Jos 22,13.30–32; Ri 20,28; 1 Chr 5,30; 6,35; 9,20; Esra 7,5; 1 Makk 2,26.54; Ps 106,30; Sir 45,23–26; 2) Sohn Elis – 1 Sam 1,3; 2,34; 4,4.11.17.

Plage, Plagen – Gen 12,17; Num 17,11–15; 25,8f.; Jos 22,17; 1 Sam 6,4; 2 Sam 24,21; 1 Kön 8,37; Tob 13,14; Jdt 5,12; Ijob 36,15; Ps 25,18; 91,10; 106,29f.; Weish 19,4; Mt 6,34; 2 Kor 11,27; Offb 9,18.20; 11,6; 15,1.6.8; 16,9.21; 18,4.8; 21,9; 22,18; zu den ägypt. Plagen in Ex 6,28–11,10 vgl. bes. Ps 78,43–51; 105,26–36.

Pontius Pilatus → Pilatus

Pontus das an das Schwarze Meer angrenzende kleinasiatische Küstengebiet – Apg 2,9; 18,2; 1 Petr 1,1.

Posaune (griech. *sálpigx*) – Mt 24,31; 1 Kor 15,52; 1 Thess 4,16; Hebr 12,19; Offb 1,10; 4,1; 8,2.6–9,21; 10,7; 11,15–19; vgl. Mt 6,2; Offb 18,22.

Potifera Priester von On und Schwiegervater Josefs – Gen 41,45.50; 46,20.

Prätorium röm. Gerichtsort, auch Hauptquartier – Mt 27,27; Mk 15,16; Joh 18,28.33; 19,9; Apg 23,35; Phil 1,13.

Priester, Priestertum – Gen 14,18; Ex 28,1–29,46; Lev 8,1–10,20; 21,1–22,33; Num 3,1–13; 18,1–7; Dtn 18,1–8; Jos 3,3–17; 6,4–16; Ri 17,1–18,31; 1 Sam 2,35; 1 Kön 8,3–10; 2 Kön 12,5–17; 23,2–9; Esra 8,24–30; Neh 12,1–26; Ps 110,4; 132,9.16; Jes 24,2; Jer 18,18; 31,14; Ez 44,13–31; Sach 6,13; Mt 8,4; 12,4f.; Lk 10,31; 17,14; Joh 1,19; Apg 6,7; Röm 15,16; Hebr 5,6; 7,1–8,6; 10,11; 1) Kritik an Priestern – 1 Sam 2,28f.; Jes 28,7; Jer 5,31; 6,13; 23,11; Klgl 4,13; Ez 22,26; Hos 4,4–10; 6,9; Mi 3,11; Zef 3,4; Mal 1,6; 2,1–9; 2) levitisches Priestertum – Dtn 17,9.18; 18,1; 24,8; Jos 3,3; 8,33; 2 Chr 5,5; 23,18; 30,27; Jes 66,21; Jer 33,18.21; Ez 43,19; Hebr 7,11; 3) Priesterum des Volkes – Ex 19,6; Jes 61,6; vgl. 1 Petr 2,4–10; Offb 1,6; 5,10; 20,6.

Prisca auch Priscilla (Apg), Mitarbeiterin des Paulus – Apg 18,2.18.26; Röm 16,3; 1 Kor 16,19; 2 Tim 4,19.

Prophet (griech.; hebr. v. a. *nabî'*) von Gott beauftragter Bote 1) allgemein bzw. unbenannte Propheten des HERRN – Num 12,6; Dtn 13,2–6; 18,15–22; Ri 6,7–10; 1 Sam 9,9; 10,10f.; 1 Kön 18,4; 19,10; 22,6–24; 2 Kön 17,13.23; 1 Chr 16,22; Esra 9,11; Neh 9,30; Tob 4,12; 14,4f.; 1 Makk 9,27; 2 Makk 15,9; Ps 74,9; 105,15; Weish 7,27; Sir Prol; 36,21; 48,8; 49,10; Jes 3,2; 28,7; Jer 1,5; 5,31; 8,10; 23,9–40; Klgl 2,9; 4,13; Bar 1,21; Ez 2,5; 13,1–23; 33,33; Dan 3,38; Hos 6,5; 12,11; Am 3,7f.; 7,14; Mi 3,11; Zef 3,4; Sach 1,4–6; 13,2–6; Mt 5,12.17; 7,12.15.22; 10,41; 11,13; 13,17.57; 22,40; 23,29–31.34.37; 24,11.24; Lk 1,70; 6,26; 10,24; 11,47–50; 13,28.33f.; 16,16.29.31; 18,31; 24,25.27.44; Joh 1,21.45; 7,52; Apg 3,21–25; 10,43; 11,27; 13,1.15; Röm 1,2; 3,21; 11,3; 1 Kor 12,28f.; 14,29.32.37; Eph 2,20; 3,5; 4,11; 1 Thess 2,15; Hebr 1,1; 11,32; Jak 5,10; 1 Petr 1,10; 2 Petr 1,19; 2,1; 3,2; 1 Joh 4,1.4; Offb 16,6; 22,6.9; 2) Prophetinnen – Ex 15,20; Ri 4,4; 2 Kön 22,14; 2 Chr 34,22; Neh 6,14; Jes 8,3; Lk 2,36; Offb 2,20; 3) besondere Gestalten Aaron – Ex 7,1; Abraham – Gen 20,7; David – Apg 2,30; Eldad und Medad – Num 11,27; Jesus – Mt 16,14; 21,11.46; 26,68; Mk 6,15; Lk 1,76; 7,16.39; 24,19; Joh 4,19; 6,14; 7,40; 9,17; Judas und Silas – Apg 15,32; Johannes der Täufer – Mt 11,9; 14,5; 21,26; Mose – Dtn 18,15; 34,10; Apg 3,22; 7,37; vgl. Weish 11,1; Hos 12,14; Noach – Tob 4,12; Saul – 1 Sam 10,11f.; 19,24; Volk – Num 11,29; Joël 3,1; zu den Schriftpropheten s. im jeweiligen Buch; zu weiteren prophetischen Einzelgestalten → Agabus; Ahija; Debora; Elija; Elischa; Gad; Hananja; Hulda; Iddo; Jehu; Micha Ben Jimla; Mirjam; Natan; Oded; Samuel; Schemaja; → Seher.

Prophetenjünger – 1 Kön 20,35; 2 Kön 2,3–15; 4,1.38; 5,22; 6,1; 9,1.6; vgl. „Prophetenschüler" in Am 7,14.

Proselyt ein zum Judentum Konvertierter – Apg 2,11; 6,5; 13,43.
Prostituierte → Dirne; Hure
Ptolemäer auf Ptolemaios I. Soter zurückgehende hellenistische Herrscherdynastie in Ägypten, zu deren Machtbereich zeitweise auch Palästina gehörte; in der Bibel genannt sind: 1) Pt. VI. Philometor – 1 Makk 1,18; 10,51–66; 11,1–19; 2 Makk 1,10; 9,29; → Philometor; 2) Pt. VIII. Euergetes II. – 1 Makk 15,16; vgl. „Euergetes" in Sir Prol.
Pul Titel Tiglat-Pilesers III. von Assyrien – 2 Kön 15,19; 1 Chr 5,26; s. auch Anm. zu 2 Kön 15,19.
Purim jüd. Fest – Est 3,7; 9,20–32.
Put Sohn Hams und Land in Nordafrika, vielleicht Libyen – Gen 10,6; 1 Chr 1,8; Jdt 2,23; Jer 46,9; Ez 27,10; 30,5; 38,5; Nah 3,9.

Quasten Schaufäden, Erinnerungszeichen an Kleidern – Num 15,38f.; Dtn 22,12; Mt 23,5.

Rabba Hauptstadt des Ammoniterreiches, heute Amman – Dtn 3,11; Jos 13,25; 2 Sam 11,1; 12,26–31; 17,27; 1 Chr 20,1; Jer 49,2f.; Ez 21,25; 25,5; Am 1,14.
Rabbi, Rabbuni aram. Titel eines Lehrers im Judentum, den Jesus vielfach erhält – Mt 23,7f.; 26,25.49; Mk 9,5; 10,51; 11,21; Joh 1,38.49; 3,2.26 u. ö.; 20,16; → Meister.
Rabe – Gen 8,7; Lev 11,15; Dtn 14,14; (Ri 7,25); 1 Kön 17,4.6; Ijob 38,41; Ps 147,9; Spr 30,17; Jes 34,11; Zef 2,14; Lk 12,24.
Rabschake (akkad. „Mundschenk") Beamter des Assyrerkönigs Sanherib – 2 Kön 18,17–37; 19,4.8; Sir 48,18; Jes 36,1–22; 37,4.8.
Rache, rächen Vergeltung, Wiederherstellung einer verletzten Ordnung – Gen 4,15.24; 27,42; Ex 21,20f.; Lev 19,18; Num 31,2; Jos 10,13; Ri 15,7; 16,28; 1 Sam 14,24; 18,25; Jdt 1,12; 6,5; Est 8,13; 1 Makk 2,67; Ps 8,3 (Rächer); Spr 6,34; Sir 25,14; Jer 20,10; Ez 25,12–17; Lk 11,51; Apg 7,24; von Gott – Lev 26,25; Num 31,3; Ri 11,36; 1 Sam 24,13; 2 Sam 4,8; 2 Kön 9,7; Sir 28,1; Jes 1,24; 35,4; 47,3; Ez 25,14.17; Nah 1,2; 1 Thess 4,6; Hebr 10,30; Offb 6,10; 16,19; 19,2.15; → Blutrache; Vergeltung.
Rafaël einer der Erzengel – Tob 3,17; 5,4; 6,11–19; 7,9; 8,2f.; 9,1.5; 11,2–7; 12,15.
Rafaïter → Riesen
Raguël Vater der Sara, der Frau des Tobias – Tob 6,11–13; 7,1–15; 8,9.11; 9,3.6; 10,7.8–14; 14,12f.
Rahab 1) Prostituierte in Jericho – Jos 2,1–8; 6,17–25; Mt 1,5; Hebr 11,31; Jak 2,25; 2) mythisches Meerungeheuer, teilweise mit Ägypten gleichgesetzt – Ijob 9,13; 26,12; Ps 87,4; 89,11; Jes 30,7; 51,9.
Rahel (hebr. „Mutterschaf") zweite Frau Jakobs – Gen 29,1–31,34; 33,1f.7; 35,16–20; 46,25; 48,7; Rut 4,11; 1 Sam 10,2; Jer 31,15; Mt 2,18.
Rama (hebr. „Höhe") 1) Stadt im Gebiet des Stammes Benjamin – Jos 18,25; Ri 4,5; 19,13; 1 Kön 15,17.21f.; 2 Chr 16,1.5f.; Esra 2,26; Neh 7,30; Jes 10,29; Jer 31,15; 40,1; Hos 5,8; Mt 2,18; 2) Geburtsort Samuels auch Ramatajim – 1 Sam 1,1.19; 2,11; 7,17; 8,4; 15,34; 16,13; 19,18f.22f.; 20,1; 25,1; 28,3; 1 Makk 12,34.
Ramot-Gilead Stadt im Ostjordanland – Dtn 4,43; Jos 20,8; 21,38; 1 Kön 4,13; 22,3–29; 2 Kön 8,28f.; 9,1.4.14; 1 Chr 6,65; 2 Chr 18,2–28; 22,5f.
Ramses eigentlich Pi-Ramesse; ägypt. Stadt im Nildelta – Gen 47,11; Ex 1,11; 12,37; Num 33,3.5.
Rauch-, Räucheropfer – Ex 30,8f.; 1 Sam 2,28; 1 Kön 3,3; 2 Kön 12,4; 17,11; 18,4; 1 Chr 23,13; 2 Chr 2,5; Jdt 9,1; 1 Makk 1,55; Ps 141,2; Weish 18,21; Sir 45,16; Jes 1,13; 43,23; Jer 11,12; 32,29; 44,3–25; 48,35; Hos 2,15; 4,13; 11,2; Hab 1,16; Mal 1,11; Lk 1,9f.; s. auch Lev 10,1–5; Num 17,1–5.
Rauchopferaltar – 2 Chr 14,4; 30,14; 34,4.6; 1 Makk 1,21; 4,49; 2 Makk 2,5; Jer 27,9; Lk 1,11; Hebr 9,4; s. auch Ex 30,1–10.
Rebekka (hebr. „Kuh") Frau des Isaak – Gen 22,23; 24,1–28,5; 29,12; 35,8; 49,31; Röm 9,10.
Rechab (hebr. „Reiter") 1) General des Saulsohnes Ischbaal – 2 Sam 4,1–12; 2) Vater Jonadabs, Gründer der Rechabiter/Rechabiter – 2 Kön 10,15.23; Jer 35,1–19.
Recht – Gen 18,19.25; 38,26; 49,16; Ex 9,27; 21,8f.; Lev 24,22; Num 5,6; Dtn 6,25; 10,18; 32,36; Jos 24,25; 1 Sam 7,6; 8,9; 24,16; 2 Sam 15,4; 1 Kön 3,11; 8,32; 10,9; 1 Chr 18,14; Tob 7,10–12; Est 10,3(i); 1 Makk 2,29; 6,22; Ijob 9,2.19; 16,21; 19,7; 27,2; 29,14; 34,4–6; 37,23; 40,8; Ps 7,9; 25,9; 26,1; 35,27; 37,6.28; 89,15; 99,4; 101,1; 106,3; 135,14; 147,20; Spr

2,8f.; 12,5; 21,3; 29,26; 31,8f.; Sir 19,25; 45,17; Jes 1,17; 9,6; 28,6.17; 30,18; 32,1.16; 33,5; 40,27; 42,1–4; 49,4; 51,4f.; 56,1; 61,8; Jer 5,1.4f.28; 9,23; 12,1; 22,3; Klgl 1,18; 3,59; Bar 1,15; Ez 18,5; 34,17; Dan 9,7; Hos 2,21; 6,5; 12,7; Am 5,15.24; Mi 4,3; 6,8; Zef 2,3; Mt 12,18–20; 23,23; Lk 11,42; 18,3–8; 2 Kor 7,12; 1 Tim 5,18; Hebr 1,9; Jak 2,19.

recht, das Rechte – Ex 15,26; Num 23,27; Dtn 5,28; 11,14; 32,4; 33,21; Ri 17,6; 1 Sam 18,20; 1 Kön 11,33; 2 Kön 17,9; 2 Chr 14,1; 31,20; 2 Makk 4,34; 15,11; Ijob 5,12; 8,6; 27,6; 42,7f.; Ps 1,3; 15,2; 101,6; 127,2; Spr 12,17; 20,23; 21,7; 23,16; Koh 7,29; Weish 9,9; Jes 11,4; 45,19; Jer 27,5; 30,11; Joël 2,23; Jona 4,4.9; Mt 15,26; 20,4; Lk 7,43; 23,41; Joh 4,37; 18,23; Apg 4,19; 10,35; Röm 14,22; Eph 6,1; Phil 1,7; 4,8.14; Kol 4,1; 2 Thess 1,3; 1 Tim 2,3; Hebr 13,18; Jak 2,8; 1 Petr 3,6.

Rechtsbeugung – Ex 23,2.6; Dtn 16,19; 24,17; 27,19; 1 Sam 8,3; Ijob 8,3; 34,12; 37,23; Klgl 3,35; Am 2,7; vgl. Lev 19,15; Ijob 33,27; Spr 24,23; 31,5; Jes 5,23; 10,2; 59,8–14; Hos 5,11; Am 5,7; 6,12; Mi 3,9.11; 7,3; Hab 1,4; Mal 3,5.

Rechtschaffenheit, rechtschaffen – 2 Sam 4,11; 1 Kön 1,52; Ijob 1,1.8; 2,3; Ps 84,12; Spr 2,7.21; 10,29; 15,8 u. ö.; Sir 7,6; Jes 59,14; Ez 3,20; Am 3,10; Mi 2,7; Hab 2,4; 1 Thess 4,12; 1 Tim 2,2; Jak 3,13; 1 Petr 2,12; 3,16.

Refidim ein Lagerplatz Israels in der Nähe des Sinai – Ex 17,1.8; 19,2; Num 33,14f.

Regen – Gen 7,12; 8,2; Lev 26,4; Dtn 11,11.14; 28,12; 1 Sam 12,17f.; 1 Kön 8,35f.; 17,1–18,46; Jdt 8,31; Ijob 38,25–28; Ps 65,11; 72,6; Spr 28,3; Koh 11,3; Sir 1,2; Jes 5,6; 30,23; 55,10; Jer 5,24; Bar 6,52; Ez 34,26; Dan 3,64; Hos 6,3; Joël 2,23; Am 4,7; Mi 5,6; Sach 10,1; Lk 12,54; Apg 14,17; Hebr 6,7; Jak 5,7.18; Offb 11,6.

Regenbogen – Sir 43,11; 50,7; Ez 1,28; Offb 4,3; 10,1; vgl. Gen 9,8–17.

Reguël Schwiegervater des Mose – Ex 2,18; Num 10,29; → Jitro; zu den unterschiedlichen Namen des Schwiegervaters des Mose s. Anm. zu Ex 2,18.

Rehabeam Sohn Salomos und König von Juda – 1 Kön 11,43; 12,1–24.27; 14,21–31; 15,6; 1 Chr 3,10; 2 Chr 9,31; 10,1–12,16; 13,7; Sir 47,23; Mt 1,7.

Reich 1) Gottes/Christi – Tob 13,1; Weish 10,10; Dan 3,100; 6,27; 7,14.27; Mt 4,23; 6,10.33; 9,35; 12,28; 13,19.38–43; 16,28; 19,24; 20,21; 21,31.43; 24,14; 25,34; 26,29 (→ Himmelreich); Mk 1,15; 4,11.26.30; 9,1.47; 10,14f.; 12,34; 14,25; 15,43; Lk 4,43; 6,20; 7,28; 8,1.10; 9,2.11.60.62; 10,9.11; 11,20; 12,31f.; 13,18.20.28f.; 14,15; 16,16; 17,20f.; 18,16f.29; 19,11; 21,31; 22,16.29f.; 23,42.51; Joh 3,3.5; Apg 1,3; 14,22; 20,25; 28,23.31; Röm 14,17; 1 Kor 6,9f.; 15,50; Gal 5,21; Eph 5,5; Kol 1,13; 4,11; 1 Thess 2,12; 2 Thess 1,5; 2 Tim 4,1.18; Hebr 12,28; Jak 2,5; 2 Petr 1,11; Offb 1,6; 5,10; 2) (König-)Reiche der Welt – Gen 10,10; 20,9; Ex 19,6; Num 32,33; Dtn 3,10.21; Jos 11,10; 13,12; 1 Sam 10,18; 1 Kön 5,1; 11,11; 18,10; 2 Kön 19,15.19; 1 Chr 16,20; 29,30; 2 Chr 11,17; 12,8; 17,10; 20,6.29f.; 36,20; Esra 1,1f.; Neh 9,22.34; Est 3,6; 1 Makk 1,6; 6,14; 11,1; 2 Makk 1,7; Ps 46,7; 68,33; 102,23; 135,11; Spr 18,11; Sir 44,3; Jes 9,6; 19,2; 23,17; 37,16; 60,12; Jer 1,10; 15,4; 18,7–9; 24,9; 25,26; 28,8; 29,18; 34,1; 51,20; Bar 2,4; Ez 29,15; 37,22; Dan 2,39–44; 5,28; 7,27; 9,1; 11,2–9; Am 6,2; 9,8; Nah 3,5; Zef 3,8; Hag 2,22; Mt 4,8; 8,12; 12,25f.; 24,7; Mk 6,23; 11,10; Apg 1,6; Hebr 11,33.

Reichtum, reich – Gen 14,23; Ex 22,28; Dtn 8,17f.; Rut 1,21; 1 Sam 2,7; 17,25; 2 Sam 12,1–4; 1 Kön 3,11–13; 1 Chr 29,12; 2 Chr 1,14–17; Neh 9,25; Est 1,4; 2 Makk 3,6; Ijob 15,29; Ps 36,9; 49,7.17; 65,10; Spr 10,22; 28,6.22; Koh 5,7–6,10; Hld 8,7; Weish 5,8; Sir 13,2–7.18–23; Jes 60,11; Jer 9,22; Bar 6,34; Ez 7,11–14; Dan 11,2; Hos 12,9; Zef 1,13; Sach 14,14; Mt 19,23f.; Mk 12,41; Lk 1,53; 6,24; 12,21; 16,19–31; 18,23–25; Röm 2,4; 9,23; 10,12; 11,12.33; 1 Kor 1,5; 2 Kor 6,10; 8,9; Eph 1,7; 2,4/5.7; 3,8.16; Phil 1,9; 4,19; Kol 1,27; 1 Thess 3,12; 1 Tim 6,9.17; Tit 3,6; Hebr 11,26; Jak 1,10; 2,5; 5,1f.; Offb 2,9; 3,17; 5,12.

Reinheit, rein v. a. kultisch – Gen 7,2; Lev 11,1–15,23; 1 Sam 20,26; 2 Kön 5,10; 2 Chr 30,17.19; Esra 6,20; Tob 3,14; Jdt 12,9; 2 Makk 7,40; Ijob 4,17; 15,14f.; 33,9; Ps 18,21.25.27; 19,9f.; 24,4; 51,4.9; 119,140; Spr 20,9; 30,12; Hld 6,9f.; Weish 7,24; 14,24; Sir 26,29; 43,1; 51,20; Jes 52,11; Jer 4,14; Ez 22,26; 24,13; 36,25; 43,26; Hos 8,5; Hab 1,13; Mal 1,11; Mt 5,8; 8,2f.; 10,8; 11,5; 23,26; 27,59; Mk 7,19; Lk 17,14.17; Joh 13,10f.; 15,3; Apg 10,15; 20,26; Röm 14,20; 2 Kor 11,2f.; Phil 1,10; 2,15; 1 Tim 1,5; 2,8; 3,9; 5,22; 6,14; 2 Tim 2,21; Tit 1,15; Hebr 9,13; 10,22; Jak 1,27; 1 Petr 1,22; 3,2; 2 Petr 1,9;

1 Joh 1,7; Offb 21,18; → Lauterkeit; Reinheitsvorschriften; Unreinheit.

Reinheitsvorschriften – Lev 11,1–15,33; Num 5,1–4; 19,1–22; Dtn 14,3–21; 23,10–15.

Rest Israels – Gen 45,7; 2 Kön 19,30f.; 2 Chr 30,6; 34,21; Esra 9,8.13–15; Neh 1,2; Tob 13,16; Sir 47,22; Jes 4,2f.; 10,20–22; 11,11.16; 37,31f.; 46,3; Jer 6,9; 8,3; 23,3; 31,7 u. ö.; Ez 5,10; 6,8; 11,13; Am 5,15; Mi 2,12; 5,2.6f.; 7,18; Zef 3,12f.; Sach 8,11f.; 14,2; Röm 9,27; 11,5.7; vgl. Jes 1,9; 45,20; Jer 21,7; 50,28; Ez 14,22.

Retter, Rettung, (er-)retten – Gen 19,17; 45,7; Ex 6,6; Num 32,25; Dtn 32,39; Ri 3,9; 7,2; 1 Sam 12,10.21; 17,35.37; 1 Kön 19,3; 2 Kön 18,29–35; 1 Chr 16,35; 2 Chr 12,7; Neh 9,27; Tob 8,4f.; Jdt 9,11; Est 10,3(f); 1 Makk 2,59; 4,11; 2 Makk 1,25; 11,6; Ijob 5,19f.; 29,12, Ps 6,5; 18,3; 22,5.22; 31,2f.; 32,7; 33,16; 40,18; 41,2; 50,15; 68,21; 70,6; 71,11; 89,49; 91,3.14; 144,2.7; Spr 10,2; 14,25; Weish 10,1–11,1; Sir 2,11; 13,14; 24,24; 40,24; 51,1; Jes 30,15; 31,5; 42,22; 43,11f.; 45,22; 46,4; 50,2; 62,11; Jer 1,8.19; 15,20f.; 20,13; 21,12; 42,11; Ez 3,19; 34,10.12; Dan 3,17; 6,28; 12,1; Hos 13,4; Joël 3,5; Mi 5,5; Hab 3,18; Sach 12,7; Mt 6,13; 9,22; 14,30; 16,25; 19,25; 27,40–43; Mk 3,4; 16,16; Lk 1,47.69.71; 2,11; 19,10; Joh 3,17; 4,42; 10,9; 12,27.47; Apg 2,21.40.47; 5,31; 16,30; 27,20.44; Röm 8,24; 10,1.9f.; 11,26; 15,31; 1 Kor 1,21; 3,15; 5,5; 15,2; 2 Kor 1,10; Gal 1,4; Eph 2,4/5.8; Phil 3,20; Kol 1,13; 1 Thess 1,10; 2 Thess 3,2; 1 Tim 1,15; 4,16; 2 Tim 1,9f.; Tit 2,11; 3,4–6; Hebr 7,25; 10,39; Jak 2,14; 5,20; 1 Petr 3,21; 4,18; 2 Petr 2,9; 3,15; 1 Joh 4,14; Jud 23; Offb 7,10; → Erlösung.

Reue, (be-)reuen – Gen 6,6f.; Ex 32,12.14; Num 23,19; 1 Sam 15,11; 2 Sam 24,16; 1 Makk 11,10; Ijob 42,6; Ps 110,4; Sir 32,19; Jes 57,6; Jer 4,28; 18,8–10; 26,3; 42,10; Ez 24,14; Hos 14,3; Joël 2,13f.; Jona 3,9f.; 4,2; Sach 8,14; Mt 21,29.32; 27,3; 2 Kor 7,10; Hebr 7,21; → Bekehrung; Umkehr.

Rezin König von Aram/Damaskus – 2 Kön 15,37; 16,5f.9; Jes 7,1–8; 8,6; 9,10.

Ribla Stadt am Orontes/Libanon – Num 34,11; 2 Kön 23,33; 25,6.20f.; Jer 39,5f.; 52,9f.26f.; Ez 6,14.

Richter Herrscher, Führungsgestalt, Rechtsprecher 1) Gott – Gen 18,25; 31,53; 1 Sam 24,16; Tob 3,2; Jdt 7,24; 2 Makk 12,6.41; Ijob 9,15; 23,7; Ps 7,12; 9,5.8f.; 50,4.6; 51,6; 75,8; 94,2; Weish 6,5; 8,11 (Weisheit); Sir 35,15; Jes 3,13f.; 33,22; Jer 11,20; Joh 12,48; Apg 10,42 (Jesus); Röm 2,2.16; 3,6; 2 Tim 4,1.8 (Christus); Hebr 10,30; 12,23; Jak 5,9; 1 Petr 2,23; 4,5; Offb 20,11–15; 2) Menschen als Herrscher und Rechtsprecher – Gen 19,9; Ex 18,22; Num 25,5; Dtn 1,16; 16,18–20; 17,9; 19,16–21; 21,2; 25,2; Jos 8,33; 23,2; 24,1; Rut 1,1; Ri; 1 Sam 4,18; 7,15; 8,1f.; 2 Sam 7,11; 15,4; 2 Kön 23,22; 1 Chr 23,4; 26,29; 2 Chr 1,2; 19,5; Esra 7,25; 10,14; 1 Makk 2,55; 9,73; Ijob 9,24; 12,17; 31,11; Ps 2,10; 109,31; 148,11; Weish 1,1; 6,1; 9,7; 12,22; Sir 7,6; 8,14; 10,1f.24; 41,18; 46,11; Jes 1,26; 3,2; 16,5; 40,23; Bar 2,1; Ez 44,24; Dan 3,2f.; 13,5.41; Hos 7,7; 13,10; Mi 4,14; 7,3; Zef 3,3; Mt 5,25; 12,27; Lk 12,14; 18,2.6; Apg 13,20; 18,15; 24,10; 1 Kor 6,4; Jak 2,4; 4,11f.; s. auch Ri 4,4 „Richterin".

Riesen – Gen 6,4; Num 13,33; Jdt 16,6; 1 Makk 4,30; Weish 14,6; Sir 16,7; 47,4; Bar 3,26; → Goliat.

Rogel-Quelle Grundwasserbrunnen in Jerusalem – Jos 15,7; 18,16; 2 Sam 17,17; 1 Kön 1,9.

Rom/Römer/römisch Hauptstadt und Imperium Romanum/seine Bürger – 1 Makk 1,10; 8,1–29; 12,1–23; 14,24.40; 15,15f.24; 2 Makk 11,34; Joh 11,48; Apg 2,10; 18,2; 19,21; 23,11; 28,14.16f.; Röm 1,7.15; 2 Tim 1,17.

Rotes Meer (hebr. *jam suf*, „Schilfmeer") – Ex 10,19; 13,18; 15,4.22; 23,31; Num 21,4; 30,10f.; Dtn 1,40; 11,4; Jos 4,23; 24,6; Ri 11,16; 1 Kön 9,26; Neh 9,9; Jdt 5,13; 1 Makk 4,9; Ps 106,7.9.22; 136,13.15; Weish 10,18; 19,7; Jer 49,21; Apg 7,36; Hebr 11,29.

Ruben/Rubeniter Erstgeborener Jakobs, Stamm Israels/seine Angehörige – Gen 29,32; 35,22f.; 37,21f.29; 42,22.37; 46,8f.; 49,3f.; Ex 6,14; Num 26,5.7; 32,1–33; Dtn 33,6; Jos 1,12; 12,6; 13,15.23; Ri 5,15f.; 1 Chr 2,1; 5,1.26; 11,42; Ez 48,6f.31; Offb 7,5.

Rubin Edelstein – Ex 28,17; 39,10; Tob 13,17; Sir 32,5; Jes 54,12; Ez 27,16; 28,13.

Ruhe, ruhen – Gen 2,2f.; 8,9; 49,15; Ex 20,10f.; 23,12; Lev 25,2–5; 26,34; Dtn 3,20; 5,14; 25,19; Jos 1,13–15; 21,44; Ri 3,11; Rut 3,1; 2 Sam 7,1.11; 1 Kön 8,56; 2 Kön 2,15; 23,18; 2 Chr 14,4–6; Est 3,13(g); 2 Makk 15,1; Ijob 3,13.17.26; 21,13; Ps 22,3; 55,7; 95,11; 116,7; 132,8.14; Spr 3,24; 14,33; Koh 4,6; Weish 4,7; Sir 3,6; 24,11; 51,27; Jes 11,2.10; 28,12; 57,2; 63,14; 66,1; Jer 6,16; 31,2; Ez

16,49; 34,15; Dan 12,13; Hab 3,16; Zef 3,13; Sach 1,11; Mt 11,29; 26,45; Lk 12,19; 23,56; Joh 1,18; Röm 15,32; 2 Kor 2,13; 7,5; 2 Thess 1,7; Hebr 3,11; 4,1.9f.; 1 Petr 4,14; Offb 4,8; 6,11; 14,13.

Ruheplatz, Ruhebett, -lager, -stätte – Jdt 15,11; Est 1,6; 1 Chr 28,2; 2 Chr 6,41; Esra 9,8; Ijob 16,18; Ps 23,2; 132,8.14; Spr 24,15; Sir 24,8; 36,18; Jes 28,12; 32,18; 34,14; 53,9; Ez 43,7; Sach 9,1; Mt 12,43; Apg 7,49.

Ruhm, rühmen 1) Gottes – Ex 15,2; Jos 9,9; Rut 4,14; 1 Sam 15,29; 1 Kön 10,1; 1 Chr 16,5; 17,21; Neh 9,5; Jdt 16,1; Ps 22,24; 48,11; 78,4; 117,1; 147,12; Sir 3,20; 17,8; Jes 42,8.10; 43,21; 48,9; 55,13; 60,6.9.; 63,7; Jer 13,9; 20,13; Dan 2,23; 3,51–88; Hab 3,3; Lk 2,20; Röm 2,17; 5,11; 15,9.17; 1 Kor 1,31; 2 Kor 10,17; Gal 6,14; Phil 3,3; 2) Selbstruhm – Ri 7,2; 1 Kön 20,11; Ps 10,3; 52,3; 64,11; Spr 20,14; 27,2; Weish 2,13; Sir 3,10; 10,26f.; 30,2; 48,4; Jer 9,22f.; 49,4; Röm 11,18; 1 Kor 1,29; 4,7; 5,6; 13,3; 2 Kor 5,12; 10,13.15; 12,1.5f.; Gal 6,4; Eph 2,9.

Rüsttag Vortag eines jüd. Festtages – Mt 27,62; Mk 15,42; Lk 23,54; Joh 19,14.31.42.

Saba/Sabäer Land und Staat in Südarabien/dessen Bewohner bzw. Bürger – 1 Kön 10,1–13; 2 Chr 9,1–12; Ijob 1,15; 6,19; Ps 72,10.15; Jes 60,6; Jer 6,20; Ez 27,22f.; 38,13; Joël 4,8; vgl. Mt 12,42.

Sabbat siebter Tag der Woche, Fest- und Ruhetag – Ex 16,23–29; 20,8–11; 31,12–17; 35,1–3; Lev 26,34; Num 15,32–36; Dtn 5,12–15; Neh 13,15–22; Jdt 8,6; 1 Makk 2,32–41; 2 Makk 6,6; Jes 56,2–7; 58,13f.; 66,23; Jer 17,21–27; Klgl 2,6; Ez 20,12f.; 46,1; Hos 2,13; Am 8,5; Mt 12,1–14; 24,20; 28,1; Mk 1,21; 6,2; Lk 4,16; 13,10–17; 14,1–6; 23,56; Joh 5,1–18; 7,22f.; 9,14.16; 19,31; Apg 13,14.27.42.44; 15,21; 16,13; 17,2; Kol 2,16; vgl. Gen 1,1–2,3.

Sabbatjahr landwirtschaftliches Ruhejahr, das idealtypisch jedes 7. Jahr stattfinden soll – Lev 25,2–8.20–22; 1 Makk 6,49; vgl. Ex 23,10; Lev 26,34; Dtn 15,1–6; Neh 10,32; in Dtn 15,9; 31,10 Brachjahr genannt.

Sabbatweg – s. Anh. III. 1. B).

Sacharja Sohn Iddos, Prophet in Juda/Jerusalem – Esra 5,1; 6,14; Sach.

Sack Hohlmaß – s. Anh. III. 1. D).

Sack und Asche Trauer- und Selbstdemütigungspraxis – Est 4,1.3; Jes 58,5; Dan 9,3; Mt 11,21; Lk 10,13.

Sadduzäer die Tempelaristokratie in Jerusalem um die Zeitenwende – Mt 3,7; 16,1.6.11f.; 22,23.34; Mk 12,18; Lk 20,27; Apg 4,1; 5,17; 23,6–8.

Salbe, Salböl Balsam für Pflege und kultische Zwecke; Heilmittel 1) Salbe – Ex 30,25; 1 Sam 8,13; 1 Chr 9,30; 2 Chr 16,14; Jdt 10,3; Est 4,17(k); Hld 1,3; 4,10; Jes 57,9; Dan 13,17; Lk 23,56; 24,1; Joh 19,40; Offb 3,18; 2) Salböl – Ex 25,6; 30,25; 37,29; 40,9; Lev 8,2; 21,10; Num 4,16; Ps 133,2; 141,5; Spr 21,17; 27,9; Hld 1,3; Weish 2,7; Mt 26,7; Offb 18,13.

Salbung, salben 1) kosmetische, auch medizinische Maßnahme mitunter Ausdruck der Ehrerbietung und Zuneigung – Dtn 28,40; Rut 3,3; 2 Sam 12,20; 14,2; 2 Chr 28,15; Tob 6,9; Jdt 10,3; 16,7; Ps 23,5; 45,8; Ez 16,9; Dan 10,3; Am 6,6; Mi 6,15; Mt 6,17; Mk 6,13; 14,8; 16,1; Lk 7,38.46; Joh 11,2; 12,3; Offb 3,18; 2) Weiheakt – Gen 31,13; Ex 28,41; 29,7; 40,9–15; Lev 6,13; 8,10–12; Num 7,1; (Ri 9,8.15); 1 Sam 9,16; 10,1; 16,3.12f.; 2 Sam 2,4; 5,3; 12,7; 19,11; 1 Kön 1,34.39; 19,15f.; 2 Kön 9,3.6; 11,12; 23,30; 1 Chr 11,3; 29,22; Ps 89,21; Sir 45,15; 46,13; 48,8; Jes 61,1; Dan 9,24; Lk 4,18; Apg 4,27; 10,38; 2 Kor 1,21; Hebr 1,9; Jak 5,14; 1 Joh 2,20.27; 3) der Gesalbte – Lev 4,3; 6,15; Num 3,3; 1 Sam 2,10.35; 12,3; 16,6; 24,7.11; 26,9; 2 Sam 1,14; 19,22; 22,51; 23,1; 1 Chr 16,22; 2 Chr 6,42; 2 Makk 1,10; Ps 2,2; 18,51; 20,7; 28,8; 84,10; 89,39.52; 105,15; 132,10.17; Sir 46,19; Jes 45,1; Klgl 4,20; Dan 9,25f.; Hab 3,13; Sach 4,14; Offb 12,10; → Christus.

Salem Stadt oder Staat – Gen 14,18; Ps 76,3; Hebr 7,1f.; s. auch Anm. zu Gen 33,18.

Salmanassar V. König von Assyrien – 2 Kön 17,3; 18,9; Tob 1,2.13.15f.

Salomo (hebr. „sein Frieden") Sohn Davids und König über Israel – 2 Sam 5,14; 12,24; 1 Kön 1,1–11,43; 12,2–11; 14,26; 2 Kön 21,7; 23,13; 24,13; 25,16; 1 Chr 3,5; 5,36; 6,17; 14,4; 18,8; 22,5f.9.17; 23,1; 28,1–21; 29,1.19.22–28; 2 Chr 1,1–9,31; Neh 12,45; 13,26; 2 Makk 2,8–12; Ps 72,1; 127,1; Spr 1,1; 10,1; 25,1; Hld 1,1; 3,7–11; 8,11f.; Sir 47,12–25; Jer 52,20; Mt 1,6f.; 6,29; 12,42; Apg 7,47.

Salz Speisesalz und Konservierungsmittel, auch symbolisch verwendet – Lev 2,13; Dtn

29,22; Ri 9,45; 2 Kön 2,20f.; Esra 4,14; 6,9; 7,22; Sir 39,26; Ez 16,4; 43,24; Mt 5,13; Mk 9,49–50; Kol 4,6.

Salzmeer Bez. für das Tote Meer – Gen 14,3; Num 34,3.12; Dtn 3,17; Jos 3,16; 12,3; 15,2.5; 18,19; vgl. Ez 47,8; → Meer der Araba.

Samaria, Samarien (ehemalige) Hauptstadt des Nordreiches Israel und Landschaft – 1 Kön 13,32; 16,24–32; 2 Kön 1,2f.; 17,5f.24–41; 18,9f.; 21,13; 2 Chr 18,2; Esra 4,10; Tob 14,4; Jdt 1,9; 1 Makk 3,10; 10,30; 2 Makk 15,1; Sir 50,26; Jes 7,9; 8,4; 10,9–11; Jer 23,13; 31,5; Ez 16,46; 23,4; Hos 7,1; 8,5f.; Am 3,9; 4,1; Obd 19; Mi 1,1.5–7; Lk 17,11; Joh 4,4–7; Apg 1,8; 8,1.5–25; 9,31; 15,3.

Samariter, Samariterin Bewohner des ehemaligen Nordreiches – Mt 10,5; Lk 9,52; 10,25–37; 17,11–19; Joh 4,1–42; 8,48; Apg 8,25.

Samuel Richter, Priester und Prophet in Israel – 1 Sam 1,20–3,21; 7,2–16,13; 19,18–24; 25,1; 28,3–25; 1 Chr 11,3; 26,28; 29,29; 2 Chr 35,18; Ps 99,6; Sir 46,13–20; Jer 15,1; Apg 3,24; 13,20; Hebr 11,32.

Sanballat Statthalter in Samaria – Neh 2,10.19; 3,33; 4,1; 6,1–14; 13,28.

Sanherib assyr. Großkönig – 2 Kön 18,13; 19,8f.16.20.36f.; 2 Chr 32,1–23; Tob 1,15–22; 2 Makk 8,19; 15,22; Sir 48,18; Jes 36,1; 37,9.17.21.37.

Saphir Edelstein – Ex 28,18; 39,11; Tob 13,16; Ijob 28,6.16; Hld 6,14; Jes 54,11; Ez 28,13; Offb 21,19.

Sara (hebr. „Fürstin") 1) Frau Abrahams (bis Gen 17,15 Sarai) – Gen 11,29–31; 12,5.10–20; 16,1–8; 17,15–21; 18,6–15; 20,1–18; 21,1–12; 23,1f.19; 24,36.67; 25,10; 49,31; Jes 51,2; Röm 4,19; 9,9; Hebr 11,11; 1 Petr 3,6 2) Frau des Tobias – Tob 3,7–17; 6,11f.19; 7,8–16; 8,4; 10,10–13; 11,15–17; 12,12–14.

Sardes Hauptstadt der Landschaft Lydien in Kleinasien – Offb 1,11; 3,1–6.

Sarepta phönizische Stadt – 1 Kön 17,9f.; Obd 20; Lk 4,26.

Satan Feind, (der) Widersacher – 1 Chr 21,1; Ijob 1,6–12; 2,1–7; Sach 3,1f.; Mt 4,10; 12,26; 16,23; Mk 3,26; 4,15; Lk 10,18; 13,16; 22,3.31; Joh 13,27; Apg 5,3; 26,18; Röm 16,20; 1 Kor 5,5; 7,5; 2 Kor 2,11; 11,14; 12,7f.; 1 Thess 2,18; 2 Thess 2,9; 1 Tim 1,20; 5,15; Offb 2,9.13.24; 3,9; 12,9; 20,2.7; → Teufel.

Sauerteig – Ex 12,15.19; 13,7; Lev 2,11; 23,17; Dtn 16,4; Mt 13,33; 16,6.11f.; 1 Kor 5,6–8; Gal 5,9.

Saul (hebr. *Ša'ul*, „der Erbetene") erster König in Israel – 1 Sam 9,1–31,13; 2 Sam 1,1–27; 2,4–7; 3,7; 5,2; 7,15; 12,7; 21,1–14; 1 Chr 5,10; 8,33; 9,39; 10,1–14; 11,2; 12,1; 26,28; Ps 18,1; 52,2; 54,2; 57,1; 59,1; Apg 13,21.

Saulus auch **Saul**, hebr. Name des Paulus – Apg 7,58; 8,1.3; 9,1–31; 11,25.30; 12,25–13,3.7.9; 22,7.13; 26,14; → Paulus.

Schaf Fettschwanzschaf 1) Tier (auch im Vergleich) – Gen 12,16; 21,27; Ex 2,16f.; 3,1; 21,37; 34,3; Lev 7,23; Dtn 8,13; Jos 6,21; Ri 6,4; 1 Sam 16,11; 2 Sam 12,2–4; 1 Kön 22,17; Jdt 8,26; Ijob 21,11; Ps 8,8; 44,23; 49,15; 119,176; Spr 27,23; Hld 1,8; Jes 53,6f.; Jer 3,24; Am 3,12; Jona 3,7; Mt 9,36; 10,16; 12,11f.; 18,12; Lk 15,4–6; Joh 2,14f.; Apg 8,32; Röm 8,36; Offb 18,13; 2) Opfertier – Ex 12,5.21; 13,13; 20,24; Lev 3,7; 12,6; Num 15,3; 1 Kön 8,5.63; 2 Chr 15,11; 31,6; Ps 66,15; Ez 45,15; 3) Bild für das Volk (Gottes) – Num 27,17; 2 Sam 24,17; Jer 23,1–4; 50,17; Ez 34,1–31; Sach 9,16; Mt 15,24; 25,32f. (Menschheit); 26,31; Joh 10,1–16.26–30; 21,16f.; Hebr 13,20; 1 Petr 2,25.

Schafan Staatsschreiber des Königs Joschija – 2 Kön 22,3–20; 2 Chr 34,8–20.

Schakal Goldschakal – Ri 15,4; Ijob 30,29; Ps 44,20; 63,11; Jes 13,22; 35,7; 43,20; Jer 9,10; 14,6; 51,37; Klgl 4,3; Ez 13,4; Mi 1,8; Mal 1,3; auch in Sir 13,18; Jes 13,22; 34,14; Jer 50,39, wo von der Hyäne die Rede ist, dürfte an den Schakal zu denken sein.

Schallum Kurzform von Schelemja (hebr. „Der HERR hat ergänzt") König von Israel – 2 Kön 15,10.13–15.

Scham, sich schämen – Gen 2,25; Ex 28,42; Lev 18,6–19; 20,17–21; Num 12,14; Dtn 25,11; Esra 9,6; Ps 6,11; 34,6; 71,24; 86,17; 119,46; Weish 13,17; Sir 4,21; 20,22f.; 29,14; 41,14–42,8; Jes 20,5; 24,23; 41,11; 47,3; Jer 2,26; 6,15; 22,22; 51,51; Ez 7,18; 16,27.52; 23,10.18; 36,32; 43,10f.; Dan 13,11.27; Hos 2,12; Joël 2,26f.; Mi 3,7; 7,10; Zef 3,5.11; Sach 13,4; Mk 8,38; Lk 16,3; Röm 1,16; 6,21; 1 Kor 6,5; 2 Kor 7,14; 9,4; 2 Thess 3,14; 2 Tim 1,8.12.16; Hebr 2,11; 11,16; 1 Petr 4,16.

Schande, schänden, schändlich – Gen 30,23; 34,14; Lev 20,12; Jos 5,9; 1 Sam 2,30; 17,26; 20,30; 2 Sam 13,13; 2 Kön 19,3.26; 2 Chr 32,21; Esra 9,7; Neh 2,17; Tob 3,15; Jdt 9,2; 1 Makk 1,28; 4,58; 2 Makk 3,18; 4,38; 6,19; Ijob 6,20; Ps 22,6; 25,2f.; 35,4; 69,21; 106,38; 132,18; Spr 3,35; 6,33; 12,4; 13,5;

19,26; Sir 2,10; 3,11; 20,24; 26,24; Jes 4,1; 13,16; 20,4; 22,18; 30,5; 45,16f.; 47,3; 50,7; 54,4; Jer 3,2.24f.; 13,27; 31,19; Klgl 5,11; Bar 6,47; Ez 16,54; 18,6; 23,48; 33,26; Dan 3,42; 13,63; Hos 2,7; 4,7.18f.; 9,10; Joël 2,17; Obd 10; Mi 1,11; 3,7; Hab 2,16; Sach 14,2; 1 Kor 1,27; 11,6.14; Eph 5,12; Phil 3,19; Hebr 12,2; Jud 13; Offb 3,18.

Schandtat – Gen 34,7; Lev 20,17; Dtn 22,21; Jos 7,15; Ri 19,23f.; 20,6.10; 2 Sam 13,12; Ijob 31,11; Ps 26,10; Spr 10,23; 18,3; Ez 16,58; 22,9.11; 23,21–49; Lk 3,19; 2 Petr 2,20; Offb 18,5.

Scharon Ebene am Mittelmeer, zwischen Jafo und Cäsarea gelegen – Jos 12,18; 1 Chr 27,29; Hld 2,1; Jes 33,9; 35,2; 65,10; Apg 9,35.

Schatzkammer Thesaurus in Königspalästen und Tempeln – 1 Kön 7,51; 15,18; 2 Kön 20,15; 1 Chr 28,11; 2 Chr 5,1; 16,2; Est 3,9; 1 Makk 14,49; 2 Makk 3,6.24; Spr 8,21; Jes 39,2.4; Joh 8,20; Apg 8,27; vgl. zum metaphorischen Gebrauch Dtn 28,12; Sir 1,25; 43,14; Bar 3,15.

Schaubrote heilige Gaben – Ex 25,30; Num 4,7; 1 Sam 21,7; 1 Kön 7,48; 1 Chr 9,32; 2 Chr 29,18; Neh 10,34; 1 Makk 1,22; 2 Makk 1,8; 10,3; Mt 12,4; Hebr 9,2?; vgl. Lev 24,5–8.

Schealtiël Sohn Jojachins von Juda und Vater des Serubbabel – 1 Chr 3,17; Esra 3,2; Neh 12,1; Hag 1,1; 2,2.23; Mt 1,12; Lk 3,27.

Schebat jüd. Monat – s. Anh. IV. 1.

Schebna Staatsschreiber unter Hiskija von Juda – 2 Kön 18,18.26.37; 19,2; Jes 22,15–19; 36,3.11.22; 37,2.

Schechem, Schechemiter Stammvater/Angehöriger einer Volksgruppe des ostjordanischen Israel – Num 26,31; Jos 17,2; 1 Chr 7,19.

Schefela Hügelland westlich des judäischen Berglandes – Dtn 1,7; Jos 9,1; 10,40; 15,33; Ri 1,9; 1 Kön 10,27; 1 Chr 27,28; 2 Chr 26,10; 1 Makk 12,38; Jer 17,26; Obd 19; Sach 7,7.

Scheffel Hohlmaß und das diesem entsprechende Gefäß – s. Anh. III. 1. D).

Scheidung → Ehescheidung

Scheidungsurkunde – Dtn 24,1–4; Jes 50,1; Jer 3,8; Mt 5,31; 19,7.

Schekel Gewicht, Geldmünze – s. Anh. III. 2. A) u. B).

Scheschbazzar ein judäischer Führer bei der Heimkehr aus dem Exil – Esra 1,8.11; 5,14.16.

Schihor (ägypt. „Wasser des Horus“) Wasserlauf im Nordosten Ägyptens – Jos 13,10; 1 Chr 13,5; Jes 23,3.

Schild als Bild für Gottes Schutz – Gen 15,1; Dtn 33,29; 2 Sam 22,3.31.36; Ps 3,4; 59,12; 91,4; 119,114; Spr 2,7; 30,5.

Schilfmeer → Rotes Meer

Schilo efraimitische Stadt mit einem bedeutenden Heiligtum, ca. 30 km nördlich von Jerusalem gelegen – Jos 18,1.8–10; 21,1; 22,9; Ri 21,19–21; 1 Sam 1,3.9.24; 2,14; 4,3f.; 14,3; 1 Kön 2,27; 11,29; 14,2.4; Ps 78,60; Jer 7,12.14; 26,6.9.

Schiloach Wasserkanal und Teich in Jerusalem – Jes 8,6; Lk 13,4; Joh 9,7.11.

Schinar = Babylonien – Gen 10,10; 11,2; 14,1.9; Jos 7,21; Jes 11,11; Dan 1,2; Sach 5,11.

Schischak ägypt. Pharao – 1 Kön 11,40; 14,25; 2 Chr 12,2–9.

Schittim eines der Lager Israels bei der Wüstenwanderung – Num 25,1; Jos 2,1; 3,1; Hos 5,2; Joël 4,18; Mi 6,5.

Schlachtopfer – Gen 31,54; Ex 3,18; 5,17; 18,12; Lev 17,8; Num 15,3; Dtn 32,38; Jos 22,26–29; 1 Sam 6,15; 15,22; 2 Kön 16,15; 1 Chr 29,21; Neh 12,43; Ps 40,7; 51,18–21; Spr 21,3; Jes 1,11; 19,21; 43,23; Jer 6,20; 7,21f.; Ez 46,24; Hos 6,6; Am 4,4; 5,25; Zef 1,7f.

Schlacke Abfall bei der Läuterung von Edelmetallen, mehrfach im Kontext des Läuterungsgerichts Gottes verwendet – Ps 12,7; 119,119; Spr 25,4; Jes 1,22.25; Ez 22,18f.

Schlange Natter, Viper – Gen 3,1–15; 49,17; Ex 4,3f.; 7,9–12; Num 21,6–9; 2 Kön 18,4; Ijob 20,16; Ps 58,5; 91,13; 140,4; Spr 23,32; 30,19; Koh 10,8; Sir 21,2; Jes 11,8; 14,29; 27,1; 65,25; Am 9,3; Mt 7,10; 10,16; 12,34; Mk 16,18; Lk 10,19; Joh 3,14; Apg 28,3; 1 Kor 10,9; 2 Kor 11,3; Offb 9,19; 12,9.

Schlauch Flüssigkeitsbehälter aus behandeltem Schafs- oder Ziegenfell – Gen 21,14f.; Jos 9,4; Ri 4,19; 1 Sam 1,24; 16,20; 2 Sam 16,1; Jdt 10,5; Ijob 32,19; 38,37; Ps 56,9; 119,83; Mt 9,17.

Schmach, schmähen – Lev 24,11; Dtn 27,16; 2 Sam 19,6; 2 Kön 19,6.22; Neh 1,3; Tob 3,4; Ijob 10,15; 19,1–5; Ps 44,16; 69,21; 89,51; 119,42; Spr 6,33; 14,31.34; 18,3; Sir 6,1; 31,31; Jes 30,3; 45,16f.; 50,6; 54,4; 61,7; Jer 15,9.15; 20,11; 23,40; Klgl 5,1; Ez 34,29; Dan 12,2; Zef 3,18f.; Mt 5,11; 15,4; Lk 1,25; Joh 8,49; Apg 5,41; 23,4; Röm 15,3; 1 Kor 4,13; 2 Kor 6,8; Tit 3,2; Hebr 10,29; 11,26; 13,13; 1 Petr 2,23; → Schande.

Schöpfung 1) Erschaffung der Welt – Gen 1,1–2,25; 14,19; Dtn 32,6; Jdt 9,12; 2 Makk

7,28; Ijob 38,2–39,30; Ps 8,4; 104,1–30; Spr 8,22–31; 14,31; Koh 3,10–22; Weish 11,17; 13,5; 15,11; Jes 40,12–31; 45,9.11; 51,13; Jer 10,12; Bar 3,32; Hos 8,14; Mt 13,35; 25,34; Mk 10,6; 13,19; Lk 11,50; Joh 1,1–5; Apg 4,24; 17,24–29; Röm 1,20.25; 8,19–22; 9,20f.; 1 Kor 8,6; 11,9; Eph 2,10; Kol 1,15–17; 1 Tim 2,13; Hebr 1,2; 9,26; 11,3; 1 Petr 4,19; 2 Petr 3,4; Offb 3,14; 10,6; 2) Neuschöpfung – Jes 65,17f.; 66,22; Röm 6,4; 2 Kor 5,17; Gal 6,15; Eph 4,24; Kol 3,10; 2 Petr 3,13; Offb 21,1–22,5; zur jüd. Jahreszählung nach der Weltschöpfung s. Anh. IV. 2.

Schrift die Bibel Israels als Heilige Schrift 1) die Schrift – Mt 4,4; 21,42; 22,29; Lk 24,27; Joh 2,22; 7,15.38.42; 10,35; 17,12; 20,9; Apg 8,32; 18,24.28; Röm 4,3; 1 Kor 15,3f.54; Gal 3,8.22; 1 Tim 4,13; 2 Tim 3,16; Jak 2,8; 2 Petr 1,20; 2) die Schriften – 2 Makk 2,1; Sir Prol.; Dan 9,2; Mt 26,54.56; Lk 24,32.45; Joh 5,39.47; Apg 17,2.11; Röm 1,2; 15,4; 16,26; 2 Tim 3,15; 2 Petr 3,16; 3) Umschreibungen für die Hl. S. – Mt 5,17; Lk 24,27.24,44; vgl. auch Mt 5,17–48; Apg 8,30–35.

Schriftgelehrter ein „Studierter“ in Sachen Hl. Schrift/en – Esra 7,6.11; Neh 8,1; 12,36; 1 Makk 7,12; 2 Makk 6,18; Sir 10,5; 38,24; Mt 2,4; 5,20; 7,29; 8,19; 9,3; 12,38; 13,52; 15,1; 16,21; 17,10; 20,18; 21,15; 23,2–34; 26,57; 27,41; Mk 1,22; 2,16; 3,22; 9,14; 11,27; 12,28.32.35; 14,1.43.53; 15,1; Lk 6,7; 11,53; 15,2; 19,47; 20,1.19.39; 23,10; Joh 8,3; Apg 4,5; 6,12; 23,9; 1 Kor 1,20.

Schuld, schuldig in finanzieller, juristischer oder religiöser Hinsicht – Gen 4,13; 15,16; 42,21; 43,9; Ex 20,5; 34,7.9; Num 14,34; 2 Sam 24,10; Esra 9,6; Neh 9,3; Ijob 10,6f.; 40,8; Ps 25,11; 32,2; 38,19; 51,4–11; 85,3; 103,3; Jes 1,4; 6,7; 40,2; 50,9; 53,6; Jer 2,3; 16,10; 30,14f.; 31,30; Klgl 4,22; Ez 4,4; 18,20; 22,4; 33,11; Dan 9,4; Hos 4,15; 5,15; 13,12; 14,2; Mi 7,18; Mt 6,12; 12,5; 18,27; 23,30; 26,66; Mk 14,64; Lk 23,14; Joh 18,38; Röm 3,19; 13,7f.; 1 Kor 11,27, 2 Kor 2,6.

Schuldopfer – Lev 5,1–26; 7,1–10.37; 14,12–28; 22,16; Num 6,12; 18,9; Sir 7,31; Jes 53,10; Ez 40,39; 42,13; 44,29; 46,20; → Opfer.

Schunem Stadt in Issachar, ca. 15 km östlich von Megiddo – Jos 19,18; 1 Sam 28,4; 1 Kön 1,3.15; 2,17.21f.; 2 Kön 4,8.

Schunemiterin Frau aus Schunem, bei der Elischa Unterkunft erhielt – 2 Kön 4,12.25.36.

Schwagerehe Leviratsehe – Gen 38,8; Dtn 25,5–10; vgl. Rut 2,20; 3,9.12f.; 4,1–14; Mt 22,23–33.

Schwein, Schweinefleisch, -blut – 1 Makk 1,47; 2 Makk 6,18; 7,1; Spr 11,22; Jes 65,4; 66,3.17; Mt 7,6; 8,30–32; Lk 15,15f.

Schwur, schwören → Eid

Sea Hohlmaß – s. Anh. III. 1. D).

Sebulon/Sebuloniter Sohn Jakobs und Leas, israelitischer Stamm/dessen Angehörige – Gen 30,20; 35,23; 49,13; Ex 1,3; Num 26,26f.; Dtn 33,18f.; Jos 19,10–16.27.34; Ri 1,30; 4,6; 5,14.18; 6,35; 1 Chr 2,1; 12,34; 2 Chr 30,10f.18; Ps 68,28; Jes 8,23; Ez 48,26f.33; Mt 4,13.15; Offb 7,8.

Secharja (hebr. „Der HERR hat sich erinnert“) Sohn Jerobeams II., König von Israel – 2 Kön 14,29; 15,8–12.

See von Galiläa/Tiberias (= See Gennesaret) – Mt 4,18; 15,29; Joh 6,1; 21,1; → Gennesaret; Kinneret.

Segen heilschaffende Kraft Gottes, die in Dingen liegt oder durch Worte vermittelt wird – Gen 1,22.28; 2,3; 5,2; 9,1; 12,2f.; 25,11; 27,1–45; 39,5; 48,15f.20; 49,1–27; Ex 20,24; Num 6,22–27; 22,6–11; 23,20; 24,1–24; Dtn 7,13f.; 10,8; 11,26f.29; 23,6; 28,1–14; 33,1–29; 2 Sam 7,29; 1 Kön 8,14.55; 1 Chr 4,10; Ijob 42,12; Ps 24,5; 28,9; 29,11; 65,11f.; 67,2; 72,17; 84,7; 112,2; 115,12–14; 118,26; 129,8; 133,3; Spr 10,6f.22; Jes 44,3; 61,9; 65,8; Jer 17,7; 31,23; Mt 5,44; 25,34; Mk 8,7; 10,16; Lk 1,42; 2,34; 24,50f.; Joh 12,13; Apg 3,25f.; Röm 12,14; 15,29; 1 Kor 4,12; 10,16; 2 Kor 9,5f.; Gal 3,8f.14; Eph 1,3; Hebr 6,7.14; 7,1.6f.; 11,20f.; 12,17; 1 Petr 3,9; Jak 3,10.

Seher Visionär, Prophet – 1 Sam 9,9.18f.; 2 Sam 24,11; 2 Kön 17,13; 1 Chr 9,22; 25,5; 26,28; 29,29; 2 Chr 9,29; 12,15; 16,7.10; 19,2; 29,25.30; 33,18f.; 35,15; Sir 46,15; Jes 21,8 (?); 29,10; 30,10; Am 7,12; Mi 3,7; → Prophet.

Seïr (hebr. „haarig“) Bergland in Edom – Gen 14,6; 33,14.16; 36,8f.30; Num 24,18; Dtn 1,2.44; 2,1–29; 33,2; Jos 12,7; 24,4; Ri 5,4; 1 Chr 4,42; 2 Chr 20,10f.; Jes 21,11; Ez 25,8; 35,2f.7.15.

Sela nicht sicher zu deutendes Wort in Psalmen (Gliederungssignal, „Zwischenspiel“?) – Ps 3,3.5.9; 4,3.5; 7,6 u. ö.

Selbstmord (nur von Menschen in ausweglosen Situationen erzählt) – Ri 9,54; 16,25–

31; 1 Sam 31,4f.; 2 Sam 17,23; 1 Kön 16,18; vgl. Tob 3,10.

Seleukiden nach Seleukos I. Nikator benanntes mazedonisches Herrschergeschlecht, das mit den Ptolemäern um die Vorherrschaft in Syrien-Palästina kämpfte → Seleukus IV.; Timotheus 1).

Seleukus IV. Philopator, Seleukidenherrscher – 1 Makk 7,1; 2 Makk 3,3; 4,7; 5,18; 14,1.

selig 1) Makarismus „selig/glücklich zu preisen" – Tob 13,14.16; Ijob 5,17; Ps 1,1; 32,1f.; 84,5f.13; 89,16; 119,1f.; 146,5; Spr 3,13; 16,20; 28,14; Weish 3,13f.; Sir 14,1f.20; 25,7–9; 26,1.26; 31,8; 48,11; 50,28; Jes 32,20; Mt 5,3–12; 11,6; 24,46; Lk 1,45.6,20–23; 10,23; 11,27f.; 12,37f.; 14,14f.; 23,29; Joh 13,17; 20,29; Röm 4,7–8; Jak 1,12; Offb 1,3; 14,13; 16,15; 19,9; 20,6; 22,7.14; vgl. „wohl!" in Spr 14,21; Koh 10,17; Dan 12,12; Röm 14,22; s. auch 1 Kor 7,40; 2) selig (sein), jemand seligpreisen, Seligpreisung – Ps 72,17; 128,2; Sir 25,23; 37,24; 45,7; Mt 13,16; 16,17; Lk 1,48; Apg 20,35; Röm 4,6.9; Gal 4,15; 1 Tim 1,11; 6,15; Tit 2,13; Jak 1,25; 5,11; 1 Petr 3,14; 4,14.

Seligpreisungen v. a. auf die Makarismen der Bergpredigt (Mt 5,3–12) und Feldrede (Lk 6,20–23) bezogener Begriff → selig 1).

Sem erster Sohn Noachs – Gen 5,32; 6,10; 7,13; 9,18–27; 10,1.21–31; 11,10f.; 1 Chr 1,4.24; Sir 49,16; Lk 3,36.

Sendung, senden göttliche Beauftragung mit einer Botschaft; 1) Engel, Geist, Jesus – Gen 24,7; Ex 23,20; Jes 48,16; Mt 10,40; 15,24; 24,31; Lk 4,18.43; 10,16; Joh 3,17.34; 5,23f.30; 7,16; 8,16; 16,7; 17,3.8.18.21; Röm 8,3; Gal 4,4.6; 1 Joh 4,9f.; Offb 22,6.16; 2) Menschen Mose, Propheten, Knechte, Jünger u. Ä. – Ex 3,12f.; 4,13; 33,12; Jes 6,8; 48,16; 61,1; Jer 1,7; 7,25; 26,12; Sach 2,13.15; 4,9; 6,15; Mal 3,1.23; Mt 9,38; 10,5.16; 23,34.37; Lk 4,18.26; Joh 1,6; 17,18; Apg 9,17; 22,21; 26,17; 1 Kor 1,17; 3) Metapher für die Zuwendung Gottes – Ps 43,3; 57,4; 107,20; 111,9; 147,15; Jes 55,11; Lk 24,49; Apg 13,26; 28,28.

Serafim, Seraf (hebr. „brennen") 1) „Feuerschlangen, -nattern" – Num 21,6.8; Dtn 8,15; 2) Lichtwesen im Umfeld des HERRN – Jes 6,2.6; 14,29; 30,6.

Serubbabel (akkad. „Spross Babels") Enkel Jojachins von Juda, bedeutende Person unter den Heimkehrern aus dem Babylonischen Exil – 1 Chr 3,19; Esra 2,2; 3,2.8; 4,2f.; 5,2; Neh 7,7; 12,1.47; Sir 49,11; Hag 1,1.12.14; 2,2.4.21.23; Sach 4,6–10; Mt 1,12f.; Lk 3,27.

Set dritter Sohn Adams – Gen 4,25f.; 5,3–8; Num 24,17; 1 Chr 1,1; Sir 49,16; Lk 3,38.

Sichem alte Stadt, ca. 50 km nördlich von Jerusalem gelegen, auch als Sohn Hamors verstanden – Gen 12,6; 33,18f.; 34,1–31; 35,4; Jos 17,7; 20,7; 21,21; Ri 9,1–57; 21,19; 1 Kön 12,1.25; 1 Chr 7,28; Ps 60,8; 108,8; Sir 50,26; Jer 41,5; Hos 6,9; Apg 7,16.

Sidon/Sidonier/Sidonierinnen phönizische Hafenstadt (steht teilweise für Phönizien)/ihre Bewohner – Gen 10,15; 49,13; Jos 11,8; 19,28; Ri 1,31; 3,3; 10,6.12; 18,28; 1 Kön 11,5.33; 16,31; 1 Chr 22,4; Esra 3,7; 1 Makk 5,15; Jes 23,2–4; Jer 25,22; 27,3; Ez 28,21f.; Joël 4,4; Sach 9,2; Mt 11,21f.; 15,21; Mk 3,8; 7,31; Lk 4,26; Apg 27,3.

Siegel(ring) Stempel zur Identifikation, auch häufig ein Schmuckstück – Gen 38,18.25; 41,42; Num 31,50; 1 Kön 21,8; Tob 9,5; Est 3,12; 8,2; 1 Makk 6,15; Ijob 41,7; Hld 8,6; Sir 32,5f.; 38,27; 49,11; Jer 22,24; Ez 28,12; Dan 6,18; 14,17; Hag 2,23; Joh 6,27; 1 Kor 9,2; 2 Kor 1,22; Eph 1,13; 2 Tim 2,19; Offb 5,1f.5.9; 6,1–17; 7,2–8; 8,1; 9,4; 20,3.

Sihon König der Amoriter – Num 21,21–35; 32,33; Dtn 1,4; 3,2.6; 31,4; Jos 2,10; 9,10; Ri 11,19–21; 1 Kön 4,19; Neh 9,22; Ps 135,11; Jer 48,45.

Silas auch Silvanus, ein führender Mann in der Jerusalemer Urgemeinde und Mitarbeiter des Paulus – Apg 15,22.27.32.40; 16,19.25.29; 17,4.10.14f.; 18,5; 2 Kor 1,19; 1 Thess 1,1; 2 Thess 1,1; 1 Petr 5,12.

Silber – s. Anh. III. 2. A) u. B).

Silpa (arabisch „mit kleiner Nase") Magd Leas, Nebenfrau Jakobs und Mutter von Gad und Ascher – Gen 29,24; 30,9–13; 35,26; 37,2; 46,18.

Silvanus → Silas

Simeon (hebr. „ER hat erhört") 1) zweiter Sohn Jakobs und Leas, israelitischer Stamm, Simeoniter – Gen 29,33; 34,25.30; 35,23; 42,24.36; 43,23; 46,10; 49,5–7; Ex 1,2; Num 13,5; 26,12.14; Jos 19,1–9; 21,9; Ri 1,3.17; 1 Chr 2,1; 4,24.42; 12,26; Jdt 6,15; 9,2; Ez 48,24f.33; Offb 7,7; 2) Sohn des Mattatias, einer der Makkabäer und Hohepriester – 1 Makk 2,3.65; 9,62; 65.67; 10,74.82; 11,59.64f.; 13,1–16,24; 2 Makk 8,22; 3) gerechter und frommer Mann im Tempel – Lk 2,25–35.

Simon 1) Barjona, Petrus – Mt 4,18; 10,2; 16,16f.; 17,25; Mk 1,29f.36; 14,37; Lk 5,3–10; 22,31; 24,34; Joh 1,40–42; 6,8.68; 13,6.9.24.36; 18,10.15.25; 20,2.6; 21,2f.7.11.15–17; Apg 10,5.18.32; 11,13; 15,14; 2 Petr 1,1; → Petrus; 2) S. Kananäus/der Zelot – Mt 10,4; Mk 3,18; Lk 6,15; Apg 1,13; 3) der Herrenbruder – Mt 13,55; Mk 6,3; 4) der Pharisäer – Lk 7,40.43f.; 5) der Aussätzige – Mt 26,6; Mk 14,3; 6) aus Kyrene – Mt 27,32; Mk 15,21; Lk 23,26; 7) Iskariot, Vater des Judas – Joh 6,71; 13,2.26; 8) ein Zauberer in Samarien auf dessen Versuch, sich die Vollmacht der Händeauflegung zu erkaufen, geht der Begriff der Simonie zurück – Apg 8,9–13.18–24; 9) ein Gerber aus Joppe – Apg 9,43; 10,6.17.32.

Simri König von Israel – 1 Kön 16,9–12.15–20; 2 Kön 9,31.

Simson Richter Israels aus Dan – Ri 13,1–16,31; Hebr 11,32.

Sin 1) Wüstengebiet und Lagerstation Israels auf dem Weg durch die Wüste – Ex 16,1; 17,1; Num 33,11f.; 2) babylonischer Mondgott, der in einigen biblischen Namen wie Sanballat und Sanherib enthalten ist.

Sinai Berg der Offenbarung, auch Name einer dort gelegenen Wüste – Ex 16,1; 19,1f.11–23; 31,18; 34,28–32; Lev 26,46; Num 3,1; 28,6; Dtn 33,2; Ri 5,5; Neh 9,13; Jdt 5,14; Ps 68,9.18; Sir 48,7; Apg 7,30.38; Gal 4,24f.; → Horeb.

Sintflut Flut zur Zeit Noachs – Gen 6,5–9.17; 10,1; Weish 14,5; Sir 40,10; 44,17f.; Jes 54,9; Mt 24,38f.; Lk 17,27; 2 Petr 2,5.

Sippe Großfamilie, Familienverband – Gen 10,5–32; 12,3; 24,38–41; 28,14; 36,40; Ex 6,14–25; Lev 20,5; 25,10; Num 1,2–2,34; 3,15–4,49; 18,1; 25,19–26,65; 33,54; Dtn 29,17; Jos 7,14–17; 13,15–31; 1 Sam 9,21; 18,18; 1 Kön 8,1; 1 Chr 6,4–56; 12,29.31; 29,6; 2 Chr 1,2; 17,14; 25,5; 35,4f.; Esra 4,3; Neh 4,7; 7,61; Ps 107,41; Jer 31,1; Mi 2,3; 5,1; Sach 12,12–14.

Sisera Heerführer Jabins, des Königs von Kanaan – Ri 4,1–24; 5,20–30; 1 Sam 12,9; Ps 83,10.

Siw Monat nach altem Kalender – s. Anh. IV. 1.

Siwan jüd. Monat – s. Anh. IV. 1.

Sklave, Sklavin – Gen 9,25–27; 15,3; 39,17.19; Ex 1,13; 12,44; 21,2–11.20.26f.32; Lev 19,20; 25,42–46; Dtn 5,14f.; 6,21; 12,12.18; 15,15.17; 16,11f.; 21,14; 24,7; Jos 9,23; 1 Sam 8,17; 1 Kön 9,22; 2 Chr 36,20; Neh 5,5; Jdt 3,2; 7,27; 11,5; Est 7,4; 1 Makk 2,11; 3,41; 2 Makk 8,11; Ijob 3,19; Ps 105,17; Spr 29,19.21; Koh 2,7; Weish 19,14; Sir 7,20f.; 33,25.27.31f.; Jer 34,9–16; Klgl 5,8; Bar 4,32; Mt 10,24f.; 20,27; Mk 10,44; Lk 16,13; Joh 8,33–35; 13,16; 15,20; Apg 7,6f.; 10,7; Röm 6,6.16–18.20.22; 1 Kor 7, 21–23; 9,19; 12,13; Gal 3,28–31; Eph 6,5–8; Phil 2,7; Kol 3,11.22; 4,1; Tit 2,9; 3,3; Phlm 16; 1 Petr 2,18; 2 Petr 2,19; Offb 6,15; 13,16; 19,18.

Sklavenhaus Bez. für Ägypten – Ex 13,3.14; 20,2; Dtn 5,6; 6,12; 7,8; 8,14; 13,6.11; Jos 24,17; Ri 6,8; Jer 34,13; Mi 6,4.

Skorpion 1) Tier – Dtn 8,15; Sir 26,7; 39,30; Ez 2,6; Lk 10,19; 11,12; Offb 9,3.5.10; 2) eine besondere Art Peitsche – 1 Kön 12,11.14; 2 Chr 10,11.14.

Skythen Reiternomaden aus dem Ostiran – 2 Makk 4,47; 7,4; Kol 3,11.

Skythopolis hellenistische Stadt in der Jesreel-Ebene, urspr. Bet-Schean – Jdt 3,10; 2 Makk 12,29f.; → Bet-Schean.

Smyrna Hafenstadt im Westen Kleinasiens – Offb 1,11; 2,8–11.

Sodom und Gomorra durch ein göttliches Gericht untergegangene Städte am Toten Meer – Gen 10,19; 13,10; 14,2; 18,20; 19,24.28; Dtn 29,22; Jes 1,9f.; Jer 23,14; 49,18; Am 4,11; Mt 10,15; Röm 9,29; 2 Petr 2,6; Jud 7; für Sodom allein s. Gen 13,12f.; 14,12; 18,16–26; 19,1.4; Jes 3,9; Klgl 4,6; Ez 16,46–56; Mt 11,23f.; Lk 17,29; Offb 11,8; → Adma und Zebojim.

Sohn/Söhne Gottes – Ex 4,22; Dtn 32,5; Ps 2,7; 82,6; Weish 2,18; 18,13; Jer 3,19; 31,9.20; Hos 2,1; 11,1; Lk 6,35; Röm 8,19; 9,26; Gal 3,26; 4,5f.; → Gottessöhne; Jesus Christus 2) Sohn Gottes.

Sonne im Alten Orient vergöttlicht, in der Bibel Schöpfung Gottes – Gen 1,14–19; Dtn 4,19; 17,2–7; 24,15; Jos 10,12–14; Ri 5,31; 2 Kön 23,5.11; Ijob 9,7; 31,26; Ps 19,5; 50,1; 74,16; 84,12; 104,19.22; 136,8; Koh 1,5.9; Weish 18,3; Sir 23,19; 43,2; 46,2; 48,23; 50,7; Jes 30,26; 38,7f.; 41,2; 60,19f.; Jer 8,2; 15,9; 31,35; Bar 6,59.66; Ez 8,16; 32,7; Joël 2,10; 3,4; 4,15; Am 8,9; Mi 3,6; Mal 3,20; Mt 5,45; 13,43; 17,2; 24,29; Lk 23,45; Apg 2,20; 26,13; Offb 6,12; 12,1; 16,8; 21,23; 22,5; → Heer des Himmels.

Spanne Längenmaß – s. Anh. III. 1. A).

Speisegesetze Bestimmungen zur Auswahl, Schlachtung und Zubereitung von

21,10; 39,9; Ps 22,13; 50,9.13; 68,31; 69,32; 92,11; 106,20; Spr 14,4; Sir 6,2; 38,25; Jes 1,11; 27,10; 34,7; 66,3; Jer 31,18; 50,27; Ez 1,7.10; 39,18; 43,19–25; 45,18–24; 46,6f.; Dan 3,40; 4,22; Hos 12,12; 14,3; Apg 14,13; Hebr 9,12f.; Offb 4,7; s. auch Anm. zu Ex 32,1–35; 1 Kön 7,25.29; 12,26–33; Hos 8,5f.; 13,2.

Stolz, stolz (sein) 1) Hochachtung– 2 Sam 1,19; Jdt 15,9; Ijob 41,7 (?); Ps 47,5; Sir 43,1; Jes 4,2; 60,15; Ez 24,20; 32,12 (?); Am 6,8 (?); 8,7; Sach 11,3; 2 Kor 7,4; 2 Thess 1,4; 2) Überheblichkeit, Hochmut – Gen 49,3; Lev 26,19; 2 Sam 22,28; 2 Chr 32,26; Neh 9,29; 1 Makk 1,3; 16,13; 2 Makk 1,28; 9,7; 15,6; Ijob 36,9; 38,11; 40,11f.; 41,26; Ps 5,6; 17,10; 18,28; 36,12; 75,6; 86,14; 94,2; 101,5; 119,21 u. ö.; 123,4; Spr 6,17; 16,19; 30,29–32; Weish 6,2 (?); 10,21; 11,16; Sir 10,7 u. ö.; 15,8; 22,8; Jes 2,11–17; 13,11; 28,1.3; 37,29; Jer 48,29; Ez 33,28; Dan 4,34; 11,12; Sach 9,6; 10,11; 12,7; Jak 4,6; 1 Petr 5,5; → Hochmut; Überheblichkeit.

Strafe auch Heimsuchung, Züchtigung u. Ä. – Gen 3,14–24; 4,11–13; Ex 34,7; Lev 20,1–27; 26,16–38; Num 12,11; 16,30–35; Jos 23,15f.; 2 Sam 7,14; 12,10–14; 2 Makk 6,14f.; Ps 6,2; 38,2; 39,12; 64,8f.; 69,25–29; 89,33; 94,10; Spr 1,26–32; Weish 3,10; 11,5–16; 12,2–14.20–27; Sir 16,6–13; 21,10; Jes 1,5–9; 9,7–20; 10,12; 13,11; 24,21f.; Jer 2,19; 6,1–15; 10,24; 13,1–14; 15,6–9; 30,14; 44,13f.; 51,1–14.27–40.47; Bar 2,2–5; Ez 7,1–27; Hos 8,13; 9,9; 11,9; Am 1,2–2,16; 3,2.9–4,3; Mi 6,13–16; Zef 1,2–13; Sach 10,3; Mt 23,33; 24,51; 25,46; Lk 12,46; Apg 4,21; 22,5; 26,11; Röm 13,4f.; 2 Kor 2,6; 6,9; 7,11; 10,6; 2 Thess 1,9; Hebr 10,29; 12,4–17; 1 Petr 2,14; 2 Petr 2,9; 1 Joh 4,18; Jud 7; Offb 19,20f.; 20,10.12–15.

Streit, streiten – Gen 13,7f.; 26,20–22; 32,29; 45,24; Ex 17,2.7; 21,18; Lev 24,10; Ps 35,1; Spr 13,10; 15,18; 17,14.19; 19,13; 22,10; 26,17.20f.; 29,22; 30,33; Sir 4,28; 27,15; 28,8–12; Jes 41,11; Jer 15,10; Hab 1,3; Mt 12,19; Mk 9,14.16; Lk 22,24; Joh 3,25; 6,52; Apg 6,9; 7,26; 15,7; 23,7.10; Röm 1,29; 13,13; 14,1; 1 Kor 1,11; 3,3; 11,16; 2 Kor 12,20; Gal 5,20; 1 Tim 2,8; 3,3; 6,4; 2 Tim 2,14.23f.; Tit 3,9; Jak 4,1f.

Streitwagen – Gen 50,9; Ex 14,6–9.17f.23; Dtn 11,4; 1 Sam 8,12; 1 Makk 1,17; 8,6; Ps 46,10; Jer 47,3; Joël 2,5; Nah 2,4f.; 3,2; Sach 9,10; auch Kampf- (Jos 17,16.18; Ri 1,19; 4,3.13) und Kriegswagen (2 Sam 1,6; 10,18; 1 Kön 16,9; 20,21.25; 22,31f.; 2 Kön 8,21; 1 Chr 19,7.18; 2 Chr 18,30f.; 21,9; 35,24; Mi 5,9; Hag 2,22).

Stummheit – Ex 4,11; Ijob 29,10; Ps 28,1; 38,14; 39,3; 56,1; Spr 31,8; Weish 10,21; Jes 35,6; 56,10; Bar 6,40; Ez 24,27; 33,22; Dan 10,15; Hab 2,18f.; Mt 9,32–34; 12,22; 15,30f.; 22,12; Mk 7,37; 9,17.25; Lk 1,20.22; 1 Kor 12,2; 2 Petr 2,16.

Stunde – s. Anh. IV. 1. A).

Sühne – Ex 29,33.37; 30,10; 32,30; Lev 8,15; 16,10; Num 5,8; 6,11.14; 8,12; 15,22–29; 25,13; 28,22; 35,33; Dtn 21,8; 32,43; 1 Sam 3,14; 2 Chr 29,24; Neh 10,34; 1 Makk 13,47.50; 2 Makk 12,45; 14,36; Ijob 1,5; Ps 65,4; Spr 16,6; Weish 18,21; Sir 3,3.30; 35,5; Jes 6,7; 27,9; 40,2; 52,15; Ez 43,20.26; 45,15.17.20; Dan 3,40; Röm 3,25; Hebr 2,17; 13,11; 1 Joh 2,2; 4,10; → Versöhnung.

Sühnegabe, -geld, -geschenk – Ex 30,11–16; Num 35,31f.; 1 Sam 6,3f.8.17; Ps 49,8; Spr 6,35.

Sühneplatte ein Teil der Bundeslade – Ex 25,17–22; 26,34; 31,7; 37,6–9; 40,20; Lev 16,2.13–15; Num 7,89; 1 Chr 28,11; Hebr 9,5.

Sukkot (hebr. „Hütten“) 1) Ort im Ostjordanland – Gen 33,17; Jos 13,27; Ri 8,5–16; 1 Kön 7,46; 2) Ort auf der Wüstenwanderung Israels – Ex 12,37; 13,20; Num 33,5f.; 3) hebr. Name des Laubhüttenfestes → Laubhüttenfest.

Sünde – Gen 3,1–24; 4,7; 13,3; 18,20; 42,22; Ex 32,30–34; Lev 4,1–35; 5,1–6; Num 14,40; 32,14; Dtn 9,16–27; 20,17f.; 23,22f.; Jos 7,11.20; 24,19; Ri 10,10.15; 1 Sam 2,25; 14,33f.; 15,23–25; 2 Sam 24,17; 1 Kön 8,33–36; 12,30; 14,16; 2 Kön 17,7.21f.; 24,3; Neh 9,29; Tob 3,3; 12,9f.; Jdt 5,17; 2 Makk 6,13–15; Ijob 33,9; Ps 19,13f.; 25,7; 38,4f.; 40,13; 51,1–21; Spr 14,34; Koh 8,12; Weish 1,4; Sir 7,8; 11,16; 15,11–20; 21,1–10; Jes 1,4.18; 40,2; 44,22; 53,5.11f.; 59,2; Jer 5,25; 17,1–4; Ez 3,20f.; 33,10f.; Am 5,12; Mt 1,21; 9,9–13; 11,19; 12,31; 18,15; 26,45; 27,4; Mk 8,38; Lk 5,8.20–24; 6,32–34; 7,37.39; 13,2; 15,1–10.18.21; 18,13; 19,7; 24,7; Joh 1,29; 8,7.21.34.46; 9,2f.41; 15,22–24; 16,8f.; 20,23; Apg 7,60; 22,16; Röm 2,12; 3,9.20; 5,8–21; 6,1–23; 7,5–8,3.10; 11,27; 14,23; 1 Kor 6,18; 8,12; 15,3.56; 2 Kor 5,21; Gal 1,4; 3,22; Eph 2,4/5; 1 Thess 2,16; 1 Tim 1,9.15; 5,22; 2 Tim 3,6; Tit 3,11; Hebr 1,3; 3,13; 4,15;

6,2; 12,26; 14,33; Ps 5,8; 11,4; 18,7; 27,4; 48,10; 65,5; 68,30; 79,1; 138,2; Weish 3,14; 9,8; Sir 49,12; 51,14; Jes 6,1; 15,2; 44,28; Jer 7,1–15; 24,1; 43,12f.; 50,28; Bar 1,8; 6,11; Ez 8,16; 9,7; 10,3f.18; 40,1–47,12; Dan 1,2; 3,53; 14,10; Am 7,13; Jona 2,5.8; Hab 2,20; Hag 1,1–2,19; Sach 5,11; 6,12–15; Mal 3,1; Mt 4,5; 12,5f.; 21,12–15.23; 23,16f.21; 24,1; 26,55.61; 27,5.40; Mk 12,35; 13,1–3; 14,58; Lk 1,9.21f.; 2,27.37.46; 18,10; 21,37f.; 24,53; Joh 2,13–22; 5,14; 7,14; 8,2; 10,23; 11,56; 18,20; Apg 2,46; 3,1–11; 5,20f.; 14,13; 17,24; 19,24; 21,26–30; 24,6; 1 Kor 3,16f.; 6,19; 8,10; 2 Kor 6,16; Eph 2,20–22; 2 Thess 2,4; Offb 3,12; 7,15; 11,1f.19; 14,15; 15,5.8; 16,1.17; 21,22.

Tempelvorhang – 2 Chr 3,14; 1 Makk 1,22; 4,51; Sir 50,5; Mt 27,51; Mk 15,38; Lk 23,45; Hebr 6,19 (s. auch Anm.).

Tempelweihfest jüd. „Chanukka“ – Joh 10,22; vgl. 1 Makk 4,36–61; 2 Makk 1,1–2,18; 10,1–8; Ps 30,1; 1/2 Makk Einl.

Terach Vater Abrams/Abrahams – Gen 11,24–28.31f.; Jos 24,2; 1 Chr 1,26; Lk 3,34.

Terafim Hausgötter bzw. kultische Kleidungsstücke – Ri 17,5; 18,14.17f.20; Ez 21,26; Hos 3,4.

Tetrarch (griech. „Vierfürst“) Kleinfürst – Mt 14,1; Lk 3,1.19; 9,7; Apg 13,1.

Teufel – Weish 2,24; Mt 4,1–11; 13,39; 25,41; Lk 4,1–13; 8,12; Joh 6,70; 8,44; 13,2; Apg 10,38; 13,10; Eph 4,27; 6,11; 1 Tim 3,6f.; 2 Tim 2,26; Hebr 2,14; Jak 4,7; 1 Petr 5,8; 1 Joh 3,8.10; Jud 9; Offb 2,10; 12,9.12; 20,2.10; vgl. 2 Kor 4,4 mit Anm.; → Satan.

Thessalonich/Thessalonicher heute Thessaloniki, Hafen- und Handelsstadt in Mazedonien/deren Bewohner – Apg 17,1.11.13; 20,4; 27,2; Phil 4,16; 1 Thess 1,1; 2 Thess 1,1; 2 Tim 4,10.

Thomas einer der Zwölf – Mt 10,3; Mk 3,18; Lk 6,15; Joh 11,16; 14,5; 20,24–29; 21,2; Apg 1,13.

Thron – Herrschaftssymbol von (Gott-)Königen – Gen 41,40; Ri 3,20; 2 Sam 3,10; 7,16; 1 Kön 1,13–2,45; 10,18–20; 22,19; 2 Chr 18,18; 1 Makk 2,57; Ijob 26,9; Ps 9,8; 11,4; 33,14; 45,7; 89,15; 93,2; 103,19; 122,5; 132,11f.; Weish 9,11f.; 18,15; Sir 24,4; 47,11; Jes 6,1; 9,6; 14,13; 16,5; 66,1; Jer 3,17; 14,21; 17,12; 33,17; 36,30; Ez 1,26; 10,1; 43,7; Dan 3,55; 7,9; Sach 6,13; Mt 5,34; 19,28; 25,31; Lk 1,32.52; Apg 2,30; 7,49; Kol 1,16; Hebr 1,8; 4,16; 8,1; 12,2; Offb 1,4; 2,13; 3,21; 4,1–11; 6,16; 22,1.

Thyatira Stadt in Lydien/Kleinasien – Apg 16,14; Offb 1,11; 2,18–29.

Tiberias nach Kaiser Tiberius benannte Stadt am Westufer des Sees Gennesaret, der auch See von Tiberias genannt wurde – Joh 6,1.23; 21,1.

Tiglat-Pileser III. König von Assur – 2 Kön 15,29; 16,7.10; 1 Chr 5,6.26; 2 Chr 28,20; → Pul.

Tigris einer der beiden Hauptflüsse Mesopotamiens – Gen 2,14; Tob 6,1f.; Jdt 1,6; Sir 24,25; Dan 10,4.

Timotheus (griech. „Fürchte Gott“) 1) seleukidischer Offizier – 1 Makk 5,6.11.34–40; 2 Makk 8,30.32; 9,3; 10,24–38; 12,2.10.18–24; 2) Begleiter des Paulus – Apg 16,1; 17,14f.; 18,5; 19,22; 20,4; Röm 16,21; 1 Kor 4,17; 16,10; 2 Kor 1,1.19; Phil 1,1; 2,19; Kol 1,1; 1 Thess 1,1; 3,1–10; 2 Thess 1,1; 1 Tim 1,2.18; 6,20; 2 Tim 1,2; Phlm 1; Hebr 13,23.

Tirza alte Hauptstadt des Nordreichs Israel – Jos 12,24; 1 Kön 14,17; 15,21.33; 16,6.8f.15.17.23; 2 Kön 15,14.16; Hld 6,4.

Tisch, Tafel 1) allgemein – Ri 1,7; 1 Sam 20,24; 1 Kön 13,20; 18,19; 2 Kön 4,10; Neh 5,17; Tob 2,2; Jdt 12,1; Est 4,17(x); Ijob 36,16; Ps 23,5; 78,19; 128,3; Spr 9,2; 23,1; Sir 31,12; 40,29; Jes 21,5; 28,8; 65,11; Ez 23,41; 39,20; Dan 11,27; Mt 8,11; 9,10; 15,27; 21,12; 26,7.20; Mk 16,14; Lk 11,37; 12,37; 13,29; 16,21; 17,7; 22,21.27.30; 24,30; Joh 2,15; 12,2; Apg 6,2; 16,34; 2) im Heiligtum – Ex 25,23–30; 26,35; 35,13; 39,36; Lev 24,6; Num 3,31; 4,7; 1 Kön 7,48; 1 Chr 28,16; 2 Chr 4,8.19; 29,18; 1 Makk 1,22; 4,49.51; Ps 69,23; Ez 40,39–43; 44,16; Dan 14,21 (?); Mal 1,7.12; 1 Kor 10,21; Hebr 9,2.

Tischbe Ortschaft in Gilead – 1 Kön 17,1; 21,17.28; 2 Kön 1,3.8; 9,36.

Titus Mitarbeiter des Paulus – 2 Kor 2,13; 7,6.13f.; 8,6.16f.23; 12,18; Gal 2,1–3; 2 Tim 4,10; Tit 1,4.

Tobias Sohn Tobits → Tob.

Tobija „Knecht von Ammon“, wahrscheinlich persischer Statthalter Ammons – Neh 2,10.19; 3,35; 4,1; 6,1.12–19; 13,4.7f.

Tochter Zion → Zion 4)

Tod, sterben (entschlafen) 1) von Gott allen Lebewesen zugewiesenes Geschick – Gen 2,17; 47,30; 2 Makk 11,45; Ijob 1,21; Ps 6,6;

44,23; 49,8–16; 88,11; Spr 5,5; Koh 3,2.19; Weish 1,11–15; 2,24; 4,16f.; Sir 48,11; Jes 28,15; 38,18; Hos 13,14; Mt 4,16; 10,21; 16,28; 26,38; 27,52; Mk 13,12; Lk 1,79; 2,26; 21,16; 22,33; Joh 5,24; 8,51–53; 11,4.13; 21,19; Apg 13,36; 22,4; 23,29; 25,11; 26,31; 28,18; Röm 1,32; 5,12–21; 6,3–5.21.23; 7,4f.10.13.24; 8,2.6.13.36–39; 1 Kor 3,22; 11,30; 15,6.18–21.26.51.54–56; 2 Kor 1,9f.; 2,16; 3,7; 4,11f.; 6,9; 7,10; Phil 1,20f.; 2,27; 3,10; 1 Thess 4,13–15; 2 Tim 1,10; Hebr 2,14f.; 7,23; 9,16f.; 11,5; Jak 1,15; 5,20; 2 Petr 3,4; 1 Joh 3,14; 5,16f.; Offb 1,18; 2,10f.23; 6,8; 9,6; 12,11; 18,8; 20,6.13f.; 21,4.8; 2) Tod Jesu – Mt 20,18; 26,59.66; 27,1.50; Mk 8,31; 9,31; 10,33f.; Lk 23,22; 24,20; Joh 12,33; 18,32; Apg 2,24; 13,28; Röm 5,10; 6,3–5.9; 7,4; 1 Kor 11,26; 15,20f.; 2 Kor 4,10; Phil 2,8; 3,10; Kol 1,22; 1 Thess 4,14; Hebr 2,9.14; 5,7; 9,15; 1 Petr 3,18; Offb 1,18.

Todesstrafe – Gen 26,11; Ex 19,12; 20,22–23,33; 31,14f.; 35,2; Lev 20,1–27; 24,16f.; Num 1,51; 3,10.38; 15,32–36; 35,1–34; Dtn 13,2–19; 18,9–12.20; 19,6; 21,22; 24,16; Jos 1,18; Ri 21,5; 2 Sam 19,22; 22,16; 26,16; 2 Kön 14,6; Tob 6,13; Dan 13,28; Mt 15,4; Lk 23,22; s. auch Joh 18,31.

Tofet Kultstätte im Hinnomtal – 2 Kön 23,10; 7,31f.; 19,6.11–14; → Hinnomtal.

Torheit, Tor, töricht – Uneinsichtigkeit, vielfach Gegenbegriff zur Weisheit/zum Weisen – Gen 31,28; Num 12,11; 1 Sam 13,13; 25,25; Ps 14,1–7; 38,6; 53,1–7; 69,6; 74,18; 85,9; Spr 1,7.22.32; 5,23; 9,13–18; 10,21.23; 12,15f.23; 15,21; 17,28; 26,1–12; 28,26; Sir 21,11–22,18; Jer 4,22; 5,21–24; 10,8.21; Bar 3,28; Hos 13,13; Mt 25,1–13; 1 Kor 1,18–25.27; 2,14; 3,18f.; 2 Kor 11,17; 2 Tim 2,23; Tit 3,9; Jak 2,20.

Totenbeschwörung (Nekromantie) Befragung von Totengeistern; in der Bibel abgelehnte Form des Spiritismus – Lev 19,31; 20,6; Dtn 18,11; 1 Sam 28,3–25; 2 Kön 21,6; 23,24; 1 Chr 10,13; 2 Chr 33,6; Jes 8,19; 19,3.

Totenerweckung → Auferstehung 1)

Totenklage – Gen 23,2; 50,10; 1 Sam 25,1; 2 Sam 1,17; 11,26; 1 Kön 13,29; 14,18; Tob 2,6; 1 Makk 1,27; 9,41; 13,26; Sir 38,16; Jer 16,5; 22,18; 34,5; 49,3; Ez 19,1–14; 26,17–21; 27,1–36; 28,11–19; 32,1–16; Am 5,1f.16; 8,10; Mt 11,17; Apg 8,2; → Trauer.

Totes Meer knapp 400 m unter dem Meeresspiegel gelegener See in Palästina mit hohem Salzgehalt, vom Jordan gespeist → Meer der Araba; Salzmeer.

Trankopfer Libation – Gen 35,14; Ex 25,29.40f.; Lev 23,13; Num 6,15; 15,5–10; 28,7–29,39; Dtn 32,38; 2 Sam 23,16; 2 Kön 16,13.15; 1 Chr 29,21; 2 Chr 29,35; Esra 7,17; 1 Makk 1,45; Ps 16,4; Sir 50,15; Jes 30,1; 57,6; Jer 7,18; 19,13; 44,17–19.25; Ez 20,28; 45,17; Joël 1,9.13; 2,14.

Trauer – Gen 27,41; 37,34f.; 50,10f.; Ex 33,4; Dtn 14,1f.; 34,8; 1 Sam 6,19; 15,35; 2 Sam 13,37; 2 Chr 35,24; Esra 10,6; Neh 1,4; Tob 2,5f.; Jdt 16,24; Est 9,22; 1 Makk 1,25.27; Ijob 30,31; Ps 30,12; 35,14; 42,10; Koh 7,4; Sir 7,34; 22,6.12; 30,21–23; 38,16–23; 48,24; Jes 29,2; 57,18; 61,2f.; Jer 16,5–7; 31,13; Bar 4,9–5,9; Ez 24,16f.; 27,30–32; Joël 1,8–10; Am 5,16f.; 8,10; 9,5; Mi 4,15; Sach 12,10–14; Mt 5,4; 9,15; Mk 3,5; Joh 16,6.20–22; Röm 9,2; 1 Thess 4,13; Jak 4,9; Offb 18,7–24; 21,4.

Traum 1) Offenbarungsmittel Gottes – Gen 20,3.6; 28,12; 31,10f.; 37,5–11.20; 40,1–41,36; Num 12,6; Ri 7,13–15; 1 Sam 28,6.15; 1 Kön 3,5–15; Est 1,1(d–l); 10,3(b–k); 2 Makk 15,11–16; Ijob 7,14; 33,15; Dan 2,1–49; 3,98–4,34; 7,1–28; Joël 3,1; Mt 1,20; 2,12f.19.22; 27,19; Apg 2,17; 2) Trug, Flüchtigkeit – Dtn 13,2–6; Ijob 20,8; Ps 73,20; Koh 5,2.6; Sir 34,1–7; Jes 29,7f.; Jer 23,25–32; 29,8; Sach 10,2; Jud 8.

Treue, treu Beharrlichkeit, Beständigkeit, Zuverlässigkeit – Gen 24,27.48f.; 32,11; Ex 34,6; Num 32,11f.; Dtn 7,9; 32,4; 33,8; Jos 2,14; 22,14; 1 Sam 12,24; 26,23; 2 Sam 2,6; 15,20; 1 Kön 3,6; 2 Kön 20,3; 2 Chr 24,22; 32,1; Esra 10,2; Neh 1,8; 9,33; 13,27; Jdt 5,17; Est 3,13(c); 8,12(u); 1 Makk 2,42.52; 10,27; 14,35; 2 Makk 1,2; Ps 12,2; 18,26; 25,10; 30,10; 31,6; 36,6; 40,11f.; 51,8; 69,14; 78,8.37; 89,15; 91,4; 92,3; 100,5; 101,6; 115,1; 117,2; 119,30.43.75 u. ö.; 143,1; 146,6; Spr 3,3; 16,6; Weish 3,9.14; Sir 1,27; 6,14–16; 15,15; 37,13; 45,4; 50,24; Jes 1,21.26; 10,20; 11,5; 16,5; 38,18f.; 40,6; 49,7; 57,1; Jer 2,2; 5,1; 7,28; 31,3; 33,6; Klgl 3,23; Ez 14,13; 44,15; Dan 11,32; Hos 2,22; 4,1; Mi 7,20; Hab 2,4; Sach 8,3.8; Mt 23,23; 24,45; 25,21–23; Apg 11,23; Röm 3,3; 1 Kor 1,9; 4,2; 10,13; 2 Kor 1,18; Gal 5,22; 1 Thess 5,24; 2 Thess 3,3; 1 Tim 1,12; 2 Tim 2,13; 4,5.7; Tit 2,10; Hebr 2,17; 3,2.5f.; 10,23; 11,11; 1 Petr 4,19; 1 Joh 1,9; 3 Joh 3.5; Offb 1,5; 3,14; 14,12; 19,11.

Tribut regelmäßige Abgabe eines Vasallen an seinen Herrn – Ri 3,15.17f.; 2 Sam 8,2.6; 1 Kön 5,1; 2 Kön 17,3f.; 18,13–16; 1 Chr 18,2.6; 2 Chr 17,11; 26,8; 1 Makk 1,4; 8,2.4.7; 10,29; 2 Makk 8,36; Ps 68,30; 72,10.

Troas Hafenstadt und Landschaft in Kleinasien – Apg 16,8.11; 20,5f.; 2 Kor 2,12; 2 Tim 4,13.

Trophimus Begleiter des Paulus aus Ephesus – Apg 20,4; 21,29; 2 Tim 4,20.

Tubal Enkel Noachs und wahrscheinlich Volk in Phrygien – Gen 10,2; 1 Chr 1,5; Jes 66,19; Ez 27,13; 38,2f.; 39,1.

Tummim → Urim und Tummim

Turteltaube – Gen 15,9; Lev 1,14; 5,7.11; 12,6.8; 14,22.30; 15,14.29; Num 6,10; Ijob 1,14; Hld 2,12; Jer 8,7; Lk 2,24.

Tychikus Begleiter des Paulus – Apg 20,4; Eph 6,21; Kol 4,7; 2 Tim 4,12; Tit 3,12.

Tyrus Hafenstadt in Phönizien – Jos 19,29; 2 Sam 5,11; 1 Kön 5,15; 7,13f.; 9,11f.; Esra 3,7; 1 Makk 5,15; 2 Makk 4,18; Jes 23,1–18; Jer 27,3; Ez 26,1–28,19; Joël 4,4; Am 1,9f.; Sach 9,2f.; Mt 11,21f.; Mk 3,8; 7,24.31; Lk 6,17; Apg 21,3.7.

Überheblichkeit – Jdt 6,19; Est 3,13(b); 4,17(d. e); 8,12(d); 1 Makk 1,3; 2 Makk 5,17; 7,34; Ijob 15,12; Ps 10,4; 131,1; Spr 18,12; 30,13; Weish 5,8; 14,6; Sir 1,30; 10,8f.; 32,1; Jes 23,9; Ez 31,10; Dan 5,20; 8,25; Hos 13,6; Zef 3,11; Mal 3,15.19; Röm 1,30; 11,20; 2 Kor 12,7.20; 1 Tim 6,17; 2 Tim 3,2; Tit 1,7.

Überlieferung – 1 Chr 4,22; Est 8,12(g); 2 Makk 2,30; Mk 7,3.5.8f.13; Lk 1,2; Apg 6,14; 1 Kor 11,2.23; 15,3; Gal 1,14; Kol 2,8; 2 Thess 2,15; 3,6; 2 Petr 2,21; 3,2; vgl. Dtn 6,20–25; 32,7; Ps 44,2; Mt 5,21–43; Apg 7,38.

Umkehr, umkehren zu Gott – Num 22,22; Dtn 30,8; 1 Kön 8,33; 18,37; 2 Kön 17,13; 23,25; 2 Chr 7,14; 30,9; Neh 1,9; Tob 13,6; Ijob 22,23; Ps 51,15; 78,34; Weish 11,23; 12,10.19; Sir 17,22–29; 44,16; 49,2; Jes 10,21f.; 19,22; 30,15; 31,6; 44,22; 55,7; 59,20; Jer 3,12–14; 15,19f.; 24,7; 25,5; 31,18f.; Klgl 3,40; Ez 18,23–32; Hos 6,1; 14,2f.; Joël 2,12f.; Sach 1,3–6; Mal 3,7; Mt 3,2.8.11; 11,21; 12,41; 18,3; Mk 1,15; 6,12; Lk 3,8; 5,32; 13,3.5; 15,7.10; 16,30; 17,3f.; 24,47; Apg 2,38; 3,19; 5,31; 11,18; 13,24; 26,20; Röm 2,4f.; 2 Kor 12,21; 2 Tim 2,25; Hebr 6,6; 12,17; Jak 5,19f.; 2 Petr 3,9; Offb 2,5.16.21; → Bekehrung, Reue.

Unfruchtbarkeit – Gen 11,30; 29,31; Dtn 7,14; Ri 13,2f.; 1 Sam 2,5; Ijob 3,7; 15,34; 24,21; Spr 30,16; Weish 15,4; Jes 49,21; 54,1; Hos 9,14; Lk 1,7.36; 23,29; 1 Kor 14,14; Gal 4,27; Eph 5,11; Hebr 11,11; 2 Petr 1,8; → Kinderlosigkeit.

Ungerechtigkeit, ungerecht – 1 Sam 12,3f.; 2 Chr 19,7; 2 Makk 4,35; Ps 82,2; Weish 3,19; 4,16; 14,28–31; Sir 1,22; 7,6; 10,8; Jer 22,13; Dan 13,5; Mi 6,11; Mt 5,45; Lk 16,8f.; 18,6; Joh 7,18; Apg 24,15; Röm 1,18.29; 2,8; 3,5; 6,13; 9,14; 1 Kor 6,1; 2 Thess 2,10.12; Tit 2,14; Hebr 6,10; Jak 3,6; 1 Petr 3,18; 2 Petr 2,9; → Gerechtigkeit.

Ungesäuerte Brote (hebr. *Mazzot*) Fladenbrot, bes. für das Pessach, das auch Fest der U. B. heißt – Gen 19,3; Ex 12,18.34.39; 23,15; 29,2.23; 34,18; Lev 23,6; Num 6,15; Dtn 16,8; Jos 5,11; Ri 6,19; 1 Sam 28,24; 2 Kön 23,9; 1 Chr 23,29; 2 Chr 8,13; Esra 6,22; Ez 45,21; Mt 26,17; Mk 14,1; Lk 22,1; Apg 12,3; 20,6; 1 Kor 5,7f.

Unglaube, ungläubig – Weish 10,7; 18,13; Mt 13,58; 17,17; Mk 6,6; 9,24; 16,14.16; Lk 12,46; Joh 20,27; Apg 28,24; Röm 4,20; 11,20.23; 1 Kor 6,6; 7,12–15; 10,27; 14,22–24; 2 Kor 4,4; 6,14f.; 1 Tim 1,13; 5,8; Tit 1,15; Hebr 3,12.19; vgl. Num 20,12; Dtn 1,19–46; 9,23; Ps 78,22.32; Jes 7,9; 53,1; Mk 16,16; Lk 8,12; 24,11.41; Joh 3,12.18; Röm 10,14; 2 Thess 2,11f.; 1 Petr 2,7; 1 Joh 5,10; Jud 5.

Unrecht, unrechtmäßig – Gen 16,5; Ex 2,13; 23,1f.; Lev 10,1; 19,15.35; Num 23,21; 26,61; Dtn 9,4f.; Ri 11,27; 1 Sam 12,17; 2 Sam 13,16; 1 Kön 8,47; Tob 4,5; 14,11; Jdt 5,17; Est 8,12(g); 1 Makk 8,31; 2 Makk 10,12; Ijob 4,8; 34,12; Ps 5,5f.; 7,4; 92,16; 94,23; 119,133; Spr 1,19; 4,17; 22,8; 28,24; Koh 3,16; Weish 1,5; 4,3; 5,7; Sir 4,9; 7,2f.; 27,10; 28,2; Jes 53,9; 58,6; Jer 2,5.13; 22,13; Bar 2,12; Ez 3,20; 28,18; Dan 9,5; Mi 3,10; Hab 2,9; Zef 3,5.13; Mal 1,4; Mt 20,13; Lk 16,10; 23,41; Apg 8,23; 1 Kor 6,7f.; 13,6; 2 Kor 12,13; Gal 2,11; 4,12; Kol 3,25; 2 Tim 2,19; Hebr 1,9; 1 Petr 2,19; 1 Joh 5,17; Offb 22,11.

Unreinheit, unrein v. a. kultischer Status von bestimmten Tieren sowie von Menschen mit bestimmten Krankheiten und solchen, die mit Unreinem, auch Aas und Leichen, in Berührung kommen – Lev 5,2f.; 7,19–21; 10,10; 14,19; 15,1–33; Num 5,2–29;

19,7–22; Dtn 12,15; Jos 22,19; Ri 13,4; 1 Sam 20,26; 2 Sam 11,4; 2 Kön 23,8; 2 Chr 29,5.16; Esra 6,21; Tob 3,14; 1 Makk 1,48; 7,34; 2 Makk 14,3; Ijob 14,4; Ps 106,39; Koh 9,2; Weish 7,25; Sir 34,4; Jes 6,5; 35,8; 52,1.11; 64,5; Jer 2,23; 19,13; Klgl 4,15; Bar 3,11; Ez 4,13f.; 36,17.25.29; 37,23; Dan 1,8; Hos 9,3f.; Am 7,17; Mi 2,10; Hag 2,13f.; Sach 13,1f.; Mal 1,7; Mt 15,11.18.20; Mk 7,1–23; Joh 18,28; Apg 10,14f.28; 11,8f.; Röm 1,24; 6,19; 14,14; 1 Kor 7,14; 2 Kor 12,21; Gal 5,19; Eph 4,19; 5,3; Kol 3,5; 1 Thess 4,7; Tit 1,15; Hebr 9,13; Offb 21,27; 22,11. → Reinheit; unreine Tiere.

unreine Geister Bez. für Dämonen – Mt 10,1; 12,43–45; Mk 1,23–27; 3,11f.30; 5,1–20; 6,7; 7,25; 9,25f.; Lk 4,33–36; 6,18; 8,29; 9,42; 11,24–26; Apg 5,16; 8,7; Offb 16,13; 18,2; → Dämon.

unreine Tiere für Kult und Verzehr ausgeschlossene Arten – Gen 7,2.8; Lev 5,2; 11,1–47; 20,25; 27,11.27; Num 18,15; Dtn 14,7–19; 1 Makk 1,47; Offb 18,2.

Unsterblichkeit –Weish 1,15; 3,4; 8,13.17; 15,3; Sir 17,30; 19,19; 1 Kor 15,53f.; 1 Tim 6,16; → ewiges Leben; Unvergänglichkeit.

Unterwelt (hebr. *Scheol*) Totenwelt 1) Unterwelt – Gen 37,35; Num 16,30; 1 Kön 2,6; Tob 3,10; 4,19; 13,2; Est 3,13(g); 2 Makk 6,23; Ijob 6,9; 17,13; 26,6; Ps 18,6; 86,13; 116,3; 139,8; Spr 1,12; 5,5; 7,27; 27,20; 30,16; Koh 9,10; Hld 8,6; Weish 16,13; Sir 17,27; Jes 5,14; 14,11; 28,15; 38,10.18; Bar 2,17; Ez 31,15–17; Dan 3,88; Hos 13,14; Jona 2,3; Hab 2,5; Mt 11,23; 16,18; Lk 8,31; 10,15; 16,22–26; Apg 2,27.31; 2 Petr 2,4; Offb 1,18; 6,8; 20,13f.; 2) Totenreich, -welt – Dtn 32,22; 1 Sam 2,6; Ijob 21,13; Ps 6,6; 30,4; 55,16; 88,4.12; 89,49; Spr 2,18; 15,11; Koh 6,7; Weish 17,13; Jes 14,9; Am 9,2; → Abgrund, Hölle.

Unvergänglichkeit, unvergänglich – Weish 2,23; 6,12.18f.; 12,1; Röm 1,23; 2,7; 1 Kor 9,25; Eph 6,24; 1 Tim 1,17; 2 Tim 1,10; Hebr 7,24; 1 Petr 1,4.23; 3,4; → ewiges Leben; Unsterblichkeit.

Unverheiratete – Lev 21,3; Ez 44,25; 1 Kor 7,7.8.11.25.32.34.40.

Unzucht, unzüchtig – Gen 38,24; Ex 34,15f.; Num 25,1; Dtn 22,21; 2 Kön 9,22; Tob 4,12; Spr 26,9; 41,17; 46,11; Jer 3,2; 13,27; Ez 16,16; Hos 1,2; 2,4; 4,10–18; Mt 5,32; 15,19; Joh 8,41; Apg 15,20; Röm 1,27; 13,13; 1 Kor 5,1.9; 6,9.13.18; 7,2; 10,8; 2 Kor 12,21; Gal 5,19; Eph 5,3f.; Kol 3,5; 1 Thess 4,3; 1 Tim 1,10; Hebr 12,16; Jud 7; Offb 2,14; 17,2; 18,3; 19,2; 22,15.

Ur Heimat Abrahams in Chaldäa/Mesopotamien – Gen 11,28.31; 15,7; Neh 9,7.

Urflut (hebr. *t^ehom*) Wasser vor der Schöpfung – Gen 1,2; 7,11; 8,2; 49,25; Ijob 28,14; Ps 36,7; 77,17; 78,15; 104,6; Ez 26,19; Am 7,4; Jona 2,6; Hab 3,10; vgl. Ps 33,7; 42,8; 106,9; Jes 51,10; 63,13; Ez 31,4.15.

Urgemeinde, christliche – Apg 1,1–8,4.

Urija (hebr. „Der HERR ist mein Licht") 1) Hetiter im Heer Israels, Mann der Batseba – 2 Sam 11,1–27; 12,9.15; 23,39; 1 Kön 15,5; 1 Chr 11,41; Mt 1,6; 2) Priester unter Ahas von Juda – 2 Kön 16,10–16; Jes 8,2; 3) Prophet zur Zeit Jojakims von Juda – Jer 26, 20–23.

Urim und Tummim Orakelsteine – Ex 28,30; Lev 8,8; Dtn 33,8; Esra 2,63; Neh 7,65; vgl. Num 27,21; → Orakel.

Usa Sohn Abinadabs, Betreuer der Lade – 2 Sam 6,3–8; 1 Chr 13,7–11.

Usija (hebr. „Der HERR ist meine Stärke") 1) auch Asarja, König von Juda – 2 Kön 15,13.30.32.34; 2 Chr 26,1–23; 27,2; Jes 1,1; 6,1; 7,1; Hos 1,1; Am 1,1; Sach 14,5; Mt 1,8f.; → Asarja; 2) einer der drei Leiter von Betulia – Jdt 6,15f.21; 7,23.30; 8,9.28.35; 10,6; 13,18; 14,6; 15,4.

Uz ein Land, dessen Lokalisierung unklar ist, vielleicht ein Teil von Edom – Ijob 1,1; Jer 25,20; Klgl 4,21.

Vater Unser – Mt 6,9–13; Lk 11,2–4; vgl. Anm. zu Mt 6,9 und Mt 6,13.

Verfolgung, verfolgen, Verfolger 1) Israels, des Psalmisten, der Propheten – Dtn 30,7; Neh 9,11; Ps 7,2; 31,16; 119,84; Jer 15,15; 17,18; 20,11; Klgl 3,43; Bar 4,25; Hos 8,3; Mt 5,12; 23,34; Lk 11,49; Apg 7,52; 2) Jesu, der Jünger/Christen – Mt 5,10f.44; 10,23; 13,21; Joh 15,20; Apg 8,1; 9,4f.; 13,50; Röm 8,35; 12,14; 1 Kor 4,12; 15,9; 2 Kor 12,10; Gal 6,12; Phil 3,6; 1 Thess 2,15; 2 Thess 1,4; 1 Tim 1,13; 2 Tim 3,11f.; Offb 12,13.

Vergebung (der Sünden), vergeben – Gen 18,24.26; 50,17; Ex 34,7; Lev 4,20; 19,22; Num 14,19; 2 Sam 12,13; 1 Kön 8,34; 1 Chr 21,8; 2 Chr 6,27; 1 Makk 13,39; Ps 32,1.5;

2 Chr 23,18; 30,16; 33,8; Esra 3,2; 7,6; Neh 8,1; Dan 9,11.13; Mal 3,22; vgl. Dtn 33,4; Jos 1,7; 22,5; 2 Kön 21,8; Neh 8,14; 4) Schriftliche Vorschriften/Offenbarung Buch, Urkunde, Worte der W. u. Ä., vielfach unklaren Umfangs – Ex 24,12; Dtn 4,8.44; 17,18f.; 27,3.8.26; 28,58.61; 29,20.28; 30,10; 31,9.11f.24.26; 32,46; Jos 1,8; 8,31.34; 23,6; 24,26; 2 Kön 14,6; 22,8.11; 23,24; 1 Chr 16,40; 2 Chr 17,9; 25,4; 34,14f.19; Neh 8,1–18; 9,3; 10,35.37; Jes 8,16.20; Jer 2,8; → Gesetz 2).

Welt Erde, All 1) Schöpfung Gottes → Schöpfung; 2) „diese Welt“ v. a. Ort der Ablehnung Jesu, Gottes und der Christen – Mt 12,32; 13,22; 17,25; Lk 16,8; Joh 8,23; 9,39; 11,9; 12,25.31; 13,1; 16,11; 18,36f.; Röm 12,2; 1 Kor 2,6.8; 3,18f.; 5,10; 7,31; 2 Kor 10,2f.; 11,18; Gal 4,3; Eph 2,2; 1 Tim 6,17; 2 Tim 4,10; Tit 2,12; 1 Petr 2,11; 1 Joh 3,17; 4,17; vgl. Joh 7,7; 15,18f.; 17,14–18; → Ende der Welt.

Wermut ein Gewürz – Dtn 29,17; Spr 5,4; Jer 9,14; 23,15; Klgl 3,15.19; Am 5,7; 6,12; Offb 8,11.

Wiederkunft Christi → Ankunft Christi

Witwe – Gen 38,11; Ex 22,21–23; Lev 21,14; Num 30,10; Dtn 10,18; 14,29; 27,19; 2 Sam 14,5; 1 Kön 17,9f.20; Tob 1,8; Jdt 8,4–6; 2 Makk 3,10; Ijob 22,9; 31,16; Ps 68,6; 78,64; 94,6; 146,9; Spr 15,25; Weish 2,10; Sir 35,17f.; Jes 1,17.23; 47,8; Jer 7,6; 22,3; 49,11; Klgl 1,1; Bar 6,37; Ez 22,7.25; Sach 7,10; Mal 3,5; Mk 12,40.42f.; Lk 2,37; 4,25f.; 7,12; 18,3.5; Apg 6,1; 9,39; 1 Kor 7,8; 1 Tim 5,3–16; Jak 1,27; Offb 18,7.

Woche – Lev 12,5; 23,15; Dtn 16,9; Tob 2,1; 2 Makk 12,38; Dan 9,24–27; 10,2f.; Mt 28,1; Mk 16,2; Lk 18,12; 24,1; Joh 20,1.19; Apg 20,7; 1 Kor 16,2.

Wochenfest Erntefest, das 50 Tage nach dem Paschafest begangen wurde – Ex 34,22; Num 28,26; Dtn 16,9–12.16; 2 Chr 8,13; 2 Makk 12,31; → Pfingsten.

Wohnstätte, Wohnung Gottes – Ex 15,13.17; 25,9; 26,1–27,21; 36,8–38,31; 39,32–43; 40,2–38; Lev 8,10; 15,31; 26,11; Num 1,50–53; 3,7f.23–38; 7,1; 9,15–23; 10,11.17.21; 17,28; Dtn 12,5; 26,15; Jos 22,19; 1 Sam 2,29; 2 Sam 7,6; 1 Kön 8,13; 1 Chr 16,39; 21,29; 23,25f.; 2 Chr 1,5; 6,6; 29,6; 30,27; 36,15; Esra 7,15; Tob 1,4; Ijob 38,19; Ps 26,8; 46,5; 49,15; 68,6; 74,2.7; 76,3; 132,5f.; Weish 9,8; Jes 63,15; Jer 25,30; Klgl 2,6; Bar 2,16; Ez 37,27; Sach 2,17; Eph 2,22; Offb 13,6; 21,3; → Offenbarungszelt; Tempel.

Wort Gottes – Gen 1,3; 15,1.4; Ex 9,21; 24,4; Lev 24,12; Num 11,24; 24,4; Dtn 5,5; Jos 24,27; 1 Sam 3,1.7; 15,10; 2 Sam 7,4; 12,9; 24,11; 1 Kön 6,11; 13,9; 17,2; 22,5.19; 2 Kön 7,1; 20,19; 23,16; 1 Chr 10,13; 22,8; 2 Chr 29,15; 34,21; Tob 12,6; Ps 12,7; 33,4.6; 107,11; Sir 42,15; Jes 1,10; 2,3; 40,8; 55,11; Jer 1,2.4; 5,13; 20,8; 22,29; 36,6; 38,14; Ez 1,3; 6,3; 11,25; 14,9; Dan 9,2.23; Hos 1,1; 4,1; Joël 1,1; Am 7,16; 8,11f.; Jona 1,1; 3,1; Mi 1,1; Zef 1,1; 2,5; Hag 1,1; Sach 1,1.6; 4,6.8; 7,7.12; 11,11; Mal 1,1; Lk 3,2; 5,1; 8,11.21; Joh 1,1–3.14; 3,34; 8,47; Apg 6,2.7; 8,14.25; 13,46; 18,11; Röm 3,2; 1 Kor 14,36; 2 Kor 2,17; 4,2; Eph 6,17; Kol 1,25; 1 Thess 2,13; 2 Thess 3,1; 2 Tim 2,9; Tit 2,5; Hebr 4,12; 5,12; 6,5; 13,7; 1 Petr 1,25; 2 Petr 3,5; 1 Joh 2,14; Offb 1,2.9; 6,9; 17,17; 19,9.13.

Wunder Machttaten Gottes – Ex 3,20; 4,21; 7,9; 15,11; Dtn 4,34; 6,22; 7,19; Jos 24,17; 1 Chr 16,9; Neh 9,10; Est 10,3(f); 2 Makk 15,21; Ijob 5,9, 37,14; Ps 9,2; 26,7; 40,6; 72,18; 78,11.43; 107,8; 111,4; 136,4; Weish 8,8; 19,8; Sir 17,9; 18,6; 36,6; 48,4.14; Jes 25,1; Jer 32,20f.; Bar 2,11; Dan 6,28; Mi 7,15; Mt 7,22; 8,16f.; 11,20–24; 13,54.58; 17,14–21; 21,15; 24,24; Lk 19,37; Apg 2,43; 6,8; 14,3; 19,11; Röm 15,19; 1 Kor 12,10.28–31; 2 Kor 12,12; Gal 3,5; Hebr 2,4; → Wundererzählungen; Zeichen 4).

Wundererzählungen 1) Dämonenaustreibung Exorzismus – Mt 8,28–34; 15,21–28; Mk 1,23–28; 5,1–20; 9,38–40; Lk 11,14; 13,10–17; 2) Erscheinung Epiphanie, Theophanie – Mt 14,22–33; 17,1–9; 3) Geschenkwunder – Ex 15,22–16,36; 1 Kön 17,2–6.8–16; 2 Kön 2,19–22; 4,1–7.38–44; Mt 14,13–21; 15,32–39; 17,27; Lk 5,1–11; Joh 2,1–12; 21,1–14; 4) (Kranken-)Heilung Therapie → Krankenheilung; 5) Naturwunder – Ex 6,2–11,10; 13,17–14,31; Jos 3,1–7; Mt 8,23–27; vgl. Mt 21,18–22; 6) Rettungswunder – Mk 4,35–41; 6,45–52; Apg 12,6–19; 7) Totenerweckung → Auferstehung 1).

Wüste Kalksteinwüste Palästinas, Steppe – Ex 15,1–20,29; Num 21,1–25,18; 1 Sam 21,11–22,5; Ps 102,7; Jes 34,13–15; 35,1–10; 40,3–5; 41,17–20; 43,16–21; Jer 49,33; Mt 3,1.3; 4,1; 11,7; 24,26; Lk 1,80; 15,4; Joh 3,14;

147,12; Jes 2,3; 4,3; 40,9; 41,27; 51,3; 52,1.7–9; 64,9; Am 1,2; Sach 8,2f.; 4) „Tochter Z.“ – 2 Kön 19,21; Ps 9,15; Jes 1,8; 10,32; 16,1; 52,2; 62,11; Jer 4,31; 6,2.23; Klgl 1,6; 2,1–18; 4,22; Mi 1,13; 4,8.10.13; Zef 3,14; Sach 2,14; 9,9; Mt 21,5; Joh 12,15.

Zippora Frau des Mose, Tochter Jitros – Ex 2,21; 4,24–26; 18,2.

Zisterne künstliche Wassergrube – Gen 37,20–24.28f.; 2 Sam 23,15f.; Jer 2,13; 38,6–13; 41,7.9.

Zoar Stadt in der Nähe des Toten Meeres – Gen 13,10; 14,2.8; 19,22f.; Jes 15,5; Jer 48,4.

Zöllner Privatpersonen, die für die Römer nicht nur Zollgebühren, sondern auch Steuern und weitere Abgaben eintrieben – Mt 5,46; 9,9–11; 10,3; 11,19; 18,17; 21,31f.; Mk 2,15f.; Lk 3,12; 5,27–30; 7,29.34; 15,1; 18,9–14; 19,1–10.

Zorn, zürnen 1) Gottes – Ex 22,23; 32,10–14; Lev 10,6; Num 1,53; 11,1; 12,9; 22,22; 25,2–4; Dtn 29,15–27; Jos 7,1; Ri 2,12–14.20; 3,8; 10,7; 2 Sam 6,7; 24,1; 1 Kön 14,9; 2 Kön 13,3; 23,26; 24,20; Neh 13,18; Ps 2,5; 6,2; 30,6; 90,7–9; Jes 5,25; 9,11.16.20; 10,5; 30,27; 42,25; 54,8; Jer 4,8; 7,20; 15,15; 25,15; Ez 5,13; 7,12f.; 9,8; 22,31; Hos 8,5; 13,11; Nah 1,2.6; Zef 1,18; 2,2; Sach 8,2; Lk 21,20–24; Joh 3,36; Röm 1,18; 2,5–8; 4,15; 5,9; 9,22; 1 Thess 1,10; 2,16; 5,9; Hebr 3,11; 4,3; Offb 14,19; 15,1.7; 16,1.19; 19,15; 2) des Menschen – Spr 15,1; 21,14; Sir 27,30; Mt 5,22; Eph 4,26.31; Kol 3,8; 1 Tim 2,8; Tit 1,7; Jak 1,19f.

Zungenreden Glossolalie – 1 Kor 12,10.28; 13,8; 14,1–25.28; vgl. Apg 2,4; 10,46; 19,6; vielleicht auch Jes 28,11.

Zypern Insel im Osten des Mittelmeeres – 1 Makk 15,23; 2 Makk 4,29; 10,13; 12,2; Apg 4,36; 11,19f.; 13,4; 15,39; 21,3.16; 27,4; → Kittäer.

Zyrene → Kyrene

VI. ZEITTAFEL ZUR BIBLISCHEN GESCHICHTE

Für die Zeittafel wurde, von der Standardliteratur in Sachen Geschichte Israels und Geschichte des Urchristentums abgesehen, durchgängig die Geschichte Israels von Christian Frevel in Erich Zengers Einleitung in das Alte Testament (8. Aufl. Stuttgart 2012) konsultiert. Außerdem leistete WiBiLex, das wissenschaftliche Bibellexikon im Internet, gute Dienste dort, wo die einschlägigen Artikel bereits verfügbar sind.

Dass die hier vorgelegten Zahlenangaben in vielen Fällen nicht gesichert sind, liegt aufgrund der zahlreichen Unwägbarkeiten und Probleme, die sich der biblischen Chronologie stellen, auf der Hand.

Sofern israelitische und judäische Personen auch in der Umwelt durch zeitgenössische Quellen belegt sind, wird das in der Zeittafel mit dem Symbol ✍ kenntlich gemacht; die außerbiblische Quelle wird aber nicht angegeben. Bei Personen aus der Umwelt, die zugleich in der Bibel vorkommen, steht das Symbol 🕮, gefolgt von den entsprechenden Bibelstellen.

	Biblische Überlieferung	**Außerbiblische Daten**

Vorgeschichte Israels (bis ca. 1000 v. Chr.)

1550–1150		**SPÄTBRONZEZEIT**
16.–12. Jh.		Kontinuierlicher Niedergang der kanaanäischen Stadtkultur und Stadtflucht
ca. 1279–1213		Ramses II. (*User-maat-Re setep-en-Re*), 3. König der 19. Dynastie in Ägypten
Ende des 13. Jh.s	wahrscheinlich Vertreibung oder Flucht einer Gruppe von asiatischen Halbnomaden (*Schasu*) aus Ägypten, die später in Israel aufgeht; mglw. historische Grundlage für die Exodustradition Israels (Ex 12–14)	
ca. 1213–1204		Merenptah (*Ba-en-Re meri-Amun*), 4. König der 19. Dynastie in Ägypten
ca. 1208		„Israel" auf der Merenptah-Stele
1200/1150–1000		**EISENZEIT I**
frühes 12. Jh.		Ansiedlung der Philister in der südlichen Küstenebene Palästinas
1190/86–1188/84		Sethnacht (*User-chau-Re setep-en-Re meri-Amun*), Begründer der 20. Dynastie in Ägpyten
1187/83–1156/51		Ramses III. (*User-maat-Re meri-Amun*), 2. König der 20. Dynastie in Ägypten
bis 1000	Israel als Stämmegesellschaft, sog. Richterzeit (Ri)	

Eigenstaatliche Epoche Israels (ca. 1000–587/6 v. Chr.)

1000–926/900		**EISENZEIT II A**
kurz vor 1000	Saul (1 Sam 9–31)	
ab ca. 1000	David (2 Sam 2–1 Kön 2)	

	Biblische Überlieferung	Außerbiblische Daten
ca. 946/945–924	1 Kön 11,40; 14,25 u. ö.	Scheschonq I. (Schischak, *Hej-cheper-Re setep-en-Re*), Begründer der 22. (bubastischen) Dynastie in Ägypten
bis ca. 930	Salomo (1 Kön 2–11)	
926 (930)	sog. Reichsteilung (1 Kön 12,1–19)	
927 (930)–907	Jerobeam I., Begründer des Nordreiches Israel (1 Kön 12,20–14,20)	
926 (930)–910	Rehabeam, erster König des Südreiches Juda (1 Kön 14,21–31)	
926	Palästinafeldzug Scheschonqs I. (1 Kön 14,25f.)	
926/900–722/700		**EISENZEIT II B**
910–908	Abija von Juda (1 Kön 15,1–8)	
908–868	Asa von Juda (1 Kön 15,9–24)	
907–906	Nadab von Israel (1 Kön 15,25–32)	
906–883	Bascha von Israel (1 Kön 15,33–16,7)	
um 900	Ben-Hadad I., König des Aramäerreiches von Damaskus (1 Kön 15,18. 20; 2 Chr 16,2. 4)	
883–882	Ela von Israel (1 Kön 16,8–14)	
882	Simri von Israel (1 Kön 16,15–20)	
882–841 (?)	OMRIDENHERRSCHAFT IN ISRAEL	
882–871	Omri von Israel (1 Kön 16,23–28)	
882–878 (?)	Tibni von Israel (1 Kön 16,20f.)	
871–852	Ahab von Israel (1 Kön 16,29–22,40) Prophet Elija im Nordreich Prophet Elischa im Nordreich	
868–847	Joschafat von Juda (2 Kön 22,41–51)	
858–824		Salmanassar (*Salmānu-ašarēd*) III., König des assyrischen Reiches
853		Schlacht von Qarqar
852–851 (?)	Ahasja von Israel (1 Kön 22,52–2 Kön 1,18)	
852–841 (?)	Joram von Israel (2 Kön 3,1–3)	
um 850 (?)	Ben-Hadad II., König des Aramäerreiches von Damaskus (1 Kön 20,1–34; 2 Kön 6,24; 8,7. 9)	
852–845	Joram von Juda, bis 847 Koregent (2 Kön 8,16–24)	
um 850	2 Kön 3,4	Mescha, König von Moab
845 (?)	Ahasja von Juda (2 Kön 8,25–29)	
845–840 (?)	Atalja von Juda (2 Kön 11,1–20)	
841–747	JEHU-DYNASTIE IN ISRAEL	
841–818	Jehu von Israel (2 Kön 9,1–10,36)	
ca. 841		Tribut Jehus an Salmanassar III.
ca. 840–800	1 Kön 19,15. 17; 2 Kön 8,7–15 u. ö.	Hasaël von Aram/Damaskus

	Biblische Überlieferung	Außerbiblische Daten
840–801	Joasch von Juda (2 Kön 12,1–22)	
828		Schwarzer Obelisk Salmanassars III. von Assyrien mit einer Darstellung des Jehu von Israel
818–802	Joahas von Israel (2 Kön 13,1–9)	
811–783		Adad-Nirari III., König des assyrischen Reiches
802–787	Joasch von Israel (2 Kön 13,10–13)	
801–773	Amazja von Juda (2 Kön 14,1–22)	
ca. 800–790	2 Kön 13,3. 24f.	Ben Hadad III., König des Aramäerreiches von Damaskus
787–747	Jerobeam II. von Israel (2 Kön 14,23–29), Prophet Jona (2 Kön 14,25)	
787–736	Asarja/Usija von Juda, bis 773 Koregent (2 Kön 15,1–7)	
um 760	Prophet Amos	
756–741	Jotam von Juda (2 Kön 15,32–38)	
753		Gründung Roms (traditionelle Jahresangabe)
747	Secharja von Israel (2 Kön 15,8–12)	
747	Schallum von Israel (2 Kön 15,13–16)	
747–738	Menahem von Israel (2 Kön 15,17–22)	✍
745–727	2 Kön 15,29; 16,7. 10 u. ö.	Tiglat-Pileser III., König des assyrischen Reiches
744–725	Ahas von Juda, bis 736 Koregent (2 Kön 16,1–20)	✍
ca. 740–701	Prophet Jesaja im Südreich	
738	Tribut Menahems von Israel an Tiglat-Pileser (2 Kön 15,19)	
737–736	Pekachja von Israel (2 Kön 15,23–26)	
735–733/2	Pekach von Israel (2 Kön 15,27–31)	
734	Tribut des Ahas' von Juda an Tiglat-Pileser (2 Kön 16,7f.)	
733	Errichtung der assyrischen Provinzen Megiddo Gilead (und Dor?) durch Tiglat-Pileser III. im Nordreich Israel (2 Kön 15,29; 1 Chr 5,26)	
733–622	JUDA ASSYRISCHER VASALLENSTAAT	
732–723	Hoschea von Israel (2 Kön 17,1–4)	
bis 732	Rezin (*Ra'yan*), König des Aramäerreiches von Damaskus (2 Kön 15,37 u. ö.)	
732	Eroberung von Damaskus durch die Assyrer (2 Kön 16,9)	
731	Tribut Hoscheas von Israel an Tiglat-Pileser (2 Kön 17,3)	
730–715 (?)	2 Kön 17,4: mglw. mit „So" gemeint.	Osorkon IV. (*Aa-cheper-Re setep-en-Amun*), letzter Herrscher der 22. Dynastie in Ägypten
727–722	2 Kön 17,3; 18,9; Tob 1,2. 13. 15f.	Salmanassar V., König des assyrischen Reiches
bis ca. 725	Prophet Hosea im Nordreich	
725–697/6	Hiskija von Juda (2 Kön 18,1–20,22)	✍

	Biblische Überlieferung	Außerbiblische Daten
725 (?)	Hilfegesuch Hoscheas von Israel an So (?) (2 Kön 17,4)	
722/720	Eroberung Samarias durch Salmanassar V./Sargon II.; Errichtung der Provinz Samerina; Ende des Nordreichs Israel (2 Kön 17)	
722–705	📖 Jes 20,1	Sargon (*Šarru-kīn*) II., König des assyrischen Reiches
722/700–587/586		**EISENZEIT II C**
722–710 (?)	📖 2 Kön 20,12	Merodach Baladan (*Marduk-apla-iddina*) II., König von Babel
um 720	Prophet Micha	
705–681	📖 2 Kön 18,13; 19,8f. 36f. u. ö.	Sanherib (*Sin-ahhe-eriba*), König des assyrischen Reiches
701	3. Feldzug Sanheribs: gegen Jerusalem (2 Kön 18–19; Jes 22 u. ö.)	
696–642	Manasse von Juda (2 Kön 21,1–18)	✍
690–664	📖 2 Kön 19,9; Jes 37,9	Taharqa (*Chui-nefertem-Re*), Tirhaka, 5. Pharao der 25. (kuschistischen) Dynastie in Ägypten
681–669	📖 2 Kön 19,37 u. ö.	Asarhaddon (*Aššur-achu-iddina*), König von Assur
669–627 (?)	📖 Esra 4,9f.; mglw. mit „Asenappar“ gemeint.	Assurbanipal (*Aššur-bāni-apli*), König von Assur
664–610		Psammetich I. (*Uah-ib-Re*), Begründer der 26. (saïtischen) Dynastie in Ägypten
um 650	Prophet Nahum	
641–640	Amon von Juda (2 Kön 21,19–26)	
639–609	Joschija von Juda (2 Kön 22,1–23,30)	
ca. 627–587	Prophet Jeremia	
626–605		Nabopolassar (*Nabû-apla-uṣur*), Begründer des neubabylonischen Reiches
622	Joschijanische Reform (2 Kön 23,1–27)	
um 622	Prophetin Hulda (2 Kön 22,14–20)	
um 620	Prophet Zefanja	
612	Eroberung von Ninive durch die Babylonier und Meder; Ende des neuassyrischen Reiches (Tob 14,15; Nah 3,7)	
610–595	📖 2 Kön 23,29. 33–35 u. ö.	Necho II. (*Uhem-ib-Re*), 2. König der 26. (saïtischen) Dynastie in Ägypten
609	Tod Joschijas im Zuge eines Feldzugs Nechos II. nach Syrien (2 Kön 23,29f.)	
609	Joahas (auch Schallum) von Juda (2 Kön 23,30–34; Jer 22,11)	
609–598	Jojakim von Juda, vormals Eljakim (2 Kön 23,36–24,7)	
605	Schlacht bei Karkemisch: Sieg der Babylonier über die Ägypter (Jer 46,2)	
605–587 (586)	JUDA BABYLONISCHER VASALLENSTAAT	

	Biblische Überlieferung	Außerbiblische Daten
605–562	2 Kön 24,1. 10–13 u. ö.	Nebukadnezzar (*Nabû-kudurrī-uṣur*) II., neubabylonischer König
600–500		**EISENZEIT III**
um 600	Prophet Habakuk	
598/97	Jojachin von Juda (2 Kön 24,8–17)	
597	Erste Eroberung Jerusalems durch die Babylonier, erste Deportationen, Beginn des Babylonischen Exils (2 Kön 24,14–16)	
598/7–587 (586)	Zidkija von Juda (2 Kön 24,17–25,7)	
595–589		Psammetich II. (*Nefer-ib-Re*), 3. König der 26. (saïtischen) Dynastie in Ägypten
ca. 590–570	Prophet Ezechiel	
589–570	Jer 44,30: „Hofra“	Apries (*Haa-ib-Re*), 4. König der 26. (saïtischen) Dynastie in Ägypten
587 (586)	Zweite Eroberung Jerusalems durch die Babylonier und Zerstörung des Tempels, weitere Deporationen (2 Kön 25,8–20)	

Babylonisch-persische Zeit 587/6–333/2 v. Chr.

587 (586)–538	JUDA BABYLONISCHE PROVINZ UND BABYLONISCHES EXIL	
562–560	2 Kön 25,27 = Jer 52,31	Ewil-Merodach (*Amēl-Marduk*), neubabylonischer König
562	Begnadigung Jojachins durch Ewil-Merodach in Babylonien (2 Kön 25,27–30 = Jer 52,31)	
559–530	2 Chr 36,22f.; Jes 44,28; 45,1 u. ö.	Kyros (*Kuruš*) II., König von Persien
559–556		Nergal-Sārussur (*Nergal-schar-uzur*) von Babylon
556		Labaši-Marduk von Babylon
556–539		Nabonid (*Nabû-nā'id*), letzter neubabylonischer König
bis 543/539	Dan 5	Belschazzar (*Bel-šarru-uṣur*), Mitregent in Babel
539/38	Einnahme Babels durch Kyros II.; Südreich wird zur Provinz Jehud Kyros-Edikt (Esra 1,1–4)	
530–522		Kambyses (*Kambūdschiya*) II., König von Persien
ab ca. 525	Serubbabel, Statthalter von Juda (Esra 3,2. 8)	
522–486	Esra 4,5. 24; 5,5–7 u. ö.	Dareios (*Dārayavauš*) I., König von Persien
um 520	Propheten Haggai und Sacharja	
ca. 520–515	Wiederaufbau des Jerusalemer Tempels (Esra 3–6)	
490		Schlacht bei Marathon: Sieg Athens gegen die Perser

	Biblische Überlieferung	Außerbiblische Daten
486–465	Esra 4,6; Dan 9,1	Xerxes (*Hšayāršā*) I., König der Perser
480		Schlacht bei den Thermopylen
465–424/23	Neh 1,1; 2,1 u. ö.	Artaxerxes (*Rtachschaçā*) I., König von Persien
ab ca. 445	Nehemia, Statthalter von Juda	
431–404		Peleponnesischer Krieg
423–405/404	Neh 12,22	Dareios II., König von Persien
405/04–359/58		Artaxerxes II., König von Persien
398	Esra (wahrscheinlich)	
359–336	1 Makk 1,1	Philipp II. von Mazedonien
359/58–338		Artaxerxes III., König von Persien
356		Geburt Alexanders des Großen
338–336		Artaxerxes IV. (Arses), König von Persien
336–323	1 Makk 1,1	Alexander der Große
336–330		Dareios III., König von Persien

Hellenistische Zeit (332–64/30)

333		Schlacht bei Issos
331		Schlacht bei Gaugamela – Einzug Alexanders des Großen in Babylon
323		Tod Alexanders des Großen
323–283		Ptolemaios I. Soter, Satrap, ab 305 König von Ägypten
323–281		Seleukos I. Nikator, Satrap, ab 305 König von Babylonien und Persien
321–281		DIADOCHENKÄMPFE
312		Beginn der seleukidischen Zeitrechnung
305		Königsproklamationen der Diadochen
301–ca. 200		PTOLEMÄERHERRSCHAFT IN SYRIEN-PALÄSTINA
ca. 300	Onias I., Sohn Jadduas, Hohepriester (1 Makk 12,7f. 19f.)	
283–246		Ptolemaios II. Philadelphos in Ägypten
281		Ende der Diadochenkämpfe; Bildung der drei großen Monarchien der Antigoniden (Mazedonien), Ptolemäer (Ägypten und Levante) und Seleukiden (Babylonien und Persien)
281–261		Antiochos I. Soter in Babylonien und Persien
274–168		SYRISCHE KRIEGE ZWISCHEN PTOLEMÄERN UND SELEUKDIEN
261–246		Antiochos II. Theos in Babylonien und Persien

	Biblische Überlieferung	Außerbiblische Daten
um die Mitte des 3. Jh.s		Übersetzung der Tora ins Griechische, danach sukzessive Übersetzung weiterer Bücher bis ins 2. Jh.
246–226		Seleukos II. Kallinikos in Babylonien und Persien
246–221		Ptolemaios III. Euergetes I. in Ägypten
226–222		Seleukos III. Soter Keraunos in Babylonien und Persien
222–187		Antiochos III. Megas in Babylonien und Persien, dann auch in Syrien-Palästina
221–204		Ptolemaios IV. Philopator in Ägypten
204–180		Ptolemaios V. Epiphanes in Ägypten
202–198/94		5. syrischer Krieg mit Schlacht bei Paneas
um 200		Beginn der Seleukidenherrschaft in Syrien-Palästina
187–175		Seleukos IV. Philopator
180–176		Kleopatra I. in Ägypten
180–145	📖 1 Makk 1,18; 10,51–66 u. ö.	Ptolemaios VI. Philometor (VII.) in Ägypten
175–164	📖 1 Makk 3,33; 6,15–7,4 u. ö.	Antiochos IV. Epiphanes
vor 170	Onias III., Hohepriester (2 Makk 3,1–4,38)	
170–168		6. syrischer Krieg
168/67	Beginn des Aufstands der Makkabäer	
166–160	Judas Makkabäus (1 Makk 3,1–9,22)	
164–162	Antiochos V. Eupator; Lysias als sein Vormund (1 Makk 3,33; 6,15–7,4 u. ö.)	
164	Wiedereinweihung des Tempels am 25. Kislev	
163/62–160/59	Alkimus, Hohepriester (1 Makk 7,1–25; 2 Makk 14,3 u. ö.)	
162–150	📖 1 Makk 7–10; 2 Makk 14 – 15	Demetrios I. Soter, Seleukidenherrscher
153–143	Jonatan (1 Makk 9,23–12,52)	
150–145	📖 1 Makk 10,1–11,17	Alexander I. Balas, Seleukidenherrscher
145–140 / 129–125	📖 1 Makk 10–14	Demetrios II. Nikator, Seleukidenherrscher
145–116	📖 1 Makk 15,16	Ptolemaios VIII. Euergetes II.
143–134	Simon/Simeon (1 Makk 12,53–16,17)	
141–139	📖 1 Makk 11,39–56; 12,40–52 u. ö.	Diodotos Tryphon
139–129	📖 1 Makk 15,1–15 u. ö.	Antiochos VII. Sidetes
135/34–40	HERRSCHAFT DER HASMONÄER	
134–104	Johannes Hyrkanus I. (1 Makk 16)	
125–96		Antiochos VIII. Krypus
104–103		Aristobul I., hasmonäischer Herrscher
103–76		Alexander Jannaios, hasmonäischer Herrscher

	Biblische Überlieferung	Außerbiblische Daten
76–67		Salome Alexandra, hasmonäische Herrscherin
70–19		Vergil, röm. Dichter
67–66		Johannes Hyrkanos II., hasmonäischer Herrscher
67–63		Aristobul II., hasmonäischer Herrscher
66		Pompeius, röm. Befehlshaber im Osten

Römische Herrschaft (64 v. Chr.–330 n. Chr.)

64		Ende des Seleukidenreiches, Errichtung der röm. Provinz Syria
63		Pompeius im Jerusalemer Tempel
63–40		Johannes Hyrkanos II. und Antipater
57		Reformmaßnahmen des Aulus Gabinius in Jerusalem
51–30		Kleopatra VII. in Ägypten
47–44		Julius Cäsar
43		Ermordung Antipaters, des Vaters Herodes' des Großen
41–30		Marcus Antonius
40–37		Mattatias Antigonos II., der letzte König der makkabäischen Dynastie
37–4	Herodes der Große, (Klientel-) König über Palästina	
31 v. Chr.–14 n. Chr.	📖 Lk 2,1	Augustus (Gaius Oktavius oder Oktavian)
30		Ende des Ptolemäerreiches, Einrichtung der kaiserlichen Provinz Ägypten
13 v.–45/50 n. Chr.	Philo von Alexandrien, Philosoph	
ca. 9 v.–38 n. Chr.	📖 2 Kor 11,32	Aretas IV., König der Nabatäer
7/6–5/4 v. Chr.		Publius Quinctilius Varus, Statthalter von Syrien
ca. 7/6–4 v. Chr.	Geburt Jesu	
ca. 5/4 v.–65 n. Chr.		Seneca, römischer Philosoph
4 v. Chr.		Aufteilung Palästinas unter die Söhne des Herodes
4 v.–6 n. Chr.	Archelaus Ethnarch von Judäa, Samarien und Idumäa	
4 v.–39 n. Chr.	Herodes Antipas	
4 v.–34 n. Chr.	(Herodes) Philippus	
6/7 n. Chr.	Volkszählung, sog. Zensus unter Quirinius (Publius Sulpicius Quirinius), Statthalter von Syrien	
6–15 n. Chr.	Hohepriester Hannas	
14–68		JULISCH-CLAUDISCHE KAISERDYNASTIE
14–37	📖 Lk 3,1	Kaiser Tiberius

	Biblische Überlieferung	Außerbiblische Daten
17–22		Gründung von Tiberias durch Herodes Antipas
18–37	Hohepriester Kajaphas	
26–36	Pontius Pilatus, Präfekt von Judäa (Mk 15,1–15 par.)	
27/28–29	Johannes der Täufer	
27/28	Taufe Jesu durch Johannes	
29	Enthauptung des Täufers	
um 30	Kreuzigung Jesu (14. oder 15. Nisan)	
um 33	Steinigung des Stephanus (Apg 7,54–60)	
ca. 33/35	Berufung des Paulus (Gal 1,15f.; Apg 9,1–19 u. ö.)	
37–100		Flavius Josephus
37/41–44	Herodes Agrippa I. (Apg 12,1–23)	
37–41		Kaiser Caligula (Gaius Caesar Augustus Germanicus)
39		Publius Petronius, Legat in Syrien
41–54	Apg 11,28; 18,2	Kaiser Claudius (Tiberius Claudius Caesar Augustus Germanicus)
41/42	Hinrichtung des Jakobus Zebedäus in Jerusalem (Apg 12,2f.)	
ca. 43–120		Plutarch, griechischer Schriftsteller und Philosoph
ca. 48/49	sog. Apostelkonzil in Jerusalem (Apg 15,1–35; Gal 2,1–10)	
49	Claudius-Edikt (Ausweisung der Juden aus Rom) (Apg 18,2)	
ca. 50–130		Epiktet, Philosoph
50–ca. 93	Herodes Agrippa II. (Apg 25,13–26,32)	
50/51–52/53	Paulus erstmals in Korinth	
51/52 oder 52/53	Lucius Junius Annaeus Gallio, Prokonsul von Achaia (Apg 18,12–17)	
um 52–58	Marcus Antonius Felix, Prokurator Judäas (Apg 23,24. 26; 24,1–26. 27; 25,14)	
52/53–55/56	Paulus in Ephesus	
54–68		Kaiser Nero
ca. 55–115		Tacitus, römischer Historiker
58–60	Porzius Festus, Prokurator Judäas (Apg 24,27–26,32)	
58/60–59/61	Reise des Paulus nach Rom	
Anfang 60er-Jahre		Tod des Paulus
61/62–113/115		Plinius der Jüngere
62–64		Ananus II., Hohepriester
62		Steinigung des Herrenbruders Jakobus in Jerusalem
64		Brand Roms. Stadtrömische Christenverfolgung, in deren Rahmen wird traditionell der Tod des Petrus angesetzt.

	Biblische Überlieferung	Außerbiblische Daten
66		Tempelraub des Prokurators Gessius Florus
66–70/73		1. jüdischer Aufstand gegen die Römerherrschaft, jüdisch-römischer Krieg
68		Zerstörung von Qumran
69		Vierkaiserjahr
69–96		FLAVISCHE KAISERDYNASTIE
69–79		Kaiser Vespasian
70		Geburt Suetons, eines röm. Biografen
70		Eroberung Jerusalems durch Titus und Zerstörung des Tempels (30.8. = 9. Ab)
73		Untergang von Masada
79		Ausbruch des Vesuvs
79–81		Kaiser Titus
81–96		Kaiser Domitian
um 90		Lokale Christenverfolgungen im Imperium Romanum
96–192		ADOPTIVKAISER IN ROM
96–98		Kaiser Nerva
98–117		Kaiser Trajan
112		Regelung Trajans zum Umgang mit den Christen in Verfahren auf Anfrage von Plinius dem Jüngeren als dem Verwalter der Provinz Pontus und Bithynien
115–117		Diasporaaufstand
117–138		Kaiser Hadrian
132–135		Bar Kochba-Aufstand
135		Einrichtung der röm. Provinz Syria und Palästina

VII. KARTEN

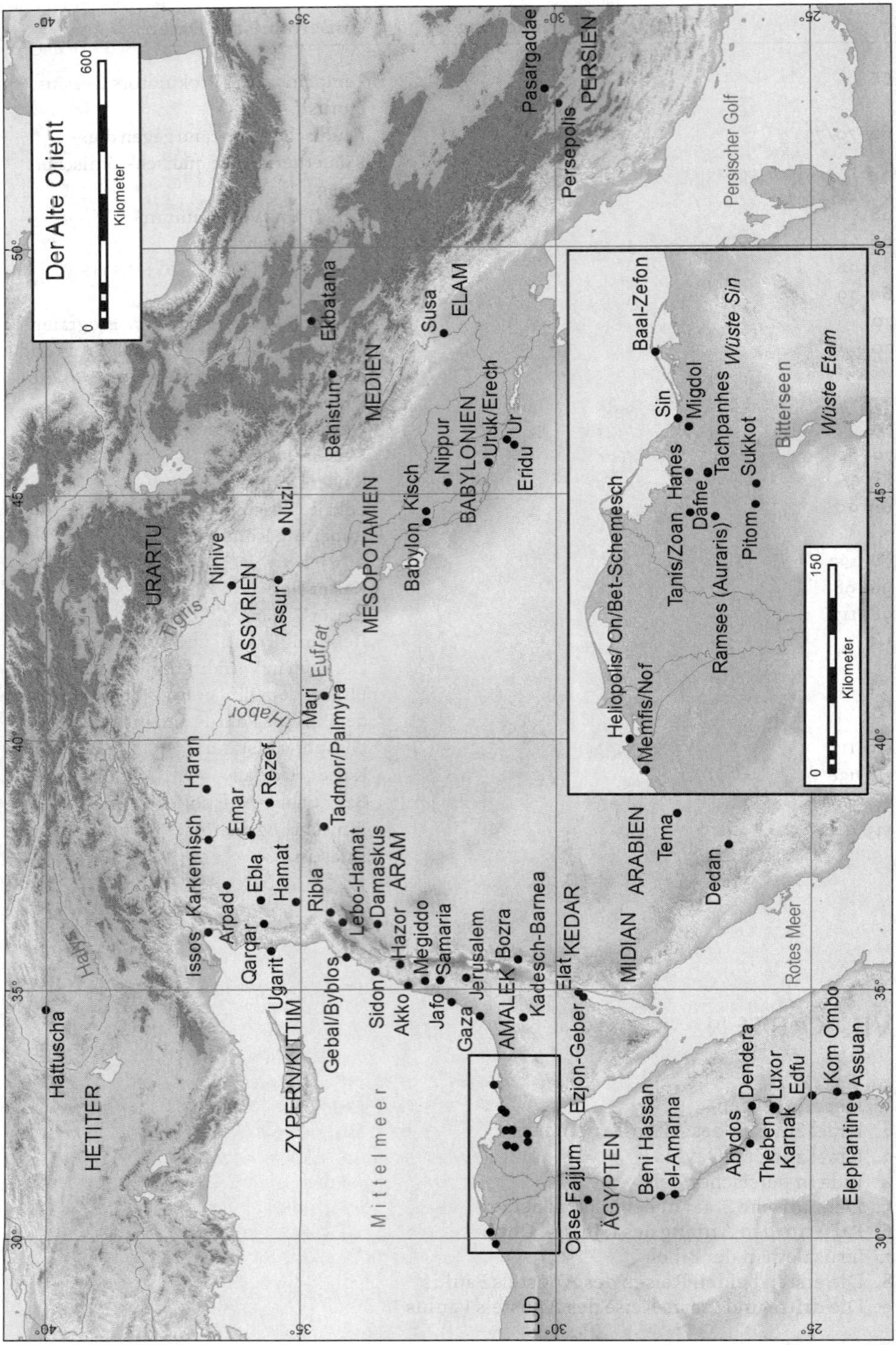
Der Alte Orient
0
600
Kilometer
HETITER
Hattuscha
Halys
URARTU
Tigris
Ninive
ASSYRIEN
Assur
Nuzi
Issos
Karkemisch
Haran
Arpad
Emar
Rezef
Qarqar
Ebla
Hamat
Ugarit
ZYPERN/KITTIM
Ribla
Habor
Mari
Eufrat
Tadmor/Palmyra
Gebal/Byblos
Lebo-Hamat
Damaskus
ARAM
Sidon
Hazor
Akko
Megiddo
Samaria
Jafo
Jerusalem
Gaza
AMALEK
Bozra
Kadesch-Barnea
KEDAR
Elat
Ezjon-Geber
MIDIAN
ARABIEN
Tema
Dedan
Mittelmeer
Rotes Meer
MESOPOTAMIEN
Babylon
Kisch
Nippur
BABYLONIEN
Uruk/Erech
Ur
Eridu
Behistun
MEDIEN
Ekbatana
Susa
ELAM
Pasargadae
Persepolis
PERSIEN
Persischer Golf
LUD
Oase Fajjum
ÄGYPTEN
Beni Hassan
el-Amarna
Abydos
Dendera
Theben
Luxor
Karnak
Edfu
Kom Ombo
Elephantine
Assuan
Heliopolis/ On/Bet-Schemesch
Memfis/Nof
Tanis/Zoan
Hanes
Dafne
Ramses (Auraris)
Pitom
Sukkot
Tachpanhes
Migdol
Sin
Baal-Zefon
Wüste Sin
Bitterseen
Wüste Etam
0
150
Kilometer
30°
35°
40°
45°
50°
25°

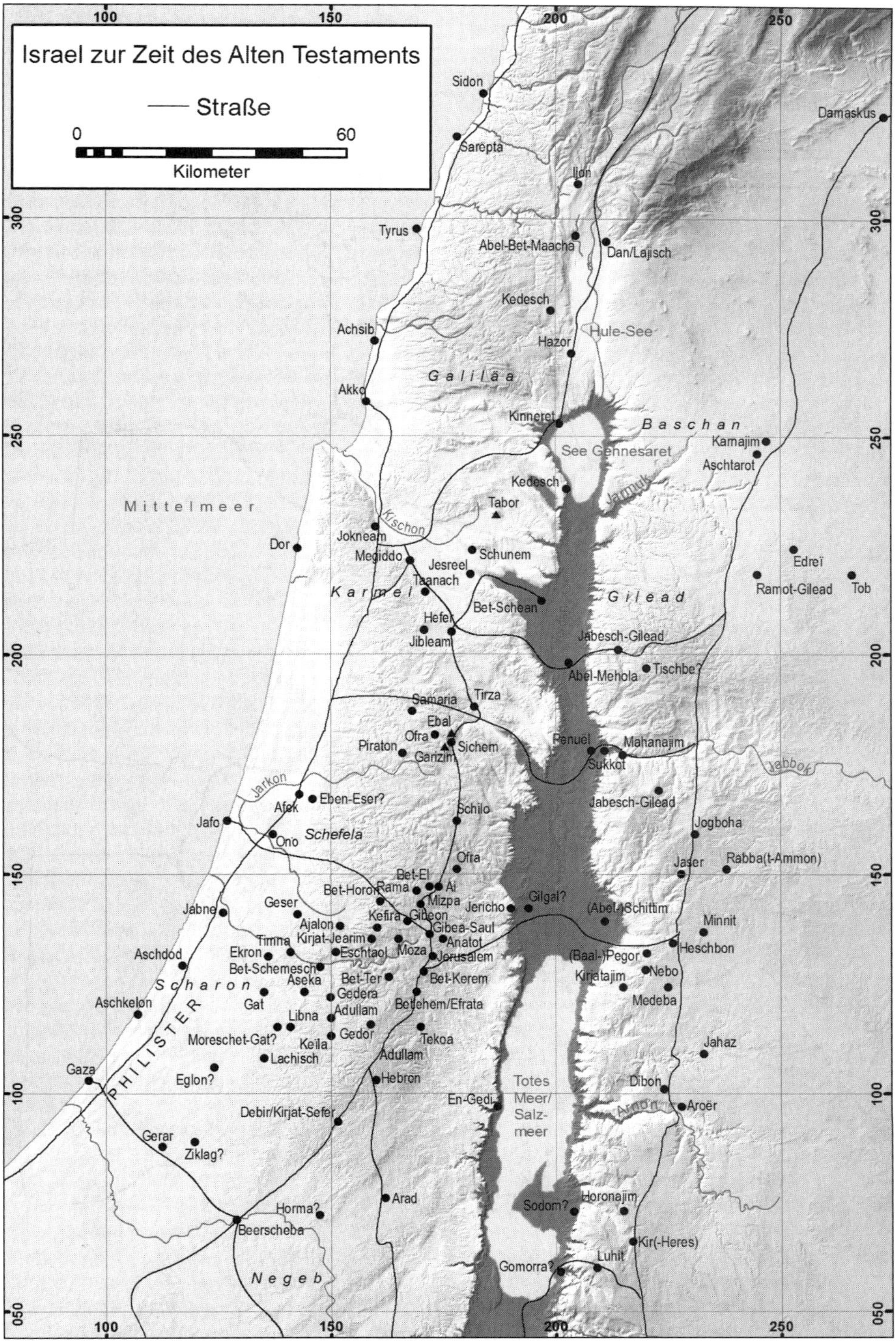
Israel zur Zeit des Alten Testaments
Straße
0
60
Kilometer
100
150
200
250
300
250
200
150
100
050
Sidon
Damaskus
Sarepta
Ijon
Tyrus
Abel-Bet-Maacha
Dan/Lajisch
Kedesch
Achsib
Hule-See
Hazor
Galiläa
Akko
Kinneret
Baschan
Karnajim
See Gennesaret
Aschtarot
Kedesch
Jarmuk
Mittelmeer
Tabor
Kischon
Jokneam
Dor
Schunem
Edreï
Megiddo
Jesreel
Taanach
Ramot-Gilead
Tob
Karmel
Gilead
Bet-Schean
Hefer
Jibleam
Jabesch-Gilead
Abel-Mehola
Tischbe?
Samaria
Tirza
Ebal
Ofra
Piraton
Sichem
Garizim
Penuël
Mahanajim
Sukkot
Jabbok
Jarkon
Eben-Eser?
Afek
Jabesch-Gilead
Schilo
Jafo
Ono
Schefela
Jogboha
Ofra
Jaser
Rabba(t-Ammon)
Bet-El
Bet-Horon
Rama
Ai
Mizpa
Jericho
Gilgal?
Jabne
Geser
Kefira
Gibeon
(Abel-)Schittim
Ajalon
Gibea-Saul
Minnit
Timna
Kirjat-Jearim
Anatot
Aschdod
Ekron
Eschtaol
Moza
Jerusalem
(Baal-)Pegor
Heschbon
Bet-Schemesch
Bet-Ter
Bet-Kerem
Kirjatajim
Nebo
Scharon
Aseka
Gedera
Gat
Medeba
Aschkelon
Adullam
Betlehem/Efrata
Libna
Gedor
Moreschet-Gat?
Keïla
Tekoa
Jahaz
PHILISTER
Lachisch
Adullam
Gaza
Eglon?
Hebron
Totes Meer/ Salzmeer
Dibon
En-Gedi
Arnon
Aroër
Debir/Kirjat-Sefer
Gerar
Ziklag?
Arad
Horonajim
Sodom?
Horma?
Beerscheba
Kir(-Heres)
Luhit
Gomorra?
Negeb

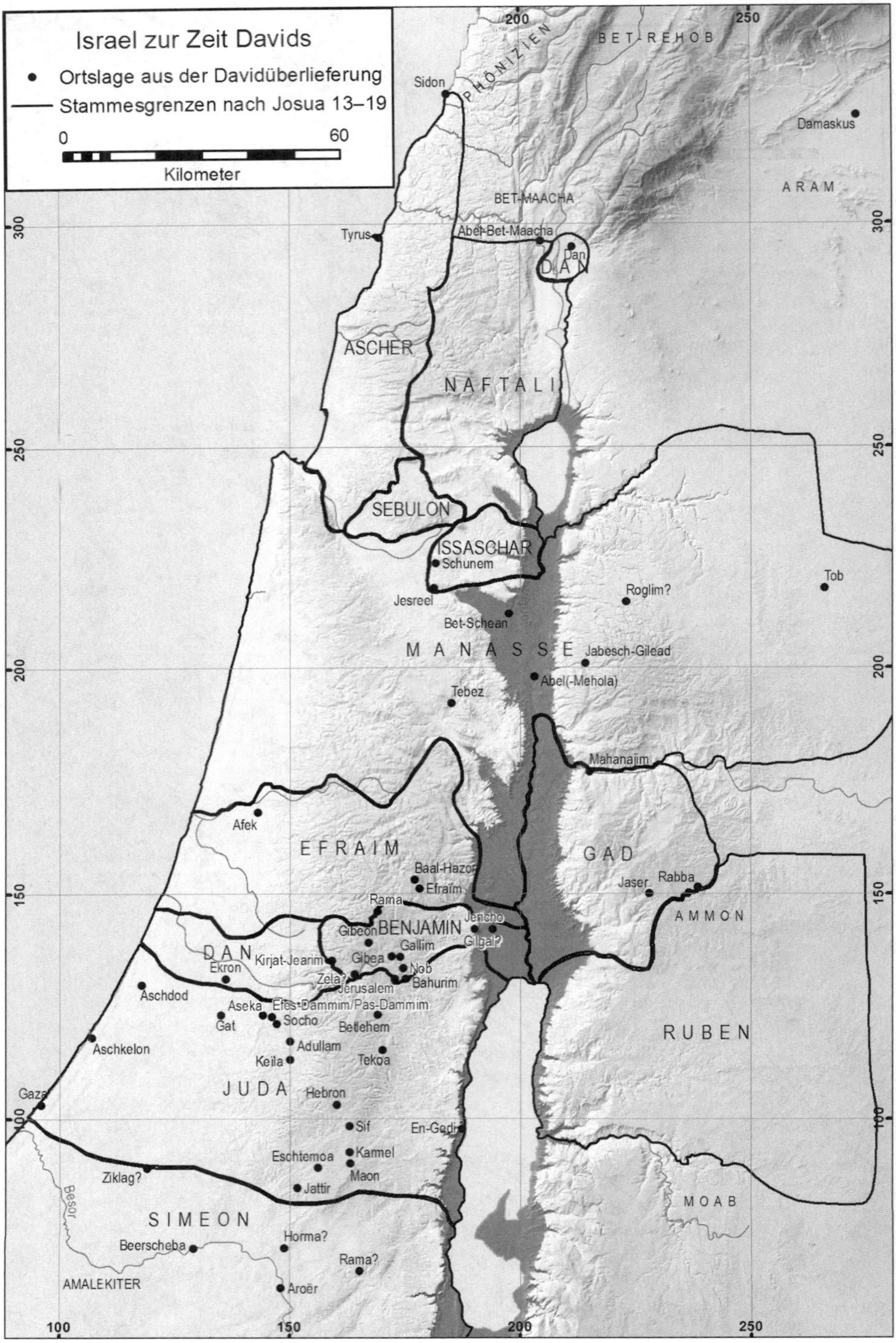
Israel zur Zeit Davids
• Ortslage aus der Davidüberlieferung
— Stammesgrenzen nach Josua 13–19
0
60
Kilometer
PHÖNIZIEN
BET-REHOB
Sidon
Damaskus
ARAM
BET-MAACHA
Tyrus
Abel-Bet-Maacha
Dan
DAN
ASCHER
NAFTALI
SEBULON
ISSASCHAR
Schunem
Jesreel
Roglim?
Tob
Bet-Schean
MANASSE
Jabesch-Gilead
Abel(-Mehola)
Tebez
Mahanajim
Afek
EFRAIM
GAD
Baal-Hazor
Efraim
Jaser
Rabba
Rama
AMMON
Jericho
Gibeon
BENJAMIN
Gilgal?
Gallim
DAN
Kirjat-Jearim
Gibea
Ekron
Nob
Zela?
Jerusalem
Bahurim
Aschdod
Aseka
Efes-Dammim/Pas-Dammim
Gat
Socho
Betlehem
Adullam
RUBEN
Aschkelon
Keila
Tekoa
Gaza
JUDA
Hebron
Sif
En-Gedi
Eschtemoa
Karmel
Maon
Ziklag?
Jattir
Besor
MOAB
SIMEON
Beerscheba
Horma?
Rama?
AMALEKITER
Aroër
100
150
200
250
300

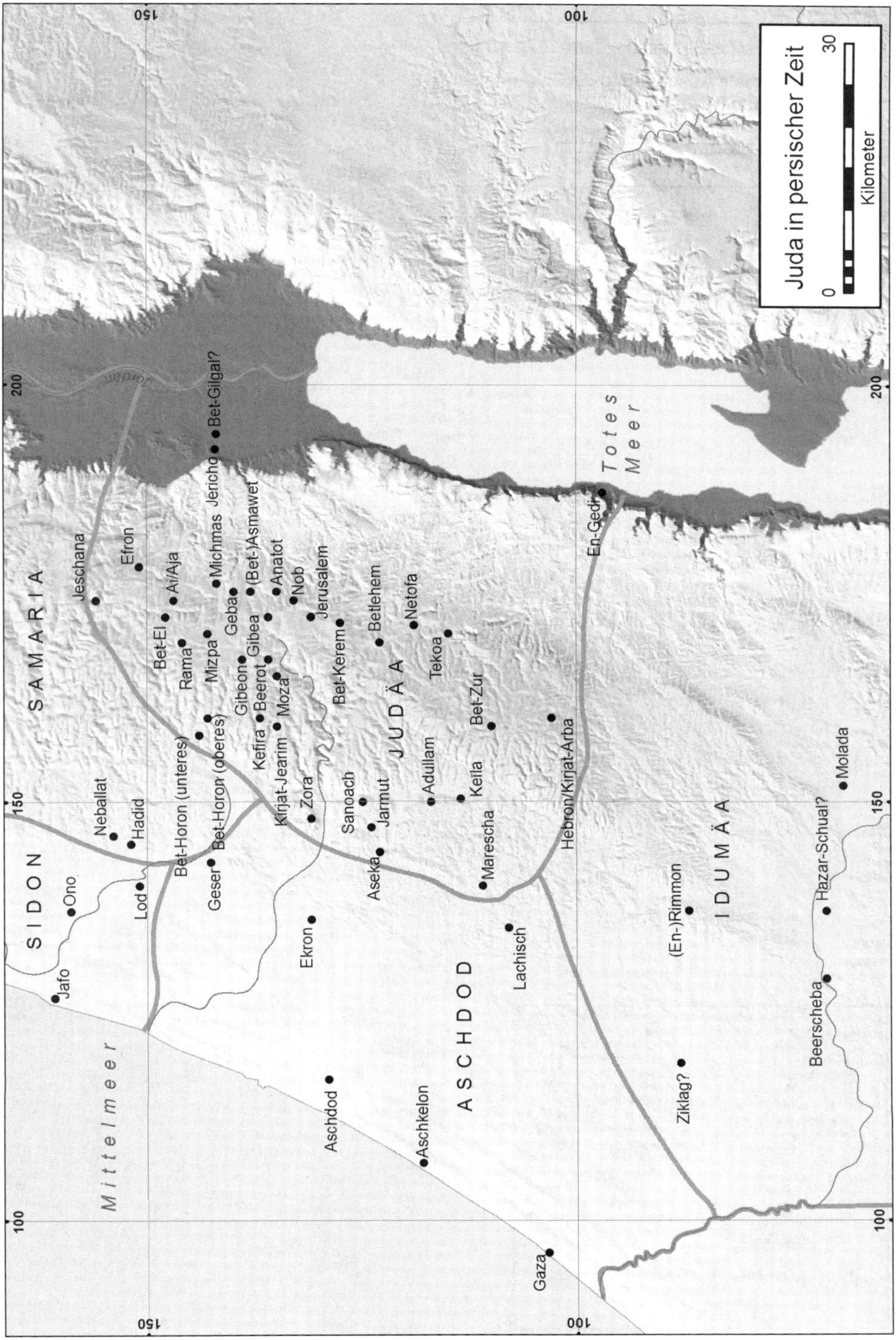
Juda in persischer Zeit
0
30
Kilometer
SAMARIA
SIDON
JUDÄA
ASCHDOD
IDUMÄA
Mittelmeer
Totes Meer
Jordan
Jafo
Ono
Lod
Hadid
Neballat
Jeschana
Efron
Bet-El
Ai/Aja
Rama
Mizpa
Michmas
Jericho
Bet-Gilgal?
Geba
(Bet-)Asmawet
Anatot
Nob
Gibeon
Gibea
Beerot
Kefira
Moza
Jerusalem
Bet-Kerem
Betlehem
Netofa
Tekoa
Bet-Zur
Bet-Horon (unteres)
Bet-Horon (oberes)
Geser
Kirjat-Jearim
Zora
Sanoach
Jarmut
Aseka
Adullam
Keila
Marescha
Hebron/Kirjat-Arba
En-Gedi
Ekron
Lachisch
Aschdod
Aschkelon
Gaza
Ziklag?
(En-)Rimmon
Beerscheba
Hazar-Schual?
Molada
100
150
200

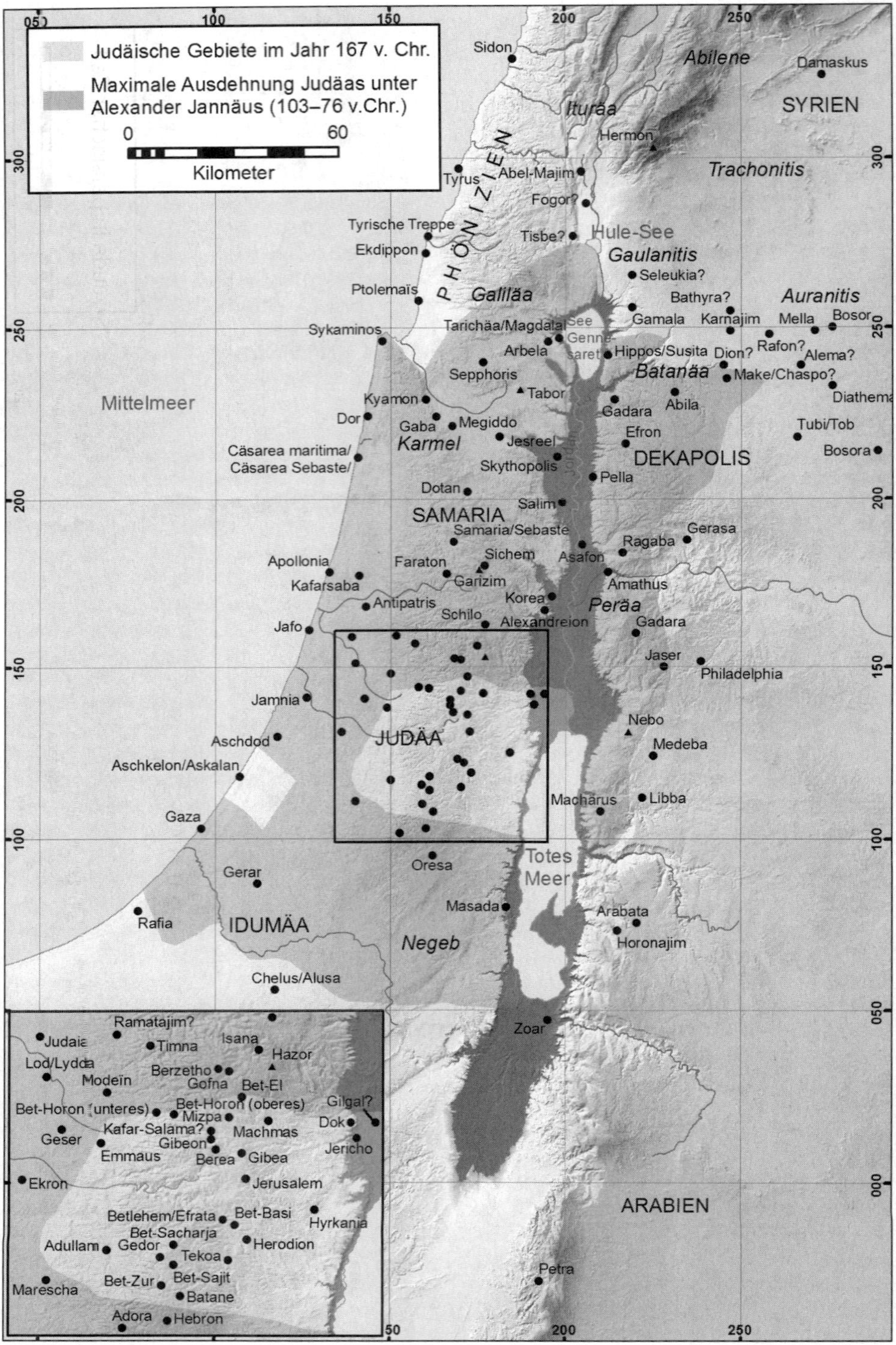
Judäische Gebiete im Jahr 167 v. Chr.
Maximale Ausdehnung Judäas unter Alexander Jannäus (103–76 v.Chr.)
0
60
Kilometer
Sidon
Abilene
Damaskus
Ituräa
SYRIEN
Hermon
PHÖNIZIEN
Tyrus
Abel-Majim
Trachonitis
Fogor?
Tyrische Treppe
Tisbe?
Hule-See
Ekdippon
Gaulanitis
Seleukia?
Ptolemaïs
Galiläa
Bathyra?
Auranitis
Gamala
Karnajim
Mella
Bosor
Sykaminos
Tarichäa/Magdala
See Gennesaret
Hippos/Susita
Dion?
Rafon?
Alema?
Arbela
Batanäa
Make/Chaspo?
Sepphoris
Tabor
Diathema
Mittelmeer
Kyamon
Gadara
Abila
Dor
Gaba
Megiddo
Tubi/Tob
Karmel
Jesreel
Efron
Cäsarea maritima/
Cäsarea Sebaste/
Skythopolis
DEKAPOLIS
Bosora
Pella
Dotan
SAMARIA
Salim
Samaria/Sebaste
Gerasa
Ragaba
Apollonia
Faraton
Sichem
Asafon
Kafarsaba
Garizim
Amathus
Antipatris
Korea
Peräa
Schilo
Alexandreion
Jafo
Gadara
Jaser
Philadelphia
Jamnia
Nebo
JUDÄA
Aschdod
Medeba
Aschkelon/Askalan
Machärus
Libba
Gaza
Totes Meer
Oresa
Gerar
Masada
Arabata
Rafia
IDUMÄA
Negeb
Horonajim
Chelus/Alusa
Zoar
ARABIEN
Petra
Ramatajim?
Judaia
Timna
Isana
Hazor
Lod/Lydda
Berzetho
Modeïn
Gofna
Bet-El
Bet-Horon (unteres)
Bet-Horon (oberes)
Gilgal?
Mizpa
Dok
Geser
Kafar-Salama?
Machmas
Gibeon
Jericho
Emmaus
Berea
Gibea
Ekron
Jerusalem
Betlehem/Efrata
Bet-Basi
Hyrkania
Bet-Sacharja
Adullam
Gedor
Herodion
Tekoa
Marescha
Bet-Zur
Bet-Sajit
Batane
Adora
Hebron

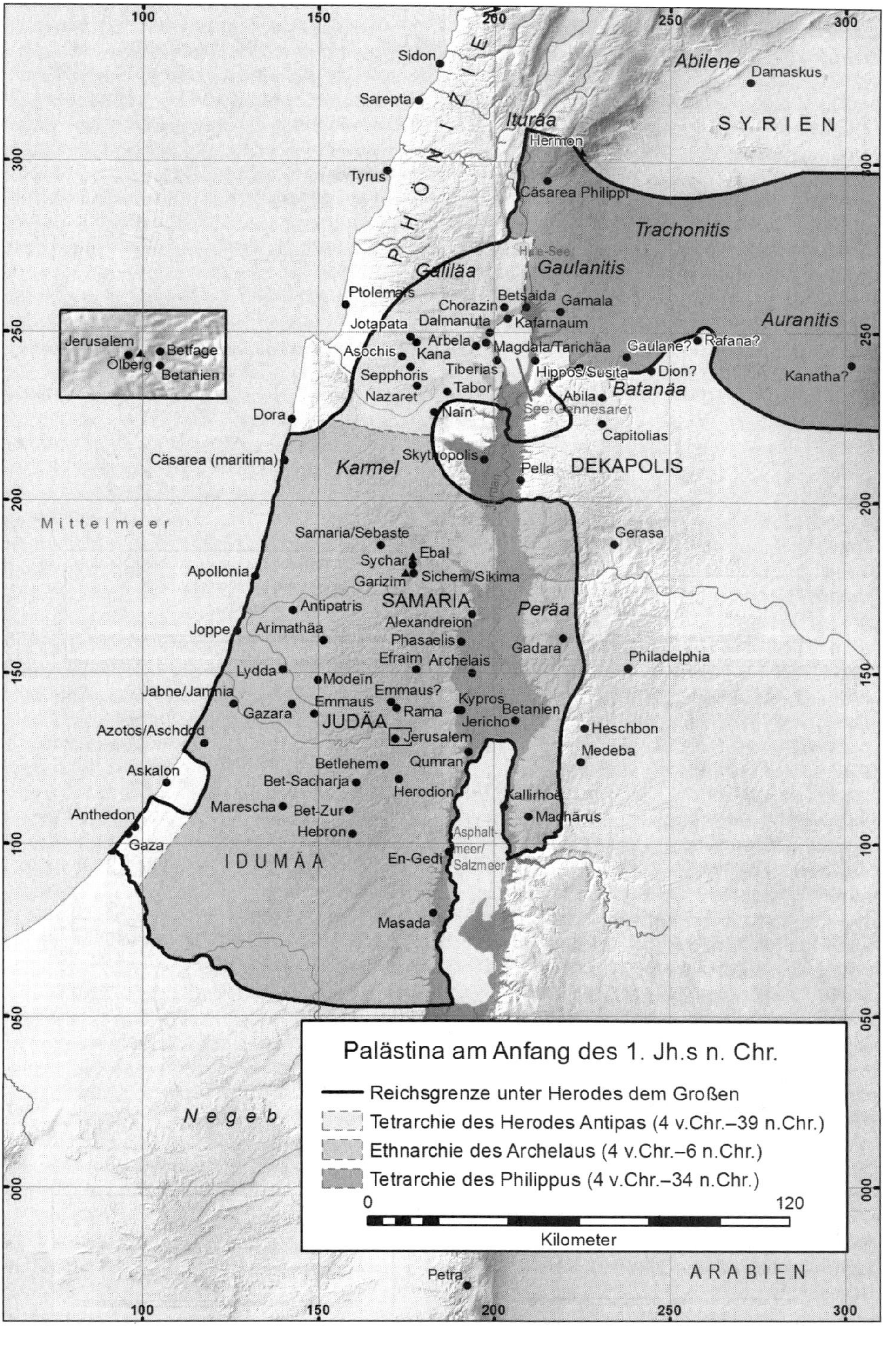
Palästina am Anfang des 1. Jh.s n. Chr.
Reichsgrenze unter Herodes dem Großen
Tetrarchie des Herodes Antipas (4 v.Chr.–39 n.Chr.)
Ethnarchie des Archelaus (4 v.Chr.–6 n.Chr.)
Tetrarchie des Philippus (4 v.Chr.–34 n.Chr.)
0
120
Kilometer
Sidon
Sarepta
Tyrus
PHÖNIZIEN
Abilene
Damaskus
SYRIEN
Ituräa
Hermon
Cäsarea Philippi
Trachonitis
Hule-See
Galiläa
Gaulanitis
Ptolemaïs
Betsaida
Gamala
Chorazin
Kafarnaum
Jotapata
Dalmanuta
Arbela
Auranitis
Asochis
Kana
Magdala/Tarichäa
Gaulane?
Rafana?
Sepphoris
Tiberias
Hippos/Susita
Dion?
Kanatha?
Nazaret
Tabor
Abila
Batanäa
Naïn
See Gennesaret
Capitolias
Dora
Jerusalem
Ölberg
Betfage
Betanien
Cäsarea (maritima)
Karmel
Skythopolis
Pella
DEKAPOLIS
Jordan
Mittelmeer
Samaria/Sebaste
Gerasa
Ebal
Sychar
Garizim
Sichem/Sikima
Apollonia
SAMARIA
Antipatris
Peräa
Alexandreion
Joppe
Arimathäa
Phasaelis
Gadara
Efraim
Archelais
Philadelphia
Lydda
Modeïn
Jabne/Jamnia
Emmaus?
Emmaus
Kypros
Gazara
Rama
Betanien
JUDÄA
Jericho
Heschbon
Azotos/Aschdod
Jerusalem
Medeba
Askalon
Betlehem
Qumran
Bet-Sacharja
Herodion
Kallirhoë
Anthedon
Marescha
Bet-Zur
Machärus
Hebron
Asphaltmeer/
Salzmeer
Gaza
IDUMÄA
En-Gedi
Masada
Negeb
Petra
ARABIEN
100
150
200
250
300

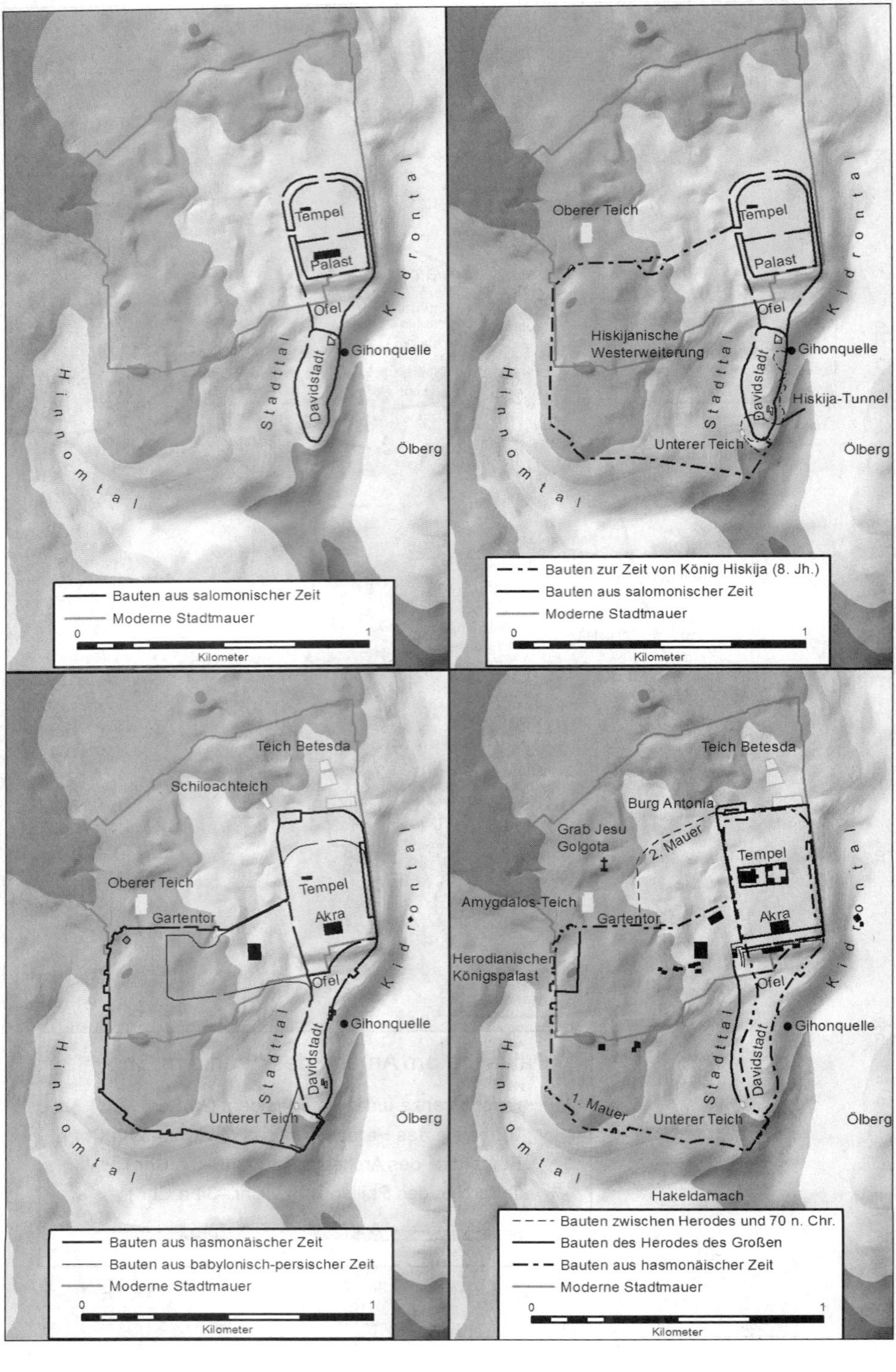
Tempel
Palast
Ofel
Gihonquelle
Davidstadt
Stadttal
Kidrontal
Hinnomtal
Ölberg
Bauten aus salomonischer Zeit
Moderne Stadtmauer
0
1
Kilometer
Oberer Teich
Tempel
Palast
Ofel
Hiskijanische Westerweiterung
Gihonquelle
Davidstadt
Hiskija-Tunnel
Stadttal
Kidrontal
Hinnomtal
Unterer Teich
Ölberg
Bauten zur Zeit von König Hiskija (8. Jh.)
Bauten aus salomonischer Zeit
Moderne Stadtmauer
0
1
Kilometer
Teich Betesda
Schiloachteich
Oberer Teich
Tempel
Akra
Gartentor
Ofel
Gihonquelle
Davidstadt
Stadttal
Kidrontal
Hinnomtal
Unterer Teich
Ölberg
Bauten aus hasmonäischer Zeit
Bauten aus babylonisch-persischer Zeit
Moderne Stadtmauer
0
1
Kilometer
Teich Betesda
Burg Antonia
Grab Jesu
Golgota
2. Mauer
Tempel
Akra
Amygdalos-Teich
Gartentor
Herodianischer Königspalast
Ofel
Gihonquelle
Davidstadt
Stadttal
Kidrontal
Hinnomtal
1. Mauer
Unterer Teich
Ölberg
Hakeldamach
Bauten zwischen Herodes und 70 n. Chr.
Bauten des Herodes des Großen
Bauten aus hasmonäischer Zeit
Moderne Stadtmauer
0
1
Kilometer

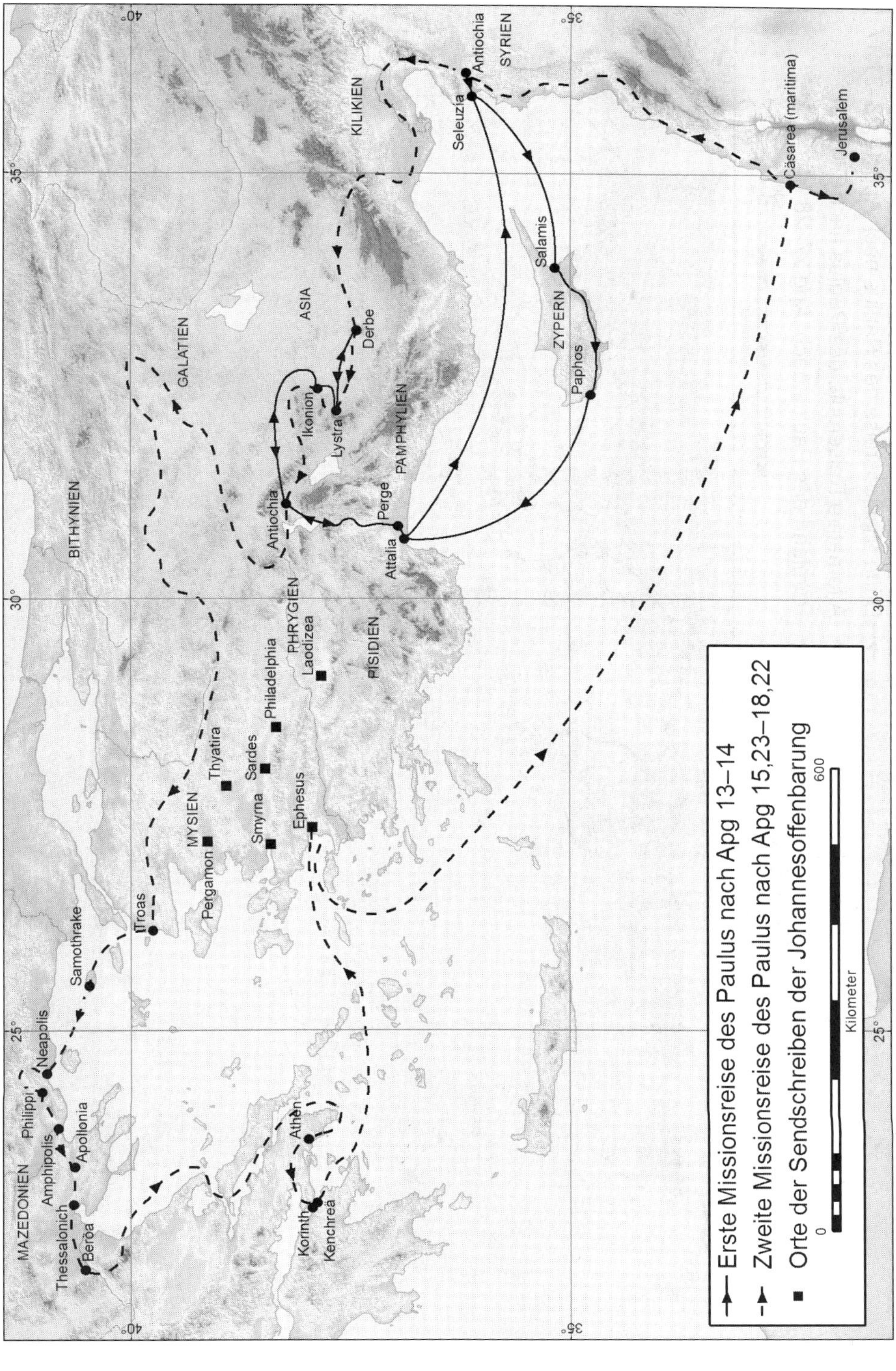
MAZEDONIEN
Thessalonich
Beröa
Amphipolis
Apollonia
Philippi
Neapolis
Samothrake
Troas
Pergamon
MYSIEN
Smyrna
Thyatira
Sardes
Ephesus
Philadelphia
Laodizea
PHRYGIEN
PISIDIEN
BITHYNIEN
GALATIEN
Antiochia
Attalia
Perge
PAMPHYLIEN
Lystra
Ikonion
Derbe
ASIA
KILIKIEN
ZYPERN
Salamis
Paphos
Seleuzia
Antiochia
SYRIEN
Cäsarea (maritima)
Jerusalem
Athen
Korinth
Kenchreä
Erste Missionsreise des Paulus nach Apg 13–14
Zweite Missionsreise des Paulus nach Apg 15,23–18,22
Orte der Sendschreiben der Johannesoffenbarung
0
600
Kilometer

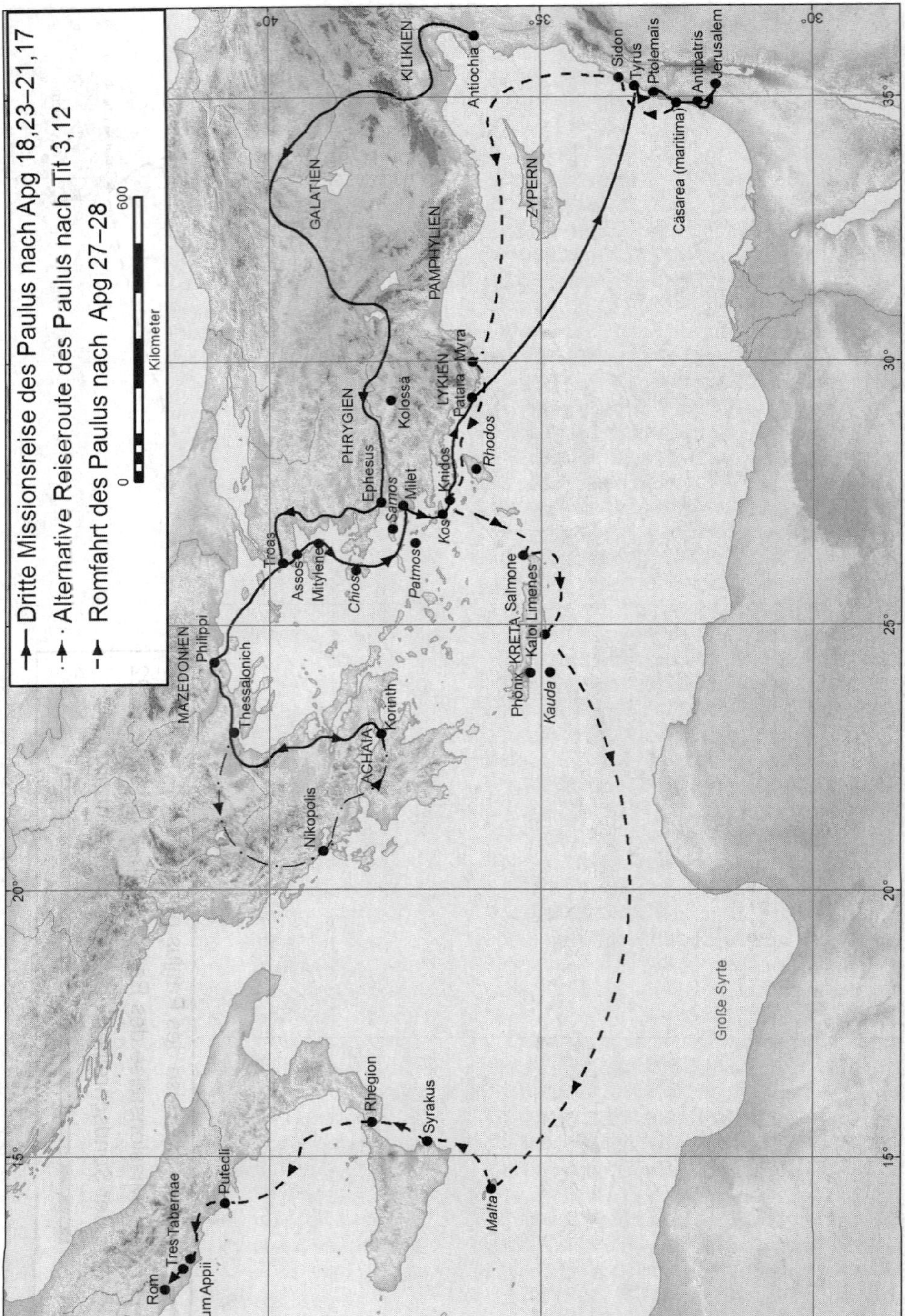
Dritte Missionsreise des Paulus nach Apg 18,23–21,17
Alternative Reiseroute des Paulus nach Tit 3,12
Romfahrt des Paulus nach Apg 27–28
0
600
Kilometer
MAZEDONIEN
Philippi
Thessalonich
ACHAIA
Korinth
Nikopolis
Troas
Assos
Mitylene
Chios
Samos
Patmos
Ephesus
Milet
Kos
Knidos
Rhodos
PHRYGIEN
Kolossä
LYKIEN
Patara
Myra
PAMPHYLIEN
GALATIEN
KILIKIEN
Antiochia
ZYPERN
Sidon
Tyrus
Ptolemaïs
Cäsarea (maritima)
Antipatris
Jerusalem
KRETA
Salmone
Kaloi Limenes
Phönix
Kauda
Malta
Syrakus
Rhegion
Puteoli
Forum Appii
Tres Tabernae
Rom
Große Syrte
40°
35°
30°
20°
25°
15°

VIII. ABKÜRZUNGEN

ALLGEMEINE ABKÜRZUNGEN

ägypt.	ägyptisch
akkad.	akkadisch
Anh.	Anhang
Anm.	Anmerkung
aram.	aramäisch
assyr.	assyrisch
AT	Altes Testament
atl.	alttestamentlich
bes.	besonders
Bez.	Bezeichnung
bzw.	beziehungsweise
ca.	circa = ungefähr
chr.	christlich
d. h.	das heißt
Did	Didache
Einl.	Einleitung
EÜ	Einheitsübersetzung
Ev(v).	Evangelium (-en)
f.	folgender Vers
frühchr.	frühchristlich
G	griechische Übersetzung, sog. Septuaginta
griech.	griechisch
H	hebräischer Text
hebr.	hebräisch
hl.	heilig
Jh.	Jahrhundert
jüd.	jüdisch
kanaan.	kanaanäisch
korr.	korrigiert
n. Chr.	nach Christus
NT	Neues Testament
ntl.	neutestamentlich
par.	parallele Stellen
Prol.	Prolog
röm.	römisch
S	Syrische Übersetzung (Peschitta)
s.	siehe
sog.	sogenannt
TNK	Tanach, Tenach, Hl. Schrift des Judentums
u. a.	unter anderem
u. Ä.	und Ähnliche(s)
u. ö.	und öfter
urspr.	ursprünglich
usw.	und so weiter
V(V).	Vers(e)
v. a.	vor allem
v. Chr.	vor Christus
vgl.	vergleiche
Vg	Vulgata, lateinische Übersetzung des Hieronymus
wörtl.	wörtlich
z. B.	zum Beispiel
z. T.	zum Teil

ABKÜRZUNGEN DER BIBLISCHEN BÜCHER

ALTES TESTAMENT

Gen	Das Buch Genesis
Ex	Das Buch Exodus
Lev	Das Buch Levitikus
Num	Das Buch Numeri
Dtn	Das Buch Deuteronomium
Jos	Das Buch Josua
Ri	Das Buch der Richter
Rut	Das Buch Rut
1 Sam	Das erste Buch Samuel
2 Sam	Das zweite Buch Samuel
1 Kön	Das erste Buch der Könige
2 Kön	Das zweite Buch der Könige
1 Chr	Das erste Buch der Chronik
2 Chr	Das zweite Buch der Chronik
Esra	Das Buch Esra
Neh	Das Buch Nehemia
Tob	Das Buch Tobit
Jdt	Das Buch Judit
Est	Das Buch Ester
1 Makk	Das erste Buch der Makkabäer
2 Makk	Das zweite Buch der Makkabäer
Ijob	Das Buch Ijob
Ps	Die Psalmen
Spr	Das Buch der Sprichwörter
Koh	Das Buch Kohelet
Hld	Das Hohelied
Weish	Das Buch der Weisheit
Sir	Das Buch Jesus Sirach
Jes	Das Buch Jesaja
Jer	Das Buch Jeremia
Klgl	Die Klagelieder
Bar	Das Buch Baruch
Ez	Das Buch Ezechiel
Dan	Das Buch Daniel
Hos	Der Prophet Hosea
Joël	Der Prophet Joël

Am	Der Prophet Amos
Obd	Der Prophet Obadja
Jona	Der Prophet Jona
Mi	Der Prophet Micha
Nah	Der Prophet Nahum
Hab	Der Prophet Habakuk
Zef	Der Prophet Zefanja
Hag	Der Prophet Haggai
Sach	Der Prophet Sacharja
Mal	Der Prophet Maleachi

NEUES TESTAMENT

Mt	Das Evangelium nach Matthäus
Mk	Das Evangelium nach Markus
Lk	Das Evangelium nach Lukas
Joh	Das Evangelium nach Johannes
Apg	Die Apostelgeschichte
Röm	Der Brief an die Römer
1 Kor	Der erste Brief an die Korinther
2 Kor	Der zweite Brief an die Korinther
Gal	Der Brief an die Galater
Eph	Der Brief an die Epheser
Phil	Der Brief an die Philipper
Kol	Der Brief an die Kolosser
1 Thess	Der erste Brief an die Thessalonicher
2 Thess	Der zweite Brief an die Thessalonicher
1 Tim	Der erste Brief an Timotheus
2 Tim	Der zweite Brief an Timotheus
Tit	Der Brief an Titus
Phlm	Der Brief an Philemon
Hebr	Der Brief an die Hebräer
Jak	Der Brief des Jakobus
1 Petr	Der erste Brief des Petrus
2 Petr	Der zweite Brief des Petrus
1 Joh	Der erste Brief des Johannes
2 Joh	Der zweite Brief des Johannes
3 Joh	Der dritte Brief des Johannes
Jud	Der Brief des Judas
Offb	Die Offenbarung des Johannes

„Wer sucht, der findet.“ (Mt 7,8)
Erste Einstiegshilfen zur Bibel

Redaktion: Katholisches Bibelwerk e.V., Stuttgart

Nachschlagehilfe – Wie finde ich Bibelstellen in der Bibel?

Die Bibel – auch das Buch der Bücher genannt – ist eine Sammlung verschiedener Bücher, also eigentlich eine kleine Bibliothek.
Einzelne Bibelstellen werden immer nach demselben Schema angezeigt: Zuerst wird das Buch genannt, dann das Kapitel (erste Ziffer) und nach dem Komma folgt die Versangabe (zweite Ziffer). Handelt es sich um einen längeren Abschnitt, wird nach dem Komma der ganze Abschnitt in Verszahlen von bis mit Trennstrich dazwischen angegeben.
Die Kapitelziffern stehen fettgedruckt am Anfang eines Kapitels, die Verszahlen kleingedruckt am Anfang eines jeden neuen Verses.
Die einzelnen biblischen Bücher werden zumeist abgekürzt. Ein Verzeichnis der Abkürzungen findet sich im Anhang dieser Bibelausgabe auf den Seiten 1547 und 1548.
Die ersten fünf Bücher der Bibel werden in der evangelischen Tradition anders benannt:

Genesis	= 1. Buch Mose
Exodus	= 2. Buch Mose
Levitikus	= 3. Buch Mose
Numeri	= 4. Buch Mose
Deuteronomium	= 5. Buch Mose

Auch für einige andere Bücher gibt es abweichende Bezeichnungen, z. B.:

Ezechiel	= Hesekiel
Kohelet	= Prediger
Ijob	= Hiob

Beispiele:

Gesucht: Gen 2,4–25 bzw. 1 Mose 2,4–25 (Garten Eden)
Gefunden: Buch Gen = Genesis bzw. 1. Buch Mose Kapitel 2, Verse 4–25
Gesucht: Mt 6,5–15 (Vaterunser)
Gefunden: Buch Mt = Matthäus Kapitel 6, Verse 5–15

Orte der Bibel finden

Die wichtigsten Orte aus der Genesis mit GPS-Daten

Ararat * (z. B. Genesis 8,4): 39.700N, 44.300E
(wahrscheinlichere Ortslage: Cudi Dagh: 37.365N, 42.495E)

Ur (z. B. Genesis 11,31): 30.961N, 46.105E
(alternative Ortslage: Sanliurfa): 37.146N, 38.785E

Haran (z. B. Genesis 11,31): 36.863N, 39.030E

Hebron (z. B. Genesis 13,18): 31.524N, 35.115E

Berg Ebal (z. B. Deuteronomium 11,29): 32.232N, 35.273E

Berg Garizim (z. B. Deuteronomium 11,29): 32.202N, 35.274E

Exodus und Landnahme mit GPS-Daten

Land Goschen (z. B. Genesis 47,27): 30.786N, 31.823E

Berg Sinai * (z. B. Exodus 19,20): 28.539N, 33.975E
(Katharinenkloster: 28.556N, 33.976E)

Kadesch-Barnea * (z. B. Deuteronomium 1,19): 30.905N, 34.396E

Jericho (z. B. Josua 6,2): 31.871N, 35.444E

Israel im Alten Testament mit GPS-Daten

Jerusalem (z. B. Psalm 122,1–9): 31.777N, 35.234E

Dan (z. B. Richter 20,1): 33.247N, 35.653E

Beerscheba (z. B. Genesis 21,31; Richter 20,1): 31.261N, 34.789E

Hazor (z. B. Josua 11,9–11): 33.018N, 35.569E

Schilo (z. B. Josua 18,1): 32.056N, 35.290E

Sichem (z. B. Josua 24,25–26): 32.214N, 35.282E

Samaria (z. B. 1 Könige 16,24): 32.276N, 35.195E

Karmel (z. B. 1 Könige 18,20): 32.673N, 35.088E

Jafo (Tel Aviv, z. B. Esra 3,7; Jona 1,3): 32.051N, 34.751E

Weitere wichtige Städte im Alten Testament mit GPS-Daten

Babel (z. B. Genesis 11,1–9; 2 Könige 24,10; Offenbarung 18,2):
32.542N, 44.421E

Assur (z. B. Genesis 10,11; 2 Könige 17,6): 35.457N, 43.260E

Ninive (z. B. Genesis 10,11; Jona 1,2): 36.351N, 43.175E

Stationen im Leben Jesu mit GPS-Daten

Betlehem (z. B. Matthäus 2,1–9): 31.704N, 35.207E

Nazaret (z. B. Matthäus 2,23): 32.702N, 35.298E

Kana * (z. B. Johannes 2,1–11): 32.823N, 35.303E
(weniger wahrscheinliche Ortslage: 32.745N, 35.339E)
Kafarnaum (z. B. Matthäus 4,13): 32.881N, 35.575E
Tiberias (z. B. Johannes 6,23): 32.790N, 35.542E
Jerusalem (z. B. Lukas 18,31): 31.778N, 35.230E

Missionsreisen des Paulus mit GPS-Daten
Tarsus (z. B. Apostelgeschichte 11,25): 36.918N, 34.893E
Philippi (z. B. Apostelgeschichte 16,12; Philipperbrief): 41.012N, 24.285E
Thessalonich (z. B. Apostelgeschichte 17,1; Thessalonicherbriefe): 40.636N, 22.944E
Athen (z. B. Apostelgeschichte 17,16–34): 37.972N, 23.724E
Korinth (z. B. Apostelgeschichte 18,1; Korintherbriefe): 37.950N, 22.961E
Ephesus (z. B. Apostelgeschichte 18,19; Epheserbrief): 37.940N, 27.342E
Rom (z. B. Apostelgeschichte 28,14; Römerbrief): 41.902N, 12.455E

Die Gemeinden der sieben Sendschreiben mit GPS-Daten
Ephesus (z. B. Offenbarung 2,1–7): 37.940N, 27.342E
Smyrna (z. B. Offenbarung 2,8–11): 38.419N, 27.139E
Pergamon (z. B. Offenbarung 2,12–17): 39.133N, 27.183E
Thyatira (z. B. Offenbarung 2,18–29): 38.920N, 27.836E
Sardes (z. B. Offenbarung 3,1–6): 38.489N, 28.040E
Philadelphia (z. B. Offenbarung 3,7–13): 38.346N, 28.515E
Laodizea (z. B. Offenbarung 3,14–22): 37.836N, 29.109E

Harmagedon/Megiddo (z. B. Offenbarung 16,16): 32.585N, 35.183E

* Zuordnung von biblischer Ortsbezeichnung zu geografischem Ort unsicher

Bibelstellen zum Entdecken

Altes Testament

Die Erschaffung der Welt	Gen 1,1–2,3
Kain und Abel	Gen 4,1–16
Die Sintflut	Gen 6,5–9,17
Der Segen Abrahams	Gen 12,1–9
Rebekka und Isaak	Gen 24,1–67
Rettung und Flucht des Mose	Ex 2,1–14
(Brennender Dornbusch) Berufung des Mose	Ex 3,1–4,17

Die Zehn Gebote	Ex 20,1–17/Dtn 5,2–22
Der Priestersegen	Num 6,22–27
Das „Höre Israel“	Dtn 6,4–9
Das Buch Rut	Rut 1,1–4,22
David und Goliat	1 Sam 17,1–58
Das salomonische Urteil	1 Kön 3,16–28
Elija am Horeb	1 Kön 19,1–18
Mit Psalmen beten	Ps 23; 63; 91; 104
Alles hat seine Zeit	Koh 3,1–8
Begegnung der Liebenden	Hld 3,6–5,8
Wahre und falsche Freundschaft	Sir 6,5–17
Erlösung	Jes 43,1–7
Die Jonageschichte	Jona 1,1–4,11

Neues Testament

Die Geburt Jesu	Mt 1,18–25; Lk 2,1–21
Die Bergpredigt	Mt 5,1–7,29
Das Vaterunser	Mt 6,5–15
Die goldene Regel	Mt 7,12
Gleichnis von Senfkorn und Sauerteig	Mt 13,31–33
Das wichtigste Gebot	Mt 22,34–40
Die Taufe und Versuchung Jesu	Mk 1,9–13
Die Heilung eines Gelähmten	Mk 2,1–12
Die Salbung Jesu	Mk 14,3–9
Passion und Erweckung Jesu	Mk 14,1–16,20
Magnificat	Lk 1,46–55
Der barmherzige Samariter	Lk 10,25–37
Erscheinung Jesu auf dem Weg nach Emmaus	Lk 24,13–35
Auferweckung des Lazarus	Joh 11,1–46
Jesus erscheint Maria von Magdala	Joh 20,1–18
Das Pfingstereignis	Apg 2,1–13
Der Weg der Liebe	1 Kor 13,1–13
Die Einheit in Christus	Gal 3,28
Fürbitte für die Glaubenden	Eph 3,14–21
Der neue Himmel und die neue Erde	Offb 21,1–8

Noch mehr Bibel unter: **www.bibelwerk.de/bibelinfo**

Gebet für den Synodalen Weg

Gott, unser Vater,
Du bist denen nahe,
die Dich suchen.
Zu Dir kommen wir mit den Fragen unserer Tage,
mit unserem Versagen und unserer Schuld,
mit unserer Sehnsucht und unserer Hoffnung.

Wir danken Dir für Jesus Christus,
unseren Bruder, unseren Freund und unseren Herrn.
Er ist mitten unter uns,
wo immer wir uns in seinem Namen versammeln.
Er geht mit uns auf unseren Wegen.
Er zeigt sich uns in den Armen, den Unterdrückten,
den Opfern von Gewalt, den Verfolgten und an den Rand Gedrängten.

Wir bitten Dich:
Sende uns den Heiligen Geist,
der neues Leben schafft.
Er stehe unserer Kirche in Deutschland bei
und lasse sie die Zeichen der Zeit erkennen.